D1727860

Kohlhammer

Urheberrecht

Kommentar zum
Urheberrechtsgesetz
Verlagsgesetz
Urheberrechtswahrnehmungsgesetz

herausgegeben von

Prof. Dr. Wilhelm Nordemann

Rechtsanwalt in Potsdam
em. Honorarprofessor an der Humboldt Universität Berlin

Prof. Dr. Axel Nordemann

Rechtsanwalt in Berlin
Honorarprofessor an der Universität Konstanz

Prof. Dr. Jan Bernd Nordemann, LL.M.

Rechtsanwalt in Berlin
Honorarprofessor an der Humboldt Universität Berlin

begründet von
Dr. Friedrich Karl Fromm und Prof. Dr. Wilhelm Nordemann

von der 3. bis zur 9. Auflage fortgeführt von
Prof. Dr. Wilhelm Nordemann, Dr. Kai Vinck und Prof. Dr. Paul W. Hertin

10., überarbeitete und ergänzte Auflage

Verlag W. Kohlhammer

ISBN 978-3-17-019771-8

seit der 10. Auflage bearbeitet von

Dr. Thomas W. Boddien,
Rechtsanwalt in Berlin

Dr. Christian Czychowski,
Rechtsanwalt in Berlin

Dr. Andreas Dustmann, LL.M.,
Rechtsanwalt in Potsdam

Dr. Anke Nordemann-Schiffel,
maître en droit, Rechtsanwältin in Potsdam

Prof. Dr. Axel Nordemann,
Rechtsanwalt in Berlin

Prof. Dr. Jan Bernd Nordemann, LL.M.,
Rechtsanwalt in Berlin

Prof. Dr. Wilhelm Nordemann,
Rechtsanwalt in Potsdam

Evelyn Ruttke,
Rechtsanwältin in Hamburg

Dr. Martin Schaefer,
Rechtsanwalt in Berlin

Jan Scharringhausen,
Rechtsanwalt in Hamburg

Dr. Volker Schmitz-Fohrmann, M. Jur.,
Rechtsanwalt in München

Vorwort

Der Fromm/Nordemann war 1966 der erste Kommentar, der zum neuen deutschen Urheberrechtsgesetz erschienen ist. Es löste die beiden Vorgängergesetze LUG und KUG ab und war zum 1. Januar 1966 in Kraft getreten. Der Fromm/Nordemann hatte seitdem acht Neuauflagen gesehen und war zuletzt in der 9. Auflage 1998 erschienen. Er ist damit nicht nur der älteste Kommentar zum UrhG, sondern seine Autoren waren auch immer darum bemüht, ihn kontinuierlich zu aktualisieren.

Mit der jetzt vorliegenden 10. Auflage ist ein kleiner Generationswechsel vollzogen worden: Die langjährigen Autoren Paul W. Hertin und Kai Vinck sind ausgeschieden. Wir möchten es nicht versäumen, ihnen an dieser Stelle ausdrücklich Dank zu sagen für die langjährige exzellente Arbeit am Fromm/Nordemann. An ihrer Stelle hat nun ein ganzes Team die Fortführung des Werkes übernommen.

Der Fromm/Nordemann war und ist ein Praktikerkommentar, ein Erläuterungswerk, das von Praktikern für die Praxis geschrieben ist. Das neue Autorenteam setzt diese Tradition fort; es besteht aus Rechtsanwältinnen und Rechtsanwälten der Anwaltssozietät Boehmert & Boehmert, ergänzt um die beiden Justitiare der Gesellschaft zur Verfolgung von Urheberrechtsverletzungen e.V. Der Kommentar ist zwar mit der 10. Auflage deutlich umfangreicher und ausführlicher geworden; der Umfang der Kommentierung hat sich insgesamt praktisch verdreifacht. Das war aber eher den vielen Gesetzesreformen geschuldet, die einzuarbeiten waren, sollte aber auch die Lesbarkeit des Kommentars auch für den Nichtjuristen einschränken.

Seit der 9. Auflage 1998 hat sich im Urheberrecht einiges getan. So ist das Urhebervertragsrecht durch die Reform 2002 maßgeblich auf ein neues Fundament gestellt worden, in dem dem Urheber nunmehr ein nicht-abdingbarer Anspruch auf Zahlung einer angemessenen Vergütung zusteht (§§ 32, 32b); ihre Höhe kann durch Urheber- und Verwerterverbände in gemeinsamen Vergütungsregeln festgelegt werden (§ 36). Schon 2003 folgte mit dem sogenannten „1. Korb" die nächste Reform mit dem Gesetz zur Regelung des Urheberrechts in der Informationsgesellschaft, die die Einführung des Rechtes der öffentlichen Zugänglichmachung (§ 19a) und einen Schutz von technischen Maßnahmen zur Kontrolle der Vervielfältigung (§§ 95a–95d) gebracht hat. Der „2. Korb" ließ dann einige Jahre auf sich warten und reformierte 2007 vor allem das frühere Verbot der Einräumung von Nutzungsrechten an unbekannten Nutzungsarten gem. § 31 Abs. 4; solche Rechtseinräumungen sind nunmehr zulässig, unterliegen aber einem Schriftformerfordernis, sind mit einem Widerrufsrecht verbunden (§ 31a) und gem. § 32c einer gesonderten Vergütung unterworfen. Für Verträge von 1966 bis 2007 sieht das Gesetz zu Gunsten bestimmter Verwender eine Fiktion der Einräumung unbekannter Nutzungsarten vor. Auch das Vergütungsschema für die Privatkopie wurde durch diese Reform maßgeblich verändert; es gelten nun keine festen Vergütungssätze mehr, sondern die beteiligten Verbände und Verwertungsgesellschaften müssen eine angemessene Vergütung aushandeln. Erst am 1. September 2008 schließlich ist die aktuellste Reform des UrhG durch das Gesetz zur Verbesserung der Durchsetzung von Rechten des geistigen Eigentums in Kraft getreten, die vor allem umfangreiche Klarstellungen und Veränderungen bei den Anspruchsgrundlagen des UrhG in den §§ 97 ff. gebracht und schließlich die Vermutung der Urheber- und Rechtsinhaberschaft aus § 10 auf alle Inhaber verwandter Schutzrechte und eingeschränkt auch auf ausschließliche Nutzungsrechtsinhaber erweitert hat.

Vorwort

Das Urheberrecht ist untrennbar mit dem Verlagsrecht verbunden. Da es zum Verlagsgesetz nur sehr wenig Kommentarliteratur gibt, haben wir uns dazu entschieden, mit der 10. Auflage auch eine Kurzkommentierung zum VerlG in den Fromm/Nordemann mit aufzunehmen. Das selbe gilt für den Einigungsvertrag: Seine Regelungen sind auch 18 Jahre nach der Wiedervereinigung immer noch für viele Auswertungen relevant, so dass auch er eine Kurzkommentierung erfahren musste. Die bewährte Kommentierung des Urheberrechtswahrnehmungsgesetzes ist selbstverständlich im Fromm/Nordemann geblieben. Um den Umfang des Werkes nicht überzustrapazieren, haben wir allerdings den Anhang aus der gedruckten Version verbannt und auf die Internet-Homepage www.fromm-nordemann.de eingestellt. Dort finden sich neben Gesetzestexten, EU-Richtlinien und internationalen Konventionen auch die wichtigsten Gesetzgebungsmaterialien, soweit wir sie in der Kommentierung zitiert haben. Ferner finden sich dort auch nähere Informationen zu den einzelnen Autoren.

Im Interesse der leichteren Auffindbarkeit haben wir nicht mehr wie bisher BGH-Entscheidungen vorrangig nach BGHZ zitiert, sondern fast ausnahmslos auf GRUR-Zitate umgestellt. In der 10. Auflage findet sich deshalb auch kein Fundstellenverzeichnis mehr.

10 Jahre zwischen zwei Auflagen eines Kommentares sind ein langer Zeitraum. Die 11. Auflage soll deshalb wieder entsprechend dem alten Rhythmus des Fromm/Nordemann erscheinen, mithin in etwa drei Jahren.

Abschließend möchten wir es nicht versäumen, nicht nur unseren Autoren für die aufopferungsvolle Tätigkeit neben ihrer anwaltlichen Arbeit herzlich zu danken, sondern auch Frau Susanne Henck für ihre mühevolle redaktionelle Mitarbeit. Ohne Jochen Schalinski schließlich wäre das Stichwortverzeichnis nicht fertig geworden.

Berlin und Potsdam, im August 2008

Wilhelm Nordemann
Axel Nordemann
Jan Bernd Nordemann

unter www.fromm-nordemann.de finden Sie:

die jeweils aktuelle Gesetzesfassung
Gesetzgebungsmaterialien
EU-Richtlinien
Internationale Materialien
Näheres zu den Autoren

Inhaltsverzeichnis

Inhaltsverzeichnis

Abkürzungs- und Literaturverzeichnis

a.A.	anderer Ansicht
allg.A.	allgemeine Ansicht
a.a.O.	am angegebenen Ort
Abb.	Abbildung
Abs.	Absatz
Achenbach/ Wannenmacher	Beraterhandbuch (Grundwerk), Herne/Berlin 1996
AcP	Archiv für die civilistische Praxis
Adrian/Wilhelm Nordemann/Wandtke	Adrian, Johann; Nordemann, Wilhelm; Wandtke, Artur-Axel: Erstreckungsgesetz und Schutz des geistigen Eigentums – Rechtseinheit im gewerblichen Rechtsschutz und Urheberrecht nach der deutschen Einigung, Berlin 1993
ÄndA FormH 14.1.2002 UrhVG	BT-Drucks. 14/6433: Änderungsantrag der Berichterstatter von SPD und Bündnis90/Die Grünen zur Formulierungshilfe vom 14. Januar 2002 zu dem Entwurf eines Gesetzes zur Stärkung der vertraglichen Stellung von Urhebern und ausübenden Künstlern vom 23. Januar 2002, enthalten in Schulze, S. 1431 ff.
ÄndG	Änderungsgesetz (Novelle)
ÄndG 1972	Gesetz zur Änderung des Urheberrechtsgesetzes vom 10. November 1972 BGBl. I Nr. 120 v. 15.11.1972, S. 2081
ÄndG 1985 (auch: 1. UrhRÄndG)	Erstes Gesetz zur Änderung von Vorschriften auf dem Gebiet des Urheberrechts vom 24. Juni 1985; BGBl. I Nr. 33 vom 27.6.1985, S. 1137
ÄndG 1993 (auch: 2. UrhRÄndG)	Zweites Gesetz zur Änderung des Urheberrechtsgesetzes vom 9.6.1993; BGBl. I S. 910 ff.
ÄndG 1995 (auch: 3. UrhRÄndG)	Drittes Gesetz zur Änderung des Urheberrechtsgesetztes vom 23.06.1995; BGBl. I S. 842
ÄndG 1998 (auch: 4. UrhRÄndG)	Viertes Gesetz zur Änderung des Urheberrechtsgesetzes vom 8.5.1998; BGBl. I S. 902
ÄndG 2006 (auch: 5. UrhRÄndG)	Fünftes Gesetz zur Änderung des UrhG vom 10.11.2006; BGBl. I, S. 2587
AfP	Archiv für Presserecht
AGBG	Gesetz zur Regelung des Rechts der Allgemeinen Geschäftsbedingungen (AGB-Gesetz) vom 9. Dezember 1976 (BGBl. I 3317)
AktG	Aktiengesetz vom 6. September 1965 (BGBl. I 1089)
Allfeld	Allfeld, Philipp: Das Urheberrecht an Werken der Literatur und der Tonkunst, 2. Aufl. München 1928
Amtl Begr IuKDG	BT-Drucks. 13/7385: Entwurf eines Gesetzes zur Regelung der Rahmenbedingungen für Informations- und Kommunikationsdienste (Informations- und Kommunikationsdienste-Gesetz – IuKDG)
allg.M.	allgemeine Meinung
a.M.	anderer Meinung
AP	Arbeitsrechtliche Praxis, Nachschlagewerk des Bundesarbeitsgerichts
Anm.	Anmerkung

ArbGG
Arbeitsgerichtsgesetz vom 3. September 1953 (BGBl. I 1267) in der Fassung vom 2. Juli 1979 (BGBl. I 853, berichtigt 1036)

ArbNErfG
Gesetz über Arbeitnehmererfindungen vom 25. Juli 1957 (BGBl. I 756), zuletzt geändert 5. Oktober 1994 (BGBl. I 2911)

Aufl.
Auflage

Axel Nordemann
Die künstlerische Fotografie als urheberrechtlich geschütztes Werk, Nomos Verlag, 1992

BAG
Bundesarbeitsgericht

BAGE
Amtliche Sammlung von Entscheidungen des Bundesarbeitsgerichts

BAnz
Bundesanzeiger

Bartenbach/Volz
Bartenbach, Kurt/Volz, Franz-Eugen: Arbeitnehmererfindungen – Praxisleitfaden mit Mustertexten; 4. Aufl. Köln/Berlin/München 2006

Bartsch/Lutterbeck/
Bearbeiter
Bartsch, Michael/Lutterbeck, Bernd (Hrsg. im Auftr. der Deutschen Gesellschaft für Recht und Informatik e.V.): Neues Recht für neue Medien/Informationstechnik und Recht, Bd. 7, Köln 1998

Baumbach/
Lauterbach/*Bearbeiter*
Hartmann, Peter (begr. von Baumbach, Adolf; fortgef. zunächst von Lauterbach, Wolfgang, dann von Albers, Jan und Hartmann, Peter): Zivilprozessordnung – Kommentar: mit Gerichtsverfassungsgesetz und anderen Nebengesetzen, 65. Aufl. München 2007

BauR
Baurecht – Zeitschrift für das gesamte öffentliche und zivile Baurecht, Düsseldorf

BB
Der Betriebs-Berater, Heidelberg

Bechtold/Bosch/
Brinker/Hirsbrunner
Bechtold, Rainer/Bosch, Wolfgang/Brinker, Ingo/Hirsbrunner, Simon: Kommentar zum EG-Kartellrecht: Art. 81–86 EG, EG-Kartell-VO 1/2003, Gruppenfreistellungsverordnungen 2790/1999, 1400/2002, 772/2004, 2658/2000 und 2659/2000 sowie EG-FusionskontrollVO 139/2004, München 2005

Benkard/Rogge
Benkard, Georg/Bruchhausen, Karl/Rogge, Rüdiger/Schäfers, Alfons: Patentgesetz, Gebrauchsmustergesetz, Beck'sche Kurzkommentare, Bd.4, 9. Aufl., München 2006

Begr 7. ÄndG GWB
BT-Drucks. 15/3640 v. 12.8.2004: Regierungsentwurf einschließlich Stellungnahme BRat und Gegenäußerung BRegierung zum siebten Gesetz zur Änderung des Gesetzes gegen Wettbewerbsbeschränkungen (GWB)

Begr RegE
Amtliche Begründung zum Regierungsentwurf eines Gesetzes

Begr RegE
ÄndG 1985
BT-Drucks. 10/837: Gesetzentwurf der Bundesregierung: Entwurf eines Gesetzes zur Änderung von Vorschriften auf dem Gebiet des Urheberrechts vom 22.12.1983

Begr RegE
ÄndG 1992
BT-Drucks. 12/4022: Entwurf eines Zweiten Gesetzes zur Änderung des Urheberrechtsgesetzes der Bundesregierung vom 18. Dezember 1992

Begr RegE
TKÜNReglG
BT-Drucks. 16/5846 vom 27.06.2007: Entwurf eines Gesetzes zur Neuregelung der Telekommunikationsüberwachung und anderer verdeckter Ermittlungsmaßnahmen sowie zur Umsetzung der Richtlinie 2006/24/EG

Begr RegE UrhVG
BT-Drucks. 14/7564: Entwurf (der Bundesregierung) eines Gesetzes zur Stärkung der vertraglichen Stellung von Urhebern und ausübenden Künstlern vom 23. November 2001

Berger	Berger, Christian: Das Neue Urhebervertragsrecht – Leitfaden zum deutschen Bundesrecht neue Urhebervertragsrecht, 1. Auflg. Baden-Baden 2003
Bericht RAusschusses UrhG	BT-Drucks. IV/3401: Schriftlicher Bericht des Rechtsausschusses (12. Ausschuss) über den von der Bundesregierung eingebrachten Entwurf eines Gesetzes über Urheberrecht und verwandte Schutzrechte (Urheberrechtsgesetz) – Drucksache IV/270 –
Bericht RAusschuss UrhG Infoges	BT-Drucks. 15/837 vom 9. April 2003: Beschlussempfehlung und Bericht des Rechtsausschusses (6. Ausschuss) zu [..] b) dem Gesetzentwurf der Bundesregierung – BT-Drucks. 15/38 – Entwurf eines Gesetzes zur Regelung des Urheberrechts in der Informationsgesellschaft
BeschlE IuKDG	BT–Drucks. 13/7934 vom 11.06.1997 zu Amtl. Begr IuKDG (BT-Drucks. 13/7385): Beschlussempfehlung und Bericht des Ausschusses für Bildung, Wissenschaft, Forschung, Technologie und Technikfolgenabschätzung zum IuKD-Gesetzentwurf der Bundesregierung
BeschlE RAusschuss 2. Korb	BT-Drucks. 16/5939: Beschlussempfehlung und Bericht des Rechtsausschusses (6. Ausschuss) vom 4. Juli 2007 zu BT-Drs. 16/1828: Gesetzentwurf der Bundesregierung – Entwurf eines Zweiten Gesetzes zur Regelung des Urheberrechts in der Informationsgesellschaft vom 15. Juni 2006
BeschlE RAusschuss RegE ÄndG 1985	BT-Drucks. 10/3360: Beschlussempfehlung und Bericht des Rechtsausschusses v. 17.05.1985 zu dem von der Bundesregierung eingebrachten Entwurf eines Gesetzes zur Änderung von Vorschriften auf dem Gebiet des Urheberrechts (BT-Drucks. 10/837 v. 22.12.1983)
BeschlE RAusschuss ÄndG 1998	BT-Drucks. 13/9856: Beschlussempfehlung und Bericht des Rechtsausschusses (6. Ausschuss) zu dem Gesetzentwurf der Bundesregierung – Drucksache 13/4796 – Entwurf eines Vierten Gesetzes zur Änderung des Urheberrechtsgesetzes
BeschlE RAusschuss UrhVG	BT-Drucks. 14/8058: Beschlussempfehlung und Bericht des Rechtsausschusses zu dem Entwurf eines Gesetzes zur Stärkung der vertraglichen Stellung von Urhebern und ausübenden Künstlern vom 23.01.2002
BFH	Bundesfinanzhof
BGB	Bürgerliches Gesetzbuch für das Deutsche Reich vom 18. August 1896 (RGBl. 195)
BGBl.	Bundesgesetzblatt
BGH	Bundesgerichtshof
BGHSt	Amtliche Sammlung von Entscheidungen des Bundesgerichtshofs in Strafsachen
BGHZ	Amtliche Sammlung von Entscheidungen des Bundesgerichtshofs in Zivilsachen
Binder/Kosterhon	Urheberrecht für Architekten und Ingenieure, 2003
BlPMZ	Blatt für Patent-, Muster- und Zeichenwesen, München
Büscher/Dittmar/ Schiwy	Büscher, Wolfgang/Dittmer, Stefan/Schiwy, Peter: Gewerblicher Rechtsschutz, Urheberrecht, Medienrecht – Kommentar, Köln/München 2008

Abkürzungs- und Literaturverzeichnis

BNotO	Bundesnotarordnung vom 24. Februar 1961 (BGBl. I 98)
Boddien	Boddien, Thomas W.: Alte Musik in neuem Gewand: der Schutz musikalischer Updates und der Quasischutz gemeinfreier Musikaufnahmen, 1. Aufl. Baden – Baden 2006
BOSchG	Bühnenoberschiedsgericht
BRAGO	Bundesgebührenordnung für Rechtsanwälte vom 26.Juli 1957 (BGBl. I 907)
Bröcker/Czychowski/ Schäfer	Praxishandbuch Geistiges Eigentum im Internet, München: C.H. Beck, 2003
bspw.	beispielsweise
BT-Drucks.	Bundestags-Drucksache
BuB	Buch und Bibliothek, Fachzeitschrift des Vereins der Bibliothekare an öffentlichen Büchereien e.V., Reutlingen
BuchPrG	Gesetz über die Preisbindung für Bücher: Buchpreisbindungsgesetz vom 2. September 2002 (BGBl. I S. 3448), zuletzt geändert durch das Gesetz vom 14. Juli 2006 (BGBl. I S. 1530), zuletzt geändert durch Gesetz v. 14.7.2006 I 1530
Budde	Das Rückrufsrecht des Urhebers wegen Nichtsausübung in der Musik, Berlin 1997
Büllesbach/Heymann/ *Bearbeiter*	Büllesbach, Alfred/Heymann, Thomas (Hrsg.), Informationsrecht 2000 – Perspektiven für das nächste Jahrzehnt, Informationstechnik und Recht, Bd. 9, Köln 2001
BVerfG	Bundesverfassungsgericht
BVerfGE	Amtliche Sammlung von Entscheidungen des Bundesverfassungsgerichts
BVerwG	Bundesverwaltungsgericht
BVerwGE	Amtliche Sammlung von Entscheidungen des Bundesverwaltungsgerichts
Computerprogramm-RL	Richtlinie des Rates 91/250/EWG vom 14. Mai 1991 über den Rechtsschutz von Computerprogrammen
Copyright	Offizielles Publikationsorgan der WIPO, englische Ausgabe
CR	Computer und Recht, München/Köln (ab 1985)
Czychowski, Urhebervertragsrecht	Czychowski, Christian: Das Urhebervertragsrecht als wesentlicher Bestandteil des Urheberrechts in den Staaten Zentral- und Osteuropas: eine Untersuchung der neuen Urheberrechtsgesetze in den Staaten Polen, Russland, Bulgarien und Slowenien, Berlin 1997
Datenbank-RL	Richtlinie 96/9/EG des europäischen Parlamentes und des Rates vom 11.03.1996 über den rechtlichen Schutz von Datenbanken
DdA	Droit d'Auteur, offizielles Publikationsorgan der WIPO, französische Ausgabe
Deutsch/Ellerbrock	Deutsch/Ellerbrock, Titelschutz – Werktitel und Domainnamen, 2. Aufl. München 2004
d.h.	das heisst
Dietz	Das primäre Urhebervertragsrecht in der Bundesrepublik Deutschland und den Mitgliedsstaaten der EG, 1984
Diss.	Dissertation
DJ	Deutsche Justiz
Dowd	Dowd, Raymond: Copyright Litigation Handbook, New York 2006
Dratler	Dratler, Jay: Cyberlaw: Intellectual Property in the Digital Millennium, Law Journal Press 2000

Dreier/Schulze/ *Bearbeiter*	Dreier, Thomas/Schulze, Gernot (Hrsg.): Urheberrechtsgesetz: Urheberrechtswahrnehmungsgesetz, Kunsturhebergesetz – Kommentar, 2. Aufl. München 2006
Dustmann, Die privilegierten Provider	Dustmann, Andreas: Die privilegierten Provider, Haftungseinschränkungen im Internet aus urheberrechtlicher Sicht, Schriftenreihe des Archivs für Urheber- und Medienrecht (UFITA) Bd. 196, Baden – Baden 2001
DVBl.	Deutsches Verwaltungsblatt, Köln/Berlin/Bonn/München
DVR	Datenverarbeitung im Recht, Berlin/München
E-Commerce-RL	Richtlinie 2000/31/EG des Europäischen Parlaments und des Rates vom 8. Juni 2000 über bestimmte rechtliche Aspekte der Dienste der Informationsgesellschaft, insbesondere des elektronischen Geschäftsverkehrs, im Binnenmarkt („Richtlinie über den elektronischen Geschäftsverkehr")
EDV	Elektronische Datenverarbeitung
Ehrengabe Ulmer	Roeber, Georg (Hrsg.): Der Urheber und seine Rechte, Ehrengabe für Eugen Ulmer, Schriftenreihe des Archivs für Urheber- und Medienrecht (UFITA) Heft 29, Baden-Baden 1969
ElGVG	BT-Drs. 16/3078: Entwurf eines Gesetzes zur Vereinheitlichung von Vorschriften über bestimmte elektronische Informations- und Kommunikationsdienste (Elektronischer-Geschäftsverkehr – Vereinheitlichungsgesetz)
Einl	Einleitung (ohne Zusatz: Kommentarteil dieses Werkes vor § 1 UrhG)
Enforcement-RL	Richtlinie 2004/84/EG des Europäischen Parlamentes und des Rates vom 29. April 2004 zur Durchsetzung der Rechte des Geistigen Eigentums, Abl. EG L 157/45 vom 30.4.2004
ErwG	Erwägungsgrund
EU ProdPiratVO (auch: EUPrPVO)	EU-Produktpiraterieverordnung: Verordnung (EG) Nr. 1383/2003 des Rates vom 22. Juli 2003 über das Vorgehen der Zollbehörden gegen Waren, die im Verdacht stehen, bestimmte Rechte geistigen Eigentums zu verletzen, und die Maßnahmen gegenüber Waren, die erkanntermaßen derartige Rechte verletzen, Amtsblatt Nr. L 196 vom 2.8.2003, S. 0007 – 0014
EuGVVO oder Brüssel-I-Verordnung	Europäische Verordnung Nr. 54/2001 vom 22.12.2000 über die gerichtliche Zuständigkeit und die Anerkennung und Vollstreckung von Entscheidung in Zivil- und Handelssachen, Abl. Nr. L012 v.16. 01.2002, S. 1 ff;
EuGVÜ	(Brüsseler Übereinkommen) in der Fassung des dritten Beitrittsübereinkommens (Europäisches Gerichtsstand- und Vollstreckungsübereinkommen vom 27.09.1968 (Brüsseler Übereinkommen), BGBl. 1973 II, 60; 3. Beitrittsübk. BGBl. 1994 II, 519
EV	Einigungsvertrag vom 31. August 1990 (BGBl. I I 889 – GBl. DDR I 1629)
Fernseh-RL	Richtlinie 89/552/EWG des Rates vom 3. Oktober 1989 zur Koordinierung bestimmter Rechts- und Verwaltungsvorschriften der Mitgliedstaaten über die Ausübung der Fernsehtätigkeit
FGG	Gesetz über die Angelegenheiten der freiwilligen Gerichtsbarkeit vom 17. Mai 1898 (RGBl. 189)

Abkürzungs- und Literaturverzeichnis

Ficsor   Ficsor, Mihaly: The Law of Copyright and the Internet: The 1996 WIPO Treaties, their Interpretation and Implementation, Modern Law Review, Volume 68, Number 2, March 2005, pp. 340–341(2)

Fischer/Reich   Der Künstler und sein Recht, Ein Handbuch für die Praxis, München 1992

Fischer/Schwarz/Dreher
(vormals Tröndle)   Fischer, Thomas/Schwarz, Otto/Dreher, Eduard (vormals Tröndle): Strafgesetzbuch und Nebengesetze, 55. Aufl. München 2008

Folgerechts-RL   Richtlinie 2001/84/EG des Europäischen Parlaments und des Rates vom 27. September 2001 über das Folgerecht des Urhebers des Originals eines Kunstwerks (Amtsblatt Nr.. L 272 vom 13.10.2001, S. 0032–0036)

FormH 19.11.2001
UrhVG   BT-Drucks. 14/6433: Formulierungshilfe (Antrag) zu dem Entwurf eines Gesetzes zur Stärkung der vertraglichen Stellung von Urhebern und ausübenden Künstlern vom 19. November 2002

FormH 14.01.2002
UrhVG   BT-Drucks. 14/6433: Vorblatt Formulierungshilfe (Antrag) zu dem Entwurf eines Gesetzes zur Stärkung der vertraglichen Stellung von Urhebern und ausübenden Künstlern vom 14. Januar 2002

FS 100 Jahre URG   Festschrift zum einhundertjährigen Bestehen eines eidgenössischen Urheberrechtsgesetzes, hrsg. von der Schweizerischen Vereinigung für Urheberrecht, Band 11 der Schriften zum Medienrecht, Bern 1983

FS Beier   Festschrift für Friedrich-Karl Beier zum siebzigsten Geburtstag, GRUR 1996, Heft 4, S. 273

FS Brandner   Pfeiffer, Gerd/Kummer, Joachim/Scheuch, Silke (Hrsg.): Festschrift für Hans Erich Brandner zum 70. Geburtstag, Köln 1996

FS Deringer   Everling, Ulrich/Narjes, Karl-Heinz/Sedemund, Jochim (Hrsg.): Europarecht, Kartellrecht, Wirtschaftsrecht, Festschrift für Arved Deringer, Baden-Baden 1993

FS Gaedertz   Wild, Gisela/Schulte-Franzheim, Ina-Marie/Lorenz-Wolf, Monika (Hrsg.): Festschrift für Alfred-Carl Gaedertz zum 70. Geburtstag, München 1992

FS GRUR   Beier, Friedrich-Karl/Kraft, Alfons/Schricker, Gerhard/Wadle Elmar (Hrsg.): Gewerblicher Rechtsschutz und Urheberrecht in Deutschland, Festschrift zum hundertjährigen Bestehen der Deutschen Vereinigung für gewerblichen Rechtsschutz und Urheberrecht und ihrer Zeitschrift, 2 Bände, Weinheim 1991

FS Hertin   Schertz, Christian/Omsels, Herrmann-Josef (Hrsg.): Festschrift für Paul W. Hertin zum 60. Geburtstag am 15. November 2000, München 2000

FS Hubmann   Forkel, Hans/Kraft, Alfons (Hrsg.): Beiträge zum Schutz der Persönlichkeit und ihrer schöpferischen Leistungen: Festschrift. für Heinrich Hubmann zum 70. Geburtstag, Frankfurt/M. 1985

FS Hübner   Baumgärtel, Gottfried u.a. (Hrsg.): Festschrift für Heinz Hübner zum 70. Geburtstag am 7. November 1984, Berlin 1984

FSK   Freiwillige Selbstkontrolle der deutschen Filmwirtschaft

FS Klaka   Herbst, Georg (Hrsg.): Festschrift für Rainer Klaka, Schriften zum gewerblichen Rechtsschutz, Urheber- und Medienrecht (SGRUM), Bd. 16, München 1987

FS Knap   Kriz, Jan (Hrsg.): Aktuálm Otázky (Present Problems of Copyright and Industrial Property), Festschrift für Karel Knap zum 80. Geburtstag, Prag 1989

FS Kreile   Becker, Jürgen/Lerche, Peter/Mestmäcker, Ernst-Joachim (Hrsg.): Wanderer zwischen Musik, Politik und Recht, Festschrift für Reinhold Kreile zu seinem 65. Geburtstag, Baden-Baden 1994

FS Locher   Löffelman, Peter/Korbion, Herman: Festschrift für Horst Locher zum 65. Geburtstag, Düsseldorf o.J.

FS Möhring   Hefermehl, Wolfgang/Nipperdey, Hans Carl (Hrsg.): Festschrift für Philipp Möhring zum 65. Geburtstag, München/Berlin 1965

FS Möhring II   Hefermehl, Wolfgang (Hrsg.): Festschrift für Philipp Möhring zum 75. Geburtstag, 4. Sept. 1975, München 1975

FS Nordemann I   Zollner, Bernward/Fitzner, Uwe (Hrsg.): Festschrift für Willhelm Nordemann zum 60. Geburtstag, Bernward 1999

FS Nordemann II   Loewenheim, Ulrich (Hrsg.): Urheberrecht im Informationszeitalter, Festschrift für Wilhelm Nordemann zum 70. Geburtstag, München 2004

FS Nirk   Bruchhausen, Karl/Hefermehl, Wolfgang/Hommelhoff, Peter/Messer, Herbert (Hrsg.): Festschrift für Rudolf Nirk zum 70. Geburtstag, München 1992

FS östUrhG   Dittrich, Robert (Hrsg.): Festschrift 50 Jahre Urheberrechtsgesetz, Österreichische Schriftenreihe zum gewerblichen Rechtsschutz, Urheber- und Medienrecht, Bd. 4, Wien 1986

FS Oppenhoff   Jagenburg, Walter (Hrsg.): Festschrift für Walter Oppenhoff zum 80. Geburtstag, München 1985

FS Pedrazzini   Brem, Ernst/Druey, Jean Nicolas/Kramer, Ernst A./Schwancker, Ivo (Hrsg.): Festschrift zum 65. Geburtstag von Mario M. Pedrazzini, Bern 1990

FS Piper   Erdmann, Willi/Gloy, Wolfgang/Herber, Rolf (Hrsg.): Festschrift für Henning Piper, München 1996

FS Quack   Westermann, Harm Peter/Rosener, Wolfgang/Bekker, Friedrich/Jacobsen, Kay (Hrsg.) Festschrift für Karlheinz Quack zum 65. Geburtstag am 3.Januar 199I, Berlin/New York 1991

FS Raue   Jacobs, Rainer/Papier, Hans-Jürgen/Schuster, Peter-Klaus (Hrsg.): Festschrift für Peter Raue zum 65. Geburtstag am 04. Februar 2006, Köln/Berlin/München 2006

FS Reichardt   Scheuermann, Andreas/Strittmatter, Angelika (Hrsg.): Urheberrechtliche Probleme der Gegenwart, Festschrift für Ernst Reichardt zum 70. Geburtstag, UFITA-Schriftenreihe, Bd. 92, Baden-Baden 1990

FS Reischl   Ress, Georg (Hrsg.): Entwicklung des europäischen Urheberrechts = Intellectual property rights and EC law/Wiss. Kolloquium anlässl. d. 70. Geburtstags von Gerhard Reischl, Baden-Baden 1989

FS Roeber I   Roeber, Georg/Herschel, Wilhelm (Hrsg.) Festschrift für Georg Roeber, UFITA-Schriftenreihe, Heft 46, Berlin 1973

FS Roeber II   Herschel, Wilhelm (Hrsg.): Festschrift für Georg Roeber zum 10. Dezember 1981, Freiburg 1982

FS Schönherr   Barfuß, Walter u.a. (Hrsg.): Wirtschaftsrecht in Theorie und Praxis, Gedenkschrift für Fritz Schönherr, Wien 1986

FS Schricker 60. Geb.   Baier, Friedrich-Karl/Götting, Horst-Peter/Lehmann, Michael/Moufang, Rainer (Hrsg.): Urhebervertragsrecht, Festgabe für Gerhard Schricker zum 60. Geburtstag, München 1995

FS Schricker 70. Geb.   Ohly, Ansgar/Bodewig, Theo/Dreier, Thomas (Hrsg.): Perspektiven des geistigen Eigentums und Wettbewerbsrecht, Festschrift für Gerhard Schricker zum 70. Geburtstag, München 2005

FS Thurow	Rehbinder, Manfred: Aktuelle Rechtsprobleme des Urheber- und Leistungsschutzes sowie der Rechtewahrnehmung, Festschrift für Norbert Thurow, Schriftenreihe des Archivs für Urheber- und Medienrecht (UFITA) Bd. 163, 1. Aufl. Baden-Baden 1999
FS Troller	Brügger, Paul (Hrsg.): Homo creator, Festschrift für Alois Troller, Basel 1976
FS Uchtenhagen	Schweizerische Vereinigung für Urheberrecht (Hrsg.): Urheberrecht und kulturelle Entwicklung, Festschrift zum 60. Geburtstag von Ulrich Uchtenhagen, Schriftenreihe des Archivs für Urheber- und Medienrecht (UFITA) Bd. 75, Baden-Baden 1987
FS Ulmer	Baier, Friedrich-Karl/Schricker, Gerhard/Fikentscher, Wolfgang/Krasser, Rudolf: Beiträge zum Gewerblichen Rechtsschutz, Urheberrecht und Wirtschaftsrecht, Festschrift für Eugen Ulmer zum 80. Geburtstag, Köln/Berlin/Bonn/München 1973
FS v. Gamm	Erdmann, Willi/Mees, Hans-Kurt/Piper, Henning/Teplitzky, Otto/Hefermehl, Wolfgang/Ulmer, Peter (Hrsg.): Festschrift für Otto-Friedrich Frhr. von Gamm, Köln/Berlin/Bonn/München 1990
FS Wendel	Festschrift für Senatspräsident Wilhelm Wendel, München 1969
FS Wolf Schwarz	Rehbinder, Manfred/Schwarz, Wolf (Hrsg.): Zum Film- und Medienrecht: Festschrift für Wolf Schwarz zum 70. Geburtstag, Baden-Baden 1988
FuR	Film und Recht, Zeitschrift für Urheber- und Medienrecht, München (bis 1984, seither ZUM)
Furler	Geschmacksmustergesetz, 4. Aufl. 1985
G	Gesetz
Gaster	Gaster, Jens L.: Der Rechtsschutz von Datenbanken, Kommentar zur Richtlinie 96/9/EG mit Erläuterungen zur Umsetzung in das deutsche und österreichische Recht, Köln/Berlin/Bonn/München 1999
GBl. DDR	Gesetzblatt der Deutschen Demokratischen Republik
GebrMG	Gebrauchsmustergesetz vom 5. Mai 1933 in der Fassung vom 28. August 1986 (BGBl. I 1455)
Gegenäußerung BReg in RegE 2. Korb	BT-Drucks. 16/1828, Anlage 3: Gegenäußerung der Bundesregierung auf die Stellungnahme des Bundesrates vom 19. Mai 2006 zum Regierungsentwurf vom 22. März 2006 (Anlage 2)
Gegenäußerung BReg zur StellungN BRat UrhG Infoges	Gegenäußerung der Bundesregierung zur Stellungnahme des Bundesrates vom 27. September 2002 zum Entwurf eines Gesetzes zur Regelung des Urheberrechts in der Informationsgesellschaft; abrufbar auf http://www.urheberrecht.org/topic/Info-RiLi/
GEMA	Gesellschaft für musikalische Aufführungs- und mechanische Vervielfältigungsrechte, Berlin/München
GemVergRegel	Gemeinsame Vergütungsregel i.S.d. § 36 UrhG
GeschmMG	Gesetz betreffend das Urheberrecht an Mustern und Modellen (Geschmacksmustergesetz) vom 11. Januar 1876 (RGBl. 11), in der Fassung vom 18. Dezember 1986 (BGBl. I 2501)
GewO	Gewerbeordnung vom 21. Juni 1869 in der Fassung vom 1. Januar 1987 (BGBl. I 425), zuletzt geändert am 24. März 1997 (BGBl. I 594)

GG	Grundgesetz für die Bundesrepublik Deutschland vom 23. Mai 1949 (BGBl. 1)
ggf.	gegebenenfalls
gl.A.	gleicher Ansicht
GmbHG	Gesetz betreffend die Gesellschaften mit beschränkter Haftung vom 20. April 1892 in der Fassung vom 20. Mai 1898 (RGBl. 846)
Goldbaum	Urheberrecht und Urhebervertragsrecht, 2. Aufl., Baden-Baden 1927
Goldstein, Copyright	Goldstein, Paul: Copyright, Loseblattsammlung, 3. Auflage, Stand 16.06.2008
Groß/Stumpf	Stumpf, Herbert/Groß, Michael: Der Lizenzvertrag, 8. Aufl., Frankfurt am Main 2005
GRUR	Gewerblicher Rechtsschutz und Urheberrecht, Weinheim/Bergstraße
GRUR Int.	Gewerblicher Rechtsschutz und Urheberrecht, Internationaler Teil, Weinheim/Bergstraße
grds.	grundsätzlich
GS Hofmeister	Gedächtnisschrift Herbert Hofmeister, hrsg. Werner Ogris/Walter H. Rechberger, Wien 1996
GVL	Gesellschaft zur Verwertung von Leistungsschutzrechten, Hamburg, www.gvl.de
Haas	Haas, Lothar: Das neue Urhebervertragsrecht: systematische Darstellung des Gesetzes zur Stärkung der vertraglichen Stellung von Urhebern und ausübenden Künstlern; mit einer Synopse zum neuen und alten Recht sowie den Gesetzesmaterialien, München 2002
Haberstumpf	Haberstumpf, Helmut: Handbuch des Urheberrechts, 2. Aufl. Neuwied 2000
Haberstumpf/ Hintermeier	Einführung in das Verlagsrecht, Darmstadt 1985
Halbs.	Halbsatz
Harte-Bavendamm/ *Bearbeiter*	Harte-Bavendamm, Henning (Hrsg.), Ammendola, Maurizio: Handbuch der Markenpiraterie in Europa, 1. Aufl. München 2000
Harte/Henning/ *Bearbeiter*	Harte-Bavendamm, Henning/Henning-Bodewig, Frauke (Hrsg.), Ahrens, Hans-Jürgen: Kommentar zum Gesetz gegen den unlauteren Wettbewerb (UWG), München 2004
Hildebrandt	Hildebrandt, Ulrich: Die Strafvorschriften des Urheberrechts, Berlin 2001
Hilgendorf/Frank/ Valerius	Hilgendorf, Eric/Thomas Frank/Brian Valerius, Computer- und Internetstrafrecht, Berlin/Heidelberg 2005
HK-UrhR/*Bearbeiter*	Dreyer, Gunda/Kotthoff, Jost/Meckel, Astrid (Hrsg.): Heidelberger Kommentar zum UrhG, Heidelberg 2004
Hoeren/Sieber	Hoeren, Thomas/Sieber, Ulrich (Hrsg.), Becker, Jürgen: Handbuch Multimedia-Recht – Rechtsfragen des elektronischen Geschäftsverkehrs, Bd. 2, München 2000/Bd. 3 München Dezember 1998
h.M.	herrschende Meinung
Hucko	Hucko, Elmar Matthias: Das neue Urhebervertragsrecht; angemessene Vergütung – neuer Bestsellerparagraf – gemeinsame Vergütungsregeln; Text mit Einführung und Materialien, Halle/Saale 2002
HWSt/*Bearbeiter*	Handbuch Wirtschaftsstrafrecht

i.a.R.	in aller Regel
i.d.R.	in der Regel
i.d.S.	in diesem Sinne
i.E.	im Ergebnis
i.e.S.	im engeren Sinne
Immenga/Mestmäcker/	
Bearbeiter	Immenga, Ulrich (Hrsg.), Dannecker, Gerhard: Gesetz gegen Wettbewerbsbeschränkungen: GWB; Kommentar/Immenga/ Mestmäcker, 3. Aufl. München 2001
Info-RL	Richtlinie 2001/29/EG des Europäischen Parlaments und des Rates zur Harmonisierung bestimmter Aspekte des Urheberrechts und der verwandten Schutzrechte in der Informationsgesellschaft vom 22.05.2001
Ingerl/Rohnke	Ingerl, Reinhard/Rohnke, Christian: Markengesetz: Gesetz über den Schutz von Marken und sonstigen Kennzeichen, 2. Aufl. München 2003
insb.	insbesondere
Intergu-Jahrbücher	Jahrbücher der Internationalen Gesellschaft für Urheberrecht, Band 1, 1964; Band 2, 1973; Band 3, 1975; Band 4, 1979; Band 5, 1983; Band 6, 1987, hrsg. von Erich Schulze, Wien
IPC	Industrial Property and Copyright (Nachfolgezeitschrift für Copyright), Genf (WIPO) seit 1995
IPRax	Praxis des internationalen Privat- und Verfahrensrechts, Bielefeld
iSd.	im Sinne des
IuKDG	Informations- und Kommunikationsdienste-Gesetz vom 22. Juli 1997 (BGBl. I 1870)
i.V.m.	in Verbindung mit
i.wst.S.	Im weitesten Sinne
i.w.S.	Im weiteren Sinne
Jaeger/Metzger	Jaeger, Till/Metzger, Axel: Open-source-Software, Rechtliche Rahmenbedingungen der freien Software, 2. Aufl. München 2006
Irlbeck	Irlbeck, Thomas/Langenau, Frank (unter Mitarb. von Frank Mayer., Hrsg. von Christian Spitzner): Computer-Lexikon: die umfassende Enzyklopädie, 4. Auflg. München 2002
Jhrd.	Jahrhundert
JR	Juristische Rundschau, Berlin
JuS	Juristische Schulung, München/Berlin
JZ	Juristenzeitung, Tübingen
Katzenberger,	
Folgerecht	Katzenberger, Paul: Das Folgerecht im deutschen und ausländischen Urheberrecht, München 1970
KG	Kammergericht
Kilian/Heussen	Kilian, Wolfgang/Heussen, Benno (Hrsg.), Götz, Joachim: Computerrechtshandbuch – Computertechnologie in der Rechts- und Wirtschaftspraxis, *Loseblatt, Stand: 15. Oktober 1989*
KUG	Gesetz betreffend das Urheberrecht an Werken der bildenden Künste und der Photographie vom 9. Januar 1907 (RGBl. 7)
Kunst und Recht	Justiz und Recht, mit Beiträgen von Cassens/Deutsch/Götte/ Krauss/Maiwald/Mußgnug/Nicolaus/Picker/Schmitz, Schriften der Deutschen Richterakademie, Bd. 2, Heidelberg 1985

Ls.	Leitsatz (nur Leitsatz abgedruckt)
Lackner/*Bearbeiter*	Strafgesetzbuch: Kommentar, 26., neu bearb. Aufl. des von Eduard Dreher und Hermann Maassen begr. und von Karl Lackner, seit der 21. Aufl. neben ihm von Kristian Kühl, seit der 25. Aufl. von diesem allein fortgef. Werkes, München 2007
LAG	Landesarbeitsgericht
Langen/Bunte	Langen, Eugen (Begr.), Bunte, Hermann-Josef (Hrsg.), Bornkamm, Joachim (Bearb.), Bahr, Christian (Bearb.): Kommentar zum deutschen und europäischen Kartellrecht, Bd. 1. Deutsches Kartellrecht, 10. Aufl. München 2006/Bd. 2. Europäisches Kartellrecht, 10. Aufl. München 2006
ldgl	lediglich
Lehmann/*Bearbeiter*	Lehmann, Michael (Hrsg.): Internet- und Multimediarecht (Cyberlaw), Stuttgart 1996
Leiss	Verlagsgesetz, Kommentar mit Vertragsmustern, Berlin/New York 1974
Leistner	Leistner, Matthias: Der Rechtsschutz von Datenbanken im deutschen und europäischen Recht: eine Untersuchung zur Richtlinie 96/9/EG und zu ihrer Umsetzung in das deutsche Urheberrechtsgesetz, München 2001
LG	Landgericht
Lit.	Literatur
Lit. Verz.	Abkürzungs- und Literaturverzeichnis (dieses Werkes)
Löwe/Rosenberg/ *Bearbeiter*	Strafprozessordnung, Berlin, 26. Aufl. 2006
Loewenheim/ *Bearbeiter*	Handbuch des Urheberrechts, München 2003
Loewenheim/Koch	Praxis des Online-Rechts. Mit einer CD-Rom, Weinheim 1998
Loewenheim, Urheberrechtliche Grenzen	Loewenheim, Ulrich: Urheberrechtliche Grenzen der Verwendung geschützter Dokumente in Datenbanken, AfP-Praxisreihe, Stuttgart 1994
Loewenheim/Meessen/ Riesenkampff/ *Bearbeiter*	Kartellrecht, Kommentar,
LUG	Gesetz betreffend das Urheberrecht an Werken der Literatur und der Tonkunst vom 19. Juni 1901 (RGBl. 227)
LVG	Literarische Verwertungsgesellschaft, Wien
Magazin-Dienst	Publikationsorgan des Verbandes Sozialer Wettbewerb e. V., Berlin
Marly, Softwareüberlassungsverträge	Marly, Jochen: Softwareüberlassungsverträge: Erscheinungsformen, Leistungsstörungen, Vertragsgestaltung, Allgemeine Geschäftsbedingungen, Musterverträge; 4. Aufl. München 2004
Marly, Urheberrechtsschutz	Urheberrechtsschutz für Computersoftware in der Europäischen Union: Abschied vom überkommenen Urheberrechtsverständnis, München 1995
Marwitz-Möhring	Marwitz, Bruno/Möhring, Philipp: Das Urheberrecht an Werken der Literatur und der Tonkunst in Deutschland: Kommentar zum Reichsgesetz vom 19. Juni 1901/22. Mai 1910, Berlin 1929
Mauhs	Mauhs, Angela: Der Wahrnehmungsvertrag, Baden-Baden 1991
MDR	Monatsschrift für Deutsches Recht, Hamburg

Medienautobahn	Auf der Medienautobahn, Urheber im Zeitalter der digitalen Reproduzierbarkeit, Autorensymposium vom 14. 5 1995 in Berlin
Mes	Mes, Peter: Patentgesetz, Gebrauchsmustergesetz – Kommentar, München 2005
Mestmäcker/Schulze	Mestmäcker, Ernst J./Schulze, Erich: Kommentar zum deutschen Urheberrecht, Loseblattsammlung, 1. Aufl. 1989
Meyer-Goßner, StPO	Strafprozessordnung, Kommentar, 51. Aufl. München 2008
Meyers Lexikon	Glücksmann, Anselm u.a. (Mitverf.); Püschel, Heinz (Hrsg.): Taschenlexikon Urheberrecht, Leipzig 1975
MinE	Ministerialentwurf
Mitt.	Mitteilungen der deutschen Patentanwälte, Köln/Berlin/Bonn/München
m.w.N.	mit weiteren Nachweisen
MMR	Multimedia und Recht
Möhring/Nicolini/ *Bearbeiter*	Möhring, Philipp/Nicolini, Käte (Hrsg.): Urheberrechtsgesetz – Kommentar, 2. Aufl. München 2000
Moser/Scheuermann	Moser, Rolf/Scheuermann, Andreas: Handbuch der Musikwirtschaft, 4. Aufl. Starnberg/München 1997
Münchener Vertragshandbuch/ *Bearbeiter*	Band 3: Handels- und Wirtschaftsrecht, Teil IX, Werbe- und Wettbewerbsrecht (bearb. von Gloy/Klosterfelde) sowie Teil IX, Verlags- und Urheberrecht (bearb. von Nordemann/Vinck/Hertin), 3. Aufl. München 1992
MüKo/*Bearbeiter*	Münchener Kommentar zum Bürgerlichen Gesetzbuch (BGB) – Gesamtwerk in 11 Bänden, 5. Aufl. München 2006
Nimmer/Geller	Geller, Paul Edward (G.E.): International Copyright Law and Practice, 2 Bände, New York 1988
Nirk	Nirk, Rudolf: Gewerblicher Rechtsschutz, Urheber- und Geschmacksmusterrecht, Erfinder-, Wettbewerbs-, Kartell- und Warenzeichenrecht, Studienbücher Rechtswissenschaft, Stuttgart 1981
NJW	Neue Juristische Wochenschrift, München
NJW-CoR	NJW-Computerreport, München
NJW-RR	NJW-Rechtsprechungs-Report, München (seit 1986)
Nordemann	Nordemann Willhelm: Wettbewerbsrecht – Markenrecht, 10. Aufl. Baden-Baden 2004
Nordemann/Vinck/ Hertin	Internationales Urheberrecht und Leistungsschutzrecht der deutschsprachigen Länder unter Berücksichtigung auch der Staaten der Europäischen Gemeinschaft, Düsseldorf 1977
Nordemann/Vinck/ Hertin/Meyer	Nordemann, Wilhelm/Vinck, Kai/Hertin, Paul W. (Hrsg.), Meyer, Gerald (Bearb.): International copyright and neighbouring rights law: commentary with special emphasis on the European Community, Weinheim/Basel/New York 1990
n.rkr.	nicht rechtskräftig
n.veröfftlt.	nicht veröffentlicht
NStZ	Neue Zeitschrift für Strafrecht, München
o.Ä.	oder Ähnliches
öBGBl.	österreichisches Bundesgesetzblatt
ÖBl.	Österreichische Blätter für gewerblichen Rechtsschutz und Urheberrecht, Wien
ÖSGRUM	Österreichische Schriftenreihe zum gewerblichen Rechtsschutz, Urheber- und Medienrecht, hrsg. von Robert Dittrich, Wien

o.g.	oben genannt
OGH	Oberster Gerichtshof für die Britische Zone, Köln (vgl. auch Öst. OGH)
OLG	Oberlandesgericht
OMPI	Organisation Mondiale de la Propriété Intellectuelle (= WIPO)
ÖSGRUM	Österreichische Schriftenreihe zum gewerblichen Rechtsschutz, Urheber- und Medienrecht
Öst. OGH	Österreichischer Oberster Gerichtshof
Öst. VwGH	Österreichischer Verwaltungsgerichtshof
Palandt/*Bearbeiter*	Palandt, Otto (Hrsg.), Bassenge, Peter u.a. (Bearb.): Bürgerliches Gesetzbuch Beck'sche Kurz-Kommentare, Bd. 7, 66. Aufl. München 2006
ProdPiratG	Produktpirateriegesetz: Gesetz zur Stärkung des Schutzes des geistigen Eigentums und zur Bekämpfung der Produktpiraterie (BGBl. I 1990, 422)
ProfE UrhVG	Vorschläge für den Entwurf eines Gesetzes zur Stärkung der vertraglichen Stellung von Urhebern und ausübenden Künstlern, dem Bundesministerium der Justiz übergeben am 22. Mai 2000, sog. Professorenentwurf
2. ProfE UrhVG	Überarbeitete Fassung der Vorschläge für den Entwurf eines Gesetzes zur Stärkung der vertraglichen Stellung von Urhebern und ausübenden Künstlern, dem Bundesministerium der Justiz übergeben am 17. August 2000, sog. Überarbeiteter Professorenentwurf
Quellen (auch Möhring/Schulze/ Ulmer/Zweigert)	Möhring, Philipp/Schulze, Erich/Ulmer, Eugen/Zweigert, Konrad (Begr.); fortgeführt von Puttfarken, Hans-Jürgen/Katzenberger, Paul/Schricker, Gerhard/Schulze, Erich/Schulze, Marcel: Quellen des Urheberrechts: Gesetzestexte aller Länder; mit deutschen Übersetzungen, systematischen Einführungen und tabellarischen Übersichten; Texte der multinationalen Abkommen mehrteiliges Werk, ab 1961, Neuwied, 40. Erg. Lief. 1997
RdA	Recht der Arbeit
Recht im Verlag	Müller von der Heide, Kristian (hrsg. im Auftrag des Börsenvereins des deutschen Buchhandels): Recht im Verlag: ein Handbuch für die Praxis; [mit Vertragsregelungen über Elektronisches Publizieren] Frankfurt 1995
Redeker/*Bearbeiter*	Redeker, Helmut (Hrsg.): Handbuch der IT-Verträge, Grundwerk zur Fortsetzung, Stand: Lieferung 14. Oktober 2007
RefE	Referentenentwurf
RefE 2. Korb 27.09.2004	Erster Referentenentwurf für ein Zweites Gesetz zur Regelung des Urheberrechts in der Informationsgesellschaft aus dem BMJ vom 27.09.2004
RefE 2. Korb Januar 2006	Zweiter Referentenentwurf für ein Zweites Gesetz zur Regelung des Urheberrechts in der Informationsgesellschaft aus dem BMJ vom 26.01.2006
RefE UmsG Enforcement-RL (03.01.2006)	Referentenentwurf des BMJ zur Umsetzung der Enforcement-RL in deutsches Recht vom 3.1.2006, abrufbar auf http://www.urheberrecht.org/topic/enforce/
RefE UrhG Infoges	Referentenentwurf für ein Gesetz zum Urheberrecht in der Informationsgesellschaft vom 18. März 2002

RefE UrhVG	Referentengutachten für den »Entwurf eines Gesetzes zur Stärkung der vertraglichen Stellung von Urhebern und ausübenden Künstlern« v. 17.05.2001 in der vom Kabinett beschlossenen Fassung vom 30. Mai 2001
RegE	Regierungsentwurf
RegE 2. Korb	BT-Drucks. 16/1828: Anlage 1: Gesetzentwurf der Bundesregierung – Entwurf eines Zweiten Gesetzes zur Regelung des Urheberrechts in der Informationsgesellschaft vom 15. Juni 2006
RegE ÄndG 1983	BT-Drucks. 10/837: Entwurf eines Gesetzes zur Änderung von Vorschriften auf dem Gebiet des Urheberrechts der Bundesregierung vom 22. Dezember 1983
RegE ÄndG 1992	BT-Drucks. 12/4022: Entwurf eines Zweiten Gesetzes zur Änderung des Urheberrechtsgesetzes der Bundesregierung vom 18. Dezember 1992
RegE ÄndG 1994	BT-Drucks. 13/115: Entwurf eines Dritten Gesetzes zur Änderung des Urheberrechtsgesetzes der Bundesregierung vom 21.12.1994
RegE ÄndG 1994/I	BR-Drucksache 218/94: Entwurf eines Dritten Gesetzes zur Änderung des Urheberrechtsgesetzes der Bundesregierung vom 18. März 1994
RegE ÄndG 1994/II	BR-Drucksache 876/94: Entwurf eines Dritten Gesetzes zur Änderung des Urheberrechtsgesetzes der Bundesregierung vom 23. September 1994
RegE ÄndG 1995	BT-Drucks. 13/781: Entwurf eines Vierten Gesetzes zur Änderung des Urheberrechtsgesetzes der Bundesregierung vom 19. März 1995
RegE ÄndG 1996	BR-Drucksache 212/96: Entwurf eines Vierten Gesetzes zur Änderung des Urheberrechtsgesetzes der Bundesregierung vom 22. März 1996
RegE ÄndG 1996/I	BT-Drucks. 13/4796: Entwurf der Bundesregierung eines Vierten Gesetzes zur Änderung des Urheberrechtsgesetzes vom 4. Juni 1996
RegE IuKDG 1996	BR-Drucksache 966/96: Entwurf eines Gesetzes zur Regelung der Rahmenbedingungen für Informations- und Kommunikationsdienste der Bundesregierung vom 20. Dezember 1996
RegE ProdPiratG	BT-Drucks. 11/4792: Entwurf eines Gesetzes zur Bekämpfung der Produktpiraterie der Bundesregierung vom 15. Juni 1989
RegE TDG	BT-Drucks. 14/6098: Regierungsentwurf eines Gesetzes über rechtliche Rahmenbedingungen für den elektronischen Geschäftsverkehr vom 17. Mai 2001
RegE UmsG Enforcement-RL	BT-Drs. 16/5048: Entwurfs eines Gesetzes zur Verbesserung der Durchsetzung von Rechten des geistigen Eigentums vom 20. April 2007
RegE UrhG	BT-Drucks. IV/270: Entwurf eines Gesetzes über Urheberrecht und verwandte Schutzrechte (Urheberrechtsgesetz) der Bundesregierung vom 23. März 1962
RegE UrhG Infoges	BT-Drucks. 15/38: Gesetzentwurf der Bundesregierung – Entwurf eines Gesetzes zur Regelung des Urheberrechts in der Informationsgesellschaft – vom 6. November 2002
RegE UrhVG	BT-Drucks. 14/7564 Gesetzentwurf der Bundesregierung – Entwurf eines Gesetzes zur Stärkung der vertraglichen Stellung von Urhebern und ausübenden Künstlern vom 23. November 2001
Rehbinder	Rehbinder, Manfred: Urheberrecht: ein Studienbuch, 14. Aufl. München 2006
RG	Reichsgericht

RGBl.	Reichsgesetzblatt
RGSt	Amtliche Sammlung von Entscheidungen des Reichsgerichts in Strafsachen
RGZ	Amtliche Sammlung von Entscheidungen des Reichsgerichts in Zivilsachen
RIDA	Revue Internationale du Droit d'Auteur, Paris
Riedel	Urheberrechtsgesetz und Verlagsgesetz mit Nebengesetzen, Loseblattsammlung, Wiesbaden ab 1967, Originalmusik und Musikbearbeitung, Berlin 1971
Riedel, Fotorecht	Riedel, Hermann (Verf.), Karpf-Kerkmann, Hildrun (Hrsg.): Fotorecht für die Praxis: Handbuch; Einführung in das Recht der Fotografie, fotografisches Urheberrecht und Bildnisschutz, 4. Aufl. München 1988
RL	(EU-)Richtlinie
Rochlitz	Rochlitz, Burkhard: Der strafrechtliche Schutz des ausübenden Künstlers, des Tonträger- und Filmherstellers und des Sendeunternehmens: dargest. auf d. Hintergrund d. sogen. Tonträger- u. Videopiraterie, Frankfurt/M. 1987
Rn.	Randnummer
Rspr.	Rechtsprechung
RuStAG	Reichs- und Staatsangehörigkeitsgesetz vom 22. Juli 1913 (RGBl. 583)
r.V.	rechtsfähiger Verein
S.	Satz (eines Paragraphen im Gesetz)
s.a.	siehe auch
Satelliten- und Kabel-RL	Richtlinie 93/83/EWG des Rates vom 27. September 1993 zur Koordinierung bestimmter urheber- und leistungsschutzrechtlicher Vorschriften betreffend Satellitenrundfunk und Kabelweiterverbreitung (Abl. EG Nr. L 248 v. 06.10.1993, S. 15)
Schaub	Schaub, Günter: Arbeitsrechts-Handbuch: systematische Darstellung und Nachschlagewerk für die Praxis, 12. Aufl. München 2007
Scheurle/Mayen	Scheurle, Klaus-Dieter/Mayen, Thoma: Telekommunikationsgesetz, 2. Aufl. München 2008
Schmid/Wirth	Handkommentar zum UrhG, 1. Aufl. 2004
Schneider	Schneider, Jochen: Handbuch des EDV-Rechts: IT-Vertragsrecht – Rechtsprechung – AGB – Vertragsgestaltung – Datenschutz, Rechtsschutz, 3. Aufl. Köln 2003
Schönke/Schröder/ *Bearbeiter*	Schönke, Adolf; Lenckner, Theodor: Strafgesetzbuch – Kommentar, 27. Aufl. München 2006
Schricker/*Bearbeiter*	Schricker, Gerhard (Hrsg.)]: Urheberrecht: Kommentar, 3. Aufl. München 2006
Schricker, UrhR InfoGes	Dreier, Thomas/Katzenberger, Paul/v. Lewinski, Silke/Schricker, Gerhard: Urheberrecht auf dem Weg zur Informationsgesellschaft, Baden – Baden 1997
Schricker, VerlagsR	Schricker, Gerhard: Verlagsrecht, Kommentar zum Gesetz über das Verlagsrecht vom 19. Juni 1901, 3. Aufl. München 2001
Schröter/Jakob/ Mederer	Schröter, Helmuth (Hrsg.): Kommentar zum Europäischen Wettbewerbsrecht, 1. Aufl. Baden-Baden 2003
Schulze, Urheberrecht in der Musik	Schulze, Erich: Urheberrecht in der Musik und die deutsche Urheberrechtsgesellschaft, Berlin 1951
Schulze BGHZ	Rechtsprechung zum Urheberrecht (Entscheidungssammlung), München

Schulze	Schulze, Marcel: Materialien zum Urheberrechtsgesetz [Neuwied: Luchterhand] Materialien zum Urheberrechtsgesetz/Bd. 1., 2. Aufl. 1997 Materialien zum Urheberrechtsgesetz/Bd. 2., 2. Aufl. 1997 Materialien zum Urheberrechtsgesetz/Bd. 3, 1. Aufl. 2002
Schutzdauer-RL	Richtlinie 93/98/EWG des Rates vom 29.10.1993 zur Harmonisierung der Schutzdauer des Urheberrechts und bestimmter verwandter Schutzrechte
SchVG	Gesetz zur Verlängerung der Schutzfristen im Urheberrecht vom 13.12. 1934 (RGBl. II 1395)
Schwarze	Schwarze, Jürgen (Hrsg.), Berg, Klaus (Mitverf.): Fernsehen ohne Grenzen: d. Errichtung d. Gemeinsamen Marktes für d. Rundfunk, insbesondere über Satellit u. Kabel; Beitr. zu e. Medien-Rechtl. Kolloquium d. Inst. für Integrationsforschung d. Stiftung Europa-Kolleg, Hamburg am 7./8. Dezember 1984, Baden-Baden 1985
Soergel/Siebert	Soergel, Hans Theodor (Begr.); Siebert, Wolfgang (Hrsg.); Baur, Jürgen F.: Bürgerliches Gesetzbuch: mit Einführungsgesetz und Nebengesetzen; Kohlhammer-Kommentar, 13. Aufl. Stuttgart
Schack	Schack, Haimo: Urheber- und Urhebervertragsrecht, 2. Aufl. Tübingen 2000
sog.	sogenannte/er/es
StellungN BR	Stellungnahme des Bundesrates
StellungN BR RegE 2. Korb	BT-Drucks. 16/1828, Anlage 2: Die Stellungnahme des Bundesrates vom 19. Mai 2006 zum Regierungsentwurf vom 22. März 2006: »Entwurf eines Zweiten Gesetzes zur Regelung des Urheberrechts in der Informationsgesellschaft«, siehe auch BR-Drucks. 257/06: Stellungnahme des Bundesrates zum Gesetz
StellungN BR RegE UmsG Enforcement-RL	BT-Drucks. 16/5048: Stellungnahme des Bundesrates zu dem Entwurfs eines Gesetzes zur Verbesserung der Durchsetzung von Rechten des geistigen Eigentums, Anlage 2, S. 53 ff.
StellungN BR RegE UrhG Infoges	BT-Drucks. 15/38, Anlage 2, S. 35 ff. oder BR-Drucks. 684/02 (Beschluss) v. 27.09.02: Stellungnahme des Bundesrates zum Entwurf eines Gesetzes zur Regelung des Urheberrechts in der Informationsgesellschaft
StellungN BR RegE UrhVG	BR-Drucksache 404/1/01: Stellungnahme der Bundesrates zum Entwurf eines Gesetzes zur Stärkung der vertraglichen Stellung von Urhebern und ausübenden Künstlern vom 13.07.2001
StGB	Strafgesetzbuch vom 15. Mai 1871 (RGBl. 127) in der Fassung vom 10. März 1987 (BGBl. I 945, 1160)
st.Rspr.	ständige Rechtsprechung
StVO	Straßenverkehrsordnung vom 16. November 1970 (BGBl. I 1565; 1971 I 38)
Teplitzky[9]	Teplitzky, Otto: Wettbewerbsrechtliche Ansprüche und Verfahren: Unterlassung – Beseitigung – Auskunft – Schadensersatz. Anspruchsdurchsetzung und Anspruchsabwehr, 9. Aufl. Köln 2006
TKÜNReglG	Gesetz zur Neuregelung der Telekommunikationsüberwachung und anderer verdeckter Ermittlungsmaßnahmen sowie zur Umsetzung der Richtlinie 2006/24/EG vom 21.12.2007, BGBl I 2007, 3198; in Kraft getreten am 1.1.2008

TMG	Telemediengesetz; BGBl. I 2007, 179; in Kraft getreten zum 1.3.2007
Troller	Troller, Alois: Immaterialgüterrecht, Patentrecht, Markenrecht, Urheberrecht, Muster- und Modellrecht, Wettbewerbsrecht, Band I, 3. Aufl. Basel/Frankfurt 1983
tw.	teilweise
u.Ä.	und Ähnliches
UFITA	Archiv für Urheber-, Film-, Funk- und Theaterrecht Bern (vormals Berlin)
Ullrich/Lejeune	Ullrich, Hanns/Lejeune, Mathias (Hrsg.); Adams, John N: Der internationale Softwarevertrag nach deutschem und ausländischem Recht, 2. Aufl. Frankfurt/M. 2006
Ulmer	Ulmer, Eugen: Urheber- und Verlagsrecht, 3. Aufl. Berlin/Heidelberg 1980
Ulmer, UrhSchutz	Ulmer, Eugen: Der Urheberrechtschutz wissenschaftlicher Werke unter besonderer Berücksichtigung der Programme elektronischer Rechenanlagen, 1967
Ulmer, ITRB	Der IT-Rechtsberater: ITRB; Informationsdienst für die EDV-, multimedia- und TK-rechtliche Beratungspraxis, Köln, seit 1.2001
Ulmer, Die Immaterialgüterrechte im IPR	Ulmer, Eugen: Die Immaterialgüterrechte im internationalen Privatrecht: rechtsvergleichende Untersuchung mit Vorschlägen f. d. Vereinheitlichung in d. Europ. Wirtschaftsgemeinschaft, Köln/Berlin/Bonn/München 1975
Ulmer-Eilfort	Ulmer-Eilfort, Constanze: US-Filmproduzenten und deutsche Vergütungsansprüche, 1. Aufl. Baden-Baden 1993
UNESCO	United Nations Educational, Scientific and Cultural Organization (Organisation der Vereinten Nationen für Erziehung, Wissenschaft und Kultur)
üblchw.	üblicherweise
URG	Urheberrechtsgesetz (des im Zusatz genannten Staates; s. auch UrhG)
UrhG	a) ohne Zusatz: Gesetz über Urheberrecht und verwandte Schutzrechte (Urheberrechtsgesetz) vom 9.9.1965 (BGBl. I 1273) b) mit Zusatz: Urheberrechtsgesetz (des im Zusatz genannten Staates; s. auch URG)
UrhG Infoges	Gesetz zur Neuregelung des Urheberrechts in der Informationsgesellschaft v. 10.09.2003 (BGBl. I S. 1774)
UrhVG	Gesetz zur Stärkung der vertraglichen Stellung von Urhebern und ausübenden Künstlern vom 22.03.2002 (BGBl I S. 1155).
UrhVGE	BT-Drucks. 14/6433: Gesetzentwurf verschiedener Abgeordneter – Entwurf eines Gesetzes zur Stärkung der vertraglichen Stellung von Urhebern und ausübenden Künstlern v. 26.06.2001
UrhWahrnG	Gesetz über die Wahrnehmung von Urheberrechten und verwandten Schutzrechten (Urheberrechtswahrnehmungsgesetz) vom 9. September 1965
u.U.	unter Umständen
UWG	Gesetz gegen den unlauteren Wettbewerb vom 7. Juni 1909 (RGBl. 499)
VDMA	Verband deutscher Maschinenbau-Anstalten
VerlagsG/VerlG	Gesetz über das Verlagsrecht vom 19. Juni 1901 (RGBl. 217)
Vermiet- und Verleih-RL	Richtlinie 92/100/EWG des Rates vom 19.09.1992 zum Vermietrecht und Verleihrecht sowie zu bestimmten dem Urhe-

	berrecht verwandten Schutzrechten im Bereich des geistigen Eigentums
VerwGes	Verwertungsgesellschaft (allgemein); s. auch „VG . . .‟
VG	Verwertungsgesellschaft
VG Bild-Kunst	Verwertungsgesellschaft „Bild-Kunst‟, www.bildkunst.de
VG Wort	Verwertungsgesellschaft „Wort‟, www.vgwort.de
Voets/Hamel	Das aktuelle ECON PC-Lexikon, Ausgabe 1998, Düsseldorf und München 1997
v. Gamm	Gamm, Otto-Friedrich von: Urheberrechtsgesetz – Kommentar, München 1968
v. Hartlieb/Schwarz	von Hartlieb, Holger/Schwarz, Mathias (begr. von v. Hartlieb, Horst): Handbuch des Film-, Fernseh-, und Videorechts, 4. Aufl. München 2004
VwGO	Verwaltungsgerichtsordnung vom 21. Januar 1960 (BGBl. I 17)
VwZG	Verwaltungszustellungsgesetz vom 3. Juli 1952 (BGBl. I 379)
Wand	Wand, Peter: Technische Schutzmaßnahmen und Urheberrecht: Vergleich des internationalen, europäischen, deutschen und US-amerikanischen Rechts, München 2001
Walter/*Bearbeiter*	Walter, Michel M. (Hrsg.): Europäisches Urheberrecht: Kommentar; insbesondere Software-, Vermiet- und Verleih-, Satelliten- und Kabel-, Schutzdauer-, Datenbank-, Folgerecht-, Informationsgesellschaft-Richtlinie, Produktpiraterie-Verordnung, Wien 2001
Wandtke/Bullinger/ *Bearbeiter*	Urheberrecht – Kommentar, 2. Aufl. München 2006
Wandtke/Fischer/Reich	Theater und Recht. Ein Nachschlagewerk, Hamburg 1994
WCT	WIPO Copyright Treaty vom 20. Dezember 1996
Wilhelm Nordemann, Urhebervertragsrecht	Nordemann, Wilhelm: Das neue Urhebervertragsrecht: ein Grundriss [zur Reform 2002, München 2002
WIPO	Word Intellectual Property Organization – Weltorganisation für geistiges Eigentum, Genf (frz. Abkürzung: OMPI)
Wittmer	Wittmer, Hans Rudolf: Der Schutz von Computersoftware – Urheberrecht oder Sonderrecht?, Bern 1981
Wohlfarth	Wohlfarth, Cornelia: Das Taschenbuchrecht – seine Entstehung und das Problem der Fortgeltung des Taschenbuch-Lizenzrechts bei Beendigung des Stammrechts des Lizenzgebers, Frankfurt/M. 1991
WPPT	WIPO Performances and Phonograms Treaty vom 20. Dezember 1996
WRV	Weimarer Reichsverfassung vom 11. August 1919 (RGBl. 1383)
WUA	Welturheberrechtsabkommen
WZG	Warenzeichengesetz vom 2. Januar 1968 (BGBl. I 29)
Zahrnt	Vertragsrecht für Datenverarbeiter, 3. Aufl., Heidelberg 1996
Zentek/Meinke	Zentek, Sabine/Meinke, Thomas: Urheberrechtsreform 2002: die neuen Rechte und Pflichten für Urheber und Verwerter, Freiburg (Breisgau) u.a. 2002
ZIP	Zeitschrift für Wirtschaftsrecht
zit.	zitiert
Zöller/*Bearbeiter*	Zöller, Richard (Hrsg.), Geimer, Reinhold (Bearb.): Zivilprozessordnung: Kommentar, 26. Aufl. Köln 2007
ZPO	Zivilprozessordnung vom 30. Januar 1877 (RGBl. 83) in der Fassung vom 12. September 1950 BGBl. 533)
ZPÜ	Zentralstelle für private Überspielungsrechte, München
z.T.	zum Teil

Zugangskontroll-RL	Richtlinie 98/84/EG des Europäischen Parlamentes und des Rates vom 20. November 1998 über den rechtlichen Schutz von zugangskontrollierten Diensten und von Zugangskontrolldiensten
ZKDSG	Gesetz über den Schutz von zugangskontrollierten Diensten und von Zugangskontrolldiensten
ZUM	Zeitschrift für Urheber- und Medienrecht (ab 1985; früher Film und Recht), Baden-Baden
zw.	zweifelhaft
Zweiter Korb/2. Korb	Zweites Gesetz zur Regelung des Urheberrechts in der Informationsgesellschaft (BGBl. I 2007, 2513 ff.)

Gesetz über Urheberrecht und verwandte Schutzrechte (Urheberrechtsgesetz)

vom 9. September 1965 (BGBl. I S. 1273), zuletzt geändert durch das Gesetz zur Verbesserung der Durchsetzung von Rechten des geistigen Eigentums vom 7. Juli 2008 (BGBl. I S. 1191)

Inhaltsübersicht

Teil 1   **Urheberrecht**

Abschnitt 1   **Allgemeines**

§ 1   Allgemeines

Die Urheber von Werken der Literatur, Wissenschaft und Kunst genießen für ihre Werke Schutz nach Maßgabe dieses Gesetzes.

Abschnitt 2   **Das Werk**

§ 2   Geschützte Werke

(1) Zu den geschützten Werken der Literatur, Wissenschaft und Kunst gehören insbesondere:
1. Sprachwerke, wie Schriftwerke, Reden und Computerprogramme;
2. Werke der Musik;
3. pantomimische Werke einschließlich der Werke der Tanzkunst;
4. Werke der bildenden Künste einschließlich der Werke der Baukunst und der angewandten Kunst und Entwürfe solcher Werke;
5. Lichtbildwerke einschließlich der Werke, die ähnlich wie Lichtbildwerke geschaffen werden;
6. Filmwerke einschließlich der Werke, die ähnlich wie Filmwerke geschaffen werden;
7. Darstellungen wissenschaftlicher oder technischer Art, wie Zeichnungen, Pläne, Karten, Skizzen, Tabellen und plastische Darstellungen.

(2) Werke im Sinne dieses Gesetzes sind nur persönliche geistige Schöpfungen.

§ 3   Bearbeitungen

Übersetzungen und andere Bearbeitungen eines Werkes, die persönliche geistige Schöpfungen des Bearbeiters sind, werden unbeschadet des Urheberrechts am bearbeiteten Werk wie selbständige Werke geschützt. Die nur unwesentliche Bearbeitung eines nicht geschützten Werkes der Musik wird nicht als selbständiges Werk geschützt.

§ 4   Sammelwerke und Datenbankwerke

(1) Sammlungen von Werken, Daten oder anderen unabhängigen Elementen, die aufgrund der Auswahl oder Anordnung der Elemente eine persönliche geistige Schöpfung sind (Sammelwerke), werden, unbeschadet eines an den einzelnen Elementen gegebenenfalls bestehenden Urheberrechts oder verwandten Schutzrechts, wie selbständige Werke geschützt.

(2) Datenbankwerk im Sinne dieses Gesetzes ist ein Sammelwerk, dessen Elemente systematisch oder methodisch angeordnet und einzeln mit Hilfe elektronischer Mittel oder auf andere Weise zugänglich sind. Ein zur Schaffung des Datenbankwerkes oder zur Ermöglichung des Zugangs zu dessen Elementen verwendetes Computerprogramm (§ 69a) ist nicht Bestandteil des Datenbankwerkes.

§ 5   Amtliche Werke

(1) Gesetze, Verordnungen, amtliche Erlasse und Bekanntmachungen sowie Entscheidungen und amtlich verfasste Leitsätze zu Entscheidungen genießen keinen urheberrechtlichen Schutz.

(2) Das Gleiche gilt für andere amtliche Werke, die im amtlichen Interesse zur allgemeinen Kenntnisnahme veröffentlicht worden sind, mit der Einschränkung, dass die Bestimmungen über Änderungsverbot und Quellenangabe in § 62 Abs. 1 bis 3 und § 63 Abs. 1 und 2 entsprechend anzuwenden sind.

(3) Das Urheberrecht an privaten Normwerken wird durch die Absätze 1 und 2 nicht berührt, wenn Gesetze, Verordnungen, Erlasse oder amtliche Bekanntmachungen auf sie verweisen, ohne ihren Wortlaut wiederzugeben. In diesem Fall ist der Urheber verpflichtet, jedem Verleger zu angemessenen Bedingungen ein Recht zur Vervielfältigung und Verbreitung einzuräumen. Ist ein Dritter Inhaber des ausschließlichen Rechts zur Vervielfältigung und Verbreitung, so ist dieser zur Einräumung des Nutzungsrechts nach Satz 2 verpflichtet.

§ 6 Veröffentlichte und erschienene Werke

(1) Ein Werk ist veröffentlicht, wenn es mit Zustimmung des Berechtigten der Öffentlichkeit zugänglich gemacht worden ist.

(2) Ein Werk ist erschienen, wenn mit Zustimmung des Berechtigten Vervielfältigungsstücke des Werkes nach ihrer Herstellung in genügender Anzahl der Öffentlichkeit angeboten oder in Verkehr gebracht worden sind. Ein Werk der bildenden Künste gilt auch dann als erschienen, wenn das Original oder ein Vervielfältigungsstück des Werkes mit Zustimmung des Berechtigten bleibend der Öffentlichkeit zugänglich ist.

Abschnitt 3 **Der Urheber**

§ 7 Urheber

Urheber ist der Schöpfer des Werkes.

§ 8 Miturheber

(1) Haben mehrere ein Werk gemeinsam geschaffen, ohne dass sich ihre Anteile gesondert verwerten lassen, so sind sie Miturheber des Werkes.

(2) Das Recht zur Veröffentlichung und zur Verwertung des Werkes steht den Miturhebern zur gesamten Hand zu; Änderungen des Werkes sind nur mit Einwilligung der Miturheber zulässig. Ein Miturheber darf jedoch seine Einwilligung zur Veröffentlichung, Verwertung oder Änderung nicht wider Treu und Glauben verweigern. Jeder Miturheber ist berechtigt, Ansprüche aus Verletzungen des gemeinsamen Urheberrechts geltend zu machen; er kann jedoch nur Leistung an alle Miturheber verlangen.

(3) Die Erträgnisse aus der Nutzung des Werkes gebühren den Miturhebern nach dem Umfang ihrer Mitwirkung an der Schöpfung des Werkes, wenn nichts anderes zwischen den Miturhebern vereinbart ist.

(4) Ein Miturheber kann auf seinen Anteil an den Verwertungsrechten (§ 15) verzichten. Der Verzicht ist den anderen Miturhebern gegenüber zu erklären. Mit der Erklärung wächst der Anteil den anderen Miturhebern zu.

§ 9 Urheber verbundener Werke

Haben mehrere Urheber ihre Werke zu gemeinsamer Verwertung miteinander verbunden, so kann jeder vom anderen die Einwilligung zur Veröffentlichung, Verwertung und Änderung der verbundenen Werke verlangen, wenn die Einwilligung dem anderen nach Treu und Glauben zuzumuten ist.

§ 10 Vermutung der Urheber- oder Rechtsinhaberschaft

(1) Wer auf den Vervielfältigungsstücken eines erschienenen Werkes oder auf dem Original eines Werkes der bildenden Künste in der üblichen Weise als Urheber bezeichnet ist, wird bis zum Beweis des Gegenteils als Urheber des Werkes angesehen; dies gilt auch für eine Bezeichnung, die als Deckname oder Künstlerzeichen des Urhebers bekannt ist.

(2) Ist der Urheber nicht nach Absatz 1 bezeichnet, so wird vermutet, dass derjenige ermächtigt ist, die Rechte des Urhebers geltend zu machen, der auf den Vervielfältigungsstücken des Werkes als Herausgeber bezeichnet ist. Ist kein Herausgeber angegeben, so wird vermutet, dass der Verleger ermächtigt ist.

(3) Für die Inhaber ausschließlicher Nutzungsrechte gilt die Vermutung des Absatzes 1 entsprechend, soweit es sich um Verfahren des einstweiligen Rechtsschutzes handelt oder Unterlassungsansprüche geltend gemacht werden. Die Vermutung gilt nicht im Verhältnis zum Urheber oder zum ursprünglichen Inhaber des verwandten Schutzrechts.

Abschnitt 4   **Inhalt des Urheberrechts**

Unterabschnitt 1   **Allgemeines**

§ 11   Allgemeines

Das Urheberrecht schützt den Urheber in seinen geistigen und persönlichen Beziehungen zum Werk und in der Nutzung des Werkes. Es dient zugleich der Sicherung einer angemessenen Vergütung für die Nutzung des Werkes.

Unterabschnitt 2   **Urheberpersönlichkeitsrecht**

§ 12   Veröffentlichungsrecht

(1) Der Urheber hat das Recht zu bestimmen, ob und wie sein Werk zu veröffentlichen ist.

(2) Dem Urheber ist es vorbehalten, den Inhalt seines Werkes öffentlich mitzuteilen oder zu beschreiben, solange weder das Werk noch der wesentliche Inhalt oder eine Beschreibung des Werkes mit seiner Zustimmung veröffentlicht ist.

§ 13   Anerkennung der Urheberschaft

Der Urheber hat das Recht auf Anerkennung seiner Urheberschaft am Werk. Er kann bestimmen, ob das Werk mit einer Urheberbezeichnung zu versehen und welche Bezeichnung zu verwenden ist.

§ 14   Entstellung des Werkes

Der Urheber hat das Recht, eine Entstellung oder eine andere Beeinträchtigung seines Werkes zu verbieten, die geeignet ist, seine berechtigten geistigen oder persönlichen Interessen am Werk zu gefährden.

Unterabschnitt 3   **Verwertungsrechte**

§ 15   Allgemeines

(1) Der Urheber hat das ausschließliche Recht, sein Werk in körperlicher Form zu verwerten; das Recht umfasst insbesondere
1. das Vervielfältigungsrecht (§ 16),
2. das Verbreitungsrecht (§ 17),
3. das Ausstellungsrecht (§ 18).

(2) Der Urheber hat ferner das ausschließliche Recht, sein Werk in unkörperlicher Form öffentlich wiederzugeben (Recht der öffentlichen Wiedergabe). Das Recht der öffentlichen Wiedergabe umfasst insbesondere

1. das Vortrags-, Aufführungs- und Vorführungsrecht (§ 19),
2. das Recht der öffentlichen Zugänglichmachung (§ 19a),
3. das Senderecht (§ 20),
4. das Recht der Wiedergabe durch Bild- oder Tonträger (§ 21),
5. das Recht der Wiedergabe von Funksendungen und von öffentlicher Zugänglichmachung (§ 22).

(3) Die Wiedergabe ist öffentlich, wenn sie für eine Mehrzahl von Mitgliedern der Öffentlichkeit bestimmt ist. Zur Öffentlichkeit gehört jeder, der nicht mit demjenigen, der das Werk verwertet, oder mit den anderen Personen, denen das Werk in unkörperlicher Form wahrnehmbar oder zugänglich gemacht wird, durch persönliche Beziehungen verbunden ist.

§ 16 Vervielfältigungsrecht

(1) Das Vervielfältigungsrecht ist das Recht, Vervielfältigungsstücke des Werkes herzustellen, gleichviel ob vorübergehend oder dauerhaft, in welchem Verfahren und in welcher Zahl.

(2) Eine Vervielfältigung ist auch die Übertragung des Werkes auf Vorrichtungen zur wiederholbaren Wiedergabe von Bild- oder Tonfolgen (Bild- oder Tonträger), gleichviel, ob es sich um die Aufnahme einer Wiedergabe des Werkes auf einen Bild- oder Tonträger oder um die Übertragung des Werkes von einem Bild- oder Tonträger auf einen anderen handelt.

§ 17 Verbreitungsrecht

(1) Das Verbreitungsrecht ist das Recht, das Original oder Vervielfältigungsstücke des Werkes der Öffentlichkeit anzubieten oder in Verkehr zu bringen.

(2) Sind das Original oder Vervielfältigungsstücke des Werkes mit Zustimmung des zur Verbreitung Berechtigten im Gebiet der Europäischen Union oder eines anderen Vertragsstaates des Abkommens über den Europäischen Wirtschaftsraum im Wege der Veräußerung in Verkehr gebracht worden, so ist ihre Weiterverbreitung mit Ausnahme der Vermietung zulässig.

(3) Vermietung im Sinne der Vorschriften dieses Gesetzes ist die zeitlich begrenzte, unmittelbar oder mittelbar Erwerbszwecken dienende Gebrauchsüberlassung. Als Vermietung gilt jedoch nicht die Überlassung von Originalen oder Vervielfältigungsstücken
1. von Bauwerken und Werken der angewandten Kunst oder
2. im Rahmen eines Arbeits- oder Dienstverhältnisses zu dem ausschließlichen Zweck, bei der Erfüllung von Verpflichtungen aus dem Arbeits- oder Dienstverhältnis benutzt zu werden.

§ 18 Ausstellungsrecht

Das Ausstellungsrecht ist das Recht, das Original oder Vervielfältigungsstücke eines unveröffentlichten Werkes der bildenden Künste oder eines unveröffentlichten Lichtbildwerkes öffentlich zur Schau zu stellen.

§ 19 Vortrags-, Aufführungs- und Vorführungsrecht

(1) Das Vortragsrecht ist das Recht, ein Sprachwerk durch persönliche Darbietung öffentlich zu Gehör zu bringen.

(2) Das Aufführungsrecht ist das Recht, ein Werk der Musik durch persönliche Darbietung öffentlich zu Gehör zu bringen oder ein Werk öffentlich bühnenmäßig darzustellen.

(3) Das Vortrags- und das Aufführungsrecht umfassen das Recht, Vorträge und Aufführungen außerhalb des Raumes, in dem die persönliche Darbietung stattfindet, durch Bildschirm, Lautsprecher oder ähnliche technische Einrichtungen öffentlich wahrnehmbar zu machen.

(4) Das Vorführungsrecht ist das Recht, ein Werk der bildenden Künste, ein Lichtbildwerk, ein Filmwerk oder Darstellungen wissenschaftlicher oder technischer Art durch technische Einrichtungen öffentlich wahrnehmbar zu machen. Das Vorführungsrecht umfasst nicht das Recht, die Funksendung oder öffentliche Zugänglichmachung solcher Werke öffentlich wahrnehmbar zu machen (§ 22).

§ 19a Recht der öffentlichen Zugänglichmachung

Das Recht der öffentlichen Zugänglichmachung ist das Recht, das Werk drahtgebunden oder drahtlos der Öffentlichkeit in einer Weise zugänglich zu machen, dass es Mitgliedern der Öffentlichkeit von Orten und zu Zeiten ihrer Wahl zugänglich ist.

§ 20 Senderecht

Das Senderecht ist das Recht, das Werk durch Funk, wie Ton- und Fernsehrundfunk, Satellitenrundfunk, Kabelfunk oder ähnliche technische Mittel, der Öffentlichkeit zugänglich zu machen.

§ 20a Europäische Satellitensendung

(1) Wird eine Satellitensendung innerhalb des Gebietes eines Mitgliedstaates der Europäischen Union oder Vertragsstaates des Abkommens über den Europäischen Wirtschaftsraum ausgeführt, so gilt sie ausschließlich als in diesem Mitgliedstaat oder Vertragsstaat erfolgt.

(2) Wird eine Satellitensendung im Gebiet eines Staates ausgeführt, der weder Mitgliedstaat der Europäischen Union noch Vertragsstaat des Abkommens über den Europäischen Wirtschaftsraum ist und in dem für das Recht der Satellitensendung das in Kapitel II der Richtlinie 93/83/EWG des Rates vom 27. September 1993 zur Koordinierung bestimmter urheber- und leistungsschutzrechtlicher Vorschriften betreffend Satellitenrundfunk und Kabelweiterverbreitung (ABl. EG Nr. L 248 S. 15) vorgesehene Schutzniveau nicht gewährleistet ist, so gilt sie als in dem Mitgliedstaat oder Vertragsstaat erfolgt,
1. in dem die Erdfunkstation liegt, von der aus die programmtragenden Signale zum Satelliten geleitet werden, oder
2. in dem das Sendeunternehmen seine Niederlassung hat, wenn die Voraussetzung nach Nummer 1 nicht gegeben ist.
Das Senderecht ist im Fall der Nummer 1 gegenüber dem Betreiber der Erdfunkstation, im Fall der Nummer 2 gegenüber dem Sendeunternehmen geltend zu machen.

(3) Satellitensendung im Sinne von Absatz 1 und 2 ist die unter der Kontrolle und Verantwortung des Sendeunternehmens stattfindende Eingabe der für den öffentlichen Empfang bestimmten programmtragenden Signale in eine ununterbrochene Übertragungskette, die zum Satelliten und zurück zur Erde führt.

§ 20b Kabelweitersendung

(1) Das Recht, ein gesendetes Werk im Rahmen eines zeitgleich, unverändert und vollständig weiterübertragenen Programms durch Kabelsysteme oder Mikrowellensysteme weiterzusenden (Kabelweitersendung), kann nur durch eine Verwertungsgesellschaft geltend gemacht werden. Dies gilt nicht für Rechte, die ein Sendeunternehmen in Bezug auf seine Sendungen geltend macht.

(2) Hat der Urheber das Recht der Kabelweitersendung einem Sendeunternehmen oder einem Tonträger- oder Filmhersteller eingeräumt, so hat das Kabelunternehmen gleichwohl dem Urheber eine angemessene Vergütung für die Kabelweitersendung zu zahlen. Auf den Vergütungsanspruch kann nicht verzichtet werden. Er kann im Voraus nur an eine Verwertungsgesellschaft abgetreten und nur durch eine solche geltend gemacht werden. Diese Regelung steht Tarifverträgen, Betriebsvereinbarungen und gemeinsamen Vergütungsregeln von Sendeunternehmen nicht entgegen,

soweit dadurch dem Urheber eine angemessene Vergütung für jede Kabelweitersendung eingeräumt wird.

§ 21 Recht der Wiedergabe durch Bild- oder Tonträger

Das Recht der Wiedergabe durch Bild- oder Tonträger ist das Recht, Vorträge oder Aufführungen des Werkes mittels Bild- oder Tonträger öffentlich wahrnehmbar zu machen. § 19 Abs. 3 gilt entsprechend.

§ 22 Recht der Wiedergabe von Funksendungen und von öffentlicher Zugänglichmachung

Das Recht der Wiedergabe von Funksendungen und der Wiedergabe von öffentlicher Zugänglichmachung ist das Recht, Funksendungen und auf öffentlicher Zugänglichmachung beruhende Wiedergaben des Werkes durch Bildschirm, Lautsprecher oder ähnliche technische Einrichtungen öffentlich wahrnehmbar zu machen. § 19 Abs. 3 gilt entsprechend.

§ 23 Bearbeitungen und Umgestaltungen

Bearbeitungen oder andere Umgestaltungen des Werkes dürfen nur mit Einwilligung des Urhebers des bearbeiteten oder umgestalteten Werkes veröffentlicht oder verwertet werden. Handelt es sich um eine Verfilmung des Werkes, um die Ausführung von Plänen und Entwürfen eines Werkes der bildenden Künste, um den Nachbau eines Werkes der Baukunst oder um die Bearbeitung oder Umgestaltung eines Datenbankwerkes, so bedarf bereits das Herstellen der Bearbeitung oder Umgestaltung der Einwilligung des Urhebers.

§ 24 Freie Benutzung

(1) Ein selbständiges Werk, das in freier Benutzung des Werkes eines anderen geschaffen worden ist, darf ohne Zustimmung des Urhebers des benutzten Werkes veröffentlicht und verwertet werden.

(2) Absatz 1 gilt nicht für die Benutzung eines Werkes der Musik, durch welche eine Melodie erkennbar dem Werk entnommen und einem neuen Werk zugrunde gelegt wird.

Unterabschnitt 4 Sonstige Rechte des Urhebers

§ 25 Zugang zu Werkstücken

(1) Der Urheber kann vom Besitzer des Originals oder eines Vervielfältigungsstückes seines Werkes verlangen, dass er ihm das Original oder das Vervielfältigungsstück zugänglich macht, soweit dies zur Herstellung von Vervielfältigungsstücken oder Bearbeitungen des Werkes erforderlich ist und nicht berechtigte Interessen des Besitzers entgegenstehen.

(2) Der Besitzer ist nicht verpflichtet, das Original oder das Vervielfältigungsstück dem Urheber herauszugeben.

§ 26 Folgerecht

(1) Wird das Original eines Werkes der bildenden Künste oder eines Lichtbildwerkes weiterveräußert und ist hieran ein Kunsthändler oder Versteigerer als Erwerber, Veräußerer oder Vermittler beteiligt, so hat der Veräußerer dem Urheber einen Anteil des Veräußerungserlöses zu entrichten. Als Veräußerungserlös im Sinne des Satzes 1 gilt der Verkaufspreis ohne Steuern. Ist der Veräußerer eine Privatperson, so

haftet der als Erwerber oder Vermittler beteiligte Kunsthändler oder Versteigerer neben ihm als Gesamtschuldner; im Verhältnis zueinander ist der Veräußerer allein verpflichtet. Die Verpflichtung nach Satz 1 entfällt, wenn der Veräußerungserlös weniger als 400 Euro beträgt.

(2) Die Höhe des Anteils des Veräußerungserlöses beträgt:

1. 4 Prozent für den Teil des Veräußerungserlöses bis zu 50.000 Euro,
2. 3 Prozent für den Teil des Veräußerungserlöses von 50.000,01 bis 200.000 Euro,
3. 1 Prozent für den Teil des Veräußerungserlöses von 200.000,01 bis 350.000 Euro,
4. 0,5 Prozent für den Teil des Veräußerungserlöses von 350.000,01 bis 500.000 Euro,
5. 0,25 Prozent für den Teil des Veräußerungserlöses über 500.000 Euro.

Der Gesamtbetrag der Folgerechtsvergütung aus einer Weiterveräußerung beträgt höchstens 12.500 Euro.

(3) Das Folgerecht ist unveräußerlich. Der Urheber kann auf seinen Anteil im Voraus nicht verzichten.

(4) Der Urheber kann von einem Kunsthändler oder Versteigerer Auskunft darüber verlangen, welche Originale von Werken des Urhebers innerhalb der letzten drei Jahre vor dem Auskunftsersuchen unter Beteiligung des Kunsthändlers oder Versteigerers weiterveräußert wurden.

(5) Der Urheber kann, soweit dies zur Durchsetzung seines Anspruchs gegen den Veräußerer erforderlich ist, von dem Kunsthändler oder Versteigerer Auskunft über den Namen und die Anschrift des Veräußerers sowie über die Höhe des Veräußerungserlöses verlangen. Der Kunsthändler oder Versteigerer darf die Auskunft über Namen und Anschrift des Veräußerers verweigern, wenn er dem Urheber den Anteil entrichtet.

(6) Die Ansprüche nach den Absätzen 4 und 5 können nur durch eine Verwertungsgesellschaft geltend gemacht werden.

(7) Bestehen begründete Zweifel an der Richtigkeit oder Vollständigkeit einer Auskunft nach Absatz 4 oder 5, so kann die Verwertungsgesellschaft verlangen, dass nach Wahl des Auskunftspflichtigen ihr oder einem von ihm zu bestimmenden Wirtschaftsprüfer oder vereidigten Buchprüfer Einsicht in die Geschäftsbücher oder sonstige Urkunden so weit gewährt wird, wie dies zur Feststellung der Richtigkeit oder Vollständigkeit der Auskunft erforderlich ist. Erweist sich die Auskunft als unrichtig oder unvollständig, so hat der Auskunftspflichtige die Kosten der Prüfung zu erstatten.

(8) Die vorstehenden Bestimmungen sind auf Werke der Baukunst und der angewandten Kunst nicht anzuwenden.

§ 27 Vergütung für Vermietung und Verleihen

(1) Hat der Urheber das Vermietrecht (§ 17) an einem Bild- oder Tonträger dem Tonträger- oder Filmhersteller eingeräumt, so hat der Vermieter gleichwohl dem Urheber eine angemessene Vergütung für die Vermietung zu zahlen. Auf den Vergütungsanspruch kann nicht verzichtet werden. Er kann im Voraus nur an eine Verwertungsgesellschaft abgetreten werden.

(2) Für das Verleihen von Originalen oder Vervielfältigungsstücken eines Werkes, deren Weiterverbreitung nach § 17 Abs. 2 zulässig ist, ist dem Urheber eine angemessene Vergütung zu zahlen, wenn die Originale oder Vervielfältigungsstücke durch eine der Öffentlichkeit zugängliche Einrichtung (Bücherei, Sammlung von Bild- oder Tonträgern oder anderer Originale oder Vervielfältigungsstücke) verliehen werden. Verleihen im Sinne von Satz 1 ist die zeitlich begrenzte, weder unmittelbar noch mittelbar Erwerbszwecken dienende Gebrauchsüberlassung; § 17 Abs. 3 Satz 2 findet entsprechende Anwendung.

(3) Die Vergütungsansprüche nach den Absätzen 1 und 2 können nur durch eine Verwertungsgesellschaft geltend gemacht werden.

Abschnitt 5 **Rechtsverkehr im Urheberrecht**

Unterabschnitt 1 **Rechtsnachfolge in das Urheberrecht**

§ 28 Vererbung des Urheberrechts

(1) Das Urheberrecht ist vererblich.

(2) Der Urheber kann durch letztwillige Verfügung die Ausübung des Urheberrechts einem Testamentsvollstrecker übertragen. § 2210 des Bürgerlichen Gesetzbuchs ist nicht anzuwenden.

§ 29 Rechtsgeschäfte über das Urheberrecht

(1) Das Urheberrecht ist nicht übertragbar, es sei denn, es wird in Erfüllung einer Verfügung von Todes wegen oder an Miterben im Wege der Erbauseinandersetzung übertragen.

(2) Zulässig sind die Einräumung von Nutzungsrechten (§ 31), schuldrechtliche Einwilligungen und Vereinbarungen zu Verwertungsrechten sowie die in § 39 geregelten Rechtsgeschäfte über Urheberpersönlichkeitsrechte.

§ 30 Rechtsnachfolger des Urhebers

Der Rechtsnachfolger des Urhebers hat die dem Urheber nach diesem Gesetz zustehenden Rechte, soweit nichts anderes bestimmt ist.

Unterabschnitt 2 **Nutzungsrechte**

§ 31 Einräumung von Nutzungsrechten

(1) Der Urheber kann einem anderen das Recht einräumen, das Werk auf einzelne oder alle Nutzungsarten zu nutzen (Nutzungsrecht). Das Nutzungsrecht kann als einfaches oder ausschließliches Recht sowie räumlich, zeitlich oder inhaltlich beschränkt eingeräumt werden.

(2) Das einfache Nutzungsrecht berechtigt den Inhaber, das Werk auf die erlaubte Art zu nutzen, ohne dass eine Nutzung durch andere ausgeschlossen ist.

(3) Das ausschließliche Nutzungsrecht berechtigt den Inhaber, das Werk unter Ausschluss aller anderen Personen auf die ihm erlaubte Art zu nutzen und Nutzungsrechte einzuräumen. Es kann bestimmt werden, dass die Nutzung durch den Urheber vorbehalten bleibt. § 35 bleibt unberührt.

(4) *(aufgehoben)*

(5) Sind bei der Einräumung eines Nutzungsrechts die Nutzungsarten nicht ausdrücklich einzeln bezeichnet, so bestimmt sich nach dem von beiden Partnern zugrunde gelegten Vertragszweck, auf welche Nutzungsarten es sich erstreckt. Entsprechendes gilt für die Frage, ob ein Nutzungsrecht eingeräumt wird, ob es sich um ein einfaches oder ausschließliches Nutzungsrecht handelt, wie weit Nutzungsrecht und Verbotsrecht reichen und welchen Einschränkungen das Nutzungsrecht unterliegt.

§ 31a Verträge über unbekannte Nutzungsarten

(1) Ein Vertrag, durch den der Urheber Rechte für unbekannte Nutzungsarten einräumt oder sich dazu verpflichtet, bedarf der Schriftform. Der Schriftform bedarf es nicht, wenn der Urheber unentgeltlich ein einfaches Nutzungsrecht für jedermann einräumt. Der Urheber kann diese Rechtseinräumung oder die Verpflichtung hierzu widerrufen. Das Widerrufsrecht erlischt nach Ablauf von drei Monaten, nachdem der

andere die Mitteilung über die beabsichtigte Aufnahme der neuen Art der Werknutzung an den Urheber unter der ihm zuletzt bekannten Anschrift abgesendet hat.

(2) Das Widerrufsrecht entfällt, wenn sich die Parteien nach Bekanntwerden der neuen Nutzungsart auf eine Vergütung nach § 32c Abs. 1 geeinigt haben. Das Widerrufsrecht entfällt auch, wenn die Parteien die Vergütung nach einer gemeinsamen Vergütungsregel vereinbart haben. Es erlischt mit dem Tod des Urhebers.

(3) Sind mehrere Werke oder Werkbeiträge zu einer Gesamtheit zusammengefasst, die sich in der neuen Nutzungsart in angemessener Weise nur unter Verwendung sämtlicher Werke oder Werkbeiträge verwerten lässt, so kann der Urheber das Widerrufsrecht nicht wider Treu und Glauben ausüben.

(4) Auf die Rechte nach den Absätzen 1 bis 3 kann im Voraus nicht verzichtet werden.

§ 32   Angemessene Vergütung

(1) Der Urheber hat für die Einräumung von Nutzungsrechten und die Erlaubnis zur Werknutzung Anspruch auf die vertraglich vereinbarte Vergütung. Ist die Höhe der Vergütung nicht bestimmt, gilt die angemessene Vergütung als vereinbart. Soweit die vereinbarte Vergütung nicht angemessen ist, kann der Urheber von seinem Vertragspartner die Einwilligung in die Änderung des Vertrages verlangen, durch die dem Urheber die angemessene Vergütung gewährt wird.

(2) Eine nach einer gemeinsamen Vergütungsregel (§ 36) ermittelte Vergütung ist angemessen. Im Übrigen ist die Vergütung angemessen, wenn sie im Zeitpunkt des Vertragsschlusses dem entspricht, was im Geschäftsverkehr nach Art und Umfang der eingeräumten Nutzungsmöglichkeit, insbesondere nach Dauer und Zeitpunkt der Nutzung, unter Berücksichtigung aller Umstände üblicher- und redlicherweise zu leisten ist.

(3) Auf eine Vereinbarung, die zum Nachteil des Urhebers von den Absätzen 1 und 2 abweicht, kann der Vertragspartner sich nicht berufen. Die in Satz 1 bezeichneten Vorschriften finden auch Anwendung, wenn sie durch anderweitige Gestaltungen umgangen werden. Der Urheber kann aber unentgeltlich ein einfaches Nutzungsrecht für jedermann einräumen.

(4) Der Urheber hat keinen Anspruch nach Absatz 1 Satz 3, soweit die Vergütung für die Nutzung seiner Werke tarifvertraglich bestimmt ist.

§ 32a   Weitere Beteiligung des Urhebers

(1) Hat der Urheber einem anderen ein Nutzungsrecht zu Bedingungen eingeräumt, die dazu führen, dass die vereinbarte Gegenleistung unter Berücksichtigung der gesamten Beziehungen des Urhebers zu dem anderen in einem auffälligen Missverhältnis zu den Erträgen und Vorteilen aus der Nutzung des Werkes steht, so ist der andere auf Verlangen des Urhebers verpflichtet, in eine Änderung des Vertrages einzuwilligen, durch die dem Urheber eine den Umständen nach weitere angemessene Beteiligung gewährt wird. Ob die Vertragspartner die Höhe der erzielten Erträge oder Vorteile vorhergesehen haben oder hätten vorhersehen können, ist unerheblich.

(2) Hat der andere das Nutzungsrecht übertragen oder weitere Nutzungsrechte eingeräumt und ergibt sich das auffällige Missverhältnis aus den Erträgnissen oder Vorteilen eines Dritten, so haftet dieser dem Urheber unmittelbar nach Maßgabe des Absatzes 1 unter Berücksichtigung der vertraglichen Beziehungen in der Lizenzkette. Die Haftung des anderen entfällt.

(3) Auf die Ansprüche nach den Absätzen 1 und 2 kann im Voraus nicht verzichtet werden. Die Anwartschaft hierauf unterliegt nicht der Zwangsvollstreckung; eine Verfügung über die Anwartschaft ist unwirksam. Der Urheber kann aber unentgeltlich ein einfaches Nutzungsrecht für jedermann einräumen.

(4) Der Urheber hat keinen Anspruch nach Absatz 1, soweit die Vergütung nach einer gemeinsamen Vergütungsregel (§ 36) oder tarifvertraglich bestimmt worden ist und ausdrücklich eine weitere angemessene Beteiligung für den Fall des Absatzes 1 vorsieht.

§ 32b   Zwingende Anwendung

Die §§ 32 und 32a finden zwingend Anwendung
1. wenn auf den Nutzungsvertrag mangels einer Rechtswahl deutsches Recht anzuwenden wäre oder
2. soweit Gegenstand des Vertrages maßgebliche Nutzungshandlungen im räumlichen Geltungsbereich dieses Gesetzes sind.

§ 32c   Vergütung für später bekannte Nutzungsarten

(1) Der Urheber hat Anspruch auf eine gesonderte angemessene Vergütung, wenn der Vertragspartner eine neue Art der Werknutzung nach § 31a aufnimmt, die im Zeitpunkt des Vertragsschlusses vereinbart, aber noch unbekannt war. § 32 Abs. 2 und 4 gilt entsprechend. Der Vertragspartner hat den Urheber über die Aufnahme der neuen Art der Werknutzung unverzüglich zu unterrichten.

(2) Hat der Vertragspartner das Nutzungsrecht einem Dritten übertragen, haftet der Dritte mit der Aufnahme der neuen Art der Werknutzung für die Vergütung nach Absatz 1. Die Haftung des Vertragspartners entfällt.

(3) Auf die Rechte nach den Absätzen 1 und 2 kann im Voraus nicht verzichtet werden. Der Urheber kann aber unentgeltlich ein einfaches Nutzungsrecht für jedermann einräumen.

§ 33   Weiterwirkung von Nutzungsrechten

Ausschließliche und einfache Nutzungsrechte bleiben gegenüber später eingeräumten Nutzungsrechten wirksam. Gleiches gilt, wenn der Inhaber des Rechts, der das Nutzungsrecht eingeräumt hat, wechselt oder wenn er auf sein Recht verzichtet.

§ 34   Übertragung von Nutzungsrechten

(1) Ein Nutzungsrecht kann nur mit Zustimmung des Urhebers übertragen werden. Der Urheber darf die Zustimmung nicht wider Treu und Glauben verweigern.

(2) Werden mit dem Nutzungsrecht an einem Sammelwerk (§ 4) Nutzungsrechte an den in das Sammelwerk aufgenommenen einzelnen Werken übertragen, so genügt die Zustimmung des Urhebers des Sammelwerkes.

(3) Ein Nutzungsrecht kann ohne Zustimmung des Urhebers übertragen werden, wenn die Übertragung im Rahmen der Gesamtveräußerung eines Unternehmens oder der Veräußerung von Teilen eines Unternehmens geschieht. Der Urheber kann das Nutzungsrecht zurückrufen, wenn ihm die Ausübung des Nutzungsrechts durch den Erwerber nach Treu und Glauben nicht zuzumuten ist. Satz 2 findet auch dann Anwendung, wenn sich die Beteiligungsverhältnisse am Unternehmen des Inhabers des Nutzungsrechts wesentlich ändern.

(4) Der Erwerber des Nutzungsrechts haftet gesamtschuldnerisch für die Erfüllung der sich aus dem Vertrag mit dem Urheber ergebenden Verpflichtungen des Veräußerers, wenn der Urheber der Übertragung des Nutzungsrechts nicht im Einzelfall ausdrücklich zugestimmt hat.

(5) Der Urheber kann auf das Rückrufsrecht und die Haftung des Erwerbers im Voraus nicht verzichten. Im Übrigen können der Inhaber des Nutzungsrechts und der Urheber Abweichendes vereinbaren.

§ 35   Einräumung weiterer Nutzungsrechte

(1) Der Inhaber eines ausschließlichen Nutzungsrechts kann weitere Nutzungsrechte nur mit Zustimmung des Urhebers einräumen. Der Zustimmung bedarf es nicht, wenn das ausschließliche Nutzungsrecht nur zur Wahrnehmung der Belange des Urhebers eingeräumt ist.

(2) Die Bestimmungen in § 34 Abs. 1 Satz 2, Abs. 2 und Absatz 5 Satz 2 sind entsprechend anzuwenden.

§ 36   Gemeinsame Vergütungsregeln

(1) Zur Bestimmung der Angemessenheit von Vergütungen nach § 32 stellen Vereinigungen von Urhebern mit Vereinigungen von Werknutzern oder einzelnen Werknutzern gemeinsame Vergütungsregeln auf. Die gemeinsamen Vergütungsregeln sollen die Umstände des jeweiligen Regelungsbereichs berücksichtigen, insbesondere die Struktur und Größe der Verwerter. In Tarifverträgen enthaltene Regelungen gehen gemeinsamen Vergütungsregeln vor.

(2) Vereinigungen nach Absatz 1 müssen repräsentativ, unabhängig und zur Aufstellung gemeinsamer Vergütungsregeln ermächtigt sein.

(3) Ein Verfahren zur Aufstellung gemeinsamer Vergütungsregeln vor der Schlichtungsstelle (§ 36a) findet statt, wenn die Parteien dies vereinbaren. Das Verfahren findet auf schriftliches Verlangen einer Partei statt, wenn
1. die andere Partei nicht binnen drei Monaten, nachdem eine Partei schriftlich die Aufnahme von Verhandlungen verlangt hat, Verhandlungen über gemeinsame Vergütungsregeln beginnt,
2. Verhandlungen über gemeinsame Vergütungsregeln ein Jahr, nachdem schriftlich ihre Aufnahme verlangt worden ist, ohne Ergebnis bleiben oder
3. eine Partei die Verhandlungen endgültig für gescheitert erklärt hat.

(4) Die Schlichtungsstelle hat den Parteien einen begründeten Einigungsvorschlag zu machen, der den Inhalt der gemeinsamen Vergütungsregeln enthält. Er gilt als angenommen, wenn ihm nicht innerhalb von drei Monaten nach Empfang des Vorschlages schriftlich widersprochen wird.

§ 36a   Schlichtungsstelle

(1) Zur Aufstellung gemeinsamer Vergütungsregeln bilden Vereinigungen von Urhebern mit Vereinigungen von Werknutzern oder einzelnen Werknutzern eine Schlichtungsstelle, wenn die Parteien dies vereinbaren oder eine Partei die Durchführung des Schlichtungsverfahrens verlangt.

(2) Die Schlichtungsstelle besteht aus einer gleichen Anzahl von Beisitzern, die jeweils von einer Partei bestellt werden, und einem unparteiischen Vorsitzenden, auf dessen Person sich beide Parteien einigen sollen.

(3) Kommt eine Einigung über die Person des Vorsitzenden nicht zustande, so bestellt ihn das nach § 1062 der Zivilprozessordnung zuständige Oberlandesgericht. Das Oberlandesgericht entscheidet auch, wenn keine Einigung über die Zahl der Beisitzer erzielt wird. Für das Verfahren vor dem Oberlandesgericht gelten die §§ 1063, 1065 der Zivilprozessordnung entsprechend.

(4) Das Verlangen auf Durchführung des Schlichtungsverfahrens gemäß § 36 Abs. 3 Satz 2 muss einen Vorschlag über die Aufstellung gemeinsamer Vergütungsregeln enthalten.

(5) Die Schlichtungsstelle fasst ihren Beschluss nach mündlicher Beratung mit Stimmenmehrheit. Die Beschlussfassung erfolgt zunächst unter den Beisitzern; kommt eine Stimmenmehrheit nicht zustande, so nimmt der Vorsitzende nach weiterer Beratung an der erneuten Beschlussfassung teil. Benennt eine Partei keine Mitglieder oder bleiben die von einer Partei genannten Mitglieder trotz rechtzeitiger Einladung der Sitzung fern, so entscheiden der Vorsitzende und die erschienenen Mitglieder nach Maßgabe der Sätze 1 und 2 allein. Der Beschluss der Schlichtungsstelle ist schriftlich niederzulegen, vom Vorsitzenden zu unterschreiben und beiden Parteien zuzuleiten.

(6) Die Parteien tragen ihre eigenen Kosten sowie die Kosten der von ihnen bestellten Beisitzer. Die sonstigen Kosten tragen die Parteien jeweils zur Hälfte. Die Parteien haben als Gesamtschuldner auf Anforderung des Vorsitzenden zu dessen Händen einen für die Tätigkeit der Schlichtungsstelle erforderlichen Vorschuss zu leisten.

(7) Die Parteien können durch Vereinbarung die Einzelheiten des Verfahrens vor der Schlichtungsstelle regeln.

(8) Das Bundesministerium der Justiz wird ermächtigt, durch Rechtsverordnung ohne Zustimmung des Bundesrates die weiteren Einzelheiten des Verfahrens vor der Schlichtungsstelle zu regeln sowie weitere Vorschriften über die Kosten des Verfahrens und die Entschädigung der Mitglieder der Schlichtungsstelle zu erlassen.

§ 37 Verträge über die Einräumung von Nutzungsrechten

(1) Räumt der Urheber einem anderen ein Nutzungsrecht am Werk ein, so verbleibt ihm im Zweifel das Recht der Einwilligung zur Veröffentlichung oder Verwertung einer Bearbeitung des Werkes.

(2) Räumt der Urheber einem anderen ein Nutzungsrecht zur Vervielfältigung des Werkes ein, so verbleibt ihm im Zweifel das Recht, das Werk auf Bild- oder Tonträger zu übertragen.

(3) Räumt der Urheber einem anderen ein Nutzungsrecht zu einer öffentlichen Wiedergabe des Werkes ein, so ist dieser im Zweifel nicht berechtigt, die Wiedergabe außerhalb der Veranstaltung, für die sie bestimmt ist, durch Bildschirm, Lautsprecher oder ähnliche technische Einrichtungen öffentlich wahrnehmbar zu machen.

§ 38 Beiträge zu Sammlungen

(1) Gestattet der Urheber die Aufnahme des Werkes in eine periodisch erscheinende Sammlung, so erwirbt der Verleger oder Herausgeber im Zweifel ein ausschließliches Nutzungsrecht zur Vervielfältigung und Verbreitung. Jedoch darf der Urheber das Werk nach Ablauf eines Jahres seit Erscheinen anderweit vervielfältigen und verbreiten, wenn nichts anderes vereinbart ist.

(2) Absatz 1 Satz 2 gilt auch für einen Beitrag zu einer nicht periodisch erscheinenden Sammlung, für dessen Überlassung dem Urheber kein Anspruch auf Vergütung zusteht.

(3) Wird der Beitrag einer Zeitung überlassen, so erwirbt der Verleger oder Herausgeber ein einfaches Nutzungsrecht, wenn nichts anderes vereinbart ist. Räumt der Urheber ein ausschließliches Nutzungsrecht ein, so ist er sogleich nach Erscheinen des Beitrags berechtigt, ihn anderweit zu vervielfältigen und zu verbreiten, wenn nichts anderes vereinbart ist.

§ 39 Änderungen des Werkes

(1) Der Inhaber eines Nutzungsrechts darf das Werk, dessen Titel oder Urheberbezeichnung (§ 10 Abs. 1) nicht ändern, wenn nichts anderes vereinbart ist.

(2) Änderungen des Werkes und seines Titels, zu denen der Urheber seine Einwilligung nach Treu und Glauben nicht versagen kann, sind zulässig.

§ 40 Verträge über künftige Werke

(1) Ein Vertrag, durch den sich der Urheber zur Einräumung von Nutzungsrechten an künftigen Werken verpflichtet, die überhaupt nicht näher oder nur der Gattung nach bestimmt sind, bedarf der schriftlichen Form. Er kann von beiden Vertragsteilen nach Ablauf von fünf Jahren seit dem Abschluss des Vertrages gekündigt werden. Die Kündigungsfrist beträgt sechs Monate, wenn keine kürzere Frist vereinbart ist.

(2) Auf das Kündigungsrecht kann im Voraus nicht verzichtet werden. Andere vertragliche oder gesetzliche Kündigungsrechte bleiben unberührt.

(3) Wenn in Erfüllung des Vertrages Nutzungsrechte an künftigen Werken eingeräumt worden sind, wird mit Beendigung des Vertrages die Verfügung hinsichtlich der Werke unwirksam, die zu diesem Zeitpunkt noch nicht abgeliefert sind.

§ 41 Rückrufsrecht wegen Nichtausübung

(1) Übt der Inhaber eines ausschließlichen Nutzungsrechts das Recht nicht oder nur unzureichend aus und werden dadurch berechtigte Interessen des Urhebers erheblich verletzt, so kann dieser das Nutzungsrecht zurückrufen. Dies gilt nicht, wenn die Nichtausübung oder die unzureichende Ausübung des Nutzungsrechts überwiegend auf Umständen beruht, deren Behebung dem Urheber zuzumuten ist.

(2) Das Rückrufsrecht kann nicht vor Ablauf von zwei Jahren seit Einräumung oder Übertragung des Nutzungsrechts oder, wenn das Werk später abgeliefert wird, seit der Ablieferung geltend gemacht werden. Bei einem Beitrag zu einer Zeitung beträgt die Frist drei Monate, bei einem Beitrag zu einer Zeitschrift, die monatlich oder in kürzeren Abständen erscheint, sechs Monate und bei einem Beitrag zu anderen Zeitschriften ein Jahr.

(3) Der Rückruf kann erst erklärt werden, nachdem der Urheber dem Inhaber des Nutzungsrechts unter Ankündigung des Rückrufs eine angemessene Nachfrist zur zureichenden Ausübung des Nutzungsrechts bestimmt hat. Der Bestimmung der Nachfrist bedarf es nicht, wenn die Ausübung des Nutzungsrechts seinem Inhaber unmöglich ist oder von ihm verweigert wird oder wenn durch die Gewährung einer Nachfrist überwiegende Interessen des Urhebers gefährdet würden.

(4) Auf das Rückrufsrecht kann im Voraus nicht verzichtet werden. Seine Ausübung kann im Voraus für mehr als fünf Jahre nicht ausgeschlossen werden.

(5) Mit Wirksamwerden des Rückrufs erlischt das Nutzungsrecht.

(6) Der Urheber hat den Betroffenen zu entschädigen, wenn und soweit es der Billigkeit entspricht.

(7) Rechte und Ansprüche der Beteiligten nach anderen gesetzlichen Vorschriften bleiben unberührt.

§ 42 Rückrufsrecht wegen gewandelter Überzeugung

(1) Der Urheber kann ein Nutzungsrecht gegenüber dem Inhaber zurückrufen, wenn das Werk seiner Überzeugung nicht mehr entspricht und ihm deshalb die Verwertung des Werkes nicht mehr zugemutet werden kann. Der Rechtsnachfolger des Urhebers (§ 30) kann den Rückruf nur erklären, wenn er nachweist, dass der Urheber vor seinem Tode zum Rückruf berechtigt gewesen wäre und an der Erklärung des Rückrufs gehindert war oder diese letztwillig verfügt hat.

(2) Auf das Rückrufsrecht kann im Voraus nicht verzichtet werden. Seine Ausübung kann nicht ausgeschlossen werden.

(3) Der Urheber hat den Inhaber des Nutzungsrechts angemessen zu entschädigen. Die Entschädigung muss mindestens die Aufwendungen decken, die der Inhaber des Nutzungsrechts bis zur Erklärung des Rückrufs gemacht hat; jedoch bleiben hierbei Aufwendungen, die auf bereits gezogene Nutzungen entfallen, außer Betracht. Der Rückruf wird erst wirksam, wenn der Urheber die Aufwendungen ersetzt oder Sicherheit dafür geleistet hat. Der Inhaber des Nutzungsrechts hat dem Urheber binnen einer Frist von drei Monaten nach Erklärung des Rückrufs die Aufwendungen mitzuteilen; kommt er dieser Pflicht nicht nach, so wird der Rückruf bereits mit Ablauf dieser Frist wirksam.

(4) Will der Urheber nach Rückruf das Werk wieder verwerten, so ist er verpflichtet, dem früheren Inhaber des Nutzungsrechts ein entsprechendes Nutzungsrecht zu angemessenen Bedingungen anzubieten.

(5) Die Bestimmungen in § 41 Abs. 5 und 7 sind entsprechend anzuwenden.

§ 42a Zwangslizenz zur Herstellung von Tonträgern

(1) Ist einem Hersteller von Tonträgern ein Nutzungsrecht an einem Werk der Musik eingeräumt worden mit dem Inhalt, das Werk zu gewerblichen Zwecken auf Tonträger zu übertragen und diese zu vervielfältigen und zu verbreiten, so ist der Urheber verpflichtet, jedem anderen Hersteller von Tonträgern, der im Geltungsbereich dieses

Gesetzes seine Hauptniederlassung oder seinen Wohnsitz hat, nach Erscheinen des Werkes gleichfalls ein Nutzungsrecht mit diesem Inhalt zu angemessenen Bedingungen einzuräumen; dies gilt nicht, wenn das bezeichnete Nutzungsrecht erlaubterweise von einer Verwertungsgesellschaft wahrgenommen wird oder wenn das Werk der Überzeugung des Urhebers nicht mehr entspricht, ihm deshalb die Verwertung des Werkes nicht mehr zugemutet werden kann und er ein etwa bestehendes Nutzungsrecht aus diesem Grunde zurückgerufen hat, § 63 ist entsprechend anzuwenden. Der Urheber ist nicht verpflichtet, die Benutzung des Werkes zur Herstellung eines Filmes zu gestatten.

(2) Gegenüber einem Hersteller von Tonträgern, der weder seine Hauptniederlassung noch seinen Wohnsitz im Geltungsbereich dieses Gesetzes hat, besteht die Verpflichtung nach Absatz 1, soweit in dem Staat, in dem er seine Hauptniederlassung oder seinen Wohnsitz hat, den Herstellern von Tonträgern, die ihre Hauptniederlassung oder ihren Wohnsitz im Geltungsbereich dieses Gesetzes haben, nach einer Bekanntmachung des Bundesministeriums der Justiz im Bundesgesetzblatt ein entsprechendes Recht gewährt wird.

(3) Das nach den vorstehenden Bestimmungen einzuräumende Nutzungsrecht wirkt nur im Geltungsbereich dieses Gesetzes und für die Ausfuhr nach Staaten, in denen das Werk keinen Schutz gegen die Übertragung auf Tonträger genießt.

(4) Hat der Urheber einem anderen das ausschließliche Nutzungsrecht eingeräumt mit dem Inhalt, das Werk zu gewerblichen Zwecken auf Tonträger zu übertragen und diese zu vervielfältigen und zu verbreiten, so gelten die vorstehenden Bestimmungen mit der Maßgabe, dass der Inhaber des ausschließlichen Nutzungsrechts zur Einräumung des in Absatz 1 bezeichneten Nutzungsrechts verpflichtet ist.

(5) Auf ein Sprachwerk, das als Text mit einem Werk der Musik verbunden ist, sind die vorstehenden Bestimmungen entsprechend anzuwenden, wenn einem Hersteller von Tonträgern ein Nutzungsrecht eingeräumt worden ist mit dem Inhalt, das Sprachwerk in Verbindung mit dem Werk der Musik auf Tonträger zu übertragen und diese zu vervielfältigen und zu verbreiten.

(6) Für Klagen, durch die ein Anspruch auf Einräumung des Nutzungsrechts geltend gemacht wird, sind, sofern der Urheber oder im Fall des Absatzes 4 der Inhaber des ausschließlichen Nutzungsrechts im Geltungsbereich dieses Gesetzes keinen allgemeinen Gerichtsstand hat, die Gerichte zuständig, in deren Bezirk das Patentamt seinen Sitz hat. Einstweilige Verfügungen können erlassen werden, auch wenn die in den §§ 935 und 940 der Zivilprozessordnung bezeichneten Voraussetzungen nicht zutreffen.

(7) Die vorstehenden Bestimmungen sind nicht anzuwenden, wenn das in Absatz 1 bezeichnete Nutzungsrecht lediglich zur Herstellung eines Filmes eingeräumt worden ist.

§ 43 Urheber in Arbeits- oder Dienstverhältnissen

Die Vorschriften dieses Unterabschnitts sind auch anzuwenden, wenn der Urheber das Werk in Erfüllung seiner Verpflichtungen aus einem Arbeits- oder Dienstverhältnis geschaffen hat, soweit sich aus dem Inhalt oder dem Wesen des Arbeits- oder Dienstverhältnisses nichts anderes ergibt.

§ 44 Veräußerung des Originals des Werkes

(1) Veräußert der Urheber das Original des Werkes, so räumt er damit im Zweifel dem Erwerber ein Nutzungsrecht nicht ein.

(2) Der Eigentümer des Originals eines Werkes der bildenden Künste oder eines Lichtbildwerkes ist berechtigt, das Werk öffentlich auszustellen, auch wenn es noch nicht veröffentlicht ist, es sei denn, dass der Urheber dies bei der Veräußerung des Originals ausdrücklich ausgeschlossen hat.

Abschnitt 6   **Schranken des Urheberrechts**

§ 44a   Vorübergehende Vervielfältigungshandlungen

Zulässig sind vorübergehende Vervielfältigungshandlungen, die flüchtig oder begleitend sind und einen integralen und wesentlichen Teil eines technischen Verfahrens darstellen und deren alleiniger Zweck es ist,
1. eine Übertragung in einem Netz zwischen Dritten durch einen Vermittler oder
2. eine rechtmäßige Nutzung
eines Werkes oder sonstigen Schutzgegenstands zu ermöglichen, und die keine eigenständige wirtschaftliche Bedeutung haben.

§ 45   Rechtspflege und öffentliche Sicherheit

(1) Zulässig ist, einzelne Vervielfältigungsstücke von Werken zur Verwendung in Verfahren vor einem Gericht, einem Schiedsgericht oder einer Behörde herzustellen oder herstellen zu lassen.

(2) Gerichte und Behörden dürfen für Zwecke der Rechtspflege und der öffentlichen Sicherheit Bildnisse vervielfältigen oder vervielfältigen lassen.

(3) Unter den gleichen Voraussetzungen wie die Vervielfältigung ist auch die Verbreitung, öffentliche Ausstellung und öffentliche Wiedergabe der Werke zulässig.

§ 45a   Behinderte Menschen

(1) Zulässig ist die nicht Erwerbszwecken dienende Vervielfältigung eines Werkes für und deren Verbreitung ausschließlich an Menschen, soweit diesen der Zugang zu dem Werk in einer bereits verfügbaren Art der sinnlichen Wahrnehmung auf Grund einer Behinderung nicht möglich oder erheblich erschwert ist, soweit es zur Ermöglichung des Zugangs erforderlich ist.

(2) Für die Vervielfältigung und Verbreitung ist dem Urheber eine angemessene Vergütung zu zahlen; ausgenommen ist die Herstellung lediglich einzelner Vervielfältigungsstücke. Der Anspruch kann nur durch eine Verwertungsgesellschaft geltend gemacht werden.

§ 46   Sammlungen für Kirchen-, Schul- oder Unterrichtsgebrauch

(1) Nach der Veröffentlichung zulässig ist die Vervielfältigung, Verbreitung und öffentliche Zugänglichmachung von Teilen eines Werkes, von Sprachwerken oder von Werken der Musik von geringem Umfang, von einzelnen Werken der bildenden Künste oder einzelnen Lichtbildwerken als Element einer Sammlung, die Werke einer größeren Anzahl von Urhebern vereinigt und die nach ihrer Beschaffenheit nur für den Unterrichtsgebrauch in Schulen, in nichtgewerblichen Einrichtungen der Aus- und Weiterbildung oder in Einrichtungen der Berufsbildung oder für den Kirchengebrauch bestimmt ist. Die öffentliche Zugänglichmachung eines für den Unterrichtsgebrauch an Schulen bestimmten Werkes ist stets nur mit Einwilligung des Berechtigten zulässig. In den Vervielfältigungsstücken oder bei der öffentlichen Zugänglichmachung ist deutlich anzugeben, wozu die Sammlung bestimmt ist.

(2) Absatz 1 gilt für Werke der Musik nur, wenn diese Elemente einer Sammlung sind, die für den Gebrauch im Musikunterricht in Schulen mit Ausnahme der Musikschulen bestimmt ist.

(3) Mit der Vervielfältigung oder der öffentlichen Zugänglichmachung darf erst begonnen werden, wenn die Absicht, von der Berechtigung nach Absatz 1 Gebrauch zu machen, dem Urheber oder, wenn sein Wohnort oder Aufenthaltsort unbekannt ist, dem Inhaber des ausschließlichen Nutzungsrechts durch eingeschriebenen Brief mitgeteilt worden ist und seit Absendung des Briefes zwei Wochen verstrichen sind. Ist auch der Wohnort oder Aufenthaltsort des Inhabers des ausschließlichen Nutzungsrechts unbekannt, so kann die Mitteilung durch Veröffentlichung im Bundesanzeiger bewirkt werden.

(4) Für die nach den Absätzen 1 und 2 zulässige Verwertung ist dem Urheber eine angemessene Vergütung zu zahlen.

(5) Der Urheber kann die nach den Absätzen 1 und 2 zulässige Verwertung verbieten, wenn das Werk seiner Überzeugung nicht mehr entspricht, ihm deshalb die Verwertung des Werkes nicht mehr zugemutet werden kann und er ein etwa bestehendes Nutzungsrecht aus diesem Grunde zurückgerufen hat (§ 42). Die Bestimmungen in § 136 Abs. 1 und 2 sind entsprechend anzuwenden.

§ 47 Schulfunksendungen

(1) Schulen sowie Einrichtungen der Lehrerbildung und der Lehrerfortbildung dürfen einzelne Vervielfältigungsstücke von Werken, die innerhalb einer Schulfunksendung gesendet werden, durch Übertragung der Werke auf Bild- oder Tonträger herstellen. Das Gleiche gilt für Heime der Jugendhilfe und die staatlichen Landesbildstellen oder vergleichbare Einrichtungen in öffentlicher Trägerschaft.

(2) Die Bild- oder Tonträger dürfen nur für den Unterricht verwendet werden. Sie sind spätestens am Ende des auf die Übertragung der Schulfunksendung folgenden Schuljahrs zu löschen, es sei denn, dass dem Urheber eine angemessene Vergütung gezahlt wird.

§ 48 Öffentliche Reden

(1) Zulässig ist
1. die Vervielfältigung und Verbreitung von Reden über Tagesfragen in Zeitungen, Zeitschriften sowie in anderen Druckschriften oder sonstigen Datenträgern, die im Wesentlichen den Tagesinteressen Rechnung tragen, wenn die Reden bei öffentlichen Versammlungen gehalten oder durch öffentliche Wiedergabe im Sinne von § 19a oder § 20 veröffentlicht worden sind, sowie die öffentliche Wiedergabe solcher Reden,
2. die Vervielfältigung, Verbreitung und öffentliche Wiedergabe von Reden, die bei öffentlichen Verhandlungen vor staatlichen, kommunalen oder kirchlichen Organen gehalten worden sind.

(2) Unzulässig ist jedoch die Vervielfältigung und Verbreitung der in Absatz 1 Nr. 2 bezeichneten Reden in Form einer Sammlung, die überwiegend Reden desselben Urhebers enthält.

§ 49 Zeitungsartikel und Rundfunkkommentare

(1) Zulässig ist die Vervielfältigung und Verbreitung einzelner Rundfunkkommentare und einzelner Artikel sowie mit ihnen im Zusammenhang veröffentlichter Abbildungen aus Zeitungen und anderen lediglich Tagesinteressen dienenden Informationsblättern in anderen Zeitungen und Informationsblättern dieser Art sowie die öffentliche Wiedergabe solcher Kommentare, Artikel und Abbildungen, wenn sie politische, wirtschaftliche oder religiöse Tagesfragen betreffen und nicht mit einem Vorbehalt der Rechte versehen sind. Für die Vervielfältigung, Verbreitung und öffentliche Wiedergabe ist dem Urheber eine angemessene Vergütung zu zahlen, es sei denn, dass es sich um eine Vervielfältigung, Verbreitung oder öffentliche Wiedergabe kurzer Auszüge aus mehreren Kommentaren oder Artikeln in Form einer Übersicht handelt. Der Anspruch kann nur durch eine Verwertungsgesellschaft geltend gemacht werden.

(2) Unbeschränkt zulässig ist die Vervielfältigung, Verbreitung und öffentliche Wiedergabe von vermischten Nachrichten tatsächlichen Inhalts und von Tagesneuigkeiten, die durch Presse oder Funk veröffentlicht worden sind; ein durch andere gesetzliche Vorschriften gewährter Schutz bleibt unberührt.

§ 50 Berichterstattung über Tagesereignisse

Zur Berichterstattung über Tagesereignisse durch Funk oder durch ähnliche technische Mittel, in Zeitungen, Zeitschriften und in anderen Druckschriften oder sonstigen Datenträgern, die im Wesentlichen Tagesinteressen Rechnung tragen, sowie im Film, ist die Vervielfältigung, Verbreitung und öffentliche Wiedergabe von Werken, die im Verlauf dieser Ereignisse wahrnehmbar werden, in einem durch den Zweck gebotenen Umfang zulässig.

§ 51 Zitate

Zulässig ist die Vervielfältigung, Verbreitung und öffentliche Wiedergabe eines veröffentlichten Werkes zum Zweck des Zitats, sofern die Nutzung in ihrem Umfang durch den besonderen Zweck gerechtfertigt ist. Zulässig ist dies insbesondere, wenn
1. einzelne Werke nach der Veröffentlichung in ein selbständiges wissenschaftliches Werk zur Erläuterung des Inhalts aufgenommen werden,
2. Stellen eines Werkes nach der Veröffentlichung in einem selbständigen Sprachwerk angeführt werden,
3. einzelne Stellen eines erschienenen Werkes der Musik in einem selbständigen Werk der Musik angeführt werden.

§ 52 Öffentliche Wiedergabe

(1) Zulässig ist die öffentliche Wiedergabe eines veröffentlichten Werkes, wenn die Wiedergabe keinem Erwerbszweck des Veranstalters dient, die Teilnehmer ohne Entgelt zugelassen werden und im Falle des Vortrages oder der Aufführung des Werkes keiner der ausübenden Künstler (§ 73) eine besondere Vergütung erhält. Für die Wiedergabe ist eine angemessene Vergütung zu zahlen. Die Vergütungspflicht entfällt für Veranstaltungen der Jugendhilfe, der Sozialhilfe, der Alten- und Wohlfahrtspflege, der Gefangenenbetreuung sowie für Schulveranstaltungen, sofern sie nach ihrer sozialen oder erzieherischen Zweckbestimmung nur einem bestimmt abgegrenzten Kreis von Personen zugänglich sind. Dies gilt nicht, wenn die Veranstaltung dem Erwerbszweck eines Dritten dient; in diesem Fall hat der Dritte die Vergütung zu zahlen.

(2) Zulässig ist die öffentliche Wiedergabe eines erschienenen Werkes auch bei einem Gottesdienst oder einer kirchlichen Feier der Kirchen oder Religionsgemeinschaften. Jedoch hat der Veranstalter dem Urheber eine angemessene Vergütung zu zahlen.

(3) Öffentliche bühnenmäßige Darstellungen, öffentliche Zugänglichmachungen und Funksendungen eines Werkes sowie öffentliche Vorführungen eines Filmwerks sind stets nur mit Einwilligung des Berechtigten zulässig.

§ 52a Öffentliche Zugänglichmachung für Unterricht und Forschung

(1) Zulässig ist,
1. veröffentlichte kleine Teile eines Werkes, Werke geringen Umfangs sowie einzelne Beiträge aus Zeitungen oder Zeitschriften zur Veranschaulichung im Unterricht an Schulen, Hochschulen, nichtgewerblichen Einrichtungen der Aus- und Weiterbildung sowie an Einrichtungen der Berufsbildung ausschließlich für den bestimmt abgegrenzten Kreis von Unterrichtsteilnehmern oder
2. veröffentlichte Teile eines Werkes, Werke geringen Umfangs sowie einzelne Beiträge aus Zeitungen oder Zeitschriften ausschließlich für einen bestimmt abgegrenzten Kreis von Personen für deren eigene wissenschaftliche Forschung öffentlich zugänglich zu machen, soweit dies zu dem jeweiligen Zweck geboten und zur Verfolgung nicht kommerzieller Zwecke gerechtfertigt ist.

(2) Die öffentliche Zugänglichmachung eines für den Unterrichtsgebrauch an Schulen bestimmten Werkes ist stets nur mit Einwilligung des Berechtigten zulässig. Die öffentliche Zugänglichmachung eines Filmwerkes ist vor Ablauf von zwei Jahren

nach Beginn der üblichen regulären Auswertung in Filmtheatern im Geltungsbereich dieses Gesetzes stets nur mit Einwilligung des Berechtigten zulässig.

(3) Zulässig sind in den Fällen des Absatzes 1 auch die zur öffentlichen Zugänglichmachung erforderlichen Vervielfältigungen.

(4) Für die öffentliche Zugänglichmachung nach Absatz 1 ist eine angemessene Vergütung zu zahlen. Der Anspruch kann nur durch eine Verwertungsgesellschaft geltend gemacht werden.

§ 52b Wiedergabe von Werken an elektronischen Leseplätzen in öffentlichen Bibliotheken, Museen und Archiven

Zulässig ist, veröffentlichte Werke aus dem Bestand öffentlich zugänglicher Bibliotheken, Museen oder Archive, die keinen unmittelbar oder mittelbar wirtschaftlichen oder Erwerbszweck verfolgen, ausschließlich in den Räumen der jeweiligen Einrichtung an eigens dafür eingerichteten elektronischen Leseplätzen zur Forschung und für private Studien zugänglich zu machen, soweit dem keine vertraglichen Regelungen entgegenstehen. Es dürfen grundsätzlich nicht mehr Exemplare eines Werkes an den eingerichteten elektronischen Leseplätzen gleichzeitig zugänglich gemacht werden, als der Bestand der Einrichtung umfasst. Für die Zugänglichmachung ist eine angemessene Vergütung zu zahlen. Der Anspruch kann nur durch eine Verwertungsgesellschaft geltend gemacht werden.

§ 53 Vervielfältigungen zum privaten und sonstigen eigenen Gebrauch

(1) Zulässig sind einzelne Vervielfältigungen eines Werkes durch eine natürliche Person zum privaten Gebrauch auf beliebigen Trägern, sofern sie weder unmittelbar noch mittelbar Erwerbszwecken dienen, soweit nicht zur Vervielfältigung eine offensichtlich rechtswidrig hergestellte oder öffentlich zugänglich gemachte Vorlage verwendet wird. Der zur Vervielfältigung Befugte darf die Vervielfältigungsstücke auch durch einen anderen herstellen lassen, sofern dies unentgeltlich geschieht oder es sich um Vervielfältigungen auf Papier oder einem ähnlichen Träger mittels beliebiger photomechanischer Verfahren oder anderer Verfahren mit ähnlicher Wirkung handelt.

(2) Zulässig ist, einzelne Vervielfältigungsstücke eines Werkes herzustellen oder herstellen zu lassen

1. zum eigenen wissenschaftlichen Gebrauch, wenn und soweit die Vervielfältigung zu diesem Zweck geboten ist und sie keinen gewerblichen Zwecken dient,
2. zur Aufnahme in ein eigenes Archiv, wenn und soweit die Vervielfältigung zu diesem Zweck geboten ist und als Vorlage für die Vervielfältigung ein eigenes Werkstück benutzt wird,
3. zur eigenen Unterrichtung über Tagesfragen, wenn es sich um ein durch Funk gesendetes Werk handelt,
4. zum sonstigen eigenen Gebrauch,
   a) wenn es sich um kleine Teile eines erschienenen Werkes oder um einzelne Beiträge handelt, die in Zeitungen oder Zeitschriften erschienen sind,
   b) wenn es sich um ein seit mindestens zwei Jahren vergriffenes Werk handelt.

Dies gilt im Fall des Satzes 1 Nr. 2 nur, wenn zusätzlich

1. die Vervielfältigung auf Papier oder einem ähnlichen Träger mittels beliebiger photomechanischer Verfahren oder anderer Verfahren mit ähnlicher Wirkung vorgenommen wird oder
2. eine ausschließlich analoge Nutzung stattfindet oder
3. das Archiv im öffentlichen Interesse tätig ist und keinen unmittelbar oder mittelbar wirtschaftlichen oder Erwerbszweck verfolgt.

Dies gilt in den Fällen des Satzes 1 Nr. 3 und 4 nur, wenn zusätzlich eine der Voraussetzungen des Satzes 2 Nr. 1 oder 2 vorliegt.

(3) Zulässig ist, Vervielfältigungsstücke von kleinen Teilen eines Werkes, von Werken von geringem Umfang oder von einzelnen Beiträgen, die in Zeitungen oder Zeitschriften erschienen oder öffentlich zugänglich gemacht worden sind, zum eigenen Gebrauch

1. zur Veranschaulichung des Unterrichts in Schulen, in nichtgewerblichen Einrich-

tungen der Aus- und Weiterbildung sowie in Einrichtungen der Berufsbildung in der für die Unterrichtsteilnehmer erforderlichen Anzahl oder

2. für staatliche Prüfungen und Prüfungen in Schulen, Hochschulen, in nicht-gewerblichen Einrichtungen der Aus- und Weiterbildung sowie in der Berufs-bildung in der erforderlichen Anzahl

herzustellen oder herstellen zu lassen, wenn und soweit die Vervielfältigung zu diesem Zweck geboten ist. Die Vervielfältigung eines Werkes, das für den Unter-richtsgebrauch an Schulen bestimmt ist, ist stets nur mit Einwilligung des Berech-tigten zulässig.

(4) Die Vervielfältigung
a) graphischer Aufzeichnungen von Werken der Musik,
b) eines Buches oder einer Zeitschrift, wenn es sich um eine im Wesentlichen vollständige Vervielfältigung handelt,

ist, soweit sie nicht durch Abschreiben vorgenommen wird, stets nur mit Einwilligung des Berechtigten zulässig oder unter den Voraussetzungen des Absatzes 2 Satz 1 Nr. 2 oder zum eigenen Gebrauch, wenn es sich um ein seit mindestens zwei Jahren vergriffenes Werk handelt.

(5) Absatz 1, Absatz 2 Satz 1 Nr. 2 bis 4 sowie Absatz 3 Nr. 2 finden keine Anwen-dung auf Datenbankwerke, deren Elemente einzeln mit Hilfe elektronischer Mittel zugänglich sind. Absatz 2 Satz 1 Nr. 1 sowie Absatz 3 Nr. 1 finden auf solche Daten-bankwerke mit der Maßgabe Anwendung, dass der wissenschaftliche Gebrauch sowie der Gebrauch im Unterricht nicht zu gewerblichen Zwecken erfolgen.

(6) Die Vervielfältigungsstücke dürfen weder verbreitet noch zu öffentlichen Wieder-gaben benutzt werden. Zulässig ist jedoch, rechtmäßig hergestellte Vervielfälti-gungsstücke von Zeitungen und vergriffenen Werken sowie solche Werkstücke zu verleihen, bei denen kleine beschädigte oder abhanden gekommene Teile durch Vervielfältigungsstücke ersetzt worden sind.

(7) Die Aufnahme öffentlicher Vorträge, Aufführungen oder Vorführungen eines Wer-kes auf Bild- oder Tonträger, die Ausführung von Plänen und Entwürfen zu Werken der bildenden Künste und der Nachbau eines Werkes der Baukunst sind stets nur mit Einwilligung des Berechtigten zulässig.

§ 53a   Kopienversand auf Bestellung

(1) Zulässig ist auf Einzelbestellung die Vervielfältigung und Übermittlung einzelner in Zeitungen und Zeitschriften erschienener Beiträge sowie kleiner Teile eines erschie-nenen Werkes im Wege des Post- oder Faxversands durch öffentliche Bibliotheken, sofern die Nutzung durch den Besteller nach § 53 zulässig ist. Die Vervielfältigung und Übermittlung in sonstiger elektronischer Form ist ausschließlich als grafische Datei und zur Veranschaulichung des Unterrichts oder für Zwecke der wissenschaft-lichen Forschung zulässig, soweit dies zur Verfolgung nicht gewerblicher Zwecke gerechtfertigt ist. Die Vervielfältigung und Übermittlung in sonstiger elektronischer Form ist ferner nur dann zulässig, wenn der Zugang zu den Beiträgen oder kleinen Teilen eines Werkes den Mitgliedern der Öffentlichkeit nicht offensichtlich von Orten und zu Zeiten ihrer Wahl mittels einer vertraglichen Vereinbarung zu angemessenen Bedingungen ermöglicht wird.

(2) Für die Vervielfältigung und Übermittlung ist dem Urheber eine angemessene Vergütung zu zahlen. Der Anspruch kann nur durch eine Verwertungsgesellschaft geltend gemacht werden.

§ 54   Vergütungspflicht

(1) Ist nach der Art eines Werkes zu erwarten, dass es nach § 53 Abs. 1 bis 3 vervielfältigt wird, so hat der Urheber des Werkes gegen den Hersteller von Geräten und von Speichermedien, deren Typ allein oder in Verbindung mit anderen Geräten, Speichermedien oder Zubehör zur Vornahme solcher Vervielfältigungen benutzt wird, Anspruch auf Zahlung einer angemessenen Vergütung.

(2) Der Anspruch nach Absatz 1 entfällt, soweit nach den Umständen erwartet werden kann, dass die Geräte oder Speichermedien im Geltungsbereich dieses Gesetzes nicht zu Vervielfältigungen benutzt werden.

§ 54a   Vergütungshöhe

(1) Maßgebend für die Vergütungshöhe ist, in welchem Maß die Geräte und Speichermedien als Typen tatsächlich für Vervielfältigungen nach § 53 Abs. 1 bis 3 genutzt werden. Dabei ist zu berücksichtigen, inwieweit technische Schutzmaßnahmen nach § 95a auf die betreffenden Werke angewendet werden.

(2) Die Vergütung für Geräte ist so zu gestalten, dass sie auch mit Blick auf die Vergütungspflicht für in diesen Geräten enthaltene Speichermedien oder andere, mit diesen funktionell zusammenwirkende Geräte oder Speichermedien insgesamt angemessen ist.

(3) Bei der Bestimmung der Vergütungshöhe sind die nutzungsrelevanten Eigenschaften der Geräte und Speichermedien, insbesondere die Leistungsfähigkeit von Geräten sowie die Speicherkapazität und Mehrfachbeschreibbarkeit von Speichermedien, zu berücksichtigen.

(4) Die Vergütung darf Hersteller von Geräten und Speichermedien nicht unzumutbar beeinträchtigen; sie muss in einem wirtschaftlich angemessenen Verhältnis zum Preisniveau des Geräts oder des Speichermediums stehen.

§ 54b   Vergütungspflicht des Händlers oder Importeurs

(1) Neben dem Hersteller haftet als Gesamtschuldner, wer die Geräte oder Speichermedien in den Geltungsbereich dieses Gesetzes gewerblich einführt oder wiedereinführt oder wer mit ihnen handelt.

(2) Einführer ist, wer die Geräte oder Speichermedien in den Geltungsbereich dieses Gesetzes verbringt oder verbringen lässt. Liegt der Einfuhr ein Vertrag mit einem Gebietsfremden zugrunde, so ist Einführer nur der im Geltungsbereich dieses Gesetzes ansässige Vertragspartner, soweit er gewerblich tätig wird. Wer lediglich als Spediteur oder Frachtführer oder in einer ähnlichen Stellung bei dem Verbringen der Waren tätig wird, ist nicht Einführer. Wer die Gegenstände aus Drittländern in eine Freizone oder in ein Freilager nach Artikel 166 der Verordnung (EWG) Nr. 2913/92 des Rates vom 12. Oktober 1992 zur Festlegung des Zollkodex der Gemeinschaften (ABl. EG Nr. L 302 S. 1) verbringt oder verbringen lässt, ist als Einführer nur anzusehen, wenn die Gegenstände in diesem Bereich gebraucht oder wenn sie in den zollrechtlich freien Verkehr übergeführt werden.

(3) Die Vergütungspflicht des Händlers entfällt,
1. soweit ein zur Zahlung der Vergütung Verpflichteter, von dem der Händler die Geräte oder die Speichermedien bezieht, an einen Gesamtvertrag über die Vergütung gebunden ist oder
2. wenn der Händler Art und Stückzahl der bezogenen Geräte und Speichermedien und seine Bezugsquelle der nach § 54h Abs. 3 bezeichneten Empfangsstelle jeweils zum 10. Januar und 10. Juli für das vorangegangene Kalenderhalbjahr schriftlich mitteilt.

§ 54c   Vergütungspflicht des Betreibers von Ablichtungsgeräten

(1) Werden Geräte der in § 54 Abs. 1 genannten Art, die im Weg der Ablichtung oder in einem Verfahren vergleichbarer Wirkung vervielfältigen, in Schulen, Hochschulen sowie Einrichtungen der Berufsbildung oder der sonstigen Aus- und Weiterbildung (Bildungseinrichtungen), Forschungseinrichtungen, öffentlichen Bibliotheken oder in Einrichtungen betrieben, die Geräte für die entgeltliche Herstellung von Ablichtungen bereithalten, so hat der Urheber auch gegen den Betreiber des Geräts einen Anspruch auf Zahlung einer angemessenen Vergütung.

(2) Die Höhe der von dem Betreiber insgesamt geschuldeten Vergütung bemisst sich nach der Art und dem Umfang der Nutzung des Geräts, die nach den Umständen, insbesondere nach dem Standort und der üblichen Verwendung, wahrscheinlich ist.

§ 54d Hinweispflicht

Soweit nach § 14 Abs. 2 Satz 1 Nr. 2 Satz 2 des Umsatzsteuergesetzes eine Verpflichtung zur Erteilung einer Rechnung besteht, ist in Rechnungen über die Veräußerung oder ein sonstiges Inverkehrbringen der in § 54 Abs. 1 genannten Geräte oder Speichermedien auf die auf das Gerät oder Speichermedium entfallende Urhebervergütung hinzuweisen.

§ 54e Meldepflicht

(1) Wer Geräte oder Speichermedien in den Geltungsbereich dieses Gesetzes gewerblich einführt oder wiedereinführt, ist dem Urheber gegenüber verpflichtet, Art und Stückzahl der eingeführten Gegenstände der nach § 54h Abs. 3 bezeichneten Empfangsstelle monatlich bis zum zehnten Tag nach Ablauf jedes Kalendermonats schriftlich mitzuteilen.

(2) Kommt der Meldepflichtige seiner Meldepflicht nicht, nur unvollständig oder sonst unrichtig nach, kann der doppelte Vergütungssatz verlangt werden.

§ 54f Auskunftspflicht

(1) Der Urheber kann von dem nach § 54 oder § 54b zur Zahlung der Vergütung Verpflichteten Auskunft über Art und Stückzahl der im Geltungsbereich dieses Gesetzes veräußerten oder in Verkehr gebrachten Geräte und Speichermedien verlangen. Die Auskunftspflicht des Händlers erstreckt sich auch auf die Benennung der Bezugsquellen; sie besteht auch im Fall des § 54b Abs. 3 Nr. 1. § 26 Abs. 7 gilt entsprechend.

(2) Der Urheber kann von dem Betreiber eines Geräts in einer Einrichtung im Sinne des § 54c Abs. 1 die für die Bemessung der Vergütung erforderliche Auskunft verlangen.

(3) Kommt der zur Zahlung der Vergütung Verpflichtete seiner Auskunftspflicht nicht, nur unvollständig oder sonst unrichtig nach, so kann der doppelte Vergütungssatz verlangt werden.

§ 54g Kontrollbesuch

Soweit dies für die Bemessung der vom Betreiber nach § 54c geschuldeten Vergütung erforderlich ist, kann der Urheber verlangen, dass ihm das Betreten der Betriebs- und Geschäftsräume des Betreibers, der Geräte für die entgeltliche Herstellung von Ablichtungen bereithält, während der üblichen Betriebs- oder Geschäftszeit gestattet wird. Der Kontrollbesuch muss so ausgeübt werden, dass vermeidbare Betriebsstörungen unterbleiben.

§ 54h Verwertungsgesellschaften; Handhabung der Mitteilungen

(1) Die Ansprüche nach den §§ 54 bis 54c, 54e Abs. 2, §§ 54f und 54g können nur durch eine Verwertungsgesellschaft geltend gemacht werden.

(2) Jedem Berechtigten steht ein angemessener Anteil an den nach den §§ 54 bis 54c gezahlten Vergütungen zu. Soweit Werke mit technischen Maßnahmen gemäß § 95a geschützt sind, werden sie bei der Verteilung der Einnahmen nicht berücksichtigt.

(3) Für Mitteilungen nach § 54b Abs. 3 und § 54e haben die Verwertungsgesellschaften dem Deutschen Patent- und Markenamt eine gemeinsame Empfangsstelle zu

bezeichnen. Das Deutsche Patent- und Markenamt gibt diese im Bundesanzeiger bekannt.

(4) Das Deutsche Patent- und Markenamt kann Muster für die Mitteilungen nach § 54b Abs. 3 Nr. 2 und § 54e im Bundesanzeiger oder im elektronischen Bundesanzeiger bekannt machen. Werden Muster bekannt gemacht, sind diese zu verwenden.

(5) Die Verwertungsgesellschaften und die Empfangsstelle dürfen die gemäß § 54b Abs. 3 Nr. 2, den §§ 54e und 54f erhaltenen Angaben nur zur Geltendmachung der Ansprüche nach Absatz 1 verwenden.

§ 55 Vervielfältigung durch Sendeunternehmen

(1) Ein Sendeunternehmen, das zur Funksendung eines Werkes berechtigt ist, darf das Werk mit eigenen Mitteln auf Bild- oder Tonträger übertragen, um diese zur Funksendung über jeden seiner Sender oder Richtstrahler je einmal zu benutzen. Die Bild- oder Tonträger sind spätestens einen Monat nach der ersten Funksendung des Werkes zu löschen.

(2) Bild- oder Tonträger, die außergewöhnlichen dokumentarischen Wert haben, brauchen nicht gelöscht zu werden, wenn sie in ein amtliches Archiv aufgenommen werden. Von der Aufnahme in das Archiv ist der Urheber unverzüglich zu benachrichtigen.

§ 55a Benutzung eines Datenbankwerkes

Zulässig ist die Bearbeitung sowie die Vervielfältigung eines Datenbankwerkes durch den Eigentümer eines mit Zustimmung des Urhebers durch Veräußerung in Verkehr gebrachten Vervielfältigungsstücks des Datenbankwerkes, den in sonstiger Weise zu dessen Gebrauch Berechtigten oder denjenigen, dem ein Datenbankwerk aufgrund eines mit dem Urheber oder eines mit dessen Zustimmung mit einem Dritten geschlossenen Vertrags zugänglich gemacht wird, wenn und soweit die Bearbeitung oder Vervielfältigung für den Zugang zu den Elementen des Datenbankwerkes und für dessen übliche Benutzung erforderlich ist. Wird auf Grund eines Vertrags nach Satz 1 nur ein Teil des Datenbankwerkes zugänglich gemacht, so ist nur die Bearbeitung sowie die Vervielfältigung dieses Teils zulässig. Entgegenstehende vertragliche Vereinbarungen sind nichtig.

§ 56 Vervielfältigung und öffentliche Wiedergabe in Geschäftsbetrieben

(1) In Geschäftsbetrieben, in denen Geräte zur Herstellung oder zur Wiedergabe von Bild- oder Tonträgern, zum Empfang von Funksendungen oder zur elektronischen Datenverarbeitung vertrieben oder instand gesetzt werden, ist die Übertragung von Werken auf Bild-, Ton- oder Datenträger, die öffentliche Wahrnehmbarmachung von Werken mittels Bild-, Ton- oder Datenträger sowie die öffentliche Wahrnehmbarmachung von Funksendungen und öffentlichen Zugänglichmachungen von Werken zulässig, soweit dies notwendig ist, um diese Geräte Kunden vorzuführen oder instand zu setzen.

(2) Nach Absatz 1 hergestellte Bild-, Ton- oder Datenträger sind unverzüglich zu löschen.

§ 57 Unwesentliches Beiwerk

Zulässig ist die Vervielfältigung, Verbreitung und öffentliche Wiedergabe von Werken, wenn sie als unwesentliches Beiwerk neben dem eigentlichen Gegenstand der Vervielfältigung, Verbreitung oder öffentlichen Wiedergabe anzusehen sind.

§ 58 Werke in Ausstellungen, öffentlichem Verkauf und öffentlich zugänglichen Einrichtungen

(1) Zulässig ist die Vervielfältigung, Verbreitung und öffentliche Zugänglichmachung von öffentlich ausgestellten oder zur öffentlichen Ausstellung oder zum öffentlichen Verkauf bestimmten Werken der bildenden Künste und Lichtbildwerken durch den Veranstalter zur Werbung, soweit dies zur Förderung der Veranstaltung erforderlich ist.

(2) Zulässig ist ferner die Vervielfältigung und Verbreitung der in Absatz 1 genannten Werke in Verzeichnissen, die von öffentlich zugänglichen Bibliotheken, Bildungseinrichtungen oder Museen in inhaltlichem und zeitlichem Zusammenhang mit einer Ausstellung oder zur Dokumentation von Beständen herausgegeben werden und mit denen kein eigenständiger Erwerbszweck verfolgt wird.

§ 59 Werke an öffentlichen Plätzen

(1) Zulässig ist, Werke, die sich bleibend an öffentlichen Wegen, Straßen oder Plätzen befinden, mit Mitteln der Malerei oder Graphik, durch Lichtbild oder durch Film zu vervielfältigen, zu verbreiten und öffentlich wiederzugeben. Bei Bauwerken erstrecken sich diese Befugnisse nur auf die äußere Ansicht.

(2) Die Vervielfältigungen dürfen nicht an einem Bauwerk vorgenommen werden.

§ 60 Bildnisse

(1) Zulässig ist die Vervielfältigung sowie die unentgeltliche und nicht zu gewerblichen Zwecken vorgenommene Verbreitung eines Bildnisses durch den Besteller des Bildnisses oder seinen Rechtsnachfolger oder bei einem auf Bestellung geschaffenen Bildnis durch den Abgebildeten oder nach dessen Tod durch seine Angehörigen oder durch einen im Auftrag einer dieser Personen handelnden Dritten. Handelt es sich bei dem Bildnis um ein Werk der bildenden Künste, so ist die Verwertung nur durch Lichtbild zulässig.

(2) Angehörige im Sinne von Absatz 1 Satz 1 sind der Ehegatte oder der Lebenspartner und die Kinder oder, wenn weder ein Ehegatte oder Lebenspartner noch Kinder vorhanden sind, die Eltern.

§ 61 (aufgehoben)

§ 62 Änderungsverbot

(1) Soweit nach den Bestimmungen dieses Abschnitts die Benutzung eines Werkes zulässig ist, dürfen Änderungen an dem Werk nicht vorgenommen werden. § 39 gilt entsprechend.

(2) Soweit der Benutzungszweck es erfordert, sind Übersetzungen und solche Änderungen des Werkes zulässig, die nur Auszüge oder Übertragungen in eine andere Tonart oder Stimmlage darstellen.

(3) Bei Werken der bildenden Künste und Lichtbildwerken sind Übertragungen des Werkes in eine andere Größe und solche Änderungen zulässig, die das für die Vervielfältigung angewendete Verfahren mit sich bringt.

(4) Bei Sammlungen für Kirchen-, Schul- oder Unterrichtsgebrauch (§ 46) sind außer den nach den Absätzen 1 bis 3 erlaubten Änderungen solche Änderungen von Sprachwerken zulässig, die für den Kirchen-, Schul- oder Unterrichtsgebrauch erforderlich sind. Diese Änderungen bedürfen jedoch der Einwilligung des Urhebers, nach seinem Tode der Einwilligung seines Rechtsnachfolgers (§ 30), wenn dieser Angehöriger (§ 60 Abs. 2) des Urhebers ist oder das Urheberrecht auf Grund letztwilliger Verfügung des Urhebers erworben hat. Die Einwilligung gilt als erteilt, wenn der Urheber oder der Rechtsnachfolger nicht innerhalb eines Monats, nachdem ihm

die beabsichtigte Änderung mitgeteilt worden ist, widerspricht und er bei der Mitteilung der Änderung auf diese Rechtsfolge hingewiesen worden ist.

§ 63 Quellenangabe

(1) Wenn ein Werk oder ein Teil eines Werkes in den Fällen des § 45 Abs. 1, der §§ 45a bis 48, 50, 51, 53 Abs. 2 Satz 1 Nr. 1 und Abs. 3 Nr. 1 sowie der §§ 58 und 59 vervielfältigt wird, ist stets die Quelle deutlich anzugeben. Bei der Vervielfältigung ganzer Sprachwerke oder ganzer Werke der Musik ist neben dem Urheber auch der Verlag anzugeben, in dem das Werk erschienen ist, und außerdem kenntlich zu machen, ob an dem Werk Kürzungen oder andere Änderungen vorgenommen worden sind. Die Verpflichtung zur Quellenangabe entfällt, wenn die Quelle weder auf dem benutzten Werkstück oder bei der benutzten Werkwiedergabe genannt noch dem zur Vervielfältigung Befugten anderweit bekannt ist.

(2) Soweit nach den Bestimmungen dieses Abschnitts die öffentliche Wiedergabe eines Werkes zulässig ist, ist die Quelle deutlich anzugeben, wenn und soweit die Verkehrssitte es erfordert. In den Fällen der öffentlichen Wiedergabe nach den §§ 46, 48, 51 und 52a ist die Quelle einschließlich des Namens des Urhebers stets anzugeben, es sei denn, dass dies nicht möglich ist.

(3) Wird ein Artikel aus einer Zeitung oder einem anderen Informationsblatt nach § 49 Abs. 1 in einer anderen Zeitung oder in einem anderen Informationsblatt abgedruckt oder durch Funk gesendet, so ist stets außer dem Urheber, der in der benutzten Quelle bezeichnet ist, auch die Zeitung oder das Informationsblatt anzugeben, woraus der Artikel entnommen ist; ist dort eine andere Zeitung oder ein anderes Informationsblatt als Quelle angeführt, so ist diese Zeitung oder dieses Informationsblatt anzugeben. Wird ein Rundfunkkommentar nach § 49 Abs. 1 in einer Zeitung oder einem anderen Informationsblatt abgedruckt oder durch Funk gesendet, so ist stets außer dem Urheber auch das Sendeunternehmen anzugeben, das den Kommentar gesendet hat.

§ 63a Gesetzliche Vergütungsansprüche

Auf gesetzliche Vergütungsansprüche nach diesem Abschnitt kann der Urheber im Voraus nicht verzichten. Sie können im Voraus nur an eine Verwertungsgesellschaft oder zusammen mit der Einräumung des Verlagsrechts dem Verleger abgetreten werden, wenn dieser sie durch eine Verwertungsgesellschaft wahrnehmen lässt, die Rechte von Verlegern und Urhebern gemeinsam wahrnimmt.

Abschnitt 7 **Dauer des Urheberrechts**

§ 64 Allgemeines

Das Urheberrecht erlischt siebzig Jahre nach dem Tode des Urhebers.

§ 65 Miturheber, Filmwerke

(1) Steht das Urheberrecht mehreren Miturhebern (§ 8) zu, so erlischt es siebzig Jahre nach dem Tode des längstlebenden Miturhebers.

(2) Bei Filmwerken und Werken, die ähnlich wie Filmwerke hergestellt werden, erlischt das Urheberrecht siebzig Jahre nach dem Tod des Längstlebenden der folgenden Personen: Hauptregisseur, Urheber des Drehbuchs, Urheber der Dialoge, Komponist der für das betreffende Filmwerk komponierten Musik.

§ 66 Anonyme und pseudonyme Werke

(1) Bei anonymen und pseudonymen Werken erlischt das Urheberrecht siebzig Jahre nach der Veröffentlichung. Es erlischt jedoch bereits siebzig Jahre nach der Schaffung des Werkes, wenn das Werk innerhalb dieser Frist nicht veröffentlicht worden ist.

(2) Offenbart der Urheber seine Identität innerhalb der in Absatz 1 Satz 1 bezeichneten Frist oder lässt das vom Urheber angenommene Pseudonym keinen Zweifel an seiner Identität zu, so berechnet sich die Dauer des Urheberrechts nach den §§ 64 und 65. Dasselbe gilt, wenn innerhalb der in Absatz 1 Satz 1 bezeichneten Frist der wahre Name des Urhebers zur Eintragung in das Register anonymer und pseudonymer Werke (§ 138) angemeldet wird.

(3) Zu den Handlungen nach Absatz 2 sind der Urheber, nach seinem Tode sein Rechtsnachfolger (§ 30) oder der Testamentsvollstrecker (§ 28 Abs. 2) berechtigt.

§ 67 Lieferungswerke

Bei Werken, die in inhaltlich nicht abgeschlossenen Teilen (Lieferungen) veröffentlicht werden, berechnet sich im Falle des § 66 Abs. 1 Satz 1 die Schutzfrist einer jeden Lieferung gesondert ab dem Zeitpunkt ihrer Veröffentlichung.

§ 68 (aufgehoben)

§ 69 Berechnung der Fristen

Die Fristen dieses Abschnitts beginnen mit dem Ablauf des Kalenderjahres, in dem das für den Beginn der Frist maßgebende Ereignis eingetreten ist.

Abschnitt 8 Besondere Bestimmungen für Computerprogramme

§ 69a Gegenstand des Schutzes

(1) Computerprogramme im Sinne dieses Gesetzes sind Programme in jeder Gestalt, einschließlich des Entwurfsmaterials.

(2) Der gewährte Schutz gilt für alle Ausdrucksformen eines Computerprogramms. Ideen und Grundsätze, die einem Element eines Computerprogramms zugrunde liegen, einschließlich der den Schnittstellen zugrundeliegenden Ideen und Grundsätze, sind nicht geschützt.

(3) Computerprogramme werden geschützt, wenn sie individuelle Werke in dem Sinne darstellen, dass sie das Ergebnis der eigenen geistigen Schöpfung ihres Urhebers sind. Zur Bestimmung ihrer Schutzfähigkeit sind keine anderen Kriterien, insbesondere nicht qualitative oder ästhetische, anzuwenden.

(4) Auf Computergrogramme finden die für Sprachwerke geltenden Bestimmungen Anwendung, soweit in diesem Abschnitt nichts anderes bestimmt ist.

(5) Die Vorschriften der §§ 95a bis 95d finden auf Computerprogramme keine Anwendung.

§ 69b Urheber in Arbeits- und Dienstverhältnissen

(1) Wird ein Computerprogramm von einem Arbeitnehmer in Wahrnehmung seiner Aufgaben oder nach den Anweisungen seines Arbeitgebers geschaffen, so ist ausschließlich der Arbeitgeber zur Ausübung aller vermögensrechtlichen Befugnisse an dem Computerprogramm berechtigt, sofern nichts anderes vereinbart ist.

(2) Absatz 1 ist auf Dienstverhältnisse entsprechend anzuwenden.

§ 69c Zustimmungsbedürftige Handlungen

Der Rechtsinhaber hat das ausschließliche Recht, folgende Handlungen vorzunehmen oder zu gestatten:

1. die dauerhafte oder vorübergehende Vervielfältigung, ganz oder teilweise, eines Computerprogramms mit jedem Mittel und in jeder Form. Soweit das Laden, Anzeigen, Ablaufen, Übertragen oder Speichern des Computerprogramms eine Vervielfältigung erfordert, bedürfen diese Handlungen der Zustimmung des Rechtsinhabers;
2. die Übersetzung, die Bearbeitung, das Arrangement und andere Umarbeitungen eines Computerprogramms sowie die Vervielfältigung der erzielten Ergebnisse. Die Rechte derjenigen, die das Programm bearbeiten, bleiben unberührt;
3. jede Form der Verbreitung des Originals eines Computerprogramms oder von Vervielfältigungsstücken, einschließlich der Vermietung. Wird ein Vervielfältigungsstück eines Computerprogramms mit Zustimmung des Rechtsinhabers im Gebiet der Europäischen Union oder eines anderen Vertragsstaates des Abkommens über den Europäischen Wirtschaftsraum im Wege der Veräußerung in Verkehr gebracht, so erschöpft sich das Verbreitungsrecht in Bezug auf dieses Vervielfältigungsstück mit Ausnahme des Vermietrechts;
4. die drahtgebundene oder drahtlose öffentliche Wiedergabe eines Computerprogramms einschließlich der öffentlichen Zugänglichmachung in der Weise, dass es Mitgliedern der Öffentlichkeit von Orten und zu Zeiten ihrer Wahl zugänglich ist.

§ 69d Ausnahmen von den zustimmungsbedürftigen Handlungen

(1) Soweit keine besonderen vertraglichen Bestimmungen vorliegen, bedürfen die in § 69c Nr. 1 und 2 genannten Handlungen nicht der Zustimmung des Rechtsinhabers, wenn sie für eine bestimmungsgemäße Benutzung des Computerprogramms einschließlich der Fehlerberichtigung durch jeden zur Verwendung eines Vervielfältigungsstücks des Programms Berechtigten notwendig sind.

(2) Die Erstellung einer Sicherungskopie durch eine Person, die zur Benutzung des Programms berechtigt ist, darf nicht vertraglich untersagt werden, wenn sie für die Sicherung künftiger Benutzung erforderlich ist.

(3) Der zur Verwendung eines Vervielfältigungsstücks eines Programms Berechtigte kann ohne Zustimmung des Rechtsinhabers das Funktionieren dieses Programms beobachten, untersuchen oder testen, um die einem Programmelement zugrundeliegenden Ideen und Grundsätze zu ermitteln, wenn dies durch Handlungen zum Laden, Anzeigen, Ablaufen, Übertragen oder Speichern des Programms geschieht, zu denen er berechtigt ist.

§ 69e Dekompilierung

(1) Die Zustimmung des Rechtsinhabers ist nicht erforderlich, wenn die Vervielfältigung des Codes oder die Übersetzung der Codeform im Sinne des § 69c Nr. 1 und 2 unerlässlich ist, um die erforderlichen Informationen zur Herstellung der Interoperabilität eines unabhängig geschaffenen Computerprogramms mit anderen Programmen zu erhalten, sofern folgende Bedingungen erfüllt sind:

1. Die Handlungen werden von dem Lizenznehmer oder von einer anderen zur Verwendung eines Vervielfältigungsstücks des Programms berechtigten Person oder in deren Namen von einer hierzu ermächtigten Person vorgenommen;
2. die für die Herstellung der Interoperabilität notwendigen Informationen sind für die in Nummer 1 genannten Personen noch nicht ohne weiteres zugänglich gemacht;
3. die Handlungen beschränken sich auf die Teile des ursprünglichen Programms, die zur Herstellung der Interoperabilität notwendig sind.

(2) Bei Handlungen nach Absatz 1 gewonnene Informationen dürfen nicht

1. zu anderen Zwecken als zur Herstellung der Interoperabilität des unabhängig geschaffenen Programms verwendet werden,

2. an Dritte weitergegeben werden, es sei denn, dass dies für die Interoperabilität des unabhängig geschaffenen Programms notwendig ist,

3. für die Entwicklung, Herstellung oder Vermarktung eines Programms mit im Wesentlichen ähnlicher Ausdrucksform oder für irgendwelche anderen das Urheberrecht verletzenden Handlungen verwendet werden.

(3) Die Absätze 1 und 2 sind so auszulegen, dass ihre Anwendung weder die normale Auswertung des Werkes beeinträchtigt noch die berechtigten Interessen des Rechtsinhabers unzumutbar verletzt.

§ 69f   Rechtsverletzungen

(1) Der Rechtsinhaber kann von dem Eigentümer oder Besitzer verlangen, dass alle rechtswidrig hergestellten, verbreiteten oder zur rechtswidrigen Verbreitung bestimmten Vervielfältigungsstücke vernichtet werden. § 98 Abs. 3 und 4 ist entsprechend anzuwenden.

(2) Absatz 1 ist entsprechend auf Mittel anzuwenden, die allein dazu bestimmt sind, die unerlaubte Beseitigung oder Umgehung technischer Programmschutzmechanismen zu erleichtern.

§ 69g   Anwendung sonstiger Rechtsvorschriften, Vertragsrecht

(1) Die Bestimmungen dieses Abschnitts lassen die Anwendung sonstiger Rechtsvorschriften auf Computerprogramme, insbesondere über den Schutz von Erfindungen, Topographien von Halbleitererzeugnissen, Marken und den Schutz gegen unlauteren Wettbewerb einschließlich des Schutzes von Geschäfts- und Betriebsgeheimnissen, sowie schuldrechtliche Vereinbarungen unberührt.

(2) Vertragliche Bestimmungen, die in Widerspruch zu § 69d Abs. 2 und 3 und § 69e stehen, sind nichtig.

Teil 2	**Verwandte Schutzrechte**
Abschnitt 1	**Schutz bestimmter Ausgaben**

§ 70   Wissenschaftliche Ausgaben

(1) Ausgaben urheberrechtlich nicht geschützter Werke oder Texte werden in entsprechender Anwendung der Vorschriften des Teils 1 geschützt, wenn sie das Ergebnis wissenschaftlich sichtender Tätigkeit darstellen und sich wesentlich von den bisher bekannten Ausgaben der Werke oder Texte unterscheiden.

(2) Das Recht steht dem Verfasser der Ausgabe zu.

(3) Das Recht erlischt fünfundzwanzig Jahre nach dem Erscheinen der Ausgabe, jedoch bereits fünfundzwanzig Jahre nach der Herstellung, wenn die Ausgabe innerhalb dieser Frist nicht erschienen ist. Die Frist ist nach § 69 zu berechnen.

§ 71   Nachgelassene Werke

(1) Wer ein nicht erschienenes Werk nach Erlöschen des Urheberrechts erlaubterweise erstmals erscheinen lässt oder erstmals öffentlich wiedergibt, hat das ausschließliche Recht, das Werk zu verwerten. Das Gleiche gilt für nicht erschienene Werke, die im Geltungsbereich dieses Gesetzes niemals geschützt waren, deren Urheber aber schon länger als siebzig Jahre tot ist. Die §§ 5 und 10 Abs. 1 sowie die §§ 15 bis 24, 26, 27, 44a bis 63 und 88 sind sinngemäß anzuwenden.

(2) Das Recht ist übertragbar.

(3) Das Recht erlischt fünfundzwanzig Jahre nach dem Erscheinen des Werkes oder, wenn seine erste öffentliche Wiedergabe früher erfolgt ist, nach dieser. Die Frist ist nach § 69 zu berechnen.

Abschnitt 2   Schutz der Lichtbilder

§ 72   Lichtbilder

(1) Lichtbilder und Erzeugnisse, die ähnlich wie Lichtbilder hergestellt werden, werden in entsprechender Anwendung der für Lichtbildwerke geltenden Vorschriften des Teils 1 geschützt.

(2) Das Recht nach Absatz 1 steht dem Lichtbildner zu.

(3) Das Recht nach Absatz 1 erlischt fünfzig Jahre nach dem Erscheinen des Lichtbildes oder, wenn seine erste erlaubte öffentliche Wiedergabe früher erfolgt ist, nach dieser, jedoch bereits fünfzig Jahre nach der Herstellung, wenn das Lichtbild innerhalb dieser Frist nicht erschienen oder erlaubterweise öffentlich wiedergegeben worden ist. Die Frist ist nach § 69 zu berechnen.

Abschnitt 3   Schutz des ausübenden Künstlers

§ 73   Ausübender Künstler

Ausübender Künstler im Sinne dieses Gesetzes ist, wer ein Werk oder eine Ausdrucksform der Volkskunst aufführt, singt, spielt oder auf eine andere Weise darbietet oder an einer solchen Darbietung künstlerisch mitwirkt.

§ 74   Anerkennung als ausübender Künstler

(1) Der ausübende Künstler hat das Recht, in Bezug auf seine Darbietung als solcher anerkannt zu werden. Er kann dabei bestimmen, ob und mit welchem Namen er genannt wird.

(2) Haben mehrere ausübende Künstler gemeinsam eine Darbietung erbracht und erfordert die Nennung jedes einzelnen von ihnen einen unverhältnismäßigen Aufwand, so können sie nur verlangen, als Künstlergruppe genannt zu werden. Hat die Künstlergruppe einen gewählten Vertreter (Vorstand), so ist dieser gegenüber Dritten allein zur Vertretung befugt. Hat eine Gruppe keinen Vorstand, so kann das Recht nur durch den Leiter der Gruppe, mangels eines solchen nur durch einen von der Gruppe zu wählenden Vertreter geltend gemacht werden. Das Recht eines beteiligten ausübenden Künstlers auf persönliche Nennung bleibt bei einem besonderen Interesse unberührt.

(3) § 10 Abs. 1 gilt entsprechend.

§ 75   Beeinträchtigungen der Darbietung

Der ausübende Künstler hat das Recht, eine Entstellung oder eine andere Beeinträchtigung seiner Darbietung zu verbieten, die geeignet ist, sein Ansehen oder seinen Ruf als ausübender Künstler zu gefährden. Haben mehrere ausübende Künstler gemeinsam eine Darbietung erbracht, so haben sie bei der Ausübung des Rechts aufeinander angemessene Rücksicht zu nehmen.

§ 76   Dauer der Persönlichkeitsrechte

Die in den §§ 74 und 75 bezeichneten Rechte erlöschen mit dem Tode des ausübenden Künstlers, jedoch erst 50 Jahre nach der Darbietung, wenn der ausübende Künstler vor Ablauf dieser Frist verstorben ist, sowie nicht vor Ablauf der für die Verwertungsrechte nach § 82 geltenden Frist. Die Frist ist nach § 69 zu berechnen.

Haben mehrere ausübende Künstler gemeinsam eine Darbietung erbracht, so ist der Tod des letzten der beteiligten ausübenden Künstler maßgeblich. Nach dem Tod des ausübenden Künstlers stehen die Rechte seinen Angehörigen (§ 60 Abs. 2) zu.

§ 77   Aufnahme, Vervielfältigung und Verbreitung

(1) Der ausübende Künstler hat das ausschließliche Recht, seine Darbietung auf Bild- oder Tonträger aufzunehmen.

(2) Der ausübende Künstler hat das ausschließliche Recht, den Bild- oder Tonträger, auf den seine Darbietung aufgenommen worden ist, zu vervielfältigen und zu verbreiten. § 27 ist entsprechend anzuwenden.

§ 78   Öffentliche Wiedergabe

(1) Der ausübende Künstler hat das ausschließliche Recht, seine Darbietung
1. öffentlich zugänglich zu machen (§ 19a),
2. zu senden, es sei denn, dass die Darbietung erlaubterweise auf Bild- oder Tonträger aufgenommen worden ist, die erschienen oder erlaubterweise öffentlich zugänglich gemacht worden sind,
3. außerhalb des Raumes, in dem sie stattfindet, durch Bildschirm, Lautsprecher oder ähnliche technische Einrichtungen öffentlich wahrnehmbar zu machen.

(2) Dem ausübenden Künstler ist eine angemessene Vergütung zu zahlen, wenn
1. die Darbietung nach Absatz 1 Nr. 2 erlaubterweise gesendet,
2. die Darbietung mittels Bild- oder Tonträger öffentlich wahrnehmbar gemacht oder
3. die Sendung oder die auf öffentlicher Zugänglichmachung beruhende Wiedergabe der Darbietung öffentlich wahrnehmbar gemacht wird.

(3) Auf Vergütungsansprüche nach Absatz 2 kann der ausübende Künstler im Voraus nicht verzichten. Sie können im Voraus nur an eine Verwertungsgesellschaft abgetreten werden.

(4) § 20b gilt entsprechend.

§ 79   Nutzungsrechte

(1) Der ausübende Künstler kann seine Rechte und Ansprüche aus den §§ 77 und 78 übertragen. § 78 Abs. 3 und 4 bleibt unberührt.

(2) Der ausübende Künstler kann einem anderen das Recht einräumen, die Darbietung auf einzelne oder alle der ihm vorbehaltenen Nutzungsarten zu nutzen. Die §§ 31, 32 bis 32b, 33 bis 42 und 43 sind entsprechend anzuwenden.

§ 80   Gemeinsame Darbietung mehrerer ausübender Künstler

(1) Erbringen mehrere ausübende Künstler gemeinsam eine Darbietung, ohne dass sich ihre Anteile gesondert verwerten lassen, so steht ihnen das Recht zur Verwertung zur gesamten Hand zu. Keiner der beteiligten ausübenden Künstler darf seine Einwilligung zur Verwertung wider Treu und Glauben verweigern. § 8 Abs. 2 Satz 3, Abs. 3 und 4 ist entsprechend anzuwenden.

(2) Für die Geltendmachung der sich aus den §§ 77 und 78 ergebenden Rechte und Ansprüche gilt § 74 Abs. 2 Satz 2 und 3 entsprechend.

§ 81   Schutz des Veranstalters

Wird die Darbietung des ausübenden Künstlers von einem Unternehmen veranstaltet, so stehen die Rechte nach § 77 Abs. 1 und 2 Satz 1 sowie § 78 Abs. 1 neben dem ausübenden Künstler auch dem Inhaber des Unternehmens zu. § 10 Abs. 1, § 31 sowie die §§ 33 und 38 gelten entsprechend.

§ 82 Dauer der Verwertungsrechte

Ist die Darbietung des ausübenden Künstlers auf einen Bild- oder Tonträger aufgenommen worden, so erlöschen die in den §§ 77 und 78 bezeichneten Rechte des ausübenden Künstlers 50 Jahre, die in § 81 bezeichneten Rechte des Veranstalters 25 Jahre nach dem Erscheinen des Bild- oder Tonträgers oder, wenn dessen erste erlaubte Benutzung zur öffentlichen Wiedergabe früher erfolgt ist, nach dieser. Die Rechte des ausübenden Künstlers erlöschen jedoch bereits 50 Jahre, diejenigen des Veranstalters 25 Jahre nach der Darbietung, wenn der Bild- oder Tonträger innerhalb dieser Frist nicht erschienen oder erlaubterweise zur öffentlichen Wiedergabe benutzt worden ist. Die Frist nach Satz 1 oder 2 ist nach § 69 zu berechnen.

§ 83 Schranken der Verwertungsrechte

Auf die dem ausübenden Künstler nach den §§ 77 und 78 sowie die dem Veranstalter nach § 81 zustehenden Rechte sind die Vorschriften des Abschnitts 6 des Teils 1 entsprechend anzuwenden.

§ 84 *(aufgehoben)*

Abschnitt 4 Schutz des Herstellers von Tonträgern

§ 85 Verwertungsrechte

(1) Der Hersteller eines Tonträgers hat das ausschließliche Recht, den Tonträger zu vervielfältigen, zu verbreiten und öffentlich zugänglich zu machen. Ist der Tonträger in einem Unternehmen hergestellt worden, so gilt der Inhaber des Unternehmens als Hersteller. Das Recht entsteht nicht durch Vervielfältigung eines Tonträgers.

(2) Das Recht ist übertragbar. Der Tonträgerhersteller kann einem anderen das Recht einräumen, den Tonträger auf einzelne oder alle der ihm vorbehaltenen Nutzungsarten zu nutzen. § 31 und die §§ 33 und 38 gelten entsprechend.

(3) Das Recht erlischt 50 Jahre nach dem Erscheinen des Tonträgers. Ist der Tonträger innerhalb von 50 Jahren nach der Herstellung nicht erschienen, aber erlaubterweise zur öffentlichen Wiedergabe benutzt worden, so erlischt das Recht 50 Jahre nach dieser. Ist der Tonträger innerhalb dieser Frist nicht erschienen oder erlaubterweise zur öffentlichen Wiedergabe benutzt worden, so erlischt das Recht 50 Jahre nach der Herstellung des Tonträgers. Die Frist ist nach § 69 zu berechnen.

(4) § 10 Abs. 1 und § 27 Abs. 2 und 3 sowie die Vorschriften des Teils 1 Abschnitt 6 gelten entsprechend.

§ 86 Anspruch auf Beteiligung

Wird ein erschienener oder erlaubterweise öffentlich zugänglich gemachter Tonträger, auf den die Darbietung eines ausübenden Künstlers aufgenommen ist, zur öffentlichen Wiedergabe der Darbietung benutzt, so hat der Hersteller des Tonträgers gegen den ausübenden Künstler einen Anspruch auf angemessene Beteiligung an der Vergütung, die dieser nach § 78 Abs. 2 erhält.

Abschnitt 5 Schutz des Sendeunternehmens

§ 87 Sendeunternehmen

(1) Das Sendeunternehmen hat das ausschließliche Recht,
1. seine Funksendung weiterzusenden und öffentlich zugänglich zu machen,

2. seine Funksendung auf Bild- oder Tonträger aufzunehmen, Lichtbilder von seiner Funksendung herzustellen sowie die Bild- oder Tonträger oder Lichtbilder zu vervielfältigen und zu verbreiten, ausgenommen das Vermietrecht,

3. an Stellen, die der Öffentlichkeit nur gegen Zahlung eines Eintrittsgeldes zugänglich sind, seine Funksendung öffentlich wahrnehmbar zu machen.

(2) Das Recht ist übertragbar. Das Sendeunternehmen kann einem anderen das Recht einräumen, die Funksendung auf einzelne oder alle der ihm vorbehaltenen Nutzungsarten zu nutzen. § 31 und die §§ 33 und 38 gelten entsprechend.

(3) Das Recht erlischt 50 Jahre nach der ersten Funksendung. Die Frist ist nach § 69 zu berechnen.

(4) § 10 Abs. 1 sowie die Vorschriften des Teil 1 Abschnitt 6 mit Ausnahme des § 47 Abs. 2 Satz 2 und des § 54 Abs. 1 gelten entsprechend.

(5) Sendeunternehmen und Kabelunternehmen sind gegenseitig verpflichtet, einen Vertrag über die Kabelweitersendung im Sinne des § 20b Abs. 1 Satz 1 zu angemessenen Bedingungen abzuschließen, sofern nicht ein die Ablehnung des Vertragsabschlusses sachlich rechtfertigender Grund besteht; die Verpflichtung des Sendeunternehmens gilt auch für die ihm in bezug auf die eigene Sendung eingeräumten oder übertragenen Senderechte. Auf Verlangen des Kabelunternehmens oder des Sendeunternehmens ist der Vertrag gemeinsam mit den in Bezug auf die Kabelweitersendung anspruchsberechtigten Verwertungsgesellschaften zu schließen, sofern nicht ein die Ablehnung eines gemeinsamen Vertragsschlusses sachlich rechtfertigender Grund besteht.

Abschnitt 6   Schutz des Datenbankherstellers

§ 87a   Begriffsbestimmungen

(1) Datenbank im Sinne dieses Gesetzes ist eine Sammlung von Werken, Daten oder anderen unabhängigen Elementen, die systematisch oder methodisch angeordnet und einzeln mit Hilfe elektronischer Mittel oder auf andere Weise zugänglich sind und deren Beschaffung, Überprüfung oder Darstellung eine nach Art oder Umfang wesentliche Investition erfordert. Eine in ihrem Inhalt nach Art oder Umfang wesentlich geänderte Datenbank gilt als neue Datenbank, sofern die Änderung eine nach Art oder Umfang wesentliche Investition erfordert.

(2) Datenbankhersteller im Sinne dieses Gesetzes ist derjenige, der die Investition im Sinne des Absatzes 1 vorgenommen hat.

§ 87b   Rechte des Datenbankherstellers

(1) Der Datenbankhersteller hat das ausschließliche Recht, die Datenbank insgesamt oder einen nach Art oder Umfang wesentlichen Teil der Datenbank zu vervielfältigen, zu verbreiten und öffentlich wiederzugeben. Der Vervielfältigung, Verbreitung oder öffentlichen Wiedergabe eines nach Art oder Umfang wesentlichen Teils der Datenbank steht die wiederholte und systematische Vervielfältigung, Verbreitung oder öffentliche Wiedergabe von nach Art und Umfang unwesentlichen Teilen der Datenbank gleich, sofern diese Handlungen einer normalen Auswertung der Datenbank zuwiderlaufen oder die berechtigten Interessen des Datenbankherstellers unzumutbar beeinträchtigen.

(2) § 10 Abs. 1, § 17 Abs. 2 und § 27 Abs. 2 und 3 gelten entsprechend.

§ 87c   Schranken des Rechts des Datenbankherstellers

(1) Die Vervielfältigung eines nach Art oder Umfang wesentlichen Teils einer Datenbank ist zulässig

1. zum privaten Gebrauch; dies gilt nicht für eine Datenbank, deren Elemente einzeln mit Hilfe elektronischer Mittel zugänglich sind,

2. zum eigenen wissenschaftlichen Gebrauch, wenn und soweit die Vervielfältigung zu diesem Zweck geboten ist und der wissenschaftliche Gebrauch nicht zu gewerblichen Zwecken erfolgt,
3. für die Benutzung zur Veranschaulichung des Unterrichts, sofern sie nicht zu gewerblichen Zwecken erfolgt.

In den Fällen der Nummern 2 und 3 ist die Quelle deutlich anzugeben.

(2) Die Vervielfältigung, Verbreitung und öffentliche Wiedergabe eines nach Art oder Umfang wesentlichen Teils einer Datenbank ist zulässig zur Verwendung in Verfahren vor einem Gericht, einem Schiedsgericht oder einer Behörde sowie für Zwecke der öffentlichen Sicherheit.

§ 87d Dauer der Rechte

Die Rechte des Datenbankherstellers erlöschen fünfzehn Jahre nach der Veröffentlichung der Datenbank, jedoch bereits fünfzehn Jahre nach der Herstellung, wenn die Datenbank innerhalb dieser Frist nicht veröffentlicht worden ist. Die Frist ist nach § 69 zu berechnen.

§ 87e Verträge über die Benutzung einer Datenbank

Eine vertragliche Vereinbarung, durch die sich der Eigentümer eines mit Zustimmung des Datenbankherstellers durch Veräußerung in Verkehr gebrachten Vervielfältigungsstücks der Datenbank, der in sonstiger Weise zu dessen Gebrauch Berechtigte oder derjenige, dem eine Datenbank auf Grund eines mit dem Datenbankhersteller oder eines mit dessen Zustimmung mit einem Dritten geschlossenen Vertrags zugänglich gemacht wird, gegenüber dem Datenbankhersteller verpflichtet, die Vervielfältigung, Verbreitung oder öffentliche Wiedergabe von nach Art und Umfang unwesentlichen Teilen der Datenbank zu unterlassen, ist insoweit unwirksam, als diese Handlungen weder einer normalen Auswertung der Datenbank zuwiderlaufen noch die berechtigten Interessen des Datenbankherstellers unzumutbar beeinträchtigen.

Teil 3	**Besondere Bestimmungen für Filme**
Abschnitt 1	**Filmwerke**

§ 88 Recht zur Verfilmung

(1) Gestattet der Urheber einem anderen, sein Werk zu verfilmen, so liegt darin im Zweifel die Einräumung des ausschließlichen Rechts, das Werk unverändert oder unter Bearbeitung oder Umgestaltung zur Herstellung eines Filmwerkes zu benutzen und das Filmwerk sowie Übersetzungen und andere filmische Bearbeitungen auf alle Nutzungsarten zu nutzen. § 31a Abs. 1 Satz 3 und 4 und Abs. 2 bis 4 findet keine Anwendung.

(2) Die in Absatz 1 bezeichneten Befugnisse berechtigen im Zweifel nicht zu einer Wiederverfilmung des Werkes. Der Urheber ist im Zweifel berechtigt, sein Werk nach Ablauf von zehn Jahren nach Vertragsabschluss anderweit filmisch zu verwerten.

(3) *(aufgehoben)*

§ 89 Rechte am Filmwerk

(1) Wer sich zur Mitwirkung bei der Herstellung eines Filmes verpflichtet, räumt damit für den Fall, dass er ein Urheberrecht am Filmwerk erwirbt, dem Filmhersteller im Zweifel das ausschließliche Recht ein, das Filmwerk sowie Übersetzungen und andere filmische Bearbeitungen oder Umgestaltungen des Filmwerkes auf alle Nutzungsarten zu nutzen. § 31a Abs. 1 Satz 3 und 4 und Abs. 2 bis 4 findet keine Anwendung.

(2) Hat der Urheber des Filmwerkes das in Absatz 1 bezeichnete Nutzungsrecht im Voraus einem Dritten eingeräumt, so behält er gleichwohl stets die Befugnis, dieses Recht beschränkt oder unbeschränkt dem Filmhersteller einzuräumen.

(3) Die Urheberrechte an den zur Herstellung des Filmwerkes benutzten Werken, wie Roman, Drehbuch und Filmmusik, bleiben unberührt.

(4) Für die Rechte zur filmischen Verwertung der bei der Herstellung eines Filmwerkes entstehenden Lichtbilder und Lichtbildwerke gelten die Absätze 1 und 2 entsprechend.

§ 90 Einschränkung der Rechte

Die Bestimmungen über die Übertragung von Nutzungsrechten (§ 34) und über die Einräumung weiterer Nutzungsrechte (§ 35) sowie über das Rückrufrecht wegen Nichtausübung (§ 41) und wegen gewandelter Überzeugung (§ 42) gelten nicht für die in § 88 Abs. 1 und § 89 Abs. 1 bezeichneten Rechte. Satz 1 findet bis zum Beginn der Dreharbeiten für das Recht zur Verfilmung keine Anwendung.

§ 91 *(aufgehoben)*

§ 92 Ausübende Künstler

(1) Schließt ein ausübender Künstler mit dem Filmhersteller einen Vertrag über seine Mitwirkung bei der Herstellung eines Filmwerks, so liegt darin im Zweifel hinsichtlich der Verwertung des Filmwerks die Einräumung des Rechts, die Darbietung auf eine der dem ausübenden Künstler nach § 77 Abs. 1 und 2 Satz 1 und § 78 Abs. 1 Nr. 1 und 2 vorbehaltenen Nutzungsarten zu nutzen.

(2) Hat der ausübende Künstler im Voraus ein in Absatz 1 genanntes Recht übertragen oder einem Dritten hieran ein Nutzungsrecht eingeräumt, so behält er gleichwohl die Befugnis, dem Filmhersteller dieses Recht hinsichtlich der Verwertung des Filmwerkes zu übertragen oder einzuräumen.

(3) § 90 gilt entsprechend.

§ 93 Schutz gegen Entstellung; Namensnennung

(1) Die Urheber des Filmwerkes und der zu seiner Herstellung benutzten Werke sowie die Inhaber verwandter Schutzrechte, die bei der Herstellung des Filmwerkes mitwirken oder deren Leistungen zur Herstellung des Filmwerkes benutzt werden, können nach den §§ 14 und 75 hinsichtlich der Herstellung und Verwertung des Filmwerkes nur gröbliche Entstellungen oder andere gröbliche Beeinträchtigungen ihrer Werke oder Leistungen verbieten. Sie haben hierbei aufeinander und auf den Filmhersteller angemessene Rücksicht zu nehmen.

(2) Die Nennung jedes einzelnen an einem Film mitwirkenden ausübenden Künstlers ist nicht erforderlich, wenn sie einen unverhältnismäßigen Aufwand bedeutet.

§ 94 Schutz des Filmherstellers

(1) Der Filmhersteller hat das ausschließliche Recht, den Bildträger oder Bild- und Tonträger, auf den das Filmwerk aufgenommen ist, zu vervielfältigen, zu verbreiten und zur öffentlichen Vorführung, Funksendung oder öffentlichen Zugänglichmachung zu benutzen. Der Filmhersteller hat ferner das Recht, jede Entstellung oder Kürzung des Bildträgers oder Bild- und Tonträgers zu verbieten, die geeignet ist, seine berechtigten Interessen an diesem zu gefährden.

(2) Das Recht ist übertragbar. Der Filmhersteller kann einem anderen das Recht einräumen, den Bildträger oder Bild- und Tonträger auf einzelne oder alle der ihm vorbehaltenen Nutzungsarten zu nutzen. § 31 und die §§ 33 und 38 gelten entsprechend.

(3) Das Recht erlischt fünfzig Jahre nach dem Erscheinen des Bildträgers oder Bild- und Tonträgers oder, wenn seine erste erlaubte Benutzung zur öffentlichen Wiedergabe früher erfolgt ist, nach dieser, jedoch bereits fünfzig Jahre nach der Herstellung, wenn der Bildträger oder Bild- und Tonträger innerhalb dieser Frist nicht erschienen oder erlaubterweise zur öffentlichen Wiedergabe benutzt worden ist.

(4) § 10 Abs. 1 und die §§ 20b und 27 Abs. 2 und 3 sowie die Vorschriften des Teil 1 Abschnitt 6 gelten entsprechend.

Abschnitt 2 Laufbilder

§ 95 Laufbilder

Die §§ 88, 89 Abs. 4, 90, 93 und 94 sind auf Bildfolgen und Bild- und Tonfolgen, die nicht als Filmwerke geschützt sind, entsprechend anzuwenden.

Teil 4 Gemeinsame Bestimmungen für Urheberrecht und verwandte Schutzrechte

Abschnitt 1 Ergänzende Schutzbestimmungen

§ 95a Schutz technischer Maßnahmen

(1) Wirksame technische Maßnahmen zum Schutz eines nach diesem Gesetz geschützten Werkes oder eines anderen nach diesem Gesetz geschützten Schutzgegenstandes dürfen ohne Zustimmung des Rechtsinhabers nicht umgangen werden, soweit dem Handelnden bekannt ist oder den Umständen nach bekannt sein muss, dass die Umgehung erfolgt, um den Zugang zu einem solchen Werk oder Schutzgegenstand oder deren Nutzung zu ermöglichen.

(2) Technische Maßnahmen im Sinne dieses Gesetzes sind Technologien, Vorrichtungen und Bestandteile, die im normalen Betrieb dazu bestimmt sind, geschützte Werke oder andere nach diesem Gesetz geschützte Schutzgegenstände betreffende Handlungen, die vom Rechtsinhaber nicht genehmigt sind, zu verhindern oder einzuschränken. Technische Maßnahmen sind wirksam, soweit durch sie die Nutzung eines geschützten Werkes oder eines anderen nach diesem Gesetz geschützten Schutzgegenstandes von dem Rechtsinhaber durch eine Zugangskontrolle, einen Schutzmechanismus wie Verschlüsselung, Verzerrung oder sonstige Umwandlung oder einen Mechanismus zur Kontrolle der Vervielfältigung, die die Erreichung des Schutzziels sicherstellen, unter Kontrolle gehalten wird.

(3) Verboten sind die Herstellung, die Einfuhr, die Verbreitung, der Verkauf, die Vermietung, die Werbung im Hinblick auf Verkauf oder Vermietung und der gewerblichen Zwecken dienende Besitz von Vorrichtungen, Erzeugnissen oder Bestandteilen sowie die Erbringung von Dienstleistungen, die
1. Gegenstand einer Verkaufsförderung, Werbung oder Vermarktung mit dem Ziel der Umgehung wirksamer technischer Maßnahmen sind oder
2. abgesehen von der Umgehung wirksamer technischer Maßnahmen nur einen begrenzten wirtschaftlichen Zweck oder Nutzen haben oder
3. hauptsächlich entworfen, hergestellt, angepasst oder erbracht werden, um die Umgehung wirksamer technischer Maßnahmen zu ermöglichen oder zu erleichtern.

(4) Von den Verboten der Absätze 1 und 3 unberührt bleiben Aufgaben und Befugnisse öffentlicher Stellen zum Zwecke des Schutzes der öffentlichen Sicherheit oder der Strafrechtspflege.

§ 95b   Durchsetzung von Schrankenbestimmungen

(1) Soweit ein Rechtsinhaber technische Maßnahmen nach Maßgabe dieses Gesetzes anwendet, ist er verpflichtet, den durch eine der nachfolgend genannten Bestimmungen Begünstigten, soweit sie rechtmäßig Zugang zu dem Werk oder Schutzgegenstand haben, die notwendigen Mittel zur Verfügung zu stellen, um von diesen Bestimmungen in dem erforderlichen Maße Gebrauch machen zu können:
1. § 45 (Rechtspflege und öffentliche Sicherheit),
2. § 45a (Behinderte Menschen),
3. § 46 (Sammlungen für Kirchen-, Schul- oder Unterrichtsgebrauch), mit Ausnahme des Kirchengebrauchs,
4. § 47 (Schulfunksendungen),
5. § 52a (Öffentliche Zugänglichmachung für Unterricht und Forschung),
6. § 53 (Vervielfältigungen zum privaten und sonstigen eigenen Gebrauch)
   a) Absatz 1, soweit es sich um Vervielfältigungen auf Papier oder einen ähnlichen Träger mittels beliebiger photomechanischer Verfahren oder anderer Verfahren mit ähnlicher Wirkung handelt,
   b) Absatz 2 Satz 1 Nr. 1,
   c) Absatz 2 Satz 1 Nr. 2 in Verbindung mit Satz 2 Nr. 1 oder 3,
   d) Absatz 2 Satz 1 Nr. 3 und 4 jeweils in Verbindung mit Satz 2 Nr. 1 und Satz 3,
   e) Absatz 3,
7. § 55 (Vervielfältigung durch Sendeunternehmen).
Vereinbarungen zum Ausschluss der Verpflichtungen nach Satz 1 sind unwirksam.

(2) Wer gegen das Gebot nach Absatz 1 verstößt, kann von dem Begünstigen einer der genannten Bestimmungen darauf in Anspruch genommen werden, die zur Verwirklichung der jeweiligen Befugnis benötigten Mittel zur Verfügung zu stellen. Entspricht das angebotene Mittel einer Vereinbarung zwischen Vereinigungen der Rechtsinhaber und der durch die Schrankenregelung Begünstigten, so wird vermutet, dass das Mittel ausreicht.

(3) Die Absätze 1 und 2 gelten nicht, soweit Werke und sonstige Schutzgegenstände der Öffentlichkeit auf Grund einer vertraglichen Vereinbarung in einer Weise zugänglich gemacht werden, dass sie Mitgliedern der Öffentlichkeit von Orten und zu Zeiten ihrer Wahl zugänglich sind.

(4) Zur Erfüllung der Verpflichtungen aus Absatz 1 angewandte technische Maßnahmen, einschließlich der zur Umsetzung freiwilliger Vereinbarungen angewandten Maßnahmen, genießen Rechtsschutz nach § 95a.

§ 95c   Schutz der zur Rechtewahrnehmung erforderlichen Informationen

(1) Von Rechtsinhabern stammende Informationen für die Rechtewahrnehmung dürfen nicht entfernt oder verändert werden, wenn irgendeine der betreffenden Informationen an einem Vervielfältigungsstück eines Werkes oder eines sonstigen Schutzgegenstandes angebracht ist oder im Zusammenhang mit der öffentlichen Wiedergabe eines solchen Werkes oder Schutzgegenstandes erscheint und wenn die Entfernung oder Veränderung wissentlich unbefugt erfolgt und dem Handelnden bekannt ist oder den Umständen nach bekannt sein muss, dass er dadurch die Verletzung von Urheberrechten oder verwandter Schutzrechte veranlasst, ermöglicht, erleichtert, erleichtert oder verschleiert.

(2) Informationen für die Rechtewahrnehmung im Sinne dieses Gesetzes sind elektronische Informationen, die Werke oder andere Schutzgegenstände, den Urheber oder jeden anderen Rechtsinhaber identifizieren, Informationen über die Modalitäten und Bedingungen für die Nutzung der Werke oder Schutzgegenstände sowie die Zahlen und Codes, durch die derartige Informationen ausgedrückt werden.

(3) Werke oder sonstige Schutzgegenstände, bei denen Informationen für die Rechtewahrnehmung unbefugt entfernt oder geändert wurden, dürfen nicht wissentlich unbefugt verbreitet, zur Verbreitung eingeführt, gesendet, öffentlich wiedergegeben oder öffentlich zugänglich gemacht werden, wenn dem Handelnden bekannt ist oder den Umständen nach bekannt sein muss, dass er dadurch die Verletzung von Urheberrechten oder verwandter Schutzrechte veranlasst, ermöglicht, erleichtert oder verschleiert.

§ 95d Kennzeichnungspflichten

(1) Werke und andere Schutzgegenstände, die mit technischen Maßnahmen geschützt werden, sind deutlich sichtbar mit Angaben über die Eigenschaften der technischen Maßnahmen zu kennzeichnen.

(2) Wer Werke und andere Schutzgegenstände mit technischen Maßnahmen schützt, hat diese zur Ermöglichung der Geltendmachung von Ansprüchen nach § 95b Abs. 2 mit seinem Namen oder seiner Firma und der zustellungsfähigen Anschrift zu kennzeichnen. Satz 1 findet in den Fällen des § 95b Abs. 3 keine Anwendung.

§ 96 Verwertungsverbot

(1) Rechtswidrig hergestellte Vervielfältigungsstücke dürfen weder verbreitet noch zu öffentlichen Wiedergaben benutzt werden.

(2) Rechtswidrig veranstaltete Funksendungen dürfen nicht auf Bild- oder Tonträger aufgenommen oder öffentlich wiedergegeben werden.

Abschnitt 2   Rechtsverletzungen

Unterabschnitt 1   Bürgerlich-rechtliche Vorschriften; Rechtsweg

§ 97   Anspruch auf Unterlassung und Schadenersatz

(1) Wer das Urheberrecht oder ein anderes nach diesem Gesetz geschütztes Recht widerrechtlich verletzt, kann von dem Verletzten auf Beseitigung der Beeinträchtigung, bei Wiederholungsgefahr auf Unterlassung in Anspruch genommen werden. Der Anspruch besteht auch dann, wenn eine Zuwiderhandlung erstmalig droht.

(2) Wer die Handlung vorsätzlich oder fahrlässig vornimmt, ist dem Verletzten zum Ersatz des daraus entstehenden Schadens verpflichtet. Bei der Bemessung des Schadenersatzes kann auch der Gewinn, den der Verletzer durch die Verletzung des Rechts erzielt hat, berücksichtigt werden. Der Schadenersatzanspruch kann auch auf der Grundlage des Betrages berechnet werden, den der Verletzer als angemessene Vergütung hätte entrichten müssen, wenn er die Erlaubnis zur Nutzung des verletzten Rechts eingeholt hätte. Urheber, Verfasser wissenschaftlicher Ausgaben (§ 70), Lichtbildner (§ 72) und ausübende Künstler (§ 73) können auch wegen des Schadens, der nicht Vermögensschaden ist, eine Entschädigung verlangen, wenn und soweit es der Billigkeit entspricht.

§ 97a   Abmahnung

(1) Der Verletzte soll den Verletzer vor Einleitung eines gerichtlichen Verfahrens auf Unterlassung abmahnen und ihm Gelegenheit geben, den Streit durch Abgabe einer mit einer angemessenen Vertragsstrafe bewehrten Unterlassungsverpflichtung beizulegen. Soweit die Abmahnung berechtigt ist, kann der Ersatz der erforderlichen Auslagen verlangt werden.

(2) Der Ersatz der erforderlichen Aufwendungen für die Inanspruchnahme anwaltlicher Dienstleistungen für die erstmalige Abmahnung beschränkt sich in einfach gelagerten Fällen mit einer nur unerheblichen Rechtsverletzung außerhalb des geschäftlichen Verkehrs auf 100 Euro.

§ 98   Anspruch auf Vernichtung, Rückruf und Überlassung

(1) Wer das Urheberrecht oder ein anderes nach diesem Gesetz geschütztes Recht widerrechtlich verletzt, kann von dem Verletzten auf Vernichtung der im Besitz oder Eigentum des Verletzers befindlichen rechtswidrig hergestellten, verbreiteten oder zur rechtswidrigen Verbreitung bestimmten Vervielfältigungsstücke in Anspruch ge-

nommen werden. Satz 1 ist entsprechend auf die im Eigentum des Verletzers stehenden Vorrichtungen anzuwenden, die vorwiegend zur Herstellung dieser Vervielfältigungsstücke gedient haben.

(2) Wer das Urheberrecht oder ein anders nach diesem Gesetz geschütztes Recht widerrechtlich verletzt, kann von dem Verletzten auf Rückruf von rechtswidrig hergestellten, verbreiteten oder zur rechtswidrigen Verbreitung bestimmten Vervielfältigungsstücken oder auf deren endgültiges Entfernen aus den Vertriebswegen in Anspruch genommen werden.

(3) Statt der in Absatz 1 vorgesehenen Maßnahmen kann der Verletzte verlangen, dass ihm die Vervielfältigungsstücke, die im Eigentum des Verletzers stehen, gegen eine angemessene Vergütung, welche die Herstellungskosten nicht übersteigen darf, überlassen werden.

(4) Die Ansprüche nach den Absätzen 1 bis 3 sind ausgeschlossen, wenn die Maßnahme im Einzelfall unverhältnismäßig ist. Bei der Prüfung der Verhältnismäßigkeit sind auch die berechtigten Interessen Dritter zu berücksichtigen.

(5) Bauwerke sowie ausscheidbare Teile von Vervielfältigungsstücken und Vorrichtungen, deren Herstellung und Verbreitung nicht rechtswidrig ist, unterliegen nicht den in Absätzen 1 bis 3 vorgesehenen Maßnahmen.

§ 99   Haftung des Inhabers eines Unternehmens

Ist in einem Unternehmen von einem Arbeitnehmer oder Beauftragten ein nach diesem Gesetz geschütztes Recht widerrechtlich verletzt worden, hat der Verletzte die Ansprüche aus § 97 Abs. 1 und § 98 auch gegen den Inhaber des Unternehmens.

§ 100   Entschädigung

Handelt der Verletzer weder vorsätzlich noch fahrlässig, kann er zur Abwendung der Ansprüche nach den §§ 97 und 98 den Verletzten in Geld entschädigen, wenn ihm durch die Erfüllung der Ansprüche ein unverhältnismäßig großer Schaden entstehen würde und dem Verletzten die Abfindung in Geld zuzumuten ist. Als Entschädigung ist der Betrag zu zahlen, der im Fall einer vertraglichen Einräumung des Rechts als Vergütung angemessen wäre. Mit der Zahlung der Entschädigung gilt die Einwilligung des Verletzten zur Verwertung im üblichen Umfang als erteilt.

§ 101   Anspruch auf Auskunft

(1) Wer in gewerblichem Ausmaß das Urheberrecht oder ein anderes nach diesem Gesetz geschütztes Recht widerrechtlich verletzt, kann von dem Verletzten auf unverzügliche Auskunft über die Herkunft und den Vertriebsweg der rechtsverletzenden Vervielfältigungsstücke oder sonstigen Erzeugnisse in Anspruch genommen werden. Das gewerbliche Ausmaß kann sich sowohl aus der Anzahl der Rechtsverletzungen als auch aus der Schwere der Rechtsverletzung ergeben.

(2) In Fällen offensichtlicher Rechtsverletzung oder in Fällen, in denen der Verletzte gegen den Verletzer Klage erhoben hat, besteht der Anspruch unbeschadet von Absatz 1 auch gegen eine Person, die in gewerblichem Ausmaß
1.   rechtsverletzende Vervielfältigungsstücke in ihrem Besitz hatte,
2.   rechtsverletzende Dienstleistungen in Anspruch nahm,
3.   für rechtsverletzende Tätigkeiten genutzte Dienstleistungen erbrachte oder
4.   nach den Angaben einer in Nummer 1, 2 oder 3 genannten Person an der Herstellung, Erzeugung oder am Vertrieb solcher Vervielfältigungsstücke, sonstigen Erzeugnisse oder Dienstleistungen beteiligt war,
es sei denn, die Person wäre nach den §§ 383 bis 385 der Zivilprozessordnung im Prozess gegen den Verletzer zur Zeugnisverweigerung berechtigt. Im Fall der gerichtlichen Geltendmachung des Anspruchs nach Satz 1 kann das Gericht den gegen den Verletzer anhängigen Rechtsstreit auf Antrag bis zur Erledigung des wegen des Auskunftsanspruchs geführten Rechtsstreits aussetzen. Der zur Auskunft Verpflich-

tete kann von dem Verletzten den Ersatz der für die Auskunftserteilung erforderlichen Aufwendungen verlangen.

(3) Der zur Auskunft Verpflichtete hat Angaben zu machen über

1. Namen und Anschrift der Hersteller, Lieferanten und anderen Vorbesitzer der Vervielfältigungsstücke oder sonstigen Erzeugnisse, der Nutzer der Dienstleistungen sowie der gewerblichen Abnehmer und Verkaufsstellen, für die sie bestimmt waren, und

2. die Menge der hergestellten, ausgelieferten, erhaltenen oder bestellten Vervielfältigungsstücke oder sonstigen Erzeugnisse sowie über die Preise, die für die betreffenden Vervielfältigungsstücke oder sonstigen Erzeugnisse bezahlt wurden.

(4) Die Ansprüche nach den Absätzen 1 und 2 sind ausgeschlossen, wenn die Inanspruchnahme im Einzelfall unverhältnismäßig ist.

(5) Erteilt der zur Auskunft Verpflichtete die Auskunft vorsätzlich oder grob fahrlässig falsch oder unvollständig, so ist er dem Verletzten zum Ersatz des daraus entstehenden Schadens verpflichtet.

(6) Wer eine wahre Auskunft erteilt hat, ohne dazu nach Absatz 1 oder Absatz 2 verpflichtet gewesen zu sein, haftet Dritten gegenüber nur, wenn er wusste, dass er zur Auskunftserteilung nicht verpflichtet war.

(7) In Fällen offensichtlicher Rechtsverletzung kann die Verpflichtung zur Erteilung der Auskunft im Wege der einstweiligen Verfügung nach den §§ 935 bis 945 der Zivilprozessordnung angeordnet werden.

(8) Die Erkenntnisse dürfen in einem Strafverfahren oder in einem Verfahren nach dem Gesetz über Ordnungswidrigkeiten wegen einer vor der Erteilung der Auskunft begangenen Tat gegen den Verpflichteten oder gegen einen in § 52 Abs. 1 der Strafprozessordnung bezeichneten Angehörigen nur mit Zustimmung des Verpflichteten verwertet werden.

(9) Kann die Auskunft nur unter Verwendung von Verkehrsdaten (§ 3 Nr. 30 des Telekommunikationsgesetzes) erteilt werden, ist für ihre Erteilung eine vorherige richterliche Anordnung über die Zulässigkeit der Verwendung der Verkehrsdaten erforderlich, die von dem Verletzten zu beantragen ist. Für den Erlass dieser Anordnung ist das Landgericht, in dessen Bezirk der zur Auskunft Verpflichtete seinen Wohnsitz, seinen Sitz oder eine Niederlassung hat, ohne Rücksicht auf den Streitwert ausschließlich zuständig. Die Entscheidung trifft die Zivilkammer. Für das Verfahren gelten die Vorschriften des Gesetzes über die Angelegenheiten der freiwilligen Gerichtsbarkeit mit Ausnahme des § 28 Abs. 2 und 3 entsprechend. Die Kosten der richterlichen Anordnung trägt der Verletzte. Gegen die Entscheidung des Landgerichts ist die sofortige Beschwerde zum Oberlandesgericht statthaft. Sie kann nur darauf gestützt werden, dass die Entscheidung auf einer Verletzung des Rechts beruht. Die Entscheidung des Oberlandesgerichts ist unanfechtbar. Die Vorschriften zum Schutz personenbezogener Daten bleiben im Übrigen unberührt.

(10) Durch Absatz 2 in Verbindung mit Absatz 9 wird das Grundrecht des Fernmeldegeheimnisses (Artikel 10 des Grundgesetzes) eingeschränkt.

§ 101a Anspruch auf Vorlage und Besichtigung

(1) Wer mit hinreichender Wahrscheinlichkeit das Urheberrecht oder ein anderes nach diesem Gesetz geschütztes Recht widerrechtlich verletzt, kann von dem Verletzten auf Vorlage einer Urkunde oder Besichtigung einer Sache in Anspruch genommen werden, die sich in seiner Verfügungsgewalt befindet, wenn dies zur Begründung von dessen Ansprüchen erforderlich ist. Besteht die hinreichende Wahrscheinlichkeit einer in gewerblichem Ausmaß begangenen Rechtsverletzung, erstreckt sich der Anspruch auch auf die Vorlage von Bank-, Finanz- oder Handelsunterlagen. Soweit der vermeintliche Verletzer geltend macht, dass es sich um vertrauliche Informationen handelt, trifft das Gericht die erforderlichen Maßnahmen, um den im Einzelfall gebotenen Schutz zu gewährleisten.

(2) Der Anspruch nach Absatz 1 ist ausgeschlossen, wenn die Inanspruchnahme im Einzelfall unverhältnismäßig ist.

(3) Die Verpflichtung zur Vorlage einer Urkunde oder zur Duldung der Besichtigung einer Sache kann im Wege der einstweiligen Verfügung nach den §§ 935 bis 945 der Zivilprozessordnung angeordnet werden. Das Gericht trifft die erforderlichen Maßnahmen, um den Schutz vertraulicher Informationen zu gewährleisten. Dies gilt insbesondere in den Fällen, in denen die einstweilige Verfügung ohne vorherige Anhörung des Gegners erlassen wird.

(4) § 811 des Bürgerlichen Gesetzbuchs sowie § 101 Abs. 8 gelten entsprechend.

(5) Wenn keine Verletzung vorlag oder drohte, kann der vermeintliche Verletzer von demjenigen, der die Vorlage oder Besichtigung nach Absatz 1 begehrt hat, den Ersatz des ihm durch das Begehren entstandenen Schadens verlangen.

§ 101b Sicherung von Schadenersatzansprüchen

(1) Der Verletzte kann den Verletzer bei einer in gewerblichem Ausmaß begangenen Rechtsverletzung in den Fällen des § 97 Abs. 2 auch auf Vorlage von Bank-, Finanz- oder Handelsunterlagen oder einen geeigneten Zugang zu den entsprechenden Unterlagen in Anspruch nehmen, die sich in der Verfügungsgewalt des Verletzers befinden und die für die Durchsetzung des Schadenersatzanspruchs erforderlich sind, wenn ohne die Vorlage die Erfüllung des Schadenersatzanspruchs fraglich ist. Soweit der Verletzer geltend macht, dass es sich um vertrauliche Informationen handelt, trifft das Gericht die erforderlichen Maßnahmen, um den im Einzelfall gebotenen Schutz zu gewährleisten.

(2) Der Anspruch nach Absatz 1 ist ausgeschlossen, wenn die Inanspruchnahme im Einzelfall unverhältnismäßig ist.

(3) Die Verpflichtung zur Vorlage der in Absatz 1 bezeichneten Urkunden kann im Wege der einstweiligen Verfügung nach den §§ 935 bis 945 der Zivilprozessordnung angeordnet werden, wenn der Schadenersatzanspruch offensichtlich besteht. Das Gericht trifft die erforderlichen Maßnahmen, um den Schutz vertraulicher Informationen zu gewährleisten. Dies gilt insbesondere in den Fällen, in denen die einstweilige Verfügung ohne vorherige Anhörung des Gegners erlassen wird.

(4) § 811 des Bürgerlichen Gesetzbuchs sowie § 101 Abs. 8 gelten entsprechend.

§ 102 Verjährung

Auf die Verjährung der Ansprüche wegen Verletzung des Urheberrechts oder eines anderen nach diesem Gesetz geschützten Rechts finden die Vorschriften des Abschnitts 5 des Buches 1 des Bürgerlichen Gesetzbuchs entsprechende Anwendung. Hat der Verpflichtete durch die Verletzung auf Kosten des Berechtigten etwas erlangt, findet § 852 des Bürgerlichen Gesetzbuchs entsprechende Anwendung.

§ 102a Ansprüche aus anderen gesetzlichen Vorschriften

Ansprüche aus anderen gesetzlichen Vorschriften bleiben unberührt.

§ 103 Bekanntmachung des Urteils

Ist eine Klage auf Grund dieses Gesetzes erhoben worden, so kann der obsiegenden Partei im Urteil die Befugnis zugesprochen werden, das Urteil auf Kosten der unterliegenden Partei öffentlich bekannt zu machen, wenn sie ein berechtigtes Interesse darlegt. Art und Umfang der Bekanntmachung werden im Urteil bestimmt. Die Befugnis erlischt, wenn von ihr nicht innerhalb von drei Monaten nach Eintritt der Rechtskraft des Urteils Gebrauch gemacht wird. Das Urteil darf erst nach Rechtskraft bekannt gemacht werden, wenn nicht das Gericht etwas anderes bestimmt.

§ 104 Rechtsweg

Für alle Rechtsstreitigkeiten, durch die ein Anspruch aus einem der in diesem Gesetz geregelten Rechtsverhältnisse geltend gemacht wird (Urheberrechtsstreitsachen), ist der ordentliche Rechtsweg gegeben. Für Urheberrechtsstreitsachen aus Arbeits- oder Dienstverhältnissen, die ausschließlich Ansprüche auf Leistung einer vereinbarten Vergütung zum Gegenstand haben, bleiben der Rechtsweg zu den Gerichten für Arbeitssachen und der Verwaltungsrechtsweg unberührt.

§ 105 Gerichte für Urheberrechtsstreitsachen

(1) Die Landesregierungen werden ermächtigt, durch Rechtsverordnung Urheberrechtsstreitsachen, für die das Landgericht in erster Instanz oder in der Berufungsinstanz zuständig ist, für die Bezirke mehrerer Landgerichte einem von ihnen zuzuweisen, wenn dies der Rechtspflege dienlich ist.

(2) Die Landesregierungen werden ferner ermächtigt, durch Rechtsverordnung die zur Zuständigkeit der Amtsgerichte gehörenden Urheberrechtsstreitsachen für die Bezirke mehrerer Amtsgerichte einem von ihnen zuzuweisen, wenn dies der Rechtspflege dienlich ist.

(3) Die Landesregierungen können die Ermächtigungen nach den Absätzen 1 und 2 auf die Landesjustizverwaltungen übertragen.

(4) und (5) *(aufgehoben)*

Unterabschnitt 2 Straf- und Bußgeldvorschriften

§ 106 Unerlaubte Verwertung urheberrechtlich geschützter Werke

(1) Wer in anderen als den gesetzlich zugelassenen Fällen ohne Einwilligung des Berechtigten ein Werk oder eine Bearbeitung oder Umgestaltung eines Werkes vervielfältigt, verbreitet oder öffentlich wiedergibt, wird mit Freiheitsstrafe bis zu drei Jahren oder mit Geldstrafe bestraft.

(2) Der Versuch ist strafbar.

§ 107 Unzulässiges Anbringen der Urheberbezeichnung

(1) Wer
1. auf dem Original eines Werkes der bildenden Künste die Urheberbezeichnung (§ 10 Abs. 1) ohne Einwilligung des Urhebers anbringt oder ein derart bezeichnetes Original verbreitet,
2. auf einem Vervielfältigungsstück, einer Bearbeitung oder Umgestaltung eines Werkes der bildenden Künste die Urheberbezeichnung (§ 10 Abs. 1) auf eine Art anbringt, die dem Vervielfältigungsstück, der Bearbeitung oder Umgestaltung den Anschein eines Originals gibt, oder ein derart bezeichnetes Vervielfältigungsstück, eine solche Bearbeitung oder Umgestaltung verbreitet,

wird mit Freiheitsstrafe bis zu drei Jahren oder mit Geldstrafe bestraft, wenn die Tat nicht in anderen Vorschriften mit schwererer Strafe bedroht ist.

(2) Der Versuch ist strafbar.

§ 108 Unerlaubte Eingriffe in verwandte Schutzrechte

(1) Wer in anderen als den gesetzlich zugelassenen Fällen ohne Einwilligung des Berechtigten
1. eine wissenschaftliche Ausgabe (§ 70) oder eine Bearbeitung oder Umgestaltung einer solchen Ausgabe vervielfältigt, verbreitet oder öffentlich wiedergibt,
2. ein nachgelassenes Werk oder eine Bearbeitung oder Umgestaltung eines solchen Werkes entgegen § 71 verwertet,
3. ein Lichtbild (§ 72) oder eine Bearbeitung oder Umgestaltung eines Lichtbildes vervielfältigt, verbreitet oder öffentlich wiedergibt,
4. die Darbietung eines ausübenden Künstlers entgegen den § 77 Abs. 1 oder Abs. 2 Satz 1, § 78 Abs. 1 verwertet,

5. einen Tonträger entgegen § 85 verwertet,
6. eine Funksendung entgegen § 87 verwertet,
7. einen Bildträger oder Bild- und Tonträger entgegen §§ 94 oder 95 in Verbindung mit § 94 verwertet,
8. eine Datenbank entgegen § 87b Abs. 1 verwertet,

wird mit Freiheitsstrafe bis zu drei Jahren oder mit Geldstrafe bestraft.

(2) Der Versuch ist strafbar.

§ 108a Gewerbsmäßige unerlaubte Verwertung

(1) Handelt der Täter in den Fällen der §§ 106 bis 108 gewerbsmäßig, so ist die Strafe Freiheitsstrafe bis zu fünf Jahren oder Geldstrafe.

(2) Der Versuch ist strafbar.

§ 108b Unerlaubte Eingriffe in technische Schutzmaßnahmen und zur Rechtewahrnehmung erforderliche Informationen

(1) Wer
1. in der Absicht, sich oder einem Dritten den Zugang zu einem nach diesem Gesetz geschützten Werk oder einem anderen nach diesem Gesetz geschützten Schutzgegenstand oder deren Nutzung zu ermöglichen, eine wirksame technische Maßnahme ohne Zustimmung des Rechtsinhabers umgeht oder
2. wissentlich unbefugt
   a) eine von Rechtsinhabern stammende Information für die Rechtewahrnehmung entfernt oder verändert, wenn irgendeine der betreffenden Informationen an einem Vervielfältigungsstück eines Werkes oder eines sonstigen Schutzgegenstandes angebracht ist oder im Zusammenhang mit der öffentlichen Wiedergabe eines solchen Werkes oder Schutzgegenstandes erscheint, oder
   b) ein Werk oder einen sonstigen Schutzgegenstand, bei dem eine Information für die Rechtewahrnehmung unbefugt entfernt oder geändert wurde, verbreitet, zur Verbreitung einführt, sendet, öffentlich wiedergibt oder öffentlich zugänglich macht
   und dadurch wenigstens leichtfertig die Verletzung von Urheberrechten oder verwandten Schutzrechten veranlasst, ermöglicht, erleichtert oder verschleiert, wird, wenn die Tat nicht ausschließlich zum eigenen privaten Gebrauch des Täters oder mit dem Täter persönlich verbundener Personen erfolgt oder sich auf einen derartigen Gebrauch bezieht, mit Freiheitsstrafe bis zu einem Jahr oder mit Geldstrafe bestraft.

(2) Ebenso wird bestraft, wer entgegen § 95a Abs. 3 eine Vorrichtung, ein Erzeugnis oder einen Bestandteil zu gewerblichen Zwecken herstellt, einführt, verbreitet, verkauft oder vermietet.

(3) Handelt der Täter in den Fällen des Absatzes 1 gewerbsmäßig, so ist die Strafe Freiheitsstrafe bis zu drei Jahren oder Geldstrafe.

§ 109 Strafantrag

In den Fällen der §§ 106 bis 108 und des § 108b wird die Tat nur auf Antrag verfolgt, es sei denn, dass die Strafverfolgungsbehörde wegen des besonderen öffentlichen Interesses an der Strafverfolgung ein Einschreiten von Amts wegen für geboten hält.

§ 110 Einziehung

Gegenstände, auf die sich eine Straftat nach den §§ 106, 107 Abs. 1 Nr. 2, §§ 108 bis 108b bezieht, können eingezogen werden. § 74a des Strafgesetzbuches ist anzuwenden. Soweit den in § 98 bezeichneten Ansprüchen im Verfahren nach den Vorschriften der Strafprozessordnung über die Entschädigung des Verletzten (§§ 403 bis 406c) stattgegeben wird, sind die Vorschriften über die Einziehung nicht anzuwenden.

§ 111 Bekanntgabe der Verurteilung

Wird in den Fällen der §§ 106 bis 108b auf Strafe erkannt, so ist, wenn der Verletzte es beantragt und ein berechtigtes Interesse daran dartut, anzuordnen, dass die Verurteilung auf Verlangen öffentlich bekannt gemacht wird. Die Art der Bekanntmachung ist im Urteil zu bestimmen.

§ 111a Bußgeldvorschriften

(1) Ordnungswidrig handelt, wer
1. entgegen § 95a Abs. 3
   a) eine Vorrichtung, ein Erzeugnis oder einen Bestandteil verkauft, vermietet oder über den Kreis der mit dem Täter persönlich verbundenen Personen hinaus verbreitet oder
   b) zu gewerblichen Zwecken eine Vorrichtung, ein Erzeugnis oder einen Bestandteil besitzt, für deren Verkauf oder Vermietung wirbt oder eine Dienstleistung erbringt,
2. entgegen § 95b Abs. 1 Satz 1 ein notwendiges Mittel nicht zur Verfügung stellt oder
3. entgegen § 95d Abs. 2 Satz 1 Werke oder andere Schutzgegenstände nicht oder nicht vollständig kennzeichnet.

(2) Die Ordnungswidrigkeit kann in den Fällen des Absatzes 1 Nr. 1 und 2 mit einer Geldbuße bis zu fünfzigtausend Euro und in den übrigen Fällen mit einer Geldbuße bis zu zehntausend Euro geahndet werden.

Unterabschnitt 3 Vorschriften über Maßnahmen der Zollbehörde

§ 111b Verfahren nach deutschem Recht

(1) Verletzt die Herstellung oder Verbreitung von Vervielfältigungsstücken das Urheberrecht oder ein anderes nach diesem Gesetz geschütztes Recht, so unterliegen die Vervielfältigungsstücke, soweit nicht die Verordnung (EG) Nr. 1383/2003 des Rates vom 22. Juli 2003 über das Vorgehen der Zollbehörden gegen Waren, die im Verdacht stehen, bestimmte Rechte geistigen Eigentums zu verletzen, und die Maßnahmen gegenüber Waren, die erkanntermaßen derartige Rechte verletzen (ABl. EU Nr. L 196 S. 7), in ihrer jeweils geltenden Fassung anzuwenden ist, auf Antrag und gegen Sicherheitsleistung des Rechtsinhabers bei ihrer Einfuhr oder Ausfuhr der Beschlagnahme durch die Zollbehörde, sofern die Rechtsverletzung offensichtlich ist. Dies gilt für den Verkehr mit anderen Mitgliedstaaten der Europäischen Union sowie mit den anderen Vertragsstaaten des Abkommens über den Europäischen Wirtschaftsraum nur, soweit Kontrollen durch die Zollbehörden stattfinden.

(2) Ordnet die Zollbehörde die Beschlagnahme an, so unterrichtet sie unverzüglich den Verfügungsberechtigten sowie den Antragsteller. Dem Antragsteller sind Herkunft, Menge und Lagerort der Vervielfältigungsstücke sowie Name und Anschrift des Verfügungsberechtigten mitzuteilen; das Brief- und Postgeheimnis (Artikel 10 des Grundgesetzes) wird insoweit eingeschränkt. Dem Antragsteller wird Gelegenheit gegeben, die Vervielfältigungsstücke zu besichtigen, soweit hierdurch nicht in Geschäfts- oder Betriebsgeheimnisse eingegriffen wird.

(3) Wird der Beschlagnahme nicht spätestens nach Ablauf von zwei Wochen nach Zustellung der Mitteilung nach Absatz 2 Satz 1 widersprochen, so ordnet die Zollbehörde die Einziehung der beschlagnahmten Vervielfältigungsstücke an.

(4) Widerspricht der Verfügungsberechtigte der Beschlagnahme, so unterrichtet die Zollbehörde hiervon unverzüglich den Antragsteller. Dieser hat gegenüber der Zollbehörde unverzüglich zu erklären, ob er den Antrag nach Absatz 1 in Bezug auf die beschlagnahmten Vervielfältigungsstücke aufrechterhält.
1. Nimmt der Antragsteller den Antrag zurück, hebt die Zollbehörde die Beschlagnahme unverzüglich auf.

2. Hält der Antragsteller den Antrag aufrecht und legt er eine vollziehbare gerichtliche Entscheidung vor, die die Verwahrung der beschlagnahmten Vervielfältigungsstücke oder eine Verfügungsbeschränkung anordnet, trifft die Zollbehörde
die erforderlichen Maßnahmen.
Liegen die Fälle der Nummern 1 oder 2 nicht vor, hebt die Zollbehörde die Beschlagnahme nach Ablauf von zwei Wochen nach Zustellung der Mitteilung an den Antragsteller nach Satz 1 auf; weist der Antragsteller nach, dass die gerichtliche Entscheidung nach Nummer 2 beantragt, ihm aber noch nicht zugegangen ist, wird die
Beschlagnahme für längstens zwei weitere Wochen aufrechterhalten.

(5) Erweist sich die Beschlagnahme als von Anfang an ungerechtfertigt und hat der
Antragsteller den Antrag nach Absatz 1 in Bezug auf die beschlagnahmten Vervielfältigungsstücke aufrechterhalten oder sich nicht unverzüglich erklärt (Absatz 4
Satz 2), so ist er verpflichtet, den dem Verfügungsberechtigten durch die Beschlagnahme entstandenen Schaden zu ersetzen.

(6) Der Antrag nach Absatz 1 ist bei der Bundesfinanzdirektion zu stellen und hat
Wirkung für ein Jahr, sofern keine kürzere Geltungsdauer beantragt wird; er kann
wiederholt werden. Für die mit dem Antrag verbundenen Amtshandlungen werden
vom Antragsteller Kosten nach Maßgabe des § 178 der Abgabenordnung erhoben.

(7) Die Beschlagnahme und die Einziehung können mit den Rechtsmitteln angefochten werden, die im Bußgeldverfahren nach dem Gesetz über Ordnungswidrigkeiten
gegen die Beschlagnahme und Einziehung zulässig sind. Im Rechtsmittelverfahren
ist der Antragsteller zu hören. Gegen die Entscheidung des Amtsgerichts ist die
sofortige Beschwerde zulässig; über sie entscheidet das Oberlandesgericht.

(8) *(aufgehoben)*

§ 111c Verfahren nach der Verordnung (EG) Nr. 1383/2003

(1) Setzt die zuständige Zollbehörde nach Artikel 9 der Verordnung (EG) Nr.
1383/2003 die Überlassung der Waren aus oder hält diese zurück, unterrichtet sie
davon unverzüglich den Rechtsinhaber sowie den Anmelder oder den Besitzer oder
den Eigentümer der Waren.

(2) Im Fall des Absatzes 1 kann der Rechtsinhaber beantragen, die Waren in dem
nachstehend beschriebenen vereinfachten Verfahren im Sinn des Artikels 11 der
Verordnung (EG) Nr. 1383/2003 vernichten zu lassen.

(3) Der Antrag muss bei der Zollbehörde innerhalb von zehn Arbeitstagen nach
Zugang der Unterrichtung nach Absatz 1 schriftlich gestellt werden. Er muss die
Mitteilung enthalten, dass die Waren, die Gegenstand des Verfahrens sind, ein nach
diesem Gesetz geschütztes Recht verletzen. Die schriftliche Zustimmung des Anmelders, des Besitzers oder des Eigentümers der Waren zu ihrer Vernichtung ist
beizufügen. Abweichend von Satz 3 kann der Anmelder, der Besitzer oder der
Eigentümer die schriftliche Erklärung, ob er einer Vernichtung zustimmt oder nicht,
unmittelbar gegenüber der Zollbehörde abgeben. Die in Satz 1 genannte Frist kann
vor Ablauf auf Antrag des Rechtsinhabers um zehn Arbeitstage verlängert werden.

(4) Die Zustimmung zur Vernichtung gilt als erteilt, wenn der Anmelder, der Besitzer
oder der Eigentümer der Waren einer Vernichtung nicht innerhalb von zehn Arbeitstagen nach Zugang der Unterrichtung nach Absatz 1 widerspricht. Auf diesen
Umstand ist in der Unterrichtung nach Absatz 1 hinzuweisen.

(5) Die Vernichtung der Waren erfolgt auf Kosten und Verantwortung des Rechtsinhabers.

(6) Die Zollstelle kann die organisatorische Abwicklung der Vernichtung übernehmen. Absatz 5 bleibt unberührt.

(7) Die Aufbewahrungsfrist nach Artikel 11 Abs. 1 zweiter Spiegelstrich der Verordnung (EG) Nr. 1383/2003 beträgt ein Jahr.

(8) Im Übrigen gilt § 111b entsprechend, soweit nicht die Verordnung (EG) Nr.
1383/2003 Bestimmungen enthält, die dem entgegenstehen.

Abschnitt 3 **Zwangsvollstreckung**

Unterabschnitt 1 **Allgemeines**

§ 112 Allgemeines

Die Zulässigkeit der Zwangsvollstreckung in ein nach diesem Gesetz geschütztes Recht richtet sich nach den allgemeinen Vorschriften, soweit sich aus den §§ 113 bis 119 nichts anderes ergibt.

Unterabschnitt 2 **Zwangsvollstreckung wegen Geldforderungen gegen den Urheber**

§ 113 Urheberrecht

Gegen den Urheber ist die Zwangsvollstreckung wegen Geldforderungen in das Urheberrecht nur mit seiner Einwilligung und nur insoweit zulässig, als er Nutzungsrechte einräumen kann (§ 31). Die Einwilligung kann nicht durch den gesetzlichen Vertreter erteilt werden.

§ 114 Originale von Werken

(1) Gegen den Urheber ist die Zwangsvollstreckung wegen Geldforderungen in die ihm gehörenden Originale seiner Werke nur mit seiner Einwilligung zulässig. Die Einwilligung kann nicht durch den gesetzlichen Vertreter erteilt werden.

(2) Der Einwilligung bedarf es nicht,
1. soweit die Zwangsvollstreckung in das Original des Werkes zur Durchführung der Zwangsvollstreckung in ein Nutzungsrecht am Werk notwendig ist,
2. zur Zwangsvollstreckung in das Original eines Werkes der Baukunst,
3. zur Zwangsvollstreckung in das Original eines anderen Werkes der bildenden Künste, wenn das Werk veröffentlicht ist.

In den Fällen der Nummern 2 und 3 darf das Original des Werkes ohne Zustimmung des Urhebers verbreitet werden.

Unterabschnitt 3 **Zwangsvollstreckung wegen Geldforderungen gegen den Rechtsnachfolger des Urhebers**

§ 115 Urheberrecht

Gegen den Rechtsnachfolger des Urhebers (§ 30) ist die Zwangsvollstreckung wegen Geldforderungen in das Urheberrecht nur mit seiner Einwilligung und nur insoweit zulässig, als er Nutzungsrechte einräumen kann (§ 31). Der Einwilligung bedarf es nicht, wenn das Werk erschienen ist.

§ 116 Originale von Werken

(1) Gegen den Rechtsnachfolger des Urhebers (§ 30) ist die Zwangsvollstreckung wegen Geldforderungen in die ihm gehörenden Originale von Werken des Urhebers nur mit seiner Einwilligung zulässig.

(2) Der Einwilligung bedarf es nicht
1. in den Fällen des § 114 Abs. 2 Satz 1,
2. zur Zwangsvollstreckung in das Original eines Werkes, wenn das Werk erschienen ist.

§ 114 Abs. 2 Satz 2 gilt entsprechend.

§ 117   Testamentsvollstrecker

Ist nach § 28 Abs. 2 angeordnet, dass das Urheberrecht durch einen Testamentsvollstrecker ausgeübt wird, so ist die nach den §§ 115 und 116 erforderliche Einwilligung durch den Testamentsvollstrecker zu erteilen.

Unterabschnitt 4   **Zwangsvollstreckung wegen Geldforderungen
gegen den Verfasser wissenschaftlicher Ausgaben
und gegen den Lichtbildner**

§ 118   Entsprechende Anwendung

Die §§ 113 bis 117 sind sinngemäß anzuwenden
1. auf die Zwangsvollstreckung wegen Geldforderungen gegen den Verfasser wis-
    senschaftlicher Ausgaben (§ 70) und seinen Rechtsnachfolger,
2. auf die Zwangsvollstreckung wegen Geldforderungen gegen den Lichtbildner
    (§ 72) und seinen Rechtsnachfolger.

Unterabschnitt 5   **Zwangsvollstreckung wegen Geldforderungen in
bestimmte Vorrichtungen**

§ 119   Zwangsvollstreckung in bestimmte Vorrichtungen

(1) Vorrichtungen, die ausschließlich zur Vervielfältigung oder Funksendung eines
Werkes bestimmt sind, wie Formen, Platten, Steine, Druckstöcke, Matrizen und
Negative, unterliegen der Zwangsvollstreckung wegen Geldforderungen nur, soweit
der Gläubiger zur Nutzung des Werkes mittels dieser Vorrichtungen berechtigt ist.

(2) Das Gleiche gilt für Vorrichtungen, die ausschließlich zur Vorführung eines Filmwerkes bestimmt sind, wie Filmstreifen und dergleichen.

(3) Die Absätze 1 und 2 sind auf die nach den §§ 70 und 71 geschützten Ausgaben,
die nach § 72 geschützten Lichtbilder, die nach § 77 Abs. 2 Satz 1, §§ 85, 87, 94 und
95 geschützten Bild- und Tonträger und die nach § 87b Abs. 1 geschützten Datenbanken entsprechend anzuwenden.

Teil 5   **Anwendungsbereich, Übergangs- und
Schlussbestimmungen**

Abschnitt 1   **Anwendungsbereich des Gesetzes**

Unterabschnitt 1   **Urheberrecht**

**§ 120   Deutsche Staatsangehörige und Staatsangehörige anderer EU-Staaten
und EWR-Staaten**

(1) Deutsche Staatsangehörige genießen den urheberrechtlichen Schutz für alle ihre
Werke, gleichviel, ob und wo die Werke erschienen sind. Ist ein Werk von Miturhebern (§ 8) geschaffen, so genügt es, wenn ein Miturheber deutscher Staatsangehöriger ist.

(2) Den Deutschen Staatsangehörigen stehen gleich:
1. Deutsche im Sinne des Artikels 116 Abs. 1 des Grundgesetzes, die nicht die
    deutsche Staatsangehörigkeit besitzen, und
2. Staatsangehörige eines anderen Mitgliedstaates der Europäischen Union oder
    eines anderen Vertragsstaates des Abkommens über den Europäischen Wirt-
    schaftsraum.

§ 121 Ausländische Staatsangehörige

(1) Ausländische Staatsangehörige genießen den urheberrechtlichen Schutz für ihre im Geltungsbereich dieses Gesetzes erschienenen Werke, es sei denn, dass das Werk oder eine Übersetzung des Werkes früher als dreißig Tage vor dem Erscheinen im Geltungsbereich dieses Gesetzes außerhalb dieses Gebietes erschienen ist. Mit der gleichen Einschränkung genießen ausländische Staatsangehörige den Schutz auch für solche Werke, die im Geltungsbereich dieses Gesetzes nur in Übersetzung erschienen sind.

(2) Den im Geltungsbereich dieses Gesetzes erschienenen Werken im Sinne des Absatzes 1 werden die Werke der bildenden Künste gleichgestellt, die mit einem Grundstück im Geltungsbereich dieses Gesetzes fest verbunden sind.

(3) Der Schutz nach Absatz 1 kann durch Rechtsverordnung des Bundesministers der Justiz für ausländische Staatsangehörige beschränkt werden, die keinem Mitgliedstaat der Berner Übereinkunft zum Schutze von Werken der Literatur und der Kunst angehören und zur Zeit des Erscheinens des Werkes weder im Geltungsbereich dieses Gesetzes noch in einem anderen Mitgliedstaat ihren Wohnsitz haben, wenn der Staat, dem sie angehören, deutschen Staatsangehörigen für ihre Werke keinen genügenden Schutz gewährt.

(4) Im Übrigen genießen ausländische Staatsangehörige den urheberrechtlichen Schutz nach Inhalt der Staatsverträge. Bestehen keine Staatsverträge, so besteht für solche Werke urheberrechtlicher Schutz, soweit in dem Staat, dem der Urheber angehört, nach einer Bekanntmachung des Bundesministers der Justiz im Bundesgesetzblatt deutsche Staatsangehörige für ihre Werke einen entsprechenden Schutz genießen.

(5) Das Folgerecht (§ 26) steht ausländischen Staatsangehörigen nur zu, wenn der Staat, dem sie angehören, nach einer Bekanntmachung des Bundesministers der Justiz im Bundesgesetzblatt deutschen Staatsangehörigen ein entsprechendes Recht gewährt.

(6) Den Schutz nach den §§ 12 bis 14 genießen ausländische Staatsangehörige für alle ihre Werke, auch wenn die Voraussetzungen der Absätze 1 bis 5 nicht vorliegen.

§ 122 Staatenlose

(1) Staatenlose mit gewöhnlichem Aufenthalt im Geltungsbereich dieses Gesetzes genießen für ihre Werke den gleichen urheberrechtlichen Schutz wie deutsche Staatsangehörige.

(2) Staatenlose ohne gewöhnlichen Aufenthalt im Geltungsbereich dieses Gesetzes genießen für ihre Werke den gleichen urheberrechtlichen Schutz wie die Angehörigen des ausländischen Staates, in dem sie ihren gewöhnlichen Aufenthalt haben.

§ 123 Ausländische Flüchtlinge

Für Ausländer, die Flüchtlinge im Sinne von Staatsverträgen oder anderen Rechtsvorschriften sind, gelten die Bestimmungen des § 122 entsprechend. Hierdurch wird ein Schutz nach § 121 nicht ausgeschlossen.

Unterabschnitt 2 **Verwandte Schutzrechte**

§ 124 Wissenschaftliche Ausgaben und Lichtbilder

Für den Schutz wissenschaftlicher Ausgaben (§ 70) und den Schutz von Lichtbildern (§ 72) sind die §§ 120 bis 123 sinngemäß anzuwenden.

§ 125 Schutz des ausübenden Künstlers

(1) Den nach den §§ 73 bis 83 gewährten Schutz genießen deutsche Staatsangehörige für alle ihre Darbietungen, gleichviel, wo diese stattfinden. § 120 Abs. 2 ist anzuwenden.

(2) Ausländische Staatsangehörige genießen den Schutz für alle ihre Darbietungen, die im Geltungsbereich dieses Gesetzes stattfinden, soweit nicht in den Absätzen 3 und 4 etwas anderes bestimmt ist.

(3) Werden Darbietungen ausländischer Staatsangehöriger erlaubterweise auf Bild- oder Tonträger aufgenommen und sind diese erschienen, so genießen die ausländischen Staatsangehörigen hinsichtlich dieser Bild- oder Tonträger den Schutz nach § 77 Abs. 2 Satz 1, § 78 Abs. 1 Nr. 1 und Abs. 2, wenn die Bild- oder Tonträger im Geltungsbereich dieses Gesetzes erschienen sind; es sei denn, dass die Bild- oder Tonträger früher als dreißig Tage vor dem Erscheinen im Geltungsbereich dieses Gesetzes außerhalb dieses Gebietes erschienen sind.

(4) Werden Darbietungen ausländischer Staatsangehöriger erlaubterweise durch Funk gesendet, so genießen die ausländischen Staatsangehörigen den Schutz gegen Aufnahme der Funksendung auf Bild- oder Tonträger (§ 77 Abs. 1) und Weitersendung der Funksendung (§ 78 Abs. 1 Nr. 2) sowie den Schutz nach § 78, wenn die Funksendung im Geltungsbereich dieses Gesetzes ausgestrahlt worden ist.

(5) Im Übrigen genießen ausländische Staatsangehörige den Schutz nach Inhalt der Staatsverträge. § 121 Abs. 4 Satz 2 sowie die §§ 122 und 123 gelten entsprechend.

(6) Den Schutz nach den §§ 74 und 75, § 77 Abs. 1 sowie § 78 Abs. 1 Nr. 3 genießen ausländische Staatsangehörige für alle ihre Darbietungen, auch wenn die Voraussetzungen der Absätze 2 bis 5 nicht vorliegen. Das Gleiche gilt für den Schutz nach § 78 Abs. 1 Nr. 2, soweit es sich um die unmittelbare Sendung der Darbietung handelt.

(7) Wird Schutz nach den Absätzen 2 bis 4 oder 6 gewährt, so erlischt er spätestens mit dem Ablauf der Schutzdauer in dem Staat, dessen Staatsangehöriger der ausübende Künstler ist, ohne die Schutzfrist nach § 82 zu überschreiten.

§ 126 Schutz des Herstellers von Tonträgern

(1) Den nach den §§ 85 und 86 gewährten Schutz genießen deutsche Staatsangehörige oder Unternehmen mit Sitz im Geltungsbereich dieses Gesetzes für alle ihre Tonträger, gleichviel, ob und wo diese erschienen sind. § 120 Abs. 2 ist anzuwenden. Unternehmen mit Sitz in einem anderen Mitgliedstaat der Europäischen Union oder in einem anderen Vertragsstaat des Abkommens über den Europäischen Wirtschaftsraum stehen Unternehmen mit Sitz im Geltungsbereich dieses Gesetzes gleich.

(2) Ausländische Staatsangehörige oder Unternehmen ohne Sitz im Geltungsbereich dieses Gesetzes genießen den Schutz für ihre im Geltungsbereich dieses Gesetzes erschienenen Tonträger, es sei denn, dass der Tonträger früher als dreißig Tage vor dem Erscheinen im Geltungsbereich dieses Gesetzes außerhalb dieses Gebietes erschienen ist. Der Schutz erlischt jedoch spätestens mit dem Ablauf der Schutzdauer in dem Staat, dessen Staatsangehörigkeit der Hersteller des Tonträgers besitzt oder in welchem das Unternehmen seinen Sitz hat, ohne die Schutzfrist nach § 85 Abs. 3 zu überschreiten.

(3) Im Übrigen genießen ausländische Staatsangehörige oder Unternehmen ohne Sitz im Geltungsbereich dieses Gesetzes den Schutz nach Inhalt der Staatsverträge. § 121 Abs. 4 Satz 2 sowie die §§ 122 und 123 gelten entsprechend.

§ 127 Schutz des Sendeunternehmens

(1) Den nach § 87 gewährten Schutz genießen Sendeunternehmen mit Sitz im Geltungsbereich dieses Gesetzes für alle Funksendungen, gleichviel, wo sie diese ausstrahlen. § 126 Abs. 1 Satz 3 ist anzuwenden.

(2) Sendeunternehmen ohne Sitz im Geltungsbereich dieses Gesetzes genießen den Schutz für alle Funksendungen, die sie im Geltungsbereich dieses Gesetzes aus-

strahlen. Der Schutz erlischt spätestens mit dem Ablauf der Schutzdauer in dem Staat, in dem das Sendeunternehmen seinen Sitz hat, ohne die Schutzfrist nach § 87 Abs. 3 zu überschreiten.

(3) Im Übrigen genießen Sendeunternehmen ohne Sitz im Geltungsbereich dieses Gesetzes den Schutz nach Inhalt der Staatsverträge. § 121 Abs. 4 Satz 2 gilt entsprechend.

§ 127a Schutz des Datenbankherstellers

(1) Den nach § 87b gewährten Schutz genießen deutsche Staatsangehörige sowie juristische Personen mit Sitz im Geltungsbereich dieses Gesetzes. § 120 Abs. 2 ist anzuwenden.

(2) Die nach deutschem Recht oder dem Recht eines der in § 120 Abs. 2 Nr. 2 bezeichneten Staaten gegründeten juristischen Personen ohne Sitz im Geltungsbereich dieses Gesetzes genießen den nach § 87b gewährten Schutz, wenn
1. ihre Hauptverwaltung oder Hauptniederlassung sich im Gebiet eines der in § 120 Abs. 2 Nr. 2 bezeichneten Staaten befindet oder
2. ihr satzungsmäßiger Sitz sich im Gebiet eines dieser Staaten befindet und ihre Tätigkeit eine tatsächliche Verbindung zur deutschen Wirtschaft oder zur Wirtschaft eines dieser Staaten aufweist.

(3) Im Übrigen genießen ausländische Staatsangehörige sowie juristische Personen den Schutz nach dem Inhalt von Staatsverträgen sowie von Vereinbarungen, die die Europäische Gemeinschaft mit dritten Staaten schließt; diese Vereinbarungen werden vom Bundesministerium der Justiz im Bundesgesetzblatt bekannt gemacht.

§ 128   Schutz des Filmherstellers

(1) Den nach den §§ 94 und 95 gewährten Schutz genießen deutsche Staatsangehörige oder Unternehmen mit Sitz im Geltungsbereich dieses Gesetzes für alle ihre Bildträger oder Bild- und Tonträger, gleichviel, ob und wo diese erschienen sind. § 120 Abs. 2 und § 126 Abs. 1 Satz 3 sind anzuwenden.

(2) Für ausländische Staatsangehörige oder Unternehmen ohne Sitz im Geltungsbereich dieses Gesetzes gelten die Bestimmungen in § 126 Abs. 2 und 3 entsprechend.

Abschnitt 2   **Übergangsbestimmungen**

§ 129   Werke

(1) Die Vorschriften dieses Gesetzes sind auch auf die vor seinem Inkrafttreten geschaffenen Werke anzuwenden, es sei denn, dass sie zu diesem Zeitpunkt urheberrechtlich nicht geschützt sind oder dass in diesem Gesetz sonst etwas anderes bestimmt ist. Dies gilt für verwandte Schutzrechte entsprechend.

(2) Die Dauer des Urheberrechts an einem Werk, das nach Ablauf von fünfzig Jahren nach dem Tode des Urhebers, aber vor dem Inkrafttreten dieses Gesetzes veröffentlicht worden ist, richtet sich nach den bisherigen Vorschriften.

§ 130   Übersetzungen

Unberührt bleiben die Rechte des Urhebers einer Übersetzung, die vor dem 1. Januar 1902 erlaubterweise ohne Zustimmung des Urhebers des übersetzten Werkes erschienen ist.

§ 131 Vertonte Sprachwerke

Vertonte Sprachwerke, die nach § 20 des Gesetzes betreffend das Urheberrecht an Werken der Literatur und der Tonkunst vom 19. Juni 1901 (Reichsgesetzblatt S. 227) in der Fassung des Gesetzes zur Ausführung der revidierten Berner Übereinkunft zum Schutze von Werken der Literatur und Kunst vom 22. Mai 1910 (Reichsgesetzblatt S. 793) ohne Zustimmung ihres Urhebers vervielfältigt, verbreitet und öffentlich wiedergegeben werden durften, dürfen auch weiterhin in gleichem Umfang vervielfältigt, verbreitet und öffentlich wiedergegeben werden, wenn die Vertonung des Werkes vor dem Inkrafttreten dieses Gesetzes erschienen ist.

§ 132 Verträge

(1) Die Vorschriften dieses Gesetzes sind mit Ausnahme der §§ 42 und 43 auf Verträge, die vor dem 1. Januar 1966 abgeschlossen worden sind, nicht anzuwenden. § 43 gilt für ausübende Künstler entsprechend. Die §§ 40 und 41 gelten für solche Verträge mit der Maßgabe, dass die in § 40 Abs. 1 Satz 2 und § 41 Abs. 2 genannten Fristen frühestens mit dem 1. Januar 1966 beginnen.

(2) Vor dem 1. Januar 1966 getroffene Verfügungen bleiben wirksam.

(3) Auf Verträge oder sonstige Sachverhalte, die vor dem 1. Juli 2002 geschlossen worden oder entstanden sind, sind die Vorschriften dieses Gesetzes vorbehaltlich der Sätze 2 und 3 in der am 28. März 2002 geltenden Fassung weiter anzuwenden. § 32a findet auf Sachverhalte Anwendung, die nach dem 28. März 2002 entstanden sind. Auf Verträge, die seit dem 1. Juni 2001 und bis zum 30. Juni 2002 geschlossen worden sind, findet auch § 32 Anwendung, sofern von dem eingeräumten Recht oder der Erlaubnis nach dem 30. Juni 2002 Gebrauch gemacht wird.

(4) Absatz 3 gilt für ausübende Künstler entsprechend.

§ 133 *(aufgehoben)*

§ 134 Urheber

Wer zur Zeit des Inkrafttretens dieses Gesetzes nach den bisherigen Vorschriften, nicht aber nach diesem Gesetz als Urheber eines Werkes anzusehen ist, gilt, abgesehen von den Fällen des § 135, weiterhin als Urheber. Ist nach den bisherigen Vorschriften eine juristische Person als Urheber eines Werkes anzusehen, so sind für die Berechnung der Dauer des Urheberrechts die bisherigen Vorschriften anzuwenden.

§ 135 Inhaber verwandter Schutzrechte

Wer zur Zeit des Inkrafttretens dieses Gesetzes nach den bisherigen Vorschriften als Urheber eines Lichtbildes oder der Übertragung eines Werkes auf Vorrichtungen zur mechanischen Wiedergabe für das Gehör anzusehen ist, ist Inhaber der entsprechenden verwandten Schutzrechte, die dieses Gesetz ihm gewährt.

§ 135a Berechnung der Schutzfrist

Wird durch die Anwendung dieses Gesetzes auf ein vor seinem Inkrafttreten entstandenes Recht die Dauer des Schutzes verkürzt und liegt das für den Beginn der Schutzfrist nach diesem Gesetz maßgebende Ereignis vor dem Inkrafttreten dieses Gesetzes, so wird die Frist erst vom Inkrafttreten dieses Gesetzes an berechnet. Der Schutz erlischt jedoch spätestens mit Ablauf der Schutzdauer nach den bisherigen Vorschriften.

§ 136 Vervielfältigung und Verbreitung

(1) War eine Vervielfältigung, die nach diesem Gesetz unzulässig ist, bisher erlaubt, so darf die vor Inkrafttreten dieses Gesetzes begonnene Herstellung von Vervielfältigungsstücken vollendet werden.

(2) Die nach Absatz 1 oder bereits vor dem Inkrafttreten dieses Gesetzes hergestellten Vervielfältigungsstücke dürfen verbreitet werden.

(3) Ist für eine Vervielfältigung, die nach den bisherigen Vorschriften frei zulässig war, nach diesem Gesetz eine angemessene Vergütung an den Berechtigten zu zahlen, so dürfen die in Absatz 2 bezeichneten Vervielfältigungsstücke ohne Zahlung einer Vergütung verbreitet werden.

§ 137 Übertragung von Rechten

(1) Soweit das Urheberrecht vor Inkrafttreten dieses Gesetzes auf einen anderen übertragen worden ist, stehen dem Erwerber die entsprechenden Nutzungsrechte (§ 31) zu. Jedoch erstreckt sich die Übertragung im Zweifel nicht auf Befugnisse, die erst durch dieses Gesetz begründet werden.

(2) Ist vor dem Inkrafttreten dieses Gesetzes das Urheberrecht ganz oder teilweise einem anderen übertragen worden, so erstreckt sich die Übertragung im Zweifel auch auf den Zeitraum, um den die Dauer des Urheberrechts nach den §§ 64 bis 66 verlängert worden ist. Entsprechendes gilt, wenn vor dem Inkrafttreten dieses Gesetzes einem anderen die Ausübung einer dem Urheber vorbehaltenen Befugnis erlaubt worden ist.

(3) In den Fällen des Absatzes 2 hat der Erwerber oder Erlaubnisnehmer dem Veräußerer oder Erlaubnisgeber eine angemessene Vergütung zu zahlen, sofern anzunehmen ist, dass dieser für die Übertragung oder die Erlaubnis eine höhere Gegenleistung erzielt haben würde, wenn damals bereits die verlängerte Schutzdauer bestimmt gewesen wäre.

(4) Der Anspruch auf die Vergütung entfällt, wenn alsbald nach seiner Geltendmachung der Erwerber dem Veräußerer das Recht für die Zeit nach Ablauf der bisher bestimmten Schutzdauer zur Verfügung stellt oder der Erlaubnisnehmer für diese Zeit auf die Erlaubnis verzichtet. Hat der Erwerber das Urheberrecht vor dem Inkrafttreten dieses Gesetzes weiterveräußert, so ist die Vergütung insoweit nicht zu zahlen, als sie den Erwerber mit Rücksicht auf die Umstände der Weiterveräußerung unbillig belasten würde.

(5) Absatz 1 gilt für verwandte Schutzrechte entsprechend.

§ 137a Lichtbildwerke

(1) Die Vorschriften dieses Gesetzes über die Dauer des Urheberrechts sind auch auf Lichtbildwerke anzuwenden, deren Schutzfrist am 1. Juli 1985 nach dem bis dahin geltenden Recht noch nicht abgelaufen ist.

(2) Ist vorher einem anderen ein Nutzungsrecht an einem Lichtbildwerk eingeräumt oder übertragen worden, so erstreckt sich die Einräumung oder Übertragung im Zweifel nicht auf den Zeitraum, um den die Dauer des Urheberrechts an Lichtbildwerken verlängert worden ist.

§ 137b Bestimmte Ausgaben

(1) Die Vorschriften dieses Gesetzes über die Dauer des Schutzes nach den §§ 70 und 71 sind auch auf wissenschaftliche Ausgaben und Ausgaben nachgelassener Werke anzuwenden, deren Schutzfrist am 1. Juli 1990 nach dem bis dahin geltenden Recht noch nicht abgelaufen ist.

(2) Ist vor dem 1. Juli 1990 einem anderen ein Nutzungsrecht an einer wissenschaftlichen Ausgabe oder einer Ausgabe nachgelassener Werke eingeräumt oder übertragen worden, so erstreckt sich die Einräumung oder Übertragung im Zweifel auch

auf den Zeitraum, um den die Dauer des verwandten Schutzrechtes verlängert worden ist.

(3) Die Bestimmungen in § 137 Abs. 3 und 4 gelten entsprechend.

§ 137c Ausübende Künstler

(1) Die Vorschriften dieses Gesetzes über die Dauer des Schutzes nach § 82 sind auch auf Darbietungen anzuwenden, die vor dem 1. Juli 1990 auf Bild- oder Tonträger aufgenommen worden sind, wenn am 1. Januar 1991 seit dem Erscheinen des Bild- oder Tonträgers 50 Jahre noch nicht abgelaufen sind. Ist der Bild- oder Tonträger innerhalb dieser Frist nicht erschienen, so ist die Frist von der Darbietung an zu berechnen. Der Schutz nach diesem Gesetz dauert in keinem Fall länger als 50 Jahre nach dem Erscheinen des Bild- oder Tonträgers oder, falls der Bild- oder Tonträger nicht erschienen ist, 50 Jahre nach der Darbietung.

(2) Ist vor dem 1. Juli 1990 einem anderen ein Nutzungsrecht an der Darbietung eingeräumt oder übertragen worden, so erstreckt sich die Einräumung oder Übertragung im Zweifel auch auf den Zeitraum, um den die Dauer des Schutzes verlängert worden ist.

(3) Die Bestimmungen in § 137 Abs. 3 und 4 gelten entsprechend.

§ 137d Computerprogramme

(1) Die Vorschriften des Abschnitts 8 des Teils 1 sind auch auf Computerprogramme anzuwenden, die vor dem 24. Juni 1993 geschaffen worden sind. Jedoch erstreckt sich das ausschließliche Vermietrecht (§ 69c Nr. 3) nicht auf Vervielfältigungsstücke eines Programms, die ein Dritter vor dem 1. Januar 1993 zum Zweck der Vermietung erworben hat.

(2) § 69g Abs. 2 ist auch auf Verträge anzuwenden, die vor dem 24. Juni 1993 abgeschlossen worden sind.

§ 137e Übergangsregelung bei Umsetzung der Richtlinie 92/100/EWG

(1) Die am 30. Juni 1995 in Kraft tretenden Vorschriften dieses Gesetzes finden auch auf vorher geschaffene Werke, Darbietungen, Tonträger, Funksendungen und Filme Anwendung, es sei denn, dass diese zu diesem Zeitpunkt nicht mehr geschützt sind.

(2) Ist ein Original oder Vervielfältigungsstück eines Werkes oder ein Bild- oder Tonträger vor dem 30. Juni 1995 erworben oder zum Zweck der Vermietung einem Dritten überlassen worden, so gilt für die Vermietung nach diesem Zeitpunkt die Zustimmung der Inhaber des Vermietrechts (§§ 17, 77 Abs. 2 Satz 1, §§ 85 und 94) als erteilt. Diesen Rechtsinhabern hat der Vermieter jeweils eine angemessene Vergütung zu zahlen; § 27 Abs. 1 Satz 2 und 3 hinsichtlich der Ansprüche der Urheber und ausübenden Künstler und § 27 Abs. 3 finden entsprechende Anwendung. § 137d bleibt unberührt.

(3) Wurde ein Bild- oder Tonträger, der vor dem 30. Juni 1995 erworben oder zum Zweck der Vermietung einem Dritten überlassen worden ist, zwischen dem 1. Juli 1994 und dem 30. Juni 1995 vermietet, besteht für diese Vermietung ein Vergütungsanspruch in entsprechender Anwendung des Absatzes 2 Satz 2.

(4) Hat ein Urheber vor dem 30. Juni 1995 ein ausschließliches Verbreitungsrecht eingeräumt, so gilt die Einräumung auch für das Vermietrecht. Hat ein ausübender Künstler vor diesem Zeitpunkt bei der Herstellung eines Filmwerkes mitgewirkt oder in die Benutzung seiner Darbietung zur Herstellung eines Filmwerkes eingewilligt, so gelten seine ausschließlichen Rechte als auf den Filmhersteller übertragen. Hat er vor diesem Zeitpunkt in die Aufnahme seiner Darbietung auf Tonträger und in die Vervielfältigung eingewilligt, so gilt die Einwilligung auch als Übertragung des Verbreitungsrechts, einschließlich der Vermietung.

§ 137f Übergangsregelung bei Umsetzung der Richtlinie 93/98/EWG

(1) Würde durch die Anwendung dieses Gesetzes in der ab dem 1. Juli 1995 geltenden Fassung die Dauer eines vorher entstandenen Rechts verkürzt, so erlischt der Schutz mit dem Ablauf der Schutzdauer nach den bis zum 30. Juni 1995 geltenden Vorschriften. Im Übrigen sind die Vorschriften dieses Gesetzes über die Schutzdauer in der ab dem 1. Juli 1995 geltenden Fassung auch auf Werke und verwandte Schutzrechte anzuwenden, deren Schutz am 1. Juli 1995 nicht erloschen ist.

(2) Die Vorschriften dieses Gesetze in der ab dem 1. Juli 1995 geltenden Fassung sind auch auf Werke anzuwenden, deren Schutz nach diesem Gesetz vor dem 1. Juli 1995 abgelaufen ist, nach dem Gesetz eines anderen Mitgliedstaates der Europäischen Union oder eines Vertragsstaates des Abkommens über den Europäischen Wirtschaftsraum zu diesem Zeitpunkt aber noch besteht. Satz 1 gilt entsprechend für die verwandten Schutzrechte des Herausgebers nachgelassener Werke (§ 71), der ausübenden Künstler (§ 73), der Hersteller von Tonträgern (§ 85), der Sendeunternehmen (§ 87) und der Filmhersteller (§§ 94 und 95).

(3) Lebt nach Absatz 2 der Schutz eines Werkes im Geltungsbereich dieses Gesetzes wieder auf, so stehen die wiederauflebenden Rechte dem Urheber zu. Eine vor dem 1. Juli 1995 begonnene Nutzungshandlung darf jedoch in dem vorgesehenen Rahmen fortgesetzt werden. Für die Nutzung ab dem 1. Juli 1995 ist eine angemessene Vergütung zu zahlen. Die Sätze 1 bis 3 gelten für verwandte Schutzrechte entsprechend.

(4) Ist vor dem 1. Juli 1995 einem anderen ein Nutzungsrecht an einer nach diesem Gesetz noch geschützten Leistung eingeräumt oder übertragen worden, so erstreckt sich die Einräumung oder Übertragung im Zweifel auch auf den Zeitraum, um den die Schutzdauer verlängert worden ist. Im Fall des Satzes 1 ist eine angemessene Vergütung zu zahlen.

§ 137g Übergangsregelung bei Umsetzung der Richtlinie 96/9/EG

(1) § 23 Satz 2, § 53 Abs. 5, die §§ 55a und 63 Abs. 1 Satz 2 sind auch auf Datenbankwerke anzuwenden, die vor dem 1. Januar 1998 geschaffen wurden.

(2) Die Vorschriften des Abschnitts 6 des Teils 2 sind auch auf Datenbanken anzuwenden, die zwischen dem 1. Januar 1983 und dem 31. Dezember 1997 hergestellt worden sind. Die Schutzfrist beginnt in diesen Fällen am 1. Januar 1998.

(3) Die §§ 55a und 87e sind nicht auf Verträge anzuwenden, die vor dem 1. Januar 1998 abgeschlossen worden sind.

§ 137h Übergangsregelung bei Umsetzung der Richtlinie 93/83/EWG

(1) Die Vorschrift des § 20a ist auf Verträge, die vor dem 1. Juni 1998 geschlossen worden sind, erst ab dem 1. Januar 2000 anzuwenden, sofern diese nach diesem Zeitpunkt ablaufen.

(2) Sieht ein Vertrag über die gemeinsame Herstellung eines Bild- oder Tonträgers, der vor dem 1. Juni 1998 zwischen mehreren Herstellern, von denen mindestens einer einem Mitgliedstaat der Europäischen Union oder Vertragsstaat des Europäischen Wirtschaftsraumes angehört, geschlossen worden ist, eine räumliche Aufteilung des Rechts der Sendung unter den Herstellern vor, ohne nach der Satellitensendung und anderen Arten der Sendung zu unterscheiden, und würde die Satellitensendung der gemeinsam hergestellten Produktion durch einen Hersteller die Auswertung der räumlich oder sprachlich beschränkten ausschließlichen Rechte eines anderen Herstellers beeinträchtigen, so ist die Satellitensendung nur zulässig, wenn ihr der Inhaber dieser ausschließlichen Rechte zugestimmt hat.

(3) Die Vorschrift des § 20b Abs. 2 ist nur anzuwenden, sofern der Vertrag über die Einräumung des Kabelweitersenderechts nach dem 1. Juni 1998 geschlossen wurde.

§ 137i Übergangsregelung zum Gesetz zur Modernisierung des Schuldrechts

Artikel 229 § 6 des Einführungsgesetzes zum Bürgerlichen Gesetzbuche findet mit der Maßgabe entsprechende Anwendung, dass § 26 Abs. 7, § 36 Abs. 2 und § 102 in der bis zum 1. Januar 2002 geltenden Fassung den Vorschriften des Bürgerlichen Gesetzbuchs über die Verjährung in der bis zum 1. Januar 2002 geltenden Fassung gleichgestellt sind.

§ 137j Übergangsregelung aus Anlass der Umsetzung der Richtlinie 2001/29/EG

(1) § 95d Abs. 1 ist auf alle ab dem 1. Dezember 2003 neu in den Verkehr gebrachten Werke und anderen Schutzgegenstände anzuwenden.

(2) Die Vorschrift dieses Gesetzes über die Schutzdauer für Hersteller von Tonträgern in der ab dem 13. September 2003 geltenden Fassung ist auch auf verwandte Schutzrechte anzuwenden, deren Schutz am 22. Dezember 2002 noch nicht erloschen ist.

(3) Lebt nach Absatz 2 der Schutz eines Tonträgers wieder auf, so stehen die wiederaufbebenden Rechte dem Hersteller des Tonträgers zu.

(4) Ist vor dem 13. September 2003 einem anderen ein Nutzungsrecht an einem nach diesem Gesetz noch geschützten Tonträger eingeräumt oder übertragen worden, so erstreckt sich, im Fall einer Verlängerung der Schutzdauer nach § 85 Abs. 3, die Einräumung oder Übertragung im Zweifel auch auf diesen Zeitraum. Im Fall des Satzes 1 ist eine angemessene Vergütung zu zahlen.

§ 137k Übergangsregelung zur öffentlichen Zugänglichmachung für Unterricht und Forschung

§ 52a ist mit Ablauf des 31. Dezember 2008 nicht mehr anzuwenden.

§ 137l Übergangsregelung für neue Nutzungsarten

(1) Hat der Urheber zwischen dem 1. Januar 1966 und dem 1. Januar 2008 einem anderen alle wesentlichen Nutzungsrechte ausschließlich sowie räumlich und zeitlich unbegrenzt eingeräumt, gelten die zum Zeitpunkt des Vertragsschlusses unbekannten Nutzungsrechte als dem anderen ebenfalls eingeräumt, sofern der Urheber nicht dem anderen gegenüber der Nutzung widerspricht. Der Widerspruch kann für Nutzungsarten, die am 1. Januar 2008 bereits bekannt sind, nur innerhalb eines Jahres erfolgen. Im Übrigen erlischt das Widerspruchsrecht nach Ablauf von drei Monaten, nachdem der andere die Mitteilung über die beabsichtigte Aufnahme der neuen Art der Werknutzung an den Urheber unter der ihm zuletzt bekannten Anschrift abgesendet hat. Die Sätze 1 bis 3 gelten nicht für zwischenzeitlich bekannt gewordene Nutzungsrechte, die der Urheber bereits einem Dritten eingeräumt hat.

(2) Hat der andere sämtliche ihm ursprünglich eingeräumten Nutzungsrechte einem Dritten übertragen, so gilt Absatz 1 für den Dritten entsprechend. Erklärt der Urheber den Widerspruch gegenüber seinem ursprünglichen Vertragspartner, hat ihm dieser unverzüglich alle erforderlichen Auskünfte über den Dritten zu erteilen.

(3) Das Widerspruchsrecht nach den Absätzen 1 und 2 entfällt, wenn die Parteien über eine zwischenzeitlich bekannt gewordene Nutzungsart eine ausdrückliche Vereinbarung geschlossen haben.

(4) Sind mehrere Werke oder Werkbeiträge zu einer Gesamtheit zusammengefasst, die sich in der neuen Nutzungsart in angemessener Weise nur unter Verwendung sämtlicher Werke oder Werkbeiträge verwerten lässt, so kann der Urheber das Widerspruchsrecht nicht wider Treu und Glauben ausüben.

(5) Der Urheber hat Anspruch auf eine gesonderte angemessene Vergütung, wenn der andere eine neue Art der Werknutzung nach Absatz 1 aufnimmt, die im Zeitpunkt des Vertragsschlusses noch unbekannt war. § 32 Abs. 2 und 4 gilt entsprechend. Der Anspruch kann nur durch eine Verwertungsgesellschaft geltend gemacht werden.

Hat der Vertragspartner das Nutzungsrecht einem Dritten übertragen, haftet der Dritte mit der Aufnahme der neuen Art der Werknutzung für die Vergütung. Die Haftung des anderen entfällt.

Abschnitt 3 Schlussbestimmungen

§ 138 Register anonymer und pseudonymer Werke

(1) Das Register anonymer und pseudonymer Werke für die in § 66 Abs. 2 Satz 2 vorgesehenen Eintragungen wird beim Patentamt geführt. Das Patentamt bewirkt die Eintragungen, ohne die Berechtigung des Antragstellers oder die Richtigkeit der zur Eintragung angemeldeten Tatsachen zu prüfen.

(2) Wird die Eintragung abgelehnt, so kann der Antragsteller gerichtliche Entscheidung beantragen. Über den Antrag entscheidet das für den Sitz des Patentamts zuständige Oberlandesgericht durch einen mit Gründen versehenen Beschluss. Der Antrag ist schriftlich bei dem Oberlandesgericht einzureichen. Die Entscheidung des Oberlandesgerichts ist endgültig. Im Übrigen gelten für das gerichtliche Verfahren die Vorschriften des Gesetzes über die Angelegenheiten der freiwilligen Gerichtsbarkeit entsprechend. Für die Gerichtskosten gilt die Kostenordnung; die Gebühren richten sich nach § 131 der Kostenordnung.

(3) Die Eintragungen werden im Bundesanzeiger öffentlich bekannt gemacht. Die Kosten für die Bekanntmachung hat der Antragsteller im Voraus zu entrichten.

(4) Die Einsicht in das Register ist jedem gestattet. Auf Antrag werden Auszüge aus dem Register erteilt.

(5) Der Bundesminister der Justiz wird ermächtigt, durch Rechtsverordnung
1. Bestimmungen über die Form des Antrags und die Führung des Registers zu erlassen,
2. zur Deckung der Verwaltungskosten die Erhebung von Kosten (Gebühren und Auslagen) für die Eintragung, für die Ausfertigung eines Eintragungsscheins und für die Erteilung sonstiger Auszüge und deren Beglaubigung anzuordnen sowie Bestimmungen über den Kostenschuldner, die Fälligkeit von Kosten, die Kostenvorschusspflicht, Kostenbefreiungen, die Verjährung, das Kostenfestsetzungsverfahren und die Rechtsbehelfe gegen die Kostenfestsetzung zu treffen.

(6) Eintragungen, die nach § 56 des Gesetzes betreffend das Urheberrecht an Werken der Literatur und der Tonkunst vom 19. Juni 1901 beim Stadtrat in Leipzig vorgenommen worden sind, bleiben wirksam.

§ 139 Änderung der Strafprozessordnung

§ 374 Abs. 1 Nr. 8 der Strafprozessordnung erhält folgende Fassung:
„8. alle Verletzungen des Patent-, Gebrauchsmuster-, Warenzeichen- und Geschmacksmusterrechtes, soweit sie als Vergehen strafbar sind, sowie die Vergehen nach §§ 106 bis 108 des Urheberrechtsgesetzes."

§ 140 Änderung des Gesetzes über das am 6. September 1952 unterzeichnete Welturheberrechtsabkommen

In das Gesetz über das am 6. September 1952 unterzeichnete Welturheberrechtsabkommen vom 24. Februar 1955 (Bundesgesetzblatt II S. 101) wird nach Artikel 2 folgender Artikel 2a eingefügt:
„Artikel 2a. Für die Berechnung der Dauer des Schutzes, den ausländische Staatsangehörige für ihre Werke nach dem Abkommen im Geltungsbereich dieses Gesetzes genießen, sind die Bestimmungen in Artikel IV Nr. 4 bis 6 des Abkommens anzuwenden."

§ 141 Aufgehobene Vorschriften

Mit dem Inkrafttreten dieses Gesetzes werden aufgehoben:

1. die §§ 57 bis 60 des Gesetzes betreffend das Urheberrecht an Schriftwerken, Abbildungen, musikalischen Kompositionen und dramatischen Werken vom 11. Juni 1870 (Bundesgesetzblatt des Norddeutschen Bundes S. 339);
2. die §§ 17 bis 19 des Gesetzes betreffend das Urheberrecht an Werken der bildenden Künste vom 9. Januar 1876 (Reichsgesetzblatt S. 4);
3. das Gesetz betreffend das Urheberrecht an Werken der Literatur und der Tonkunst vom 19. Juni 1901 in der Fassung des Gesetzes zur Ausführung der revidierten Berner Übereinkunft zum Schutze von Werken der Literatur und der Kunst vom 22. Mai 1910 und des Gesetzes zur Verlängerung der Schutzfristen im Urheberrecht vom 13. Dezember 1934 (Reichsgesetzblatt II S. 1395);
4. die §§ 3, 13 und 42 des Gesetzes über das Verlagsrecht vom 19. Juni 1901 (Reichsgesetzblatt S. 217) in der Fassung des Gesetzes zur Ausführung der revidierten Berner Übereinkunft zum Schutze von Werken der Literatur und Kunst vom 22. Mai 1910;
5. das Gesetz betreffend das Urheberrecht an Werken der bildenden Künste und der Photographie vom 9. Januar 1907 (Reichsgesetzblatt S. 7) in der Fassung des Gesetzes zur Ausführung der revidierten Berner Übereinkunft zum Schutze von Werken der Literatur und Kunst vom 22. Mai 1910, des Gesetzes zur Verlängerung der Schutzfristen im Urheberrecht vom 13. Dezember 1934 und des Gesetzes zur Verlängerung der Schutzfristen für das Urheberrecht an Lichtbildern vom 12. Mai 1940 (Reichsgesetzblatt I S. 758), soweit es nicht den Schutz von Bildnissen betrifft;
6. die Artikel I, III und IV des Gesetzes zur Ausführung der revidierten Berner Übereinkunft zum Schutze von Werken der Literatur und Kunst vom 22. Mai 1910;
7. das Gesetz zur Erleichterung der Filmberichterstattung vom 30. April 1936 (Reichsgesetzblatt I S. 404);
8. § 10 des Gesetzes über die Rechtsstellung heimatloser Ausländer im Bundesgebiet vom 25. April 1951 (Bundesgesetzblatt I S. 269).

§ 142 *(aufgehoben)*

§ 143 Inkrafttreten

(1) Die §§ 64 bis 67, 69, 105 Abs. 1 bis 3 und § 138 Abs. 5 treten am Tage nach der Verkündung dieses Gesetzes in Kraft.

(2) Im Übrigen tritt dieses Gesetz am 1. Januar 1966 in Kraft.

Gesetz über das Verlagsrecht (Verlagsgesetz)

vom 19. Juni 1901 (RGBl. S. 217), zuletzt geändert durch Gesetz vom 22. März 2002 (BGBl. I S. 1155)

§ 1

[1]Durch den Verlagsvertrag über ein Werk der Literatur oder der Tonkunst wird der Verfasser verpflichtet, dem Verleger das Werk zur Vervielfältigung und Verbreitung für eigene Rechnung zu überlassen. [2]Der Verleger ist verpflichtet, das Werk zu vervielfältigen und zu verbreiten.

§ 2

(1) Der Verfasser hat sich während der Dauer des Vertragsverhältnisses jeder Vervielfältigung und Verbreitung des Werkes zu enthalten, die einem Dritten während der Dauer des Urheberrechts untersagt ist.

(2) Dem Verfasser verbleibt jedoch die Befugnis zur Vervielfältigung und Verbreitung:
1. Für die Übersetzung in eine andere Sprache oder in eine andere Mundart;
2. für die Wiedergabe einer Erzählung in dramatischer Form oder eines Bühnenwerkes in der Form einer Erzählung;
3. für die Bearbeitung eines Werkes der Tonkunst, soweit sie nicht bloß ein Auszug oder eine Übertragung in eine andere Tonart oder Stimmlage ist;
4. für die Benutzung des Werkes zum Zwecke der mechanischen Wiedergabe für das Gehör;
5. für die Benutzung eines Schriftwerkes oder einer Abbildung zu einer bildlichen Darstellung, welche das Originalwerk seinem Inhalt nach im Wege der Kinematographie oder eines ihr ähnlichen Verfahrens wiedergibt.

(3) Auch ist der Verfasser zur Vervielfältigung und Verbreitung in einer Gesamtausgabe befugt, wenn seit dem Ablaufe des Kalenderjahrs, in welchem das Werk erschienen ist, zwanzig Jahre verstrichen sind.

§ 3 *(aufgehoben)*

§ 4

[1]Der Verleger ist nicht berechtigt, ein Einzelwerk für eine Gesamtausgabe oder ein Sammelwerk sowie Teile einer Gesamtausgabe oder eines Sammelwerkes für eine Sonderausgabe zu verwerten. [2]Soweit jedoch eine solche Verwertung auch während der Dauer des Urheberrechts einem jeden freisteht, bleibt sie dem Verleger gleichfalls gestattet.

§ 5

(1) [1]Der Verleger ist nur zu einer Auflage berechtigt. [2]Ist ihm das Recht zur Veranstaltung mehrerer Auflagen eingeräumt, so gelten im Zweifel für jede neue Auflage die gleichen Abreden wie für die vorhergehende.

(2) [1]Ist die Zahl der Abzüge nicht bestimmt, so ist der Verleger berechtigt, tausend Abzüge herzustellen. [2]Hat der Verleger durch eine vor dem Beginne der Vervielfältigung dem Verfasser gegenüber abgegebene Erklärung die Zahl der Abzüge niedriger bestimmt, so ist er nur berechtigt, die Auflage in der angegebenen Höhe herzustellen.

§ 6

(1) [1]Die üblichen Zuschussexemplare werden in die Zahl der zulässigen Abzüge nicht eingerechnet. [2]Das Gleiche gilt von Freiexemplaren, soweit ihre Zahl den zwanzigsten Teil der zulässigen Abzüge nicht übersteigt.

(2) Zuschussexemplare, die nicht zum Ersatz oder zur Ergänzung beschädigter Abzüge verwendet worden sind, dürfen von dem Verleger nicht verbreitet werden.

§ 7

Gehen Abzüge unter, die der Verleger auf Lager hat, so darf er sie durch andere ersetzen; er hat vorher dem Verfasser Anzeige zu machen.

§ 8

In dem Umfang, in welchem der Verfasser nach den §§ 2 bis 7 verpflichtet ist, sich der Vervielfältigung und Verbreitung zu enthalten und sie dem Verleger zu gestatten, hat er, soweit nicht aus dem Vertrage sich ein anderes ergibt, dem Verleger das ausschließliche Recht zur Vervielfältigung und Verbreitung (Verlagsrecht) zu verschaffen.

§ 9

(1) Das Verlagsrecht entsteht mit der Ablieferung des Werkes an den Verleger und erlischt mit der Beendigung des Vertragsverhältnisses.

(2) Soweit der Schutz des Verlagsrechts es erfordert, kann der Verleger gegen den Verfasser sowie gegen Dritte die Befugnisse ausüben, die zum Schutze des Urheberrechts durch das Gesetz vorgesehen sind.

§ 10

Der Verfasser ist verpflichtet, dem Verleger das Werk in einem für die Vervielfältigung geeigneten Zustand abzuliefern.

§ 11

(1) Ist der Verlagsvertrag über ein bereits vollendetes Werk geschlossen, so ist das Werk sofort abzuliefern.

(2) [1]Soll das Werk erst nach dem Abschlusse des Verlagsvertrags hergestellt werden, so richtet sich die Frist der Ablieferung nach dem Zwecke, welchem das Werk dienen soll. [2]Soweit sich hieraus nichts ergibt, richtet sich die Frist nach dem Zeitraum, innerhalb dessen der Verfasser das Werk bei einer seinen Verhältnissen entsprechenden Arbeitsleistung herstellen kann; eine anderweitige Tätigkeit des Verfassers bleibt bei der Bemessung der Frist nur dann außer Betracht, wenn der Verleger die Tätigkeit bei dem Abschlusse des Vertrags weder kannte noch kennen musste.

§ 12

(1) [1]Bis zur Beendigung der Vervielfältigung darf der Verfasser Änderungen an dem Werke vornehmen. [2]Vor der Veranstaltung einer neuen Auflage hat der Verleger dem Verfasser zur Vornahme von Änderungen Gelegenheit zu geben. [3]Änderungen sind nur insoweit zulässig, als nicht durch sie ein berechtigtes Interesse des Verlegers verletzt wird.

(2) Der Verfasser darf die Änderungen durch einen Dritten vornehmen lassen.

(3) Nimmt der Verfasser nach dem Beginne der Vervielfältigung Änderungen vor, welche das übliche Maß übersteigen, so ist er verpflichtet, die hieraus entstehenden Kosten zu ersetzen; die Ersatzpflicht liegt ihm nicht ob, wenn Umstände, die inzwischen eingetreten sind, die Änderung rechtfertigen.

§ 13 *(aufgehoben)*

§ 14

[1]Der Verleger ist verpflichtet, das Werk in der zweckentsprechenden und üblichen Weise zu vervielfältigen und zu verbreiten. [2]Die Form und Ausstattung der Abzüge wird unter Beobachtung der im Verlagshandel herrschenden Übung sowie mit Rücksicht auf Zweck und Inhalt des Werkes von dem Verleger bestimmt.

§ 15

[1]Der Verleger hat mit der Vervielfältigung zu beginnen, sobald ihm das vollständige Werk zugegangen ist. [2]Erscheint das Werk in Abteilungen, so ist mit der Vervielfältigung zu beginnen, sobald der Verfasser eine Abteilung abgeliefert hat, die nach ordnungsmäßiger Folge zur Herausgabe bestimmt ist.

§ 16

[1]Der Verleger ist verpflichtet, diejenige Zahl von Abzügen herzustellen, welche er nach dem Vertrag oder gemäß dem § 5 herzustellen berechtigt ist. [2]Er hat rechtzeitig dafür zu sorgen, dass der Bestand nicht vergriffen wird.

§ 17

[1]Ein Verleger, der das Recht hat, eine neue Auflage zu veranstalten, ist nicht verpflichtet, von diesem Rechte Gebrauch zu machen. [2]Zur Ausübung des Rechtes kann ihm der Verfasser eine angemessene Frist bestimmen. [3]Nach dem Ablaufe der Frist ist der Verfasser berechtigt, von dem Vertrage zurückzutreten, wenn nicht die Veranstaltung rechtzeitig erfolgt ist. [4]Der Bestimmung einer Frist bedarf es nicht, wenn die Veranstaltung von dem Verleger verweigert wird.

§ 18

(1) Fällt der Zweck, welchem das Werk dienen sollte, nach dem Abschlusse des Vertrags weg, so kann der Verleger das Vertragsverhältnis kündigen; der Anspruch des Verfassers auf die Vergütung bleibt unberührt.

(2) Das Gleiche gilt, wenn Gegenstand des Verlagsvertrags ein Beitrag zu einem Sammelwerk ist und die Vervielfältigung des Sammelwerkes unterbleibt.

§ 19

Werden von einem Sammelwerke neue Abzüge hergestellt, so ist der Verleger im Einverständnisse mit dem Herausgeber berechtigt, einzelne Beiträge wegzulassen.

§ 20

(1) [1]Der Verleger hat für die Korrektur zu sorgen. [2]Einen Abzug hat er rechtzeitig dem Verfasser zur Durchsicht vorzulegen.

(2) Der Abzug gilt als genehmigt, wenn der Verfasser ihn nicht binnen einer angemessenen Frist dem Verleger gegenüber beanstandet.

§ 21

[1]Die Bestimmung des Ladenpreises, zu welchem das Werk verbreitet wird, steht für jede Auflage dem Verleger zu. [2]Er darf den Ladenpreis ermäßigen, soweit nicht berechtigte Interessen des Verfassers verletzt werden. [3]Zur Erhöhung dieses Preises bedarf es stets der Zustimmung des Verfassers.

§ 22

(1) [1]Der Verleger ist verpflichtet, dem Verfasser die vereinbarte Vergütung zu zahlen. [2]Eine Vergütung gilt als stillschweigend vereinbart, wenn die Überlassung des Werkes den Umständen nach nur gegen eine Vergütung zu erwarten ist.

(2) Ist die Höhe der Vergütung nicht bestimmt, so ist eine angemessene Vergütung in Geld als vereinbart anzusehen.

§ 23

[1]Die Vergütung ist bei der Ablieferung des Werkes zu entrichten. [2]Ist die Höhe der Vergütung unbestimmt oder hängt sie von dem Umfange der Vervielfältigung, insbesondere von der Zahl der Druckbogen, ab, so wird die Vergütung fällig, sobald das Werk vervielfältigt ist.

§ 24

Bestimmt sich die Vergütung nach dem Absatze, so hat der Verleger jährlich dem Verfasser für das vorangegangene Geschäftsjahr Rechnung zu legen und ihm, soweit es für die Prüfung erforderlich ist, die Einsicht seiner Geschäftsbücher zu gestatten.

§ 25

(1) [1]Der Verleger eines Werkes der Literatur ist verpflichtet, dem Verfasser auf je hundert Abzüge ein Freiexemplar, jedoch im Ganzen nicht weniger als fünf und nicht mehr als fünfzehn zu liefern. [2]Auch hat er dem Verfasser auf dessen Verlangen ein Exemplar in Aushängebogen zu überlassen.

(2) Der Verleger eines Werkes der Tonkunst ist verpflichtet, dem Verfasser die übliche Zahl von Freiexemplaren zu liefern.

(3) Von Beiträgen, die in Sammelwerken erscheinen, dürfen Sonderabzüge als Freiexemplare geliefert werden.

§ 26

Der Verleger hat die zu seiner Verfügung stehenden Abzüge des Werkes zu dem niedrigsten Preise, für welchen er das Werk im Betriebe seines Verlagsgeschäfts abgibt, dem Verfasser, soweit dieser es verlangt, zu überlassen.

§ 27

Der Verleger ist verpflichtet, das Werk, nachdem es vervielfältigt worden ist, zurückzugeben, sofern der Verfasser sich vor dem Beginne der Vervielfältigung die Rückgabe vorbehalten hat.

§ 28 *(weggefallen)*

§ 29

(1) Ist der Verlagsvertrag auf eine bestimmte Zahl von Auflagen oder von Abzügen beschränkt, so endigt das Vertragsverhältnis, wenn die Auflagen oder Abzüge vergriffen sind.

(2) Der Verleger ist verpflichtet, dem Verfasser auf Verlangen Auskunft darüber zu erteilen, ob die einzelne Auflage oder die bestimmte Zahl von Abzügen vergriffen ist.

(3) Wird der Verlagsvertrag für eine bestimmte Zeit geschlossen, so ist nach dem Ablaufe der Zeit der Verleger nicht mehr zur Verbreitung der noch vorhandenen Abzüge berechtigt.

§ 30

(1) [1]Wird das Werk ganz oder zum Teil nicht rechtzeitig abgeliefert, so kann der Verleger, statt den Anspruch auf Erfüllung geltend zu machen, dem Verfasser eine angemessene Frist zur Ablieferung mit der Erklärung bestimmen, dass er die Annahme der Leistung nach dem Ablaufe der Frist ablehne. [2]Zeigt sich schon vor dem Zeitpunkt, in welchem das Werk nach dem Vertrag abzuliefern ist, dass das Werk nicht rechtzeitig abgeliefert werden wird, so kann der Verleger die Frist sofort bestimmen; die Frist muss so bemessen werden, dass sie nicht vor dem bezeichneten Zeitpunkt abläuft. [3]Nach dem Ablaufe der Frist ist der Verleger berechtigt, von dem Vertrage zurückzutreten, wenn nicht das Werk rechtzeitig abgeliefert worden ist; der Anspruch auf Ablieferung des Werkes ist ausgeschlossen.

(2) Der Bestimmung einer Frist bedarf es nicht, wenn die rechtzeitige Herstellung des Werkes unmöglich ist oder von dem Verfasser verweigert wird oder wenn der sofortige Rücktritt von dem Vertrage durch ein besonderes Interesse des Verlegers gerechtfertigt wird.

(3) Der Rücktritt ist ausgeschlossen, wenn die nicht rechtzeitige Ablieferung des Werkes für den Verleger nur einen unerheblichen Nachteil mit sich bringt.

(4) Durch diese Vorschriften werden die im Falle des Verzugs des Verfassers dem Verleger zustehenden Rechte nicht berührt.

§ 31

(1) Die Vorschriften des § 30 finden entsprechende Anwendung, wenn das Werk nicht von vertragsmäßiger Beschaffenheit ist.

(2) Beruht der Mangel auf einem Umstande, den der Verfasser zu vertreten hat, so kann der Verleger statt des in § 30 vorgesehenen Rücktrittsrechts den Anspruch auf Schadensersatz wegen Nichterfüllung geltend machen.

§ 32

Wird das Werk nicht vertragsmäßig vervielfältigt oder verbreitet, so finden zugunsten des Verfassers die Vorschriften des § 30 entsprechende Anwendung.

§ 33

(1) [1]Geht das Werk nach der Ablieferung an den Verleger durch Zufall unter, so behält der Verfasser den Anspruch auf die Vergütung. [2]Im Übrigen werden beide Teile von der Verpflichtung zur Leistung frei.

(2) [1]Auf Verlangen des Verlegers hat jedoch der Verfasser gegen eine angemessene Vergütung ein anderes im Wesentlichen übereinstimmendes Werk zu liefern, sofern dies auf Grund vorhandener Vorarbeiten oder sonstiger Unterlagen mit geringer Mühe geschehen kann; erbietet sich der Verfasser, ein solches Werk innerhalb einer angemessenen Frist kostenfrei zu liefern, so ist der Verleger verpflichtet, das Werk anstelle des untergegangenen zu vervielfältigen und zu verbreiten. [2]Jeder Teil kann diese Rechte auch geltend machen, wenn das Werk nach der Ablieferung infolge eines Umstandes untergegangen ist, den der andere Teil zu vertreten hat.

(3) Der Ablieferung steht es gleich, wenn der Verleger in Verzug der Annahme kommt.

§ 34

(1) Stirbt der Verfasser vor der Vollendung des Werkes, so ist, wenn ein Teil des Werkes dem Verleger bereits abgeliefert worden war, der Verleger berechtigt, in Ansehung des gelieferten Teiles den Vertrag durch eine dem Erben des Verfassers gegenüber abzugebende Erklärung aufrechtzuerhalten.

(2) [1]Der Erbe kann dem Verleger zur Ausübung des in Absatz 1 bezeichneten Rechtes eine angemessene Frist bestimmen. [2]Das Recht erlischt, wenn sich der Verleger nicht vor dem Ablaufe der Frist für die Aufrechterhaltung des Vertrags erklärt.

(3) Diese Vorschriften finden entsprechende Anwendung, wenn die Vollendung des Werkes infolge eines sonstigen nicht von dem Verfasser zu vertretenden Umstandes unmöglich wird.

§ 35

(1) [1]Bis zum Beginne der Vervielfältigung ist der Verfasser berechtigt, von dem Verlagsvertrage zurückzutreten, wenn sich Umstände ergeben, die bei dem Abschlusse des Vertrags nicht vorauszusehen waren und den Verfasser bei Kenntnis der Sachlage und verständiger Würdigung des Falles von der Herausgabe des Werkes zurückgehalten haben würden. [2]Ist der Verleger befugt, eine neue Auflage zu veranstalten, so findet für die Auflage diese Vorschrift entsprechende Anwendung.

(2) [1]Erklärt der Verfasser auf Grund der Vorschrift des Absatzes 1 den Rücktritt, so ist er dem Verleger zum Ersatze der von diesem gemachten Aufwendungen verpflichtet. [2]Gibt er innerhalb eines Jahres seit dem Rücktritte das Werk anderweit heraus, so ist er zum Schadensersatze wegen Nichterfüllung verpflichtet; diese Ersatzpflicht tritt nicht ein, wenn der Verfasser dem Verleger den Antrag, den Vertrag nachträglich zur Ausführung zu bringen, gemacht und der Verleger den Antrag nicht angenommen hat.

§ 36

(1) Wird über das Vermögen des Verlegers das Insolvenzverfahren eröffnet, so finden die Vorschriften des § 103 der Insolvenzordnung auch dann Anwendung, wenn das Werk bereits vor der Eröffnung des Verfahrens abgeliefert worden war.

(2) [1]Besteht der Insolvenzverwalter auf der Erfüllung des Vertrags, so tritt, wenn er die Rechte des Verlegers auf einen anderen überträgt, dieser anstelle der Insolvenzmasse in die sich aus dem Vertragsverhältnis ergebenden Verpflichtungen ein. [2]Die Insolvenzmasse haftet jedoch, wenn der Erwerber die Verpflichtungen nicht erfüllt, für den von dem Erwerber zu ersetzenden Schaden wie ein Bürge, der auf die Einrede der Vorausklage verzichtet hat. [3]Wird das Insolvenzverfahren aufgehoben, so sind die aus dieser Haftung sich ergebenden Ansprüche des Verfassers gegen die Masse sicherzustellen.

(3) War zur Zeit der Eröffnung des Verfahrens mit der Vervielfältigung noch nicht begonnen, so kann der Verfasser von dem Vertrage zurücktreten.

§ 37

Auf das in den §§ 17, 30, 35, 36 bestimmte Rücktrittsrecht finden die für das Rücktrittsrecht geltenden Vorschriften der §§ 346 bis 351 des Bürgerlichen Gesetzbuchs entsprechende Anwendung.

§ 38

(1) [1]Wird der Rücktritt von dem Verlagsvertrag erklärt, nachdem das Werk ganz oder zum Teil abgeliefert worden ist, so hängt es von den Umständen ab, ob der Vertrag teilweise aufrechterhalten bleibt. [2]Es begründet keinen Unterschied, ob der Rücktritt auf Grund des Gesetzes oder eines Vorbehalts im Vertrag erfolgt.

(2) Im Zweifel bleibt der Vertrag insoweit aufrechterhalten, als er sich auf die nicht mehr zur Verfügung des Verlegers stehenden Abzüge, auf frühere Abteilungen des Werkes oder auf ältere Auflagen erstreckt.

(3) Soweit der Vertrag aufrechterhalten bleibt, kann der Verfasser einen entsprechenden Teil der Vergütung verlangen.

(4) Diese Vorschriften finden auch Anwendung, wenn der Vertrag in anderer Weise rückgängig wird.

§ 39

(1) Soll Gegenstand des Vertrags ein Werk sein, an dem ein Urheberrecht nicht besteht, so ist der Verfasser zur Verschaffung des Verlagsrechts nicht verpflichtet.

(2) Verschweigt der Verfasser arglistig, dass das Werk bereits anderweit in Verlag gegeben oder veröffentlicht worden ist, so finden die Vorschriften des bürgerlichen Rechtes, welche für die dem Verkäufer wegen eines Mangels im Rechte obliegende Gewährleistungspflicht gelten, entsprechende Anwendung.

(3) [1]Der Verfasser hat sich der Vervielfältigung und Verbreitung des Werkes gemäß den Vorschriften des § 2 in gleicher Weise zu enthalten, wie wenn an dem Werke ein Urheberrecht bestände. [2]Diese Beschränkung fällt weg, wenn seit der Veröffentlichung des Werkes durch den Verleger sechs Monate abgelaufen sind.

§ 40

[1]Im Falle des § 39 verbleibt dem Verleger die Befugnis, das von ihm veröffentlichte Werk gleich jedem Dritten von neuem unverändert oder mit Änderungen zu vervielfältigen. [2]Diese Vorschrift findet keine Anwendung, wenn nach dem Vertrage die Herstellung neuer Auflagen oder weiterer Abzüge von der Zahlung einer besonderen Vergütung abhängig ist.

§ 41

Werden für eine Zeitung, eine Zeitschrift oder ein sonstiges periodisches Sammelwerk Beiträge zur Veröffentlichung angenommen, so finden die Vorschriften dieses Gesetzes Anwendung, soweit sich nicht aus den §§ 42 bis 46 ein anderes ergibt.

§ 42   *(aufgehoben)*

§ 43

[1]Der Verleger ist in der Zahl der von dem Sammelwerke herzustellenden Abzüge, die den Beitrag enthalten, nicht beschränkt. [2]Die Vorschrift des § 20 Abs. 1 Satz 2 findet keine Anwendung.

§ 44

Soll der Beitrag ohne den Namen des Verfassers erscheinen, so ist der Verleger befugt, an der Fassung solche Änderungen vorzunehmen, welche bei Sammelwerken derselben Art üblich sind.

§ 45

(1) [1]Wird der Beitrag nicht innerhalb eines Jahres nach der Ablieferung an den Verleger veröffentlicht, so kann der Verfasser das Vertragsverhältnis kündigen. [2]Der Anspruch auf die Vergütung bleibt unberührt.

(2) Ein Anspruch auf Vervielfältigung und Verbreitung des Beitrags oder auf Schadensersatz wegen Nichterfüllung steht dem Verfasser nur zu, wenn ihm der Zeitpunkt, in welchem der Beitrag erscheinen soll, von dem Verleger bezeichnet worden ist.

§ 46

(1) Erscheint der Beitrag in einer Zeitung, so kann der Verfasser Freiexemplare nicht verlangen.

(2) Der Verleger ist nicht verpflichtet, dem Verfasser Abzüge zum Buchhändlerpreise zu überlassen.

§ 47

(1) Übernimmt jemand die Herstellung eines Werkes nach einem Plane, in welchem ihm der Besteller den Inhalt des Werkes sowie die Art und Weise der Behandlung genau vorschreibt, so ist der Besteller im Zweifel zur Vervielfältigung und Verbreitung nicht verpflichtet.

(2) Das Gleiche gilt, wenn sich die Tätigkeit auf die Mitarbeit an enzyklopädischen Unternehmungen oder auf Hilfs- oder Nebenarbeiten für das Werk eines anderen oder für ein Sammelwerk beschränkt.

§ 48

Die Vorschriften dieses Gesetzes finden auch dann Anwendung, wenn derjenige, welcher mit dem Verleger den Vertrag abschließt, nicht der Verfasser ist.

§ 49   *(aufgehoben)*

§ 50

Dieses Gesetz tritt am 1. Januar 1902 in Kraft.

Gesetz über die Wahrnehmung von Urheberrechten und verwandten Schutzrechten (Urheberrechtswahrnehmungsgesetz)

vom 9. September 1965 (BGBl. S. 1294), zuletzt geändert durch Gesetz vom 26. Oktober 2007 (BGBl. I S. 2513)

Erster Abschnitt   Erlaubnis zum Geschäftsbetrieb

§ 1   Erlaubnispflicht

(1) Wer Nutzungsrechte, Einwilligungsrechte oder Vergütungsansprüche, die sich aus dem Urheberrechtsgesetz vom 9. September 1965 (Bundesgesetzbl. I S. 1273) ergeben, für Rechnung mehrerer Urheber oder Inhaber verwandter Schutzrechte zur gemeinsamen Auswertung wahrnimmt, bedarf dazu der Erlaubnis, gleichviel, ob die Wahrnehmung in eigenem oder fremdem Namen erfolgt.

(2) Absatz 1 ist auf die gelegentliche oder kurzfristige Wahrnehmung der bezeichneten Rechte und Ansprüche nicht anzuwenden.

(3) [1]Wer ohne die nach Absatz 1 erforderliche Erlaubnis tätig wird, kann die ihm zur Wahrnehmung anvertrauten Rechte oder Ansprüche nicht geltend machen. [2]Ihm steht das Antragsrecht nach § 109 des Urheberrechtsgesetzes nicht zu.

(4) [1]Übt eine juristische Person oder eine Personengemeinschaft die in Absatz 1 bezeichnete Tätigkeit aus, so ist sie Verwertungsgesellschaft im Sinne dieses Gesetzes. [2]Übt eine einzelne natürliche Person die in Absatz 1 bezeichnete Tätigkeit aus, so sind auf sie die in diesem Gesetz für Verwertungsgesellschaften getroffenen Bestimmungen sinngemäß anzuwenden.

§ 2   Erteilung der Erlaubnis

[1]Die Erlaubnis wird auf schriftlichen Antrag von der Aufsichtsbehörde (§ 18 Abs. 1) erteilt. [2]Dem Antrag sind beizufügen:
1. die Satzung der Verwertungsgesellschaft,
2. Angaben über Namen, Anschrift und Staatsangehörigkeit der nach Gesetz oder Satzung zur Vertretung der Verwertungsgesellschaft berechtigten Personen,
3. eine Erklärung über die Zahl der Personen, welche die Verwertungsgesellschaft mit der Wahrnehmung ihrer Nutzungsrechte, Einwilligungsrechte oder Vergütungsansprüche beauftragt haben, sowie über Zahl und wirtschaftliche Bedeutung der der Verwertungsgesellschaft zur Wahrnehmung anvertrauten Rechte und Ansprüche.

§ 3   Versagung der Erlaubnis

(1) Die Erlaubnis darf nur versagt werden, wenn
1. die Satzung der Verwertungsgesellschaft nicht den Vorschriften dieses Gesetzes entspricht,
2. Tatsachen die Annahme rechtfertigen, dass eine nach Gesetz oder Satzung zur Vertretung der Verwertungsgesellschaft berechtigte Person die für die Ausübung ihrer Tätigkeit erforderliche Zuverlässigkeit nicht besitzt, oder
3. die wirtschaftliche Grundlage der Verwertungsgesellschaft eine wirksame Wahrnehmung der ihr anvertrauten Rechte oder Ansprüche nicht erwarten lässt.

(2) Die Versagung der Erlaubnis ist zu begründen und der Verwertungsgesellschaft zuzustellen.

§ 4   Widerruf der Erlaubnis

(1) Die Erlaubnis ist zu widerrufen, wenn

1. einer der Versagungsgründe des § 3 Abs. 1 bei Erteilung der Erlaubnis der Aufsichtsbehörde nicht bekannt war oder nachträglich eingetreten ist und dem Mangel nicht innerhalb einer von der Aufsichtsbehörde zu setzenden Frist abgeholfen wird oder
2. die Verwertungsgesellschaft einer der ihr nach diesem Gesetz obliegenden Verpflichtungen trotz Abmahnung durch die Aufsichtsbehörde wiederholt zuwiderhandelt.

(2) [1]Der Widerruf der Erlaubnis ist zu begründen und der Verwertungsgesellschaft zuzustellen. [2]Der Widerruf wird drei Monate, nachdem er unanfechtbar geworden ist, wirksam, wenn darin kein späterer Zeitpunkt festgesetzt ist.

§ 5 Bekanntmachung

Die Erteilung der Erlaubnis und ein nach § 4 Abs. 2 wirksam gewordener Widerruf sind im Bundesanzeiger bekanntzumachen.

Zweiter Abschnitt Rechte und Pflichten der Verwertungsgesellschaft

§ 6 Wahrnehmungszwang

(1) [1]Die Verwertungsgesellschaft ist verpflichtet, die zu ihrem Tätigkeitsbereich gehörenden Rechte und Ansprüche auf Verlangen der Berechtigten zu angemessenen Bedingungen wahrzunehmen, wenn diese Deutsche im Sinne des Grundgesetzes oder Staatsangehörige eines anderen Mitgliedstaates der Europäischen Union oder eines anderen Vertragsstaates des Abkommens über den Europäischen Wirtschaftsraum sind oder ihren Wohnsitz im Geltungsbereich dieses Gesetzes haben und eine wirksame Wahrnehmung der Rechte oder Ansprüche anders nicht möglich ist. [2]Ist der Inhaber eines Unternehmens Berechtigter, so gilt die Verpflichtung gegenüber dem Unternehmen mit Sitz in einem Mitgliedstaat der Europäischen Union oder in einem Vertragsstaat des Abkommens über den Europäischen Wirtschaftsraum.

(2) [1]Zur angemessenen Wahrung der Belange der Berechtigten, die nicht als Mitglieder der Verwertungsgesellschaft aufgenommen werden, ist eine gemeinsame Vertretung zu bilden. [2]Die Satzung der Verwertungsgesellschaft muss Bestimmungen über die Wahl der Vertretung durch die Berechtigten sowie über die Befugnisse der Vertretung enthalten.

§ 7 Verteilung der Einnahmen

[1]Die Verwertungsgesellschaft hat die Einnahmen aus ihrer Tätigkeit nach festen Regeln (Verteilungsplan) aufzuteilen, die ein willkürliches Vorgehen bei der Verteilung ausschließen. [2]Der Verteilungsplan soll dem Grundsatz entsprechen, dass kulturell bedeutende Werke und Leistungen zu fördern sind. [3]Die Grundsätze des Verteilungsplans sind in die Satzung der Verwertungsgesellschaft aufzunehmen.

§ 8 Vorsorge- und Unterstützungseinrichtungen

Die Verwertungsgesellschaft soll Vorsorge- und Unterstützungseinrichtungen für die Inhaber der von ihr wahrgenommenen Rechte oder Ansprüche einrichten.

§ 9 Rechnungslegung und Prüfung

(1) Die Verwertungsgesellschaft hat unverzüglich nach dem Schluss des Geschäftsjahrs für das vergangene Geschäftsjahr die Jahresbilanz, die Gewinn- und Verlustrechnung und den Anhang (Jahresabschluss) sowie einen Lagebericht aufzustellen.

(2) [1]Der Jahresabschluss ist klar und übersichtlich aufzustellen. [2]Er hat den Grundsätzen ordnungsmäßiger Buchführung zu entsprechen. [3]Die Jahresbilanz sowie die Gewinn- und Verlustrechnung sind im Anhang zu erläutern.

(3) Im Lagebericht sind der Geschäftsverlauf und die Lage der Verwertungsgesellschaft so darzustellen, dass ein den tatsächlichen Verhältnissen entsprechendes Bild vermittelt wird.

(4) [1]Der Jahresabschluss ist unter Einbeziehung der Buchführung und des Lageberichts durch einen oder mehrere sachverständige Prüfer (Abschlussprüfer) zu prüfen. [2]Abschlussprüfer können nur Wirtschaftsprüfer oder Wirtschaftsprüfungsgesellschaften sein.

(5) [1]Die Abschlussprüfer haben über das Ergebnis ihrer Prüfung schriftlich zu berichten. [2]Sind nach dem abschließenden Ergebnis ihrer Prüfung keine Einwendungen zu erheben, so haben sie dies durch den folgenden Vermerk zum Jahresabschluss zu bestätigen:
Die Buchführung, der Jahresabschluss und der Lagebericht entsprechen nach meiner (unserer) pflichtmäßigen Prüfung Gesetz und Satzung.
[3]Sind Einwendungen zu erheben, so haben die Abschlussprüfer die Bestätigung einzuschränken oder zu versagen. [4]Die Abschlussprüfer haben den Bestätigungsvermerk mit Angabe von Ort und Tag zu unterzeichnen.

(6) [1]Die Verwertungsgesellschaft hat den Jahresabschluss und den Lagebericht spätestens acht Monate nach dem Schluss des Geschäftsjahres im Bundesanzeiger zu veröffentlichen. [2]Dabei ist der volle Wortlaut des Bestätigungsvermerks wiederzugeben. [3]Haben die Abschlussprüfer die Bestätigung versagt, so ist hierauf in einem besonderen Vermerk zum Jahresabschluss hinzuweisen.

(7) Weitergehende gesetzliche Vorschriften über die Rechnungslegung und Prüfung bleiben unberührt.

§ 10 Auskunftspflicht

Die Verwertungsgesellschaft ist verpflichtet, jedermann auf schriftliches Verlangen Auskunft darüber zu geben, ob sie Nutzungsrechte an einem bestimmten Werk oder bestimmte Einwilligungsrechte oder Vergütungsansprüche für einen Urheber oder Inhaber eines verwandten Schutzrechts wahrnimmt.

§ 11 Abschlusszwang

(1) Die Verwertungsgesellschaft ist verpflichtet, auf Grund der von ihr wahrgenommenen Rechte jedermann auf Verlangen zu angemessenen Bedingungen Nutzungsrechte einzuräumen.

(2) Kommt eine Einigung über die Höhe der Vergütung für die Einräumung der Nutzungsrechte nicht zustande, so gelten die Nutzungsrechte als eingeräumt, wenn die Vergütung in Höhe des vom Nutzer anerkannten Betrages an die Verwertungsgesellschaft gezahlt und in Höhe der darüber hinausgehenden Forderung der Verwertungsgesellschaft unter Vorbehalt an die Verwertungsgesellschaft gezahlt oder zu ihren Gunsten hinterlegt worden ist.

§ 12 Gesamtverträge

Die Verwertungsgesellschaft ist verpflichtet, mit Vereinigungen, deren Mitglieder nach dem Urheberrechtsgesetz geschützte Werke oder Leistungen nutzen oder zur Zahlung von Vergütungen nach dem Urheberrechtsgesetz verpflichtet sind, über die von ihr wahrgenommenen Rechte und Ansprüche Gesamtverträge zu angemessenen Bedingungen abzuschließen, es sei denn, dass der Verwertungsgesellschaft der Abschluss eines Gesamtvertrages nicht zuzumuten ist, insbesondere weil die Vereinigung eine zu geringe Mitgliederzahl hat.

§ 13 Tarife

(1) [1]Die Verwertungsgesellschaft hat Tarife aufzustellen über die Vergütung, die sie auf Grund der von ihr wahrgenommenen Rechte und Ansprüche fordert. [2]Soweit

Gesamtverträge abgeschlossen sind, gelten die in diesen Verträgen vereinbarten Vergütungssätze als Tarife.

(2) Die Verwertungsgesellschaft ist verpflichtet, die Tarife und jede Tarifänderung unverzüglich im Bundesanzeiger zu veröffentlichen.

(3) [1]Berechnungsgrundlage für die Tarife sollen in der Regel die geldwerten Vorteile sein, die durch die Verwertung erzielt werden. [2]Die Tarife können sich auch auf andere Berechnungsgrundlagen stützen, wenn diese ausreichende, mit einem wirtschaftlich vertretbaren Aufwand zu erfassende Anhaltspunkte für die durch die Verwertung erzielten Vorteile ergeben. [3]Bei der Tarifgestaltung ist auf den Anteil der Werknutzung am Gesamtumfang des Verwertungsvorganges angemessen Rücksicht zu nehmen. [4]Die Verwertungsgesellschaft soll bei der Tarifgestaltung und bei der Einziehung der tariflichen Vergütung auf religiöse, kulturelle und soziale Belange der zur Zahlung der Vergütung Verpflichteten einschließlich der Belange der Jugendpflege angemessene Rücksicht nehmen.

(4) *(weggefallen)*

§ 13a   Tarife für Geräte und Speichermedien; Transparenz

(1) [1]Die Höhe der Vergütung für Geräte und Speichermedien bestimmt sich nach § 54a des Urheberrechtsgesetzes. [2]Vor Aufstellung der Tarife für Geräte und Speichermedien hat die Verwertungsgesellschaft mit den Verbänden der betroffenen Hersteller über die angemessene Vergütungshöhe und den Abschluss eines Gesamtvertrages zu verhandeln. [3]Scheitern die Gesamtvertragsverhandlungen, so können Verwertungsgesellschaften in Abweichung von § 13 Tarife über die Vergütung nach § 54a des Urheberrechtsgesetzes erst nach Vorliegen der empirischen Untersuchungen gemäß § 14 Abs. 5a aufstellen.

(2) Die Verwertungsgesellschaft unterrichtet ihre Partner aus Gesamtverträgen über ihre Einnahmen aus der Pauschalvergütung und deren Verwendung nach Empfängergruppen.

§ 13b   Pflichten des Veranstalters

(1) Veranstalter von öffentlichen Wiedergaben urheberrechtlich geschützter Werke haben vor der Veranstaltung die Einwilligung der Verwertungsgesellschaft einzuholen, welche die Nutzungsrechte an diesen Werken wahrnimmt.

(2) [1]Nach der Veranstaltung hat der Veranstalter der Verwertungsgesellschaft eine Aufstellung über die bei der Veranstaltung benutzten Werke zu übersenden. [2]Dies gilt nicht für die Wiedergabe eines Werkes mittels Tonträger, für Wiedergaben von Funksendungen eines Werkes und für Veranstaltungen, auf denen in der Regel nicht geschützte oder nur unwesentlich bearbeitete Werke der Musik aufgeführt werden.

(3) Soweit für die Verteilung von Einnahmen aus der Wahrnehmung von Rechten zur Wiedergabe von Funksendungen Auskünfte der Sendeunternehmen erforderlich sind, die die Funksendungen veranstaltet haben, sind diese Sendeunternehmen verpflichtet, der Verwertungsgesellschaft die Auskünfte gegen Erstattung der Unkosten zu erteilen.

§ 13c   Vermutung der Sachbefugnis; Außenseiter bei Kabelweitersendung

(1) Macht die Verwertungsgesellschaft einen Auskunftsanspruch geltend, der nur durch eine Verwertungsgesellschaft geltend gemacht werden kann, so wird vermutet, dass sie die Rechte aller Berechtigten wahrnimmt.

(2) [1]Macht die Verwertungsgesellschaft einen Vergütungsanspruch nach §§ 27, 54 Abs. 1, § 54c Abs. 1, § 77 Abs. 2, § 85 Abs. 4, § 94 Abs. 4 oder § 137l Abs. 5 des Urheberrechtsgesetzes geltend, so wird vermutet, dass sie die Rechte aller Berechtigten wahrnimmt. [2]Sind mehr als eine Verwertungsgesellschaft zur Geltendmachung des Anspruchs berechtigt, so gilt die Vermutung nur, wenn der Anspruch von allen berechtigten Verwertungsgesellschaften gemeinsam geltend gemacht wird. [3]Soweit

die Verwertungsgesellschaft Zahlungen auch für die Berechtigten erhält, deren Rechte sie nicht wahrnimmt, hat sie den zur Zahlung Verpflichteten von den Vergütungsansprüchen dieser Berechtigten freizustellen.

(3) [1]Hat ein Rechtsinhaber die Wahrnehmung seines Rechts der Kabelweitersendung im Sinne des § 20b Abs. 1 Satz 1 des Urheberrechtsgesetzes keiner Verwertungsgesellschaft übertragen, so gilt die Verwertungsgesellschaft, die Rechte dieser Art wahrnimmt, als berechtigt, seine Rechte wahrzunehmen. [2]Kommen dafür mehrere Verwertungsgesellschaften in Betracht, so gelten sie gemeinsam als berechtigt; wählt der Rechtsinhaber eine von ihnen aus, so gilt nur diese als berechtigt. [3]Die Sätze 1 und 2 gelten nicht für Rechte, die das Sendeunternehmen innehat, dessen Sendung weitergesendet wird.

(4) [1]Hat die Verwertungsgesellschaft, die nach Absatz 3 als berechtigt gilt, eine Vereinbarung über die Kabelweitersendung getroffen, so hat der Rechtsinhaber im Verhältnis zu dieser Verwertungsgesellschaft die gleichen Rechte und Pflichten, wie wenn er ihr seine Rechte zur Wahrnehmung übertragen hätte. [2]Seine Ansprüche verjähren in drei Jahren von dem Zeitpunkt an, in dem die Verwertungsgesellschaft satzungsgemäß die Abrechnung der Kabelweitersendung vorzunehmen hat; die Verwertungsgesellschaft kann ihm eine Verkürzung durch Meldefristen oder auf ähnliche Weise nicht entgegenhalten.

§ 14 Schiedsstelle

(1) Die Schiedsstelle kann von jedem Beteiligten angerufen werden bei Streitfällen,
1. an denen eine Verwertungsgesellschaft beteiligt ist, wenn sie
   a) die Nutzung von Werken oder Leistungen, die nach dem Urheberrechtsgesetz geschützt sind,
   b) die Vergütungspflicht nach § 54 oder § 54c des Urheberrechtsgesetzes oder
   c) den Abschluss oder die Änderung eines Gesamtvertrages
   betreffen,
2. an denen ein Sendeunternehmen und ein Kabelunternehmen beteiligt sind, wenn sie die Verpflichtung zum Abschluss eines Vertrages über die Kabelweitersendung betreffen.

(2) [1]Die Schiedsstelle wird bei der Aufsichtsbehörde (§ 18 Abs. 1) gebildet. [2]Sie besteht aus dem Vorsitzenden oder seinem Vertreter und zwei Beisitzern. [3]Die Mitglieder der Schiedsstelle müssen die Befähigung zum Richteramt nach dem Deutschen Richtergesetz haben. [4]Sie werden vom Bundesministerium der Justiz für einen bestimmten Zeitraum, der mindestens ein Jahr beträgt, berufen; Wiederberufung ist zulässig.

(3) [1]Bei der Schiedsstelle können mehrere Kammern gebildet werden. [2]Die Besetzung der Kammern bestimmt sich nach Absatz 2 Satz 2 bis 4. [3]Die Geschäftsverteilung zwischen den Kammern wird durch den Präsidenten des Deutschen Patent- und Markenamts geregelt.

(4) Die Mitglieder der Schiedsstelle sind nicht an Weisungen gebunden.

(5) Die Schiedsstelle wird durch schriftlichen Antrag angerufen.

(5a) Im Verfahren nach Absatz 1 Nr. 1 Buchstabe c hat die Schiedsstelle die nach § 54a Abs. 1 des Urheberrechtsgesetzes maßgebliche Nutzung durch empirische Untersuchungen zu ermitteln.

(5b) In Streitfällen über die Vergütungspflicht nach § 54 des Urheberrechtsgesetzes erhalten bundesweite Dachorganisationen der mit öffentlichen Mitteln geförderten Verbraucherverbände Gelegenheit zur schriftlichen Stellungnahme.

(6) [1]Die Schiedsstelle hat auf eine gütliche Beilegung des Streitfalls hinzuwirken. [2]Aus einem vor der Schiedsstelle geschlossenen Vergleich findet die Zwangsvollstreckung statt, wenn er unter Angabe des Tages seines Zustandekommens von dem Vorsitzenden und den Parteien unterschrieben ist; § 797a der Zivilprozessordnung gilt entsprechend.

(7) Ein Schiedsvertrag über künftige Streitfälle nach Absatz 1 Nr. 1 Buchstabe b ist nichtig, wenn er nicht jedem Beteiligten das Recht einräumt, im Einzelfall statt des

Schiedsgerichts die Schiedsstelle anzurufen und eine Entscheidung durch die ordentlichen Gerichte zu verlangen.

(8) Durch die Anrufung der Schiedsstelle wird die Verjährung in gleicher Weise wie durch Klageerhebung gehemmt.

§ 14a   Einigungsvorschlag der Schiedsstelle

(1) [1]Die Schiedsstelle fasst ihre Beschlüsse mit Stimmenmehrheit. [2]§ 196 Abs. 2 des Gerichtsverfassungsgesetzes ist anzuwenden.

(2) [1]Die Schiedsstelle hat den Beteiligten innerhalb eines Jahres nach Anrufung einen Einigungsvorschlag zu machen. [2]Nach Ablauf dieses Zeitraums kann das Verfahren vor der Schiedsstelle mit Zustimmung aller Beteiligten für jeweils ein halbes Jahr fortgesetzt werden. [3]Der Einigungsvorschlag ist zu begründen und von sämtlichen für den Streitfall zuständigen Mitgliedern der Schiedsstelle zu unterschreiben. [4]Auf die Möglichkeit des Widerspruchs und auf die Folgen bei Versäumung der Widerspruchsfrist ist in dem Einigungsvorschlag hinzuweisen. [5]Der Einigungsvorschlag ist den Parteien zuzustellen.

(3) [1]Der Einigungsvorschlag gilt als angenommen und eine dem Inhalt des Vorschlags entsprechende Vereinbarung als zustande gekommen, wenn nicht innerhalb eines Monats nach Zustellung des Vorschlags ein schriftlicher Widerspruch bei der Schiedsstelle eingeht. [2]Betrifft der Streitfall die Einräumung oder Übertragung von Nutzungsrechten der Kabelweitersendung, beträgt die Frist drei Monate.

(4) Aus dem angenommenen Einigungsvorschlag findet die Zwangsvollstreckung statt; § 797a der Zivilprozessordnung gilt entsprechend.

§ 14b   Beschränkung des Einigungsvorschlags, Absehen vom Einigungsvorschlag

(1) Ist bei Streitfällen nach § 14 Abs. 1 Nr. 1 Buchstabe a die Anwendbarkeit oder die Angemessenheit eines Tarifs (§ 13) bestritten und ist der Sachverhalt auch im übrigen streitig, so kann sich die Schiedsstelle in ihrem Einigungsvorschlag auf eine Stellungnahme zur Anwendbarkeit oder Angemessenheit des Tarifs beschränken.

(2) Sind bei Streitfällen nach § 14 Abs. 1 Nr. 1 Buchstabe a die Anwendbarkeit und die Angemessenheit eines Tarifs nicht im Streit, so kann die Schiedsstelle von einem Einigungsvorschlag absehen.

§ 14c   Streitfälle über Gesamtverträge

(1) [1]Bei Streitfällen nach § 14 Abs. 1 Nr. 1 Buchstabe c enthält der Einigungsvorschlag den Inhalt des Gesamtvertrags. [2]Die Schiedsstelle kann einen Gesamtvertrag nur mit Wirkung vom 1. Januar des Jahres vorschlagen, in dem der Antrag gestellt wird.

(2) [1]Auf Antrag eines Beteiligten kann die Schiedsstelle einen Vorschlag für eine einstweilige Regelung machen. [2]§ 14a Abs. 2 Satz 3 bis 5 und Abs. 3 ist anzuwenden. [3]Die einstweilige Regelung gilt, wenn nichts anderes vereinbart wird, bis zum Abschluss des Verfahrens vor der Schiedsstelle.

(3) [1]Die Schiedsstelle hat das Bundeskartellamt über das Verfahren zu unterrichten. [2]Die Bestimmungen in § 90 Abs. 1 Satz 2 und Abs. 2 des Gesetzes gegen Wettbewerbsbeschränkungen sind mit der Maßgabe entsprechend anzuwenden, dass der Präsident des Bundeskartellamts keinen Angehörigen der Aufsichtsbehörde (§ 18 Abs. 1) zum Vertreter bestellen kann.

§ 14d   Streitfälle über Rechte der Kabelweitersendung

Bei Streitfällen nach § 14 Abs. 1 Nr. 2 gilt § 14c entsprechend.

§ 14e   Aussetzung

[1]Die Schiedsstelle kann Verfahren nach § 14 Abs. 1 Nr. 1 Buchstabe a oder b aussetzen, bis sie in einem anhängigen Verfahren nach § 14 Abs. 1 Nr. 1 Buchstabe c einen Einigungsvorschlag gemacht hat. [2]Während der Aussetzung ist die Frist zur Unterbreitung eines Einigungsvorschlages nach § 14a Abs. 2 Satz 1 und § 16 Abs. 1 gehemmt.

§ 15   Verfahren vor der Schiedsstelle

Das Bundesministerium der Justiz wird ermächtigt, durch Rechtsverordnung
1. das Verfahren vor der Schiedsstelle zu regeln,
2. die näheren Vorschriften über die Entschädigung der Mitglieder der Schiedsstelle für ihre Tätigkeit zu erlassen,
3. die für das Verfahren vor der Schiedsstelle von der Aufsichtsbehörde zur Deckung der Verwaltungskosten zu erhebenden Kosten (Gebühren und Auslagen) zu bestimmen; die Gebühren dürfen nicht höher sein als die im Prozessverfahren erster Instanz zu erhebenden Gebühren,
4. Bestimmungen über den Kostenschuldner, die Fälligkeit und die Verjährung von Kosten, die Kostenvorschusspflicht, Kostenbefreiungen, das Kostenfestsetzungsverfahren und die Rechtsbehelfe gegen die Kostenfestsetzung zu treffen.

§ 16   Gerichtliche Geltendmachung

(1) Bei Streitfällen nach § 14 Abs. 1 können Ansprüche im Wege der Klage erst geltend gemacht werden, nachdem ein Verfahren vor der Schiedsstelle vorausgegangen ist oder nicht innerhalb des Verfahrenszeitraums nach § 14a Abs. 2 Satz 1 und 2 abgeschlossen wurde.

(2) [1]Dies gilt nicht, wenn bei Streitfällen nach § 14 Abs. 1 Nr. 1 Buchstabe a die Anwendbarkeit und die Angemessenheit des Tarifs nicht bestritten sind. [2]Stellt sich erst im Laufe des Rechtsstreits heraus, dass die Anwendbarkeit oder die Angemessenheit des Tarifs im Streit ist, setzt das Gericht den Rechtsstreit aus, um den Parteien die Anrufung der Schiedsstelle zu ermöglichen. [3]Weist die Partei, die die Anwendbarkeit oder die Angemessenheit des Tarifs bestreitet, nicht innerhalb von zwei Monaten nach Aussetzung nach, dass ein Antrag bei der Schiedsstelle gestellt ist, so wird der Rechtsstreit fortgesetzt; in diesem Fall gilt die Anwendbarkeit und die Angemessenheit des von der Verwertungsgesellschaft dem Nutzungsverhältnis zugrunde gelegten Tarifs als zugestanden.

(3) [1]Der vorherigen Anrufung der Schiedsstelle bedarf es ferner nicht für Anträge auf Anordnung eines Arrests oder einer einstweiligen Verfügung. [2]Nach Erlass eines Arrests oder einer einstweiligen Verfügung ist die Klage ohne die Beschränkung des Absatzes 1 zulässig, wenn der Partei nach den §§ 926, 936 der Zivilprozessordnung eine Frist zur Erhebung der Klage bestimmt worden ist.

(4) [1]Über Ansprüche auf Abschluss oder Änderung eines Gesamtvertrages (§ 12), eines Vertrages nach § 14 Abs. 1 Nr. 2 und Streitfälle nach § 14 Abs. 1 Nr. 1 Buchstabe b entscheidet ausschließlich das für den Sitz der Schiedsstelle zuständige Oberlandesgericht im ersten Rechtszug. [2]Für das Verfahren gilt der Erste Abschnitt des Zweiten Buchs der Zivilprozessordnung entsprechend. [3]Das Oberlandesgericht setzt den Inhalt der Gesamtverträge, insbesondere Art und Höhe der Vergütung, nach billigem Ermessen fest. [4]Die Festsetzung ersetzt die entsprechende Vereinbarung der Beteiligten. [5]Die Festsetzung eines Vertrags ist nur mit Wirkung vom 1. Januar des Jahres an möglich, in dem der Antrag gestellt wird. [6]Gegen die von dem Oberlandesgericht erlassenen Endurteile findet die Revision nach Maßgabe der Zivilprozessordnung statt.

§ 17   Ausschließlicher Gerichtsstand

(1) [1]Für Rechtsstreitigkeiten über Ansprüche einer Verwertungsgesellschaft wegen Verletzung eines von ihr wahrgenommenen Nutzungsrechts oder Einwilligungsrechts

ist das Gericht ausschließlich zuständig, in dessen Bezirk die Verletzungshandlung vorgenommen worden ist oder der Verletzer seinen allgemeinen Gerichtsstand hat. [2]§ 105 des Urheberrechtsgesetzes bleibt unberührt.

(2) Sind nach Absatz 1 Satz 1 für mehrere Rechtsstreitigkeiten gegen denselben Verletzer verschiedene Gerichte zuständig, so kann die Verwertungsgesellschaft alle Ansprüche bei einem dieser Gerichte geltend machen.

§ 17a   Freiwillige Schlichtung

(1) In Streitfällen über die Vergütungspflicht nach § 54 des Urheberrechtsgesetzes findet auf Wunsch der Beteiligten statt der Anrufung der Schiedsstelle ein Schlichtungsverfahren statt.

(2) [1]Der Schlichter wird vom Bundesministerium der Justiz berufen, wenn die Beteiligten ihn einvernehmlich vorschlagen oder um die Benennung eines Schlichters bitten. [2]Er übt sein Amt unparteiisch und unabhängig aus. [3]Seine Vergütung und Kosten tragen die Beteiligten zu gleichen Teilen. [4]Ihre eigenen Kosten tragen die Beteiligten selbst, es sei denn, in der Vereinbarung zur Streitbeilegung wird eine andere Regelung getroffen.

(3) [1]Der Schlichter bestimmt das Verfahren in Abstimmung mit den Beteiligten nach pflichtgemäßem Ermessen. [2]Er erörtert und klärt mit den Beteiligten den Sach- und Streitstand und wirkt auf eine einvernehmliche Lösung hin. [3]Auf der Grundlage der Schlichtungsverhandlung unterbreitet er den Beteiligten einen Vorschlag zur Streitbeilegung.

(4) Jeder Beteiligte kann die Schlichtung jederzeit für gescheitert erklären und die Schiedsstelle anrufen.

(5) [1]Wird vor dem Schlichter eine Vereinbarung zur Streitbeilegung geschlossen, so ist diese schriftlich niederzulegen und von den Parteien zu unterschreiben. [2]Der Schlichter bestätigt den Abschluss mit seiner Unterschrift. [3]Die Beteiligten erhalten eine Abschrift der Vereinbarung. [4]Aus der vor dem Schlichter abgeschlossenen Vereinbarung findet die Zwangsvollstreckung statt; § 797a der Zivilprozessordnung gilt entsprechend.

Dritter Abschnitt   **Aufsicht über die Verwertungsgesellschaft**

§ 18   **Aufsichtsbehörde**

(1) Aufsichtsbehörde ist das Patentamt.

(2) Soweit auf Grund anderer gesetzlicher Vorschriften eine Aufsicht über die Verwertungsgesellschaft ausgeübt wird, ist sie im Benehmen mit dem Patentamt auszuüben.

(3) [1]Über Anträge auf Erteilung der Erlaubnis zum Geschäftsbetrieb (§ 2) und über den Widerruf der Erlaubnis (§ 4) entscheidet das Patentamt im Einvernehmen mit dem Bundeskartellamt. [2]Gelingt es nicht, das Einvernehmen herzustellen, so legt das Patentamt die Sache dem Bundesministerium der Justiz vor; dessen Weisungen, die im Benehmen mit dem Bundesministerium für Wirtschaft und Technologie erteilt werden, ersetzen das Einvernehmen.

§ 19   **Inhalt der Aufsicht**

(1) Die Aufsichtsbehörde hat darauf zu achten, dass die Verwertungsgesellschaft den ihr nach diesem Gesetz obliegenden Verpflichtungen ordnungsgemäß nachkommt.

(2) [1]Wird eine Verwertungsgesellschaft ohne eine Erlaubnis nach § 1 Abs. 1 tätig, kann die Aufsichtsbehörde die Fortsetzung des Geschäftsbetriebs untersagen. [2]Die Aufsichtsbehörde kann alle erforderlichen Maßnahmen ergreifen, um sicherzustellen, dass die Verwertungsgesellschaft die sonstigen ihr obliegenden Verpflichtungen ordnungsgemäß erfüllt.

(3) Die Aufsichtsbehörde kann von der Verwertungsgesellschaft jederzeit Auskunft über alle die Geschäftsführung betreffenden Angelegenheiten sowie Vorlage der Geschäftsbücher und anderer geschäftlichen Unterlagen verlangen.

(4) Die Aufsichtsbehörde ist berechtigt, an der Mitgliederversammlung und, wenn ein Aufsichtsrat oder Beirat besteht, auch an dessen Sitzungen durch einen Beauftragten teilzunehmen.

(5) [1]Rechtfertigen Tatsachen die Annahme, dass ein nach Gesetz oder Satzung zur Vertretung der Verwertungsgesellschaft Berechtigter die für die Ausübung seiner Tätigkeit erforderliche Zuverlässigkeit nicht besitzt, so setzt die Aufsichtsbehörde der Verwertungsgesellschaft zur Vermeidung des Widerrufs der Erlaubnis nach § 4 Abs. 1 Nr. 1 eine Frist zu seiner Abberufung. [2]Die Aufsichtsbehörde kann ihm bis zum Ablauf dieser Frist die weitere Ausübung seiner Tätigkeit untersagen, wenn dies zur Abwendung schwerer Nachteile erforderlich ist.

§ 20 Unterrichtungspflicht

[1]Die Verwertungsgesellschaft hat der Aufsichtsbehörde jeden Wechsel der nach Gesetz oder Satzung zu ihrer Vertretung berechtigten Personen anzuzeigen. [2]Sie hat der Aufsichtsbehörde unverzüglich abschriftlich zu übermitteln
1. jede Satzungsänderung,
2. die Tarife und jede Tarifänderung,
3. die Gesamtverträge,
4. die Vereinbarungen mit ausländischen Verwertungsgesellschaften,
5. die Beschlüsse der Mitgliederversammlung, eines Aufsichtsrats oder Beirats und aller Ausschüsse,
6. den Jahresabschluss, den Lagebericht und den Prüfungsbericht,
7. die Entscheidungen in gerichtlichen oder behördlichen Verfahren, in denen sie Partei ist, soweit die Aufsichtsbehörde dies verlangt.

Vierter Abschnitt **Übergangs- und Schlussbestimmungen**

§ 21 Zwangsgeld

Auf die Vollstreckung von Verwaltungsakten, die auf Grund dieses Gesetzes erlassen werden, findet das Verwaltungs-Vollstreckungsgesetz vom 27. April 1953 (Bundesgesetzbl. I S. 157) mit der Maßgabe Anwendung, dass die Höhe des Zwangsgeldes bis hunderttausend Euro betragen kann.

§ 22 *(aufgehoben)*

§§ 23 bis 26a

(durch Zeitablauf oder anderweitige Regelung gegenstandslos)

§ 27 Übergangsregelung zum Zweiten Gesetz zur Regelung des Urheberrechts in der Informationsgesellschaft

Für das Zweite Gesetz zur Regelung des Urheberrechts in der Informationsgesellschaft vom 26. Oktober 2007 gilt folgende Übergangsregelung:
(1) [1]Die Vergütungssätze, die in Gesamtverträgen vor dem 31. Dezember 2007 vereinbart worden sind, gelten als Tarife weiter, bis sie durch neue Vergütungssätze ersetzt werden, längstens aber bis zum 1. Januar 2010. [2]Satz 1 gilt entsprechend für Tarife, die eine Verwertungsgesellschaft vor dem 31. Dezember 2007 aufgestellt hat. [3]Satz 1 gilt entsprechend auch für die in der Anlage zu § 54d Abs. 1 des Urheberrechtsgesetzes in der bis zum 31. Dezember 2007 geltenden Fassung bestimmten Sätze, soweit sie an diesem Tag angewendet wurden.

(2) § 14 ist auf Verfahren, die am 1. Januar 2008 bei der Schiedsstelle bereits anhängig sind, mit der Maßgabe anzuwenden, dass die Jahresfrist nach § 14a Abs. 2 mit dem Inkrafttreten des genannten Gesetzes beginnt.

(3) § 16 Abs. 4 Satz 1 ist auf Verfahren, die am 1. Januar 2008 bereits beim Landgericht anhängig sind, nicht anzuwenden.

§ 28   Inkrafttreten

(1) § 14 Abs. 7 tritt am Tage nach der Verkündung dieses Gesetzes in Kraft.

(2) Im übrigen tritt dieses Gesetz am 1. Januar 1966 in Kraft.

Einleitung

Übersicht

I. Allgemeines

Wer sich dem Recht der Urheber von Werken der Wort-, Ton- und Bildkunst **1** zuwendet, wird **dem Rechte und diesen Künsten** verschworen sein müssen. Ohne musischen Bezug ist dieses Spezialgebiet des Rechts nicht zu meistern. Ob Fragen des Plagiats, des Werkbegriffes, der Bearbeiterrechte, der freien

Nachschöpfung oder der Rechte an gemeinfreien Werken zur Erörterung stehen, immer wird das **Einfühlungsvermögen** des Juristen in die Reiche der neun Musen zu fordern sein, wie umgekehrt für den Künstler oder Autor heute die Kenntnis wenigstens der Grundlagen des Rechts, das ihn und sein Werk schützt, unerlässlich geworden ist. So fordert das Urheberrecht den musisch interessierten Juristen und den rechtlich interessierten Künstler und wird für den unerreichbar sein, der zwischen Themis, der alten Göttin des Rechts, und den neun Musen glaubt wählen zu können. Der atemberaubende und unaufhaltsame **Fortschritt der Technik** bedingt aber auch eine enge Beziehung zu Forschung und Ergebnissen der technischen Wissenschaften. Während in der geschichtlich überblickbaren Zeit der letzten drei Jahrtausende die Vermittlung menschlichen Geistesgutes auf Hand- und Druckschrift, persönlichen Vortrag und Aufführung beschränkt blieb, haben die Erfindungen der Photo- und Phonographie, der Foto- und Mikrokopie, des Hörfunks und Fernsehens, der Laser- und Satellitenphysik, der Kybernetik, Elektronik und Computertechnik, des Lichtsatzverfahrens und der Bildschirmzeitung sowie schließlich des Internets und der Mobiltelefonie für die Nutzung und Verbreitung der Geisteswerke ungeahnte neue Wege eröffnet. Einzelne dieser Errungenschaften sind nicht bei der Nutzung vorhandener Geistesgüter stehen geblieben, sondern dringen in die Schaffensvorgänge selbst ein. Elektronische Musik, Computer-Dichtung und -Übersetzung, maschinelle Malerei und Plastik sowie Pop-Art werfen neue rechtliche Probleme auf und erschüttern die gefestigten Grundlagen des bisherigen urheberrechtlichen Denkens.

2 So kann das **moderne Urheberrecht** für sich in Anspruch nehmen, nicht nur ein Grenzgebiet zwischen Jurisprudenz auf der einen und Literatur, Musikwissenschaft sowie Kunstgeschichte auf der anderen Seite zu sein, sondern ebenso das verbindende Glied zwischen Recht und Technik zu bilden.

3 Die **wirtschaftliche Bedeutung** des Urheberrechts ist lange verkannt worden. Erst mit der Vorlage des sog. Künstlerberichts der Bundesregierung (Bericht über die Auswirkungen der Urheberrechtsnovelle 1985 und Fragen des Urheber- und Leistungsschutzrechts – BT-Drucks. 11/4929 vom 07.07.1989) ist der Öffentlichkeit bewusst geworden, dass der Anteil der urheberrechtsbezogenen Wirtschaftsbereiche am Produktionswert der Gesamtwirtschaft der (Alt-) Bundesrepublik schon 1986 bei 2,7% lag und damit etwa demjenigen der gesamten Elektrizitäts- und Fernwärmeversorgung entsprach (*Hummel* S. 10; zu dem Bericht *Kreile* ZUM 1990, 1; zur internationalen wirtschaftlichen Bedeutung des Urheberrechts *Cohen Jehoram* GRUR Int. 1989, 23). Umso wichtiger ist es, das Urheber- und Leistungsschutzrecht fortlaufend den sich verändernden wirtschaftlichen wie technischen Gegebenheiten anzupassen. Zur gesetzlichen Entwicklung vgl. Rn. 26 ff.

4 Das Urheberrecht sieht sich auch immer wieder **wirtschaftlichen Bedrohungen** ausgesetzt. Als Beispiel mag hier nur die Entwicklung des privaten Kopierens durch Verbraucher dienen, das zunächst lange Zeit wirtschaftlich unbedeutend war. Erst in den 1950iger Jahren erkannten die Inhaber von Urheberrechten erste Gefährdungen durch Fotokopiermaschinen und Tonbänder: Der Bundesgerichtshof entschied seinerzeit, dass die fotomechanische Vervielfältigung eines literarischen Beitrages in einer Zeitschrift ohne Einwilligung des Berechtigten nur zum persönlichen Gebrauch zur Befriedigung überwiegend rein persönlicher Bedürfnisse gemäß § 15 Abs. 2 des damals geltenden Literaturrhebergesetzes (LUG) zulässig war (BGH GRUR 1955, 544, 546 ff. – *Fotokopie*) und dass die Übertragung des Vortrags eines literarischen Werkes oder

der Aufführung eines Werkes der Musik auf ein Tonbandgerät als Vervielfältigung dem Erlaubnisvorbehalt des Urhebers unterliege (BGH GRUR 1955, 492, 494 ff. – *Grundig-Reporter*). Mit Aufkommen von Videorecorder, Radiorecorder und Walkman in den 1970iger und 1980iger Jahren wurde die analoge Aufnahme von Filmen und Musik immer beliebter, stellte aber noch keine echte Gefahr für die wirtschaftliche Auswertung von Film und Musik dar, weil die analoge Kopie immer mit einem Qualitätsverlust verbunden war: Das krisselige Fernsehbild wurde durch die Aufnahme mit dem Videorecorder nicht verbessert, sondern eher noch schlechter, Kratzer auf Schallplatten waren auch auf der Tonbandkassette deutlich zu hören, Kassetten hatten ebenso wie Schallplatten nur eine begrenzte Lebensdauer. Außerdem war die Aufnahme recht mühsam: Wenn man die Werbung aus einem mitgeschnittenen Film herausschneiden wollte, musste man daneben sitzen und den Videorecorder anhalten, bei der Aufnahme von Musik aus dem Radio saß man stundenlang davor, wartete auf die richtigen Hits und kämpfte dann mit dem Moderator, der in den Anfang und das Ende des Songs regelmäßig hineinredete. Während auch die private Vervielfältigung auf Tonträger wie ein Tonband noch in den 1950iger Jahren – wie erwähnt – unzulässig war, erlaubte der Gesetzgeber mit Inkrafttreten des Urheberrechtsgesetzes am 1. Januar 1966 die Privatkopie, anfangs verbunden nur mit einer Geräteabgabe (§ 53 Abs. 5 a.F. UrhG), seit 1985 dann auch gegen Zahlung einer zusätzlichen Abgabe pro verkauftem leeren Bild- oder Tonträger (§ 54 UrhG). Eine wirklich ernste Bedrohung der Musik- und Filmurheber sowie der hinter ihnen stehenden Industrien entstand jedoch erst durch die **digitale Kopie**: Bei Software, wo schon aus der Natur der Sache heraus nur digitale Kopien möglich sind, war die Privatkopie zwar von Anfang an verboten (§ 54 Abs. 4 S. 3 a.F. UrhG; jetzt §§ 69c ff. UrhG), nicht jedoch bei Musik und Film: Dort war nicht nur die analoge, sondern auch die digitale Privatkopie schon immer grundsätzlich erlaubt. Dies stellt § 53 Abs. 1 S. 1 UrhG seit der Reform von 2003 („1. Korb", vgl. Rn. 32) nun auch klar.

Die fortschreitende Computertechnologie mit CD- und DVD-Brennern sowie **5** die zunehmende Verbreitung des Internet, die das Kopieren, Tauschen und Verbreiten von Musik und Film so einfach machen, zeigte schon ab Mitte der 1990iger, spätestens aber mit Beginn des neuen Jahrtausends dramatische Folgen: Man schätzt, dass die Filmindustrie allein in Deutschland etwa 100 Mio. Euro jährlich durch **Filmpiraterie** verliert (Quelle: Motion Picture Association (MPA) 2004 European Country Piracy Fact Sheets, T-Statistics-2003 Germany, www.mpaa.org). Dabei kann dieser Wert noch erheblich weiter ansteigen, weil die Technik zum Tausch von Filmen über das Internet bislang einen noch größeren Schaden verhindert hat: Eine Spielfilm-Datei aus dem Internet in ausreichender Auflösungsqualität ist normalerweise etwa 1,5 Gigabyte groß, was etwa 500 Songs in MP3-Format entspricht. Auch bei schnellen DSL-Anschlüssen kann der Download mehrere Stunden dauern, das anschließende Brennen geht auch nicht viel schneller. Die **Musikindustrie** wurde deshalb bislang viel härter getroffen als die Filmindustrie: Angefangen mit dem Aufsehen erregenden US-amerikanischen Fall um die Tauschbörse Napster Ende der 1990iger Jahre (s. U.S. Court of Appeals for the Ninth Circuit GRUR Int. 2001, 355 – *Napster II*; US. District Court for the Northern District of California GRUR Int. 2000, 1066 – *Napster*), hat sich inzwischen das private Tauschen und Brennen von Musik weitgehend etabliert: Im Jahr 2005 wurden beispielsweise 275 Mio. CD-Rohlinge und 21 Mio. DVD-Rohlinge mit Musik von privaten Verbrauchern bespielt; das entspricht – wegen

der höheren Speicherkapazität von Rohlingen – etwa 439 Mio. CD-Äquivalenten (Quelle: Deutsche Landesgruppe der IFPI e.V., Brennerstudie 2006,
www.ifpi.de). Von den somit gut 4 Milliarden Songs, die 2005 auf Rohlinge
gebrannt worden sind, stammten etwa 10% aus illegalen Quellen, nicht eingerechnet wurden die Songs, die nicht gebrannt, sondern auf dem Computer
verblieben oder auf mobile MP3-Spieler wie beispielsweise den iPod übertragen worden sind. Der Rest waren zulässige Privatkopien. Zum Vergleich:
Im Jahr 2005 wurden nur 123 Mio. Musik-CDs in Deutschland verkauft
(Quelle: wie vor), so dass das private Kopieren – ob legal oder illegal – das
Geschäft mit der Musik um das 3,5fache überstieg. Das war 1999 noch ganz
anders: Damals standen 58 Millionen selbst gebrannten CD-Äquivalenten 198
Millionen verkaufte Alben gegenüber.

6 Die Musikindustrie hat die Bedrohung zunächst nicht ernst genommen: Im
Grunde genommen hat erst Apple den **legalen, lizenzpflichtigen Musikdownload** hoffähig gemacht; allerdings wurde iTunes nicht etwa in den Markt
eingeführt, um der Musikindustrie zu helfen, sondern einzig und allein deshalb, weil Apple die Hardware – den iPod – verkaufen wollte: Die Filmindustrie hatte es insoweit besser, weil ihr die Technik – wie dargestellt –
geholfen hat. Sie hat aber die Bedrohung auch sogleich ernstgenommen und
nicht nur DVDs mit einem Kopierschutz versehen – gegen das Abfilmen mit
digitalen Camcordern im Kino hilft allerdings auch das nichts; 2005 sollen
90% aller US-amerikanischen Kinofilme so kopiert und dann anschließend im
Internet getauscht worden sein, fast die Hälfte aller Piraten waren College-
Studenten (Motion Picture Association (MPA) 2005 u.s. Piracy Fact Sheet,
www.mpaa.org) – sondern auch durch eine martialische Aufklärungskam-
pagne auf die Folgen aufmerksam gemacht (downloadbar unter
http://www.hartabergerecht.de).

7 Die nächste Bedrohung wartet schon: Sog. **digitale Radiorecorder,** das ist
Software, die auf bestimmten Portalen zum Download angeboten wird, ermöglichen das automatisierte und gezielte Aufnehmen einzelner Musikauf-
nahmen aus dem Internet-Radio, die über Schnittlisten auf der Festplatte nach
Künstler und Titel sortiert abgelegt werden; der Nutzer hat entweder Titel und
Interpret vorgegeben oder löscht einfach die Titel heraus, die er nicht behalten
möchte. Einer der Anbieter wirbt damit, dass angeblich mit seiner Software
mehr als **9 Mio. Titel täglich kopiert** werden würden, was viel mehr ist als
iTunes und Musikload im gesamten Jahr 2005 in Deutschland zusammen
absetzen konnten (Quelle: Stellungnahme der Deutschen Landesgruppe der
IFPI e.V. und des Bundesverbandes der Phonographischen Wirtschaft e.V. zum
Entwurf eines 2. Gesetzes zur Regelung des Urheberrechts in der Informationsgesellschaft, ww.ifpi.de): Es gibt Tausende von Radiostationen, die weltweit
über das Internet in digitaler Qualität Musik senden und Millionen Songs
täglich, die man so herunterladen kann, und das auch noch in der Regel
vollkommen kostenlos (so beispielsweise der Dienst mp3flat.com). Das Urheberrecht wird auch darauf eine Antwort finden müssen, wenn verhindert
werden soll, dass der legale, kostenpflichtige Download von Musik oder die
Privatkopie von der gekauften CD durch den halblegalen und kostenfreien
Download aus dem Digitalradio ersetzt wird.

II. Überblick über die gesetzliche Regelung

8 Das UrhG schützt die **Urheber von Werken der Literatur, Wissenschaft und
Kunst** (§ 1) in ihren geistigen und persönlichen Beziehungen zum Werk sowie

in der Nutzung des Werkes; seit der Urhebervertragsrechtsreform 2002 soll es ihnen eine angemessene Vergütung sichern (§ 11 S. 2). Es gewährt Urheberpersönlichkeitsrechte und Verwertungsrechte in Form eines absoluten, ausschließlichen Rechtes am Werk; die Urheber dürfen ihre Werke nicht nur selbst nutzen, sondern können auch andere von der Benutzung ausschließen. Das UrhG schützt aber nicht nur die Urheber im vorgenannten Sinne, sondern auch Erbringer bestimmter Leistungen, die mit dem Urheberrecht verwandt sind, also z.B. Sänger, Musiker, Schauspieler, Regisseure, Tonträgerhersteller, Sendeunternehmen, Filmhersteller und weitere. Das Urheberrecht ist damit das **Recht des geistigen Eigentums** der Kulturschaffenden.

Werke der Literatur, Wissenschaft und Kunst können nach der beispielhaften **9** Aufzählung des § 2 Abs. 1 die folgenden sein:

1. Sprachwerke, wie Schriftwerke, Reden und Computerprogramme;
2. Werke der Musik;
3. pantomimische Werke einschließlich Werke der Tanzkunst;
4. Werke der bildenden Künste einschließlich der Werke der Baukunst und der angewandten Kunst und Entwürfe solcher Werke;
5. Lichtbildwerke einschließlich der Werke, die ähnlich wie Lichtbildwerke geschaffen werden;
6. Filmwerke einschließlich der Werke, die ähnlich wie Filmwerke geschaffen werden;
7. Darstellungen wissenschaftlicher oder technischer Art, wie Zeichnungen, Pläne, Karten, Skizzen, Tabellen und plastische Darstellungen.

Der **Katalog des § 2 Abs. 1** ist nicht abschließend: Auch andere, nicht genannte **10** Werkarten können urheberrechtlich geschützt sein; dies gilt insbesondere für Multimedia-Werke, die regelmäßig Elemente mehrerer Werkarten enthalten, nämlich von Sprachwerken, Werken der Musik, Lichtbildwerken und Filmwerken (vgl. § 2 Rn. 11).

Die dem Urheberrecht lediglich **verwandten Leistungen**, die das UrhG eben- **11** falls schützt, sind die folgenden:

1. Wissenschaftliche Ausgaben, § 70;
2. Nachgelassene Werke, § 71;
3. Lichtbilder, § 72;
4. Ausübende Künstler, § 73;
5. Veranstalter, § 81;
6. Tonträgerhersteller, § 85;
7. Sendeunternehmen, § 87;
8. Einfache Datenbanken, § 87a;
9. Filmhersteller, § 94;
10. Laufbilder, § 95.

Weil es sich hierbei nicht um Leistungen von Urhebern handelt und diese Leistungen dem Urheberrecht lediglich verwandt sind, wird für sie auch kein Urheberrecht gewährt, sondern ein „**verwandtes Schutzrecht**". Dies ist die Diktion des Gesetzes. In Literatur und Rechtsprechung wird aber häufig auch von „**Leistungsschutzrechten**" gesprochen, ohne dass sich hieraus ein Unterschied ergeben würde.

Das Urheberrecht hat das **Ziel**, die **Interessen der Urheber** und ihrer Rechts- **12** nachfolger zu schützen. Dies sind sowohl ideelle als auch materielle Interessen.

Das UrhG gewährt deshalb neben sog. „Urheberpersönlichkeitsrechten", das sind gem. §§ 12 – 14 insbesondere

- das Veröffentlichungsrecht (§ 12),
- das Recht auf Anerkennung der Urheberschaft einschließlich des Namens-nennungsrechtes (§ 13) und
- das Recht, Entstellungen oder andere Beeinträchtigungen des Werkes zu verbieten (§ 14),

auch umfassende **Verwertungsrechte** gem. §§ 15 – 23, nämlich

- das Recht zur Verwertung in körperlicher Form einschließlich des Verviel-fältigungsrechtes, des Verbreitungsrechtes und des Ausstellungsrechtes (§ 15 Abs. 1, §§ 16 – 18),
- das Recht der Wiedergabe in unkörperlicher Form einschließlich des Vor-trags-, Aufführungs- und Vorführungsrechtes, des Rechtes der öffentlichen Zugänglichkeit, des Senderechtes, des Rechtes der Wiedergabe durch Bild- oder Tonträger und des Rechtes der Wiedergabe von Funksendungen (§ 15 Abs. 2, §§ 19 – 22) sowie
- das Bearbeitungsrecht (§ 23), das im Zusammenspiel mit der Bestimmung über die freie Benutzung (§ 24) zugleich den Schutzumfang des Urheber-rechts regelt.

Es handelt sich jeweils um **ausschließliche** Rechte (§ 15 Abs. 1 Hs. 1). Sowohl die Urheberpersönlichkeitsrechte als auch die Verwertungsrechte sind zivil-rechtlich (§§ 97 ff.) und strafrechtlich (§§ 106 ff.) sanktioniert.

13 Das UrhG **trennt grundsätzlich zwischen materiellem und geistigem Eigentum,** also zwischen dem Werkstück und seiner Nutzung: Wer das Eigentum an einem Original erwirbt, erhält damit im Zweifel noch kein Recht, es – soweit urheberrechtlich relevant – zu nutzen (§ 44 Abs. 1); umgekehrt erhält auch derjenige, der ein Nutzungsrecht an einem urheberrechtlich geschützten Werk erwirbt, damit normalerweise nicht das Eigentum an den ihm z.B. zu Repro-duktionszwecken überlassenen Vorlagen.

14 Der Urheber kann sein Urheberrecht **weder** in Teilen noch im Ganzen **ver-äußern** oder **übertragen** (§ 29 Abs. 1); er kann daran lediglich **Nutzungsrechte** einräumen (§§ 29 Abs. 2, 31 ff.). Eine Ausnahme hierzu bildet der Erbfall, als Folge dessen das Urheberrecht in Erfüllung einer Verfügung von Todes wegen oder an Miterben im Wege der Erbauseinandersetzung auch übertragen wer-den kann (§ 29 Abs. 1 Hs. 2). Dies hängt mit der grundsätzlichen Entschei-dung des deutschen Urheberrechts zusammen, dass Schöpfer des Werkes immer nur eine natürliche Person sein kann, nicht aber eine juristische Person oder eine Maschine (vgl. § 7 Rn. 9, 11 f.). Wäre das Urheberrecht übertragbar, würde das natürliche Band zwischen dem Schöpfer und dem Werk aufgelöst werden. Im Hinblick auf die **verwandten Schutzrechte** gilt der Grundsatz der Nichtübertragbarkeit jedoch **nur eingeschränkt:** So sind die verwandten Schutzrechte, deren Schutz dem der Werke entspricht, grundsätzlich nicht übertragbar, andere, insbesondere solche, die auch in einer juristischen Person entstehen können, jedoch sehr wohl. Übertragbar sind die verwandten Schutz-rechte an nachgelassenen Werken (§ 71), der ausübenden Künstler (§ 73), der Veranstalter (§ 81), der Tonträgerhersteller (§ 85), der Sendeunternehmen (§ 87), an einfachen Datenbanken (§ 87a), der Filmhersteller (§ 94) sowie an Laufbildern (§ 95), nicht übertragbar sind jedoch die verwandten Schutzrechte an wissenschaftlichen Ausgaben (§ 70) und an Lichtbildern (§ 72).

Der grundsätzlichen Entscheidung, dass das Urheberrecht nicht übertragbar **15** ist, sondern daran lediglich Nutzungsrechte eingeräumt werden können, folgend, regelt das UrhG in den §§ 31 ff. das **Urhebervertragsrecht**, und zwar vor allem Umfang und Reichweite der Nutzungsrechtseinräumung (§ 31) flankiert von einigen Auslegungsregeln und Beschränkungen sowie Rückrufsrechten des Urhebers und – seit 2003 – auch dem Anspruch des Urhebers gegenüber seinem Vertragspartner auf Zahlung einer angemessenen Vergütung (§ 32; vgl. Rn. 31).

Die Ausschließlichkeitsrechte der Urheber und der Inhaber verwandter Schutz- **16** rechte sowie derjenigen, die von ihnen Nutzungsrechte ableiten, werden inhaltlich begrenzt durch die sog. „**Schrankenbestimmungen**", die von Gesetzeswegen bestimmte Handlungen gestatten, teilweise mit Vergütungspflicht, teilweise vergütungsfrei, teilweise auch in Form einer gesetzlichen Lizenz (§§ 44a-63a). Zu nennen sind beispielsweise die Fälle der Vervielfältigung zum eigenen Gebrauch (§§ 53, 53a, 54 ff.; vergütungspflichtig), das Zitatrecht (§ 51; vergütungsfrei), Nutzungen für den Kirchen-, Schul- und Unterrichtsgebrauch (§ 46; vergütungspflichtig) oder die zulässige Wiedergabe von Werken an öffentlichen Plätzen (§ 59; vergütungsfrei). Hierher gehören auch die Erschöpfung des Verbreitungsrechts (§ 17 Abs. 2; vergütungsfrei) und die Zwangslizenz für Werke der Musik (§ 42a; vergütungspflichtig).

Das Urheberrecht entsteht **ohne Registrierungsformalitäten** und –notwendig- **17** keiten mit der Schöpfung als „Realakt" (Schricker/*Loewenheim*[3] § 7 Rn. 5). Dem Urheber entstehen mit dem sich **automatisch vollziehenden Rechtserwerb** auch keinerlei Kosten. Entsprechend entstehen die verwandten Schutzrechte zu dem Zeitpunkt, in dem die tatbestandsmäßige Leistung, für deren Erbringung sie gewährt werden, vollendet ist. Weder für die Entstehung des Urheberrechts noch für die der verwandten Schutzrechte ist eine Veröffentlichung oder ein Erscheinen (§ 6) erforderlich. An die Veröffentlichung oder das Erscheinen sind lediglich bestimmte Rechtswirkungen gebunden: So hat der Urheber beispielsweise das ausschließliche Recht, zu bestimmen, ob und wie sein Werk zu veröffentlichen ist (§ 12) und besteht das Ausstellungsrecht (§ 18) nur an unveröffentlichten Werken. Einige Schrankenbestimmungen differenzieren zudem zwischen erschienenen und veröffentlichten Werken (beispielsweise das Zitatrecht nach § 51) oder verlangen zumindest die Veröffentlichung des weiter verwerteten Werkes (beispielsweise für den Kirchen-, Schul- oder Unterrichtsgebrauch, § 46, oder für die öffentliche Zugänglichmachung für Unterricht und Forschung, § 52a). Bei den verwandten Schutzrechten hängt zudem der Lauf der Schutzfrist, sofern nicht bereits das Erscheinen selbst Tatbestandsvoraussetzung für die Entstehung des Rechtes ist (wie beispielsweise bei § 71), von dem Erscheinen dergestalt ab, dass die Schutzfrist zunächst ab der Vollendung der vollbrachten Leistung berechnet wird, sie jedoch dann, wenn die geschützte Leistung innerhalb der Schutzfrist erscheint, von neuem zu laufen beginnt. Während die **Schutzdauer** der **verwandten Schutzrechte** entweder **15** (§ 87d), **25** (§§ 70, 71 und 82) oder **50 Jahre** (§§ 72, 76 [82], 85, 87, 94 und 95) läuft und wie erwähnt entweder mit der Erbringung der Leistung oder dem Erscheinen der Leistung zu laufen beginnt, beträgt die **Schutzdauer des Urheberrechts** die Lebenszeit des Urhebers plus 70 Jahre (§ 64); man spricht insoweit von einer Schutzfrist von **70 Jahren post mortem auctoris**. Alle diese Fristen berechnen sich ab dem Ende des Jahres, in das das den Lauf der Schutzfrist in Gang setzende Ereignis fällt (§ 69).

18 Urheberrechtlich geschützte Werke werden häufig nicht nur von einem Urheber geschaffen, sondern gehen auf die schöpferischen Leistungen mehrerer Urheber zurück. Neben der sogenannten **Alleinurheberschaft** (§ 7) regelt das UrhG deshalb auch die **Miturheberschaft** (§ 8) und die **Werkverbindung** (§ 9). Miturheberschaft liegt vor, wenn sich die Anteile der Miturheber nicht gesondert verwerten lassen; das ist beispielsweise bei einem Filmwerk der Fall (vgl. § 8 Rn. 1, 13). Von einer Werkverbindung spricht man, wenn Werke zu ihrer gemeinsamen Verwertung verbunden worden sind, jedes der verbundenen Werke für sich betrachtet, jedoch gesondert verkehrsfähig bleibt; als Beispiel mag eine Oper oder ein Popsong dienen, bei denen Text und musikalische Komposition grundsätzlich voneinander trennbar sind (vgl. § 9 Rn. 1, 8, 10).

III. Sinn und Zweck des Urheberrechts

19 Das Urheberrecht hat die **Aufgabe, dem Urheber den Lohn für seine in der Werkschöpfung liegende Leistung, also seine „Arbeit", zu sichern**; ihm kommt damit die soziale Funktion zu, den Urhebern aller Sparten ihren Lebensunterhalt zu verschaffen und ihre Existenz zu sichern (Schricker/*Schricker*[3] Einl. Rn. 14, *Schack*[2] Rn. 10; *Ulmer*[3] S. 24 f.). Dies ist vor allem darin begründet, dass die meisten Urheber freiberuflich tätig sind und sie das volle Risiko jedes künstlerischen Schaffens tragen (*Schack*[2] Rn. 10). Weite Kreise der Urheber gehören nach wie vor zu den sozial Schwachen; viele leben unterhalb des Existenzminimums (Schricker/*Schricker*[3] Einl. Rn. 14; *Schack*[2] Rn. 10 und 12; *Axel Nordemann/Heise* ZUM 2001, 128, 129).

20 Rechtsprechung und Literatur sind sich deshalb bereits seit langem darüber einig, dass der Urheber **tunlichst an dem wirtschaftlichen Nutzen zu beteiligen ist, der aus seinem Werk gezogen wird** und ihm ein Anspruch auf wirtschaftliche Kompensation grundsätzlich immer dann zusteht, wenn das Werk genutzt wird (BGH GRUR 2002, 248, 251 – *Spiegel-CD-ROM*; Schricker/*Schricker*[3] Einl. Rn. 15 f.; vgl. § 1 Rn. 4).

21 Ausfluss der **sozialen Funktion des Urheberrechts** ist auch, dass es **keine Registrierungsformalitäten** gibt (vgl. Rn. 17). Dem Urheber entstehen daher mit dem sich automatisch vollziehenden Rechtserwerb, gegen den er sich übrigens auch gar nicht wehren kann, keinerlei Kosten. Entsprechend ist auch die urheberrechtliche Schutzfrist nicht für bestimmte Zeiträume „verlängerbar" wie dies bei den gewerblichen Schutzrechten Patent, Gebrauchsmuster, Geschmacksmuster und Marke der Fall ist, um sie voll auszuschöpfen; sie läuft vielmehr einmalig und ohne Verlängerungsoption bis zum Ende des 70. Jahres nach dem Todesjahr des Urhebers (§§ 64, 69 UrhG). Infolge der internationalen Urheberrechtskonventionen, insbesondere der Revidierten Berner Übereinkunft, erhält der Urheber mit der Schöpfung kostenfrei einen praktisch weltweiten Schutz seiner Rechte (vgl. Rn. 46 ff.).

22 Bestandteil der sozialen Funktion des Urheberrechts ist auch das **Urhebervertragsrecht**. Es wurde bislang vor allem von dem sog. „**Zweckübertragungsgedanken**" aus § 31 Abs. 5 UrhG geprägt, der besagt, dass der Urheber in Verträgen im Zweifel Nutzungsrechte nur in dem Umfang einräumt, den der Vertragszweck unbedingt erfordert; darin kommt der von der Rechtsprechung geprägte Grundsatz zum Ausdruck, dass die urheberrechtlichen Befugnisse die Tendenz haben, soweit wie möglich beim Urheber zurückzubleiben, damit dieser in angemessener Weise an den Erträgen seines Werkes beteiligt wird (z.B. BGH GRUR 2002, 248, 251 – *Spiegel-CD-ROM* m.w.N.). Bisher galt der darin zum Ausdruck kommende Schutz zugunsten des Urhebers jedoch nur im Zusammenhang mit der Einräumung von Nutzungsrechten, nicht aber auch im Zusammenhang mit der Vergütung, die der Urheber dafür beanspruchen konnte. Das hat sich durch das **Gesetz zur Stärkung der vertraglichen Stellung von Urhebern und Ausübenden Künstlern vom 25.01.2002** geändert. § 11 S. 2 UrhG enthält jetzt nicht nur eine Klarstellung, dass das Urheberrecht zugleich der Sicherung einer angemessenen Vergütung für die Nutzung des Werkes dient, sondern neu in das UrhG aufgenommen wurde auch ein **nicht abdingbarer Anspruch für den Urheber auf Zahlung einer angemessenen Vergütung** (§§ 32, 32b UrhG). Außerdem steht dem Urheber für den Fall der besonders erfolgreichen Verwertung ein Anspruch auf eine weitere angemessene Beteiligung zu (sog. „reformierter Bestsellerparagraph", § 32a UrhG) und wurde für Urheber- und Verwerterverbände die Möglichkeit geschaffen, die Höhe der angemessenen Vergütung in gemeinsamen Vergütungsregeln festzulegen (§ 36 UrhG).

Die neuere Entwicklung des Urheberrechts nicht nur in Deutschland, sondern **23** insbesondere auch in der Europäischen Union ist dadurch gekennzeichnet, den Urheberrechtschutz kontinuierlich zu verbessern. Die Europäische Union hat insoweit eine ganze Reihe von Richtlinien erlassen, von der beispielhaft die sog. Schutzdauer-RL genannt werden soll (Richtlinie 93/98/EWG des Rates zur Harmonisierung der Schutzdauer des Urheberrechts und bestimmter verwandter Schutzrechte vom 29.10.1993 [Abl. Nr. L 290/9]), die neben einer Verbesserung des Schutzes für Fotografien vor allem die Schutzdauer des Urheberrechts auf dem hohen deutschen Niveau von 70 Jahren nach dem Tode des Urhebers und damit auf dem höchst möglichen Niveau harmonisiert hat; die meisten EU-Mitgliedsländer hatten früher eine Schutzdauer von 50 Jahren nach dem Tode des Urhebers (zur gesetzlichen Entwicklung in Deutschland vgl. Rn. 26 ff. und zur Entwicklung der EU-Richtlinien vgl. Rn. 37 ff.).

IV. Historische Entwicklung

1. Geschichte des Urheberrechts *(Czychowski)*

Wie alt der Gedanke ist, dass immaterielle Leistungen nicht völlig außerhalb **24** der Rechtsordnung stehen, zeigt ein Begriff des Urheberrechts, den wir heute wie selbstverständlich im allgemeinen Sprachgebrauch verwenden: **Das Plagiat**. Martial, der römische Dichter, verglich seine der Welt mitgeteilten Gedichte mit freigelassenen Sklaven. Wer seine Gedichte kopierte, wurde damit zum Menschenräuber, zum *plagiarius*. Dennoch waren geistige Güter dem römischen Recht fremd, sie waren *res extra commercium*. Das **Mittelalter** behalf sich mit Bücherflüchen, die im Vorwort dem Leser drohend vor Augen führen sollten, was ihm widerführe, wäre er mehr als ein Leser und würde zum Kopierer. Der Gedanke, geistige Leistungen schützen zu müssen, wurde erstmals mit gewisser Nachhaltigkeit im England des 17. und 18. Jahrhunderts entwickelt. England hatte zu dieser Zeit ein ausgefeiltes Buchverleger und – handelssystem, und es war die Innung der *book stationers* – der Buchhändler – die den Gesetzgeber zum Schutz ihrer Tätigkeit drängte. Heraus kam das berühmte **Statute of Anne** (dazu im Detail *Phillips/Durie/Karet*, Whale of Copyright[4], 1993), das gemeinhin als erstes echtes Urheberrechtsgesetz angesehen wird. Es folgte die nicht minder berühmte **Copyright-Klausel der US Verfassung** von 1787 („[...] to promote the Progress of Science and Useful Arts by securing for limited times to Authors and Inventors the exclusive Right to their respective Writings and Discoveries", Sektion 8 Klausel 8 US Verfassung 1787) und die Erklärung der Menschen- und Bürgerrechte der Französischen Revolution, in der in Art. 17 zunächst das Eigentum allgemein als „un droit inviolable et sacré" bezeichnet wurde, um dann in den Dekreten 1791 und 1793 nach einer berühmten Parlamentsdebatte, in dessen Verlauf der Abgeordnete Le Chapelier vom geistigen Eigentum als „la propriété la plus sacré" sprach, als „propriété littéraire et artistique" in die Urheberrechtsgesetzgebung Frankreichs Eingang zu finden. In den **deutschen Ländern** gab es im 19. Jahrhundert eine ganze Reihe gesetzlicher Regelungen zu einzelnen Aspekten des Urheberrechts, die zudem von einer intensiven literarischen Debatte, in die Goethe, aber auch Kant und viele mehr eingriffen, begleitet wurde.

25   Wer sich vertieft mit der wahrlich interessanten Geschichte des Urheberrechts beschäftigen will, dem seien die **Monographien** von *Gieseke, Martin Vogel, Wadle* und *Fedor Seifert* ans Herz gelegt sowie die von *Robert Dittrich* bzw. *Elmar Wadle* herausgegebenen Sammelbände *Woher kommt das Urheberrecht und wohin geht es?, Historische Studien zum Urheberrecht* (s. Lit.-Verz.). Die UFITA hat den Band 106 (1987) ausschließlich historischen Themen gewidmet; die in Band II (Teil 4) der FS GRUR gesammelten Beiträge stehen unter dem Generalthema „Hundert Jahre Urheberrechtsentwicklung in Deutschland". Verwiesen sei ferner auf die Arbeiten von *Boytha* und *Kisch* in UFITA 110 (1989), 5 und 79, von *Martin Vogel* GRUR 1987, 873 und 1991, 16 und 1994, 587, von *Fedor Seifert* NJW 1992, 1270, von *Schulz* UFITA 116 (1991), 153, von *Wandtke* GRUR 1995, 385 (zu Josef Kohler) sowie FS Kreile S. 789 (zu den VerwGes der DDR), *von Berg* FS Locher S. 393 (zum Schutz von Bauwerken in der DDR), und wiederum von *Wandtke* FS Hofmeister S. 673 sowie in *Dölemeyer/Mohnhaupt* S. 377 (Privilegien). Wer einen Ausflug in das 18. Jahrhundert und einen kleinen Idealstaat machen will, der kann sich in *Czychowski* UFITA 2000, 191 mit dem Fürsten Franz in Anhalt-Dessau und dem Versuch einer Steuerung der „Verwerterindustrien" durch Urheber selbst beschäftigen. Einen raschen Gesamtüberblick ermöglichen Schricker/*Vogel*[3] Einl. 50 ff. und *Elmar Wadle* FS Reischl S. 9.

2.   Entwicklung der Gesetzgebung in Deutschland

26   a) **Bis 1965:** Die ersten „echten" Urheberrechtsgesetze entstanden in Deutschland im 19. Jahrhundert. Genannt seien hier nur das Preußische Gesetz zum Schutze des Eigenthums an Werken der Wissenschaft und Kunst gegen Nachdruck und Nachbildung vom 11.06.1837 sowie das Bayerische Gesetz zum Schutze der Urheberrechte an literarischen Erzeugnissen und Werken der Kunst vom 28.06.1865, die beide immerhin schon eine Schutzfrist von 30 Jahren *post mortem auctoris* kannten. Die Gesetze wurden gefolgt von dem Gesetz betreffend das Urheberrecht an Schriftwerken, Abbildungen, musikalischen Kompositionen und dramatischen Werken des Norddeutschen Bundes vom 11.06.1870, das im Deutschen Reich zunächst fortgalt, sowie von den vom Deutschen Reich erlassenen Gesetz betreffend das Urheberrecht an Werken der bildenden Künste vom 09.01.1876 und dem Gesetz betreffend den Schutz der Photographien gegen unbefugte Nachahmung vom 10.01.1876. Diese Gesetze gingen auf in den beiden **unmittelbaren Vorläufergesetzen des UrhG**, nämlich dem Gesetz betreffend das Urheberrecht an Werken der Literatur und der Tonkunst vom 19.06.1901 (LUG) und dem Gesetz betreffend das Urheberrecht an Werken der bildenden Künste und der Photographie vom

09.01.1907 (KUG), die nach wie vor die Schutzfrist von 30 Jahren *post mortem auctoris* hielten (mit Ausnahme der kürzeren Schutzfrist für Werke der Photographie; s. Loewenheim/*Axel Nordemann* § 22 Rn. 22; *Axel Nordemann* S. 7 ff.). Eine Verlängerung erfolgte erst durch das Gesetz zur Verlängerung der Schutzrechtsfristen im Urheberrecht vom 13.12.1934 auf 50 Jahre *post mortem auctoris*. LUG und KUG gingen dann im Zuge der **großen Urheberrechtsreform 1965** im UrhG auf. Lediglich ein Ausschnitt aus dem KUG ist bis heute in Kraft, nämlich die §§ 22–24 sowie 33–50 KUG, die das Recht am eigenen Bild regeln (zum Verhältnis dieser Vorschriften zum UrhG vgl. Rn. 88 f.).

b) Nach 1965: Die immer rascher fortschreitende Entwicklung neuer Tech- **27** niken und Marktgewohnheiten hat den deutschen Gesetzgeber mehrfach zu **Novellierungen** des geltenden Gesetzes veranlasst. Die neuen Bundesländer haben die überfälligen Reformen mit der Wiedervereinigung am 03.10.1990 nachgeholt. Erst die folgenden wichtigen Novellen:

Zum **01.01.1973** wurde neben einer weitgehenden Verbesserung des Folge- **28** rechts (§ 26) die Bibliothekstantieme eingeführt (§ 27) sowie für die Aufnahme von Werken in Schulbüchern deren Urhebern eine angemessene Vergütung zugestanden (§ 46); endlich wurde die Schutzfrist für ältere, noch unter der Geltung des § 2 Abs. 2 LUG entstandene Aufnahmen korrigiert (§ 135a). Das ÄndG ist in Anhang I 4 der Vorauflage wiedergegeben.

Dann brachte das **ÄndG 1985**, das am 01.07.1985 in Kraft trat, neben einer **29** Verbesserung des § 52 (Vergütungsregelung für nicht zu Erwerbszwecken stattfindende Aufführungen) eine durchgreifende Reform des Rechts der Vervielfältigung für private und sonstige eigene Zwecke (§§ 53, 54); die Anlage zu § 54 Abs. 4 (später § 54d a.F.) schrieb erstmals bestimmte Vergütungssätze für Überspielungen und Fotokopien fest. Zugleich wurde die – von uns in den früheren Auflagen zu § 68 als verfassungswidrig beanstandete – Schlechterstellung der künstlerischen Fotografie gegenüber allen anderen Werken beseitigt (Schutzfrist früher 25 Jahre ab Herstellung oder Erscheinen gegen sonst 70 Jahre p.m.a., also im Regelfall mehr als das Vierfache), dies freilich nur für die Zukunft, d.h. für noch geschützte Lichtbildwerke (§ 137a); erst zum 01.07.1995 ist auch für fast alle Werke dieser Art, die damals schon gemeinfrei, deren Urheber aber 1995 noch nicht 70 Jahre tot waren, die Rest-Schutzfrist wieder aufgelebt (vgl. § 64 Rn. 17). Endlich gab es eine Verschärfung des durch Raubdrucke, Tonträgerpiraterie und Kunstfälschungen aktuell gewordenen Urheberstrafrechts sowie einige Verbesserungen im UrhWahrnG, die die Durchsetzung von Ansprüchen der VerwGes erleichtern sollten.

Der besseren Durchsetzung des Rechtsschutzes der Urheber und Leistungs- **30** schutzberechtigten diente das **ProduktpiraterieG** vom 07.03.1990. Neben einigen, durch die inzwischen vorliegenden praktischen Erfahrungen veranlassten Korrekturen in den §§ 54, 98/99, 102 und im Urheberstrafrecht, einem neuen, im Verfügungsverfahren durchsetzbaren Auskunftsanspruch gegen Rechtsverletzer (§ 101a) und einer Regelung über Maßnahmen der Zollbehörde gegen Piraterieprodukte (§ 111a) brachte das Gesetz die bedeutsame Heraufsetzung der Schutzfrist für Darbietungen ausübender Künstler von 25 auf 50 Jahre (§ 82); davon wurden auch die zwischen dem 01.01.1941 und dem 01.01.1966 entstandenen älteren Aufnahmen erfasst, für die schon § 135a eine Sonderregelung getroffen hatte (§ 137c). Auch die – in der Tat unangemessen kurzen – Schutzfristen für die Edition wissenschaftlicher Ausgaben (§ 70) und nachgelassener Werke (§ 71) wurde von 10 auf 25 Jahre erhöht, freilich wiederum nur für die noch geschützten Ausgaben (§ 137b).

31 Die rasche technische Entwicklung der Verwertungsmöglichkeiten für die nach dem UrhG geschützten Werke und Leistungen, aber auch die zunehmende wirtschaftliche Bedeutung des Urheberrechts (vgl. Rn. 3) haben zunächst nur zu einer Verbesserung des urheberrechtlichen Schutzes geführt, aber die Entwicklung des Urhebervertragsrechts, d.h. des vertraglichen Verhältnisses zwischen dem Werkschöpfer und den Werknutzern, ausgeklammert. Zwar hatte der Gesetzgeber im Zusammenhang mit der Schaffung des UrhG noch angekündigt, im Anschluss daran ein Urhebervertragsgesetz auszuarbeiten (Begr RegE UrhG – BT-Drucks. IV/270, S. 56 [Vor § 31]), jedoch tat sich zunächst bis auf vereinzelt erhobene Forderungen nichts (siehe beispielsweise *Dietz* GRUR Int. 1983, 390; *Wilhelm Nordemann* GRUR 1991, 1; *Ulmer*, Urhebervertragsrecht, S. 1 f.; s.a. den Bericht der Bundesregierung über die Entwicklung des Urheberrechts vom 06.05.1994 – BT-Drucks. 12/7489, S. 11 ff. mit Stellungnahme zu *Wilhelm Nordemann* GRUR 1991, 1). Erst nach einem weiteren engagierten Vorstoß aus der urheberrechtlichen Literatur mit dem von *Adolf Dietz, Ulrich Loewenheim, Wilhelm Nordemann, Gerhard Schricker* und *Martin Vogel* erarbeiteten sog. „Professorenentwurf" (GRUR 2000, 765) wurde auch den Belangen der Urheber gegenüber den Werknutzern im vertraglichen Verhältnis mit einer Verbesserung ihres Schutzes Rechnung getragen: Durch das **Gesetz zur Stärkung der vertraglichen Stellung von Urhebern und ausübenden Künstlern** vom 25.01.2002 bekam nicht nur § 11 eine Klarstellung, dass das Urheberrecht zugleich auch der Sicherung einer angemessenen Vergütung für die Nutzung des Werkes dient, sondern neu in das UrhG aufgenommen wurde ein **nicht-abdingbarer Anspruch** für die Urheber auf Zahlung einer angemessenen Vergütung (§§ 32, 32b). Außerdem wurde die Stellung der Urheber für den Fall der besonders erfolgreichen Verwertung über einen Anspruch auf weitere angemessene Beteiligung verbessert (sog. „reformierter Bestsellerparagraf", § 32a) und wurde für Urheber- und Verwerterverbände die Möglichkeit geschaffen, die Höhe der angemessenen Vergütung in gemeinsamen Vergütungsregeln festzulegen (§ 36). Einzelheiten zur Entwicklung dieser Reform des Urhebervertragsrechts vgl. § 32 Rn. 2 ff. und Vor §§ 31 ff. Rn. 19 und *Wilhelm Nordemann*, Urhebervertragsrecht, Einführung sowie Schricker/*Schricker*³ Vor §§ 28 ff. Rn. 1 ff.).

32 Zur Anpassung des Urheberrechts an die neuen Technologien ist es zunächst modernisiert worden durch das **Gesetz zur Regelung des Urheberrechts in der Informationsgesellschaft** vom 10.09.2003, das der Umsetzung der Richtlinie 2001/29/EG des Europäischen Parlaments und des Rates vom 22.01.2001 zur Harmonisierung bestimmter Aspekte des Urheberrechts und der verwandten Schutzrechte in der Informationsgesellschaft (vgl. Rn. 44) diente. Diese Urheberrechtsreform hat vor allem zu einer Einführung des Rechtes der öffentlichen Zugänglichmachung (§ 19a) geführt sowie Änderungen beim Schutz der ausübenden Künstler und der Schrankenbestimmungen gebracht. Ferner hat die Reform einen Schutz von technischen Maßnahmen zur Kontrolle der Vervielfältigung eingeführt (§ 95a bis 95d). Diese Reform wurde auch als „1. Korb" bezeichnet.

33 Eine weitere Reform des UrhG erfolgte durch das **Zweite Gesetz zur Regelung des Urheberrechts in der Informationsgesellschaft** vom 26.10.2007, den sog. „2. Korb". Diese Reform hat das früher in § 31 Abs. 4 enthaltene Verbot der Einräumung von Nutzungsrechten an unbekannten Nutzungsarten abgeschafft und solche Verträge über § 31a Abs. 1 lediglich einem Schriftformerfordernis unterstellt, mit einem Widerrufsrecht verbunden und über § 32c einer gesonderten Vergütung unterworfen. Des Weiteren hat der 2. Korb das Vergütungsschema für die Privatkopie in den §§ 54 ff. durch Herausnahme der festen Vergütungssätze und Ersetzung durch einen Anspruch auf angemessene Vergütung maßgeblich neu strukturiert. Ferner sind zwei neue Schrankenbestimmungen, nämlich § 52b Wiedergabe von Werken an elektronischen Leseplätzen in öffentlichen Bibliotheken, Museen und Archiven sowie § 53a Kopienversand auf Bestellung eingeführt und das Zitatrecht gem. § 51 neu gefasst worden.

Die aktuellste Reform des UrhG erfolgte durch das Gesetz zur Verbesserung **34** der Durchsetzung von Rechten des geistigen Eigentums vom 07.07.2008 (BGBl. I 2008, 1191 vom 22.07.2008, BT Drucks. 16/8783) zur **Umsetzung der Enforcement-RL** (vgl. Rn. 45). Dabei wurde einerseits § 97 umformuliert, ohne dass es zu inhaltlich weit reichenden Änderungen gekommen wäre; insbesondere sind nun die drei lange anerkannten Berechnungsarten für den Schadenersatz (vgl. § 97 Rn. 68) ausdrücklich normiert. Des Weiteren ist eine Vorschrift über die Abmahnung mit § 97a eingeführt worden. Neu gefasst wurden in § 101 die Auskunfts- und Rechnungslegungsansprüche und neu eingeführt in § 101a ein Vorlage- und Besichtigungsanspruch sowie schließlich zur Sicherung der Durchsetzung von Schadensersatzansprüchen in § 101b eine Vorlagepflicht für Bank-, Finanz- und Handelsunterlagen. Andererseits gilt die Vermutung der Urheberschaft gem. § 10 nunmehr für alle verwandten Schutzrechte entsprechend (vgl. § 10 Rn. 3, 61) und gem. § 10 Abs. 3 eingeschränkt auch für den Inhaber eines ausschließlichen Nutzungsrechtes.

3.   Wiedervereinigung

Die **deutsche Wiedervereinigung** am 03.10.1990 hat Änderungen des bundes- **35** deutschen UrhG nicht erforderlich gemacht, aber zu einschneidenden Veränderungen im Urheberrecht der bisherigen DDR geführt. Die genial einfache Regelung des Einigungsvertrages (vgl. Vor EV Rn. 1) lässt sich in einen einzigen Satz fassen: In den neuen Bundesländern gilt das hier kommentierte UrhG. Damit ist zunächst die Rechtseinheit auch für die Deutschen in den neuen Bundesländern wieder hergestellt; sie waren im Altbundesgebiet ja auch bisher schon nach den Vorschriften des UrhG geschützt (§ 120). Der Unterschied der Schutzfristen, der sich deshalb nur innerhalb der DDR (und im Schutzfristenvergleich mit den anderen Mitgliedsländern von RBÜ und WUA) ausgewirkt hatte, ist aufgehoben (zu Beispielen vgl. § 64 Rn. 15). Wer Nutzungsrechte für die bisherige DDR-Schutzdauer erworben hatte, ist Rechtsinhaber geblieben, muss aber für die Fristverlängerung eine angemessene Vergütung zahlen. Nutzungshandlungen, die vor dem 01.07.1990 begonnen worden waren, durften unter der gleichen Bedingung fortgesetzt werden. Das UrhG der DDR gilt für Verträge fort, die unter seiner Geltung abgeschlossen wurden (vgl. Vor §§ 31 ff. Rn. 20 ff.). Das Problem der geteilt vergebenen Nutzungsrechte hat sich durch den „Ausverkauf" der DDR-Verlage an bundesdeutsche Unternehmen in der Praxis von selbst geregelt. Der Versuch insbesondere von Filmproduzenten und Sendeunternehmen, über die Lehre vom Wegfall der Geschäftsgrundlage diejenigen Nutzungsrechte auf die neuen Bundesländer zu erstrecken, die sie vor der „Wende" unter Beschränkung auf das Altbundesgebiet erworben hatten (*Flechsig* ZUM 1991, 1 und FS Nirk S. 263; *Schmits* ZUM 1993, 72), ist an der Rechtsprechung gescheitert (BGH

GRUR 1997, 215, 219 – *Klimbim;* OLG Hamm GRUR 1992, 907 – *Strahlende Zukunft* und dazu *Schricker* IPrax 1992, 216; LG München I GRUR 1992, 169 – *DDR-Sendelizenzen* und GRUR Int. 1993, 82 – *Duo Gismondi-Vasconcelos,* vgl. Vor §§ 31 ff. Rn. 20, 23). Ungeklärt blieb dagegen zunächst das rechtliche Schicksal der Lichtbildwerke, die nach dem UrhG der DDR noch geschützt, nach bundesdeutschem Urheberrecht aber schon gemeinfrei waren (dazu *Axel Nordemann* GRUR 1991, 418). Es hat sich durch das Wiederaufleben der Schutzfrist für fast alle älteren Lichtbildwerke in ganz Deutschland am 1.7.1995 (vgl. § 64 Rn. 16 f.) weitgehend erledigt.

36 Wegen weiterer Einzelfragen sei auf die Kommentierung zum EV verwiesen.

V. EU-Gemeinschaftsrecht

37 In der Europäischen Union gibt es **kein einheitliches Urheberrechtsgesetz;** vielmehr hat jeder Mitgliedsstaat sein eigenes, nationales Gesetz. Es gibt auch keine EU-Richtlinie, die vergleichbar der Markenrechtsrichtlinie die nationalen Urheberrechte der EU-Mitgliedsstaaten insgesamt harmonisieren würde. Die Organe der Europäischen Gemeinschaft haben zunächst – abgesehen von einem Auftrag zu einer rechtsvergleichenden Studie an *Adolf Dietz* (Lit.-Verz.) – jahrzehntelang kein besonderes Interesse für das Urheberrecht erkennen lassen. Das schließlich 1988 von der Brüsseler Kommission vorgelegte *Grünbuch über das Urheberrecht und die technologische Herausforderung* (GRUR Int. 1988, 719 ff.) ließ zunächst wenig Verständnis für die Besonderheiten dieses Rechtsgebietes erkennen. Mit der Vorlage des *Arbeitsprogrammes auf dem Gebiet des Urheberrechts und der verwandten Schutzrechte* im Januar 1991 (GRUR Int. 1991, 756) hat sich dieses Bild jedoch nachhaltig verändert. In rascher Folge hat die Kommission seither eine Reihe von Richtlinienvorschlägen zur Harmonisierung des nationalen Rechts der Mitgliedsstaaten geschaffen, die inzwischen sämtlich – teilweise allerdings mit Verspätung – in das UrhG umgesetzt worden sind:

1. Richtlinie 91/250/EWG des Rates vom 14.05.1991 über den Rechtsschutz von Computerprogrammen

38 Die sog. **Computer- oder Software-RL** sollte gewährleisten, dass Computerprogramme in den Mitgliedsstaaten als literarische Werke urheberrechtlich geschützt werden. Gem. Art. 1 Abs. 3 S. 1 der Computer-RL genießen Computerprogramme urheberrechtlichen Schutz, wenn sie individuelle Werke in dem Sinne darstellen, dass sie das Ergebnis der eigenen geistigen Schöpfung ihres Urhebers sind. Die Umsetzung in das nationale deutsche Recht erfolgte mit der Einführung der §§ 69a–g UrhG durch das 2. Gesetz zur Änderung des Urheberrechtsgesetzes (2. UrhRÄndG) vom 09.06.1993. Vor allem § 69a Abs. 3 UrhG brachte eine entscheidende Änderung der Rechtspraxis mit sich: Sie führte dazu, dass der BGH seine strenge Rechtsprechung, wonach Computerprogramme nur bei einem deutlichen Überragen des Durchschnittskönnens schutzfähig sein sollten, aufgeben musste; seither genießt auch im Bereich der Software die "kleine Münze" urheberrechtlichen Schutz (vgl. Vor §§ 69a ff. Rn. 1).

2. Richtlinie 92/100/EWG des Rates vom 14.11.1992 zum Vermietrecht und Verleihrecht sowie zu bestimmten dem Urheberrecht verwandten Schutzrechten im Bereich des geistigen Eigentums

Die sog. **Vermiet- und Verleihrecht-RL** (geändert durch RL 2006/115/EG vom **39** 12.12.2006 ABl. EG 2006 Nr. L 376/28), die spätestens zum 01.07.1994 umzusetzen war, betrifft die Vermietung und das Verleihen von Originalen und Vervielfältigungsstücken urheberrechtlich geschützter Werke sowie bestimmte Aspekte im Bereich des Leistungsschutzrechtes. Die Umsetzung in Deutschland erfolgte mit dem 3. UrhRÄndG vom 23.06.1995, insbesondere durch Neufassung der §§ 17 und 27 UrhG. Seither handelt es sich bei dem Vermietrecht um ein ausschließliches Recht (Verbotsrecht). Die bis dahin geführten Diskussionen, ob dem Urheber ein ausschließliches Vermietrecht zugebilligt werden sollte, fanden somit ein Ende. Die entsprechenden Vergütungsregeln für die Vermietung und das Verleihen finden sich in § 27 UrhG.

3. Richtlinie 93/98/EWG des Rates vom 30.10.1993 zur Harmonisierung der Schutzdauer des Urheberrechts und bestimmter verwandter Schutzrechte

Die sog. **SchutzdauerRL** (geändert durch RL 2006/116/EG vom 12.12.2006 **40** über die Schutzdauer … [ABl. EG 2006 Nr. L 372/12]), die in Deutschland ebenfalls mit dem 3. UrhRÄndG vom 23.06.1995 in nationales Recht umgesetzt worden ist, harmonisiert die urheberrechtliche Schutzfrist auf 70 Jahre *post mortem auctoris*. Die verwandten Schutzrechte der ausübenden Künstler, der Tonträgerhersteller, der Filmhersteller sowie der Sendeunternehmen genießen entsprechend der europäischen Vorgabe Schutz für 50 Jahre, beginnend nach dem jeweils relevanten Ereignis (wie etwa "Erscheinen des Tonträgers" i. S. d. § 85 Abs. 3 UrhG). Die Schutzfrist für nachgelassene Werke (§ 71 UrhG) beläuft sich auf 25 Jahre. Die relevanten Übergangsvorschriften finden sich in § 137f UrhG.

4. Richtlinie 93/83/EWG des Rates vom 27.09.1993 zur Koordinierung bestimmter urheber- und leistungsschutzrechtlicher Vorschriften betreffend Satellitenrundfunk und Kabelweiterverbreitung

Die sog. **Satelliten- und Kabel-RL** dient der Harmonisierung grenzüberschrei- **41** tender Programmübermittlung per Satellit und im Wege der Kabelweiterleitung. Sie verfolgt das Ziel, europaweit die Grenzen für nationale Rundfunkprogramme zu öffnen und einen gemeinsamen Markt für deren Veranstalter und Empfänger zu errichten. Insbesondere sollen die ausschließlichen Rechte der Satellitensendung und der Kabelweitersendung angeglichen werden. In Deutschland führte die RL vor allem zu der Einführung der §§ 20a sowie 20b UrhG durch das 4. UrhRÄndG vom 08.05.1998, das die bis zum 01.01.1995 umzusetzende RL – deutlich verspätet – in nationales Recht umsetzte.

5. Richtlinie 96/9/EG des Europäischen Parlaments und des Rates vom 11.03.1996 über den rechtlichen Schutz von Datenbanken

Die sog. **Datenbank-RL** soll in der Gemeinschaft einen umfassenden Schutz **42** von Datenbanken gewährleisten. Sie ist mit Wirkung zum 01.01.1998 durch Art. 7 IuKDG in das deutsche Recht umgesetzt worden. Seither werden in dem deutschen UrhG sowohl Datenbankwerke (§ 4 UrhG) als auch Datenbanken (§§ 87a ff. UrhG) geschützt. Während § 4 UrhG insbesondere die schöpferische Auswahl und Anordnung des Datenbankinhaltes im Auge hat, dienen die §§ 87a ff. UrhG dem Schutz der Investitionen, die in die Beschaffung, Sammlung, Überprüfung, Aufbereitung und Darbietung des Inhalts gemacht wurden. Daneben wurden zum Zwecke der Umsetzung der RL die §§ 23, 53, 55a, 63 sowie 137g UrhG geändert bzw. neu eingefügt.

6. Richtlinie 2001/84/EG des Europäischen Parlaments und des Rates vom 27.09.2001 über das Folgerecht des Urhebers des Originals eines Kunstwerks

43 Die sog. **Folgerechts-RL** betrifft das unabtretbare und unveräußerliche Recht des Urhebers des Originals eines Werkes der bildenden Kunst auf wirtschaftliche Beteiligung am Erlös aus jeder Weiterveräußerung des betreffenden Werkes. Die Richtlinie ist mit Gesetz vom 10.11.2006 (BGBl. I 2587) zum 19.11.2006 durch Neufassung von § 26 UrhG umgesetzt worden.

7. Richtlinie 2001/29/EG des Europäischen Parlaments und des Rates vom 22.05.2001 zur Harmonisierung bestimmter Aspekte des Urheberrechts und der verwandten Schutzrechte in der Informationsgesellschaft

44 Die sog. **Info-RL** trägt insbesondere der technischen Entwicklungen Rechnung, die sich auch auf die Möglichkeiten für das geistige Schaffen, die Produktion und die Verwertung geistigen Eigentums auswirken. Sie war bis zum 22.12.2002 in nationales Recht umzusetzen. Mit dem 1. Gesetz zur Regelung des UrhG in der Informationsgesellschaft vom 10.09.2003, dem sog. "1. Korb", ist Deutschland seiner Umsetzungsverpflichtung im Wesentlichen nachgekommen, beschränkte sich dabei jedoch auf die zwingend erforderlichen Umsetzungen. Die Aspekte, welche die RL nicht zwingend vorschreibt, sondern den Mitgliedsstaaten zur Regelung überlässt, sollten dem "2. Korb" vorbehalten sein. Der 1. Korb führte u.a. zur Änderung der Vorschriften über die Vervielfältigung zum privaten und sonstigen eigenen Gebrauch (§ 53 UrhG), zu der Einführung des Schutzes technischer Schutzmaßnahmen (§§ 95a f. UrhG), zur Kodifizierung des Rechts der öffentlichen Zugänglichmachung (§ 19a UrhG), der vorübergehenden Vervielfältigungshandlung (§ 44a UrhG) sowie neuer Strafvorschriften (§ 108b UrhG).

8. Richtlinie 2004/48/EG des Europäischen Parlaments und des Rates vom 29.04.2004 zur Durchsetzung der Rechte des geistigen Eigentums

45 Die sog. **Enforcement-RL** soll Verfahren und Rechtsbehelfe, die erforderlich sind, um die Durchsetzung der Rechte des geistigen Eigentums sicherzustellen, harmonisieren (Art. 1). Sie knüpft vor allem an die TRIPS an, geht jedoch teilweise auch darüber hinaus. Sie beschränkt sich auf die Regelung der zivilrechtlichen Durchsetzung der Rechte des geistigen Eigentums, die strafrechtliche Ahndung der Produktpiraterie soll im internationalen Kontext auf der Grundlage der TRIPS erfolgen (ErwG 28). Die Richtlinie enthält keine Regelungen zu der Frage, ob ein Recht des geistigen Eigentums verletzt ist; das soll sich nach wie vor nach dem Recht des Schutzlandes richten. Die Richtlinie betrifft alle Rechte des geistigen Eigentums, also sowohl die gewerblichen Schutzrechte als auch das Urheberrecht (Art. 1). Sie sieht bestimmte allgemeine Verpflichtungen im Hinblick auf „wirksame, verhältnismäßige und abschreckende" Rechtsbehelfe vor (Art. 3) und soll die notwendigen Beweismittel (Art. 6), Maßnahmen zur Beweissicherung (Art. 7), den Auskunftsanspruch (Art. 8), den einstweiligen Rechtsschutz (Art. 9) und schließlich

Abhilfemaßnahmen, gerichtliche Anordnungen und Ersatzmaßnahmen (Art. 10–12) sowie Schadensersatz und Kostenerstattung (Art. 13 und 14) harmonisieren; außerdem ist eine Veröffentlichungsmöglichkeit für Gerichtsentscheidungen vorgesehen (Art. 15). Die Umsetzung erfolgte durch das Gesetz zur Verbesserung der Durchsetzung von Rechten des geistigen Eigentums vom 07.07.2008, BGBl. I 2008, 1191 vom 11.07.2008 (BT Drucks. 16/8783).

VI. Internationaler Schutz des Urheberrechts

Im gewerblichen Rechtsschutz und Urheberrecht ist die Notwendigkeit eines **46** internationalen Rechtsschutzes so offenkundig wie in wenigen anderen Rechtsgebieten: Technische Erfindungen können weltweit vermarktet werden und machen ebenso wenig Halt vor nationalen Grenzen wie Marken. Gerade in unserer globalisierten Welt wird der **internationale Rechtsschutz** zunehmend bedeutender, und zwar nicht nur wegen der globalen Bedrohungen durch die Piraterie, sondern auch, weil sich die Weltmärkte schon seit geraumer Zeit nicht nur für Großkonzerne, sondern auch für kleine und mittelständische Unternehmen geöffnet haben. Das gilt natürlich auch für das Urheberrecht und die verwandten Schutzrechte, weil die Sprache der Musik und des Bildes überall verstanden wird, Filme sich synchronisieren und Bücher sich übersetzen lassen; die zunehmende Durchsetzung der englischen Sprache als internationales Kommunikationsmedium auch außerhalb des Handels – über 1 Milliarde Englisch-sprechender Inder werden dies endgültig manifestieren – tut ebenso ihr Übriges wie gerade das Internet den kulturellen Austausch und den Vertrieb kultureller Leistungen in der ganzen Welt erleichtert. Die Notwendigkeit eines internationalen Schutzes der gewerblichen Schutzrechte und des Urheberrechts hat sich allerdings nicht erst in den letzten Jahren infolge der zunehmenden Globalisierung ergeben, sie ist nur seither noch wichtiger geworden.

Die Notwendigkeit eines internationalen Schutzes im Bereich des geistigen **47** Eigentums wurde bereits in der zweiten Hälfte des 19. Jahrhunderts erkannt (Überblick vgl. Vor §§ 120 ff. Rn. 5 ff.) und nahm ihren Ausgang in der **Pariser Verbandsübereinkunft** zum Schutz des gewerblichen Eigentums (**PVÜ**) vom 20.03.1883 sowie der **Berner Übereinkunft** zum Schutz von Werken der Literatur und Kunst vom 09.09.1886 (ausführlich vgl. Vor §§ 120 ff. Rn. 12 ff.). Zu erwähnen ist insoweit auch das die PVÜ ergänzende **Madrider Abkommen über die internationale Registrierung von Marken** (**MMA**) vom 14.04.1891.

Beide Konventionen wurden mehrfach revidiert, die **PVÜ** zuletzt am **48** 28.09.1979. Ihr gehörten am 02.05.2008 insgesamt 173 Staaten an, darunter neben allen Mitgliedsländern der EU auch alle anderen wichtigen Industriestaaten wie die USA, Japan, Russland, China und Indien, fast alle Schwellenländer wie Argentinien, Brasilien, Chile, Mexiko, Malaysia, die Philippinen, Indonesien oder Südafrika und auch eine große Anzahl an Entwicklungsländern. Sie betrifft Patente, Gebrauchsmuster, Geschmacksmuster, Marken, geschäftliche Bezeichnungsrechte, geographische Herkunftsangaben sowie schließlich den unlauteren Wettbewerb (Art. 1 Abs. 2 PVÜ). Das Madrider Markenabkommen (**MMA**) wurde zuletzt revidiert in Stockholm am 14.07.1967, aber ergänzt durch das Protokoll zum Madrider Markenabkommen (**MMP**) vom 27.06.1989, um das Madrider Markenabkommen auf eine breitere Basis stellen zu können, weil bestimmte Länder – wie beispielsweise die USA, Japan oder Australien – wegen Inkompatibilität ihres Markenschutzsystems mit bestimmten Vorgaben des MMA darin nicht Mitglied werden konnten (*Fezer* Vorb. MMA Rn. 6; Hasselblatt/*Karow* § 36 Rn. 4). Das Madrider Markenabkommen hatte am 01.05.2007 57 Mitgliedsländer, das Protokoll 72.

49 Die Berner Übereinkunft (ausführlich vgl. Vor §§ 120 ff. Rn. 12 ff.) wird seit ihrer ersten Revision in Berlin 1908 **Revidierte Berner Übereinkunft (RBÜ)** genannt und hatte zunächst wenige Mitgliedsländer; die Ursprungsfassung wurde abgeschlossen zwischen Belgien, dem Deutschen Reich, Frankreich, Großbritannien, Italien, der Schweiz, Spanien und Ländern, deren Mitgliedschaft man vielleicht zunächst nicht ohne weiteres vermuten würde, wie Haiti, Liberia und Tunesien. Mehrere Revisionskonferenzen wie in Rom 1928, Brüssel 1948 und Stockholm 1967 führten schließlich zu der heute noch gültigen Pariser Fassung vom 24.07.1971. Die RBÜ hatte per 31.07.2008 164 Mitgliedsländer. Der wichtigste Beitritt in den vergangenen Jahrzehnten war sicherlich der der USA mit Wirkung vom 01.03.1989, der erst möglich wurde, nachdem die USA ihr Urheberrecht dem europäischen System angepasst und den Registrierungszwang, der sich aus dem 1909 Act ergab und der sich nicht mit Art. 5 Abs. 2 S. 1 RBÜ, der die Abhängigkeit der Gewährung urheberrechtlichen Schutzes von irgendwelchen Förmlichkeiten ausschloss, in Einklang bringen ließ, abgeschafft hatten. Der 1976 Act knüpft jetzt nur noch gewisse Vorteile an die Registrierung beim United States Copyright Office, macht den Schutz davon aber nicht mehr abhängig (*Dowd* § 1:8; Nimmer/*Geller*, United States (Schwartz/*Nimmer*), § 3(2)).

50 Wegen dieser Inkompatibilität war bereits vorher, um die USA in den internationalen Urheberrechtsschutz einbeziehen zu können, das so genannte **Welturheberrechtsabkommen (WUA)** vom 06.05.1952 (ausführlich vgl. Vor §§ 120 ff. Rn. 26 ff.) abgeschlossen worden, zuletzt revidiert am 24.07.1971 in Paris. Da die USA damals den Urheberrechtsschutz von einer Registrierung abhängig gemacht hatten, hatten sie zur Sicherung des Urheberrechtsschutzes ihrer Staatsangehörigen im Ausland vor allem mit den meisten europäischen Staaten zweiseitige Abkommen geschlossen, die – einseitig zu Gunsten US-amerikanischer Staatsangehöriger – einen Urheberrechtsschutz in diesen Ländern auch ohne Gegenseitigkeit gewährleistete. Da aber die USA selbst für Ausländer keine Ausnahme gewährten, so dass diese sich dem Anmeldesystem unterwerfen mussten, um in den USA einen urheberrechtlichen Schutz zu erhalten, suchte das WUA diese Ungleichbehandlung zu beseitigen: Gem. Art. III Abs. 1 WUA gelten alle Förmlichkeiten als erfüllt, wenn das Werk bei der ersten Veröffentlichung das ©-Zeichen in Verbindung mit dem Namen des Inhabers des Urheberrechts und der Jahreszahl der ersten Veröffentlichung trug. Über diese wichtigste Bedeutung ist das WUA allerdings nie hinausgekommen; seit dem Beitritt der USA zur RBÜ am 01.03.1989 und dem Abschluss der TRIPS ist seine Bedeutung weiter zurückgegangen: Per 31.07.2008 hatte das WUA nur 100 Mitgliedsländer.

51 Der Schutz der **verwandten Schutzrechte**, vor allem der ausübenden Künstler, hat zunächst keinen Eingang gefunden in die internationalen Urheberrechtskonventionen, sondern ist in gesonderten Abkommen geregelt: So im internationalen Abkommen über den Schutz der ausübenden Künstler, der Hersteller von Tonträgern und der Sendeunternehmen vom 26.10.1961 (so genanntes „**Rom-Abkommen, RA**"; ausführlich vgl. Vor §§ 120 ff. Rn. 34 ff.), dem Übereinkommen zum Schutz der Hersteller von Tonträgern gegen die unerlaubte Vervielfältigung ihrer Tonträger vom 29.10.1971 (so genanntes „**Genfer Ton-**

träger-Abkommen, GTA"; ausführlich vgl. Vor §§ 120 ff. Rn. 43 ff.) und dem europäischen Abkommen zum Schutz von Fernsehsendungen vom 22.06.1960 (so genanntes „Straßburger Fernsehabkommen, SFA"; ausführlich vgl. Vor §§ 120 ff. Rn. 48 ff.). Die internationalen Abkommen zum Schutz der verwandten Schutzrechte haben keine so starke Durchsetzung erfahren wie beispielsweise die RBÜ: Das Rom-Abkommen ist noch das am weitesten verbreitete mit 86 Mitgliedsländern per 01.05.2007, das GTA hatte zu diesem Zeitpunkt 76 Mitgliedsländer, das SFA nur 6 Mitgliedsländer.

Das wichtigste in jüngerer Zeit abgeschlossene internationale Übereinkommen **52** sind sicherlich die so genannten **TRIPS** (**Trade Related Aspects of Intellectual Property Rights;** ausführlich vgl. Vor §§ 120 ff. Rn. 17 ff.), die als Bestandteil des Übereinkommens zur Errichtung der Welthandelsorganisation (World Trade Organization (WTO) vom 15.04.1994 – des so genannten GATT – abgeschlossen worden sind und die wegen ihrer Verknüpfung mit dem GATT nicht nur eine fast weltweite Verbreitung mit 153 Mitgliedsländern am 31.07.2008 gefunden haben, sondern erstmalig den Schutz des geistigen Eigentums und die Durchsetzung der Rechte in einem Abkommen vereinen: Die TRIPS gelten sowohl für das Urheberrecht und die verwandten Schutzrechte als auch für Marken, geographische Herkunftsangaben, Geschmacks- und Gebrauchsmuster, Patente, Topografien, das Know-How, sie sollen bestimmte Wettbewerbs beschränkende Praktiken in Lizenzverträgen verhindern und Mindeststandards für die Durchsetzung der Rechte des geistigen Eigentums gewährleisten. Im Bereich des Urheberrechts betreffen sie wie erwähnt sowohl das Urheberrecht als auch die verwandten Schutzrechte. Sie bauen maßgeblich auf der RBÜ durch einen Verweis in Art. 9 TRIPS auf die Art. 1–21 RBÜ sowie das Rom-Abkommen (Art. 14 TRIPS) auf.

Im Anschluss an die TRIPS sind noch der **WIPO Copyright Treaty** (**WCT;** **53** ausführlich vgl. Vor §§ 120 ff. Rn. 23 ff.) und der **WIPO Performances and Phonograms Treaty** (**WPPT;** ausführlich vgl. Vor §§ 120 ff. Rn. 30 ff.) vom 20.12.1996 geschlossen worden, die Ergänzungen vor allem im Hinblick auf das Online-Recht (entsprechend § 19a UrhG) sowie der Unterbindung der Umgehung von technischen Schutzvorkehrungen (entsprechend §§ 95a ff. UrhG) enthalten. Per 31.07.2008 hatten zwar die USA und eine Reihe neuerer EU-Mitgliedsländer das WCT und das WPPT ratifiziert, nicht jedoch die alten EU-Mitgliedsländer und die EU selbst, weil noch nicht alle alten EU-Mitgliedsländer die EU-Info-Richtlinie (Einzelheiten vgl. Rn. 44) umgesetzt hatten, was aber vor einer Ratifizierung von WCT und WPPT notwendig ist (Schricker/ *Katzenberger*[3] Vor §§ 120 ff. Rn. 51).

Die Internationalen Konventionen gewähren bestimmte Mindestrechte und **54** enthalten statuierte Grundsätze, die als *jus conventionis* unmittelbare Rechte für die Angehörigen der Vertragsstaaten schaffen (näher vg. Vor §§ 120 ff. Rn. 6 ff.); eine Ausnahme hierzu bilden lediglich das Welturheberrechtsabkommen und das Genfer Tonträger-Abkommen, die lediglich völkerrechtliche Verpflichtungen enthalten, das nationale Recht in bestimmter Weise zu regeln (Art. I und X WUA, Art. 3 GTA).

Die wichtigsten Grundsätze der internationalen Konventionen sind das **55** Schutzlandprinzip (vgl. Rn. 56 und Vor §§ 120 ff. Rn. 7), der Grundsatz der Inländerbehandlung (vgl. Rn. 57; vgl. Vor §§ 120 ff. Rn. 6), das Prinzip der Gegenseitigkeit und damit im Zusammenhang stehend die Ratifizierung unter Vorbehalten (vgl. Rn. 58 ff.) sowie schließlich das Meistbegünstigungsprinzip (vgl. Rn. 60) und das Prinzip der Formfreiheit (vgl. Rn. 61).

56 Im internationalen Urheberrecht ist zunächst zu unterscheiden zwischen dem sog. „**Ursprungsland**" und dem sog. „**Schutzland**". Unter dem Ursprungsland wird dabei das Land verstanden, in dem das Werk zum ersten Mal veröffentlicht worden ist (Art. 5 Abs. 4 RBÜ; vgl. Vor §§ 120 ff. Rn. 60). Da die einem Verbandsland angehörenden Urheber ausnahmslos Schutz sowohl für ihre veröffentlichten als auch für ihre unveröffentlichten Werke genießen (Art. 3 Abs. 1 lit a. RBÜ), entscheidet das Ursprungsland darüber, ob ein nicht einem Verbandsland angehörender Urheber den Schutz der internationalen Konvention für seine Werke in Anspruch nehmen kann (Art. 3 Abs. 1 lit. b RBÜ). Die internationalen Konventionen lassen den Schutz im Ursprungsland unberührt (Art. 5 Abs. 3 S. 1 RBÜ) und zugleich von diesem unabhängig (Art. 5 Abs. 2 S. 1 HS 2 RBÜ), d.h. sie regeln nur den Schutz außerhalb des Ursprungslandes (Art. 5 Abs. 1 RBÜ) und legen zugleich fest, dass sich der Umfang des Schutzes und die zur Durchsetzung der Rechte bestehenden Rechtsbehelfe ausschließlich nach den Rechtsvorschriften des Schutzlandes, also des Landes, in dem der Schutz beansprucht wird, richten (Art. 5 Abs. 2 S. 2 RBÜ; vgl. Vor §§ 120 ff. Rn. 59). Wenn also ein ausländischer Urheber in Deutschland urheberrechtlichen Schutz für sich in Anspruch nehmen möchte und er einem Mitgliedsland der RBÜ und/oder der TRIPS angehört oder – wenn nicht – sein Werk zuerst in einem solchen Land veröffentlicht worden ist, ist es egal, ob und wie sein Werk im Ursprungsland geschützt ist; das bestimmt sich allein nach deutschem Urheberrecht. Eine wichtige Ausnahme vom Schutzlandprinzip besteht nach der EU-Kabel- und Satellitenrichtlinie und den §§ 20a und 20b UrhG, die sie in deutsches Recht umgesetzt haben (vgl. Rn. 41): Bei einer europäischen Satellitensendung gilt nicht das Schutzlandprinzip, sondern ausnahmsweise das Herkunftslandprinzip; Einzelheiten vgl. Vor §§ 120 ff. Rn. 62.

57 Der Grundsatz der **Inländerbehandlung** (Art. 5 RBÜ, Art. 3 TRIPS, Art. II WUA, Art. 2 Abs. 2 RA) bedeutet nicht, wie es manchmal missverstanden wird, dass der Urheber im Ausland den selben Schutz genießen würde wie im Inland, sondern er verschafft den ausländischen Urhebern die gleiche Rechtsstellung, wie sie das Recht des Schutzlandes den inländischen Urhebern gewährt; dies gilt im positiven wie im negativen Sinne, also nicht nur dann, wenn das Recht im Schutzland gleich gut oder besser sein sollte als im Heimatland des ausländischen Urhebers bzw. im Ursprungsland, sondern auch dann, wenn es schlechter ist (Nordemann/Vinck/Hertin Art. 5 RBÜ Rn. 2). Vom Grundsatz der Inländerbehandlung umfasst ist nicht nur das *ius conventionis*, sondern es betrifft alle Rechte, die einem inländischen Urheber zustehen, d.h. sowohl diejenigen, die in einem besonderen Urheberrechtsgesetz geregelt sind als auch solche, die in Sondergesetzen oder in allgemeinen Gesetzen entwickelt worden sind und schließlich solche, die lediglich Ausfluss von Rechtsprechung sind (Nordemann/Vinck/Hertin Art. 5 RBÜ Rn. 2). Zugunsten von Angehörigen eines EU-Mitgliedsstaates ist der Grundsatz der Inländerbehandlung auch Ausfluss des im EG-Vertrag statuierten Diskriminierungsverbotes, und zwar auch in solchen Fällen, in denen der ausländische Urheber bereits verstorben war, als der Staat, dessen Staatsangehörigkeit er besaß, der EU beigetreten ist (EuGH GRUR 2002, 689, 690, Tz. 25 ff. – *Ricordi*; EuGH GRUR Int. 1994, 53, 55, Tz. 27 – *Phil Collins*; BGH GRUR Int. 2001, 75, 76 – *La Boheme II*).

58 Der Grundsatz der Inländerbehandlung kann durch **Vorbehalte** und das **Prinzip der Gegenseitigkeit** in Ausnahmefällen eingeschränkt sein. Vorbehalte müssen in der Regel bei der Ratifizierung oder dem Beitritt erklärt werden und können nur bestimmte, in der Konvention vorgesehene Ausnahmen betreffen wie beispielsweise in Art. 29bis RBÜ im Hinblick auf die Schutzdauer gem. Art. 7 RBÜ für Altwerke, die vor Inkrafttreten der RBÜ geschaffen worden sind und bezüglich derer das Übergangsrecht gem. Art. 18 RBÜ Vorbehalte zulässt. Der wichtigste Fall des Prinzips der Gegenseitigkeit und damit die wichtigste Ausnahme vom Grundsatz der Inländerbehandlung ist der so genannte **Schutzfristenvergleich** (Art. 7 Abs. 8 RBÜ, Art. IV Abs. 4 lit. a WUA, Art. 16 Abs. 1 RA): Danach müssen die Vertragsstaaten die Werke ausländischer Urheber nicht länger schützen als die Schutzdauer der Werke des ausländischen Urhebers im Ursprungsland beträgt. Beträgt die Schutzdauer im Ursprungsland beispielsweise nur 50 Jahre *post mortem auctoris*, in Deutschland aber 70 Jahre *post mortem auctoris*, genießt das Werk des ausländischen Urhebers in Deutschland ebenfalls nur Schutz für 50 Jahre *post mortem auctoris*. Im Extremfall kann der Schutzfristenvergleich sogar zu einer Reduzierung der Schutzdauer „auf Null" führen, dann nämlich, wenn das Werk im Ursprungsland gar nicht geschützt sein sollte. Insoweit ist allerdings Vorsicht geboten: Für die in Art. 2 RBÜ genannten Werke und Werkkategorien muss urheberrechtlicher Schutz gewährt werden, mit Ausnahme der Werke der angewandten Kunst, die auch über Geschmacksmustergesetze geschützt werden können (Art. 2 Abs. 7 RBÜ); eine „Reduzierung auf Null" über den Schutzfristenvergleich kann also nur bei nicht in Art. 2 genannten Werkarten oder Werken der angewandten Kunst, die im Ursprungsland nur vom Geschmacksmusterschutz erfasst werden, dort aber nicht registriert worden sind, entstehen. Außerdem darf die „Reduzierung auf Null" wegen des Verbotes der Formabhängigkeit des Urheberrechtsschutzes gem. Art. 5 Abs. 2 UrhG auch nicht mit der Begründung vorgenommen werden, der Schutz im Ursprungsland bestehe nicht, weil die Registrierung oder ihre Verlängerung versäumt worden sei.

Der Schutzfristenvergleich nach Art. 7 Abs. 8 RBÜ und Art. IV Abs. 4 lit. a **59** WUA findet statt, wenn ihn das nationale Recht nicht ausdrücklich ausschließt (Nordemann/Vinck/Hertin Einl. Rn. 25); das UrhG enthält deshalb bezüglich des Urheberrechts auch keine ausdrückliche Anordnung eines Schutzfristenvergleiches. Demgegenüber erfordert Art. 16 Abs. 1 RA eine ausdrückliche positive Erklärung des Vertragsstaates, dass der Schutzfristenvergleich für Art. 12 RA angewendet wird; entsprechend enthält § 125 Abs. 7 UrhG eine Anordnung des Schutzfristenvergleichs für den Schutz ausländischer ausübender Künstler. Der Schutzfristenvergleich gilt allerdings wegen des Diskriminierungsverbotes grundsätzlich nicht innerhalb der EU (EuGH GRUR Int. 1994, 53, 55, Tz. 27 – *Phil Collins*) sowie aufgrund der Bestimmungen des Deutsch-Amerikanischen Urheberrechtsabkommens von 1892 auch nicht im Verhältnis zwischen Deutschland und den USA (s. hierzu auch BGH GRUR 1978, 300, 301 – *Buster-Keaton-Filme*; OLG Frankfurt GRUR-RR 2004, 99, 100 – *Anonyme Alkoholiker*; OLG Frankfurt GRUR 1981, 740, 741 – *Lounge Chair*). Weitere Abweichungen vom Grundsatz der Inländerbehandlung über das Prinzip der materiellen Gegenseitigkeit betreffen vor allem Werke der angewandten Kunst (Art. 2 Abs. 7 RBÜ) und das Folgerecht (Art. 14ter RBÜ).

Der Schutzfristenvergleich als Ausnahme vom Grundsatz der Inländerbehand- **60** lung kann allerdings wieder aufgehoben sein durch das in Art. 4 TRIPS enthaltene **Meistbegünstigungsprinzip**, nach dem Vorteile, Vergünstigungen, Sonderrechte und Befreiungen, die von einem Mitglied den Angehörigen eines anderen Landes gewährt werden, sofort und bedingungslos den Angehörigen aller Mitgliedsländer gewährt werden müssen. Auch das Meistbegünstigungsprinzip kommt allerdings nicht ohne Ausnahmen aus: Eine dieser Ausnahmen

betrifft Vorteile aufgrund von Verträgen, die vor Inkrafttreten der TRIPS
abgeschlossen worden sind, so dass Deutschland eine Ausnahme vom Meistbegünstigungsprinzip im Hinblick auf die uneingeschränkte Inländerbehandlung nach dem Deutsch-Amerikanischen Urheberrechtsabkommen von 1892
und die EU für das Diskriminierungsverbot auf Grundlage des EG-Vertrages
ausgesprochen haben (Schricker/*Katzenberger*[3] vor §§ 120 ff. Rn. 20 a.E).

61 Die internationalen Konventionen werden ferner beherrscht vom **Grundsatz
der Formfreiheit**, d.h. die Gewährung und Inanspruchnahme des Schutzes
muss grundsätzlich unabhängig von der Erfüllung von Registrierungsvoraus-
setzungen oder anderen Förmlichkeiten erfolgen, wovon Art. 5 Abs. 2 RBÜ
allerdings das Ursprungsland ausnimmt. Art. III WUA hatte noch einen ©-Ver-
merk verlangt (vgl. Rn. 50), sich damit aber nicht durchgesetzt: Die TRIPS
nehmen in Art. 9 Abs. 1 auf die Art. 1 bis 21 RBÜ in Bezug und folgen damit
dem Prinzip der Formfreiheit. In Abweichung zu den urheberrechtlichen Konventionen herrscht im Bereich der **verwandten Schutzrechte keine vollständige
Formfreiheit**: Gem. Art. 11 RA können die Vertragsstaaten als Voraussetzung
für den Schutz des Tonträgerherstellers oder des ausübenden Künstlers in
Bezug auf Tonträger vorsehen, dass veröffentlichte Tonträger oder ihre Umhüllungen einen ℗-Vermerk in Verbindung mit der Angabe des Jahres der
ersten Veröffentlichung zusammen mit dem Namen, der Marke oder einer
anderen geeigneten Bezeichnung, die erkennen lässt, wem die Rechte an dem
Tonträger zustehen, angebracht ist. Vgl. im Übrigen § 10 Rn. 13.

62 Die von den internationalen Konventionen gewährten Rechte sind regelmäßig
als **Mindestrechte** ausgestaltet; das folgt schon aus Art. 19 RBÜ und wird
durch Art. 1 Abs. 1 TRIPS klargestellt. Die Mitgliedsländer der internationalen Konventionen müssen also mindestens den dort vorgesehenen Schutz
gewähren, können aber darüber hinausgehen; gewähren sie diesen Schutz
nicht, können sich die Urheber und die Inhaber verwandter Schutzrechte auf
das *ius conventionis* direkt berufen (Nordemann/Vinck/Hertin Einl. Rn. 21
und Art. 2 RBÜ Rn. 1). Jegliche Ausnahmen vom Ausschließlichkeitsrecht des
Urhebers sind außerdem an dem sog. „*3-Stufen-Test*" zu messen, den Art. 9
Abs. 2 BRÜ seit der Revision 1967/68 für die Gestattung der Vervielfältigung
„in gewissen Sonderfällen" als Ausnahme vom ausschließlichen Vervielfältigungsrecht des Urhebers vorsieht: Danach darf die Vervielfältigung nur gestattet werden, wenn (1) die normale Auswertung des Werkes nicht beeinträchtigt wird, (2) die berechtigten Interessen des Urhebers Berücksichtigung
finden und (3) sie nicht unzumutbar verletzt werden (Einzelheiten bei Norde-
mann/Vinck/Hertin Art. 9 RBÜ Rn. 3; Schricker/*Melchiar* Vor §§ 44a ff.
Rn. 1a ff.; Dreier/Schulze/*Dreier* Vor §§ 44a ff. Rn. 21). Der „3-Stufen-Test"
der RBÜ hat auch Eingang gefunden in Art. 13 TRIPS und Art. 10 Abs. 2
WCT; beide Vorschriften stimmen fast wörtlich mit Art. 9 Abs. 2 RBÜ überein, beziehen sich aber generell auf Schrankenbestimmungen und nicht nur auf
Vervielfältigungen. Schließlich ist der 3-Stufen-Test auch in Art. 5 Abs. 5 der
EU-Inforichtlinie übernommen worden (Walter/*Walter* Art. 5 Info-RL
Rn. 93).

63 Zu Einzelheiten zu den Internationalen Konventionen und weiteren Fragen im
Zusammenhang mit dem Internationalen Urheberrecht vgl. Vor §§ 120 ff.
Rn. 5 ff., 58 ff.

VII. Verfassungsrecht *(Axel Nordemann/Czychowski)*

Das Urheberrecht ist als **Grundrecht** anerkannt: Es ist Eigentum i.S.v. Art. 14 **64**
GG und als solches sogar „elementares Grundrecht" mit einer „Wertentscheidung von besonderer Bedeutung" (BVerfGE 14, 263, 277; BVerfGE 102, 115;
vergleichbar auch die US-Verfassung; dazu instruktiv US Supreme Court
GRUR Int. 2003, 264 – *Eldred vs. Ashcroft* und US Court of Appeals for
the 10th Circuit GRUR Int. 2008, 355); die persönlichkeitsrechtlichen Komponenten sind zudem Ausfluss der Art. 1 und 2 Abs. 1 GG (BVerfG GRUR
1999, 226, 228 f. – *DIN-Normen*; BVerfG GRUR 1989, 193, 196 – *Vollzugsanstalten*; BVerfG GRUR 1980, 44, 46 – *Kirchenmusik sowie* Schricker/*Schricker* Einl. Rn. 12). Das Eigentum ist dabei die Zuordnung eines Rechtsgutes zu
einem Rechtsträger; der Gesetzgeber muss die Zuordnung selbst gewährleisten, darf dann aber gem. Art. 14 Abs. 1 S. 2 GG das (geistige) Eigentumsrecht
inhaltlich ausgestalten. Bei der inhaltlichen Ausgestaltung des geistigen Eigentumsrechtes, also des Verhältnisses zwischen dem Urheber und dem Werknutzer oder auch zwischen Verwerter und Verbraucher, hat der Gesetzgeber
zwar einen verhältnismäßig weiten Entscheidungsspielraum, er muss jedoch
dem Urheber die vermögenswerten Ergebnisse seiner schöpferischen Leistung
grundsätzlich zuordnen und dessen Freiheit gewährleisten, in eigener Verantwortung darüber verfügen zu können (BVerfG GRUR 1972, 481, 483 –
Kirchen- und Schulgebrauch). Beeinträchtigungen der grundrechtlich geschützten Rechtsposition des geistigen Eigentums/Urheberrechts können auf
zwei Ebenen erfolgen (so das BVerfG seit der Leitentscheidung BVerfGE 58,
300, 322 ff. – *Naßauskiesung*), die auch und gerade in der Praxis des Urheberrechts bedeutsam sind: Einerseits als solche, die als Inhalts- und Schrankenbestimmungen (Abs. 1 S. 2) vom Gesetzgeber relativ frei regelbar sind bzw. als
sonstige Beeinträchtigung ohne Enteignungscharakter (oder enteignungsgleicher und enteignender Eingriff, Abs. 1, S. 2 i.V.m. Abs. 2 i.V.m. dem Aufopferungsgedanken aus §§ 74, 75 Einl. zum Preußischen Allg. Landrecht). Am
anderen Ende der Skala von Eigentumsbeeinträchtigungen stehen die förmlichen Enteignungen (Abs. 3), die per Definition einen hoheitlichen Rechtsakt
erfordern. Die meisten Fälle der Beeinträchtigungen im Urheberrecht unterfallen der ersten Kategorie, sei es als Inhalts- und Schrankenbestimmung, sei es
als Beeinträchtigung ohne Enteignungscharakter, so dass sie (nur) an Abs. 1
S. 2 i.V.m. Abs. 2 zu messen sind.

Aus dieser grundlegenden Rechtsprechung des Bundesverfassungsgerichts **65**
folgt, dass zu den **konstituierenden Merkmalen des Urheberrechts als Eigentum** im Sinne der Verfassung die grundsätzliche Zuordnung des vermögenswerten Ergebnisses der geistig-schöpferischen Leistung an den Urheber gehört.
Das kann aber nur dann gewährleistet sein, wenn der Urheberrechtsschutz so
ausgestaltet ist, dass die Schutzfähigkeit als solche in einem Maße anerkannt
wird, das die geistigen Leistungen der Urheber überhaupt dem Schutz des
Urheberrechtsgesetzes unterstellt. Dem trägt die Rechtsprechung dadurch
Rechnung, dass nicht nur die „hohe Kunst" schützt, sondern eben auch die
„kleine Münze"; so werden auch bescheidene geistige Leistungen auf geringem
Niveau dem Urheber als sein geistiges Eigentum zugeordnet (vgl. § 2 Rn. 30).
Das hat zur Folge, dass nahezu alle geistigen Leistungen von Schriftstellern,
Komponisten, bildenden Künstlern, Software-Erstellern und Fotografen urheberrechtlich geschützt sind.

Zwar gelten nicht für alle Werkarten gleich hohe Schutzuntergrenzen, so dass **66**
insbesondere im Bereich der wissenschaftlichen Sprachwerke, der Sprach-

werke des täglichen Gebrauchs und bei den Werken der angewandten Kunst die kleine Münze schutzlos bleibt, sondern der urheberrechtliche Schutz erst bei einem deutlichen Überragen der Durchschnittsleistung eingreift (vgl. § 2 Rn. 30). Das Bundesverfassungsgericht hat jedoch diese erhöhten Schutzanforderungen verfassungsrechtlich nicht beanstandet, weil sie den verfassungsrechtlichen Vorgaben des Art. 14 Abs. 1 GG gerecht würden und auch keine willkürliche, gegen Art. 3 Abs. 1 GG verstoßende Ungleichbehandlung durch niedrigere Schutzgrenzen für andere Werkarten vorliege (BVerfG GRUR 2005, 410, 410 f. – *Das laufende Auge*). Zur Kritik hierzu vgl. § 2 Rn. 31 ff.

67 Durch die Anerkennung der Schutzfähigkeit einer geistigen Leistung wird der Urheber in die Lage versetzt, sein geistiges Eigentum wirtschaftlich auszuwerten und sowohl vor ungerechtfertigten Eingriffen durch private als auch die öffentliche Gewalt zu schützen, weil er ohne anerkannten urheberrechtlichen Schutz nicht in den Genuss des Urheberpersönlichkeitsrechts sowie der ausschließlichen Verwertungsrechte kommt. Auch der Anspruch auf angemessene Vergütung für die Nutzung des Werkes, der die ausschließliche Verwertungsposition gegenüber Dritten durch einen Schutz gegenüber dem Vertragspartner ergänzt, besteht nur dann, wenn die dem Vertragsverhältnis zugrunde liegende Leistung auch tatsächlich urheberrechtlich geschützt ist. Es handelt sich damit bei der **Anerkennung der Schutzfähigkeit einer geistigen Leistung um den Kernbereich der Eigentumsgarantie** des Urheberrechts betreffend schlechthin.

68 Erst im Anschluss an die grundsätzliche Zuordnung der geistigen Leistung als Eigentum an den Urheber setzt die Auffassung des Bundesverfassungsgerichts an, dass **nicht jede nur denkbare Verwertungsmöglichkeit verfassungsrechtlich gesichert** sei. Der Gesetzgeber kann deshalb im Rahmen der inhaltlichen Ausprägung des Urheberrechts nach Art. 14 Abs. 1 S. 1 GG sachgerechte Maßstäbe festlegen, die eine der Natur und sozialen Bedeutung des Rechts entsprechende Nutzung und angemessene Verwertung sicherzustellen. Die verfassungsrechtlichen Anforderungen an derartige Inhalts- und Schrankenbestimmungen sind also niedriger als bei förmlichen Enteignungen. Hiervon hat der Gesetzgeber im UrhG auch umfangreich Gebrauch gemacht, indem beispielsweise nicht jede Verwendung eines urheberrechtlich geschützten Werkes zur Gestaltung eines neuen auch in das ausschließliche Bearbeitungsrecht des Urhebers (§ 23) eingreift, sondern eine freie Benutzung (§ 24) darstellen kann, oder die körperlichen und unkörperlichen Verwertungsrechte des Urhebers **Schrankenbestimmungen** unterworfen worden sind, nach denen der Urheber die Nutzung seines Werkes unter jeweils ganz bestimmten Voraussetzungen dulden muss, teilweise mit und teilweise ohne gesetzlichen Vergütungsanspruch (§§ 44a-63).

69 Sofern der Gesetzgeber im Rahmen seiner Befugnis einer inhaltlichen Ausprägung das Verfügungsrecht des Urhebers schmälert und den wirtschaftlichen Wert der geschützten Leistung wesentlich beeinträchtigt, kann dies regelmäßig nur durch die Gewährung eines **gesetzlichen Vergütungsanspruches** geschehen; sofern darüber hinaus auch das Verwertungsrecht des Urhebers ausgeschlossen wird, in dem ein Werk unentgeltlich frei gegeben wird, kann dies nur durch ein gesteigertes öffentliches Interesse gerechtfertigt werden (BVerfG GRUR 1972, 481, 484 – *Kirchen- und Schulgebrauch*). Deshalb war beispielsweise der Ausschluss des Vervielfältigungs- und Verbreitungsrechts des Urhebers zur Verwendung von geschützten Werken oder Teilen davon in Sammlungen für den Kirchen-, Schul- oder Unterrichtsgebrauch trotz eines bedeutsamen Interesses der Allgemeinheit gem. § 46 Abs. 1 UrhG daran, dass die Jugend im

Rahmen eines gegenwartsnahen Unterrichts mit dem Geistesschaffen vertraut gemacht wird, verfassungswidrig, solange nicht dem Urheber im Gegenzug ein gesetzlicher Vergütungsanspruch gewährt wurde (BVerfG GRUR 1971, 481, 484 – *Kirchen- und Schulgebrauch*). Für den Fall des Abdruckes eines Werkes eines privaten Urhebers als Teil einer amtlichen Verlautbarung konnte hingegen der Urheberrechtsschutz durch den Gesetzgeber gem. § 5 Abs. 2 UrhG auch ohne Gewährung eines gesetzlichen Vergütungsanspruches ausgeschlossen werden, weil die Regelung des § 5 UrhG ein Gemeinwohlziel von hohem Rang verfolgt und der Urheber darin frei blieb, zu entscheiden, ob er den Abdruck erlauben wollte oder nicht (BVerfG GRUR 1999, 226, 228 f. – *DIN-Normen*). Typischer Fall einer nicht mehr zulässigen Beeinträchtigung ohne Enteignungscharakter war die Beschränkung eines urheberrechtlichen Schadensersatzanspruchs wegen des geringen wirtschaftlichen Erfolges der Verletzung (BVerfG NJW 2003, 1656). Ähnlich gelagert sind Fälle, in denen die Durchsetzung der Eigentumsposition vom Staat faktisch unmöglich gemacht wird. Hierbei dürfte es sich um einen unzulässigen enteignungsgleichen Eingriff handeln, da sie sonstige Beeinträchtigungen darstellen, die nicht Inhalt und Schranken berühren, sondern die Eigentumsposition für einen bestimmten Bereich gänzlich entziehen (BVerfGE 58, 300, 330 ff. – *Naßauskiesung*). Das Problem besteht derzeit vor allem im Bereich der nicht durchsetzbaren Auskunftsansprüche bei bestimmten Internet-Nutzungen (vgl. § 101 Rn. 6, 36 ff., 48, 50, 55).

Das Eigentumsrecht ist außerdem **mit anderen Grundrechten abzuwägen:** So **70** hat das BVerfG in seiner Entscheidung GRUR 2001, 149, 150 f. – *Germania 3* verlangt, dass bei der Verwendung von fremden Texten im Rahmen eines Kunstwerkes die durch Art. 5 Abs. 3 S. 1 GG gewährleistete **Kunstfreiheit** berücksichtigt wird, weil die gesellschaftliche Einbindung der Kunst die Auseinandersetzung mit dem Kunstwerk in einem neuen Kunstwerk ermöglichen müsse und auch das durch die Kunstfreiheit geschützte Interesse anderer Künstler zu berücksichtigen sei, ohne die Gefahr von Eingriffen finanzieller oder inhaltlicher Art in einen Dialog- und Schaffensprozess zu vorhandenen Werken eintreten zu können. Die Verwertungsinteressen der Urheberrechtsinhaber hätten deshalb im Vergleich zu den Nutzungsinteressen für eine künstlerische Auseinandersetzung immer dann zurückzutreten, wenn ein geringfügiger Eingriff in die Urheberrechte ohne die Gefahr merklicher wirtschaftlicher Nachteile wie etwa Absatzrückgängen gegeben sei. In dem entschiedenen Fall war es daher zulässig, einen fremden Autor (Bertold Brecht) in einem Theaterstück von Heiner Müller als eine Person der Zeit- und Geistesgeschichte dadurch kritisch zu würdigen, dass er in dem Theaterstück selbst durch Zitate zu Wort kam. Erstaunlich an dieser Entscheidung ist, dass das BVerfG mit keinem Wort erwähnt, dass es die von ihm postulierte Ausstrahlungswirkung oder mittelbare Drittwirkung eigentlich nur bei Generalklauseln anwendet (BVerfGE 103, 89, 100). Auch der BGH hat zuletzt betont, dass die Pressefreiheit gem. Art. 5 Abs. 1 S. 2 GG bei der Beurteilung der Frage, ob eine Urheberrechtsverletzung vorliegt oder nicht, insbesondere bei Ausdrucksmitteln der politischen Auseinandersetzung eine Rolle spielen kann (BGH GRUR 2003, 956, 958 – *Gieß-Adler*).

Das Urheberrecht ist im Übrigen auch als **Menschenrecht** anerkannt: Nach **71** Art. 27 Nr. 2 der Allgemeinen Erklärung der Menschenrechte der Vereinten Nationen vom 10. Dezember 1948 hat jeder Mensch das Recht auf Schutz der moralischen und materiellen Interessen, die sich aus jeder wissenschaftlichen, literarischen oder künstlerischen Produktion ergeben, deren Urheber er ist. Die

Urheber haben damit einen Anspruch darauf, dass ihre Vermögensinteressen aus literarischer oder künstlerischer Urheberschaft geschützt werden. Entsprechend ist gem. Art. 15 Abs. 1 lit c) des Internationalen Paktes über wirtschaftliche, soziale und kulturelle Rechte vom 19. Dezember 1966 jeder Vertragsstaat dazu verpflichtet, das Recht eines Jeden anzuerkennen, den Schutz der geistigen und materiellen Interessen zu genießen, die ihm als Urheber von Werken der Wissenschaft, Literatur oder Kunst erwachsen. Es handelt sich dabei um allgemeine Regeln des Völkerrechts im Sinne des Art. 25 GG. Den Mitgliedsstaaten und der Bundesrepublik Deutschland bleibt zwar die Ausgestaltung des Urheberschutzes im Einzelnen überlassen. Die Regelungsbefugnis findet jedoch dort ihre Grenze, wo das Gesetz in den gewährleisteten Bestand des Urheberrechts derart eingreift, dass es in seinem Kern getroffen und den Urhebern ein Schutz der Urheberschaft versagt wird.

VIII. Verwertungsgesellschaften

72 Vgl. Einl. UrhWahrnG Rn. 1 ff.

IX. Verhältnis zu anderen Gesetzen

73 Das Urheberrecht ist nur ein Bestandteil der gesetzlichen Regelungen zum geistigen Eigentum. Zu nennen ist zunächst das Verlagsrecht, das einen Ausschnitt aus dem Urhebervertragsrecht regelt. Sog. „gewerbliche" Schutzrechte gewähren das Geschmacksmusterrecht, das Patentrecht und das Markenrecht, die denselben Gegenstand bzw. die selbe Leistung schützen können, teilweise aber eine andere Schutzrichtung und auch einen anderen Schutzumfang besitzen als das Urheberrecht. Als „Hilfsanker" gilt das Wettbewerbsrecht, das unter bestimmten Voraussetzungen dann eingreift, wenn ein Sonderschutzrecht nicht gegeben ist. Abzugrenzen ist das Urheberrecht ferner vom allgemeinen Persönlichkeitsrecht, insbesondere dem Recht am eigenen Bild, das neben dem Urheberrecht an einer Fotografie oder einem Gemälde bestehen kann, dem Kartellrecht, vor allem im Bereich der Lizenzverträge und der Verwertungsgesellschaften, sowie schließlich dem Bürgerlichen Recht, das vor allem bei einem Auseinanderfallen von Urheberrecht und Eigentum am Werkstück auf den Plan tritt.

1.   Verlagsrecht *(Nordemann-Schiffel)*

74 Das Recht im Verlag ist bereits seit dem 01.01.1902 mit dem VerlG spezialgesetzlich geregelt. Aus heutiger Sicht betrifft das Verlagsrecht im engeren Sinne, d.h. das einem Verlag eingeräumte (graphische) Vervielfältigungs- und Verbreitungsrecht, das möglicherweise wichtigste, in einer Formulierung von *Schricker* (Verlagsrecht[3] Einl. Rn. 2) „prototypische Beispiel" für ein urheberrechtliches Nutzungsrecht; das Verlagsrecht ist also Teil des Urhebervertragsrechts. Im Gegensatz zum allgemeinen Urheberrecht, das mit dem UrhG vom 09.09.1965 und v. a. den **Reformen** von 1985 und der Urhebervertragsrechtsreform von 2002 mehrfach überarbeitet und angepasst worden ist, ist das VerlG seit seinem Inkrafttreten am 01.01.1902 im Wesentlichen unverändert geblieben; selbst die Aufhebung einzelner Vorschriften im Laufe der Jahre ging stets auf das UrhG zurück. Tatsächlich stand das Verlagsrecht wohl nie, wie *Schricker* zu Recht anmerkt, im „Brennpunkt der Reformdiskussion" (VerlagsR[3] Einl. Rn. 18); vielmehr stellte man das VerlG bei allen Reformüberlegungen der vergangenen Jahren und Jahrzehnte fortwährend – z.T. mit Blick auf ein stets Projekt gebliebenes Gesetz zum Urhebervertragsrecht – zurück. Viele Entwicklungen – sei es im Bereich der Nebenrechte, neuer Vervielfältigungstechniken oder neuer Medien – sind deshalb, auch soweit sie für den Verlagsbereich relevant sind, am VerlG vollständig vorbeigegangen. Dies hat dazu geführt, dass das VerlG erheblich an Bedeutung verloren hat. Das Gros der Diskussionen in Rechtsprechung und Lehre betrifft, auch soweit diese das Verlagsrecht berühren, Bestimmungen des UrhG, nicht des VerlG. Dementsprechend haben alle neueren dogmatischen Ansätze und Reformvorhaben stets ihren Niederschlag nur im UrhG, nicht hingegen im VerlG gefunden, obwohl der Gesetzgeber häufig gerade den Verlagsvertrag bzw. verlegerische Nutzungsrechte vor Augen hatte. Aus diesem Grund hat auch das EU-Recht bislang auf das VerlG nur indirekt, nämlich vor allem über das UrhG, Einfluss. Speziell das VerlagsR regelende internationale Konventionen gibt es nicht. Zur **kollisionsrechtlichen Anknüpfung** von Verlagsverträgen vgl. Vor §§ 120 ff. UrhG Rn. 75 ff. (im Internet) oder 80 ff. (internat. UrhR).

Vor diesem Hintergrund ist im Grundsatz davon auszugehen, dass das jüngere **75** UrhG das ältere **VerlG überlagert**, das UrhG als *lex posterior* also u. U. abweichende Regelungen im VerlG modifiziert, das VerlG jedoch als das ältere **Spezialgesetz** vorgeht, wo es verlagsrechtliche Besonderheiten betrifft (ähnl. *Schricker*, Verlagsrecht³, Einl. Rn. 19, 25). Den verlagsrechtlichen Regelungen gehen insb. die §§ 38, 39 UrhG vor, die die aufgehobenen §§ 3, 13, 42 VerlG ersetzten, die urhebervertragsrechtlichen Regelungen der §§ 31 ff. UrhG und dort vor allem die Zweckübertragungsregel (§ 31 Abs. 5 UrhG), §§ 40 und 41 ff. UrhG, die Leistungsschutzrechte der §§ 70, 71 UrhG (s. §§ 39, 40 VerlG), § 88 UrhG im Bereich der Stoffrechteverträge und schließlich die gesetzlichen Vergütungsansprüche. Verlagsrechtliche Besonderheiten, die weiterhin auf Grundlage des VerlG zur Anwendung kommen, sind z.B. die verlagsrechtlichen Treue- und Enthaltungspflichten (vgl. Vor §§ 31 ff. UrhG Rn. 45 ff. und Vor §§ 88 ff., Rn. 95, 105) oder der im Verlagsbereich gegenüber dem UrhG engere Begriff der Vervielfältigung (dazu *Schricker*, Verlagsrecht³, Rn. 24); in der Praxis dürfte dies ohnehin selten – wenn überhaupt – relevant werden, da das UrhG den genannten verlagsrechtlichen Besonderheiten jedenfalls nicht entgegensteht und sie umgekehrt z. T. auch für weitere Verwertungsformen kennt.

Zusammenfassend gilt also: Wo das VerlG eine gegenüber dem UrhG präzise- **76** re, spezielle Regelung beinhaltet, ist diese heranzuziehen, soweit die Bestimmungen des Urheberrechtsgesetzes nicht entgegenstehen; im Übrigen ist das VerlG in seinen Begriffen, Rechtsinstituten und seiner Auslegung von dem jeweils geltenden UrhG abhängig (so auch *Schricker*, Verlagsrecht³, Rn. 25).

Der im VerlG geregelte **Verlagsvertrag** ist ein gegenseitiger Vertrag eigener Art, **77** durch den sich der Verfasser verpflichtet, dem Verleger das Werk zur Vervielfältigung und Verbreitung zu überlassen (§ 1 VerlG), während umgekehrt der Verleger sich verpflichtet, die Vervielfältigung und Verbreitung auf eigene Rechnung vorzunehmen (§ 1 VerlG). Fehlt eine dieser wesentlichen Voraussetzungen, so handelt es sich nicht um einen Verlagsvertrag i.S.d. Verlagsgesetzes (allg. A., *Schricker*, Verlagsrecht³, Einl. Rn. 3). I.d.R. enthält der Verlagsvertrag nicht nur die Einräumung des eigentlichen Verlagsrechts, sondern darüber hinaus Regelungen zu den üblicherweise als „Nebenrechte" bezeichneten abgeleiteten Rechten (Taschenbuchrechte, Übersetzungsrechte, Verfilmungs-, Vortrags-, Hörbuchrechte usw.), zu bestimmten urheberpersönlichkeitsrechtlichen Befugnissen (z.B. der Namensnennung, dem Erstveröffentlichungsrecht u.Ä.) und häufig auch zu den gesetzlichen Vergütungsansprüchen bzw. der Frage, ob und durch wen bestimmte Nebenrechte in Verwertungsgesellschaften eingebracht werden. **Gegenstand des Verlagsvertrages** können nach § 1 VerlG Werke der Literatur und der Tonkunst, nicht hingegen Werke der bildenden Kunst sein; das Verlagsgesetz betrifft also den Schrift-, Musik- und Theaterverlag, nicht hingegen den Kunstverlag im eigentlichen Sinne (*Schricker*, Verlagsrecht³, Einl. Rn. 3).

2. Geschmacksmusterrecht

78 Das Geschmacksmuster wird häufig als „**kleines Urheberrecht**" bezeichnet, weil Urheberrecht und Geschmacksmusterrecht irgendwie miteinander wesensverwandt seien (s. im Einzelnen Schricker/*Schricker*³ Einl Rn. 28). Das liegt vermutlich darin begründet, dass der Schutzgegenstand letztendlich derselbe ist: Eine geschmacksmusterfähige Gestaltung, also das Design eines industriellen oder handwerklichen Gegenstandes einschließlich von Verpackungen, Ausstattungen, graphischen Symbolen und typographischen Schriftzeichen (§ 1 GeschmMG) kann auch als Werk der angewandten Kunst gem. § 2 Abs. 1 Nr. 4 UrhG urheberrechtlich geschützt sein. Beide Schutzrechte stehen daher grundsätzlich nebeneinander und ergänzen sich; ein etwa bestehender oder auch ein abgelaufener Geschmacksmusterschutz hindert die Annahme eines urheberrechtlichen Schutzes als Werk der angewandten Kunst grundsätzlich nicht (BGH GRUR 2006, 79, 80, Tz. 18 f. – *Jeans*; BGH GRUR 2005, 600, 603 – *Handtuchklemmen*; beide zum Verhältnis zwischen ergänzendem wettbewerbsrechtlichen Leistungsschutz und Geschmacksmusterschutz; OLG Hamburg GRUR-RR 2006, 94, 95 – *Gipürespitze*; OLG Hamburg GRUR 2002, 419, 424 – *Move*). Allerdings sind die Entstehung des Schutzes, die Schutzvoraussetzungen und auch die Schutzdauer grundverschieden: Ein Geschmacksmuster entsteht zunächst durch **Anmeldung und Eintragung** (§§ 11, 27 GeschmMG; Art. 1, 13 GGVO). Die Schutzdauer des deutschen Geschmacksmusters beträgt **25 Jahre ab dem Anmeldetag** (§ 27 Abs. 2 GeschmMG), muss allerdings alle 5 Jahre durch Zahlung einer Gebühr aufrechterhalten werden (§ 28 Abs. 1 GeschmMG); eingetragene Gemeinschaftsgeschmacksmuster genießen eine Schutzdauer von 5 Jahren und können mehrmals für weitere Zeiträume von jeweils 5 Jahren bis zu einer Gesamtschutzdauer von 25 Jahren ab dem Anmeldetag verlängert werden (Art. 12 GGVO). Die Gemeinschaftsgeschmacksmusterverordnung sieht allerdings die Besonderheit eines **nicht-eingetragenen Geschmeinschaftsgeschmacksmusters** vor, das aber lediglich eine Schutzfrist von **3 Jahren ab Veröffentlichung** gewährt (Art. 11 GGVO). Für Anmeldung und Eintragung sowie auch die Veröffentlichung entstehen Gebühren.

79 **Voraussetzung für die Schutzentstehung** ist nicht wie im Urheberrecht die „persönliche geistige Schöpfung", sondern **Neuheit** und **Eigenart** (§ 2 GeschmMG; Art. 5 und 6 GGVO). Das Vorliegen von Neuheit und Eigenart wird nicht bestimmt durch eine Feststellung der Individualität oder eine „Bemessung" der geistigen Leistung des Urhebers im Sinne einer Gestaltungshöhe (vgl. § 2 Rn. 30 ff.), sondern durch einen Vergleich des Geschmacksmusters mit vorbestehenden Gestaltungen; es ist neu, wenn vor seinem Prioritätstag kein identisches älteres Geschmacksmuster zugänglich gemacht worden ist (§ 2 Abs. 2 GeschmMG; Art. 5 GGVO) und eigenartig, wenn sich sein Gesamteindruck, den es beim informierten Benutzer hervorruft, von dem Gesamteindruck unterscheidet, den ein anderes Geschmacksmuster bei diesem Benutzer hervorruft, das der Öffentlichkeit früher zugänglich war (§ 2 Abs. 3 GeschmMG; Art. 6 GGVO). Die Voraussetzungen für die Eigenart sind denkbar gering. Nach ErwG 14 GGVO soll die Eigenart eines Geschmacksmusters unter Berücksichtigung der Art des Erzeugnisses, bei dem das Geschmacksmuster benutzt wird oder in das es aufgenommen wird, insbesondere des jeweiligen Industriezweiges und des Grades der Gestaltungsfreiheit des Entwerfers bei der Entwicklung des Geschmacksmusters beurteilt werden. Der Begriff der Eigenart kann deshalb nicht gleichgesetzt werden mit dem Begriff der Eigentümlichkeit des früheren deutschen Rechts; Begriffe wie überdurchschnittliche Leistung, Ausdruck von Eigenpersönlichkeit und vergleichbare eine Art „Gestaltungshöhe" festlegende Begriffe können ebenfalls nicht zur Anwendung kommen (*Ruhl* Art. 6 GGVO Rn. 63 f.). Die Eigenart kann ferner nicht durch einen Einzelvergleich einzelner Gestaltungsmerkmale bestimmt werden; vielmehr kommt es ausschließlich auf die Kombination an, in der sich die Gestaltungsmerkmale in dem Geschmacksmuster finden, es muss sich also als Ganzes hinreichend von jedem vorbekannten Geschmacksmuster abgrenzen (*Ruhl* Art. 6 GGVO Rn. 86). Das bedeutet zugleich, dass sich die Eigenart immer auch aus der Kombination vorbekannter Merkmale ergeben kann; wie im Urheberrecht war auch schon im früheren deutschen Geschmacksmusterrecht anerkannt, dass Eigentümlichkeit vorlag, wenn durch die Kombination vorbekannter Gestaltungselemente und Gestaltungen eine eigene ästhetische Gesamtwirkung erzielt wurde (BGH GRUR 1975, 81, 83 – *Dreifachkombinationsschalter*; zum Urheberrecht vgl. § 2 Rn. 28). Ist Eigenart gegeben, folgt daraus fast zwangsläufig, dass das Geschmacksmuster auch die weitere Voraussetzung der Neuheit erfüllt. Denn Neuheit setzt voraus, dass kein identisches prioritätsälteres Geschmacksmuster zugänglich gewesen ist. Wenn sich aber ein Geschmacksmuster schon von dem, was vorbekannt ist, vom Gesamteindruck her hinreichend unterscheidet und es deshalb Eigenart besitzt, kann erst recht kein identisches älteres Geschmacksmuster vorhanden sein, so dass dann auch immer Neuheit vorliegen muss (*Ruhl* Art. 5 GGVO Rn. 2).

Infolge der Formerfordernisse für den Erwerb des Schutzrechts und auch der **80** Schutzvoraussetzungen ist das Geschmacksmuster daher eher mit den **gewerblichen Schutzrechten vergleichbar** und ihnen angenähert als dem Urheberrecht (*Axel Nordemann/Heise* ZUM 2001, 128, 130 ff.; Schricker/*Schricker*[3] Einl Rn. 28).

3. Patentrecht

Patentrecht und Urheberrecht unterscheiden sich schon von ihrem Schutz- **81** zweck her: Während das Urheberrecht Werke der Literatur, Wissenschaft und Kunst schützen will, sich also den Musen widmet, ist das Patentrecht dem Schutz von Erfindungen gewidmet und damit ein **technisches Schutzrecht.** Urheberrecht und Patentrecht unterscheiden sich aber auch von ihrem Schutzinhalt: Während das Urheberrecht grundsätzlich nur die äußere Form eines Werkes schützt, die zugrunde liegende Idee und der Inhalt des Werkes jedoch frei bleiben (vgl. § 2 Rn. 43 ff. und §§ 23/24 Rn. 34; Ausnahme: bei literarischen Werken, insbesondere bei Romanen und Bühnenwerken, sind auch die Fabel, der Gang der Handlung, die Charaktere und die Örtlichkeiten in ihrem Beziehungsgeflecht zueinander geschützt, vgl. § 2 Rn. 47 ff. und Rn. 101 f.), schützt das Patentrecht gerade nicht die äußere Gestalt einer Erfindung, sondern die ihr zugrunde liegende **technische Idee** (vgl. Vor §§ 69a ff. Rn. 23).

Das hat insbesondere beim Gleichklang des urheberrechtlichen Schutzes und des Patentes an einer Software Bedeutung: Während das Urheberrecht an der Software gem. §§ 2 Abs. 1 Nr. 1, 69a UrhG nur die Ausdrucksformen des Computerprogramms schützt, aber die Ideen und Grundsätze, die ihm zugrunde liegen, gemeinfrei lässt (§ 69a Abs. 2), schützt ein Patent an einer Software das technische Produkt oder Verfahren, das mit ihr gesteuert wird; wer eine Software eigenständig programmiert, damit aber dasselbe Ergebnis erzielt, kann ein an der Software bestehendes Patent verletzen, nicht aber in das daran ebenfalls bestehende Urheberrecht eingreifen. Umgekehrt gilt, dass derjenige, der eine Software nachschaffend programmiert, damit aber ein anderes technisches Ergebnis erzielt, zwar wahrscheinlich das an der Original-Software bestehende Patent nicht verletzt, gleichwohl aber in das Urheberrecht eingreifen kann. Patent- und Urheberrecht stehen also ebenfalls **nebeneinander** und schließen sich nicht aus.

82 Die Abgrenzung zwischen Patent- und Urheberrecht ist aber auch noch unter einem anderen Gesichtspunkt wichtig: Steht der **urheberrechtliche Schutz der Gestaltung eines Produktes** infrage (meist als Werk der angewandten Kunst gem. § 2 Abs. 1 Nr. 4), muss häufig abgegrenzt werden zwischen dem **technischen Gedankengut**, der technischen Konstruktion und dem in einer Schöpfung verkörperten Konstruktionsgedanken und der **Gestaltung**: Ersteres bleibt urheberrechtlich gemeinfrei, nur Letzteres kann Gegenstand des urheberrechtlichen Schutzes sein (vgl. §§ 23/24 Rn. 35). Das selbe gilt für den Bereich der **Darstellungen wissenschaftlicher oder technischer Art** gem. § 2 Abs. 1 Nr. 7: Dem urheberrechtlichen Schutz unterfällt auch insoweit nur die Darstellung selbst, nicht aber der dargstellte technische oder wissenschaftliche Inhalt (vgl. § 2 Rn. 212).

4. Markenrecht

83 Auch Marken und andere Kennzeichen können mit Urheberrechten und verwandten Schutzrechten kollidieren, beispielsweise wenn durch ein Urheberrecht oder ein verwandtes Schutzrecht geschützte Leistungen als Marke eingetragen oder als geschäftliche Abzeichen benutzt werden. Das ist durchaus häufig der Fall, weil jedenfalls die Gestaltungen von Logos regelmäßig vom Grundsatz her dem Urheberrecht als Werke der angewandten Kunst zugeordnet sind, auch wenn sie infolge der hier geltenden hohen Schutzuntergrenze kaum jemals Schutz genießen werden (vgl. § 2 Rn. 172). Treffen Marken- und Urheberrecht zusammen, entscheidet der **Prioritätsgrundsatz** (§§ 6 Abs. 2, 13 MarkenG). Beispiele zur Kollision von Urheberrechten und Markenrechten finden sich jedoch in der Rechtsprechung ganz vereinzelt, so dass wir nur auf das der *Himmelsscheibe von Nebra* verweisen können: Der Bürgermeister einer sachsen-anhaltinischen Kleinstadt hatte graphische Wiedergaben der *Himmelsscheibe von Nebra*, einem Aufsehen erregenden prähistorischen Fund, zum Gegenstand von gleich drei eingetragenen Deutschen Marken gemacht, die für diverse Merchandising-Artikel Schutz genossen und dann das Land Sachsen-Anhalt auf Unterlassung in Anspruch nehmen lassen. Das infolge des erstmaligen Erscheinenlassens der Himmelsscheibe von Nebra entstandene verwandte Schutzrecht des Landes Sachsen-Anhalt gem. § 71 UrhG war jedoch prioritätsälter und führte zu einer Löschung der drei Marken (LG Magdeburg GRUR 2004, 672 – *Die Himmelsscheibe von Nebra*). Konflikte zwischen Markenrecht und Urheberrecht entstehen ferner dann, wenn ein urheberrechtlich **gemeinfreies Werk** als Marke angemeldet und so quasi

„remonopolisiert" wird (Einzelheiten vgl. § 64 Rn. 23 ff. und *Kouker* FS Wilhelm Nordemann S. 391–397; Loewenheim/*Axel Nordemann* § 83 Rn. 49 ff.; *Nordemann*[10] Rn. 2873 ff.; *Wilhelm Nordemann* WRP 1997, 389, 390 f.; *Seifert* WRP 2000, 1014, 1015 f.).

Ferner ist darauf hinzuweisen, dass die Titel urheberrechtlich relevanter Werke **84** einem **Titelschutzrecht gem. § 5 Abs. 3 MarkenG** unterliegen, also außerhalb des UrhG als geschäftliche Bezeichnungsrechte geschützt werden (vgl. § 2 Rn. 53; Einzelheiten hierzu bei Loewenheim/*Axel Nordemann* § 83 Rn. 68 ff.; *Nordemann*[10] Rn. 2701 ff. sowie den Kommentaren zu § 5 MarkenG). Das Erlöschen des ausschließlichen Rechts des Titelinhabers am **Werktitel** bei Ablauf der Schutzfrist des UrhG (vgl. § 64 Rn. 22) ist nur eine scheinbare Ausnahme von dem Grundsatz der Selbständigkeit der Immaterialgüterrechte nebeneinander: § 5 Abs. 3 MarkenG (früher § 16 Abs. 1 UWG) schützt den Titel einer Druckschrift, weil bei Verwendung desselben oder eines verwechslungsfähigen Titels für eine andere Druckschrift die *Werke* miteinander verwechselt werden könnten. Die Bestimmung ordnet den Titel also einem bestimmten Werk zu. An dieser Zuordnung ändert sich nichts, wenn das Werk gemeinfrei wird (vgl. § 64 Rn. 22); sie wird andererseits ggf. auch schon vor Ablauf der Schutzfrist gegenstandslos, wenn die Benutzung des Titels für das Werk vorher endgültig eingestellt wird. Die Regelung des § 5 Abs. 3 MarkenG wird also vom UrhG nicht beeinflusst. Einzelheiten vgl. § 64 Rn. 22

5. Wettbewerbsrecht

Zum Verhältnis zwischen Urheberrecht und ergänzendem wettbewerbsrecht- **85** lichen Leistungsschutz gem. §§ 3, 4 Nr. 9 UWG vgl. §§ 23/24 Rn. 98 ff.

6. Datenschutz, Informationsfreiheit *(Czychowski)*

Zunehmend geraten, insbesondere wegen der verstärkten automatisierten **86** Nutzung wie über das Internet, datenschutzrechtliche Fragen in den Fokus des Urheberrechts. Während noch zu Zeiten der Einführung des Produktpiraterjegesetzes Anfang der 90er Jahre die Frage, ob ein Betroffener Spediteur Einwände gegen eine Auskunftserteilung aus dem Datenschutzrecht geltend machen könnte, überhaupt nicht diskutiert wurde, stellen sich insbesondere bei den Auskunftsansprüchen gegen Internet-Acces Provider zunehmend datenschutzrechtliche Fragen. Damit wird auch die Trias der am Urheberrecht Beteiligten noch deutlicher: Das Urheberrecht spielt sich nicht mehr in einer bipolaren Welt zwischen Urhebern und Verwertern ab, sondern es geraten zunehmend die Verbraucher und ihre „Vertreter", wie die Acces Provider, in den Blick. Das Datschenschutzecht ist im BDSG grundlegend geregelt und enthält zwei spezifische Sonderregeln für einzelne Felder des Datenschutzes in den neuen Medien. So enthält das Telekommunikationsgesetz im Teil 7, Abschnitt 2 einen eigenen Bereich von Normen zum Datenschutz im Zusammenhang mit der Nutzung von Telekommunikationsdiensten, die auch und gerade bei den spezifischen Fragenstellungen der schon erwähnten Auskunftsansprüche eine Rolle spielen (vgl. § 101 Rn. 65 ff.). Aber auch das Telemedienrecht, also das Recht der Teledienste, die mehr inhaltlich orientierte Regelungsmaterie, enthält einen eigenen Abschnitt 4 zu Datenschutz (s. auch zu beiden die einschlägigen Kommentierungen der genannten Gesetzte).

In diesem Zusammenhang wird auch immer wieder eingewandt, das Urheber- **87** recht gefährde die Informationsfreiheit; jedenfalls seien daher seine Begrifflichkeiten wie die Werkqualität oder aber einzelne Anspruchsgrundlagen, streng auszulegen. Diese Fragen stehen zunehmend im Zusammenhang mit der Nutzung von Datenbanken im Brennpunkt (vgl. Vor § 87a ff. Rn. 36 ff.; instruktiv aus Sicht der US-amerikanischen Verfassung US Court of Appeals fort he 10th Circuit GRUR Int. 2008, 355).

7. Persönlichkeitsrechte, insbesondere Recht am eigenen Bild

88 **Persönlichkeitsrechte** haben immer **Vorrang** vor dem UrhG. Das gilt sowohl im Verhältnis des allgemeinen Persönlichkeitsrechts (vgl. Vor § 12 Rn. 14 f.) zum Urheberrecht als auch umgekehrt im Verhältnis der persönlichkeitsrechtlichen Befugnisse des Urhebers (vgl. Vor § 12 Rn. 9 f.) zu Rechten Dritter, gleichviel, ob diese Rechte aus dem UrhG oder aus anderen Rechtsnormen hergeleitet werden. Wird z. B. das Gemälde einer nur mit blauen Perlen bekleideten jungen Frau ohne deren Einwilligung ausgestellt, so geht das Recht der Abgebildeten auf Achtung ihrer Persönlichkeit (§§ 22, 23 KUG; vgl. Rn. 89) dem Ausstellungsrecht des Künstlers aus § 18 vor. Wird durch den Zeicheninhaber in das von einem Künstler entworfene Bildzeichen eingegriffen, so lässt sich mit dem MarkenG gegen das Entstellungsverbot aus § 14 nichts ausrichten. Treffen mehrere Persönlichkeitsrechte zusammen, so hat eine Güter- und Interessenabwägung stattzufinden, die regelmäßig zur Durchsetzung des allgemeinen gegenüber dem Sonder-Persönlichkeitsrecht führt: Ein Urheber, der mit seinem Werk einen Dritten beleidigt oder dessen Intimsphäre verletzt hat, muss sich trotz des § 14 zu einer Änderung der Wesenszüge seines Werkes bequemen; wer eine frühere Liebesbeziehung dergestalt in einem Roman verarbeitet, dass die ehemalige Geliebte identifizierbar ist, sie diffamiert sowie in herabwürdigender Weise geschildert wird, ist trotz verfassungsrechtlich garantierter Kunstfreiheit dazu verpflichtet, das Persönlichkeitsrecht der dargestellten Person zu achten und muss die Romanfigur so verfremden, dass sie sich als Kunstfigur verselbstständigt und nicht mehr erkennbar ist (BVerfG GRUR 2007, 1085, 1087 ff., Tz. 68 ff. – *Esra*).

89 Das Recht am eigenen Bild, das einen kodifizierten Ausschnitt des allgemeinen Persönlichkeitsrechts darstellt, betrifft nicht eine urheberrechtlich relevante Leistung, sondern schützt die Rechte des Abgebildeten auf einer Fotografie oder einem sonstigen Bildnis wie z.B. einem Gemälde. Das Recht am eigenen Bild ist in den §§ 22–24 und 33–50 KUG geregelt, das insoweit also auch nach der Urheberrechtsreform von 1965 (vgl. Rn. 26) fortbesteht. Gem. § 22 KUG dürfen Bildnisse (vgl. § 60 Rn. 7) nur mit Einwilligung des Abgebildeten verbreitet oder öffentlich zur Schau gestellt werden. Der Schutz läuft bis 10 Jahre nach dem Tode des Abgebildeten (§ 22 S. 2), allerdings kann auch noch ein längerer Schutz auf der Basis eines allgemeinen „postmortalen Persönlichkeitsrechts" bestehen (BGH GRUR 1995, 668, 670 f. – *Emil Nolde* sowie nachfolgend BGH GRUR 2006, 252, 253 – *postmortaler Persönlichkeitsschutz*; BGH GRUR 2000, 709, 713 – *Marlene Dietrich*; BGH GRUR 2000, 715, 717 – *Der blaue Engel*). § 23 KUG enthält umfangreiche Ausnahmen zum Recht am eigenen Bild: Danach dürfen Bildnisse auch ohne die erforderliche Einwilligung verbreitet und öffentlich zur Schau gestellt werden, wenn es sich um Bildnisse aus dem Bereich der Zeitgeschichte handelt (Nr. 1), wobei die abgebildeten Personen absolute Personen der Zeitgeschichte sein können, das sind solche, die dauerhaft im Fokus der Öffentlichkeit stehen, oder relative Personen der Zeitgeschichte, die nur wegen eines bestimmten Ereignisses vorübergehend in die Öffentlichkeit geraten, wenn die Personen auf den Bildern nur als Beiwerk neben einer Landschaft oder sonstigen Örtlichkeit erscheinen (Nr. 2), wenn es sich um Bilder von Versammlungen, Aufzügen oder ähnlichen Vorgängen, an denen die dargestellten Personen teilgenommen haben, handelt (Nr. 3), worunter z.B. auch Sportveranstaltungen fallen, oder wenn die Verbreitung oder öffentliche Zurschaustellung des Bildnisses einem höheren Interesse der Kunst dient (Nr. 4). Die Ausnahmen gelten gem. § 23 Abs. 2 KUG aber nur dann, wenn durch die Abbildung kein berechtigtes Interesse des Abgebildeten verletzt wird; eine solche Interessenverletzung wird beispielsweise immer dann angenommen, wenn eine Verwendung zu Werbezwecken oder auf Produkten erfolgt (BGH GRUR 2000, 715, 716 f. – *Der blaue Engel*; grundlegend schon BGH GRUR 1961, 138, 139 f. – *Familie Schölermann*) oder die Intimsphäre des Abgebildeten verletzt wird; insbesondere die Rechtsprechung zur Verletzung der Privat- und Intimsphäre Prominenter ist zahlreich (siehe nur BGH GRUR 2007, 527, 527 ff. – *Winterurlaub* zu Caroline von Monaco). Das Recht am eigenen Bild ist ausführlich dargestellt bzw. kommentiert bei Dreier/Schulze/*Dreier*[2] §§ 22–24 KUG; Loewenheim/*Schertz* § 18; Schricker/*Götting*[3] im Anhang zu § 60; Wandtke/Bullinger/*Fricke*[2] §§ 22–24 KUG.

8. Kartellrecht

90 Zum Verhältnis des Kartellrechts zum Urheberrecht vgl. Vor §§ 31 ff. Rn. 56 ff., 222 (Art. 81 EG, 1 GWB) und vgl. Vor §§ 31 ff. Rn. 83 ff. (Art. 82 EG, §§ 19, 20 GWB).

9. Bürgerliches Recht

91 a) **Sacheigentum:** Im Verhältnis zum **Sacheigentum** und zu den anderen Immaterialgüterrechten (dazu eingehend *v. Gamm* Einf. 132 ff.) ist das Urheberrecht **gleichrangig.** Das Eigentumsrecht darf an Gegenständen, die ein urheberrechtlich geschütztes Werk verkörpern, nur unbeschadet des Urheberrechts ausgeübt werden (§ 903 BGB); die Sachherrschaft des Eigentümers findet daher in der Regel dort ihre Grenze, wo sie Urheberrechte verletzt (so wörtlich BGH GRUR 1995, 674, 675 – *Mauer-Bilder*). Einzelheiten vgl. § 14 Rn. 9 ff.

92 b) **Sonstige Vorschriften des bürgerlichen Rechts** *(Czychowski)*: Die Regelungen des BGB ergänzen die zivilrechtlichen Normen des UrhG, sofern das UrhG nicht abschließend ist. Das gilt z.B. für die Vererbung des Urheberrechts (vgl. § 28 Rn. 5 ff., 16). Da das **Urhebervertragsrecht** im UrhG nur teilweise geregelt ist (vgl. Vor §§ 31 ff. Rn. 4, 18 f., 30 f.), kommen die relevanten Regelungen des BGB auch hier ergänzend zur Anwendung (vgl. Vor §§ 31 ff. Rn. 163 ff.). Für **gesetzliche Schuldverhältnisse** aufgrund UrhG gilt das BGB ebenfalls ergänzend (vgl. § 97 Rn. 3, 225). Zu **Ansprüchen aus BGB,** die mit urheberrechtlichen Ansprüchen aus §§ 97 ff. UrhG konkurrieren, insbesondere Bereicherungsrecht und GoA, vgl. § 97 Rn. 2.

Teil 1   Urheberrecht

Abschnitt 1   Allgemeines

§ 1   Allgemeines

Die Urheber von Werken der Literatur, Wissenschaft und Kunst genießen für ihre Werke Schutz nach Maßgabe dieses Gesetzes.

Abweichend vom früheren Recht (§ 1 LUG, § 1 KUG), das *den Urhebern* **1** schlechthin Schutz gewährte, und im Gegensatz zum Referenten- und zum Ministerialentwurf, die *die Werke* schützen wollen, findet § 1 die zutreffende Formulierung, dass **die Urheber für ihre Werke** Schutz genießen, und verweist die nähere Definition der zu schützenden Werke in die nachfolgenden Bestimmungen. Damit wird der personenbezogene Zweck des Gesetzes deutlich. Es schützt nicht etwa das Werk als *abstractum*, als einen von der Person seines Schöpfers losgelösten, selbständigen Rechtsgegenstand; ein solcher Schutz würde dem jeweiligen Eigentümer des Werkstücks, dem jeweiligen Inhaber der Rechte am Werk zugute kommen. Der Zweck des Gesetzes ist vielmehr der Schutz des Urhebers selbst: *Nicht das Werk, auf das sich der Schutz bezieht, sondern die Person des Urhebers steht im Vordergrund* (Begr RegE UrhG – BT-Drucks. IV/270, S. 37). Von dieser Wertentscheidung zu Gunsten des Urhebers ist bei der Auslegung und Anwendung des UrhG auszugehen. Sie hat zur Folge, dass allgemein *im Zweifel zu Gunsten des Urhebers* zu entscheiden ist (ebenso *Dreier/Schulze/Schulze* Rn. 2; *Gerlach* GRUR 1976, 613, 615: „in dubio pro auctore"; zweifelnd Schricker/*Schricker*[3] Rn. 5, der diese Regel für „zu schematisch" hält). Das gilt sowohl bei der Abwägung einander widerstreitender Interessen von Urheber und Verwerter als auch bei der Entscheidung darüber, ob ein bestimmtes geistiges Produkt noch urheberschutzfähig ist oder schon nicht mehr. Schulbeispiel für den ersten Fall ist die Entwicklung der Zweckübertragungstheorie durch die Rechtsprechung, die eine weit über die allgemeinen Regeln der §§ 133, 157 BGB hinausgehende Vertragsauslegung zu Gunsten des Urhebers ermöglicht (vgl. § 31 Rn. 108 ff., 172 ff.; § 31a Rn. 9; § 32 Rn. 17). Der zweite Fall findet seinen Niederschlag in der Anerkennung der sog. „Kleinen Münze" im Urheberrecht (vgl. § 2 Rn. 30). Zum Begriff des Urhebers vgl. § 7.

Die **Werke** müssen der Literatur, der Wissenschaft oder der Kunst angehören. **2** Man kann darüber streiten, ob diese Terminologie glücklich ist. Die Zusammenfassung von Ton- und Bildkunst unter dem Begriff „Kunst" ist willkürlich. Aus der besonderen Erwähnung der Wissenschaft folgt *Ulmer*[3] S. 12 f., dass die Wissenschaft andere (geringere) Schutzvoraussetzungen hat als die (sonstige) Literatur, insbesondere keinen ästhetischen Gehalt ausweisen muss (ebenso *Nordemann* FS Roeber II S. 297, 300; anders *v. Gamm* WRP 1969, 96, 99; wie hier eingehend *Colin Hoffmann* S. 112 ff. und *v. Moltke* S. 200 ff.). Dem Gesetzgeber lag zugleich daran, sich der internationalen Terminologie (Art. I WUA, Art. 2 RBÜ) anzupassen (Begr RegE UrhG – BT-Drucks. IV/270, S. 37).

In der Feststellung, dass die Urheber für ihre Werke Schutz genießen, liegt die **3** Anerkennung des **geistigen Eigentums** der Urheber an ihren Schöpfungen durch den Gesetzgeber. Dazu eingehend BGH GRUR 1955, 492, 502 – *Grundig-Reporter* mit Nachweisen; ferner BVerfG GRUR 1972, 481 – *Kirchen- und Schulgebrauch*; BVerfG GRUR 1972, 487 – *Schulfunksendungen*; BVerfG GRUR 1972, 488 – *Tonbandvervielfältigungen*; BVerfG GRUR 1972, 485 – *Bibliotheksgroschen*; BVerfG GRUR 1972, 491 – *Schallplatten*; BVerfG

GRUR 1980, 44 – *Kirchenmusik;* BVerfG NJW 1992, 1303 – *Leerkassetten-abgabe;* BVerfG GRUR 1989, 193, 196 – *Vollzugsanstalten;* für die Leistungs-schutzrechte der Tonträgerhersteller BVerfG GRUR 1990, 183 – *Vermietungs-vorbehalt;* für die Leistungsschutzrechte ausübender Künstler BVerfG GRUR 1990, 438 – *Bob Dylan;* BGH GRUR 1986, 376 – *Filmmusik; Hubmann* GRUR Int. 1973, 270 und ZUM 1988, 4; *Maunz* GRUR 1973, 107; *v. Gamm* UFITA 94 [1982], 73; Deutsche Vereinigung für Gewerblichen Rechtsschutz und Urheberrecht GRUR 1980, 1060, 1065; Schricker/*Schricker*³ Einl. 16 und Schricker/*Reinbothe*³ Rn. 7 zu § 13 UrhWahrnG m.w.N.; *Söllner* FS Traub S. 367; anders neuerdings *Rehbinder*⁹ S. 62, der die Existenz geistigen Eigen-tums leugnet und den Begriff „Werkherrschaft" vorzieht; gegen ihn wiederum *Fedor Seifert* FS Piper S. 769 und *Schack* Rn. 23; zur Entwicklungsgeschichte *Forkel* NJW 1997, 1672. Wie schon BGH GRUR 1955, 492, 502 – *Grundig-Reporter* zutreffend feststellt, ist für die Auslegung aller urheberrechtlichen Gesetzesbestimmungen der Rechtsgedanke maßgebend, dass die Herrschaft des Urhebers über sein Werk die natürliche Folge dieses seines geistigen Eigentums ist.

4 Daraus folgt nicht nur, dass allgemein im Zweifel zu Gunsten des Urhebers zu entscheiden ist (vgl. Rn. 1), sondern auch, dass der Urheber beanspruchen kann, für jede Nutzung seines Werkes ein Entgelt zu erhalten, auch wenn diese keinen wirtschaftlichen Ertrag abwerfen (BGH GRUR 1955, 492, 502 – *Grundig-Reporter;* Schricker/*Katzenberger* GRUR 1985, 87, 92 f.; *Kreile* FuR 1976, 599, 600; Schricker/*Schricker*³ Einl. 16). Inzwischen findet dieser Grundsatz auch im Gesetz selbst Ausdruck (§§ 27 Abs. 1–3, 46 Abs. 3, 47 Abs. 2, 52 Abs. 1 Satz 2 und Abs. 2 Satz 2; § 54 Abs. 1 und 2; § 13 Abs. 3 Satz 2 UrhWahrnG). Im Anschluss an die Begr RegE UrhG (BT-Drucks. IV/270, S. 30) bezeichnet der Bundesgerichtshof immerhin den – etwas enge-ren – Grundsatz, dass der Urheber tunlichst an dem wirtschaftlichen Nutzen seines Werkes zu beteiligen ist, als *tragenden Leitgedanken des Urheberrechts* (ständige Rechtsprechung, vgl. nur BGH GRUR 1995, 674, 675 – *Mauer-Bilder* m.w.N.), der nunmehr in § 11 S. 2 modifiziert ist. Da das geistige Eigentum des Urhebers ein naturgegebenes Recht ist, das durch die positive Gesetzgebung nur seine Anerkennung und Ausgestaltung findet (BGH GRUR 1955, 492, 502 – *Grundig-Reporter*), wird diese Rechtsstellung des Urhebers nur durch die Sozialbindung begrenzt, der jedes Eigentumsrecht nach Art. 14 Abs. 1 Satz 2 GG unterliegt (BVerfG GRUR 1972, 481, 483 – *Kirchen- und Schulgebrauch;* so auch die übrigen vorstehend zitierten Entscheidungen des Bundesverfassungsgerichts). Diese kann im Einzelfall dazu führen, dass das dem Urheber zustehende umfassende Herrschaftsrecht an seinem Werk für bestimmte Nutzungsvorgänge zu beschränken ist, dies freilich nur, soweit es im Interesse der Allgemeinheit *unumgänglich* erscheint; das geistige Eigentum steht schon wegen Art. 14 Abs. 1 GG nicht zur beliebigen Disposition des Gesetzgebers.

5 Der Gesetzgeber darf also, wenn es denn gar nicht anders geht, *ausnahmsweise* eine dem Urheber vorbehaltene Nutzungsart in eine erlaubnisfreie Nutzung für jedermann umwandeln mit der Maßgabe, dass dem Urheber für die Nutzung eine *angemessene* Vergütung zu zahlen ist. Er darf freilich weder das beste-hende System der ausschließlichen Verwertungsrechte durch ein System von Vergütungsansprüchen ersetzen (*Wilhelm Nordemann* GRUR 1979, 280; *Boy-tha* GRUR Int. 1983, 379) noch gar den Vergütungsanspruch unangemessen mindern oder ganz ausschließen; dergleichen könnte allenfalls durch solche Gemeinwohlerwägungen gerechtfertigt sein, denen auch bei Beachtung des

Grundsatzes der Verhältnismäßigkeit der Vorrang vor dem grundrechtlich geschützten Anspruch des Urhebers zukommt (so wörtlich BVerfG GRUR 1980, 44, 48 – *Kirchenmusik*, s. auch *Krüger-Nieland* FS Oppenhoff S. 173 und die Kritik an BVerfG GRUR 1989, 193, 196 – *Vollzugsanstalten* vgl. Vor § 45 Rn. 10 sowie von *Fedor Seifert* FS Reichardt S. 225 ff. und *Kreile* GEMA-Jahrbuch 1992 S. 48 ff.).

Abschnitt 2 **Das Werk**

§ 2   Geschützte Werke

(1) Zu den geschützten Werken der Literatur, Wissenschaft und Kunst gehören insbesondere:
1. **Sprachwerke, wie Schriftwerke, Reden und Computerprogramme;**
2. **Werke der Musik;**
3. **pantomimische Werke einschließlich der Werke der Tanzkunst;**
4. **Werke der bildenden Künste einschließlich der Werke der Baukunst und der angewandten Kunst und Entwürfe solcher Werke;**
5. **Lichtbildwerke einschließlich der Werke, die ähnlich wie Lichtbildwerke geschaffen werden;**
6. **Filmwerke einschließlich der Werke, die ähnlich wie Filmwerke geschaffen werden;**
7. **Darstellungen wissenschaftlicher oder technischer Art, wie Zeichnungen, Pläne, Karten, Skizzen, Tabellen und plastische Darstellungen.**

(2) Werke im Sinne dieses Gesetzes sind nur persönliche geistige Schöpfungen.

Übersicht

I.   Allgemeines

1.   Bedeutung, Sinn und Zweck der Norm, systematische Stellung im Gesetz

1 **Das Werk** ist der zentrale Begriff des UrhG und damit gleichsam **das Tor zum Urheberrecht**: Nur ein Werk, das die Voraussetzungen von § 2 erfüllt, genießt urheberrechtlichen Schutz. § 2 zählt im Rahmen seines Beispielkataloges in Abs. 1 zunächst die Werkarten auf, die einem Urheberrechtsschutz grundsätzlich zugänglich sind; in Abs. 2 definiert er dann das Werk als „persönliche geistige Schöpfung". § 2 ist zwar die Zentralnorm des UrhG für den Werk-schutz. Gleichwohl finden sich auch in anderen Normen auf § 2 aufbauende Unterfälle: § 3 stellt klar, dass auch Übersetzungen und andere Bearbeitungen eines Werkes wie selbständige Werke geschützt werden, § 4 definiert die Sam-melwerke und als Unterfall davon das Datenbankwerk; schließlich enthält § 69a besondere Bestimmungen über den Schutz der Computerprogramme und definiert in Abs. 3, unter welchen Voraussetzungen ein Computerpro-gramm Individualität besitzt und damit als Werk im Sinne von § 2 anzusehen ist.

Werke können nur solche der **Literatur, Wissenschaft** und **Kunst** sein. Diese   **2** Begriffe besitzen für den Werkbegriff aber nur insoweit Bedeutung, als sie eine Ab- und Eingrenzung der urheberrechtlichen Schutzbereiche vor allem zu den technischen Schutzrechten gewährleisten sollen (Dreier/Schulze/*Schulze*[2] § 1 Rn. 4 und 6; Schricker/*Loewenheim*[3] § 2 Rn. 2). Unterfällt eine geistige Leis-tung einer der in dem Beispielskatalog des Abs. 1 aufgeführten Werkkatego-rien, bedarf es keiner tatsächlichen Feststellung, ob Literatur, Wissenschaft oder Kunst vorliegen.

Neben dem Werkschutz gewährt das UrhG **verwandte Schutzrechte**. Es han-   **3** delt sich hierbei regelmäßig um Leistungen, die keine persönlichen geistigen Schöpfungen darstellen und damit nicht als Werke qualifiziert werden können, aber im Zusammenhang mit, bei der Aufführung oder dem Vortrag von Werken erbracht werden oder einen Unterbauschutz zu bestimmten Werk-kategorien darstellen: So gewähren die verwandten Schutzrechte der §§ 70 und 71 UrhG Schutz an bestimmten Leistungen im Zusammenhang mit gemeinfreien Werken, schützen die §§ 82, 85, 87, 87a und 94 UrhG die unternehmerische Leistung der Bühnen- und Konzertunternehmen, Tonträger-hersteller, Sendeunternehmen, Datenbankhersteller und Filmhersteller, § 73 den ausübenden Künstler, also den Sänger, Musiker oder Schauspieler, der ein Werk darbietet und gewähren schließlich die §§ 72, 87a und 95 UrhG Schutz für einfache Fotografien, Datenbanken und Filme, die dem Werkschutz nicht zugänglich sind, weil ihnen die persönliche geistige Schöpfung fehlt. Die verwandten Schutzrechte der §§ 70–95 UrhG, die im Sprachgebrauch auch **Leistungsschutzrechte** genannt werden, besitzen keine zentrale Schutznorm wie der Werkschutz mit § 2; ihre besonderen Schutzvoraussetzungen sind deshalb den jeweiligen Normen zu entnehmen.

2. Früheres Recht

Vor dem Inkrafttreten des UrhG am 1. Januar 1966 war der urheberrechtliche   **4** Werkschutz in zwei verschiedene Gesetze aufgeteilt: So schützte das Gesetz betreffend das Urheberrecht an Werken der Literatur und der Tonkunst vom 19. Juni 1901 (RGBl. 227) – allgemein **Literatururhebergesetz (LUG)** genannt – „die Urheber von Schriftwerken und solchen Vorträgen oder Reden, welche dem Zwecke der Erbauung, der Belehrung oder der Unterhaltung dienen" (§ 1 Abs. 1 Nr. 1 LUG), „die Urheber von Werken der Tonkunst" (§ 1 Abs. 1 Nr. 2 LUG) und „die Urheber von solchen Abbildungen wissenschaftlicher oder technischer Art, welche nicht ihrem Hauptzweck nach als Kunstwerke zu betrachten sind. Zu den Abbildungen gehören auch plastische Darstellungen" (§ 1 Abs. 1 Nr. 3 LUG). Choreographische und pantomimische Werke wurden wie Schriftwerke geschützt, allerdings nur dann, wenn der Bühnenvorgang festgelegt war (§ 1 Abs. 2 LUG). Demgegenüber wurde die Bildkunst und die Fotografie über das Gesetz betreffend das Urheberrecht an Werken der bildenden Künste und der Photographie vom 9. Januar 1907 (RGBl. 7) – allgemein **Kunsturhebergesetz (KUG)** genannt – geschützt, und zwar sowohl die Werke der bildenden Künste und der Fotografie (§ 1 KUG) als auch „Erzeugnisse des Kunstgewerbes" und „Bauwerke, soweit sie künstlerische Zwecke verfolgen", die insoweit den Werken der bildenden Künste gleichgestellt wurden (§ 2 KUG).

5 Auch wenn weder LUG noch KUG eine Definition des Werkes wie § 2 Abs. 2 UrhG enthielten, ist doch davon auszugehen, dass zwischen UrhG einerseits und LUG sowie KUG andererseits **keine grundsätzlichen Unterschiede in der Definition des Werkes** bestanden (Schricker/*Katzenberger*[3] § 129 Rn. 13). Auch unter Geltung von LUG und KUG mussten alle Werke Individualität besitzen, im Sinne einer Schöpfung geschaffen, sinnlich wahrnehmbar sein und sich von dem Vorbekannten abheben (*Ulmer*[1], S. 81 f.; *Allfeld*[2], § 1 LUG Rn. 9 f.; *Elster*, Urheber- und Erfinder-, Warenzeichen- und Wettbewerbsrecht, 2. Aufl. 1928, S. 94 ff. und S. 178 ff.). Ein Unterschied besteht lediglich beim Schutz der pantomimischen Werke und der Werke der Tanzkunst: Während § 1 Abs. 2 LUG ihren Schutz von einer Festlegung abhängig machte, ist dies gem. § 2 Abs. 1 Nr. 3 UrhG nicht mehr erforderlich (vgl. Rn. 133).

6 Nach der **Übergangsbestimmung des § 129** sind die Vorschriften des UrhG auch auf die vor seinem Inkrafttreten geschaffenen Werke anzuwenden, es sei denn, dass die urheberrechtliche Schutzfrist zu diesem Zeitpunkt bereits abgelaufen war (§ 129 Abs. 1 S. 1; Einzelheiten siehe dort). Soweit sich seit dem Inkrafttreten des UrhG Änderungen bei den Anforderungen an die Schutzfähigkeit bestimmter Werke ergeben haben, wie dies beispielsweise § 69a Abs. 3 für die Computerprogramme durch eine deutliche Absenkung der Gestaltungshöhe mit sich gebracht hat (vgl. Rn. 32 und vgl. § 69a Rn. 14, 16 ff.), gilt die Neuregelung gleichermaßen auch für vor ihrem Inkrafttreten geschaffene Werke (§ 137d Abs. 1).

3. EU-Richtlinien

7 In der Europäischen Union ist das Urheberrecht bislang nur stückweise harmonisiert (Einleitung vgl. Rn. 37). Dies gilt auch für den Werkbegriff: Es sind bislang lediglich drei EU-Richtlinien ergangen, die Regelungen zum Werkbegriff enthalten, und zwar die Richtlinie 91/250/EWG zu **Computerprogrammen**, die Richtlinie 93/98/EWG in einem Nebenregelungsbereich zu **Fotografien** (Hauptregelungsbereich: Schutzdauer des Urheberrechts) und die Richtlinie 96/9/EG zu **Datenbanken**. In ihrem jeweiligen Regelungsbereich bestimmen die Richtlinien zum Werkbegriff, dass bei Computerprogrammen, Fotografien und Datenbanken jede eigene geistige Schöpfung als individuelles Werk anerkannt und urheberrechtlich geschützt werden muss; zur Bestimmung ihrer Schutzfähigkeit dürfen keine anderen Kriterien angewendet werden. Im Hinblick auf Computerprogramme hat der deutsche Gesetzgeber die Vorgabe der Richtlinie in § 69a Abs. 3 UrhG direkt umgesetzt (Art. 1 Abs. 3 der Computerprogramm-Richtlinie; abgedruckt im Anhang V1). Die entsprechenden Vorgaben der Schutzdauer-Richtlinie zu Fotografien (Art. 6; abgedruckt im Anhang V4) und der Datenbank-Richtlinie (Art. 3 Abs. 1; abgedruckt im Anhang V1) sind nicht direkt in das UrhG eingeflossen, weil der deutsche Gesetzgeber davon ausging, dass das UrhG den Vorgaben der Richtlinien bereits entsprach.

4. Internationales Urheberrecht

Der Schutz der Werke nach den internationalen Konventionen richtet sich vor **8**
allem nach der **Revidierten Berner Übereinkunft (RBÜ)**, dem Übereinkommen
über handelsbezogene Aspekte der Rechte des geistigen Eigentums (**TRIPS**)
und dem **Welturheberrechtsabkommen (WUA)**. Einzelheiten zu diesen Konventionen sowie weiteren internationalen Verträgen vgl. Einl. Rn. 48 ff. und
Vor §§ 120 Rn. 12 ff. Art. 2 Abs. 1 RBÜ enthält eine Definition der „Werke
der Literatur und Kunst", nach der hiervon umfasst sind

*alle Erzeugnisse auf dem Gebiet der Literatur, Wissenschaft und Kunst, ohne
Rücksicht auf die Art und Form des Ausdrucks, wie: Bücher, Broschüren und
andere Schriftwerke; Vorträge, Ansprachen, Predigten und andere Werke glei-
cher Art; dramatische oder dramatisch-musikalische Werke; choreographische
Werke und Pantomimen; musikalische Kompositionen mit oder ohne Text;
Filmwerke einschließlich der Werke, die durch ein ähnliches Verfahren wie
Filmwerke hervorgebracht sind; Werke der zeichnenden Kunst, der Malerei,
der Baukunst, der Bildhauerei, Stiche und Lithographien; photographische
Werke, denen Werke gleichgestellt sind, die durch ein der Photographie ähnliches Verfahren hervorgebracht sind, Werke der angewandten Kunst; Illus-
trationen, geographische Karten; Pläne, Skizzen und Darstellungen plastischer
Art auf dem Gebieten der Geographie, Topographie, Architektur und Wissenschaft.*

Art. 2 Abs. 3 RBÜ stellt klar, dass auch Übersetzungen, Bearbeitungen, musikalische Arrangements und andere Umarbeitungen eines Werkes der Literatur
oder Kunst den gleichen Schutz wie die ihnen zugrunde liegenden Originalwerke genießen. Daneben werden auch Sammlungen von Werken der Literatur
oder Kunst wie beispielsweise Enzyklopädien und Anthologien dem Werkschutz unterstellt (Art. 2 Abs. 5 RBÜ). Auch die RBÜ versteht wohl unter
einem Werk nur eine „persönliche geistige Schöpfung" (Nordemann/Vinck/
Hertin Art. 2 RBÜ Rn. 1), wobei allerdings die Prüfung im Einzelfall, was als
Werk anzusehen ist, sich nach dem **Recht des Schutzlandes** bestimmt, also des
Landes, in dem der Schutz für die urheberrechtlich relevante Schöpfung
beansprucht wird (Nordemann/Vinck/Hertin Art. 2 RBÜ Rn. 1; Einzelheiten
Vor §§ 120 Rn. 2 f., 6 f., 15). Den einzelnen Verbandsländern ist durch Art. 2
RBÜ jedoch vorbehalten, nur solche Werke der Literatur und Kunst zu schüt-
zen, die auf einem materiellen Träger festgelegt sind (Art. 2 Abs. 2 RBÜ) und
die Werke der angewandten Kunst nur einem Schutz über das Geschmacksmusterrecht zu unterwerfen (Art. 2 Abs. 7 RBÜ). Der konventionsrechtliche
Schutzanspruch beschränkt sich auf den Katalog in Art. 2 RBÜ. Die Aufzählung der einzelnen Werkarten ist jedoch insoweit nicht erschöpfend, als der
Verbandsurheber Schutz unter Gesichtspunkt der Inländerbehandlung auch
für solche Werkarten beanspruchen kann, die in Art. 2 RBÜ nicht genannt
sind, jedoch vom inländischen Recht darüber hinausgehend geschützt werden
(Art. 19 RBÜ; Nordemann/Vinck/Hertin Art. 2 RBÜ Rn. 2). Erkennt das
Recht des Schutzlandes eine bestimmte, im Katalog des Art. 2 Abs. 1 RBÜ
genannte Werkart generell nicht als schutzfähig an, so kann sich der Verbandsurheber unmittelbar auf die RBÜ berufen; dies gilt auch dann, falls das Recht
des Schutzlandes dieser Werkart einen anderen als einen urheberrechtlichen
Schutz gewährt, beispielsweise die Schöpfung einem verwandten Schutzrecht
zuordnet oder sie lediglich dem Wettbewerbsrecht unterstellt (Nordemann/
Vinck/Hertin Art. 2 RBÜ Rn. 3). Eine Ausnahme gilt insoweit gem. Art. 2

Abs. 7 RBÜ nur für die Werke der angewandten Kunst, die auch über das Geschmacksmusterrecht geschützt werden dürfen.

9 Die **TRIPS** („Trade-Related Aspects of Intellectual Property Rights") beziehen über Art. 9 die Art. 1–21 der RBÜ vollständig ein und ergänzen die in Art. 2 RBÜ genannten Werkarten lediglich durch eine ausdrückliche Erwähnung der Computerprogramme und Datenbanken (Art. 10 Abs. 1 und 2 TRIPS). Es ist deshalb letztendlich die RBÜ, die das für den urheberrechtlichen Werkschutz maßgebliche internationale Übereinkommen darstellt.

10 Das **WUA** spricht demgegenüber nur von

Werken der Literatur, Wissenschaft und Kunst, wie Schriftwerken, musikalischen und dramatischen Werken, Filmwerken sowie Werken der Malerei, Stichen und Werken der Bildhauerei,

bestimmt aber nicht näher, um welche urheberrechtlichen Werke es sich im einzelnen handeln soll (Nordemann/Vinck/Hertin Art. I WUA Rn. 1). Da es sich aber auch bei dem „Katalog" aus Art. I WUA lediglich um einen Beispielskatalog handelt, kann letztendlich jeder Konventionsstaat bestimmen, welche Werke er in welcher Form schützen will, solange mindestens die in Art. 1 ausdrücklich genannten Werkarten geschützt werden (Nordemann/Vinck/Hertin Art. I WUA Rn. 3 f.). Auch für das WUA gilt grundsätzlich das Prinzip des Schutzlandes, d.h. die Anforderungen an den Werkbegriff richten sich grundsätzlich nach den Vorschriften des Landes, in dem Schutz beansprucht wird (Fromm/Nordemann/Hertin Art. I WUA Rn. 4).

II. Tatbestand

1. Beispielskatalog

11 § 2 Abs. 1 enthält lediglich einen **nicht erschöpfenden Beispielskatalog**; das folgt aus dem Wort „insbesondere" vor der Aufzählung der Werkarten. Ergebnisse geistiger Tätigkeit des Menschen, die den Anforderungen der „persönlichen geistigen Schöpfung" gem. Abs. 2 genügen, ohne in der Aufstellung von Abs. 1 zu erscheinen, sind demnach ebenfalls urheberrechtlich geschützte Werke. Die fortschreitende geistige, kulturelle, aber auch technische Entwicklung schafft neue Kunstgattungen und Werkformen. Schon bald nach dem Inkrafttreten des UrhG galt dies zunächst für die sog. Ton-Collagen, bei denen aus Politiker-Reden Textstellen herausgeschnitten, musikalisch unterlegt und dann rhythmisch montiert wurden (OLG München Schulze OLGZ 178 – *Pol(h) Hitparade* mit Anm. von *Wilhelm Nordemann*), für die Tonband-Collagen mit der Mischung von Geräuschen und Musik sowie für die O-Ton-Collagen (Original-Ton-Collagen) mit einer akustischen Zusammenstellung von Interviews, Geräuschen des täglichen Lebens und elektronischen Sphärenklängen. Sodann entstand mit den Computerprogrammen eine neue Werkart von erheblicher wirtschaftlicher Bedeutung; sie sind nach anfänglichen Diskussionen, ob sie überhaupt dem Urheberrecht unterfallen, den Sprachwerken zugeordnet worden und seit der Urheberrechtsnovelle vom 24. Juni 1985 ausdrücklich in § 2 Abs. 1 Nr. 1 UrhG genannt (Einzelheiten vor § 69a Rn. 1). In den letzten Jahren hat die sog. Land-Art eine gewisse Bedeutung gewonnen: Christo zieht Vorhänge durch Täler oder verhüllt den Berliner Reichstag (BGH GRUR 2002, 605, – *verhüllter Reichstag*; KG GRUR 1997, 128 – *verhüllter Reichstag*); Walter de Maria errichtet in New Mexico ein Lightning Field, wo

400 in den Wüstenboden gerammte Stahlpfähle so angeordnet sind, dass bei den offenbar dort häufigen Gewittern faszinierende Lichterscheinungen bewirkt werden (DIE ZEIT Nr. 42 vom 09.10.1992, S. 71). Endlich hat die technische Entwicklung das Multimediawerk als neue Werkart aus Text, Ton, Bildern, Daten, Computerprogrammen und oftmals auch Musik entstehen lassen (vgl. Rn. 231). Von der Rechtsprechung nicht als Werke anerkannt worden sind beispielsweise die Rechen-Oberfläche einer Faxkarte (vgl. § 69a Rn. 23, 32, 47) und das Format einer Fernsehshow (vgl. Rn. 232).

2. Werkbegriff (Abs. 2)

a) Gesetzliche Definition: Der Begriff der persönlichen geistigen Schöpfung in **12** Abs. 2 stellt eine gesetzliche Definition des urheberrechtlich geschützten Werks dar. Er ist jedoch ein **unbestimmter Rechtsbegriff**, der der Ausfüllung und Konkretisierung im Einzelfall entweder in tatsächlicher oder rechtlicher Hinsicht bedarf. Ob eine Schöpfung ein urheberrechtlich geschütztes Werk ist, kann deshalb – innerhalb des vom Gesetz vorgegebenen einheitlichen Rahmens – noch in der Revisionsinstanz nachgeprüft werden (BGH GRUR 1961, 635, 637 – *Stahlrohrstuhl I*; BVerwG NJW 1966, 2374, 2376 – *Die Rechnung ohne den Wirt*; vgl. Rn. 235).

b) Neutralität des Werkbegriffs: Der Werkbegriff ist im weitesten Sinn **zweck-,** **13** qualitäts- und **aufwandsneutral**. Es ist also bei einem urheberrechtlich geschützten Werk gleichgültig, zu welchem Zweck es geschaffen wurde, wie hoch seine künstlerische, literarische oder sonst welche Qualität ist oder mit welchem Aufwand es entstand.

Zweckneutralität bedeutet, dass der Wille des Werkschöpfers, ein belehrendes, **14** unterhaltendes, ästhetisches oder zu gebrauchendes Werk zu verfassen irrelevant ist. Was früher unter ganz anderen gesellschaftlichen und politischen Gegebenheiten ernst und erzieherisch wirken sollte, heute aber nur noch Lachen oder Unverständnis hervorruft, bleibt dennoch urheberrechtlich geschützt, wenn die erforderlichen Werkeigenschaften vorliegen und die Schutzfrist noch nicht abgelaufen ist. Auch der praktische Zweck eines Werkes, etwa einer Werbegrafik oder eines Formulars (BGH GRUR 1959, 251, 252 – *Einheitsfahrschein*) oder die völlig fehlende Zweckbestimmung durch den Urheber – etwa bei geheimen Tagebüchern – spielen für die Werkeigenschaft keine Rolle. Deshalb ist die Berücksichtigung des Gebrauchszwecks von Sprachwerken einerseits und von Darstellungen wissenschaftlicher oder technischer Art andererseits, wie sie einige neue Entscheidungen des Bundesgerichtshofs bei der Beurteilung der Werkqualität vornehmen, unrichtig (vgl. Rn. 60 ff. und 211).

Der Zweck, zu dem ein Werk erschaffen wurde, kann bei der Einordnung in **15** eine bestimmte Werkkategorie hilfreich sein; er darf aber grundsätzlich nicht dazu führen, unterschiedliche Anforderungen an die Schutzfähigkeit zu stellen (vgl. Rn. 31 ff.). Dies gilt auch für den Bereich der Kunst, so dass der Zweck, zu dem ein Werk der Kunst erschaffen worden ist, zwar der Unterscheidung zwischen bildender und angewandter Kunst dienen kann, nicht aber unterschiedliche Anforderungen an die Schutzfähigkeit mit sich bringen darf (vgl. Rn. 139 und 146 ff.).

c) Objektivität des Werkbegriffs: Der Werkbegriff ist desweiteren objektiv. **16** Gemeint ist damit, dass nach **objektiven Kriterien** zu ermitteln ist, ob das, was jemand geschaffen hat, als Kunstwerk anzusehen ist oder nicht (*Ulmer* GRUR

1968, 527; *Samson* UFITA 56 [1970], 117; *Gerstenberg* FS Wendel S. 89, 94 ff.). Der mittlerweile 35 Jahre zurückliegende Versuch *Kummers*, an die Stelle des objektiven Werkbegriffes die subjektive Bestimmung des Urhebers zu setzen (*Kummer* S. 75), musste schon deshalb scheitern, weil danach jedermann sich subjektiv absolute Rechte, wie die aus dem Urheberrecht fließenden Befugnisse, nach Belieben selbst hätte gewähren können – eine mit unserem Rechtssystem schlechthin unvereinbare Vorstellung. Die von *Kummer* begründete *Lehre von der statistischen Einmaligkeit* hat sich deshalb auch zu Recht in Deutschland nicht durchgesetzt (nur Schricker/*Loewenheim*[3] § 2 Rn. 16 f.; vgl. hierzu auch Rn. 29). Auch *Schmieder* (UFITA 52 [1969], 107, 113) hat seinen an der „Marktfähigkeit" des Werkes und seiner „Bildung" durch den Werkschöpfer orientierten Vorschlag inzwischen aufgegeben (FS Röber S. 389; NJW 1994, 3340).

17 Aus dem vorstehend genannten Grund kann auch das Urteil von Kunstsachverständigen, Museumsdirektoren und Kritikern nicht maßgebend sein (a.M. OLG Köln AfP 1978, 223, 224), ebenso wenig wie dasjenige des Kunsthandels und seiner Kunden. Nicht alles ist Kunst, was einmalig ist, Geld kostet und manchmal sogar die öffentliche Ausstellung lohnt; Souvenirs bekannter Persönlichkeiten und Gegenstände von historischem Interesse sind Beispiele dafür. Eine gleichmäßig mit blauer Farbe bemalte, auf einen rechteckigen Rahmen gespannte Leinwand wird nicht deshalb zu einem urheberrechtlich geschützten Werk, weil die Stuttgarter Staatsgalerie dafür eine beträchtliche Summe ausgegeben hat und das Bild als moderne Kunst präsentiert, dasselbe gilt für den in gleichmäßige Falten gelegten Vorhang, der im Hamburger Bahnhof in Berlin die Längswand eines Nebenraums ausfüllt, nachdem er von einem städtischen Kunstamt als „Kunst" angekauft wurde. Wie sollte auch ein Schutz solcher „Werke" aussehen: Wäre das Bemalen einer Leinwand mit der gleichen blauen Farbe durch einen Anderen eine Verletzung des Vervielfältigungsrechtes des Ersten aus § 16? Würde jeder Dekorateur, der einen Vorhang ordnungsgemäß – also wie das Vorbild im Hamburger Bahnhof – anbringt, mit dem Monopol der Künstlerin kollidieren?

18 Das schließt den Werkcharakter bestimmter **Randformen der modernen Kunst** aber nicht aus. Die Beurteilung der Aleatorik hängt davon ab, ob ihr Ergebnis allein vom Zufall bestimmt oder eine von mehreren Lösungen ist, die der handelnde Mensch vorgegeben hat. Die Antikunst bringt geschützte Werke hervor, wenn sie sich nicht lediglich auf die Präsentation vorhandener Gegenstände (Steine, Wurzeln, Cola-Dosen usw.) in einem bestimmten Umfeld beschränkt, sondern sie zu einem neuen Ganzen zusammenfügt; jedes geschützte Werk stellt lediglich eine Kombination gemeinfreier Elemente dar (vgl. Rn. 27). Paradebeispiel dafür ist Pablo Picassos Stierschädel von 1942, eine scheinbar simple Zusammenfügung eines Fahrradlenkers mit einem Fahrradsattel. Die Minimalisierung schließlich kann allenfalls noch in ihren Vorstufen geschützte Werke hervorbringen; ihre letzte Konsequenz, das „Nichts als Kunst", das „Blanksongpaper" von Charles Yves, ein leeres Notenblatt mit nichts als Signatur und Wiederholungszeichen (siehe auch *Erdmann* FS – v. Gamm S. 389, 402), ist eben auch urheberrechtlich ein Nichts.

19 **d) Persönliche geistige Schöpfung:** Der Gesetzgeber hat durch die erstmalige Verwendung dieser Definition im neuen Urheberrechtsgesetz von 1965 die bis dorthin von der Rechtsprechung gebrauchten Definitionen zu einer einheitlichen zusammengefasst, ohne insoweit eine Änderung der Rechtslage vornehmen zu wollen (Begr. zum RegE UrhG BT-Drucks. IV/270, S. 38). Die Gesetzesbegründung definiert die Werke persönlicher geistiger Schöpfung als „Erzeugnisse, die durch ihren Inhalt oder durch ihre Form oder durch ihre Verbindung von Form und Inhalt etwas Neues und Eigentümliches darstellen" (Begr. zum RegE UrhG BT-Drucks. IV/270, S. 38). Bei der **näheren Begriffsbestimmung** herrscht allerdings in Rechtsprechung und Lehre kaum begriffliche Einigkeit; die „persönliche geistige Schöpfung" ist immer wieder mit anderen Worten umschrieben worden, ohne dass insoweit allerdings inhaltliche Unterschiede erkennbar gewesen sind (Schricker/*Loewenheim*[3] § 2 Rn. 23).

Nach der herrschenden Auffassung hat die „persönliche geistige Schöpfung" **20** grundsätzlich die folgenden **4 Elemente**:
– das Werk muss **persönlich** erschaffen worden sein (vgl. Rn. 21 f.),
– eine **wahrnehmbare Form** gefunden haben (vgl. Rn. 23),
– **Individualität** aufweisen (vgl. Rn. 24 ff.) und
– die notwendige **Gestaltungshöhe** (vgl. Rn. 30 ff.)
erreicht haben (statt aller: Schricker/*Loewenheim*[3] § 2 Rn. 9).

aa) Persönliche Schöpfung: Die Voraussetzung der persönlichen Schöpfung ist **21** normalerweise unproblematisch: Sie bedeutet, dass das Werk **von einem Menschen geschaffen** worden sein und geistigen Gehalt aufweisen muss; ein Werk kann nur von einer natürlichen Person, also einem Menschen, erschaffen werden (vgl. § 7 Rn. 9). Dies hat zur Folge, dass weder juristische Personen noch Tiere oder Maschinen urheberrechtlich geschützte Werke hervorbringen können. Allerdings darf sich der Mensch bei seiner Schöpfung natürlich eines Apparates als **Hilfsmittel** bedienen, also insbesondere einen Fotoapparat oder einen Computer einsetzen (Dreier/Schulze/*Schulze*[2] § 2 Rn. 8; Schricker/*Loewenheim*[3] § 2 Rn. 13; *Ulmer*[3] S. 128). Bilder, die ein Affe gemalt hat, sind also urheberrechtlich nicht geschützt; eine juristische Person kann schon deshalb, weil sie nicht selbst, sondern nur durch ihre gesetzlichen Vertreter handeln kann, nichts persönlich erschaffen. Ein Grenzfall mag ein in Trance, also nach einer (tatsächlichen oder vermeintlichen) Eingebung aus dem Jenseits geschaffenes Werk sein: Da zwar nicht ein jenseitiges Wesen, wohl aber das Medium eine natürliche Person ist und die Schöpfung als Realakt Geschäftsfähigkeit nicht voraussetzt, hat das BGer Lausanne zu Recht einem solchen Werk urheberrechtlichen Schutz zuerkannt (in Trance gehaltene Vorträge; BGer Lausanne ZUM 1991, 236).

Keine Prägung durch Persönlichkeit des Urhebers erforderlich. Mit dem Kri- **22** terium der persönlichen Schöpfung ist nicht verbunden, dass das fragliche Ergebnis menschlichen Schaffens auch von der Persönlichkeit des Urhebers geprägt sein muss (so noch die 8. Auflage Rn. 12 und in diese Richtung gehend Schricker/*Loewenheim*[3] § 2 Rn. 23). Die Gesetzesmaterialien sagen hierüber nichts; im Gegenteil macht die Gesetzesbegründung (Begr. RegE UrhG BT-Drucks. IV/270, S. 38) deutlich, dass es offenbar auf die Neuheit und Eigentümlichkeit ankommt, nicht aber auf eine persönliche Prägung. Zudem weist *Rehbinder*[9] S. 85 zu Recht darauf hin, dass die Persönlichkeit eines Urhebers umgekehrt auch durch seine Werke geprägt werde. Die höchstrichterliche Rechtsprechung schwankt zwischen der Forderung nach eigenschöpferischer Prägung, schöpferischer Eigenart und schöpferischer Eigentümlichkeit, was Schricker/*Loewenheim*[3] Rn. 23 zu Recht für das selbe halten; die Rspr. benutzt diese Begriffe allerdings nur zur Bestimmung der Schutzuntergrenze, unterhalb derer die Anerkennung eines menschlichen Schöpfungsergebnisses als Werk im Sinne von § 2 Abs. 2 nicht mehr in Betracht kommt (vgl. Rn. 30). Sicher ist, dass es viele Werke gibt, die die „Handschrift" ihres Schöpfers erkennen lassen, also von seiner Persönlichkeit geprägt sind; einen Text von Thomas Mann, ein Orchesterstück von Richard Strauß, einen Schlager von Bert Kaempfert oder ein Bild von Pablo Picasso erkennt nicht nur der Fachmann. Sicher ist aber auch, dass es Werke gibt, für die das nicht gilt, etwa weil ihr Schöpfer so unbekannt ist, dass auch seine „Handschrift" niemand kennt, oder weil sie eine persönliche Ausprägung ihrer Art nach nicht zulassen, wie das etwa für Kurzgedichte und Limmericks, für die meisten Computerprogramme, aber auch für kurze Melodien, für viele Fotografien, Filme und sogar für berühmte Kunstwerke zutrifft (Picassos Stierschädel – vgl. Rn. 18 – könnte ohne weiteres irgendeinem anderen Künstler zugeschrieben werden), oder weil sie – das ist der häufigste Fall – von weniger bedeutenden Urhebern stammen. Das Erfordernis der persönlichen Schöpfung bedeutet also nicht, dass das Werk auch von der Persönlichkeit des Urhebers geprägt sein muss.

23 **bb) Wahrnehmbare Form:** Eine Schöpfung kann nur dann als Werk urheberrechtlich geschützt sein, wenn sie für andere Menschen **wahrnehmbar** ist, also eine Form gefunden hat. Ein Gedicht, dass lediglich im Kopf des Dichters vorhanden ist, genießt keinen urheberrechtlichen Schutz; es muss wenigstens ausgesprochen, anderen Menschen mitgeteilt worden sein (Dreier/Schulze/ *Schulze*[2] § 2 Rn. 13; Schricker/*Loewenheim*[3] § 2 Rn. 20; *Ulmer*[3] S. 130). Eine **Festlegung** des Werkes ist allerdings nicht Voraussetzung des Schutzes. Es genügt, dass das Werk irgendeine Ausdrucksform gefunden hat. Es muss sich dabei nicht um eine dauerhafte Form handeln. Selbst die flüchtige, jeder Festlegung entbehrende Mitteilung durch mündliche Erzählung oder Improvisation erzeugt ein schutzfähiges Werk, soweit die übrigen Voraussetzungen des § 2 erfüllt sind. Die von RGZ 66, 227, 230 – *Theaterprogramme* aus § 1 Abs. 2 LUG abgeleitete Auffassung, als Werk könne nur die in einer bestimmten Form festgelegte Geistestätigkeit angesehen werden, ist von der Nachkriegsrechtsprechung alsbald aufgegeben worden (BGH GRUR 1962, 531, 533 – *Bad auf der Tenne II*; OLG München GRUR 1956, 432, 434 – *Solange Du da bist*; OLG Köln GRUR 1953, 499, 500 – *Kronprinzessin Cäcilie*).

24 **cc) Individualität:** Hauptinhalt der persönlichen geistigen Schöpfung ist die dritte der in Rn. 20 genannten Voraussetzungen, die sog. „Individualität". Sie bedeutet, dass sich in **Konzeption, Inhalt** oder **Form** der individuelle Geist des Urhebers im Werk ausdrückt und sich das Werk dadurch von alltäglichen, routinemäßig produzierten und anderen, im Sinne des Urheberrechts nicht schöpferischen Leistungen wie z.B. denen der ausübenden Künstler oder rein handwerklichen Leistungen abhebt (*Schricker* FS Kreile S. 715, 720; Schricker/*Loewenheim*[3] § 2 Rn. 23 ff.; *Ulmer*[3] S. 131).

25 **Geistiger Gehalt.** Individualität kann nur vorliegen, wenn ein geistiger Gehalt gegeben ist, also eine menschliche Gedankenäußerung aus dem Werk hervorgeht, ein Gedanken- oder Gefühlsinhalt durch das Werk mitgeteilt wird. Dies schließt die Anerkennung solcher Erzeugnisse aus, die ohne Ausdruck der Gedanken- und Gefühlswelt des Schaffenden, sondern lediglich durch mechanische Tätigkeit entstanden sind (**Zufallswerke**). Die gedankenlose Spielerei, das blinde Walten lassen der Natur, die dem Zufall überlassene Schöpfung erzeugen kein schutzwürdiges Werk, mag das Ergebnis solcher menschlichen Betätigung auch noch so neu und noch so absonderlich sein. So ist derjenige kein Komponist, der die Tonfolge durch Würfeln ermittelt. Der Maler, der Farben blind über den Rücken wahllos gegen eine Leinwand wirft und sich nach dieser Aktion diejenigen Teile der Leinwand herausschneidet, auf denen die Farben besonders wirkungsvoll zueinander liegen, mag wegen der individuellen Leistung, die in der Sichtung und Auswahl des willkürlich gewonnenen Materials liegt, noch als Urheber angesehen werden können. Wer dagegen, wie es schon vorgekommen ist, wahllos Farben auf eine am Boden liegende Bildfläche gießt und sich dann darauf setzt, um durch Drehbewegungen mit dem Hosenboden ein kreisrundes Farbenmischmasch zu erzeugen, bringt trotz der unbestreitbaren „Individualität" des benutzten Werkzeugs keine geistige Schöpfung, sondern nur ein ungeschütztes Zufallsprodukt hervor (weitere Beispiele bei *Thomaschki* S. 35 ff.). Deshalb können auch die Erzeugnisse eines Roboters, der beim Einwurf von Münzen ein abstraktes Aquarell oder eine melodische Tonfolge auswirft, keine „Werke" des Einwerfers sein (sofern die Programmierung der Software des Roboters allerdings die Gestaltungselemente des Aquarells vorgibt, kommt Werkschutz zugunsten des Software-Urhebers in Betracht; vgl. § 69a Rn. 15 ff.). Von selbständigen technischen Apparaten sind allerdings die technischen Hilfsmittel zu trennen, die der schaffende Mensch benutzt. Wo ein Gerät nicht ungesteuert und damit nicht nur nach den Naturgesetzen oder dem Gesetz des Zufalls verfährt, sondern der menschliche Wille entscheidet, liegt eine geistige Leistung vor (*Fromm* GRUR 1964, 304; *Möhring* UFITA 50 [1967] 835; *Krummer* S. 170–205; Schricker/*Loewenheim*[3] Rn. 5). Das beste Beispiel ist der Fotoapparat: Ein Lichtbildwerk gem. § 2 Abs. 1 Nr. 5 kann ohne dieses technische Hilfsmittel überhaupt nicht entstehen.

Subjektive Neuheit. Der Begriff der Schöpfung impliziert, dass etwas Neues **26** entsteht. Wer lediglich das wiederholt, was ein anderer vor ihm genau so gesagt, geschrieben oder gemalt hat, bewirkt keine Schöpfung, sondern nur eine Wiedergabe (BGH GRUR 1966, 503, 505– *Apfel-Madonna*). An der Präsentation eines vorgefundenen Gegenstandes ist allenfalls die Präsentation selbst, nicht aber der Gegenstand neu (Schricker/*Loewenheim*[3] § 2 Rn. 4). Der Begriff der Neuheit ist allerdings nicht in der Weise zu verstehen, dass etwas objektiv bisher nicht Vorhandenes geschaffen werden müsste; vielmehr muss eine subjektive, urheberbezogene Neuheit des Werkes vorliegen, d.h. das Werk muss für den Urheber neu gewesen sein; das macht sog. „**Doppelschöpfungen**" möglich (vgl. §§ 23/24 Rn. 64 f. und KG GRUR-RR 2002, 49, 50 – *Doppelschöpfung*; OLG Köln GRUR 2000, 43, 44 – *Klammerpose*; Dreier/Schulze/*Schulze*[2] § 2 Rn. 17; Loewenheim/*Loewenheim* § 6 Rn. 23 und § 8 Rn. 29; Wandtke/Bullinger/*Bullinger*[2] § 2 Rn. 21 und § 23 Rn. 19 ff.; Schricker/*Loewenheim*[3] § 2 Rn. 42). Demgegenüber verlangt das Geschmacksmusterrecht eine subjektiv-objektive Neuheit (BGH GRUR 1969, 90, 91 f. – *Rüschenhaube*), im Patentrecht ist das Erfordernis objektiver Neuheit absolut.

Der Urheber darf jedoch aus dem **bekannten oder allgemeinen Formen- und** **27** **Inhaltsschatz schöpfen,** was in der Regel auch geschieht; das subjektiv Neue stellt sich dann dar als eine bisher unbekannte Kombination von Bekanntem, wiederum in der Regel auch mit Neuem oder Unbekanntem, wobei die Neuheit dieser Kombination nicht überbewertet werden darf, weil das Urheberrecht eben keine echte Neuheitsprüfung kennt (BGH GRUR 1985, 1041, 1047 – *Inkasso-Programm*; BGH GRUR 1982, 305, 307 – *Büromöbelprogramm*; BGH GRUR 1979, 332, 336 – *Brombeerleuchte*). Das Erfordernis der subjektiven Neuheit findet allerdings dort seine Grenze, wo Gemeingut verwendet wird: Selbst dann, wenn es für den Urheber subjektiv unbekannt gewesen ist, kann ein Monopolrecht wie das Urheberrecht zugunsten eines Einzelnen nicht an etwas entstehen, was sich schon im freien Gemeingebrauch befindet. Wenn ein Urheber ein Gedicht oder eine Melodie schreibt, die beispielsweise im

16. Jahrhundert schon einmal exakt so bestanden haben, kann er daran kein Urheberrecht mehr erlangen, auch wenn ihm das alte Gedicht oder die alten Melodie unbekannt gewesen sind; zu beachten ist in solchen Fällen aber das eventuell bestehende oder entstehende verwandte Schutzrecht aus § 71 UrhG.

28 Wie erläutert ist es **nicht notwendig, dass etwas völlig Neues entsteht**, sonst würde der Urheberrechtsschutz auf wenige Werke großer Meister zusammenschrumpfen, denen eine Art Revolution der Ausdrucksform oder des Sinngehaltes gelang. Der geistig Schaffende baut vielmehr auf dem auf, was er an Kulturgütern vorfindet (vgl. §§ 23/24 Rn. 30 ff.). Jedes schöpferische Werk entsteht deshalb aus einer **Kombination gemeinfreier Elemente**: Das Sprachwerk aus dem allgemein bekannten Wortschatz, die Komposition aus vorbekannten Noten, häufig auch aus vorbekannten Notenfolgen, musikalischen Phrasen, Rhythmen und Mehrklängen von Tönen und Instrumenten, die es vorher schon einmal gegeben hat, das choreographische Werk aus Tanzschritten, das naturalistische Bild aus Vorgegebenem, das abstrakte Kunstwerk aus zumindest bekannten Formen; Filmwerke und wissenschaftlich-technische Darstellungen kombinieren sogar verschiedene Werkarten miteinander. Selbst dann entsteht noch eine neue Schöpfung, wenn eine bereits bekannte Kombination gemeinfreier Elemente in neuer Weise mit anderen Elementen kombiniert wird: Liszts Liebestraum als Klavierwerk, Konzertstück, Jazz- oder Tanzmelodie; die Geschichte des Don Juan als Roman, Drama, Oper oder Film mit jeweils neuen Szenen und Beteiligten, die Luther- oder die Pattloch-Bibel und die Einheitsübersetzung bauen jeweils auf dem selben Ursprung auf, unterscheiden sich aber dennoch teilweise erheblich voneinander. Deshalb genügt es, wenn das Werk durch seinen Inhalt oder durch seine Form etwas Neues in dem Sinne darstellt, dass es sich von dem bisher bekannten unterscheidet. Größe und Art des Unterschiedes spielen dabei lediglich bei der Bestimmung der Gestaltungshöhe (vgl. Rn. 30 ff.) sowie des Schutzumfanges (vgl. §§ 23/24 Rn. 49) eine Rolle.

29 Die von dem Schweizer Rechtsgelehrten *Max Kummer* begründete **Lehre von der statistischen Einmaligkeit** wollte demgegenüber zur Feststellung der Individualität allein darauf abstellen, ob das urheberrechtlich zu schützende Werk „statistisch einmalig" war, was auch eine rein subjektive Werkbestimmung durch den Urheber erlaubt hätte (*Kummer* S. 38, 75 und 80). Diese Auffassung hat sich in Deutschland nicht durchgesetzt (vgl. Rn. 16), weil der Werkbegriff einerseits objektiv, also nicht einer Zweckbestimmung durch den Urheber zugänglich ist (vgl. Rn. 16 f.) und andererseits Voraussetzung einer persönlichen geistigen Schöpfung eben auch die subjektive Neuheit ist, was Doppelschöpfungen ermöglicht (vgl. Rn. 26) und damit eben die Voraussetzung einer statistischen Einmaligkeit zugleich ausschließt (Schricker/*Loewenheim*[3] § 2 Rn. 16 f.; *Ulmer*[3] S. 128; *Axel Nordemann* S. 76 f.). In der Schweiz wird die Lehre von der statistischen Einmaligkeit zur Bestimmung des individuellen Charakters eines Werkes gem. Art. 2 Schweiz. URG gleichwohl eingesetzt (eingehend Schweiz. BG GRUR Int. 2004, 1042, 1043 ff. – *Bob Marley-Foto*). Bei Lichte betrachtet ist aber das, was in der Schweiz zur Bestimmung der Individualität eines urheberrechtlich geschützten Werkes mit „statistischer Einmaligkeit" bezeichnet wird, kaum abweichend von dem, was wir in Deutschland als persönliche geistige Schöpfung bezeichnen; denn auch die Schweizer Rechtsprechung verlangt eine geistige Schöpfung, die auf menschlichem Willen beruht und individuell gestaltet worden ist (Schweiz. BG GRUR Int. 2004, 1042, 1044 – *Bob Marley-Foto*).

dd) **Gestaltungshöhe:** Die Individualität muss im Werk in einem gewissen **30**
Mindestmaß zutage treten. Dieses Mindestmaß als viertes Kriterium wird im
allgemeinen als „Gestaltungshöhe" bezeichnet und legt die Untergrenze des
Urheberrechtsschutzes fest. Das Kriterium ist von Eugen Ulmer in das deutsche
Urheberrecht eingeführt worden; er wollte damit Werke der angewandten
Kunst von nur geschmacksmusterfähigen Gestaltungen abgrenzen (*Ulmer*
GRUR Ausl. 1959, 1, 2). Inzwischen hat sich die Gestaltungshöhe im deut-
schen Urheberrecht allgemein als **quantitatives Element der Individualität**
durchgesetzt (*Schricker* FS Kreile S. 715, 715 f.; Schricker/*Loewenheim*³ § 2
Rn. 24 ff. m.w.N.). Das Maß der Gestaltungshöhe ist zwar durch die Recht-
sprechung im allgemeinen niedrig angesetzt worden, so dass auch Dinge, die
nur einen sehr geringen Grad an Individualität aufweisen, geschützt sind; diese
Schöpfungen bezeichnet man auch als **kleine Münze** des Urheberrechts (BGH
GRUR 1995, 581, 582 – *Silberdistel*; BGH GRUR 1981, 267, 268 – *Dirlada*;
Schricker/*Loewenheim*³ § 2 Rn. 38 ff. m.w.N.). Jedoch wird die Gestaltungshöhe in der Rechtsprechung und größtenteils auch in der Literatur **nicht bei
allen Werkarten gleich niedrig** angesetzt, was dazu führt, dass zwar bei den
meisten Werkarten, insbesondere bei den Werken der Literatur, der Musik, der
bildenden Kunst und der Fotografie nahezu jede Schöpfung Urheberrechtsschutz genießt, bei anderen aber nur solche Gestaltungen, die „das Durchschnittskönnen deutlich überragen"; dies betrifft hauptsächlich Werke der
angewandten Kunst sowie Schriftwerke aus dem Bereich des täglichen Bedarfs
(Loewenheim/*Loewenheim* § 6 Rn. 18 f.; Loewenheim/*Axel Nordemann* § 9
Rn. 22 ff.; *Loewenheim* GRUR Int. 2004, 765, 765 f.; *Axel Nordemann/Heise*
ZUM 2001, 128, 137 ff.; *Axel Nordemann* FS Wilhelm Nordemann S. 59, 60f;
Schricker/*Loewenheim*³ § 2 Rn. 32 ff.). Einzelheiten zu den Anforderungen
der Gestaltungshöhe der jeweiligen Werkarten finden sich bei den Einzel-
erläuterungen ab Rn. 54 ff.

Kritik. Der Werkbegriff ist grundsätzlich einheitlich, qualitäts- und zweck- **31**
neutral (vgl. Rn. 13 f.). Zwar ist es erforderlich, die im Werk vorhandene
Individualität quantitativ festzustellen, um das geschützte vom ungeschützten
geistigen Leistungsergebnis zu trennen. Jedoch muss die Gestaltungshöhe nicht
nur für alle Werkarten, sondern auch innerhalb der einzelnen Werkarten selbst
jeweils gleich niedrig angesetzt werden:

Zunächst schließen mittlerweile **drei EU-Richtlinien** für die von ihnen gere- **32**
gelten Werkarten das Erfordernis einer besonderen Gestaltungshöhe aus.
Übereinstimmend fordern die Software-RL in Art. 1 Abs. 3, die Schutzdauer-RL zu Fotografien in Art. 6 und die Datenbank-RL in Art. 3 Abs. 1, dass
jede eigene geistige Schöpfung als individuelles Werk anerkannt und urheberrechtlich geschützt werden muss; andere Kriterien zur Bestimmung der Schutzfähigkeit werden ausdrücklich ausgeschlossen. Damit ist bei diesen Werkarten
alles geschützt, was überhaupt irgend eine Individualität aufweist, also auch
die „einfache" Schöpfung (vgl. § 69a Rn. 16 ff., 34 zu Computerprogrammen,
vgl. Rn. 198 zu Fotografien und vgl. § 4 Rn. 12 ff. zu Datenbanken). Im
Hinblick auf die Computerprogramme hat der deutsche Gesetzgeber die Vorgabe der Richtlinie in § 69a Abs. 3 UrhG direkt umgesetzt und der BGH in der
Folge seine anders lautende Rechtsprechung ausdrücklich aufgegeben (BGH
GRUR 1994, 39, 39 – *Buchhaltungsprogramm*). Im Hinblick auf Fotografien,
wo die Vorgabe der Richtlinie zu keiner Änderung des UrhG geführt hat, hat
der BGH inzwischen klargestellt, dass für Lichtbildwerke nur noch geringe
Schutzfähigkeitsvoraussetzungen gelten (BGH GRUR 2000, 317, 318 – *Werbefotos*; vgl. Rn. 198).

33 Wenn das Vorhandensein schöpferischer Eigenheiten allein noch nicht zur Anerkennung als Werk ausreicht, vielmehr erst ein Vergleich mit dem Durchschnittsschaffen anderer, der ein deutliches Überragen ergibt, eine solche rechtfertigen soll, dann wird der zugleich beschworene **Schutz der kleinen Münze** zur leeren Worthülse. Was das Heer der Journalisten in den Zeitungen schreibt, was Hunderte von Schlagerkomponisten sich an Liedchen einfallen lassen, was Kunststudenten und Sonntagsmaler produzieren und Regisseure an Filmen abliefern – vieles von dem ist Durchschnitt, wäre also schutzlos. Überragend mögen Thomas Manns Buddenbrooks gewesen sein; die Flut neuer Romane, die alljährlich auf den Buchmessen in Leipzig und Frankfurt präsentiert werden, sind es sicher nicht.

34 Außerdem ist fast jede sprachliche, musikalische oder bildliche Gedankenäußerung individuell in dem Sinne, dass sie jedenfalls – durch einen Fachmann oder einen mit dem Sachverhalt Vertrauten – **individualisierbar** ist. Es genügt festzustellen, dass ein anderer den selben Gegenstand möglicherweise anders behandelt hätte, dass also die vorliegende eigenständige Behandlung einem bestimmten Urheber persönlich zugerechnet werden kann. Auch der Dreigroschenroman, der billige Kriminalreißer, die verkitschte Liebesgeschichte, der Sportkommentar, der primitive Schlager und die einfache Witzblattzeichnung sind in dieser Weise individuell geprägt. Der Bundesgerichtshof hat deshalb der kleinen Münze des Urheberrechts auch stets den Werkcharakter zuerkannt (näheres in den Monografien von *Thoms* und *Gernot Schulze* sowie bei *Schraube* UFITA 61 [1971], 127, *Gernot Schulze* GRUR 1984, 400; *Schwenzer* ZUM 1996, 584). Würde man den Schutz der kleinen Münze mit der neueren Rechtsprechung des BGH, wie sie von *Erdmann* in GRUR 1996, 550, 552 referiert wird, erst dort beginnen lassen, wo bereits ein deutliches Überragen gegenüber der Durchschnittsgestaltung vorliegt, wäre die kleine Münze im Endeffekt schutzlos. Der Schutzumfang der kleinen Münze ist jedoch, entsprechend ihrer geringen Individualität, ebenso gering; geschützt sind zudem nur die Teile eines solchen Werkes, die die Anforderungen an das Vorliegen einer persönlichen geistigen Schöpfung als Teil erfüllen (BGH GRUR 1993, 34, 35 – *Bedienungsanweisung;* vgl. auch Rn. 51).

35 Zweifel ergeben sich auch, wenn die Feststellung der erforderlichen Gestaltungshöhe von den Anschauungen der einschlägigen Verkehrskreise abhängen soll. Soweit wir sehen, hat es dazu noch niemals tatsächliche Ermittlungen gegeben. Der Bundesgerichtshof als Revisionsinstanz wäre dazu auch nicht in der Lage. Gleichwohl füllt er den unbestimmten Rechtsbegriff „Werk" stets durch eigene Beurteilung aus, gelegentlich durchaus auch gegen die Tatsacheninstanzen (BGH GRUR 1993, 34, 35 – *Bedienungsanweisung*).

36 Der letztlich entscheidende Einwand gegen das Erfordernis einer Gestaltungshöhe ergibt sich jedoch aus dem Gesetz selbst. **§ 2 Abs. 2 schützt jede persönliche geistige Schöpfung ohne Einschränkung.** Lässt sich also überhaupt eine schöpferische Eigenheit feststellen, so ist das fragliche Produkt menschlichen Schaffens ein Werk, ohne dass irgendwelchen Verkehrskreisen dazu noch irgendein Urteil zustünde. An diesem Werk steht dem Urheber das von Art. 14 GG geschützte geistige Eigentum zu (vgl. § 1 Rn. 3). Das BVerfG hält zwar die hohen Schutzanforderungen für Werke der angewandten Kunst und die damit einhergehende Ungleichbehandlung solcher Werke im Vergleich zu Werken der bildenden Kunst oder Werken der Fotografie für nicht verfassungswidrig (BVerfG GRUR 2005, 410, 410 – *Das laufende Auge*).

Das ändert jedoch nichts daran, dass sich kaum noch nachvollziehen lässt, **37** welche Gründe eigentlich Anlass dazu gegeben haben könnten, die „Messlatte" für den urheberrechtlichen Schutz im Bereich der wissenschaftlichen Sprachwerke und der Werke der angewandten Kunst so hoch zu legen: Das UrhG ist **Schutzgesetz** zugunsten des Urhebers (vgl. § 1 Rn. 1; vgl. § 7 Rn. 13). Seine Bestimmungen werden regelmäßig erst dann relevant, wenn andere die Früchte urheberrechtlichen Schaffens unerlaubt für sich allein zu ernten suchen. Ist das Ergebnis menschlichen Schaffens aber immerhin so viel Wert, dass es andere in Anspruch nehmen, so entspricht es der Wert- und Zuordnungsentscheidung unserer Rechtsordnung, dem Urheber Schutz zu gewähren. In Grenzfällen ist schon deshalb Urheberrechtsschutz zu bejahen, nicht zu verneinen (vgl. § 1 Rn. 1); **dies schließt erhöhte Anforderungen an die Schutzfähigkeit aus.**

Auch wenn ein genereller Abschied vom Erfordernis der Gestaltungshöhe, wie **38** er teilweise gefordert worden ist (beispielsweise von *Schricker* FS Kreile S. 715, 721, der vorgeschlagen hat, sie „über Bord zu werfen"), nicht angezeigt erscheint, weil sich mit dem Begriff der Gestaltungshöhe durchaus angemessen beschreiben lässt, dass die Individualität eines Werkes in einem gewissen Mindestmaß vorhanden sein muss, ist es kaum mehr sachgerecht, an unterschiedliche Werkarten unterschiedliche „Gestaltungshöhen" anzulegen. Im Lichte der **Einheitlichkeit des Werkbegriffes** und der **Gleichbehandlung aller Werkarten** nach dem Gesetzeswortlaut von § 2 sowie schließlich auch der europäischen Rechtsentwicklung ist daher die Gestaltungshöhe entgegen der Rechtsprechung für alle Werkarten gleich niedrig anzulegen, so dass die kleine Münze ausnahmslos Schutz genießt (weitgehend ebenso Loewenheim/*Loewenheim* § 6 Rn. 19 ff.; Loewenheim/*Axel Nordemann* § 9 Rn. 22 ff.; Loewenheim/*Gernot Schulze* § 9 Rn. 99; *Loewenheim* GRUR Int. 2004, 765, 767; *Katzenberger* GRUR 1990, 94, 99 f.; *Koschtial* GRUR 2004, 555, 559 f.; *Axel Nordemann* FS Wilhelm Nordemann S. 59, 61 ff.; *Axel Nordemann/Heise* ZUM 2001, 128, 139; Schricker/*Loewenheim*[3] Rn. 32; *Schricker* FS Kreile S. 715, 721; *Schricker* GRUR 1996, 815, 818 f.; *Gernot Schulze* S. 132 ff.; *Gernot Schulze* GRUR 1987, 769, 772 f.; Möhring/Nicolini/*Ahlberg*[2] § 2 Rn. 111; **a.A.** BGH GRUR 1995, 581, 582 – *Silberdistel*; Erdmann/Bornkamm GRUR 1991, 877, 878; *Rehbinder*[9] Rn. 136; *Schack*[2] Rn. 202; *Ulmer*[3] S. 149 f.; Wandtke/Bullinger/*Bullinger*[2] § 2 Rn. 95).

Das nach alledem allein gegebene Erfordernis des § 2 Abs. 2, dass überhaupt **39** eine schöpferische Eigenheit gleich welchen Grades an dem jeweiligen Ergebnis menschlicher Tätigkeit festgestellt werden kann, lässt sich mit dem Begriff der **Individualität des Werkes** angemessen umschreiben (ebenso schon *Ulmer*[3] S. 122 f.; *Schricker* FS Kreile S. 715, 720; *Rehbinder*[9] S. 86, 87; *Schack*[2] Rn. 161; *Flechsig* ZUM 1997, 577, 581; *Haberstumpf* Rn. 70 ff., 76, ders. noch etwas anders in FS GRUR S. 1125, 1167; für das österreichische Recht OGH Wien ÖBl 1996, 251, 254 – *Happy Birthday II* und OGH Wien ÖBl 1997, 38, 40 – *Buchstützen*). Diese fehlt dem Allerweltserzeugnis, der rein handwerklichen Leistung, die jedermann mit durchschnittlichen Fähigkeiten ebenso zustande bringen würde, mag sie auch auf anerkennenswertem Fleiß und auf solidem Können beruhen (jedenfalls insoweit zutreffend BGH GRUR 1985, 1041, 1047 – *Inkasso-Programm*).

Individuell kann ein Werk schließlich nur dann sein, wenn der Werkgegen- **40** stand überhaupt die Entfaltung individueller Züge gestattet. Ist etwas beispielsweise durch technische Notwendigkeiten oder andere Zwänge gar nicht anders zu gestalten, ist kein Raum für eine individuelle Gestaltung und somit auch nicht für einen Urheberrechtschutz vorhanden (BGH GRUR 1986, 739, 741 – *Anwaltsschriftsatz*; BGH GRUR 1982, 305, 307 – *Büromöbelprogramm*). Wo also überhaupt kein Gestaltungsfreiraum gegeben ist, kann auch niemand etwas Individuelles gestalten. Das OLG Nürnberg stellt konsequenterweise im Wege einer **negativen Abgrenzung** maßgeblich auf den **Gestaltungsfreiraum** ab: Nur dann, wenn der Urheber keinen Raum für eigene Entscheidungen besessen habe, weil der geistige Gehalt des Werkes durch den Gegenstand der Darstellung, die verwendete Fachterminologie oder sonstige Übungen weitgehend vorgegeben war, fehle einem Werk die Individualität (OLG Nürnberg GRUR-RR 2001, 225, 227 – *Dienstanweisung*).

41 Aus dem Vorstehenden folgt, dass Individualität vorliegt, wenn bei überhaupt vorhandenem Gestaltungsfreiraum das (potentielle) Werk eine geistige Leistung darstellt, die subjektiv neu in dem Sinne ist, dass sie sich von dem bisher Bekannten unterscheidet. **Die Individualität eines Werkes lässt sich daher grundsätzlich auf zwei Stufen prüfen:**
(1) Auf der **ersten Stufe** ist im Wege einer **negativen** Abgrenzung das Vorliegen von Individualität nur dann zu verneinen, wenn dem Urheber der geistige Gehalt seines Werkes durch den Gegenstand der Darstellung, durch die verwendete Fachterminologie oder durch sonstige Übungen so vorgegeben war, dass kein Raum für eigene Entscheidungen verblieben ist (entspr. OLG Nürnberg GRUR-RR 2001, 225, 227 – *Dienstanweisung*);
(2) auf der **zweiten Stufe** ist dann die **subjektive Neuheit** zu prüfen; sie liegt vor, wenn sich das Werk von dem dem Urheber bisher Bekannten unterscheidet.

42 Die aktuelle Rechtsprechung des BGH tendiert ebenfalls in diese Richtung: In BGH GRUR 2002, 958, 960 – *Technische Lieferbedingungen* wird zunächst festgestellt, dass ein grundsätzlich genügendes Maß an schöpferischer Individualität vorliege, weil ohne weiteres ersichtlich sei, dass die dort fraglichen Regeln auf vielfältige Weise hätten dargestellt und gegliedert werden können (also vorhandener Gestaltungsfreiraum). Dann führt der BGH aus, dass an der urheberrechtlichen Schutzfähigkeit bei dieser Sachlage nur gezweifelt werden könne, wenn bei der Erstellung der Regelwerke andere Regelungen – etwa frühere Bestimmungen – Modell gestanden hätten (subjektive Neuheit).

III. Schutzgegenstand

1. Kein Schutz für Lehren, Tatsachen, Ideen und Stilmittel

43 Das Erfordernis der Individualität des Werkes (vgl. Rn. 24 ff.) schließt einen urheberrechtlichen Schutz solcher Ergebnisse menschlichen Schaffens denkgesetzlich aus, die ihrer Natur nach nicht individuell sein können. Die großartige geistige Leistung, die den naturwissenschaftlichen Erkenntnissen von Galilei, Keppler, Einstein und Heisenberg zugrunde liegt, ist für das UrhG ebenso irrelevant wie die urheberrechtliche Erkenntnis *Eugen Ulmers*, die zu seiner berühmt gewordenen Formulierung Anlass gab, das Urheberrecht habe gleichsam die Tendenz, soweit wie möglich beim Urheber zurück zu bleiben (*Ulmer*[3] S. 365). Da es zumindest theoretisch nur jeweils eine zutreffende Erkenntnis, eine zutreffende Antwort auf eine Sachfrage, ein zutreffendes Urteil geben kann, ist insoweit kein Raum für Individualität. **Wissenschaftliche Lehren** und **Forschungsergebnisse** sind daher als solche urheberrechtlich nicht schutzfähig (BGH GRUR 1991, 130, 132 – *Themenkatalog*; BGH GRUR 1984, 659, 660

– *Ausschreibungsunterlagen*, beide m.w.N.). Das selbe gilt für **Tatsachen** aller Art; was sich ereignet hat, kann nicht mehr Gegenstand individuellen Schaffens sein (OLG Frankfurt GRUR 1990, 125, 126 – *Unternehmen Tannenberg*).

Auch **Ideen** sind als solche nicht schutzfähig (BGH GRUR 1955, 598, 599 f. – **44** *Nachschlagewerk* für eine Werbeidee; BGH GRUR 1977, 547, 551 – *Kettenkerze* mit zustimmender Anm. von *Henssler*; BGH GRUR 1979, 705, 706 – *Notizklötze*; BGH GRUR 2003, 231, 233 – *Staatsbibliothek*; BGH GRUR 2003, 876, 878 – *Sendeformat*; OLG München ZUM-RD 2008, 149, 149 – *Bildschirmschoner*; OLG Frankfurt GRUR 1992, 699, 699 f. – *Friedhofsmauer* für die Idee eines Holocaust-Mahnmals; OLG München GRUR 1990, 674, 676 – *Forsthaus Falkenau* für die Idee zu einem Fernsehspiel; s.a. Hooge Raad der Niederlande GRUR Int. 1997, 1028, 1029 – *Mupi Senior* für eine neue Moderichtung). Art. 2 WCT und Art. 9 Abs. 2 TRIPS stellen dies im Übrigen ebenso klar wie § 69a Abs. 2 zu Computerprogrammen (vgl. § 69a Rn. 22, 24, 30 ff.). Den bloßen Einfall, dass man dieses oder jenes tun könne, kann jeder andere ebenso haben; die bloße Priorität erzeugt noch keine Individualität. Im Patentrecht ist dies freilich anders: Die **technische Idee** ist über einen Patent- oder Gebrauchsmusterschutz grundsätzlich schützbar (vgl. Einl. Rn. 81).

Endlich ist das **Stilmittel** als Merkmal einer bestimmten Gattung von Werken **45** nicht individualisierbar, auch wenn es von einem bestimmten Urheber neu entdeckt wurde: Die Malweisen von Lionel Feininger oder Oskar Kokoschka stehen als solche jedem anderen Urheber ebenso offen wie die von Arnold Schönberg eingeführte Zwölftonmusik (vgl. §§ 23/24 Rn. 37 f.). Auch eine bestimmte Art von Büchern kann niemand für sich monopolisieren (BGH GRUR 1955, 598, 599 – *Nachschlagewerk*).

2. **Individualität und Form**

Schutzgegenstand des Urheberrechts ist zunächst stets die Form des jeweiligen **46** Ergebnisses menschlichen Schaffens, also seine sinnlich wahrnehmbare äußere Gestaltungsform (BGH GRUR 1985, 1041, 1045 – *Inkasso-Programm*). Die simpelste Tatsache, der einfachste musikalische, bildnerische oder sonst gestalterische Gedanke einerseits und die komplizierteste wissenschaftliche Erkenntnis andererseits lassen sich individuell ausdrücken. Deshalb sind Ideen, Tatsachen, Lehren und Forschungsergebnisse zwar nicht als solche (vgl. Rn. 43 f.), wohl aber in der konkreten Form geschützt, die ihnen der jeweilige Urheber gegeben hat: Die Formulierung, die *Eugen Ulmer* für die der Zweckübertragungslehre zugrunde liegende Erkenntnis gefunden hat (vgl. das Zitat in Rn. 43), ist für ihn geschützt, die Erkenntnis selbst nicht.

3. **Individualität und Inhalt**

Da demnach die weit überwiegende Mehrzahl aller Werke nur wegen der **47** Individualität ihrer äußeren Gestaltungsform geschützt ist, hat man früher den Inhalt eines Werkes allgemein als nicht schutzfähig angesehen, dafür aber der äußeren Form eine sog. „innere Form des Werkes" an die Seite gestellt (näheres bei *Ulmer*[3] S. 120 ff.). Das ist überholt, nachdem der Gesetzgeber von 1965 als persönliche geistige Schöpfungen im Sinne von § 2 Abs. 2 Erzeugnisse verstanden wissen wollte, die durch ihren Inhalt oder durch ihre Form oder durch die Verbindung von Inhalt und Form etwas Neues und Eigentümliches darstellen (Begr. zum RegE UrhG BT-Drucks. IV/270, S. 38). Die „Erfindung" einer **Fabel**, die sich zur Grundlage eines Gedichtes, einer Novelle, eines Romans oder eines Drehbuchs eignet, führt zu einem Schutz als Sprachwerk gem. § 2 Abs. 1 Nr. 1 (grundlegend: BGH GRUR 1999, 984, 987 – *Laras Tochter* m.w.N.), auch wenn sie in einem Straßencafe auf der Münchener Leopoldstraße mit banalen Worten und halben Sätzen einem Verleger oder einem Produzenten erzählt wird (BGH GRUR 1962, 531, 533 – *Bad auf der Tenne II*; OLG München GRUR 1956, 432, 434 – *So lange du da bist*; OLG Köln GRUR 1953, 499, 500 – *Kronprinzessin Cäcilie*).

48 Wer einen Stadtplan oder eine Landkarte zeichnet (§ 2 Abs. 1 Nr. 7; vgl. Rn. 210 ff.), hat Werkschutz nur für die Form seiner Darstellung. Wer aber eine aus eigener Fantasie **ersonnene Fabel** zu einem Roman oder Drehbuch gestaltet, eine eigene Melodie zur Grundlage eines Schlagers oder einer Symphonie macht, ist Werkschöpfer nach Form und Inhalt, wer aus einer eigenen Novelle ein Bühnenstück macht, verbindet Inhalt und Form. Allerdings kann die Individualität des Inhalts immer nur aus dem folgen, was auf der geistigen und schöpferischen Leistung des Urhebers selber beruht; historische oder tatsächliche Begebenheiten bleiben in ihrem Kern grundsätzlich frei (LG Hamburg GRUR-RR 2003, 233, 234 – *Die Päpstin*).

49 Aus dem voranstehend dargestellten Grundsatz, dass auch der **wissenschaftliche und technische Inhalt** grundsätzlich **frei bleiben** muss, folgt desweiteren, dass die schöpferische Leistung bei solchen Werken nicht in der Darstellung des Inhalts liegen kann, sehr wohl aber in der sprachlichen Vermittlung eines komplexen Sachverhalts (BGH GRUR 2002, 958, 959 – *technische Lieferbedingungen*). Vgl. a. §§ 23/24 Rn. 35.

4. Individualität und Spielidee

50 Neue Spiele werden meist nur längst bekanntes in neuem Gewand bieten mit der Folge, dass nur ihre neue sprachliche oder bildliche Darstellung Werkcharakter haben kann (BGH GRUR 1961, 51, 52 – *Zahlenlotto*; OGH Wien GRUR Int. 1983, 310, 311 – *Glücksreiter*; OLG Hamburg GRUR 1983, 436, 437 – *Puckman*; OLG Düsseldorf GRUR 1990, 263, 265 f. – *Automatenspielplan*; OLG München ZUM 1995, 48, 49; OLG Frankfurt ZUM 1995, 795, 796 f. – *Golfregeln*). Weitergehend hat *Ulmer*[3] S. 132 die Ansicht vertreten, Spiele seien als „Methoden oder Systeme" grundsätzlich nicht schutzfähig. Aber dass einem Spiel eine bestimmte Methode zugrunde liegt und seine Regeln einem bestimmten System folgen, hat es mit Werken anderer Art gemeinsam (Werke der Musik, wissenschaftliche Werke). Gewiss ist die Spielidee als solche frei. Aber jedes neue Spiel lässt sich in jeder seiner Phasen inhaltlich individuell gestalten; trifft das zu, so nimmt die ihm zugrunde liegende Spielidee in dieser konkreten Ausgestaltung am Werkschutz teil. Davon geht auch die zitierte Rechtsprechung aus (weitere Nachweise bei *Henkenborg* S. 134 ff. und *Hertin* GRUR 1997, 799, 808 f.). Zu Spielregeln vgl. Rn. 106. Rätsel sind grundsätzlich als schutzfähig anerkannt (OLG München GRUR 1992, 510, 510 f. – *Rätsel*; *Wilhelm Nordemann* FS Traub S. 315; *Schricker*, Gutachten, S. 26 f.).

5. Schutz für Werkteile

51 Werkteile sind nur dann geschützt, wenn sie **für sich allein betrachtet** persönliche geistige Schöpfungen darstellen, also insbesondere die notwendige Gestaltungshöhe erreichen (BGH GRUR 1990, 218, 219 – *Verschenktexte*;

BGH GRUR 1988, 533, 534 – *Vorentwurf II*; OLG Hamburg GRUR-RR 2004, 285, 286 – *Markentechnik*). Kleinste Teile also, die im Verhältnis zum ganzen Werk bedeutungslos sind, können Schutz genießen, sofern sie noch in Form oder Inhalt eine individuelle Prägung aufweisen. Als Beispiel mag insoweit der Anfangstakt aus Beethovens 5. Sinfonie gelten, der Urheberrechtsschutz genießen würde, obwohl er nur aus 4 Tönen besteht. So hat die Rechtsprechung kurzen Ausschnitten aus Spielfilmen (OLG Hamburg GRUR 1997, 822, 825 – *Edgar-Wallace-Filme*) ebenso Schutz zuerkannt wie Teilen von Computerprogrammen (OLG Hamburg CR 2001, 434, 435 – *Hardwarekonfiguration einer Faxkarte*), aber für einzelne Sätze oder Satzfragmente in Zeitungsartikeln versagt (OLG Köln MMR 2001, 387, 388 – *Suchdienst für Zeitungsartikel*; nachfolgend bestätigt BGH GRUR 2003, 958, 961 – *Paperboy*). Die Voraussetzung des Schutzes für Werkteile, dass auch das entlehnte Teil für sich betrachtet eine persönliche geistige Schöpfung darstellen muss, bringt die Gefahr mit sich, dass geschickte Plagiatoren fremde Werke durch Entlehnung kleiner Teile ausschlachten. Das digitale Soundsampling, bei dem meist nur einzelne Töne, Akkorde oder Klänge verwendet werden (vgl. Rn. 127), ist hierfür ebenso ein Musterbeispiel wie der Fall LG Frankfurt GRUR 1996, 125: Die allgemein bekannte, einen Schlager sogar prägende Textzeile „tausend Mal berührt, tausend Mal ist nix passiert" benutzte ein Hersteller von Telefonen als Eyecatcher einer Werbeanzeige und beutete damit die geistige Leistung des Textdichters für eigene Zwecke aus; dieser konnte dagegen nichts ausrichten, weil zwar sein Text insgesamt, nicht aber die entlehnte Textzeile urheberrechtlich geschützt war.

6. Werkeinheit

Der Schutz auch kleinster Werkteile hat zur Folge, dass die gelegentlich problematisierte Frage nach der Werkeinheit, d.h. danach, wann ein einheitliches zusammengehöriges Werk vorliege (*v. Gamm* Rn. 10 f.; *Martin Schaefer* S. 133 f.; *Hertin* GRUR 1997, 799, 810), ohne praktische Relevanz ist. Nicht nur das Bühnenbild als ganzes, sondern auch die vom Bühnenbildner bemalte Bodenvase ist geschützt – ob als Einzelwerk oder als Teil des Gesamtwerks, ist letztendlich irrelevant. **52**

7. Schutz des Werktitels

Werktitel können zwar ebenso wie kurze Sprachwerke und Werkteile urheberrechtlichen Schutz genießen, wenn sie für sich betrachtet persönliche geistige Schöpfungen darstellen (BGH GRUR 1990, 218, 219 – *Verschenktexte*; Schricker/*Loewenheim*[3] § 2 Rn. 68 m.w.N.). Entsprechend der Behandlung kurzer Sprachwerke ist ein urheberrechtlicher Schutz aber normalerweise nicht gegeben, weil Werktitel wegen ihrer Kürze meist die notwendige Gestaltungshöhe nicht erreichen werden, ihnen also keine Individualität zukommt (BGH GRUR 1990, 218, 219 – *Verschenktexte*; BGH GRUR 1977, 543, 544 – *Der siebte Sinn*; BGH GRUR 1958, 354 – *Sherlock Holmes*; OLG Hamburg ZUM 1998, 1041 – *Samba de Janeiro*; LG München I GRUR-RR 2007, 226, 229 – *Eine Freundin für Pumuckl*; LG Mannheim ZUM 1999, 659, 660 – *Heidelbär*). Für Werktitel kommt allerdings im Regelfall ein markenrechtlicher Schutz gem. § 5 **Abs. 3 MarkenG** in Frage; Einzelheiten hierzu bei *Nordemann*, § 27 Rn. 1 ff. und Loewenheim/*Axel Nordemann* § 83 Rn. 68 ff. sowie den vorliegenden Kommentaren zu § 5 MarkenG. Zum Werktitelschutz bei der Bearbeitung vgl. § 3 Rn. 14. **53**

IV. Die einzelnen Werkkategorien

1. Sprachwerke wie Schriftwerke, Reden und Computerprogramme (§ 2 Abs. 1 Nr. 1)

54 a) **Einordnung:** Sprachwerke sind Schöpfungen, die mit sprachlichen Mitteln ausgedrückt oder wiedergegeben werden, also eine sprachliche Darstellung aufweisen (BGH GRUR 1999, 923, 925 f. – *Tele-Info-CD*; Loewenheim/*Axel Nordemann* § 9 Rn. 6 ff.; *Ulmer*[3] S. 134; Wandtke/Bullinger/*Bullinger*[2] § 2 Rn. 44 ff.). Die Mitteilung kann mündlich, schriftlich, aber auch in digitaler Form erfolgen. Es kann sich um einen verbalen, gedanklichen oder gefühlsmäßigen Inhalt handeln, der literarisch, wissenschaftlich, praktisch, privat oder geschäftlich sein kann. Frei gehaltene Reden und Predigten, Stehgreifgedichte, ein spontan erfundener und gesungener neuer Vers zu einem Lied, gelegentlich auch Interviews, wenn sie mehr als ein alltägliches Gespräch sind, zählen zu den „Reden", alles, was auf irgendeine Weise schriftlich fixiert worden ist, wie beispielsweise Gedichte, Aufsätze, Romane, Zeitungs- und Zeitschriftenartikel, Operntexte, Liedertexte, Dramen, Theaterstücke und Briefe gehören zu den „Schriftwerken" (weitere Beispiele bei Dreier/Schulze/*Schulze*[2] § 2 Rn. 86 ff.; Loewenheim/*Axel Nordemann* § 9 Rn. 8; Schricker/*Loewenheim*[3] § 2 Rn. 89 ff.; Wandtke/Bullinger/*Bullinger*[2] § 2 Rn. 49 ff. sowie nachfolgend Rn. 67 ff.).

55 Für den Bereich der **Computerprogramme** bestehen demgegenüber spezielle Regelungen in den §§ 69a – 69g UrhG, die als Folge der EU-Computerprogrammrichtlinie in das UrhG eingeführt wurden. Zwar unterfallen Computerprogramme grundsätzlich den Sprachwerken, was §§ 2 Abs. 1 Nr. 1, 69a Abs. 4 UrhG auch klarstellen; die Einführung besonderer Bestimmungen war jedoch vor allem deshalb sinnvoll und zweckmäßig, weil es im Vergleich zu herkömmlichen Sprachwerken doch einige Besonderheiten gibt, denen man ansonsten nicht hätte gerecht werden können. Gem. § 69a Abs. 1 und 2 UrhG wird Software in jeder Form geschützt, also z.B. ausgedruckt, als Source-Codes oder Executables. Auch das Entwurfsmaterial ist geschützt, und zwar auf allen Stufen die beispielsweise der Problem- oder Systemanalyse, dem Datenflussplan bzw. –flussdiagramm, dem Programmablaufplan bzw. Struktugram und dem eigentlichen Programmiervorgang (Einzelheiten vgl. § 69a Rn. 22 ff.).

56 b) **Unterschiedliche Arten von Sprachwerken:** Es sind verschiedene Arten von Sprachwerken zu unterscheiden: Die Sprachwerke **schöngeistigen** Inhalts wie beispielsweise Romane, Geschichten, Gedichte, Dramen, Liedertexte oder Libretti für Opern, die Sprachwerke **wissenschaftlichen und technischen** Inhalts wie beispielsweise Kommentare, Lehrbücher, Anwaltsschriftsätze oder Ausschreibungsunterlagen, die Sprachwerke des **täglichen Bedarfs** wie etwa Zeitungs- und Zeitschriftenartikel, Werbetexte, Telefonbücher, Briefe oder Tagebücher sowie schließlich die Sprachwerke, die **Gebrauchszwecken** dienen wie beispielsweise Bedienungsanleitungen, allgemeine Geschäftsbedingungen, Dienstanweisungen, Formulare, Vordrucke, Lexika oder Wörterbücher.

57 c) **Individualität:** Die Individualität eines Sprachwerkes kann sich ergeben aus der eigenschöpferischen Gedankenführung und –formung, aber auch aus Form und Art der Sammlung, Einteilung und Anordnung des Stoffes (BGH GRUR 1999, 923, 925 f. – *Tele-Info-CD*; BGH GRUR 1981, 520, 521 – *Fragensammlung*). Sie kann sich nicht aus dem dargestellten wissenschaftlichen oder technischen Inhalt (BGH GRUR 1984, 659, 660 – *Ausschreibungs-unterlagen*), wohl aber bei Romanen, Bühnenwerken und Vergleichbarem auch aus der erfundenen Geschichte, den ersonnenen Charakteren, ihrem Beziehungsgeflecht, dem Milieu und/ oder dem Handlungsgefüge ergeben (BGH GRUR 1999, 984, 987 – *Laras Tochter*). Bei einem technischen Regelwerk kann die schöpferische Leistung auch in der sprachlichen Vermittlung eines komplexen technischen Sachverhalts liegen (BGH GRUR 2002, 958, 959 – *Ausschreibungsunterlagen*). Allerdings kann die Individualität immer nur aus dem folgen, was auf der geistigen und schöpferischen Leistung des Urhebers selbst beruht; historische oder tatsächliche Gegebenheiten, allgemein vorbekannte Formulierungen, einzelne Wörter und Satzfragmente bleiben in ihrem Kern grundsätzlich frei (Beispielsfall für historische oder tatsächliche Begebenheiten: LG Hamburg GRUR-RR 2003, 233, 234 – *Die Päpstin*).

Zur Bestimmung der Individualität von Sprachwerken werden **Form und** **58** **Inhalt** von der Rechtsprechung unterschiedlich behandelt. Sie kann sich bei schöngeistigen Sprachwerken sowohl aus der Form der Darstellung als auch ihrem Inhalt ergeben; unberücksichtigt bleibt lediglich das, was freies Gemeingut ist, also die übliche Formulierung, das übliche Ordnungsprinzip, die historische oder tatsächliche Begebenheit sowie die vorbekannte Fabel (BGH GRUR 1999, 984, 987 – *Laras Tochter*; Schricker/*Loewenheim*[3] § 2 Rn. 83 f.; Wandtke/Bullinger/*Bullinger*[2] § 2 Rn. 36 f.; Loewenheim/*Axel Nordemann* § 9 Rn. 13 f.). Bei Sprachwerken wissenschaftlichen und technischen Inhalts, solchen des täglichen Bedarfs und Gebrauchszwecken dienenden Sprachwerken soll sich dagegen die Individualität nur aus der Form der Darstellung, vor allem aus der Art und Weise der Auswahl, Einteilung und Anordnung des Stoffes ergeben können (BGH GRUR 1999, 923, 924 – *Tele-Info-CD*; BGH GRUR 1997, 459, 461 – *CD-Infobank I*; Schricker/*Loewenheim*[3] § 2 Rn. 85 f.; Loewenheim/*Axel Nordemann* § 9 Rn. 16 f.). In einer aktuellen Entscheidung hat der BGH zwar ergänzt, dass bei derartigen Werken die schöpferische Leistung auch in der sprachlichen Vermittlung eines komplexen (technischen) Sachverhalts liegen könne, aber auch betont, dass ein Urheberrechtsschutz nicht in Betracht käme, wenn die schöpferische Kraft allein im innovativen Charakter des Inhalts liege (BGH GRUR 2002, 958, 959 – *Technische Lieferbedingungen*).

d) Gestaltungshöhe: Die Schutzuntergrenze bei Sprachwerken ist grundsätz- **59** lich niedrig, so dass auch die **kleine Münze** geschützt ist (vgl. Rn. 30 und BGH GRUR 2000, 144, 145 – *Comic-Übersetzungen II*; Dreier/Schulze/*Schulze*[2] § 2 Rn. 85; Loewenheim/*Axel Nordemann* § 9 Rn. 19; Schricker/*Loewenheim*[3] § 2 Rn. 34 und 38). Diese niedrige Schutzuntergrenze gilt vor allem für schöngeistige Sprachwerke wie Romane, Gedichte, Essays und Geschichten, aber auch für Zeitungs- und Zeitschriftenartikel, und zwar auch dann, wenn in individueller Wortwahl und eigenpersönlichem Stil in wenigen, knappen Sätzen jeweils ein tatsächlicher Vorgang mitgeteilt wird (KG GRUR-RR 2004, 228, 229 – *Ausschnittsdienst*). Letzteres folgt schon aus § 49, der Zeitungsartikel und Rundfunkkommentare ausdrücklich dem Schutz unterstellt, soweit es sich nicht ausschließlich um vermischte Nachrichten tatsächlichen Inhalts sowie um Tagesneuigkeiten handelt (§ 49 Abs. 2; vgl. Rn. 121). Dasselbe gilt für Computerprogramme, bei denen die niedrige Gestaltungshöhe durch § 69a Abs. 3 UrhG vorgegeben ist (vgl. Rn. 75 und § 69a Rn. 14 ff.).

60 Im Bereich der **wissenschaftlichen und technischen Sprachwerke** ist die Rechtsprechung dagegen uneinheitlich: Während an Bedienungsanleitungen, Ausschreibungsunterlagen, Warenzeichenlexika und Anwaltsschriftsätze erhöhte Anforderungen im Sinne eines deutlichen Überragens der Durchschnittsgestaltung gestellt werden (BGH GRUR 1993, 34, 36 – *Bedienungsanleitung*; BGH GRUR 1984, 659, 661 – *Ausschreibungsunterlagen*; BGH GRUR 1987, 704, 706 – *Warenzeichenlexika*; BGH GRUR 1986, 739, 740 – *Anwaltsschriftsatz*; OLG München GRUR 2008, 337, 337 – Presserechtliches Warnschreiben), soll bei Leitsätzen zu gerichtlichen Entscheidungen ein bescheidenes Maß geistig schöpferischer Tätigkeit genügen, um urheberrechtlichen Schutz zuzubilligen (BGH GRUR 1992, 382, 385 – *Leitsätze*). An DIN-Normen, die VOB/C oder einen Themenkatalog für sozialtherapeutische Fortbildungskurse sind erhöhte Anforderungen jedenfalls nicht ausdrücklich zur Schutzvoraussetzung erklärt worden (BGH GRUR 1990, 1003, 1003 ff. – *DIN-Normen*; BGH GRUR 1984, 117, 118 f. – *VOB/C*; BGH GRUR 1991, 130, 132 f. – *Themenkatalog*). An Sprachwerke des täglichen Bedarfs werden ebenfalls unterschiedliche Schutzuntergrenzen gestellt: Während Zeitungs- und Zeitschriftenartikel regelmäßig urheberrechtlich geschützt sind (BGH GRUR 1997, 459, 461 – *CB-Infobank I*), sollen bei Briefen und Tagebüchern der Durchschnitt, das Gewöhnliche, das sich nach Inhalt und Form von den Briefen der Gesellschaftsschicht des Verfassers nicht abhebt, das Alltägliche und das üblicherweise Hervorgebrachte nicht ausreichen (BGH GRUR 1960, 449, 452 – *Alte Herren*; KG GRUR 1973, 602, 603 – *Hauptmann-Tagebücher*).

61 Soweit Sprachwerke einem **Gebrauchszweck** dienen, ist die Rechtsprechung bislang ebenfalls grundsätzlich davon ausgegangen, dass erhöhte Anforderungen an die urheberrechtliche Schutzfähigkeit im Sinne eines deutlichen Überragens des Durchschnitts zu stellen sind (BGH GRUR 1993, 34, 36 – *Bedienungsanleitung*; BGH GRUR 1987, 704, 706 – *Warenzeichenlexika* [kein ausdrückliches Verlangen des deutlichen Überragens, aber kein Schutz für Durchschnittsgestaltung]; BGH GRUR 1985, 1041, 1047 f. – *Inkasso-Programm* [inzwischen überholt durch § 69a Abs. 3 UrhG; vgl. dort Rn. 14, 21]).

62 Ausdrücklich gegen diese Rechtsprechung des BGH zu Gebrauchszwecken dienenden Werken hat sich aktuell das OLG Nürnberg gestellt; es behandelt wissenschaftliche Sprachwerke mit der selben niedrigen Gestaltungshöhe wie literarische, und zwar mit dem Argument, dass die bisherige Rechtsprechung mit der Europäischen Rechtsentwicklung – 3 Richtlinien mit niedrigen Schutzvoraussetzungen (vgl. Rn. 32) – nicht konform gehe (OLG Nürnberg GRUR-RR 2001, 225, 226 f. – *Dienstanweisung*). Das OLG Nürnberg stellt das Vorliegen einfacher Individualität im Wege einer negativen Abgrenzung fest: Individualität fehle nur, wenn dem Urheber der geistige Gehalt seines Werkes durch den Gegenstand der Darstellung, durch die verwendete Fachterminologie oder durch sonstige Übungen so vorgegeben war, dass kein Raum für eigene Entscheidungen verblieben sei (OLG Nürnberg GRUR-RR 2001, 225, 227 – *Dienstanweisung*).

63 Auch in der Literatur mehren sich die Stimmen, dass für alle Sprachwerke eine gleichmäßige, niedrige Schutzuntergrenze gelten und die kleine Münze unabhängig vom Zweck und der Bestimmung des Sprachwerkes gleichmäßig geschützt werden sollte (Loewenheim/*Loewenheim* § 6 Rn. 19 m.w.N.; Loewenheim/*Axel Nordemann* § 9 Rn. 22 ff.; *Axel Nordemann* FS Wilhelm

Nordemann S. 59, 60 f. und 63 ff.; Schricker/*Loewenheim*[3] Rn. 35; *Schricker* FS Kreile S. 715, 719 ff.; *Wandtke* GRUR 2002, 1, 8 f.).

Entsprechend dem unter Rn. 38 Gesagten **muss bei allen Sprachwerken ein-** **64** **heitlich eine niedrige Schutzuntergrenze gelten** und die kleine Münze gleichmäßig über alle Sprachwerkarten geschützt werden. Der Schöpfungszweck darf weder bei der Beurteilung der Individualität noch bei der Festlegung einer Gestaltungshöhe eine Rolle spielen. Wissenschaftliche Lehren und Theorien sowie technische Vorgaben oder organisatorische Handlungsabläufe sind in ihrem gedanklichen Inhalt ebenso frei wie tatsächliche Begebenheiten, Volksmärchen, historische Abläufe oder anderes schriftliches Gemeingut. Dass ein solcher Inhalt nicht zur Bestimmung der Individualität beitragen und damit auch nicht am Urheberrechtsschutz teilhaben kann, ergibt sich aber nicht aus dem Zweck der Schöpfung, sondern daraus, dass dieser Kernbereich dem Gemeingut zuzurechnen ist und im Bereich der Wissenschaft und Technik Gedanken und Lehren urheberrechtlich frei bleiben müssen (Schricker/*Loewenheim*[3] § 2 Rn. 58 und 64).

Das gilt gleichermaßen für alle Schöpfungen unabhängig von ihrem Zweck: **65** Zur Bestimmung der Individualität kann immer nur das herangezogen werden, was auf der schöpferischen Leistung des Urhebers beruht und nicht dem Gemeingut angehört. Die Bestimmung der Individualität eines Sprachwerkes hat daher anhand des eigentlichen Kerns der Individualität zu erfolgen, nämlich der schöpferischen Leistung des Urhebers und nicht anhand des Zwecks, zu dem sie erfolgte. Entsprechend OLG Nürnberg GRUR-RR 2001, 225, 227 – *Dienstanweisung* ist deshalb auch bei Gebrauchszwecken dienenden Sprachwerken stets nur ein geringes Maß an Individualität notwendig; es fehlt nur dann, wenn dem Urheber der geistige Gehalt seines Werkes durch den Gegenstand der Darstellung, durch die verwendete Fachterminologie oder durch sonstige Übungen so vorgegeben war, dass kein Raum für eigene Entscheidungen verblieb. Die Rspr. des BGH scheint nunmehr ebenfalls in diese Richtung zu tendieren (vgl. Rn. 42 und BGH GRUR 2002, 958, 960 – *Technische Lieferbedingungen*).

Allerdings darf die Annahme einer niedrigen Gestaltungshöhe auch für wis- **66** senschaftliche Sprachwerke nicht dazu verführen, daraus auch auf einen inhaltlichen Schutz wissenschaftlicher Sprachwerke zu schließen. Im Gegensatz zu Romanen, bei denen eben auch der Inhalt am urheberrechtlichen Schutz teilhat (vgl. Rn. 47 und 101), bleibt die wissenschaftliche Theorie, die in wissenschaftlichen Sprachwerken dargestellt wird, zwingend frei (OLG Hamburg GRUR-RR 2004, 285, 286 – *Markentechnik*). Zu wissenschaftlichen Werken im Übrigen vgl. Rn. 118.

e) Einzelfälle: Adressbücher, Telefonbücher und ähnliche Verzeichnisse lassen **67** normalerweise keinen Raum für eine individuelle Gestaltung, weil diese regelmäßig durch das Alphabet vorgegeben ist. Auch wenn früher teilweise ein Werkschutz für möglich gehalten oder sogar zuerkannt worden ist (BGH GRUR 1961, 631, 633 – *Fernsprechbuch*; RG GRUR 1928, 718, 720 – *Universal-Rechner*), geht die Rspr. heute zutreffend davon aus, dass ihnen grundsätzlich die Werkqualität fehlt (BGH GRUR 1999, 923, 925 f. – *Tele-Info-CD*). Allerdings kommt für derartige Verzeichnisse im Regelfall das verwandte Schutzrecht des Datenbankherstellers aus § 87a UrhG in Betracht (BGH GRUR 1999, 923, 925 – *Tele-Info-CD*); Einzelheiten hierzu vgl. § 87a Rn. 8 ff.

68 Allgemeine Geschäftsbedingungen vgl. Rn. 115.

69 Anagramme wie Adolf Hitler zu Folter Hilda, Joseph Goebbels zu Bob Eifel-
gosse und Hjalma Schacht zu Ali Machtarsch sind schutzfähig, da trotz ihrer
Kürze eine schöpferische Leistung in der beziehungsreichen Neuzusammenstellung der Buchstaben besteht (KG GRUR 1971, 368, 370 – *Buchstaben-
schütteln*).

70 Anmerkungen vgl. Rn. 121.

71 Anwaltsschriftsätze und anwaltliche Gutachten haben in der Regel Werkcharakter, weil die Darstellung eines tatsächlichen Sachverhalts und dessen Anwendung auf die rechtlichen Folgen genügend Gestaltungsspielraum lässt;
besondere Anforderungen an die Individualität im Sinne eines deutlichen
Überragens der Durchschnittsgestaltung sind nicht zu stellen, so dass auch
die kleine Münze der Anwaltsschriftsätze und anwaltlichen Gutachten urheberrechtlich geschützt ist (vgl. Rn. 64 und OLG Nürnberg GRUR-RR 2001,
225, 226 f. – *Dienstanweisung* zu einer Dienstanweisung im Krankenhaus;
a.A. BGH GRUR 1986, 739, 741 – *Anwaltsschriftsatz*; OLG München GRUR
2008, 337, 337 – *Presserechtliches Warnschreiben*; KG GRUR-RR 2006, 252,
254 – *Schuldnerberatung*; OLG Hamburg GRUR 2000, 146, 147 – *Berufungsschrift*). Voraussetzung ist allerdings, dass der Anwalt auch tatsächlich
individuell formuliert; kurze Formschriftsätze wie Verteidigungsanzeigen, Anträge auf Erlass eines Versäumnisurteils, Fristverlängerungsanträge wegen
Arbeitsüberlastung, formelle Berufungen oder das, was aus Formularhand-
büchern übernommen wird, genügt insoweit nicht (s.a. OLG München GRUR
2008, 337, 337 – *Presserechtliches Warnschreiben*).

72 Ausschreibungsunterlagen bedürfen im Regelfall einer sorgfältigen sprachlichen Gestaltung und besitzen deshalb üblicherweise das für ihren Schutz
erforderliche Mindestmaß an Individualität; besondere Schutzvoraussetzungen im Sinne eines deutlichen Überragens bestehen nicht, so dass auch die
kleine Münze geschützt ist (a.A. BGH GRUR 1984, 659, 661 – *Ausschreibungsunterlagen*). Nicht genügend ist allerdings, wenn lediglich technische
Vorgaben aufgelistet werden, ohne sie verbal zu beschreiben; für einen solchen
Fall geht der BGH zu Recht von einem fehlenden Urheberrechtsschutz aus
(BGH GRUR 2002, 958, 959 – *technische Lieferbedingungen* zu Ausschreibungsunterlagen).

73 Bedienungsanweisungen aller Art, also auch **Kochrezepte, Benutzerhand-
bücher** und sonstige **Gebrauchsanweisungen** sind ebenfalls normalerweise
einer individuellen Gestaltung zugänglich und haben daher regelmäßig Werkcharakter, ohne dass besondere Schutzvoraussetzungen bestehen würden;
auch insoweit nimmt also die kleine Münze vollumfänglich am Schutz teil
(a.A. BGH GRUR 1993, 34, 35 – *Bedienungsanweisung*; wie hier schon RGZ
81, 120, 123; RG GRUR 1943, 356, 358; OLG Hamburg UFITA 23 [1957],
222, 225 f. – *Waerland-Rezepte* und OLG Hamburg Schulze OLGZ 229, 6 f. –
Brigitte-Rezepte für Kochbücher [im konkreten Fall für die einzelnen Rezepte
als solche verneint]).

74 Briefe und andere persönliche Mitteilungen wie beispielsweise Tagebücher, auf
deren sprachliche Gestaltung besonderen Wert gelegt wurde und die sich nicht
nur in landläufigen Formulierungen erschöpfen, also keine einfachen Mitteilungen darstellen, sind regelmäßig urheberrechtlich geschützt (schon RGZ 69,
401, 404 – *Nietzsche-Briefe*; KG NJW 1995, 3392, 3393 – *Botho Strauß*; LG
Berlin UFITA 56 [1970], 349, 352 f. – *Alfred-Kerr-Briefe*; *Bock* GRUR 2001,

397, 397; *Bornkam* FS Piper S. 641; *Flechsig* FS Kreile S. 181; *Koumantos* FS Hoogman S. 193, *v. Olenhusen* UFITA 67 [1973], 57). Teilweise wird allerdings verlangt, dass die originelle Art des gedanklichen Inhalts oder eine eigenständige persönliche Formgebung (*Bosbach/Hartmann/Quasten* AfP 2001, 481, 481) oder gar ein deutliches Überragen von den Briefen der Gesellschaftsschicht des Verfassers vorliegen müsse (BGH GRUR 1960, 449, 452 – *Alte Herren*); das überspannt gleichwohl die Voraussetzungen und würde die kleine Münze bei Briefen außer Schutz stellen. Ob der Briefschreiber berühmt ist oder nicht spielt jedenfalls keine Rolle, so dass auch berühmte Persönlichkeiten für Allerweltsmitteilungen keinen Werkschutz genießen (KG GRUR 1973, 602, 604 – *Hauptmann-Tagebücher* zu den – für Literaturforscher freilich höchst reizvollen – Tagebucheintragungen Gerhard Hauptmanns). Muss Briefen und anderen persönlichen Mitteilungen der Urheberrechtsschutz versagt werden, kann gleichwohl ein Schutz gegen die Veröffentlichungen aus dem allgemeinen Persönlichkeitsrecht des Verfassers bestehen (für Briefe: BGH GRUR 1960, 449, 452 – *Alte Herren*; BGH GRUR 1962, 108, 108 f. – *Waffenhandel*; für Tagebücher: BGH GRUR 1955, 201, 203 f. – *Cosima Wagner*).

Computerprogramme sind gem. § 69a Abs. 3 dann schutzfähig, wenn Individu- **75** alität in dem Sinne vorliegt, dass sie das Ergebnis der eigenen geistigen Schöpfung ihres Urhebers sind; zur Bestimmung ihrer Schutzfähigkeit dürfen keine anderen Kriterien, insbesondere nicht qualitative oder ästhetische herangezogen werden (§ 69a Abs. 3 S. 2), was zu einer geringen Schutzuntergrenze führt. Schutz besteht schon dann, wenn das Programm ein Minimum an Individualität aufweist (OLG Hamburg GRUR-RR 2001, 289, 290 – *Hardwarekonfiguration einer Faxkarte*; OLG München ZUM-RD 2000, 8, 12 – *TESY-M2*; OLG München ZUM-RD 1999, 445, 447 – *Amiga-Anwendungsprogramme*). Auch wenn damit nur wenige Software ungeschützt bleibt (vermutlich weniger als 10%), werden die Gerichte wohl dennoch Sachverständigenhilfe benötigen, um beurteilen zu können, ob ein Computerprogramm urheberrechtlich geschützt ist oder nicht (beispielsweise LG München I CR 1997, 351 – *Softwareentwicklung im Dienstverhältnis*). Einzelheiten vgl. § 69a Rn. 14 ff., 21; zur Entwicklung der Rechtsprechung, die früher im Bereich der Computerprogramme ein deutliches Überragen der Durchschnittsgestaltung gefordert hatte (deshalb überholt: BGH GRUR 1985, 1041, 1048 – *Inkasso-Programm*), vgl. § 69a Rn. 14.

Einzelne **Daten** als solche sind regelmäßig nicht urheberrechtlich geschützt, **76** weil sie entweder nur eine grundsätzlich freizuhaltende Tatsache enthalten oder aber ihnen jedenfalls die Individualität fehlen wird; denn selbst dann, wenn hinter Daten eine Gedankenführung stehen sollte, die auf einer inhaltlichen Verarbeitung und Auswahl von Erkenntnissen beruht, findet diese – möglicherweise schöpferische – Tätigkeit jedenfalls keine gestalterische Darstellung in den Daten selbst (OLG Hamburg GRUR 2000, 319, 320 – *Börsendaten*). Der Schutz von Datenbanken umfasst deshalb sowohl im Bereich des Werkschutzes des § 4 UrhG als auch des verwandten Schutzrechtes in § 87a ff. UrhG nur den Schutz der Datenbank, nicht aber der einzelnen Daten (vgl. § 4 Rn. 12; vgl. § 87b Rn. 5 ff.).

DIN-Normen, VDE-Vorschriften, die VOB, Rechnungslegungsstandards und **77** **technische Lieferbedingungen** sowie andere **nicht amtliche Regelwerke** und **private Gesetzentwürfe** werden normalerweise Werkqualität aufweisen (BGH GRUR 1990, 1003, 1004 – *DIN-Normen*; BGH GRUR 1984, 117, 118 f. –

VOB-C), vor allem dann, wenn ein umfangreicher Stoff in übersichtlicher, klar
gegliederter Form dargestellt und gut verständlich wiedergegeben wird (BGH
GRUR 2002, 958, 960 – *technische Lieferbedingungen*) oder in Begriffsbil-
dung, Gedankenformung, Diktion sowie Zusammenstellung für sich urheberrechtlich geschützter Werke Individualität vorhanden ist (OLG Köln
GRUR-RR 2002, 161, 162 – *DRS*). Demgegenüber wird Urheberrechtsschutz
bei solchen Werken regelmäßig fehlen, wenn nur technische, tatsächliche oder
rechtliche Vorgaben aufgelistet werden, ohne sie verbal zu umschreiben (BGH
GRUR 2002, 958, 959 – *technische Lieferbedingungen*).

78 **Examensaufgaben** und **Klausur-Aufgabenstellungen** werden regelmäßig dann,
wenn sie nicht bloß banal sind, eine ausreichende individuelle Eigenart besitzen und damit urheberrechtlich geschützt sein; dies gilt auch für Multiple-
Choice-Klausuren, weil die falschen Alternativantworten so beschaffen sein
müssen, dass die Studenten durch das Aussortieren der falschen und das
Erkennen der richtigen Antwort ihre erworbenen Kenntnisse unter Beweis
stellen können (LG Köln ZUM 2000, 597, 598 – *Multiple-Choice-Klausuren*).

79 **Exposés** als Vorstufen zu Filmdrehbüchern (OLG München GRUR 1990, 674,
675 – *Forsthaus Falkenau*), aber auch zu Buch- und Bühnenprojekten sowie
Filmtreatments (OLG München UFITA 60 [1971], 317, 318 und 320 – *Vorstufen zum Drehbuch*; vgl. § 88 Rn. 31 ff.) entsprechen den Skizzen und Entwürfen zu Werken der bildenden und der Baukunst und sind, da sich in ihnen
die schöpferische Individualität des Urhebers regelmäßig bereits manifestiert,
Sprachwerke; dies gilt auch für die einfache, aber erfundene Fabel als Ausgangspunkt dichterischen Schaffens (vgl. Rn. 47 f.). Showkonzepte und andere
Fernseh-Formate sind normalerweise bloße Ideen und deshalb als solche nicht
schutzfähig (BGH GRUR 2003, 876, 878 – *Sendeformat*; OLG Hamburg
ZUM 1996, 245, 246). Die schriftliche Festlegung für eine bestimmte Sendung
kann jedoch als Exposé oder Konzept urheberrechtlich geschützt sein (OLG
München ZUM 1999, 244, 246 f. – *Augenblick*; Loewenheim/*Axel Nordemann* § 9 Rn. 33), die Sendung selbst als Filmwerk (vgl. Rn. 203). Zu Fernsehshows im Übrigen vgl. Rn. 232.

80 Bei **Formularen, Merkblättern** und **Vordrucken** reicht es aus, wenn der meist
vorgegebene Inhalt in eigenständiger Weise geordnet und in eigener sprachlichen Gestalt dargestellt wird (BGH GRUR 1987, 166, 166 f. – *AOK-Merkblatt*; OLG Nürnberg GRUR 1972, 435, 435 – *Standesamtsformulare*; Schutz
verneint von RGZ 143, 412, 416 ff. – *Buchhaltungsformulare*; BGH GRUR
1959, 251, 252 – *Einheitsfahrschein*; OLG Hamm GRUR 1980, 287, 288 –
Prüfungsformulare; OLG Hamburg UFITA 59 [1971], 297, 302 ff. – *Werbeinformation* und UFITA 51 [1968], 383, 390 f. – *Flugpläne*; offen gelassen
von BGH GRUR 1952, 257, 258 – *Krankenhauskartei*, die freilich inzwischen
möglicherweise als Datenbankwerk nach § 4 UrhG oder als einfache Datenbank nach § 87a UrhG zu qualifizieren sein würde).

81 **Fußnoten** müssen, wenn es auf ihren eigenständigen Schutz ankommt, für sich
allein genommen Werkqualität besitzen (zum Schutz von Werkteilen vgl.
Rn. 51).

82 **Gutachten** können, soweit sie ausformuliert sind und sowohl Untersuchung als
auch Ergebnisse sprachlich dargestellt werden, regelmäßig urheberrechtlich
geschützte Werke sein, können sich aber auch auf die bloße Feststellung von
Untersuchungsergebnissen und Kostenschätzungen beschränken; dann wäre
ein Urheberrechtsschutz zu verneinen (eingehend *Korn* FS Öst. UrhG S. 179).

Ebenso wie für wissenschaftliche Sprachwerke im Allgemeinen und beispielsweise Anwaltsschriftsätze im Besonderen sind auch für Gutachten besondere
Anforderungen an die Individualität im Sinne eines deutlichen Überragens der
Durchschnittsgestaltung nicht zu fordern, so dass auch die kleine Münze der
Gutachten urheberrechtlich geschützt ist (zu wissenschaftlichen Sprachwerken
vgl. Rn. 118, zu Anwaltsschriftsätzen vgl. Rn. 71; a.A. KG GRUR-RR 2006,
252, 254 – *Schuldnerberatung*).

Juristische Aufsätze und Anmerkungen zu **juristischen Entscheidungen** sind so **83**
zu behandeln wie journalistische Arbeiten und damit regelmäßig urheberrechtlich geschützt, sofern es sich dabei nicht nur um Wiedergaben rein tatsächlicher (rechtlicher) Vorkommnisse handelt (vgl. Rn. 121).

Kataloge können als Sammelwerke urheberrechtlich geschützt sein (vgl. § 4 **84**
Rn. 12 ff., 22, 27).

Kochbücher vgl. Rn. 73. **85**

Lehrbücher vgl. Rn. 118. **86**

Lehrpläne sind bei individueller Ausgestaltung als Sprachwerke geschützt **87**
(BGH GRUR 1991, 130, 132 f. – *Themenkatalog*; s.a. BGH GRUR 1981,
520, 522 – *Fragensammlung*).

Nicht amtlich verfasste **Leitsätze** werden regelmäßig urheberrechtlich ge- **88**
schützt sein; dazu genügt ein bescheidenes Maß geistig schöpferischer Tätigkeit (BGH GRUR 1992, 382, 385 – *Leitsätze*), so dass zweifelsohne auch die
kleine Münze der Leitsätze urheberrechtlich geschützt ist. Ein Urheberrechtsschutz zu verneinen wäre lediglich dann, wenn der Leitsatz nur einen Hinweis
auf das zu erörternde Problem enthielte „zur Frage ...“ oder sich in der
wörtlichen Wiedergabe von Entscheidungssätzen erschöpfte (BGH GRUR
1992, 382, 385 – *Leitsätze*). Amtlich verfasste Leitsätze sind wie die Urteile
selbst amtliche Werke gem. § 5 UrhG und damit gemeinfrei (vgl. § 5 Rn. 12).

Lexika sind Sammelwerke (vgl. § 4 Rn. 12, 33). **89**

Liedtexte sind normalerweise urheberrechtlich geschützt; die Schutzunter- **90**
grenze ist wie beim Schlager gering, so dass auch die kleine Münze einschränkungslos urheberrechtlichen Schutz genießt (BGH GRUR 1981, 267, 268 –
Dirlada). Dies schließt aber nicht aus, dass kurze Liedtexte aus dem Urheberrechtsschutz herausfallen, wenn sie nicht individuell sind (OLG Hamburg
ZUM 1998, 1041, 1041 f. – *Samba de Janeiro*).

Merkblätter vgl. Rn. 80. **91**

Multimedia-Werke verknüpfen Text, Ton, Bilder, Daten, Computerpro- **92**
gramme und Musik mittels digitaler Techniken zu einem Gesamtwerk; im
einzelnen vgl. Rn. 231. Die in einem Multimedia-Werk enthaltenen Textteile
und Sprachelemente können urheberrechtlichen Schutz als Sprachwerke gem.
Nr. 1 genießen, wenn sie für sich betrachtet individuell sind (zum Schutz von
Werkteilen vgl. Rn. 51).

Die Texte zu **Patentanmeldungen** bedürfen einer besonders sorgfältigen **93**
sprachlichen Gestaltung, die naturgemäß vom individuellen Sprachempfinden
des Patentanwalts abhängt und deshalb stets Werkcharakter hat (BGH GRUR
1985, 129, 131 – *Elektronenfabrik*; Schricker/*Loewenheim*[3] Rn. 69; *Haberstumpf* Rn. 83). Zu zeichnerischen Bestandteilen von Patentanmeldungen vgl.
Rn. 223.

94 Persönliche Aufzeichnungen und Mitteilungen vgl. Rn. 74.

95 Rätsel sind regelmäßig schutzfähig (OLG München GRUR 1992, 510, 510 f. – *Rätsel*; *Wilhelm Nordemann* FS Traub S. 315; *Schricker*, Gutachten, S. 26 f.); zum Schutz von Spielen vgl. Rn. 50.

96 Die Anerkennung noch so großartiger Bühneninszenierungen als **Regiewerke** schließt § 73 aus. Danach ist jedenfalls der *Bühnenregisseur* „nur" ausübender Künstler (OLG Köln UFITA 87 [1980] 321, 324 – *Der vierte Platz*; OLG Frankfurt GRUR 1976, 199, 201 – *Götterdämmerung*, das bei einer „Neugestaltung der bühnenmäßigen Ausdrucksmittel" allerdings ein Urheberrecht für denkbar hält; OLG Koblenz GRUR Int. 1968, 164, 165 – *Liebeshändel in Chioggia*), so lange er das Bühnenwerk als solches nicht in schöpferischer Weise verändert (dann möglicherweise Schutz als Bearbeitung; vgl. § 3 Rn. 31 und das dort referierte, kontroverse Schrifttum). Umgekehrt ist der *Filmregisseur* „nur" Urheber, nicht aber ausübender Künstler (BGH GRUR 1984, 730, 732 f. – *Filmregisseur*), falls er nicht gerade zusätzliche Funktionen übernimmt, die ihn zugleich nach § 73 qualifizieren, also etwa im Film mitspielt (Beispiele vgl. § 89 Rn. 13 ff., 17 ff.).

97 **Register** können Datenbankwerke sein; vgl. § 4 Rn. 10 ff.

98 **Reiseführer, Wanderführer** und vergleichbare Werke sind regelmäßig urheberrechtlich geschützt, sofern in der Auswahl, Einteilung und Anordnung des Materials individuelle Züge liegen, die in dem Reise- oder Wanderführer enthaltenen Tatsachen also aufbereitet und gestaltet worden sind. Dies kann beispielsweise durch die sprachliche Gestaltung von Routenvorschlägen und Wegbeschreibungen geschehen, die naturkundliche, kulturhistorische oder sonstige Beobachtungen nebst Schilderungen des Landschaftseindrucks enthalten (OLG Köln GRUR-RR 2003, 265, 265 – *Wanderführer*). Die Gestaltungshöhe ist grundsätzlich niedrig, so dass die kleine Münze der Reiseführer Schutz genießt, auch wenn ein Reiseführer meist einem Gebrauchszweck dient (vgl. Rn. 64; offen gelassen OLG Köln GRUR-RR 2003, 265, 265 – *Wanderführer*).

99 Entwürfe zu **Resolutionen** können ebenfalls urheberrechtlich geschützt sein (*Hertin* GRUR 1975, 246).

100 Rezepte vgl. Rn. 73.

101 **Romane, Bühnenwerke, Drehbücher** und **vergleichbare auf Handlungen aufbauende Werke** sind ebenfalls regelmäßig urheberrechtlich geschützt, und zwar nicht nur in der „äußeren Form", also ihrer jeweiligen Formulierung und ihrem Aufbau, sondern auch in der „inneren Form", also dem Gang der Handlung, der Charakteristik und Rollenverteilung der handelnden Personen, der Ausgestaltung von Szenen und der Szenerie selbst (BGH GRUR 1999, 984, 987 – *Laras Tochter*; KG ZUM 2003, 867, 869 – *Anna Marx*; OLG München NJW-RR 2000, 268, 268 f. – *Das Doppelte Lottchen*; LG Hamburg GRUR-RR 2004, 65, 66 – *Literatur-Werkstatt Grundschule*; LG Hamburg GRUR-RR 2003, 233, 234 – *Die Päpstin*; LG Köln ZUM 2004, 853, 858). Individuell und damit urheberrechtlich geschützt kann allerdings immer nur das sein, was auf der Phantasie des Urhebers beruht, also die erdachte Geschichte, der erdachte Charakter oder die erdachte Szene; historische oder tatsächliche Begebenheiten bleiben grundsätzlich in ihrem Kern ebenso frei (LG Hamburg GRUR-RR 2003, 233, 234 ff. – *Die Päpstin* mit ausführlicher Auseinandersetzung und Abgrenzung zwischen tatsächlichen Begebenheiten und phantasievollem Romanstoff) wie ein Verwechslungsspiel zwischen zwei Charakteren als Grundmotiv, das sich in verschiedenen literarischen Werken wiederfindet (OLG München NJW-RR 2000, 268, 269 – *Das Doppelte Lottchen*). Das selbe gilt für vorbekannte, ehemals erdachte Geschichten (Loewenheim/*Axel Nordemann* § 9 Rn. 14).

Auch die **Romanfigur** kann urheberrechtlich geschützt sein, und zwar einerseits im Rahmen des Handlungs- und Beziehungsgeflechtes, in das sie eingebettet ist und andererseits auch eigenständig, unabhängig von der Fabel, wenn sie eine unverwechselbare Kombination äußerer Merkmale sowie von Eigenschaften, Fähigkeiten und typischen Verhaltensweisen besitzt, aus denen besonders ausgeprägte Persönlichkeiten geformt sind, die jeweils in charakteristischer Weise auftreten (BGH GRUR 1994, 191, 192 f. – *Asterix-Persiflagen*; KG ZUM 2003, 867, 869 – *Anna Marx* [Schutz im konkreten Fall abgelehnt]; OLG München GRUR-RR 2008, 37, 39 – *Pumuckl-Illustrationen II*; LG München I GRUR-RR 2007, 226, 228 – *Eine Freundin für Pumuckl*; LG Braunschweig ZUM-RD 2004, 421, 422 – *Doktor Regemann*; *Rehbinder* FS Schwarz S. 163, 167; a.A. *Erdmann* WRP 2002, 1329, 1334). **102**

Einzelne **Sätze** und **Satzteile** können Sprachwerkschutz genießen, wenn in ihnen eine Gedankenführung und –formung zum Ausdruck kommt, sie also für sich betrachtet individuell sind (OLG Hamburg GRUR-RR 2004, 285, 286 – *Markentechnik*). Auf die Länge des Satzes kommt es dabei nicht an: Auch mit wenigen Worten kann etwas phantasievoll und treffend auf den Punkt gebracht werden, was sonst ausführlich zu beschreiben sein würde. Allerdings bieten längere Sätze regelmäßig auch mehr Gestaltungsmöglichkeiten, so dass ein längerer Satz eher urheberrechtlich geschützt sein wird als ein kurzer. Auch insoweit gilt: Je banaler, je gewöhnlicher die Formulierung ist, umso eher scheidet ein Urheberrechtsschutz aus. **103**

Showkonzepte vgl. Rn. 232. **104**

Slogans sind normalerweise wegen ihrer Kürze als Sprachwerke nicht schutzfähig (OLG Frankfurt GRUR 1987, 44 – *WM-Slogan*; OLG Düsseldorf GRUR 1978, 640, 641 – *Fahr'n auf der Autobahn*; OLG Stuttgart GRUR 1956, 481, 482 – *Jacobi*; OLG Braunschweig GRUR 1955, 205, 206 – *Hamburg geht zu E*; LG München I ZUM 2001, 722, 723 f. – *Find Your Own Arena*; *Ulmer*[3] S. 137; eingehend *Förster* s. 27 ff. und zuletzt *Erdmann*; GRUR 1996, 550, 552; offen gelassen von BGH GRUR 1966, 691, 692 – *Ein Himmelbett als Handgepäck*). Allerdings können geistvoll-treffende oder witzige Slogans, die mit wenigen Worten das auf den Punkt bringen, was sonst ausführlich zu beschreiben sein würde, eine schöpferische Leistung darstellen ebenso wie Werbeverse schutzfähig sein können (so schon OLG Köln GRUR 1934, 758, 759 – *Biegsam wie ein Frühlingsfalter bin ich im FORMA-Büstenhalter*; siehe auch Schricker/*Loewenheim*[3] Rn. 114; *Stefan Schmidt* S. 67 ff. und *Traub* GRUR 1973, 186, 187). Zum wettbewerbsrechtlichen Schutz von Slogans s. *Ingerl* WRP 2004, 809, 814. **105**

Spielregeln können in ihrer sprachlichen Darstellung urheberrechtlichen Schutz genießen; die Spielidee als solche bleibt jedoch frei. Im einzelnen vgl. Rn. 50. Auch der **Spielplan** eines Geldspielautomaten kann urheberrechtlich geschützt sein, und zwar in Umsetzung der Spielidee, die als solche frei bleibt, in dem Spiel- und Gewinnplan auf der Frontplatte mit den dargestellten Spiel- und Gewinnmöglichkeiten (OLG Düsseldorf GRUR 1990, 362, 265 f. – *Automaten-Spielplan*). **106**

107 Statistiken können Datenbankwerke (vgl. § 4 Rn. 10 ff.) oder einfache Datenbanken (vgl. § 87a Rn. 8 ff.) sein.

108 Tagebücher vgl. Rn. 74.

109 Die Textteile von **Tabellen** können zwar ebenfalls einem urheberrechtlichen Schutz zugänglich sein, wenn sie individuell gestaltet worden sind. Insbesondere im Bereich der Wissenschaft und Technik wird aber die Individualität der in Tabellen enthaltenen Texte vielfach fehlen, zumal Gedanken, Lehren und Theorien als solche frei bleiben und daher auch dem Urheberrechtsschutz nicht zugänglich sind (vgl. Rn. 43 f.; OLG Köln ZUM-RD 1998, 547, 552 – *statistische Durchschnittsberechnungen bezüglich Honorarabrechnung von Ärzten*).

110 Texthandbücher vgl. Rn. 73.

111 Themenkataloge vgl. Rn. 87.

112 **Titel** von Werken können als solche im Regelfall keinen urheberrechtlichen Schutz beanspruchen. Ihre Kürze erlaubt es meist nicht, von einer persönlichen geistigen Schöpfung zu sprechen (BGH GRUR 1990, 218, 219 – *Verschenktexte*; BGH GRUR 1977, 543, 544 – *Der 7. Sinn*; BGH GRUR 1958, 354, 356 – *Sherlock Holmes*; OLG Celle GRUR 1961, 141 – *La Chatte*; KG Schulze KGZ 39, 9 – *Die goldene Stimme*; OLG Hamburg Schulze OLGZ 151, 1 – *Herzen haben keine Fenster*; OLG München Schulze OLGZ 134, 4 – *Glücksspirale*; anders noch OLG München UFITA 23 [1957], 217, 218 – *Bis dass der Tod euch scheidet* und OLG Köln GRUR 1962, 534, 535 – *Der Mensch lebt nicht vom Lohn allein*, das sogar in geflügelten Worten der Umgangssprache eine eigenpersönliche Prägung sehen wollte; LG München I GRUR-RR 2007, 226, 229 – *Eine Freundin für Pumuckl*). Ein Ausnahmebeispiel für einen urheberrechtlich geschützten Werktitel kann wegen vorliegender Individualität etwa Manfred Hausmanns *Lampioon küsst Mädchen und kleine Birken* sein. Zum Schutz von Kurzwerken vgl. Rn. 51 und von Werktiteln Rn. 53.

113 Demgegenüber sind Werktitel aber regelmäßig gem. § 5 Abs. 3 MarkenG **kennzeichenrechtlich** geschützt, sofern ihnen titelmäßige Unterscheidungskraft zukommt (Loewenheim/*Axel Nordemann* § 83 Rn. 60 ff.; *Nordemann* Rn. 2701 ff.). Zum besonderen Problem des Titelschutzes an gemeinfreien Werken BGH GRUR 2003, 440, 441 – *Winnetous Rückkehr* sowie Loewenheim/*Axel Nordemann* § 83 Rn. 69 ff.; *Nordemann*[10] Rn. 2875 f. und vgl. § 64 Rn. 22).

114 **Übersetzungen** werden in § 3 UrhG ausdrücklich als Beispielsfall für eine urheberrechtlich geschützte Bearbeitung genannt und sind mithin regelmäßig dem Sprachwerkschutz zu unterstellen (Einzelheiten vgl. § 3 Rn. 19). Dies gilt nicht nur für literarische Übersetzungen (OLG München GRUR-RR 2001, 151, 153 – *Baricco*), sondern auch für Comic-Übersetzungen, weil der Übersetzer auch dort den Sinngehalt erfassen, die Diktion des Originals wiedergeben und seine „Zwischentöne" beachten muss (BGH GRUR 2000, 144, 144 – *Comic-Übersetzungen II*).

115 **Vertragsmuster** und Entwürfe dazu, **allgemeine Geschäftsbedingungen** und andere private Normen sind regelmäßig das Ergebnis individueller Formulierung des Textes und Anordnung des Stoffes und deshalb als Sprachwerke geschützt (LG München I GRUR 1991, 50, 51 – *Geschäftsbedingungen*; LG Hamburg GRUR 1987, 167, 167 – *Gesellschaftsvertrag*; OGH Wien ÖBL

1997, 256, 258 f. – *Head-Kaufvertrag*; *Birkenmayer* UFITA 83 [1983], 107 für AGBs; *Rehbinder* UFITA 80 [1977], 73).

Für **Webseiten** (**Internet-Homepages**) gelten keine Besonderheiten: Einzelne **116** „Schlag-"Wörter bleiben schutzlos, während phantasievoll formulierte Sätze oder Verse Schutz genießen können (OLG Frankfurt GRUR-RR 2005, 299, 299 – *Online-Stellenmarkt*). Urheberrechtlicher Schutz kann auch dadurch entstehen, dass eine individuelle Auswahl, Einteilung und Anordnung von Suchbegriffen aus der Alltagssprache auf der Webside, ihren Unterseiten und im Quelltext im Hinblick auf eine optimale Auffindbarkeit durch Suchmaschinen und eine Anzeige bei den ersten Ergebnissen nach einer Suchmaschinenabfrage erzielt wird (OLG Rostock GRUR-RR 2008, 1, 2, – *Urheberrechtsschutz von Webseiten*). Soweit Webseiten lediglich ein elektronisches Pendant oder einen elektronischen Ersatz für etwas Gedrucktes darstellen, sind die auf ihnen enthaltenen Texte entsprechend journalistischen Arbeiten (vgl. Rn. 121), wissenschaftlichen Werken (vgl. Rn. 118), literarischen Werken (vgl. Rn. 101) oder von Werbetexten (vgl. Rn. 117) zu beurteilen.

Im Bereich der **Werbung** werden Werbeverse und Werbetexte in aller Regel **117** Werkqualität aufweisen, wenn sie individuell formuliert worden sind (BGH GRUR 1961, 85, 87 – *Pfiffikus-Dose*; BGH GRUR 1959, 197, 198 – *Verkehrs-Kinderlied*; OLG Köln GRUR 1934, 758, 759 – *Biegsam wie ein Frühlingsfalter bin ich im FORMA Büstenhalter*; OLG München NJW-RR 1994, 1258; LG München I GRUR 1984, 737, 737 – *Bauherrenmodell-Prospekt*; LG Berlin GRUR 1974, 412, 412 f. – *Werbeprospekt*). Urheberrechtsschutz scheidet aus, wenn lediglich Banalitäten formuliert oder Beschreibungen gegeben werden, die nur einen sehr geringen Spielraum für die Ausgestaltung des Textes erlauben (LG München I GRUR 1984, 737, 737 – *Bauherrenmodell-Prospekt*; Schutz bejaht) oder wenn es sich um sehr einfache Texte handelt (OLG Düsseldorf ZUM 1998, 65, 68; bestätigt – allerdings ohne Begründung – durch BGH GRUR 2000, 317, 318 – *Werbefotos*).

Unter den Sprachwerken nehmen die **Werke der Wissenschaft** aus einem **118** doppelten Grund eine Sonderstellung ein: Ihr eigentlicher Inhalt – die ihnen zugrunde liegenden wissenschaftlichen Erkenntnisse, Lehren und Fakten – bleibt urheberrechtlich grundsätzlich frei und kann auch nicht zur Beurteilung der Schutzfähigkeit herangezogen werden (vgl. Rn. 43), lediglich ihre Form lässt Raum für eine eigenpersönliche Prägung. Allerdings sind die wissenschaftlichen Werke in § 1 – im Gegensatz etwa zu so bedeutenden Werkarten wie denen der Musik, der Fotografie und des Films – besonders hervorgehoben. Das mag auch rechtspolitische Gründe haben, lässt jedoch erkennen, dass der Gesetzgeber sie ungeachtet ihrer von vornherein beschränkten Individualität auf jeden Fall geschützt wissen wollte (vgl. § 1 Rn. 1 f.). Soweit wissenschaftliche Werke unter § 2 Abs. 1 Nr. 7 fallen, hat der BGH das auch stets anerkannt (vgl. Rn. 213 ff.); bei wissenschaftlichen Sprachwerken ist seine Rechtsprechung jedoch – zu unrecht – schwankend (vgl. Rn. 60 ff.). Die Instanzgerichte schützen dagegen in der Regel auch wissenschaftliche Sprachwerke von geringer Individualität (OLG Nürnberg GRUR-RR 2001, 225, 226 f. – *Dienstanweisung*; OLG Zweibrücken GRUR 1997, 363, 364 – *jüdische Friedhöfe*; OLG München ZUM 1994, 362, 364; KG GRUR 1991, 596, 598 – *Schopenhauer-Ausgabe*; LG Köln GRUR 1993, 901, 901 f. – *Erdbeerpflücken in Dossenheim*). Die bloße Mitteilung von Forschungsergebnissen in nüchterner Fachsprache und die Zusammenstellung von Quellenmaterial hat OLG Frankfurt GRUR 1990, 125, 126 – *Unternehmen Tannenberg* allerdings nicht für schutzfähig gehalten; das mag dann zutreffen, wenn davon auszugehen ist, dass ein anderer Forscher die selben Ergebnisse mit den selben Worten hätte wiedergeben können oder wenn eine sprachliche Gestaltung fehlt, wenn die Darstellung also etwa nur aus Überschriften und Stichworten besteht. Weitere Einzelheiten zur Gestaltungshöhe von wissenschaftlichen Sprachwerken vgl. Rn. 60 ff.

119 **Wörter, einzelne Sätze** und **Satzfragmente** werden ebenso wie Slogans (vgl. Rn. 105) normalerweise nicht urheberrechtlich geschützt sein, weil sie zu kurz sind, um ein hinreichendes Maß an Originalität und Kreativität zu enthalten (OLG Hamburg GRUR-RR 2004, 285, 287 – *Markentechnik*; LG Mannheim ZUM 1999, 659, 660 – *Heidelbär*; *Gabel/ von Lackum* ZUM 1999, 629, 630 f.; *Schricker* GRUR 1996, 815, 820). Ausnahme: Anagramme (vgl. Rn. 69). Auch **Wortverbindungen** sind in der Regel nicht urheberrechtlich geschützt (OLG München Schulze OLGZ 134, 4 – *Glücksspirale*; OLG Frankfurt WRP 1973, 162, 163 – *Orkware*; OLG München UFITA 51 [1968], 375, 377 – *Minicar – Minipreis*; OLG Stuttgart GRUR 1956, 481, 482 – *JA ...JACOBI*).

120 **Wörterbücher** können als Sprachwerke urheberrechtlich geschützt sein, wenn in der Konzeption der Informationsauswahl und –vermittlung, in der Art und Weise der Auswahl, Einteilung und Anordnung des Materials individuelle Züge liegen; eine Auswahl lediglich sich aufdrängender einschlägiger Begriffe vorzunehmen, genügt hierfür allerdings regelmäßig nicht (OLG Köln GRUR-RR 2003, 265, 265 f. – *Wanderführer*).

121 **Zeitungsartikel, Zeitschriftenartikel** und **andere journalistische Arbeiten wie Kritiken, Kommentare, Berichte und Interviews** sowie Abstracts sind regelmäßig urheberrechtlich geschützt, und zwar auch, soweit die Tatsachenberichterstattung betroffen ist, weil die vielfältigen Möglichkeiten, ein Thema darzustellen und die fast unerschöpfliche Vielzahl der Ausdrucksmöglichkeiten dazu führen, dass journalistische Arbeiten nahezu unvermeidlich die Individualprägung ihrer Urheber erhalten (so fast wörtlich KG GRUR-RR 2004, 228, 230 – *Ausschnittsdienst*); s.a. OLG Franfkurt GRUR 2008, 249, 250 – *Abstracts*). Entsprechend setzt § 49 UrhG den urheberrechtlichen Schutz von Zeitungsartikeln und Rundfunkkommentaren wie selbstverständlich voraus, sofern nicht lediglich eine bloße Wiedergabe von Tatsachen oder Tagesneuigkeiten vorliegt. Entsprechend ist vom Werkcharakter journalistischer Arbeiten auszugehen, wenn diese nicht ausnahmsweise lediglich kurze Artikel rein tatsächlichen Inhalts darstellen und damit § 49 Abs. 2 UrhG unterfallen sollten (BGH GRUR 1997, 459, 460 f. – *CB-Infobank I*; KG GRUR-RR 2004, 228, 229 – *Ausschnittsdienst*; vgl. § 49 Rn. 12 f.).

2. Werke der Musik (§ 2 Abs. 1 Nr. 2

122 **a) Einordnung:** Zu den Werken der Musik gehören Kompositionen aller Art wie z.B. Lieder, Chansons, Popsongs, Rocksongs, Opern, Operetten, Sinfonien, Klavierkonzerte, Filmmusik, aus Geräuschen bestehende ernste Musik, kurzum alles, was man als „**menschlich veranlasste Folge von Tönen**" verstehen kann und sich in einer geschlossenen, geordneten Tonfolge ausdrückt (BGH GRUR 1988, 810, 811 – *Fantasy*; BGH GRUR 1988, 812, 814 – *Ein bisschen Frieden*; Loewenheim/*Czychowski* § 9 Rn. 59 f.). Reine Klangdateien, die sich in sogenannten „Presets", also Voreinstellungen bestimmter Sounds auf einem Synthesizer, erschöpfen, sind in Ermangelung von Tonfolge und Rhythmus nicht als Musik im urheberrechtlichen Sinne aufzufassen (LG Rottweil ZUM 2002, 490, 491 – *Klangdateien*).

Bei der **Entwurfsmusik** wird dem Dirigenten und den Musikern weitgehend **123** freie Hand in der Wahl der Tonlage, des Einsatzes der Instrumente, der Rhythmik und der Melodik gegeben; sie liegen deshalb an der Grenze der Schutzfähigkeit (Loewenheim/*Czychowski* § 9 Rn. 64). Eine Schöpfung des Komponisten kann darin nur dann gesehen werden, wenn sein Entwurf wenigstens einen musikalischen Grundgedanken zum Ausdruck bringt, der die Aufführung prägt. Auch dann liegt freilich erst ein unvollendetes Werk vor, dessen endgültige Gestalt vom Dirigenten, unter Umständen auch von den Solisten, bestimmt wird; diese sind insoweit Bearbeiter (§ 3). Hat der Komponist den Mitwirkenden allerdings jede Freiheit gelassen, so dass mehrere Aufführungen mit anderen Mitwirkenden nur noch im äußeren Ablauf übereinstimmen, so ist er nur Urheber seines Entwurfs, der von den jeweiligen Mitwirkenden im Wege freier Benutzung zu jeweils neuen selbständigen Werken verwendet wird. S. im Übrigen *Weissthanner* GRUR 1974, 377; *Hirsch-Ballin* UFITA 50 [1967], 843 und *Fromm* GRUR 1964, 304.

Überhaupt **kein Werk der Musik**, ja nicht einmal ein Entwurf, sondern allen- **124** falls eine nicht schutzfähige Idee (vgl. Rn. 44) ist in der mit 4'33 betitelten Vorgabe von John Cage zu sehen, nach der irgendjemand – einen Pianisten braucht man dazu keineswegs – 4 Minuten und 33 Sekunden untätig am Klavier sitzt, wenn man davon absieht, dass er während dieser Zeit dreimal die Arme hebt, um die drei „Sätze" des „Werkes" aufzuzeigen. Die „Musik" des Komponisten besteht aus den Geräuschen, die während dieser Zeit – vor allem vom Publikum erzeugt – hörbar sind. Musik wird hier als Aneinanderreihung und Überlagerung von zufällig entstehenden Geräuschen verstanden. Mit dem Schutzgegenstand des Urheberrechts hat das nichts mehr zu tun.

Zum Schutz von **Musiknoten** vgl. Rn. 179. **125**

Die **Interpretation** eines Musikstückes durch einen ausübenden Künstler, also **126** einen Musiker oder einen Sänger, führt normalerweise nicht zu eigenen Miturheberrechten des Künstlers, sondern nur zu einem verwandten Schutzrecht des ausübenden Künstlers gem. § 73 UrhG (KG GRUR-RR 2004, 129, 130 – *Modernisierung einer Liedaufnahme*). Bearbeiterurheberrechte der ausübenden Künstler gem. § 3 UrhG sind deshalb selten. Sie können entstehen, wenn der ausübende Künstler nicht nur interpretiert, sondern die Komposition schöpferisch verändert oder schöpferisch etwas hinzufügt, was bei Jazzmusik häufiger der Fall sein kann, bei klassischer Musik eher selten ist.

Das so genannte **Sound-Sampling** (dazu *Hoeren* GRUR 1989, 11; *Hertin* **127** GRUR 1989, 578; *Bordloff* ZUM 1993, 476; *Jörger* S. 90 ff. und 106 ff.; *Rehbinder*[9] S. 89) ist die Entnahme von kurzen Geräuschsequenzen aus vorhandenen Tonträgern und deren Einspeisung in Sound-Datenbanken, also ein bloßer (Teil-)Kopiervorgang (*Vock*, S. 66), der von § 53 Abs. 1 abgedeckt ist (vgl. § 53 Rn. 6 ff.). Erst die Verwendung der Sequenzen für das eigene kompositorische Schaffen des Verwenders ist urheberrechtlich relevant; sie wird schon wegen des geringen Umfangs der Sequenzen, die einzelnen Werken entnommen werden, in der Regel als freie Benutzung zulässig sein (*Rehbinder*[9] S. 98; *Jörger* S. 90 und 106).

b) **Individualität:** Die Individualität eines Musikwerkes kann sich ergeben aus **128** der Melodie, ihrer Verarbeitung, dem Rhythmus, der Instrumentierung, der Orchestrierung, dem Arrangement mit dem sich daraus ergebenen Wechselspiel der Instrumente und/ oder Stimmen und Vergleichbarem (BGH GRUR 1981, 267, 268 – *Dirlada*; OLG München ZUM 1992, 202, 203; Loewenheim/*Czychowski* § 9 Rn. 62). Eine Komposition mit technischen Hilfsmitteln wie einem Synthesizer oder einem Computer ist grundsätzlich unschädlich (Loewenheim/*Czychowski* § 9 Rn. 65). Voraussetzung ist allerdings, dass der Komponist noch der „Herr über die Komposition" geblieben ist, also er die Komposition bestimmt hat und nicht das Computerprogramm; komponiert das Computerprogramm alleine, könnte der Software-Urheber der Komponist sein, wenn er die Komposition bei seiner Programmierung vorgesehen hat, ansonsten läge ein urheberrechtlich irrelevantes Zufallswerk vor. Deswegen kann auch die so genannte „aleatorische Musik" nicht geschützt sein (ebenso Loewenheim/*Czychowski* § 9 Rn. 64; Schricker/*Loewenheim*[3] Rn. 85; *Haberstumpf* Rn. 84).

129   Eine körperliche Festlegung in Notenschrift oder auf Tonträgern ist nicht nötig; auch die gesummte Melodie, die Stehgreifvariation und die Jazz-Improvisation sind schutzfähig (LG München I ZUM 1993, 432, 433).

130   Nicht geschützt ist grundsätzlich der musikalische Stil, also der Sound, etwa der Dixieland-Jazz oder der Country-Sound, so wie Siegfried Ochs in seinen Variationen über das Volkslied „Kommt ein Vogel geflogen" und Herrmann Pillney über den Schlager „Was machst du mit dem Knie, lieber Hans" Sätze im Stile nicht nur Bachs, Beethovens und Mozarts, sondern auch (Pillney) seinerzeit geschützter Kompositionen von Arnold Schönberg, Giacomo Puccini und Richard Strauß schreiben durften, darf jeder Komponist, der das kann, den Sound der Orchester von Glenn Miller oder James Last imitieren (Loewenheim/*Czychowski* § 9 Rn. 68; Schricker/*Loewenheim*[3] § 2 Rn. 123; *Tenschert* ZUM 1987, 612). Grundsätzlich frei muss auch das bleiben, was zum **musikalischen Allgemeingut** gehört (BGH GRUR 1991, 533, 534 – *Brown Girl II*; BGH GRUR 1988, 810, 811 – *Fantasy*).

131   c) **Gestaltungshöhe:** Die Schutzuntergrenze bei Werken der Musik ist grundsätzlich niedrig, so dass die kleine Münze einschränkungslos geschützt wird (BGH GRUR 1991, 533, 533 – *Brown Girl II*; BGH GRUR 1988, 812, 814 – *Ein bisschen Frieden*; BGH GRUR 1988, 810, 811 – *Fantasy*; BGH GRUR 1981, 267, 268 – *Dirlada*). Schlager (BGH GRUR 1988, 812, 814 – *Ein bisschen Frieden*; BGH GRUR 1988, 810, 811 – *Fantasy*; BGH GRUR 1981, 267, 268 – *Dirlada*; BGH GRUR 1968, 321, 324 – *Haselnuss*) sind daher regelmäßig ebenso urheberrechtlich geschützt wie Handy-Klingeltöne (OLG Hamburg GRUR-RR 2002, 249, 250 – *Handy-Klingeltöne*) oder Musikfragmente als Hintergrund- und Begleitmusik für Kinderhörspiele (BGH GRUR 2002, 602, 603 – *Musikfragmente*). Ein besonderer künstlerischer Wert muss grundsätzlich nicht vorliegen (BGH GRUR 1988, 810, 811 – *Fantasy*; BGH GRUR 1988, 812, 814 – *Ein bisschen Frieden*; BGH GRUR 1981, 267, 268 – *Dirlada*), so dass beispielsweise auch ein Techno-Musikstück in seiner Gesamtheit urheberrechtlichen Schutz genießt (OLG München ZUM 2000, 408, 412 – *Melodieentnahme*). Soweit nicht der Urheberrechtsschutz für das ganze Lied, sondern nur für eine in dem Lied enthaltene Melodie oder Tonfolge in Frage steht, muss allerdings auch die Melodie oder Tonfolge für sich genommen als Werkteil urheberrechtlichen Schutz genießen (BGH GRUR 1988, 810, 811 – *Fantasy*; BGH GRUR 1988, 812, 814 – *Ein bisschen Frieden*; OLG München ZUM 2000, 408, 409 – *Melodieentnahme*).

3. Pantomimische Werke einschließlich der Werke der Tanzkunst (§ 2 Abs. 1 Nr. 3).

a) Einordnung: Pantomimische Werke werden durch die Körpersprache ge- **132** prägt, d.h. durch Bewegungen, Gebärden und Mimik. Ihr Ausdrucksmittel ist die Körpersprache des Menschen. Hierzu gehören insbesondere Choreographische Werke in jeglicher Ausprägung wie beispielsweise Ballette, Tanzvorführungen und Vergleichbares. Allerdings stellt nur die tänzerische Gestaltung als solche ein pantomimisches Werk dar; die begleitende Musik bleibt ein Musikwerk (LG München I GRUR 1979, 852, 853 – *Godspel*).

Eine **Festlegung des Werkes** ist nicht mehr erforderlich (anders noch § 1 Abs. 2 **133** LUG), aber für den Nachweis einer Urheberrechtsverletzung wohl unumgänglich.

b) Individualität: Pantomimische Werke und Werke der Tanzkunst sind dann **134** individuell, wenn in künstlerischer Art und Weise etwas mit Mitteln der **Körpersprache** (also Mimik, Tanz, Gestik) zum Ausdruck gebracht wird (Loewenheim/*Schlatter* § 9 Rn. 88; Schricker/*Loewenheim*³ § 2 Rn. 129; *Obergfell* ZUM 2005, 621, 622). Dies schließt Tierdressuren (LG München I UFITA 54 [1969], 320, 322) und sportliche sowie akrobatische Leistungen, denen keine schöpferische (künstlerische) Gestaltung, sondern „nur" großes Können zugrunde liegt, vom Schutz aus (OLG Köln GRUR-RR 2007, 263, 263 f. – *Arabeske*; Schricker/*Loewenheim*³ § 2 Rn. 129; *Obergfell* ZUM 2005, 621, 623). Gleichwohl ist ein Schutz jedenfalls von akrobatischen Leistungen und Tierdressuren nicht vollständig ausgeschlossen, wenn nicht die Akrobatik oder die Tierdressur als solche im Vordergrund steht, sondern das künstlerische Element (OLG Köln GRUR-RR 2007, 263, 264 – *Arabeske*; Schricker/*Loewenheim*³ Rn. 129; Wandtke/Bullinger/*Bullinger*² Rn. 79). Das OLG Köln hat deshalb einer kontorsionistischen Tanzdarbietung im Berliner Friedrichstadtpalast, bei der die Tänzerinnen ihre Körper extrem und so verbiegen, dass es den Anschein hat, als handele es sich um Menschen ohne Knochen, als Werk der Tanzkunst im Sinne der Nr. 3 eingeordnet, weil über die bloße Akrobatik hinausgehend ausdrucksstarke Bewegungselemente und künstlerisch stilisierte Anspielungen auf die hinduistische Gottheit Vishnu enthalten gewesen seien; der Schutz beschränkte sich jedoch auf die Darbietung in ihrer Gesamtheit, die einzelnen akrobatischen Nummern waren wegen fehlender künstlerischer Gestaltung nicht einmal der „kleinen Münze" der Werke der Tanzkunst zuzuordnen (OLG Köln GRUR-RR 2007, 263, 264 – *Arabeske*). Einzelheiten zur Individualität beim modernen Tanz s. *Obergfell* ZUM 2005, 621, 622 ff.

Ob die Aufführung des pantomimischen Werkes oder des Werkes der Tanz- **135** kunst auf der Bühne oder auf dem Markt, auf dem Eis oder einer Wiese stattfindet, ist für seine schöpferische Qualität belanglos; deswegen stehen Eistanz und Eiskunstlauf, Turnier- und Volkstanz, Ballett und Einzeltanzdarbietungen für die Anwendbarkeit der Nr. 3 unter dem einheitlichen Vorbehalt, dass die ihnen zugrunde liegende Choreographie als solche von individueller Eigenart sein muss. Dabei genügt es wie bei jeder Werkart, dass das Werk eine schöpferische Kombination gemeinfreier Elemente darstellt (vgl. Rn. 28; BGH GRUR 1960, 604 und 606 – *Eisrevue I und II*; für eine volkstanzartige Ballettaufführung OLG München UFITA 74 [1975], 320, 322 – *Brasilianer*).

c) Gestaltungshöhe: Die Schutzuntergrenze bei den pantomimischen Werken **136** und den Werken der Tanzkunst ist grundsätzlich niedrig, so dass auch die kleine Münze vollständig Schutz genießt. Rein handwerkliches Können reicht allerdings nicht (Dreier/Schulze/*Schulze*[2] § 2 Rn. 146; Schricker/*Loewenheim*[3] § 2 Rn. 129 f.; Wandtke/Bullinger/*Bullinger*[2] § 2 Rn. 77 ff.). Was zum Allgemeingut gehört, wie etwa Volks- und Gesellschaftstänze, kann nicht zum Urheberrechtsschutz führen. Sofern allerdings einzelne aus Gesellschaftstänzen bekannte Schritte schöpferisch miteinander kombiniert werden, kann sehr wohl Urheberrechtsschutz nach Nr. 3 über den Schutz der kleinen Münze entstehen (*Obergfell* ZUM 2005, 621, 623 f.); dies gilt auch für die aus vorbekannten Formen und Figuren gestaltete Choreographie beim Eiskunstlauf.

4. Werke der bildenden Künste einschließlich der Werke der Baukunst und der angewandten Kunst und Entwürfe solcher Werke (§ 2 Abs. 1 Nr. 4)

Kunst – wenn ich wüsste, was das ist, würde ich es für mich behalten.
(Pablo Picasso)

137 a) **Einordnung:** Die Frage, was Kunst ist, braucht das Urheberrecht glücklicherweise nicht zu beantworten. § 2 Abs. 1 Nr. 4 betrifft zunächst nur die bildende Kunst, die angewandte Kunst und die Baukunst. Tatsächlich gehören zur Kunst aber auch die Musik (Nr. 2), die Pantomime (Nr. 3), die Fotografie (Nr. 5) sowie der Film (Nr. 6). Wenn man Kunst definiert als alles, was mittels Formgebung anderen etwas mitteilen soll, also alles, was dazu bestimmt ist, eine Aussage zu übermitteln (*Axel Nordemann* S. 81 ff.), dann gehören dazu auch Teile der Literatur (Nr. 1). Um einen Gegenstand menschlichen Schaffens innerhalb des Katalogs der Werkarten in § 2 Abs. 1 der Nr. 4 zuordnen zu können, bedarf es also nur der Klärung, was unter „bildender Kunst" im Sinne dieser Bestimmung zu verstehen ist, die nach dem Wortlaut auch die Werke der Baukunst und der angewandten Kunst einschließt. In leichter Abwandlung der Formulierung von *Rehbinder*[9] S. 99 rechnen wir zur *bildenden Kunst* jeden Gegenstand, der einen das ästhetische Empfinden ansprechenden Gehalt durch die Gestaltung von Flächen, Körpern oder Räumen ausdrückt. Ist ein solcher Gegenstand von der Individualität seines Schöpfers zumindest in einem solchen bescheidenen Maße geprägt, dass er individualisierbar ist, dass also die vorliegende eigenständige Behandlung einem bestimmten Urheber persönlich zugerechnet werden kann, so ist er ein Werk der bildenden Künste nach Nr. 4. Die Rechtsprechung geht insoweit einen anderen Weg: Sie will nur das schützen, dessen *ästhetischer Gehalt* einen solchen Grad erreicht, dass nach dem im Leben herrschenden Anschauungen noch von *Kunst* gesprochen werden kann (ständig seit BGH GRUR 1955, 445, 445 – *Mantelmodell*; zuletzt wohl BGH GRUR 1987, 903, 904 – *Le Corbusier-Möbel I*). Maßgeblich soll dafür die Auffassung der für Kunst empfänglichen und mit Kunstanschauungen einigermaßen vertrauten (Verkehrs-)Kreise sein (wiederum ständig seit BGH GRUR 1957, 291, 292 – *Europapost*; weitere Nachweise bei BGH GRUR 1983, 377, 378 – *Brombeer-Muster*; kritisch OLG München, GRUR 1974, 484, 485 – *Betonstrukturplatten* und OLG München GRUR 1977, 555, 556 – *Eddy*). Ob die ursprüngliche Rechtfertigung dieses Versuchs einer Grenzziehung zwischen „höherer" und „einfacherer" Kunst, die sich aus den unterschiedlichen Schutzvoraussetzungen des KUG und des GeschmMG herleitete, nach der Schaffung eines einheitlichen Werkbegriffes in § 2 Abs. 2 noch gegeben ist, darf in Frage gestellt werden.

138 Heute verlangt der BGH für die Beurteilung eines Werkes nach Nr. 4, das zunächst unterschieden wird zwischen der „zweckfreien", „reinen" Kunst und der angewandten, „zweckdienlichen", weil es für beide Bereiche der Kunst jeweils unterschiedliche Schutzuntergrenzen gäbe (BGH GRUR 1995, 581, 582 – *Silberdistel*). In den Bereich der **zweckfreien, reinen (bildenden) Kunst** gehören etwa Gemälde, Zeichnungen, Radierungen, Graphiken, Plastiken, aber auch Comic-Figuren (BGH GRUR 2004, 855, 856 – *Hundefigur*; BGH GRUR 1994, 191 – *Asterix-Persiflagen*; BGH GRUR 1994, 206, 207 – *Alcolix*), der verhüllte Reichstag (BGH GRUR 2002, 605, 605 – *verhüllter Reichstag*; KG GRUR 1997, 128, 128 – *verhüllter Reichstag I*) oder ein Happening (KG GRUR 1984, 507 – *Happening*; BGH GRUR 1985, 529 – *Happening* tendierte eher zu einem pantomimischen Werk). Auch die Graffitiwerke an der Berliner Mauer sind Werke der bildenden Kunst (BGH GRUR 1995, 673, 675 – *Graffiti-Kunst*).

Demgegenüber unterscheiden sich **Werke der angewandten Kunst** von Werken **139** der bildenden Kunst dadurch, dass sie einem **Gebrauchszweck** dienen. Es handelt sich dabei also um Bedarfs- und Gebrauchsgegenstände mit künstlerischer Formgebung. Werke der angewandten Kunst können beispielsweise Schmuckgegenstände aller Art (BGH GRUR 1995, 581, 582 – *Silberdistel*), Möbel (BGH GRUR 1987, 903,904 f. – *Le Corbusier-Möbel*; OLG Frankfurt GRUR 1990, 121, 122 f. – *USM-Haller*), Modeerzeugnisse (BGH GRUR 1984, 543, 544 – *Hemdblusenkleid*), aber auch ein Zeitschriften-Layout (KG ZUM-RD 1997, 466) sein, kurzum alles, was normalerweise von Grafik-, Kommunikations-, Mode-, Textil- und Produktdesignern gestaltet zu werden pflegt.

Werke der Baukunst schließlich umfassen Bauten jeglicher Art, also nicht nur **140** Gebäude (z.B. Häuser und Kirchen), sondern auch Brücken, Türme (Funkturm, Eiffelturm), unterirdische Einkaufszentren usw. (BGH GRUR 1987, 290, 291 – *Wohnanlage*; BGH GRUR 1985, 534, 535 – *Architektenplan*). Hierher gehören auch die Werke der Innenarchitektur (BGH GRUR 1982, 107, 109 – *Kirchen-Innenraumgestaltung*) sowie raumgestaltende Werke wie Bebauungspläne (BGH GRUR 1956, 88, 89 – *Bebauungsplan*), aber auch Garten- und Parkanlagen (KG ZUM 2001, 590, 591 – *Gartenanlage*; OLG Düsseldorf GRUR 1990, 189, 191 – *Grünskulptur*; *Schaefer* S. 150 ff.).

b) Individualität: Generell drückt sich die schöpferische Eigentümlichkeit eines **141** **Werkes der bildenden Kunst** durch Farben und Formen aus, anstatt durch Töne (wie bei der Musik) oder begriffliche Gedankeninhalte (wie bei der Literatur). Individualität kann sich nur jenseits dessen entfalten, was so schon vorgefunden worden ist. Ferner darf eine künstlerische Gestaltung nicht vollkommen zufällig entstanden (und lediglich zum Kunstwerk „umgewidmet" worden) sein. Ebenso ist nicht individuell, was ein Vorbild sklavisch kopiert, und sei es ein solches der Natur (BGH GRUR 1983, 377, 378 – *Brombeermuster*), es sei denn, die Vorlage wird malerisch oder zeichnerisch in ein 2-dimensionales Bild (Gemälde, Zeichnung) naturalistisch umgesetzt (vgl. Rn. 190 und KG GRUR-RR 2001, 292, 293 – *Bachforelle*). Schließlich darf das Gebilde nicht vollkommen durch Vorgaben bedingt sein, die der Gestalter, aus welchen Gründen auch immer, zu befolgen hatte. Nach Abzug aller gestalterischen Anteile, die sich einem dieser Negativkriterien zuordnen lassen, ist zu fragen, ob es sich um eine lediglich routinemäßige Leistung handelt, die sich zwar an kein bestimmtes Vorbild hält, jedoch lediglich eine einmal gelernte Handlungsanweisung, die auch jeder andere ausführen könnte, gleichsam gewohnheitsmäßig reproduziert. Denn solcher Routinen bedient man sich gerade, um sich von kreativer Arbeit zu entlasten (näher zu diesen Kriterien *Martin Schaefer*, S. 128 f., 148 ff.). Generell drückt sich im Gegensatz dazu Individualität in komplexen Schöpfungen aus, die, ohne dabei einem Schema zu folgen, eine Vielzahl verschiedener Gestaltungselemente dergestalt miteinander verbinden, dass sie in Wechselwirkung miteinander treten. Ein Gebilde ist demnach um so eher individuell, je komplexer der Schöpfer die Gestaltungselemente durch Sinnbeziehungen miteinander verknüpft hat, auch wenn diese sich nur unvollkommen begrifflich ausdrücken lassen (*Martin Schaefer*, S. 149).

142 Angesichts dessen wird sich die Individualität eines Werkes der bildenden Künste am ehesten unproblematisch feststellen lassen, wenn es sich um ein Werk der „freien Künste" handelt, da in diesem Bereich die eingangs genannten Ausschlusskriterien meist völlig fehlen und **jedwede Ausdrucksform die Vermutung der Individualität** gewinnen wird.

143 Demgegenüber kommt bei **Werken der angewandten Kunst** der Vorprüfung auf Negativkriterien besondere Bedeutung zu. Häufig ist dadurch der Spielraum, innerhalb dessen sich überhaupt gestalterische Freiheit entfalten kann, relativ gering. Zugleich darf daraus nicht vorschnell geschlossen werden, relativ kleine Unterschiede zwischen verschiedenen Gestaltungen seien schlechterdings insignifikant. Wie stark gerade in diesem Bereich eine Gestaltung wirken kann, zeigt sich häufig erst, wenn sie im Wege der industriellen Vervielfältigung massenhaft im Alltag auftaucht. Hier prägt sich die Individualität auch dem Laien – wenn auch unbewusst – in einem Maße ein, dass er an solche Originale angelehnte Gestaltungen (die ihrerseits ausreichende Individualität aufweisen mögen), sofort als unterschiedlich erkennt.

144 Bei **Werken der Baukunst** und bei Raumgestaltungen ganz generell wird sich gestalterische Komplexität im oben beschriebenen Sinne am ehesten darin ausdrücken, ob die verschiedenen Teile der Gestaltung eine „kompositorische Funktion" innerhalb der Raumform aufweisen, je stärker alle Bestandteile miteinander verknüpft sind und daher die Änderung eines einzelnen Teils die Umarbeitung eines größeren Umfelds oder sogar des ganzen Objekts nach sich ziehen würde, desto individueller ist eine solche Gestaltung (*Martin Schaefer*, S. 149).

145 c) **Gestaltungshöhe:** Die Gestaltungshöhe ist bei **Werken der bildenden Kunst** grundsätzlich niedrig, so dass auch einfachste Zeichnungen und schlichte Gestaltungen als kleine Münze urheberrechtlichen Schutz genießen (BGH GRUR 1995, 581, 582 – *Silberdistel*; Dreier/Schulze/*Schulze*[2] § 2 Rn. 153; Loewenheim/*Gernot Schulze* § 9 Rn. 104; Schricker/*Loewenheim*[3] § 2 Rn. 137; Wandtke/Bullinger/*Bullinger*[2] § 2 Rn. 83).

146 Demgegenüber setzt die Rechtsprechung die Schutzuntergrenze bei **Werken der angewandten Kunst** traditionell sehr viel höher an als bei Werken der bildenden Kunst. Urheberrechtlicher Schutz soll bei Werken der angewandten Kunst erst dann bestehen, wenn eine die **durchschnittliche Designertätigkeit deutlich überragende Leistung** vorliege (BGH GRUR 1995, 581, 582 – *Silberdistel*). Zur Begründung wird hierfür angeführt, dass mit dem Geschmacksmuster ein unterhalb des Urheberrechts angesiedeltes Schutzrecht bestehe, über das der Schutz der kleinen Münze auch im Bereich der angewandten Kunst gewährleistet werde (OLG Nürnberg GRUR-RR 2001, 225, 227 – *Dienstanweisung*; Dreier/Schulze/*Schulze*[2] § 2 Rn. 160; Loewenheim/*Gernot Schulze* § 9 Rn. 98; *Schricker* FS Kreile S. 715, 715 f.; *Ulmer* GRUR Ausl. 1959, 1, 2).

Dies stellt nach aktuellen Untersuchungen die Leistungen der überwiegenden **147**
Mehrheit der Designer in Deutschland außerhalb des urheberrechtlichen
Schutzes (bis zu 97,5% aller Designleistungen bleiben ungeschützt), während
beispielsweise alle Fotografien ausnahmslos urheberrechtlichen Schutz genießen (als Lichtbildwerk gem. § 2 Abs. 1 Nr. 5 UrhG oder als einfache Lichtbilder gem. § 72 UrhG; vgl. hierzu ausführlich *Axel Nordemann/Heise* ZUM
2001, 128, 137 ff.). Dies entspricht aber nicht der Zielrichtung des Urheberrechtsgesetzes: Es soll den normalerweise sozial schwachen Urhebern, zu
denen in vielen Fällen auch Grafik-, Kommunikations-, Mode-, Textil- und
Produktdesigner gehören, ein Einkommen sichern, von dem sie leben können;
dieses Ziel wird aber fast vollständig verfehlt, wenn ihre Leistungen nur
ausnahmsweise unter Schutz gestellt werden. Die erhöhten Anforderungen
der Rechtsprechung an die Schutzfähigkeit von Werken der angewandten
Kunst ist auch urheberrechtlich systemwidrig, weil bei nahezu allen anderen
Werkkategorien auch deutlich unterdurchschnittliche Leistungen als kleine
Münze urheberrechtlich geschützt werden, ohne dass dies zu Unzuträglichkeiten führen würde, und im Übrigen der Werkbegriff einheitlich, zweckfrei
und qualitätsneutral sein soll. Warum soll dann aber bei Werken der angewandten Kunst der Bedarfs- und Gebrauchszweck darüber entscheiden, ob ein
Werk der bildenden Kunst vorliegt – und damit die niedrige Schutzuntergrenze
gilt – oder ein Werk der angewandten Kunst, für das ein deutliches Überragen
der Durchschnittsgestaltung verlangt wird (so ganz deutlich in BGH GRUR
1995, 581, 582 – *Silberdistel*)?

Das Bundesverfassungsgericht hat zwar die erhöhten Schutzanforderungen, **148**
die die Rechtsprechung an Werke der angewandten Kunst stellt, verfassungsrechtlich nicht beanstandet, weil sie den verfassungsrechtlichen Vorgaben des
Art. 14 Abs. 1 GG (vgl. hierzu Einl. Rn. 66) gerecht werde und auch keine
willkürliche, gegen Art. 3 Abs. 1 GG verstoßende Ungleichbehandlung durch
niedrigere Schutzgrenzen für andere Werkarten vorliege (BVerfG GRUR 2005,
410, 411 – *Das laufende Auge*).

Die insoweit herangezogene Rechtfertigung mit dem Geschmacksmustergesetz **149**
verfängt aber nicht, weil der Geschmacksmusterschutz teilweise andere
Schutzvoraussetzungen als der Urheberrechtsschutz besitzt (Neuheit und Eigenart; vgl. Einl. Rn. 78 ff.), nur durch erhebliche Investitionen erreicht werden kann (Anmelde- und Verlängerungsgebühren, gegebenenfalls Kosten eines
Patent- oder Rechtsanwalts) und darüber hinaus auch viel kürzer ist (maximal
25 Jahre). Die hohen Anforderungen an die Schutzfähigkeit der Werke der
angewandten Kunst führen ferner zu einer erheblichen Rechtsunsicherheit in
den betroffenen Verkehrskreisen, weil vorprozessual kaum verlässlich geklärt
werden kann, ob die betroffene Designleistung nun urheberrechtlich geschützt
ist oder nicht. Es leuchtet insoweit auch nicht ein, dass ein gelungen, originell,
einprägsam und ansprechend gestaltetes Signet den Anforderungen an die
Gestaltungshöhe nicht genügen soll (BVerfG GRUR 2005, 410, 410 – *Das
laufende Auge*), während ein anderes Signet, das nur „merklich über eine reine
Wiedergabe der Natur" hinausgegangen sei, als kleine Münze urheberrechtlich
geschützt worden ist, aber nicht etwa als Werk der angewandten Kunst,
sondern als Werk der bildenden Kunst (OLG Hamburg NJOZ 2005, 124,
125 – *Weinlaubblatt*).

Schließlich spricht das Europäische Gemeinschaftsrecht jedenfalls seiner Ten- **150**
denz nach gegen erhöhte Schutzvoraussetzungen auch für Werke der angewandten Kunst: Der bisherigen Normpraxis der Europäischen Gemeinschaf-

ten lässt sich die klare Vorgabe entnehmen, an den Urheberrechtsschutz keine zu hohen Anforderungen zu stellen und abgesehen von der Individualität keine anderen Maßstäbe, insbesondere keine qualitativen oder ästhetischen, anzulegen (vgl. insoweit Rn. 32 und OLG Nürnberg GRUR-RR 2001, 225, 226 f. – *Dienstanweisung* zu einem Gebrauchszwecken dienenden Sprachwerk). Dies bedeutet letztendlich auch, dass die Vorgaben des Europäischen Gemeinschaftsrechts selbst dann nicht hinreichend Berücksichtigung finden würden, wenn man auf ein „deutliches Überragen des Durchschnittskönnens" verzichtet, beim Urheberrecht für Designer jedoch immer noch eine *überdurchschnittliche* Leistung verlangen würde. Will man der bisherigen Normsetzungspraxis der Europäischen Union gerecht werden, muss man vielmehr auch im Designbereich die „kleine Münze" umfassend schützen (wie hier HK-UrhR/*Meckel* § 2 Rn. 59; *Loewenheim* GRUR Int. 2004, 765, 767; Loewenheim/*Loewenheim* § 6 Rn. 19 ff.; Loewenheim/*Gernot Schulze* § 9 Rn. 99; *Koschtial* GRUR 2004, 555, 559 f.; *Axel Nordemann/Heise* ZUM 2001, 128, 137 ff.; *Schricker* GRUR 1996, 816, 818 f.; Schricker/*Loewenheim*³ § 2 Rn. 33 und insb. 158; **a.A.** *Rehbinder*⁹ Rn. 136; *Schack*² Rn. 202; Wandtke/Bullinger/*Bullinger*² § 2 Rn. 95).

151   Bei **Werken der Baukunst** schließlich ist die Gestaltungshöhe erreicht, wenn im Ergebnis nicht nur ein rein handwerkliches oder routinemäßiges Schaffen vorliegt, sondern die individuelle Gestaltung eines Architekten eine Form gefunden hat, also eine ästhetische, über die rein technische, zweckgebundene Lösung hinausgehende Leistung von individueller Eigenart gegeben ist. Die Rechtsprechung ist insoweit etwas uneinheitlich: Während meist die Zuerkennung des Urheberrechtsschutzes für Bauwerke eher großzügig gehandhabt worden ist (BGH GRUR 1982, 369, 370 – *Allwetterbad* für ein prägendes Zeltdach; BGH GRUR 1973, 663, 664 – *Wählamt* für eine Fassadengestaltung; BGH GRUR 1957, 391, 392 f. – *Ledigenheim*; OLG Frankfurt GRUR 1986, 244, 244 – *Verwaltungsgebäude*), wurde teilweise aber auch ein deutliches Überragen der Durchschnittsgestaltung verlangt (OLG München GRUR 1987, 290, 290 f. – *Wohnanlage*; Schutz dennoch bejaht). Auch im Bereich der Baukunst muss aber die einheitliche, niedrige Schutzuntergrenze des Urheberrechts gelten (vgl. Rn. 38 ff.), so dass auch die kleine Münze der Werke der Baukunst urheberrechtlichen Schutz genießt. Dies schließt jedoch nicht aus, dass übliche Wohnhäuser und einfache Zweckbauten, die sich in einer für Architekten üblichen Konstruktionslösung erschöpfen, vom Schutz ausgeschlossen bleiben (OLG Karlsruhe GRUR 1985, 534, 535 – *Architektenplan*); insoweit fehlt es schlicht an einer individuellen Gestaltung, die auch bei der kleinen Münze vorliegen muss.

152   **d) Entwürfe:** Die besondere Nennung der Entwürfe in § 2 Abs. 1 Nr. 4 hat allenfalls klarstellende Funktion. So wie jedes unvollendetes Fragment oder Werkteil (vgl. Rn. 51) nur dann geschützt ist, wenn es als solches Werkqualität besitzt, kann auch der Entwurf zu einem Gemälde – etwa Werner Tüpkes 1:10 Urbild zu seinem gewaltigen *Bauernkriegs-Panorama* in Bad Frankenhausen (s. hierzu LG Erfurt ZUM-RD 1997, 23, 23 ff.) -, das Gipsmodell zu einer Bronzefigur oder die Entwurfszeichnung eines Architekten nur vom UrhG privilegiert sein, wenn dessen Voraussetzungen gegeben sind. Dabei kommt es nicht darauf an, dass die individuelle Eigenart des nach dem Entwurf geplanten Werkes in diesem schon ihren Niederschlag findet, wie Schricker/*Loewenheim*³ Rn. 99 unter Hinweis auf die Rechtsprechung des Bundesgerichtshofs meinen; es genügt, dass der Entwurf für sich allein genommen Werkqualität hat. Im Bereich der **Werke der Baukunst** ist zu beachten, dass die

Planung des Architekten das Werk der Baukunst selbst ist. Das fertige Gebäude stellt dann lediglich die Vervielfältigung des Architektenplanes dar (BGH GRUR 2003, 231, 234 – *Staatsbibliothek*; BGH GRUR 1999, 230, 231 – *Treppenhausgestaltung*; Schricker/*Loewenheim*[3] § 2 Rn. 55).

e) **Mischformen:** Mischformen von Werken der bildenden, der angewandten **153** und der Baukunst hat es zu allen Zeiten gebeten: Das Herrmannsdenkmal im Teutoburger Wald bei Detmold, die Siegessäule im Berliner Tiergarten, der Arc de Triomphe in Paris und vieles mehr. Auch die Land-Art vermischt raumgestaltende Architektur mit skulpturähnlichen Formen. Beispiele für Mischformen mit anderen Werkarten des Katalogs des § 2 Abs. 2 sind Happenings (BGH GRUR 1985, 529; vgl. Rn. 169), verfremdete Fotos (OLG Koblenz GRUR 1986, 434; vgl. Rn. 197) und das Filmwerk als Gesamtkunstwerk (vgl. Rn. 201). Gerade die Mischformen zeigen, welche Unzuträglichkeiten und Abgrenzungsschwierigkeiten dadurch entstehen, dass die Rechtsprechung an die einzelnen Kunstarten unterschiedliche Schutzfähigkeitsvoraussetzungen stellt: Ein von einem bildenden Künstler geschaffenes abstraktes Gemälde könnte ebenso für eine Tapetengestaltung Verwendung finden wie Plakatentwürfe berühmter Künstler gerahmt und wie Werke der bildenden Künste aufgehängt werden können; soll ein und dieselbe Gestaltung wirklich je nach Verwendungszweck der niedrigen Schutzuntergrenze der Werke der bildenden Kunst und dann plötzlich der hohen Schutzuntergrenze der Werke der angewandten Kunst unterworfen werden? Zutreffend kritisch Dreier/Schulze/*Schulze*[2] § 2 Rn. 153 unter Vergleich von OLG Hamburg NJOZ 2005, 124, 125 – *Weinlaubblatt* [Bildmarke als Werk der bildenden Kunst] und BGH GRUR 1995, 581, 582 – *Silberdistel* [Ohrclips als Werke der angewandten Kunst]; *Loewenheim* GRUR Int. 2004, 765, 766; *Schricker* GRUR 1986, 815, 818.

f) **Einzelfälle: Alltägliche Gebrauchsgegenstände,** die lediglich durchschnittlich **154** gestaltet worden sind, sind als Werke der angewandten Kunst grundsätzlich nicht urheberrechtlich geschützt (OLG Nürnberg ZUM-RD 2000, 114, 116 – *dreidimensionale Form*). Erst recht gilt dies für solche Gebrauchsgegenstände, die überhaupt keine künstlerische Ausgestaltung erfahren haben (OLG Hamburg WRP 1980, 159, 161 – *Toilettensitz* [nachgehend BGH GRUR 1982, 371 – *Scandinavia* – aber nicht mehr zum Urh-Schutz]; OLG München GRUR 1957, 145 – *Gießkanne*; LG Düsseldorf GRUR 1966, 156, 157 – *Bienenkorbspardose*). Auch bei alltäglichen Gebrauchsgegenständen sollte allerdings gelten, dass sie dann, wenn sie ästhetisch gestaltet worden und von individueller Eigenart sind, grundsätzlich als schutzfähig anerkannt werden, auch wenn die Gestaltung vielleicht nur durchschnittlich oder unterdurchschnittlich ist (zum Meinungsstreit vgl. Rn. 146 ff.).

Ausstellungen sind, wenn sie sich nicht auf die Präsentation mehr oder weniger **155** zufällig zusammengetragener Objekte beschränken, sondern die Auswahl und Anordnung von Exponaten, Texten und Bildern individuell gestaltet wurde, grundsätzlich als Werke der bildenden Kunst gem. § 2 Abs. 1 Nr. 4 UrhG schutzfähig (LG München I ZUM-RD 2003, 492, 499 – *Jemen-Ausstellung*). Das Konzept der Ausstellung, also ihre Anlage und die kommunikative Grundgestaltung, die Anordnung der Stellflächen und ihr Aufbau, den Besucher hindurchzuführen, unterfallen vergleichbar Bühnenbildern, Werken der Innenarchitektur und Werken der Gartenkunst der Nr. 4; die Ausstellung selbst, d.h. Sammlung und Auswahl der Exponate, unterfällt dem Sammelwerkschutz des § 4 (vgl. § 4 Rn. 10 ff.).

156 Banknoten und Briefmarken fallen unter § 2 Abs. 1 Nr. 4 (*Häde* ZUM 1991, 536, 539 zu Banknoten; LG München I GRUR 1987, 436, 436 – *Briefmarke*; OGH Wien ÖBl 1975, 150, 151; Schweiz. BG GRUR Int. 1974, 295, 295 – *Werbung mit Banknoten*). Sie werden auch nicht etwa mit ihrer amtlichen Ingebrauchnahme nach § 5 Abs. 2 gemeinfrei (vgl. § 5 Rn. 11).

157 Bühnenbilder gehören zu den Raumformen im engeren Sinne und sind als Werke der Innenarchitektur geschützt (BGH GRUR 1986, 458, 458 f. – *Oberammergauer Passionsspiele I*; LG Düsseldorf UFITA 77 [1976], 282, 284 – *Zimmerschlacht*; LAG Berlin GRUR 1952, 100, 101 und UFITA 24 [1957], 134, 140 – *Tod eines Handlungsreisenden*; LG Köln UFITA 18, [1954], 374, 378 – *Urfaust*; BOSCHG Frankfurt Schulze SCHG 3, 16 – *Oper*; *Sack* JZ 1986, 1015; rechtsvergleichend für die deutschsprachigen Länder *Hodick* FuR 1982, 298). Die Anforderungen des Bundesgerichtshofs, der eine die durchschnittliche Gestaltertätigkeit deutlich überragende Leistung verlangt (BGH GRUR 1986, 458, 459 – *Oberammergauer Passionsspiele I*), sind allerdings überzogen und sollten auch im Hinblick auf Bühnenbilder aufgegeben werden (zum Meinungsstreit vgl. Rn. 146 ff.).

158 Collagen wird regelmäßig urheberrechtlicher Schutz als Werk der bildenden Kunst zukommen, selbst wenn sie lediglich aus der Zusammenfügung von zwei Fahnen bestehen, weil die Schutzanforderungen grundsätzlich sehr gering sind und im Bereich der bildenden Kunst gerade auch die kleine Münze Schutz genießt (KG GRUR-RR 2002, 49, 49 f. – *Vaterland*).

158a Engel sind zwar nach dem Katechismus der Katholischen Kirche rein geistige Geschöpfe (deutsche Ausgabe 1993, Rn. 329), können aber nach OLG Düsseldorf zu Recht Gegenstand einer persönlichen geistigen Schöpfung sein; Engelsfiguren dienen auch keinem Gebrauchszweck und sind daher Werke der bildenden Künste (OLG Düsseldorf GRUR-RR 2008, 117, 118 f. – *Engelsfigur*). Vgl. a. Rn. 161.

159 Fahrzeuge können als Werke der angewandten Kunst in ihrer äußeren Gestaltung ebenfalls urheberrechtlich geschützt sein wie dies beispielsweise den neuen im Jahr 1996 vorgestellten Straßenbahnen der Stadt Hannover zuerkannt worden ist, weil sie eine besondere gestalterische Leistung aufwiesen, die sich in der erreichten besonderen Harmonie der Gesamtgestaltung mit stark gerundeter Vorderfront und großzügig geschwungener Seitenwand zu einer klar gegliederten, in sich ausgewogenen und eleganten Großform verschmolzen hatte (BGH GRUR 2002, 799, 800 – *Stadtbahnfahrzeug*; OLG Celle GRUR-RR 2001, 125, 125 f. – *Stadtbahnwagen*). Als Werk der angewandten Kunst musste die Hannoversche Straßenbahn allerdings die Hürde eines deutlichen Überragens des Durchschnittskönnens eines Designers überspringen (OLG Celle GRUR-RR 2001, 125, 125 – *Stadtbahnwagen*); zum Meinungsstreit hierzu vgl. Rn. 146 ff.

160 Fanartikel zu Fußballmannschaften können als Werke der angewandten Kunst gem. Nr. 4 urheberrechtlich geschützt sein, werden aber häufig nur einen geringen Schutzumfang besitzen (OLG Köln ZUM 1999, 484, 486 – *Minidresse*).

161 Figuren sind fast stets als Werke der bildenden Kunst anerkannt worden, gleichgültig ob sie mit Mitteln der Malerei oder Grafik (beispielsweise Struwwelpeter, Max und Moritz, Asterix), in dreidimensionaler Form (Hummel-Figuren, Schlümpfe), in graphischer und dreidimensionaler Form (Micky Maus, Donald Duck, Bambi, Marwin) oder gar in digitaler Form (Puckman,

Don King Junior, Lara Croft) geschaffen wurden. Daran ändert die Tatsache nichts, dass sie heutzutage von vornherein mit dem Ziel ihrer weitestmöglichen gewerblichen Verwertung geschaffen zu werden pflegen (was für andere Bereiche des modernen Kunstschaffens ebenso zutrifft); sie lassen sich nicht gebrauchen, sondern nur betrachten. Angewandte Kunst und damit geschmacksmusterfähig sind nur Gebrauchsgegenstände in Figurengestalt und Spielfiguren; auch die zuletzt genannten Beispiele haben jedoch in aller Regel Werkqualität. Die Rechtsprechung hat deshalb Figuren durchweg den Urheberrechtsschutz nach § 2 Abs. 1 Nr. 4 zuerkannt (BGH GRUR 2004, 855, 857 – *Hundefigur*; BGH GRUR 1995, 47, 48 – *rosaroter Elefant*; BGH GRUR 1994, 191, 192 – *Asterix-Persiflagen*; BGH GRUR 1994, 207, 208 – *Alcolix*; BGH GRUR 1988, 690, 692 f. – *Kristallfiguren*; BGH GRUR 1980, 235, 236 – *Play-Family*; BGH GRUR 1974, 669, 671 – *Tierfiguren* [für Gebrauchsgegenstände]; BGH GRUR 1970, 250, 251 – *Hummel-Figuren III*; BGH GRUR 1960, 144, 145 – *Bambi*; BGH GRUR 1958, 501 und 1960, 251, 252 – *Mecki Igel I und II*; BGH GRUR 1952, 516, 517 – *Hummel-Figuren I*). Die Instanzgerichte judizieren entsprechend wie der BGH (OLG Düsseldorf GRUR-RR 2008, 117, 118 ff. – *Engelsfigur*; OLG München GRUR-RR 2008, 37, 39 – *Pumuckl-Illustrationen II*; OLG Karlsruhe ZUM 2000, 327, 329 – *Nilpferdfiguren*; OLG Köln NJW 2000, 2212, 2212 – *Gieß-Adler*; OLG Hamburg GRUR 1991, 207, 208 – *Alf*, bestätigt durch BGH GRUR 1992, 697, 698 – *Alf*; OLG München ZUM 1990, 186 – *Mausfigur*; OLG Hamburg ZUM 1989, 359, 360 – *Pillhuhn*; OLG Saarbrücken GRUR 1986, 310, 311 – *Bergmannsfigur*; OLG Frankfurt GRUR 1984, 520 – *Schlümpfe II*; KG Schulze KGZ 49, 5 – *Gartenzwerg*; OLG München GRUR 1977, 555, 556 – *Eddy*). Nur dort wird die Schutzfähigkeit verneint, wo in einem bestimmten Stil gearbeitet wurde, eine individuelle Eigenart aber nicht erkennbar ist bzw. nur Nachbildungen gemeinfreier Plastiken vorgenommen worden sind (BGH GRUR 1966, 503, 505 – *Apfel-Madonna*; OLG Koblenz GRUR 1967, 262, 263 f. – *Barockputten*; unzutreffend allerdings OLG Schleswig GRUR 1985, 289, 290 – *Tonfiguren*, wo trotz fehlenden Gebrauchszwecks erhöhte Anforderungen gestellt wurden). Für **virtuelle** Figuren gilt nichts besonderes; auch sie sind im Regelfall als Werke der bildenden Kunst geschützt (*Gernot Schulze* ZUM 1997, 77, 85).

Werke der **Filmarchitektur** sind als Werke der Baukunst nach Nr. 4 geschützt, **162** wenn die Gestaltung über die bloß zweckmäßige Anordnung von Filmkulissen und Requisiten hinausgeht; stand ein ausreichend großer Gestaltungsspielraum für die Gestaltung und Ausstattung der Filmbauten zur Verfügung, wird regelmäßig von einem Urheberrechtsschutz auszugehen sein (LG München I ZUM 2002, 71, 72 – *Der Zauberberg*; bestätigt durch BGH GRUR 2005, 937, 938 – *Der Zauberberg* und OLG München NJW 2003, 675, 677 – *Der Zauberberg*).

Fußböden können, sofern sie schöpferisch gestaltet wurden und sich von der **163** Masse des alltäglichen Bauschaffens abheben, also nicht nur das Ergebnis eines rein handwerklichen routinemäßigen Schaffens darstellen, Urheberrechtsschutz als Bauwerk genießen (LG Leipzig ZUM 2005, 487, 492 – *Fußboden in einem Museumssaal*; Schutz verneint).

Gartenanlagen und **Gartenskulpturen** sind als Werke der Baukunst grund- **164** sätzlich einem Urheberrechtsschutz nach der Nr. 4 zugänglich (KG ZUM 2001, 590, 591 – *Gartenanlage*; OLG Düsseldorf GRUR 1990, 189, 191 – *Grünskulptur*; LG Frankenthal GRUR 2005, 577, 577 – *Grassofa*; *Martin*

Schaefer S. 150 ff.; Schricker/*Loewenheim*[3] Rn. 95). Allerdings wird man verlangen müssen, dass eine ästhetische, über die bloß zweckgebundene Lösung hinausgehende Leistung von individueller Eigenart geschaffen worden ist, beispielsweise dadurch, dass ein aussagekräftiger Dialog zwischen der historischen Gestalt von den Innenhof bildenden Fassaden eines Gebäudes und der Innenhofgestaltung mit künstlerischen Mitteln ins Werk gesetzt wird (KG ZUM 2001, 590, 591 – *Gartenanlage*).

165 Gebäude, Gebäudeteile und **Innenräume** sind einem Urheberrechtsschutz dann zugänglich, wenn sie nicht nur Ergebnis rein handwerklichen oder routinemäßigen Schaffens sind, sondern durch die individuelle Gestaltung eines Architekten eine Form gefunden haben, ohne dass es auf den Gebäudezweck ankäme (grundlegend BGH GRUR 1957, 391, 392 f. – *Ledigenheim*; s. weiter BGH GRUR 1982, 369, 370 – *Allwetterbad*; BGH GRUR 1980, 853, 854 – *Architektenwechsel*; BGH GRUR 1973, 663, 664 – *Wählamt*). Einem Kirchenschiff ist dabei ebenso der Schutz zuerkannt worden wie einer Kirchen-Innenraumgestaltung (BGH GRUR 1982, 107, 109 – *Kirchen-Innenraumgestaltung*; OLG München GRUR-RR 2001, 177, 178 f. – *Kirchenschiff*), nicht jedoch der räumlichen Anordnung von Altar, Tabernakel, Ambo und Marienstatue im Chorraum und im Seitenschiff einer Pfarrkirche, weil sich die ästhetische Wirkung nur aus der künstlerischen Gestaltung der Einzelelemente ergab, die Anordnung aber nicht als Gesamtkunstwerk anzusehen war (OLG Karlsruhe GRUR 2004, 233, 233 f. – *Kirchenchorraum*). Dabei muss keinesfalls ein Gebäude mit künstlerischen Verzierungen geschaffen worden sein, das schon allein optisch extrem auffällig ist wie etwa das Hundertwasser-Haus (BGH GRUR 2003, 1035, 1036 – *Hundertwasser-Haus* und OLG München ZUM 2001, 76, 78 – *Hundertwasser-Haus*); vielmehr genügen auch Gebäude, die schlicht und einfach unter Verwendung klarer Formen gestaltet sind, den Anforderungen für den Bauwerkschutz, wenn sie individuell gestaltet sind und sich von der Masse des alltäglichen Schaffens abheben (LG Hamburg GRUR 2005, 672, 673 f. – *Astra-Hochhaus*; LG München I GRUR-RR 2004, 1, 3 – *Lagerhalle*); Minimallösungen ohne ästhetischen Anspruch und Originalität bleiben demgegenüber ungeschützt (OLG Saarbrücken GRUR 1999, 420, 423 – *Verbindungsgang*). Zu beachten ist, dass die Planung des Architekten das Werk der Baukunst selbst ist; das fertige Werk, also das Gebäude, die Fassade oder die Innenraumgestaltung – stellt lediglich eine Vervielfältigung des Architektenplanes dar (BGH GRUR 2003, 231, 234 – *Staatsbibliothek*; BGH GRUR 1999, 230, 231 – *Treppenhausgestaltung*).

166 **Grabmale** sind bei Vorliegen individueller Eigenart Kunstwerke (OLG München UFITA 56 [1970], 315, 319 f. – *Grabdenkmal*).

167 **Graffiti**-Werke sind jedenfalls dann, wenn es sich um bildliche Gestaltungen von individueller Ausdruckskraft handelt, als Werke der bildenden Kunst geschützt. Dies trifft insbesondere für entsprechende Bemalungen der Berliner Mauer zu (BGH GRUR 1995, 673, 675 – *Mauer-Bilder*). Sofern es sich allerdings bei Graffiti um bloße Schmierereien handelt, die sich in Zahlen, Buchstaben oder Wörtern erschöpfen, scheidet wohl auch ein Schutz als „kleine Münze" regelmäßig aus. Vgl. Rn. 174

168 **Handy-Logos** können als Werke der bildenden Kunst urheberrechtlichen Schutz genießen, sofern sie nicht vollkommen banal und ohne ein Mindestmaß an Individualität und Aussagekraft gestaltet worden sind (OLG Hamburg ZUM 2004, 386, 386 – *Handy-Logos*).

Kunstprojekte und **Happenings** sind als Werke der bildenden Kunst auch dann 169 urheberrechtlich geschützt, wenn sie nicht „dauerhaft" sind wie dies etwa beim verhüllten Berliner Reichstag der Fall war (BGH GRUR 2002, 605, 605 – *verhüllter Reichstag*; KG GRUR 1997, 128, 128 – *verhüllter Reichstag I*). Bei einem Happening kann allerdings fraglich sein, ob anstelle eines Werkes der bildenden Kunst ein pantomimisches Werk nach Nr. 3 anzunehmen ist (für Werk der bildenden Kunst KG GRUR 1984, 507 – *Happening*; Tendenz zum pantomimischen Werk BGH GRUR 1985, 529, 529 – *Happening*); die Frage der Einordnung spielt allerdings bei der Beurteilung der Schutzfähigkeit keine Rolle. Die Auftritte von zwei **Performance-Darstellern** in immer gleicher ausgewählter Pose, auffallender Bekleidung und mit aufwendiger Schminke als „künstlerisches Zwillingspaar" ist weder als Happening noch sonst als Werk der bildenden Kunst geschützt (LG Hamburg ZUM 1999, 658, 659 – *Eva & Adele* gegen die Vorinstanz AG Hamburg ZUM 1998, 1047, 1048 – *Eva & Adele*). Da es dabei wohl nicht um die Gestaltung der Auftritte selbst oder dessen, was dort vorgetragen wurde, ging, sondern um den urheberrechtlichen Schutz für die von den Darstellern selbst verkörperten Menschen, musste ein Schutz folgerichtig ausscheiden: Die Idee bleibt grundsätzlich frei (siehe im Übrigen ausführlich *Raue* GRUR 2000, 951, 953 ff., der sich ausdrücklich für einen urheberrechtlichen Schutz von „living creatures" wie *Eva & Adele* stark macht).

Lampen müssen, weil sie Gebrauchszwecken dienen, als Werke der angewandten Kunst nach der Rechtsprechung die Durchschnittsgestaltung deutlich überragen, um urheberrechtlich geschützt zu sein (bejaht: BGH GRUR 1972, 38, 39 – *Vasenleuchter*; OLG Düsseldorf GRUR 1993, 903, 906 f. – *Bauhausleuchte*; verneint: BGH GRUR 1979, 332, 336 – *Brombeerleuchte*; OLG Düsseldorf GRUR 1954, 417 – *Knickfaltlampe*).

Das **Layout** von Zeitungen und Zeitschriften, aber auch von Prospekten und 171 Büchern kann ebenfalls urheberrechtlichen Schutz genießen als Werk der angewandten Kunst; allerdings setzt die Rechtsprechung auch insoweit ein deutliches Überragen der Durchschnittsgestaltung voraus (KG ZUM-RD 1997, 466 – *Zeitschriften-Layout*).

Marken, Logos und **Signets** können zwar kleine Kunstwerke sein, unterfallen 172 dennoch aber regelmäßig dem Schutz der Werke der angewandten Kunst und müssen daher die Durchschnittsgestaltung deutlich überragen, um urheberrechtlichen Schutz zu genießen (BVerfG GRUR 2005, 410, 410 f. – *Das laufende Auge*; OLG Düsseldorf ZUM-RD 1998, 438, 438 – *Rinderkopf*; OLG Köln GRUR 1986, 889, 890 – *ARD-1*; LG Hamburg GRUR-RR 2005, 106, 109 – *SED-Emblem*). Da eine Marke grundsätzlich Gebrauchszwecken dient, ist die Einordnung von Gestaltungen, die Marken zugrunde liegen, als Werke der bildenden Kunst unzutreffend (so aber OLG Hamburg NJOZ 2005, 124, 125 – *Weinlaubblatt*). Zum Streitstand der erhöhten Anforderungen der Schutzfähigkeit der Werke der angewandten Kunst vgl. Rn. 146 ff. In Österreich, wo Signets als Werke der bildenden Künste in Form der Gebrauchsgrafik eingeordnet werden, sind die Schutzanforderungen ganz offensichtlich geringer (Schutz für einen grafisch ausgestalteten Schriftzug zuerkannt: ÖstOGH ÖBl 2000, 130, 131 – *Zimmermann FITNESS*).

Kunstwerkschutz für die von einem Maskenbildner geschaffene **Maske** kann 173 nicht deshalb grundsätzlich geleugnet werden, weil er am lebenden Menschen arbeitet und das Original, also die Maske selbst, nur von kurzer Lebensdauer ist (BGH GRUR 1974, 672, 674 – *Celestina*; *Haberstumpf* Rn. 87).

174 Bemalte Teile der Berliner **Mauer** genießen regelmäßig Schutz als Werke der bildenden Kunst (BGH GRUR 2007, 691, 692 – *Staatsgeschenk*; BGH GRUR 1995, 673, 675 – *Mauer-Bilder*). Vgl. Rn. 167.

175 Messestände sind von der Rechtsprechung nicht als Werke der Baukunst, sondern als Werke der angewandten Kunst angesehen worden mit der Folge, dass ein deutliches Überragen der Durchschnittsgestaltung vorausgesetzt wurde; die Gestaltung eines Messestandes, die sich gegenüber dem vorbekannten Formengut überhaupt nicht abhob, genügte diesen Anforderungen nicht (LG Düsseldorf GRUR-RR 2003, 38, 39 – *Messestand*).

176 **Modeerzeugnisse** dienen stets Gebrauchszwecken und müssen daher, um die von der Rechtsprechung geforderte Gestaltungshöhe zu erreichen, als Werke der angewandten Kunst die Durchschnittsgestaltung deutlich überragen. Allerdings können nicht nur Haute-Couture-Modelle, sondern auch Konfektionsmodelle den Urheberrechtsschutz erreichen, wenn sie wegen einer neuartigen Linienführung oder der originellen Zusammenstellung mehrerer Elemente schöpferisch sind (BGH GRUR 1955, 445, 445 – *Mantelmodell*; LG Leipzig GRUR 2002, 424, 425 – *Hirschgewand*). Der BGH hat einen Urheberrechtsschutz für Modeerzeugnisse stets verneint, aber einen ergänzenden wettbewerbsrechtlichen Leistungsschutz aus §§ 3, 4 Nr. 9 UWG (früher: § 1 UWG) zugebilligt, allerdings regelmäßig nur für ein oder zwei Saisons, selten auch für längere Zeiträume (BGH GRUR 2006, 79, 81, Tz. 29 ff. – *Jeans*; BGH GRUR 1984, 543, 544 – *Hemdblusenkleid*; BGH GRUR 1973, 478, 479 – *Modeneuheit*; OLG München WRP 1991, 514, 516 f. – *Jeanshose*; OLG Hamburg GRUR 1986 83, 83 f. – *Übergangsbluse*). Einzelheiten bei Hefermehl/Koehler/*Bornkamm* § 4 Rn. 9.67; *Nordemann* Rn. 1643 f.). Textilmuster fallen entsprechend dem Schutz von Modeerzeugnissen normalerweise aus dem Schutz heraus (BGH GRUR 1983, 377, 378 – *Brombeer-Muster*; BGH GRUR 1967, 315, 316 – *Skai-Cubana*; OLG Celle GRUR 1958, 405, 406 – *Teppichmuster*; Schutz bejaht allerdings von KG UFITA 87 [1980], 299, 304 f. – *Leonard-Muster* und LG München I Schulze LGZ 156, 3 – *Henry Rousseau*). Sogar **Modellzeichnungen** hat OLG Hamburg Schulze OLGZ 89, 1 – *Kleine Münze* den urheberrechtlichen Schutz versagt, obwohl sie als solche nicht gebraucht, sondern nur betrachtet werden können. Auch die erhöhten Schutzanforderungen im Bereich der Modeerzeugnisse sind urheberrechtlich inkonsequent und daher nicht zu halten; zum Streitstand der erhöhten Anforderungen an die Schutzfähigkeit der Werke der angewandten Kunst vgl. Rn. 146 ff.

177 **Möbel** sind infolge des im Vordergrund stehenden Gebrauchszweckes der Beurteilung als Werk der angewandten Kunst zu unterwerfen mit der Folge, dass sie nur dann urheberrechtlichen Schutz genießen, wenn das Durchschnittskönnen eines Möbeldesigners deutlich überragt worden ist (BGH GRUR 2004, 941, 942 – *Metallbett*; OLG Hamburg GRUR 2002, 419, 419 f. – *Move*; OLG Hamburg ZUM-RD 2002, 181, 187 – *Kinderhochstuhl*; OLG Düsseldorf ZUM-RD 2002, 419, 422 – *Breuer-Hocker*). Bei der Beurteilung der Werkqualität von Möbeln ist allerdings nicht entscheidend, ob die beteiligten Verkehrskreise die Möbelstücke als Kunstwerke oder nur zum praktischen Gebrauch kaufen (BGH GRUR 1987, 903, 904 – *Le Corbusier-Möbel* m.w.N.). Ferner kann keine Berücksichtigung finden, ob das Möbelstück Beachtung in Fachkreisen und der übrigen Öffentlichkeit gefunden hat und in Kunstmuseen oder Kunstausstellungen gezeigt worden ist (a.A. wohl BGH GRUR 1987, 903, 904 – *Le Corbusier-Möbel*); auch Möbelstücke, die noch keine Wertschätzung in Kunstkreisen erfahren haben, sind selbstverständlich dem Urheberrechtsschutz zugänglich, weil es allein auf eine objektive Betrachtung ankommt, ob die erforderliche Gestaltungshöhe erreicht worden ist und nicht auf die Wertschätzung von Kunstkreisen (OLG Hamburg GRUR 2002, 419, 420 – *Move*; OLG Hamburg ZUM-RD 2002, 181, 187 – *Kinderhochstuhl*). Wäre die Wertschätzung der Kunstkreise tatsächlich ein urheberrechtlich entscheidendes Kriterium, müssten wohl viele Werke der bildenden Künste als von vornherein schutzlos angesehen werden; viele bildende Künstler, aber auch Komponisten haben gerade erst nach ihrem Tode eine Wertschätzung in Kunstkreisen erfahren.

Jedenfalls ist in der Rechtsprechung bei solchen **Möbelstücken**, die Gegen- **178** stand gerichtlicher Auseinandersetzungen waren, **überwiegend Schutz als Werk der angewandten Kunst zuerkannt** worden (BGH GRUR 1987, 903, 904 f. – *Le Corbusier-Möbel*; BGH GRUR 1981, 820, 822 – *Stahlrohrstuhl II* [Mart Stam]; BGH GRUR 1981, 652, 653 – *Stühle und Tische*; BGH GRUR 1974, 740, 741 – *Sessel*; BGH GRUR 1961, 635, 638 – *Stahlrohrstuhl I* [Mart Stam]; RG GRUR 1932, 892, 894 – *Mart-Stam-Stuhl*; OLG Hamburg GRUR 2002, 419, 420 – *Move*; OLG Hamburg ZUM-RD 2002, 181, 187 – *Kinderhochstuhl* [sog. „Trip-Trap-Stuhl"]; OLG Düsseldorf ZUM-RD 2002, 419, 423 – *Breuer-Hocker*; KG GRUR 1996, 968, 968 f. – *Möbel-Nachbildungen* [Le Corbusier]; OLG Frankfurt GRUR 1998, 141, 141 f. – *Macintosh-Entwürfe*; OLG Frankfurt GRUR 1994, 49, 50 f. – *Macintosh-Möbel*; OLG Köln GRUR 1990, 356, 357 – *Freischwinger* [Mart Stam]; OLG Frankfurt GRUR 1981, 739, 740 f. – *Lounge-Chair*; OLG Düsseldorf GRUR 1971, 415, 415 f. – *Studio 2000* [sog. „Tütensessel"]; s.a. ÖstOGH Schulze Ausl. Österreich 111, 11 f. – *Le Corbusier-Liegen*), und zwar auch für ganze Möbelprogramme (OLG Frankfurt GRUR 1990, 121, 122 f. – *USM-Haller*). Nur **vereinzelt** blieb die Berufung auf § 2 Abs. 1 Nr. 4 erfolglos (BGH GRUR 1982, 305, 306 – *Büromöbelprogramm*; BGH GRUR 1981, 517, 519 – *Rollhocker*). In Österreich ist dagegen der Mart-Stam-Stahlrohrstuhl nicht geschützt (ÖstOGH Schulze Ausl. Österreich 94, 6 und 109, 5). Für die (subjektive) Neuheit und die Frage der Gestaltungshöhe stellt der BGH auch bei Möbeln zu Recht auf den Zeitpunkt ihrer Entstehung ab, nicht auf denjenigen der Nachahmung; dass zu letzterem die Eigenart des fraglichen Möbelstückes schon allgemein bekannt ist, kann keine Rolle spielen (BGH GRUR 1987, 903, 905 – *Le Corbusier-Möbel*). Zum Werkschutz von Möbeln *Erdmann* FS v. Gamm S. 389; *Wandtke* UFITA 130 [1996], 57.

Für **Musiknoten** kommt allenfalls ein urheberrechtlicher Schutz der graphi- **179** schen Gestaltung des Notenbildes in Betracht (*Hanser-Strecker* UFITA 93 [1982], 13 und FS Kreile S. 269; s. auch BGH GRUR 1986, 95 – *Notenstichbilder* zum Nachahmungsschutz nach § 1 UWG a.F.). Gleichwohl kann ein Schutz als Werk der bildenden Kunst dann bestehen, wenn einzelne Noten nicht als Komposition, sondern als Gemälde oder Zeichnung und damit von vornherein als Werk der bildenden Kunst geschaffen worden sind.

Plastiken, auch solche, die als Ausstaffierung für einen Film vorgesehen waren, **180** genießen als Werke der bildenden Kunst regelmäßig urheberrechtlichen Schutz wie beispielsweise der „Maschinenmensch" für den Film „Metropolis" von Fritz Lang von Walter Schulze-Mittendorf (OLG Hamburg GRUR-RR 2003, 33, 33 – *Maschinenmensch*). Besondere Schutzfähigkeitsanforderungen bestehen selbst dann nicht, wenn die Plastik zweckgebunden für einen Film geschaffen worden ist; sie bleibt dadurch ein Werk der bildenden Künste, was den Schutz der kleinen Münze einschließt.

181 **Schmuck** ist einer der klassischen Bereiche der Werke der angewandten Kunst. Auch wenn es so scheint, als ob BGH GRUR 1995, 581, 582 – *Silberdistel* die Urheberrechtsschutzfähigkeit für Schmuck in unerreichbare Höhen geschraubt hat, gibt es doch Schmuckstücke, deren Gestaltung den Durchschnitt so deutlich überragt, dass ihnen der Urheberrechtsschutz als Werk der angewandten Kunst nicht verwehrt werden kann, wie dies beispielsweise bei dem Niessing-Spannring der Fall ist (OLG Düsseldorf GRUR-RR 2001, 294, 295 f. – *Niessing-Spannring*). Modeschmuck wird jedoch regelmäßig die Schutzfähigkeit fehlen (BGH GRUR 1979, 119, 119 – *Modeschmuck*). Zu der Kontroverse um die überhöhten Schutzanforderungen an Werke der angewandten Kunst vgl. Rn. 146 ff.

182 Für **Schriftzeichen** hat der Bundesgerichtshof den urheberrechtlichen Schutz ständig verneint (BGH GRUR 1958, 562, 563 – *Candida-Schrift*; BGH GRUR 1957, 291, 292 – *Europapost*; dazu *Reichel* GRUR 1963, 124 f. und eingehend *Gerstenberg* in Hodeige S. 153 sowie in FS Bappert S. 53). Schricker/*Loewenheim*[3] Rn. 109 verweisen zutreffend darauf, dass der Gebrauchszweck eine einfache, klare und leicht lesbare Linienführung voraussetzt, die durch die vorgegebenen Buchstabenformen weitgehend bedingt ist, was einen Schutz fast grundsätzlich ausschließen dürfte. Allerdings liegen heute vielen Schriften wegen ihrer elektronischen Verwendung auf Computern Software zugrunde, die regelmäßig den Schutzanforderungen des § 69a Abs. 3 UrhG genügen und daher jedenfalls teilweise Schutz über das zugrunde liegende Computerprogramm genießen werden (LG Köln ZUM 2000, 1099, 1100 f. – *Computerschriften-Software*; vgl. a. § 69a Rn. 14 ff.).

183 **Straßenbahnen** vgl. Rn. 159.

184 **Tätowierungen** werden vor allem dann als Werke der bildenden Kunst gem. Nr. 4 urheberrechtlich geschützt sein, wenn es sich um fantasievoll gestaltete Unikate handelt; werden dagegen lediglich vorbestehende Motive ohne schöpferische Veränderungen verwendet, wie etwa Rosen, Drachen, Nixen, Totenköpfe oder ein „Geweih" oberhalb des Steißbeines, wird ein Urheberrechtsschutz regelmäßig entfallen (Einzelheiten bei *Duvigneau* ZUM 1998, 535, 540 ff.).

185 **Telefonkarten** können als Werke der angewandten Kunst ebenfalls Schutz genießen, sofern sich ihre Gestaltung nicht nur in dem Aufbringen eines Werbeslogans erschöpft (BGH GRUR 2001, 755, 757 – *Telefonkartengestaltung*).

186 **Textilmuster** vgl. Rn. 176.

187 **Vasen** sind bei künstlerischer Gestaltung wie andere Gegenstände der angewandten Kunst urheberrechtlich schutzfähig, wenn sie die Durchschnittsgestaltung deutlich überragen (Schutz bejaht: BGH GRUR 1972, 38, 39 – *Vasenleuchter*; Schutz verneint: BGH GRUR 1959, 289, 290 – *Rosenthal-Vase*). Zur Kontroverse der erhöhten Schutzanforderungen für Werke der angewandten Kunst vgl. Rn. 146 ff.

188 **Verpackungsgestaltungen** werden meist an den erhöhten Schutzanforderungen für den Bereich der angewandten Kunst scheitern, werden aber häufig einem Geschmacksmusterschutz zugänglich sein, und zwar bei versäumter Registrierung während der ersten drei Jahre nach der Erstveröffentlichung als nicht-eingetragenes Gemeinschaftsgeschmacksmuster nach Art. 11 GGVO (KG ZUM 2005, 230, 230 f. – *Natursalz-Produkt* m. Anm. v. *Boddien*). Vgl. Einl. Rn. 78 f.

Werbeanzeigen, Prospekt-, Plakat- und Etikettengestaltungen gehören eben- **189** falls in den Bereich der angewandten Kunst und sind deshalb nur geschützt, wenn die Durchschnittsgestaltung deutlich überragt wird (a.A. OLG Jena GRUR-RR 2002, 379, 380 – *Rudolstädter Vogelschießen*, das einen Plakat-entwurf als Werk der bildenden Kunst eingeordnet hat). Dennoch wurde Schutz häufiger zuerkannt (BGH GRUR 1961, 85, 87 – *Pfiffikus-Dose*; LG München I GRUR 1984, 737 – *Bauherrenmodell-Prospekt*; LG Berlin GRUR 1974, 412 – *Werbeprospekt*; LG Frankfurt UFITA 94 [1982], 334, 336 – *Lachende Sonne*; LG München I Schulze LGZ 119 – *Änderung eines Werbe-plakates*; OLG Hamm UFITA 28 [1959], 352, 356 – *Konservenetikett*) als abgelehnt (OLG Düsseldorf AfP 1997, 645, 647 – *Werbefotos*; OLG Hamburg GRUR 1972, 430, 431 – *Mini-Spinne*). S. im übrigen *Schricker* GRUR 1996, 815, 820.

Zeichnungen unterstehen dann, wenn es sich um künstlerische Darstellungen **190** handelt und nicht um Gebrauchsgegenstände, den Werken der bildenden Künste; wer ein dreidimensionales Tier in eine zweidimensionale zeichnerische Darstellung umsetzt, wird regelmäßig schöpferisch tätig und genießt somit auch für die naturgetreue zeichnerische Wiedergabe von etwas in der Natur vorgefundenem urheberrechtlichen Schutz (KG GRUR-RR 2001, 292, 293 – *Bachforelle*). Zur Behandlung von Zeichnungen im Rahmen von Logos und Signets vgl. Rn. 172.

5. Lichtbildwerke einschließlich der Werke, die ähnlich wie Lichtbildwerke geschaffen werden (§ 2 Abs. 1 Nr. 5)

a) Einordnung: Die Fotografien waren lange Zeit die Stiefkinder des deutschen **191** Urheberrechts. Die §§ 26, 29 KUG schützten „Werke der Photographie" nur zehn Jahre seit Erscheinen, bei Nichterscheinen bis zehn Jahre nach Ablauf des Kalenderjahres, in welchem der Urheber gestorben war. Erst durch das Gesetz vom 12.05.1940 (RGBl. I 758) wurden diese Fristen auf 25 Jahre verlängert. Das am 1.1.1966 in Kraft getretene UrhG beließ es bei dieser Regelung; es erweiterte den Schutz allerdings auf einfache Lichtbilder ohne Werkqualität und gewährte ihnen ein verwandtes Schutzrecht (§ 72; vgl. dort Rn. 1). Erst seit dem 1.7.1985 sind Lichtbild*werke* den anderen Werken in der Schutzdauer gleichgestellt (vgl. § 72 Rn. 2). Werke, die zu diesem Zeitpunkt schon wegen Ablaufs der Schutzfrist gemeinfrei geworden waren – also alle bis Ende 1960 erschienenen Lichtbildwerke und diejenigen, deren Urheber bis zu diesem Zeitpunkt verstorben waren –, blieben frei. Mit der Umsetzung der Schutz-dauer-RL zum 1.7.1995 lebte der Schutz für diese Werke wieder auf, und zwar für alle Urheber, deren fotografische Werke zu diesem Zeitpunkt (noch) in einem Mitgliedsland der Europäischen Union geschützt waren (vgl. § 137f Abs. 2); das trifft für alle Urheber zu, die nach dem 1. Januar 1935 verstorben sind (vgl. § 137f Rn. 2).

Anders als bei Werken der bildenden Kunst, wo es unerheblich ist, ob Kunst **192** vorliegt (vgl. Rn. 137), muss bei einem Lichtbildwerk grundsätzlich die Vorfrage geklärt werden, ob überhaupt ein Lichtbild vorliegt, denn unter den Schutz des § 2 Abs. 1 Nr. 5 fallen nicht nur Fotografien, was man zunächst annehmen könnte, sondern auch solche Werke, die **ähnlich wie Lichtbildwerke** geschaffen werden einschließlich von Film- und Fernseheinzelbildern.

193 Ein **Lichtbild oder ein in einem ähnlichen Verfahren geschaffenes Bild** liegt immer dann vor, wenn es in einem fotografischen oder der Fotografie in Wirkungsweise und Ergebnis ähnlichen Verfahren hergestellt worden ist (Loewenheim/*Axel Nordemann* § 9 Rn. 128; *Axel Nordemann* S. 63 f.; Schricker/ *Loewenheim*[3] § 2 Rn. 176; *Ulmer*[3] S. 153 und 511). Dies schließt herkömmliche fotografische Verfahren ebenso ein wie elektronische Aufnahmen; ob also auf herkömmlichem Film fotografiert wurde oder ein digitaler Chip verwendet worden ist, spielt grundsätzlich keine Rolle (so schon BGH GRUR 1962, 470, 472 – *Aki*). Nach diesseitiger Auffassung können deshalb computergestützt gezeichnete Bilder nicht als lichtbildähnlich eingestuft werden (Loewenheim/ *Axel Nordemann* § 9 Rn. 128; *Axel Nordemann* S. 65; a.A. Dreier/Schulze/ *Schulze*[2] § 2 Rn. 200 m.w.N. zum Streitstand). Ansonsten müsste man alle Bilder, die einzeln wie eine Fotografie wirken, als lichtbildähnlich dem Lichtbildschutz unterstellen, also beispielsweise auch Schöpfungen der realistischen Malerei. Deshalb überzeugt auch der Vergleich von Dreier/Schulze/*Schulze*[2] zu den Videospielen nicht, die daraus, dass die gesamte Bildfolge eines Videospiels als filmähnliches Werk urheberrechtlichen Schutz nach § 2 Abs. 1 Nr. 6 genießen kann, schließen, dass dann das einzelne am Bildschirm entstehende Bild als Filmeinzelbild dem Lichtbildschutz zu unterstellen ist (Dreier/Schulze/ *Schulze*[2] Rn. 200). § 2 Abs. 1 Nr. 5 hatte die (damals herkömmliche) Fotografie im Auge und wollte Modernisierungen der Technik nicht vom Schutz ausnehmen (durch BGH GRUR 1962, 470 472 – *Aki* war bereits ein rein elektronisch aufgenommenes Fernseheinzelbild als Werk der Fotografie geschützt worden), bestimmt aber nicht Schöpfungen, die von ihrer Entstehungsweise eher Zeichnungen ähneln, aus dem Schutzbereich der Werke der bildenden Künste nach Nr. 4 oder der Darstellungen wissenschaftlicher oder technischer Art nach Nr. 7 herauslösen.

194 Bereits seit BGH GRUR 1962, 470, 472 – *Aki* ist anerkannt, dass auch **Film- und Fernseheinzelbilder** als Lichtbildwerke urheberrechtlichen Schutz genießen können (Begr. RegE UrhG BT-Drucks. IV/270, S. 101). Voraussetzung ist allerdings, dass sie als Ergebnis eines Abbildungsvorgangs entstanden sind, was die Einzelbilder von Zeichentrickfilmen und computeranimiert produzierten Filmen vom Fotografieschutz ausschließt (Loewenheim/*Axel Nordemann* § 9 Rn. 129). Sind die Film- und Fernseheinzelbilder deshalb individuell, weil ihnen fotografische Gestaltungsmittel zugrunde liegen (vgl. Rn. 197), genießen sie Schutz als Lichtbildwerke; sind sie nicht fotografisch gestaltet worden oder folgt die Individualität allein aus der Wahl des Aufnahmezeitpunkts, der beim Filmeinzelbild aufgrund des technischen Aufnahmeprozesses automatisch festgelegt wird, sind sie lediglich als einfache Lichtbilder gem. § 72 geschützt (Loewenheim/*Axel Nordemann* § 9 Rn. 153; Dreier/Schulze/*Schulze*[2] § 2 Rn. 197, die davon ausgehen, dass die Einzelbilder von Filmwerken immer als Lichtbildwerke einzustufen seien).

195 Auch Filmeinzelbilder aus reinen Laufbildern, also Bildfolgen und Bild- und Tonfolgen, die keine Filmwerke sind (§ 95; vgl. a. Rn. 206 ff.), können Lichtbildwerke sein, weil auch die Einzelbilder eines einfachen Laufbildes, das nicht filmisch gestaltet wurde und deshalb kein Filmwerk ist, fotografisch gestaltet sein können (Loewenheim/*Axel Nordemann* § 9 Rn. 154). Die dann entstehende Schutzfrist-Abgrenzungsproblematik ist bislang nicht gelöst (der Schutz des Einzelbildes als Lichtbildwerk würde mit 70 Jahren *post mortem auctoris* erheblich länger laufen als der Schutz des Laufbildes mit 50 Jahren nach dem Erscheinen des Bildträgers gem. §§ 95, 94 Abs. 3). Zu beachten ist ferner, dass die Rechte zur filmischen Verwertung der bei der Herstellung eines Filmwerkes entstehenden Lichtbilder und Lichtbildwerke gem. § 89 Abs. 4 ausschließlich beim Filmhersteller liegen; vgl. § 89 Rn. 35, 57 ff.).

b) Individualität: Das Kriterium der *persönlichen* Schöpfung (vgl. Rn. 21 f.) **196** schließt Zufallsfotografien vom urheberrechtlichen Schutz aus. Nur dann, wenn ein Mensch für die Fotografie ursächlich gewesen ist und etwas gestaltet hat, kann ein Lichtbildwerk vorliegen (Loewenheim/*Axel Nordemann* § 9 Rn. 131). Der Fotograf, der zwar normalerweise mit etwas Vorbestehendem gestaltet, also am Motiv arbeitet, das ihm die Natur vorgibt und sich im Rahmen seiner Gestaltung auch noch eines technischen Apparates bedient, besitzt dennoch nahezu unbegrenzte Gestaltungsmöglichkeiten unter Einsatz seines „Auges" und – in der modernen Computerwelt der heutigen Zeit – auch noch nach der Aufnahme mit entsprechender Bildbearbeitungs-Software. Individualität einer Fotografie liegt immer dann vor, wenn sie eine **Aussage** enthält, **die auf Gestaltung beruht** (Loewenheim/*Axel Nordemann* § 9 Rn. 134; Schricker/*Loewenheim*³ § 2 Rn. 179; *Axel Nordemann* S. 105 f.).

Die **Gestaltung** kann beispielsweise in der allgemeinen Bildorganisation (Aus- **197** gewogenheit der Bildgestaltung, Unterdrückung des „optischen Rauschens", Platzierung des Motives im „goldenen Schnitt"), in dem Bildwinkel (sowie Ausschnitt, Brennweite, Standpunkt, Perspektive etc.), der Linien und Linienführung (kompositorischer Einsatz optischer Linien), der Flächen und Formen (kompositorischer Einsatz optischer Flächen und Formen), dem Licht und der Beleuchtung (Licht und Schatten, Helligkeitsverteilung), in Farben und Farbkontrasten (Farbharmonie und Farbwirkung), dem Aufnahmezeitpunkt (insbesondere Wahl des richtigen Zeitpunktes), im Format oder in experimentellen Gestaltungen (Verfremdung, Fotomontagen, Farbmanipulationen), aber auch in der Auswahl des Aufnahmeortes, eines bestimmten Kameratyps oder – objektivs sowie in der Wahl von Blende und Zeit sowie weiterer Feineinstellungen liegen (BGH GRUR 2003, 1035, 1037 – *Hundertwasser-Haus*; OLG Hamburg GRUR 1999, 717, 717 f. – *Wagner-Familienfotos*; OLG Hamburg ZUM-RD 1997, 217, 219 f. – *Troades*; OLG Düsseldorf GRUR 1997, 49, 51 – *Beuys-Fotografien*; OLG München ZUM 1997, 388, 390 – *schwarze Sheriffs*; s.a. Schweiz. BG GRUR Int. 2004, 1042, 1044 f. – *Bob Marley-Foto*; weitere Einzelheiten und Erläuterungen bei Loewenheim/*Axel Nordemann* § 9 Rn. 136 ff.; *Axel Nordemann* S. 136–183). Zwar können die Auswahl des Motivs und des Bildwinkels auf das Motiv oder des Bildausschnittes, den das Motiv zeigt, Gestaltungselemente eines Lichtbildwerkes sein. Dies darf allerdings nicht den Blick dafür verstellen, dass das Motiv als solches grundsätzlich frei bleibt, wenn es in der Natur vorgefunden und nicht verändert wurde (vgl. Rn. 44 und §§ 23/24 Rn. 38). Schafft der Fotograf erst das Motiv, indem er beispielsweise ein Stillleben, einen Akt oder eine sonstige Pose von Menschen kreiert, oder verändert/ verfremdet er das Bild später, kann hierin eine individuelle Gestaltung liegen, die zu einem Schutz als Lichtbildwerk führt (BGH GRUR 2003, 1035, 1037 – *Hundertwasser-Haus*; OLG Köln GRUR 2000, 43, 44 – *Klammerpose*; OLG Koblenz GRUR 1987, 435, 435 f. – *Verfremdete Fotos* [allerdings Schutz als Werk der bildenden Künste angenommen]).

198 c) **Gestaltungshöhe und Abgrenzung zum verwandten Schutzrecht für einfache Lichtbilder** (§ 72): Seit der Umsetzung der Schutzdauer-RL ist der Werkbegriff des § 2 Abs. 2 für Lichtbildwerke im Sinne von deren Art. 6 auszulegen (BGH GRUR 2000, 318, 318 – *Werbefotos*). Art. 6 der Schutzdauer-RL wiederholt wörtlich Art. 1 Abs. 3 der Software-RL, den der deutsche Gesetzgeber ebenso wörtlich – allerdings mit der bedeutungslosen Einfügung eines „insbesondere"- Halbsatzes – in § 69a Abs. 2 S. 1 übernommen hat (vgl. § 69a Rn. 1). Eine Fotografie erreicht daher den Schutz als Lichtbildwerk gem. § 2 Abs. 1 Nr. 5, wenn sie das Ergebnis der eigenen geistigen Schöpfung ihres Urhebers darstellt; andere Kriterien zur Bestimmung der Schutzfähigkeit sind nicht anzuwenden, insbesondere keine qualitativen oder ästhetischen (Art. 6 Schutzdauer-RL; § 69a Abs. 3 zu Computerprogrammen). Dies bedeutet, dass es eines besonderen Maßes an schöpferischer Gestaltung definitiv nicht bedarf (BGH GRUR 2000, 318, 318 – *Werbefotos*) und damit letztendlich auch durchschnittliche und unterdurchschnittliche fotografische Gestaltungen als Lichtbildwerke Schutz genießen, sofern eine unterscheidbare Gestaltung vorliegt und ein anderer Fotograf das Foto möglicherweise anders gestaltet hätte (s. a. *Axel Nordemann/Heise* ZUM 2001, 128, 136 f.), also den Blickwinkel, den Ausschnitt oder die Beleuchtung anders gewählt, einen anderen Geschehensmoment festgehalten, die abgebildeten Personen anders gruppiert oder das Foto zu einem anderen Zeitpunkt aufgenommen hätte. Für den einfachen Lichtbildschutz des § 72 bleiben danach nur technische Fotos, bei denen jeder Fotograf mit den selben Fähigkeiten und Kenntnissen dasselbe Ergebnis, nämlich eine technisch einwandfreie Wiedergabe, erzielen muss, also etwa Reproduktionen der Bestände von Gemäldegalerien, Maschinenfotos, Fotos der Kriminalpolizei für die Verbrecherkartei, kartografische Luftaufnahmen und – im Regelfall – Passbilder aus Fotoautomaten; das reine „Knipsbild", bei dem es nur darum ging, Menschen oder Objekte irgendwie auf das Bild zu bekommen, dürfte hierher ebenfalls gehören, auch wenn einfache Urlaubsbilder, wenn sie etwas gestaltet worden sind, bereits dem Werkschutz nach § 2 Abs. 1 Nr. 5 unterfallen.

199 Da es keine Lücke zwischen Lichtbildwerkschutz nach § 2 Abs. 1 Nr. 5 und dem Schutz der einfachen Lichtbilder nach § 72 geben kann, ist der Werkcharakter einer Fotografie im Wege einer **negativen Abgrenzung** zu bestimmen: Jede Fotografie, die mehr als ein einfaches Lichtbild ist, muss ein Lichtbildwerk sein, also alles, was über die rein technische Abbildung hinausgehend zumindest geringfügig gestaltet wurde und ein anderer Fotograf anders aufgenommen hätte, ist Lichtbildwerk und nach § 2 Abs. 1 Nr. 5 zu schützen (vgl. Rn. 41 f. und OLG Nürnberg GRUR-RR 2001, 225, 226 f. – *Dienstanweisung* zur Bestimmung der Individualität eines wissenschaftlichen Sprachwerkes im Wege einer negativen Abgrenzung; Loewenheim/*Axel Nordemann* § 9 Rn. 176 zu Filmwerken mit vergleichbarer Problematik; ÖstOGH ZUM-RD 2002, 281, 284 – *Eurobike* mit ausdrücklicher Auseinandersetzung zur Rechtslage in Deutschland und dem Ergebnis, dass es genügt, wenn ein anderer Fotograf die Aufnahme anders gemacht hätte; Schweiz BG GRUR Int. 2004, 1042, 1043 ff. mit ausführlicher Auseinandersetzung zu den Anforderungen, die an den Fotografieschutz in der Schweiz gestellt werden).

200 Alle Lichtbildwerke genießen grundsätzlich auch **Schutz als einfache Lichtbilder** gem. § 72, so dass während der ersten 50 Jahre seit Erscheinen bzw. Aufnahme bei Nichterscheinen, also der Schutzdauer des verwandten Schutzrechtes (vgl. § 72 Rn. 27 f.), an sich gar nicht entschieden werden muss, ob Schutz nach § 2 Abs. 1 Nr. 5 oder nach § 72 besteht. Allerdings ist der Schutzumfang des einfachen Lichtbilds nach § 72 UrhG der Natur der Sache nach begrenzt, weil Lichtbilder nicht individuell sind, so dass bei einfachen Lichtbildern ein Schutz gegen Bearbeitungen regelmäßig nicht gegeben sein wird (vgl. § 72 Rn. 20 f.). Erst dann, wenn die Schutzdauer aus § 72 abgelaufen ist oder ein Schutz gegen Bearbeitung in Frage steht, muss demnach festgestellt werden, ob ein Schutz nach § 2 Abs. 1 Nr. 5 UrhG besteht. Steht der Schutz eines Ausschnittes eines Lichtbildwerkes in Frage und besitzt der Ausschnitt selbst keine schöpferischen Elemente (zum Schutz von Werkteilen vgl. Rn. 51), wird für den Ausschnitt allerdings regelmäßig ein Schutz als einfaches Lichtbild in Frage kommen (vgl. § 72 Rn. 20).

6. Filmwerke einschließlich der Werke, die ähnlich wie Filmwerke geschaffen werden (§ 2 Abs. 1 Nr. 6)

a) Einordnung: Filmwerke nehmen im UrhG in mehrfacher Hinsicht eine **201** Sonderstellung ein: Vorbestehende Werke – Roman, Drehbuch, Exposé, Treatment und gegebenenfalls vorbestehende Musik – werden unter Verwendung von Elementen anderer Werkarten – Bilder, Sprache, Musik und Kunst – sowie den Leistungen ausübender Künstler – Schauspieler, Filmmusiker – zu einem Gesamtkunstwerk miteinander verbunden. Das Filmwerk ist dabei grundsätzlich ein „**Mehrurheberwerk**", also ein Werk, an dem regelmäßig mehrere Urheber – Regisseur, Drehbuchautor, Dialogautor, Filmkomponist, Kameraleute, Beleuchter, Filmtonmeister, Mischtonmeister und Cutter – schöpferisch beteiligt sind. Dabei sind nur die vorgenannten Personen Miturheber im Sinne von § 8; die Schauspieler (und die Filmmusiker) sind ausübende Künstler und erhalten ein verwandtes Schutzrecht gem. § 72. Keine Miturheberschaft besteht zwischen den Urhebern des Filmwerkes und den Urhebern der vorbestehenden Werke, weil diese als solche selbstständig verwertbar bleiben (vgl. a. § 89 Abs. 3, dort Rn. 56); zwischen dem Filmwerk und den vorbestehenden Werken entsteht auch keine Werkverbindung im Sinne von § 9 UrhG, weil das Filmwerk die vorbestehenden Werke grundsätzlich bearbeitet – § 23 S. 2 – und die vorbestehenden Werke auf der Bearbeitungsstufe als Filmwerk untrennbar miteinander verbunden sind (vgl. § 9 Rn. 10). Schließlich entsteht zugunsten des Filmherstellers noch ein verwandtes Schutzrecht nach § 94 und sind besondere die urhebervertragsrechtlichen Bestimmungen in den §§ 88 (Recht zur Verfilmung) und 89 ff. (Rechte am Filmwerk) zu beachten.

Beim Filmwerk ist also grundsätzlich zu **differenzieren** zwischen **202**
– den **vorbestehenden Werken** wie Roman, Drehbuch, Exposé, Treatment oder vorbestehender Musik, die in ihrem Schutz unberührt bleiben (§ 89 Abs. 3);
– dem **Filmwerk selbst**, das als „Gesamtkunstwerk" die vorbestehenden Werke bearbeitet (§ 23 S. 2);
– den verschiedenen **Filmurhebern** und ihren Rechten, zwischen denen Miturheberschaft gem. § 8 besteht;
– den **ausübenden Künstlern** und ihren Rechten nach §§ 73 ff.;
– dem verwandten Schutzrecht des **Filmherstellers** nach § 94;
– den **Filmeinzelbildern**, die Lichtbildwerke nach Nr. 5 sein können und regelmäßig einfache Lichtbilder nach § 72 sind (vgl. Rn. 194 f.);
– und schließlich den besonderen **urhebervertragsrechtlichen** Bestimmungen im Verhältnis zu den Urhebern vorbestehender Werke einerseits (§ 88) und den an der Filmherstellung Mitwirkenden andererseits (§§ 89 ff.).

203 Film im Sinne von § 2 Abs. 1 Nr. 6 ist die Bild- oder Bildtonfolge, die den Eindruck eines bewegten Bildes entstehen lässt (Loewenheim/*Axel Nordemann* § 9 Rn. 161; Schricker/*Katzenberger*[2] vor §§ 88 ff. Rn. 20). Auf die Art der Herstellung kommt es nicht an; Stumm- und Tonfilme, Schwarz-Weiß und Farbfilme, Geruchs- und plastische Filme werden ebenso geschützt wie Filmwerke, die statt auf Celluloidfilm im Ampex- oder Magnetonverfahren oder unter Einsatz digitaler Techniken produziert werden; es ist auch gleichgültig, ob das Filmwerk fixiert oder nur live gesendet wird (zu letzterem ausdrücklich Begr. RegE UrhG BT-Drucks. IV/270, S. 97 f.; zum Fernseh-Livebild BGH GRUR 1962, 470, 472 – *Aki*). Ob ein fotografisches oder fotografieähnliches Verfahren verwendet wurde, ist ebenso wenig entscheidend wie, ob eine Aufnahme eines Ausschnittes der Wirklichkeit vorliegt (so zu ersterem aber Schricker/*Loewenheim*[3] § 2 Rn. 181; zu letzterem *v. Hartlieb* Kap. 59 Rn. 3), weil andernfalls Zeichentrick-, computeranimierte oder am Computer erzeugte Filme oder auch Computerspiele (dazu unten vgl. Rn. 204) keine Filmwerke sein könnten (Loewenheim/*Axel Nordemann* § 9 Rn. 161). Inhalt, Zweck oder Dauer sowie die Erstellungsart sind für einen Schutz nach Nr. 6 irrelevant: Dokumentarfilme, Spielfilme, Videofilme, Fernsehsendungen, Videoclips oder Werbespots, Zeichentrickfilme oder computeranimierte Filme sind ebenso dem Schutz als Filmwerk zugänglich (Loewenheim/*Axel Nordemann* § 9 Rn. 162; Schricker/*Katzenberger*[2] vor §§ 88 ff. Rn. 21) wie regiegestützt unter Verwendung mehrerer Kameras produzierte (Live-) Übertragungen von Fußballspielen.

204 **Werke, die ähnlich wie Filmwerke geschaffen werden,** sind in der Nr. 6 in erster Linie nur der sprachlichen Vervollständigung halber genannt, da es auf die Herstellungsart ohnehin nicht ankommt (vgl. Rn. 203). Als Beispiel für „ähnliche" Werke galten bisher die Bildschirm-, Video- und Computerspiele, die allerdings unmittelbar als Filmwerke einzustufen sind, wenn sie die erforderliche Gestaltungshöhe erreichen (vgl. Rn. 206 ff.; a.A. *Schack*[2] Rn. 653). Dies wird regelmäßig zu bejahen sein (BayObLG GRUR 1992, 508, 508 f. – *Verwertung von Computerspielen*; OLG Köln GRUR 1992, 312, 313 – *Amiga-Club*; *Loewenheim* FS Hubmann S. 307; *Wilhelm Nordemann* GRUR 1981, 891; Schricker/*Katzenberger*[2] § 95 Rn. 8; *Reuter* GRUR 1997, 23). Gleichwohl hat die ältere Rechtsprechung den Herstellern nur das Leistungsschutzrecht des § 94 zugebilligt (OLG Frankfurt GRUR 1984, 509, 509 f. – *Donkey Kong Junior II*; OLG Frankfurt GRUR 1983, 757, 757 f. – *Donkey Kong Junior I*; OLG Frankfurt GRUR 193, 753, 754 f. – *Tengo*; OLG Hamburg GRUR 1990, 127, 128 – *Super Mario III*; OLG Hamburg GRUR 1983, 436, 437 f. – *Puckman*). Ähnlich wie ein Filmwerk wird auch die Tonbildshow geschaffen, bei der parallel zu Dia-Aufnahmen ein Tonband mit darauf abgestimmten Texten und Musik abläuft (OLG Frankfurt UFITA 90 [1981], 192, 196 – *Kalle – Portrait eines Unternehmens*; vgl. Vor §§ 88 Rn. 13).

205 **b) Individualität:** In der Rechtsprechung ist die Individualität eines Filmwerkes definiert worden als Auswahl, Anordnung und Sammlung des Stoffes sowie sich aus der Art der Zusammenstellung der einzelnen Bildfolgen ergebend (BGH GRUR 1984, 730, 732 – *Filmregisseur*). Die Individualität eines Filmwerkes kann desweiteren in der dramaturgisch durchgearbeiteten Handlung (BGH GRUR 1984, 730, 733 – *Filmregisseur*), der szenischen Gestaltung, der gewählten Kameraperspektive oder eines bestimmten Kontrastes, im gewählten Bildausschnitt, der Verwendung einer bestimmten Sprache zur Bildfolge und dem Einsatz von Ton und Musik, schließlich in der Ausgestaltung der Charaktere selbst, also beispielsweise der Kostüme, liegen (Loewenheim/*Axel*

Nordemann § 9 Rn. 167 ff.; Schricker/*Loewenheim*[3] § 2 Rn. 186 und 190; *Strasser* S. 50 ff.; *v. Hartlieb* Kap. 59 Rn. 6).

c) Gestaltungshöhe und Abgrenzung zum verwandten Schutzrecht für Lauf- **206** **bilder** (§§ 95, 94): Wie im Bereich der Fotografie hat der Gesetzgeber auch im Bereich des Films dem Filmwerk den einfachen Film ohne Werkqualität zur Seite gestellt, den er – sprachlich wenig geglückt – als *Laufbild* bezeichnet und an dem ein verwandtes Schutzrecht zugunsten des Filmherstellers gewährt wird (§§ 95, 94). Wie bei den Lichtbildwerken genießt somit jedes Filmwerk automatisch auch Schutz als Laufbild. Da das Laufbild die organisatorischen und wirtschaftlichen Leistungen des Filmproduzenten schützen soll und deshalb unabhängig von einer etwaigen Individualität besteht, die also für den Schutz als Laufbild nicht erforderlich ist, stellt der Laufbildschutz keinen „Unterbauschutz" für Filme geringer Gestaltungshöhe dar; Filme geringer Gestaltungshöhe bleiben als „kleine Münze" dem Schutz als Filmwerk zugeordnet (Loewenheim/*Axel Nordemann* § 9 Rn. 174; Schricker/*Loewenheim*[3] § 2 Rn. 188; a.A. *v. Hartlieb* Kap. 59 Rn. 11).

Die **Anforderungen** an die Gestaltungshöhe eines Filmwerkes sind damit **207** denkbar **gering**: Jeder Film, der – und sei es auch noch so geringfügig – gestaltet worden ist, genießt Schutz als Filmwerk gem. § 2 Abs. 1 Nr. 6. Lediglich dann, wenn jede Individualität ausscheidet, weil mit der selben Kamera, in der selben Position jeder andere die selben Bilder zwangsläufig hätte machen müssen, wie das für Wochenschaumaterial und andere Mitschnitte tatsächlicher Vorgänge wie Bühnenaufführungen (OLG Koblenz Schulze OLGZ 93, 6 f.), Konzerte (LG Köln Schulze LGZ 208, 5) und Naturvorgänge (BGH GRUR 1953, 299, 301 – *Lied der Wildbahn*) der Fall sein kann, liegt Laufbild- und kein Werkschutz vor. Durch die filmische Bearbeitung solchen Materials (Schnitt, Unterlegung mit Sprache und Musik) kann aber wiederum ein Filmwerk – wenn auch meist im Bereich der kleinen Münze – entstehen (für Wochenschauen eingehend *Wandtke* UFITA 132 [1996], 31 und LG München I ZUM-RD 1998, 89, 91 ff.). Freilich wird heute bei einem Konzertmitschnitt oder der Übertragung eines Sportereignisses wie etwa eines Fußballspiels nicht nur mehr eine Kamera fest installiert, die das Ganze dann „abfilmt", sondern wird unter Einsatz einer Vielzahl von Kameras und Mikrofonen durch einen Regisseur regelmäßig eine schöpferische Zusammenstellung der von den einzelnen Kameras gelieferten Szenen zu einem Gesamtwerk, das eine einzelne Kamera so nicht aufnehmen könnte und der einzelne Zuschauer auch so in der Wirklichkeit nicht wahrnehmen könnte, geschaffen, so dass davon auszugehen ist, dass solche Übertragungen von Konzerten oder Sportereignissen regelmäßig Werkqualität nach § 2 Abs. 1 Nr. 6 UrhG haben werden. Wird ein Werk der Musik in einem Konzert aufgeführt und von dem Konzert eine filmische Aufzeichnung angefertigt, wird das aufgeführte Werk der Musik lediglich vervielfältigt im Sinne von § 16, nicht aber bearbeitet im Sinne von § 23 (BGH GRUR 2006, 319, 321, Tz. 25 und Tz. 29 – *Alpensinfonie*); das ist aber unabhängig von der Frage zu sehen, ob der filmische Mitschnitt selbst als Filmwerk oder als Laufbild anzusehen ist.

Da es wie bei den Fotografien keine Lücke zwischen dem Werkschutz und dem **208** Schutz über das verwandte Schutzrecht geben kann, ist die Beantwortung der Frage, ob ein Filmwerk vorliegt, im Wege einer **negativen Abgrenzung** vorzunehmen: Alles, was über das reine Laufbild, also die reine Bild- und Bildtonfolge, bei der sich die erbrachte Leistung in Organisation und Finanzierung erschöpft, hinausgeht und somit gestalterische Elemente erkennen lässt, ist

Filmwerk und nach § 2 Abs. 1 Nr. 6 UrhG zu schützen (Loewenheim/*Axel Nordemann* § 9 Rn. 176 f.; zu Lichtbildwerken vgl. Rn. 199; zu wissenschaftlichen Sprachwerken ähnlich OLG Nürnberg GRUR-RR 2001, 225, 226 f. – *Dienstanweisung*).

209 Soweit **kurze Ausschnitte** aus Filmen betroffen sind, die eigentlich insgesamt als Filmwerk anzusehen sind, gelten die Grundsätze für den Schutz von Werkteilen (vgl. Rn. 51), d. h. der Filmausschnitt, der übernommen worden ist, muss für sich betrachtet mehr als ein bloßes Laufbild darstellen, also gestalterische Elemente besitzen, die auch den kurzen Ausschnitt als Filmwerk erscheinen lassen (wie beispielsweise bei OLG Hamburg GRUR 1997, 82, 825 – *Edgar-Wallace-Filme*). Dabei gibt es keine bestimmbare Grenze im Sinne einer Mindestlänge oder Vergleichbarem, die eine Bestimmung ermöglichen würde, weil auch in sehr kurzen Filmausschnitten schon Gestaltungselemente eines Filmwerks enthalten sein können. Je kürzer allerdings ein Filmausschnitt ist, um so eher wird er lediglich ein Laufbild im Sinne von § 95 sein; bei Ausschnitten aus Spielfilmen wird eher auch in kurzen Ausschnitten Werkqualität zu erblicken sein, bei Ausschnitten aus Dokumentarfilmen liegt auch bei längeren Ausschnitten noch nahe, von einem Laufbild auszugehen.

7. **Darstellungen wissenschaftlicher oder technischer Art, wie Zeichnungen, Pläne, Karten, Skizzen, Tabellen und plastische Darstellungen** (§ 2 Abs. 1 Nr. 7)

210 a) **Einordnung:** Die Werkkategorie der **Darstellungen wissenschaftlicher oder technischer Art** ist dadurch gekennzeichnet, dass sie der Informations- oder Wissensvermittlung über einen dargestellten Gegenstand in den Bereichen der Technik dient (KG GRUR-RR 2002, 91, 92 – *Tabellen zum Erlernen des Tastaturschreibens*; Wandtke/Bullinger/*Bullinger*[2] § 2 Rn. 123). Erforderlich ist die Vermittlung von Information im Sinne einer Belehrung oder Unterrichtung durch grafische oder räumliche Darstellung, wobei die Begriffe der Wissenschaft und Technik weit auszulegen sind (KG GRUR-RR 2002, 91, 92 – *Tabellen zum Erlernen des Tastaturschreibens*; OLG Köln ZUM 1999, 404, 408 – *Overlays*; OLG München GRUR 1992, 510, 510 – *Rätsel*; Schricker/ *Loewenheim*[3] § 2 Rn. 192; Wandtke/Bullinger/*Bullinger*[2] § 2 Rn. 124). Darstellungen wissenschaftlicher oder technischer Art können der zeichnerische Teil von DIN-Normen, Karten, Stadtpläne, Konstruktions- und andere technische Zeichnungen, Bildzeichen und Piktogramme, Baupläne und Flughafenpläne, Benutzeroberflächen von Computerprogrammen, Fotografien, wissenschaftliche Schaubilder, medizinische, biologische oder mathematische Modelle, aber auch Tabellen sein; Einzelfälle vgl. ab Rn. 214.

211 Darstellungen wissenschaftlicher oder technischer Art müssen Informationen im Sinne einer Belehrung oder Unterrichtung vermitteln, und zwar mit dem Ausdrucksmittel der **grafischen oder räumlichen Darstellung** (BGH GRUR 1993, 34, 35 – *Bedienungsanweisung*; KG GRUR-RR 2002, 91, 92 – *Tabellen zum Erlernen des Tastaturschreibens*). Dies bedeutet, dass die Einordnung in den Schutz nach Nr. 7 einerseits von der Art der Darstellung und andererseits von ihrem Zweck abhängt: Ein der Belehrung und der Unterrichtung auf dem Gebiet der Wissenschaft oder Technik dienender Text kann nur ein Sprachwerk sein und unterfällt deshalb der Nr. 1 (vgl. Rn. 118); eine Zeichnung kann jedoch, je nach dem, zu welchem Zweck sie entstanden ist, in drei unterschiedliche Werkkategorien fallen: Ist sie „zweckfrei" entstanden, ist sie den Werken der bildenden Kunst gem. Nr. 4 Alt. 1 zuzuordnen (vgl. Rn. 190); dient die

Zeichnung einem Gebrauchszweck und soll sie zudem das ästhetische Empfinden ansprechen, wäre sie als Werk der angewandten Kunst aufzufassen und unterfiele Nr. 4 Alt. 2 (vgl. Rn. 172); dient sie schließlich der Vermittlung eines belehrenden oder unterrichtenden Inhalts, wäre sie den Darstellungen wissenschaftlicher oder technischer Art gem. Nr. 7 zuzuordnen.

b) Individualität: Die Individualität einer Darstellung wissenschaftlicher oder **212** technischer Art kann sich immer nur aus der Darstellung, von Form und Art der Sammlung, Einteilung und Anordnung des verwendeten Materials sowie schließlich auch aus der Gesamtkonzeption ergeben, mit der durch die individuelle Auswahl des Dargestellten und die Kombination von (regelmäßig bekannten) Methoden gestaltet worden ist; der dargestellte Gegenstand selbst, also der wissenschaftliche oder technische Inhalt, bleibt ebenso frei wie die zugrunde liegende Lehrmethode und kann somit bei der Ermittlung der Individualität auch nicht berücksichtigt werden (BGH GRUR 1998, 916, 917 – *Stadtplanwerk*; BGH GRUR 1976, 434, 435 – *Merkmalklötze*; KG ZUM-RD 2001, 84, 86 – *Tabellen zum Erlernen des Tastaturschreibens*; OLG Hamm GRUR 1980, 287, 288 – *Prüfungsformulare*; Loewenheim/*Gernot Schulze* § 9 Rn. 194; Schricker/*Loewenheim*³ § 2 Rn. 194).

c) Gestaltungshöhe: Erzeugnissen dieser Werkart hat schon das Reichsgericht **213** urheberrechtlichen Schutz nur dann versagt, wenn Gedanken, Inhalt und Formgebung durch die Verhältnisse so unmittelbar vorgegeben gewesen sind, dass von verschiedenen Verfassern im Wesentlichen das gleiche Ergebnis zu erwarten war (RG GRUR 1943, 356, 358 m.w.N. aus seiner älteren Rechtsprechung). Auch der Bundesgerichtshof stellt im Bereich des § 2 Abs. 1 Nr. 7 ausdrücklich **geringe Anforderungen** an die Schutzfähigkeit; danach reicht es aus, dass eine individuelle Geistestätigkeit in der Darstellung zum Ausdruck kommt, mag auch das Maß an Eigentümlichkeit, an eigentümlicher Prägung gering sein; die kleine Münze genießt somit uneingeschränkt Schutz (BGH GRUR 2005, 854, 856 – *Karten-Grundsubstanz*; BGH GRUR 1998, 916, 917 – *Stadtplanwerk*; BGH GRUR 1993, 34, 35 – *Bedienungsanweisung*; BGH GRUR 1991, 529, 530 – *Explosionszeichnungen*). Das entspricht der von uns in Rn. 37 ff. generell für alle Werkarten für zutreffend gehaltenen Schutzuntergrenze. Dabei ist es nicht erforderlich, dass dem Urheber einer Darstellung wissenschaftlicher oder technischer Art ein großer Gestaltungsfreiraum zur Verfügung gestanden hat; auch dann, wenn der Gestaltungsfreiraum sehr eng begrenzt gewesen ist – wie etwa bei einer Katasterkarte – darf kein zu enger Maßstab an die urheberrechtliche Schutzfähigkeit angelegt werden und ist demgemäß bei einer eigentümlichen Gestaltung Urheberrechtsschutz zuzuerkennen (BGH GRUR 1998, 916, 917 – *Stadtplanwerk*).

d) Einzelfälle: Bildzeichen und **Piktogramme** sind geschützt, wenn sie eine vom **214** bisher üblichen abweichende, individuell geprägte Gestaltung aufweisen (OLG Braunschweig GRUR 1955, 205, 206 – *Hamburg geht zu E...*; OLG Frankfurt Schulze OLGZ 201, 6 – *Kunstszene Frankfurt am Main*; Schweiz. BG GRUR Int. 1984, 539, 539 – *Stadtplan Zürich*; Beispiele bei *Gernot Schulze* S. 249 ff.).

Computergrafiken können, soweit sie der Belehrung und Unterrichtung die- **215** nen, ebenfalls nach der Nr. 7 Schutz genießen, aber auch nach der Nr. 4, wenn sie „zweckfrei" als Werke der bildenden Kunst aufzufassen sind oder als Werk der angewandten Kunst einem Gebrauchszweck dienen sollen (zur Unterscheidung bildender Kunst und angewandter Kunst vgl. Rn. 139; OLG Hamm GRUR-RR 2005, 73, 74 – *Web-Grafiken* mit Einordnung als Werke der bildenden Künste, Schutz allerdings verneint, weil Fotografien lediglich im Rahmen normalen handwerklichen Könnens verfremdet worden seien).

216 **Daten** können zwar Datenbankwerken und einfachen Datenbanken zum Schutz nach § 4 und § 87a ff. verhelfen, sind jedoch selbst regelmäßig nicht urheberrechtlich geschützt, weil Daten für sich keinen Werkcharakter aufweisen; denn die Ausdrucksform beispielsweise einer Zahl erschöpft sich regelmäßig in ihrem gedanklichen Inhalt, ohne ein Gestaltungselement zu besitzen (OLG Hamburg GRUR 2000, 319, 320 – *Börsendaten*). Dennoch kann eine Datenbank auch geschützt sein gegen die Entnahme einzelner Daten, nämlich dann, wenn die entnommenen Daten entweder einen wesentlichen Teil der Datenbank darstellen oder unwesentliche Teile entnommen werden und dies einer normalen Auswertung der Datenbank zuwiderläuft oder die berechtigten Interessen des Datenbankherstellers unzumutbar beeinträchtigt (§ 87b Abs. 1 S. 2; vgl. dort Rn. 5, 21 ff.).

217 Bei **Fahrscheinen** wurde Werkqualität verneint (BGH GRUR 1959, 251, 252 – *Einheitsfahrschein*).

218 **Fahr- und Flugpläne** lassen in der Regel zu wenig Spielraum für eine individuelle Gestaltung und bleiben daher im Normalfall ungeschützt (OLG Hamburg UFITA 51 [1968], 383, 391 f. – *Flugpläne*).

219 **Grafische Darstellungen im Rahmen von Computerprogrammen**, die der Vermittlung von Informationen über einen dargestellten Gegenstand dienen, sind ebenfalls dem Schutz als Darstellungen wissenschaftlicher oder technischer Art zugänglich, beispielsweise sogenannte „Overlays" in einer computergestützten Planungs- und Verkaufshilfe für Büromöbelprogramme (OLG Köln ZUM 1999, 404, 408 – *Overlays*).

220 **Landkarten und Stadtpläne** sind von der Rechtsprechung stets als geschützt anerkannt worden, wobei darauf hinzuweisen ist, dass die schöpferischen Züge eines Stadtplanes oder einer Landkarte in der Gesamtkonzeption (Farbgebung, Beschriftung oder Symbolgebung) liegen können, aber nicht müssen; auch dann, wenn die Gesamtkonzeption der Gestaltung keine schöpferischen Züge aufweist, wie dies beispielsweise bei der Erarbeitung eines einzelnen topografischen Kartenblatts der Fall sein kann, können dem Urheber noch für die Erreichung des Urheberrechtsschutzes genügend große Spielräume verblieben sein (BGH GRUR 2005, 854, 856 – *Karten-Grundsubstanz*; BGH GRUR 1998, 916, 917 – *Stadtplanwerk*; BGH GRUR 1988, 33, 35 – *topografische Landeskarten*; BGH GRUR 1965, 45, 46 – *Stadtplan*; OLG Frankfurt GRUR 1988, 816, 817 – *Stadtpläne*; vgl. a. Schweiz. BG GRUR Int. 1984, 539 – *Stadtplan Zürich*). Geschützt sind auch die Vorstufen und Entwürfe zu kartografischen Gestaltungen, auch wenn diese für Verbraucher noch nicht benutzbar sind (BGH GRUR 2005, 854, 856 – *Karten-Grundsubstanz*).

221 **Lehr- und Lernmittel** fallen meist schon unter § 2 Abs. 1 Nr. 1 oder Nr. 4. Sie erfüllen, soweit Nr. 7 einschlägig ist, regelmäßig die Anforderungen an den Werkschutz (*Wilhelm Nordemann* NJW 1970, 881). Für ein Lernspiel zur Mengenlehre aus Dreiecken, Quadraten und Kreisen in verschiedenen Größen und Farben hat BGH GRUR 1976, 434, 435 – *Merkmalklötze* die Werkqualität allerdings zu Unrecht verneint (vgl. Rn. 213).

222 **Merkblätter** und andere belehrende Drucksachen werden ebenfalls normalerweise in ihren grafischen Elementen nach der Nr. 7 geschützt sein, zumindest als kleine Münze; ihre sprachlichen Bestandteile unterfallen der Nr. 1 (OLG Nürnberg GRUR 2002, 607, 607 – *Merkblätter für Patienten*).

Die zeichnerischen Teile von **Patentanmeldungen** werden zumindest als kleine **223** Münze regelmäßig Schutz genießen, weil der Erfindungsgegenstand normalerweise genügend Freiraum für eine zeichnerische Darstellung bieten wird; zum Schutz von Patentanmeldungen als wissenschaftliche Schriftwerke vgl. Rn. 93.

Plastische Darstellungen, also medizinische Modelle oder solche für den na- **224** turwissenschaftlichen Unterricht sind ebenfalls im Regelfall geschützt (*Gernot Schulze* S. 253 f.; Schricker/*Loewenheim*[3] Rn. 134).

Entsprechendes gilt für **Schaubilder** (LG Berlin Schulze LGZ 125, 3 f.). **225**

Tabellen können zwar grundsätzlich Darstellungen wissenschaftlicher oder **226** technischer Art nach Nr. 7 sein; sind sie jedoch über die Informationen, die sie enthalten, und die für eine Tabelle üblichen Gestaltungselemente hinaus nicht individuell gestaltet worden, genießen sie auch nicht als kleine Münze Schutz (KG GRUR-RR 2002, 91, 92 – *Tabellen zum Erlernen des Tastaturschreibens*; OLG Köln ZUM-RD 1998, 547, 551 – *statistische Durchschnittsberechnung bezüglich Honorarabrechnung von Ärzten*).

Bestandteile von Web-Seiten können Darstellungen wissenschaftlicher oder **227** technischer Art im Sinne der Nr. 7 sein, aber auch Schriftwerke, Werke der bildenden Kunst, Werke der angewandten Kunst, Lichtbildwerke oder Datenbanken beinhalten; sie können auch insgesamt als Multimediawerke anzusehen sein (vgl. Rn. 116 und 231).

Darstellungen nach Nr. 7 im Bereich der **Werbung** sind im Einzelfall als **228** geschützt angesehen worden (BGH GRUR 1987, 360, 362 – *Werbeflächen*; anders OLG Hamburg UFITA 59 [1971], 297, 302 ff. – *Werbeinformation*); vgl. auch Rn. 117.

Zeichnungen haben in der Regel Werkqualität (BGH GRUR 2000, 226, 226 – **229** *Planungsmappe*; BGH GRUR 1993, 34, 35 – *Bedienunsanweisung*; BGH GRUR 1991, 529, 531 – *Explosionszeichnungen*; BGH GRUR 1985, 129, 130 – *Elektrodenfabrik*; BGH GRUR 1956, 284, 284 – *Rheinmetall-Borsig II*; OLG Hamm GRUR 1989, 501, 501 f. – *Sprengzeichnungen*; OLG Frankfurt GRUR 1989, 589, 589 f. – *Eiweißkörper*; LG München I GRUR 1989, 503, 503 f. – *BMW-Motor*; ÖstOGH GRUR Int. 1984, 43 – *Segelyacht*; anders BGH GRUR 1979, 464, 465 – *Flughafenpläne*; OLG München OLGZ 219, 5 – *Segelyacht Miranda*; OLG München ZUM 1994, 728, 729 – *Schemazeichnungen*; OLG Hamm GRUR 1981, 130, 130 f. – *Preislisten-Druckvorlage*).

8. Nicht genannte Werkarten

Der Werkkatalog des § 2 Abs. 1 ist nicht abschließend („insbesondere"), so **230** dass auch andere, dort nicht genannte Werkarten urheberrechtlichen Schutz genießen können (vgl. Rn. 11 und Loewenheim/*Hoeren* § 2 Rn. 261; Schricker/*Loewenheim*[3] § 2 Rn. 74).

a) Multimediawerke: Multimediawerke verknüpfen Text, Ton, Bilder, Daten, **231** Computerprogramme, Filme und oft auch Musik mittels digitaler Techniken zu einem Gesamtkunstwerk, das im Einzelfall, aber nicht immer auf den Betrachter und Hörer wie ein Filmwerk wirken kann, aber jedenfalls anders als ein Filmwerk geschaffen wird und deshalb in die nicht genannten Werkarten einzustufen ist (Dreier/Schulze/*Schulze*[2] § 2 Rn. 243; Loewenheim/

Hoeren § 9 Rn. 264 ff.; Wandtke/Bullinger/*Bullinger*[2] § 2 Rn. 143). Bei einer grundsätzlich niedrigen Schutzuntergrenze genießt auch die kleine Münze der Multimediawerke einschränkungslos Schutz (Wandtke/Bullinger/*Bullinger*[2] § 2 Rn. 143). Beispiele für Multimediawerke sind etwa Multimedialexika auf CD-ROM, interaktive Computerspiele, aber auch Internet-Homepages.

232 b) **Fernsehshows:** Das **Format einer Fernsehshow** ist ebenso wie ein Multimediawerk nicht eindeutig unter eine der sieben Werkkategorien des § 2 Abs. 1 UrhG subsumierbar. Der BGH definiert das Format einer Fernsehshow als die Gesamtheit aller ihrer charakteristischen Merkmale, die geeignet sind, die Folgen der Show ungeachtet ihres jeweils unterschiedlichen Inhalts als Grundstruktur zu prägen und damit zugleich dem Publikum zu ermöglichen, sie ohne weiteres als Teil einer Sendereihe zu erkennen (BGH GRUR 2003, 876, 877 – *Sendeformat* m. Anm. *v. Berking* GRUR 2004, 109; *Heinkelein und Fey* GRUR Int. 2004, 378, 384 f.). Das Format einer Fernsehshow kann zwar eine Vielzahl von Gestaltungselementen besitzen, die auf individueller geistiger Tätigkeit beruhen; ein Urheberrechtsschutz für Fernsehshowformate kommt jedoch dennoch grundsätzlich nicht in Betracht, weil Gegenstand des Urheberrechtsschutzes nur das Ergebnis der schöpferischen Formung eines bestimmten Stoffes sein kann, Fernsehformate aber Vorgaben darstellen, anhand derer gleichartige andere Stoffe erst noch gestaltet werden sollen (BGH GRUR 2003, 876, 878 – *Sendeformat*). Das **Konzept für eine Fernsehshow** kann allerdings urheberrechtlichen Schutz genießen (OLG München ZUM 1999, 244, 246 f. – *Augenblick*; Loewenheim/*Axel Nordemann* § 9 Rn. 33), wenn sie eine stoffliche Gestaltung enthält. **Fernsehserien** sind ebenfalls normalerweise urheberrechtlich geschützt, weil sie durch eine sich fortlaufende entwickelnde Handlung gekennzeichnet sind, die maßgeblich von dem Beziehungsgeflecht der auftretenden Personen und dem Milieu, dem diese zugeordnet werden, geprägt sind; letztendlich liegt Fernsehserien also eine Fabel zugrunde, die nach den allgemeinen Grundsätzen zum Schutz solcher Sprachwerke urheberrechtlichen Schutz genießen kann (BGH GRUR 2003, 876, 878 – *Sendeformat*), und zwar auch als kleine Münze. S. zum Schutz von **Fernsehsendungen** im Übrigen *Degmair* GRUR Int. 2003, 204, 205; *Berking* S. 213 f.; *Holzporz* S. 22; *Litten* MMR 1998, 412; *Lausen* S. 14 f.; *v. Have/Eickmeier* ZUM 1994, 269, 269 f.).

233 c) **Werbekonzepte:** Ob **Werbekonzepte** urheberrechtlichen Schutz genießen können, ist umstritten (dafür: maßgeblich *Schricker* GRUR Int. 2004, 923, 925 ff. und GRUR 1996, 815, 823 f.; ihm folgend Dreier/Schulze/*Schulze*[2] Rn. 244; Möhring/Nicolini/*Ahlberg*[2] Rn. 23; vermittelnd *Sosnitza* ZUM 1999, 631, 637 ff.; dagegen *Hertin* GRUR 1997, 799, 804 ff., insb. 815; *Schack*[2] Rn. 219). Richtigerweise wird man wohl differenzieren müssen: Die Werbeidee, die Werbemethode, der Werbestil oder eine bestimmte Werbetechnik dürfen entsprechend dem urheberrechtlichen Grundsatz, das Methode, Stil, Manier und Technik frei bleiben müssen, nicht für die Begründung eines urheberrechtlichen Schutzes von Werbekonzepten herangezogen werden; sie bleiben frei (so auch *Schricker* GRUR Int. 2004, 923, 927). Allerdings können Werbekonzepte sehr wohl individuell geprägt sein und vor allem dann urheberrechtlichen Schutz genießen, wenn über die bloße Idee hinausgehend ein schriftliches oder bildhaftes Konzept erarbeitet worden ist, aus dem – vergleichbar einem Exposé oder Treatment beim Film – der Ablauf der Werbekampagne oder der einzelnen Werbemaßnahme, die Zusammenstellung der einzelnen Werbemaßnahmen und ihre Reihenfolge, Mitwirkende, zu verwendende Botschaften, Handlungsabläufe von Werbespots oder Werbeaktionen und Vergleichbares dargestellt werden (ähnlich *Sosnitza* ZUM 1998, 631, 638; s.a. *Schricker* GRUR Int. 2004, 923, 925).

d) **Schemata:** Das **Gliederungsschema eines Briefmarkenkatalogs,** also das von **234** dem Briefmarkenkatalog, der ein Sammelwerk im Sinne von § 4 darstellen kann (vgl. § 4 Rn. 10 ff., 22, 27), losgelöste Gliederungssystem wird regelmäßig nicht ausreichend schöpferisch sein, wenn lediglich altbekannten Gliederungssystemen gefolgt wurde (OLG München ZUM-RD 2003, 306, 310 – *Briefmarkenkatalog*). Ohnehin wird man bei Gliederungssystemen davon ausgehen müssen, dass Idee, Lehre und vorbekannte Gliederungssystematiken grundsätzlich frei bleiben, so dass ein Schutz für das System als solches kaum jemals in Frage kommen wird. Zu unterscheiden ist hiervon allerdings das auf der Basis des Gliederungssystems entstandene wissenschaftliche Sprachwerk (§ 2 Abs. 1 Nr. 1) oder Sammelwerk (§ 4), das selbstverständlich einem Urheberrechtsschutz regelmäßig zugänglich ist, wenn in der Formulierung, der Darstellung oder der Auswahl, Einteilung und Anordnung des Stoffes Individualität liegt (vgl. Rn. 212 f. sowie § 4 Rn. 12 f.).

V. Prozessuales

1. Prüfung der Schutzfähigkeit

Der Werkbegriff des Abs. 2 ist ein **unbestimmter Rechtsbegriff,** der der Aus- **235** füllung und Konkretisierung im Einzelfall entweder in tatsächlicher oder in rechtlicher Hinsicht bedarf. Ob eine Schöpfung ein urheberrechtlich geschütztes Werk ist, kann deshalb – innerhalb des vom Gesetz vorgegebenen einheitlichen Rahmens – noch in der Revisionsinstanz nachgeprüft werden (BGH GRUR 1961, 635, 637 – *Stahlrohrstuhl I*; BVerwG NJW 1966, 2374, 2376 – *Die Rechnung ohne den Wirt*). Der Bundesgerichtshof macht von diesem Recht auch regelmäßig Gebrauch (aktuell nur BGH GRUR 2005, 854, 855 – *Karten-Grundsubstanz*; BGH GRUR 2004, 855, 856 – *Hundefigur*; BGH GRUR 2003, 876, 877 f. – *Sendeformat*; BGH GRUR 2002, 958, 959 – *technische Lieferbedingungen*). Allerdings besitzt die Beurteilung der Rechtsfrage, ob ein potentielles Werk eine persönliche geistige Schöpfung gem. § 2 beinhaltet oder nicht, eindeutig eine **Tatsachengrundlage:** Die schöpferischen Elemente des Werkes, die zur Beurteilung des urheberrechtlichen Schutzes herangezogen werden müssen, der vorbekannte Formenschatz und auch das Können des Durchschnittsgestalters sowie die Frage, ob es deutlich überragt wurde, sind tatsächliche Voraussetzungen, die Subsumtion unter die Tatbestandsmerkmale des § 2 dann die Rechtsanwendung. Die Feststellung der tatsächlichen Voraussetzungen ist den Instanzgerichten vorbehalten; sie unterliegen auch der Parteidisposition und können unstreitig gestellt werden (BGH GRUR 1991, 533, 533 – *Brown Girl II*). Die Rechtsanwendung unterliegt allerdings der Amtsprüfung und ist damit der Parteidisposition entzogen (BGH GRUR 1991, 533, 533 – *Brown Girl II*; Dreier/Schulze/*Schulze*[2] Rn. 69). Es ist deshalb auch nicht möglich, das Erreichen der Gestaltungshöhe vertraglich zu vereinbaren oder unstreitig zu stellen; zwar kann der Beklagte oder Antragsgegner jederzeit den Tatsachenvortrag des Klägers oder Antragstellers unstreitig stellen, jedoch muss der Kläger oder Antragsteller genügend Tatsachen für das Erreichen der Gestaltungshöhe vorgetragen haben, da die Beurteilung, ob die Gestaltungshöhe erreicht ist und damit ein Urheberrechtsschutz vorliegt, wie erwähnt der Amtsprüfung unterliegt und somit der Parteidisposition entzogen ist. Im Vertragsverhältnis ist es allerdings möglich, die entsprechende Anwendbarkeit des Urheberrechts für den Fall des Fehlens eines urheberrechtlichen Schutzes vertraglich zu vereinbaren, insbesondere eine detaillierte Nutzungsvereinbarung mit Bestimmungen zu Nutzungsart, Nutzungsumfang, Nutzungszweck und zu zahlender Vergütung für diesen Nutzungsumfang zu treffen; der Vergütungsanspruch besteht dann unabhängig von der Schutzfähigkeit des Vertragsgegenstands (KG ZUM 2005, 230, 231 – *m. Anm. Boddien; Huon/Härting* ITRB 2006, 266, 267). Solche Vereinbarungen wirken dann allerdings nur *inter partes* und entfalten – anders als das Urheberrecht – keine (dingliche) Wirkung gegenüber Dritten (zur dinglichen Wirkung des Urheberrechts vgl. Vor §§ 28 ff. Rn. 2, 24 und Vor §§ 31 ff. Rn. 32, 62 ff.).

2. Darlegungs- und Beweislast

236 Für die Frage der Beweislast im Hinblick auf die Schutzfähigkeit des Werkes folgt die Rechtsprechung zwar den allgemeinen Regeln des Zivilprozessrechts, sieht allerdings einige Erleichterungen zugunsten des Urhebers vor, um ihn nicht zu überfordern: Der Kläger muss grundsätzlich beweisen, dass das Werk, auf das er seine Klage stützt, urheberrechtlich schutzfähig ist; dazu gehört grundsätzlich die konkrete Darlegung der die Urheberrechtschutzfähigkeit begründenden Elemente sowie die Einhaltung des gebotenen Abstandes zum vorbekannten Formengut (BGH GRUR 1991, 449, 450 – *Betriebssystem*; BGH GRUR 1981, 820, 822 – *Stahlrohrstuhl II*; BGH GRUR 1974, 740, 741 – *Sessel*). Allerdings wird der Urheber dem regelmäßig schon dadurch nachkommen, dass er **das Werk vorlegt** (BGH GRUR 1981, 820, 822 – *Stahlrohrstuhl II*). Wer sich zur Verteidigung auf vorbekanntes Formengut beruft, muss dies durch Vorlage von konkreten Entgegenhaltungen darlegen und hierfür Beweis antreten (BGH GRUR 2002, 958, 960 – *technische Lieferbedingungen*; BGH GRUR 1991, 531, 533 – *Brown Girl I*; BGH GRUR 1981, 820, 822 – *Stahlrohrstuhl II*). Die Rechtsprechung möchte so verhindern, dass der Urheber infolge der Schwierigkeit, ästhetisch wirkende Formen überhaupt mit Mitteln der Sprache auszudrücken und den vorbekannten Formenschatz wirklich erschöpfend darzulegen, überfordert wird (BGH GRUR 1991, 449, 450 – *Betriebssystem*; BGH GRUR 1981, 820, 822 – *Stahlrohrstuhl II*). Sind die schöpferischen Elemente eines Werkes allerdings nicht „mit dem bloßen Auge" erkennbar, vermittelt sich der urheberrechtliche Schutz also nicht aufgrund einer Betrachtung des Objektes, sondern erschließt sich erst infolge weiterer Erkenntnisse, muss der Kläger eine verständliche Beschreibung der schöpferischen Elemente liefern, die dem Richter eine Beurteilung der urheberrechtlichen Schutzfähigkeit ermöglicht; dies wird insbesondere bei Computerprogrammen regelmäßig notwendig sein (BGH GRUR 1991, 449, 450 f. – *Betriebssystem*).

237 Die Anforderungen an die Darlegungslast hängen weiter auch von der **Zielsetzung der geltend gemachten Ansprüche** ab: Wo die Urheberrechtsverletzung in einer Vervielfältigung gesehen wird, wird eine Herausarbeitung aller einzelnen schöpferischen Elemente regelmäßig entbehrlich sein, wenn der Gesamteindruck des Werkes einen bestehenden Urheberrechtschutz ergibt (BGH GRUR 1991, 449, 451 – *Betriebssystem*); wo allerdings Schutz gegenüber einer Bearbeitung begehrt wird oder nur ein Werkteil entnommen wurde, müssen gerade die schöpferischen Elemente dargelegt und herausgearbeitet werden, die konkret übernommen worden sein sollen (BGH GRUR 1991, 533, 534 – *Brown Girl II*; BGH GRUR 1988, 812, 814 – *Ein bisschen Frieden*). Es kommt deshalb zwar häufig, aber eben nicht immer auf den **Gesamteindruck** an, den das Werk hervorruft; steht nur die Übernahme einzelner Elemente bzw. von Werkteilen in Streit, sind diese einzeln zu betrachten (deshalb wohl zu weit gehend BGH GRUR 1991, 449, 450 – *Betriebssystem*; Dreier/Schulze/*Schulze*[2] § 2 Rn. 67).

Schließlich hängen die Anforderungen an die Darlegungs- und Beweislast auch **238** davon ab, welche **Gestaltungshöhe** für die einzelne Werkart gilt und wie weitgehend ein Werk gestaltet wurde: Ist der Schutz der „kleinen Münze" anerkannt und somit die Gestaltungshöhe generell niedrig, wird ohnehin fast immer ein Urheberrechtsschutz vorliegen, zumindest als kleine Münze; sind Werke aus solchen Kategorien umfangreich, „mithin komplex", gestaltet worden, streitet sogar eine tatsächliche Vermutung für ihre Schutzfähigkeit (BGH GRUR 2005, 860, 861 – *Fash 2000*). Je höher allerdings die Schutzhürde der Gestaltungshöhe liegt und je einfacher sich die Gestaltung darstellt, um so mehr muss der Kläger auch vortragen und unter Beweis stellen (Dreier/Schulze/*Schulze*[2] Rn. 71)

Die Anforderungen an die Darlegungs- und Beweislast für die Schutzfähigkeit **239** eines Werkes lassen sich in den folgenden Stufen zusammenfassen:

Bei **niedriger Gestaltungshöhe und komplexen Werken** genügt die Vorlage des **240** Werkes; es spricht dann eine tatsächliche Vermutung für die Schutzfähigkeit, die der Beklagte widerlegen muss (BGH GRUR 2005, 860, 861 – *Fash 2000*). Dies gilt für alle Werkarten, bei denen die kleine Münze einschränkungslos Schutz genießt, also beispielsweise im Bereich der literarischen Sprachwerke, der Computerprogramme (hierfür ausdrücklich BGH GRUR 2005, 860, 861 – *Fash 2000*), der Werke der Musik, bei Werken der bildenden Kunst oder bei Filmwerken.

Bei **niedriger Gestaltungshöhe und normal gestalteten Werken** bestehen je **241** nach Werkart unterschiedliche Anforderungen an die Darlegungs- und Beweislast: Neben der notwendigen Vorlage des Werkes muss der Kläger je nach dem, ob sich die schöpferischen Merkmale des Werkes aufgrund einer Betrachtung des Objektes ergeben oder erst aus weiteren Erkenntnissen erschließen, mehr oder weniger vortragen (Dreier/Schulze/*Schulze*[2] Rn. 71; HK-UrhR/*Meckel* § 2 Rn. 134). Bei Schriftwerken, Werken der bildenden Kunst, Lichtbildwerken oder Filmwerken werden sich die schöpferischen Elemente regelmäßig aus der Betrachtung ergeben, so dass bereits die Vorlage des Werkes normalerweise ausreichend ist. Bei Werken der Musik wird man neben einer Vorlage in Notenschrift auch eine Wiedergabe des Werkes auf einem Tonträger verlangen müssen, bei Computerprogrammen schließlich muss der Kläger eine verständliche Programmbeschreibung, aus der sich die schöpferischen Elemente ergeben, liefern (BGH GRUR 1991, 449, 450 – *Betriebssystem*; BGH GRUR 1981, 820, 822 – *Stahlrohrstuhl II*).

Selbst bei **niedriger Gestaltungshöhe** wird man allerdings in solchen Fällen, wo **242** nur eine **einfache Gestaltung** vorliegt – also ein Werk der „kleinen Münze" – oder sich für den Richter die schöpferischen Besonderheiten des Werkes nicht ohne weiteres aus einer Betrachtung erschließen, eine nähere Darlegung der die Schutzfähigkeit begründenden Elemente sowie auch des Abstandes zum vorbekannten Formenschatz verlangen müssen. Dies kann beispielsweise der Fall sein bei Werken der Popmusik, die ganz häufig als „kleine Münze" an der unteren Grenze zur Schutzfähigkeit liegen (BGH GRUR 1991, 533, 533 f. – *Brown Girl II*; BGH GRUR 1988, 812, 814 – *Ein bisschen Frieden*). **Zu**

Gunsten der GEMA wird allerdings generell vermutet, dass die Werke, an denen sie Rechte wahrnimmt, urheberrechtlich geschützt sind (BGH GRUR 1988, 296, 297 – GEMA-Vermutung IV; BGH GRUR 1986, 66, 67 – GEMA-Vermutung II); infolge der massenhaften Nutzung von Musikwerken und der kollektiven Wahrnehmung der Rechte durch die GEMA wäre eine Einzelfallprüfung der Schutzfähigkeit zu aufwendig (Dreier/Schulze/Schulze[2] Rn. 74).

243 Bei solchen Werkarten schließlich, bei denen die Rechtsprechung grundsätzlich **erhöhte Anforderungen an die Schutzfähigkeit** stellt – wissenschaftliche Sprachwerke (vgl. Rn. 40 und 118) und Werke der angewandten Kunst (vgl. Rn. 146 ff.) – sowie bei solchen Werkarten, bei denen es regelmäßig auch eine Vielzahl nicht-schöpferischer, **rein handwerklicher** Ausführungsformen gibt – wie beispielsweise bei Werken der Baukunst (vgl. Rn. 151) – muss der Kläger im einzelnen darlegen und beweisen, worin die schöpferischen Elemente des Werkes liegen und dass das Können des Durchschnittsgestalters deutlich überragt wurde (wissenschaftliche Sprachwerke, Werke der angewandten Kunst) bzw. sie nicht nur Ergebnis rein handwerklichen oder routinemäßigen Schaffens sind (Bauwerke).

3. Sachverständigengutachten

244 Überall dort, wo der Richter die Frage der Schutzfähigkeit des Werkes nicht aufgrund eigener Sachkenntnis zu beurteilen vermag, muss er ein Sachverständigengutachten einholen (HK-UrhR/ Meckel Rn. 136 f.). Dies ist beispielsweise häufig bei Werken der Popmusik geschehen (BGH GRUR 1991, 533, 533 f. – Brown Girl II; BGH GRUR 1988, 812, 814 – Ein bisschen Frieden), aber auch bei Computerprogrammen meist notwendig (BGH GRUR 1991, 449, 450 f. – Betriebssystem), es sei denn, es läge eine sehr komplexe Gestaltung vor; dann gilt eine tatsächliche Vermutung für die Schutzfähigkeit (vgl. Rn. 240 und BGH GRUR 2005, 860, 861 – Fash 2000). Die Einholung eines Sachverständigengutachtens kann sich gleichwohl im Normalfall nur auf die Feststellung der tatsächlichen Grundlagen beziehen; die rechtliche Bewertung muss der Richter regelmäßig aufgrund seiner eigenen (urheberrechtlichen) Fachkenntnisse selbst vornehmen.

§ 3   Bearbeitungen

[1]Übersetzungen und andere Bearbeitungen eines Werkes, die persönliche geistige Schöpfungen des Bearbeiters sind, werden unbeschadet des Urheberrechts am bearbeiteten Werk wie selbstständige Werke geschützt. [2]Die nur unwesentliche Bearbeitung eines nicht geschützten Werkes der Musik wird nicht als selbstständiges Werk geschützt.

Übersicht

I. Allgemeines

1. Bedeutung, Sinn und Zweck der Norm, systematische Stellung im Gesetz

§ 3 stellt klar, dass Bearbeitungen eines Werkes wie selbstständige Werke **1** geschützt werden, wenn sie persönliche geistige Schöpfungen des Bearbeiters sind; die „Zutaten", die der Bearbeiter dem Originalwerk hinzugefügt hat, müssen also für sich betrachtet den Werkbegriff des § 2 erfüllen. Es handelt sich bei Bearbeitungen nicht um eine eigenständige Werkkategorie oder Werkart, sondern nur um eine bestimmte Form eines Werkes; mithin können auch von jeder Werkart Bearbeitungen vorliegen. Das eigene Urheberrecht des Bearbeiters ist aber lediglich ein **abhängiges Recht**, weil er gem. § 23 für die Veröffentlichung oder Verwertung seiner Bearbeitung – im Ausnahmefall auch schon für die Herstellung – die Zustimmung des Urhebers benötigt (vgl. §§ 23/ 24 Rn. 1 ff. sowie zur systematischen Einordnung der Bearbeitung vgl. Rn. 5 ff.).

2. Früheres Recht

Vor dem Inkrafttreten des UrhG am 1. Januar 1966 stellten § 2 Abs. 1 S. 2 **2** LUG und § 15 Abs. 2 KUG klar, dass auch der Bearbeiterurheber für die von ihm hervorgebrachten Werke Schutz genießt; § 15 Abs. 2 HS. 2 KUG hob außerdem die Abhängigkeit des Bearbeiterurheberrechts von der Einwilligung des Urhebers des Originalwerkes hervor. § 3 sollte insoweit sachlich keine Änderung zum früheren Recht bringen (Begr. zum RegE UrhG BT-Drucks. IV/270, S. 38). § 3 S. 2 ist erst durch die Urheberrechtsnovelle 1985 neu in das Gesetz eingefügt worden (vgl. Rn. 32).

3. EU-Richtlinien

Im Hinblick auf den Werkbegriff ist das Urheberrecht in der Europäischen **3** Union nur stückweise harmonisiert (vgl. § 2 Rn. 7). Die insoweit ergangenen Richtlinien 91/250/EWG zu Computerprogrammen, 93/98/EWG zur Schutzdauer des Urheberrechts (Harmonisierung im Bereich des Werkbegriffs zu Fotografien) und 96/9/EG zu Datenbanken enthalten jeweils keine ausdrücklichen Klarstellungen, dass auch Bearbeitungen von Computerprogrammen, Fotografien und Datenbanken Werkschutz genießen; nach allgemeinen urheberrechtlichen Grundsätzen ist dies jedoch selbstverständlich (Walter/*Walter* Art. 1 Software-RL Rn. 30).

4. Internationales Urheberrecht

4 Gem. Art. 2 Abs. 3 RBÜ genießen Übersetzungen, Bearbeitungen, musikalische Arrangements und andere Umarbeitungen eines Werkes der Literatur oder Kunst den gleichen Schutz wie Originalwerke; sie müssen damit ebenso wie die Originalwerke Werkqualität aufweisen (Nordemann/Vinck/Hertin Art. 2 RBÜ Rn. 4). Art. 2 RBÜ stellt klar, dass das Bearbeiterurheberrecht ein abhängiges ist; der Schutz besteht nur unbeschadet der Rechte des Urhebers des Originalwerks. Die **TRIPS** beziehen über Art. 9 die Art. 1 bis 21 RBÜ vollständig ein, so dass der Schutz der Bearbeitung auch über die TRIPS gewährleistet ist. Das **WUA** schließlich sagt über den Schutz der Bearbeitung nichts. Aus allgemeinen urheberrechtlichen Grundsätzen – die Bearbeitung ist keine eigenständige Werkkategorie oder Werkart, sondern nur eine bestimmte Form eines Werkes (vgl. Rn. 1) – sowie der Erwähnung des Filmwerkes in Art. I WUA, das immer die Bearbeitung vorbestehender Werke beinhaltet (vgl. § 2 Rn. 201), ist jedoch zu schließen, dass auch durch Art. I WUA der Schutz der Bearbeitung gewährleistet wird.

II.   Systematische Einordnung der Bearbeitung

1. Doppelcharakter der Bearbeitung

5 Die Bearbeitung hat gleich in dreifacher Hinsicht eine Art „Doppelcharakter" (ähnlich Schricker/*Loewenheim*[2] Rn. 2, die von „doppelter Regelungsaufgabe" sprechen): Sie **schützt einerseits den Bearbeiter gegenüber Dritten** und gewährt ihm an seiner Bearbeitung das selbe Monopolrecht wie einem Originalurheber, also einschränkungslos alle Urheberpersönlichkeits- und Verwertungsrechte. Andererseits ist das Urheberrecht des Bearbeiters aber ein **abhängiges Recht,** weil der Bearbeiter gem. § 23 für die Veröffentlichung oder Verwertung – teilweise sogar schon für die Herstellung (vgl. §§ 23/24 Rn. 17) – seiner Bearbeitung die Zustimmung des Urhebers des bearbeiteten Werkes benötigt, solange dies noch geschützt ist. Die Reichweite des Bearbeitungsrechts des Originalurhebers gem. § 23 bestimmt zugleich den Schutzumfang des Urheberrechts gegenüber jüngeren Werken; sind sie lediglich als freie Benutzungen des Originalwerkes einzuordnen (§ 24), fallen sie aus dem Bearbeitungsrecht heraus und können frei verwertet werden.

6 Einen Doppelcharakter besitzt die Bearbeitung aber auch noch in anderer Hinsicht: Da es sich bei Bearbeitungen wie erwähnt nicht um eine eigenständige Werkkategorie handelt, ist jede Bearbeitung notwendigerweise einer der in § 2 Abs. 1 genannten Werkkategorien zuzuordnen. Beispiele anhand der beiden wichtigsten und deshalb auch im Gesetz ausdrücklich genannten Fälle der Bearbeitung: Übersetzungen (§ 3) sind zugleich Bearbeitungen gem. § 3 und Sprachwerke i.S.d. § 2 Abs. 1 Nr. 1; **Spielfilme** sind regelmäßig sowohl Bearbeitungen der vorbestehenden Werke wie beispielsweise Roman, Drehbuch, Exposé und Treatment (§ 23 S. 2) als auch Filmwerke gem. § 2 Abs. 1 Nr. 6.

Schließlich besitzt die Bearbeitung auch noch in dritter Hinsicht einen Doppel- **7** charakter: In ihr kommt nämlich sowohl die Individualität der Bearbeitung (ansonsten wäre sie keine persönliche geistige Schöpfung im Sinne von § 2) als auch des bearbeiteten Originalwerkes (ansonsten läge keine Bearbeitung gem. § 23 vor, sondern nur eine freie Benutzung gem. § 24) zum Ausdruck (*Gounalakis* GRUR 2004, 996, 997; *Schack*[2] Rn. 237).

2. Bearbeitung, gemeinfreie Vorlagen und freie Benutzung

Eine Bearbeitung im Rechtssinne setzt voraus, dass ein **schutzfähiges** – nicht **8** unbedingt noch geschütztes – **Originalwerk** bearbeitet wird. Wer aus alltäglichen Briefen, Zeitungsnachrichten oder tatsächlichen Begebenheiten einen Roman gestaltet, ist also nicht Bearbeiter, sondern **Originalurheber**. Bearbeiter ist dagegen auch derjenige, der ein nicht mehr geschütztes Werk bearbeitet, weil auch er auf Basis einer Vorlage arbeitet. Er hat lediglich den Vorteil, seine Bearbeitung ohne Rücksicht auf das vorbestehende Werk auswerten zu können: Solche Bearbeiter, die seine Schöpfung verwenden, kollidieren mit seinem Bearbeiterurheberrecht; greifen sie allerdings auf das ungeschützte Originalwerk zurück und schaffen so eine eigenständige Bearbeitung, kann dies der erste Bearbeiter nicht verhindern, weil die von beiden Bearbeitern verwendete Vorlage gemeinfrei ist. An gemeinfreien Werken können also mehrere Bearbeitungen bestehen, die unabhängig voneinander verwertet werden können.

Keine Bearbeitung im Rechtssinne liegt ferner vor, wenn das Originalwerk **9** lediglich als Anregung zu neuem, selbstständigem Werkschaffen gedient hat, also in **freier Benutzung** verwendet worden ist (§ 24 Abs. 1). Die freie Benutzung hat sich so weit vom Originalwerk entfernt, dass seine Wesenszüge darin verblassen und ein neues, selbstständiges Werk entstanden ist, das ohne Zustimmung des Originalurhebers veröffentlicht und verwertet werden darf (Einzelheiten vgl. §§ 23/24 Rn. 41 ff.). Wer frei benutzt im Sinne von § 24 Abs. 1, bearbeitet also nicht im Sinne der §§ 3, 23; er schafft ein selbstständiges, unabhängiges Werk im Sinne von § 2.

3. Bearbeitung anderer Werkkategorien

Keine Bearbeitung, sondern Originalschaffen ist gegeben, wo ein Werk als **10** Anregung oder Vorlage zu urheberrechtlichem Schaffen in einer anderen Werkgattung benutzt wird, sofern die **Wesenszüge der jeweiligen Werkgattungen grundverschieden** sind: Richard Strauß' Tondichtungen *Till Eulenspiegels lustige Streiche* und *Don Quichotte* waren nicht etwa Bearbeitungen gemeinfreier Sprachwerke, sondern eigenständig geschaffene Musikwerke, weil die Wesenszüge eines Musikwerkes notwendigerweise andere sind als die eines Sprachwerkes, die in einer Komposition kaum erhalten bleiben können. Deshalb stellt beispielsweise zwar das auf einem Roman basierende Libretto einer Oper eine Bearbeitung des Romans dar, nicht aber die Musik; Sprachwerk als Bearbeitung und Musik als eigenständige Schöpfung sind lediglich miteinander im Sinne von § 9 verbundene Werke (vgl. § 9 Rn. 10). Dort, wo allerdings die **gestalterischen Wesenszüge** von einer Werkgattung in eine andere übertragbar sind, sind auch **verschiedene Werkarten untereinander bearbeitungsfähig**. Dies gilt zunächst für solche Werkarten, die Handlungen oder **Geschehensabläufe** beinhalten: So geht schon das Gesetz davon aus, dass ein

Filmwerk gem. § 2 Abs. 1 Nr. 6 normalerweise die Bearbeitung eines Sprachwerkes gem. § 2 Abs. 1 Nr. 1 ist (§ 23 S. 2). Ferner kann ein Sprachwerk auch durch ein pantomimisches Werk bearbeitet werden, weil Handlungen und Geschehnisse aus einem Sprachwerk auch durch Tanzbewegungen, Gebärden und Mimik beispielsweise in einem Ballett, das auf einer Handlung aufbaut, wiedergegeben werden können. Schließlich sind die **bildlichen Künste**, also Werke der bildenden Künste (§ 2 Abs. 1 Nr. 4), Werke der Fotografie (§ 2 Abs. 1 Nr. 5), Filmwerke (§ 2 Abs. 1 Nr. 6) und bildliche Darstellungen wissenschaftlicher oder technischer Art (§ 2 Abs. 1 Nr. 7) **untereinander bearbeitungsfähig**. So kann die Herstellung eines Gemäldes nach einer Skulptur ebenso eine Bearbeitung sein wie nach einem Foto (RGZ 169, 108, 114 – *Lichtbild*; LG München I GRUR 1988, 36, 37 f. – *Hubschrauber mit Damen*; vgl. a. §§ 23/24 Rn. 84).

11 Die **Verfilmung** bearbeitet grundsätzlich mehrere Werkkategorien und ist deshalb sowohl ein **einheitliches Gesamtkunstwerk** (vgl. § 2 Rn. 201 f.) als auch eine Bearbeitung der darin verwendeten Sprach-, Ton- und Bildwerke (zu vorbestehenden Werken bei Filmwerken vgl. § 2 Rn. 202). Ein Filmwerk entsteht allerdings nur, wenn eine individuelle Gestaltung vorliegt (vgl. § 2 Rn. 205); nur dann entsteht auch eine Bearbeitung. Die bloße Filmaufnahme einer Bühnenaufführung oder eines Konzertes mit unbewegter Kamera ist keine Bearbeitung, sondern eine Vervielfältigung (§ 16 Abs. 2) (vgl. § 2 Rn. 207 sowie BGH GRUR 2006, 319, 321 f., Tz. 30 f. – *Alpensinfonie*; Schricker/*Loewenheim*[2] Rn. 10).

12 Daraus, dass die Verfilmung als Bearbeitung insbesondere des zugrunde liegenden Sprachwerkes anerkannt ist, folgt zugleich, dass **Sprachwerke auch durch die anderen bildlichen Werkkategorien bearbeitet** werden können: Ist beispielsweise das Aussehen einer Romanfigur oder eines Handlungsortes in einem Roman mit den jeweiligen charakteristischen Eigenheiten hinreichend konkret und individuell beschrieben, kann die Romanfigur oder der Handlungsort auch dadurch bearbeitet werden, dass sie im Wege der Zeichnung illustriert oder im Wege der (arrangierten) Fotografie visualisiert werden; Voraussetzung ist natürlich jeweils, dass die charakteristischen, den Urheberrechtsschutz begründenden individuellen Merkmale der Vorlage in der Zeichnung oder der Fotografie nicht verblassen, sondern noch erkennbar sind (vgl. § 2 Rn. 102 und OLG München GRUR-RR 2008, 37, 39 – *Pumuckl-Illustrationen II*).

4. Bearbeitung der Bearbeitung

13 Der Bearbeiter ist grundsätzlich Urheber der Bearbeitung. Dabei ist gleichgültig, ob es sich um die Bearbeitung eines Originalwerkes oder um die Bearbeitung einer Bearbeitung eines Originalwerkes handelt; auch der Bearbeiter der dritten und vierten Stufe bleibt Urheber seiner Bearbeitung. Die **Beispiele** hierfür sind Legion: Kafkas berühmtes Werk *Das Schloß*, nach dem Roman einer tschechischen Autorin geschrieben, wurde von Max Brod dramatisiert. Das Drama bildete wiederum die Vorlage für ein Opernlibretto. Aus dem autobiografischen Roman *Die Trapp-Familie* der Baronin Augusta Maria Trapp wurde ein Filmdrehbuch von Georg Hurdalek, das dann seinerseits zur Vorlage für das erfolgreiche Broadway-Musical *The Sound of Music* diente; das Musical wiederum wurde verfilmt.

5. Titelschutz

Die rechtliche Gleichstellung der Bearbeitung mit einem selbstständigen Werk **14** gem. § 3 erstreckt sich auch auf den Kennzeichenschutz des § 5 Abs. 3 MarkenG (vgl. § 2 Rn. 53). Gibt der Bearbeiter oder der Verwerter der Bearbeitung dieser einen vom Original abweichenden Titel, steht ein nach § 5 Abs. 3 MarkenG entstehendes Titelschutzrecht dem Bearbeiter oder seinem Verwerter zu (zur Rechtsinhaberschaft am Werktitel vgl. § 88 Rn. 91 f.). Das folgt zwar nicht daraus, dass ein bearbeiteter Titel des Originalwerkes oder ein ganz neu geschaffener Titel für die Bearbeitung etwa selbstständigen urheberrechtlichen Schutz genießen würde, weil Werktitel aufgrund ihrer Kürze regelmäßig nicht urheberrechtlich geschützt sein werden (vgl. § 2 Rn. 53). Jedoch ergibt sich aus dem Grundgedanken von § 3, dass die Bearbeitung eben wie ein selbstständiges Werk geschützt werden soll, was auf das Werktitelrecht des § 5 Abs. 3 MarkenG, das einen Werkschutz nicht zur Voraussetzung hat, entsprechend anzuwenden ist. Dasselbe folgt im Übrigen auch aus § 5 Abs. 3 MarkenG und der Akzessorietät zwischen Werktitel und zugrunde liegendem Werk: Der Werktitelschutz ist davon abhängig, dass ein konkreter Werktitel im geschäftlichen Verkehr für ein konkretes Werk benutzt wird. Der Werktitel der Bearbeitung wird aber nicht für das Originalwerk, sondern eben für die Bearbeitung benutzt. Der **Titel der Bearbeitung darf deshalb ohne Zustimmung des Bearbeiterurhebers** (oder sonstigen Rechtsinhabers des Titelschutzrechtes) **nicht für andere Verwertungsarten des Originalwerkes verwendet werden** (Beispiele: Der vom Original abweichende Titel der deutschen Übersetzung eines Romans darf nicht ohne Zustimmung für die deutsche Synchronfassung des nach dem Original gedrehten Filmes verwendet werden; der Titel der deutschen Synchronfassung des nach dem Original gedrehten Filmes darf nicht ohne Zustimmung für die später erscheinende deutsche Übersetzung des Originalromans Verwendung finden). Die Begründung, die das Kammergericht seinerzeit für seine abweichende Auffassung (UFITA 30 [1960], 222 – *Und das am Montagmorgen*) gegeben hat, überzeugt insoweit nicht.

III. Tatbestand

1. Persönliche geistige Schöpfung

Bearbeiter im Rechtssinne ist – wie nach § 2 Abs. 2 – nur, wer eine persönliche **15** geistige Schöpfung hervorbringt. Rein handwerkliche Veränderungen eines Originals werden nicht nach § 3 geschützt. Wer kein schutzfähiges Werk, sondern freies Material bearbeitet, ist im Rechtssinne nicht Bearbeiter, sondern Originalurheber (vgl. Rn. 8). Der Bearbeiter kann seine eigene schöpferische Leistung nur dann selbstständig verwerten, wenn das Original nicht mehr geschützt ist; im Übrigen ist er an die Einwilligung von dessen Urheber gebunden (vgl. Rn. 5).

Die Bearbeitung muss von einer natürlichen Person stammen (vgl. § 2 Rn. 21); **16** maschinelle Übersetzungen beispielsweise sind grundsätzlich vom urheberrechtlichen Schutz ausgeschlossen (*Ullmann* FS Erdmann, S. 221, 230 f.). Anders kann dies allerdings dann sein, wenn der Computer lediglich als Hilfsmittel für die Übersetzung eingesetzt wird und der Übersetzer der „Herr" seiner Tätigkeit bleibt (*Ullmann* FS Erdmann, S. 221, 230 f.).

17 Eine **Schöpfung** kann auch im Falle der Bearbeitung nur vorliegen, wo etwas (subjektiv) Neues geschaffen wird, d.h. die Bearbeitung einen geistigen Abstand zum Original herstellt (vgl. § 2 Rn. 26 f.); der Bearbeiter muss also dem Originalwerk etwas Schöpferisches hinzugefügt oder es schöpferisch verändert haben.

2. Gestaltungshöhe

18 Für Bearbeitungen gelten keine eigenen Anforderungen an die Gestaltungshöhe; vielmehr folgen die Anforderungen an die Gestaltungshöhe bei Bearbeitungen denjenigen, die an die zugrunde liegende Werkart zu stellen sind (BGH GRUR 2000, 144, 145 – *Comic-Übersetzungen II*; BGH GRUR 1991, 533, 533 – *Brown Girl II*; BGH GRUR 1972, 143, 144 f. – *Biografie: Ein Spiel*; BGH GRUR 1968, 321, 324 – *Haselnuß*). Ist also für das bearbeitete Originalwerk ein großzügiger Maßstab an den urheberrechtlichen Schutz anzulegen und auch die kleine Münze geschützt, genügt auch für die Bearbeitung gem. § 3 ein geringer Grad individuellen Schaffens (BGH GRUR 2000, 144, 145 – *Comic-Übersetzungen II*; a.A. *Lührig* WRP 2003, 1269, 1284: „muss über Masse des Alltäglichen hinausragen"). Nach diesseitiger Auffassung gilt dies zwar grundsätzlich für alle Werkarten ohne Ausnahmen (vgl. § 2 Rn. 30 ff.). Da die Rechtsprechung jedoch im Bereich der Sprachwerke des täglichen Gebrauchs, der wissenschaftlich-technischen Sprachwerke sowie der Werke der angewandten Kunst hiervon Ausnahmen macht und einen urheberrechtlichen Schutz erst dann gewähren will, wenn das Können eines Durchschnittsgestalters deutlich überragt wird (vgl. § 2 Rn. 60 ff. und 146 ff.), müssen jedenfalls nach der Rechtsprechung auch für Bearbeitungen solcher Werke entsprechende Maßstäbe gelten. Schutz als Bearbeitung von Sprachwerken des täglichen Gebrauchs, von wissenschaftlich-technischen Sprachwerken sowie von Werken der angewandten Kunst kann mithin erst dann entstehen, wenn die Leistung des Bearbeiters das Durchschnittskönnen deutlich überragt. In der Konsequenz der Rechtsprechung müsste also bei diesen Werkarten eine Art „doppeltes Überragen" vorliegen: Schon der Originalurheber muss das Durchschnittskönnen deutlich überragt haben, um für sein Werk urheberrechtlichen Schutz zu erlangen; der Bearbeiter muss dann erneut das Können eines Durchschnittsbearbeiters deutlich überragen, um zu einem Urheberrechtsschutz für seine Bearbeitung zu kommen. Das ist gleichwohl ebenso **unzutreffend** wie das Anlegen höherer Maßstäbe an die zugrunde liegende Werkarten: Der Übersetzer eines wissenschaftlichen oder technischen Sprachwerkes kann regelmäßig ebenfalls nicht rein mechanisch übersetzen, sondern benötigt wie ein literarischer Übersetzer ein besonderes Einfühlungsvermögen und eine gewisse sprachliche Ausdrucksfähigkeit (so BGH GRUR 2000, 144, 144 – *Comic-Übersetzungen II* zum literarischen Übersetzer); er muss das wissenschaftliche oder technische Sprachwerk in lesbarer, verständlicher und genauer Form in eine andere (wissenschaftliche oder technische) Fachsprache übersetzen, was regelmäßig eine individuelle Leistung erfordert, der der urheberrechtliche Schutz nicht versagt werden darf. Voraussetzung ist natürlich auch hier, dass ein Gestaltungsspielraum vorhanden war und dieser auch ausgenutzt worden ist (vgl. § 2 Rn. 40 f.). Denn die rein routinemäßige Bearbeitung ohne vorhandenen Gestaltungsspielraum oder ohne Ausnutzung eines etwa vorhandenen Spielraumes stellt keine persönliche geistige Schöpfung dar und führt nicht zum Erreichen der Gestaltungshöhe (OLG München ZUM 2004, 845, 847 – *Vor meiner Zeit*).

Die Anforderungen an die Gestaltungshöhe bei Bearbeitungen sind entgegen **19**
hM grundsätzlich **nicht davon abhängig, wie individuell das bearbeitete Ori-**
ginalwerk gestaltet worden ist, weil es auf die schöpferische Leistung des
Bearbeiters ankommt und nicht darauf, wie ausgeprägt schöpferisch der
Originalurheber tätig war (ebenso Wandtke/Bullinger/*Bullinger*[2] Rn. 18; a.A.
BGH GRUR 1972, 143, 144 f. – *Biographie: Ein Spiel*; Dreier/Schulze/*Schul-*
ze[2] Rn. 11; Loewenheim/*Hoeren* § 9 Rn. 215; Schricker/*Loewenheim*[2] Rn. 12;
Lührig WRP 2003, 1269, 1283). Die Gegenauffassung beruht möglicherweise
auf einem Missverständnis zwischen dem Schutz der Bearbeitung nach § 3 und
der Abgrenzung zwischen Bearbeitung und freier Benutzung nach §§ 23/24:
Im Rahmen von Letzterer ist es in Anwendung der Blässetheorie des BGH in
der Tat von entscheidender Bedeutung, wie individuell das Originalwerk ist; je
ausgeprägter die Individualität des Originalwerkes ist, um so weiter ist sein
Schutzumfang und um so schwerer wird es für den Bearbeiter, frei zu benutzen,
weil die individuellen Züge des benutzten Originalwerkes sehr viel seltener
verblassen werden als beispielsweise bei Werken der kleinen Münze (vgl.
§§ 23/24 Rn. 49). Dass die für eine schutzfähige Bearbeitung erforderliche
eigene schöpferische Ausdruckskraft bei einem Originalwerk von erheblicher
Eigenprägung schwerer zu erzielen sein soll als bei einem Werk von geringerer
Individualität (so aber BGH GRUR 1972, 143, 144 – *Biographie: Ein Spiel*),
ist eine nur schwer begründbare Behauptung: Höchst individuell gestaltete
Romane erfordern erst Recht, dass der Übersetzer „den Sinngehalt vollständig
erfasst und auch die Zwischentöne des Originals wiedergibt" (BGH GRUR
2000, 144, 144 – *Comic-Übersetzungen II*; *Ullmann* FS Erdmann S. 221,
221 f.). BGH GRUR 2005, 148, 150 – *Oceano Mare* hebt deshalb zu Recht
hervor, dass die Übersetzung das Original in der literarischen Qualität sogar
noch übertreffen könne. **Abzustellen ist mithin allein auf die schöpferische**
Leistung des Bearbeiters; das Originalwerk und seine schöpferische Eigenart
steuern nicht die Anforderungen an die Individualität der Bearbeitungsleistung
(ebenso *Ullmann* FS Erdmann S. 221, 222; Wandtke/Bullinger/*Bullinger*[2]
Rn. 18).

Ob die **unzulässige Entnahme einer Melodie** im Sinne von § 24 Abs. 2 als **20**
Bearbeitung aufzufassen ist und somit die Gestaltungshöhe erreicht oder nur
als (unzulässige) sonstige Umgestaltung ohne eigenständigen Schutz angesehen
werden kann, hängt vom Einzelfall ab (Vorauflage: unzulässige freie Benutzung): Wird die Melodie weitgehend unverändert entnommen und einem
neuen Werk der Musik zugrunde gelegt, liegt Vervielfältigung (§ 16), gegebenenfalls auch andere Umgestaltung (§ 23 S. 1 Alt. 2) vor (vgl. §§ 23/24
Rn. 27 f.); wird die entnommene Melodie verändert, dürfte, solange sie in
dem neuen Werk erkennbar bleibt, Bearbeitung vorliegen (§ 23 S. 1 Alt 1).
§ 24 Abs. 2 enthält mit seinem starren Melodienschutz insoweit lediglich eine
Klarstellung der Abgrenzung zwischen Bearbeitung (§ 23) und freier Benutzung (vgl. §§ 23/24 Rn. 54; s.a. Dreier/Schulze/*Schulze*[2] § 24 Rn. 44); eine
„verbotene freie Benutzung" kann es nicht geben (vgl. §§ 23/24 Rn. 27 f. und
54; a.A. die Vorauflage § 3 Rn. 16 und § 24 Rn. 12).

3.   Beispiele für Bearbeitungen

Bearbeitungen lassen sich in **3 Fallgruppen** einordnen, in denen stets, im **21**
Regelfall und nur ausnahmsweise eine Bearbeitung vorliegt:

a) Stets eigene geistige Leistung des Bearbeiters: Die meisten Formen der **22**
Bearbeitung setzen stets eine eigene geistige Leistung des Bearbeiters voraus.

Hierher gehören insbesondere die Dramatisierung eines Romans und die Episierung eines Bühnenwerkes oder eines Gedichtes, die Umgestaltung eines Romans oder eines Bühnenwerkes zu einem Gedicht, die Fortsetzung eines literarischen Werkes, die Herstellung eines Filmdrehbuchs und dessen Verfilmung, die Umsetzung eines Romans in einen Comic-Strip-Text (OLG Hamburg UFITA 44 [1965], 211 – *Goldfinger*; die Jazz-Improvisation (LG München I ZUM 1993, 432, 432 f.), die Schaffung einer Plastik nach einem Gemälde, eines Gemäldes nach einem Werk der Bau- oder Bildhauerkunst oder einer Schwarz-Weiß-Zeichnung nach einem Gemälde. In diesen Fällen ist, wenn keine freie Benutzung (§ 24) vorliegt, die Bearbeitung stets als persönliche geistige Schöpfung des Bearbeiters geschützt. Stets ist es auch als Bearbeitung anzusehen, wenn einem Filmwerk eine neue Musik unterlegt wird (Schweiz.BG GRUR Int. 1972, 22, 29 – *Goldrausch I*). Das selbe gilt für das Nachstellen des Motivs eines fremden Lichtbildwerks: Ist das Motiv seinerseits schöpferisch gestaltet worden, so ist der zweite Fotograf Bearbeiter (BGH GRUR 2003, 1035, 1037 – *Hundertwasser-Haus*; OLG Köln GRUR 2000, 43, 44 – *Klammerpose*; OGH Wien GRUR Int. 1995, 162, 163 – *Landschaft mit Radfahrern*); trifft das nicht zu, liegt also freie Benutzung vor, ist der Fotograf Originalurheber (OLG Hamburg ZUM-RD 1997, 217, 219 – *Troades*). Zum Schutz des Motivs vgl. §§ 23/24 Rn. 38.

23 **b) In der Regel eigene geistige Leistung des Bearbeiters: Andere Formen der Bearbeitung erfordern wenigstens in der Regel eine eigene geistige Leistung des Bearbeiters,** so die Herstellung einer Übersetzung (vgl. Rn. 19 und § 2 Rn. 114 sowie BGH GRUR 2000, 144, 144 – *Comic-Übersetzungen II*) oder eines Film-Treatments, die Fertigung eines Klavierauszuges zu einem Orchesterwerk, die Schaffung eines Potpourris im weiteren Sinne, das vorgegebene Melodien zwar zur Grundlage hat, sie aber zu einem neuen Klangbild auflöst und verarbeitet (Beispiel: Rheinbergers *Akademische Festouvertüre* oder die Ouvertüre *Flotte Burschen* von Franz von Suppé), im Gegensatz dazu das Potpourri im engeren Sinne, das sich auf die Aneinanderreihung von Musikstücken mit Überleitungen beschränkt und deshalb zur dritten Gruppe gehört (vgl. Rn. 24). Auch die neue Erscheinung der digitalen Bearbeitung von Filmen (Näheres *Reuther* GRUR 1997, 23) erfordert in der Regel eine schöpferische Tätigkeit, vor allem dann, wenn Schwarz-Weiß-Filme koloriert werden, aber auch, wenn Formatanpassungen erfolgen („pan & scan"), die Filmmusik in einen Dolby-Surround-Sound umgestaltet wird oder Bildfehler „repariert" werden. In allen diesen Fällen ist fast stets davon auszugehen, dass eine schutzfähige Bearbeitung vorliegt. Nur wo sich die Übersetzung in einer wörtlichen Übertragung eines ganz einfachen Textes, das Treatment in einem Auszug nach Art einer Inhaltsangabe erschöpft, der Klavierauszug das etwa für kleine Besetzung geschriebene Originalwerk bis in die letzte Begleitnote hinein einfach überträgt oder Bildfehler einfach retuschiert, nicht aber kreativ ausgeglichen werden, ist der Bearbeitungscharakter ausnahmsweise zu verneinen.

24 **c) Einzelfall einer persönlichen geistigen Schöpfung: In der dritten Gruppe der Bearbeitungen kann im Einzelfall eine persönliche geistige Schöpfung vorliegen, ohne dass eine Vermutung dafür bestünde.** Die Zusammenfassung der Kernaussagen einer langen Urteilsbegründung in wenigen Leitsätzen kann, wenn sie gelingt, eine große Leistung sein. Schreibt der Leitsatzverfasser dagegen nur die Kernsätze mehr oder weniger wörtlich ab, gehört dies in den Bereich des Alltäglichen und führt nicht zu einer Bearbeitung (BGH GRUR 1992, 382, 385 – *Leitsätze*: Bearbeitung). Die Instrumentierung einer Melodie kann eine schöpferische Leistung hohen Grades darstellen (Beispiel:

Hector Berlioz' Orchesterbearbeitung des Klavierstücks *Aufforderung zum Tanz* von Carl Maria v. Weber). Dagegen kann landläufige Routinearbeit vorliegen, wenn Orchesterwerke routinemäßig verändert werden (Uminstrumentierungen, Änderungen in der Partitur); nicht jeder Dirigent, der in der Partitur zu *Don Giovanni* „herumverbessert", ist deshalb schon ein Bearbeiter Mozarts. Das selbe gilt für bloße Veränderungen an der Dynamik einer Komposition; sie führen in der Regel nicht zur Annahme einer Bearbeitung (LG Berlin ZUM 1999, 252, 254). Auch wer ein Potpourri durch Aneinanderreihung unveränderter Melodien mit kurzen landläufigen Überleitungen zusammenstellt, die dem üblichen Schema entsprechen, in ihrer Art bekannt und leicht nachvollzogen werden können, vollbringt keine persönliche geistige Leistung. Wer dagegen in der Art der Auswahl und Zusammenstellung von Melodien, in ihrer durch Überleitungen bewirkten Verbindung zu einem harmonischen Ganzen oder in der Färbung des Klangbildes durch Tonart- und Instrumentenwahl etwas Eigenartiges schafft, ist Bearbeiter. Auch in diesen Fällen wird man ein bescheidenes Maß geistig-schöpferischer Tätigkeit genügen lassen müssen, also im Zweifel davon auszugehen haben, dass eine schutzfähige Bearbeitung vorliegt.

4.   Beispiele für Umgestaltungen nicht schöpferischer Art

In den folgenden Fällen der Veränderung oder Umgestaltung eines Werkes liegt **25** in der Regel keine Bearbeitung vor:

a) Herauslösen einzelner Werkteile: Das Herauslösen einzelner Werkteile (z.B. **26** Kürzungen an einem Roman, einem Bühnenstück, einem Film; Streichungen an einer Opernpartitur; Herausstellung von Ausschnitten aus einem Gemälde) stellt regelmäßig nur eine quantitative Verringerung, aber keine qualitative Veränderung des Werkes dar. Die Kürzung eines Drehbuches durch den Regisseur ist daher ebenso wenig als Bearbeitung geschützt wie die gekürzte Veröffentlichung gerichtlicher Entscheidungen (OLG Köln UFITA 87 [1980], 331, 332 f. – *Der 4. Platz*; für Urteile schon *Nordemann/Hertin* NJW 1971, 688 gegen KG UFITA 2 [1929], 557 – *Bearbeitung* und RGZ 121, 357, 364 – *Rechentabellen*; zu Leitsätzen vgl. Rn. 24). Anders ist dies nur dann, wenn durch Streichungen die Aussage des so bearbeiteten Werkes verändert wird (etwa Erwin Piscators Streichungen an Hochhuths *Stellvertreter*). War die *Emser Depesche* ein urheberrechtlich geschütztes Werk, würde ihre Veränderung durch bloße Streichungen Bismarcks keine Bearbeitung gewesen sein. Eine kurze Inhaltsangabe zu einem Werk kann dagegen die Qualität einer Bearbeitung erreichen (OLG Frankfurt GRUR 2008, 249, 250 – *Abstracts*; RGZ 129, 252, 256 – *Operettenführer*). Eine Bearbeitung liegt auch dann vor, wenn ein Zeichner von Figuren eines Kollegen bestimmte charakteristische Einzelheiten und Stilelemente entlehnt und diese seinen eigenen Figuren einfügt (LG Hamburg Schulze LGZ 128, 10). Schließlich kann im Bereich der digitalen Bildbearbeitung das Herausstellen eines bestimmten Bildausschnittes durch ein digitales Ausschneiden Bearbeitung sein, wenn dadurch der Bildausschnitt selbst schöpferisch verändert wird oder überhaupt erst der Schritt vom einfachen Lichtbild zum Lichtbildwerk gelingt (vgl. § 2 Rn. 197).

b) Kopie eines Gemäldes oder einer Skulptur: Die **Kopie** eines Gemäldes oder **27** einer Skulptur, mag sie noch so geschickt gemacht sein, ist eine Vervielfältigung, aber keine Bearbeitung (BGH GRUR 1965, 503, 505 – *Apfel-Madonna*). Auch wer die Partitur eines chinesischen Musikwerks in unsere Notenschrift überträgt, bearbeitet das Werk nicht, sondern vervielfältigt es nur.

Deshalb ist die Aussetzung der nur mit Ziffern angedeuteten Generalbass-stimme in Noten, wie man sie gelegentlich in Neuausgaben von Musikwerken des Barocks findet, keine Bearbeitung; sie verdeutlicht den Willen des Komponisten, ohne sein Werk zu ändern (zur Abgrenzung Komponist/Interpret s. *Overrath* UFITA 29 [1959], 336 ff. und Intergu-Schriftenreihe Heft 11, S. 40 ff.). Ebenso ist ein Metallgießer, der nach Vorlagen des Künstlers die Metallformen für eine Bronzeplastik anfertigt, weder Miturheber noch Bearbeiter (OLG Köln FuR 1983, 348 – *Metallgießer*; vgl. § 8 Rn. 4). Zur Restaurierung eines Bauwerks vgl. § 39 Rn. 34 f.

28 c) **Bloße Änderung von Größenverhältnissen:** Die bloße **Änderung der Größenverhältnisses** eines Werkes ist keine Bearbeitung (BGH GRUR 1965, 503, 505 – *Apfel-Madonna*). Das gleiche gilt für die **Umsetzung von Entwurfszeichnungen in die dreidimensionale Form:** Wer ein Gebäude nach einem Architektenplan errichtet, bearbeitet den Architektenplan nicht, sondern vervielfältigt ihn (BGH GRUR 2003, 231, 234 – *Staatsbibliothek*; BGH GRUR 1999, 230, 231 – *Treppenhausgestaltung*). Das selbe gilt im Fall von Möbeln (OLG Frankfurt GRUR 1998, 141, 143 – *Macintosh-Entwürfe*; Traub UFITA 80 [1977], 159), für die Verwendung anderer Werkstoffe sowie für Änderungen in der Bild-Text-Montage bei Druckwerken (BGH GRUR 1990, 669, 673 – *Bibelreproduktion*), sofern nicht die Layout-Gestaltung ausnahmsweise schöpferische Züge tragen sollte (vgl. § 2 Rn. 171).

29 d) **Neutextierung eines Musikstückes:** Die **Neutextierung** eines Musikstückes, zu dem bisher ein anderer Text vorlag, kann niemals Bearbeitung sein, weil das Musikwerk unverändert bleibt und das mit ihm verbundene Sprachwerk (Text) nicht geändert, sondern ersetzt wird. Es liegt vielmehr eine neue Werkverbindung vor (unzutreffend Deutsch GRUR 1965, 7; dagegen schon *Gast* GRUR 1965, 292 und *Bussmann* FS-Möhring S. 233; s.a. BGH GRUR 1978, 305, 306 – *Schneewalzer*).

5. Werkinterpretationen

30 Keine Bearbeitung ist ferner die bloße Interpretation eines Werkes: Der Vortrag von Schiller-Balladen, mag er noch so sehr von der Persönlichkeit des Vortragenden geprägt sein, ist nur nach § 73 geschützt. Der Weltruhm, den Karajans Aufnahmen der Beethoven Sinfonien genießen, macht den Dirigenten nicht zum Bearbeiter Beethovens. Ebenso wenig konnte ein Sänger durch eine „Modernisierung" der Komposition „Your my heart, your my soul" von Dieter Bohlen über den sogenannten „Falsett-Stil" Bearbeiterurheberrechte erwerben (KG GRUR-RR 2004, 129, 130 – *Modernisierung einer Liedaufnahme*). Wo jedoch über die Interpretation hinaus eine urheberrechtlich relevante Bearbeitung stattfindet, stehen Leistungsschutz und Urheberschutz der Bearbeitung nebeneinander (Schricker/*Loewenheim* Rn. 17). Beispiel: Der Jazzmusiker, der eine Komposition von Louis Armstrong spielt und improvisiert, ist für seinen Vortrag der Armstrong-Komposition ausübender Künstler, für seine Improvisation Bearbeiter-Urheber.

31 Die von einem **Bühnenregisseur** erarbeitete Textfassung ist nach § 3, seine Inszenierung dagegen, mag sie noch so großartig sein, nur nach § 73 geschützt. Bloße Textrevisionen wie kleine Streichungen oder Änderungen oder andere Arbeiten zur Sprachglättung sieht BGH GRUR 1972, 143, 145 – *Biographie: Ein Spiel* nicht als Bearbeitung an (zweifelnd *Dietz* UFITA 72 [1975], 1, 39). Die Literatur zu der Frage, ob und wann der Theaterregisseur Bearbeiter-

Urheber an der von ihm eingereichten Werkfassung ist, ist zahlreich (Dreier/
Schulze/*Schulze* Rn. 23; Loewenheim/*Hoeren* § 9 Rn. 218; Schricker/*Loewenheim* Rn. 18 ff.; Wandtke/Bullinger/*Bullinger* Rn. 26; *Schack* Rn. 219). Maßgeblich muss sein, ob eine *eigene werkschöpferische Leistung* (nicht nur eine
interpretatorische) anzunehmen ist (so mit Recht OLG Köln UFITA 87 [1980],
321, 324 – *Der 4. Platz* und OLG Dresden NJW 2001, 622, 623 – *Die
Cscárdásfürstin*; LG Leipzig ZUM 2000, 331, 333 – *Die Csárdásfürstin*). Zu
beachten ist ferner, dass im Gegensatz zum Bühnenregisseur der **Filmregisseur**
regelmäßig Filmurheber und damit auch zugleich Bearbeiter der vorbestehenden Werke ist (vgl. § 2 Rn. 201); das folgt schon aus § 65 Abs. 2, wo der
Regisseur ausdrücklich als Filmurheber genannt ist (vgl. § 65 Rn. 6).

6.   Unwesentliche Bearbeitung eines Werkes der Musik (Satz 2)

Satz 2 ist durch die Urheberrechtsnovelle 1985 neu in das Gesetz eingefügt **32**
worden. Unwesentliche Bearbeitungen eines musikalischen Werkes (nur eines
solchen), das nicht oder nicht mehr geschützt ist, sollen ihrerseits **keinen
Werkcharakter** haben. Satz 2 enthält damit lediglich eine **Klarstellung**: Unwesentliche Bearbeitungen eines Werkes der Musik, also solche, die nicht schöpferischer Natur sind, werden nicht mit einem Bearbeiterurheberrecht belohnt:
Wer eine Komposition lediglich etwas modernisiert und den Gesangsstil oder
nur die Dynamik verändert, ist kein Bearbeiterurheber (KG GRUR-RR 2004,
129, 130 – *Modernisierung einer Liedaufnahme*; LG Berlin ZUM 1999, 252,
254). Die Vorschrift ist wegen ihrer lediglich klarstellenden Funktion **nicht
verfassungswidrig** (so aber noch die Vorauflage Bem. 26); bestehende Zweifel
lassen sich durch eine verfassungskonforme Auslegung in der vorgenannten
Hinsicht überwinden (ebenso Dreier/Schulze/*Schulze* Rn. 28; Schricker/*Loewenheim* Rn. 27; etwas anders wohl Wandtke/Bullinger/*Marquardt*, die in
Rn. 31 davon sprechen, der Gesetzgeber dürfe Einschnitte in den Eigentumsschutz zu Gunsten der Allgemeinheit vornehmen). Hintergrund der Regelung
ist, dass der Gesetzgeber zugunsten von Heimatvereinen, Trachtengruppen
und anderen volkstümlichen Vereinigungen nur unwesentlich bearbeitete traditionelle Musikstücke von einem Bearbeiterurheberrecht und damit wohl
auch der GEMA-Vermutung (§ 13c UrhWahrnG Rn. 1 f.) freihalten wollte
(Dreier/Schulze/*Schulze* Rn. 28; Loewenheim/*Hoeren* § 9 Rn. 221; Schricker/
Loewenheim § 3 Rn. 27; Wandtke/Bullinger/*Marquardt* Rn. 32). Ob die Klarstellung insoweit tatsächlich hilft, darf bezweifelt werden: Die „überlieferten
melodischen, harmonischen und rhythmischen Grundmuster der Volksmusik"
(BeschlE RAusschuß UrhG 1985 BT-Drucks 10/3360 S. 18) bilden die Grundlage des gesamten kompositorischen Schaffens der Pop-, Rock-, Schlager- und
sonstigen Unterhaltungsmusik, so dass sie kaum als verlässliches Kriterium für
die Beurteilung einer Schutzfähigkeit als Bearbeitung herhalten können. Beispiel: Elvis Presley's *Wooden Heart*, basierend auf dem deutschen Volkslied
Muß i denn zum Städtele hinaus. Außerdem kommt die GEMA-Vermutung
bereits dann zur Anwendung, wenn an dem fraglichen Abend eine einzige
Bearbeitung zum Vortrag kommt (§ 13b UrhWahrnG Rn. 2 und Dreier/Schul-
ze/*Schulze* Rn. 28). In Anbetracht der lediglich klarstellenden Funktion von
Satz 2 ist die Wortwahl etwas unglücklich: Anstelle von „unwesentliche Bearbeitung" hätte man in Anlehnung an § 23 S. 2 besser von einer „Umgestaltung" sprechen sollen; damit wäre klargestellt gewesen, dass nur nicht-
schöpferische Veränderungen gemeint sind (zur Abgrenzung zwischen
Bearbeitung und anderer Umgestaltung siehe §§ 23/24 Rn. 8 ff.). Der Gesetzgeber sollte das gelegentlich korrigieren.

IV. Inhalt des Rechtes

1. Schutzgegenstand

33 a) **Recht des Urhebers der Vorlage:** Bearbeitungen werden *unbeschadet des Urheberrechts am bearbeiteten Werk* geschützt. Damit ist klargestellt, dass Bearbeitungen kein vom Originalwerk losgelöstes Eigenleben führen, sondern **abhängige Nachschöpfungen** sind. Der Bearbeiter braucht deshalb zwar nicht zur Herstellung der Bearbeitung, wohl aber zu ihrer Veröffentlichung und Verwertung stets die Einwilligung (d.h. die vorherige Zustimmung, § 183 BGB) des Originalurhebers (§ 23 S. 1); nur in einigen Sonderfällen, insbesondere zur Verfilmung, ist die Einwilligung schon *vor* der Herstellung erforderlich (§ 23 S. 2, vgl. dort Rn. 17 ff.; zur Beschränkung der Einwilligung vgl. dort Rn. 13). Eine Bearbeitung, die die Wesenszüge des Originals verändert, ist als **Entstellung** nur dann von der Zustimmung des Urhebers gedeckt, wenn er einer so weitgehenden Bearbeitung zugestimmt hatte (vgl. §§ 23/24 Rn. 13; § 14 Rn. 22 ff.).

34 b) **Schutzgegenstand:** Ein Bearbeiterurheberrecht entsteht nur an der Bearbeitung selbst, d.h. **an dem eigentlichen Beitrag des Bearbeiters.** Der Herausgeber einer mehrsätzigen Sonate aus der Barockzeit, der im zweiten Satz einzelne fehlende Passagen ergänzt, erwirbt den Schutz des § 3 nur für diese Passagen; die Nutzung der übrigen Sätze (oder des zweiten Satzes mit anderen Ergänzungen) bleibt für jedermann frei (Achtung: es könnte aber ein Sonderschutz nach § 71 bestehen). Verwendet ein Komponist ein gemeinfreies Volkslied für einen Schlager, so ist für ihn nur das geschützt, was er selbst an schöpferischen Zutaten erbracht hat. Jeder andere kann das Volkslied ebenfalls verwenden, wenn er dabei die schöpferischen Merkmale der ersten Bearbeitung vermeidet. Alle drei Werke – das ungeschützte Original und die beiden Bearbeitungen – stehen dann unabhängig in ihren Nutzungsmöglichkeiten nebeneinander (BGH GRUR 1991, 531 und 533 – *Brown Girl I* und *II*).

2. Abhängigkeit des Rechts

35 Bearbeitungen werden **wie selbstständige Werke** geschützt. Auch die Bearbeitung oder Umgestaltung einer Bearbeitung darf also nur mit Einwilligung des Erstbearbeiters verwertet werden (vgl. Rn. 13). Letzterer bedarf umgekehrt zur Veröffentlichung und Verwertung der Weiterbearbeitung der Einwilligung des Urhebers (vgl. §§ 23/24 Rn. 13).

36 Wie der Bearbeiter bei der Veröffentlichung und Verwertung seiner Bearbeitung an die Einwilligung des **Originalurhebers** gebunden ist, so kann dieser ebenso wenig ohne **Einräumung entsprechender Nutzungsrechte durch den Bearbeiter** dessen Bearbeitung veröffentlichen und verwerten (BGH GRUR 1972, 143, 146 – *Biographie: Ein Spiel*; BGH GRUR 1962, 370, 373 – *Schallplatteneinblendung*). Die Erlaubnis zur Aufführung des Bühnenstücks *Der Prozess* wäre nicht nur von den Erben Franz Kafkas, der den zugrunde liegenden Roman geschrieben hatte, sondern auch von denen des Bühnenautors Max Brod einzuholen; auch bei einer Verfilmung der Bühnenfassung oder deren Übersetzung wäre die Mitwirkung der Erben Brods erforderlich.

37 Aus dem Zustimmungsrecht folgt als dessen negative Komponente das **Verbotsrecht des Bearbeiters** bei unerlaubter Veröffentlichung oder Verwertung seiner Bearbeitung. Er kann jedem, selbst dem Originalautor, verbieten, die

Bearbeitung ohne seine Einwilligung zu nutzen (BGH GRUR 1955, 351, 353 f. – *GEMA*).

Der Schutz der Bearbeitung wie ein selbstständiges Werk ist die logische **38** Voraussetzung dafür, dass die **Bearbeitung eines gemeinfreien Werkes** vollen Urheberrechtschutz genießt. Wäre die Bearbeitung nicht selbstständig geschützt, sondern ihr Schutz von dem des Originalwerkes abhängig, so wäre sie mit diesem gemeinfrei. Die Regelung des § 3 hat zur Folge, dass beispielsweise die Schutzdauer für die Übersetzung der Dramen Shaws durch Siegfried Trebitsch nicht nach dem Todesjahr Shaws (1950), sondern nach dem Todesjahr Trebitschs (1956) berechnet wird.

V. Prozessuales

Vgl. § 2 Rn. 235 ff. Zur Beweislast im Rahmen der Abhängigkeit vom Origi- **39** nalwerk des Urhebers vgl. §§ 23/ 24 Rn. 92 ff.

§ 4 Sammelwerke und Datenbankwerke

(1) Sammlungen von Werken, Daten oder anderen unabhängigen Elementen, die aufgrund der Auswahl oder Anordnung der Elemente eine persönliche geistige Schöpfung sind (Sammelwerke), werden, unbeschadet eines an den einzelnen Elementen gegebenenfalls bestehenden Urheberrechts oder verwandten Schutzrechts, wie selbständige Werke geschützt.

(2) ¹Datenbankwerk im Sinne dieses Gesetzes ist ein Sammelwerk, dessen Elemente systematisch oder methodisch angeordnet und einzeln mit Hilfe elektronischer Mittel oder auf andere Weise zugänglich sind. ²Ein zu Schaffung des Datenbankwerkes oder zur Ermöglichung des Zugangs zu dessen Elementen verwendetes Computerprogramm (§ 69a) ist nicht Bestandteil des Datenbankwerkes.

Übersicht

I. Allgemeines

1. Sinn und Zweck

1 Sobald mehrere Urheber ihre Werke zu einer Sammlung verbinden, entsteht die Frage, ob derjenige, der diese Verbindung steuert und insb. eine Auswahl trifft und die Anordnung entwirft, selbst etwas Schutzfähiges schafft. Man denke an die Kompilatoren der bereits Jahrhunderte existierenden Enzyklopädien, an die dem Volksmund abgelauschten Märchen der Gebrüder Grimm, an dem allgemeinen Kulturgut zugehörende Rezepten in Kochbüchern zu Nationalküchen oder an die liebevolle Vereinigung von Sonetten verschiedenster Dichter in Anthologien. Bei der Frage der Schutzwürdigkeit derartiger Zusammenstellungen geht es nicht um den Schutz des einzelnen Werkes oder eines sonstigen Gegenstandes – diese werden nach den allgemeinen Regeln geschützt (s. die Formulierung in Abs. 1 „[...] unbeschadet eines an den einzelnen Elementen [...]") – es geht vielmehr um **einen Akt der Auswahl** einzelner Elemente aus einer Vielzahl und ihrer gewillkürten, einem nicht zufälligen Prinzip folgenden Anordnung. Daher erfüllt § 4 nur eine **klarstellende Funktion** im Verhältnis zur allgemeinen Regelung des § 2.

2. Früheres Recht

2 Das Urheberrechtsgesetz nennt das Ergebnis derartigen Schaffens „Sammelwerk". Frühere Gesetze stellten mit vergleichbaren Anforderungen ein solches bereits durch § 4 LUG und § 6 KUG unter Schutz.

3. EU-Recht

3 Die aktuelle Fassung des § 4 beruht auf Art. 7 des sog. **IuKDG vom 13.06.1997** (zu diesem Gesetz und seinem Hintergrund vgl. Vor §§ 87a ff. Rn. 8 ff.), das der **Umsetzung der Datenbank-RL** in das IuKDG diente und am 01.01.1998 in Kraft getreten ist. Art. 7 IuKDG hat in Umsetzung dieser Richtlinie das Datenbankrecht neu strukturiert. Die Datenbank-RL war notwendig geworden, da insb. mit der Entwicklung der Digitalisierung und gerade auch des Internets neue Arten von Sammlungen entstanden waren, die der Regelung bedurften: elektronische Datenbanken. Nach altem deutschen Recht waren diese zwar als von § 4 umfasst betrachtet worden, sofern sie die entsprechende Gestaltungshöhe erreichten. Wurde diese nicht erreicht, kam immerhin Schutz nach Wettbewerbsrecht in Betracht. Einer gesonderten Regelung hätte es im deutschen Urheberrechtsgesetz daher nicht zwingend bedurft. Das Recht anderer europäischer Staaten erwies sich allerdings nicht als derart flexibel, so dass im Rahmen der europäischen Rechtsangleichung die Datenbank-RL erlassen wurde. Diese sah zum einen explizit den Urheberrechtsschutz von Datenbanken mit Schöpfungscharakter vor und führte zum anderen einen Schutz sui generis von Datenbanken ohne diese Schöpfungshöhe ein. „Datenbanken", die Werkcharakter haben, sind nun in § 4 Abs. 2 geregelt. Einfache Datenbanken ohne Werkqualität wurden trotz des Richtlinien- und Begriffszusammenhanges aufgrund des unterschiedlichen Schutzgegenstandes in den §§ 87a ff. geregelt. Zu den technischen Details von Datenbanken, ihrer Begriffsbestimmung und den Hintergründen vgl. § 87a Rn. 3 f.. Zur Datenbank-RL und deren Umsetzung *Flechsig* ZUM 1997, 577; *Haberstumpf* GRUR 2003, 14; *Vogel* ZUM 1997, 592 sowie ausführlich aus der Hand eines der „Autoren" der Datenbank-RL: *Gaster*, Der Rechtsschutz von Datenbanken – Kommentar zur Richtlinie 96/9/EG mit Erläuterungen zur Umsetzung in das deutsche und österreichische Recht, 1999; *Wiebe/Leupold* (Hrsg.), Recht der elektronischen Datenbanken, 2003.

Darüber hinaus war es nach deutschem Recht zuvor für notwendig gehalten **4** worden, dass die **Elemente** eines Sammelwerkes **selbst Werkcharakter** hatten (8. Aufl. ⁵*Vinck* Rn. 1 m.w.N.; Schricker/*Loewenheim*[1] Rn. 9). Indem die Neufassung des § 4 in Folge der Richtlinie auch Sammlungen bloßer Daten und Fakten („unabhängige Elemente") erstreckte, reicht nunmehr aus, dass das **Sammelwerk** nur aus **nicht schutzfähigen Elementen** besteht (vgl. Rn. 18 ff.). Warum dann allerdings der Unterfall der Datenbankwerke, die sich nur durch das zusätzliche Merkmal der besonderen Anordnung unterscheiden, noch eigens in Abs. 2 erwähnt werden musste, bleibt unklar (zur Abgrenzung vgl. Rn. 27 ff.).

Anders als das Sammelwerk des Abs. 1 ist das **Datenbankwerk** eine **originäre** **5** **Schöpfung des EU-Gesetzgebers** und geht unmittelbar auf die Datenbank-Richtlinie zurück (Art. 3 Abs. 1 Datenbank-RL). § 4 Abs. 2 ist daher zweifelsohne richtlinienkonform auszulegen (zu dieser Frage bei dem Oberbegriff der Sammelwerke vgl. Rn. 13 und allg. sogleich Rn. 6). Nach dieser sind Sammlungen, einschließlich der Datenbanken, dann als Sammelwerke (Datenbankwerke) geschützt, wenn sie aufgrund der Auswahl oder Anordnung des Stoffes eine eigene geistige Schöpfung ihres Urhebers darstellen. Wesentliche Vorgabe der Richtlinie ist, dass bei der Bestimmung, ob eine Datenbank für diesen Schutz in Betracht kommt, keine anderen Kriterien als die eigene geistige Schöpfung ihres Urhebers (zu diesen Begriffen vgl. Rn. 27 ff.) anzuwenden sind.

Jedenfalls für die Teile des § 4, die auf die Datenbank-RL zurückgehen, ist eine **6** **richtlinienkonforme Auslegung** vorgegeben (Dreier/Schulze/*Dreier*[2] Rn. 2; a.A. Schricker/*Loewenheim*[2] Rn. 4 und 30: nur hinsichtlich Abs. 2; nunmehr Schricker/*Loewenheim*[3] Rn. 4 differenzierend: „[...] soweit die Änderungen auf der Datenbank-RL beruhen, es empfiehlt sich aber eine einheitliche Anwendung der Vorschrift"). Zu den Detailfragen hierzu vgl. Rn. 13.

4. Internationale Konventionen

Sammelwerke sind bereits nach der ersten Fassung der **RBÜ** von 1908 **interna- 7** **tional geschützt**. Ursprünglich erwähnte die Schutzgegenstandsumschreibung des Art. 2 Abs. 2 RBÜ i.d.F. von 1908 auch „*Sammlungen von Werken der Literatur oder Kunst, die wegen der Auswahl oder der Anordnung des Stoffes geistige Schöpfungen darstellen, sind als solche geschützt, unbeschadet der Rechte der Urheber an jedem einzelnen der Werke, die Bestandteile dieser*

Sammlungen sind". Im Jahr 1948 wurde diese Bestimmung in einen separaten Absatz überführt (seit 1967 Art. 2 Abs. 5 RBÜ).

8 Dem Wortlaut Art. 2 Abs. 5 RBÜ zufolge sind **Sammlungen** von Werken, jedoch **nicht solche bloßer Daten** (Datenbanken) von der 5 RBÜ erfasst. Art. 10. 2 TRIPS weicht im Wortlaut von Art. 2 Abs. 5 RBÜ zwar leicht ab, indem er *"compilations of data or other material"* schützt, entfaltet aber grundsätzlich den gleichen Schutzumfang wie Art. 2 Abs. 5 der RBÜ. Um nach RBÜ und TRIPS als Sammelwerk geschützt zu sein, ist es durch die Erweiterung auf *„data and other material"* zumindest nicht mehr notwendig, dass die Elemente der Sammelwerke selbst Werkcharakter haben (zu dieser Diskussion im alten deutschen Recht vgl. Rn. 4).

9 1996 wurden RBÜ und TRIPS im Bereich des Urheberrechts durch den WIPO-Urheberrechtsvertrag ergänzt (WIPO Copyright Treaty, WCT), ein Sonderabkommen im Sinne des Art. 20 RBÜ (vgl. Vor §§ 120 ff. Rn. 23). Der WCT beinhaltet in Art. 5 WCT nur den Schutz von Datenbankwerken in Übereinstimmung mit dem bereits durch RBÜ und TRIPS gewährten Umfang. Der **Versuch der EU**, einen sui generis Schutz auch international zu verankern, scheiterte bislang (vgl. Vor §§ 87a ff. Rn. 18 f.).

II.   Tatbestand

1.   Sammelwerke (Abs. 1)

10 a) **Begriff:** Der Begriff des Abs. 1 trägt seine Definition in sich: Erforderlich für ein Sammelwerk ist eine **planvolle schöpferische Sammlung** bestimmter Gegenstände, die sich von einer Ansammlung unterscheidet. Er ist also durch zweierlei charakterisiert: einmal durch die Art und Weise der Sammlung (vgl. Rn. 11 ff.), zum anderen der Gegenstand der Sammlung (vgl. Rn. 16 ff.).

11 b) **Art und Weise der Sammlung: Auswahl und Anordnung:** § 4 Abs. 1 (und auch Abs. 2) schützt nicht etwa den Inhalt der Sammlung, sondern die Art und Weise der Sammlung selbst. Damit generiert § 4 einen **eigenständigen Schutzgegenstand**, unabhängig und eigenständig von dem Schutz, den die einzelnen Elemente des Sammelwerkes aufgrund eigener Schöpfungshöhe genießen mögen (vgl. Rn. 35). Die Frage, ob der Akt der Herstellung von Sammelwerken dem literarischen und wissenschaftlichen Schaffen zuzuordnen sind und damit den entsprechenden Werkarten des § 2 Abs. 1 (so *Haberstumpf*[2] Rn. 162; Schricker/*Loewenheim*[3] Rn. 3, 10; *Ulmer*[3] § 29 I 2) oder ob es (Literatur, Wissenschaft, Musik) durch die Werkgattung der in ihrem aufgenommenen Werke bestimmt wird (*Schierholz/Müller* FS Nordemann II S. 115), ist nach der Änderung des Wortlautes des Abs. 1 wohl nicht mehr nur akademischer Natur, da es nunmehr als Argument dafür herangezogen wird, Sammlungen tatsächlicher Gegenstände (Schmetterlinge, Porzellan etc.) nicht in den Schutzbereich des § 4 einzubeziehen (Schricker/*Loewenheim*[3] Rn. 10; ausführlich hierzu vgl. Rn. 26).

12 c) **Persönliche geistige Schöpfung aufgrund Auswahl oder Anordnung:** Da Gegenstand des Schutzes die Struktur des Sammelwerkes ist, also dessen Auswahl oder Anordnung, *nicht* der Inhalt, muss diese Struktur eine persönliche geistige Schöpfung darstellen (§ 2 Abs. 2), um als Werk i.S.d. Urheberrechts anerkannt zu werden. Die den Inhalt bildenden **Elemente** nehmen **am Schutz** nach § 4 *nicht* teil. Die **Individualität** muss in der **Auswahl** oder der

Anordnung der unabhängigen Elemente zum Ausdruck kommen. Unter Auswahl versteht sich das Sammeln, Sichten, Bewerten, Zusammenstellen unter Berücksichtigung besonderer Auslesekriterien; die schöpferische Leistung liegt in der Entscheidung, welche Elemente in das Sammelwerk aufgenommen werden sollen (*Berger* GRUR 1997, 169, 173). Die schöpferische Leistung kann sich damit auch aus der **Konzeption der Informationsauswahl** und -vermittlung ergeben (BGH GRUR 1987, 704, 705 f. – *Warenzeichenlexika*; BGH GRUR 1999, 923, 924 – *Tele-Info-CD*). Diese fehlt z.B. bei der sich zwangsläufig ergebenden Liste der besonders erfolgreichen Poplieder, der sog. Charts (BGH GRUR 2005, 857, 858 – *HIT BILANZ*), ist allerdings gegeben bei einer auch mit Hilfe statistischer Größen, wie der Abdruckhäufigkeit, ermittelten Gedichtliste (BGH 2007, 685 – *Gedichtliste I*) oder auch bei Aufsätzen in Zeitschriften (erstaunlich apodiktisch: OLG München MMR 2007, 525, 526 – *subito*). Dass eine Auswahl vollständig ist, darf u.E. gerade kein Grund sein, die Schutzfähigkeit generell abzusprechen (so aber OLG Düsseldorf MMR 1999, 729, 731 – *Zulässigkeit von Frames*), denn auch die Anordnung kann schöpferisch sein. Unter **Anordnung** ist hingegen das **Zusammenfügen** der zuvor ausgewählten Elemente zu verstehen.

d) Anforderungen an erforderliche Schöpfungshöhe: Anders als bei den in **13** Abs. 2 geregelten Datenbankwerken (siehe ErwG 15 Datenbank-RL; vgl. Rn. 27 ff.) gibt der Richtliniengeber für die Sammelwerke **nichts zur Schöpfungshöhe vor** (vgl. § 2 Rn. 19 ff.). Nach ErwG 15 Datenbank-RL sollen die Kriterien, ob eine Datenbank für den urheberrechtlichen Schutz in Betracht kommt, darauf beschränkt sein, dass der Urheber mit der Auswahl oder Anordnung des Inhalts der Datenbank eine eigene geistige Schöpfung vollbracht hat. Dieser Schutz bezieht sich auf die Struktur der Datenbank. Allerdings dürfte die damit verbundene Frage, ob die geringen EG-rechtlichen Anforderungen an die Schöpfungshöhe bei Datenbankwerken (nur „eigene" geistige Schöpfung oder die strengere deutsche „persönliche" geistige Schöpfung) auch für Sammelwerke gelten, eher **praktisch wenig relevant** sein. Denn der **BGH** hat auch schon bislang an die Auswahl und Anordnung bei Sammelwerken **keine gesteigerten Anforderungen** gestellt, wie er dies lange Zeit z.B. bei Computerprogrammen tat (BGH GRUR 1992, 382, 384 – *Leitsätze*). Auch wenn betont wird, dass die kleine Münze Schutz genießt (Schricker/ *Loewenheim*[3] Rn. 8), genügt eine eher handwerkliche, schematische oder routinemäßige Auswahl oder Anordnung gerade nicht (BGH GRUR 1954, 129, 130 – *Besitz der Erde*; OLG Nürnberg GRUR 2002, 607 – *Stufenaufklärung nach Weissauer*). Dennoch hat der BGH diese Grenze – jedenfalls nach § 4 a.F. – bei seiner Entscheidung zu einer Telefonbuch-CD-ROM nicht als erreicht angesehen, denn im dort entschiedenen Fall gab es keine Spielräume bei der Auswahl der Datensätze, sondern lediglich bei der Einheitlichkeit der Einordnung und Darstellung (BGH GRUR 1999, 923, 924 – *Tele-Info-CD*). Ebenso entschied das OLG Hamburg, das einer alphabetischen und chronologischen Auflistung von bestimmten Börsendaten die Schöpfungshöhe absprach (OLG Hamburg GRUR 2000, 319, 320 – *Börsendaten*). Umgekehrt reichte dem OLG Frankfurt die regionale Untergliederung Deutschlands in bestimmte Segmente, die auf höchst verschiedenen Faktoren beruhte, aus (OLG Frankfurt MMR 2003, 45, 46 – *IMS-Health*).

e) Entscheidungspraxis: Die z.T. bereits soeben erwähnte **Entscheidungspraxis 14** (hier wird nur noch die nach der Umsetzung der Datenbank-RL referiert) verdeutlicht dies. Auch wenn eine Sammlung **Vollständigkeit** anstrebt – wie dies wohl fast alle Sammlungen in ihrem Bereich tun – lässt dies eine schöpferische Tätigkeit nicht unmöglich werden. Denn letztere kann dann in der Auswahl der zu sammelnden Gesamtmenge liegen (OLG Nürnberg GRUR 2002, 607 – *Stufenaufklärung nach Weissauer*; OLG Hamburg GRUR 2000, 319, 320 – *Börsendaten*; OLG Hamburg ZUM 1997, 145, 146 – *Hubert Fichte Biografie*; KG NJW-RR 1996, 1066, 1067 – *Poldok*; LG München I ZUM-RD 2003, 492, 499 – *Jemen-Ausstellung*; zu Beispielen elektronischer Datenbanken aus der Rechtsprechung auch *Haberstumpf* GRUR 2003, 14, 19 ff.; Dreier/Schulze/*Schulze*[2] Rn. 12). Ein **gedrucktes Lexikon** genießt den Schutz nach § 4 ebenso wie sein **Internet-Pendant**: OLG Hamburg GRUR 2001, 831 – *Roche-Medizin-Lexikon*; LG Hamburg CR 2000, 776 – *Roche-Medizin-Lexikon* (Vorinstanz). Die in einem **kritischen Apparat zu einer Bibelausgabe** liegende individuelle Zusammenstellung von Textkonstitutionen oder verschiedenen Lesarten kann ebenfalls die Anforderungen an die Gestaltungshöhe erfüllen (*Gounalakis* GRUR 2004, 996, 1000). Andererseits ist es zwar nicht erforderlich, dass die einzelnen Elemente (hier: **Blätter einer Loseblattsammlung**) fest verbunden sind; dennoch kann bei loser Aneinanderreihung nach Ansicht des OLG Nürnberg die Anordnung zweifelhaft sein (OLG Nürnberg GRUR 2002, 607 – *Stufenaufkläung nach Weissauer*). Weitere Entscheidungen: OLG Düsseldorf GRUR 1997, 49 – *Arbeitshinweise* für die Veranlagungstätigkeit für eine **Zusammenstellung** von organisatorischen **Veranlagungsgrundsätzen** einer Oberfinanzdirektion; LG Mannheim GRUR-RR 2004, 196 – *Freiburger Anthologie* für eine **Gedichtsammlung**, die auch mit Hilfe statistischer Mechanismen ausgewählt wurde (dazu nun die Revisionsentscheidung BGH GRUR 2007, 685 – *Gedichtliste I*). Moderne Formen von Sammelwerken können sein: **Linksammlungen** (LG Köln ZUM-RD 2000, 304 – *kidnet.de*).

15 Diskutiert wurde auch, ob **Websites als Sammelwerk** zu qualifizieren sind (zum Diskussionsstand Wandtke/Bullinger/*Marquardt*[2] Rn. 13 f., der zu Recht davon ausgeht, dass dies i.d.R. kaum der Fall sein dürfte, weil es an einer schöpferischen Auswahl und Anordnung von Elementen fehlen dürfte). I.d.R. dürfte es bei Webseiten sogar an der Unabhängigkeit der Elemente (dazu vgl. Rn. 24 ff.) fehlen, denn die Elemente auf einer Webseite dürften gerade erst aus einem inhaltlichen Gewebe heraus Sinn ergeben. Zum Schutz von Websites allgemein vgl. § 2 Rn. 116 u. 231. Zu einem Beispiel, dass Texte einer Website nach § 2 Abs. 1 Nr. 1 schutzfähig sein können LG Berlin ZUM-RD 2006, 573. Die Schöpfung, die in der Anordnung liegen kann, kann sich auch in der Gestaltung der Zugangs- und Abfragemöglichkeiten manifestieren (OLG Düsseldorf MMR 1999, 729, 731 – *Zulässigkeit von Frames*).

16 **f) Gegenstand eines Sammelwerkes: Werke, Daten, Elemente: aa) Werke:** **Gegenstand** einer Sammlung können zunächst **Werke** sein; deren Voraussetzung richten sich nach § 2. Während die alte Fassung des § 4 für Sammelwerke forderte, dass sie aus Werken oder „anderen Beiträgen" bestanden, woraus die h.M. ableitete, dass letztere ebenfalls Werkqualität haben müssen (8. Aufl. *Vinck* Rn. 1 m.w.N.; Schricker/*Loewenheim*[1] Rn. 9), reichen nach der heutigen Fassung durch das IuKDG „unabhängige Elemente", d.h. **nicht schutzfähige Elemente** aus. Es ist heute also zweifelsfrei nicht erforderlich, dass die Elemente die in den Werkkategorien unterschiedlich angesetzte Schöpfungshöhe (zu Werken der angewandten Kunst vgl. § 2 Rn. 145 ff.) erreichen (Dreier/Schulze/*Dreier*[2] Rn. 9). Ebenfalls ist für die Werke i.S.d. § 4 **nicht erforderlich**, dass sie in zeitlicher Hinsicht **noch geschützt** sind (dazu Dreier/Schulze/*Dreier*[2] Rn. 9) oder im Einzelfall nach den fremdenrechtlichen Regelungen der

§§ 120 ff. in **Deutschland Schutz genießen**, denn es sind eben – wie betont – auch urheberrechtlich schutzunfähige Elemente von § 4 erfasst.

bb) Daten und Elemente – eine Begriffbestimmung: Art. 1 Abs. 2 Daten- **17** bank-RL hat den Werken „**Daten**" und „Elemente" zur Seite gestellt, Begriffe, die das Urheberrecht bislang nicht kannte und deren **rechtliche Einordnung** nicht geklärt ist (zum Sachbegriff von Daten vgl. § 69c Rn. 36 ff. und Bröcker/ *Czychowski*/Schäfer, § 13 Rn. 16 f.). Auch von der Rechtsprechung werden die Begriffe „Elemente" und „Daten" nicht klar auseinander gehalten. So wurden Datum, Uhrzeit und Identität einer Fußballmannschaft abwechselnd unter „Daten" und unter „unabhängige Elemente" subsumiert (EuGH GRUR 2005, 254, 255 – *Fixtures-Fußballspielpläne II*). Es bedarf daher u.E. einer genaueren **Begriffsbestimmung** von „Daten", gerade auch in **systematischer Auslegung** im Verhältnis zu dem Begriff der „Elemente".

Elemente sind nach dem Duden (Bd. 3, 1999, „Element") die Grundbestand- **18** teile oder Komponenten eines sinnvollen Ganzen. Nach der vorsokratischen Naturphilosophie diente das Wort „Element" zur Bezeichnung der letzten, nicht mehr weiter – im Gegensatz zu „Atomen" nicht quantitativ, sondern – qualitativ aufteilbaren Urstoffen des Seins (zu den Schriften des Empedokles und Demokrit siehe *Hirschberger*, Geschichte der Philosophie, Bd. I, I 1 4A, S. 38). In der Chemie wird mit „Element" auch noch heute ein mit chemischen Mitteln nicht weiter zerlegbarer Stoff bezeichnet. „Element" bezeichnet daher den **kleinsten qualitativ zu beschreibenden Bestandteil eines Ganzen**. Über einen etwaigen Informationsgehalt sagt dieser Begriff also noch nichts aus.

In Abgrenzung dazu könnte man „Daten" bzw. das „Datum" als **kleinste 19 logische Einheit eines Ganzen mit Informationswert** betrachten. In der Infor- matik wird mit dem Wort „Datenfeld" z. B. die kleinste adressierbare logische Einheit innerhalb einer aus Datensätzen bestehenden Datei bezeichnet (Brock- haus „Datenfeld" Bd. 1, 2000, S. 839). Die Übertragung dieser Begrifflichkeit aus der Informatik auf den Rechtsterminus „Daten" bietet sich insb. in Hin- blick auf den Entstehungszusammenhang der Datenbank-RL an, denn diese entstand auch und vor allem des Schutzes elektronischer Datenbanken wegen (vgl. Rn. 3). Weiterhin sollte die Definition von „Daten" um der begrifflichen Klarheit willen eng gefasst werden. Der Begriff „Daten" entstammt insb. aus dem Funktionszusammenhang der Informationstechnologie: So besteht insb. eine funktionelle Nähe zur „Datenbank". Datenbanken unterscheiden sich von Sammlungen beliebiger Elemente, dadurch, dass sie die informationstech- nologischen Mittel zur Verarbeitung der einzelnen Elemente besitzt, aus denen sie besteht (EuGH GRUR 2005, 254, 255 – *Fixtures-Fußballspielpläne II*). „Daten" sind daher Elemente, deren die Eigenschaft der informationstech- nologischen Verarbeitungsfähigkeit zukommt. Dreier/Schulze/*Dreier*[2] Rn. 9 definiert unter Verweis auf *Bensinger*, Sui Generis Schutz von Datenbanken, 1999, S. 125 Daten als „formalisierten Darstellung von Fakten, Konzeptionen oder Instruktionen, die zur menschlichen oder maschinellen Kommunikation geeignet ist". Diese weite Definition, die auch die menschliche Verarbeitung miteinbezieht, erscheint uns zu weit, da sie eine genaue Abgrenzung von den „Elementen" erschwert. Indem man „Daten" auf Elemente mit informations- technologischer Prozessierbarkeit reduziert, ist dem Schutzinteresse an Daten ausreichend Rechnung getragen. Alle anderen „menschlich" verarbeitbaren Gegenstände eines Sammelwerkes können durch den Auffangbegriff „Elemen- te" geschützt sein.

20 Aus dem logischen Verhältnis von Oberbegriff zu Teilbegriff ergibt sich, dass der Oberbegriff zwar alle Eigenschaften des Unterbegriffes umfasst, darüber hinaus aber Gegenstände erfasst, die diese Eigenschaften nicht aufweisen. Während „Daten" also als Qualität einen **informationstechnologischen prozessierbaren Informationswert** besitzen müssen, können „Elemente" zwar einen **Informationswert** haben, dieser ist aber **nicht informationstechnologisch verarbeitbar** oder sie haben schon keinen Informationswert. Als Oberbegriff können „Elemente" zwar i.d.S. verarbeitbar sein, z.b. durch den menschlichen Verstand. Der Begriff erfasst aber auch Elemente, die diese Verarbeitungsfähigkeit nicht aufweisen. Dies ergibt sich aus dem normativen Zusammenhang zum Schutzgegenstand des § 4, dem Sammelwerk: Sammelwerke müssen nicht unbedingt die Eigenschaft der Verarbeitungsfähigkeit ihrer Elemente aufweisen, sie können dies wie im Sonderfall der Datenbank. In Anlehnung an dieses Verhältnis von Sammelwerk zu Datenbank, könnte man das Verhältnis Elemente –Daten fassen: Elemente können, aber müssen nicht verarbeitungsfähig sein, um Gegenstand eines Sammelwerkes zu sein, da Verarbeitungsfähigkeit nur eine Sondereigenschaft einer bestimmten Fallgruppe eines Sammelwerk und Sammelwerkgegenständen ist. „Elemente" trifft daher als Oberbegriff zu „Daten" keine Aussage über zusätzliche Qualitäten des kleinsten möglichen Bestandteiles des Sammelwerkes.

21 Eine derartige Unterscheidung zwischen „Element" und „Daten" wird unterstützt durch die **amtliche Begründung**, die den ursprünglichen Begriff der „Beiträge" durch die neutralere Formulierung der „unabhängigen Elemente" in Übereinstimmung mit Art. 1 Abs. 2 der Datenbank-RL ersetzt (Amtl. Begr. IuKDG – BT–Drucks. 13/7934, S. 51), während der Begriff „Daten" der technischen Fortentwicklung von Informationsverarbeitung geschuldet ist. Weiterhin spricht für eine derartige Unterscheidung, dass dem Begriff des „unabhängigen Elementes" eine **Auffangfunktion** zukommen soll (Dreier/Schulze/*Dreier*[2] § 4 Rn. 10). Dies ergibt sich aus der systematischen Stellung in der Norm als letztem Begriff in der Aufzählung. Sinn und Zweck ist, dass durch diesen Begriff Gegenstände in den Schutzbereich des § 4 inkorporiert werden sollen, die zuvor als nicht erfasst galten, da sie keinen Werkcharakter (mehr) hatten, z.B. Werke nach Ablauf der Schutzdauer oder Werke, die nach §§ 120 ff. nicht in den Genuss deutschen Urheberrechts kommen, aber auch andere Elemente außer Daten, welche die erforderliche Schöpfungshöhe nach § 2 Abs. 2 nicht erreichen. Diese Auffangfunktion kann der Begriff der „Elemente" nicht entfalten, wenn bereits „Elemente" als Daten informationellen Gehalts zu definieren (Schricker/*Loewenheim*[3] Rn. 6). Dies würde dem Begriff „Elemente" seinen weiteren Begriffshof nehmen. Unter den Begriff der Elemente fallen daher auch alle anderen Schutzgegenstände des Urheberrechts, die nicht Werke sind, also z.B. Leistungen, die verwandten Schutzrechten unterfallen.

22 Als Beispiel für ein „Element", das kein Datum wäre, könnte man an den Farben- bzw. Stoffkatalog der lieferbaren Sofabezüge eines Möbellieferanten denken. Kleinstes jeweiliges Element des Kataloges sind die einzelne Farbe und der einzelne Stoff. Der Katalog bzw. seine Elemente gewinnen erst dann einen prozessierbaren Informationswert, wenn dem jeweiligen Stoff z.B. in einer computerverarbeitbaren Datei eine Warennummer zugeordnet wurde. Die als Datei gespeicherten und prozessierbaren Stoff- und Farbnummern sind als Daten geschützt, während die fühl- und sichtbaren Einheiten (Farben und Stoffe) des Katalogs als Elemente zu charakterisieren sind. Datei wie Katalog würden als eigenständige Sammelwerke jeweils Schutz genießen können bei ausreichender Schöpfungshöhe. Beispielhaft seien hier auch die Untersuchungen von *Gounalakis* GRUR 2004, 996, 1000 genannt. Dieser analysierte den kritischen Apparat zu einer Bibelausgabe in Hinblick auf seine Schutzfähigkeit als Sammelwerk. Der kritische Apparat dokumentierte u.a. Textrekonstruktion und die heutige Konstitution des Textes, außerdem bezeichnete er Quellen und abweichende Lesarten. Diese Inhalte qualifizierte *Gounalakis* als „Daten" und den kritischen Apparat insgesamt als Sammelwerk. Mangels einer **genauen Definition** von „Daten" bzw. „Elementen" ist leider nicht nachvollziehbar, warum eine Subsumtion unter den Begriff „Daten" erfolgte. Während man eine Quellenangabe wohl noch als formalisierte Darstellung einer Information, nämlich als einem bestimmten Muster folgende Angabe der Herkunft einer Information, also als „Datum" i.S. *Dreiers* betrachten kann, ist es fraglich, inwiefern eine andere Lesart einer Textstelle formalisiert sein soll. Nach unserer Definition handelt es sich sowohl bei Quellenangabe wie bei alternativer Lesart um ein unabhängiges „Element".

Zusammenfassend ist also davon auszugehen, dass „Daten" die kleinsten **23** Bestandteile mit informationstechnologisch prozessierbarem Informationswert eines zur Informationsverarbeitung gedachten Sammelwerkes sind, während der weitere (Ober-) Begriff der „Elemente" alle diejenigen Gegenstände umfasst, die Bestandteil eines Sammelwerkes sein können.

cc) Unabhängigkeit der Elemente: Angesichts der Weite dieses Begriffes der **24** „Elemente" bedarf es der **Einschränkung durch den Begriff der Unabhängigkeit** der Elemente. Würde man als „Element" jegliches, auch jedes in einem inhaltlichen Kontext zusammenhängende Element zulassen, könnte man auch auf die Idee kommen, ein Musikstück als Sammelwerk seiner einzelnen Töne zu verstehen. Dies wollte bereits der Richtliniengeber verhindern. In ErwG 17 der Datenbank-RL wird explizit die Aufzeichnung eines „audiovisuellen, kinematographischen, literarischen oder musikalischen Werkes" vom Anwendungsbereich der Richtlinie ausgeschlossen (Walter/*von Lewinski* Art. 1 Datenbank-RL Rn. 18 unter Verweis auf ErwG 17 Datenbank-RL). Sinn und Zweck der Voraussetzung der Unabhängigkeit ist es, dass bereits als Werke geschützte Gegenstände wie Bücher, Filme oder Musikstücke nicht auch als Sammelwerke ihrer einzelnen Bestandteile geschützt werden. Kennzeichnend für das Verhältnis derartiger Werke und ihrer Elemente ist, dass die **Elemente ihren Sinn erst aus dem einheitlichen inhaltlichen Konzept gewinnen**, das dem Werk zugrunde liegt. Um bei dem Benutzer des Werkes Sinn zu erzeugen, muss dieses inhaltliche Konzept als Ganzes wahrgenommen werden: Sinn der Worte und Sätze eines Buches ergibt sich aus dem Plot, der Eindruck, den Töne und Pausen erzeugen können, ergibt sich erst durch die Komposition. Die kleinsten Bestandteile eines Werkes sind in ihrem konkreten Sinn von dessen inhaltlichem Geflecht abhängig.

Für ein **Sammelwerk** wird daher vertreten, dass – in Abgrenzung zu Büchern **25** oder Musikstücken – die Elemente **nicht erst aus einem inhaltlichen Gewebe heraus**, sondern unabhängig voneinander, aus sich selbst heraus, **Sinn ergeben** (Dreier/Schulze/*Dreier*[2] Rn. 10; Schricker/*Loewenheim*[3] Rn. 7; Vorwort b. *Nordemann*[9] § 4 Rn. 3; *Walter/von Lewinski* Art. 1 Datenbank-RL Rn. 18; *Leistner* S. 46 ff.). Für Sammelwerke mit den Beiträgen verschiedener Autoren passt diese Definition problemlos. Es kann aber sein, dass auch bei Sammelwerken die Einzelelemente erst aus dem einem Sammelwerk zugrundeliegenden Anordnungsprinzip Sinn erzeugen. Dann tritt zur Abgrenzung zum einheitlichen Werk ergänzend hinzu, dass das Anordnungsprinzip eines

Sammelwerkes ein überwiegend formales, strukturelles ist und weiterhin, dass das Sammelwerk nicht als Ganzes wahrgenommen werden muss, um dieses unterliegende Strukturprinzip zu enthüllen.

26 Dies lässt sich am **Beispiel** von **Postleitzahlen** erläutern: Ebenso wenig wie eine einzelne Note ergibt auch die Nummer 14469 für sich zunächst einen Sinn. In einer Sammlung von vielen fünfstelligen Nummern, welche jeweils Teilbereichen in Orten derartige Zahlen zuordnet, ergibt die Zahl 14449 aus diesem Zuordnungsprinzip heraus den Sinn, Post z.b. zur Helene-Lange-Straße in Potsdam gelangen zu lassen. Wenn also klar ist, dass es sich bei der fünfstelligen Zahl um eine Postleitzahl handelt, trägt die Postleitzahl die Information zur geographischen Identifikation eines bestimmten räumlich abgegrenzten Teils eines Ortes in sich. Dasselbe gilt für Postfachadressen oder Großkundennummern. Der Sinn erschließt sich nicht erst aus der Lektüre der gesamten Sammlung der Postleitdaten und einem sich aus dieser Gesamtlektüre ergebenden inhaltlichen Geflechts, sondern aus der Grundinformation, dass es sich um Postleitzahlen handelt und dem Verständnis des formalen Anordnungsprinzips von Zuordnung der Zahl zu einem Ort. Der Nutzen von Postleitzahlen liegt daher anders als für Töne oder Wörter nicht in ihrem funktionalen Beitrag zu einem inhaltlich kohärenten Gewebe, sondern in ihrer Sammlung, möglicherweise der formalen Zuordnung zu anderen Elementen und des methodisch ermöglichten Zugriffs auf die Einzelgegenstände der Sammlung.

27 Einen Hinweis zum Begriff der Unabhängigkeit bietet in diesem Zusammenhang ErwG 20 Datenbank-RL: Er bezieht ausdrücklich sog. **Indexierungssysteme** in den Datenbankschutz mit ein. Der Richtliniengeber hatte also erkannt, dass durchaus zwischen einer Sammlung von Tönen oder Sätzen, die aus dem Schutzbereich herausgehalten werden sollen, und durch alphanumerische Zusammenstellung verbundenen Systemen – wie Indexierungssystemen – unterschieden werden muss. Der Grund hierfür liegt bei näherer Betrachtung auch auf der Hand: Solche Indexierungssysteme, wie etwa der Michel-Katalog (Durchnummerierung aller in Deutschland je herausgegebenen Briefmarken), weisen eben kein inhaltliches Gewebe auf, wie dies ein aus Tönen zusammengesetztes Musikstück tut. Oder einfach gesprochen: Den Michel-Katalog erfasst der Nutzer nicht in seiner Gesamtheit als ihn vom Inhalt und der Form interessierende Informationssammlung, sondern der Wert eines solchen Indexierungssystem liegt im Zusammentragen und Anordnen der Elemente. Oder, noch einfacher: Man liest einen solchen Katalog nicht als Buch oder hört ihn wie ein Musikstück.

28 Daraus ergibt sich nun auch die Definition von „unabhängig": Unabhängig sind die Elemente, wenn es sich um **einzelne, selbständig sinnhaltige Einheiten** handelt. Sofern das einzelne Element diesen Sinn nicht schon in sich erzeugt, schadet es der Unabhängigkeit nicht, wenn der Sinn durch ein formales Anordnungsprinzip erzeugt wird. Dies ergibt sich aus der Parallelität zu dem Begriff der „Daten". Daten sind unabhängige Elemente, da sie jeweils einen für sich sinnigen Informationswert tragen. Auch bei Daten ergibt sich der weitere Verwendungssinn häufig erst aus den zugrundeliegenden Programmsätzen. Der **EuGH** formuliert dies für Datenbanken so, dass dadurch eine Sammlung erfasst wird, die Werke, Daten oder andere Elemente umfasst, die sich voneinander trennen lassen, **ohne dass der Wert ihres Inhaltes dadurch beeinträchtigt wird** (EuGH GRUR Int. 2005, 239, 241 – *Fixtures-Fußballspielpläne I*; EuGH GRUR 2005, 254, 255 – *Fixtures Fußballspielpläne II*). Dem ist der BGH zu Recht gefolgt (BGH GRUR 2005, 940, 941 – *Marktstudien*).

dd) Sammlung realer Objekte als Sammelwerk: Ob hingegen auch eine **Samm-** **29** **lung realer Objekte** (wie **Herbarien, Porzellansammlungen** oder gar Sammlungen **lebender Tiere wie Zoos** oder eine **Ausstellung von Kunstwerken**) als unabhängige Elemente anzusehen ist (so Dreier/Schulze/*Dreier*[2] Rn. 10), erscheint uns in dieser Pauschalität fraglich. Einerseits würden damit die Sammlungen der Museen Deutschlands einen unerwarteten Zugewinn an Schutz erlangen (OLG Düsseldorf Schulze OLGZ 246; LG München I ZUM-RD 2003, 492, 499 – *Jemen-Ausstellung*: Schutzfähigkeit einer archäologischen Ausstellung mit einer Vielzahl ausgestellter Objekte und Texttafeln sowie einer komplexen Gliederung bejaht; a.A. aber Schricker/*Loewenheim*[3] Rn. 6: nur bei künstlerischer Anordnung Kunstwerkschutz nach § 2 Abs.1 Nr. 4; zum alten Recht *Ulmer*[3] § 29 I 2). Andererseits würde damit der Schutz auf Gegenstände erstreckt (Stichwort: Zoo), für deren Schutz § 4 bzw. § 87a (weil es im Falle des Zoos sicherlich an einer persönlichen geistigen Schöpfung in der Zusammenstellung der Tiere fehlt, es sei denn, dem Zoo läge eine neuartige thematische Konzeption zugrunde) ersichtlich nicht geschaffen wurde. U.E. muss man differenzieren: Das gestalterische Konzept einer Ausstellung kann selbstverständlich Schutz nach § 2 Abs. 1 Ziff. 4 oder auch § 7 Abs. 2 genießen (vgl. § 2 Rn. 155); selbiges gilt für Ausstellungstexte oder -illustrationen (dann § 2 Abs. 1 Ziff. 1 oder 4, Abs. 2). Die Objekte einer Ausstellung werden jedoch nur dann Elemente eines Sammelwerkes betrachtet werden können, wenn sie „Elemente" im Sinn der EU-Richtlinie sind. Auch § 4 Abs. 1 ist diesbezüglich richtlinienkonform auszulegen, da das Wort „Elemente" in Abs. 1 in Umsetzung der Richtlinie erfolgte. „Elemente" tritt als neutralerer Begriff an die Stelle von „Beiträgen" (Amtl. Begr. IuKDG – BT-Drucks. 13/7934, S. 51). Die in ErwG 17 Datenbank-RL aufgelisteten Beispiele für „unabhängige Elemente" umfassen Texte, Bilder, Töne, Fakten, Daten. Eine Erweiterung des Schutzbereiches des § 4 war bezüglich rein faktischer Gegenstände weder vom Richtlinien- noch vom Gesetzgeber beabsichtigt, zumal eine derartige Erweiterung nicht notwendig ist, um ausreichenden Schutz eines Konzeptes der Ansammlung von Gegenständen zu gewährleisten. Selbstverständlich bleibt dann noch die Frage zu beantworten, ob die Anordnung dieser Elemente eine persönliche geistige Schöpfung darstellt (vgl. Rn. 12). Denn der einer Ausstellung zugrundeliegende Kombinationsgedanke (dazu *Schaefer* S. 121 f.) bezieht sich auf die ausgestellten Daten (also z.B. die Art und Weise des Bauens eines Baumeisters des Neuen Bauens), so dass unzweifelhaft „Elemente" vorliegen.

ee) Mindestanzahl an Elementen: Die Frage, welche Mindestanzahl von Ele- **30** menten erforderlich ist, damit eine rechtlich geschützte Sammlung entsteht, ist bisher wenig beachtet worden. Dies ist insb. deshalb erstaunlich, weil die Entnahme eines Teiles, der kleiner wäre als die Mindestmenge, stets ohne Verletzung möglich wäre, da insoweit der entnommene Teil selbst nicht schutzfähig wäre (i.d.S. Dreier/Schulze/*Dreier*[2] Rn. 15, andeutungsweise OLG München MMR 2007, 525, 526 – *subito*). Auch die gesetzliche Regelung zum Investitions-Schutzrecht des Datenbankherstellers gem. § 87b lässt nicht die Entnahme einzelner Elemente genügen. Leider lässt sich all dies nicht anhand der Rechtsprechung und Literatur im Hinblick auf Sammel- oder Datenbankwerke quantifizieren (Schricker/*Loewenheim*[3] Rn. 18) spricht von zwei bis drei Gedichten aus einer Gedichtsammlung, die bzw. deren Titel ohne weiteres entnommen werden dürften. In der Tat wäre es nicht ganz ausgeschlossen, dass sich bereits in vier bis fünf Elementen Individualität ausdrücken könnte. Wenn es um die Schutzbegründung aufgrund der Auswahl geht, stellt sich die Frage, in welchem Verhältnis die Zahl der Gesamtheit aller zur Verfügung stehenden

Elemente, aus denen ausgewählt wird und die Zahl der tatsächlich ausgewählten Elemente zueinander stehen müssen. Soweit ersichtlich hat sich der BGH in GRUR 1992 382, 384 – *Leitsatz* erstmals mit der Frage allerdings eher indirekt befasst. Anhaltspunkte liefert diese Entscheidung nur insofern, als der BGH bei einer Verwendung von acht Elementen aus 63 insgesamt keine Verletzung gesehen hat. Zugleich hat der BGH unter insofern billigendem Verweis auf die Entscheidung des Berufungsgerichtes ausgeführt, dass die Sachlage möglicherweise anders zu beurteilen wäre, wenn in der Anordnung ggf. in Verbindung mit der Auswahl eine persönliche geistige Schöpfung vorgelegen hätte. Die Möglichkeit, dass auch in einer Auswahl und/oder Kombination von acht Elementen eine solche persönliche geistige Schöpfung liegen könnte, ist also durchaus nicht ausgeschlossen. Ähnlich unsicher ist die Quellenlage bei der Frage, wie viele Elemente erforderlich sind um für die Anordnung selbstständigen Schutz begründen zu können. Anhaltspunkte liefert die Datenbank-RL in der ErwG 19. Dieser nimmt die Zusammenstellung mehrerer Aufzeichnungen musikalischer Darbietungen auf einer CD aus dem Anwendungsbereich der Richtlinie aus. Immerhin ging der Richtliniengeber offenbar davon aus, dass für die 10–24 Titel einer gewöhnlichen CD grds. kein Werkschutz als Sammelwerk im Sinne des § 4 in Betracht käme, ohne dies allerdings kategorisch auszuschließen. Möglicherweise wollte der Richtliniengeber an dieser Stelle den Schutz aber auch wegen den inhaltlichen Gewebes (vgl. Rn. 25) vereinheitlichen. Nach alledem lassen sich u.E. gute Argumente dafür finden, dass z.B. die Anordnung von sechs bis zwölf Titeln von Musikspiellisten pro Stunde bei Radiosendern kaum das für eine persönliche geistige Schöpfung und damit das für den Werkschutz erforderliche Niveau erreichen dürfte. Im Streitfall muss ggf. durch Sachverständigengutachten belegt werden, dass die Spannbreite, dessen, was bereits durch Branchenübungen vorgegeben ist, hinreichend groß ist und so Raum für eine persönliche Schöpfung lässt.

2.   Datenbankwerke (Abs. 2)

31 a) **Begriff und Schutzvoraussetzungen:** § 4 Abs. 2 setzt ein Sammelwerk voraus, also eine Sammlung von Werken, Daten oder anderen unabhängigen Elementen (vgl. Rn. 16 ff.), die eine persönliche geistige Schöpfung aufgrund Auswahl oder Anordnung (vgl. Rn. 12) darstellt. Auch wenn bereits beim Oberbegriff des Sammelwerkes diskutiert wird, ob **geringere Anforderungen an die Schöpfungshöhe** zu stellen sind, als bei sonstigen Werkgattungen (vgl. Rn. 13), ist jedenfalls bei Datenbankwerken durch die klare **Vorgabe der Richtlinie** davon auszugehen, dass „nur" eine eigene geistige Schöpfung vorliegen muss, die sich allein danach bestimmen soll, dass *Originalität im Sinne einer geistigen Schöpfung* (ErwG 15, 16) vorliegt. Andere Kriterien sollen daneben nicht herangezogen werden. Aufgrund der Formulierung des ErwG 15 Datenbank-RL als „Soll"- und nicht als „Muss"-Vorgabe ist zwar grundsätzlich davon auszugehen, dass allein das Vorhandensein von **Individualität, nicht** aber eine **besondere Gestaltungshöhe** für die Schutzfähigkeit von Datenbankwerken ausreichend ist. Da diese Vorgabe jedoch kein Pendant im Wortlaut des § 4 Abs.2 gefunden hat, ist den Gerichten im Einzelfall ermöglicht, höhere Anforderungen an die Schutzfähigkeit zu stellen, sofern besondere Gründe die Notwendigkeit der richtlinienkonformen Auslegung überwiegen. Insbesondere in Hinblick auf die noch geringer angesetzten Voraussetzungen der Schutzhöhe von Datenbanken ergibt sich hier der Raum für eine Schutzumfangsabgrenzung zwischen § 4 und §§ 87a ff.

All dies bedeutet, dass für die Frage des Werkschutzes von Datenbankwerken **32**
eine eigene, vom allgemeinen Werkbegriff des § 2 Abs. 2 abweichende, **Werk-**
definition zugrunde zulegen ist (Möhring/Nicolini/*Ahlberg*[2] Rn. 22; Schricker/
Loewenheim[3] Rn. 30 unter Verweis auf die parallele Problematik bei den
§§ 69a ff. UrhG RegE ÄndG 1992 – BT-Drucks. 12/4022, S. 8, die von einem
„Stück europäisches Urheberrecht innerhalb des UrhG" spricht). Es reicht also
schlichte Individualität für einen Werkschutz aus (*Haberstumpf*[2] Rn. 172
unter Verweis auf gleiche Anforderungen für Sammelwerke Rn. 165; Schri-
cker/*Loewenheim*[3] Rn. 33 f.; *Leistner* S. 268 ff.). Abgelehnt wurde **beispielhaft**
eine derartige Leistung bei **Fachdatenbanken**, bei denen der **Themenkreis**
vorgegeben ist und die auf **Vollständigkeit** angelegt sind, z.B. Verzeichnis aller
Einwohner eines Ortes, ohne dass eine zusätzliche Ordnungsfunktion eingefügt wird; hier fehle es an einer individuellen Auswahl (*Berger* GRUR 1997,
169/173; *Wiebe* CR 1996, 198, 201; *Haberstumpf*[2], Rn. 108). Die Individualität in der Anordnung liegt bei **elektronischen Datenbanken** daher auch
weniger in der Datenorganisation selbst, da die Anordnung der Daten im
Speichermedium i.d.R. technisch vorgegeben ist oder durch Computerprogramme bestimmt wird, die nach § 4 Abs. 2 S. 2 gerade nicht Bestandteile
des Datenbankwerkes sind. **Individualität** kann aber im **Zugangs- und Abfra-**
gesystem liegen (*Berger* GRUR 1997, 169, 174 f.). Dies ist nur dann nicht der
Fall, wenn notwendige oder übliche Zugangs- und Abfragemethoden verwendet werden. Eine schöpferische Leistung kann aber in der **Art und Weise der**
Zugangs- und Abfragemöglichkeiten liegen, in deren Eleganz, Leichtigkeit
oder Benutzerfreundlichkeit (OLG Düsseldorf MMR 1999, 729, 730; OLG
Frankfurt GRUR-RR 2005, 299, 301 – *Online-Stellenmarkt*), die sich auch
durch die Abbildung auf dem Bildschirm ausdrücken kann (Schricker/*Loe-*
wenheim[3] Rn. 35).

Individualität kann sich daher nur dort entfalten, wo die Entscheidung für **33**
oder gegen eine konkrete Gestaltung aus Gründen der Logik, künstlerischer
oder ästhetischer Gesichtspunkte erfolgt (zu diesen Kriterien Walter/*von Le-*
winski Art. 1 Datenbank-RL Rn. 20 m.w.N.). Deswegen scheidet **individuelles**
Werkschaffen nur dort aus, wo
- es allein um die **Anwendung von Fachkenntnissen** und **Erfahrungssätzen**
  geht (BGH GRUR 1991, 130, 133 – *Themenkatalog* (mit weiteren Nachweisen:) BGHZ, 276, 285 – *Inkasso-Programm*; BGH GRUR 1986, 739,
  740 – *Anwaltsschriftsatz*), oder
- die Auswahl und Anordnung des dargebotenen Stoffes **durch zwingende**
  Kriterien vorgezeichnet ist (BGH GRUR 1987, 704, 706 linke Spalte unten
  – *Warenzeichenlexika*), oder
- es sich um einen Aufbau und eine Darstellungsart handelt, die **aus wissen-**
  schaftlichen Gründen geboten oder in Fragen des behandelten Gebiets
  weitgehend üblich (ist) und deren Anwendung deshalb nicht als eigentüm-
  liche geistige Leistung angesehen werden kann (BGH GRUR 1984, 659,
  661 – *Ausschreibungsunterlagen*).

b) Systematisch und methodisch angeordnete Elemente: Zum Begriff der **34**
Elemente vgl. Rn. 17 ff. Die einzelnen Elemente des Datenbankwerkes müssen
systematisch oder methodisch angeordnet sein. Dies ist dann der Fall, wenn sie
nach bestimmten Ordnungskriterien zusammengestellt sind; ausreichend ist
aber eine Zusammenstellung nach Ordnungsgesichtspunkten, die den Zugriff
auf die einzelnen Elemente ermöglicht (Möhring/Nicolini/*Ahlberg*[2] Rn. 15 f.;
Schricker/*Loewenheim*[3] Rn. 36).

35 Anerkannt ist, dass eine Sammlung von Daten nur **dann nicht** als systematisch/methodisch geordnet gilt, wenn es sich um eine **willkürliche** und **unstrukturierte Datenanhäufung** handelt (OLG München GRUR-RR 2001, 228, 229 – *Übernahme fremder Inserate;* KG GRUR-RR 2001, 102, 102 – *Stellenmarkt;* Walter/*v. Lewinski* Art. 1 Datenbank-RL Rn. 18 f.; *Leistner* S. 53 ff.). Ausgeschlossen werden sollen also nur Sammlungen von Daten, bei welchen der **Zufall eine Rolle spielt** (Walter/*von Lewinski* Art. 1 Datenbank-RL Rn. 20 u.v.a. *Leistner* GRUR Int. 1999, 824 und das **World-Wide-Web** des Internets als nicht schutzfähige Datenanhäufung). Beispielhaft seien hier auch genannt der **Stellenmarkt einer Tageszeitung,** der den beiden oben genannten Entscheidungen zugrunde lag. Auch eine nach **ästhetischen** Kriterien angeordnete Datenbank, kann systematisch und methodisch sortiert sein.

36 **c) Einzeln mit Hilfe elektronischer Mittel oder anders zugänglich:** Schließlich müssen die Elemente einzeln zugänglich sein. Zugänglichkeit bedeutet, unter Berücksichtigung der Anordnungskriterien auf die Elemente zugreifen zu können und sie abzufragen. Dieses Tatbestandsmerkmal soll verhindern, dass Elementeinheiten, die bereits in ihrer Einheitlichkeit geschützt sind (z.B. ein Buch als literarisches Werk aus einzelnen Worten), noch zusätzlich dem Datenbankschutz unterfallen (Dreier/Schulze/*Schulze*[2] Rn. 18). Bei einer elektronischen Datenbank kann der Zugang zu den Daten durch Recherche online oder offline erfolgen (Schricker/*Loewenheim*[3] Rn. 37).

37 **d) Abgrenzungen von Computerprogrammen und zu einfachen Datenbanken:** Abs. 2 Satz 2 stellt klar, dass Computerprogramme, die zur Schaffung einer Datenbank angewandt werden oder den Zugang zu ihr ermöglichen, nicht am Schutz des § 4 Abs. 2 teilnehmen. Das dürfte nach der Logik des individuellen Schutzgegenstandes eigentlich selbstverständlich sein. Man könnte aber geneigt sein, beim Vertrieb von insb. elektronischen Datenbanken im Bundle z.B. mit einem Thesaurus von einem einheitlichen Schutzgegenstand auszugehen oder aber das Abfragecomputerprogramm zur Begründung der Schutzfähigkeit des Datenbankwerkes heranzuziehen. Dem beugt diese Regelung vor. Zu Recht wird darauf hingewiesen, dass diese Trennung vertragsrechtliche Fragen aufwerfen kann; etwa wenn ein Nutzer einer Datenbank von seinem Vertragspartner, dem Datenbankanbieter, nicht die erforderlichen Nutzungsrechte für das zur Abfrage der Datenbank notwendige Computerprogramm verschafft bekommen hat (so Dreier/Schulze/*Schulze*[2] § 4 Rn. 21; zu diesen vertragsrechtlichen Fragen zusammengefasst bei den vertragsrechtlichen Ausführungen zu einfachen Datenbanken überblicksartig vgl. § 87e Rn. 9 ff.).

3. Inhaber des Urheberrechts am Sammelwerk, Datenbankwerk

38 Wer immer die geistige **Leistung des Anordnens** oder **Auswählens** vollbringt, ist der **Schöpfer** (§ 7) des Sammelwerkes oder auch des Datenbankwerkes. Dies können mehrere sein; dann kann **Miturheberschaft** vorliegen (vgl. Rn. 45). Es hat sich eingebürgert, dass man den Urheber eines Sammelwerkes als **Herausgeber** bezeichnet (Schricker/*Loewenheim*[3] Rn. 20). Hierbei muss es sich nicht um den Begriff des Herausgebers handeln, den § 10 Abs. 2 S. 1 im Blick hat (vgl. § 10 Rn. 43 ff.). Es schadet für die Urhebereigenschaft des Auswählenden und Anordnenden nicht, wenn **Dritte mehr routinemäßige Vorarbeiten** – wie Vereinheitlichung für eine statistische Auswertung – ohne den eigentlich Kreativen, als die Person, die auswählt, aber nach dessen Vorgaben vornehmen (BGH GRUR 2007, 685 – *Gedichtliste I*).

4. Urheber- und Leistungsschutzrechte an den einzelnen Elementen

§ 4 Abs. 1 spricht davon, dass Sammelwerke unbeschadet eines an den einzel- **39**
nen Elementen gegebenenfalls bestehenden Urheberrechts oder verwandten
Schutzrechts geschützt werden. Die „verwandten Schutzrechte" hat der Ge-
setzgeber erst anlässlich der Umsetzung der Datenbank-RL aufgenommen.
Dies sollte aber lediglich der Klarstellung dienen (RegE IuKDG 1996 – BR-
Drucks. 966/96, S. 15), denn auch bisher berührte der Schutz an der Auswahl
und Anordnung nicht den Schutz an den Elementen. Allerdings wird zu Recht
darauf hingewiesen, dass eine gesonderte Verwertung dieser Elemente im
Einzelfall vertraglich eingeschränkt sein kann (Schricker/*Loewenheim*³
Rn. 23); dies ist z.B. im Fall der Aufnahme einzelner Artikel in eine Zeitschrift
denkbar. § 38 enthält für diesen Spezialfall sogar eine gesetzliche Auslegungsregel. Eine parallele Vorschrift für die Datenbankwerke enthält § 4 Abs. 2
nicht. Da diese aber nur einen Unterfall der Sammelwerke darstellen, gilt für
sie dasselbe. Dabei ist bei Beliehenen oder anderen gesetzlich Beauftragten auf
die genaue Reichweite des gesetzlichen Auftrages zu achten: Der Deutsche
Wetterdienst (DWD) hat zwar eine gesetzliche Aufgabe zur Bereithaltung,
Archivierung und Dokumentation meteorologischer Daten und Produkte
(§ 4 Abs. 1 Nr. 9 DWDG), jedoch nur gegenüber Luftverkehrsteilnehmern
zur meteorologischen Sicherung der Luftfahrt (§ 4 Abs. 1 Nr. 2 des Gesetzes
über den Deutschen Wetterdienst vom 10.09.1998 [BGBl I 1998, 2871] =
DWDG). Andere Private dürfen daher die Daten des DWD nicht unentgeltlich
verwenden (OLG Köln MMR 2007, 443–446 – *Deutscher Wetterdienst*). Vgl.
§ 5 Rn. 12.

5. Schutzumfang

Der Schutzumfang von Sammelwerken unterscheidet sich zwar nicht prinzi- **40**
piell von anderen Werken. Allerdings muss man beachten, dass **nur die Übernahme des Schutzgegenstandes**, also der Auswahl und Anordnung, urheberrechtliche Ansprüche auslösen kann. Die **Übernahme einzelner Elemente
reicht nicht**. Damit stellt sich aber das Problem der Abgrenzung, das § 87b
für die einfachen Datenbanken mit einem „nach Art und Umfang wesentlichen
Teil" gesetzlich festlegt. Der BGH hatte dieses Abgrenzungsmerkmal bereits
vor Einführung der §§ 87a ff. annähernd vergleichbar definiert (BGH GRUR
1992, 382, 384 – *Leitsätze*: die Auswahl oder Anordnung **ganz oder in
wesentlichen Teilen übernimmt**). Die Rechtsprechung hat seitdem betont,
dass eine solche Übernahme eines wesentlichen Teils erst dann vorläge,
wenn die übernommenen Bestandteile ihrerseits die geschützte Auswahl oder
Anordnung widerspiegeln (OLG Hamburg Schulze OLGZ 229 – *Brigitte-Rezepte*; OLG Frankfurt UFITA 59/1971, 306, – *Taschenbuch für Wehrfragen*;
KG GRUR 1973, 602, 603 – *Hauptmann-Tagebücher*; KG GRUR-RR 2004,
228, 235 – *Ausschnittdienst*). Zum Umfang von Übernahmen vgl. Rn. 30.

6. Zeitlicher Anwendungsbereich, Schranken

In zeitlicher Hinsicht kennen die Änderungen in § 4 **keine Übergangsregeln.** **41**
Also gelten die neuen Regelungen für Datenbankwerke erst seit dem Inkrafttreten des IuKDG am 01.01.1998. Die durch das IuKDG eingeführte zeitliche
Übergangsvorschrift des § **137g** betrifft nur die Sondervorschrift zu Schrankenbestimmungen für Datenbankwerke gem. § 55a und die neuen Bestimmungen für einfache Datenbanken in §§ 87a ff.. Die Möglichkeit der **Privat-**

kopie nach § 53 ist durch dessen Abs. 5 für elektronische Datenbankwerke eingeschränkt.

III. Prozessuales

42 Die Benennung eines Herausgebers eines Sammelwerkes nimmt grundsätzlich **nicht an der Vermutungswirkung des § 10 Abs. 1** teil. Zu Gunsten des Urhebers eines Sammelwerkes, der lediglich als Herausgeber bezeichnet, wirkt zunächst lediglich die Vermutung der Prozessstandschaft nach § 10 Abs. 2. Eine Vermutung zu Gunsten des Urhebers, der als Herausgeber bezeichnet ist, wenn er nicht als „Herr des Unternehmens" (vgl. Rn. 38) im Sinne der Wahrnehmung einer bloßen kaufmännischen Tätigkeit mitgewirkt hat, gibt es nicht (OLG Frankfurt a.M. UFITA 59 [1971], 306, 311).

43 Wie allgemein muss der Anspruchsteller das Werk, hier also das Sammel- oder Datenbankwerk vorlegen, um das Gericht in die Lage zu versetzen, zu entscheiden, ob es schutzfähig ist oder nicht. Dies allein wird bei elektronischen Datenbankwerken allerdings wohl nicht ausreichen, denn alleine mit dem Datenträger wird das Gericht wenig anfangen können. Der Anspruchsteller muss die **schutzbegründenden Elemente offen legen** und **darlegen**, inwieweit **Spielraum für individuelles Schaffen** in Bezug auf diese schutzbegründenden Elemente bestand und genutzt wurde (*Haberstumpf* GRUR 2003, 14, 22).

IV. Verhältnis zu anderen Normen

1. Sammelwerk als Unternehmen/Schutz nach UWG und MarkenG

44 Neben der Erstellung des Sammelwerkes durch Auswahl und Anordnung selbst, muss für die drucktechnische Herstellung, Verbreitung und Bewerbung des Sammelwerkes – und wohl i.d.R. auch bei einem Datenbankwerk – eine beachtliche **wirtschaftlich-organisatorische Leistung** erbracht werden. Diese Leistung wird nach § 4 **nicht gesondert** geschützt. Allerdings anerkennt die Rechtsprechung diese Leistung und gewährt für die vermögenswerten Rechte und Interessen, die an diese Tätigkeiten des Herausbringens eines Sammelwerkes geknüpft sind, Schutz durch ein **eigenständiges Recht am Unternehmen** (BGH GRUR 1955, 199, 200 – *Sport-Wette*: Erteilung einer Ausnahmelizenz zur Herausgabe eines Druckerzeugnis durch die britische Militärregierung; BGH GRUR 1968, 329, 331 – *Der kleine Tierfreund*; OLG Frankfurt GRUR 1986, 242, 242 f. – *Gesetzessammlung*). Dieser Schutz umfasst den Charakter, die Ausstattung, den Titel und den „Goodwill" (zu weiteren Vermögensposten des „Rechts am Unternehmen" siehe *Schricker*, Verlagsrecht[3] § 41 Rn. 14) und wird **gewährleistet über UWG** (nach BGH GRUR 1980, 227, 232 – *Monumenta Germaniae Historica* z.B. durch §§ 16 Abs. I und 3 UWG a.F.) bzw. bei Verletzung des Titels nunmehr direkt aus §§ 5 Abs.3, 15 MarkenG (Dreier/Schulze/*Schulze*[2] Rn. 22 f.; Schricker/*Loewenheim*[3] Rn. 24: „*Sammelwerk als Unternehmen*").

2. Abgrenzungen zur Miturheberschaft u.a.

45 Von der **Miturheberschaft nach § 8** unterscheidet sich das Sammelwerk dadurch, dass die Miturheber aus einzelnen, nicht gesondert verwertbaren Beiträgen ein **einheitliches Werk** schaffen. Die jeweiligen Beiträge der Miturheber richten sich dabei maßgeblich auf die inhaltliche Gestaltung ihres Beitrages zum Werk bzw. auf das Einheitswerkes. Der **Schöpfer eines Sammelwerkes** wird hingegen **nicht inhaltlich tätig**, sondern bestimmt lediglich die Struktur des Werkes durch Auswahl oder Anordnung der Einzelbeiträge. Natürlich beeinflusst Struktur und inhaltliche Schwerpunktsetzung durch Beitragsauswahl die inhaltliche Aussage eines Gesamtwerkes. Dieser erschließt sich dem Nutzer eines Sammelwerkes aber nicht unmittelbar, sondern erst durch Wahrnehmung der Strukturierungsleistung.

Davon zu unterscheiden ist die Frage, in welchem **Verhältnis** die **Verfasser der** **46** **Einzelbeiträge** eines Sammelwerkes **zueinander bzw. zum Urheber des Sammelwerkes** stehen. Natürlich können inhaltliche Einzelbeiträge zu einem Sammelwerk in Miturheberschaft geschaffen werden. Ebenso kann ein Sammelwerk in Miturheberschaft entstehen, wenn mehrere an Auswahl und Anordnung der Einzelbeiträge beteiligt sind. Allein die Tatsache jedoch, dass ein Beitrag in ein Sammelwerk inkorporiert wird, erzeugt weder zwischen den aufgenommenen Autoren Miturheberschaft noch eine solche zum Urheber des Sammelwerkes. *Walser* und *Grass* werden weder Miturheber an ihren jeweiligen Geschichten, nur weil sie in einer Kompilation deutscher Autoren stehen, noch an der Kompilation selbst, wenn sie nicht einen Beitrag nach Maßgabe von § 4 geleistet haben.

Aus dieser Trennung von Urheberschaft an dem aufgenommenen Werk und **47** Urheberschaft am Sammel-/Datenbankwerk ergibt sich auch, dass die Aufnahme eines urheberrechtlich geschützten Werkes oder sonstigen urheberrechtlichen Schutzgegenstandes in ein Sammelwerk der **Zustimmung des Berechtigten** bedarf, wenn darin eine urheberrechtliche Verwertungshandlung nach §§ 15 ff. liegt (BGH GRUR 1973, 216 – *Handbuch moderner Zitate* und im Detail dazu Schricker/*Loewenheim*³ Rn. 52).

I.d.R. liegt auch **keine Werkverbindung nach § 9** zwischen den Einzelbeiträge **48** der Verfasser vor. Von der wissenschaftlichen Ausgabe nach § 70 unterscheiden sich Sammelwerke dadurch, dass die Auswahl oder Anordnung der Beiträge beim Sammelwerk eine persönlich geistige Schöpfung i.S.d. § 2 Abs. 2 darstellt, während die wissenschaftliche Edition nachgelassene Werke/Text keine schöpferische Leistung erfordert (vgl. § 70 Rn. 15)

3.   Verhältnis zu §§ 87a ff.

Die Datenbankwerke in § 4 Abs. 2 sind in engem Zusammenhang mit dem **49** **kleinen Schutzrecht für Datenbanken,** dem sui generis Recht der §§ 87a ff., zu sehen (vgl. Rn. 3; vgl. § 87a Rn. 22 f.). Das Verhältnis zum Schutz einfacher Datenbanken nach §§ 87a ff. ist einfach beschrieben: Eine Datenbank kann Werkcharakter haben, damit nach § 4 geschützt sein, aber auch zusätzlichen Schutz nach §§ 87a ff. genießen, wenn die dortigen Voraussetzungen – insb. die wesentliche Investition – vorliegen. Das klingt nur auf den ersten Blick widersprüchlich, ist es aber nicht, denn beide Schutzregimes haben unterschiedliche Schutzzwecke. Während § 4 die persönliche geistige Schöpfung, also den Schaffensakt, schützt, dient §§ 87a ff. im Wesentlichen dem Schutz der Investition. Ein solcher paralleler Schutz kann auch ganz praktische Konsequenzen haben. Sofern bei einer Datenbank durch fortlaufende neue wesentliche Investitionen die Schutzfrist des Datenbankrechts immer neu in Gang gesetzt wird (§§ 87a Abs. 1 S. 2, 87d), kann sie theoretisch ewig geschützt sein, während sie nach den allgemeinen Vorschriften (§§ 64 ff.) gemeinfrei würde. Das bedeutet also, dass **beide Schutzinstrumente nebeneinander** eingreifen können (RegE IuKDG 1996 – BR-Drucks. 966/96, S. 15; BGH GRUR 2007, 685 – *Gedichtliste I*; Dreier/Schulze/*Dreier*[2] Rn. 3; Schricker/*Loewenheim*[3] Rn. 28).

4. Weitere Vorschriften

50 Bezüglich der Rechtsbeziehungen zwischen den Urhebern der Einzelbeiträge und dem Herausgeber bzw. Verleger finden auf Sammelwerke neben § 4 die Vorschriften des §§ 38, 34 Abs. 2 sowie 41, 43 – 46 VerlG Anwendung (Schricker/*Loewenheim*[3] Rn. 4). Natürlich sind **Ansprüche aus UWG** denkbar (vgl. Vor §§ 87a ff. Rn. 26 ff.)

§ 5   Amtliche Werke

(1) Gesetze, Verordnungen, amtliche Erlasse und Bekanntmachungen sowie Entscheidungen und amtlich verfasste Leitsätze zu Entscheidungen genießen keinen urheberrechtlichen Schutz.

(2) Das Gleiche gilt für andere amtliche Werke, die im amtlichen Interesse zur allgemeinen Kenntnisnahme veröffentlicht worden sind, mit der Einschränkung, dass die Bestimmungen über Änderungsverbot und Quellenangabe in § 62 Abs. 1 bis 3 und § 63 Abs. 1 und 2 entsprechend anzuwenden sind.

(3) [1]Das Urheberrecht an privaten Normwerken wird durch die Absätze 1 und 2 nicht berührt, wenn Gesetze, Verordnungen, Erlasse oder amtliche Bekanntmachungen auf sie verweisen, ohne ihren Wortlaut wiederzugeben. [2]In diesem Fall ist der Urheber verpflichtet, jedem Verleger zu angemessenen Bedingungen ein Recht zur Vervielfältigung und Verbreitung einzuräumen. [3]Ist ein Dritter Inhaber des ausschließlichen Rechts zur Vervielfältigung und Verbreitung, so ist dieser zur Einräumung des Nutzungsrechts nach Satz 2 verpflichtet.

Übersicht

I.   Allgemeines

1.   Verfassungsrechtlicher Ursprung

1 § 5 ist eine in einem demokratischen Rechtsstaat unerlässliche Einschränkung des Urheberrechts. Ohne den freien Zugang zu den geltenden Rechtsnormen aller Art und zu den Entscheidungen der Gerichte könnte der Bürger sich kaum rechtstreu verhalten oder politisch tätig werden; beides setzt deren Kenntnis voraus. § 5 dient damit einem Gemeinwohlziel von hohem Rang und ist schon deshalb eine verfassungsgemäße Bestimmung von Inhalt und Schranken des (geistigen) Eigentums i.S.d. Art. 14 Abs. 1 S. 2 GG (BVerfG GRUR 1999, 226, 229 – *DIN-Normen*).

Zwar handelt es sich bei § 5 Abs. 1 nicht um eine abschließende Aufzählung, **2** wie Abs. 2 klarstellt. Im Hinblick auf die Ausnahmequalität des Grundsatzes der Gemeinfreiheit nach dem UrhG ist die Bestimmung gleichwohl als Ausnahmevorschrift eng auszulegen (BGH GRUR 1982, 37, 40 – *WK-Dokumentation*; Wandtke/Bullinger/*Marquardt*[2] Rn. 3). Zu Datenbanken vgl. jedoch Rn. 15.

2. Internationale Relevanz

Art. 2 Abs. 4 RBÜ erlaubt nationale Beschränkungen nur für amtliche Texte. **3** Bei anderen als Sprachwerken könnten sich deren verbandsangehörige (ausländische) Urheber also gegenüber § 5 auf das ihnen günstigere Konventionsrecht berufen (so schon *v. Ungern-Sternberg* GRUR 1977, 766, 767 f.).

Andere europäische Länder nehmen amtliche Werke nicht vom Urheberrechts- **4** schutz aus, sondern lassen das Urheberrecht in der staatlichen Institution entstehen, die die Schaffung des Werkes veranlasst hat. So steht in Italien das Urheberrecht an einem auf Rechnung und Kosten einer staatlichen Verwaltungsbehörde und unter deren Namen veröffentlichten Werk der Behörde als juristischer Person zu (§ 11 UrhG). Eine ähnliche Regelung gilt in den Niederlanden. In Großbritannien entsteht für amtliche Werke ein Urheberrecht der Krone bzw. des Parlaments (Walter/*Walter* Art. 1 Schutzdauer-RL Rn. 50).

3. Abweichendes Landesrecht

Abweichende landesrechtliche Bestimmungen (z.B. § 10 Abs. 2 Hessisches **5** KatasterG; dazu BVerwG NJW 1962, 2267) sind mit dem 01.01.1966 im Hinblick auf Art. 31 GG außer Kraft getreten (a.M. BGH GRUR 1988, 33, 34 *Topografische Landeskarten*).

II. Tatbestand

1. Amtliche Werke nach Abs. 1

Amtlich ist ein Werk, wenn es von einer mit der Erfüllung öffentlicher, **6** hoheitlicher Aufgaben betrauten Stelle stammt (BGH ständig seit GRUR 1982, 37, 40 – *WK-Dokumentation*; zuletzt BGH GRUR 1992, 382 – *Leitsätze*; OLG Köln GRUR-RR 2002, 161, 162). Das können neben Gerichten, staatlichen Ämtern und Behörden auch die sonstigen Körperschaften, Anstalten oder Stiftungen des öffentlichen Rechts (z.B. Gemeinden, Kirchen) sowie beliehene Personen des Privatrechts sein (*Katzenberger* GRUR 1972, 686, 687; *v. Ungern-Sternberg* GRUR 1977, 766, 767 Rn. 7), also etwa die technischen Überwachungsvereine (TÜV), nicht jedoch die politischen Parteien (Schricker/*Melichar*[3] § 48 Rn. 11). Ob auch das Deutsche Institut für Normung e.V. (DIN) beliehene Person des Privatrechts ist, soweit es öffentliche Aufgaben erfüllt, ist streitig. Sicher ist, dass die Erarbeitung von Normverträgen, allgemeinen technischen Vorschriften und genormten Begriffen, die sodann den Verträgen zwischen öffentlichen Auftraggebern und privaten Anbietern zugrunde zu legen sind, einem staatlichen Bedürfnis entspricht und deshalb zu den naturgegebenen Verwaltungsaufgaben des Staates gehört; sie ist also öffentliche hoheitliche Aufgabe. Lässt der Staat sie nicht durch die juristischen und/oder technischen Abteilungen der zuständigen Behörden erfüllen, sondern bedient er sich des DIN und seiner Unterorganisationen zu ihrer Erledigung, so ändert sich an ihrem hoheitlichen Charakter nichts, auch wenn im Vertrag zwischen der Bundesrepublik und dem DIN vom 05.06.1975 (BAnz. Nr. 144 v. 27.06.1975 Beilage) das Gegenteil behauptet wird. Darauf hätte BGH GRUR 1984, 117, 118 – *VOB/C* und GRUR 1990, 1003 – *DIN-Normen*, wo der amtliche Charakter der DIN-Norm verneint wurde, nicht abstellen dürfen; *jura novit curia*. Wie hier *v. Ungern-Sternberg* GRUR 1977, 766, 767 Rn. 7; *Reichel* GRUR 1977, 774, 776; *Stephan Schmidt* FuR 1984, 245; *Kirchner* GRUR 1985, 676, 678; anders inzwischen Schricker/ *Katzenberger*[3] Rn. 38; zuvor schon *Lukes* S. 24 ff.; *Debelius* FS Hubmann, S. 41, 46. Vgl. aber Rn. 14 zum neuen Abs. 3. Eine **unabhängige Kommission**, die frei von Weisungen tätig wird, ist kein Amt, auch wenn sie von einem Ministerium oder einer Stadtverwaltung ins Leben gerufen und aus Haushaltsmitteln finanziert wird (BGH GRUR 1982, 37, 40 – *WK-Dokumentation*; BGH GRUR 2007, 137, 138 f. – *Bodenrichtwertsammlung*). Auf das amtliche Interesse, das in einer solchen staatlichen Förderung deutlich wird, kommt es für die Anwendung des Abs. 2 nicht an, weil dieser das Vorhandensein eines amtlichen Werkes *voraussetzt*.

7 An sich wären auch die in Abs. 1 genannten Werke als Sprachwerke i.S.d. § 2 Abs. 1 Nr. 1 anzusehen, da sich regelmäßig in ihnen eine persönliche geistige Leistung niederschlägt. Während das früher geltende Recht demgemäß auch den amtlichen Werken einen Urheberrechtsschutz nicht grundsätzlich absprach, sondern lediglich den Abdruck, die Verbreitung und den öffentlichen Vortrag für zulässig erklärte (§§ 16, 26 LUG), schließt die Neuregelung sie von jedem Rechtsschutz schlechthin aus. Jedermann kann diese Werke, zu denen entgegen den sachlich engeren §§ 16, 26 LUG auch amtlich verfasste Leitsätze (nur diese: BGH GRUR 1992, 382,383 – *Leitsätze*) gehören, beliebig verwerten, bearbeiten oder sonst umgestalten, ja sie sogar als eigene Werke ausgeben, wenn er damit nicht ausnahmsweise gegen Normen des Wettbewerbsrechts oder gegen sonstige allgemeine Bestimmungen verstößt. Gesetze und Verordnungen werden jedoch erst dann frei, wenn sie verkündet sind; Entscheidungen werden frei, wenn sie (durch Verkündung oder Zustellung) wirksam geworden sind. **Amtliche Erlasse, Bekanntmachungen** und **Leitsätze** werden mit ihrem Wirksamwerden – d.h. meist ihrer Veröffentlichung – frei (BGH GRUR 2006, 848, 850 – *Vergaberichtlinie*). Dienstanweisungen an die Behördenmitarbeiter sind allerdings keine Erlasse (OLG Düsseldorf ZUM-RD 1997, 373, 378). **Für allgemeinverbindlich erklärte Tarifverträge** rechnen unter Abs. 1, da sie Gesetze im materiellen Sinne sind. Das BAG (NJW 1969, 861, 862) und die Literatur (*v. Gamm* GRUR 1969, 593, 595; *Rehbinder* UFITA 80 [1977], 73, 79; *Samson* DVR 1977, 201, 204) rechnen auch einfache Tarifverträge dazu, da sie jedenfalls für allgemeinverbindlich erklärt werden *könnten* und potentiell von allgemeiner Bedeutung seien. Das ist mit dem klaren Text der Bestimmung unvereinbar; ein Vertrag zwischen juristischen Personen des Privatrechts ist kein amtliches Werk. § 5 lässt als Ausnahmebestimmung auch keine Analogien zu (vgl. Rn. 2). Eine Ausnahme gilt nur für die in solchen Tarifverträgen etwa enthaltenen Rechtsnormen, die § 4 Abs. 1, 2 TVG für zwingend anwendbar erklärt (Schricker/ *Katzenberger*[3] Rn. 34). In der Veröffentlichung von Tarifverträgen und ähnlich fertig bereitliegenden Vertragsordnungen, also vor allem den Allgemeinen Geschäftsbedingungen, kann allerdings die konkludente Einräumung (einfacher) Nutzungsrechte aus den §§ 16, 17 an jedermann liegen.

Durch die **bloße Verweisung auf private Werke in Erlassen** usw. ohne Wieder- **8** holung ihres Textes werden diese noch nicht zu amtlichen Werken (BGH GRUR 1984, 117, 118 f. – *VOB/C*; OLG Köln ZUM-RD 1998, 110, 111 – *Technische Regelwerke*); etwas **anderes** gilt nur dann, wenn die Bezugnahme **normergänzenden Charakter** hat, der Text also im Regelfall wörtlich übernommen wird (BGH GRUR 1990, 1003, 1004 – *DIN-Normen*, von BVerfG GRUR 1999, 226, 229 bestätigt; Schricker/*Katzenberger*[3] Rn. 25; *Budde* DIN-Mitteilungen 1984, 114, 115; *Debelius* FS Hubmann S. 41, 52 f.). Insoweit ist allerdings anlässlich der Umsetzung der Multimedia-RL im Jahre 2003 mit dem neuen Abs. 3 eine gesetzliche Lizenz zum Nachdruck eingeführt worden (vgl. Rn. 15).

Unter dem Begriff „Erlasse" in Abs. 3 versteht der Bundesgerichtshof zu Recht **9** nicht nur Verfügungen, die die jeweilige Behörde als solche bezeichnet, sondern jede Verlautbarung, die dem Hoheitsträger als eigenverantwortliche Willensäußerung zuzurechnen ist (BGH GRUR 2006, 848 f. *Verwaltungsinterne Vergaberichtlinie*). Ebenso sind **Hirtenbriefe** von Kirchen Erlasse, da die Kirchen Körperschaften des öffentlichen Rechts sind (Art. 140 ff. mit Art. 137 Abs. 5 Weimarer Reichsverfassung, *Ulmer*[3] S. 169, Schricker/*Katzenberger*[3] Rn. 30).

2. Freigabe anderer amtlicher Werke nach Abs. 2

Abs. 2 erklärt auch alle anderen amtlichen Werke für frei, sofern sie im **10** amtlichen Interesse **zur allgemeinen Kenntnisnahme veröffentlicht** sind, mit denen sich also eine amtliche Stelle an die nichtamtliche Öffentlichkeit wendet (*Arnold* S. 17). Für sie gelten allerdings die Ge- und Verbote der §§ 62 Abs. 1 bis 3 und 63 Abs. 1 und 2 entsprechend (Änderungsverbot, Quellenangabegebot). Neben geheimen Unterlagen und internen Dienstanweisungen (OLG Düsseldorf ZUM-RD 1997, 373, 378) bleiben also auch sonstige für den Behördengebrauch oder für den behördlichen Umgang mit Dritten bestimmte Werke geschützt, z.B. Informationsrundschreiben an nachgeordnete Dienststellen, Materialien für Abgeordnete, Verträge mit Dritten, Bauvorlagen, Informationsmaterial aller Art. Wer sie geschaffen hat, ist insoweit unerheblich (*Katzenberger* GRUR 1972, 686, 692; *v. Ungern-Sternberg* GRUR 1977, 766, 768).

Das **amtliche Interesse** muss sich gerade auf die Veröffentlichung selbst beziehen. Es reicht nicht aus, wenn erst eine erhoffte weitere oder mittelbare **11** Wirkung der Veröffentlichung im amtlichen Interesse liegen würde (BGH GRUR 1972, 713, 714 – *Im Rhythmus der Jahrhunderte*: Film über die Geschichte der Militärmusik mit erhoffter Werbewirkung für die Musikkorps der Bundeswehr). Dazu ist entgegen *Katzenberger* GRUR 1972, 686, 691 das Vorliegen eines dringlichen, unabweisbaren amtlichen Interesses an der Kenntnisgabe des Werkes gegenüber der Allgemeinheit nicht Voraussetzung; der Zivilrichter könnte ohnehin nicht nachprüfen, ob ein gegebenes amtliches Interesse „dringend" oder gar „unabweisbar" ist. Vielmehr wird man unter diesem Begriff auch das Interesse verstehen müssen, welches der Staat an der Erfüllung seiner sozialstaatlichen Verpflichtung zur Daseinsvorsorge hat (Art. 20 Abs. 1 GG). Demnach fallen nicht nur offizielle Reden von Amtsträgern, sondern auch Veröffentlichungen informativer Art unter Abs. 2: **Merkblätter** staatlicher Dienststellen, die die wichtigsten Regelungen für den Umgang mit ihnen enthalten (a.M. BGH GRUR 1987,166, 167 – *AOK-Merkblatt*), **Filmwerke** (z.B. ein amtlich hergestellter Film über die Gesetzgebungsarbeit des Bundestages oder über die Gefahren des Rauchens, a.m. *von Ungern-Sternberg* GRUR 1977, 766, 769), Informationsschriften (z.b. der *Sexualkundeatlas* des Bundesgesundheitsministeriums), **Offenlegungs- und Patentschriften** (*v. Ungern-Sternberg* GRUR 1977, 766, 768 Fn. 20 mit Nachweisen; zu Patentanmeldungen aber vgl. § 2 Rn. 93), **Statistiken** (a.M. *Katzenberger* a.a.O.; Möhring/*Nicolini*² Rn. 6b, bb); **Modelle** (z. B. in den Schaukästen ausgestellte Modelle der Stadtplanungsbehörden); **Fahrpläne** und **Fernsprechbücher** dagegen seit der Privatisierung von Bahn und Post nicht mehr, da sie nicht von einem *Amt* stammen (BGH GRUR 1999, 923, 926 – *Tele-Info-CD*). Bei **Briefmarken** fehlt zudem entgegen LG München I GRUR 1987, 436 – *Briefmarke* das von Abs. 2 vorausgesetzte allgemeine Informationsinteresse. Sie fielen deshalb schon früher nicht unter die Freigabe (so mit Recht *Schricker* GRUR 1991, 645, 652 f.; a.m. *Rehbinder*⁹ S. 207, der allerdings für Sondermarken wie hier votiert). Gleiches gilt für **Banknoten**. Sie werden nicht zur allgemeinen Kenntnisnahme, sondern zum allgemeinen Gebrauch im Geldverkehr herausgegeben (*Häde* ZUM 1991, 536, 539). Bei **amtlichen Plänen** und **Karten** ist dagegen zu differenzieren: Veröffentlicht eine Stadtverwaltung eine Karte zur Kennzeichnung gefährlicher Badestellen in den städtischen Gewässern oder einen Plan der Marathonstrecke, die von den Autofahrern möglichst gemieden werden soll, dann liegt das im besonderen Informationsinteresse der Allgemeinheit; solche amtliche Werke fallen unter Abs. 2 (ebenso schon Begr. RegE UrhG – BT-Drucks. IV/270, S. 39). Für **Generalkarten** und **Messtischblätter** besteht ein derart besonderes Allgemeininteresse nicht (BGH GRUR 1988, 33, 35 – *Topographische Landeskarten* im Anschluss an die Begr RegE UrhG – BT-Drucks. IV/270, S. 39; *Ulmer*³ S. 171; *Katzenberger* GRUR 1972, 686, 693; *Stephan Schmidt* FuR 1984, 245, 249; *Riedel* Rn. B 2). Unsere gegenteilige Ansicht haben wir schon in der 8. Auflage im Hinblick darauf aufgegeben, dass auch § 5 **eine Ausnahmevorschrift gegenüber dem Prinzip des universalen Urheberrechts** ist, die **eng ausgelegt** werden muss (st. Rspr. BGH GRUR 1988, 33, 35 – *Topographische Landeskarten*; zuletzt OLG Dresden und Köln ZUM 2001, 595, 597 bzw. 527, 528). Die **amtliche Veröffentlichung allein** reicht für die Anwendung des § 5 **nicht** aus, wenn es sich nicht auch um amtliche Werke (vgl. Rn. 5) handelt; deshalb fallen die Allgemeinen Deutschen Spediteurbedingungen (ADSp) und andere Allgemeine Geschäftsbedingungen auch dann nicht unter § 5, wenn sie etwa im Bundesanzeiger veröffentlicht wurden (a.M. *Samson* DVR 1977, 201, 207).

12 Bearbeitungen oder Sammlungen amtlicher Werke, die **von nichtamtlicher Seite veranlasst** werden, fallen nicht unter § 5, z.B. Übersetzungen fremdsprachlicher Gesetzestexte, Entscheidungssammlungen, nicht vom Gericht selbst stammende Leitsätze zu Entscheidungen (BGH GRUR 1992, 382, 383 – *Leitsätze*; dazu *Fischer* NJW 1993, 1228; so auch schon *Wilhelm Nordemann/Hertin* NJW 1971, 688, 689; *Ulmer*³ S. 172; Schricker/*Katzenberger*³ Rn. 63).

13 Die völlige Freistellung amtlicher Werke vom Urheberrecht bedeutet, dass ihren Urhebern auch **kein Urheberpersönlichkeitsrecht**, insbesondere kein Nennungsrecht zusteht (so schon die Begr RegE UrhG – BT-Drucks. IV/270, S. 39). Das schließt die Anwendbarkeit des Rechts gegen den unlauteren Wettbewerb unter mehreren Nutzern solcher Werke nicht aus (BGH GRUR 1999, 923, 925 f. – *Tele-Info-CD* für die unmittelbare Übernahme der Verlagsleistung durch einen anderen Verleger; wie hier Schricker/*Katzenberger*³ Rn. 62).

3. Sonderregelung des Abs. 3

Der mit dem UrhG InfoG vom 10.09.2003 (BGBl. I 1774) eingeführte **Abs. 3 14** hat eine begrüßenswerte Klärung der Rechtslage für **private Normwerke** gebracht, auf die in Gesetzen, Verordnungen und anderen staatlichen Verlautbarungen lediglich Bezug genommen wird; würde ihr Wortlaut wiedergegeben, wäre Abs. 1 unmittelbar anwendbar. In dem bisher nicht gesetzlich geregelten Zwischenbereich der amtlichen Verweisungen gilt nunmehr eine gesetzliche Lizenz zur Vervielfältigung und Verbreitung – nicht zur öffentlichen Wiedergabe – des vollständigen Normenwerks, soweit es in Bezug genommen ist (*Loewenheim* FS Nordemann II S. 51, 55). Anspruch auf Einräumung eines – einfachen – Nutzungsrechts haben allerdings nur Verleger, und dies zu angemessenen Bedingungen. Letztere ergeben sich aus § 32 Abs. 2 S. 2 (s. dort). Unterlizenzen kann der Verleger, der das Recht aus § 8 Abs. 3 für sich in Anspruch nimmt, nicht erteilen (*Loewenheim* a.a.O.; Schricker/*Schricker*³ § 35 Rn. 1 m.w.N.; a. M. Dreier/Schulze/*Schulze*² § 31 Rn. 55).

III. Anwendung des § 5 auf Datenbanken

Die Umsetzung der Datenbankrichtlinie in das deutsche Urheberrecht zum **15** 01.01.1998 hat die Frage entstehen lassen, ob § 5 auch für verwandte Schutzrechte gilt, obwohl darin nur von *Werken* die Rede ist, es im zweiten Teil des Gesetzes nirgends eine Verweisung gibt und es sich um eine *Ausnahme* von der Regel des umfassenden urheberrechtlichen Verwertungsrechts (vgl. § 15 Rn. 1 ff.) handelt, die grundsätzlich eng auszulegen ist und keine analoge Anwendung zulässt (vgl. Rn. 2). Zwar wird die schauspielerische Leistung des Bundeskanzlers anlässlich einer Rede im Bundestag keiner ausdrücklichen Freigabe bedürfen (obwohl solche Reden schon in anderem Zusammenhang Gegenstand gerichtlicher Entscheidungen waren, OLG München Schulze OLGZ 178 – *Pol(h)itparade* m. Anm. *Wilhelm Nordemann*); auch kommen Computerprogramme, wenn sie behördlichen Zwecken dienen, kaum für eine Veröffentlichung im amtlichen Interesse zur allgemeinen Kenntnisnahme in Betracht. Aber die Gesetz- und Verordnungsblätter des Bundes und der Länder sind inzwischen zugleich Datenbanken i.S.d. § 87a, und die Amtsblätter der Kommunen oder etwa deren Messtischblätter oder die Urteilssammlungen der oberen Bundesgerichte sind es auch, oder werden es in Kürze ebenfalls sein. Die §§ 87a – 87e sind allerdings Normen des *Urheberrechtsgesetzes,* und gerade der *urheberrechtliche* Schutz der in § 5 genannten Werke wird durch diese Bestimmung ausgeschlossen, und zwar einschränkungslos. Die Rechtsfolge für die §§ 87a – 87e ist damit zweifelsfrei: Die Freiheit der Nutzung amtlicher Werke wird durch das Datenbankrecht nicht berührt, soweit sie von den Freigaben des § 5 gedeckt ist.

---

§ 6   Veröffentlichte und erschienene Werke

(1) Ein Werk ist veröffentlicht, wenn es mit Zustimmung des Berechtigten der Öffentlichkeit zugänglich gemacht worden ist.

(2) ¹Ein Werk ist erschienen, wenn mit Zustimmung des Berechtigten Vervielfältigungsstücke des Werkes nach ihrer Herstellung in genügender Anzahl der Öffentlichkeit angeboten oder in Verkehr gebracht worden sind. ²Ein Werk der bildenden Künste gilt auch dann als erschienen, wenn das Original oder ein Vervielfältigungsstück des Werkes mit Zustimmung des Berechtigten bleibend der Öffentlichkeit zugänglich ist.

Übersicht

I.   Allgemeines

1.   Sinn und Zweck

1 § 6 enthält die **Legaldefinition**en für die beiden Regelsachverhalte, die ein Werk nach seiner Entstehung für den Rechtsverkehr relevant werden lassen: seine Veröffentlichung (Abs. 1) und sein Erscheinen (Abs. 2). Zwar genießt es den Schutz des Urheberrechts schon von seiner Schöpfung an (§§ 1 bis 4); erst mit seiner Übergabe an die Öffentlichkeit entfaltet es jedoch seine inhaltliche Wirkung, und Konflikte persönlichkeitsrechtlicher oder verwertungstechnischer Art können entstehen.

2.   Systematik und Abgrenzung

2 Die Veröffentlichung ist die einfache, das Erscheinen die qualifizierte Form des Wechsels eines Werkes aus dem – ausschließlichen – Zugangsbereich seines Schöpfers in denjenigen der Öffentlichkeit: Während für erstere keine besonderen Voraussetzungen gegeben sind, es vielmehr genügt, dass das Werk der Öffentlichkeit *zugänglich* ist, wie auch immer dieser Zugang aussehen mag (Abs. 1), ist das *Erscheinen* eines Werkes erst gegeben, wenn Werkexemplare in genügender Anzahl sowohl *hergestellt* als auch *der Öffentlichkeit angeboten* oder sonst in Verkehr gebracht worden sind (Abs. 2).

3 Beides, die Veröffentlichung ebenso wie das Erscheinen, setzt die **Zustimmung des Berechtigten** – also des Urhebers oder des Verwerters, dem er die entsprechenden Nutzungsrechte eingeräumt hat – voraus. Ohne sie treten die Rechtsfolgen der Veröffentlichung und/oder des Erscheinens eines Werkes nicht ein: Der Raubdruck eines Romanskripts oder die unerlaubte Uraufführung einer Komposition von *Richard Strauß*, die im Archiv einer Musikhochschule gefunden wurde, berühren die Rechtsposition des Urhebers oder seiner Erben als solche ebensowenig wie die Veräußerung seiner Text- oder Notenmanuskripte durch den Testamentsvollstrecker. **Anders** steht es allerdings mit **Werken der bildenden Künste und mit Lichtbildwerken:** Ein bisher unbekanntes Aquarell von *Emil Nolde* aus dem Nachlass eines Industriellen dürfen dessen Erben ohne die Zustimmung der Stiftung Seebüll öffentlich ausstellen (§ 44 Abs. 2 UrhG) und damit deren Erstveröffentlichungsrecht aus § 6 Abs. 1 zum Erlöschen bringen.

Veröffentlichung und Erscheinen stehen daher in einem **Spezialitätsverhältnis** **4** zueinander. Ein erschienenes Werk ist auch immer zugleich veröffentlicht, nicht jedes veröffentlichte Werk aber auch zugleich erschienen. Die stärkere Verselbständigung des Werkes und der Kontrollverlust, der mit der Übergabe der Vervielfältigungsstücke an die Allgemeinheit eintritt, rechtfertigen die unterschiedliche Reichweite der Rechtsfolgen von Veröffentlichung und Erscheinen; so sind vom Zeitpunkt des Erscheinens an die ausschließlichen Nutzungsrechte des Urhebers weitergehend als durch die bloße Veröffentlichung des Werkes zugunsten bestimmter Werknutzungen beschränkt (BGH GRUR 1963, 213, 215 f. – *Fernsehwiedergabe von Sprachwerken*).

3. Internationales

a) Konventionsrecht: Keine der einschlägigen internationalen Konventionen **5** unterscheidet wie das deutsche Recht zwischen der Veröffentlichung und dem Erscheinen eines Werkes. Vielmehr wird – in englischsprachigen Fassungen – einheitlich der Begriff *publications* verwendet und unter einem *published work* stets ein solches verstanden, das den von Abs. 2 gestellten Anforderungen an ein *erschienenes* Werk entspricht. *Publications* stimmt demgemäß mit dem deutschen Begriff des *Erscheinens* überein. So genügt für die Entstehung des Urheberrechtsschutzes in allen Mitgliedstaaten der RBÜ die erste *publication* eines Werkes in einem Verbandsland (Art. 3 Abs. 1 Buchst. b Abs. 3 der Pariser Fassung). Entsprechend gilt für das WUA (Artt. II Abs 1 und IV), den WCT (Art. 2 lit. e, Art. 3 Abs. 1 und 2), für TRIPS (Art. 1 Abs. 3 Satz 1) und für den WPPT (Artt. 2 lit e und 3 Abs. 1 und 2). Soweit amtliche Übersetzungen in die deutsche Sprache existieren, findet sich darin an entsprechender Textstelle stets der Begriff des Erscheinens oder dessen Umschreibung nach den dazu erforderlichen tatsächlichen Vorgängen (Einzelheiten bei Schricker/*Katzenberger*[3] Rn. 58 f.).

Die drei für das deutsche Urheberrecht bedeutsamen Bestimmungen sind die **6** folgenden:
- **Art. 3 Abs. 3 S. 1 RBÜ** definiert *publication* dahin, dass der Öffentlichkeit Werkstücke, ohne Rücksicht auf die Art der Herstellung, je nach Art des Werkes in einer Weise zur Verfügung gestellt werden, *die deren normalen Bedarf befriedigt.*
- Nach Art. VI WUA muss das Werk in einer körperlichen Form vervielfältigt sein, die es gestattet, das Werk zu lesen oder sonst mit dem Auge wahrzunehmen, und der Öffentlichkeit angeboten werden, um *published* zu sein.
- Nach Art. 3 (d) des Rom-Abkommens ist *publication* das Angebot von Vervielfältigungsstücken eines Tonträgers *in reasonable quantity* (ebenso Art. 2e WPPT).

Mit Recht empfiehlt demgemäß *Sterling* (World Copyright Law, Rn. 4.10), im urheberrechtlichen Sprachgebrauch „publication" mit „Erscheinen" und

„Veröffentlichung" mit dem unspezifischen Begriff der „dissemination" zu übersetzen.

7 Angesichts der rasch zunehmenden Bedeutung des **Internets** für die Verfügbarmachung von Werken ist Streit darüber entstanden, ob die Online-Bereitstellung einer zum Download geeigneten Datei schon eine *publication* im Sinne des internationalen Sprachgebrauchs mit der Folge eines urheberrechtlichen Schutzes im Bereich aller internationalen Konventionen sei (dafür *Thum* GRUR Int. 2001, 9, 10 und *Klass* GRUR Int. 2007, 373, 378 ff; dagegen *Schack* GRUR 2007, 639, 645; jedenfalls für eine Klarstellung der Abkommenstexte: *Sterling* Rn. 4.10). Wir neigen ersterer Ansicht zu: Was jedermann jederzeit (fast) überall auf der Welt zur Kenntnis nehmen kann, ist sogar einem – bisher unbekannten – *höheren* Grad des Erscheinens zuzurechnen, mit der zu erwartenden Folge übrigens, dass schon im kommenden Jahrzehnt in rasch zunehmendem Maße der Druck zumindest von Fach- und Sachbüchern immer mehr durch die Einstellung ihrer vollständigen Texte ins Internet verdrängt werden wird. Man findet im Palandt viel schneller (und verlässlicher), was man sucht, wenn man das maßgebliche Stichwort oder wenigstens das Frageziel ins Netz eingibt – und der Inhalt des letzteren kann *täglich* auf den neuesten Stand gebracht werden, ohne dass Zeitaufwand und Kosten von Herstellung und Verbreitung einer Neuauflage noch nötig werden.

8 Der „normale" Bedarf, der durch eine *publication* i.S.v. Art. 3 Abs. 3 S 1 RBÜ – und offenbar ebenso von Art. 3 (d) des Rom-Abkommens und Art. 2e WPPT – gedeckt sein muss, ist, soweit es noch um die bisher gebräuchliche Buchproduktion geht, jeweils nach Werkart, Verbreitungsweg und Marktbesonderheiten zu bestimmen. So reichen die für den Verleih normalerweise benötigten Kopien eines Kinofilms oder die früher für die Auswertung im Fernsehen normalerweise benötigten Ampexbänder eines Fernsehfilmes aus, um das Werk als veröffentlicht anzusehen (Nordemann/Vinck/Hertin RBÜ Art. 3 Rn. 2). Der normale Bedarf nach RBÜ ist dann nicht befriedigt, wenn das Werk nur im Untergrund oder nur unter der Hand verbreitet wird, weil die im Umlauf befindlichen Exemplare dann nur für eingeweihte Kreise, nicht aber für die Allgemeinheit frei zugänglich und erreichbar sind (Brit. High Court of Justice GRUR Int 1973, 117 *August 1914*).

9 **b) Kollisionsrecht:** Für Werke von **Ausländern**, deren Heimatland nicht durch einen Staatsvertrag mit der Bundesrepublik Deutschland verbunden ist, entsteht der Schutz nach dem UrhG im Wesentlichen nur dann, wenn diese **erstmals im Inland erschienen** sind; allein die §§ 12 – 14 kommen ihnen stets zugute (§ 121). Hier oder in einem anderen der RBÜ oder dem WUA angehörigen Land ansässige Staatenlose und Flüchtlinge sind allerdings Deutschen gleichgestellt (§§ 122, 123).

II. Tatbestand

1. Veröffentlichung (Abs. 1 Satz 1)

10 **a) Begriff der Veröffentlichung: Veröffentlicht** im Sinne des § 6 ist ein Werk erst dann, wenn, die Zustimmung des Berechtigten vorausgesetzt (vgl. Rn. 3), theoretisch **jedermann von ihm Kenntnis nehmen kann,** also auf der Straße, in einer öffentlichen Veranstaltung, im Radio, am Fernseher, über das Internet am PC, durch Aufnahme in eine Ausstellung oder in eine öffentliche Bibliothek oder durch Veröffentlichung eines Angebots von Vervielfältigungsstücken (vgl. Rn. 11–13).

b) Einzelfälle: Dabei kann es entscheidend auf die Situation im Einzelfall **11** ankommen:

– Vorlesungen an Universitäten und gleichartigen Einrichtungen, zu denen eigentlich nur Hochschulangehörige Zutritt haben, sind oftmals in der Praxis öffentlich, weil niemand die große Zahl der Zuhörer kontrollieren kann und will; Seminare dagegen sind es nicht.

– Auch größere Fachkongresse sind öffentlich, selbst wenn eine Eingangskontrolle stattfindet, weil letztlich jeder Interessierte sich über ein Mitgliedsunternehmen den Zutritt verschaffen kann; die Sitzung eines Expertengremiums, das nach einem Referat eine Stellungnahme erarbeitet, ist dagegen nicht öffentlich (so schon *Ulmer*[3] § 32 I).

– Entsprechendes gilt bei Bühnendarbietungen für die Mitglieder der Theatergemeinde oder der Volksbühne: Niemand kann wissen, ob der Sitznachbar Mitglied ist oder die Eintrittskarte von einem solchen erhalten hat (Schricker/*Katzenberger*[3] Rn. 13 m.w.N.). Eine Lesung oder szenische Darbietung vor geladenen Gästen dagegen ist nicht öffentlich.

– Darbietungen vor einem individuell ausgewählten Kreis von Schülern oder Mitarbeitern sind nicht öffentlich (BGH GRUR 1956, 515 f. – *Tanzkurse*; LG Kassel Schulze LGZ 174).

– Der Versand von Werkstücken an einen ausgewählten Kreis von Empfängern ist gleichwohl dann Veröffentlichung, wenn er nicht mit der Bitte um lediglich private Kenntnisnahme verbunden ist und die Anzahl der Empfänger klein – nicht mehr als etwa 25 – bleibt; ein an zahlreiche Subskribenten als „Privatdruck" vertriebenes Buch ist in jedem Falle veröffentlicht (OLG München ZUM 1990, 95 f. – *Josefine Mutzenbacher*).

– Eine Filmvorführung zu Testzwecken vor Filmverleihern und Kinobesitzern ist öffentlich, wenn auch Angehörige und Freunde zugelassen sind (LG Berlin UFITA 8 – 1935 – S. 111 f.).

c) Sonstige Voraussetzungen: Auf **Ausmaß und Dauer des Veröffentlichungs-** **12** **akts** kommt es allerdings nicht an. Ein Werk, das nur ein einziges Mal öffentlich gezeigt, vorgetragen, aufgeführt oder vorgeführt worden ist, ist ebenso veröffentlicht wie eine Diplomarbeit, die in einer Bibliothek in der früheren DDR eingestellt und dort registriert war (BPatG GRUR 1989, 189). Eine vorherige oder gleichzeitige Festlegung ist Werkes ist nicht erforderlich (vgl. § 2 Rn. 23); ein Stehgreifgedicht oder eine Improvisation am Klavier, die erst durch ihre Mitteilung an die Außenwelt Werkcharakter erhalten, können daher schon mit ihrer Entstehung veröffentlicht sein.

Stets muss freilich **das Werk als solches veröffentlicht** sein; seine bloße Vor- **13** stellung in einer Feierstunde macht nur seine Existenz, nicht seinen Inhalt öffentlich (OLG Zweibrücken GRUR 1997, 363, 364 – *Jüdische Friedhöfe*; Ausnahme § 44 Abs. 2, vgl. Rn. 3). Entsprechendes gilt etwa für die Vorstellung eines neuen Bühnen- oder Filmwerks in einer Pressekonferenz vor der Uraufführung. Zum **Verbrauch** des Veröffentlichungsrechts durch eine konkrete Art oder Form der Veröffentlichung s. § 12 Rn. 10.

Was den Veröffentlichungsbegriff in § 6 Abs. 1 UrhG angeht, bereiten Internet- **14** Veröffentlichungen keine besonderen Probleme. Denn „veröffentlicht" ist ein Werk bereits dann, „wenn es mit Zustimmung des Berechtigten der Öffentlichkeit zugänglich gemacht worden ist", gleich ob dies in körperlicher oder unkörperlicher Form geschieht. Entscheidend ist allein, dass das Werk der

Öffentlichkeit zugänglich ist, d.h. wahrgenommen werden *kann;* ob und wie oft es danach *online* abgerufen wird, spielt keine Rolle (*Schack* GRUR 2007, 639, 644).

2.   Erscheinen (Abs.2 Satz 1)

15 a) **Allgemeines:** Nur im klassischen Bereich des Erscheinens von Werken der Literatur, von Musiknoten – dort fast nur noch im Bereich der sog. Ernsten Musik –, von Bildbänden, Filmwerken und wissenschaftlich-technischen Dar-stellungen kommt **Abs. 2** noch zu einer seinem Wortlaut entsprechenden Anwendung. Die Bestimmung kennt zwei Arten des Erscheinens, von denen das **Inverkehrbringen** die Hauptform darstellt; aber auch seine Vorstufe, das **Angebot an die Öffentlichkeit**, genügt. Beide setzen allerdings voraus, dass Vervielfältigungsstücke **in genügender Anzahl** bereits **hergestellt** worden sind; eine öffentliche Einladung zu Bestellungen, die dann erst Anlass zur Produk-tion sein sollen, bewirkt das Erscheinen noch nicht (Begr RegE UrhG – BT-Drucks. IV/270, S. 40), ist aber, weil § 17 Abs. 1 die Herstellung nicht voraus-setzt, Verbreitungshandlung (BGH GRUR 1991, 316, 317 – *Einzelangebot*).

16 Das **Erscheinen** ist stets nur dort bewirkt, wo die Voraussetzungen des Abs. 2 S. 1 zutreffen. Das Angebot der gedruckten Partitur eines Musicals auf dem US-Markt ist noch kein Angebot an die Öffentlichkeit der Europäischen Union und des EWR (§ 17 Abs. 2; vgl. § 17 Rn. 17, 22). Allerdings ist für letzteres das Vorhandensein eines inländischen Vertriebsmittelpunktes nicht Voraussetzung; es genügt, dass vom Ausland her in den Binnenmarkt angeboten und/oder geliefert wird (BGH GRUR 1980, 227, 229 f. – *Monumenta Germaniae Historica*). Die Frage ist wegen § 121 Abs. 1 bedeutsam (vgl. Rn. 1 a. E.).

17 b) **Festlegung des Werkes:** Der Begriff des **Erscheinens** setzt – im Anschluss an BGH GRUR 1963, 213, 215 *Fernsehwiedergabe von Sprachwerken* – eine **Festlegung des Werkes** voraus; Vervielfältigungsstücke sind ohne Festlegung nicht denkbar. Eine bestimmte Art der Festlegung ist jedoch nicht vorgeschrie-ben. Im Gegenteil umfasst der in § 16 normierte Begriff der „Vervielfältigung" jede körperliche Festlegung des Werks, die geeignet ist, es den menschlichen Sinnen auf irgendeine Weise unmittelbar oder mittelbar wahrnehmbar zu machen (so schon Begr RegE UrhG – BT-Drucks. IV/270, S 47; BGH GRUR 1991, 449, 453 – *Betriebssystem*; KG GRUR-RR 2004, 228, 231 – *Aus-schnittdienst*). Zum Erscheinen von Serien, Fortsetzungswerken usw. vgl. § 38 Rn. 9 ff.

18 Eine Digitalisierung des Werkes ist ebenso eine Festlegung wie seine Speiche-rung auf einem beliebigen Datenträger gleich welcher technischen Gestalt, also von der Schall- und Bildplatte über das Magnetband und die Diskette bis zur Festplatte des Computers, den DVD- und CD-Brenner und deren Produkte, den Scanner und was immer noch an Neuem erfunden werden mag (für die Digitalisierung OLG Hamburg GRUR-RR 2002, 251 – *Handy-Klingeltöne;* für die Speicherung auf Datenträgern schon BGH GRUR 1999, 325, 327 – *Elektronische Pressearchive* und KG GRUR-RR 2004, 228, 231 – *Ausschnitt-dienst;* zu beiden Bereichen auch die gesamte, bei Schricker/*Loewenheim*[3] Rn. 17 bis 19 wiedergegebene Literatur).

19 c) **Angebot an die Öffentlichkeit:** Da ein **Angebot** der Öffentlichkeit gegenüber genügt, ist das **Erscheinen** bereits **vollendet,** wenn eine **ausreichende Anzahl** von Exemplaren zur Vermietung oder zum Verleihen **bereitgestellt** wird (vgl. Rn. 2). Das ist von Bedeutung bei den sog. Leihromanen, die nur an Leihbüchereien verkauft werden, bei Notenmaterialien, die nur vermietet werden, und bei Filmkopien, die den Filmtheatern zur öffentlichen Vorführung angeboten werden. Auch eine Zeitungsanzeige reicht aus, selbst wenn noch kein einziges Exemplar verkauft ist (BGH GRUR 1975, 447, 448 – *Te Deum*; *Schiefler* UFITA 48 [1966], 81, 93 f.; *Riedel* Rn. B 1). Ein *Angebot* muss aber jedenfalls vorliegen; der Verleih einer einzigen Filmkopie nur zur Vorführung auf einem Filmfestival genügt ebenso wenig wie die bloße Bemusterung des Handels mit sog. Vorwegexemplaren noch nicht hergestellter Tonträger (OLG Frankfurt ZUM 1996, 697, 701 f.; Schricker/*Katzenberger*[3] Rn. 40).

d) Bei **Werken in elektronischer Form** ist zwischen zwei Sachverhalten zu **20** unterscheiden: Auf neue Werke, die **auf Medienträgern** wie CD-ROM, DVD, CDR, Disketten oder sonstigem Trägermaterial festgehalten sind, ist § 6 Abs. 2 einschränkungslos anwendbar. Eine genügende Anzahl solchen Materials muss hergestellt und entweder schon in Verkehr gebracht oder der Öffentlichkeit wenigstens angeboten sein, damit die darauf festgehaltenen Werke als erschienen anzusehen sind.

Werden bisher nicht erschienene Werke dagegen **ausschließlich auf elektro-** **21** **nischem Wege** – also insbesondere im Internet – angeboten, so liegt zwar ein „Angebot an die Öffentlichkeit" i.S.d. § 6 Abs. 2 vor; eine „Herstellung" von Werkexemplaren hat jedoch noch nicht stattgefunden. Vielmehr darf sich jeder Interessent, der mit dem Inhaber des Speichers einig geworden ist, im Wege des „Herunterladens" eine Kopie des Speicherinhalts selbst herstellen. Wenn dies – wie es stets zu geschehen pflegt – prinzipiell jedermann tun darf, falls er das dafür zu leistende Entgelt entrichtet, so ist allerdings exakt diejenige Situation verwirklicht, die der Gesetzgeber von 1965 dem Begriff des „Erscheinens" unterstellen wollte: Jedermann kann ein eigenes Werkexemplar erwerben, weil ein entsprechendes Angebot des Rechtsinhabers an die Öffentlichkeit vorliegt. Die Bereithaltung des Speicherinhalts zum Abruf genügt zur Deckung jeglichen Bedarfs. **§ 6 Abs. 2 ist also auf das elektronische Angebot von Werken entsprechend anzuwenden.** Im Schrifttum bestand bisher insoweit – wenn auch mit teils unterschiedlicher Begründung – Einigkeit, nachdem *Süßenberger* und *Czychowski* die Argumente *Pro und Contra* schon in GRUR 2003, 489 ff. dargelegt hatten (Schricker/*Katzenberger*[3] Rn. 55 m.w.N.; Möhring/Nicolini/*Ahlberg*[2] Rn. 29; HK-UrhR/*Meckel* Rn. 65; Wandtke/Bullinger/*Marquardt*[2] Rn. 29; Dreier/Schulze/*Dreier*[2] Rn. 16). Neuerdings vertritt allerdings *Schack* in GRUR 2007, 639, 644 die gegenteilige Auffassung. Zum Thema *Online-Publikationen* s. ferner: *Dietz* GRUR Int. 1975, 341, 343; *Goebel/Hackemann/Scheller* GRUR 1986, 362; *Süßenberger/Czychowski* GRUR 2003, 491; *Heinz,* Urheberrechtliche Gleichbehandlung von alten und neuen Medien, 2006, S. 249–251.

e) **In genügender Anzahl:** Welche Anzahl von Vervielfältigungsstücken außer- **22** halb des rein elektronischen Bereichs „genügt", sagt das Gesetz nicht. Die Begr RegE (BT-Drucks. IV/270, S. 46) versteht darunter eine zur Deckung des normalen Bedarfs genügende Anzahl. Diese kann freilich extrem unterschiedlich sein: Für den neuen Kriminalroman einer bekannten Autorin bedarf es einer Erstauflage von – mindestens – mehreren tausend Exemplaren, um auch nur den „ersten Ansturm" der Leserschaft zu befriedigen. Die Anzahl der Pflichtexemplare von Dissertationen, die von deren Verfassern abzuliefern sind, wird von den deutschen Universitäten nach den Bedürfnissen des Leihverkehrs der öffentlichen Bibliotheken festgelegt; dafür genügen in aller Regel 50 Exemplare (*Hubmann* GRUR 1980, 537, 540 m.w.N.; *Schack*[2] Rn. 233).

23 Auch bei Tonträgern, die noch als solche angeboten werden, also vor allem bei CD's, genügt es, dass „dem interessierten Publikum ausreichend Gelegenheit zur Kenntnisnahme des Werkes" gegeben wird. BGH GRUR 1981, 360, 362 – *Erscheinen von Tonträgern* sah dies für solche wiederum bei 50 Exemplaren als gegeben an. Entsprechendes wird für Bildtonträger zu gelten haben. Bei Filmkopien dagegen ließ der BGH zu Recht schon 8 Exemplare für die Kino- und Fernseh-Verwertung genügen (BGH GRUR Int. 1973, 49, 51 – *Goldrausch II*).

24 Die Art des Inverkehrbringens ist gleichgültig; Vermieten und Verleihen genügt (Begr RegE UrhG – BT-Drucks. IV/270, S. 40; BGH GRUR 1975, 447, 448 – *Te Deum*). Es nicht einmal nötig, dass die Vervielfältigungsexemplare der Öffentlichkeit unmittelbar zur Verfügung gestellt werden; es reicht aus, dass sie der *Verwertung in der Öffentlichkeit zugeführt* werden, z.b. durch Sendung der Ton- oder Bildträger (BGH GRUR 1981, 360, 362 – *Erscheinen von Tonträgern*). Jedenfalls muss sich das Inverkehrbringen aber an die *Öffentlichkeit* richten. Verleihen an einem Freund genügt nicht, auch nicht die rein konzerninterne Warenverschiebung (BGH GRUR 1986, 668, 669 – *Gebührendifferenz IV*).

3. Werke der bildenden Künste (Abs. 2 Satz 2)

25 Ein Werk der bildenden Künste gilt stets schon mit der (Dauer-) Veröffentlichung als erschienen (Abs. 2 S. 2). Der Bundestag hat die Fassung, die diese Bestimmung im RegE erhalten hatte, geringfügig geändert und an die Stelle der Worte „bleibend öffentlich ausgestellt ist" die Worte „bleibend der Öffentlichkeit zugänglich ist" gesetzt. Damit sollte klargestellt werden, dass Gemälde und Plastiken nicht nur dann als erschienen anzusehen sind, wenn sie in den Ausstellungsräumen der Museen zur Schau gestellt werden, sondern auch dann, wenn sie in anderer Form für die Dauer der Öffentlichkeit zugänglich sind, z.B. durch Aufnahme in das Magazin eines Museums (Schriftlicher Bericht zu BT-Drucks. IV/3401 S. 2), aber auch durch seine bleibende Darbietung an einem öffentlichen Weg, einer Straße oder einem Platz (§ 59; BGH GRUR 1995, 673, 676 – *Mauer-Bilder;* dazu *Omsels* GRUR 1994, 162). Eine vorübergehende Ausstellung durch eine Galerie oder als Leihgabe im Museum reicht nicht aus (unzutreffend OLG Frankfurt GRUR 1993, 962, 965 – *Mackintosh,* wo schon die Präsentation auf einer Möbelmesse als ausreichend angesehen wurde). Auch das Bühnenbild zu einer bestimmten Inszenierung ist nicht als erschienen anzusehen, weil es nur so lange der Öffentlichkeit zugänglich ist, als diese im Spielplan steht. Vgl. § 59 Rn. 2 a.E. zum Stichwort „*bleibend*". Zum Begriff des Originals vgl. § 26 Rn. 10–11.

4. Veröffentlichung oder Erscheinen des Teiles eines Werkes

26 Ist ein Teil eines Werkes veröffentlicht oder erschienen, so treten die Wirkungen des § 6 nur für diesen Teil ein (OLG München UFITA 41 [1964], 211). Das Gleiche gilt für die Bearbeitung mit der Maßgabe, dass nur die in der Bearbeitung enthaltenen Elemente des Originalwerkes mit als veröffentlicht bzw. erschienen anzusehen sind. In der Veröffentlichung eines nach einem Roman gedrehten Films liegt also noch keine Veröffentlichung des Romans als Sprachwerk. Da eine Übersetzung stets alle wesentlichen Elemente des Originals enthält, stellt § 121 Abs. 1 S. 2 für seinen Wirkungsbereich ihr Erscheinen ausdrücklich dem Erscheinen des Originals gleich (vgl. § 121 Rn. 13; Näheres bei *Hirsch* Ulmer-Ehrengabe S. 169 ff.). Die frühere Ausnahme des § 67 für Lieferungswerke ist mit dem 4. ÄndG 1995 beseitigt worden (vgl. § 67 Rn. 2 f.).

5. Mit Zustimmung des Berechtigten

Ohne die **Zustimmung des Berechtigten** kann ein Werk rechtlich weder ver- **27** öffentlicht werden noch erscheinen, anders ausgedrückt: Ein ohne Zustimmung veröffentlichtes oder sogar erschienenes Werk gilt rechtlich als nicht veröffentlicht oder erschienen (KG *Schulze* KGZ 56 – *Zilleball*: ungenehmigte Verwendung von Zille-Reproduktionen als Balldekoration). Liegt die Zustimmung nur für einen Teil des Werkes vor, so gilt sie nur für diesen (*Schiefler* UFITA 48 [1966], 81, 98 f.; Schricker/*Katzenberger*[3] Rn. 26). Im Streitfall trifft denjenigen, der die Veröffentlichung bzw. das Erscheinen behauptet, die Beweislast, wie aus der Verwendung eines Konditionalsatzes im Gesetzestext („wenn...") hervorgeht.

Berechtigter ist zunächst der Urheber oder sein Rechtsnachfolger. Mit der **28** Vergabe von Nutzungsrechten, deren Auswertung die Veröffentlichung des Werkes und/oder sein Erscheinen voraussetzt, verfügt er in aller Regel zugleich über das Recht dazu (statt aller: Schricker/*Katzenberger*[3] Rn. 27; Dreier/Schulze/*Dreier*[2] Rn. 9). Berechtigter ist dann der Nutzungsrechtsinhaber.

Eine **Beschränkung der Zustimmung** zur Veröffentlichung **ist** schon begrifflich **29** **ausgeschlossen**: Ist ein Werk einmal der Öffentlichkeit zugänglich gemacht worden, so ist es veröffentlicht, wann, wo und auf welche Weise das auch immer geschehen sein mag (ebenso schon *Schiefler* UFITA 48 [1966], 81, 90, 98 gegen *Hoffmann* UFITA 14 [1941], 352, 354; wie hier inzwischen die h.M., Nachweise bei Dreier/Schulze/*Dreier*[2] Rn. 9). Die Rechtswirkungen des Abs. 1 treten also auch dann auf der ganzen Welt ein, wenn ein Kunstwerk nur einmal für wenige Stunden auf einer entlegenen Insel im Pazifik der allgemeinen Öffentlichkeit zugänglich war. Dass das Veröffentlichungsrecht des § 12 Abs. 1 einem Dritten unter Bedingungen eingeräumt werden kann (vgl. Rn. 10) hat allerdings die Folge, dass die Zustimmung unter Umständen gänzlich fehlt, wenn diese missachtet wurden (*Schiefler* UFITA 48 [1966], 81, 89; Schricker/*Katzenberger*[3] Rn. 26). War der Urheber nur mit der Uraufführung innerhalb der Salzburger Festspiele im Juli/August einverstanden, wird das Werk dann aber erst im September im Rahmen der Berliner Festspiele uraufgeführt, so treten die Rechtswirkungen des Abs. 1 nicht ein.

III. Rechtsfolgen

1. Rechtsfolgen der Veröffentlichung

Mit der ersten **Veröffentlichung** des Werkes   **30**
– erlöschen sowohl das dahingehende Recht des Urhebers aus § 12, ob und wie sein Recht zu veröffentlichen ist, sog. „Erstveröffentlichungsrecht" (bei Miturhebern ist § 8 Abs. 2 zu beachten), als auch das Ausstellungsrecht an Werken der bildenden Künste und Lichtbildwerken aus § 18;
– werden die unter § 5 Abs. 2 fallenden amtlichen Werke gemeinfrei;

- erfolgt in zahlreichen Fällen die Freigabe der Werknutzung für bestimmte Zwecke im Interesse der Allgemeinheit (§§ 47, 48, 50, 51 Nr. 2, 53, 55, 56, 57, 59).

31 Eine Zwangsvollstreckung in die dem Urheber oder seinem Rechtsnachfolger gehörenden Originalwerke bildender Kunst ist nur zulässig, soweit diese veröffentlicht sind (§§ 114 Abs. 2 Nr. 3 und 116 Abs. 2 Nr. 1).

32 Der Schutz anonymer oder pseudonymer Werke, deren Urheber unbekannt geblieben ist, erlischt, falls sie überhaupt veröffentlicht wurden, siebzig Jahre danach (§ 66 Abs. 1).

33 Die §§ 49 Abs. 2, 51 Nr. 2 gestatten die Werkverwertung und die Zitierfreiheit von Zeitungsartikeln und Rundfunksendungen (§ 49) ohne Zustimmung des Berechtigten nur in Bezug auf veröffentlichte Werke.

34 Darüber hinaus hat die Veröffentlichung auch Auswirkungen auf andere Vorschriften des UrhG, bei denen die Veröffentlichung nicht ausdrücklich erwähnt, jedoch vorausgesetzt wird, wie die Regelungen zu Schulfunksendungen (§ 47), zur öffentlichen Rede (§ 48), zu Zeitungsartikeln und Rundfunksendungen (§ 49 Abs. 1), zur Ton- und Bildberichterstattung, zur Vervielfältigung und öffentlichen Wiedergabe durch Geschäftsbetriebe (§ 56) und zu Katalogbildern (§ 58).

35 Wird mit einer rechtswidrigen Verwertung gleichzeitig das Veröffentlichungsrecht verletzt, steht dem verletzten Urheber gem. § 97 Abs. 2 auch eine Entschädigung in Geld zu, wenn und soweit dies der Billigkeit entspricht.

2. Rechtsfolgen des Erscheinens

36 Erst das **Erscheinen** eines Werkes lässt für die dort in der üblichen Weise als Urheber bezeichnete Person die gesetzliche Vermutung der Urheberschaft entstehen (§ 10 Abs. 1).

37 Beiträge zu Sammlungen dürfen vom Urheber, falls nicht anders vereinbart, schon ein Jahr nach deren Erscheinen anderweit erneut publiziert werden (§ 38 Abs. 1 S. 2).

38 Nach dem Erscheinen kann auch gegen den Willen des Urhebers sein Werk im Rahmen des § 46 in Sammlungen für den Kirchen-, Schul- oder Unterrichtsgebrauch aufgenommen werden, gem. § 46 Abs. 4 jedoch nur gegen angemessene Vergütung. Das Werk darf ohne Zustimmung auch gem. § 51 Nr. 1 und 2 zitiert, im Rahmen des § 52 öffentlich wiedergegeben und gem. § 53 Abs. 2 Nr. 4a und Abs. 3 sowie § 59 vervielfältigt werden. Der Urheber eines Musikwerkes hat nach dem Erscheinen zudem im Umfang des § 61 Abs. 1 die Aufnahme auf Tonträger hinzunehmen.

39 Für Werke von **Ausländern**, deren Heimatland insoweit nicht durch einen Staatsvertrag mit der Bundesrepublik Deutschland verbunden ist, entsteht der Schutz nach dem UrhG im Wesentlichen nur dann, wenn diese **erstmals im Inland erschienen** sind; allein die §§ 12 – 14 kommen ihnen stets zugute (§ 121). Hier ansässige Staatenlose und Flüchtlinge sind allerdings Deutschen gleichgestellt (§§ 122, 123).

40 Im Fall des Erscheinens ist der Schutz des Urhebers in Hinblick auf die Zwangsvollstreckung noch geringer als bei der Veröffentlichung: Die Einschränkung des § 115 Abs. 1, dass die Zwangsvollstreckung wegen Geldforderungen in das Urheberrecht nur mit Einwilligung des Urhebers erfolgen darf, gilt für ein erschienenes Werk nicht. Zudem kann auch gegen den Rechtsnachfolger des Urhebers eines erschienenen Werkes ohne dessen Einwilligung gem. § 116 Abs. 2 vollstreckt werden.

Abschnitt 3   Der Urheber

§ 7   Urheber

Urheber ist der Schöpfer des Werkes.

Übersicht

I. Allgemeines

1. Sinn und Zweck

In Ausfüllung der Generalklausel des § 1 definiert § 7 den Urheberbegriff des **1** deutschen UrhG. § 7 enthält die politische Entscheidung für den Schutz des Schöpfers an Stelle des Auftraggebers.

2. Internationales Recht

Die internationale Welt des Schutzes schöpferischer Leistungen ist zweigeteilt: **2** in die Länder, die dem Copyright-System anhängen, das den Schutz finanzieller Investitionen vorrangig sichert, und die des Urheberrechts (droit d'auteur), deren Ausgangspunkt und Ziel der Schutz des Schöpfers des Werkes ist (hierzu *Ellins*, Copyright Law, Urheberrecht und ihre Harmonisierung in der Europäischen Gemeinschaft, Berlin, 1997).

a) **Urheberbegriff der EU:** Eine Richtlinie zur Harmonisierung der Fragen der **3** Inhaberschaft und/oder Urheberbegriffes fehlt zwar bisher in der EU. Die Mehrzahl der bisher erlassenen Richtlinien geht jedoch vom Schöpferprinzip aus. Ein Beispiel dafür bietet Art. 5a EU-Enforcement-RL, der eine Urhebervermutung wie in § 10 UrhG zu Gunsten der natürlichen Person, die als Urheber bezeichnet ist, europaweit einführt. Die gleiche Richtlinie räumt in Art. 5b allerdings auch Inhabern verwandter Schutzrechte, darunter juristischen Personen, eine sog. Inhabervermutung ein. Ebenso ermöglichen Art. 2 Abs. 1 Satz 1 Software-RL und Art. 4 Abs. 1 Datenbank-RL eine Abweichung von dem Grundsatz der Urheberschaft natürlicher Personen, indem sie den

Gesetzgebern der Mitgliedsstaaten einen Regelungsspielraum für die Urheberschaft juristischer Personen einräumen.

4 **b) Urheberbegriff der RBÜ:** Der Begriff „Urheber" findet sich schon in der Urfassung von Art 2 Abs. 1 und 4 RBÜ. Die Revisionskonferenzen haben aufgrund der differierenden Aufasssungen in den Mitgliedsstaaten es zwar stets abgelehnt, ihn näher zu definieren. Aus System und Werkbegriff der RBÜ ergibt sich jedoch, dass sie vom Schöpferprinzip ausgeht (Nordemann/Vinck/Hertin RBÜ Art. 2 Rn. 7).

II.   Tatbestand

1.   Voraussetzung für Urheberschaft

5 **a) Realakt der Schöpfung:** Nach dem Schöpfungsprinzip ist derjenige Inhaber des Urheberrechts, der den Akt der Schöpfung vollzogen hat. Dabei stellt § 7 allein auf die objektive Seite des Schaffensprozesses ab. Schöpfung sind diejenigen Handlungen, deren Ergebnis ein schützenswertes Werk i.S.d. UrhG ist. Urheber ist, wer diese Handlungen vollzogen hat. Die subjektive Vorstellung des Schöpfers, also die Absicht, überhaupt ein Werk im urheberrechtlichen Sinne schaffen zu wollen, oder der sonstige Anlass dazu sind für die Tatsache, dass eine Schöpfung vollzogen wurde, irrelevant (BGH GRUR 1961, 635, 638 – *Stahlrohrstuhl*; OLG Frankfurt GRUR 1993, 116 – *Le Corbusier-Möbel*).

6 Ob durch die Schöpfung Rechte Dritter verletzt werden, gegen sonstige gesetzliche Vorschriften oder gegen Sittenvorstellungen der Umwelt des Künstlers verstoßen wird, hindert das Entstehen eines Werkes nicht. Letzteres scheint unter dem Aspekt der sog. Erweiterung der Diskursgrenzen von Kunst eher förderlich für die Anerkennung der Werkqualität zu sein.

7 Im Regelfall ist allerdings der Eigentümer von Sachen, die gegen seinen Willen zum Kunstgegenstand oder Kunstbestandteil geworden sind (Graffiti), aufgrund der Eigentumsverletzung berechtigt, das ihm aufgedrängte Kunstwerk zu zerstören (Möhring/Nicolini/*Ahlberg*[2] Rn. 4). Die Befugnis der wirtschaftlichen Verwertung steht ihm jedoch nicht zu (BGH GRUR 1995, 673, 676 – *Mauer-Bilder*).

8 Der Schöpfungsakt ist ein Realakt und kein Rechtsgeschäft, da er keinen rechtsgeschäftlichen Willen, sondern eine Eingebung voraussetzt.

9 **b) Der Mensch als Schöpfer:** Die Schöpfung eines Kunstwerkes gehört zu den geheimnisvollsten Vorgängen im Kulturleben der Menschheit. Während eine handwerkliche Arbeit noch als Ergebnis errungener Erfahrungen und Kenntnisse analysiert werden kann, beruht das Entstehen von Kunstwerken auf unberechenbaren Eingebungen in Hirn und Seele ihres Schöpfers. Diese Eingebungen sind so wenig erklärbar wie das Leben selbst. Für sie gibt es keine stets gleichbleibenden Naturgesetze, die ihre Nachahmung durch seelenlose Maschinen erlauben würden. Deshalb kann nur der Mensch Schöpfer eines Werkes sein.

10 Stellvertretung beim geistigen Schaffen ist undenkbar (*v. Gamm* Rn. 4). Es kommt allein darauf an, wer den objektiven Schöpfungstatbestand tatsächlich verwirklicht. Ein Kind, gleichgültig ob es geschäftsunfähig oder beschränkt geschäftsfähig ist, ein Geisteskranker oder Geistesschwacher, ein unter Pflegschaft oder Vormundschaft stehender Gebrechlicher, ein durch Rauschgift oder Alkohol seiner freien Willensentschließung Beraubter, ein Unzurechnungsfähiger oder vermindert Zurechnungsfähiger kann daher Schöpfer eines urheberrechtlich geschützten Werkes sein. Mozart komponierte bereits mit fünf Jahren, also als geschäftsunfähiges Kind. *Hugo Wolf, Hölderlin, Nietzsche, Schumann* komponierten und dichteten noch in geistiger Umnachtung. Beschränkt geschäftsfähig waren *Mozart* bei der Komposition von *Bastien und Bastienne* (11 Jahre), *Weber* bei der Komposition von *Peter Schmoll* (15 Jahre), *Mendelssohn* bei der Schaffung der Musik zum *Sommernachtstraum* (17 Jahre), *Hofmannsthal* bei der Dichtung von *Tor und Tod* (ebenfalls 17 Jahre). Auch ein durch Hypnose zutage gefördertes Werk, das ins Unterbewusstsein verdrängt war und erst durch die hypnotische Behandlung eines Psychiaters ans Licht gehoben wird, ist als alleiniges Werk des hypnotisierten Schöpfers anzusehen. Der Psychiater versieht hierbei keine bedeutsamere Rolle, als sie der geburtshelfende Arzt oder die Hebamme bei der leiblichen Geburt des Menschen spielt. Ihm steht nicht einmal ein Miturheberrecht i.S.v. § 8 zur Seite, da er nur ein durch Verdrängung, Vergessen oder Überdeckung mit anderen Erlebnisschichten verschüttetes Geistesgut zutage fördern hilft, dagegen einen *eigenen* geistig-schöpferischen Beitrag nicht erbringt. Umgekehrt ist ein in Trance geschaffenes Werk demjenigen zuzuordnen, der dies getan hat, nicht etwa dem, der es aus dem Jenseits inspiriert haben könnte (Schweiz. BG ZUM 1991, 236 f.). Zur Rechtsstellung des Sachwalters nach österreichischem Recht, der dem deutschen Vormund ähnlich ist, gegenüber dem nicht voll geschäftsfähigen Urheber s. *Edlbacher* FS Öst. UrhG S. 95.

Maschinen können grundsätzlich keine Urheber sein; die Produkte eines **11** Roboters sind keine Werke (vgl. § 2 Rn. 25). Dem Schöpferprinzip steht allerdings nicht entgegen, dass zur Herstellung eines Werkes Maschinen eingesetzt werden. Voraussetzung hierfür ist allein, dass diese Maschinen von einer natürlichen Person beherrscht und gesteuert werden, so dass sie lediglich Hilfsmittel für die Gestaltung sind. Die technische Beherrschung solcher Maschinen allein würde freilich nicht ausreichen; vielmehr muss das aufgrund der technischen Beherrschung hervorgebrachte Produkt das Ergebnis einer schöpferischen Gestaltung durch menschlichen Willen sein (OLG München ZUM 1992, 202, 203; *Tenschert* ZUM 1987, 612 ff.; *Hoeren* GRUR 1989, 11 ff.; *Hertin* GRUR 1989, 578 ff.; *Spieß* ZUM 1991, 524 ff.; *Köhn* ZUM 1994, 278 ff.; Moser/Scheuermann/*Klein* 575 ff.).

Ebensowenig kann eine juristische Person Werkschöpfer sein; sie ist eine **12** gedankliche Fiktion, der vom Gesetzgeber bestimmte Rechtsbefugnisse zugewiesen wurden, die am materiellen Güterrecht teilnimmt, die Immaterialgüterrechte wie Patent-, Gebrauchsmuster-, Markenrechte und Nutzungsrechte an urheberrechtlich geschützten Werken erwerben, die aber, wie die Begr RegE UrhG (BT-Drucks. IV/270, S. 41) mit Recht hervorhebt, keine das Urheberrecht begründende geistige Tätigkeit entfalten kann. Die §§ 3, 4, 32 LUG, §§ 5, 6, 25 Abs. 2 KUG, die der juristischen Person ein Urheberrecht an den von ihr herausgegebenen Werken zuerkannten, sind deshalb in das UrhG nicht mehr übernommen worden (s. aber die Übergangsvorschrift des § 134).

2. Rechtsfolgen

a) Entstehen des Urheberrechts in der Person des Urhebers: Da der Schöp- **13** fungsprozess Realakt ist, entsteht das Urheberrecht immer in der Person des Schöpfers. Dieser genießt den Urheberrechtsschutz bis zum Ablauf der in den

§§ 64 ff. geregelten Schutzfristen. Darauf kann weder vor Beginn des Schaffensprozesses noch zu einem späteren Zeitpunkt verzichtet werden. Zulässig ist lediglich der Verzicht auf die Ausübung einzelner aus dem Urheberrecht fließenden Nutzungsrechte im konkreten Einzelfall und die entsprechende Geltendmachung von Ansprüchen aus den §§ 97 ff. (BGH GRUR 1995, 673, 676 – *Mauer-Bilder*; Schricker/*Schricker*³ § 29 Rn. 15 ff.; *v. Gamm* § 29 Rn. 6).

14   **b) Schöpfung unter Beteiligung mehrerer Personen:** Zu den Rechtsfolgen der Schöpfung unter Beteiligung mehrerer Personen vgl. § 8 Rn. 4–9, 14–33 und § 9 Rn. 8–12, 14–28.

15   **c) Arbeitnehmer als Schöpfer:** Da das Urheberrecht am Werk grundsätzlich in der Person des Schöpfers entsteht, kann der Auftraggeber, Dienstherr, Besteller zwar nach Maßgabe des jeweiligen Vertrages einige Nutzungsrechte am Werk erwerben (§ 43); das Urheberrecht als solches steht jedoch dem Schöpfer, also dem Angestellten, Beamten, wissenschaftlichen Mitarbeiter, Volontär usw. zu (so schon BGH GRUR 1952, 257, 258 – *Krankenhauskartei* im Anschluss an RGZ 82, 333, 336 – *Fassade* und RGZ 108, 62, 67 – *Wanderkarte*; für Hochschulen BGH GRUR 1988, 536, 540 – *Hochschulprofessor* und BGH GRUR 1991, 523, 525 – *Grabungsmaterialien*; für einen Dienstvertrag BAG GRUR 1961, 491, 492 – *Nahverkehrschronik*; für einen Bestellvertrag BGH GRUR 1955, 351, 357 – *Indeta*) und kann von ihm nicht übertragen werden (§ 29). Für Arbeitsverhältnisse zur Herstellung von Computerprogrammen gilt zwar die Sondervorschrift des § 69b Abs. 1; auch sie geht jedoch vom Prinzip des § 7 aus.

16   Eine Ausnahme von diesem Prinzip existiert im deutschen Recht nur im Geschmacksmusterrecht: Gemäß § 7 Abs. 2 GeschmG entsteht das Urheberrecht an einem Muster, das von einem Angestellten entworfen wurde, originär beim Arbeitgeber vorbehaltlich anderweitiger vertraglicher Abmachungen (Eichmann/*v. Falkenstein* Geschmacksmustergesetz § 7 Rn. 16).

III. Prozessuales

17   Zu Gunsten des als Urheber Bezeichneten gilt im Prozess die Vermutungsregel des § 10 (vgl. § 10 Rn. 78). Sofern jemand nicht als Urheber bezeichnet ist, trägt er die volle Beweislast. Ein Indizienbeweis ist zulässig (OLG Hamburg Schulze OLGZ 302, 5), Nichtbestreiten kann nach allgemeinen Regeln zur Anerkennung führen (OLG Hamburg ZUM-RD 1999, 80, 83; Dreier/Schulze/ *Schulze*² § 7 Rn. 10).

18   Kann bewiesen werden, dass das Kunstwerk eigenhändig hergestellt wurde, erzeugt dies die Wirkung einer tatsächlichen Vermutung der Alleinurheberschaft. Ein Dritter, der diese Vermutung erschüttern möchte, etwa mit der Behauptung, derart präzise Angaben gemacht zu haben, dass dem Künstler die Möglichkeit eigenschöpferischer Tätigkeit bei der Ausformung des Kunstwerks genommen gewesen sei, beruft sich auf eine so seltene Ausnahme von dem Regelfall der Schaffung eines Werks, dass er diese nach allgemeinen Grundsätzen darlegen und beweisen müsste (OLG Hamburg GRUR-RR 2003, 33, 34 – *Maschinenmensch*).

19   Die Grundsatzentscheidung der Cour de Cassation Paris vom 28.05.1991 (GRUR Int. 1992, 304 – *John Huston II*. m. Anm. *Etelman*) hat auch für Deutschland die Frage wieder aktuell werden lassen, ob § 7 kollisionsrechtlich zwingendes Recht ist, vor den deutschen Gerichten also nur der als Urheber anzuerkennen ist, der das Werk tatsächlich geschaffen hat, oder etwa auch ein Dritter, der nach dem Recht des Ursprungslandes des fraglichen Werkes als Urheber angesehen wird. Dergleichen kommt vor allem für US-amerikanische Filmwerke in Betracht, deren Urheber kraft Gesetzes im Regelfall (d. h. wenn keine abweichenden Vereinbarungen getroffen werden) der Filmproduzent ist (§ 201 Abs. b US-Copyright Law 1976). § 121 Abs. 6 hilft insoweit nicht weiter; entscheidet das Recht des Ursprungslandes darüber, wer als Urheber anzusehen ist, so stehen diesem auch die Rechte aus jener Bestimmung zu. Die Frage beantwortet sich für Deutschland ebenso wie für Frankreich nach dem Territorialitätsprinzip (vgl. Vor §§ 120 ff. Rn. 1): Im Geltungsbereich des UrhG ist als Urheber nur die Person anzuerkennen, die das Werk geschaffen hat. Die Vorstellung des US-amerikanischen Rechts, dass der Urheber nichts weiter als der bezahlte Gehilfe dessen sei, der das Geld gibt, ist von György Boytha schon auf dem Berliner USA-Symposium 1990 mit dem berühmt gewordenen Satz gegeißelt worden: „That is, as if the zoo director declared himself the lion" (s. den Bericht von *Axel Nordemann/Scheuermann* GRUR Int. 1990, 945, 949). Das geistige Eigentum am Werk, das dem Urheber mit der Schaffung des Werkes zuwächst (vgl. § 1 Rn. 4), hat im Übrigen in Deutschland Verfassungsrang und gehört schon deshalb zur deutschen ordre public vgl. Vor §§ 120 ff. Rn. 86.

§ 8   Miturheber

(1) Haben mehrere ein Werk gemeinsam geschaffen, ohne dass sich ihre Anteile gesondert verwerten lassen, so sind sie Miturheber des Werkes.

(2) [1]Das Recht zur Veröffentlichung und zur Verwertung des Werkes steht den Miturhebern zur gesamten Hand zu; Änderungen des Werkes sind nur mit Einwilligung der Miturheber zulässig. [2]Ein Miturheber darf jedoch seine Einwilligung zur Veröffentlichung, Verwertung oder Änderung nicht wider Treu und Glauben verweigern. [3]Jeder Miturheber ist berechtigt, Ansprüche aus Verletzungen des gemeinsamen Urheberrechts geltend zu machen; er kann jedoch nur Leistung an alle Miturheber verlangen.

(3) Die Erträgnisse aus der Nutzung des Werkes gebühren den Miturhebern nach dem Umfang ihrer Mitwirkung an der Schöpfung des Werkes, wenn nichts anderes zwischen den Miturhebern vereinbart ist.

(4) [1]Ein Miturheber kann auf seinen Anteil an den Verwertungsrechten (§ 15) verzichten. [2]Der Verzicht ist den anderen Miturhebern gegenüber zu erklären. Mit der Erklärung wächst der Anteil den anderen Miturhebern zu.

Übersicht

I.   Allgemeines

Die Kulturgeschichte kennt zahllose Beispiele der Miturheberschaft: die **1** *Ruhende Venus*, deren Gestalt von *Giorgione*, deren Landschaft von *Tizian* stammt, den Flügelaltar der Brüder *Hubert* und *Jan van Eyck* in St. Bavo zu Gent, die Bildhauerwerke von *Donatello* und *Michelozzo*, die Wiener Staatsoper von *Eduard van der Nüll* und *Sickartsburg*, die 1797 in gemeinsamer Arbeit entstandenen *Xenien* von *Goethe* und *Schiller*, die Kinder- und Hausmärchen der Brüder *Jacob* und *Wilhelm Grimm*, die Shakespeare-Übersetzungen von *Tieck* und *Schlegel*, die gemeinsamen Arbeiten des naturalistischen Autorenpaares *Arno Holz* und *Johannes Schlaf* (Papa Hamlet). In neuerer Zeit haben sich solche Autorengemeinschaften namentlich bei der Schaffung von Lustspielen, Libretti und Schlagertexten bewährt, wie die Erfolge der „Schwankfirmen" *Arnold und Bach, Blumenthal und Kadelburg* sowie Gebrüder *Schönthan* neben unzähligen anderen beweisen. Heute sind Enzyklopädien, Filmwerke und Computerprogramme die Regelbeispiele für § 8. Aber sogar Kriminalromane sind schon von mehreren Autoren gemeinsam geschrieben worden, der von *Schack* Rn. 277 genannte *Floating Admiral* sogar von 13 zum Teil weltbekannten Kriminalschriftstellern; in Deutschland ist *Selbstjustiz* von *Bernhard Schlink* und *Walter Popp* eines der jüngsten Beispiele. Kennzeichen der Miturheberschaft war stets die gemeinsame Arbeit an einem einheitlichen Werk. Wo das nicht zutrifft, kommt Werkverbindung (§ 9) oder Bearbeitung (§§ 3, 23) in Betracht.

II. Gemeinsame Schöpfung

2 Gemeinsam wird ein Werk nur dann geschaffen, wenn mehrere Autoren zum Zwecke seiner Entstehung zusammenarbeiten und jeder einzelne einen schöpferischen Beitrag leistet, der in das Werk einfließt (BGH GRUR 2003, 231, 233 – *Staatsbibliothek*; BGH GRUR 1994, 39, 40 ff. – *Buchhaltungsprogramm*; BGH GRUR 1985, 529 – *Happening*; BGH GRUR 1963, 40, 41 – *Straßen gestern und morgen*; vgl. schon RGZ 82, 333, 336 – *Fassade*).

3 Die Zusammenarbeit braucht nicht so weit zu gehen, dass die Autoren Wort für Wort oder Zeile für Zeile gemeinsam schaffen. Auch bei Realteilung der Einzelleistungen nach Akten, Kapiteln, Szenen oder in ähnlicher Weise liegt eine gemeinsame Arbeit noch so lange vor, als jeder Teilautor auf den gemeinschaftlichen Zweck der Schaffung eines Werkes hinarbeitet, was die bleibende Unterordnung unter die Gesamtidee voraussetzt (OLG Düsseldorf GRUR-RR 2005, 2 – *Beuys-Kopf*; KG GRUR-RR 2004, 129, 130; für zeitlich versetzte Beiträge s. BGH GRUR 2005, 860, 862 f. – *Fash 2000*). Ob in diesen Fällen Miturheberschaft oder Werkverbindung vorliegt, entscheidet sich allein danach, ob das Ergebnis solch geteilten Schaffens noch als ein einheitliches Werk anzusehen ist (vgl. Rn. 10–11). Einzelheiten bei *Stroh*, Werkeinheit, 1969, S. 52 ff.

III. Partnerschaft der beteiligten Urheber

4 Gemeinsamkeit setzt begrifflich Partnerschaft voraus. Wer dem Gestaltungswillen eines anderen so untergeordnet ist, dass er dessen Willen lediglich auszuführen hat, ohne eigene schöpferische Ideen verwirklichen zu können, ist nicht Miturheber, sondern Gehilfe. Berühmte Beispiele aus der Kulturgeschichte sind die Malwerkstätten von *Rubens*, der Brüder *van Eyck, van Dyck* und anderer Niederländer, in denen Schüler die bis ins Detail vorliegenden Entwürfe des Meisters auszuführen hatten, wobei dieser sich den „letzten Pinselstrich" stets selbst vorbehielt. Aber noch in jüngster Zeit ist etwa *Werner Tübke*s Bauernkriegs-Panorama in Bad Frankenhausen auf die gleiche Weise entstanden. Immer hat es Versuche von Gehilfen gegeben, Miturheberrechte in Anspruch zu nehmen. *Werner Tübke* musste sich gar eines Plagiats durch einen seiner Mitarbeiter erwehren (LG Erfurt ZUM-RD 1997, 23 ff.). *Sieger* (FuR 1984, 119) berichtete über den Streit *Paul Wunderlich*s mit *Günter Stimpfl*, der nach seinen Zeichnungen „und ganz minuziösen Angaben" Modelle herzustellen hatte, wobei ihm „nicht ein Millimeter Raum (blieb), irgendetwas anders zu machen". OLG Köln FuR 1983, 348 – *Metallgießer* sprach der Arbeit einer Metallgießerei, die nach den Gips- und Tonformen des Künstlers die nötigen Metallformen zur Herstellung von Bronzeplastiken gefertigt hatte, mit Recht urheberrechtliche Qualität ab (dazu eingehend *Hinderling* FS Uchtenhagen S. 209). Ebenso sah OLG München ZUM 1990, 186, 190 – *Mausfigur* in der nur handwerklich-technischen Weiterbildung der gezeichneten Figur für ihre filmische Verwendung in der Sendung mit der Maus keine schöpferische Leistung, die zur Miturheberschaft des klagenden WDR-Redakteurs hätte führen können. Entsprechendes hat für den Drucker zu gelten, der die einzelnen Exemplare einer Serigraphie unter Aufsicht des Künstlers herstellt. Im Übrigen findet sich Gehilfenschaft vor allem im wissenschaftlichen Bereich bei der Tätigkeit von Assistenten, die Material sammeln, Experimente durchführen, Register und Skizzen anfertigen oder sich lediglich auf redaktionelle Änderungen des fertigen Werkes beschränken (OLG Hamburg UFITA 23 [1957], 222, 225 – *Waerland-Rezepte*; BGH GRUR 1972, 143, 145 – *Biografie: Ein Spiel*). Es muss sich hier jedoch um eine untergeordnete Tätigkeit handeln, die ein schöpferisches Wirken nicht erlaubt. Wo der Gelehrte seinem Assistenten die Ausarbeitung einzelner Kapitel überlässt oder wo er gar ein Werk aus Seminararbeiten zusammenschreibt, die er zu diesem Zwecke hat anfertigen lassen (LG München I UFITA 35 [1961], 223, 226 – *Die Zerstörung der Person*), liegt Miturheberschaft oder gar nur Bearbeitung vor, die den Vorwurf des Plagiats rechtfertigt, wenn der Gelehrte die Nennung seiner Mitautoren unterlässt (vgl. §§ 23/24 Rn. 27–29). Vertragliche Abmachungen helfen dagegen wenig; der Assistent kann vertraglich zwar auf seinen Anteil an den Verwertungsrechten (§ 8 Abs. 4), nicht aber auf sein Urheberrecht im Ganzen verzichten (§ 29). Vgl. Rn. 16 sowie § 7 Rn. 13, § 13 Rn. 12 ff. sowie BGH GRUR 1978, 244 – *Ratgeber für Tierheilkunde* und *Rittstieg* NJW 1970, 648. Auch demjenigen, der durch psychiatrische Beeinflussung (z.B. Hypnose) einen Menschen zur Schöpfung fähig macht, indem er ihn von seelischen Bindungen befreit oder verschüttete Erlebnisse hervorholt, steht als „geistigem Geburtshelfer" mangels eigener schöpferischer Leistung kein Miturheberrecht zu; er ist nur Gehilfe (vgl. § 7 Rn. 10).

Der Auftraggeber eines Kunstwerks wird nicht schöpferisch tätig, sondern **5** veranlasst nur die Schöpfung durch einen anderen (vgl. § 7 Rn. 11).

Im Falle des Ideenanregers ist zu unterscheiden: Hat er einem Schriftsteller eine **6** erfundene Fabel erzählt, die als solche schutzfähig ist, so nimmt dieser eine Bearbeitung vor, wenn er daraus einen Roman, ein Drehbuch usw. macht (OLG Köln GRUR 1953, 499 – *Kronprinzessin Cäcilie* nimmt Miturheberschaft an; dazu vgl. Rn. 8). In Einzelfällen kann auch freie Benutzung gegeben sein (der Maler gestaltet die ihm erzählte Fabel im Bild). Hat der Ideenanreger dem Schriftsteller nur ein paar Tipps gegeben, also bloße Ideen geäußert (vgl. § 2 Rn. 44) oder war die Fabel nicht geschützt, etwa weil sie gemeinfrei war oder sonst Gemeingut darstellte (vgl. §§ 23/24 Rn. 32, 36), so ist jener alleiniger Urheber (BGH GRUR 1995, 47, 48 – *Rosaroter Elefant*; OLG München GRUR 1956, 432, 434 – *Solange Du da bist*). In keinem Falle liegt Miturheberschaft vor, weil eine gemeinsame Tätigkeit nicht entfaltet wird.

7 Miturheberschaft kann nicht vorliegen, wo ein bereits vollendetes Werk umgestaltet wird. Der Bearbeiter ist nicht Miturheber seiner Bearbeitung, sondern deren alleiniger Urheber; deshalb schützt § 3 das Ergebnis seiner Arbeit „wie ein selbständiges Werk" (vgl. § 3 Rn. 35). Gemeinsames Schaffen ist also stets nur auf derselben Werkstufe möglich. Deshalb lässt die Vollendung eines Fragments durch einen anderen keine Miturheberschaft zwischen dem Urheber des Fragments und dem Vollender entstehen. *Franco Alfano*, der *Puccinis* nachgelassene Oper *Turandot* vollendete, war ebenso wie *Carl Zuckmayer*, der *Gerhart Hauptmanns* Stück *Herbert Engelmann* bühnenreif machte, nur Bearbeiter (§ 3). Sonst würde zudem die Vollendung eines bereits gemeinfreien Fragments das ganze Werk erneut dem Urheberrechtsschutz unterstellen (§ 65) und die Vollendung durch einen anderen Nachschöpfer rechtlich ausschließen.

8 Hat dagegen der Urheber eines unvollendeten Werkes mit einem anderen bei dessen Vollendung zusammengearbeitet, so liegt, wenn nicht bloße Gehilfenschaft gegeben ist (vgl. Rn. 4), Miturheberschaft am vollendeten Werk vor (die von einem Komponisten gefundene Melodie wird von ihm gemeinsam mit einem Arrangeur zu einem Schlager verarbeitet; zwei Maler schaffen nach den Portraitskizzen eines von ihnen ein Fresko; zwei Schriftsteller schreiben nach dem Treatment des einen gemeinsam ein Drehbuch). Das gilt auch dann, wenn – wie meist – der Beitrag des Urhebers des unvollendeten Werkes überwiegt; diese Frage ist nur für die Berechnung der beiderseitigen Anteile von Bedeutung (§ 8 Abs. 3; vgl. Rn. 26). Wie hier OLG Köln GRUR 1953, 499 – *Kronprinzessin Cäcilie*; *v. Gamm* Rn. 8; *Riedel* Rn. B 1c; *Rehbinder*[14] Rn. 256. Der BGH nimmt Miturheberschaft auch dann noch an, wenn der schöpferische Beitrag eines Miturhebers nur in einem Vorstadium geleistet wird, ein anderer Urheber dann aber das Werk allein vollendet, dies allerdings unter der Voraussetzung, dass es sich um einen unselbständigen Beitrag zum einheitlichen Schöpfungsprozess der Werkvollendung handele (BGH GRUR 1994, 39, 40 – *Buchhaltungsprogramm*). Das kann nur richtig sein, wenn dem der Wille zur Schaffung eines gemeinsamen Werkes zugrunde lag (Schricker/ *Loewenheim*[3] Rn. 7). Der bekannteste Beispielfall dafür wurde schon mehr als ein Jahrzehnt vor dem Inkrafttreten des UrhG vom OLG Köln entschieden (GRUR 1953, 499 ff. – *Kronprinzessin Cäcilie I*): Der eine Miturheber der Memoiren erzählte sie, der andere schrieb sie auf.

9 Zwischen dem Ghostwriter und dem, unter dessen Namen das Werk erscheinen soll, besteht in der Regel keine Miturheberschaft. Arbeitet er selbständig, so ist er Alleinurheber; verwendet er Ideen oder Vorentwürfe des anderen, so ist er bei deren freier Benutzung ebenfalls Alleinurheber, sonst Bearbeiter. Miturheberschaft liegt nur dort vor, wo der Ghostwriter und der andere bei der Schaffung des Werkes zusammenarbeiten. Einzelheiten bei *Stolz* (Lit.-Verz.). Vgl. § 13 Rn. 5; vgl. § 12 Rn. 14, vgl. § 39 Rn. 1 sowie *Rittstieg* NJW 1970, 648.

IV. Entstehung eines einheitlichen Werkes

10 Ein einheitliches Werk liegt vor, wenn die Anteile der beteiligten Urheber sich nicht gesondert verwerten lassen. Der Gesetzgeber folgt damit der Rspr. des Bundesgerichtshofs (BGH GRUR 1959, 335, 336 – *Wenn wir alle Engel wären*), der die von § 6 LUG und § 8 KUG geforderte „Untrennbarkeit der Arbeiten mehrerer" von der Unmöglichkeit ihrer gesonderten Verwertung abgeleitet hatte (kritisch *Hirsch-Ballin* UFITA 46 [1966], 52, 60 ff.). Bei Werken, die Wort für Wort und Zeile für Zeile gemeinsam entstanden sind, ist die Frage unproblematisch. Sie ist erst dort von Bedeutung, wo eine Realteilung zumindest theoretisch möglich ist, wo sich also noch feststellen lässt, welche Zeile oder welche Szene und welches Kapitel von wem stammt, oder wo die Miturheber gar – wie häufig bei wissenschaftlichen Werken – die „Bearbeitung" abschnittsweise unter sich aufgeteilt haben (vgl. Rn. 4). Hier kommt es auf den Einzelfall an: Für Gesamtdarstellungen, in denen zahlreiche Autoren jeweils kurze Abschnitte oder Kapitel oder gar nur Einleitungen und Zusammenfassungen geschrieben haben – Beispiel: ein gemeinsam geschriebenes Lehrbuch – kommt eine getrennte Verwertung der einzelnen Passagen schon wegen ihrer Wechselbezüglichkeit regelmäßig nicht in Betracht; anders ist dies nur, wenn die einzelnen Kapitel so selbständig gestaltet sind, dass sie auch einzeln – etwa in einer Zeitschrift – publiziert oder in ein anderes Werk eingefügt werden könnten (Beispiel: *Amann/Jaspers*, RWW-Rechtsfragen in Wettbewerb und Werbung). Bei Kommentaren ist die Regel eher umgekehrt: Die Kommentierung der ErbaurechtsVO von *Bassenge* oder des AGBG von *Heinrichs* im Palandt könnte problemlos gesondert erscheinen oder einem anderen Kommentar eingefügt werden. Die von *Ulrich Loewenheim* stammenden Teile des *Schricker* könnten in der 4. Auflage ohne weiteres aus dem alten Verbund gelöst und mit neuen Texten neuer Bearbeiter verbunden werden. Das von uns noch in der 8. Auflage als Ausnahme genannte Beispiel der gesonderten Publikation des Kommentars von *Weber* zu § 242 BGB aus der 11. Auflage des *Staudinger* (neueres Beispiel: die Sonderveröffentlichung der §§ 705 ff. von *Peter Ulmer* aus dem Münchner Kommentar) ist in Wahrheit keine solche, sondern kommt nur selten vor – etwa so selten wie die Auswechselung des Textes zu einem bekannten Schlager (Beispiel: „Glaube mir, meine ganze Liebe gab ich Dir" zu „Mütterlein, könnt' es wieder so wie früher sein"); diese Seltenheit ändert an der Möglichkeit der gesonderten, d.h. anderweitigen Verwertung nichts. Im Bereich der schöngeistigen Literatur wird die Frage seltener praktisch. Mit Recht hielt schon BGH GRUR 1959, 335, 336 – *Wenn wir alle Engel wären* es für entscheidend, dass die einzelnen Szenen des gleichnamigen Bühnenstücks von *Heinrich Spoerl* und einem weiteren, namentlich nicht genannten Autor sich zwar äußerlich voneinander trennen ließen, aber selbständig als literarische Werke nicht verwertbar waren (so auch OGH Wien UFITA 45 [1965], 364 – *Silberbauer*). Andererseits kommen bei einem Interview sowohl Allein- als auch Miturheberschaft in Betracht. Ist der Interviewer nur Stichwortgeber, so wird, wenn nicht gerade mit der Auswahl und Anordnung der Stichwörter eine bestimmte Struktur des Interviews vorgegeben wird, der Interviewte Alleinurheber, der Interviewer nur Gehilfe sein. In fast allen anderen Fällen ist die Frage ohne die Antwort ebenso wenig verwertbar wie die Antwort ohne die Frage, mit der Folge, dass Miturheberschaft gegeben ist (*Vinck* AfP 1973, 460). Eine Ausnahme gilt wiederum dort, wo der Interviewer nach einem einheitlichen Fragenkatalog arbeitet, den er einer Mehrzahl von Interviewpartnern vorlegt; dann handelt es sich um (ggf. mehrere) verbundene Werke (§ 9). In der Musik lassen sich die vier Sätze einer Sonate ohne weiteres einzeln aufführen; Klassik Radio beschränkt sich fast stets auf die Sendung einzelner Sätze aus größeren musikalischen Werken. Gibt aber ein Komponist das fertige Thema vor und macht ein anderer daraus mit ihm zusammen einen fertigen Schlager, so liegt Miturheberschaft vor, weil der Schlager nicht ohne die Melodie, die Melodie nicht ohne Formung und Durchführung im Schlager verwertbar wäre (ebenso *Riedel* Rn. B 1c; vgl. Rn. 8). In der bildenden Kunst lassen sich zwar die von dem einen Künstler gemalten Prospekte und Bühnenhintergründe, die mit der Ausstattung des anderen zu einem Bühnenbild verbunden wurden, wieder trennen und beiderseits in anderer Kombination verwerten; waren beide aber in beiden Bereichen tätig, ist Miturheberschaft gegeben. Ist der Entwurf des Wettbewerbssiegers für die Gestaltung des Wintergartenquartiers an der Berliner Friedrichstraße von ihm und einem vom Bauherrn beauftragten Architekten völlig überarbeitet und nach dessen Wünschen umgestaltet worden, so liegt Miturheberschaft an der Neufassung, aber Alleinurheberschaft des ersten Architekten am Wettbewerbsentwurf vor.

11 Wenn die einzelnen Teile oder Abschnitte des Werkes ihrer Natur nach gesondert verwertbar sind, so ist zu unterscheiden: Sind die Mitarbeiter untereinander so selbständig, dass keiner dem anderen „hineinreden" darf, dass also jeder die Konzeption und Gestaltung seines Anteils selbst bestimmt und dass nur eine Art Generallinie vorhanden ist, an die sich alle zu halten haben, so liegt nur eine Werkverbindung (§ 9) vor, die nach außen als Sammlung bzw., falls die Voraussetzungen des § 4 vorliegen, als Sammelwerk in Erscheinung tritt. Kennzeichen für die Selbständigkeit der Abschnitte, also Werkverbindung, sind z.B. Unterschiede in den vertretenen Meinungen, sei es auch nur in wenigen Einzelfällen (a.M. Schricker/*Loewenheim*[3] Rn. 6); Indiz für eine Miturheberschaft ist etwa die Durchführung von Redaktionskonferenzen, die derartige Differenzen beseitigen und die endgültige Fassung jedes einzelnen Abschnitts gemeinsam bestimmen. Zu weiteren Beispiele vgl. § 9 Rn. 10–11.

12 Gleiche Kunstgattung. Von einem einheitlichen Werk kann immer nur dort gesprochen werden, wo es sich um ein und dieselbe Kunstgattung handelt (Schweiz. BG 74 II 196 ff.; BGH GRUR 1993, 34, 35 – *Bedienungsanweisung*, die aus Text, Fotos und Zeichnungen bestand). Das Opernlibretto, der Text zu einem Schlager, die Inschrift zu einem Bild oder zu einem Bauwerk lassen sich zumindest theoretisch gesondert verwerten (nämlich zu einer anderen Opernmusik, zu einem anderen Schlager, zu einem anderen Bild oder Bauwerk) und bewirken deshalb auch dann keine Miturheberschaft, wenn sie speziell für diese Musik, für dieses Bild oder für dieses Bauwerk geschaffen wurden. Die Begriffe Oper, Operette, Musical, Schlager usw. kennzeichnen daher im Sinne des Urheberrechts nur Werkverbindungen, nicht aber einheitliche Werke (Begr RegE UrhG – BT-Drucks. IV/270, S. 42; ebenso schon früher die h.M.: *Ulmer*[2] S. 172 f.; *Hubmann*[2] S. 108; a.M. *Gebhardt*, Rechtsverhältnis zwischen Komponist und Librettist, 1954, S. 12, 19). Die frühere Auffassung des BGH (GRUR 1964, 326, 330 – *Subverleger*), dic Werkverbindung zweier Kunstgattungen könne sich dann (nachträglich!) zu einem einheitlichen Werk entwickeln, wenn Text und Musik infolge großer Bekanntheit vom Publikum als untrennbare Einheit empfunden würden, so dass der Text zugleich die Erinnerung an die Melodie auslöse und umgekehrt, ist überholt. Das Gesetz knüpft für die Entscheidung, ob § 8 oder § 9 gegeben ist, nur an die im Augenblick der Entstehung gegebene Situation, nicht aber an die Wirkung an, die die verbundenen Werke entfalten, ganz abgesehen davon, dass die Popularität eines Werkes sich sehr rasch ändern kann, so dass ein wiederholter Wechsel in der rechtlichen Beurteilung als einheitliches Werk oder Werkverbindung eintreten könnte (ebenso die h.M., Nachweise bei *Sontag*, Das Miturheberrecht, 1972, S. 6 Anm. 9; a.M. wohl nur *Ahlberg*, Rechtsverhältnis zwischen Komponist und Textdichter, 1968, S. 86). Die (zeitweise) Unmöglichkeit getrennter Verwertung wegen großer Bekanntheit ist lediglich eine Frage der Teilbarkeit des Gesamthandsvermögens der Gesellschaft bürgerlichen Rechts, wie sie die Werkverbindung oft darstellt (vgl. § 9 Rn. 16), bei deren Auflösung etwa durch fristlose Kündigung aus wichtigem Grund (§§ 731, 753 BGB; zur Kündigung vgl. § 9 Rn. 29–42; vgl. Vor §§ 31 ff. Rn. 121 ff.). – An dem

Grundsatz der rechtlichen Trennung der Werke zweier Kunstgattungen ändert sich auch dann nichts, wenn z.b. Komponist und Texter gemeinsam an der Musik und am Libretto gearbeitet haben. Dann sind beide als Miturheber des Textes einerseits und der Musik andererseits anzusehen; eine Vereinigung von Text und Musik zu einem einheitlichen Werk tritt jedoch nicht ein. Vgl. § 9 Rn. 8–11.

Sonderfall ist das **Filmwerk**, das als Gesamtkunstwerk (vgl. § 2 Rn. 11) eine **13** Verschmelzung von Werken mehrerer Urheber zu einer Einheit darstellt. Hier sind die Urheber der verschmolzenen Werke – Drehbuch, Filmmusik, Bauten, Lichtbilder – nicht etwa untereinander Miturheber. Vielmehr ist der Regisseur Urheber des Filmwerks, vielfach unter Miturheberschaft des Kameramanns, Cutters, Tonmeisters oder von Darstellern, falls diese durch die Führung der Kamera oder durch anderweitige Einflussnahme auf die Gestaltung des Films eigene Regietätigkeit entfalten (vgl. § 89 Rn. 85 f.). Die in seiner Bearbeitung (vgl. § 3 Rn. 10 f.; vgl. §§ 23/24 Rn. 85–86) verschmolzenen Werke selbst lassen sich auch weiterhin selbständig verwerten. Sie sind nur in der verfilmten Form, also in der Bearbeitungsstufe, zur gemeinsamen Verwertung miteinander verbunden. Dort wiederum ist ihre Verbindung untrennbar; die Herausnahme des Gedankeninhalts oder auch nur die Auswechslung der Filmmusik würde das Filmwerk in seiner konkreten Gestalt verändern und wäre damit eine Bearbeitung (Schweiz. BG GRUR Int. 1972, 25, 29 – *Goldrausch I*, OLG Hamburg ZUM-RD 1997, 398, 403 Otto – *Die Serie*). Es liegt also weder Miturheberschaft noch Werkverbindung vor. Das Filmwerk ist vielmehr Gesamtkunstwerk *sui generis*, auf das die §§ 8, 9 nicht anwendbar sind (a. M. wohl nur *v. Gamm* § 9 Rn. 3).

V.　Gesamthandsgemeinschaft der beteiligten Urheber

Die Begründung der Miturheberschaft setzt keinen rechtsgeschäftlichen Wil- **14** len, sondern nur eine schöpferische Eingebung voraus und ist daher Realakt (vgl. § 7 Rn. 5). Folgerichtig entsteht die Gesamthandsgemeinschaft des Abs. 2 (das frühere Recht hatte eine Bruchteilsgemeinschaft entstehen lassen) ohne Zutun der Miturheber kraft Gesetzes (OLG Frankfurt ZUM 2006, 332, 334 – *gesetzliches Schuldnerverhältnis* in Form einer Verwertungsgemeinschaft). Die gesetzliche Regelung zieht damit die rechtliche Konsequenz aus der engen Bindung, die die Miturheber durch den gemeinsamen Schöpfungsakt miteinander eingegangen sind (für das österreichische Recht etwas einschränkend *Gamerith* ÖBl. 1996, 63, 68 f.).

Eine Verfügung des Miturhebers über seinen Urheberrechtsanteil, wie sie nach **15** dem früheren Recht zulässig war (§ 6 LUG und § 8 KUG in Verbindung mit § 747 BGB), ist schon nach § 29 nicht mehr möglich.

Ein – formloser – Verzicht des Miturhebers auf seinen Anteil an den Verwer- **16** tungsrechten (nicht etwa auf seinen Anteil am Urheberrecht insgesamt) ist nur zugunsten der anderen Miturheber zulässig (vgl. Rn. 32). Damit ist zugleich klargestellt, dass jede anderweitige Verfügung über die Verwertungsrechte ausgeschlossen ist. Einem Dritten kann der Anteil des Miturhebers an den Verwertungsrechten also nicht abgetreten werden (so schon BGH GRUR 1959, 335, 337 – *Wenn wir alle Engel wären*); nur Geldforderungen des Miturhebers an die Gemeinschaft auf Ausschüttung bereits erzielter Erträge sind abtretbar (und somit pfändbar).

17 Die Möglichkeit, mit Stimmenmehrheit Verwertungsmaßnahmen zu beschließen, wie sie nach § 6 LUG, § 8 KUG in Verbindung mit § 745 BGB gegeben war, ist entfallen (vgl. aber Rn. 27). Veröffentlichung, Verwertung und ggf. Änderung (wichtig für die Herstellung von Bearbeitungen) müssen im Regelfall einstimmig beschlossen werden, einschließlich jeder darauf gerichteten Maßnahme (OLG Frankfurt ZUM 2006, 332, 334 m.w.N.). Demgemäß ist für den Abschluss oder die Änderung von Verwertungsverträgen ebenso wie für ihre Änderung (eine solche ist auch die Zustimmung zur Weiterübertragung nach § 34 Abs. 1) und ihre Beendigung durch Kündigung, Rücktritt (§§ 32, 35 VerlG) oder Rückruf (§§ 41, 42) Einstimmigkeit erforderlich (OLG Frankfurt ZUM 2006, 332, 334; zu abweichenden Vereinbarungen vgl. Rn. 27). Hat sich nur bei einem der Miturheber die Überzeugung gewandelt, so muss er notfalls die anderen auf Einwilligung in den Rückruf verklagen (vgl. § 42 Rn. 5). Eine Ausnahme gilt nur für die fristlose Kündigung (vgl. Rn. 18, 19). Für die Durchsetzung von Ansprüchen aus Rechtsverletzungen, also in aller Regel aus rechtswidrigen Verwertungshandlungen Dritter, trifft Abs. 2 Satz 3 eine Sonderregelung (vgl. Rn. 20). Auch gegen die Verletzung seines eigenen Urheberpersönlichkeitsrechts kann jeder Miturheber selbständig vorgehen (vgl. Rn. 21). Faktisch bleibt schließlich auch die Geltendmachung gesetzlicher Vergütungsansprüche jedem einzelnen Miturheber überlassen. Sie geschieht über VerwGes, mit denen jeder für sich Wahrnehmungsverträge für alle seine schöpferischen Leistungen schließt; die VerwGes teilen die Anteile mehrerer Berechtigter schon im Hinblick auf § 7 UrhWahrnG von sich aus auf. Der von einem einzelnen Miturheber für sich selbst abgeschlossene Wahrnehmungsvertrag wird allerdings für das gemeinsame Werk nur dann wirksam, wenn ein einstimmiger Beschluss aller Miturheber vorliegt, dass es überhaupt verwertet werden soll (OLG Frankfurt a.a.O.). Verweigert ein Miturheber grundlos und wider Treu und Glauben seine Einwilligung zu einer Verwertungsmaßnahme, so ist er von den übrigen zu verklagen (Abs. 2 Satz 2). Dabei trifft die Beweislast dafür, dass die Weigerung gegen Treu und Glauben verstößt, die übrigen Miturheber. Bevor nicht dieser Prozess rechtskräftig entschieden ist, darf die beabsichtigte Maßnahme nicht stattfinden; das Gesetz spricht ausdrücklich von Einwilligung, d.h. vorheriger Zustimmung (§ 183 BGB) vor Durchführung der Veröffentlichung, Verwertung oder Änderung. Für Maßnahmen, die das Urheberpersönlichkeitsrecht des widersprechenden Miturhebers tangieren, gilt insoweit an sich nichts Besonderes; die Veröffentlichung (§ 12) ist in Abs. 2 Satz 3 sogar ausdrücklich erwähnt. Aber es wird kaum jemals gegen Treu und Glauben verstoßen, wenn ein Miturheber seine Einwilligung zu Entstellungen (§ 14) versagt (OLG Frankfurt Schulze OLGZ 107, 16 – *Taschenbuch für Wehrfragen*; so schon *Sontag* S. 45). Dagegen kann es treuwidrig sein, wenn er sich gegen rechtlich oder sachlich gebotene Zusätze (nicht Änderungen) an der Urheberbezeichnung sperrt, z. B. bei fremdsprachlichen Lizenzausgaben nicht den Zusatz „übersetzt von …" zulassen will (das Weglassen könnte den Eindruck erwecken, als stamme die Übersetzung von den Originalurhebern, und damit Kunstfälschung sein, vgl. § 10 Rn. 63 ff.). Entsprechendes gilt für sachlich gebotene Änderungen, ohne die das Werk nicht mehr erfolgversprechend weiter verwertet werden könnte (Dreier/Schulze/*Schulze*[2] Rn. 18).

18 Eine Ausnahme vom Einstimmigkeitsprinzip gilt nur für das **Notverwaltungsrecht** des § 744 Abs. 2 BGB (vgl. Rn. 27): Die zur Erhaltung der Substanz, des wirtschaftlichen Wertes oder der uneingeschränkten Verwertbarkeit des Werkes notwendigen Maßnahmen kann jeder Miturheber auch ohne Zustimmung der anderen kraft Gesetzes allein treffen. – Dies gilt vor allem für die fristlose Kündigung von Verwertungsverträgen. Liegt ein wichtiger Grund vor, der die Fortsetzung des Dauerschuldverhältnisses (vgl. Vor §§ 31 ff. Rn. 115 ff.) auch nur für einen Miturheber unzumutbar macht (das genügt für die Kündigung aller, BGH GRUR 1990, 443, 446 – *Musikverleger IV*), so beeinträchtigt die Fortdauer dieses Zustandes bis zur – ggf. erst durch Klage zu erzwingenden – Einwilligung der übrigen die uneingeschränkte Verwertbarkeit des Werkes; auch würde das Kündigungsrecht infolge Zeitablaufs verloren gehen (vgl. Vor § 31/32 Rn. 142 f.). Der betroffene Miturheber kann daher die fristlose Kündigung kraft des ihm zustehenden Notverwaltungsrechts aus § 744 Abs. 2 BGB allein aussprechen.

BGH GRUR 1982, 41, 43 – *Musikverleger III*, bestätigt in BGH GRUR 1982, **19** 743, 744 – *Verbundene Werke*, löst das Problem anders: Eine fristlose Kündigung über das Notverwaltungsrecht komme nicht in Betracht, wenn keine Anhaltspunkte dafür ersichtlich seien, dass der Verwerter infolge des Zerwürfnisses seine Auswertungspflichten nicht mehr erfülle, weil es sich dann nicht um eine zur Erhaltung des gemeinschaftlichen Gegenstandes notwendige Maßregel handele. Stattdessen stehe dem Verletzten eine – vom Tatrichter im Einzelfall zu bestimmende – angemessene Frist zu, innerhalb derer er die Zustimmung der anderen Urheber einholen könne; § 626 Abs. 2 BGB gelte insoweit nicht. Der Kündigungsgrund müsse allerdings bis zum Vorliegen der Zustimmung fortbestehen. – Diese Lösung bedeutet faktisch eine außerordentliche Erschwernis der fristlosen Kündigung seitens der Urheber in allen Fällen, in denen dem Verwerter eine Mehrheit von Urhebern gegenübersteht, und damit eine nicht gerechtfertigte Begünstigung des vertragsuntreuen Verwerters. Sie mutet dem Verletzten zudem zu, möglicherweise auf Jahre hinaus, d. h. bis die Zustimmungen notfalls im Prozesswege herbeigeführt worden sind, mit dem Verletzer weiter so umzugehen, so als wäre nichts geschehen, und dies, obwohl das Vorliegen eines wichtigen Grundes gerade deshalb die fristlose Kündigung rechtfertigt, weil es dem Verletzten nicht zugemutet werden kann, weiterhin mit dem Verletzer zusammenzuarbeiten (so BAG und BGH in st. Rspr., § 626 Abs. 1 BGB). Der 1. Senat kam seinerzeit – vor mittlerweile einem Vierteljahrhundert – zu einem derart in sich widersprüchlichen Ergebnis wohl auch nur mit Rücksicht auf seine Prämisse, eine fristlose Kündigung diene nicht der Erhaltung des gemeinschaftlichen Gegenstandes. Das war ein Irrtum: Bei Dauerschuldverhältnissen (hier: Verwertungsverträgen), die eine ständige Zusammenarbeit erfordern, lassen sich Person und Sache lediglich in der Theorie derart trennen, dass ein persönliches schweres Zerwürfnis ohne Folgen für den Vertragsgegenstand bliebe.

Abs. 2 Satz 3 erweitert das Notverwaltungsrecht über den von § 744 Abs. 2 **20** BGB allein geregelten Fall der notwendigen Werterhaltung hinaus auf jede **Verfolgung von Rechtsverletzungen**. Zwar wird das in der Regel nur dort praktisch werden, wo eilige Schritte zur Verhinderung weiterer Rechtsverletzungen getan werden müssen (einstweilige Verfügungen, Unterlassungsklagen). Doch kann jeder Miturheber auch in weniger dringlichen oder gar zur Werterhaltung des gemeinsamen Werkes keineswegs notwendigen Fällen gegen Rechtsverletzer kraft Gesetzes aus eigenem Recht und im eigenen Namen vorgehen; der Gesetzgeber wollte die Abwehr von Rechtsverletzungen generell erleichtern (Begr RegE UrhG – BT-Drucks. IV/270, S. 41). Der einzelne Miturheber darf aber, soweit es sich um Leistungsklagen handelt, nur Leistung an alle fordern (ein Urteil auf Beseitigung einer Störung, insbesondere auf Unterlassung von Rechtsverletzungen, käme ohnehin allen Miturhebern zugute,

BGH GRUR 1994, 212, 213 – *Videozweitauswertung III*). Damit wird in erster Linie eine Übervorteilung der übrigen Miturheber verhindert. Die Verurteilung des Verletzers zur Leistung an alle, d. h. über den ganzen Anspruch, hat aber auch zur Folge, dass die Rechtskraft des Urteils, das der klagende Miturheber erstritten hat, für oder gegen alle übrigen wirkt; dem einzelnen Miturheber ist von Abs. 2 Satz 3 das Amt des „Klägers für alle" zugewiesen, so dass er in gesetzlich angeordneter Prozessstandschaft tätig wird. Der später anhängig gemachten Klage eines weiteren Miturhebers stünde daher der Einwand der Rechtshängigkeit entgegen (§ 261 Abs. 3 Nr. 1 ZPO). Die Klage eines Miturhebers unterbricht ebenso die Verjährung gegen alle wie das Anerkenntnis gegenüber nur einem Miturheber (§§ 208, 209 BGB); die Verwirkung gegen einen wirkt gegen alle Miturheber. Auch der vorbereitende Auskunfts- und Rechnungslegungsanspruch ist daher zur Leistung an alle geltend zu machen (ebenso Möhring/Nicolini[2] Rn. 9; offengelassen von BGH GRUR 1971, 522, 525 – *Gasparone II*; a. M. KG in der Vorinstanz).

21 Die grundsätzlich andere Position von Sontag S. 54 f. (ihm folgend die h.M., Schricker/*Loewenheim*[3] Rn. 18), der zwar Prozessstandschaft bejaht, eine Wirkung des von dem klagenden Miturheber erwirkten Urteils für und gegen die übrigen Miturheber jedoch ablehnt, ist schon begrifflich nicht haltbar, scheitert aber auch an ihrer praktischen Undurchführbarkeit: Der Prozessstandschafter macht ein fremdes Recht für einen oder mehrere andere im eigenen Namen geltend. Über dieses Recht kann nur einmal entschieden werden. Einer erneuten Klage des oder der eigentlichen Rechtsträger, hier also der anderen Miturheber, stünde der Einwand der Rechtskraft entgegen (§ 327 ZPO; ebenso *Schack*[2] Rn. 726 m.w.N., der sich allerdings in Rn. 284 *Sontag* angeschlossen hatte). Anderenfalls könnten gegen das Plagiat eines gemeinsam geschaffenen Schlagers, das überall im Radio zu hören ist, alle Miturheber einzeln, aber gleichzeitig vor verschiedenen Gerichten vorgehen und möglicherweise gegensätzliche Urteile erstreiten – eine allenfalls für die beteiligten Anwälte sympathische Vorstellung. – Zum Gesamtproblem auch *Blomeyer* AfP 1959, 394 (für Miterben und Miteigentümer).

22 **Abs. 2 Satz 3** begünstigt nur jeden Miturheber selbst. Ein Dritter, der Rechte von einem Miturheber herleitet, braucht die Zustimmung auch aller anderen Miturheber, wenn er Ansprüche aus der Verletzung von Rechten am gemeinsamen Werk geltend machen will (OLG Frankfurt MMR 2003, 45, 47 – *IMS Health*). Er kann in einem solchen Falle nicht im eigenen Namen, sondern nur als Bevollmächtigter handeln (LG München I ZUM 1999, 332, 336 – *Miturheberschaft des Kameramanns*; Wandtke/Bullinger/*Thum*[2] Rn. 42).

23 Bei der Geltendmachung von Ansprüchen aus dem Urheberpersönlichkeitsrecht gilt das vorstehend Gesagte, soweit alle Miturheber betroffen sind. Der einzelne Miturheber hat jedoch dort individuelle Ansprüche, wo nur seine Persönlichkeit als (Mit-) Urheber tangiert wurde, z. B. bei Verletzung nur seines Nennungsrechts aus § 13. Auch das Zugangsrecht aus § 25 ist ein jedem Miturheber höchstpersönlich zustehendes Recht, das er für sich allein geltend machen kann, dies um so mehr, als es sich nicht um einen Leistungs-, sondern um einen bloßen Duldungsanspruch handelt (OLG Düsseldorf GRUR 1969, 550, 551 – *Geschichtswerk für Realschulen*; *Schack* Rn. 284; a. M. *v. Gamm* Rn. 15). Andernfalls würde die Erschwernis in der Durchsetzung von Rechten bei Miturheberschaft, die Abs. 2 Satz 3 gerade verhindern wollte, für § 25 erst herbeigeführt.

Für Rechtsverletzungen durch einen Miturheber – er wertet das gemeinsame **24** Werk ohne Einwilligung der andern aus – gilt nichts Besonderes. Jeder andere Miturheber kann gegen ihn wie gegen jeden Dritten vorgehen, und zwar mit den Ansprüchen des § 97, da für die Entstehung von Miturheberschaft ein Realakt genügt (vgl. Rn. 14), vertragliche Ansprüche also nicht ohne weiteres gegeben sind (wie hier offenbar Begr RegE UrhG – BT-Drucks IV/270, S. 41, die ausdrücklich von einer u. U. strafbaren Rechtsverletzung spricht, also unerlaubte Handlung voraussetzt; ebenso Schricker/*Loewenheim*[3] Rn. 20 und *Sontag* S. 61 ff.; offengelassen in BGH GRUR 1978, 244, 245 – *Ratgeber für Tierheilkunde*).

Eine Aufhebung der Gesamthandsgemeinschaft ist ausgeschlossen, weil sie nur **25** unter Zerstörung des Werkes möglich wäre. Die Gemeinschaft endet vielmehr erst mit dem Ablauf der Schutzfrist (§§ 64 Abs. 1, 65).

Ergänzend gelten die §§ 705 ff. BGB über die bürgerlich-rechtliche Gesellschaft **26** dann, wenn die Miturheber sich vor dem Schöpfungsakt vertraglich zu gemeinsamem Schaffen verbunden hatten oder nachträglich einen Gesellschaftsvertrag zur Auswertung des gemeinsam geschaffenen Werkes geschlossen haben; andernfalls kommen nur die §§ 741 ff. BGB über die Gemeinschaft zur Anwendung (Hauptfall: mangelnde Geschäftsfähigkeit eines Miturhebers, vgl. § 9 Rn. 16). Die Gegenmeinung, die die Miturheberschaft stets den §§ 705 ff. BGB unterstellt (*v. Gamm* Rn. 13), übersieht, dass die Schöpfung auch bei mehreren Urhebern Realakt bleibt (vgl. § 7 Rn. 13 f.), der einen Vertrag nicht notwendig voraussetzt (ebenso Schricker/*Loewenheim*[3] Rn. 10–12; Möhring/Nicolini/*Ahlberg*[2] Rn. 26; Wandtke/Bullinger/*Thum*[2] Rn. 22; eingehend *Sontag* S. 15 ff. und *Werner* BB 1982, 280). Aus den genannten Bestimmungen folgt, dass der Anspruch auf Anerkennung der Miturheberschaft nur mit einer gegen alle Miturheber gerichteten Klage geltend gemacht werden kann; das Bestehen einer Gesellschaft oder Gemeinschaft lässt sich nur einheitlich feststellen, § 62 ZPO (OLG Karlsruhe GRUR 1984, 812 f. – *Egerlandbuch*).

Abweichende Vereinbarungen. Der Raum für abweichende Vereinbarungen ist **27** demnach außerordentlich schmal. Die Miturheber können gemeinschaftlich jede beliebige Verfügung über Rechte am gesamten Werk treffen, die auch ein Alleinurheber treffen könnte (vgl. Vor §§ 28 ff. Rn. 2 und §§ 31/32 Rn. 5 u. 85). Sie können einen von ihnen bevollmächtigen, in ihrem Namen zu handeln und Verfügungen über die Verwertungs- und Zustimmungsrechte zu treffen. Sie sind wegen Abs. 4 auch in der Lage, nach außen einen Miturheber als Berechtigten hinsichtlich der Verwertungsrechte im eigenen Namen auftreten zu lassen. Umgekehrt können sie die Rechtsverfolgung durch einzelne Miturheber ausschließen oder an ihre Zustimmung binden, soweit nicht das – nicht abdingbare – Notverwaltungsrecht in Betracht kommt (vgl. Rn. 18–20). Durch einstimmigen Beschluss aller Miturheber kann auch festgelegt werden, dass künftig die Mehrheit entscheidet; darin liegt rechtlich eine Vollmacht, die die jeweilige Minderheit erteilt. – Alle diese Vereinbarungen sind einerseits Rechtsgeschäfte, die die Geschäftsfähigkeit aller Miturheber voraussetzen (vgl. § 9 Rn. 16); andererseits finden sie ihre Grenze dort, wo die Urheberpersönlichkeitsrechte der einzelnen Miturheber berührt werden (Wandtke/Bullinger/*Thum*[2] Rn. 29; Schricker/*Loewenheim*[3] Rn. 13; Möhring/Nicolini/*Ahlberg*[2] Rn. 49).

Verteilung der Erträgnisse. Gegenstand freier Vereinbarung ist auch die Ver- **28** teilung der Erträgnisse (Abs. 3). Ist eine solche Vereinbarung nicht getroffen, so ist der Umfang der Mitwirkung maßgebend. Damit hoffte der Gesetzgeber, einen objektiven Maßstab für die Bestimmung des Anteils zu erhalten; das Kriterium der „Bedeutung" der Anteile, wie es der Regierungsentwurf gewählt hatte, erschien zu unbestimmt, weil es zu einer ästhetischen Wertung führen musste (Bericht RAusschusses UrhG – BT- Drucks. IV/3401, S. 3). Im Streitfalle werden die Gerichte also – jedenfalls im Prinzip – den Anteil mit der Elle nach der Anzahl der beigesteuerten Worte, Töne oder Pinselstriche berechnen müssen; sie dürfen nach dem Willen des Gesetzgebers darüber hinaus lediglich den Gesamtumfang der Mitarbeit berücksichtigen, und zwar einschließlich der notwendigen Vorarbeiten, wie der Sichtung von Quellenmaterial, und der abschließenden Gesamtredaktion des Werkes (Bericht Rausschuss a.a.O.). Ob sich ein solches System bewährt, ist noch immer offen. Die Beibehaltung der Faustregel des § 742 BGB – im Zweifel gleiche Anteile – wäre jedenfalls einfacher gewesen. Auf sie kann ohnehin in den Fällen nicht verzichtet werden, in denen die Anteile der Miturheber sich im Nachhinein nicht mehr ermitteln lassen (so mit Recht OLG Hamburg Schulze OLGZ 207, 6 f. – *Der Ratgeber*). – Abs. 3 gilt auch im Verhältnis zwischen Auftraggeber und Gehilfe, wenn letzterer einen schöpferischen Beitrag leistet, dies selbst dann, wenn er für seine Gehilfentätigkeit eine Pauschalvergütung erhalten hatte (BGH GRUR 1978, 244, 246 – *Ratgeber für Tierheilkunde*).

29 Koproduzenten. Koproduzenten von Filmwerken sind in aller Regel schon deshalb keine Miturheber, weil sie keinen schöpferischen Beitrag zur Entstehung des Werkes leisten (Begr RegE UrhG – BT-Drucks. IV/270, S. 100; vgl. § 89 Rn. 29). Sie erwerben lediglich gewisse Leistungsschutzrechte (§§ 91, 94), stehen also insoweit den ausübenden Künstlern gleich (vgl. Rn. 35). Auf sie ist § 8 deshalb nicht einmal analog anwendbar. Vielmehr bestimmen sich ihre Rechtsbeziehungen zueinander nach Gesellschaftsrecht (§§ 705 ff. BGB). Ist der Gesellschaftsvertrag beendet, so kommt, da der gemeinschaftliche Gegenstand (das Filmwerk) unteilbar ist, Gemeinschaftsrecht zur Anwendung (§§ 741 ff. BGB, vgl. § 94 Rn. 22 f.). Entsprechendes gilt für die Koproduzenten von Tonträgern, Revuen usw. sowie für Gemeinschaftsverlage.

30 Gruppenwerk. Mit Recht hat der Gesetzgeber eine Sonderregelung für das sog. Gruppenwerk abgelehnt (Begr RegE UrhG – BT-Drucks. IV/270, S. 41; Bericht Rausschuss UrhG 1965 – BT-Drucks. IV/ 3401 S. 2). Dabei handelt es sich um Werke, die von mehreren Miturhebern unter der Leitung eines Herausgebers geschaffen werden (vor allem Schulbücher, kartographische Werke usw.). Von Seiten der Buchhändler und Verleger war die Anerkennung eines eigenen „Urheberrechts" des Herausgebers am Werk für seine besondere Leistung gefordert worden, die in der geistigen Organisation und Gesamtredaktion des Werkes sowie in der Verwertung besonderer Kenntnisse der Marktbedürfnisse und -wünsche liege (*Runge* GRUR 1956, 407 und 1959, 75; *Reichel* GRUR 1959, 172 und 1960, 582). Eine solche Regelung wäre jedoch mit dem Grundsatz des § 7, dass Urheber nur die Schöpfer des Werkes sein können, unvereinbar gewesen (Begr RegE UrhG – BT-Drucks. IV/270, S. 42). Mit dem gleichen Recht hätten auch die Filmhersteller, Sendeanstalten, Schallplattenproduzenten und Bühnenunternehmer ein eigenes Urheberrecht beanspruchen können. Die besondere Leistung der Herausgeber kann vielmehr, soweit es sich um ein einheitliches Werk handelt, nur bei der Bemessung ihres Anteils an den Erträgnissen berücksichtigt werden (vgl. Rn. 28). Liegt ein Sammelwerk vor, so genießen sie ohnehin Urheberschutz nach § 4.

31 Aufhebung des früheren Rechts. Die Neuregelung gilt für alle Fälle der Miturheberschaft, ganz gleich, ob der Schöpfungsakt vor oder nach dem

01.01.1966 stattgefunden hat. Die bisherigen Bruchteilsgemeinschaften (§ 6 LUG, § 8 KUG) haben sich also mit dem Inkrafttreten des Gesetzes automatisch in Gesamthandsgemeinschaften verwandelt. Das ergibt sich auch aus § 132, der nur für Verträge, nicht für Realakte die Weitergeltung des früheren Rechts vorsieht.

Der **Verzicht** (Abs. 4) wird erst wirksam, wenn er allen Miturhebern gegenüber **32** mündlich erklärt oder allen zugegangen ist (§ 130 BGB). Dass jemand mündlich, möglicherweise gar nur sinngemäß oder stillschweigend (§ 133 BGB) eine so gewichtige Erklärung abgibt, wie sie der Verzicht auf alle Verwertungsrechte darstellt, dürfte freilich die Ausnahme sein. Der Richter wird in einem solchen Falle besonders sorgfältig zu prüfen haben, ob der Verzicht wirklich gewollt war oder ob es sich nur um Theaterdonner gehandelt hat (§ 118 BGB), wie er in Künstlerkreisen vielfach gewissermaßen zum Lebensstil gehört. Mit Abs. 4 wollte der Gesetzgeber vor allem in Fällen, in denen eine große Zahl oft nur unbedeutend am Werk beteiligter Miturheber vorhanden ist, die Zusammenfassung der Verwertungsrechte in der Hand einiger weniger Miturheber zur Erleichterung der Auswertung der Werkes ermöglichen (Begr RegE UrhG – BT-Drucks. IV/270, S. 41). Deswegen sind die §§ 31–39 auf die Verzichtserklärung nicht anwendbar: Der Verzicht hat pauschale, alle Verwertungsrechte umfassende Wirkung (anders § 31 Abs. 5), erstreckt sich auf das Bearbeitungsrecht (§ 23 steht im 3. Abschnitt „Verwertungsrechte"; vgl. dagegen § 37 Abs. 1), schließt Ansprüche aus den §§ 36, 39 ebenso aus wie das Rückrufrecht des § 41, und gilt auch für erst später bekannt werdende Nutzungsarten (entgegen § 31 Abs. 4). Auch das Zustimmungsrecht aus § 34 betrifft die Verwertung des gemeinsamen Werkes, ebenso wie die Durchsetzung von Ansprüchen aus Verwertungsverträgen und Rechtsverletzungen (vgl. Rn. 17); beides ist daher nach dem Verzicht allein Sache der übrigen Miturheber. Der Verzicht auf die Verwertungsrechte schließt den Verzicht auf die gesetzlichen Vergütungsansprüche im Zweifel ein (*Ulmer*[3] S. 192; Schricker/*Loewenheim*[3] Rn. 15; Wandtke/Bullinger/*Thum*[2] Rn. 50). Nur die aus dem Urheberpersönlichkeitsrecht fließenden Befugnisse verbleiben dem verzichtenden Miturheber (§§ 12–14, 25, 42; Begr RegE UrhG – BT-Drucks. IV/270, S. 41). Die Anwachsung erfolgt nach dem Verhältnis der bisherigen Anteile der übrigen Miturheber (analog § 743 BGB; ebenso Möhring/Nicolini/*Ahlberg*[2] Rn. 47; Schricker/*Loewenheim*[3] Rn. 15).

Zur Miturheberschaft zwischen Deutschen und Ausländern vgl. § 120 Rn. 13. **33**

VI. Ablauf der Schutzfrist

Die Schutzfrist für ein von mehreren Miturhebern geschaffenes einheitliches **34** Werk kann nur einheitlich ablaufen. § 65 Abs. 1 lässt das Werk 70 Jahre nach dem Tode des längstlebenden Miturhebers gemeinfrei werden.

VII. Ausübende Künstler

Sie erbringen ihre Leistung vielfach gemeinsam und derart, dass die einzelnen **35** Leistungen nicht gesondert verwertbar sind (so etwa bei einem Konzert die Musiker und der Dirigent, bei einer Bühnenaufführung die Schauspieler). Gleichwohl ist § 8 nicht einmal analog anzuwenden. Der Gesetzgeber wollte mit den §§ 73 ff. Umfang und Dauer des Rechts der ausübenden Künstler „unabhängig von der Ausgestaltung des Urheberrechts nach eigenen, der besonderen Interessenlage entsprechenden Grundsätzen. .. entwickeln" (Begr

RegE UrhG – BT-Drucks. IV/270, S. 89). Deshalb wurde bei Ensembledarbie-
tungen, wo man die Ausübung der gemeinsam erworbenen Rechte für regelungsbedürftig hielt, ohne Rücksicht auf § 8 festgelegt, dass der Vorstand des
Ensembles die Einwilligung zur Verwertung der gemeinsam erbrachten Leistung erteile, und zwar neben den einzeln zu erteilenden Einwilligungen der
Solisten, des Dirigenten und des Regisseurs (§ 90). Die Begr zum RegE (BT-
Drucks. IV/270, S. 94) stellt dazu ausdrücklich fest, dass Solisten, Dirigent und
Regisseur selbständige Rechte besitzen, was nur bedeuten kann, dass sie –
anders als in § 8 – in der Ausübung dieser Rechte grundsätzlich nicht an die
übrigen Mitwirkenden gebunden sind. Lediglich in dem Sonderfall des § 83
(Schutz vor Entstellung) verlangt der Gesetzgeber von den ausübenden Künstlern gegenseitige Rücksichtnahme bei der Ausübung ihres Rechts; auch hier
wird jedoch im Prinzip von der Selbständigkeit des Einzelrechts ausgegangen.
Näheres über die Rechtsbeziehungen ausübender Künstler zueinander vgl.
§ 83 Rn. 9 ff.

§ 9   Urheber verbundener Werke

**Haben mehrere Urheber ihre Werke zu gemeinsamer Verwertung miteinander
verbunden, so kann jeder vom anderen die Einwilligung zur Veröffentlichung,
Verwertung und Änderung der verbundenen Werke verlangen, wenn die Einwilligung dem andern nach Treu und Glauben zuzumuten ist.**

Übersicht

I.   Allgemeines

1.   Sinn und Zweck

1 Oftmals ist es sinnvoll, bereits bestehende Werke mit anderen zu verbinden
und nochmals zu verwerten, z. B. eine Kurzgeschichte in einem Geschichten-
band. Bei manchen Werkarten ist Werkverbindung die Regel (Musik und Text
bei Schlagern, Texte und Fotos in Bildbänden usw.). Anders als bei der Mit-

urheberschaft (§ 8) werden beide Werke zunächst für sich allein geschaffen und sind demgemäß selbständig schutzfähig und verwertbar. Die Interessenlage ist eine andere als bei der Miturheberschaft (§ 8): Urheber, die sich zu einer gemeinsamen Werkverwertung zusammen tun, möchten zu einem späteren Zeitpunkt oder unter veränderten Umständen möglicherweise auch wieder ungehindert ihre Werke für sich allein nutzen können. § 9 geht demgemäß davon aus, dass bei einer Werkverbindung jeder Urheber sein selbständiges Urheberrecht behält und anderen auch weiterhin Nutzungsrechte einräumen darf, obwohl die Urheber ihre Werke für eine gemeinsame Verwertung zur Verfügung gestellt oder gar erst geschaffen haben und hierdurch eine Einheit entstehen kann, die mehr ist als die Summe der verbundenen Werke (*Ulmer*[3] § 35 I). Die gemeinsame Verwertung darf dadurch freilich nicht behindert werden.

2. Früheres Recht und Übergangsregelung

Das frühere Gesetzesrecht traf nur für einige Fälle der Werkverbindung eine **2** ausdrückliche Regelung. § 5 LUG behandelte den Fall der Verbindung eines Schriftwerks mit einem Werk der Tonkunst oder mit Abbildungen, § 7 KUG den der Verbindung eines Werkes der bildenden Künste mit einem Werk der Photographie oder von einem von beiden mit Werken der Literatur oder Tonkunst oder mit geschützten Mustern. In allen Fällen blieb der Urheber des Einzelwerkes auch nach der Verbindung dessen (Allein-)Urheber. Die Neuregelung ändert an diesem Prinzip nichts, erfasst jedoch alle denkbaren Arten der Verbindung.

Auf Werkverbindungen, die schon vor dem 01.01.1966 entstanden sind, ist das **3** frühere Recht anzuwenden, soweit die seinerzeit geschlossenen Verträge noch bestehen (§ 132). Das scheint uns ein Redaktionsversehen des Gesetzgebers zu sein. Er wollte mit § 9 abweichend vom bisherigen Recht einen billigen Interessenausgleich schaffen (Begr RegE UrhG – BT-Drucks IV/270, S. 42); die Interessenlage erfordert diesen aber bei älteren Werkverbindungen noch mehr als bei jüngeren, weil Erbengemeinschaften schwieriger zu sein pflegen als die Urheber selbst.

3. Schutzfristen der verbundenen Werke

Die Werkverbindung ändert trotz der entstehenden rechtlichen Verklamme- **4** rung mehrerer Werke nichts daran, dass das Urheberrecht am Einzelwerk selbständig bleibt (Begr RegE UrhG – BT-Drucks IV/270, S. 42).

Dadurch entsteht das Problem des Teilschutzes verbundener Werke. So ist die **5** Schutzfrist für die Musik zum *Zigeunerbaron* 1929 abgelaufen, da *Johann Strauß Sohn* 1899 verstarb (damals betrug die Schutzfrist noch 30 Jahre). Das Libretto von *Schnitzer* dagegen, der erst 1942 starb, war noch bis Ende 1992, also 63 Jahre länger, geschützt. Hier war die Gesellschaft bürgerlichen Rechts seit dem 31.12.1929 beendet, da ein Beitrag, den die Erben von *Johann Strauß* einbringen konnten, rechtlich nicht mehr vorhanden war. Seither konnte das gemeinfreie Musikwerk jederzeit mit einem anderen Libretto verbunden werden, freilich mit einem neuen Titel, da der bisherige ein Teil des alten Librettos war. Umgekehrt stand der Verbindung der Gesangstexte mit neuen Melodien nichts im Wege, falls nicht etwa unter besonderen Umständen ein Verstoß gegen Normen des Wettbewerbsrechts (§§ 1, 3 UWG) in Betracht kam. Da es den Erben *Schnitzer*s freistand, ob und zu welcher Musik sie die Verwertung

des Librettos gestatten wollten, konnten sie allerdings de facto Verschandelungen und Entstellungen der *Strauß*schen Melodien verhindern, soweit ihr
Libretto Verwendung fand.

6 Die Problematik des Teilschutzes hat auf EU-Ebene eine noch weitergehende
Dimension: Zwar hat Art. 1 Abs. 2 der Schutzdauerrichtlinie die Berechnung
der Schutzdauer vereinheitlicht, jedoch nur für die Miturheberschaft. Innerhalb der Europäischen Union hält sich die Anzahl derjenigen Länder, die wie
Deutschland getrennte Schutzfristen für Werkverbindungen vorsehen, und
derjenigen Länder, die wie Frankreich eine einheitliche (längere) Schutzfrist
vorsehen, die Waage (Länderübersicht bei Walter/*Walter* Art. 10 Anhang
Art. 1 Schutzdauer-RL Rn. 27). *Schricker* schlägt vor, analog zur Regelung
der Schutzfristberechnung bei Filmwerken die Schutzfrist für Verbindungen
aus Musik und Text einheitlich nach dem Tode des zuletzt versterbenden
Urhebers zu berechnen (GRUR Int. 2001, 1015 f.).

4. Internationale Werkverbindungen

7 Die Verbindung von Werken eines deutschen und eines ausländischen Urhebers
führt nicht in allen Fällen zu einer Einbeziehung des Werkes des ausländischen
Urhebers in den Schutz des deutschen Urheberrechts. Nach § 120 Abs. 2 Satz 2
kommt nur ausländischen Miturhebern eine solche Schutzerstreckung stets
zugute (vgl. dort Rn. 13). Das Werk des ausländischen Urhebers eines *verbundenen Werkes* ist dagegen nur unter den Voraussetzungen der §§ 120
Abs. 1 Satz 1, Abs. 2 Nr. 2, 121 in der Bundesrepublik urheberrechtlich geschützt. Ist dies nicht der Fall, hindert dies das Entstehen einer Werkverbindung i.S.d § 9: Werkverbindungen können nur aus der Verbindung urheberrechtlich geschützter Werke entstehen. Soweit das Werk des ausländischen
Urhebers aufgrund der fremdenrechtlichen Bestimmungen des deutschen Urheberrechts in der Bundesrepublik schutzlos ist, besteht deshalb Schutz nur für
das Werk des deutschen Urhebers.

II. Tatbestand

1. Begriff der Werkverbindung

8 Eine „Werkverbindung" liegt stets vor, wenn mehrere selbständige Werke
gemeinschaftlich verwertet werden, vorausgesetzt, dass dies mit dem Willen
ihrer Urheber geschieht (vgl. Rn. 14–15). Dabei kann es sich um Werke der
gleichen Kunstgattung (z. B. mehrere Sprachwerke, die in einer Sammlung
zusammengefasst sind) oder um Werke verschiedener Kunstgattungen (so die
in § 5 LUG, § 7 KUG genannten Fälle) handeln. Zwischen Werken verschiedener Kunstgattungen ist sogar nur Werkverbindung möglich, falls sie gemeinsam verwertet werden (vgl. § 8 Rn. 12).

9 **a) Abgrenzung, insbesondere zur Miturheberschaft:** Mit der Feststellung des
Gesetzgebers, dass es sich um mehrere selbständige Werke handeln muss, wird
eine klare Abgrenzung der Werkverbindung von der Bearbeitung (§§ 3, 23)
und der Miturheberschaft (§ 8) ermöglicht. Mit der Bearbeitung werden zwar
zwei Schöpfungen – Originalwerk und Bearbeitung – gemeinsam verwertet,
doch handelt es sich nicht um zwei selbständige Werke (vgl. § 3 Rn. 1); bei
Miturheberschaft entsteht nur ein Werk (vgl. § 8 Rn. 2–3). Schwierigkeiten
bereitet in der Praxis nur die Grenzziehung zwischen Werkverbindung und

Miturheberschaft. Eine „Werkverbindung" liegt bei gemeinsamer Verwertung von mehreren Beiträgen stets vor, wenn die Voraussetzungen der Miturheberschaft nicht erfüllt sind, wenn es also möglich ist, die einzelnen Beiträge jeden für sich gesondert zu verwerten.

Einige Beispiele mögen die Abgrenzung verdeutlichen: Die Gesangstexte (Liedertexte) in einem Libretto sind im Verhältnis zu diesem stets gesondert verwertbar (z. B. zu einem einzelnen Schlager). Das Ballett ist Werkverbindung zwischen Choreographie, Musik und Balletterzählung (Beispiel: Das Einhorn von Jean Cocteau oder das Ballett der sieben Todsünden von Bert Brecht), KG Schulze KGZ 55, 11 f. – *Puppenfee*. Bei Comic-Strips besteht zwar Werkverbindung zwischen Bild- und Textteil, da beide sich gesondert verwerten lassen (OLG Hamburg UFITA 44 [1965], 211 f. – *Goldfinger*). Der Zeichner ist jedoch insoweit Bearbeiter des zugrunde liegenden Sprachwerks, als er dessen Gedankeninhalt in der Bildfolge wiedergibt. Das Sprachwerk darf daher ohne Zustimmung seines Urhebers nicht mit einer Comic-Strip-Bilderfolge verbunden werden. Zum Filmwerk vgl. § 8 Rn. 13, §§ 23/24 Rn. 85 f. und § 89 Rn. 1. Lieder und Arien, Oratorien und Messen sind ebenso Werkverbindungen wie Kunstbände oder Bücher mit Illustrationen. **10**

Ein Beispiel, das Miturheberschaft, Werkverbindung und Bearbeitung vereinigt und die Unterschiede verdeutlicht, bietet BGH GRUR 1962, 256 – *Im weißen Rössl*: Das berühmte Lustspiel von *Blumenthal* und *Kadelburg* (Miturheberschaft) wurde von *Hans Müller* zum Libretto einer Operette umgestaltet (Bearbeitung). Die Liedertexte dazu schrieb *Robert Gilbert* (Werkverbindung zwischen mehreren Werken der gleichen Kunstgattung). Das Ganze wurde von *Ralph Benatzky* vertont (Werkverbindung zwischen zwei Werken verschiedener Kunstgattungen). Seiner Musik wurden noch Werke der Komponisten *Robert Stolz*, *Robert Gilbert* und *Bruno Granichstädten* eingefügt (wiederum Werkverbindung zwischen mehreren Werken der gleichen Kunstgattung). **11**

Sammelwerke und **Sammlungen** sind lediglich faktische Werkverbindungen, da bei ihnen keine Rechtsbeziehungen der einzelnen Urheber untereinander, sondern nur zwischen den einzelnen Urhebern und dem Herausgeber bestehen; zu faktischen Werkverbindungen vgl. Rn. 39–42. **12**

b) Verbindung von Werken desselben Urhebers: Eine „Werkverbindung" kann auch zwischen zwei selbständigen Werken desselben Urhebers gegeben sein. An der Möglichkeit, Text und Musik zu den Meistersingern von Nürnberg oder zum *Tannhäuser* gesondert zu verwerten, ändert sich nichts durch die Tatsache, dass *Richard Wagner* das Libretto selbst geschrieben hat. Auch zum *Struwwelpeter*, den *Heinrich Hoffmann* selbst nicht nur gezeichnet, sondern auch gereimt hat, und zu *Wilhelm Busch*s Bildergeschichten, z. B. *Max und Moritz*, ließen sich neue Texte oder neue Zeichnungen herstellen. In allen diesen Fällen liegt somit Werkverbindung vor, da zwei gesondert verwertbare, also selbständige Werke gemeinsam verwertet werden. Dem steht der Wortlaut des § 9 nicht entgegen. Der Gesetzgeber spricht zwar von „mehreren Urhebern", doch ist das in der Zielrichtung der Bestimmung begründet, weil niemand gegenüber sich selbst die Einwilligung zur Veröffentlichung, Verwertung oder Änderung wieder Treu und Glauben verweigern kann. **13**

2. Verbindung zur gemeinsamen Verwertung

14 a) **Beabsichtigte rechtgeschäftliche Verbindung:** Wir haben angesichts des Gesetzeswortlauts („haben … zu gemeinsamer Verwertung miteinander verbunden") noch in der 5. Auflage gemeint, die Werkverbindung sei *stets* Gesellschaft bürgerlichen Rechts, und die frühere Rechtsprechung des BGH, wonach eine Gesellschaft bürgerlichen Rechts nur kraft besonderer Vereinbarung entstehe (BGH GRUR 1964, 326, 330 – *Subverleger*), sei überholt. Aber das war nicht richtig. Es gibt zahlreiche Beispiele für die gemeinschaftliche Verwertung selbständiger Werke, der keine dahingehende Rechtshandlung ihrer Urheber zugrunde liegt; der von uns selbst gebrachte Fall der mangelnden Geschäftsfähigkeit eines oder aller Beteiligten (vgl. § 7 Rn. 10) kennzeichnet nur eines davon.

15 Musikverleger pflegen bei der Vergabe von Subverlagsrechten ins fremdsprachige Ausland die Verbindung der Schlagermelodie mit einem neuen Text in der Landessprache zu erlauben; der Komponist weiß das oft nicht einmal. Lektorate suchen vielfach selbst das Bildmaterial aus, mit dem das neue Buch eines Autors ausgestattet werden soll. Gelegentlich finden sich auch mundartliche (Bayern) oder regionale (Karneval) Textversionen zu Erfolgsschlagern, deren Verfasser weder den Musikverleger noch den Komponisten gefragt haben, die aber so schnell so volkstümlich geworden sind, dass ihr Verbot untunlich wäre (weitere Beispiele bei *Schlaak*, Werkverbindung und Werkverwertung, 1985). In allen diesen Fällen liegt eine nur faktische Werkverbindung vor; die passive Duldung ist keine aktive Verbindung, wie sie der Gesetzestext fordert. § 9 regelt nur die von ihren Urhebern beabsichtigte, rechtsgeschäftlich entstandene Werkverbindung, die allerdings auch durch konkludentes Handeln entstehen kann (insoweit zutreffend OLG Hamburg ZUM 1994, 738, 739 – *We are Europe*; dazu *Seibt/Wiechmann* GRUR 1995, 562; aber vgl. Rn. 16). Zu nur faktischen Verbindungen vgl. Rn. 39–42.

16 b) **Rechtsfolgen der Werkverbindung:** Die aus der *rechtsgeschäftlichen* Vereinbarung über die gemeinsame Verwertung entstehende Verwertungsgemeinschaft ist Gesellschaft bürgerlichen Rechts (vgl. Rn. 14). Die §§ 705 ff. BGB gelten für die von § 9 geregelte Gesellschaft, soweit dispositiv, nach Maßgabe der getroffenen Vereinbarungen, im Übrigen unter Berücksichtigung der Eigenheiten des Urheberrechts. Sie setzt Geschäftsfähigkeit voraus. Bei Geschäftsunfähigen oder beschränkt Geschäftsfähigen (Beispiele vgl. § 7 Rn. 10) ist also die Mitwirkung des gesetzlichen Vertreters erforderlich.

17 Nach § 718 BGB werden die Beiträge der Gesellschafter (hier also die einzelnen Werke) gemeinschaftliches Vermögen aller; Grundstücke und Sachen müssen übereignet, sonstige Rechte übertragen werden. Das Urheberrecht ist jedoch nicht übertragbar (§ 29). In das – gesamthänderische (§ 719 BGB) – Gesellschaftsvermögen können also nur einzelne Verwertungsrechte (§§ 15, 23) eingebracht werden.

18 Da nach der Zweckübertragungslehre (vgl. § 31 Rn. 108 ff.) davon auszugehen ist, dass der Urheber vertraglich nicht mehr Rechte überträgt, als zur Erfüllung des jeweiligen Vertragszweckes erforderlich ist, stehen die Verwertungsrechte im Zweifel auch nur insoweit der Gesellschaft zu, als sie für die gemeinsame Verwertung erforderlich sind.

19 Der Urheber des Einzelwerkes kann dieses also ohne Zustimmung der übrigen Gesellschafter selbständig in jeder beliebigen Weise nutzen, soweit und solange

damit die gemeinschaftliche Verwertung der verbundenen Werke nicht beeinträchtigt wird (*Ulmer*[3] S. 197; Dreier/Schulze/*Schulze*[2] Rn. 25). Die Unterlegung eines neuen Textes zu einer Melodie ist danach unzulässig, weil sie der
bisherigen Werkverbindung Konkurrenz machen würde (OLG München
ZUM 1991, 432, 433 f. – *Gaby wartet im Park*; ungenau OLG Hamburg
ZUM 1994, 738, 739 f. – *We are Europe*; *Seibl/Wiechmann* GRUR 1994, 562,
565). *Max Slevogt* konnte dagegen seine Illustrationen zu *Coopers Leder-
strumpf* (1909) getrennt vervielfältigen lassen, solange das in einer Form
geschah, die den Absatz des Buches nicht beeinträchtigte; umgekehrt durften
die Erben *Coopers* den berühmten Archetypus aller Wildwestromane nicht in
einer billigen Volksausgabe ohne Illustrationen erscheinen lassen, weil das die
Verkaufszahlen der illustrierten Ausgabe mit Sicherheit hätte zurückgehen
lassen. Zu Wettbewerbsverboten im Urheberrecht ferner vgl. Vor §§ 31 ff.
Rn. 222. – Im Zweifel bringt der einzelne Urheber also nur einfache Nutzungsrechte in die Gesellschaft ein (§ 31 Abs. 2).

c) Verwaltung des Gesellschaftsvermögens: Die Verwaltung des Gesellschafts- **20**
vermögens, hier also die Vergabe von Verwertungs- und Wiedergaberechten
und die Einwilligung zur Bearbeitung der verbundenen Werke, steht nach
§ 709 BGB allen Gesellschaftern gemeinschaftlich zu; zu jeder Rechtsübertragung ist die Zustimmung eines jeden erforderlich. Verlagsverträge über
verbundene Werke können daher nur von allen Urhebern gemeinsam geschlossen, geändert oder beendet werden (BGH GRUR 1973, 328, 329 – *Musikverleger II*); als Änderung ist auch die Zustimmung nach § 34 Abs. 1 anzusehen.

aa) Anspruch auf Einwilligungserteilung: Um jedoch eine willkürliche Sperre **21**
der Verwertung auszuschließen, bestimmt § 9, dass jeder Urheber von den
anderen die Einwilligung zur Veröffentlichung, Verwertung oder Änderung der
verbundenen Werke oder der insoweit bestehenden Nutzungsverträge verlangen kann (Cour d'Appel Paris UFITA 25 [1959], 106, 113 – *Zeichentrickfilm*:
„Der Starrsinn eines einzelnen darf nicht die Vernichtung des gemeinsamen
Werkes nach sich ziehen"). Da Einwilligung vorherige Zustimmung heißt
(§ 183 BGB), darf die beabsichtigte Maßnahme vor rechtskräftiger (wegen
§ 894 ZPO) Verurteilung des Widersprechenden nicht durchgeführt werden.

Da Verwertung nicht nur die Ausübung, sondern auch die Einräumung von **22**
Nutzungsrechten an Dritte ist, kann der Widersprechende von den übrigen
Urhebern auch auf Einwilligung zum Abschluss eines bestimmten Verlagsver-
trages (oder zu dessen Kündigung, BGH GRUR 1982, 743, 744 – *Verbundene
Werke*) verklagt werden.

bb) Zumutbarkeit der Einwilligung nach Treu und Glauben: Die Klage auf **23**
Einwilligung hat nur dann Erfolg, wenn Tatsachen nachgewiesen werden, aus
denen sich ergibt, dass die Einwilligung dem anderen nach Treu und Glauben
zuzumuten ist; insoweit hat das Gericht eine Interessenabwägung vorzunehmen (BGH GRUR 1982, 743, 744 – *Verbundene Werke*; OLG Hamburg ZUM
1994, 738, 739 – *We are Europe/The DEA Song*). Auszugehen ist dabei vom
Zweck der Werkverbindung, der alle beteiligten Urheber verpflichtet, eine
diesem entsprechende Verwertung zu fördern (*Seibl/Wiechmann* GRUR 1995,
562, 564). Nur ausnahmsweise kann das Eigeninteresse eines Beteiligten
vorrangig sein (Beispielfall: BGH GRUR 1982, 743, 744 – *Verbundene Werke*,
wo die Vertragskündigung die Einkommensbasis des beteiligten Textdichters
gefährdet hätte; zur anderweitigen Problematik dieser Entscheidung vgl.
Rn. 19). Zweifel gehen also zu Lasten des Anspruchstellers (ebenso, trotz

abweichender Formulierung im Gesetzestext, im Falle der Miturheberschaft, vgl. § 8 Rn. 17).

24 Für die Klage auf Abschluss eines bestimmten Verlagsvertrages (vgl. Rn. 22) genügt es, dass der Abschluss mit dem von den übrigen ausgewählten Verleger dem Widersprechenden nach Treu und Glauben zuzumuten ist; dass er der Geeignetste wäre, ist nicht erforderlich. Zuzumuten ist die beabsichtigte Verwertungshandlung dem Widersprechenden jedenfalls dann, wenn die im Einzelfall vorzunehmende Interessenabwägung ergibt, dass die Interessen der übrigen Urheber als vorrangig anzuerkennen sind (BGH GRUR 1982, 743, 744 – *Verbundene Werke*).

25 cc) **Notverwaltungsrecht:** Eine Ausnahme vom Einstimmigkeitsprinzip für Handlungen und Entscheidungen einer GbR gilt wie bei § 8 (vgl. § 8 Rn. 18–21) für Maßnahmen, die zur Werterhaltung der verbundenen Werke nötig sind (§ 744 Abs. 2 BGB). Dieses Notverwaltungsrecht des einzelnen Urhebers, von dem er ohne Zustimmung des anderen kraft Gesetzes im eigenen Namen Gebrauch machen kann, wird vor allem bei der fristlosen Kündigung von Verträgen praktisch bedeutsam, die zur gemeinsamen Verwertung der verbundenen Werke geschlossen wurden (a.M. BGH GRUR 1982, 41, 43 – *Musikverleger III*). Die dazu in § 8 Rn. 18–21 für den Fall der Miturheberschaft angestellten Erwägungen treffen auch auf die Werkverbindung zu.

26 Im Rahmen des Notverwaltungsrechts kann der einzelne Urheber auch gegen Rechtsverletzungen seitens Dritter allein im eigenen Namen vorgehen, ohne die Zustimmung der anderen einholen zu müssen. Wir halten darüber hinaus die Verfolgungserleichterung des § 8 Abs. 2 Satz 3 für alle Rechtsverletzungen auch bei verbundenen Werken aus dem Gesichtspunkt des *a maiore ad minus* für analog anwendbar (vgl. § 8 Rn 18).

27 Die beabsichtigte Änderung kann sich auch ausschließlich auf das Werk des Widersprechenden beziehen (z. B. der Text eines Evergreens ist so hoffnungslos veraltet, dass er die Verwertung des ganzen Schlagers beeinträchtigt). Sie muss aber dem widersprechenden Urheber zuzumuten sein. Das lässt sich nur im Wege einer Interessenabwägung feststellen (BGH GRUR 1982, 743, 744 – *Verbundene Werke*; OLG Hamburg ZUM 1994, 738, 739). Das Interesse der beteiligten Urheber an der Verbindung ihrer Werke liegt stets in deren möglichst erfolgreicher Verwertung; was diesem Zweck dient, entspricht ihrem wohlverstandenen Interesse. Deshalb brauchte ein Textdichter nicht der Verwertung des gemeinsamen Schlagers mit einem wesentlich geänderten, von einem anderen Urheber stammenden Text zuzustimmen, weil das die Verwertung seines eigenen Werkes erheblich geschmälert hätte (OLG Hamburg ZUM 1994, 738, 739; dazu *Seibt/Wiechmann* GRUR 1995, 562, 564 f.). Auch an der Verwertung des verbundenen Werkes durch einen bestimmten, einen der beiden Urheber seit langer Zeit betreuenden Verlag konnte für diesen vor 25 Jahren noch ein schützenswertes Interesse bestehen (BGH GRUR 1982, 743, 744 – *Verbundene Werke*). Inzwischen trifft das jedenfalls im Bereich der Unterhaltungsmusik (sog. U-Bereich) nicht mehr zu, weil kein U-Verleger mehr irgendeine verlegerische Tätigkeit für die ihm anvertrauten Werke zu entfalten pflegt.

28 § 709 Abs. 2 BGB lässt die Vereinbarung eines Mehrheitsstimmrechts zu; auch die Bestellung eines geschäftsführenden Gesellschafters, der allein entscheidet, ist möglich (§ 710 BGB). Hiervon sollte in Verträgen über Werkverbindungen insbesondere für den Fall des Todes eines Urhebers Gebrauch gemacht werden; die Erfahrung lehrt, dass vor allem bei Werken der leichten Muse, wie Operetten und Schlagern, die zeitgerechte und damit bestmögliche Verwertung gelegentlich an der übertriebenen Pietät der Autorenerben scheitert.

3. Beendigung der Verwertungsgemeinschaft

a) Auflösung: Die Möglichkeit einer Auflösung der Werkverbindung richtet **29** sich im Einzelfall, soweit keine ausdrückliche Vereinbarung vorliegt, nach dem Zweck, der mit ihrer Schaffung verfolgt wurde. So wird ein Bühnenbild meist nur für eine bestimmte Inszenierung mit dem Werk verbunden; das Kabarett verbindet einen parodistischen Text nur für die Laufzeit des Programms mit einer bestimmten Melodie. In der Regel verbinden Urheber ihre Werke jedoch zur dauernden gemeinsamen Verwertung (BGH GRUR 1973, 328, 330 – *Musikverleger II*). Dies trifft vor allem dort zu, wo beide Werke von vornherein zur gemeinsamen Verwertung geschaffen, also etwa nach vorheriger Verständigung gleichzeitig verfasst wurden, oder wo gar Miturheberschaft z. B. von Texter und Komponist am Text einerseits und an der Musik andererseits bestand.

Aber auch wenn die Verbindung erst nachträglich erfolgt (der Komponist gibt **30** zu der fertigen Komposition einen Text in Auftrag), ist im Zweifel davon auszugehen, dass eine dauernde Verbindung gewollt war (*Ulmer*[3] S. 198; *Schricker/Loewenheim*[3] Rn. 12 m.w.N.; a. M. *v. Gamm* Rn. 12 und *Schack*[2] Rn. 293). Trifft das zu, so ist die Gesellschaft für die Dauer des Urheberschutzes eingegangen; sie endet, wenn das erste der verbundenen Werke gemeinfrei wird (§ 726 BGB; vgl. Rn. 5).

Die GbR wird jedenfalls nicht durch den Tod eines Gesellschafters aufgelöst **31** (§ 727 BGB). Das gleiche gilt, wenn ein Gesellschafter grundlos seine Mitwirkung bei der Kündigung eines Verwertungsvertrages oder bei der Erklärung des Rückrufs aus § 41 verweigert; notfalls muss er darauf verklagt werden (vgl. Rn. 21). Andernfalls wäre § 9 insgesamt überflüssig. Eine Ausnahme gilt nur für den Rückruf wegen gewandelter Überzeugung; stimmt der andere Urheber nicht zu, so ist dies stets ein wichtiger Grund für die Auflösung der Werkverbindung (§ 42 Rn. 6 a. E.).

Rechnet der geschäftsführende Gesellschafter nicht ab, so kann er abberufen **32** werden (§ 712 BGB); ein Grund zur Auflösung der Werkverbindung ist das jedoch nicht.

Zur Auflösung der Werkverbindung an einem Schlager durch Neutextierung **33** nach österreichischem Recht s. *Fischer-See* FS Öst. UrhG S. 109.

b) Kündigung aus wichtigem Grunde: Die GbR kann, wenn sie für eine **34** bestimmte Zeit eingegangen wurde, vorher nur aus wichtigem Grunde gekündigt werden (§ 723 BGB).

Da die Werkverbindung als solche nach § 9 erst mit erfolgter Verbindung **35** entsteht, ist allerdings vorher, d. h. solange etwa die Musik zum Libretto oder der Text zum Schlager noch nicht abgeliefert und vom anderen Urheber akzeptiert ist, nur eine „einfache" Gesellschaft bürgerlichen Rechts gegeben, die auch ohne Vorliegen eines wichtigen Grundes jederzeit gekündigt werden kann; nur „zur Unzeit" darf das nicht geschehen (§ 723 Abs. 1 BGB).

Wichtiger Grund ist nach erfolgter Verbindung regelmäßig (sachlich) die **36** Unmöglichkeit oder erhebliche Erschwerung der gemeinsamen Verwertung; letztere liegt vor, wenn die Verwertung eines der verbundenen Werke in einer neuen Werkverbindung zu wesentlich höheren Erträgnissen möglich wäre und eine Änderung des Werkes, das die Beeinträchtigung verursacht, keine Abhilfe schaffen würde (KG UFITA 11 [1938], 281 – *Tantiemegarantie*; ebenso Schrikker/*Loewenheim*[3] Rn. 13; Wandtke/Bullinger/*Thum*[2] Rn. 18 und 30; auf Extremfälle beschränkend Möhring/Nicolini/*Ahlberg*[2] Rn. 26 und Dreier/Schulze/*Schulze*[2] Rn. 24). Persönliche Gründe, wie wechselseitige Beleidigungen der Urheber, Quertreibereien usw. rechtfertigen die fristlose Kündigung in aller Regel nicht, da nicht die Gesellschafter als Personen, sondern ihre verbundenen Werke Gegenstand der Werkverbindung und damit Angelpunkt der Gesellschaft sind. Die Kündigung ist demnach *ultima ratio*; zuerst wird immer der Versuch einer Änderung gemacht werden müssen.

37 Eine Kündigung durch Gläubiger einzelner Urheber (§ 725 BGB) ist zwar rechtlich denkbar, aber praktisch ausgeschlossen. Der Gläubiger kann die Zwangsvollstreckung in Nutzungsrechte des verschuldeten Urhebers nur mit dessen Einwilligung betreiben (§ 113); die Einwilligung würde den Interessen der Gesellschaft an der Fortführung der gemeinschaftlichen Verwertung so sehr zuwiderlaufen, dass sie als durch den Gesellschaftsvertrag stillschweigend von der Zustimmung aller abhängig gemacht anzusehen ist.

38 Die zweiwöchige Kündigungsfrist des § 626 Abs. 2 BGB ist auf die außerordentliche Kündigung von Verwertungsverträgen über ein verbundenes Werk nicht anwendbar. Vielmehr ist den einzelnen Urhebern eine angemessene Frist zur Beschaffung der erforderlichen Zustimmungen der übrigen Urheber einzuräumen (BGH GRUR 1982, 41, 43 – *Musikverleger III*). Der Kündigungsgrund muss aber zum Zeitpunkt der späteren Kündigung noch fortbestehen (BGH a.a.O.).

39 c) **Faktische Verbindungen:** Auf lediglich faktische Verbindungen mehrerer selbständiger Werke (vgl. Rn. 14) finden die Vorschriften des BGB über die Gemeinschaft (§§ 741 ff.) Anwendung. § 9 gilt nicht. Der Komponist, dessen Musical oder dessen Schlagermelodie vom Subverleger mit einem fremdsprachigen Libretto oder Liedtext versehen worden ist, kann aufgrund seines Vertrages mit dem Originalverleger diesem zur Duldung der gemeinsamen Verwertung verpflichtet sein, ebenso wie der Subtexter seinem eigenen Auftraggeber verbunden ist.

40 Ein Anspruch auf Einwilligung in die Veröffentlichung, Verwertung oder Änderung der verbundenen Werke, wie ihn § 9 dem anderen Urheber gewährt, würde aber erst aus einem gemeinsamen Willensentschluss der beteiligten Urheber, also aus einem Vertrag miteinander, folgen, den § 9 nach seinem klaren Wortlaut voraussetzt. Demzufolge ist das Vertragsverhältnis jedes der beteiligten Urheber zu seinem Verleger für das Schicksal der faktischen Verbindung allein ausschlaggebend: Endet der Musikverlagsvertrag des Komponisten mit seinem Originalverleger oder endet der Textvertrag des ausländischen Textdichters mit dem Subverleger, so entfällt die rechtliche Basis für die weitere gemeinsame Verwertung der beiderseitigen Werke.

41 Die rechtliche Situation entspricht derjenigen bei der (erlaubten) Bearbeitung; auch dort darf die Übersetzungsfassung des Originalwerks nicht weiter verwertet werden, wenn entweder der Vertrag des Originalautors mit dem Hauptverleger oder der des Übersetzers mit dem Subverleger endet; zum Schicksal weiterübertragener Nutzungsrechte bei vorzeitiger Beendigung des Hauptvertrages vgl. § 34 Rn. 34.

Noch augenfälliger ist die Situation bei Sammelwerken und Sammlungen **42** (§§ 4, 38). Zwar weiß jeder, der für eine Festschrift, für die GRUR oder für die FAZ schreibt, dass dies auch andere tun. Aber wenn nun, wie vor einigen Jahren zum 50. Geburtstag des Nachrichtenmagazins DER SPIEGEL, die alten Ausgaben nachgedruckt werden sollen und ein Artikelschreiber seine – in den Fällen des § 38 Abs. 3 im Zweifel erforderliche – Zustimmung verweigert, so kann es doch wohl nur auf sein damaliges Vertragsverhältnis mit dem Herausgeber ankommen; die Vorstellung, seine früheren Kollegen könnten und müssten ihn über § 9 auf Einwilligung zum Nachdruck in Anspruch nehmen, verbietet sich von selbst. Die Rechtsprechung des BGH, der in einem Einzelfall § 9 angewendet hat, ohne das Vorliegen einer bloß faktischen Verbindung zu prüfen (BGH GRUR 1982, 743, 744 – *Verbundene Werke*), wird also künftig zu differenzieren haben.

III. Prozessuales

Die Klage auf Einwilligung ist gegen denjenigen zu richten, der seine Einwil- **43** ligung verweigert. Verweigern mehrere ihre Einwilligung, so können sie als einfache Streitgenossen (§ 61 ZPO) verklagt werden, wobei die Entscheidung gegenüber den einzelnen Streitgenossen unterschiedlich ausfallen kann, da sie von der individuellen Zumutbarkeit der Einwilligung nach Treu und Glauben abhängt (Möhring/Nicolini/*Ahlberg*[2] § 9 Rn. 28). Treten auf der Klägerseite mehrere Urheber auf, so sind sie ebenfalls einfache Streitgenossen; eine dem § 8 Abs. 2 entsprechende Befugnis des einzelnen Urhebers, das gemeinsame Interesse geltend zu machen, besteht nicht (Möhring/Nicolini/*Ahlberg*[2] a.a.O.). Die Vollstreckung erfolgt gem. § 894 ZPO, d. h. mit Rechtskraft des Urteils gilt die Einwilligungserklärung gegenüber der Klagepartei als erteilt (vgl. § 8 Rn. 17).

§ 10   Vermutung der Urheber- oder Rechtsinhaberschaft

(1) Wer auf den Vervielfältigungsstücken eines erschienenen Werkes oder auf dem Original eines Werkes der bildenden Künste in der üblichen Weise als Urheber bezeichnet ist, wird bis zum Beweis des Gegenteils als Urheber des Werkes angesehen; dies gilt auch für eine Bezeichnung, die als Deckname oder Künstlerzeichen des Urhebers bekannt ist.

(2) [1]Ist der Urheber nicht nach Abs. 1 bezeichnet, so wird vermutet, dass derjenige ermächtigt ist, die Rechte des Urhebers geltend zu machen, der auf den Vervielfältigungsstücken des Werkes als Herausgeber bezeichnet ist. [2]Ist kein Herausgeber angegeben, so wird vermutet, dass der Verleger ermächtigt ist.

(3) [1]Für die Inhaber ausschließlicher Nutzungsrechte gilt die Vermutung des Absatzes 1 entsprechend, soweit es sich um Verfahren des einstweiligen Rechtsschutzes handelt oder Unterlassungsansprüche geltend gemacht werden. [2]Die Vermutung gilt nicht im Verhältnis zum Urheber oder zum ursprünglichen Inhaber des verwandten Schutzrechts.

Übersicht

I. Allgemeines

1. Sinn und Zweck der Norm, Stellung im Gesetz

1 Der Urheber schafft in der Regel allein, ohne dass ihm für den Schöpfungsvorgang Zeugen oder andere Beweismittel zur Verfügung stehen; er wird sozusagen nur persönlich geistig tätig (siehe § 2 Abs. 2). Ein Urheber kann deshalb häufig den Nachweis, dass er und nicht ein anderer das Werk geschaffen hat, nur sehr schwer erbringen (BGH GRUR 2003, 228, 230 – *P-Vermerk*). § 10 stellt ihm deshalb eine **Beweiserleichterung** zur Seite: Wenn er auf einem erschienenen Vervielfältigungsstück seines Werkes oder auf dem Original eines Werkes der bildenden Künste in der üblichen Weise als Urheber bezeichnet ist, wird zu seinen Gunsten vermutet, dass die Verbindung zwischen Bezeichnung und Vervielfältigungsstück bzw. Original zutrifft, der so Bezeichnete also der Urheber des so gekennzeichneten Werkes ist. Wer das bestreitet, muss den Vollbeweis des Gegenteils erbringen. § 10 stellt also **gesetzliche Vermutungen** auf, die zu einer **Umkehr der Beweislast** im Prozess führen; Zweifel gehen zu Lasten des Beweisbelasteten (vgl. Rn. 23). Infolge **richtlinienkonformer Auslegung** auf der Grundlage von Art. 5 Enforcement-RL (vgl. Rn. 9) und in direkter Anwendung von Art. 15 RBÜ (vgl. Rn. 11) gelten die Vermutungen von § 10 nicht nur dann, wenn der Name auf den Vervielfältigungsstücken eines erschienenen Werkes angegeben worden ist, sondern immer schon dann, wenn die Namensnennung auf einem Werkstück erfolgt ist. Veröffentlicht oder gar erschienen muss das Werk nicht sein (vgl. Rn. 9; vgl. Rn. 11 und 15).

2 Für **pseudonyme Werke** stellt § 10 Abs. 1 Hs. 2 eine entsprechende Vermutung auf. Für **anonyme Werke** gilt nach Abs. 2, dass die Vermutung zu Gunsten des auf den Vervielfältigungsstücken bezeichneten Herausgebers (S. 1) oder, wenn kein Herausgeber angegeben ist, zu Gunsten des bezeichneten Verlegers (S. 2) gilt.

3 Schließlich gilt die Vermutung des Abs. 1 nicht nur für den Urheber, sondern gem. Abs. 3, der durch das UmsG Enforcement-RL vom 07.07.2008 (BGBl. I 2008, 1191 vom 11.07.2008) zum 01.09.2008 eingeführt wurde, auch für **Inhaber ausschließlicher Nutzungsrechte**, allerdings nur in zwei Fällen und mit einer Einschränkung: Der Verleger oder ein anderer Inhaber ausschließlicher

Nutzungsrechte kann sich auf die Vermutung nur im einstweiligen Verfügungsverfahren oder im Zusammenhang mit Unterlassungsansprüchen berufen; sie gilt nicht im Verhältnis zum Urheber oder zum ursprünglichen Inhaber des verwandten Schutzrechts. Abs. 3 gilt damit nicht nur für Inhaber ausschließlicher Nutzungsrechte an Urheberrechten, sondern auch für solche an verwandten Schutzrechten (vgl. Rn. 5 und 61).

§ 10 gilt für alle Werkarten und für alle Werkstufen, also auch für Fragmente **4** und andere unvollendete Werke sowie für Bearbeitungen (BGH GRUR 2003, 231, 233 – *Staatsbibliothek*; BGH GRUR 1991, 456, 457 – *Goggolore*).

Im Bereich der **verwandten Schutzrechte** gilt § 10 direkt nur, wenn die Interes- **5** senlage des Inhabers des verwandten Schutzrechtes und die Ausgestaltung des Rechtes dem Urheberrecht vergleichbar ist, also zu Gunsten des Verfassers einer wissenschaftlichen Ausgabe gem. § 70 Abs. 1 und zu Gunsten des Lichtbildners gem. § 72 Abs. 1 (Wandtke/Bullinger/*Thum*[2] Rn. 3). Für die übrigen verwandten Schutzrechte war § 10 bislang nicht – und auch nicht analog – anwendbar, weil die Sachlage insoweit als anders beurteilt wurde, insbesondere weil im Bereich der verwandten Schutzrechte für Tonträgerhersteller, der Sendeunternehmen und der Filmhersteller der Nachweis der in der eigenen Sphäre erbrachten Unternehmerleistung normalerweise viel einfacher geführt werden könne als der des geistigen Schaffens eines einzelnen Urhebers (BGH GRUR 2003, 228, 231 – *P-Vermerk*). Infolge einer entsprechenden Vorgabe durch Art. 5 lit. b) Enforcement-RL hat allerdings das UmsG Enforcement-RL vom 07.07.2008 (BGBl. I 2008, 1191 vom 11.07.2008), das zum 01.09.2008 in Kraft getreten ist, für die Inhaber der übrigen verwandten Schutzrechte eine maßgebliche Änderung gebracht: § 71 Abs. 1 S. 3 für das verwandte Schutzrecht an nachgelassenen Werken, § 74 Abs. 3 für die ausübenden Künstler, § 85 Abs. 4 für die Tonträgerhersteller, § 87 Abs. 4 für die Sendeunternehmen, § 87b Abs. 2 für die Datenbankhersteller und § 94 Abs. 4 für die Filmhersteller enthält nunmehr einen **ausdrücklichen Verweis**, dass § 10 Abs. 1 entsprechend gilt.

2. Früheres Recht

Höchst umständlich verlangte § 7 **LUG** bei einem erschienenen Werk die **6** Angabe des Verfassernamens auf dem Titelblatt, in der Zueignung, in der Vorrede oder am Schluss. Nur wenn diese Bedingungen erfüllt waren, wurde vermutet, dass der Genannte Urheber des Werkes sei. Bei aufgeführten und vorgetragenen Werken galt die Vermutung für denjenigen, der bei der Ankündigung der Aufführung oder des Vortrages als Verfasser bezeichnet worden war. § 9 KUG sah für die gleiche Vermutung immerhin als ausreichend an, dass auf einem Werke der bildenden Kunst oder Photographie der Name eines Urhebers angegeben oder durch kenntliche Zeichen ausgedrückt wurde. Die Beweiserleichterung galt jedoch nicht, wenn der Urheber sich hinter einem Pseudonym verbarg (§ 7 Abs. 2 LUG, § 9 Abs. 2 KUG). Demgegenüber ist es seit dem Inkrafttreten des § 10 Abs. 1 gleichgültig, ob eine pseudonyme Bezeichnung des Verfassers erfolgt (§ 10 Abs. 1 Hs. 2). Mit Recht verweist schon die Begr RegE UrhG (BT-Drucks. IV/270, S. 42) darauf, dass das Publikum den Urheber häufig nur unter seinem Künstlernamen kennt *(Klabund* für Hentschke, *Grock* für Wettach, *Werner Egk* für Meyer, *Rideamus* für Fritz Oliven und unzählige Fälle mehr). Es wäre ungerecht, vom Werkschöpfer zu verlangen, dass er sein Pseudonym, das möglicherweise Weltruf oder doch weite Verkehrsgeltung gewonnen hat, nur deshalb lüftet, um in den Genuss der Urhebervermutung zu kommen.

7 § 7 Abs. 3 LUG hatte die Beweiserleichterung auch auf die Nennung bei der **Ankündigung öffentlicher Aufführungen oder Vorträge** erstreckt. Der Gesetzgeber von 1965 hat diese Regelung mit der – kaum nachvollziehbaren – Begründung gestrichen, der Urheber könne in diesen Fällen nicht in gleichem Maße die Richtigkeit der Namensangabe überwachen, so dass unrichtige Angaben nicht ausgeschlossen werden könnten (Begr RegE UrhG – BT-Drucks. IV/270, S. 42). Immerhin kann von einer **tatsächlichen Vermutung** dahin ausgegangen werden, dass, wer auf Theaterzetteln, Plakaten und in Zeitungsanzeigen als Urheber bezeichnet wird, dies auch ist (*Ulmer*[3] S. 188; ferner OLG Köln AfP 1991, 430, 431).

8 Das Gesetz zur Verbesserung der Durchsetzung von Rechten des geistigen Eigentums vom 07.07.2008 (BGBl. I 2008, 1191 vom 11.07.2008), das zum 01.09.2008 in Kraft getreten ist, hat für § 10 mit dem neuen Abs. 3 eine Wirkung der Vermutung auch zu Gunsten des ausschließlichen Nutzungsrechtsinhabers im einstweiligen Verfügungsverfahren und für Unterlassungsansprüche gebracht (vgl. Rn. 55 ff.). Ferner ist die Lücke, dass die Vermutung von § 10 Abs. 1 früher für die meisten Inhaber von verwandten Schutzrechten nicht galt, nunmehr geschlossen worden, in dem diese Vorschriften § 10 Abs. 1 für entsprechend anwendbar erklären (vgl. Rn. 5).

3.   EU-Richtlinien

9 **Art. 5 Enforcement-RL** schafft zu Gunsten des Urhebers (lit. a) und der Inhaber verwandter Schutzrechte (lit. b) die Vermutung, dass derjenige, der auf dem **Werkstück in der üblichen Weise als Urheber** angegeben ist, mangels Gegenbeweises als solcher gilt (entsprechend für Inhaber verwandter Schutzrechte). Soweit eine entsprechende Vermutung für verwandte Schutzrechte im UrhG größtenteils nicht bestand, sind die entsprechenden Vorschriften durch das UmsG Enforcement-RL vom 07.07.2008 (BGBl. I 2008, 1191 vom 11.07.2008) mit Wirkung vom 01.09.2008 ergänzt worden (vgl. Rn. 5). Der Gesetzgeber hätte ferner besser daran getan, auch § 10 Abs. 1 der Vorgabe von Art. 5 Enforcement-RL anzupassen: Art. 5 Enforcement-RL gilt für die Angabe des Namens des Urhebers auf Werkstücken **unabhängig davon, ob diese veröffentlicht oder erschienen** i.S.v. § 6 UrhG oder gar unveröffentlicht geblieben sind; schon Erwägungsgrund 19 zur Enforcement-RL stellt klar, dass die Rechtsvermutung „ab dem Zeitpunkt der Werkschöpfung besteht", Art. 5 enthält konsequenterweise auch keine Beschränkung auf veröffentlichte oder erschienene Werke. Demgegenüber soll nach § 10 Abs. 1 die Vermutung jedoch nur dann gelten, wenn der Name des Urhebers auf den Vervielfältigungsstücken eines erschienenen Werkes angegeben ist; das bleibt insoweit eindeutig hinter der Richtlinie zurück. Die Auffassung des Gesetzgebers, hinsichtlich der Urheber entspreche das deutsche Recht bereits mit § 10 den Vorgaben der Richtlinie (Begr RegE UmsG Enforcement-RL – BT-Drucks. 16/5048, S. 47), ist deshalb ersichtlich nicht zutreffend. Nur im Bereich der Werke der bildenden Künste genügt nach deutschem Recht auch die Angabe des Namens des Urhebers auf dem Original eines Werkes unabhängig davon, ob es veröffentlicht, erschienen oder unveröffentlicht geblieben ist. § 10 ist daher **richtlinienkonform** dahingehend **auszulegen**, dass die Vermutungen, die die Norm aufstellt, unabhängig davon gelten, ob ein Werk veröffentlicht, erschienen oder unveröffentlicht geblieben ist. Entsprechendes folgte nach früherem Recht auch schon aus Art. 15 RBÜ (vgl. Rn. 11).

4. Internationale Konventionen

Art. 15 RBÜ enthält umfangreiche Vermutungsregelungen: Nach Art. 15 **10**
Abs. 1 S. 1 gelten die Urheber mangels Gegenbeweises als solche, wenn ihr
Name in der üblichen Weise auf dem Werkstück angegeben ist; gem. Art. 15
Abs. 1 S. 2 gilt dies auch für Pseudonyme, sofern kein Zweifel über die wahre
Identität des Urhebers besteht. Für Filmwerke gilt gem. Art. 15 Abs. 2 die
Vermutung zu Gunsten der natürlichen oder juristischen Person, die in der
üblichen Weise auf dem Werkstück angegeben ist. Entsprechende Vermutun-
gen gelten für den Verleger im Falle anonymer Werke (Art. 15 Abs. 3), für
nichtveröffentlichte Werke, deren Urheber unbekannt ist, gilt in Art. 15 Abs. 4
eine Sonderregelung.

Art. 15 RBÜ ist ein **Mindestrecht**, auf das sich die Verbandsurheber der RBÜ in **11**
der Bundesrepublik Deutschland berufen können, selbst wenn eine entsprechende inländische Regelung fehlt (Fromm/Nordemann/Hertin Art. 15 RBÜ
Rn. 1). Sie gewährt die Urhebervermutung für alle Werke, gleichgültig ob sie
erschienen sind oder nicht (Fromm/Nordemann/Hertin Art. 15 RBÜ, Rn. 1),
und lässt es auch für Werke der bildenden Kunst genügen, dass der Name des
Urhebers in der üblichen Weise auf dem *Werkstück* angegeben ist. Da die
Mindestrechte der RBÜ in der Bundesrepublik für alle Verbandsurheber mit
Ausnahme solcher gelten, für die die Bundesrepublik Ursprungsland ist (Art. 5
Abs. 4 RBÜ), brauchen jedenfalls Verbandsausländer vor den deutschen Ge-
richten auf die Ungereimtheiten des § 10 nicht Bedacht zu nehmen (Fromm/
Nordemann/Hertin Art. 15 RBÜ, Rn. 1). Nur die Deutschen selbst und die
Urheber der hier zuerst erschienenen Werke könnten noch von § 10 benach-
teiligt sein. Allerdings ist bei einer Kollision älteren Landesrechts mit jüngerem
Konventionsrecht, wenn der Gesetzgeber des Ratifizierungsgesetzes keinen
gegenteiligen Willen hat erkennen lassen, anzunehmen, dass das ältere stillschweigend durch das jüngere Recht modifiziert wurde; denn der nationale
Gesetzgeber dürfte in der Regel kein Interesse daran haben, Ausländer besser
zu behandeln als Inländer (Nachweise bei Nordemann/Vinck/Hertin Einl. 32;
zur Problematik der Art. 5, 15 RBÜ s. Näheres dort Art. 5 Rn. 4 und 8 und
Art. 15 Rn. 1–5). Deshalb gehen wir davon aus, dass § **10 seit Inkrafttreten
der Pariser Fassung der RBÜ** in der Bundesrepublik Deutschland am
10.10.1974 (Copyright 1974, 156) auch für Inländer und Angehörige solcher
Staaten, die Inländern gleichgestellt sind (vgl. § 120 Rn. 1) oder sonst Inländerbehandlung beanspruchen können (vgl. § 121 Rn. 2), **mit den Erleichterungen des Art. 15 RBÜ** gilt. Das Problem besteht allerdings heute nicht mehr,
weil Art. 5 Enforcement-RL eine entsprechende Vermutung enthält und § 10
UrhG jedenfalls richtlinienkonform ausgelegt werden muss (vgl. Rn. 9)

Für die Anwendung des Art. 15 RBÜ kommt es auf das an, was im **Ursprungs- 12
land** des Werkes **üblich** ist (Nordemann/Vinck/Hertin Art. 15 RBÜ Rn. 2).
Deshalb hätte OLG München AfP 1995, 503, 504 – *Gründer* den Klagevortrag, im Ursprungsland Kalifornien reiche auch die Angabe des Urhebers
im Copyright-Vermerk für die Vermutung aus, nicht einfach mit dem Hinweis
übergehen dürfen, in Deutschland werde unter diesem Vermerk regelmäßig der
Verlag aufgeführt. Ein solcher würde auch in den USA entsprechend bezeichnet werden; die Angabe des Namens einer natürlichen Person weist auch dort
auf den Urheber, nicht auf den Verleger hin (im Ergebnis ebenso OLG Köln
ZUM 1999, 404, 409 – *Overlays*; Schricker/*Loewenheim*[3] Rn. 8; Dreier/
Schulze/*Schulze*[2] Rn. 13; Wandtke/Bullinger/*Thum*[2] Rn. 16).

13 Der ©-Vermerk hatte nach **Art. III Abs. 1 WUA** den Zweck, Formerfordernisse für die Erlangung urheberrechtlichen Schutzes als erfüllt anzusehen,
wenn er korrekt angegeben war, d.h. auf das Zeichen © Name und Jahreszahl
in einer Weise und an einer Stelle angebracht waren, dass sie den Vorbehalt des
Urheberrechts genügend zum Ausdruck brachten. Zwar hat Art. III WUA
heute seine Bedeutung im Sinne der Erfüllung von Registrierungsformalitäten
weitgehend verloren, weil sich der Grundsatz der RBÜ, dass Urheberrechtschutz nicht von Formalitäten abhängen darf, schließlich durch die TRIPS
durchgesetzt hat (vgl. Vor §§ 120 ff. Rn. 24 ff.). Dennoch ist es heute vielfach
üblich, die Urheberbezeichnung in Form eines ©-Vermerkes auf den Werkstücken anzubringen. Die Bedeutung des ©-Vermerkes ist somit darauf reduziert, dass er eine der möglichen üblichen Formen darstellt, wie der **Angabe des
Urhebers im Rahmen von § 10 Abs. 1** Genüge getan werden kann. Demgegenüber ist dem auf Art. 5 GTA zurückgehenden ℗-Vermerk bislang keine der
Vermutungsregel des § 10 entsprechende Wirkung zuerkannt worden (vgl.
Rn. 5 und BGH GRUR 2003, 228, 231 – *P-Vermerk*). Nachdem jedoch
§ 10 Abs. 1 nunmehr gem. § 85 Abs. 4 für das verwandte Schutzrecht des
Tonträgerstellers entsprechend gilt, ist die vorzitierte Entscheidung des
BGH überholt; man wird nun nicht umhin kommen, den ©-Vermerk auf einem
Tonträger oder seiner Verpackung als Bezeichnung des Tonträgerherstellers in
der üblichen Art und Weise anzuerkennen (vgl. § 85 Rn. 71, 73).

II. Tatbestand

1. Vermutung der Urheberschaft (Abs. 1)

14 a) **Vervielfältigungsstücke oder Originale:** Die Vermutungen des § 10 gelten
nach dem **Gesetzeswortlaut** nur für erschienene Werke bzw. für Originale von
Kunstwerken (zu diesen Begriffen vgl. § 6 Rn. 15 ff. und vgl. § 26 Rn. 9 ff.).
Wer geltend machen will, dass ein anderer sein zwar veröffentlichtes, aber nur
in wenigen Exemplaren zum internen Gebrauch vervielfältigtes Manuskript
plagiiert oder ein von ihm vorgetragenes Gedicht heimlich mitgeschrieben und
verbreitet oder ein öffentlich aufgeführtes oder gesendetes Werk mitgeschnitten habe oder wer nicht mehr das Original, sondern nur einen Abzug hat,
müsste nachweisen, dass es sich tatsächlich um ein von ihm selbst geschaffenes
Werk handelt. Auch die Mitglieder einer Jazzband, deren Improvisationen von
anderen kopiert wurden, müssten einen solchen Nachweis führen. Urhebern
von Werken, die zunächst nur im Internet veröffentlicht werden, beispielsweise
in einem Blog, könnten sich bis zu einem Erscheinen ihrer Werke auf die
Urheberschaftsvermutung des § 10 nicht berufen: Die Nachwuchskünstlerin,
die in ihr Blog ein selbst komponiertes und von ihr selbst dargebotenes Musikwerk einstellt, müsste also so lange die Urheberschaft an diesem Werk nachweisen, bis es ihr Song über das Blog-Portal zu einem Hit gebracht hat und sich
deshalb dann ein Tonträgerhersteller findet, der CDs davon produziert.

15 Sowohl Art. 15 RBÜ als auch Art. 5 Enforcement-RL gelten jedoch nicht nur
für erschienene Werke oder Originale von Werken der bildenden Kunst,
sondern für alle Werkstücke, egal, ob sie erschienen, nur veröffentlicht oder
unveröffentlicht geblieben sind (vgl. Rn. 9 und 11). Da der deutsche Gesetzgeber es bedauerlicherweise im Umsetzungsgesetz zur Enforcement-RL, dem
Gesetz zur Verbesserung der Durchsetzung von Rechten des geistigen Eigentums vom 07.07.2008 (BGBl. I 2008, 1191 vom 11.07.2008), versäumt hat,
§ 10 an die Vorgabe der Richtlinie (und damit auch an die von Art. 15 RBÜ)

anzupassen, ist § 10 zwingend richtlinienkonform dahingehend auszulegen, dass es nicht darauf ankommt, ob ein Werk erschienen, veröffentlicht oder unveröffentlicht ist. Vielmehr gilt § 10 immer dann, wenn der Name des Urhebers in der üblichen Weise auf dem Werkstück angegeben ist (Art. 5 lit. a Enforcement-RL; vgl. Rn. 9). Dies galt allerdings auch vorher schon infolge des durch Art. 15 RBÜ statuierten entsprechenden Mindestrechtes, auf das sich auch der Inländer berufen konnte (vgl. Rn. 11).

b) In üblicher Weise als Urheber: Die Stelle, auf der die Verfasserangabe **16** erfolgt, oder die Form, wie dies zu erfolgen hat, ist durch § 10 nicht vorgeschrieben. Es genügt, dass die Verfasserbezeichnung, sei es mit dem wahren Namen oder dem bekannten Pseudonym des Autors, in der üblichen Weise aus dem Werk ersichtlich ist. Das ist bei Büchern die Titelseite oder auch – vor allem für Übersetzer – deren Rückseite, das Impressum oder der Buchrücken (OLG München GRUR 1988, 819 f. – *Goggolore*; KG ZUM 2002, 291, 292, nachfolgend BGH GRUR 1998, 680 ff. – *Comic-Übersetzungen I*); der Copyright-Vermerk (a.M. OLG München AfP 1995, 503 f. – *Gründer*; vgl. Rn. 13 a.E.); das Vor- oder Nachwort; bei Aufsätzen die Zeile unter dem Titel oder dem Schluss, bei Noten zwischen Überschrift und Notenbild (BGH GRUR 1986, 887, 888 – *Bora Bora*); bei Schallplatten das Label oder die Umhüllung (LG Kiel GRUR-RR 2005, 181 f.), heute zu Gunsten des Tonträgerherstellers auch der bloße P-Vermerk (vgl. Rn. 13; a.A. zum früheren Recht: BGH GRUR 2003, 228, 230 f. – *P-Vermerk*); bei Bauzeichnungen der Architektenvermerk. Für erschienene Computerprogramme genügt ein (eindeutiges) Kürzel in der Kopfleiste der Maskenausdrucke und die Urheberangabe im Impressum des Benutzerhandbuchs (BGH GRUR 1994, 39, 40 – *Buchhaltungsprogramm*). Bei Werken der bildenden Künste ist seit Jahrhunderten das *pinxit* üblich; es reicht auch nach der Neuregelung aus („Künstlerzeichen"), selbst wenn es – wie bei Werbeanzeigen häufig – nur in Buchstaben oder Zahlen besteht (LG München I Schulze LGZ 41, 6). Die Urheber von Abbildungen in einem Buch (Zeichnungen, Lichtbilder) werden meist auf der zweiten Titelseite oder in einer Übersicht am Schluss genannt. Bei Filmen ist die Nennung im Vor- oder Nachspann üblich (OLG Hamburg GRUR-RR 2003, 33, 34 – *Maschinenmensch*). Allgemein wird man davon auszugehen haben, dass jede nicht gerade völlig versteckte Stelle noch als „üblich" im Sinne des Gesetzes anzusehen ist, wenn sie nur so gewählt wurde, dass der Urheber ohne Schwierigkeiten und eindeutig erkennbar ist (allg.M.; Nachweise bei Schricker/*Loewenheim*[3] Rn. 7). In Zweifelsfällen ist zu Gunsten des Urhebers, d. h. zu Gunsten einer Anwendung des § 10, zu entscheiden (vgl. Rn. 3 und § 1 Rn. 1).

Ist ein Werk zunächst ohne Urheberangabe erschienen, diese aber in einer **17** späteren Auflage oder Ausgabe nachgeholt worden, so gilt die Vermutungsregel des Abs. 1 zu Gunsten des nunmehr genannten Urhebers, falls nicht etwa inzwischen ein anderer Urheber in der von Abs. 1 vorausgesetzten Weise genannt wurde. Im letzteren Falle streitet die Vermutung des Abs. 1 für denjenigen Urheber, der zuerst benannt worden ist (BGH GRUR 1986, 887, 888 – *Bora Bora*). Zur Priorität vgl. Rn. 24, zur Prioritätsverhandlung vgl. Rn. 79.

Die Vermutungen gelten auch im Verhältnis mehrerer Miturheber, Mitheraus- **18** geber oder Mitverleger zu Dritten (BGH GRUR 1986, 887, 888 – *Bora Bora*; BGH GRUR 1994, 39, 40 –*Buchhaltungsprogramm*) sowie zueinander (OLG München ZUM 1990, 186, 188 – *Mausfigur*; OLG Köln ZUM 1999, 404, 409 – *Overlays*). Sind zunächst mehrere als Miturheber genannt worden, so muss derjenige von ihnen, der nachträglich behauptet, er sei **Alleinurheber,** dies beweisen; ebenso ist derjenige beweispflichtig, der behauptet, Miturheber an einem Werk zu sein, das allein unter dem Namen eines anderen erschienen ist. Ebenso schon BGH GRUR 1959, 335, 336 – *Wenn wir alle Engel wären;* OLG München Schulze OLGZ 7, 5 – *Säuglingspflege; Riedel* Rn. B1 S. 5; *v. Gamm* Rn. 10.; *Riesenhuber* GRUR 2003, 187, 190.

19 Da § 10 auch bei richtlinienkonformer Auslegung (vgl. Rn. 9) entsprechend Art. 5 lit. a Enforcement-RL nur für die Angabe „auf dem Werkstück" gilt, gelten die Beweiserleichterungen des § 10 nicht für die Ankündigung öffentlicher Aufführungen oder Vorträge, wie dies noch § 7 Abs. 3 LUG vorgesehen hatte (vgl. Rn. 7). Denn ein **Theaterzettel,** ein **Plakat** oder eine **Zeitungsanzeige** ist **kein Werkstück** im Sinne der Vorschrift. Immerhin kann aber von einer tatsächlichen Vermutung ausgegangen werden, dass derjenige, der im Zusammenhang mit einer öffentlichen Aufführung oder einem Vortrag als Urheber bezeichnet wird, dies auch ist (*Ulmer*[3] S. 188; ferner OLG Köln AfP 1991, 430, 431).

20 **Die Vermutung erstreckt sich** grundsätzlich auf die Urheberschaft des nach § 10 Bezeichneten an dem Werk, das in dem Werkstück, das die Bezeichnung trägt, verkörpert ist (zum Begriff „Original" vgl. § 26 Rn. 10 f.). Sie gilt insbesondere **auch im vertraglichen Verhältnis** zum Nutzer: Ist beispielsweise der Urheber auf einem beim Verleger eingereichten Manuskript zu einem Roman als solcher bezeichnet, muss der Verleger beweisen, dass ein anderer der Urheber ist. Macht die Urheberangabe selbst Einschränkungen, so gilt die Vermutung des § 10 nur nach deren Maßgabe (BGH GRUR 1991, 456, 458 – *Goggolore:* Wenn der Urheber selbst angibt, er habe von ihm gesammelte Sagen nacherzählt, begründet das nur die Vermutung seiner Urheberschaft an der äußeren Form). In jedem Falle gilt sie nur zu Gunsten des Urhebers, nicht gegen ihn (vgl. Rn. 21). Auf sein Rechtsverhältnis zu demjenigen, der das Erscheinen seines Werks veranlasst hat, also insbesondere auf seine – von § 6 Abs. 2 vorausgesetzte – Zustimmung dazu, kommt es insoweit nicht an. Vielmehr genügt für die Anwendbarkeit des § 10 zu Gunsten dessen, der als Urheber genannt ist, die Nennung als solcher (*Riesenhuber* GRUR 2003, 187, 188).

21 Die Vermutung gilt nur zu Gunsten, **nicht zu Lasten** des genannten Urhebers. Wird jemand zu Unrecht als solcher bezeichnet, ihm also gleichsam ein fremdes geistiges Kind untergeschoben, so braucht er seine Nicht-Urheberschaft nur zu erklären, nicht aber zu beweisen (allg. M., Nachweise bei Schricker/*Loewenheim*[3] Rn. 3; vgl. Rn. 71).

22 **Förmliche** Vorgaben für den Urhebervermerk bestehen nicht. Der Urheber kann die Angabe in Form des ©-Vermerkes vornehmen (vgl. Rn. 13), er kann aber auch jede andere Art und Weise verwenden, sofern aus dieser klar hervorgeht, dass er der Urheber des Werkes ist.

23 **c) Bis zum Beweis des Gegenteils:** Beide Absätze stellen **gesetzliche Vermutungen** auf, die zu einer **Umkehr der Beweislast** im Prozess führen: Wer behauptet, dass der als Urheber Bezeichnete das Werk nicht – oder nicht allein – geschaffen habe (Abs. 1), oder dass bei anonymen Werken der als Herausgeber oder Verleger Bezeichnete nicht berechtigt sei, Ansprüche aus dem Urheberrecht geltend zu machen, muss das beweisen. **Zweifel** gehen zu seinen Lasten. Etwas ungenau sprach der Bundesgerichtshof bei § 10 früher von *tatsächlichen* Vermutungen (BGH GRUR 1991, 456, 457 – *Goggolore;* BGH GRUR 1994, 39,

40 – *Buchhaltungsprogramm*). Solche bezeichnen aber die *nicht* im Gesetz geregelten, sich aus Erfahrungssätzen ergebenden Vermutungen, die durch einfachen Gegenbeweis erledigt werden können, also nicht zur Beweislastumkehr führen, wie die sog. GEMA-Vermutung (vgl. § 13 UrhWahrnG Rn. 1). Eingehend *Allner* S. 21 ff., 36 f., 39, 56 f.; wie hier schon *Ulmer*[3] S. 188; siehe aber inzwischen BGH GRUR 1986, 887, 888 – *Bora Bora* und GRUR 2002, 332, 334 – *Klausurerfordernis*; OLG Hamburg AfP 1987, 691, 692; OLG Koblenz GRUR 1987, 435, 436 – *Verfremdete Fotos; Schack* Rn. 275.

d) **Priorität:** Für die Inanspruchnahme der Vermutungen gilt der **Grundsatz der** **24** **Priorität:** Unter mehreren verwendeten Urheberbezeichnungen hat die *erste* Vorrang (OLG Hamburg GRUR-RR 2001, 121, 123 – *Cat Stevens; v. Gamm* Rn. 10c; *Schricker/Loewenheim*[3] Rn. 9). Der Nachweis der Priorität kann durch eine sogenannte „Prioritätsverhandlung" bei einem Notar oder Rechtsanwalt erbracht werden (vgl. Rn. 79).

e) **Decknamen, Pseudonyme und Künstlerzeichen (Abs. 1 Hs. 2): aa) Allgemei-** **25** **nes:** In Abs. 1 werden **Künstlerzeichen** oder **Pseudonyme** der wahren Urheberbezeichnung **gleichgestellt.** Beide sind zu allen Zeiten von großer kulturgeschichtlicher Bedeutung gewesen. Die Gründe dafür sind vielfältig. Nach Anlass und Wirkung haben wir folgende Fälle zu unterscheiden:

Zunächst zwingen **familiäre Rücksichten** manche Autoren dazu, unter einem **26** Pseudonym zu schreiben. Der Name der Familie soll nicht mit dem möglicherweise revolutionierenden Werk eines Familienmitgliedes in Verbindung gebracht werden. Rudolf Ditzen gab dies selbst als Grund dafür an, dass er sich den Namen des Grimmschen Märchenpferdes *Fallada* zulegte. Aus den gleichen Erwägungen ließen so namhafte Literaten wie Joseph v. Eichendorff (als *Florens*), der Romantiker de la Motte-Fouqué, (als *Pellegrin*), Wilhelm Raabe (als *Jakob Corvinus*), Hugo von Hofmannsthal (als *Loris* oder *Theophil Morren*) ihre Erstlingswerke unter einem Decknamen erscheinen. Der Schauspieler Freiherr von Wangenheim degradierte sich auch als Verfasser seiner Selbstbiographie vom Baron zum bloßen „von" und wurde als *Eduard von Winterstein* berühmt. Der adlige Lyriker Nikolaus Franz Niembsch Edler von Strehlenau publizierte seine wirklich edle Dichtkunst unter dem bürgerlichen Namen *Nikolaus Lenau*. Die Baronin Karen Blixen-Fineke schrieb unter *Tania Blixen*.

Auch **berufliche Rücksichten** bewegen zur Wahl des Decknamens: Der Pfarrer **27** Albert Bitzius machte aus Rücksicht auf seine oberste Kirchenbehörde seine Werke unter dem Tarnnamen *Jeremias Gotthelf* weltberühmt. Hermann Dannenberger veränderte seinen Namen zum Pseudonym *Eric Reger*, da ihm eine Nebenbeschäftigung als Schriftsteller im Pressebüro der Firma Krupp untersagt war.

Ferner führt **Furcht vor Verspottung** gelegentlich zur Wahl eines Decknamens: **28** Wilhelm Häring machte sich zu *Willibald Alexis*, um Anspielungen auf seinen Familiennamen zu entgehen. Alfred Kempner nannte sich, der ewigen Anspielungen auf seine angebliche Tante Friderike Kempner, die gefühlsselige Kitschdichterin, müde, *Alfred Kerr*. Der Österreicher Richard Engländer wählte wegen der törichten Anspielungen auf seinen eine andere Staatsangehörigkeit andeutenden Familiennamen das Pseudonym *Peter Altenberg*.

Auch **Allerweltsnamen** wirken oft hinderlich auf dem Wege zum Ruhm. Die **29** Kulturgeschichte verzeichnet nur wenige große Künstler, denen trotz eines solchen Namens der Erfolg treu war (z. B. Conrad Ferdinand Meyer oder

Wilhelm Müller – der „Griechenmüller" –). Die meisten wichen auf Namenszusätze aus, wie Hoffmann *von Fallersleben,* oder sie nahmen mehr oder weniger radikale Änderungen vor, wie *Gustav Meyrink* statt Gustav Meyer, *Otto Ernst* statt Otto Ernst Schmidt, oder *Kasimir Edschmidt* statt Eduard Schmidt.

30 **Humoristen** wählen Decknamen, die sich lustig anhören und auf den Charakter der Werke hinweisen: Alexander Rosenfeld machte sich unter *Roda-Roda,* der Rechtsanwalt Fritz Oliven unter *Rideamus,* Alfred Richard Meyer unter *Munkepunke,* Kurt Fuß unter *Wendelin Überzwerch,* der Arzt Hans Erich Blaich unter *Dr. Owlglass* (englisch = Eulenspiegel) und *Ratatöskr,* Samuel Langhorne Clemens unter *Mark Twain* weltberühmt.

31 Noch häufiger als der Verzicht eines adligen Schriftstellers auf sein Prädikat ist der umgekehrte Fall: **Klangvolle Namen** üben eine große Anziehungskraft auf Künstler aus. Franz Bonn machte sich zum Freiherrn v. Rachwitz oder v. Münchberg, Gabriele Rapagnetta zu Gabriele d'Annunzio. Bei Kriminalroman-Autoren ist die Wahl englisch klingender Pseudonyme gebräuchlich. Auch Musiker passen die Urheberbezeichnung vielfach dem Genre ihres Werkes an: Bayerische Volksmusik unter *Sepp Holzer,* argentinische Tangos unter *Rafaelo Gonzales,* Hillbilly-Musik unter *Joe Carter* usw.

32 Gelegentlich prägt auch der Volksmund Pseudonyme nach Art wohlgelungener **Spitznamen,** die der Träger dann übernimmt und zum Weltruhm trägt: Den Namen des griechischen Malers Dominicos Theotokópulos konnte kein Spanier aussprechen, darum nannte man ihn einfach „den Griechen", *El Greco,* womit er auch seine einzigartigen Gemälde signierte.

33 **Politischer Druck,** z. B. im Dritten Reich die Nichtzugehörigkeit zur „Reichsschrifttumskammer", zwang manche Autoren, auf Pseudonyme auszuweichen. So publizierte Erich Kästner in der nationalsozialistischen Zeit unter *Robert Neuner.*

34 **Gelehrte** pflegen ihre „ungezogenen Musenkinder" hinter Pseudonymen zu verstecken. So veröffentlichte der Philosoph Salomon Friedländer Schnurren und Grotesken unter *Mynona* (der Umkehrung von anonym), der frühere Leiter des Inselverlages Prof. Anton Kippenberg seine heiteren Schüttelreime unter *Benno Papentrigk* (dem Ergebnis einer eigenen Namensschüttelung). C.W. Ceram („Götter, Gräber und Gelehrte") ist „nur" Kurt Marek.

35 **Serienromane** (Beispiel: *Jerry Cotton*) werden häufig unter Pseudonymen geschrieben, die der Verlag und nicht der Urheber prägt. Dabei wird das Pseudonym meist für eine bestimmte **Romangattung** benutzt. Die Arbeiten des Urhebers können so je nach ihrem Inhalt unter verschiedenen Pseudonymen erscheinen, während andererseits dasselbe Pseudonym von verschiedenen Autoren benutzt wird. Diese **Sammelpseudonyme** verstoßen nicht gegen die Grundsätze des Urheberpersönlichkeitsrechts (OLG Hamm GRUR 1967, 260, 261 – *Irene von Velden*). Die Ansicht von OLG Hamm a.a.O., rechtlich sei ein unter Sammelpseudonym erschienenes Werk als anonym zu betrachten, ist verfehlt; die Tatsache, dass es von mehreren Autoren benutzt wird, ändert an seiner Eigenschaft als Pseudonym nichts. Insbesondere besteht kein Anlass, in diesem Falle nach § 10 Abs. 2 eine Vermutung zu Gunsten des Herausgebers oder Verlegers entstehen zu lassen. Die Benutzung eines Sammelpseudonyms durch mehrere Autoren hat lediglich zur Folge, dass der einzelne Autor sich nicht auf die Vermutung des Abs. 1 berufen kann (wie hier *v. Gamm* Rn. 8; *Riedel* Rn. B1 S. 6; *Ulmer*[3] S. 188; Schricker/*Loewenheim*[3] Rn. 3).

Verwertungsgesellschaften können verlangen, dass der Verwerter ein von ihm **36** angegebenes Pseudonym **aufdeckt,** damit sie in der Lage sind, ihre Ausschüttungspflicht gegenüber dem damit bezeichneten Berechtigten zu erfüllen (LG Berlin GRUR 1971, 229 – *Bert Brac).*

bb) Anwendung: Pseudonyme und Künstlerzeichen stehen der wahren Urhe- **37** berbezeichnung nach der ausdrücklichen Regelung des Abs. 1 nur dann gleich, wenn sie **als Zeichen oder Deckname bekannt** sind. Die Formulierung des Gesetzes ist in doppelter Hinsicht verunglückt:

Nach dem Gesetzestext muss **die Bezeichnung „als Deckname … des Urhebers 38 bekannt"** sein. Dem Wortsinne nach muss die Öffentlichkeit also wissen, dass es sich um ein Pseudonym handelt und dass sich dahinter gerade dieser Urheber verbirgt. Beides ist in der Regel nicht der Fall. Außer einigen Fachleuten weiß heute niemand, dass *Hans Fallada* in Wahrheit Rudolf Ditzen, *Ferdinand Bruckner* in Wahrheit Theodor Tagger, *Joachim Ringelnatz* in Wahrheit Hans Bötticher hieß, und dass *Gabriele d'Annunzio* von Geburt kein „Erzengel der Verkündigung", sondern ein Rapagnetta („Rübchen") war. Gerade diese Fälle wollte der Gesetzgeber mit der Neuregelung auch tatsächlich erfassen (Begr RegE UrhG – BT-Drucks. IV/270, S. 42). Es kommt also nur darauf an, dass das Pseudonym oder Künstlerzeichen überhaupt bekannt ist.

Auch **Erich Kästner,** der aus begreiflichen Gründen während des Dritten **39** Reiches das Pseudonym *Robert Neuner* wählte, hätte für seine damals erschienenen Werke im Streitfalle den Nachweis führen müssen, dass er sie selbst geschrieben habe, weil im Nachkriegsdeutschland niemand mehr diesen Decknamen kannte. Urheber, die so zahlreiche Pseudonyme verwenden, dass diese gar nicht alle bekannt sein können (*Voltaire,* in Wahrheit Françoise Cedige Varceus Marie Arouet, benutzte rund 200 Tarnnamen), würden den Rechtsvorteil des § 10 niemals für sich in Anspruch nehmen können. Urheberrechtsprozesse von Pseudonym-Autoren würden kaum noch ohne demoskopische Umfragen über die Bekanntheit des Pseudonyms entschieden werden können; dieser Einwand ist allzu bequem, als dass ihn sich ein Verletzer entgehen ließe. Dem Gesetzgeber ging es jedoch gerade darum, die Rechtsstellung der Pseudonym-Autoren zu verbessern, statt sie zu verschlechtern (Begr RegE UrhG – BT-Drucks. IV/270, S. 42). Es muss daher genügen, wenn der Träger eines nicht bekannten Decknamens oder Künstlerzeichens im Streitfall nachweist, dass es sich um seine Bezeichnung handelt. Ist ihm dies gelungen, so steht ihm die Vermutung des Abs. 1 im vollen Umfange zur Seite. Diese Auslegung entspricht auch der konventionsrechtlichen Regelung (zu deren Vorrang vgl. Rn. 11): Art. 15 Abs. 1 Satz 2 RBÜ lässt es genügen, wenn „das vom Urheber angenommene Pseudonym keinen Zweifel über seine Identität aufkommen lässt" (a. M. *Riedel* Rn. 1, S. 4).

Der Bekanntheit des Pseudonyms i.S.v. § 10 Abs. 1 Hs. 2 gleichzustellen ist im **40** Übrigen die Eintragung des wahren Namens des Urhebers zu dem unter einem Pseudonym geschaffenen Werk in der **Urheberrolle** gem. § 138. Zu pseudonymen Werken im Übrigen vgl. § 66 Rn. 6.

Wenn, wie es vor allem bei Sammelwerken (§ 4) vorkommt, eine **juristische 41 Person als Urheber** (z. B. als „Herausgeber") bezeichnet ist, gilt für diese die Vermutung des Abs. 1 nicht, da nur der natürliche Mensch Urheber sein kann (vgl. § 7 Rn. 1). Juristische Personen können sich jedoch auf die Ermächtigungsvermutung im Falle anonymer Werke gem. § 10 Abs. 2 (vgl. Rn. 43 ff.) und im einstweiligen Verfügungsverfahren oder im Zusammenhang mit Unterlassungsansprüchen auf die Vermutung der Inhaberschaft ausschließlicher Nutzungsrechte nach § 10 Abs. 3 berufen (vgl. Rn. 55 ff.).

42 Der Künstlername genießt innerhalb des Verkehrs, für den er bestimmt ist, den **Schutz des Namensrechtes** aus § 12 BGB, jedoch weder Urheber- noch Markenschutz (OLG Nürnberg Schulze OLGZ 9 m.w.N.; OLG Hamm GRUR 1967, 260 – *Irene von Velden*).

2. Vermutung der Ermächtigung (Abs. 2)

43 a) **Allgemeines:** Abs. 2 schafft eine Vermutung entsprechend Abs. 1 zu Gunsten des auf den Vervielfältigungsstücken bezeichneten **Herausgebers** oder, wenn dieser nicht angegeben ist, zu Gunsten des **Verlegers**, aber nur dann, wenn „der Urheber nicht nach Abs. 1 bezeichnet" ist. Abs. 2 gilt daher **nur für anonyme Werke** (Begr. RegE UrhG – BT-Drucks. IV/270, S. 42; vgl. § 66 Rn. 6).

44 Die Vermutung des Abs. 2 bringt nicht zum Ausdruck, setzt aber offenbar als selbstverständlich voraus, dass ein Werk nur dann im Rechtssinne als anonym anzusehen ist, wenn die Anonymität **von seinem Urheber** *gewollt* ist. Lässt eine Zeitung die auf den aktuellen Fotos angebrachte Urheberbezeichnung beim Abdruck einfach weg – wie dies etwa der SPIEGEL bis vor etlichen Jahren grundsätzlich getan hat –, so fehlt zwar der äußere Anhaltspunkt für die Vermutung des Abs. 1 mit der Folge, dass die Vermutung des Abs. 2 eingreift; die Fotos sind jedoch noch keine anonymen Werke mit der Rechtsfolge etwa des § 66. Die sich aus § 64 ergebende Rechtsstellung kann nur der Rechtsinhaber aufgeben, nicht aber ein Nutzer ihm nehmen; vgl. § 66 Rn. 8. War der Urheber z.B. auf der Rückseite des bei dem Verleger eingereichten Fotos bezeichnet, kann sich der Urheber – auch gegenüber dem Verleger – auf die Vermutung nach Abs. 1 berufen (vgl. Rn. 20).

45 In der Kulturgeschichte hat die gewollte Anonymität stets die entscheidende Rolle gespielt. Nur bei sehr alten, längst gemeinfreien Werken beruht die Anonymität vielfach nicht auf der Absicht des Verfassers, sondern auf der **Art der Überlieferung.** Die zahlreichen Handschriften und Gemälde unbekannter Meister, aber auch die Sagen, Märchen und Volkslieder, die jahrhundertelang nur durch mündliche Überlieferung bewahrt wurden, legen dafür beredtes Zeugnis ab.

46 Junge Autoren schicken ihre **Erstlingswerke** in die Welt, um ihren Widerhall zu erproben, ohne sich zur geistigen Vaterschaft bekennen zu müssen: Goethe ließ *Götz von Berlichingen* und *Werthers Leiden*, Schiller seine *Räuber*, Klopstock seine *Oden* und die ersten Gesänge seines *Messias*, Herder seine *Kritischen Wälder*, Fichte seinen *Versuch einer Kritik aller Offenbarung*, Kleist seine *Familie Schroffenstein*, Annette von Droste-Hülshoff ihre frühen Gedichte anonym erscheinen. Später bekannten sich alle Autoren zur Urheberschaft dieser „geistigen Findelkinder".

47 Scharfe **Satiren,** politische **Streitschriften,** Pamphlete, kritische Abrechnungen mit Missständen der Zeit veranlassen zur Verschweigung der Verfassernamen. So verschwieg Ulrich von Hutten seine Verfasserschaft des zweiten Teils der *Dunkelmänner-Briefe.* Der Nürnberger Buchhändler Johann Philipp Palm gab die Schrift *Deutschland in seiner tiefen Erniedrigung* anonym heraus und weigerte sich standhaft, den Namen des Autors zu nennen, so dass ihn Napoleon durch ein Kriegsgericht zum Tode verurteilen und erschießen ließ. Die Blätter der *Weißen Rose* wurden von den Geschwistern Scholl, dem

Philosophie-Professor Huber und ihren Freunden anonym verteilt und brachten allen Beteiligten den Tod, nachdem die Urheberschaft ermittelt worden war.

Die Flucht in die Anonymität wird aber auch als besonderes **Lockmittel** **48** gewählt, um Aufmerksamkeit zu erregen. So ließ 1890 der Eigenbrötler Dr. Julius Langbehn das Werk *Rembrandt als Erzieher* mit der Verfasserangabe „Von einem Deutschen" erscheinen und erregte ungeheures Aufsehen. Allein das Rätselraten, wer der „Rembrandt-Deutsche" sei – man riet auf Nietzsche, Lagarde, Hinzpeter u. a. –, vom Verfasser listig geschürt, zog immer neue Leserschichten an. Als das Interesse an dem Werk zu erlahmen begann, verfasste Langbehn unter der Bezeichnung „Ein Wahrheitsfreund" eine unglaubliche Lobhudelei, indem er das Buch – sein eigenes Werk also – als schön, fremd und duftend wie eine Rose und doch vertraut, lieb und bescheiden wie das erste Veilchen im Frühling pries und als das Buch eines Dichters und Feldherrn bezeichnete, das deutsche Besonnenheit und deutsche Kühnheit paare (*Quercu* S. 243).

Gelegentlich wird auch die Anonymität von **anerkannten Schriftstellern** ge- **49** wählt, um eine objektive Prüfung zu gewährleisten und den Magnetismus des großen Namens auszuschalten. So reichte der zu seiner Zeit berühmte Dramatiker Friedrich Halm das Stück *Der Fechter von Ravenna* beim Burgtheater ohne Verfasserangabe ein, sah sich jedoch in eine heftige Fehde mit einem Unbekannten namens Bacherl verwickelt, der die Urheberschaft für sich in Anspruch nahm.

b) Anwendung: Die Vermutung des Abs. 2 für anonyme Werke (die Begr RegE **50** UrhG – BT-Drucks. IV/270, S. 43, spricht irrig vom *Urheber eines anonymen oder pseudonymen Werkes;* aber letztere fallen stets unter Abs. 1 Hs. 2) gilt auch zu Gunsten solcher Herausgeber oder Verleger, die **juristische Personen** sind, weil es sich hier nur um die Wahrnehmung, nicht um die Inhaberschaft des Urheberrechts handelt (vgl. § 7 Rn. 1). An den Fall, dass der Herausgeber seinerseits ein Pseudonym führt, hat der Gesetzgeber offenbar nicht gedacht. Ein sachlicher Grund, diesen Fall anders als bei Abs. 1 zu behandeln, besteht nicht. Es ist deshalb davon auszugehen, dass sich auch bei Verwendung eines Pseudonyms durch den Herausgeber an der Vermutung des Abs. 2 nichts ändert, wenn der Nachweis erbracht wird, dass das Pseudonym diesem Herausgeber zusteht.

Die Vermutung richtet sich gegen den Urheber selbst, wenn dieser **nachträglich** **51** hervortritt. Er muss dann nachweisen, dass er das Werk geschaffen hat. Gelingt ihm dies, so ist die Vermutung des Abs. 2 in vollem Umfange ausgeräumt; der Herausgeber oder Verleger kann sich dann nicht etwa auf sie für seine Behauptung berufen, der Urheber habe ihm die Nutzungsrechte zur Geltendmachung überlassen.

Ob der als solcher bezeichnete **Herausgeber** dies auch tatsächlich ist oder nur **52** seinen Namen hergegeben hat, spielt für die Anwendbarkeit des Abs. 2 keine Rolle (Begr RegE UrhG – BT-Drucks. IV/270, S. 42), kann aber Irreführung nach § 3 UWG sein (KG WRP 1977, 187, 189 f. – *Köhnlechner*).

Die übliche Bezeichnung des Herausgebers oder des Verlegers kann in Form **53** eines ©-**Vermerkes** geschehen (vgl. Rn. 13), aber auch in anderer Art und Weise, die hinreichend deutlich macht, dass der so bezeichnete als Herausgeber oder Verleger zur Geltendmachung der Rechte ermächtigt ist.

54 Abs. 2 stellt einen Fall der gesetzlichen Prozessstandschaft dar (*v. Gamm* Rn. 13; Schricker/*Loewenheim*[3] Rn. 8).

3. Vermutung der Inhaberschaft ausschließlicher Nutzungsrechte (Abs. 3)

55 a) **Allgemeines:** Durch das Gesetz zur Verbesserung der Durchsetzung von Rechten des geistigen Eigentums vom 07.07.2008 (BGBl. I 2008, 1191 vom 11.07.2008) ist an § 10 der neue Abs. 3 angefügt worden, nach dem die Vermutung des Abs. 1 nunmehr auch für **Inhaber ausschließlicher Nutzungsrechte** gilt, allerdings nur im **einstweiligen Verfügungsverfahren** oder im Zusammenhang mit **Unterlassungsansprüchen** und **nicht im Verhältnis zum Urheber** oder zum ursprünglichen Inhaber des verwandten Schutzrechts. Art. 5 Enforcement-RL enthielt keine entsprechende Vorgabe. Der Gesetzgeber war jedoch der Auffassung, dass es Sinn und Zweck der Richtlinie rechtfertigten, auch die Inhaber der ausschließlichen Nutzungsrechte mit der Vermutung der Rechtsinhaberschaft bezogen auf ihr Nutzungsrecht auszustatten, um dem Bemühen, Rechte durchzusetzen und Produktpiraterie zu bekämpfen, besser gerecht werden zu können (Begr RegE UmsG Enforcemet-RL – BT-Drucks. 16/5048, S. 47).

56 b) **Anwendung:** Abs. 3 gilt zunächst zu Gunsten **aller Inhaber ausschließlicher Nutzungsrechte** (zur Aktivlegitimation im Prozess vgl. § 97 Rn. 127, 132 ff.). Die „klassischen" Inhaber ausschließlicher Nutzungsrechte sind der **Verleger** (vgl. § 8 VerlG Rn. 3 und VerlG Einl. Rn. 4, 10), der **Filmhersteller** (vgl. § 88 Rn. 45; außerdem vgl. § 89 Rn. 31), der **Arbeitgeber** eines Software-Urhebers (vgl. § 69b Rn. 11, 13 f.) und häufig auch übrige Arbeitgeber (vgl. § 43 Rn. 44).

57 Die Vermutungsregelung des Abs. 3 bedingt, dass der ausschließliche Nutzungsrechtsinhaber in entsprechender Anwendung von Abs. 1 **in üblicher Weise auf einem Werkstück** als solcher bezeichnet ist. Die Gesetzesreform ist hier jedoch leider wenig durchdacht worden: Während ein Urheber durch einen Urhebervermerk nach Abs. 1 nach außen hin für sich reklamieren kann, dass er das Urheberrecht an dem Werkstück für sich in Anspruch nimmt und es insoweit nur ein „Ja oder Nein" geben kann, sind die Fragen der Nutzungsrechtseinräumung sehr vielschichtig: Das Nutzungsrecht kann ausschließlich oder einfach vergeben werden, es kann inhaltliche, räumliche und zeitliche Beschränkungen besitzen, es können sogar an ein und dem selben Werk für unterschiedliche Nutzungsarten jeweils gesonderte ausschließliche Nutzungsrechte bestehen (vgl. § 31 Rn. 1, 63 f.). Beim Verleger (§ 8 VerlG), dem Filmhersteller (§§ 88 Abs. 1 und 89 Abs. 1) sowie dem Software-Arbeitgeber (§ 69b) folgt schon aus der gesetzlichen Regelung, dass es nur einen ausschließlichen Nutzungsrechtsinhaber gibt und wie weit im Zweifel das ausschließliche Nutzungsrecht anwendbar ist. Insoweit ist § 10 Abs. 3 also unproblematisch anwendbar. Wo dies jedoch nicht der Fall ist, wo sich also der Umfang der ausschließlichen Nutzungsrechtseinräumung – und sei es auch nur im Zweifel – nicht aus dem Gesetz ergibt, bereitet die Anwendung von § 10 Abs. 3 erhebliche Schwierigkeiten. Man wird deshalb zu fordern haben, dass sich auf die Vermutungsregelung von Abs. 3 nur derjenige ausschließliche Nutzungsrechtsinhaber berufen kann, der einerseits als solcher auf dem Werkstück verzeichnet ist und andererseits darlegen kann, dass **üblicherweise** in derartigen Fallgestaltungen auch ausschließliche Nutzungsrechte eingeräumt werden. Das dürfte allerdings die Anwendbarkeit von Abs. 3 außerhalb der genannten Bereiche Verleger, Filmhersteller und Software-Arbeitgeber sowie mit Abstrichen übrige Arbeitgeber erheblich entwerten.

Der Inhaber eines ausschließlichen Nutzungsrechtes kann sich nach Abs. 3 auf **58** die Vermutungsregelung des Abs. 1 **nur im einstweiligen Verfügungsverfahren oder im Zusammenhang mit Unterlassungsansprüchen** berufen. Für das einstweilige Verfügungsverfahren bedeutet dies zunächst, dass die Vermutung für **alle Ansprüche**, die im einstweiligen Verfügungsverfahren geltend gemacht werden können, gilt, keinesfalls also nur für den Unterlassungsanspruch, wie sich aus dem Gesetzeswortlaut klar ergibt („oder"). Die Beweislastumkehr des § 10 gilt deshalb für den ausschließlichen Nutzungsrechtsinhaber **im einstweiligen Verfügungsverfahren** neben dem Unterlassungsanspruch auch für den Auskunftsanspruch bei offensichtlicher Rechtsverletzung (§ 101 Abs. 7; vgl. § 101 Rn. 39 ff.), für den Anspruch auf Vorlage von Urkunden zur Sicherung offensichtlich bestehender Schadensersatzansprüche (§ 101b Abs. 3; vgl. § 101b Rn. 34) sowie schließlich für den Anspruch auf Sequestration durch einen Gerichtsvollzieher (vgl. § 98 Rn. 38).

Im **Hauptsacheverfahren** gilt die Vermutung und damit die Beweislastumkehr **59** zu Gunsten des ausschließlichen Nutzungsrechtsinhabers nur, soweit Unterlassungsansprüche in Frage stehen. Für die übrigen, im Hauptsacheverfahren anhängig gemachten sogenannten „Annexansprüche" (zum Begriff vgl. § 97 Rn. 2, 226), d.h. die Ansprüche auf Auskunft, Schadensersatz, Vernichtung, Rückruf und Überlassung, auf Vorlage und Besichtigung sowie Bekanntmachung des Urteils (§§ 97–103) gilt die Vermutungsregelung nicht. Insoweit hat der ausschließliche Nutzungsrechtsinhaber den Vollbeweis zu erbringen, dass er tatsächlich der Inhaber der ausschließlichen Nutzungsrechte ist.

Abs. 3 gilt nach seinem Wortlaut **nicht im Verhältnis zwischen dem ausschließ- 60 lichen Nutzungsrechtsinhaber und dem Urheber.** Bei Streitigkeiten im Vertragsverhältnis beispielsweise zwischen Verleger und Autor muss also der Verleger den Nachweis der ausschließlichen Nutzungsrechtseinräumung erbringen; **zu Gunsten des Urhebers gilt allerdings** insoweit die **Vermutung** nach Abs. 1 (vgl. Rn. 20). Entsprechendes gilt im Bereich der verwandten Schutzrechte.

Abs. 3 gilt nicht nur für die Inhaber ausschließlicher Nutzungsrechte an **61** Urheberrechten, sondern **auch** für solche **an verwandten Schutzrechten.** Dies folgt aus Abs. 3 S. 2 Alt. 2, der klarstellt, dass die Vermutung nicht im Verhältnis zwischen dem ausschließlichen Nutzungsrechtsinhaber und dem ursprünglichen Inhaber des verwandten Schutzrechtes gilt. Soweit ein verwandtes Schutzrecht **übertragen** worden ist, gilt Abs. 3 außerdem auch zu Gunsten des neuen Inhabers des verwandten Schutzrechtes, vorausgesetzt natürlich, dass er in der üblichen Weise nach Abs. 1 auf dem Werkstück angegeben ist. Dies folgt allerdings bereits unmittelbar aus den jeweiligen Verweisungsvorschriften bei den (übertragbaren) verwandten Schutzrechten, die § 10 Abs. 1 ohnehin für entsprechend anwendbar erklären.

Die lediglich beschränkte Anwendung der Vermutungsregelung zu Gunsten **62** des ausschließlichen Nutzungsrechtsinhabers begründet der Gesetzgeber damit, dass **Missbräuchen** begegnet werden sollte (Begr RegE UmsG Enforcement-RL – BT-Drucks. 16/5048, S. 47). Das leuchtet allerdings nicht so ganz ein: Gerade die einstweilige Verfügung ist bei der Durchsetzung von Rechten des geistigen Eigentums die „schärfste Waffe"; wegen der häufig gegebenen Dringlichkeit gerade einer schnellen Beseitigung einer Urheberrechtsverletzung, insbesondere in Fällen der Produktpiraterie, dürfte eine Mehrzahl der Verfahren im einstweiligen Verfügungsverfahren abgewickelt werden, ohne dass es noch zu einem Hauptsacheverfahren kommt (vgl. § 97 Rn. 198 ff.).

Die fehlende Vermutungswirkung nach Abs. 3 wird also auf einige wenige Fälle beschränkt bleiben, in denen hauptsächlich (noch) um Schadensersatz gestritten wird. Auch der Wunsch des Gesetzgebers, Missbräuchen begegnen zu wollen, ist nicht wirklich nachvollziehbar; Prozessbetrug ist auch ohne eine Beschränkung der Vermutungsregelung wie in Abs. 3 strafbar.

III. Kunstfälschung und Urhebernennung

1. Allgemeines

63 Kunstfälschungen sind ein **Sonderfall des anonymen wie des pseudonymen Werkes**: Der Urheber verschweigt nicht nur seinen Namen und versteckt sich auch nicht nur hinter einem Decknamen, sondern schiebt den Namen eines anderen vor. Kunstfälschungen wurden in so gut wie allen Kunstgattungen vom Altertum bis in die Neuzeit geübt. Besonders beliebt sind sie auf dem Gebiet der bildenden Künste. Wir nennen als Beispiele Alceo Dossena, einen Steinmetzen aus Cremona, der antike und mittelalterliche Skulpturen fälschte; die Fälschung niederländischer Meister wie Jan Vermeer durch Hans van Meegeren; den Berliner van Gogh-Fälscherprozess 1930/31 und aus jüngster Zeit die von Dietrich Fey und Lothar Malskat 1945 bis 1952 gefälschten Wandmalereien in der Marienkirche zu Lübeck (Einzelheiten dazu bei *Locher* S. 171 ff.).

64 Aus der Literatur sind besonders die **Fälschung** der *Fabeln des Phädrus*, einer Trostschrift Ciceros, angeblicher Gedichte des 15. Jahrhunderts durch Thomas Chatterton, die Shakespeare-Fälschungen durch Ireland und Collier bekannt geworden. Der Grieche Constantin Simonides fälschte Handschriften vom Berge Athos, eine ganze ägyptische Königsgeschichte, die er einem verschollenen Historiker *Uranios* zuschrieb. Zahlreiche weitere Beispiele finden sich bei Corino und Braun (Lit.-Verz.). In den meisten Fällen handeln solche Fälscher in betrügerischer Absicht und schlagen Kapital aus ihren Werken unter Vorspiegelung ihrer „Echtheit". In anderen Fällen sind politische, kulturhistorische und religiöse Motive maßgebend.

65 **Politisch** verhängnisvoll waren die *Protokolle der Weisen von Zion*, die Adolf Hitler ausdrücklich in seinem Buch *Mein Kampf* zur Grundlage seiner antijüdischen Rassenhetze machte. Sie waren 1903 in Russland von einem gewissen Sergej Milus veröffentlicht worden, der behauptete, sie von einem Freund, Major Suchotin, erhalten zu haben. Ein Mitarbeiter Ludendorffs veröffentlichte sie in Deutschland und machte die Juden für die deutsche Niederlage im Ersten Weltkrieg mitverantwortlich. Als wirklicher Fälscher wurde der Oberst Raschkowski, Leiter der Auslandsabteilung der russischen Geheimen Staatspolizei, entlarvt, der sie mit drei Helfern zustande brachte, um die Juden zu vernichten (s. im Übrigen Quercu S. 66 ff.). Aus neuerer Zeit sei an die Fälschung der sog. *Hitler-Tagebücher* durch Conrad Kujau erinnert; Helmut Dietl drehte über diese Vorgänge den bedeutendsten deutschen Film der Jahre 1991/l992 *(Schtonk).*

66 Andere Fälscher versuchen dem **Mangel kulturgeschichtlicher Quellen** ihres Volksstammes abzuhelfen. So erfand James McPherson im 18. Jahrhundert einen altkeltischen Volksdichter aus dem 3. nachchristlichen Jahrhundert namens *Ossian*, unter dessen Namen er altgälische Rhapsodien herausgab, die so vorzüglich gebastelt waren, dass Herder und Goethe (der in seinem *Werther* Ossian über Homer stellt) auf ihn hereinfielen. Wenzeslaw Hanka half dem Fehlen tschechischer Sprachaltertümer durch die Fälschung der *Königshofer Handschrift* ab, die er in „teutscher Übersetzung eines Herrn Swoboda" herausgab, und die erst viel später als deutschfeindliches Machwerk entschlüsselt wurde. Der holländische Gymnasiallehrer Ottema ließ die *Ura-Linda-Chronik* in altfriesisch mit niederländischer Übersetzung erscheinen und gab sie als echtes Sprachdokument aus dem 13. Jahrhundert aus; sie erwies sich später als Fälschung des Cornelis Over de Linden, wurde aber noch zu Beginn der Naziherrschaft von Hermann Wirth als „älteste Quelle der nordischen Geistesgeschichte" der „jüdisch-orientalischen Umwertung der universalen Lichtgottreligionen" entgegengesetzt, also zur Rechtfertigung des nordischen Sendungsbewusstseins benutzt.

Aus **theologisch-historischem Interesse** wurden auch in frühchristlichen Zeiten **67** Schriften erfunden, wie die *Pilatusakten* und der *Briefwechsel zwischen Paulus und Seneca*, die *constantinische Schenkung* des 8. und die *pseudo-isidorischen Dekretalen* des 9. Jahrhunderts. Man prägte dafür den milden Ausdruck der „Pseudepigraphie", die sich aber nach unserer heutigen Anschauung als glatte Kunstfälschung darstellt.

Die zahlreich anzutreffenden Übereinstimmungen von **Melodien** zeitgenössi- **68** scher Komponisten mit (meist klassischen) gemeinfreien Musikwerken gehören wohl eher in den Bereich der unbewussten Entlehnung (vgl. §§ 23/24 Rn. 62 f.). Wir nennen hier Peter Kreuders *Sag zum Abschied leise Servus* (aus dem 3. Akt der Operette *Blindekuh* von Johann Strauß Sohn), Werner Richard Heimanns *Du bist das süßeste Mädel der Welt* (Zwischenspiel aus der Operette *1001 Nacht* von Johann Strauß Sohn) und das Lied *An der Donau, wo der Wein blüht* von Theo Mackeben und Franz Grothe *(Herztöne-Walzer* von Johann Strauß Vater). Peter Kreuder, der dem Komponisten der DDR-Hymne, Hanns Eisler, öffentlich den Vorwurf machte, seinen Evergreen *Goodbye Johnny* plagiiert zu haben (FuR 1977, 200, 272), musste sich entgegenhalten lassen, dass er selbst sich an die Athalia-Ouvertüre von Mendelssohn angelehnt habe. Aber auch die Klassiker sind der Gefahr von Entlehnungen nicht immer entronnen: Das Quartett *Erlieg ich einem Zauber* in Rossinis Oper *La Cenerentola* (1817) ist mit dem Finale des 1. Bildes *Mir ist so wunderbar* aus Beethovens *Fidelio* (1805) nahezu identisch.

Ein Sonderfall der Kunstfälschung lag vor etlichen Jahren dem LG Berlin zur **69** Entscheidung vor: Der Maler Schröder-Sonnenstern signierte gegen eine Flasche Schnaps für Kopisten, die seinen unverwechselbaren Stil treffend nachzuahmen verstanden, leere Leinwände, die dann nachträglich bemalt und als Schröder-Sonnenstern-Originale über einen geschäftstüchtigen Galeristen abgesetzt wurden. Näheres bei *Hamann* S. 12.

In neuerer Zeit ist die (Un-) Sitte entstanden, **Nachgüsse** von Modellen ver- **70** storbener Künstler herzustellen und auf den Markt zu bringen (über Einzelheiten und Verfahren berichtet *Heinbuch* NJW 1984, 15, 18 f.). Soweit sie von den Berechtigten als posthume Kopien gekennzeichnet werden, ist dagegen allenfalls unter künstlerischen, nur ausnahmsweise aber unter rechtlichen Gesichtspunkten etwas einzuwenden (z. B. dann, wenn den Erwerbern des Originals oder der Originalserie Singularität zugesichert war, *Heinbuch* a.a.O. S. 20). Wer jedoch, was schon durch bloßes Unterlassen eines dauerhaften gegenteiligen Hinweises am Werkexemplar geschehen kann, den Eindruck erweckt, es handele sich um ein Original (zu diesem Begriff vgl. § 26 Rn. 10 f.), betrügt.

71 Auch im Falle der Kunstfälschung deckt sich der Wortlaut des § 10 nicht mit den Absichten des Gesetzgebers. Nimmt man Abs. 1 wörtlich, so muss der unglückliche Künstler, der seinen guten Namen auf einem fremden Machwerk prangen sieht und sich dagegen wehrt, beweisen, dass dieses Sonntagsgemälde oder dieser Kitschroman *nicht* von ihm sei, da für den Fälscher die Vermutung des Gesetzes streitet, und zwar als pseudonymes Werk gem. § 10 Abs. 1 Hs. 2. Das ist in aller Regel ein objektiv unmögliches Unterfangen; ein negativer Beweis lässt sich nur im Ausnahmefall führen. Der Gesetzgeber kann dies nicht gewollt haben. Er wollte mit § 10 den Schutz des Urhebers verstärken, nicht aber verschlechtern. Es ist also davon auszugehen, dass die **Vermutung des Abs. 1 nur zu Gunsten, nicht aber zu Ungunsten des Urhebers** gilt und der Urheber in einem solchen Fall seine Nicht-Urheberschaft nur zu erklären braucht (vgl. Rn. 21). Zum Problem des sog. „Droit de Non-Patermité" vgl. § 13 Rn. 11.

72 An der Urheberstellung des Fälschers ändert sich durch die Fälschung nichts. Er hat zwar nicht die Vermutung des § 10 für sich, kann aber, wenn er sein Urheberrecht beweisen kann, jede Verletzung verfolgen.

2.   Rechtsfolgen der Kunstfälschung

73 Der betroffene **Künstler selbst** kann sich zunächst wegen Verletzung seines **Namensrechts** (§ 12 BGB) zur Wehr setzen, und zwar auch dann, wenn das fremde Werk unter einem von ihm bekanntermaßen früher oder noch jetzt benutzten Pseudonym erschien (st. Rspr. seit RGZ 101, 226, 230; unklar OLG Hamburg UFITA 48 [1966], 292). Für Künstlerzeichen dürfte § 12 BGB analog anzuwenden sein. Daneben kommen die wettbewerbsrechtlichen Vorschriften der §§ 3, 4 UWG in Betracht, evtl. § 4 Nr. 8 UWG (in der Verbreitung eines Romans unter dem Namen eines andern liegt die Tatsachenbehauptung, der andere habe ihn geschrieben; das kann, wenn der Roman schlecht ist, kreditschädigend wirken). Soweit der Name nicht unmittelbar erscheint, sondern nur Hinweise gegeben werden, die auf die Urheberschaft des betroffenen Künstlers deuten, kommt eine Verletzung des **allgemeinen Persönlichkeitsrechts** (Art. 1, 2 Abs. 1 GG in Verbindung mit § 823 Abs. 1 BGB) in Betracht; es verletzt die Würde und Unantastbarkeit des freien Menschen, wenn ihm ein fremdes geistiges Kind untergeschoben wird (a. M. BGH GRUR 1960, 346, 347 – *Der Nahe Osten rückt näher,* wo zwar von der Verletzung „allgemeiner persönlicher Belange" gesprochen, aber nur ein wettbewerbsrechtlicher Schutz zugebilligt wird; wie hier KG UFITA 48 [1965], 274, 275 – *Die goldene Stimme* und *Neumann-Duesberg* UFITA 50 [1967], 464; für untergeschobene Äußerungen auch BVerfG NJW 1980, 2070 – *Eppler* und BVerfG GRUR 1980, 1087 – *Walden Heinrich Böll* sowie OLG Hamburg ZUM 1986, 474, 475 f.).

74 Eine Verletzung des **Urheberpersönlichkeitsrechts** des ausgebeuteten Künstlers durch Kunstfälschungen wurde früher allgemein – auch von uns – verneint, weil nicht *seine* Werke betroffen seien (§ 11), es sei denn, der Fälscher hätte eine Kopie oder Nachahmung hergestellt (§§ 16, 23). Für den Künstler selbst ist es auch kaum von Bedeutung, auf welche Art des Persönlichkeitsrechts er seine Ansprüche stützen kann. **Nach dem Tode** insbesondere bedeutender bildender Künstler reicht der Schutz von deren *Oeuvre* durch § 12 BGB und durch das allgemeine Persönlichkeitsrecht jedoch nicht aus, weil ein solcher nur ihren Angehörigen (§ 60 Abs. 3) zusteht, die Verwertung ihres urheberrechtlichen Schaffens aber bei den *Erben* liegt, oftmals also bei Stiftungen; er läuft ganz leer, wenn keine Angehörigen des Künstlers mehr vorhanden sind. Der Fall BGH GRUR 1995, 668 – *Emil Nolde* macht das augenfällig: Nur weil der 1956 verstorbene Maler wenige Jahre vor seinem Tod noch einmal geheiratet hatte und seine zweite Frau noch lebte, konnte die *Stiftung Seebüll Ada und Emil Nolde,* bei der die Urheberrechte liegen, mit deren Ermächtigung den Anspruch auf Entfernung der falschen Signatur von einem fremden, im Stil Noldes gemalten Aquarell durchsetzen. Dabei sind Fälschungen, wie der Bundesgerichtshof selbst feststellt, jedenfalls dann *grundsätzlich geeignet, das künstlerische Gesamtbild nachhaltig zu verzerren,* wenn sie in Verkehr gebracht werden (BGH GRUR 1995, 668, 699 – *Emil Nolde).* Durch diese Beeinträchtigung sind also die berechtigten geistigen und persönlichen Interessen des Künstlers an seinem eigenen (Gesamt-) Werk beeinträchtigt, die von seinen Erben wahrgenommen werden. Verletzt ist damit zwar nicht § 13, wohl aber § **14.** In der Literatur wird das Problem lebhaft diskutiert: *Richard-Junker* GRUR 1988, 18; *Löffler* NJW 1993, 1421; *Jacobs* FS Piper S. 679; *Wilhelm Nordemann* GRUR 1996, 737; *Pietzker* GRUR 1997, 414, 415 f.; *Schack*[2] Rn. 41, 303.

Andere Urheber sowie deren **Verbände** (§ 13 UWG) können der Fälscherkon- **75** kurrenz mit Hilfe des Wettbewerbsrechts (§§ 1, 3 UWG) das Handwerk legen, soweit der Fälscher „zu Zwecken des Wettbewerbs", d. h. um sein Produkt besser an den Mann zu bringen, gehandelt hat. Das wird stets der Fall sein: Willibald Alexis veröffentlichte seine beiden ersten Romane *Walladmor* und *Schloss Avalon* nur deshalb mit dem erfundenen Zusatz „frei nach dem Englischen des Walter Scott", um dessen Ruf für den Absatz seiner Werke zu nutzen, und Karl Gutzkow erreichte den erhofften Erfolg bei seinen Zeitgenossen, indem er in gleicher Weise den Namen *Edward George Bulwer (Die letzten Tage von Pompeji)* dafür verwendete. Auch wo die Fälschung aus politischen oder sonst immateriellen Gründen erfolgt, liegt das Merkmal „zu Zwecken des Wettbewerbs" vor, da ohne die Tarnung, d. h. bei Kenntlichmachung der Unechtheit, niemand diese Produkte kaufen oder sonst anerkennen würde.

Der hereingefallene **Verleger** oder **Kunsthändler** sowie die **Käufer** des gefälsch- **76** ten Werkes können den Fälscher aus unerlaubter Handlung auf Schadenersatz in Anspruch nehmen (§ 823 Abs. 2 BGB in Verbindung mit der zutreffenden Strafnorm). Eine dem Werk beigegebene falsche Expertise ist im Rechtssinne ein Mangel des Werkes, der Schadensersatzansprüche aus § 437 Nr. 3 BGB auslöst (schon zum früheren § 463 BGB: BGH GRUR 1973, 152, 153 – *Madonna mit Kind).* Der Kunsthändler kann diese Rechtsfolge nicht formularmäßig in seinen Allgemeinen Vertragsbedingungen ausschließen (§ 307 BGB; anders noch – schon damals zu Unrecht – BGH GRUR 1975, 612, 614 – *Jawlensky* mit ablehnender Anm. von *Reimer* GRUR 1975, 614; wie hier auch *v. Hoyningen-Huene* NJW 1975, 962 und *Heinbuch* NJW 1984, 15, 22 m.w.N.; für grobe Fahrlässigkeit auch OLG Hamm NJW 1994, 1967 – *Carl Schuch;* a. M. *Löhr* GRUR 1976, 411). Auch ob das Objekt ein **Original** ist oder nicht, ist eine Beschaffenheitsvereinbarung im Sinne des § 434 Abs. 1 Satz 1 BGB (so schon *Heinbuch* NJW 1984, 15, 17 ff.).

Die Kunstfälschung ist **strafbar.** In Betracht kommen vor allem Betrug (§ 263 **77** StGB) und Urkundenfälschung (§ 267 StGB), aber auch strafbare Irreführung (§ 4 UWG) und ein Verstoß gegen § 107 Nr. 2 (vgl. § 107 Rn. 3 ff.). Einzelheiten bei *Locher* S. 175 ff., *Katzenberger* GRUR 1982, 715 und *Löffler* NJW 1993, 1421.

IV. Prozessuales

1. Umkehr der Beweislast

78 Alle Absätze des § 10 stellen gesetzliche Vermutungen auf, die zu einer Umkehr der Beweislast im Prozess führen. Einzelheiten vgl. Rn. 23

2. Notarielle oder rechtsanwaltliche Prioritätsverhandlung

79 In der urheberrechtlichen Praxis gibt es die sog. „Prioritätsverhandlung", die notariell, aber auch rechtsanwaltlich stattfinden kann. In ihr versichert der Urheber oder ausübende Künstler, ein bestimmtes Werk oder eine bestimmte Aufnahme geschaffen bzw. eingespielt zu haben. Der Notar oder Rechtsanwalt nimmt dann mit dem Tag der Prioritätsverhandlung die Erklärung und eine Kopie des Werkes bzw. der Aufnahme zu seinen Akten und vermerkt das Datum, an dem er diese Unterlagen erhalten hat. Bei der Prioritätsverhandlung ist darauf zu achten, dass der Urheber oder ausübende Künstler **seinen Namen in der üblichen Weise** auf dem hinterlegten Werkstück vermerkt hat. Dann tritt die Vermutungswirkung des § 10 ein. Ferner ermöglicht die Prioritätsverhandlung einen Nachweis darüber, wann der Urheber sein Werk oder der ausübende Künstler seine Aufnahme hinterlegt hatte (Hasselblatt/*Axel Nordemann/Czychowski* § 44 Rn. 15). Ein **Muster** für eine solche Prioritätsverhandlung, das sowohl für einen Notar als auch für einen Rechtsanwalt geeignet ist, findet sich im Münchener Vertragshandbuch/*Jan Bernd Nordemann* Bd. 3 Form VII.1.

Abschnitt 4   **Inhalt des Urheberrechts**

Unterabschnitt 1   **Allgemeines**

§ 11   Allgemeines

[1]Das Urheberrecht schützt den Urheber in seinen geistigen und persönlichen Beziehungen zum Werk und in der Nutzung des Werkes.[2] Es dient zugleich der Sicherung einer angemessenen Vergütung für die Nutzung des Werkes.

Übersicht

I. Allgemeines

1. Sinn und Zweck

1 Die Bestimmung in S. 1 soll zum Ausdruck bringen, dass das Urheberrecht sowohl dem Schutz der ideellen als auch der materiellen Interessen des Urhebers dient und dass beide, Persönlichkeitsrecht und Vermögensrecht (Verwertungsrechte), eine untrennbare Einheit bilden (*Schulze* S. 430). Urheberrecht ist also die **Gesamtheit aller Rechtsbeziehungen des Schöpfers zu seinem Werk** (vgl. § 1). Damit folgt das Gesetz der **monistischen Theorie**. Zugleich ist diese Regel damit eine gesetzliche Verankerung der monistischen Theorie. Diese ist die heute herrschenden Grundauffassung vom Urheberrecht als *einheitlichem* Immaterialgüterrecht (vgl. § 1 Rn. 4; so schon RegE UrhG 1962 – BT-Drucks. IV/270, S. 43 f.; *v. Gamm* Einf. 28; Schricker/*Schricker*[3] Rn. 2; *Haberstumpf*[2] Rn. 2; *Schack*[4] Rn. 22 f.; eingehend *Boytha* FS Kreile S. 109), allgemeinverständlich auch als geistiges Eigentumsrechts bezeichnet. Im **Gegensatz** dazu steht die **dualistische Vorstellung** vom *selbständigen Nebeneinander* der Vermögens- und Persönlichkeitsrechte und im **Gegensatz** zur **Werkherrschaftstheorie** von *Hirsch* (UFITA 22 (1956), 165 und 36 (1962), 19), die vereinzelt seit einiger Zeit von *Bosse*, Die Werkherrschaft, 1981; *Rehbinder*[9] S. 62; *Rehbinder*[13] Rn. 79 wieder propagiert wird; Einzelheiten zum Meinungsstreit bei *Ulmer*[3] S. 112 ff.

Am anschaulichsten ist zur **Erläuterung** der monistischen Theorie **das Bild** **2** *Ulmers*[3] **S. 116 vom Baum:** Das Urheberrecht ist der Stamm, der seine Kraft aus den materiellen und ideellen Interessensphären als den Wurzeln zieht, während die urheberrechtlichen Befugnisse den Ästen und Zweigen vergleichbar sind, die aus dem Stamm erwachsen. Zu den aus dem Stammrecht abgezweigten Befugnissen gehören die Nutzungsrechte (§§ 31 ff.) ebenso wie das Einwilligungsrecht zur Bearbeitung und Umgestaltung (§ 23), aber auch die mit den Nutzungsrechten teilweise vermengten urheberpersönlichkeitsrechtlichen Befugnisse der §§ 12–14, 25, 39, 41, 42, 63. Vermögens- und Persönlichkeitsbefugnisse als Bestandteile des einheitlichen Stamms ziehen ihre Kraft „bald aus beiden, bald vorwiegend aus einer der Wurzeln".

Die **Intensität**, mit der die einzelnen **Rechte mit dem Stammrecht** verbunden **3** sind, **ist** durchaus **unterschiedlich**. Während sich die **urheberpersönlichkeitsrechtlichen** Befugnisse in ihrem Kern gar nicht (Unübertragbarkeit des Stammrechts und der Verwertungsrechte vgl. § 29 S. 2; vgl. Vor §§ 28 ff. Rn. 1; vgl. Vor §§ 31 ff. Rn. 33 ff.), im Übrigen aber nur mit Einschränkungen vom Urheberrecht lösen lassen, sind die **rein vermögensrechtlichen Nutzungsbefugnisse** in der vielfältigsten Weise verkehrsfähig (vgl. Vor §§ 31 ff. Rn. 33 ff.). Gemeinsam ist allen Befugnissen, dass sie **dem Stammrecht** letztendlich in einer mehr oder weniger engen Weise **verbunden bleiben** und **nach ihrer Lösung** vom außenstehenden Nutzungsberechtigten **dem Stammrecht wieder uneingeschränkt anwachsen** (vgl. Vor §§ 31 ff. Rn. 111 ff.). Auch die im Urhebervertragsrecht geltende **Einschränkung des Abstraktionsprinzips** (vgl. § 31 Rn. 30 ff.) hat in der Ableitung des Nutzungsrechts aus dem einheitlichen, beim Urheber verbleibenden Stammrecht ihre Ursache.

2. Entstehungsgeschichte

Die **neue Bestimmung in S. 2** ist durch das UrhVG **im Jahr 2002 neu auf-** **4** **genommen** worden. Allerdings wurde die Änderung erst durch den Rechtsausschuss vorgeschlagen; der ursprüngliche Regierungsentwurf enthielt keine Änderung in § 11 (RegE UrhVG – BT-Drucks. 14/7564). Das Gesetz folgte damit dem „Vorschlag aus der Medienwirtschaft für ein Urhebervertragsrecht" vom 10.04.2001 (BeschlE RAusschuss UrhVG – BT-Drucks. 14/8058, S. 17 sowie der Vorschlag selber unter http://www.urheberrecht.org/ UrhGE-2000, abgerufen am 23.08.2005). Letzterer wollte die nun Gesetz gewordene Änderung in § 11 allerdings als Substitut für einen eigenen Anspruch verstanden wissen. Der nunmehr in § 11 S. 2 normierte Grundsatz, dass der Urheber an dem wirtschaftlichen Nutzen, der aus einem Werk gezogen wird, angemessen zu beteiligen ist, ergibt sich als tragender Leitgedanken des Urheberrecht bereits aus der Lehre vom geistigen Eigentum und findet seine verfassungsrechtliche Grundlage in Art. 14 GG. Er war bereits vom Reichsgericht anerkannt: RGZ 118, 282, 285–287 – *Musikantenmädel*; RGZ 123, 312, 317 – *Wilhelm Busch; Erdmann* GRUR 2002, 923, 924 m.w.N.). Auch war ein **allgemeiner Auslegungsgrundsatz**, wonach der Urheber im Zweifel beanspruchen könne, für jede wirtschaftliche Nutzung seines Werkes ein Entgelt zu erhalten, **ohnehin bereits ständige Rechtsprechung** (*Wilhelm Nordemann*, Urhebervertragsrecht, § 11 Rn. 1 f. m.w.N. aus der st. Rspr.).

3. **EU-Recht/Internationales**

5 Die diversen EU Richtlinien haben aus verständlichen Gründen, da dazu EU-Richtlinien nicht vorgesehen sind, die theoretischen Grundlagen des kontinentaleuropäischen Urheberrechts nur kursorisch erwähnt, zumal trotz der gewissen Einheitlichkeit Kontinentaleuropas im Verhältnis zum Anglo-Amerikanischen Copyright-System viele Unterschiede im Detail existieren. Allerdings seien erwähnt Schutzdauer-RL ErwG 10, der regelt, dass das Urheberrecht und die verwandten Schutzrechte die Aufrechterhaltung und Entwicklung der Kreativität im Interesse der Autoren sichert, aber nicht alleine dieser, sondern auch der Kulturindustrie, der Verbraucher und der ganzen Gesellschaft. In der Info-RL ErwG 10 ist explizit festgehalten, dass Urheber und ausübende Künstler für die Nutzung ihrer Werke eine angemessene Vergütung erhalten müssen. Siehe zu internationalen Zusammenhängen auch *Dietz* ZUM 2001, 276, 278.

II. Tatbestand

1. Normzweckbestimmung mit Leitbildfunktion (Satz 2)

6 Rechtsnatur und Funktion des Satzes 2 sind weitgehend **ungeklärt**: Obwohl in § 32 bereits ein Vertragsanpassungsanspruch nach individualvertraglicher Inhaltskontrolle vorgesehen ist, hat der Gesetzgeber ihn zusätzlich, wohl als **bindende Deklaration ohne direkten Anspruchscharakter**, aufgenommen (*Erdmann* GRUR 2002, 923, 924: Leitbildfunktion für AGB-Kontrolle, zugleich bloßer Programmsatz; Schricker/*Schricker*[3] Rn. 4: Normzweckbestimmung; *Hucko* S. 158; *Zentek/Meinke*, S. 23; Wandtke/Bullinger/*Bullinger*[2] Rn. 3: Leitbild; a.A. *Haas* Rn. 135: nur Programmsatz). Inwiefern § 11 S. 2 neben § 32 daher eine **eigenständige Funktion** erfüllt, ist noch **ungeklärt**: Er soll wohl insbesondere dazu dienen, die Vorschriften des Gesetzes zur angemessenen Vergütung wie §§ 11 S. 2, 32 und 32a auch im Rahmen der **AGB-Kontrolle** anzuwenden (BeschlE RAusschuss UrhVG – BT-Drucks. 14/8058, S. 17 f.; *Erdmann* GRUR 2002, 924). Die Gesetzesbegründung geht davon aus, dass dort, wo eine Inhaltskontrolle nicht stattfindet, wohl weil es sich bei den Klauseln um Preisvereinbarungen handelt, zwar auch weiterhin keine AGB-Kontrolle stattfindet, dann aber ggfs §§ 32, 32a eingreifen können (BeschlE RAusschuss UrhVG – BT-Drucks. 14/8058, S. 17 f.; *Erdmann* GRUR 2002, 924). In allen anderen Fällen würde das Leitbild des § 11 S. 2 zu berücksichtigen sein. Die Funktion des § 11 S. 2 im Rahmen des § 32 wird sich wohl maßgeblich aus seinem Normbefehl, den Urheber für alle Nutzungen angemessen zu beteiligen, ergeben. § 11 S. 2. 11, S. 2 ist daher als Normzweck-bestimmung mit Leitbildfunktion in Hinblick auf die soziale Funktion des Urheberrechts einzuordnen. Die ersten Urteile zu § 32 zur angemessenen Über-setzervergütung zeigen, dass in Unsicherheit über die Kriterien des § 32 von den Gerichten häufig der Beteiligungsgrundsatz des § 11 S. 2 herangezogen wurde (LG Hamburg ZUM 2006, 683, 685; LG München I ZUM 2006, 164, 168; LG München I ZUM 2006, 159, 162; LG München ZUM 2006 154, 157; LG München ZUM 2006, 73, 77), obwohl dieser nicht – wie im Professoren-entwurf vorgesehen – zum maßgeblichen Kriterium in § 32 bestimmt wurde (*Hahn* ZUM 2006, 688). Insofern stellt sich § 11 S. 2 nicht als leerer Pro-grammsatz dar, sondern als wichtiger Orientierungspunkt für § 32. Weiterhin ist das Leitbild des § 11 Abs. 2 auch zur Auslegung anderer Gesetzen heran-gezogen worden, wie z.b. zum **UWG** (LG Berlin K&R 2007, 588). Keinesfalls aber kann über **AGB-Kontrollverfahren** nach § 1 UKlaG eine als unangemes-sen eingestufte Vergütungsabrede richterlich auf ihre Angemessenheit über-prüft werden (*v. Westphalen* AfP 2008, 23 ff.).

Da Vergütungsfragen zumeist Preisvereinbarungen enthalten, sind diese der **7** AGB-Kontrolle entzogen (§ 307 Abs. 3 BGB), wenn sie die Vergütung unmit-telbar regeln (allg. Rechtsprechung zu AGB-Recht; BGH NJW 1999, 864; BGH NJW 2002, 2386). **Anders** sieht dies die Rechtsprechung aber für sog. **Preisnebenabreden** (Palandt/*Heinrichs*[68] § 307 Rn. 60 ff.). Es ist daher denk-bar, dass § 11 S. 2 z.B. bei AGB-Klauseln, die die Fälligkeit regeln oder die bestimmte Nebenkosten als abzugsfähig bestimmen, Anwendung findet. Nach LG Berlin Urt. v. 05.06.2007 – 16 O 106/07 unterfällt die Frage, ob der Urheber überhaupt eine Gegenleistung erhalte, nach gesetzlicher Verankerung des Leitgedankens des § 11 S. 2 durchaus der Inhaltskontrolle nach AGB. Indem Klauseln, die z.B. bei fehlendem Urhebervermerk „gesonderte Ansprü-che" verbieten oder „sonstige Nutzungen" nur „nach Absprache" vergütet wissen wollen, die Pflicht zur Entrichtung eines zusätzlichen Nutzungsentgel-tes zur Disposition stellten, verstießen sie gegen § 307 Abs.2 Ziff.1, Abs.3 BGB i.V.m. § 11 S. 2. 11, S. 2.

2. Praktische Anwendung

Neben diesen theoretischen Grundlagen, die in § 11 verankert sind, enthält die **8** Bestimmung einige **praktisch relevanten Begleitfolgen**. Indem § 11 jegliche Nutzung des Werkes dem Urheber vorbehält, unterstellt er prinzipiell auch den **Werkgenuss** dem Urheberrecht (Dreier/Schulze/*Schulze*[2] Rn. 4). Erst § 15 Abs. 2 reduziert diese unkörperliche Nutzung auf die Wiedergabe und nimmt daher die weite Grundentscheidung des § 11 zurück. Zu Recht wird daher von einem umfassenden Urheberrecht gesprochen. Dieses ist so ausgestaltet, dass bei neuen Nutzungsarten die neu entstehenden Rechte „dem Kern anwach-sen"; umgekehrt fallen aber auch alle Rechte, für die die Nutzungsmöglichkeit gleich aus welchem Rechtsgrund endet, wieder auf diesen Kern zurück (Dreier/Schulze/*Schulze*[2] Rn. 4 f.).

III. Anwendbarkeit von AGB-Recht auf Urhebervertragsrecht?

Unberührt hiervon dürfte aber die **generelle Frage der Anwendbarkeit des 9** **AGB-Rechts** auf Urheberrechtsverträge sein. Bekanntlich war die Rechtspre-chung des Bundesgerichtshofs lange Zeit zurückhaltend, vorformulierte und einseitig gestellte Urheberrechtsverträge mit Auslegungsregeln wie § 31 Abs. 5

an den Regeln des AGB-Rechts, hier insbesondere der Inhaltskontrolle nach der Generalklausel (§ 9 AGBG a.F., nunmehr § 307 BGB), zu messen (BGH GRUR 1984, 45 – *Honorarbedingungen Sendevertrag*). In letzter Zeit deutete sich aber bereits an, dass es keineswegs sicher war, dass die Rechtsprechung noch an ihrer vom Bundesgerichtshof vorgegebenen strengen früheren Auffassung uneingeschränkt festhalten würde (OLG Zweibrücken ZUM 2001, 346, 347 – *ZDF-Komponistenverträge*; LG München I K&R 1999, 522, 523 – *Focus-TV*). Die Rechtsprechung hat sogar die Leitnorm des § 11 fruchtbar gemacht: Eine AGB-Klausel sei unwirksam, mit der die inhaltliche Gestaltung eines Filmes allein nach den Vorstellungen und Weisungen des Produzenten zu erfolgen hat und der Regisseur damit „zum reinen Erfüllungsgehilfen des Produzenten" gemacht wird; dies sei mit der grundsätzlichen gesetzgeberischen Entscheidung in § 11 nicht vereinbar (LG München I ZUM 2000, 414, 417 – *Down Under*). Im Einzelnen zum Verhältnis des Urheberrechts zum AGB-Recht vgl. Vor §§ 31 ff. Rn. 192 ff. und auch bereits an dieser Stelle Schricker/*Schricker*[3] Rn. 5. In dieselbe Richtung geht auch LG Berlin (LG Berlin K&R 2007, 588): Dies berücksichtigt aber die oben (vgl. Rn. 5 f.) dargestellte Rechtsprechung des BGH zur AGB-Festigkeit von Vergütungsabreden nicht hinreichend.

Unterabschnitt 2   **Urheberpersönlichkeitsrecht**

Vorbemerkung

Übersicht

I.   Allgemeines

1 Der Schutz der Persönlichkeit des Urhebers beschränkt sich nicht auf die in §§ 12–14 aufgezählten Rechte. Neben diesen Urheberpersönlichkeitsrechten im engeren Sinne (vgl. Rn. 3) enthält das UrhG noch weitere Normen, welche die ideellen und geistigen Interessen des Urhebers schützen (vgl. Rn. 6). Hinzu kommt das allgemeine Persönlichkeitsrecht (vgl. Rn. 12).

II.   Urheberpersönlichkeitsrecht

2 Der Urheber hinterlässt in jedem Werk Spuren seiner **Persönlichkeit** (§ 2 Abs. 2: „Werke sind [nur] persönliche geistige Schöpfungen"), so dass zwischen ihm und seinem Werk stets ein **geistiges Band** besteht. Die persönlich-keitsrechtliche Prägung des Urheberrechts zeigt sich schon darin, dass dieses anders als die gewerblichen Schutzrechte (z.B. Marke, Patent, Geschmacks-muster) nur einer natürlichen, nicht einer juristischen Person zustehen kann. Die geistige Verbindung zwischen Urheber und Werk wird auch nicht dadurch aufgehoben, dass der Urheber Dritten die Verwertung seines Werkes gestattet.

1.   Urheberpersönlichkeitsrechte im engeren Sinne

Das Urheberpersönlichkeitsrecht im engeren Sinne findet seine Ausprägung in   **3** den §§ 12–14: Das **Veröffentlichungsrecht** nach § 12 Abs. 1 gibt dem Urheber das Recht, über die (Erst)Veröffentlichung seines Werkes zu entscheiden. Er kann es von der öffentlichen Kenntnisnahme fernhalten und zugleich als Erster den Inhalt des Werkes öffentlich mitteilen, § 12 Abs. 2. § 13 S. 1 gewährt dem Urheber ein uneingeschränktes **Recht auf Anerkennung seiner Urheberschaft.** Er kann zudem bestimmen, ob und wie das Werk zu bezeichnen und er als Urheber zu benennen ist, § 13 S. 2. § 14 gewährt dem Urheber einen Schutz **vor entstellenden und verfälschenden Eingriffen** in das Werk.

Im **europäischen Recht** ist das Urheberpersönlichkeitsrecht bislang nicht ko-   **4** difiziert (ausführlich dazu *Asmus*, Die Harmonisierung des Urheberpersön-lichkeitsrechts in Europa, 2004; *Metzger* FS-Schricker, S. 455 ff., sowie die Übersicht bei Schricker/*Dietz*[3] Rn. 22a, dort auch Hinweise zu Ansätzen in der Rspr. des EuGH sowie einzelner Richtlinien). Zur Begründung wird auf die Kompetenzen und die eher wirtschaftlich geprägten Ziele der Europäischen Union verwiesen. Allerdings sind die im Recht der Mitgliedstaaten vorhande-nen Unterschiede im Schutzniveau des UPR sehr wohl geeignet, den freien Warenverkehr in Europa zu beinträchtigen. So mag die Verfilmung eines Buches in einem Mitgliedstaat wegen Entstellung des Originalwerks unzuläs-sig, in einem anderen dagegen rechtlich nicht zu beanstanden sein (so *Metzger* FS-Schricker S. 455 ff. unter Hinweis auf OLG München GRUR 1986, 460 – *Die unendliche Geschichte*). In der Rechtspraxis unterschiedlich gehandhabt wird auch die Einblendung von Werbefenstern oder -botschaften in Spielfil-men. Schließlich mag in dem einen Mitgliedstaat eine Fotografie ohne, in dem anderen nur mit Urheberbenennung abgedruckt oder ausgestrahlt werden. Die europäische Harmonisierung des UPR ist nicht nur geboten, sie fällt auch in die Zuständigkeit der EU.

Das UPR ist in gewissen Grenzen auf **konventionsrechtlicher Ebene** anerkannt: **5** Art. 6bis Abs. 1 RBÜ enthält die im deutschen Recht in §§ 13, 14 geregelten Rechte des Urhebers.

2.   Urheberpersönlichkeitsrecht im weiteren Sinne

Das Urheberpersönlichkeitsrecht im weiteren Sinne beruht auf dem das ge-   **6** samte Urheberrecht prägenden Gedanken des Schutzes der ideellen, nämlich geistigen und persönlichen Interessen des Urhebers (Schricker/*Dietz*[3] vor § 12 Rn. 8), deren Schutz auch § 39 (Änderungsverbot), **§ 25 Abs. 1** (Zugangs-recht), **§ 42 Abs. 1 S. 1** (Rückruf wegen gewandelter Überzeugung) sowie § 63 (Pflicht zur Quellenangabe) gewährleisten. Eine randscharfe Abgrenzung des Urheberpersönlichkeitsrechts im engeren oder weiteren Sinne ist nicht möglich (Möhring/Nicolini/*Kroitzsch*[2] § 11 Rn. 7). Eine Hilfestellung kann die Überlegung bieten, dass die persönlichkeitsbezogenen Rechte von den Verwertungsrechten in §§ 15 ff. abzugrenzen sind (vgl. § 11 Rn. 1). Tatsächlich ist eine klare Trennung aber auch dann nicht immer möglich: So schützt das Veröffentlichungsrecht nach § 12 auch das Vermögen, obwohl es den Persönlichkeitsrechten zugeordnet ist (siehe *Schack*[4] Rn. 304), und das Bearbeitungsrecht nach § 23 ist ein Verwertungsrecht, welches auch dem Persönlichkeitsschutz dient (vgl. §§ 23, 24 Rn. 8).

3. Anwendungsbereich

7 Das Urheberpersönlichkeitsrecht ist bei allen Werkarten und Werknutzungen anwendbar. Bezüglich der verwandten Schutzrechte ist es zum Teil entsprechend anwendbar: Für wissenschaftliche Ausgaben vgl. § 70 Rn. 18, zu Lichtbildern, wo § 14 nur eingeschränkt anwendbar ist, vgl. § 72 Rn. 16 f. Bei nachgelassenen Werken steht dem Rechtsinhaber kein Urheberpersönlichkeitsrecht zu (vgl. § 71 Rn. 27 gegen Dreier/Schulze/*Dreier*[2] Rn. 4).

4. Praktische Bedeutung des Urheberpersönlichkeitsrechts

8 Das Gesetz schützt das Urheberpersönlichkeitsrecht umfänglich, was angesichts des Auftrages in § 11 durchaus angemessen ist. Die Wissenschaft betont die herausgehobene Stellung des Urheberpersönlichkeitsrechts (*Schack*[4] Rn. 315; *Ulmer*[3] § 38 II. 1), in der Praxis sind die Verwertungsrechte (§§ 15–22) weitaus wichtiger. Nicht zu verkennen ist, dass Urheberpersönlichkeitsrechte mitunter auch als Vehikel für pekuniäre und strategische Interessen eingesetzt werden. Dem Fotografen, dessen Namen bei Abdruck seiner Fotografie nicht genannt wurde, mag es im Einzelfall weniger um die Nennung (§ 13), sondern um den Erhalt des 100%igen Lizenzzuschlags gehen, den die Rspr. in diesen Fällen gewährt (vgl. § 13 Rn. 30). Dem Architekt mag die geplante Umgestaltung eines von ihm geschaffenen Gebäudes eigentlich gleichgültig sein, er möchte jedoch den Auftrag dazu oder zumindest eine Entschädigung erhalten und beruft sich auf den Integritätsschutz nach § 14.

5. Das Urheberpersönlichkeitsrecht im Rechtsverkehr

9 Aufgrund seiner Eigenart verbleibt das Urheberpersönlichkeitsrecht mit dem Urheberrecht stets beim Rechtsinhaber (§ 29 Abs. 1); nur an Verwertungsrechten kann er Nutzungsrechte einraumen (§ 31 Abs. 1). Eine entsprechende gesetzliche Regelung für Urheberpersönlichkeitsrechte fehlt. Dennoch sind auch die praktisch notwendigen Rechtsgeschäfte über Urheberpersönlichkeitsrechte im beschränkten Umfang möglich, was schon § 39 Abs. 1 2. Halbs. zeigt, der die Möglichkeit schuldrechtlicher Gestattungen bezüglich des Urheberpersönlichkeitsrechts voraussetzt. Eine ausdrückliche gesetzliche Regelung war in § 39 ProfE UrhVG noch vorgesehen, verschwand aber während des Gesetzgebungsverfahrens (dazu ausführlich Loewenheim/*Dietz* § 15 Rn. 18).

10 Auch urheberpersönlichkeitsrechtliche Befugnisse können **mit dinglicher Wirkung** auf den Nutzungsberechtigten gebunden mitübertragen werden, damit dieser die ihm eingeräumten Verwertungsrechte auch tatsächlich nutzen kann (Dreier/Schulze/*Schulze*[2] Rn. 12; *Schack*[4] Rn. 563 m.w.N. in Fn. 135; a.A. Vorauflage/*Hertin*[9] Rn. 144 und wohl auch HK-UrhR/*Dreyer* Rn. 32 – lediglich schuldrechtliche Gestattung möglich). So impliziert die Einräumung des Vervielfältigungs- und Verbreitungsrechts die Übertragung der Ausübungsbefugnisse des Veröffentlichungsrechts (BGH GRUR 1955, 201 – *Cosima Wagner*) und mit dem Aufführungsrecht wird auch das Recht zur Änderung eingeräumt (§ 39 Abs. 2, *Schack*[4] Rn. 563). Ein **umfassender Vorausverzicht** auf die urheberpersönlichkeitsrechtlichen Befugnisse ist jedoch nicht möglich.

6. Postmortaler Urheberpersönlichkeitsschutz

Mit Ablauf der 70jährigen Schutzfrist *p.m.a.* gem. § 64 enden auch die urhe- **11** berpersönlichkeitsrechtlichen Befugnisse (vgl. § 64 Rn. 18 sowie § 14 Rn. 6 zu Besonderheiten beim Entstellungschutz).

III. Verhältnis des Urheberpersönlichkeitsrechts zum allgemeinen Persönlichkeitsrecht

1. Übersicht zum allgemeinen Persönlichkeitsrecht

Die Rechtsprechung erkennt ein ungeschriebenes allgemeines Persönlichkeits- **12** recht an (BGH NJW 1958, 827 – *Herrenreiter*; BGH GRUR 1955, 197 – *Leserbrief*). Es schützt das Recht des Einzelnen auf Achtung seiner personalen und sozialen Identität sowie auf Entfaltung seiner individuellen Persönlichkeit (Palandt/*Sprau*[67] § 823 Rn. 86 m.w.N.). Folgende Fallgruppen haben sich herausgebildet (MüKo/*Rixecker*[5] Anh. zu § 12 Übersicht Rn. 40 ff.):
1. Schutz vor unberechtigter Bildnisherstellung und –verbreitung
2. Schutz vor Angriffen auf Ehre und persönliche Integrität
3. Schutz vor Identitätsentstellung
4. Schutz vor dem Eindringen in den persönlichen Bereich
5. Schutz vor Erhebung und Verarbeitung von wahren personenbezogenen Informationen
6. Schutz der Person vor unbefugter Nutzung der Persönlichkeit

2. Schnittmengen

In einigen Fällen können sich Schnittmengen aus den Schutzbereichen von **13** Urheberpersönlichkeitsrecht und allgemeinem Persönlichkeitsrecht ergeben: Da jedes Werk auch Teile der Schöpferpersönlichkeit enthält (vgl. Rn. 1), bestehen Überschneidungen mit der zweiten Fallgruppe (Schutz von Ehre und Integrität), etwa wenn der Architekt sein allgemeines Persönlichkeitsrecht verletzt sieht, weil sein Werk nicht gebaut wird (NJW 2005, 590). Auch Werkkritik kann beide Rechte verletzen: Die Bezeichnung von Bölls Oeuvre als „häufig widerwärtiger Dreck" ist unzulässige Schmähkritik (BVerfG NJW 1993, 1462), die Urheber und allgemeines Persönlichkeitsrecht tangiert. Die dritte Fallgruppe des aPR (Identitätsentstellung) schützt unter anderem vor dem Unterschieben falscher Aussagen (MüKo/*Rixecker*[5] Anh. zu § 12 Rn. 81). Namentlich gehören dazu Zitate, die nicht oder nicht in dieser Weise getätigt wurden (BVerfG NJW 1993, 2925). Es liegt auf der Hand, dass angeblich aus einem Werk entnommene Zitate zugleich das Urheber- und das allgemeine Persönlichkeitsrecht berühren können. Bezüglich der vierten Fallgruppe könn- ten Überschneidungen dann vorliegen, wenn ein intimes Selbstbildnis des Urhebers gegen dessen Willen veröffentlicht wird (Beispiel nach Wandtke/Bul- linger/*Bullinger*[2] Rn. 20). Die sechste Fallgruppe schließlich schützt den Ur- heber von Texten auch vor der rücksichtslosen Verwertung zur Verfolgung kommerzieller Interessen (MüKo/*Rixecker*[5] Anh. zu § 12 Rn. 128 a.E.), so dass auch hier Schnittmengen bestehen.

3. Grundsätzlicher Vorrang des Urheberpersönlichkeitsrechts

14 Als Spezialregelung geht das Urheberpersönlichkeitsrecht dem allgemeinen Persönlichkeitsrecht grundsätzlich vor (Schricker/*Dietz*[3] Rn. 15 m.w.N.). In Einzelfällen kann das allgemeine Persönlichkeitsrecht ergänzend herangezogen werden, wenn durch das UrhG ungewollte Lücken verbleiben, nämlich bei fehlendem urheberrechtlichen Schutz (siehe BGH GRUR 1955, 197 – *Leserbrief*). Die in diesem Zusammenhang ebenfalls thematisierten Altfälle bezüglich Werken, die vor Inkrafttreten des UrhG am 01.01.1966 geschaffen wurden (siehe § 143 Abs. 2) sind aufgrund Zeitablaufs irrelevant.

15 Ebenfalls kein Fall des Urheber-, sondern allenfalls des allgemeinen Persönlichkeitsrechts ist das *droit de non-paternité*, also des **Anerkennens der Nicht-Urheberschaft**. Das Unterschieben von Werken kann das allgemeine Persönlichkeitsrecht, nicht aber das Urheberpersönlichkeitsrecht bezüglich der zum Oeuvre gehörenden Werke verletzen (BGH GRUR 1995, 668, 670 – *Emil Nolde*).

4. Schutzdauer des allgemeinen Persönlichkeitsrechts

16 Auch das allgemeine Persönlichkeitsrecht überdauert den Tod und kann danach von den Angehörigen des Verstorbenen geltend gemacht werden (zuletzt BGH GRUR 2007, 168, 169 – *kinski-klaus.de*; BGH GRUR 2006, 606 – *Postmortaler Persönlichkeitsschutz*; BGH GRUR 1995, 668 – *Emil Nolde* jeweils m.w.N.; MüKo/*Rixecker*[5] Anh. § 12 Rn. 31, 33). Hinsichtlich der **vermögenswerten Bestandteile** des allgemeinen Persönlichkeitsrechts hat der BGH zwischenzeitlich entschieden, dass diese analog § 22 S. 3 KUG 10 Jahre nach dem Tod erlöschen (BGH GRUR , 168, 169 – *kinski-klaus.de*). Wie lange die ideellen Bestandteile des aPR geltend gemacht werden können, ist dagegen nicht abschließend geklärt. Sie dauern bei einem bekannten Maler wenigstens 30 Jahre (BGH GRUR 1995, 668, 670 – *Emil Nolde*). Erforderlich ist wohl, dass die das Recht durchsetzenden Angehörigen noch eine persönliche Betroffenheit darlegen können.

---

§ 12   Veröffentlichungsrecht

(1) Der Urheber hat das Recht zu bestimmen, ob und wie sein Werk zu veröffentlichen ist.

(2) Dem Urheber ist es vorbehalten, den Inhalt seines Werkes öffentlich mitzuteilen oder zu beschreiben, solange weder das Werk noch der wesentliche Inhalt oder eine Beschreibung des Werkes mit seiner Zustimmung veröffentlicht ist.

Übersicht

I. Allgemeines

1. Bedeutung, Sinn und Zweck der Norm

§ 12 regelt zwei selbständige Urheberpersönlichkeitsrechte. Abs. 1 räumt dem **1**
Urheber das Recht ein, über das „Ob" und „Wie" der Veröffentlichung seines
Werkes zu entscheiden (**Veröffentlichungsrecht**). Nach Abs. 2 ist ihm ferner
vorbehalten, als Erster den Inhalt seines Werkes öffentlich mitzuteilen, solange
weder das Werk noch der wesentliche Inhalt oder eine Werkbeschreibung mit
seiner Zustimmung veröffentlicht wurden (**Mitteilungsrecht**).

Beide Rechte schützen die Verfügungsgewalt des Urhebers über sein Werk: **2**
Hält er es noch für unfertig oder für ihn belastend, dann will er es nicht aus
seiner Privatsphäre entlassen und sich der öffentlichen Diskussion aussetzen.
Erst mit der Entscheidung für eine Veröffentlichung macht der Urheber sein
Werk zum Gegenstand des Rechtsverkehrs; dabei führt die Veröffentlichung
unwiderruflich zu bestimmten wirtschaftlichen Beschränkungen des Urheberrechts im Rahmen der Schrankenvorschriften der §§ 44a (vgl. § 6 Rn. 30 ff.).
Vor diesen Nachteilen möchte das Veröffentlichungsrecht den Urheber schützen. Das Recht ist persönlichkeits- und vermögensrechtlicher Natur (BGH
GRUR 1955, 201, 204 – *Cosima Wagner*). Eine gegen den Willen des Urhebers
erfolgende Veröffentlichung kann auch nicht mit verfassungsrechtlichen Erwägungen, insb. der **Meinungs- und Pressefreiheit** (Art. 5 Abs. 1), gerechtfertigt werden (KG GRUR-RR 2008, 188 – *Günter-Grass-Briefe* zum Abdruck politisch brisanter Briefe in einer Tageszeitung).

Bildet das Veröffentlichungsrecht (Abs. 1) damit einerseits eine **Grundnorm 3**
des Urheberrechts (Schricker/*Dietz*[3] Rn. 1), erlangt es andererseits nur selten
selbständige Bedeutung. Denn die unautorisierte Werkveröffentlichung verletzt regelmäßig auch materielle Verwertungsbefugnisse des Urhebers
(§§ 15 ff.), die ihm ebenfalls entsprechende Verbotsrechte zuweisen. Eine Ausnahme bildet die körperliche Ausstellung von unveröffentlichten Werken, die
nicht unter § 18 fallen, z.B. von Briefen oder wissenschaftlichen Darstellungen. Dagegen hat das Mitteilungsrechts nach Abs. 2 durchaus eigenständige
Bedeutung, weil die durch Dritte erfolgende Preisgabe des Werkinhalts (z.B.
die Schilderung von Details eines mit Spannung erwarteten Fortsetzungs-
romans) nicht zwingend die Verwertungsbefugnisse des Urhebers an seinem
Werk verletzt (vgl. Rn. 18).

Einen **Anspruch auf Veröffentlichung** vermag § 12 nicht zu begründen; der **4**
Urheber bleibt insoweit auf vertragliche Ansprüche beschränkt (KG GRUR
1981, 742, 743 – *Totenmaske*; Schricker/*Dietz*[3] Rn. 17; *Schack*[4] Rn. 330).

2. Anwendungsbereich

Das Veröffentlichungsrecht gilt für alle Werkarten (Begr RegE UrhG – BT-Drs. **5**
IV/270, S. 44), einschließlich von Werkteilen, sofern diese für sich schutzfähig
sind (OLG Zweibrücken GRUR 1997, 363, 364 – *Jüdische Friedhöfe*), wie

auch für nachträgliche **Bearbeitungen** des bereits veröffentlichten Werkes (Wandtke/Bullinger/*Bullinger*[2] Rn. 6; Dreier/Schulze/*Schulze*[2] Rn. 2). Bei den **Leistungsschutzrechten** können sich nur die Verfasser wissenschaftlicher Ausgaben (§ 70) und die Lichtbildner (§ 72) auf die Rechte nach § 12 berufen, die Inhaber anderer Leistungsschutzrechte dagegen nicht (ebenso Dreier/Schulze/*Schulze*[2] Rn. 2).

3. Konventions- und Fremdenrecht

6 Im Konventionsrecht fehlt eine § 12 entsprechende Bestimmung; Art 6bis RBÜ regelt nur die in §§ 13, 14 enthaltenen Aspekte des Urheberpersönlichkeitsrechts. § 121 Abs. 6 gewährt allerdings auch **Ausländern** ungeachtet ihrer Staatsangehörigkeit und völkerrechtlicher Vereinbarungen die Urheberpersönlichkeitsrechte nach §§ 12 ff.; insoweit mag für einzelne Ausländer das Veröffentlichungsrecht durchaus eigenständige Bedeutung haben (Schricker/*Dietz*[3] Rn. 3), nämlich wenn ihnen die Berufung auf die Verwertungsrechte nach § 15 versagt bleibt.

7 Zur bislang fehlenden **EU-Harmonisierung** des Persönlichkeitsrechts vgl. Vor § 12 Rn. 4. Zum Recht in anderen EU-Mitgliedstaaten Schricker/*Dietz*[3] Rn. 3.

II. Veröffentlichungsrecht (Abs. 1)

1. Inhalt und Schutzumfang

8 § 12 Abs. 1 räumt dem Urheber das Recht ein zu bestimmen, ob und wie sein Werk veröffentlicht wird. Der **Begriff der Veröffentlichung** ist selbst nicht in § 12, sondern in **§ 6 Abs. 1** geregelt (vgl. § 6 Rn. 4). Danach ist ein Werk veröffentlicht, wenn es mit Zustimmung des Urhebers der Öffentlichkeit zugänglich gemacht wurde. Der Veröffentlichungsbegriff in § 6 Abs. 1 ist enger als die nur für die Verwertungsrechte der öffentlichen Wiedergabe geltende Legaldefinition der Öffentlichkeit in § 15 Abs. 3 (wohl h.M.: Schricker/*Katzenberger*[3] § 6 Rn. 9; Schricker/*Dietz*[3] Rn. 8; Wandtke/Bullinger/*Bullinger*[2] Rn. 7; *Schack*[4] Rn. 231, 329). Dies gebietet die unterschiedliche Interessenlage: Während mit Rücksicht auf die Verwertungsinteressen des Urhebers eine öffentliche Wiedergabe i.S.d. § 15 Abs. 3 bereits vorliegt, wenn nur wenige nicht durch persönliche Beziehungen miteinander verbundene Personen das (veröffentlichte) Werk wahrnehmen können (vgl. § 15 Rn. 39 f.), hat der Urheber im Anwendungsbereich des § 12 gerade umgekehrt ein Interesse daran, dass ihm das Veröffentlichungsrecht möglichst lange erhalten bleibt (zum Verlust bzw. Verbrauch vgl. Rn. 11). Deshalb gestatten § 12 Abs. 1 und § 6 Abs. 1 dem Urheber, die Wirkung seines Werkes im kleinen Kreis zu testen (Schricker/*Dietz*[3] Rn. 8) ohne des Veröffentlichungsrechts verlustig zu werden, selbst wenn dadurch eine öffentliche Wiedergabe nach § 15 Abs. 3 erfolgt (zu weitgehend allerdings Wandtke/Bullinger/*Bullinger*[2] Rn. 7: Veröffentlichung erst, wenn das Werk ohne Einschränkung grundsätzlich jedermann zugänglich gemacht worden ist). Die Grenzen dieser Befugnis sind Frage des Einzelfalles (vgl. dazu § 6 Rn. 11).

9 Das Recht nach § 12 beschränkt sich nach ganz überwiegender Auffassung auf die **Erstveröffentlichung** des Werkes (OLG Köln GRUR-RR 2005, 337, 338 – *Dokumentarfilm Massaker*; OLG Zweibrücken GRUR 1997, 363, 364 – *Jüdische Friedhöfe*; OLG München NJW-RR 1997, 493, 494 – *Ausgleich*

Nichtvermögensschaden, alle Entscheidungen jeweils ohne nähere Begründung; *Strömholm* GRUR 1963, 350, 358; Dreier/Schulze/*Schulze*[2] § 12 Rn. 6; Schricker/*Dietz*[3] § 12 Rn. 7; HK-UrhR/*Dreyer* Rn. 5; Wandtke/Bullinger/*Bullinger*[2] Rn. 9; *Schack*[4] Rn. 328; zur Gegenmeinung sogleich). Erscheint das Werk später erneut in anderer Form gegen den Willen des Urhebers (z.B. Veröffentlichung des Schriftstücks im Internet, Verfilmung), sind nur die Verwertungs- und Bearbeitungsrechte des Urhebers betroffen, nicht jedoch das Veröffentlichungsrecht. Das Veröffentlichungsrecht hat damit den Charakter eines **Einmalrechts**, welches sich **durch Ausübung verbraucht**. Die Gegenauffassung, die dem Urheber unter Hinweis auf den Wortlaut von Abs. 1 (das „Wie" der Veröffentlichung) das Veröffentlichungsrecht auch für nachfolgende Formen der Veröffentlichung zuerkennt (LG Berlin GRUR 1983, 761, 762 – *Porträtbild*; Vorauflage/*Hertin*[9] Rn. 10; *v. Gamm* Rn. 7) widerspricht dem Schutzzweck des § 12. Die Vorschrift möchte den Urheber davor bewahren, dass ein nicht für die Öffentlichkeit bestimmtes oder unfertiges Werk an die Öffentlichkeit gelangt. Gegen alle nachfolgenden Veröffentlichungen wird er bereits umfassend durch die Verwertungsrechte nach §§ 15 ff., aber auch durch die Rechte nach § 14 (Entstellungsschutz) und § 23 (Bearbeitungen) geschützt (HK-UrhR/*Dreyer* Rn. 5).

Entsprechend beschränkt sich auch das dem Urheber nach Abs. 1 vorbehaltene **10** „**Wie**" der Werkveröffentlichung auf die Erstveröffentlichung. Der Urheber kann allein festlegen, an welchem Ort, zu welchem Zeitpunkt und in welcher Form (z.B. Lesung, Aufführung, Vervielfältigung, Kino oder Video) das Werk erstmalig veröffentlicht wird. Sofern die Form vertraglich nicht ausdrücklich festgelegt ist, ist sie im Wege der Auslegung sowie unter Berücksichtigung der Grundsätze von Treu und Glauben zu ermitteln (ähnlich OLG Köln GRUR-RR 2005, 337, 338 – *Dokumentarfilm Massaker*). Die gebotene Auslegung kann auch ergeben, dass der Urheber dem Verwerter die Entscheidungsbefugnis überlassen hat, in welcher Form die Veröffentlichung erfolgen soll. Gerade bei Bestellwerken setzen die auch im Urhebervertragsrecht geltenden Grundsätze von Treu und Glauben (§ 242 BGB) dem Veröffentlichungsrecht Grenzen (OLG Köln GRUR-RR 2005, 337, 338 – *Dokumentarfilm Massaker*; dazu auch LG Leipzig ZUM 2006, 893, 894 – *Glockenzier*).

2.   Ausübung und Verbrauch des Veröffentlichungsrechts

Das Veröffentlichungsrecht nach Abs. 1 erlischt bzw. verbraucht sich erst mit **11** dem **Realakt** der Veröffentlichung. Der Urheber kann es jedoch bereits vorher ausüben. Dies geschieht meist nicht ausdrücklich, sondern stillschweigend im Zusammenhang mit der rechtsgeschäftlichen **Einräumung von Nutzungsrechten** (OLG München ZUM 2000, 767, 700; Dreier/Schulze/*Schulze*[2] § 12 Rn. 9). Räumt der Autor dem Verleger das Recht zur Verwertung seines Werkes ein, z.B. durch körperliche Verbreitung (§ 17) oder öffentliche Wiedergabe (§§ 15 Abs. 2, 19 ff.), und übergibt er dem Verleger das fertige Manuskript, übt er in diesem Moment das Veröffentlichungsrecht aus. Solange aber das zu erstellende Werk noch nicht vorhanden ist, ist eine Vorausverfügung über das Veröffentlichungsrecht nicht möglich (OLG Köln GRUR-RR 2005, 337, 338 – *Dokumentarfilm Massaker,* OLG München ZUM 2000, 767, 701; Schricker/*Dietz*[3] Rn. 12*).* Die Ausübung des Veröffentlichungsrechts setzt also die **Vollendung** des Werkes voraus (s.a. *Reupert,* Der Film im Urheberrecht, 1995, S. 120). Die **Zweckübertragungslehre** (vgl. § 31 Rn. 108 ff.) ist entsprechend anwendbar, wenn im Falle einer Weggabe des Werkes durch den Urheber Zweifel über die Ausübung des Veröffentlichungsrechts bestehen (BGH GRUR 1955, 201, 204 f. – *Cosima Wagner*; BGH GRUR 1977 551, 554 – *Textdichteranmeldung*; LG Leipzig ZUM 2006, 893, 894 – *Glockenzier*; Wandtke/Bullinger/*Bullinger*[2] Rn. 10).

12 Die Ausübung des Veröffentlichungsrechts ergibt sich ansonsten meist aus den **Umständen**. Beispiel ist die – auch vorübergehende – **öffentliche Präsentation** des Werkes. Von Bedeutung ist die Fiktion des **§ 44 Abs. 2**: Veräußert der Urheber ein Originalwerk der bildenden Künste oder das Original eines Lichtbildwerkes, so begibt sich der Urheber seines Veröffentlichungsrechts, wenn er keine anderslautende Vereinbarung getroffen hat. Der Erwerber des Werkoriginals ist nämlich dazu berechtigt, das Originalwerk öffentlich auszustellen, sofern der Urheber sich dies nicht ausdrücklich vorbehalten hat (vgl. § 44 Rn. 9). Daraus folgt im Umkehrschluss, dass außerhalb des Anwendungsbereichs des § 44 Abs. 2 der Urheber durch einen **bloßen Verkauf** seines bislang unveröffentlichten Werkes nicht zwingend der Veröffentlichung zustimmt. Veräußert der Komponist die handschriftliche Partitur oder eine Demo-Version seiner unveröffentlichten Komposition, wird er über das Recht nach § 12 nur verfügen wollen, wenn er dem Erwerber zugleich Nutzungsrechte an der Komposition einräumt. Dies ist Frage des Einzelfalls (Wandtke/Bullinger/*Bullinger*[2] Rn. 12 zur Frage, ob ein Innenarchitekt mit Übergabe seines Werkes an den Bauherrn der Veröffentlichung zustimmt).

13 Durch die Ausübung des **Mitteilungsrechts** nach Abs. 2 (Bekanntgabe des bloßen Werkinhalts) verbraucht sich das Veröffentlichungsrecht noch nicht (vgl. Rn. 19). Vielmehr muss das Werk als solches mit Zustimmung des Urhebers veröffentlicht worden sein (OLG Zweibrücken GRUR 1997, 363, 364 – *Jüdische Friedhöfe*: kein Verbrauch durch öffentliche Vorstellung eines Werkes im Rahmen einer Feierstunde und Besprechung in der Tagespresse). Werden nur **Werkteile** veröffentlicht (z.B. der 1. Akt eines Theaterstücks oder Ausschnitte aus einem Musical) verbraucht sich das Veröffentlichungsrecht nur hinsichtlich dieser Werkteile (OLG München ZUM 2000, 767, 701 f. für einzelne Teile eines Filmwerkes).

3. Veröffentlichungsrecht von Miturhebern

14 Miturheber können das Veröffentlichungsrecht nur gemeinsam ausüben, § 8 Abs. 2 Abs. 1. Ein einzelner Miturheber darf jedoch seine Einwilligung zur Veröffentlichung nicht wider Treu und Glauben verweigern, § 8 Abs. 2 S. 2. Dies ist insb. bei Auftragsproduktionen im Filmbereich der Fall, für die der Miturheber vom Besteller eine Vergütung für seine vertraglich vereinbarte Werkleistung erhalten hat (OLG Köln GRUR-RR 2005, 337, 338 – *Dokumentarfilm Massaker*). Entspricht die geschaffene Werkleistung dem im Vorfeld Vereinbarten, kann der Miturheber die Veröffentlichung nicht unter Hinweis auf sein Veröffentlichungsrecht torpedieren. Verweigert er die Zustimmung, müssen die anderen Miturheber oder der Verwerter diese einklagen (Dreier/Schulze/*Schulze*[2] § 8 Rn. 16).

4. Folgen der Rechtsverletzung

15 Wird das Werk ohne Zustimmung des Urhebers veröffentlicht, wird dieser des Veröffentlichungsrechts nach Abs. 1 nicht verlustig (allg.M.: OLG Köln GRUR-RR 2005, 337, 338 – *Dokumentarfilm Massaker*; Schricker/*Dietz*[3] Rn. 7; Möhring/Nicolini/*Kroitzsch*[2] Rn. 14; HK-UrhR/*Dreyer* Rn. 17). Er kann von dem Verletzer nicht nur Beseitigung und Unterlassung, ggf. auch den Rückruf verbreiteter Werkexemplare, verlangen, sondern bleibt weiterhin berechtigt, anderen die Veröffentlichung seines Werkes zu verbieten.

III. Das Recht der öffentlichen Inhaltsmitteilung oder -beschreibung (Abs. 2)

1. Inhalt und Schutzumfang

Nicht nur das vollständige Werk oder einzelne Werkteile unterliegen dcm **16** Veröffentlichungsrecht. § 12 Abs. 2 behält dem Urheber auch das Recht vor, als Erster der Öffentlichkeit den Inhalt seines Werkes mitzuteilen oder zu beschreiben, solange weder das Werk noch der wesentliche Inhalt oder eine Beschreibung des Werkes mit seiner Zustimmung veröffentlicht wurden. Praktisch bedeutsam ist dies für **Vorankündigungen** neu erscheinender Werke, etwa eines Romans, Spielfilms oder einer wissenschaftlichen Abhandlung. Dem Urheber bleiben nur solche Mitteilungen exklusiv vorbehalten, die die **schutzfähigen Inhalte** seines unveröffentlichten Werkes preisgeben (Schricker/*Dietz*[3] Rn. 24; Dreier/Schulze/*Schulze*[2] Rn. 21). Dies sind etwa bei einem Roman oder Spielfilm die – auch sehr grobe – Darstellung der Handlung (Inhaltsmitteilung) oder im Fall eines Kunstwerkes die in Worte gefasste Beschreibung der formgebenden Züge (Werkbeschreibung, z.B. „Skulptur eines Pferds mit Reiter"). Maßgeblich ist, ob sich die Öffentlichkeit anhand der Mitteilung oder Beschreibung bereits ein ungefähres Bild über den Werkinhalt machen kann (HK-UrhR/*Dreyer* Rn. 23).

Die Preisgabe **schutzunfähiger Inhalte** des Werkes fällt dagegen nicht unter das **17** Erstmitteilungsrecht (Schricker/*Dietz*[3] Rn. 24). Dazu gehören die äußeren Umstände des Werkes. Wer nur den Titel oder das Thema eines Romans (z.B. „historisches Schiffsunglück"), dessen Umfang, das Erscheinungsdatum oder die Namen der mitwirkenden Schauspieler eines Spielfilms verrät, verletzt nicht das Mitteilungsrecht des Urhebers. Insoweit helfen nur weitergehende Geheimhaltungsvereinbarungen.

Mitteilungsrecht (Abs. 2) und Veröffentlichungsrecht (Abs. 1) bestehen **selbst- 18 ständig nebeneinander**. Stellt der Urheber den Inhalt seines Werkes öffentlich vor (z.B. Vorankündigung, Trailer, Lesung von Auszügen) führt dies noch zu keinem Verbrauch des Veröffentlichungsrechts nach Abs. 1 (OLG Zweibrücken GRUR 1997, 363, 364 – *Jüdische Friedhöfe*; Schricker/*Dietz*[3] Rn. 26; HK-UrhR/*Dreyer* Rn. 19).

2. Verbrauch

Wie Absatz 1 gewährt Absatz 2 dem Urheber nur das Recht zur Erstmitteilung **19** (vgl. Rn. 9). Ist mit seiner Zustimmung eine Mitteilung bzw. Beschreibung des wesentlichen Inhalts erfolgt, ist das Recht nach § 12 Abs. 2 verbraucht. Die Differenzierung zwischen „Inhalt" (Halbs. 1) und „wesentlicher Inhalt" (Halbs. 2) führt dazu, dass dem Urheber zwar jede Inhaltsmitteilung vorbehalten ist, aber nur die Mitteilung des wesentlichen Inhalts zum Verbrauch des Rechts führt (Schricker/*Dietz*[3] Rn. 12). Folglich kann der Urheber den Verbrauch seines Mitteilungsrechts verzögern, indem er nur lückenhafte Details oder das Werkthema, nicht jedoch den vollständigen Inhalt preisgibt (Dreier/Schulze/*Schulze*[2] Rn. 23).

20 Für die Merkmale der **Zustimmung** des Urhebers und der **Veröffentlichung** gelten die Ausführungen zu Abs. 1 entsprechend (vgl. Rn. 8).

21 Ist das Mitteilungsrecht verbraucht, folgt daraus im Umkehrschluss, dass jedermann berechtigt ist, den Inhalt des Werkes öffentlich mitzuteilen oder zu beschreiben. Teile der Literatur messen deshalb Absatz 2 den Charakter einer **Schrankenbestimmung** bei (Schricker/*Dietz*[3] Rn. 29; *Haberstumpf*[2] Rn. 205; ablehnend Dreier/Schulze/*Schulze*[2] Rn. 24; Vorauflage/*Hertin*[9] Rn. 24; Wandtke/Bullinger/*Bullinger*[2] Rn. 22). Der Meinungsstreit ist letztlich theoretischer Natur, sofern geklärt ist, in welchem Umfang Dritte den Inhalt eines Werkes in eigenen Worten wiedergeben können. Praktisch bedeutsam ist dies für Zusammenfassungen (**Abstracts**) und Rezensionen von Werken der Literatur, die dem Leser eine Orientierung über den Inhalt eines Werkes verschaffen sollen. Weitgehend Einigkeit besteht darüber, das die Zusammenfassung die **Lektüre des Originalwerkes nicht ersetzen** oder vorwegnehmen darf (OLG Frankfurt ZUM-RD 2004, 532, 534: Substitution verneinend im Fall von Zusammenfassungen juristischer Fachaufsätze bis zu einer DIN A4 Seite; OLG Frankfurt GRUR 2008, 249; OLG Frankfurt NJW 2008, 770; LG Frankfurt ZUM 2007, 65, 69 jeweils für Zusammenfassung von Buchrezensionen; ähnlich bereits RGZ 129, 252, 256 – *Operettenführer*). § 12 Abs. 2 erlaubt also keinesfalls eine vollständige Inhaltswiedergabe des Werkes (so LG Hamburg GRUR-RR 2004, 65, 69 – *Harry Potter*; ebenso *Schack*[4] Rn. 329, Schricker/*Dietz*[3] Rn. 24). Entscheidend ist, ob derartige Inhaltsbeschreibungen in Konkurrenz zu den beschriebenen Werken treten und den Leser davon abhalten können, sich das Original zu beschaffen („damit ist alles gesagt"). Im Zweifel gehen die Verwertungsbelange des Urhebers vor.

III. Prozessuales

22 Wer das Veröffentlichungsrecht nach Abs. 1 geltend macht, muss **darlegen und beweisen**, dass das Werk noch unveröffentlicht oder nicht rechtmäßig veröffentlicht ist (*Schulze* KGZ 56, S. 11 für das Ausstellungsrecht). Da es sich insoweit um eine negative Tatsache handelt, die einem Vollbeweis nicht zugänglich ist, muss der Berechtigte zumindest die Umstände vortragen, warum es bislang zu einer (rechtmäßigen) Veröffentlichung nicht gekommen ist. Es liegt dann an dem Prozessgegner, die für das *Positivum* (= Veröffentlichung) sprechenden Umstände substantiiert darzulegen (Einzelheiten Zöller/*Greger*[26] vor § 284 Rn. 24 m.w.N.). Zumindest im Einstweilen Verfügungsverfahren mag der Urheber die fehlende Veröffentlichung durch eidesstattliche Versicherung glaubhaft machen können.

23 Steht die rechtswidrige Veröffentlichung durch Dritte unmittelbar bevor, kann der Berechtigte sein Verbotsrecht im Wege **des vorbeugenden Unterlassungsanspruchs** nach § 97 Abs. 1 und des Einstweilen Verfügungsverfahrens nach § 935 ff. ZPO durchsetzen (vgl. § 97 Rn. 39 f. und vgl. § 97 Rn. 198 ff.). Dabei sind an die Glaubhaftmachung keine allzu strengen Anforderungen zu stellen, weil ansonsten das Veröffentlichungsrecht praktisch nicht durchsetzbar wäre.

IV. Verhältnis zu anderen Vorschriften

24 § 18 gewährt den Urhebern von bildenden Kunstwerken sowie Lichtbildern das Recht, ihre bislang unveröffentlichten Werke erstmals öffentlich zur Schau zu stellen. Das Recht ergänzt das Veröffentlichungsrecht (vgl. § 18 Rn. 1–12), kann jedoch selbständig geltend gemacht werden.

Zum Verhältnis der Verwertungsbefugnisse des Urhebers nach §§ 15 ff. zum **25** Veröffentlichungsrecht vgl. Rn. 3. Zum Verhältnis des Veröffentlichungsrechts zur Meinungs- und Pressefreiheit KG GRUR-RR 2008, 188 – *Günter-Grass-Briefe* m.w.N.

§ 13 Anerkennung der Urheberschaft

Der Urheber hat das Recht auf Anerkennung seiner Urheberschaft am Werk. Er kann bestimmen, ob das Werk mit einer Urheberbezeichnung zu versehen und welche Bezeichnung zu verwenden ist.

Übersicht

I. Allgemeines

1. Bedeutung und Aufbau der Vorschrift

§ 13 gewährt dem Urheber in S. 1 einen Unterlassungsanspruch gegen Per- **1** sonen, die seine Urheberschaft leugnen. Zugleich will die Vorschrift verhindern, dass der Urheber diesen Unterlassungsanspruch benötigt: Durch das in S. 2 normierte Recht auf Benennung sollen Zweifel an der Urheberschaft gar nicht erst aufkommen (zum Verhältnis von S. 1 und S. 2 auch Loewenheim/ *Dietz* § 16 Rn. 68 m.w.N.). Auf diese Weise sichert § 13 das Urheberpersönlichkeitsrecht, weil jedes Aberkennen der Urheberschaft das Band zwischen dem Urheber und seinem Werk (vgl. Vor § 12 Rn. 2) beeinträchtigt (Dreier/ Schulze/*Schulze*[2] Rn. 1). Neben diesem ideellen Interesse hat das Recht aus § 13 für den Urheber auch materielle Bedeutung: Die Urheberbezeichnung kann Werbewirkung entfalten und Folgeaufträge nach sich ziehen (LG Berlin ZUM 1998, 673, 674 und LG Düsseldorf GRUR 1993, 664 – *Urheberbenennung bei Foto;* Wandtke/Bullinger/*Bullinger*[2] Rn. 1).

2. Früheres und internationales Recht

Bereits im Recht des KUG und LUG stand dem Urheber nach §§ 13, 19 Abs. 2 **2** KUG bzw. § 18 Abs. 1 S. 2 LUG das Recht auf Anbringen einer Urheberbezeichnung zu, vgl. auch §§ 12 KUG, 9 LUG und 44 VerlG. Die Anerkennung der Urheberschaft ist Mindestrecht nach Art. 6bis RBÜ. Zur fehlenden EU-Harmonisierung des Urheberpersönlichkeitsrechts Vor §§ 12 Rn. 4.

3. Verwandte Schutzrechte

3 Zur Anwendbarkeit von § 13 auf die Inhaber verwandter Schutzrechte vgl. Rn. 6.

II. Tatbestand

1. Recht auf Anerkennung der Urheberschaft (Satz 1)

4 Der Urheber kann gem. § 13 S. 1 die Anerkennung seiner Urheberschaft verlangen und Dritte hindern, sich diese anzumaßen. Die Vorschrift ermöglicht ihm, gegen Plagiatoren vorzugehen und die wahre Urheberschaft festzustellen.

5 **a) Berechtigte:** Das Recht steht jedem Urheber zu, mag er auch als Angestellter tätig sein oder in einer Branche, in der die Benennung unüblich ist (BGH GRUR 1995, 671 – *Namensnennungsrecht des Architekten*; vgl. Rn. 12 zum Verzicht). Es gilt auch für Miturheber (BGH GRUR 1972, 713 – *Im Rhythmus der Jahrhunderte*; OLG Karlsruhe GRUR 1984, 812) und Urheber des bearbeiteten Werks (BGH GRUR 2002, 799, 800 – *Stadtbahnfahrzeug*) sowie Personen, die keine untergeordnete Hilfstätigkeit leisten (OLG München ZUM 2000, 404, 407 – *Literaturhandbuch* zur wissenschaftlichen Hilfskraft). Wird das Werk neu aufgelegt und überarbeitet, so besteht für die Altautoren der Nennungsanspruch zumindest solange, wie das Werk noch von ihrem Wirken geprägt ist (Schricker/*Dietz*[2] Rn. 18).

6 Leistungsschutzberechtigte sind nur dann berechtigt, wenn das Recht explizit auf sie anwendbar ist. Dafür spricht der Wortlaut und § 74 arg e contrario. Neben dem **ausübenden Künstler** (§ 74 Abs. 1 S. 2) steht das Recht dem **Verfasser wissenschaftlicher Ausgaben** zu, auf den §§ 12–14 entsprechend anwendbar sind (§ 70 Abs. 1, siehe BGH GRUR 1978, 360 – *Hegel-Archiv*) sowie praktisch besonders wichtig dem **Lichtbildner** (vgl. § 72 Rn. 16). Keinen Anspruch auf Nennung hat der Rechtsinhaber nach § 71 (vgl. § 71 Rn. 27 a.E.).

7 Keinen Anspruch haben wegen der urheber*persönlichkeits*rechtlichen Prägung des Rechts **Herausgeber**, die nicht zugleich Urheber sind (die Benennung des Herausgebers ist aber keine Anmaßung der Urheberschaft, OLG Nürnberg GRUR 2002, 607, 608 – *Stufenaufklärung nach Weissauer*), Verlage und juristische Personen (LG Berlin GRUR 1990, 270 – *Satellitenfotos*; Dreier/Schulze/*Schulze*[2] Rn. 14). Soweit vereinzelt vertreten wird, ein Recht des Unternehmens auf Nennung könne mit dem Authentizitätsinteresse der Öffentlichkeit begründet werden (Schricker/*Dietz*[3] Rn. 1 a.E. m.w.N.) geht dies fehl, weil ein Interesse des einen kein Recht des anderen zu begründen vermag. Schutz gegen fehlende Authentizität gewährt § 3 i.V.m. § 4 Nr. 2, 9, § 5 UWG (vgl. Rn. 34; *Schack*[4] Rn. 339), gerade auch für die Öffentlichkeit (§ 1 S. 1, 2. Var. UWG).

8 Nicht auf § 13 berufen kann sich ferner der **Eigentümer** eines Werkexemplars, der zum Zwecke der Wertsteigerung die Aufnahme in eine Werkliste wünscht (OLG Hamm GRUR-RR 2005, 177, 178 – *Stilleben Karl Hofer*). Einzelfälle: Beim Interview ist der Interviewer und nicht der Antwortende Urheber (AG

Frankfurt/M ZUM-RD 2006, 479 = AfP 2006, 283), auch der Autor von Tarifverträgen ist zu benennen (*Leydecker* GRUR 2007, 1030).

b) Inhalt: Das Recht auf Anerkennung der Urheberschaft enthält positive **9** Leistungs- und negative Abwehransprüche. Der Urheber kann
– sich jederzeit auf seine Urheberschaft berufen,
– das Bestreiten seiner Urheberschaft abwehren und
– der Anmaßung der Urheberschaft durch Dritte entgegentreten.

Bestreiten der Urheberschaft ist schon die Nichtangabe des Urhebers des **10** Originalwerks bei einem bearbeiteten Werk (BGH GRUR 2002, 799, 801 – *Stadtbahnfahrzeug*). Kein Bestreiten ist aber die Angabe des Bearbeiters neben dem Urheber des erlaubter Weise bearbeiteten Werkes, auch wenn unklar ist, ob die Bearbeitung schutzfähig ist (OLG Hamburg ZUM 2004, 483, 486 f. zum Fall einer GEMA-Anmeldung). Wer sich selbst nicht zu seinem Werk bekannt hat (z.b. durch Signieren), kann nicht verlangen als Urheber genannt zu werden, solange die Nutzung nicht in Verwertungsbefugnisse (§§ 15 ff.) eingreift (BGH GRUR 2007, 691, 693 – *Staatsgeschenk* für die Präsentation von Gemälden auf der Berliner Mauer anlässlich eines Festakts).

Vom Schutzzweck des § 13 nicht erfasst ist das *droit de non-paternité*, also das **11** Recht, sich gegen das Unterschieben fremder Werke zu wehren (BGH GRUR 1995, 668 – *Emil Nolde* m. krit. Anm. *Wilhelm Nordemann* GRUR 1996, 737; aA wohl LG München I ZUM 2006, 664 – *Cover-Gestaltung*). Dies gilt selbst dann, wenn man das Oeuvre als „das Werk" i.S.v. S. 1 fasst. Denn mit dem Zuordnen eines weiteren Werkes zum Oeuvre wird die Urheberschaft daran nicht bestritten. Es bleibt nur die Möglichkeit, aufgrund des allgemeinen Persönlichkeitsrechts gegen das Unterschieben vorzugehen (Schricker/*Dietz*[3] Rn. 11 m.w.N.) und das Werk auszutafeln, also öffentlich die Nichturheberschaft zu erklären (HK-UrhR/*Dreyer* Rn. 22).

c) Verzicht: Dem Urheber steht es frei, sein Namensnennungsrecht zeitweise **12** oder dauerhaft nicht auszuüben. Davon zu unterscheiden ist der Fall eines dauerhaften und unwiderruflichen Verzichts. Dieser ist (zu Recht) kaum möglich. Als Ausfluss des Urheberpersönlichkeitsrechts ist das Namensnennungsrecht im Kern unverzichtbar (Dreier/Schulze/*Schulze*[2] Rn. 24).

Abzulehnen ist die teilweise vertretene Auffassung, die Einschränkung gem. **13** § 63 Abs. 2 S. 1 UrhG sei auf § 13 analog anwendbar (so *Rehbinder* ZUM 1991, 220, 225). Die insofern nötige Regelungslücke lässt sich nicht damit begründen, dass es bei § 13 an einer sozialadäquaten Begrenzung des Benennungsrechts fehle (BGH GRUR 1995, 671, 672 – *Namensnennungsrecht des Architekten*, aA *Rehbinder* a.a.O.). Die Protagonisten der Analogie übersehen, dass die Einschränkung in § 63 Abs. 2 S. 1 ganz wesentlich der Tatsache geschuldet ist, dass die Quellenangabe nach § 63 umfangreich sein kann (vgl. § 63 Rn. 8). Wenn in § 63 nur die Angabe des Namens und nicht die Angabe der – oft sperrigen – Quelle angeordnet wäre, würde es die Einschränkung des § 63 Abs. 2 S. 1 nicht geben.

Der Urheber kann sich in gewissem Rahmen vertraglich verpflichten, sein **14** Recht nicht geltend zu machen. Verkehrsgewohnheiten und allgemeine Branchenübungen sollen das Benennungsrecht nicht per se einschränken können. Bestehen diese aber lange und sind sie den Parteien bekannt, so vereinbaren die Parteien konkludent einen Verzicht auf das Namensnennungsrecht (BGH GRUR 1995, 671, 672 – *Namensnennungsrecht des Architekten*). Beweisbelastet für die Branchenübung *und* die Kenntnis des Urhebers von ihr ist der

Verwerter (Dreier/Schulze/*Schulze*[2] Rn. 28). Nach zutreffender Auffassung scheidet die Berufung auf eine Branchenübung aus, wenn diese eine soziale Unsitte darstellt und das Ungleichgewicht zu Lasten des Urhebers perpetuiert (LG München I ZUM 1995, 57, 58; siehe auch OGH GRUR Int. 2004, 159; Schricker/*Dietz*[3] Rn. 25; Möhring/Nicolini/*Kroitzsch*[2] Rn. 20; Dreier/Schulze/*Schulze*[2] Rn. 26; Wandtke/Bullinger/*Bullinger*[2] Rn. 24; Loewenheim/*Dietz* § 16 Rn. 77; *Schack*[4] Rn. 338; kritisch mit beachtlichen Argumenten *Radmann* ZUM 2001, 788, 791). Derartig bewertende Korrekturen führen nicht zu größerer Rechtsunsicherheit (so HK-UrhR/*Dreyer* Rn. 33: Grenze erst bei Sittenwidrigkeit nach § 138) als die ohnehin wacklige Konstruktion des konkludenten Verzichts. Die Benennung des Urhebers ist die gesetzliche Regel; die Parteien haben es selber in der Hand, eine ausdrückliche Regelung für die Urheberbenennung zu treffen. Nach alledem muss für einen **konkludent vereinbarten Verzicht** dreierlei vorliegen: (1) Die Parteien müssen Kenntnis (2) von einer existierenden Branchenübung haben, (3) die keine soziale Unsitte ist.

15 **Branchenüblich** fehlt die Urheberbenennung bei der Serienfertigung von Gebrauchsgegenständen des Kunstgewerbes, in Arbeits- oder Dienstverhältnissen (nicht jedoch bei Journalisten), natürlich beim Ghostwriter und in Grenzen auch bei angestellten Architekten und Anwälten (HK-UrhR/*Dreyer* Rn. 33). Bei Fotografen ist in der Portraitfotografie regelmäßig, in der Werbefotografie je nach den Umständen des Einzelfalles ein Verzicht üblich. Eine Bewerbung, in der der Fotograf des Bewerbungsfotos genannt wird, würde beim potentiellen Arbeitgeber eher für Irritationen sorgen. Ähnliches gilt für Fotografien von Mitarbeitern, die eigens für die Homepage oder eine Image-Broschüre eines Unternehmens erstellt werden. Im Bereich **Comics** besteht keine Branchenübung, den Urheber nicht zu benennen (OLG München GRUR-RR 2004, 33, 34 – *Pumuckl-Illustrationen*).

16 Mit der Feststellung einer Branchenübung ist über die Frage der sozialen Unsitte noch nichts gesagt. Dass das Weglassen der Urheberbezeichnung eine solche ist, ist insbesondere dann anzunehmen, wenn dem Aufbringen der Bezeichnung keine tatsächlichen oder rechtlichen Hindernisse entgegenstehen. So wird sich der Produzent seriengefertigter Gebrauchskunst kaum auf die Branchenübung berufen können, wenn es ihm technisch möglich ist, jedes Werkstück mit einem individuellen Produktnamen zu bedrucken. Zumindest auf der Verpackung ist dies Standard. Dann leuchtet nicht ein, warum daneben nicht der Name des Designers aufgebracht werden kann.

17 Beim **angestellten Schriftsteller** wird das Namensnennungsrecht regelmäßig unproblematisch umsetzbar sein. Es ist nicht ersichtlich, wieso der Verzicht bei diesem keine soziale Unsitte sein sollte. Bei angestellten Architekten und Anwälten ist die Branchenübung nur dann keine soziale Unsitte, wenn aus berufsrechtlichen Gründen der Urheber nicht in Erscheinung treten darf. So mag der anstellende Architekt die Zeichnungen als die seinen ausgeben, wenn sein Angestellter nicht bauvorlageberechtigt oder prüfbefreit ist. Der Anwalt, der nicht Angehöriger der Außensozietät ist, muss auf die Namensnennung unter dem – ausnahmsweise schutzfähigen Schriftsatz verzichten, weil er ihn nicht unterschreiben darf. Wenn die Branchenübung aber keine berufsrechtlichen Gründe hat, ist sie auch beim angestellten Freiberufler eine Unsitte.

18 Insbesondere in den Naturwissenschaften sind **Ehrenautorenschaften** üblich. Es handelt sich dabei um meist lange Listen angeblicher Autoren, bei denen der erstgenannte regelmäßig am weitesten vom Werk entfernt ist und der Letztgenannte der Urheber ist. Sie dienen der Hochstufung der Genannten in

„citation indices" (*Ohly* FS Dietz S. 155). Die Ehrenautorenschaft ist mit dem System des Urheberrechts unvereinbar und abzulehnen (*Ohly* a.a.O. S. 155, deutlich auch *Schack*[4] Rn. 334 m.w.N. in Fn. 55). Zu Auswüchsen auch im juristischen Bereich *Leuze* GRUR 2006, 552.

Die **Ghostwriterabrede** ist vom Vorgesagten gesondert zu betrachten. In den **19** genannten Konstellationen ging es um konkludente Abreden, die auf einer Branchenübung fußen. Bei der Ghostwriterabrede liegt hingegen ein expliziter Ausschluss des Namensnennungsrechts vor. Sie kann deshalb nur nach § 138 Abs. 1 BGB wegen Sittenwidrigkeit nichtig sein. Es ist insofern zu unterscheiden: Zum einen gibt es Abreden, nach denen sich der Urheber niemandem zu erkennen gibt, in denen sich aber auch niemand als Urheber ausgibt. Dies ist zum Beispiel bei den Schreibern politischer Reden der Fall. Nur ganz naive Zuhörer werden davon ausgehen, dass Spitzenpolitiker ihre Reden selbst schreiben, dennoch mag der betroffene Politiker ein Interesse daran haben, dass der Urheber nicht bekannt wird (weil er auch für den politischen Gegner schreibt). Solche Abreden sind grundsätzlich zulässig. Zum anderen kann die Abrede auch darin bestehen, dass sich der Urheber nicht zu erkennen gibt, damit sich ein anderer der Urheberschaft berühmen kann. Diese Abreden werden regelmäßig sittenwidrig sein gem. § 138 Abs. 1 BGB, weil die Abnehmer getäuscht werden (Schricker/*Dietz*[3] Rn. 28, etwas zurückhaltender Möhring/Nicolini/*Kroitzsch*[3] Rn. 22).

Bei einer wirksamen Ghostwriterabrede allerdings ist die Folgerung, der Ur- **20** heber dürfe auf gezielte Nachfragen die Urheberschaft einräumen, weil es keine Verpflichtung zur Lüge geben könne, zweifelhaft (so aber Schricker/*Dietz*[3] Rn. 9, ähnlich Möhring/Nicolini/*Kroitzsch*[3] Rn. 22). Dies bietet dem Urheber, der vertragsbrüchig werden will, die Möglichkeit, sich lange genug gezielt fragen zu lassen, um sein Ziel zu erreichen. Die Auffassung ist abzulehnen, denn der Urheber muss nicht lügen, sondern kann schweigen, solange er nicht als Zeuge aussagen soll.

2. Bezeichnungsrecht (Satz 2)

Nach S. 2 darf der Urheber (vgl. Rn. 5) bestimmen, ob und wie seine Urhe- **21** berschaft zu benennen ist.

a) Das Werk: Der Urheber darf bestimmen, ob und wie „das Werk" zu **22** bezeichnen ist. Gemeint ist eine Bezeichnung nicht nur auf dem Original, sondern auch auf Werkstücken (BGH GRUR 1995, 671, 672 – *Namensnennungsrecht des Architekten*). Als Ort der Bezeichnung ist bei körperlichen Exemplaren grundsätzlich der übliche Ort zu wählen (Dreier/Schulze/*Schulze*[2] Rn. 20), bei Fotografien und Artikeln also regelmäßig direkt darunter. Bei Fotografien in Büchern genügt meist ein Fotonachweis im Impressum. Auch kann der Urheber keinen Nachweis auf dem Titelblatt verlangen, sondern allenfalls auf der Umschlagseite innen. Bei kurzen Berichten genügt die Angabe eines Kürzels, wenn dieses im Impressum erläutert wird. In jedem Fall muss eine eindeutige Zuordnung möglich sein (LG München I ZUM 1995, 57, 58).

Bei unkörperlichen Werken ist der Urheber anzukündigen. Dies kann im Vor- **23** *oder* Nachspann (zum „oder" ausdrücklich OLG München GRUR-RR 2008, 37, 43 – *Pumuckl-Illustrationen II*) eines Filmes geschehen, bei Radiobeiträgen genügt die mündliche Ankündigung. Auch die Benennung im Booklet oder der Verpackung einer CD oder DVD genügt (a.A. Dreier/Schulze/*Schulze*[2] Rn. 20 mit unzutreffendem Hinweis auf OLG München ZUM 2000, 61, 63

– *Das kalte Herz*). Auch bei einer Audio-CD erwartet niemand, dass der Künstler mündlich angekündigt wird, nicht einmal im Radio ist dies noch üblich. Bei Fehlen einer Parteivereinbarung ist die Art, in der die vom Urheber gewählte Bezeichnung anzubringen ist, anhand einer umfassenden Bewertung von Urheber- und Verwerterinteressen zu bestimmen (OLG München GRUR-RR 2008, 37, 43 – *Pumuckl-Illustrationen II*).

24 Inwiefern bei Vorabankündigungen, etwa im Videotext oder den Electronic Programm Guides (EPG), den Verwerter eine Pflicht zur Urheberbenennung trifft, hängt von den technischen Möglichkeiten ab. Wenn eine solche Ankündigung ohne weiteres möglich ist, wird man eine Pflicht des Verwerters annehmen müssen. Soweit ersichtlich, sind derartige Ankündigungen zurzeit nur im Videotext und auch dort nur bei Filmen, nicht aber z.B. bei Serien, üblich. Keine Schuldner des Anspruchs aus § 13 sind Dritte, z.B. Verleger von Programmzeitschriften. Allerdings dürfte der Verwerter hier aufgrund einer vertraglichen Nebenpflicht im Verhältnis zum Rechtsinhaber verpflichtet sein, die Filmdaten an die Redaktion so vollständig zu übermitteln, dass diese zumindest in die Lage versetzt wird, alle Urheber zu benennen.

25 Problematischer als Fälle, in denen das Werk die Sendung ist, sind **Werke in Sendungen oder Filmen.** Dies können etwa in einen Film oder einer Sendung eingeblendete Gemälde, Fotos und insbesondere Melodien sein. Man denke insofern nur an die in Nachrichtensendungen eingeblendeten Portraitfotos, die neben oder hinter dem Sprecher erscheinen, während über die abgebildete Person berichtet wird. In solchen Fällen wird eine Benennung kaum möglich und daher auch untunlich sein (LG München I UFITA 100/1985, 292, 294 [Bildzitate in der Sendung „Monitor"]; siehe aber OLG München GRUR-RR 2008, 37, 43 – *Pumuckl-Illustrationen II* Abbildung einer Comic-Zeichnung im Studiohintergrund und BGH GRUR 2007, 691 – *Staatsgeschenk* Benennungsrecht offen gelassen für Übergabe eines Werks bei einem Staatsakt ohne Nutzungshandlung). Die Einschränkungen sind hier weniger im Interesse des Verwerters als im Interesse der eigentlichen Urheber. Denn wenn in einem z.B. in Berlin spielenden Film der Urheber jedes abgefilmten Gebäudes genannt werden müsste, gingen die eigentlichen Urheber im Abspann noch weiter unter. Eine Benennungspflicht wird man allenfalls dann annehmen können, wenn das abgefilmte Werk zentrale Bedeutung für den Film hat.

26 **b) Urheberbezeichnung:** Neben dem „Ob" darf der Urheber auch das „Wie" der Bezeichnung bestimmen. Er darf zwischen Vor- und Familienname, Künstlername, Pseudonym oder Künstlerzeichen (OLG München GRUR 1969, 146 zur Signatur des Grafikers) wählen und kann die Angabe seiner Funktion (Regisseur, Autor, pp.) verlangen (Schricker/*Dietz*[3] Rn. 14). Weitere Angaben, insbesondere Kontaktdaten (Anschrift, Telefonnummer, Homepage, etc.) werden von § 13 S. 2 nicht erfasst (Dreier/Schulze/*Schulze*[2] Rn. 17), auch wenn die Nennung einer Internetadresse oftmals sinnvoll erscheinen mag.

27 Von der Urheberbezeichnung zu unterscheiden sind die Quellenangabe nach § 63 (zum notwendigen Umfang vgl. § 63 Rn. 6 ff.) und der Copyright-Vermerk: Dieser besteht regelmäßig aus einem © mit Jahresangabe und Inhaber. Er war bis zum Beitritt der USA zur RBÜ dort notwendig und wird in Deutschland oft als Hinweis auf den Urheber nach deutschem Recht missverstanden. Er ersetzt nicht die Urheberbenennung und kann nicht auf Basis von § 13 gefordert werden (vgl. OLG München AfP 1995, 503, 504 – *Gründer*). Den Rechteinhabern steht es aber frei, die Verwertung ihrer Werke von der Anbringung dieses Hinweises abhängig zu machen, was insbesondere Verlage und Verwertungsgesellschaften tun (Schricker/*Dietz*[3] Rn. 26 m.w.N.).

Aus § 13 erwächst neben dem Recht auf Nennung auch jenes auf Nichtbenen- **28** nung. Der Urheber kann über § 13 Anonymitätsschutz erlangen, der von der Strafnorm in § 107 UrhG flankiert wird. Indes kann er nicht Dritten das Lüften seines Geheimnisses verbieten.

III. Rechtsfolgen bei Verletzung – Prozessuales

1. Unterlassung

Unterbleibt die Urheberbenennung, kann der Verletzte Unterlassung verlan- **29** gen, d.h. die Beendigung der Werknutzung ohne Anbringen der Bezeichnung. Er muss nicht schon im Antrag bezeichnen, wie er benannt werden möchte (HK-UrhR/*Dreyer* Rn. 14 m.w.N.). Rechtsverletzungen können bereits in einem frühen Stadium unterbunden werden, z.B. im Fall von Werbemaßnah- men und sonstigen Ankündigungen, bei denen die Urheberbezeichnung nicht oder nicht hinreichend angegeben ist (Schricker/*Dietz*[3] Rn. 8). Im Einzelfall kann ein Vertriebsverbot unverhältnismäßig sein, nämlich wenn dem Urhe- berbenennungsrecht nur durch Neuherstellung einer Auflage Rechnung getra- gen werden kann (z.B. einzelnes Foto im Lexikon). Meist wird aber das Einfügen von Errata möglich und auch ausreichend sein.

2. Schadensersatz

Nach vorherrschender Rechtsprechung erhält der Fotograf bei schuldhafter **30** Missachtung des Urheberbenennungsrecht Schadensersatz in Form eines 100%-igen Zuschlag auf die für die Fotonutzung zu zahlende Lizenzgebühr (OLG München ZUM 2000, 404, 407; OLG Düsseldorf ZUM 1998, 668, 673; LG Berlin ZUM 1998, 673; LG Düsseldorf GRUR 1993, 664 – *Urhe- berbenennung bei Foto*; LG München I ZUM 1995, 57, 58; AG Frankfurt/M. ZUM-RD 2006, 479, 481; für Zuschlag in Höhe von 50%: AG Hamburg- Mitte ZUM 2006, 586, 588; weitere Nachweise vgl. § 97 Rn. 101). Diese Rechtsprechung gilt auch für einfache Lichtbilder (LG München I ZUM 2000, 519, 522), Kunstmaler (LG München Schulze LGZ Nr. 219), Werke der angewandten Kunst (LG Leipzig ZUM 2002, 315, 317 – *Hirschgewand*) und Werke der Literatur (OLG München ZUM 2000, 404, 407 – *Literatur- handbuch*). Die rechtliche Begründung ist unterschiedlich: Verwiesen wird teilweise – meist zu unkritisch und geradezu tautologisch – auf entsprechende Vergütungssätze oder Vertragsempfehlungen, insbesondere den Honoraremp- fehlungen der Mittelstandsgemeinschaft Foto-Marketing (MFM-Richtlinien), die entsprechende Zuschläge bei unterlassener Urheberbenennung vorsehen. Bisweilen wird auch das Konstrukt einer Vertragsstrafe gewählt (so OLG Düsseldorf ZUM 1998, 668, 673). Richtig ist wohl, dass der Zuschlag Foto- grafen und Künstlern einen materiellen Ausgleich dafür gewähren soll, dass diese auf die Werbewirkung der Urheberbenennung verzichten müssen (LG Berlin ZUM 1998, 673, 674 LG Düsseldorf GRUR 1993, 664 – *Urheberbe- nennung bei Foto*; vgl. auch § 97 Rn. 101 m.w.N.).

Dass aber bei unterlassener Urheberbenennung stets ein Zuschlag in Höhe von **31** 100% auf das Grundhonorar zu zahlen ist, nur weil dies Honorarempfeh- lungen vorsehen, ist zweifelhaft. Der Verletzer muss zumindest einwenden können, dass im konkreten Fall eine niedrigere Lizenzgebühr angemessen wäre, worüber ggf. Beweis zu erheben ist (BGH GRUR 2006, 136, 138 – *Pressefotos* und Urt. v. 06.10.2005 – I ZR 267/02). Das Gericht hat nicht nur die Lizenzgebühr unter Würdigung aller Umstände des Einzelfalls zu schätzen (zur Schadensberechnung durch Lizenzanalogie vgl. § 97 Rn. 86 ff.), sondern auch den materiellen Ausgleich wegen unterbliebener Urheberbenennung.

32   Typische **Einzelfälle**: Hat der Verlag keine Nutzungsrechte an der Fotografie erworben und unterbleibt auch die Urheberbenennung, so ist die Verdoppelung der Lizenzgebühr gerechtfertigt, wenn die Urheberbenennung branchenüblich ist (z.B. Kunst- und Pressefotografie, Illustrationen). Ist dagegen die Urheberbenennung branchenunüblich und hätten die Parteien im Fall einer vertraglichen Einigung unter Berücksichtigung aller Umstände darauf verzichtet, kommt auch kein Zuschlag in Betracht. Verzichtet der Urheber auf die Benennung (z.B. Werbefotografie), überschreitet aber der Verwerter den vereinbarten Nutzungszeitraum, so ist ein materieller Ausgleich wegen fehlender Urheberbenennung nur zu gewähren, wenn anzunehmen ist, der Fotograf hätte einer Verlängerung des Nutzungszeitraums ohne Urheberbenennung nicht zugestimmt.

3. Auskunft

33   Zur Berechnung seines Schadensersatzanspruch kann der betroffene Urheber Auskunft über den Umfang der Rechtsverletzung verlangen (z.B. Nennung der Auflagenhöhe, Nutzungszeiträume, etc.; Einzelheiten vgl. § 101 Rn. 10 ff.). Der Drittauskunftsanspruch nach § 101 Abs. 2 steht dem Urheber auch bei (alleiniger) Verletzung seines Rechts nach § 13 S. 2 zu (OLG Hamburg GRUR-RR 2007, 381 – *BetriebsratsCheck*).

IV. Verhältnis zu anderen Vorschriften

34   Die Falschbezeichnung des Urhebers ist eine Herkunftstäuschung und unlauter gem. § 3 i.V.m. § 4 Nr. 2, 9, § 5 UWG. Handelt der Täter vorsätzlich, kommt Betrug (§ 263 Abs. 1 StGB) in Betracht (*Schack*[4] Rn. 339 a.E.). Eine Urkundenfälschung gem. § 267 StGB scheidet jedoch aus, weil das Anbringen der eigenen Bezeichnung unter einem nicht vom Unterzeichnenden stammenden Werk keine unechte Urkunde herstellt, sondern eine (straflose) schriftliche Lüge.

35   Für Änderungen nach § 44 VerlG ist die fehlende Pflicht zur Benennung Voraussetzung; auch zu den Folgen vgl. § 44 VerlG Rn. 1 ff.

36   Ein Verlag kann gem. § 5 MarkenG Rechte an einem Verlagspseudonym erlangen (*Schack*[4] Rn. 333). Dessen Angabe ersetzt die Benennung gem. § 13 allerdings nicht, diese wird jedoch in solchen Fällen regelmäßig abbedungen sein (zur Ghostwriter-Abrede vgl. Rn. 11).

37   Der Anspruch, als Entdecker einer bestimmten wissenschaftlichen Erkenntnis genannt zu werden, findet keine Grundlage im Urheberrecht, sondern im allgemeinen Persönlichkeitsrecht (*Plander* UFITA 76 (1976), 25, 56, 65).

§ 14   Entstellung des Werkes

Der Urheber hat das Recht, eine Entstellung oder eine andere Beeinträchtigung seines Werkes zu verbieten, die geeignet ist, seine berechtigten geistigen oder persönlichen Interessen am Werk zu gefährden.

Übersicht

I.   Allgemeines

1.   Sinn und Zweck

Das UrhG geht davon aus, dass es das souveräne Recht des Urhebers ist, Form **1** und Inhalt seines Werkes selbst zu bestimmen (siehe §§ 12, 23). Deswegen gewährt § 14 dem Urheber einen Anspruch darauf, dass das von ihm geschaffene Werk, in dem seine individuelle künstlerische Schöpferkraft ihren Ausdruck gefunden hat, der Öffentlichkeit nur in seiner unveränderten individuellen Gestaltung zugänglich ist (BGH GRUR 1999, 230, 231 – *Treppenhausgestaltung*). Hintergrund dieses Schutzes ist, dass zwischen dem Urheber und dem Werk eine besondere Beziehung besteht, so dass **Veränderungen des Werkes in der Regel dem Urheber zugerechnet** werden (BGH GRUR 1989, 106, 108 – *Oberammergauer Passionsspiele II*; BGH GRUR 1971, 525, 526 – *Petit Jacqueline*; RegE UrhG – BT-Drucks. IV/270, S. 45). Vor diesem Hintergrund wird nicht das Werk als solches geschützt, sondern **das geistige und persönliche Interesse des Urhebers**, dass die Öffentlichkeit das Werk nur so zu sehen bekommt, wie er es zur Veröffentlichung vorgesehen hatte (zutreffend *Schack*[4] Rn. 341: „Integritätsschutz des Urhebers"). Nur insoweit schützt § 14 UrhG die Unversehrtheit des Werkes.

2. Früheres Recht

2 Schon vor Schaffung des Integritätsschutzes in § 14 UrhG im Jahr 1965 nahm die Rechtsprechung ein entsprechendes Recht in Anlehnung an Art. 6bis der Berner Übereinkunft an (RGZ 79, 397 – *Felseneiland mit Sirenen*; BGH NJW 1954, 1404, 1405 – *Schacht-Briefe*; ausführlich Schricker/*Dietz*³ § 14 Rn. 6 f).

3. EU-Recht und internationales Recht

3 Zur fehlenden EU-Harmonisierung des Urheberpersönlichkeitsrechts vgl. Vor § 12 Rn. 4.

4 In der **Berner Übereinkunft** wurde das Entstellungsverbot erstmals anlässlich der Rom-Konferenz 1928 durch Art. 6bis Abs. 1 in den Vertragstext aufgenommen. Die damalige Fassung lautete: „Dem Urheber bleibt, unabhängig von seinen vermögensrechtlichen Befugnissen und selbst nach deren Abtretung, das Recht gewahrt, die Urheberschaft am Werke für sich in Anspruch zu nehmen und ferner sich jeder Entstellung, Verstümmelung oder sonstigen Änderung des Werkes zu widersetzen, die seiner Ehre oder seinem guten Rufe nachteilig sein sollte". Die endgültige Pariser Fassung der RBÜ (1971), der Deutschland 1974 beigetreten ist (BGBl. 1973 II. S. 1069), unterscheidet sich im Wesentlichen dadurch, dass in Art. 6bis Abs. 1 am Ende der Nebensatz „seiner Ehre oder seinem Ruf nachteilig sein *könnten*" in den Plural und in das Konditional gesetzt wurde. Das sollte zum Ausdruck bringen, dass sich der letzte Relativsatz auch auf Entstellung, Verstümmelung und sonstige Änderung bezieht (Schricker/*Dietz*³ Rn. 8). Aufgrund der gebotenen konventionskonformen Auslegung kann für § 14 nichts anderes gelten (Schricker/*Dietz*³ Rn. 8).

II. Integritätsschutz

1. Schutzbereich und -dauer

5 **Schutzobjekt** sind grundsätzlich alle Werke (§ 2), Bearbeitungen (§ 3), Datenbankwerke (§ 4) sowie die entsprechenden Vervielfältigungsstücke.

6 **Schutzberechtigt** ist der Urheber. Bei dessen Tod geht das Recht auf die Erben über (siehe § 28 Rn. 5 ff.). Machen **Rechtsnachfolger** von dem Recht nach § 14 Gebrauch, sind allein die Interessen des Urhebers ausschlaggebend. Die Interessen des Urhebers können im Laufe der Zeit an Bedeutung verlieren (BGH GRUR 1989, 106 – *Oberammergauer Passionsspiele II*; *Schack* GRUR 1985, 352, 354; Schricker/*Dietz*³ Rn. 29a). Bearbeitungen eines Werkes **nach dem Tode** des Urhebers sind nicht alleine deswegen Entstellungen, weil der Urheber sie nicht durch letztwillige Verfügung gestattet hat. Dadurch würden nach der Auffassung des Gesetzgebers die Erben in ihrer Verfügung über das Werk zu stark beschränkt (RegE UrhG – BT-Drucks. IV/270, S. 45). Ist aber umgekehrt eine konkrete Bearbeitung des Werkes vom Urheber genehmigt worden, so können auch die Rechtsnachfolger davon nicht abrücken (Möhring/Nicolini/*Kroitzsch*² Rn. 28; vgl. Rn. 23). Eine andere Beurteilung ist denkbar, wenn neue Umstände hinzutreten, mit denen der Urheber nicht rechnete oder rechnen brauchte (Schricker/*Dietz*³ Rn. 27).

7 Das Recht aus § 14 ist **unveräußerlich und kann weder abgetreten noch lizensiert werden** (siehe HK-UrhR/*Dreyer* Rn. 5). Der Urheber kann während der ganzen Dauer seines Urheberrechts Entstellungen bzw. andere Beeinträchtigungen seines Werkes verbieten. Das gilt auch dann, wenn er die Verwertung seines Werkes durch Dritte beschränkt oder unbeschränkt gestattet hat (RegE UrhG – BT-Drucks. IV/270, S. 45; BGH GRUR 1986, 458, 459 – *Oberammergauer Passionsspiele I*; BGH GRUR 1971, 269, 271 – *Das zweite Mal*).

Eine **zeitliche Begrenzung** ergibt sich aufgrund des Ablaufs der urheberrecht- **8** lichen Schutzfrist (siehe § 64 Rn. 11 ff.).

2. Entstellung

Ausgangspunkt für die Auslegung des Begriffs „Entstellung" ist zunächst das **9** begriffliche Verständnis (BGH GRUR 1958, 80). Erforderlich ist eine die Wesenszüge des Werks **tiefgreifend verändernde, verfälschende, verzerrende oder zerstückelnde Einwirkung, so dass das Werk eine andere Aussage, Färbung oder Tendenz erhält** (BGH GRUR 1986, 458, 459 – *Oberammergauer Passionsspiele I*; BGH GRUR 1982, 107, 109 – *Kirchen-Innenraumgestaltung*; BGH GRUR 1954, 80, 81 – *Politische Horoskope*; KG GRUR 2004, 497, 498 – *Schlacht um Berlin*; OLG München NJW 1996, 135 – *Herrenmagazin*; OLG München GRUR 1986, 460, 461 – *Unendliche Geschichte*).

Die „Entstellung" ist **nach objektiven Kriterien** auszulegen (OLG Frankfurt **10** NJW 1976, 678, 679; KG UFITA 58 [1970] 285, 289 – *Farbgebung*; KG UFITA 59 [1971] 279, 283 – *Kriminalspiel*). Entscheidend ist der Eindruck, den das Werk nach dem Durchschnittsurteil des „für Kunst empfänglichen und mit Kunstdingen einigermaßen vertrauten Menschen vermittelt" (BGH GRUR 1982, 107, 110 – *Kirchen-Innenraumgestaltung*). Nicht ausreichend ist hingegen, dass der Urheber alleine aus seiner subjektiven Sicht eine Entstellung des Werkes annimmt (BGH aaO; LG München I ZUM-RD 2000, 308, 310 – *Rundfunkmäßige Nutzung von Werken der bildenden Kunst*).

Anknüpfungspunkt der Entstellung ist immer das Werk in der aus objektiver **11** Sicht konkret durch den Urheber bestimmten Form (LG Mannheim GRUR 1997, 364 – *Freiburger Holbeinpferd*; Schricker/*Dietz*[3] Rn. 21, Wandtke/Bullinger/*Bullinger*[2] Rn. 6). Es findet keine Auslegung anhand eines abstrakten künstlerischen Qualitätsbegriffs statt (*v. Gamm* § 14 Rn. 8; Loewenheim/ *Dietz* § 16 Rn. 105). Deswegen ist es nicht erforderlich, dass das Werk in seiner künstlerischen Qualität abgewertet wird (BGH GRUR 1989, 106, 107 – *Oberammergauer Passionsspiele II*; OLG München GRUR 1986, 460, 461 – *Unendliche Geschichte*).

3. Andere Beeinträchtigung

Das Tatbestandsmerkmal der „anderen Beeinträchtigung" ist der **Oberbegriff** **12** **zur Entstellung** (OLG München ZUM 1996, 165, 166 – *Dachgauben*; KG ZUM 2001, 590, 591 – *Gartenanlage*; Schricker/*Dietz*[3] Rn. 19; Dreier/Schulze/*Schulze*[2] Rn. 5). Erfasst werden alle Eingriffe, die aus objektiver Sicht direkt oder indirekt verändernd auf das Werk einwirken und die Interessen des Urhebers gefährden können (BGH GRUR 1989, 106, 107 – *Oberammergauer Passionsspiele II*, OLG München GRUR 1993, 332, 333 – *Christoph Columbus*; Schricker/*Dietz*[3] Rn. 22 f.). Das können verändernde Eingriffe mit vom Urheber nicht (mehr) nach § 23 bzw. § 39 genehmigtem Bearbeitungscharakter sein (siehe BGH GRUR 1989, 106, 107 – *Oberammergauer Passionsspiele II*). Erfasst sind auch Einwirkungen, die das Werk in einen beeinträchtigenden Zusammenhang stellen. Diese **Umfeldeinwirkungen** müssen die ursprünglich konzipierte Wahrnehmung des Werkes in ihrer Wirkung hemmen, behindern, einschränken oder schmälern (Wandtke/Bullinger/*Bullinger*[2] Rn. 3). Zu solchen indirekten Eingriffen gehört beispielsweise die Präsentation von Werken an einem dem Grundcharakter des Objektes zuwiderlaufenden Ort (siehe OLG Frankfurt ZUM 1996, 97, 99 – *René Magritte*; OLG Karlsruhe Urt. v. 14.05.1985, 6 U 236/85 – *Junge Alb*; siehe auch *Russ* ZUM 1995, 32, 34) oder die beeinträchtigende Veränderung der Umgebung, in der das Werk liegt (siehe VG Berlin NJW 1995, 2650 – *Verhüllter Reichstag*; Schricker/*Dietz*[3] Rn. 23a).

13 Eine Entstellung oder Beeinträchtigung des Werkes liegt **nicht** vor, **wenn die Substanz durch Gebrauch oder anderweitig im Laufe der Zeit verfällt.** Ausweislich der Gesetzesbegründung soll der Urheber nicht einmal das Recht haben, Instandsetzungsarbeiten an seinem Werk selbst auszuführen, wenn es sich im Eigentum eines anderen befindet (siehe auch *Schack* GRUR 1983, 56, 57). Allerdings wird der Eigentümer in den Fällen, in denen er die Instandsetzung angeht, eine Entstellung des Werkes zu meiden haben (siehe RG GRUR 1943, 187, 188 – *Fabrikerweiterungsbau*; BGH GRUR 1974, 675 – *Schulerweiterung*; LG Berlin UFITA 31 [1960] 258 – *Hotel Eden*, weitere Nachweise bei Möhring/Nicolini/*Kroitzsch*[2] Rn. 24). Ist das erschwert oder unmöglich, kommt es auf die Abwägung der berechtigten Interessen des Eigentümers bzw. des Urhebers im konkreten Einzelfall an (vgl. Rn. 30).

4. Berechtigte Interessen

14 Im Vordergrund steht das Interesse des Urhebers an der Erhaltung der individuellen schöpferischen Eigenart und Integrität seines Werkes. Anders als Art. 6bis RBÜ stellt § 14 darauf ab, dass die Entstellung oder andere Beeinträchtigung des Werkes geeignet sein muss, **die berechtigten geistigen oder persönlichen Interessen** des Urhebers am Werk zu gefährden. Hierdurch soll zum Ausdruck gebracht werden, dass nicht der allgemeine Persönlichkeitsrechtsschutz betroffen ist, sondern der Schutz des geistigen und persönlichen „Bandes", das zwischen dem Urheber und seinem Werk besteht. Der Gesetzgeber hielt es wegen der **Unbestimmtheit des UPR** nach § 14 für erforderlich, den Umfang dieses Rechts durch das Erfordernis einer Interessenabwägung zu **begrenzen** (RegE UrhG – BT-Drucks. IV/270, S. 45). Zu der Frage, ob auch die Existenz des Werkes an sich ein berechtigtes persönliches oder geistiges Interesse des Urhebers darstellt vgl. Rn. 31 ff. zur Werkvernichtung.

5. Gefährdung der Interessen

15 Die berechtigten Interessen des Urhebers sind gefährdet, wenn die theoretische Möglichkeit der Verletzung der Urheberinteressen besteht. Weder braucht eine konkrete Gefährdung noch gar ein Schaden eingetreten zu sein. Liegt eine Entstellung bzw. Beeinträchtigung vor, so **indiziert** das grds. die Gefährdung der berechtigten Interessen des Urhebers (OLG München 1993, 323, 333 – *Christoph Columbus*; *Honschek* GRUR 2007, 944, 946; *Wallner*, Der Schutz von Urheberwerken gegen Entstellungen, 1995, S. 135; *Paschke* GRUR 1984, 858, 865). § 14 nimmt auf die besondere Empfindlichkeit Einzelner keine Rücksicht (Schricker/*Dietz*[3] Rn. 29). Entscheidend ist, ob jeder andere vernünftige Urheber den Eingriff als zur Gefährdung geeignet angesehen hätte.

16 Erforderlich für die Interessengefährdung ist, dass die **Öffentlichkeit** von der Beeinträchtigung des Werkes Kenntnis erlangt oder innerhalb der urheber-

rechtlichen Schutzfrist erlangen kann (RGZ 79, 397, 402 – *Felseneiland mit Sirenen*; *Honschek* GRUR 2007, 944, 946; HK-UrhR/*Dreyer* Rn. 62; *Schack*[4] Rn. 349). Das ist der Fall, wenn ein unbestimmter und unkontrollierbarer Personenkreis Kenntnis von der Beeinträchtigung des Werks erlangen könnte. Das wird nur in den seltenen Fällen zu verneinen sein, in denen die Änderung des Werkes sich lediglich und auch auf Dauer im privaten Bereich abspielt (Möhring/Nicolini/*Kroitzsch*[2] Rn. 23; Wandtke/Bullinger/*Bullinger*[2] Rn. 8; HK-UrhR/*Dreyer* Rn. 20 und 27). Das Reichsgericht hat eine Gefährdung des Integritätsinteresses auch dann bejaht, als es um ein Fresko im Treppenhaus eines Privathauses ging, weil nicht ausgeschlossen war, dass die Öffentlichkeit später das Fresko sehen können würde (RGZ 79, 397 – *Felseneiland mit Sirenen*).

Überwiegend wird das **Tatbestandsmerkmal der Gefährdung der Interessen** **17** **lediglich bei „anderen Beeinträchtigungen"**, nicht hingegen bei Vorliegen einer „Entstellung" des Werkes geprüft, sodass der Urheber im Falle einer Entstellung nicht darlegen müsste, dass der Eingriff seine persönlichen Interessen an dem Werk verletzt (siehe BGH GRUR 1999, 230 – *Treppenhausgestaltung*; BGH GRUR 1989, 106 ff. – *Oberammergauer Passionsspiele II*; BGH GRUR 1974, 675 – *Schulerweiterung*; BGH GRUR 1982, 107, 109 – *Kirchenraumgestaltung*; OLG München ZUM 1996, 165 – *Dachgauben*; Wandtke/Bullinger/*Bullinger*[2] Rn. 9). Diese Ansicht wird bestritten (OLG Frankfurt NJW 1976, 678, 679 – *Götterdämmerung*; Schricker/*Dietz*[3] Rn. 8 und 19; *Schack*[4] Rn. 342).

Gegen die Erforderlichkeit einer Darlegung der Interessengefährdung bei **18** Werkentstellungen wird vorgebracht, dass es sich bei einer Entstellung um eine besonders schwere Form der Beeinträchtigung handele, bei der das Gesetz eine Interessengefährdung unterstelle (Wandtke/Bullinger/*Bullinger*[2] Rn. 9). Hierfür findet sich aber weder im Wortlaut noch in der Gesetzesbegründung ein Anknüpfungspunkt. Vielmehr gibt es Fälle, in denen eine Beeinträchtigung die Interessen des Urhebers schwerwiegender gefährdet als eine Entstellung, etwa wenn ein Werk – an sich unentstellt – auf einer Musikkompilation mit rechtsradikalem Liedgut veröffentlicht wird (vgl. Rn. 45). Eine Beschränkung der Prüfung der Interessengefährdung auf „andere Beeinträchtigungen" würde zudem eine **kaum zu bewältigende Differenzierung zwischen „Entstellungen"** **und „anderen Beeinträchtigungen"** erfordern (Schricker/*Dietz*[3] Rn. 20). Denn der Unterschied zwischen der Entstellung und der anderen Beeinträchtigung ist allenfalls graduell (OLG München ZUM 1991, 540, 542 – *U2*; Dreier/Schulze/*Schulze*[2] Rn. 5). Soweit argumentiert wird, der Urheber könne gem. § 39 Abs. 1 eine Werkänderung verbieten, ohne seine berechtigten Interessen darzulegen, sodass die Hürde hier gegenüber einem Nutzungsberechtigten niedriger läge als gegenüber einem Nichtberechtigten im Rahmen des § 14 (Wandtke/Bullinger/*Bullinger*[2] Rn. 9), würde das nicht erklären, warum dieser **Wertungswiderspruch** gerade bei der Entstellung und nicht auch bei anderen Beeinträchtigungen virulent werden sollte.

Ausschlaggebend dafür, den Relativsatz auch auf Entstellungen anzuwenden, **19** ist letztlich die gebotene **verfassungskonforme Auslegung der Vorschrift**. Das Erfordernis einer Interessenabwägung (vgl. Rn. 21 ff.) ergibt sich aus dem Gebot der **Verhältnismäßigkeit**. Besonders anschaulich ist das bei der Anwendung von § 14 im Spannungsfeld zwischen Urheber und Eigentümerrechten (vgl. Rn. 30). Die sich widerstreitenden Grundrechtspositionen des Urhebers (Art. 14 GG und Art. 2 I, 1 I GG) mit denen des Eigentümers (Art. 14 GG) sind auch bei Entstellungen in Einklang zu bringen (*Honschek* GRUR 2007, 944, 946). Das gilt gleichermaßen, wenn – wie etwa bei Parodien oder Paraphrasen – Meinungs- bzw. Kunstfreiheit (Art. 5 GG) berührt sind (vgl. Rn. 50 f.). Eine Interessenabwägung zur verfassungskonformen, verhältnismäßigen Anwendung von § 14 erfordert immer die Prüfung, welche Interessen des Urhebers konkret gefährdet sind. Der Gesetzgeber hat das Erfordernis der Interessenabwägung ausdrücklich damit begründet, dass der Umfang des Urheberpersönlichkeitsrechts aus § 14 zu begrenzen sei (RegE UrhG – BT-Drucks. IV/270, S. 45). Zwischen der „Entstellung" und der „anderen Beeinträchtigung" hat er dabei nicht unterschieden.

20 Im Ergebnis ist deshalb sowohl bei „Entstellungen" als auch bei „anderen Beeinträchtigungen" erforderlich, dass **geistige oder persönliche Interessen des Urhebers konkret gefährdet sind** (siehe auch OLG Frankfurt NJW 1976, 678, 679 – *Götterdämmerung*; Schricker/*Dietz*[3] Rn. 8 und 19; *Schack*[4] Rn. 342; anders Vorauflage/*Hertin* Rn. 5). Folge dieses Erfordernisses ist eine **dreistufige Prüfungsabfolge** von § 14: Zunächst ist die Entstellung/Beeinträchtigung zu untersuchen, gefolgt von der Prüfung einer Interessengefährdung und schließlich ist eine Interessenabwägung vorzunehmen (ebenso Schricker/*Dietz*[3] Rn. 18 ff.; Dreier/Schulze/*Schulze*[2] Rn. 9).

6.   Interessenabwägung

21 Geht der Urheber gegen Entstellungen und andere Beeinträchtigungen seines Werkes vor, kollidieren seine Interessen oftmals mit denjenigen des Sacheigentümers, Besitzers oder sonstiger Bearbeiter oder Nutzer. Obwohl in § 14 **nicht ausdrücklich vorgesehen**, sind die gefährdeten berechtigten Interessen des Urhebers immer gegen die berechtigten Interessen des Anspruchsgegners **abzuwägen** (h.M., statt vieler: *Goldmann* GRUR 2005, 639, 642 mwN; Dreier/Schulze/*Schulze*[2] Rn. 8). Bei dieser Interessenabwägung mit den berechtigten Interessen Dritter sind also **Änderungs-, Nutzungs-, Besitz- oder Eigentumsrechte** am Werk bzw. am Werkexemplar zu berücksichtigen. Die Interessenabwägung muss **auch stattfinden, wenn der Eingreifende kein eigenes Recht an dem Werk hat**. Andernfalls liefen die Freiheiten nach §§ 23, 51, 58, 62 leer (siehe *Schack*[4] Rn. 343; Wandtke/Bullinger/*Bullinger*[2] Rn. 11). Freilich führt eine fehlende Nutzungs- oder Änderungsbefugnis dazu, dass die Interessenabwägung tendenziell zu Gunsten des Urhebers ausfällt. Insbesondere der **Urheberrechtsverletzer** kann sich nicht auf irgendwelche auf dem Grundsatz von Treu und Glauben basierende Freiräume berufen (vgl. § 39 Rn. 32).

22 Bei der Interessenabwägung ist zu berücksichtigen, dass der Urheber ohne Hinzutreten besonderer Umstände von einer vormals erteilten **Zustimmung zu einer konkreten Änderung des Werkes** im Rahmen von § 14 nur eingeschränkt abrücken kann (BGH NJW 1989, 384, 385 – *Oberammergauer Passionsspiele II*; HK-UrhR/*Dreyer* Rn. 53; Wandtke/Bullinger/*Bullinger*[2] Rn. 12; Schricker/*Dietz*[3] Rn. 11c). Das ist praktisch äußerst erheblich, weil (auch berechtigte) Änderungen eine Entstellung bzw. andere Beeinträchtigung i.S.v. § 14 darstellen können. Zudem geht die Verwertung eines Werkes oftmals mit Anpassungen oder Änderungen des Werks einher (BGH GRUR 1971, 35, 37 – *Maske in Blau*; OLG Frankfurt NJW 1976, 678, 679 – *Götterdämmerung*). Für die Berücksichtigung einer Änderungsbefugnis im Rahmen der Interessenabwägung ist es **entscheidend, ob diese Änderungsbefugnis noch mit dem an sich unveräußerlichen Integritätsschutz gem.** § 14 in Einklang zu bringen ist.

Im Regelfall besteht schon unabhängig von § 14 ein Änderungsverbot. Ledig- **23** lich wenn eine abweichende Vereinbarung getroffen worden ist, sind Änderungen zulässig (vgl. § 39 Rn. 16). Die Einräumung eines **Änderungs- und Bearbeitungsrechts kann allerdings nicht weiter gehen, als es der unverzichtbare Kern von § 14** erlaubt. Der Urheber kann nie vollständig in genereller Form, schon gar nicht formularmäßig (siehe § 307 II Nr. 1 BGB) auf seine Rechte aus § 14 verzichten (BGH GRUR 1971, 269, 271 – *Das zweite Mal*; *Honschek* GRUR 2007, 944, 945). Das gilt erst recht für (vermeintlich) stillschweigend eingeräumte Befugnisse. Für die Einräumung des Änderungsrechts gilt grundsätzlich die Zweckübertragungsbestimmung des § 31 V (vgl. § 31 Rn. 108 ff.), so dass sich eine Änderungsbefugnis auch stillschweigend aus dem Vertragszweck ergeben kann (etwa für das Arbeits- oder Dienstverhältnis: Dreier/Schulze/*Schulze*[2] Rn. 21; vgl. i.ü. § 39 Rn. 16). Aber diese Zustimmungsfiktion findet ihre Grenze in § 14. Wenn die Änderung so weit geht, dass darin eine Entstellung liegt, kann der Urheber auch nicht nach Treu und Glauben (§ 39 Abs. 2) verpflichtet sein, sie hinzunehmen. Zulässig sind daher nur Vereinbarungen, die sich auf eine hinreichend konkretisierbare, zumindest in groben Zügen absehbare Änderung beziehen, deren Folgen überschaubar sind (OLG Celle, BauR 1986, 601 – *Architektenvertra*g; OLG München GRUR 1986, 460 – *Unendliche Geschichte*; LG München I FuR 1980, 217, 218; Schricker/*Dietz*[3] Rn. 11). Solche Vereinbarungen sind grds. auch dann gültig, wenn sie durch **berechtigte Dritte**, wie etwa die Verwertungsgesellschaft GEMA, abgeschlossen werden (Schricker/*Dietz*[3] Rn. 11a mwN.). Liegen die genannten Voraussetzungen vor, so gebieten es sowohl **Rechtssicherheit** als auch das Gebot von Treu und Glauben (venire contra factum proprium), dass sich der Änderungs- bzw. Nutzungsbefugte auf eine konkret erteilte Zustimmung auch im Rahmen von § 14 berufen kann.

Eine Einwilligung in entstellende Änderungen ist in jedem Fall durch den **24** **Verzicht auf** die Geltendmachung eines **bereits entstandenen Abwehr-** **anspruchs** möglich (*Schulze* NZBau 2007, 611, 612; *Goldmann* GRUR 2005, 639, 646).

Der **Grad der Öffentlichkeit** ist in die Interessenabwägung einzustellen, soweit **25** das erkennbare Auswirkungen auf die Reputation des Urhebers hat. Je höher der Grad der öffentlichen Wahrnehmung ist, desto eher besteht die Gefahr, dass das Ansehen des Urhebers in Mitleidenschaft gezogen wird (BGH GRUR 1971, 35, 38 – *Maske in Blau*; BGH UFITA 60, (1971), 312, 317 – *Petite Jaqueline*; Wandtke/Bullinger/*Bullinger*[2] Rn. 20; *Paschke* GRUR 1984, 858, 866).

Für eine höhere Interessengefährdung spricht, wenn ein Werk mit **schöpferi- 26** **scher Eigenart** betroffen und/oder wenn gerade in die individuellen Bestandteile (und nicht lediglich die gemeinfreien Elemente) ändernd eingegriffen wird (siehe BGH GRUR 1974, 675 – *Schulerweiterung*; OLG München GRUR 1986, 460, 461 – *Die unendliche Geschichte*).

Zwar wird eine Berücksichtigung einer abstrakten künstlerischen Qualität im **27** Rahmen der Auslegung des Tatbestandsmerkmals „Entstellung" bzw. „andere Beeinträchtigung" abgelehnt (siehe etwa BGH GRUR 1999, 230 – *Wendeltreppe*; OLG Hamm ZUM-RD 2001, 443, 445 – *Stahlplastik*; KG Berlin ZUM 2001, 590, 592 – *Gartenanlage*; *Honschek* GRUR 2007, 944, 946). Andererseits berücksichtigt die Rechtsprechung durchaus den **Rang der Werke mit** **Blick auf das künstlerische Ansehen des Urhebers** (BGH GRUR 1989, 106, 107- *Oberammergauer Passionsspiele II*; BGH GRUR 1982, 107 ff. – *Kir-*

chenraumgestaltung; OLG München GRUR 1986, 460, 461 – *Unendliche Geschichte*; a.A. Wandtke/Bullinger/*Bullinger*[2] Rn. 17). Eine Interessengefährdung ist insoweit um so eher anzunehmen, je höher der Ruf des betroffenen Urhebers einzustufen ist.

28   In die Interessenabwägung ist **der konkrete Gebrauchszweck** des Werkes einzustellen. Das ist insbesondere geboten, wenn gerade der vom Urheber eingestellte Gebrauchszweck bestimmte Veränderungen erforderlich macht (BGH GRUR 1974, 675 ff. – *Schulerweiterung*; siehe auch OLG Nürnberg, UFITA Bd. 25 [1958] S. 361, 367; *Honschek* GRUR 2007, 944, 947). Insoweit sind die Zweckbestimmung und der Sachzusammenhang der Werkschöpfung im Rahmen der Interessenabwägung einzubeziehen (BGH GRUR 1971, 269, 271 – *Das zweite Mal*; OLG Hamm ZUM-RD 2001, 443, 444 – *Stahlplastik*; Wandtke/Bullinger/*Bullinger*[2] Rn. 18).

29   Einfluss auf die Interessenabwägung hat ebenfalls die (qualitative und quantitative) **Intensität des Eingriffs** (siehe KG ZUM 1986, 470, 473; Schricker/*Dietz*[3] Rn. 30). Je intensiver die Beeinträchtigung bzw. Entstellung ist, desto höhere Anforderungen sind an die gegenüberstehenden Interessen des Eingreifenden zu stellen. So verhält es sich beispielsweise, wenn **besonders viele Werkexemplare** entstellt werden (*Honschek* GRUR 2007, 944, 947) oder in ein **Werkoriginal** eingegriffen wird (Schricker/*Dietz*[3] Rn. 16). Insbesondere eine **Irreversibilität** der Entstellung bzw. anderen Beeinträchtigung kann gegen ein Recht auf den Eingriff in das Werk sprechen. Bei Unikaten wiegt ein unumkehrbarer Eingriff umso schwerer.

30   Aus dem **Eigentum an einem Werkstück** hat der Eigentümer gem. § 903 BGB grds. das umfassende Recht, mit der Sache nach Belieben zu verfahren. Der Integritätsschutz wird allerdings ungeachtet der Eigentumsverhältnisse durch § 14 gewährt. Insoweit stehen das persönliche Urheberrecht und das Sacheigentum am Werkexemplar nebeneinander in einem **Spannungsverhältnis**, ohne dass einem von beiden von vorne herein ein höherer Rang zuständе (RGZ 79, 397, 402 – *Felseneiland mit Sirenen*; siehe auch *Schack* GRUR 1983, 56). Aus diesem Grund ist für jeden Einzelfall zu entscheiden, welche berechtigten Interessen inwieweit konkret überwiegen. Allerdings besteht eine Wechselwirkung zwischen den genannten Interessen insoweit, als dass etwa ein geringerer Rang des Werks bzw. ein weniger dringenderes Nutzungs-/Änderungsinteresse des Eigentümers jeweils den Ausschlag geben können (siehe *Goldmann* GRUR 2005, 639, 642). Praktisch relevant wird das insbesondere bei Werkoriginalen bzw. Unikaten im Bereich der bildenden Künste (siehe Dreier/Schulze/*Schulze*[2] Rn. 25; Wandtke/Bullinger/*Bullinger*[2] Rn. 14; vgl. i.ü. Rn. 29).

7.   Werkvernichtung

31   Ob die **vollständige Vernichtung** des Werks durch den Urheber aufgrund § 14 untersagt werden kann, ist noch nicht höchstrichterlich entschieden und seit langem umstritten (dazu ausführlich *Jänecke*, Das urheberrechtliche Zerstörungsverbot gegenüber dem Sacheigentümer, Berlin 2003; *Schmelz* GRUR 2007, 565 ff.). In der **Rechtsprechung** wird ein solcher **Abwehranspruch überwiegend verneint** (OLG Schleswig ZUM 2006, 426 – *Kubus Balance*; KG GRUR 1981, 742, 743 – *Totenmaske I*; LG Hamburg GRUR 2005, 672, 674 – *Astra-Hochhaus*; LG München I FuR 1982, 510 und 513 – *ADAC-Hauptverwaltung*; LG Berlin Schulze LGZ 64, 10 – *Hotel Eden*; siehe auch OLG Frankfurt, Urt. v. 28.10.1994 – 25 U 118/94 – *Documenta*; LG Kassel, Urt. v. 22.08.2000 – 9 O 2612/99 – *Documenta*). Schon das Reichsgericht hatte in der berühmten Entscheidung *Felseneiland mit Sirenen* darauf hingewiesen, dass es dem Eigentümer im Regelfall nicht versagt sei, ein Kunstwerk völlig zu vernichten (RGZ 79, 397, 401 – *Felseneiland mit Sirenen*).

Teile der Literatur und der Rechtsprechung kritisieren dagegen die Ablehnung **32** eines Abwehranspruchs gegen vollständige Vernichtung (siehe OLG Hamm ZUM-RD 2001, 443 – *Stahlplastik*; LG Bielefeld, Urt. v. 09.02.2001 – 4 O 20/01, Anm. bei GRUR 2007, 565, 566; *Schack* GRUR 1983, 56 ff.; Schricker/*Dietz*[3] Rn. 38; HK-UrhR/*Dreyer* Rn. 47; differenzierend Dreier/Schulze/*Schulze*[2] Rn. 28 und *Schack*[4] Rn. 358 f.. mwN bei Bauwerken). Dabei wird teilweise argumentiert, dass wenn schon die Entstellung abgewendet werden dürfe, dieses „erst recht" für eine Zerstörung gelten müsse (siehe *Schack*[4] Rn. 358; *ders*. GRUR 1983, 56, 57). Diese Auffassung würdigt nicht hinreichend den Sinn und Zweck von § 14. Die Vorschrift schützt, wie – also in welcher Gestalt (BGH GRUR 1971, 37 – *Maske in Blau*) – die Öffentlichkeit das Werk des Urhebers zu sehen bekommen soll, **nicht ob das Werk der Öffentlichkeit zur Verfügung steht** (auch aus den §§ 12, 28 folgt kein Veröffentlichungsanspruch, vgl. § 12 Rn. 4; § 18 Rn. 9). Die Entstellung bzw. Beeinträchtigung des Werks soll nämlich nicht dem Urheber zugerechnet werden können (siehe RegE UrhG – BT-Drucks. IV/270, S. 45). Die Vernichtung des Werks lässt den Anknüpfungspunkt für eine dem Urheber zurechenbare Verfälschung entfallen (siehe auch Wandtke/Bullinger/*Bullinger*[2] Rn. 23). Das ist auch der Grund dafür, warum der Urheber sogar einen Anspruch auf Vernichtung eines entstellten Werkes haben kann (vgl. Rn. 76).

Der **Gesetzgeber** hat mit Rücksicht auf die Entscheidung *Felseneiland mit* **33** *Sirenen* des RG durchaus erkannt, dass ein Schutz gegen die Vernichtung von Werken denkbar gewesen wäre. Er hat sich aber ausweislich der Gesetzesbegründung sogar im Bereich der bildenden Künste **gegen einen solchen Schutz entschieden** (RegE UrhG – BT-Drucks. IV/270, S. 45). Für die Fälle, in denen ein öffentliches Interesse an dem Fortbestand des Werkes besteht, sei das private Urheberrecht das falsche Instrument (RegE UrhG aaO.). Aus diesen Gründen fehlt es nach unserer Auffassung bei einer vollständigen Vernichtung an einer Entstellung oder anderen Beeinträchtigung, die die berechtigten Interessen des Urhebers zu gefährden geeignet wäre (so auch *Goldmann* GRUR 2005, 639, 643; Möhring/Nicolini/*Kroitzsch*[2] Rn. 26; anders noch Vorauflage/*Hertin* Rn. 18). Der Urheber, dem sein Werk besonders am Herzen liegt, ist nicht daran gehindert, ein vertragliches Vernichtungsverbot einzugehen oder das Werk gar nicht erst einem anderen zu übereignen.

Dagegen ist § 14 bei der **teilweisen Vernichtung** anwendbar. Denn hierin ist in **34** der Regel mit Blick auf die überbleibenden Teile des Werks eine Entstellung zu bejahen (OLG München ZUM 2001, 339, 344 – *Abriss eines Kirchenschiffs*; OLG München ZUM-RD 1998, 87, 89 – *Pfarrkirche in Baierbrunn*). Das ist insbesondere dann der Fall, wenn der Rest des Werks wegen der äußeren Merkmale immer noch an das frühere Werk erinnert (OLG München aaO; Dreier/Schulze/*Schulze*[2] Rn. 29). Nicht erforderlich ist, dass das übriggebliebene Teilwerk noch für sich gesehen hinreichende **Schöpfungshöhe** erreicht. Denn geschützt ist nach wie vor das Werk in seiner ursprünglichen Form (Wandtke/Bullinger/*Bullinger*[2] Rn. 25; Dreier/Schulze/*Schulze*[2] Rn. 29).

Ebenso kann der öffentlich inszenierte **Vorgang der Vernichtung** eine Beein- **35** trächtigung gem. § 14 darstellen (verneint für den Abriss des Lenin-Denkmals:

LG Berlin LKV 1992, 312 ff. – *Lenin-Denkmal*). Zu Recht wurde auf das Beispiel der Bücherverbrennungen im Dritten Reich hingewiesen (*Schack*[4] Rn. 358). Hier wird die Vernichtung geradezu inszeniert und das Werk nicht nur beseitigt, sondern zu einer vernichtungsbedürftigen (entarteten) Kunst degradiert.

III. Einzelfälle

1. Schriftwerke

36 Bei Schriftwerken wird eine Entstellung bzw. Beeinträchtigung bejaht, wenn entweder die **sprachliche Form oder der Inhalt verfälscht** werden. Das kann bereits bei wesentlichen Kürzungen der Fall sein (siehe RGZ 102, 134, 141 – *Strindberg-Übersetzung*; *Schack*[4] Rn. 343). Die **Abwandlung einer einzigen Szene** einer Romanvorlage in der Verfilmung kann genügen, den Charakter des gesamten Romans zu entstellen (OLG München GRUR 1986, 460 – *Unendliche Geschichte*). Allerdings kann der Integritätsschutz aufgrund der gebotenen Interessenabwägung im Ergebnis dennoch zu verneinen sein (OLG München aaO.).

37 Aber auch ohne eine inhaltliche Veränderung des Schriftwerks selbst kann das Recht aus § 14 verletzt sein. Das ist beispielsweise dann der Fall, wenn das Schriftwerk in einen **herabwürdigenden Sachzusammenhang** gestellt wird (vgl. Rn. 45; KG NJW-RR 1990, 1065, 1066 – *Neues Deutschland*; LG Düsseldorf ZUM 1986, 158). Inwieweit die Veränderung eines Werks durch die berechtigte **Arbeit eines Lektors** § 14 unterfällt, hängt von den Umständen des Einzelfalls, insbesondere der vertraglichen Grundlage der Arbeit ab (hierzu ausführlich § 39 Rn. 16; Wandtke/Bullinger/*Bullinger*[2] Rn. 52).

38 Bei der **Paraphrase** von Schriftwerken wird ein bestehendes Werk in eine andere Stilgattung umgewandelt (z.B. von Vers in Prosa oder umgekehrt). Die Paraphrase ist in erster Linie unter Aspekten der Bearbeitung (§ 23) zu bewerten.

2. Bühnenwerke

39 Bei der **Inszenierung von Bühnenwerken** ist die Grenze zur Entstellung bzw. Beeinträchtigung nicht alleine deswegen überschritten, weil der Inhalt des Stücks oder die Art und Weise der Darstellung von den Vorstellungen des Autoren abweicht. Erforderlich ist vielmehr, dass der Charakter des Bühnenstücks tiefgreifend verändert wurde (Wandtke/Bullinger/*Bullinger*[2] Rn. 56). Das hat die Rechtsprechung beispielsweise für gegeben angesehen, wenn das charakterliche Wesen der Hauptpersonen wesentlich geändert wurde (BGHZ 55, 1 – *Maske in Blau*).

40 Bei der Abwägung zwischen den **berechtigten Interessen des Urhebers und des Regisseurs** muss eingestellt werden, dass der Regisseur einen hinreichenden künstlerischen Freiraum braucht, um das Werk des Urhebers schöpferisch zu inszenieren (Wandtke/Bullinger/*Bullinger*[2] Rn. 56). Insbesondere ist im Einzelfall zu berücksichtigen, ob räumliche oder finanzielle Beschränkungen die Inszenierung des Bühnenwerks wesentlich erschweren (OLG Frankfurt/M NJW 1976, 677, 678 f. – *Götterdämmerung*; BGH GRUR 1971, 35, 37 – *Maske in Blau*). Andererseits ist das Bestreben, die Inszenierung dem vermeintlichen Geschmack des Publikums unterzuordnen, für sich alleine nicht anerkennenswert (OLG Frankfurt/M NJW 1976, 677, 678 f. – *Götterdämme-rung*). Gleichwohl kann bei einer in Fachpresse und dem Publikum völlig durchgefallenen Inszenierung die Interessenabwägung zur Gestattung maß-voller Anpassungen führen (OLG Frankfurt/M aaO; *Möhring/Nicolini/ Kroitzsch*[2] Rn. 7).

Die Rechtsprechung erachtet die **Inszenierungsleistung des Regisseurs** teil- **41** weise als schöpferisches Werk, welches in den Schutzbereich von § 14 fällt (OLG Frankfurt/M NJW 1976, 677 – *Götterdämmerung*; LG Frankfurt/M UFITA 77 (1976) 199 – *Götterdämmerung*; OLG Dresden ZUM 2000, 955 – *Csárdásfürstin*; LG Leipzig ZUM 2000, 331 – *Csárdásfürstin*; OLG München ZUM 1996, 598 – *Iphigenie in Aulis*). Wird der urheberrechtliche Schutz der Regieleistung bejaht, so kann der Regisseur es grundsätzlich als Entstellung seines Werkes verbieten, wenn die Theaterleitung nach Abnahme seiner In-szenierungsleistung das Werk nochmals wesentlich ändert. Bei der Interessen-abwägung ist dabei zu berücksichtigen, dass die Theaterleitung bereits bei der Auswahl des Regisseurs und im Rahmen der Vorarbeiten des Stücks hinrei-chend Gelegenheit hat, das Inszenierungswerk zu beeinflussen. Sofern die Regieleistung des Theaterregisseurs keinen urheberrechtlichen Werkschutz genießt, bietet § 75 Schutz. Da auch hier eine Interessenabwägung vorzuneh-men ist (vgl. § 75 Rn. 16 f.), dürften die Ergebnisse im Wesentlichen gleich sein. Der Integritätsschutz von Regisseuren spielt in der Praxis ohnehin keine besondere Rolle (siehe Strukturgutachten Theater und Orchester für den Deutschen Bundestag, K-Drs. 15/285, 2004, S. 33).

3.   **Werke der Musik und Sprache**

Entstellungen von Musik- oder Sprachstücken (Hörspiele, -bücher) sind denk- **42** bar, wenn das Stück **verändert, zerstückelt oder mit anderen Werken kom-biniert** wird. Ähnlich wie bei Bühnenwerken (BGHZ 55, 1 – *Maske in Blau*) kann auch bei einem für die Verfilmung bestimmten Dialogbuch die Änderung der Charaktere oder die Änderung der Atmosphäre sowie der Handlungs-struktur die Aussage des Werkes entstellend verändern (KG UFITA 59 [1971], 279, 283 – *Kriminalspiel*; siehe auch OLG Frankfurt/M ZUM 1989, 353 – *Der Wald*). Denn bei Sprachwerken sind **nicht nur die Form der Sprache sondern auch der Inhalt des Sprachwerkes vor Entstellung geschützt** (siehe KG GRUR 1926, 441, 442 – *Alt-Heidelberg*; *Kitz* GRUR-RR 2007, 217, 218).

Das **Ersetzen** von wesentlichen Teilen der Originalfilmmusik kann als Ent- **43** stellung bzw. Beeinträchtigung i.S.v. § 14 angesehen werden (OLG München ZUM 1992, 307, 310 – *Christoph Columbus*), während die Rechte des ursprünglichen Filmkomponisten nicht verletzt werden, wenn lediglich kurze Filmausschnitte in einen neuen eigenständigen Film (nebst neuer Vertonung) integriert werden (OLG Hamburg GRUR 1997, 822, 826 – *Edgar-Wallace-Filme* LG Hamburg ZUM 1995, 683, 684).

In Bewegung ist die Diskussion um die Frage der Entstellung von Werken **44** durch das Angebot von **Klingeltönen für mobile Telefongeräte** (siehe OLG Hamburg GRUR 2006, 323; ZUM 2002, 480, 483; *Castendyk* ZUM 2005, 9; *Hertin* KUR 2004, 101 ff.; *Poll* MMR 2004, 67; *Wandtke/Bullinger/Bullinger*[2] Rn. 54 m.w.N.). Handy-Klingeltöne stellen fast immer eine verkürzte Version des Originalliedes dar und klangen zumindest in der Vergangenheit wegen der (noch) beschränkten technischen Möglichkeiten der Mobiltelefone erheblich anders als das Original. Der Spielraum des Urhebers, gegen entsprechende

Entstellungen erfolgreich vorzugehen, ist aber in der Praxis mit Blick auf die **Verwertungshandlungen der GEMA** eingeschränkt (hierzu auch (Wandtke/Bullinger/*Bullinger*[2] Rn. 53).

45 Werden Musikstücke **mit anderen Werkarten verbunden,** so kann eine Entstellung bzw. Beeinträchtigung vorliegen, wenn das Lied in Zusammenhang mit radikalpolitischen, pornographischen, gewaltverherrlichenden o.ä. polarisierend veröffentlicht wird (OLG Frankfurt/M GRUR 1995, 215, 216 – *Springtoifel*; siehe auch KG NJW-RR 1990, 1065, 1066 – *Neues Deutschland*; zur Verwendung von Samples: *Spieß* ZUM 1991, 524 ff.; *Müller* ZUM 1999, 555 ff.). Ausreichend ist es hingegen noch nicht, dass ein Lied auf einem Sampler mit anderen Liedern zusammen veröffentlicht wird (siehe i.ü. OLG Hamburg GRUR-RR 2002, 153, 159 – *Der grüne Tisch*). Hinzukommen müssen besondere Umstände, wie der genannte radikalpolitische Einschlag des Tonträgers.

4. Werke der bildenden Künste

46 Bei Werken der bildenden Künste kann sich die Entstellung durch **Verstümmeln, Übermalen, Zerteilen, unsachgemäße Restauration** oder auch durch **nachhaltige Veränderung des Formates** (bei Grafik) **oder des Volumens** (z.B. Vergrößerung einer Miniaturplastik) ergeben (BGH GRUR 1999, 230 – *Wendeltreppe*; RGZ 79, 397 – *Felseneiland mit Sirenen*; LG Mannheim GRUR 1997, 364, 365).

47 Insbesondere wenn die einzelnen Werkteile gerade in ihrer (ästhetischen oder inhaltlichen) Zusammenstellung vom Urheber gewollt sind (**Installationen**), stellt das **Trennen oder Neuanordnen dieser Teile** eine Entstellung des Werkes dar (LG München FuR 1982, 510 – *ADAC-Hauptverwaltung*; Wandtke/Bullinger/*Bullinger*[2] Rn. 40). Genauso wie eine Zerstückelung oder Trennung einzelner Bestandteile eines Werkes der bildenden Kunst eine Entstellung darstellen kann, kann auch eine **nicht gewollte Verbindung** verschiedener Werke einem entstellenden Eingriff gleichkommen (BGH WRP 2002, 552, 556 – *Unikatrahmen*). Gleiches gilt für vermeintliche Vervollständigungen. So wurde etwa das **Ausfüllen** absichtlich offener Pyramidenstümpfe einer Skulptur mit Kies und Beton als Entstellung angesehen (OLG Celle NJW 1995, 890, 891).

48 Eine Beeinträchtigung eines Werkes der bildenden Kunst kann unter besonderen Umständen auch in der Verlegung an einen anderen Ort zu sehen sein. Das ist dann der Fall, wenn gerade die **örtliche Nähe Teil der vom Urheber gewollten Konzeption** ist. Das ist beispielsweise bei Denkmälern, die an Ereignisse an dem Aufstellungsort erinnern sollen denkbar. Gleiches gilt, wenn das Werk gerade wegen seines Wechselspiels mit der Umgebung, etwa bestimmter anderer Gebäude, am Aufstellungsort geschaffen wurde (OLG Hamm ZUM-RD 2001, 443, 444 – *Stahlplastik*; KG Berlin ZUM 2001, 590, 591 – *Gartenanlage*).

49 Ähnlich verhält es sich, wenn das Werk in einem **entstellenden Sachkontext** der Öffentlichkeit zugänglich gemacht wird (Schricker/*Dietz*[3] Rn. 326). Das betrifft beispielsweise radikale Formen der Ausstellung des Werks. So kann eine Hängung eines Bildes dicht an dicht mit hunderten anderen Bildern vor einer gewellten grauen Plastikfolie eine unzulässige Entstellung darstellen (Wandtke/Bullinger/*Bullinger*[2] Rn. 47). Allerdings ist hier, ähnlich wie bei der Frage der Inszenierung eines Bühnenstücks durch den Regisseur, im Rahmen der

Interessenabwägung zu berücksichtigen, dass auch der Aussteller ein berechtigtes Interesse an der konkreten Ausstellungsform haben kann.

50 Besonders problematisch ist im Bereich der bildenden Kunst der Umgang mit **Parodien**. Denn auch wenn Parodien eine eigene schöpferische Höhe aufweisen, so ist es doch oftmals ihr Mittel oder Zweck, das ursprüngliche Werk zu entstellen. An einer Entstellung bzw. Beeinträchtigung wird es daher in aller Regel nicht fehlen. Nur dann, wenn sich die Parodie auf das Gesamtwerk, also den Stil eines Urhebers als Ganzes bezieht, greift nicht § 14, sondern das allgemeine Persönlichkeitsrecht als Schutzmechanismus (*Ruijsenaars* GRUR Int. 1993, 918, 929 m.w.N.). Im Rahmen von § 14 **entscheidet sich Frage des Integritätsschutzes gegen Parodien letztlich bei der Interessenabwägung.** Hierbei ist den berechtigten Interessen des Urhebers v.a. das **Recht auf Meinungs- und Kunstfreiheit** anderer gegenüberzustellen. Zwar braucht der Urheber Entstellungen seines Werkes nicht alleine deshalb hinzunehmen, weil damit eine kritische Auffassung über die künstlerische Bedeutung dieses Werkes oder der Werkgattung, der es angehört, zum Ausdruck gebracht werden soll (BGH GRUR 1971, 35, 38 – *Maske in Blau*). Eine Grundregel aber, nach der die Verletzung des Urheberpersönlichkeitsrechts aufgrund einer Entstellung häufig schwerer wiegt als die mit ihr einhergehende, nicht gestattete Nutzung des ursprünglichen Werkes, erscheint willkürlich (ähnlich Schricker/*Dietz*[3] Rn. 29; a.A.: Wandtke/Bullinger/*Bullinger*[2] Rn. 37). Die konträre Ansicht unterschätzt, dass **Parodien von der Öffentlichkeit in der Regel gerade nicht dem Urheber zugerechnet werden** (Dreier/Schulze/*Schulze*[2] Rn. 24). **Diese Zurechnung ist aber zwingende Grundlage des Integritätsschutzes** (RegE UrhG – BT-Drucks. IV/270, S. 45; ähnlich Schricker/*Dietz*[3] Rn. 32; vgl. auch Rn. 1; a.A. *Honschek* GRUR 2007, 944, 947). In den meisten Fällen geht der Betrachter davon aus, dass dem Urheber die Entstellung gar nicht recht sein wird. Entsprechend ist auch die weniger strenge Beurteilung der Rechtsprechung bei der Abgrenzung von § 23 zu § 24 bei der Interessenabwägung im Rahmen des § 14 zu berücksichtigen (BGH GRUR 1994, 191, 193 – *Asterix-Persiflagen*; BGH GRUR 1994, 206, 208 – *Alcolix*; *Ruijsenaars* GRUR Int. 1993, 918, 930; Schricker/*Dietz*[3] Rn. 11 d). Parodien sind vielfach selbständige, in freier Benutzung hervorgebrachte Werke und können dann von dem betroffenen Urheber nicht aus § 14 verfolgt werden.

51 Werke der bildenden Kunst, die sich **kommentierend oder paraphrasierend** mit geschützten Werken anderer Urheber auseinandersetzen, beanspruchen unter dem Aspekt der Kunstfreiheit einen noch größeren Freiraum als Parodien. § 14 steht derartigen Werkformen regelmäßig nicht entgegen, da die Werkinteressen des kommentierten oder paraphrasierten Urhebers durch solche Auseinandersetzungen, selbst wenn sie kritisch angelegt sind, eher gefördert als beeinträchtigt werden.

52 Eine unzulässige Entstellung eines Werkes liegt dann nicht vor, **wenn das Publikum erkennen kann**, ein Werk der bildenden Kunst in einer Fernsehsendung durch filmtechnische Mittel verfremdet wurde (LG München I ZUM-RD 2000, 308, 311; a.A. Wandtke/Bullinger/*Bullinger*[2] Rn. 48). Denn dann rechnet die Öffentlichkeit die entstellte Version nicht dem Urheber zu. Das ist aber gerade Kern des Schutzes von § 14 (RegE UrhG – BT-Drucks. IV/270, S. 45; a.A. Wandtke/Bullinger/*Bullinger*[2] Rn. 48). Entsprechendes gilt gerade bei Parodien (vgl. Rn. 50).

53 Jedenfalls für Werke der bildenden Künste nimmt der Gesetzgeber ausdrücklich **kein Vernichtungsverbot** an (vgl. Rn. 33). Das gilt selbst für den Fall, dass an ihrer Erhaltung ein öffentliches Interesse bestehen sollte. Denn nach Ansicht des Gesetzgebers ist die Erhaltung kulturell wertvoller Kunstwerke nicht Aufgabe des privatrechtlichen Urheberrechts, sondern des zum Gebiet des öffentlichen Rechts gehörenden Denkmalschutzes (RegE UrhG – BT-Drucks. IV/270, S. 45). Der **Vorgang der Vernichtung** in der Öffentlichkeit kann nur in ganz besonderen Ausnahmefällen eine Entstellung darstellen (vgl. Rn. 35).

54 Der Gesetzgeber hat sich bewusst dagegen entschieden, dem Urheber eines Werkes der bildenden Künste das Recht zu geben, **Instandsetzungsarbeiten** an seinem Werk selbst vorzunehmen. Soweit aber bei der Instandsetzung das Werk entstellt wird, kann der Urheber sich nach § 14 wehren (RegE UrhG – BT-Drucks. IV/270, S. 45).

55 Wenn Werke der bildenden Künste **restauriert** werden, ist eine Entstellung bzw. Beeinträchtigung jedenfalls dann nicht gegeben, wenn Beschädigungen oder altersbedingte Verfallerscheinungen handwerklich einwandfrei ausgeglichen werden. Die Betonung liegt hier auf dem Aspekt des Ausgleichens, also Wiederherstellens. Besonders kritisch zu prüfen sind vermeintliche „Verbesserungen" des Werkes, insbesondere des Werkmateriales (siehe Dreier/Schulze/ *Schulze*[2] Rn. 26). Unter besonderen Umständen kann jeder Versuch der Restaurierung unzulässig sein, insbesondere wenn der Urheber gerade den Verfall des Werkes eingeplant hatte (Wandtke/Bullinger/*Bullinger*[2] Rn. 42).

56 **Kunstwerkfälschungen und Plagiate** (vgl. § 13 Rn. 4 bzw. § 24 Rn. 59) beeinträchtigen das Original, wenn die Kopie ihrerseits handwerkliche Fehler aufweist oder einen sonst entstellenden Eindruck hinterlässt (siehe Wandtke/Bullinger/*Bullinger*[2] Rn. 38). Nichts anderes gilt für **stümperhafte Vervielfältigungen** (siehe Dietz ZUM 1993, 310, 317; *Schack*[4] Rn. 343).

57 **Graffiti**, wenn es die erforderliche Schutzhöhe erreicht, unterfällt dem Schutzbereich von § 14. Denn § 14 unterscheidet nicht danach, wie das Werk hergestellt wurde, insbesondere nicht, ob dabei fremde Eigentumsrechte verletzt wurden. Aus diesem Grund darf Graffiti zwar etwa von den Hauswänden entfernt, also vollständig vernichtet, werden. Andererseits dürfen die Bilder nicht entstellt, sondern höchstens komplett übermalt werden (BGH GRUR 1995, 673, 675 – *Mauer-Bilder*; siehe auch *Schack*[4] Rn. 360; Loewenheim/ *Dietz* § 16 Rn. 102).

5. **Fotografien und Filmwerke**

58 Entstellungen bzw. Beeinträchtigungen von Fotografien sind beispielsweise als Veröffentlichungen von **Fotoausschnitten und als (digitale) Nachbearbeitungen (Retuschen)** denkbar (BGH GRUR 1971, 525, 526 – *Petite Jacqueline*; OLG Köln Schulze OLGZ 129 – *Mein schönstes Urlaubsfoto*; LG München ZUM 1995, 57, 58). Genauso wie bei Fotografien sind auch Entstellungen bzw. Beeinträchtigungen bei Filmwerken durch die (zunehmend digitale) Nachbearbeitung denkbar. So kann die vom Urheber nicht bewilligte **Nachkolorierung** (ähnlich: **Color-Timing**) eines Filmes (siehe *Platho* GRUR 1987, 424; Wandtke/Bullinger/*Bullinger*[2] Rn. 59; *Schulze* GRUR 1994, 855 ff.; LG Kopenhagen GRUR Int. 1998, 336) oder schwerwiegende **Formatänderungen** unzulässige Entstellung sein. Eine Entstellung von Filmwerken kann auch bei **exzessiven Werbeunterbrechungen, verfälschenden Aufteilungen, veränderten Szenenabfolgen** und Herausschneiden von Nackt- oder Gewaltszenen zu sehen sein (siehe auch *Schack*[4] Rn. 363 f.). Hat beispielsweise der Urheber gerade eine Erzählstruktur, die sich durch viele Rückblenden auszeichnet, gewollt, so liegt eine Entstellung vor, wenn der Film in einer chronologischen Abfolge gezeigt wird. Gleiches gilt, wenn der Regisseur in seinem Film keine **Off-Stimme** (Voice-Over) vorgesehen hatte, diese aber nachträglich ohne seine Bewilligung eingefügt wird.

Bei der Beurteilung von Entstellungen bzw. Beeinträchtigungen durch Verfil- **59** mungen bzw. bei Änderungen von Verfilmungen gilt im Rahmen von § 14 wegen § 93 ein besonderer Beurteilungsmaßstab. Der **Schutz des Urhebers ist danach auf gröbliche Entstellungen bzw. Beeinträchtigungen beschränkt** (Möhring/Nicolini/*Kroitzsch*[2] Rn. 17; Wandtke/Bullinger/*Bullinger*[2] Rn. 59; *Schulze* GRUR 1994, 855 f.). Der Maßstab für die gröbliche Entstellung ist objektiv (vgl. Rn. 10). Gröblich ist eine Entstellung oder Beeinträchtigung dann, **wenn über den konkret geänderten Teil hinaus der geistig-ästhetische Gesamteindruck des Werkes entstellt wird** (KG GRUR 2004, 497, 498 – *Schlacht um Berlin*; OLG München GRUR 1986, 460, 462 – *Die unendliche Geschichte*). Die Voraussetzungen für den Schutz gegen Entstellungen liegen beim Filmwerk vor, wenn eine völlige Verkehrung des ursprünglichen Sinngehalts des Filmwerks bzw. des ihm zugrundeliegenden Werks oder eine völlige Verunstaltung von urheberrechtlich wesentlichen Teilen des Films oder Werks entgegen den Intentionen der Urheber- oder Leistungsschutzberechtigten stattfindet (KG GRUR 2004, 497, 499 – *Schlacht um Berlin*; OLG München GRUR 1986, 460, 461 – *Die unendliche Geschichte*; *Götting* ZUM 1999, 3, 8). Soweit für Lichtbilder (§ 72 Abs. 1) und wissenschaftliche Ausgaben (§ 70 Abs. 1) die urheberrechtlichen Vorschriften mitsamt des § 14 für anwendbar erklärt werden, führt das, soweit es den Filmbereich betrifft, auch dort zu einer Modifikation durch § 93 (vgl. § 93 Rn. 7).

Der Urheber ist **während der Filmherstellung und Verwertung des Filmwerkes** **60** vor Entstellungen geschützt. Dementsprechend findet auch der großzügigere Maßstab des § 93 schon während des Herstellungsprozesses Anwendung, wenn die schöpferische Leistung entstellend verändert wird (OLG München ZUM 2000, 767, 772 – *down under*). Die Abmilderung des Entstellungsverbotes zu Gunsten des Filmherstellers gilt ferner sowohl für die Erst- als auch für die **Zweitauswertung** eines Filmes (hierzu ausführlich § 93 Rn. 9).

Das bloße **Verkürzen eines Filmes** muss nicht zwangsläufig zu seiner unzuläs- **61** sigen Entstellung führen, solange der Sinngehalt nicht völlig verkehrt wird und der Film auch nicht anderweitig verunstaltet ist (siehe KG GRUR 2004, 497 ff., OLG Frankfurt/M GRUR 1989, 204, 206 – *Wüstenflug*). Filmwerkkürzungen zum Zwecke des **Jugendschutzes** und die Anpassung an ausländische Verhältnisse zur dortigen Verwertung (**Untertitel, Synchronisation**) dienen der sachgerechten, filmischen Verwertung (siehe auch *Schack*[4] Rn. 363). Sie sind jedenfalls dann vom Urheber hinzunehmen, wen sie von geringer Intensität sind (ausführlich § 93 Rn. 18).

6. **Internet und Software**

Fast sämtliche Werkarten können aufgrund des technischen Fortschritts mitt- **62** lerweile im Internet (zumindest mittelbar) veröffentlicht werden. Es gilt aber auch im Internet grundsätzlich **das gleiche Schutzniveau wie bei anderen Veröffentlichungsformen** (Wandtke/Bullinger/*Bullinger*[2] Rn. 60). Daher sind insbesondere Entstellungen durch digitale Nachbearbeitungen nicht ohne Hinzutreten besonderer Umstände zu dulden. Solange der Urheber zu einer entstellenden Nachbearbeitung und Veröffentlichung nicht ausdrücklich zugestimmt hat, kann diese untersagt werden. Eine mutmaßliche Einwilligung des Urhebers aufgrund der bloßen Tatsache, dass er ein Werk im Internet veröffentlicht hat, ist nicht gerechtfertigt. Ähnlich wie bei der Veröffentlichung von Handy-Klingeltönen werden hier aber Ausnahmen gerechtfertigt sein, wenn das Werk aufgrund technischer Umstände und in nicht-erheblicher Weise angepasst wird. Das ist beispielsweise bei der Veränderung der Auflösung von digitalen Fotografien denkbar (siehe auch Wandtke/Bullinger/*Bullinger*[2] Rn. 62). Diese Grenze ist freilich überschritten, wenn das Foto durch den Verlust der Qualität nur noch eine plumpe Version des beabsichtigten Originals ist (siehe OLG Hamburg ZUM 1995, 430; zur Frage einer Entstellung literarischer Werke durch die Google Buchsuche: *Ott* GRUR Int. 2007, 562, 564; zu sog. „Deep-Links": HK-UrhR/*Dreyer* Rn. 67).

63 Auch **Software** unterfällt grundsätzlich dem Schutzbereich des § 14 (siehe § 69a Abs. 4). Die meisten Computerprogramme dienen allerdings **Gebrauchszwecken**. Hier hat der Integritätsschutz eine sehr beschränkte praktische Bedeutung (siehe Schricker/*Dietz*[3] Rn. 11d). Denkbar ist gleichwohl, dass beispielsweise die Veränderung eines **Open Source Programm**s die **ursprüngliche Version** entstellt und dadurch die berechtigten Interessen des Urhebers gefährdet (*Metzger* GRUR Int. 1999, 839, 844). Die Reputation des Programmierers wird als die entscheidende Entlohnungskomponente des Urhebers im Open Source Bereich angesehen. Auch hier gilt das unter Rn. 23 Gesagte: Zwar kann (und will) der Urheber auch bei Open Source Software durch das Einräumen der Nutzungs- und Veränderungsbefugnis nicht aller Rechte aus § 14 verlustig gehen. Andererseits begründet die Einräumung der (etwa aufgrund der „General Public License" üblichen) Befugnisse im Rahmen der Interessenabwägung eine zu beachtende Duldungspflicht des Urhebers (*Metzger* GRUR Int 1999, 839, 845).

7.   **Bauwerke**

64 **Herausragende praktische Bedeutung** hat der Integritätsschutz von § 14 im Verhältnis zwischen dem Architekten und Bauherrn erlangt (*Binder/Kosterhon* S . 100 ff.). § 14 kann den Architekten vor Entstellungen bzw. Beeinträchtigungen des Bauwerkes schützen, insbesondere wenn die ursprüngliche Planung durch den Bauherrn **genehmigt** war **und** das Bauwerk **bereits errichtet** worden ist (siehe auch Wandtke/Bullinger/*Bullinger*[2] Rn. 26; *Goldmann* GRUR 2005, 639, 645 f.).

65 Nicht abschließend geklärt ist, inwiefern der Bauherr **bis zur abschließenden Errichtung** in die Planung des Architekten eingreifen darf. Die Beantwortung dieser Frage wird u.a. davon abhängen, ob der Architekt dem Bauherrn eine Änderungsbefugnis eingeräumt hat und inwieweit die Planung bereits von dem Bauherrn genehmigt war (siehe *Werner* IBR 2007, 253). Solange noch kein schutzfähiges Bauwerk fertiggestellt ist, kommt nur die **Schutzfähigkeit des Entwurfes** in Betracht (§ 2 I Nr. 4 UrhG, BGH GRUR 1999, 230 – *Treppenhausgestaltung*). Dieser kann aber nur entstellt oder beeinträchtigt werden, **wenn** von ihm durch (Teil-)Realisation **Gebrauch gemacht wird** (*Schulze* NZBau 2007, 611, 614; s.a. *Binder/Kosterhon* S.104 f.). Das Begehren, dass ein unvollständiger Bau vervollständigt wird, ist von § 14 grundsätzlich nicht gedeckt (siehe dazu: § 649 BGB; HK-UrhR/*Dreyer* Rn. 59).

66 Vorfrage des Integritätsschutzes bei Bauwerken ist zunächst, welche konkreten Teile der bauwerklichen Planung Urheberrechtsschutz genießen (hierzu

Schulze NZBau 2007, 537 f.). Regelmäßig umfasst dieser Schutz die **Struktur des Baukörpers und seine Fassade.** Das **Innere des Gebäudes** ist oftmals lediglich bezüglich des **Eingangsbereiches oder der Treppenhäuser** geschützt. Das ist aber immer eine Frage des Einzelfalls. Denn u.U. können auch die Innenräume oder andere Teile des Gebäudes urheberrechtlich geschützt sein (BGH GRUR 1999, 230 – *Wendeltreppe*; i.ü. § 2 Rn. 165). **Entstellungen** sind nicht nur durch **direkte bauliche Eingriffe** möglich, sondern auch durch **Anpassungen der Farbgebung, der Materialen und der Oberflächenstrukturen.** Allerdings kommt es auch hier auf eine gewisse Erheblichkeit der Veränderung an. So hat das OLG Frankfurt beispielsweise die Abdeckung eines Dachs mit Kupfer als Entstellung verneint, weil damit keine erhebliche ästhetische Veränderung einherging (OLG Frankfurt/M GRUR 1986, 244; ähnlich OLG München ZUM 1996, 165, 167 zur Veränderung von Dachgauben; LG Berlin GRUR 2007, 964 – *Hauptbahnhof*). Verneint wurde auch eine Entstellung im Innenraum eines Museums durch Einsetzen eines Steinbodens statt eines Holzparketts (LG Leipzig ZUM 2005, 487, 493). Den Farbanstrich eines Hauses darf der Eigentümer nur dann ändern, wenn darin kein schöpferisches Gestaltungselement liegt (BGH NJW 1971, 556, 557 – *Farbanstrich* gegen KG Schulze KGZ 45, 7).

Im Rahmen der Entstellung bzw. Beeinträchtigung kommt es dann auf die **67** konkreten Abweichungen von den Plänen des Architekten an. Nicht entscheidend ist, ob etwaige Änderungen eine **ästhetische oder sonstige „Verbesserung"** darstellen (siehe BGH GRUR 1999, 230 – *Wendeltreppe*; OLG Hamm ZUM-RD 2001, 443, 445 – *Stahlplastik*; KG Berlin ZUM 2001, 590, 592 – *Gartenanlage*; LG Mannheim GRUR 1997, 364, 365 – *Freiburger Holbein-Pferd*). Entscheidend ist, ob überhaupt eine erhebliche Veränderung eingetreten ist (BGH GRUR 1974, 675 – *Schulerweiterung*). Unter diesem Gesichtspunkt kann auch das Anbringen einer großen Werbereklame eine Entstellung der Gebäudefassade bedeuten (Wandtke/Bullinger/*Bullinger*[2] Rn. 30). Keine Entstellung bzw. andere Beeinträchtigung des Bauwerks hat die Rechtsprechung darin gesehen, dass bei einem Kircheninnenraum eine andere als die ursprünglich geplante Kirchenorgel aufgebaut wurde (BGH GRUR 1982, 107, 109 – *Kirchen-Innenraumgestaltung*; siehe auch OLG München ZUM-RD 1998, 87, 89 – *Pfarrkirche in Baierbrunn*). Hingegen hat die Rechtsprechung die Entstellung bejaht, als ein Aufzugsschacht in massivem Mauerwerk statt in Glas gebaut wurde (KG ZUM 1997, 208, 211 – *Transparenter Fahrstuhlschacht*).

Der Schutz des ursprünglichen Entwurfes des Architekten wird nicht dadurch **68** beeinträchtigt, dass die **bauliche Veränderung selbst urheberrechtlich geschützt** ist. In einem solchen Kollisionsfall geht die Integrität des Gebäudes als Gesamtwerk des ursprünglichen Urhebers vor (BGH GRUR 1999, 230 – *Wendeltreppe*). Deswegen hat die Rechtsprechung auch das Aufstellen einer entstellenden Stahlplastik in einer urheberrechtlich geschützten Gartenanlage für unzulässig gehalten (KG NJW-RR 2001, 1201, 1202 – *Detlev Rohwedder-Haus*; siehe auch BGH GRUR 1999, 230, 231 – *Treppenhausgestaltung*).

Wie bei anderen Werkarten stellt die vollständige Vernichtung eines Bauwerkes **69** keine Entstellung dar (vgl. Rn. 33; RGZ 79, 387 – *Felseneiland mit Sirenen*; LG München NJW 1983, 1205 – *ADAC Hauptverwaltung II*). Etwas anderes gilt nur für den **Teilabriss** mit Blick auf den Eindruck, den der übrig gebliebene Teil auf das ursprüngliche Gesamtwerk hinterlässt. Von einem vollständigen Abriss wird bereits dann ausgegangen, wenn das Gebäude bis auf die Grundkonstruktion des Kernelements abgerissen worden ist (LG Hamburg GRUR 2005, 672, 674).

70 Ob die jeweiligen Entstellungen vom Architekten hinzunehmen sind, entscheidet sich letztlich in der Abwägung mit den **berechtigten Interessen des Bauherrn.** Besonders berechtigt sind **sicherheitsrelevante Interessen** des Bauherrn. Deswegen sind in der Regel solche Änderungen zulässig, die eine greifbare Gefährdung (etwa bei akuter Baufälligkeit) der Benutzer des Gebäudes verhindern (Wandtke/Bullinger/*Bullinger*[2] Rn. 31). Entsprechendes muss auch gelten, wenn sich die ursprünglich vorgesehene Bauausführung als zu gefährlich für die Bauarbeiter herausstellt. Zulässig sind auch Änderungen bei Bestehen **unanfechtbarer behördlicher Gebote** (OLG Nürnberg UFITA 25 [1958], 361, 365 f. – *Reformationsgedächtniskirche* meint allerdings zu Unrecht, dass dem Eigentümer die Anfechtung einer behördlichen Anordnung im Verwaltungsstreitverfahren nicht zugemutet werden könne). Bei erforderlichen Änderungen aufgrund behördlicher (v.a. der Bauaufsicht) und gerichtlicher Entscheidungen ist dem Urheber, soweit er dazu persönlich unter zumutbaren Bedingungen in der Lage ist, Gelegenheit zu geben, die geänderte Gestaltung entsprechend festzulegen (OLG Celle ZUM 1994, 437, 438 – *durch und durch*).

71 Eine Entstellung ist nach den allgemeinen Auslegungsregeln auch dann vom Architekten hinzunehmen, wenn sie durch den konkreten – erst recht vorab bekannten – Gebrauchszweck angezeigt sind (BGH NJW 1974, 1384; OLG München NJWE-MietR 1996, 116). Denn für den Bauherrn steht der Gebrauchszweck des zu errichtenden Gebäudes in aller Regel im Vordergrund (Ausnahme: überwiegend künstlerische Gestaltungsarchitektur wie im Falle der Berliner Philharmonie oder in dem Fall OLG Celle ZUM 1994, 437, 438 für ein öffentlich aufgestelltes Kunstwerk). Der Architekt muss, weil das unmittelbar aus dem Zweck seiner Beauftragung folgt, solche Änderungen nach Treu und Glauben dulden, die zur **Erhaltung oder Verbesserung des Gebrauchszwecks** erforderlich sind (z.B. Anpassung an neue Bauvorschriften, Materialien, veränderte Bedürfnisse oder technische Modernisierung, *Nahme* GRUR 1966, 474, 476). So muss ein Architekt ein Weniger an Lichteinfall in ein von ihm konzipiertes Atrium hinnehmen, wenn das im Rahmen einer erforderlichen Schulgebäudeerweiterung zu besorgen war (BGH GRUR 1974, 675 – *Schulerweiterung*; andererseits: LG Berlin, UFITA Bd. 4 (1930), 258 – *Hotel Eden*). Vergleichbar hiermit ist von der Rechtsprechung für zulässig erachtet worden, dass ein Bauherr Sonnenjalousien entgegen der Planung des Architekten umbaute, weil sich das Gebäude andernfalls unzumutbar aufheizte (OLG Hamm BauR 1984, 298 f. – *Metalljalousetten*). Es spricht also grundsätzlich nichts gegen das nachträgliche schonende Installieren von Klimaanlagen, Lüftungen oder zusätzlicher Beleuchtung (siehe *Goldmann* GRUR 2005, 639, 643). Das **Erfordernis des schonenden Eingriffs** (siehe BGH GRUR 1974, 675, 678 – *Schulerweiterung*) kann aber beispielsweise gebieten, das Auswechseln mit schallgedämpften Fenstern unter Beibehaltung der ursprünglich Drei-Flügel Bauweise der Fenster vorzunehmen (LG Hamburg BauR 1991, 645, 646 – *Fenster*).

72 Ist eine Entstellung von vorne herein nur als **Interimslösung** konzipiert worden, so haben die Interessen des Architekten in der Regel zurück zu stehen, weil das Werk des Urhebers dann nicht auf Dauer verfälscht wird (BGH NJW 1982, 641 – *Kirchen-Innenraumgestaltung*).

Nicht abschließend geklärt ist die Frage, inwieweit **wirtschaftliche Interessen** **73** des Bauherrn beim Bau des Werkes in die Interessenabwägung einzufließen haben (siehe hierzu *Goldmann* GRUR 2005, 639, 642). In der Regel berücksichtigt die Rechtsprechung aber wirtschaftliche Interessen, wenn die Bausumme andernfalls überschritten würde und die baulichen Veränderungen nicht zu gravierend sind (siehe etwa OLG Saarbrücken GRUR 1999, 420, 426 – *Verbindungsgang*; KG ZUM 1997, 208, 213 – *Transparenter Fahrstuhlschacht*). Die Entstehung ganz unverhältnismäßig hoher Kosten braucht der Eigentümer nicht hinzunehmen, um die Interessen des Urhebers zu wahren (LG Berlin Schulze LGZ 65, 6 – *Rathaus Friedenau*). Beispielsweise ist das angenommen worden, als aus Kostengründen statt eines Flachdaches ein gering geneigtes Dach gebaut wurde (LG Gera BauR 1995, 866; siehe auch LG Berlin, Beschl. v. 16.2.1953, Schulze LGZ 65 – *Rathaus Friedenau*). Das sollte erst recht so sein, wenn ein Flachdach Wasserschäden an dem Bauwerk begünstigt (OLG Frankfurt GRUR 1986, 244 – *Verwaltungsgebäude*). Die Frage der Abwägung mit den wirtschaftlichen Interessen des Bauherrn standen auch in dem spektakulären Verfahren des Architekten Meinhard von Gerkan des neuen Berliner **Hauptbahnhofs** gegen die Deutsche Bahn (LG Berlin GRUR 2007, 964 – *Hauptbahnhof*; Anm. von *Obergfell/Elmenhorst* ZUM 2008, 23; *Schulze NZBau* 2007, 611, 614; *Werner* IBR 2007, 253) im Mittelpunkt der Abwägung. Der Architekt hatte u.a. gegen den Einbau von Flachdecken in der unterirdischen Bahnhofshalle geklagt. Das LG Berlin sah darin einen Eingriff in die geistige Substanz des Werks gem. § 14 UrhG, weil das den Gesamteindruck des Werks mehr als unerheblich verändere. Das war nach Ansicht des LG vom Urheber nicht hinzunehmen, da der Bauherr insbesondere keine hinreichenden wirtschaftlichen Zwänge für den Einbau gerade der flachen Decke bewiesen hatte.

Nicht abschließend geklärt ist, welche Folgen es hat, wenn der Architekt seine **74** Einwände gegen Änderungen erst kenntlich macht, **nachdem die Arbeiten begonnen haben bzw. abgeschlossen wurden.** Für den Schutz des Bauherrn spricht, dass dieser bereits in den Bau investiert hat und vergebliche Aufwendungen riskiert (OLG Nürnberg, UFITA Bd. 25 (1958), 361, 368 – *Turmhelme*). Umgekehrt sind Überrumpelungssituationen denkbar, in denen der Urheber nicht rechtzeitig Kenntnis von den Änderungen erlangt (*Honschek* GRUR 2007, 944, 948). Mit Blick auf diese generelle Interessenslage sollte der allgemeine Verwirkungsgrundsatz nach § 242 BGB nur dann greifen, wenn der Architekt ersichtlich ohne nachvollziehbaren Grund mit der Geltendmachung seines Rechts zugewartet hat.

IV. Rechtsfolgen und Prozessuales

Im Vorfeld oder während der Entstellung bzw. Beeinträchtigung steht dem **75** Urheber bzw. dessen Rechtsnachfolger ein (vorbeugender) Anspruch auf **Unterlassung** zu (zur Erstbegehungs- bzw. Wiederholungsgefahr und auch i.ü. vgl. § 97 Rn. 29 ff.). Ist die Entstellung bereits eingetreten, steht dem Urheber in der Regel ein **Beseitigungsanspruch** zu (BGH GRUR 1995, 670, 671 – *Emil Nolde*). Bei einem Bauwerk kann der Urheber dann unter Umständen den Rückbau bzw. den Teilabriss des entstellenden Teils verlangen (siehe LG Berlin, UFITA Bd. 4 (1930), 258 – *Hotel Eden*; RGZ 79, 379 – *Felseneiland mit Sirenen*; aber: OLG Nürnberg, UFITA Bd. 25 (1958), 361 – *Reformations-Gedächtniskirche*; OLG München ZUM-RD 1998, 87, 89 – *Pfarrkirche in Baierbrunn*). Voraussetzung ist jedoch, dass die daraus dem Urheber erwachsenden Vorteile in einem zumutbaren Verhältnis zu den dem Bauherrn erwachsenden Nachteilen stehen (siehe LG Berlin GRUR 2007, 964 – *Hauptbahnhof*).

76 Der Beseitigungsanspruch kann sich auch auf eine **Vernichtung** des entstellten Werkes oder der entstellten Vervielfältigungsstücke konkretisieren (vgl. § 97 Rn. 56). Das kommt insbesondere dann in Betracht, wenn die Entstellung irreversibel ist und die Vernichtung die einzig verbleibende Möglichkeit scheint, die Interessen des Urhebers zu schützen. Letzteres wird v.a. dann zu bejahen sein, wenn das entstellte Werk jederzeit der Öffentlichkeit zugänglich ist.

77 Kommen im Rahmen der Interessenabwägung weder eine Beseitigung noch eine Vernichtung in Betracht, so verbleibt dem Urheber gem. § 13 S. 2 immer noch das Recht, dass sein **Name nicht im Zusammenhang mit dem Werk genannt** wird (OLG Saarbrücken UFITA 79/1977, 364, 366 – *Politische Geschichte des Saarlandes*; Dreier/Schulze/*Schulze*[2] Rn. 41; *Schack*[4] Rn. 365).

78 Teilweise wird aus § 14 auch der Anspruch des Architekten hergeleitet, im Einzelfall vor dem Abriss oder Umbau aufgrund eines entsprechenden **Auskunftsanspruchs Zugang zur Dokumentation** zu erhalten (siehe Schricker/*Dietz*[3] Rn. 40; Wandtke/Bullinger/*Bullinger*[2] Rn. 33; *Honschek* GRUR 2007, 944, 948 m.w.N.; a.A. wohl KG ZUM 1997, 208, 212 – *Transparenter Fahrstuhlschacht*; siehe auch OLG Celle ZUM 1994, 437, 438 – *durch und durch*; LG Berlin ZUM 1997, 758, 761 – *Barfuß ins Bett*; vgl. Rn. 13). Abzulehnen ist ein Anspruch des Architekten auf Einschaltung in die Umbauarbeiten (ebenso Möhring/Nicolini/*Kroitzsch*[2] Rn. 27).

79 **Schadensersatzansprüche** aus den §§ 14, 97 kommen nur dann in Betracht, wenn ein Vermögensschaden vorliegt. Das wird bei Entstellungen meistens nicht der Fall sein. Denn die Entstellung bedeutet für den Urheber in aller Regel einen immateriellen, ideellen Schaden (Möhring/Nicolini/*Kroitzsch*[2] Rn. 29). Nur ausnahmsweise wird der Urheber beweisen können, dass ihm aufgrund der konkreten Entstellung bestimmte Aufträge oder konkrete Werbeeinnahmen entgangen sind (BGH GRUR 1981, 676 – *Architektenwerbung*). Immaterieller Schadensersatz (**Schmerzensgeld**) steht dem Urheber nur zu, wenn die Entstellung seines Werkes zu schwerwiegenden und nachhaltigen Verletzungen des Urheberpersönlichkeitsrechts geführt hat (OLG Hamburg GRUR 1990, 36; Möhring/Nicolini/*Kroitzsch*[2] Rn. 30). Abzulehnen ist eine Schadensberechnung im Wege der **Lizenzanalogie** (OLG Hamm Urt. v. 21.11.1991, 4 U 2/91 – *Siegerlandhalle*; LG München BauR 2005, 1683; Möhring/Nicolini/*Kroitzsch*[2] Rn. 30; siehe hierzu auch BGHZ GRUR 1973, 663 – *Wählamt*; BGH GRUR 1962, 105 – *Ginseng Wurzel*).

80 Die **Darlegungs- und Beweislast** für die Entstellung oder andere Beeinträchtigung und inwieweit diese berechtigte Interessen gefährden, trifft den Urheber. Die entgegenstehenden Interessen, insbesondere Änderungs- oder Nutzungsbefugnisse hat der Anspruchsgegner darzulegen und zu beweisen.

V. Verhältnis zu anderen Vorschriften

81 § 14 steht in engem sachlichen Zusammenhang mit § 23 und § 39. Insbesondere §§ 39 und 14 stehen selbständig nebeneinander (vgl. Rn. 23. Ebenso laufen § 14 und § 23 parallel, denn eine Entstellung kann durch Umgestaltung oder Bearbeitung erfolgen, nicht aber durch zulässige freie Benutzung (vgl. §§ 23/24 Rn. 3 f.). Entstellungen oder andere Werkbeeinträchtigungen stellen nicht immer, jedoch oftmals eine **Werkänderung oder Bearbeitung** dar. Das ist jedenfalls dann so, wenn nicht ausschließlich auf das Umfeld des Werkes eingewirkt wird, also nicht nur die Umstände der Nutzung zu einer Beeinträchtigung der Werkintegrität führen. Bei Werkänderungen bzw. Bearbeitungen ist daher § 39 immer ergänzend zu § 14 zu prüfen (siehe BGH GRUR 1982, 107, 109 – *Kirchen-Innenraumgestaltung*; *Honschek* GRUR 2007, 944, 945; Wandtke/Bullinger/*Bullinger*² Rn. 2; HK-UrhR/*Dreyer* Rn. 7, 10, 14, die aber § 39 vorrangig prüft). Zwar stellt nicht jede unzulässige Änderung auch eine Entstellung des Werkes dar. Gleichwohl ist eine erteilte bzw. nicht erteilte Änderungsbefugnis durch den Urheber immer im Rahmen der Interessenabwägung bei § 14 zu berücksichtigen (vgl. Rn. 22). Umgekehrt bestimmen die Grenzen der Überschreitung zu einer Entstellung i.S.v. § 14 die Reichweite auslegungsbedürftiger Änderungsbewilligungen des Urhebers im Rahmen von § 39 (OLG Düsseldorf GRUR 1979, 318).

Das Recht nach § 14 als Teil des Urheberpersönlichkeitsrechts ist von dem **82** allgemeinen Persönlichkeitsrecht (siehe § 823 I BGB, Art. 2 I, 1 I GG bzw. § 823 II BGB, § 185 StGB) zu unterscheiden (RegE UrhG – BT-Drucks. IV/270, S. 45). Beide Rechte stehen **nebeneinander**. Die Verletzung des allgemeinen Persönlichkeitsrechts kommt beispielsweise bei ehrverletzender Kritik des Werks in Betracht (*Honschek* GRUR 2007, 944, 946).

Die §§ 62 Abs. 2 bis 4, 75, 93 bzw. § 44 VerlG sind als Konkretisierungen/ **83** Modifikation des § 14 für den jeweiligen Bereich vorrangig.

Unterabschnitt 3 **Verwertungsrechte**

§ 15 Allgemeines

(1) Der Urheber hat das ausschließliche Recht, sein Werk in körperlicher Form zu verwerten; das Recht umfasst insbesondere
1. das Vervielfältigungsrecht (§ 16),
2. das Verbreitungsrecht (§ 17),
3. das Ausstellungsrecht (§ 18).

(2) ¹Der Urheber hat ferner das ausschließliche Recht, sein Werk in unkörperlicher Form öffentlich wiederzugeben (Recht der öffentlichen Wiedergabe). ²Das Recht der öffentlichen Wiedergabe umfasst insbesondere
1. das Vortrags-, Aufführungs- und Vorführungsrecht (§ 19),
2. das Recht der öffentlichen Zugänglichmachung (§ 19a),
3. das Senderecht (§ 20),
4. das Recht der Wiedergabe durch Bild- oder Tonträger (§ 21),
5. das Recht der Wiedergabe von Funksendungen und von öffentlicher Zugänglichmachung (§ 22).

(3) ¹Die Wiedergabe ist öffentlich, wenn sie für eine Mehrzahl von Mitgliedern der Öffentlichkeit bestimmt ist. ²Zur Öffentlichkeit gehört jeder, der nicht mit demjenigen, der das Werk verwertet, oder mit den anderen Personen, denen das Werk in unkörperlicher Form wahrnehmbar oder zugänglich gemacht wird, durch persönliche Beziehungen verbunden ist.

Übersicht

I.   Allgemeines

1.   Zweck und Wesen der Verwertungsrechte

1 Die in §§ 15–22 geregelten Verwertungsrechte bilden die wichtigste Grundlage dafür, dass der Urheber aus seinem Werk **wirtschaftlichen Nutzen** ziehen kann. Sie verleihen dem Urheber das **ausschließliche** (absolute) **Recht**, über die Verwertung des Werkes zu bestimmen. Dies bedeutet zweierlei: Zum einen kann der Urheber bestimmen, ob und auf welche Weise das Werk verwertet werden sollen (**positives Benutzungsrecht**). Zum anderen ermöglichen ihm die Verwertungsrechte, anderen die Nutzung seines Werkes zu verbieten, soweit sie dies ohne seine Erlaubnis tun (**negatives Benutzungsrecht**). Wer das Werk ohne Zustimmung des Urhebers verwertet, d.h. in die Ausschließlichkeitsrechte nach §§ 15 ff. eingreift, macht sich, wenn er schuldhaft handelt, schadensersatzpflichtig und bei vorsätzlichem Handeln sogar strafbar (so ausdrücklich Begr RegE UrhR – BT-Drucks IV/270, S. 28).

2 Der Zweck der Verwertungsrechte ist dabei nicht so sehr, andere von der Nutzung des Werkes auszuschließen; die Verbotsansprüche geben dem Urheber aber die rechtliche Handhabe dafür, Art und Umfang der Nutzung seines Werkes zu überwachen und diese von der Zahlung einer Vergütung abhängig zu machen (so wörtlich RegE UrhG – BT-Drucks. IV/279, S. 20). Dies geschieht, indem der Urheber anderen durch die **Einräumung von Nutzungsrechten** die Nutzung, d.h. die Vervielfältigung, Verbreitung oder öffentliche Wiedergabe seines Werkes gegen Entgelt gestattet (zu Einzelheiten vgl. § 31 Rn. 5 ff.), sofern er die Verwertung nicht selber durchführen möchte. Überschreitet der Verwerter die ihm eingeräumten Befugnisse, kann der Urheber ihn insoweit auf Unterlassung und Schadensersatz in Anspruch nehmen (§ 97 Abs. 1). Er kann die eigenmächtig vorgenommene Nutzungserweiterung aber auch nachträglich genehmigen. Der (negative) Verbotsanspruch wird in diesem Fall durch eine (positive) Nutzungsrechtseinräumung ersetzt.

3 Bilden die Verwertungsrechte einerseits die Grundlage dafür, dass der Urheber aus seinem Werk wirtschaftlichen Nutzen ziehen kann, so dienen sie andererseits auch seinen **ideellen Interessen**, da sie ihm die Entscheidung vorbehalten, durch wen und in welcher Weise verwertet werden soll. Die Verwertungsrechte sind damit keine reinen Vermögensrechte, sondern haben zugleich **persönlichkeitsrechtlichen Gehalt** (Schricker/*v. Ungern-Sternberg*[3] Rn. 2).

2. Schutzsystem der Verwertungsrechte

a) Lückenloser Schutz: Anders als noch § 11 LUG und § 15 KUG, die dem **4**
Urheber nur bestimmte, einzeln benannte Verwertungsbefugnisse zuwiesen,
geht § 15 von dem Grundsatz aus, dass möglichst **jede Art der Werknutzung**
der Kontrolle des Urhebers unterliegen soll (RegE UrhG – BT-Drucks. IV/270,
S. 44 f.). Dies geschieht, indem § 15 sowohl für die Fälle der körperlichen
Verwertung (Abs. 1) als auch der unkörperlichen Verwertung (Abs. 2) jeweils
generalklauselartig bestimmt, dass der Urheber das ausschließliche Recht hat,
das Werk zu verwerten. Die in Abs. 1 und Abs. 2 aufgezählten Rechtekataloge
sind damit **nur beispielhaft** und **nicht abschließend** (beachte die Formulierung
„insbesondere"). Neue, bislang unbekannte oder auf **technischen Neuerungen**
beruhende Verwertungsformen, welche keinem der ausdrücklich aufgeführten
Verwertungsrechte (§§ 16–22) zugeordnet werden können, lassen sich als
unbenannte Nutzungsrechte in § 15 eingliedern (sog. „Innominatfall").
§ 15 gewährt auf diese Weise einen lückenlosen und umfassenden Schutz.

Prominentes Beispiel eines solchen Innominatfalls waren die durch den Sieges- **5**
zug des Internet und die neuen **Online-Medien** entstandenen Verwertungsmöglichkeiten. Bis zum UrhG Infoges v. 10.09.2003 bereitete es erhebliche
Schwierigkeiten, die Bereitstellung eines urheberrechtlich geschützten Werkes
auf einem Internet-Server in den Katalog der Verwertungsrechte nach §§ 15 ff.
einzuordnen. Diese Schwierigkeiten waren im Wesentlichen damit begründet,
dass die im UrhG so klar angelegte Unterscheidung zwischen Verwertung in
körperlicher (Abs. 1) und unkörperlicher Verwertung (Abs. 2) zu verschwim-
men drohte. So ist die Online-Darbietung eines Werkes einerseits eine mit der
Sendung (§ 20) vergleichbare öffentliche Wiedergabe, andererseits führt sie zu
einer Verbreitung (§ 17) von körperlichen Werkstücken (Dateien) an die ab-
rufenden Nutzer (zum damaligen Streitstand vgl. § 19a Rn. 1; Dreier/Schulze/
Dreier[2] § 19a Rn. 3). Der Gesetzgeber hat diese Frage schließlich dadurch
gelöst, dass er im Zuge der Umsetzung der Info-RL und WIPO-Verträge durch
das UrhG Infoges im Jahr 2003 das neue **Recht der öffentlichen Zugänglichmachung** (§ 19a) in den Kanon der urheberrechtlichen Verwertungsrechte
einfügte. Bis dahin hatte man die Online-Nutzung urheberrechtlich geschützter Werke als (noch) unbenanntes Recht der öffentlichen Wiedergabe eingeordnet (BGH GRUR 2003, 958, 962 – *Paperboy*; KG ZUM 2002, 828; LG
Hamburg MMR 2003, 559, 560 – *thumbnails*; LG München ZUM 2000, 418,
421 – *Midi-Files*).

b) Mehrstufiges Schutz- und Verwertungssystem: Der vielzitierte Grund- **6**
gedanke des Urheberrechts besteht darin, dass der Urheber tunlichst an jeder
wirtschaftlichen Verwertung seines Werkes angemessen zu beteiligen ist (st.
Rspr. seit BGH NJW 1955, 1276, 1277 – *Grundig-Reporter*, aus jüngerer
Zeit: BGH GRUR 2005, 937, 939 – *Zauberberg*; BGH GRUR 2003, 416, 418
– *CPU-Klausel*; BGH GRUR 2002, 605 f. – *Verhüllter Reichstag*; BGH GRUR
2002, 246, 248 – *Scanner*; BGH GRUR 2001, 51, 52 – *Parfumflakon*; BGH
GRUR 1999, 707, 712 – *Kopienversanddienst*; BGH GRUR 1999, 928, 931 –
Telefaxgeräte; BGH GRUR 1997, 215, 217 – *Klimbim*). Entsprechend sind die
Verwertungsrechte der §§ 15 ff. so ausgestaltet, dass bei mehrstufiger Werk-
nutzung grundsätzliche jede Nutzungsstufe der Verwertungsbefugnis des Urhebers unterliegt und dieser daran wirtschaftlich zu beteiligen ist (BGH GRUR
1982, 102, 103 – *Masterbänder*), gleichviel ob sie privat, öffentlich oder
gewerbsmäßig erfolgt (BGH NJW 1955, 1276, 1277 – *Grundig-Reporter*).
Ein **Beispiel:** Erteilt der Komponist dem Konzertveranstalter seine Zustim-

mung, seine Komposition öffentlich aufzuführen (Aufführungsrecht, § 19 Abs. 2), so verfügt der Veranstalter noch nicht über das Recht, die Aufführung aufzuzeichnen (Vervielfältigung, § 16) und sie als Tonträger zu verbreiten (Verbreitungsrecht, § 17). Dazu bedarf es jeweils der gesonderten Rechtsein-räumung. Selbst wenn diese erfolgt, muss auch das Tanzlokal, welche den Tonträger im Handel rechtmäßig erworben hat, das erforderliche Wieder-gaberecht erwerben (§ 21), um die Komposition öffentlich abzuspielen. Auf diese Weise wird der Urheber **auf jeder Verwertungsstufe beteiligt.** Das gilt selbst dann, wenn die Nutzungshandlung mittelbar bereits durch eine Ver-gütung aus einer vorangegangenen Werkverwertung desselben Nutzers erfasst war. So partizipiert der Urheber bspw. an der Kabeleinspeisung und -weiter-sendung seines Werkes selbst dann (§§ 20, 20b), wenn er von der Fernseh-anstalt bereits eine Vergütung für die flächendeckende Sendung seines Werkes im Rundfunkgebiet erhalten hat (vgl. § 20b Rn. 20). Einen Grundsatz, dass Doppelvergütungen zu vermeiden sind, gibt es *de lege lata* nicht (HK-UrhR/ *Dreyer* Rn. 4).

7 Angesichts des mehrstufigen Systems der Verwertungsbefugnisse lassen sich insbesondere die Rechte der öffentlichen Wiedergabe (§ 15 Abs. 1 Nr. 1 bis 5) in **Erst- und Zweitverwertungsrechte** unterteilen. Letztere bezeichnen Werk-nutzungen, „denen jeweils eine dem Urheber vorbehaltene Werkverwertung bereits vorausgegangen" ist (Begr RegE UrhG – BT-Drucks. IV/270, S. 46). Typische Zweitverwertungsrechte sind §§ 21, 22 sowie § 20b. Der öffent-lichen Wiedergabe (§ 22) einer Radiosendung (z.B. zur musikalischen Unter-haltung der Gäste in einem Ladenlokal) geht zuvor, dass der Radiosender von der GEMA als zuständiger Verwertungsgesellschaft die Senderechte erworben hat. Beide Nutzungsvorgänge, d.h. Sendung und öffentliche Wiedergabe des Titels, sind vergütungspflichtig.

8 Die Unterscheidung zwischen Erst- und Zweitverwertungsrechten ist rechtlich eher belanglos, sie lässt sich auch nicht streng durchhalten (HK-UrhR/*Dreyer* Rn. 75): So geht auch den als Erstverwertung bezeichneten Nutzungsvorgän-gen häufig eine erlaubnispflichtige Werknutzung voraus. So ist bspw. die als Erstverwertung erachtete Filmvorführung (§ 19 Abs. 4) ohne vorherige Ver-vielfältigung des Filmträgers (§ 16) gar nicht denkbar.

9 c) **Rechtsinhaberschaft und Übertragbarkeit:** Ursprünglicher Rechteinhaber der Verwertungsrechte nach §§ 15 ist der Urheber als Schöpfer des Werkes. Dies gilt auch für Arbeitnehmer (vgl. § 43 Rn. ff.). Wie das Urheberrecht als Ganzes sind die Verwertungsrechte zwar vererblich (§ 28), ansonsten aber **nicht übertragbar.** Der Urheber kann nach §§ 29 Abs. 2, 31 ff. anderen ledig-lich das Recht einräumen, das Werk für einzelne oder alle Verwertungsarten zu nutzen (zu Einzelheiten vgl. § 31 Rn. 5 ff.). Selbst im Fall einer denkbar umfassenden Rechtseinräumung („*Buy-out*"), verbleiben die Verwertungs-rechte jedoch in ihrem Kernbestandteil bei dem Urheber (Schricker/*v. Ungern-Sternberg*[3] Rn. 4).

3.   Grenzen der Verwertungsbefugnisse

10 Von dem Grundsatz, dass möglichst jede Art der Nutzung eines Werkes der Kontrolle des Urhebers unterliegen soll (vgl. Rn. 6), kennt das UrhG mehrere Ausnahmen:

11 a) **Erschöpfungsgrundsatz:** Nach **§ 17 Abs.** 2 erschöpft sich das Verbreitungs-recht innerhalb von EU und EWR mit der rechtmäßigen Erstverbreitung;

Werkstücke, die mit Zustimmung des Berechtigten dort erstmals in den Verkehr gebracht wurden, dürfen weiterverbreitet werden, ohne die weitere Zustimmung des Urhebers hierfür einholen zu müssen (zu Einzelheiten vgl. § 17 Rn. 24 ff.). Das Prinzip der mehrstufigen Verwertung (vgl. Rn. 6) findet damit seine Grenze an der Erstverbreitung (siehe bereits Begr RegE UrhG – BT-Drucks. IV/270, S. 45). Von dieser Erschöpfung machen die §§ 17 Abs. 3, 26 und 27 wiederum Ausnahmen für die Fälle der Vermietung und des Verleihs sowie der Weiterveräußerung von Kunstwerken. Nach h.M. ist der **Erschöpfungsgrundsatz** auf andere Verwertungsrechte, insb. die Rechte der öffentlichen Wiedergabe, nicht anzuwenden (BGH GRUR 2000, 699, 701 – *Kabelweitersendung*; BGH GRUR 2000, 51, 53 – *Parfumflakon*; Schricker/*v. Ungern-Sternberg*[3] Rn. 31 ff. und vor §§ 20 Rn. 13 f.; *Schack*[4] Rn. 389; zur umstrittenen Frage der Erschöpfung im Online-Bereich etwa bei Software-Downloads vgl. § 19a Rn. 29).

12   b) **Schrankenregelungen:** Darüber hinaus errichtet der 6. Abschnitt des 1. Teils (§§ 45–63) eine Reihe von Schranken, die das absolute Herrschaftsrecht des Urhebers über sein Werk für bestimmte Ausnahmefälle relativieren. Sie sind für den Urheber wirtschaftlich teils gar nicht (§§ 51, 55–57), teils nur von geringfügiger Bedeutung (§§ 45, 47, 48); in einigen Regelungen wurden übergeordnete Interessen der Allgemeinheit sowie der Wissenschaft und Forschung – gelegentlich zu weitgehend – berücksichtigt (§§ 52 Abs. 1, 52a, 52b, 58, 59, 60). Die wohl bekanntesten Schrankenregelungen sind die „Privatkopie", die das Kopieren fremden Geistesguts zum privaten Gebrauch erlaubt (§ 53), sowie das Zitatrecht (§ 51). Bei erheblicher wirtschaftlicher Relevanz der Beschränkung sucht das Gesetz einen – nicht immer angemessenen – Ausgleich durch die Gewährung von **gesetzlichen Vergütungsansprüchen** (§§ 45a Abs. 2 S. 1; 46 Abs. 4, 47 Abs. 2 S. 2, 49 Abs. 1 Satz 2, 52 Abs. 1 S. 2 und Abs. 2, 52a Abs. IV; § 52b S. 3; 53a Abs. 2; 54 Abs. 1, 54a Abs. 1) oder durch Einführung einer **Zwangslizenz** (§ 42a).

13   c) **Werkgenuss:** Der bloße Genuss und passive Gebrauch des Werks durch den Verbraucher werden durch die urheberrechtlichen Verwertungsbefugnisse des Urhebers nicht erfasst. Dies gilt für das Benutzen eines Computerprogramms ebenso wie für das Lesen eines Buches, das Anhören einer Schallplatte, das Betrachten eines Kunstwerks oder eines Videofilms (Beispiel nach BGH GRUR 1991, 449, 453 – *Computerprogramm*). Selbst gegen den Besitz und das Abspielen einer – ohne die Zustimmung des Rechteinhabers erstellten – Raubkopie kann der Urheber nicht vorgehen (anders für Computerprogramme § 69f Abs. 1 und das Herunterladen (da Vervielfältigung) eines Werkes aus dem Internet). Die Verwertungsbefugnisse des Urhebers sind erst betroffen, wenn der Verbraucher den reinen Werkgenuss verlässt und beginnt, die Raubkopie zu vervielfältigen (§ 16), öffentlich anzubieten (§ 17) oder abzuspielen (§ 21, siehe BGH GRUR 2006, 319 – *Alpensinfonie* zum Umfang des Verwertungsverbots nach § 96 Abs. 1).

14   Abgesehen vom Vervielfältigungsrecht, welche jede Form der Vervielfältigung erfasst, greifen sämtliche Verwertungsrechte erst bei einer **Verwertung des Werkes in der Öffentlichkeit.** Daraus lässt sich indes kein Grundsatz ableiten, dass das Urheberrecht stets vor der Privatsphäre halt machen müsste (so zutreffend *Schack*[4] Rn. 373 unter Verweis auf BGH NJW 1955, 1276, 1277 – *Grundig-Reporter*). Die gesetzgeberische Entscheidung, den Werkgenuss von den Befugnissen des Urhebers freizustellen, beruht letztlich nur auf der Erwägung, die Verwertungsrechte grundsätzlich bei den Handlungen der Werkvermittler anzusetzen und nicht bei den Endverbrauchern, deren Handlungen sich nur schwer kontrollieren lassen (*Schack*[4] Rn. 373).

4. Richtlinienkonforme Auslegung

15 Auch im Urheberrecht gilt der Vorrang der europäischen Auslegung. Das bedeutet, dass Vorschriften des deutschen Urheberrechts, die auf europäischem Recht beruhen oder europarechtliche Regelungen erfahren haben, im Lichte dieses Rechts auszulegen sind. Zu einer Übersicht zu den bislang ergangenen EG-Richtlinien mit unmittelbarem Bezug zum Urheberrecht vgl. Einl. Rn. 37 ff. Diese Richtlinien betreffen vielfach auch einzelne Verwertungsrechte, so etwa die Verwertung (Vervielfältigung, Verbreitung und Bearbeitung) von Computerprogrammen (Computerprogramm-RL 91/250/EWG v. 14.05.1991), das in § 17 geregelte Vermiet- und Verleihrecht (Vermiet- und Verleih-RL 92/100/EWG v. 19.11.1992), die Rechte der Satelliten- und Kabelsendung nach §§ 20, 20a und 20b (Satelliten- und Kabel-RL 93/83/EG v. 06.10.1993), die Verwertungsrechte des Datenbankherstellers nach §§ 87a ff. (Datenbank-RL 96/9/EG v. 11.03.1996), das Folgerecht nach § 26 (Folgerechts-RL 2001/84/EG v. 13.10.2001), sowie vor allem auch das Vervielfältigungsrecht (§ 16), Verbreitungsrecht (§ 17) und die Rechte der öffentlichen Wiedergabe (Info-RL 2001/29/EG v. 22.06.2001). Die Verwertungsrechte sind **richtlinienkonform** auszulegen, d.h. es sind die entsprechenden Artikel und Erwägungsgründe der jeweiligen Richtlinie bei der Auslegung heranzuziehen (zuletzt etwa BGH GRUR GRUR 2007, 871, 874 – *Wagenfeld-Leuchte*). Darüber hinaus sind die bestehenden Gesetze schon vor Ablauf der in einer Richtlinie vorgesehenen Umsetzungsfrist richtlinienkonform auszulegen (st. Rspr.: BGH GRUR 2007, 708, 711 Rn. 38 – *Internet-Versteigerung II*; BGH GRUR 1998, 824, 826 – *Testpreisangebot*), erst Recht danach, wenn die Richtlinie in nationales Recht umgesetzt wurde. Bei Zweifeln über entscheidungserhebliche Fragen sind die deutschen Gerichte befugt bzw. verpflichtet, diese den europäischen Gerichten zur Entscheidung vorzulegen (Art. 234 EGV).

16 Zuletzt gab die *SGAE*-Entscheidung des EuGH (EuGH GRUR 2007, 325 – *SGAE/Rafael*) Anlass zur Überprüfung, ob die deutsche Auslegungspraxis zum Begriff der **öffentlichen Wiedergabe** (§ 15 Abs. 3; Art. 3 Abs. 1 Info-RL) im Hinblick auf die Wiedergabe von Fernsehsendungen in Hotelzimmern revidiert werden muss. Nach Auffassung des EuGH stellt die Verbreitung des Fernsehsendesignals in den Hotelzimmern eine öffentliche Wiedergabe dar; der BGH hatte dagegen die Anwendung von § 22 bislang abgelehnt, solange diejenigen, die das Werk vor ein- und demselben Endgerät im Hotelzimmer wahrnehmen, nicht als Öffentlichkeit anzusehen sind (BGH GRUR 1996, 875, 876 – *Zweibettzimmer im Krankenhaus*). Stattdessen nahm man eine (Weiter-)Sendung im Sinne von §§ 20, 20b UrhG und damit ebenfalls öffentliche Wiedergabe an, wenn und sofern das Hotel das Sendesignal per Verteileranlagen in die Hotelzimmer leitete. Zukünftig wird man die Fernsehnutzung in Hotelzimmern stets als öffentliche Wiedergabe einordnen müssen, selbst wenn sich die Geräte eigener Empfangsantennen bedienen (zu Einzelheiten vgl. § 20 Rn. 19; vgl. § 22 Rn. 10). Zur Auslegung des Begriffs der Verbreitung gem. Art. 4 Info-RL, § 17 Abs. 1 EuGH ZUM 2008, 508.

II. Die einzelnen Verwertungsrechte

Die Verwertungsrechte des Urhebers fasst § 15 zusammen in dem Recht zur **17** Verwertung des Werkes in körperlicher Form (§ 15 Abs. 1) und dem Recht in unkörperlicher Form (§ 15 Abs. 2). Die Aufzählung ist nicht abschließend, der Rechtekatalog ist nur beispielhaft (vgl. Rn. 4).

1. Verwertung in körperlicher Form

Nach Abs. 1 hat der Urheber die ausschließlichen Rechte zur Verwertung **18** seines Werkes in körperlicher Form. Darunter sind nach der Amtlichen Begründung alle Verwertungsformen zu verstehen, die unmittelbar das **Original oder Vervielfältigungsstücke** des Werkes zum Gegenstand haben (RegE UrhG – BT-Drucks. IV/270 S. 46); es geht also um Akte, durch die das Werk körperlich festgelegt oder körperliche Festlegungen der Öffentlichkeit zugänglich gemacht werden. Erfasst werden sowohl die **Erstfixierung des Werkes** auf einen Datenträger jeglicher Art (der Konzertmitschnitt ist Vervielfältigung, § 16), jede weitere Vervielfältigung des Werkes bzw. hergestellten Datenträger, sowie deren Verbreitung an die Öffentlichkeit (§ 17).

Vervielfältigungsrecht (§§ 15 Abs. 1 Nr. 1 16): **Vervielfältigung** ist jede kör- **19** perliche Festlegung eines Werkes, die geeignet ist, das Werk den menschlichen Sinnen auf irgendeine Weise unmittelbar oder mittelbar wahrnehmbar zu machen (RegE UrhG – BT-Drucks. IV/270, S. 27; so auch schon zum LUG BGH NJW 1955, 1276, 1277 – *Grundig-Reporter*; zuletzt etwa BGH GRUR 2001, 51, 52 – *Parfumflakon*; KG GRUR-RR 2004, 228, 231 – *Ausschnittdienst*). Für die Annahme der Vervielfältigung ist gleichgültig, welches technisches Verfahren dem Vervielfältigungsvorgang zugrunde liegt und welche technischen Mittel erforderlich sind, um das Werk wahrnehmbar zu machen. Selbst kurzweilige Speicherungen im Arbeitsspeicher eines PC unterfallen dem Vervielfältigungsbegriff (vgl. § 16 Rn. 13).

Verbreitungsrecht (§§ 15 Abs. 1 Nr. 2, 17): Während das Vervielfältigungs- **20** recht Nutzungshandlungen erfasst, durch die die neue Werkstücke hergestellt werden, behält das Verbreitungsrecht dem Urheber das Recht vor, diese Werkstücke (Originale oder Vervielfältigungsstücke) der Öffentlichkeit, also Nutzern außerhalb der privaten Sphäre des Besitzers, zugänglich zu machen. Wenngleich das Verbreitungsrecht gegenüber dem Vervielfältigungsrecht selbständig ist (das Recht zur Vervielfältigung berechtigt noch nicht zur Verbreitung), werden im Rechtsverkehr beide Rechte – oftmals stillschweigend – gemeinsam eingeräumt. Für den Verleger ist das Vervielfältigungsrecht zur Herstellung der vereinbarten Druckauflage wertlos, solange er diese nicht absetzen darf. Das Verbreitungsrecht unterliegt der Erschöpfung, § 17 Abs. 2: Die mit Zustimmung des Urhebers im Geltungsbereich von EU und EWR verbreiteten Werkexemplare können von ihren Besitzern weiterveräußert werden. Davon ausgenommen sind die **Vermietung** und der **Verleih** (§ 17 Abs. 3).

Ausstellungsrecht (§§ 15 Abs. 1 Nr. 3, 18): Ausstellen ist das öffentliche Zur- **21** Schau-Stellen eines körperlichen vorhandenen Werkstücks. Original oder Kopien des Werkes werden also einem unmittelbar anwesenden Personenkreis gezeigt, wie dies typischerweise bei einer Kunstausstellung der Fall ist. Der Gesetzgeber hat das Ausstellungsrecht jedoch auf bislang **unveröffentlichte Werke** beschränkt, weshalb das Recht weitgehend bedeutungslos ist. Für die Ausstellung seines veröffentlichten Werkes erhält der Urheber nicht einmal eine Vergütung (zur Kritik vgl. § 18 Rn. 3).

2. Unkörperliche Verwertung (Abs. 2)

22 Das Wesen der unkörperliche Verwertung besteht darin, dass das Werk für den Betrachter **nur wahrnehmbar gemacht** wird, sei es, dass es im Theater aufgeführt (Aufführungsrecht, § 19 Abs. 2), im Fernsehen gesendet (Senderecht, § 20) oder im Internet zum Abruf bereitgestellt wird (Recht der Zugänglichmachung, § 19a). Das Recht beschränkt sich aber auf **öffentliche Wiedergaben**. Im privaten Kreis ist die Werkwiedergabe frei (zum Öffentlichkeitsbegriff und der in der Praxis schwierigen Abgrenzung zur privaten Wiedergabe vgl. Rn. 34 ff.). Die einzelnen Verwertungsrechte sind in dem Katalog des § 15 Abs. 2 Nr. 1 bis 5 bzw. §§ 19–22 geregelt. Die Aufzählung ist nicht abschließend (vgl. Rn. 4) und lässt Raum für weitere, unbenannte, unkörperliche Werkwiedergaben (vgl. Rn. 5 zum „Innominatfall").

23 **Vortrags-, Aufführungs- und Vorführungsrecht** (§§ 15 Abs. 2 Nr. 1, 19): Die in § 19 geregelten Rechte zeichnen sich sämtlich dadurch aus, dass das Werk einem unmittelbar anwesenden Publikum öffentlich zu Gehör gebracht wird. In den Fällen des Vortrags- (§ 19 Abs. 1) und Aufführungsrechts (§ 19 Abs. 2) geschieht dies jeweils durch persönliche Darbietung, d.h. *live* durch ausübende Künstler. Beide Rechte umfassen nach § 19 Abs. 3 auch das Recht, Vorträge und Aufführungen zeitgleich in andere Räume zu übertragen und wahrnehmbar zu machen. Das Vorführungsrecht (§ 19 Abs. 4) ist schließlich das Recht, Werke der bildenden Künste, Lichtbildwerke, Filmwerke oder Darstellungen wissenschaftlicher Art durch technische Einrichtungen öffentlich wahrnehmbar zu machen. Typische Bespiele sind die Filmvorführung im Kino oder der Diavortrag. Auch hier muss die Wiedergabe gegenüber einem unmittelbar anwesenden Publikum erfolgen, wodurch sich das Vorführungsrecht von der Sendung (§ 20) und öffentlichen Zugänglichmachung (§ 19a) unterscheidet.

24 **Recht der öffentlichen Zugänglichmachung** (§§ 15 Abs. 2 Nr. 2, 19): Das im allgemeinen Sprachgebrauch häufig als „Online-Recht" bezeichnete Recht der öffentlichen Zugänglichmachung wurde durch das UrhG Infoges v. 10.09.2003 (BGBl. I S. 1774) in den Kanon der unkörperlichen Verwertungsrecht eingeführt (zum Hintergrund vgl. Rn. 5). Es verleiht dem Urheber das Recht, Werke insbesondere in digitalen Netzen wie dem Internet zum Abruf bereit zu halten und zu übermitteln. Das Gesetz drückt dies in der Weise aus, dass das Werk der Öffentlichkeit in der Weise zugänglich gemacht wird („*making available*"), dass es von Mitgliedern der Öffentlichkeit von Orten und Zeiten ihrer Wahl zugänglich ist. Durch diese Formulierung wird der Verwertungsbereich auf Abrufdienste (sog. **Pull-Dienste**) beschränkt, bei denen es dem Nutzer obliegt, ob und zu welcher Zeit er das angebotene Werk abrufen möchte (Beispiele: klassische Internet-Webangebote, Video-on-Demand). **Push-Dienste** (z.B. Live-Streaming, Internetradio) unterfallen dagegen dem Senderecht nach § 20 (zu Einzelheiten der Abgrenzung vgl. § 19a Rn. 14 ff.).

25 **Senderecht** (§§ 15 Abs. 2 Nr. 3, 20, 20a): Das Senderecht wird in § 20 dahin definiert, Werke durch Funk, wie Ton- und Fernsehrundfunk, Satellitenrundfunk, Kabelfunk oder ähnliche technische Mittel der Öffentlichkeit zugänglich zu machen. Gegenüber den anderen Rechten der öffentlichen Wiedergabe, insbesondere den Rechten aus § 19, zeichnet sich das Senderecht durch die **Distanz** zwischen dem Sendenden und dem wahrnehmenden Zuhörer aus, wie dies für den gesamten klassischen Bereich des Rundfunks (Radio, Fernsehen) typisch ist. Vom Recht der Zugänglichmachung (§ 19a) unterscheidet sich das

Senderecht wiederum dadurch, dass das Werk den Empfängern gleichzeitig zu einer vom Sendenden festgelegten Zeit wahrnehmbar gemacht wird. Sendung ist nicht nur die *Erst*sendung, sondern auch die (Kabel-)weitersendung (§ 20b).

Die Rechte der Wiedergabe durch Bild- und Tonträger (§ 21) sowie der **26** Wiedergabe von Funksendungen und von öffentlicher Zugänglichmachung (§ 22) sind typische Zweitverwertungsrechte (vgl. Rn. 7). Ihnen ist eine Erstverwertung durch den Urheber bereits vorangegangen, indem er bspw. seine Zustimmung zur Herstellung eines Tonträgers erteilt hat. Erfasst wird durch § 21 insb. das öffentliche Abspielen von Musik, etwa in Gaststätten, Arztpraxen, Wartehallen, Kaufhäusern, usw., von § 22 dagegen die öffentliche Wiedergabe von Funksendungen (§ 20), z.B. des laufenden Radio- oder Fernsehprogramms in Gaststätten, und auf öffentlicher Zugänglichmachung beruhenden Wiedergaben. Die öffentliche Vorführung von Filmen oder Lichtbildern unterfällt dagegen dem Vorführungsrecht nach § 19 Abs. 4 (vgl. § 19 Rn. 27; str. für mitgeschnittene Funksendungen).

III. Öffentlichkeit (Abs. 3)

1. Allgemeines

Absatz 3 enthält eine **Legaldefinition** der öffentlichen Wiedergabe. Die Be- **27** stimmung legt damit fest, wann eine Wiedergabe des Werkes nach § 15 Abs. 2 Nr. 1 bis 5 als privat oder öffentlich anzusehen ist. Nur im letzteren Fall bedarf die Wiedergabe der Zustimmung des Urhebers. Die Definition der Öffentlichkeit gilt unmittelbar nur für die Verwertungsrechte der unkörperlichen Wiedergabe des Abs. 2 (Begr RegE UrhG – BT-Drucks. IV/270, S. 47; Schricker/*v. Ungern-Sternberg*[3] § 15 Rn. 58; Dreier/Schulze/*Dreier*[2] Rn. 38). Für Abs. 1 ist die Begriffsdefinition allenfalls entsprechend anwendbar (BGH GRUR 1991, 316, 317 – *Einzelangebot*, der für § 17 Abs. 1 den Öffentlichkeitsbegriff des § 6 Abs. 1 verwendet).

Die Legaldefinition der öffentlichen Wiedergabe wurde im Zuge der Umset- **28** zung der WIPO-Verträge und der Info-RL durch das UrhG Infoges v. 10.09.2003 neu gefasst. Die alte Regelung lautete: „*Die Wiedergabe eines Werkes ist öffentlich, wenn sie für eine Mehrzahl von Personen bestimmt ist, es sei denn, dass der Kreis dieser Personen bestimmt abgegrenzt ist und sie durch gegenseitige Beziehungen oder durch Beziehung zum Veranstalter persönlich untereinander verbunden sind*". Nach zutreffender Ansicht entspricht die neue Regelung im Wesentlichen dem alten Recht (Begr RegE UrhG Infoges – BT-Drucks. 15/38, S. 17) und enthält nur einige Präzisierungen im Hinblick auf das neue Recht der Zugänglichmachung (§ 19a). So wurde der Begriff des „Veranstalters" in § 15 Abs. 3 durch die Formulierung „*demjenigen, der das Werk verwertet*" ersetzt, um den Gegebenheiten der Online-Verwertung nach § 19a UrhG sprachlich Rechnung zu tragen. Im Ergebnis behält die zu § 15 Abs. 3 a.F. umfangreich ergangene Rechtsprechung Bestand (vgl. Rn. 35 zu Rechtsprechungsnachweisen).

Der in Abs. 3 definierte, sich nur auf die Verwertungsrechte nach Abs. 2 **29** beziehende Begriff der Öffentlichkeit ist nach allgemeiner Auffassung weiter als die in § 6 Abs. 1 formulierte Legaldefinition der Veröffentlichung (Schricker/*Katzenberger*[3] § 6 Rn. 7 ff., *Schack*[4] Rn. 231). Während nämlich im Anwendungsbereich der § 6 Abs. 1 und § 12 Abs. 1 der Urheber davor geschützt werden soll, schon durch ein erstes „Testen" seines unveröffentlichtes Werkes das persönlichkeitsrechtliche Veröffentlichungsrecht nach § 12 zu verlieren, soll § 15 Abs. 3 nach seinem Schutzzweck gerade auch Wiedergaben in kleinem Raum erfassen (vgl. § 12 Rn. 8).

2. Legaldefinition

30   Die sprachlich eher ungelenke, bisweilen auch tautologische (*Schack*[4] Rn. 400) Begriffsdefinition der (unkörperlichern) öffentlichen Wiedergabe lässt sich wie folgt zusammenfassen: Die Wiedergabe des Werkes muss **für eine Mehrzahl von Personen bestimmt sein**, welche der **Öffentlichkeit angehören** (Abs. 3 S. 1). Letzteres ist der Fall, wenn die Personen, für die die Wiedergabe bestimmt ist, weder zu der das Werk wiedergebenden Person (den „Verwerter", in § 15 Abs. 3 a.F. „Veranstalter genannt) noch untereinander **durch persönliche Beziehungen verbunden** sind (Abs. 3 S. 2).

31   Es kommt danach weniger auf die schiere Anzahl der Personen an, denen das Werk wahrnehmbar gemacht oder zugänglich gemacht wird, sondern auf deren persönliche Verbundenheit. So kann die Wiedergabe vor zwei Personen öffentlich sein (etwa Fahrstuhlmusik), die vor einer aus Hunderten von Personen bestehenden Hochzeitsgesellschaft dagegen rein privat (*Schack*[4] Rn. 400 unter Hinweis auf OGH EvBL 1998 Nr. 105 – *Hochzeitsfeier*). In Einzelnen gilt folgendes:

32   a) **Für eine Mehrzahl von Personen bestimmt:** Die Wiedergabe muss für eine Mehrzahl von Personen bestimmt sein. Mit dieser Formulierung („bestimmt") bringt das Gesetz zum Ausdruck, dass es auf den bestimmungsgemäßen Adressatenkreis ankommt (Schricker/*v. Ungern-Sternberg*[3] Rn. 68). Es ist also eher unerheblich, ob die Wiedergabe tatsächlich von einer Mehrzahl von Personen wahrgenommen wird (BGH GRUR 1994, 797 – *Verteileranlagen*). Auch eine Homepage, die zwar frei zugänglich ist, aber nachweislich nie aufgerufen wurde, wird der Öffentlichkeit zugänglich gemacht. Umgekehrt schließt die gesetzliche Formulierung „zufällige Öffentlichkeiten" aus (RegE UrhG Infoges – BT-Drucks. 15/38, S. 17): Eine musikalisch beleitete private Gartenparty bleibt auch dann privat, wenn zwangsläufig Nachbarn und Zaungäste die Musik wahrnehmen. Maßgebend ist der **objektiv zu bestimmende Wille des Verwerters**, wer mit der Wiedergabe erreichen werden soll, nicht wer sie tatsächlich wahrnimmt (so wie hier differenzierend: Schricker/*v. Ungern-Sternberg*[3] Rn. 68; rein subjektiv: v. Gamm § 15 Rn. 16; dagegen eher allein auf die tatsächliche Wahrnehmung abstellend Wandtke/Bullinger/*Heerma*[2] Rn. 15; Dreier/Schulze/*Dreier*[2] Rn. 46 jeweils unter Verweis auf LG Frankfurt/Main GRUR-RR 2005, 180; AG Kassel NJW-RR 2000, 493; Öffentlichkeit verneinend bei Musikwiedergabe aus dem Hinterzimmer AG Konstanz, Urt. v. 26.04.2007 – 4 C 104/07; AG Erfurt GRUR-RR 2002, 16; AG Bad Oldesloe, Urt. v. 18.12.1998 – 2 C 684/98).

33   Der BGH hat offen gelassen, ob bereits zwei Personen eine „Mehrzahl von Personen" i.S.d. § 15 Abs. 3 sind (BGH GRUR 1986, 875, 876 – *Zweibettzimmer im Krankenhau*s). In der Literatur wird dies unter Hinweis auf den Wortlaut überwiegend bejaht (Dreier/Schulze/*Dreier*[2] Rn. 40; *Schack*[4] Rn. 400; Wandtke/Bullinger/*Heerma*[2] Rn. 15; „wenige Personen" ohne genaue Bezifferung: Schricker/*v. Ungern-Sternberg*[3] Rn. 67).

34   b) **Persönliche Verbundenheit:** Das wichtigere Kriterium zur Bestimmung der Öffentlichkeit ist das Merkmal der persönlichen Verbundenheit. Das Gesetz stellt darauf ab, ob diejenigen Personen, an denen sich die Wiedergabe richtet (vgl. Rn. 32), mit dem Werkverwerter (Veranstalter) oder untereinander durch persönliche Beziehungen verbunden sind. Dies ist im Wesentlichen eine Tatfrage (st. Rspr. seit BGH GRUR 1955, 549, 550; ferner BGH GRUR 1984, 734, 735 – *Vollzuganstalten*; GRUR 1983, 562, 563 – *Zoll- und Finanzschulen*; GRUR 1975, 33, 34 – *Alterswohnheim*; GRUR 1972, 614 – *Landesversicherungsanstalt*; GRUR 1962, 201 – *Rundfunkempfang im Hotelzimmer*; BGH GRUR 1961, 97, 99 – *Sportheim*). Die Rechtsprechung dazu ist zahlreich und im Ergebnis bei der Annahme der persönlichen Verbundenheit eher zurückhaltend. Diese erfordert zwar keine familiären oder freundschaftliche Beziehungen der Beteiligten (BGH GRUR 1986, 875, 876 – *Zweibettzimmer im Krankenhaus*; BGH GRUR 1975, 33, 34 – *Alterswohnheim*; OLG München ZUM 1986, 482; LG Oldenburg GRUR 2006, 177 – *Beachparty im Bullenstall*). Irgendwelche persönliche Beziehungen, die noch keine Verbundenheit begründen, reichen jedoch nicht aus (Schricker/*v. Ungern-Sternberg*[3] Rn. 75). Unzureichend sind Beziehungen, die im Wesentlichen nur in einer gemeinsamen **technischen Werknutzung** stehen (so Begr RegE UrhG Infoges – BT-Drucks. 15/38, S. 17 zu File-Sharing-Systemen im Internet, dazu vgl. § 19a Rn. 13, 18). Die Rechtsprechung nahm bislang persönliche Beziehungen immer an, wenn unter allen Beteiligten ein gegenseitiger Kontakt besteht, der „bei allen das Bewusstsein hervorruft, persönlich verbunden zu sein". Diese können ggf. auch beim erstmaligen Zusammentreffen begründet werden (BGH GRUR 1956, 515, 518 – *Tanzkurse*), wobei das bloße sachbezogene Interesse (z.B. für den Musikstil oder ein bestimmtes Film-Genre) regelmäßig ebenso wenig ausreicht wie das „Bewusstsein in einer Gemeinschaft zu leben" (Schricker/*v. Ungern-Sternberg*[3] Rn. 76 unter Hinweis auf BGH GRUR 1975, 33, 34 – *Alterswohnheim*).

Einzelfälle: Ingesamt ist die gerichtliche Fallpraxis zu § 15 Abs. 3 eher urhe- **35** berfreundlich und tendiert dazu, die Existenz persönlicher Beziehungen auch für die Bewohner oder Angehörigen von (eher geschlossenen) Einrichtungen zu verneinen, soweit dort in Gemeinschaftsräumen urheberrechtliche geschützte Werke wiedergegeben werden. Verneint wurde die persönliche Verbundenheit etwa für das Abspielen von Werken in Gemeinschaftsräumen eines **Seniorenwohnheims** (BGH GRUR 1975, 33, 34 – *Alterswohnheim)*, bei **Vereinsfeiern** (BGH GRUR 1961, 97, 98 – *Sportheim)* und **Feiern größerer Betriebe** (BGH GRUR 1955, 549, 550), bei Festlichkeiten in **Sanatorien** (BGHZ 58, 262, 264 – *Landesversicherungsanstalt)*, in Aufenthaltsräumen von **Schulen** (BGH GRUR 1983, 562, 563 – *Zoll- und Finanzschulen)* oder in **Strafanstalten** (BGH GRUR 1964, 734, 735 – *Vollzugsanstalten)*, bei **Tanzkursen- oder veranstaltungen**, wo die Teilnehmer mehr oder weniger zufällig zusammenkamen (OLG München ZUM 1986, 482 f.; OLG Frankfurt ZUM 1987, 91, 93; anders bei Tanzkursen für einen ausgewählten Schülerkreis BGH GRUR 1956, 515/517 – *Tanzkurse*) sowie bei **Hochschulvorlesungen** (OLG Koblenz NJW-RR 1987, 899, 700 für Musikwiedergabe). Öffentliche Wiedergabe ist auch ohne weiteres das für Besucher bestimmte Abspielen von Musik in **Gaststätten**, **Arztpraxen** (LG Leipzig ZUM-RD 1998, 390) **Ladengeschäften**, usw., selbst wenn diese ggf. nur zur **Demonstration von Audio- und Fernsehgeräten** erfolgt (§ 56 Abs. 1 *arg e contrario*; weitere Nachweise insb. auch zur untergerichtlichen Rechtsprechung bei Schricker/*v. Ungern-Sternberg*[3] Rn. 79 f.).

Die Fälle, in denen die Rechtsprechung die persönliche Verbundenheit der **36** anwesenden Personen bejaht hat, sind deutlich in der Minderheit: Tanzkurse für einen ausgewählten Schülerkreis (BGH GRUR 1956, 515/517 – *Tanz-*

kurse), Fernsehwiedergabe im Zweibettzimmer eines Krankenhauses (BGH GRUR 1996, 875 – *Zweibettzimmer im Krankenhaus*), Fernsehwiedergabe für den kleinen Kreis des Heimpersonals zweier Müttergenesungsheime (LG Kassel Schulze LGZ 114, 1), der Wiedergabe von Filmen in einer Schulklasse (LG München InstGE 4, 283), Aufführung von Musik auf einem Lotsenball (AG Bremen Urt. v. 11.05.2001 – 7 C 263/00). Öffentliche Wiedergabe wird in der überwiegenden Praxis auch verneint, wenn die Musik eher zufällig und leise aus den Hinterzimmer oder der Werkstatt eines Ladenlokals hervordringt, d.h. nicht für die Besucher bestimmt ist (zu weiteren Nachweisen vgl. Rn. 32, a.A. dagegen wohl OLG Frankfurt GRUR-RR 2006, 180 für die Werkstatt eines Optikers).

37   **c) Gleichzeitigkeit der Wiedergabe nicht erforderlich:** Nach einer früher weit verbreiteten Meinung sollte eine Wiedergabe nur dann öffentlich sein, wenn das Werk gleichzeitig einer Mehrzahl von Personen zugänglich gemacht wird (BGH GRUR 1991, 316, 317 – *Einzelangebot;* OLG München MMR 1998, 365, 367; siehe noch Schricker/*v. Ungern-Sternberg*[2] Rn. 59). Tatsächlich ist das Erfordernis der Gleichzeitigkeit nur von Lehre und Rechtsprechung in das Schweigen des Gesetzes „hineingelesen" worden, weil bis zu dem Siegeszug des Internet und der netzvermittelten Abrufdienste zeitversetzte (sukzessive) Formen der Zugänglichmachung nicht bekannt waren (Einzelheiten bei *Dreier* in: Schricker, UrhR InfoGes, S. 126 ff.). Spätestens durch die Umsetzung der WIPO-Verträge (Art. 8 Abs. 1 WCT und Art. 10, 14 WPPT) und der Info-RL sowie der Einfügung des neuen Rechts der Zugänglichmachung in § 19a (vgl. Rn. 5) ist unstreitig, dass es auf eine Gleichzeitigkeit der Wiedergabe bzw. Wahrnehmung nicht ankommt. Da der Wortlaut des § 15 Abs. 3 ohne weiteres **sukzessive Wiedergaben** umfasst, konnte der Gesetzgeber bei Neufassung des § 15 Abs. 3 (vgl. Rn. 28) davon absehen, eine entsprechende Klarstellung aufzunehmen (Begr RegE UrhG Infoges – BT-Drucks. 15/38, S. 17).

38   **d) Räumliche Verbindung:** Anders als die Definition des § 15 Abs. 3 nahelegt, ist der Begriff der öffentlichen Wiedergabe abhängig von der Verwertungsart jeweils leicht unterschiedlich auszulegen. Während die Rechte nach § 19 zwingend voraussetzen, dass das Publikum der öffentlichen Aufführung, Darbietung bzw. Vorführung **räumlich unmittelbar beiwohnen**, zeichnen sich die Rechte der (netzvermittelten) Zugänglichmachung (§ 19a) und Sendung (§§ 20, 20b) gerade durch ein **Distanzelement** aus. Bei §§ 21, 22 ist auf das konkrete Wiedergabegerät anzustellen: Die Wiedergabe ist nur dann öffentlich, wenn der Empfängerkreis an einem Ort versammelt ist und die Wiedergabe für ihn gemeinsam wahrnehmbar ist (vgl. § 21 Rn. 10). Die *SGAE*-Entscheidung des EuGH (GRUR 2007, 325) zwingt zu keiner grundlegenden Modifizierung dieser Unterscheidungspraxis (vgl. Rn. 16).

3.   Darlegungs- und Beweislast

39   Umstritten ist, wer nach der Neufassung des § 15 Abs. 3 durch das UrhG Infoges die Darlegungs- und Beweislast für die Öffentlichkeit der Wiedergabe trägt. Die in der alten Fassung zu Beginn des 2. Halbsatzes verwendete Formulierung „es sei denn" (vgl. Rn. 28) legte den Schluss nahe, dass der Verwerter im Streitfall darlegen und beweisen muss, dass die Wiedergabe nicht öffentlich ist (so zu § 15 Abs. 3 a.F. OLG München ZUM 1986, 482, 483; OLG Frankfurt NJW-RR 1986, 1056; Vorauflage/*Wilhelm Nordemann*[9] Rn. 4). Nach der jetzigen Legaldefinition in Abs. 3 S. 1 trägt dagegen der Kläger die Darlegungs- und Beweislast, dass die Personen, für die die Wiedergabe bestimmt, der Öffentlichkeit angehören (wie hier Schricker/*v. Ungern-Sternberg*[3] Rn. 77; Dreier/Schulze/*Dreier*[2] Rn. 37; a.A. HK-UrhR/*Dreyer* Rn. 64; *Schack*[4] Rn. 400 in Fn. 82, ohne nähere Begründung auch LG Oldenburg GRUR-RR 2006, 177; AG Konstanz Urt. v. 26.04.2007 – 4 C 104/07). Dem Rechteinhaber können allerdings im Prozess Darlegungs- und Beweiserleichterungen zu Gute kommen, wenn es um die Aufklärung von Tatsachen geht, die in den Kenntnis- und Verantwortungsbereich des Verwerters fallen (Schricker/*v. Ungern-Sternberg*[3] Rn. 77 unter Hinweis auf BGH GRUR 2003, 800, 803 – *Schachcomputerkatalog*; BGH GRUR 2000, 820, 822 – *Space Fidelity Peep Show*). Dies gilt gerade für die Frage, ob die teilnehmenden Personen durch persönliche Beziehungen verbunden sind oder nicht. In der Praxis dürfte sich damit nicht viel ändern.

§ 16   Vervielfältigungsrecht

(1) Das Vervielfältigungsrecht ist das Recht, Vervielfältigungsstücke des Werkes herzustellen, gleichviel ob vorübergehend oder dauerhaft, in welchem Verfahren und in welcher Zahl.

(2) Eine Vervielfältigung ist auch die Übertragung des Werkes auf Vorrichtungen zur wiederholbaren Wiedergabe von Bild- oder Tonfolgen (Bild- oder Tonträger), gleichviel, ob es sich um die Aufnahme einer Wiedergabe des Werkes auf einen Bild- oder Tonträger oder um die Übertragung des Werkes von einem Bild- oder Tonträger auf einen anderen handelt.

Übersicht

I.   Allgemeines

1.   Bedeutung, Sinn und Zweck

Das urheberrechtliche Vervielfältigungsrecht nach § 16 gehört zum Kanon der **1** klassischen Verwertungsrechte. Trotz seiner langen Tradition hat es im Zuge der Digitalisierung der Werkvermittlung einen erheblichen **Bedeutungszuwachs** erlebt, der sich in einer Fülle von Rechtsprechung niederschlägt. Streitig ist dabei meist weniger, *ob* eine Vervielfältigung vorliegt, sondern *wem* diese zuzurechnen ist oder ob sie durch Schrankenregelungen (§§ 44a ff.) gerechtfertigt werden kann.

2 Das Vervielfältigungsrecht behält dem Urheber das Recht vor, ob und in welcher Form weitere Exemplare (Kopien) seines Werkes hergestellt werden dürfen. Denn mit jeder Vervielfältigung vergrößert sich der Kreis derjenigen, die das Werk lesen, hören oder sonst wie wahrnehmen können (**Multiplikationseffekt**). Die **Digitalisierung** verstärkt dieses Phänomen. Egal, wie oft ein Werk digital kopiert und weitergeleitet wird, immer entsteht ein identischer Klon der Ausgangskopie, welches Vorlage für weitere Vervielfältigungen bildet. § 16 soll die umfassende Beteiligung des Urhebers an diesen Vervielfältigungsvorgängen gewährleisten.

2. Früheres Recht und Rechtsentwicklung

3 Die Begriffsbestimmung des Vervielfältigungsrechts in **Absatz 1** fand sich bereits in § 15 Abs. 1 LUG sowie § 17 KUG (im Einzelnen zur Entwicklung HK-UrhR/*Dreyer* Rn. 1). **Absatz 2** wurde aufgenommen, um die durch § 2 LUG eingetretene Verwirrung der urheberrechtlichen Begriffe endgültig zu beseitigen (Begr RegE UrhG – BT-Drucks. IV/270, S. 47; der Gesetzgeber des LUG hatte die Herstellung von Tonträgern einer Bearbeitung gleichgestellt). Trotz der rasanten technischen Entwicklung bedurfte es nur geringfügiger Anpassungen der Begriffsdefinition. Mit dem UrhG Infoges 2003 wurde Absatz 1 dahin präzisiert, dass auch **vorübergehende Vervielfältigungen** dem Verwertungsrecht unterfallen. Dies erfolgte nur zur Klarstellung und im Hinblick auf die Schrankenregelung des § 44a (vgl. Rn. 13 f.). Anregungen, die Begriffe Bild- und Tonträger um den weiteren Terminus **Datenträger** zu ergänzen (so *Dreier* ZUM 2002, 28, 30), wurden dagegen nicht aufgegriffen, da diese nach einhelliger Meinung bereits durch die Begriffe Bild- und Tonträger erfasst werden (Schricker/*Loewenheim*[3] Rn. 17 m.w.N.).

4 § 16 gilt auch für Werke, die vor dem Inkrafttreten des UrhG (01.01.1966) geschaffen wurden (§ 129 Abs. 1). Eine Übergangsregelung enthält § 136.

3. EU-Richtlinien

5 Umfang und Gegenstand des Vervielfältigungsrecht werden durch die zum Urheberrecht ergangenen EU-Richtlinien beeinflusst (zum Gebot der **richtlinienkonformen Auslegung** der Verwertungsrechte vgl. § 15 Rn. 15). Regelungen wurden zunächst für besondere Bereiche getroffen, so z.B. für Computerprogramme (Art. 4 (a) Computerprogramm-RL 91/250/EWG v. 14.05.1991), Datenbanken (Art. 5 (a) Datenbank-RL 96/9/EG v. 11.03.1996) und die verwandten Schutzrechte (Art. 7 Vermiet- und VerleihRL 92/100/EWG v. 19.11.1992, aufgehoben durch Art. 11 Abs. 1 (a) der InfoRL). Zu beachten sind dabei jeweils auch die Erwägungsgründe der Richtlinie.

6 Eine umfassende Definition des Vervielfältigungsbegriffs enthält nunmehr Art. 2 Info-RL 2001/29/EG v. 22.06.2001. Danach ist das Vervielfältigungsrecht das ausschließliche Recht, „die unmittelbare oder mittelbare, vorübergehende oder dauerhafte Vervielfältigung auf jede Art und Weise und in jeder Form ganz oder teilweise zu erlauben oder zu verbieten". Der deutsche Gesetzgeber hat die Richtlinienregelung dadurch in das deutsche Recht umgesetzt, dass er durch das UrhG Infoges in § 16 Abs. 1 die Worte „ob vorübergehend oder dauerhaft" eingefügt hat. Inhaltliche Änderungen waren damit nicht verbunden, weil schon zuvor **vorübergehende Vervielfältigungen** von § 16 erfasst wurden (BGH GRUR 1991, 449, 453 – *Betriebssystem*; zu Einzelheiten vgl. Rn. 13).

4. Internationale Konventionen

Das Vervielfältigungsrecht, die *magna charta* der urheberrechtlichen Verwer- **7** tungsrechte, wird gewährleistet durch alle großen internationalen Urheberrechtsabkommen: Art. 9 Abs. 1 und Art. 14 Abs. 1 RBÜ, Art. IVbis WUA, Art. 7 WCT und Art. 11 WPPT, Art. 14 TRIPS.

5. Verwandte Schutzrechte

Das Vervielfältigungsrecht steht den Inhabern der Leistungsschutzrechte für **8** Wissenschaftliche Ausgaben (§ 70), nachgelassene Werke (§ 71), Lichtbilder (§ 72) sowie dem ausübenden Künstler (§ 77 Abs. 2), Veranstalter (§ 81), Tonträgerhersteller (§ 85 Abs. 1), Sendeunternehmen, Datenbankhersteller (§ 87b Abs. 1) sowie Filmhersteller (§ 94 Abs. 1) zu. Dabei ergeben sich jeweils spezifische Besonderheiten. Eine eigenständige Regelung hat das Vervielfältigungsrecht außerdem für **Computerprogramme** in § 69c erfahren.

II. Tatbestand

1. Vervielfältigungsbegriff (Abs. 1)

Der Begriff der Vervielfältigung ist umfassend: Vervielfältigung ist die Her- **9** stellung einer oder mehrerer körperlicher Festlegungen, die geeignet sind, das Werk den menschlichen Sinnen auf irgendeine Weise wiederholt unmittelbar oder mittelbar wahrnehmbar zu machen (Begr RegE UrhG – BT-Drucks IV/270, S. 47; st. Rspr. seit BGH GRUR 1955, 492, 494 – *Grundig-Reporter*; ferner BGH GRUR 2001, 51, 52 – *Parfumflakon*; BGH GRUR 1991, 449, 453 – *Betriebssystem*; BGH GRUR 1983, 28, 29 – *Presseberichterstattung und Kunstwerkwiedergabe II*; BGHGRUR 1982 102, 103 – *Masterbänder*). Das Erfordernis der körperlichen Festlegung charakterisiert die Vervielfältigung als körperliches Verwertungsrecht und grenzt sie von den unkörperlichen Wiedergaberechten der §§ 19–22 ab. Innerhalb dieser Körperlichkeitsgrenze geht das Gesetz von einem umfassenden und weiten Vervielfältigungsbegriff aus, was auch durch § 16 Abs. 2 deutlich wird.

Vervielfältigung ist bereits die **erste körperliche Festlegung** des Werkes (Erst- **10** fixierung), etwa das **Mitstenografieren** eines frei gehaltenen Vortrages oder der **Mitschnitt** einer live dargebotenen, spontanen Improvisation in einem Konzert (s. für Erstaufnahmen BGH GRUR 1982, 102, 103 – *Masterbänder*, BGH GRUR 1985, 529 – *Happening*). Für die Aufnahme auf Bild- oder Tonträger folgt dies bereits unmittelbar aus der Formulierung des Abs. 2. Auch die **erste Errichtung eines Bauwerks** nach urheberrechtlich geschützten Entwürfen eines Architekten ist Vervielfältigung (BGH GRUR 1980, 853, 854 – *Architektenwechsel*; BGH GRUR 1981, 196, 197 – *Honorarvereinbarung;* BGH GRUR 1957, 391, 394 – *Ledigenheim*). Gleiches gilt für die **Wiederherstellung eines zerstörten Originals,** nicht jedoch die bloße Reparatur einer Beschädigung, die dessen Identität unberührt lässt (HK-UrhR/*Dreyer* Rn. 16; Möhring/Nicolini/ *Kroitzsch*[2] Rn. 10). Vervielfältigung ist auch die **zweidimensionale Abbildung** (z.B. eine Fotografie oder Zeichnung) eines urheberrechtlich geschützten dreidimensionalen Objekts (BGH GRUR 1983, 28, 29 – *Presseberichterstattung und Kunstwerkwiedergabe II,* BGH GRUR 2001, 51, 52 – *Parfumflakon,* aber vgl. Rn. 23); ebenso die Abbildung eines modisch anspruchsvollen Kleides in einer Pressemappe (LG Leipzig GRUR 2002, 424, 425 – *Hirschgewand*).

Dagegen ist die Fotografie einer Tanzszene keine Vervielfältigung eines Werkes der Tonkunst (LG München GRUR 1979, 852 – *Godspell*; a.A. Schricker/ *Loewenheim*³ Rn. 14).

11 Aus Vorstehendem ergibt sich, dass Vervielfältigung nicht nur die identische Reproduktion, sondern auch die Festlegung des Werkes **in veränderter Form** ist, etwa in einen **anderen Werkstoff** (z.B. Metall statt Papier), in eine **andere Dimension** (z.B. die Fotografie einer Skulptur, Mikroverfilmungen) oder in **eine andere Größe** (BGH GRUR 1990, 669, 673 – *Bibelreproduktion*). Gleiches gilt, wenn ein Werk oder Werkteile (z.B. Textpassagen) in ein anderes Werk integriert werden. Davon abzugrenzen sind **Bearbeitungen** und **Umgestaltungen** des Originalwerks i.S.d. § 23 (vgl. §§ 23/24 Rn. 8 f. zur Abgrenzung). Diese fallen nicht unter das Vervielfältigungsrecht und sind daher auch nicht als Vervielfältigungsstücke des Originalwerkes anzusehen (str., wie hier Möhring/Nicolini/*Kroitzsch*² Rn. 10; HK-UrhR/*Dreyer* Rn. 9; a.A. Schricker/ *Loewenheim*³ Rn. 8; Dreier/Schulze/*Schulze*² Rn. 5; differenzierend Wandtke/ Bullinger/*Heerma*² Rn. 6: § 23 ist *lex specialis* zu § 16; Vervielfältigung des Originals bejahend BGH GRUR 1963, 441, 443 – *Mit Dir allein* zum LUG). Würde es sich bei Bearbeitungen um Vervielfältigungen handeln, wäre die Regelung in § 23 S. 1, dass jede Verwertung oder Veröffentlichung einer Bearbeitung – im Gegensatz zu deren bloßen Herstellung – nur mit Einwilligung des Urhebers des bearbeiteten Werkes zulässig ist, überflüssig (Möhring/Nicolini/*Kroitzsch*² Rn. 10). Der Urheber könnte über das Vervielfältigungsrecht bereits die Erstellung einer Bearbeitung verbieten, was § 23 S. 1 gerade ausschließt. Entsprechend ist die Vervielfältigung der Bearbeitung nicht gleichzeitig eine Vervielfältigung des Originals. Die Vervielfältigung und Verbreitung einer nicht genehmigten Übersetzung greift nicht in das Vervielfältigungs- und Verbreitungsrechte des Originalwerks, sondern in das Verwertungsverbot des § 23 S. 1 UrhG ein.

12 Auch die **digitale Speicherung** von Werken, gleich ob Erstspeicherung (Digitalisierung durch Scannen) oder Übertragung von einem Speichermedium in ein anderes, ist eine Festlegung, die es mittelbar, nämlich durch entsprechende Soft- bzw. Hardware gestattet, sie mit den menschlichen Sinnen wahrzunehmen, und damit Vervielfältigung.

13 Unerheblich für die Frage der Vervielfältigung ist die **Dauer des körperlichen Festlegungsvorgangs**. Dies wird spätestens durch die mit dem UrhG Infoges in Abs.1 eingefügte Klarstellung „vorübergehend" deutlich, entsprach aber bereits vorher der überwiegenden Auffassung (BGH GRUR 1991, 449, 453 – *Betriebssystem*). Hauptanwendungsbeispiel ist die **Zwischenspeicherung** eines Werkes im **Arbeitsspeicher** (BGH GRUR 1994, 363, 365 – *Holzhandelsprogramm*; KG GRUR-RR 2004, 228 – *Ausschnittsdienst*; LG Hamburg GRUR-RR 2004, 313, 315 – *thumbnails*) oder **Cache** eines Computers oder Servers. Denn auch die nur vorübergehende, ggf. nur wenige Sekunden dauernde Festlegung eines Werkes oder geschützten Werkteils im Arbeitsspeicher hat den Sinn, die Betrachtung des Werkes zu ermöglichen und seine Eignung für eine mögliche weitere Nutzung zu prüfen; das wäre nicht denkbar, wenn es den menschlichen Sinnen nicht wahrnehmbar gemacht würde. Auch das bloße **Browsing** von Internet-Webseiten ist damit Vervielfältigung i.S.d. § 16 (OLG Hamburg GRUR 2001, 831 – *Roche Lexikon Medizin*; LG Hamburg GRUR 2004, 313, 315 – *thumbnails*; *Spindler* GRUR 2002, 105, 107; *Hoeren* MMR 2000, 515, 516; Dreier/Schulze/*Schulze*² Rn. 13; Wandtke/Bullinger/*Heerma*²

Rn. 13), zumal auch § 69c Nr. 1 die vorübergehende Vervielfältigung ausdrücklich dem Urheber vorbehält (*Waldenberger* ZUM 1997, 176, 179).

Abzugrenzen von der kurzfristigen Festlegung im Arbeitsspeicher ist die **Bild-** **14** **schirmanzeige** der Inhalte selbst, also die vorübergehende Fixierung auf dem Monitor. Diese ist nicht Vervielfältigung, weil das Körperlichkeitskriterium nicht erfüllt ist (siehe schon BGH GRUR 1991, 449, 453 – *Betriebssystem)*. Außerdem ist zu berücksichtigen, dass die Schranke des § 44a nunmehr bestimmte vorübergehende, rein technisch bedingte Vervielfältigungshandlungen legitimiert, wodurch gerade Vervielfältigungen im **Arbeitsspeicher** erfasst werden (Wandtke/Bullinger/*Heerma*[2] Rn. 13, der auch moderne **Fernseher** und **Flachbildschirme** einbezieht). Die Qualifikation dieser sog. **ephemeren Zwischenspeicherungen** ist daher keine Frage des § 16 mehr (so noch die Vorauflage/*Wilhelm Nordemann*[9] Rn. 2; BGH GRUR 1991, 449, 453 – *Betriebssystem*), sondern Gegenstand des § 44a. Nicht unter § 16 fällt das **Routing** (vgl. Rn. 31).

Der **Zweck** der Vervielfältigung spielt keine Rolle. Erfasst werden sowohl **15** Vervielfältigungen zu privaten als auch zu gewerblichen Zwecken. Begrenzt wird das Vervielfältigungsrecht insoweit allein über die – meist zweckbezogenen – Urheberschranken der §§ 44a (vgl. Rn. 24 f.). Auch Festlegungen, welche nur der Herstellung weiterer Vervielfältigungsstücke dienen, sind als vorübergehende Vervielfältigungen erfasst. Dies betrifft etwa zur Tonträgerherstellung produzierte Masterbänder (BGH GRUR 1982, 102, 103 – *Masterbänder*), aber auch Druckstöcke, Negative, Matrizen (Dreier/Schulze/*Schulze*[2] Rn. 8) sowie Dateien, die zum Zwecke des späteren E-Mail-Versand erstellt werden (KG GRUR-RR 2004, 228, 230 – *Ausschnittsdienst*).

Die Festlegung der Werkoriginals muss geeignet sein, dass Werk **unmittelbar** **16** **oder jedenfalls mittelbar wahrnehmbar** zu machen. Problematisch ist dies nahezu ausschließlich im digitalen Bereich. Insbesondere bei **rein technisch bedingten Zwischenspeicherungen** konnte dies vor dem UrhG Infoges 2003 in Frage gestellt werden, die Neuformulierung hat hier jedoch Klarheit gebracht. Problematisch ist das Merkmal auch bei digitalen Teilstücken, etwa bei noch **nicht abgeschlossenen Downloads** von Musikstücken oder Filmen über das Internet, etwa in Filesharingplattformen oder von Download-Servern. Hierbei ist jedoch maßgeblich, dass auch mittelbare Wahrnehmbarmachung genügt und es nicht auf den erforderlichen technischen Aufwand ankommt (Möhring/Nicolini/*Kroitzsch*[2] Rn. 5; *Brinkel*, Filesharing, 2006, S. 101 f.; *Bosak* CR 2001, 176, 178). Da aber auch kleinere Teilstücke von Film- oder Musikdateien mit der entsprechenden Software üblicherweise wahrnehmbar gemacht werden können, liegt eine Vervielfältigung regelmäßig schon vor endgültigem Abschluss des Downloads bzw. sogar regelmäßig unmittelbar nach Initiierung des Downloads vor.

Welcher menschliche Sinn angesprochen wird, ist darüber hinaus gleichgültig; **17** neben dem Auge (Buch, Bild, Film usw.) und dem Gehör (Musik, Vortrag usw.) kommt etwa auch der Tastsinn (Blindenschrift) in Betracht. Ein Beispiel für **unmittelbare** Wahrnehmbarkeit ist das Buch, Beispiele für **mittelbare** Wahrnehmbarkeit bilden im analogen Bereich die Schallplatte, die das Werk erst unter Zuhilfenahme eines Plattenspielers hörbar werden lässt. Im **digitalen Sektor** wird die Wahrnehmbarmachung schließlich immer mittelbarer Natur sein, da es für die Wahrnehmbarkeit mit menschlichen Sinnen stets zunächst der Umwandlung in analoge Signale (sog. *Digital-Analog-Wandlung*) bedarf.

2. Werk

18 Absatz 1 spricht von Vervielfältigungsstücken „*des Werkes*". Erfasst sind damit nicht allein vollständige Festlegungen des gesamten Werkoriginals, sondern auch die Vervielfältigung **einzelner Werkteile**. Die Größe oder auch das Verhältnis des entlehnten Werkteils zum Werkganzen ist dabei irrelevant (BGH GRUR 1953, 299, 301 – *Lied der Wildbahn I*; BGH GRUR 1959, 197 – *Verkehrskinderlied*; OLG Hamburg GRUR 2001, 831 – *Roche Lexikon Medizin*; Schricker/*Loewenheim*[3] § 2 Rn. 67). Maßgeblich ist allein die **eigenständige Schutzfähigkeit** des entlehnten Werkteils nach den allgemeinen Regeln. Daher stellt auch das sog. **Sound-Sampling** (KG GRUR-RR 2004, 129 – *Modernisierung einer Liedaufnahme*; Dreier/Schulze/*Schulze*[2] Rn. 9; Schricker/*Loewenheim*[3] Rn. 14) i.d.R. eine Vervielfältigung nach § 16 dar. In **Peer-to-Peer-Systemen** liegt eine Vervielfältigung nicht erst mit dem vollständigen Abschluss eines Werkdownloads vor, sondern üblicherweise bereits bei mit der Speicherung erster marginaler Teilstücke etwa eines geschützten Filmwerks (vgl. Rn. 16). Dass auch Werkteile, die als solche den Schutzvoraussetzungen genügen, unter § 16 fallen, hat der Gesetzgeber als selbstverständlich vorausgesetzt, wie § 46 Abs. 1 S. 1, § 53 Abs. 2 Nr. 4a lit. a, Abs. 3 und Abs. 5 sowie – im Umkehrschluss – § 51 Nr. 2 belegen. Allerdings ist gerade im digitalen Bereich immer zu überprüfen, ob der vervielfältigte Teil wahrnehmbar ist (vgl. Rn. 16 f.).

3. Verfahren

19 Die **Art des Vervielfältigungsverfahrens** ist für die Frage des Eingriffs nach dem eindeutigen Wortlaut des § 16 Abs. 1 irrelevant. Erfasst sind jegliche Vervielfältigungstechniken, seien sie analoger oder digitaler Natur (BGH GRUR 1999, 325, 327 – *elektronische Pressearchive*; BGH GRUR 2002, 246, 247 – *Scanner*; Dreier/Schulze/*Schulze*[2] Rn. 7). Die Vervielfältigung muss überdies nicht maschinell erfolgen, auch manuelle Vorgänge wie etwa das Abschreiben eines Werkes werden ohne weiteres von § 16 erfasst. Schließlich spielt es keinerlei Rolle, ob die Vervielfältigung auf Distanz oder direkt vor Ort erfolgt. Daher sind auch über elektronische Datennetze oder Telefonverbindungen (Telefax) realisierte Vervielfältigungshandlungen Eingriffe in § 16; zu Beispielen vgl. Rn. 26 ff. Ebenso sind Datenübertragungen über Infrarot- oder Bluetoothschnittstellen oder an Mobiltelefonen oder anderen mobilen Endgeräten, etwa PDAs, Vervielfältigungen i.S.d. § 16.

4. Anzahl

20 Die **Anzahl der Vervielfältigungsstücke** spielt keine Rolle; auch wer nur eine einzige Bandaufnahme mitschneidet oder nur eine einzige Bildkopie herstellt, vervielfältigt (BGHZ 18, 44, 46 – *Fotokopie*; Wandtke/Bullinger/*Heerma*[2] Rn. 3). Die Anzahl der Vervielfältigungen mag indes ein Indiz dafür sein, dass es sich nur um eine Kopie zum privaten Gebrauch (§ 53) handelt.

5. Übertragung auf Bild- und Tonträger (Abs. 2)

21 Mit der Klarstellung in Absatz 2 hat der Reformgesetzgeber das Vervielfältigungsrecht für die fortschreitende technische Entwicklung geöffnet. Ursprüngliche Intention war dabei, die schon zuvor von der Rechtsprechung vertretene Auffassung, wonach die **Herstellung von Schallplatten, sowie Tonband- oder**

Filmaufnahmen eines Werkes nicht dem Bearbeitungsrecht, sondern dem Vervielfältigungsrecht zuzuordnen sind, zu kodifizieren (Begr RegE UrhG – BT-Drucks IV/270, S. 47). Dem Vervielfältigungsbegriff unterfallen daher die klassischen analogen Kopierverfahren wie etwa VHS oder Tonbänder.

Der Begriff des Bild- und Tonträgers ist erheblich weiter und erfasst insbesondere sämtliche Formen digitaler Datenträger. Damit betrifft die Übernahme auf **Festplatte** (LG München ZUM-RD 2003, 607) ebenso § 16 Abs. 2 wie die Übertragung **auf Diskette, Bildplatte, CD-ROM, DVD, DVD-R, Flash-Speicher** oder entsprechende Trägermaterialien. Das ist unstreitig (so schon BGH GRUR 1991, 449, 453 – *Betriebssystem*; Dreier/Schulze/*Schulze*[2] Rn. 17; Schricker/*Loewenheim*[3] Rn. 17; Wandtke/Bullinger/*Heerma*[2] Rn. 8). Erfasst ist nicht allein die Erstspeicherung, sondern auch die digitale Werkkopie, worunter beispielsweise auch die Übertragung von **Handy-Klingeltönen** (OLG Hamburg GRUR 2006, 323 – *Handy-Klingeltöne II*; *Poll* MMR 2004, 67; Wandtke/Bullinger/*Heerma*[2] Rn. 8; zur Schutzfähigkeit vgl. § 2 Rn. 131) von einem Endgerät zum nächsten, vor allem aber die zahlreichen denkbaren Verwertungshandlungen im Internet (vgl. Rn. 26 ff.) fallen. **22**

III. Grenzen des Vervielfältigungsrechts

1. Erschöpfung

Eine unmittelbare **Erschöpfung** des Vervielfältigungsrechts kennt das UrhG nicht, auch eine analoge Anwendung von § 17 Abs. 2 scheidet aus (BGH GRUR 2001, 51, 53 – *Parfumflakon*). Allerdings kann der Verkäufer eines urheberrechtlich geschützten Gegenstands nicht daran gehindert werden, diesen zu Verkaufszwecken werblich darzustellen (z.B. durch ein Foto), auch wenn damit eine Vervielfältigung nach § 16 Abs. 1 verbunden ist (BGH GRUR 2001, 51, 53 – *Parfumflakon*). Die gilt ungeachtet möglicher urheberrechtlicher Schrankenregelungen (z.B. Katalogbildfreiheit, § 58) oder ggf. stillschweigend erteilter Nutzungsrechtseinräumungen. Der BGH begründet diese Auffassung damit, dass der mit § 17 Abs. 2 verfolgte Zweck der **Verkehrsfähigkeit** der Ware (vgl. § 17 Rn. 25) auch für werbliche Maßnahmen gelten müsse. Könnte der Hersteller mit Hilfe des Urheberrechts eine übliche werbende Ankündigung des Produkts unterbinden, wäre ihm ein Instrument zur Kontrolle des Weitervertriebs an die Hand gegeben, über das er im Interesse der Verkehrsfähigkeit der mit seiner Zustimmung in Verkehr gebrachten Waren gerade nicht verfügen soll (so ausdrücklich BGH GRUR 2001, 51, 53 – *Parfumflakon*). Wer bspw. eine Wagenfeld-Tischlampe besitzt (zum Urheberschutz BGH GRUR 2007, 871, 874 – *Wagenfeld-Leuchte*; OLG Hamburg – *Bauhaus-Leuchte*) und sie verkaufen möchte, darf diese fotografieren und entsprechende Abbildungen zum Zwecke des Verkaufs verbreiten. Dies schließt eine Online-Nutzung (z.B. Angebot auf Auktionsplattform) mit ein. Voraussetzung ist jeweils, dass die Abbildung **zu Verkaufszwecken** erfolgt (dazu auch LG Berlin ZUM-RD 2007, 421, 422 für § 58) und der Nutzer zur Weiterverbreitung des abgebildeten Produkts berechtigt ist. Nicht gerechtfertigt ist es dagegen, Fotografien anderer, etwa des Herstellers, zu verwenden. **23**

2. Schranken

Die Reichweite des Vervielfältigungsrechts wird durch zahlreiche Schrankenregelungen im 6. Abschnitt im 1. Teil begrenzt. Erwähnung findet das Ver- **24** vielfältigungsrecht in §§ 44a–51, 53, 55–60 und damit in nahezu allen Schrankenbestimmungen. Von erheblicher wirtschaftlicher Bedeutung und rechtspolitischer Sprengkraft ist die **Privatvervielfältigung** nach § 53, die trotz massiver gegenläufiger Forderungen auch nach dem 2. Korb vom 26.10.2007 (BGBl. I S. 2513) auf **digitale Vervielfältigungen** anwendbar bleibt (vgl. § 53 Rn. 10). Allerdings hat die Schranke durch die Novellierungen eine bedeutsame Einschränkung dahingehend erfahren, dass Vervielfältigungen aus rechtswidrig hergestellten (§ 16) oder öffentlich zugänglich gemachten (§ 19a) Vorlagen nicht von § 53 gedeckt sind. Dadurch sind insbesondere Download-Vorgänge im Zusammenhang mit **Filesharing-Plattformen** eindeutig rechtswidrig, soweit keine Einwilligung des Rechtsinhabers vorliegt.

25 Bereits mit dem UrhG Infoges 2003 wurde § **44a** eingefügt, der auf Art. 5 Abs. 1 Info-RL zurückgeht. Die Schranke erlaubt vorübergehende Vervielfältigungshandlungen, die lediglich flüchtig oder begleitend sind, einen integralen und wesentlichen Teil eines technischen Verfahrens darstellen, keine eigenständige wirtschaftliche Bedeutung haben und im Wesentlichen der Netzübertragung dienen (im Einzelnen vgl. § 44a Rn. 1). Legitimiert werden in erster Linie Zwischenspeicherung im Arbeitsspeicher, insb. das **Browsing** (Wandtke/Bullinger/*Heerma*[2] Rn. 21; siehe aber KG GRUR-RR 2004, 228, Ls. 7 – *Ausschnittsdienst*), **Caching** und **Routing**, letzteres soweit es überhaupt von § 16 erfasst wird (siehe auch ErwG 33 Info-RL). Auch für das **Inline-Linking** gilt die Schranke nach § 44a, da die fragliche Vervielfältigungshandlung nur im Arbeitsspeicher stattfindet (ebenso Wandtke/Bullinger/*Heerma*[2] Rn. 21; es können aber ggf. Urheberpersönlichkeitsrechte betroffen sein). Nicht anwendbar ist § 44a auf **Computerprogramme**, da insoweit § 69d eigenständige Regelungen vorsieht (Wandtke/Bullinger/*Heerma*[2] Rn. 7).

IV. Weitere Einzelfälle bei Online-Nutzungen

26 § 16 ist betroffen bei der Speicherung von Werken auf **digitalen Datenträgern** aller Art (vgl. Rn. 22). Auch die **Speicherung auf Host- und FTP-Servern** im Internet, der sog. **Upload** fällt hierunter, selbst wenn dadurch zugleich ein Eingriff in § **19a** verwirklicht wird (Wandtke/Bullinger/*Heerma*[2] Rn. 14). Gleiches gilt für die Einspeicherung von Werken auf Servern im Rahmen von **Video- bzw. Audio-on-Demand-Diensten** (OLG Dresden CR 2007, 458, 459 – *Online-Videorekorder*; OLG Köln GRUR-RR 2006, 5, 6 – *Personal Video Recorder*) oder für **Streaming**-Zwecke im World Wide Web. Auch die Hinterlegung von Audio-Dateien auf Hostservern für sog. **Podcasting** (vgl. § 19a Rn. 21) ist Vervielfältigung. Schließlich ist die **Digitalisierung** eines analogen Werkexemplars selbst Vervielfältigung und nicht etwa Bearbeitung im Sinne des § 23. Aus diesem Grund fällt **Scannen** (BGH GRUR 2002, 246, 247 – *Scanner*; Schricker/*Loewenheim*[3] Rn. 18 m.w.N.) in den Anwendungsbereich des Vervielfältigungsrechts. Gleiches gilt für den **Ausdruck** eines digital übermittelten Werkes, also die Rückübertragung in ein analoges Format (Schricker/*Loewenheim*[3] Rn. 17 m.w.N.). Zu kurzfristigen **Zwischenspeicherungen**, etwa im Arbeitsspeicher oder Cache eines Computers vgl. Rn. 13 f.

27 Vervielfältigung ist auch der Upload sog. **Thumbnails**, also kleinformatiger Vorschaubilder auf Servern, etwa im Rahmen von Internet-Suchmaschinen (LG Hamburg GRUR-RR 2004, 313, 315 – *thumbnails*; vgl. § 19a Rn. 22; Bearbeitung annehmend OLG Jena ZUM 2008, 522, 523, zweifelhaft). Ob die Verwertung der Bilder durch thumbnails durch eine konkludente **Einwilligung** des Rechtsinhabers gedeckt ist, ist eine Frage des Einzelfalls und kann nicht pauschal unterstellt werden (in diese Richtung aber Wandtke/Bullinger/ *Heerma*[2] Rn. 21; *Berberich* MMR 2005, 145; ablehnend OLG Jena ZUM 2008, 522, 525, Vorgehen jedoch rechtsmissbräuchlich bei Suchmaschinen-optimierung der Webseite).

Download-Handlungen aller Art sind Vervielfältigungen auf Empfänger-Seite, **28** unabhängig ob sie von normalen Webservern oder FTP-Servern erfolgen. In **Peer-to-Peer-Netzen** findet eine Vervielfältigung einerseits als Vorfeldhandlung auf Anbieterseite statt, wenn das fragliche Werk auf der Festplatte im Freiga-beordner gespeichert wird. Vor allem aber ist der Download durch den Emp-fänger eine Vervielfältigung durch diesen, weil das angeboten Werk, wie beim normalen Download von Hostservern, kopiert wird (*Brinkel*, Filesharing, 2006, S. 98 ff.; *Dustmann*, Die privilegierten Provider, S. 209; *Jan Bernd Nordemann/Dustmann* CR 2004, 380, 381; *Spindler* JZ 2002, 60, 61).

Wird ein Inhalt per **E-Mail** verschickt, begründet dies eine Vervielfältigung **29** (OLG München MMR 2007, 525, 527 – *subito*; KG GRUR-RR 2004, 228 – *Ausschnittsdienst*; OLG Köln GRUR 2000, 414, 416 – *GRUR/GRUR Int.*), die dem **Versender zuzurechnen ist**, da der Empfänger den Empfang letztlich nicht kontrollieren kann. Dies gilt unabhängig davon, ob der Empfänger die E-Mail nur via Webmailer abruft oder sich eines Mail-Clients bedient, da auch in letzterem Fall dem Empfänger keine Herrschaft über die Versendung zu-kommt (ebenso Wandtke/Bullinger/*Heerma*[2] Rn. 15; KG GRUR-RR 2004, 228 – *Ausschnittsdienst*).

Keine Vervielfältigung ist das Setzen eines **Hyperlinks** auf einen Inhalt (vgl. **30** auch § 19a Rn. 23). Dies gilt auch für sog. **Deep-Links** (a.A. wohl Dreier/ Schulze/*Schulze*[2] Rn. 14), also die Verweisung auf eine untere Ebene einer Webseitenstruktur (BGH GRUR 2003, 958, Ls. 2 – *Paperboy*; LG Erfurt ZUM 2007, 566, 567). Eine Vervielfältigung scheidet hier aus, weil ein Hyper-link zwar auf einen anderen Inhalt verweist, jedoch erst durch den Nutzer aktiviert werden muss, damit es zu einer Vervielfältigung des adressierten Inhalts im Arbeitsspeicher des Empfängers kommt. Mit dem Hyperlink wird zwar die Wahrscheinlichkeit der Nutzung durch Dritte erhöht, nicht jedoch der Inhalt selbst verwertet. Hyperlinks sind daher auch im Zusammenhang mit § 16 allein unter dem Gesichtspunkt der **Störerverantwortlichkeit** zu bewerten (so auch BGH GRUR 2003, 958, 961 – *Paperboy*). Etwas anders gilt für **Inline-Links und Framing**, durch die ein fremder Inhalt unmittelbar in eine Homepage eingebunden wird, was in der Praxis häufig bei Grafiken vor-kommt. Hier hat der Nutzer keinen Einfluss mehr auf die Vervielfältigung im Arbeitsspeicher. Weil die **Herrschaft über diese Vervielfältigung** dem Link-setzer obliegt, greift hier – ähnlich wie bei der Versendung von E-Mails (Rn. 29) – ausnahmsweise schon die Inline-Verlinkung bzw. das Framing selbst in § 16 ein (ähnlich OLG Hamburg GRUR 2001, 831, 832 – *Roche Lexikon Medizin*; LG Hamburg MMR 2000, 761, 763 – *Zulässigkeit des Frame-Linking*; Dreier/Schulze/*Schulze*[2] Rn. 14; a.A. LG München MMR 2003, 197 – *Framing III*; Wandtke/Bullinger/*Heerma*[2] Rn. 20).

Einen Grenzfall bildet das sog. **Routing**, also die Übertragung der Daten im **31** World Wide Web. Wird ein Inhalt im Internet übertragen, wird er durch das Übertragungsprotokoll in eine Vielzahl kleinerer Pakete gesplittet, welche unabhängig voneinander über verschiedene Server zum Empfänger geleitet und erst dort wieder zusammengesetzt werden. Die Einordnung des Routings in § 16 wird überwiegend abgelehnt, allerdings mit unterschiedlichen Begrün-dungsansätzen. Soweit auf die temporäre Natur oder ein fehlendes Beteiligungsbedürfnis des Rechtsinhabers abgestellt wird, kann dies mit der Neuformulierung in Abs. 1 sowie der Einführung der Schranke nach § 44a nicht mehr überzeugen. Jedoch ist angesichts der geringen Größe der einzelnen Datenpakte regelmäßig die **Schutzfähigkeit** dieser Werkteile fraglich (so auch Schricker/*Loewenheim*[3] Rn. 23) und es fehlt daneben an der Möglichkeit der **Wahrnehmbarmachung**.

IV. Praxis der Rechtewahrnehmung

32 Das Vervielfältigungsrecht steht selbstständig neben den anderen Verwertungsrechten. Bei der **Rechtseinräumung** wird das entsprechende Nutzungsrecht gleichwohl vielfach im Rahmen eines Gesamtpaketes eingeräumt. So ist das Vervielfältigungsrecht essentieller Bestandteil des **Verlagsrechts** (vgl. § 1 VerlG). Aus dem Vertragszweck kann sich ergeben, dass mit der Einräumung des Vervielfältigungsrechts auch das Verbreitungsrecht eingeräumt wird (Möhring/Nicolini/*Kroitzsch*[2] Rn. 21), umgekehrt gilt diese Vermutung indes regelmäßig gerade nicht. Praktisch bedeutsam ist die – mitunter in Widerspruch zu § 16 Abs. 2 UrhG stehende – Auslegungsregel des **§ 37 Abs. 2**, wonach im Zweifel mit der Einräumung des Vervielfältigungsrechts nicht die Einräumung zur Übertragung auf Bild- oder Tonträger verbunden ist. Werden die „**fernsehmäßigen Rechte**" eingeräumt, sind davon regelmäßig nicht die körperlichen Verwertungsrechte umfasst, so dass eine Vervielfältigung etwa zur **Videoauswertung** nicht von der Rechtseinräumung gedeckt ist. (OLG Düsseldorf GRUR-RR 2002, 121, 122 – *Das weite Land*). Aus der Übernahme eines Einzelauftrags zur **Erstellung eines Vorentwurfs** für ein Bauwerk durch einen Architekten kann regelmäßig noch nicht auf die Einräumung urheberrechtlicher Nutzungsbefugnisse, insb. des **Nachbaurechts**, geschlossen werden (BGH GRUR 1984, 656 – *Vorentwurf*). Wer zur körperlichen Verbreitung von Werken im Rahmen des § 17 UrhG berechtigt ist, darf auch Vervielfältigungen im Rahmen der üblichen Bewerbung dieser Produkte, also insb. **Produktabbildungen im Werbeprospekten** vornehmen (BGH GRUR 2001, 51 – *Parfumflakon*; vgl. Rn. 23). Vgl. §§ 31 ff. Rn. 5 ff. zu Einzelheiten der Rechtseinräumung.

33 Das Vervielfältigungsrecht wird angesichts seiner wirtschaftlichen Bedeutung im Regelfall individuell durch den Urheber selbst wahrgenommen. Für einzelne Werkarten gibt es jedoch gewichtige Ausnahmen. So haben die **Musikurheber** das ihnen zustehende mechanische Aufnahme- und Vervielfältigungsrecht der GEMA zur Wahrnehmung übertragen (§ 1 lit. h BerV GEMA). Für die CD-Produktion einer Konzertaufnahme muss der Tonträgerhersteller damit die Aufnahme- und Vervielfältigungsrechte des Komponisten bei der GEMA, die der ausübenden Künstler (§ 77 Abs. 2) dagegen bei diesen selbst einholen. Grundlage bildet insoweit ein von der Deutsche Landesgruppe der IFPI mit der GEMA ausgehandelter Gesamtvertrag. Auch die in der VG Bild-Kunst vertretenen **bildenden Künstler** und **Fotografen** haben dieser das Vervielfältigungsrecht zur Wahrnehmung übertragen (§ 1 lit. l) bis o) WahrnV VG Bild Kunst für die Berufsgruppen I und II). Die Verwertungsgesellschaften sind auch zuständig, soweit der Urheber aufgrund der Schrankenregelungen nach §§ 44a Vervielfältigungen zwar hinnehmen muss, ihm dafür aber einen Vergütungsanspruch zuerkennt (z.B. §§ 45a Abs. 2; 46 Abs. 4, 47 Abs. 2 S. 2; 49 Abs. 1 S. 2, 53a Abs. 2; 54 Abs. 1, 54a).

§ 17 Verbreitungsrecht

(1) Das Verbreitungsrecht ist das Recht, das Original oder Vervielfältigungsstücke des Werkes der Öffentlichkeit anzubieten oder in Verkehr zu bringen.

(2) Sind das Original oder Vervielfältigungsstücke des Werkes mit Zustimmung des zur Verbreitung Berechtigten im Gebiet der Europäischen Union oder eines Vertragsstaates des Abkommens über den Europäischen Wirtschaftsraum im Wege der Veräußerung in Verkehr gebracht worden, so ist ihre Weiterverbreitung mit Ausnahme der Vermietung zulässig.

(3) ¹Vermietung im Sinne der Vorschriften dieses Gesetzes ist die zeitlich begrenzte, unmittelbar oder mittelbar Erwerbszwecken dienende Gebrauchsüberlassung. ²Als Vermietung gilt jedoch nicht die Überlassung von Originalen oder Vervielfältigungsstücken
1. von Bauwerken und Werken der angewandten Kunst oder
2. im Rahmen eines Arbeits- oder Dienstverhältnisses zu dem ausschließlichen Zweck, bei der Erfüllung von Verpflichtungen aus dem Arbeits- oder Dienstverhältnis benutzt zu werden.

Übersicht

I. Allgemeines

1. Wesen und Bedeutung, Übersicht

Während das Vervielfältigungsrecht dem Urheber die Entscheidung vorbehält, **1** ob, wie und in welcher Anzahl sein Werk vervielfältigt werden darf, vermag er kraft seines Verbreitungsrechts darüber bestimmen, ob und in welcher Weise die hergestellten Werkstücke der Öffentlichkeit zugänglich gemacht werden dürfen. Das Verbreitungsrecht ist dabei ein **selbständiges Verwertungsrecht:** Wer zur Vervielfältigung eines Werkes berechtigt ist, darf die hergestellten Werkstücke noch nicht in den Verkehr bringen, soweit sich aus Sinn und Zweck der getroffenen Vereinbarung nicht etwas anderes ergibt (eine solche

Regelung enthält etwa § 1 VerlG). Erst recht kann der Urheber über § 17 die Verbreitung **rechtswidrig hergestellter** Werkexemplare unterbinden (vgl. § 96 Rn. 4 ff.), er kann sie aber ggf. auch genehmigen. Die Weitergabe von Werkstücken innerhalb der persönlichen Sphäre des Besitzers kann der Urheber dagegen nicht verhindern (BGH GRUR 2007, 691, 692 Tz. 27 – *Staatsgeschenk*). § 17 erfasst nur Handlungen, die sich an die **Öffentlichkeit** richten.

2 Über das Verbreitungsrecht kann der Urheber den Vertrieb der Werkstücke steuern. Er kann bspw. die Verbreitung auf ein bestimmtes Gebiet beschränken, sie zeitlich befristen oder sie an sachliche Vorgaben knüpfen (z.B. Vertrieb nur in Fachgeschäften). Diese **Steuerungsfunktion** wird in zweierlei Hinsicht begrenzt: Zum einen beschränkt sich das Recht nach § 17 auf die **Erstverbreitung**. Hat der zur Verbreitung Berechtigte Werkstücke innerhalb von EU oder EWR im Wege der Veräußerung in den Verkehr gebracht, so ist deren Weiterverbreitung zulässig, **Abs. 2**. Das Verbreitungsrecht ist durch die Erstverbreitung **erschöpft** (Einzelheiten vgl. Rn. 24 ff.). Weitere Nutzungshandlungen, mit Ausnahme der Vermietung, kann der Urheber nicht mehr beeinflussen. Zum anderen sind dem Urheber bei der inhaltlichen Ausgestaltung des Verbreitungsrechts Grenzen gesetzt (vgl. Rn. 20 ff.). Diese ergeben sich vordergründig aus Bedürfnissen des Wirtschaftsverkehrs und der zwingenden Durchsetzung des Erschöpfungsgrundsatzes. So darf der zur Verbreitung Berechtigte den Erwerber eines Werkstücks nicht einmal im Wege schuldrechtlicher Vereinbarungen an der Weiterveräußerung hindern. Unzulässig ist bspw. eine Vereinbarung, Software nur als Zubehör mit einem neuen PC vertreiben zu dürfen (BGH GRUR 2001, 153, 154 – *OEM-Version*).

3 Abs. 3 regelt das in Umsetzung der Vermiet- und Verleih-RL 92/100/EWG durch das 3. UrhRÄndG v. 23.06.1995 (BGBl. I S. 842) geschaffene **Vermietrecht**. Es bleibt von der Erschöpfung nach Abs. 2 ausgenommen. Auch nach der Veräußerung körperlicher Werkstücke bleibt dem Urheber das (alleinige) Recht vorbehalten, diese zu vermieten (Einzelheiten vgl. Rn. 36 ff.).

2. Internationale Konventionen und EU-Harmonisierung

4 In der **RBÜ** und dem **WUA** wird das Verbreitungsrecht nicht als eigenständiges Verwertungsrecht erwähnt; es wird mittelbar durch das Vervielfältigungsrecht erfasst (Art. 8 RBÜ). Dagegen enthalten Art. 6 **WCT** für Urheber und Art. 8 **WPPT** für ausübende Künstler eine ausdrückliche Regelung des Verbreitungsrechts. Beide Vorschriften weisen jeweils in Abs. 2 auf die Möglichkeit der Erschöpfung des Rechts hin. Ausgestaltung und Reichweite der Erschöpfung bleiben ausdrücklich dem Recht der Vertragsstaaten überlassen.

5 Im **Europäischen Gemeinschaftsrecht** findet sich eine allgemeingültige Regelung für das Verbreitungsrecht sowie dessen Erschöpfung in Art. 4 Info-RL (zur gebotenen gemeinschaftsrechtskonformen Auslegung der Verwertungsrechte vgl. § 15 Rn. 15). Die Regelung dient der Umsetzung von Art. 6 WCT und Art. 8 WPPT, welche bei der Auslegung zu berücksichtigen sind (EuGH ZUM 2008, 508, 510 Tz. 31 – *Peek & Cloppenburg/Cassina*). Ihr Wortlaut („ [...] *dass den Urhebern in Bezug auf das Original ihrer Werke oder auf Vervielfältigungsstücke davon das ausschließliche Recht zusteht, die Verbreitung an die Öffentlichkeit in beliebiger Form durch Verkauf oder auf sonstige Weise zu erlauben oder zu verbieten*") entspricht inhaltlich vollständig § 17, weshalb der deutsche Gesetzgeber anlässlich der Umsetzung der Info-RL durch das UrhG Infoges v. 10.09.2003 zu Recht keinen Umsetzungsbedarf sah (Schricker/*Loewenheim*[3] Rn. 1). Über die Reichweite des Verbreitungsrechts hat der EuGH zuletzt in dem Vorlageverfahren C-456/06 entschieden (EuGH ZUM 2008, 518 – *Peek & Cloppenburg/Cassina*; dazu vgl. Rn. 6). Art. 4 Abs. 2 Info-RL kodifiziert den Grundsatz der **gemeinschaftsweiten Erschöpfung**. Für den Bereich der Vermietung und des Verleihs von Werkstücken hatte bereits die Vermiet- und Verleih-RL 92/100/EG v. 27.11.1992 umfassende Regelungen getroffen. Art. 4c Computerprogramm-RL 91/260/EWG enthält eine speziell für Computerprogramme geltende Regelung des Verbreitungsrechts.

3. Verwandte Schutzrechte

Das Verbreitungsrecht wird allen Inhabern verwandter Schutzrechte nach **6** §§ 70 ff. gewährt (ausübende Künstler: § 77 Abs. 2, Tonträgerhersteller: § 85 Abs. 1, Sendeunternehmen. § 87 Abs. 1 Nr. 2, Datenbankhersteller: § 87b Abs. 1, Filmhersteller: § 94 Abs. 1). Eine gesonderte Regelung, einschließlich zur Erschöpfung, findet es in § 69c Nr. 3 für Computerprogramme.

II. Verbreitungsrecht (Abs. 1)

Begriff und Reichweite des Verbreitungsrechts sind unter Berücksichtigung der **7** gemeinschaftsrechtlichen Regelung des Verbreitungsrechts in Art. 4 Info-RL zu bestimmen. Da diese wiederum auf Art. 6 WCT beruht (vgl. Rn. 5), sind auch die konventionsrechtlichen Vorgaben zu beachten (EuGH ZUM 2008, 508, 510 Tz. 31 – *Peek & Cloppenburg/Cassina*).

1. Körperliche Werkstücke

Gegenstand einer Verbreitung können nur körperliche Werkstücke sein, wie **8** nicht nur die Einordnung von § 17 in § 15 Abs. 1 („in körperlicher Form"), sondern auch der Text des § 17 Abs. 1 selbst ergibt („Original oder Vervielfältigungsstücke"). Das Angebot oder das Inverkehrbringen müssen sich auf ein – ggf. noch herzustellendes – körperliches Werkexemplar beziehen (RegE UrhG – BT-Drucks. IV/270, S. 47; BGH GRUR 1986, 742 – *Videofilmvorführung*; Schricker/*Loewenheim*[3] Rn. 4 m.w.N.). Andernfalls ist das Verbreitungsrecht nicht einschlägig; die – unkörperliche – Vorführung eines Films (§ 19 Abs. 4) greift solange nicht in das Verbreitungsrecht ein, wie der Filmträger den Zuschauern nicht selbst zum Erwerb angeboten wird (zur Abgrenzung von Verbreitungsrecht und Vorführungsrecht BGH GRUR 1986, 742, 743 – *Videofilmvorführung*).

Körperliche Werkstücke sind auch bloße **Datenträger** wie CDs, DVDs, Dis- **9** ketten, Festplatten, usw. (vgl. § 16 Rn. 10 ff.). Dass sie Vorprodukte sind, die dem Endnutzer nicht unmittelbar, sondern nur mittelbar den Werkgenuss ermöglichen, haben sie mit den Ton- und Bildtonträgern des § 16 Abs. 2 gemeinsam. Dagegen fällt die **Online-Datenübertragung** selbst dann nicht unter § 17, wenn sie dazu bestimmt ist, beim Empfänger auf der Festplatte des Computers oder anderen Trägermedien ein Vervielfältigungsexemplar zu erstellen, wie z.B. beim Download von Filmen, Musik oder Software. Insoweit gilt allein § 19a UrhG (allg.M.: Schricker/*Loewenheim*[3] Rn. 5; Dreier/Schulze/ *Schulze*[2] Rn. 1, dort auch Nachweise zur früheren Auffassung vor Einführung von § 19a UrhG). Entspr. fällt das unkörperliche Versenden von Aufsätzen durch eine Bibliothek per **Fax** oder **E-Mail** – im Gegensatz zum Postversand –

nicht unter das Verbreitungsrecht (OLG München MMR 2007, 525, 528 – *Subito*).

10 Unterschiedlich wird allerdings die Frage beurteilt, ob und unter welchen Voraussetzungen sich das Verbreitungsrecht an dem online übermittelten Werkexemplar analog § 17 Abs. 2 erschöpfen kann, insbesondere wenn der Download den Offline-Erwerb eines körperlichen Werkexemplars substituieren soll. Zu Einzelheiten vgl. § 19a Rn. 28 f.

2. Verbreitungshandlung

11 Als Verbreitungshandlung nennt Abs. 1 sowohl das **Inverkehrbringen von Werkstücken** als auch deren **Angebot an die Öffentlichkeit**. Letztere Alternative erfasst bereits eine Vorstufe des Inverkehrbringens (BGH GRUR 2007, 871, 873 Tz. 29 – *Wagenfeld-Leuchte*; KG GRUR 1991, 174 – *Videoraubkassetten*). Beide Verbreitungshandlungen stehen aber selbständig nebeneinander (BGH GRUR 2007, 871, 873 Tz. 29 – *Wagenfeld-Leuchte*; BGH GRUR 1991, 316, 317 – *Einzelangebot*; Schricker/*Loewenheim*[3] Rn. 6). Nicht erforderlich ist, dass das Verbreiten gewerbsmäßig erfolgt.

12 a) **Öffentlichkeit:** Jede Verbreitung setzt die Beteiligung einer **Öffentlichkeit** voraus. Reine private Weitergaben unterfallen dem Verbreitungsrecht nicht (BGH GRUR 2007, 691, 692 Tz. 27 – *Staatsgeschenk*). Der Begriff der Öffentlichkeit ist § 15 Abs. 3 zu entnehmen, allerdings mit den sich aus der Natur des körperlichen Verbreitungsrechts ergebenden Abweichungen, also nur in entsprechender Anwendung (BGH GRUR 1991, 316, 317 – *Einzelangebot*): Einerseits genügt eine Mehrzahl von Personen, die nicht i.S.v. § 15 Abs. 3 persönlich untereinander verbunden sind. Andererseits kann es für § 17 Abs. 1 nicht auf die gleichzeitige Anwesenheit jener Mehrzahl von Personen ankommen, für die der Vortrag oder die Aufführung nach § 19 oder die Sendung nach § 20 bestimmt sein sollen (vgl. § 15 Rn. 37); ein Inverkehrbringen ist auch im Wege der Einzelverbreitung der Werkstücke möglich (BGH GRUR 1991, 316, 317 – *Einzelangebot*). Für § 17 Abs. 1 genügt deshalb **das Heraustreten des Anbietenden aus der internen Sphäre in die Öffentlichkeit** (BGH GRUR 1991, 316, 317 – *Einzelangebot*; ähnlich BGH GRUR 2007, 691, 692, Rz. 27 – *Staatsgeschenk*).

13 Wer dagegen im privaten Kreis, also unter Freunden, Verwandten oder den engsten Arbeitskollegen, ein Werk ausleiht, verschenkt, tauscht oder sogar verkauft oder sich dazu erbietet, bleibt unterhalb der Verbotsschwelle des § 17 Abs. 1, kann dies also tun, ohne ein entsprechendes Nutzungsrecht vom Urheber erwerben zu müssen (meist liegt ohnehin bereits Erschöpfung nach Abs. 2 vor). Keine Verbreitungshandlung sind mangels Öffentlichkeit auch rein **konzerninterne Warenbewegungen** und die Weitergabe zum Vertrieb an ein konzernangehöriges Unternehmen (BGH GRUR 2007, 691, 692 Tz. 27 – *Staatsgeschenk*; GRUR Int. 1986, 724 – *Gebührendifferenz IV*).

14 b) **Angebot an die Öffentlichkeit:** Ein **Angebot an die Öffentlichkeit** (Abs. 1 Alt. 1) liegt nicht erst dann vor, wenn ein Werkstück auf Ausstellungen (vgl. OLG Düsseldorf GRUR 1983, 760, 761 – *Standeinrichtung oder Ausstellung*), in Ladengeschäften, Leihbüchereien, Katalogen aller Art (OLG Frankfurt GRUR-RR 2006, 43, 45 – *Panther mit Smaragdauge*) Prospekten, Inseraten oder in sonstiger Form jedermann zum Besitzerwerb angeboten wird, sondern schon dann, wenn ein privater Sammler von Computerspielen auf die Tauschanzeige eines ihm unbekannten Dritten diesem ein Tauschangebot macht; dass es sich um einen einmaligen Vorgang und einen einzelnen Angebotsempfänger handelt, ändert nichts daran, dass damit in das Verbreitungsrecht der Urheber der Spiele eingegriffen wird (BGH GRUR 1991, 316, 317 – *Einzelangebot*). Auch eine **Bibliothek**, die Fachkreisen die Herstellung und Lieferung der von diesen zu privaten wissenschaftlichen Zwecken benötigten Kopien aus Büchern und Zeitschriften anbietet, tritt damit aus der internen Sphäre in die Öffentlichkeit und verbreitet (OLG München MMR 2007, 525, 528 – *subito*; vgl. § 53a zum Kopienversand auf Bestellung).

Öffentlich angeboten werden kann schon, was **erst noch hergestellt** werden **15** soll (BGH GRUR 1991, 316, 317 – *Einzelangebot*). Da § 17 Abs. 1 nur ein Angebot, nicht auch dessen Annahme voraussetzt, genügt zur Verwirklichung des Verbreitungstatbestandes auch **ein erfolgloses Angebot** (BGH GRUR 1991, 316, 317 – *Einzelangebot*; OLG Frankfurt GRUR-RR 2006, 43, 45 – *Panther mit Smaragdauge*). Ein allgemein gehaltenes Angebot nicht näher bestimmter Werke kann dagegen § 17 nicht tangieren, weil jede Rechtsverletzung schon begrifflich die Verletzung eines *bestimmten* Rechts voraussetzt (KG GRUR 1983, 174, 175 – *Videoraubkassetten*).

Das Angebot muss **inhaltlich** auf die **Übertragung der Verfügungsgewalt** an ein **16** Werkstück gerichtet sein. Diese Auslegung leitet sich spätestens aus der Entscheidung des EuGH in dem Vorlageverfahren C-456/06 ab (EuGH ZUM 2008, 508 – *Peek & Cloppenburg/Cassina* zur Vorlage BGH GRUR 2007, 50, 51 – *Le Corbusier-Möbel*). Wer der Öffentlichkeit lediglich den Gebrauch des Werkstückes ermöglichen, es jedoch nicht veräußern will, begeht keine Verbreitungshandlung i.S.v. Art. 4 Info-RL. Danach liegt in dem bloßen **Ausstellen** von (plagiierten) Polstermöbeln ohne Verkaufsabsicht in der Ruhezone eines Bekleidungsgeschäfts sowie eines Schaufensters keine Verbreitungshandlung (EuGH ZUM 2008, 508, 510 f. – *Peek & Cloppenburg/Cassina*; so bereits Dreier/Schulze/*Schulze*[2] Rn. 14; überholt damit OLG Köln GRUR-RR 2007, 1, 3 und KG GRUR 1996, 968, 969, ebenfalls für die Ausstellung von *Le Corbusier*-Möbeln in der Lounge einer Kunsthalle bzw. Zimmern eines Hotels). Entspr. ist die Ausstellung eines unveröffentlichten Werkes in einer Galerie (§ 18) nur dann eine Verbreitungshandlung, wenn der Galerist das Werk zugleich zum Kauf anbietet.

Das Angebot an die Öffentlichkeit muss sich an die **inländischen Verkehrskreise 17** richten. Wo die Veräußerung stattfindet, ist unerheblich. Eine Verbreitungshandlung liegt deshalb auch vor, wenn bspw. Möbel auf einer deutschsprachigen Internetseite und in deutschen Printmedien beworben werden, die Veräußerung der angebotenen Werke aber – im Wege einer Umgehung – im Ausland erfolgen soll, wo das Werkstück urheberrechtlich nicht geschützt ist (BGH GRUR 2007, 871, 873 – *Wagenfeld-Leuchte*; ebenso *Schricker* EWiR 2005, 187, 188; *Gottschalk* IPRax 2006, 135, 137). Der Rechtsinhaber braucht es nicht hinzunehmen, dass durch derartige Angebote ein die Verwertung seines Rechts in Deutschland beeinträchtigender Geschäftsverkehr gefördert wird, weil sich das Angebot letztlich auf die Bedarfsbefriedigung in Deutschland richtet (BGH GRUR 2007, 871, 873 Tz. 31 – *Wagenfeld-Leuchte*).

c) **Inverkehrbringen:** Ein Werk wird **in den Verkehr gebracht,** indem es an die **18** Öffentlichkeit veräußert, verkauft oder verschenkt, also auch verteilt, versandt oder sonst weggegeben, vermietet oder verliehen wird. Die **Überlassung eines einzelnen Exemplars** genügt (BGH GRUR 1991, 316, 317 – *Einzelangebot*; BGH GRUR 1985, 129 – *Elektrodenfabrik*). Ob hinter solchem Tun altruistische oder Erwerbszwecke stehen, ist ohne Bedeutung; auch wer aus ideellen

Gründen nach Feierabend ein Flugblatt verteilt, in dem ein fremdes Werk enthalten ist, greift in die Rechtssphäre von dessen Urheber ein. Mit dem **Versand,** also der Entlassung des Werkstücks aus der internen Sphäre, wird das Inverkehrbringen ebenso bewirkt (OLG Hamburg GRUR 1972, 375, 376 – *Polydor II*).

19 Ein „Inverkehrbringen" liegt in gemeinschaftsrechtskonformer Auslegung nur vor, wenn dadurch die **tatsächliche Verfügungsgewalt** über das Werkstück wechselt, wie dies typischerweise bei Veräußerungsgeschäften der Fall ist (vgl. Rn. 6). Das bloße Zurschaustellen oder die Nutzungsmöglichkeit, z.B. das Aufstellen von Polstermöbeln in den Ruhezonen eines Ladengeschäfts, genügt nicht (EuGH ZUM 2008, 508, 510 – *Peek & Cloppenburg/Cassina* zur Vorlage BGH GRUR 2007, 50, 51 – *Le Corbusier-Möbel;* a.A. noch OLG Köln GRUR-RR 2007, 1, 3 und KG GRUR 1996, 968, 969). Ebensowenig liegt in dem Zurschaustellen und der nur symbolischen Übergabe eines Werkstückes anlässlich eines Festaktes eine Verbreitungshandlung i.S.v. § 17 Abs. 1 (BGH GRUR 2007, 691, 692 Tz. 29 – *Staatsgeschenk* zur symbolischen Übergabe von Segmenten der Berliner Mauer). Verbreitung ist aber die **Vermietung** und der **Verleih** des Werkstücks, weil der Erwerber dadurch zumindest vorübergehend die Verfügungsgewalt erlangt (irreführend insoweit EuGH ZUM 2008, 508, 510 – *Peek & Cloppenburg/Cassina*, wonach nur Veräußerungen unter den Verbreitungsbegriff des Art. 4 Info-RL fallen*). Dass die Vermietung ein Inverkehrbringen darstellt, ergibt sich bereits aus Abs. 2 (vgl. Rn. 36).

3.   Beschränkte Einräumung des Verbreitungsrechts

20 Das Verbreitungsrecht kann, wie die anderen Verwertungsrechte auch, in zeitlicher, räumlicher oder gegenständlicher Hinsicht **beschränkt** eingeräumt werden (allg. zur Einräumung von Nutzungsrechten vgl. § 31 Rn. 5 ff.). Es handelt sich dabei um **dinglich wirksame** Beschränkungen, die auch gegenüber Dritten wirksam sind. Gleichwohl kann das Verbreitungsrecht nicht beliebig aufgespalten bzw. beschränkt werden (z.B. Verbreitungsrecht nur für Berlin-Charlottenburg, Belieferung nur an Buchhandlungen mit mind. 100m² Verkaufsfläche), sondern nur in der Weise, dass es **nach der Verkehrsauffassung klar abgrenzbar ist** und wirtschaftlich und technisch eine einheitliche und selbständige Nutzungsart ist (BGH GRUR 2003, 416, 418 – *CPU-Klausel*; BGH GRUR 2001, 153, 154 – *OEM-Version*; BGH GRUR 1992, 310, 311 – *Taschenbuchlizenz*; zu Einzelheiten und weiteren Nachweisen vgl. § 31 Rn. 46). Im Einzelnen gilt:

21 **Zeitliche Beschränkungen** des Verbreitungsrechts sind – auch mit dinglicher Wirkung – beliebig möglich. Sie bedeuten, dass nach Ablauf des Nutzungsvertrages keine Vervielfältigungsstücke mehr angeboten und in den Verkehr gebracht werden dürfen. Die vereinbarte Zeitspanne kann sehr kurz (z.B. Verbreitung nur während der Fußball-WM) oder sehr lang (z.B. für die gesetzliche Dauer des Urheberrechts) sein. Nach Ablauf des Nutzungsvertrages fällt das Verbreitungsrecht an den Urheber bzw. Berechtigten zurück. Hat der Verleger oder Nutzungsrechtsinhaber bis dahin nicht alle Exemplare verkaufen können, bleibt ihm nichts anderes übrig, als sie zu vernichten oder dem Berechtigten zum Kauf anzudienen, sofern sich nach den Grundsätzen von Treu und Glauben nicht etwas anderes ergibt. Eine zeitliche Begrenzung kann sich auch durch vereinbarte Auflagen- oder Stückzahlen ergeben (Dreier/Schulze/*Schulze* Rn. 21). Wurde die vereinbarte Anzahl an Werkstücken verkauft, so endet das Recht zur Verbreitung automatisch.

Räumliche Beschränkungen sind mit dinglicher Wirkung nur zulässig, wenn **22** sie nicht zur Aufspaltung eines Staats- und Rechtsgebiets führen (dazu allg. vgl. § 31 Rn. 46 ff.). Das Verbreitungsrecht kann daher für Deutschland oder – wie im Verlagswesen häufig – für den deutschsprachigen Raum, nicht jedoch für einzelne Bundesländer, Städte oder Gemeinden eingeräumt werden. Werden solche Beschränkungen bei der Einräumung des Verbreitungsrechts vereinbart, so haben sie **nur schuldrechtliche Wirkung**, nicht jedoch dingliche Wirkung (BGH GRUR 2003, 699, 702 – *Eterna*; Schricker/*Loewenheim*[3] Rn. 18; Dreier/Schulze/*Schulze*[2] Rn. 20, *Schack*[4] Rn. 541; vgl. § 31 Rn. 47 f.). Dagegen sind dinglich wirksame Aufteilungen des Verbreitungsrechts zwischen einzelnen Staaten, insb. innerhalb von EU und EWR, zulässig (a.A. Dreier/Schulze/*Schulze*[2] Rn. 20). Dabei ist jedoch der Grundsatz der **gemeinschaftsweiten Erschöpfung** nach Abs. 2 zu beachten (vgl. Rn. 24). Ein in den Niederlanden mit Zustimmung des Urhebers verkauftes Werkstück darf ohne weiteres nach Deutschland eingeführt und dort zum Verkauf angeboten werden (anders, wenn das Werkstück in den USA erworben wurde, da keine Erschöpfung). Dies hat zur Konsequenz, dass das Verbreitungsrecht innerhalb von EU/EWR nur noch eingeschränkt seine vertriebssteuernden Funktionen erfüllen kann. Parallelimporte und Reimporte sind ohne weiteres möglich.

Problematisch sind insbesondere **inhaltliche Beschränkungen** des Verbrei- **23** tungsrechts. Sie begrenzen die Nutzungsrechtseinräumung auf bestimme wirtschaftliche Formen der Verwertung Das Spektrum denkbarer Vereinbarungen ist groß: Sie reichen von Vertriebsbindungen (Vertrieb nur an Supermärkte, Videotheken, Fachgeschäfte, usw.), Vorgaben an die Erscheinungsweise des Werks (z.B. Sammel- oder Einzelausgabe, Compilation, usw.) bis zu Warenkoppelungen (Vertrieb nur mit PC). Als zulässig wird u.a. Folgendes angesehen: die Aufspaltung des Verbreitungsrechts in Einzelausgabe, Gesamtausgabe und Ausgabe in einem Sammelwerk (dies ergibt sich bereits aus § 4 VerlG), die getrennte Vergabe der Verbreitungsrechte für den Vertrieb über Buchgemeinschaften und über den Sortimentsbuchhandel (BGH GRUR 1959, 200, 201 – *Heiligenhof*; BGH GRUR 1968, 152, 153 – *Angélique*), die Beschränkung auf Taschenbuchausgaben (BGH GRUR 1992, 310, 311 – *Taschenbuch-Lizenz*) oder vertriebsgebundene Sonderausgaben (z.B. Beilage zu einer Zeitschrift) gegenüber Hardcoverausgaben (BGH GRUR 1990, 669, 671 – *Bibelreproduktion*). **Unzulässig** ist es dagegen, das Verbreitungsrecht an Computerprogrammen dahin einzuschränken, dass der Einsatz nur auf einem bestimmten Rechner (BGH GRUR 2003, 416, 418 – *CPU Klausel*) oder die Abgabe nur an den Fachhandel gestattet werden (BGH GRUR 2001, 153, 154 – *OEM-Version*). Unzulässig sind ferner jegliche Preisbindungen *(Schack*[4] Rn. 545, z.B. Verbreitungsrecht nur für Verkauf ab € 25,-) sowie Bindungen, die den Weitervertrieb der Ware und damit den Erschöpfungsgrundsatz nach Abs. 2 unterlaufen sollen (z.B. Verkaufsverbote; s.a. BGH GRUR 1986, 736, 737 – *Schallplattenvermietung* zu Verboten der Vermietung).

III. Erschöpfung (Abs. 2)

1. Bedeutung und Anwendungsbereich

Nach dem vielzitierten Grundgedanken des Urheberrechts ist der Urheber **24** tunlichst an *jeder* Nutzung seines Werkes wirtschaftlich zu beteiligen (BGH GRUR 1995, 673, 675 – *Mauer-Bilder* m.w.N.). Das UrhG sichert diesen Anspruch durch ein – überwiegend als Verbotsrecht ausgestaltetes – absolutes

Verwertungsrecht (Einzelheiten vgl. § 15 Rn. 1 ff.), welches nicht nur jede *Art* der Nutzung, sondern auch ihren *Umfang* und damit auch *jede Wiederholung* derselben Nutzung von seinem Willen abhängig macht: Nicht nur die erste Vervielfältigung, sondern auch nachfolgende Reproduktionen sind Teil seines Rechts. Der Zustimmung des Urhebers bedürfen nicht nur die Erstsendung eines Fernsehfilms, sondern auch die Kabelweiterleitung des empfangenen Sendesignals (§ 20b). An sich gilt dieser Grundsatz auch für das Verbreitungsrecht. Demgemäß machten weder § 11 Abs. 1 LUG noch § 15 Abs. 1 KUG eine dem heutigen § 17 Abs. 2 entsprechende Einschränkung. Aber schon damals beschränkte sich das Verbreitungsrecht auf die **Erstverbreitung**. Mit ihr waren alle weiteren Verbreitungsakte abgegolten. Die urspr. aus dem Patentrecht hergeleitete Erschöpfungslehre setzte sich auch in der Rspr. des Reichsgerichts durch (RGZ 63, 394, 398 – *Koenigs Kursbuch*); der Bundesgerichtshof nahm sie als feststehend auf (BGHZ 5, 116, 120 – *Parkstraße 13*). Er begründete die Erschöpfung damit, dass der Rechtsinhaber durch eigene Benutzungshandlungen das ihm eingeräumte Verbreitungsrecht ausgenutzt und damit **verbraucht** habe, so dass die nachfolgenden Verbreitungsakte nicht mehr von Schutzrecht erfasst seien (BGH GRUR 1988, 373, 374 – *Schallplattenimport III*; BGH GRUR 1988, 201, 206 – *Kabelfernsehen II*; BGH GRUR 1982, 100, 101 – *Schallplattenexport*).

25 Die Erschöpfung dient vor allem grundlegenden **Interessen des Warenverkehrs**. Könnte der Rechtsinhaber, wenn er das Werkstück verkauft oder seine Zustimmung zur Veräußerung gegeben hat, noch dessen Weiterverbreitung verhindern oder beeinflussen, wäre dadurch der Warenverkehr in unerträglicher Weise behindert (so ausdrücklich BGH GRUR 2001, 53, 54 – *Parfumflakon*; BGH GRUR 1995, 673, 676 – *Mauerbilder* unter Berufung auf RGZ 63, 394, 397 – *Koenigs Kursbuch*; umfassend zur rechtstheoretischen Begründung der Erschöpfungslehre *Berger* AcP 201 [2001] 411, 418 ff.; *Loewenheim* GRUR Int. 1996, 307; *Joos* Die Erschöpfungslehre im Urheberrecht, 1991, S. 32). Entsprechend hat insbesondere die Rspr. des EuGH zur Warenverkehrsfreiheit nach Art. 28, 30 EGV die urheberrechtliche Erschöpfungslehre beeinflusst. Der EuGH bewertet in st. Rspr. jede Ausübung von geistigen Eigentumsrechten, die darauf abzielt, die Einfuhr eines Erzeugnisses zu behindern, welches mit Zustimmung des Schutzrechtsinhabers bereits in einem Mitgliedstaat rechtmäßig in den Verkehr gebracht wurde, als unzulässige, den freien Warenverkehr beschränkende Maßnahme (EuGH GRUR Int. 1989, 668, 669 – *Warner Brothers/Christiansen*; EuGH GRUR Int. 1982, 372, 376 – *Polydor/Harlequin*; EuGH GRUR Int. 1981, 229 – *Gebührendifferenz II*; EuGH GRUR Int. 1971, 450 – *Deutsche Grammophon/Metro*). Der von dem EuGH entwickelte Grundsatz der **gemeinschaftsweiten Erschöpfung** wurde schließlich durch Art. 9 Abs. 2 Vermiet- und Verleih-RL sowie Art. 4 Abs. 2 Info-RL gemeinschaftsrechtlich kodifiziert und ist in Deutschland durch § 17 Abs. 2 geschriebenes Recht geworden.

26 Besteht damit an der sachlichen Rechtfertigung der Erschöpfung kein Zweifel, bleibt sie dennoch eine **Ausnahme**. Einen **allgemeinen Erschöpfungsgrundsatz**, der über das Verbreitungsrecht hinaus auch auf andere Verwertungsrechte Anwendung findet, gibt es nicht (ganz h.M.: BGH GRUR 2001, 51, 53 – *Parfumflakon*; Schricker/*Loewenheim*[3] Rn. 35, *Schack*[4] Rn. 399; Dreier/Schulze/*Schulze*[2] Rn. 30). Insbesondere können sich nicht die Rechte der öffentlichen Wiedergabe, etwa das Senderecht (§ 20) und das der öffentlichen Zugänglichmachung (§ 19a), erschöpfen. Was im Internet zum Abruf angeboten oder im Radio gesendet wird, kann also nicht auf CD kopiert und auf diese

Weise weiterverbreitet werden. Eine Ausnahme mag nur dann bestehen, wenn die **Online-Übermittlung** eines Werkes den Erwerb eines körperlichen Werkexemplars **substituieren soll**, wie z.B. beim entgeltpflichtigen Download von Musik, Filmen oder Software (Einzelheiten vgl. § 19a Rn. 28 f.). Den Erschöpfungsgrundsatz hat die Rspr. ferner für die Abbildung (= Vervielfältigung) eines urheberrechtlich geschützten Gegenstandes angewendet, damit dieser nicht nur verkauft, sondern auch adäquat beworben werden kann (BGH GRUR 2001, 51, 53 – *Parfumflakon*; Einzelheiten vgl. § 16 Rn. 23).

2. Voraussetzungen der Erschöpfung

Die Erschöpfung tritt nur ein, wenn das Original oder Vervielfältigungsstücke **27** des Werkes (vgl. Rn. 28) mit Zustimmung des zur Verbreitung Berechtigten (vgl. Rn. 33) innerhalb der EU oder des EWR (vgl. Rn. 31) im Wege der Veräußerung in den Verkehr gebracht werden (vgl. Rn. 29 f.).

a) Original oder Vervielfältigungsstücke: Gegenstand der Erschöpfung können **28** nur **körperliche Werkstücke** sein (vgl. Rn. 26). Dies sind auch Datenträger aller Art (CD, DVD, Festplatten, VHS, Schallplatten, usw.), einschließlich solcher, die fester Bestandteil eines Computers, eines EDV-Systems oder einer sonstigen Anlage sind. Für Computerprogramme ist der Erschöpfungsgrundsatz in § 69c gesondert geregelt. Befinden sich auf einem PC vorinstallierte Software oder sonstige urheberrechtlich geschützte Werke, können der PC oder ggf. isoliert die Festplatte weiterveräußert werden, nicht jedoch eine vom PC-Käufer hergestellte Sicherungskopie des Datenträgers. Die Erschöpfungswirkung beschränkt sich stets auf das **konkret in den Verkehr gebrachte Werkstück**, nicht auf Vervielfältigungen davon (BGH GRUR 1993, 34, 36 – *Bedienungsanweisung*; s.a. BGH GRUR 2005, 940, 942 – *Marktstudien* für den Inhalt einer Datenbank). Hat dagegen der PC-Hersteller die Installationssoftware separat auf einem Datenträger ausgeliefert, kann diese weiterveräußert werden. Schuldrechtliche Verpflichtungen, die eine solche Weiterveräußerung verhindern sollen, sind unwirksam (BGH GRUR 2001, 153, 154 – *OEM-Version*; ausführlich § 69c Rn. 50, 54 ff.).

b) Inverkehrbringen durch Veräußerung: Erschöpfung tritt nur beim Inverkehr- **29** bringen der Werkstücke durch **Veräußerung** ein. Erfasst wird damit jede Übereignung und Entäußerung des Eigentums an den Werkstücken durch den Berechtigten (BGH GRUR 2005, 505 – *Atlanta*; BGH GRUR 1985, 673, 677 – *Mauerbilder*). Der Begriff der Veräußerung ist jedoch nicht auf Rechtsgeschäfte i.S.v. § 433 BGB beschränkt. Darunter fällt vielmehr jede **endgültige Aufgabe der Verfügungsgewalt** durch den Berechtigten (*Ulmer*[3] § 47 I 2), also auch aufschiebend bedingte Eigentumsübertragungen mit Ausnahme der bloßen Sicherungsübereignung (Dreier/Schulze/*Schulze*[2] Rn. 25; Schricker/*Loewenheim*[3] Rn. 41; *Schack*[4] Rn. 390); bei letzterer will der Rechtsinhaber die Kontrolle über den Verbleib der Werkstücke gerade nicht aufgeben, sondern vielmehr behalten. **Schenkung** oder **Tausch** führen deshalb, wenn öffentlich geschehen, zur Erschöpfung, Verleih und Vermietung dagegen nicht (Begr RegE UrhG – IV/270, S. 48). Wird die Veräußerung rückgängig gemacht, lebt das Verbreitungsrecht wieder auf (OLG Karlsruhe GRUR 1997, 771, 772 – *Remission für remittierte Buchexemplare*; zustimmend *Schricker* VerlagsR[3] § 28b).

Kein Inverkehrbringen durch Veräußerung liegt bei rein privaten oder kon- **30** zerninternen Veräußerungen vor, sofern dadurch die Werkstücke noch nicht auf den Markt kommen (BGH GRUR 2007, 691, 692 Tz. 27 – *Staats-*

geschenk; BGH GRUR 1986, 668, 669 – *Gebührendifferenz IV*; BGH GRUR 1982, 100, 101 – *Schallplattenexport*;). Veräußert etwa zum Zwecke des Vertriebs ein in England ansässiger Hersteller DVDs an seine deutsche Tochter, so ist mit diesem Geschäft noch keine Erschöpfung eingetreten. Keine Veräußerung ist ferner der gesetzliche Eigentumsübergang nach § 946 ff. BGB, da in diesen Fällen die Gründe für eine Erschöpfung, nämlich das bewusste „Freilassen" durch den Berechtigten, nicht vorliegen. So hat nach dem Fall der **Berliner Mauer** diese zwar einen neuen Eigentümer gefunden, die Künstler, welche die Mauer bemalt hatten, dadurch jedoch nicht ihr Verbreitungsrecht verloren (BGH GRUR 1995, 673, 676 – *Mauerbilder*: „von der Freigabe eines verkehrsfähigen Werkexemplars kann kein Rede sein"; dagegen *Schack*[4] Rn. 390; *Omsels* GRUR 1994, 162 ff.). Keinesfalls tritt Erschöpfung durch das bloße Kaufangebot ein; die Veräußerung muss vollzogen sein.

31 c) **Im Gebiet der EU oder des EWR:** Erschöpfung tritt (nur) ein, wenn das Inverkehrbringen des Werkstücks innerhalb des Gebietes der Europäischen Union oder des Europäischen Wirtschaftsraums (dazu gehören neben den EU-Staaten Island, Liechtenstein und Norwegen) erfolgt. Mit dieser Regelung hat der Gesetzgeber dem vom EuGH entwickelten Grundsatz der gemeinschaftsweiten Erschöpfung (vgl. Rn. 22) Rechnung getragen (RegE ÄndG 1994 – BT-Drucks. 13/115, S. 12). Maßgeblich ist der **Ort des Inverkehrbringens,** auf den Herstellungsort kommt es nicht an (BGH GRUR 1981, 362, 364 – *Schallplattenimport*). Wurden die Werkstücke außerhalb von EU und EWR erstmalig mit Zustimmung des Berechtigten in den Verkehr gebracht, erschöpft sich daran das Verbreitungsrecht nicht (Dreier/Schulze/*Schulze*[2] Rn. 35; Schricker/*Loewenheim*[3] Rn. 54). Auf diese Weise können die Berechtigten Reimporte aus Drittstaaten wirksam unterbinden. Dies gilt selbst dann, wenn der Drittstaat eine weltweite Erschöpfung anerkennt. Anders als § 17 Abs. 2 bestimmen Art. 9 Abs. 2 Vermiet- und Verleih-RL sowie Art. 4 Abs. 2 Info-RL ausdrücklich, dass Erschöpfung „nur" mit der Erstverbreitung des geschützten Gegenstandes in der Gemeinschaft eintritt (Schricker/*Loewenheim*[3] Rn. 54 auch mit Hinweis auf ErwG Nr. 28 Info-RL).

32 d) **Zustimmung des Berechtigten:** Entscheidendes Merkmal für den Eintritt der Erschöpfung ist, ob das in EU/EWR erfolgte Inverkehrbringen der Werkstücke durch Veräußerung mit der Zustimmung des Berechtigten erfolgte. Fehlt es daran, so ist die (Weiter-)Verbreitung rechtswidrig. Die Zustimmung kann grundsätzlich auf zweierlei Weise erfolgen: Entweder der Urheber veräußert selbst das betreffende Werkstück oder – in der Praxis der Regelfall – er räumt einem Verwerter (Produzent, Hersteller, Verlag, usw.) das Recht ein, es in EU/EWR zu veräußern oder entsprechende Lizenzen an Dritte einzuräumen (**mehrstufige Rechtseinräumungen**). Entscheidend ist, ob derjenige, der das Werk letztlich in den Verkehr bringt, „zur Verbreitung berechtigt ist", d.h. sich auf eine entsprechende Lizenzkette bis hin zum Urheber berufen kann. Die Zustimmung muss für das (Staats)gebiet bestehen, in der das erstmalige Inverkehrbringen erfolgt. Setzt also ein Lizenznehmer, dem das Verbreitungsrecht nur für einen bestimmten EU-Staat eingeräumt wurde, Werkstücke vertragswidrig in einem anderen Staat ab, erschöpft sich an diesen Werkstücken das Verbreitungsrecht nicht (Schricker/*Loewenheim*[2] Rn. 46).

33 Ähnlich verhält es sich mit **Nachbildungen von Möbeln,** die in einem EU-Land keinen Urheberschutz genießen und dort ohne Zustimmung des Urhebers bzw. seiner Rechtsnachfolger in den Verkehr gebracht werden können. Bekannte Fälle aus der Rspr. betreffen *Wagenfeld*-Leuchten und Polstermöbel von *Le*

Corbusier, die – nach bestrittener Auffassung – in Italien keinen Schutz genießen sollen. Das rechtmäßige Inverkehrbringen derartiger Nachbildungen in Italien führt nicht dazu, dass in Deutschland, wo ein urheberrechtlicher Schutz zuerkannt wurde (KG GRUR 2006, 53, 54 – *Bauhaus-Glasleuchte II* unter Berufung auf OLG Düsseldorf GRUR 1993, 903 – *Bauhausleuchte*) das Verbreitungsrecht erschöpft ist (BGH GRUR 2007, 871, 873, Tz. 28 ff. – *Wagenfeld-Leuchte*). Es fehlt schlicht an der erforderlichen Zustimmung des zur Verbreitung Berechtigten; dagegen sprechen auch nicht Vorgaben des freien Warenverkehrs nach Art. 28 EGV, da die Verschiedenheiten in den nationalen Rechtsordnungen hinnehmbar und der Urheberrechtschutz eine sachliche Rechtfertigung nach Art. 30 EGV bildet (BGH GRUR 2007, 871, 874 Tz. 36 – *Wagenfeld-Leuchte* unter Berufung auf EuGH GRUR Int. 1989, 319 Rn. 12– *EMI Electrola/Patricia Im- und Export*).

Die Zustimmung des Berechtigten muss für das **konkrete Werkstück** vorliegen. **34** Überschreitet der Lizenznehmer vereinbarte Produktionsmengen, erschöpft sich das Verbreitungsrecht nicht an den lizenzwidrig hergestellten Exemplaren (ebenso Schricker/*Loewenheim*[3] Rn. 47). Genauso verhält es sich mit Werkstücken, die der Lizenznehmer erst nach Ablauf des Lizenzzeitraums in den Verkehr bringt (Dreier/Schulze/*Dreier*[2] Rn. 28; Wandtke/Bullinger/*Heerma*[2] Rn. 30).

e) Darlegungs- und Beweislast: Die Darlegungs- und Beweislast für den Eintritt **35** der Erschöpfung nach § 17 Abs. 2 trägt derjenige, der sich auf die Erschöpfung beruft (BGH GRUR 2005, 505 – *Atlanta*; BGH GRUR 1985, 924, 926 – *Schallplattenimport II*). Dieser muss für das konkret in Rede stehende Werkstück nachweisen, dass es mit Zustimmung des Berechtigten bereits veräußert und in den Verkehr gebracht wurde. Dem Verbreiter müssen dafür Beweiserleichterungen, so z.B. die Vermutungsregel des § 1006 BGB (BGH GRUR 2005, 505, 506 – *Atlanta*) zu Gute kommen, da er die Sphäre des Urhebers bzw. zur Verbreitung Berechtigten nicht kennt. Kann der Verbreiter plausibel darlegen, dass es sich um rechtmäßige Vervielfältigungsstücke (keine Plagiate) handeln muss, die am Markt angeboten wurden, obliegt es dem Berechtigten, das Gegenteil nachzuweisen.

IV. Vermietrecht (Abs. 3)

1. Bedeutung und Anwendungsbereich

Die Erschöpfung des Verbreitungsrechts (vgl. Rn. 24 ff.) hat zur Konsequenz, **36** dass der Erwerber eines Werkstücks berechtigt ist, frei darüber zu verfügen, insbesondere es weiterzuverbreiten. Eine solche Weiterverbreitung liegt auch in der Vermietung des Werkstücks (BGH GRUR 1985, 131, 133 – *Zeitschriftenauslage beim Friseur*). Bis zur Umsetzung der Vermiet- und Verleih-RL 92/100/EWG durch das 3. UrhRÄndG v. 23.06.1995 (BGBl. I S. 842) stand es daher jedermann frei, erworbene Werkstücke, etwa Musik-CDs und Videos, zu vermieten. Tonträgerhersteller konnten dies auch nicht dadurch verhindern, indem sie die Schallplatten mit Aufklebern versahen, die eine solche Vermietung ausdrücklich untersagten. Derartige Hinweise liefen nach Auffassung des BGH dem Erschöpfungsgrundsatz zuwider und seien urheberrechtlich unbeachtlich (BGH GRUR 1986, 736, 737 – *Schallplattenvermietung*).

Nach der gesetzlichen Neuregelung ist das Vermietrecht von der Erschöpfung **37** ausgenommen. Der Rechtsinhaber bleibt auch nach der Veräußerung von CDs,

DVDs, Büchern, Noten und anderen Werkträgern befugt, mit Wirkung gegenüber dem Erwerber zu bestimmen, ob eine Vermietung stattfinden darf. Das Vermietrecht ist ein selbständiges, von sonstigen Verbreitungsformen **dinglich abspaltbares Verwertungsrecht**. Seine Einführung verstößt nicht gegen das Recht auf freie Berufsausübung (EuGH GRUR Int. 1998, 596, 597 f. – *Metronome Music/Music Point Hokamp* zu der Vorlage des LG Köln ZUM 1996, 708).

38 Das Vermietrecht findet auf alle in § 2 Abs. 1 genannte Werkarten Anwendung, ist wirtschaftlich aber in erster Linie für Musik, Filme, Bücher und Software von Bedeutung. Für die Vermietung von Computerprogrammen ist die im Umsetzung der Computerprogramm-RL 91/250/EWG geschaffene Regelung in § 69c Nr. 3 UrhG *lex specialis* (vgl. § 69c Rn. 88). Das Vermietrecht steht ferner den Inhabern der verwandten Schutzrechte nach den §§ 70 ff., insb. den Tonträger- und Filmherstellern (§ 85 Abs. 1, § 94 Abs. 1), nicht jedoch den Sendeunternehmen, zu (§ 87 Abs. 1 Nr. 2).

2. Vermietung

39 Vermietung ist nach der Legaldefinition des § 17 Abs. 3 jede **zeitlich begrenzte, unmittelbar oder mittelbar Erwerbszwecken dienende Gebrauchsüberlassung**. Der Begriff ist weit zu verstehen und nicht auf zivilrechtliche Mietverhältnisse i.S.d. §§ 535 ff. BGB beschränkt, z.B. wenn ein Mietzins nicht geschuldet wird (so audrückl. RegE ÄndG 1994 – BT-Drucks. 13/115, S. 12; Dreier/Schulze/*Schulze*[2] Rn. 44; Schricker/*Loewenheim*[3] Rn. 29). Maßgebend ist, ob bei **wirtschaftlicher Betrachtung** Ziel und Wesen einer Vermietung erreicht werden, nämlich ob die Gebrauchsüberlassung dem Benutzer eine uneingeschränkte Werknutzung ermöglicht (und er deshalb als potentieller Käufer von Werkexemplaren ausfällt) und sie den wirtschaftlichen Interessen des Vermieters dient (BGH GRUR 2001, 1036, 1037 – *Kauf auf Probe*; BGH GRUR 1989, 417, 418 – *Kauf mit Rückgaberecht*). Deshalb liegt eine Vermietung auch vor, wenn Videotheken oder CD-Vermietläden in Clubs oder Vereine umorganisiert werden, um dem Vermietrecht zu entgehen (RegE ÄndG 1994 – BT-Drucks. 13/115, S. 12). Auch als **Kauf auf Probe** getarnte Vermietungen fallen darunter (BGH GRUR 2001, 1036, 1037 – *Kauf auf Probe*; BGH GRUR 1989, 417, 418 – *Kauf mit Rückgaberecht*). Durch die Erfassung **mittelbarer Erwerbszwecke** dienender Gebrauchsüberlassungen kann eine Vermietung auch dann vorliegen, wenn der Vermieter für die Gebrauchsüberlassung kein Entgelt fordert, sich aber einen Imagegewinn und Werbeeffekt verspricht.

40 Überlassen Galerien gegen Entgelt Kunstwerke, etwa an Unternehmen zur repräsentativen Ausschmückung ihrer Räumlichkeiten, ist diese Überlassung eine Vermietung i.S.v. § 17 Abs. 3 (Dreier/Schulze/*Schulze*[2] Rn. 50; *Jacobs* GRUR 1998, 246). Dagegen fällt die Überlassung von Kunstwerken zu Ausstellungszwecken (z.B. der Leihverkehr von Museen) nicht darunter, weil Gegenstand der Ausstellung eine Präsenznutzung ist (§ 18). Die Ausleihtätigkeiten öffentlicher Bibliotheken fällt nicht unter § 17 Abs. 3, weil diese keinerlei gewerblichen Interessen verfolgen. Insoweit gilt allein § 27 Abs. 2.

3. Ausnahmen

41 Die Vermietung urheberrechtlich geschützter **Gebäude** ist vom Vermietrecht ausgenommen (**Abs. 3 Nr. 1**). Denn bei ihrer Vermietung steht nicht ihre Eigenschaft als Kunstwerk, sondern ihre Eignung zur Wohn- oder sonstigen

Nutzung im Vordergrund (RegE ÄndG 1994 – BT-Drucks. 13/115, S. 12). Derselbe Ausschlussgrund gilt für das kostbare Geschirr auf dem Tisch des Restaurants, das Designsofa im Hotelzimmer und andere Werke der **angewandten Kunst** (Abs. 3 Nr. 1). Werden dagegen Pläne, Modelle oder Fotografien von Bauwerken oder Werken der angewandten Kunst vermietet, geht es nicht mehr um deren Nutzung als Sachobjekt, sondern um den immateriellen Werkgenuss. In diesen Fällen greift die Ausnahme nicht (RegE ÄndG 1994 – BT-Drucks. 13/115, S. 12).

Innerhalb eines **Dienst- oder Arbeitsverhältnisses** überlassene Werke (Abs. 3 **42** Nr. 2) sind dann frei, wenn deren Benutzung zur Erfüllung dienstlicher Verpflichtungen der *ausschließliche Zweck* der Gebrauchsüberlassung ist. Dies betrifft in erster Linie die Bestände von Werkbüchereien, in denen Fachliteratur für die betriebliche Nutzung vorhandenen ist (RegE ÄndG 1994 – BT-Drucks. 13/115, S. 112). Sie sollen als reine Arbeitsbibliotheken aus dem Kreis der vergütungspflichtigen Bibliotheken herausgenommen werden (so schon BGH GRUR 1972, 617, 619 – *Werkbücherei*).

4. Vertragspraxis

Insb. die Filmhersteller üben das Vermietrecht meist in der Weise aus, dass sie **43** speziell gekennzeichnete DVD-Versionen mit Vermietrecht („*for rental*") an die Videotheken verkaufen. Ihr Preis ist höher als der der normalen Verkaufsversion der DVD. Der Käufer einer solchen Version erwirbt das Recht, die DVD zu vermieten, regelmäßig allerdings nur für die Länder, für die die Verbreitung der DVD bestimmt ist. Deutsche Videotheken sind deshalb nicht berechtigt, im Ausland erworbene DVDs mit Vermietrecht (z.B. im Vereinigten Königreich erhältliche Originalfassungen amerikanischer Spielfilme) im Inland zur Vermietung anzubieten.

§ 18 Ausstellungsrecht

Das Ausstellungsrecht ist das Recht, das Original oder Vervielfältigungsstücke eines unveröffentlichten Werkes der bildenden Künste oder eines unveröffentlichten Lichtbildwerkes öffentlich zur Schau zu stellen.

Übersicht

I. Allgemeines

Das Ausstellungsrecht wurde erst mit dem Urheberrechtsgesetz von 1965 **1** eingeführt und gilt seitdem unverändert (zur Rechtshistorie *Beyer*, Ausstellungsrecht und Ausstellungsvergütung, 2000, S. 41). Es gewährt dem Urheber das Recht, sein **unveröffentlichtes** Werk der bildenden Kunst bzw. Lichtbildwerk durch öffentliche Ausstellung zu verwerten. Systematisch gehört das Ausstellungsrecht neben dem Vervielfältigungs- und Verbreitungsrecht zu den **körperlichen Verwertungsrechten** (§ 15 Abs. 1 Nr. 3), da die Ausstellung die Darbietung eines körperlichen Werkstücks voraussetzt: Original oder Kopie des Werkes müssen körperlich vorhanden sein und dem Publikum zur Betrachtung angeboten werden (Schricker/*Vogel*[3] Rn. 17; irreführend BGH GRUR 1995, 673, 675 – *Mauer-Bilder*, der die Ausstellung als Wiedergabe i.S.v. § 15 Abs. 2 einordnet).

2 Die **praktische Bedeutung** des Ausstellungsrechts ist gering, da der Urheber bereits aufgrund des Veröffentlichungsrechts (§ 12 Abs. 1) über das *Ob* und *Wie* der Werkveröffentlichung bestimmen kann (vgl. § 12 Rn. 8 ff.). Veröffentlicht der Urheber sein Kunstwerk, erlischt das Ausstellungsrecht (BGH GRUR 1995, 673, 675 – *Mauer-Bilder* spricht von „Erschöpfung"). Es ist damit seiner Rechtsnatur nach weniger ein Verwertungsrecht, sondern nur ein **Verbotsrecht**, welches das persönlichkeitsrechtliche Veröffentlichungsrecht ergänzt (*Schack*[4] Rn. 398). Das Ausstellungsrecht erfährt überdies durch § 44 Abs. 2 eine wichtige Einschränkung: Veräußert der Urheber das Original seines – bislang unveröffentlichten – Werkes, ohne sich gegenüber dem Erwerber das Ausstellungsrecht ausdrücklich vorzubehalten, ist fortan dieser berechtigt, das Werk auszustellen (zu Einzelheiten vgl. § 44 Rn. 1 ff.).

3 In Wirklichkeit begründet § 18 eher den **negativen Ausschluss** eines Verwertungsbereichs, nämlich der Ausstellung veröffentlichter Kunstwerke in Museen und Galerien. Von einer Erstreckung des Ausstellungsrechts auf veröffentlichte Werke hatte der Gesetzgeber seinerzeit wegen der Befürchtung abgesehen, der Kunsthandel könne unbillig behindert werden, wenn für die Ausstellung in Schaufenstern oder Ausstellungsräumen stets die Zustimmung des Urhebers eingeholt werden müsse, zumal mit Ausstellungen keine nennenswerten Einnahmen zu erzielen seien (RegE UrhG – BT-Drucks. IV/270, S. 280). Letzteres Argument vermag angesichts der Einnahmeerfolge zahlreicher Ausstellungen zeitgenössischer Kunst kaum zu überzeugen. Indes mutet es seltsam an, wenn selbst Postkartenhändler für die öffentliche Darbietung ihrer Ware eine Ausstellungsvergütung entrichten müsste. In Betracht kommt deshalb **de lege ferenda** allenfalls die Einführung eines **gesetzlichen Vergütungsanspruchs** gegen die Veranstalter von kommerziellen Ausstellungen ohne Verkaufscharakter. Entsprechenden Forderungen (etwa *Kühl* KUR 2004, 76, 78; *Wilhelm Nordemann* KUR 1999, 29; *Beyer*, Ausstellungsrecht und Ausstellungsvergütung, 2000, S. 112; Schricker/*Vogel*[3] Rn. 18) hat das Bundesjustizministerium jedoch zuletzt im Rahmen der Diskussionen um den Zweiten Korb eine Absage erteilt (siehe BMJ Ref-E 2. Korb v. 27.09.2004, S. 43). In Österreich wurde 2001 eine entsprechende Vergütungsregelung (§ 16b öUrhG a.F.) bereits nach wenigen Jahren wieder abgeschafft (dazu *Walter* GRUR Int. 2001, 602).

4 Im **Konventionsrecht** und **EU-Harmonisierungsrecht** hat das Ausstellungsrecht bislang keinen Niederschlag gefunden. Als besondere Form des Veröffentlichungsrechts nach § 12 kommt es jedoch gem. § 121 Abs. 6 uneingeschränkt und ohne Rücksicht auf Gegenseitigkeit auch Ausländern zu Gute (Dreier/Schulze/*Schulze*[2] Rn. 3; Schricker/*Vogel*[3] Rn. 20). Aufgrund des **Territorialitätsprinzips** (vgl. Vor §§ 120 ff. Rn. 59) kann es nur durch eine Verletzungshandlung, d.h. Ausstellung, im Inland verletzt werden (OLG München GRUR 1990, 677 – *Postervertrieb*; s.a. BGH GRUR 2007, 691, 693 Tz. 36 – *Staatsgeschenk* zur Ausstellung von Mauersegmenten).

II. Einzelerläuterungen

1. Schutzvoraussetzungen

Das Ausstellungsrecht gilt nur für unveröffentlichte **Werke der bildenden** **5** **Künste** (Gemälde, Skulpturen, Grafiken, etc.), **Lichtbildwerke** sowie – aufgrund der Verweisung des § 72 Abs. 1 – für **einfache Lichtbilder,** mithin für Fotografien aller Art. Keine Anwendung findet § 18 auf andere Werkarten oder Leistungen (Schricker/*Vogel*[3] Rn. 14; Möhring/Nicolini/*Kroitzsch*[2] Rn. 6; a.A. Dreier/Schulze/*Schulze*[2] Rn. 8). Dagegen spricht nicht nur der eindeutige Wortlaut, sondern auch die Schranke des § 44 Abs. 2, die ebenfalls nur auf Werke der bildenden Künste und Lichtbildwerke Bezug nimmt (vgl. § 44 Rn. 11). Urheber anderer Werkarten, etwa von Sprach- oder Musikwerken oder wissenschaftlichen Darstellungen, bleiben gleichwohl nicht schutzlos. Sie können die Veröffentlichung ihrer Werke über das – für alle Werkarten geltende – Veröffentlichungsrecht nach § 12 Abs. 1 untersagen. Für eine Erweiterung des Schutzbereichs von § 18 besteht damit kein Anlass.

Das Ausstellungsrecht besteht nur für **unveröffentlichte Werke.** Es erlischt, **6** wenn das Werk das erste Mal mit Zustimmung des Berechtigten der Öffentlichkeit zugänglich gemacht wurde (BGH GRUR 1995, 673, 675 – *Mauer-Bilder*). Es gilt der – gegenüber § 15 Abs. 3 engere (vgl. § 15 Rn. 29) – Öffentlichkeitsbegriff des § 6 Abs. 1 (Schricker/*Vogel*[3] Rn. 14): Das Werk ist bereits **veröffentlicht,** wenn es einer Mehrzahl von Personen zur Schau gestellt wurde, die weder untereinander noch zum Veranstalter persönlich verbunden sind. Die Art und Weise sowie Dauer der **öffentlichen Werkpräsentation** spielt keine Rolle: Sie kann in körperlicher oder unkörperlicher Form erfolgt sein, beispielsweise in einem Katalog, im Internet, auf einer einmaligen Veranstaltung oder an einem frei zugänglichen Ort (Schaukästen, Plakat, Wand, etc). **Keine Vorveröffentlichung** liegt vor, wenn ein Exponat nicht freizugänglich ist, sondern nur Bekannten oder einem im Vorfeld ausgewählten Fachpublikum gezeigt wird. Keine Veröffentlichung ist ferner die bloße Veräußerung des Werkoriginals. In diesem Fall geht aber das Ausstellungsrecht gemäß § 44 Abs. 2 auf den Erwerber über, sofern der Urheber dies beim Verkauf nicht ausdrücklich ausgeschlossen hat (zu Einzelheiten vgl. § 44 Rn. 9 ff.).

Nur die **rechtmäßige,** d.h. mit Zustimmung des Berechtigten, erfolgte **Ver- 7** **öffentlichung,** führt zum Erlöschen des Ausstellungsrechts. Kann der Urheber darlegen, dass er einer Vorveröffentlichung nicht zugestimmt (Beispiel: Der Galerist des Künstlers handelt eigenmächtig), bleibt ihm das Verbotsrecht erhalten (zur Darlegungs- und Beweislast vgl. Rn. 13). Künstler, die ihre unveröffentlichten Werke Dritten anvertrauen, sollten diese ggf. mit eindeutigen Vermerken (z.B. „Nicht zur Veröffentlichung") versehen, damit ihr Verhalten im Rechtsverkehr nicht als Zustimmung zur Veröffentlichung gewertet werden kann.

2. Schutzumfang

§ 18 gewährt dem Berechtigten das ausschließliche Recht, das – bislang unver- **8** öffentlichte – Werk öffentlich zur Schau zu stellen. Zur-Schau-Stellen ist jedes öffentliche Zugänglichmachen zur unmittelbaren Wahrnehmung des **körperlichen Werkstücks.** Das Werkstück muss körperlich vorhanden sein. Keine Ausstellung ist die unkörperliche Wiedergabe des Werks, z.B. die Ausstrahlung im Rundfunk oder die Wiedergabe im Internet (Dreier/Schulze/*Schulze*[2] § 18

Rn. 6; Wandtke/Bullinger/*Ehrhard*[2] § 19 Rn. 2). Das Ausstellungsrecht besteht sowohl am Original wie auch an allen Vervielfältigungsstücken des unveröffentlichten Werkes.

9 Der Urheber hat dagegen **keinen Anspruch auf Ausstellung** seines unveröffentlichten Werkes. Veräußert er das Original und behält er sich gegenüber dem Erwerber das Ausstellungsrecht vor (vgl. § 44 Abs. 2), steht ihm kein Anspruch auf Herausgabe zum Zwecke der Ausstellung zu (KG GRUR 1981, 742, 743 – *Totenmaske I*). Der Urheber hat gem. § 25 lediglich ein **Recht auf Zugang zum Werkstück**, soweit dies zur Herstellung von Vervielfältigungen erforderlich ist. Möchte er sicherstellen, das Original auch nach dessen Veräußerung ausstellen zu können, muss er mit dem Erwerber entsprechende vertragliche Vereinbarungen treffen.

10 Eine **Verpflichtung zur Ausstellung** des – veröffentlichten oder unveröffentlichten Werkes – kann nur durch Vertrag begründet werden. Wer sich bereit erklärt, gegen Überlassung der Werke die Herstellung des Ausstellungskatalogs und die Bewerbung der Ausstellung zu übernehmen, handelt nicht nur aus Gefälligkeit, sondern ist zur Ausstellung verpflichtet (OLG Düsseldorf NJW-RR 1999, 1001, 1002 ff.). Hält der Galerist die Vereinbarung nicht ein, stehen dem Künstler Schadensersatzansprüche zu. Zum Ausstellungsvertrag vgl. Vor §§ 31 Rn. 383 f.

11 Für die **Einräumung von Nutzungsrechten** am Ausstellungsrecht gelten allgemeine Regeln; sie hat jedoch kaum eigenständige wirtschaftliche Bedeutung. Denkbar ist allein der Fall, dass die Veröffentlichung eines bislang unbekannten Werkes vom Kunstpublikum bereits mit großem Interesse erwartet wird und der Berechtigte einem Veranstalter das Recht zur Erstausstellung einräumt (*Beyer*, Ausstellungsrecht und Ausstellungsvergütung, 2000, S. 47). Im Übrigen wird der Urheber meist stillschweigend und unter Anwendung der Zweckübertragungslehre (vgl. § 31 Rn. 108 ff.) über das Ausstellungsrecht verfügen, weil das Kunstwerk ansonsten für den vereinbarten Zweck nicht nutzbar sein wird. Wer etwa dem Galeristen sein Werk zum Zwecke des Verkaufs anvertraut, räumt diesem neben dem Verbreitungsrecht im Zweifel auch das Ausstellungsrecht ein, weil ohne vorangehende Ausstellung der Vertragszweck nicht erreicht werden kann.

12 Das Ausstellungsrecht wird durch den Künstler bzw. Berechtigten selbst wahrgenommen; die für den Kunstbereich maßgebliche Verwertungsgesellschaft VG Bild-Kunst übernimmt diesen Bereich nicht.

III. Prozessuales

13 Zur **Darlegungs- und Beweislast**, ob das Werk noch unveröffentlicht oder nicht rechtmäßig veröffentlicht ist, gelten die Ausführungen zum Veröffentlichungsrecht nach § 12 entsprechend, vgl. § 12 Rn. 22.

14 Im Fall der Verletzung des Ausstellungsrechts stehen dem Berechtigten alle Ansprüche nach §§ 97 ff. zur Verfügung. Für die Bezifferung etwaiger **Schadensersatzansprüche** im Wege der Lizenzanalogie (vgl. § 97 Rn. 86 ff.) kann die Vergütungspraxis für die Ausstellung veröffentlichter Werke (Leihgebühren) nur teilweise Anhaltspunkte bieten. Die Summe ist mindestens um das Doppelte zu erhöhen, weil nur auf diese Weise der – faktisch irreparablen – Veröffentlichung des Werkes Rechnung getragen werden kann.

IV. Verhältnis zu anderen Vorschriften

Das Ausstellungsrecht kann zusätzlich neben dem Veröffentlichungsrecht nach **15** § 12 geltend gemacht werden (vgl. § 12 Rn. 24). Das Ausstellungsrecht wird durch § 44 Abs. 2 weiter beschränkt (vgl. Rn. 2; weiterhin vgl. § 44 Rn. 9 ff.). Wird von der rechtswidrigen Ausstellung ein weiteres Exemplar hergestellt, ist nicht das Ausstellungsrecht, sondern das Vervielfältigungsrecht (§ 16) betroffen (OLG Düsseldorf *Schulze* OLGZ 246 – *Wanderausstellung über Ostdeutschland*).

§ 19 Vortrags-, Aufführungs- und Vorführungsrecht

(1) Das Vortragsrecht ist das Recht, ein Sprachwerk durch persönliche Darbietung öffentlich zu Gehör zu bringen.

(2) Das Aufführungsrecht ist das Recht, ein Werk der Musik durch persönliche Darbietung zu Gehör zu bringen oder ein Werk öffentlich bühnenmäßig darzustellen.

(3) Das Vortrags- und das Aufführungsrecht umfassen das Recht, Vorträge und Aufführungen außerhalb des Raumes, in dem die persönliche Darbietung stattfindet, durch Bildschirm, Lautsprecher oder ähnliche technische Einrichtungen öffentlich wahrnehmbar zu machen.

(4) [1]Das Vorführungsrecht ist das Recht, ein Werk der bildenden Künste, ein Lichtbildwerk, ein Filmwerk oder Darstellungen wissenschaftlicher oder technischer Art durch technische Einrichtungen öffentlich wahrnehmbar zu machen. [2]Das Vorführungsrecht umfasst nicht das Recht, die Funksendung oder öffentliche Zugänglichmachung solcher Werke öffentlich wahrnehmbar zu machen (§ 22).

Übersicht

I. Allgemeines

1 Die in § 19 geregelten Rechte (Vortrags-, Aufführungs- und Vorführungsrecht)
sind trotz ihrer Zusammenfassung in eine Bestimmung **selbständige Verwertungsrechte.** Ihnen ist jeweils gemein, dass das Werk – anders als im Fall der
Sendung (§ 20) oder öffentlichen Zugänglichmachung (§ 19a) – einem **unmittelbar anwesenden Publikum** in unkörperlicher Form dargeboten wird: Das
Vortragsrecht (Abs. 1) betrifft die persönliche (Live-)Darbietung eines Sprachwerkes; das **Aufführungsrecht** (Abs. 2) **regelt** die (Live-)Darbietung von Musikwerken sowie Bühnenaufführungen. Bei der **Vorführung** (Abs. 4) ist das
Publikum zwar ebenfalls unmittelbar vor Ort, jedoch erfolgt die Werkwiedergabe nicht durch persönliche Darbietung, sondern durch technische Einrichtungen, z.B. die Wiedergabe eines (Film-)datenträgers. Schließlich bleibt dem
Urheber nach Abs. 3 vorbehalten, Vorträge (Abs. 1) oder Aufführungen
(Abs. 2) durch technische Mittel auch außerhalb des Raumes zu übertragen
und wahrnehmbar zu machen.

2 Das Vortrags-, Aufführungs- und Vorführungsrecht waren vor dem Inkrafttreten des UrhG in § 11 LUG und § 15 KUG geregelt, erfassten dabei aber auch
die – heute in § 21 und § 22 geregelte – öffentliche Wiedergabe des Werkes
durch Tonträger sowie von Funksendungen (weitere Einzelheiten zur Rechtsgeschichte und URG- DDR bei Schricker/*v. Ungern-Sternberg*[3] Rn. 19). In der
RBÜ wird das Vortragsrecht durch Art. 11ter Abs. 1 RBÜ, das Aufführungsrecht durch Art. 11bis Abs. 1 RBÜ gewährleistet. Die Vorführung eines Filmwerks wird durch Art. 14bis S. 2 iVm Art. 11ter Abs. 1 RBÜ geschützt.

II. Vortragsrecht (Abs. 1)

3 Das Vortragsrecht ist das Recht, ein Sprachwerk durch persönliche Darbietung
öffentlich zu Gehör zu bringen.

1. Sprachwerk

4 Das Vortragsrecht besteht für alle Sprachwerke iSd § 2 Abs. 1 Nr. 1 (zu
Einzelheiten vgl. § 2 Rn. 54 ff.). Dazu gehören nicht nur literarische und
wissenschaftliche Werke, sondern auch – Urheberrechtsschutz jeweils vorausgesetzt – Briefe, Reden, Tagebücher oder gar Werbetexte und Gebrauchsanweisungen. Erschöpft sich der Vortrag nicht nur in der bloßen Lesung des
Sprachwerks, sondern wird durch **szenische Elemente** untermalt (z.B. Bewe-
gungsarrangements, Spielelemente), unterfällt die Wiedergabe des Textes nicht
dem Vortragsrecht, sondern dem Aufführungsrecht nach Abs. 2 2. Alt. (zur
Abgrenzung vgl. Rn. 17 ff. sowie Wandtke/Bullinger/*Erhardt*[2] Rn. 10). Die
Unterscheidung ist insoweit von praktischer Bedeutung, weil das Vortragsrecht
von der – dem Kontrahierungszwang unterliegenden – VG Wort wahrgenommen wird, während das Recht zur bühnenmäßigen Darstellung des Sprachwerks beim Urheber bzw. Bühnenverleger verbleibt. Sprachwerk ist schließlich
auch der **Liedtext** eines Musiksongs. In der nicht-bühnenmäßigen Darbietung
von **vertonten Sprachwerken** (z.B. Oratorien, Liedern und Schlagern) sind
damit zwei Nutzungsarten enthalten (Schricker/*v. Ungern-Sternberg*[3] Rn. 4;

Dreier/Schulze/*Dreier*[2] Rn. 5; a.A. Möhring/Nicolini/*Kroitzsch*[2] Rn. 3): Die Darbietung des Textes ist Vortrag (Abs. 1), die der Musik ist Aufführung (Abs. 2 1. Alt.). Zur Rechtewahrnehmung in diesem Fall durch die GEMA vgl. Rn. 15 a.E.

2. Persönliche Darbietung

Vortrag i.S.d. UrhG ist nur die persönliche Darbietung eines Sprachwerkes. **5** Dies bedeutet nicht, dass der Urheber bzw. Berechtigte das Werk persönlich (selbst) vorzutragen hat. Mit der Angabe „persönlich" wollte der Gesetzgeber nur zum Ausdruck bringen, dass die Wiedergabe eines Sprachwerks mittels Bild- oder Tonträger oder in einer Rundfunksendung kein Vortrag im Rechtssinne ist. Vielmehr muss der Darbietende das Sprachwerk dem anwesenden Publikum **unmittelbar** (live) **zu Gehör bringen**. Unbeachtlich ist nach allg.M., wenn er sich dabei technischer Hilfsmittel (Mikrofon, Lautsprecher, usw.) zur Klangverstärkung bedient (Dreier/Schulze/*Dreier*[2] Rn. 6; Schricker/*v. Ungern-Sternberg*[3] Rn. 19). Eine persönliche Darbietung liegt nach Abs. 3 auch dann noch vor, wenn die Live-Darbietung durch technische Hilfsmittel (Kabel, Funk, etc.) zeitgleich in andere Räume übertragen wird (z.B. Übertragung einer Uni-Vorlesung in einen anderen Hörsaal; zur Abgrenzung zur Sendung vgl. Rn. 26). **Keine persönliche Darbietung** liegt dagegen vor, wenn der Vortrag zunächst nur im Studio auf Bild- oder Tonträger aufgezeichnet wird und später ohne Anwesenheit des Sprechers dem Publikum vorgeführt wird (a.A. Schricker/*v. Ungern-Sternberg*[3] Rn. 5; *Gentz* GRUR 1974, 328, 330). Hier ist § 21 einschlägig. Keine Darbietung liegt ferner bei bloßen **Proben** vor, weil es an Zuhörern fehlt, an die das Werk gerichtet ist.

3. Öffentlichkeit

Dem Urheber bleibt nur die **öffentliche,** persönliche Darbietung seines Vor- **6** trages vorbehalten. Zum Öffentlichkeitsbegriff vgl. § 15 Rn. 27ff. Eine nur sukzessive Öffentlichkeit iSv § 15 Abs. 3 S. 2 ist für § 19 Abs. 1 nicht ausreichend. Keine Öffentlichkeit liegt regelmäßig vor bei internen Veranstaltungen von Bildungs- und Sozialeinrichtungen, Behörden sowie Unternehmen, da hier die Zuhörer miteinander verbunden sind (vgl. § 15 Rn. 32ff.).

4. Kollektive Rechtewahrnehmung

Das Vortragsrecht an erschienenen Werken wird in Deutschland durch die **7** **Verwertungsgesellschaft Wort** wahrgenommen, siehe § 1 Nr. 9 WahrnV VG Wort. Gehört der Urheber der VG Wort an, können Verwerter also dort die etwa für eine Buchlesung erforderlichen Rechte einholen (Meldeformulare verfügbar über www.vgwort.de). Die Tarife sind nach dem Fassungsvermögen des Veranstaltungsraums und der Höhe des Eintrittsgeldes gestaffelt. Die Wahrnehmung des Vortragsrechts durch die VG Wort ist gem. § 1 Nr. 9 WahrnV **nicht-exklusiv:** Der Berechtigte behält das Recht, den Vortrag entweder selber zu halten oder Dritten das Recht dazu einzuräumen. Schriftstellern bleibt damit unbenommen, ihre eigenen Werke öffentlich zu lesen, ohne eine Vergütung an die VG Wort zu entrichten (Zur Passivlegitimation bei Rechtsverletzungen vgl. Rn. 34).

Durch den WahrnV VG Wort stimmt der Urheber der **Vorausabtretung** seiner **8** Rechte auch an künftigen Sprachwerke zu (siehe § 2 S. 1 WahrnV). Eine spätere Einräumung des exklusiven Nutzungsrechts aus § 19 Abs. 1 an den Verleger ist dadurch wirkungslos.

5. Gesetzliche Schranken

9 Einschlägige Schrankenregelungen sind § 48 Abs. 1 Nr. 2, § 51 und vor allem § 52 Abs. 1: Dient der Werkvortrag keinem Erwerbszweck und müssen die Zuhörer kein Entgelt zahlen, kann der Berechtigte den Vortrag nicht untersagen. Der Veranstalter bleibt jedoch zur Zahlung einer Vergütung verpflichtet (§ 52 Abs. 1 S. 2). Die Vergütung ist an die VG WORT zu entrichten, ungeachtet, ob der jeweilige Autor ihr angehört oder nicht. Die Vergütungssätze entsprechen in ihrer Struktur den Tarifen für kommerzielle Werkvorträge (vgl. Rn. 7), sind jedoch um bis zu 25 % ermäßigt. In den Fällen des § 52 Abs. 1 S. 3 entfällt die Vergütungspflicht vollständig (bei Werkvorträgen in Schulen und Bildungseinrichtungen wird es häufig bereits an der Öffentlichkeit der Werkwiedergabe fehlen, vgl. Rn. 6). Wer nur auszugsweise das Werk eines anderen vorträgt, um sich damit inhaltlich auseinanderzusetzen, mag sich ggf. auf das Zitatrecht nach § 51 Nr. 2 berufen können.

6. Abgrenzung zu anderen Verwertungsrechten

10 Zur Abgrenzung mit dem Aufführungsrecht an vertonten Sprachwerken und bühnenmäßigen Aufführung vgl. Rn. 4. § 19 schützt nur den Vorgang der persönlichen Darbietung (Erstverwertung). Die **Aufnahme, Vervielfältigung** oder **Verbreitung** eines Vortrages (Zweitverwertung) verletzen nicht das Vortragsrecht, sondern ggf. die Rechte aus § 16 (zur **Erstfixierung** des Vortrages vgl. § 16 Rn. 10) und § 17. Die öffentliche Wiedergabe des aufgezeichneten Vortrags durch Bild- oder Tonträger unterfällt § 21.

III. Aufführungsrecht (Abs. 2)

11 § 19 Abs. 2 enthält **zwei selbständige Verwertungsrechte**: Das Recht, ein Werk der Musik durch persönliche Darbietung (jedoch nicht-bühnenmäßig) aufzuführen (Abs. 2 1. Alt.) sowie das Recht, Werke aller Art öffentlich bühnenmäßig darzustellen. Die Unterscheidung ist im Hinblick auf die Lizenzierung von Musik- und Theaterveranstaltungen von zentraler Bedeutung: Während das als **kleines Recht** bezeichnete Recht der öffentlichen Musikdarbietung unproblematisch bei der – dem Kontrahierungszwang unterliegenden (§ 11 Abs. 1 UrhWahrnG) – GEMA eingeholt werden kann, wird das **große Recht** der bühnenmäßigen Darstellung eines (Musik-)Werkes individuell durch den Urheber bzw. seinem Bühnenverleger wahrgenommen. Die Abgrenzung zwischen beiden Rechten bereitet in der Praxis regelmäßig Probleme (zu Einzelheiten vgl. Rn. 17 ff.; ausführlich und zur Vergütungspraxis im Bühnenbereich Wandtke/Bullinger/*Erhardt*[2] Rn. 14 ff).

1. Öffentliche Musikdarbietung

12 a) **Sachliche Kongruenz zum Vortragsrecht**: Das Recht, Musikwerke (zum Begriff vgl. § 2 Rn. 122 ff.) durch persönliche Darbietung öffentlich zu Gehör zu bringen (Abs. 2 1. Alt), unterscheidet sich gegenüber dem Vortragsrecht nach Abs. 1 nur insoweit, als kein Sprachwerk dargeboten wird (vgl. Rn. 4 ff.). Im Übrigen sind die Rechte **sachlich deckungsleich**.

b) **Abgrenzung:** Eine persönliche Darbietung des Musikwerks liegt nur vor, **13** wenn die Musiker das Werk **unmittelbar** (live) ihrem Publikum öffentlich vortragen (vgl. Rn. 5). Erfolgt die Aufführung im Studio zum Zwecke der Herstellung von Tonträgern oder späteren öffentlichen Wiedergabe, gelten allein §§ 16, 17 bzw. §§ 20 ff. Keine persönliche Darbietung und damit zustimmungsfrei ist das **gemeinsame Musizieren und Singen**. Vielzitiertes Schulbeispiel ist das Singen von Wandergruppen (Schricker/*v. Ungern-Sternberg*[3] Rn. 15; *Rehbinder*[13] Rn. 215). Ebenfalls keine persönliche Darbietung, sondern vergütungsfreie Kulthandlung ist das Singen der Gemeinde beim **Gottesdienst**, einschließlich der musikalischen Begleitung (RegE UrhG ÄndG 1983 – BT-Drucks. 10/837, S. 15 f.; Schricker/*v. Ungern-Sternberg*[3] Rn. 15 m.w.N.; nicht berücksichtigt durch GEMA-Tarif WR-K1 für die Nutzung von Musik in Gottesdiensten). Dagegen unterfällt beim **Karaoke-Singen** das Abspielen der Musik über einen Tonträger § 21, das Singen des Liedtextes ist Vortrag § 19 Abs. 1 (a.A. *Matsukawa*, UFITA 132 (1996) 5: bloßer gemeinsamer Werkgenuss). Erfolgt die Wiedergabe des Musikwerks **bühnenmäßig** (zum Begriff vgl. Rn. 17 ff.), gilt allein § 19 Abs. 2 2. Alt.

c) **Rechtewahrnehmung durch die GEMA:** Das Recht der öffentlichen, kon- **14** zertanten (jedoch nicht bühnenmäßigen) Musikdarbietung wird in aller Regel nicht von den Urhebern bzw. Musikverlagen selbst, sondern von der GEMA nach Maßgabe ihres mit den Berechtigten abgeschlossenen **Berechtigungsvertrages** (abrufbar unter www.gema.de) wahrgenommen. Aufgrund ihres lückenlosen Systems von Gegenseitigkeitsverträgen mit ausländischen Verwertungsgesellschaften wird zugunsten der GEMA vermutet, dass sie zumindest im Bereich der Tanz- und Unterhaltungsmusik die **Aufführungsrechte für sämtliche Werke** besitzt (sog. **GEMA-Vermutung**; BGH GRUR 1986, 62, 63 – *GEMA-Vermutung I*; BGH GRUR 1986, 66, 69 – *GEMA-Vermutung II*; zu Einzelheiten vgl. § 13c UrhWahrnG Rn. 1 ff.). In der Praxis darf sich der Konzertveranstalter deshalb darauf verlassen, durch Meldung der Veranstaltung bei der GEMA und deren – pauschalen, nicht auf einzelne Titel bezogene – Rechtevergabe die erforderlichen Rechte für alle Titel eingeholt zu haben (§ 13a Abs. 1 UrhWahrnG). Der GEMA wäre jedenfalls der Streit zu verkünden, sollte sich nachträglich herausstellen, dass sie doch nicht die Aufführungsrechte für einen Titel wahrnimmt. Analog § 13b Abs. 2 2. Alt UrhWahrnG hat die GEMA dann den Werknutzer von jeglichen Ansprüchen freizustellen.

Die GEMA hat für den Bereich der konzertanten Musikdarbietung eine Reihe **15** von **Tarifen** aufgestellt, um den unterschiedlichen Gegebenheiten auf Seiten der Konzertveranstalter Rechnung zu tragen (z.B. Einmal- oder Vielfachnutzer). Die Vergütungshöhe berechnet sich erster Linie nach **Art der aufgeführten Werke** (z.B. E- oder U-Musik), der **Dauer und Art der Veranstaltung** (z.B. Vereinsfest oder Platzkonzert), der **Größe des Veranstaltungsorts** sowie die **Höhe des Eintrittsgelds**. Erst *nach* der Veranstaltung muss der Veranstalter gemäß § 13a Abs. 2 UrhWahrnG der GEMA eine Aufstellung über die bei der Veranstaltung benutzten Werke übersenden. Die Aufstellung dient vordergründig der Verteilung des Vergütungsaufkommens an die Berechtigten, wie auch der Überprüfung, ob die aufgeführten Werke tatsächlich durch die GEMA wahrgenommen werden. Bei **vertonten Sprachwerken** (vgl. Rn. 4) zieht die GEMA im Auftrag der VG Wort die Vergütung für den Vortrag (Abs. 1) des Liedtextes ein.

d) **Schranken:** Das Aufführungsrecht findet insb. seine Schranke an § 52 **16** Abs. 1. Wenn und soweit der Werknutzer danach weiterhin zur Zahlung einer

Vergütung verpflichtet bleibt (zu Einzelheiten vgl. § 52 Rn. 16 ff.), ermäßigen sich die GEMA-Tarife deutlich. Die GEMA verlangt auch dann eine Meldung der Veranstaltung, wenn die Veranstaltung in den Bereich des § 52 Abs. 1 S. 3 fällt und eine Vergütung nicht zu zahlen ist.

2. Bühnenmäßige Aufführung

17 a) **Begriff:** Eine **bühnenmäßige Aufführung** liegt vor, wenn ein Werk durch ein für das Auge oder für Auge und Ohr bestimmtes **bewegtes Spiel im Raum** dargeboten wird (BGH GRUR 2000, 228, 230 – *Musical-Gala* unter Bezugnahme auf BGH GRUR 1960, 606, 608 – *Eisrevue II* zu § 11 Abs. 2 LUG; *Ulmer*[3] S. 248). Der Zuschauer erlebt die Handlung und kann den Gedankeninhalt nachvollziehen. Kostümierung, Bühnenbilder und Requisiten sind nicht erforderlich. Unerheblich ist auch, ob die handelnden Personen selbst auftreten oder mit Werkzeugen arbeiten (Marionetten- und Puppentheater). Ebenso wenig ist von Bedeutung, ob es sich um ein *Bühnenwerk* handelt (so noch § 11 Abs. 2 LUG); auch ein Versepos (Goethes *Hermann und Dorothea*), ein Briefwechsel (Shaws Korrespondenz mit der Schauspielerin Campbell als *Geliebter Lügner*) oder ein epischer Dialog (*Rameaus Neffe* von Diderot) werden i.S.d. Abs. 2 aufgeführt, wenn sie als bewegtes Spiel dargeboten werden (dazu OLG Hamburg ZUM-RD 1998, 11, 13 – *Andrew-Lloyd-Webber Musical-Gala*). Eine bühnenmäßige Aufführung liegt schließlich *auch* vor, wenn Schlagerlieder zwar selbst nur konzertant aufgeführt werden, jedoch so in die Handlung eines Musicals integriert werden, dass man sie nicht als selbständige Einlagen, sondern nur als unselbständige Teile des Gesamtbühnenwerkes verstehen kann. (OLG Hamburg OLGR 2004, 13, 15 – *Mamma Mia*; ferner BGH GRUR 2000, 228, 230 – *Musical-Gala*; BGH GRUR 1960, 604, 605 – *Eisrevue I*; BGH GRUR 1960, 606, 607 f. – *Eisrevue II*; BGH GRUR 1962, 256 – *Im weißen Rößl*).

18 **Keine bühnenmäßige Aufführung** ist die bloße Lesung eines Bühnenstückes, selbst wenn sie in vollendeter Form durch Schauspieler mit verteilten Rollen geschieht. Sie bleibt Vortrag im Sinne des Abs. 1 (OLG Dresden UFITA 1 [1928], 686 ff.; Wandtke/Bullinger/*Erhardt*[2] Rn. 10 m.w.N.). Nur konzertante Darbietung liegt vor, wenn aus Musical, Operetten, Opern stammende Werke in einem „Bunten Operettenabend" ohne bewegtes Spiel aufgeführt werden (OLG Braunschweig ZUM 1989, 134). Bloße **rhythmische Bewegungen** zur Musik, einschließlich von Tanzeinlagen, machen einen Konzertauftritt noch zu keiner Bühnenaufführung. Dem Publikum muss ermöglicht werden, die Darstellung einer Begebenheit zu verfolgen.

19 b) **Erfasste Verwertungshandlungen und Abgrenzung:** Das Recht der bühnenmäßigen Aufführung eines Werkes umfasst im Prinzip **alle Werkarten** i.S.d. § 2 Nr. 2, nicht nur Sprach- und Musikwerke. Faktisch ist eine bühnenmäßige Darstellung aber im Übrigen nur noch für pantominische Werke denkbar (Schricker/*v. Ungern-Sternberg*[3] Rn. 16). § 19 Abs. 2 2. Alt. erfasst wie das Vortrags- und (konzertante) Aufführungsrechts nur **persönliche Live-Darbietungen**. Die – auch erstmalige – Aufzeichnung der Bühnenaufführung kann der Berechtigte nach § 16, die Verbreitung der Aufzeichnung nach § 17 und deren öffentliche Wiedergabe nach § 21 verbieten. Das Festhalten von Teilen der Aufführung auf Bild- und Tonträger und deren filmische Einblendung in bühnenmäßige Aufführungen des Werkes fällt unter das Vorführungsrecht des Abs. 3. Es wird durch den Abschluss eines branchenüblichen Bühnenaufführungsvertrages auch nicht gedeckt (BGH GRUR 1971, 35, 40 – *Maske in*

Blau). Die bühnenmäßige Darstellung muss jedoch Werkqualität i.S.v. § 2 Abs. 2 aufweisen. Werden in einer Bühnenaufführungen nur einzelne Szenen aus einem anderen Werk entlehnt, muss der gezeigte **Werkteil**, für den die Recht beansprucht werden, schutzfähig sein (vgl. § 2 Rn. 51). In diesen Fällen kann auch § 51 einschlägig sein (vgl. § 51 Rn. 31 und beispielhaft BVerfG GRUR 2001, 149 für die weitgehende Übernahme eines Brecht-Werkes). Wie bei allen Wiedergaberechten auch, muss die bühnenmäßige Aufführung schließlich **öffentlich** sein. Es gelten die Ausführungen zu § 15 Abs. 3 (vgl. § 15 Rn. 27).

c) **Praxis der Rechtswahrnehmung:** Die Lizenzierungspraxis bereitet mitunter **20** erhebliche Probleme und führt immer wieder zu Streit zwischen Werknutzern, Bühnen- und Musikverlegern und der GEMA. Ausgangspunkt und unbestritten ist, dass das Recht der bühnenmäßigen Aufführung von (wortdramatischen) Sprachwerken, dramatisch-musikalischen Werken sowie Tanzwerken durch die Urheber selbst, d.h. in aller Regel durch ihre Bühnenverleger (*Schack*[4] Rn. 1068) ausgeübt wird. Die GEMA klammert gemäß § 1a) Abs. 1 BerV die *„bühnenmäßige Aufführung dramatisch-musikalischer Werke, sei es vollständig, als Querschnitt oder in größeren Teilen"* ausdrücklich von ihrer Wahrnehmung aus. Wer also ein Theaterstück, eine Oper oder ein Musical aufführen möchte, muss sich ausschließlich an den Berechtigten, nicht an die GEMA oder VG WORT, wenden. Für die in öffentlich-rechtlicher Trägerschaft stehenden Theater richtet sich der Geschäftsverkehr mit den Bühnenverlegern im Wesentlichen nach der **Regelsammlung Bühne** (abgedruckt bei RdPubl Nr. 795; ausführlich dazu Wandtke/Bullinger/*Erhardt*[2] Rn. 22, 26). Die Aufführungsrechte sind nach BGH GRUR 2000, 228, 229 f – *Musical Gala* aber auch dann bei den Musikverlegern einzuholen, wenn ein Musiktitel, der gar nicht als dramatisch-musikalisches Musikwerk geschaffen wurde, nunmehr bühnenmäßig aufgeführt wird (z.B. Verwendung eines Schlagers im Musical). Die GEMA hat hier nach § 1a) BerV keine Rechte an der bühnenmäßigen Aufführung erworben. Darüber hinaus kann die Vertanzung eines konzertanten Musikwerks auch **persönlichkeitsrechtliche Belange** des Komponisten berühren und dessen Zustimmung erfordern (*Staats*, Aufführungsrecht und kollektive Wahrnehmung bei Werken der Musik, 2004, S. 122).

Dagegen lizenziert die GEMA gemäß § 1a) Abs. 2, 1. Alt. BerV die Aufführung **21** von **Bühnenmusiken,** sofern diese **nicht integrierender Bestandteil** des Bühnenwerks und auch nicht Bestandteil eines dramatisch-musikalischen Werkes sind. Typisches Beispiel sind nicht bühnenmäßig aufgeführte Musikeinlagen oder Untermalungen im Sprechtheater (GEMA **Vergütungssätze BM** für die Nutzung von Musikeinlagen in Bühnenwerken und Bühnenmusik). Ebenfalls dem Wahrnehmungsbereich der GEMA nach § 1a) Abs. 2 1. Alt. BerV unterfallen nicht integrierende Musikeinlagen in Revuen, Operetten, Possen und Lustspielen. Dies sind das Bühnengeschehen unterbrechende Musikstücke, welche mit dem Bühnengeschehen in keinem unmittelbaren Zusammenhang stehen (Gegenbeispiel dazu OLG Hamburg OLGR 2004, 13, 1– *Mamma Mia*). Die von der GEMA aufgestellten **„Vergütungssätze U-Bühne"** für die Nutzung von Rechten an Bühnenaufführungen aus vorbestehenden Werken des Kleinen Rechts im Zusammenhang mit Shows, Compilation Shows, Revuen etc." erfassen dagegen Werknutzungen auf der Grenze zwischem großem und kleinen Recht. Erfasst werden Fällen, in denen – nicht als dramatisch-musikalische Werke geschaffene – Musiktitel so in die Bühnenaufführung integriert sind, dass sie als auch selbst als bühnenmäßig aufgeführt anzusehen sind. Zur

Abgrenzung von großen und kleinen Rechten in den USA Court of Appeal GRUR Int. 1973, 118 – *Jesus Christ Superstar.*

IV. Bildschirm- und Lautsprecherübertragung (Abs. 3)

1. Bedeutung und systematische Einordnung

22 Nach Abs. 3 steht dem Urheber auch das Recht zu, über eine etwaige **Bildschirm- und Lautsprecherübertragung** des Vortrags oder der Aufführung seines Werkes **außerhalb des Ortes der Darbietung** zu entscheiden (ein entsprechendes Recht steht auch den mitwirkenden ausübenden Künstlern zu, § 74). Entgegen dem Wortlaut ist dieses Recht nicht in der Einräumung des Vortrags- oder Aufführungsrechts enthalten, wie § 37 Abs. 3 und die Gesetzesbegründung (RegE UrhG – BT-Drucks. IV/270, S. 49) klarstellen. Die Übertragung eines Konzerts auf die Großleinwand an einen andern Ort bedarf vielmehr der gesonderten Erlaubnis des Rechtsinhabers. § 19 Abs. 3 begründet damit ein **eigenes**, wenngleich nur als **Annex** zum Aufführungs- oder Vortragsrecht bestehendes („ohne Aufführung auch keine Übertragung") Verwertungsrecht (allg.M.: Dreier/Schulze/*Dreier*[2] Rn. 14; Möhring/Nicolini/*Kroitzsch*[2] Rn. 31; Schricker/*v. Ungern-Sternberg*[3] Rn. 34). Abs. 3 gilt nicht nur für die Übertragung von Vorträgen und konzertanten Musikdarbietungen, sondern auch für bühnenmäßige Aufführungen (Abs. 2 2. Alt.). Unterschiede ergeben sich indes für die Rechtewahrnehmung (vgl. Rn. 25).

2. Erfasste Verwertungshandlungen

23 Der Begriff **Raum** ist untechnisch zu verstehen, wie schon die Entstehungsgeschichte der Vorschrift ergibt (Einzelheiten bei Schricker/*v. Ungern-Sternberg*[3] Rn. 32); er erfasst alle Orte, die mit dem Ort der persönlichen Darbietung (Abs. 1 und 2) nicht in Verbindung stehen; auch Platzkonzerte oder andere **Open-air-Veranstaltungen** dürfen deshalb nicht ohne Zustimmung des Berechtigten anderswohin übertragen werden. Ihre Verstärkung durch Mikrofon und Lautsprecher oder ihre Projektion auf Großleinwände **innerhalb des Veranstaltungsortes** wird aber bereits durch die Rechte nach Abs. 1 und 2 erfasst (allg.M.: Schricker/*v. Ungern-Sternberg*[3] Rdnr. 31; entsprechend auch die Lizenzierungspraxis der GEMA). Gegenstand der (Bildschirm-)Übertragung können die Werkdarbietung als Ganzes, aber auch bloße Nah- und Einzelaufnahmen der Künstler sein. Die Verwendung einer **Übertitelungsanlage** zur unterstützenden Wiedergabe des Textes eines Musicals (ggf. als Übersetzung) fällt dagegen nicht unter Abs. 3, sondern ist eine gesondert zu lizenzierende Vervielfältigung nach § 16 (Wandtke/Bullinger/*Erhardt*[2] Rn. 44; a.A. *Bolwin* ZUM 2003, 1008 f.).

24 § 19 Abs. 3 erlaubt nur den Einsatz von **technischen Einrichtungen,** wie Lautsprecher, Kabel, Bildwände, Monitore, etc., die die persönliche Darbietung **zeitgleich an einen anderen Ort** übertragen und wahrnehmbar machen. Erfolgt die Übertragung zeitversetzt durch Abspielen einer Aufzeichnung (z.B. bei der After-Show-Party) ist § 21 einschlägig. Ebenso wenig bietet § 19 Abs. 3 eine Grundlage dafür, Darbietungen live über Funk, Fernsehen oder Internet zu übertragen, um sie praktisch einem unbegrenzten Zuhörerkreis zugänglich zu machen. Das Recht bleibt auf Übertragungen beschränkt, die die Darbietung ohne zwischengeschaltete Aufzeichnungen an einen anderen, räumlich umrissenen Veranstaltungsort – ungeachtet dessen Größe (auch Stadien) – übertragen (weiter einschränkend Wandtke/Bullinger/*Erhardt*[2] Rn. 45).

3.   Praxis der Rechtewahrnehmung

Werden **bühnenmäßige Aufführungen** im Sinne von Abs. 2 2. Alt (Musicals, **25** Theater, etc.) zeitgleich an andere Orte übertragen, sind die Rechte dafür bei den Urhebern bzw. den Bühnen- und Musikverlagen einzuholen (zur diesbezüglichen Vertragspraxis nach der **Regelsammlung Bühne** Wandtke/Bullinger/ *Erhardt*[2] Rn. 46). Für **konzertante Musikdarbietungen** werden die Rechte nach § 19 Abs. 3 dagegen durch die GEMA wahrgenommen (§ 1c) BerV). Die GEMA hat insoweit keinen eigenen Tarif aufgestellt, sondern erhöht die für die Einholung des Aufführungsrechts jeweils zu zahlende Vergütung (siehe etwa die Tarife VK(G) und U-T). Die VG WORT nimmt ausweislich ihres Wahrnehmungsvertrages (Stand: Juli 2004) die Rechte aus § 19 Abs. 3 für Sprachwerke nicht wahr.

4.   Abgrenzung zu anderen Verwertungsrechten

Die öffentliche Wiedergabe von Aufzeichnungen der persönlichen Darbietung **26** durch Bild- oder Tonträger unterfällt § 21, ihre (Live-) Einspeisung in Fernseh- oder Funknetze § 20 (vgl. Rn. 24). Werden Live-Darbietungen auf Bildschirme in den VIP-Suiten eines Stadions weitergeleitet, ist Abs. 3 anwendbar; handelt es sich dagegen um eine Aufzeichnung des Konzerts, liegt Sendung vor (BGH GRUR 1994, 45, 46 – *Verteileranlagen).* Das Gleiche gilt für das Live-Streaming eines Konzerts oder Bühnenstücks über das Internet (vgl. § 20 Rn. 13). Von § 22 ist Abs. 3 wie folgt abzugrenzen: § 22 setzt die Existenz eines Sendevorgangs i.S.d. §§ 20, 20a voraus, der durch einem Empfänger öffentlich wiedergegeben wird (Musterbeispiel: Fernsehgeräte in Gaststätten). § 19 Abs. 3 regelt dagegen die bloße zeitgleiche Übertragung einer (Live-) Darbietung an einen anderen Ort ohne Mithilfe einer öffentlichen Sendung. Überträgt der Veranstalter eines im Fernsehen ausgestrahlten Live-Konzerts dieses auf Großleinwände an einem anderen Ort (Bsp: der auf der Hamburger Reeperbahn auf Großleinwänden jährlich übertragene Eurovision-Song Contest) und verwendet er zu diesem Zweck das Fernsehsendesignal, ist § 22 und nicht § 19 Abs. 3 einschlägig.

V.   Vorführungsrecht (Abs. 4)

1.   Gegenstand und Abgrenzung

Das **Vorführungsrecht** nach Abs. 4 ist das Recht, Werke der bildenden Künste **27** (§ 2 Abs. 1 Nr. 4), Lichtbildwerke (§ 2 Abs. 1 Nr. 5), Filmwerke (§ 2 Abs. 1 Nr. 6) sowie Darstellungen wissenschaftlicher oder technischer Art (§ 2 Abs. 1 Nr. 7) durch technische Einrichtungen wahrnehmbar zu machen. Beispiele sind die Filmvorführung im Kino, der Dia-Vortrag aber auch die öffentliche Powerpoint-Präsentation wissenschaftlicher Darstellungen. Von der Sendung (§ 20) und der öffentlichen Zugänglichmachung (§ 19a) eines Werkes unterscheidet sich die Vorführung dadurch, dass bei ihr – wie auch den anderen in § 19 genannten Rechten – die Zuschauer an einem **gemeinsamen Ort versammelt** sind und das vorgeführte Werk **zur gleichen Zeit wahrnehmen** (dazu BGH GRUR 1994, 45, 46 – *Verteileranlagen).* Keine Vorführung liegt nach Abs. 4 S. 2 ferner vor, wenn nur Funksendungen oder unter § 19a fallende Angebote öffentlich wiedergegeben werden (z.B. Fernsehempfang in der Gaststätte). § 19a erfasst jedoch auch die Fälle, in denen im Fernsehen ausgestrahlte Filme aufgezeichnet und später wiedergegeben werden (anders die h.M., die dann § 22 anwenden möchte; dazu vgl. § 22 Rn. 6)

28 Das Vorführungsrecht gilt nur für die in Abs. 4 genannten Werkarten (§ 2 Abs. 1 Nr. 4–7). Die öffentliche Wahrnehmbarmachung von **Sprach-, Musik- und choreographischen Werken** (§ 2 Abs. 1 Nr. 1–3) durch technische Einrichtungen ist anderweitig geregelt, nämlich durch Abs. 3 sowie § 21 (zu Einzelheiten vgl. § 21 Rn. 6). Diese Trennung hat zur Konsequenz, dass insbesondere bei der **Vorführung eines Spielfilms unterschiedliche Verwertungsrechte eingeholt** werden müssen: Die öffentliche Wiedergabe von Drehbuch und Filmmusik unterfällt § 21, die des Filmwerks dagegen § 19 Abs. 4 (vgl. Schricker/*v. Ungern-Sternberg*[3] Rn. 38; Wandtke/Bullinger/*Erhardt*[2] Rn. 48; v. Hartlieb/Schwarz/*Reber*[4] Kap. 45 Rn. 1; offengelassen durch LG München I ZUM 1993, 289, 292). Die Gegenauffassung, wonach die Wiedergabe der Filmmusik und des Texts ebenfalls dem Vorführungsrecht unterfalle (HK-UrhR/*Dreyer* Rn. 41; *Ulmer*[3] § 52 I; *Rehbinder*[13] Rn. 177), berücksichtigt nicht, dass die Filmmusik nach § 89 Abs. 3 nur zu den benutzten Werken gehört und niemals Teil des Filmwerks wird (*Schack*[4] Rn. 280). Wer das **Filmvorführungsrecht** erwerben möchte, muss deshalb unterschiedliche Rechte bei verschiedenen Vertragspartnern einholen (zu Einzelheiten vgl. Rn. 32).

2.   Erfasste Verwertungshandlungen

29 **Vorführung** ist jede öffentliche Wahrnehmbarmachung der in Abs. 4 aufgeführten Werke durch **technische Einrichtungen.** Darunter fallen Abspielgeräte und Projektoren jeglicher Art, die Bilder oder Bildfolgen für den Betrachter wahrnehmbar machen können (z.B. DVD-Player, Dia-Projektor, PC, Beamer, Informationsdisplays, Mikrofilmlesegeräte, etc.). Werden bei einem Live-Konzert (Abs. 2 1. Alt) oder einer bühnenmäßigen Aufführung (Abs. 2 2. Alt.) über einen Projektor zugleich Bilder eingespielt, liegt insoweit eine Vorführung vor, welche als solche vorbehaltlich der Frage der Werkverbindung zu lizenzieren ist. Die Ausstrahlung von Filmen im Fernsehen ist keine Vorführung, sondern Sendung (vgl. Rn. 27), Video-on-demand Angebote unterfallen regelmäßig § 19a (vgl. § 19a Rn. 17).

30 Dem Urheber bleibt nur die **öffentliche Vorführung** seines Werkes vorbehalten. Es gilt der Öffentlichkeitsbegriff des § 15 Abs. 3 (zu Einzelheiten vgl. § 15 Rn. 27 ff.). Nicht öffentlich ist die Vorführung eines Spielfilms im Freundes- und Bekanntenkreis. Bejaht wurde die Öffentlichkeit dagegen bereits bei hausinternen Vorführungen in **Altenheimen** (BGH GRUR 1975, 33, 34 – *Altenheim*), **Gefängnissen** (BGH GRUR 1984, 734, 35 – *Vollzugsanstalten*) und mehrtägigen **Seminarveranstaltungen** (BGH GRUR 1983, 562, 563 – *Zoll- und Finanzschulen*), weil in diesen Fällen der Grad der persönlichen Verbundenheit unter den Zuschauern noch nicht ausreichend sei. Die bloße Zugehörigkeit zu einer bestimmten Gruppe reicht nicht. **Keine öffentliche Vorführung** liegt dagegen vor, wenn sich die Zuschauer zwar untereinander unbekannt sind, jedoch nicht am Ort der Vorführung **versammelt** sind und die Wiedergabe **gemeinsam wahrnehmen.** Schulbeispiel sind **Videos**, die zeitgleich durch eine Verteileranlage an die einzelnen Zimmer eines Hotels übertragen werden und von dort aus empfangen werden können. Hier greift nicht § 19 Abs. 4, sondern das Senderecht nach § 20 ein (BGH GRUR 1994, 45, 46 – *Verteileranlagen*;

ebenso Dreier/Schulze/*Dreier*[2] Rn. 18; Schricker/*v. Ungern-Sternberg*[3] Rn. 41 m.w.N. auch zur Gegenauffassung).

3. Schranken

Vgl. Rn. 6 (Kommentierung zum Aufführungsrecht). **31**

4. Rechtewahrnehmung

Da bei der **Filmvorführung** unterschiedliche Werke und Verwertungsrechte **32** betroffen sind (vgl. Rn. 28), ist zu differenzieren: Das Vorführrecht an den **Laufbildern** wird durch den Berechtigten selbst, üblicherweise durch die vom Filmhersteller eingesetzte Verleihfirma, wahrgenommen. Diese schließt mit den Filmtheatern sogenannte **Filmbestellverträge** ab, welche die – im Übrigen mietvertraglichen – Modalitäten der Vorführung regeln (zu Einzelheiten ausführlich v. Hartlieb/Schwarz/*Klingner*[4] Kap. 177 ff.). Für die § 21 unterfallende Wiedergabe der **Filmmusik** ist dagegen die GEMA wahrnehmungsberechtigt (§ 1f) BerV; BGH GRUR 1977, 42 – *Schmalfilmrechte*), wenn und sofern die Komponisten ihr die Rechte zur Wahrnehmung eingeräumt haben (sprachlich verwirrend spricht die GEMA vom Filmvorführungsrecht, gemeint ist nur die Musik). Dies ist insbesondere bei US-Produktionen häufig nicht der Fall, weil die Filmkomponisten dem Filmhersteller nicht nur das Filmherstellungs- (dazu vgl. Vor §§ 88 ff. Rn. 86, 110), sondern auch das Vorführungsrecht eingeräumt haben (GEMA-Vermutung für das Vorführungsrecht bei Filmmusik dagegen bejaht durch BGH GRUR 1977, 42, 43 – *Schmalfilmrechte*; OLG Köln GRUR 1983, 568, 569 – *Video-Kopieranstalt*). In der Praxis schließen die Filmtheater mit der GEMA Pauschalverträge ab. Nach dem Tarif T-F „Kino" haben die Filmtheater 1,25% ihres Nettoumsatzes aus Kartenverkäufen an die GEMA zu zahlen. Soweit durch die Filmvorführung schließlich auch **Sprachwerke** (Dialoge, Drehbuch) wiedergegeben werden, ist die VG Wort ausweislich § 1 Nr. 11 WahrnV VG Wort zur Wahrnehmung berechtigt. Diese „ruht" jedoch zur Zeit (Merkblatt VG WORT Juli 2004, abzurufen unter vgwort.de).

VI. Prozessuales

1. Aktivlegitimation

Der Urheber bleibt auch dann zur Verfolgung seiner Rechte aus § 19 berech- **33** tigt, wenn er diese einer Verwertungsgesellschaft exklusiv zur Wahrnehmung übertragen hat, weil er am Vergütungsaufkommen der Verwertungsgesellschaft beteiligt ist (BGH NJW 1957, 220, 221 – *Europapost*; BGH GRUR 1960, 251, 252 – *Mecki-Igel II*; BGH NJW 1992, 2824 – *ALF*). Umgekehrt ist die Verwertungsgesellschaft aufgrund der ihr eingeräumten Sachbefugnis nicht nur berechtigt, sondern nach § 6 UrhWahrnG mitunter auch verpflichtet, gegen Rechtsverletzungen vorzugehen. Nach BGH GRUR 1994, 800, 801 – *Museumskatalog* müssen jedoch die Voraussetzungen der Prozeßstandschaft vorliegen, wenn die Verwertungsgesellschaft nur das Inkasso für ausländische Verwertungsgesellschaften vornimmt. Einzelheiten zur Aktivlegitimation vgl. § 97 Rn. 127 ff.; zur Vermutung der Sachbefugnis der Verwertungsgesellschaften vgl. § 13c UrhWahrnG Rn. 1 ff..

2. Passivlegitimation

34 Passivlegitimiert sind nicht nur die das Werk unmittelbar Vortragenden bzw. Aufführenden, sondern gerade auch der Veranstalter (st. Rspr.: RGZ 78, 84, 86 – *Gastwirt*; BGH GRUR 1956, 515, 516 – *Tanzkurse*; KG GRUR 1959, 150 – *Musikbox-Aufsteller*; BGH GRUR 1960, 606, 607 – *Eisrevue II*). Nach OLG Hamburg GRUR 2001, 832 – *Tourneeveranstalter* haftet selbst derjenige für die GEMA-Gebühren, der auf die Organisation einer Tournee keinen Einfluss hat, aufgrund einer erfolgsabhängigen Umsatzbeteiligung aber ein eigenes wirtschaftliches Interesse an der Tournee hat.

VII. Verhältnis zu anderen Verwertungsrechten

35 Vgl. Rn. 10, 13, 24, 26, 27 f.

---

§ 19a   öffentliche Zugänglichmachung

Das Recht der öffentlichen Zugänglichmachung ist das Recht, das Werk drahtgebunden oder drahtlos der Öffentlichkeit in einer Weise zugänglich zu machen, dass es Mitgliedern der Öffentlichkeit von Orten und zu Zeiten ihrer Wahl zugänglich ist.

Übersicht

I. Allgemeines

1. Systematische Einordnung und Entstehungsgeschichte

Das durch die Urheberrechtsnovellierung 2003 eingeführte Recht der öffent- **1** lichen Zugänglichmachung wurde zur Vermeidung von Lücken und Abgrenzungsproblemen im Bereich der Online-Verwertung geistiger Werke geschaffen (RegE UrhG Infoges – BT-Drucks. 15/38, S. 16 f.). Auch vor Einführung von § 19a wurde der Großteil der jetzt erfassten Verwertungshandlungen als Eingriff qualifiziert, wobei umstritten war, welches Verwertungsrecht einschlägig sein sollte – überwiegend wurde ein unbenannter Fall der öffentlichen Wiedergabe angenommen (BGH GRUR 2003, 958, 962 – *Paperboy*; KG ZUM 2002, 828; LG Hamburg MMR 2003, 559, 560 – *thumbnails*; LG München ZUM 2000, 418, 421 – *Midi-Files*; ausführlich zum Streitstand Loewenheim/*Hoeren* § 21 Rn. 54 ff. mwN; Dreier/Schulze/*Schulze*[2] Rn. 3). Systematisch bildet das neu geschaffene Recht gemäß § 15 Abs. 2 Nr. 2 nunmehr einen **Unterfall der öffentlichen Wiedergabe**.

Eingeführt wurde § 19a durch das UrhG Infoges in Umsetzung von Art. 3 **2** Abs. 1 und 2 der **Info-RL**. Die Richtlinienbestimmung geht ihrerseits auf die WIPO-Verträge von 1996, nämlich Art. 8 **WCT** (*„right of communication to the public“*) sowie Art. 10 und 14 **WPPT** (*„right of making available“*) zurück (zur Entstehungsgeschichte ausführlich v. Schricker/*v. Ungern-Sternberg*[3] Rn. 11 ff., 22 ff. sowie Walter/*v. Lewinski*, S. 1016 ff.). Im übrigen Konventionsrecht, insb. in der RBÜ, findet § 19a keine Entsprechung.

2. Regelungsintention und Terminologie

Das Recht der öffentlichen Zugänglichmachung wurde geschaffen, um den **3** gewandelten Verwertungsmodalitäten der Online-Kommunikation gerecht zu werden (s.a. Erwg 25 Info-RL). Die klassischen urheberrechtlichen Verwertungsrechte konnten die netzvermittelte Übertragung dogmatisch nur unsauber und wirtschaftlich oft nicht sachgerecht erfassen. Problematisch war dabei weniger die Frage des Eingriffs selbst, konnte dieser zumindest über das Innominatrecht des § 15 Abs. 2 ohne größere Probleme bejaht werden (vgl. Rn. 1). Es waren vielmehr die urheberrechtlichen **Schrankenbestimmungen**, insb. § 52 a.F., deren Anwendung hinsichtlich der Online-Bereitstellung oft zu wirtschaftlich nicht haltbaren bzw. unerwünschten Ergebnissen führte. Bei der Einordnung von Sachverhalten in § 19a ist daher immer auch dessen Regelungskontext, insb. die gegenüber § 15 Abs. 2 deutlich verengten Schrankenbestimmungen (dazu vgl. Rn. 30 ff.) zu berücksichtigen.

Die sprachlich sperrige Bezeichnung „öffentliche Zugänglichmachung“ beruht **4** auf einer wortlautorientierten Übertragung aus den WIPO-Verträgen und der Info-RL, die das Recht als *„communication to the public“* bzw. *„making available to the public“* beschreiben. Die gewöhnungsbedürftige Terminologie hat den Vorteil einer präzisen Abgrenzbarkeit gegenüber anderen Verwertungsrechten. So wird der im Gesetzgebungsverfahren ebenfalls diskutierte Begriff der „Übertragung“ bereits anderweitig verwendet und wäre im Übrigen zu eng, da die Zugänglichmachung bereits vor der eigentlichen Übertragung beginnt (vgl. Rn. 9). Ungenau ist der in der Vertragspraxis häufig

verwendete Begriff „Online-Recht", da die Online-Verwertung urheberrechtlich geschützer Werke auch andere Verwertungsrechte betreffen kann. Ein
Beispiel bildet das echte Internet-Fernsehen („Live-Streaming"), welches
dem Senderecht nach § 20 unterfällt (vgl. Rn. 25; zu Problemen in der
Vertragspraxis *Poll* GRUR 2007, 476).

5 Im Übrigen ist das Recht der öffentlichen Zugänglichmachung „technologieneutral" gefasst und nicht ausschließlich auf den Bereich des Internet beschränkt (so ausdrücklich RegE UrhG Infoges – BT-Drucks. 15/38, S. 16 f.).

3. Anwendbarkeit auf Leistungsschutzrechte

6 Der Gesetzgeber hat das Recht der öffentlichen Zugänglichmachung konsequent in das UrhG integriert und auch auf sämtliche Leistungsschutzrechte
erstreckt. Es steht gem. § 78 Abs. 1 Nr. 1, Abs. 2 Nr. 3 dem ausübenden
Künstler, gem. § 85 Abs. 1 dem **Tonträgerhersteller** (OLG Hamburg MMR
2006, 173, 174 – *staytuned*), gem. § 87 Abs. 1 Nr. 1 dem **Sendeunternehmen**
(OLG Hamburg GRUR-RR 2006, 148, 150 – *Cybersky*) sowie gem. § 94
Abs. 1 dem **Filmhersteller** zu. Obwohl in § 87b Abs. 1 nicht ausdrücklich
erwähnt, kann sich auch der **Datenbankhersteller** auf § 19a berufen (Wandtke/
Bullinger/*Thum*[2] § 87b Rn. 54 f.). Dies folgt aus der Umsetzung von Art. 7
Abs. 2 lit b. der Datenbank-RL und ist systematisch an den auch in § 87b
verwendeten Begriff der öffentlichen Wiedergabe anzuknüpfen, dessen Unter-
fall die öffentliche Zugänglichmachung bildet.

II. Tatbestand

1. Zugänglich machen

7 Zugänglich ist ein Werk, wenn die **abstrakte Möglichkeit des Abrufs** besteht.
Ob dieser tatsächlich erfolgt, ist für § 19a irrelevant. Kein Rolle spielt ferner,
wie lange und unter welchen konkreten Umständen ein Inhalt zugänglich war.
§ 19a ist selbst dann einschlägig, wenn ein geschützter Inhalt auf einer kaum
beachteten Webseite nur für wenige Minuten online war (HK-UrhR/*Dreyer*
Rn. 14, 21; a.A. Wandtke/Bullinger/*Bullinger*[2] Rn. 9 für sehr kurzzeitige Bereitstellungen). Diese strikte Auslegung ist für die praktische Handhabung des
Rechts und die Beweisführung unerlässlich. Versehentliche Bereitstellungen
urheberrechtlich geschützter Inhalte sind keine Frage des § 19a, sondern
müssen über das Verschulden im Rahmen von § 97 berücksichtigt werden (vgl.
§ 97 Rn. 61).

8 Teilweise wird in Abgrenzung zum Aufführungsrecht (§ 19 Abs. 2) und dem
Senderecht (§ 20) die Auffassung vertreten, die Zugänglichmachung setzte
voraus, dass der Nutzer die Verfügungsgewalt über das jeweilige Werk gewinnen könne (HK-UrhR/*Dreyer* Rn. 24 ff., anders aber in Rn. 1, 9), während die
Ermöglichung eines rein rezeptiven Genusses eher dem Senderecht zuzuordnen
sei. Dem ist zumindest insoweit entgegenzutreten, als § 19a nicht voraussetzt,
dass auf Empfängerseite eine Vervielfältigung des jeweiligen Inhalts ermöglicht
werden muss. Da § 19a nur allgemein von Zugänglichmachung spricht, genügt auch die bloße **Wahrnehmbarmachung** (OLG Hamburg MMR 2006,
173, 174 – *staytuned*; LG Hamburg GRUR-RR 2004, 313, 315 – *thumbnails*).

9 Die Zugänglichmachung beginnt damit nicht erst, wenn es tatsächlich zu
Abrufen kommt und endet nicht schon mit dem erfolgreichen Upload auf

den Server. Der **Uploadvorgang** (der als Vervielfältigung unter § 16 fällt, LG München I ZUM 418, 422 – MIDI-Files; OLG Köln GRUR-RR 2006, 5 – *Personal Video Recorder*) und die nachfolgende weitere **Bereithaltung** bilden vielmehr eine **einheitliche Verwertungshandlung** (Loewenheim/*Hoeren* § 21 Rn. 52; Dreier/Schulze/*Dreier*[2] Rn. 6).

2. Drahtgebunden oder drahtlos

Mit den Alternativen der drahtgebundenen bzw. drahtlosen Zugänglichma-　**10** chung stellt § 19a klar, dass das Recht der Zugänglichmachung grds. **technologieneutral** ausgestaltet ist (RegE UrhG Infoges – BT-Drucks. 15/38, S. 16 f.). Die Zugänglichmachung kann über Telefonleitungen oder andere drahtgebundene Übertragungswege wie auch über lokale Funknetze (WLAN) oder Mobilfunknetze (UMTS, GRPS) erfolgen (Wandtke/Bullinger/*Bullinger*[2] Rn. 5). Ebenso wenig ist § 19a auf das Internet beschränkt. Die Vorschrift ist bewusst offen gehalten für neue technische Entwicklungen und greift insb. nicht auf die Terminologie des § 20 zurück, sondern verwendet einen umfassenderen Begriff. Jedoch ergeben sich gerade deswegen gewisse Abgrenzungsfragen zum Senderecht des § 20 (vgl. Rn. 39).

3. Von Orten und zu Zeiten ihrer Wahl

Nach der Definition des § 19a umfasst das Recht die Möglichkeit, den Mit-　**11** gliedern der Öffentlichkeit das Werk zu Orten und zu Zeiten ihrer Wahl zugänglich zu machen. Die Formulierung dient zum einen der Erfassung der sog. **sukzessiven Öffentlichkeit**, welche sich im früheren Recht nur schwer unter den Öffentlichkeitsbegriff subsumieren ließ, wonach das Werk *gleichzeitig* von einer Mehrzahl von Personen wahrgenommen werden musste (vgl. § 15 Rn. 37). Zum anderen ermöglicht das Tatbestandsmerkmal eine Abgrenzung gegenüber anderen Verwertungsrechten, insb dem Senderecht (§ 20) und den anderen unkörperlichen Verwertungsrechten (§§ 19, 21, 22). Zu Einzelheiten der Abgrenzung vgl. Rn. 14 ff., 39 sowie vgl. § 15 Rn. 22 ff.

4. Öffentlichkeit

Grundlegende Bedeutung für die Reichweite des Verwertungsrechts kommt　**12** dem Begriff der Öffentlichkeit zu, der in § 15 Abs. 3 definiert ist (Einzelheiten vgl. § 15 Rn. 27 ff.) und auf den § 19a gleich doppelt Bezug nimmt: Das Werk muss der Öffentlichkeit in der Weise zugänglich gemacht werden, dass es Mitgliedern der Öffentlichkeit von Orten und Zeiten ihrer Wahl zugänglich ist. Im Ergebnis stellt das Verwertungsrecht damit auf die **Gruppenzugehörigkeit der Adressaten** ab: Weder muss das Werk für jedermann oder gar weltweit abrufbar sein, noch kommt es darauf an, ob diejenigen, die es tatsächlich abgerufen haben, Mitglieder der Öffentlichkeit sind. Maßgebend ist allein, ob der **potentielle Adressatenkreis**, dem das Werk zugänglich gemacht wird und es hätte abrufen *können*, Mitglieder der Öffentlichkeit sind, d.h. weder zum Anbieter noch untereinander persönlich verbunden sind (§ 15 Abs. 3 S. 2). Wo hier die Grenze zu ziehen ist, ist jeweils Tatfrage und anhand der bisherigen Rechtsprechung zum Öffentlichkeitsbegriff zu entscheiden (Nachweise vgl. § 15 Rn. 34 f.).

Letztlich steckt hinter § 19a der Gedanke, dass nur die im rein privaten Kreis　**13** erfolgende Zugänglichmachung urheberrechtlich geschützter Werke nicht durch § 19a erfasst werden soll (ähnlich Walter/*v. Lewinski* Info-RL Rn. 36;

Linnenborn K&R 2001, 394, 395; *Spindler* GRUR 2002, 105, 108; *Schippan* ZUM 1998, 487, 487). Entsprechend stellt bereits die Begründung zum Regierungsentwurf klar, dass „Beziehungen, die im Wesentlichen nur in einer technischen Verbindung zu einer Werknutzung liegen [...] i.d.R. für sich allein keine persönliche Verbundenheit begründen könne[n]. Vielmehr muss die persönliche Verbundenheit unabhängig von dieser rein technischen Verbindung bestehen." (RegE UrhG Infoges – BT-Drucks. 15/38, S. 17). Daran fehlt es aber nicht nur bei – ohnehin anonymen – **Filesharing-Systemen** oder Internet-Communities, sondern auch bei geschlossenen Universitäts- oder Firmennetzwerken (**Intranet**). Das hier offenkundig bestehende gemeinsame Interesse an einer Werknutzung (z.B. zentraler Abruf wichtiger Daten) mag ebenso wenig die erforderliche persönliche Verbundenheit aller (Betriebs-)Angehörigen vermitteln wie der Umstand, dass einzelne Mitarbeiter privat befreundet sein mögen. Die Öffentlichkeit fehlt dagegen bei sog. **virtuellen Videorecordern**, d.h. Diensten, die auf Bestellung Fernsehsendungen aufzeichnen, die der Besteller zeitversetzt in seinem persönlichen Account abrufen kann (OLG Dresden MMR 2007, 664, 665; LG Braunschweig ZUM-RD 2006, 396; a.A. OLG Köln GRUR 2006, 5 – *Personal Video Recorder*). Die konkret aufgezeichnete Sendung (Datei) wird nur einer einzigen Person zugänglich gemacht. In der Aufzeichnung liegt indes eine unzulässige, durch § 53 Abs. 1 nicht privilegierte Vervielfältigung.

III. Praktischer Anwendungsbereich

14 Der praktische Anwendungsbereich des Rechts auf öffentliche Zugänglichmachung folgt maßgeblich aus dessen Charakter als Abrufübertragungsrecht. Erfasst werden vordergründig **Pull-Dienste**, die vor der Urheberrechtsnovelle 2003 nur lückenhaft in den Kanon der §§ 15 ff. eingeordnet werden konnten (s.a. RegE UrhG Infoges – BT-Drucks. 15/38, S. 1, 16). Dagegen fallen **Push-Dienste** und ähnliche Angebote, bei denen nicht der Nutzer, sondern der Anbieter den Zeitpunkt des Abrufs und der Wahrnehmung bestimmt, nicht unter § 19a (Loewenheim/*Hoeren*, § 21 Rn. 63; Wandtke/Bullinger/*Bullinger*[2] Rn. 30; a.A. Dreier/Schulze/*Dreier*[2] Rn. 10; zum Ganzen auch *Poll* GRUR 2007, 467; *Schack* GRUR 2007, 639).

1. Erfasste Werknutzungen

15 a) **World Wide Web (WWW):** Klassischer Anwendungsbereich des § 19a ist die Bereitstellung urheberrechtlich geschützter Inhalte auf Internet-Webseiten jeglicher Art (OLG Hamburg GRUR-RR 2005, 209, 211 – *Auskunftspflicht des Access-Providers*). Unerheblich ist, ob der jeweilige Inhalt jemals abgerufen wurde oder nur für kurze Zeit verfügbar gewesen ist (vgl. Rn. 7).

16 b) **Intranet:** Auch die Bereitstellung urheberrechtlich geschützter Inhalte in unternehmens-, verbands- oder universitätsinternen Netzwerken (Intranet) ist regelmäßig öffentliche Zugänglichmachung (Wandtke/Bullinger/*Bullinger*[2] Rn. 24; Dreier/Schulze/*Dreier*[2] Rn. 7). Zwar ist der Nutzerkreis abgegrenzt und bestimmbar, jedoch vermag die bloße Betriebszugehörigkeit oder das gemeinsame Interesse an der Werknutzung die erforderliche persönliche Verbundenheit der Nutzer i.S.v. § 15 Abs. 3 nicht zu begründen (ähnlich KG ZUM 2002, 828, 831 für den E-Mail-Versand von Presseartikeln an die Mitarbeiter; vgl. Rn. 12; zu elektronischen Pressespiegeln BGH ZUM 2002, 240 sowie vgl. § 49 Rn. 7). Um Intranets als „nicht-öffentlich" i.S.v. § 15

Abs. 3 einzuordnen, wird man tendenziell noch strengere Maßstäbe als in der ohnehin restriktiven Rechtsprechung zu Videovorführungen in Wohnheimen, Krankenhäusern und Gefängnissen (Nachweise vgl. § 15 Rn. 35) ansetzen müssen. Die Öffentlichkeit kann danach nur bei kleineren Teams oder Workgroups entfallen, bei denen aufgrund intensiver Zusammenarbeit eine **echte persönliche gegenseitige Verbundenheit** aller Beteiligten besteht (anders wohl Wandtke/Bullinger/*Bullinger*[2] Rn. 24, wonach die Öffentlichkeit eines Intranets nur entfällt, wenn Außenstehende Zugriff haben). Für eine enge Auslegung spricht auch die Schranke des § 52a Abs. 1 Nr. 2, die die Zugänglichmachung von Werken an einen abgegrenzten Personenkreis (= Öffentlichkeit) erlaubt.

c) On-Demand-Dienste: Die auch außerhalb des Internet anzutreffenden On- **17** Demand-Dienste fallen unter den Anwendungsbereich des § 19a, wenn und soweit der Nutzer die zum Abruf bereit gestellten Inhalte (z.B. Filme, Musik, Datenbankinhalte) **zu Zeiten seiner Wahl** („on-demand") abrufen kann (siehe Sachverhalte in OLG Stuttgart NJW 2008, 1605, 1606; OLG Hamburg MMR 2006, 173, 164 – *staytuned*; LG Leipzig ZUM 2006, 763; OLG Köln GRUR-RR 2006, 5 – *Personal Video Recorder*; zum Sonderfall des Near-on-Demand vgl. Rn. 24). Insb. die Filmwirtschaft hat für die Online-Distribution von Spielfilmen und TV-Serien mit Hilfe der DRM-Technik ganz unterschiedliche, wirtschaftlich eigenständige „on-demand"-Modelle entwickelt. So kann der Nutzer beim **Video-on-demand** i.e.S. den abgerufenen Film gegen Entgelt nur einmal abrufen und wahrnehmen (**pay-per-view**) oder jedenfalls nur für einen begrenzten Zeitraum (meist 24 h) abspielen. Entspricht dieses Modell damit eher dem „Ausleihen" eines Films in einer Videothek, ruft der Nutzer beim **Download-to-Own** eine dauerhaft abspielbare Kopie des Films ab, die er ggf. auch auf DVD brennen kann (deshalb auch „**Electronic-Sell-Through**" genannt). Wenngleich alle Distributionsmodelle § 19a unterfallen, ist die Unterscheidung in der Verwertungs- und Lizenzierungspraxis der Studios von erheblicher Bedeutung.

d) Peer-to-Peer-Dienste (sog. Filesharing): § 19a erfasst auch das Angebot von **18** Dateien in Peer-to-Peer-Systemen (OLG Hamburg MMR 2005, 453, 454- *Auskunftspflicht eines Access-Providers*; LG Hamburg MMR 2007, 131, 132; ausführlich zum Ganzen *Brinkel*, Filesharing 2006, S. 12 ff; *Jan Bernd Nordemann/Dustmann* CR 2004, 380 ff.). Wer anderen Teilnehmern dieser Tauschplattformen den Abruf der auf dem eigenen PC bereitgehalten Musik- oder Videodateien gestattet, macht diese öffentlich zugänglich. Unerheblich ist, ob der jeweilige Nutzer durch die Software zur Freigabe gezwungen wird oder diese bewusst aktiviert, weil bei § 19a die Frage des Eingriffs nur objektiv zu bestimmen ist (vgl. Rn. 7). Bedeutung hat dies in erster Linie für **Koppelsysteme** (z.B. eDonkey), die den Download von Dateien mit dem Angebot verknüpfen, indem der Nutzer schon während des Downloadvorgangs die bereits herunter geladenen Dateifragmente anderen Nutzern schon wieder zum Abruf zur Verfügung stellt (dazu *Jan Bernd Nordemann/Dustmann* CR 2004, 380 ff.) Zur Haftung der Eltern für die urheberrechtsverletzende Nutzung von Filesharing-Plattformen durch **Minderjährige** OLG Frankfurt CR 2008, 184; LG Köln MMR 2008, 169; LG Mannheim MMR 2007, 267 (jeweils ablehnend) und LG Hamburg MMR 2007, 131 (bejahend); zur Haftung für Mitarbeiter LG München I ZUM 2008, 157 (ablehnend). Zur Haftung des Betreibers **offener WLAN-Netze** LG Mannheim MMR 2007, 26 und LG Hamburg MMR 2006, 763. Zur Haftung der Provider beim Filesharing vgl. § 97 Rn. 170 f. Zu **Auskunftsansprüchen** gegen Access Provider vgl. § 101 Rn. 55 ff.

19 e) **FTP (file-transfer-protocol):** Einschlägig ist § 19a für die Hinterlegung von Inhalten auf einem Server, der einen Zugriff via FTP ermöglicht. File Transfer Protocol (s.a. Loewenheim/*Hoeren* § 21 Rn. 65) ist ein klassischer Pull-Dienst, der den Abruf der hinterlegten Dateien zu beliebigen Zeiten ermöglicht.

20 f) **Streaming-Media:** Ebenfalls § 19a zuzuordnen sind Streaming-Angebote (OLG Köln GRUR-RR 2006, 5 – *Personal Video Recorder*; OLG Hamburg MMR 2006, 173, 174 – *staytuned*), zu denen etwa die bekannte Plattform Youtube gehört. Die hier angebotenen Audio- oder Videodateien können zwar beliebig oft abgerufen, nicht jedoch dauerhaft gespeichert werden. § 19a setzt indes nicht voraus, dass der Nutzer die Verfügungsgewalt über den Inhalt erlangt (OLG Hamburg MMR 2006, 173, 174 – *staytuned*; vgl. Rn. 8). Keine öffentliche Zugänglichmachung, sondern **Sendung i.S.v.** § 20 ist dagegen das sog. **Live-Streaming,** bei dem sich der Nutzer zu einem festgelegten Zeitpunkt nur in das laufende Programm einschalten kann, ohne den Ablauf beeinflussen zu können (LG München ZUM 2001, 260, 263; LG Hamburg ZUM 2005, 844, 866; Schricker/*v. Ungern-Sternberg*[3] vor §§ 20 ff. Rn. 7; zu Einzelheiten vgl. Rn. 24 f.).

21 g) **Podcasting:** Auch das Podcasting (zusammengesetzt aus „Broadcasting" und „iPod"), d.h. die Bereitstellung von Audio- und Videodateien über Online-Abonnements, unterfällt § 19a (ebenso *Poll* GRUR 2007, 476, 481; Schricker/*v. Ungern-Sternberg*[3] § 20 Rn. 46). Es weist die Besonderheit auf, dass der Podcast-Anbieter die Information über die Verfügbarmachung, also über Inhalt und Speicherort der jeweiligen Datei, aktiv via sog. **RSS-Feeds** vermittelt. Zwar könnte man diese RSS-Feeds selbst als Push-Dienst und damit Sendung (§ 20) einordnen. Auf diese kommt es jedoch für die Bereithaltung des eigentlichen Inhalts nicht an, denn die Einbindung in den RSS-Feed ermöglicht lediglich das Abonnement der verfügbar gemachten Inhalte, nicht aber den Abruf selbst. Es bleibt dabei, dass der Nutzer den Titel zu Zeiten seiner Wahl abruft.

22 h) **Thumbnails:** Thumbnails sind verkleinerte Vorschaubilder, die insb. in den Ergebnislisten von (Bilder-)Suchmaschinen eingeblendet werden, um dem Nutzer eine Vorschau über den ermittelten Inhalt zu gewähren. Die Bereitstellung dieser Vorschaubilder ist eine eigene Verwertungshandlung i.S.v. § 19a (LG Hamburg GRUR-RR 2004, 313, 315 – *thumbnails*, s. dort auch zur Frage der freien Benutzung nach § 24).

2. Nicht erfasste Nutzungen

23 a) **Hyperlinks:** Wer durch das Setzen von Hyperlinks auf andere Webseiten verweist, erleichtert dadurch zwar den Zugang zu urheberrechtlich geschützten Werken, nimmt selbst jedoch keine urheberrechtliche relevante Verwertungshandlung i.S.v. § 19a vor (noch zum alten Recht: BGH GRUR 2003, 958, 961 f. – *Paperboy*; *Dustmann* S. 188 f.; *Plaß* WRP 2000, 599, 602; *Nolte* ZUM 2003, 540, 541 f.; zum geltenden Recht LG Berlin MMR 2005, 718, 719 – *Link auf Website mit Musikdateien;* Schricker/*v. Ungern-Sternberg*[3] Rn. 46 mwN). Der Hyperlink enthält lediglich eine elektronische Verknüpfung, die dem Nutzer durch einfachen Mausklick – anstelle des Eintippens der Adresse – den Aufruf der Webseite erleichtert. Den Akt der Zugänglichmachung i.S.v. § 19a nimmt allein der Anbieter der verknüpften Webseite vor (a.A. *Wiebe* GRUR MMR 2003, 724 f.; *Marwitz* K&R 1998, 369, 373). Allerdings kann das Vorhalten eines Links auf rechtswidrige Inhalte eine Haftung als Störer begründen (BGH GRUR 2004, 693, 695 – *Schöner Wetten*; zu Einzelheiten vgl. § 97 Rn. 165 f.).

b) **Push-Dienste:** Nicht abschließend geklärt ist die Einordnung von Push- **24** Diensten, also allen Übermittlungsdiensten, die dem Empfänger nicht passiv den Abruf der Inhalte ermöglichen, sondern diese aktiv übermitteln. Beispiel für derartige Dienste sind **Webcasting, Simulcasting** sowie **Near-on-demand-Dienste** und sämtliche Formen des **Internetrundfunks** (im Einzelnen *Schack* GRUR 2007, 639 ff.; *Poll* GRUR 2007, 476 ff; *Schwarz* ZUM 2000, 816 ff). Alle genannten Dienste zeichnen sich dadurch aus, dass sie sich einerseits nicht auf die bloße Verfügbarmachung beschränken, andererseits aber auch nicht die für klassischen Rundfunk typische Streuwirkung erzielen. Angesichts der zwischen den einzelnen Formen bestehenden Unterschieden verbietet sich eine generalisierende Einordnung (Loewenheim/*Hoeren* § 21 Rn 68):

Internetradio, Webcasting, Near-on-Demand: Für echtes Internetradio- oder **25** fernsehen (IPTV), bei der sich der Nutzer im Internet in ein laufendes Programm einwählt (**Webcasting**), greift § 19a nicht ein (ebenso **Simulcasting** = zeitgleiche Übertragung über Rundfunk und Internet). Hier steht die Push-Übermittlung derart im Vordergrund, dass das Tatbestandsmerkmal *„von Orten und zu Zeiten ihrer Wahl"* nicht mehr als erfüllt angesehen werden kann (*Schack* GRUR 2007, 639, 641; *Poll* GRUR 2007, 480; *Fringuelli*, Internet TV: Filmurheberrecht im Internet, 2004, S. 223 f.; Schricker/*v. Ungern-Sternberg* vor §§ 20 ff. Rn. 7; Loewenheim/*Schwarz/Reber* § 21 Rn. 76). Dies gilt selbst dann, wenn das Webcasting mitgeschnitten werden kann. Ebenfalls nicht § 19a, sondern dem Senderecht zuzuordnen sind **Near-on-Demand-Dienste** (*Schack* GRUR 2007, 639, 641; *Reinbothe* GRUR Int. 2001, 733, 7736; *Kröger* CR 2001, 316, 318; a.A. Dreier/Schulze/*Dreier*[2], Rn. 10; HK-UrhR/*Dreyer* Rn. 21; ebenso LG München ZUM 2001, 260 noch zum alten Recht; differenzierend nach Intervallmodus Wandtke/Bullinger/*Bullinger*[2] Rn. 19, 30). Auch hier kann der Adressat nicht frei über den Zeitpunkt des Werkgenusses entscheiden, sondern sich nur in Intervallen, z.B. zu jeder vollen Stunde, in den Stream eines populären Films einwählen. Für diese Dienste, wie auch das **Live-Streaming** (vgl. Rn. 20), ist § 20 einschlägig.

c) **E-Mail:** Beim E-Mailversand urheberrechtlich geschützter Werke an **26** Freunde oder Bekannte fehlt es bereits am erforderlichen Öffentlichkeitsbezug (Wandtke/Bullinger/*Bullinger*[2] Rn. 27); die Weitergabe kann jedoch eine unzulässige Vervielfältigung darstellen. Aber auch im Fall der Versendung massenhafter E-Mails an einen weiten Nutzerkreis, etwa mittels einer Verteilerliste, greift § 19a nicht ein (Schricker/*v. Ungern-Sternberg*[3] § 20 Rn. 49; a.A. LG Berlin AfP 2001, 339; Dreier/Schulze/*Dreier*[2] § 19a Rn. 7; Wandtke/Bullinger/*Bullinger*[2] Rn. 31). Denn ähnlich wie im Fall der Push-Dienste (vgl. Rn. 24) hat der Adressat der E-Mail keinen Entscheidungsspielraum hinsichtlich des „Ob" und des „Wie" des Empfangs. Wird dagegen dem Empfänger der E-Mail darin nur mitgeteilt, dass der Abruf eines Werkes vom Server möglich ist (gängig bei Newslettern), greift für das Werk – nicht für die E-Mail – § 19a ein.

d) **Internet Access und Host Providing:** Diensteanbieter, die ihren Kunden den **27** Zugang zum Internet und damit auch zu urheberrechtlich geschützten Inhalten vermittelten (**Access Provider**), machen diese nicht selbst öffentlich zugänglich i.S.v. § 19a. Dies ist wie bei Hyperlinks (vgl. Rn. 23) allein der Anbieter des fraglichen Inhalts. Anders urteilen könnte man im Hinblick auf **Host Provider,** die die Inhalte im Kundenauftrag auf ihren Servern zum Abruf bereithalten. Indes stellt ErwG Nr. 27 der Info-RL klar, dass „die bloße Bereitstellung der Einrichtungen, die eine Wiedergabe ermöglichen oder bewirken, [...] selbst keine Wiedergabe darstellt" (ähnlich auch die Vereinbarte Erklärung der WIPO-Konferenz zu Art. 8 WCT; Einzelheiten *Dustmann* S. 74). Zur Störerhaftung der Internet-Diensteanbieter vgl. § 97 Rn. 154 ff.

IV. Erschöpfung

28 Nach Art. 3 Abs. 3 Info-RL unterliegt das Recht der öffentlichen Zugänglichmachung nicht der Erschöpfung. Diese Regelung ist weder auf europarechtlicher noch auf deutscher Ebene eine Neuerung – auch bisher konnte sich allein das körperliche Verbreitungsrecht erschöpfen (EuGH Rs. 62/79, Slg. 1980, 881 – *Coditel I*; Rs. 262/81, Slg. 1982, 3881 – *Coditel II*; BGH GRUR 2000, 699, 701 – *Kabelweitersendung*). Den Nutzern bleibt verwehrt, das mit Zustimmung des Berechtigten herunter geladene Werkexemplar ihrerseits im Internet anzubieten und öffentlich zugänglich zu machen (OLG Hamburg MMR 2006, 173, 174 – *staytuned*).

29 Strittig ist, ob und inwieweit sich das Verbreitungsrecht an den durch den Abruf hergestellten **Vervielfältigungsexemplaren** erschöpft (Übersicht dazu bei *Schrader/Rautenstrauch* K&R 2007, 251). Dagegen spricht, dass Erschöpfung eigentlich nur an den in körperlicher Form in den Verkehr gebrachten Werkexemplaren eintreten kann (vgl. § 15 Rn. 11). Auch ErwG Nr. 29 Info-RL legt nahe, dass an „materiellen Vervielfältigungstücken eines Werkes [...], die durch den Nutzer [...] mit Zustimmung des Rechteinhabers hergestellt worden sind", keine Erschöpfung eintreten kann (Erschöpfung deshalb ablehnend OLG München ZUM 2006, 936, ebenso Vorinstanz LG München I ZUM 2006, 251, 253). Dagegen ist wiederholt eingewendet worden, dass zumindest dann, wenn die Online-Übermittlung wirtschaftlich die Übersendung eines physikalischen Werkexemplars substituiert, sich das Verbreitungsrecht im Hinblick auf das konkret mit Zustimmung des Berechtigten hergestellte Werkexemplar erschöpft (*Hoeren* MMR 2000, 515, 517; *ders.* CR 2006, 573, 574; *Knies* GRUR Int. 2002, 314, 316; *Linnenborn* K&R 2001, 394, 395; *Spindler* GRUR 2002, 105, 109 f; Dreier/Schulze/*Dreier*[2] Rn. 11). In der Tat ist es kaum einzusehen, warum eine im Ladengeschäft erworbene CD, DVD oder Software frei zirkulieren kann, während beim kostenpflichtigen Online-Abruf derselben Werke die Erschöpfung nicht eintreten würde (Erschöpfung bejahend auch LG Hamburg MMR 2006, 827, 829). Dem Berechtigten verbliebe mehr Macht über die Verkehrsfähigkeit als beim Verkauf eines körperlichen Werkexemplars. Im Ergebnis sollte deshalb die Erschöpfung unter strengen Bedingungen zugelassen werden, nämlich nur dann, wenn sich die Online-Übermittlung bei wirtschaftlicher Betrachtung als Äquivalent zum Offline-Verkauf darstellt (bspw. Verkauf von Filmen, Musik, Software, eBooks über das Internet) und auch die Interessenlage vergleichbar ist. Dies wird regelmäßig nur bei kostenpflichtigen Download-Angeboten der Fall sein. Der zweifellos drohenden Missbrauchsgefahr (*Plaß* GRUR 2002, 670, 678; *Koehler*, Der Erschöpfungsgrundsatz im Online-Bereich, 2000, S. 174 ff.) können die Berechtigten durch den Einsatz von DRM-Technologien begegnen.

V. Schranken

Das Recht der öffentlichen Zugänglichmachung wird durch folgende Rege- **30**
lungen eingeschränkt: § 46 (Sammlungen für Kirchen-, Schul- und Unterrichtsgebrauch), § 48 (öffentliche Reden), § 50 (Bild- und Tonberichterstattung), § 52a (Öffentliche Zugänglichmachung für Unterricht und Forschung),
§ 52b (Wiedergabe an elektronischen Leseplätzen) § 56 (Vervielfältigung und
öffentliche Wiedergabe durch Geschäftsbetriebe), § 58 (Katalogbildfreiheit).
Bedeutsam für die Reichweite des § 19a ist in erster Linie § 52 Abs. 3, der
klarstellt, dass die allgemeine Schranke des § 52 (öffentliche Wiedergabe ohne
Erwerbszweck) keine Anwendung auf die öffentliche Zugänglichmachung
findet (Zu Einzelheiten vgl. § 52 Rn. 8).

VI. Praxis der Rechtswahrnehmung

1. Allgemeines

Die Online-Verwertung urheberrechtlich geschützter Werke bewegt sich im **31**
Spannungsfeld zwischen individueller und kollektiver Rechtewahrnehmung
(zum Ganzen Hoeren/Sieber/*Müller* 7.12. Rn. 27 ff.). Einerseits eröffnet die
moderne Digitaltechnik dem Berechtigten verstärkte Möglichkeiten der Indivi-
duallizenzierung. Durch den Einsatz von Digital-Rights-Management Systemen (ausführlich vgl. § 95a Rn. 29) kann er nicht nur die unkontrollierte
Weiterverbreitung seines Werkes verhindern, sondern den Umfang der Nutzung genau festlegen und für jede Form der Nutzung eine Vergütung erzielen.
Andererseits besteht aus Sicht der Online-Anbieter – nicht anders als für einen
Radiosender (§ 20) oder einen Konzertveranstalter (§ 19 Abs. 2) – ein erhebliches Bedürfnis für eine möglichst zentrale Einholung der erforderlichen
Nutzungsrechte (sog. **One-Stop-Shopping**), einschließlich des Rechts der öffentlichen Zugänglichmachung. Ein indiviualvertraglicher Direktvertrieb von
insb. audiovisuellen Werken ist oftmals gar nicht möglich: Der Tonträgerhersteller mag für den Vertrieb seines Repertoires die Rechte nach § 85 haben,
jedoch benötigt er ggf. auch die Online-Rechte an vorbestehenden Werken,
z.B. des Komponisten und Textdichters. Die Rolle der Verwertungsgesellschaften ist hier unentbehrlich.

Entsprechend haben die Verwertungsgesellschaften erhebliche Anstrengungen **32**
unternommen, ihren Wahrnehmungsbereich auf die digitalen Rechte, einschließlich des Rechts der öffentlichen Zugänglichmachung, zu erweitern.
Dabei agierten sie bisweilen sehr unglücklich. So lizenzierte 1999 die VG
WORT an Unternehmen das Recht, Presseartikel in Intranets einzustellen,
obgleich sie dazu aufgrund ihres bestehenden Wahrnehmungsvertrags gar
nicht berechtigt war (BGH GRUR 2002, 963 – *Elektronische Pressespiegel*).
Auch die GEMA stellte sich zunächst auf den Standpunkt, sie verfüge bereits
aufgrund der Auffangklausel des § 1 lit. h BerV über die Rechte für neuartige
Verwertungsarten. Da indes § 31 Abs. 4 a.F. auch im Verhältnis zwischen
Urheber und den Verwertungsgesellschaften gilt (BGH GRUR 1986, 62, 65
– *GEMA-Vermutung I*; BGH GRUR 1988, 296, 298 – *GEMA Vermutung IV*;
OLG Hamburg ZUM 2002, 480, 481 – *Handy Klingelton*), waren die Verwertungsgesellschaften gezwungen nachzulizenzieren. Dies ist zwischenzeitlich durch Satzungsänderungen und Erweiterung der Wahrnehmungsverträge
geschehen, wobei sich erhebliche Unterschiede bei den einzelnen Verwertungsgesellschaften zeigen.

2.   Wahrnehmungsbefugnisse der Verwertungsgesellschaften

33   **a) Musik:** Im Bereich der Musik hat die GEMA (gema.de) durch sogenannte „Klarstellungen" ihren Berechtigungsvertrag sukzessive um die Online-Rechte erweitert: Gemäß § 1 lit. h BerV GEMA ist der GEMA u.a. das Recht eingeräumt, Werke der Tonkunst in Datenbanken, Dokumentationssystemen oder in Speicher ähnlicher Art einzubringen sowie elektronisch oder in ähnlicher Art zu übermitteln. Diese Rechte gehen allerdings erst mit schriftlicher Zustimmung der einzelnen Berechtigten auf die GEMA über. Dem dürfte der Großteil gefolgt sein. So haben insb. die Major-Musikverlage der GEMA im Wege eines Memorandum-of-Understanding (MoU) die Wahrnehmung der digitalen Nutzungsrechte gestattet. Entsprechend hat die GEMA für die Online- Nutzung ihres Repertoires zahlreiche Tarife aufgestellt, etwa für Podcasting, Music-On-Demand, Hintergrundmusik, Webradio usw. Demgegenüber haben die Tonträgerhersteller der GVL bislang nicht die Online-Rechte zur Wahrnehmung eingeräumt, sondern bevorzugen eine indiviuelle Rechtewahrnehmung. Dies bedeutet, dass ein Musik-Downloadportal sich die Komponistenrechte bei der GEMA einholen kann, die Rechte der Tonträgerhersteller dagegen individuell erwerben muss.

34   **b) Sprachwerke:** Die für den Bereich der Sprachwerke maßgebende VG WORT nimmt ausweislich ihres Wahrnehmungsvertrages (Stand: Juli 2004) nur in eingeschränktem Umfang das Recht nach § 19a wahr. Dazu gehört gemäß § 1 Nr. 18 b) WahrnV das Recht, auf Ton- oder Bildtonträgern aufgezeichnete Sprachwerke (z. Hörbücher) durch Video- oder Radio-on-demand Dienste öffentlich zugänglich zu machen, wenn und solange die entsprechende Rechtseinräumung schon durch Individual- oder Tarifverträge erfolgt ist. Ferner nimmt die VG Wort gemäß § 1 Nr. 19 WahrnV das Recht wahr, die in Sammlungen oder Sammelwerken erschienenen Beiträge öffentlich zugänglich zu machen, sofern der Verleger der Sammlung dieses Recht nicht selbst vom Autor erworben hat. Voraussetzung ist ferner, dass der Verleger der Sammlung das Online-Produkt entweder selbst herausbringt oder seine Einwilligung zur Nutzung gegeben hat. Erfasst wird damit im Wesentlichen nur der Fall, dass ein Verleger etwa von Periodika diese nunmehr auch im Internet zum Abruf anbieten möchte, er aber aufgrund von § 31 Abs. 4 a.F. nicht über die erforderliche Nutzungsrechte nach § 19a an den Beiträgen verfügt. Gehört der jeweilige Autor der VG WORT an, kann der Verleger das Recht dort erwerben. Im Übrigen gibt die VG Wort der individuellen Rechtseinräumung den Vorrang. Seit dem 01.01.2007 haben Autoren die Möglichkeit, reine Internet-Texte der VG Wort zu melden und dafür eine Vergütung zu erhalten. Sie partizipieren dabei an den Einnahmen aus den gesetzlichen Vergütungsansprüchen (z.B. Privatkopie).

35   **c) Bildende Kunst und Fotografie:** Die für diesen Bereich zuständige VG Bild-Kunst (www.bildkunst.de) hat schon sehr früh auf die digitale Herausforderung durch Tarife für neue Nutzungsarten reagiert. Gemäß § 1 lit h ihres für bildende Künstler und Bildautoren (z. B. Fotografen, Grafik-Designer, Karikaturisten, Pressezeichner usw.) geltenden Wahrnehmungsvertrags nimmt die VG Bild-Kunst für ihre Mitglieder unter anderem das Recht wahr, Werke in „digitalisierte Datenbanken, Dokumentationssysteme oder Speicher ähnlicher Art einzubringen sowie diese Werke elektronisch oder in ähnlicher Weise zu übermitteln und öffentlich zugänglich zu machen". Dadurch sind auch die meisten Anwendungsfälle von § 19a erfasst. Welche Künstler von der VG Bild-Kunst vertreten werden, kann der Webseite der VG Bild-Kunst entnommen werden. Zur Wahrnehmung der VG BILD-Kunst im Filmbereich und den Streit mit dem ZDF Hoeren/Sieber/*Müller* 7.12. Rn. 88 ff.

VII. Prozessuales

Prozessual ist zu beachten, dass ein wegen Eingriffs in § 19a in Anspruch **36** genommener Verwerter keinen **Entlastungsbeweis** dahingehend führen kann, das Werk sei tatsächlich nicht abgerufen worden. Da § 19a bereits die Vorfeld-handlung erfasst, spielt dies jedenfalls für den Eingriff selbst keine Rolle, kann aber bei der Bemessung etwaiger Schadensersatzansprüche berücksichtigt werden (HK-UrhR/*Dreyer* Rn. 13).

Der **Beweis der tatsächliche Abrufbarkeit des Werkes** ist vom Anspruchsteller **37** zu führen. In der Praxis geschieht dies üblicherweise über protokollierte Testdownloads und ggf. eidesstattliche Versicherungen.

VIII. Verhältnis zu anderen Vorschriften

Soweit durch die digitale Einspeisung eines Werkes auf einen Server (Upload) **38** zugleich eine Vervielfältigung i.S.v. § 16 erfolgt, wird diese durch § 19a kon-sumiert (*Schack*[4] Rn. 420) und bildet keinen eigenständigen Eingriff. Gleiches gilt für die – zumeist ephemeren – Vervielfältigungen, die durch die bloße Wahrnehmung des zugänglich gemachten Werkes im Arbeitsspeicher des PC entstehen. Speichert dagegen der Nutzer den jeweiligen Inhalt dauerhaft ab, liegt eine eigenständige, vom Nutzer veranlasste Verfältigungshandlung vor, welche jedoch regelmäßig nach § 53 privilegiert ist. Zum Abruf von Piraterie-dateien vgl. § 53 Rn. 14.

Das Senderecht (§§ 20, 20a) ist dem Wortsinn nach ebenso wie § 19a ein Recht **39** am öffentlichen Zugänglichmachen des Werkes. Der wesentliche Unterschied besteht im **Zeitmoment**. Dort, wo der Empfänger über den Zeitpunkt des Werkgenusses selbst entscheidet (*„von Orten und Zeiten seiner Wahl"*), greift i.d.R. § 19a. Das Senderecht betrifft dagegen Nutzungshandlungen, bei denen das Werk durch einen Sendevorgang zeitgleich der Öffentlichkeit wahrnehm-bar gemacht wird. Die **Auswahl der Inhalte** sowie die **Verantwortung für den Sendevorgang** einschließlich des Zeitpunkts liegen ausschließlich in der Hand des Sendenden (vgl. § 20 Rn. 13). Auch bei den Near-on-Demand Diensten (vgl. Rn. 25), bei denen das Programm in Intervallen ständig wiederholt wird, begibt sich der jeweilige Nutzer in den laufenden Empfang der ausgestrahlten Inhalte.

§ 20 Senderecht

Das Senderecht ist das Recht, das Werk durch Funk, wie Ton- und Fernseh-rundfunk, Satellitenrundfunk, Kabelfunk oder ähnliche technische Mittel, der Öffentlichkeit zugänglich zu machen.

Übersicht

I.   Allgemeines

1.   Bedeutung und Wesen des Senderechts

1 Obwohl das Senderecht zu den jüngeren, erst im 20. Jahrhundert entstandenen Verwertungsrechten zählt – Hörfunk kennt man erst seit 1922, Fernsehen gibt es in Deutschland (nach ersten Versuchen 1936) erst seit 1952 –, hat diese Verwertungsform seit ihrer ersten gesetzlichen Regelung in Deutschland 1965 geradezu eine Revolution erlebt, was ihre Ausdehnung und ihre technische Veränderung und Vervollkommnung angeht: von der KW-, MW- und LW-Übermittlung mit schlechter Wiedergabequalität und mittleren Reichweiten über die UKW-Sendung in besserer Qualität, aber geringerer Reichweite zu Kabel und Satellit, die beides entscheidend verbessern, und inzwischen weiter zum digitalen Sendebetrieb, der sogar die **interaktive Mitwirkung** des Sendepublikums ermöglicht. Das Senderecht dürfte weiterhin das wirtschaftlich bedeutendste Verwertungsrecht im Bereich der öffentlichen Wiedergabe sein. Es wird im Bereich der Musik und Literatur weitgehend kollektiv durch Verwertungsgesellschaften, im Filmbereich dagegen überwiegend individuell durch den Rechteinhaber selbst wahrgenommen (zu Einzelheiten vgl. Rn. 20 ff.).

2 Das Senderecht ist ein **unkörperliches Recht der öffentlichen Wiedergabe.** Das Werk wird der Öffentlichkeit durch **Funk** (vgl. Rn. 10) zugänglich gemacht, und zwar in der Weise, dass der Sendende (zum Begriff vgl. Rn. 16) den Ablauf des Sendeprogramms und damit den **Zeitpunkt der Empfangbarkeit** des Werks bestimmt: Anders als die durch § 19a erfassten Abrufdienste (*on demand*) ist die Sendung für das Publikum nur zu dem **vom Sendenden festgelegten Zeitpunkt empfangbar** (vgl. Rn. 13 und vgl. § 19a Rn. 14 zu Einzelheiten der Abgrenzung). Das Publikum kann sich – wie für Radio und Fernsehen typisch – nur in die laufende Sendung einschalten. Von den anderen öffentlichen Wiedergaberechten nach § 19 sowie den Zweitverwertungsrechten nach §§ 21, 22 unterscheidet sich das Senderecht dadurch, dass das Sendepublikum nicht an einem Ort versammelt ist, sondern typischerweise jeder für sich die Sendung an eigenen Empfangsgeräten wahrnimmt.

3 Dem Senderecht unterfallen alle **drahtgebundenen** oder **drahtlose** Werkübertragungen, d.h. der terrestrische Rundfunk, Sendungen per Satellit, Kabel, Mobilfunk (GPRS, UMTS) oder über das Internet (Live-Streaming, vgl. § 19a Rn. 20). Auch die **Weitersendung** eines bereits gesendeten Werkes, etwa die Einspeisung des empfangenen Sendesignals in Kabelnetze oder Verteileranlagen, ist Sendung i.S.d. § 20, die der Zustimmung des Urhebers bedarf. Abzugrenzen ist die Sendung dagegen von dem bloßen **Empfang** (Einzelheiten vgl. Rn. 17 ff.). Dieser ist urheberrechtlich frei, sofern er nicht in der Öffentlichkeit stattfindet (dann greift § 22 ein).

2. Europäische Satellitensendung (§ 20a) und Kabelweitersendung (§ 20b)

Abzugrenzen ist das Senderecht von der in § 20a geregelten europäischen **4** Satellitensendung sowie der Kabelweitersendung nach § 20b. Beide Vorschriften wurden in Umsetzung der **Satelliten- und Kabel-RL** 93/83/EWG v. 27.09.1993, Abl. EG Nr. L 248 v. 06.10.1993, S. 15) durch das 4. UrhÄndG vom 08.05.1998 (BGBl. I S. 902) in das UrhG eingefügt. Danach findet auf europäische Satellitensendungen ausschließlich § 20a Anwendung (Begr RegE ÄndG 1996/I – BT-Drucks. 13/4796, S. 9). Ob eine solche vorliegt richtet sich nach der Legaldefinition des § 20a Abs. 3. Umgekehrt bleibt § 20 auf Satellitensendungen anwendbar, die nicht von § 20a erfasst werden. Wenngleich die europäische Satellitensendung ein selbständiges, von anderen Sendeformen **dinglich abspaltbares Verwertungsrecht** ist (Wandtke/Bullinger/*Ehrhard*[2] §§ 20–20b Rn. 3; HK-UrhR/*Dreyer* Rn. 1), geht sie sachlich nicht über § 20 hinaus. Auch die europäische Satellitensendung wie auch die Kabelweiterleitung (§ 20b) sind Sendung. Entsprechend werden beide Rechte nicht gesondert im dem Rechtekatalog des § 15 Abs. 2 aufgeführt.

§ 20b stellt klar, dass auch die Weiterleitung des Sendesignals in Kabelnetze **5** und Mikrowellensysteme Sendung ist. Zugleich ordnet die Vorschrift die Verwertungsgesellschaftspflichtigkeit des Rechts an. Dadurch wird gewährleistet, dass die Kabelunternehmen sämtliche für die Kabeleinspeisung benötigten Rechte zentral erwerben können (vgl. § 20b Rn. 3, 14 ff.).

3. Internationale Konventionen und EU-Harmonisierung

Konventionsrechtlich ist das Recht der drahtlosen Sendung in Art. 11bis Abs. 1 **6** RBÜ geregelt; das Recht für drahtgebundene Sendungen ist dagegen unübersichtlich auf zahlreiche Einzelvorschriften verteilt: Art. 11 Abs. 1 Nr. 2, 11bis Abs. 1 Nr. 2; 11ter Abs. 1 Nr. 2; 14 Abs. 2 und 14bis Abs. 1 Satz 2 i.V.m. Art. 14 Abs. 1 Nr. 2, Art. 14bis Abs. 2 lit b RBÜ (ausführlich Schricker/*v. Ungern-Sternberg*[3] vor §§ 20 Rn. 47 m.w.N.). Ein umfassendes Recht der drahtlosen oder drahtgebundenen öffentlichen Wiedergabe gewährt den Urhebern **Art. 8 WCT**. Es erfasst sowohl das Senderecht als auch die öffentliche Zugänglichmachung i.S.v. § 19a, nicht jedoch Werkwiedergaben, die unmittelbar gegenüber dem anwesenden Publikum erfolgen, wie etwa im deutschen Recht das Vortrags-, Aufführungs- und Vorführungsrecht nach § 19 (Schricker/*v. Ungern-Sternberg*[3] vor §§ 20 Rn. 47 m.w.N.). Ausübenden Künstler und Tonträgerhersteller gewährt **Art. 15 WPPT** einen Vergütungsanspruch für die Sendung ihrer Leistungen.

Die europäische **Satelliten- und Kabel-RL** 93/83/EGW v. 27.09.1993 trifft **7** insbesondere Regelungen zu den Rechten an der Satellitenübertragung und Kabelweiterverbreitung und wurde in Deutschland durch § 20a und § 20b umgesetzt (zu Einzelheiten vgl. § 20a Rn. 4 f.; vgl. § 20b Rn. 5; ausführlich Walter/*Dreier* S. 399 f; zur Umsetzung *Hillig* UFITA 138 [1999] 5 m.w.N.). Eine umfassende Regelung der öffentlichen Wiedergabe enthält Art. 3 Abs. 1 der Info-RL; sie umfasst – ebenso wie der nahezu wortgleiche Art. 8 WCT – sowohl das Senderecht als auch das Recht der öffentlichen Zugänglichmachung. Eine Änderung des Senderechts im UrhG war durch die Info-RL nicht veranlasst.

4. Schranken

8 Beschränkt werden die Senderechte nach § 20 und § 20a durch § **45 Abs. 3** (Rechtspflege); **48 Abs. 1** (Öffentliche Reden), § **49 Abs. 1** und **Abs. 2** (Zeitungsartikel und Rundfunkkommentare); § **50** (Bild- und Tonberichterstattung über Tagesereignisse); § **51** (Zitate), § **57** (Unwesentliches Beiwerk) und § **59 Abs.1** (Werke an öffentlichen Plätzen). § **52** (Öffentliche Wiedergabe zu nicht gewerblichen Zwecken) findet dagegen auf Funksendungen keine Anwendung (§ 52 Abs. 3).

5. Anwendbarkeit auf Leistungsschutzrechte

9 Das Senderecht wird uneingeschränkt den Inhabern der Leistungsschutzrechte nach § **70** (Wissenschaftliche Ausgaben), § **71** (Nachgelassene Werke), § **72** (Lichtbilder), § **87b Abs. 1** (Datenbanken) sowie den Sendeunternehmen nach § **87 Abs. 1 Nr. 1** für die Weitersendung ihrer Sendungen gewährt. Den ausübenden Künstlern gewährt § **78 Abs. 2 Nr. 1** nur einen Vergütungsanspruch für die Sendung ihrer Darbietung, sofern für die Wiedergabe ein erlaubter Weise erschienener Bild- oder Tonträger verwendet wird (anders Live-Auftritte). An dem Vergütungsaufkommen ist der Tonträgerhersteller zu beteiligen (§ 86).

II. Tatbestand

1. Funk

10 Sendung ist die öffentliche Zugänglichmachung des Werkes durch **Funk**. Dies ist nach der Amtl. Begr. jede Übertragung von Zeichen, Tönen oder Bildern durch elektromagnetische Wellen, die von einer Sendestelle ausgesandt werden und an anderen Orten von einer beliebigen Zahl von Empfangsanlagen aufgefangen und wieder in Zeichen, Töne oder Bilder zurückverwandelt werden können (RegE UrhG – BT-Drucks. IV/270, S. 50; ebenso BGH GRUR 1982, 727, 730 – *Altverträge*). Der Sendebegriff ist **denkbar weit**. Erfasst werden **alle Funkarten**, d.h. drahtgebundene oder drahtlose Übertragungswege; die im Gesetzestext vorgenommene Bezugnahme auf (terrestrischen) Ton- und Fernsehfunk, Satelliten- und Kabelfunk ist nur beispielhaft und nicht abschließend wie schon durch den Zusatz „oder ähnliche Mittel" deutlich wird. Ohne Bedeutung ist auch, ob die Übertragung des Sendesignals analog, digital oder verschlüsselt erfolgt und ob sich um eine **Erstsendung** oder eine **Weitersendung** eines empfangenen Sendesignals handelt. Die Weiterleitung einer Radiosendung oder eines Videos in einzelne Zimmer über einer Verteileranlage ist Sendung (BGH GRUR 1994, 45, 46 – *Verteileranlagen*; BGH GRUR 1994, 797 – *Verteileranlage im Krankenhaus*; Einzelheiten vgl. Rn. 17 ff.), sofern der Kreis der Empfänger der Öffentlichkeit angehört. Ebenfalls Sendung ist der Betrieb eines **Mehrkanaldienstes** (Multi-Channel-Services), der auf verschiedenen digitalen Kanälen gleichzeitig eine Vielzahl von (Musik-) Sendungen ausstrahlt und dem Empfänger durch digitale Zusatzinformationen ggf. erleichterte Aufnahmemöglichkeiten einräumt (BGH GRUR 2004, 669, 670 – *Musikmehrkanaldienst*).

2. Zugänglich machen

11 Der Begriff des Zugänglichmachen ist inhaltlich identisch mit dem des § 19a (vgl. § 19a Rn. 7 ff.). Unerheblich ist, ob die Sendung tatsächlich von einem oder mehreren Endnutzern empfangen wird; entscheidend ist allein, dass ihnen die Möglichkeit gegeben ist, das betreffende Werk zu empfangen und wahrzunehmen (BGH GRUR 1996, 875, 876 – *Zweitbettzimmer im Krankenhaus*). Dies setzt die Existenz entsprechender Empfangsgeräte voraus. Der Öffentlichkeit zugänglich gemacht werden auch verschlüsselt oder übertragene Sendungen (Pay-TV), sofern eine Mehrzahl von Personen in der Lage ist, das Werk mittels Decoder zu entschlüsseln. Keine Rolle spielt, ob und ggf. in welcher Form der Zuhörer das Werk mitschneiden kann (Schricker/*v. Ungern-Sternberg*[3] Rn. 10).

Von dem **zu Gehör bringen** des Werkes in § 19 Abs. 1, 2 und der **Wahrnehm-** **12** **barmachung** in §§ 19 Abs. 4, 21, 22 unterscheidet sich die Zugänglichmachung dadurch, dass die Empfänger typischer Weise die Sendung nicht gemeinsam, sondern an verschiedenen Orten und jeweils für sich an eigenen Empfangsgeräten wahrnehmen. Die Funksendung zeichnet sich – bereits technisch bedingt – durch ein gewisses **Distanzelement** aus. Die Live-Übertragung eines Konzerts an einen anderen Veranstaltungsort (z.B. Übertragung über Grossbildleinwände) unterfällt § 19 Abs. 3 (Einzelheiten vgl. § 19 Rn. 10, 26).

3. Gleichzeitigkeit des Empfangs

Von § 19a unterscheidet sich die Sendung dadurch, dass die Mitglieder der **13** Öffentlichkeit das angebotene Werk nicht zu Zeiten ihrer Wahl abrufen und wahrnehmen (*on demand*), sondern sich nur in das **laufende Sendeprogramm** einschalten können (allg.M.: zuletzt OLG Stuttgart NJW 2008, 1605, 1606; *Hoeren* MMR 2008, 139, 142; *Schack* GRUR 2007, 639, 641; Schricker/*v. Ungern-Sternberg*[3] Rn. 45). Der Sendende bestimmt den Zeitpunkt der Übermittlung sowie die zeitliche Reihenfolge der Programmbestandteile durch das vom ihm ausgestrahlte Sendesignal. Abgrenzungsschwierigkeiten bestehen insbesondere bei internetgestützten Diensten (zu Einzelheiten der Abgrenzung vgl. § 19a Rn. 14 ff.). Die Ausstrahlung von Fernseh- und Radioprogrammen über das Internet fällt nur dann unter das Senderecht, wenn sich die Nutzer in ein laufendes – ggf. auch zeitversetztes – Sendeprogramm einschalten können (**Live-Streaming**) und ihm auch keine erweiterten Downloadmöglichkeiten eröffnet werden (*Schack* GRUR 2007, 639, 641; *Poll* GRUR 2007, 476, 480). Die Anwendung des Senderechts wird auch nicht dadurch ausgeschlossen, wenn durch das Internet-Streaming des Sendesignals systembedingte Zwischenspeicherungen erforderlich sind (*Schack* GRUR 2007, 639, 641). Diese fallen ohnehin unter die Schranke des § 44a.

Bei einer zeitgleichen, unveränderten und vollständigen Übertragung des Sen- **14** deprogramms über das Internet (**Simulcasting**) greift zwar § 20, nicht aber § 20b, da diese Regelung nur die Einspeisung des Sendeprogramms in klassische Kabel- und Mikrowellensysteme erfasst (vgl. § 20b Rn. 13; a.A. wohl *Hoeren* MMR 2008, 139, 142; *Ory* ZUM 2007, 7, 9 für Handy-TV; für analoge Anwendung *Poll* GRUR 2007, 476, 480). Dies hat zur Konsequenz, dass entsprechende Internetdienste die Rechte nicht oder nicht allein bei den Verwertungsgesellschaften erwerben können.

4. Öffentlichkeit

Das Senderecht besteht nur, wenn Mitglieder der Öffentlichkeit die Möglich- **15** keit haben, die Sendung wahrzunehmen. Für den Öffentlichkeitsbegriff ist die Legaldefinition des **§ 15 Abs. 3** maßgeblich (ausführlich vgl. § 15 Rn. 27 ff.).

Öffentlichkeit liegt ohne weiteres vor bei Rundfunkprogrammen, einschließlich spezieller Spartenkanäle. Öffentliche Sendung ist aber auch die Weiterleitung von Radio- oder Fernsehprogrammen in die Zellen einer Haftanstalt
(BGH GRUR 1984, 734, 734 – *Verteileranlagen*), eines Krankenhauses
(BGH GRUR 1994, 797 – *Verteileranlagen im Krankenhaus*) und erst Recht
bei Hotels (vgl. Rn. 19) und einer Ferienwohnanlage (LG Kiel v. 15.02.05 – 1
S 116/04). Auch unternehmensinternes Fernsehen (Schricker/*v. Ungern-Sternberg*[3] Rn. 8) oder das Abspielen von Musik in der **Warteschleife einer Telefon-
anlage** unterfällt dem Verwertungsrecht des § 20 (dazu etwa Federal Court
Sydney GRUR Int. 1996, 1229 – *Music on Hold*; die GEMA lizenziert
Telefonmusik über den Tarif WR-TEL). Dagegen ist die bloße **Individualkom-
munikation**, sei es über Telefon, Funk oder das Internet, keine Sendung.
§ 20 liegt mangels Öffentlichkeit nicht vor, wenn das Sendeprogramm durch
Richtfunk oder Kabel zu den Kopfstationen von Rundfunkanlagen übermittelt
wird (Schricker/*v. Ungern-Sternberg*[3] Rn. 8).

III. Einzelfragen

1. Ausübung des Senderechts – Passivlegitimation

16 Sendender und damit zur Einholung des Nutzungsrechts nach § 20 verpflichtet
ist, unter dessen **Kontrolle und Verantwortung** die Aussendung der programmtragenden Signale erfolgt (zutreffend Dreier/Schulze/*Dreier*[2] unter Hinweis auf
§ 20a Abs. 2 Nr. 1). Dies sind im Regelfall die Sendeanstalt oder im Fall des
§ 20b die Kabelgesellschaft, nicht jedoch bloße technische Dienstleister wie
der Betreiber eines Funkmasts oder Leitungsnetzes. Letztgenannte können bei
rechtswidrigen Funksendungen aber ggf. als Störer in Anspruch genommen
werden, sofern ihnen im Hinblick auf das konkrete Sendeprogramm die
Verletzung von Prüfpflichten zur Last gelegt werden kann (zu Einschränkungen der Störerhaftung durch Prüfpflichten etwa BGH GRUR 2007, 708, 710 –
Internet-Versteigerung II; BGH GRUR 2001, 1038, 1039 – *ambiente.de*; BGH
GRUR 1999, 418, 419 – *Möbelklassiker*; Einzelheiten vgl. § 97 Rn. 154 ff.).
Passivlegitimiert sind im Fall von senderechtspflichtigen Verteiler- und Ge-
meinschaftsantennenanlage (vgl. Rn. 18) deren Betreiber.

2. Abgrenzung Weitersendung und Empfang

17 Auch die Weitersendung des empfangenen Sendesignals an Mitglieder der
Öffentlichkeit ist Sendung. Dies leuchtet ohne weiteres ein für die **Einspeisung**
eines Sendeprogramms in ein Kabelnetz oder das Internet, wodurch dieses –
zeitversetzt oder zeitgleich – auch außerhalb des terrestrischen Versorgungsbereichs einer Rundfunkanstalt von weiteren Bevölkerungskreisen empfangen
werden kann. Aus § 20b ergibt sich indes, dass *jede* zeitgleiche, unveränderte
Kabelweitersendung eines Programms der Zustimmung der Urheber bedarf,
ganz gleich ob die Empfänger dieses auch terrestrisch hätten empfangen
können (vgl. § 20b Rn. 10). Als Recht der öffentlichen Wiedergabe unterliegt
das Senderecht **keiner Erschöpfung** (BGH GRUR 2000, 699, 671 – *Kabelweitersendung*; Dreier/Schulze/*Dreier*[2] Rn. 14; Schricker/*v. Ungern-Sternberg*[3]
vor §§ 20 Rn. 13). Deshalb kann auch die hausinterne Weiterleitung von
Radio- oder Fernsehprogrammen über Verteileranlagen Sendung sein (BGH
GRUR 1994, 45, 46 – *Verteileranlagen*; BGH GRUR 1994, 797 – *Verteileranlage im Krankenhaus*; OLG Hamm GRUR 2007, 379, 380 – *Kabelfernsehen im Hotelzimmer*; vgl. Rn. 19).

Abzugrenzen ist die zustimmungspflichtige Weitersendung von dem **urheber- 18 rechtsfreien Empfang**. Denn auch in einem Einfamilienhaus liegt rein technisch eine Weitersendung vor, wenn das über Kabel oder Antenne empfangene Sendesignal in einzelne Zimmer geleitet wird. Fehlt es in diesem Fall noch am Merkmal der Öffentlichkeit, so gilt dies nicht mehr für große Mehrfamilien- oder Hochhäuser, deren Bewohner das Fernsehprogramm über zentrale **Gemeinschaftsantennen** oder **Antennenanlagen** empfangen. Möchte man hier die Reichweite des Senderechts nicht über Gebühr strapazieren, muss man eine **wertende Betrachtung** vornehmen (so Schricker/*v. Ungern-Sternberg*[3] Rn. 35; Dreier/Schulze/*Dreier*[2] Rn. 12; unter Berufung darauf auch LG Hamburg ZUM 2004, 232, 233). Abzuwägen ist in jedem Einzelfall, ob die technische Weiterleitung eines Sendesignals (gleich ob drahtlos oder drahtgebunden) eher der Sendeebene – vergleichbar mit der aktiven Übermittlung des Sendesignals durch einen selbständig handelnden Akteur – oder der reinen Empfangsebene zuzurechnen ist. Anhaltspunkte bieten dafür insbesondere die **technischen Anstrengungen**, die unternommen werden, um den Empfang zu ermöglichen (Dreier/Schulze/*Dreier*[2] Rn. 9). Greift eine zentrale Gemeinschaftsantennenanlage das Sendesignal ab und verteilt es über Kabelnetze in ein ausgedehntes Wohngebiet, so überwiegt der Vorgang des Sendens (Schricker/*v. Ungern-Sternberg*[3] Rn. 35). Umgekehrt ist der Betrieb einer Gemeinschaftsantenne erlaubnis- und vergütungsfrei, wenn diese nur der Versorgung eines einzelnen Gebäudes (unabhängig von der Zahl der angeschlossenen Wohnungen, Gebäudeeingänge, Treppenhäuser, etc.) dient (so ausdrücklich BeschlE RAusschuss 4. UrhÄndG – BT-Drucks. 13/9856, S. 3 f.; LG Kiel v. 15.02.05 – 1 S 116/04, Rz. 11: erlaubnisfrei, wenn Beschränkung auf die Nachbarschaft).

Einzelfälle: Der BGH hatte dagegen im Jahr 1980 noch entschieden, dass die **19** integrale Weiterleitung von Rundfunkprogrammen mittels einer zentralen Antennen- und Kabelanlage an einen im Funkschatten von Hochhäusern liegenden Empfängerkreises noch keine zustimmungspflichtige Weitersendung darstelle (BGH GRUR 1981, 413 – *Kabelfernsehen im Abschattungsgebieten*; überwiegend ablehnend die Literatur Schricker/*v. Ungern-Sternberg*[3] Rn. 38 m.w.N.; *Schack*[4] Rn. 389, 401). Die Entscheidung dürfte angesichts von § 20b mittlerweile überholt sein. Bereits 1987 hatte der BGH die Kabelweiterleitung von Sendungen innerhalb des terrestrischen Direktempfangsbereichs der Ursprungssendung als urheberrechtsrelevante Sendung angesehen (BGH GRUR 1998, 206 – *Kabelfernsehen II*). Sendung liegt auch vor, wenn Bild- oder Tonträger, etwa Videos, über eine Verteileranlage innerhalb eines öffentlichen Gebäudekomplexes (z.B. Hotel, Krankenhaus, Justizvollzugsanstalt, Seniorenheim) verteilt werden (BGH GRUR 1994, 45, 46 f. – *Verteileranlagen*; BGH GRUR 1994, 797 – *Verteileranlage im Krankenhaus*, für Rundfunkvermittlungsanlagen bereits BGH GRUR 1962, 201 – *Rundfunkempfang im Hotelzimmer*; für die Kabelweiterleitung von Fernsehprogrammen in Hotels OLG Hamm GRUR-RR 2007, 379, 381 – *Kabelfernsehen im Hotelzimmer*; OLG Köln GRUR-RR 2007, 305, 306; LG Berlin ZUM-RD 2003, 313). Der Fernsehempfang in **Hotelzimmern** dürfte nach der Entscheidung des EuGH *SGAE/ Rafael* stets als Sendung i.S.v. § 20 anzusehen sein (EuGH GRUR 2007, 379, 381), selbst wenn sich jedes einzelne Fernsehgerät einer eigenen (terrestrischen) Antenne bedient. Der EuGH bewertet bereits das Aufstellen der Geräte in den Zimmern zur Ermöglichung des Empfangs als zustimmungspflichtige Verwertungshandlung (zustimmend *obiter dictum* OLG Hamm GRUR-RR 2007, 379, 381 – *Kabelfernsehen im Hotelzimmer*). Als Sendung wurde auch der Betrieb einer **Gemeinschaftsantennenanlage** für einzelne **Ferienwoh-**

nungen in einem Reihenhaus erachtet, da zwischen den Bewohner kein nachbarschaftliches Gemeinschaftsverhältnis entstehen kann (LG Kiel v. 15.02.05 – 1 S 116/04, Rz. 11).

IV. Praxis der Rechtswahrnehmung

20 Im Bereich der **Musik** wird das Senderecht seit jeher nicht durch die Berechtigten selbst, sondern durch Verwertungsgesellschaften wahrgenommen. Der GEMA sind gemäß § 1 lit. b) und d) BerV-GEMA die Rechte der **Hörfunk- und Fernsehsendung** von den Berechtigten übertragen worden. Auf diese Weise können die Verwerter, insb. Radio- und Fernsehanstalten aber auch Webradio-Anbieter, die für ihre Sendungen erforderlichen Rechte zentral bei der GEMA einholen. Dabei werden die verwendeten Musikwerke nicht einzeln lizenziert; vielmehr räumt die GEMA den Anbietern das Senderecht pauschal für das gesamte GEMA-Repertoire ein (Tarife abrufbar unter gema.de). Die Höhe der Vergütung richtet sich vordergründig nach dem Musikanteil des Sendeprogramms sowie des Verbreitungsgebiets des Senders. Ausgenommen von der Rechtswahrnehmung durch die GEMA sind die Senderechte an **dramatisch-musikalischen Werken** sowie das Recht zu Benutzung des Werkes in Werbespots (§ 1 lit. k) BerV-GEMA; dazu LG Hamburg GRUR 1991, 599).

21 Im Bereich der **Sprachwerke** und **Darstellungen wissenschaftlicher und technischer Art** nimmt die VG WORT ebenfalls nur die „kleinen Senderechte" wahr (vgl. § 1 Nr. 7 WahrnV VG WORT). Ausgenommen bleiben szenische oder bildliche Darstellungen sowie Lesungen aus dramatischen Werken. Überdies beschränkt sich die Rechtswahrnehmung auf die Fernsehnutzung bis zu 10 Minuten und die Hörfunknutzung bis zu 15 Minuten (§ 1 Nr. 7 WahrnV VG WORT). Für die Ausstrahlung eines längeren Audiobooks im Radio muss der Sender damit die Rechte direkt beim Verlag erwerben.

22 Im Bereich der wortdramatischen und dramatisch-musikalischen Werke (Theater, Opern, Musicals) sind die Senderechte bei den Berechtigten, d.h. regelmäßig den Verlagen, geblieben. Grundlage für die Vertrags- und Lizenzierungspraxis bildet insb. die „Regelsammlung Verlage/Rundfunk für Hörfunk und Fernsehen". Sie sieht eine inhaltlich, zeitlich und räumlich beschränkte Übertragung des Senderechts vor (Einzelheiten zur Vertragspraxis bei Wandtke/Bullinger/*Ehrhard*[2] Rn. 40 ff.).

23 Die VG Bild-Kunst nimmt für die von ihr vertretenen **bildenden Künstler** und **Fotografen** das Senderecht wahr, für Fotografen allerdings nur insoweit, als ihre Werke in Büchern erschienen sind (§ 1 lit. c WahrnV Bild-Kunst für die Berufsgruppen I und II). Ihre Wahrnehmungsbefugnisse erstrecken sich auch auf die Digitalisierung analoger Filmwerke sowie deren Online-Sendung, Wiedergabe oder anderer Online-Übermittlung. Die sich daraus ergebenden Abgrenzungsschwierigkeiten zu den Online-Rechten der Sendeanstalten, vor allem für die unter § 19a fallenden Abrufdienste (*on demand*), sind Gegenstand einer Abgrenzungsvereinbarung v. 10./23.01.2001.

24 Die Senderechte an **Filmwerken** (Spielfilme, TV-Serien, usw.) werden weitgehend individuell durch die Berechtigten, d.h. insbesondere durch die Produzenten wahrgenommen. Zur Vertragspraxis mit Drehbuchautoren bei Auftragsproduktionen Wandtke/Bullinger/*Ehrhard*[2] Rn. 40 ff.

§ 20a Europäische Satellitensendung

(1) Wird eine Satellitensendung innerhalb des Gebiets eines Mitgliedstaates der Europäischen Union oder Vertragsstaates des Abkommens über den Europäischen Wirtschaftsraum ausgeführt, so gilt sie ausschließlich als in diesem Mitgliedstaat oder Vertragsstaat erfolgt.

(2) ¹Wird eine Satellitensendung im Gebiet eines Staates ausgeführt, der weder Mitgliedstaat der Europäischen Union noch Vertragsstaat des Abkommens über den Europäischen Wirtschaftsraum ist und in dem für das Recht der Satellitensendung das in Kapitel II der Richtlinie 93/83 EWG des Rates vom 27. September 1993 zur Koordinierung bestimmter urheber- und leistungsschutzrechtlicher Vorschriften betreffend Satellitenrundfunk und Kabelweiterverbreitung (ABl. EG Nr. L 248 S. 15) vorgesehene Schutzniveau nicht gewährleistet ist, so gilt sie als in dem Mitgliedstaat oder Vertragsstaat erfolgt,
1. **in dem die Erdfunkstation liegt, von der aus die programmtragenden Signale zum Satelliten geleitet werden, oder**
2. **in dem das Sendeunternehmen seine Niederlassung hat, wenn die Voraussetzung nach Nummer 1 nicht gegeben ist.**
²Das Senderecht ist im Fall der Nummer 1 gegenüber dem Betreiber der Erdfunkstation, im Fall der Nummer 2 gegenüber dem Sendeunternehmen geltend zu machen.

(3) Satellitensendung im Sinne von Absatz 1 und 2 ist die unter der Kontrolle und Verantwortung des Sendeunternehmens stattfindende Eingabe der für den öffentlichen Empfang bestimmten programmtragenden Signale in eine ununterbrochene Übertragungskette, die zum Satelliten und zurück zur Erde führt.

Übersicht

I. Allgemeines

1. Bedeutung und Aufbau der Vorschrift

Satelliten versorgen nicht nur einen ungleich größeren Empfangsbereich als **1** terrestrische Sender; sie lassen sich auch von jedem beliebigen Teil der Erde aus anpeilen mit der Folge, dass über Erdfunkstationen aus Staaten mit niedrigem oder faktisch nicht durchsetzbarem Urheber- und Leistungsschutz in Staaten mit hohem Schutzniveau hinein gesendet werden kann. Das führte zu Überlegungen, auf Satellitensendungen nicht – oder nicht nur – das Recht des Staates anzuwenden, von dessen Boden die Sendung ausging (*a quo*), sondern auch – oder nur – das Recht der jeweiligen Empfangsstaaten (*ad quem*). Die letztere Auffassung ist nach ihrem prominentesten Vertreter, dem früheren WIPO-Generaldirektor Arpad Bogsch, benannt und hat als **Bogsch-Theorie** auch in der Judikatur, vor allem in Österreich, Zustimmung gefunden (OGH Wien GRUR Int. 1991, 920, 923 – *Tele-Uno II* und ZUM 1993, 634, 636; LG Stuttgart GRUR Int. 1995, 412, 413 – *Satelliten-Rundfunk*; *Katzenberger* GRUR 1983, 895, 913).

2 Die *Bogsch*-Theorie hat freilich zur Konsequenz, dass Programmveranstalter die Verwertungsrechte nicht nur für den Sendeort, sondern auch für alle Empfangsländer einholen müssten. Dies hätte in Europa die Anwendbarkeit einer Vielzahl von Rechtsordnungen für einen einzigen Sendevorgang und damit Rechtsunsicherheit bei allen Beteiligten bedeutet (siehe ErwG 7 Satelliten- und Kabel-RL). Deswegen bestimmt **Absatz 1**, entsprechend Art. 1 Abs. 2 lit. b) der Richtlinie, dass für Satellitensendungen, die **innerhalb der EU und des EWR** ausgeführt werden, nur *eine* Rechtsordnung – nämlich diejenige des Staates, in dem die „Eingabe" nach **Absatz 3** stattfindet (Sendeort) – zur Anwendung kommt (sog. **Sendelandprinzip**). **Absatz 2** soll die Rechteinhaber davor schützen, dass Sendungen in Länder außerhalb der EU und des EWR, die nicht das in der Satelliten- und Kabel-RL vorgesehene Schutzniveau gewährleisten, verlagert werden. In diesen Fällen gilt die Sendung als in dem Mitgliedstaat erfolgt, in dem die Erdfunkstation liegt, von dem aus die programmtragenden Signale zum Satelliten geleitet werden oder in dem das Sendeunternehmen seine Niederlassung hat, wenn die Erdfunkstation nicht in einem Mitgliedstaat oder Vertragsstaat liegt. Absatz 3 enthält eine gesetzliche Definition der Satellitensendung.

3 Die Europäische Satellitensendung ist gegenüber der (einfachen) Sendung **ein selbstständiges, mit dinglicher Wirkung abspaltbares Verwertungsrecht** (Wandtke/Bullinger/*Ehrhard*[2] §§ 20–20b Rn. 3; HK-UrhR/*Dreyer* Rn. 1; Schricker/*v. Ungern-Sternberg*[3] Rn. 18); das Recht kann unabhängig von einem Nutzungsrecht zur Durchführung erdgebundener Sendungen vergeben werden (BGH GRUR 2005, 320, 323 – *Kehraus*, zu § 20 a.F.). Inhaltlich geht § 20a aber nicht über den Sendebegriff des § 20 hinaus, weshalb das Recht auch nicht in dem Rechtekatalog des § 15 Abs. 2 genannt wird. § 20a konkretisiert in erster Linie nur den Umfang des Rechterwerbs, der bei einer grenzüberschreitenden Satellitensendung erforderlich ist. Die Satellitensendung ist im Vergleich zur terrestrischen Sendung keine neue Nutzungsart im Sinne von § 31 Abs. 4 (BGH GRUR 1997, 25 – *Klimbin*).

2. Europäisches Recht und Umsetzung

4 § 20a beruht auf der **Satelliten- und Kabel-RL** 93/83/EWG v. 27.09.1993. Vordergründiges Ziel der Richtlinie war es, den Sendeunternehmen den Rechteerwerb zu vereinfachen, wenn sie ihr Programm grenzüberschreitend über Satellit ausstrahlen, und dadurch grenzüberschreitende Satellitenprogramme zu fördern. Durch das in der Richtlinie festgeschriebene **Sendelandprinzip** (Art. 1 Abs. 2 lit. b) müssen Programmanbieter, welches ihr Programm grenzüberschreitend in mehrere Länder ausstrahlen, nur noch die Rechte im bzw. für das Sendeland erwerben. Zugleich schafft die Richtlinie – als Vorrausetzung für das Sendelandprinzip – innerhalb der EU ein **einheitliches Schutzniveau**, so dass es im Prinzip gleichgültig ist, in welchem Mitgliedstaat der Rechteerwerb stattfindet.

5 Die Richtlinie wurde – verspätet – durch das ÄndG 1998 durch Einfügung von §§ 20a, 20b umgesetzt. Die Richtlinie ist bei Auslegungsfragen heranzuziehen (zur richtlinienkonformen Auslegung der Verwertungsrechte vgl. § 15 Rn. 15 f.); bei Unklarheiten kommt ein Vorlageverfahren an den EuGH gem. Art. 234 EGV in Betracht. Eine Übergangsbestimmung findet sich in § 137h UrhG. Danach ist § 20a auf Altverträge, die vor dem 01.06.1998 geschlossen wurden, erst ab dem 01.01.2000 anzuwenden (vgl. § 137h Rn. 1 ff. für Einzelheiten).

3. Anwendungsbereich

§ 20a gilt entsprechend auch für die Inhaber von **Leistungsschutzrechten,** **6** soweit ihnen ein Senderecht gewährt wird (Begr UrhG Änd 1995 – BR-Drucks. 212/96, S. 18). Dies sind die Verfasser wissenschaftliche Ausgaben (§ 70), Herausgeber nachgelassener Werke (§ 71), Lichtbildner (§ 72), ausübende Künstler (§ 78 Abs. 1 Nr. 2), Veranstalter (§ 81), Sendeunternehmen (§ 87 Abs. 1 Nr. 1), Datenbankhersteller (§ 87b Abs. 1) sowie Filmhersteller (§ 94 Abs. 1), nicht jedoch den Tonträgerherstellern.

§ 20a gilt nicht – auch nicht analog – für Verwertungsformen, die keine **7** Satellitensendung sind. Keine Anwendung findet § 20a deshalb auf die digitale Distribution urheberrechtlich geschützter Werke über das **Internet** und andere netzvermittelte Abrufdienste (allg. M., Dreier/Schulze/*Dreier*[2] Rn. 5 m.w.N.; Schricker/*v. Ungern-Sternberg*[3] Rn. 1), selbst wenn diese sich – wie etwa im Bereich der Mobilkommunikation – teilweise der Satellitenübertragung bedienen. Zwar haben auch Internet-Anbieter nachvollziehbar ein Interesse daran, die für die öffentliche Zugänglichmachung von Werken (§ 19a) erforderlichen Rechte nur in einem Land einzuholen. Trotz der europaweiten Rechtsharmonisierung des Rechts der Zugänglichmachung durch die Info-RL besteht jedoch – anders als bei der Satellitensendung – noch kein einheitlicher Rahmen für die Wahrnehmung und Lizenzierung der Rechte (ebenso Dreier/ Schulze/*Dreier*[2] Rn. 5). So wird das Recht nach § 19a teilweise individuell, teilweise kollektiv wahrgenommen (vgl. § 19a Rn. 31 ff.). Für die Ausweitung des Sendelandprinzips auf das Internet liegen die Voraussetzungen noch nicht vor.

II. Einzelerläuterungen

1. Sendung innerhalb der EU und des EWR (Abs. 1)

Absatz 1 normiert das **Sendelandprinzip** (vgl. Rn. 2) für Satellitensendungen, **8** die innerhalb der Europäischen Union oder eines Vertragsstaates des EWR ausgeführt werden. In diesem Fall muss der Programmanbieter die für die Satellitensendung erforderlichen Rechte (nur) in dem und für das Land einholen, von dem aus die Sendung erfolgt (**Sendeland**). *Was* eine Satellitensendung ist und *welches Land* in diesem Fall als Sendeland anzusehen ist, definiert Absatz 3 (vgl. Rn. 13). Dies ist nicht der Ort, von dem aus die Signale technisch zum Satelliten abgestrahlt werden (sog. **Erdfunkstelle**), sondern von dem aus die Aussendung kontrolliert, verantwortet und in eine ununterbrochene Übertragungskette zum Satelliten übermittelt werden (Einzelheiten vgl. Rn. 13).

2. Umgehungsprävention (Abs. 2)

Absatz 2 regelt – nur teilweise – die Fälle, in denen die Satellitensendung **9** (Abs. 3) nicht in einem EU- oder EWR-Staat, sondern in einem Drittstaat erfolgt, welches für das Recht der Satellitensendung das in Kapitel II der Satelliten- und Kabel-RL erforderliche **Schutzniveau nicht gewährleistet.** Absatz 2 fingiert hier für zwei konkrete Fälle den Ort der Satellitensendung nach Absatz 3 als innerhalb der EU oder des EWR gelegen (Umgehungsprävention), so dass es bei der Anwendung des europäischen Schutzniveaus bleibt:

10 **Absatz 2 Nr. 1** regelt den Fall, dass das Sendeunternehmen zwar außerhalb von EU und EWR ansässig ist, sich aber für die Sendung nach Europa einer im EU/EWR-Raum liegenden **Erdfunkstelle** bedient, die – zeitgleich und ohne jeden Einfluss auf die Sendung – die von ihr empfangenen Signale an den Satelliten weitergibt. In diesem Fall ist – abweichend von Abs. 3 – der Sendeort das Land, in dem die Erdfunkstelle liegt. Ansprüche wegen der Sendung sind nach dem Recht und vor den Gerichten des EU- oder EWR-Staates geltend zu machen, in dem die Station liegt. Sie richten sich gegen den Betreiber der Station, nicht gegen den eigentlich verantwortlichen Sender im Ausland.

11 **Absatz 2 Nr. 2** regelt den Fall, dass sich das in einem Drittstaat mit niedrigem Schutzniveau ansässige Sendeunternehmen zwar keiner im EU/EWR-Raum liegenden Erdfunkstelle bedient, dort jedoch über eine **Niederlassung** verfügt. Der Begriff der Niederlassung ist im Interesse eines effektiven Urheberrechtschutz nicht eng i.S.v. § 13 ff. HGB und einer registerrechtlichen Eintragung zu verstehen; es genügen schon gewisse organisatorische oder technische Bezüge zum EU/EWR-Raum (so allgemein zu Abs. 2: Begr ÄndG 1995 – BR-Drucks. 212/96, S. 27). Dies ist etwa der Fall, wenn sich das Sendeunternehmen dort Agenturen zur Vermarktung von Werbeplätzen bedient oder bei wertender Betrachtung dort seinen wesentlichen geschäftlichen Tätigkeiten nachgeht. Zutreffend weist Dreier/Schulze/*Dreier*[2] Rn. 10 darauf hin, dass aber für eine all zu extensive Auslegung des Begriffs der Niederlassung im deutschen Recht kein Bedarf besteht: Richtet sich der ausländische Sender nach Deutschland, so gilt zumindest nach der Empfangsland- bzw. *Bogsch*-Theorie (vgl. Rn. 1) ohnehin das Recht des Empfangslandes, mithin deutsches Recht. Im Übrigen bleibt es im Anwendungsbereich des Abs. 2 Nr. 2 dabei, dass sich die Ansprüche der Urheber und Rechtsinhaber gegen das ausländische Sendeunternehmen, nicht gegen die Niederlassung, richten. Der Gerichtsstand kann dagegen gemäß § 32 ZPO (Ort der unerlaubten Handlung) in Deutschland liegen.

12 **Keine Regelung** trifft Absatz 2 Satz 1 für den Fall, dass das ausländische Sendeunternehmen weder über eine Erdfunkstation (Nr. 1) noch über eine Niederlassung (Nr. 2) im EU/EWR-Raum verfügt. In diesem bleibt es für die Bestimmung des Sendeortes bei allgemeinen Regeln, d.h. der Anwendung der *Bogsch*-Theorie.

3. Definition der europäischen Satellitensendung (Abs. 3)

13 Absatz 3 definiert **Gegenstand und Umfang** der Satellitensendung. Sie ist die unter der Kontrolle und der Verantwortung des Sendeunternehmens stattfindende **Eingabe** der für den öffentlichen Empfang bestimmten programmtragenden Signale in eine ununterbrochene Übertragungskette, die zum Satelliten und zurück zur Erde führt. Dadurch ist klargestellt, dass die als Satellitensendung bezeichnete Funkart die **gesamte ununterbrochene Übertragungskette** von der Eingabe des Werkes bis zu ihrem Ende zum Gegenstand hat. Unerheblich ist, ob die Ausstrahlung an einen Direktsatelliten oder einen Fernmeldesatelliten erfolgt, bei dem die Funksignale verschlüsselt sind, die Entschlüsselung jedoch durch Decoder, die vom Sendeunternehmen der Öffentlichkeit angeboten werden, erfolgt (siehe Art. 1 Abs. 2 c Satelliten- und Kabel-RL). Das Ergebnis entspricht der Sendung über Direktsatelliten, bei dem die ausgestrahlte Sendung von der Öffentlichkeit direkt empfangen werden kann (Art. 1 Abs. 1 sowie ErwG 13 Satelliten- und Kabel-RL). Nutzungshandlungen, die der Satellitenüberragung dagegen **nachgeschaltet** sind, wie z.b. terrestrische oder kabelgebundene (Weiter-) sendungen des empfangenen Signals, sind dagegen nicht mehr Teil der Satellitensendung (BGH GRUR 2003, 328, 331 – *Sender Felsberg*; siehe auch Art. 1 III, 8 Satelliten- und Kabel-RL).

Zugleich regelt Absatz 3, **wer** die Satellitensendung vornimmt, d.h. wer die **14** erforderlichen Rechte einholen muss, und – im Zusammenspiel mit Abs. 1 – **in welchem Land** die Sendung erfolgt bzw. zu lizenzieren ist. **Sendender** ist, wer die Sendung unter seiner Kontrolle hat *und* für sie verantwortlich zeichnet *und* die programmtragenden Signale auf den Weg zum Satelliten schickt, ohne dass der Weg der Signale durch die eigenständige Entscheidungsbefugnis eines Dritten unterbrochen wird. Letzteres bedeutet nicht, dass die Signalübertragung von der Eingabe bis zum Satelliten keine – technisch oder organisatorisch – bedingte zeitliche Unterbrechung erfahren darf (Dreier/Schulze/*Schulze*[2] Rn. 20a). Entscheidend ist, wer letztlich die **Organisations- und Entscheidungsgewalt** über die Sendung hat.

Beispielsfälle: Strahlt ein deutscher Programmanbieter zunächst eine in Öster- **15** reich liegende Erdfunkstelle an, die sodann zeitgleich („ununterbrochen") an einen Satelliten weitersendet, der seinerseits zurück zur Erde ausstrahlt, ist und bleibt Sendender allein der deutsche Anbieter und deutsches Recht ist anwendbar. Gleiches gilt aber auch, wenn der deutsche Sender der Erdfunkstelle das Programm per Datenfernübertragung liefert, diese die Daten zunächst aufbereitet und anschließend zeitlich versetzt das Programm an den Satelliten abstrahlt (a.A. Vorauflage/*Wilhelm Nordemann*[9] Rn. 2; Schricker/*v. Ungern-Sternberg*[3] Rn. 15 für die Lieferung des Programms per Kurier; wie hier Dreier/Schulze/*Dreier*[2] Rn. 14). Werden dagegen gelieferte Programmbestandteile in ein eigenes Sendeprogramm übernommen, so ist Sendender nur der das Programm übernehmende Anbieter. Maßgebend ist letztlich eine **wertende Betrachtung**, wer objektiv die Verantwortung für die Ausstrahlung der Satellitensendung übernimmt und diese technisch auf den Weg bringt oder bringen lässt. Wird ein Programm durch mehrere Sendeanstalten gleichzeitig ausgestrahlt, so etwa beim European Song Contest im Rahmen der European Broadcasting Union (EBU), sendet jedes dieser Unternehmen im Sinne des Absatz 3, da jede Sendeanstalt die Eingabe des Programms in die Übertragungskette veranlasst hat (ähnlich Schricker/*v. Ungern-Sternberg*[3] Rn. 18).

§ 20b Kabelweitersendung

(1) [1]Das Recht, ein gesendetes Werk im Rahmen eines zeitgleich, unverändert und vollständig weiterübertragenen Programms durch Kabelsysteme oder Mikrowellensysteme weiterzusenden (Kabelweitersendung), kann nur durch eine Verwertungsgesellschaft geltend gemacht werden. [2]Dies gilt nicht für Rechte, die ein Sendeunternehmen in Bezug auf seine Sendung geltend macht.

(2) [1]Hat der Urheber das Recht der Kabelweitersendung einem Sendeunternehmen oder einem Tonträger- oder Filmhersteller eingeräumt, so hat das Kabelunternehmen gleichwohl dem Urheber eine angemessene Vergütung für die Kabelweitersendung zu zahlen. [2]Auf den Vergütungsanspruch kann nicht verzichtet werden. [3]Er kann im Voraus nur an eine Verwertungsgesellschaft abgetreten und nur durch eine solche geltend gemacht werden. [4]Diese Regelung steht Tarifverträgen und Betriebsvereinbarungen von Sendeunternehmen nicht entgegen, soweit dadurch dem Urheber eine angemessene Vergütung für jede Kabelweitersendung eingeräumt wird.

Übersicht

I.   Allgemeines

1.   Bedeutung und systematische Einordnung

1   Das in **Abs. 1 S. 1** definierte Recht der Kabelweitersendung ist ein **eigenständiges Verwertungsrecht**. Zwar wird es tatbestandlich bereits durch das Senderecht nach § 20 erfasst (vgl. § 20 Rn. 4), so dass Abs. 1 S. 1 im Wesentlichen nur die **Bedeutung einer Legaldefinition** der Kabelweitersendung zukommt. Aus der gesonderten Nennung des Rechts der Kabelweitersendung folgt jedoch, dass dieses ein eigenständiges Nutzungsrecht ist, welches von den sonstigen Formen der Sendeverwertung nach § 20 mit dinglicher Wirkung abgespalten werden kann (Dreier/Schulze/*Dreier*[2] Rn. 1; Wandtke/Bullinger/*Erhardt*[2] §§ 20–20b Rn. 16).

2   Die Kabelweitersendung ist ein **Zweitverwertungsrecht** (RegE ÄndG 1996 – BR-Drucks. 212/96, S. 14; Moehring/Nicolini/*Kroitzsch*[2] Rn. 19 m.w.N.; a.A. *Conrad* GRUR 2003, 561, 567), da es einen anderen Nutzungsvorgang, nämlich den der Erstsendung über Ton- oder Fernrundfunk, Satellitenrundfunk, Kabelfunk oder ähnliche technische Mittel, voraussetzt. Es ist von der Kabel*erst*sendung, bei der das Programm von den Sendeunternehmen selbst unmittelbar in das Kabelnetz geleitet wird, ebenso zu unterscheiden wie von einer Weitersendung, die zwar per Kabel, aber zeitlich versetzt und möglicherweise inhaltlich verkürzt oder sonst verändert erfolgt (RegE ÄndG 1996 – BR-Drucks. 212/96, S. 30); beide sind nicht Gegenstand des § 20b, der nur die zeitgleiche, unveränderte und vollständige Weiterleitung der Sendung betrifft.

3   Der zugleich angeordneten **Verwertungsgesellschaftpflicht** liegt die Erwägung zugrunde, dass sich das Recht der Kabelweitersendung wegen der Notwendigkeit einer zeitgleichen, unveränderten und vollständigen Übernahme der Erstsendung typischerweise einem einzelvertraglichen Rechteerwerb verschließt und pauschale Rechtseinräumungen erfordert (so RegE ÄndG 1996 – BR-Drucks. 212/96, S. 14). Die Kabelunternehmen sollen die für die Einspeisung ganzer Programme erforderlichen Rechte möglichst aus einer Hand bekommen können. Überdies soll im Interesse der Kabelunternehmen die Rechtsausübung nicht von Rechteinhabern, die keiner Verwertungsgesellschaft angehören (sog. „Außenseiter"), blockiert werden (ErwG 28 Satelliten- und Kabel-RL).

4   Der in **Abs. 2** gewährte gesetzliche **Vergütungsanspruchs** soll die Urheber und Leistungsschutzberechtigten davor schützen, ihr Kabelweitersendungsrecht dem Sendeunternehmen oder Produzenten ohne angemessene zusätzliche Vergütung einzuräumen. Die Gesetzesbegründung (RegE ÄndG 1996 – BR-

Drucks. 212/96, S. 30 f.) bezeichnet diesen Gerechtigkeitsgedanken, der dem deutschen Urheberrecht zugrunde liegt, ausdrücklich als *Verpflichtung*, der der Gesetzgeber mit der Neuregelung entsprechen wolle.

2. Entstehungsgeschichte und Hintergrund

§ 20b Abs. 1 wurde mit Wirkung zum 01.06.1998 durch das ÄndG 1998 **5** (BGBl. I S. 902; verfügbar auf www.fromm-nordemann.de) zur Umsetzung **Satelliten- und Kabel-RL** eingefügt. Erklärtes Ziel der RL ist es, den Kabelunternehmen den Erwerb der Rechte zur zeitgleichen, unveränderten Weiterleitung **grenzüberschreitender Sendungen** in Kabelnetzen oder vergleichbaren Systemen zu erleichtern. Statt eine Vielzahl von Einzelrechten bei den jeweiligen Rechteinhabern für jedes (weiter-)gesendete Werk erwerben zu müssen, genügt die **pauschale Lizenzierung** der Kabelweiterleitung bei der jeweils zuständigen Verwertungsgesellschaft (Art. 9 Satelliten- und Kabel-RL). Konsequenterweise hat der deutsche Gesetzgeber bei Umsetzung der Richtlinie – welche nur für grenzüberschreitende Kabelweitersendungen gilt – auch die Rechte der Weiterleitung **inländischer Programme** verwertungsgesellschaftspflichtig gemacht (s. RegE ÄndG 1996 – BR-Drucks. 212/96, S. 30 f.: Kein sachlicher Grund für Ungleichbehandlung ersichtlich). Dies entsprach im Übrigen der tatsächlichen Praxis, da die Weitersenderechte in Deutschland schon seit Jahren im Wege kollektiver Vereinbarungen von den Verwertungsgesellschaften wahrgenommen wurden.

Abs. 1 S. 2 – ebenfalls einer Vorgabe der Richtlinie folgend – nimmt die Rechte **6** der Sendeunternehmen (Rundfunkanstalten), die diese in Bezug auf ihre eigenen Sendungen erworben haben (z.B. Eigenproduktionen), von der Verwertungsgesellschaftspflicht aus (zu Einzelheiten vgl. Rn. 18).

Der Vergütungsanspruch nach Abs. 2 beruht dagegen nicht auf einer Vorgabe **7** der Richtlinie, sondern stellt eine nur auf nationaler Ebene durchgesetzte Verbesserung der Rechtsstellung der Urheber dar, die zuletzt heftige Kritik erfahren hat (vgl. Rn. 20).

3. Anwendungsbereich

In den Genuss der Rechte nach § 20b kommen nicht nur Urheber, sondern **8** auch die **Verfasser wissenschaftlicher Ausgaben** (§ 70 Abs. 1), **Herausgeber nachgelassener Werke** (§ 71 Abs. 1 S. 1), **ausübende Künstler** (§ 78 Abs. 4), **Sendeunternehmen** (§ 87 Abs. 1 und Abs. 4), **Filmhersteller** (§ 94 Abs. 4) und die **Hersteller von Laufbildern** (§§ 95 i.V.m. § 94 Abs. 4).

Nach der **Übergangsregelung** des § 137h Abs. 3 besteht der gesetzliche Ver- **9** gütungsanspruch (Abs. 2) nur bei Verträgen über die Einräumung des Kabelweitersenderecht, die nach dem 01.06.1998 abgeschlossen wurden. Dies führt zu einer nennenswerten Schlechterstellung von Rechtsinhabern, die vor Inkrafttreten der Gesetzesänderung den Sendeanstalten oder Tonträger- oder Filmherstellern das Kabelweiterleitungsrecht im Wege eines – formularmäßig damals üblichen – Buy-Outs eingeräumt haben. Sie erhalten keine Beteiligung an den Einnahmen aus der Kabelweitersendung. Entsprechend findet Abs. 1 keine Anwendung auf Ansprüche, die aus Rechtsverletzungen vor dem 01.06.1998 hergeleitet werden (BGH GRUR 2000, 699, 700 – *Kabelweiterübertragung*).

II. Begriff der Kabelweitersendung

1. Gesendetes Werk

10 Die Kabelweiterleitung nach § 20b Abs. 1 setzt zwingend eine *Erst*sendung des Werkes iSv §§ 20, 20a voraus. Keine Rolle spielt dagegen, ob die *Erst*sendung mit Zustimmung des Berechtigten oder mit welchen Mitteln (Funk, Kabel, Satellit, Internet, etc.) erfolgte. Der BGH geht bis zuletzt davon aus, dass keine *Erst*sendung, sondern vergütungspflichtige *Weiter*sendung vorliegt, wenn die Kabelübertragung innerhalb des Versorgungsbereichs des Rundfunkunternehmens erfolgt (BGH GRUR 1998, 206, 209 – *Kabelfernsehen II*; BGH GRUR 1994, 209 – *Verteileranlagen*; offengelassen von BGH GRUR 2000, 699, 700 – *Kabelweiterübertragung* m.w.N. zur Gegenauffassung und Rechtslage im Ausland; a.A. *Mand* GRUR 2004, 397 m.w.N.). In anderen Ländern, so z.B. in Österreich (§ 17 Abs. 3 S.2 Öst UrhG) und dem Vereinigten Königreich (Sec 73 Abs. 2 und 3 Copyright, Designs and Patent Act) ist diese dagegen urheberrechts- und vergütungsfrei.

2. Weiterleitung im Rahmen eines Programms

11 Welchen Anforderungen eine Sendung genügen muss, damit sie als Programm i.S.d. § 20b Abs. 1 anzusehen ist, ist im UrhG nicht definiert. Aus den Erwägungsgründen der zugrunde liegenden Richtlinie (vgl. Rn. 5), wonach die Erleichterung der Kabelweitersendung auch politischen, kulturellen und sozialen Zielen diene, mag man ableiten (so Schricker/*v. Ungern-Sternberg*[3] Rn. 10), dass darunter nur ein gestaltetes Mischprogramm zu verstehen ist. Allzu hohe Anforderungen an den Gestaltungsgrad sind nicht zu stellen (so auch HK-UrhR/*Dreyer* Rn. 5), so dass selbst die bloße Aneinanderreihung thematisch abgestimmter Musiktitel den Begriff des Programms erfüllt (ähnlich auch Dreier/Schulze/*Dreier*[2] Rn. 7; a.A. wohl Schricker/*v. Ungern-Sternberg*[3] Rn. 7 explizit für Mehrkanaldienste). Kein Programm i.S.v. § 20b ist dagegen die bloße Weitersendung eines einzelnen Werkes (Dreier/Schulze/*Dreier*[2] Rn. 7).

12 Durch das Erfordernis der **zeitgleichen, unveränderten und vollständigen Weiterübertragung** werden sog. „Rosinenprogramme", d.h. Sendungen, die nur einzelne Teile eines Programms oder gar einzelne Werke übernehmen, aus dem Anwendungsbereich des § 20b UhrG herausgenommen (HK-UrhR/*Dreyer* Rn. 6). Wer aus vorhandenen Sendungen lediglich ein eigenes Programm („Best of") machen möchte oder ein Programm zwar zeitgleich in ein Kabelnetz einspeist, es jedoch – etwa mit Werbeeinblendungen – verändert, kann sich die Rechte für die Kabeleinspeisung dieser selbstgestalteten Programme nicht bei der Verwertungsgesellschaft holen. § 20b bleibt seinem Schutzzweck nach auf die **rein technische Einspeisung eines laufenden Programms** in ein Kabelnetz beschränkt. Diese liegt indes auch vor, wenn die Sendung des Programms aus Gründen, die mit dem Programm nichts zu tun haben, nicht vollständig oder dauerhaft stattfindet (Schricker/*v. Ungern-Sternberg*[3] Rn. 6).

13 § 20b beschränkt sich tatbestandlich auf die Weiterleitung von Programmen durch **Kabelsysteme und Mikrowellensysteme**. Letzere haben in Deutschland bislang keine Bedeutung erlangt. **Kein Kabelsystem** ist das **Internet**. Wer ein Rundfunkprogramm per Datenstreaming zeitgleich über das Internet (IP-TV) senden möchte (zur Abgrenzung zum Video-on-Demand vgl. § 19a Rn. 20, 25), kann sich die erforderlichen Rechte nicht über § 20b durch eine Verwertungsgesellschaft einräumen lassen (a.A. *Hoeren* MMR 2008, 139, 142; *Ory* ZUM 2007, 7, 9 für Handy-TV; für analoge Anwendung *Poll* GRUR 2007, 476, 480; offen gelassen von OLG Köln GRUR-RR 2006, 5 – *Personal Video Recorder*). Zwar weisen die Kabel- und Interneteinspeisung technologisch Ähnlichkeiten auf; der europäische Richtliniengeber wird aber 1993 kaum daran gedacht haben, die räumlich eher begrenzte Kabelweiterleitung eines Sendeprogramms mit dessen weltweiten Weiterverbreitung per Internet gleichzusetzen und letztere ebenfalls – trotz ihrer überragenden wirtschaftlichen Bedeutung – einer kollektiven Verwertung zu unterwerfen (so auch die Empfehlung der EU-Kommission, KOM (2002) 430 final, S. 15; sie auch die Überlegungen in § 20a Rn. 7).

III. Verwertungsgesellschaftspflicht – Vertragspraxis

Das Recht auf Kabelweitersendung kann nach § 20b Abs. 1 nur durch eine **14** Verwertungsgesellschaft geltend gemacht werden. Entsprechend sehen die **Wahrnehmungsverträge** aller Verwertungsgesellschaften ausnahmslos entsprechende Rechtseinräumungen vor (z.B. § 1c WahrnV Bild-Kunst; § 1 Nr. 7 WahrnV VG Wort; § 1 Abs. 1 Nr. 2 i) WahrnV GVL Künstler; bei der GEMA erfolgt die Übertragung nicht durch den BerV, sondern durch gesondertes Mandant). Viele Verwertungsgesellschaften haben sich zu Inkasso- und Verhandlungsgemeinschaften zusammengeschlossen; so sind z.B. VG Bild-Kunst, GWFF, GÜFA, VGF, AGICOA in der Zentralstelle für die Wiedergabe von Fernsehrechten (**ZWF**) vereinigt, wobei das Inkasso wiederum durch die GEMA besorgt wird. Die VG Media (vgmedia.de) ist eine Verwertungsgesellschaft, die für zahlreiche private Hörfunk- und Fernsehunternehmen (z.B. RTL, ProSiebenSat1 sowie weitere Mitglieder des VPRT) deren Rechte nach § 20b Abs. 1 wahrnehmen. Auf der Seite der Kabelnetzbetreiber vertritt insb. die **ANGA** (anga.de) die Interessen der Kabelnetzbetreiber.

Entsprechend erfolgt in der Praxis die Einräumung der Kabelweitersende- **15** rechte über **Gesamtverträge** zwischen den Rechteinhabern einerseits (Verwertungsgesellschaften, Sendeunternehmen und andere Rechteinhaber) und den zusammengeschlossenen Kabelnetzbetreibern andererseits (sog. **Kabelglobalverträge**). Sie bieten den Vorteil, dass der Kabelnetzbetreiber sämtliche für die Programmeinspeisung erforderlichen Rechte mit einem Vertragsverhältnis erwerben kann und Außenseiteransprüche nicht fürchten muss. Der Einigungsprozess ist aufgrund der Vielzahl der Beteiligten allerdings erheblich schwieriger und langwieriger als Individualverträge. Lange Zeit wichtigster Vertrag war der Kabelglobalvertrag mit der Deutschen Bundespost, später Deutsche Telekom AG („DTAG"), vom 21.11.1991, der zum 31.12.2001 gekündigt, zunächst aber de facto weiter geführt wurde. Am 19.12.2002 konnte ein neuer Kabelglobalvertrag zwischen den durch die Verwertungsgesellschaften AGICOA, GEMA, GVL, GÜFA, VFF, VGF, VG Bild-Kunst und VG Wort vertretenen Rechteinhabern, sämtlichen öffentlich-rechtlichen Sendeanstalten sowie einigen privaten Sendern einerseits sowie den Nachfolgegesellschaften der DTAG und regionalen Kabelnetzbetreibern andererseits ausgehandelt werden. Das Inkasso wurde der GEMA übertragen. Nicht gebunden waren daran die in der VG Media vertretenen privaten Sender, welche im April 2003 einen separaten Vertrag („Regio-Vertrag") mit den Kabelnetzbetreibern abschlossen (zum Ganzen siehe Loewenheim/*Castendyk* § 75 Rn. 326 ff.; *Spindler* MMR Beilage 2/2003, S. 1 ff.; s.a. Streitfälle LG Bochum ZUM 2007, 203 sowie OLG Hamm GRUR-RR 2007, 379).

16 Die Verwertungsgesellschaftspflicht bedeutet nicht, dass der Urheber das ihm originär zustehende Weitersenderecht nicht an einen Verwerter (z.B. Film- oder Tonträgerhersteller oder Sendeunternehmen) **abtreten** kann. Dies entspricht weiterhin gängiger Praxis. Ausgeschlossen ist nach Abs. 1 S. 1 nur die individuelle, d.h. nicht durch eine Verwertungsgesellschaft erfolgende, Geltendmachung des Rechts gegen den Kabelnetzbetreiber (Dreier/Schulze/*Dreier*[2] Rn. 13).

17 Soweit durch die vorgenommene Kabelweitersendung Rechte von **Aussenseitern** betroffen sind, die ihre Rechte nicht in eine VG eingebracht haben, können diese das Recht nicht selbst gegenüber dem Kabelnetzbetreiber geltend machen. Ihnen stehen nur Vergütungsansprüche gegen die jeweilige Verwertungsgesellschaft entsprechend dem Verteilungsschlüssel zu (zur Verjährung der Ansprüche vgl. § 13 Abs. 4 UrhWahrnG). Der Verwertungsgesellschaft steht deshalb gemäß § 13b Abs. 3 UrhWahrnG auch die **Vermutung der Sachbefugnis** zur Wahrnehmung der Rechte der Aussenseiter zu (Dreier/Schulze/*Dreier*[2] Rn. 10).

18 **Ausnahme für Sendeunternehmen**: Von der Verwertungsgesellschaftspflicht nach **Abs. 1 S. 2** ausgenommen sind die Rechte, die dem Sender an seinen eigenen Produktionen (Spielfilme, Talkshows, Nachrichtensendungen, etc.) zustehen. Dazu gehören nicht nur die originären Rechte der Sendeunternehmen nach § 87, sondern auch die Rechte, die ihnen von den Urhebern (z.B. Drehbuchautoren, Filmkomponisten) eingeräumt wurden (vgl. Rn. 19 ff.). Nach § 87 Abs. 4 sowie § 14 Abs. 1 Nr. 2 UrhWahrnG sind jedoch Sendeunternehmen und Kabelgesellschaften gegenseitig verpflichtet, einen Vertrag über die Kabelweitersendung i.S.d. Abs. 1 S. 1 zu angemessenen Konditionen abzuschließen. Durch diese faktische Gleichsetzung der Sendeunternehmen mit den Verwertungsgesellschaften wird das Recht der Sendeunternehmen an der Kabelweitersendung ebenfalls im Kern zu einem bloßen Vergütungsanspruch abgemindert (v. Hartlieb/Schwarz/*Reber* Kap. 46 Rn. 5).

IV. Vergütungsanspruch (Abs. 2)

19 Hat der Urheber das Recht der Kabelweiterleitung einem Sendeunternehmen oder einen Tonträger- oder Filmhersteller eingeräumt, so steht ihm gegen das Kabelunternehmen ein gesetzlicher, unverzichtbarer und nur durch eine Verwertungsgesellschaft geltend zu machender Vergütungsanspruch zu. Für die Rechtseinräumung an andere Verwerter (z.B. an einen Verlag) sieht das Gesetz keinen Vergütungsanspruch vor (a.A. Schricker/*v. Ungern-Sternberg*[3] § 20b Rdnr. 4, der sich für eine analoge Anwendung ausspricht).

20 Mit dem gesetzlichen Vergütungsanspruch soll sichergestellt werden, dass die Urheber an den Erlösen der Kabelweiterleitung auch tatsächlich beteiligt werden (RegE ÄndG 1996– BR-Drucks. 212/96, S. 32). So ist es trotz des Abs. 1 möglich und nach wie vor in der Praxis üblich, dass Filmschaffende das Recht an der Kabelweitersendung ihres Werkes dem Produzenten bzw. der Sendeanstalt übertragen, dafür aber keine oder keine angemessene Vergütung direkt von dem Verwerter erhalten. Darin hat der Gesetzgeber ein Indiz gesehen, dass der Urheber als strukturell schwächere Partei zu schützen ist und ihm einen eigenständigen – von der individuellen Rechtseinräumung losgelösten – Vergütungsanspruch zugebilligt (RegE ÄndG 1996– BR-Drs. 212/96, S. 21 ff.). In der Praxis kann Abs. 2 zu einer **Doppelzahlung** an den Urheber führen: Er erhält sowohl eine, ggf. nutzungsabhängige, Vergütung von dem Verwerter als Gegenleistung für die Rechtseinräumung des Rechts nach

§ 20b Abs. 1; ebenso wird er an den (Pauschal)zahlungen beteiligt, die die Kabelnetzbetreiber für die Kabelweitersendung seines Werkes an eine Verwertungsgesellschaft zahlen musste. Von Teilen der Literatur wird deshalb seit Jahren die Abschaffung des Vergütungsanspruchs gefordert (vor allem *Götting*, Der Vergütungsanspruch nach § 20b Abs. 2 UrhG, S. 39 f; *Gounalakis* NJW 1999, 545, 546; *Conrad* GRUR 2003, 561; *Mand* ZUM 2003, 812; für die Beibehaltung dagegen *Erhardt* ZUM 2004, 300).

Der Vergütungsanspruch des Urhebers ist **unverzichtbar** und kann im Voraus **21** nur an eine Verwertungsgesellschaft abgetreten werden. Dadurch wird verhindert, das der Urheber – als Ausgleich für eine vom Verwerter für die Einräumung des Rechts erhaltene oder ihm zukünftig zustehende Zahlung – den Vergütungsanspruch an den Verwerter abtritt.

Tarifverträge und **Betriebsvereinbarungen** des Sendeunternehmens können die **22** Vergütungsfrage auch ohne Einbeziehung der Verwertungsgesellschaften regeln, soweit sie dem Urheber eine angemessene Vergütung für jede Kabelweitersendung einräumen (Abs. 2 S. 4). Ist letzteres der Fall, sind Ansprüche der Urheber durch Verwertungsgesellschaften ausgeschlossen. Letztlich kann dies aber nur im Rahmen der Gesamtvertragsverhandlungen anteilmäßig berücksichtigt werden.

V. Prozessuales

Zur Geltendmachung des Kabelweitersendungsrechts gegenüber dem Kabel- **23** netzbetreiber ist ausschließlich die Verwertungsgesellschaft berechtigt, der der betroffene Urheber angehört. Hat dieser sich keiner Verwertungsgesellschaft angeschlossen, stehen ihm nur Vergütungsansprüche gegen die Verwertungsgesellschaft, die *Rechte dieser Art wahrnimmt*, entsprechend deren Verteilungsschlüssel zu (§ 13b Abs. 3 und Abs. 4 UrhWahrnG).

Die Verwertungsgesellschaft kann für die Durchsetzung von Unterlassungs- **24** ansprüchen gegen Kabelweitersendungen sofort gerichtliche Hilfe Anspruch nehmen. Die gilt im Verhältnis zwischen Sende- und Kabelunternehmen auch im Hinblick auf die Rechte nach §§ 20b Abs. 1 S. 2, 87 Abs. 4. Der vorherigen Anrufung der Schiedsstelle bedarf es nicht, da die dies vorschreibende Regelung des §§ 14 Abs. 1 Nr. 2, 16 Abs. 1 UrhWahrnG nur für die Ausgestaltung des Vertragsabschlusses gilt (OLG Dresden GRUR 2003, 601, 602 f. – *Kontrahierungszwang*).

§ 21 Recht der Wiedergabe durch Bild- oder Tonträger

[1]Das Recht der Wiedergabe durch Bild- oder Tonträger ist das Recht, Vorträge oder Aufführungen des Werkes mittels Bild- oder Tonträger öffentlich wahrnehmbar zu machen. [2]§ 19 Abs. 3 gilt entsprechend.

Übersicht

I. Allgemeines

1. Bedeutung und systematische Einordnung

1 § 21 ist ein sog. **Zweitverwertungsrecht** (zum Begriff vgl. § 15 Rn. 7); es setzt eine dem Urheber bereits vorbehaltene Erstverwertung, nämlich die Vervielfältigung seines Werkes durch Herstellung eines Bild- oder Tonträgers (§ 16 Abs. 2) voraus. Weitergehend soll der Urheber jedoch auch daran partizipieren, wenn der hergestellte Bild- oder Tonträger öffentlich wiedergegeben wird.

2 Wichtigster Anwendungsfall in der Praxis ist die öffentliche Wiedergabe urheberrechtlich geschützter Musik durch Abspielen von Ton- oder Bildträgern aller Art, bspw. in Tanzlokalen, Imbissen, Kaufhäusern, Bahnhöfen, Arztpraxen oder öffentlichen Plätzen. Das Recht wird typischerweise durch **Verwertungsgesellschaften**, insbesondere durch die GEMA und die VG WORT, wahrgenommen (vgl. Rn. 13). Seiner Natur nach ist § 21 ein **Recht der öffentlichen Wiedergabe** des Werkes in **unkörperlicher Form**, § 15 Abs. 2 Nr. 5.

2. Früheres Recht und Konventionsrecht

3 Das Recht der Wiedergabe durch Bild- und Tonträger wurde in der jetzigen Fassung durch das UrhG von 1965 eingeführt. § 22a LUG hatte noch – als Ausnahme zu § 11 Abs. 2 LUG – die öffentliche Wiedergabe von Musik auf rechtmäßig hergestellten Tonträgern für frei erklärt; die Bestimmung wurde jedoch vom Bundesgerichtshof angesichts der inzwischen erlangten Bedeutung dieser Nutzungsart restriktiv ausgelegt (BGH NJW 1954, 305, 306 – *Schallplatten-Lautsprecher-Übertragung*; BGH GRUR 1960, 619 ff. – *Künstlerlizenz-Schallplatten*) und von § 21 ganz beseitigt (zum früheren Recht *Krüger-Nieland* GRUR 1957, 535, 538).

4 Im Konventionsrecht findet § 21 seine Entsprechung in Art. 11 Abs. 1 Nr. 1 und Art. 11ter Abs. 1 Nr. 1 RBÜ.

3. Anwendbarkeit auf verwandte Schutzrechte

5 Das Zweitverwertungsrecht des § 21 steht nur den Urhebern des Werkes, d.h. den Komponisten, Textdichtern, Autoren, usw. zu. Den ausübenden Künstlern, die das Werk zum Zwecke der Tonträgerherstellung vorgetragen bzw. aufgeführt haben, billigt § 78 Abs. 2 Nr. 2 nur einen Vergütungsanspruch zu, an dem sie die Tonträgerhersteller nach § 86 zu beteiligen haben (zu Einzelheiten vgl. § 78 Rn. 27 ff. und vgl. § 86 Rn. 1 ff.). Zur Wahrnehmungs- und Einziehungspraxis vgl. Rn. 13. Daneben ist § 21 auch für die Rechtinhaber nach § 70 (wissenschaftliche Ausgaben) sowie § 71 (nachgelassene Werke) anwendbar, dürfte aber zumindest im ersten Fall kaum praktische Bedeutung haben.

II. Einzelerläuterungen

1. Vorträge oder Aufführungen des Werkes

Das Verwertungsrecht greift nur ein, wenn **Vorträge** (§ 19 Abs. 1) oder **Auf- 6
führungen** (§ 19 Abs. 2) durch das Abspielen von Bild- oder Tonträgern öffentlich wiedergegeben werden. Gegenstand des Rechts sind damit die Werke, die
Gegenstand eines Vortrages oder einer Aufführung sein können, d.h. **Sprachwerke** (§ 2 Abs. 1 Nr. 1), **Musikwerke** (§ 2 Abs. 1 Nr. 2) und **choreografische
Werke** (§ 2 Abs. 1 Nr. 3); für die Wiedergabe der übrigen Werkarten des § 2
Abs. 1 Nr. 4–7, d.h. insbesondere von Filmwerken, durch Bild-/Tonträger ist
das Vorführungsrecht nach § 19 Abs. 4 einschlägig (vgl. § 19 Rn. 27 ff.). Bei
Filmvorführungen erfasst § 21 jedoch die öffentliche Wiedergabe der mit dem
Film verbundenen **Filmmusik** sowie des **Drehbuchs** (vgl. § 19 Rn. 28, dort
auch zur Gegenauffassung).

Die auf den Bild- oder Tonträgern aufgezeichneten Vorträge oder Aufführun- 7
gen müssen selbst nicht öffentlich erfolgt sein (allg.M.; Schricker/*v. Ungern-
Sternberg*[3] Rn. 3). § 21 setzt also nicht voraus, dass in dem aufgezeichneten
Vortrag bzw. der Aufführung selbst schon eine Verwertungshandlung nach
§ 19 Abs. 1, 2 lag. Vielmehr genügt jede beliebige Wiedergabe eines Musik-
oder Sprachwerkes.

2. Wahrnehmbarmachung durch Bild- und Tonträger

Die Wahrnehmbarmachung muss durch **Bild- oder Tonträger** erfolgen. Inso- 8
weit gilt die Legaldefinition des § 16 Abs. 2. Erfasst werden analoge und
digitale Datenträger jeglicher Art, die für die Wiedergabe von Text und Musik
geeignet sind (Schallplatten, Kassetten, Film- und Videobänder, digitale Speicher, etc.). So fällt auch die öffentliche Wiedergabe von Texten mittels einer
PowerPoint-Präsentation in den Anwendungsbereich von § 21. Gleiches gilt,
wenn der Urheber gar keine Zustimmung zur Herstellung des Bild- oder
Tonträgers erteilt hat. Die öffentliche Wiedergabe von Raubkopien unterliegt
indes dem absoluten Verbot des § 96 Abs. 1.

Ein Wahrnehmbarmachen liegt nur vor, wenn das Werk **tatsächlich** unmittel- 9
bar **für die menschlichen Sinne wahrnehmbar wiedergegeben wird**. Insoweit
unterscheidet sich § 21 von der Sendung (§ 20) und öffentlichen Zugänglichmachung (§ 19a), für die nur die Möglichkeit der Wahrnehmung bestehen
muss. § 21 – nicht § 22 – ist auch einschlägig, wenn Musik aus dem Radio auf
einen Tonträger aufgenommen und die Aufzeichnung später öffentlich wiedergegeben wird (zur Gegenauffassung vgl. § 22 Rn. 6).

3. Öffentlichkeit

Nur die öffentliche Wiedergabe der Bild- oder Tonträger unterfällt § 21. Es gilt 10
der Öffentlichkeitsbegriff des § 15 Abs. 3 (zu Einzelheiten vgl. Rn. 27). Das
Abspielen von CDs auf einer privaten Party unterfällt ebenso wenig § 21 wie
der gemeinsame Werkgenuss im Zweitbettzimmer eines Krankenhauses (BGH
GRUR 1996, 875 – *Zweitbettzimmer im Krankenhaus* für die Fernsehwiedergabe nach § 22) oder in einer Arbeitsgruppe eines Betriebs. Dagegen ist
§ 21 regelmäßig anwendbar beim Abspielen von Musik in Cafes, Imbissen,
Wartezimmern, öffentlichen Plätzen, Flugzeugen, usw. § 21 setzt wie § 19 voraus, dass der Empfängerkreis **an einem Ort versammelt** ist und die Werk-

wiedergabe **gemeinsam wahrnimmt** (vgl. § 19 Rn. 20; zur Frage der Modifizierung dieser Rechtsprechung durch EuGH GRUR 2007, 225 – *SGAE/Rafael* vgl. § 22 Rn. 10). Die Weiterleitung von Videos in die Hotelzimmer unterfällt deshalb nicht § 21, sondern dem Senderecht nach § 20 (BGH GRUR 1994, 45, 46 – *Verteileranlagen*). Gleiches gilt für das Abspielen von Musik in Telefonwarteschleifen.

4.   Entsprechende Anwendung von § 19 Abs. 3

11 Die **Verweisung** auf § 19 Abs. 3 besagt, dass die öffentliche Wiedergabe nur mit besonderer Erlaubnis räumlich außerhalb der Veranstaltung stattfinden darf. Der vom Tonband gespielte *Sportpalastwalzer* beim Sechs-Tage-Rennen darf also nur in der Halle selbst, nicht auch davor beim Kartenverkauf an den Kassen zu Gehör gebracht werden (vgl. § 19 Rn. 22 ff.).

5.   Schranken

12 Das Recht der Wiedergabe durch Bild- oder Tonträger unterliegt sämtlichen Schranken (§§ 44a ff.), die für das Recht der öffentlichen Wiedergabe gelten. Wichtigste Anwendungsfälle sind § 52 (Wiedergabe ohne Erwerbszweck und bei Gottesdiensten) sowie § 56 (Wiedergabe in Geschäftsbetrieben).

III. Praxis der Rechtswahrnehmung

13 Da den Urhebern die effektive Wahrnehmung ihres Rechts nach § 21 weitgehend unmöglich ist, wird es seit jeher kollektiv von den Verwertungsgesellschaften wahrgenommen (siehe § 1 lit. c), g) BerV GEMA und § 1 Nr. 3a) WahrnV VG WORT). Für die öffentliche Tonträgerwiedergabe hat die GEMA eine Vielzahl von Tarifen entwickelt, um der mitunter sehr unterschiedlichen Intensität der Werknutzung Rechnung zu tragen. So gibt es bspw. Tarife für die Wiedergabe vom Musik in Arztpraxen (Tarif BT-Br), Ballettschulen (WR-T-Bal), und Table-Dance-Lokalen (WR-N) wie auch für Trauungen (WR-Hz) und Bestattungen (WR-Best). Die GEMA zieht über diese Tarife von den Werknutzern auch die Vergütungsansprüche der ausübenden Künstler (§ 78 Abs. 2 Nr. 2) im Auftrag der GVL ein (vgl. § 78 Rn. 3, 15). Für die – vergleichsweise weniger bedeutsame – öffentliche Wiedergabe von Sprachtonträgern ist die VG WORT zu ständig. Die Wahrnehmung des Filmvorführungsrechts durch die VG Wort für die öffentliche Wiedergabe des Drehbuchs ruht zurzeit (vgl. § 19 Rn. 32).

IV. Prozessuales

14 Zunächst vgl. § 19 Rn. 33 f.. Die Ausführungen dort gelten entsprechend. Zur sog. GEMA-Vermutung vgl. § 13c UrhWahrnG Rn. 1 ff. Zur Schadensersatzhöhe, insb. dem GEMA-Verletzerzuschlag, vgl. § 97 Rn. 98.

V. Abgrenzung zu anderen Verwertungsrechten

15 Zur Abgrenzung mit dem Rechten aus § 19 vgl. § 19 Rn. 10, 13, 24, 26. Vom Senderecht (§§ 20–20b) unterscheidet sich § 21 dadurch, dass das Werk dem Empfänger unmittelbar (vor Ort) wahrnehmbar gemacht werden muss, wohingegen beim Senderecht die bloße Empfangbarkeit genügt (vgl. § 20 Rn. 11 f.) und das Publium typischerweise nicht an einem Ort versammelt ist, sondern die Sendung über Empfangsgeräte wahrnimmt. Zur Abgrenzung mit § 22 vgl. § 22 Rn. 1. Zur öffentlichen Wiedergabe rechtswidrig hergestellter Tonträger vgl. § 96 Rn. 4 ff.

§ 22 Recht der Wiedergabe von Funksendungen und von öffentlicher Zugänglichmachung

[1]Das Recht der Wiedergabe von Funksendungen und der Wiedergabe von öffentlicher Zugänglichmachung ist das Recht, Funksendungen und auf öffentlicher Zugänglichmachung beruhende Wiederhaben des Werkes durch Bildschirm, Lautsprecher oder ähnliche technische Einrichtungen öffentlich wahrnehmbar zu machen. [2]§ 19 Abs. 3 gilt entsprechend.

Übersicht

I. Allgemeines

1. Bedeutung, Sinn und Zweck der Norm

§ 22 behält dem Urheber das Recht vor, darüber zu entscheiden, ob sein bereits **1** gesendetes Werk nochmals dadurch verwertet werden darf, indem die Sendung über Bildschirm, Lautsprecher usw. optisch und akustisch öffentlich wahrnehmbar gemacht wird. Es handelt sich – wie im Fall des § 21 – um ein **Zweitverwertungsrecht** (vgl. § 21 Rn. 1), nur mit dem Unterschied, dass kein Bild- oder Tonträger, sondern eine Sendung (§ 20) oder ein Online-Programm (§ 19a) öffentlich wiedergeben werden. Schulbeispiel ist der Gastwirt, der zur Unterhaltung seiner Gäste das laufende Fernseh- oder Radioprogramm einschaltet. Er benötigt das Nutzungsrecht aus § 22, welches er bei den Verwertungsgesellschaften einholen kann (vgl. Rn. 13).

2. Früheres Recht

Das erst mit dem UrhG 1965 eingeführte Recht fand im alten LUG keinen **2** Vorgänger. Das Reichsgericht hielt diese Wiedergabe deshalb für erlaubnisfrei (RGZ 136, 377, 384 ff.), während der BGH sie zu Recht als selbständige Werknutzung für erlaubnispflichtig ansah (BGH GRUR 1960, 627, 628 – *Künstlerlizenz-Rundfunk*; BGH GRUR 1962, 470, 473 – *AKI* und BGH GRUR 1963, 213 – *Fernsehwiedergabe von Sprachwerken*). Letzteres ist Gesetz geworden.

3 Im Zuge der Umsetzung der Info-RL durch die UrhG-Novelle 2003 (BGBl. S. I 1774) und der Einfügung des neuen Rechts der öffentlichen Zugänglichmachung (§ 19a) wurde § 22 dahin erweitert, dass dem Urheber nicht nur die öffentliche Wahrnehmbarmachung von **Funksendungen** (§ 20), sondern auch von auf **öffentlicher Zugänglichmachung** beruhenden Wiedergaben (§ 19a) vorbehalten blieb. Dies ist sachgerecht, weil ansonsten etwa ein Kneipier seinen Gästen erlaubnis- und vergütungsfrei aus dem Internet on-demand übertragene Filme zeigen könnte.

3. Internationale Konventionen und EU-Richtlinien

4 Eine § 22 inhaltlich entsprechende konventionsrechtliche Regelung findet sich in § 11 ^{bis} Abs. 1 Nr. 3 RBÜ. Im WCT und WPPT wird das Recht mittelbar durch das allgemeine Recht der öffentlichen Wiedergabe (Art. 8 WCT, Art. 10, 14 WPPT) erfasst. Gleiches gilt für Art. 3 Abs. 1 Info-RL.

4. Verwandte Schutzrechte

5 § 22 gilt auch für die Inhaber der Leistungsschutzrechte nach § 70 (Wissenschaftliche Ausgaben), § 71 (nachgelassene Werke) sowie § 72 (Lichtbilder). Kein Ausschließlichkeitsrecht, sondern nur einen Vergütungsanspruch gewährt § 78 Abs. 2 Nr. 3 den ausübenden Künstlern für die öffentliche Wiedergabe ihrer Leistungen durch Funksendungen. Der Filmhersteller erwirbt nach § 89 Abs. 1 nicht die Rechte nach § 22 (zur Gegenauffassung vgl. § 89 Rn. 42 m.w.N., wohl übersehen von OLG Frankfurt ZUM 2005, 477, 480). Sendeunternehmen, deren eigenes Programm öffentlich wiedergegeben wird (Public Viewing), gewährt § 87 Abs. 1 Nr. 3 ein begrenztes Ausschließlichkeitsrecht.

II. Einzelerläuterungen

1. Vorangegangene Erstverwertung

6 Das Recht aus § 22 erfasst **Werke aller Art** (§ 2 Abs. 1 Nr. 1 bis 7), die gemäß § 20 oder § 20a per Funk gesendet oder gemäß § 19a öffentlich zugänglich gemacht werden. § 22 knüpft also zwingend an eine **vorbestehende Erstverwertung i.S.v. §§ 19a, 20** an (Schricker/*v. Ungern-Sternberg*[3] Rn. 4), wobei keine Rolle spielt, ob diese vom Berechtigten genehmigt wurde oder nicht (siehe auch das Verwertungsverbot in § 96 Abs. 2). Liegt weder eine Funksendung noch eine öffentliche Zugänglichmachung des Werkes vor, ist der Anwendungsbereich des § 22 nicht eröffnet. Werden im Radio gespielte Musiktitel aufgezeichnet oder aus dem Internet heruntergeladen und erst später in der Öffentlichkeit abgespielt, wird diese Wiedergabe durch § 21 bzw. im Fall von Filmen durch § 19 Abs. 4 erfasst (a.A. Dreier/Schulze/*Dreier*[2] Rn. 6; Vorauflage/*Wilhelm Nordemann*[9] Rn. 1; *Schack*[4] Rn. 414; Schricker/*v. Ungern-Sternberg*[3] Rn. 7) jeweils unter Berufung auf OLG Frankfurt GRUR 1989, 203, 204 – *Wüstenflug;* ferner OLG Frankfurt ZUM 2005, 477, 479). § 22 setzt damit als ungeschriebenes Tatbestandsmerkmal voraus, dass der Handelnde **zeitgleich den laufenden Sende-** (§ 20) **bzw. Abrufvorgang** (§ 19a) öffentlich wiedergibt. Für die auf öffentlicher Zugänglichmachung beruhenden Video-on-demand Dienste (vgl. § 19a Rn. 17) bedeutet dies, dass § 22 nur anwendbar ist, wenn im Moment des Abrufs das Werk öffentlich wiedergegeben wird.

Für den Begriff der Funksendung bzw. der öffentlichen Zugänglichmachung **7** vgl. § 20 Rn. 10 ff. bzw. § 19a Rn. 7 ff.

2. Wahrnehmbarmachung

Wahrnehmbar gemacht wird das Werk, wenn es unmittelbar für die mensch- **8** lichen Sinne wiedergegeben wird (BGH GRUR 1996, 856, 857 – *Zweitbett-zimmer im Krankenhaus*). Die bloße Existenz eines Fernsehers oder Radios in einer Gaststätte reicht nicht aus; sie kann aber ggf. Erstbegehungsgefahr begründen.

3. Öffentlichkeit

Zum Begriff der **Öffentlichkeit** vgl. § 15 Rn. 27 ff. und § 21 Rn. 10. § 22 ist **9** wie die Rechte aus §§ 19, 21 nur einschlägig, wenn die Teilnehmer der Öffent-lichkeit an einem Ort versammelt sind und die empfangene Sendung bzw. Wiedergabe für sie **gemeinsam wahrnehmbar** ist (BGH GRUR 1996, 875, 877 – *Zweitbettzimmer im Krankenhaus*, keine Öffentlichkeit, da Patienten durch persönliche Beziehungen verbunden*). Entscheidend ist also, ob diejenigen, die das Werk **an dem gleichen Empfangsgerät** wahrnehmen, als Öffentlichkeit anzusehen sind (Dreier/Schulze/*Dreier*[2] Rn. 8). § 22 greift deshalb nicht, wenn in Hotels oder Krankenhäusern die Gäste jeweils für sich in den einzel-nen Zimmern fernsehen oder Radio hören.

An dieser Auffassung kann auch im Hinblick auf die *SGAE*-Entscheidung des **10** EuGH GRUR 2006, 225, 227 festgehalten werden. Soweit der EuGH fest-stellte, dass eine öffentliche Wiedergabe i.S.v. Art. 3 Abs. 1 Info-RL vorliegt, wenn der Hotelier in den Zimmern das Fernsehsendesignal verbreitet, ent-spricht dies der deutschen Rechtslage. Diese bewertet die Wiedergabe nur als Sendung (§ 20) bzw. Weitersendung (§ 20b), sofern das Sendesignal in die Hotelzimmer geleitet wird (BGH GRUR 1994, 45, 46 – *Verteileranlagen*, OLG Köln GRUR-RR 2007, 305, 306 – *Fernsehen in Hotelzimmen per Kabelnetz*; weitere Einzelheiten vgl. § 20 Rn. 20). Allerdings liegt nach der *SGAE*-Entscheidung öffentliche Wiedergabe auch vor, wenn sich die Fernseh-geräte in den Hotelzimmern eigener Empfangsantennen bedienen. Hier muss § 20b entsprechend angewendet werden.

4. Anwendung von § 19 Abs. 3

Vergleiche zunächst die Erläuterungen in § 19 Abs. 3, die entsprechend gelten. **11** Die Verteilung eines zentral empfangenen Fernseh- oder Radiosignals in ein-zelne Räume fällt nur dann unter § 22 S. 2 i.V.m. § 19 Abs, 3, wenn die vor einem einzelnen (!) Empfangsgerät versammelte Personen als Öffentlichkeit anzusehen sind. Ansonsten gilt allein § 20 (vgl. § 20 Rn. 11).

5. Schranken

Das Verwertungsrecht nach § 22 unterliegt den Schrankenregelungen der **12** §§ 44a ff., soweit diese für die öffentliche Wiedergabe von Werken gelten (Schricker/*v. Ungern-Sternberg*[3] Rn. 1). Von praktischer Bedeutung ist in erster Linie die **keinem Erwerbszweck dienende öffentliche Wiedergabe** (§ 52 Abs. 1 S. 1, zu Einzelheiten, insb. der eher zurückhaltenden Rechtsprechung vgl. § 52 Rn. 44 sowie die Fallübersicht bei Schricker/*Melichar*[3] § 52 Rn. 14). Ge-schäftsbetriebe, die Rundfunkgeräte und für die öffentliche Zugänglichmachung geeignete Geräte (z.B. PCs, Set-top-Boxen, Media-Center, usw.) vertreiben, können sich auf die Schranke des § 56 Abs. 1 berufen, sofern die Werkwiedergabe auf diesen Geräten zur Vorführzwecken erfolgt.

III. Praxis der Rechtewahrnehmung

13 Wie im Fall von § 21 wird das Recht der öffentlichen Wiedergabe von Funksendungen weitgehend kollektiv durch Verwertungsgesellschaften (zu einer Übersicht vgl. Einl. UrhWahrnG Rn. 1 ff.) wahrgenommen. Die Berechtigungs- und Wahrnehmungsverträge sehen entsprechende Rechtseinräumungen zu Gunsten der Verwertungsgesellschaften vor (z.B. § 1 lit. e) BerV GEMA; § 1 Nr. 3b WahrnV VG WORT; § 1 lit. e) WahrnV Bild-Kunst für die Berufsgruppen I und II). Da bei der Wiedergabe von Hörfunk- und Fernsehsendungen die unterschiedlichsten Werkarten betroffen sind, für deren Wahrnehmung an sich unterschiedliche Verwertungsgesellschaften zuständig sind, haben die Verwertungsgesellschaften untereinander **Inkasso-Vereinbarungen** getroffen, um die Rechtevergabe zu zentralisieren. So haben die VG WORT und die GVL das Inkasso für die von ihnen wahrgenommenen Rechte an die GEMA übertragen. VG Bild-Kunst, GÜFA, VGF und GWFF haben für die Wahrnehmung der Rechte nach § 22 die Zentralstelle für die Wiedergabe von Film- und Fernsehwerken (ZWF) gegründet. Das Inkasso wird durch die VG Bild-Kunst vorgenommen (Tarife abrufbar unter www.bild-kunst.de).

IV. Prozessuales

14 Zu prozessualen Fragen vgl. § 19 Rn. 33. Die dortigen Ausführungen gelten entsprechend. Zur Widerlegung der sog. GEMA-Vermutung vgl. § 13c UrhWahrnG Rn. 1 ff. Zur Schadensersatzhöhe, insb. dem GEMA-Verletzerzuschlag, vgl. § 97 Rn. 98 ff.

V. Abgrenzung zu anderen Verwertungsrechten

15 Vgl. Rn. 6 und vgl. § 21 Rn. 15. Die Anmerkungen dort gelten entsprechend.

§ 23   Bearbeitungen und Umgestaltungen

[1]Bearbeitungen oder andere Umgestaltungen des Werkes dürfen nur mit Einwilligung des Urhebers des bearbeiteten oder umgestalteten Werkes veröffentlicht oder verwertet werden. [2]Handelt es sich um eine Verfilmung des Werkes, um die Ausführung von Plänen und Entwürfen eines Werkes der bildenden Künste, um den Nachbau eines Werkes der Baukunst oder um die Bearbeitung oder Umgestaltung eines Datenbankwerkes, so bedarf bereits das Herstellen der Bearbeitung oder Umgestaltung der Einwilligung des Urhebers.

§ 24   Freie Benutzung

(1) Ein selbständiges Werk, das in freier Benutzung des Werkes eines anderen geschaffen worden ist, darf ohne Zustimmung des Urhebers des benutzten Werkes veröffentlicht und verwertet werden.

(2) Abs. 1 gilt nicht für die Benutzung eines Werkes der Musik, durch welche eine Melodie erkennbar dem Werk entnommen und einem neuen Werk zugrunde gelegt wird.

Übersicht

I. Allgemeines

1. Bedeutung, Sinn und Zweck der Norm, systematische Stellung im Gesetz

1 Die Vervielfältigung als direkteste Form der Wiederholung eines Werkes ist immer dem Urheber vorbehalten (§§ 15 Abs. 1 Nr. 1, 16) – mit Ausnahme vertraglicher Regelungen und der Schrankenbestimmungen (z.B. § 53). Liegt keine Vervielfältigung vor, sondern ist das urheberrechtlich geschützte Werk verändert worden, besitzt der Urheber nur noch das Recht, die Verwertung von Bearbeitungen seines Werkes zu kontrollieren; lediglich in Ausnahmefällen bedarf schon die Herstellung der Bearbeitung seiner Zustimmung. Das **Bearbeitungsrecht** ist damit das Recht des Urhebers, die Veröffentlichung oder Verwertung von Bearbeitungen oder anderen Umgestaltungen des Werkes zu erlauben oder zu verbieten. Es muss insoweit abgegrenzt werden zu § 3, nach dem der Bearbeiter an seinen „Zutaten" ein eigenes Bearbeiterurheberrecht erhält, sofern die Zutaten für sich genommen eine persönliche geistige Schöpfung darstellen (vgl. § 3 Rn. 1). Das eigene Urheberrecht des Bearbeiters ist ein abhängiges Recht, weil er gem. § 23 für die Veröffentlichung oder Verwertung seiner Bearbeitung – im Ausnahmefall schon für die Herstellung – die Zustimmung des Urhebers benötigt (vgl. auch § 3 Rn. 5 und 33).

2 Auch wenn das Bearbeitungsrecht in § 15 nicht ausdrücklich aufgeführt wird, handelt es sich bei § 23 entgegen hM um ein **besonderes Verwertungsrecht** und nicht nur um eine bloße Regelung des Schutzumfangs (wie dies Schricker/ *Loewenheim*[3] Rn. 1 und Wandtke/Bullinger/*Bullinger*[2] Rn. 1 annehmen; wie hier schon § 13 Abs. 3 des Urh-Entwurfs von 1932, abgedr. bei Marcel Schulze S. 279). Denn einerseits behält § 23 dem Urheber die Veröffentlichung und Verwertung von Bearbeitungen ausschließlich vor, wozu aber nicht nur das Veröffentlichungsrecht gem. § 12 und sämtliche Verwertungsrechte der §§ 15–22 gehören, sondern wiederum auch das Bearbeitungsrecht gem. § 23 selbst; denn kann auch der Urheber des Originalwerkes erlauben oder verbieten, dass Bearbeitungen einer Bearbeitung veröffentlicht oder verwertet werden (z.B. BGH GRUR 1991, 531, 532 f. – *Brown Girl I*; BGH GRUR 1991, 533, 533 f. – *Brown Girl II*). Andererseits regelt zwar § 23 auch den Schutzumfang des Urheberrechts, aber nicht nur: Erst § 24 begrenzt den Schutzumfang in Abgrenzung zu § 23. Systematisch richtig hat deshalb das UrhG das Bearbeitungsrecht aus § 23 im 4. Abschnitt beim Inhalt des Urheberrechts auch nicht einem eigenen Kapitel zugeordnet wie etwa die sonstigen Rechte in den §§ 25–27, sondern den Verwertungsrechten. Da schließlich Art. 8, 12 und 14 Abs. 1 Nr. 1 RBÜ im Zusammenhang mit bestimmten Formen der Bearbeitung jeweils ein ausschließliches Recht des Urhebers vorgeben (vgl. Rn. 4), ist § 23 mithin als **selbständiges, ausschließliches Verwertungsrecht** des Urhebers einzuordnen (ebenso Dreier/Schulze/*Dreier*[2] Rn. 9; *Schack*[2] Rn. 423; ähnlich *Ulmer*[3] S. 268 zur Übersetzung).

Das Bearbeitungsrecht des Urhebers ist in ein Verhältnis zu dem im Urheber- **3** recht vorausgesetzten **allgemeinen Änderungsverbot** zu setzen, nach dem sowohl der Nutzungsberechtigte als auch der Eigentümer des Werkoriginals grundsätzlich keine in das fremde Urheberrecht eingreifenden Änderungen an dem ihm gehörenden Original vornehmen dürfen (vgl. § 39 Rn. 2 und BGH GRUR 1982, 107, 109 – *Kirchen-Innenraumgestaltung*; BGH GRUR 1974, 675, 676 – *Schulerweiterung*). Soweit § 23 S. 1 die Herstellung einer Bearbeitung ohne Zustimmung des Urhebers erlaubt (vgl. Rn. 15 f.), ist die Vorschrift deshalb von § 39 und § 14 abzugrenzen: Da § 39 die Werkintegrität schützt und damit nur die Verwertung der Originalfassung des Werkes betrifft (vgl. § 39 Rn. 3), ist nach § 23 nur die Herstellung einer Bearbeitungsfassung erlaubt, nicht aber einer solchen Bearbeitung, die in die Integrität des Originals eingreift, also das Werkoriginal selbst verändert (a.A. offenbar Dreier/Schulze/ *Schulze*[2] § 23 Rn. 26 und Wandtke/Bullinger/*Bullinger*[2] § 23 Rn. 23). Die Gegenauffassung berücksichtigt insoweit nicht, dass der Urheber ansonsten wegen der grundsätzlichen Herstellungsfreiheit einer Bearbeitung gem. § 23 S. 1 die Herstellung von „Bearbeitungsfassungen" am Werkoriginal, beispielsweise einem Gemälde, nicht verhindern könnte, es sei denn, es läge eine Entstellung oder eine andere seine geistigen oder persönlichen Interessen am Werk gefährdende Beeinträchtigung gem. § 14 vor (deshalb auch für eine entsprechende Interessenabwägung Dreier/Schulze/*Schulze*[2] § 23 Rn. 26; Wandtke/Bullinger/*Bullinger*[2] § 23 Rn. 23). Richtigerweise sind aber für Änderungen am Original nur die §§ 39 und 14 einschlägig, nicht aber § 23. Demgegenüber gilt die Vorschrift des § 14 aber nicht nur für Entstellungen oder Beeinträchtigungen des Werkoriginals, sondern kommt auch im Fall von Entstellungen oder anderen Beeinträchtigungen an Vervielfältigungsstücken zur Anwendung, und zwar insbesondere bei Werken der Baukunst, wo das Gebäude grundsätzlich ohnehin nur eine Vervielfältigung des Architektenplanes darstellt (vgl. Rn. 20 und § 2 Rn. 140 und 151 f. sowie BGH GRUR 1982, 107, 109 – *Kirchen-Innenraumgestaltung*), oder dann, wenn die Vervielfältigung eines Gemäldes in einem bemalten Rahmen vertrieben wird, wodurch es sich auf dem Rahmen quasi fortsetzt (BGH GRUR 2002, 532, 534 – *Unikatrahmen*). Im Übrigen vgl. § 14 Rn. 9 ff.

Das Gegenstück zur Bearbeitung stellt die sogenannte „**freie Benutzung**" gem. **4** § 24 dar, nach der ein selbständiges Werk, das in freier Benutzung des Werkes eines anderen geschaffen worden ist, ohne Zustimmung des Urhebers des benutzten Werkes veröffentlicht und verwertet werden kann. Die Abgrenzung zwischen Bearbeitung und freier Benutzung bestimmt – wie erwähnt – zugleich den Schutzumfang des Urheberrechts. Ein Werkoriginal kann grundsätzlich nicht „frei benutzt" werden, weil schon § 23 auf Veränderungen am Werkoriginal nicht anwendbar ist (vgl. Rn. 3). Ob deshalb Veränderungen am Werkoriginal zulässig sind oder nicht, richtet sich ausschließlich nach §§ 39 und 14 (vgl. auch § 39 Rn. 3). Schließlich ist darauf hinzuweisen, dass die freie Benutzung eines Werkes nach § 24 niemals eine Entstellung oder sonstige Beeinträchtigung i.S.v. § 14 sein kann (OLG München ZUM-RD 2008, 149, 149 – *Bildschirmschoner*); wer frei benutzt, kann von dem älteren Werk nicht so weit Gebrauch gemacht haben, dass er es im urheberrechtlichen Sinne entstellt.

2.   Früheres Recht

5 Gem. § 12 Abs. 1 LUG erstreckten sich die ausschließlichen Befugnisse des Urhebers auch auf Bearbeitungen des Werkes, worunter gem. § 12 Abs. 2 LUG insbesondere Übersetzungen, Rückübersetzungen, Dramatisierungen, Instrumentierungen, die Übertragung auf Tonträger und die Verfilmung gehörten. In Abgrenzung zur unfreien Bearbeitung sah § 13 LUG entsprechend § 24 UrhG die freie Benutzung vor. In § 15 Abs. 2 KUG wurde das Bearbeitungsrecht als Nachbildungsrecht bezeichnet, ergänzt in § 15a KUG um einen Schutz des Bühnenbildes und der dargestellten Begebenheiten bei Filmwerken gegen die bildliche Wiedergabe der dargestellten Handlung in geänderter Gestaltung. Die freie Benutzung eines Werkes war gem. § 16 KUG zulässig. Die §§ 23, 24 UrhG entsprechen den vorgenannten Regelungen in LUG und KUG, § 23 verzichtet lediglich auf eine Aufzählung der einzelnen Bearbeitungsarten wie sie in § 12 Abs. 2 LUG vorgesehen war (Begr. RegE UrhG BT-Drucks. IV/270, zu § 23 – Bearbeitungen und Umgestaltungen, S. 51 und zu § 24 – freie Benutzung, S. 51 f.). Der bereits über § 13 Abs. 2 LUG gewährte besondere Schutz für Melodien sollte zunächst nicht in das UrhG übernommen werden, weil dem musikalischen Schaffen nicht ungerechtfertigt enge Grenzen gezogen werden sollten (Begr. RegE UrhG, BT-Drucks. IV/270 zu § 24 – freie Benutzung, S. 51 f.). Die Regelung wurde dann aber dennoch inhaltlich unverändert in § 24 Abs. 2 UrhG übernommen (Näheres Schricker/*Loewenheim*[3] Rn. 27, vgl. unten Rn. 53 ff.). Nach früherem Recht war außerdem eine Übertragung des Bearbeitungsrechts möglich (§§ 8 Abs. 3 LUG, 10 Abs. 3 KU; § 29 Abs. 1 UrhG schließt dies heute aus.

3.   EU-Richtlinien

6 Das Bearbeitungsrecht und die freie Benutzung sind nicht grundsätzlich gemeinschaftsweit harmonisiert, sondern lediglich partiell: So harmonisiert Art. 4 lit. b Software-RL das ausschließliche Recht des Rechtsinhabers, die Übersetzung, Bearbeitung, das Arrangement und andere Umarbeitungen eines **Computerprogramms** sowie die Vervielfältigung der damit erzielten Ergebnisse zu gestatten (umgesetzt in § 69c Nr. 2 UrhG, vgl. § 69c Rn. 3; Näheres bei Walter/*Blocher* Art. 4 Software-RL Rn. 22). Ferner ist auch dem Urheber einer **Datenbank** gem. Art. 5 lit. b Datenbank-RL das ausschließliche Recht vorbehalten, die Übersetzung, Bearbeitung, Anordnung und jede andere Umgestaltung seiner Datenbank vorzunehmen oder zu erlauben (nicht gesondert umgesetzt, weil über § 23 UrhG gedeckt, der allerdings insoweit richtlinienkonform auszulegen ist; vgl. Walter/*v. Lewinski* Art. 5 Datenbank-RL Rn. 28). Ausdrückliche Bestimmungen über die freie Benutzung enthalten weder die Software-RL noch die Datenbank-RL. Zwar bezeichnen Walter/*Walter* (Art. 9 Software-RL Rn. 3) die Rechte zur Herstellung von Sicherungskopien in Art. 5 Abs. 2 Software-RL, zum Analysieren eines Programms in Art. 5 Abs. 3 Software-RL sowie zum Dekompilieren in Art. 6 Software-RL als „softwarespezifische freie Nutzungen". Jedoch sind diese Rechte nicht der freien Benutzung in § 24 vergleichbar, sondern eher gesetzlichen Schranken entsprechende Ausnahmen vom Vervielfältigungsrecht, weil bei der Erstellung einer Sicherungskopie, dem Analysieren eines Programms sowie dem Dekompilieren zwar Vervielfältigungsvorgänge entstehen, jedoch das Programm als solches nicht im Sinne einer Bearbeitung verändert wird (vgl. Vor §§ 69a–f ff. Rn. 4, 12).

4. Internationale Konventionen

In der **RBÜ** gibt es eine generelle und zwei spezielle Bestimmungen zur **7** Bearbeitung: Gem. Art. 12 RBÜ genießt der Urheber das ausschließliche Recht, Bearbeitungen, Arrangements und andere Umarbeitungen seines Werkes zu erlauben. Art. 8 RBÜ regelt Entsprechendes für das Recht, das Werk zu übersetzen oder die Übersetzung zu erlauben; Art. 14 Abs. 1 Nr. 1 RBÜ schließlich gewährt dem Urheber das ausschließliche Recht, die filmische Bearbeitung zu erlauben. § 23 vereint dies in einer Vorschrift, ohne jedoch die Übersetzungen ausdrücklich zu nennen; eine Klarstellung, dass Übersetzungen Bearbeitungen eines Werkes sind, findet sich jedoch in § 3 S. 1. Eine ausdrückliche Bestimmung zur freien Benutzung enthält die RBÜ nicht; sie überlässt die Abgrenzung der Bearbeitung von der freien Benutzung vielmehr im Einzelfall dem Recht des Schutzlandes über Art. 5 Abs. 2 S. 2 RBÜ (Nordemann/Vinck/Hertin Art. 12 RBÜ Rn. 1). Art. 9 Abs. 1 der **TRIPS** bezieht die Art. 1–21 der RBÜ vollständig in seinen Schutz ein, so dass er auch das Bearbeitungsrecht umfasst. Eine besondere Bestimmung zur freien Benutzung enthalten auch die TRIPS nicht. Allerdings folgt die Zulässigkeit von Bestimmungen zur freien Benutzung und damit auch von § 24 aus Art. 5 Abs. 2 S. 2 RBÜ einerseits und Art. 13 TRIPS andererseits. Art. IVbis Abs. 1 S. 2 **WUA** bezieht in den grundlegenden Schutz, der durch Art. I WUA gewährt wird, auch Werke „in einer erkennbar von dem ursprünglichen Werk abgeleiteten Form" und damit Bearbeitungen ein; die Vorschrift nimmt damit zugleich die freie Benutzung vom Konventionsschutz aus (Nordemann/Vinck/Hertin Art. IVbis WUA Rn. 4). Letzteres folgt auch aus Art. IVbis Abs. 2 WUA, wonach Ausnahmen der durch Art. I WUA gewährten grundlegenden Rechte „dem Geist und den Bestimmungen" des WUA nicht widersprechen dürfen; die freie Benutzung eines Werkes in einer Art und Weise, die es nicht bearbeitet, gehört jedoch zu den urheberrechtlichen Grundsätzen (vgl. Rn. 27 ff.).

II. Bearbeitungsrecht

1. Terminologie: Bearbeitungen, andere Umgestaltungen, Änderungen und freie Benutzung

Immer dann, wenn ein Werk verändert wird, als Grundlage oder Anregung für **8** ein neues Werk dient, stellt sich die Frage, ob der Urheber des benutzten Werkes demgegenüber Rechte geltend machen kann. Im UrhG finden sich insoweit Vorschriften an drei verschiedenen Stellen, wobei jeweils mit **unterschiedlicher Terminologie** gearbeitet wird: § 3 stellt klar, dass „Übersetzungen und andere Bearbeitungen eines Werkes, die persönliche geistige Schöpfungen des Bearbeiters sind", wie selbständige Werke geschützt sind. § 23 gewährt dem Urheber das Recht, Veröffentlichungen oder Verwertungen von „Bearbeitungen oder anderen Umgestaltungen des Werkes" erlauben oder verbieten zu dürfen; das Bearbeiterurheberrecht des § 3 ist damit zugleich abhängig vom Urheberrecht des Schöpfers des Originalwerkes. Schließlich spricht § 39 davon, dass der Inhaber eines Nutzungsrechtes das Werk, den Titel oder die Urheberbezeichnung „nicht ändern" dürfe, sofern nichts anderes vereinbart sei und legt dem Urheber auf, „Änderungen des Werkes und seines Titels", zu denen er seine Einwilligung nach Treu und Glauben nicht versagen dürfe, hinnehmen zu müssen. Vollkommen zustimmungsfrei kann gem. § 24 Abs. 1 „ein selbständiges Werk, das in freier Benutzung des Werkes eines anderen geschaffen worden ist", veröffentlicht oder verwertet werden. Diese Vorschriften setzen alle voraus, dass es irgendeine Veränderung am Originalwerk gegeben hat. Demgegenüber setzt die Vervielfältigung als direkteste Form der Wiederholung eines Werkes gem. § 16 voraus, dass gerade keine Veränderungen vorgenommen werden, sondern das Werk eben unverändert kopiert wird (vgl. § 16 Rn. 2, 9 ff. und Schricker/*Loewenheim*³ § 23 Rn. 3). Insofern kann auch nicht von einer Bearbeitung oder Umgestaltung gesprochen werden, wenn ein geschütztes Werk unverändert in ein neues Werk so integriert wird, dass es nach Art eines „Gesamtkunstwerkes" als dessen Teil erscheint, beispielsweise wenn ein unverändertes Werk gerahmt und durch die Art und Weise der Bemalung des Rahmens „fortgesetzt" wird (so aber BGH GRUR 2002, 532, 534 – *Unikatrahmen*); denn das Werk selbst bleibt unverändert. Allerdings kann sich der Urheber u.U. aus seinem Urheberpersönlichkeitsrecht, Entstellungen oder andere Beeinträchtigungen zu verbieten, die seine berechtigen oder persönlichen Interessen am Werk gefährden (§ 14), zur Wehr setzen (insoweit zutreffend BGH GRUR 2002, 532, 534 – *Unikatrahmen*).

9 Während der BGH die Unterscheidung in der Terminologie zwischen Bearbeitungen (§§ 3, 23) und Umgestaltungen (§ 23) weitgehend ignoriert und beide Begriffe überwiegend synonym verwendet (Beispiel: BGH GRUR 1990, 669, 673 – *Bibelreproduktion*; etwas differenzierter in BGH GRUR 2002, 532, 534 – *Unikatrahmen*) und auch Teile der Literatur die **Abgrenzung** für entbehrlich halten, da § 23 sowohl Bearbeitungen als auch Umgestaltungen dem Genehmigungsvorbehalt des Urhebers unterstelle (HK-UrhR/ *Dreier* § 23 Rn. 5), ging der Gesetzgeber davon aus, dass der Bearbeiter die Identität des Originalwerkes unberührt lassen und ihm „dienen" wolle, während der Umgestalter nicht das Originalwerk zur Geltung bringen, sondern das Ergebnis seiner Arbeit als eigenes Werk ausgeben wolle (Plagiat) oder bei dem Versuch gescheitert sei, das fremde Werk frei zu benutzen (Begr. zum RegE UrhG BT-Drucks. IV/270 S. 51); dem haben sich wiederum Teile der Literatur angeschlossen (Dreier/Schulze/*Schulze*² § 23 Rn. 5; Schricker/*Loewenheim*³ Rn. 4). Wir halten diese Unterscheidung jedoch für systematisch unrichtig: Freie Benutzung ist nichts weiter als eine gesteigerte Form der Bearbeitung; sie liegt vor, wenn die Bearbeitung so weitgehend ist, dass ein neues selbständiges Werk entsteht (§ 24 Abs. 1). Wem es bei der Umarbeitung eines Werkes nicht gelingt, die Steigerungsstufe der freien Benutzung zu erreichen, der bleibt Bearbeiter. Wer ferner unter Veränderung des Werkes ein Plagiat begeht, nimmt wiederum nichts weiter als eine Bearbeitung unter gleichzeitiger Behauptung der Urheberschaft vor (vgl. Rn. 60). Auch das Plagiat selbst kann urheberrechtlich geschützt sein – wenn die „Zutaten" des Plagiators persönliche geistige Schöpfung sind (§ 3); die andere Umgestaltung ist aber in § 3 nicht erwähnt, so dass § 3 auf der einen Seite eine Lücke enthielte. Auf der anderen Seite enthält aber auch § 23, wenn man ihn dem Gesetzgeber folgend anwendet, eine Lücke: Es gibt Änderungen an einem Werk, die die Qualität einer persönlichen geistigen Schöpfung nicht erreichen (vgl. § 3 Rn. 25 ff.); es ist offensichtlich, dass auch sie dem Genehmigungsvorbehalt des Urhebers unterstellt werden sollen. § 39 bezieht sich nur auf solche Änderungen, die der Nutzungsberechtigte vornimmt, gilt also nicht außerhalb einer Rechtekette.

10 Die Frage löst sich von selbst, wenn man unter „**anderen Umgestaltungen**" im Sinne von § 23 diejenigen Veränderungen des Originalwerkes versteht, die noch **keine persönliche geistige Schöpfung** sind, also gewissermaßen eine Stufe unterhalb der Bearbeitung stehen. Dann stimmen auch § 39, § 23 und § 24 sowie § 3 zusammen: Änderungen gleich welchen Ranges bedürfen der Erlaubnis des Urhebers (§§ 23, 39 Abs. 1), soweit nicht durch sie selbständige Werke hervorgebracht werden (§ 24 Abs. 1) oder der Urheber die Änderungen nach Treu und Glauben dulden muss (§ 39 Abs. 2). In Abgrenzung zur Vervielfältigung (§ 16) stellt der Begriff der Änderung (§ 39) letztendlich den Oberbegriff zur Werkverwertung in veränderter Form dar. Liegt eine Änderung vor, die keine schöpferische Tätigkeit beinhaltet, ist lediglich eine Umgestaltung gegeben (§ 23). Ist die Änderung schöpferisch, liegt eine Bearbeitung vor (§§ 23, 3), egal, ob sie als „Plagiat" (vgl. Rn. 59 ff.) zu bezeichnen ist oder nicht. Ist die Änderung so weitgehend, dass das geänderte Werk nur noch Anregung zu freiem Werkschaffen war, ist eine freie Benutzung gegeben (§ 24). Dem hat sich der wohl überwiegende Teile der Literatur angeschlossen (*Schack*[2] Rn. 237; Wandke/Bullinger/*Bullinger*[2] Rn. 4; etwas differenzierter Möhring/Nicolini/*Ahlberg*[2] Rn. 11 f.). Auch der BGH scheint dazu zu tendieren, den Begriff der Umgestaltung eher als zwischen Vervielfältigung und Bearbeitung liegend zu sehen (BGH GRUR 2002, 532, 534 – *Unikatrahmen*).

2. Doppelcharakter der Bearbeitung

Zum Doppelcharakter der Bearbeitung vgl. § 3 Rn. 5 ff.   **11**

3. Gegenstand der Bearbeitung

Während der Begriff der Bearbeitung voraussetzt, dass ein Originalwerk **12** bearbeitet wird, bei dem unerheblich ist, ob noch Urheberrechtsschutz besteht oder dieser abgelaufen ist (vgl. § 3 Rn. 8), setzt das Bearbeitungsrecht gem. § 23 zwangsläufig voraus, dass der Urheberrechtschutz des Originalwerkes noch besteht; nur dann kann nämlich sein Urheber noch ein Recht besitzen, die Veröffentlichung und Verwertung der Bearbeitung gem. § 23 S. 1 bzw. bereits die Herstellung der Bearbeitung gem. § 23 S. 2 zu gestatten. Für **gemeinfreie Werke** ist § 23 damit ebenso irrelevant wie in solchen Fällen, in denen zwar das ältere Werk (noch) urheberrechtlich geschützt ist, aber der entlehnte und bearbeitete Werkteil gemeinfrei ist (vgl. Rn. 46 f.)

4. Einwilligung des Originalurhebers

Infolge des Charakters des Bearbeitungsrechtes als selbständiges ausschließ- **13** liches Verwertungsrecht (vgl. Rn. 2) bedeutet Einwilligung im Sinne von § 23 nichts anderes als **Nutzungsrechtseinräumung**, die den §§ 31 ff. folgt, so dass auch das Bearbeitungsrecht als einfaches oder ausschließliches Recht sowie räumlich, zeitlich oder inhaltlich beschränkt eingeräumt werden kann (§ 31 Abs. 1 S. 2) und die Zweckübertragungslehre (§ 31 Abs. 5) Anwendung findet (BGH GRUR 1986, 458, 459 – *Oberammergauer Passionsspiele*; Dreier/Schulze/*Schulze*[2] Rn. 10; Schricker/*Loewenheim*[3] Rn. 21; Wandtke/Bullinger/*Bullinger*[2] Rn. 8). Nach § 37 Abs. 1 verbleibt jedoch das Bearbeitungsrecht im Zweifel beim Originalurheber; allerdings ist eine stillschweigende Einräumung des Bearbeitungsrechtes möglich, wenn sich dies gem. § 31 Abs. 5 aus dem Vertragszweck ergibt (BGH GRUR 1986, 458, 459 – *Oberammergauer Passionsspiele*).

Einwilligung bedeutet gem. § 183 BGB zwar vorherige Zustimmung und **14** damit auch vorherige Rechtseinräumung. Das heißt aber nicht, dass eine zunächst rechtswidrig veröffentlichte bzw. verwertete (§ 23 S. 1) oder hergestellte (§ 23 S. 2) Bearbeitung nicht etwa nachträglich legalisiert werden könnte. Vielmehr kann der Urheber die Bearbeitung nachträglich genehmigen, was dann auf den Zeitpunkt der Veröffentlichung bzw. Verwertung (§ 23 S.1) oder Herstellung (§ 23 S. 2) zurückwirkt (§ 184 Abs. 1 BGB), also das Bearbeitungsrecht auch noch nach begonnener Veröffentlichung, Verwertung oder Herstellung einräumen.

5. Herstellungsfreiheit

15 Bearbeitungen und andere Umgestaltungen sind – mit den Ausnahmen des § 23 S. 2 – in der Herstellung frei. Jedermann darf also ein Originalwerk verändern, wie er es will, solange er das geänderte Werk nicht veröffentlicht (vgl. Rn. 23 f.) oder verwertet (vgl. Rn. 25). Die Freiheit der Herstellung schließt die Freiheit ihrer körperlichen Festlegung ein. Wenn der Gesetzgeber es lediglich hätte zulassen wollen, Änderungen gedanklich vorzunehmen, ohne sie zu fixieren, so hätte es des § 23 nicht bedurft: Im demokratischen Rechtsstaat ist die Gedankenfreiheit verbürgt. Allerdings ist die Festlegung aus § 23 nur einmal zulässig; die Herstellung von Abschriften ist Vervielfältigung und damit Verwertung (§ 15 Abs. 1 Nr. 1; vgl. Rn. 25).

16 Der Zweck der Herstellung und damit der ersten Festlegung ist gleichgültig. Es kommt mithin nicht darauf an, ob die Herstellung der Bearbeitung zu privaten oder zu geschäftlichen Zwecken erfolgt (Begr. zum RegE UrhG BT-Drucks. IV/270, S. 51).

6. Ausnahmen von der Herstellungsfreiheit

17 Die Herstellungsfreiheit gilt für alle Werkarten mit Ausnahme der ausdrücklich in § 23 S. 2 Genannten: Bereits für die Herstellung einer Bearbeitung oder anderen Umgestaltung ist die Zustimmung des Urhebers erforderlich, wenn es sich um eine Verfilmung, um die Ausführung von Plänen oder Entwürfen eines Werkes der bildenden Künste, um den Nachbau eines Werkes der Baukunst oder schließlich um die Bearbeitung oder Umgestaltung eines Datenbankwerkes handelt.

18 Die Herstellung der **Verfilmung** ist gleichzusetzen mit dem Beginn der Dreharbeiten (vgl. § 88 Rn. 48 sowie § 90 S. 2; glA Dreier/Schulze/*Schulze*[2] Rn. 20; Schricker/*Loewenheim*[3] Rn. 16). Wer ein Exposé, Treatment oder Drehbuch erstellt oder Filmmusik komponiert, beginnt also noch nicht mit der Herstellung des Filmwerkes; bearbeitet er dadurch vorbestehende Werke, benötigt er hierfür noch nicht die Einwilligung des Originalurhebers.

19 Werden Pläne oder Entwürfe eines Werkes der **bildenden Künste** ausgeführt, kann hierin eine Vervielfältigung liegen (vgl. § 2 Rn. 149 und BGH GRUR 2003, 231, 234 – *Staatsbibliothek*); dafür ist stets die Einwilligung des Urhebers erforderlich, eine Berufung auf das Privileg der Privatkopie ist gem. § 53 Abs. 7 ausgeschlossen (vgl. § 53 Rn. 9, 39). § 23 S. 2 schließt insoweit die Lücke, die entstanden wäre, wenn im Zuge der Ausführung von Plänen oder Entwürfen eines Werkes der bildenden Künste Veränderungen vorgenommen werden.

20 Im Bereich der Werke der **Baukunst** ist § 23 S. 2 leider unscharf: So soll nur der Nachbau eines Werkes der Baukunst von der Herstellungsfreiheit ausgenommen sein: Da das Bauwerk in den Plänen niedergelegt ist und als Immaterialgut von dem errichteten Gebäude unterschieden werden muss, ist die Umsetzung des Planes in ein Gebäude in unveränderter Form Vervielfältigung, in veränderter Form Bearbeitung (vgl. § 2 Rn. 149 und BGH GRUR 2003, 231, 234

– *Staatsbibliothek*). Es darf daher weder die Vervielfältigung eines Werkes der Baukunst noch seine Bearbeitung vom Zustimmungsvorbehalt des Urhebers ausgenommen sein, weil die Architekten ansonsten Umsetzungen ihrer Bauwerke in Gebäude zu privaten Zwecken (§ 53 Abs. 1) oder auch in bearbeiteter Form nicht verhindern könnten. Soweit deshalb § 53 Abs. 7 und § 23 S. 2 von „Nachbau" sprechen, schließt der Begriff des Nachbaus die Umsetzung des Planes in ein Gebäude im Wege der Vervielfältigung (§ 53 Abs. 7) oder der Bearbeitung (§ 23 S. 2) ein. Wer nur ein Modell eines Werkes der Baukunst bastelt, baut es nicht nach (vgl. § 53 Rn. 39). Damit bliebe die Herstellung des Modells zustimmungsfrei, nicht aber seine Veröffentlichung oder Verwertung (ebenso Schricker/*Loewenheim*[3] Rn. 16).

Bei **Datenbankwerken** ist zu beachten, dass zwischen dem Inhalt der Datenbank einerseits und Auswahl und Anordnung der Elemente andererseits unterschieden werden muss; lediglich letzteres ist Gegenstand des Schutzes am Datenbankwerk (vgl. § 4 Rn. 11 und Walter/*von Lewinski* Art. 5 Datenbank-RL Rn. 9). Übersetzungen oder Bearbeitungen des Inhalts der Datenbank fallen deshalb unter die Herstellungsfreiheit nach § 23 S. 1; lediglich dann, wenn die Struktur der Datenbank einer Veränderung unterworfen wird und damit eine Änderung bzw. Umgestaltung der Datenbank selbst vorliegt, bedarf bereits die Herstellung der Zustimmung des Urhebers (Schricker/*Loewenheim*[3] Rn. 16; Walter/*von Lewinski* Art. 5 Datenbank-RL Rn. 9). **21**

Nicht übersehen werden sollte, dass auch bei der Bearbeitung eines **Computerprogramms** gem. § 69c Nr. 2 bereits die Herstellung dem ausschließlichen Recht des Urhebers unterliegt (vgl. § 69c Rn. 20). **22**

7. Veröffentlichung

Der Begriff der Veröffentlichung folgt aus § 12 Abs. 1 i.V.m. § 15 Abs. 3: Der Urheber bestimmt das Ob und das Wie der Veröffentlichung (§ 12 Abs. 1), Öffentlichkeit ist nur dann gegeben, wenn sich die Handlung an eine Mehrzahl von Personen richtet, die nicht mit der die Handlung vornehmenden Person durch persönliche Beziehungen verbunden ist (§ 15 Abs. 3). Wer ein englischsprachiges Weihnachtsgedicht übersetzt und zu Weihnachten im Kreis seiner Familie vorträgt, veröffentlicht die Übersetzung nicht, weil seine Familienmitglieder mit ihm durch persönliche Beziehungen verbunden sind; eine Veröffentlichung läge aber beispielsweise vor, wenn er die Übersetzung des Gedichtes nach Weihnachten auf seine Internet-Familienhomepage einstellt, weil dann der Zugang durch die Öffentlichkeit eröffnet ist (§§ 15 Abs. 3, 19a; Einzelheiten zum Öffentlichkeitsbegriff vgl. § 15 Rn. 27 ff.). **23**

Streitig ist, ob eine Bearbeitung oder andere Umgestaltung im Sinne von § 23 S. 1 noch im Rechtssinne gem. § 12 Abs. 1 veröffentlicht werden kann, wenn das bearbeitete Originalwerk bereits veröffentlicht gewesen ist. Beispiel: Ein englischsprachiger Roman erscheint erst einige Monate später in seiner deutschen Übersetzung. Die hM vertritt insoweit die Auffassung, dass das Veröffentlichungsrecht gem. § 12 Abs. 1 mit der Erstveröffentlichung des Originalwerkes verbraucht sei und an Bearbeitungen sowie anderen Umgestaltungen kein separates (neues) Veröffentlichungsrecht bestehen könne (Schricker/*Loewenheim*[3] Rn. 14; *Ulmer*[3] § 56 I 2 S. 266; daran anschließend HK-UrhR/ *Dreier* Rn. 9; Möhring/Nicolini/*Ahlberg*[2] Rn. 17). Dreier/Schulze/ *Schulze*[2] haben insoweit jedoch zutreffend darauf hingewiesen, dass der Urheber gem. § 12 nicht nur darüber bestimmen darf, ob sein Werk veröffentlicht **24** wird, sondern auch, wie die Veröffentlichung stattfinden soll (Dreier/Schulze/ *Schulze*[2] Rn. 17). Da mit jeder bearbeiteten oder anderweitig umgestalteten Werkfassung eine neue Werkform entsteht, muss der Urheber jeweils gesondert darüber entscheiden dürfen, ob diese neue Werkform im Sinne eines „Wie" seines Ursprungswerkes veröffentlicht werden soll oder nicht. Ansonsten würde auch die Erwähnung der Veröffentlichung in § 23 S. 1 weitgehend leer laufen: Da fast alle Werke, die bearbeitet oder anderweitig umgestaltet werden, bereits in ihrer Originalfassung vorveröffentlicht worden sind, würde das Recht des Urhebers, die Veröffentlichung einer Bearbeitung oder anderen Umgestaltung zu erlauben, weitgehend leer laufen. Wir schließen uns deshalb der Auffassung an, dass das Recht, die Veröffentlichung einer bearbeiteten oder anderweitig umgestalteten Werkfassung zu kontrollieren, auch dann besteht, wenn das **Originalwerk bereits veröffentlicht** war (ebenso Dreier/ Schulze/*Schulze*[2] Rn. 17; Wandtke/Bullinger/*Bullinger*[2] Rn. 7). Der Streit ist allerdings eher akademischer Natur: Jede Veröffentlichungshandlung wird ganz zwangsläufig in eines der Verwertungsrechte der §§ 15 ff. eingebunden sein, so dass mit einer Veröffentlichung der bearbeiteten oder anderweitig umgestalteten Werkfassung auch immer eine Verwertung im Sinne von § 23 S. 1 verbunden sein wird; eine Veröffentlichung außerhalb der Verwertungsrechte der §§ 15 ff. ist nicht vorstellbar (vgl. § 12 Rn. 8 ff.).

8.   Verwertung

25 Verwertung bedeutet nicht „gewerbliche Verwertung" in dem Sinne, dass mit dem bearbeiteten oder anderweitig umgestalteten Werk Einkünfte erzielt werden sollen. Vielmehr bezieht sich der Begriff der Verwertung in § 23 S. 1 auf die **Verwertungsrechte** der §§ 15 ff. und meint damit alle körperlichen und unkörperlichen Verwertungsrechte, und zwar ohne Ausnahme. Auch das Bearbeitungsrecht gem. § 23 selbst ist ein Verwertungsrecht (vgl. Rn. 2) und unterfällt damit dem Bearbeitungsrecht, d.h. der Originalurheber kann auch die Bearbeitung der Bearbeitung kontrollieren (vgl. § 3 Rn. 12). Beispiel: Die polnische Übersetzung eines englischen Originalromans wird nicht auf Basis der englischen Vorlage erstellt, sondern auf Basis der deutschen Übersetzung; die polnische Werkfassung wird dann ganz zwangsläufig nach wie vor die individuellen gestalterischen Merkmale des englischen Originalromans enthalten. Hinzuweisen ist ferner darauf, dass Verwertung im Sinne von § 23 S. 1 nicht nur die in § 15 ausdrücklich benannten Verwertungsarten meint, sondern auch alle möglicherweise dort nicht Genannten oder zukünftig erst Entstehenden; denn sowohl § 15 Abs. 1 im Hinblick auf die körperliche Werkverwertung als auch § 15 Abs. 2 im Hinblick auf die unkörperliche Werkverwertung enthalten jeweils nur „insbesondere"-Aufzählungen der einzelnen Verwertungsrechte und sind damit nicht abschließend (vgl. § 15 Rn. 4 sowie Dreier/Schulze/*Schulze*[2] Rn. 18 und Schricker/ *Loewenheim*[3] Rn. 13).

9.   Einzelfälle

26 Vgl. § 3 Rn. 21–32 sowie Rn. 69 ff.

III. Schutzumfang des Urheberrechts

1. Stufensystem des Schutzumfangs

Die Abgrenzung zwischen unfreier Bearbeitung gem. § 23 und freier Benut- **27**
zung gem. § 24 markiert den Schutzumfang des Urheberrechts: Der Urheber
kann nur das mit seinem Ausschließlichkeitsrecht kontrollieren, was noch
Bearbeitung im Sinne von § 23 darstellt; ist sein Werk nur noch als Anregung
zu neuem, selbständigen Werkschaffen verwendet worden, ist dies frei. Die
freie Benutzung ist mithin nichts anderes als der Superlativ in der Steigerung
Vervielfältigung – Umgestaltung – Bearbeitung – freie Benutzung. Allen ist
gemeinsam, dass sie ein anderes Werk (Original oder Bearbeitung, vgl. § 3
Rn. 8) zur Grundlage haben; sie unterscheiden sich nur durch den Grad der
Zugrundelegung. Der Begriff der freien Benutzung lässt sich daher nur durch
ihre Abgrenzung von der Bearbeitung gewinnen: Freie Benutzung ist, was nicht
mehr Bearbeitung ist. Das Kennzeichen der Bearbeitung ist ihre Abhängigkeit
vom Originalwerk; dieses wird weiterentwickelt oder umgeformt, bleibt in
seinem Wesenkern, seinen Grundzügen jedoch erhalten. Die freie Benutzung
löst sich dagegen von der Vorlage und schafft ein neues Werk mit neuem
Wesenskern und neuen, eigenen Grundzügen, eben ein selbständiges Werk.
Der Gesetzgeber definiert diesen Begriff selbst als „völlig selbständige Neu-
schöpfung" (Begr. zum RegE UrhG BT-Drucks. IV/270, S. 51 f.).

Zur Verdeutlichung sei das **Stufenverhältnis** nochmals wie folgt wiedergegeben: **28**

Vervielfältigung ↓	Originalwerk wird kopiert, ohne dass daran eine Veränderung vorgenommen wird. Betroffen ist das Vervielfältigungsrecht des Originalurhebers, § 16.
Umgestaltung ↓	Änderung des Originalwerkes, die nicht schöpferisch ist. Es ist das Bearbeitungsrecht des Original-Urhebers betroffen (§ 23), der Umgestalter erhält kein eigenes Bearbeiterurheberrecht, weil er selbst nicht schöpferisch tätig war (§ 3). Ein Nutzungsberechtigter kann sich auch ohne entsprechende Nutzungsrechtseinräumung (§ 11) unter Umständen darauf berufen, nach Treu und Glauben zu der Änderung in Form der Umgestaltung berechtigt gewesen zu sein (§ 39 Abs. 2).
Bearbeitung ↓	Änderung des Originalwerkes, die schöpferisch ist. Es ist das Bearbeitungsrecht des Original-Urhebers betroffen (§ 23), der Bearbeiter erhält ein eigenes Bearbeiterurheberrecht, das aber abhängig von dem Urheberrecht des Urhebers des Originalwerkes ist (§ 3). Ein Nutzungsberechtigter kann auch ohne entsprechende Nutzungsrechtseinräumung (§ 11) in seltenen Ausnahmefällen geltend machen, nach Treu und Glauben zu der Bearbeitung berechtigt gewesen zu sein (§ 39 Abs. 2).
freie Benutzung	So weitgehende Änderung des Originalwerkes, dass dieses nur noch als Anregung zu eigenem, freien Werkschaffen gedient hat. Das neue Werk kann frei verwertet werden (§ 24 Abs. 1), es ist selbständig und unabhängig von dem anregenden Werk urheberrechtlich geschützt (§ 2).

Man muss sich darüber im Klaren sein, dass die Abgrenzung zwischen Be- **29**
arbeitung und freier Benutzung häufig nur sehr schwierig zu treffen ist. Weitgehende Übereinstimmungen der Werke legen nach menschlicher Erfahrung
zwar in der Regel die Annahme nahe, dass der Urheber des jüngeren Werkes
das ältere Werk benutzt hat; jedoch kann er eben auch nur die im älteren Werk
vorhandenen gemeinfreien Gestaltungselemente verwendet haben, so dass
trotz weitgehender Übereinstimmungen keine Urheberrechtsverletzung vorliegt (Beispiel: BGH GRUR 2004, 855, 857 – *Hundefigur*). Entsprechend
kann eine Urheberrechtsverletzung vorliegen, wenn es so scheint, als würden

die Übereinstimmungen nur im gemeinfreien Bereich liegen, sich jedoch herausstellt, dass der verwendete gemeinfreie historische Stoff doch in der Fantasie des Urhebers verändert wurde und in dieser Form urheberrechtlich geschützt ist (Beispiel: LG Hamburg GRUR-RR 2003, 233, 234 ff. – *Die Päpstin*). Zur Beweislast vgl. Rn. 92 ff.

2.   Frei benutzbares Material

30   Eine Fülle von Material darf der künstlerisch Schaffende auch ohne § 24 frei benutzen:

31   a) **Die gesamte Menschheitsgeschichte:** Dazu gehören alle historisch überlieferten Ereignisse und Geschehnisse des Tages. An wirklichen Geschehnissen erwächst kein Urheberrecht. Deshalb ist das gelebte Leben einer Persönlichkeit urheberrechtsfrei. Jedermann kann es beschreiben, dramatisieren, verfilmen, soweit er dabei nicht das allgemeine Persönlichkeitsrecht des Dargestellten verletzt (dazu Vor § 12 Rn. 4 und BGH GRUR 2005, 788, 788 ff. – *Esra*). Es ist ein weit verbreiteter Irrglaube, man könne die „Story seines Lebens" an eine Illustrierte verkaufen mit der Folge, dass diese daran ein Ausschließlichkeitsrecht erwerbe. Man kann an den selbst geschriebenen Memoiren, die als Sprachwerk (§ 2 Abs. 1 Nr. 1, Abs. 2 UrhG) geschützt sind, ausschließliche Nutzungsrechte einräumen; ihr Tatsachengehalt ist und bleibt frei (BGH GRUR 1955, 201, 203 – *Cosima Wagner*).

32   b) **Alles, was dem gemeinen Volksgut zugerechnet werden kann:** Volkslieder, Märchen, Sagen, Gedichte oder Volksweisen. Zu beachten ist allerdings, dass etwas, das vermeintlich dem gemeinen Volksgut angehört, verschollen gewesen sein kann, mit der Folge, dass derjenige, der es erscheinen lässt, ein verwandtes Schutzrecht nach § 71 erhält.

33   c) **Gegenstände und Verlautbarungen,** die keine persönlichen geistigen Schöpfungen darstellen und deshalb keine Werke im Urheberrechtssinne sind. Eine Sammlung besonders merkwürdiger Zeitungsanzeigen oder Druckfehler in Zeitungsartikeln, die Verarbeitung eines alltäglichen Briefwechsels zu einem Roman, die bildliche Darstellung von Gegenständen in der Natur und die musikalische Verwertung von Vogelstimmen erzeugen erst ein schutzfähiges Werk, haben es aber nicht zur Grundlage. Der Zeitungsverleger, der Briefschreiber oder der Sacheigentümer können dem Künstler deshalb die Benutzung nicht verbieten.

34   d) **Ideen, Lehren und Theorien,** auch wenn sie in geschützten Werken enthalten sind. Sie müssen frei sein und frei bleiben, wenn die geistige Auseinandersetzung nicht unmöglich gemacht werden soll. Jedermann kann sie beschreiben, kritisieren und weiterentwickeln; nur die Form, in die sie ihr Schöpfer gegossen hat, ist für ihn urheberrechtlich geschützt (dazu und zur Abgrenzung der freien Idee von der geschützten Fabel vgl. § 2 Rn. 44).

35   e) **Von der Funktion des Gegenstands vorgegebene oder technisch bedingte Formen** sind ebenso vom Urheberrechtsschutz ausgeschlossen wie Erfindungen; das Urheberrecht schützt die schöpferische Gestaltung, nicht aber das technische Gedankengut, eine technische Konstruktion oder den in einer Schöpfung verkörperten Konstruktionsgedanken (OLG Hamburg GRUR-RR 2001, 289, 290 – *Faxkarte*, nachfolgend BGH GRUR 2002, 1046, 1047 – *Faxkarte*, aber lediglich zum Besichtigungsanspruch aus § 809 BGB und damit das OLG bestätigend; Dreier/Schulze/*Schulze*² § 1 Rn. 6 und § 2 Rn. 47). Die technische Grundlage, die Funktionalität einer Gestaltung bleibt also immer urheberrechtsfrei; ob der in ihnen verkörperte Konstruktionsgedanke schöpferisch ist, ist eine Frage der technischen Schutzrechte und nicht des Urheberrechts (OLG Hamburg GRUR-RR 2001, 289, 290 – *Faxkarte*). Abgrenzungsschwierigkeiten können insofern wohl vor allem bei Werken der angewandten Kunst und Werken der Baukunst entstehen: Das, was im Rahmen der Gestaltung technisch bedingt ist, muss bei der urheberrechtlichen Beurteilung unberücksichtigt bleiben; nur das, was der Urheber auf der Basis der technischen Funktion bei vorhandener künstlerischer Gestaltungsfreiheit noch künstlerisch quasi „on top" gestaltet hat, kann urheberrechtlich relevant sein.

f) Alles gemeinfrei gewordene Geistesgut der Vergangenheit: Darunter fallen **36** diejenigen Werke des Katalogs aus § 2, die wegen Schutzfristablaufs gemeinfrei geworden sind (zu den Rechtsfolgen der Gemeinfreiheit vgl. § 64 Rn. 18 ff.). Das gilt ebenso für anonyme und pseudonyme Werke mit ihrer kürzeren Schutzfrist (§ 66; Vorsicht, es könnte eine Eintragung in der Urheberrolle bestehen, vgl. § 66 Rn. 1, 10) und die gemeinfrei gewordenen Leistungen, an denen ein verwandtes Schutzrecht bestanden hat. Gemeinfreie Laufbilder dürfen deshalb ebenso im Rahmen neuer Filmproduktionen verwendet werden wie etwa Bilder alter Meister in Werbeanzeigen. Was an sich gemeinfrei ist, aber verschollen war, kann jedoch Gegenstand eines verwandten Schutzrechts nach § 71 UrhG sein (Beispiel: Die *Himmelsscheibe von Nebra*, die etwa 3.600 Jahre alt ist, aber fast ebenso lange im Boden verborgen war und an der durch ihr Erscheinen im Jahr 2002 ein verwandtes Schutzrecht nach § 71 mit einer 25-jährigen Schutzdauer entstanden ist, vgl. § 71 Rn. 20).

g) Freiheit von Stil, Manier, Methode und Motiv: Frei benutzbar sind ferner **37** die Elemente des Werkes, die dem Urheber zur Darstellung verholfen haben, wie etwa Stil, Manier, Methode, Technik, Klangfärbung, Eigenart der Instrumentation oder einer bloßen Anleitung zur Formgestaltung (BGH GRUR 1988, 690, 693 – *Kristallfiguren*; BGH GRUR 1977, 547, 550 – *Kettenkerze*; KG GRUR-RR 2003, 91, 92 – *Memokartei*; OLG München ZUM-RD 2008, 149, 149 – *Bildschirmschoner*; Dreier/Schulze/*Schulze*[2] § 2 Rn. 45; Schricker/*Loewenheim*[3] § 2 Rn. 48). Der BGH hat insoweit bereits frühzeitig die Rechtsprechung des Reichsgerichts bestätigt, dass es eine Hemmung der allgemeinen künstlerischen Entwicklung bedeuten würde, wenn abstrakte Eigenschaften eines Werkes dem ausschließlichen Recht des Urhebers vorbehalten bleiben würden (BGH GRUR 1952, 516, 517 – *Hummel-Figuren*). Das OLG Köln geht deshalb bedenklich weit, wenn es die Verwendung von typischen und allseits bekannten Gestaltungselementen des Malers *Joan Miró* auf Verpackungen für Kosmetikartikel als unzulässige Bearbeitung und Umgestaltung der Werke angesehen hat, obwohl nicht nachgewiesen werden konnte, dass bestimmte Werke als Vorlage gedient hatten (OLG Köln ZUM-RD 1997, 386, 388 – *Parfums Miró*; s.a. OLG Köln ZUM 2007, 140, 141).

Das selbe gilt für die dem Werk zugrunde liegende **Idee** und das künstlerische **38** **Motiv**; beide sind nicht für sich schutzfähig, sondern nur in ihrer konkreten Ausgestaltung im Werk, wobei es aber vielfach ausreichend ist, wenn sie sich zu einer Fabel oder Skizze verdichtet haben (BGH GRUR 1977, 547, 550 – *Kettenkerze*; BGH GRUR 1963, 40, 41 – *Straßen gestern und morgen*; BGH GRUR 1959, 379, 381 – *Gasparone*). Hat der Künstler sein Motiv selbst geschaffen, wie dies beispielsweise bei arrangierten Fotografien der Fall sein kann, kann in der Übernahme der wesentlichen Gestaltungselemente dieses „künstlich" geschaffenen Motivs eine Urheberrechtsverletzung liegen (zutr.

OLG Köln GRUR 2000, 43, 44 – *Klammerpose*). Hat der Fotograf jedoch etwas in der Natur oder sonst wie Vorgefundenes fotografiert und nicht „am Motiv" selbst, sondern die individuelle Schöpfung erst mit den Mitteln der Fotografie in seinem Fotoapparat oder anschließend bei der Nachbearbeitung gestaltet (zu den Gestaltungselementen der Fotografie vgl. § 2 Rn. 197), bleibt das Motiv frei und kann mithin Gegenstand einer weiteren Fotografie sein (OLG Hamburg ZUM-RD 1997, 217, 221 – *Troades*; zu weitgehend LG Mannheim ZUM 2006, 886, 887 – *Karlssteg mit Münster*; gl.A. wohl *Bullinger/Garbers-von Boehm* GRUR 2008, 24, 30). Weitere Einzelfälle vgl. Rn. 83 f.

39 **h) Bearbeitung und freie Benutzung anderer Werkarten:** Sind die Wesenszüge von zwei Werkarten grundverschieden, kann grundsätzlich das Werk einer anderen Kategorie frei verwendet werden: Wer ein Gemälde nach einer Sinfonie schafft, wer einen Tanz nach einem Gedicht schreibt, wer einen Roman vertont, ohne den Gang der Handlung des Romans zu übernehmen, sondern eine Sinfonie darüber schreibt, übernimmt regelmäßig nicht die Wesenszüge des Romans, sondern benutzt frei; anders ist dies aber bei einer Oper, die auch den Handlungsstrang des Romans übernimmt. Wo allerdings die gestalterischen Wesenszüge einer Werkgattung in eine andere Werkgattung übertragbar sind, entfällt die freie Benutzbarkeit und ist jeweils im Einzelfall festzustellen, ob die den Urheberrechtsschutz begründenden Gestaltungselemente übernommen worden sind: Ein Gemälde nach einer Fotografie kann freie Benutzung sein, wenn die Verteilung von Licht und Schatten in der Fotografie, die gerade ihre besondere Erotik ausmachte und betonte, im Gemälde nahezu ganz verschwunden ist (OLG Hamburg NJW 1996, 1153, 1154 – *Power of Blue*), während unfreie Bearbeitung regelmäßig dann vorliegt, wenn der Wesenskern und die Gestaltungselemente der Fotografie, beispielsweise lachende Mädchen in einer bestimmten Körperposition, auch im Gemälde erhalten bleiben (LG München I GRUR 1988, 36, 37 – *Hubschrauber mit Damen*).Weitere Einzelheiten vgl. § 3 Rn. 10 ff.

3. **Abgrenzung zwischen abhängiger Bearbeitung gem. § 23 und freier Benutzung gem. § 24**

40 **a) Allgemeines:** § 23 gewährt dem Urheber das ausschließliche Recht, Veröffentlichungen oder Verwertungen von Bearbeitungen oder anderen Umgestaltungen des Werkes erlauben oder verbieten zu dürfen; demgegenüber erlaubt § 24 die Veröffentlichung und Verwertung eines selbständigen Werkes, das in freier Benutzung des Werkes eines anderen geschaffen worden ist. Beide Bestimmungen haben also zur Voraussetzung und sind auch überhaupt nur dann einschlägig, wenn ein älteres Werk tatsächlich benutzt worden ist; bei § 23 wird es umgestaltet oder bearbeitet, bei § 24 frei verwendet.

41 **b) Blässetheorie:** Für die Abgrenzung zwischen abhängiger Bearbeitung gem. § 23 und freier Benutzung gem. § 24 hat der Bundesgerichtshof die sog. „Blässetheorie" entwickelt. Sie setzt bei der Bestimmung einer freien Benutzung an und kennzeichnet diese wie folgt:

42 (1) Es muss sich um eine **selbständige Leistung** handeln. Wenn das Originalwerk lediglich umgestaltet worden ist, ohne dass der Bearbeiter selbst eine persönliche geistige Schöpfung im Sinne von § 2 Abs. 2, die zu einem Bearbeiterurheberrecht gem. § 3 führen würde, erbracht hat, liegt immer eine abhängige Bearbeitung vor und niemals eine freie Benutzung, weil in einem solchen Fall kein neues, selbständiges Werkschaffen entstanden ist (BGH GRUR 2000, 703, 704 – *Mattscheibe*; BGH GRUR 2000, 144, 144 – *Comic-Übersetzungen II*; BGH GRUR 1999, 984, 984 – *Laras Tochter*; BGH GRUR 1992, 382, 384 f. – *Leitsätze*; BGH GRUR 1981, 520, 522 – *Fragensammlung*; BGH GRUR 1972, 143, 144 f. – *Biographie: Ein Spiel*; LG Hamburg GRUR-RR 2004, 65, 66 – *Harry Potter/Literatur-Werkstatt Grundschule*).

(2) Die schöpferische Eigentümlichkeit des benutzten Werkes muss gegenüber **43** der Eigenart des neu geschaffenen Werkes **verblassen**, wobei kein zu milder Maßstab anzulegen ist (BGH GRUR 2002, 799, 800 f. – *Stadtbahnfahrzeug*; BGH GRUR 1999, 984, 987 – *Laras Tochter*; BGH GRUR 1994, 191, 193 – *Asterix-Persiflagen*). Das Kriterium des „Verblassens" wird vom BGH zunächst durchaus in einem wörtlichen Sinne angewandt: Eine freie Benutzung liegt danach vor, wenn die aus dem geschützten älteren Werk entlehnten eigenpersönlichen Züge in dem neuen Werk in einem sehr wörtlichen Sinne verblassen, also so zurücktreten, dass das ältere Werk in dem neuen nur noch schwach und in urheberrechtlich nicht mehr relevanter Weise durchschimmert (BGH GRUR 1994, 191, 193 – *Asterix-Persiflagen*; BGH GRUR 1994, 206, 208 – *Alcolix*). Liegt ein solches „direktes" Verblassen nicht vor und bleiben deutliche Übernahmen erkennbar, kann ein Verblassen nur dann angenommen werden, wenn trotzdem das jüngere Werk zu dem Originalwerk und dessen entlehnten eigenpersönlichen Zügen noch einen so großen „inneren" Abstand einhält, dass es seinem Wesen nach als selbständig angesehen werden kann (BGH GRUR 2003, 956, 958 – *Gies-Adler*; BGH GRUR 1999, 984, 987 – *Laras Tochter*; BGH GRUR 1994, 191, 193 – *Asterix-Persiflagen*; BGH GRUR 1994, 206, 208 – *Alcolix*). Das kann beispielsweise für Fälle der Parodie oder Satire gelten (vgl. Rn. 40 und BGH GRUR 2000, 703, 704 – *Mattscheibe*; BGH GRUR 1999, 984, 987 – *Laras Tochter*; BGH GRUR 1994, 191, 193 – *Asterix-Persiflagen*; BGH GRUR 1994, 206, 208 – *Alcolix*). In Fällen, in denen das Verblassen nicht in einem wörtlichen Sinne vorliegt, sondern nur ein „innerer" Abstand dazu führt, dass eine freie Benutzung vorliegt, muss jedoch immer eine schöpferische Auseinandersetzung des jüngeren Werkes mit dem älteren vorliegen, um den „inneren" Abstand herzustellen; der BGH bezeichnet dies als *künstlerische Auseinandersetzung* (BGH GRUR 1994, 191, 193 – *Asterix-Persiflagen*; BGH GRUR 1994, 206, 208 – *Alcolix*; siehe auch BGH GRUR 1999, 984, 987 – *Laras Tochter*; BGH GRUR 1961, 631, 632 – *Fernsprechbuch*; BGH GRUR 1958, 402, 404 – *Lili Marleen*).

(3) Es muss also ein auf werkschaffender Tätigkeit beruhendes neues Werk **44** entstehen, das fremde Werk darf lediglich die **Anregung** für das eigene Werkschaffen darstellen (BGH GRUR 2002, 799, 800 f. – *Stadtbahnfahrzeug*; BGH GRUR 1999, 984, 987 – *Laras Tochter*; BGH GRUR 1994, 191, 193 – *Asterix-Persiflagen*; BGH GRUR 1994, 206, 208 – *Alcolix*; BGH GRUR 1961, 631, 632 – *Fernsprechbuch*).

c) **Prüfungsschritte:** Der Vergleich ist grundsätzlich nach dem Gesamteindruck **45** vorzunehmen, und zwar in den folgenden Schritten (nach Dreier/Schulze/ *Schulze*[2] § 24 Rn. 11 ff.):

(1) **Auszugehen** ist von den objektiven Merkmalen, die die **schöpferische 46** **Eigentümlichkeit** des Originalwerks prägen, und der **Grad der Individualität** zu ermitteln (Schutzumfang des Originalwerks: BGH GRUR 2004, 855, 857 – *Hundefigur*; BGH GRUR 1994, 191, 192 – *Asterix-Persiflagen*); dabei ist das, was gemeinfrei ist, lediglich eine Idee darstellt, einen bestimmten Stil oder ein

Motiv, was technisch bedingt ist oder dem gemeinen Volksgut zugehörig ist, kurzum alles, was der Urheber, dessen Werk benutzt worden ist, nicht über sein Urheberrecht monopolisieren kann, auszuscheiden und unberücksichtigt zu lassen. Ist nur ein Werkteil betroffen, muss das konkrete Werkteil für sich betrachtet urheberrechtlich geschützt sein (vgl. § 2 Rn. 51).

47   (2) Sodann ist nach den **Übereinstimmungen** (nicht nach den Abweichungen!) zu fragen (BGH GRUR 2004, 855, 857 – *Hundefigur*; BGH GRUR 2003, 786, 787 – *Innungsprogramm*; BGH GRUR 1994, 191, 193 – *Asterix-Persiflagen*).

48   (3) Bleibt dann nach dem Gesamteindruck noch die *Eigenart des Originals* unter Berücksichtigung des Grades seiner Individualität im neuen Werk erhalten, liegt abhängige Bearbeitung vor; **verblasst** das ältere Werk im jüngeren und hat es nur als Anregung für selbständiges Werkschaffen gedient, ist freie Benutzung gegeben. Bei der Frage, ob eine unfreie Benutzung vorliegt, ist **kein zu milder Maßstab** anzulegen (vgl. bereits Rn. 27 sowie BGH GRUR 2002, 799, 800 f. – *Stadtbahnfahrzeug*; BGH GRUR 1999, 984, 987 – *Laras Tochter*; BGH GRUR 1994, 191, 193 – *Asterix-Persiflagen*; OLG Hamburg GRUR-RR 2007, 222, 223 – *Clowns & Heroes*).

49   d) **Schutzbereich:** Der Vergleich der Übereinstimmungen im schöpferischen Bereich markiert jeweils die Grenzlinien zwischen Bearbeitung und freier Benutzung (BGH GRUR 1994, 191, 192 – *Asterix-Persiflagen*; BGH GRUR 1991, 533, 534 – *Brown Girl II*). Je geringer die Eigentümlichkeit des Originalwerkes ist, desto enger ist zwangsläufig sein Schutzbereich. Bei nur **gering schöpferischen** Werken kann sich daher der Schutzumfang auf die Vervielfältigung oder auf Umgestaltungen, die nur ganz geringfügige Veränderungen vornehmen, beschränken; **sehr individuelle** Werke können auch gegen weiter entfernt liegende Bearbeitungen geschützt sein (BGH GRUR 1991, 531, 532 – *Brown Girl I*; Schricker/*Loewenheim*[3] § 24 Rn. 10). Zu beachten ist, dass es immer nur auf solche Übereinstimmungen ankommen kann, die für sich betrachtet im Originalwerk selbständigen urheberrechtlichen Schutz genießen (BGH GRUR 2004, 855, 857 – *Hundefigur*; Dreier/Schulze/*Schulze*[2] § 24 Rn. 14; Loewenheim/*Loewenheim* § 8 Rn. 13). **Historischer Stoff** bleibt deshalb frei benutzbar, nicht jedoch Hinzufügungen oder Ausformungen des historischen Stoffs, die der Phantasie des Urhebers entstammen und für sich betrachtet urheberrechtlich geschützt sind (siehe die insoweit sehr instruktive Entscheidung LG Hamburg GRUR-RR 2003, 233, 234 ff. – *Die Päpstin*). Bei wissenschaftlichen Sprachwerken bleibt deshalb die wissenschaftliche Theorie, die im Originalwerk dargestellt wird, immer frei benutzbar, weil sie nicht am Urheberrechtsschutz teilhat, während bei einem Roman im Gegensatz hierzu auch ein weitgehender Schutz des Inhalts, also der Fabel und der im Roman spielenden Charaktere, gegeben ist (vgl. § 2 Rn. 101 sowie OLG Hamburg GRUR-RR 2004, 285, 286 f. – *Markentechnik* zu wissenschaftlichen Sprachwerken und BGH GRUR 1999, 984, 987 – *Laras Tochter* zu Romanen). Ebenso müssen in der Natur vorgefundene und vorbekannte Gestaltungselemente grundsätzlich frei bleiben; bei einem Vergleich von zwei Hunde-Comicfiguren ist deshalb auch zu prüfen, inwieweit festgestellte Übereinstimmungen zwischen Gestaltungsmerkmalen der dargestellten Hunderassen Comic-typische Übertreibungen oder naturgegebene Merkmale sind (BGH GRUR 2004, 855, 857 – *Hundefigur*).

50   e) **Äußerer und Innerer Abstand:** Kann kein genügender äußerer Abstand im Sinne eines wirklichen Verblassens festgestellt werden (vgl. Rn. 43), sondern ist das ältere Werk vielmehr deutlich erkennbar und unübersehbar verwendet worden, muss mit dem BGH ein sog. „innerer Abstand" im Sinne einer **künstlerischen Auseinandersetzung** vorliegen (vgl. Rn. 43). Das kann im Falle von Parodie, Satire oder Karikatur vorliegen, aber auch in anderen Fällen künstlerischer Auseinandersetzung gegeben sein (BGH GRUR 2003, 956, 958 – *Gies-Adler*; BGH GRUR 1999, 986, 987 – *Laras Tochter*, BGH GRUR 1994, 206, 208 – *Alcolix*). In allen diesen Fällen ist jedoch stets ein deutlicher innerer Abstand durch eine antithematische Behandlung erforderlich (BGH GRUR 2003, 956, 958 – *Gies-Adler*), d.h. Parodie, Satire oder Karikatur dürfen nicht das ältere Werk als Vorspann für eigene politische, kritische Aussagen verwenden, die mit dem älteren Werk nicht im Zusammenhang stehen oder es nur „um des Witzes Willen" verwenden, sondern Parodie, Satire und Karikatur müssen sich entweder auf das ältere Werk selbst beziehen (bei deutlichen Übernahmen), sich auf Anspielungen beschränken oder zumindest in einem engen Zusammenhang mit dem stehen, was es symbolisiert.

So sind in der BGH-Entscheidung *Asterix-Persiflagen* die Geschichten und **51** Zeichnungen als unfreie Bearbeitungen angesehen worden, die lediglich verfremdeten, lustig sein sollten oder andere, nicht in Bezug zu Asterix und Obelix stehende Aussagen enthielten (Beispiele aus der Entscheidung in GRUR 1994, 191: Titelblatt [S. 192] mit Asterix und Obelix als Rockern, Geschichte „Die große Mauer" [S. 195 ff.] mit Asterix und Obelix als DDR-Grenzsoldaten, Geschichte „Die Rückkehr des Obelix" (S. 199 f.] mit Asterix am Grab des Obelix oder den beiden Zeichnungen „Asterix und die Zeichen der Zeit" [S. 205] und „Isterix und das Atomkraftwerk [S. 206]), während die Geschichten und Zeichnungen, die entweder Asterix und Obelix selbst parodierten, in denen eine eigenständige politische Aussage aus dem neuen Werk selbst folgte und in einer eigenständigen, neuen Geschichte lediglich noch Anknüpfungspunkte vorhanden waren, als freie Benutzung eingestuft (Beispiele aus der Veröffentlichung in GRUR 1994, 191: Die Zeichnung „Obelix in Moskau" [S. 196 f.], die Geschichte „Kleines Arschloch" [S. 197 f.], die Zeichnung von Uli Stein [S. 200 f.] oder die Geschichte „Zwei Rocker in Bonn" [S. 201 f.]). Als „Faustregel" mag Folgendes gelten: Je deutlicher und weitgehender die Übernahmen sind, um so stärker müssen sich Parodie, Satire und Karikatur mit dem älteren Werk selbst künstlerisch auseinandersetzen; wird das ältere Werk nur noch in einem unbedingt notwendigen Rahmen erkennbar gemacht, kann es schon eher auch mit politischen Aussagen verbunden werden, sofern diese aus der Zeichnung oder Geschichte selbst Ausdruck finden. Im Auge behalten muss man dabei immer auch, dass die Kunstfreiheit und die Kunst als Ausdrucksmittel der politischen Auseinandersetzung nicht unbotmäßig beschränkt werden dürfen (BGH GRUR 2003, 956, 958 – *Gies-Adler*; BGH GRUR 1994, 191, 194 – *Asterix-Persiflagen*). Einzelfälle zu Parodie und Satire vgl. Rn. 89 f.

f) Bewusste oder unbewusste Entlehnung: Die Abgrenzung zwischen unfreier **52** Bearbeitung und freier Benutzung besitzt auch eine subjektive Komponente im Sinne eines subjektiven Tatbestandes: Da schon der Werkbegriff keine objektive, sondern lediglich eine subjektive Neuheit voraussetzt (vgl. § 2 Rn. 26), kann auch im Rahmen der §§ 23 und 24 nur dann eine abhängige Bearbeitung vorliegen, wenn der Urheber des jüngeren Werkes bewusst oder zumindest unbewusst auf das ältere Werk zurückgegriffen hat; ansonsten kann er es nicht „bearbeitet" haben, sondern ist selbständig werkschaffend tätig gewesen; dann könnte allenfalls eine **Doppelschöpfung** vorgelegen haben (BGH GRUR 1988, 812, 814 – *Ein bisschen Frieden*; BGH GRUR 1971, 266, 268 – *Magdalenenarie*). Die Voraussetzungen an diesen subjektiven Tatbestand dürfen allerdings nicht überspannt werden: Stimmen zwei Werke in ihren schöpferischen Elementen weitgehend überein, streitet ein Anscheinsbeweis dafür, dass der Urheber des jüngeren Werkes das ältere Werk zumindest unbewusst verwendet hat (BGH GRUR 1988, 812, 814 f. – *Ein bisschen Frieden*; BGH GRUR 1971, 266, 268 – *Magdalenenarie*). Die insoweit ergangene Rechtsprechung betraf fast ausschließlich Werke der Musik (Einzelheiten vgl. Rn. 49), gilt aber für alle Werkarten entsprechend. Im Übrigen zum Begriff des Plagiats im Falle der bewussten Entlehnung vgl. Rn. 59 ff., zum Begriff der Kryptomnesie als unbewusste Entlehnung vgl. Rn. 62, zur Doppelschöpfung vgl. Rn. 64 ff. und schließlich zur Beweislastverteilung vgl. Rn. 92 ff. Das subjektive Erfordernis im Rahmen der §§ 23 und 24 darf nicht mit einem Verschulden verwechselt werden und hat nichts mit dem Begriff der Fahrlässigkeit gemein; vgl. Rn. 63 und 96.

4. Schutz der Melodie (§ 24 Abs. 2)

53 § 24 Abs. 2 enthält eine besondere Bestimmung für Werke der Musik: Eine freie Benutzung soll danach nicht vorliegen, wenn eine Melodie dem älteren Werk erkennbar entnommen und einem neuen Werk zugrunde gelegt wird. Man bezeichnet diese Sonderbestimmung weitläufig als „starren Melodienschutz".

54 **a) Klarstellende Funktion:** Die Vorschrift ist vielfach kritisiert worden, weil sie den Freiraum im Bereich der Musik zu stark verenge und insbesondere im Bereich der klassischen Musik zu einer unerträglichen Beschränkung der Freiheit kompositorischen Schaffens führe (so noch die Vorauflage/*Vinck* Rn. 12 f.; Loewenheim/*Loewenheim* § 8 Rn. 17; *Schack*[2] Rn. 246; Schricker/*Loewenheim*[3] Rn. 27). Damit dürfte der Vorschrift jedoch Unrecht getan werden: Im Rahmen der Abgrenzung zwischen Bearbeitung und freier Benutzung ist ohnehin zu fragen, welche objektiven Merkmale die schöpferische Eigentümlichkeit des Originalwerks prägen und ob die so ermittelte schöpferische Eigentümlichkeit im neu geschaffenen Werk verblasst oder nicht (vgl. Rn. 27 und 41 ff.). Eine Melodie aus einem älteren Werk, die im jüngeren Werk erkennbar bleibt, wird darin aber auch kaum verblassen, so dass § 24 Abs. 2 nicht als Ausnahmebestimmung für Musikwerke angesehen werden kann, sondern der Vorschrift eher eine Klarstellungsfunktion zukommt (zutr. Dreier/Schulze/*Schulze*[2] Rn. 44). Die Vorschrift darf ferner nicht dazu verleiten, bei Werken der Musik ausschließlich auf Übereinstimmungen in der Melodie abzustellen; Musikwerke können auch durch andere Gestaltungsmerkmale (vgl. § 2 Rn. 128) bearbeitet werden (Dreier/Schulze/*Schulze*[2] Rn. 44). Allerdings muss natürlich auch dann, wenn kein Fall der Melodieentnahme im Sinne von § 24 Abs. 2 vorliegt, immer noch eine Übereinstimmung des Gesamteindruckes im schöpferischen Bereich vorliegen gem. § 23; ansonsten liegt eine freie Benutzung eines Musikwerkes gem. § 24 Abs. 1 vor (OLG München ZUM 2000, 408, 409 f. – *Superstring/Green Grass Grows*).

55 **b) Melodie:** Melodie ist eine geschlossene, geordnete, charakteristische Tonfolge (vgl. auch BGH GRUR 1988, 810, 811 – *Fantasy*; BGH GRUR 1988, 812, 814 – *Ein bisschen Frieden*), die allerdings nicht „singbar" sein muss (so noch *v. Gamm* Rn. 17). Ein Motiv ist noch keine Melodie (OLG München ZUM 2000, 408, 409 – *Superstring/Green Grass Grows*), kann aber Gegenstand einer Bearbeitung im Sinne von § 23 sein.

c) Urheberrechtlicher (Teil-)Schutz: Im Rahmen von § 24 Abs. 2 ist allerdings **56** nicht Melodie gleich Melodie. Denn die Entnahme einer Melodie im urheberrechtlichen Sinne setzt voraus, dass die Melodie urheberrechtlich geschützt ist, d.h. die an ein Werk der Musik zu stellenden Anforderungen an eine persönliche geistige Schöpfung gem. § 2 Abs. 2 erfüllt sind (vgl. § 2 Rn. 131; BGH GRUR 1991, 531, 532 – *Brown Girl I*; BGH GRUR 1988, 812, 813 f. – *Ein bisschen Frieden*; OLG München ZUM 2000, 408, 409 f. – *Superstring/Green Grass Grows*). Zwar ist die erforderliche Gestaltungshöhe gering, so dass insbesondere Melodien der kleinen Münze urheberrechtlich geschützt sind (vgl. § 2 Rn. 131). Erreicht eine Tonfolge jedoch schon wegen ihrer Kürze nicht einmal den Schutz der kleinen Münze (wie dies beispielsweise bei OLG München ZUM 2000, 408, 409 ff. – *Superstring/Green Grass Grows* der Fall war) oder handelt es sich um eine vorbekannte, gemeinfreie Melodie, kann keine Urheberrechtsverletzung vorliegen. Baut die ältere Melodie auf gemeinfreiem Schaffen auf, sind nur die Elemente der Melodie relevant und im Rahmen der Erkennbarkeitsprüfung zu berücksichtigen, die nicht vorbekannt waren, sondern von dem Komponisten geschaffen worden sind (BGH GRUR 1991, 531, 532 – *Brown Girl I*; BGH GRUR 1991, 533, 534 f. – *Brown Girl II*). Gegebenenfalls kann das Deutsche Volksliedarchiv, Institut für internationale Popularliedforschung, Silberbachstraße 13, 79100 Freiburg i.Brsg. zu Rate gezogen werden (www.dva.uni-freiburg.de).

d) Bewusste oder unbewusste Entnahme: Ein Fall der Melodieentnahme im **57** Sinne von Abs. 2 kann ferner nur dann vorliegen, wenn der Komponist der neuen Melodie die ältere Melodie gekannt und bewusst oder unbewusst darauf zurückgegriffen hat (BGH GRUR 1988, 812, 814 – *Ein bisschen Frieden*; BGH GRUR 1988, 810, 811 – *Fantasy*; BGH GRUR 1971, 266, 268 – *Magdalenenarie*). Anderenfalls könnte allenfalls eine Doppelschöpfung vorliegen, wie es noch BGH GRUR 1971, 266 – *Magdalenenarie* und das Kammergericht als Vorinstanz zu BGH GRUR 1988, 812 – *Ein bisschen Frieden* angenommen hatten. Die Hürde hierfür setzt der BGH jedoch relativ hoch an: Angesichts der Vielfalt der individuellen Schaffensmöglichkeiten auf künstlerischem Gebiet erscheine eine weitgehende Übereinstimmung von Werken, die auf selbständigem Schaffen beruhten, nach menschlicher Erfahrung nahezu ausgeschlossen (BGH GRUR 1988, 812, 814 f. – *Ein bisschen Frieden*; BGH GRUR 1971, 266, 268 – *Magdalenenarie*), so dass nicht nur gewichtige Gründe für die Annahme einer zufälligen **Doppelschöpfung** sprechen müssen, sondern dann, wenn im schöpferischen Bereich weitgehende Übereinstimmungen zwischen zwei Melodien bestehen, regelmäßig ein Anscheinsbeweis für eine Melodieentnahme im Sinne von § 24 Abs. 2 streitet (BGH GRUR 1988, 812, 815 – *Ein bisschen Frieden*; BGH GRUR 1971, 266, 268 – *Magdalenenarie*). Im Fall *Magdalenenarie* hat der BGH angenommen, dass es sich bei der jüngeren Komposition *Tanze mit mir in den Morgen* („Mitternachtstango") lediglich um eine zufällige Doppelschöpfung des Liedes der Magdalena aus dem 2. Aufzug „Oh schöne Jugendtage" der Oper *Der Evangelimann* von Wilhelm Kienzl handele (BGH GRUR 1971, 266, 268 f. – *Magdalenenarie*), im Fall *Ein bisschen Frieden* wollte der BGH einer entsprechenden Feststellung durch das Kammergericht allerdings nicht so recht glauben, weil der Komponist des jüngeren Schlagers *Ein bisschen Frieden* offenbar die beiden älteren Schlager *Un Canto de Galicia* sowie *Alle Liebe dieser Erde* gehört hatte und daher wenn auch nicht von einem bewussten, aber doch von einem unbewussten Rückgriff auf die im Gedächtnis gebliebene ältere Melodie ausgegangen werden könne (BGH GRUR 1988, 812, 815 – *Ein bisschen Frieden*). Vgl. im Übrigen Rn. 64 f. sowie die Anm. v. *Schricker* in GRUR 1988, 815 f.).

5. Plagiat, Kryptomnesie, Doppelschöpfung und gleiche gemeinfreie Quelle

58 Die Annahme einer unfreien Bearbeitung im Sinne von § 23 und damit auch einer erkennbaren Melodieentnahme gem. § 24 Abs. 2 setzt voraus, dass der Urheber des jüngeren Werkes das ältere Werk gekannt und bei seinem Schaffen darauf zurückgegriffen hat; hierbei ist es unerheblich, ob dieser Rückgriff bewusst oder unbewusst erfolgte (BGH GRUR 1988, 812, 813 f. – *Ein bisschen Frieden*, BGH GRUR 1988, 810, 811 – *Fantasy*; BGH GRUR 1971, 266, 268 – *Magdalenenarie*). Da weitgehende Übereinstimmungen zwischen zwei Werken in der Regel die Annahme nahelegen, dass der Urheber des jüngeren Werkes das ältere Werk benutzt hat, finden insoweit die Regeln des **Anscheinsbeweises** Anwendung für das Vorliegen einer unfreien Bearbeitung gem. § 23 und einer Melodieentnahme gem. § 24 Abs. 2 (Einzelheiten vgl. Rn. 64 und Rn. 94). In den Fällen der bewussten Urheberrechtsverletzung spricht man von einem Plagiat, bei Fällen unbewussten Handelns von Kryptomnesie. Das Gegenstück hierzu ist die (unbewusste) Doppelschöpfung. Übereinstimmungen zwischen zwei Werken können aber auch auf der gleichen gemeinfreien Quelle beruhen.

59 a) **Plagiat:** Der römische Dichter Martial nannte seinen Kollegen Fidentinus einen *plagiarius*, einen erbärmlichen Seelenverkäufer, nach dem dieser seine Gedichte als eigene Geisteskinder öffentlich vorgetragen und verbreitet hatte. Er sah in seinen Gedichten Sklaven, die er mit der Veröffentlichung freilasse; wer sich ihrer bemächtige, begehe Menschenraub (*plagium*). Aus dieser lateinischen Bezeichnung ist das französische Wort *le plagiat* geworden, das sich die deutsche Sprache als Fremdwort einverleibt hat. Der Laie versteht darunter auch heute noch „geistigen Diebstahl" und trifft damit den Kern der Sache: Plagiat ist die bewusste Aneignung fremden Geistesgutes.

60 Aneignung heißt **Behauptung der Urheberschaft** (*Ulmer*[3] S. 273 bezeichnet es als „Anmaßung der Urheberschaft"). Auch der Dieb, der sich eine Sache durch Wegnahme aneignet, maßt sich damit die Stellung des Eigentümers an (§ 242 StGB). Plagiator ist also nur, wer – wie Fidentinus – ein fremdes Produkt als eigenes ausgibt (BGH GRUR 1960, 500, 503 – *Plagiatsvorwurf*; OLG Köln GRUR-RR 2003, 26, 27 – *Taschenlampe*). Dabei wird der Begriff des Plagiats heute nicht mehr in einem so engen Sinne verwandt, dass darunter etwa nur das weitgehend unverändert ältere Werk als eigenes ausgegeben wird, sondern eher unspezifisch als bewusste Nachahmung einer fremden Leistung (OLG Köln GRUR-RR 2003, 26, 27 – *Taschenlampe*). Ein Plagiat im urheberrechtlichen Sinne begeht damit jeder, der ohne Einwilligung des Urhebers des älteren Werkes bewusst eine Umgestaltung, eine Bearbeitung oder eine Melodieentnahme vornimmt und dann anschließend als sein eigenes Werk ausgibt. Wer unberechtigt umgestaltet, bearbeitet oder nachdruckt, aber den Verfasser des Originalwerkes nennt oder wer ohne Einwilligung des Originalurhebers Teile von dessen Kompositionen für eine eigene Bearbeitung verwendet, den Originalkomponisten aber wenigstens angibt, begeht zwar eine Urheberrechtsverletzung, aber kein Plagiat. Umgekehrt ist auch derjenige ein Plagiator, der zwar die Einwilligung des Originalurhebers zur Bearbeitung eingeholt hat, dann aber die benutzte Quelle verschweigt, also das Werk als sein eigenes ausgibt; das Vorliegen einer Urheberrechtsverletzung gründet sich dann allerdings nicht auf §§ 23 oder 24 Abs. 2, sondern auf § 13 (vgl. § 13 Rn. 9 ff.).

Der Begriff des **Selbstplagiats** ist eine *contradictio in adjectu*. Das Selbstplagiat **61** erfreut sich zwar gerade im Bereich der Unterhaltungsmusik – neu komponierte Popsongs sind nichts anderes als Bearbeitungen vorstehender Kompositionen des selben Komponisten – und manchmal auch in der urheberrechtlichen Literatur durchaus einer gewissen Beliebtheit (der Verfasser will sich davon nicht ausnehmen). Selbstplagiate sind jedoch im Rahmen der §§ 23, 24 nicht relevant, weil jeder sein eigenes Geistesgut wieder verwenden und bearbeiten darf; bei den §§ 23 und 24 geht es ausschließlich um die Umgestaltung, Bearbeitung und freie Benutzung fremden Geistesgutes. Das Selbstplagiat kann gleichwohl urhebervertragsrechtlich problematisch sein, weil der Urheber durch die Veröffentlichung und Verwertung einer Umgestaltung oder Bearbeitung eines seiner Werke in darin eingeräumte ausschließliche Nutzungsrechte eingreifen oder gegen ein vertraglich vereinbartes Wettbewerbsverbot verstoßen kann (zur Zulässigkeit solcher Wettbewerbsverbote OLG München ZUM 2007, 751 ff. – *Schullehrwerk* sowie vgl. vor §§ 31 ff. Rn. 45 ff.).

b) Kryptomnesie (unbewusste Entlehnung): Der Vorwurf, ein Plagiat begangen **62** zu haben, kann sich nur gegen denjenigen richten, der sich bewusst fremdes Geistesgut angeeignet hat. Wer früher Gehörtes oder Gelesenes, das er vergessen zu haben glaubt und das ihm beim Komponieren oder Schreiben wieder einfällt, ahnungslos für einen eigenen Geistesblitz hält und verwendet, nimmt nur eine sogenannte unbewusste Entlehnung vor. Sie ist keinesfalls nur eine Erfindung ertappter Plagiatoren, die nach einer Ausrede suchen. Vielmehr kennt die Psychologie seit langem den Vorgang, dass aufgenommene Eindrücke in das Halbdämmer des Unterbewusstseins absinken, um dann bei Gelegenheit als eigene Empfindung, als Intuition wieder aufzutauchen. Karl Gustav Jung (Zur Psychologie und Pathologie sogenannter okkulter Phänomene, Diss. Zürich 1992, S. 110) umschreibt diese Erscheinung, die von Flournoy erstmals als Kryptomnesie bezeichnet wurde, wie folgt: „Man versteht darunter das Bewusstwerden eines Gedächtnisbildes, welches aber nicht primär als solches erkannt wird, sondern eventuell als sekundär auf dem Wege der nachträglichen Wiedererkennung oder des abstrakten Raisonnements. Charakteristisch für die Kryptomnesie ist, dass das auftauchende Bild nicht die Merkmale des Gedächtnisbildes an sich trägt ..." Jung weist in diesem Zusammenhang auf eine unbewusste Entlehnung hin, die Nietzsche im *Zarathustra* bei Justinus Kerner genommen habe und die auf einer Lektüre beruhen müsse, die Nietzsche als 12–15 jähriger Knabe vornahm.

Die unbewusste Entlehnung unterscheidet sich vom Plagiat dadurch, dass ihr **63** das **subjektive Merkmal** der bewussten Aneignung fremden Geistesgutes **fehlt**. Es ist seit langem anerkannt, dass für die Annahme einer unfreien Bearbeitung gem. § 23 oder einer Melodieentnahme gem. § 24 Abs. 2 auch die unbewusste Benutzung des älteren Werkes genügt (BGH GRUR 1988, 812, 813 f. – *Ein bisschen Frieden*; BGH GRUR 1988, 810, 811 – *Fantasy*; BGH GRUR 1971, 266, 268 – *Magdalenenarie*). Vorsatz, noch nicht einmal Fahrlässigkeit sind für das Vorliegen einer Bearbeitung oder Melodieentnahme nicht erforderlich; es genügt die unbewusste, auch nicht auf Fahrlässigkeit beruhende Entlehnung (die aus § 97 folgenden Unterlassungs-, Beseitigungs- und Auskunftsansprüche sind ebenfalls verschuldensunabhängig, für den Schadensersatzanspruch ist jedoch Fahrlässigkeit erforderlich; im Einzelnen vgl. § 97 Rn. 61 ff.).

c) Doppelschöpfung: Eine dritte Variante der Übereinstimmung zweier Werke **64** ist die Doppelschöpfung (vgl. a. § 2 Rn. 26). Sie liegt vor, wenn zwei Urheber völlig unabhängig voneinander zwei gleiche oder bloß so ähnliche Werke geschaffen haben, dass das eine als Bearbeitung oder Umgestaltung des anderen erscheint. In diesem Fall werden beide Werke nebeneinander geschützt. Das Urheberrechtsgesetz kennt keinen Prioritätsgrundsatz. Geschützt wird die im Schöpfungsakt liegende persönliche Leistung; da sie bei beiden Urhebern vorliegt, müssen beide den gleichen Schutz genießen. Jedoch ist die vermutete Doppelschöpfung wegen der Fülle an Eindrücken und neuen Kenntnissen, die jeder Schriftsteller auf dem Gebiete der Literatur, jeder Komponist im Bereich der Musik und jeder bildende Künstler in seinem Arbeitsgebiet täglich neu erfährt und meist alsbald wieder vergisst, in den meisten Fällen entweder die Ausrede für ein Plagiat oder in Wahrheit unbewusste Entlehnung. Sie ist so sehr Ausnahme, dass es sich hier rechtfertigt, dem Urheber des später veröffentlichten Werkes die Beweislast für ihr Vorliegen aufzubürden: Liegen Übereinstimmungen im schöpferischen Bereich vor, streitet regelmäßig der Anscheinsbeweis für das Vorliegen einer unfreien Bearbeitung oder einer unzulässigen Melodienentnahme; der Anscheinsbeweis ist nur dann als ausgeräumt anzusehen, wenn nach den Umständen ein anderer Geschehensablauf nahe liegt, mit dem sich die Übereinstimmungen auch auf andere Weise als durch ein Zurückgreifen des Urhebers des jüngeren Werkes auf das ältere erklären lassen (BGH GRUR 1988, 812, 814 – *Ein bisschen Frieden*; BGH GRUR 1971, 266, 268 f. – *Magdalenenarie*). Nur wo also die – möglicherweise in das Unterbewusstsein abgetauchte – Kenntnis von dem älteren Werk ausgeschlossen erscheint, ist Doppelschöpfung anzunehmen. Der BGH spricht insoweit davon, dass für die Annahme einer zufälligen Doppelschöpfung „schon gewichtige Gründe" sprechen müssten (BGH GRUR 1988, 812, 815 – *Ein bisschen Frieden*); *Schricker* nennt die zufällige Doppelschöpfung einen *weißen Raben, dessen man kaum je habhaft wird* (*Schricker* GRUR 1988, 815, 815).

65 Die Annahme einer Doppelschöpfung kommt noch am ehesten dort in Betracht, wo das Schaffen im Originalwerk als **kleine Münze** einzuordnen ist, also nur eine geringe Individualität aufweist und eine gewisse Ferne in den Gestaltungen vorliegt, während sich die Übereinstimmungen mit einer nahe liegenden Gestaltung erklären lassen, beispielsweise, weil vergleichbare Gestaltungselemente auch schon in anderen älteren Werken enthalten gewesen sind (Doppelschöpfung angenommen wurde deshalb in BGH GRUR 1971, 266, 268 f. – *Magdalenenarie* zugunsten der Komposition *Tanze mit mir in den Morgen* [„Mitternachtstango"] sowie in KG GRUR-RR 2002, 49, 50 – *Vaterland* zugunsten einer Darstellung der deutschen Flagge mit einem blauen Davidstern gegenüber einer älteren Gestaltung, die die deutsche Flagge mit Elementen der Flagge des Staates Israel und dort wiederum mit dem Davidstern kombinierte). Meist wird allerdings der Einwand der Doppelschöpfung lediglich als „Ausrede" verwendet und dringt deshalb auch vor Gericht nicht durch (BGH GRUR 1988, 812, 814 f. – *Ein bisschen Frieden*; BGH GRUR 1983, 377, 379 – *Brombeermuster*; OLG Hamburg GRUR 2002, 419, 420 – *Move*; KG GRUR-RR 2001, 292, 294 – *Bachforelle*; OLG Köln GRUR 2000, 43, 44 – *Klammerpose*).

66 d) **Gleiche gemeinfreie Quelle:** Außerhalb der voranstehend verwendeten Dreiteilung – Plagiat – unbewusste Entlehnung – Doppelschöpfung – stehen diejenigen Fälle, in denen zwei Autoren die gleiche gemeinfreie Quelle benutzt haben. Dabei ist das Verhältnis zum gemeinfreien Werk unproblematisch: Die Zustimmungserfordernisse der §§ 23 und 24 Abs. 2 setzen urheberrechtlichen Schutz voraus und sind deshalb hier nicht weiter relevant. Schwieriger jedoch ist die Beurteilung des Verhältnisses der beiden Nachschöpfungen zueinander. Selbst wenn beide als freie Benutzungen des gemeinfreien Originals anzusehen sind, können sie untereinander so ähnlich sein, dass die eine als Bearbeitung der anderen erscheint. Hier ist scharf zu trennen:

Die **gemeinfreien Bestandteile** beider Nachschöpfungen sind und bleiben frei; **67** sie werden nicht etwa dadurch erneut urheberrechtlich geschützt, dass sie in eine Nachschöpfung aufgenommen werden (LG Hamburg GRUR-RR 2003, 233, 234 ff. – *Die Päpstin*). Deshalb kann sie jedermann selbst dann wiederholen, wenn er sie nur aus der Nachschöpfung kennt (*Ulmer*[3] S. 275 f.). Wer also eine moderne, noch geschützte Übersetzung von Homers *Ilias* als Vorlage für eine Verfilmung des Werkes benutzt, verletzt das Urheberrecht des Übersetzers nicht, wenn er sich darauf beschränkt, die gemeinfreie Fabel zu verfilmen; übernimmt er jedoch neben gemeinfreien Elementen einer historischen Sage auch Ausformungen des historischen Stoffs, die der Phantasie des Urhebers des älteren Werkes entstammen und deshalb für sich betrachtet urheberrechtlich geschützt sind, liegt eine (Teil-) Urheberrechtsverletzung vor (LG Hamburg GRUR-RR 2003, 233, 234 ff. – *Die Päpstin*). Allerdings kann in Ausnahmefällen der erste Nachschöpfer ein verwandtes Schutzrecht gem. § 71 besitzen (LG Magdeburg GRUR 2004, 672, 673 – *Die Himmelsscheibe von Nebra*).

Dagegen ist, falls eine **Bearbeitung** durch den ersten Nachschöpfer vorliegt, **68** diese – nur diese – nach § 3 geschützt. Wer also das karibische Volkslied *There's a brown girl in the ring* bearbeiten möchte, muss darauf zurückgreifen und darf nicht auf der Basis einer vorher geschaffenen Bearbeitung des gemeinfreien Liedes arbeiten (BGH GRUR 1991, 531, 531 ff. – *Brown Girl I*; BGH GRUR 1991, 533, 533 ff. – *Brown Girl II*).

6. Einzelfälle

a) Sprachwerke, wie Schriftwerke, Reden und Computerprogramme (§ 2 **69** **Abs. 1 Nr. 1):** Wer die in einem **Roman** erzählte Geschichte unter Übernahme wesentlicher, charakteristischer Gestalten daraus fortschreibt, kann sich regelmäßig nicht auf eine freie Benutzung berufen; das Fortsetzungswerk zu „Dr. Schiwago" war beispielsweise keine künstlerisch eigenständige Verarbeitung und Auseinandersetzung mit dem Originalwerk und hielt den notwendigen inneren Abstand dazu nicht ein (BGH GRUR 1999, 984, 987 f. – *Laras Tochter*, Vorinstanz: OLG Karlsruhe ZUM 1996, 810, 814 ff. – *Laras Tochter*). Dass bei literarischen Werken nicht nur ihre konkrete Form urheberrechtlich geschützt ist, sondern vom Schutzumfang des Urheberrechts auch die Kernfabel mit umfasst wird, beurteilt das OLG München entsprechend und hat die Übernahme der Fabel des Romans *„Das doppelte Lottchen"* von *Erich Kästner* in ein Filmwerk trotz vorgenommener Veränderungen im Handlungsgefüge und zusätzlicher individueller Handlungsstränge als Urheberrechtsverletzung angesehen (OLG München ZUM 1999, 149, 151 f. – *Das doppelte Lottchen*). Das kann so weit gehen, dass in der Übertragung einer Romanfigur mit ihren charakteristischen Eigenheiten in eine Zeichnung eine Bearbeitung liegt (OLG München GRUR-RR 2008, 37, 39 – *Pumuckl-Illustrationen II*; vgl. a. § 3 Rn. 12). Auch die Umgestaltung des Romans *Harry Potter und der Stein der Weisen* in ein Lehrerhandbuch für die Grundschule kann als abhängige Bearbeitung anzusehen sein, wenn zwar nicht wörtliche Textübernahmen erfolgten, aber doch eigenpersönlich geprägte Bestandteile und formbildende Elemente des Originals übernommen worden sind; der Bildungsauftrag der

Schulen konnte dabei ebenso wenig wie Art. 5 Abs. 3 S. 1 GG eine erweiternde Annahme einer freien Benutzbarkeit gem. § 24 rechtfertigen (LG Hamburg GRUR-RR 2004, 65, 67 – *Literatur-Werkstatt Grundschule*).

70 **Historischer,** in einem Roman verarbeiteter **Stoff** bleibt immer frei benutzbar; Hinzufügungen oder Ausformungen des historischen Stoffs, die der Fantasie des Urhebers entstammen und somit für sich betrachtet urheberrechtlich geschützt sind, führen jedoch, wenn sie übernommen werden, zur Annahme einer abhängigen Bearbeitung (LG Hamburg GRUR-RR 2003, 233, 234 ff. – *Die Päpstin*). Wer ein achtseitiges Skript eines **Wirtschaftsbestsellers** herstellt und verbreitet, das in der inhaltlichen Gestaltung dem Wirtschaftbestseller folgt, seine maßgeblichen Kerninhalte im Einzelnen zusammenfasst und diese für den Leser zur schnelleren Information aufbereitet, nimmt nach der Auffassung des OLG Frankfurt eine zustimmungsbedürftige Bearbeitung i.S. von § 23 UrhG vor, weil in der Kurzfassung Inhalt, Aufbau und Gedankenführung des Originals übernommen worden seien (OLG Frankfurt ZUM-RD 1998, 561, 562 f. – *8-Seiten-Skript*). Auch das OLG Brandenburg hat sich dahin geäußert, dass § 23 und nicht § 24 UrhG einschlägig sei, wenn **Textpassagen aus Bühnenwerken** originalgetreu übernommen worden seien, da § 24 nicht zur Legalisierung von Plagiaten führen solle und sich das neu geschaffene Werk deshalb von dem benutzten Werk lösen müsse (OLG Brandenburg ZUM-RD 1997, 483, 484 – *Stimme Brecht*; s.a. BVerfG GRUR 2001, 149, 150 ff. – *Germania 3*).

71 Eine Verletzung des Bearbeitungsrechts gem. § 23 liegt vor, wenn über eine Plattform Onlineübersetzungen aus einem geschützten **Lateinwörterbuch** angeboten werden (OLG München GRUR 2007, 419, 420 – *Lateinlehrbuch*). In einem ähnlich gelagerten Fall hat das LG München eine unfreie Bearbeitung erkannt, wenn Übersetzungen eines geschützten Latein-Lehrbuches über Internetseiten unautorisiert vertrieben werden (LG München ZUM 2006, 255, 257 f. – *Übersetzungsdienst „Cursus Continuus"*). Der BGH hat einer **Fragensammlung** mit medizinischen Fachfragen Werkqualität zugesprochen, weil der Fragenkatalog wissenschaftliche und literarische Qualität aufwies; die wesentliche Übernahme des Fragenkatalogs durch einen Dritten in ein medizinisches Fachbuch stellte eine unfreie Bearbeitung dar (BGH GRUR 1981, 520, 521 f. – *Fragensammlung*). Auf eine unfreie Benutzung hat das OLG Nürnberg zu wissenschaftlichen Sprachwerken entschieden, die sich gegenüberstehende **Dienstanweisungen** an das Krankenpflegepersonal enthielten, in weiten Passagen wörtlich übereinstimmten und im Übrigen bloß umformuliert waren, ohne dass sich an dem Sinn etwas änderte (OLG Nürnberg GRUR-RR 2001, 225, 227 f. – *Dienstanweisung*).

72 Ob unfreie Bearbeitung oder freie Benutzung vorliegt, ist nicht zwingend vom äußeren oder inneren Abstand abhängig. Auch eine Einwilligung kann zu einer „freien" Bearbeitung führen, die jedoch nach OLG Hamburg fehlt, wenn sich die Parteien zwar dem Grunde nach über die Rechtseinräumung geeinigt hätten, aber die vorgesehene Einigung über die Honoraraufteilung nicht zu Stande gekommen ist, so dass im Zweifel keine Einwilligung vorlag und die Verwertung des nach einer Geschichte von Michael Ende geschriebenen Librettos für eine **Kinderoper** scheiterte (OLG Hamburg ZUM 2001, 507, 511 f. – *Kinderoper*). Eine Umgestaltung hat das OLG München erkannt, indem eine **Zeitungsanzeige** iRd Werbung für Immobilienverkäufe mit dem Slogan „Meine Neue hat mehr Balkon" geschaffen wurde und im weiteren Verlauf durch eine neu beauftragte Werbeagentur unter Anlehnung des vorigen Slogans „Meine Neue rechnet sich" und „Unsere Neue rechnet sich" mit ebenso roter Grundfarbe ersetzt wurde (OLG München NJW-RR 1994, 1258, 1258 – *Zeitungsanzeige*).

Das OLG Hamburg hat bei **Drehbüchern** eine freie Benutzung angenommen: **73** Zum einen entsprachen sich die dramaturgischen Ausgestaltungen der Drehbücher nicht und zum anderen war von einem gemeinfreien Tatsachenstoff auszugehen (OLG Hamburg GRUR-RR 2007, 222, 224 – *Clowns & Heroes*). Fakten und tatsächliche Geschehnisse unterliegen auch nach OLG München der freien Benutzung, so dass die **Biographie eines Straftäters** und die in der Biographie zugrunde gelegten zusammengestellten Fakten nicht urheberrechtlich geschützt waren und daher frei benutzt werden konnten; der mit erheblicher Mühe und Ausdauer gesammelte Stoff änderte an der freien Benutzung nichts (OLG München ZUM 1995, 427, 428 – *Interview mit einem Straftäter*). Der BGH und vorhergehend das OLG Köln haben in dem Setzen von „**deep links**" durch eine Suchmaschine, die zu den Originalartikeln eines Verlages führen, keine unfreie Bearbeitung erblickt, weil der in das Netz gestellte Beitrag nicht verändert wurde und die über die Suche kurz angerissenen Schlagwörter wie Kurzausschnitte lediglich zum Zwecke des Hinweises zitiert waren, aber den Originaltext nicht veränderten (BGH GRUR 2003, 958, 958 – *Paperboy*; OLG Köln GRUR-RR 2001, 97, 99 – *Paperboy*, ebenso LG München CR 2002, 452, 452 – *Pressespiegel/Internet-Suchdienst*; ähnlich auch zur juristischen Fachpresse und einem juristischen Informationsdienst OLG Frankfurt ZUM-RD 2003, 532, 533 f. – *Abstracts*). Werden Rezensionen von Romanen stark verkürzt und weisen die so entstandenen „Abstracts" selbst Individualität auf, kann nach OLG Frankfurt freie Benutzung gegeben sein, auch wenn teilweise einzelne Wortfolgen identisch wiederkehren (OLG Frankfurt GRUR 2008, 249, 252 – *Abstracts*). Eine freie Benutzung stellte auch die Herstellung weiterer Folgen zu einer **Fernsehserie** dar, wenn diese auf keinem Drehbuch des Autors beruhten, der lediglich zu früheren Folgen Drehbücher entworfen hatte. Die bloße Anlehnung der Filmfigur an die früheren Folgen war keine Bearbeitung im Sinne einer Nachschöpfung, sondern in der Gesamtschau wegen des Abweichens des Tatgeschehens eine freie Benutzung i.S. von § 24; denn das Schaffen einer Romanfigur, die sich nicht wesentlich von alltäglichen Handlungssträngen und Charakterzügen abhebe, könne nicht monopolisiert werden (KG ZUM 2003, 867, 870 – *Anna Marx*).

b) **Werke der Musik** (§ 2 Abs. 1 Nr. 2): Wird ein Werk der Musik als **Klingel-** **74** **ton** auf einige Takte gekürzt und digital bearbeitet, liegt regelmäßig eine abhängige Bearbeitung vor; daneben kann allerdings auch noch eine Entstellung und damit eine Persönlichkeitsrechtsverletzung gem. § 14 vorliegen (OLG Hamburg GRUR-RR 2006, 323, 323 – *Handy-Klingeltöne II*; LG Hamburg ZUM-RD 2006, 294, 300 – *Handy-Klingelton*). Das OLG München hat die Nutzung eines Ausschnittes aus dem Chorstück „*O Fortuna*" aus den „Carmina Burana" von Carl Orff für einen **Werbespot** als unfreie Benutzung gemäß § 24 Abs. 2 UrhG eingestuft (OLG München ZUM 1997, 275, 278 – *O Fortuna*). Stimmen zwei **Techno-Musiktitel** lediglich in einer nicht urheberrechtlich geschützten Folge von fünf Tönen überein, lassen sich im Übrigen aber urheberrechtlich relevante gestalterische Gemeinsamkeiten nicht feststellen, liegt ein Fall der freien Benutzung vor und nicht ein solcher der Melodieentnahme gem. § 24 Abs. 2 (OLG München ZUM 2000, 408, 409 ff. – *Fünf-Ton-Motiv*). Eine freie Benutzung ist dann anzuerkennen, wenn ein vorbekanntes **Volkslied** um weitere Textpassagen erweitert wird und diese Erweiterung textlich als Anregung für ein nachgeschaffenes Werk dient, obgleich 2 Zeilen identisch übernommen wurden (BGH GRUR 1991, 531, 532 – *Brown Girl I*). Das OLG Hamburg hat es grundsätzlich als Verletzung des Urheberrechts des **Filmkomponisten** angesehen, wenn bei der Verwendung urheberrechtlich geschützter Filmausschnitte die ursprüngliche Musik entfernt und zum Teil durch neue Musik ersetzt wurde, im konkreten Fall aber eine Verletzung verneint, weil der Filmkomponist aufgrund des geringen Anteils der Filmmusik für den Urheberrechtsschutz der Filmausschnitte aufgrund ihrer Kürze jedenfalls seine Zustimmung zur Änderung gem. § 39 UrhG aufgrund von Treu und Glauben nicht verweigern durfte (OLG Hamburg GRUR 1997, 822, 825 – *Edgar Wallace-Film*). Das LG München hat in der Übernahme eines **Refrainteils** (Tonfolge) freie Benutzung nach § 24 UrhG bejaht, weil dem jüngeren Bearbeiter das ältere Werk nicht bekannt war und wegen nicht nennenswerter Bekanntheit des älteren Werkes auch der Anscheinsbeweis nicht zum Tragen kam; es wurde daher eine unabhängige Doppelschöpfung zuerkannt (LG München ZUM 2003, 245, 246 f. – *Get Over You/Heart Beat*). Wird eine **Sinfonie** notengetreu auf einem Live-Mitschnitt aufgeführt, der in gestalteter Schnittfolge Blicke auf das Publikum, den Dirigenten, einzelne Musikergruppen oder Musiker des Orchesters sowie den Konzertsaal enthält, und dazu eine DVD produziert, liegt keine urheberrechtsverletzende Bearbeitung der Sinfonie im Sinne von § 23 vor, da das Werk der Musik dadurch nur vervielfältigt (§ 16 UrhG), nicht aber bearbeitet wird im Sinne einer Verfilmung (BGH GRUR 2006, 319, 321 f. – *Alpensinfonie*).

75 c) **Pantomimische Werke einschließlich der Werke der Tanzkunst (§ 2 Abs. 1 Nr. 3):** Es sind keine Beispielfälle aus der Rechtsprechung bekannt.

76 d) **Werke der bildenden Künste einschließlich der Werke der Baukunst und der angewandten Kunst und Entwürfe solcher Werke (§ 2 Abs. 1 Nr. 4): aa) Werke der bildenden Künste:** Der BGH hat es als Bearbeitung von Werken der bildenden Kunst des Künstlers *Friedensreich Hundertwasser* angesehen, wenn frei verkäufliche Kunstdrucke in **bemalten Rahmen** veräußert werden und durch die Art und Weise der Bemalung der Rahmen neue „Gesamtkunstwerke" entstanden sind, also die Hundertwasser-Bilder auf dem Rahmen fortgesetzt wurden (BGH GRUR 2002, 532, 534 f. – *Unikatrahmen*). Das OLG Köln hat in der Verwendung von typischen und allseits bekannten Gestaltungselementen von *Joan Miró* auf Verpackungen für **Kosmetikartikel** eine unzulässige Bearbeitung und Umgestaltung der Werke dieses Künstlers gesehen, obwohl nicht nachgewiesen werden konnte, dass bestimmte Werke als Vorlage gedient hatten. Wenn typische Stilelemente aus dem Werkfundus in einer Weise genutzt würden, dass der Eindruck entstehe, es handle sich bei dem so geschaffenen Werk um ein Bild von Joan Miro, liege eine Bearbeitung vor; dies gelte erst recht, wenn auch noch die Produkte mit dem Namen Miro bezeichnet und so der Betrachter endgültig auf die Assoziation zu dessen Werken gestoßen werde (OLG Köln ZUM-RD 1997, 386, 388 – *Parfums Miro*; s. a. OLG Köln ZUM 2007, 140, 141; Kritik: vgl. Rn. 37). Weder abhängige Bearbeitung noch freie Benutzung, sondern lediglich Vervielfältigung (§ 16 UrhG) ist die sog. „**echte Fälschung**", bei der die Gemälde möglichst identisch nachgemalt werden (OLG Hamburg NJW-RR 1999, 1133, 1135 – *Nachgemalte Gemälde*). Als eine unfreie Bearbeitung hat das LG Erfurt den nachgemalten Ausschnitt „Lebensbrunnen" aus dem Bad Frankenhausener „**Bauernkriegspanorama**" angesehen, weil der nachschaffende Künstler die die Individualität des Ursprungsausschnittes prägende Anordnung der überwiegenden Anzahl von Personen hinter dem Brunnen, fast alle Ausgestaltungsmerkmale und auch die Ordnung der Personen zueinander identisch übernommen hatte; dadurch sei der ästhetische Gesamteindruck nicht verändert worden (LG Erfurt ZUM-RD 1997, 23, 25 – *Bauernkriegspanorama*).

Bei zwei **Hundefiguren** hatte der BGH Zweifel, ob die Übereinstimmungen **77** zwischen der Hunde-Comicfigur einerseits und einer plastischen Hundefigur sowie einer Spardose in Hundeform andererseits wirklich ausreichend sind, um eine abhängige Bearbeitung nach § 23 anzunehmen, weil die Übereinstimmungen durch die Natur vorgegeben sein konnten und hat die Sache zur weiteren Aufklärung an das Berufungsgericht zurückverwiesen (BGH GRUR 2004, 855, 857 – *Hundefigur* vgl. a. Rn. 49). Zeichnungen von **Flusspferdfiguren** („Happy Hippos") hat das OLG Karlsruhe als freie Benutzung im Sinne von § 24 Abs. 1 von älteren Nilpferdfiguren angesehen, weil die Ähnlichkeiten im Wesentlichen nur hinsichtlich solcher Merkmale gegeben seien, die durch die Anlehnung an die von der Natur vorgegebene Form eines Nilpferdes entstanden oder bei der Herstellung vermenschlichter Nilpferde allgemein üblich seien (OLG Karlsruhe ZUM 2000, 327, 330 – *Nilpferdzeichnungen*).

Im Fall „*Gies-Adler*" hatte die Zeitschrift Focus den vom Maler und Bildhauer **78** *Ludwig Gies* geschaffenen **Bundesadler** für die aktuelle politische Berichterstattung verfremdet und nach Geldscheinen mit seinen Krallen greifen lassen. Darin sah der BGH eine freie Benutzung i.S. von § 24 Abs. 1 UrhG. Zwar müssten mit der Rechtsprechung die individuellen Züge des älteren Werks in dem neuen Werk „verblassen". Allerdings liege auch dann schon eine freie Benutzung vor, wenn die Übereinstimmungen dadurch gerechtfertigt sind, dass eine antithematische politische Behandlung zwingend größere Übereinstimmungen zwischen beiden Werken erfordere (BGH GRUR 2003, 956, 957 – *Gies-Adler*). Das OLG Köln hat betont, dass das Gericht aus eigener Sachkunde die Abgrenzung zwischen § 23 und § 24 UrhG vornehmen könne und bejahte eine freie Benutzung, obgleich eine Grafik, die eine **Hexenfigur** zeigte, in eine Plastik übertragen wurde. Denn die Plastik weise erhebliche Abweichungen auf, indem die Plastik wesentliche bewegende Merkmale der Hexe wie wehendes Haar und Umhang, krallenartige Hände, angsteinflößenden Gesichtsausdruck und eine nach vorn gerichtete Bewegung wegließ, so dass die Plastik im Gegensatz zur Grafik nicht bedrohlich wirkte (OLG Köln ZUM-RD 2003, 573, 574 – *Hexenfigur*).

Eine freie Benutzung und den sehr seltenen Fall einer **Doppelschöpfung** hat das **79** KG bejaht: Die vorliegende Gestaltung eines Davidsterns auf der deutschen Fahne sei absolut nahe liegend gewesen, weshalb der grundsätzlich gegen eine Doppelschöpfung sprechende Anscheinsbeweis widerlegt sei, zumal auch nicht überwiegend wahrscheinlich sei, dass die Personen, die das jüngere Werk gestaltet hätten, das ältere Werk vorher kannten (KG GRUR-RR 2002, 49, 50 – *Doppelschöpfung*). Zur Doppelschöpfung vgl. Rn. 64 f.

bb) Werke der Baukunst: Das KG hat entschieden, dass die Prägung einer **80** Abbildung des **verhüllten Reichstages** auf einer Gedenkmedaille als zustimmungspflichtige Bearbeitung i.S. von § 23 UrhG anzusehen sei, weil die Medaille vor allem die durch die Umhüllung vollkommen veränderte Außengestalt des Reichstages übernommen habe; die dabei hinzugefügte Quadriga und das angedeutete Brandenburger Tor als Zusätze seien nicht geeignet, den erforderlichen Abstand zu schaffen (KG GRUR 1997, 128, 129 – *Verhüllter Reichstag*). Ein beauftragter Architekt, der während eines Bauvorhabens Planzeichnungen zur **Fassadengestaltung** anfertigt (Vorentwurf), kann sich bei fehlender Nutzungsrechtseinräumung auf § 23 berufen, wenn später die

Fassade nach den Vorgaben des Architekten durch den Bauherren gestaltet wird (OLG Jena BauR 1999, 672, 674 f. – *Fassadengestaltung*).

81 Keine abhängige Bearbeitung stellt es aus Sicht des OLG Hamm dar, wenn ein Architekt Entwürfe für den **öffentlichen Wohnungsbau** in der Grundkonzeption (Raumaufteilung, rechteckiger Grundriss) eines anderen Architekten übernimmt und in seiner weiteren Ausführung die Seitenansicht u.a. anders gestaltet als der vorherige Plan, indem er die Fenster anders anordnet und das Dach asymmetrisch gestaltet (OLG Hamm GRUR 1967, 608, 610 f. – *Baupläne*). Das OLG Frankfurt hatte den Entwurf und die Umsetzung einer weiteren späteren Entwurfsidee zu einer **Gedenkstätte** zu begutachten und hat befunden, dass die Übereinstimmung in beiden Entwürfen, die darin lag, die Namen der ermordeten Juden auf einer Friedhofsmauer zu verewigen, als Idee nicht urheberrechtlich geschützt ist und der Erstentwurf nicht bearbeitet wurde; im Übrigen wich die weitere äußere Gestaltung des späteren Entwurfes von dem Erstentwurf ab (OLG Frankfurt GRUR 1992, 699, 699 – *Friedhofsmauer*).

82 **cc) Werke der angewandten Kunst:** Der BGH hat die gestalterische Fortentwicklung von Entwürfen für die neue Hannoveraner **Straßenbahn** als Bearbeitung und nicht als freie Benutzung angesehen, weil der den Gesamteindruck besonders prägende Krümmungsverlauf der Seitenwand, verbunden mit der sehr deutlichen Anlehnung bei der Gestaltung des Triebwagenkopfes und dessen gestalterische Einbindung in die Gesamtform des Fahrzeugäußeren kaum verändert worden sei und gewisse Unterschiede die Übereinstimmungen in der den Gesamteindruck prägenden, vom Designer des Vorentwurfs besonders schöpferisch gestalteten Grundform des Wagenäußeren unberührt lassen würden (BGH GRUR 2002, 799, 801 – *Stadtbahnfahrzeug*). Das nachgeahmte Model einer **Leuchte** von *Wilhelm Wagenfeld*, das in allen wesentlichen Teilen, v.a. wegen der Verwendung der Opalglasglocke, dem Original entsprach, war unfreie Bearbeitung (KG GRUR 2006, 53, 55 – *Bauhaus-Glasleuchte II*). Die Übereinstimmungen bei einem jüngeren und einem älteren, urheberrechtlich geschützten **Ring** hat das OLG Düsseldorf als freie Bearbeitung angesehen, weil das wesentliche künstlerische Merkmal des älteren Ringes in dem „Schweben" des in dem aufgebrochenen Ring eingespannten Brillanten gesehen wurde, was in dem jüngeren Ring übernommen worden war (OLG Düsseldorf GRUR-RR 2001, 294, 297 – *Niessing-Spannring*). Das OLG Köln hat in der Nachahmung von Fanartikeln, die der Originalgröße und den Proportionen wie der menschlichen Anatomie folgen, keine abhängige Bearbeitung i.S. von § 23 UrhG der verkleinerten **Sportartikel** gesehen, da diese erheblich von der Nachahmung abwichen (OLG Köln ZUM 1999, 484, 487 – *mini-dress/Fanartikel*).

83 **e) Lichtbildwerke einschließlich der Werke, die ähnlich wie Lichtbildwerke geschaffen werden (§ 2 Abs. 1 Nr. 5):** Wird eine **gestellte und alsdann fotografierte Pose** in allen wesentlichen Elementen übernommen, so dass das nachgeahmte Lichtbildwerk deutliche Übereinstimmungen aufweist und Abweichungen in Details den Gesamteindruck unberührt lassen, liegt eine unfreie Benutzung vor (männliche Rückenansicht ohne Kopf mit waagerecht ausgebreiteten Armen und einer Tänzerin, die den Körper des dort abgebildeten Mannes mit Armen und Beinen umklammert). Die Beweislast einer Doppelschöpfung oblag dem jüngeren Urheber, obgleich für die Widerlegung des Anscheinsbeweises ausreiche, dass der Schöpfer des späteren Werkes darlegen und beweisen könne, dass er die nach der Lebenserfahrung zu vermutende

Kenntnis von dem älteren Werk nicht hatte (OLG Köln GRUR 2000, 43, 44 – *Klammerpose*). Ebenso eine abhängige Bearbeitung nahm das LG Mannheim an, obwohl kein gestelltes, sondern nur ein in der **Natur vorgefundenes Motiv** fotografiert worden war (LG Mannheim ZUM 2006, 886, 887 – *Karlssteg mit Münster*; bedenklich: vgl. Rn. 38).

Anders entschieden hat das OLG Hamburg in einem Fall, bei dem eine **Szene** **84** **aus einem Theaterstück nachgestellt** erneut fotografiert wurde: Niemand sei gehindert, ein fotografisch abgebildetes Motiv nachzustellen und ebenfalls zu fotografieren; das OLG stellte aber klar, dass das abgebildete Motiv nicht auf einem künstlerischen Arrangement des Fotografen beruhen dürfe und die übernommenen Elemente selbst nicht urheberrechtlich geschützt sein dürfen. Grundsätzlich seien Motiv, Stil, Manier, Vorgehensweise oder Einsatz einer bestimmten fotografischen Technik urheberrechtlich nicht geschützt; allein die Wahl des gleichen Bildausschnittes nehme der nachschaffenden Fotografie nicht die gem. § 24 UrhG erforderliche Eigenständigkeit, so dass eine freie Benutzung vorliege (OLG Hamburg ZUM-RD 1997, 217, 221 – *Troades*). Das LG München hat entschieden, dass ein **aus einem Lichtbild hergestelltes Gemälde** zwar ein selbständiges Werk sei, aber gleichwohl eine abhängige Bearbeitung i.S. von § 23 UrhG vorliege, wenn der Wesenskern der Fotografie – hier die lachenden Mädchen in einer bestimmten Körperposition – erhalten bleibt und lediglich durch Weglassen wie Hinzufügen von Details weiter entwickelt wird (LG München I GRUR 1988, 36, 37 – *Hubschrauber mit Damen*). Eine freie Benutzung hat schließlich das OLG Hamburg in einem Fall angenommen, bei dem ein Maler ein **Aktfoto** aus dem Fotoband „Big Nudes" von *Helmut Newton* als Vorlage benutzt, jedoch bei der Gestaltung seines Bildes von der Fotografie abweicht, indem er einen blauen statt weißen Hintergrund wählte, den Akt in schwarzer Farbe wiedergab und mit einem gelben Quadrat vom Knie bis zum Nabel bedeckte; so war von der Nacktheit und der Erotik der Vorlage im gemalten Bild nichts mehr erkennbar (OLG Hamburg ZUM 1996, 315, 316 – *Power of Blue*). **Thumbnails** (hier stark verkleinertes Luftbild der Universität Wuppertal) stellen keine unzulässige Bearbeitung i.S. von § 23 UrhG dar, da sie das Original nicht verändern (LG Bielefeld ZUM 2006, 652, 653 – *thumbnails*).

f) Filmwerke einschließlich der Werke, die ähnlich wie Filmwerke geschaffen **85** **werden (§ 2 Abs. 1 Nr. 6):** Der BGH ist in einer Entscheidung, die die Übernahme von Ausschnitten aus einer Fernsehshow in eine **satirische Sendung** betraf, zunächst davon ausgegangen, dass die Vorschrift des § 24 UrhG über die freie Benutzung auch auf Laufbilder i.S. von § 95 UrhG anwendbar ist. Weiter hat der BGH klargestellt, dass unveränderte Übernahmen vorbestehender Werke im Rahmen einer parodistischen Zielsetzung als freie Benutzung i.S. von § 24 UrhG angesehen werden könnten; ferner sei es für die urheberrechtliche Beurteilung unerheblich, ob die in dem jüngeren Werk gestaltete satirische Kritik nicht gelungen, geschmacklos, bösartig, gehässig, ungerechtfertigt oder sittenwidrig sei (BGH GRUR 2000, 703, 704 f. – *Mattscheibe*). Das OLG Frankfurt hatte zu „*TV Total*" zu entschieden, dass ein Spontaninterview kein Filmwerk sei, aber dem durchführenden Rundfunksender Leistungsschutzrechte nach §§ 94, 95 UrhG zuständen; die bei Ausstrahlung des übernommenen Spontaninterviews durch *TV-Total* war § 23 anzunehmen, da die satirisch-kritische Auseinandersetzung mit der Vorlage allein keine freie Benutzung i.S. von § 24 UrhG darstelle (OLG Frankfurt ZUM 2005, 477, 480 – *TV-Total*).

86 Das OLG Köln hat für Materialien zu Filmen, die aus **Einzelbildern** und einem **kommentierenden Satz** bestanden, eine unfreie Benutzung abgelehnt, weil die Einfügung der Kommentierung unter die stehenden Bilder diese nicht verändere, sondern lediglich das Schaffen von schriftlichem Begleitmaterial vorliege (OLG Köln GRUR-RR 2005, 179, 179 – *Schulfernsehen online*).

87 **g) Darstellungen wissenschaftlicher oder technischer Art, wie Zeichnungen, Pläne, Karten, Skizzen, Tabellen und plastische Darstellungen (§ 2 Abs. 1 Nr. 7):** Werden **Stadtplanausschnitte** auf der eigenen Homepage beispielsweise eines Gasthauses verwendet, stellt dies regelmäßig eine abhängige Bearbeitung im Sinne von § 23 dar (OLG Hamburg GRUR-RR 2006, 355, 356 – *Stadtplanausschnitt*). Ob eine abhängige Bearbeitung oder freie Benutzung von Teilen eines urheberrechtlich schutzfähigen **Stadtplanes** vorgelegen hat, vermochte der BGH wegen mangelnder Klärung der Übereinstimmungen, ob eigenschöpferische Elemente des Planes in einer Gesamtschau der Pläne übernommen wurden, nicht entscheiden und verwies die Sache an die Vorinstanz zurück (BGH GRUR 1998, 916, 917 f. – *Stadtplanwerk*).

88 **Planungs- und Verkaufshilfen** für Möbel als technische Darstellung stellen unfreie Bearbeitungen dar, wenn sie sich kaum von den Overlays des Original-Urhebers v.a. in ihrer typischen graphischen Darstellung der Möbelhöhe (Säulenform) und Farbgebung unterscheiden (OLG Köln ZUM 1999, 404, 406 f. – *overlays*).

89 **h) Parodie und Satire:** Parodie und Satire bedürfen für eine freie Benutzung der Auseinandersetzung mit dem zu parodierenden Werk, die der BGH nicht erkannt hat bei der bloßen Verfremdung des Originalwerkes, indem auf einem Titelblatt die Gestalten des Originalwerkes weitestgehend übernommen wurden, ohne dass eine eigenständige inhaltliche schöpferische Auseinandersetzung erfolgte (BGH GRUR 1994, 191, 193 – *Asterix-Persiflagen*; Einzelheiten vgl. Rn. 51). Eine Verletzung lag vor und damit eine abhängige Umgestaltung iSd § 23, wenn ein Foto eines bekannten Politikers zwar als Vorlage für ein anderes Titelbild diente, jedoch nur unwesentliche für den Betrachter vernachlässigbare Änderungen – Verlegung der Badeszene in einen Stahlhelm statt umgebenden Strand – im Abdruck vorgenommen worden waren, so dass auch das Bildzitat gemäß § 51 Nr. 2 a.F. wegen des Änderungsverbotes wie auch die Presse- und Kunstfreiheit (Art. 5 Abs. 1 S. 2, Abs. 3 S. 1 GG) zu keiner freien Benutzung geführt haben. Denn nach dem Gesamteindruck blieb die Übernahme der Szene selbst unverändert und stellte keine kritische Auseinandersetzung mit der Vorlage selbst dar, sondern lediglich mit dem Geschehen des Abgebildeten (OLG München ZUM 2003, 571, 574).

90 Auch die unveränderte Übernahme des vorbestehenden Werkes im Rahmen einer parodistischen Zielsetzung kann als freie Benutzung im Sinne von § 24 Abs. 1 angesehen werden; dabei ist unerheblich, ob die in dem jüngeren Werk gestaltete satirische Kritik daneben, geschmacklos, bösartig, gehässig, ungerechtfertigt oder sittenwidrig ist (BGH GRUR 2000, 703, 704 f. – *Mattscheibe*; anders jedoch OLG Frankfurt ZUM 2005, 477, 480 – *TV-total*). Auch Erwägungen der **Pressefreiheit** können zur Zulässigkeit einer Benutzung führen: Das OLG Köln hat zwar die leicht veränderte Darstellung des Bundesadlers aus dem Bundestag zu Bonn auf einem Zeitschriftentitelblatt noch als Bearbeitung gem. § 23 angesehen, weil wesentliche Züge des Originals übernommen worden seien. Dennoch lag keine Urheberrechtsverletzung vor, weil sich die Beklagte auf die Pressefreiheit gem. Art. 5 Abs. 1 GG berufen durfte, der die §§ 45 ff. UrhG nicht ausreichend Geltung verschafften (OLG Köln

NJW 2000, 2212, 2213 – *Bundesadler*). Der BGH sah jedoch eine freie Benutzung gem. § 24 gegeben, weil der Bundesadler parodistisch wiedergegeben worden und darin der Ausdruck der politischen Auseinandersetzung zu sehen sei, die durch Art. 5 Abs. 1 GG bekräftigt werden würde (BGH GRUR 2003, 956, 957 – *Gies-Adler*).

i) Nicht genannte Werkarten: Da der Werkkatalog des § 2 Abs. 1 UrhG nicht **91** abschließend ist („insbesondere"), genießen weitere unbenannte Werkarten den urheberrechtlichen Schutz, soweit ihnen die notwendige eigene geistige Schöpfung zuzuschreiben ist (vgl. § 2 Rn. 11). Auch einem **Exposé zu einer Fernsehserie** kann daher eine individuelle Prägung zukommen, so dass eine unfreie Bearbeitung vorliegt, wenn das Exposé in seinen schutzfähigen Bestandteilen in einem anderen Werk übernommen wird. Dies ist allerdings dann nicht der Fall, wenn lediglich allgemein formulierte Ideen und Handlungsansätze übereinstimmen, da es Ideen an der Schutzfähigkeit fehlt und lediglich die konkrete sprachliche Ausformulierung Schutz genießt (OLG München GRUR 1990, 674, 675 f. – *Forsthaus Falkenau*). Ein **Fernsehformat**, hier eine Gameshow mit einem bestimmten Ratespielkonzept (Erraten von Werbespots), kann urheberrechtlichen Schutz nach § 2 Abs. 2 UrhG genießen (vgl. § 2 Rn. 232). Eine unfreie Bearbeitung liegt allerdings nicht schon dann vor, wenn keine werkgeschützten Bestandteile (hier die Spielvarianten bzw. Spielrunden als bloße Ideen) übernommen wurden (OLG München ZUM 1999, 244, 246 f. – *Fernseh-Ratespiel*). Auch ein **Werbeslogan**, der Sprachwerk wie künstlerische Elemente enthält, kann urheberrechtlichen Schutz genießen, so dass eine Umgestaltung i.S. von § 23 UrhG gegeben ist, indem eine Zeitungsanzeige iRd Werbung für Immobilienverkäufe mit dem Slogan „Meine Neue hat mehr Balkon" geschaffen wurde und im weiteren Verlauf durch eine neu beauftragte Werbeagentur unter Anlehnung des vorigen Slogans „Meine Neue rechnet sich" und „Unsere Neue rechnet sich" mit ebenso roter Grundfarbe geschaltet wurde (OLG München NJW-RR 1994, 1258, 1258 – *Zeitungsanzeige*).

IV. Prozessuales

1. Beweislast

Entsprechend den allgemeinen Grundsätzen trägt der Inhaber der Rechte an **92** dem älteren Werk grundsätzlich die Beweislast für die tatsächlichen Voraussetzungen der Urheberrechtsverletzung, d.h. der Antragsteller bzw. Kläger muss darlegen und Beweis dafür antreten, dass die Voraussetzungen einer abhängigen Bearbeitung gem. § 23 oder einer unzulässigen Melodieentnahme gem. § 24 Abs. 2 vorliegen (Einzelheiten zur allgemeinen Beweislastverteilung vgl. § 97 Rn. 26 ff., 106, 143). Dazu gehört zunächst die **Schutzfähigkeit** des älteren Werkes und auch sein **Schutzumfang**, der sich regelmäßig aus dem Abstand zum vorbekannten Formengut ergibt; der Kläger kommt dem in der Regel durch die Vorlage seines Werkes nach (vgl. § 2 Rn. 236 und BGH GRUR 2002, 958, 960 – *Technische* Lieferbedingungen; BGH GRUR 1981, 820, 822 – *Stahlrohrstuhl II*). Soweit das ältere Werk und die beanstandete Bearbeitungshandlung unter die Herstellungsfreiheit des § 23 S. 1 fallen, erstreckt sich die Darlegungs- und Beweislast auch auf das Vorliegen einer Veröffentlichung oder Verwertung (bei Erstbegehungsgefahr nur drohende Veröffentlichung oder Verwertung, vgl. § 97 Rn. 27).

93 Soweit sich der Beklagte damit **verteidigt**, dass entweder der Urheber des älteren Werkes auf vorbekanntes Formengut zurückgegriffen habe oder er selbst auf der Basis eines anderen, zeitlich älteren und/ oder gemeinfreien Werkes geschaffen hat, liegt die Beweislast für die damit im Zusammenhang stehenden Tatsachen einschließlich des Aussehens und der Beschaffenheit des älteren Drittwerkes bzw. der gemeinfreien Elemente bei ihm (BGH GRUR 1991, 531, 533 – *Brown Girl I*; BGH GRUR 1981, 820, 823 – *Stahlrohrstuhl II*). Im Bereich der Musik mag insoweit eine Anfrage beim bzw. ein Gutachtenauftrag an das Deutsche Volksliedarchiv, Institut für internationale Popularliedforschung, Silberbachstraße 13, 79100 Freiburg i.Brsg. hilfreich sein (www.dva.uni-freiburg.de).

94 Ist das ältere Werk urheberrechtlich geschützt und lassen die Übereinstimmungen im schöpferischen Bereich (Einzelheiten zur Prüfungsreihenfolge vgl. Rn. 45 ff.) die Annahme einer Urheberrechtsverletzung zu, streitet zugunsten des Klägers ein **Anscheinsbeweis** dafür, dass auch in subjektiver Hinsicht der Tatbestand der Bearbeitung gem. § 23 bzw. der Melodieentnahme gem. § 24 Abs. 2 vorliegt, d.h. das ältere Werk bei der Schaffung des neuen Werkes – bewusst oder unbewusst – benutzt worden ist (BGH GRUR 1988, 812, 814 – *Ein bisschen Frieden*; BGH GRUR 1988, 810, 811 – *Fantasy*; BGH GRUR 1971, 266, 268 – *Magdalenenarie*). Dabei besteht zwischen dem Umfang der Übereinstimmungen und dem Anscheinsbeweis eine Abhängigkeit: Je weniger Übereinstimmungen bestehen, desto schwächer wird der Anscheinsbeweis, je mehr Übereinstimmungen vorhanden sind, desto stärker wirkt er (BGH GRUR 1988, 812, 815 – *Ein bisschen Frieden*). Wenn sich der Beklagte also darauf beruft, sein jüngeres Werk sei in Wahrheit eine zufällige Doppelschöpfung, weil er das ältere Werk nicht verwendet habe, muss er zwar nicht den Vollbeweis erbringen (was auch in der Praxis regelmäßig kaum möglich wäre; zu weitgehend daher noch die Vorauflage/*Vinck* Anh. § 24 Rn. 11 und unter Berufung hierauf OLG Köln GRUR 2000, 43, 44 – *Klammerpose*). Jedoch wird er zumindest darlegen und beweisen müssen, dass er, wenn das ältere Werk veröffentlicht war, die nach der Lebenserfahrung zu vermutende Kenntnis des älteren Werkes nicht hatte; Zweifel gehen zu seinen Lasten (zutr. insoweit OLG Köln GRUR 2000, 43, 44 – *Klammerpose*). Zur Doppelschöpfung im Übrigen vgl. Rn. 64 f.

95 Zugunsten desjenigen, der auf den Vervielfältigungsstücken eines erschienenen Werkes oder auf dem Original eines Werkes der bildenden Künste in der üblichen Weise **als Urheber bezeichnet** ist, wird bis zum Beweis des Gegenteils **vermutet**, dass er der Urheber des Werkes ist (§ 10); die Vermutung gilt bis zum Beweis des Gegenteils (vgl. § 10 Rn. 1, 23 und BGH GRUR 1986, 887, 888 – *Bora Bora*). Die Vermutung erstreckt sich auch darauf, dass das Werk von ihm selbst geschaffen worden ist, also seines Geistes Kind ist, was zugleich bedeutet, dass die Urheberschaftsvermutung auch zu weiten Teilen den Werkinhalt erfasst (BGH GRUR 1991, 456, 457 – *Goggolore*). Jedoch hängt es vom Charakter des Werkes ab, wie weitgehend die Urheberschaftsvermutung auch den Inhalt des Werkes umfasst; hat jemand beispielsweise eine gemeinfreie Fabel bearbeitet, erstreckt sich die Urheberschafsvermutung regelmäßig nur auf die eigenschöpferische Sprachgestaltung, nicht aber auf die Fabel nach der gemeinfreien Geschichte (BGH GRUR 1991, 456, 457 – *Goggolore*). In solchen Fällen wird der Urheber darlegen und beweisen müssen, welche Elemente der seiner Geschichte oder seinem Roman zugrunde liegenden Fabel nicht gemeinfrei sind, d.h. aus seiner Fantasie stammen (s. insoweit beispielsweise BGH GRUR 1991, 456, 458 – *Goggolore*; LG Hamburg GRUR-RR 2003, 233, 234 ff. – *Die Päpstin*).

2. Verschulden

Die Annahme einer abhängigen Bearbeitung gem. § 23 oder einer Melodieent-   **96**
nahme gem. § 24 Abs. 2 hängt nicht von einem Verschulden ab; es genügt, wenn das ältere Werk unbewusst benutzt worden ist (vgl. oben Rn. 63).

3. Nachprüfbarkeit im Revisionsverfahren

Ob abhängige Bearbeitung, Melodieentnahme oder freie Benutzung vorliegt,   **97**
ist **Rechtsfrage**, die vom BGH uneingeschränkt nachprüfbar ist (BGH GRUR 2002, 958, 959 – *Technische Lieferbedingungen*; BGH GRUR 1961, 635, 637 – *Stahlrohrstuhl I*). Die Ermittlung der hierfür erforderlichen **Tatsachengrundlage** obliegt allerdings natürlich den Tatsacheninstanzen (Beispiele: BGH GRUR 1991, 533, 534 f. – *Brown Girl II*; BGH GRUR 1991, 531, 533 – *Brown Girl I*; BGH GRUR 1988, 812, 815 f. – *Ein bisschen Frieden*).

V. Verhältnis zum wettbewerbsrechtlichen Leistungsschutz

Gem. §§ 3, 4 Nr. 9 UWG handelt insbesondere unlauter, wer Waren oder   **98**
Dienstleistungen anbietet, die eine **Nachahmung der Waren** oder Dienstleistungen eines Mitbewerbers sind, wenn er eine vermeidbare Herkunftstäuschung der Abnehmer über die betriebliche Herkunft herbeiführt, die Wertschätzung der nachgeahmten Ware oder Dienstleistung unangemessen ausnutzt oder beeinträchtigt oder die für die Nachahmung erforderlichen Kenntnisse oder Unterlagen unredlich erlangt hat. Als ungeschriebenes Tatbestandsmerkmal muss seit jeher eine „**wettbewerbliche Eigenart**" des älteren Produktes vorliegen (s. aus der aktuellen Rspr. nur BGH GRUR 2007, 984, 985, Tz. 14 – *Gartenliege*; BGH GRUR 2007, 339, 342, Tz. 24 – *Stufenleitern*; BGH GRUR 2001, 251, 253 – *Messerkennzeichnung*).

Dieser sog. „ergänzende wettbewerbsrechtliche Leistungsschutz" ist grund-   **99**
sätzlich gegenüber einem durch das UrhG gewährten Sonderrechtsschutz **nachgiebig**, soweit die Tatbestandsvoraussetzungen und **Wertungen des Urheberrechts identisch** mit denen des wettbewerbsrechtlichen Leistungsschutzes sind (Hefermehl/Köhler/Bornkamm/*Köhler* § 4 UWG Rn. 9.6; Piper/*Ohly* § 4 Nr. 9 UWG Rn. 8; Gloy/Loschelder/*Eck* § 43 Rn. 4); das UrhG ist insoweit *lex specialis* zum UWG. **Dabei entspricht der wettbewerbsrechtliche Begriff der Nachahmung weitgehend dem der urheberrechtlich relevanten Bearbeitung** (Harte/Henning/*Sambuc* § 4 UWG Rn. 16; Köhler/*Piper* § 4 UWG Rn. 8; JUR PK *Ulmann* § 4 Nr. 9 UWG Rn. 34). Fehlt es deshalb an einer urheberrechtsverletzenden Handlung, wird man regelmäßig auch die wettbewerbsrechtliche Übernahme verneinen müssen und kann nur noch **ausnahmsweise** – vgl. Rn. 100 – § 4 Nr. 9 UWG anwenden (BGH GRUR 2006, 493, 495, Tz. 28 – *Michel-Nummern*). Denn der wettbewerbsrechtliche Leistungsschutz muss die urheberrechtliche Wertung grundsätzlich hinnehmen, darf also über die bewusste Begrenzung der gewährten Rechte durch das UrhG nicht hinausgehen (BGH GRUR 1987, 814, 816 – *Die Zauberflöte*; MünchKom UWG/ *Wiebe* § 4 Nr. 9 UWG Rn. 31). Das ist auch bei **Patent** und **Marke** nicht anders: Der Bundesgerichtshof hat in seiner Rechtsprechung zum ergänzenden wettbewerbsrechtlichen Leistungsschutz klargestellt, dass der Stand der Tech-

nik frei benutzbar bleiben muss (BGH GRUR 2002, 820, 822 – *Bremszangen*; BGH GRUR 2002, 275, 276 f. – *Noppenbahnen*; BGH GRUR 2002, 86, 90 – *Laubhefter*). Dies entspricht dem Rechtsgedanken, den der EuGH für die Beurteilung der Schutzfähigkeit dreidimensionaler Marken anwendet: Art. 3 Abs. 1 lit. e der Markenrechtsrichtlinie – entsprechend § 3 Abs. 2 MarkenG – soll verhindern, dass der Schutz des Markenrechts seinem Inhaber ein Monopol für technische Lösungen oder Gebrauchseigenschaften einer Ware einräumt; es soll vermieden werden, dass der durch das Markenrecht gewährte Schutz über den Schutz der Zeichen hinausgeht (EuGH GRUR 2002, 804, 809, Tz. 78 f. – *Philips./. Remington*). Auch die Auffassung des BGH, im Rahmen der freien Benutzbarkeit des Standes der Technik dürfe der Übernehmende nicht auf das Risiko verwiesen werden, es mit einer anderen technischen Lösung zu versuchen (BGH GRUR 2002, 86, 90 – *Laubhefter*), findet sich in der Rechtsprechung des EuGH zur Schutzfähigkeit dreidimensionaler Marken wieder: Die wesentlichen funktionellen Merkmale der Form einer Ware, die nur der technischen Wirkung zuzuschreiben sind, schließen ein dieser Form bestehendes Zeichen auch dann von der Eintragung aus, wenn die fragliche technische Wirkung durch andere Formen erzielt werden kann (EuGH GRUR 2002, 804, 809, Tz. 83 – *Philips./. Remington*). Der Sonderrechtsschutz des Urheberrechts ist also gegenüber dem ergänzenden wettbewerbsrechtlichen Leistungsschutz, aus dem keine weiterreichenden Rechtsfolgen hergeleitet werden, vorrangig und schließt ihn grundsätzlich aus (BGH GRUR 1992, 697, 699 – *Alf*).

100 In der Literatur ist allerdings streitig, ob eine Handlung, die den Tatbestand der Urheberrechtsverletzung nicht erfüllt, und zwar insbesondere, weil urheberrechtlich von einer **freien Benutzung** gem. § 24 UrhG auszugehen ist, dennoch über den Tatbestand des ergänzenden wettbewerbsrechtlichen Leistungsschutzes gem. § 4 Nr. 9 UWG sanktioniert werden kann (dafür Hefermehl/Köhler/Bornkamm/*Köhler* § 4 UWG Rn. 9.7; dagegen Köhler/*Piper* § 4 Nr. 9 UWG Rn. 8). Die Antwort ist im Spannungsfeld zwischen beiden Gesetzen zu suchen: Während das UrhG eine schöpferische Leistung zugunsten des Urhebers monopolisiert, aber im Interesse der kulturellen Fortentwicklung den Schutzumfang des Urheberrechts dadurch begrenzt, dass die freie Benutzung eines urheberrechtlich geschützten Werkes gem. § 24 UrhG ausdrücklich gestattet ist, besteht im UWG der Grundsatz der Nachahmungsfreiheit (Hefermehl/Köhler/Bornkamm/*Köhler* § 4 UWG Rn. 9.4; Köhler/*Piper* § 4 Nr. 9 UWG Rn. 6). Nur wenn die besonderen, in § 4 Nr. 9 UWG genannten Umstände der vermeidbaren Herkunftstäuschung, der unangemessenen Ausnutzung oder Beeinträchtigung der Wertschätzung des nachgeahmten Produktes oder der unredlichen Erlangung von Kenntnissen und Unterlagen hinzutreten, kann das Wettbewerbsrecht von der grundsätzlich bestehenden Nachahmungsfreiheit abweichen und einen ergänzenden Leistungsschutz gewähren. Hierzu ist im Wettbewerbsrecht anerkannt, dass eine **Wechselwirkung** besteht zwischen dem Nachahmungstatbestand und den zwingend erforderlichen zusätzlichen Unlauterkeitsmerkmalen, und zwar dergestalt, dass dann, wenn die Anlehnung sehr weitgehend ist, die zusätzlichen Unlauterkeitsmerkmale nicht so ausgeprägt erscheinen müssen und umgekehrt im Falle einer weiter entfernt liegenden Anlehnung sehr stark ausgeprägte zusätzliche Unlauterkeitsmerkmale gegeben sein müssen, um in den Anwendungsbereich von § 4 Nr. 9 UWG zu gelangen (BGH GRUR 2007, 984, 985, Tz. 14 – *Gartenliege*; BGH GRUR 2007, 339, 342, Tz. 24 – *Stufenleitern*; BGH GRUR 2001, 251, 253 – *Messerkennzeichnung*). Deshalb folgt das Tatbestandsmerkmal der

Nachahmung in § 4 Nr. 9 UWG auch nicht ganz streng dem Begriff der Bearbeitung in § 23 UrhG (vgl. aber grundsätzlich Rn. 99); vielmehr kann etwas, das urheberrechtlich als freie Benutzung zu qualifizieren ist, durchaus als Nachahmung im Sinne von § 4 Nr. 9 UWG wettbewerbswidrig sein, wenn die hinzutretenden besonderen Umstände so stark ausgeprägt sind, dass sich die freie Benutzung im Sinne von § 24 UrhG ausnahmsweise dennoch als wettbewerbswidrige Handlung herausstellt, beispielsweise wenn ein Produkt, das urheberrechtlich als freie Benutzung eines Originals anzusehen ist, in einer Produktverpackung oder mittels einer Werbung vertrieben wird, die so stark an die Produktverpackung oder die Werbung des Originals angelehnt ist, dass die beteiligten Verkehrskreise einer vermeidbaren Herkunftstäuschung (§ 4 Nr. 9 lit. a) UWG) erliegen.

Aus den voranstehenden Grundsätzen sind die **folgenden weiteren Schlüsse** zu **101** ziehen: Liegt ein Urheberrechtsschutz nicht vor, weil die Schutzfrist abgelaufen ist oder er aus anderen Gründen z.B. wegen fehlender Gestaltungshöhe oder wegen fehlendem Inlandsschutz nicht besteht, muss das UWG diese urheberrechtliche Wertung zwingend berücksichtigen und **darf die Nachahmung als solche nicht verbieten**. Ist urheberrechtlicher Schutz gegeben, aber die jüngere Gestaltungsform keine Bearbeitung im Sinne von § 23 UrhG, sondern lediglich eine freie Benutzung des älteren Werkes gem. § 24 UrhG, wird im Normalfall ein wettbewerbsrechtlicher Schutz gem. § 4 Nr. 9 UWG ausscheiden; lediglich dann, wenn die weiteren Unlauterkeitsmerkmale so stark ausgeprägt sind, dass trotz der grundsätzlich bestehenden Nachahmungsfreiheit und der urheberrechtlichen Wertung einer freien Benutzung noch ein wettbewerbswidriges Verhalten vorliegt, weil die beteiligten Verkehrskreise beispeilsweise einer Herkunftstäuschung unterliegen und der Vertreiber des jüngeren Produktes keine genügenden Anstrenungen unternommen hat, diese zu vermeiden, sie möglicherweise sogar provozieren wollte, kann der ergänzende wettbewerbsrechtliche Leistungsschutz eingreifen.

In allen diesen Fällen ist allerdings **unbedingt zu differenzieren**: Wegen der **102** urheberrechtlichen Wertung und der im Wettbewerbsrecht bestehenden Nachahmungsfreiheit darf die Nachahmung nicht mehr *per se* verboten werden, sondern nur wegen der die Unlauterkeit begründenden zusätzlichen wettbewerbsrechtlichen Merkmale (vermeidbare Herkunftstäuschung, Rufausnutzung oder –beeinträchtigung, unredliche Erlangung von Kenntnissen und Unterlagen); fallen diese weg, z.B. weil der Vertreiber des jüngeren Produkts genügende Maßnahmen zur Vermeidung der Herkunftstäuschung ergreift, darf das Produkt legal vertrieben werden. Antrag und Tenor sind deshalb entsprechend zu konkretisieren.

Der ergänzende wettbewerbsrechtliche Leistungsschutz ist **endlich** und darf **103** grundsätzlich nicht über die zeitliche Schranke des Sonderrechtsschutzes hinausgehen (BGH GRUR 2005, 349, 352 – *Klemmbausteine III*). Ist ein Werk wegen Schutzfristablaufs gemeinfrei geworden, wird deshalb ein ergänzender wettbewerbsrechtlicher Leistungsschutz regelmäßig zu verneinen sein. Zu den **Voraussetzungen** des wettbewerbsrechtlichen Leistungsschutzes **im Übrigen** ist auf die Kommentarliteratur zu § 4 Nr. 9 UWG zu verweisen.

Unterabschnitt 4 **Sonstige Rechte des Urhebers**

§ 25 **Zugang zu Werkstücken**

(1) Der Urheber kann vom Besitzer des Originals oder eines Vervielfältigungsstückes seines Werkes verlangen, dass er ihm das Original oder das Vervielfältigungsstück zugänglich macht, soweit dies zur Herstellung von Vervielfältigungsstücken oder Bearbeitungen des Werkes erforderlich ist und nicht berechtigte Interessen des Besitzers entgegenstehen.

(2) Der Besitzer ist nicht verpflichtet, das Original oder das Vervielfältigungsstück dem Urheber herauszugeben.

Übersicht

I. Allgemeines

1. Sinn und Zweck der Norm, Stellung im Gesetz

1 Das **Zugangsrecht** des Urhebers ist Ausfluss seines Urheberpersönlichkeitsrechtes (BGH GRUR 1952, 257, 258 – *Krankenhauskartei*) und ermöglicht ihm, sich Zugang zu einem Werkstück zu verschaffen, das sich im Besitz eines anderen befindet; dem Urheber soll so ermöglicht werden, sein Werk ungehindert zu verwerten, wenn er kein Original und auch kein Vervielfältigungsstück davon mehr besitzt oder aus anderen Gründen der Zugang zur Vervielfältigung oder Bearbeitung des Werkes erforderlich ist (Begr. RegE UrhG BT-Drucks. IV/270, S. 52). Das Zugangsrecht dient aber nicht nur dem Schutz der Verwertungsinteressen des Urhebers, sondern schützt beispielsweise auch das Interesse des Urhebers an der Katalogisierung und Dokumentation seiner Werke (OLG Nürnberg ZUM-RD 2003, 260, 266); das Zugangsrecht ist daher **zweckneutral** (vgl. Rn. 13).

2 Dogmatisch ist das Zugangsrecht den **Vorlegungsrechten** der §§ 809 ff. BGB und neu § 101a UrhG zuzuordnen. Es kann daher auch im Wege der Einstweiligen Verfügung durchgesetzt werden (OLG Düsseldorf GRUR 1969, 550, 551 – *Geschichtsbuch für Realschulen*). Das Zugangsrecht besteht für alle Werkformen, auch für digitale Aufzeichnungen (*Schricker*, Gutachten, S. 99), ist aber in erster Linie für Werke der bildenden Kunst und der Baukunst von praktischer Bedeutung, weil der Urheber bei Werken der bildenden Kunst regelmäßig das Original veräußert und er bei Werken der Baukunst häufig ein Interesse daran haben wird, das von ihm entworfene Gebäude im fertigen Zustand durch fotografische Vervielfältigung zu dokumentieren (vgl. Rn. 19).

Das Zugangsrecht ist als Kernbestandteil des Urheberpersönlichkeitsrechtes **3** **unverzichtbar** (BGH GRUR 1952, 257, 258 – *Krankenhauskartei*; Dreier/Schulze/*Schulze*[2] Rn. 2; Schricker/*Vogel*[3] Rn. 7). Zur Ausübung des Zugangsrechts vgl. Rn. 9.

Das Zugangsrecht des § 25 darf nicht verwechselt werden mit dem Recht des **4** Urhebers oder des Nutzungsberechtigten, den Zugang zu einem Werk mit **technischen Schutzmaßnahmen** zu beschränken, um vom Rechtsinhaber nicht genehmigte Handlungen zu verhindern oder einzuschränken; dafür kennt das UrhG in den §§ 95a ff. Sonderbestimmungen.

2. Früheres Recht

Das Zugangsrecht ist erst durch das UrhG gesetzlich anerkannt worden; LUG **5** und KUG kannten keine vergleichbaren Bestimmungen. Die Rechtsprechung hat jedoch auch schon früher das Zugangsrecht des Urhebers aus seinem unveräußerlichen Urheberpersönlichkeitsrecht hergeleitet (BGH GRUR 1952, 257, 258 – *Krankenhauskartei*; Begr. RegE UrhG BT-Drucks. IV/270, S. 52).

3. EU-Richtlinien

Es gibt keine EU-Richtlinien, die den Zugang des Urhebers zu Werkstücken **6** vergleichbar der Regelung in § 25 harmonisieren würden.

4. Internationale Konventionen

Weder RBÜ noch WUA oder TRIPS enthalten eine § 25 vergleichbare Rege- **7** lung.

II. Tatbestand

1. Urheber

Nach dem Wortlaut des Gesetzes ist anspruchsberechtigt nur der Urheber selbst **8** oder sein Erbe als Rechtsnachfolger (§ 30), aber auch jeder Miturheber und jeder Urheber einer Werkverbindung (OLG Düsseldorf GRUR 1969, 550, 551 – *Geschichtsbuch für Realschulen*). Das Zugangsrecht gilt **nicht für Nutzungsberechtigte**. Zwar ist teilweise die Forderung erhoben worden, das Zugangsrecht *de lege ferenda* auch auf Nutzungsberechtigte zu erweitern, weil die Leistung des Verpflichteten nur in einem Gewähren des Zugangs bestehe und dieser nur verlangt werden könne, wenn er erforderlich ist sowie berechtigte Interessen des Besitzers nicht entgegen stehen (Vorauflage/*Wilhelm Nordemann* Rn. 1). Da es sich bei dem Zugangsrecht jedoch um einen Bestandteil des Urheberpersönlichkeitsrechtes handelt (vgl. Rn. 3) und der Nutzungsberechtigte daran nicht teilhat, passt eine solche Erweiterung schon aus dogmatischen Gründen nicht. Sie erscheint aber auch nicht erforderlich: Das Zugangsrecht besteht nur für den Fall, dass der Zugang zur Herstellung von Vervielfältigungsstücken oder von Bearbeitungen des Werkes erforderlich ist; benötigt der Nutzungsberechtigte dafür einen Zugang zu einem Werkstück, kann er sich an den Urheber oder dessen Rechtsnachfolger wenden, der ihm dann den Zugang vermitteln kann (dazu sogleich).

9 Auch wenn das Zugangsrecht zum Kern des Urheberpersönlichkeitsrechtes gehört (vgl. Rn. 3 und 8), muss der Urheber es **nicht persönlich ausüben**, sondern kann Dritte, zu denen auch ein Nutzungsberechtigter, aber beispielsweise auch ein professioneller Fotograf oder ein Fachmann für die Anfertigung von Reproduktionen, gehören kann, mit der Ausübung beauftragen (Wandtke/Bullinger/*Bullinger*[2] Rn. 3). Eine persönliche Anwesenheit des Urhebers ist bei dem Zugang nicht erforderlich, es sei denn, ein berechtigtes Interesse des Besitzers würde den Zugang durch eine andere Person als den anderen Urheber ausschließen (vgl. Rn. 17). Dass der Urheber sich einer Hilfsperson bedient oder den Zugang durch eine Hilfsperson durchführen lässt, ist zu trennen von der Frage, dass das Zugangsrecht als Kern des Urheberpersönlichkeitsrechtes nicht auf Dritte übertragen oder von Dritten ausgeübt werden kann (vgl. Rn. 3 und 8 sowie Dreier/Schulze/*Schulze*[2] Rn. 2; HK-UrhR/ *Dreier* Rn. 24; Loewenheim/*Dietz* § 17 Rn. 1; Schricker/*Vogel*[3] Rn. 22; Wandtke/Bullinger/*Bullinger*[2] Rn. 3).

2. Besitzer des Originals oder eines Vervielfältigungsstückes des Werkes

10 Anspruchsverpflichteter ist **nur der Eigen- oder Fremdbesitzer**, nicht aber der Besitzdiener, weil dieser kein eigenes Besitzrecht hat. Auf das Eigentum kommt es grundsätzlich nicht an; der Urheber kann das Zugangsrecht auch gegenüber einem solchen Fremdbesitzer durchsetzen, der den Besitz von ihm selbst ableitet, beispielsweise wenn der Urheber Originale von Entwurfzeichnungen an einen Nutzungsberechtigten übergeben hat, das Eigentum daran aber bei ihm verblieben ist (zur regelmäßig fehlenden Eigentumsübertragung im Zusammenhang mit der Nutzungsrechtseinräumung vgl. § 44 Rn. 1, 6 ff.).

3. Zugänglich machen (Abs. 1), keine Pflicht zur Herausgabe (Abs. 2)

11 Der Besitzer braucht dem Urheber das Werkstück **nicht herauszugeben** (Abs. 2); es genügt, wenn er es ihm **zugänglich** macht, d. h. ihm die tatsächliche Möglichkeit verschafft, Vervielfältigungsstücke oder Bearbeitungen herzustellen. Er muss dem Urheber also ggf. Zutritt zu dem Raum gewähren, wo sich das Werkstück befindet, oder den Verwahrer anweisen, dem Urheber den Zutritt zu gestatten (z. B. zum Banksafe). Dabei soll sich nach der 8. Auflage (unter unzutreffender Berufung auf OLG Hamburg Schulze OLGZ 174, 8 = UFITA 81 [1978], 257, 262) der **Umfang des Zugangsrechts** auf diejenigen Teile des Werkes, die eine künstlerische Gestaltung aufweisen, beschränken. Das kann schon deshalb nicht richtig sein, weil das Gesetz den Zugang zum *Original* oder *Vervielfältigungsstück,* also **zum Werk als Ganzem**, vorsieht. Da fast jedes Werk eine Kombination gemeinfreier und geschützter Elemente darstellt (vgl. § 2 Rn. 28), wäre andernfalls der Streit der Beteiligten darüber, was der Urheber zu sehen bekommen müsse und was nicht, und damit der Leerlauf des § 25 in der Praxis vorprogrammiert. Besonders gelagerte Ausnahmefälle, in denen das Zugangsverlangen des Urhebers sich als rechtsmissbräuchlich darstellt – Beispiel: Der Architekt eines großen Geschäftshauskomplexes, von dem allein die Außenansicht Werkcharakter haben kann, will auch sämtliche Kellerräume einschließlich der Heizungsanlage besichtigen – regeln sich von selbst über die vom Gesetz geforderte Interessenabwägung (vgl. Rn. 19).

Wo der bloße **Zugang nicht ausreicht**, um die Vervielfältigung oder Bearbei- 12
tung zu ermöglichen, muss das Werkstück dorthin verbracht werden, wo die
Herstellung möglich ist (z. B. zu einer Kopieranstalt [siehe § 811 Abs. 1 BGB]
oder zu einer Kunstgießerei, siehe KG GRUR 1983, 507, 508 *Totenmaske II*).
Da der Besitzer zur Herausgabe an den Urheber nicht verpflichtet ist, bestimmt
er diesen dritten Ort selbst und kann seinerseits alle Maßnahmen treffen, um
eine Beeinträchtigung des Werkstückes oder einen Missbrauch des Zugangsrechts zu verhindern (z. B. durch persönliche Überwachung des Herstellungsvorgangs). Etwa entstehende **Kosten** hat der Urheber dem Besitzer zu erstatten
und auf Verlangen vorzuschießen; er trägt auch das Risiko für Verlust, Beschädigung oder sonstige Beeinträchtigung des Werkstückes und hat dem
Besitzer allen etwa daraus entstehenden Schaden ohne Rücksicht auf sein
Verschulden zu ersetzen (analog § 811 Abs. 2 BGB i.V.m. § 101a Abs. 4 und
5 UrhG).

4. Zugänglich machen zur Vervielfältigung und Bearbeitung

Den Zugang kann der Urheber nur zur Herstellung von Vervielfältigungen 13
oder Bearbeitungen, nicht zu anderen Zwecken, z. B. um das Werkoriginal
auszustellen, verlangen (KG GRUR 1981, 742, 743 *Totenmaske I*). Der **Zweck**
der Herstellung ist gleichgültig. Ob die Vervielfältigung oder Bearbeitung
wirtschaftlich sinnvoll ist oder „nur" ideellen Interessen des Urhebers dient,
interessiert wegen des urheberpersönlichkeitsrechtlichen Einschlags des Zu-
gangsrechtes nicht (Rehbinder[9] S. 183). Der Urheber kann deshalb den Zugang auch zur Katalogisierung und Dokumentation seiner Werke verlangen
(OLG Nürnberg ZUM-RD 2003, 260, 266). Das ist zwar keine Vervielfältigung und Bearbeitung im eigentlichen Sinne, darin jedoch als Minus enthalten,
weil die ungehinderte Verwertung auch solcher Werke, von denen der Urheber
das Original und auch kein Vervielfältigungsstück mehr besitzt, gerade Schutzzweck des § 25 ist (vgl. Rn. 1) und es eine notwendige Voraussetzung dafür
darstellt, dass sich der Urheber Klarheit darüber verschaffen kann, welche
Originale oder Vervielfältigungsstücke existieren und von welchen er sich
Vervielfältigungen anfertigen will (OLG Nürnberg ZUM-RD 2003, 260, 266).

Bei Werken der Baukunst stellen grundsätzlich die Pläne, die der Architekt 14
entworfen hat, bereits das Original des Werkes dar. Das Gebäude ist regelmäßig lediglich die Vervielfältigung des Planes (vgl. § 2 Rn. 152), gegebenenfalls auch dessen Bearbeitung, sofern im Zuge der Bauausführung Veränderungen vorgenommen wurden (vgl. §§ 23/24 Rn. 20). Da sich bei Werken der
Baukunst damit das Vervielfältigungsstück schon von der Dimension her vom
Werkoriginal maßgeblich unterscheidet – das Werkoriginal, der Plan, ist
zweidimensional, während das Vervielfältigungsstück, also das Gebäude, regelmäßig dreidimensional ist – hat der Urheber des Bauwerkes ein über
§ 25 geschütztes Interesse daran, das Gebäude sowohl während der Bauphase
als auch nach Fertigstellung zu Dokumentationszwecken fotografisch zu vervielfältigen.

Zugänglich machen **zur Bearbeitung** heißt nicht, dass der Urheber das Werk- 15
stück des Besitzers bearbeiten dürfte; das würde dem ausschließlichen Eigen-
tums- bzw. Besitzrecht widersprechen. Er darf nur Vervielfältigungsstücke
herstellen, die er ihrerseits bearbeitet oder die schon während der Herstellung
eine Bearbeitung erfahren haben. Am Werkstück des Besitzers darf der Urheber nicht die geringste Kleinigkeit ändern.

5.   Erforderlichkeit

16   Die Zugänglichmachung muss **erforderlich** sein, um die Herstellung der Vervielfältigung oder Bearbeitung zu bewirken. Das trifft dann zu, wenn eine **andere Möglichkeit** der Herstellung **nicht besteht** (z. B. es gibt nur noch dieses eine Werkstück) oder dem Urheber **nicht zugemutet** werden kann (z. B. das einzige weitere Exemplar befindet sich in einer Bibliothek in einem anderen Erdteil oder in einem sonst schwer zugänglichen Gebiet). Eine andere Möglichkeit besteht nicht, wenn zwar noch eine Reihe von Werkstücken vorhanden ist, diese sich aber sämtlich ebenso in Privathand befinden wie das Werkstück des in Anspruch genommenen Besitzers. Wollte man hier die Erforderlichkeit verneinen, so könnte jeder Besitzer den Urheber an einen anderen Besitzer verweisen, so dass dieser im Ergebnis keine Zugangsmöglichkeit hätte. Der Urheber kann in diesem Falle vielmehr nach seiner Wahl einen beliebigen Besitzer in Anspruch nehmen; eine andere Möglichkeit, auf die er sich verweisen lassen müsste, besteht nur, wenn das Werkstück dort der Öffentlichkeit zugänglich ist (z. B. in einer Bibliothek, einem Museum, auf einem öffentlichen Platz usw.).

6.   Interessenabwägung

17   Der Besitzer braucht den Zugang nicht zu ermöglichen, soweit seine eigenen berechtigten Interessen entgegenstehen. Diese Interessen können auch materieller Art sein (OLG Düsseldorf GRUR 1969, 550, 551 *Geschichtsbuch für Realschulen*). Damit ist nach dem Merkmal „erforderlich" (vgl. Rn. 16) ein weiterer Hinweis des Gesetzgebers auf die Notwendigkeit einer **Güter- und Interessenabwägung im Einzelfall** gegeben. Als Beispiel für das Vorhandensein eines berechtigten Interesses nennt die Begr. zum RegE UrhG BT-Drucks. IV/270, S. 52 den Fall, dass es sich um eine nur für den Besitzer persönlich angefertigte Arbeit handele. Das kann jedoch so allgemein nicht zutreffen: Das berühmte Porträt der Schauspielerin Tilla Durieux, das Auguste Renoir seinerzeit auf Bestellung ihres damaligen Ehemannes Paul Cassirer für diesen persönlich gemalt hat, gehört seit seiner Veröffentlichung nicht mehr der Privatsphäre an, so dass weder Tilla Durieux noch Paul Cassirer daraus ein berechtigtes Interesse an der Verhinderung der Vervielfältigung hätten herleiten können. **Im Regelfall** wird danach ein überwiegendes Interesse des Besitzers, den Zugang zu versagen, **nur bei unveröffentlichten Arbeiten** in Betracht kommen. Daneben kann es nur in Sonderfällen ein solches Interesse geben: Eine Dame, von der im Alter von 20 Jahren ein Akt gemalt wurde, könnte trotz Veröffentlichung des Gemäldes dem Maler den Zugang verweigern, wenn dieser aus aktuellem Anlass (die gemalte Person wäre etwa Ministerin geworden) dieses Bild vervielfältigen und verbreiten wollte. Auch die Erwägung, dass das vorhandene Werkstück durch die Vervielfältigung oder Bearbeitung seinen materiellen Wert verlieren könnte, kann ein berechtigtes Interesse begründen. Der Verlust seiner Eigenschaft als Unikat genügt dafür allerdings in der Regel dann nicht, wenn die Vervielfältigungsstücke als solche gekennzeichnet werden (KG GRUR 1983, 507, 508 f. *Totenmaske II*).

18   Im allgemeinen **überwiegen** die schutzwürdigen Interessen des Urhebers an der ungehinderten Verwertung (vgl. Rn. 1 und OLG Düsseldorf GRUR 1969, 550, 550 f. – *Geschichtsbuch für Realschulen*). Dass der Urheber bei Gelegenheit des Zugangs **Rechtsverletzungen des Besitzers** (z. B. unerlaubte Änderungen am Werk) entdecken könnte, ist jedenfalls kein Grund zur Verweigerung des

Zugangsrechts (so aber OLG Düsseldorf GRUR 1979, 318, 318 *Treppenwangen* unter Verletzung auch des § 809 BGB; diese Vorschrift greift allenfalls dann nicht durch, wenn berechtigte Geheimhaltungsinteressen des Vorlagepflichtigen berührt werden, OLG Düsseldorf GRUR 1983, 741, 743 *Geheimhaltungsinteresse und Besichtigungsanspruch I)*.

Bei **Werken der Baukunst** kann im Rahmen der Interessenabwägung auch zu **19** berücksichtigen sein, welche Teile des Bauwerkes urheberrechtlichen Schutz genießen (vgl. Rn. 11): Der Urheberarchitekt kann beispielsweise regelmäßig nicht den Zugang zum Inneren eines Gebäudes verlangen, wenn er lediglich die Außenfassade gestaltet hat. Da die schutzwürdigen Interessen des Urhebers an der ungehinderten Verwertung regelmäßig überwiegen, fällt die Interessenabwägung aber im Zweifel, ob ein bestimmter Teil des von dem Architektenurheber geplanten Gebäudes urheberrechtlich geschützt ist oder nicht, zugunsten des Urhebers aus, solange nur ein Teil zweifelsfrei urheberrechtlich geschützt ist. Denn das Zugangsrecht des § 25 gewährt den Zugang zum Original oder Vervielfältigungsstück als Ganzem (vgl. Rn. 11).

7. Vereitelung des Zugangsrechts durch Vernichtung

Den Eigentümer eines Bildes trifft keine Verpflichtung, dieses zu erhalten, nur **20** weil der Urheber einmal sein Zugangsrecht ausüben könnte. Ein Beispiel aus neuerer Zeit ist das Bildnis von Winston Churchill, das seinen Angehörigen missfiel (vgl. § 14 Rn. 31 ff.). Es wäre jedoch ein Fall der unzulässigen Rechtsausübung, würde der Eigentümer gerade dann das Gemälde vernichten wollen, wenn der Maler sein Zugangsrecht ausüben will (vgl. § 14 Rn. 14 f., 23).

III. Prozessuales

Die **Beweislast** für die **Erforderlichkeit** trifft nach dem Wortlaut („…soweit … **21** dies … erforderlich ist …") den Urheber. Dieser müsste im Streitfall also (negativ!) beweisen, dass *keine* zumutbare anderweitige Möglichkeit der Herstellung gegeben ist, was denkgesetzlich meist unmöglich ist. Praktisch würde damit jeder Prozess aus § 25 an der Beweislast scheitern; das Zugangsrecht stünde nur auf dem Papier. Das kann der Gesetzgeber nicht gewollt haben. Deshalb genügt eine Darlegung der Gründe, aus denen sich die Erforderlichkeit mit hinreichender Wahrscheinlichkeit entnehmen lässt. Die Beweislast dafür, dass die Inanspruchnahme gerade dieses Werkstücks **nicht erforderlich** ist, trifft den **Besitzer**; das folgt ebenfalls aus dem Wortlaut der Vorschrift („… soweit … nicht berechtigte Interessen des Besitzers entgegenstehen."). Im Interesse der tatsächlichen Verwirklichung des Zugangsrechts gehen Zweifel zu seinen Lasten (ebenso Schricker/*Vogel*[3] Rn. 15). Das Zugangsrecht kann auch im Wege der einstweiligen Verfügung durchgesetzt werden (vgl. Rn. 2).

§ 26   Folgerecht

(1) [1]Wird das Original eines Werkes der bildenden Künste oder eines Lichtbildwerkes weiterveräußert und ist hieran ein Kunsthändler oder Versteigerer als Erwerber, Veräußerer oder Vermittler beteiligt, so hat der Veräußerer dem Urheber einen Anteil des Veräußerungserlöses zu entrichten. [2]Als Veräußerungserlös im Sinne des Satzes 1 gilt der Verkaufspreis ohne Steuern. Ist der Veräußernde eine Privatperson, so haftet der als Erwerber oder Vermittler beteiligte Kunsthändler oder Versteigerer neben ihm als Gesamtschuldner; im

Verhältnis zueinander ist der Veräußernde allein verpflichtet. [3]Die Verpflichtung nach Satz 1 entfällt, wenn der Veräußerungserlös weniger als 400 Euro beträgt.

(2) [1]Die Höhe des Anteils des Veräußerungserlöses beträgt:
1. 4 Prozent für den Teil des Veräußerungserlöses von bis zu 50.000 Euro.
2. 3 Prozent für den Teil des Veräußerungserlöses von 50.000,01 bis 200.000 Euro,
3. 1 Prozent für den Teil des Veräußerungserlöses von 200.000,01 bis 350.000 Euro,
4. 0,5 Prozent für den Teil des Veräußerungserlöses von 350.000,01 bis 500.000 Euro,
5. 0,25 Prozent für den Teil des Veräußerungserlöses über 500.000 Euro.
[2]Der Gesamtbetrag der Folgerechtsvergütung beträgt höchstens 12.500 Euro.

(3) [1]Das Folgerecht ist unveräußerlich. [2]Der Urheber kann auf seinen Anteil im Voraus nicht verzichten.

(4) Der Urheber kann von einem Kunsthändler oder Versteigerer Auskunft darüber verlangen, welche Originale von Werken des Urhebers innerhalb der letzten drei Jahre vor dem Auskunftsersuchen unter Beteiligung des Kunsthändlers oder Versteigerers weiterveräußert wurden.

(5) [1]Der Urheber kann, soweit dies zur Durchsetzung seines Anspruchs gegen den Veräußerer erforderlich ist, von dem Kunsthändler oder Versteigerer Auskunft über den Namen und die Anschrift des Veräußerers sowie über die Höhe des Veräußerungserlöses verlangen. [2]Der Kunsthändler oder Versteigerer darf die Auskunft über Namen und Anschrift des Veräußerers verweigern, wenn er dem Urheber den Anteil entrichtet.

(6) Die Ansprüche nach den Absätzen 4 und 5 können nur durch eine Verwertungsgesellschaft geltend gemacht werden.

(7) [1]Bestehen begründete Zweifel an der Richtigkeit oder Vollständigkeit einer Auskunft nach Absatz 4 oder 5, so kann die Verwertungsgesellschaft verlangen, dass nach Wahl des Auskunftspflichtigen ihr oder einem von ihm zu bestimmenden Wirtschaftsprüfer oder vereidigten Buchprüfer Einsicht in die Geschäftsbücher oder sonstige Urkunden so weit gewährt wird, wie dies zur Feststellung der Richtigkeit oder Vollständigkeit der Auskunft erforderlich ist. [2]Erweist sich die Auskunft als unrichtig oder unvollständig, so hat der Auskunftspflichtige die Kosten der Prüfung zu erstatten.

(8) Die vorstehenden Bestimmungen sind auf Werke der Baukunst und der angewandten Kunst nicht anzuwenden.

Übersicht

I. Allgemeines

1. Sinn und Zweck

Das Folgerecht stellt nach der Intention des historischen Gesetzgebers eine **1** finanzielle Kompensation für eine in der Natur der Werke der bildenden Kunst begründete faktische Benachteiligung der bildenden Künstler dar (Begr RegE UrhG – BT-Drucks. IV/270, S. 52). Während Autoren oder Musiker bei zunehmender Beliebtheit ihrer Werke an der verstärkten Nachfrage durch Vervielfältigungen, Aufführungen oder Funksendungen finanziell teilhaben können, führt eine zunehmende Wertschätzung von Kunstwerken in erster Linie zu Preissteigerungen der Werkoriginale: Junge, noch unbekannte Künstler müssen ihre Bilder häufig zu sehr geringen Preisen verkaufen. Der französische Maler *Jean Francois Millet* hat eines seiner Werke zu Lebzeiten für 1200 Franc verkauft, während es nach seinem Tod für eine Million Franc weiterveräußert wurde. Der Marktwert der Werke von *Joseph Beuys* hat sich seit seinem Tode nahezu verzehnfacht.

Jede Weiterveräußerung eines Originals eines Kunstwerkes ist daher als urhe- **2** berrechtlich relevanter Nutzungsvorgang zu werten, an welchem dem Urheber eine wirtschaftliche Beteiligung gebührt (*Katzenberger* S. 11 f.; *ders.*, GRUR Int. 1973, 660, 662 f.; GRUR Int. 1997, 309/310).

2. Das Folgerecht in der EU

Zur Behebung des Schutzgefälles innerhalb der EU – eine Reihe von Mitglied- **3** staaten kannte bisher noch kein Folgerecht – ist am 27.09.2001 die sog. Folgerechts-RL des Europäischen Parlaments und des Rates vom 27.09.2001 (GRUR 2002, 283) ergangen, die auch für die EWR–Staaten verbindlich ist (zu Entstehung und Tragweite *Pfennig* ZUM 2002, 194 ff.; *Katzenberger* GRUR Int. 2004, 20 ff.; *Handig* ZUM 2006, 546 ff.). Die Bundesrepublik Deutschland hat sie verspätet – mit dem Bundesgesetz vom 10.11.2006 (BGBl. I 2587) zum 19.11.2006 umgesetzt.

Ob mit der Einführung des Folgerechts in allen Mitgliedstaaten der Europäi- **4** schen Union eine Harmonisierung tatsächlich erreicht wurde, ist bisher noch unklar. Obwohl in Art. 12 Abs. 1 der Folgerechts-RL mit dem 01.01.2006 ein relativ langer Zeitraum zur Umsetzung eingeräumt worden war, haben Belgien, Frankreich, Griechenland, Schweden und Spanien diese nicht eingehalten, so dass die Kommission am 13.12.2006 Vertragsverletzungsverfahren wegen der Nichtumsetzung ankündigen musste. Ohnehin brauchten diejenigen Länder, die bislang noch kein Folgerecht kannten, die Neuregelung erst zum 01.01.2010, unter bestimmten Voraussetzungen sogar erst zum 01.01.2012 einzuführen (Art. 8 Abs. 2 und 3). Letzterer Regelung liegt ein politischer Kompromiss zugrunde, um insbesondere Großbritannien zur Einführung des Folgerechts überhaupt bewegen zu können. Zudem gewährt die

Richtlinie den Mitgliedsstaaten einen Entscheidungsspielraum hinsichtlich der Untergrenze des Verkaufspreises bis zu € 3000 Euro. Deutschland hat nach Intervention der Künstlerverbände den folgerechtsfreien Sockelbetrag von im Regierungsentwurf ursprünglich vorgesehenen € 1000 auf € 400 herabgesetzt, während Großbritannien einen folgerechtsfreien Sockelbetrag von € 1000 eingeführt hat. Da es sich um niedrige Beträge handelt, wird in ErwG 22 Folgerechts-RL jedoch angenommen, dass dieser Umsetzungsspielraum sich nicht nennenswert auf das ordnungsgemäße Funktionieren des Binnenmarktes auswirken werde. Die Gesamtsumme der Zahlungen auf das Folgerecht belief sich in Großbritannien 2007 auf 18 Mio Pfund; Ausschüttungen erfolgten allerdings nur an diejenigen Berechtigten, die gemeldet waren.

5 Veränderungen gegenüber der deutschen Gesetzeslage vor der Richtlinie betreffen insbesondere die Einführung einer degressiven Staffelung des Abgabeanteils mit zunehmendem Kaufpreis, einer Anhebung des folgerechtsfreien Schwellenwertes von € 50 auf € 400 sowie einer Kappungsgrenze bei € 12.500 als maximalem Abgabebetrag (vgl. Rn. 30 ff.). Insgesamt ist also durch die Richtlinie der Kreis der Folgerechtsinhaber geschrumpft und die Abgabenhöhe drastisch gesenkt worden. Die Einbußen der Künstler durch die sehr viel niedrigeren Abgabesätze im nationalen Bereich sollten allerdings dadurch zumindest teilweise aufgewogen werden, dass aufgrund der Umsetzung der Richtlinie deutsche Künstler nun im ganzen europäischen Ausland ihr Folgerecht einfordern können.

3. Internationales Recht

6 **a) Konventionsrecht:** Die weltweit bedeutendsten Kunsthandelsstandorte neben Großbritannien, nämlich die USA (mit Ausnahme von Kalifornien) und die Schweiz verlangen keine Folgerechtsabgabe. Das internationale Recht kennt allerdings bereits seit langem das Folgerecht *(droit de suite)*. Der Urheberrechtsgesetzgeber von 1965 folgte bei der Schaffung des § 26 der von Art. 14 bis RBÜ Brüssel vorgeschlagenen Regelung und dem Beispiel Frankreichs. Art. 14 Abs. 1 der Pariser Fassung von 1971 der Revidierten Berner Übereinkunft zum Schutz von Werken der Literatur und Kunst (RBÜ) lautet wie folgt:

„Hinsichtlich der Originale von Werken der bildenden Künste und der Originalhandschriften der Schriftsteller und Komponisten genießt der Urheber – oder nach seinem Tod die von den innerstaatlichen Rechtsvorschriften dazu berufenen Personen oder Institutionen – ein unveräußerliches Recht auf Beteiligung am Erlös aus Verkäufen eines solchen Werkstücks nach der ersten Veräußerung durch den Urheber."

7 **b) Kollisionsrecht:** Ausländern aus der EU steht schon seit dem Beitritt ihres Heimatlandes zur Gemeinschaft das Folgerecht in Deutschland ohne Rücksicht darauf zu, ob es in das dortige nationale Recht eingeführt ist oder nicht; die abweichende Regelung des § 121 Abs. 5 verstieß insoweit gegen das Diskriminierungsverbot des Art. 7 des EWG-Vertrages (vgl. Vor § 120 Rn. 2 und § 120 Rn. 1). Seit dem Inkrafttreten der Neufassung des § 120 Abs. 2 am 01.07.1995 gilt dieses Privileg auch für Angehörige der EWR-Staaten.

II. Tatbestand

8 Der Tatbestand des § 26 besteht aus dem **Folgerechtsanspruch**, der von dem Urheber bzw. seinem Erben während der urheberrechtlichen Schutzdauer gegenüber dem Veräußerer des Originals als Anspruchsgegner selbst oder durch eine Verwertungsgesellschaft geltend gemacht werden kann, sowie einem seine Durchsetzung flankierenden **Auskunftsanspruch**. Das Folgerecht ist eine vermögensrechtliche Befugnis des Urhebers ohne urheberpersönlichkeitsrechtliche Komponente. Dieser Charakter des Folgerechts wird in der RL sogar ausdrücklich betont (ErwG 2 Folgerechts-RL).

1. Sachlicher Anwendungsbereich: Original eines Werkes der bildenden Künste

Dem Folgerecht unterliegt allein das **Original** eines Werkes der bildenden **9** Künste; eine Beteiligung an der wirtschaftlichen Verwertung von Vervielfältigungsstücken erhält der Urheber bereits über § 16.

Original ist **jede reproduktionsfähige Erstfixierung,** die entweder unmittelbar **10** vom Urheber selbst stammt oder unter seiner Aufsicht – Art. 2 Abs. 2 Satz 1 der Folgerechts-RL sagt „Leitung", was offenbar dasselbe meint – von Dritten hergestellt wurde. Damit umfasst der Begriff des „künstlerischen Originals" alle handelbaren künstlerischen Gattungen: Sowohl **Unikate** (Gemälde und Werke der Malerei, Bildhauerei, Installationen, Arbeiten auf Papier etc.) als auch limitierte und autorisierte **Editionen** (Druckgraphiken, Güsse, Fotografien). Nach dem Wortlaut des Satz 2 derselben Bestimmung in der deutschen Übersetzung *müssen* letztere Werkexemplare *in der Regel numeriert, signiert oder vom Künstler auf andere Weise ordnungsgemäß autorisiert sein.* Das kann nur heißen, dass im Regelfall eine **Signatur** oder eine Numerierung durch den Künstler selbst (Beispiel: „Nr. 7 von 30 Exemplaren") erforderlich ist; fehlt im Ausnahmefall beides, so ist der Nachweis einer anderweitigen Bestimmung des fraglichen Werkexemplars zu einem Original durch den Künstler selbst unabdingbar.

Unter den gleichen Voraussetzungen ist jeder **Abguss** einer Plastik **von der** **11** **Originalform** als Original anzusehen (*Katzenberger* S. 92; Schricker/*Katzenberger*[3] Rn. 29). **Posthum** hergestellte Abgüsse oder Abzüge sind niemals Originale (vgl. § 10 Rn. 70). Da i.d.R. davon auszugehen ist, dass der Urheber die Vervielfältigungsstücke selbst hergestellt hat, trägt der die Beweislast, der das Gegenteil behauptet (vgl. § 1 Rn. 4; ebenso *Locher* S. 70). Zum zollrechtlichen Originalbegriff EuGH ZUM 1989, 182 – *Originalsteindrucke.*

Lichtbildwerke werden schon seit Jahren auf dem Kunstmarkt wie Werke der **12** bildenden Künste gehandelt, in dem sie in beschränkter, numerierter Auflage und signiert veräußert werden (Schricker/*Katzenberger*[3] Rn. 20; Walter/*Walter* Art. 2 Folgerechts-RL Rn. 9). Infolge einer entsprechenden Vorgabe durch Art. 2 Abs. 1 Folgerechts-RL, der unter „Originale von Kunstwerken" ausdrücklich auch die Lichtbildwerke fallen lässt, bestimmt § 26 Abs. 1 nunmehr ebenso ausdrücklich, dass die Vorschrift nicht nur für Originale von Werken der bildenden Künste, sondern eben auch für Lichtbildwerke gilt.

Das Folgerecht gilt nach Abs. 8 **nicht** für Werke der **Baukunst** und – *a maiore* **13** *ad minus* - deren Entwürfe sowie für die Werke der **angewandten Kunst** und deren Entwürfe (zur Gebrauchsgraphik, Kunstgewerbe und ähnliche Bereiche, vgl. § 2 Rn. 52). Preise für Immobilien richten sich vor allem nach Art der Nutzung und Lage, für Gebrauchsgegenstände spielen Designentwicklungs- und Produktionskosten eine Rolle. Künstlerische Gesichtspunkte treten hier bei der Preisgestaltung in den Hintergrund. Jedenfalls sind Preissteigerungen bei solchen Werken i.d.R. nicht auf eine Höherbewertung der schöpferischen

Leistung des Urhebers zurückzuführen (Begr RegE UrhG – BT-Drucks. IV/270, S. 53; *Schiefler* UFITA 31 [1960] 177, 204).

14 Allerdings ist mit den in Art. 2 Abs. 1 Folgerechts-RL genannten **Tapisserien, Keramiken** und **Glasobjekten** ein Teil der Erzeugnisse angewandter Kunst in das Folgerecht einbezogen worden. § 26 Abs. 1 ist entsprechend **richtlinienkonform** auszulegen. Die ausdrückliche Nennung dieser Gestaltungsformen im Text der Richtlinie legt die Annahme nahe, dass Werke der angewandten Kunst vom Folgerecht nicht mehr grundsätzlich ausgeschlossen werden sollten, zumal ein solcher Ausschluss in den Erwägungsgründen der Richtlinienvorschläge von 1996 und 1998 a.a.O., noch vorgesehen war, später aber fallengelassen wurde (i.E. ebenso Walter/*Walter* Abs. 2 Folgerechts-RL Rn. 7; für nationale Regelungsfreiheit in dieser Frage *Schmidt-Werthern* S. 110). In streitigen Einzelfällen wird es demnach weniger von der kategorialen Zuordnung als von der Auslegung des Begriffs des Originals abhängen, ob ein Objekt durch das Folgerecht erfasst wird oder nicht (*Katzenberger* GRUR Int 2004, 24).

15 In Hinblick auf die Einbeziehung von **Originalhandschriften** von Schriftstellern und Komponisten ergibt sich gegenüber dem deutschen Recht vor der Richtlinie kein Unterschied, da die Richtlinie diese aus der Harmonisierung ausnimmt und eine Regelung den Nationalstaaten anheim stellt (ErwG 8). Es bleibt nach deutschem Recht also dabei, dass diese zumindest nicht dem Tatbestand des § 26 unterfallen.

2. Personeller Anwendungsbereich: Anspruchsinhaber und -gegner

16 **Anspruchsinhaber** ist der Urheber oder nach dessen Tod seine Rechtsnachfolger (§ 28 UrhG; Art. 6 Abs. 1 Folgerechts-RL). Wer Rechtsnachfolger eines verstorbenen Urhebers ist, bestimmt sich auch nach der Richtlinie durch das Erbrecht der Mitgliedstaaten (Erwägungsgrund 27).

17 **Anspruchsgegner** ist grundsätzlich der Veräußernde, nicht der Vermittler des Verkaufs. Veräußernder ist, wer *im eigenen Namen* veräußert, auch wenn er etwa nur Kommissionär ist (OLG München GRUR 1979, 641, 642 – *Kommissionsverkauf*; ErwG 25 Folgerechts-RL).

18 § 26 Abs. 1 Satz 1 setzt die durch Art. 1 Abs. 4 Satz 2 Folgerechts-RL eröffnete Möglichkeit um, dass daneben eine vom Veräußerer verschiedene natürliche oder juristische Person als Vermittler allein oder gemeinsam mit dem Veräußerer für die Zahlung der Folgerechtsvergütung haftet. Erfolgt der Erwerb von einer Privatperson unter Beteiligung eines Kunsthändlers oder Versteigerers, so haften beide als **Gesamtschuldner** (§ 426 Abs. 2 BGB; zur gesamtschuldnerischen Haftung mit dem Kommittenten OLG München GRUR 1979, 641, 642 – *Kommissionsverkauf*; *Katzenberger* S. 104 ff.).

3. Entstehen des Folgerechtsanspruches durch Weiterveräußerung (Abs. 1 Satz 1)

19 Das Folgerecht entsteht nur bei einer **Weiterveräußerung** durch professionelle Vermittler oder Verkäufer von Kunstobjekten. Gemäß Art. 1 Abs. 2 Folgerechts-RL sind darunter *alle Weiterveräußerungen, an denen Vertreter des Kunstmarkts wie Auktionshäuser, Kunstgalerien und allgemein Kunsthändler als Verkäufer, Käufer oder Vermittler beteiligt sind*, zu verstehen. An der Weiterveräußerung muss also ein **Kunsthändler,** d. h. eine Person, die den

An- und Verkauf von Kunstwerken als Erwerbsquelle betreibt, oder ein **Versteigerer** beteiligt sein, und zwar als Veräußerer, Erwerber oder Vermittler.

Vom Folgerecht ausgenommen sind daher die Erstveräußerung durch den **20** Urheber selbst sowie Weiterveräußerungen ausschließlich unter Privatpersonen als Veräußernden und Erwerbern und ohne Vermittlung durch den Kunsthandel. Gleichgültig ist es, ob der Verkäufer das Werk selbst gekauft, getauscht oder geschenkt erhalten hatte, da auch Schenkung Veräußerung ist (AG Bremervörde NJW 1990, 2005; Schricker/*Katzenberger*[3] Rn. 31; *Ulmer*[3] § 60 IV 2). Erfüllt der Erbe des Urhebers ein von diesem ausgesetztes Vermächtnis durch Übertragung des Eigentums an dem Werk auf einen Kunsthändler als Vermächtnisnehmer, so liegt Erstveräußerung vor; dagegen liegt zwar nicht in der Vererbung durch den Ersterwerber, wohl aber in der Eigentumsübertragung durch dessen Erben auf einen Kunsthändler, dem der Ersterwerber das Werk vermacht hat, eine Weiterveräußerung (§ 2174 BGB). Nach Erwägungsgrund 18 Folgerechts-RL zählen zu den vom Folgerecht ausgenommenen, rein privaten Veräußerungen auch solche durch Privatpersonen an **Museen**, die nicht auf Gewinn ausgerichtet und der Öffentlichkeit zugänglich sind, solange ein solcher Museumsankauf nicht durch einen Kunsthändler vermittelt wird.

Die mit der Richtlinie eröffnete Möglichkeit, die erste Weiterveräußerung nach **21** direktem Ankauf vom Künstler innerhalb von drei Jahren von der Folgerechtspflicht auszunehmen (Art. 1 Abs. 3 Folgerechts-RL), wurde im deutschen Recht nicht umgesetzt, da bereits auf freiwilliger Basis derartige Verkäufe jedenfalls durch Galerien nicht belastet wurden (*Pfennig* ZUM 2002, 195, 199). Hintergrund ist, dass sog. „Promotionsgalerien" begünstigt werden sollen, die Werke unmittelbar vom Künstler erwerben, anstatt sie in Kommission zu nehmen, und beim Weiterverkauf keine nennenswerten Gewinne erzielen.

Vermittlung liegt stets dann vor, wenn der Kunsthändler oder Versteigerer die **22** Veräußerung durch Herstellen der Verbindung Verkäufer-Käufer gefördert hat (z. B. durch Ausstellung des Werkes, Aufnahme in einen Katalog, Hinweis an Kunden usw.). Ob die Gegenleistung des Erwerbers durch seine Hände gegangen ist und ob er überhaupt etwas für die Vermittlung erhalten hat, ist gleichgültig; auch kostenlose Gefälligkeitsvermittlung ist Vermittlung, abgesehen davon, dass sonst der Umgehung des § 26 Tür und Tor geöffnet wäre. Schon deshalb kann BGH GRUR 1994, 798, 799 f. – *Folgerecht bei Auslandsbezug,* der den Verkauf von Werken eines deutschen Künstlers aus einer inländischen Sammlung über ein ausländisches Aktionshaus für folgerechtsfrei hält, nicht richtig sein; die deutsche Tochtergesellschaft von *Christies* London war in das Geschäft unterstützend eingeschaltet (LG Düsseldorf NJW-RR 1991, 1193). Aber § 26 und Art. 14ter RBÜ – der inländisches Recht ist (BGH GRUR 1978, 639, 640 *Jeannot I*) – knüpfen aber auch weder an den Sitz des Kunsthändlers noch an den des Veräußerers an, noch setzt das Gesetz gar für die Entstehung des Folgerechtsanspruchs einen inländischen Veräußerungsakt voraus (ebenso *Pfefferle* GRUR 1996, 338; s. ferner *Siehr* IPRax 1992, 29; *Katzenberger* GRUR Int. 1992, 567 und erneut in Schricker/*Katzenberger*[3] Vor §§ 120 ff. Rn. 146 für den Fall, dass die Weiterveräußerung ganz oder teilweise in Deutschland stattgefunden hat; *Vorpeil* GRUR Int. 1992, 912; a.M. neuerdings Wandtke/Bullinger/*Bullinger*[2] Rn. 14). Mit dem Inkrafttreten der Folgerechts-RL am 01.01.2006 (vgl. Rn. 4) ist die Streitfrage jedenfalls für den Bereich von EU und EWR gegenstandslos geworden.

23 Versteigerer i.S.d. § 26 ist jeder, der eine öffentliche Versteigerung tatsächlich durchführt, also nicht nur der gewerbsmäßige Versteigerer (§ 34c GewO), sondern auch der Gerichtsvollzieher (§ 814 ZPO), der Notar (§ 20 BNotO), die für die Versteigerung von Fundsachen zuständige Behörde (§ 977 BGB), schließlich auch der Vorsitzende des Referendarverbandes, der anlässlich des Berliner Juristenballs Kunstwerke für einen wohltätigen Zweck versteigert (ähnlich schon *v. Gamm* Rn. 6 f.). Auch Verkäufe oder Versteigerungen über das Internet lassen den Folgerechtsanspruch entstehen (Schricker/*Katzenberger*[3] Rn. 33 m.w.N.).

24 Der **Eigentumsübergang** muss als endgültig gewollt sein; Sicherungsübereignung und treuhänderische Übertragung lösen keinen Anspruch aus § 26 aus (Schricker/*Katzenberger*[3] Rn. 30). Der Folgerechtsanspruch **entsteht** nicht erst mit der Zahlung des Veräußerungserlöses, wie wir noch in der 8. Auflage gemeint haben, sondern schon **mit der Veräußerung** (*v. Gamm* Rn. 8; Schricker/*Katzenberger*[3] Rn. 30). An diese knüpft der Gesetzeswortlaut an („wird … weiterveräußert"); der Veräußerungserlös ist nur Bemessungsgrundlage. Wann und wieviel später tatsächlich gezahlt wird, ist insoweit bedeutungslos (Schricker/*Katzenberger*[3] Rn. 37; Dreier/Schulze/*Schulze*[2] Rn. 18, Wandtke/Bullinger/*Bullinger*[2] Rn. 15). Vgl. aber Rn. 26.

4. Anteil am Veräußerungserlös

25 Es gibt zwei Möglichkeiten, den Anteil des Urhebers am Erlös am Original zu ermitteln: Man kann den Urheber entweder an dem Weiterveräußerungserlös ohne Rücksicht darauf beteiligen, ob der Weiterveräußerer einen Gewinn erzielt oder sogar einen Verlust erlitten hat (Erlösanteilsystem), oder man beteiligt den Urheber lediglich dann, wenn der Veräußerer Gewinn gemacht hat (Gewinnanteilsystem; zu den Ansätzen in den nationalstaatlichen Regelungen in der EU vor dem Inkrafttreten der Richtlinie: *Katzenberger* GRUR Int. 2004, 23). Die Richtlinie wie das deutsche Recht folgen dem **Erlösanteilsystem**. Ob durch die Weiterveräußerung ein Mehrerlös (Gewinn) gegenüber dem Betrag erzielt wird, den der Veräußerer seinerseits für den Erwerb hatte aufwenden müssen, ist bedeutungslos (so schon Begr RegE UrhG – BT-Drucks. IV/270 zu § 26, S. 53).

26 Der Berechnung des Urheberanteils ist der tatsächlich gezahlte **Bruttopreis** ohne Abzug z. B. der Steuern zugrunde zulegen. Die etwa vom Erwerber zusätzlich gezahlte Versteigerungsgebühr (Aufgeld) bleibt ebenso außer Betracht wie eine etwaige Kommission zu Lasten des Verkäufers (Abgeld). Es gilt vielmehr stets der sog. **Hammerpreis** (so nun auch Art. 1 Abs. 1 und Art 5 Folgerechts-RL (a. M. *Gerstenberg* Rn. 6; wie hier Schricker/*Katzenberger*[3] Rn. 37; Möhring/Nicolini/*Ahlberg*[2] Rn. 14). Ist im Kaufvertrag nicht die volle Summe angegeben, richtet sich die Beteiligung des Urhebers gleichwohl nach der wahren Höhe der Gegenleistung. Der Urheber muss sich von seiner Vergütung nicht abziehen lassen, was etwa der Kunsthändler dem Veräußerer für seine Tätigkeit berechnet, wie Provisionen, Versicherungs- und Transportkosten und andere Transaktionskosten der Weiterveräußerung.

27 Beim **Tausch** wird der Urheberanteil nach dem Geldwert der Gegenleistung berechnet.

28 Die **Zahlungen** aus dem Folgerecht beruhen auf einer gesetzlichen Verpflichtung, nicht auf einer Leistung des Urhebers, und sind daher **nicht umsatz-**

steuerpflichtig (*Hoelscher* GRUR 1991, 800, 804), aber natürlich Einkommen im steuerlichen Sinne und daher einkommensteuerpflichtig.

5.   Folgerechtsfreier Sockelbetrag, Staffelung und Kappung

Die EU-Richtlinie hat zu einschneidenden Veränderungen der Höhe des Ab- **29** gabebetrages geführt. Der durch eine Gesetzesnovelle im Jahre 1972 einge- führte Mindestbetrag des Weiterveräußerungserlöses, ab dem der Folgerechts- abgabeanspruch entsteht (**folgerechtsfreier Sockelbetrag**), ist von € 50 auf € 400 angehoben worden. Unter einem Weiterveräußerungswert von € 400 ist also keine Abgabe zu entrichten. Diese Anhebung soll nach ErwG 22 Folgerechts-RL vor allem Galerien und Kunsthändler entlasten, die sich für jüngere, noch nicht marktstarke Künstler engagieren. Faktisch kommt ein niedriger Sockelbetrag vor allem Urhebern preisgünstiger Kategorien von Kunstwerken, wie Druckgraphik und Fotografien zugute (*Katzenberger* GRUR Int. 1973, 660, 665). Zudem dient ein Sockelbetrag aber auch dem Zweck, unverhältnismäßige Erhebungs- und Verwaltungskosten zu vermei- den.

Anstelle des vorher durchgängig zu zahlenden Prozentsatzes von 5% wurde **30** mit der Umsetzung der EU-RL eine degressiv zum Verkaufspreis verlaufende Beteiligung (**gestaffelte Anteilssätze**) am jeweiligen Weiterveräußerungserlös (Verkaufspreis) unterteilt in fünf Tranchen eingeführt, die von 4% bis zu 0,25% im Bereich der teureren Kunstwerke abfällt. Je höher also der Verkaufs- erlös eines Kunstwerkes, umso niedriger fällt die prozentuale Folgerechts-Ab- gabe aus. Die Prozentsätze sind aus der Richtlinie übernommen worden.

Der Gesamtbetrag der Folgerechtsvergütung je veräußertem Werk wurde **31** zugleich auf maximal € 12.500 begrenzt (**Kappungsgrenze**, Art. 4 Abs. 1 Fol- gerechts-RL). Aus dieser Kappungsgrenze oder Deckelung ergibt sich, dass die mit 0,25% vergütungspflichtige Erlös- bzw. Preistranche ab € 500.001,- bis € 2.000.000,- reicht und Erlösteile über diesem Betrag zu keiner Beteiligung der Urheber mehr führen.

ErwG 23 Folgerechts-RL zufolge sollte durch die sukzessive Minderung des **32** Anteilssatzes durch Staffelung und Kappungsgrenze die Belastung der Ver- äußerer von hochpreisigen Kunstwerken gemindert werden, um der **Gefahr einer** Umgehung der gemeinschaftlichen Bestimmungen durch **Handelsver- lagerung** ins folgerechtsfreie Ausland entgegenzuwirken (so schon Richtlini- envorschlag v. 13.03.1996, KOM(96) 97 endg., S. 3 ff./14 ff./21; Walter/*Wal- ter* Art. 4 Folgerechts-RL Rn. 1).

6.   Unverzichtbarkeit zukünftiger Ansprüche

Das Folgerecht ist zwar vererblich (§ 28), im Übrigen aber unveräußerlich **33** (**Abs. 3**). Ist der Anspruch fällig geworden (mit der Veräußerung, vgl. Rn. 24), so kann er allerdings sowohl abgetreten wie gepfändet werden; der Urheber kann dann auch auf ihn verzichten.

7.   Auskunftsansprüche

a) Vorgeschichte des Auskunftsanspruches: Geschäfte mit Kunstgegenständen **34** werden i.d.R. als **Kommissionsgeschäfte** (§ 383 HGB) abgewickelt; der Kunst- händler veräußert im eigenen Namen auf Rechnung eines häufig ungenannt bleibenden Veräußerers. Nach dem ursprünglichen Wortlaut des § 26 in der Fassung von 1965 konnte der bildende Künstler seinen Anspruch nur gegen den Veräußerer geltend machen. Da dieser nicht bekannt war, hätte nur eine allgemeine Auskunftspflicht des Kunsthändlers helfen können; eine solche wurde aber mangels gesetzlicher Grundlage von einem beachtlichen Teil der Literatur (*Gerstenberg* Rn. 5; *Locher* S. 147) schlechthin verneint. BGH GRUR 1971, 519, 522 – *Urheberfolgerecht/Pechstein* gab dann zwar einen Auskunftsanspruch gegen den Kunsthändler wegen eines bestimmten einzelnen Verkaufsvorganges; da die große Mehrzahl der Verkäufe sich aber nicht in öffentlichen Versteigerungen mit jedermann zugänglichen Katalogen abspielt, der bildende Künstler also von ihnen nichts erfährt, lief § 26 praktisch weiterhin leer.

35 Uns ist – abgesehen von der von KG und BGH entschiedenen Sache – seinerzeit nicht ein einziger Fall bekannt geworden, in dem ein bildender Künstler den Anspruch auf das Folgerecht unter der Geltung der ursprünglichen Regelung tatsächlich durchgesetzt hätte. Da außerdem ein Anteil von nur 1% zu gering und die Mindestgrenze von 500 DM Veräußerungserlös angesichts des damaligen Geldwertes zu hoch war (*Samson* GRUR 1970, 449 f., 453), wurde eine Novellierung des § 26 notwendig.

36 Zur Durchsetzung des Folgerechts hat die Novelle 1972 mit dem damaligen Abs. 3 und 4 (jetzt **Abs. 4 und 5**) einen qualifizierten **Auskunftsanspruch** eingeführt.

37 **b) Auskunft über Weiterveräußerungen (Abs. 4):** Nach dem nunmehrigen **Abs. 4** kann die Verwertungsgesellschaft (nur diese, Abs. 6) für die ihr angeschlossenen bildenden Künstler (§ 6 UrhWahrnG) allgemein eine Liste aller Verkaufsfälle fordern. Dieser allgemeine Auskunftsanspruch war bis zur Umsetzung der Folgerechts-RL auf das abgelaufene Kalenderjahr beschränkt, welches dem Auskunftsersuchen voranging. Die Frist beträgt nun in Umsetzung von Art. 9 Folgerechts-RL drei Jahre. Diese Frist wird nicht nach Kalenderjahren berechnet, sondern vom Zeitpunkt der jeweiligen Weiterveräußerung an. Der Auskunftsanspruch steht zwar dem Urheber zu, muss aber durch die Verwertungsgesellschaft geltend gemacht werden. Diese muss den rechtzeitigen Zugang des Auskunftsverlangens beim Kunsthändler beweisen (OLG Frankfurt ZUM 2005, 653, 658).

38 **c) Auskunft über Name und Adresse des Veräußerers sowie Höhe des Veräußerungserlöses (Abs. 5 Satz 1):** Nach **Abs. 5 Satz 1** kann der Urheber durch seine Verwertungsgesellschaft nähere Angaben über den Veräußerer und den Erlös verlangen, soweit dies es zur Durchsetzung des Zahlungsanspruchs erforderlich ist. Anlass dazu sind die Besonderheiten des Kunstmarktes: Aus den Katalogen der Versteigerer lassen sich regelmäßig Anschrift oder Name des Veräußerers nicht entnehmen. Der Handel muss zudem dem Wunsch vieler Veräußerer entsprechen, anonym zu bleiben. Auf letzteres nimmt sogar der Gesetzgeber Rücksicht (§ 4 der VO über gewerbsmäßige Versteigerungen vom 12.01.1961 [BGBl. I S. 43] i. d. F. vom 01.06.1976, BGBl. I S. 1346). Danach darf der Veräußerer verdeckt mit Deckworten, Buchstaben oder Zahlen angegeben werden. Solange der Kunsthändler oder Versteigerer den Anteil selbst entrichtet und sich damit von der Auskunftspflicht befreit, ist der Anspruch aus Abs. 5 Satz 1 nicht durchsetzbar.

39 Der Anspruch auf Nennung von Name, Anschrift und Veräußerungserlös steht selbständig neben dem allgemeinen Auskunftsanspruch des Abs. 4. Er setzt nicht voraus, dass der Veräußerungsfall durch eine Auskunft gem. Abs. 4 bekannt geworden ist. Die VG kann daher sofort den Anspruch aus Abs. 5 Satz 1 geltend machen, wenn ihr eine Weiterveräußerung bekannt ist.

Im Gegensatz zu dem allgemeinen Anspruch nach Abs. 4 war der Anspruch **40** nach Abs. 5 in der bis zum 18.11.2006 geltenden Regelung nicht auf das abgelaufene Kalenderjahr beschränkt (Möhring/Nicolini/*Spautz*[2] Rn. 21; Dreier/Schulze/*Schulze*[2] Rn. 27). Mit der Umsetzung der Folgerechts-RL gilt die Drei-Jahres-Frist jedoch nun auch für den Auskunftsanspruch nach Abs. 5.

d) Verweigerung der Auskunft bei Zahlung des Anteils (Abs. 5 Satz 2): Den **41** weitergehenden Anspruch aus **Abs. 5** auf Auskunft über die Anschrift des Veräußerers darf der Kunsthändler verweigern, wenn er den Veräußerungs-erlös offen legt und den dem Urheber zustehenden Anteil zahlt. Hat er sich gegenüber seinem Auftraggeber zur Wahrung der Anonymität verpflichtet, so folgt daraus die Verpflichtung diesem gegenüber, den Urheber zu befriedigen. Die Mitteilung der Anschrift des Veräußerers an die Verwertungsgesellschaft wäre dann Vertragsbruch. Eine sinnvolle Regelung ist es, wenn der Kunst-handel und die Versteigerer bei Zusicherung der Anonymität vom Auftrag-geber zur Auszahlung des Anteils ermächtigt werden (Möhring/Nicolini/ *Spautz*[2] Rn. 22). Zur Aktivlegitimation der Verwertungsgesellschaft vgl. § 13c UrhWahrnG Rn. 1 ff.

e) Einsicht in die Geschäftsbücher (Abs. 7): Die am 01.01.1973 in Kraft **42** getretene Neuregelung wurde von Kassandrarufen des Kunsthandels begleitet, der eine Abwanderung des verkaufswilligen Publikums in die Schweiz oder nach Großbritannien befürchtete, wo das *droit de suite* noch nicht verwirklicht war, wenn die Geheimhaltung des Namens des Auftraggebers nicht gewähr-leistet sei (Bericht RAusschuss ÄndG 1972 – BT-Drucks. VI/3264, S. 2). Um diesem – an sich verständlichen – Anliegen zu entsprechen, hat der Rechts-ausschuss des Bundestages in der Schlussberatung ohne erneute Anhörung der Urheberseite noch eine Änderung des Abs. 6 vorgenommen (a.a.O. S. 3 ff.), die allerdings die Praktikabilität des Ganzen erneut in Frage stellte: Der Kunst-händler darf nach der Gesetz gewordenen Regelung (ursprünglich Abs. 6, seit dem 16.11.2007 Abs. 7) sich den Prüfer, der *begründeten* Zweifeln an der Richtigkeit seiner Auskünfte nachgehen soll, selbst aussuchen; die Verwer-tungsgesellschaft darf ihn freilich, wenn er – wie zu erwarten steht – dann nichts findet, bezahlen (vgl. schon *Wilhelm Nordemann* GRUR 1973, 1, 2; *Katzenberger* UFITA 68 [1973], 71). Begründete Zweifel liegen vor, wenn nachweisbare Anhaltspunkte für die Unvollständigkeit oder Unrichtigkeit einer Auskunft vorliegen. Darüber hinaus ist die VG Bild-Kunst von den gesetzlichen Auskunftsansprüchen allerdings weitgehend unabhängig. Schon nach der Rahmenvereinbarung von 1980 müssen zumindest die in ihr ver-einigten Kunstmarktvertreter die benötigten Angaben freigeben. Wer teil-nimmt, hat nur stichprobenartige Überprüfungen zu erwarten. Kunsthändler und Versteigerer, die an der Rahmenvereinbarung nicht teilnehmen, sehen sich den gesetzlichen Auskunftsansprüchen gegenüber (Möhring/Nicolini/*Spautz*[2] Rn. 25).

8.   Verwertungsgesellschaftspflichtigkeit der Wahrnehmung (Abs. 6)

Gemäß Art. 6 Abs. 2 Folgerechts-RL können die Mitgliedstaaten vorsehen, **43** dass die Wahrnehmung des Folgerechts obligatorisch oder fakultativ einer Verwertungsgesellschaft übertragen wird. ErwG 28 Folgerechts-RL ist zu entnehmen, dass die Mitgliedstaaten eine transparente und effiziente Arbeitsweise der Verwertungsgesellschaften gewährleisten sollen und dafür sorgen müssen, dass Urheber aus anderen Mitgliedstaaten die ihnen zustehenden Folgerechtsvergütungen erhalten. Regelungen und Vereinbarungen der VG über die Verteilung der Folgerechtsvergütungen werden durch die Richtlinie nicht berührt. Durch die obligatorische Einschaltung einer VG wird der Auskunftsanspruch für beide Seiten praktikabel. Die bildenden Künstler brauchen nicht mehr einzeln die Kunsthändler zu befragen. Zugleich kommen die Händler und Versteigerer in die vorteilhafte Lage, mit einer Stelle allein abrechnen zu können. Die VG nimmt den Händlern die schwierige Prüfung der Legitimation des Anspruchsberechtigten und seiner Erben ab (*Samson* S. 125). Die Urheberrechtsnovelle 1985 hat in § 13b Abs. 1 UrhWahrnG zudem für Verwertungsgesellschaften die gesetzliche Vermutung ihrer Wahrnehmungsbefugnis begründet. Die VG Bild-Kunst braucht dem Kunsthändler daher nicht sämtliche Wahrnehmungsverträge mit den jeweils betroffenen Urhebern vorzulegen (Möhring/Nicolini/*Spautz*[2] Rn. 23).

44 Hat der Kunsthändler ausnahmsweise durch Vertrag mit dem Künstler oder seinen Erben eine jährliche Auskunftpflicht übernommen, so ist diese vertragliche Regelung rechtswirksam. Abs. 5 steht nicht entgegen, da er nur den gesetzlichen Auskunftsanspruch betrifft (AG München GRUR 1991, 606 ff.)

III. Wahrnehmungspraxis

45 Die gesetzliche Regelung ist in der Praxis durch die kollektiven Zusammenschlüsse von Künstlern und Vertretern des Kunstmarktes maßgeblich modifiziert.

46 Auf der einen Seite tritt der Künstler in aller Regel der VG Bild-Kunst bei und beauftragt diese mit der treuhänderischen Wahrnehmung seiner Ansprüche. Im Jahr 2006 vertrat die VG Bild-Kunst nach eigenen Angaben knapp 40.000 deutsche und ausländische Künstler, darunter mehr als 10.000 hinsichtlich des Folgerechts (Quelle: www.bildkunst.de).

47 Auf der anderen Seite wählen auch Kunstversteigerer, Kunsthändler, Galeristen oder Editeure häufig den Weg in die kollektive Vertretung. Für sie ist die **Ausgleichsvereinigung Kunst** geschaffen worden. Hierbei handelt es sich um einen Zusammenschluss von Kunsthändlern, Galeristen und Auktionatoren – bzw. von deren jeweiligen Verbänden – sowie der VG Bild-Kunst auf Grundlage eines „Rahmenvertrages" aus dem Jahr 1980, der als eine Art Verwaltungseinheit bei der VG Bild-Kunst geführt wird. Der Beitritt zu dieser AV-Kunst bietet den Vertretern des Kunstmarktes den Vorteil, die Abgaben, die sich aus dem Folgerecht und aus dem Künstlersozialversicherungsgesetz ergeben, gebündelt in Form einer Pauschale ausgehend vom jeweiligen Jahresumsatz abzuführen. Ist ein Schwerpunkt ihrer Tätigkeit der Verkauf folgerechtspflichtiger Werke, stellt sich die Mitgliedschaft nicht nur als administrative Erleichterung dar, sondern ist auch finanziell vorteilhaft, denn die Umsatzpauschale wird für die meisten Kunstvermarkter im Ergebnis niedriger ausfallen als die Summe der separat an die Künstlersozialkasse und an die VG Bild-Kunst zu zahlenden Abgaben. Mitglieder der AV Kunst melden jeweils bis zum 15. März ihre Umsätze des Vorjahres. Sodann errechnet die AV Kunst die Höhe der vierteljährlichen Abschlagszahlungen, die immer bis zum 15. Mai, 15. August und 15. November sowie bis zum 15. Februar des Folgejahres zu leisten sind.

Allerdings fallen unter die **Umsatzpauschale** alle Umsätze (ohne Mehrwert- **48** steuer) mit Originalwerken der bildenden Kunst und Fotografie, die seit dem 01.01.1900 geschaffen wurden. Diese Pauschale muss also auch für die Verkaufserlöse von solchen Werken gezahlt werden, die gemeinfrei sind. Weiterhin sind nicht nur Verkäufe von Unikaten, sondern auch künstlerische Editionen sowie Fotografien und posthume Werke in die Umsatzmeldungen einzubeziehen. Auch Verkäufe von Werken, die nicht folgerechtspflichtig oder künstlersozialabgabepflichtig sind oder die von ausländischen oder bloß nebenberuflichen oder von der VG Bild-Kunst nicht vertretenen Urhebern geschaffen wurden, zählen also dazu. Da die AV Kunst im Sinne und zu Gunsten aller Beteiligten ein vereinfachtes, pauschaliertes Abgabeverfahren ermöglicht, wird keine Differenzierung hinsichtlich der einzelnen Werkverkäufe vorgenommen.

Die VG Bild-Kunst führt als Ausgleichsvereinigung i.S.d. § 32 KSVG daraus **49** die Abgaben an die Künstlersozialkasse ab. Da diese nicht ohne weiteres mit den Verkaufsergebnissen übereinstimmen, wurde bisher eine etwaige Mehr- oder Minderabgabe im jeweils folgenden Jahr durch entsprechende Änderung des Prozentsatzes ausgeglichen (§ 4 Abs. 1 des Rahmenvertrages in der Fassung vom 05.09.2006, vgl. Einl. UrhWahrnG Rn. 6 f.).

Die Umsatzpauschalen werden nach einem Verteilungsschlüssel an die Künst- **50** lersozialversicherung einerseits und an die VG Bild-Kunst andererseits abgeführt. Letztere nimmt dann die individuelle Ausschüttung der Folgerechtsvergütung an die berechtigten Künstler bzw. deren Rechtsnachfolger vor. Die von der VG Bild-Kunst vereinnahmten Vergütungen werden an die Künstler ausgeschüttet, und zwar nach Abzug von 12% Verwaltungskosten, bis zu 10% für den Kunstfonds (zur Förderung junger Kunst) und bis zu 10% für das Sozialwerk (für notleidende Künstler).

Die Höhe der Umsatzpauschale betrug im Jahr 2008 für Kunsthändler, Gale- **51** risten und Antiquariate 1,6%; für Kunstversteigerer 1,9%. Der Abgabesatz der Umsatzpauschale wird jährlich durch den Beirat der AV Kunst und unter Absprache mit den Kunsthandelsverbänden neu festgelegt. Dabei ist mit leichten Schwankungen zwischen 1,5 und 1,8% zu rechnen.

IV. Prozessuales

1. Beweislast

Die Beweislast dafür, dass es sich um ein Werk der Baukunst oder der ange- **52** wandten Kunst handelt, trägt der Veräußernde. Es handelt sich wie bei der Freigrenze des Abs. 1 Satz 4 (vgl. Rn. 29) um eine rechtshindernde Tatsache (Möhring/Nicolini/*Ahlberg*[2] Rn. 28).

2. Verjährung

Bis zum 31.12.2001 galt nach § 26 Abs. 7 a. F. die zehnjährige Verjährung. **53** Diese Regelung wurde im Zuge der Schuldrechtsmodernisierung aufgehoben. Seit 01.01.2002 gelten die allgemeinen Verjährungsvorschriften des Bürgerlichen Gesetzbuches (§§ 102, 195 ff. BGB) Die regelmäßige Verjährungsfrist beträgt 3 Jahre. Da hierdurch die zehnjährige Verjährungsfrist des § 26 Abs. 7 verkürzt wurde, begann die dreijährige Verjährungsfrist für Ansprüche, die am 01.01.2002 noch bestanden, an diesem Tage zu laufen. Sie wurde hierdurch aber nicht verlängert, sondern endete nach der alten Regelung, wenn die zehnjährige Frist innerhalb der ersten drei Jahre nach dem 01.01.2002 für den betreffenden Anspruch ablief (§ 137i). Hat der Urheber ohne grobe Fahrlässigkeit keine Kenntnis von der Veräußerung, bleibt es bei der zehnjährigen Verjährungsfrist (§ 199 Abs. 4 BGB). Die Frist beginnt mit jeder Weiterveräußerung eines Werkes für den hieraus herrührenden Anspruch neu (*Möhring/ Nicolini*[2] Rn. 26).

§ 27 Vergütung für Vermietung und Verleihen

(1) [1]Hat der Urheber das Vermietrecht (§ 17) an einem Bild- oder Tonträger dem Tonträger- oder Filmhersteller eingeräumt, so hat der Vermieter gleichwohl dem Urheber eine angemessene Vergütung für die Vermietung zu zahlen. [2]Auf den Vergütungsanspruch kann nicht verzichtet werden. [3]Er kann im Voraus nur an eine Verwertungsgesellschaft abgetreten werden.

(2) [1]Für das Verleihen von Originalen oder Vervielfältigungsstücken eines Werkes, deren Weiterverbreitung nach § 17 Abs. 2 zulässig ist, ist dem Urheber eine angemessene Vergütung zu zahlen, wenn die Originale oder Vervielfältigungsstücke durch eine der Öffentlichkeit zugängliche Einrichtung (Bücherei, Sammlung von Bild- oder Tonträgern oder anderer Originale oder Vervielfältigungsstücke) verliehen werden. [2]Verleihen im Sinne von Satz 1 ist die zeitlich begrenzte, weder unmittelbar noch mittelbar Erwerbszwecken dienende Gebrauchsüberlassung; § 17 Abs. 3 Satz 2 findet entsprechende Anwendung.

(3) Die Vergütungsansprüche nach den Absätzen 1 und 2 können nur durch eine Verwertungsgesellschaft geltend gemacht werden.

Übersicht

I. Allgemeines

1 Nachdem § 11 Abs. 1 Satz 1 LUG und § 15 Abs. 1 Satz 1 KUG das „Verleihen" ausdrücklich von urheberrechtlichen Ansprüchen freigestellt hatten, brachte § 27 in der Fassung von 1965 einen ersten Versuch zu einer gerechteren Lösung mit der Einführung einer Vergütungspflicht für die Vermietung zu Erwerbszwecken; davon waren allerdings weder die öffentlichen noch die kirchlichen Bibliotheken noch die Werkbüchereien (BGH GRUR 1972, 617, 618 f. – *Werkbücherei*), sondern nur die – wirtschaftlich bedeutungslosen – privaten Mietbüchereien betroffen. Schon mit dem ersten UrhG-ÄndG vom 10.11.1972 setzten die Urheberorganisationen unter Führung des Verbands deutscher Schriftsteller (VS) einen „Bibliotheksgroschen" durch, der von allen der Öffentlichkeit zugänglichen Einrichtungen (Büchereien, Schallplattensammlungen oder Sammlungen anderer Vervielfältigungsstücke) über die VerwGes zu zahlen ist; dazu bestehen gesamtvertragliche Regelungen zwischen der Zentralstelle Bibliothekstantieme (ZBT, vgl. Einl UrhWahrnG Rn. 8) einerseits und den Trägern der Einrichtungen andererseits (Einigungsvorschlag der Schiedsstelle ZUM 1997, 944). Das nach dem Gesetzestext weiterhin vergütungspflichtige Vermieten oder Verleihen zu Erwerbszwecken blieb angesichts der restriktiven Rspr. (Rn. 2 der 8. Auflage) zunächst nahezu bedeutungslos (Ausnahme: Lesezirkel, KG GRUR 1975, 87 – *Lesezirkelmappen* und KG GRUR 1978, 241 – *Verwertungsgesellschaft*), bis mit Beginn der achtziger Jahre die Vermietung von Videokassetten einsetzte; 1991 wurden von den Videotheken auf diese Weise schon 1,6 Mrd. DM bei mehr als 200 Millionen Ausleihvorgängen umgesetzt (*Melichar* FS Kreile S. 409, 412). Etwa gleichzeitig konnten die VerwGes über die gemeinsame Zentralstelle für Videovermietung (ZVV), deren Geschäftsführung bei der GEMA liegt (vgl. Einl UrhWahrnG Rn. 4), mit den Verbänden der Videotheken-Branche Gesamtverträge schließen (*Melichar* a.a.O S. 413 f.). Die Einführung eines ausschließlichen Vermietrechts als selbständig abspaltbarem Teil des Verbreitungsrechts durch § 17 Abs. 2 mit dem 3. ÄndG zum 01.07.1995 (RegE UrhG ÄndG 1995 – BT-Drucks. 13/781; BGH GRUR 1986, 736, 738 – *Schallplattenvermietung* hatte noch gegenteilig entschieden) hat – entgegen unserer Erwartung noch in der 8. Auflage – die Marktposition der Miet- gegenüber der Kaufkassette kaum verändert. Zur Entstehungsgeschichte eingehend *Erdmann* FS Brandner S. 361 ff.

II. Tatbestand

1. Vermietung von Bild- und Tonträgern (Abs. 1)

Die Bedeutung von **Abs. 1,** der mit der Neufassung 1995 eingeführt wurde, **2** liegt in der Sicherung des Vergütungsanspruchs der Urheber (und weiterer Berechtigter, vgl. Rn. 8) aus der **Vermietung** von Filmen und Tonträgern. Filmurheber und Urheber vorbestehender Werke räumen schon Kraft gesetzlicher Vermutung (§§ 89 Abs. 1, 88 Abs. 1 Nr. 2) dem Filmproduzenten das Verbreitungsrecht und damit das Vermietrecht ein; auch die Nutzung von Tonträgern wäre mit dem Vervielfältigungsrecht allein nicht möglich. Dass anlässlich der Rechtseinräumung eine besondere Vergütungsregelung für den Fall einer etwaigen Vermietung getroffen wird, ist eine seltene Ausnahme. Ohne Abs. 1 würden deshalb die Mieteinnahmen in der Praxis allein denen zufließen, in deren Händen letztlich die Verwertung liegt. Das sind keineswegs immer die Film- und Tonträgerhersteller selbst, sondern Vermarkter verschiedenster Art; deshalb gehören auch die Hersteller zu den Berechtigten (vgl. Rn. 6). Einen besonderen, nur über eine VerwGes geltend zu machenden Vergütungsanspruch des Urhebers für die Vermietung anderer Werkstücke (Bücher, Noten, Disketten) hat der Gesetzgeber offenbar deshalb für unnötig gehalten, weil Bücher in aller Regel von Abs. 2 erfasst sind, die Vermietung von Noten nur für Werke der ernsten Musik in Betracht kommt und dort vertraglich besonders geregelt zu werden pflegt (vgl. § 17 Rn. 37 und § 27 Rn. 2), und für die Vermietung von Computerprogrammen auf Disketten eine entsprechende Regelung schon besteht (§ 69e Nr. 3; RegE UrhG ÄndG 1994/II – BR-Drucks. 876/94, S. 10). Dabei wurde allerdings übersehen, dass Lesezirkel ihren Kunden zumindest in Teilbereichen Werkexemplare zu überlassen pflegen, die noch nicht verbreitet wurden, also nicht unter Abs. 2 fallen. Den

Verwertungsgesellschaften WORT und Bild-Kunst gelang es deshalb nur über einen Einigungsvorschlag des Deutschen Patentamts, einen neuen Gesamtvertrag mit dem Verband Deutscher Lesezirkel abzuschließen (Einzelheiten bei *Melichar* FS Schricker 2005, S. 447 – 453).

2. Verleihen von Werkexemplaren (Abs. 2)

3 Die Regelung der Bibliothekstantieme in **Abs. 2 Satz 1** wiederholt – sprachlich modernisiert – § 27 Abs. 1 der Fassung von 1972, allerdings unter Beschränkung auf die **der Öffentlichkeit zugänglichen Einrichtungen**. Das sind entsprechend § 15 Abs. 3 alle in Abs. 2 genannten, aber auch mit dem technischen Fortschritt neu entstehende gleichartige Einrichtungen (z.B. Mediatheken), es sei denn, sie würden Vervielfältigungsstücke nur an einen begrenzten Kreis von Personen ausleihen, der durch gegenseitige Beziehungen oder durch Beziehungen zum Träger der Einrichtungen persönlich verbunden ist (Bericht RAusschuss UrhG RegE – BT-Drucks. VI/3264, S. 5). Die gemeinsame Behörden- oder Betriebszugehörigkeit schafft allein noch keine persönliche Verbundenheit in diesem Sinne, so dass auch Instituts-, Seminar-, Gerichts- und Werkbüchereien unter Abs. 1 fallen (BGH GRUR 1955, 549, 550 f. – *Betriebsfest*; der Hinweis auf die Werkbüchereien im RegE. zum ÄndG 1994, M. Schulze S. 951, bezieht sich auf Abs. 1). Abs. 2 gilt nicht für den Leihverkehr der Museen untereinander (vgl. § 17 Rn. 40).

4 Zum Rechtscharakter des Anspruchs aus Abs. 2 als vermögensrechtlicher Anspruch eigener Art, für den § 840 BGB nicht ohne weiteres gilt, s. LG Oldenburg GRUR 1996, 487, 488 m.w.N. und *Erdmann* FS Brandner S. 361, 366.

3. Begriffsbestimmung von Vermietung und Verleih

5 **Vermietung** ist nach der Legaldefinition von § 17 Abs. 3 Satz 1 die zeitlich begrenzte, unmittelbar oder mittelbar Erwerbszwecken dienende Gebrauchsüberlassung, **Verleihen** die weder unmittelbar noch mittelbar Erwerbszwecken dienende, ebenso zeitlich begrenzte Gebrauchsüberlassung (§ 27 Abs. 2 Satz 2). Damit fällt auch die Benutzung einer Präsenzbibliothek unter Abs. 2; ob der Benutzer Besitzer oder nur Besitzdiener des Buches wird, das er dort aus dem Regal nimmt, ist unerheblich, da er jedenfalls Gebrauch von ihm macht (LG München I GRUR-RR 2003, 300, 303 – *Bibliothekstantieme*; Dreier/Schulze/*Schulze*[2] Rn. 17; *Erdmann* FS Brandner, 361, 369; Schricker/*Loewenheim*[3] Rn. 16; a. M. *Schack* Rn. 460; *Haberstumpf* Rn. 305). Der Rechtsausschuss sah die Präsenzbenutzung in öffentlichen Bibliotheken lediglich als für **Abs. 1** (Vermietung) nicht relevant an (Bericht RAusschuss RegE ÄndG 1994, abgedruckt in UFITA 129 (1995), 123, 128; missverstanden von *Rehbinder* ZUM 1996, 349, 354). Die Klarstellung des Gesetzgebers, dass auch die mittelbar Erwerbszwecken dienende Gebrauchsüberlassung Vermietung ist, hat ferner zur Folge, dass auch das Auslegen von Zeitschriften beim Arzt, Rechtsanwalt, Friseur usw. unter Abs. 1 fällt (anders noch BGH GRUR 1985, 131 ff. – *Zeitschriftenauslage beim Friseur*). Vermietung liegt ferner auch dann vor, wenn eine gewerbsmäßige Veräußerung von Vervielfältigungsstücken nach einem Mischsystem erfolgt, in welchem dem Erwerber beim Kauf das Recht eingeräumt wird, bei Nichtgefallen das erworbene Exemplar gegen Erstattung des größten Teils des Kaufpreises zurückzugeben (BGH GRUR 1989, 417, 419 – *Kauf mit Rückgaberecht*, *Erdmann* FS Brandner S. 361, 369).

4. Haftung

Mehrere Vermieter oder Verleiher haften nicht als Gesamtschuldner, da ein **6** deliktischer Anspruch sich aus § 27 *nicht* ergibt (Schricker/*Loewenheim*[3] Rn. 9; HK-UrhR/*Meckel* Rn. 30).

5. Ausnahmen

Die **Ausnahmen** vom Vermietrecht – und vom Vergütungsanspruch für das **7** Verleihen, Abs. 2 Satz 2 Halbs. 2 – sind in § **17 Abs.** 3 Satz 2 geregelt. Die Vermietung urheberrechtlich geschützter Bauwerke mit einer Urhebervergütung zu belasten wäre ebensowenig angebracht wie die Inanspruchnahme des Restaurants, das seine Gäste in Corbusier-Möbeln mit Rosenthal-Geschirr bewirtet (Nr. 1). Zu den Arbeits- und Dienstverhältnissen (Nr. 2), die schon in § 27 Abs. 2 der Fassung von 1972 ausgenommen waren, rechnen auch Tätigkeiten im Rahmen der Mitbestimmung, Personalvertretung und Unternehmensaufsicht sowie der Ausbildung (Bericht RAusschuss UrhG RegE – BT-Drucks. IV/3264 S. 5).

6. Urheber und andere Berechtigte

Neben den **Urhebern** sind aus Abs. 1 und 2 **Berechtigte:**   **8**
– die Herausgeber wissenschaftlicher Ausgaben und nachgelassener Werke (§§ 70 Abs. 1 und 2, 71 Abs. 2 Satz 3);
– die Lichtbildner (§ 72 Abs. 1 und 2);
– die ausübenden Künstler (§ 75 Abs. 3);
– die Tonträger- und Filmhersteller (§ 85 Abs. 1 Satz 1 und 3, § 94 Abs. 1 Satz 1 und Abs. 4);
– die Datenbankhersteller (§ 87b Abs. 2).

7. Privatbibliotheken

Der Verleih durch **Privatbibliotheken**, die der Öffentlichkeit nicht zugänglich **9** sind, ist nicht vergütungspflichtig. Die Abgrenzung kann im Einzelfall schwierig sein. Jedenfalls ist eine Einrichtung nur dann der Öffentlichkeit zugänglich, wenn ihr Zweck der Öffentlichkeit zur Kenntnis gebracht wird (OLG Hamburg ZUM 2003, 501, 503 – *Verteilungsplan Bibliothekstantiemen der VG Wort*). Dafür reicht es nicht aus, dass die Einrichtung im Internet aufspürbar ist (OLG Hamburg a.a.O.).

8. Höhe der Vergütung

Die Höhe der zu zahlenden Vergütung ist in § 27 Abs. 1 S. 1 und Abs. 2 **10** lediglich mit dem unbestimmten Rechtsbegriff „angemessen" festgelegt (zu diesem Begriff in Art. 8 Abs. 2 der Vermiet- und Verleih-RL s. EuGH GRUR Int. 2003, 529). Da der Anspruch aus § 27 nur über eine Verwertungsgesellschaft geltend gemacht werden kann, bestimmt sich die Höhe des tatsächlichen Entgeltes nach den von den Verwertungsgesellschaften gem. § 13 Abs. 1 S. 1 und Abs. 2 UrhWahrnG veröffentlichten Tarifen bzw. nach den gemäß § 12 UrhWahrnG abgeschlossenen Gesamtverträgen (BGH GRUR 1983, 565, 567 – *Tarifüberprüfung II*). Nach § 13 Abs. 3 UrhWahrnG sind Berechnungsgrundlage für die Tarife in der Regel die Vorteile, die durch die Verwertung erzielt werden (vgl. dort Rn. 9 f.).

9.   Verwertungsgesellschaftspflicht (Abs.3)

11 Die Ansprüche aus Abs. 1 und 2 können nicht durch den Urheber selbst, sondern nur durch eine Verwertungsgesellschaft geltend gemacht werden. Die Berechtigten müssen ihre Ansprüche also den Verwertungsgesellschaften treuhänderisch zur Wahrnehmung einräumen; dass dies geschehen ist, wird nach § 13b Abs. 2 UrhWahrnG vermutet.

10.   Vermietung zu Erwerbszwecken

12 Die Vergütungsansprüche nach § 27 Abs. 1 macht die Zentralstelle für Video-vermietung (ZVV) geltend. Aktuelle Gesellschafter sind GEMA, VG Wort, VG Bild-Kunst, GÜFA, GWFF, VGF und GVL. Die Geschäftsführung liegt bei der **GEMA**, das Inkasso wird durch die GEMA-Bezirksdirektionen durchgeführt. Die ZVV schließt mit den Videotheken Tarifverträge ab. Die in diesen Ver-trägen gestaffelten Vergütungen sind abhängig von dem Gesamtbestand der zur Vermietung (zum Verleih) angebotenen Bildtonträger je Betrieb. Der auf den jeweiligen Rechteinhaber entfallende Betrag wird anhand der bei den Videotheken zum Vermieten (Verleihen) befindlichen Bildtonträger ermittelt, wobei unterstellt wird, dass die Bildtonträger jeweils vier Jahre im Markt befindlich sind.

13 Für den Einzug der **Bibliothekstantieme** nach § 27 Abs. 2 ist die ZBT (Zentral-stelle Bibliothekstantieme, vgl. Einl UrhWahrnG Rn. 4) zuständig. Die ZBT ist eine BGB-Gesellschaft, gebildet aus VG WORT, VG Bild-Kunst, GEMA, GVL, VGF, GWFF und VFF (Gesellschaftsvertrag ZBT i. d. F. 11.12.2002 in Gema-Jahrbuch 2006/2007, abrufbar unter http://www.gema.de/de/presse/publika-tionen/jahrbuch/ausgabe0607/; zuletzt abgerufen am 17.05.2008). Die Ge-schäftsführung liegt bei der **VG Wort**. Kostenträger der Tantieme sind die Träger der Einrichtungen, also Bund und Länder (Einigungsvorschlag der Schiedsstelle ZUM 1997, 944). In der Regel verhandelt die ZBT alle zwei Jahre mit den Kultusministerien über eine Erhöhung des Pauschalbetrages; als Orientierungspunkt gelten dabei vor allem die Ausleihzahlen und der Lebens-haltungskostenindex. Das Aufkommen der Jahre 2003–2005 betrug jährlich insgesamt € 266.000,- (GEMA-Jahrbücher 2004 und 2006/07, abrufbar auf www.gema.de unter „Publikationen"). Dieser Betrag wird nach Abzug der Verwaltungskosten der VG Wort auf die Urheber ausgeschüttet. Das geschieht nach einem jährlich vom Deutschen Bibliotheksverband und der VG Wort festgestellten Schlüssel, der durch Auszählung der Ausleihen an ausgewählten Bibliotheken ermittelt wird.

11.   Entwicklung des Aufkommens

14 Das nach dem Gesetzestext weiterhin vergütungspflichtige Vermieten oder Verleihen zu Erwerbszwecken blieb angesichts der restriktiven Rechtspre-chung (vgl. Vorauflage Rn. 2) zunächst nahezu bedeutungslos (Ausnahme: Lesezirkel, KG GRUR 1975, 87 – *Lesezirkelmappen* und KG GRUR 1978, 241 – *Verwertungsgesellschaft*), bis mit Beginn der achtziger Jahre die Ver-mietung von Videokassetten einsetzte; 1991 wurden von den Videotheken auf diese Weise schon 1,6 Mrd. DM bei mehr als 200 Millionen Ausleihvorgängen umgesetzt (*Melichar* FS Kreile S. 409, 412). Etwa gleichzeitig konnten die VerwGes über die gemeinsame Zentralstelle für Videovermietung (ZVV), deren Geschäftsführung bei der GEMA liegt (vgl. Einl UrhWahrnG Rn. 4), mit den Verbänden der Videotheken-Branche Gesamtverträge schließen (*Melichar* a.a.O. S. 413 f.). Die Einführung eines ausschließlichen Vermietrechts als selbständig abspaltbarem Teil des Verbreitungsrechts durch § 17 Abs. 2 mit dem ÄndG 1995 (*Schulze* S. 951; BGH GRUR 1986, 736, 738 – *Schallplattenvermietung* hatte noch gegenteilig entschieden) hat – entgegen unserer Erwartung noch in der 8. Auflage – die Marktposition der Miet- gegenüber der Kaufkassette kaum verändert.

Das Gesamtantiemevolumen ist in den Jahren von 1999 bis 2005 von 7,3 auf **15** 6,7 Mio. Euro gesunken. Ob es sich dabei um einen Abwärtstrend handelt oder nur um eine Fluktuation bleibt abzuwarten (Geschäftsberichte GEMA Jahre 2003 – 2006).

III. Prozessuales

Im Streitfall über die Angemessenheit der Vergütung werden die Tarife von der **16** Schiedsstelle (§§ 14 ff. UrhWahrnG), danach auch gerichtlich (§ 16 UrhWahrnG) überprüft. Haben sich die Parteien allerdings auf einen Tarif geeinigt, so findet eine nachträgliche Angemessenheitskontrolle durch die Gerichte nicht statt (BGH GRUR 1984, 52, 54 – *Tarifüberprüfung I*).

Abschnitt 5   **Rechtsverkehr im Urheberrecht**

Vorbemerkung

Die zentrale Regelung des 5. Abschnitts „Rechtsverkehr im Urheberrecht" **1** findet sich nicht – wie es nahe liegend gewesen wäre – bereits in § 28, sondern erst in **§ 29 Abs. 1**: Das **Urheberrecht** ist grundsätzlich **weder als Ganzes noch in seinen Teilen übertragbar**. Der Urheber soll vielmehr gem. § 29 Abs. 2 einem anderen die Verwertung seines Werkes nur dadurch überlassen können, dass er ihm ein vom Urheberrecht abgeleitetes Nutzungsrecht einräumt (Begr RegE UrhG – BT-Drucks. IV/270, S. 30).

Nutzungsrechte gestatten anderen mit (dinglicher) Wirkung gegenüber jeder- **2** mann die Nutzung des Werkes. Der Nutzungsrechtseinräumung des Urhebers und der Weiterübertragung von Nutzungsrechten sind die **§§ 31 bis 44** sowie verschiedene **Spezialregelungen zu besonderen Werkarten** gewidmet, z.B. zu Filmwerken (§§ 88 ff.), zu Datenbankwerken (§ 55a) oder für Computerprogramme (§§ 69d, 69e, 69g). Ferner verweist § 29 Abs. 2 auch auf die Möglichkeit der schuldrechtlichen Gestattung sowie auf Rechtsgeschäfte über Urheberpersönlichkeitsrechte nach § 39. Das UrhG enthält jedoch **keine Regelungen über bestimmte Vertragstypen**. Es beschränkt sich auf Regelungen zur Einräumung, zur Vergütung und zum Rückruf von Nutzungsrechten und umfasst keine Bestimmungen zu Willenserklärungen, zum Abschluss des Vertrages oder zu Leistungsstörungen. Das UrhG 1965 behielt sich eine gesonderte detaillierte Regelung des Urhebervertragsrechts vor (Begr RegE UrhG – BT-Drucks IV/270, S. 56), die bis heute allerdings nicht erfolgte (zur „kleinen" Lösung durch die Urhebervertragsrechtsreform 2002 Vor §§ 31 ff. Rn. 17). Gesetzlich geregelt sind in Deutschland allein verschiedene Typen des Verlagvertrages im **VerlG** (vgl. Einl. VerlG Rn. 1 ff.). Zu Nutzungsrechten allgemein vgl. Vor §§ 31 ff. Rn. 1 ff.. Zu Verträgen des Urhebers zur Einräumung von Nutzungsrechten (**primäres Urhebervertragsrecht**) vgl. Vor §§ 31 ff. Rn. 32 ff.;

zu Verträgen von Verwertern untereinander (**sekundäres Urhebervertrags-recht**) vgl. Vor §§ 31 ff. Rn. 223 ff. Die urhebervertragsrechtlichen Bestimmungen der §§ 31 bis 44 sind teilweise auch auf **Leistungsschutzberechtigte** anwendbar, vgl. Vor §§ 31 ff. Rn. 215 ff.

3 Der 5. Abschnitt enthält im Übrigen noch Regelungen zur **Rechtsnachfolge in das Urheberrecht.** Danach ist das Urheberrecht **vererblich,** § 28 Abs. 1. Die Ausübung des Urheberrechts darf gemäß § 28 Abs. 2 einem Testamentsvollstrecker übertragen werden. Überdies ist eine **Übertragung in Erfüllung einer Verfügung von Todes wegen oder im Weg der Erbauseinandersetzung** ausnahmsweise zulässig (§ 29 Abs. 1). Der Rechtsnachfolger, der das Urheberrecht auf einem der genannten Wege erwirbt, ist dem verstorbenen Urheber grundsätzlich **gleichgestellt,** § 30.

Unterabschnitt 1　**Rechtsnachfolge in das Urheberrecht**

§ 28　Vererbung des Urheberrechts

(1) Das Urheberrecht ist vererblich.

(2) ¹Der Urheber kann durch Letztwillige Verfügung die Ausübung des Urheberrechts einem Testamentsvollstrecker übertragen. ²§ 2210 des Bürgerlichen Gesetzbuchs ist nicht anzuwenden.

Übersicht

I.　Allgemeines

1.　Sinn und Zweck

1 Der Grundsatz, dass das Urheberrecht nicht auf andere Personen übertragen werden kann (§ 29 Abs. 1), erfährt durch § 28 Abs. 1 eine Ausnahme. Im Erbfall kann das Urheberrecht den Inhaber wechseln. Das gilt nicht nur für eine Vererbung durch den Urheber, sondern auch für eine Vererbung durch die Erben und die weitere Vererbung durch sie. Die Erben nehmen dabei grds. die gleiche Rechtsstellung ein wie der Urheber, sie rücken deshalb nicht nur in die wirtschaftlichen Rechte, sondern auch in die aus dem Urheberpersönlichkeitsrecht fließenden Befugnisse ein (§ 30). § 28 Abs. 1 regelt lediglich die **Vererbung** des Urheberrechts, nicht die davon zu unterscheidende **Verfügung von Todes wegen** (§ 29 Abs. 1). Die Möglichkeit einer Testamentsvollstreckung für die Ausübung von Urheberrechten sieht § 28 Abs. 2 vor; gleichzeitig wird angeordnet, dass die zeitliche Grenze des § 2210 BGB (30 Jahre) nicht gilt. Denn das Urheberrecht besteht bis 70 Jahre nach dem Tod des Urhebers (§ 64).

2. Früheres Recht

Für **Erbfälle bis 31.12.1965** sahen § 8 Abs. 1 LUG und § 10 Abs. 1 KUG in **2**
Übereinstimmung mit § 28 Abs. 1 vor, dass das Urheberrecht vererblich ist.
Eine wichtige Abweichung des früheren Rechts ergibt sich jedoch für die
Erbschaft des Staates als gesetzlicher Erbe. Nach der Regelung in § 28 Abs. 1
kann jede natürliche oder juristische Person – auch der Fiskus – Erbe sein (vgl.
Rn. 7). § 8 Abs. 2 LUG und § 10 Abs. 2 KUG schlossen hingegen für Erbfälle
bis 31.12.1965 (§ 129 Abs. 1) den Fiskus als gesetzlichen Erben aus (dazu
Fromm NJW 1966, 1244); bei gesetzlicher Erbschaft durch den Fiskus wurden
solche Werke gemeinfrei. Der Schutz lebte wegen § 129 Abs. 1 auch nicht
wieder unter dem UrhG auf. Die Regelung in LUG und KUG beruhte auf dem
Misstrauen, der Staat sei nicht in der Lage, vom Urheberrecht in geeigneter
Weise Gebrauch zu machen (Begr RegE UrhG – BT-Drucks. IV/270, S. 55) und
entzog tw. erhebliche wirtschaftliche Werte nicht nur dem Fiskus, sondern
auch den Nachlassgläubigern. Ein Beispiel ist die bekannte Drehbuchautorin
Thea von Harbou (z.B. Drehbuch für den *Fritz-Lang*-Film „M – Eine Stadt
sucht einen Mörder", 1931, wobei die Miturheberschaft *Fritz Langs* unklar
ist: OLG München ZUM 1999, 653 – M), die 1954 ohne Erben starb, so dass
das Land Berlin gesetzlicher Erbe wurde und ihr Urheberrecht in die Gemeinfreiheit fiel (wohl übersehen von OLG München ZUM 1999, 653, 656 – M).
Das Urheberrecht löste sich allerdings nur insoweit auf, als es dem Erblasser
noch zustand (Schricker/*Schricker*[3] Rn. 4), also nicht an Dritte übertragen
(unter KUG und LUG möglich, vgl. § 29 Rn. 2) oder als Nutzungsrecht eingeräumt war.

Nach **DDR-Recht (Erbfälle bis 02.10.1990)** gingen gem. § 33 Abs. 2 DDR- **3**
URG die Befugnisse des Urhebers „nach den allgemeinen Vorschriften des
Erbrechts" auf den Erben über. Dabei war auch möglich, dass eine juristische
Person erbt (§ 33 Abs. 6 DDR-URG), jedoch war dann die Schutzfrist verkürzt
auf 50 Jahre nach Veröffentlichung. Der Nachlass „bedeutender" Künstler,
Schriftsteller und Wissenschaftler konnte zudem gem. § 35 Abs. 1 DDR-URG
einem besonderen (staatlichen) Schutz unterstellt werden, mit dem insbesondere die Wahrnehmung der Urheberrechte an dem Nachlass für die Erben
verbunden sein konnte (§ 35 Abs. 2 DDR-URG). Vermögensrechtliche Ansprüche blieben den Erben jedoch erhalten (§ 35 Abs. 3 DDR-URG).

3. EU-Recht und Internationales Recht

Weder EU-Recht noch die Internationalen Urheberrechtsabkommen regulie- **4**
ren die Vererbung des Urheberrechts, so dass insoweit keine Vorgaben bestehen. Zum internationalen Privatrecht und Urhebererbrecht vgl. Vor §§ 120 ff.
Rn. 65a sowie BGH GRUR 1997, 236, 237 – *Verlagsverträge*.

II. Tatbestand

1. Vererblichkeit des Urheberrechts (Abs. 1)

Der Urheber hat zwei Möglichkeiten, sein Urheberrecht zu vererben: Durch **5**
Testament (§§ 2064 ff. BGB) oder durch **Erbvertrag** (§§ 2274 ff. BGB). Hinterlässt der Urheber keines von beiden, wird das Urheberrecht entsprechend
der **gesetzlichen Erbfolge** vererbt (§§ 1922 ff. BGB). Inhaltlich kann der Ur-

heber die Erben mit einer Verfügung von Todes wegen – Vermächtnis oder Auflage – beschweren (vgl. § 29 Rn. 9).

6 Geht das Urheberrecht auf eine **Erbengemeinschaft** über, so finden auf die Rechtsbeziehungen der Miterben untereinander nicht etwa die Regeln der Miturheberschaft gem. § 8, sondern die §§ 2032 ff. BGB Anwendung (BGH GRUR 1997, 236, 237 – *Verlagsverträge;* BGH GRUR 1982, 308, 310 – *Kunsthändler).* Das bedingt grundsätzlich eine gemeinschaftliche Verwaltung des Nachlasses durch die Miterben; Nutzungsrechte können nur gemeinschaftlich gem. § 2040 Abs. 1 BGB eingeräumt, Kündigungen von Verträgen mit Verwertern nur gemeinschaftlich ausgesprochen werden (BGH GRUR 1997, 236, 237 – *Verlagsverträge),* wofür auch zeitlich aufeinander folgende Einzelerklärungen genügen, sofern sich die Einzelakte zu einer einheitlichen Erklärung ergänzen. Möglich ist eine nachträgliche Genehmigung der Kündigung durch einen vollmachtslosen Vertreter durch alle Miterben gem. § 180 S. 2 BGB (BGH GRUR 1997, 236, 237 – *Verlagsverträge).* Bei ungeteilter und verstreuter Erbengemeinschaft kann eine Kündigung von Verlagsverträgen aus wichtigem Grund auch nach Ablauf von 18 Monaten ab Kenntnis noch zulässig sein (OLG München ZUM-RD 1997, 505, 507 – *Hans Heinz Ewers).* Zum Notgeschäftsführungsrecht des einzelnen Miterben gem. § 2038 Abs. 1 BGB durch Einbringen von Rechten in eine Wahrnehmungsgesellschaft BGH GRUR 1982, 308 – *Kunsthändler.* Zu Erbauseinandersetzung und Urheberrecht vgl. § 29 Rn. 10.

7 **Erbe** kann jede **natürliche** oder **juristische Person** des öffentlichen Rechts (also auch der Fiskus bei unbekannten Erben, § 1936 BGB) oder des privaten Rechts (GmbH, AG, Genossenschaft, Stiftung, e.V. etc.) sowie jede andere einer juristischen Personen angenäherte Personenvereinigung werden, die erbfähig ist, z.B. OHG (§ 124 Abs. 1 HGB), KG (§§ 161 Abs. 2, 124 Abs. 1 HGB), Partnerschaftsgesellschaft (§ 7 Abs. 2 PartGG) sowie nach herrschender Auffassung BGB-Gesellschaft (zur Erbfähigkeit MüKo/*Leipold*[4] § 1923 Rn. 31 m.w.N.) und nicht rechtsfähiger Verein (zur Erbfähigkeit MüKo/*Reuter*[4] § 54 BGB Rn. 34 f. m.w.N.). Damit kann ein wichtiger Grundsatz des deutschen Urheberrechts, dass nur eine natürliche Person Urheber und damit Urheberrechtsinhaber sein kann (vgl. § 7 Rn. 9 ff.), im Erbfall durchbrochen werden, wenn eine juristische Person oder eine ihr angenäherte Personenvereinigung als Erbe eingesetzt wird.

8 Die Erbeinsetzung **juristischer Personen und erbfähiger Personenvereinigungen** eröffnet jedoch besondere Fragestellungen, wenn diese **aufhören zu existieren.** In solchen Fällen kann das Urheberrecht nicht rechtsgeschäftlich an eine andere Person übertragen werden, weil das nur bei Erfüllung einer Verfügung von Todes wegen oder bei Erbauseinandersetzung zulässig ist (§ 29 Abs. 2). Ansonsten kann das Urheberrecht nur vererbt werden (§ 28 Abs. 1). Nicht betroffen von diesem Übertragungsverbot ist jedoch die Rechtsnachfolge gemäß UmwandlungsG bei **Verschmelzung, Aufspaltung, Vermögensübertragung** oder Formwechsel gem. § 1 Abs. 1 UmwandlungsG. Denn hier findet eine gesetzliche Rechtsnachfolge statt (Wandtke/Bullinger/*Block*[2] Rn. 13 m.w.N.). Anders ist dies jedoch teilweise bei **Liquidation.** Bei Stiftungen (§§ 80 ff., insbesondere § 83 BGB) oder eingetragenen Vereinen (§§ 21 ff., 55 ff. BGB) erscheint das Problem zwar überwindbar. Der gesetzlich angeordnete Vermögensanfall an die in der Verfassung der Stiftung bzw. der Satzung des Vereins bezeichneten Personen (§ 88 bzw. §§ 45 Abs. 1, 46 BGB) kann wie eine Erbschaft analog § 28 Abs. 1 behandelt werden. Dafür spricht auch, dass bei einem Anfall an den Fiskus die Vorschriften über den Fiskus als gesetzlichen Erben Anwendung finden, §§ 88 S. 2, 46 S. 1 BGB (Loewenheim/*Axel Nordemann* § 23 Rn. 18). Bei Kapitalgesellschaften, insbesondere GmbH oder AG, und erbfähigen Personenvereinigungen gilt jedoch etwas anderes. Die Vermögensverteilung bei Auflösung erfolgt rechtsgeschäftlich (§ 72 GmbHG, § 271 AktG, §§ 145 ff., 161 Abs. 2 HGB, § 10 PartGG, §§ 730 ff. BGB), so dass nicht mehr von einem „Erbfall" gesprochen werden kann und eine analoge Anwendung von § 28 Abs. 1 UrhG ausscheidet (Loewenheim/*Axel Nordemann* § 23 Rn. 18; Wandtke/Bullinger/*Block*[2] Rn. 13; a.A. Dreier/Schulze/*Schulze*[2] § 29 Rn. 6). Als Konsequenz bleibt das Urheberrecht dauerhaft bei der Gesellschaft; sie kann erst endgültig aufgelöst werden (und muss so lange im Liquidationsstadium bleiben), bis das Urheberrecht aufgrund Schutzfristablauf erloschen ist.

Der Urheber kann **verschiedene Urheberrechte an verschiedenen Werken** getrennt vererben. Eine **Teilvererbung** des Urheberrechts – Vererbung nur bestimmter Verwertungsrechte oder bestimmter Urheberpersönlichkeitsrechte an bestimmte Erben – erscheint nicht möglich (Loewenheim/*Axel Nordemann* § 23 Rn. 21; wohl auch Wandtke/Bullinger/*Block*[2] Rn. 8). Denn das Urheberrecht ist einheitlich. Eine letztwillige Verfügung, nach der der Urheber beispielsweise seinem Sohn das Vervielfältigungsrecht an seinem Roman vererbt, seiner Tochter aber das Verfilmungsrecht, wäre danach so auszulegen, dass Sohn und Tochter gemeinsam (Erbengemeinschaft) Inhaber des Urheberrechts sind, der Sohn jedoch sämtliche Erträgnisse aus der Vervielfältigung und die Tochter aus der Verfilmung allein ziehen darf (Loewenheim/*Axel Nordemann* § 23 Rn. 21). In anderen Konstellationen mag auch eine Auslegung angezeigt sein, dass ein Erbe nicht Mitinhaber des Urheberrechts wird, sondern ihm lediglich ein vom Urheberrecht im Erbfall abzuspaltendes Nutzungsrecht für eine bestimmte abgrenzbare Nutzungsart (vgl. § 31 Rn. 46 ff.) vererbt wurde (Schricker/*Schricker*[3] Rn. 3).

Das **Urheberrecht** kann **mehrfach vererbt** werden. Nach dem Wortlaut des § 28 Abs. 1 kann nicht nur der Urheber, sondern jeder Inhaber des Urheberrechts das Urheberrecht vererben, also auch der Erbe des Urhebers, der Erbeserbe, ein Vermächtnisnehmer, der Erbe des Vermächtnisnehmers oder der Inhaber nach Erbauseinandersetzung.

Zum **Umfang des Urheberrechts nach Vererbung** vgl. § 30 Rn. 8 ff.. Insb. bleiben durch den Urheber eingeräumte Nutzungsrechte (vgl. § 31 Rn. 5 ff.) bestehen und wirken auch gegen den Rechtsnachfolger. Der Urheber oder ein anderer Inhaber des Urheberrechts kann die Ausübung des Urheberrechts durch Auflagen gegenüber seinen Erben beschränken (vgl. § 30 Rn. 12).

2. Testamentsvollstreckung (Abs. 2)

In letztwilligen Verfügungen kann der Urheber nach § 28 Abs. 2 S. 1 die Ausübung des Urheberrechts einem Testamentsvollstrecker übertragen. Insoweit sei auf die §§ 2197 ff. BGB verwiesen. Die Testamentsvollstreckung kann auf die Verwaltung des Urheberrechts beschränkt werden (§ 2208 Abs. 1 S. 2 BGB). Eine Ausnahme sieht das UrhG in § 28 Abs. 2 S. 2 für die zeitliche Grenze der Testamentsvollstreckung vor. Diese wird von 30 Jahre (§ 2210 BGB) auf 70 Jahre erhöht, um eine Testamentsvollstreckung über die gesamte Schutzfrist des § 64 zu ermöglichen. Ordnet der Urheber Testamentsvollstreckung an, ohne diese zeitlich zu befristen, so ist grundsätzlich davon auszugehen, dass die Vollstreckung über die gesamte Schutzfrist von 70 Jahren angeordnet ist (Loewenheim/*Axel Nordemann* § 23 Rn. 14). Allerdings ist das Amt des Testamentsvollstreckers nicht vererblich und erlischt mit dem Tod des Testamentsvollstreckers (§ 2225 BGB), so dass eine Nachfolgeregelung für den Testamentsvollstrecker empfehlenswert ist.

13 Die Anordnung der Testamentsvollstreckung kann gem. § 2208 BGB beschränkt sein. Das ermöglicht, die Testamentsvollstreckung auf die Urheberrechte oder einzelne Werke zu beschränken, weil jedes Urheberrecht ein eigenständiger Nachlassgegenstand ist. Ferner kann eine Beschränkung nach der herrschenden Auffassung auch lediglich für einzelne Rechte (urheberrechtliche Verwertungs- oder Persönlichkeitsrechte) erfolgen (*Ulmer*[3] § 81 II 2; Schricker/*Schricker*[3] Rn. 12; Wandtke/Bullinger/*Block*[2] Rn. 19). Das erscheint als zweifelhaft, weil sich solche Rechte, solange sie Teil des Urheberrechts und nicht als Nutzungsrechte dinglich wirksam abgespalten sind (vgl. § 31 Rn. 5 ff.), in der Praxis nicht zuverlässig von einander abgrenzen lassen (zur Teilvererbung vgl. Rn. 9).

14 Der Wortlaut des § 28 Abs. 2 S. 1 erlaubt eigentlich keine Übertragung der Ausübung an einen Testamentsvollstrecker durch den Erben des Urheberrechts. Relevant wird dies allein für die Möglichkeit nach S. 2, über die Frist des § 2210 BGB hinauszugehen. Mit Recht wird eine Anwendung des § 28 Abs. 2 S. 2 auch auf den Erben des Urheberrechts befürwortet (Schricker/*Schricker*[3] Rn. 13; Wandtke/Bullinger/*Block*[2] Rn. 27; a.A. *Fromm* NJW 1966, 1244, 1245), weil § 30 eine Gleichstellung des Rechtsnachfolgers mit dem Urheber anordnet.

III. Prozessuales

15 Der Erbe des Urheberrechts muss seine Erbschaft zur Begründung seiner **Aktivlegitimation** in einem Prozess, insbesondere gem. §§ 97 ff., darlegen und ggf. beweisen. Die Vermutungstatbestände des § 10 gelten nicht für die Frage der Inhaberschaft des Urheberrechts durch einen Nicht-Urheber.

IV. Verhältnis zu anderen Vorschriften, insbesondere zu Leistungsschutzrechten

16 Leistungsschutzrechte vererben sich nach den Vorschriften des BGB, sofern sie frei **übertragbar** sind. Die freie Übertragbarkeit gilt für die Rechte an nachgelassenen Werken, der ausübenden Künstler, der Tonträgerhersteller, der Sendeunternehmen und der Filmhersteller einschließlich Laufbildhersteller aufgrund ausdrücklicher Festlegung durch das UrhG (§§ 71 Abs. 2, 79 Abs. 1 S. 1, 85 Abs. 2 S. 1, 87 Abs. 2 S. 1, 94 Abs. 2 S. 1, 95), für Datenbanken und Veranstalter gilt dies auch ohne ausdrückliche Regelung (Schricker/*Vogel*[3] Vor §§ 87a ff. Rn. 24). Für das Leistungsschutzrecht des ausübenden Künstlers existiert aber eine Ausnahme: Die Persönlichkeitsrechte gem. §§ 74, 75 können nicht nach BGB vererbt werden. Vielmehr stehen die Rechte nach dem Tod des ausübenden Künstlers seinen Angehörigen (§ 60 Abs. 2) zu. Nur das Recht an **wissenschaftlichen Ausgaben** und das **Lichtbildrecht** sind nicht übertragbar, so dass eine Vererbung allein nach BGB nicht möglich ist. Wegen der Verweisung auf den gesamten ersten Teil des UrhG (§ 70 Abs. 1; § 72 Abs. 1) finden die §§ 28 bis 30 Anwendung (Schricker/*Schricker*[3] Rn. 14; Wandtke/Bullinger/*Block*[2] Rn. 13). – Der **Erbfall nach einem Nutzungsberechtigten** (§§ 29 Abs. 2, 31 ff.) richtet sich ausschließlich nach BGB.

§ 29   Rechtsgeschäfte über das Urheberrecht

(1) Das Urheberrecht ist nicht übertragbar, es sei denn, es wird in Erfüllung einer Verfügung von Todes wegen oder an Miterben im Wege der Erbauseinandersetzung übertragen.

(2) Zulässig sind die Einräumung von Nutzungsrechten (§ 31), schuldrechtliche Einwilligungen und Vereinbarungen zu Verwertungsrechten sowie die in § 39 geregelten Rechtsgeschäfte über Urheberpersönlichkeitsrechte.

Übersicht

I.   Allgemeines

1.   Sinn und Zweck

Der in § 29 Abs. 1 niedergelegte **Grundsatz der Unübertragbarkeit des Urheberrechts** zählt zu Kerngedanken, die das deutsche Urheberrecht prägen (Begr RegE UrhVG – BT-Drucks. 14/7564, S. 30). Trotz dieses Grundsatzes bleiben allerdings Rechtsgeschäfte möglich, die Dritten eine Nutzung gestatten. Abs. 2 listet die wichtigsten Rechtsgeschäfte auf: konstitutive **Nutzungsrechtseinräumungen** (§ 31), **schuldrechtliche Abreden** und Rechtsgeschäfte über **Urheberpersönlichkeitsrechte** (§ 39). Überdies enthält Abs. 1 die einzigen Ausnahmen vom Grundsatz der Unübertragbarkeit: **Verfügungen von Todes wegen** oder die **Übertragung an Miterben bei Erbauseinandersetzung**. Ansonsten kann das Urheberrecht nur durch Vererbung den Inhaber wechseln (§ 28).   **1**

2.   Früheres Recht

Nach **§ 10 Abs. 3 KUG und § 8 Abs. 3 LUG** (zur Differenzierung vgl. Vor §§ 31 ff. Rn. 14) war das Urheberrecht noch übertragbar, so dass Verträge und Verfügungen **bis 31.12.1965** (§ 132 Abs. 1 und Abs. 2) eine **Übertragung des**   **2**

Urheberrechts vorsehen konnten (*Haupt* ZUM 1999, 899; *Eggersberger*, Die Übertragbarkeit des Urheberrechts in historischer und rechtsvergleichender Sicht, 1991). Gem. § 137 Abs. 1 S. 1 wird eine nach altem Recht zulässige Übertragung des Urheberrechts in eine Einräumung von Nutzungsrechten nach § 31 umgedeutet. Allerdings galt auch nach altem Recht schon die allgemeine Zweckübertragungslehre, die auf Übertragungen von Urheberrechten Anwendung fand (BGH GRUR 1960, 197 – *Keine Ferien für den lieben Gott*; RGZ 123, 312, 318 f. – *Wilhelm Busch*; RGZ 134, 198, 201 – *Schallplattenrecht*), so dass i.d.R. nicht das gesamte Urheberrecht nach KUG bzw. LUG übertragen wurde (vgl. Vor §§ 31 ff. Rn. 15; zu bei Vertragsschluss unbekannten Nutzungsarten vgl. § 31 Rn. 172 ff.). Für Verträge bis 31.12.1965 fanden auch in der **DDR** LUG und KUG Anwendung. Jedoch dürften DDR-Altverträge parallel mit § 137 Abs. 1 S. 1 UrhG in ausschließliche Nutzungsrechtseinräumungen umzudeuten sein. Ab 01.01.1966 ordnete § 95 Abs. 2 S. 2 DDR-URG an, dass die Bestimmungen des DDR-URG bei Festlegungen gelten, die den Bestimmungen des DDR-URG widersprechen. § 19 Abs. 1 DDR-URG kannte jedoch einen Grundsatz der Unübertragbarkeit, der vergleichbar mit § 29 Abs. 1 UrhG war (BGH GRUR 2001, 826, 827 – *Barfuß ins Bett*, zur fehlenden Möglichkeit des originären Erwerbs des Urheberrechts durch Betriebe auch nach DDR-URG). Zur Verlängerung der Schutzfrist in den neuen Ländern durch die Wiedervereinigung vgl. § 1 Einigungsvertrag Rn. 2.

3 Das **UrhVG 2002** hat § 29 geändert. Die bis dahin gültige Version (§ 132 Abs. 3) lautete: „Das Urheberrecht kann in Erfüllung einer Verfügung von Todes wegen oder an Miterben im Wege der Erbauseinandersetzung übertragen werden. Im Übrigen ist es nicht übertragbar." Damit erfolgte im Hinblick auf den heutigen Abs. 1 lediglich eine redaktionelle Umformulierung. Der neue Abs. 2 dient lediglich der Klarstellung, welche Rechtsgeschäfte – wie nach bisherigem Recht – zulässig sind, und hat ebenfalls keinen ändernden Charakter (Begr RegE UrhVG – BT-Drucks. 14/6433, S. 14).

3. EU-Recht und Internationales Recht

4 Das **EU-Recht** macht bislang keine Vorgaben dazu, ob und inwiefern Urheberrechte übertragbar sein dürfen. Entsprechend unübersichtlich ist der Stand der nationalen Urheberrechtsordnungen in den Mitgliedsstaaten (eingehend *Dietz*, Das Urheberrecht in der Europäischen Gemeinschaft, 1978, Rn. 503 ff.; *Eggersberger*, Die Übertragbarkeit des Urheberrechts in historischer und rechtsvergleichender Sicht, 1991). Auch die **internationalen Urheberrechtsabkommen** (vgl. §§ 120 ff. Rn. 12 ff.) machen keine Vorgaben. Bspw. in den **USA** ist eine Übertragung des Urheberrechts anerkannt; es kann sogar originär bei Unternehmen entstehen, insb. nach der sog. „work for hire" Doktrin (dazu *Wilhelm Nordemann/Jan Bernd Nordemann* FS Schricker 70. Geb. S. 473 ff.; *Jan Bernd Nordemann* (US) J. COPR.SOC'Y, 603, 53 (2006)).

5 Im **Internationalen Urheberprivatrecht** entscheidet das **Schutzlandprinzip**, ob deutsches Urheberrecht auf die Frage der Übertragbarkeit des Urheberrechts anwendbar ist (vgl. Vor §§ 120 ff. Rn. 59 ff.). Muss deutsches Urheberrecht herangezogen werden, sind nach ausländischem Urheberrecht zulässige Übertragungen von Urheberrechten in eine nach deutschem Recht zulässige Einräumung von ausschließlichen Nutzungsrechten umzudeuten. Ein Beispiel ist eine Übertragung des Urheberrechts nach US-Vertragsstatut (OLG Düsseldorf ZUM 2006, 326, 328 – *Breuer Hocker*; Loewenheim/*Axel Nordemann* § 23

Rn. 4; Schricker/*Katzenberger*[3] vor §§ 120 ff. Rn. 151; auch *Wilhelm Nordemann/Jan Bernd Nordemann* FS Schricker 70. Geb. S. 473 ff.; *Jan Bernd Nordemann* (US) J. COPR.SOC'Y, 603, 53 (2006); dort jeweils zur Umdeutung eines originären Rechtserwerbs durch ein Unternehmen nach der US „work-for-hire"-Doktrin). Die Umdeutung ist schon mit Blick auf § 137 Abs. 1 S. 1 erlaubt, der dies für Übertragungen des Urheberrechts nach KUG und LUG ausdrücklich anordnet.

II. Tatbestand

1. Grundsatz der Unübertragbarkeit des Urheberrechts (Abs. 1)

a) Urheberrecht: Das Urheberrecht ist das umfassende, dem Urheber aus der **6** Schöpfung seines Werkes zustehende Recht. Aus ihm fließen **sowohl persönlichkeitsrechtliche als auch vermögensrechtliche Befugnisse.** Die persönlichkeitsrechtlichen Befugnisse werden insbesondere in §§ 12 bis 14 und die vermögensrechtlichen Befugnisse in §§ 15 bis 24 sowie § 69c, sonstige Rechte in §§ 25 bis 27 beschrieben. Diese **Doppelnatur** ist im gesamten Urhebervertragsrecht zu beachten. Die persönlichkeitsrechtlichen und die vermögensrechtlichen Aspekte als getrennte und eigenständige Teile des Urheberrechts zu begreifen (sog. dualistische Theorie), erscheint überholt. Das geltende UrhG und die mit ihr ganz h.M. sind der monistischen Theorie gefolgt. Danach ist das Urheberrecht eine eng verbundene Einheit aus persönlichkeitsrechtlichen und vermögensrechtlichen Interessen des Urhebers (dazu Dreier/Schulze/ *Schulze*[2] § 11 Rn. 2; Schricker/*Schricker*[2] Rn. 4; *Rehbinder*[2] Rn. 28). Plastisch veranschaulicht das die sog. Baumtheorie (nach *Ulmer*[3] S. 114): Das Urheberrecht ist als Stamm eines Baumes zu verstehen, dessen Wurzeln sowohl Persönlichkeits- als auch Vermögensrechte bilden. Äste und Zweige stellen die urheberrechtlichen Befugnisse dar, die ihre Kraft aus beiden Wurzeln ziehen. So haben die auf wirtschaftliche Verwertung ausgerichteten Nutzungsrechte einen persönlichkeitsrechtlichen Einschlag, wie auch umgekehrt aus der Verletzung von persönlichkeitsrechtlichen Befugnissen vermögensrechtliche Ansprüche entstehen können.

b) Unübertragbarkeit: Nach § 29 Abs. 1 ist das Urheberrecht grds. nicht **7** übertragbar. Die enge persönlichkeitsrechtliche Bindung an den Schöpfer des Werkes schlägt wegen der Untrennbarkeit von Persönlichkeits- und Verwertungsrechten auf das Urheberrecht als Ganzes durch. Ausnahmen sieht das UrhG lediglich bei Erfüllung einer Verfügung von Todes wegen (vgl. Rn. 9) oder bei Übertragung an Miterben im Rahmen einer Erbauseinandersetzung (vgl. Rn. 10) vor. Das Urheberrecht kann ferner im Wege der Erbfolge den Inhaber wechseln (vgl. § 28 Rn. 5 ff.). Die Unübertragbarkeit gilt für die persönlichkeitsrechtlichen und vermögensrechtlichen Befugnisse gleichermaßen. Daher erfolgt die wirtschaftliche Verwertung nicht durch Übertragung der Verwertungsrechte der §§ 15 bis 24. Vielmehr erlaubt § 29 Abs. 2 eine Belastung der unübertragbaren Rechte mit abgeleiteten und gegenüber jedermann („dinglich") wirkenden Nutzungsrechten (§ 31). Diese Nutzungsrechte können nach Entstehung und mit Zustimmung des Urhebers übertragen oder wiederum mit neuen Nutzungsrechten belastet werden (§§ 34, 35). Regelt ein Vertrag, dass das Urheberrecht nicht übertragen wird, so spricht dies eine Selbstverständlichkeit aus; eine Einräumung von Nutzungsrechten ist gemäß § 31 Abs. 5 (Zweckübertragungsregel) aber möglich, auch wenn der Vertrag dazu schweigt (vgl. Rn. 25 f.; vgl. § 31 Rn. 122 f.). Über wirtschaftliche Befugnisse können ferner rein schuldrechtliche Abreden getroffen werden (vgl. Rn. 24 f.). Persönlichkeitsrechtliche Befugnisse können nach § 39 Gegenstand von Rechtsgeschäften sein, wie § 29 Abs. 2 ausdrücklich vorsieht.

8   c) **Auslegung anders lautender Verträge:** Trotz der Unübertragbarkeit taucht in urheberrechtlichen Verträgen oft die Formulierung auf, die Parteien würden die Übertragung (oder Einräumung) des Urheberrechts vereinbaren. Solche Vereinbarungen sind regelmäßig gemäß §§ 133, 157 BGB unabhängig von ihrem Wortlaut auszulegen. Das gilt auch für AGB-Verträge. Geht es **bei Verträgen mit dem Urheber** nach dem Vertragszweck um eine Nutzungserlaubnis durch den Urheber, liegt eine Auslegung als **Nutzungsrechtseinräumung** nach § 31 nahe (Loewenheim/*Axel Nordemann* § 23 Rn. 3). Diese Nutzungsrechtseinräumung beinhaltet nicht von vornherein alle erdenklichen Nutzungsrechte, sondern ist insb. vor dem Hintergrund des § **31 Abs. 5** zu sehen (vgl. § 31 Rn. 108 ff.). Nach ausländischem Vertragsstatut zulässige und deshalb gewollte Übertragungen sind bei Anwendung deutschen Schutzlandrechts in eine Einräumung ausschließlicher Nutzungsrechte umzudeuten (vgl. Rn. 5). Nur in sehr seltenen Fällen wird eine Vertragsauslegung dazu führen, dass eine Übertragung des Urheberrechts Vertragsgegenstand ist. In Betracht kommen die Fälle einer Zulässigkeit der Übertragung nach § 29 Abs. 1; zur Erfüllung Verfügung von Todes wegen vgl. Rn. 9; zur Übertragung an Miterben im Wege der Erbauseinandersetzung vgl. Rn. 10; zur Vererbung vgl. § 28 Rn. 5 ff. Ergibt die Auslegung in einem anderen Fall ausnahmsweise, dass eine Übertragung nach deutschem Vertragsstatut gewollt war, liegt eine Nichtigkeit nach § 134 BGB vor; das Schicksal des Vertrages richtet sich nach § 139 BGB. Ansonsten dürfen auch die **Erben** das Urheberrecht nicht übertragen, so dass auch ihre Vereinbarungen grds. wie eben dargestellt auszulegen sind. Enthalten **Verträge zwischen Verwertern** eine „Übertragung des Urheberrechts", so liegt eine Auslegung, dass dies wirklich gewollt ist, noch ferner, weil der Lizenzgeber noch nicht einmal Inhaber des Urheberrechts ist. Vielmehr muss hier die schwierige Auslegungsfrage beantwortet werden, ob eine Einräumung weiterer Nutzungsrechte gem. § 35 (sog. Tochter- und Enkelrechte, vgl. Rn. 22) oder eine (translative) Übertragung von Nutzungsrechten (§ 34) gemeint ist. Für eine Übertragung spricht, wenn die eine Vertragspartei nach dem Vertragszweck ohne eigene Nutzungsrechte für die betreffende Nutzungsart bleiben soll (vgl. § 34 Rn. 9).

9   d) **Erfüllung einer Verfügung von Todes wegen:** Der Urheber kann die Erben mit einem **Vermächtnis** (§§ 2147 ff. BGB) oder mit einer **Auflage** (§§ 2192 ff. BGB) belasten. Diese Verfügungen von Todes wegen können sich auf das **Urheberrecht als Ganzes** beziehen, z.B. das Urheberrecht an einem Gemälde oder an einem Roman. Zur Erfüllung von Vermächtnis und Auflage dürfen die Erben gemäß § 29 Abs. 1 das Urheberrecht übertragen. Der Urheber kann die Erben aber auch lediglich mit der **Einräumung von Nutzungsrechten** beschweren (§ 31); insoweit sei auf die Ausführungen zur Teilvererbung verwiesen (§ 28 Rn. 9). Eine Rückübertragung durch den Vermächtnisnehmer auf die Erben nach Erfüllung des Vermächtnisses ist nicht zulässig (Schricker/*Schricker*[3] Rn. 14; Loewenheim/*Axel Nordemann* § 23 Rn. 16; a.A. Voraufl./*Hertin* Rn. 3). Eine Rückübertragung kann keine „Erfüllung" des Vermächtnisses sein. Eine Ausnahme sollte aber für Vergleiche gemacht werden, wenn in einem Rechtsstreit unklar ist, ob die Übertragung wirksam ist (in diese Richtung auch Loewenheim/*Axel Nordemann* § 23 Rn. 16).

e) Erbauseinandersetzung: Setzt sich eine Erbengemeinschaft auseinander, **10** kann das Urheberrecht übertragen werden. Die Übertragung darf aber **nur an Miterben** erfolgen, wie § 29 Abs. 1 ausdrücklich anordnet. Auch hier ist eine Rückübertragung auf die Erbengemeinschaft nicht erlaubt, es sei denn im Rahmen eines Vergleichsschlusses bei Streit über die Wirksamkeit der Übertragung (vgl. Rn. 9).

f) Verzicht: § 8 Abs. 4 gestattet dem **Miturheber,** zu Gunsten der anderen **11** Miturheber auf sein Urheberrecht zu verzichten. Daneben ist ein Verzicht auf **Ansprüche** unproblematisch, die **bereits entstanden** sind. Erlassverträge (§ 397 BGB) oder prozessrechtliche Verzichte (§ 306 ZPO) sind insoweit möglich. Das gilt auch für die gesetzlichen Vergütungsansprüche, für die nur „im Voraus" eine Unverzichtbarkeit vorgesehen ist (§§ 20b Abs. 2, 26 Abs. 2, 27 Abs. 1, 63a und die jeweilige Kommentierung dazu).

Ansonsten ist die Möglichkeit eines **einseitigen Verzichts** des Urhebers auf das **12** **gesamte Urheberrecht einschließlich künftiger Ansprüche** differenziert zu sehen. Richtigerweise ist das Urheberrecht insgesamt unverzichtbar, weil es auch nicht übertragbar ist (BGH GRUR 1995, 673, 675 – *Mauerbilder*; *Schack*[3] Rn. 310). Der Urheber kann insoweit auf eine **wirtschaftliche Verwertung** seines Urheberrechts verzichten, als er auch Nutzungsrechte (§ 31) einräumen könnte, beispielsweise durch einen Aufdruck auf Werkstücken „Vervielfältigung erwünscht" oder „Sendung freigegeben". Unzutreffend wäre es, einen solchen Verzicht generell auszuschließen (so aber *v. Gamm* Rn. 6). Denn er ist der **Einräumung eines einfachen Nutzungsrechts an die Allgemeinheit** gleichzusetzen (*Wilhelm Nordemann* GRUR 1969, 127, 128; *Schack*[3] Rn. 311; Dreier/Schulze/*Schulze*[2] Rn. 10; Loewenheim/*Axel Nordemann* § 23 Rn. 9; stärker differenzierend, aber einen Verzicht ebenfalls zulassend: Schricker/*Schricker*[3] Rn. 18), die zulässig ist, wie § 32 Abs. 3 S. 3 seit dem UrhVG 2002 zeigt. Eine Annahme des Verzichts ist nach § 151 S. 1 BGB entbehrlich (*Schack*[3] Rn. 311). Viel zu weitgehend wäre es aber, einen Verzicht des Urhebers auf ein vollständiges Verwertungsrecht (und nicht nur auf ein Nutzungsrecht; zur Abgrenzung vgl. Rn. 14 ff.) zu erlauben (so aber wohl BGH GRUR 1995, 673, 675 – *Mauerbilder)*. Damit finden auf den Verzicht Anwendung: § 31 Abs. 5 (Zweckübertragungslehre; insb. einschränkende Auslegung von pauschalen Erklärungen wie z.B. „Nutzung erlaubt"), § 31a (Schriftform bei der Einräumung von Rechten an unbekannten Nutzungsarten), § 37 (z.B. im Zweifel Bearbeitungsrecht beim Urheber) und § 38. § 32 Abs. 1 ist jedoch gemäß § 32 Abs. 3 S. 3 genauso wenig wie §§ 40, 41 und 42 anwendbar. Für **Urheberpersönlichkeitsrechte** sollte ebenso gelten, dass ein Verzicht insoweit möglich ist, als auch Rechtsgeschäfte gemäß § 39 abgeschlossen werden können (im Ergebnis genauso: Dreier/Schulze/*Schulze*[2] Rn. 11; Loewenheim/*Axel Nordemann* § 23 Rn. 10; Schricker/*Schricker*[3] Rn. 19), also die Eingriffe hinreichend konkret und vorhersehbar sind (eingehend vgl. § 39 Rn. 22 ff.). Speziell zu **Open Source Software** vgl. nach § 69c Rn. 1 ff.

Vom einseitigen Verzicht des Urhebers ist der **zweiseitig vereinbarte Verzicht** des **13** Urhebers auf **künftige Ansprüche** zu unterscheiden. Auch diesen kann der Urheber eingehen. Es existieren jedoch verschiedene zwingende Normen im UrhG, die einen solchen Verzicht ausschließen: §§ 20b Abs. 2, 26 Abs. 2, 27 Abs. 1, 63a für gesetzliche Vergütungsansprüche; §§ 32, 32a im Hinblick auf die vertragliche Vergütung wegen § 32b; Rückrufsrechte gemäß §§ 34 Abs. 5 S. 1, 41 Abs. 4; Haftung nach § 34 Abs. 5 S. 1; Kündigungsrecht gemäß § 40 Abs. 2 S. 1.

2. Zulässige Rechtsgeschäfte (Abs. 2)

14 a) **Nutzungsrechte: aa) Begriff:** Nutzungsrechte sind **gegenständliche**, mithin **absolut wirkende Rechte** (vgl. § 31 Rn. 8). Nutzungsrechte gestatten also dem Inhaber die Nutzung des Werkes gegenüber jedermann und **berechtigen Dritte** zur Nutzung des Werkes in dem jeweils erlaubtem Umfang. Sie werden konstitutiv durch den Urheber mit Verfügung über das Urheberrecht eingeräumt. Gegenüber dem Verwertungsrecht sind die Nutzungsrechte selbständige Rechtspositionen. Sie entstehen durch Abspaltung vom Verwertungsrecht. Solange der Urheber selbst die wirtschaftliche Nutzung des Werkes vornimmt, die Verwertungsrechte also unbelastet in seiner Hand sind, treten Nutzungsrechte nicht gesondert in Erscheinung. Werden diese jedoch vom Verwertungsrecht abgespalten, entstehen sie erstmals in den Händen eines Dritten. **Terminologisch sind Verwertungsrechte also die Nutzungsrechte des Urhebers selbst, die Nutzungsrechte solche Dritter.**

15 **bb) Ausgangspunkt: Verwertungsrechte:** Das Verwertungsrecht ist – als vermögensrechtliche Seite des Urheberrechts – das **ausschließliche Recht** des Urhebers **zur Nutzung** seines Werkes. Es weist dem Urheber die Nutzungsbefugnis an seinem Werk positiv zu und gibt ihm negativ die Befugnis zur Abwehr einer unerlaubten Nutzung durch Dritte. Der Begriff bezieht sich dabei auf eine Nutzung durch den Urheber selbst, also noch ohne Berücksichtigung von Nutzungserlaubnissen für Dritte. Man sollte deshalb insb. dann nicht von „Verwertungsrecht" sprechen, wenn es sich um vom Urheber abgeleitete Nutzungserlaubnisse für Dritte handelt. Eine Verwertung des Werkes kann in den **verschiedenen Formen** erfolgen. Die §§ **15 bis 24** differenzieren dabei nach körperlicher (§ 15 Abs. 1) und unkörperlicher öffentlicher Wiedergabe (§ 15 Abs. 2); zu beachten ist hierbei auch das Bearbeitungsrecht (§ 23). Die §§ 16 bis 24 normieren beispielhaft und nicht abschließend (siehe die Formulierung „insbesondere" in § 15 Abs. 1 2. Halbs. bzw. § 15 Abs. 2 S. 2) die geläufigsten Arten einer Verwertung, so etwa im Bereich der körperlichen Verwertungsarten die Vervielfältigung des Werkes (§ 16), die Verbreitung (§ 17), die Ausstellung (§ 18); im Bereich der unkörperlichen öffentlichen Wiedergabe das Recht zu Vortrag, Aufführung und Vorführung (§ 19), die öffentliche Zugänglichmachung (§ 19a), Senderechte und bestimmte Erweiterungen auf Kabel und Satellit (§§ 20 bis 20b), die öffentliche Wiedergabe von Vorträgen oder Aufführungen (§ 21) sowie von Funksendungen (§ 22).

16 Wie das Urheberrecht als ganzes sind die Verwertungsrechte als solche **nicht übertragbar** (§ 29, Ausnahmen §§ 28, 29 Abs. 1 2. Halbs.). Die wirtschaftliche Nutzung des Werkes kann daher nicht dadurch erfolgen, dass sich der Urheber seiner Verwertungsrechte entäußert, sondern nur durch ihre Belastung mit Nutzungsrechten (vgl. Rn. 14). Verwertungsrechte sind wie auch das Urheberrecht nicht verzichtbar; eine Ausnahme regelt § 8 Abs. 4 für den Miturheber. **Auslegung anderslautender Verträge:** Bestimmt ein Vertrag, dass Verwertungsrechte übertragen oder eingeräumt würden, darf diese Vereinbarung gemäß §§ 133, 157 BGB als Nutzungsrechtseinräumung ausgelegt werden (parallel für die Übertragung des Urheberrechts vgl. Rn. 8).

17 **cc) Entstehung Nutzungsrecht durch Einräumung:** Die Begründung eines Nutzungsrechts erfolgt nicht translativ durch Übertragung eines bereits bestehenden Nutzungsrechts, sondern konstitutiv durch Einräumung mittels Belastung des unübertragbaren Verwertungsrechts als Stammrecht und Neuentstehung des Nutzungsrechts in den Händen eines Dritten (Begr RegE UrhG – BT-Drucks. IV/270, S. 30; Dreier/Dreier/*Schulze*[2] § 31 Rn. 11; Schricker/*Schricker*[3] vor §§ 28 ff. Rn. 43 m.w.N.; Loewenheim/*Loewenheim/Jan Bernd Nordemann* § 26 Rn. 1) Hierbei wird das Verwertungsrecht als Teil eines einheitlichen Urheberrechts durch die Abspaltung der Nutzungsbefugnis und die Neuentstehung des Nutzungsrechts in den Händen des neuen Inhabers belastet, was eine Verfügung über das Urheberrecht darstellt.

Wird die Einräumung eines Nutzungsrechts **terminologisch nicht korrekt** als **18** „Übertragung" eines Nutzungsrechts bezeichnet, so ist dies gemäß §§ 133, 157 BGB als Nutzungsrechtseinräumung **auszulegen**. Entsprechendes gilt im Regelfall für die Übertragung des Urheberrechts (vgl. Rn. 8) bzw. des Verwertungsrechts (vgl. Rn. 6).

dd) Umfang („Nutzungsarten"): Nutzungsrechte können mit unterschiedli- **19** chem Umfang eingeräumt werden. Sie können **einfacher** Natur sein, was dem Inhaber lediglich eine positive Nutzungsbefugnis gewährt, oder **ausschließlicher** Natur, was ihm neben der positiven Nutzung die Möglichkeit der Abwehr sämtlicher Nutzungen durch Dritte und den Urheber selbst eröffnet (§ 31 Abs. 2, 3). Zudem sind räumliche, zeitliche und inhaltliche Beschränkungen für bestimmte **Nutzungsarten** möglich (§ 31 Abs. 1 S. 2). Nutzungsrechte sind deshalb von ihrem Zuschnitt her nicht an die Verwertungsrechte (§§ 15 bis 24; vgl. Rn. 14) gebunden. Der Begriff der Nutzungsart ist danach nicht mit dem des Verwertungsrechts identisch. Denn eine Nutzungsart kann einerseits mehrere Verwertungsrechte umfassen, beispielsweise enthält das Verlagsrecht an einer Buchnormalausgabe das Vervielfältigungs- und das Verbreitungsrecht. Andererseits kann eine Nutzungsart enger als das Verwertungsrecht sein. So umfasst im vorgenannten Beispiel das Verlagsrecht an der Buchnormalausgabe nicht das Vervielfältigungs- und Verbreitungsrecht an einer Luxus- oder Taschenbuchausgabe.

Etwas verwirrend ist, dass der Begriff der **Nutzungsart gemäß § 31 Abs. 1 S. 1 20 nicht identisch** mit dem Begriff der **Nutzungsart gemäß § 31a** ist (str., vgl. § 31a Rn. 21). Von der Einräumung eines Nutzungsrechts mit dinglicher Wirkung ist eine rein schuldrechtliche Gestattung der Nutzung abzugrenzen (vgl. Rn. 24 f.). Erstere gibt dem Inhaber das Recht gegenüber jedermann zur Nutzung des Werkes, letztere lediglich gegenüber dem Urheber.

ee) Grenzen: Die Einräumung von Nutzungsrechten kennt gewisse Grenzen **21** der **Aufspaltbarkeit in Nutzungsarten** aus Gründen der Rechtsklarheit und des Verkehrsschutzes (vgl. § 31 Rn. 11 f.); eine rein schuldrechtliche Gestattung bleibt hier möglich (vgl. Rn. 24 f.). Die **Zweckübertragungslehre** als Auslegungsregel (§ 31 Abs. 5) setzt einer Einräumung keine wirklichen rechtlichen Grenzen, zwingt aber u.U. faktisch zu einer genaueren Spezifizierung der Nutzungsarten. Anderenfalls werden die Rechte nur in dem Umfang eingeräumt, wie es der Zweck des Nutzungsvertrags erfordert (vgl. § 31 Rn. 126 ff.). Grenzen für die Einräumung von Nutzungsrechten ergeben sich aus weiteren Vorschriften zwingenden Rechts. Rechte an unbekannten Nutzungsarten (§ 31a) bzw. an bestimmten zukünftigen Werken (§ 40) müssen **schriftlich** eingeräumt werden. Ein Nutzungsrecht kann nicht in der Weise eingeräumt werden, dass der Urheber auf seine **Ansprüche** auf angemessene Vergütung (§ 32), aus dem Bestsellerparagraphen (§ 32a) oder auf die gesetzlichen Vergütungsansprüche der §§ 20b, 27 und 63a **im Voraus verzichtet**. § 34 Abs. 5 sieht vor, dass der Urheber auf das **Rückrufsrecht** des § 34 Abs. 3 und die Haftung des Erwerbers eines Nutzungsrechts nach § 34 Abs. 4 nicht im Voraus verzichten kann. Gemäß § 40 Abs. 2 ist das **Kündigungsrecht** für die Verpflichtung zur Rechtseinräumung an künftigen Werken (§ 40 Abs. 1 S. 2) unverzichtbar. Gleiches gilt nach § 41 Abs. 4 für das Rückrufsrecht wegen Nichtausübung sowie nach § 42 Abs. 2 für das Rückrufsrecht wegen gewandelter Überzeugung.

22 **ff) Übertragung von Nutzungsrechten; Tochter- und Enkelrechte:** Besteht bereits ein Nutzungsrecht, ist dessen **Weiterübertragung** mit Zustimmung des Urhebers möglich (§ 34 Abs. 1). Bei ausschließlichen Nutzungsrechten können unter der gleichen Voraussetzung weitere **abgeleitete Rechte** eingeräumt werden (§ 35). Man spricht dann von **Enkelrechten**; die auf der ersten Stufe vom Urheberrecht abgeleiteten Rechte heißen **Tochterrechte**. Bei **Erlöschen** des Nutzungsrechts fällt die Nutzungsbefugnis automatisch an den Urheber zurück (str., vgl. § 31 Rn. 30 ff.). Ebenso ist ein Rückruf der Rechte möglich (§§ 41, 42). Hierin äußert sich die enge Verbundenheit des Nutzungsrechts mit dem Verwertungsrecht als Stammrecht.

23 **gg) Heimfall des Nutzungsrechts an den Urheber:** Endet der Nutzungsvertrag des Urhebers, fallen grundsätzlich die eingeräumten Nutzungsrechte automatisch an den Urheber zurück; sie müssen nicht gesondert zurück übertragen werden (str., vgl. § 31 Rn. 30 ff.). Das gilt auch für die Nutzungsrechte, die der Vertragspartner des Urhebers an Dritte weitergegeben hat (str., vgl. § 31 Rn. 34). Das Nutzungsrecht kann ferner auch aus anderen Gründen an den Urheber heimfallen, beispielsweise bei Verzicht des Nutzungsberechtigten oder wenn dieser aufhört zu existieren (vgl. Vor §§ 31 ff. Rn. 156 ff.).

24 **b) Schuldrechtliche Gestattung:** Neben der gegenständlichen Nutzungsrechtseinräumung existieren noch weitere Formen der Nutzungserlaubnis. Dies ist zunächst die rein schuldrechtliche Gestattung, die **nur zwischen den Vertragsparteien** gilt. Diese kann anstelle einer gegenständlichen, gegenüber jedermann wirkenden Nutzungsrechtseinräumung vereinbart werden (allg. Ansicht, Schricker/*Schricker*[3] vor §§ 28 ff. Rn. 26; Loewenheim/*Loewenheim/Jan Bernd Nordemann* § 25 Rn. 15). Ihre Nachteile sind die **fehlende Wirkung gegenüber Dritten** sowie ihre **Unübertragbarkeit** und die deswegen mangelnde Verkehrsfähigkeit. Auch der **Sukzessionsschutz des** § 33 findet wegen des nur schuldrechtlichen Charakters **keine Anwendung**. § 31a findet aber schon aus Gründen des Umgehungsschutzes Anwendung genauso wie §§ 32 bis 32c, 36 und 39. In Zweifelsfällen entscheidet eine Auslegung nach der allgemeinen **Zweckübertragungslehre** (vgl. § 31 Rn. 121). Nach dem Zweck des Vertrages wird eine schuldrechtliche Gestattung nur **in Ausnahmefällen** anzunehmen sein. Dass der Nutzungsberechtigte kein Interesse an einer Weitergabe der Nutzungsbefugnis hat und keinerlei Sicherung gegenüber Ansprüchen Dritter benötigt, ist ein seltener Fall geringer Nutzungsintensität. Danach ist die Gewährung von Aufbrauchfristen nach unberechtigter Vervielfältigung grds. keine nur schuldrechtliche Gestattung, weil der Aufbrauchende insb. das Interesse einer Einbeziehung in § 33 hat (a.A. Dreier/Schulze/*Schulze*[2] Rn. 8). In der Praxis kommen schuldrechtliche Gestattungen deshalb vor allem dann vor, wenn das Gesetz keine dingliche Wirkung wegen der **Grenzen der Aufspaltbarkeit** von Nutzungsrechten mehr zulässt. Die schuldrechtliche Abrede kann insoweit einen kleineren Zuschnitt haben als ein gegenständliches Recht. Sie kann auch einen Zuschnitt aufweisen, der ein Nebeneinander von gegenständlichem Recht und rein schuldrechtlich wirkender Abrede erlaubt. Das kann gegeben sein bei Verabredung eines bestimmten Vertriebsweges für eine äußerlich nicht veränderte Buchnormalausgabe, z.B. nur über Kaffeefilialgeschäfte, oder für die Absprache, als Unterlizenznehmer nur bestimmte öffentlich-rechtliche Rundfunkanstalten zuzulassen (OLG München GRUR 1996, 972 – *Accatone*; str., zu weiteren Beispielen vgl. § 31 Rn. 11 f.). Die schuldrechtliche Wirkung kann insoweit neben einer dinglichen Wirkung der Nutzungsberechtigung stehen, wenn die Vertragsauslegung (insb. § 31 Abs. 5 UrhG, § 139 BGB) dies zulässt. – Rein schuldrechtlich wirken Rechtevergaben, die sich nicht auf Urheberrecht, sondern auf ein **bloßes Hausrecht** stützen wie z.B. vom Veranstalter eines Fußballspiels eingeräumte Rechte (OLG Hamburg GRUR-RR 2007, 181 – *Slowakischer Fußball*).

Eine nicht gegenständlich, also nicht gegenüber jedermann wirkende Gestat- **25** tung ist daneben ein **einseitiges Einverständnis des Urhebers** (Schricker/*Schricker*[3] vor §§ 28 ff. Rn. 27; Loewenheim/*Loewenheim/Jan Bernd Nordemann* § 25 Rn. 16). Das einseitige Einverständnis umfasst die vorherige Einwilligung (§ 183 BGB) und die nachträgliche Genehmigung (§ 184 BGB). Sie erfolgt ohne Gegenleistung für den Urheber, umfasst aber – anders als § 32 Abs. 3 S. 2 – keine dingliche Nutzungsrechtseinräumung. **Sie kommt deshalb in der Praxis kaum vor.** Nicht ausdrückliche Vereinbarungen sollten schon wegen § 32 Abs. 1 nur in großen Ausnahmefällen dahin ausgelegt werden, dass ein einseitiges Einverständnis vorliegt. Das Einverständnis unterliegt den Regeln über Willenserklärungen und kann sich grds. auf alle Nutzungsformen und -arten beziehen (Loewenheim/*Loewenheim/Jan Bernd Nordemann* § 25 Rn. 16). Ein Beispiel sind urheberrechtliche Nutzungen durch Suchmaschinen im Internet (*Berberich* MMR 2005, 145; restriktiver LG Hamburg MMR 2004, 558).

c) **Rechtsgeschäfte über Urheberpersönlichkeitsrechte:** Zu Rechtsgeschäften **26** über Urheberpersönlichkeitsrechte vgl. § 39 Rn. 22 ff. und Vor §§ 12 ff. Rn. 9 f.

III. Verhältnis zu anderen Vorschriften

Zu **Leistungsschutzrechten** vgl. § 28 Rn. 16. Für **Rechtsgeschäfte des bloß** **27** **Nutzungsberechtigten** mit Dritten gilt das UrhG grundsätzlich nicht, weil es lediglich die Rechtsbeziehungen des Urhebers regeln will; zum Vertragsrecht für solche Verträge zwischen Verwertern vgl. Vor §§ 31 ff. Rn. 22 32 ff. Allerdings strahlen insbesondere die §§ 34, 35 auch auf Verträge zwischen Verwertern aus.

---

§ 30 Rechtsnachfolger des Urhebers

Der Rechtsnachfolger des Urhebers hat die dem Urheber nach diesem Gesetz zustehenden Rechte, soweit nichts anderes bestimmt ist.

Übersicht

I.   Allgemeines

1.   Sinn und Zweck

1 Grundsätzlich soll dem Rechtsnachfolger des Urhebers das Urheberrecht in demselben Umfang zustehen wie dem Urheber. Über die gesamte Schutzfrist von 70 Jahren nach dem Tod des Urhebers (§ 64) bleibt das Urheberrecht damit gleich und verblasst nicht, erlischt dann allerdings von einem Tag auf den anderen vollständig.

2.   Früheres Recht

2 Auch **§ 8 Abs. 1 LUG** und **§ 10 Abs. 1 KUG** sahen **bis 31.12.1965** vor, dass das Recht des Urhebers auf die Erben übergeht. Insoweit sollte nichts anderes gelten als nach § 30 UrhG. Daneben konnte das **Urheberrecht** gem. **§ 8 Abs. 3 LUG und § 10 Abs. 3 KUG** bereits **zu Lebzeiten übertragen** werden (eingehend vgl. § 29 Rn. 2). Das bedeutete jedoch nach der einschlägigen Rechtsprechung keine Gleichstellung mit dem Urheber. Denn auch bei der unbeschränkten Übertragung ging das Urheberrecht nicht als unteilbare Einheit auf den Erwerber über, sondern wurde nur als Inbegriff der Befugnisse übertragen (RGZ 123, 312, 318 f. – *Wilhelm Busch*). Damit war der neue Inhaber des Urheberrechts eher einem Nutzungsberechtigten vergleichbar. Dementsprechend hat § 137 Abs. 1 S. 1 für Altverträge auch die Inhaber des Urheberrechts nach § 8 Abs. 3 LUG und § 10 Abs. 3 KUG zu bloßen Nutzungsberechtigten erklärt. Auf sie ist deshalb § 30 nicht anwendbar.

3 Für **DDR**-Altfälle bis 31.12.1965 galten ebenfalls LUG und KUG. Das danach in Kraft getretene DDR-URG sah in § 33 Abs. 2 vor, dass die Befugnisse des Urhebers nach den allgemeinen Vorschriften des Erbrechts auf die Erben übergehen. Auch insoweit ist also grds. davon auszugehen, dass die Erben dieselbe Rechtsstellung haben wie der Urheber. Allerdings konnte der Nachlass unter besonderen staatlichen Schutz gestellt werden, §§ 34, 35 DDR-URG. Zu den Übergangsbestimmungen im Einigungsvertrag zu § 35 DDR-URG ferner vgl. § 4 EinigungsV Rn. 1 ff.

3.   EU-Recht und Internationales Recht

4 Vgl. § 28 Rn. 4.

II.   Tatbestand

1.   Rechtsnachfolger des Urhebers

5 Rechtsnachfolger des Urhebers sind alle Erben des Urheberrechts im Ganzen gemäß § 28, also der Erbe oder die Miterben entweder durch **Testament oder** durch **Erbvertrag** oder durch **gesetzliche Erbfolge** (vgl. § 28 Rn. 5 ff.). Ferner kann Rechtsnachfolge nach § 29 Abs. 1 durch Verfügung von Todes wegen (**Vermächtnis oder Auflage**) oder durch **Auseinandersetzung einer Erbengemeinschaft** eintreten (vgl. § 29 Rn. 9 f.), sofern dadurch das Urheberrecht im Ganzen übertragen wird. Erbschaft oder Erwerb des Urheberrechts müssen nicht zwingend vom Urheber erfolgen; innerhalb der Schutzfrist kann sich jeder Inhaber des Urheberrechts gemäß §§ 28, 29 Abs. 1 auf die Wirkungen des § 30 berufen. Rechtsnachfolger gem. § 30 ist danach auch der Erbe des Erben des Urhebers oder der Vermächtnisnehmer, der in Erfüllung einer Verfügung von Todes wegen von den Erbeserben des Urhebers das Urheberrecht erhält.

Wem durch Rechtsgeschäft (§ 31), durch Erbgang (vgl. § 28 Rn. 5 ff.) oder **6** durch Vermächtnis, Auflage oder Erbauseinandersetzung nicht das Urheberrecht im Ganzen, sondern nur **Nutzungsrechte** eingeräumt oder andere in § 29 Abs. 2 genannte Befugnisse gewährt werden, ist kein Rechtsnachfolger gemäß § 30. Erforderlich ist die Inhaberschaft des Urheberrechts. Zur **Teilvererbung des Urheberrechts** vgl. § 28 Rn. 9.

§ 30 findet auch auf den Fall des § 8 **Abs. 4** (Verzicht des Miturhebers auf **7** Verwertungsrechte und zu Gunsten des anderen Miturhebers) Anwendung. Der begünstigte Miturheber ist allerdings nur im Hinblick auf die ihm zugefallenen Verwertungsrechte Rechtsnachfolger gemäß § 30 (Schricker/*Schricker*[3] Rn. 2).

2.   Grundsätzlich gleiche Befugnisse

Der Rechtsnachfolger rückt grds. in die **volle Rechtsstellung** des Urhebers ein; **8** mehrere Inhaber des Urheberrechts sind gemeinsam Rechtsnachfolger; zur Erbengemeinschaft vgl. § 28 Rn. 6. Der Rechtsnachfolger nimmt nicht nur die **Verwertungsrechte** des Urhebers, sondern auch dessen **Urheberpersönlichkeitsrechte** wahr. Der Rechtsnachfolger kann also sämtliche von § 29 Abs. 2 zu Lebzeiten zugelassenen Rechtsgeschäfte vornehmen.

Insbesondere kann der Urheber aus den ihm zustehenden Verwertungsrech- **9** ten **Nutzungsrechte** abspalten (§ 31). Bei der Vergabe von Nutzungsrechten steht der Rechtsnachfolger grds. genauso wie der Urheber: Das Urheberrecht wird in der Lage vererbt, in der es sich beim Erblasser im Todeszeitpunkt befand (OLG Düsseldorf ZUM-RD 2007, 465, 470 – *Die drei ???*; Schricker/*Schricker*[3] § 28 Rn. 7). Der Rechtsnachfolger kann nur die Rechte einräumen, die der Urheber noch nicht vergeben hat (§ 33). Nutzungsrechte, die der Urheber nicht vergeben hat, stehen dem Rechtsnachfolger zu, beispielsweise Rechte, die wegen der Zweckübertragungsregel (§ 31 Abs. 5) beim Urheber verblieben sind.

Im Hinblick auf **Urheberpersönlichkeitsrechte** ordnet § 30 ebenfalls eine **10** Gleichstellung des Rechtsnachfolgers mit dem Urheber an (Schricker/*Schricker*[3] Rn. 2; HK/*Kotthoff* Rn. 3; Dreier/Schulze/*Schulze*[2] Rn. 4; Wandtke/Bullinger/*Block*[2] Rn. 2; Möhring/Nicolini/*Spautz*[2] Rn. 1; Loewenheim/*Axel Nordemann* § 23 Rn. 22; *Ulmer*[3] S. 356). Der Rechtsnachfolger ist nicht an die ideellen Interessen des Urhebers gebunden (a.A. nur *Clément*, Urheberrecht und Erbrecht, 1993, S. 62 ff.; dagegen insb. wegen fehlender Kontrollinstanz zu Recht Dreier/Schulze/*Schulze*[2] Rn. 4), so dass er insb. unbegrenzt Rechtsgeschäfte nach § 39 vornehmen oder die Urheberpersönlichkeitsrechte selbst ausüben kann. Er hat insoweit völlige Freiheit. Er kann das Pseudonym lüften, ein anonymes Werk benennen oder die Werke des Erblassers bis zur Unkenntlichkeit bearbeiten. Eine Grenze besteht allerdings im **allgemeinen Persönlichkeitsrecht** (§ 823 Abs. 1 BGB) des Urhebers, das vom Urheberpersönlichkeitsrecht zu unterscheiden ist (BGH GRUR 1995, 668, 670 – *Emil Nolde*). Sofern das allgemeine Persönlichkeitsrecht nicht auch beim Rechtsnachfolger liegt, können Angehörige des Urhebers als Inhaber des allgemeinen Persönlichkeitsrechts des Urhebers gegen den Rechtsnachfolger vorgehen (Schricker/*Schricker*[3] Rn. 7; Dreier/Schulze/*Schulze*[2] Rn. 6; Loewenheim/*Axel Nordemann* § 23 Rn. 22). Das kann der Fall sein bei einer Ehrverletzung des Urhebers, die über den Schutzbereich des Urheberpersönlichkeitsrechts hinausgeht, z.B. bei Kunstfälschung, die nur über das allgemeine Persönlichkeitsrecht erfasst werden kann (BGH GRUR 1995, 668, 670 – *Emil Nolde*). – Nicht gerechtfertigt erscheint es, dem Rechtsnachfolger den **immateriellen Schadensersatz** des § 97 Abs. 2 S. 4 vorzuenthalten (a.A. OLG Hamburg NJW-RR 1995, 562, 563 – *Ile de France*; *Schack* GRUR 1985, 352, 358; Möhring/Nicolini/*Spautz*[2] Rn. 4; wie hier LG Mannheim GRUR 1997, 364, 366 – *Freiburger Holbein-Pferd*, allerdings ohne Erwähnung des Streitstandes; *Heinig* ZUM 1999, 291; Schricker/*Schricker*[3] Rn. 3; Dreier/Schulze/*Schulze*[2] Rn. 5; HK/*Kotthoff* Rn. 5 HK/*Meckel* § 97 Rn. 6). Auch eine Differenzierung danach, ob der immaterielle **Schadensersatz** zu Lebzeiten des Urhebers entstanden ist und nur dann den Anspruch auch zu Gunsten des Rechtsnachfolgers zu gewähren (so Voraufl./*Hertin* Rn. 6), ist nicht angezeigt. Aus dem Wortlaut des § 97 Abs. 2 S. 4 lässt sich eine solche Einschränkung jedenfalls nicht ablesen. Auch enthält der RegE UrhG 1965 den Hinweis, dass der Anspruch wegen der Vererblichkeit des ihm zugrunde liegenden Urheberpersönlichkeitsrechts auf die Erben übergehen kann (Begr RegE UrhG – BT-Drucks. IV/270, S. 104). Das belegt gerade, dass auch der Gesetzgeber den Rechtsnachfolgern uneingeschränkt Ansprüche nach § 97 Abs. 2 S. 4 gewähren wollte.

3. Ausnahmen des UrhG

11 § 30 ordnet die Gleichstellung des Rechtsnachfolgers mit dem Urheber an, „soweit nichts anderes bestimmt ist". Solche anderen Bestimmungen finden sich im UrhG wie folgt: **Das Widerrufsrecht** bei Einräumung von Rechten an **unbekannten Nutzungsarten** gemäß § 31a Abs. 1 S. 3 steht nur dem Urheber zu; es erlischt mit seinem Tod (§ 31a Abs. 2 S. 3). Das **Rückrufsrecht wegen gewandelter Überzeugung** ist in seiner Ausübung für den Rechtsnachfolger erheblich erschwert, weil der Rechtsnachfolger nachweisen muss, dass der Urheber vor dem Tod zum Rückruf berechtigt gewesen wäre und an der Erklärung des Rückrufs gehindert war oder dies letztwillig erfügt hat (§ 42 Abs. 1 S. 2). **Änderungen an Sprachwerken**, die **für den Kirchen-, Schul- oder Unterrichtsgebrauch** erforderlich sind, bedürfen nur dann der Einwilligung des Rechtsnachfolgers, wenn dieser Angehöriger des Urhebers ist oder das Urheberrecht aufgrund letztwilliger Verfügung des Urhebers erworben hat (§ 62 Abs. 4 S. 2). Schließlich ist die **Zwangsvollstreckung wegen Geldforderungen** gegen den Rechtsnachfolger erleichtert (§ 115 Abs. 1 S. 2). Einschränkungen für **immaterielle Schadensersatzansprüche gemäß § 97 Abs. 2 S. 4** bestehen hingegen nicht (vgl. Rn. 10).

4. Ausnahmen durch Anordnung des Urhebers (Auflagen)

12 Der Urheber selbst kann den Rechtsnachfolger in der Ausübung des Urheberrechts beschränken, und zwar durch Auflagen. Die Vollziehung der Auflage können gemäß § 2194 BGB der Erbe, der Miterbe sowie derjenige, der beim Wegfall des Rechtsnachfolgers an dessen Stelle getreten wäre, und bei Vorliegen des öffentlichen Interesses auch die zuständige Behörde verlangen. Solche Auflagen können zunächst die **Urheberpersönlichkeitsrechte** betreffen.

Der Urheber kann anordnen, dass seine Werke unter einem bestimmten Pseudonym oder anonym erscheinen müssen (§ 13), dass gar keine oder bestimmte Änderungen am Werk nicht vorgenommen werden dürfen (§ 14) oder sie erst zu einem bestimmten Zeitpunkt – oder gar nicht – veröffentlicht werden dürfen. Berühmte Beispiele sind Band 3 *Gedanken und Erinnerungen* von Bismarck, der seine Erben verpflichtete, diesen erst nach dem Tod Wilhelms II. zu veröffentlichen. Auch Cosima Wagner verpflichtete ihre Tochter Eva Chamberlain, ihre Tagebücher, die ihre Beziehungen zu Richard Wagner behandelten, erst mehrere Jahrzehnte nach ihrem Tod zu veröffentlichen (BGH GRUR 1955, 201, 204 – *Cosima Wagner*). Ferner kann der Urheber auch die Ausübung der **Verwertungsrechte** mit Auflagen beschränken. Letztwillig kann z.B. die Veröffentlichung eines Werkes als Taschenbuch untersagt werden oder ein Werk zu verfilmen. *Arthur Schnitzler* verbot letztwillig die öffentliche Aufführung seines *Reigen*. Daran hielten sich die Erben, erlaubten aber die nicht ausdrücklich verbotene Verfilmung mehrfach.

III. Prozessuales

Vgl. § 28 Rn. 15.   **13**

IV. Verhältnis zu anderen Vorschriften, insbesondere zu Leistungsschutzrechten

Die Regelung des § 30 gilt wie folgt für **Leistungsschutzrechte**: Nur das Recht **14** an **wissenschaftlichen Ausgaben** und **das Lichtbildrecht** sind nicht übertragbar (vgl. Vor §§ 31 ff. Rn. 218 ff.); wegen der Verweisung auf den gesamten ersten Teil des UrhG (§ 70 Abs. 1; § 72 Abs. 1) findet § 30 unmittelbar Anwendung (Schricker/*Schricker*[3] § 28 Rn. 14; Wandtke/Bullinger/*Block*[2] § 28 Rn. 13). Für die übrigen Leistungsschutzrechte fehlt es an einer Verweisung auf § 30. Jedoch sind diese übrigen Leistungsschutzrechte schon zu Lebzeiten übertragbar. Das gilt für die **Rechte an nachgelassenen Werken, der ausübenden Künstler, der Tonträgerhersteller, der Sendeunternehmen** und **der Filmhersteller** einschließlich **Laufbildhersteller** aufgrund ausdrücklicher Festlegung durch das UrhG (vgl. §§ 71 Abs. 2, 79 Abs. 1 S. 1, 85 Abs. 2 S. 1, 87 Abs. 2 S. 1, 94 Abs. 2 S. 1, 95). Für Datenbanken ist das auch ohne ausdrückliche Regelung anerkannt (Schricker/*Vogel*[3] vor §§ 87a ff. Rn. 24), genauso für die Veranstalterrechte (vgl. § 81 Rn. 20). Erbe oder Erwerber rücken danach vollständig in die Rechtsposition des Leistungsschutzberechtigten ein, so dass – im gewährten Umfang des Leistungsschutzrechts – § 30 analog gilt, also sämtliche Rechte auch dem Erwerber zustehen, soweit nicht anderes im UrhG bestimmt ist. Hier existiert für das Leistungsschutzrecht des ausübenden Künstlers eine Ausnahme: Die Persönlichkeitsrechte gemäß §§ 74, 75 können wegen § 76 S. 4 nicht beliebig übertragen oder vererbt werden. Vielmehr stehen die Rechte nach dem Tod des ausübenden Künstlers seinen Angehörigen (§ 60 Abs. 2) zu.

Vorbemerkung

Übersicht

Jan Bernd Nordemann

Jan Bernd Nordemann

I. Allgemeines

1. Sinn und Zweck des Urhebervertragsrechts

1 **a) Überblick:** Der Urheber verwertet nur in Ausnahmefällen sein Werk selbst. Vielmehr erfolgt die **Verwertung urheberrechtlich geschützter Werke regelmäßig durch Verwerter** (Begr RegE UrhG – BT-Drucks. IV/270, S. 28). Der Schriftsteller überlässt zur Verwertung sein Manuskript einem Buchverlag, der Komponist seine Symphonie einem Musikverlag, der Regisseur seinen Spielfilm einem Filmproduzenten, der Programmierer seine Software dem Auftraggeber oder der Architekt seine Pläne dem Bauherrn. Damit Verwerter urheberrechtliche Werke nutzen dürfen, muss der Urheber ihnen die erforderlichen Rechte verschaffen. Diese **Rechteverschaffung** regelt das Urhebervertragsrecht. Dabei ist zunächst zu beachten, dass das Urheberrecht als solches gem. § 29 grundsätzlich nicht übertragbar ist. Zulässig ist jedoch die Belastung des Urheberrechts durch die Einräumung von Nutzungsrechten sowie andere vertragliche Gestattungen der Nutzung, § 29 Abs. 2. Das UrhG enthält insoweit umfassende Regelungen für die Einräumung von Nutzungsrechten, deren Vergütung sowie Rückrufsregelungen für eingeräumte Nutzungsrechte. Allgemeine Regelungen hierzu finden sich in den §§ 31 bis 44 neben besonderen Bestimmungen für bestimmte Werkarten wie Computerprogramme (§§ 69a bis § 69d) oder Filmwerke (§§ 88 bis 90, § 93). Darauf beschränkt sich das UrhG allerdings auch. Das UrhG will keine bestimmten Vertragstypen regeln. Deshalb enthält es keine weitergehenden Regelungen als zur Einräumung, Vergütung und dem Rückruf von Nutzungsrechten; insbesondere zu Willenserklärungen, dem Abschluss des Vertrages und zu Leistungsstörungen sagt das UrhG nichts.

2 Häufig werden die dem ersten Verwerter eingeräumten **Rechte** an andere **Verwerter** weitergegeben. Der Buchverleger will nur die Hardcoverausgabe verlegen und gibt die ihm vom Urheber eingeräumten Taschenbuchrechte an einen Subverleger weiter, der Musikverlag gestattet einem Filmproduzenten, die Symphonie für einen Spielfilm zu verwenden. Das Urhebervertragsrecht umfasst danach auch den weiteren Rechtsverkehr mit Nutzungsrechten. Ausdrücklich im UrhG geregelt ist jedoch grundsätzlich nur, ob und inwieweit der Urheber in diesen weiteren Rechtsverkehr einzubeziehen ist. Das gilt insbesondere für die Frage der Zustimmung des Urhebers bei Weiterübertragung eingeräumter Nutzungsrechte (§ 34) bzw. bei Einräumung von (weiteren) Nutzungsrechten an Nutzungsrechten (§ 35). Nur ausnahmsweise können einzelne Institute des Urhebervertragsrechts auch für den **Rechtsverkehr zwischen Verwertern** herangezogen werden, beispielsweise die Zweckübertragungslehre (vgl. Rn. 238), der Sukzessionsschutz des § 33 oder mit Einschränkungen § 88 (vgl. § 88 Rn. 25). Für bestimmte Nutzungsrechte gelten

Sonderregelungen, beispielsweise die Kontrahierungspflicht für Kabelnetzbetreiber und Sendeunternehmen gemäß § 87 Abs. 5, die auch den Rechtsverkehr mit eingeräumten Nutzungsrechten betrifft.

Die Regelungen der §§ 31 bis 44 gelten überdies teilweise für die von den **3** Urheberrechten zu unterscheidenden **Leistungsschutzrechte des UrhG**. Am umfassendsten ist die Geltung zu Gunsten der Verfasser wissenschaftlicher Ausgaben (§ 70) und der Lichtbildner (§ 72). Auch ausübende Künstler profitieren gemäß § 79 mit einigen Einschränkungen von den §§ 31 ff. Nur eine lückenhafte Verweisung besteht für die Veranstalterleistung (§ 81 S. 2), die Leistung des Tonträgerherstellers (§§ 85 Abs. 2 S. 3), des Sendeunternehmens (§ 87 Abs. 2 S. 3) und des Filmherstellers (§ 94 Abs. 2 S. 3) einschließlich des Laufbildherstellers (§ 95 i.V.m § 94 Abs. 2 S. 3). Im Hinblick auf das Leistungsschutzrecht bei nachgelassenen Werken (§ 71) und des Datenbankherstellers (§§ 87a ff.) findet gar keine Verweisung auf die §§ 31 bis 44 statt, eine entsprechende Anwendung ist dennoch teilweise möglich (vgl. Rn. 217 ff.).

Zusammenfassung: Aufgabe des Urhebervertragsrechts ist es danach grund- **4** sätzlich, den Verkehr mit Nutzungsrechten für urheberrechtlich geschützte Werke einschließlich seiner Vergütung im Hinblick auf den Urheber sowie teilweise für Leistungsschutzberechtigte zu regeln. Für weitere vertragsrechtliche Fragen, die sich aus dem jeweiligen Vertragstyp ergeben, muss auf Regelungen außerhalb des UrhG zurückgegriffen werden, z.B. auf das VerlG oder das BGB (vgl. Rn. 163 ff.).

b) Grundsatz der Vertragsfreiheit: Das Urhebervertragsrecht ist Teil des all- **5** gemeinen bürgerlichen Vertragsrechts. Es gilt damit grundsätzlich der Gedanke der Vertragsfreiheit bei der Gestaltung des Rechtsverkehrs mit Nutzungsrechten, § 311 Abs. 1 BGB (Dreier/Schulze/*Schulze*[2] Vor § 31 Rn. 4; Loewenheim/*Jan Bernd Nordemann* § 26 Rn. 47; *Schack*[4] Rn. 949).

c) Einschränkungen zu Gunsten des Urhebers: Im Verhältnis **Urheber und** **6** **Verwerter** ist der Grundsatz der Vertragsfreiheit stark aufgeweicht, vor allem wenn es um Vereinbarungen zu Lasten des Urhebers geht. Nicht alle Normen, die einen Regelungsrahmen für Nutzungsverträge mit Urhebern bilden sollen, sind dispositiv. Dass den Parteien eine Regelung insoweit teilweise aus den Händen genommen wird, begründet der Gesetzgeber des UrhG mit einem besonderen Schutzbedürfnis des Urhebers.

Zunächst schützt gemäß § 11 S. 1 das Urheberrecht den Urheber in seinen **7** geistigen und persönlichen Beziehungen zum Werk. Sinn des Urheberrechts – einschließlich des Urhebervertragsrechts – ist es insoweit, dem Urheber die rechtliche Grundlage dafür zu geben, **Art und Umfang der Nutzung seines** **Werkes zu überwachen**; möglichst jede Art der Nutzung soll der Kontrolle des Urhebers unterliegen (Begr RegE UrhG – BT-Drucks. IV/270, S. 28). Dies hat der Gesetzgeber zum Anlass genommen, verschiedene Bestimmungen zum Schutz des Urhebers und seiner Kontrollmöglichkeiten einzuführen, die naturgemäß die Vertragsfreiheit beschränken. Zu nennen sind § 29 (keine Übertragung des Urheberrechts), §§ 34 Abs. 5, 41 Abs. 4, 42 Abs. 2 (kein Vorausverzicht auf Rückrufrechte) und für Verträge bis 31.12.2007 das Verbot der Einräumung unbekannter Nutzungsarten (§ 31 Abs. 4 a.F.; aber nunmehr vgl. § 137l Rn. 1 ff.). In beschränktem Umfang gilt dies auch für die Zweckübertragungslehre (§ 31 Abs. 5), die dem Verwerter zumindest eine Spezifizierungslast aufbürdet, wenn er sich Rechte pauschal einräumen lassen will, die er für die Erfüllung des Vertragszweckes eigentlich nicht benötigt. § 40 Abs. 2 S. 1

enthält ein wechselseitiges Verbot – also für Urheber und Verwerter – auf eine Kündigung bei Verträgen über zukünftige Werke zu verzichten.

8 Außerdem enthält § 11 S. 2 seit dem UrhVG 2002 die ausdrückliche Verpflichtung des UrhG zu Gunsten des Urhebers, eine angemessene **Vergütung** des Urhebers sicherzustellen. Im Urheberrecht findet sich jedoch nach Auffassung des Gesetzgebers der UrhVG 2002 regelmäßig eine strukturelle Unterlegenheit der Urheber gegenüber Verwertern. Oftmals sei die Vergütung von letzterer diktiert, und der gewöhnliche Urheber, dessen Werke noch nicht allzu bekannt sind und auf dessen Person es für die Vermarktung nicht primär ankommt, habe keine Wahl als anzunehmen oder es zu lassen (RegE UrhVG – BT-Drucks. 14/6433, S. 9; *Schricker* IIC 2004, 850). Der Gesetzgeber führte deshalb mit der Urhebervertragsrechtsreform ein unabdingbares (§ 32b) Recht des Urhebers auf angemessene vertragliche Vergütung (§§ 32 f.) ein. Das stellt eine ganz erhebliche Durchbrechung des Prinzips der Vertragsfreiheit zu Gunsten des Urhebers – und des Prinzips *pacta sunt servanda* – dar, weil der Preis einer der wichtigsten Vertragsparameter ist. Ergänzt werden diese Regelungen durch im Voraus unverzichtbare (§ 63a) gesetzliche Vergütungsansprüche des Urhebers (§§ 26 Abs. 2, 27 Abs. 1, 46 Abs. 4, 47 Abs. 2, 49 Abs. 1, 52, 54 Abs. 1, 54a Abs. 1 und 2).

9 Zu Gunsten des Urhebers bestehen ferner Durchbrechungen der Vertragsfreiheit im UrhWahrnG. Der Urheber hat gemäß § 6 UrhWahrnG einen **Anspruch auf Wahrnehmung** bestimmter Rechte durch Verwertungsgesellschaften, sofern eine wirksame Wahrnehmung durch den Urheber nicht möglich ist (vgl. § 16 UrhWahrnG Rn. 1 ff.).

10 **d) Einschränkungen zu Gunsten von Leistungsschutzberechtigten:** Aufgrund entsprechender Verweisung gelten die vorerwähnten Einschränkungen der Vertragsfreiheit durch das UrhG in den §§ 31 bis 44 in großem Umfang auch für die leistungsschutzberechtigten Verfasser wissenschaftlicher Ausgaben, Lichtbildner und ausübenden Künstler (eingehend vgl. Rn. 217 ff.). Die übrigen Leistungsschutzberechtigten kommen nur ausnahmsweise in den Genuss des sie privilegierenden und die Vertragsfreiheit einschränkenden Vertragsrechts (eingehend vgl. Rn. 217 ff.).

11 **e) Einschränkungen bei Verträgen zwischen Verwertern:** Der Grundsatz der Vertragsfreiheit gilt jedoch grundsätzlich für den **Rechtsverkehr zwischen Verwertern** untereinander. Als Ausnahme sei beispielsweise auf § 87 Abs. 5 verwiesen. Das UrhG enthält im Übrigen nur ausnahmsweise Regelungen für Verträge zwischen Verwertern, z.B. die analoge Anwendung des § 88 auf Filmstoffverträge (vgl. § 88 Rn. 25) sowie bestimmte Übergangsbestimmungen (§§ 137 Abs. 2, 3 und 4, 137b Abs. 2 und 3, 137c Abs. 2 und 3, 137f Abs. 4 sowie § 137j Abs. 4). Ferner bestehen nach UrhWahrnG für die Verwertungsgesellschaften Einschränkungen der Vertragsfreiheit, beispielsweise ein Wahrnehmungszwang gemäß § 6 UrhWahrnG und eine Kontrahierungspflicht nach § 11 UrhWahrnG.

12 **f) Einschränkungen zu Gunsten des Verkehrsschutzes:** Neben den vorerwähnten Einschränkungen der Vertragsfreiheit primär aus Gründen des Urheberschutzes gelten noch weitere Einschränkungen der Vertragsfreiheit, allerdings eher aus Gründen des Verkehrsschutzes. Absolut (gegenüber jedermann) wirkende Nutzungsrechte können nur an **klar abgrenzbaren Nutzungsarten** begründet werden (vgl. § 31 Rn. 11 f.). Auch kann mit absoluter Wirkung gegenüber jedermann nicht zum Gegenstand einer Parteivereinbarung gemacht werden, ob ein Werk **Werkqualität** hat und damit dem absoluten Urheber-rechtsschutz unterfällt (OLG Karlsruhe GRUR 1984, 521, 522 – *Atari-Spiel-cassetten*; ferner vgl. § 2 Rn. 235). **Urheberrechtliche Kontrahierungspflichten** können sich im Tonträgerbereich für den Urheber aus § 42a ergeben.

g) Grenzen der Vertragsfreiheit außerhalb des UrhG: Für die Vertragsfreiheit **13** bestehen außerdem die bekannten Grenzen aus anderen Regelungen außerhalb des Urheberrechts. Zunächst gelten die Grenzen des Rechts der AGB gemäß §§ 305 ff. BGB (vgl. Rn. 192 ff.) sowie der §§ 134, 138 BGB (vgl. Rn. 50 ff.). Außerdem sei auf kartellrechtliche Bestimmungen verwiesen (vgl. Rn. 56 ff.).

2. Früheres Recht und Übergangsvorschriften

a) Vor dem UrhG 1965 (Altverträge): Vor Inkrafttreten des UrhG zum **14** 01.01.1966 galten LUG (abrufbar www.fromm-nordemann.de) und KUG (abrufbar www.fromm-nordemann.de). Aufgrund der Übergangsregelung des § 132 müssen **LUG und KUG** auf **Verträge** weiter angewendet werden, die **bis zum 31.12.1965 geschlossen** wurden (sog. Altverträge). Ausnahmen gelten nur für §§ 32a, 41 und 42 (vgl. § 132 Rn. 1 ff.). Der Anwendungs-bereich von LUG und KUG bestimmt sich nach der einschlägigen Werkart. Das LUG regelte Schriftwerke, Vorträge, Reden, Werke der Tonkunst, Abbil-dungen wissenschaftlicher oder technischer Art (§ 1 LUG). In den Regelungs-bereich des KUG fielen Werke der bildenden Kunst (einschließlich Bauwerke und Kunstgewerbe) sowie Werke der Photographie (einschließlich Filmwer-ken), §§ 1 bis 3 KUG. Entwürfe zu Werken, die nach KUG Urheberrechts-schutz genossen, wurden nicht nach LUG, sondern nach KUG geschützt (§ 4 KUG).

Nach LUG und KUG war das **Urheberrecht** noch **übertragbar**, § 8 Abs. 3 LUG **15** und § 10 Abs. 3 KUG. Für den Fall einer Übertragung bestanden allerdings gewisse (dispositive) Einschränkungen. So bestimmten § 9 LUG und § 12 KUG, dass der Erwerber mangels anderweitiger Vereinbarung nicht das Recht hat, an dem Werk selbst, an dessen Titel und an der Bezeichnung des Urhebers etwas zu ändern. Dabei blieben allerdings Änderungen zulässig, für die der Berechtigte seine Zustimmung nach Treu und Glauben nicht versagen konnte (so auch § 39 UrhG). Zusätzlich enthielt § 14 LUG noch eine Regelung, dass verschiedene Nutzungsrechte im Zweifel beim Urheber verbleiben, z.B. das Übersetzungsrecht, das Dramatisierungsrecht, das Bearbeitungsrecht bei Mu-sikwerken, das mechanische Wiedergaberecht und das Verfilmungsrecht (dazu *Haupt* ZUM 1999, 898). Die Einräumung von Nutzungsrechten am Urheber-recht war rudimentär geregelt. § 8 Abs. 3 LUG und § 10 Abs. 3 KUG enthiel-ten zumindest die Bestimmung, dass das Urheberrecht auch „beschränkt auf ein bestimmtes Gebiet" übertragen werden konnte. Damit kannten LUG und KUG durchaus ein auf eine bestimmte Nutzungsart beschränkte Verschaffung von Rechten. Auch enthielt zumindest § 10 Abs. 4 KUG eine Vermutungsregel, dass die Überlassung des Eigentums an einem Werk keine Rechtsübertragung nach sich zieht (siehe hierzu § 44 Abs. 1 UrhG; vgl. § 44 Rn. 4 ff.). Spezi-fischere Regelungen existierten nicht, sieht man einmal von speziellen Ver-mutungsregeln ab, die § 11 KUG für Sammelwerke vergleichbar mit § 38 UrhG aufstellte. Insbesondere die **Zweckübertragungslehre** war nicht kodi-fiziert, wurde aber vom RG schon früh zum Schutz des Urhebers entwickelt (vgl. § 31 Rn. 113). Es gab **kein Verbot der Einräumung von Rechten an unbe-kannten Nutzungsarten.** Gleichwohl wurde die Einräumung von Rechten an unbekannten Nutzungsarten durchaus restriktiv gemäß ungeschriebener

Zweckübertragungslehre gehandhabt (vgl. § 31a Rn. 5; dazu ferner *Jan Bernd Nordemann* FS Nordemann II S. 193, 198 ff.). Außerdem sei auf die folgenden Erläuterungswerke zu LUG und KUG verwiesen: *Allfeld* (Kommentar zum KUG), 1908; *Goldbaum*, Urheberrecht und Urhebervertragsrecht[3] (1961); *Marwitz/Möhring* (Kommentar zum LUG), 1929; *Osterrieth/Marwitz* (Kommentar zum KUG)[2], 1929; *Rinteln*, Urheberrecht und Urhebervertragsrecht, 1958; *Voigtländer/Ester/Kleine* (Kommentar zu LUG und KUG)[4], 1952.

16 b) **UrhG 1965:** Mit dem Inkrafttreten des UrhG vom 09.09.1965 zum 01.01.1966 (§§ 132, 143) war eine etwas umfassendere Kodifikation des Urhebervertragsrechts als in LUG und KUG verbunden. Ausgangspunkt war nun allerdings die grundsätzliche Unübertragbarkeit des Urheberrechts (§ 29 S. 2). Das unübertragbare Urheberrecht konnte fortan nur noch mit Nutzungsrechten belastet werden. Die §§ 31 bis 44 enthielten hierzu verschiedene Regelungen. Die Vergütung war nur in § 36 a.F. teilweise geregelt, und zwar für Fälle, in denen die Vergütung des Urhebers in einem groben Missverhältnis zu den Erträgen aus dem Werk stand (sog. Bestsellerparagraph). Die §§ 31 bis 44 UrhG verstand schon der Gesetzgeber 1965 nicht als umfassende Regelung des Urhebervertragsrechts; er plante vielmehr, im Anschluss an das UrhG ein „Urhebervertragsgesetz" auszuarbeiten. Der Gesetzgeber verzichtete deshalb auf eine Regelung von einzelnen branchenbezogenen Urheberrechtsverträgen. Er wollte nur grundlegende allgemeingültige Bestimmungen sowie Regelungen kodifizieren, die aus Gründen des Urheberschutzes „besonders vordringlich" waren (RegE UrhG – BT-Drucks. IV/270, S. 56). Die Auseinandersetzung über eine weitergehende Regelung des Urhebervertragsrechts ging deshalb nach Inkrafttreten des UrhG weiter.

17 c) **Urhebervertragsrechtsnovelle 2002:** Nach langer und kontroverser Diskussion (etwa *Däubler-Gmelin* ZUM 1999, 265; *Kreile* ZUM 2001, 300; *Pöppelmann* K&R 1999, 1; *Wilhelm Nordemann* GRUR 1991, 1; *Dietz* FS Schricker 60. Geb. S. 1, 8) erfuhr das UrhG im Jahr 2002 eine Novelle durch UrhVG vom 22.03.2002 (BGBl. I 1155), das die angemessene wirtschaftliche Beteiligung an der Verwertung der Werke verbessern sollte. Der Gesetzgeber entschied sich auf Grundlage des sog. Professorenentwurfes (GRUR 2000, 765 ff.) mit einigen Änderungen vor allem im Vergütungsbereich für eine kleine Lösung mit punktuellen Verbesserungen (zust. *Schack* GRUR 2002, 853). Von einer umfassenderen Kodifikation eines Urhebervertragsrechts auch für einzelne Verwertungsverträge (im Bewusstsein um die Unvollständigkeit des UrhG wiederholt gefordert, s. nur *Ulmer*, Gutachten zum Urhebervertragsrecht, 1977, passim; *Hubmann* GRUR 1978, 468; *Wilhelm Nordemann* GRUR 1991, 1; *Schricker* GRUR Int. 1983, 446; vgl. Vor §§ 28 ff. Rn. 1 ff.) wurde abgesehen, da eine große Lösung wohl an den zu unterschiedlichen Verhältnissen in den einzelnen Branchen gescheitert wäre. Die Reform brachte u.a. eine ausführliche Regelung der **Zweckübertragungslehre** in § 31 Abs. 5. Mit dem neu geschaffenen § 11 S. 2, der eine **angemessene Vergütung** zum Zweck des Urheberrechtes erhebt, bekommt dieses Prinzip jetzt Leitbildfunktion für die AGB-Kontrolle (vgl. § 31 Rn. 180). Weiterhin hat der Urheber nun einen **Anspruch auf angemessene Vergütung** (§ 32). Die bislang hohe Schwelle des „Bestsellerparagraphen" § 36 a.F. wurde abgesenkt (§ 32a n.F.). Das 2002 geänderte Urhebervertragsrecht gilt grundsätzlich nicht für die **bis zum 01.07.2002 abgeschlossenen Altverträge** (vgl. § 132 Rn. 15 ff., dort auch zu den Ausnahmen).

d) Gesetz zur Regelung des Urheberrechts in der Informationsgesellschaft („1. 18
Korb"): Der sog. „1. Korb" der weiteren Urheberrechtsreform (auch UrhG
Infoges; BGBl. I S. 1774) brachte neue Regelungen zumeist außerhalb des
eigentlichen Urhebervertragsrechts. Umgesetzt wurden hauptsächlich die
zwingenden Vorgaben der EU-Richtlinie 2001/29/EG („Info-RL"). Seine wichtigsten Neuerungen waren z.B. die Schaffung des § 19a, der das Recht des
öffentlichen Zugänglichmachens als Verwertungsrecht regelt, die Anpassung
einiger Schrankenbestimmungen (etwa die neuen §§ 44a, 45a, 52a, sowie
Änderungen der §§ 50, 52, 53, die Neufassung des Schutzes ausübender
Künstler in den §§ 73 ff. und die Schaffung der §§ 95a bis 95d; dazu *Czychowski* NJW 2003, 2409; *Schippan* ZUM 2003, 678; *Dreier* ZUM 2002, 28;
Bayreuther ZUM 2001, 829).

e) „2. Korb": Die mit dem „1. Korb" begonnene Anpassung des deutschen 19
Urheberrechts an die Entwicklungen im Bereich der Informations- und Kommunikationstechnologie wurde mit dem **„2. Korb"** fortgeführt. Das Verbot der
Einräumung von Rechten an unbekannten Nutzungsarten (§ 31 Abs. 4 a.F.) ist
zu Gunsten eines bloßen Schriftformgebotes mit eingeschränktem Widerrufsrecht für den Urheber (§ 31a) und Anspruch auf angemessene Vergütung
(§ 32c) für Verträge ab 01.01.2008 entfallen. Für Filmverträge wurden die
Vermutungen der §§ 88, 89 auf unbekannte filmische Nutzungsarten erweitert. Für einige Altverträge vom 01.01.1966 bis 31.12.2007 kann ein Nacherwerb von Rechten an unbekannten Nutzungsarten stattfinden (§ 137l).
Klargestellt wurde ferner, dass z.B. bei Open Source Software ein Vergütungs-
verzicht erfolgen kann (§ 32a Abs. 3 S. 2). Zum 2. Korb *Zypries* ZUM 2005,
98; *Kreile* ZUM 2005, 112; *Pakuscher* ZUM 2005, 127; *Langhoff/Oberndör-
fer/Jani* ZUM 2007, 593.

3.   DDR-Urhebervertragsrecht

Das in der DDR geltende Gesetz über das Urheberrecht ist gemäß Art. 8 20
Einigungsvertrag mit Wirkung vom 03.10.1990 außer Kraft getreten. Mit
diesem Zeitpunkt wurde das bundesdeutsche Recht inklusive des UrhG global
auf die DDR durch Art. 8 EV übergeleitet. Gemäß Anlage I EV Kap. III E
Abschnitt II Nr. 2, die besondere Bestimmungen für das Urheberrecht enthält,
ist das UrhG auch auf die vor dem Beitritt geschaffenen Werke anwendbar.
Damit gilt für urheberrechtliche Sachverhalte – so etwa die Frage, ob und
durch wen zuvor Werke überhaupt geschaffen wurden – das Urheberrecht der
BRD (BGH GRUR 2001, 826, 827 – *Barfuß ins Bett*; siehe auch die Kommentierung zum Einigungsvertrag). Das ist anders für das **Urhebervertragsrecht** und die Einräumung von Nutzungsrechten. Für **Verträge**, die in der Zeit
vor dem 3.10.1990 abgeschlossen wurden, gilt gem. Art. 232 § 1 EGBGB **das
bisherige Recht der DDR** (sog. **DDR-Altverträge**). Die Auslegung der Verträge
richtet sich also nach dem Urhebervertragsrecht der damaligen DDR (BGH
GRUR 2001, 826, 828 – *Barfuß ins Bett*; vgl. BGH GRUR 1999, 152, 154 –
Spielbankaffäre; KG ZUM-RD 1999, 484, 486 – *Flüstern und Schreien*; KG
ZUM 1999, 154, 155; KG ZUM 1999, 415, 416).

Bis 31.12.1965 waren dort **LUG und KUG** anwendbar (allgemein zu LUG und 21
KUG vgl. Rn. 14 f.) sowie das **VerlG** (Bezirksgericht Leipzig NJ 1965, 587 ff.
zum KUG; *Katzenberger* GRUR Int. 1993, 2, 3; *Püschel* GRUR 1992, 579,
579). Danach fand das **URG-DDR** Anwendung, § 97 Abs. 1 DDR-URG.
Allerdings konnte das bis 31.12.1965 geltende Recht auch für Altverträge
bis 31.12.1965 zurückgedrängt werden, wenn dessen Festlegungen dem neuen

DDR-URG widersprachen (§ 95 Abs. 2 S. 2). Das gilt beispielsweise für die mangelnde Übertragbarkeit des Urheberrechts unter Lebenden, wie sie nach LUG und KUG, nicht jedoch nach DDR-URG möglich war (vgl. § 29 Rn. 2). Das DDR-URG enthielt eine sehr umfassende Regelung des Urhebervertragsrechts im 8. Abschnitt und dort in den §§ 38 bis 72 DDR-URG. Der 1. Unterabschnitt betraf die allgemeinen Bestimmungen, während die übrigen Unterabschnitte Regelungen für Vertragsarten aufstellten (§§ 46 bis 72 DDR-URG). Als allgemeine zivilrechtliche Regelungen sind gemäß Art. 232 § 1 EGBGB für bis zum 31.12.1975 geschlossene Verträge das BGB, ab dem 01.01.1976 das ZGB-DDR anzuwenden. Für solche Verträge, die grenzübergreifend nach den Kollisionsnormen des IPR beurteilt werden mussten, sind gemäß Art. 236 § 1 EGBGB auf vor dem Beitritt abgeschlossene Vorgänge die damals jeweils gültigen Kollisionsnormen anzuwenden.

22 Dort, wo das Urhebervertragsrecht der DDR mit **zwingenden Vorschriften des bundesdeutschen UrhG** (z.B. §§ 31 Abs. 4 a.F., 36 a.F., 40, 41, 42 UrhG) kollidiert, wird teilweise für eine Anwendung des UrhG plädiert. Das wird auf den *ordre-public* Vorbehalt des Art. 6 bzw. auf Art. 34 EGBGB gestützt (Wandtke/Bullinger/*Wandtke*[2] EVtr Rn. 39), teilweise auch auf eine Korrektur über **§ 242 BGB** (Dreier/Schulze/*Dreier*[2] vor EV Rn. 10). Das ist nur insoweit überzeugend, als auch bei Altverträgen, die unter bundesdeutsches Recht fallen, jedoch vor Inkrafttreten des (bundesdeutschen) UrhG am 01.01.1966 abgeschlossen wurden, eine Anwendung der vorerwähnten Vorschriften erfolgt. Ansonsten würden DDR-Verträge besser behandelt als bundesdeutsche Verträge. Die Übergangsvorschriften des § 132 UrhG sehen die Anwendung verschiedener urhebervertragsrechtlicher Institute des UrhG für Altverträge vor, z.B. im Hinblick auf §§ **40, 41 und 42 UrhG**. Der **Bestsellerparagraph** des § 36 UrhG a.F. ist auf DDR-Altverträge nicht anwendbar (KG ZUM-RD 1999, 484, 486 – *Flüstern und Schreien*); § 32a UrhG n.F. kann allerdings gemäß § 132 Abs. 3 S. 2 UrhG auf DDR-Altverträge Anwendung finden, sofern die Bestseller-Sachverhalte nach dem 28.03.2002 entstanden sind. Eine dem § 31 Abs. 4 a.F. (vgl. § 31a Rn. 11) vergleichbare Regelung für **unbekannte Nutzungsarten** gab es nach DDR-Urhebervertragsrecht nicht, so dass – wie nach bundesdeutschem Recht vor 1966 – Rechte an unbekannten Nutzungsarten eingeräumt werden konnten (BGH GRUR 1999, 152, 154 – *Spielbankaffäre*; KG ZUM-RD 2000, 384, 389 – *Defa-Trickfilme*). Allerdings ist die **Zweckübertragungslehre** zu beachten, die auch im Urheberrecht der DDR galt (OLG München ZUM 2000, 61, 64 – *Das kalte Herz*; Püschel GRUR 1992, 579, 581; *Wandtke* GRUR 1991, 263, 266 unter Verweis auf §§ 20 Abs. 2, 50 Abs. 1, § 54 Abs. 2 und § 67 Abs. 2 DDR-URG; Wandtke/Bullinger/*Wandtke*[2] EVtr Rn. 53 ff., insbesondere unter Verweis auf § 39 lit. a) DDR-URG; zu Zweckübertragungslehre und DDR-Altverträgen vgl. § 31 Rn. 115).

23 Urheberrechtliche Verträge vor der Wiedervereinigung können nach den Grundsätzen der Lehre vom **Wegfall der Geschäftsgrundlage** zu korrigieren sein. Das gilt insbesondere, wenn **Nutzungsrechte** vor der Einheit **auf das jeweilige ehemalige Staatsterritorium** von DDR einerseits bzw. BRD andererseits **räumlich beschränkt** eingeräumt wurden. Das betrifft insbesondere das Verbreitungsrecht (vgl. Rn. 106) und das Senderecht (vgl. Rn. 105). Zur Rechtsnachfolge bei DDR-Institutionen vgl. auch Rn. 157.

4. EU-Recht

Der **EG-Vertrag** enthält **keine urhebervertragsrechtlichen Regelungen**; auch **24** einschlägige urhebervertragsrechtliche Verordnungen gibt es nicht. Das nationale Urheberrecht der Mitgliedsstaaten ist zwar teilweise durch **EU-Richtlinien** harmonisiert. Diese Richtlinien regulieren jedoch **das allgemeine Urhebervertragsrecht in den §§ 31 bis 44 nicht**. Vielmehr enthalten sie nur punktuelle Regelungen für spezielle urhebervertragsrechtliche Sachverhalte. Beispiele: vertragliche Abspaltbarkeit mit dinglicher Wirkung des Vermietrechts vom Verbreitungsrecht gemäß Art. 2 Abs. 1 Vermiet- und Verleih-RL, umgesetzt in § 17 Abs. 2 UrhG; Vermutung, dass der ausübende Künstler sein Vermietrecht an den Filmproduzenten abgetreten hat gemäß Art. 3 Abs. 5 Vermiet- und Verleih-RL, umgesetzt in § 92 UrhG; unverzichtbares Recht des Urhebers oder ausübenden Künstlers auf angemessene Vergütung für Vermietung gemäß Art. 4 Vermiet- und Verleih-RL, umgesetzt in § 27 UrhG; punktuelle Harmonisierung der vertraglichen Einräumung des Satellitensende- und des Kabelweitersenderechts gemäß Satelliten- und Kabel-RL, umgesetzt in §§ 20a, 20b UrhG; zwingender Charakter der §§ 69d und 69e UrhG bei Nutzungsvereinbarungen für Computerprogramme gemäß Art. 9 Abs. 1 S. 2 Computerprogramm-RL, umgesetzt in § 69g Abs. 2 UrhG; zwingender Charakter bestimmter Regelungen bei Nutzungsvereinbarungen für Datenbanken gemäß Art. 8 Abs. 1 Datenbank-RL; Harmonisierung des Vervielfältigungsrechts, Verbreitungsrechts und des Rechts der öffentlichen Zugänglichmachung gemäß Art. 2 bis 4 Info-RL, soweit erforderlich umgesetzt in §§ 16, 17, 19a UrhG, was zumindest mittelbare Auswirkung auf die Formulierung von Urheberrechtsverträgen hat.

Neben unmittelbar urheberrechtlichen EU-Richtlinien wirken noch allgemei- **25** ne, nicht speziell urheberrechtliche Institute des EU-Rechts auf das deutsche Urhebervertragsrecht. Zu nennen sind **Waren- und Dienstleistungsfreiheit** (Art. 28 und 49 EG), die vor allem für eine Erschöpfung von Rechten von Bedeutung sind (vgl. § 17 Rn. 24 ff.). Grenzen für das Urhebervertragsrecht setzen überdies das **EU-Kartellrecht** gemäß Art. 81 EG (vgl. Rn. 56 ff.) und Art. 82 EG (vgl. Rn. 265 ff.).

5. Internationales Recht

Deutschland ist durch **zweiseitige internationale Verträge** sowie durch **mehrseitige** **26** **internationale Konventionen** bei der Gestaltung seines nationalen Urheberrechts in verschiedenen Hinsichten gebunden (dazu ausführlich vgl. Vor §§ 120 ff. Rn. 4 ff.). Grundsätzlich enthalten jedoch weder die zweiseitigen Verträge noch die Konventionen Regelungen zum allgemeinen Urhebervertragsrecht.

In internationalen Sachverhalten kann sich die Frage stellen, ob und inwieweit **27** das deutsche Urhebervertragsrecht Anwendung findet. Damit ist das **internationale Urheberprivatrecht** angesprochen (hierzu allgemein wie zum zwingenden internationalen Charakter einzelner Bestimmungen vgl. Vor §§ 120 ff. Rn. 58 ff.; siehe auch § 32b). Zu den internationalprivatrechtlichen Aspekten des **DDR-Urhebervertragsrechts** vgl. Vor §§ 120 ff. Rn. 89.

6. Verhältnis zu anderen urhebervertragsrechtlichen Vorschriften

a) VerlG: Dem UrhG fehlt bislang eine Regelung für einzelne Vertragstypen. **28** Einzig gesetzlich geregelter Vertragstyp ist der Verlagsvertrag, für den das

VerlG von 1901 gilt. Das ab 1966 geltende UrhG hat das wesentlich ältere VerlG unangetastet gelassen. Das Verhältnis des UrhG zum VerlG ist dennoch komplex. Zusammenfassend gilt: Wo das VerlG eine gegenüber dem UrhG präzisere, spezielle Regelung beinhaltet, ist diese heranzuziehen, soweit die Bestimmungen des UrhG nicht entgegenstehen; im Übrigen ist das VerlG in seinen Begriffen, Rechtsinstituten und seiner Auslegung von dem jeweils geltenden UrhG abhängig (eingehend vgl. Einl VerlG vgl. Rn. 11 ff.; ferner Loewenheim/*Jan Bernd Nordemann* § 64 Rn. 14).

29 b) **Verwandte Schutzrechte (Leistungsschutzrechte):** Neben den eigentlichen Urheberrechten kennt das UrhG noch „verwandte Schutzrechte" (auch „Leistungsschutzrechte"), die im zweiten Teil (§§ 70 bis 87e) und teilweise im dritten Teil (§§ 94, 95) geregelt sind. Geschützt sind bestimmte **wissenschaftliche Ausgaben** (§ 70), bestimmte **nachgelassene Werke** (§ 71), **Lichtbilder** (§ 72), die Leistung **ausübender Künstler** (§§ 73 ff.), die **Veranstalterleistung** (§ 81), die Leistung des **Tonträgerherstellers** (§§ 85 f.), des **Sendeunternehmens** (§ 87), des **Datenbankherstellers** (§§ 87a ff.) und des **Filmherstellers** (§ 94) einschließlich des **Laufbildherstellers** (§ 95). Auch im Hinblick auf verwandte Schutzrechte findet in der Praxis ein reger Rechtsverkehr statt. Es ergeben sich jedoch – je nach Leistungsschutzrecht – Unterschiede zu den Urheberrechten. Im Einzelnen sei auf die Darstellung des primären Vertragsrechts der Leistungsschutzberechtigten verwiesen (vgl. Rn. 215 ff.).

II. Keine Regelung von Vertragstypen im UrhG

30 Das UrhG enthält keine Regelungen über bestimmte Vertragstypen. Es beschränkt sich auf **Regelungen zur Einräumung, zur Vergütung und zum Rückruf von Nutzungsrechten** und umfasst keine Bestimmungen zu Willenserklärungen, zum Abschluss des Vertrages oder zu Leistungsstörungen. Das UrhG 1965 sparte dies für eine gesonderte detaillierte Regelung des Urhebervertragsrechts auf (RegE UrhG – BT-Drucks IV/270, S. 56), die bis heute allerdings nicht erfolgte (zur „kleinen" Lösung durch die Urhebervertragsrechtsreform 2002 vgl. Rn. 16). Gesetzlich geregelt sind in Deutschland allein verschiedene Typen des **Verlagvertrages im VerlG**; siehe die separate Kommentierung hierzu.

31 Allerdings existieren zahlreiche jeweils **branchenspezifische Tarif- und Normverträge**, denen auch rechtliche Bedeutung für die Beurteilung von Verträgen zukommen kann (vgl. Rn. 296 ff.). Daneben sind **Musterverträge** für die einzelnen Werkarten des Urheberrechts publiziert (vgl. Rn. 302 ff.).

III. Verträge des Urhebers (primäres Urhebervertragsrecht)

32 Das Urheberrecht liegt grundsätzlich unveräußerlich beim Urheber (§ 29). Der Urheber kann zur vertraglichen Gestattung der Nutzung durch Dritte sein Urheberrecht mit Nutzungsrechten für bestimmte Nutzungsarten belasten (vgl. Rn. 33). Im Regelfall sind diese Nutzungsrechte dinglicher Natur (vgl. § 31 Rn. 86 und 92); sie sind verkehrsfähig und können grundsätzlich auch Dritte zur Nutzung berechtigen. **Ausgangspunkt des Urhebervertragsrechts** ist deshalb die **Nutzungsvereinbarung mit dem Urheber**; dies wird auch als **primäres Urhebervertragsrecht** bezeichnet (im Anschluss an *Dietz*, Das primäre Urhebervertragsrecht in der Bundesrepublik Deutschland und in den anderen Mitgliedstaaten der EG, 1984, S. 1 f.); zum primären Urhebervertragsrecht des nach UrhG Leistungsschutzberechtigten vgl. Rn. 215 ff. Der weitere **Rechtsverkehr** mit dinglichen Nutzungsrechten **zwischen Verwertern** durch Weiterübertragung oder Einräumung weiterer Nutzungsrechte an den Nutzungsrechten kann als **sekundäres Urhebervertragsrecht** bezeichnet werden (dazu ausführlich vgl. Rn. 223 ff.).

1. Einräumung von Nutzungsrechten

Die Einräumung von Nutzungsrechten durch den Urheber erfolgt nicht durch **33** Übertragung von in den Händen des Urhebers bereits bestehenden Nutzungsrechten, sondern durch konstitutive Einräumung an den Nutzungsberechtigten als Folge einer Belastung des Stammrechtes mit der Befugnis Dritter zur Nutzung (vgl. § 31 Rn. 29 Rn. 17 f. zur Dogmatik). Grundsätzlich sind – wie im gesamten deutschen Zivilrecht – die Einräumung der Nutzungsrechte als **Verfügung** von der **Verpflichtung** dazu zu trennen (sog. **Trennungsprinzip**); ausführlich vgl. § 31 Rn. 29 ff. Das **Abstraktionsprinzip** gilt allerdings nur sehr **eingeschränkt**. Insbesondere ist grundsätzlich bei Verträgen des Urhebers keine Rückübertragung der Nutzungsrechte erforderlich, weil bei Entfallen des Verpflichtungsgeschäfts die Nutzungsrechte **automatisch an den Urheber zurückfallen**. Das gilt auch für an Dritte weitergegebene Rechte. Dem kann mit besonderen vertraglichen Regelungen in gewissem Umfang entgegengetreten werden (zum Ganzen vgl. § 31 Rn. 30 ff.). Nutzungsrechte können bei der Einräumung gem. § 31 Abs. 1 S. 2 mit **inhaltlichen, zeitlichen und räumlichen Beschränkungen** versehen werden. Die vertragliche Gestaltungsfreiheit, einen individuellen Umfang zuzuschneiden, besteht bei Nutzungsrechten aber **nicht grenzenlos** (vgl. § 31 Rn. 11 f.). Ein gutgläubiger Erwerb scheidet aus (vgl. § 31 Rn. 46 ff.).

2. Zwingendes Recht des UrhG bei der Einräumung von Nutzungsrechten

Das UrhG enthält verschiedene Regelungen, die bei Verträgen über die Ein- **34** räumung von Nutzungsrechten nicht abdingbar sind. Eine in der Praxis wichtige zwingende Regelung war für Verträge vom 01.01.1966 bis 31.12.2007 § 31 Abs. 4. Danach war die Einräumung **unbekannter Nutzungsarten** sowie Verpflichtungen hierzu unwirksam (vgl. § 31a Rn. 6 ff.). Nach § 137l können solche Rechte unter bestimmten Voraussetzungen aber zum 01.01.2008 nacherworben sein. Für Verträge ab 01.01.2008 sieht § 31a eine zwingende Schriftform sowie Widerrufsrecht und angemessene Vergütung (§ 32c) vor.

Für nicht näher bestimmte **künftige Werke** stellt § 40 Abs. 1 ein zwingendes **35** Schriftformgebot für die Verpflichtung zur Rechtseinräumung auf. Für solche Werke besteht auch ein unabdingbares Kündigungsrecht für beide Seiten, § 40 Abs. 2. Ferner kann der **Erschöpfungsgrundsatz gemäß § 17 Abs. 2** als zwingendes Recht wirken und dagegen gerichtete vertragliche Abmachungen außer Kraft setzen (dazu vgl. § 31 Rn. 15 ff.). Weitere zwingende Regelungen sind das **Rückrufsrecht** (§ 34 Abs. 5), die **Haftung des Erwerbers eines Nutzungsrechts** (§ 34 Abs. 5), das **Rückrufsrecht wegen Nichtausübung** (§ 41 Abs. 4) und **gewandelter Überzeugung** (§ 42 Abs. 2). Zu erwähnen sind ferner die **Schrankenbestimmungen** des UrhG (§§ 44a ff.). **Spezielle Regelungen für bestimmte Werkarten** enthalten § 55a für Datenbankwerke und § 69g Abs. 2 für Computerprogramme.

Auch bestimmte **Vergütungsansprüche des Urhebers** sind nicht dispositiv **36** (§§ 32, 32a und die gesetzlichen Vergütungsansprüche der §§ 20b Abs. 2

S. 2, 26 Abs. 2 S. 1, 27 Abs. 1 S. 2, 63a S. 1). Dasselbe gilt für bestimmte Vergütungsansprüche aus den zeitlichen Übergangsvorschriften der §§ 137 ff.

37 Verschiedene Ansprüche sind zwingend **verwertungsgesellschaftspflichtig**, insbesondere § 20b (Vergütung Kabelweitersenderecht), § 26 (Folgerecht), § 27 (Vergütung für Vermieten und Verleihen), § 49 (Vergütung für Vervielfältigung und Verbreitung in Rundfunkkommentaren und Zeitungsartikeln), § 52a (Öffentliche Zugänglichmachung für Unterricht und Forschung), §§ 54 ff. (Leermedien- und Geräteabgabe), §§ 77, 27 bzw. 78, 20b (ausübende Künstler) sowie § 137l (Vergütung für unbekannte Nutzungsarten).

3. Zweckübertragungslehre

38 Soweit in einem Vertrag über die Einräumung von Nutzungsrechten keine ausdrückliche Vereinbarung über deren Umfang getroffen wurde, erfolgt diese nur in dem Umfang, den der mit Vertrag verfolgte Vertragszweck erfordert, sog. Zweckübertragungslehre. Sie ist in § 31 **Abs. 5** geregelt. Die Zweckübertragungslehre bestimmt bei fehlender ausdrücklicher Regelung den Umfang der Einräumung von Nutzungsarten (S. 1), das „ob" der Nutzungsrechtseinräumung (S. 2), die Einräumung einfacher oder ausschließlicher Nutzungsrechte (S. 2), wie weit Nutzungsrecht und Verbotsrechte reichen (S. 2) und welchen anderen inhaltlichen, räumlichen oder zeitlichen Einschränkungen das Nutzungsrecht unterliegt (S. 2). Dazu ausführlich vgl. § 31 Rn. 108 ff.. Darüber hinaus existiert auch noch eine **allgemeine Zweckübertragungslehre**, die nicht normiert ist. Es handelt sich dabei um eine übergesetzliche Auslegungsregel, die außerhalb der Anwendbarkeit des § 31 Abs. 5 bei der Auslegung von Verträgen des Urhebers hilft, z.B. bei der Auslegung der Frage des Eigentums an den Werkstücken, oder bei der Auslegung der Einwilligung im allgemeinen Persönlichkeitsrecht wie beispielsweise bei Modellverträgen heranzuziehen ist (zum Ganzen vgl. § 31 Rn. 118 ff.).

4. Dispositive Regeln und Auslegungsregeln für die Nutzungsrechtsvereinbarung

39 §§ 34, 35 als **dispositive Regelung** knüpfen die Übertragung bzw. Einräumung abgeleiteter Nutzungsrechte an die Zustimmung des Urhebers. Bei Fehlen einer ausdrücklichen Regelung gibt das UrhG daneben auch einige **Auslegungsregeln** vor. Nach § 31 Abs. 3 S. 2 kann der Inhaber eines ausschließlichen Nutzungsrechts im Zweifel auch dem Urheber die Nutzung untersagen. Nach § 37 verbleibt das Recht zur Einwilligung in Bearbeitung und Verwertung durch Bild- und Tonträger im Zweifel beim Urheber. § 38 trifft Vermutungsregelungen für Beiträge in Sammlungen, § 39 für den Fall der Änderung des Werkes, des Titels sowie der Urheberbezeichnung. Gemäß § 44 Abs. 1 erfolgt mit der Veräußerung des Werkoriginals allein noch keine Nutzungsrechtseinräumung. Nach § 44 Abs. 2 ist aber bei Werken der bildenden Kunst oder bei Lichtbildwerken im Zweifel ein Ausstellungsrecht eingeräumt. Für den Filmbereich enthalten die §§ 88, 89, 92 weitere Vermutungsregelungen. Als Vermutung wirken auch verschiedene zeitliche Übergangsbestimmungen, z.B. die §§ 137 Abs. 1 S. 2 und Abs. 2, 137a Abs. 2, 137b Abs. 2, 137c Abs. 2, 137f Abs. 4.

40 Ansonsten gelten die **allgemeinen Auslegungsregeln** nach **BGB**. Verträge sind nach §§ 133, 157 BGB so auszulegen, wie es Treu und Glauben mit Rücksicht auf die Verkehrssitte erfordern. Dafür ist der wirkliche Wille der Parteien zu erforschen, wofür in erster Linie der von den Parteien gewählte Wortlaut und der dem Wortlaut zu entnehmende objektiv erklärte Parteiwille entscheidend ist. Für die Richtigkeit einer Vertragsurkunde spricht eine Vermutung (BGH GRUR 2001, 1164, 1165 – *buendgens*). Eine Auslegung, dass die Parteien entgegen dem Wortlaut mit der Vereinbarung einen anderen wirklichen Willen verbunden haben, ist denkbar, insbesondere bei Übertragungen des Urheberrechts (vgl. § 29 Rn. 8), von Verwertungsrechten (vgl. § 29 Rn. 16) oder des Nutzungsrechts (vgl. § 34 Rn. 8 ff.). Die Darlegungs- und Beweislast liegt dann aber bei dem, der sich darauf beruft (BGH GRUR 2007, 693, 694 f. – *Archivfotos*).

5. Auswertungspflicht des Verwerters

Den Verwerter kann über dies eine Auswertungspflicht treffen. Für **Verlags- 41 verträge** ergibt sich dies aus § 1 S. 2 VerlG (vgl. § 32 VerlG Rn. 3 ff.). Keine Auswertungspflicht besteht gemäß § 47 VerlG bei Bestellverträgen, also wenn dem Urheber das zu schaffende Werk nach Inhalt und Art und Weise der Behandlung genau vorgegeben wird, es sich um die Mitarbeit an einem enzyklopädischen Werk handelt oder nur Hilfs- oder Nebenarbeiten für das Werk eines anderen vorliegen (vgl. § 47 VerlG Rn. 1). Im **UrhG** existiert demgegenüber **keine geschriebene Regelung**. Außerhalb des Verlagsrechts kann eine Auswertungspflicht jedoch durch **Auslegung** auch ohne ausdrückliche Abrede im Vertrag gewonnen werden (Dreier/Schulze/*Schulze*[2] § 31 Rn. 61; Schricker/*Schricker*[3] §§ 31/32 Rn. 12).

Eine **Beteiligungsvergütung spricht im Zweifel für eine Auswertungspflicht.** 42 Denn für den Fall, dass der Vertragspartner nicht auswertet, ginge der nur am Erlös beteiligte Urheber leer aus. Es entspricht aber i.d.R. nicht den Vorstellungen der vertragsschließenden Parteien, dass die Gegenleistung für die Einräumung der Nutzungsrechte an dem zu schaffenden Werk von einem Umstand abhängt, dessen Vorliegen allein vom Willen des Schuldners beeinflusst werden kann (für Filmverträge, allerdings zwischen Verwertern: BGH GRUR 2003, 173, 175 – *Filmauswertungspflicht*; BGH GRUR 1951, 471 – *Filmverwertungsvertrag*; OLG München ZUM 2000, 1093, 1096 – *Pinocchio*; *Obergfell*, Filmverträge im deutschen materiellen und internationalen Privatrecht, 2001, S. 153; im Tonträgerbereich: BGH UFITA 86 (1980), 240, 243; zum Aufführungsvertrag BGHZ 13, 115, 118; im Verlagsbereich zur Abgrenzung von Verlags- und Bestellvertrag BGH GRUR 2005, 148, 150 – *Oceano Mare*; ferner – zum Patentrecht – *BGH* GRUR 2000, 138 – *Knopflochnähmaschinen*). Dass der das Recht Einräumende bestimmte Vorkosten (insb. die Kosten für die Werbung und die Herstellung von Vervielfältigungsstücken) zu tragen hat, spricht insoweit zusätzlich für eine Auswertungspflicht (BGH GRUR 2003, 173, 175 – *Filmauswertungspflicht*, allerdings für einen Vertrag zwischen Verwertern). Nach Ansicht des BGH soll die Vereinbarung eines **Pauschalhonorars**, also einer erfolgsunabhängigen Einmalvergütung, nicht in gleicher Weise ein Indiz für das Fehlen einer Auswertungspflicht sein. Denn die Vereinbarung einer solchen Vergütung könne häufig Ausdruck der wirtschaftlichen Kräfteverhältnisse sein, die es dem Verleger erlauben, eine solche Art der Vergütung durchzusetzen, ohne dass dies notwendig mit einer untergeordneten Bedeutung des Werkes einhergehen müsse (BGH GRUR 2005, 148, 150 – *Oceano Mare*, für den Verlagsbereich). Bei der danach erforderlichen **Einzelfallabwägung** muss aber das dem Urheber zustehende (unverzichtbare) Recht auf **Rückruf der Nutzungsrechte gemäß** § 41 berücksichtigt werden, das seine wirtschaftlichen Interessen im Regelfall hinreichend sichert. Jedoch können

urheberpersönlichkeitsrechtliche Belange des Urhebers den Ausschlag für eine Auswertungspflicht geben. Dies ist nach dem BGH insbesondere dann der Fall, wenn das Interesse des Urhebers nicht nur auf eine Gegenleistung, sondern auch oder gerade darauf gerichtet ist, dass sein Werk erscheint und damit einer größeren Öffentlichkeit zugänglich gemacht wird (BGH GRUR 2005, 148, 150 – *Oceano Mare*, für den Verlagsbereich). **Entsprechend** der Regelung in § 47 VerlG kann außerhalb des Verlagsbereiches außerdem eine Auswertungspflicht fehlen, wenn dem Urheber das Werk künstlerisch genau vorgegeben wird oder nur Hilfs- und Nebenarbeiten für das Werk eines anderen vorliegen. Denn die Interessenlage des Verwerters, in diesen Fällen nicht zu einer Auswertung verpflichtet zu sein, entspricht der des Verlegers (*Schricker*, Verlagsrecht[3], § 47 Rn. 26, unter Berufung auf OLG Karlsruhe GRUR 1984, 522 – *Herrensitze in Schleswig-Holstein*, für Fotografien in Zeitschriften; vgl. § 47 VerlG Rn. 4). Bei bestimmten Werkgattungen, z.B. der bildenden Kunst, erscheint die Bestellkonstellation aber als grundsätzlich ausgeschlossen, weil dem Künstler hier im Regelfall ein größerer Gestaltungsfreiraum verbleibt (*Schricker*, Verlagsrecht[3], § 47 Rn. 25). Allenfalls für Hilfs- und Nebenarbeiten kommt dann eine Bestellkonstellation in Frage.

43 Besteht eine Auswertungspflicht, richtet sich ihr **Umfang** nicht allein nach einem für den Urheber optimalen wirtschaftlichen Ergebnis. Vielmehr darf der Verwerter die Interessen anderer Urheber, deren Werke er parallel verwertet, und sein Interesse einer dauerhaften Zusammenarbeit mit seinen Abnehmern berücksichtigen, so dass die Auswertungspflicht insoweit eingeengt sein kann (BGH GRUR 2003, 173, 175 – *Filmauswertungspflicht* zur einschränkten Auswertungspflicht des Filmverleihers wegen Rücksichtnahmepflichten gegenüber den Kinobesitzern; zustimmend *Oberbergfell* ZUM 2003, 292, 295). Kann der Verwerter den Erscheinungstermin selbst bestimmen, so ist er zur Drucklegung in angemessener Zeit verpflichtet (OLG Frankfurt GRUR 2006, 138 – *Europa ohne Frankreich*). Jedoch besteht bei langfristigen Nutzungsverträgen (z.B. für die gesamte Schutzfrist) keine vertragliche Verpflichtung des Verwerters, dass er sich ständig auch für nicht mehr gängige Werke (z.B. Unterhaltungsmusik) einsetzen muss und dass er gezwungen werden könnte, hierfür unter Umständen nicht unerhebliche Mühen und Kosten nutzlos aufzuwenden (BGH GRUR 1970, 40, 42 – *Musikverleger I*); ein Rückruf nach § 41 bleibt aber möglich.

44 Als **Rechtsfolge** kann der Urheber auf Erfüllung klagen oder die Rechte wegen Nichterfüllung geltend machen (vgl. Rn. 170 ff.). Außerdem stehen dem Urheber Unterlassungsansprüche zu, wenn der Verwerter anstelle des Werkes ein anderes Werk verwertet, z.B. eine andere Romanübersetzung in das Deutsche (BGH GRUR 2005, 148, 150 – *Oceano Mare*, für den Verlagsbereich). Das gilt aber nur bei echter Substitution des einen durch das andere Werk, nicht bei bloßer Konkurrenz (z.B. zwei juristische Kommentare), weil der Verwerter dann grundsätzlich in der Lage ist, beide Werke nebeneinander auszuwerten. Schließlich kann bei Verletzung der Auswertungspflicht auch eine außerordentliche Kündigung aus wichtigem Grund in Betracht kommen, wenn ein Dauerschuldverhältnis gegeben ist (vgl. Rn. 115 ff.). Im Filmbereich ist eine Kündigung allerdings wegen § 90 S. 1 ausgeschlossen (vgl. § 90 Rn. 9). Daneben ist bei ausschließlichen Nutzungsrechten auch ohne Vereinbarung einer Auswertungspflicht das Rückrufsrecht des Urhebers wegen Nichtausübung gemäß § 41 einschlägig.

6.   Enthaltungspflichten (Wettbewerbsverbote)

Enthaltungspflichten (Wettbewerbsverbote) sind **im UrhG grundsätzlich** – von   **45**
§ 88 Abs. 2 S. 2 für das Wiederverfilmungsrecht abgesehen – **nicht** ausdrücklich **geregelt**. Eine Enthaltungspflicht für den Urheber kann sich jedoch **ungeschrieben aus** § 242 BGB ergeben. Das setzt allerdings im Regelfall stets
voraus, dass der Urheber einem anderen ausschließliche Rechte (vgl. § 31
Rn. 91 ff.) eingeräumt hat, weil nur dann ein berechtigtes Interesse des anderen
denkbar ist.

Eine Verletzung einer **ungeschriebenen Enthaltungspflicht** ist angenommen   **46**
worden, wenn der **Urheber** ein **ähnliches Werk** publiziert, das geeignet ist,
mit dem vertragsgegenständlichen Werk in Wettbewerb zu treten (BGH GRUR
1985, 1041, 1042 – *Inkasso-Programm*). Eine solche Wettbewerbsituation
scheidet aber bei der **reinen Kunst** ohne Gebrauchszweck (z.B. Werke der
Literatur, Werke der bildenden Kunst, der Musik, Filmwerke) im Regelfall
aus (eingehend vgl. Rn. 267 ff. zur Marktabgrenzung). Ausnahmen können für
Bearbeitungen des Werkes gelten, z.B. für einen Director's Cut. Ein Urheber,
der seinen Roman verlegen lässt, darf zwar an einen Filmproduzenten die
Stoffrechte nach § 88 z.B. für die Erstellung und Nutzung eines Drehbuchs
geben, nicht jedoch die Rechte zur Veröffentlichung des Drehbuchs auch in
Erzählform. Ferner kann eine Ausnahme gemacht werden, wenn der Inhalt
sekundär ist, sondern sich das Werk – wie das andere Werk – über seine
aufwändige Ausstattung verkauft (OLG Frankfurt ZUM 2006, 566, 567). Bei
Gebrauchszwecken dienender Kunst ist eine Konkurrenzsituation wegen der
erhöhten Austauschbarkeit weniger restriktiv anzunehmen. So kann beispielsweise bei Sachbüchern ein Verstoß gegen eine Enthaltungspflicht gegeben sein,
wenn das neue Werk den **gleichen thematischen Gegenstand** behandelt und
sich an **denselben Abnehmerkreis** wendet (BGH GRUR 1973, 426, 427 –
Medizin-Duden). Das löst allerdings nur vertragliche Ansprüche gegen den
Urheber aus. Die Verletzung absoluter Rechte nach Urheberrecht ist grundsätzlich nicht ersichtlich. Anderes gilt nur, wenn es sich bei dem Konkurrenzwerk um eine unfreie Bearbeitung handelt, der Urheber der Nutzung des
Dritten nicht zugestimmt hat, der Urheber jedoch dem Verwerter umfassende
Rechte eingeräumt hat und deshalb der Verwerter zur Gewährleistung eines
wirksamen Schutzes seiner Rechte auch gegen solche – ihm auch selbst nicht
gestatteten Bearbeitungen – vorgehen kann. Dann erfasst das negative Verbotsrecht des Verwerters auch solche illegalen Bearbeitungen (BGH GRUR
1999, 984, 985 – *Laras Tochter*). Deliktische Ansprüche gegen Dritte aus
UWG kommen nur unter besonderen Voraussetzungen in Betracht, z.B. bei
Verleitung zum Vertragsbruch gemäß §§ 3, 4 Nr. 10 UWG (dazu allgemein
BGH GRUR 1994, 447, 448 – *Sistrierung von Aufträgen; Nordemann*[10]
Rn. 1433; zu einem Sachverhalt aus dem Verlagsbereich KG NJWE-WettbR
1998, 269, 270 f.).

Eine Wettbewerbsituation und damit eine Verletzung **ungeschriebener Enthal-**   **47**
tungspflichten kann weiter dadurch entstehen, dass der Urheber **für dasselbe
Werk** bei ihm verbliebene **konkurrierende Nutzungsrechte** vergibt. Insoweit
kommt eine Konkurrenz für alle Kunstformen in Betracht. So begründet etwa
das Verfilmungsrecht für ein Bühnenstück eine zeitlich begrenzte Enthaltungspflicht für die Vergabe von Fernsehrechten, wenn diese die Auswertung beeinträchtigen können (BGH GRUR 1969, 364 – *Fernsehauswertung;* zum **Filmbereich** und insb. zu den dort gelten **Sperrzeiten** ausführlich vgl. Vor §§ 88
Rn. 75). Insbesondere im Filmbereich ist die Frage der Enthaltungspflicht für

die erneute Vergabe eines **Verfilmungsrechts in** § 88 Abs. 2 S. 2 ausdrücklich geregelt. Besondere Regelungen hierzu finden sich auch im **VerlG**, z.B. in § 9 Abs. 2 VerlG (siehe die Kommentierung dort). In einem Verlagsvertrag begründet § 2 VerlG die Pflicht für den Verfasser, während der Dauer des Verlagsverhältnisses das ausschließlich lizenzierte Werk nicht selbst zu verwerten. Diese Enthaltungspflicht bezieht sich normalerweise nur auf das vertragsgegenständliche Werk in der vereinbarten Nutzungsart (vgl. § 2 VerlG Rn. 5). Bei Verletzung von Enthaltungspflichten durch Vergabe konkurrierenden Nutzungsarten soll nach einer verbreiteten Auffassung nicht nur ein **vertraglicher Anspruch** bestehen. Vielmehr sei auch ein **urheberrechtlicher (deliktischer) Anspruch gegen Dritte** möglich, weil das negative Verbotsrecht insoweit weiter reiche als die positive Benutzungserlaubnis und auch Nutzungen innerhalb der Enthaltungspflicht des Urhebers umfasse (str., vgl. § 31 Rn. 20 ff.).

48 Enthaltungspflichten können auch ausdrücklich **vertraglich verabredet** werden. Gehen solche Abreden über das nach der Zweckübertragungsregel bestehende negative Verbotsrecht (vgl. § 31 Rn. 144) hinaus, wirken sie nur relativ zwischen den Vertragsparteien. Sie stehen ohnehin im Spannungsfeld zur Schaffensfreiheit des Künstlers und sind tendenziell eng auszulegen. Jedenfalls bei klassischer (reiner, also zweckfreier) Kunst scheidet ein Wettbewerbsverhältnis zwischen den Kunstwerken im Regelfall aus (eingehend vgl. Rn. 267 ff. zur Marktabgrenzung), so dass Wettbewerbsverbote dort nach § 307 Abs. 2 BGB, § 138 BGB (vgl. Rn. 50) und § 1 GWB, Art. 81 EG (vgl. Rn. 55 ff.) nichtig sein können (Loewenheim/*Jan Bernd Nordemann* § 62 Rn. 15). Entfällt ein Wettbewerbsverhältnis nachträglich, entfällt auch ein vereinbartes Verbot (OLG Hamburg GRUR-RR 2003, 95, 96 – *GesO-Kommentar II*). Eine Enthaltungspflicht entfällt jedoch nicht mit fortschreitender Vertragslaufzeit, so dass eine formularmäßig vereinbarte Pflicht über die gesamte Vertragslaufzeit nicht unzulässig ist (a.A. OLG München ZUM 2007, 751, 753 – *Englisch-Schullehrwerk*). Eine formularmäßige Enthaltungspflicht begegnet aber bei nur einfacher Rechtseinräumung grundsätzlich Bedenken.

49 Die obigen Ausführungen zu Wettbewerbsverboten und Enthaltungspflichten gelten auch für **Herausgeber von Sammelwerken**, die keine Werke gemäß § 2 abliefern (OLG Frankfurt ZUM 2006, 566, 577). – Jedoch lassen sich die Ausführungen nur bedingt auf die **Enthaltungspflichten des Verwerters** gegenüber dem Urheber übertragen (vgl. § 2 VerlG Rn. 39). Neben einer ausdrücklichen Vereinbarung kann auch hier § 242 BGB Grundlage für eine ungeschriebene Enthaltungspflicht sein. Grundsätzlich ist es einem Verwerter aber nicht verwehrt, zum gleichen Thema Werke verschiedener Autoren zu vermarkten. Etwas anderes kann sich bei steigender Konkurrenz zwischen den Werken wegen enger thematischer Ähnlichkeit oder eines weiten Umfangs einer ausdrücklichen vertraglichen Enthaltungspflicht auf Urheberseite ergeben (Dreier/Schulze/*Schulze*[2] vor § 31 Rn. 45).

7.   § 134 BGB (Verstoß gegen gesetzliches Verbot)

50 Urheberrechtsverträge können nichtig sein, wenn sie gegen ein gesetzliches Verbot verstoßen, § 134 BGB. Zu fragen ist, ob der Sinn und Zweck des Verbotsgesetzes die Nichtigkeit erfordert. Das ist der Fall bei einem Wahrnehmungsvertrag über strafbare Pornographie mit einer Verwertungsgesellschaft (OLG Hamburg GRUR 1980, 998 – *Tiffany*) oder einem Verleihvertrag über einen für öffentliche Aufführungen vorgesehenen Spielfilm strafbar-pornographischen Inhaltes (BGH GRUR 1981, 530, 531 – *PAM-Kino*). Eine bloße Jugendgefährdung genügt demgegenüber nicht (BGH GRUR 1960, 447, 448 – *Comics*). Vergütungsabreden in Agenturverträgen (vgl. Rn. 325 ff.) können gegen gesetzliche Verbote des SGB III verstoßen, sofern es um Vermittlung von „Arbeitsuchenden" geht (OLG Hamburg ZUM 2008, 144, 145). Regelmäßig sind wegen Fehleridentität Verpflichtungs- und Verfügungsgeschäft des Urhebers nichtig (Wandtke/Bullinger/*Wandtke/Grunert*[2] vor §§ 31 ff. Rn. 119). Auch ohne Fehleridentität würde es bei Unwirksamkeit des Verpflichtungsgeschäfts zu einem Rechterückfall bereits eingeräumter Nutzungsrechte an den Urheber kommen (str., vgl. § 31 Rn. 30 ff.).

8. § 138 BGB (Sittenwidrigkeit)

Nichtigkeit kann sich ferner gemäss § 138 BGB aus dem sittenwidrigen Charakter eines Rechtsgeschäfts ergeben. **Maßstab** für dessen Beurteilung ist eine **Gesamtwürdigung** aller objektiven und subjektiven Umstände. Sittenwidrigkeit liegt dann vor, wenn das Geschäft nach seinem aus der Zusammenfassung von **Inhalt, Beweggrund und Zweck** zu entnehmenden Gesamtcharakter mit den guten Sitten nicht zu vereinbaren ist. Im Hinblick auf Urheberverträge geht es regelmäßig um eine nicht mehr zumutbare Einschränkung des Selbstbestimmungsrechts einer Vertragspartei, zumeist des Urhebers. Nach der Entscheidung des BVerfG *Xavier Naidoo* (GRUR 2005, 880) wird man sogar sagen müssen, dass die Gewährleistung der Selbstbestimmung aus Art. 2 Abs. 1 GG fließt. Denn nach BVerfG setzt Art. 2 Abs. 1 GG voraus, dass die Bedingungen der Selbstbestimmung des Einzelnen auch tatsächlich gegeben sind. Wenn auf Grund einer besonders einseitigen Aufbürdung von vertraglichen Lasten und einer erheblich ungleichen Verhandlungsposition der Vertragspartner ersichtlich sei, dass in einem Vertragsverhältnis ein Partner (hier: Tonträgerunternehmen) ein solches Gewicht habe, dass er den Vertragsinhalt faktisch einseitig bestimmen könne, sei es Aufgabe der Gerichte, auf die Wahrung der Grundrechtsposition beider Vertragspartner hinzuwirken, um zu verhindern, dass sich für einen Vertragteil die Selbstbestimmung in eine Fremdbestimmung verkehrt (BVerfG GRUR 2005, 880 – *Xavier Naidoo*, dort 2. LS). Ferner könne die Kunstfreiheit nicht vom Verwerter, der kommerzielle Interessen verfolgt, gegen die Kunstfreiheit des Künstlers selbst eingewandt werden, weil die Kunstfreiheit des Produzenten gegenüber dem Urheber eine dienende Funktion habe (BVerfG GRUR 2005, 880 – *Xavier Naidoo*; insoweit OLG Karlsruhe ZUM 2003, 785 bestätigend). **51**

Der Charakter eines Vertrages als sittenwidrig muss auch mit Blick auf die **Person des Benachteiligten** gewürdigt werden. BGH *Im weißen Rößl* (GRUR 1962, 256, 257) stellt darauf ab, dass der Urheber bereits ein berühmter Komponist im reifen Alter von über 40 Jahren gewesen sei. Auch spricht gegen eine Sittenwidrigkeit, wenn die Parteien – anwaltlich vertreten – mehrere Monate bis zum Vertragsschluss verhandelt haben (OLG Hamburg ZUM 2008, 144, 147). Für eine Sittenwidrigkeit ist **kein Bewusstsein der Sittenwidrigkeit** und keine Schädigungsabsicht erforderlich; es genügt vielmehr, wenn der Handelnde die Tatsachen kennt, aus denen die Sittenwidrigkeit folgt. Dem steht es gleich, wenn sich jemand bewusst oder grob fahrlässig der Kenntnis erheblicher Tatsachen verschließt. Maßgeblich ist der Zeitpunkt des Vertragsschlusses (BGH GRUR 1962, 256, 257 – *Im weißen Rößl*). **52**

Die **Branchenüblichkeit** führt dann zu einem Ausschluss der Sittenwidrigkeit, wenn die Branchenübung auf der Grundlage gleichgewichtiger Verhandlungen **53** entstanden ist. Beispielsweise **Tarifverträge** (vgl. Rn. 296) und **Normverträge** (vgl. Rn. 298) haben insoweit Bedeutung für die Beurteilung von Verträgen nach § 138 BGB (Loewenheim/*Jan Bernd Nordemann* § 64 Rn. 19; s. auch BGH GRUR 1957, 387, 389 – *Clemens Laar*).

54 Eine erste Fallgruppe bildet das **auffällige Missverhältnis** von Leistung und Gegenleistung. Seit der Urhebervertragsrechtsreform 2002 (vgl. Rn. 17) ist diese Fallgruppe aber ihres Hauptanwendungsbereiches beraubt. Denn § 32 garantiert seitdem zumindest für den Urheber eine angemessene Vergütung, sofern es sich nicht um einen Altvertrag gemäss § 132 Abs. 3 S. 2 und S. 3 handelt. Der breiter anwendbare § 32a (im Vergleich zu § 36 a.F.) gilt sogar für Altverträge gemäss § 132 Abs. 3 S. 1. Damit wird § 138 BGB im Hinblick auf Vergütungsfragen nicht mehr angewendet. Die speziellen §§ 32, 32a, 32c, die den Nutzungsvertrag – anders als § 138 BGB – bestehen lassen und nur die Vergütung anpassen, gehen vor (ferner vgl. § 32 Rn. 152). Schon vor der Urhebervertragsrechtsreform 2002 lag ein auffälliges Missverhältnis nicht vor, wenn bei der Rechtseinräumung gegen Pauschalentgelt der spätere außergewöhnliche Erfolg des Werkes nicht vorauszusehen war (BGH GRUR 1962, 256, 257 – *Im weißen Rößl*); heute wird dieser Fall abschließend über § 32a erfasst. Mithin kann sich das (sittenwidrige) auffällige Missverhältnis nur noch auf Fälle einer sittenwidrigen finanziellen Belastung (in der Praxis regelmäßig des Urhebers, ausnahmsweise aber auch des Verwerters) beziehen. Bei einem Künstlervertrag ist Sittenwidrigkeit anzunehmen, wenn der Künstler die Produktionskosten zu tragen hat und zusätzlich in der Anfangsphase mit den Promotionskosten belastet wird (BGH GRUR 1989, 198, 201 – *Künstlerverträge*). Mittelbare Vorteile des Benachteiligten sind zu berücksichtigen (BGH GRUR 1962, 256, 257 – *Im weißen Rößl*: Dort waren aus der umfassenden Einräumung von Bühnenaufführungsrechten erhebliche Vorteile für die Auswertung der kleinen Aufführungsrechte, der Notenverlagsrechte, der mechanischen Rechte und der Senderechte zu erwarten und wurden tatsächlich erzielt).

55 Als zweite wesentliche Fallgruppe kann der **Knebelungscharakter** eines Vertrages Ausgangspunkt für eine Sittenwidrigkeit sein. Ein Beispiel ist ein Vertrag, durch den ein Autor und dessen Erben auf Dauer bis zum Ablauf der Schutzfrist von jeder Einwirkung auf die Verwertung seiner wesentlichen Werke und auch persönlichkeitsrechtlicher Befugnisse (etwa Änderungen) abgeschnitten wird und der ihn der Wirkung nach urheberrechtlich für immer entmündigt (LG Berlin GRUR 1983, 438, 439 – *Joseph Roth*). Gleiches gilt für eine **Optionsklausel** in einem Verlagsvertrag, die den Verfasser eines Werkes für sein gesamtes zukünftiges Schaffen verpflichtet, **ohne** zeitliche und gegenständliche **Beschränkung** alle künftigen Werke zuerst einem bestimmten Verleger ohne angemessene Gegenleistung anzubieten, weil es für den Urheber eine außerordentlich hohe Hürde aufbaut, mit anderen Verwertern in Verhandlung zu treten, wenn der bisherige Verlag die Option ausüben und den Vertrag an sich ziehen kann (BGH GRUR 1957, 387, 389 – *Clemens Laar*). Etwas anderes gilt dann, wenn die Option sich nur auf das nächste Werk bezieht und daher den Autor **nicht dauerhaft bindet** (KG NJWE-WettbR 1998, 269, 270). Denkbar ist darüber hinaus das Zusammenspiel einer **Mehrzahl von** für sich genommen noch nicht eindeutig sittenwidrigen **Umständen**, wie im Falle eines Künstlervertrags etwa eine umfassende Weisungsbefugnis des Produzenten gegenüber dem Künstler, der diesen weitgehend in seiner **künstlerischen Freiheit beschränkt** und ihm die Entscheidungsbefugnis über Art, Dauer und Inhalt seiner Tätigkeit unter fast völligem Ausschluss fast jeglicher

Mitspracherechte nimmt; dies in Verbindung mit einer ungünstigen Vergütungsregelung und einer einseitig gestalteten **Laufzeitregelung**, die es dem Produzenten ermöglicht, den Vertrag bei Erfolg fast beliebig zu verlängern und bei Misserfolg **kurzfristig zu kündigen,** erscheint als sittenwidrig (OLG Karlsruhe ZUM 2003, 785). Das gilt aber nicht für einen **Managementvertrag,** der eine unerfahrene Sängerin und Schauspielerin in Art, Dauer und Inhalt der künstlerischen Tätigkeit weitgehend vom Manager abhängig macht und die Vergütungs- und Abrechnungsfragen ebenfalls weitestgehend zu Gunsten des Managers regelt (LG Berlin ZUM 2007, 754). Denn der Künstlerin stand der Weg einer kurzfristigen Kündigung über **§ 627 BGB** offen (dessen Ausschluss im Fall als Formularabrede nicht wirksam vereinbart werden konnte; so zutreffend LG Berlin ZUM 2007, 754, 757). Nachvertragliche Vergütungspflichten sind ebenfalls nicht sittenwidrig, wenn sie sich an dem orientieren, was der Manager während der Vertragslaufzeit akquiriert hat (OLG Hamburg ZUM 2008, 144, 147). Eine Klausel, nach der ein Filmregisseur im Konfliktfall während des Produktionsprozesses auf die Geltendmachung von Unterlassungsansprüchen im **einstweiligen Rechtsschutz verzichten** soll, ist sittenwidrig, weil ihm damit die Kontrolle über die Erstveröffentlichung gemäss § 12 (LG München I ZUM 2000, 414, 415) und ihm ferner die Möglichkeit genommen wird, sich gegen Vertragsverletzungen zur Wehr zu setzen (OLG München ZUM 2000, 767, 770 – *Down Under*). Zu Ausnahmen von diesem Grundsatz vgl. Rn. 211. Eine große Gruppe der Fallpraxis machen außerdem **Konkurrenzverbote** aus. Sie sind daneben auch nach **Art. 81 EG und § 1 GWB** zu beurteilen (ausführlich vgl. Rn. 56 ff.). Die Bewertung läuft dabei weitgehend parallel, d.h. eine nicht freigestellte Wettbewerbsbeschränkung ist grundsätzlich sittenwidrig. Eine Beurteilung über § 138 BGB hat jedoch aus Sicht des Benachteiligten den Vorteil, dass die Frage der Spürbarkeit der Wettbewerbsbeschränkung (ungeschriebenes Tatbestandsmerkmal bei Art. 81 EG und § 1 GWB) bei § 138 BGB grundsätzlich irrelevant bleibt.

9. **Verbot wettbewerbsbeschränkender Vereinbarungen (Art. 81 EG, § 1 GWB)**

a) Unternehmenseigenschaft von Urhebern und Leistungsschutzberechtigten: 56
Auch auf Urheberrechtsverträge ist das **Kartellrecht** anwendbar. Sie sind deshalb insb. an Art. 81 EG und § 1 GWB zu messen, sofern sie spürbare Wettbewerbsbeschränkungen (z.B. Wettbewerbsverbote, Preisfestsetzungen) zu Lasten des Urhebers oder des Verwerters enthalten. Denn Urheber, ausübende Künstler und sonstige nach dem UrhG Leistungsschutzberechtigte sind regelmäßig Unternehmen i.S.d. § 1 GWB bzw. des Art. 81 EG. Nach der Rechtsprechung liegt die künstlerische Betätigung allerdings als solche außerhalb des geschäftlichen Verkehrs; sie sei nicht als unternehmerisch zu qualifizieren. Erst wenn der Künstler oder Wissenschaftler das Werk wirtschaftlich verwerte, nehme er am Geschäftsverkehr teil (Immenga/Mestmäcker/*Zimmer*[3], GWB, § 1 Rn. 70 m.w.N. zur Rechtsprechung; Loewenheim/Meessen/Riesenkampff/ *Jan Bernd Nordemann* § 1 GWB Rn. 30). Unternehmenseigenschaft kommt danach beispielsweise **Komponisten** und **Textdichtern** zu, soweit ihre Tätigkeit auf die wirtschaftliche Verwertung des künstlerischen Schaffens gerichtet ist (BGH GRUR 1988, 782, 784 – *GEMA–Wertungsverfahren*). Auch Leistungsschutzberechtigte wie z.B. Sänger sind insoweit Unternehmen i.S.d. Kartellrechts (OLG München WuW/E OLG 2504, 2505). Aber auch die künstlerische Betätigung als solche kann nicht grundsätzlich kartellrechtlich irrelevant sein. Die Vereinbarung zwischen Künstlern, dass ein bestimmtes Werk gar nicht

entstehen soll, z.B. weil der andere Künstler einen Preisverfall für ein eigenes Werk befürchtet, ist eine für den geschäftlichen Verkehr und den darin stattfindenden Wettbewerb relevante Handlung. Nur wenn eine Verwertung des Gegenstandes der Abrede zwischen Künstlern ohnehin nicht möglich ist (z.B. Spontankunst, die danach sofort vernichtet wird) oder wenn die Abrede von Künstlern ihre Rechtfertigung ausschließlich im künstlerischen Bereich findet, sollte das Kartellrecht mit Rücksicht auf Art. 5 Abs. 3 GG grundsätzlich zurückstehen (Loewenheim/Meessen/Riesenkampff/*Jan Bernd Nordemann* § 1 GWB Rn. 30).

57 Dass die Marktteilnahme im künstlerischen Bereich teilweise **nur gelegentlich** erfolgt, ist für die Annahme der Unternehmenseigenschaft unschädlich (BGH NJW 1980, 1046, 1046 – *Berliner Musikschule*). Als Unternehmen ist auch der Rundfunkredakteur angesehen worden, der sich nebenberuflich als **Sänger** betätigt (OLG München GRUR 1981, 614, 615). Ein Verstoß gegen § 1 GWB kann dann aber an der **Spürbarkeit** scheitern (vgl. Rn. 81). **Anders** liegt es, wenn der Urheber oder Leistungsschutzberechtigte seine Leistung aufgrund eines **Dienst- oder Arbeitsvertrages** erbringt. Als abhängiger Arbeitnehmer ist er in diesem Fall vom Anwendungsbereich des GWB ausgenommen (Immenga/Mestmäcker/*Zimmer*[3], GWB, § 1 Rn. 71; Loewenheim/Meessen/Riesenkampff/*Jan Bernd Nordemann* § 1 GWB Rn. 32). So hat das Bundeskartellamt entschieden, dass Filmdarsteller, die in einem Arbeits- oder Dienstverhältnis stehen, nicht als Unternehmer anzusehen sind (BKartA WuW/E 502, 506 – *Gagenstoppabkommen* = BB 1962, 978, 978).

58 **b) Anwendungsraum des Kartellrechts:** Nicht jede Wettbewerbsbeschränkung in Verträgen des Urhebers kann vom Kartellrecht erfasst werden. In der Natur des Urheberrechts liegt vor allem ein Schutz vor imitierendem Wettbewerb. Der Spielraum für eine Anwendung des Kartellrechts auf urheberrechtliche Verträge hat sich seit Inkrafttreten des GWB bzw. des Art. 81 EG (früher Art. 85 EWG-Vertrag) aber ständig vergrößert. Jedenfalls ist die sog. Inhaltstheorie spätestens mit Abschaffung der §§ 17, 18 GWB a.F. durch die 7. GWB-Novelle 2005 überholt (*Jan Bernd Nordemann* GRUR 2007, 203, 204). Nach der Inhaltstheorie können Wettbewerbsbeschränkungen, die sich aus dem Inhalt des Urheberrechts (oder Leistungsschutzrechts) ergeben, nicht vom Kartellrecht sanktioniert werden. Vielmehr wird heute zwischen Bestand und Ausübung des Urheber- oder Leistungsschutzrechts unterschieden. **Das Kartellrecht kann nur die Ausübung erfassen.** Zur Beantwortung der Frage, ob die Ausübung zulässig ist, findet eine **Interessenabwägung unter besonderer Berücksichtigung des spezifischen Gegenstandes des Schutzrechts** statt (EuGH Slg. 1966, 321, 394 – *Grundig/Consten*; EuGH Slg. 1971, 497, 499 – *Deutsche Grammophon*; EuGH Slg. 1982, 2015, 2061 – *Maissaatgut*; ferner *Sucker/Guttuso/Gaster* in Schröter/Jakob/Mederer Art. 81 Rn. 10 m.w.N.; Loewenheim/Meessen/Riesenkampff/*Jan Bernd Nordemann* § 1 GWB Rn. 206). Allerdings ist der Ausgangspunkt – der spezifische Gegenstand des Schutzrechts – wie bei der Inhaltstheorie der Inhalt des Schutzrechts (genauso *Sack* WRP 1999, 592, 599; *Jan Bernd Nordemann* GRUR 2007, 203, 205). Je enger die wettbewerbsbeschränkende Regelung mit dem Inhalt des Schutzrechts verbunden ist, desto weniger Rechtfertigungsaufwand bedarf es, um die Abrede als kartellrechtlich unbedenklich einzustufen. Daraus ergeben sich im Detail viele komplexe Fragestellungen im Verhältnis von Urheberrecht zu Kartellrecht bei wettbewerbsbeschränkenden Vereinbarungen.

c) Regelung urheberrechtlicher Vereinbarungen in einer Gruppenfreistellungs- **59** **VO?:** Seit der 7. GWB-Novelle 2005 existiert in § 2 GWB die Legalausnahme vom Verbot wettbewerbsbeschränkender Vereinbarungen gemäß § 1 GWB. Gleiches gilt in zwischenstaatlichen Sachverhalten nach EU-Verordnung 1/2003 auch für Art. 81 EG. Das System der Legalausnahme zwingt die beteiligten Unternehmen zu einer Selbsteinschätzung, ob die Abrede Art. 81 EG bzw. § 1 GWB verletzt. Behördliche Freistellungen gibt es grundsätzlich nicht mehr. Die Praxis sucht deshalb anderweitig nach Rechtssicherheit, insbesondere in einer sog. **EU-GruppenfreistellungsVO** (im Folgenden GVO). Diese GVOen stellen Gruppen von eigentlich wettbewerbsbeschränkenden Vereinbarungen von den Verboten des Art. 81 EG bzw. § 1 GWB frei (vgl. § 2 Abs. 2 GWB). Urheberrechtliche Verträge werden jedoch nur teilweise von GVOen erfasst.

Zu nennen ist vor allem die **GVO betreffend Technologietransfervereinbarun-** **60** **gen** (GVO TT; Abl. EU Nr. L 123 vom 27.04.2004), die die Lizenzierung von Technologie kartellrechtlich reguliert. In der Tat kann die GVO TT direkt auch auf urheberrechtliche Vereinbarungen wettbewerbsbeschränkender Natur angewendet werden – allerdings nur für bestimmte Werkarten. Die Regelungen der GVO TT gelten für die Lizenzierung urheberrechtlich geschützter **Software** (Art. 2 Abs. 2 i.V.m. Art. 1 Abs. 1 GVO TT). Eine gewisse Regulierung von urheberrechtlichen Lizenzen für die insoweit relevanten Werkarten kann sich ferner daraus ergeben, dass die GVO TT auch Geschmacksmusterlizenzen erfasst, sofern es sich um gleichzeitig urheberrechtlich geschütztes **Design** handelt; das dürfte aber im Regelfall aufgrund der restriktiven Rechtsprechung zum urheberrechtlichen Schutz angewandter Kunst ausscheiden (vgl. § 2 Rn. 137 ff.).

Auf **andere Werkarten** findet die GVO TT nach ihrem Wortlaut lediglich **61** Anwendung, wenn die urheberrechtliche Lizenz nicht den Hauptgegenstand der Vereinbarung bildet und die urheberrechtlichen Nutzungsrechte dennoch unmittelbar mit der Nutzung der lizenzierten Technologie verbunden sind (Art. 1 Abs. 1 lit. b) GVO TT), also die Nutzung des Werkes dazu dient, die lizenzierte Technologie, z.B. Patenttechnologie, besser zu nutzen (EU-Kommission, Leitlinien zur Anwendung von Art. 81 EG-Vertrag auf Technologietransfer-Vereinbarungen, ABl. C 101 vom 27.4.2004, S. 2, Rn. 50). Die **EU-Kommission** meint jedoch darüber hinausgehend, urheberrechtliche Lizenzen für den **Weiterverkauf** (**Vervielfältigung** gemäß § 16 UrhG **und Verbreitung** gemäß § 17 Abs. 1 und Abs. 2 UrhG) seien „eine der Lizenzierung von Technologie ähnliche Form der Lizenzvergabe". Sie will generell für alle Werkarten die in der GVO TT und den dazu gehörenden Leitlinien aufgestellten Grundsätze auf die Einräumung von Vervielfältigungs- und Verbreitungsrechten bei der Prüfung des Art. 81 EG anwenden (EU-Kommission, Leitlinien zur Anwendung von Art. 81 EG-Vertrag auf Technologietransfer-Vereinbarungen, ABl. C 101 vom 27.4.2004, S. 2, Rn. 51). Bei der Einräumung anderer Rechte wie des Rechts der öffentlichen Wiedergabe (§ 15 Abs. 2 UrhG) oder auch bei der Ausleihe (Vermietungsrecht gemäß § 17 Abs. 3 UrhG) würden jedoch „ganz spezielle Fragen" aufgeworfen, so dass sich die Anwendung der GVO TT einschließlich der Leitlinien nicht empfehle (EU-Kommission, Leitlinien zur Anwendung von Art. 81 EG-Vertrag auf Technologietransfer-Vereinbarungen, ABl. C 101 vom 27.4.2004, S. 2, Rn. 52). **Diese Auffassung der EU-Kommission kann jedoch nicht überzeugen.** Die generelle Anwendung der GVO TT einschließlich der Leitlinien zumindest auf Lizenzen für den Weiterverkauf für alle Werkarten ist systemwidrig (*Jan Bernd Nordemann* GRUR

2007, 203, 205; wohl auch Loewenheim/Meessen/Riesenkampff/*von Falck/ Schmaltz* GVO TT Rn. 14; die Ausführungen der EU-Kommission ohne Diskussion übernehmend *Kreutzmann* WRP 2006, 453, 458; zumindest die Wertungen der GVO TT übernehmend OLG Frankfurt WuW/E DE-R 2018, 2022 – *Harry Potter*). Genauso wie bei der Einräumung anderer Nutzungsrechte ergeben sich auch bei der Einräumung von Vervielfältigungs- und Verbreitungsrechten wegen des spezifischen, von einer besonderen Verbindung des Urhebers zu seinem Werk geprägten Schutzgegenstandes des Urheberrechts gegenüber der Lizenzierung von Patenten oder anderen gewerblichen Schutzrechten abweichende Antworten, z.B. bei der Zulässigkeit von vertikalen und horizontalen Preisregelungen in Verträgen mit Urhebern.

62 d) **Spezifischer Schutzgegenstand:** Wettbewerbsbeschränkungen in urheberrechtlichen Lizenzen beurteilen sich gemäß §§ 1, 2 Abs. 1 GWB, Art. 81 EG seit der Aufgabe der Inhaltstheorie nach dem spezifischen Gegenstand des Urheberrechts unter Abwägung mit den Interessen des Kartellrechts (vgl. Rn. 58). Der spezifische Gegenstand des dem Urheber zustehenden Urheberrechts soll nach § 11 UrhG die Persönlichkeit des Urhebers schützen und ihm die wirtschaftliche Verwertung seiner Werke unter seiner Kontrolle ermöglichen (Begr RegE UrhG – BT-Drucks. IV/270, S. 28 f.). § 11 Satz 2 UrhG stellt seit dem UrhVG 2002 klar, dass das Urheberrecht auch die angemessene Vergütung für die Nutzung des Werkes sichern soll. **Allgemein ist ein subjektiv geprägtes, legitimes Bestimmungsrecht des Urhebers anzuerkennen, nach den jeweiligen Besonderheiten des Werkes die optimale Nutzungsstrategie selbst zu definieren** (Immenga/Mestmäcker/*Ullrich*, EG-Wettbewerbsrecht[3] Abschnitt VIII.D.II.1a) Rn. 13; *Jan Bernd Nordemann* GRUR 2007, 203, 205; *Loewenheim* UFITA 79 (1977), 175, 195 ff.). Einer bestimmten „Marktrationalität" muss der Urheber bei der Festlegung seiner Nutzungsstrategie nicht folgen, weil der spezifische Schutzgegenstand eben einen starken persönlichkeitsrechtlichen Einschlag hat (so auch Immenga/Mestmäcker/*Ullrich*, EG-Wettbewerbsrecht[3] Abschnitt VIII.D.II.1a) Rn. 13, aber eingrenzend für den Bereich der informationstechnologischen Prägung der Urheberrechtsnutzung). Als generelle Regel sollten solche Begrenzungen tendenziell kartellrechtsfest sein, die nach dem UrhG mit dinglicher Wirkung, also mit Wirkung gegenüber jedermann, abgespalten werden können, weil der spezifische Schutzgegenstand gerade in dieser dinglich-rechtlichen Aufspaltungsmöglichkeit zum Ausdruck kommt (*Loewenheim* UFITA 79 (1977), 175, 197; *Jan Bernd Nordemann* GRUR 2007, 203, 206; Loewenheim/*Lehmann* § 76 Rn. 39; *Schricker*, Verlagsrecht[3], Einl. Rn. 39). Das ist aber nur eine Tendenz; es ist stets zu fragen, ob die Bindung Ausfluss der legitimen Bestimmungsinteressen des Urhebers ist. Die kartellrechtlichen Interessen können insoweit im Rahmen der Interessenabwägung berücksichtigt werden, die sowieso dafür anzustellen ist, ob eine dingliche Abspaltung des Nutzungsrechts zulässig ist (Loewenheim/Meessen/Riesenkampff/*Jan Bernd Nordemann* § 1 GWB Rn. 217; *Loewenheim* UFITA 79 (1977), 175, 197 f.). Denn dinglich eigenständige Nutzungsrechte sind nur für solche Nutzungsarten zulässig, die nach der Verkehrsauffassung hinreichend klar abgrenzbar und wirtschaftlich-technisch als einheitlich und selbstständig anzusehen sind (dazu vgl. § 31 Rn. 11 f.).

63 e) **Zeitlich und quantitativ begrenzte Rechtseinräumung:** Zeitliche Beschränkungen sind dinglich abspaltbar (vgl. § 31 Rn. 53 ff.) und sollten damit tendenziell kartellrechtsneutral sein (*Jan Bernd Nordemann* GRUR 2007, 203, 206). Gleiches gilt für quantitative Beschränkungen (z.B. nur eine Auflage gemäß § 5 Abs. 1 VerlG; maximale Anzahl von Exemplaren, Aufführungen oder Ausstrahlungen; vgl. dazu § 31 Rn. 57). Sie bestimmen regelmäßig den Leistungsumfang des Urhebers und sind deshalb im Hinblick auf den spezifischen Schutzgegenstand gerechtfertigt (Immenga/Mestmäcker/*Ullrich*, EG-Wettbewerbsrecht[3] Abschnitt VIII.D.II.1a) Rn. 13; *Jan Bernd Nordemann* GRUR 2007, 203, 206). Auch die GVO TT erlaubt solche „Outputbeschränkungen" (Art. 4 Abs. 1 lit. b), weil sie in urheberrechtlichen Nutzungsverträgen regelmäßig nicht wechselseitig sein werden.

f) Räumlich begrenzte Rechtseinräumung: Räumliche Beschränkungen sind **64** regelmäßig durch das Urheberrecht privilegiert, soweit sie sich auf das geschützte Gebiet beziehen (OLG Frankfurt WuW/E DE-R 2018, 2023 – *Harry Potter*; OLG Frankfurt ZUM-RD 2008, 173, 177 m.w.N., auch zur Gegenauffassung). Die räumliche Exklusivität gehört zum Inhalt des Urheberrechts und ist mit dinglicher Wirkung abspaltbar, § 31 Abs. 1 Satz 2 UrhG. Zu beachten sind insoweit nach – fragwürdiger – Auffassung der EU-Kommission allerdings die Beschränkungen, die die GVO TT in Art. 4 für Wettbewerbsbeschränkungen zu Lasten des Lizenznehmers aufgrund räumlich begrenzter Nutzungsrechtseinräumung vorsieht (OLG Frankfurt WuW/E DE-R 2018, 2023 – *Harry Potter*); das gilt zumindest für die Einräumung des Vervielfältigungs- und Verbreitungsrechts für den Verkauf von Werken, weil die EU-Kommission auf solche Lizenzen die GVO TT grundsätzlich anwenden will (vgl. Rn. 61). Vor allem die zeitliche Begrenzung der Möglichkeit des Verbotes des passiven Verkaufs in andere Exklusivgebiete hinein auf zwei Jahre gemäß Art. 4 Abs. 2 lit. b) ii) GVO TT erscheint für Urheberrechtsverträge als bemerkenswert. Sie dürfte aber praktisch von begrenzter Bedeutung sein, weil ohnehin der passive Verkauf regelmäßig so gestaltbar ist, dass das Urheberrecht sich im Exklusivgebiet erschöpft, bevor der Export erfolgt; zur Erschöpfung vgl. § 31 Rn. 15 ff. Zweifelhaft erscheint es, vertragliche Verbote des Lizenznehmers, außerhalb des Vertragsgebietes (Deutschland, Österreich, Schweiz) aktiv zu vertreiben, als kartellrechtswidrig einzuordnen, nur weil Art. 4 Abs. 2 lit. b) GVO Vertikalvereinbarungen bei Lizenzvereinbarungen nicht einschlägig ist (so aber LG Frankfurt am Main WuW/E DE-R 1678, 1680 – *Classic-Line*). Privilegiert ist auch die aus der ausschließlichen Lizenzerteilung folgende Beschränkung des Lizenzgebers, selbst nicht in dem Gebiet tätig zu sein, § 31 Abs. 3 Satz 2 UrhG. Diese Ausschließlichkeitswirkung gegenüber dem Urheber ist Teil des spezifischen Schutzgegenstands des Urheberrechts (*Jan Bernd Nordemann* GRUR 2007, 203, 206; a.A., jedoch nur für gewerbliche Schutzrechte ohne Erwähnung von Urheberrechten, *Christoph*, Wettbewerbsbeschränkungen in Lizenzverträgen, 1998, S. 112 m.w.N., insb. unter Berufung auf EU-Kommission WuW/E EV 623, 624 – *AOIP/Beyard*). Auch die GVO TT erlaubt eine solche Beschränkung des aktiven oder passiven Verkaufes des Lizenzgebers, sofern – wie regelmäßig – Urheber und Lizenznehmer nicht in einem Wettbewerbsverhältnis zu einander stehen, Art. 4 Abs. 2 GVO TT. Unabhängig vom Kartellrecht wird im Übrigen schon urheberrechtlich eine dingliche Aufspaltung des Verbreitungsrechts innerhalb des Staatsgebietes im Interesse der Rechtssicherheit und -klarheit nicht zugelassen (vgl. § 31 Rn. 11 f.).

Die Einräumung von Verbreitungsrechten im Hinblick auf **körperliche Waren 65** rechtfertigt außerdem nicht territoriale Beschränkungen, sobald die Ware einmal mit Zustimmung des Rechteinhabers in Verkehr gebracht wurde. Dann ist das **Urheberrecht erschöpft** und Beschränkungen der weiteren Verbreitung innerhalb der EU verstoßen gegen Art. 28 und 30 EG (*EuGH* Slg. 1971, 487, 500 – *Deutsche Grammophon/Metro*; *EuGH* Slg. 1982, 329, 346

– *Polydor/Harleking*; *EuGH* Slg. 1989, 79, 96 – *EMI/Patricia*). Sie können damit grundsätzlich auch nicht ohne Verstoß gegen Art. 81 EG, § 1 GWB vereinbart werden (EuGH GRUR Int. 1982, 477 – *Maissaatgut*). Ausnahmsweise können sie allerdings erlaubt sein, z.b. nach der GVO Vertikalvereinbarungen. Für **unkörperliche Verwertungen** ist es hingegen anerkannt, dass der Rechtsinhaber das Gebiet für die Nutzung – auch innerhalb der EU – aufteilen kann. Unkörperliche Verwertungen sind z.b. das Vorführrecht und das Senderecht. Insoweit scheidet dann auch eine Erschöpfung der Urheberrechte aus (EuGH Slg. 1980, 881, 903 – *Coditel I* für das Vorführrecht; BGH GRUR 2000, 699, 700 – *Kabelweitersendung* für das Senderecht), so dass grundsätzlich kartellrechtsfest Gebietsaufteilungen stattfinden können. Für Online-Verwertungsbeschränkungen im Internetvertrieb findet ebenfalls eine Erschöpfung nicht statt, und zwar weder für Internetsendungen („Webcasting") noch für die während der Online-Nutzung mit Zustimmung des Rechtsinhabers hergestellten Vervielfältigungen (str., vgl. § 15 Rn. 11 sowie *Jan Bernd Nordemann* GRUR 2007, 203, 206 m.w.N.). Gegen eine Erschöpfung spricht insoweit der eindeutige Wortlaut der Erwägungsgründe (Ziff. 29) der Info-RL, s. auch Art. 3 Abs. 3 Info-RL. Ohne Erschöpfung droht aber keine Neutralisierung von Begrenzungen in der Nutzungsrechtseinräumung wie z.b. der nur territorial begrenzten Einräumung.

66 g) **Inhaltlich begrenzte Rechtseinräumung:** Grundsätzlich kartellrechtlich legal ist eine inhaltliche **Aufspaltung nach** den im UrhG aufgezählten **Verwertungsrechten** (§§ 15 ff. UrhG.); das Gesetz gibt diese als spezifischen Schutzgegenstand bereits vor.

67 Gleiches gilt für die vom Gesetz ausdrücklich erwähnte Möglichkeit, die **Rechte ausschließlich** – auch unter Ausschluss des Urhebers selbst – **an Dritte** zu **vergeben** (§ 31 Abs. 3 UrhG). Der damit verbundene Ausschluss Dritter und des Urhebers von der Nutzung haftet dem spezifischen Schutzgegenstand unmittelbar an und ist deshalb auch kartellrechtlich im Regelfall privilegiert (EuGH Slg. 1988, 2605, 2630 – *Warner Bros/Christiansen*; *Fikentscher* FS Schricker 60. Geb. S. 158 f.; Loewenheim/Meessen/Riesenkampff/*Jan Bernd Nordemann* § 1 GWB Rn. 220). Wenn die Ausschließlichkeitsbindung jedoch übermäßig lang ist und sie zu einer spürbaren Verfälschung des Wettbewerbs führt, können § 1 GWB und Art. 81 EG ausnahmsweise eingreifen. Die Ausschließlichkeit eines filmischen Vorführungsrechts darf nicht über einen Zeitraum hinausgehen, dessen Dauer nach den Bedürfnissen der lizenzgebenden Filmindustrie angemessen ist. Dabei spielen die Konkurrenzsituation zu anderen Medien (Kino zu Fernsehen), die Amortisationszeit für notwendige Verwerterinvestitionen (Synchronisation, Untertitelung), Finanzierungsbedingungen und andere berechtigte Erwartungshaltungen eine Rolle (EuGH Slg. 1982, 3381 – *Coditel/Ciné-Vog Films II* = GRUR Int. 1983, 175; ferner EuGH Slg. 1980, 881 – *Coditel/Ciné-Vog Films* = GRUR Int. 1980, 606). Eine Ausschließlichkeit für einen Zeitraum von weniger als einem Jahr nach der Kinouraufführung war danach nicht zu beanstanden, und eine Einspeisung in das belgische Fernsehkabelnetz durfte auf der Grundlage des ausschließlichen belgischen Vorführrechts untersagt werden.

68 Ferner erwähnt § 31 Abs. 1 Satz 1 UrhG die Möglichkeit, **Nutzungsrechte nur für bestimmte Nutzungsarten** einzuräumen. Es ist danach grundsätzlich kartellrechtsfest möglich, urheberrechtliche Vervielfältigungs- und Verbreitungsrechte nur für eine bestimmte Nutzungsart, z.B. Hardcover Buchausgabe, einzuräumen. Einer solchen Einräumung ist eigen, dass der Lizenznehmer die Lizenz nicht für eine andere Nutzungsart, z.B. Taschenbücher, einsetzen darf (BGH GRUR 1992, 310, 311 – *Taschenbuch-Lizenz*; KG GRUR 1991, 596, 598 f. – *Schopenhauerausgabe*; vgl. § 31 Rn. 10) und damit insoweit ein **Wettbewerbsverbot für den Lizenznehmer** besteht. Entscheidend ist, dass sich das Werk in der anderen Nutzungsart äußerlich von anderen Nutzungsarten unterscheiden muss. Insoweit kann beispielsweise der Vertrieb von Buchnormalausgaben bei unveränderter äußerer Form über Kaffeefilialgeschäfte nicht als eigenständiges buchnahes Nebenrecht mit dinglicher Wirkung abgespalten werden (vgl. § 31 Rn. 65 ff.; dort auch zu anderen dinglich abspaltbaren Nutzungsarten). Entsprechende schuldrechtliche Verwendungsbeschränkungen des Lizenznehmers sollten aber dennoch kartellrechtlich Bestand haben, wenn sie von berechtigten Interessen des Urhebers gedeckt sind, einen bestimmten Ort des ersten Inverkehrbringens auszuschließen. Beschränkungen einer Nutzung auf private **Endverbraucher** sind möglich und deshalb auch im Regelfall kartellrechtsfest. Anderes gilt teilweise für die Beschränkung der gewerblichen Nutzung von Vervielfältigungsstücken auf Endverbraucher; auch eine kartellrechtliche Privilegierung durch GVOen ist nicht ersichtlich. Zu beachten ist ferner der **urheberrechtliche Erschöpfungsgrundsatz** für das Verbreitungsrecht (§ 17), der auch **für Nutzungsarten** gilt: Wenn das Werk in einer bestimmten Nutzungsart einmal in Verkehr gebracht wurde, darf es ohne Beschränkung auf die Nutzungsart weiter verbreitet werden (BGH GRUR 2001, 153, 155 – *OEM-Version*; KG ZUM 2001, 592, 594 – *Postkarten in Pralinenschachteln*; OLG Hamburg GRUR-RR 2002, 125 – *Flachmembranlautsprecher*; OLG München GRUR-RR 2002, 89 – *GfK Daten*); so dürfen auf dem Markt befindliche Postkarten als Deckel in Pralinenschachteln eingelegt und mit der Verpackung verschweißt werden, ohne dass (dinglich begründete) urheberrechtliche Ansprüche bestehen könnten (KG ZUM 2001, 592, 594 – *Postkarten in Pralinenschachteln*). Eine urheberrechtliche Rechtfertigung für entsprechende vertragliche Verbote scheidet also aus. Die GVO Vertikalvereinbarungen stellt aber solche Beschränkungen gemäß § 2 Abs. 2 GWB von § 1 GWB frei (EU-Kommission, Leitlinien für vertikale Wettbewerbsbeschränkungen, Tz. 41; offen gelassen von BGH GRUR 2001, 153, 155 – *OEM-Version*), sofern sie auf das Geschäft anwendbar ist (dazu Art. 2 Abs. 3 GVO Vertikalvereinbarungen).

Ein Wettbewerbsverbot haftet dem spezifischen Schutzgegenstand dann nicht **69** ohne weiteres an, wenn dem Urheber oder dem Verwerter **Wettbewerbsverbote außerhalb der Verwertung des betroffenen Werkes** auferlegt werden, also z.B. eine Verpflichtung für den Urheber, keinen anderen juristischen Kommentar zum selben Gesetz anderweitig zu veröffentlichen oder eine ebensolche Verpflichtung für den Verleger (vgl. Rn. 45 ff. zu Enthaltungspflichten). Solche Wettbewerbsverbote sind kartellrechtlich privilegiert, wenn sie für eine sachgerechte Werkverwertung und die Erfüllung des urheberrechtlichen Treuegedankens erforderlich sind (*Gottschalk* ZUM 2005, 359, 364; *Fikentscher* FS Schricker 60. Geb. S. 165; *Schricker*, Verlagsrecht³, § 2 Rn. 8; *Jan Bernd Nordemann* GRUR 2007, 203, 207). Die Grenze liegt dort, wo das neue Werk im Hinblick auf Gegenstand, Abnehmerkreis, Art und Umfang dem alten Werk keine Konkurrenz machen würde (BGH GRUR 1973, 426, 427 – *Medizin-Duden*; Loewenheim/*Jan Bernd Nordemann* § 64 Rn. 138 ff; enger wohl *Schricker*, Verlagsrecht³, § 2 Rn. 8, der eine „schwere" Beeinträchtigung oder eine Unmöglichkeit der Vermarktung verlangt). Im Bereich der reinen Kunst (ohne Gebrauchszweck), z.B. der Belletristik, erscheint es insoweit kaum als gerechtfertigt, einem Autor die Verpflichtung aufzuerlegen, keine anderen Romane bei anderen Verlagen zu veröffentlichen, weil hier grundsätzlich kein Konkurrenzverhältnis entsteht, sondern der neue Roman regelmäßig sogar den Absatz des alten befördert (Loewenheim/*Jan Bernd Nordemann* § 64 Rn. 140). Die Verletzung des Treuegedankens war auch zweifelhaft im Hinblick auf die Verpflichtung vier berühmter italienischer Opernsänger, die sich im Rahmen einer Filmproduktion zur Exklusivität verpflichtet hatten und noch nicht einmal bei einer Live-Übertragung zur 2000-Jahr-Feier der Mailänder *Scala* singen durften (EU-Kommission, 12. Wettbewerbsbericht 1982, Tz. 90 – *RAI/Unitel*). Auch die GVO TT lässt zumindest Wettbewerbsverbote für den Lizenznehmer grundsätzlich zu, scheint jedoch Wettbewerbsverboten für den Lizenzgeber eher skeptisch gegenüberzustehen (Loewenheim/Meessen/Riesenkampff/*v. Falck/Schmaltz* GVO TT Rn. 47 f.). Sofern begleitende Wettbewerbsverbote für den Lizenzgeber notwendig, also dem Vertrag immanent sind, stellen sie schon keine Wettbewerbsbeschränkung dar und bedürfen deshalb nicht der Freistellung durch die GVO (Loewenheim/Meessen/Riesenkampff/*Jan Bernd Nordemann* § 1 GWB Rn. 154 ff.). **Optionsklauseln**, mit denen Verwerter Urheber für künftige Werke an sich binden, können ebenfalls für den Urheber wettbewerbsbeschränkend wirken. Sie sind gerechtfertigt, wenn das optionierte Werk in die vorbeschriebene Treuepflicht des Autors fällt (*Fikentscher* FS Schricker 60. Geb. S. 172; *Schricker*, Verlagsrecht³, § 2 Rn. 7; Loewenheim/*Jan Bernd Nordemann* § 64 Rn. 140).

70 **Kopplungen der Rechtseinräumung**, die marktschließende Wirkung haben, können zunächst bei Erfüllung von Marktmachttatbeständen auf Verwerterseite nach §§ 19, 20 GWB, Art. 82 EG kartellrechtlich bedenklich sein (vgl. Rn. 267 ff.). Außerdem kommt eine Anwendung von Art. 81 EG, § 1 GWB in Betracht (*Loewenheim* UFITA 79 (1977), 175, 183 ff.; *Jan Bernd Nordemann* GRUR 2007, 203, 208), und zwar insb. in folgenden Fällen: Zunächst kann der Nutzungsvertrag die Einräumung des Hauptrechts mit einer umfassenden Nebenrechtseinräumung koppeln, beispielsweise eine Kopplung des Hauptrechts Buch als Hardcover mit Nebenrechten für Dramatisierung und Verfilmung. Grundsätzlich kann eine solche urheberrechtlich dinglich anerkannte und deshalb tendenziell vom spezifischen Schutzgegenstand gedeckte Kopplungsstrategie nicht kartellrechtswidrig sein. Viele Verwerter, die sich Nebenrechte nicht zur eigenen Nutzung einräumen lassen, sind sehr erfolgreich als „Agenten" bei der Weitervermittlung dieser Rechte tätig; sie partizipieren auch regelmäßig finanziell daran. Sofern die Einräumung von „zu vielen" Rechten an Verwerter teilweise im individuellen Vertragsverhältnis nicht als gerechtfertigt erscheint, müssen das Urhebervertragsrecht (insbesondere Kündigung wegen Verletzung der Ausübungspflicht, vgl. Rn. 41 ff.; Rückrufsrecht nach § 41 UrhG) und das AGB-Recht (vgl. Rn. 192 ff.) helfen. Das Kartellverbot gemäß Art. 81 EG, § 1 GWB kann erst eingreifen, wenn die Kopplung von Haupt- und Nebenrechtseinräumung ausnahmsweise eine echte Marktschließung bewirkt. Eine solche marktschließende Wirkung hatte nach Auffassung des BKartA die Praxis des sog. Blockbuchens von Kinofilmen, bei der Kinos bei Verleihern nur ganze Blöcke von Filmen bestellen konnten, die dann das Kinoprogramm vollständig abdeckten (BKartA Tätigkeitsbericht 1968, S. 78; Tätigkeitsbericht 1970, S. 83; ferner Tätigkeitsbericht 1963, S. 59, und Tätigkeitsbericht 1964, S. 44; zum Ganzen ausführlich *Loewenheim* UFITA 79 (1977), 175, 183 ff.). In diesem Zusammenhang gehört auch die Entscheidung der EU-Kommission, in der sie ein Rechtepaket in Form einer Sendelizenz an die *ARD* durch *MGM/UA* für mehr als 20 Jahre und für 1500 Hollywood-Filme als wettbewerbsbeschränkend nach Art. 81 EG beurteilte, weil eine große Anzahl von Filmen für einen sehr langen Zeitraum dem Markt entzogen wurde (EU-Kommission GRUR Int. 1991, 216 – *DEGETO Filmeinkauf* = ABl. L 1989, 284, S. 36; zum parallelen Problem bei Sportrechten Loewenheim/Meessen/Riesenkampff/*Jan Bernd Nordemann* § 1 GWB Rn. 245).

Weitere Beispiele für grundsätzlich **kartellrechtsfeste Klauseln**: Unterlizenz- **71** und Übertragungsverbote (§§ 34, 35 UrhG), wenn die Person des Verwerters – wie regelmäßig – von Bedeutung ist (OLG Frankfurt WuW/E DE-R 2018, 2025 – *Harry Potter*; *v. Gamm* GRUR Int. 1983, 409; Immenga/Mestmäcker/*Ullrich*, EG-Wettbewerbsrecht[3] Abschnitt VIII.D.II.1a) Rn. 17). Auch die GVO TT, die die EU-Kommission im Rahmen von urheberrechtlichen „Weiterverkaufs"-Lizenzen generell anwenden will (dazu vgl. Rn. 61), lässt ein Verbot der Unterlizenzierung zu. Zulässig sollten auch ein **Verbot von Bearbeitungen** (§§ 23, 39 UrhG) oder **Qualitätsvorgaben** bei der Herstellung von Vervielfältigungsstücken sein, sofern die Qualität nicht erkennbar irrelevant ist (Immenga/Mestmäcker/*Ullrich* a.a.O. Rn. 17 differenzierend auch nach Schutzgegenstand und -zweck). Letzteres kann es zulässig machen, das Internet als Nutzungsart auszuschließen, beispielsweise wenn ein Werk der bildenden Kunst, das sonst nur auf Kunstblättern vervielfältigt und verbreitet wird, droht, über das Internet in weniger aufwändiger Form reproduziert zu werden. Zulässig sind auch **Abreden zur Erhaltung und Sicherstellung des Schutzgegenstandes** (Immenga/Mestmäcker/*Ullrich* a.a.O. Rn. 17). **Verwertungspflichten** sind regelmäßig durch den spezifischen Schutzgegenstand des Urheberrechts gerechtfertigt, weil sie die gewünschte Nutzung durch Dritte gewährleisten; Verlagsverträgen ist sie sogar immanent (§§ 1 Satz 2, 14, 17 VerlG). Genauso sind Vereinbarungen über die **zwingende Anwendung technischer Schutzmaßnahmen** gemäß §§ 95a ff. UrhG regelmäßig kartellrechtsfest (*Jan Bernd Nordemann* GRUR 2007, 203, 208; genauso zu „Kopiersperren": Immenga/Mestmäcker/*Ullrich* a.a.O. Rn. 17).

h) Konditionenbindungen: Gemäß Art. 81 EG, § 1 GWB besteht ein grund- **72** sätzliches Verbot, die Konditionen für einen Zweitvertrag in einem Erstvertrag festzulegen. Wendet man wie die EU-Kommission zumindest für „Weiterverkaufs"-Lizenzen (zweifelhaft, vgl. Rn. 61) die **GVO TT** an, sind Konditionenbindungen in „Weiterverkaufs"-Lizenzen für die weiteren Lizenznehmer in der Lizenzkette grundsätzlich freigestellt (Loewenheim/Meessen/Riesenkampff/ *von Falck/Schmaltz* GVO TT Rn. 36 ff.).

Unabhängig davon ergeben sich aber auch ohne die Heranziehung der GVO **73** TT aus dem **spezifischen Schutzzweck des Urheberrechts** umfassende Ausnahmen vom kartellrechtlichen Verbot der Konditionenbindung. Die Kontrolle der Konditionen von Zweitverträgen kann Ausdruck des legitimen Bestimmungsrechts des Urhebers sein. Denn sein Kontrollanspruch bezieht sich auch auf die Weiterübertragung bzw. Weitereinräumung von Nutzungsrechten (Begr RegE UrhG – BT-Drucks. IV/270, S. 28). Sofern eine Einräumung von Nutzungsrechten an Dritte (sog. Enkelrechte, § 35 UrhG) oder eine Übertragung von Nutzungsrechten (§ 34 UrhG) vertraglich zugelassen ist, können die Konditionen mit diesen Dritten in einem noch abzuschließenden Zweitvertrag schon im Erstvertrag zwischen Urheber und Erstlizenznehmer vereinbart werden, sofern die Konditionenbindung Ausdruck der zulässigen dinglichen Abspaltung von Nutzungsrechten ist. Ist eine **Bearbeitung** nur in einem ganz bestimmten Rahmen zulässig, so kann der Dritte im Zweitvertrag an diesen Rahmen gebunden werden. Wird ein Nutzungsrecht nur zeitlich begrenzt eingeräumt, kann schon im Erstvertrag festgelegt werden, dass auch im

Zweitvertrag dieser Zeitraum nicht überschritten wird. Völlig üblich und mit Rücksicht auf § 13 S. 2 UrhG auch grundsätzlich zulässig sind Konditionenbindungen für den Lizenznehmer, durch die sich dieser verpflichtet, seinen Sublizenznehmern aufzuerlegen, den **Urheber in angemessener Form** zu benennen. Auch die GVO TT lässt Kennzeichnungspflichten zu Gunsten des Lizenzgebers zu (Loewenheim/Meessen/Riesenkampff/*v. Falck/Schmaltz* GVO TT Rn. 54). Außerdem kann der Lizenznehmer verpflichtet werden, bestimmte **technische Schutzmaßnahmen** (§§ 95a ff. UrhG) in der Lizenzkette weiterzugeben. Problematischer ist demgegenüber eine die Lizenzkette **durchlaufende Bindung, die über den dinglich abspaltbaren Bereich hinausgeht.** Für äußerlich nicht veränderte Buchnutzungsarten, die also nicht dinglich abspaltbar sind (vgl. § 31 Rn. 66), kann sich eine Zulässigkeit von durchlaufenden Vertriebsbindungen nicht aus Urheberrecht, sondern nur aus anderen Gründen ergeben, z.B. aus der GVO für Vertikalvereinbarungen. Ferner erlaubt die GVO TT im Rahmen von urheberrechtlichen „Weiterverkaufs"-Lizenzen nach Auffassung der EU-Kommission (vgl. Rn. 61) die Etablierung von selektiven Vertriebssystemen durch den Lizenzgeber, also Urheber, Art. 4 Abs. 2 GVO TT.

74 Zu beachten ist ferner der **urheberrechtliche Erschöpfungsgrundsatz,** der auch für Nutzungsarten gilt: wenn das Werk in einer bestimmten Nutzungsart einmal in Verkehr gebracht wurde, darf es ohne Beschränkung auf die Nutzungsart weiter verbreitet werden (BGH GRUR 2001, 153, 155 – *OEM-Version*; KG ZUM 2001, 592, 594 – *Postkarten in Pralinenschachteln*; OLG Hamburg GRUR-RR 2002, 125 – *Flachmembranlautsprecher*; OLG München GRUR-RR 2002, 89 – *GFK Daten*). Durchlaufende Bindungen zur Sicherung der Verwendung in der ursprünglichen Nutzungsart sind also nicht urheberrechtlich zu rechtfertigen, weil der spezifische Schutzgegenstand des Urheberrechts erschöpft ist. So entschied das OLG Düsseldorf (GRUR 1990, 188, 189 – *Vermietungsverbot*) vor der Einführung des Vermietrechts in § 17 Abs. 2 UrhG zutreffend, dass das Vermietrecht nicht dinglich abgespalten werden konnte, weil das Urheberrecht mit dem ersten Verbreiten erschöpft war (hierzu BGH GRUR 1986, 736, 737 – *Schallplattenvermietung*, bestätigt durch BVerfG GRUR 1990, 183 – *Vermietungsvorbehalt*); wer deshalb seinem Abnehmer vorschrieb, dass dieser wiederum seine Abnehmer verpflichtete, ihrerseits nicht zu vermieten, verstieß gegen das kartellrechtliche Konditionenbindungsverbot. Allenfalls können andere Bestimmungen wie die GVO Vertikalvereinbarungen heute eine Zulässigkeit herbeiführen. Zur **Praxis von Verlegern,** (ggf. neben der (beschränkten) Einräumung urheberrechtlicher Nutzungsrechte) das körperliche **Notenmaterial nur reversgebunden zu vermieten,** kartellrechtlich eingehend vgl. Rn. 352 ff. und Loewenheim/Meessen/Riesenkampff/*Jan Bernd Nordemann* § 1 GWB Rn. 221; ferner *ders.* GRUR 2007, 203, 209).

75 Bei **mittelbaren Urheberrechtsverletzungen** kann der mittelbare Verletzer verpflichtet werden, im Vertikalverhältnis zum unmittelbaren Verletzer seinen Verletzungsbeitrag zu unterlassen. Ein Beispiel wäre der urheberrechtlich unzulässige Vertrieb eines Gerätes, mit dem der Abnehmer Urheberrechtsverletzungen begeht. Der Verkäufer dürfte gegenüber dem Urheber versprechen, den Abnehmer zu binden, das Gerät nicht urheberrechtsverletzend einzusetzen (s. das – inzwischen durch Einführung der Privatkopie urheberrechtlich überholte – Beispiel in BGHZ 42, 118 – *Personalausweise*; BGH GRUR 1964, 91 – *Tonbänder-Werbung*; BGH GRUR 1984, 55 – *Kopierläden Tonbänder-Werbung*; BGH GRUR 1984, 55 – *Kopierläden*).

i) **Preisbindungen:** Wettbewerbsbeschränkungen im Hinblick auf den Preis **76** sind kartellrechtlich regelmäßig in besonderem Maße sensibel. Es bildet sich ein besonderes Spannungsverhältnis. Um zu generalisierungsfähigen Aussagen zu gelangen, sollte zwischen einer **(vertikalen) Einflussnahme auf den Markt-preis** bei der Verwertung und der **horizontalen Möglichkeit der Kartellierung durch Urheber unterschieden werden.**

In vertikaler Richtung besteht nach zutreffender Ansicht kein urheberrechtlich **77** zu rechtfertigendes Preisbestimmungsrecht des Urhebers (*Loewenheim* UFITA 79 (1977), 175, 206; *Jan Bernd Nordemann* GRUR 2007, 203, 210; a.A. *Fikentscher* FS Schricker 60. Geb. S. 171). Das Kartellrecht – und nicht das Urheberrecht – sieht die Möglichkeit der Preisbindung für Zeitungen, Zeit-schriften und vergleichbare Verlagserzeugnisse bzw. den Zwang der Preisbin-dung für Bücher und vergleichbare Verlagserzeugnisse für Verleger vor. Der Urheber ist daraus weder berechtigt noch verpflichtet. Der Urheber hat urhe-berrechtlich gesehen nur ein schutzwürdiges Interesse an angemessenen Ver-gütung durch den Verwerter. Diesem Interesse lässt sich durch seine Ver-gütungsvereinbarung mit dem Verwerter zu einer zwingend angemessenen Vergütung hinreichend begegnen (§ 32 UrhG). Auch der Bestsellerparagraph des § 32a UrhG zeigt, dass der Urheber ohne Einfluss auf den Preis der Nutzung beim Endverbraucher ist; sind die Erträgnisse aus der Nutzung aber hinreichend groß, muss der Urheber daran beteiligt werden. Mithin scheiden Preisvorgaben im Verhältnis des Urhebers zum Erstlizenznehmer für einen Zweitvertrag beim Absatz von Lizenzprodukten durch den Erst-lizenznehmer oder Preisvorgaben für den Zweitlizenznehmer als eine nach Art. 81 EG, § 1 GWB unzulässige Preisbindung aus. Beispielsweise Preis-bindungen in Filmbestellverträgen sind damit unzulässig (BKartA Tätig-keitsbericht 1965, 56; Tätigkeitsbericht 1967, 77; weitere Beispiele bei *Loewenheim* UFITA 79 (1977), 175, 180). Preisempfehlungen und Höchst-preisvereinbarungen sollten aber möglich bleiben; das gilt zumindest für Ver-vielfältigungs- und Verbreitungslizenzen zur Veräußerung von urheberrecht-lich geschützten Werken, auf die nach Auffassung der EU-Kommission die GVO TT anwendbar ist (vgl. Rn. 61). Art. 4 Abs. 2 lit. a) GVO TT erlaubt zwischen Nicht-Konkurrenten solche Preisempfehlungen genauso wie Höchst-preisvereinbarungen. Auch Mindestlizenzgebühren für den Lizenznehmer oder Stücklizenzen sind insoweit unbedenklich und stellen keine indirekte Preisbindung dar (Loewenheim/Meessen/Riesenkampff/*von Falck/Schmaltz* GVO TT Rn. 40).

Komplex zu beurteilen sind Konstellationen, in denen das Interesse des Urhe- **78** bers relevant wird, **durch (vertikale) Preisvorgaben** zu **verhindern, dass der Urheber ohne jede Vergütung bleibt.** Dieses Interesse scheint im Hinblick auf §§ 11 Satz 2, 32 UrhG kartellrechtlich privilegiert. So können üblicherweise für den Urheber treuhänderisch tätige Bühnenverlage einen Erlaubnisvor-behalt für Aufführungen vereinbaren, für die die Bühne kein Entgelt verlangt, sofern der Urheber nur über eine Einnahmebeteiligung vergütet wird. Im Verlagsbereich gelten wegen § 21 VerlG weitere Einschränkungen. Der Ver-leger ist zwar in der Festsetzung der Höhe des Ladenpreises frei. Er darf den Preis aber nicht ohne Zustimmung des Urhebers erhöhen. Die Zustimmung des Urhebers zur Ermäßigung des Preises benötigt der Verleger, wenn berechtigte Interessen des Urhebers entgegenstehen. Das ist regelmäßig bei der Verram-schung der Fall, also einer vollständigen Aufhebung des Ladenpreises nach BuchpreisbindungsG und Abgabe des Werkes an moderne Antiquariate oder Nicht-Buchhändler zum beschleunigten Absatz. Die Verramschung widerspricht regelmäßig den berechtigten Urheberinteressen gemäß § 21 Satz 2 VerlG, weil der Eindruck entsteht, das Werk sei auf normalem Wege unverkäuflich (*Schack*[3] Rn. 1029; Loewenheim/*Jan Bernd Nordemann* § 64 Rn. 164; siehe auch die Kommentierung zu § 21 VerlG).

79 **In horizontaler Richtung** hat der deutsche Gesetzgeber im Urheberrecht eine spezielle Möglichkeit der Kartellierung geschaffen. Sie verdrängt das nationale Kartellverbot des § 1 GWB. Es besteht die Möglichkeit für Urheberverbände bzw. Verbände der ausübenden Künstler einerseits und für Verwerterverbände andererseits, gemeinsame Vergütungsregeln aufzustellen (§ 36 UrhG). Beide Seiten stellen Unternehmensvereinigungen (zur Unternehmenseigenschaft vgl. Rn. 56 f.) dar, so dass es sich eigentlich um Preiskartelle handelt, die der Gesetzgeber des UrhVG 2002 aber bewusst vom Kartellverbot des § 1 GWB freigestellt hat (Begr RegE UrhVG – BT-Drucks. 14/6433, S. 12). Allerdings konnte der deutsche Gesetzgeber keine Freistellung nach **Art. 81 EG** anordnen. Deshalb wurde die Auffassung vertreten, die Regelung des § 36 UrhG verstieße gegen Art. 81 EG (*Dörr/Schiedermeier/Haus* K&R 2001, 608, 613 ff. sowie Gounalakis/Heinze/*Dörr*, Urhebervertragsrecht – Verfassungs- und europarechtliche Bewertung des Entwurfes der Bundesregierung, 2001, S. 231, 272; *Schmitt* GRUR 2003, 294; zweifelnd auch *Schack* GRUR 2002, 853, 857). Jedoch will das UrhG über die Preiskartellierung des § 36 UrhG auch die besondere, persönliche Beziehung des Urhebers bzw. ausübenden Künstlers zum Werk bzw. zur Leistung schützen (§ 11 Satz 2 UrhG). Die Möglichkeit der Kartellierung wird also vom spezifischen Schutzgegenstand des Urheberrechts vorgegeben. Im Rahmen einer umfassenden Interessenabwägung ist nunmehr festzustellen, ob kartellrechtliche Interessen dennoch Vorrang beanspruchen. Das scheint im Hinblick auf die bislang noch begrenzten Wirkungen des § 36 UrhG, der gerade erst beginnt, die ersten Vergütungsregeln zu produzieren, derzeit nicht der Fall; solange tritt Art. 81 EG zurück. Die Auswirkungen dieser Vergütungsregeln in der Praxis müssen aber genau beobachtet werden (Loewenheim/Meessen/Riesenkampff/*Jan Bernd Nordemann* § 1 GWB Rn. 224; wesentliche Wettbewerbsbeschränkungen prognostiziert *Schmitt* GRUR 2003, 294, 295).

80 Verschiedentlich existieren **unverbindliche Preisempfehlungen** für Nutzung von urheberrechtlich geschützten Werken. Bekanntestes Beispiel ist die **Regelsammlung Verlage (Vertriebe)/Bühnen**, die unverbindliche Preisempfehlungen für die Nutzung von Bühnenwerken enthält. Außerdem fasst sie die üblichen Geschäftsgepflogenheiten zwischen treuhänderisch für die Autoren tätigen Bühnen- und Medienverlagen einerseits sowie den öffentlich-rechtlich beherrschten Theatern und einigen Privattheatern andererseits zusammen (derzeit aktuell ist die Kölner Fassung 2005; dazu auch vgl. Rn. 342). Allein die Unverbindlichkeit nimmt der horizontal veranlassten Preisabstimmung zwar nicht den Charakter einer Wettbewerbsbeschränkung. Die horizontal veranlasste Preisangleichung ist jedoch den Urhebern zuzurechnen, weil die Bühnen- und Medienverlage die Rechte nur treuhänderisch für die Urheber an Theater einräumen und dafür an den Einnahmen des Urhebers beteiligt werden (Wandtke/Bullinger/*Ehrhardt*[2], § 19 Rn. 22; Loewenheim/*Schlatter* § 72 Rn. 32; *Ulmer*[3] S. 407 f.; *Beilharz*, Der Bühnenvertriebsvertrag als Beispiel eines urheberrechtlichen Wahrnehmungsvertrages, 1970, S. 32). Unabhängig davon, ob die Regelsammlung schon als gemeinsame Vergütungsregel nach § 36 UrhG angesehen werden kann (im Einzelnen streitig: dafür *Flechsig/Hendricks* ZUM 2002, 423, 424 f., Loewenheim/*Schlatter* § 72 Rn. 39, 59; dagegen Dreier/Schulze/*Schulze*[2] § 36 Rn. 22; Wandtke/Bullinger/*Ehrhardt*[2]

§ 19 Rn. 22), nimmt sie damit an der Privilegierung des § 36 UrhG teil, weil sie mindestens als „weniger" von dessen spezifischem Schutzgegenstand umfasst ist (in Loewenheim/Meessen/Riesenkampff/*Jan Bernd Nordemann* § 1 GWB Rn. 224; dem folgend: Wandtke/Bullinger/*Ehrhardt*[2] § 19 Rn. 22). Keine gemeinsamen Vergütungsregeln und damit keine Preiskartelle sind bloße **Markterhebungen** (Marktübersichten) über die Lizenzpreise für urheberrechtlich geschützte Leistungen; sie können gerade im Hinblick auf Schadensersatzansprüche, die auf der Grundlage einer angemessenen Lizenzgebühr berechnet werden, größere praktische Bedeutung erlangen. Ein Beispiel sind die „**MFM-Bildhonorare**", eine Marktübersicht über angemessene Nutzungshonorare im Fotobereich (dazu BGH GRUR 2006, 136 – *Pressefotos*; ferner *Jan Bernd Nordemann* ZUM 1998, 642).

j) **Spürbarkeit:** Genauso wie andere wettbewerbsbeschränkende Abreden sind **81** Vereinbarungen mit oder unter Urhebern kartellrechtlich am ungeschriebenen Tatbestandsmerkmal der Spürbarkeit zu messen (dazu Loewenheim/Meessen/Riesenkampff/*Jan Bernd Nordemann* § 1 GWB Rn. 142 ff.; Immenga/Mestmäcker/*Zimmer*[4], GWB, § 1 Rn. 256 ff.). Im Regelfall werden Wettbewerbsbeschränkungen eines Urhebers in (vertikalen) Verträgen mit einem Verwerter kaum die relevanten Spürbarkeitsgrenzen von 15 % überschreiten, wie sie beispielsweise in der Bagatellbekanntmachung der EU-Kommission niedergelegt sind. Urheber sind größtenteils „Einmann-Unternehmen", die nur über eine begrenzte Leistungsfähigkeit verfügen (*Gottschalk* ZUM 2005, 359, 364; *Werberger*, Die kartellrechtliche Beurteilung von Verlagsverträgen, 1985, S. 69; *Schricker*, Verlagsrecht[3], Einl. Rn. 55.). Nur für sehr bekannte Urheber mit sehr großem Markterfolg kann danach isoliert von einer Spürbarkeit ihnen auferlegter Wettbewerbsbeschränkungen ausgegangen werden. Allerdings ist die „Bündeltheorie" anwendbar. Bindet also ein Verwerter sehr viele Urheber parallel, kann sich daraus die Spürbarkeit ergeben (*Jan Bernd Nordemann* GRUR 2007, 203, 211). Verpflichtet umgekehrt der Urheber den Verleger in wettbewerbsbeschränkender Weise, kann die Spürbarkeitsgrenze auch ohne Rückgriff auf die Bündeltheorie schneller erreicht sein, wenn der Verlag die erforderlichen Marktanteile überschreitet. Für (horizontale) Abreden der Urheber untereinander, z.B. Preisabsprachen, gelten ebenfalls die allgemeinen Spürbarkeits-Schwellenwerte, die niedriger als für vertikale Sachverhalte liegen. Insoweit sei insbesondere auf die – allerdings für Gerichte unverbindliche – Bagatellbekanntmachung der Kommission verwiesen (abgedruckt in WuW 2001, 705 ff.).

k) **Schriftform:** Für Verträge bis zum 31.12.1998 enthielt § 34 GWB a.F. ein **82** Schriftformgebot für wettbewerbsbeschränkende Vereinbarungen (BGH GRUR 2004, 73, 73 – *Filterstäube*). Jedoch könnte das Schriftformgebot auch für Verträge bis zum 31.12.1998 zumindest in zwischenstaatlichen Sachverhalten durch die VO 1/2003 entfallen sein, die den Vorrang der Beurteilung nach Art. 81 EG auch für Altverträge vorschreibt; der EG-Vertrag hat niemals ein Schriftformgebot für eine Wirksamkeit von wettbewerbsbeschränkenden Abreden gefordert.

10. **Kontrahierungsansprüche**

Das Urhebervertragsrecht ist als Teil des allgemeinen bürgerlichen Vertrags- **83** rechts vom Gedanken der **Vertragsfreiheit** bei der Einräumung und des Umfanges von Nutzungsrechten getragen, § 311 Abs. 1 BGB (vgl. Rn. 5 ff.). Deshalb kommt eine Verpflichtung zur Einräumung von Nutzungsrechten nur ausnahmsweise in Betracht. Üblicherweise spricht man hier von **Zwangslizenzen.**

84 a) **Urheberrechtliche Zwangslizenzen:** Eine Zwangslizenz kann sich zunächst aus § **42a** ergeben. § 42a gewährt dabei gegen den Urheber eines musikalischen Werkes einen Anspruch auf Nutzungsrechtseinräumung zur Herstellung und Verbreitung eines Tonträgers, sofern bereits vorher ein solches Nutzungsrecht einem Dritten eingeräumt wurde (im Einzelnen die Kommentierung zu § 42a). Die Durchsetzung erfolgt notfalls durch einstweilige Verfügung, § 42a Abs. 6 S. 2 (OLG München GRUR 1994, 119 – *Beatles CDs).* Ferner findet sich eine urheberrechtliche Zwangslizenz in § **5 Abs. 3** im Hinblick auf amtlichen Werken ähnliche private Normwerke. Für zwangsweise (§ 20b) oder freiwillig durch den Urheber in VGen eingebrachte Rechte gewährt § **11 UrhWahrnG** eine Pflicht zur Rechtseinräumung durch die Verwertungsgesellschaft. Umgekehrt sieht § **6 UrhWahrnG** vor, dass der Urheber einen Anspruch auf Wahrnehmung gegenüber der einschlägig tätigen Verwertungsgesellschaft haben kann. Schließlich soll noch auf § **87 Abs. 5** hingewiesen werden, der für Sende- und Kabelunternehmen eine gegenseitige Verpflichtung vorsieht, sich Lizenzen für eine Kabelweitersendung einzuräumen. Nach seinem ausdrücklichen Wortlaut kann die Bestimmung damit allerdings nicht zu einem Kontrahierungsanspruch gegenüber dem Urheber führen. Keine Zwangslizenzen, sondern Regeln für den automatischen Erwerb bestimmter Nutzungsrechte enthalten die **Übergangsbestimmungen** in den §§ **137 ff.**

85 b) **Kartellrechtliche Zwangslizenzen:** Gesetzliche Kontrahierungsansprüche außerhalb des Urheberrechts können sich ferner aus den allgemeinen kartellrechtlichen Regelungen der §§ 19, 20 GWB bzw. Art. 82 EG ergeben. Dass einzelne Zwangslizenzen bereits im UrhG geregelt sind (vgl. Rn. 84), schließt die **Anwendbarkeit der allgemeinen kartellrechtlichen Bestimmungen** gegenüber marktmächtigen Unternehmen nicht aus (BGH GRUR 2004, 966, 970 – *Standard-Spundfass* für § 24 PatentG; *Heinemann* ZWeR 2005, 198, 201; a.A. *Knöpfle/Leo,* Gemeinschaftskommentar zum GWB, 5. Aufl., 4. Lieferung 2001, § 19 Rn. 2466). Denn §§ 5 Abs. 3, 42a, 87 Abs. 5 UrhG bzw. § 11 UrhWahrnG verfolgen keine damit vollständig gleich gelagerten Regelungszwecke; sie setzen auch nicht die tatsächliche Feststellung von Marktmacht voraus.

86 **Unternehmenseigenschaft der Urheber oder Leistungsschutzberechtigten:** Die Anwendung der kartellrechtlichen Missbrauchstatbestände scheitert ferner nicht an einer Unternehmenseigenschaft der Urheber oder Leistungsschutzberechtigten. Diese ist vielmehr im Regelfall gegeben (dazu vgl. Rn. 56 f.).

87 **Marktabgrenzung und Marktmacht; Missbrauch:** Da im Regelfall solche kartellrechtlichen Kontrahierungsansprüche gegen Verwerter (und nicht gegen den Urheber) gestellt werden, erfolgt eine Kommentierung beim sekundären Urhebervertragsrecht (vgl. Rn. 265 ff.).

88 c) **Vertragliche Kontrahierungsansprüche:** Neben gesetzlichen Kontrahierungsansprüchen kommen auch vertragliche Kontrahierungsansprüche in Betracht. Diese setzen allerdings eine bestehende vertragliche Vereinbarung zwischen den Parteien voraus. Im Regelfall führt dies dann zu einer Änderung der bisherigen Einräumung, so dass vertragliche Kontrahierungsansprüche bei der Änderung der Nutzungsrechtseinräumung erörtert werden; vgl. Rn. 93 ff.

89 d) **Rechtsfolge (keine automatische Einräumung):** Nach herrschender Ansicht gewähren urheberrechtliche Zwangslizenzen (vgl. Rn. 93 ff.) nicht automatisch ein Nutzungsrecht. Vielmehr muss notfalls auf Nutzungsrechtsein-räumung geklagt werden (BGH GRUR 1998, 376, 378 – *Cover Version*; *Schack*[3] Rn. 790; Loewenheim/*Loewenheim/Jan Bernd Nordemann* § 26 Rn. 48; Dreier/Schulze/*Schulze*[3] § 42 Rn. 19). Eine Nutzung ohne Einwilligung ist unabhängig vom Bestehen eines Anspruchs auf Rechtseinräumung eine Urheberrechtsverletzung und berechtigt zu **Unterlassungsansprüchen**. Für vertragliche Kontrahierungsansprüche (vgl. Rn. 93 ff.) gilt nichts anderes (BGH GRUR 2002, 248, 252 – *Spiegel-CD-ROM*; BGH GRUR 1997, 215 – *Klimbim*). Für kartellrechtliche Ansprüche auf Lizenzierung (vgl. Rn. 85 ff.) wird teilweise gefordert, diese als direkt gegen Unterlassungsansprüche einwendbar zu behandeln (*Heinemann* ZWeR 2005, 198, 200; *Wirtz/Holzhäuser* WRP 2004, 683, 693 f.; *Kühnen* FS Tilmann S. 513). Andere wollen dies nur zulassen, wenn sich vorher vergeblich bemüht wurde, eine Lizenz zu erhalten oder die kartellrechtlichen Ansprüche vorher durch eine Kartellbehörde oder ein Kartellgericht zugesprochen wurden (*Graf von Merveldt* WuW 2004, 19). All das kann nicht überzeugen. Anderenfalls würden Fälle der Zwangslizenz mit der gesetzlichen Lizenz (vgl. Rn. 92) gleichgestellt (wie hier BGH GRUR 2002, 248, 252 – *Spiegel-CD-ROM*, für vertragliche Kontrahierungsansprüche).

Anders als für Unterlassungsansprüche ist für **Schadensersatzansprüche** das **90** Bestehen eines Lizenzierungsanspruchs gleich welcher Art jedoch relevant. Denn als Schaden kann nur der Betrag ersetzt verlangt werden, der entstanden wäre, wenn der Schadensersatzgläubiger sich rechtmäßig verhalten hätte, also die Lizenz gegen angemessene Vergütung gewährt hätte (BGH GRUR 2004, 966, 970 – *Standard-Spundfass*).

e) **Prozessuales:** I.d.R. wird die Durchsetzung der Kontrahierungsansprüche **91** über einen Feststellungsantrag erfolgen. Ein Leistungsantrag stieße im Fall des auf Belieferung gerichteten Vertragsschlusses nebst „angemessener Vergütung" der Bestimmtheit an seine Grenzen (zum Kartellrecht BGH WUW/E 1885, 1886 – *adidas*), so dass in diesem Fall ein hinreichendes Feststellungsinteresse i.S.d. § 256 Abs. 1 ZPO vorliegt (BGH WUW/E 1567 – *Nordmende*). In solchen Fällen muss auch die Geltendmachung der Feststellung im Einstweiligen Verfügungsverfahren möglich sein, weil ansonsten eine zügige Durchsetzung der Ansprüche ausgeschlossen wäre und die Kontrahierungsansprüche mehr oder weniger zu Schadensersatzansprüchen degradiert wären (Loewenheim/*Loewenheim/Jan Bernd Nordemann* § 26 Rn. 49; *Schuschke/Walker*, Kommentar zu Vollstreckung und vorläufigem Rechtsschutz, vor § 935 Rn. 65; *Vogg* NJW 1993, 1363. A.A. und ausnahmslos gegen die Zulässigkeit von Feststellungsverfügungen Vollkommer/*Jestaedt*, ZPO, §§ 21, 940 Rn. 8 „Gesellschaftsrecht"; genauso *Pastor/Ahrens*, Der Wettbewerbsprozess[5], Kap. 48 Rn. 1 ff. mit grundsätzlichen Erwägungen aus dem Charakter des Einstweiligen Rechtsschutzes; außerdem wie dort für das Gesellschaftsrecht OLG Celle ZIP 1989, 1552).

11. Gesetzliche Lizenzen, Zustimmungs- und Vergütungsfreiheit

Von den Kontrahierungsansprüchen zu unterscheiden sind **gesetzliche Lizen-** **92** **zen**. Sie gewähren ein Nutzungsrecht ohne vorherige Einräumung durch den Urheber, sehen jedoch eine Vergütung für den Urheber vor. Beispiele sind §§ 45a, 46, 47 Abs. 2, 49 Abs. 1 S. 2 1. Alt., 52, 52a, 53, 54 ff. Keine gesetzlichen Lizenzen sind Schranken des Urheberrechts, die eine **vollständige Zustimmungs- und Vergütungsfreiheit der Nutzung** gewähren (§§ 44a, 45, 47

Abs. 1, 48, 49 Abs. 1 S. 2 2. Alt und Abs. 2, 50, 51, 52 Abs. 1 S. 2, 55, 56, 57, 58, 59 und 60).

12. Änderung der Einräumung

93 Die Nutzungsrechtseinräumung des Urhebers kann durch Vereinbarung beider Parteien **einverständlich** wie jeder andere Vertrag **geändert,** jedoch nicht einseitig nachträglich beschränkt werden (OLG München ZUM 2005, 838). Auch **ohne Konsens der Parteien** kann der Vertrag im Hinblick auf den Umfang der Rechtseinräumung abzuändern sein.

94 a) **Anspruch aus § 242 BGB:** Ein **Kontrahierungsanspruch** kann sich im Ausnahmefall aus **Treu und Glauben** (§ 242 BGB) ergeben (BGH GRUR 2002, 248, 252 – *Spiegel-CD-ROM*; LG München I MMR 2000, 291, 292 – *Focus TV*, das auch eine Analogie zu § 9 UrhG bemüht; ferner *Katzenberger* AfP 1997, 434, 441). Das erfordert eine Abwägung aller Umstände des Einzelfalles (BGH GRUR 2002, 248, 252 – *Spiegel-CD-ROM*) und setzt in jedem Fall das **Angebot einer angemessenen Vergütung** für die zusätzlichen Rechte voraus (KG GRUR 2002, 252, 256 – *Mantellieferung*). Die Anbietungspflicht kann im Arbeitsverhältnis weiter reichen als bei Freischaffenden (OLG Nürnberg ZUM 1999, 655, 657 – *Museumsführer*). Ein Verstoß gegen Treu und Glauben muss **zwischen den Vertragspartnern** vorliegen. Daher stellt die Praxis bei Wahrnehmungsverträgen, das nicht eingeräumte Bearbeitungsrecht unter ein Zustimmungserfordernis der Urheber zu stellen, keinen Verstoß gegen Treu und Glauben dar, auf den sich Verwerter berufen können, die kein Vertragspartner des Wahrnehmungsvertrages sind (*v. Einem* ZUM 2005, 540, 545 f.; a.A. *Castendyk* ZUM 2005, 9, 18).

95 Hauptanwendungsfall sind **bei Vertragsschluss unbekannte Nutzungsarten,** wenn eine Einräumung von Nutzungsrechten an deren damaliger Unbekanntheit scheiterte (§ 31 Abs. 4 a.F., vgl. § 31a Rn. 6 ff.) und der Verwerter auf die Nacheinräumung angewiesen ist. Einige Fälle erledigt ab 01.01.2008 allerdings § 137l. Ansprüche aus § 242 BGB werden etwa im **Pressebereich** für die nachträgliche Rechtseinräumung für **Online-Ausgaben** angenommen, wenn eine wirtschaftliche Beteiligung erfolgt und wenn keine schwerwiegenden Gründe in der Person des Autors dagegen geltend gemacht werden können (*Rath-Glawatz/Dietrich* AfP 2000, 222, 227; s.a. KG GRUR 2002, 252, 256 – *Mantellieferung*), sofern nicht schon § 137l greift.

96 Die Grenzen der Anwendung von Treu und Glauben sind nicht schon dann erreicht, wenn der betroffenen Vertragspartei bei Vertragsschluss die neue Nutzungsart bekannt ist, weil § 242 BGB durchaus auch helfen kann, um **Nachlässigkeiten bei Vertragsschluss** zu korrigieren (a.A. LG München I MMR 2000, 291, 292 – *Focus TV*). Das gilt insb. dann, wenn der Vertragspartner des Urhebers seinerseits Rechte im üblichen Umfang gewährt hat, der Urheber aber keine so weitgehende Rechtseinräumung eingegangen ist. Beispielsweise kann ein Verleger, der das Recht zur „Verfilmung" in dem in der Praxis heute üblichen, über § 88 hinausgehenden Rechtekatalog (z.B. auch für Merchandising) an einen Filmproduzenten einräumt, vom Urheber eine Nacheinräumung verlangen, wenn nicht sachliche Gründe des Urhebers dem entgegenstehen und die fehlende Einholung vom Urheber wirklich nur auf einer Nachlässigkeit des Verlegers beruht.

97 Neben der Einräumung von Verwertungsrechten kann § 242 BGB auch als Abwehr gegen eine **Verwertungsblockade** ins Feld geführt werden. Das ist der

Fall, wenn ein Filmurheber sich auf die mangelnde Einräumung des Veröffentlichungsrechts (§ 12 Abs. 1) beruft, gleichzeitig aber vom Filmproduzenten das volle Honorar für die Werkschöpfung verlangt und dadurch die Verwertung auch zu Lasten anderer Urheber und Leistungsschutzberechtigter blockiert wird (OLG Köln GRUR-RR 2005, 337, 338 – *Dokumentarfilm Massaker* unter Verweis auch auf § 8 Abs. 2 S. 2). Gleiches gilt, wenn Rechte an einem Lichtbildwerk zwar für das Cover einer Musik-LP und -MC, nicht jedoch für die heute dominierende Musik-CD eingeräumt wurden und deshalb eine Verweigerung der Rechtseinräumung zu einer Blockade der Verwertung (unter Verwendung des bisherigen Covers) führen würde; der Urheber hat dann nur einen Anspruch auf zusätzliche Vergütung (OLG Hamburg GRUR 2000, 45, 48 – *Streicheleinheiten*).

Auch für die Ermittlung der **Rechtsfolge** ist eine umfassende Interessenabwä- **98** gung im Einzelfall erforderlich. Verbot **§ 31 Abs. 4 a.F.** (vgl. § 31a Rn. 6 ff.) bei Vertragsschluss wegen Unbekanntheit der Nutzungsart, kann § 242 BGB das nicht einfach später übergehen. Ansonsten käme § 242 BGB einer Zwangslizenz nach Bekanntwerden der Nutzungsart gleich (BGH GRUR 2002, 248, 251 – *Spiegel CD-ROM*). Wie bei urheberrechtlichen oder kartellrechtlichen Kontrahierungsansprüchen begründet § 242 BGB deshalb für die Einräumung von Rechten an früher unbekannten Nutzungsarten als Rechtsfolge allein eine schuldrechtliche Verpflichtung zur Rechtseinräumung, ohne die eine Nutzung illegal ist (BGH GRUR 2002, 248, 251 – *Spiegel CD-ROM*; KG GRUR 2002, 252, 256 – *Mantellieferung*). Schadensersatzansprüche des Rechtsinhabers sind jedoch bei Anspruch auf Rechtseinräumung ausgeschlossen (zu den Kontrahierungsansprüchen vgl. Rn. 90). **Anderes gilt**, wenn die Verweigerung der Einräumung schon bei Vertragsschluss gegen § 242 BGB verstieße, z.B. im genannten Fall der **Verwertungsblockade**. Insoweit ist durch § 242 BGB bereits der Unterlassungsanspruch gesperrt (so auch OLG Köln GRUR-RR 2005, 337, 338 – *Dokumentarfilm Massaker*; OLG Hamburg GRUR 2000, 45, 48 – *Streicheleinheiten*); Schadensersatzansprüche scheiden ohnehin aus.

Abzugrenzen sind die **Fälle des § 39 Abs. 2**. Danach sind Änderungen des **99** Werkes oder des Titels, zu denen der Urheber seine Zustimmung nach Treu und Glauben nicht verweigern kann, auch ohne zusätzliche Nutzungsrechtseinräumung zulässig, so dass es keiner Klage auf Zustimmung bedarf.

b) **Störung der Geschäftsgrundlage, § 313 BGB:** Eine Änderung des Vertrages **100** und die Anpassung des Umfangs gewährter Nutzungsrechte kann sich aus den nun in § 313 BGB niedergelegten Grundsätzen über die Störung der Geschäftsgrundlage ergeben. Die Anpassung des Vertrages geht einem Rücktritt oder einer Beendigung vor, § 313 Abs. 3 BGB (BGH GRUR 1990, 1005, 1007 – *Salome I*; BGH GRUR 1996, 763 – *Salome II*; BGH GRUR 1997, 215, 219 – *Klimbim*).

aa) **Verhältnis zu anderen Vorschriften:** Der Wegfall der Geschäftsgrundlage ist **101** als Rechtsinstitut trotz seiner Kodifikation in § 313 BGB **subsidiär** (Wandtke/Bullinger/*Grunert*[2] Rn. 17; Schricker/*Schricker*[3] § 31 Rn. 19). Vorrangig ist neben speziellen gesetzlichen Regelungen (z.B. § 137l UrhG) eine ggf. mögliche **ergänzende Vertragsauslegung**, z.B. ein vertraglicher Anspruch aus § 242 BGB auf Einräumung von Nutzungsrechten (vgl. Rn. 94 ff.) oder eine Feststellung gemeinsamer Inhaberschaft bei nicht eindeutig verteilten Rechten (BGH GRUR 2005, 320, 322 f. – *Kehraus;* ebenso die Vorinstanz OLG

München ZUM-RD 2002, 77, 85 – *Kehraus*, wenn auch mit anderem Auslegungsergebnis).

102 bb) **Voraussetzungen:** Eine Anpassung des Nutzungsvertrages kommt unter folgenden Voraussetzungen in Betracht, § 313 Abs. 1 BGB: (1) Die Umstände, die zur Grundlage des Vertrages geworden sind, müssen sich nach Vertragsschluss schwerwiegend geändert haben (§ 313 Abs. 1 BGB) oder sie müssen von Anfang an gefehlt haben (§ 313 Abs. 2 BGB). (2) Die Parteien hätten bei Vorhersehen dieser Umstände den Vertrag nicht oder anders geschlossen. (3) Ein Festhalten an dem Vertrag wäre unter Berücksichtigung aller Umstände des Einzelfalls unzumutbar. Dazu gehört auch, dass die Änderung der Umstände weder durch eine Vertragspartei verschuldet wurde noch sie im Risikobereich einer Vertragspartei liegt. Derjenige, der selbst die entscheidende Veränderung der Verhältnisse bewirkt hat, darf sich also nicht darauf berufen (BGH GRUR 2005, 320, 325 – *Kehraus*). Wer eigenmächtig statt der vereinbarten 6teiligen Serie eine 8teilige Serie herstellt, kann nicht eine Störung der Geschäftsgrundlage geltend machen (BGH GRUR 1993, 595 – *Hemmingway-Serie*). Regelmäßig wird zwischen **objektiver und subjektiver Geschäftsgrundlage** unterschieden, wobei beide eine gemeinsame Schnittmenge haben. Objektive Geschäftsgrundlage sind dabei Ereignisse wie Naturkatastrophen, Kriege oder die Deutsche Einheit, während als subjektive Geschäftsgrundlage bestimmte Vorstellungen der Parteien erfasst werden sollen. Aufgrund des das gesamte Schuldrecht beherrschenden Grundsatzes der Vertragstreue und daraus resultierenden Möglichkeiten der Vertragsauslegung kann das Institut des Wegfalls der Geschäftsgrundlage nicht leichtfertig angewendet werden, sondern nur dann, wenn es zur Vermeidung untragbarer, mit Recht und Gerechtigkeit schlechthin nicht vereinbarer und damit der betroffenen Vertragpartei nicht zumutbaren Folgen unabweisbar erscheint (BGH GRUR 2005, 320, 325 – *Kehraus*; BGH GRUR 1997, 215, 219 – *Klimbim*).

103 cc) **Anwendungsfälle:** Meist führt im Urheberrecht eine **Störung im Äquivalenzverhältnis** zu Erwägungen, über § 313 BGB eine Vertragsanpassung vorzunehmen (BGH GRUR 1990, 1005 – *Salome I*; BGH GRUR 1996, 763 – *Salome II*; ferner OLG München ZUM 1988, 581). Das kann aber nur ausnahmsweise angenommen werden. **Nicht genügend** sind: Verschlechterung des Absatzes während **Kriegszeiten** (BGH GRUR 1954, 129, 131 – *Besitz der Erde*; ferner OLG Köln GRUR 1950, 579, 584) oder eine **nachträglich anfallende Mehrwertsteuer,** weil sie im Risikobereich des Steuerpflichtigen liegt (BGH GRUR 2003, 84 – *Videofilmverwertung*).

104 Hauptanwendungsgebiet des Institutes war eine nachhaltige Veränderung der politisch-geografischen Situation, wie sie durch die Deutsche Wiedervereinigung eintrat. Die Parteien, die vor der Wende Verträge geschlossen hatten, waren regelmäßig vom Fortbestand der DDR ausgegangen, so dass aufgrund des für die Vertragsparteien unerwarteten Eintritts der **Deutschen Einheit** eine Störung des wirtschaftlichen Austauschverhältnisses eintrat. Die Folgen für Urheberrechtsverträge sind im Einigungsvertrag nicht geregelt und bewusst der Rechtsprechung überlassen worden (BGH GRUR 1997, 215, 218– *Klimbim*). Der Wegfall der Geschäftsgrundlage ist auch auf vertragliche Schuldverhältnisse, die in der DDR begründet wurden, anwendbar (BGH GRUR 2001, 826, 830 – *Barfuß ins Bett*).

105 Eine **Anpassung des Vertrages** kommt etwa in Betracht, wenn eine Fernsehanstalt der ARD die **Senderechte** nur für die alten Bundesländer besitzt, nach der Wiedervereinigung aber allein mit diesem räumlichen Umfang ihre dem

Vertragszweck entsprechende Aufgabe, das Gemeinschaftsprogramm der ARD zu gestalten, nicht mehr zumutbar erfüllen kann. Insbesondere muss eine Anpassung erfolgen, wenn eine Ausstrahlung in östliche Bundesländer über Kabel verhindert werden könnte. Die Anpassung ist auf eine Vergrößerung des Nutzungsbereiches gerichtet (BGH GRUR 1997, 215, 219 – *Klimbim*; *Schwarz* ZUM 1997, 94, 95). Eine Anpassung kommt auch in Betracht, wenn die Senderechte auf alte und neue Bundesländer aufgeteilt sind und keine der beiden Parteien eine Sendung durch Kabel oder Satellit vornehmen kann, ohne die Rechte der jeweils anderen Partei zu verletzen. Im Rahmen der insoweit erforderlichen Vertragsanpassung kann u.U. gegen angemessene Beteiligung am Erlös das Recht zur Einspeisung der Programmsignale in die Kabelnetze der neuen Länder eingeräumt werden (OLG München ZUM-RD 2002, 77, 85 – *Kehraus*; wegen anderer Vertragsauslegung nicht entschieden durch BGH GRUR 2005, 320, 325 – *Kehraus*). In Abgrenzung zu seinen Entscheidungen zur räumlichen Ausdehnung von Senderechten nach der deutschen Wiedervereinigung (insb. BGH GRUR 1997, 215, 219 – *Klimbim*) verweigert der BGH aber eine Vertragsanpassung, wenn es neben der räumlichen Erweiterung auch um eine sachliche Erweiterung der Rechtseinräumung geht. Im Fall *Kehraus* (BGH GRUR 2005, 320, 325) war anders als in *Klimbim* nicht Gegenstand eine bloß räumliche Erweiterung schon eingeräumter erdgebundener Fernsehnutzungsrechte für die alte BRD und Berlin (West) auch auf das Gebiet der ehemaligen DDR nach der Wiedervereinigung. Der Co-Produzent begehrte auch sachlich mehr Rechte, nämlich ihm bislang noch nicht zustehende Satellitenrechte, die außerdem noch weltweit hätten eingeräumt werden müssen (BGH GRUR 2005, 320, *325 – Kehraus*).

Eine **Vertragsanpassung scheidet** auch **aus** in Sachverhalten, in denen eine **106** Koexistenz der unterschiedlichen räumlichen Rechte auf dem Gebiet der BRD und der DDR zumutbar ist. Dann bleibt es nach der Wiedervereinigung bei den gespaltenen Lizenzgebieten. Allein die deutsche Einheit führt daher im Hinblick auf das **Verbreitungsrecht** für körperliche Vervielfältigungsstücke nicht zu einer räumlichen Erstreckung der Nutzungsrechte auf den jeweils anderen Teil Deutschlands (BGH GRUR 1997, 215, 219 f. – *Klimbim*; OLG Hamm GRUR 1991, 907, 908 – *Strahlende Zukunft*). Ebenso erfolgt keine Vertragsanpassung, wenn sich das auswertbare Lizenzgebiet bei Rechten, die das damalige Fernsehen der DDR für die BRD einräumte, nicht vergrößert hat und der Urheber (ein Regisseur) eine für damalige Verhältnisse angemessene Vergütung erhielt (BGH GRUR 2001, 826, 830 – *Barfuß ins Bett*).

Die Anwendung der Grundsätze über die Störung der Geschäftsgrundlage **107** kommt auch in Betracht, wenn neue, **bei Vertragsschluss unbekannte Nutzungsarten** später für die Verwertung große Bedeutung erlangen oder wenn **neue, aber bekannte Nutzungsarten** nicht in den Vertrag einbezogen wurden. Allerdings werden diese Fälle begrenzt über § 137l, ansonsten auch über eine (vorrangige, § 313 Abs. 3 BGB und vgl. Rn. 101) Vertragsauslegung gelöst (hierzu vgl. Rn. 98). Auch ein **technischer Fortschritt** (wie die Entwicklung von Kabel- und Satellitenfernsehen) kann grundsätzlich eine Störung der Geschäftsgrundlage auslösen. Ein Lizenzvertrag, der einem Fernsehsender die Ausstrahlung lizenzierter Filme für ein bestimmtes (deutschsprachiges) Vertragsgebiet erlaubt, während die Ausstrahlung durch **Satelliten** weit darüber hinaus geht, kann den technischen Veränderungen angepasst werden, indem der erweiterten Ausleuchtzone durch eine Erhöhung der Lizenzgebühr über den Wegfall der Geschäftsgrundlage Rechnung getragen wird (OLG Frankfurt GRUR Int. 1996, 247 – *Satellit erweitert Lizenzgebiet*).

108 Ein **Tonträgerproduktionsvertrag** zwischen Künstler und Tonträgerproduzenten bildet nicht die Geschäftsgrundlage für den Bestand eines Verlagsvertrages über Kompositionen und Texte bei einem vom Tonträgerhersteller auszuwählenden Verlagspartner (OLG Frankfurt ZUM 2003, 957, 958). Hat ein Verleger im Jahre 1937 einen Subverlagsvertrag geschlossen, weil er als Verfolgter des Nationalsozialismus auswandern musste und die Verwertungsmöglichkeiten der Werke nicht selbst ausschöpfen konnte, und ersetzen die Vertragsparteien diesen Vertrag im Jahre 1960 durch eine modifizierte Subverlagsvereinbarung, so kann sich der Originalverleger im Jahre 1982 nicht unter Hinweis auf seine frühere **politische Verfolgung** auf den Wegfall der Geschäftsgrundlage berufen (OLG München ZUM 1987, 297). Vergütungsnachforderungen des Urhebers gemäß §§ 32, 32a führen im Regelfall nicht zur Störung der Geschäftsgrundlage zwischen Produzenten und Sendeanstalt (*Hoeren* FS Nordemann II S. 181, 182 ff.). Steht bei der Rechtseinräumung in einem **Vertrag über eine Musikaufnahme** noch nicht fest, ob es bei einer Aufführung überhaupt zu einem **Mitschnitt** kommen wird, so kann das nicht zur Störung der Geschäftsgrundlage führen (ArbG Dresden ZUM 2005, 418).

109 dd) **Rechtsfolgen:** Grundsätzlich findet eine **Vertragsanpassung** statt. Führt der Wegfall der Geschäftsgrundlage dazu, dass **Nutzungsrechte zusätzlich eingeräumt** werden müssen, wird der Umfang der gegenständlichen Einräumung zunächst nicht berührt. Rechtsfolge ist nur ein schuldrechtlicher Anspruch auf Vertragsanpassung. Es bedarf einer weiteren Einräumung, ansonsten liegt bei Nutzung eine Rechtsverletzung vor (BGH GRUR 2002, 248, 252 – *Spiegel-CD-ROM*; BGH GRUR 1997, 215 – *Klimbim*). Allerdings schließt ein Anspruch auf Vertragsänderung aus, dass ein Schadensersatzanspruch gegen den Gläubiger des Änderungsanspruches geltend gemacht werden kann. Zur **prozessualen Durchsetzung** des Änderungsanspruches sei auf die Ausführungen zu den Kontrahierungsansprüchen verwiesen (vgl. Rn. 91). Ist die Rechtsfolge eine **Reduzierung der Rechtseinräumung**, schlägt dies allerdings wegen des fehlenden Abstraktionsprinzips im Urheberrecht (vgl. § 31 Rn. 30 ff.) direkt auf die Rechtseinräumung durch (so auch Schricker/*Schricker*[3] § 31 Rn. 18). Der Nutzungsberechtigte verliert also automatisch seine Rechte an den Urheber mit Eintritt des Wegfalls der Geschäftsgrundlage.

110 Nur wenn die (**vorrangige**) **Vertragsanpassung** nicht möglich ist, kommt bei Dauerschuldverhältnissen eine **Kündigung** oder ansonsten ein **Rücktritt** als Rechtsfolge in Betracht, § 313 Abs. 3 BGB (vgl. auch BGH GRUR 1997, 215, 219 – *Klimbim*; BGH GRUR 1996, 763 – *Salome II*; BGH GRUR 1990, 1005, 1007 – *Salome I*).

13. Erlöschen der Einräumung von Nutzungsrechten

111 a) **Allgemeines:** Nutzungsrechte können zum einen durch **Wegfall des Verfügungsgeschäfts**, also der Nutzungsrechtseinräumung als solcher, erlöschen. Zum anderen kann ein Erlöschen von Nutzungsrechten auch durch den **Wegfall des** (schuldrechtlichen) **Verpflichtungsgeschäfts** bewirkt werden. Denn damit verliert die Nutzungsrechtseinräumung ihre Rechtswirkung. Es kommt zu einem automatischen Rechterückfall (im Einzelnen str., vgl. § 31 Rn. 30 ff.). Dieser Rechterückfall wird im urheberrechtlichen Sprachgebrauch auch als „Heimfall" von Rechten an den Urheber bezeichnet. Der Heimfall von Nutzungsrechten führt zu deren Erlöschen in den Händen des Berechtigten und zur Aufhebung der Belastung des Urheberrechts als Stammrecht mit dem betreffenden Nutzungsrecht. Der Kreis seiner Verwertungsrechte wird wieder komplettiert (so anschaulich Schricker/*Schricker*[3] § 29 Rn. 20).

Der Grund für den Wegfall des Verpflichtungs- oder Verfügungsgeschäfts **112** betrifft möglicherweise **nur einzelne Rechte.** Dann hat eine Vertragsauslegung stattzufinden, ob das Geschäft im Hinblick auf die übrigen Rechte aufrechterhalten bleibt. Wenn **abtrennbare Teile** eines einheitlichen Geschäftes betroffen sind und die Parteien es auch ohne den nichtigen Teil abgeschlossen hätten, stellt sich die Frage der Anwendbarkeit des **§ 139 BGB,** um das Geschäft zumindest teilweise aufrecht zu erhalten. Ein Tonträgerproduktionsvertrag zwischen Künstler sowie Tonträgerproduzenten einerseits und ein Verlagsvertrag über Kompositionen und Texte bei einem vom Tonträgerhersteller auszuwählenden Verlagspartner andererseits stellen kein einheitliches Rechtsgeschäft i.S.d. § 139 BGB dar (OLG Frankfurt ZUM 2003, 957, 958). Auch ein Rechterückruf nach § 41 bezieht sich grundsätzlich immer nur auf das ausschließliche Recht, das nicht oder nicht hinreichend durch den Verwerter ausgeübt wurde (vgl. § 41 Rn. 41). Bei der außerordentlichen Kündigung wegen Erschütterung der Vertrauensgrundlage ist zu fragen, ob sich die Erschütterung der Vertrauensgrundlage auch auf nicht betroffene Werke, für die ebenfalls ein Vertrag besteht, bezieht und damit die Kündigung darauf ausgedehnt werden kann (vgl. Rn. 139).

b) **Vereinbarung:** Nutzungsverträge können von vornherein für eine **bestimmte 113 Zeitdauer** (z.B. 5 Jahre) geschlossen werden; mit deren Ablauf enden sie (vgl. § 31 Rn. 53 ff.). Eine Befristung ist auch die Abrede, dass die Nutzung „**bis zum Ablauf der gesetzlichen Schutzfrist**" erfolgen soll. Wenn die **Schutzfrist gemäß UrhG nach Vertragsschluss geändert** wurde, sind die Auslegungsregeln in § 137 Abs. 2, 3 und 4, § 137b Abs. 2 und 3, § 137c Abs. 2 und 3, § 137f Abs. 4 zu beachten. Endet für Werke ausländischer Urheber aus konventionsrechtlichen Gründen vorübergehend der Urheberrechtsschutz in Deutschland, ist nicht davon auszugehen, dass auch der Nutzungsvertrag beendet ist (BGH GRUR 2001, 1135, 1138 – *Lepo Sumera*). Zu Rechtseinräumungen über die Schutzfrist hinaus vgl. Rn. 114. Über dies gelten außer zeitlichen Befristungen alle anderen zivilrechtlichen Gestaltungsmöglichkeiten bei Vertragsschluss für eine Beendigung der Nutzungsrechtseinräumung, z.B. **auflösende Bedingung** (§ 158 Abs. 2 BGB), **quantitative Begrenzung** der Nutzungsrechtseinräumung (3 Sendungen, 4 Aufführungen, Vervielfältigung und Verbreitung von 1000 Exemplaren usw.), vgl. § 31 Rn. 57. Außerdem können die Parteien jederzeit einen **Aufhebungsvertrag** schließen (Wandtke/Bullinger/*Wandtke*/*Grunert*[2] Rn. 8).

c) **Ablauf der Schutzfrist:** Mit Ablauf der Schutzfrist erlöschen die Nutzungs- **114** rechte (BGH GRUR 2001, 1135, 1138 – *Lepo Sumera*; *Ulmer*[3] S. 347). Ein Verpflichtungsgeschäft, in dem die Vereinbarung einer Rechteeinräumung über die Schutzfrist hinaus getroffen wurde (Leerübertragung), ist im Gegensatz zur früheren, umstrittenen Rechtslage bei anfänglicher Unmöglichkeit (§ 306 BGB a.F., nun § 311a Abs. 1 BGB) nicht nichtig, sondern wirksam und kündbar (BGH GRUR 1993, 40, 41 f. – *Keltisches Horoskop*; vgl. auch Rn. 174). Die erforderliche Auslegung des Vertrages kann sogar ergeben, dass der Vertrag unkündbar auch nach Ende der Schutzfrist so lange läuft, wie der Vertragspartner Nutzungsentgelte Dritter vereinnahmt (LG München I ZUM 2007, 674, 678, für einen Beteiligungshonorar des gemeinfreien Librettisten gegenüber dem noch geschützten Komponisten).

115 d) **Kündigung:** Urheberrechtliche Nutzungsverträge können gekündigt werden, wenn sie **Dauerschuldverhältnisse** sind (vgl. Rn. 165). Das Gleiche gilt für Werkverträge während des Erstellungszeitraumes, wenn es sich insoweit um ein längerfristig angelegtes Vertragsverhältnis handelt (OLG Stuttgart ZUM-RD 2007, 80, 84, für eine Filmproduktion).

116 aa) **Ordentliche Kündigung:** Eine ordentliche Kündigung kommt zunächst in Betracht, wenn die Parteien eine solche im Nutzungsvertrag privatautonom **vereinbart** haben. Sie kann von äußeren Ereignissen, Zeitablauf und Kündigungsfristen abhängig gemacht werden.

117 Ist keine explizite Kündigungsklausel vereinbart, entscheidet die **Vertragsauslegung** (BGH GRUR 1986, 91, 93 – *Preisabstandsklausel*, dort verneint). Eine ordentliche Kündigungsmöglichkeit für eine Vertragspartei ohne ausdrückliche vertragliche Abrede kann nur bestehen, wenn der Nutzungsvertrag **keine zeitliche Begrenzung** hat; im Falle einer Laufzeitabrede hingegen ist sie – wie § 542 BGB für den Mietvertrag regelt – ausgeschlossen. Solche Laufzeitbegrenzungen können explizit im Vertrag geregelt sein, etwa durch Bestimmung eines Enddatums, sie können aber auch allgemeinen Formulierungen wie „bis zum Ablauf der Schutzfrist" entnommen werden. Demgegenüber deutet „zeitlich unbeschränkt" eher auf keine feste Laufzeit hin (Loewenheim/ *Jan Bernd Nordemann* § 26 Rn. 15).

118 Ein Kündigungsrecht analog § 544 BGB für Urheberrechtsverträge mit einer längeren Laufzeit als 30 Jahren besteht nach deren Ablauf **nicht** (Loewenheim/ *Jan Bernd Nordemann* § 26 Rn. 15; a.A. *Fink-Hooijer*, Fristlose Kündigung im Urhebervertragsrecht, 1991, S. 182 ff.). Für eine Analogie fehlt es an einer Regelungslücke; im Zuge der Reform des Urhebervertragsrechtes 2002 wurde eine in § 32 Abs. 5 RegE vorgesehene dementsprechende Regelung (RegE UrhVG – BT-Drucks. 14/6433, S. 15) nicht in das UrhG aufgenommen (Schricker/*Schricker*[3] §§ 31 Rn. 17).

119 Ist das Rechtsverhältnis der Parteien ausnahmsweise als **Dienstvertrag** zu qualifizieren (dazu vgl. Rn. 167), sei auf § **621 BGB** hingewiesen. Für **Werkverträge** gilt § 649 BGB (eingehend OLG Stuttgart ZUM-RD 2007, 80, 85 f.).

120 Eine spezielle Regelung trifft § **40 Abs. 1 S. 2:** Verträge über künftige Werke können nach Ablauf von 5 Jahren mit einer Frist von 6 Monaten gekündigt werden; dieses Recht ist unabdingbar (§ 40 Abs. 2). Andere Kündigungsgründe bleiben unberührt (vgl. § 40 Rn. 22 ff.).

121 bb) **Außerordentliche Kündigung: (1) Aus wichtigem Grund (§ 314 BGB):** Ist der Nutzungsvertrag als **Dauerschuldverhältnis** ausgestaltet (im Einzelnen vgl. Rn. 165) oder handelt es sich zumindest um ein längerfristiges Vertragsverhältnis (OLG Stuttgart ZUM-RD 2007, 80, 84 für einen Werkvertrag während der Produktion), kann er aus wichtigem Grund **stets außerordentlich** gekündigt werden, § 314 BGB (auch vor Einführung des § 314 BGB durch die Schuldrechtsreform BGH GRUR 1990, 443, 445 – *Musikverleger IV*; BGH GRUR 1982, 41, 43 – *Musikverleger III*). Eine Kündigung kann auch im Zeitpunkt zwischen Angebot und Annahme erfolgen, weil der Kündigende an sein Angebot nicht stärker als an einen abgeschlossenen Vertrag gebunden sein kann (OLG Stuttgart ZUM-RD 2007, 80, 83 f.).

122 Ein **wichtiger Grund** für eine Kündigung liegt vor, wenn dem kündigenden Teil unter Berücksichtigung aller Umstände des Einzelfalls und unter Abwägung der beiderseitigen Interessen die Fortsetzung des Vertragsverhältnisses bis zur vereinbarten Beendigung oder bis zum Ablauf einer Kündigungsfrist **nicht zugemutet** werden kann, § 314 Abs. 1 S. 2 BGB (BGH GRUR 2001, 1134, 1138 – *Lepo Sumera*; BGH GRUR 1997, 236, 238 – *Verlagsverträge*; BGH GRUR 1984, 754, 756 – *Gesamtdarstellung rheumatischer Krankheiten*; BGH GRUR 1982, 41, 43, 45 – *Musikverleger III*; BGH GRUR 1977, 551, 553 – *Textdichteranmeldung*; BGH GRUR 1959, 51, 53 – *Subverlagsvertrag*). Als Grund kommen danach sowohl die wesentliche **Erschütterung der Vertrauens-grundlage** für die Fortsetzung des Vertrages als auch nachhaltige **Leistungs-störungen** in Frage. Es ist nicht ersichtlich, warum die Regelung des § 314 BGB für urheberrechtliche Verträge lediglich zum Zuge kommen sollte, wenn eine Störung der Vertrauensgrundlage gegeben ist (so aber Dreier/Schulze/*Schulze*[2] Rn. 86 unter unzutreffender Berufung auf BGH GRUR 1977, 551, 553 – *Textdichter*, die ohnehin durch § 314 BGB überholt wäre; unzutreffend ferner OLG Stuttgart ZUM-RD 2007, 80, 84). Die Grenzen zwischen Kündigungen wegen Störung des Vertrauensverhältnisses allein und Störungen im Leistungs-bereich, die derart nachhaltig sind, dass sie auch die Vertrauensgrundlage erfassen, können aber fließend sein (Wandtke/Bullinger/*Wandtke*/*Grunert*[2] Rn. 12).

Der Grund kann sowohl in **einzelnen gravierenden Verstößen** als auch in einer   **123**
Summe für sich genommen geringerer, auch zeitlich zurückliegender Verstöße liegen (BGH GRUR 1990, 443, 445 – *Musikverleger V*; BGH GRUR 1982, 41, 43, 45 – *Musikverleger III*; OLG Schleswig ZUM 1995, 867, 873 – *Werner*). Es kommt hier auch auf die Vertragslaufzeit an: bei kurzer Laufzeit kann u.U. ein erstmaliger Verstoß genügen (OLG München ZUM-RD 2000, 60, 63 – *Vorlesungsverzeichnis*).

Die fristlose Kündigung ist **ultima ratio**, um den Grundsatz der Gültigkeit   **124**
geschlossener Verträge („pacta sunt servanda") nicht zu unterlaufen (OLG Celle, ZUM 1986, 213, 217 – *Arno Schmidt*; Dreier/Schulze/*Schulze*[2] Rn. 84; Schricker/*Schricker*[3], § 31 Rn. 21 m.w.N.). Daher muss in jedem Fall eine strenge **Verhältnismäßigkeitsprüfung** vorgenommen werden, ob die Voraus-setzungen einer fristlosen Kündigung wirklich gegeben sind und die vertrags-gemäße Zusammenarbeit beider Parteien nicht durch andere mildere Maß-nahmen gewährleistet werden kann. Eine solche **mildere Maßnahme** ist die **vorherige Abmahnung** mit Kündigungsandrohung (§ 314 Abs. 2 BGB), zu der der Kündigende grundsätzlich verpflichtet ist (BGH GRUR 1984, 754, 756 – *Gesamtdarstellung rheumatischer Krankheiten*; BGH GRUR 1974, 789, 792 – *Hofbräuhauslied*). Das gilt insbesondere dann, wenn sich ein Mitarbeiter falsch verhält, die Kündigung jedoch gegenüber einer personenverschiedenen Gesellschaft auszusprechen wäre, um den Gesellschaftern Gelegenheit zu geben, auf den Mitarbeiter einzuwirken (OLG Stuttgart ZUM-RD 2007, 80, 84). Eine Abmahnung ist auch dann notwendig, wenn sich der andere für sein Fehlverhalten unmittelbar danach entschuldigt (OLG Stuttgart ZUM-RD 2007, 80, 85). Einer Abmahnung bedarf es aber ausnahmsweise nicht, wenn – bei Gründen im Vertrauensbereich – das künftige Verhalten an der Zerstö-rung der Vertrauensgrundlage nichts mehr zu ändern vermag (§ 314 Abs. 2 S. 2 BGB i.V.m. § 323 Abs. 2 Nr. 3 BGB; BGH GRUR 1971, 35, 40 – *Maske in Blau*; OLG München ZUM-RD 2000, 60, 64 – *Vorlesungsverzeichnis*; am Beispiel eines Warenzeichenlizenzvertrages BGH GRUR 1992, 112, 114 – *pulp wash*) oder wenn – bei Gründen im Leistungsbereich – der andere Teil seine Leistung endgültig verweigert oder eine fristgebundene Leistung nicht erbringt (§ 314 Abs. 2 S. 2 BGB i.V.m. § 323 Abs. 2 Nr. 1 und Nr. 2 BGB). Milderes Mittel kann es auch sein, nicht erfüllte Ansprüche gerichtlich durchzusetzen,

soweit das zumutbar ist (BGH GRUR 1982, 41, 45 – *Musikverleger III*; BGH GRUR 1974, 789, 792 f. – *Hofbräuhauslied*; OLG Schleswig ZUM 1995, 867, 873 – *Werner*).

125 Ein **Verschulden** des Vertragspartners ist für einen Kündigungsgrund nicht erforderlich (BGH GRUR 1977, 551, 553 – *Textdichteranmeldung*). Allerdings ist es im Rahmen der Einzelfallbetrachtung regelmäßig relevant, weil ein schuldhaftes Handeln z.b. geeignet ist, das Vertrauen in die Vertragstreue des Partners nachhaltig zu erschüttern (Schricker/*Schricker*[3] § 31 Rn. 21). Eigenes (Mit-)Verschulden des Kündigenden schließt das Kündigungsrecht nicht zwingend aus (BGH GRUR 1959, 51, 53 – *Subverlagsvertrag*); es ist jedoch im Rahmen der Interessenabwägung zu berücksichtigen und führt im Regelfall zu einem Entfall des Kündigungsgrundes, wenn der Kündigende den Kündigungsgrund überwiegend zu vertreten hat (BGH NJW 1981, 1264, 1265, zu einem (Buchenholzspäne-) Lieferungs- und Abnahmevertrag). Die Zurechnungsregel des § 278 **BGB** gilt nicht ohne weiteres. Vielmehr hängt ein Kündigungsrecht beispielsweise bei Einschaltung eines Subverlegers durch einen Originalverleger „in der Regel davon ab, wie der Originalverleger sich daraufhin verhält, insbesondere ob er das Verhalten des Subverlegers deckt oder für Abhilfe sorgt" (BGH GRUR 1964, 326, 331 – *Subverleger*).

126 Die Grundsätze der **Verdachtskündigung** sind anwendbar (BGH GRUR 1977, 551, 553 – *Textdichteranmeldung*, unter Berufung auf die Rechtsprechung des BAG). Nicht nur eine erwiesene Tat, die von der Rechtsordnung missbilligt wird, sondern auch schon der dringende Verdacht, eine solche Tat begangen zu haben, kann einem urheberrechtlichen Nutzungsvertrag die Vertrauensgrundlage entziehen oder das Vertragsverhältnis unzumutbar belasten. In solchen Fällen ist es nicht nur möglich, sondern auch notwendig, eine auf Verdacht gestützte außerordentliche Kündigung zuzulassen (BGH GRUR 1977, 551, 553 – *Textdichteranmeldung*). Das setzt aber voraus, dass der Verdacht **objektiv** durch konkrete Tatsachen **begründet** ist und der Verdächtigte durch sein Verhalten **erhebliche Gründe** für den Verdacht **gegeben** hat. Auf ein Verschulden kann es dabei allenfalls insoweit ankommen, als es um die Begründung der Verdachtsmomente geht. Entscheidend bleibt, ob das Vertrauensverhältnis derart erschüttert ist, dass ein gedeihliches Zusammenwirken der Parteien nach den Gesamtumständen nicht mehr zu erwarten steht; das kann auch grundsätzlich auch dann der Fall sein, wenn es an einem Verschulden fehlt (BGH GRUR 1977, 551, 553 – *Textdichteranmeldung*, unter Berufung auf BGH GRUR 1959, 51, 53 – *Subverlagsvertrag*). Auch **vor Beginn des Vertrages** liegende, dem Kündigenden zunächst unbekannte Umstände können zur Kündigung berechtigen (BAG NJW 2002, 162).

127 Das **Nachschieben** von Kündigungsgründen, die erst nach Klageerhebung entstehen, ist zulässig (Dreier/Schulze/*Schulze*[2] Rn. 84; Loewenheim/*Loewenheim/Jan Bernd Nordemann* § 26 Rn. 18 unter Verweis auf BGH GRUR 1997, 610, 612 – *Tinnitus-Masker*, für einen Patentlizenzvertrag).

128 (2) **Einzelfälle Leistungsstörungen:** Ist der Kündigungsgrund schwerpunktmäßig im Bereich Leistungsstörung angesiedelt, so kann eine **gerichtliche Durchsetzung** von daraus folgenden Ansprüchen gegenüber der Kündigung **vorrangig** sein, wenn das zumutbar ist (BGH GRUR 1982, 41, 45 – *Musikverleger III*; BGH GRUR 1974, 789, 792 f. – *Hofbräuhauslied*; zum Patentlizenzvertrag auch BGH GRUR 1997, 610, 611 – *Tinnitus Masker*). Auch eine fehlende **Nachfristsetzung** kann gegen einen Kündigungsgrund sprechen. Ein Beispiel bildet die (unwirksame) Kündigung durch einen Verleger, der keine

Nachfristsetzung mit Kündigungsandrohung gegenüber einem Autor ausgesprochen hatte, der mit seinem medizinischen Werkes von einem bei der Bestellung abgesprochenem Themenkatalog abgewichen war (BGH GRUR 1984, 754, 756 – *Gesamtdarstellung rheumatischer Krankheiten*).

Eine große Gruppe bilden zunächst die Fälle unrichtiger oder unzureichender **129** **Abrechnungen** und mangelnde Förderung durch unzureichende Kontrolle der Abrechnung des eingeschalteten Subverlegers in einem Verlagsvertrag (BGH GRUR 1974, 789, 793 – *Hofbräuhaus-Lied*); langjährige und trotz vielfacher Mahnungen nicht abgestellte schwerwiegende Mängel bei den Abrechnungen im Rahmen eines Künstlervertrages (OLG Köln ZUM-RD 1998, 450, 451 – *Alarm, Alarm*) oder fehlende Abrechnung bei gleichzeitiger Vernichtung von Unterlagen, selbst wenn der Nachlasspfleger sich nicht legitimiert hat, weil für den Verleger die einfache Möglichkeit bestanden hätte, sich beim zuständigen Nachlassgericht zu informieren (BGH NJW 1997, 1150 – *Hans Heinz Ewers*). Grundsätzlich ist im Abrechnungsbereich aber vor einer Kündigung vorrangig eine Vertragserfüllung durchzusetzen, insbesondere dann, wenn nur geringe Beträge ausstehen (OLG München ZUM 2002, 485, 488 – *Mentales Schlankheitstraining*). Bedeutung hat in diesem Zusammenhang auch, ob in Zukunft eine korrekte Abrechnung erfolgen wird, etwa weil die bisherigen Fehler eher auf Nachlässigkeit als auf planmäßigem Vorgehen beruhen und die Durchsetzung der Erfüllung den Vertragspartner zu mehr Sorgfalt anhalten wird; insoweit ist zunächst Erfüllung zu fordern (OLG München ZUM 2001, 173, 179 – *Friedrich Hollaender*). Zur fristlosen Kündigung ist allerdings ein Bühnenautor berechtigt, wenn er bei einem Bühnenverlagsvertrag (Wahrnehmungsvertrag) **nicht** über bevorstehende Neuinszenierungen **unterrichtet** wird, 5 Verträge durch den Verleger bereits geschlossen wurden und der Urheber dadurch für eine längere Zeit außer Stand gesetzt wurde, die Richtigkeit der Verlagsabrechnungen zu überprüfen (OLG München GRUR 1980, 912, 913 – *Genoveva*).

Auch eine ständige unpünktliche **Honorarzahlung** im Rahmen eines Verlags **130** vertrages trotz Abmahnung über einen Zeitraum von 3 bzw. 4 Jahren hinweg kann einen wichtigen Grund für eine Kündigung darstellen (OLG Köln GRUR 1986, 679 – *Unpünktliche Honorarzahlung*), genauso wie fehlende Abrechnungen und ausgebliebene Zahlung von Lizenzgebühren aus einem Verlagsvertrag während eines Zeitraumes von 10 Jahren, dann soll sogar eine Abmahnung entbehrlich sein (OLG Düsseldorf ZUM 1998, 61, 64 – *Mart Stam*).

Ferner kann **unzureichende Rechtswahrnehmung** einen Grund zur Kündigung **131** geben, so etwa wenn ein Musikverleger der Pflicht zur Verbreitung nicht nachkommt (BGH GRUR 1970, 40, 42 – *Musikverleger I*), oder (zusätzlich zu unrichtiger Abrechnung) eine mangelnde Förderung im Rahmen eines Verlagsvertrages erfolgt, weil der eingeschaltete Subverleger nicht hinreichend kontrolliert wird (BGH GRUR 1974, 789, 793 – *Hofbräuhaus-Lied*). Die bloße Nichtausübung des Nutzungsrechtes ohne Verletzung einer Ausübungspflicht ist demgegenüber noch kein Grund zur Kündigung, zumal dem Urheber dann auch Rückrufrechte (§ 41) zustehen können. Im Filmbereich ist eine außerordentliche Kündigung wegen Verletzung von Ausübungspflichten wegen § 90 S. 1 nicht möglich (vgl. § 90 Rn. 9).

Auf Seiten des Verlegers besteht ein außerordentliches Kündigungsrecht, wenn **132** der Urheber die Rechte bereits anderweitig vergeben hat oder ein Plagiat vorliegt. Dann liegt i.d.R. auch Nichterfüllung mit den sich daraus ergebenden

Sekundäransprüchen vor (vgl. Rn. 171 ff.). Zu Leistungsstörungen von Verlagsverträgen siehe auch die Kommentierungen zu §§ 30 VerlG.

133 (3) **Einzelfälle Erschütterung der Vertrauensgrundlage:** Für eine **Erschütterung der Vertrauensgrundlage** ist im Wege der erforderlichen Einzelfallprüfung zunächst relevant, ob die Verträge einen starken **persönlichen Einschlag** haben. Bei Verträgen, die über einen wirtschaftlichen Leistungsaustausch hinaus eine enge Vertrauensbeziehung voraussetzen, ist das persönliche Vertrauensverhältnis eher erschütterbar als eine **rein wirtschaftliche Beziehung,** bei der ein Festhalten am Vertrag jedenfalls länger zumutbar ist (Dreier/Schulze/*Schulze*[2] Rn. 86). Nutzungsverträge mit Urhebern über künstlerische Werke ohne Gebrauchszweck (Belletristik, Lyrik, Musik, Film etc.) dürften regelmäßig einen solchen persönlichen Einschlag haben, weil die wirtschaftliche Nutzung des Werkes im Regelfall Persönlichkeitsrechte des Urhebers berührt. Bei anderen Werken mit Gebrauchszweck (z.B. Gebrauchstexte wie Bedienungsanleitungen, AGBs; angewandte Kunst) kann hingegen die wirtschaftliche Verwertung allein maßgeblich sein. Allerdings setzt die Durchführung eines Nutzungsvertrages nicht notwendig persönliche Harmonie zwischen den Parteien voraus (BGH GRUR 1998, 673, 679 – *Popmusikproduzenten,* für einen Musikverlagsvertrag); auch sind gewisse Meinungsverschiedenheiten im Rahmen langfristiger Verträge nie vollständig auszuschließen (OLG Frankfurt ZUM 2006, 566, 568). Entscheidend ist, ob die Fortsetzung des Vertragesverhältnisses für eine Partei unzumutbar ist.

134 Die Vertrauensgrundlage ist beispielsweise unzumutbar zerstört bei einem **tiefgreifenden Zerwürfnis** im Rahmen eines Musikverlagsvertrages mit enger persönlicher Bindung, verbunden mit ehrverletzenden Äußerungen in der Öffentlichkeit und Verletzung der Fürsorgepflicht (BGH GRUR 1982, 41, 45 – *Musikverleger III*). Das Vertrauensverhältnis in einem Musikverlagsvertrag kann auch dadurch zerstört werden, dass der Verleger die **fachlichen und menschlichen Fähigkeiten** einer Miturhebers **in Frage stellt,** zudem **Beleidigungen** und unsubstantiierte **Vorwürfe strafbarer Handlungen** ausspricht, was eine ordnungsgemäße verlegerische Betreuung nicht mehr erwarten lässt (BGH GRUR 1990, 443, 446 – *Musikverleger IV*). Gleiches gilt, wenn sich der Verleger eines Musikverlagsvertrages selbst fälschlicherweise unter Pseudonym als Textdichter für Musikwerke des Komponisten bei der GEMA anmeldet (BGH GRUR 1977, 551, 554 – *Textdichteranmeldung*). Richtigerweise genügt ein intensiver und mehr als belangloser gerichtlicher **Rechtsstreit zwischen den Parteien** zur fristlosen Kündigung (OLG München ZUM 1987, 297, 300), weil im Regelfall ein solcher gerichtlicher Streit Ausdruck auch eines persönlichen Zerwürfnisses ist (vgl. aber Rn. 124 zum milderen Mittel des Prozesses).

135 Schaltet ein Musikverleger zunächst ohne den Willen des Urhebers einen **Subverleger** ein, dessen Vertrauensverhältnis mit dem Urheber wegen öffentlicher Äußerungen nachhaltig gestört ist, und hält der Musikverleger dann dennoch am Subverleger fest, kann das Grund für eine Kündigung sein (BGH GRUR 1964, 326, 331 – *Subverleger*). Bei Vorliegen einer fristlosen Kündigung des **Arbeitsverhältnisses zwischen Verwerter und Urheber** liegt aber nicht automatisch auch ein Kündigungsgrund für den Nutzungsvertrag vor. Anders kann dies bei enger Verknüpfung von Arbeitsverhältnis und Nutzungsvertrag sein (BGH GRUR 1990, 443, 444 – *Musikverleger IV*).

136 Zur Kündigung berechtigen **gravierende unerlaubte Änderungen des Werkes** im Rahmen einer „modernisierten" Bühnenaufführung (BGH GRUR 1971,

35, 40 – *Maske in Blau*). Ein Kündigungsgrund kann auch bei Versendung **nicht autorisierter Werbeschreiben** im Namen des Vertragspartners des Verlagsvertrages vorliegen, wobei bei kurzer Laufzeit des Vertrages hier auch ein erstmaliger Verstoß genügen soll (OLG München ZUM-RD 2000, 60, 63 – *Verlagsverzeichnis*).

Bei einer gleichsam **erzwungenen Rechtsvergabe** zu Zeiten der UdSSR besteht **137** ein Kündigungsrecht auch bei sonst ordnungsgemäßer Vertragsdurchführung wegen der überwiegenden Interessen des Urhebers an einer eigenständigen Rechtsvergabe und Beendigung der Bevormundung (BGH GRUR 2001, 1134 – *Lepo Sumera*).

Auf Verwerterseite kann ein Herausgebervertrag aus wichtigem Grund fristlos **138** gekündigt werden, wenn der Herausgeber bei der Einreichung seines eigenen Autorenbeitrags (hier: zu einem Lehrbuch) verschweigt, dass dieser **schon in einem anderen Verlag** vorveröffentlicht worden ist (KG NJW-RR 1992, 758). Grundsätzlich berechtigt daneben auch ein Verhalten des Autors zur Kündigung durch den Verwerter, das zu **negativer öffentlicher Meinung** führt (LG Passau NJW-RR 1992, 759).

(4) Erstreckung auf andere Werke und Verträge, Verträge Dritter: Die außer- **139** ordentliche Kündigung ist ultima ratio und erfordert eine strenge Verhältnismäßigkeitsprüfung (vgl. Rn. 124). Die Kündigung gilt danach grundsätzlich **nur für das jeweilige Vertragsverhältnis** (BGH GRUR 1977, 551, 554 – *Textdichteranmeldung*). Sind mehrere Werke in einem Vertrag zusammengefasst und betrifft der Kündigungsgrund nur ein Werk, ist nur eine **Teilkündigung** zulässig. Der Kündigungsgrund kann jedoch – auch wenn er nur aus einem Vertragsverhältnis herrührt oder nur im Hinblick auf ein Werk gegeben ist – zum Wegfall der Vertrauensgrundlage für **mehrere Verträge** führen. Das Vertrauen des Kündigenden in die Redlichkeit des Vertragspartners muss in einem solchen Ausmaß erschüttert sein, dass ihm ein Festhalten an den Verträgen nicht mehr zuzumuten ist. Das ist im Regelfall dann gegeben, wenn der die fristlose Kündigung rechtfertigende Grund seine Ursache nicht in Besonderheiten des einzelnen Vertrages oder Werkes, sondern in einem Verhalten des Partners findet, durch das der Kündigende sein Vertrauen in die gesamte Tätigkeit – und nicht nur hinsichtlich der unmittelbar betroffenen Werke oder Verträge – verloren hat (BGH GRUR 1977, 551, 554 – *Textdichteranmeldung*). Danach kann ein Verleger, dem durch einen Urheber ein Plagiat abgeliefert wurde, auch andere Verlagsverträge für noch zu erstellende Manuskripte kündigen, wenn das Plagiat mehr als unerheblich ist.

Komplex ist die Situation, wenn von einer Kündigung auch **Dritte betroffen 140** sind, beispielsweise bei Kündigung durch einen Urheber andere Urheber. Ist das Vertrauensverhältnis zu den anderen Urhebern nicht gestört, muss eine sorgfältige Abwägung auch mit den Interessen der anderen Urheber erfolgen, ob eine Kündigung tunlich ist. Das gilt insbesondere bei verbundenen Werken nach § 9 (BGH GRUR 1982, 743, 744 – *Verbundene Werke*; vgl. § 9 Rn. 8 ff.).

(5) Kündigungserklärung: Die **Wirksamkeit** einer Kündigungserklärung als **141** einseitiger Willenserklärung bemisst sich nach den Vorschriften des Allgemeinen Teil des BGB (insbesondere §§ 104 ff. BGB). Die Kündigungserklärung ist mit Zugang wirksam, § 130 BGB. Insbesondere kann die Kündigung nach § 174 BGB zurückgewiesen werden, wenn sie durch einen Vertreter (z.B. Anwalt!) ohne Vorlage der Vollmachtsurkunde ausgesprochen wird. Die Einhaltung einer besonderen Form ist nicht nötig, auch wenn Schriftform mit

Zugangsnachweis aus Beweisgründen hilfreich ist. Bei Vertragsabschluss durch **mehrere Urheber** (Miturheber nach § 8 oder verbundene Werke nach § 9) kann eine Kündigung nur durch alle gemeinsam ausgesprochen werden (BGH GRUR 1982, 743 – *Verbundene Werke*; BGH GRUR 1982, 41 – *Musikverleger III*; OLG Frankfurt ZUM 2003, 957, 959). Ein Vertragspartner kann Vertretungsmacht von den anderen zur Kündigung Berechtigten erhalten. In Fällen des § 9 kann ein Urheber ausnahmsweise dann alleine kündigen, wenn ihm abweichend von § 709 Abs. 1 BGB (zur Anwendung der §§ 705 ff. BGB bei § 9 vgl. dort Rn. 28) ein alleiniges Geschäftsführungsrecht zugebilligt wurde (BGH GRUR 1982, 743, 744 – *Verbundene Werke*), was in der Praxis aber kaum vorkommt. Ggf. muss die Mitwirkung durch Klage auf Einwilligung durchgesetzt werden (dazu im Fall des § 9 BGH GRUR 1982, 743, 744 – *Verbundene Werke*; im Einzelnen und zum Notverwaltungsrecht *Fink-Hooijer*, Fristlose Kündigung im Urhebervertragsrecht, 1991, S. 166 ff., 176 ff.; zur Einschränkung des Kündigungsrechts bei Betroffenheit Dritter vgl. auch Rn. 139). Zur Kündigung durch eine **ungeteilte Erbengemeinschaft** vgl. § 28 Rn. 6. Eine fristlos aussprechbare Kündigung kann auch auf einen bestimmten – aber wegen des erforderlichen wichtigen Grundes nicht allzu **zukünftigen** – **Zeitpunkt** hin ausgesprochen werden. Die Kündigung kann **nur für einen Vertrag insgesamt** erklärt werden. Die gesonderte Kündigung nur für einzelne Rechtseinräumungen innerhalb eines Vertrages ist nicht möglich.

142 (6) **Kündigungsfrist:** Die Kündigung kann nur innerhalb einer **angemessenen Frist** ab dem Zeitpunkt erfolgen, in dem der Berechtigte von den Gründen Kenntnis erlangt. Diese Frist ist nicht starr zu bemessen, sondern muss den Umständen des **Einzelfalles** angemessen sein (§ 314 Abs. 3 BGB). Zu kurz bemessen ist jedenfalls die 2-Wochen-Frist des § 626 BGB (BGH GRUR 2001, 1134 – *Lepo Sumera*; BGH GRUR 1990, 443, 446 – *Musikverleger IV*; BGH GRUR 1982, 41, 43 – *Musikverleger III*), es sei denn, es liegt ein reiner Dienstvertrag vor. Vielmehr ist dem Verletzten aufgrund der Besonderheiten des jeweiligen Vertrages vor einer fristlosen Kündigung eine hinreichend an den Umständen des Einzelfalles zu bemessende Frist zu eigenen **tatsächlichen Ermittlungen** und nach deren Abschluss weiterhin zur Prüfung der **Rechtslage** zuzubilligen (BGH GRUR 1990, 443, 446 – *Musikverleger IV*; BGH GRUR 1982, 41 – *Musikverleger III*; BGH GRUR 1977, 551, 554 – *Textdichteranmeldung*). Zur Nachprüfung kann Zeit für **Überlegung** hinzutreten (OLG Frankfurt ZUM 1989, 39, 42). Das Kündigungsrecht entfällt, wenn durch Zeitablauf der **unmittelbare Zusammenhang** zwischen Vertragsstörung und Kündigung verloren geht. Dann liegt der Schluss nahe, die Gründe aufgrund fortgesetzter Zusammenarbeit können nicht so schwerwiegend gewesen sein, dass die weitere Vertragsdurchführung nunmehr unzumutbar wäre.

143 Als zulässige Kündigungsfristen wurden etwa anerkannt: **4 Wochen** nach Protest und Überlegung (BGH GRUR 1971, 35, 40 – *Maske in Blau*); fast **5 Monate** bei Überprüfung strafrechtlicher Vorwürfe (BGH GRUR 1977, 551, 554 – *Textdichteranmeldung*); **16 Monate** bei ungeteilter und verstreuter Erbengemeinschaft (OLG München ZUM-RD 1997, 505, 507 – *Hans Heinz Ewers*), nicht aber 9 bis 12 Monate ohne besondere Gründe (LG Passau NJW-RR 1992, 759).

144 (7) **Spezialregelungen (VerlG, § 627 BGB):** Für die außerordentliche Kündigung gelten teilweise spezielle Vorschriften: § 18 Abs. 1 VerlG ermöglicht dem Verleger bei **Fortfall des Zweckes** des Werkes nach Vertragsschluss, sich aus dem Vertrag zu lösen. Gleiches gilt im Falle eines Beitrages zu einem **Sammel-**

werk, das nicht zustande kommt (§ 18 Abs. 2 VerlG). Dem Verfasser der Beiträge zu einem Sammelwerk steht das Recht zur Kündigung zu, wenn das Werk innerhalb eines Jahres nicht zustande kommt, § 45 Abs. 1 VerlG. Die Regelungen sind abdingbar. Siehe die separate Kommentierung zum VerlG.

Bei einer besonderen **Vertrauensstellung** im Rahmen eines **Dienstverhältnisses** **145** kann eine Kündigung unter den Voraussetzungen des § 627 BGB ohne das Erfordernis eines wichtigen Grundes ausgesprochen werden, was etwa bei Managern und Promotern von Künstlern relevant werden kann (BGH NJW 1983, 1191 – *Künstlerbetreuung*; vgl. § 1 VerlG Rn. 5).

(8) **Rechtsfolge:** Der **Zeitpunkt des Wirksamwerdens der Kündigung** ist durch **146** den Kündigenden **bestimmbar**; er kann, muss aber nicht fristlos kündigen (Schricker/*Schricker*[3] § 31 Rn. 23). Die Frist muss ggf. jedoch so bemessen sein, dass sie den wichtigen Grund für die Kündigung nicht konterkariert. Berechtigte Interessen an einer zeitlich begrenzten Fortführung sind zu berücksichtigen, z.B. bei Kündigung durch den Verwerter ein Aufbrauch vorhandener Bestände. Die Kündigung führt zur Beendigung des Vertragsverhältnisses zum Zeitpunkt des Wirksamwerdens der Kündigung („ex nunc"). Es erfolgt **keine Rückabwicklung**, etwa hinsichtlich gezahlter Honorare oder übergebener Hilfsmittel (BGH GRUR 1982, 369, 371 – *Allwetterbad*; LG München I ZUM 2005, 336, 339 – *Pierrot*). Die eingeräumten Nutzungsrechte fallen ab Wirksamwerden der Kündigung automatisch an den Urheber zurück (sog. Rechterückfall; im Einzelnen str., vgl. § 31 Rn. 30 ff.), z.B. an einer im Vertrieb befindlichen Musikkassette (OLG Köln ZUM-RD 1998, 450, 453 – *Alarm, Alarm*). Auch gibt ein gekündigter Produktionsvertrag nicht die Befugnis zur Verwertung eines noch nicht fertiggestellten Filmes oder zur Herstellung anderer Schnittfassungen (LG München I ZUM 2005, 336, 340 – *Pierrot*). In zeitlicher Hinsicht gilt der Rechterückfall aber nur für die Zeit nach der Kündigung, nicht für die Vergangenheit, weil das Vertragsverhältnis bis zur Kündigung wirksam ist. Der Vertrag stellt bis zum Zeitpunkt der Kündigung auch den Rechtsgrund für erbrachte Leistungen und eingeräumte Nutzungsrechte dar.

Der Rückfall von Nutzungsrechten nach Kündigung „ex nunc" an den Urhe- **147** ber umfasst grundsätzlich auch alle **abgeleiteten Rechte** (str., vgl. § 31 Rn. 34). Sofern der BGH in der Entscheidung *Allwetterband* (BGH GRUR 1982, 369, 371 – *Allwetterbad*) betont, der Wegfall der Rechtseinräumung ex nunc lasse Nutzungsrechte nicht automatisch an den Urheber zurückfallen, so gilt diese Rechtsprechung nur für Verträge zwischen Verwertern (vgl. § 31 Rn. 31). Der Urheber kann jedoch in gewissem Umfang zustimmen, dass auch bei Rückfall der Rechte die abgeleiteten Rechte bestehen bleiben (vgl. § 31 Rn. 37). Zu weiteren **Vertragsgestaltungen**, um für den Sublizenzgeber das Risiko zu verringern, vgl. § 31 Rn. 38 f. sowie Loewenheim/*Jan Bernd Nordemann* § 62 Rn. 24 m.w.N.

e) **Rücktritt:** Sämtliche Nutzungsverträge – egal ob Dauerschuldverhältnis **148** oder nicht – können durch Rücktritt beendet werden. Das Recht zum Rücktritt kann privatautonom vertraglich **vereinbart** und an bestimmte Umstände geknüpft werden. Daneben gelten die allgemeinen **gesetzlichen** Rücktrittsgründe des BGB, etwa bei Nichtleistung die §§ 323, 346 ff. BGB, bei gravierenden Verletzungen von Nebenpflichten auch die §§ 324, 346 ff. BGB, bei Unmöglichkeit der Leistung die §§ 326 Abs. 5, 323, 346 ff. BGB bzw. §§ 326 Abs. 1 S. 1, 326 Abs. 4, 346 ff. BGB. Solange die vertraglich vereinbarte Leistung noch möglich ist, gilt der **Vorrang der Nacherfüllung**, der den Rücktrittsberechtigten grundsätzlich zur Nachfristsetzung verpflichtet. Ausführlich zu Leistungsstörungen und den sich daraus ergebenden Rücktrittsrechten vgl. Rn. 170 ff., auch zur Rückgewähr der übrigen Leistungen.

149 **Besondere Rücktrittsrechte** enthält das **Verlagsrecht**. Die Rücktrittsrechte des VerlG sind neben den vorgenannten Rücktrittsregelungen des BGB anwendbar (LG Ulm ZUM-RD 1999, 236, 237 für § 326 BGB a.F.). Dem Urheber gibt § 32 VerlG ein Rücktrittsrecht, wenn der Verleger entgegen der Pflichten der §§ 15, 16 VerlG die vorgeschriebene Vervielfältigung und Verbreitung des Werkes unterlässt. Ebenso kann der Urheber bei Eintritt unvorhersehbarer Umstände, die den Verfasser bei Kenntnis der Sachlage und verständiger Würdigung von der Herausgabe der Werke abgehalten haben würden, vom Vertrag zurücktreten (§ 35 VerlG) wie auch in dem Fall, dass der Verleger trotz Fristsetzung durch Verfasser keine Neuauflage herausgibt (§ 17 VerlG) oder bei Insolvenz des Verlegers vor Beginn der Vervielfältigung (§ 36 Abs. 3 VerlG). Der Verleger kann sich durch Rücktritt bei nicht rechtzeitiger Ablieferung des Werkes vom Vertrag lösen (§ 30 VerlG). Ein Rücktrittsrecht ergibt sich auch dann, wenn das Werk nicht die vertragsgemäße Beschaffenheit hat (§ 31 VerlG). Die Regelungen des VerlG sind abdingbar. Die Rechtsfolgen des Rücktrittes ergeben sich aus §§ 37, 38 VerlG mit Verweis auf das BGB. Siehe zu den einzelnen Rücktrittsgründen des VerlG eingehend unsere separate Kommentierung des VerlG.

150 Ein Rücktritt verlangt eine dahingehende **Erklärung**. Eine ausdrückliche Bezeichnung als Rücktritt ist nicht nötig; auch eine Erklärung einer „Kündigung" kann als Rücktritt ausgelegt werden, solange damit keine Rechtsunsicherheit verbunden ist (BGH GRUR 1970, 40, 43 – *Musikverleger I*).

151 **Rechtsfolge** des Rücktritts nach VerlG oder BGB ist die Vertragsabwicklung **ex tunc**, d.h. die Parteien müssen sich die seit Vertragsschluss empfangenen Leistungen grundsätzlich gemäß §§ 346 ff. BGB Zug um Zug zurückgewähren. Für den Verlagsbereich folgt dies aus § 37 VerlG, der über § 30 VerlG auch auf die Rücktrittsrechte aus §§ 31, 32 VerlG Anwendung findet (für § 32 VerlG: *Schricker*, Verlagsrecht³, §§ 37/38 Rn. 1). Für den Verlagsbereich ordnet die Bestimmung des § 38 VerlG eine Annäherung an die Rechtsfolgen der Kündigung an, die nur mit Wirkung für die Zukunft („ex nunc") gilt (vgl. Rn. 146), sofern der Verfasser das Werk zum Zeitpunkt des Rücktritts schon ganz oder zum Teil abgeliefert hatte. Der schuldrechtliche Vertrag kann je nach den Umständen des Einzelfalles teilweise aufrechterhalten bleiben; entsprechend verkürzt sind die Rückabwicklungspflichten der Vertragsparteien. Insbesondere bleiben **Nutzungshandlungen** des Verwerters wirksam, **die** dieser vor Rücktritt **bereits durchgeführt** hat (im Einzelnen vgl. § 38 VerlG Rn. 3 ff.). Die Regelung des § 38 VerlG ermöglicht eine einzelfallgerechte Abwägung der widerstreitenden Interessen und **enthält** insoweit **einen allgemeingültigen urhebervertragsrechtlichen Regelungsgedanken**. Dieser ist nach zutreffender Ansicht nicht auf Verlagsverträge beschränkt, sondern kann bei entsprechender Interessenlage auch auf sonstige Verträge über die Einräumung von Nutzungsrechten – mit oder ohne Ausübungspflicht – Anwendung finden (Schricker/ *Schricker*³ § 31 Rn. 17; Loewenheim/*Jan Bernd Nordemann* § 62 Rn. 25). In jedem Fall ist eine dem § 38 VerlG entsprechende Vertragsgestaltung, insbesondere außerhalb von Verlagsverträgen, formularvertraglich zulässig und ratsam.

152 Der Rückfall von Nutzungsrechten an den Urheber betrifft grundsätzlich auch alle **abgeleiteten Rechte** (str., vgl. § 31 Rn. 34). Der Urheber kann jedoch in gewissem Umfang zustimmen, dass auch bei Rückfall der Rechte die abgeleiteten Rechte bestehen bleiben (vgl. § 31 Rn. 37). Zu weiteren **Vertragsgestaltungen**, um für den Sublizenzgeber das Risiko zu verringern vgl. § 31 Rn. 38 f.

Auch **Nebenrechte** fallen zurück, wenn der Urheber den schuldrechtlichen **153** Vertrag wirksam beendet, weil diese von der Zweckbindung ebenso erfasst sind wie die Hauptrechte (*Knaack* FS Schricker 60. Geb. S. 263, 285; *Schricker*, Verlagsrecht[3], § 9 Rn. 11a; *Ulmer*[3] S. 390; Loewenheim/*Jan Bernd Nordemann* § 62 Rn. 23).

f) Rückruf, Widerruf, Widerspruch: Das **Rückrufsrecht** ist eine spezielle vom **154** UrhG gewährte Möglichkeit für den Urheber zur einseitigen Beendigung von Nutzungsverträgen. Seine Ausübung führt zum Erlöschen der Nutzungsrechte mit Wirkung für die Zukunft, also „ex nunc" (LG Köln ZUM 2006, 149, 152; vgl. § 41 Rn. 40 ff.). Möglich ist ein Rückruf ausschließlicher Nutzungsrechte gemäß § 41 wegen **Nichtausübung** oder gemäß § 42 wegen **gewandelter Überzeugung.** Außerdem kann ein Rückruf nach § 34 **Abs. 3 S. 2** im Zuge der **Gesamtveräußerung des Unternehmens** erfolgen, an das der Urheber die Nutzungsrechte eingeräumt hat, wenn dem Urheber die Ausübung des Nutzungsrechts durch den Erwerber nicht zuzumuten ist. Gleiches gilt für die wesentlichen Beteiligungsverhältnisse am Nutzungsrechtsinhaber. Einem Rückruf stehen gleich der **Widerruf** des Urhebers nach § 31a Abs. 1 S. 3 für Rechte an bei Vertragsschluss unbekannten Nutzungsarten und der **Widerspruch** des Urhebers für die Einräumungsfiktion im Hinblick auf Rechte an unbekannten Nutzungsarten für bestimmte Verträge nach § 137l Abs. 1 S. 1.

g) Störung der Geschäftsgrundlage: Die Einräumung von Nutzungsrechten **155** kann auch wegen Wegfall der Geschäftsgrundlage erlöschen (§ 313 **BGB**). Zu den Voraussetzungen hierzu im Einzelnen vgl. Rn. 100 ff.. Ein Wegfall des Verpflichtungsgeschäfts durch Kündigung (bei Dauerschuldverhältnissen) oder Rücktritt bei Wegfall der Geschäftsgrundlage schlägt automatisch auf die Rechtseinräumung durch (vgl. § 31 Rn. 30 ff.). Allerdings sind Kündigung bzw. Rücktritt nur dann als Rechtsfolge zulässig, wenn eine Anpassung des Vertrages nicht möglich oder für einen Teil nicht zumutbar sind, § 313 Abs. 3 BGB.

h) Sonstiger Heimfall (Verzicht, Wegfall Erwerber, Insolvenz): Ein Heimfall **156** der Nutzungsrechte an den Urheber kann erfolgen durch **Verzicht** des Nutzungsberechtigten (BGH GRUR 1966, 567, 569 – *GELU*; *Wilhelm Nordemann* GRUR 1969, 127, 128; Schricker/*Schricker*[3] § 29 Rn. 20). Beachte dann aber § 33 S. 2.

Die **Beendigung der Existenz** des Nutzungsberechtigten ohne (legale, §§ 34, 35) **157** Überleitung der Rechte auf Dritte als Rechtsnachfolger, so etwa bei Löschung einer GmbH wegen Insolvenz ohne Vergabe der Nutzungsrechte durch den Insolvenzverwalter (OLG München ZUM 1994, 360, 361 – *Deutsche Jagd*; *Hubmann* Anm. zu Schulze BGH 160, 17 – *Triumph des Willens*) oder freiwilliger Geschäftsaufgabe (OLG Hamburg NJW-RR 1999, 1495), führt ebenfalls zu einem Heimfall der Nutzungsrechte an den Urheber. Deshalb erfolgte kein Heimfall für Rechte des früheren Deutschen Fernsehfunks der DDR, weil dessen Rechtsnachfolger die fünf neuen Bundesländer und das Land Berlin sind (BGH GRUR 2001, 826 – *Barfuß ins Bett*; a.A. *Wandtke/Haupt* GRUR 1992, 21, 26 und Wandtke/Bullinger/*Wandtke/Grunert*[2] Rn. 52).

158 Bei der **Insolvenz des Lizenznehmers** gewährt § 36 VerlG dem Urheber ein Rücktrittsrecht vom Verlagsvertrag, wenn noch nicht mit der Vervielfältigung begonnen wurde. Zur Rechtslage außerhalb der Anwendbarkeit des VerlG vgl. Nach § 119 Rn. 4 ff.; zum Fall der **Insolvenz des Urhebers** vgl. Nach § 119 Rn. 2 f.

14. Vergütung des Urhebers

159 a) **Angemessene Vergütung des Urhebers:** Dem Urheberrecht liegt in wirtschaftlicher Hinsicht der – nun in § 11 S. 2 niedergelegte – Gedanke zugrunde, dass der **Urheber angemessen vergütet** werden soll, insbesondere angemessen an den wirtschaftlichen Erträgen seines Werkes beteiligt wird, was auch vor der Normierung schon allgemein anerkannt war (BGH GRUR 2002, 248, 251 – *Spiegel-CD-ROM*; BGH GRUR 1979, 637, 638 – *White Christmas*; BGH GRUR 1974, 786, 787 – *Kassettenfilm*). Diese angemessene Vergütung wird sowohl für vertragliche als auch für gesetzliche Vergütungsansprüche des Urhebers durch verschiedene Regelungen des UrhG gewährleistet.

160 b) **Vertragliche Vergütungsansprüche:** Erträge aus der Verwertung seiner Werke erwirtschaftet der Urheber sehr selten selbst, sondern überlässt die Auswertung seiner Werke gegen Entgelt den Verwertern. Die vertragliche Vergütung wird zwischen Urheber und Verwerter grundsätzlich privatautonom vereinbart. Seit der Urhebervertragsrechtsreform 2002 schützt § 32 dabei ausdrücklich den Urheber als schwächere Vertragspartei und gewährt nicht nur einen Anspruch des Urhebers auf die vertraglich vereinbarte Vergütung (§ 32 Abs. 1 S. 1) bzw. auf angemessene Vergütung bei Fehlen einer Vergütungsabrede (§ 32 Abs. 1 S. 2), sondern auch einen Anspruch auf Vertragsanpassung, wenn die vereinbarte Vergütung unangemessen ist (§ 32 Abs. 1 S. 3), im Einzelnen vgl. § 32 Rn. 1 ff. Ferner wurde § 32a reformiert, der eine weitere Vergütung des Urhebers bei erfolgreicher Werkverwertung vorsieht. Zu unterscheiden ist dabei der unterschiedliche Bezug von § 32 und § 32a: Während ersterer ab Vertragsschluss („ex ante") eine angemessene Vergütung sichern soll, richtet sich letzterer auf eine nachträgliche („ex post") Erhöhung der Vergütung bei nachträglicher Äquivalenzstörung (vgl. § 32 Rn. 151; weiterhin vgl. § 32a Rn. 47). Mit dem „2. Korb" für Verträge ab 01.01.2008 neu eingeführt wurde § 32c, der einen Anspruch des Urhebers auf angemessene Vergütung für den Fall der Nutzung bislang unbekannter Nutzungsarten regelt. Die zeitlichen **Übergangsvorschriften des UrhG** in §§ 137 ff. enthalten teilweise Vermutungsregeln für (vertragliche) Vergütungsansprüche des Urhebers, teilweise auch gesetzliche Vergütungsansprüche des Urhebers. Die **AGB-Kontrolle** ist nach § 307 Abs. 3 S. 1 BGB auf die Höhe der Vergütung als Hauptleistung nicht anzuwenden (vgl. Rn. 204; ferner *Schricker*, Verlagsrecht[3], Einl. Rn. 15; Loewenheim/*Jan Bernd Nordemann* § 61 Rn. 1).

161 c) **Gesetzliche Vergütungsansprüche:** Gesetzliche Vergütungsansprüche gewähren die § 20b Abs. 2 (Kabelweitersendung), § 26 (Folgerecht), § 27 Abs. 1, Abs. 2 S. 1 (Vermietung und Verleihen), § 46 Abs. 4 (Sammlungen für Kirchen-, Schul- oder Unterrichtsgebrauch), § 47 Abs. 2 S. 2 (Schulfunksendungen), § 49 Abs. 1 S. 2 (Zeitungsartikel und Rundfunkkommentare), § 52 Abs. 1 S. 2, Abs. 2 S. 2 (Öffentliche Wiedergabe), §§ 54, 54a (Geräte- und Leerkassettenabgabe). Auf sie kann der Urheber grundsätzlich nicht im Voraus verzichten, vgl. §§ 20b Abs. 2 S. 2, 26 Abs. 2 S. 1, 27 Abs. 1, 63a S. 1. Das gilt auch für bestimmte Vergütungsansprüche nach den zeitlichen Übergangsbestimmungen, §§ 137 ff. Für ausübende Künstler ist teilweise eine entsprechende Geltung der gesetzlichen Vergütungsansprüche angeordnet, § 78 Abs. 2 und 3 sowie § 83.

d) Rechnungslegung: Ein Anspruch des Urhebers auf Auskunft und Rech-   **162** nungslegung ergibt sich im Verlagsbereich aus § 24 VerlG, für gesetzliche Vergütungsansprüche teilweise aus dem UrhG (insbesondere § 26 Abs. 3 und 4 und § 54f, sonst aus § 242 BGB (BGH GRUR 1980, 272, 232 – *Monumenta Germaniae Historica*). Der Urheber kann grundsätzlich immer dann, wenn aufgrund nachprüfbarer Tatsachen klare Anhaltspunkte für einen Anspruch bestehen, Auskunft und gegebenenfalls Rechnungslegung verlangen, um im Einzelnen die weiteren Voraussetzungen dieses Anspruchs ermitteln und die zu zahlende Vergütung berechnen zu können (OLG Nürnberg ZUM-RD 1999, 126, 128; OLG Hamm NJW-RR 1990, 1148). Eine solche Auskunftspflicht besteht in jedem Rechtsverhältnis, und zwar immer dann, wenn der Berechtigte in entschuldbarer Weise über Bestehen und Umfang seines Rechts im Ungewissen, der Verpflichtete hingegen in der Lage ist, unschwer solche Auskünfte zu erteilen (RGZ 158, 377, 379; BGHZ 10, 385, 387; BGH GRUR 1986, 62, 64 – *GEMA-Vermutung I*; BGH GRUR 2002, 602, 603 – *Musikfragmente*).

15. Allgemeines Vertragsrecht und Leistungsstörungen

An künstlerischen Leistungen und deren Verwertungsformen besteht eine   **163** unvorstellbare Formvielfalt. Die Vorschriften der §§ 31 ff. regeln dabei nur, unter welchen Voraussetzungen und in welchem Umfang der Urheber (bzw. originäre Inhaber von Leistungsschutzrechten, vgl. Rn. 215 ff.) ein Nutzungsrecht einräumen kann. Sie beinhalten aber keinerlei schuldrechtliche Vorgaben für einen typisierten Vertrag zur Werknutzung. Es findet sich im UrhG kein eigenständiges Urhebervertragsrecht. Allein für den Verlagsvertrag lassen sich dem **VerlG** weitergehende Regelungen für Verlagsverträge entnehmen. Da die Vorschriften des UrhG rudimentär und die des VerlG teilweise lückenhaft sind, werden die dispositiven **Regelungen des BGB** herangezogen (Loewenheim/*Jan Bernd Nordemann* § 59 Rn. 20; Schricker/*Schricker*[3] §§ 31/32 Rn. 13; Dreier/ Schulze/*Schulze*[2] Rn. 8), insbesondere was das Zustandekommen (§§ 145 ff. BGB), die Auslegung von Verträgen (§§ 133, 157 BGB) oder Leistungsstörungen (§§ 320 ff., §§ 434 ff., §§ 633 ff. BGB) betrifft.

a) Anwendbares Schuldrecht: Urheberrechtliche Nutzungsverträge werden   **164** üblicherweise nach ihrem Vertragsgegenstand eingeordnet, wie etwa Verlagsverträge, Filmverträge, Musikverträge etc. Diese Klassifizierung nach dem Gegenstand bietet sich an, weil eine Einordnung nach typologischen Gesichtspunkten von der jeweils konkreten Vertragsgestaltung abhängt: Kaufvertrag gemäß §§ 433 ff. BGB endgültige Leistungsüberlassung; Mietvertrag gemäß §§ 535 ff. BGB zeitweise Überlassung; Werkvertrag Herstellung und Überlassung gegen Entgelt. Der Nutzungsvertrag ist keinem dieser Vertragstypen unmittelbar zuzurechnen; vielmehr liegt ein Vertrag eigener Art vor, der ähnlich dem patentrechtlichen Lizenzvertrag verschiedene Vertragsarten in sich vereinen kann (nur für den Filmverwertungsvertrag BGHZ 2, 331– *Filmverwertungsvertrag*). Auf die urheberrechtlichen Nutzungsverträge ist das dispositive Gesetzesrecht der Vertragstypen des BGB anzuwenden, wobei jeweils im Einzelfall zu prüfen ist, inwieweit die Regelungen ihrer Typologie nach für die jeweils gewählten Vertragsgestaltungen passen (BGH GRUR 1989, 68, 70 – *Präsentbücher*). Innerhalb eines Vertrages kann bei den anzuwendenden

Vorschriften nach verschiedenen vertraglich geschuldeten Leistungen differenziert werden (BGH GRUR 1966, 390 – *Werbefilm*; Dreier/Schulze/*Schulze*[2] Rn. 5). Die Bezeichnung des Vertrages wirkt sich allenfalls indiziell auf die Rechtsnatur aus (BGH GRUR 2005, 148, 150 – *Oceano Mare*; OLG München ZUM 2001, 427, 432 – *Seide* zu einem geschlossenem „Bestellvertrag" i.S.d. § 47 VerlG). Speziell zu Auswirkungen des neuen Schuldrechts *Manz/ Ventroni/Schneider* ZUM 2002, 409.

165   Bei längerfristiger und dauernder Werknutzung kommt die Anwendung von **Miet-** und **Pacht**recht (§§ 535 ff. BGB; 581 ff. BGB) in Betracht. Für ein solches **Dauerschuldverhältnis** sprechen z.b. dauernde Einnahmenbeteiligung und laufende Abrechnung des Verwerters (BGH GRUR 1964, 326, 329 – *Subverleger*; BGH GRUR 1997, 610, 611 – *Tinnitus-Masker* für einen Patentlizenzvertrag; Loewenheim/*Jan Bernd Nordemann* § 59 Rn. 22). Ein Dauerschuldverhältnis liegt dann **nicht** vor, wenn die Parteien eine auf Dauer gerichtete Einräumung der Nutzungsbefugnis vereinbaren, die einer **Zuordnungsänderung** gleichkommt (Loewenheim/*Jan Bernd Nordemann* § 59 Rn. 22 f.) Angesichts der Tatsache, dass ein Rückfall der Rechte immer möglich ist, gibt in erster Linie der Parteiwille den Ausschlag. Auch auf die Gegenleistung kann abgestellt werden. Ein pauschales einmaliges Entgelt spricht gegen den Dauerschuldcharakter. In einem solchen Fall kann **Kaufrecht** anwendbar sein (*Castendyk* ZUM 2007, 169, 175; a.A. und gegen jede Anwendbarkeit von Kaufrecht auf Lizenzbeziehungen LG Hamburg ZUM 1999, 858, 859; *Stumpf/Groß*, Der Lizenzvertrag[7], Rn. 20). Jedenfalls nach den §§ 433 ff. BGB richtet sich die Übertragung von Rechten durch Verfügung von Todes wegen (§ 29 Abs. 1). Bei einer **Schenkung** kann auf die §§ 516 ff. BGB zurückgegriffen werden; auch ein **Tausch** ist möglich (KG ZUM 1987, 293, 295 – *Sterndeuter II*).

166   Erst noch zu schaffende Werke, auf deren körperliche Ablieferung es ankommt, deren Träger also mehr darstellen als „Verpackungsmaterial", sind i.d.R. als **Werklieferungsverträge** nicht vertretbarer Sachen gemäß § 651 S. 3 BGB anzusehen (BGH GRUR 1966, 390, 390 f. – *Werbefilm*; BGH GRUR 1956, 234 – *Gedächtniskapelle* für künstlerische Baubestandteile; offengelassen jedoch von BGH GRUR 2003, 1065, 1066 – *Antennenmann* für Werbefilme). Ist die Ablieferung einer Verkörperung Nebensache und steht der geistige Schaffensprozess im Vordergrund, ist hingegen nur **Werkvertragsrecht** anwendbar (BGH GRUR 1984, 754 – *Gesamtdarstellung rheumatischer Krankheiten* für eine medizinische Publikation; BGH GRUR 1985, 1041 – 1043 – *Inkasso-Programm* für Computersoftware; OLG Stuttgart ZUM-RD 2007, 80, 84 für ein Filmwerk; OLG Hamburg ZUM-RD 1998, 557 – *Dr. Monika Lindt* für einen Drehbuchvertrag; OLG Karlsruhe GRUR 1984, 522, 523 – *Herrensitze in Schleswig-Holstein* für Fotografien in Zeitschriften; LG München I ZUM-RD 2005, 81 für die Erstellung einer Homepage). Auch Bestellverträge gemäß § 47 VerlG sind Werkverträge.

167   Steht der Urheber in einem **dienst-** oder **arbeitsvertrag**lichen Verhältnis, können dessen Regelungen auch für die Einräumung von Nutzungsrechten relevant werden. Insbesondere muss in einem solchen Fall ein etwaig existierender Tarifvertrag beachtet werden (vgl. § 43 Rn. 34 ff.).

168   **Auftragsrecht** (§§ 662 ff. BGB) bzw. **Geschäftsbesorgungsrecht** (§ 675 BGB) findet insbesondere auf Wahrnehmungsverträge ergänzende Anwendung (vgl. § 6 UrhWahrnG Rn. 1 ff.). Im Übrigen kann Auftragsrecht anzuwenden sein, wenn Urheberrechtsverträge mit unentgeltlichem Charakter abgeschlossen werden (Schricker/*Schricker*[3] §§ 31/32 Rn. 14; Loewenheim/*Jan Bernd Nordemann* § 59 Rn. 26). Handelt es sich um eine entgeltliche Geschäftsbesorgung auf der Grundlage eines Dienst- oder Werkvertrages, so gilt § 675 BGB, beispielsweise bei einer Auftragskomposition (OLG Düsseldorf Schulze OLGZ 157). **Kommissionsverträge** kommen als Kommissionsverlagsverträge vor, nach denen der Verleger das Werk zwar im eigenen Namen, aber für Rechnung des Verfassers herstellt und verbreitet. Das Gewinn- und Verlustrisiko trägt dann ausschließlich der Verfasser, während der Verleger eine vertraglich fest vereinbarte, wenn auch mitunter nach dem Gewinn zu berechnende Vergütung erhält (*Schricker*, Verlagsrecht[3], § 1 Rn. 74; Loewenheim/*Jan Bernd Nordemann* § 59 Rn. 27). Kommissionsverträge finden sich ferner im Verhältnis zwischen bildendem Künstler und Galerie: die Galerie veräußert die Werke des bildenden Künstlers im eigenen Namen, aber für seine Rechnung (LG Hamburg ZUM-RD 2008, 27, 28; Loewenheim/*Schulze* § 66 Rn. 16 ff.). Soweit die Galerie solche Kommissionsgeschäfte – wie regelmäßig – gewerbsmäßig betreibt, finden §§ 383 bis 406 HGB sowie ergänzend § 675 BGB Anwendung (Loewenheim/*Jan Bernd Nordemann* § 59 Rn. 27; s.a. *Schricker*, Verlagsrecht[3], § 1 Rn. 74).

Nach **Gesellschaftsrecht** kann sich die Einbringung von Nutzungsrechten in **169** eine Gesellschaft, z.B. ein Architekturbüro, richten (BGH GRUR 1996, 121 – *Pauschale Rechtseinräumung*). Bei Miturhebern kann eine GbR mit dem Zweck der Werkverwertung vorliegen (*v. Becker* ZUM 2002, 581, 585; Schricker/*Loewenheim* § 8 Rn. 12; Loewenheim/*Jan Bernd Nordemann* § 61 Rn. 18), ebenso bei einer Vereinbarung zweier Künstler über die Zusammenarbeit bei der Schaffung von Werken der Unterhaltungsmusik und die gemeinsame Verwertung der so entstandenen Werke, verbunden mit einer Einbringungspflicht der Nutzungsrechte unabhängig von der Frage der Urheberschaft im einzelnen Fall (BGH ZUM 1998, 405 – *Popmusikproduzenten*).

b) Leistungsstörungen: Für die gesetzliche Regelung von Gewährleistung und **170** Haftung bei Leistungsstörungen finden sich spezielle Regeln allein im VerlG für Verlagsverträge (siehe §§ 30 ff. VerlG), nicht aber im UrhG, was einen Rückgriff auf das **BGB** erforderlich macht. Je nach der typologischen Einordnung des Nutzungsvertrages bzw. der konkret gestörten Leistungen (vgl. Rn. 164 ff.) und Art der Störung sind die jeweils passenden Regelungen des BGB anzuwenden.

aa) Nichterfüllung von Hauptpflichten: Die schuldrechtliche **Hauptpflicht des** **171** **Urhebers** liegt in der **Rechteverschaffung.** Diese kann daran scheitern, dass beispielsweise das Werk **nicht hergestellt** wurde oder **nicht schutzfähig** ist, weswegen kein Urheberrecht entsteht, an dem Nutzungsrechte eingeräumt werden könnten. Rechte können auch schon **anderweitig vergeben** worden sein. Dem Urheber fehlt die Verfügungsbefugnis, wenn er ein schon vergebenes ausschließliches Nutzungsrecht mehrmals einräumen will, anders aber bei einfachen Nutzungsrechten, die nebeneinander bestehen können (vgl. § 31 Rn. 86 ff.). Ein gutgläubiger Erwerb kommt in erstem Fall nicht in Betracht (vgl. §§ 31 Rn. 42), wohl aber kann eine Heilung gemäß § 185 Abs. 2 BGB durch Genehmigung des Berechtigten oder den (Rück)Erwerb des Rechtes durch den Nichtberechtigten erfolgen. Keine Nichterfüllung liegt vor, wenn der Urheber die versprochenen Rechte einräumt, die Nutzung der Rechte jedoch Rechte Dritter verletzt (Plagiat); dann ist die Rechtsmängelhaftung einschlägig (zur Abgrenzung von Nichterfüllung und Rechtsmangel vgl. Rn. 177). Ansonsten kann als Hauptpflicht des Urhebers auch noch die Verschaffung von **Eigentum und/oder Besitz** bestehen; grundsätzlich räumt der Urheber aber gemäß § 44 Abs. 1 Nutzungsrechte in solchen Fällen nicht ein, es sei denn, die Zweckübertragungslehre (vgl. § 31 Rn. 126 ff.) gebietet ein anderes Ergebnis. Die Folgen einer Nichtleistung des Urhebers ergeben sich aus den §§ 280 ff., 320 ff., 275, 311a BGB (zu den Rechtsfolgen so auch *Manz/Ventroni/Schneider* ZUM 2002, 409, 413; Loewenheim/*Jan Bernd Nordemann* § 62 Rn. 2 ff.).

172 Ist die **Rechtseinräumung** prinzipiell noch **möglich**, gelten für **Verzug** durch schuldhafte Nichtleistung trotz Möglichkeit der Leistung, Einredefreiheit, Fälligkeit und Mahnung die allgemeinen Vorschriften, wonach der Verzögerungsschaden gefordert werden kann (§§ 280 Abs. 1, Abs. 2, 286 BGB); ferner kann nach erfolgloser Fristsetzung ein Rücktritt erfolgen (§ 323 BGB) oder Schadensersatz statt der Leistung (§§ 280 Abs. 1, Abs. 3, 281 BGB) verlangt werden. Nach Vollendung des Werkes und Erfüllung der vertraglich vereinbarten Pflichten besteht kein Rücktrittsgrund mehr, weswegen es wichtig ist, den Umfang etwaiger weiterer Pflichten eindeutig festzulegen (LG München I ZUM-RD 2005, 81, 82 für die Erstellung einer Homepage). Daneben (§ 30 Abs. 4 VerlG) tritt das Rücktrittsrecht aus § 30 VerlG, das – wie das alte Schuldrecht – weiterhin eine Ablehnungsandrohung verlangt. Zu den Folgen eines Rücktritts vgl. Rn. 148 ff. Daneben (§ 325 BGB) besteht ein Anspruch auf Schadensersatz gemäß §§ 280 Abs. 1, Abs. 3, 283 BGB.

173 **Unmöglichkeit** liegt regelmäßig bei **anderweitiger Einräumung der Rechte** vor, § 275 Abs. 1 BGB. Etwas anderes gilt nur, wenn der Rechteinhaber bereit ist, dem Gläubiger das Recht einzuräumen (Palandt/Heinrichs[66] § 275 Rn. 25 m.w.N.). Für den Fall, dass der Urheber das Leistungshindernis kannte oder hätte kennen müssen, gewährt § 311a Abs. 2 BGB dem Verwerter einen Schadens- oder Aufwendungsersatzanspruch, wobei der Urheber nachweisen muss, dass er seine Unkenntnis nicht zu vertreten hatte. Der Verwerter kann sich hier dadurch schützen lassen, dass er mit dem Urheber, der über den Bestand der Rechte am ehesten informiert ist, eine Garantiehaftung vereinbart (RegE SchuldRModernG 2002 – BT-Drucks. 14/6857, S. 54; *Manz/Ventroni/Schneider* ZUM 2002, 409, 413; Loewenheim/*Jan Bernd Nordemann* § 62 Rn. 7; Dreier/Schulze/*Schulze*[2] Rn. 31). In Formularverträgen dürfte das allerdings problematisch sein (zum AGB-Recht vgl. Rn. 212). **Verschulden** liegt jedenfalls dann vor, wenn der Urheber sich etwaiger rechtlicher Risiken bewusst ist. Aus der Sicht des Verwerters sollten diese in den Vertrag aufgenommen werden (so auch § 1 Ziff. 4 des zwischen dem Börsenverein des Deutschen Buchhandels e.V. und dem Verband deutscher Schriftsteller (VS) abgeschlossenen Normvertrages, abgedruckt bei *Schricker,* Verlagsrecht[3], S. 825). Da der Verwerter dann allerdings das Risikobewusstsein mit dem Urheber teilt, droht eine Anwendung des § 254 BGB (BGH NJW 1990, 1106; ferner *Manz/Ventroni/Schneider* ZUM 2002, 409, 413), die aber durch eine alleinige Risikoübernahme des Urhebers individualvertraglich ausgeschlossen werden kann. Außerdem kann der Verwerter ohne Fristsetzung vom Vertrag zurücktreten (§ 326 Abs. 5 BGB).

174 Gleichgestellt mit der subjektiven Unmöglichkeit des Urhebers wegen anderweitiger Einräumung der Rechte sind gemäß § 275 Abs. 1 BGB auch alle Fälle der objektiven Unmöglichkeit, z.B. **anfängliche Schutzunfähigkeit** oder **Ablauf der Schutzfrist** oder auch Einräumung von Rechten an einer **unbekannten Nutzungsart** (§ 31 Abs. 4 a.F.; vgl. § 31a Rn. 6 ff.). Verträge, in denen ein Scheinrecht übertragen wird (**Leerübertragungen**), sind aber wirksam, § 311a

Abs. 1 BGB. Im früheren Schuldrecht wurde, um die Nichtigkeitsfolge des § 306 BGB a.F. zu vermeiden, der Grundsatz der Leerübertragung angewandt. Nach ihm war ein Vertrag wirksam, wenn der Vertragsgegenstand prinzipiell sonderrechtlich schutzfähig war und der Erwerber eine **wirtschaftliche Vorzugsstellung** erlangte. Stellte sich heraus, dass die Schutzvoraussetzungen nicht erfüllt waren, führte das zur Aufhebung des Vertrages durch Kündigung (BGH GRUR 1993, 40, 42 – *Keltisches Horoskop*; LG Oldenburg GRUR 1996, 481, 484 – *Subventions-Analyse-Programm*). Auch heute sollten in solchen Fällen einer wirtschaftlichen Vorzugsstellung die neuen Haftungsregeln zurücktreten und die zu § 306 BGB a.F. entwickelten Grundsätze weitergelten (Loewenheim/*Jan Bernd Nordemann* § 62 Rn. 7; anders *Schack*[3] Rn. 1019, der gerechte Ergebnisse über eine Anwendung der Regeln zur Störung der Geschäftsgrundlage gemäß § 313 BGB, ggf. mit Anpassung der Lizenzgebühren, erreichen will). Will der Verwerter in solchen Fällen vermeiden, dass er die Gegenleistung schuldet, so sollte er vertraglich ausdrücklich klarstellen, dass der Vertrag für diesen Fall unwirksam ist.

Die **Verwerterseite** schuldet als Hauptleistung zumeist die Zahlung einer Vergütung. Teilweise tritt noch eine Auswertungspflicht hinzu (zur einer vereinbarten Verwertungspflicht vgl. Rn. 41). Bei Verletzung von Hauptpflichten gilt gegenüber dem allgemeinen Vertragsrecht nichts Besonderes. Die Verletzung von Hauptpflichten führt – soweit nicht Vorschriften der einzelnen Vertragsarten des Besonderen Teils des Schuldrechts einschlägig sind (vgl. Rn. 164 ff.) – zur Anwendung der §§ 280 ff., 320 bis 326, 275, 311a BGB. Für den Verlagsbereich gilt die (dispositive) Sonderregelung des § 32 VerlG, der auf § 30 VerlG verweist. Sofern die Werkverwertung zu den Hauptpflichten zählt, fällt die Haftung des Werkverwerters wegen Nichterfüllung regelmäßig mit dem Entstehen des Rückrufrechts nach § 41 UrhG zusammen, sofern es sich um eine ausschließliche Rechtseinräumung handelt; siehe § 41 zu Einzelheiten. **175**

bb) Mängelgewährleistung: Die Regelung der Mängelgewährleistung für urheberrechtliche Verträge ist komplex, weil es eine schuldrechtliche Regelung nur für Verlagsverträge und auch dort nicht vollständig gibt (vgl. Rn. 163). **176**

Für die Mängelgewährleistung im Hinblick auf die **Verpflichtung zur Einräumung von Nutzungsrechten** zu Lasten des Urhebers gilt Folgendes: Für den häufigsten Fall von **Rechtsmängeln** kommt stets die kaufrechtliche Regelung der §§ 433 Abs. 1, 435 ff. BGB zur Anwendung, auch wenn der Vertrag ansonsten Pacht- oder Mietrecht unterstellt ist (BGH GRUR 2003, 1065, 1066 – *Antennenmann*; BGH GRUR 1951, 471, 473 – *Filmverleihvertrag*; *Castendyk* ZUM 2007, 169, 175 m.w.N.; *Schack*[3] Rn. 944; Loewenheim/*Jan Bernd Nordemann* § 62 Rn. 9). Das lässt sich aus §§ 445, 493 BGB a.F. herleiten, die die entsprechende Anwendung der kaufrechtlichen Gewährleistungsvorschriften vorsahen, sofern Verträge auf eine Belastung einer Sache gegen Entgelt gerichtet waren. Diese Bestimmungen wurden durch die Schuldrechtsreform 2002 zwar abgeschafft, jedoch nur weil der Gesetzgeber sie für „selbstverständlich" hielt (FraktionE SchuldRModernG 2002 – BT-Drucks. 14/6040, S. 203, 207 und 242). Mithin wollte er die Rechtslage nicht ändern. Ausnahmsweise findet Kaufrecht nicht auf die Rechtsmängelgewährleistung Anwendung, wenn der Rechtsmangel zum Entzug des tatsächlichen Gebrauches des Werkstückes führt; dann sind die §§ 581 Abs. 2, 536 Abs. 3 BGB heranzuziehen, wenn auf den Vertrag – wie regelmäßig – Miet- und Pachtrecht angewendet werden kann (vgl. Rn. 165). **177**

178 Abgrenzung zwischen einer Verletzung der **Rechtsverschaffungspflicht** (Nicht-erfüllung) einerseits und einem **Rechtsmangel** (Schlechterfüllung) andererseits: Eine **Verletzung der Rechtsverschaffungspflicht** liegt vor, wenn der Erwerber Nutzungsrechte überhaupt nicht erwirbt, beispielsweise weil der Urheber sie schon anderweitig vergeben hat. Von einem **Rechtsmangel** ist demgegenüber auszugehen, wenn der Urheber zwar Rechte einräumt, aber diese mit Rechten Dritter belastet sind. Das gilt nicht nur, wenn wenige ersetzbare Teile des Werkes betroffen sind, z.B. wenn die gekaufte Software in Teilen eine urheberrechtlich geschützte Software eines Dritten übernimmt oder ein Manuskript in unerlaubter Weise Lichtbildwerke eines Dritten enthält. Vielmehr liegt ein Rechtsmangel auch vor, wenn das gesamte Werk wegen Rechten Dritter nicht mehr legal absetzbar ist (so wohl auch *Schack*[3] Rn. 1020; ferner BGH NJW 1990, 1106). Die Abgrenzung ist insbesondere für die Verjährung bedeutsam, weil die Ansprüche wegen Nichterfüllung (Regelverjährung nach § 195 BGB) anders verjähren als Ansprüche wegen Schlechterfüllung (2 Jahre gemäß § 438 Abs. 1 Nr. 3 i.V.m. § 453 BGB); zur Verlängerung der Verjährung durch AGB vgl. Rn. 212.

179 Die meisten Urheberrechtsverträge enthalten zur Klarstellung eine ausdrückliche Klausel, dass der Urheber für Rechtsmängel haftet (zum AGB-Recht vgl. Rn. 212). Sofern der Urheber eine entsprechende **Haftung ausschließen** möchte, z.B. weil der Verleger die Problematik kennt und das Risiko übernehmen will, kann die Rechtsmängelhaftung des Urhebers eingeschränkt oder abbedungen werden. Eine Formulierung könnte lauten: „Der Urheber haftet nicht dafür, dass das Werk frei von Rechten Dritter ist". Bei positiver Kenntnis des Urhebers von möglichen Problemen im Hinblick auf Rechte Dritter sollte jedoch eine Risikoverlagerung auf den Verwerter nur stattfinden, wenn der Urheber den Verwerter vorher über das Risiko aufgeklärt hat.

180 Für die **Sachmängelhaftung an der gelieferten Sache** gilt Folgendes: Es bestehen urheberrechtliche Sondervorschriften nur für den Verlagsbereich (§ 31 VerlG). Auf Verträge über die **Übereignung urheberrechtlich geschützter Werke** ist im Regelfall **Kaufrecht** anzuwenden (§§ 434 ff. BGB), auf bestellte Werke auch Werklieferungsrecht (§ 651 BGB) bzw. Werkvertragsrecht (§§ 633 ff. BGB); im Einzelnen vgl. Rn. 166. Allerdings bedingt der Vertragsgegenstand von Urheberrechtsverträgen regelmäßig eine geänderte Anwendung der Sachmängelhaftung. Für **handwerkliche Mängel** kann die Sachmängelhaftung mangels anderweitiger vertraglicher Bestimmungen uneingeschränkt zur Anwendung kommen. Will der Urheber im Rahmen einer Portraiterstellung also nicht für Materialmängel am Ölbild haften, so muss er eine solche Haftung vertraglich ausschließen. Ein Mangel kann auch die inhaltliche Unrichtigkeit eines sachlichen Textes wie einer zu erstellenden Anleitung sein (BGH NJW 1973, 843, 844) genauso wie die Unmöglichkeit bei einem Dokumentarfilm, dem dargestellten Sachverhalt zu folgen (a.A. wohl OLG Stuttgart ZUM-RD 2007, 80, 87) oder fehlende Aktualität. Jedoch können solche Mängel erst gerügt werden, wenn das Material den Anspruch erhebt, sendefähig und nicht nur bloßes Rohmaterial zu sein (OLG Stuttgart ZUM-RD 2007, 80, 87). Sind die Mängel aber durch Untätigkeit des Verwerters entstanden, kann dieser sich hierauf nicht berufen (OLG Frankfurt ZUM 2006, 58, 59 – *Europa ohne Frankreich*). Sind beide Parteien Kaufleute, unterliegen sie der Rügepflicht des § 377 HGB (BGH GRUR 1966, 390, 391 – *Werbefilm*). Bei Kunstwerken soll allerdings gelten, dass sie „gekauft wie besehen" sind, also alle erkennbaren Mängel nicht gerügt werden können (§ 442 BGB; Loewenheim/*Gernot Schulze* § 70 Rn. 11 m.w.N.). Die **fehlende Echtheit** des Kunstwerkes ist ein Sachmangel über eine vereinbarte Beschaffenheit i.S.v. § 434 Abs. 1 BGB (BGH GRUR 1975, 612, 613 – *Jawlensky*; Loewenheim/*Schulze* § 70 Rn. 12 m.w.N.).

Im Gegensatz dazu scheidet eine Haftung des Urhebers für die **künstlerische** **181** **Qualität** des Werkes regelmäßig aus. Hier stehen die Gläubigerinteressen wegen des intensiven Persönlichkeitsbezuges künstlerischen Schaffens grundsätzlich hinter dem Recht des Künstlers auf Schaffensfreiheit zurück. Der Besteller vertraut sich dem individuellen und persönlichen Stil des Schaffenden an, der die künstlerische **Gestaltungsfreiheit** auf seiner Seite hat; der Besteller muss sich vorher davon überzeugen, ob ihn das anspricht und mit den künstlerischen Eigenarten und Auffassungen vertraut machen (BGHZ 19, 382, 383 – *Kirchenfenster*; BGH GRUR 1968, 152, 153 – *Angelique*; BGH GRUR 1999, 230 – *Treppenhausgestaltung*). Die Abnahme darf jedenfalls nicht deswegen verweigert werden, weil das Kunstwerk nicht dem Geschmack des Bestellers entspricht (KG ZUM-RD 1999, 357). Es bleibt aber bei Werkverträgen die Möglichkeit der Kündigung durch den Besteller gemäß § 649 BGB (OLG Hamburg ZUM-RD 1998, 557 – *Dr. Monika Lindt*). Eine abweichende vertragliche Regelung im Hinblick auf künstlerische Mängel ist möglich. Dann kommt ein Mangel durch Abweichen von der Sollbeschaffenheit in Frage, etwa von Weisungen oder vertraglich vereinbarten künstlerischen Vorstellungen (OLG Hamburg AfP 1999, 357 ff.; OLG München ZUM 1991, 598, 600).

In vielen Fällen ist die **Abgrenzung** zwischen handwerklicher oder künstleri- **182** scher Qualität schwierig. So können beispielsweise gewisse Qualitätsbeeinträchtigungen in Filmkopien durchaus künstlerisch bedingt sein, z.B. wenn sog. „Spatzer" („Flecken" bei der Filmvorführung) zum künstlerischen Konzept gehören, um einem Dokumentarfilm über die 1920er Jahre eine besondere Note zu verleihen. Auch kann ein Riss in der Leinwand eines Gemäldes zum künstlerischen Konzept gehören. Allerdings muss der Urheber bei Elementen, die üblicherweise handwerkliche Mängel darstellen, vertraglich klarzustellen, dass das Element Teil des künstlerischen Konzeptes ist.

Die **Folgen** einer mangelhaften Leistung ergeben sich aus dem Leistungsstö- **183** rungsrecht des jeweiligen Vertragstyps. Für Rechts- und Sachmängel wird das zumeist Kaufrecht, ggf. auch Werkvertragsrecht sein (vgl. Rn. 164 ff.). Die §§ 437 ff. BGB ordnen einen Vorrang der **Nacherfüllung** an, §§ 437 Nr. 1, 439 BGB, durch Nachbesserung oder Nachlieferung. Gelegenheit zur Nachbesserung ist insbesondere zu gewähren, wenn ein Rechtsmangel gegeben ist, der sich nur auf wenige ersetzbare Teile eine Werkes bezieht, z.B. Plagiat in sehr begrenztem Umfang; Persönlichkeitsrechtsverletzungen an Dritten in kleinem Umfang (*Schack*[4] Rn. 1020). Erfolgt keine Erfüllung, kann er **mindern**, §§ 437 Nr. 2, 441 BGB, **Schadensersatz** bzw. Aufwendungsersatz gemäß § 437 Nr. 3 i.V.m. §§ 280 ff. BGB verlangen und den **Rücktritt** nach § 437 Nr. 2 i.V.m. §§ 323, 346 ff. BGB aussprechen. Daneben existiert im Verlagsbereich der dispositive § 31 VerlG, der ein Rücktrittsrecht gewährt. Bei zu langem Zuwarten und Verletzung der Sorgfaltspflicht zur Prüfung des Manuskriptes kann ein Rücktritt treuwidrig und unwirksam sein, sofern die Mängel nicht gravierend sind und beispielsweise strafrechtliche Sanktionen des Verlages auslösen würden (OLG Frankfurt ZUM 2006, 58, 59 f. – *Europa ohne Frankreich*; dort 4 Jahre nach Vertragsschluss und Ablieferung des Manuskriptes).

Die **gesetzliche Mängelhaftung** können der Urheber und der Verwerter grund- **184** sätzlich individualvertraglich **abbedingen**. Für AGB gelten aber insbesondere die Grenzen der §§ 308 Nr. 2, 309 Nr. 4, 5, 7, 8 BGB (zum AGB-Recht vgl.

Rn. 208). Unabdingbar sind die Mängelgewährleistungsvorschriften beim Verbrauchsgüterkauf (§ 474 BGB). Dass ein Verbraucher vom Unternehmer eine bewegliche Sache kauft, dürfte aber in urheberrechtlich relevanten Sachverhalten selten der Fall sein, überdies allenfalls beim Erwerb der körperlichen Werkstücke, nicht aber von Nutzungsrechten in Betracht kommen. Für das Verlagsrecht kommt im Falle der vertragswidrigen Beschaffenheit des Werkes die (dispositive) Bestimmung des § 31 VerlG zur Anwendung, die auch für Rechtsmängel gilt. Haben die Parteien das Erfordernis der Ablehnungsandrohung des § 30 Abs. 1 VerlG nicht individual- oder formularvertraglich abbedungen, so kann der Verleger seinen Rücktritts- bzw. Schadensersatzanspruch nur dann geltend machen, wenn er die – im Gegensatz zum BGB – gemäß § 30 VerlG erforderliche Fristsetzung mit einer Ablehnungsandrohung verbunden hat.

185 cc) **Nichterfüllung von Nebenpflichten:** Die **Verletzung vorvertraglicher Pflichten** gemäß §§ 280 Abs. 1, 241 Abs. 2, 311 Abs. 2 BGB (früher: „c.i.c.") kann zu Schadensersatz verpflichten. Ein auf das negative Interesse und Ersatz von getätigten Aufwendungen in Erwartung eines Vertrages gerichteter Schadensersatzanspruch kann sich ergeben, wenn eine Partei bei Verhandlungen über einen Vertrag in zurechenbarer Weise Vertrauen in sein Zustandekommen geweckt hat und wenn es aus Umständen nicht zum Vertragsschluss kommt, die im Bereich der nicht mehr vertragswilligen Partei liegen und objektiv nicht als triftiger Grund anzusehen sind, den angebahnten geschäftlichen Kontakt scheitern zu lassen. Beispiele sind die Veranlassung, ein Werk zu schaffen, und das spätere Scheitern eines Nutzungsvertrages ohne sachlichen Grund, nachdem das Werk auf Betreiben des Verlages weitgehend fertig gestellt wurde (OLG München ZUM 2000, 965, 968).

186 Vertragliche Nebenpflichten sind **Nebenleistungspflichten**, die die Hauptleistung sichern und ergänzen. Daneben kennt § 241 Abs. 2 BGB **Rücksichtspflichten**. Wichtigste Fälle sind **Enthaltungspflichten und Wettbewerbsverbote** sowohl für den Urheber als auch für den Verwerter. Diese können ausdrücklich vereinbart werden oder stillschweigend bestehen (zum Ganzen vgl. Rn. 45 ff.). Als Nebenpflichten kommen ferner aus vertraglicher Treuepflicht **Zustimmungspflichten** zur Übertragung (§ 34 Abs. 1) oder Weitereinräumung (§ 35 Abs. 1) von Rechten wie auch Mitwirkungspflichten bei der Werkverwertung oder eine Verpflichtung zur Zustimmung zu einer Änderung in Betracht, selbst wenn der Urheber nicht gemäß § 39 verpflichtet ist.

187 Als **Folgen** von Nebenpflichtverletzungen können sich Schadensersatzansprüche ergeben, und zwar aus § 280 BGB bei Schutzpflichtverletzungen als Schadensersatz neben der Leistung; bei Verletzung von Neben(leistungs)pflichten Schadensersatz statt der Leistung nach § 280 Abs. 1, 3 i.V.m. § 281 BGB; ebenso bei gravierenden Schutzpflichtverletzungen aus §§ 280 Abs. 1, 3, 282 BGB. Ein Rücktritt kommt bei Nichterfüllung von Neben(leistungs)pflichten nach § 323 BGB in Betracht, bei Verletzung von Schutzpflichten aus § 324 BGB. Häufig wird die Einhaltung von Nebenpflichten durch die **Vereinbarung von Vertragsstrafen** abgesichert (§§ 339 ff. BGB). Dies gilt insbesondere für Unterlassungspflichten wie Enthaltungsverpflichtungen und Wettbewerbsverbote. Bei Verwendung Allgemeiner Geschäftsbedingungen ist dabei § 307 i.V.m. § 309 Nr. 5 und 6 BGB zu beachten. Ein wiederholter Verstoß kann ferner die Vertragsfortsetzung unzumutbar machen und bei Dauerschuldverhältnissen (vgl. Rn. 165) deshalb gemäß § 314 BGB **Kündigungsrechte** auslösen. Sollten Nebenpflichten so wichtig sein, dass schon ein ein-

maliger oder jedenfalls ein wiederholter Verstoß trotz Abmahnung die Kündigung auslösen soll, so empfiehlt sich eine ausdrückliche vertragliche Regelung. Ansonsten entsteht ein Kündigungsrecht erst mit Unzumutbarkeit, die nicht ohne weiteres bei wiederholtem, geschweige denn bei erstmaligem Verstoß anzunehmen ist (vgl. Rn. 124).

c) **Rechteheimfall und Rückgewähr:** Sofern Urheber oder Verwerter ihre vertraglichen Pflichten verletzen, existieren für den jeweiligen Vertragspartner verschiedene Möglichkeiten, die Vereinbarung über die Einräumung von Nutzungsrechten zu beenden. Zu nennen sind neben der **Kündigung** aus wichtigem Grund für Vereinbarungen, die nach ihrer Natur Dauerschuldverhältnisse sind (§ 314 BGB und § 45 VerlG; im Einzelnen vgl. Rn. 121 ff.), die besonderen **Rücktrittsmöglichkeiten** des Verlagsrechts (zum Rücktritt wegen nicht rechtzeitiger Lieferung siehe § 30 VerlG; zum Rücktritt wegen eines Werkes von nicht vertragsmäßiger Beschaffenheit siehe § 31 VerlG; zum Rücktritt wegen nicht vertragsmäßiger Vervielfältigung oder Verbreitung siehe § 32 VerlG), das Rücktrittsrecht aus § 323 BGB (vgl. Rn. 148 ff.) sowie die **Rückrufsrechte** nach §§ 41, 42 und 34 Abs. 3 UrhG. **188**

Für das Schicksal der dem Verwerter eingeräumten **Nutzungsrechte** macht es keinen Unterschied, nach welcher der genannten Bestimmungen der Vertrag beendet wird. Rechtsfolge ist jeweils der **Rückfall (Heimfall)** der Nutzungsrechte an den Urheber (str., im Einzelnen vgl. § 31 Rn. 30 ff.). Neben den vom Urheber eingeräumten Nutzungsrechten (**Tochterrechte**) fallen auch die an Nutzungsrechten eingeräumten weiteren Nutzungsrechte (**Enkelrechte**) an den Urheber zurück. Erfasst die Rechtsfolge auch die Beendigung des Verpflichtungsgeschäfts im Hinblick auf die Einräumung von Nebenrechten (vgl. Rn. 139 und Rn. 151), erhält der Urheber auch die Nebenrechte automatisch zurück. Die Beendigung der Rechtseinräumung durch den Urheber birgt damit für den Verwerter bei der Einräumung weiterer Nutzungsrechte (Enkelrechte) die **Gefahr einer haftungsauslösenden Verletzung seiner Vertragspflichten** gegenüber dem Dritten in sich. Um dies zu vermeiden, sind verschiedene **Vertragsgestaltungen** möglich (vgl. § 31 Rn. 37 ff.). **189**

Anders als für den Verbleib der Nutzungsrechte sind die Rechtsfolgen der Vertragsbeendigung für die **Rückabwicklung sonstiger Leistungen**, die von den Vertragsparteien wechselseitig erbracht wurden, geregelt. So wird das Vertragsverhältnis für den Fall, dass die vergleichsweise engen Voraussetzungen der **Kündigung** aus wichtigem Grund erfüllt sind (vgl. Rn. 121 ff.), lediglich mit Wirkung für die Zukunft („ex nunc") beendet. Es findet keine Rückabwicklung statt (BGH, GRUR 1982, 369, 371 – Allwetterbad), d.h. es muss weder der Urheber das empfangene Honorar zurückzahlen, noch ist der Verwerter verpflichtet, für die Vertragsabwicklung empfangene Hilfsmittel oder sonstige Gegenstände zurückzugewähren. Rechtsfolge des **Rücktritts** nach §§ 30 ff. VerlG oder § 323 BGB ist die Vertragsabwicklung ex tunc, d.h. die Parteien müssen sich alle bereits empfangenen Leistungen prinzipiell gemäß §§ 346 ff. BGB Zug um Zug zurückgewähren. Für den Verlagsbereich ordnet die Bestimmung des § 38 **VerlG** eine Annäherung an die Rechtsfolgen der Kündigung an, sofern der Verfasser das Werk zum Zeitpunkt des Rücktritts schon ganz oder zum Teil abgeliefert hatte. Der schuldrechtliche Vertrag kann je nach den Umständen des Einzelfalles teilweise aufrechterhalten bleiben; entsprechend verkürzt sind die Rückabwicklungspflichten der Vertragsparteien. Diese Regelung ermöglicht eine einzelfallgerechte Abwägung der widerstreitenden Interessen und enthält insoweit einen **allgemeingültigen urheber**- **190**

vertragsrechtlichen Regelungsgedanken, der nach zutreffender Ansicht nicht auf Verlagsverträge beschränkt ist, sondern bei entsprechender Interessenlage auch auf sonstige Verträge über die Einräumung von Nutzungsrechten – mit oder ohne Ausübungspflicht – Anwendung finden kann.

16. Verwirkung vertraglicher Ansprüche

191 Die Verwirkung vertraglicher Ansprüche beurteilt sich nach den allgemeinen Grundsätzen des § 242 BGB (zu den deliktischen Ansprüchen aus §§ 97 ff. vgl. § 102 Rn. 11 f.). Erforderlich ist also ein Vertrauenstatbestand auf Seiten des Schuldners, der nicht vorliegt, wenn vertragliche Ansprüche noch gar nicht entstanden waren (BGH GRUR 1985, 378, 380 – *Illustrationsvertrag*) oder der Schuldner davon ausgeht, der Gläubiger habe vom Anspruch keine Kenntnis (BGH GRUR 2000, 144, 145 – *Comicübersetzungen II*). Kenntnis des Gläubigers ist nicht zwingend Voraussetzung, sofern er bei objektiver Beurteilung Kenntnis hätte haben können (BGHZ 25, 47, 53; anders BAG NJW 1978, 723, 724 f., sowie Dreier/Schulze/*Schulze*[2] Rn. 113; offen BGH GRUR 2000, 144, 145 – *Comicübersetzungen II;* Nachw. bei Palandt/*Heinrich*[66] § 242 Rn. 94). Das Zeitmoment ist für Ansprüche auf Vertragsstrafe gegeben, wenn drei oder sogar fünf Jahre nach außergerichtlicher Forderung mit der Klage gewartet wird (OLG Frankfurt GRUR 1996, 996 – *Vertragsstrafeanspruch*). Bei Zahlungsansprüchen sollte die miet- und pachtrechtliche Rechtsprechung entsprechend herangezogen werden. Bei Mietminderung geht die Rechtsprechung von einer Verwirkung nach Ablauf von 3 Jahren (BGH NJW-RR 2003, 727), teilweise auch schon nach 2 Jahren (LG Frankfurt am Main WuM 2003, 30) oder sogar nach 4 bis 6 Monaten (LG München I NZM 2002, 779) aus. Dient die Nutzungsvergütung dem Unterhalt, kann vergleichend auf die dafür einschlägige Fallpraxis zurückgegriffen werden (z.B. BGH NJW-RR 2004, 649: Verwirkung eines titulierten Anspruchs schon nach einem Jahr). Entscheidend ist jedoch immer der Einzelfall, insbesondere die Gründe für die fehlende Geltendmachung. Zur Verwirkung von Gestaltungsrechten BGH GRUR 2002, 280, 282 – *Rücktrittsfrist*.

17. Recht der Allgemeinen Geschäftsbedingungen (AGB)

192 Häufig zu finden sind **Formularverträge,** die für jeden individuellen Vertragsabschluss die Einräumung von Rechten vereinfachen sollen. Ihr unübersehbarer Nutzen liegt in der Ersparnis des Aufwandes, für jeden ähnlichen Vertrag mit hohen Transaktionskosten Bedingungen zu entwerfen. Der Schutz des anderen Vertragsteils – im Regelfall des Urhebers – wird durch die Vorschriften der **§§ 305 ff. BGB** gewährleistet, die auch auf urheberrechtliche Nutzungsverträge Anwendung finden (BGH GRUR 2005, 148 – *Oceano Mare;* BGH GRUR 2003, 416 – *CPU-Klausel*). Für die Wirksamkeit von AGB ist deren wirksame Einbeziehung in den Vertrag erforderlich (§ 305 Abs. 2 BGB), das Fehlen eines Überraschungsmomentes (§ 305c Abs. 1 BGB) sowie einer entgegenstehenden Individualvereinbarung, die auch mündlicher Natur sein kann (§ 305b BGB). Abstrakte Inhaltskontrollverfahren sind nach §§ 3, 4 Nr. 11 UWG und nach UKlaG denkbar.

193 **a) Anwendbarkeit:** In **zeitlicher** Hinsicht können die §§ 305 ff. BGB nur auf Verträge angewendet werden, die **nach dem 31.12.2001** abgeschlossen (Art. 229 § 5 EGBGB), fortgesetzt (vgl. OLG Frankfurt NJW 1987, 1650) oder verändert (BGH NJW 1985, 971) wurden. Ansonsten finden die Regelungen des **AGBG** Anwendung. Die Regelungen der §§ 305 ff. BGB und des

AGBG laufen weitgehend parallel, so dass die Anwendungsfrage offen bleiben kann. Das AGBG gilt gemäß § 23 Abs. 1 AGBG allerdings nicht für Arbeitsverträge (vgl. BGH GRUR 2005, 937, 939 – *Der Zauberberg*), während die §§ 305 ff. BGB ausdrücklich auch diese erfassen (§ 310 Abs. 4 S. 2 BGB). Insbesondere für Arbeitsverträge kann sich also die Frage der zeitlichen Geltung der §§ 305 ff. BGB stellen. Auf Verträge **vor dem Inkrafttreten des AGBG (01.04.1977)** findet das AGBG ebenfalls keine Anwendung (OLG Stuttgart, Schulze OLGZ 312, 9). Fehlt es zeitlich an einer Anwendbarkeit des AGBG, gelten diese Regelungen auch nicht entsprechend (Art. 229 § 3 EGBGB, § 28 AGBG). Allerdings können die vor Inkrafttreten des AGBG entwickelten Grundsätze der AGB-Kontrolle herangezogen werden, die zumindest eine vergleichbare Inhaltskontrolle erlauben (OLG München ZUM 2000, 61, 66 – *Paul Verhoeven*; *Jan Bernd Nordemann* FS Nordemann II S. 193, 207).

Inhaltlich erfasst die AGB-Kontrolle mit Ausnahme von § 309 Nr. 9 BGB **194** (siehe 2. Halbs.) auch Wahrnehmungsverträge, weil die Klauseln des Berechtigungsvertrages individualvertraglicher und nicht körperschaftlicher Natur sind (BGH GRUR 2005, 757, 759 – **PRO-Verfahren**; BGH GRUR 2002, 332, 333 – *GEMA-Klausurerfordernis*; *Castendyk* ZUM 2007, 169, 170; *Schack*[3] Rn. 960; a.A. Loewenheim/*Melichar* § 47 Rn. 22).

In **persönlicher** Hinsicht sind freischaffende Urheber regelmäßig **Unternehmer 195 i.S.d. § 14 BGB** (zum kartellrechtlichen Unternehmensbegriff vgl. Rn. 56 f.), so dass die AGB-Kontrolle gemäß § 310 Abs. 1 BGB nur eingeschränkt möglich ist. Bei besonderer Schutzbedürftigkeit kann das durch eine schärfere Inhaltskontrolle nach § 307 BGB kompensiert werden (Dreier/Schulze/*Schulze*[2] Rn. 14; *Schack*[3] Rn. 960). Bei Anwendung des früheren AGBG auf den Vertrag ist aber zu beachten, dass hier für eine eingeschränkte Anwendung auf die Kaufmannseigenschaft abgestellt wurde, die Urheber i.d.R. nicht erfüllen (Schricker/*Schricker*[3] Vor §§ 28 ff. Rn. 10). Nach § 23 Abs. 1 AGBG waren die Regelungen in **Arbeitsverhältnissen** nicht anwendbar, so dass das AGBG für Arbeitsverträge, die zeitlich nicht unter die §§ 305 ff. BGB fallen (dazu vgl. Rn. 193), nicht gilt (BGH GRUR 2005, 937, 939 – *Der Zauberberg*). Gemäß § 310 Abs. 4 S. 2 BGB ist nunmehr die AGB-Kontrolle auch in Arbeitsverhältnissen anzuwenden, wenngleich die dortigen Besonderheiten berücksichtigt werden müssen. Das Gleiche sollte für **arbeitnehmerähnliche Personen** gelten (ebenso *Castendyk* ZUM 2007, 169, 170; Wandtke/Bullinger/*Wandtke/Grunert*[2] Rn. 98; Schricker/*Schricker*[3] Vor §§ 28 ff. Rn. 10; zweifelnd Dreier/Schulze/*Schulze*[2] Rn. 14, allerdings unter Verweis auf BGH GRUR 1984, 45, 47 – *Honorarbedingungen: Sendevertrag*, die vor Erstreckung der AGB-Kontrolle auf Arbeitsverträge erging).

b) Einbeziehung: Die Einbeziehung der AGB in den Vertrag gemäß § 305 **196** Abs. 2 BGB erfordert einen **Hinweis** auf die Geltung der AGB und die Möglichkeit zumutbarer **Kenntnisnahme** nebst Einverständnis in deren Geltung. Der Hinweis kann mündlich oder schriftlich erfolgen. Auch eine **telefonische** Beauftragung kann ausreichen. So kann eine Einbeziehung aufgrund stillschweigend-schlüssigen Verhaltens bei einer telefonisch begründeten Vertragsbeziehung in folgendem Fall angenommen werden: eine 12-jährige Zusammenarbeit wurde stets so gehandhabt, dass zunächst fernmündlich der Auftrag erteilt und nachträglich der Umfang der Rechtsübertragung schriftlich festgelegt wurde. Die einzelnen telefonischen Beauftragungen des Klägers stellten danach quasi einen „Abruf" dar, der einem laufenden Leistungserbringungsverhältnis ähnlich ist (BGH GRUR 1984, 119, 120 f. – *Synchronisationssprecher*; *Castendyk* ZUM 2007, 169, 171 m.w.N. zum Meinungsstand; krit. Wandtke/Bullinger/*Wandtke*/*Grunert*[2] Rn. 101). Im **Internet** verwendete AGB werden Vertragsbestandteil, wenn sie über einen auf der Bestellseite gut sichtbaren Link aufgerufen und ausgedruckt werden können (BGH NJW 2006, 2976, 2977), nicht aber, wenn der Vertrag auf anderem Wege zustande kommt, ohne dass ausdrücklich auf die Online-AGB hingewiesen wird (OLG Hamburg ZUM 2002, 833, 835).

197   c) **Unklarheitenregelung:** Nach der Regelung des § 305c **Abs. 2 BGB** gehen Zweifel bei der Bedeutung einer Klausel zu Lasten des Verwenders. Wenn keine Auslegungszweifel bestehen, weil in den AGB eine genaue Bestimmung getroffen wurde, ist diese Regel freilich wirkungslos (*Schack*[4] Rn. 955). Bei Unklarheit, ob der Verwerter in einem Übersetzungsvertrag eine Auswertungspflicht übernommen hat, ist im Zweifel von einer solchen Pflicht auszugehen (BGH GRUR 2005, 148 – *Oceano Mare*).

198   Besondere Fragen wirft das Verhältnis der AGB-rechtlichen Unklarheitenregel zur **Zweckübertragungslehre** auf (vgl. § 31 Rn. 108 ff.). § 305c Abs. 2 BGB und die Zweckübertragungslehre sind grundsätzlich zwar nebeneinander anwendbar. Jedoch sind bei der konkreten Vertragsauslegung die Wertungen der Zweckübertragungslehre vorrangig zu beachten. Die von § 305c Abs. 2 BGB angeordnete Auslegung stets zu Lasten des Verwerters kann überhaupt nur greifen, wenn unter vorheriger Beachtung des jeweiligen Vertragszweckes noch Spielraum für eine Unklarheit verbleibt. Dort, wo solche Zweifel nicht bestehen, kann von einer Verdrängung des § 305c Abs. 2 BGB durch die Auslegungsvorgaben der Zweckübertragungslehre gesprochen werden (*Kuck* GRUR 2000, 285, 287; Wandte/Bullinger/*Wandtke*/*Grunert*[2] Rn. 96; enger und gegen jede parallele Anwendung Vorauflage/*Hertin* §§ 31/32 Rn. 29).

199   d) **Überraschende Klauseln:** Kein Bestandteil des Vertrages werden Klauseln i.S.d. § 305c Abs. 1 BGB, die schon objektiv so ungewöhnlich sind, dass der Vertragspartner mit ihnen nicht zu rechnen brauchte (*Möhring/Nicolini/Spautz*[2] § 31 Rn. 51; Wandtke/Bullinger/*Wandtke*/*Grunert*[2] Rn. 102). Hierzu ist ein gewisser Überrumpelungseffekt nötig (BGH NJW 1987, 1885), für dessen Bestimmung auf den Durchschnittsurheber abzustellen ist (Wandte/Bullinger/*Wandtke*/*Grunert*[2] Rn. 103). Das Überraschungsmoment kann durch einen individuellen Hinweis ausgeschlossen werden (BGH NJW 1996, 191; BGH NJW 1997, 2677). Branchenübung spricht gegen eine Überraschung. So ist es nicht überraschend, dass ein Filmsynchronisationssprecher auch Schallplattenrechte einräumt (BGH GRUR 1984, 119, 121 – *Synchronisationssprecher*; *Kuck* GRUR 2000, 285, 286). Auch sind Buy-Out-Klauseln (umfassende Rechteeinräumung gegen einmaliges Pauschalentgelt; vgl. Rn. 330) heute noch in der Medienbranche üblich, so dass sie nicht überraschend sein können (*Castendyk* ZUM 2007, 169, 171). Ein Abweichen vom gesetzlichen Leitbild (z.B. § 88) kann neben der Inhaltskontrolle auch für § 305c Abs. 1 BGB bedeutsam sein (OLG Frankfurt a.M. GRUR 1984, 515, 516 – *Übertragung von Nutzungsrechten*). Überraschend war dort die Klausel einer Druckerei, die Verwertung des Werkes bei Zahlungsverzug selbst zu übernehmen. Bei abstrakter Inhaltskontrolle in Verfahren nach UWG oder UKlaG kommt § 305c BGB keine Bedeutung zu (LG Berlin, ZUM-RD 2008, 18, 22 – *Springer-Honorarregelungen*).

200   e) **Vorrang der Individualabrede:** Eine Individualabrede hat Vorrang vor AGB, § 305b BGB (OLG Karlsruhe UFITA 92 (1982), 229, 232). Eine solche liegt aber nur vor, wenn der AGB-Verwender dem anderen Teil die Klausel ernsthaft und für den anderen Teil erkennbar zur Disposition stellt. Eine bloße Erläuterung ohne Verhandlungsbereitschaft genügt nicht (BGH NJW 2005, 1040, 1041). Die Darlegungs- und Beweislast liegt beim Verwender.

f) Transparenzgebot: Außerdem sei noch AGB-rechtlich auf das **Transparenz- 201 gebot** des § 307 Abs. 1 S. 2 BGB hingewiesen. Insoweit droht eine Unwirksamkeit von Klauseln, die unverständlich für den Autor formuliert sind.

g) Inhaltskontrolle: Kern der §§ 305 ff. BGB ist die Inhaltskontrolle der **202** §§ 307 ff. BGB. Die speziellen Klauselverbote der §§ 308, 309 BGB sind nur selten anwendbar, zumal der Urheber regelmäßig Unternehmer i.S.d. § 14 BGB sein wird, so dass die AGB-Kontrolle gemäß § 310 Abs. 1 BGB nur eingeschränkt greift (vgl. Rn. 195). Zumeist wird auf § 307 BGB zurückzugreifen sein (zum AGBG: BGH GRUR 1984, 45, 48 – *Honorarbedingungen: Sendeverträge*).

h) Umfang der Nutzungsrechtseinräumung (Zweckübertragungslehre): Be- **203** stimmungen in AGB sind bei unangemessener Benachteiligung unwirksam (§ 307 Abs. 1 S. 1 BGB). Die unangemessene Benachteiligung kann sich aus einem Widerspruch zu einem gesetzlichen Leitbild (§ 307 Abs. 2 Nr. 1 BGB) oder zu wesentlichen Vertragspflichten (§ 307 Abs. 2 Nr. 2 BGB) ergeben. Im Urheberrecht hat **Leitbildfunktion i.S.d. § 307 Abs. 2 Nr. 1 BGB** insbesondere der seit der Urhebervertragsrechtsreform 2002 in § 11 S. 2, §§ 32 ff. niedergelegte Grundsatz einer **angemessenen Vergütung** (Begr RegE UrhVG – BT-Drucks. 14/6433, S. 9; BeschlE RAuschuss UrhVG – BT-Drucks. 14/8058, S. 1, 18; LG Berlin, ZUM-RD 2008, 18, 19 – *Springer-Honorarregelungen*; Wandtke/Bullinger/*Wandtke/Grunert*[2] Rn. 108; Loewenheim/*Jan Bernd Nordemann* § 60 Rn. 3, 11). **Nach älterer Rechtsprechung des BGH** kann als gesetzliches Leitbild (siehe § 307 Abs. 2 Nr. 1 BGB) nur dispositives Gesetzesrecht herangezogen werden, nicht jedoch bloße Auslegungsregeln (BGH GRUR 1984, 45, 48 – *Honorarbedingungen Sendeverträge*; KG GRUR 1984, 509, 513 f.; *Kuck* GRUR 2000, 285, 288 f.). Danach schied beispielsweise ein Rückgriff auf die Auslegungsregel des § 88 für die AGB-Kontrolle aus. Eine Kontrolle der dispositiven Reglungen der §§ 34, 35 war hingegen möglich. Die Differenzierung zwischen dispositivem Recht und Auslegungsregel ist künstlich und abzulehnen (Schricker/*Schricker*[3] vor §§ 28 ff. Rn. 14), weil statt der Auslegungsregel mit gleichem gesetzgeberischem Ziel auch dispositives Recht hätte verwendet werden können. Deshalb ist es auch außerhalb des Urheberrechts ständige Praxis, auch Auslegungsregeln für die AGB-Kontrolle heranzuziehen.

Eine **Kontrolle des eigentlichen Leistungsgegenstandes** scheidet aber grund- **204** sätzlich aus, § 307 Abs. 3 BGB (*Hoeren* CR 2004, 723; *Schack*[4] Rn. 959). Eine zu geringe **Vergütung** kann deshalb nicht über AGB-Recht korrigiert werden. Gleiches dürfte grundsätzlich auch für die Gegenleistung des Urhebers gelten. Neben Verpflichtungen zur **Werkerstellung** ist deshalb auch der Umfang der **Nutzungsrechtseinräumung** nur begrenzt kontrollfähig (vgl. § 31 Rn. 181 ff.).

i) Einzelfälle: Zur AGB-Kontrolle des Umfangs der Nutzungsrechtseinräu- **205** mung vgl. § 31 Rn. 181 ff. und vgl. § 31 Rn. 179 ff. sowie der Weitergabe von Nutzungsrechten vgl. § 34 Rn. 41 f. und vgl. § 35 Rn. 14, zur Gestaltung des Rückrufsrechts vgl. § 41 Rn. 48 ff. sowie zu „general public license" (Open-Source-Software) vgl. Nach § 69c Rn. 1 ff.

206 Die formularmäßige Vereinbarung einer **Einmalzahlung** ist als Vereinbarung über den Leistungsgegenstand nicht kontrollfähig (vgl. Rn. 204; s. auch OLG Celle ZUM 1986, 213 – *Arno Schmidt*; KG GRUR 1984, 509 – *Honorarbedingungen*; **a.A.** LG Berlin, ZUM-RD 2008, 18, 19. – *Springer-Honorarregelungen*; kritisch auch Schricker/*Schricker*[3] vor §§ 28 ff. Rn. 14). Abhilfe bieten hier die §§ 32, 32a. Das Gleiche gilt für die formularmäßige **Begrenzung des Ausfallhonorars** bei unterbleibender Nutzung auf 50% des Nutzungshonorars (a.A. LG Berlin, ZUM-RD 2008, 18, 21 – *Springer-Honorarregelungen*). Anders ist dies jedoch bei formularmäßig verabredeten zusätzlichen Vergütungen. Die Klausel, Software auf einem leistungsstärkeren Rechner nur gegen zusätzliche Vergütung nutzen zu dürfen, verstößt bei Dauerschuldverhältnissen nicht gegen § 307 Abs. 2 und 3 BGB, anders ggf. bei Erwerb gegen Einmalzahlung (BGH GRUR 2003, 416, 418 – *CPU-Klausel*).

207 Wirksam ist eine Klausel, in der sich der Abnehmer eines nach individuellen Vorgaben gefertigten Auftragswerkes die **Abnahme** nach billigem Ermessen gegenüber dem Urheber vorbehält (OLG Hamburg ZUM-RD 1998, 557, 559 – *Dr. Monika Lindt*). Dies hatte im konkreten Fall zur Konsequenz, dass mangels Abnahmeverpflichtung des Produzenten eine jederzeitige Kündigungsmöglichkeit nach § 649 BGB für den Produzenten ohne Nachbesserungsmöglichkeit für den Urheber bestand. Dem Urheber bleibt danach grundsätzlich nur der Vergütungsanspruch gemäß § 649 BGB, den der Produzent auch zu Gunsten einer angemessenen Entschädigung abbedingen kann (OLG Hamburg ZUM-RD 1998, 557, 559 – *Dr. Monika Lindt*).

208 Die **gesetzliche Mängelhaftung** können der Urheber und der Verwerter grundsätzlich individualvertraglich **abbedingen**. Für AGB gelten aber insbesondere die Grenzen der §§ 308 Nr. 2, 309 Nr. 4, 5, 7, 8 BGB. Unabdingbar sind die Mängelgewährleistungsvorschriften beim Verbrauchsgüterkauf (§ 474 BGB).

209 § 309 Nr. 9 BGB verbietet bei bestimmten Dauerschuldverhältnissen mehr als zweijährige **Laufzeiten**, stillschweigende Vertragsverlängerungen um ein Jahr und eine längere Kündigungsfrist als drei Monate vor Ablauf des Vertrages. Die Regelung ist jedoch entgegen der Überschrift nicht auf typische Dauerschuldverhältnisse wie Miete und Pacht anwendbar; sie erfasst nur Kauf-, Werk- und Dienstverträge, sofern diese auf eine regelmäßige Erbringung von Leistungen gerichtet sind. Da urheberrechtliche Nutzungsverträge als Dauerschuldverhältnisse eher dem Pachtrecht zuzuordnen sind (vgl. Rn. 165), scheidet im Regelfall eine Anwendung aus (a.A. wohl *Castendyk* ZUM 2007, 169, 172, jedoch ohne nähere Begründung). Für Wahrnehmungsverträge mit Verwertungsgesellschaften stellt das § 309 Nr. 9 BGB ausdrücklich klar. Der Ausschluss des **Kündigungsrechtes nach § 627 BGB** in AGB ist unwirksam (für einen Managementvertrag LG Berlin ZUM 2007, 754, 757, unter Berufung auf BGH WM 2005, 1667).

210 **Wettbewerbsverbote** für den Urheber oder den Verwerter sind formularmäßig nur dann möglich, wenn auch ungeschrieben eine Enthaltungspflicht bestünde, was insbesondere eine ausschließliche Rechtseinräumung an den Verwender voraussetzt (vgl. Rn. 45). Nach OLG Düsseldorf GRUR-RR 2002, 121, 122 – *Das weite Land* darf eine Sendeanstalt wegen unangemessener Benachteiligung eine Nutzung in einer bestimmten Nutzungsart (Video) durch den lizenzgebenden Produzenten nicht formularmäßig von ihrer Zustimmung abhängig machen, wenn der Sendeanstalt nicht das Recht an der betreffenden Nutzungsart eingeräumt wurde. Das sollte auch für Verträge des Urhebers mit einem Verwerter gelten. Zur formularmäßigen Verlängerung und Ausweitung von Enthaltungspflichten des Stoffurhebers im Filmbereich vgl. § 88 Rn. 88 f.

Der **Verzicht auf Unterlassungsansprüche** durch AGB vor Beendigung der **211** Produktion und Erstveröffentlichung des Filmes in einem Regievertrag ist unwirksam (LG München I ZUM 2000, 414, 416 – *Down Under*), es sei denn, dass eine Abnahme in Teilen schon stattgefunden hat (OLG München ZUM 2000, 767, 771 f. – *Down Under*; gegen jeden, auch individualvertraglichen Verzicht *Grün* ZUM 2004, 733, 735, für urheberpersönlichkeitsrechtliche Ansprüche). Der Verzicht auf eine Geltendmachung im Einstweiligen Verfügungsverfahren durch Urheber kann hingegen dann wirksam sein (ebenso *Castendyk* ZUM 2007, 169, 177), wenn ein Verwerter hohe Vorlaufkosten (wie z.B. im Filmbereich regelmäßig der Filmproduzent) hat und er deshalb ein berechtigtes Interesse hat, dem Urheber das (durchaus in der Praxis häufig angewandte) „Erpressungspotential" des Einstweiligen Verfügungsverfahrens zu nehmen, die Vermarktung sofort zu stoppen.

Bei **Rechtegarantien** kann in Formularverträgen, die Kaufverträge sind, keine **212** **verschuldensunabhängige Schadensersatzhaftung** des Lizenzgebers vereinbart werden (BGH NJW 2006, 47; *Castendyk* ZUM 2007, 169, 175). Formularmäßig wird man aber den verschuldensabhängigen Ersatz des Vertrauensschadens vereinbaren können, weil auch der Gesetzgeber eine analoge Anwendung des § 122 BGB bei unverschuldeter anfänglicher objektiver Unmöglichkeit für möglich hält (FraktionsE SchuldRModernG 2002 – BT-Drucks. 14/6040, S. 165; *Canaris* JZ 2001, 499, 508; *Manz/Ventroni/Schneider* ZUM 2002, 409, 413 m. Fn. 50). Eine verschuldensabhängige Rechtegarantie ist auch nicht für Nutzungsverträge möglich, die entsprechend Pacht- und Mietverträgen zu behandeln sind (a.A. *Castendyk* ZUM 2007, 169, 175; zur Einordnung von urheberrechtlichen Nutzungsverträgen vgl. Rn. 164 ff.). Denn die kaufrechtlichen Regeln über die Rechtsmängelhaftung gelten grundsätzlich auch für Pacht- und Mietverträge (vgl. Rn. 177). Die zweijährige **Verjährung** (vgl. Rn. 178) kann nicht formularmäßig auf 10 Jahre verlängert werden. Zulässig sind höchstens vier Jahre, 10 Jahre allenfalls bei fehlender Kenntnis des Rechtsmangels (*Castendyk* ZUM 2007, 169, 176). **Schadensersatzpauschalen** für Beschädigungen und Vertragsstrafen für das Ausschalten von Zugangssicherungsmaßnahmen sowie Mietzahlungen für das Überschreiten einer vereinbarten Ansichtszeit sind zwar grundsätzlich möglich (OLG München ZUM-RD 1998, 113, 115; LG Hamburg AfP 1986, 352 – *Blockierungshonorar für Dias*). Für unwirksam befunden wurden aber Allgemeine Geschäftsbedingungen, die bei Verlust des Werkstückes einen pauschalen Schadensersatz ohne die Möglichkeit des Nachweises eines geringeren Schadens anordneten, § **309 Nr. 5 lit. b BGB** (OLG Köln AfP 1991, 543; vgl. auch LG Hamburg ZUM 2004, 148 – *unangemessene Blockierungsgebühr*). Das Gleiche gilt bei Schadensersatzpauschalen im Zusammenhang mit Schleichwerbeverboten bei Fernsehauftragsproduktionen (*Castendyk* ZUM 2007, 169, 172). Pauschalierter Schadensersatz in Form einer **Vertragsstrafe** ist der Höhe nach nur dann wirksam, wenn die Pauschale den nach dem gewöhnlichen Lauf der Dinge zu erwartenden Schaden nicht übersteigt; bei Verstößen gegen ein Kopierverbot für erworbene Schulungsvideo-Kassetten war für den Einzelfall eine Vertragsstrafe von DM 50.000 Ende der 1990iger Jahre zu hoch (OLG Hamburg ZUM-RD 1999, 459, 460 – *Video-Lehrprogramm*).

Unwirksam ist die Verpflichtung von Mitgliedern durch die GEMA als Ver- **213** wertungsgesellschaft im Musikbereich, an einer **Klausur zur Feststellung ihrer** kompositorischen **Fähigkeiten** teilzunehmen. Im Interesse der Mitglieder, deren Rechte sie treuhänderisch wahrnimmt, kann die Verwertungsgesellschaft zwar gehalten sein, soweit möglich Mitglieder vom Wertungsverfahren auszuschließen, die zu den Einnahmen nichts oder nur unwesentlich beitragen und auch keine kulturell bedeutenden Werke schaffen, die nach dem Gebot des § 7 S. 2 UrhWahrnG bei der Verteilung gefördert werden sollen. Die konkrete Regelung ist nach der Rechtsprechung des BGH zu unbestimmt und damit unwirksam gemäß § 9 Abs. 2 Nr. 2 AGBG (heute § 307 Abs. 2 Nr. 2 BGB), wenn sie sämtliche Bedingungen, unter denen die Klausur zu leisten ist, der freien Gestaltung durch die Verwertungsgesellschaft überlässt (insbesondere des Gegenstands der Prüfung, der Person der Prüfer, des Ortes und der Dauer der Prüfung; BGH GRUR 2002, 332 – *Klausurerfordernis*).

214 j) **Rechtsfolgen:** Bei Nichtigkeit einer Vertragsklausel bleibt der Vertrag im Übrigen gemäß § 306 BGB wirksam (OLG Frankfurt ZUM 2003, 957, 958). Eine geltungserhaltende Reduktion der einzelnen Klausel kommt aber nicht in Betracht (OLG Frankfurt GRUR 1984, 515 – *Übertragung von Nutzungsrechten*).

IV. Verträge des Leistungsschutzberechtigten (primäres Urhebervertragsrecht)

215 Neben den eigentlichen Urheberrechten kennt das UrhG noch „verwandte Schutzrechte" (auch „Leistungsschutzrechte"), die im zweiten Teil (§§ 70 bis 87e) und teilweise im dritten Teil (§§ 94, 95) geregelt sind. Geschützt sind bestimmte **wissenschaftliche Ausgaben** (§ 70), bestimmte **nachgelassene Werke** (§ 71), **Lichtbilder** (§ 72), die Leistung **ausübender Künstler** (§§ 73 ff.), die **Veranstalterleistung** (§ 81), die Leistung des **Tonträgerherstellers** (§§ 85 f.), des **Sendeunternehmens** (§ 87), des **Datenbankherstellers** (§§ 87a ff.) und des **Filmherstellers** (§ 94) einschließlich des **Laufbildherstellers** (§ 95).

216 Auch im Hinblick auf verwandte Schutzrechte findet in der Praxis ein reger Rechtsverkehr statt. Eine Regulierung dieses Rechtsverkehrs erfolgt jedoch nicht durchgängig nach §§ 31 bis 44. Vielmehr kommt es darauf an, ob eine **Nutzungsrechtseinräumung** oder eine **Übertragung des Leistungsschutzrechts** Gegenstand des Vertrages ist.

1. Nutzungsrechtseinräumung: (Teil-)Verweisung auf §§ 31 bis 44

217 Bei allen verwandten Schutzrechten kann das Recht durch die Einräumung von Nutzungsrechten belastet werden (vgl. Rn. 33 für Nutzungsrechte am Urheberrecht). **§ 31 Abs. 1 bis Abs. 3 und Abs. 5 (Zweckübertragungsregel)** gelten kraft ausdrücklichen Verweises auch für wissenschaftliche Ausgaben (§ 70 Abs. 1), Lichtbilder (§ 72 Abs. 1), ausübende Künstler (§ 79 Abs. 2 S. 2), Veranstalter (§ 81 S. 2), Tonträgerhersteller (§ 85 Abs. 2 S. 3), Sendeunternehmen (§ 87 Abs. 2 S. 3), Filmhersteller (§ 94 Abs. 2 S. 3) und Laufbildhersteller (§§ 95, 94 Abs. 2 S. 3). Bei nachgelassenen Werken und Datenbanken, für die es an einem Verweis fehlt, gelten die §§ 31 Abs. 1 bis Abs. 3 und Abs. 5, § 33 und § 38 analog (Schricker/*Schricker*[3] Vor §§ 28 ff. Rn. 36 für nachgelassene Werke und Schricker/*Vogel*[3] Vor §§ 87a ff. Rn. 25 für Datenbanken). Insoweit kann also auf die Ausführungen oben zum primären Urhebervertragsrecht der Urheber verwiesen werden (zur Einräumung von Nutzungsrechten vgl. Rn. 33 und zur Zweckübertragungslehre vgl. Rn. 38). Insbesondere die Anwendung der Zweckübertragungslehre gemäß § 31 Abs. 5 hat für die Ein-

räumung von Leistungsschutzrechten die Konsequenz, dass das Abstraktionsprinzip nicht gilt und bei Beendigung oder Nichtigkeit des Verpflichtungsgeschäfts auch die eingeräumten Rechte automatisch an den Leistungsschutzberechtigten zurück fallen (für ausübende Künstler OLG Karlsruhe ZUM-RD
2007, 76, 78; zum Ganzen ausführlich vgl. § 31 Rn. 30 ff.; anders ist dies
jedoch bei Übertragung der Leistungsschutzrechte, vgl. Rn. 220). Die Auslegungsregeln der §§ 33 **und** 38 gelten ebenfalls für alle Leistungsschutzrechte
bei Nutzungsrechtseinräumung. **§ 31a bzw. § 31 Abs. 4 a.F. (unbekannte
Nutzungsarten)** entfalten nur aufgrund ausdrücklichen Verweises für Leistungsschutzrechte Wirkung (BGH GRUR 2003, 234, 235 – *EROC III*), also
nur für wissenschaftliche Ausgaben (§ 70 Abs. 1) und Lichtbilder (§ 72
Abs. 1). Auch die §§ 34, 35 (Zustimmungsrechte bei Weiterübertragung
bzw. weiterer Einräumung), § 37 (verschiedene Vermutungsregelungen bei
Verträgen über die Einräumung von Nutzungsrechten), § 39 (Änderungen
des Werkes), § 40 (künftige Werke), die beiden Rückrufsrechte in §§ 41 **und**
42 sowie die Regelung für Arbeits- und Dienstverhältnisse des § 43 finden
wegen ansonsten fehlender Verweisung nur auf wissenschaftliche Ausgaben,
Lichtbilder und ausübende Künstler Anwendung. Das Gleiche gilt für § 44
(Nutzungsrechtseinräumung bei Veräußerung des Originals).

2. Übertragung des Leistungsschutzrechts

Die **meisten verwandten Schutzrechte** sind – im Gegensatz zum Urheberrecht, **218**
vgl. § 29 Rn. 7 – **übertragbar.** Für die Rechte an nachgelassenen Werken, der
ausübenden Künstler, der Tonträgerhersteller, der Veranstalter und der Filmhersteller einschließlich Laufbildhersteller ist das ausdrücklich festgelegt
(§§ 71 Abs. 2, 79 Abs. 1 S. 1, 85 Abs. 2 S. 1, 87 Abs. 2 S. 1, 94 Abs. 2 S. 1,
95). Für Datenbanken gilt dies auch ohne ausdrückliche Vorschrift (Schricker/
Vogel[3] Vor §§ 87a ff. Rn. 24). Nur das Recht an wissenschaftlichen Ausgaben
(Wandtke/Bullinger/*Thum*[2] § 70 Rn. 22) und das Lichtbildrecht sind nicht
übertragbar.

Die §§ **31 bis 44** gelten für eine Übertragung des Leistungsschutzrechts **nicht.** **219**
Die entsprechende Verweisung bei den Leistungsschutzrechten bezieht sich nur
auf den Fall der Nutzungsrechtseinräumung. Denn werden verwandte Schutzrechte übertragen, erfolgt dies grundsätzlich **translativ,** so dass die Regelungen
der §§ 31 ff. nicht passen. Daraus ergeben sich einige wichtige Abweichungen
im Vergleich zum primären Vertragsrecht der Urheber.

Bei Übertragung von Leistungsschutzrechten gilt – anders als bei der Einräu- **220**
mung von Nutzungsrechten – das **Abstraktionsprinzip** uneingeschränkt; das
Schicksal des Verpflichtungsgeschäfts teilt also nicht automatisch das Schicksal des Verpflichtungsgeschäfts (vgl. § 31 Rn. 30 ff.). Für die Praxis wichtig ist
auch, dass **bereits erfolgte weitere Verfügungen über das Recht** wirksam
bleiben, also kein Heimfall der Rechte bei Unwirksamkeit des ersten Ver-
pflichtungs- oder Verfügungsgeschäfts auch zu Lasten weiterer Erwerber der
Rechte stattfindet (hierzu allgemein vgl. § 31 Rn. 34). Die Übertragung muss
nicht in vollem Umfang erfolgen, sie kann begrenzt werden. Die (insoweit
nicht kodifizierte) **allgemeine Zweckübertragungstheorie** kann nach zutreffender Auffassung dabei helfen, in Zweifelsfällen den Umfang der Übertragung zu
ermitteln (BGH GRUR 1960, 197, 199 – *Keine Ferien für den lieben Gott;*
OLG Hamburg ZUM-RD 1999, 80, 85; vgl. § 31 Rn. 112).

3.   Vergütung

221 Die **Vergütungsregelungen** der §§ 31 ff., insbesondere §§ **32, 32a, 32b, 36, 36a,** finden mangels ausdrücklicher Verweisungsnorm grundsätzlich **keine Anwendung** auf Leistungsschutzrechte. Die wichtigste **Ausnahme** bilden **ausübende Künstler**, deren verwandte Schutzrechte mit der Urhebervertragsrechtsreform 2002 den Urheberrechten angenähert wurden. Deshalb findet sich in § 79 Abs. 2 S. 2 auch die ausdrückliche Anordnung, die Regelungen der §§ 32, 32a, 32b zum Schutz einer angemessenen Vergütung bzw. der weiteren Vergütung (Bestseller) auch auf ausübende Künstler anzuwenden (vgl. im Einzelnen § 79 Rn. 68 ff.). Außerdem sind die vorerwähnten Vergütungsregelungen wegen der grundsätzlichen Verweisung auf den ersten Teil des UrhG auch auf **wissenschaftliche Ausgaben** (§ 70 Abs. 1) und auf **Lichtbilder** (§ 72 Abs. 1) anwendbar.

4.   **Verbot wettbewerbsbeschränkender Vereinbarungen (Art. 81 EG, § 1 GWB)**

222 Spätestens durch die Urhebervertragsrechtsreform 2002 wurden die Leistungsschutzrechte der ausübenden Künstler den Urheberrechten angenähert. Den ausübenden Künstlern stehen Persönlichkeitsrechte zu, die – grundsätzlich genauso wie bei Urheberrechten – Wettbewerbsbeschränkungen rechtfertigen können. Auch hat der ausübende Künstler wie der Urheber tendenziell **ein legitimes Bestimmungsrecht, nach den jeweiligen Besonderheiten des Werkes die optimale Nutzungsstrategie für jede Nutzungsart selbst zu definieren** (*von Gamm* GRUR Int. 1983, 403, 407; *Bungeroth* GRUR 1976, 454, 464 f.; *Fikentscher* FS Schricker 60. Geb. S. 181; Schricker, VerlG², Einl. Rn. 58; *Jan Bernd Nordemann* GRUR 2007, 203, 211; Loewenheim/Meessen/Riesenkampff/*Jan Bernd Nordemann* § 1 GWB Rn. 227; a.A. noch Immenga/Mestmäcker/*Emmerich*², GWB, § 20 Rn. 358, und *Loewenheim* UFITA 79 (1977), 175, 200, 203). Das gilt beispielsweise für Filmproduzenten (§ 94), Tonträgerhersteller (§ 85), Sendunternehmen (§ 87), Veranstalter (§ 81), Datenbankhersteller (§ 87b), Lichtbildner (§ 72), Verfasser wissenschaftlicher Ausgaben (§ 70) und für denjenigen, der nachgelassene Werke erstmals erscheinen lässt (§ 71). Der spezifische Schutzgegenstand der vorerwähnten Leistungsschutzrechte ist jedoch regelmäßig auf bestimmte Verwertungsrechte begrenzt und erlaubt deshalb nicht, dem Inhaber des Leistungsschutzrechts – vergleichbar dem Urheber (vgl. Rn. 62) – ein generelles legitimes Bestimmungsrecht zuzuerkennen, nach den jeweiligen Besonderheiten des Werkes die optimale Nutzungsstrategie für jede nur erdenkliche Nutzungsart selbst zu definieren. Beispielsweise der Filmhersteller verfügt nur über das Vervielfältigungs-, das Verbreitungsrecht, das Recht der öffentlichen Funksendung und das Recht der öffentlichen Zugänglichmachung. Das Vortrags-, Aufführungs- und Vorführungsrecht stehen ihm nicht zu; darauf zielende Wettbewerbsbeschränkungen wären nicht vom spezifischen Schutzgegenstand erfasst. Zum spezifischen Schutzgegenstand gehört auch die Zahlung einer angemessenen Vergütung (§§ 79 Abs. 2, 32), so dass eine Kartellierung durch Vereinbarung gemeinsamer **Vergütungsregeln** trotz Art. 81 EG jedenfalls derzeit grundsätzlich möglich sein dürfte (§§ 79 Abs. 2, 36); eingehend vgl. Rn. 79 zu Urheberverträgen. Wettbewerbsbeschränkungen in Verträgen mit ausübenden Künstlern müssen allerdings **spürbar** sein; insoweit gelten die Ausführungen zu Verträgen mit Urhebern entsprechend (vgl. Rn. 81).

V. Verträge zwischen Verwertern (sekundäres Urhebervertragsrecht)

Verträge zwischen Verwertern (sog. **sekundäres Urhebervertragsrecht**) betref- **223** fen den Verkehr mit Nutzungsrechten, die vom Urheber im sog. **primären Urhebervertragsrecht** abgeleitet wurden (vgl. Rn. 32 ff.). Außerdem existiert der Verkehr mit vom Leistungsschutzberechtigten des UrhG abgeleiteten Rechten (vgl. Rn. 215 ff.). Teilweise vergeben Verwerter aber auch in einem Akt einerseits vom Urheber abgeleitete Nutzungsrechte und andererseits eigene (originäre) Leistungsschutzrechte, so dass sich **primäres und sekundäres Urhebervertragsrecht mischen**. Sie sind dann **nebeneinander anwendbar**.

Der Rechtsverkehr zwischen Verwertern ist wirtschaftlich sehr bedeutend. **224** Einerseits besteht eine Tendenz zur wirtschaftlichen Totalauswertung von Werken, und der mit dem Urheber kontrahierende Verwerter wird deshalb i.d.R. bestrebt sein, in möglichst großem Umfang Nutzungsrechte vom Urheber zu erwerben. Andererseits können viele Verwerter die Rechte nicht selbst in vollem Umfang nutzen; sie betätigen sich dann oft erfolgreich als **Quasi-Agenten** und geben die ihnen eingeräumten Rechte an dritte Verwerter weiter.

1. Nutzungsrechte: Übertragung oder Einräumung (Stufung)

Für die Weitergabe des vom Urheber erworbenen Nutzungsrechts bestehen für **225** den Verwerter zwei unterschiedliche Möglichkeiten. Erstens kann das originär vom Urheber selbst eingeräumte Nutzungsrecht **weiterübertragen** werden. Man spricht dann von sog. **Tochterrechten**. Dafür ist gemäß § 34 grundsätzlich die Zustimmung des Urhebers erforderlich, die allerdings vertraglich abbedungen werden kann (vgl. § 34 Rn. 38 ff.). Außerdem enthält § 34 Regelungen zur Haftung des Erwerbers gegenüber dem Urheber (§ 34 Abs. 4) sowie ein Rückrufsrecht für den Urheber (§ 34 Abs. 3 S. 2). Zweitens ist eine Einräumung von einem ausschließlichen Nutzungsrecht **abgeleiteter, d.h.** durch Abspaltung **neu begründeter Rechte (Enkelrecht)** denkbar. Eine solche Ableitung ist sowohl von ausschließlichen als auch von einfachen Nutzungsrechten möglich (vgl. § 35 Rn. 5). Diesbezügliche Rechte des Urhebers, insbesondere (grundsätzlich dispositive) Zustimmungsrechte, sind in § 35 geregelt.

Die Übertragung unterscheidet sich dadurch von der Einräumung, dass bei der **226** Übertragung von Nutzungsrechten keine Nutzungsmöglichkeit beim abgebenden Verwerter mehr zurückbleibt. Demgegenüber kann die Einräumung von abgeleiteten Enkelrechten dazu führen, dass auch der abgebende Verwerter ein eigenes (dingliches) Nutzungsrecht behält, z.B. wenn das eingeräumte Enkelrecht nur einfacher Natur ist. Auch bei Einräumung ausschließlicher Enkelrechte ist indes eine dingliche Nutzungsbefugnis für den abgebenden Verwerter möglich, zumindest wenn richtigerweise die Regelung des § 31 Abs. 3 S. 2 entsprechend angewendet wird. Dementsprechend ist für eine **Auslegung** unklarer Vereinbarungen danach zu fragen, ob die Vereinbarung einen vollständigen Übergang der relevanten Nutzungsbefugnis erreichen wollte (dann eher Übertragung) oder ob der abgebende Verwerter daneben berechtigt bleiben sollte (dann eher Einräumung).

Die Differenzierung zwischen Übertragung und Einräumung sollte allerdings **227** **begrenzte praktische Bedeutung** haben. Das gilt jedenfalls dann, wenn man unabhängig davon, ob eine Übertragung oder Einräumung vorliegt, das Abstraktionsprinzip im Verhältnis der Verwerter untereinander anwendet (**str.**, im Einzelnen vgl. Rn. 231 ff.). In jedem Fall bleibt die Unterscheidung von Übertragung und Einräumung für die Frage der Haftung des Erwerbers gegenüber dem Urheber von Bedeutung, die nur nach § 34 **Abs. 4** im Falle einer Übertragung, nicht aber im Falle einer Einräumung besteht, § 35 Abs. 2 (vgl. § 35 Rn. 2).

2.   Verpflichtungs- und Verfügungsgeschäft

228 Bei der Übertragung bzw. Einräumung von Nutzungsrechten zwischen Verwertern ist wie im übrigen deutschen Zivilrecht zwischen **Verpflichtungsgeschäft und Verfügungsgeschäft** zu trennen. Insoweit gilt nichts anderes als für das primäre Urhebervertragsrecht (Verträge mit Urhebern); vgl. dazu § 31 Rn. 29. Verletzt ein Verwerter seine Verpflichtung, ein Nutzungsrecht zu übertragen bzw. einzuräumen, haftet er nach den Vorschriften des allgemeinen Schuldrechts (zu den Leistungsstörungen vgl. Rn. 287).

3.   Trennungsprinzip; Abstraktionsprinzip, insbesondere automatischer Rechtrückfall

229 In der Praxis fallen zwar Verpflichtungs- und Verfügungsgeschäft meist in einem Vertrag zusammenfallen. Dennoch ist – wie im gesamten deutschen Zivilrecht – die Verpflichtung zur Rechtseinräumung von der Verfügung, mittels derer die Nutzungsrechte konstitutiv eingeräumt werden, zu trennen („**Trennungsprinzip**"; vgl. § 31 Rn. 29 für Verträge mit Urhebern).

230 Fraglich ist, ob für Verträge zwischen Verwertern neben dem Trennungsprinzip auch das **Abstraktionsprinzip** gilt. Nach dem Abstraktionsprinzip hängt die Wirksamkeit des Verfügungsgeschäftes (also der Rechtseinräumung) nicht von der Wirksamkeit des zugrunde liegenden Verpflichtungsgeschäftes ab. Mithin müsste bei Anwendung des Abstraktionsprinzips im Fall der Unwirksamkeit oder Beendigung des Verpflichtungsgeschäfts das eingeräumte Nutzungsrecht an den übertragenden bzw. einräumenden Verwerter isoliert zurückübertragen werden.

231 Für Verträge mit Urhebern („primäres Urhebervertragsrecht") wird das Abstraktionsprinzip nach der herrschenden und zutreffenden Auffassung jedoch durchbrochen, und es kommt zu dem berühmten automatischen Rechterückfall an den Urheber, wenn sein Verpflichtungsgeschäft wegfällt (str., im Einzelnen vgl. § 31 Rn. 30 ff.). Im Gegensatz dazu sollte das **Abstraktionsprinzip auf Verträge zwischen Verwertern angewendet** werden (wie hier *Wente/Härle* GRUR 1997, 96, 99). Das wird jedoch **bestritten**. Das Abstraktionsprinzip könne zwar im Fall nicht zweckgebundener Weiterveräußerung abgeleiteter Rechte gelten, etwa wenn ein bestehendes Nutzungsrecht (Tochterrecht) vom Inhaber an einen Dritten translativ übertragen werde; dann bestehe lediglich ein schuldrechtlicher Anspruch auf Rückübertragung. Jedoch gelte das Abstraktionsprinzip nicht bei konstitutiver Einräumung weiterer abgeleiteter Nutzungsrechte; hier gelte vielmehr die Aufweichung des Abstraktionsprinzips (*Schricker/Schricker*[3] Vor §§ 28 ff. Rn. 62; zu den Konsequenzen der Aufweichung vgl. 31 Rn. 34). Dem ist entgegen zu halten, dass die Durchbrechung des Abstraktionsprinzips für Verträge des Urhebers auf der Regelung des § 11 S. 2 UrhG, aber auch auf § 9 VerlG sowie § 40 Abs. 3 UrhG (vgl. § 31 Rn. 30 ff.) basiert. Diese Regelungen gelten durchweg nicht für Verträge zwischen Verwertern. Es ist auch nicht ersichtlich, weshalb der übertragende bzw. der einräumende Verwerter ein auch nur ähnlich gelagertes Schutzbedürfnis wie der einräumende Urheber haben sollte. Urhebervertragsrechtliche Regelungen zwischen Verwertern enthält das Urheberrecht gerade nicht (vgl. Rn. 2). Eine Ausnahme bildet § 33 S. 2, der sogar ausdrücklich anordnet, dass ein Wechsel des Inhabers des einräumenden Rechts die Einräumung unberührt lässt. Auch die Zweckübertragungsregel vermag zu keinem anderen Ergebnis zu führen. Zwar kann die Zweckübertragungslehre auch auf Verträge zwischen Verwertern anwendbar sein. Nur in Kombination mit den speziellen Urheberschutzvorschriften des UrhG durchbricht sie aber das Abstraktionsprinzip, nicht jedoch als bloß allgemeine Zweckübertragungsregel, wie sie außerhalb von § 31 Abs. 5 auf Verträge zwischen Verwertern Anwendung findet (dazu vgl. § 31 Rn. 118).

Die **Rechtsprechung des Bundesgerichtshofs** liegt im Ergebnis auf dieser Linie. **232** Er hat in verschiedenen Entscheidungen **für Verträge zwischen Verwertern** den Grundsatz ausgesprochen, dass das Abstraktionsprinzip auch für urheberrechtliche Verträge gelte (BGH GRUR 1958, 504, 506 – *Die Privatsekretärin*; BGH GRUR 1982, 369, 371 – *Allwetterbad*; BGH GRUR 1990, 443, 446 a.E. – *Musikverleger IV*; unberechtigterweise werden diese Fälle teilweise zur Begründung einer Geltung des Abstraktionsprinzips auch für Verträge mit Urhebern herangezogen, vgl. § 31 Rn. 31).

Zu einem automatischen Rechterückfall kann es danach bei Verträgen zwischen Verwertern nur kommen, wenn die originäre Nutzungsrechtseinräumung des Urhebers in einem vorangegangenen Vertrag hinfällig wird und damit auch das aus dieser Nutzungsrechtseinräumung **abgeleitete Nutzungsrecht** zurückfällt (vgl. § 31 Rn. 34). Dagegen kann sich vertraglich nur derjenige absichern, der den Vertrag mit dem Urheber schließt (zu vertraglichen Gestaltungsmöglichkeiten in Verträgen mit dem Urheber vgl. § 31 Rn. 37 ff.). Der Erwerber auf der Stufe abgeleiteter Rechte ist bei Wegfall der höherrangigen Rechte nicht durch guten Glauben geschützt. **233**

4.   Dingliche Abspaltbarkeit und hinreichende Klarheit

Auch im Rechtsverkehr zwischen Verwertern können Nutzungsrechte bei der **234** Einräumung mit **inhaltlichen, zeitlichen und räumlichen Beschränkungen** versehen werden. Insoweit gelten die oben für Urheberverträge genannten Grenzen (vgl. § 31 Rn. 11 f.).

5.   Kein gutgläubiger Erwerb

Ein gutgläubiger Erwerb von Nutzungsrechten ist im Urheberrecht nicht **235** möglich. Das gilt für Verträge zwischen Verwertern genauso wie für Verträge mit Urhebern, weil es in beiden Konstellationen an einem Rechtsscheinträger fehlt (dazu ausführlich vgl. § 31 Rn. 42). Der Erwerber auf der Stufe abgeleiteter Rechte ist bei automatischem Rückfall der Rechte an den Urheber wegen Entfalls der originären Nutzungsrechtseinräumung durch den Urheber auf einer früheren Stufe nicht durch guten Glauben geschützt (vgl. § 31 Rn. 34). Eine fehlende Zustimmung des Urhebers zur Einräumung weiterer Nutzungsrechte nach § 35 bzw. zur Übertragung von Nutzungsrechten nach § 34 kann ebenso wenig durch guten Glauben überwunden werden.

6.   Grundsatz der Priorität der Einräumung (Sukzessionsschutz)

Bei Geltung des Abstraktionsprinzips (vgl. Rn. 231) und dem Fehlen der **236** Möglichkeit eines gutgläubigen Erwerbs (vgl. Rn. 235) **gilt** für die Einräumung von Nutzungsrechten zwischen Verwertern das **Prioritätsprinzip** (im Gegensatz zu § 33 für Urheberverträge) **uneingeschränkt.** Hat sich der einräumende Verwerter des Nutzungsrechts bereits entäußert, setzt sich diese Verfügung gegenüber späteren durch. Das Gleiche gilt, wenn der übertragende Verwerter die Rechte vorher schon übertragen hat. Der Sukzessionsschutz betrifft **nur Nutzungsrechte mit gegenständlicher Wirkung**, keine rein schuldrechtlich wirkenden Einräumungen, etwa wenn das Nutzungsrecht an einer nicht wirtschaftlich selbständigen Nutzungsart begründet wird (Dreier/Schulze/*Schulze*[2] § 33 Rn. 4), zu rein schuldrechtlich wirkenden Nutzungserlaubnissen vgl. § 29 Rn. 24 f. Der Sukzessionsschutz ist **vertraglich nicht zwingend**; abweichende Vereinbarungen sind zulässig (Loewenheim/*Loewenheim/Jan Bernd Nordemann* § 26 Rn. 32; zur a.F. BGH GRUR 1986, 91, 93 – *Preisabstandsklausel*).

7.   Grundsatz: Keine Anwendung des UrhG und Ausnahmen

237   Für den Rechtsverkehr zwischen Verwertern existieren im UrhG **keine geschriebenen Regeln.** Zwingendes oder dispositives Recht existiert insoweit nicht. Die §§ 31 bis 44 betreffen nur die vertragliche Beziehung des Urhebers auf der ersten Stufe der Nutzungsrechtseinräumung. Auch soweit der Wortlaut dies eigentlich zuließe, sind die §§ 31 bis 44 deshalb nicht auf Vereinbarungen zwischen Verwertern anwendbar. Demgemäß besteht für Verträge zwischen Verwertern auf der Grundlage des UrhG und des VerlG **Vertragsfreiheit**; es sind nur die zwingenden bzw. dispositiven Bestimmungen sowie Auslegungsregeln zu beachten, die das allgemeine Zivilrecht bereithält, soweit es auf den Vertrag Anwendung findet (dazu vgl. Rn. 164 ff.).

238   Die **Zweckübertragungsregel** des § 31 Abs. 5 ist nicht direkt auf Verträge zwischen Verwertern anwendbar, weil er nur die Nutzungsrechtseinräumung durch den Urheber reguliert. In Form der über § 31 Abs. 5 hinaus bestehenden allgemeinen Zweckübertragungslehre (vgl. § 31 Rn. 118) kann der Regelungsgehalt aber auch auf Verträge zwischen Verwertern angewendet werden (BGH GRUR 1960, 197, 199 – *Keine Ferien für den lieben Gott*; KG AfP 1997, 919, 921 – *Hans Fallada*; OLG München ZUM-RD 1998, 101, 106 – *Auf und davon*; OLG Düsseldorf GRUR-RR 2002, 121, 122 – *Das weite Land*). Beispiele sind die Erteilung einer Verlagslizenz durch einen Verleger an einen anderen Verleger oder die Weitergabe von Filmrechten durch einen Filmproduzenten an eine Sendeanstalt. Die Anwendung der Zweckübertragungslehre sollte aber auf Sachverhalte beschränkt bleiben, die mit Nutzungsrechtseinräumungen durch den Urheber vergleichbar sind und nicht auf translative Übertragungen von Nutzungsrechten ausgedehnt werden, die eher dem bürgerlich-rechtlichen Rechtskauf zuzuordnen sind. Zur Zweckübertragungslehre ausführlich vgl. § 31 Rn. 118 ff.; zum AGB-Recht vgl. Rn. 289 ff.

239   § 31a bzw. § 31 Abs. 4 a.F. (**Rechte an unbekannten Nutzungsarten**) gelten nicht für Verträge zwischen Verwertern (Loewenheim/*Jan Bernd Nordemann* § 26 Rn. 35). Zur Unmöglichkeit bei Anwendung des § 31 Abs. 4 a.F. vgl. § 31a Rn. 10. Ansonsten richtet sich die Auslegungsfrage, ob die Verwerter die Übertragung bzw. Einräumung unbekannter Nutzungsarten vereinbart haben, nach der allgemeinen Zweckübertragungsregel (vgl. § 31 Rn. 118). Insoweit dürften in vielen Fällen besondere Spezifizierungslasten für den Erwerber bestehen (dazu § 31 Rn. 126 ff.; ferner *Jan Bernd Nordemann* FS Nordemann II S. 193, 201 ff.). Für §§ 32a, 32b wird man ebenfalls eine Wirkung auf Verträge zwischen Verwertern verneinen müssen. Insbesondere die Regelung des § 32a Abs. 2 S. 2 („Die Haftung des anderen entfällt") gilt nur im Hinblick auf Ansprüche des Urhebers, nicht aber im Verhältnis der Verwerter untereinander. Deshalb ist die Haftungsregelung auch nicht etwa im Zusammenspiel mit § 32b zwingend für Verträge zwischen Verwertern (str., vgl. § 32a Rn. 37 ff.). Auch die §§ 34, 35 regeln nur die **Zustimmungsrechte des Urhebers** im Fall der Weiterübertragung bzw. Einräumung weiterer Nutzungsrechte; sie regulieren den Rechtsverkehr zwischen Verwertern nicht. Jedoch entfalten sie mittelbare Wirkung auf Verträge zwischen Verwertern insoweit, als der Erwerber prüfen muss, ob eine Zustimmung des Urhebers vorliegt. Denn die §§ 34, 35 können nicht durch guten Glauben überwunden werden. Die Regelung des **§ 39 Abs. 2** sollte ebenfalls auf Verträge zwischen Verwertern durchschlagen, obwohl die Regelung direkt nur für Verträge mit Urhebern gilt. Wenn der Urheber die Bearbeitung nicht verweigern kann, sondern sie ohne zusätzliche Rechtseinräumung zulässig ist, muss dies auch zwischen Verwertern gelten.

Auf Softwareverträge zwischen Verwertern finden jedoch die §§ 69d, 69e und **240** 69g Abs. 2 Anwendung, weil sie lediglich auf den „Rechtsinhaber" und nicht auf den Urheber abstellen. Die urhebervertragsrechtlichen Regelungen im **zweiten Teil des UrhG** (Verwandte Schutzrechte, §§ 70 bis 87e) und im **dritten Teil des UrhG** (besondere Bestimmungen für Filme) beziehen sich nicht auf Verträge zwischen Verwertern. Eine **Ausnahme** bildet § 87 Abs. 5, der auch einen Kontrahierungsanspruch für übertragene bzw. eingeräumte weitere Nutzungsrechte beinhaltet. § 88 wird **analog** auch auf Verträge zwischen Verwertern angewendet, wenn ein Verwerter im Interesse des Urhebers mit einem Filmproduzenten Stoffverträge abschließt (vgl. § 88 Rn. 25).

Ausnahmsweise wird das Vertragsrecht zwischen Verwertern durch das UrhG **241** auch durch die Übergangsbestimmungen für **Schutzfristverlängerungen der** §§ 137 Abs. 2, 3 und 4, 137b Abs. 2 und 3, 137c Abs. 2 und 3, 137f Abs. 4 sowie § 137j Abs. 4 reguliert, weil diese nur auf den jeweiligen Rechtsinhaber abstellen und nicht ausschließlich auf den Urheber bzw. Leistungsschutzberechtigten.

Ferner sucht man im **VerlG** vergebens Bestimmungen, die Verträge zwischen **242** Verwertern betreffen, obwohl der Rechtsverkehr zwischen Verwertern im Hinblick auf ihnen eingeräumte Nutzungsrechte heute wirtschaftlich mindestens genauso bedeutend ist wie der Verlagsvertrag mit dem Urheber.

8.   Sublizenzierungsverbote

Bei **Beteiligungsvergütung** ist davon auszugehen, dass im Zweifel **kein Recht 243** zur **Sublizenzierung** besteht. Bei der Lizenzvergabe gegen prozentuale Beteiligung bringt der Lizenzgeber – anders als bei der Lizenz gegen Festpreis – seinem Vertragspartner ein besonderes Vertrauen entgegen. Denn er ist im Interesse einer effektiven Auswertung von dessen Einsatzfähigkeit und -bereitschaft und bezüglich der Abrechnung auch von dessen Zuverlässigkeit abhängig. Insoweit gewährt nur der Zustimmungsvorbehalt die Möglichkeit, auf die für die Auswertung wesentliche Auswahl des Nutzungsberechtigten Einfluss zu nehmen (BGH GRUR 1987, 37, 38 – *Videolizenzvertrag*). Kein Sublizenzierungsverbot gilt aber für räumliche Gebiete, für die auch der Lizenzgeber weiß, dass sich der Lizenznehmer Dritter bedienen muss, weil er dort nicht (ausreichend) vertreten ist. Zur konkludenten Zustimmung zur Sublizenzierung vgl. § 34 Rn. 14 f. Im kaufmännischen Verkehr kann ein Sublizenzierungsrecht auch formularvertraglich **in AGB** vereinbart werden (dazu vgl. § 34 Rn. 41 f.).

244   Ein Verbot der Sublizenzierung **wirkt** grundsätzlich **dinglich**, d.h. der Lizenzgeber kann auch gegen Dritte vorgehen, die die Rechte trotz Verbot vom Lizenznehmer erhalten haben. Insoweit gilt nichts anderes als für Urheberverträge (vgl. § 34 Rn. 17).

9.   Auswertungspflichten

245   Eine praktisch wichtige Frage ist stets, ob den Lizenznehmer eine Auswertungspflicht trifft, die dann regelmäßig auch **Hauptpflicht** ist. Anders als für Urheberverträge ergibt sich eine Auswertungspflicht bei Verträgen zwischen Verwertern nicht aus urheberrechtlichen Regelungen. Insbesondere §§ 1, 14 bis 16 VerlG gelten nicht für Verträge zwischen Verwertern. Bei Lizenzverträgen ist jedoch eine Auswertungspflicht auch **ohne ausdrückliche Vereinbarung** insbesondere dann anzunehmen, wenn eine **Beteiligungsvergütung** des Lizenzgebers vereinbart ist (für einen Filmverleihvertrag: BGH GRUR 2003, 173, 175 – *Filmauswertungspflicht*; BGH GRUR 1951, 471 – *Filmverwertungsvertrag*; OLG München ZUM 2000, 1093, 1096 – *Pinocchio;* für den Musikbereich BGH UFITA 86 (1980), 240, 243); im Bühnenbereich BGHZ 13, 115, 118; im Verlagsbereich, allerdings für Urheberverträge: BGH GRUR 2005, 148, 150 – *Oceano Mare;* zum Patentrecht *BGH GRUR 2000, 138 – Knopflochnähmaschinen).* Der Umstand, dass der Lizenznehmer auch die so genannten Herausbringungskosten (insbesondere die Kosten für die Werbung und die Werkkopien) zu tragen hat, spricht insoweit zusätzlich für eine Auswertungspflicht (BGH GRUR 2003, 173, 175 – *Filmauswertungspflicht).* Bei **Pauschalvergütung** ist nach der Rechtsprechung des BGH zu Urheberverträgen hingegen nicht von einem Indiz auszugehen, dass keine Auswertungspflicht besteht. Denn die Vereinbarung einer solchen Vergütung könne häufig Ausdruck der wirtschaftlichen Kräfteverhältnisse sein, die es dem Lizenznehmer erlaubten, eine solche Art der Vergütung durchzusetzen, ohne dass dies notwendig mit einer untergeordneten Bedeutung der Auswertung einhergehen müsse (BGH GRUR 2005, 148, 150 – *Oceano Mare,* für den Verlagsbereich; a.A. für Filmverträge Loewenheim/*Schwarz/Reber* § 74 Rn. 268). In der Tat sollte bei Pauschalvergütung **auf den Einzelfall abgestellt** und eine umfassende Interessenabwägung vorgenommen werden. Eine ungeschriebene Auswertungspflicht kann insbesondere dann bestehen, wenn nach dem zugrundeliegenden **Zweck des Vertrages** (unter Berücksichtigung von inhaltlichem, zeitlichem und räumlichem Umfang der Nutzungsrechtsvergabe) die **Auswertung** bedeutend war, z.B. um die Verwertung der noch beim Lizenzgeber verbliebenen Rechte zu fördern.

246   Besteht eine Auswertungspflicht, richtet sich ihr **Umfang** nicht allein nach einem für den Lizenzgeber optimalen wirtschaftlichen Ergebnis. Beispielsweise darf der Filmverleiher als Lizenznehmer die Interessen anderer Filmhersteller, deren Filme er gleichzeitig im Verleih gehabt hat, und sein Interesse einer dauerhaften Zusammenarbeit mit den Kinobesitzern berücksichtigen, so dass die Auswertungspflicht insoweit eingeengt sein kann (BGH GRUR 2003, 173, 175 – *Filmauswertungspflicht;* zustimmend *Obergfell* ZUM 2003, 292, 295). Zum **AGB-Recht** vgl. Rn. 293. Zu den **Rechtsfolgen** vgl. Rn. 283, 287.

10. Enthaltungspflichten (Wettbewerbsverbote)

Häufig werden in Nutzungsverträgen zwischen Verwertern Enthaltungspflich- **247** ten (Wettbewerbsverbote) für den **Lizenznehmer** vereinbart. Ein solches Wettbewerbsverbot ist tendenziell eng auszulegen, um die Wettbewerbsfreiheit des Lizenznehmers nicht über Gebühr einzuschränken (zum Kartellrecht vgl. Rn. 251 ff. und zu § 138 BGB vgl. Rn. 263). Eine Enthaltungspflicht für den Lizenznehmer kann sich auch **ungeschrieben aus § 242 BGB** ergeben (BGH GRUR 1985, 1041, 1042 – *Inkasso-Programm*). Sie sind dann in den Vertrag hineinzulesen, wenn sie notwendig für das Funktionieren des Vertrages sind. Dann ist ihre Vereinbarung auch in **AGB** selbstredend zulässig. In Betracht kommt dies vor allem dann, wenn der Lizenzgeber nur über eine **Beteiligung** vergütet wird. Dann hat der Lizenznehmer während der Dauer des Nutzungsvertrages die Verwertungshandlungen zu unterlassen, mit denen er dem lizenzierten Werk Konkurrenz machen kann. Bei Pauschalvergütung oder Zahlung einer nicht unerheblichen Mindestlizenz ist aber nicht ersichtlich, weshalb ein ungeschriebenes Verbot für den Lizenznehmer im Regelfall bestehen sollte. Es muss im Einzelfall festgestellt werden, ob eine **Konkurrenzsituation** vorliegt (dazu eingehend für Urheberverträge vgl. Rn. 46 f.).

Enthaltungspflichten können auch den **Lizenzgeber** treffen, insbesondere bei **248** nur beschränkter Rechtevergabe. Enthaltungspflichten ergeben sich auch **ungeschrieben aus der vertraglichen Treuepflicht**, wofür aber im Regelfall eine ausschließliche Rechtseinräumung vorauszusetzen ist, weil sonst kaum ein berechtigtes Interesse des Lizenznehmers ersichtlich ist (*Schwarz* ZUM 2000, 816, 831 f.; Loewenheim/*Schwarz/Reber* § 74 Rn. 257 m.w.N.; ferner BGH GRUR 1969, 364, 366 – *Fernsehauswertung* für einen Treueverstoß nach Vergabe von Bühnenrechte durch gleichzeitige Vergabe von Senderechten an Dritte; ferner vgl. Rn. 45). Ungeschriebene Verbote bestehen vor allem dann, wenn er **pauschal oder mit erheblichen Mindestlizenzen vergütet** wird und die Konkurrenz durch den Lizenznehmer die Refinanzierung durch den Lizenznehmer gefährden würde.

Insoweit können insbesondere **zeitliche Enthaltungspflichten** (Sperrzeiten) **249** bestehen, in denen eine Auswertung ohne Konkurrenz durch den Lizenzgeber sein muss. Das gilt insbesondere für den Filmbereich, wo es üblich ist, dass eine zeitlich gestaffelte Auswertung in sog. Auswertungsfenstern erfolgt. Anhaltspunkte ergeben sich aus den Sperrzeiten, die der Produzent bei öffentlicher Förderung des Film gemäß § 30 FFG einhalten muss (6 Monate Video/DVD; 12 Monate On-Demand; 18 Monate Pay-TV; 24 Monate frei-empfangbares TV), können aber im Einzelfall auch kürzer sein (Loewenheim/*Schwarz/Reber* § 74 Rn. 257). Zur seiner Absicherung sollte der Produzent zu sperrende Rechte aufschiebend bedingt einräumen, so dass er dinglich vor einer Nutzung geschützt ist. Möglich ist auch eine rein schuldrechtliche Verpflichtung, die Rechte nicht auszuüben; sie beschränkt Ansprüche jedoch auf den Vertragspartner, was bei vertragswidriger Weitergabe von Rechten gegenüber Dritten nicht weiterhilft (Loewenheim/*Jan Bernd Nordemann* § 64 Rn. 83). Allerdings besteht oft das Problem, dass bei Abschluss der weiteren Auswertungsverträge der Kinostarttermin, also der Beginn des Laufes der Sperrzeit, nicht feststeht. Die Praxis behilft sich hier mit einer Geltung der Sperrzeit ab Kinostart.

Sachliche Enthaltungspflichten können gelten, wenn eine direkt konkurrie- **250** rende Nutzungsart nicht eingeräumt wurde (z.B. nur die Hardcover- und nicht die Taschenbuchrechte; dazu KG GRUR 1984, 526, 527 – *Trabbel mit Harry*) oder bei Konkurrenz zwischen Normalausgabe, die verramscht wird, und der Buchgemeinschaftsausgabe (dazu OLG Hamm GRUR 1978, 436 – *Herz mit Paprika*; Loewenheim/*Jan Bernd Nordemann* § 64 Rn. 83, 138), oder wenn ein direktes Konkurrenzprodukt nicht Gegenstand des Verleihvertrages war, z.B. ein Director's Cut. Für andere Werke bloß des gleichen Genres besteht aber zumindest im Bereich der reinen, nicht Gebrauchszwecken dienenden Kunst keine Enthaltungspflicht (vgl. Rn. 46 sowie Loewenheim/*Jan Bernd Nordemann* § 64 Rn. 156 für den belletristischen Bereich). Für Gebrauchszwecken dienende Kunst (Sachbücher; angewandte Kunst) kommt ein vertragsgefährdendes Konkurrenzverhältnis eher in Frage. AGBs in einem Vertrag zwischen Filmproduzenten und Fernsehanstalt, die ersterem eine Enthaltungspflicht für den Videovertrieb auferlegen, sind allerdings wegen unangemessener Benachteiligung unwirksam, wenn das Recht dazu der Fernsehanstalt nicht eingeräumt wurde (OLG Düsseldorf GRUR-RR 2002, 121, 122 – *Das weite Land*); zum **AGB-Recht** vgl. Rn. 293. Zu den **Rechtsfolgen**, insbesondere der allein schuldrechtlichen Wirkung, vgl. Rn. 283, 287.

11. Kartellverbot (§ 1 GWB, Art. 81 EG)

251 Auf Verträge zwischen Verwertern finden die kartellrechtlichen Regelungen für wettbewerbsbeschränkende Vereinbarungen gemäss § 1 GWB bzw. Art. 81 EG grundsätzlich Anwendung. Denn die Verwerter sind **Unternehmen** i.S.d. § 1 GWB bzw. Art. 81 EG (zum Unternehmensbegriff vgl. Rn. 56 f.).

252 Urhebern steht bei der Gestaltung der Nutzungsrechtseinräumung gegenüber dem Verwerter ein gewisser Gestaltungsspielraum zu, der sich über eine am spezifischen Schutzgegenstand des Urheberrechts orientierte Abwägung mit den Interesse des Kartellrechts bestimmt (ausführlich vgl. Rn. 62 ff.). Dieser **Gestaltungsspielraum** kann sich grundsätzlich auch auf Verträge zwischen Verwertern in der Rechtekette fortsetzen. Verwerter als Inhaber vom Urheber, vom ausübenden Künstler oder von sonstigen Leistungsschutzberechtigten direkt oder über Dritte indirekt abgeleiteter Rechte können sich auf den spezifischen Schutzgegenstand des (abgeleiteten) Nutzungsrechts bzw. Leistungsschutzrechts berufen, **soweit ihre Interessen mit den Interessen des Urhebers bzw. Leistungsschutzberechtigten parallel laufen** (*Loewenheim* UFITA 79 (1977), 175, 200; *Jan Bernd Nordemann* GRUR 2007, 203, 212; *ders.* in Loewenheim/Meessen/Riesenkampff § 1 GWB Rn. 228). Zwar betrifft der spezifische Schutzgegenstand des Urheberrechts eigentlich primär die Interessen des Urhebers (bzw. die Interessen des Leistungsschutzberechtigten). Die Verwertung des Werkes hat aber grundsätzlich eine wesentliche Auswirkung für den Urheber. Urheberrecht will diese Verlagerung auf den Verwerter sogar besonders schützen, weil das UrhG grundsätzlich von einer Werkverwertung durch Dritte und nicht durch den Urheber selbst ausgeht (*Loewenheim* UFITA 79 (1977), 175, 195 f. unter Verweis auf Begr RegE UrhG 1966, abgedruckt UFITA 45 (1965), S. 241; Loewenheim/*Jan Bernd Nordemann*/*Loewenheim* § 24 Rn. 1). Der Urheber und der ausübende Künstler haben regelmäßig nach § 32 über eine Beteiligungsvergütung oder über § 32a an einer erfolgreichen Auswertung teil. Deshalb lässt sich im Grundsatz Folgendes sagen: diejenigen **von Verwertern veranlassten Wettbewerbsbeschränkungen profitieren vom Privileg des UrhG, die dem Urheber (mittelbar) zu Gute kommen.** Eine nur abgeschwächte Wirkung der Verwertung für den Urheber kann im Rahmen der Interessenabwägung zu Gunsten der Anwendung des Kartellrechts Berücksichtigung finden, wobei allerdings der zwingende Charakter der §§ 32, 32a abweichende Vereinbarungen mit dem Urheber grundsätzlich ausblendet.

Dinglich abspaltbare Beschränkungen (inhaltlich, zeitlich, quantitativ, räum-   **253** lich) bei der Vergabe abgeleiteter Rechte sollten danach tendenziell genauso wie bei Urhebern zulässig sein (vgl. Rn. 63 ff.). Auch eine Konditionenbindung ist regelmäßig kartellrechtlich nicht zu beanstanden; insoweit dürfen aber nur die (abgeleiteten) Urheberinteressen Berücksichtigung finden (vgl. Rn. 252) und nicht eigene Verwerterinteressen im Vordergrund stehen.

Fraglich erscheint, ob und inwieweit horizontale **Preiskartelle zwischen Ver-   254 werter** wegen des Urheberrechtes gerechtfertigt sein können. Zunächst nimmt – genauso wie für Urheber – die Kartellierung der Verwerter am **Privileg des** § 36 teil, wenn die Voraussetzungen des § 36 erfüllt sind und eine Kartellabsprache zwischen den Verwertern für den Abschluss der Ver-gütungsvereinbarung unmittelbar erforderlich ist. Denn § 36 erlaubt aus-drücklich auch eine Vergütungsvereinbarung „mit Vereinigungen von Werk-nutzern". Art. 81 EG tritt derzeit zurück (vgl. Rn. 79). Jedoch dürfen sich Verwerter nicht außerhalb des direkten Anwendungsbereiches des § 36 ab-sprechen, auch wenn sie dadurch höhere Preise und damit – bei Beteiligungs-vergütung des Urhebers – auch eine höhere Vergütung für den Urheber erzie-len. Das erscheint nicht nach dem spezifischen Schutzzweck des Urheberrechts gedeckt, weil der spezifische Schutzzweck nur Kartelle der Urheber in gewissen Grenzen zulässt (§ 36), nicht jedoch eine Kartellierung von in die Verwertungs-kette eingeschalteten Personen. Ansonsten wären Preiskartelle im Urheber-recht bei Beteiligungsvergütung des Urhebers auf der ersten Stufe generell zulässig, weil sie letztlich immer dem Urheber zu Gute kommen.

Im Vergleich mit dem Urheber kartellrechtlich privilegiert ist der verwertende   **255** Verleger im Hinblick auf vertikale Preisbindungen für Zeitungen, Zeitschrif-ten, Bücher und damit vergleichbare Erzeugnisse, weil dem Verleger ein **ver-tikales Preisbestimmungsrecht nach § 30 GWB für Zeitungen und Zeitschrif-ten** sowie eine **Preisbestimmungspflicht nach BuchpreisbindungsG für Bücher und vergleichbare Erzeugnisse** zusteht.

Verwerter können über dies auf Grund des UrhG **kartellrechtlich privilegiert   256** sein, wenn sie **originäre Inhaber von Leistungsschutzrechten** sind. Ihnen steht dann nach zutreffender Auffassung ein eigener spezifischer Schutzgegenstand zur Rechtfertigung von Wettbewerbsbeschränkungen zur Seite (eingehend vgl. Rn. 222).

Grundsätzlich keine Preiskartelle stellen **Markterhebungen über die Lizenz-   257 preise** für urheberrechtlich geschützte Leistungen dar. Im Hinblick auf Scha-densersatzansprüche, die auf der Grundlage einer angemessenen Lizenzgebühr berechnet werden (§ 97), haben sie erhebliche Bedeutung für die Praxis (vgl. § 97 Rn. 94). Marktübersichten von Verwertern im Hinblick auf übliche Lizenzgebühren können dann an kartellrechtliche Grenzen stoßen, wenn ihnen eine Abstimmung der konkurrierenden Verwerter zu Grunde liegt, die Höhe der Lizenzgebühren darüber anzugleichen (vertiefend in Loewenheim/Mees-sen/*Jan Bernd Nordemann* § 1 GWB Rn. 228). Die Erfahrungs-regeln des Deutschen Musikverlegerverbandes (DMV) wurden als empirisch begründete und damit grundsätzlich kartellrechtsneutrale Marktübersicht zur besseren Ermittlung der angemessenen Lizenzgebühr im Rahmen der Scha-densersatzberechnung nach § 97 entwickelt. Sie dürfen aber für die Musik-verleger gegenüber ihren Lizenznehmern nicht „als Richtschnur für die Bemessung des Lizenzentgeltes im Zuge der Vertragsgestaltung etabliert" sein (so aber in Moser/Scheuermann/*Schulz*[6] S. 1364, deutlich einschränkend jedoch S. 1363). Eine andere grundsätzlich kartellrechtsneutrale Marktübersicht stellen die „MFM-Bildhonorare" dar, eine Marktübersicht über angemessene Nutzungshonorare im Fotobereich (*Jan Bernd Nordemann* ZUM 1998, 642). Zur Regelsammlung Verlage (Vertriebe)/Bühnen im Bereich Bühne vgl. Rn. 343.

258 Absprechen dürfen sich Verwerter unabhängig davon, ob sie eigene oder abgeleitete Rechte ausüben, im Fall der Verfolgung von Rechtsverletzern. Insoweit ist der Gegenstand der Absprache, nämlich die Beschränkung des illegalen Wettbewerbs der Rechtsverletzer, nicht von § 1 GWB, Art. 81 EG geschützt (zum illegalen Wettbewerb als Schutzgegenstand des Kartellverbotes *Jan Bernd Nordemann* in Loewenheim/Meessen/Riesenkampff § 1 GWB Rn. 93). Eine **verbandsmäßige Piraterieverfolgung** begegnet daher grundsätzlich keinen Bedenken aus § 1 GWB. Genauso können konkurrierende Verwerter verabreden, dass urheberrechtsverletzender Wettbewerb des einen Konkurrenten unterlassen wird.

259 § 1 GWB und Art. 81 EG setzen als ungeschriebenes Tatbestandsmerkmal **Spürbarkeit** der Wettbewerbsbeschränkung voraus (dazu in Loewenheim/Meessen/Riesenkampff/*Jan Bernd Nordemann* § 1 GWB Rn. 142 ff.; Langen/*Bunte*[10] Bd. 1 § 1 Rn. 227 ff.). Insoweit sei insbesondere auf die sog. Bagatellbekanntmachung der EU-Kommission verwiesen (abgedruckt in WuW 2001, 705 ff.). Danach werden Horizontalvereinbarungen (zwischen mindestens potenziellen Wettbewerbern) und Vertikalvereinbarungen (zwischen verschiedenen Marktstufen) unterschieden (Loewenheim/Meessen/Riesenkampff/*Jan Bernd Nordemann* § 3 GWB Rn. 24; Langen/*Bunte*[10] Bd. 1 § 1 Rn. 36 allgemein; speziell Rn. 136 ff. zu Horizonalvereinbarungen).

260 Für **Horizontalvereinbarungen** wie Preisabsprachen gelten 10 % Marktanteil des gebundenen Konkurrenten. Eine Horizontalvereinbarung kann auch bei Austauschverträgen zwischen mindestens potenziell konkurrierenden Verwertern vorliegen, beispielsweise bei einem Subverlagsvertrag, wenn der lizenzierende Verleger das subverlegte Werk auch selbst anbieten könnte oder gar (in einer anderen konkurrierenden Ausgabe) anbietet. Im Filmbereich liegt eine Horizontalvereinbarung nahe, wenn Co-Produzenten einen Gesellschaftsvertrag gemäß § 705 BGB schließen und sie auch jeder für sich den Film produzieren könnten; Austauschverträge können bei wechselseitigen DVD-Lizenzen zwischen DVD-Verwertern horizontal sein.

261 Bei **Vertikalvereinbarungen** ist für eine Spürbarkeit hingegen 15 % Marktanteil jedes der vertragsbeteiligten Unternehmen erforderlich. Ein Beispiel ist ein Verleihvertrag zwischen Filmproduzent und Verleihunternehmen, wenn der Produzent selbst nicht über die Infrastruktur verfügt, selbst auszuleihen. Dasselbe gilt im Verhältnis zwischen Lizenzgeber und Fernsehanstalt im Hinblick auf Fernsehrechte, wenn der Lizenzgeber keinen Fernsehsender selbst betreibt. Sowohl für Horizontal- als auch für Vertikalvereinbarungen wird eine **Überschreitung der Marktanteile** um 2 % während zwei aufeinander folgender Jahre toleriert. Allerdings ist die „**Bündeltheorie**" anwendbar. Erfolgt die Bindung für sehr viele Vertragspartner parallel, kann sich daraus die Spürbarkeit ergeben. Hier gilt auch eine niedrigere Schwelle von einheitlich 5 %, wenn der parallel Bindende 30 % Marktanteil erreicht.

Für bestimmte Kernbeschränkungen („**Hardcore Restraints**") gelten gar keine **262** Spürbarkeitsschwellen. Das sind bei Horizontalvereinbarungen Preis und Gebietsabsprachen, wobei für urheberrechtliche Verträge insoweit die Privilegierung durch das Urheberrecht (bzw. Leistungsschutzrecht) zu beachten ist (vgl. Rn. 252 ff.). Für Vertikalvereinbarungen gilt der Katalog des Art. 4 GVO Vertikalvereinbarungen als Kernbeschränkung, allerdings für urheberrechtliche Verträge wiederum nur mit den wegen Urheberrechts oder Leistungsschutzrechts erforderlichen Modifikationen. Die vorerwähnten Spürbarkeitsschwellen aus der Bagatellbekanntmachung der EU-Kommission erscheinen teilweise als großzügiger als die europäische und deutsche Gerichtspraxis (so auch Schröter/Jakob/Mederer/*Schröter* Art. 81 Rn. 29; Loewenheim/Meessen/Riesenkampff/*Jan Bernd Nordemann* § 1 GWB Rn. 142, 144). Mangels Bindungswirkung der Bekanntmachung (**str.**; OLG München WuW/E DE-R 991, 992 – *Tankstelle Germering*; LG Frankfurt am Main WuW/E DE-R 1200, 1201 – *Autovermietungsagenturen*; *Pohlmann* WuW 2005, 1005; Loewenheim/Meessen/Riesenkampff/*Jan Bernd Nordemann* § 1 GWB Rn. 12 m.w.N. auch zur Gegenauffassung sowie Rn. 146; a.A. *Hirsch* ZWeR 2003, 233, 247) bleibt deshalb ein Restrisiko, auch wenn die Schwellen eingehalten sind.

12. § 134 BGB, § 138 BGB

Zunächst vgl. Rn. 50 zu § 134 BGB bei Urheberverträgen. Mangels Schutz- **263** vorschriften im UrhG für den schwächeren Vertragsteil bei Verträgen zwischen Verwertern (vgl. Rn. 2) kann § 138 BGB insoweit durchaus ein größerer Anwendungsbereich als für Urheberverträge zugebilligt werden. Maßstab für eine Beurteilung der Sittenwidrigkeit ist eine **Gesamtwürdigung** aller objektiven und subjektiven Umstände. Vgl. Rn. 51 ff.

13. Kontrahierungsansprüche

a) **Zwangslizenzen gemäß UrhG:** Das Vertragsrecht des UrhG sieht einige **264** Ansprüche auf zwangsweise Lizenzierung vor. Jedoch gilt der Anspruch des § 42a nur zu Lasten des Urhebers; der Kontrahierungsanspruch des § 11 UrhWahrnG gilt zu Lasten der für Urheber tätigen Verwertungsgesellschaft. § 5 Abs. 3 S. 2 ordnet allerdings richtigerweise an, dass der Lizenzierungsanspruch im Hinblick auf **private Normwerke** auch gegenüber dem Inhaber des ausschließlichen Nutzungsrechts gilt. Ferner sieht § 87 **Abs. 5** vor, dass für **Sende- und Kabelunternehmen** die wechselseitige Verpflichtung besteht, sich Lizenzen für eine Kabelweitersendung einzuräumen. § 24 PatG findet im Urheberrecht keine analoge Anwendung (a.A. *Rauda* GRUR 2007, 1022, 1023 ff.), weil es wegen §§ 5 Abs. 3 S. 2, 42a, 87 Abs. 5 UrhG, 11 UrhWahrnG schon an einer planwidrigen Regelungslücke fehlt. Daneben fängt auch das Schrankensystem der §§ 44a ff. zahlreiche Konflikte des UrhG mit Interessen Dritter auf; einen übergesetzlichen Notstand gibt es als Schranke nicht (BGH GRUR 2003, 956, 957 – *Gies-Adler*). Ferner können die kartellrechtlichen Missbrauchstatbestände Lücken füllen (vgl. Rn. 265 ff.).

b) **Kartellrechtliche Zwangslizenzen:** Außerhalb des UrhG und des **265** UrhWahrnG können sich aus den allgemeinen kartellrechtlichen Regelungen der §§ 19, 20 GWB bzw. Art. 82 EG Ansprüche auf Lizenzierung ergeben. Zwar sind einzelne Zwangslizenzen bereits im UrhG geregelt (vgl. Rn. 264); dadurch ist aber eine **Anwendung der allgemeinen kartellrechtlichen Bestimmungen** gegenüber marktmächtigen Unternehmen nicht ausgeschlossen (BGH GRUR 2004, 966, 967 – *Standard-Spundfass* für § 24 PatentG; *Heinemann*

ZWeR 2005, 198, 201; a.A. *Knöpfle/Leo*, Gemeinschaftskommentar zum GWB, 5. Aufl., 4. Lieferung 2001, § 19 Rn. 2466). Denn §§ 5 Abs. 3 S. 2, 87 Abs. 5 UrhG verfolgen keine vollständig gleich gelagerten Regelungszwecke; ferner setzen sie das tatsächliche Vorliegen von Marktmacht nicht voraus.

266 aa) **Unternehmenseigenschaft des Lizenzgebers:** Die Anwendung der kartellrechtlichen Missbrauchstatbestände erfordern eine **Unternehmenseigenschaft des Lizenzgebers.** An deren Vorliegen sind aber keine grundsätzlichen Zweifel angebracht, wenn es sich um einen Verwerter handelt, der außerhalb des hoheitlichen oder staatlichen Bereiches handelt (zur Abgrenzungsfunktion der Unternehmenseigenschaft Immenga/Mestmäcker/*Zimmer*[4], GWB, § 1 Rn. 27 – 31; Loewenheim/Meessen/Riesenkampff/*Jan Bernd Nordemann* § 1 GWB Rn. 19 ff.).

267 bb) **Marktabgrenzung und Marktmacht:** Die allgemeinen kartellrechtlichen Regelungen enthalten keine allgemeinen Diskriminierungsverbote. Vielmehr setzen sie das Vorliegen von qualifizierter Marktmacht voraus. Insoweit ist **Marktbeherrschung** Voraussetzung für Art. 82 EG und §§ 19 Abs. 1, 20 Abs. 1 GWB. Nach § 20 Abs. 2 GWB besteht unterhalb der Schwelle der Marktbeherrschung der Schutz des Diskriminierungsverbotes zu Gunsten kleiner und mittlerer Unternehmen, sofern die kleinen und mittleren Unternehmen abhängig sind (sog. **Marktstärke**). Außerdem greift ein Behinderungsverbot nach § 20 Abs. 4 GWB, wenn das behindernde Unternehmen gegenüber kleinen und mittleren Unternehmen über überlegene Marktmacht verfügt.

268 Für die Feststellung von Marktbeherrschung oder Marktstärke ist zunächst eine **Marktabgrenzung** vorzunehmen. Diese erfolgt – wie üblich – in sachlicher, räumlicher und zeitlicher Hinsicht (statt aller *Loewenheim*/Meessen/Riesenkampff § 19 Rn. 9; Immenga/Mestmäcker/*Möschel*[4], GWB, § 19 Rn. 23–43). **Sachlich** sind nach zutreffender Auffassung zwei Märkte relevant: zum einen der betroffene Produkt- oder Dienstleistungsmarkt, der sich nach dem herrschenden Bedarfsmarktkonzept und damit danach bestimmt, welche Produkte oder Leistungen aus Abnehmersicht als marktgleich austauschbar sind (BGH WuW/E 2150, 2153 – *Edelstahlbestecke*; s.a. *Loewenheim*/Meessen/Riesenkampff § 19 Rn. 12 ff.; Immenga/Mestmäcker/Möschel[4], GWB, § 19 Rn. 41 f.). Zum anderen wird gerade in Fällen, in denen für den Marktzutritt die Lizenzierung unerlässlich ist, auch der dem Produktmarkt vorgelagerte Markt der Vergabe von Rechten relevant (BGH GRUR 2004, 966, 967 – *Standard-Spundfass* für das Patentrecht; dem folgend *Heinemann* ZWeR 2005, 198, 202; *Spindler/Apel* JZ 2005, 133; zurückhaltend im Hinblick auf die Annahme von zwei getrennten Märkten *Casper* ZHR 166 (2002), 685, 703). Eine entscheidende Frage ist, ob man für jedes urheberrechtlich geschützte Werk einen gesonderten sachlichen Markt bilden muss. Insoweit ist zwischen rein künstlerischen Werken ohne Gebrauchszweck (Werke der Literatur, der bildenden Kunst, der Musik, fiktionale Filmwerke) und anderen Werken mit Gebrauchszweck zu unterscheiden (*Buhrow/Jan Bernd Nordemann* GRUR Int. 2005, 407, 413; insoweit auch BVerfG GRUR 2001, 149, 152 f. – *Germania 3*, das zwischen „künstlerischen Werken" und „sonstigen Sprachwerken" unterscheidet):

269 Im Bereich der **reinen (klassischen) künstlerischen Werke** ohne Gebrauchszweck besteht zwar nur eine begrenzte Austauschbarkeit der Werke aus Abnehmersicht. Das gilt sogar für Werke desselben Autors. Im Verlagsbereich ist *Dürrenmatts* „Der Richter und sein Henker" für Verleger kaum austauschbar mit *Dürrenmatts* „Der Verdacht", weil die Buchhandlungen und Leser als Kunden des Verlages die Werke nicht als vollständig substituierbar ansehen, auch wenn in beiden Werken der todkranke Kommissar Bärlach die Hauptrolle spielt. Jedoch ist die kulturelle Vielfalt hier regelmäßig so groß, dass genügend alternative Werke zur Verfügung stehen. Aus Verwertersicht besteht Austauschbarkeit zwischen den einzelnen Werken, weil sie kein vollständiges Programm anbieten müssen. Ihre Kunden akzeptieren sogar, dass sie nicht sämtliche Werke eines Autors vertreten. Dementsprechend hat auch das BKartA beispielsweise beim Zusammenschluss der Buchverleger *Random House* und *Ullstein Heyne List* den Markt sachlich nicht nach einzelnen verlegten Werken abgegrenzt (BKartA, Az. B6 7/03 vom 24. November 2003, S. 17 f., abrufbar unter www.bundeskartellamt.de; KG WuW/E OLG 2825, 2832). Vielmehr zählen alle Bücher der allgemeinen Unterhaltungs- und Informationslektüre zum sachlichen Markt, wobei dann wiederum Kinder- und Jugendbücher sowie fremdsprachige Bücher einen eigenen Markt bilden; außerdem wird zwischen Hardcover, Paperback und Taschenbuchausgabe unterschieden (BKartA, a.a.O.). Im Filmbereich besteht der sachliche Markt für den Verleih von Filmen an Lichtspieltheatern, die keine Programmkinos sind, aus neuen, erstmalig in die Filmtheater kommenden Filmen (OLG München GRUR-RR 2003, 225, 225 – *Filmverleiher*) und nicht bezogen auf den konkreten Film. Aufgrund der großen kulturellen Vielfalt kann bei einer nicht auf das konkrete einzelne Werk bezogenen Marktabgrenzung aber grundsätzlich im Bereich der klassischen künstlerischen Werke **keine marktbeherrschende oder eine marktstarke Stellung von Urhebern** vorliegen.

Die Gefahr des Entstehens von Marktmacht durch Urheberrecht wird größer **270** **bei künstlerischen Werken mit Gebrauchszweck**, weil dort eher denkbar ist, dass das urheberrechtlich geschützte Werk zu einen bedeutenden Machtposition führt, insbesondere wenn es die Funktion der „sole source" einnimmt (*Heinemann* ZWeR 2005, 198, 202; *Buhrow/Jan Bernd Nordemann* GRUR Int. 2005, 407, 413; weitere Beispiele bei *Rauda* GRUR 2007, 1022, 1023 ff., der allerdings bedenklicherweise § 24 PatG analog im Urheberrecht anwenden will, vgl. Rn. 264). Marktbeherrschung kann hier insbesondere durch urheberrechtlichen Schutz von Schlüsseltechnologien vermittelt werden, wie sie sonst vor allem aus dem Bereich des Patentrechts bekannt sind, z.B. wenn die chemische Industrie in Deutschland nur einem bestimmten Patent entsprechende Produkte abnimmt, weil das Patent insoweit zu einer Industrienorm geworden ist (BGH GRUR 2004, 966, 968 – *Standard-Spundfass*). Private Normwerke (Schriftwerke gemäss § 2) können insoweit zu einem Schlüssel für den Marktzutritt werden und eine faktische Monopolstellung des Urhebers begründen. Deshalb gewährt § 5 Abs. 3 einen Anspruch auf Lizenzierung gegen den Urheber, um einen Preismissbrauch zu verhindern (Begr RegE UrhG Infoges – BT-Drucks. 15/837, S. 33; *Loewenheim* FS Nordemann II S. 54) Auch ist ein Unternehmen marktbeherrschend, das über eine urheberrechtlich (z.B. als Datenbank gemäss §§ 87a ff.) geschützte Bausteinstruktur verfügt, die für die Präsentation von Daten über den regionalen Absatz von Arzneimitteln unverzichtbar ist (EuGH GRUR 2004, 524, 524 – *IMS/Health*). Urheberrechtlich geschützte Programminformationen können Marktbeherrschung auf dem vorgelagerten Lizenzierungsmarkt vermitteln, wenn sie unverzichtbar sind, um eine Programmzeitschrift zu erstellen (EuGH GRUR 1995, 490, 493 – *Magill*). Auch im Softwarebereich können marktbeherrschende Stellungen entstehen, z.B. auf dem Markt für Operating Systems für Work Group Server (EuG WuW/E EU-R 1307 – *Microsoft/Kommission*; EU-Kommission WuW/E EU-V 931, 933 – *Microsoft*). Um Monopolstellungen vorzubeugen und Wettbewerbsfreiheit für konkurrierende funktionsäquivalente Programme und auf Nebenmärkten für Ergänzungsprogramme zu fördern, erlaubt § 69e das Dekompilieren von Computerprogrammen ohne jede Zwangslizenz und ohne Vergütung (*Pilny* GRUR Int. 1995, 954; Loewenheim/ *Lehmann* § 76 Rn. 22; Dreier/Schulze/*Dreier*² § 69e Rn. 1; Möhring/Nicolini/ *Hoeren*, § 69e Rn. 10; s.a. Art. 6 Computerprogramm-RL). Außerdem kommen im Bereich der angewandten Kunst für Zwangslizenzen "must-match"-Fälle in Betracht, in denen Konkurrenten zum Nachbau von Ersatzteilen auf eine Urheberrechtslizenz angewiesen sind; solche Fälle spielen allerdings wegen der hohen Anforderungen an die urheberrechtliche Schutzfähigkeit (vgl. § 2 Rn. 137 ff.) regelmäßig im Geschmacksmusterrecht (EuGH GRUR Int. 1990, 141 – *Volvo/Veng*; EuGH GRUR Int. 1990, 140 – *CICRA/ Régie Renault*).

271 cc) **Missbrauch:** Auch wenn danach – im Ausnahmefall – die erforderliche Marktmacht vorliegen sollte, kann im Grundsatz die Ausübung von Urheberrechten (bzw. verwandten Schutzrechten) nicht missbräuchlich sein. EU- und deutsches Kartellrecht erkennen die Ausschließlichkeitswirkungen von Immaterialgüterrechten grundsätzlich an. Insoweit hat der EuGH früher – sehr eingängig – zwischen Bestand und Ausübung von Schutzrechten unterschieden (diese Terminologie ist aber inzwischen wohl leider ohne inhaltliche Konsequenzen aufgegeben, Präsident des EuGH *Iglesias* in: Schwarze, Unverfälschter Wettbewerb für Arzneimittel im europäischen Binnenmarkt, 1998, S. 9, 19 f.; s.a. *Höppner* GRUR Int. 2005, 457). Der **Bestand** der Immaterialgüterrechte wird **nicht angetastet**. Der europäische Gerichtshof schreibt: "Nach gefestigter Rechtsprechung gehört das ausschließliche Recht der Vervielfältigung zu den Vorrechten des Inhabers eines Immaterialgüterrechts, so dass die Verweigerung einer Lizenz als solche keinen Missbrauch einer beherrschenden Stellung darstellen kann, selbst wenn sie von einem Unternehmen in beherrschender Stellung ausgehen sollte." (EuGH GRUR 2004, 524, 526 – *IMS/Health*; ferner EuGH GRUR Int. 1990, 141 – *Volvo/Veng*; EuGH GRUR Int. 1995, 490 – *Magill*). Die Ausschließungsbefugnis schließt deshalb das Recht ein, nicht jedem Interessenten, sondern anstelle oder neben seiner Eigennutzung nur einzelnen Bewerbern eine Lizenz zur Nutzung des Schutzrechtes zu erteilen (BGH GRUR 2004, 966, 968 – *Standard-Spundfaß* für das Patentrecht). Jedoch kann die **Ausübung** des ausschließlichen Rechts durch den Inhaber unter „**außergewöhnlichen Umständen**" ein missbräuchliches Verhalten darstellen (EuGH GRUR 2004, 524, 526 – *IMS/Health*; EuGH GRUR Int. 1990, 141 – *Volvo/Veng*; EuGH GRUR Int. 1995, 490 – *Magill*).

272 Die **wichtigste Fallgruppe** zur missbräuchlichen Ausübung ausschließlicher Schutzrechte entspringt bislang aus dem Anwendungsbereich der sog. **Essential-Facilities-Doctrine.** Davon sind Sachverhalte umfasst, in denen Waren oder Leistungen eines marktbeherrschenden Unternehmens zwingend erforderlich sind, um auf einem abgeleiteten Markt tätig sein zu können. In der **Entscheidung** *Magill*, in der es um eine Zwangslizenz an Programminformationen für eine Fernsehprogrammzeitschrift ging, hat der EuGH drei Voraussetzungen für einen Missbrauch definiert: (1) Die Weigerung muss ein Erzeugnis (Programminformation) betreffen, dessen Lizenzierung für die Ausübung der betreffenden Tätigkeit (Herausgabe einer Fernsehprogrammzeitschrift) unerlässlich ist, es also ohne Lizenz unmöglich ist, dieses Produkt anzubieten. (2) Damit muss jeder Wettbewerb auf diesem abgeleiteten Markt ausgeschlossen sein, obwohl dafür potentielle Nachfrage der Verbraucher bestand. (3) Die

Weigerung darf nicht sachlich gerechtfertigt sein. Danach bestand im konkreten Fall eine Lizenzierungspflicht nach Art. 82 EG (EuGH GRUR Int. 1995, 490 – *Magill*). In der späteren **Entscheidung *IMS/Health*** (EuGH GRUR 2004, 524, 526 – *IMS/Health*) stellte der EuGH aber klar, dass seine Rechtsprechung im Fall von Immaterialgüterrechten als "Essential Facility" nur gilt, wenn **der Schutzrechtsinhaber auf dem abgeleiteten Markt nicht tätig** ist, es sich also um ein neues Produkt handelt (*Buhrow/Jan Bernd Nordemann* GRUR Int. 2005, 407, 414; *Höppner* GRUR Int. 2005, 457, 462 ff.; *Meinberg* [2006] E.I.P.R. 398). Deshalb musste im konkreten Fall auch eine Anwendung des Art. 82 EG scheitern. Der marktbeherrschende Anbieter einer Bausteinstruktur, die für die Präsentation von Daten über den regionalen Absatz von Arzneimitteln unverzichtbar war, war selbst auf dem abgeleiteten Markt tätig, und die Zwangslizenz hätte einen direkten Wettbewerber produziert. Insoweit stellt der EuGH also zunächst für die Möglichkeit einer Zwangslizenz zwar die Voraussetzung einer "Essential Facility" auf. Zusätzlich muss bei der Zwangslizenzierung von Immaterialgüterrechten aber beachtet werden, dass eine Lizenzierung von Konkurrenten grundsätzlich nicht verlangt werden kann. Der BGH liegt auf dieser Linie, wenn er im *Handtuchspender*-Fall (fest installierte Boxen für Papierhandtücher und Weigerung, Lizenz für andere Papierhandtuchhersteller zu vergeben) einen Missbrauch ablehnte (BGH GRUR 1987, 438, 440 – *Handtuchspender* zum Markenrecht). Denn der Markeninhaber war auf dem abgeleiteten Markt (Papierhandtücher) direkter Konkurrent. Im Fall *Microsoft* hat das EuG trotz der vorerwähnten Rechtsprechung des EuGH den Marktbeherrscher *Microsoft* verpflichtet, unter anderem dem Konkurrenten *SUN* Spezifikationen für Protokolle von Windows Work Group Servern zu liefern und eine Benutzungserlaubnis zu erteilen (EuG, WuW/E EU-R 1307, 1311 ff., 1320 – *Microsoft/Kommission* m. Anm. *Körber* WuW 2007, 1209, 1213; vorgehend EU-Kommission WuW/E EU-V 931, 936 ff. – *Microsoft*). Das scheint sich in einem gewissen Spannungsverhältnis zu dem Grundsatz aus *IMS/Health* zu bewegen, dass grundsätzlich keine Lizenzierung an Konkurrenten erfolgen muss. In möglichem Widerspruch zu *IMS/Health* steht auch die *Standard-Spundfass*-Entscheidung des BGH (BGH GRUR 2004, 966 – *Standard-Spundfass*). Gegenstand waren patentgeschützte Spundfässer, die sich durch Abstimmung auf Verbandsebene der chemischen Industrie in Deutschland zu einer Quasi-Norm für Behältnisse zur Anlieferung von Waren an die deutsche Chemie entwickelten. Der Patentinhaber stellte selbst solche Spundfässer her, hatte aber auch Freilizenzen an dritte Konkurrenten erteilt, einer deutschen Tochtergesellschaft eines italienischen Konkurrenten jedoch verweigert. Grundsätzlich sah der BGH eine Lizenzierungspflicht aus § 20 Abs. 1 GWB, weil eine Lizenz unverzichtbar für eine Marktpräsenz war. Dass dadurch der Patentinhaber gezwungen wurde, sich selbst weiteren Wettbewerb zu schaffen, spielte – ohne Auseinandersetzung mit der genannten *IMS/Health*-Entscheidung des EuGH – keine Rolle (BGH GRUR 2004, 966, 970 – *Standard-Spundfass*, allerdings andeutend, dass er diesen möglichen Widerspruch erkannt hat, BGH a.a.O. letzter Absatz). Entscheidend war vielmehr, dass die Lizenznachfrager von der normähnlichen einheitlichen Vorgabe der Produktnachfrager abhängig waren und die dadurch vermittelte Marktbeherrschung sich nicht (allein) aus der Erfindung ergab. Damit war die Quasi-Normsetzung nicht allein dem Patentinhaber zuzurechnen, sondern beruhte maßgeblich auf Entscheidungen Dritter (im Fall auf der verbandsmäßigen Abstimmung der chemischen Industrie in Deutschland). Die „Belohnungsreichweite" des Schutzrechtes (*Heinemann*

ZWeR 2005, 198, 204) erstreckte sich insoweit nicht auf die Monopolstellung des Inhabers (*Buhrow/Jan Bernd Nordemann* GRUR Int. 2005, 407, 417).

273 Die kartellrechtlichen Missbrauchsverbote kennen aber noch **andere Tatbestände** für einen Missbrauch. In der Entscheidung des BGH *Standard-Spundfass* finden sich Hinweise darauf, dass der Rechteinhaber bei Bestehen einer Lizenzierungspflicht auch dem allgemeinen **Verbot widersprüchlichen Verhaltens** ausgesetzt ist. Sein Verhalten darf nicht aus Willkür oder Überlegungen und Absichten beruhen, die wirtschaftlich oder unternehmerisch vernünftigem Handeln fremd sind (BGH GRUR 2004, 966, 970 – *Standard-Spundfass*). Deshalb wollte das Gericht nicht ausschließen, dass eine kostenlose Lizenz erteilt werden musste, wenn vorher schon Freilizenzen ohne besonderen sachlichen Grund vergeben wurden. Schon früher hatte das Bundeskartellamt beim Inhaber eines Patentes für PAL-Fernsehen eine Reduzierung der Lizenzgebühren gegenüber japanischen Fernsehgeräteherstellern auf das Niveau erreicht, das der Patentinhaber von deutschen Herstellern verlangte (BKartA Tätigkeitsbericht 1972, 63, und Tätigkeitsbericht 1973, 86). Hierhin gehört auch der Fall *Hilti*, in dem bei Bestehen von Zwangslizenzen die Lizenzvergabe durch sechsfach überhöhte Gebührenforderung (bewusst) verzögert wurde (EuG Slg. 1991 II., 1439 Rn. 99 – *Hilti-Kommission*; EU-Kommission 22.12.1987, ABl. 1988 L 65, S. 19 – *Eurofix-Bauco/Hilti*). Diskutiert wird auch ein Missbrauch für den Fall, dass die Immaterialgüterrechte – **zweckfremd** – gezielt zur **Blockade von Wettbewerb** eingesetzt werden. Insbesondere wird in der Literatur der Erwerb von Sperrrechten als missbräuchlich angesehen. Die Ausübung solcher Sperrrechte soll insbesondere dann bedenklich sein, wenn sie – ohne eigenen Nutzungs- und Verwertungswillen – zur Blockade von Innovationen der Konkurrenten, z.B. gegen eine Weiterentwicklung von Mitbewerberprodukten, eingesetzt werden (*Jung* ZWeR 2004, 379, 393; *Böck*, Die Zwangslizenz im Spannungsverhältnis von Gewerblichem Rechtsschutz und Kartellrecht, 1992, S. 58; Immenga/Mestmäcker/*Ullrich*, EG-Wettbewerbsrecht³, Abschnitt VIII.B Art. 86 Rn. 43; jeweils für Sperrpatente). Das gilt insbesondere, wenn sie nicht auf eigene schöpferische Tätigkeit, sondern auf Erwerb der Nutzungsrechte zurückgehen (*Jung* ZWeR 2004, 379, 393). Missbräuchlich können auch **Verhaltensweisen** sein, **die nicht schutzrechtsbedingt** sind, sondern an die Marktmacht vermittelnde Anziehungskraft des Schutzgegenstandes anknüpfen (Immenga/Mestmäcker/*Ullrich*, EG- Wettbewerbsrecht³, VIII.B Art. 86 Rn. 43 unter Verweis auf *Miller* (1994) 10 EIPR 418). Ein Beispiel bildet die Entscheidung der EuG, *Microsoft* zu verbieten, ihren Windows Media Player mit Windowssoftware zu koppeln. Durch die **Kopplung** entstand aufgrund der überragenden Marktstellung von Windows nach Auffassung des EuG eine so große Sogwirkung, dass Konkurrenten des Windows Media Player kaum noch Wettbewerbschancen hatten (EuG WuW/E EU-R 1307, 1325 – *Microsoft/Kommission* m. Anm. *Körber* WuW 2007, 1211, 1214, vorgehend EU-Kommission WuW/E EU-V 931, 941 – *Microsoft*).

274 In allen Fällen des möglichen Missbrauches kann ein Ergebnis erst nach einer sorgfältigen **Interessenabwägung** erzielt werden. Dabei soll es nicht nur auf die aus dem Schutzrecht fließenden (immaterialgüterrechtlich privilegierten) Ausschließlichkeitsinteressen des Inhabers ankommen. Vielmehr soll in die Interessenabwägung auch die Qualität des Schutzrechtes einbezogen werden. Das sind beispielsweise allgemein die **Restlaufzeit** des Schutzrechtes (*Jung* ZWeR 2004, 379, 395). Das ist sehr zweifelhaft, weil die Ausschließlichkeit über den gesamten Schutzzweitraum gleichmäßig gewährleistet wird (*Buhrow/Jan*

Bernd Nordemann GRUR Int. 2005, 407, 417). Genauso fraglich erscheint es, die **Investition** für die Erlangung des Schutzrechtes (so aber *Eilmannsberger* EWS 2003, 12, 21 f.; *Casper* ZHR 166 (2002), 685, 703; *Jung* ZWeR 2004, 379, 395; dagegen *Buhrow/Jan Bernd Nordemann* GRUR Int. 2005, 407, 417) oder die **urheberrechtliche Schöpfungshöhe** (also z.B. geringeres Interesse des urheberrechtlichen Schutzrechtsinhabers, wenn das Werk nur als "kleine Münze" geschützt ist, *Doutrelepont* GRUR Int. 1994, 302, 307; *Mennicke* ZHR 160 (1996), 626, 635 ff.; dagegen *Buhrow/Jan Bernd Nordemann* GRUR Int. 2005, 407, 417) zu berücksichtigen. Denn das Urheberrecht gewährt unabhängig von solchen Erwägungen Ausschließlichkeit. Allenfalls kann beachtlich sein, dass – im Gegensatz zu einem Urheberrecht – **"nur" ein einfaches Leistungsschutzrecht** betroffen ist (*Jan Bernd Nordemann*, in: Bröcker/Czychowski/Schäfer § 12 Rn. 128), sofern den Leistungsschutzrechten der persönlichkeitsrechtliche Einschlag fehlt (z.B. Datenbankrecht nach §§ 87a ff.). Insbesondere **Urheberpersönlichkeitsrechte**, die aus dem Urheberrecht oder Leistungsschutzrecht (z.B. Rechte der ausübenden Künstler gem. §§ 73 ff., Lichtbilder gemäß § 72) fließen, können nicht nur dem Urheber, sondern auch dem ausschließlichen Rechteinhaber einen größeren Spielraum beim "ob" und "wie" der Lizenzvergabe vermitteln (*Buhrow/Jan Bernd Nordemann* GRUR Int. 2005, 407, 417). In jedem Fall besteht ein Recht zur Lizenzverweigerung dann, wenn der Inhaber des ausschließlichen Nutzungsrechts gar nicht ohne Zustimmung des Urhebers lizenzieren dürfte. Das kann sich beispielsweise aus §§ **34, 35** oder wegen Relevanz der beanspruchten Verwertung für die Persönlichkeitsrechte des Urhebers ergeben. Dann muss entweder der Urheber allein oder – in Fällen, in denen Urheber und Inhaber des ausschließlichen Nutzungsrechts gemeinsam zustimmen müssen – beide gemeinsam in Anspruch genommen werden.

c) Vertragliche Kontrahierungsansprüche: Vertragliche Kontrahierungsansprüche sind neben gesetzlichen Kontrahierungsansprüchen aus UrhG oder Kartellrecht denkbar. Dazu ausführlich unten bei Änderung der Übertragung bzw. Einräumung vgl. Rn. 278.   **275**

d) Rechtsfolgen: Als Rechtsfolge kommt nur ein Anspruch auf Einräumung in Betracht; eine **automatische Einräumung findet nicht statt** (vgl. Rn. 89). **Schadensersatzansprüche** des Lizenzgebers sind allerdings regelmäßig bei Bestehen eines Kontrahierungsanspruches **ausgeschlossen** (vgl. Rn. 90).   **276**

e) Prozessuales: Hierzu vgl. Rn. 91.   **277**

14. Änderung der Übertragung oder Einräumung

Ein Kontrahierungsanspruch auf Änderung kann sich ausnahmsweise aus **Treu und Glauben** (§ 242 BGB) ergeben. Der Bundesgerichtshof hat dies zwar nur für die Nutzungsrechtseinräumung durch den Urheber angenommen (BGH GRUR 2002, 248, 252 – *Spiegel-CD-ROM*; vgl. Rn. 94). Es ist jedoch nicht ersichtlich, weshalb nicht auch zwischen Verwertern ein Anspruch auf nachträgliche Übertragung oder Einräumung (weiterer) Nutzungsrechte möglich sein soll. Erforderlich ist eine Abwägung aller Umstände des Einzelfalles (BGH GRUR 2002, 248, 252 – *Spiegel-CD-ROM*; *Katzenberger* AfP 1997, 434, 441). Für Einzelheiten zu Urheberverträgen vgl. Rn. 94 ff. Eine Änderung des Vertrages und die Anpassung des Umfanges gewährter Nutzungsrechte kann subsidiär zu § 242 BGB aus den nun in § 313 BGB niedergelegten Grundsätzen über die **Störung der Geschäftsgrundlage** hergeleitet werden; insoweit gilt   **278** nichts anderes als bei Verträgen mit Urhebern (vgl. Rn. 100 ff.). Zu einer Änderung der Übertragung oder Einräumung kann es gem. § 137l Abs.1 für Verträge zwischen Verwertern für bei Vertragsschluss **unbekannte Nutzungsarten** grundsätzlich nicht kommen (vgl. § 137l Rn. 6); denkbar ist allenfalls eine Anwendung zwischen Verwertern gem. § 137l Abs. 2 (§ 137l Rn. 32). Wer nicht von § 137l Abs. 2 S. 1 profitiert, kann aber gegen seinen von § 137l Abs. 1 S. 1 begünstigten Vertragspartner Kontrahierungsansprüche auf Übertragung oder Einräumung geltend machen, wenn er auf die Nutzung in der bei Vertragsschluss unbekannten Nutzungsart angewiesen ist und der andere das Recht nicht selbst nutzt bzw. es nicht in Konkurrenz tritt (für Urheberverträge *Rath-Glawatz/Dietrich* AfP 2000, 222, 227; KG GRUR 2002, 252, 256 – *Mantellieferung*).

15. Erlöschen der Übertragung oder Einräumung

279 **a) Allgemeines:** Im Verhältnis von Verwertern zueinander erlöschen Nutzungsrechte beim Erwerber nicht schon dadurch, dass das **Verpflichtungsgeschäft wegfällt** (str., vgl. Rn. 231). Betrifft der Beendigungsgrund nur das Verpflichtungsgeschäft, muss vielmehr eine **Rückabwicklung**, z.B. über Bereicherungsrecht, stattfinden. Anderes gilt im Verhältnis Urheber und Erstverwerter; bei Wegfall des Verpflichtungsgeschäfts fällt nicht nur das auf der ersten Stufe an den Erstverwerter eingeräumte Nutzungsrecht automatisch an den Urheber zurück, sondern auch alle davon abgeleiteten **Nutzungsrechte weiterer Stufen** (str., vgl. § 31 Rn. 34). Deshalb kann es zu einem Erlöschen von Nutzungsrechten auch bei Erwerb von einem Verwerter kommen, wenn die Nutzungsrechte an den Urheber zurückfallen (zu vertraglichen Gestaltungsmöglichkeiten, die den Rückfall verhindern oder abfedern, vgl. § 31 Rn. 36 ff.).

280 **b) Vereinbarung:** Die Einräumung oder Übertragung kann nur für eine bestimmte Zeitdauer verabredet sein. Mit deren Ablauf endet sie. Eine Befristung ist auch die Abrede, dass die Nutzung „**bis zum Ablauf der gesetzlichen Schutzfrist**" erfolgen soll. Wenn die **Schutzfrist gemäß UrhG nach Vertragsschluss geändert** wurde, sind die Bestimmungen in § 137 Abs. 2, 3 und 4, § 137b Abs. 2 und 3, § 137c Abs. 2 und 3, § 137f Abs. 4, § 137j Abs. 4 zu beachten; sie gelten nicht nur für Verträge mit Urhebern bzw. Leistungsschutzberechtigten, sondern **auch für Verträge zwischen Verwertern** (siehe die Kommentierungen dort). Zu Rechtseinräumungen über die Schutzfrist hinaus vgl. Rn. 114 (für Verträge mit Urhebern).

281 **c) Ablauf der Schutzfrist:** Vgl. Rn. 114.

282 **d) Kündigung:** Nutzungsverträge zwischen Verwerter können gekündigt werden, wenn sie als **Dauerschuldverhältnisse** einzuordnen sind (im Einzelnen vgl. Rn. 165). Zur **ordentlichen Kündigung** vgl. Rn. 116 ff.

283 **Außerordentliche Kündigung:** Vgl. zunächst Rn. 121 ff. zu Verträgen mit Urhebern. Besonderheiten für Verträge zwischen Verwertern ergeben sich im Hinblick auf eine **Erschütterung der Vertrauensgrundlage** dadurch, dass ihnen – im Gegensatz zu Urheberverträgen – im Regelfall ein starker **persönlicher Einschlag** fehlt. Bei Verträgen, die über einen wirtschaftlichen Leistungsaustausch hinaus keine enge Vertrauensbeziehung voraussetzen, ist das Vertrauensverhältnis weniger schnell erschütterbar und damit ein Festhalten am Vertrag jedenfalls länger zumutbar (Dreier/Schulze/*Schulze*[2] Rn. 86). Eine hinreichende **Störung im Leistungsbereich** liegt nahe, wenn ein Verlag über ein Verlagswerk einen Lizenzvertrag mit einer Buchgemeinschaft geschlossen hat und dann der Lizenzgeber die Restauflage verramscht. Dies ist eine so gravierende Maßnahme, dass die lizenznehmende Buchgemeinschaft berechtigt ist, den Vertrag zu kündigen (OLG Hamm GRUR 1978, 436 – *Herz mit Paprika*). Schaltet ein Musikverleger einen **Subverleger** ein, dessen Vertrauensverhältnis mit dem Urheber wegen öffentlicher Äußerungen nachhaltig gestört ist, so hat der Musikverleger einen wichtigen Grund zur Kündigung des Subverlegervertrages, wenn der Urheber seinerseits bei Fortsetzung des Subverlagsvertrages einen wichtigen Grund zur Kündigung des Musikverlagsvertrages hätte (siehe das Bestehen eines wichtigen Kündigungsgrundes für den Urheber wegen der Person des Subverlegers bei BGH GRUR 1964, 326, 331 – *Subverleger*).

e) Störung der Geschäftsgrundlage: Die Einräumung von Nutzungsrechten **284** kann wegen Störung der Geschäftsgrundlage erlöschen (§ 313 BGB). Zu den Voraussetzungen im Einzelnen vgl. Rn. 100 ff. Ein Wegfall des Verpflichtungsgeschäfts durch Kündigung (bei Dauerschuldverhältnissen) oder Rücktritt bei Wegfall der Geschäftsgrundlage schlägt bei Verträgen zwischen Verwertern nicht automatisch auf die Rechtseinräumung durch (str., vgl. Rn. 231). Allerdings sind Kündigung bzw. Rücktritt nur dann als Rechtsfolge zulässig, wenn eine Anpassung des Vertrages nicht möglich oder für einen Teil nicht zumutbar sind, § 313 Abs. 3 BGB.

f) Insolvenz: Hierzu vgl. Nach § 119.   **285**

16. Vergütung zwischen Verwertern

Für die Vereinbarung der Vergütung gelten in Verträgen zwischen Verwertern **286** keine besonderen Einschränkungen, sondern **die allgemeinen Regeln** (z.B. § 138 BGB). Beispielsweise kann eine laufende Beteiligung mit regelmäßiger Abrechnungspflicht, eine Einmalzahlung oder eine Mischform aus beidem verabredet werden. § 32 gilt selbst dann **nicht analog**, wenn es sich um einen kleinen Verwerter mit schlechter Verhandlungsposition gegenüber der anderen Vertragspartei handelt; denn § 32 schützt ausschließlich den Urheber und über § 79 Abs. 2 den ausübenden Künstler. **Ausnahmeweise** enthalten die Übergangsregelungen in § 137 Abs. 2, 3 und 4, § 137b Abs. 2 und 3, § 137c Abs. 2 und 3, § 137f Abs. 4 sowie § 137j Abs. 4 auch Bestimmungen zur Vergütung bei **Schutzfristverlängerungen**, die auch für Verträge zwischen Verwertern gelten. Denn dort wird auf die Rechtsinhaberschaft abgestellt; auf die Eigenschaft als Urheber bzw. Leistungsschutzberechtigter kommt es nicht entscheidend an (siehe die Kommentierungen dort).

17. Allgemeines Vertragsrecht und Leistungsstörungen

Für Verträge zwischen Verwertern finden sich keine besonderen Regelungen im **287** UrhG oder im VerlG (vgl. Rn. 2). Es ist deshalb auf die **allgemeinen Regeln des BGB** und ggf. des HGB abzustellen. Vgl. Rn. 164 ff. für die Ausführungen zu den Urheberverträgen, weil im Regelfall keine Besonderheiten für Verträge zwischen Verwertern gelten. Allerdings gilt im Verlagsbereich das VerlG zwischen Verwertern nicht.

18. Verwirkung

Zur Verwirkung bei Urheberverträgen vgl. Rn. 191.   **288**

19. Recht der Allgemeinen Geschäftsbedingungen

289 **a) Allgemeines:** Zur Anwendbarkeit des AGB-Rechts (§§ 305 ff. BGB bzw. früheres AGBG) in zeitlicher Hinsicht vgl. Rn. 193 und in persönlicher Hinsicht vgl. Rn. 195; ferner zur Einbeziehung vgl. Rn. 196, zur Unklarheitenregelung vgl. Rn. 197 f., zu überraschenden Klauseln vgl. Rn. 199 und zum Transparenzgebot vgl. Rn. 201.

290 **b) Inhaltskontrolle:** Die Inhaltskontrolle richtet sich nach den §§ 305 ff. BGB. Die speziellen Klauselverbote der §§ 308, 309 BGB sind auf Formularverträge zwischen Verwertern regelmäßig nicht anzuwenden, weil Verwerter im Regelfall Unternehmer i.S.d. § 14 BGB sind (§ 310 Abs. 1 BGB). Deshalb ist auf § 307 BGB abzustellen. Zu beachten ist, dass eine **Kontrolle des eigentlichen Leistungsgegenstandes** grundsätzlich **nicht möglich** ist, § 307 Abs. 3 BGB (vgl. Rn. 204).

291 Bestimmungen in AGB sind bei **unangemessener Benachteiligung** des Vertragspartners unwirksam (§ 307 Abs. 1 S. 1 BGB). Die unangemessene Benachteiligung kann sich aus einem **Widerspruch zu einem gesetzlichen Leitbild** (§ 307 Abs. 2 Nr. 1 BGB) **oder zu wesentlichen Vertragspflichten** (§ 307 Abs. 2 Nr. 2 BGB) ergeben. Nach älterer Rechtsprechung des BGH kann als gesetzliches Leitbild (§ 307 Abs. 2 Nr. 1 BGB) nur dispositives Gesetzesrecht herangezogen werden, nicht jedoch bloße gesetzliche Auslegungsregeln (BGH GRUR 1984, 45, 48 – *Honorarbedingungen Sendeverträge*; KG GRUR 1984, 509, 513 f.; *Kuck* GRUR 2000, 285, 288 f.; heute möglicherweise nicht mehr aktuell, vgl. Rn. 203). Die Differenzierung zwischen dispositivem Recht und Auslegungsregel ist abzulehnen (Schricker/*Schricker*³ vor §§ 28 ff. Rn. 14; ferner vgl. Rn. 203). Für Verträge zwischen Verwertern gibt es keine gesetzlichen Auslegungsregeln im UrhG oder VerlG; denn Verträge zwischen Verwertern sind dort nicht geregelt. Eine Ausnahme bilden nur besondere Bestimmungen im Softwarebereich, z.B. §§ 69d, 69e, 69g, die analoge Anwendung von § 88 im Filmbereich und die Übergangsbestimmungen in § 137 Abs. 2, 3 und 4, § 137b Abs. 2 und 3, § 137c Abs. 2 und 3, § 137f Abs. 4, § 137j Abs. 4 (vgl. Rn. 2). Jedoch legt der BGH den Wortlaut des § 307 Abs. 2 Nr. 1 BGB erweiternd aus. „Gesetzliche Regelungen" im Sinne der Vorschrift sind nicht nur die Gesetzesbestimmungen selbst, sondern die dem Gerechtigkeitsgebot entsprechenden allgemein anerkannten Rechtsgrundsätze, d.h. auch alle ungeschriebenen Rechtsgrundsätze, die Regeln des Richterrechts oder die aufgrund ergänzender Auslegung nach §§ 157, 242 BGB und aus der Natur des jeweiligen Schuldverhältnisses zu entnehmenden Rechte und Pflichten (BGH (I. Zivilsenat) NJW 1993, 721 – *Fortsetzungszusammenhang*, unter Verweis auf BGHZ 89, 206, 211). Deshalb sollten auch ungeschriebene urheberrechtliche Auslegungsregeln für die AGB-Kontrolle von Verträgen zwischen Verwertern Bedeutung erlangen, insbesondere die allgemeine Zweckübertragungslehre (dazu vgl. Rn. 292).

292 Als Auslegungsregel kann danach die nicht kodifizierte **allgemeine Zweckübertragungslehre** (dazu vgl. § 31 Rn. 118 ff.) herangezogen werden. Wegen des Verbotes, den eigentlichen Leistungsgegenstand durch AGB-Recht zu kontrollieren, ist der **Umfang der Nutzungsrechtseinräumung** aber **nur begrenzt kontrollfähig**. Wie für Verträge mit Urhebern bietet sich an, die Zweckübertragungslehre zur Korrektur von Gestaltungsmissbräuchen einzusetzen (ausführlich vgl. § 31 Rn. 181 ff.). Insbesondere sollte es unwirksam sein, sich Rechte einräumen zu lassen, deren Nutzung objektiv ausscheidet oder zumindest subjektiv dem Verwender nicht möglich ist. Ein Beispiel ist die Einräumung von Rechten zur eigenen Nutzung für eine bestimmte Nutzungsart, wenn dem öffentlich-rechtlichen Verwender eine Nutzung in dieser Nutzungsart öffentlich-rechtlich nicht erlaubt ist. Im Bereich von Computerprogrammen erlaubt § 69d Abs. 1 besondere vertragliche Pflichten, für bestimmte Nutzungen eine Zustimmung des Rechteinhabers einzuholen. Die formularmäßige Verpflichtung in AGB indes würde vom Leitbild dieser Regelungen abweichen und an der Inhaltskontrolle des § 307 Abs. 2 Nr. 1 und 2 BGB scheitern (*Ulmer* ITRB 2004, 213; vgl. § 69d Rn. 30 f.).

Eine **Zustimmung** zur **Sublizenzierung** kann auch formularvertraglich erteilt **293** werden; insoweit können keine strengeren Vorschriften als für Urheberverträge und dort im Hinblick auf die gesetzliche Regelung der §§ 34, 35 gelten (vgl. § 34 Rn. 41 f.). **Auswertungspflichten und deren Fehlen** können formularvertraglich verabredet werden; sie sind regelmäßig Hauptpflichten, so dass Regelungen darüber einer AGB-Kontrolle entzogen sind. Bei **Enthaltungspflichten und Wettbewerbsverboten,** die kontrollfähige Nebenpflichten darstellen, ist jedoch eine relativ strenge Anwendung des AGB-Rechts geboten. Nach OLG Düsseldorf GRUR-RR 2002, 121, 122 – *Das weite Land* darf eine Sendeanstalt wegen unangemessener Benachteiligung eine Nutzung in einer bestimmten Nutzungsart (Video) durch den lizenzgebenden Produzenten nicht formularmäßig von ihrer Zustimmung abhängig machen, wenn der Sendeanstalt nicht das Recht an der betreffenden Nutzungsart eingeräumt wurde. Bei **Rechtegarantien** kann in Formularverträgen, die als Kaufvertrag einzuordnen sind, keine **verschuldensunabhängige Schadensersatzhaftung** des Lizenzgebers vereinbart werden (BGH NJW 2006, 47; *Castendyk* ZUM 2007, 169, 175). Anderes gilt aber für Pacht- und Mietverträge (zur Einordnung von urheberrechtlichen Nutzungsverträgen vgl. Rn. 165). Zu AGB und **Schadensersatzpauschalen** vgl. Rn. 212. Zum formularmäßigen Rückgriff auf den Lizenzgeber durch den Lizenznehmer bei Ansprüchen des Urhebers nach § 32a vgl. § 32a Rn. 40. Da eine Kontrolle des eigentlichen Leistungsgegenstandes grundsätzlich ausscheidet, kann eine zu geringe **Vergütung** des Lizenzgebers grundsätzlich nicht über AGB-Recht korrigiert werden (vgl. Rn. 206). Vgl. ansonsten auch zu **weiteren Klauseln** bei formularmäßigen Urheberverträgen Rn. 207 ff.

VI. Internationale Urheberrechtsverträge

Zum internationalen Privatrecht von Urheberrechtsverträgen vgl. Vor **294** §§ 120 ff. Rn. 58 ff.

VII. Einzelne Nutzungsverträge

Das UrhG will **keine bestimmten Vertragstypen** regeln. Deshalb beschränkt es **295** sich auf Regelungen zur Einräumung, Vergütung sowie Rückruf von Nutzungsrechten durch den Urheber (zum primären Urhebervertragsrecht vgl. Rn. 32 ff.). Dafür existieren allerdings neben den allgemeinen Bestimmungen (§§ 31 bis 44) auch spezielle Regelungen für bestimmte Werkarten, nämlich für Computerprogramme (§§ 69a bis 69g) und für Filmwerke (§§ 88 bis 93). Das UrhG enthält jedoch **keine Bestimmungen zu Willenserklärungen, zum Abschluss des Vertrages oder zu Leistungsstörungen.** Der Gesetzgeber wollte das alles einer gesonderten detaillierten Regelung des Urhebervertragsrechts vorbehalten (Begr. RegE UrhG – BT-Drucks IV/270, S. 56), die bis heute allerdings nicht erfolgte (zur

„kleinen" Lösung das UrhVG vgl. Rn. 17). Gesetzlich geregelt sind in Deutschland allein verschiedene Typen des Verlagvertrages im VerlG. Allerdings wäre eine gesetzliche Regelung der relevanten Vertragstypen im UrhG aufwändig. Denn die Vertragspraxis zeigt, dass es keinen urheberrechtlichen Standardvertrag für alle Werkarten und Branchen geben kann.

1. Muster zur Orientierung

296 **a) Tarifverträge:** Die Einräumung von Nutzungsrechten ist tarifvertraglich möglich. Tarifverträge **existieren in zahlreichen Branchen**, in denen die Arbeitnehmer zugleich Urheber oder ausübende Künstler sind, so insbesondere in Presse, Rundfunk und Fernsehen. Solange keine Allgemeinverbindlicherklärung erfolgt, beschränkt sich die Wirkung des Tarifvertrages auf die Vertragsparteien. Da beim Aushandeln der Nutzungsbedingungen die Verhandlungspartner im Regelfall auf Augenhöhe agieren und nicht ein wirtschaftlich schwacher Urheber dem Verwerter gegenübertritt, können Regelungen in Tarifverträgen als **Indiz für die Üblichkeit von Vereinbarungen** über den Umfang der Rechtseinräumung und die Vergütung angesehen werden. Beispiele solcher Tarifverträge sind etwa der Tarifvertrag für freie arbeitnehmerähnliche Journalisten und Journalisten an Tageszeitungen, der Tarifvertrag für Film- und Fernsehschaffende, der Tarifvertrag für Designleistungen für Auftragsproduktionen im Designbereich; weitere finden sich in der Übersicht bei *Hillig* (Hrsg.), Urheber- und Verlagsrecht, 2008 und im Internet http://www.mediafon.net/tarife.php3, zuletzt abgerufen am 10.06.2008. Hierzu ausführlich vgl. § 43 Rn. 34 ff.

297 **b) Vergütungsregeln:** In einigen Branchen haben sich die dafür zuständigen Verbände bzw. einzelne Verwerter auf Vergütungsregeln i.S.d. § 36 geeinigt (vgl. § 36). Wegen der zwingenden Wirkungen solcher Vergütungsregeln gemäß § 32 Abs. 2 S. 1, erscheint eine Orientierung an solchen Vergütungsregeln für die Bemessung der unteren Grenze der vertraglichen Vergütung als ratsam.

298 **c) Normverträge:** In einigen Branchen existieren Formulierungsvorschläge für Nutzungsverträge, auf die sich Urheberverbände und Verwerter verständigt haben. Sie haben nur Empfehlungscharakter und sind nicht verbindlich (BGH GRUR 1996, 763, 764 – *Salome*). **Rechtliche Wirkung** kommt ihnen jedoch insoweit zu, als sie Rückschlüsse auf Usancen, Bräuche und Verkehrssitten zulassen. Sie sind deshalb für die Bewertung relevant sein, ob ein Vertrag sittenwidrig gemäß § **138 BGB** ist (BGHZ 22, 347, 356 – *Clemens Laar*). Außerdem können Normverträge als Branchenübung die Lücken über eine **Auslegung nach** § **157 BGB** füllen, die der konkrete Vertrag und die gesetzliche Regelung lassen (BGH GRUR 2000, 869, 871 – *Salome III*; *Pleister* GRUR Int. 2000, 673, 677; Loewenheim/*Jan Bernd Nordemann* § 64 Rn. 19; Dreier/Schulze/*Schulze*[2] Rn. 12; Schricker/*Schricker* Vor §§ 28 ff. Rn. 7).

299 Normverträge existieren beispielsweise im Bereich Verlagsverträge für belletristische Werke, vergleichbare Werke sowie Kinder- und Jugendbücher (abgedruckt bei *Schricker*, Verlagsrecht[3], S. 825 ff.; Rahmenvertrag zwischen dem Verband deutscher Schriftsteller in der IG Medien und dem Börsenverein des Deutschen Buchhandels e.V. vom 19.02.1999 bei *Delp*[7] S. 339 f.); im Bereich Übersetzerverträge (abgedruckt bei *Schricker*, Verlagsrecht[3], S. 835 ff.; Normvertrag für den Abschluss von Übersetzungsverträgen i.d.F. 11.05.1992 bei *Delp*[7] S. 379 ff.) und im Bereich wissenschaftlicher Verlagswerke (*Schricker*, Verlagsrecht[3], S. 776 ff.; Vereinbarung zwischen dem Börsenverein des Deutschen Buchhandels und dem Deutschen Hochschulverband vom 24.03.2000 *Delp*[7] S. 311 ff.). Als Normvertrag gibt es ferner einen zwischen dem Verband Deutscher Filmproduzenten und dem Deutschen Komponistenverband ausgehandelten „Filmmusikvertrag" (abgedruckt bei *Marcel Schulze*[3], S. 783 ff.; Filmmusikvertragsmuster (Fassung 1998) auch bei *Delp*[7] S. 376). Der Deutsche Musikverlegerverband und der Deutsche Komponistenverband haben sich auf einen Normvertrag zu Musikverlagsverträgen geeinigt: Muster des Deutschen Komponisten Verbandes für einen U-Musikverlagsvertrag, Fassung 1998, *Delp*[7] S. 367. Zu nennen ist außerdem die Regelsammlung der Verlage (Vertriebe)/Bühnen von 2005 (Kölner Fassung), die zwischen Bühnenverlagen und Bühnen ausgehandelt ist und deshalb zumindest in diesem Verhältnis den Charakter eines Normvertrages haben sollte (erhältlich beim Verband Deutscher Bühnen- und Medienverlage, auf www.theatertexte.de). *Schricker* meint schließlich, dass die formell nicht mehr geltenden „Richtlinien für den Abschluss und die Auslegung von Verträgen zwischen Bildenden Künstlern und Verlegern" im Bereich des Kunstverlages (abgedruckt bei *Schricker*, Verlagsrecht[3], S. 845 ff.) die Praxis noch wie ein Normvertrag beeinflussen könne (Schricker/*Schricker*[3] Vor §§ 28 ff. Rn. 6, zweifelhaft).

d) Marktübersichten: Marktübersichten kann ebenfalls **rechtliche Bedeutung** **300** zukommen. Das gilt allerdings nur dann, wenn sie auf **empirisch belastbarer Grundlage** eine Übersicht über die vertraglichen Usancen geben. Dann können auch sie für die Bewertung von Verträgen nach § 138 BGB und für die Auslegung von lückenhaften Verträgen nach § 157 BGB instrumentalisiert werden (vergleichbar mit Normverträgen, vgl. Rn. 298). Für die Feststellung der angemessenen Vergütung kann jedoch im Regelfall nicht unmittelbar auf die Marktübersichten zurückgegriffen werden; vielmehr muss ein Sachverständiger zur Klärung eingeschaltet werden, ob die Vergütung auch im Einzelfall angemessen ist (BGH GRUR 2006, 136, 138 – *Pressefotos*). Das gilt jedenfalls dann, wenn der die Marktübersicht aufstellende Verband eine „Interessenvertretung der Anbieterseite" ist und Üblichkeit substantiiert bestritten wird (BGH GRUR 2006, 136, 138 – *Pressefotos*). Zur kartellrechtlichen Zulässigkeit solcher Marktübersichten durch Verbände, insbesondere wenn sie mit einer Verbandsempfehlung verknüpft sind, *Jan Bernd Nordemann* ZUM 1999, 642, sowie Loewenheim/Meessen/Riesenkampff/*Jan Bernd Nordemann* § 1 GWB Rn. 224, 228.

Ein Beispiel ist die Marktübersicht zu üblichen Vertragsklauseln und zu üb- **301** lichen Vergütungen im Fotobereich der Mittelstandsgesellschaft Foto-Marketing (sog. „Bildhonorare", zu beziehen über www.bvpa.org), die auf empirischer Grundlage ermittelt werden (allerdings eine unmittelbare Berücksichtigung im Prozess zur Feststellung der angemessenen Lizenzgebühr ohne Sachverständigengutachten bei substantiiertem Bestreiten ablehnend BGH GRUR 2006, 136, 138 – *Pressefotos*). Ferner hat der Deutsche Musikverlegerverband empirisch ermittelte „Erfahrungsregeln" insbesondere zu angemessenen Lizenzgebühren bei der Verwertung von Musikverlagsrechten veröffentlicht (hierzu Moser/Scheuermann/*Schulz*, Handbuch der Musikwirtschaft, 2003, S. 1363 f.).

e) Einseitige Empfehlungen und Musterverträge: Schließlich existieren ver- **302** schiedene einseitige Empfehlungen. Vertragsmuster für urheberrechtliche Nutzungsverträge sind publiziert z.B. im Münchener Vertragshandbuch[5], Bd. 3/1, IX Urheber- und Verlagsrecht S. 891 ff.; daneben finden sich zahlreiche branchenspezifische Sammlungen von Vertragsmustern (siehe dazu die Kommen-

tierung zu den einzelnen Nutzungsverträgen). Jedoch ist bei individuell aufgestellten Vergütungsempfehlungen und Vertragsmustern stets kritisch zu fragen, mit welcher Interessenrichtung sie verfasst sind. Usancen können sie
jedenfalls aufgrund ihrer einseitigen Aufstellung nicht darstellen.

2. Checkliste wesentlicher Inhalt eines Nutzungsvertrages

303 Auch wenn es wegen der unterschiedlichen Anforderungen je nach Werkart
und Branche kein Muster für einen urheberrechtlichen Grundvertrag geben
kann (vgl. Rn. 295), wiederholen sich regelmäßig zumindest die für einen
Vertragsentwurf zu bedenkenden Punkte. Diese Punkte sind in der nachfolgenden Checkliste für den Inhalt eines allgemeinen urheberrechtlichen Vertrages aufgelistet.

1. Formerfordernisse, Vertragssprache, Vertragsrubrum
2. Vorbemerkung/Präambel
3. Vertragsgegenstand und Vertragszweck (vgl. § 31 Rn. 126 ff., auch zur
   Bedeutung einer präzisen Definition des Vertragszwecks)
4. Leistung des Urhebers oder Rechtsinhabers
   a) Einräumung von Nutzungsrechten oder Übertragung von Nutzungs-
      rechten
      (zur Abgrenzung Einräumung und Übertragung vgl. Rn. 217 f.)
      aa) einfacher/ausschließlicher Zuschnitt (vgl. § 31 Rn. 86 ff.)
      bb) zeitlicher Zuschnitt (vgl. § 31 Rn. 53 ff.)
      cc) räumlicher Zuschnitt (vgl. § 31 Rn. 46 ff.)
      dd) quantitativer Zuschnitt (vgl. § 31 Rn. 57)
      ee) inhaltlicher Zuschnitt, insbesondere Nutzungsarten (vgl. § 31
          Rn. 58 ff. und vgl. § 31a Rn. 21 ff.)
      ff) Zulässigkeit der Weitergabe der Rechte (vgl. § 34 Rn. 8 ff. und vgl.
          § 35 Rn. 5 ff.)
   b) Weitere Leistungen (z.B. Ablieferung des Manuskriptes, Korrektur)
   c) ggf. Mitwirkung des Verwerters (Lizenznehmers)
   d) Leistungszeit und -ort
5. Gegenleistung des Verwerters (Lizenznehmers) (für Urheberverträge vgl.
   § 32)
   a) Vergütung
   b) Zahlungsmodalitäten
      aa) Fälligkeitsregelungen
      bb) Abschlagszahlungen
      cc) Auskunfts-, Rechnungslegungs- und Kontrollrechte
      dd) Zurückbehaltungs-/Leistungsverweigerungsrechte
   c) Belegexemplare
   d) Sonderregeln für Eigenbestellungen
   e) Regelung des Verzuges
6. Sicherung der Leistungen
   a) Sicherung der Leistung des Urhebers bzw. Rechteinhabers (vgl.
      Rn. 170 ff.)
      aa) Rechts- und Sachmängelhaftung, Garantien
      bb) Erklärungen zu Rechtevergaben an Dritte, insbesondere an Verwer-
          tungsgesellschaften
      cc) Rügepflichten, Fristen
      dd) Qualitätssicherungsvereinbarungen

ee) Regelungen im Hinblick auf drohenden Rechterückfall (vgl. § 31 Rn. 36 ff.)

ff) Regelungen im Hinblick auf Rechterückruf Urheber (vgl. § 41 Rn. 48 ff.)

gg) Insolvenzrechtliche Regelungen (vgl. Nach § 119 Rn. 1 ff.)

b) Sicherung der Leistung des Verwerters (Lizenznehmers)

aa) Wahl des Zahlungsmittels

bb) „Eigentumsvorbehalt" = Rechteübergang erst bei Zahlung

cc) Auswertungspflichten (vgl. Rn. 41 ff. und vgl. Rn. 245 ff.)

dd) Insolvenzrechtliche Regelungen (vgl. § 45 ff. Rn. 247 ff.)

c) Wechselseitige Leistungssicherung

aa) vertraglicher und nachvertraglicher Geheimnisschutz

bb) Enthaltungspflichten, Wettbewerbsverbote (vgl. Rn. 116 ff. und vgl. Rn. 121 ff.)

7. Beginn, Laufzeit und Beendigung des Vertrages

a) Vertragsbeginn Laufzeit

b) ordentliche Kündigungsmöglichkeit (vgl. Rn. 116 ff.)

c) außerordentliche Kündigungsmöglichkeit (vgl. Rn. 121 ff.)

8. Abwicklungs- und nachvertragliche Pflichten

a) Herausgabepflichten

b) Abverkauf durch Verwerter (Lizenznehmer)

9. Schlussbestimmungen

a) Rechtswahl

b) Erfüllungsort und Gerichtsstand

c) Schriftformklausel

d) Salvatorische Klauseln

e) Mediations- bzw. Schiedsregelungen

3. Besondere Vertragsformen

a) Kurzverträge („Deal Memos"): In verschiedenen Branchen ist es üblich **304** geworden, vor Abschluss oder sogar anstelle eines ausführlichen Urheberrechtsvertrages nur eine Kurzfassung zu vereinbaren. Das macht insbesondere dann Sinn, wenn sich die Parteien schnell binden wollen und keine Zeit für detaillierte Verhandlungen bleibt (z.B. auf Messen). Solche Kurzverträge werden auch als „Deal Memos" bezeichnet. Gegen die Wirksamkeit bestehen dann keine Bedenken, wenn sie zivilrechtlich alle Voraussetzungen für einen Vertragsabschluss erfüllen, also insbesondere die **notwendigen Vertragsabreden** (*essentialia negotii*) enthalten. Diese differieren je nach zugrundeliegendem BGB-Vertragstyp. Stets wird zu fordern sein, dass eine Einigung über die **Vertragsparteien und das Werk** (bzw. die urheberrechtliche geschützte Leistung) erfolgt ist, wobei allerdings Bestimmbarkeit genügt (BGH NJW 2002, 3016, 3018 zur hinreichenden Bestimmtheit eines Kinokomplex-Mietvortrages; BGH NJW 2002, 3322, 3322 f. zur hinreichenden Bestimmbarkeit eines Breitbandkabelanlagen-Mietvertrages; BGH NJW 2002, 3389, 3390 zur hinreichenden Bestimmbarkeit der Mietvertragsparteien bei Erbengemeinschaft); zur Bestimmbarkeit des Werkes eingehend vgl. § 40 Rn. 16 f. Eine konkrete Einigung über den **Umfang der Nutzungsrechtseinräumung** ist nicht erforderlich, sofern auf den Vertrag die Zweckübertragungslehre in gesetzlich geregelter (§ 31 Abs. 5) oder in der allgemeinen, nicht geregelten Form Anwendung findet (dazu vgl. § 31 Rn. 118 ff.), weil dann der Umfang der Rechtseinräumung immer hinreichend bestimmbar ist. Auch eine Einigung über die

Vergütung in Verträgen mit dem Urheber ist grundsätzlich wegen § 32 Abs. 1 S. 2 nicht notwendig, weil ansonsten die angemessene Vergütung geschuldet ist. Eine Ausnahme gilt aber z.b., wenn außerhalb des § 32 im sekundären Urhebervertragsrecht (Verträge zwischen Verwertern, vgl. Rn. 223 ff.) Kaufrecht (statt aller Palandt/*Putzo*[65] Einf. v. § 433 BGB Rn. 2) oder Pachtrecht (Palandt/*Weidenkaff*[65] § 535 BGB Rn. 1) Anwendung findet, weil die Vereinbarung des Entgeltes dann notwendiger Vertragsbestandteil ist. Anderes gilt aber im Werkvertragsrecht (§ 632 Abs. 2 BGB; siehe auch vor Einführung des § 32 Abs. 1 S. 2: BGH GRUR 1985, 129, 130 – *Elektrodenfabrik*).

305 Oft wird bestimmt, dass der Kurzvertrag gilt, bis eine ausführliche Regelung zwischen den Parteien verabredet ist. Dann entfaltet der Kurzvertrag volle Wirkung, auch wenn es **später nicht zum Abschluss eines Langvertrages** kommt. Die Lücken müssen über die gesetzlichen Bestimmungen (zur Anwendung der Regelungen des BGB und HGB vgl. Rn. 164 ff.) sowie ggf. über eine ergänzende Vertragsauslegung geschlossen werden. Sieht ein Kurzvertrag jedoch vor, dass lediglich eine Verpflichtung zum Abschluss eines Langvertrages besteht, handelt es sich um einen **Vorvertrag** (vgl. Rn. 309). Es kann aber auch an jeglicher Verpflichtung fehlen, wenn das Deal Memo eher einem Vertragsentwurf gleichzusetzen ist (OLG München GRUR-RR 2008, 137, 138 – *Optionsklausel*; im Einzelfall aber zu streng).

306 b) **Trennung von Werkerstellung und Einräumung** („**2-Stufen-Verträge**"): In zahlreichen Branchen ist es üblich, dass zunächst das Werk oder zumindest erste Entwürfe erstellt werden, bevor eine Einigung über eine Nutzungsrechtseinräumung erfolgt (eingehend OLG Köln GRUR 1986, 889 – *ARD-1*; OLG Düsseldorf GRUR 1991, 334, 335 – *Firmenlogo*). Beispiele sind Architektenverträge, die zunächst nur die Leistungsphase der Planung, jedoch noch nicht die später ggf. erfolgende Nutzungsrechtseinräumung umfassen. Auch im Werbe- und Designbereich ist es durchaus üblich, dass zunächst erste Entwürfe zur Orientierung für den Auftraggeber erstellt werden und dann erst bei Gefallen in einem zweiten Schritt Nutzungsrechte eingeräumt werden. Schließlich basieren auch zahlreiche Wettbewerbe darauf, dass die Urheber zunächst das Werk oder erste Entwürfe zur Auswahl einreichen und dann in einer zweiten Stufe mit dem Sieger eine Nutzungsvereinbarung geschlossen wird.

307 Die **erste Stufe** (Erstellung Werk) stellt im Regelfall einen Werk- oder Werklieferungsvertrag dar (§§ 631 ff., 651 BGB; zur Abgrenzung vgl. Rn. 166). Ohne abweichende Vereinbarung sind solche Verträge **entgeltpflichtig**, weil der Urheber kreativ tätig wird (BGH GRUR 1985, 129, 130 – *Elektrodenfabrik*; OLG Düsseldorf GRUR 1991, 334, 334 – *Firmenlogo*). Es handelt sich gerade nicht um einen – regelmäßig kostenfreien – Kostenvoranschlag. Ob und inwieweit auf der ersten Stufe **Nutzungsrechte eingeräumt** wurden, ist Sache der Vertragsauslegung, insbesondere gemäß Zweckübertragungslehre (vgl. § 31 Rn. 138). Wer beispielsweise bei einem Wettbewerb mit anschließender öffentlicher Präsentation der Teilnehmer mitmacht, räumt nach der Zweckübertragungslehre – soweit für die Entscheidung des Wettbewerbs und öffentliche Ausstellung erforderlich das Vervielfältigungsrecht (§ 16), das Veröffentlichungsrecht (§ 12) und das Ausstellungsrecht (§ 18) ein. Werden Planungsunterlagen entworfen und wechselt der Urheber später als Arbeitnehmer zum Auftraggeber, so ist nach der Zweckübertragungslehre eine Nutzung zur Akquisition von Aufträgen zulässig, wenn der Urheber dies als Arbeitnehmer duldet (BGH GRUR 1985, 129, 130 – *Elektrodenfabrik*). Eine darüber hinausgehende Nutzung ist aber ohne Nutzungsvereinbarung nicht möglich.

Beispielsweise darf der Arbeitgeber im vorerwähnten Fall nach Ausscheiden des Urhebers aus dem Unternehmen die urheberrechtlich geschützten Pläne nicht für den Bau einer Fabrik nutzen, ohne den Urheber zu fragen (BGH GRUR 1985, 129, 131– *Elektrodenfabrik*). Auch ein entworfenes und urheberrechtlich geschütztes Firmenlogo darf im Geschäftsverkehr nicht ohne Nutzungsvertrag verwertet werden (OLG Düsseldorf GRUR 1991, 334, 335 – *Firmenlogo*).

In der **zweiten Stufe** erfolgt dann eine Nutzungsrechtseinräumung, ggf. ver- **308** bunden mit einer weiteren Konkretisierung des Werkes. Allerdings ist diese zweite Stufe **nur erforderlich, wenn** das erstellte Werk (erste Stufe, vgl. Rn. 166) **rechtlichen Schutz genießt**, insbesondere aus einem Urheberrecht oder einem Leistungsschutzrecht, Geschmacksmuster-, Markenrecht oder aus UWG. Ansonsten können die Entwürfe auch ohne Vertrag auf der zweiten Stufe ohne zusätzliches Entgelt genutzt werden (OLG Köln GRUR 1986, 889 – *ARD-1*). Die Frage der urheberrechtlichen Notwendigkeit des Abschlusses eines zweiten Vertrages stellt sich vor allem im Werbe- und Designbereich immer wieder, weil Werke der angewandten Kunst nur unter sehr strengen Voraussetzungen Urheberrechtsschutz genießen (vgl. § 2 Rn. 137 ff.), es sei denn, die Entwürfe sind anderweitig rechtlich geschützt (z.B. als nicht eingetragenes oder eingetragenes Geschmacksmuster). Allerdings kann der Entwerfer bei fehlendem rechtlichen Schutz eine **vertragliche Abrede** mit dem Auftraggeber treffen, dass der Auftraggeber die Leistung nicht ohne Nutzungsvertrag auf der zweiten Stufe nutzen darf. Das sollte auch formularvertraglich möglich sein, führt jedoch nur zu einem relativen Schutz zwischen den Vertragsparteien, der nicht auf Dritte durchgreift. Nicht zutreffend ist es, für den Vertrag auf der zweiten Stufe im Regelfall ohne anderweitige Abrede eine Auswertungspflicht zu verneinen (so aber Dreier/Schulze/*Schulze*[2] Rn. 167). Ob eine Auswertungspflicht besteht, hängt vom Vertragstyp und den Umständen des Einzelfalles ab (ausführlich vgl. Rn. 41 ff.).

c) **Vorverträge:** Durch ihn verpflichtet sich der Urheber, unter bestimmten **309** Bedingungen einen Nutzungsvertrag als späteren Hauptvertrag zu schließen, wobei die wesentlichen Konditionen des Hauptvertrages festgelegt sein müssen (vgl. zu den notwendigen Vertragsinhalten zum Kurzvertrag vgl. Rn. 304). § 40 ist zu beachten. Eine **Einräumung urheberrechtlicher Nutzungsrechte** findet aber noch **nicht** statt; vielmehr muss darauf ggf. aus dem Vorvertrag geklagt werden. Sofern die Details nicht im Vorvertrag festgelegt sind, gelten die gesetzlichen Bestimmungen und ggf. eine ergänzende Vertragsauslegung. Ohne Hauptvertrag kann der Rechteinhaber bei Nutzung durch den Vertragspartner Unterlassung, aber keinen Schadensersatz geltend machen (vgl. Rn. 89 ff.).

d) **Verträge über künftige Werke; Bestellverträge:** Zu Verträgen über noch **310** nicht geschaffene (**künftige**) **Werke** enthält § 40 eine Sonderregelung, insbesondere zu Schriftform und Kündigung. Teilweise sind solche Verträge sog. **Bestellverträge,** d.h. Verträge, mit denen dem Urheber das zu schaffende Werk genau vorgegeben wird, er nur an einem enzyklopädischen Werk mitarbeitet oder nur Hilfs- und Nebenarbeiten für das Werk eines anderen erbringt. Für diese enthält § 47 VerlG für den Verlag von Schrift- und Musikwerken eine eigene Regelung (siehe unsere separate Kommentierung zu § 47 VerlG). Gemäß § 47 VerlG entfällt bei Bestellverträgen die Auswertungspflicht. Das sollte **auch außerhalb des Verlagsbereiches** für vergleichbare Konstellationen gelten (zur Auswertungspflicht allgemein vgl. Rn. 41 ff.).

311 e) **Optionsverträge: aa) Allgemeines:** Optionsverträge sind gerichtet auf die künftige Einräumung von Rechten und begründen eine **einseitige Bindung des Optionsverpflichteten** während einer bestimmten Optionsfrist. Oft beinhalten Optionsverträge **mehrere** aufeinander folgende Optionsfristen, also mehrfache Optionen. Der Optionsverpflichtete verspricht die Einräumung von Nutzungsrechten, die durch Handlung („Ziehung") des Optionsberechtigten vollzogen wird. Abzugrenzen sind sie von bloßen Vorverträgen, die beide Vertragsparteien verpflichten (vgl. Rn. 309). Während der Optionsfrist handelt es sich um eine Vereinbarung, die aus wichtigem Grund außerordentlich gekündigt werden kann (vgl. Rn. 121 ff.).

312 Mit der Option ist **keine Nutzungsrechtseinräumung** verbunden. Während der Optionsfrist, aber vor Ausübung der Option hat der Berechtigte deshalb nicht das Recht, gemäß § 23 zustimmungspflichtige Bearbeitungen des Werkes herzustellen, um sich Klarheit über den Nutzen der Ausübung der Option zu verschaffen (BGH GRUR 1963, 441, 443 – *Mit Dir allein* für ein Filmmanuskript). Der optionsverpflichtete Rechteinhaber kann bis zur Ausübung der Option auf Unterlassung klagen. Ihm steht auch ein Schadensersatzanspruch bis zur Ausübung der Option zu. Für **noch nicht existierende Werke** kann § 40 einschlägig sein. Der **Vertragsgegenstand** muss überdies **bestimmbar** sein (vgl. § 40 Rn. 16 f.). Das kann entweder inhaltsbezogen geschehen. Bei Optionen wird der Vertragsgegenstand häufig auch personenbezogen definiert; die Formulierung „das nächste Werk" des Optionsverpflichteten ist hinreichend bestimmbar. Die Option zum Abschluss eines Verlagsvertrages über „das nächste Werk" erfasst das Werk, das der Verfasser als erstes nach der Optionsabrede fertig stellt und für eine Veröffentlichung geeignet erachtet (BGH GRUR 1953, 497 – *Gaunerroman*). Soweit nicht anders vertraglich vereinbart, bestehen umfassende **Enthaltungspflichten** des Optionsverpflichteten. Während des Bestehens eines Optionsvertrages ist ihm jede Veröffentlichung, Verwertung einer Bearbeitung oder auch Verfilmung verboten (BGH GRUR 1963, 441, 443 – *Mit dir allein*). Der Optionsverpflichtete muss sich im Zweifel vertraglich ausdrücklich ausbedingen, dass ein mit Abschluss des Optionsvertrages abzulieferndes **Manuskript** bei Nichtausübung an ihn zurückgegeben werden muss (OLG München ZUM 2000, 66, 68 – *Tödliche Intrige*). Bei allumfassender Bindung eines Künstlers an einen Verwerter kann unter Knebelungsgesichtspunkten § **138 BGB** einschlägig sein, so etwa Optionsverträge für das gesamte zukünftige Schaffen des Urhebers ohne zeitliche oder gegenständliche Beschränkung und ohne angemessene Gegenleistung (BGH GRUR 1957, 387, 389 – *Clemens Lear*; eingehend auch *Brauneck/ Brauner* ZUM 2006, 513, 522; vgl. Rn. 51 ff.). Zulässig sind Optionen auf das nächste Werk (KG NJWE-WettbR 1998, 269), Grenzfälle 10-jährige Optionen für sämtliche Werke, die in diesem Zeitraum geschaffen werden. Im Zweifel ist der Vertrag restriktiv auszulegen (LG Hamburg ZUM 2002, 158, 159 f.).

313 bb) **Kein Sukzessionsschutz für den Optionsberechtigten:** Da der Optionsvertrag nur eine schuldrechtliche Verpflichtung erzeugt, die den Urheber zur Rechtseinräumung verpflichtet, ihm aber die Möglichkeit unbenommen lässt, die Rechte Dritten einzuräumen, begründet sie kein Anwartschaftsrecht, dessen Erstarken zum Vollrecht als Nutzungsrecht in den Händen des Optionsberechtigten durch den Optionsverpflichteten nicht mehr verhindert werden kann (Wandtke/Bullinger/*Wandtke*[2] § 40 Rn. 9; v. Hartlieb/Schwarz/ *Schwarz/U. Reber*[4] S. 265 Rn.3; a.A. *Brauneck/Brauner* ZUM 2006, 513, 520 zumindest für den qualifizierten Optionsvertrag). Schadensersatz muss der

Optionsverpflichtete aber nur leisten, wenn der Optionsberechtigte bereit und in der Lage gewesen wäre, das Werk zu verlegen.

Zu unterscheiden ist die (nur schuldrechtlich wirkende) Option von einem **314** dinglichen Nutzungsvertrag, mit dem durch gegenständlich wirkende **Vorausverfügung** Nutzungsrechte an noch nicht fertiggestellten Werken eingeräumt werden. Mit Fertigstellung erlangt der Verwerter dann die Nutzungsrechte, soweit das Werk nur hinreichend bestimmbar war, beispielsweise durch eine Inhaltsangabe (OLG Hamm AfP 1987, 515, 517 – *Spectrum für Fortgeschrittene*). Verpflichtung und Vorausverfügung können im Vertrag in einem Akt zusammenfallen.

cc) **Übertragung der Option und der Ausübung:** Eine Option, die noch nicht **315** zum Rechtserwerb geführt hat, enthält **keine Berechtigung, optierte Nutzungsrechte** mit dinglicher Wirkung weiter **an Dritte zu übertragen oder einzuräumen** (OLG München ZUM 1995, 721, 724 – *Hanns Heinz Ewers*). Denn die Option ist nur eine schuldrechtliche Position (vgl. Rn. 312). Jedoch kann eine (schuldrechtliche) **Option an der Option** vereinbart werden.

Die **Ausübung der Option** ist i.d.R. eine höchstpersönliche Rechtshandlung **316** (OLG München ZUM-RD 1998, 130, 138 – *Die Mädels vom Immenhof*) und deshalb im Zweifel höchstpersönlich eingeräumt, mithin ohne anderweitige Abrede nicht übertragbar (Loewenheim/*Jan Bernd Nordemann* § 60 Rn. 50). Eine Ausübung kann auch stillschweigend erfolgen, z.B. durch Beginn der Dreharbeiten mit Kenntnis des Urhebers (*Brauneck/Brauner* ZUM 2006, 513, 520).

dd) **Vergütung:** Eine Option ist grundsätzlich von rechtlichem Vorteil für den **317** Optionsberechtigten und deshalb **in aller Regel entgeltlich.** Üblicherweise wird für das Optionsrecht als Entgelt eine Pauschalsumme vereinbart, bei mehreren aufeinander folgenden Optionen für jede Option. Entgelte für eingeräumte Optionsrechte, die nicht ausgeübt werden oder nicht zum Abschluss eines Urheberrechtsvertrages führen, verbleiben beim Optionsverpflichteten (*Schack*[4] Rn. 975; Loewenheim/*Jan Bernd Nordemann* § 60 Rn. 50). Denn es handelt sich um das Entgelt für die Rechteblockade, nicht um eine Nutzungsvergütung im eigentlichen Sinn. Deshalb findet § 32 (**Anspruch auf angemessene Vergütung**) auf Optionsverträge mit Urhebern und ausübenden Künstlern auch keine Anwendung (vgl. § 32 Rn. 113).

ee) **Einfache Optionsverträge:** Einfache Optionsverträge begründen für den **318** Optionsverpflichteten eine einseitige Anbietungspflicht für sein geschaffenes oder noch zu schaffendes Werk, ohne dass die Vertragsbedingungen des abzuschließenden Vertrages schon bis ins Detail festgelegt sein müssen. Aus einem einfachen Optionsvertrag ergibt sich insoweit aber nur ein **Abschlussverbot** für den Optionsverpflichteten, mit keinem Dritten zu kontrahieren, der keine günstigere Bedingungen bietet als der Optionsberechtigte (BGH GRUR 1957, 387, 388 – *Clemens Laar*; OLG München GRUR-RR 2008, 137, 138 – *Optionsklausel*; LG München I ZUM 2007, 421, 423). Insoweit besteht die Verpflichtung, den Vertrag zuerst und auch zuletzt dem Optionsberechtigten anzubieten. Liegt ein Angebot eines Dritten vor, kann der Optionsberechtigte es nur in dieser Form annehmen, ein Rosinenpicken ist nicht erlaubt (LG München I ZUM 2007, 421, 423). **Ohne Drittangebot** kann einfachen Optionsabreden auch ein **Abschlusszwang** mit dem Optionsberechtigten zu entnehmen sein, und zwar mangels weiterer Spezifizierung **zu angemessenen Bedingungen** (Schricker/*Schricker*[3] § 40 Rn. 6 m.w.N.; *Schack*[3] Rn. 973).

Letztlich entscheidet die Auslegung der Optionsabrede im Einzelfall. Insoweit erscheint es nicht als angebracht, zu zurückhaltend mit einer Anbietungspflicht auch ohne Drittangebot zu sein. Denn eine Option soll im Regelfall zu einer Nutzungsmöglichkeit durch den Optionsberechtigten und nicht bloß zu einem Abschlussverbot des Verpflichteten führen. Der Verpflichtete wird bei Abschluss zu „angemessenen Bedingungen" auch nicht benachteiligt, wenn er einmal eine Option eingeräumt hat (anders, mehr zu Gunsten des Verpflichteten: Schricker/*Schricker*[3] § 40 Rn. 6). Zur Frage der „günstigeren Bedingungen" *Brauneck/Brauner* ZUM 2006, 513, 517).

319 **ff) Qualifizierte Optionsverträge:** Bei qualifizierten Optionsverträgen sind die Bedingungen des Hauptvertrages bereits detailliert festgelegt. Sie geben dem Optionsberechtigten ein **einseitiges Gestaltungsrecht**, einen Vertrag bestimmten Inhaltes in Kraft zu setzen. Konstruktiv geschieht das entweder durch die Abgabe eines zeitlich unbegrenzt gültigen Angebotes, das der Optionsberechtigte annimmt, oder aber durch eine einseitige Erklärung, die gleichsam als Gestaltungsrecht einen schon abgeschlossenen, aber noch keine Leistungspflichten begründenden Vertrag in Kraft setzt. Wird ohne Spezifizierung eine „Option auf drei weitere Alben" in einem Nutzungsvertrag eingeräumt, handelt es sich im Zweifel um einen einfachen Optionsvertrag, der durch einseitiges Ziehen der Option keine Verpflichtungen für den Optionsverpflichteten gemäß Nutzungsvertrag auslöst; vielmehr ist der Abschluss eines gesonderten Vertrages erforderlich, für den ggf. ein Abschlusszwang des Verpflichteten besteht (LG Hamburg ZUM 2002, 158).

320 **gg) Form:** Bezieht sich die Option auf ein noch nicht näher bestimmtes künftiges Werk, ist die Formvorschrift des § 40 zu beachten, der Schriftform anordnet und ein Kündigungsrecht nach Ablauf von 5 Jahren gibt.

321 **hh) Vertragsmuster und Weiterführendes:** Zum verlagsrechtlichen Optionsvertrag vgl. § 1 VerlG Rn. 20. Vertragsmuster für eine Option auf Verfilmung: Münchener Vertragshandbuch/*Hertin*[5] Bd. 3, Wirtschaftsrecht II, VII. 28 Anm. 3, S. 855 ff., zur Option im Autoren-Verlagsvertrag Münchener Vertragshandbuch/*Willhelm Nordemann*[5] Bd. 3, Wirtschaftsrecht II, VII.5 Anm. 17, S. 718; *Schricker,* Verlagsrecht[3], § 1 Rn. 40–49; *Bock,* Die Option im Musik- und Buchverlag, 2002; *Brandi-Dohrn,* Der urheberrechtliche Optionsvertrag, 1967; *Delp*[7] S. 164, 167.

322 **f) Wahrnehmungsverträge:** Mit einem Nutzungsvertrag räumt der Urheber die Rechte an seinen Werken den Verwertern zur eigenen Nutzung ein. Bei Wahrnehmungsverträgen hingegen erfolgt eine Rechteeinräumung nicht zur Werknutzung durch den Vertragspartner. Vielmehr nimmt der Rechtserwerber eine Mittlerstellung zwischen Urheber und Verwertern ein. Wahrnehmungsverträge sind **Nutzungsverträge eigener Art**. Sie enthalten sowohl Elemente des Auftrages (§§ 662 ff. BGB) als auch des Gesellschafts-, Dienst-, sowie des Geschäftsbesorgungsvertrages gemäß §§ 675, 665 ff. BGB (BGH GRUR 1966, 567, 569 – *GELU*; BGH GRUR 1968, 321, 327 – *Haselnuss*; BGH GRUR 1982, 308, 309 – *Kunsthändler*).

323 Der typische Fall eines Wahrnehmungsvertrages sind **Verträge mit Verwertungsgesellschaften.** Nutzungsrechte werden einer Verwertungsgesellschaft eingeräumt, die ihrerseits als **Treuhänderin der Rechte** mit Verwertern Verträge abschließt. Eine Zustimmung des Urhebers ist hierzu entbehrlich, § 35 Abs. 2 S. 2. Verschiedene Rechte und Ansprüche sind zwingend **verwertungsgesellschaftspflichtig**, insbesondere § 20b (Vergütung Kabelweitersenderecht),

§ 26 (Folgerecht), § 27 (Vergütung für Vermieten und Verleihen), § 49 (Vergütung für Vervielfältigung und Verbreitung in Rundfunkkommentaren und Zeitungsartikeln), § 52a (Öffentliche Zugänglichmachung für Unterricht und Forschung), §§ 54 ff. (Leermedien- und Geräteabgabe), §§ 77, 27 bzw. 78, 20b (ausübende Künstler) sowie § 137l (Vergütung für unbekannte Nutzungsarten); sie können also nur über Verwertungsgesellschaften von den Urhebern bzw. Leistungsschutzberechtigten geltend gemacht werden. Die Rechte und Pflichten eines Wahrnehmungsvertrages mit Verwertungsgesellschaften regelt das **UrhWahrnG**; es enthält zugleich ein spezielles Vertragsrecht für Wahrnehmungsverträge mit Verwertungsgesellschaften. Der Wahrnehmungsvertrag wird deshalb dort kommentiert. Gegenüber den Urhebern unterliegen Verwertungsgesellschaften einem **Wahrnehmungszwang** (§ 6 UrhWahrnG), gegenüber den Verwertern einem **Kontrahierungszwang** (§ 11 UrhWahrnG), nach dem sie auf Verlangen Nutzungsrechte zu angemessenen Bedingungen einräumen müssen. Auch **Bühnenverlagsverträge** enthalten Elemente eines Wahrnehmungsvertrages (vgl. Rn. 337).

Wahrnehmungsverträge und Weiterführendes: vgl. Einl UrhWahrnG Rn. 1 ff.   **324**

g) Agenturvertrag, Repräsentantenvertrag: In der Praxis immer wichtiger **325** werden die Rechteagenten und Künstler-Repräsentanten. Sie vermitteln die Nutzungsrechte (ggf. neben der Werkerstellung) vom Urheber zum Verwerter. Man trifft solche Mittler heute als sog. **Literaturagenten** im belletristischen Verlagsbereich. Sie vermitteln Verlagsrechte vom Autor zum Verleger oder auch Verfilmungsrechte zu Filmproduzenten. Sie sind dabei zumeist **im Interesse des Autors** tätig. Insoweit unterscheidet sich die Tätigkeit eines Agenten auch von der Tätigkeit eines Verwerters, dem umfassende Nutzungsrechte zur Weitergabe an Dritte eingeräumt wurden, auch wenn solche Verwerter regelmäßig erfolgreich für den Autor zur Vermittlung der Werkauswertung tätig sind. Sie sind jedoch im eigenen Interesse tätig. Für die Autoren kann die Einschaltung eines Fachmannes in die Verhandlungen sinnvoll sein (ebenso *Pleister* GRUR Int. 2000, 673, 680), zumal wenn die Agenten viele Urheber, z.B. Schriftsteller, vertreten und somit eine gewisse Verhandlungsmacht aufbauen können. Außerdem können Agenten aufgrund ihrer Erfahrung teilweise sehr gut beurteilen, welcher Verwerter zu welchem Autor passt. Die übliche Provision bei Literaturagenten beträgt zwischen 10% und 20%, meistens 15%, gerechnet von der Vergütung des Autors aus dem Nutzungsvertrag ohne Mehrwertsteuer. Regelmäßig ist der Agent aber nicht an Einkünften des Autors aus Lesungen, Preisgeldern, Interviews oder Stipendien beteiligt. Ferner treten Agenten auch als Vermittlungsstelle zwischen Werbeagenturen und Werbefotografen (sog. **Fotorepräsentanz**; OLG Hamburg GRUR 2006, 788 – *Werbefotograf*) oder als Repräsentanten von ausübenden Künstlern (meist dann missverständlich als „**Manager**" bezeichnet) auf. Gerade bei ausübenden Künstlern ist davon aber der „Managementvertrag" zu unterscheiden, der nicht auf die Vermittlung von Engagements, sondern auf Förderung bzw. Aufbau des Künstlers gerichtet ist (OLG Hamburg ZUM 2008, 144, 145 f.).

Der Agent oder Repräsentant hat in der Praxis **regelmäßig keine Vollmacht 326 zum Abschluss von Nutzungsverträgen** für den Autor. Er vermittelt nur und verhandelt den Vertrag bis zur Unterschriftsreife. Die Einordnung dieser Tätigkeit in die gängigen Vertragstypen von BGB und HGB ist etwas schwierig. Im Regelfall sollte ein **Dienstvertrag mit Geschäftsbesorgungscharakter nach §§ 611 ff., 675 BGB** gegeben sein (OLG Hamburg GRUR 2006, 788, 789 –

Werbefotograf). Ob auf den Vertrag ergänzend Handelsvertreterrecht gemäß §§ 84 ff. HGB anzuwenden ist, kann nur für jeden Einzelfall je nach vertraglicher Situation beantwortet werden (dazu eingehend *Martinek/Bergmann* WRP 2006, 1047, 1050 m.w.N. auch aus unveröff. Entscheidungen; *Kassung* AfP 2004, 89, 91; Moser/Scheuermann/*Michow*, Handbuch der Musikwirtschaft[6], S. 1267 ff.). Unternehmer nach § 84 Abs. 1 S. 1 HGB kann auch ein Urheber sein (Baumbach/*Hopt*[32] § 84 Rn. 27; zweifelnd, aber offen OLG Hamburg GRUR 2006, 788, 789 – *Werbefotograf*) und das Geschäft die Vermittlung von Nutzungsrechten (*Pleister* GRUR Int. 2000, 673, 679; Baumbach/Hopt[32] § 84 Rn. 26; Loewenheim/*Jan Bernd Nordemann* § 64 Rn. 175). Der Literaturagent ist einem Handelsvertreter vergleichbar, weil er für den Urheber regelmäßig alle Nutzungsverträge entweder im Hinblick auf ein konkretes Werk oder für alle seine Werke allein im Interesse des Urhebers vermittelt und deshalb „ständig betraut" ist (*Pleister* GRUR Int. 2000, 673, 680; Loewenheim/*Jan Bernd Nordemann* § 64 Rn. 175). Schutzvorschriften des HGB zu Gunsten des Literaturagenten sollten nur vorsichtig herangezogen werden, weil zumeist der Autor der schwächere Teil ist. Jedoch kann § 89b HGB zu Gunsten des Agenten Anwendung finden (*Pleister* GRUR Int. 2000, 673, 680; Loewenheim/*Jan Bernd Nordemann* § 64 Rn. 175). Ist der Vertrag jedoch auf eine neutrale Vermittlertätigkeit in der Art eines für beide Seiten agierenden Maklers ausgerichtet (wie z.B. häufig bei Fotorepräsentanzen im Werbebereich), kommt eine Anwendung der §§ 84 ff. HGB und insbesondere des § 89b HGB nicht in Betracht (OLG Hamburg GRUR 2006, 788, 789 – *Werbefotograf*; kritisch dazu *Martinek/Bergmann* WRP 2006, 1047, 1050 ff.); zu Künstlervermittlungsverträgen z.B. im Musikbereich OLG Hamburg ZUM 2008, 144, 145 ff.; auch *Kassung* AfP 2004, 89, 91; Moser/Scheuermann/*Michow*, Handbuch der Musikwirtschaft[6], S. 1267 ff.

327 Bei Formularverträgen ist eine **längere Laufzeit als 2 Jahre** bedenklich, §§ 307, 310, 309 Nr. 9a BGB. Über dies findet die Kündigungsmöglichkeit des § 627 BGB auf Agentur- und Repräsentationsverträge im Regelfall Anwendung (*Martinek/Bergmann* WRP 2006, 1047, 1059; *Kassung* AfP 2004, 89, 94). Auf überhöhte Provisionen des Agenten findet § 32 Abs. 1 S. 3 UrhG keine Anwendung, auch wenn die Nutzungsvergütung des Urhebers damit geschmälert wird. Denn der Agenturvertrag ist kein Vertrag, mit dem Nutzungsrechte eingeräumt oder eine Erlaubnis zur Werknutzung gegeben würde. Helfen kann ausnahmsweise § 138 BGB (dazu vgl. Rn. 51 ff.). Bei Vermittlung von „Arbeitsuchenden" ist auch die Deckelung durch das SGB III zu beachten (OLG Hamburg ZUM 2008, 144, 145).

328 **h) Kommissionsvertrag:** Im urheberrechtlichen Bereich vereinzelt anzutreffen sind Kommissionsverträge. Hier nutzt der **Verwerter** das Werk **im eigenen Namen**, aber **für Rechnung des Urhebers**. Das Geschäftsrisiko bleibt also beim Urheber; der Verwerter erhält eine vertraglich fest vereinbarte, mitunter auch nach dem Absatzerfolg berechnete Vergütung. Sofern nichts Abweichendes vereinbart wird, hat der **Kommissionsverwerter kein eigenes dingliches Nutzungsrecht**, kann also nicht gegen Dritte vorgehen. Außerdem bleibt der Autor grundsätzlich Eigentümer der Vervielfältigungsstücke. Ansonsten gelten die §§ 383 bis 406 BGB und §§ 631 ff., 675 BGB. Hauptfall im Bereich der Nutzungsverträge ist der **Kommissionsverlagsvertrag**, bei dem ein Verleger im eigenen Namen, aber für Rechnung und Risiko des Autors vervielfältigt und verbreitet (eingehend *Schricker*, Verlagsrecht[3], § 1 Rn. 74 ff. m.w.N.; s.a. Loewenheim/*Jan Bernd Nordemann* § 64 Rn. 173). Daneben existieren Kommissionsverträge im **Bereich der bildenden Kunst** für die Veräußerung des

Werkoriginals oder von Vervielfältigungsstücken durch Galeristen oder andere Kunsthändler.

i) **Archivverträge:** Hierzu vgl. Rn. 384 ff. bei Verträgen über bildende Kunst.   **329**

j) **Buy-Out Verträge:** Ein sog. **Buy-Out Vertrag** ist eigentlich keine besondere   **330** Art eines Nutzungsvertrages, sondern zeichnet sich durch eine besondere Vergütungsabrede aus. Es werden umfassende Rechte gegen Pauschalhonorar eingeräumt, was bei allen Vertragstypen denkbar ist. Probleme entstehen vor allem im Hinblick auf § 32 Abs. 1 S. 3 (vgl. § 32 Rn. 1 ff.). Für § 138 BGB bleibt jedenfalls für Verträge, auf die § 32 Anwendung findet (§ 132 Abs. 3), wenig Raum (vgl. Rn. 54). Ferner kann eine formularmäßige Rechteeinräumung gemäß § 307 BGB bei Gestaltungsmissbrauch AGB-rechtswidrig sein (vgl. § 31 Rn. 184 ff.).

4. Verlagsverträge

Durch den Verlagsvertrag über Schriftwerke werden Rechte zur **Vervielfälti-**   **331** **gung und Verbreitung von Werken der Literatur** gegen Entgelt eingeräumt. Auf Seiten des Verwerters besteht eine Verpflichtung zu deren Auswertung (vgl. § 1 VerlG Rn. 25). Der Verlagsvertrag ist ein eigener Vertragstypus und der einzig gesetzlich geregelte Vertragstyp urheberrechtlicher Nutzungsverträge. Für ihn stellt – wenn auch außerhalb des UrhG – das **VerlG** von 1901 einen vertragsrechtlichen Regelungsrahmen zur Verfügung. Allerdings ist das Verhältnis des VerlG zu den urhebervertragsrechtlichen Bestimmungen des UrhG (§§ 31 bis 44) komplex; keinesfalls gehen die Regelungen des VerlG als *lex specialis* den Regelungen des UrhG stets vor (im Einzelnen vgl. Einl VerlG Rn. 11 ff.).

Siehe ansonsten zum VerlG die Kommentierung VerlG, insbesondere zum   **332** **Buchverlag** vgl. § 1 VerlG Rn. 8 ff.; zum **Zeitungs- und Zeitschriftenverlag** vgl. § 1 VerlG Rn. 11; zum **Herausgebervertrag** vgl. § 41 VerlG Rn. 9 ff; zu **Verwertungsgesellschaften** im Verlagsbereich vgl. Einl. VerlG Rn. 18 ff.; zu **Vertragsmustern** vgl. Einl. VerlG Rn. 14 ff.; zum **Bühnenverlag** vgl. Rn. 337 ff.; zum **Musikverlag** vgl. Rn. 359 ff.

5. Softwareverträge

a) **Überblick und Verweisung:** Computerprogramme sind – anders als die sie   **333** verkörpernden Datenträger – keine Sachen, sondern urheberrechtlich als Sprachwerk gemäß § 2 Abs. 1 Nr. 1 i.V.m. § 69a Abs. 4 geschützt. Das UrhG gewährt dem Rechteinhaber die ausschließlichen Rechte des § 69c. Deshalb müssen bei Nutzung von Software die relevanten Nutzungsrechte vom Softwareurheber erworben werden. Zu unterscheiden sind Verträge, die die Herstellung der Software mit umfassen, sog. **Softwareherstellungsverträge** (dazu vgl. § 69c Rn. 39 und vgl. § 69d Rn. 30 f.), und Verträge, die primär Nutzungsrechte vergeben, sog. **Softwarelizenzverträge** (dazu vgl. § 69c Rn. 40 ff.). Besonderheiten bei der Gestaltung von Softwareverträgen ergeben sich insbesondere bei **Open Source Software** auf der Grundlage einer General Public License (GPL); dazu ausführlich vgl. Nach § 69c. Software kann außerdem auch als **Filmwerk** urheberrechtlich geschützt sein; das gilt insbesondere für **Computerspiele** (vgl. Vor §§ 88 ff. Rn. 12). Dann können für die Frage des Umfanges der Rechtseinräumung durch die Stoffurheber § 88 sowie durch die Filmurheber § 89 relevant werden.

334 b) **Verwertungsgesellschaften:** Verwertungsgesellschaften nehmen im Softwarebereich grundsätzlich keine Rechte wahr. Insbesondere existieren keine Rechte oder Ansprüche von Urhebern, die verwertungsgesellschaftspflichtig wären. Verwertungsgesellschaften müssen deshalb bei der Gestaltung von Softwareverträgen nicht berücksichtigt werden. Eine Ausnahme kann allerdings die Nutzung von Musik in der Software darstellen. Hier muss zunächst der Musikurheber der Softwareherstellung zustimmen; so dann nimmt insbesondere die GEMA die Rechte der Musikurheber im Hinblick auf Vervielfältigung und Verbreitung und wohl auch im Hinblick auf On-Demand (zum Ganzen auch bei der Nutzung von Filmmusik vgl. Vor §§ 88 ff. Rn. 110) wahr.

335 c) **Musterverträge und Weiterführendes:** Vgl. § 69c Rn. 35 ff.

6. Verträge über Bühnenwerke (Bühnenverträge)

336 Bühnenverträge regeln die Verwertung von Werken, die bühnenmäßig aufgeführt werden können, wie Sprachwerke (Theater), Musikwerke, Werke der Tanzkunst (Ballett) sowie gemischte, z.B. musikdramatische Werke (Oper, Operette). Im Hinblick auf die Urheberrechte des Autors des Bühnenstückes sind vor allem der Bühnenverlagsvertrag (zwischen Urheber und Bühnenverlag; vgl. Rn. 337 f.) sowie der Aufführungsvertrag (zwischen dem Rechteinhaber, z.B. Bühnenverlag, und dem Werknutzer, z.B. einem Theater; vgl. Rn. 339 f.) relevant. Über dies können bei Inszenierung auch Bühnen-, Kostüm- und Maskenbildner Urheberrechte (vgl. Rn. 350) sowie ausübende Künstler in Bühnenaufführungen Leistungsschutzrechte (vgl. Rn. 351) begründen, für die die Rechte ebenfalls eingeholt werden müssen. Zu beachten ist, dass Bühnenrechte teilweise durch Verwertungsgesellschaften wahrgenommen werden (vgl. Rn. 356), was die Rechtesituation für die verwertende Bühne etwas unübersichtlich macht.

337 a) **Bühnenverlagsverträge:** Der Bühnenverlagsvertrag wird zwischen **Bühnenautor und Bühnenverlag** abgeschlossen. Der Bühnenautor überlässt den Vertrieb eines Stückes treuhänderisch dem Bühnenverlag, der gleichsam zwischen Urheber und Werknutzer (z.B. Theater) zwischengeschaltet ist. Ausdruck davon ist die Vergütungsabrede, die den Bühnenverleger zur Weitergabe der Einnahmen an den Autor nach Abzug des Verlegeranteils verpflichtet. Es handelt sich um einen Vertrag eigener Art in Form eines **Wahrnehmungsvertrages** mit Elementen von Pacht-, Gesellschafts-, Dienst- oder Werkvertragsrecht und besonderem Gewicht auf entgeltlicher Geschäftsbesorgung (Dreier/Schulze/*Schulze*[2] Rn. 205; Schricker/*Schricker*[3] Vor §§ 28 ff. Rn. 81; Loewenheim/*Jan Bernd Nordemann* § 59 Rn. 8; zum Wahrnehmungsvertrag vgl. auch Rn. 332 ff.). Die Gewinnorientierung des Wahrnehmungsvertrages bildet einen Unterschied zu den Wahrnehmungsverträgen mit Verwertungsgesellschaften. Der Bühnenverlagsvertrag ist wegen seines treuhänderischen Charakters grundsätzlich jederzeit gemäß § 627 BGB für den Urheber kündbar (Dreier/Schulze/*Schulze*[2] Rn. 206 unter Berufung auf LG München I UFITA 90 (1981), 227, 229). Auch wenn von Bühnen*verlag* (weniger missverständlich: „Bühnenvertrieb“) die Rede ist, unterfällt der Bühnenverlagsvertrag **nicht** dem **VerlG**. Nur wenn eine Auswertungspflicht (vgl. Rn. 338) vereinbart ist, können verlagsrechtliche Bestimmungen herangezogen werden (*Rossbach/Joos* FS Schricker 60. Geb. S. 333, 336; Dreier/Schulze/*Schulze*[2] Rn. 206).

16 79

Vogel

2 3 99 30 59

mi vesselle 7 -car liste.

Als **Hauptrecht** räumt der Autor dem Bühnenverleger ausschließliche Nut- **338** zungsrechte zur Aufführung dramatischer Werke (z.B. Schauspiel) oder musikalisch-dramatischer Werke (z.B. Oper, Musical) oder von Werken der Tanzkunst (Ballett) ein. Hierzu muss der Bühnenverlag ggf. die Vervielfältigung und Verbreitung von Text- und Notenmaterial vornehmen, Dritten die Rechte zur Nutzung anbieten, die erforderlichen Texte und Noten überlassen und den Urheber hierüber informieren. Aus der **Förderungspflicht** folgt, dass sich der Bühnenverlag um Aufführungen bemühen muss. Es besteht **aber keine Auswertungspflicht** des Bühnenverlages, es sei denn, es ist im Einzelfall etwas anderes vereinbart. Ähnlich wie in einem echten Wahrnehmungsvertrag ist der Bühnenverlag zur Einziehung der Tantiemen und zur Abführung einer Vergütung an den Urheber verpflichtet; der Verleger ist im Regelfall prozentual an den Einnahmen beteiligt (meist 25% der Aufführungstantiemen insbesondere beim Sprechtheater). Üblicherweise werden Bühnenverlagen auch umfassende **Nebenrechte** eingeräumt, insbesondere Übersetzungs-, Vertonungs-, Verfilmungsrechte, Aufzeichnungsrechte sowie die dazugehörigen Offline- und Online-Vertriebsrechte.

b) **Aufführungsverträge:** Der Aufführungsvertrag wird zwischen dem Rechte- **339** inhaber und dem Veranstalter (z.B. Theatern) geschlossen. Auch er ist ein **Nutzungsvertrag eigener Art**, auf den je nach konkreter Ausgestaltung Pacht-, Gesellschafts-, Werk- oder Verlagsrecht Anwendung finden kann (BGHZ 13, 115 – *Platzzuschüsse;* Dreier/Schulze/*Schulze*[2] Rn. 208).

Urheber mit Bühne (vorbestehende Werke): Bühnen können den Aufführungs- **340** vertrag zunächst direkt mit dem Urheber schließen. Handelt es sich um ein vorbestehendes Werk, werden dem Veranstalter die Aufführungsrechte an dem Werk gegen Vergütung eingeräumt, oftmals mit zeitlicher und räumlicher Begrenzung. Regelmäßig sind die Veranstalter zur Aufführung verpflichtet. Teilweise wird auch noch die Einräumung von Aufzeichnungs-, Senderechten und Rechten der öffentlichen Zugänglichmachung, teilweise auch von Verbreitungsrechten auf DVD oder Video vereinbart. Allerdings sind Aufführungsverträge des Urhebers mit einer Bühne über vorbestehende Werke eher selten. Der Regelfall ist die Wahrnehmung der Aufführungsrechte über **Bühnenverlage**, die dann mit den Bühnen kontrahieren (vgl. Rn. 337 f.). Das gilt allerdings nicht für den Bereich **Choreographie**, in dem Bühnenverlage bislang kaum tätig und vielmehr die Urheber Vertragspartner der Bühnen sind.

Urheber mit Bühne (Auftragswerke): Regelmäßig ohne Beteiligung eines Büh- **341** nenverlegers schließt ein Urheber direkt mit einer Bühne Verträge über die Schaffung eines Bühnenwerkes, das dann **uraufgeführt** wird (sog. Auftragswerke). Sie kommen vor allem im Sprech- und Musiktheater vor. Daneben sind choreographische Werke sogar im Regelfall Auftragswerke, weil sie nicht in einsamer kreativer Tätigkeit des Urhebers auf dem Papier entstehen, sondern im Ballettsaal vom Choreographen und Einbeziehung der Tänzer erarbeitet werden (Loewenheim/*Schlatter* § 72 Rn. 48). Für Auftragswerke kann das **Schriftformgebot** des § 40 UrhG anwendbar sein, wenn das in Auftrag gegebene Werk gar nicht oder nur der Gattung nach bestimmt ist. Ansonsten gilt für die Rechteeinräumung das zu Verträgen über vorbestehende Werke Gesagte (vgl. Rn. 340). Allerdings haben Auftragswerke einen besonderen **werkvertraglichen Einschlag**. Regelmäßig ist der Urheber zur Fertigstellung in einer bestimmten Frist verpflichtet, muss das Aufführungsmaterial übergeben und an bestimmten Proben teilnehmen. Neben der Nutzungsvergütung erhält er ein (i.d.R. pauschales) Auftragshonorar für die Herstellung des

Werkes und eine Aufwandsentschädigung je Probe. Bei choreographischen Werken, die regelmäßig erst im Ballettsaal entstehen, erfolgt die Perpetuierung des Werkes in Tanzschrift-Notation oder durch Videoaufnahmen, je nach Vereinbarung (Loewenheim/*Schlatter* § 72 Rn. 50); die Übergabe von Aufführungsmaterial entfällt.

342 **Bühnenverlag mit Bühne ("RS Bühne"):** Für Aufführungsverträge haben der Verband der Deutschen Bühnen- und Medienverlage e.V. und der Deutsche Bühnenverein – Bundesverband Deutscher Theater e.V. mit der Regelsammlung Verlage(Vertrieb)/Bühnen ("**RS Bühne**") einen Normvertrag abgeschlossen (zur Bedeutung von Normverträgen vgl. Rn. 298 f.). Er enthält die Geschäftsgepflogenheiten beim Abschluss von Aufführungsverträgen. Die RS Bühne existiert seit den 1970er Jahren; aktuell ist die **RS Bühne Köln 2005** nebst einem Musteraufführungsvertrag und einem Mustermaterialmietvertrag (zu beziehen über den Verband der Deutschen Bühnen- und Medienverlage e.V., www.buehnenverleger.de). Die RS Bühne Köln 2005 gilt für Aufführungsverträge ab der Spielzeit 2005/2006. Davor geschlossene Aufführungsverträge richten sich nach der **RS Bühne Wiesbaden 1999**. Unabhängig von ihrer Fassung gilt die RS Bühnen für öffentlich-rechtliche Bühnen, Regiebetriebe der öffentlichen Hand sowie für bestimmte privatrechtlich organisierte Bühnen, insbesondere bei Empfang von öffentlichen Subventionen. Keine Anwendung findet die RS Bühne auf die professionellen freien Theater sowie auf Amateurtheater wie z.B. freie Gruppen sowie Schultheater (hierzu vgl. Rn. 345). Außerdem ist die RS Bühne für die bühnenmäßige Aufführung choreographischer Werke nicht einschlägig.

343 Sehr wichtig ist die RS Bühne zunächst für die Darstellung der **Vergütungsusancen** im Bühnenbereich; es wird zwischen öffentlich-rechtlichen Bühnen (einschließlich Regiebetrieben) und Privattheatern differenziert; die Vergütung berechnet sich zumeist als Prozentsatz der Roheinnahme, die im Einzelnen definiert ist. Im Einzelnen zum Vergütungssystem vgl. § 32 Rn. 101 f. Kartellrechtlich sind die mit der RS Bühne im Vergütungsbereich einhergehenden Wettbewerbsbeschränkungen im Hinblick auf Art. 81 EG und § 1 GWB wegen §§ 11 S. 2, 36 privilegiert, soweit die Kartellierung einen positiven Effekt für die Urhebervergütung hat (in Loewenheim/Meessen/Riesenkampff/*Jan Bernd Nordemann* § 1 GWB Rn. 224; dem folgend Wandtke/Bullinger/*Ehrhardt*[2] § 19 Rn. 22; vgl. Rn. 252). Das ist grundsätzlich für alle Regelungen anzunehmen, weil die Bühnenverleger treuhänderisch für die Urheber tätig und die Urheber insbesondere an den Einnahmen des Bühnenverlegers beteiligt sind. Auch die Präambel der RS Bühne Köln 2005 nimmt ausdrücklich auf den gesetzlichen Anspruch des Urhebers auf angemessene Vergütung gemäß § 32 Bezug. Eine Vergütungsregel gemäß § 36 ist die RS Bühne damit aber nicht, weil Urheberverbände keine Partei der Vereinbarung sind (Wandtke/Bullinger/*Ehrhardt*[2] § 19 Rn. 22; Dreier/Schulze/*Schulze*[2] § 36 Rn. 22; a.A. Loewenheim/*Schlatter* § 72 Rn. 56; für eine Einbeziehung in § 36 wegen der treuhänderischen Bindung *Thüsing* GRUR 2002, 203, 204; *Flechsig/Hendricks* ZUM 2002, 423, 424).

344 Die RS Bühne enthält darüber hinaus auch die Geschäftsgepflogenheiten für die **Rechteeinräumung**. Regelmäßig wird ein Aufführungsrecht für ein bis zwei Spielzeiten eingeräumt, und zwar in ausschließlicher Form (nicht nur bei anderen Aufführungen als Uraufführungen und deutschen Erstaufführungen; so aber Wandtke/Bullinger/*Ehrhardt*[2] § 19 Rn. 27, obwohl § 1 Musteraufführungsvertrag RS Bühne Köln 2005 ein ausschließliches Aufführungsrecht vor-

gibt). Die Aufführungsrechte werden örtlich beschränkt auf den Einzugsbereich des Theaters gewährt. Es besteht eine Aufführungspflicht der Bühne.
Sofern ausschließliche Aufführungsrechte eingeräumt sind, darf der Bühnenverlag auch das Vortragsrecht nicht anderweitig vergeben. Nicht gestattet ohne
vorherige Einwilligung des Verlages sind Bearbeitungen des Stückes, insbesondere Einfügung anderer Texte oder eine nicht geschlechterspezifische Rollen-
besetzung. Neben Aufführungsrechten werden der Bühne eingeräumt: Abdruckrechte für „kurze Auszüge" des Textes bzw. der Noten im
Programmheft (soweit der Bühnenverlag über die Rechte verfügen kann);
Übertitelung in elektronischer Form gegen zusätzliche Vergütung; Aufzeichnung auf Bild- und/oder Tonträger einschließlich Vervielfältigung für theater-
eigene Nutzungen (Realisierung der bühnenmäßigen Darstellung, z.B. Proben;
Archiv) gegen zusätzliche Vergütung; Verbreitung dieses Trägers mit einem
Vervielfältigungsstück je Mitwirkendem für seine Bewerbung bei Dritten,
sofern Träger nur zur Beurteilung ihrer künstlerischen Leistungen genutzt
wird; Verbreitung und öffentliches Zugänglichmachen der Aufnahme als Werbung für die Aufführung mit maximal 10 Minuten Gesamtlänge; Nutzung im
Rahmen des § 50 ist ausdrücklich gestattet. Darüber hinaus gehende Sende-,
Video/DVD- und On-Demand-Rechte im Hinblick auf Aufzeichnungen der
bühnenmäßigen Aufführung. Eine Weiterübertragung oder weitere Einräumung der Rechte an Dritte ist ohne Zustimmung des Verlages unzulässig.
Nach Vergabe von Bühnenrechten kann die Einräumung von Verfilmungsrechten für Bühnenstück treuwidrig sein, wenn die bühnenmäßige Auswertung
beeinträchtigt wird (BGH GRUR 1969, 364 – *Fernsehauswertung*); vgl.
Rn. 247 ff.

Bühnenverlag mit Bühne (freie und Amateurtheater): Für freie Theater und **345**
Amateurtheater gilt die RS Bühne nicht. Es existiert auch kein anderes Regelwerk. Es wird im Regelfall nur ein einfaches Aufführungsrecht vereinbart, das
örtlich auf den Einzugsbereich der Bühne begrenzt ist. Zeitlich beschränkt sich
die Nutzungsrechtseinräumung auf eine Spielzeit, wenn nichts anderes vereinbart ist. Es besteht im Regelfall Aufführungspflicht. Über die Aufführung hinausgehende Rechte werden ohne anderweitige Abrede grundsätzlich nicht eingeräumt. Üblicherweise erfolgt die Nutzungsvergütung pauschal. Wird nach
Einnahmen abgerechnet, gehören auch Spenden- und Sponsorengelder dazu.
Die Sätze schwanken um 10% für wort-dramatische Werke und um 13% für
musik-dramatische Werke (Wandtke/Bullinger/*Ehrhardt*[2] § 19 Rn. 24).

Gastspielverträge: Mit **Gastspielverträgen** werden von gastierenden Bühnen **346**
erarbeitete Bühnenproduktionen an anderen Bühnen zur Aufführung gebracht. Dabei schuldet die gastierende Bühne die gesamte Bühnenvorstellung,
d.h. die Inszenierung mit kostümierten Darstellern (einschließlich Reisekosten), Bühnenbild und die Einholung der für die jeweilige Aufführung erforderlichen Rechte; insoweit liegt der schuldrechtliche Schwerpunkt auf Werkvertrag (Loewenheim/*Schlatter* § 72 Rn. 50). Die gastierende Bühne erhält
teilweise ein Pauschalhonorar je Vorstellung, in einigen Fällen kombiniert
mit einer Erfolgsbeteiligung abhängig von der Auslastung des bespielten Hauses; in anderen Fällen ist die gastierende Bühne auch prozentual an den Roh-
Einnahmen beteiligt. Die bespielte Bühne muss üblicherweise ein spielfertiges
Haus bereithalten, also insbesondere die Bühnentechnik, das Catering, die
Garderoben, die Einlasskontrolle. Außerdem trägt die bespielte Bühne wegen
ihrer Ortskenntnis meist die Werbung und Öffentlichkeitsarbeit. Ist ausnahmsweise mit Verwertungsgesellschaften abzurechnen (z.B. bei kleinen Rechten
vgl. Rn. 348), erledigt dies üblicherweise die bespielte Bühne, weil mit Ver-

wertungsgesellschaften nach Zuschauerzahl abgerechnet wird (Loewenheim/ *Schlatter* § 72 Rn. 62). Bei Gastspielen ist wichtig, dass die gastierende Bühne über die relevanten örtlichen Aufführungsrechte verfügt. Die RS Bühne findet Anwendung, sofern die gastierende Bühne zu den Bühnen der RS Bühne zählt (vgl. Rn. 342); der Musteraufführungsvertrag RS Bühnen Köln 2005 enthält in § 1 Abs. 2 eine gesonderte Einräumung für das Aufführungsrecht bei Gastspielen, das regelmäßig nur nicht-ausschließlich gewährt wird. Bei Landesbühnen gilt nach der RS Bühne etwas anderes: sie haben im Regelfall auch ohne gesonderte Einräumung die räumlichen Rechte für die „üblichen regionalen Abstecherbühnen", allerdings ohne Aufführungspflicht.

347   **Tourneeverträge:** Gastspielverträge werden als **Tourneeverträge** bezeichnet, wenn die gastierende Bühne nicht nur mit der bespielten Bühne, sondern auch noch parallel mit anderen bespielten Bühnen für zeitlich versetzte Aufführungen Verträge abschließt. In aller Regel stellt in diesen Fällen aber die gastierende Bühne das Werbematerial, weil sich für die bespielte Bühne wegen der geringen Zahl an Vorstellungen die eigene Herstellung nicht lohnen würde. In einigen Fällen besitzt die gastierende Bühne das Aufführungsrecht nicht; dann muss die bespielte Bühne mit dem Rechteinhaber (regelmäßig Bühnenverlag) einen gesonderten Tourneeaufführungsvertrag nur über das Aufführungsrecht schließen. Die gastierende Bühne mietet oder kauft dann lediglich das Material vom Bühnenverleger.

348   **Veranstalter mit GEMA („kleines Recht"):** Die Verwertung von Werken auf der Bühne wird dadurch etwas verkompliziert, dass jedenfalls für Musikwerke die Aufführungsrechte teilweise von der Verwertungsgesellschaft GEMA wahrgenommen werden. Insoweit ist die berühmte Unterscheidung zwischen „großem" und „kleinem" Recht relevant. Für die **nichtdramatische Aufführung von Musikwerken** als sog. „kleines" Recht (im Gegensatz zum – großen – dramatischen Recht) nimmt die GEMA die Rechte wahr. Der Vertragsschluss erfolgt hier also nicht mit einem Bühnen- oder Musikverlag, sondern mit der diese Rechte wahrnehmenden Verwertungsgesellschaft GEMA; im Einzelnen vgl. § 19 Rn. 20 f.

349   **c) Sendeverträge, Video- und DVD-Verträge:** Zum Sendevertrag allgemein vgl. Rn. 372 bei Rundfunkverträgen, im Übrigen vgl. Vor §§ 88 ff. Rn. 97 ff. Die Sendung von **vorbestehenden Bühnenwerken** in dramatischer Form („**großes**" (Sende-)Recht, vgl. § 19 Rn. 20 f.) wird von den Bühnenverlagen oder den Autoren selbst wahrgenommen. Der Verband Deutscher Bühnen- und Medienverlage e.V. hat sich mit den öffentlich-rechtlichen Rundfunkanstalten mit der Regelsammlung Rundfunk/Verlage für Hörfunk und Fernsehen (**RS Hörfunk, RS Fernsehen**) auf Normverträge (vgl. Rn. 298 f.) geeinigt (erhältlich beim Verband, www.buehnenverleger.de; zum Ganzen ausführlich Wandtke/Bullinger/*Ehrhardt*[2] §§ 20–20b Rn. 40 ff.). Diese Regelsammlung enthält insbesondere Bestimmungen zur Vergütung (im Einzelnen vgl. § 32 Rn. 102). Sie ist jedoch keine Vergütungsregel nach § 36 (vgl. Rn. 343); kartellrechtlich ist sie privilegiert, soweit die Kartellierung einen positiven Effekt für die Urhebervergütung hat (Loewenheim/Meessen/Riesenkampff/*Jan Bernd Nordemann* § 1 GWB Rn. 224; dem folgend Wandtke/Bullinger/*Ehrhardt*[2] § 19 Rn. 22; vgl. Rn. 343). Ferner sehen die RS Hörfunk und die RS Fernsehen eine inhaltlich, zeitlich und räumlich beschränkte Einräumung des Senderechts vor, wobei Wiederholungen gegen zusätzliche Vergütung grundsätzlich zulässig sind. Das **nicht-dramatische** („**kleine**", vgl. Rn. 348) **Senderecht** wird im musikalischen Bereich von der **GEMA** wahrgenommen (§ 1 lit. b) und d)

GEMA-BerechtigungsV). Im Wortbereich nimmt die **VG Wort** das „kleine" Senderecht nur beschränkt auf 10 Minuten Fernseh- und 15 Minuten Hörfunknutzung wahr (§ 1 Nr. 7 WahrnehmungsV VG Wort), ansonsten liegen die „kleinen" Rechte bei den Verlagen bzw. den Autoren. Nach BGH GRUR 1969, 364, 366 – *Fernsehauswertung* kann es **treuwidrig** sein, nach **Vergabe** von Bühnenrechten Senderechte an Dritte zur gleichzeitigen Nutzung zu vergeben. Allerdings gilt insoweit nur eine **angemessene Sperrfrist**, nach deren Ablauf die Rechte auch anderweitig vergeben werden können (vgl. Rn. 247 ff.).

d) Verträge mit Bühnen-, Kostüm- und Maskenbildnern: Bühnenbildnern, aber **350** auch Kostüm- und Maskenbildnern kann im Rahmen der Inszenierung von Bühnenstücken urheberrechtlicher Schutz zukommen (vgl. § 2 Rn. 162). Die aufführende Bühne muss dann von diesen die relevanten Nutzungsrechte erwerben. Im Regelfall erfolgt der Rechteerwerb über den Arbeitsvertrag, weil üblicherweise Bühnen-, Kostüm- und Maskenbildner Angestellte der aufführenden Bühne sind (Loewenheim/*Schlatter* § 72 Rn. 69). Für den Umfang der Nutzungsrechtseinräumung sei auf § 43 (vgl. § 43 Rn. 35) und auf den Tarifvertrag „Normalvertrag Bühne (NV-Bühne)" vom 15.10.2002 (zuletzt geändert 15.01.2006) verwiesen. In anderen Fällen ohne Arbeitnehmerstatus richtet sich der Umfang der Nutzungsrechtseinräumung – bei Fehlen spezifischer Abreden – nach Zweckübertragungslehre gem. § 31 Abs. 5 und üblichem Bühnenbrauch. Dabei ist im Regelfall von ausschließlichen und zeitlich unbegrenzten Rechten der Bühne auszugehen, weil das Interesse der Bühne überwiegt, „ihre" Inszenierung nicht bei der Konkurrenz wieder zu finden. Räumlich geht die Rechtseinräumung jedenfalls dann über den Konkurrenzkreis der Bühne hinaus, wenn die Bühne üblicherweise Gastspiele oder Tourneen veranstaltet. Siehe ausführlich zum Umfang der Nutzungsrechtseinräumung bei angestellten und freien Bühnen-, Kostüm- und Maskenbildnern: Loewenheim/*Schlatter* § 72 Rn. 71; *Kurz*, Praxishandbuch Theaterrecht, 1999, 13. Kap. Rn. 67 ff.; zur Vergütung nach NV Bühne vgl. § 32 Rn. 101 f.

e) Verträge mit ausübenden Künstlern: Darsteller, die Bühnenwerke aufführen, **351** sind als ausübende Künstler durch das UrhG geschützt (§§ 73 ff.). In zahlreichen Fällen sind sie Arbeitnehmer; für sie gelten in vielen Fällen Tarifverträge (vgl. § 43 Rn. 34 ff.), insbesondere der „Normalvertrag Bühne (NV-Bühne)" vom 15.10.2002 (zuletzt geändert 15.01.2006); nur für Orchestermusiker gilt mit dem „Tarifvertrag für die Musiker in den Kulturorchestern (TVK)" ein separater Tarifvertrag. Daneben existieren allerdings auch noch einige Haustarifverträge, § 101 Abs. 4 NV-Bühne. Im Übrigen gelten die Regelungen zum Vertragsrecht der ausübenden Künstler (vgl. § 79 Rn. 13 ff.).

f) Materialmiete: Neben der Einräumung von Rechten zur Aufführung wird **352** üblicherweise ein Mietvertrag mit dem Bühnen- oder Musikverlag über das körperliche Aufführungsmaterial (Textbücher, Notenmaterial etc.) abgeschlossen, weil es sich für den Veranstalter selten lohnt, für wenige Aufführungen das Material käuflich zu erwerben. Dabei wird in einem sog. **Revers** regelmäßig die Pflicht vereinbart, das Material nur für die eingeräumten Nutzungsrechte zu verwenden. Jede andere Nutzung steht unter Genehmigungsvorbehalt mit weiterer Vergütung, z.B. die Nutzung zur Sendung oder zur öffentlichen Zugänglichmachung. Eine Weitervermietung an Dritte ist ebenfalls regelmäßig verboten. Die RS Bühne Köln 2005 (vgl. Rn. 342 ff.) als Normvertrag (vgl. Rn. 298 f.) enthält entsprechende Regelungen einschließlich einem Mustermaterialmietvertrag. Überdies existiert auch in der

„Regelsammlung Musikverlage – Rundfunk/Kleines Recht" (zu finden in *Delp*, Das gesamte Recht der Publizistik – RdPubl, 2. Aufl., München 1995 [Stand September 2005], Nr. 797 (Regelsammlung Bühnenverlage/Rundfunk – Fernsehen) eine als „Materialentschädigung" bezeichnete Bestimmung einer zusätzlichen Vergütung für Nutzungen, die über Aufführungen hinausgehen (*Hillig/Blechschmidt* ZUM 2005, 505 ff.). Auch der Deutsche Musikverleger-verband (DMV) hat ein entsprechendes Muster-Materialmietrevers entwickelt. Zum Mietrevers des DMV eingehend *Hillig/Blechschmidt* ZUM 2005, 505 ff.; *Rehbinder* FS Roeber S. 321 ff.; Dreier/Schulze/*Schulze*[2] Rn. 212 ff.).

353 **Dingliche Wirkung** entfaltet das Revers im Hinblick auf das **Vervielfältigungs- und Verbreitungsrecht** am Material selbst (§§ 16, 17, 96), sofern das zugrundeliegende **Werk noch urheberrechtlich geschützt** ist. Vertragswidrige Vervielfältigungen in Deutschland (auch privater Natur, § 53 Abs. 4!) sind zugleich Urheberrechtsverletzungen. Das Gleiche gilt für eine vertragswidrige Weitervermietung oder einen vertragswidrigen Weiterverkauf des Materials in Deutschland, weil das Verbreitungsrecht nicht durch den Vermietvorgang erschöpft ist (Dreier/Schulze/*Schulze*[2] Rn. 216 unter zutreffendem Hinweis auf die seit Änderung des § 17 überholte Entscheidung des LG Hamburg GRUR 1967, 150, 151 – *Appollon musagéte*). Die mangelnde EU-weite Erschöpfung des Verbreitungsrechts in Form des Vermietrechts macht es übrigens auch urheberrechtswidrig, im EU-Ausland erworbenes oder gemietetes Material an Bühnen im Inland zu vermieten (Dreier/Schulze/*Schulze*[2] Rn. 215). Anders ist es jedoch, wenn rechtmäßig im Ausland von einer Bühne oder einem Orchester hergestelltes Material im Inland von diesen selbst zur Aufführung genutzt wird, weil dann weder eine unzulässige Verbreitung noch ein Verstoß gegen § 96 gegeben ist (BGH GRUR 1972, 141, 142 – *Konzertveranstalter*). Für Aufführungen aufgrund rechtswidrig hergestellten Materials haftet der Veranstalter als Störer für die Urheberrechtsverletzung gemäß § 96 nach BGH GRUR 1972, 141, 142 – *Konzertveranstalter* nur, wenn die GEMA nicht die Aufführungsrechte wahrnimmt (also bei Aufführung dramatischer Werke, sog. großes Recht, vgl. Rn. 348). Fehlt es an einem urheberrechtlichen Schutz des zugrundeliegenden Werkes wegen Ablaufs der Schutzfrist, können auch aus **§§ 8, 3, 4 Nr. 9 UWG** keine deliktischen Ansprüche hergeleitet werden, jedenfalls dann nicht, wenn das Werk schon mehr als 50 Jahre gemeinfrei ist (BGH GRUR 1986, 895, 896 – *Notenstichbilder*).

354 Sieht man von den dargestellten Einschränkungen des Vervielfältigungs- und Verbreitungsrechts für das Notenmaterial selbst ab, wirkt das Revers grundsätzlich nur **schuldrechtlich** (LG Hamburg GRUR 1967, 150, 151 – *Appollon musagéte*; *Hillig/Blechschmidt* ZUM 2005, 505, 508). Insbesondere eine Vervielfältigung und Verbreitung als Tonträger (sog. mechanische Rechte) kann nicht unter eine dinglich relevante Einschränkung gestellt werden, dass das Material des Verlegers nicht genutzt wird (BGH GRUR 1965, 323, 325 – *Cavalleria rusticana*, für von der GEMA wahrgenommene mechanische Rechte). Lediglich der Vertragspartner des Bühnen- oder Musikverlegers setzt sich bei Verstoß Ansprüchen aus. Deshalb kann der Bühnen- oder Musikverleger auch keinen Schadensersatz bei reverswidriger Nutzung des Materials verlangen, wenn die relevanten urheberrechtlichen Nutzungsrechte von Verwertungsgesellschaften (z.B. kleine Aufführungsrechte und mechanische Rechte für musikalische Werke durch GEMA, vgl. Rn. 348) und nicht vom Bühnen- oder Musikverlag eingeholt werden (BGH GRUR 1965, 323, 325 – *Cavalleria rusticana*). Nur wenn der Verlag die Rechte selbst wahrnimmt (z.B. großes

Aufführungsrecht durch Bühnenverlag, vgl. § 19 Rn. 20 f.), kann der Verlag einen vertraglichen Schadensersatzanspruch in Höhe der üblichen Materialentschädigung geltend machen (BGH GRUR 1966, 570 – *Eisrevue III*).

Allerdings begegnen jedenfalls **die schuldrechtlich wirkenden Abreden** teil-   **355** weise **kartellrechtlichen Bedenken** (Loewenheim/Meessen/Riesenkampff/*Jan Bernd Nordemann* § 1 GWB Rn. 221; zur Rechtslage vor der 7. GWB-Novelle 2005 *Hillig/Blechschmidt* ZUM 2005, 505, 510). Das Verbot in dem Revers, das Material nur für bestimmte Nutzungshandlungen zu verwenden, ist grundsätzlich eine wettbewerbsbeschränkende Verwendungsbeschränkung gemäß § 1 GWB, Art. 81 Abs. 1 EG. Sie ist auch nicht aufgrund Urheberrechts kartellrechtlich privilegiert (dazu allgemein vgl. Rn. 251 ff. und Loewenheim/Meessen/Riesenkampff/*Jan Bernd Nordemann* § 1 GWB Rn. 217 ff.), weil sie nicht die urheberrechtliche Rechtseinräumung, sondern einen davon zu unterscheidenden körperlichen Vermietvorgang betrifft. Das Gleiche gilt, wenn die Vermietung von Notenmaterial an Dritte mit Konditionenbindungen einhergeht, z.B. Weitergabe von Aufnahmen auf der Grundlage des Materials nur bei Vergütungsverpflichtung Dritter gegenüber dem Bühnenverleger. In Betracht kommt jedoch eine Freistellung nach § 2 GWB. Eine Freistellung gemäß § 2 Abs. 2 GWB in Verbindung mit der GVO Vertikalvereinbarungen scheidet im Regelfall aus, weil die GVO Vertikalvereinbarungen auf Vermietvorgänge (EU-Kommission, Leitlinien GVO Vertikalvereinbarungen, Tz. 25; Loewenheim/Meessen/Riesenkampff/*Jan Bernd Nordemann* § 1 GWB Rn. 221 m.w.N.) oder – falls die Einräumung von Nutzungsrechten Hauptgegenstand ist – wegen Art. 2 Abs. 3 GVO Vertikalvereinbarungen nicht anwendbar ist. Für Verwendungsbeschränkungen in Form von Wettbewerbs- oder Kundenschutz gelten die allgemeinen Regeln (Loewenheim/Meessen/Riesenkampff/*Jan Bernd Nordemann* § 1 GWB Rn. 164 m.w.N. zu Wettbewerbsverboten und Kundenschutz in Mietverträgen); ob danach insbesondere eine Verwendungsbeschränkung oder Konditionenbindung im Hinblick auf das betreffende Werk unzulässig ist, hängt von einer Beurteilung der wettbewerblichen Situation ab (§ 2 Abs. 1 GWB, Art. 81 Abs. 3 EG). Es erscheint zwar als zweifelhaft, den sachlich relevanten Markt für jedes Werk gesondert abzugrenzen (vgl. Rn. 267 ff.; dafür *Hillig/Blechschmidt* ZUM 2005, 505, 511, jedenfalls für Werke der E-Musik) und damit ein Monopol für den Bühnenverleger zu konstruieren, wenn er das Material als einziger anbietet. Jedoch ist der Substitutionswettbewerb eingehend zu untersuchen. Werden auch vergleichbare Werke nur mit einer gleichlautenden Reversbindung angeboten (z.B. jeweils auf der Grundlage des Muster-Materialmietreverses des Deutschen Musikverleger-Verbandes), kann eine Kartellrechtswidrigkeit nicht mehr von vornherein ausgeschlossen werden. Bei entsprechender Marktmacht des Vermieters (zur Marktabgrenzung vgl. Rn. 267 ff.) kommt ferner eine Anwendung der Vorschriften über den Missbrauch der marktbeherrschenden Stellung oder jedenfalls der Missbrauch von Marktstärke jeweils im Vertikalverhältnis in Betracht, § 20 GWB (einen Missbrauch befürwortend, allerdings ausgehend von einem engen, auf das einzelne Werk der E-Musik begrenzten sachlichen Markt, *Hillig/Blechschmidt* ZUM 2005, 505, 512). Zusätzlich kann noch die Frage gestellt werden, ob **formularmäßige Verwendungsbeschränkungen** gegen **§ 307 Abs. 2 Nr. 2 BGB** verstoßen (bejahend *Hillig/Blechschmidt* ZUM 2005, 505, 513).

g) Verwertungsgesellschaften: Im Bereich des Aufführungsrechts (vgl. Rn. 348)   **356** und des Senderechts (vgl. Rn. 349) werden die Rechte an Bühnenwerken teilweise von Verwertungsgesellschaften wahrgenommen.

357 h) **Musterverträge und Weiterführendes:** Muster für Bühnen-Aufführungsvertrag Münchener Vertragshandbuch/*Vinck*[5] Bd. 3, Wirtschaftsrecht II, VII.47, S. 1050 ff.; Muster-Aufführungsvertrag für dramatische Werke (Normvertrag): Regelsammlung Verlage(vertriebe)/Bühnen Kölner Fassung 2005, zu beziehen über den Verband der Deutschen Bühnen- und Medienverlage e.V., www.buehnenverleger.de. Speziell für den Bühnenverlag: *Delp*[7] S. 35, III.17, S. 364. Umfassende Darstellung bei Loewenheim/*Schlatter* § 72 (Bühnenverträge); *Kurz*, Praxishandbuch Theaterrecht, München 1999; ferner *Beilharz*, Der Bühnenvertriebsvertrag als Beispiel eines urheberrechtlichen Wahrnehmungsvertrages (1970); *Rossbach/Joss* FS Schricker 60. Geb. S. 333, 360; *Schricker*, Verlagsrecht[3], § 1 Rn. 84 f.

7. Verträge über Musikwerke (Musikverträge)

358 Musikverträge zielen auf die Auswertung von musikalischen Werken oder Leistungen. Die Rechtesituation ist für den nicht branchenerfahrenen Verwerter etwas komplex. Denn je nach Vertrags- und Nutzungsart muss sich der Verwerter die relevanten urheberrechtlichen Werknutzungsrechte von verschiedenen Rechteinhabern einräumen lassen. In Betracht kommen Urheber, Musikverlag oder Verwertungsgesellschaft. Die Lage verkompliziert sich weiter dadurch, dass je nach dem Gegenstand der Nutzung nicht nur vom Urheber abgeleitete Nutzungsrechte eingeholt werden müssen, sondern auch Leistungsschutzrechte (z.B. der ausübenden Künstler, Tonträgerhersteller, Veranstalter) relevant sein können.

359 a) **Musikverlagsverträge:** Beim Musikverlag erwirbt der Musikverleger mit dem Verlagsrecht umfassende Nutzungsrechte, von denen er jedoch praktisch regelmäßig nur zwei **Hauptrechte** tatsächlich selbst wahrnimmt: Das **Papiergeschäft**, also das Recht zu Vervielfältigung gemäß § 16 und Verbreitung gemäß § 17 Abs. 1 von Notenmaterial und das sog. **Große Recht,** also das Recht der bühnenmäßigen Aufführung dramatisch-musikalischer Werke (so umschrieben in der Ausnahmeregelung des § 1 Buchst. h GEMA-Berechtigungsvertrag); zum großen Recht und Bühnenverlagsverträgen vgl. Rn. 348. Ausländische Musikverlage lassen sich häufig über deutsche Verlage vertreten, und zwar im Wege von **Subverlagsverträgen**, wie sie selbst sich häufig im Ausland mittels solcher Verträge repräsentieren lassen. Die Zahl der Gestaltungsmöglichkeiten für die Zusammenarbeit zwischen Verlagen sind vielfältig und reichen von **Editionen** und **Co-Editionen** über das **Subverlagswesen** bis zu **Administrationsvereinbarungen** (Moser/Scheuermann/*Lichte*, Handbuch der Musikwirtschaft[6], S. 1067–1090; Dreier/Schulze/*Schulze*[2] Rn. 228; *Karow*, Die Rechtsstellung des Subverlegers im Musikverlagswesen, 1970; zur Zustimmung des Urhebers hierzu vgl. § 35 Rn. 9). Auf die Auswertung des Hauptrechts – nicht aber auf die unten genannten Nebenrechte – sind gemäß § 1 VerlG die Regelungen des Verlagsrechtes anzuwenden (BGH GRUR 1965, 325 – *Cavalleria Rusticana*); im Übrigen siehe die Kommentierung zu § 1 VerlG. Insbesondere besteht damit eine Auswertungspflicht, siehe § 1 S. 2 VerlG. Die Herstellung von Vervielfältigungsstücken auf Abruf kann für die Erfüllung der Vervielfältigungs- und Verbreitungspflichten genügen (BGH GRUR 1988, 303, 305 – *Sonnengesang*; Dreier/Schulze/*Schulze*[2] Rn. 222). Dem Verleger wird eine Förderungspflicht und Auswertungslast aufgebürdet, die ihn beispielsweise zu absatzfördernder Werbung verpflichtet. Kommt er dieser nicht nach, besteht u.U. für den Urheber gemäß § 32 VerlG ein Rücktrittsrecht (BGH GRUR 1970, 40, 44 – *Musikverleger I*; OLG München ZUM 2001, 173, 179 – *Holländer*), das neben den Rechten aus § 41 steht. Zudem ist er zur Verwaltung der Einkünfte und Ausschüttung vereinbarter Anteile an den Urheber verpflichtet. Zur **Vergütung** des Hauptrechts vgl. § 32 Rn. 98 ff.

Nebenrechte: Neben dem Papiergeschäft – und mit viel größerer wirtschaftli- **360** cher Bedeutung – werden dem Musikverleger zumeist auch Nebenrechte an der Verwertung von **Musikwerken** wie Aufführung, Sendung, Tonträgerher- stellung und –verbreitung (sog. mechanische Rechte) oder öffentliche Zugäng- lichmachung im Internet (sog. Online-Rechte) mit eingeräumt. Im Gegensatz zum Papiergeschäft, das durch den Verwerter selbst wahrgenommen wird, werden die „mechanischen Rechte" wie Vervielfältigung und Verbreitung von Tonträgern, das Recht der öffentlichen Zugänglichmachung im Internet, aber auch Aufführungs- und Senderechte, die alle den wirtschaftlichen Kern der Verwertung eines Musikwerkes ausmachen, regelmäßig von der **GEMA** wahrgenommen. Hat der Urheber seinen GEMA-Berechtigungsvertrag mit seiner umfassenden Rechtseinräumung (auch hinsichtlich künftiger Werke) vor dem Verlagsvertrag unterzeichnet, verfügt also der Musikverlag über die Rechte gar nicht, sondern ist nur – über die Verlagsbeteiligung bei der GEMA – an den Ausschüttungen der GEMA beteiligt (OLG München WRP 2006, 611 (LS) = OLGR München 2006, 398–400 (LS und Gründe); Loewenheim/*Czy- chowski* § 68 Rn. 27). Die Vergütung der Urheber und Verleger bemisst sich nach den GEMA-Verteilungsplänen.

Die verschiedenen Nutzer des GEMA-Repertoires erwerben bei der GEMA **361** (einfache) Nutzungsrechte auf vertraglicher Grundlage: Für Vervielfältigung und Verbreitung von Tonträgern wird der Normalvertrag für die phonogra- phische Industrie (Tonträger) zugrunde gelegt (zu finden in Moser/Scheuer- mann/*Valbert*, Handbuch der Musikwirtschaft[6], S. 931 ff.). Zu den Vertrags- beziehungen bei kommerziellen **Musik-Download-Plattformen** vom Urheber über die Musikverlage und die GEMA bis hin zu den Content-Providern siehe *Hoenike/Hülsdunk* MMR 2004, 59.

Die GEMA ist jedoch hinsichtlich der vorgenannten Nutzungen nur zur Wahr- **362** nehmung verpflichtet; die Förderungspflicht durch Werbung und dgl. obliegt weiterhin dem Musikverlag (Dreier/Schulze/*Schulze*[2] Rn. 221). Darin liegt die Rechtfertigung für seine Beteiligung an den GEMA-Erlösen. Für den Verleger besteht außerdem die Verpflichtung, für eine umfassende Auswertung durch die GEMA zu sorgen. Regelmäßig muss für die Verwertung einer Bearbeitung die Zustimmung von den Musikverlagen eingeholt werden. Gleiches gilt für die filmische Nutzung (sog. Synchronisationsrecht) als **Filmmusik**; vgl. Vor §§ 88 ff. Rn. 110. Zur **Nebenrechtsvergütung** vgl. § 32 Rn. 98 ff.

b) Künstlerverträge: Zunächst vgl. § 79 Rn. 13 ff.: Die Rechte ausübender **363** Künstler (§§ 73 ff., insbesondere § 79) werden durch **Künstlerverträge** mit den Künstlern eingeräumt. Vertragspartner des Künstlers ist entweder ein (Film- oder Tonträger-) Hersteller, Veranstalter oder Sendeunternehmen. Der Rechtsnatur nach sind das Verwertungsverträge eigener Art (vgl. BGH GRUR 1989, 198, 201 – *Künstlerverträge*). Denkbar ist auch ein Bandübernahme- vertrag zwischen dem Produzenten und dem Tonträgerhersteller, wonach letzterer von einem Masterband weitere Tonträger fertigt (Bandübernahme- Mustervertrag in Münchener Vertragshandbuch/*Hertin*[5] Bd. 3, Wirtschafts- recht II, VII.25, S. 836). Bei besonders bekannten Künstlern kann der Künst- lervertrag in einen weitergehenden Managementvertrag übergehen, der eine exklusive Betreuung beinhaltet und gem. § 627 BGB jederzeit kündbar ist (LG Berlin ZUM 2007, 754, 757; zu Managementverträgen und § 138 BGB vgl. Rn. 51 ff.). Freilich kann – in anderer Richtung – auch eine geringere Verpflichtung vereinbart werden, die sich in der Vervielfältigung und ggf. Verbreitung ohne jegliche Absatzförderung erschöpft. Meist besteht eine exklusive Bindung eines Künstlers an den Tonträgerhersteller. Eine einseitige wirtschaftliche Belastung des Künstlers kann sittenwidrig sein (vgl. § 79 Rn. 71 ff.). Ist eine Auswertungspflicht vereinbart (dazu allgemein vgl. Rn. 41 ff.), kann auf die Regelungen des Verlagsrechts zurückgegriffen werden. – Außerdem schließen Künstler Agenturverträge und Managementverträge auch mit Werknehmern, die nicht Tonträgerhersteller sind. Die Regelungen des SGB III können hier für den Agenturvertrag, nicht aber für den Managementvertrag die Vergütungshöhe begrenzen (dazu und zur Abgrenzung zwischen beiden Vertragsarten OLG Hamburg ZUM 2008, 144, 145). Rechte ausübender Künstler werden auch zu einem gewissen Teil von VGen wahrgenommen, insb. durch die GVL (www.gvl.de).

364 c) **Veranstalter- und Bühnenverträge:** Veranstaltern stehen in gewissem Umfang eigene Leistungsschutzrechte zu (§ 81). So ist denkbar, dass die geschützte Leistung eines Veranstalters (z.B. bei Live-Mitschnitt) genutzt wird. Zum Vertragsrecht vgl. § 81 Rn. 20 ff.

365 Bei **öffentlicher Aufführung** sind außerdem die Rechte der **Musikurheber** relevant. Sie werden von der GEMA wahrgenommen, sofern es sich nicht um eine bühnenmäßige Aufführung dramatisch-musikalischer Werke handelt (vgl. Rn. 348).

366 d) **Verträge mit Tonträgerherstellern:** Für die Vervielfältigung und Verbreitung von Tonträgern sowie deren öffentliche Zugänglichmachung stehen dem Hersteller des Tonträgers ausschließliche Leistungsschutzrechte gemäß § 85 sowie Beteiligungsansprüche für öffentliche Wiedergaben gemäß § 86 zu. Zum Vertragsrecht vgl. § 85 Rn. 59 ff.

367 e) **Verträge über Musikvideos:** Schwierig ist die Situation bei der Produktion von Musikvideos. Hier müssen zunächst die relevanten **musikalischen Rechte** der Musikurheber, ausübenden Künstler und Tonträgerhersteller eingeholt werden. Die Rechteeinräumung erfolgt teilweise über Verwertungsgesellschaften, z.B. durch GEMA und GVL. Das Recht, die Bilder mit der Musik zu verknüpfen, wird allerdings im Regelfall (einmalig) durch die Musikurheber bzw. Musikverlage als Rechteinhaber ausgeübt (sog. **Filmherstellungsrecht** oder Synchronisationsrecht; vgl. Vor §§ 88 ff. Rn. 110). Bei Eigen- und Auftragsproduktionen im Fernsehbereich kann das Recht ausnahmsweise über die GEMA erworben werden (*Kreile/Becker/Riesenhuber/Staudt*, Recht und Praxis der GEMA, 2005, S. 334, Kap. 10 Rn. 263). Bei der Aufzeichnung einer Konzertaufführung, z.B. durch das Fernsehen, wird das dargebotene Musikwerk nach der Rechtsprechung des BGH nicht verfilmt. Das Werk der Musik werde dadurch nur vervielfältigt, nicht bearbeitet. Allerdings stellt der Vervielfältigungsakt, mit dem das Werk in den Film eingebracht wird, nach dem BGH eine eigene Nutzungsart dar. Das Recht behalten sich die Verlage regelmäßig (von der oben genannten Ausnahme bei Fernseh-Eigenproduktionen abgesehen) vor (bzw. rufen es aus der GEMA zurück), weshalb es nicht von der GEMA erworben werden kann (BGH GRUR 2006, 319 – *Alpensinfonie*; zw., zur Kritik vgl. § 88 Rn. 55). Allerdings sind ggf. bestehende Leistungsschutzrechte (z.B. ausübende Künstler, Sendeunternehmen, Filmhersteller) von den Rechteinhabern einzuholen. Nach der einmal erteilten Zustimmung kann es allerdings auf allen folgenden Auswertungsstufen nicht mehr geltend gemacht werden (BGH GRUR 1994, 41, 43 – *Videozweitauswertung II*).

Bei Musikvideos, die zugleich ein Filmwerk darstellen, sind außerdem die **368** filmischen Rechte zu beachten. Es gelten für die Einräumung der Rechte der Stoffurheber (z.B. Scriptautor) § 88, der Filmurheber (z.B. Regisseur, Kameramann) § 89 und der ausübenden Künstler im Film § 92. Im Hinblick auf den hergestellten Film erfolgt eine Wahrnehmung durch Verwertungsgesellschaften hauptsächlich im Hinblick auf die gesetzlichen Vergütungsansprüche der beteiligten Urheber, ausübenden Künstler und Filmhersteller (§ 94 Abs. 4).

f) **Verwertungsgesellschaften:** Für Musikurheber (und Musikverlage bei ver- **369** legten Werken) nimmt die GEMA umfassend Rechte wahr; vgl. den GEMA Berechtigungsvertrag, abrufbar unter www.gema.de. Das gilt vor allem für das „kleine" (vgl. Rn. 348) Aufführungsrecht, das Vorführrecht (insb. zu Filmverträgen vgl. Vor §§ 88 ff. Rn. 110), das Senderecht, das Recht der öffentlichen Zugänglichmachung und die mechanischen Rechte (Vervielfältigung und Verbreitung von Ton- und Bildtonträgern). Außerdem nimmt die GEMA die gesetzlichen Vergütungsansprüche wahr (§ 63a). Für Leistungsschutzberechtigte (ausübende Künstler, Tonträgerhersteller) erfolgt eine Wahrnehmung in geringerem Umfang durch die GVL (vor allem gesetzliche Vergütungsansprüche, siehe www.gvl.de). Neben der gesetzlichen Sendevergütung wird insbesondere die Vergütung für die öffentliche Wiedergabe erschienener Tonträger wahrgenommen. An diesen Vergütungen sind die Tonträgerhersteller über § 86 beteiligt.

g) **Musterverträge und Weiterführendes:** Normvertrag im Bereich Musikverlag **370** des Deutschen Musik Verleger-Verbandes e.V. mit dem Deutschen Komponistenverband (erhältlich über www.musikverleger.de); Moser/Scheuermann/ *Lichte* S. 1067 (Musikverlagsvertrag); Moser/Scheuermann/*Sasse* S. 1303 (Videoclipvertrag); Moser/Scheuermann/*Schulz* S. 1342 (Werbemusikvertrag); *ders.,* a.a.O. S. 1380 (Filmmusikvertrag); weitere Musikverlagsverträge in Münchener Vertragshandbuch/*Wilhelm Nordemann* bzw. *Hertin*[5] Bd. 3, Wirtschaftsrecht II, u.a.: VII.20 (Oper), VII.16 (Schlager), VII.30 (Filmmusik). Ferner: *Rossbach/Joos* FS Schricker 60. Geb. S. 333, 340 ff.; *Fischer/Reich (Hrsg.),* Der Künstler und sein Recht, 1992, S. 241 ff.; Loewenheim/*Czychowski* § 68 (Musikverlagsverträge); Loewenheim/*Rossbach* § 69 (Tonträgerherstellungsverträge und benachbarte Musikverträge); *Will-Flatau,* Rechtsbeziehung zwischen Tonträgerproduzenten und Interpret aufgrund eines Standardkünstlerexklusivvertrages, 1990. Zu Künstlerverträgen im Detail vgl. § 79 Rn. 13 ff.

8. Filmverträge

Dazu ausführlich vgl. Vor §§ 88 ff. Rn. 46 ff. Filme können auch interaktive **371** **Computerprogramme** sein, z.B. Computerspiele mit bewegten Bildern; insoweit überschneiden sich dann Software- und Filmurheberrecht (vgl. Vor §§ 88 ff. Rn. 12).

9. Rundfunkverträge

a) **Fernsehen:** Im Fernsehbereich schließen Rundfunkveranstalter zur Akqui- **372** sition von Content zunächst umfassend Filmverträge. Bei **Eigenproduktionen** sind die §§ 88, 89, 92 und 94 einschlägig. Filmwerke im Sinne der §§ 88 ff. sind insoweit nicht nur Spielfilme oder Serien, sondern auch Shows, politische Magazine, Nachrichtensendungen etc. (vgl. Vor §§ 88 ff. Rn. 9 ff.). Meist erfolgt die Rechtseinräumung bei Eigenproduktionen durch Arbeitsvertrag, insbesondere in Verbindung mit Tarifverträgen (§ 43). Auch bei **unechten Auftragsproduktionen** sollten die §§ 88 ff. einschlägig sein (vgl. Vor §§ 88 ff. Rn. 64). Zu **Produktionsvorbereitungs- und Produktionsentwicklungsverträgen** vgl. Vor §§ 88 ff. Rn. 65, auf die ebenfalls § 88 anwendbar sein kann. Häufig beteiligt sich die Rundfunkanstalt auch als **Co-Produzentin** (vgl. Vor §§ 88 ff. Rn. 55) oder vergibt **(echte) Auftragsproduktionen** (vgl. Vor §§ 88 ff. Rn. 58). Daneben schließt die Rundfunkanstalt auch reine **Lizenzverträge**, insb. im Hinblick auf die Einholung von Senderechten (zu Sendelizenzen vgl. Vor §§ 88 ff. Rn. 97 ff.). Die Rundfunkanstalt muss teilweise Rechte auch von **Verwertungsgesellschaften** erwerben, insbesondere im Musikbereich (vgl. Rn. 369). Der Rundfunkanstalt kann als Sendeunternehmen gemäß § 87 ein **eigenes Leistungsschutzrecht** zustehen, das bei anderweitiger Auswertung der Funksendung bei der Rundfunkanstalt erworben werden muss.

373 b) **Hörfunk:** Beim Hörfunk ist die Vertragsstruktur etwas anders. Die Nutzungsrechte an der Radiomusik werden regelmäßig von den musikalischen Verwertungsgesellschaften GEMA und GVL erworben. Wortbeiträge sind meistens Eigenproduktionen, so dass die Sender die relevanten Rechte der Urheber und ausübenden Künstler regelmäßig über Arbeits- und Tarifverträge erwerben (§ 43). Ansonsten gelten verschiedene Hörfunkhonorarbedingungen, z.B. der ARD-Anstalten. Kooperieren die ARD-Anstalten derart, dass sie Kriminalhörspiele unter redaktioneller Leitung eines Senders zeitgleich ausstrahlen, so liegt kein „gemeinsames Hörfunkprogramm" vor. Denn eine einzelne Sendung kann kein Programm ausmachen. Damit war ein Wiederholungshonorar an Urheber bzw. Leistungsschutzberechtigte zu zahlen (AG Frankfurt am Main Urt. v. 07.11.1997, Az. 30 C 817/97 – 47, zit. nach *Axel Nordemann/Jan Bernd Nordemann/Czychowski* NJW 1998, 422, 429 m. Fn. 91). Ferner sei auf die Regelsammlung Verlage/Rundfunk – Hörfunk – (aktuell gültig vom 01.01.2006 bis 31.12.2008), auch genannt **RS Hörfunk,** zwischen dem Verband der Bühnen- und Medienverlage und den öffentlich-rechtlichen Rundfunkanstalten verwiesen (erhältlich bei www.buehnenverleger.de). Sie regelt – wie die parallele RS Fernsehen, vgl. Rn. 349 – die **Nutzung der Urheberrechte vorbestehender wortdramatischer und musikdramatischer Werke im öffentlich-rechtlichen Hörfunk.** Aus der RS Hörfunk ergeben sich übliche Vergütungen auch für Scripts, die Drehbüchern im Filmbereich vergleichbar sind; im Detail zu den daraus ersichtlichen Vergütungen vgl. § 32 Rn. 103 f. Teilweise werden bestimmte Programmteile, z.B. Nachrichten, von den Rundfunkanstalten extern zugekauft. Insoweit sei auf die Ausführungen zu Auftragsproduktionen oder Sendelizenzverträgen verwiesen (vgl. Vor §§ 88 ff. Rn. 57 ff. und Rn. 97 ff.). Allerdings gelten die §§ 88, 89 in keinem Fall, auch nicht analog, weil Gegenstand der Produktion kein „Film" ist.

374 c) **Verwertungsgesellschaften:** Verwertungsgesellschaften nehmen im Rundfunkbereich umfassend Rechte wahr. Dies gilt namentlich für die Sendung von Musik (im Fernsehbereich vgl. vor §§ 88 ff. Rn. 97 ff., im Hörfunk vgl. Rn. 373). Die Sendung von kurzen nicht-dramatisierten Texten (bis 10 Minuten im Fernsehen, bis 15 Minuten im Hörfunk) ist gegenüber der **VG Wort** zu vergüten (§ 1 Nr. 7 Wahrnehmungsvertrag VG-Wort). (Fernseh-)Senderechte an Werken der bildenden Künste vergibt im Regelfall die **VG Bild-Kunst,** für bestimmte ihrer Berufgruppen allerdings nur begrenzt (§ 1 lit.c Wahrnehmungsvertrag der VG Bild-Kunst). Zu gesetzlichen Vergütungsansprüchen vgl. Vor §§ 88 ff. Rn. 113.

d) Musterverträge und Weiterführendes: Mustervertrag für Sendeverträge **375** Münchener Vertragshandbuch/*Hertin/Ehrhardt*[5] Bd. 3, Wirtschaftsrecht II, VII.37A – 39, S. 933 – 979; ausführlich *v. Olenhusen*, Film und Fernsehen – Arbeitsrecht, Tarifrecht, Vertragsrecht (2001); Loewenheim/*Castendyk* § 75 zu Sendeverträgen; v.Hartlieb/Schwarz/*Castendyk*[4] Kap. 257 Rn. 1 ff.

10. Verträge über bildende Kunst

a) Herstellung eines Originals (Kunstwerkvertrag): Verträge im Bereich der **377** bildenden Kunst können auf die Herstellung eines Werkes der bildenden Kunst als Original gerichtet sein. Es handelt sich um einen **Werklieferungsvertrag** (§ 651 S. 3 BGB), weil die Lieferung der nicht vertretbaren Werksache (Original) Hauptsache ist (BGH GRUR 1966, 390, 390 f. – *Werbefilm*; BGH GRUR 1956, 234 – *Gedächtniskapelle* für künstlerische Baubestandteile). Zunächst ist der Künstler gem. § 950 Abs. 1 BGB im Regelfall Sacheigentümer (anders in Arbeitsverhältnissen, wo der Arbeitgeber als Hersteller gilt; so auch Wandtke/Bullinger/*Wandtke/Grunert*[2] Rn. 55). Nach Fertigstellung besteht aber regelmäßig eine Pflicht zur Übereignung des Kunstwerkes. Zu Gewährleistungsansprüchen vgl. Rn. 176 ff. Für **handwerkliche Mängel** gilt nichts Besonderes (vgl. Rn. 180). **Künstlerische Mängel** können wegen der Gestaltungsfreiheit des Künstlers jedoch grundsätzlich gar nicht gerügt werden (eingehend vgl. Rn. 181).

Vom Erwerb des (körperlichen) Originals zu trennen ist die Frage, welche **378** **Nutzungsrechte** dem neuen Eigentümer eingeräumt werden. Beim Verkauf des Werkoriginals gehen mit dem Übergang von Eigentum und Besitz Nutzungsrechte nicht automatisch über (vgl. § 44 Abs. 1), sondern müssen eingeräumt werden. Das Gleiche gilt nach der zutreffenden herrschenden Auffassung auch bei Veräußerung von Vervielfältigungsstücken (vgl. § 44 Rn. 6). Eine Ausnahme bildet das **Ausstellungsrecht**, das gem. § 44 Abs. 2 im Zweifel bei Veräußerung mit eingeräumt wird. Außerdem ist nach Veräußerung durch den Urheber sein Verbreitungsrecht gem. § 17 Abs. 2 erschöpft. Schließlich gilt für **Porträtwerke** die Schranke des § 60 zu Gunsten des Abgebildeten bzw. seiner Angehörigen, so dass eine Verwertung durch Abfotografieren auch ohne Rechteeinräumung durch den Künstler zulässig ist. Im Übrigen ist für den Umfang der Nutzungsrechtseinräumung bei Veräußerung auf die Bestimmungen der Zweckübertragungslehre gem. § 31 Abs. 5 zurückzugreifen. Bei Einräumung von Nutzungsrechten über die Regel des § 44 hinaus kann das **Schriftformgebot des § 40** bestehen. Für die **Vergütung** der Nutzungsrechtseinräumung dienen die Tarife der VG Bild-Kunst als Anhaltspunkt (erhältlich über www.bildkunst.de), s.a. LG München I Schulze LGZ 219; vgl. § 32 Rn. 106.

b) Herstellung von Kopien (Kunstwerkvertrag): Häufig existiert von einem **379** Kunstwerk nicht nur ein Original, sondern es werden Abzüge durch den Künstler hergestellt. **Bei bestimmten Werken** der bildenden Kunst ist es allerdings **nicht üblich**, identische Reproduktionen herzustellen, beispielsweise ein Ölbild zweimal zu malen. Insoweit hat der Besteller dann nicht nur **Unterlassungsansprüche** (zu Enthaltungspflichten vgl. Rn. 45 ff.), sondern auch Ansprüche wegen **Sachmängelgewährleistung**, wenn der Charakter als Unikat vereinbarte Beschaffenheit nach § 434 Abs. 1 S. 1 BGB war.

Das Herstellen von Kopien ist **üblich** bei anderen Kunstformen, z.B. bei **380** Bronzen und Grafiken. Bei Grafiken werden im Regelfall die Zahl der Reproduktionen und die laufenden Nummer vermerkt; eine Erweiterung der so vermerkten Auflage ist ein Sachmangel gem. § 434 Abs. 1 S. 1 BGB. Fraglich ist, bis zu welcher Auflage noch von „Original" gesprochen werden kann. Das ist sowohl für die Sachmängelgewährleistung (fehlender Originalcharakter kann Sachmangel gem. § 434 Abs. 1 BGB sein; BGH GRUR 1975, 612, 613 – *Jawlensky*; Loewenheim/*Gernot Schulze* § 70 Rn. 12 m.w.N.) sowie für das Folgerecht gem. § 26 (Folgerecht nur bei Veräußerung des Originals) von Bedeutung. Zum Charakter als „Original" vgl. § 26 Rn. 9 ff. Ansonsten sei für Mängelgewährleistung und die Frage der Nutzungsrechtseinräumung auf die Ausführungen zur Herstellung des Originals verwiesen (vgl. Rn. 377 f.).

381 c) **Verkauf von Kunstwerken, Kunsthandel, Versteigerung:** Vorbestehende Originale oder Vervielfältigungsstücke werden aus dem Atelier des Urhebers oder von dritten Eigentümern veräußert. Häufig liegt ein **Kaufvertrag gem. §§ 433 ff. BGB** vor. Für **Sachmängel** soll beim Kunsthandel der Grundsatz „gekauft wie besehen" gelten (§ 442 BGB; *Schack*, Kunst und Recht, 2004, Rn. 380; Loewenheim/*Gernot Schulze* § 70 Rn. 11 m.w.N.), so dass erkennbare Mängel nach Gefahrübergang (Übergabe des Kunstgegenstandes an den Käufer) nicht mehr gerügt werden können. Die **fehlende Echtheit** des Kunstwerkes ist ein Sachmangel über eine vereinbarte Beschaffenheit i.S.v. § 434 Abs. 1 BGB (BGH GRUR 1975, 612, 613 – *Jawlensky*: Fehler nach § 459 Abs. 1 BGB a.F.; *Gernot Schulze*, in: Ebling/Marcel Schulze, Kunstrecht, S. 161 Rn. 21; *Schack*, Kunst und Recht, Rn. 381). Bei Weiterveräußerung unter Beteiligung eines Kunsthändlers oder Versteigerers stehen dem Künstler die Ansprüche aus dem **Folgerecht nach** § 26 zu. Zur **Nutzungsrechtseinräumung** bei Veräußerung durch den Künstler und deren Vergütung.

382 Weitere Vertragstypen kommen vor allem vor bei **Vertretung des Künstlers durch einen Kunsthändler oder Galerie.** Dann erfolgt der Verkauf im Namen des Händlers, aber für Rechnung des Künstlers (**Kommissionsvertrag gem.** §§ 383 ff. HGB, 611, 675 BGB, LG Hamburg ZUM-RD 2008, 27, 28; vgl. Rn. 168). Möglich ist auch ein bloßer Vermittlungsvertrag (zum Agenturvertrag vgl. Rn. 325). Die Provision des Händlers/Galeristen beträgt 10% bis 50% vom Verkaufspreis (Münchener Vertragshandbuch/*Vinck*[5] Bd. 3, Wirtschaftsrecht II, VII.59 S. 1133). Häufig bindet sich der Künstler **exklusiv** an eine Galerie oder einen Händler; dann besteht im Zweifel eine jederzeitige Kündigungsmöglichkeit nach § **627 BGB** (Loewenheim/*Gernot Schulze* § 70 Rn. 18 m.w.N.). Auch ist für künftige Werke § 40 mit seinem **Schriftformgebot** und seiner **Kündigungsmöglichkeit** anwendbar, weil zumindest beim Kommissionsvertrag durch den Künstler das Verbreitungsrecht eingeräumt wird. Der Künstler kann bei fehlendem Verkaufserfolg das Verbreitungsrecht auch zurückrufen (§ **41**). **Absprachen** zwischen Künstler und Händler im Hinblick auf den **Verkaufspreis** sind an § **1 GWB, Art. 81 EG** zu messen. Eine Verpflichtung des Händlers gegenüber dem Künstler, bestimmte Preise einzuhalten, ist wegen des regelmäßig eigenunternehmerischen Handelns des Händlers als Kommissionär nicht mit § 1 GWB vereinbar (*Gernot Schulze*, in: Ebling/Marcel Schulze, Kunstrecht, S. 160; Loewenheim/Meessen/Riesenkampff/*Jan Bernd Nordemann* § 1 GWB Rn. 175 m.w.N.); allerdings ist die Spürbarkeit in vielen Fällen zu verneinen (zur Spürbarkeit vgl. Rn. 81). Das Gleiche gilt für den umgekehrten Fall, dass ein Händler den Künstler verpflichtet, Eigenverkäufe zu einem bestimmen Mindestpreis durchzuführen. Der Künstler hat gegen seine Galerie einen Auskunftsanspruch aus § 384 Abs. 2 HGB im Hinblick auf die abgeschlossenen Geschäfte; das schließt wegen § 25 eine namentliche Identifizierung des Käufers ein (LG Hamburg ZUM-RD 2008, 27, 28).

d) Ausstellung (Verkauf): Galerien stellen Kunstwerke üblicherweise aus, um **383** sie zu verkaufen. Werden die Kunstwerke vom Künstler geliefert, schließt dieser einen Ausstellungsvertrag mit der Galerie. Regelungsbedürftig sind die Fragen des Bestehens einer **Ausstellungspflicht,** der **Werbeaufwendungen** (wer trägt sie, Mitwirkung des Urhebers), des **Transportes** und dessen Versicherung (z.B. Hintransport übernimmt Künstler, Rücktransport Galerie). Auch muss die **Haftung während der Ausstellung** geregelt werden (Haftungsbeschränkung Galerie auf grobe Fahrlässigkeit; wer erhält bei Versicherung im Versicherungsfall in welcher Höhe die Versicherungssumme). Wichtig sind ferner Ansprachen im Hinblick auf die weitere Veräußerung. Insoweit erfolgt i.d.R. ein **Kommissionsverkauf** durch die Galerie, teilweise auch eine **bloße Vermittlung** (im Einzelnen vgl. Rn. 382). Im Zweifel sind bei solchen Verträgen (örtlich auf den Ort der Ausstellung begrenzte; bei Originalen ausschließliche) **Ausstellungsrechte** (§ 44 Abs. 2) sowie räumlich unbegrenzte (bei Originalen ausschließliche) **Verbreitungsrechte** eingeräumt. Mit dem Recht zur Ausstellung wird auch das Recht erworben, die ausgestellten Werke in einem Katalog gemäß § 58 zu nutzen.

e) Ausstellung (Leihgabe, Artotheken, Archive): Sog. Artotheken vermieten **384** Kunstwerke zur öffentlichen und privaten Ausstellung. Kunstwerke werden über dies zur öffentlichen Ausstellung an Museen oder Galerien (mit und ohne Entgelt) verliehen. Zunächst sei auf die Ausführungen oben zu den regelungsbedürftigen Punkten eines Ausstellungsvertrages verwiesen. Ergänzend gelten die Regelungen des Miet- bzw. Leihrechts mit der urheberrechtlichen Besonderheit, dass der Verleiher bzw. Vermieter über das **Vermietrecht gem. § 17 Abs. 3** verfügen muss, um es an den Vertragspartner weiterzugeben. Das Vermietrecht hat jedoch der Eigentümer im Regelfall ohne gesonderte Rechteeinräumung nicht. Es erschöpft sich auch nicht mit Veräußerung durch den Künstler (siehe § 17 Abs. 2). Bei einer Leihgabe zur Ausstellung durch den Rechteinhaber (z.B. Urheber) selbst ist von einer stillschweigenden Rechteeinräumung nach der Zweckübertragungslehre gem. § 31 Abs. 5 auszugehen. Für ihre Mitglieder sowie für Mitglieder von ausländischen Schwesterorganisationen verfügt die VG Bild-Kunst über diese Rechte (vgl. Rn. 388).

Teilweise erfolgen auch sog. **Dauerleihgaben (Dipositumverträge),** die neben **385** der Besitzverschaffung gleichzeitig eine Archivierungs- und Konservierungsleistung des neuen Besitzers beinhalten. Dipositumverträge sind keine Leihverträge gem. §§ 598 ff. BGB, sondern gegenseitig verpflichtende Dauerschuldverhältnisse mit Elementen aus Miete, Verwahrung und Auftrag (BGH GRUR 1988, 398 f. – *Archivvertrag*; KG ZUM 1986, 552 f.; ausführlich *Haberstumpf* FS Nordemann II S. 167, 169, 171 m.w.N.; a.A. *Sieger* ZUM 1986, 529: Leihe). Solche Verträge sind auf einer besonderen Vertrauensgrundlage geschlossen, können also auch bei **fester Vertragslaufzeit** bei Vorliegen eines wichtigen Grundes gekündigt werden, z.B. bei Zerrüttung der Vertrauensgrundlage (§ 314 BGB, zur Kündigung aus wichtigem Grund vgl. Rn. 121 ff.). Kein wichtiger Grund ist eine anderweitige, wirtschaftlich bessere Verwertungsmöglichkeit (KG ZUM 1986, 554). Bei einer **unbestimmten Vertragslaufzeit** besteht daneben ein ordentliches Kündigungsrecht, allerdings erst nach Ablauf einer angemessenen Zeit (BGH GRUR 1988, 399 – *Archivvertrag*). 20 Jahre waren angemessen, um den Nachlass eines Schriftstellers (Ödön von Horvath) zu ordnen, zu sichten und wissenschaftlich aufzuarbeiten, so dass ein ordentliches Kündigungsrecht gegeben war (BGH a.a.O.). Zum Vermietrecht vgl. Rn. 384.

386 Auch ansonsten gilt für **Archivverträge** kein einheitlicher Vertragstyp. Je nach Gestaltung kann ein Kaufvertrag, eine Schenkung (restriktive Auslegung, im Zweifel keine Schenkung bei Überlassung an Archiv ohne geldwerte Gegenleistung; OLG Nürnberg ZUM-RD 2003, 260 – *Brus-Archiv*; *Haberstumpf* FS Nordemann II S. 167, 169), ein Gesellschaftsvertrag (bei Archivierung, Sammlung, Ordnen, Redigieren und Verwertung; *Haberstumpf* FS Nordemann II S. 167, 169, unter Berufung auf OLG Nürnberg, Urtl. v. 09.05.2000, Az. 3 U 3276/99 – *Brus-Archiv*), ein Dipositumvertrag (vgl. Rn. 385) oder gar eine letztwillige Verfügung vorliegen. Für **Vervielfältigungen** sind grundsätzlich die Nutzungsrechte einzuholen; gewissen Spielraum gewährt allerdings § 53 Abs. 2 Nr. 2; zum **Vermietrecht** vgl. Rn. 384; zur **Veröffentlichungsbefugnis** siehe § 12; zur **Eigentumsübertragung** bei Archivierung vgl. nach § 44 Rn 4 ff. und zur Beachtung von allgemeinen **Persönlichkeitsrechten** *Haberstumpf* FS Nordemann II S. 167, 177 ff.

387 f) **Kunstverlag:** Beim Vertrieb von **Vervielfältigungsstücken** des Originals, die durch Dritte hergestellt werden und nicht selbst Originale sein sollen (vgl. Rn. 377 f., wird dem Vertreiber (z.B. Kunstverlag) das Recht zur Vervielfältigung und Verbreitung von Vervielfältigungsstücken eingeräumt. Nach Beendigung der Vervielfältigungshandlung erhält der Künstler das Werkoriginal zurück; das Eigentum am Original verbleibt im Zweifel beim Urheber. Auf einen solchen Vertrag kann das **VerlG** entsprechend angewendet werden, wenn der Vertrag auch im Übrigen verlagsvertragsähnliche Züge trägt, insbesondere eine **Auswertungspflicht** des Kunstverlegers besteht (*Schricker*, Verlagsrecht[3], § 1 Rn. 86; Loewenheim/*Jan Bernd Nordemann* § 59 Rn. 7; *Gernot Schulze*, in: Ebling/Marcel Schulze, Kunstrecht, S. 173, unter Hinweis auf BGH GRUR 1976, 706, 707 – *Serigrafie*). Das ist im Zweifel bei Beteiligungsvergütung der Fall, bei Pauschalvergütung hingegen für jeden Einzelfall festzustellen (ausführlich vgl. Rn. 41 ff.). Ansonsten liegt ein atypischer Vertrag vor, der je nach vertraglicher Regelung insbesondere unter Miet- und Pachtrecht oder unter Kaufrecht fallen kann (zum anwendbaren Schuldrecht vgl. Rn. 164 ff.). Im Übrigen sei noch auf die „Richtlinien für Abschluss und Auslegung von Verträgen zwischen bildenden Künstlern und Verlegern" von 1926 hingewiesen (abgedruckt bei *Schricker*[3], Verlagsrecht, S. 845 ff.). Sie entsprechen im Wesentlichen den Regelungen des VerlG. Sie sind seit 1936 nicht mehr verbindlich. Sie heute noch als Normvertrag oder zumindest als Auslegungs- und Orientierungshilfe anzuerkennen (so Dreier/Schulze/*Schulze*[2] Rn. 250 unter unzutreffendem Hinweis auf BGH GRUR 1985, 378, 379 – *Illustrationsvertrag*), geht daher zu weit, wenn mangels Auswertungspflicht das VerlG gerade nicht einschlägig ist (s.a. Loewenheim/*Jan Bernd Nordemann* § 64 Rn. 20).

388 g) **Verwertungsgesellschaften:** Im Bereich bildende Kunst nimmt die **VG Bild-Kunst** (Bildende Künstler sind dort der Berufsgruppe I zugeordnet) die **gesetzlichen Vergütungsansprüche** wahr, die ohnehin nur durch Verwertungsgesellschaften geltend gemacht (§§ 27, 46, 49, 52a, 54 ff.) und im Voraus nur an sie abgetreten werden können (§ 63a). Außerdem nimmt sie neben dem Vergütungs- auch den Auskunftsanspruch des **Folgerechts** gem. § 26 wahr. Auf vertraglicher Basis sind ihr u.a. ferner folgende Rechte zur Wahrnehmung eingeräumt: **Vervielfältigung, Verbreitung und öffentliche Zugänglichmachung** (§§ 16, 17, 19a), sofern keine Nutzung in der periodischen Presse oder in Sammlungen einer größeren Anzahl von Urhebern erfolgt, allerdings nur nach Rücksprache mit den Urhebern; Vergütungsanspruch für **Ausstellung; Vorführrechte** gemäß § 19 Abs. 4; **Senderecht** gemäß § 20, Wiedergabe durch Bild- oder Bild-/Tonträger nach § 21, Wiedergabe von Funksendungen nach § 22, **Vermiet- und Verleihrecht** für Originale und Vervielfältigungsstücke; **Datenbanken.** Siehe zum gesamten Wahrnehmungsumfang den aktuellen Wahrnehmungsvertrag unter www.bildkunst.de. Die VG Bild-Kunst ist darüber hinaus aktiv als **Quasi-Agentin** tätig und administriert **individuell** alle oder Teile der relevanten Rechte, insbesondere für Nachlässe verstorbener Künstler. In solchen Fällen schließt die VG Bild-Kunst mit den Rechteinhabern individuelle Verträge mit einer über den üblichen Wahrnehmungsvertrag hinausgehen Rechteeinräumung ab. Zum Kontrahierungszwang in diesen Fällen vgl. § 11 UrhWahrnG.

h) Mustervertäge und Weiterführendes: „Richtlinien für Abschluss und Aus- **389** legung von Verträgen zwischen bildenden Künstlern und Verlegern" von 1926 (*Schricker*, Verlagsrecht[3], Anh. S. 845 ff.); Mustervertrag für Herstellung/Bestellung eines Kunstwerkes Münchener Vertragshandbuch/*Vinck*[5] Bd. 3, Wirtschaftsrecht II, VII.62, S. 1136 (Bestellung eines Portraits); Kommissionsvertrag zwischen privatem Veräußerer und Kunsthändler Münchener Vertragshandbuch/*Vinck*[5] Bd. 3, Wirtschaftsrecht II, VII.63, S. 1139; Versteigerungsvertrag Münchener Vertragshandbuch/*Vinck*[5] Bd. 3, Wirtschaftsrecht II, VII.64, S. 1142; Mustervertrag für die Durchführung von Ausstellungen Münchener Vertragshandbuch/*Vinck*[5] Bd. 3, Wirtschaftsrecht II, VII.59, S. 1130; ferner Loewenheim/*Gernot Schulze* § 70; die Beiträge von *Wilhelm Nordemann* (Urheberrecht, S. 55 ff.) und *Gernot Schulze*, in: Ebling/Marcel Schulze, Kunstrecht, 2007, S. 154 ff.; *Schack*, Kunst und Recht, 2004, S. 260 ff. zu Galerieverträgen, S. 149 ff. zu Kunstkaufverträgen.

11. Illustrationsverträge

a) Verlagsbereich: Ein Vertrag über **Illustrationen zu Texten,** deren Nutzung **390** sich nach dem VerlG richtet (z.B. Buch, Zeitung, Zeitschrift), ist i.d.R. ebenfalls ein **Verlagsvertrag,** weil regelmäßig die Interessenlage des Vertrages über die Nutzung der Illustration der eines typischen Verlagsvertrages entspricht. Es darf aber nicht im Einzelfall ein **Bestellvertrag** vorliegen (zum Bestellvertrag siehe die Kommentierung zu § 47 VerlG). Illustrationen sind dann als Bestellvertrag einzuordnen, wenn eine enge Einbindung des Illustrators in die vom Besteller (Textverleger) gezogenen Grenzen vorliegt. Das ist nicht der Fall, wenn keine konkreten Anweisungen in Bezug auf Inhalt und Gestaltung der einzelnen Illustrationen erteilt wurden und deshalb der Illustrationsleistung erhebliches Gewicht zukommt (BGH GRUR 1985, 378, 379 – *Illustrationsvertrag*; *Wegner*/*Wallenfels*/*Kaboth*, Recht im Verlag, 2004, Rn. 194; a.A. Wandtke/Bullinger/*Wandtke*/*Grunert*[2] Rn. 83: stets VerlG, wenn illustrierter Text unter das VerlG fällt). Bei Vorliegen eines Bestellvertrages entfällt insbesondere die Auswertungspflicht. Im Übrigen ist i.d.R. Werkvertragsrecht für Sachmängel und Kaufrecht für Rechtsmängel anzuwenden (allgemein vgl. Rn. 176 ff.). Eingehend zur Vergütung vgl. § 32 Rn. 107.

b) Designbereich: Außerhalb des eigentlichen Verlagsgeschäftes sollten sich **391** Illustrationsverträge an Designverträgen, insbesondere zum Kommunikationsdesign, orientieren (dazu ausführlich vgl. Rn. 394 ff.).

c) Verwertungsgesellschaften: In der zuständigen VG Bild-Kunst sind die **392** Illustratoren grundsätzlich in der Berufsgruppe II organisiert. Die VG nimmt zunächst gesetzliche Vergütungsansprüche der Illustratoren wahr (§§ 27, 46, 49, 52a, 54 ff.). Daneben sind ihr auch verschiedene Rechte zur individuellen Wahrnehmung übertragen. Das gilt vor allem für den Vergütungsanspruch für **Ausstellung, Vorführrechte** gemäß § 19 Abs. 4 sowie **Senderechte.** Siehe im Einzelnen den Wahrnehmungsvertrag der VG Bild-Kunst, www.bildkunst.de.

393 d) **Musterverträge und Weiterführendes:** „Richtlinien für Abschluss und Auslegung von Verträgen zwischen bildenden Künstlern und Verlegern" von 1926 (abgedruckt bei *Schricker,* Verlagsrecht[3], Anh. S. 845 ff.); Mustervertrag für Illustratoren Münchener Vertragshandbuch/*Vinck*[5] Bd. 3, Wirtschaftsrecht II, VII.57, S. 1120; Mustervertrag für Illustrationen im Verlagsbereich auch bei *Wegner/Wallenfels/Kaboth,* Recht im Verlag, 2004, S. 348; ferner Loewenheim/*Schulze* § 70 Rn. 60 ff.; *Gernot Schulze,* in: Ebling/Marcel Schulze, Kunstrecht, 2007, S. 181; *Schack,* Kunst und Recht, 2004, S. 342 ff. zum Vertragsrecht für Designer, S. 181 ff. zur Bestellung von Kunst.

12. Designverträge (angewandte Kunst), Werbeverträge

394 a) **Inhalt:** Designverträge beziehen sich grundsätzlich auf angewandte Kunst, § 2 Abs. 1 Nr. 4, weil die künstlerische Leistung einen Gebrauchszweck aufweist. Unter **Kommunikationsdesign** wird das auf Werbung und Öffentlichkeitsarbeit bezogene Design verstanden (Beispiele: Signets, Erscheinungsbild, Geschäftspapiere, Formulare, Anzeigen, Außenwerbung, Plakate, Verpackungen, Prospekte, Broschüren, Kataloge, Webdesign, Zeitungs- und Zeitschriftenlayout). Insbesondere im Zusammenhang mit Kommunikationsdesign erbringen Designer auch immer wieder **Textleistungen** (z.B. für Werbemittel wie Anzeigen, Broschüren, Prospekte, Internetauftritt, Bücher), so dass diese hier abgehandelt werden sollen, obwohl es sich nicht um angewandte Kunst, sondern um Schriftwerke gemäss § 2 Abs. 1 Nr. 1 handeln kann. Eine weitere wichtige Gruppe der angewandten Kunst ist das **Produktdesign** (Investitionsgüter wie Apparate und Maschinen, Medizintechnik und Verkehrsmittel; Konsumgüter wie Brillen, Bürobedarf, Elektronik, Geschenkartikel, Gartenartikel, Möbel, Schmuck oder Werkzeug). Ferner sind **Modedesign** (Berufsbekleidung, Freizeitkleidung, Konfektion, Wäsche) und **Textildesign** (Accessoires, Dekor, Muster, Heimtextilen, Konfektion) zu nennen. Teilweise wird auch das **Fotodesign** zu den Designverträgen gerechnet (so z.B. der Tarifvertrag AGD/SDSt, Braunschweig, 2006); urheberrechtlich sind Werke der Fotografie aber gemäß § 2 Abs. 1 Nr. 5 getrennt zu behandeln (zu Fotografieverträgen vgl. Rn. 407 ff.). Die Werbung bedient sich darüber hinaus oft **vorbestehender Werke** wie bildender Kunst, Musik, Gedichten, Fotografien; insoweit handelt es sich dann bei der Nutzungserlaubnis um reine **Werbeverträge.**

395 b) **Vertragsstruktur:** Designverträge können unterschiedlich strukturiert sein. Vor allem im Bereich Kommunikationsdesign einschließlich Texterstellung, aber auch in den anderen Designbereichen geht es in einer **ersten Stufe** zunächst um die **Herstellung von Entwürfen,** aus denen der Auftraggeber wählt. Das stellt auf dieser Stufe einen Werklieferungsvertrag dar (§§ 651, 631 ff. BGB; BGH GRUR 1966, 390, 390 – *Werbefilm*). Die Vorarbeit ist üblicherweise **vergütungspflichtige Hauptleistung.** Zur Mängelgewährleistung vgl. Rn. 176 ff. Erst danach, wenn sich der Auftraggeber auf Grundlage der Entwürfe zur Realisierung z.B. eines bestimmten Entwurfes entschlossen hat, erfolgt in einer **zweiten Stufe** (ggf. nach einer weiteren Konkretisierung des Werkes) die eigentliche **Rechteeinräumung durch** einen **Lizenzvertrag.** Darauf

findet teilweise Kaufrecht (insb. bei Rechtsmängeln der Nutzungsrechtseinräumung; BGH GRUR 2003, 1065, 1066 – *Antennenmann*), teilweise auch
Pachtrecht Anwendung; zur Frage der anwendbaren schuldrechtlichen Bestimmungen vgl. Rn. 164 ff.; ferner zum „2-Stufen-Vertrag" vgl. Rn. 306 ff.

Teilweise bietet der Designer auch **fertig entworfene Designs** oder andere **396**
vorbestehende Werke zur Nutzung an. Das kommt vor allem im Bereich
Produkt-, Mode- und Textildesign vor, kann aber auch für andere Bereiche
gelten, z.B. bei Verwendung eines Gemäldes (LG München I Schulze LGZ 219)
oder eines Fotos (LG München I ZUM-RD 1997, 249) im Rahmen einer
Werbeanzeige oder bei Nutzung eines Schlagers für die Rundfunkwerbung
(OLG Hamburg GRUR 1991, 599, 600 – *Rundfunkwerbung*). Insoweit erfolgt dann lediglich der Abschluss eines **Nutzungsvertrages lediglich** auf der
zweiten Stufe.

c) **Einzelfragen:** Rechte muss der Auftraggeber nur erwerben, wenn es sich um **397**
ein geschütztes Werk handelt. **Urheberrechtsschutz scheidet** aber bei angewandter Kunst **oft aus** (vgl. § 2 Rn. 137 ff. zur angewandten Kunst). Teilweise
sehen deshalb Tarifverträge eine **vertragliche Abrede** vor, dass die Designleistung als urheberrechtlich geschützt unabhängig vom Vorliegen der Voraussetzungen des § 2 zu behandeln ist (z.B. Ziff. 5.1. des Tarifvertrages AGB/
SDSt, Braunschweig, 2006; Ziff. 9.1. Rahmenbedingungen des Verbandes
Deutscher Industrie Designer VDID). Eine solche Regelung wirkt in jedem
Fall nur relativ zwischen den Vertragsparteien. Sie kann **individual-vertraglich**
begründet werden; ob eine Regelung in **AGB** möglich ist, hat die Rechtsprechung noch nicht abschließend entschieden (vgl. § 2 Rn. 235).

Bei **vorbestehenden Werken,** die **zu Werbezwecken** eingesetzt werden, muss **398**
grundsätzlich eine gesonderte **Nutzungsrechtseinräumung** erfolgen. Denn im
Regelfall ist die Werbenutzung nicht vom ursprünglichen Vertragszweck umfasst (vgl. § 31 Rn. 159; siehe z.B. OLG Hamburg GRUR 1991, 599, 600 –
Rundfunkwerbung). Auch Verwertungsgesellschaften nehmen Werberechte
regelmäßig nicht wahr; siehe die Wahrnehmungsverträge der GEMA
(www.gema.de; ferner OLG Hamburg GRUR 1991, 599, 600 – *Rundfunkwerbung*), der VG Wort (www.vgwort.de) oder der VG Bild-Kunst (www.bild-
kunst.de). Die Werbenutzung kann auch **Urheberpersönlichkeitsrechte** tangieren, z.B. § 14 bei Abdruck bildender Kunst auf Kondomverpackungen (OLG
Frankfurt ZUM 1996, 97 – *René Magritte).* Handelt es sich allerdings um ein
als Werbung geschaffenes Werk, umfasst die Nutzungsrechtseinräumung nach
der Zweckübertragungslehre regelmäßig den Werbeeinsatz (BGH GRUR
1986, 885, 886 – *Metaxa*). Bei einer Plakatgestaltung für eine jährliche
Veranstaltung wird im Zweifel das Recht für eine unbegrenzte Nutzung eingeräumt, wenn das Plakat eine auswechselbare Datumsleiste hat (OLG Jena
GRUR-RR 2002, 379, 381 – *Rudolstädter Vogelschießen*).

Gemäß Ziff. 5.3. Tarifvertrag AGD/SDSt (vgl. Rn. 406) hat der Designer einen **399**
Nennungsanspruch, der sich ansonsten in der Designbranche aber noch nicht
umfassend durchgesetzt hat (siehe auch Ziff. 9.1 VDID-Rahmenbedingungen;
vgl. Rn. 406). Grundsätzlich dürfte im Design- und Werbebereich ein **Urhebernennungsanspruch** gemäß § 13 bestehen, allerdings nur für Leistungen, die
wirklich urheberrechtlich geschützt sind (zum Schutz angewandter Kunst vgl.
§ 2 Rn. 137 ff.). Das gilt insbesondere für Fotografen (LG München I
ZUM-RD 1997, 249, 253) oder Maler (LG München I Schulze LGZ 219).

400 Über dies enthalten der **Tarifvertrag des AGD mit dem SDSt** (Braunschweig, 2006), der zwischen den Mitgliedern des AGD Designerverbandes und verschiedenen selbständigen Designstudios mit mindestens einem beschäftigten Designer geschlossen ist, und der (einseitige) Formulierungsvorschlag für **Rahmenbedingungen für Verträge im Industrie- und Produktdesign des Verbandes Deutscher Industriedesigner (VDID)** noch folgende erwähnenswerte Regelungen:

401 Die **Zustimmungsrechte der** §§ 34, 35 bleiben dem Designer erhalten (Ziff. 5.5 AGD-Tarifvertrag; Ziff. 9.3. Rahmenbedingungen VDID); er darf seine Zustimmung aber nicht ohne wichtigen Grund verweigern (Ziff. 5.5. AGD-Tarifvertrag). Gegen eine solche Regelung bestehen insbesondere keine Bedenken nach AGB-Recht, weil zunächst nur das dispositive Gesetzesrecht wiederholt wird. Die Einschränkung der Zustimmungsverweigerung ist ebenfalls für beide Seiten interessengerecht. Ein wichtiger Grund, die Sublizenzierung zu verweigern, kann regelmäßig nicht bei Pauschalvergütung des Designers angenommen werden (zur Sublizenzierung auch vgl. Rn. 243 ff.), allerdings in Person des Sublizenznehmers gegeben sein. Auch bei vertraglicher Zustimmung zur Einräumung der Rechte an Dritte können die Vertragsparteien allerdings vereinbaren, dass eine Werbeagentur für die Vertragslaufzeit ausschließlich mit der Erstellung bestimmter Werbemaßnahmen betraut wird, was im Verletzungsfall Schadensersatzansprüche der Agentur auslöst (BGH GRUR 1986, 834, 838 – *Werbeagenturvertrag*). Damit wird die (eigentlich rechtlich zulässige) Weitergabe der Rechte faktisch ausgeschlossen.

402 Das Gleiche gilt für das **Bearbeitungsrecht**, sofern es in Abweichung zu § 37 gewährt wurde. Gem. Ziff. 5.6. AGD-Tarifvertrag bzw. 9.3. Rahmenbedingungen VDID wird ein Bearbeitungsrecht nicht eingeräumt. Ob es formularmäßig vereinbart werden kann, dass bei endgültiger Einstellung der Produktion von Werken der angewandten Kunst durch den Auftraggeber der Designer automatisch alle Nutzungsrechte zurückerhält sowie alle übrigen vom Auftraggeber erworbenen und bezahlten übrigen Schutzrechte (Marken, Patente, Geschmacksmuster) übertragen werden, erscheint zumindest ohne Gegenleistung zweifelhaft (so aber Ziff. 9.4. Rahmenbedingungen VDID).

403 Wichtig ist ferner Ziff. 6.3. AGD-Tarifvertrag bzw. Ziff. 9.11. Rahmenbedingungen VDID, nach der das **(körperliche) Eigentum an Entwürfen, Vorlagen,** Modellen, Zeichnungen etc. beim Designer verbleibt. Das entspricht auch der Regel im Urhebersachenrecht, nach der der Urheber im Zweifel Eigentümer solcher Materialien bleibt (vgl. Nach § 44 Rn. 4 ff.). Außerdem enthält Ziff. 6.6. AGD-Tarifvertrag eine aus Sicht des Designers interessengerechte **Haftungsfreistellung** (ausgenommen Vorsatz und grobe Fahrlässigkeit) **für die wettbewerbs- und markenrechtliche Zulässigkeit** sowie Eintragungsfähigkeit seiner Entwürfe. Die vom Tarifvertrag gewählte Haftungsverteilung begegnet auch keinen Bedenken aus AGB-Recht bei Verwendung in Formularverträgen, vor allem wenn es sich um einen „Endverbraucher" handelt. Denn die Prüfung der wettbewerbs- und markenrechtlichen Zulässigkeit der eigenen Werbemittel kann im Regelfall von einem im Wettbewerb stehenden Unternehmen als Auftraggeber sogar besser eingeschätzt werden als vom Designer.

404 Hauptregelungspunkt des Tarifvertrages AGD/SDSt (Braunschweig, 2006) ist die **Vergütung**. Dazu eingehend vgl. § 32 Rn. 108 f.

405 d) **Verwertungsgesellschaften:** Designer sind im Regelfall in der **VG Bild-Kunst** organisiert (dort Berufsgruppe II). Im Designbereich nimmt die VG Bild-Kunst indes regelmäßig nur **gesetzliche Vergütungsansprüche** wahr (§ 63a). Hinzu kommen die **Vorführrechte** nach § 19 Abs. 4, Wiedergaberechte nach §§ 21, 22. Außerdem erfolgt eine Wahrnehmung von **Senderechten**, wenn das Design in einem Buch veröffentlicht ist und die Schrankenregelungen keine rechtefreie Nutzung erlauben (z.B. nach § 50). Auch werden andere Sekundärrechte wie die Vervielfältigung und Verbreitung von Designs in gedruckten und digitalen offline (z.B.CD-ROM) Sammelwerken wahrgenommen, wenn keine individuelle Rechteeinräumung erfolgt ist. Siehe im Einzelnen den Wahrnehmungsvertrag der VG Bild-Kunst, abrufbar unter www.bildkunst.de. Vermiet- und Verleihrechte werden wegen des Ausschlusses von Werken der angewandten Kunst vom Vermietrecht gemäß § 17 Abs. 3 nicht wahrgenommen. Die VG Bild-Kunst ist darüber hinaus aktiv als **Quasi-Agentin** tätig und administriert **individuell** alle oder Teile der relevanten Rechte, insbesondere für Nachlässe verstorbener Designer. In solchen Fällen schließt die VG Bild-Kunst mit den Rechteinhabern individuelle Verträge ab, deren Rechteeinräumung weit über den üblichen Wahrnehmungsvertrag hinausgeht. Zum Kontrahierungszwang in diesen Fällen vgl. § 11 UrhWahrnG.

e) Mustervertäge und Weiterführendes: Tarifvertrag für Designleistungen **406** Allianz Deutscher Designer (AGB), Braunschweig, mit dem Verband Selbständige Design Studios (SDSt), Hannover, 2006, erhältlich beim AGD, www.agd.de; Musterhonorare für Grafikdesign des BDG Bund Deutscher Grafik-Designer (BDG), 2000, Berlin, erhältlich über www.bdg-designer.de; *Betz*, Formulierungsvorschlag Vertragsmuster mit Rahmenbedingungen im Bereich Industriedesign des Verbandes Deutscher Industrie Designer (VDID), Berlin, erhältlich über www.vdid.de; Mustervertrag Grafik-Design (Firmenlogo): Münchener Vertragshandbuch/*Vinck*[5] Bd. 3, Wirtschaftsrecht II, VII.66, S. 1151; *Maaßen*, Designers' Contract, Vertragsmuster, Formulare und Musterbriefe für selbständige Designer, 2000; *ders.*, Designers' Manual[3], 2003; *Kur* FS Schricker 60. Geb. S. 503, 513 ff.; Loewenheim/*Gernot Schulze* § 70 Rn. 97 ff.; *Zentek*, Designschutz – Fallsammlung Schutz kreativer Leistungen, 2003.

13. Fotografieverträge

Fotografien können als Lichtbildwerk (§ 2 Abs. 1 Nr. 5) oder als einfaches **407** Lichtbild (§ 72) geschützt sein. Generell zu unterscheiden ist zwischen Auftragsarbeiten (§ 631 BGB; zur Gewährleistung für Auftragsarbeiten vgl. Rn. 176 ff.) und Lieferung von bereits erstelltem Bildmaterial, teilweise auch zur Auswahl. Bei letzterem handelt es sich um einen Vertrag sui generis, der Elemente der Leihe mit Option zum Abschluss eines urheberrechtlichen Nutzungsvertrages enthält und bei Ausübung der Option sich mit einem solchen verbindet (BGH GRUR 2002, 282 – *Bildagentur*; Loewenheim/*Axel Nordemann* § 73 Rn. 22; anders *Habel/Meindl* ZUM 1993, 270, 272).

Für die **Rechteeinräumung** gibt es keine relevanten Unterschiede zwischen **408** Lichtbild und Lichtbildwerk, weil für das Lichtbild gem. § 72 Abs. 1 auf die §§ 31 bis 44 verwiesen wird. Handelt es sich um Auftragsarbeiten, erfolgt i.d.R. gemäß Zweckübertragungslehre eine ausschließliche Nutzungsrechtseinräumung (OLG Celle AfP 1998, 224). Inhaltlich bezieht sich diese Nutzungsrechtseinräumung wegen der Zweckübertragungslehre im Zweifel auf alle Rechte, an denen der Verwerter ein erhebliches Interesse hat, z.B. bei Coverfotos für „LPs" auch für „CD"-Cover; sofern die Vergütung aber bislang nur für „LPs" gezahlt wurde, kann eine zusätzliche Vergütung verlangt werden

(OLG Hamburg GRUR 2000, 45, 46 ff. – *CD-Cover*). Bei von Fotografen ohne Auftrag erstellten Fotografien werden im Zweifel nur einfache Nutzungsrechte eingeräumt. Für den Umfang der Nutzungsrechtseinräumung gilt bei fehlender Spezifizierung die Zweckübertragungslehre (vgl. § 31 Rn. 118 ff.). Einzelheiten zur **Vergütung** vgl. § 32 Rn. 110 f.

409 Das **Eigentum** am Material steht grundsätzlich dem Fotografen zu. Etwas anderes gilt, wenn er sein Foto in ein Archiv zur dauerhaften Archivierung und Nutzung ohne Hinweis auf den bloßen Leihcharakter eingebracht hat (vgl. Nach § 44 Rn. 4 ff.). Eingeräumte Nutzungsrechte können allerdings ein Recht zum **Besitz** begründen, wenn die Nutzung den Besitz erfordert (OLG Hamburg ZUM-RD 1999, 80).

410 Stellt der Rechteinhaber Bildmaterial zur Verfügung, von dem er keine Abzüge besitzt (insbesondere Originale) und wird dieses nicht rechtzeitig zurückgegeben, vereinbaren Rechteinhaber und Verwerter häufig sog. **Blockierungskosten**, die als Vertragsstrafe (OLG Hamburg AfP 1986, 336, 337 f.; LG Hamburg AfP 1986, 352, 353; *Mielke*, Fragen zum Fotorecht, 16.4.) oder nach anderer Auffassung als pauschalierter Schadensersatz anzusehen sind (Loewenheim/ *Axel Nordemann* § 73 Rn. 32). Es bedarf jedoch einer Vereinbarung, die in angemessener Höhe auch in AGB erfolgen kann (*Axel Nordemann* FS Schricker 60. Geb. S. 477, 481; *Mielke*, Grundfragen des Fotorechts, BVPA – Der Bildermarkt, 2007, S. 72). Sie liegen heute i.d.R. bei EUR 1,00 pro Tag (MFM-Bildhonorare 2007, S. 52), teilweise wurden auch darüber hinausgehende Beträge als AGB-fest beurteilt (DM 5/Tag: LG Hamburg AfP 1986, 352). Genauso können vertraglich auch Vertragsstrafe bzw. pauschalierter Schadensersatz für **Verlust oder Beschädigung von Bildmaterial** vereinbart werden, von dem der Rechteinhaber keine Abzüge besitzt. Die Angaben zu den üblichen Beträgen variieren und liegen bei mindestens EUR 500 (MFM-Bildhonorare 2007, S. 52), EUR 150 bis EUR 1.500 (Dreier/Schulze/*Schulze*[2] Rn. 285), EUR 250 bis EUR 1.500 (*Mielke*, Grundfragen des Fotorechts, BVPA – Der Bildermarkt, 2007, S. 72) oder EUR 100 bis EUR 500 oder höher (Loewenheim/*Axel Nordemann* § 73 Rn. 32); s.a. OLG Hamburg ZUM 1998, 665, 668. Es kann jedoch trotz Unternehmereigenschaft der Verwerter Unwirksamkeit nach § 307 BGB vorliegen, wenn laut AGB „mindestens" ein bestimmter Betrag geschuldet ist, weil dann dem Anspruchsteller der Nachweis eines höheren, dem Gegner aber kein Nachweis eines geringeren Schadens möglich ist (§ 309 Nr. 5 lit. b) BGB); auch kann die Klausel aus AGB-Recht unwirksam sein, wenn keine Öffnung für den Anspruchsgegner enthalten ist nachzuweisen, dass nach dem gewöhnlichen Lauf der Dinge die Pauschale überhöht ist (§ 309 Nr. 5 lit. a) BGB). Das OLG Köln nahm dies in einem Fall an, in dem innerhalb kürzester Zeit viele Aufnahmen gemacht wurden, die sich sehr glichen, die in technischer Hinsicht jedoch jeweils Originale waren (OLG Köln AfP 1991, 543). Die Problematik der Blockierungskosten und der Entschädigung für Verlust und Beschädigung hat sich **in der digitalen Welt** entschärft, weil kaum noch ein Rechteinhaber ohne Sicherungskopie bleibt. Dann kommen nur für die Wiederbeschaffung von Duplikaten und dort nur sehr viel geringere Sätze in Betracht (ab EUR 100 laut MFM-Bildhonorare 2007, S. 52). Wer ausnahmsweise Fotos ohne Rückbehalt einer Sicherungskopie liefert, muss darauf **hinweisen**; ansonsten begeht er seinerseits eine Nebenpflichtverletzung, die nicht durch AGB abbedungen werden kann.

411 a) **Fotojournalismus:** Fotojournalisten können als Angestellte oder als arbeitnehmerähnliche „Freie" tarifgebunden sein, so dass sich der Umfang der

Nutzungsrechtseinräumung und die weiteren vertraglichen Details dann aus den einschlägigen Tarifverträgen ergeben (zu den journalistischen Tarifverträgen siehe die Kommentierung zu § 43). Ansonsten kommt vor allem Werkvertrag (bei Auftragsarbeiten) oder ein Vertrag sui generis bei Lieferung von fertigem Bildmaterial in Betracht (vgl. Rn. 407 ff.). Zur Ermittlung der angemessenen Vergütung kann nicht nur auf die Tarifverträge, sondern auch auf die MFM-Bildhonorare sowie die Tarife der VG Bild-Kunst zurückgegriffen werden (vgl. § 32 Rn. 110 f.).

b) Fotoverlag: Geht es beim Fotoverlag um die Illustration von verlegten **412** Texten, liegen mit Illustrationsverträgen vergleichbare Sachverhalte vor, vgl. Rn. 390 ff. Teilweise werden zur Ermittlung der Vergütung aber auch die MFM-Bildhonare herangezogen (vgl. § 32 Rn. 110 f.), die z.B. eine eigene Rubrik „Bücher" aufweisen. Auf einen solchen Vertrag kann das **VerlG** zumindest entsprechend angewendet werden, wenn der Vertrag auch im Übrigen verlagsvertragsähnliche Züge, insbesondere eine **Auswertungspflicht** des Verlegers, aufweist (*Schricker*, Verlagsrecht[3], § 1 Rn. 86; Loewenheim/*Jan Bernd Nordemann* § 59 Rn. 7; Dreier/Schulze/*Schulze*[2] Rn. 274). Eine Auswertungspflicht besteht bei Beteiligungsvergütung des Rechteinhabers, bei Pauschalvergütung entscheidet der Einzelfall (vgl. Rn. 41 ff.).

c) Fotokunst und Fotodesign: Insoweit sei auf die Ausführungen zu Verträgen **413** der bildenden Kunst (vgl. Rn. 377 ff.) und zu Designverträgen (vgl. Rn. 394 ff.) verwiesen.

d) Bildagentur und Bildarchive: Nutzungsverträge im Bereich der Fotografie **414** werden oft nicht unmittelbar zwischen Fotografen und Verwertern abgeschlossen. Vielmehr sind **Bildagenturen** dazwischen geschaltet, die von den Fotografen selbst ausschließliche Nutzungsrechte erwerben, um dann ihrerseits an Nachfragende einfache Rechte zu vergeben. Heutzutage erfolgt die Auswahl teilweise schon online, wenn die Bildagenturen die Fotos öffentlich, insbesondere über Internetportale, zugänglich machen (§ 19a). Zu **Archivverträgen** ausführlich vgl. Rn. 384 ff. bei Verträgen über bildende Kunst; ferner *Haberstumpf* FS Nordemann II S. 167 ff. Zur Frage der Eigentumsverschaffung vgl. Nach § 44 Rn. 4 ff.

e) Verwertungsgesellschaften: Die gemeinsame Verwertungsgesellschaft der **415** Bildurheber ist die VG Bild-Kunst. Die Fotografen sind dort in der Berufsgruppe II organisiert. Primär nimmt die VG Bild-Kunst **gesetzliche Vergütungsansprüche** wahr, also im Wesentlichen die Vergütung für Fotokopieren (§§ 53, 54 ff.), Verleih und Vermietung (§ 27), Kabelweitersendung (§ 20b) und Pressespiegel (§ 49). Hinzu kommen die **Vorführrechte** nach § 19 Abs. 4, Wiedergaberechte nach §§ 21, 22. Außerdem erfolgt eine Wahrnehmung von **Senderechten,** wenn das Foto in einem Buch veröffentlicht ist und die Schrankenregelungen keine rechtefreie Nutzung erlauben (z.B. nach § 50). Auch werden andere Sekundärrechte wie die Vervielfältigung und Verbreitung von Fotos in gedruckten und digitalen offline (z.B. CD-ROM) Sammelwerken wahrgenommen, wenn keine individuelle Rechteeinräumung erfolgt ist. Seit Erstreckung des Folgerechts gemäß § 26 auf Lichtbildwerke nimmt die VG Bild-Kunst auch insoweit die Rechte wahr. Siehe im Einzelnen den Wahrnehmungsvertrag der VG Bild-Kunst, abrufbar unter www.bildkunst.de. Insoweit können sich also Wahrnehmungsvertrag und Bildagenturvertrag ergänzen und stehen nicht in Konkurrenz zueinander (Loewenheim/*Axel Nordemann* § 73 Rn. 83). Die VG Bild-Kunst ist darüber hinaus aktiv als **Quasi-Agentin** tätig und administriert **individuell** alle oder Teile der relevanten

Rechte, insbesondere für Nachlässe verstorbener Fotografen. In solchen Fällen schließt die VG Bild-Kunst mit den Rechteinhabern individuelle Verträge ab, deren Rechteeinräumung weit über den üblichen Wahrnehmungsvertrag hinausgeht. Zum Kontrahierungszwang in diesen Fällen vgl. § 11 UrhWahrnG.

416 f) **Vertragsmuster und Weiterführendes:** Mittelstandgemeinschaft Foto-Marketing (MFM), Bildhonorare 2007, (Vergütungsempfehlungen, Musterverträge) erhältlich über www.bvpa.org; Tarifvertrag AGD/SDSt, Braunschweig 2006, erhältlich über www.agd.de; Tarif der VG Bild-Kunst, erhältlich über www.bildkunst.de; BVPA, Der Bildermarkt, Handbuch der Bildagenturen, jährlich, jeweils mit Muster-AGB für den Agenturen und Bildarchive sowie mit Rechtsprechung zum Fotorecht (*Lothar und Gesine Mielke*), erhältlich über www.bvpa.org; *Mielke*, Fragen zum Fotorecht, 4. Auflg. 1996; *Wanckel*, Foto- und Bildrecht, 2. Auflg. 2006, Kapitel IV, S.177 ff; Münchener Vertragshandbuch/*Vinck*[5] Bd. 3, Wirtschaftsrecht II, VII.65, S. 1147; *Axel Nordemann* FS Schricker 60. Geb. S. 477; Loewenheim/*Axel Nordemann* § 73.

14. Bauverträge

417 a) **Allgemeines:** Bauverträge regeln die Einräumung von urheberrechtlichen Nutzungsrechten an Bauwerken über die körperliche Erstellung des Werkes hinaus und kommen demgemäß überhaupt nur dann in Betracht, wenn es sich um ein Werk der Baukunst i.S.d. § 2 Abs. 1 Nr. 4 handelt. Urheber eines solchen Werkes ist der Architekt. Der Bau ist Vervielfältigung (§ 16) und ggf. auch Bearbeitung (§ 23) der urheberrechtlich geschützten Pläne. Architektenverträge regeln danach die Nutzung von urheberrechtlich geschützten Planungsleistungen. Für sie gilt die **Honorarordnung Architekten und Ingenieure** (**HOAI**). In ihr sind die zu erbringenden Leistungen des Architekten in Leistungsphasen eingeteilt, die von der Grundlagenermittlung und Vorplanung bis zur Objektbetreuung und Dokumentation reichen. Der Rechtsnatur nach handelt es sich für sämtliche Bauphasen um Werkverträge i.S.d. § 631 BGB (BGHZ 31, 224, 226 ff. – *Architektenvertrag*; *v. Gamm* BauR 1982, 97, 107). Der Vertrag kann vom Bauherrn nach § **649 S. 1 BGB** vorzeitig beendet werden. Nach § 649 S. 2 BGB kann der Architekt nach der neuen BGH-Rechtsprechung dann nicht mehr den Vergütungsanspruch nach HOAI minus 40% ersparter Aufwendungen berechnen (so noch BGH GRUR 1973, 663, 665 – *Wählamt*), sondern der Architekt muss konkrete prüffähige Berechnungen vorlegen (BGH NJW 1999, 418, 420). Damit ist es auch unmöglich, deliktische Schadensersatzansprüche wegen Urheberrechtsverletzung (§ 97) durch Ausführung der Pläne auf dieser Grundlage zu berechnen (a.A. Dreier/Schulze/ *Schulze*[2] Rn. 266, es sei denn, der Architekt hat zur Kündigung Anlass gegeben; offen OLG Frankfurt GRUR-RR 2007, 307, 308 – *Mehrfamilienhaus*); vgl. § 97 Rn. 113.

418 b) **Rechteeinräumung:** Explizite Regelungen zur Einräumung von Nutzungsrechten hingegen enthält die HOAI nicht. Für die Frage der Rechteeinräumung kommt es im Regelfall ganz auf die Auslegung nach der **Zweckübertragungslehre** (§ 31 Abs. 5) an, weil Architektenverträgen regelmäßig besondere Rechteklauseln fehlen; zum „Ob" der Nutzungsrechtseinräumung vgl. § 31 Rn. 139 f., zur einfachen oder ausschließlichen Einräumung vgl. § 31 Rn. 86 ff. sowie zum inhaltlichen Umfang vgl. § 31 Rn. 143; zur formularmäßigen Einräumung vgl. § 31 Rn. 170. Zur **Vergütung** für die Nutzungsrechtseinräumung vgl. § 32 Rn. 106 f.

c) Änderungen des Bauwerkes: Häufiger Streitpunkt sind Änderungen der **419** Planung oder des Bauwerkes ohne Mitwirkung des Architekten. Sie sind in den Grenzen des § 39 und des § 14 zulässig (vgl. § 14 Rn. 5 ff.; vgl. § 39 Rn. 9 ff.). Gar keine Zustimmung benötigt der Bauherr, wenn nur eine freie Benutzung nach § 24 durch den Umbau gegeben ist, weil nur Elemente übrig bleiben, die keinen urheberrechtlichen Schutz genießen (LG Hamburg GRUR 2005, 672, 674 – *Astra-Hochhaus*; vgl. §§ 23/24 Rn. 30 ff.). Vorherige vertragliche Zustimmungen des Architekten zu Änderungen sind aus Sicht des Bauherrn interessengerecht. Allerdings sind abstrakte Abreden, die die Grenze der Entstellung überschreiten, im Voraus nicht zulässig (vgl. § 12 Rn. 15 ff.). Auch andere **urheberpersönlichkeitsrechtliche** Befugnisse des Architekten wie Namensnennungsrecht (§ 13) und Zugangsrecht (§ 25) sind zu beachten (siehe die Kommentierungen dazu; eingehend auch *Goldmann* GRUR 2005, 639).

d) Verwertungsgesellschaften: Im Bereich bildende Kunst nimmt die **VG Bild-** **420** **Kunst** (Architekten gehören dort der Berufsgruppe I an, haben aber nur einen sehr niedrigen Organisationsgrad) die **gesetzlichen Vergütungsansprüche** wahr, die ohnehin nur durch Verwertungsgesellschaften geltend gemacht (§§ 27, 46, 49, 52a) und im Voraus nur an sie abgetreten werden können (§ 63a). Auf vertraglicher Basis sind ihr u.a. ferner folgende Rechte zur Wahrnehmung eingeräumt: **Vervielfältigung, Verbreitung und öffentliche Zugänglichmachung** (§§ 16, 17, 19a), sofern keine Nutzung in der periodischen Presse oder in Sammlungen einer größeren Anzahl von Urhebern erfolgt, allerdings nur nach Rücksprache mit den Urhebern; Vergütungsanspruch für **Ausstellung**; **Vorführrechte** gemäß § 19 Abs. 4; **Senderecht** gemäß § 20, Wiedergabe durch Bild- oder Bild-/Tonträger nach § 21, Wiedergabe von Funksendungen nach § 22, **Vermiet- und Verleihrecht** für Originale und Vervielfältigungsstücke (nur Pläne, § 17 Abs. 3); **Datenbanken.** Siehe zum gesamten Wahrnehmungsumfang den aktuellen Wahrnehmungsvertrag unter www.bildkunst.de. Allerdings sind weite Bereiche der Nutzung von Bauwerken durch § 59 urheberrechtlich frei, so dass die VG Bild-Kunst insoweit auch keine Rechte wahrnehmen kann. Die VG Bild-Kunst ist darüber hinaus aktiv als **Quasi-Agentin** tätig und administriert **individuell** alle oder Teile der relevanten Rechte (z.B. Nachlässe verstorbener Architekten). In solchen Fällen schließt die VG Bild-Kunst mit den Rechteinhabern individuelle Verträge mit einer über den üblichen Wahrnehmungsvertrag hinausgehen Rechteeinräumung ab. Zum Kontrahierungszwang in diesen Fällen vgl. § 11 UrhWahrnG.

e) Vertragsmuster und Weiterführendes: Für den Bereich Internationales In- **421** dustrieanlagengeschäft Musteranlagenerrichtungsbauvertrag in Münchener Vertragshandbuch/*Rosener*⁵ Bd. 4, Wirtschaftsrecht III, V.1, S. 517 sowie Münchener Vertragshandbuch/*Rosener*⁵ Bd. 2, Wirtschaftsrecht 1, VI.1, S. 739 (Generalunternehmervertrag für Industrieanlage); *Heath* FS Schricker 60. Geb. S. 459; Loewenheim/*Schulze* § 71.

15. Merchandising, Franchising

a) Merchandisingverträge: Merchandising ist eine Sammelbezeichnung für die **422** Vermarktung als zusätzliche Einnahmequelle neben der eigentlichen Primärverwertung. Es wird also der Umstand genutzt, dass das Merchandisingobjekt wirtschaftliche Attraktion auch über die Primärverwertung hinaus hat. Diese wirtschaftliche Attraktion wird im Regelfall **durch Bekanntheit** ausgelöst, so dass der **Attraktionstransfer in eine Zweitverwertung** erfolgen kann. Das Merchandisingobjekt stammt dabei ursprünglich zumeist aus dem kulturellen

Bereich (bekannte Werke, bekannte Urheber, bekannte ausübende Künstler), Unterhaltungsbereich (z.b. bekannte Sportler) oder werblichen Umfeld (bekannte Kennzeichen, bekannte Produkte). Der Gegenstand von Merchandisingverträgen ist deshalb sehr unterschiedlich. Er kann Nutzungsrechte an urheberrechtlich geschützten Werken betreffen (z.b. Comicfiguren, Gemälde, Fotografien), daneben aber auch Leistungsschutzrechte, insbesondere von ausübenden Künstlern (z.b. Boygroups), Geschmacksmusterrechte gemäß § 7 GeschmacksmusterG bzw. Art. 1 GemeinschaftsgeschmacksmusterVO (z.b. Produktdesigns), Markenrechte gemäß § 4 MarkenG bzw. Art. 6 GemeinschaftsmarkenVO (z.b. Wörter, Signets, dreidimensionale Gestaltungen), Titelrechte gemäß § 5 Abs. 3 MarkenG (z.b. Buchtitel, Zeitschriftentitel; Namen von fiktiven Figuren; str., ausführlich Loewenheim/*Axel Nordemann* § 83 Rn. 39, 73 ff.), Unternehmensbezeichnungen nach § 5 Abs. 2 MarkenG (z.b. Firmen; Namen von realen Figuren, realen Personen und Signets bei Verkehrsgeltung als Unternehmensbezeichnung, Loewenheim/*Schertz* § 79 Rn. 23), Namensrechte gemäß § 12 BGB, Persönlichkeitsrechte (§§ 823 BGB, 22, 23 KUG) sowie Rechte gemäß ergänzendem wettbewerbsrechtlichen Leistungsschutz nach § 4 Nr. 9 UWG. Im Hinblick auf urheberrechtliche Werke ist zu beachten, dass Merchandisingprodukte meist angewandte Kunst darstellen, die nur unter erhöhten Anforderungen urheberrechtlich geschützt sind (vgl. § 2 Rn. 137 ff.). Oft stellt sich dann die komplexe Frage, ob ein zunächst als zweckfreie Kunst und deshalb auch als kleine Münze geschütztes Werk den urheberrechtlichen Schutz bei Verwertung in Form der angewandten Kunst wieder verliert (vgl. § 2 Rn. 137).

423 Merchandisingverträge können insoweit übliche Lizenzverträge sein (**Standardmerchandising-Lizenzvertrag**). Die Vergütung erfolgt i.d.R. über eine Beteiligung des Rechteinhabers an den Erlösen des Lizenznehmers mit dem Merchandisingprodukt. Diese schwankt stark, je nach Bedeutung des genutzten Rechts für den Absatz und liegt meist zwischen 3% und 15% des Nettohändlerabgabepreises, teilweise auch darüber. Ferner erhält der Lizenzgeber oft eine Garantiesumme als Vorauszahlung bei Vertragsabschluss, die allerdings regelmäßig auf die Beteiligungsvergütung angerechnet wird. Bei Beteiligungsvergütung spricht viel für eine Auswertungspflicht des Lizenznehmers (vgl. Rn. 41 ff. und vgl. 245 f.). Ferner sind Qualitätskontrollrechte des Lizenzgebers üblich, z.b. durch Genehmigungsvorbehalte hinsichtlich herzustellender Produkte oder auch durch laufende Kontrollrechte. Denn der Lizenzgeber hat ein großes Interesse daran, seine wertvollen Merchandisingrechte nicht durch minderwertige Produkte zu beschädigen. Auch Sublizenzverbote sind deshalb die Regel (zur kartellrechtlichen Zulässigkeit von Qualitätskontrollrechten und Sublizenzverboten Loewenheim/Meessen/Riesenkampff/*Jan Bernd Nordemann* § 1 GWB Rn. 210 m.w.N.). Eine Nennungspflicht des Lizenzgebers und Schutzrechtshinweise („©", „®") sind verbreitet. Ferner sollte der Lizenzvertrag aus der Sicht des Lizenzgebers eine Freistellung für Produkthaftpflichtrisiken vorsehen, wenn seine Haftung nach § 4 Abs. 1 S. 2 ProdukthaftungsG nicht von vornherein auszuschließen ist.

424 Teilweise werden die **Merchandisingrechte** zunächst bei einem Verwerter vor Weiterlizenzierung **gebündelt**, z.b. bei Filmproduzenten, Tonträgerproduzenten oder Tonträgerherstellern, denen urheberrechtliche, leistungsschutzrechtliche und auch persönlichkeitsrechtliche Schutzpositionen zur Weitergabe an Dritte eingeräumt werden. Die Vergütung ist sehr unterschiedlich. Ein Anspruch auf angemessene Vergütung gemäß § 32 kommt lediglich im Hinblick auf die Einräumung urheberrechtlicher Nutzungsrechte (geschütztes Werk nach § 2) durch Urheber oder von Leistungsschutzrechten durch ausübende Künstler (§§ 73 ff., 79 Abs. 2) in Betracht.

Der Rechteinhaber schließt nicht immer direkt mit Verwertern Verträge, son- **425** dern kann auch Merchandisingagenturen zwischenschalten, die die Rechte zur Weitergabe erhalten (**Merchandisingagenturvertrag**). I.d.R. erhält die Agentur ausschließliche Rechte, um ein Höchstmaß an Auswertungsmotivation auf Seiten der Agentur sicherzustellen. Die Agentur und der Rechteinhaber teilen sich die von der Agentur erwirtschafteten Erlöse (oft 70% Rechteinhaber, 30% Agentur; Loewenheim/*Schertz* § 79 Rn. 48). Ein solcher Vertrag wird als Handelsmaklervertrag gemäß § 93 HGB angesehen (*Ruijesenaars* FS Schricker 60. Geb. S. 597, 603; Loewenheim/*Schertz* § 79 Rn. 32). Jedoch findet gar keine Vermittlung, sondern eine Rechtevergabe im eigenen Namen und auf eigene Rechnung durch die Agentur statt. Näher liegend ist deshalb ein Wahrnehmungsvertrag, weil die Agentur offensichtlich treuhänderisch als Rechteinhaberin Lizenzverträge abschließt. Insoweit ist eine Vergleichbarkeit mit Bühnenverlagen gegeben, die ebenfalls die Erlöse mit den Urhebern teilen (zu Wahrnehmungsverträgen vgl. Rn. 322 ff.).

b) **Franchiseverträge:** Urheberrechtlich relevante Vertragsgestaltungen sind **426** denkbar auch in einem Franchisevertrag. Durch diesen überlässt der Franchisegeber dem Franchisenehmer gegen Entgelt und u.U. gegen eine Bezugspflicht von Waren eine ganzes Bündel von Rechten, die für den Aufbau einer dem Produkt- oder Dienstleistungsabsatz dienenden einheitlichen corporate identity benötigt werden. Das können auch urheberrechtlich geschützte Werke sein (z.B. Signets, Ladeneinrichtungen). Als im Regelfall angewandte Kunst müssen aber für einen urheberrechtlichen Schutz die (erhöhten) Anforderungen erfüllt sein (vgl. § 2 Rn. 137 ff.).

c) **Vertragsmuster und Weiterführendes:** Merchandising-Mustervertrag bei **427** Moser/Scheuermann/*Schmidt*, Handbuch der Musikwirtschaft, S. 1259; Muster für einen Merchandisingvertrag in englisch (merchandising license agreement): Pfaff/Osterrieth/*Büchner*, Formularkommentar Lizenzverträge[2], 2004, S. 533; Muster für eine Franchisevertrag (Waren) in englisch (franchise agreement): Pfaff/Osterrieth/*Metzlaff*, Formularkommentar Lizenzverträge[2], 2004, S. 487; zu gewerblichen Schutzrechten in Franchiseverträgen: Pfaff/Osterrieth/*Metzlaff*, Formularkommentar Lizenzverträge[2], 2004, Rn. 1041; Muster für einen Franchisevertrag (Restaurant; Fachgeschäft): Münchener Vertragshandbuch/*Heil*/*Wagner*[5] Bd. 2, Wirtschaftsrecht I, II.1, S.65; ferner allgemein Loewenheim/*Koch*/*Schertz* § 79 Merchandisingverträge; *Schertz*, Merchandising, 1997; *Martinek*/*Bahermeier* in Martinek/Semler/Habermeier, Handbuch des Vertriebsrechts[2], vor § 22 – § 25 Franchisingverträge; v. Hartlieb/Schwarz/ *Gottschalk*[4] Kapitel 263 – 265.

16. Datenbankverträge

a) **Verweisung:** Datenbanken können entweder als Datenbankwerk gemäß **428** § 4 urheberrechtlichen Schutz oder zumindest als einfache Datenbank gemäß §§ 87a ff. durch ein Leistungsschutzrecht absoluten Schutz genießen. Die Nutzung von Datenbanken ist deshalb Teil des Lizenzverkehrs. Im Einzelnen zu Datenbankverträgen vgl. § 87e Rn. 9 ff.; zur Vergütung vgl. § 32 Rn. 112.

b) **Vertragsmuster und Weiterführendes:** Vertragsmuster für Datenbankennut- **429** zungsverträge: Loewenheim/*Koch* § 77 Rn. 187; zu Online-Datenbank- und CD-ROM-Datenbankverträgen: *Mehrings* NJW 1993, 3102; *Dreier* FS Schri-

cker 70. Geb. S. 193 ff.; *Moufang* FS Schricker 60. Geb. S. 571; Lehmann/
Lehmann S. 68.

17. Online-Verträge

430 **a) Einordnung nach Werkart:** Als Online-Verträge werden üblicherweise Verträge zusammengefasst, die die Nutzung von Verträgen auf individuellen Abruf zu individuellen Zeiten sowie von individuellen Orten durch den Nutzer regeln. Diese Nutzung unterfällt dem **Recht der öffentlichen Zugänglichmachung** nach § 19a, das dem Urheber und allen nach UrhG Leistungsschutzberechtigten zusteht. **Je nach Werkart** sind die Verträge unterschiedlich. In Betracht kommen z.B. Download von eBooks (vgl. § 1 VerlG Rn. 12), individueller Abruf von Hörbüchern oder Musik aus dem Internet (vgl. Rn. 361; dazu auch *Hoenike/Hülsdunk* MMR 2004, 59), der individuelle Abruf von Musikvideos (vgl. Rn. 362), Filmen oder Rundfunksendungen (vgl. Vor §§ 88 ff. Rn. 90 ff.) sowie Computerspielen (vgl. Vor §§ 88 ff. Rn. 12) aus dem Internet, der Download von Fotografien (vgl. Rn. 407 ff.) sowie von Merchandising-Produkten (vgl. Rn. 422 ff.) oder auch die Erstellung von Websites (vgl. Rn. 394 ff. zu Designverträgen).

431 In Ausnahmefällen ist beim bewussten Zurverfügungstellen von Inhalten im Internet unter Berücksichtigung einer etwaigen Beeinträchtigung von Verwertungsmöglichkeiten auch eine **konkludente Rechteeinräumung** bzw. einseitige Genehmigung denkbar (*Berberich* MMR 2005, 145; Wandtke/Bullinger/ *Wandtke/Grunert*[2] Rn. 77). Ansonsten hängt der **Umfang der Rechteeinräumung** von der Vertragsauslegung nach der **Zweckübertragungslehre** ab; vgl. § 31 Rn. 141; zur Vergütung vgl. § 32 Rn. 112.

432 Die Online-Nutzung wird häufig mit sog. **Digital Right Management (DRM)** verbunden; dadurch wird die faktische Nutzungsmöglichkeit für den Nutzer begrenzt; z.B. wird ihm nur eine temporäre Nutzung ermöglicht. Als DRM (in einem weiteren Sinne) werden über dies auch die technischen Schutzmaßnahmen gemäß §§ 95a ff. bezeichnet, die eine über den Nutzungsvertrag hinausgehende Nutzung verhindern sollen (vgl. § 95c Rn. 1 ff.).

433 **b) Vertragsmuster und Weiterführendes:** Vertragsmuster für die Erstellung einer Website: Loewenheim/*Koch* § 78 Rn. 89; Vertragsmuster für den Erwerb von Nutzungsrechten an in einer Website aufzunehmenden Inhalten: Loewenheim/*Koch* § 78 Rn. 90; Münchener Vertragshandbuch/*Bahnsen*[5] Bd. 2, Wirtschaftsrecht I, XII.9, S. 1246; Onlinelizenzvertrag zur Einräumung von einfachen Nutzungsrechten an Werken eines Verlages zum Zwecke der elektronischen Speicherung: Datenbanken, *Delp*[7] S. 395; ferner allgemein: *Moufang* FS Schricker 60. Geb. S. 571, 582; Lehmann/*Lehmann* S. 57; Bröcker/Czychowski/Schäfer/*Wirtz* § 8.

---

§ 31   **Einräumung von Nutzungsrechten**

(1) ¹Der Urheber kann einem anderen das Recht einräumen, das Werk auf einzelne oder alle Nutzungsarten zu nutzen (Nutzungsrecht). ²Das Nutzungsrecht kann als einfaches oder ausschließliches Recht sowie räumlich, zeitlich oder inhaltlich beschränkt eingeräumt werden.

(2) Das einfache Nutzungsrecht berechtigt den Inhaber, das Werk auf die erlaubte Art zu nutzen, ohne dass eine Nutzung durch andere ausgeschlossen ist.

(3) ¹Das ausschließliche Nutzungsrecht berechtigt den Inhaber, das Werk unter Ausschluss aller anderen Personen auf die ihm erlaubte Art zu nutzen und

Nutzungsrechte einzuräumen. ²Es kann bestimmt werden, dass die Nutzung durch den Urheber vorbehalten bleibt. § 35 bleibt unberührt.

(4) (aufgehoben)

(5) ¹Sind bei der Einräumung eines Nutzungsrechts die Nutzungsarten nicht ausdrücklich einzeln bezeichnet, so bestimmt sich nach dem von beiden Partnern zugrunde gelegten Vertragszweck, auf welche Nutzungsarten es sich erstreckt. ²Entsprechendes gilt für die Frage, ob ein Nutzungsrecht eingeräumt wird, ob es sich um ein einfaches oder ausschließliches Nutzungsrecht handelt, wie weit Nutzungsrecht und Verbotsrecht reichen und welchen Einschränkungen das Nutzungsrecht unterliegt.

Übersicht

I. Einräumung von Nutzungsrechten (§ 31 Abs. 1 bis Abs. 3)

1. Sinn und Zweck

1 Das Urheberrecht ist – von engen Ausnahmen abgesehen – nicht übertragbar (§ 29 S. 2; vgl. § 29 Rn. 7 ff.). Nur in Ausnahmefällen nutzt der Urheber jedoch sein Werk selbst. Vielmehr bedient er sich im Regelfall Verwertern (Begr RegE UrhG – BT-Drucks. IV/270, S. 28; vgl. Vor §§ 31 ff. Rn. 1). Hierzu räumt der Urheber den Verwertern Nutzungsrechte ein (zur Terminologie und **Abgrenzung zu den Verwertungsrechten** vgl. Rn. 13 ff.). Je nach dem mit dem Vertrag verfolgten Zweck sind Art und Umfang einzuräumender Nutzungsrechte im Einzelfall höchst unterschiedlich. § 31 Abs. 1 S. 1 nennt diesen **konkreten Zuschnitt des Nutzungsrechts „Nutzungsart".** Dieser Zuschnitt kann durch räumliche, zeitliche und inhaltliche Beschränkungen gestaltet werden (§ 31 Abs. 1 S. 2). Ferner können Nutzungsrechte in einfacher (§ 31 Abs. 2) oder ausschließlicher (§ 31 Abs. 3) Form vergeben werden. Ein abschließender Katalog von Nutzungsarten ist dem UrhG, insbesondere § 31 Abs. 1 bis Abs. 3, nicht zu entnehmen. Es muss jedoch eine verkehrsfähige Nutzungsart vorliegen; vgl. Rn. 11 f. Durch die Möglichkeit des individuellen Zuschnitts von Nutzungsrechten für konkrete Nutzungsarten gem. § 31 Abs. 1 bis Abs. 3 wird dem **Grundsatz des § 11 S. 1** Rechnung getragen, wonach der Urheber in der Nutzung seines Werkes zu schützen ist. Der Urheber wird in die Lage versetzt, bei der Einräumung von Nutzungsrechten nach eigenem Ermessen zu differenzieren. Ergänzend soll die **Zweckübertragungslehre** gem. § 31 Abs. 5 dafür sorgen, dass im Zweifel der Urheber nur im nach dem Vertragszweck notwendigen Umfang Rechte vergibt; vgl. Rn. 108 ff.

2. Früheres Recht

§ **31 Abs. 1 S. 1** wurde seit Inkrafttreten des UrhG am 01.01.1966 nicht **2** geändert, auch nicht durch das UrhVG 2002 (BGBl I S. 1155). Die Regelung in § **31 Abs. 1 S. 2** zur Möglichkeit der räumlich, zeitlich oder inhaltlich beschränkten Vergabe von Nutzungsrechten war bis zum UrhVG (BGBl I S. 1155) wortgleich in § 32 zu finden. In § **31 Abs. 2 und** § **31 Abs. 3** wurden durch das UrhVG (BGBl I S. 1155) die Definitionen von einfachem und ausschließlichem Nutzungsrecht – ohne inhaltliche Veränderung gegenüber der früheren Rechtslage – klarer gefasst und in § 31 Abs. 3 die auch vorher anerkannte eingeschränkte Ausschließlichkeit ohne Ausschluss des Urhebers in das Gesetz aufgenommen (RegE UrhVG – BT-Drucks. 14/6433, S. 14).

Auf **Altverträge**, die bis zum 31.12.1965 abgeschlossen wurden, findet zwar **3** das UrhG grundsätzlich keine Anwendung (§ 132 Abs. 1 S. 1) und auch darin enthaltene Verfügungen bleiben wirksam (§ 132 Abs. 2). Gem. § 137 Abs. 1 S. 1 wird jedoch eine nach altem Recht mögliche Übertragung von Urheberrechten in eine Einräumung von Nutzungsrechten nach § 31 Abs. 1 bis Abs. 3 umgedeutet. § 31 Abs. 1 bis Abs. 3 haben insoweit auch Bedeutung für Altverträge. Für Verträge bis 31.12.1965 galten auch in der **DDR** LUG und KUG. Ab 01.01.1966 existierte nach DDR-Recht die Möglichkeit der Einräumung beschränkter dinglich wirkender Nutzungsrechte, für bestimmte Nutzungsarten, wurde dort allerdings „Übertragung" genannt (§§ 19 Abs. 1 S. 2, 39 DDR-URG), so dass insoweit eine mit § 31 Abs. 1 bis Abs. 3 vergleichbare Regelung für DDR-Altverträge gilt. § 19 Abs. 1 S. 2 DDR-URG enthält eine Aufhebung des Abstraktionsprinzips wie das UrhG (Wandtke/Bullinger/ *Wandtke*[2] EVtr Rn. 29; *Stögmöller*, Deutsche Einigung und Urheberrecht, 1991, S. 98; zum UrhG vgl. Rn. 30 ff.). Zu einer Übertragung von Urheberrechten nach DDR-Altverträgen bis 31.12.1965 siehe § 29 Rn. 2. Zu DDR-Altverträgen und einer möglichen Vertragsanpassung nach der deutschen **Wiedervereinigung**, vgl. Vor §§ 31 ff. Rn. 100 ff.

3. EU-Recht und Internationales Recht

Eine generelle Harmonisierung des Urhebervertragsrechts hat in der **EU** noch **4** nicht stattgefunden. Das gilt insbesondere für die Regelungen in § 31. Einige EU-Richtlinien haben aber Einfluss auf die Vertragsgestaltung; vgl. Vor §§ 31 ff. Rn. 24 f. **Internationale Urheberrechtsabkommen** enthalten keine Bestimmungen zur vertraglichen Nutzungsrechtseinräumung; vgl. Vor §§ 31 ff. Rn. 26 f. In **internationalen Sachverhalten** ist allerdings stets zu fragen, ob das deutsche Urhebervertragsrecht angewendet werden kann; vgl. Vor §§ 120 ff. Rn. 58 ff.

4. Einräumung von Nutzungsrechten (§ 31 Abs. 1 S. 1)

5 a) **Urheber:** Nutzungsrechte kann nach § 31 Abs. 1 S. 1 nur der Urheber einräumen. Als Urheber gelten insoweit auch **Miturheber** nach § 8 und **Urheber verbundener Werke** nach § 9.

6 Vom Urheber zu unterscheiden sind die **Inhaber von Nutzungsrechten**, die vom Urheber abgeleitet sind. Sie fallen nicht unter § 31 Abs. 1 S. 1. Sofern sie Inhaber von ausschließlichen (vgl. Rn. 91 ff.) Nutzungsrechten sind, können sie mit Zustimmung (§ 35) des Urhebers weitere abgeleitete Nutzungsrechte einräumen; § 31 Abs. 1 S. 1 gilt dann entsprechend, so dass auch § 31 Abs. 1 S. 2 und Abs. 2 und Abs. 3 entsprechend Anwendung finden; zum Vertragsrecht zwischen Verwertern vgl. Vor §§ 31 ff. Rn. 223 ff.

7 § 31 Abs. 1 S. 1 gilt kraft ausdrücklichen Verweises auch für die **Inhaber von verwandten Schutzrechten** (Leistungsschutzrechten) wie wissenschaftlichen Ausgaben (§ 70) und Lichtbildern (§ 72 Abs. 1), ferner für die Leistungsschutzrechte der ausübenden Künstler (§ 79 Abs. 2 S. 2), der Veranstalter (§ 81 S. 2), der **Tonträgerhersteller** (§ 85 Abs. 2 S. 3), des Sendeunternehmens (§ 87 Abs. 2 S. 3), des Filmherstellers (§ 94 Abs. 2 S. 3) und des Laufbildherstellers (§ 95 i.V.m § 94 Abs. 2 S. 3). Im Hinblick auf die Leistungsschutzrechte bei nachgelassenen Werken (§ 71) und des Datenbankherstellers (§§ 87a ff.) findet zwar keine Verweisung statt, eine entsprechende Anwendung ist aber möglich; vgl. Vor §§ 31 ff. Rn. 217. Da die **vorerwähnten** Leistungsschutzrechte mit Ausnahme der Rechte nach § 70 (wissenschaftliche Ausgaben) und § 72 (Lichtbilder) übertragbar sind, können auch andere als die originären Inhaber Nutzungsrechte gemäß § 31 Abs. 1 S. 1 einräumen.

8 b) **Nutzungsrecht:** Nutzungsrechte sind gegenständliche (dingliche) Rechte, die durch **Verfügung über das Urheberrecht** eingeräumt werden und dem Inhaber die Nutzung des Werkes gegenüber jedermann gestatten. Sie entstehen durch Abspaltung der Nutzungsbefugnis vom Verwertungsrecht des Urhebers direkt in den Händen Dritter und berechtigen diese zur Nutzung des Werkes; vgl. § 29 Rn. 14 ff. Das Nutzungsrecht ist vom **Urheberrecht** und **Verwertungsrecht**, die nicht übertragbar sind, zu unterscheiden; dazu vgl. Vor §§ 29 ff. Rn. 15. Werden Nutzungsrechte **unzutreffend** als „Urheberrechte" oder „Verwertungsrechte" **bezeichnet**, ist eine **Vertragsauslegung** gemäß §§ 133, 157 BGB möglich; das gilt auch für AGB-Verträge; vgl. § 29 Rn. 8, Rn. 16. Von einem Nutzungsrecht abgeleitete weitere Nutzungsrechte heißen **Enkelrechte** etc. Kein Nutzungsrecht entsteht bei der rein **schuldrechtlich wirkenden** Gestattung; vgl. § 29 Rn. 24.

9 c) **Auf einzelne oder alle Nutzungsarten: aa) Umfang:** Nutzungsrechte können in allen denkbaren Kombinationen von Verwertungsarten eingeräumt werden. Das Gesetz nennt als Rahmen in § 31 Abs. 1 S. 2 einfache oder ausschließliche Einräumung sowie räumliche, zeitliche und inhaltliche Beschränkungen. Die Spanne reicht dabei von einer Vergabe für eine einzige Nutzungsart bis hin zur Vergabe von Nutzungsrechten für alle Nutzungsarten, was allerdings aufgrund der Anforderungen der Zweckübertragungslehre an die Formulierung einer solchen Vereinbarung (vgl. Rn. 118 ff.) ein eher theoretischer Fall ist.

10 bb) **Begriff der Nutzungsart:** Der Begriff der Nutzungsart bezeichnet eine **bestimmte Art und Weise** der wirtschaftlichen Nutzung. Das UrhG kennt **keinen abschließenden Katalog** von Nutzungsarten. Eine verkehrsfähige **Nut-**

zungsart muss als solche hinreichend **klar abgrenzbar, wirtschaftlich-technisch als einheitlich und selbständig erscheinen** (BGH GRUR 2001, 153, 154 – *OEM-Version*; BGH GRUR 1992, 310, 311 – *Taschenbuchlizenz*; BGH GRUR 1990, 669, 671 – *Bibelreproduktion*). Die Frage, ob eine eigenständige Nutzungsart vorliegt, ist aus der **Sicht** der **Endverbraucher** zu beantworten, weil deren Werknutzung durch das System der Nutzungsrechte letztlich erfasst werden soll (auf „Verkehrsauffassung" abstellend: BGH GRUR 2001, 153, 154 – *OEM-Version*; BGH GRUR 1992, 310, 311 – *Taschenbuchlizenz*; BGH GRUR 1990, 669, 671 – *Bibelreproduktion*; BGH GRUR 1997, 215, 217 – *Klimbim*, allerdings nicht zu § 31 Abs. 1, sondern zu § 31 Abs. 4 a.F.). Dieser konkrete Einsatzbereich eines Werkes ist auf Grund der Fortentwicklung technischer Möglichkeiten und Wandelung der Verbraucherbedürfnisse ständig Änderungen unterworfen. Neue technische Möglichkeiten führen zu weiteren Nutzungsarten; frühere Nutzungsarten werden u.U. nicht mehr nachgefragt. Abgrenzungskriterien sind etwa qualitative Verbesserungen oder quantitative Erweiterungen der Nutzungsmöglichkeiten, aber auch Branchenüblichkeit (so OLG Hamburg GRUR 2000, 45, das auf die in Honorarempfehlungen genannten Nutzungsarten abstellt). Die Zahl möglicher Nutzungsarten ist groß, beispielsweise für einen literarischen Stoff Hardcoverbuch, Taschenbuch, Zeitschriftenabdruck, Hörbuch auf CD, Hörbuch zum Download aus dem Internet; zu weiteren Beispielen vgl. Rn. 65 ff.

cc) Grenzen der Aufspaltbarkeit: Das Urheberrecht und von ihm abgeleitete **11** Nutzungsrechte wirken als absolute Rechte gegenüber jedermann. Bei Eingriff in diese absolute Position kann der Urheber oder Rechteinhaber vorgehen, auch wenn eine vertragliche Verbindung mit dem Verletzer nicht existiert. Bei der Einräumung von Nutzungsrechten spricht man hier von der **dinglichen** (also absoluten) **Wirkung** der Nutzungsrechtseinräumung. Eine dinglich wirkende Beschränkung ist aus Gründen der **Verkehrsfähigkeit** und **Rechtsklarheit** aber nur an konkreten und hinreichend bestimmten eigenständigen Nutzungsarten möglich. Diese **Begrenzung** der dinglichen **Aufspaltbarkeit** der Verwertungsrechte in Nutzungsarten soll unübersichtliche und unklare Rechtsverhältnisse verhindern, welche die Feststellung der Rechtsinhaberschaft und den Umfang der Berechtigung nicht oder nur unter erheblichen Schwierigkeiten zulassen (BGH GRUR 1992, 310, 311 – *Taschenbuch-Lizenz*; BGH GRUR 1990, 669, 671 – *Bibelreproduktion*). Das betrifft sämtliche Beschränkungsmöglichkeiten für Nutzungsarten, also räumliche, zeitliche und inhaltliche Beschränkungen. **Räumlich** kann das Verbreitungsrecht nicht kleiner als die Bundesrepublik zugeschnitten werden, andere Rechte, beispielsweise Aufführungsrechte, aber durchaus; vgl. Rn. 46 ff. **Zeitlich** ist der Verkehr an verschiedenste Einschränkungen bei der Rechtevergabe gewöhnt (Loewenheim/*Jan Bernd Nordemann* § 60 Rn. 26), so dass allenfalls ungewöhnliche zeitliche Abreden wie die Nutzungsrechtseinräumung nach Sekunden oder Minuten nicht dinglich wirken können, wenn sie für den Verkehr nicht hinreichend präzise nachmessbar sind. Zu dinglichen Abspaltbarkeit von **inhaltlichen** Beschränkungen vgl. Rn. 58 ff., zu Beispielen für inhaltlich abspaltbare Nutzungsarten in den einzelnen Werkarten und Branchen vgl. Rn. 65 ff.

Eine dinglich nicht wirksame Aufspaltung von Nutzungsrechten **wirkt** sich **12** zumindest als **schuldrechtliche** Vereinbarung zwischen den Parteien des Nutzungsvertrages. Eine (ergänzende) **Vertragsauslegung** muss im Übrigen entscheiden, ob mit dinglicher Wirkung gar kein Recht, ein umfassenderes Recht als die eigentliche Abrede oder ein Recht geringeren Umfangs eingeräumt wurde. Bei nur schuldrechtlich wirkender Verpflichtung sind über dies die

Kontrollmöglichkeiten nach AGB-Recht vergrößert; vgl. Rn. 179 ff. Im Bereich des Einsatzes von **Digital Rights Management (DRM)** können außerdem die angewendeten Maßnahmen dazu führen, dass der Verkehr faktisch auf eine bestimmte Nutzungsmöglichkeit beschränkt wird, selbst wenn diese nicht selbständig abspaltbar sein sollte, z.B. Vervielfältigungsrecht nur für eigene Harddisk und ein mobiles Gerät; vgl. § 95c Rn. 16.

13 dd) **Nutzungsart und Verwertungsrecht:** Ein Nutzungsrecht bezieht sich immer auf eine oder mehrere konkrete Nutzungsarten. Die Nutzungsart ist dabei **nicht** mit dem **Verwertungsrecht** gem. §§ 15 ff. **identisch** (BGH GRUR 1997, 464, 465 – *CB-Infobank II*; BGH GRUR 1992, 310, 311 – *Taschenbuchlizenz*; BGH GRUR 1986, 62, 65 – *GEMA-Vermutung I*). Sie kann zum einen **weiter** sein, also mehrere Verwertungsrechte umfassen, wie etwa der Verlag eines Buches (Vervielfältigung gem. § 16 und Verbreitung gem. § 17) oder das Recht Nutzung von Filmen in Kinos (Vervielfältigung gem. § 16, Verbreitung gem. § 17, Vorführung gem. § 19 Abs. 4). Sie kann andererseits aber auch **enger** sein; so sind beispielsweise der Vertrieb von Büchern über Sortimentsbuchhandlung und über Buchgemeinschaften selbstständige Nutzungsarten im Bereich der Verbreitung (§ 17) als Verwertungsrecht (BGH GRUR 1968, 152, 153 – *Angelique I*; OLG Köln ZUM-RD 2000, 332, 335 – *Juristische Fachzeitschriften*; Loewenheim/*Loewenheim/Jan Bernd Nordemann* § 24 Rn. 5).

14 ee) „Nutzungsart" nach § 31 Abs. 1 und nach § 31a: Die Begriffe der Nutzungsart in § 31 Abs. 1 und § 31a sind **nicht identisch**. Es genügt im Zusammenhang mit dem Verbot der Einräumung unbekannter Nutzungsarten nicht, dass die Nutzungsart als hinreichend klar abgrenzbare Verwertungsform gemäß § 31 Gegenstand einer selbständigen Nutzungsrechtseinräumung sein kann (BGH GRUR 1997, 215, 217 – *Klimbim*; KG GRUR 2002, 252, 254 – *Mantellieferung*; *Castendyk* ZUM 2002, 332, 336 m.w.N.; Loewenheim/*Loewenheim/Jan Bernd Nordemann* § 24 Rn. 6, § 26 Rn. 37; a.A. Schricker/*Schricker*³ § 31/32 Rn. 8; *Donhauser*, Der Begriff der unbekannten Nutzungsart gemäß § 31 Abs. 4 UrhG, 2001, S. 96 f.).

15 ff) **Nutzungsart und Erschöpfung:** Bei der **Verbreitung von Werkstücken** (§ 17) kann die festgelegte Nutzungsart schnell ihre Bedeutung verlieren. Urheberrecht als flankierendes absolutes Recht steht hier wegen Erschöpfung nur auf der ersten Stufe zur Verfügung.

16 **Räumliche Erschöpfung des Verbreitungsrechtes:** Werden Werkstücke mit Zustimmung des Berechtigten in Verkehr gebracht, tritt gemäß § 17 **Abs. 2** eine Erschöpfung des Verbreitungsrechtes ein, so dass der Berechtigte den Vertrieb nicht mehr kontrollieren kann (BGH GRUR 1986, 736, 737 f. – *Schallplattenvermietung*). Die Erschöpfung wirkt in der gesamten EU und im gesamten EWR, um eine künstliche Aufteilung des Marktes zu verhindern; vgl. § 17 Rn. 24 ff. Erforderlich ist lediglich, dass das erstmalige Inverkehrbringen innerhalb des Lizenzgebietes stattfindet und sich im Rahmen der gestatteten Nutzungsart hält. Danach kann der Berechtigte die weiteren Verbreitungsakte nicht mehr daraufhin kontrollieren, ob sie mit der ursprünglichen räumlichen Begrenzung des Nutzungsrechts im Einklang stehen oder nicht (BGH GRUR 2001, 153, 155 – *OEM Version*). Die Erschöpfungswirkung umfasst nicht nur das Recht zur Verbreitung des Werkstückes, sondern auch das Recht der darüber hinaus gehenden Nutzung in der Absatzwerbung, z.B. durch Vervielfältigung (Abbildung) zu Werbezwecken (BGH GRUR 2001, 51, 53 – *Parfumflakon*). Die wirtschaftlichen Auswirkungen der Erschöpfung, nämlich die fehlende Möglichkeit der Abschottung gegen Importe aus anderen

EU- oder EWR-Mitgliedsstaaten, sollten bei der Vertragsgestaltung bedacht werden; sie können **das eingeräumte Nutzungsrecht wesentlich entwerten.** Zwar ist die Konstruktion von räumlich abgegrenzten Vertriebssystemen für Werkstücke nicht von vornherein ausgeschlossen, wohl aber müssen diese dann über **rein schuldrechtliche Bindungen** durchgesetzt werden und kartellrechtlich zulässig sein (siehe insbesondere die EU-Gruppenfreistellungsverordnung zu Vertikalvereinbarungen). Aus dem Urheberrecht kann nicht gegen Dritte vorgegangen werden; ebenso wenig aus dem Wettbewerbsrecht, sofern keine Verleitung des Dritten zum Vertragsbruch gemäß § 4 Nr. 10 UWG vorliegt.

Inhaltliche Erschöpfung des Verbreitungsrechts: Der Erschöpfungsgrundsatz **17** überwindet ferner inhaltliche Beschränkungen der Nutzungsart. So kann ein Computerprogramm, das mit Zustimmung des Berechtigten nur für eine bestimmte inhaltlich beschränkte Nutzungsart in Verkehr gebracht werden darf, nach dem ersten erlaubten Inverkehrbringen ohne Beschränkung auf diese Nutzungsart weiterverbreitet werden (BGH GRUR 2001, 153, 155 – *OEM-Version* m.w.N.). Noch nicht einmal dort soll eine Grenze zu ziehen sein, wo die Weiterverbreitung sich soweit von der ursprünglich vorgesehenen Nutzungsart entfernt, dass ein neues Produkt entsteht, so z.B. wenn als Postkarten mit Zustimmung des Rechtsinhabers in Verkehr gebrachte Lichtbilder als Deckel in Pralinenschachtel eingelegt und mit der Verpackung verschweißt werden (KG GRUR-RR 2002, 125/127 – *Postkarten in Pralinenschachteln*; genauso OLG Hamburg GRUR 2002, 536/536 – *Flachmembranlautsprecher*). Das erscheint zumindest als zweifelhaft, wenn eine solche, der ursprünglichen Nutzungsart völlig entgegengesetzte Nutzung grundsätzliche Interessen des Urhebers (siehe §§ 14, 23, 39 UrhG) berührt und daher eine erneute Zustimmung des Urhebers gerechtfertigt ist.

Erweiterung der Nutzungsrechtseinräumung: Die Erschöpfung bei der Ver- **18** breitung kann dazu führen, dass die Nutzungsrechtseinräumung auch ohne vertragliche Nutzungsrechtseinräumung erweitert wird. Rechte für Nutzungshandlungen, die üblicherweise mit einer **Bewerbung des urheberrechtlich geschützten Werkstückes** (z.B. eines Parfumflakons) verbunden sind, erschöpfen sich ebenfalls, weil ansonsten das legal verbreitete Werkstück nicht beworben werden könnte (BGH GRUR 2001, 51, 53 – *Parfumflakons*).

Für unkörperliche **Verwertungen** (§ 15 Abs. 3) ist es hingegen anerkannt, dass **19** der Rechtsinhaber das Gebiet für die Nutzung – auch innerhalb der EU – aufteilen kann; vgl. § 15 Rn. 11.

gg) Positives Nutzungsrecht und negatives Verbotsrecht: Der Umfang des **20** (ausschließlichen) Nutzungsrechts als positive Benutzungserlaubnis kann enger sein als die dinglichen (negativen) Verbotsrechte des Nutzungsberechtigten gegenüber Dritten und dem Urheber. Der Nutzungsberechtigte kann also möglicherweise dinglich mehr verbieten, als er selbst nutzen darf. Richtigerweise entscheidet darüber die Zwecküberbertragungslehre gem. § 31 Abs. 5 S. 2, wie der Wortlaut seit der Urhebervertragrechtsreform 2002 ausdrücklich anordnet. Für vor dem 01.07.2002 geschlossene Verträge (§ 132 Abs. 3 S. 1) gilt die allgemeine nicht kodifizierte Zwecküberbertragungsregel, weil der Gesetzgeber mit der Neuregelung in § 31 Abs. 5 S. 2 nur die Fälle kodifizieren wollte, auf die die Zwecküberbertragungslehre ohnehin über den bisherigen Wortlaut anwendbar war (RegE UrhVG – BT-Drucks. 14/6433, S. 14).

Ein über das Benutzungsrecht hinausgehendes dingliches Verbotsrecht auch **21** Dritten gegenüber soll vor allem in Betracht kommen, wenn der Urheber

Enthaltungspflichten (ausführlich zu Enthaltungspflichten vgl. Vor §§ 31 ff. Rn. 45 ff., weiterhin zu § 88 Abs. 2 vgl. § 88 Rn. 89 sowie vgl. § 9 VerlG Rn. 14 ff.) **gegenüber dem Nutzungsberechtigten** verletzt, für dasselbe Werk keine Rechte an konkurrierenden Nutzungsarten zu vergeben (Schricker/*Katzenberger*[3] § 88 Rn. 57; Dreier/Schulze/*Schulze*[2] § 88 Rn. 68; wohl auch Wandtke/Bullinger/*Wandtke/Grunert*[2] Rn. 117). Der BGH hat diese Frage teilweise ausdrücklich offen gelassen (BGH GRUR 1957, 614, 616 – *Ferien vom Ich*; BGH GRUR 1969, 364, 366 – *Fernsehauswertung*), teilweise aber auch bekräftigt, dass das negative Verbotsrecht nicht auf andere Nutzungsarten erstreckt werden kann (BGH GRUR 1992, 310, 311 – *Taschenbuch-Lizenz*).

22 Ohne ausdrückliche Abrede zwischen den Parteien erscheint die Einräumung eines weiter reichenden Verbotsrechts jedoch als zweifelhaft, weil der Vertragszweck kaum darauf gerichtet sein kann, dem Urheber vorbehaltene Nutzungsarten mit dinglicher Wirkung zu neutralisieren. Für den Regelfall laufen deshalb ohne abweichende Vereinbarung Benutzungsrecht und Verbotsrecht parallel. Die berechtigten Interessen des Verwerters spielen nur im Rahmen des Vertragsverhältnisses eine Rolle, was auch im Rahmen des § 32 zum Tragen kommen kann (Loewenheim/*Jan Bernd Nordemann* § 64 Rn. 83). Für eine Beschränkung der Wirkungen auf das Vertragsverhältnis spricht im Übrigen auch der Verkehrsschutz und die Rechtsklarheit, die genauso wie bei der Frage des Zuschnitts der Nutzungsart (vgl. Rn. 11) zu berücksichtigen sind. Für Dritte sind über das positive Benutzungsrecht hinausgehende Verbotsrechte aber schwierig identifizierbar, wenn sie sich aus vertraglichen Enthaltungspflichten ergeben, ohne dass dem Verwerter die Rechte eingeräumt wurden. Nur für die Enthaltungspflicht des § 88 **Abs. 2 S. 2** (Wiederverfilmungsrecht des Stoff-Urhebers) ist ein dinglicher Charakter aufgrund der eindeutigen Aussagen in den Gesetzesmaterialien anzuerkennen; vgl. § 88 Rn. 84.

23 Anderes gilt jedoch bei **illegalen Nutzungen**, die im **Interesse** sowohl **des Urhebers** als auch **des Nutzungsberechtigten** verfolgt werden. Das Verbotsrecht geht auch ohne ausdrückliche vertragliche Absprache in den Fällen über das Benutzungsrecht hinaus, in denen der Urheber dem Verwerter umfassende Rechte, jedoch Dritten keine Rechte eingeräumt hat. Die Verfolgung von Urheberrechtsverletzungen durch einen mit umfassenden Nutzungsrechten ausgestatteten Verwerter liegt auch aus Urhebersicht im Rahmen des Vertragszwecks, selbst wenn die von der Verletzung betroffene Nutzungsart nicht dem Verwerter eingeräumt wurde. So kann der Verleger des Originalwerkes gegen einen Fortsetzungsroman auf Unterlassung vorgehen, obwohl auch er diesen nicht verlegen dürfte (BGH GRUR 1999, 984, 985 – *Laras Tochter*), oder gegen Nachahmungsprodukte, zu deren Nutzung er nicht berechtigt wäre (BGH GRUR 1992, 697, 698 f. – *Alf*). Wenn das Recht zur Veröffentlichung von Personenfotos im Internet besteht, kann auch gegen deren unberechtigte Veröffentlichung in Printmedien vorgegangen werden, weil betroffene Personen sonst möglicherweise ihre Zustimmung zum Vertragsschluss verweigern und das Auswirkungen auf den Erfolg der eigenen Nutzung hat (LG München I MMR 2004, 192, 194). Wenn ein Verlag das Nutzungsrecht für das Speichern von Werken in einer elektronischen Datenbank nicht hat, sondern das Vervielfältigungsrecht für Kopien auf Papier, kann er dennoch das illegale Einscannen und Speichern durch Dritte verhindern (OLG Köln ZUM-RD 2000, 332, 336 – *juristische Fachzeitschriften*). Neben Verbotsansprüchen hat der Nutzungsrechteinhaber aber nur unter bestimmten Voraussetzungen auch **Schadensersatzansprüche**; vgl. § 97 Rn. 132 ff.

Neben dem Nutzungsberechtigten bleibt der **Urheber** stets berechtigt, Verbots- **24** ansprüche wegen illegaler Nutzung zu stellen, auch wenn er insoweit ausschließliche Nutzungsrechte eingeräumt hat; vgl. § 97 Rn. 128. Schadensersatzansprüche stehen ihm aber nicht ohne weiteres zu.

d) Einräumung: Die Einräumung von Nutzungsrechten ist eine **belastende 25 Verfügung** über das Urheberrecht. Für ein eingeräumtes Nutzungsrecht wird in Anlehnung an die patentrechtliche Terminologie auch die Bezeichnung „Lizenz" verwendet. Dem Urheberrecht ist diese Bezeichnung eigentlich fremd; auch der RegE UrhG spricht nur davon, dass die Nutzungsrechtseinräumung „ähnlich wie die auf dem Gebiet des Patentrechts übliche Lizenz" sei (Begr. RegE – UrhG BT-Drucks IV/270, S. 55). Der Begriff der Lizenz hat sich allerdings im Urheberrecht für bestimmte Sachverhalte eingebürgert, insbesondere im Verlagsrecht für die Weiterübertragung oder für die Einräumung weiterer Rechte des Verlegers an Dritte z.B. „Sublizenz", „Unterlizenz". Der Sprachgebrauch ist aber nicht ganz einheitlich (Schricker/*Schricker*[3] vor §§ 28 ff. Rn. 21). Zu einem Überblick zur Einräumung von Nutzungsrechten bei **Verträgen des Urhebers** vgl. Vor §§ 31 ff. Rn. 32 ff., bei **Verträgen des Leistungsschutzberechtigten** vgl. Vor §§ 31 ff. Rn. 215 ff. und bei **Verträgen zwischen Verwertern** vgl. Vor §§ 31 ff. Rn. 223 ff. Zur **stillschweigenden** Einräumung vgl. Rn. 136.

aa) Verpflichtungs- und Verfügungsgeschäft: Bei der Einräumung von Nut- **26** zungsrechten an Urheberrechten ist – wie auch im gesamten übrigen deutschen Zivilrecht – zu trennen zwischen **Verpflichtungsgeschäft und Verfügungsgeschäft.** Einerseits gibt der Nutzungsvertrag als Verpflichtungsgeschäft einer Vertragspartei den schuldrechtlichen Anspruch, von der anderen Vertragspartei die Einräumung bestimmter Nutzungsrechte an einem urheberrechtlichen Werk verlangen zu dürfen. Andererseits muss diese Verpflichtung durch ein Verfügungsgeschäft erfüllt werden; diese Verfügung ist die Einräumung der Nutzungsrechte durch Belastung des Urheberrechts, die die Nutzungsrechte unmittelbar in den Händen eines Dritten zur Entstehung bringt (Dreier/Schulze/*Schulze*[2] § 31 Rn. 12; Schricker/*Schricker*[2] §§ 31/32 Rn. 1; Loewenheim/ *Jan Bernd Nordemann* § 26 Rn. 1; *Schack*[3] Rn. 527). In der Praxis fallen beide Rechtsgeschäfte meist zusammen, so dass der Nutzungsvertrag neben der Verpflichtung zur Rechtseinräumung auch deren Erfüllung durch eine entsprechende Verfügung enthält (OLG Brandenburg NJW-RR 1999, 839, 840; Loewenheim/*Jan Bernd Nordemann* § 26 Rn. 2).

Verpflichtungsgeschäft: Das Verpflichtungsgeschäft ist der Nutzungsvertrag **27** zwischen Verwerter und Urheber, der im Regelfall auf die Verschaffung der im Vertrag bestimmten Nutzungsrechte für die dort bestimmten Nutzungsarten gegen Entgelt gerichtet ist und ggf. weitere dem Zweck des Vertrages dienende Abreden enthält. Das Verpflichtungsgeschäft allein führt noch nicht zu einer Änderung der Rechtslage hinsichtlich der Nutzung des Werkes. Es begründet lediglich Rechte und Pflichten und gibt lediglich einen **Anspruch auf Einräumung der vereinbarten Nutzungsrechte.** Daher stellt die **Nutzung** eines Werkes durch einen Nichtberechtigten ohne Nutzungsrecht auch dann eine **Urheberrechtsverletzung** dar, wenn dieser einen Anspruch auf Rechtseinräumung aus einem schuldrechtlichen Vertrag mit dem Urheber hat (BGH GRUR 2002, 248, 252 – *Spiegel-CD-ROM*; BGH GRUR 1998, 376, 378 – *Cover Version*; BGH GRUR 1997, 215 – *Klimbim*; *Loewenheim* GRUR 1997, 215, 220 f.; *Schwarz* ZUM 1997, 94, 95 f.; *Schack*[3] Rn. 790), jedoch kann zumindest der Schadensersatzanspruch entfallen; vgl. Vor §§ 31 ff. Rn. 89 f. Der

Abschluss des Verpflichtungsgeschäfts bemisst sich nach den allgemeinen Vorschriften des BGB über Rechtsgeschäfte (§§ 104 bis 193 BGB), insbesondere über Verträge (§§ 145 bis 157 BGB; vergleiche insb. zu § 147 Abs. 2 BGB OLG Stuttgart ZUM-RD 2007, 80, 83). Es gilt der Grundsatz der **Formfreiheit** mit Ausnahme der § 31a Abs. 1 S. 1 (unbekannte Nutzungsarten) und § 40 Abs. 1 (Verpflichtung zur Einräumung von Nutzungsrechten an künftigen Werken). Die **Rechtsnatur** des dem Verpflichtungsgeschäft zugrunde liegenden Schuldverhältnisses kann vielfältig sein. Auch wenn der Verpflichtungsvertrag meist als Vertrag eigener Art bezeichnet wird (Wandtke/Bullinger/*Wandtke*/*Grunert*[2] Vor §§ 31 ff. Rn. 6), ist eine Typisierung nach den Vertragstypen des BGB nicht ausgeschlossen (Loewenheim/*Jan Bernd Nordemann* § 59 Rn. 20 ff.). Bei Fehlen einer vertraglichen Regelung kann also oft auch auf die dispositiven Regelungen des BGB für den jeweils passenden Vertragstypus wie Kaufvertrag, Werkvertrag, Dienst- und Arbeitsvertrag, Miet- und Pachtvertrag, Auftrag oder Geschäftsbesorgungsvertrag zurückgegriffen werden. Zu den Arten von Nutzungsverträgen vgl. Vor §§ 31 ff. Rn. 164 ff., zu **Leistungsstörungen** für Urheberverträge vgl. Vor §§ 31 ff. Rn. 170 ff. und für Verträge zwischen Verwertern vgl. Vor § 31 ff. Rn. 287.

28 **Verfügungsgeschäft:** Die Nutzungsrechtseinräumung selbst ist als Rechtsgeschäft, welches das Verwertungsrecht des Urhebers belastet, eine Verfügung in Erfüllung der zugrundeliegenden schuldrechtlichen Verpflichtung; vgl. Rn. 27. Für den **Abschluss** gilt das oben zum Verpflichtungsgeschäft Gesagte: als gegenständlicher Vertrag unterliegt auch sie den Vorschriften des Allgemeinen Teils des BGB (§§ 104 bis 193 BGB). Der Grundsatz der **Formfreiheit** wird für Verfügungen nur durch § 31a Abs. 1 S. 1 eingeschränkt; § 40 Abs. 1 S. 1 gilt nur für Verpflichtungsgeschäfte im Hinblick auf künftige Werke, nicht für das Verfügungsgeschäft; das hat allerdings aufgrund der Aufweichung des Abstraktionsprinzips im Urheberrecht keine große Bedeutung in der Praxis, weil die Nichteinhaltung der Form für das Verpflichtungsgeschäft regelmäßig auf das (eigentlich formfreie) Verfügungsgeschäft durchschlägt; vgl. Rn. 30 ff. Art und Umfang der Nutzungsrechtseinräumung sind grundsätzlich frei bestimmbar. Es existiert **kein numerus clausus der Nutzungsrechte** anders als im bürgerlichen Sachenrecht (*Ulmer*[3] S. 361 ff.; Schricker/*Schricker*[3] Vor §§ 28 ff. Rn. 52). Jedoch geht damit noch keine völlige Gestaltungsfreiheit im Hinblick auf den gegenständlich wirkenden Zuschnitt der Rechte einher; zu den Grenzen der Rechtseinräumung etwa im Hinblick auf Abspaltbarkeit mit gegenständlicher Wirkung; vgl. Rn. 11. Die **Verfügungsbefugnis** bei der Einräumung liegt grundsätzlich beim Urheber. Bei verbundenen Werken (§ 8 Abs. 2) steht sie den Miturhebern gemeinsam zu. Fehlt dem Veräußerer die Verfügungsmacht, kommt eine Zustimmung des Inhabers gemäß § 185 Abs. 1 BGB oder auch ein Erwerb nach § 185 Abs. 2 BGB durch nachträglichen Rechtserwerb des Veräußerers in Betracht (OLG Brandenburg NJW-RR 1999, 839, 840 – *blauäugig*). Die Einräumung kann unter einer **Bedingung** erfolgen, etwa bedingt durch Zahlung der vereinbarten Vergütung (LG München I ZUM-RD 2005, 81, 84).

29 **bb) Trennungsprinzip:** Auch wenn Verpflichtungs- und Verfügungsgeschäft in der Praxis oft in einem Vertrag zusammenfallen, so ist die **Verpflichtung zur Rechtseinräumung von der Verfügung**, mittels derer die Nutzungsrechte konstitutiv eingeräumt werden, **zu trennen** (*Wente/Härle* GRUR 1997, 96; Schricker/*Schricker*[3] Vor §§ 28 ff. Rn. 58; Dreier/Schulze/*Schulze*[2] § 31 Rn. 16; *Schack*[3] Rn. 527). Dieses Trennungsprinzip beansprucht – genauso wie im gesamten Zivilrecht – grundsätzlich auch im Urheberrecht **allgemeine Gel-**

tung. Das ergibt sich stellenweise schon aus dem Gesetzeswortlaut: § 31a Abs. 1 S. 1: „Rechte für unbekannte Nutzungsarten einräumt oder sich dazu verpflichtet"; § 40 Abs. 3: „wenn in Erfüllung des Vertrages Nutzungsrechte [...] eingeräumt worden sind".

cc) Abstraktionsprinzip, insbesondere automatischer Rechterückfall: Sehr **30** umstritten ist die Geltung des Abstraktionsprinzips im Urheberrecht, nach dem die Wirksamkeit des Verfügungsgeschäftes (also der Rechtseinräumung) nicht von der Wirksamkeit des zugrunde liegenden Verpflichtungsgeschäftes abhängt. Konsequenz der Anwendung des Abstraktionsprinzips wäre, dass im Fall der Unwirksamkeit oder Beendigung des Verpflichtungsgeschäfts das eingeräumte Nutzungsrecht an den Urheber gesondert zurück übertragen werden müsste. Jedoch wird in Abkehr vom Abstraktionsprinzip in Rechtsprechung und Literatur überwiegend die Auffassung vertreten, dass die Rechte bei Unwirksamkeit oder Beendigung des Verpflichtungsgeschäfts automatisch an den Urheber zurückfallen (OLG Karlsruhe ZUM-RD 2007, 76, 78; OLG Hamburg GRUR 2002, 335, 336 – *Kinderfernseh-Sendereihe*; OLG Hamburg GRUR Int. 1998, 431, 435 – *Feliksas Bajoras*; OLG Brandenburg NJW-RR 1999, 839, 840 – *blauäugig*; LG Mannheim CR 2004, 811, 814; LG Köln ZUM 2006, 149, 152; *Kraßer* GRUR Int. 1973, 230, 235 ff.; *Forkel*, Gebundene Rechtsübertragungen, 1977, S. 162 ff.; *Götting* FS Schricker 60. Geb. S. 70 f.; *Ulmer*[3] S. 313 ff.; Möhring/Nicolini/*Spautz*[2] § 31 Rn. 14; Schricker/*Schricker*[3] Vor §§ 28 ff. Rn. 61; Wandtke/Bullinger/*Bullinger/Grunert*[2] Vor §§ 31 ff. Rn. 6; Loewenheim/*Loewenheim/Jan Bernd Nordemann* § 26 Rn. 3. **A.A.**, für eine Anwendung des Abstraktionsprinzips: *Schwarz/Klingner* GRUR 1998, 113; *Schack*[4] Rn. 525 ff.; *v. Gamm* Einf. Rn. 70; *Obergfell*, Filmverträge im deutschen materiellen und internationalen Privatrecht, 2001, S. 75 ff.; für Filmlizenzverträge; Schricker/*Katzenberger*[3] § 88 Rn. 56 a.E. für Wiederverfilmungsrechte; *Wente/Härle* GRUR 1997, 96, 98 f. für jede Verfügung über den Ersterwerb von Nutzungsrechten hinaus; auch *Wallner* NZI 2002, 70, 74, *Abel* NZI 2003, 121, 126, *Grützmacher* CR 2004, 814, 815, jeweils für den speziellen Fall der Insolvenz des Urhebers und die Folgen nach § 103 InsO für bestehende Nutzungsrechte; bei Rückrufen nach § 41 das Abstraktionsprinzip ebenfalls anwendend OLG Köln ZUM 2006, 927, 929 – *Reifen Q*, Rev. zugel.).

Die **Rechtsprechung des BGH** hat sich – soweit ersichtlich – noch nicht zum **31** Meinungsstreit geäußert. Zwar hat der zuständige I. Zivilsenat in einigen Entscheidungen den Grundsatz ausgesprochen, dass das Abstraktionsprinzip auch für urheberrechtliche Verträge gelte (siehe BGH GRUR 1958, 504, 506 – *Die Privatsekretärin*; BGH GRUR 1982, 369, 371 – *Allwetterbad*; BGH GRUR 1990, 443, 446 a.E. – *Musikverleger IV*). Jedoch betrafen diese Fälle ausnahmslos eine Anwendung des Abstraktionsprinzips im Verhältnis von Verwerter zu Verwerter, nicht von Urheber zu Verwerter (genauso differenzierend OLG Karlsruhe ZUM-RD 2007, 76, 79). Im Verhältnis Verwerter zu Verwerter spricht aber sogar einiges dafür, hier grundsätzlich von einer Geltung des Abstraktionsprinzips auszugehen; vgl. Rn. 41.

Im Hinblick auf **Verträge** zwischen **Urheber und Verwerter** streiten für einen **32** automatischen Rechterückfall die besseren Argumente. Zunächst ist der Sinn und Zweck des UrhG, dem Urheber gem. § 11 S. 2 eine angemessene Vergütung zu verschaffen und ihn tunlichst an den wirtschaftlichen Erträgen seines Werkes zu beteiligen (Begr RegE UrhVG – BT-Drucks. 14/6433 S. 7; ferner BGH GRUR 2002, 248, 251 – *Spiegel-CD-ROM*; BGH GRUR 1979,

637, 638 – *White Christmas*; BGH GRUR 1974, 786, 787 – *Kassettenfilm*). Die Nachteile von isoliert bei Dritten ohne Verpflichtung liegenden Nutzungsrechten, deren wirtschaftliche Ausbeute unter Umständen über das Bereicherungsrecht vergütet werden müsste, liefen dem gebotenen Schutz des Urhebers entgegen. Auch systematisch ist ein automatischer Rechterückfall vertretbar. Es besteht eine enge Verknüpfung der Einräumung des Nutzungsrechtes mit dem zugrunde liegende Schuldverhältnis als Besonderheit des Urheberrechts (grundlegend *Ulmer*[3] S. 358). Für das Verlagsrecht ist das ausdrücklich der Regelung des § 9 VerlG zu entnehmen: Nach ihm erlischt im Verlagsvertrag mit der Beendigung des schuldrechtlichen Verlagsvertragsverhältnisses das dingliche Verlagsrecht automatisch. Auch wenn dessen Ausnahmecharakter gegen die Übertragung dieses Rechtsgedankens auf das gesamte Urheberrecht vorgebracht (*Schack*[4] Rn. 526) und nach der Urheberrechtsreform eine planwidrige Regelungslücke bezweifelt wird (*Grützmacher* CR 2004, 814, 815; anders zu Recht Schricker/*Schricker*[3] § 33 Rn. 16), so ist dem gesamten Urheberrecht doch immanent, dass die Verfügung entscheidend durch den **Zweck** des zugrundeliegenden schuldrechtlichen Rechtsgeschäftes geprägt wird und daher nicht gänzlich von ihm abstrahiert werden kann. Insoweit ist nicht nur auf § 9 VerlG zu verweisen, der eben keine Ausnahmebestimmung, sondern Ausdruck eines bestimmten urhebervertragsrechtlichen Systems ist. Ausprägungen dieser Zweckbindung ziehen sich systematisch auch durch das gesamte UrhG: **§ 40 Abs. 3** sieht die automatische Unwirksamkeit der Verfügung bei Einräumung von Nutzungsrechten an künftigen Werken bei Beendigung des Grundgeschäftes vor Ablieferung der Werke vor. Auch das Rückrufrecht führt zum automatischen Rechterückfall (§§ 41 Abs. 5, 42 Abs. 5). Noch stärker zeigt sich das an der **Zweckübertragungsregel** (§ 31 Abs. 5). Diese knüpft ausdrücklich das Verpflichtungsgeschäft über seinen „Vertragszweck" an den Umfang des Verfügungsgeschäfts. Bei fehlender oder pauschaler (schuldrechtlicher) Abrede hat die Zweckübertragungslehre vielmehr unmittelbaren Einfluss auf das Verfügungsgeschäft und korrigiert den Umfang der dinglichen Rechtseinräumung entsprechend den Erfordernissen des schuldrechtlichen Grundgeschäftes; dazu vgl. Rn. 118 ff. Ließe man die gegenständlichen Rechte bei dessen Wegfall in den Händen des Erwerbers bestehen, wäre die den Rechtsumfang ausformende Zweckverbindung nicht mehr vorhanden. § 9 VerlG ist daher nicht als Sonderregelung, sondern als Ausprägung des allgemeinen Zweckbindungsgrundsatzes zu verstehen und trägt zusammen mit § 40 Abs. 3 eine **Rechtsanalogie**, die durch automatischen **Rückfall** der Nutzungsrechte mit Unwirksamkeit oder Beendigung des schuldrechtlichen Grundgeschäftes eine Rückübertragung an den Urheber entbehrlich macht.

33 Erfasst die Beendigung des Verpflichtungsgeschäftes gemäß § 139 BGB nicht nur eingeräumte Hauptrechte, sondern sämtliche Rechte, insbesondere **Nebenrechte**, fallen konsequenterweise auch die Nebenrechte an den Urheber zurück (*Schricker*, Verlagsrecht[3], § 9 Rn. 11a; *Ulmer*[3] § 92 I; *Kraßer* GRUR Int. 1973, 230 ff.; *Knaak* FS Schricker 60. Geb. S. 263, 285). Zur Frage, ob die Beendigung den gesamten Vertrag bzw. insbesondere alle Rechte erfasst, vgl. Vor §§ 31 ff. Rn. 139.

34 Auch von Nutzungsrechten abgeleitete Nutzungsrechte (**Enkelrechte**) behalten ihre Zweckbindung an das Stammrecht und fallen bei einer Beendigung des Grundgeschäftes zwischen Urheber und Verwerter zusammen mit den Tochterrechten zurück (OLG Karlsruhe ZUM-RD 2007, 76, 78; OLG München Schulze OLGZ 248, 3 ff.; OLG München ZUM RD 1997, 551, 553 – *Das Piano*; OLG Hamburg GRUR Int. 1998, 431, 435 – *Feliksas Bajoras*; LG

Hamburg ZUM 1999, 859 – *Sesamstraße*; *Wilhelm Nordemann* GRUR 1970, 174 ff. A.A. *Schwarz/Klingner* GRUR 1998, 103; *Wente/Härle* GRUR 1997, 96, 98 f.; *Schack*[4] Rn. 525 ff.; OLG Köln ZUM 2006, 927, 929 – *Reifen Q*), anders Vorinstanz LG Köln ZUM 2006, 149, 152: keine Anwendung des Abstraktionsprinzips auf zu aktualisierende Computersoftware). Der Grund besteht darin, dass der Zweiterwerber seine Rechtsstellung allein aus einem Rechtsgeschäft mit dem Ersterwerber ableitet. Hieran ändert auch die Zustimmung des Urhebers gem. § 35 nichts, da sie sich nur auf die Einräumung von Nutzungsrechten an Sublizenznehmer bezieht, aber nichts über Fälle aussagt, in denen dem Ersterwerber das Nutzungsrecht fehlt oder es später wegfällt (OLG Hamburg GRUR 2002, 335, 336 – *Kinderfernseh-Sendereihe*). – Ein automatischer Rückfall findet daneben auch bei vollständiger Übertragung des Nutzungsrechts gem. § 34 statt.

§ 33 S. 2 enthält allerdings **eine Ausnahme von dieser Regel:** § 33 S. 2 ordnet **35** für den Fall des einseitigen Verzichts des Einräumenden den Sukzessionsschutz für den aktuellen Inhaber des Nutzungsrechts an. Damit sollte lediglich erreicht werden, dass der Inhaber vor einer einseitigen Änderung seiner Rechtsstellung geschützt wird, und zwar bei Wechsel oder Verzicht des einräumenden Inhabers des Nutzungsrechts, nicht aber des Urhebers; vgl. § 33 Rn. 11. Etwas anderes als diesen (engen) Ausnahmefall von der fehlenden Geltung des Abstraktionsprinzips wollte der Gesetzgeber damit nicht schaffen und insbesondere nicht das Abstraktionsprinzip einführen (Schricker/*Schricker*[3] § 33 Rn. 16; a.A. wohl LG Köln ZUM 2006, 149, 153; noch anders nächste Instanz OLG Köln ZUM 2006, 927, 929 – *Reifen Q*).

Die Beendigung der Rechtseinräumung durch den Urheber bedingt also für den **36** Verwerter bei der Einräumung abgeleiteter Nutzungsrechte (sog. Enkelrechte) die **Gefahr einer haftungsauslösenden Verletzung seiner Vertragspflichten** gegenüber dem Dritten. Um dies zu vermeiden, sind folgende **Vertragsgestaltungen** möglich (zur vertraglichen Absicherung und zu Sekundäransprüchen auch *Wente/Härle* GRUR 1997, 96, 100 ff.):

Der Verwerter kann schon bei Einräumung der Tochterrechte mit dem Urheber **37** vereinbaren, dass die **Einräumung von abgeleiteten Enkelrechten auch bei Rückfall** der Rechte an den Urheber **wirksam bleibt** (BGH ZUM 1986, 278 – *Alexis Sorbas*). Dementsprechend ist die Bestimmung der GPL (General Public Licence bei Open-Source-Software, dazu auch vgl. Nach § 69c Rn. 1 ff.) grundsätzlich wirksam, dass bei Lizenzverstoß durch den ersten Lizenznehmer und daraus folgendem Erlöschen der Nutzungsrechte bei ihm dennoch abgeleitete und Dritten vom Lizenznehmer eingeräumte Nutzungsrechte **bestehen bleiben,** wenn sie sich ihrerseits an die Nutzungsbedingungen halten (LG München I GRUR-RR 2004, 350, 351 – *GPL-Verstoß*). Der Urheber muss jedoch in solchen Fällen – sieht man einmal vom Sonderfall der GPL ab, § 32 Abs. 3 S. 3 – die für die Enkelrechte gezahlten Lizenzgebühren (abzüglich einer Vermittlungsprovision für den Erstverwerter) erhalten (eingehend *Schricker*, Verlagsrecht[3], § 28 Rn. 27; *Ulmer*[3] § 108 IV 2; Loewenheim/*Jan Bernd Nordemann* § 62 Rn. 24). Alles andere würde mit § 32 kollidieren, weil der Urheber dann trotz Verwertung seines Werkes ohne Vergütung bliebe. In den Fällen des Rückrufs nach § 34 Abs. 3, § 41 oder § 42 dürfen überdies die Vorschriften der §§ 34 Abs. 5 S. 1, 41 Abs. 4, 42 Abs. 2 nicht umgangen werden.

Der Vertrag kann auch die **Verpflichtung des Urhebers** vorsehen, mit dem **38** Lizenznehmer des Enkelrechts **einen neuen Lizenzvertrag** zu den bisherigen

Bedingungen **abzuschließen.** Ob das auch formularmäßig möglich ist, erscheint im Hinblick auf §§ 305c, 307 BGB zweifelhaft, weil der Urheber dann seinen Vertragspartner nicht selbst bestimmen kann (Loewenheim/*Jan Bernd Nordemann* § 62 Rn. 24; siehe aber den zwischen dem Hochschulverband und dem Börsenverein vereinbarten Mustervertrag „Verlagsvertrag über wissenschaftliche Werke" § 2 Abs. 5 S. 2, abgedruckt bei *Schricker*, Verlagsrecht³, S. 782 ff.; keine Bedenken offenbar bei *Schricker*, Verlagsrecht³, § 28 Rn. 27). Im Übrigen darf auch hier in den Fällen des Rückrufs nach § 34 Abs. 3, § 41 oder § 42 UrhG keine Umgehung der Vorschriften der §§ 34 Abs. 5 S. 1, 41 Abs. 4, 42 Abs. 2 UrhG stattfinden.

39 Möglich (allerdings nur **individualvertraglich**) ist auch die Vereinbarung einer **bedingten Vertragsübernahme** durch den Urheber, der der Lizenznehmer des Enkelrechts im Lizenzvertrag zustimmen muss (Loewenheim/*Jan Bernd Nordemann* § 62 Rn. 24). Der Lizenznehmer der Enkelrechte kann sich gegebenenfalls auch direkt mit dem Urheber für den Fall des Rückfalls einigen (z.B. **Optionsrecht, aufschiebend bedingte Nutzungsrechtseinräumung).** Entschärfen kann der Verwerter die Problemstellung eines haftungsauslösenden Rechterückfalls an den Urheber auch dadurch, dass der Vertrag für den Urheber nur einen **obligatorischen Rückübertragungsanspruch** im Hinblick auf die Tochterrechte vorsieht und damit der automatische Rechterückfall ausgeschlossen ist (Loewenheim/*Jan Bernd Nordemann* § 62 Rn. 24). Der Verwerter kann sich dann auf Rückübertragung verklagen lassen und im Prozess die meist streitige Frage der Wirksamkeit der Beendigung durch den Urheber in Ruhe klären lassen. Dann ist der Schwebezustand ausgeschlossen, in dem der Verwerter nicht weiß, ob die Rechte nicht schon (automatisch) an den Urheber zurückgefallen und damit auch die vom Verwerter lizenzierten Enkelrechte betroffen sind. Das sollte auch formularvertraglich möglich sein.

40 Für **Rechtseinräumungen durch Leistungsschutzberechtigte** ist zu **differenzieren:** Für **Verfasser wissenschaftlicher Ausgaben** (§ 70 Abs. 1) und **Lichtbildner** (§ 72 Abs. 1) gelten die vorstehenden Ausführungen für Urheberverträge in vollem Umfang, weil sie durch Komplettverweisungen auf den 1. Teil des UrhG wie ein Urheber zu behandeln sind. Für **ausübende Künstler** erscheint eine Durchbrechung des Abstraktionsprinzips wegen der Unanwendbarkeit des § 11 S. 2 als fraglich (a.A. OLG Karlsruhe ZUM-RD 2007, 76, 78), auch wenn § 31 Abs. 5 und § 40 Abs. 3 bei Einräumung von Leistungsschutzrechten durch ausübende Künstler gelten (§ 79 Abs. 2). Härtefälle kann § 32a korrigieren. Für **Veranstalter** (§ 81 S. 2), **Tonträgerhersteller** (§ 85 Abs. 2 S. 3), **Sendeunternehmen** (§ 87 Abs. 2 S. 3), **Filmhersteller** (§ 94 Abs. 2 S. 3) und **Laufbildhersteller** (§§ 95, 94 Abs. 2 S. 3) erfolgt zwar zumindest ein Verweis auf § 31 Abs. 5. Im Ergebnis liegt hier jedoch eine Durchbrechung des Abstraktionsprinzips noch ferner als bei ausübenden Künstlern, weil noch nicht einmal §§ 32, 32a gelten. Bei **nachgelassenen Werken** und **Datenbanken**, für die es an einem Verweis fehlt, gilt § 31 Abs. 5 zwar analog (Schricker/*Schricker*³ Vor §§ 28 ff. Rn. 36 für nachgelassene Werke und Schricker/*Vogel*³ Vor §§ 87a ff. Rn. 25 für Datenbanken). Hier scheidet aber ebenfalls eine Durchbrechung aus. Liegt eine **Übertragung** der Leistungsschutzrechte vor, gilt das Abstraktionsprinzip ohnehin in vollem Umfang; vgl. Vor §§ 31 ff. Rn. 229 ff.

41 Auf **Verträge zwischen Verwertern** finden die §§ 31 bis 44 gar keine Anwendung; vgl. Vor §§ 31 ff. Rn. 2. Hier kann das Abstraktionsprinzip breiter angewendet werden und grundsätzlich gelten; ausführlich vgl. Vor §§ 31 ff. Rn. 229 ff.

dd) Kein gutgläubiger Erwerb: Ein gutgläubiger Erwerb von Nutzungsrechten **42** ist im Urheberrecht nicht möglich (BGH GRUR 1959, 200, 203 – *Heiligenhof*; BGH GRUR 1952 – *Parkstraße 13*; KG ZUM 1997, 397, 398 – *Franz Hessel*; KG GRUR 2002, 252, 256 – *Mantellieferung*; Ulmer[3] S. 360; Schricker/*Schricker*[2] Vor §§ 28 ff. Rn. 63; Wandtke/Bullinger/*Wandtke/Grunert*[2] Vor §§ 31 ff. Rn. 47; *Schack*[3] Rn. 537). Genauso wie regelmäßig bei einer Forderungszession (§§ 413, 398 ff. BGB) und anders als beispielsweise im Sachenrecht **fehlt** hier ein Publizitäts- und **Rechtsscheinsträger** wie Besitz bzw. Besitzverschaffungsmacht bei §§ 932 ff. BGB, Eintrag im Grundbuch bei §§ 873, 892 BGB, Verbriefung in einer Urkunde bei §§ 405, 2366 BGB oder einem Wertpapier. Eine fehlende Zustimmung des Urhebers zur Einräumung weiterer Nutzungsrechte nach § 35 oder zur Übertragung von Nutzungsrechten nach § 34 kann ebenso wenig durch guten Glauben überwunden werden.

ee) Grundsatz der Priorität der Einräumung (Sukzessionsschutz): Ohne die **43** Möglichkeit eines gutgläubigen Erwerbs (vgl. Rn. 42) gilt für die Einräumung von Nutzungsrechten das in § 33 niedergelegte **Prioritätsprinzip.** Hat sich der Urheber eines Nutzungsrechtes entäußert, setzt sich diese Verfügung gegenüber späteren durch; vgl. § 33 Rn. 4 ff.

ff) Auslegung bei Falschbezeichnung oder fehlender Abrede: Die originäre **44** Einräumung von Nutzungsrechten durch den Urheber ist **keine Übertragung.** Den Begriff der Übertragung verwendet das UrhG für die Weiterübertragung von Nutzungsrechten durch Verwerter gemäß § 34. Wird eine Einräumung von Nutzungsrechten unzutreffend als „Übertragung" bezeichnet, ist eine **Vertragsauslegung gem. §§ 133, 157 BGB, 31 Abs. 5 UrhG** wegen offensichtlicher **Falschbezeichnung** möglich. Das gilt auch für AGB-Verträge, weil im Verhältnis Urheber zu Verwerter lediglich eine Einräumung möglich ist und deshalb keine Unklarheiten aufkommen können. **Verträge zwischen Verwertern** werden für jeden Einzelfall dahin auslegen sein, ob eine Einräumung weiterer Nutzungsrechte an Nutzungsrechten (sog. Enkelrechte) oder eine (translative) Übertragung von Nutzungsrechten gemeint ist. Für eine Übertragung spricht, wenn die eine Vertragspartei nach dem Vertragszweck ohne eigene Nutzungsrechte für die betreffende Nutzungsart bleiben soll. Werden Nutzungsrechte unzutreffend als „Urheberrechte" oder „Verwertungsrechte" bezeichnet, kann das ebenfalls über §§ 133, 157 BGB korrigiert werden, und zwar auch für AGB-Verträge; vgl. § 29 Rn. 8, Rn. 16.

Bei **fehlender Abrede** richtet sich die Frage des „Ob" und des „Wie" der **45** Einräumung nach der Zweckübertragungslehre; vgl. Rn. 108 ff.

5. Beschränkte Rechtseinräumung (§ 31 Abs. 1 S. 2)

a) Räumliche Beschränkungen: Nutzungsrechte können für ein bestimmtes **46** räumliches Gebiet eingeräumt werden, so dass sich die Möglichkeit einer Differenzierung von Vertriebssystemen und Vertriebswegen bietet. Beispielsweise können Buch- oder Filmlizenzen nach Sprachräumen oder Schallplattenlizenzen nach Staatsterritorien getrennt vergeben werden (BGH GRUR 1988, 373 – *Schallplattenimport III*). Die **Zweckübertragungslehre** als Auslegungsregel gem. § 31 Abs. 5 kann den Umfang auf die für die Erreichung des Vertragszweckes notwendige Ausdehnung festlegen, wenn es an einer ausdrücklichen Abrede fehlt (OLG Hamburg NJW-RR 1986, 996; vgl. Rn. 145 f.). Nicht zutreffend ist es deshalb, wegen des im Urheberrecht geltenden Territorialitätsgrundsatzes (das Urheberrecht endet an der jeweiligen

Staatsgrenze) im Regelfall von einer Einräumung nur für Deutschland auszugehen (so aber Dreier/Schulze/*Schulze*² Rn. 30). Auch ohne ausdrückliche Einräumung kann ein größeres Lizenzgebiet nach dem Vertragszweck vereinbart sein. Zur **kartellrechtlichen Zulässigkeit** räumlicher Beschränkungen vgl. Vor §§ 31 ff. Rn. 64 f.

47 **aa) Verbreitungsrecht:** Im Interesse seiner Verkehrsfähigkeit (vgl. Rn. 11) hat das Verbreitungsrecht einen bestimmten **Mindestumfang:** Nutzungsrechte können **für Länder** (z.B. Deutschland, Frankreich, USA, Japan) und **Ländergruppen** (z.B. EU, Benelux) getrennt vergeben werden (Dreier/Schulze/*Schulze*² Rn. 31; Schricker/*Schricker*² Vor §§ 28 ff. Rn. 54; Loewenheim/*Jan Bernd* Nordemann § 27 Rn. 5 und § 60 Rn. 23; *Schack*⁴ Rn. 541), nicht aber beschränkt auf Bundesländer oder Städte. Auch eine Beschränkung auf alte oder neue Bundesländer ist im Interesse des Verkehrsschutzes nicht zulässig (BGH GRUR 2003, 699, 702 – *Eterna*); aber zu DDR-Altverträgen vgl. Vor §§ 31 ff. Rn. 106; vgl. § 31 Rn. 52. Innerhalb dieses Mindestumfanges ist eine räumliche Beschränkung ein übliches, technisch und wirtschaftlich eigenständiges und klar abgrenzbares Kriterium. Daneben bleibt die Möglichkeit einer schuldrechtlichen Ausgestaltung, die allein den Vertragspartner bindet.

48 Räumliche Beschränkungen der Nutzungsart entfalten innerhalb der EU und des EWR nur beim ersten Inverkehrbringen des Werkstückes Wirkung, sofern es mit Zustimmung des Berechtigten erfolgt. Danach tritt **Erschöpfung gemäß § 17 Abs. 2** ein und das Werkstück kann innerhalb der EU und des EWR frei verbreitet werden; vgl. Rn. 16; **Kartellrechtlich** macht Art. 4 GVO TT bestimmte Vorgaben für die Gestaltung von Lizenzen zur Vervielfältigung und Verbreitung; vgl. Vor §§ 31 ff. Rn. 59 ff.

49 **bb) Senderecht:** Eine gegenständliche Beschränkung des Senderechts auf kleinere räumliche Einheiten als die nationalen Grenzen ist zulässig. Erst recht ist es möglich, das Lizenzgebiet auf die nationalen Grenzen zu beschränken, z.B. auf Deutschland, oder – was sogar üblich ist – auf alle deutschsprachigen Gebiete (Deutschland, Österreich, deutschsprachiger Teil der Schweiz, Lichtenstein, Luxemburg, „Alto Adige"). Seit der Einführung des Sendelandprinzips durch die Kabel- und Satelliten-RL (vgl. § 20a Rn. 8 ff.) ist es aber nicht mehr möglich, sich gegen eine Einstrahlung von Satellitensendungen aus dem EU-Ausland dinglich abzusichern. Das Gleiche gilt für Internetsendungen. Es wird deshalb versucht, den Sendern räumliche Exklusivität über eine exklusive Einräumung bestimmter Sprachfassungen (z.B. deutsch) zu gewähren; vgl. Vor §§ 88 ff. Rn. 102. Die Beschränkung von **Satellitensendungen** auf ein deutschsprachiges Lizenzgebiet ist nicht möglich, solange eine solche technisch nicht realisierbar ist (BGH GRUR 2005, 48, 49 – *Man spricht deutsh*; siehe jedoch *Castendyk/Kirchherr* ZUM 2005, 283, die auf die Möglichkeit von Marktaufspaltungen durch Verschlüsselungstechniken hinweisen).

50 **cc) Andere Verwertungsrechte:** Für andere Verwertungsarten ist eine räumliche Aufspaltung auch in Teile eines Staatsgebietes zulässig. Nach der Verkehrsauffassung werden die Nutzungsarten hier anders abgegrenzt als bei der Verbreitung (Loewenheim/*Jan Bernd Nordemann* § 27 Rn. 7). Üblich sind beispielsweise die räumliche Beschränkung von Film**vorführungen** auf Kinos in einer bestimmten Stadt oder der **Aufführung** von Bühnenwerken auf eine Stadt (ohne Tourneerecht).

51 Auch das **Vervielfältigungsrecht** kann räumlich auf bestimmte Orte beschränkt vergeben werden und muss nicht mindestens ganze Staatsgebiete umfassen, weil es verkehrsüblich ist, dass die Vervielfältigung an bestimmten Orten stattfindet. Dieses wird regelmäßig für den Sitz des Lizenznehmers eingeräumt. Der Lizenznehmer ist nicht gehindert, die eigentliche Vervielfältigung an weisungsabhängige Subunternehmer außerhalb des Lizenzgebietes zu vergeben. Ein Beispiel ist die Lohnpressung von Tonträgern außerhalb des Lizenzgebietes für einen Lizenznehmer mit Sitz im Lizenzgebiet (*Thurow* FS Kreile S. 103 ff.; Dreier/Schulze/*Schulze*[2] Rn. 31).

dd) Veränderung von Staatsgrenzen, insbesondere Wegfall der DDR: Eine **52** Änderung von Staatsgrenzen nach Vertragsschluss muss differenziert nach der **Zumutbarkeit** für die Vertragsparteien im Rahmen des § 313 BGB behandelt werden. Vor der deutschen Wiedervereinigung konnten **Verbreitungsrechte** räumlich aufgeteilt für die alten und neuen Bundesländer vergeben werden. Auch wenn das jetzt nicht mehr möglich ist (vgl. Rn. 47), bleiben solche Beschränkungen in Altverträgen wirksam (BGH GRUR 2003, 699, 702 – *Eterna*; BGH GRUR 1997, 215, 219 f. – *Klimbim*; OLG Hamm GRUR 1991, 907, 908 – *Strahlende Zukunft*). Auf Vergütungsebene kann das ggf. zur Vertragsanpassung über die Regeln des Wegfalls der Geschäftsgrundlage gemäß § 313 BGB führen (BGH GRUR 1997, 215, 219 – *Klimbim*). Altverträge müssen aber angepasst werden, wenn eine Fernsehanstalt der ARD die **Senderechte** nur für die alten Bundesländer besitzt, nach der Wiedervereinigung aber allein mit diesem räumlichen Umfang ihre dem Vertragszweck entsprechende Aufgabe, das Gemeinschaftsprogramm der ARD zu gestalten, nicht mehr zumutbar erfüllen kann (BGH GRUR 1997, 215, 219 – *Klimbim*). Eine Anpassung kommt auch in Betracht, wenn die Senderechte auf alte und neue Bundesländer aufgeteilt sind und keine der beiden Parteien eine Sendung durch Kabel oder Satellit vornehmen kann, ohne die Rechte der jeweils anderen Partei zu verletzen. Im Rahmen der erforderlichen Vertragsanpassung kann u.U. gegen angemessene Beteiligung am Erlös das Recht zur Einspeisung der Programmsignale in die Kabelnetze der neuen Länder eingeräumt werden (OLG München ZUM-RD 2002, 77, 85 – *Kehraus*; wegen anderer Vertragsauslegung nicht entschieden durch BGH GRUR 2005, 320, 325 – *Kehraus*). Zum Ganzen vgl. Vor §§ 31 ff. Rn. 100 ff.

b) Zeitliche Beschränkungen: Auch zeitliche Beschränkungen sind allgemein **53** üblich, so dass der Verkehr mit ihnen rechnet (Dreier/Schulze/*Schulze*[2] Rn. 34; Schricker/*Schricker*[3] Vor §§ 28 ff. Rn. 53; Loewenheim/*Loewenheim/Jan Bernd Nordemann* § 27 Rn. 8). Solche Beschränkungen sind deshalb verkehrsfähig und dinglich wirksam. Die **Laufzeit** einer Nutzungsrechtseinräumung kann mit dinglicher Wirkung für die gesamte urheberrechtliche Schutzfrist verabredet oder nach Jahren, Monaten, Wochen oder Tagen (z.B. für eine Veranstaltung) bemessen sein. Noch kürzere Zeiträume sind eher unüblich (Loewenheim/*Loewenheim/Jan Bernd Nordemann* § 27 Rn. 8, § 60 Rn. 25 ff.). Für den **Beginn** kann entweder auf eine Zeitbestimmung oder auf ein bestimmtes Ereignis abgestellt werden. Ist ein bestimmtes Ereignis entscheidend, wird die Nutzungsrechtseinräumung häufig unter eine Bedingung gestellt. Beispielsweise kann der Einräumende gezwungen sein, Nutzungsarten in bestimmten Zeitfenstern nicht auszuwerten (sog. **Sperrfristen,** vgl. Vor §§ 88 ff. Rn. 75 f.). Dann sollte sich Einräumende gegen eine vorzeitige Nutzung durch den Lizenznehmer dadurch absichern, dass er die Rechte aufschiebend bedingt vergibt. Bei Fernsehlizenzverträgen kann z.B. die Rechtseinräumung an die Bedingung des Kinostarts geknüpft und bestimmt werden, dass die Lizenz für Pay-TV erst 18 Monate und für frei empfangbares Fernsehen erst 24 Monate nach Kinostart beginnt. Für das

Ende der Nutzungsrechtseinräumung kann ebenfalls eine Zeitbestimmung oder eine auflösende Bedingung vereinbart werden. Zu **Beendigungsmöglichkeiten** vgl. Vor §§ 31 ff. Rn. 111 ff. **Bei fehlender ausdrücklicher Abrede** bestimmt sich der zeitliche Umfang der Nutzungsrechtseinräumung nach der **Zweckübertragungslehre**; vgl. Rn. 108 ff. Ferner enthält § 38 Abs. 1 S. 2 für Beiträge zu Sammelwerken eine Vermutungsregel für eine einschränkte Ausschließlichkeit der Rechte. Zur **kartellrechtlichen Zulässigkeit** zeitlicher Beschränkungen vgl. Vor §§ 31 ff. Rn. 63.

54 Zeitliche Beschränkungen durch **AGB** sind regelmäßig keine überraschenden Klauseln gemäß § 305c Abs. 1 BGB (Schricker/*Schricker*[3] Vor §§ 28 ff. Rn. 53; Loewenheim/*Jan Bernd Nordemann* § 60 Rn. 26). Eine Rechtseinräumung bis zum Ende der Schutzfrist dürfte aber gegen § 305c BGB verstoßen, wenn sie völlig außerhalb des Vertragszwecks liegt, beispielsweise für die Einräumung von Aufführungsrechten an einem Bühnenstück, wenn das Theater im Normalfall ein Stück nur eine Spielzeit im Programm hält. Im Filmbereich dürfte eine zeitlich unbegrenzte Rechtseinräumung dagegen dem Vertragszweck entsprechen (Loewenheim/*Jan Bernd Nordemann* § 60 Rn. 26; BGH GRUR 1984, 45, 48 – *Honorarbedingungen-Sendeverträge*, der allerdings dort den zeitlich vereinbarten Umfang als reine Leistungsbeschreibung für nicht kontrollfähig hielt). Das Gleiche gilt auch für den Verlagsbereich (beachte aber § 38 Abs. 1 S. 2 und Abs. 2 für Beiträge zu Sammlungen). Zur Bedeutung der Zweckübertragungslehre als Leitbild für AGB-Kontrolle vgl. Rn. 179. Zur Frage der Auslegung des zeitlichen Umfanges von Nutzungsrechtseinräumungen bei Kopplung an die Schutzfrist, wenn diese geändert wird, siehe Loewenheim/*Jan Bernd Nordemann* § 60 Rn. 27.

55 **Auslegungsprobleme** können bei der zeitlichen Beschränkung von Nutzungsrechten entstehen, wenn Formulierungen wie „für die Dauer des gesetzlichen Schutzrechtes" oder „Nutzungsrechtseinräumung bis zum Ablauf der gesetzlichen Schutzfrist" verwendet werden und die im Zeitpunkt der Nutzungsrechtseinräumung geltende Schutzfrist später vom Gesetzgeber geändert wird. §§ 137 Abs. 2, Abs. 3 und Abs. 4, § 137b Abs. 2 und Abs. 3, § 137c Abs. 2 und Abs. 3, § 137f Abs. 4 enthalten hierfür Auslegungsregeln. „Im Zweifel" ist von einer Einräumung der Nutzungsrechte auch für den Verlängerungszeitraum auszugehen. Grundsätzlich entsteht auch eine Vergütungspflicht. Allerdings ordnet dies nur § 137f Abs. 4 S. 2 für die dort geregelten Fälle einschränkungslos an. Für Schutzfristverlängerungen nach §§ 137, 137b sowie 137c gilt die für die Praxis wenig befriedigende Regelung, dass zu prüfen ist, ob der Urheber bei Einräumung der Nutzungsrechte eine höhere Vergütung hätte erzielen können. Abweichend ordnet § 137a Abs. 2 für Lichtbildwerke an, dass im Zweifel die Nutzungsrechtseinräumung nicht für den Verlängerungszeitraum gilt. Daher sollte man (ausgenommen Verträge über Lichtbildwerke) vertraglich regeln, ob Schutzfristverlängerungen dem Verwerter zugute kommen und für diesen Fall auch die Frage einer gesonderten Vergütung regeln. Siehe im Einzelnen die Kommentierungen zu den §§ 137 ff.

56 Rechtsfolge einer ausgelaufenen Nutzungsrechtseinräumung ist der Entfall der Nutzungsmöglichkeit. Wird dennoch genutzt, liegt sowohl eine **Vertragsverletzung** als auch eine **Urheberrechtsverletzung** vor. Bei Auslaufen des Vervielfältigungs- und Verbreitungsrechts sind noch während der Lizenzzeit hergestellte Vervielfältigungsstücke rechtmäßig hergestellt und nicht zu vernichten (§ 98 Abs. 1); sie dürfen aber nicht mehr verbreitet werden (§§ 17, 96 Abs. 1). Die Vertragsparteien können abweichend ein **Aufbrauchrecht** vereinbaren. Nach § 242 BGB kann über dies ein Aufbrauchrecht gegeben sein; vgl. § 97 Rn. 53 f.

c) Quantitative Beschränkungen: Quantitative Beschränkungen werden vom **57** Gesetz nicht ausdrücklich in § 31 Abs. 1 S. 2 erwähnt. Der Gesetzgeber wollte sie als inhaltliche Beschränkungen einordnen (Begr RegE UrhG – BT-Drucks. IV/270, S. 56 zu § 32 a.F.; dort wird die Beschränkung auf eine bestimmte Zahl an Vervielfältigungsstücken als inhaltliche Beschränkung bezeichnet). Sie sind jedenfalls als dinglich wirkende Gestaltungsmöglichkeit anerkannt und insbesondere bei Sende-, Aufführungs- und Verlagsverträgen eine häufige Beschränkungsform. Verträge können danach auf eine **bestimmte Anzahl** von Sendungen (etwa Erstausstrahlung und bestimmte Zahl von Wiederholungen, siehe KG GRUR 1986, 536, 537 – *Kinderoper*), Aufführungen oder Buchauflagen bezogen sein. Für den Verlagsvertrag finden sich Regelungen zur Auflagenzahl und –höhe in den §§ 5, 29 VerlG. Nach der dispositiven Regelung des § 5 VerlG sind im Zweifel nur Nutzungrechte zur Herstellung einer Auflage eingeräumt, anders aber bei Bestellverträgen gem. § 47 VerlG, siehe BGH GRUR 1984, 528 – *Bestellvertrag*. In Zweifelsfällen entscheidet gemäß § 31 Abs. 5 die **Zweckübertragungslehre** über den Umfang der quantitativen Beschränkungen; vgl. Rn. 149 ff. Zur **kartellrechtlichen Zulässigkeit** quantitativer Beschränkungen vgl. Vor §§ 31 ff. Rn. 63.

d) Inhaltliche Beschränkungen: Inhaltlich stehen den Parteien des Nutzungs- **58** vertrages umfassende Gestaltungsmöglichkeiten zu. Dem Verwerter kann ein **breiteres negatives Verbotsrecht** als das eingeräumte positive Nutzungsrecht gegenüber dem Urheber, aber auch gegenüber Dritten zustehen. Das ist vor allem denkbar bei differenzierter Aufspaltung von Nutzungsrechten durch den Urheber im Konflikt mit seinen vertraglichen Enthaltungspflichten oder wenn der Urheber ein Interesse daran hat, eine illegale Nutzung eines Dritten durch den Verwerter unterbinden zu lassen; vgl. Rn. 20 ff. Zweifelsfälle über den Umfang der inhaltlichen Beschränkungen einschließlich des Umfanges des negativen Verbotsrechts sind nach der Zweckübertragungslehre gemäß § 31 Abs. 5 zu entscheiden; vgl. Rn. 144. Inhaltliche Beschränkungen können bei der Verbreitung von Werkstücken wegen **Erschöpfung der Nutzungsrechte** ihre Wirkung auf der zweiten Absatzstufe verlieren, bei der unkörperlichen Verwertung hingegen nicht; vgl. Rn. 15 ff. Zur **kartellrechtlichen Zulässigkeit** inhaltlicher Beschränkungen vgl. Vor §§ 31 ff. Rn. 66 ff.

Im Bereich der inhaltlichen Beschränkungen ist das Spektrum möglicher Ver- **59** einbarungen besonders groß und damit auch der Gegensatz zwischen den Parteiinteressen an einem passgenauen Zuschnitt und dem Interesse der Allgemeinheit an Rechtssicherheit und –klarheit. Inhaltliche Beschränkungen wirken nur dinglich (absolut) über das Vertragsverhältnis hinaus, wenn die vertraglich **vereinbarte Nutzungsart nach der Verkehrsauffassung hinreichend klar abgrenzbar und eine konkrete technisch-wirtschaftlich eigenständige Verwendungsform des Werkes** ist; vgl. Rn. 11 f. Mithin kommt es zunächst darauf an, ob der Verkehr in der Lage ist, zu erkennen, dass eine technisch und wirtschaftlich eigenständige Nutzungsart vorliegt. Dann sind die vom Urheber veranlassten Beschränkungen zu Gunsten des Urhebers dinglich – auch gegenüber Dritten – abgesichert. In Zweifelsfällen kann zusätzlich auf den **Werkbezug** abgestellt werden: Jedenfalls Beschränkungen, die keinen Bezug zum Werk haben, wird der Verkehr im Regelfall nicht erkennen können.

Körperliche Nutzungsarten sind für den Verkehr nach ihrer **äußeren Auf- 60 machung** unterscheidbar; aus der unterschiedlichen äußeren Aufmachung ergibt sich die technisch eigenständige Nutzung. Wirtschaftlich ist die Nutzung aus Verkehrssicht eigenständig, wenn wirtschaftliche Unterschiede im Vertrieb bestehen, z.B. anderer Preis, anderer Vertriebsweg. Dementsprechend sind auch Sonderausgaben zum ausschließlichen Vertrieb über Nebenmärkte Buchgemeinschaften (BGH GRUR 1959, 200/202f – *Der Heiligenhof*; BGH GRUR 1968, 152/153 – *Angélique*), Kaufhäuser, Verbrauchermärkte, Versandhändler, Zeitungsverlage und Kaffeegeschäften im Vergleich zur Buchnormalausgabe selbständig abspaltbare Nutzungsrechte, sofern die äußere Form unterschiedlich ist; sie müssen ggf. gesondert erworben werden (BGH GRUR 1990, 669/671 – *Bibelreproduktion*; *Schack*[4] Rn. 545; Loewenheim/*Jan Bernd Nordemann* § 64 Rn. 70; *Schricker*, Verlagsrecht[3], § 28 Rn. 23).

61 **Unkörperliche Nutzungsarten** sind für den Verkehr nach der **Art der Wiedergabe** technisch abgrenzbar (z.B. Vorführung, Aufführung, Sendung). Sie haben aus Verkehrssicht auch wirtschaftlich andere Parameter (z.B. anderer Preis, anderer Vertriebweg). Sie lassen sich aus Verkehrssicht aber noch weiter unterteilen. Beispielsweise bei der öffentlichen Zugänglichmachung gem. § 19a kann noch unterschieden werden zwischen Streaming (einmalige Nutzung), vorübergehender Download und permanenter Download, weil technisch eine andere Nutzung und wirtschaftlich insbesondere ein anderer Preis verlangt wird; zu Filmverträgen im Online-Bereich vgl. Vor §§ 88 ff. Rn. 90 ff. Der Download kann noch – z.B. bei Verwendung von Digital Rights Management (DRM, dazu vgl. § 95c) – nach Download auf eine Festplatte, auf ein tragbares Gerät oder das Brennen auf eine Audio-CD differenziert werden (*Hoenike/Hülsdunk* MMR 2004, 59, 66). Bei den Senderechten sind terrestrische, Kabel- und Sattelitennutzung zu unterscheiden und innerhalb dieser Gruppen weitere Unterteilungen möglich; vgl. Rn. 77 f.

62 Inhaltlich sind ferner **Beschränkungen in der Weitergabe** schon wegen der §§ 34, 35 üblich und deshalb für den Verkehr eigenständige Nutzungsarten. Allerdings bezieht sich die dingliche Abspaltbarkeit nur auf das „Ob". Die Erlaubnis, nur an bestimmte Personen unterzulizenzieren, wirkt nur schuldrechtlich. So ist es nicht möglich, das Verbreitungsrecht auf den privaten Verbrauch zu beschränken (Begr RegE – BT-Drucks IV/270, S. 56 zu § 32 a.F.). Eine inhaltlich nicht dinglich wirkende Beschränkung ist auch die Verpflichtung, nur an „Rundfunkanstalten der ARD, des ORF, der SRG sowie dritte Programmveranstalter innerhalb des Lizenzgebietes" Sublizenzen zu vergeben. Das eröffnet keine deliktischen Ansprüche gegen den (vertragswidrig) sublizenzierten Sender (OLG München GRUR 1996, 972 – *Accatone*; a.A. *Schack*[4] Rn. 545), weil es an einem Werkbezug der Beschränkung fehlt.

63 Im Regelfall ist eine hinreichende Erkennbarkeit einer unterschiedlichen Nutzungsart für den Verkehr bei der **Bearbeitung** von Werken (einschließlich **Werkverbindung, Teilnutzung des Werkes**) ebenfalls gegeben. Das ergibt sich schon aus § 39 Abs. 1. Bearbeitungsrechte sind dann dinglich abspaltbare Nutzungsarten, wenn die Abweichung für den Verkehr erkennbar ist. Insoweit geben wir unsere bis zur Vorauflage vertretene Auffassung auf, es handele sich um ein bloßes Zustimmungsrecht und um kein Nutzungsrecht (so noch Vorauflage/*Vinck*[9] § 23 Rn. 2; dagegen Schricker/*Loewenheim*[3] § 23 Rn. 19; Dreier/Schulze/*Schulze*[2] Rn. 38; Wandtke/Bullinger/*Bullinger*[2] Rn. 8; HK-UrhR/*Dreyer* Rn. 24; vgl. § 23 Rn. 2). Beispielsweise können das Recht, eine Synchronfassung eines Films und eine untertitelte Fassung herzustellen, getrennt vergeben werden (OLG Köln ZUM 2007, 401, 402). Das Gleiche gilt für das Dramatisierungsrecht, das Vertonungsrecht oder das Recht, eine Musik für einen bestimmten Film zu verwenden. Wer das Recht erwirbt, einen bestimmten Stoff zu wiederzuverfilmen, darf keine Filme mit anderem Inhalt, sondern nur Filme mit diesem Stoff herstellen (BGH GRUR 1957, 611, 612 – *bel ami*). Auch das Recht auf Umgestaltung eines Werkes ist eine selbständig abspaltbare Nutzungsart, z.B. im Hinblick auf ein Bauwerk. Allerdings begrenzt § 39 Abs. 2 die Verbotsmöglichkeiten des Urhebers.

Eine selbständige Nutzungsart ist im Regelfall auch bei **Änderung des Ge-** **64** **brauchszwecks** des Werkes gegeben, also bei einer zweckgebundene Nutzung zweckfrei geschaffener Kunst oder umgekehrt der zweckfreien Nutzung von zweckgebundenen Werken z.B. der angewandten Kunst. Beispiele sind die Nutzung eines zweckfreien Gemäldes zu **Werbezwecken** auf Kondomverpackungen (OLG Frankfurt ZUM 1996, 97 – *René Magritte*), von zweckfrei komponierter Musik als Werbung für ein bestimmtes Produkt oder – umgekehrt – von Werbemusik für eine zweckfreie Nutzung auf CD. Hierzu bedarf es also einer gesonderten Einräumung von Nutzungsrechten. Das gilt aber nicht für die **Eigenwerbung für das Werk**. Dieses Ankündigungsrecht ist im Verbreitungsrecht enthalten (BGH GRUR 2001, 51, 53 – *Parfumflakons*), kann aber auch für die unkörperlichen Nutzungen nicht mit dinglicher Wirkung im Vorhinein abgespalten werden, solange die Werbung unselbständige Nutzungsform bleibt und insbesondere keine Substitutionswirkungen mit anderen Nutzungsarten erzeugt. Deshalb ist mit KG GRUR 2003, 1038 – *Klaus Kinski Rezitationen* ein öffentliches Zugänglichmachen von Hörproben im Internet zur Bewerbung legal vertriebener Tonträger keine eigenständige Nutzung. Auch Filmtrailer, die Kinofilme bewerben, sind keine abspaltbaren eigenständigen Nutzungsformen, solange sie nur die Werke nutzen, die auch im Film verwendet werden. Beispielsweise Filmmusik, die legal mit dem Film verbunden ist, ist danach nur für die öffentliche Kinovorführung zu vergüten, nicht aber für die öffentliche Vorführung der Werbetrailer. Anders liegt es aber, wenn der Werbetrailer mit Musik unterlegt ist, die im Film gar nicht genutzt wird (OLG München NJW 1998, 1413, 1414 – *O Fortuna*). Zu § 31 Abs. 5 vgl. Rn. 159. Folgende **Beispiele aus verschiedenen Branchen**:

aa) Verlagsverträge: Bei Verlagsverträgen hat die **äußere Aufmachung** ent- **65** scheidenden Einfluss auf die Abspaltbarkeit als eigenständige Nutzungsart, weil sich der Verkehr an äußeren Merkmalen leicht orientieren kann. Im **Buchbereich** ist deshalb die Buchnormalausgabe eigenständige Nutzungsart (*Knaak* FS Schricker 60. Geb. S. 268, 272; Loewenheim/*Jan Bernd Nordemann* § 64 Rn. 69). Die Taschenbuchausgabe ist eine selbständige Nutzungsart gegenüber der Buchnormalausgabe (BGH GRUR 1992, 310, 311 – *Taschenbuch-Lizenz*; KG GRUR 1991, 596/598f – *Schopenhauerausgabe*). Das Taschenbuch unterscheidet sich schon in seinem Äußeren von der Buchnormalausgabe, nämlich durch das relativ kleine Format, einen relativ kleinen Druck und den Paperbackeinband, so dass für den Verkehr die Differenzierung zur Hardcoverausgabe hinreichend klargestellt ist. Dementsprechend sind auch Sonderausgaben zum ausschließlichen Vertrieb über Nebenmärkte Buchgemeinschaften (BGH GRUR 1959, 200, 202f. – *Der Heiligenhof*; BGH GRUR 1968, 152, 153 – *Angélique*), Kaufhäuser, Verbrauchermärkte, Versandhändler, Zeitungsverlage und Kaffeegeschäften im Vergleich zur Buchnormalausgabe selbständig abspaltbare Nutzungsrechte, sofern sie äußerlich unterschiedlich sind (BGH GRUR 1990, 669, 671 – *Bibelreproduktion*). Eigenständig ist eine teure DIN-A4 Jumboausgabe gegenüber einer kleineren Midi-Ausgabe zur Hälfte des Kaufpreises (OLG Köln ZUM-RD 1998, 213, 215 – *Picasso-Monografie*). Weitere Beispiele für eigenständige Nutzungsarten sind Schulbuch-, Blindenschrift- und Illustrierteausgaben (*Schricker*, Verlagsrecht³, § 28 Rn. 23; Loewenheim/*Jan Bernd Nordemann* § 64 Rn. 70; siehe auch *Knaak* FS Schricker 60. Geb. S. 273). Das Recht von **Mikrokopie-Ausgaben** ist selbständig abspaltbar, weil es eine gravierende äußere Veränderung der Erscheinungsform des Buchwerkes mit sich bringt (*Knaak* FS Schricker 60. Geb. S. 273; Loewenheim/*Jan Bernd Nordemann* § 64 Rn. 70; *Haberstumpf/Hintermeier* S. 180). Der Abdruck in verschiedenen **Zeitungen** mit unterschiedlichen Bezeichnungen und Leserkreisen ist selbständige Nutzungsart; dabei ist eine konzernrechtliche Verbundenheit der Zeitungen unerheblich, wenn gerade die unterschiedliche Aufmachung der Printmedien bewusst gewählt wird (KG GRUR 2002, 252, 256 – *Mantellieferung*). Auch das Recht zu sonstiger Vervielfältigung, insbesondere durch **Fotokopien**, ist eigenständig.

66 Es fehlt jedoch regelmäßig an einer eigenständigen Nutzungsart, wenn eine **äußerlich nicht unterscheidbare Ausgabe** vorliegt. Insoweit kann beispielsweise – bei unveränderter äußerer Form – der Vertrieb von Buchnormalausgaben über Kaffeefilialgeschäfte nicht als eigenständiges buchnahes Nebenrecht mit dinglicher Wirkung abgespalten werden (BGH GRUR 1990, 660/671 – *Bibelreproduktion*). Auch für die Art und Weise der **Zusammenstellung** von Erzählungen in einem Sammelwerk wurde eine eigenständige Nutzungsart verneint (KG ZUM 1997, 397, 398 – *Ermunterungen zum Genuss/Franz Hessel*). Die Anwendung besonderer **Reproduktionstechniken** kann eine eigene Nutzungsart sein, nicht aber die Festlegung eines bestimmten Druckers, letztere ist rein schuldrechtlich möglich (BGH GRUR 1976, 706 – *Serigrafie*).

67 Selbständig sind unbearbeitete Fassungen außerhalb des Printbereichs, z.B. die nicht dramatisierte Nutzung des Werkes auf **Kassetten, CDs, DVDs** oder **Schallplatten** als **Hörbücher** (*Haupt* UFITA 2002/II, 323, 347; Loewenheim/*Jan Bernd Nordemann* § 64 Rn. 72). Auch die **CD-ROM**-Ausgabe ist im Vergleich zu Printmedien und Microfiche eigenständige Nutzungsart (BGH GRUR 2002, 248, 251 – *Spiegel-CD-ROM*). Gleiches gilt für Sparten-CD-ROMs mit einem bestimmtem Ressort der Zeitung gegenüber der kompletten Jahrgangs-CD-ROM (AG Hamburg ZUM-RD 2002, 261, 263), für ein **elektronisches Pressearchiv** im Verhältnis zu einem Archiv auf Papier oder Microfiche (KG GRUR 2002, 252, 254 – *Mantellieferung*) oder für das **Vortragsrecht**. **E-Books** sind wegen ihrer abweichenden äußeren Erscheinungsform eigenständige Nutzungsarten (*Rehbinder/Schmaus* ZUM 2002, 167, 170; Loewenheim/*Jan Bernd Nordemann* § 64 Rn. 101); eine andere Frage ist jedoch, ob sie auch eine eigenständige Nutzungsart nach § 31a sind; vgl. § 31a Rn. 42. **Emails** wurden bei der Versendung elektronischer Pressespiegel als eigenständige Nutzungsart angesehen (KG ZUM 2002, 828, 832).

68 Eine selbständig abspaltbare Nutzungsart kann auch durch **Bearbeitung** (§ 23) entstehen. Zu nennen sind das **Übersetzungsrecht** in eine andere Sprache oder eine andere Mundart, aber auch das Recht zur **Dramatisierung**, das Recht zur **Verfilmung**, das Recht zur Nutzung als **Hörspiel** und das **Vertonungsrecht** (BGH GRUR 1984, 45/52 – *Honorarbedingungen: Sendevertrag*, dort wohl als selbständige Nutzungsart anerkannt).

69 bb) **Software:** Bei **Computersoftware** ist umstritten, ob die Verwendung als **OEM-Version** mit Kopplung an den Verkauf von Hardware eigenständige Nutzungsart gegenüber der Vollversion ist (dafür KG CR 1998, 137, 138 – *MS-DOS;* KG GRUR 1996, 974, 975 – *OEM Version*; dagegen Schricker/

Loewenheim[3] § 69c Rn. 29; Loewenheim/*Jan Bernd Nordemann* § 27 Rn. 13; offen gelassen von BGH GRUR 2001, 153, 154 – *OEM-Version*, der eine Erschöpfung des gesamten Verbreitungsrechtes an der Software mit Inverkehrbringen auf die gestattete Art und Weise der Nutzung annahm). **Keine** eigenständigen Nutzungsarten sind Vollversion und **Update**-Version für Personen, die bereits vorher eine Vollversion gekauft haben (OLG München ZUM-RD 1998, 107, 108 – *CAD-Software;* OLG Frankfurt GRUR-RR 2004, 198 – *Softwarefälschung*). Gleiches gilt für eine **Testversion** (OLG Düsseldorf MMR 1998, 417). Die Vereinbarung einer Verwendung von Software nur auf bestimmten Rechnern abhängig von deren Leistungsfähigkeit (etwa über **CPU-Klauseln**) bildet keine eigenständige Nutzungsart (BGH GRUR 2003, 416, 418 – *CPU-Klausel*), wohl aber Einzelplatz– und Mehrplatz- bzw. Netzwerkbenutzung (i.E. offen gelassen von OLG Frankfurt a.M. CR 2000, 146, 150 – *CPU-Klausel;* a.A. Dreier/Schulze/*Schulze*[2] § 69c Rn. 35). Nutzungsarten sind auch neue Formen von Softwarenutzung im Wege der Bereitstellung von Software über Datennetze ohne Installation als application service providing (sog. ASP; *Czychowski/Bröcker* MMR 2002, 81). Zu weiteren Beispielen vgl. Vor §§ 69a ff. Rn. 10 ff.

cc) Musik: Im Bereich der **körperlichen Nutzung** (§ 15 Abs. 1) liegen dann **70** eigenständige Nutzungsarten vor, wenn die unterschiedliche Aufmachung dem Verkehr eine Differenzierung ermöglicht. Die **Schallplatte** ist deshalb eigenständig gegenüber der **Musikkassette**. Auch die **CD** stellt in diesem Sinne eine davon selbständige Nutzungsart gem. § 31 Abs. 1 dar. Eine andere Frage ist, ob die CD gegenüber der Schallplatte eine neue Nutzungsart gem. § 31a ist; vgl. § 31a Rn. 39. **CD-Cover** und **LP/MC-Cover** jedenfalls sind selbständige Nutzungsarten gem. § 31 Abs. 1 (OLG Hamburg GRUR 2000, 45 – *Streicheleinheiten*).

Bei der **unkörperlichen Nutzung** (§ 15 Abs. 2) sind die im Verkehr üblichen **71** Vermittlungsformen eigenständige Nutzungsarten, also Aufführung, Sendung oder öffentliche Zugänglichmachung (dazu *Wandtke/Schäfer* GRUR Int. 2000, 187, 189; *Sasse/Waldhausen* ZUM 2000, 837; hiervon ist allerdings die Frage nach einer neuen Nutzungsart gem. § 31a zu unterscheiden). Auch diese Obergruppen können aber in weitere Nutzungsarten zerfallen. Bei **Musikdownload**-Plattformen, die durch **DRM** (digital rights management, vgl. § 95c) gesteuert sind, werden als eigenständige Nutzungsarten gesehen das Sichern und Anhören auf einem Computer, auf einem tragbaren Gerät sowie das Brennen auf eine Audio-CD (*Hoenike/Hülsdunk* MMR 2004, 59, 66). **Hörproben** im Internet zur Bewerbung der Bestellung von Musik-CDs sind jedoch nicht eigenständig, wenn sie als Annex zur Verwertung als Musik CD zu sehen sind, nur kurze Ausschnitte nutzen, nicht downgeloaded werden können und kein Surrogat für den Erwerb der CD darstellen (KG GRUR 2003, 1038 – *Klaus Kinski Rezitationen*).

Dinglich eigenständige **Bearbeitungsrechte** sind im Musikbereich vor allem **72** denkbar für die Verbindung von Musik und Film (sog. **Synchronisationsrecht**). Diese Nutzungsart entfaltet für den Nutzungsberechtigten allerdings nach Gestattung der Synchronisation keine weiteren Beschränkungen, sofern er sich für die konkrete Nutzung durch Vervielfältigung und Verbreitung, Vorführung, Sendung oder öffentliche Zugänglichmachung die Rechte von der GEMA holt (vgl. Vor §§ 88 ff. Rn. 110 ff.; ferner BGH GRUR 1994, 41, 42 – *Videozweitauswertung II*; LG Hamburg ZUM-RD 1997, 256, 257). Eigenständige Nutzungsarten sind die Verwendung in der **Werbung** (OLG Hamburg

GRUR 1991, 599, 600 – *Rundfunkwerbung*) und für einen **TV-Trailer** (OLG München NJW 1998, 1413, 1414 – *O Fortuna*); anderes gilt aber für **Eigenwerbung** für eine (legale) Werknutzung; vgl. Rn. 71. **Handy-Klingeltöne** sind eine eigenständige Nutzungsart (OLG Hamburg GRUR-RR 2002, 249, 251 – *Handy-Klingeltöne*), die den gesamten Handlungskomplex von Herstellen durch Bearbeitung des Originalwerkes, Vervielfältigung, Upload, Zugänglichmachung und Übermittlung an den Endnutzer umfasst (*Castendyk* ZUM 2005, 9, 13).

73   dd) **Film und Fernsehen:** Im **Filmbereich** sind eigenständige Nutzungsarten die üblichen Auswertungsfenster Verleih zur öffentlichen Vorführung, insbesondere an Kinos, Herstellung von Videos/DVDs (BGH GRUR 1976, 382, 384 – *Kaviar*; BGH GRUR 1991, 133, 136 – *Videozweitauswertung*), deren Vermietung oder Verkauf (jeweils eigenständig nach BGH GRUR 1987, 37, 39 – *Videolizenzvertrag*), öffentliche Zugänglichmachung (insbesondere via Internet), Sendung im Pay-TV oder im frei empfangbaren Fernsehen; vgl. Vor §§ 88 ff. Rn. 67 ff. Nach dem Urhebervertragsrecht der damaligen DDR wurden demgegenüber Fernsehübertragung und Vorführung im Kino derselben Nutzungsart zugeordnet (KG ZUM-RD 1999, 484, 485 – *Flüstern und Schreien*). Diese Nutzungsarten lassen sich aber noch weiter unterteilen:

74   Neben einem **Verleih** zur öffentlichen Vorführung an Kinos ist ein Verleih an Fluggesellschaften („Inflight-Rechte") selbständig abspaltbar. Der Verleih an nicht gewinnmaximierend tätige Vorführer wie Film-Clubs, Jugendheime oder öffentliche Schulen stellt ebenfalls eine selbständige Nutzungsart dar und wird meist als nicht-kommerzielle Vorführung bezeichnet, auch wenn die Vorführung dort gegen Entgelt erfolgt.

75   Für die Nutzung von Filmen auf körperlichem Bildtonträger ist grundsätzlich davon auszugehen, dass die Nutzungsarten **Video und DVD** selbständig sind, weil sie sich äußerlich unterscheiden und damit dem Verkehr eine Differenzierung ermöglicht wird. Jedoch ist es eine Frage der Vertragsauslegung, ob das Vervielfältigungs- und Verbreitungsrecht für Video auch DVDs erfasst. Das sollte regelmäßig der Fall sein; vgl. Rn. 166. Eigenständige Nutzungsart ist auch die Verbreitung einer DVD gemeinsam mit einem bestimmten Booklet. Genauso kann dinglich das DVD-Recht mit bestimmten technischen Schutzmaßnahmen abgespalten werden, so dass eine Nutzung ohne diese technischen Maßnahmen eine Urheberrechtsverletzung ist.

76   Im Bereich der **öffentlichen Zugänglichmachung** existieren verschiedene abspaltbare Nutzungsarten für die Internetnutzung wie z.B. Download zum einmaligen Ansehen (Streaming), für temporäre Kopien oder für permanente Kopien („EST" – Electronic Sell Through). Neben der Nutzungsart Internet existieren im Online-Bereich noch weitere Nutzungsformen, die sich teilweise auf andere Datennetze als das Internet oder auf Virtual Private Networks (VPN) innerhalb des Internet stützten, beispielsweise On-Demand in Hotels und Gaststätten oder in Flugzeugen und Schiffen, die ebenfalls separat vergeben werden können.

77   Bei der **Sendung** im Fernsehen sind nach dem BGH **Kabel- und Satellitenfernsehen** keine eigenständigen Nutzungsarten gegenüber der terrestrischen Übertragung, weil aus der Perspektive des Endverbrauchers nur Techniken zur Ausdehnung des Empfangsbereiches verändert wurden, nicht aber die Art und Weise der Werkvermittlung (GRUR 1997, 215 – *Klimbim*; kritisch *Loewenheim* GRUR 1997, 220). Diese Entscheidung dürfte mit der Einfügung von

§§ 20a, 20b überholt sein (Schricker/*v. Ungern-Sternberg*[3] § 20a Rn. 1; Loewenheim/*Jan Bernd Nordemann* § 27 Rn. 11; a.A. LG Stuttgart GRUR Int. 2002, 442, wonach der eingeführte Begriff „Satellitenrundfunk" lediglich ein klarstellendes Beispiel für den technisch offenen Begriff „Sendung" darstelle). Mit der Übergangsbestimmung des § 137h Abs. 3 ist die Abspaltung von Kabelrechten jedenfalls ab 01.06.1998 dinglich möglich. Die Abspaltung des Satellitenrechts sollte nach § 137h Abs. 1 sogar schon für Verträge denkbar sein, die vor dem 01.06.1998 geschlossen wurden, wenn der Vertrag nur nach dem 31.12.1999 ausläuft. Fällt der Vertrag danach noch unter die *Klimbim*-Doktrin, wirkt eine isolierte Einräumung von Kabel- oder Satellitensenderechten nur schuldrechtlich. Dann ist es eine Frage der Auslegung, ob ein vollständiges Senderecht mit schuldrechtlicher Beschränkung auf Kabel und Satellit, oder nur schuldrechtliche Gestattung vorliegt (Loewenheim/*Jan Bernd Nordemann* § 27 Rn. 11).

Ferner sollte die Sendung per **Internet-TV** eine selbständig abspaltbare Nutzungsart sein (*Poll* GRUR 2007, 476, 482 m.w.N. zum Streitstand; *Bortloff* GRUR Int. 2003, 669, 675; a.A. *Ory* K&R 2006, 303, 306; zu den technischen Voraussetzungen *Flatau* ZUM 2007, 1; siehe zur Definition der Sendung über das Internet auch die Kommentierung zu § 20, ferner § 1 Ziff. 4 Wahrnehmungsvertrag GVL); insoweit ist darauf abzustellen, ob aus Sicht des Endnutzers eine Internetnutzung (Nutzung des IP-Protokolls) gegeben ist. Wirtschaftlich ist aus Endnutzersicht die Internetnutzung eigenständig, weil er dafür an einen Internetzugangsprovider zahlt. Zweifel an einer hinreichenden technischen Abgrenzbarkeit bestehen derzeit nicht, weil jeder Endnutzer weiß, über welche Technologie er empfängt (a.A. *Ory* K&R 2006, 303, 306). Das kann sich allerdings ändern, wenn die Übertragungswege verschmelzen und für den Endnutzer keine Zuordnung zu einer bestimmten Übertragungstechnologie mehr möglich ist; getrennt vergebene Rechte bestehen dann – auch bei eigentlich vereinbarter Ausschließlichkeit – selbständig nebeneinander. Die Problematik der Abspaltbarkeit entsteht von vornherein nicht, wenn Internet-TV zusätzliche (insbesondere interaktive) Funktionalitäten gegenüber terrestrischem, Satelliten- oder Kabel-TV aufweist, weil der Verkehr dann schon deshalb unterscheiden kann.

78

Handy-TV oder **Mobile-TV** kann ebenfalls nur dann als selbständige Nutzungsart anerkannt werden, wenn der Endnutzer der Sendung die technische Übertragungsart als mobile Nutzung identifizieren kann. Da derzeit spezielle technische Standards benutzt werden (digital mulitmedia broadcasting – DMB; digital video broadcasting for handhelds – DVB-H) kann das nicht von vornherein ausgeschlossen werden. Insoweit bildet die jeweils als eigenständig erkennbare Übertragungstechnologie das Abgrenzungsmerkmal; ob der Endnutzer letztlich ein mobiles Gerät benutzt und damit wirklich eine mobile Nutzung stattfindet, ist zweitrangig (a.A. und gegen eine Eigenständigkeit *Ory* ZUM 2007, 7, 8). Wirtschaftlich liegt schon deshalb aus Nutzersicht Eigenständigkeit vor, weil spezielle Verträge oder Zusatzoptionen mit dem Mobilfunkprovider für die Nutzung abzuschließen sind. Eine eigenständige Nutzungsart liegt in jedem Fall vor, wenn die Inhalte für die mobile Nutzung und insbesondere die kleineren Bildschirme angepasst werden. Die Eigenständigkeit ergibt sich hier aus dem anderen Werkinhalt, nicht aus der Wahrnehmungsform durch den Nutzer.

79

Gemäß § 20b Abs. 1 kann das **Kabelweitersenderecht** nur von Verwertungsgesellschaften geltend gemacht werden; dennoch lassen sich die Sender das

80

Recht einräumen (siehe auch § 20b Abs. 2). Weitere eigenständige Formen des Senderechts sind sog. **Near-On-Demand-Sendungen**. Sie wiederholen eine Sendung ständig, so dass der Nutzer mehr oder weniger den Zeitpunkt individuell bestimmen kann, zu dem er die Sendung sieht; vgl. § 19a Rn. 17. Pay-TV ist eine eigenständige Nutzungsart nach § 31 Abs. 1 und wird auch oft separat vergeben. Pay-TV kann sich weiter in **pay-per-view** (pro Sendung), **pay-per-channel** (pro Kanal) und **pay-per-bouquet** (pro Bündel von Programmen) unterteilen. Teilweise findet Pay-TV ausschließlich über Kabel statt, so dass insoweit auch bloß Kabelrechte eingeräumt werden müssen.

81 **Beschränkungen in der Weitergabe** von Filmrechten können schon wegen der §§ 34, 35 dinglich verabredet werden. Nicht dinglich wirkt aber die Verpflichtung, nur an „Rundfunkanstalten der ARD, des ORF, der SRG sowie dritte Programmveranstalter innerhalb des Lizenzgebietes" Sublizenzen zu vergeben. Es sind hier keine deliktischen Ansprüche gegen den (vertragswidrig) sublizenzierten Sender gegeben (OLG München GRUR 1996, 972 – *Accatone*; a.A. *Schack*[4] Rn. 545). **Beschränkungen für Werbeunterbrechungen** von Spielfilmen (z.B. keine Alkoholwerbung) wirken grundsätzlich nur schuldrechtlich, es sei denn sie sind werkbezogen, so dass der Verkehr mit ihnen rechnet.

82 **Verfilmungsrechte** stellen ebenfalls eigenständige Nutzungsrechte zu einer Bearbeitung dar, die auf die Verfilmung des betreffenden Stoffes beschränkt sind und nicht die Verfilmung eines anderen Gegenstandes erlauben. Das Gleiche gilt für Wiederverfilmungsrechte (BGH GRUR 1957, 611, 612 – *bel ami*). Auch das Recht zur Herstellung einer synchronisierten Fassung ist als Bearbeitungsrecht eine selbständige Nutzungsart. Zu **Filmmusik** vgl. Rn. 72.

83 **ee) Bildende Kunst, Illustration, Design, Foto:** Für den Bereich **bildende Kunst** sollten insbesondere diejenigen Nutzungsarten als mit dinglicher Wirkung abspaltbar anerkannt sein, die in der Auflistung der Tarife der VG Bild-Kunst (www.bildkunst.de) enthalten sind. Ergänzend sei, vor allem für **Illustrationen**, auf die oben erwähnten Nutzungsarten für Verlagsprodukte verweisen; vgl. Rn. 65 ff. Die verschiedenen Möglichkeiten, **Design** zu nutzen, ergeben sich für Kommunikations-, Produkt-, Mode-, Textil- und Fotodesign aus dem Tarifvertrag AGD/SDSt (www.agd.de); vgl. Vor §§ 31 ff. Rn. 406. Für den **Foto**bereich sei ferner die Nutzungsarten aus den „Bildhonoraren" der Mittelstandsgemeinschaft Fotomarketing (MFM) verwiesen, erhältlich über www.bvpa.de; vgl. Vor §§ 31 ff. Rn. 416.

84 **ff) Bau:** Die wichtigste Nutzungsart ist die Vervielfältigung einer Planung zu einem Gebäude. Nicht dinglich abspaltbar ist der Nutzungszweck des Gebäudes. Im Hinblick auf die Vermietung verbietet § 17 Abs. 3 S. 2 Nr. 1 die Abspaltung, damit der Gebrauchswert des Sachobjektes unberührt bleibt (vgl. § 17 Rn. 41; Dreier/Schulze/*Schulze*[2] § 17 Rn. 48). Das verbietet es auch, andere Beschränkungen mit dinglicher Wirkung zu vereinbaren, beispielsweise einen ausschließlichen Gebrauchszweck (z.B. Nutzung als Schule, Büro oder Wohnung). Außerhalb der Nutzung als Gebäude gelten jedoch die üblichen Möglichkeiten einer dinglich wirksamen Beschränkung, beispielsweise für die Vervielfältigung und Verbreitung als körperliches Werkstück in Verlagsprodukten (vgl. Rn. 65 ff.), sofern § 59 keine Urheberrechtsfreiheit gewährt. Auch das Bearbeitungsrecht ist ein selbständiges Nutzungsrecht, das allerdings durch § 39 Abs. 2 einschränkt wird.

85 **gg) Multimedia, Online-Nutzung:** Im Bereich der neuen Medien sind Oberbegriffe wie digital oder Multimedia wenig aussagekräftig, da ihnen wiederum verschiedene konkrete Nutzungsarten unterfallen und sie überdies nicht einmal Gewähr für urheberrechtliche Schutzfähigkeit bieten (LG Köln ZUM 2005, 910). „**Multimedia**" ist wegen des allumfassenden Charakters jedenfalls keine eigene Nutzungsart (Hoeren, CR 1995, 710, 712; differenzierend in einzelne Nutzungsarten auch *Loewenheim* GRUR 1996, 830; *Schwarz* GRUR 1996, 836). Gegenüber speziellen Diensten (wie etwa demand-services) hat die Online-Nutzung keine eigenständige Bedeutung, da diese nur das technische Medium bildet (*Reber* GRUR 1998, 792, 796). Im Internet bestehen vielmehr zahlreiche Nutzungsarten, die selbständig sein können. Solche sind beispielsweise im **Musik- und Filmbereich** Sendung, öffentliche Zugänglichmachung, letztere wiederum unterteilt in Streaming, temporärer Download, permanenter Download (zum Musikbereich vgl. Rn. 71; zum Filmbereich vgl. Rn. 76; ferner *Czychowski* K&R 2000, 252, 253; *Bechtold* GRUR 1998, 18, 25). Wenn für Text und Bild die **Online-Nutzung** allgemein als eigenständige Nutzungsart gesehen wird, so wird meist Bezug genommen auf Veröffentlichungen von Beiträgen und Fotos von **Printmedien** auf einer Homepage im **Internet**, die gegenüber einer Print-Ausgabe selbständig sind (KG GRUR 2002, 252, 254 – *Mantellieferung*; OLG Hamburg NJW-RR 2001, 123 – *taz*; OLG Hamburg ZUM 2000, 870, 873; KG AfP 2001, 406, 410). Genau genommen geht es hier nicht um die Online-Nutzung allgemein, die eher allgemein auf das Übertragungsmedium zielt und On-Demand-Dienste mit abdecken würde, sondern um die Nutzung auf einer www-Homepage als Nutzungsart. **Links,** die lediglich ähnlich einem Lesezeichen den Zugriff auf im Internet befindliche Werke erleichtern, stellen keine urheberrechtlich relevante Nutzungshandlung dar (BGH GRUR 2003, 958 – *Paperboy*) und damit auch keine Nutzungsart. Relevant ist allein die Nutzung des verlinkten Werkes durch den Nutzer des Links. Anders ist es nur beim Framing (LG München I MMR 2007, 260). **Emails** wurden bei der Versendung elektronischer Pressespiegel als eigenständige Nutzungsart angesehen (KG ZUM 2002, 828, 832).

6.   Einfache Nutzungsrechte (§ 31 Abs. 2)

Nach der Legaldefinition des § 31 Abs. 2 beinhaltet ein einfaches Nutzungs- **86** recht das (positive) Recht, das Werk auf die erlaubte Art zu nutzen, ohne dass (negativ) die Nutzung durch andere ausgeschlossen ist. Das ermöglicht eine Vielzahl paralleler Verwertungshandlungen, etwa bei der Aufführung von Musikstücken oder Vorführungen von Filmen in Filmtheatern.

Die eingeräumten einfachen Nutzungsrechte sind **dingliche Rechte** (LG Mün- **87** chen I GRUR-RR 2004, 350 – *GPL-Verstoß*; Dreier/Schulze/*Schulze*[2] § 31 Rn. 52; *v. Gamm* Rn. 11; *Ulmer*[3] S. 368; Loewenheim/*Loewenheim/Jan Bernd Nordemann*, § 25 Rn. 1; *Rehbinder*[12] Rn. 306; *Schack*[3] Rn. 540; dafür auch Schricker/*Schricker*[3] Rn. 6, offener jedoch Vor §§ 28 ff. Rn. 49 „entzieht sich einer eindeutigen Qualifikation", mit umfassenden Nachweisen zum Meinungsstand, auch im Hinblick auf das Patentrecht). Nicht nur dem Urheber, sondern **auch Dritten** kann deshalb das positive Nutzungsrecht **entgegengehalten** werden. Wir geben unsere bis zur 9. Auflage vertretene Auffassung auf, nach der die einfache Nutzungsrechte lediglich schuldrechtlichen Charakter haben (Vorauflage/*Hertin*[9] §§ 31/32 Rn. 2; genauso *Pahlow* ZUM 2005, 865; *Götting* FS Schricker 60. Geb S. 68; Möhring/Nicolini/*Spautz*[2] § 31 Rn. 39). Zunächst spricht die Möglichkeit der Weiterübertragung des einfachen Nutzungsrechts nach § 34 für seinen dinglichen Charakter; schuldrechtliche Gestattungen sind nicht verkehrsfähig. Auch sollte es möglich sein, Nutzungsrechte am einfachen Nutzungsrecht einzuräumen; vgl. § 35 Rn. 5. U.E. wird ferner durch Neuformulierung des § 33 durch die Reform des Urhebervertragsrechts 2002 gestützt, der in den Sukzessionsschutz einfache Nutzungsrechte einbezieht. Auch bei vor dem 01.07.2002 abgeschlossenen Altverträgen (§ 132 Abs. 3) ist von einem dinglichen Charakter auszugehen, weil nach der Gesetzesbegründung keine Änderung der Rechtslage, sondern nur eine Regelung bislang analog einbezogener Sachverhalte erfolgte (Begr RegE UrhVG – BT-Drucks. 14/6433, S. 14; aber siehe auch StellungN BR UrhVG – BT-Drucks. 14/7564, S. 6, wo von dem ungeklärten „gegenständlichem" Charakter von einfachen Nutzungsrechten die Rede ist). Ohnehin werden Abgrenzungsschwierigkeiten zwischen Nutzungsrecht und schuldrechtlicher Gestattung (vgl. § 29 Rn. 24 f.) vermieden (Loewenheim/*Loewenheim/Jan Bernd Nordemann* § 25 Rn. 1).

88 Das einfache Nutzungsrecht gibt allein das positive Recht zur Vornahme der Nutzungshandlungen, jedoch **kein negatives Abwehrrecht,** wie seit der Urhebervertragsrechtsreform 2002 § 31 Abs. 2 klarstellt. Auch für Verträge vor dem 01.07.2002 (§ 132 Abs. 3) gilt aber nicht anderes, weil die Rechtslage nicht geändert wurde (BGH GRUR 1959, 200, 201 – *Heiligenhof*). Selbst wenn ein Vorgehen aus eigenem Recht ausscheidet, bleibt die Möglichkeit **gewillkürter Prozessstandschaft** (BGH GRUR 1959, 200, 201 – *Heiligenhof*; BGH GRUR 1961, 635, 637 – *Stahlrohrstuhl*; BGH GRUR 1981, 652 – *Tische und Stühle*; OLG München ZUM 1989, 89 – *Reihen- und Doppelhäuser*). Das dafür erforderliche **eigene Interesse** an der Rechtewahrnehmung fließt grundsätzlich schon aus der Stellung als Nutzungsrechtsinhaber und seinem wirtschaftlichen Interesse, vor konkurrierenden Nutzungen unberechtigter Dritter geschützt zu werden. Ferner muss eine **Einwilligung** des Urhebers (oder des Inhabers des ausschließlichen Rechts, von dem das einfache Nutzungsrecht abgeleitet ist) eingeholt werden.

89 Eine **Auswertungspflicht** kann auch bei einfacher Rechtseinräumung für den Verwerter ausdrücklich vereinbart werden. Auch kann sie stillschweigend aus dem Vertrag zu entnehmen sein. Das gilt insbesondere bei Beteiligungsvergütung (ausführlich vgl. Vor §§ 31 ff. Rn. 41 ff.; a.A. Dreier/Schulze/*Schulze*[2] Rn. 54: niemals stillschweigende Auswertungspflicht). Eine **Einräumung weiterer Nutzungsrechte** (§ 35) ist möglich; vgl. § 35 Rn. 5. Es besteht **Sukzessionsschutz** (§ 33), der den Bestand gegenüber späteren Nutzungsrechten sichert, und die Möglichkeit der **Weiterübertragung** gemäß § 34.

90 **Vermutungsregel:** Nach **§ 38 Abs. 3 S. 1** räumt der Urheber dem Verleger oder Herausgeber für einen Zeitungsbeitrag im Zweifel nur ein einfaches Nutzungsrecht ein.

7. Ausschließliche Nutzungsrechte (§ 31 Abs. 3)

91 Ausschließliche Nutzungsrechte berechtigen nach der Legaldefinition in § 31 Abs. 3 ihren Inhaber, das Werk unter Ausschluss aller anderen Personen auf die ihm erlaubte Art zu nutzen und Nutzungsrechte einzuräumen.

92 a) **Dingliche Wirkung:** Das ausschließliche Nutzungsrecht hat dingliche Wirkung (allg.A.: BGH GRUR 1959, 200, 202 – *Heiligenhof*; Schricker/*Schricker*[3] vor §§ 28 ff. Rn. 48; Loewenheim/*Loewenheim/Jan Bernd Nordemann* § 25 Rn. 3). Ihr Inhaber kann es also gegenüber jedem Dritten geltend machen. Seine Rechte erschöpfen sich nicht in der schuldrechtlichen Beziehung zum Urheber.

b) Abstufungen der Ausschließlichkeit: Die volle Ausschließlichkeit gewährt **93** dem Berechtigten das exklusive Recht zur Nutzung des Werkes in der vereinbarten Art und Weise **unter Ausschluss aller anderen Personen, auch des Urhebers.** Ohne ausdrückliche Vereinbarung spricht bei einem ausschließlichen Nutzungsrecht die **Vermutung** für diese volle Ausschließlichkeit. Wenn etwa ein Autor einem Verlag Rechte einräumt, darf er sein Werk im Zweifel nicht selbst noch verlegen.

Dinglich wirkende Einschränkungen: Davon kann gem. § 31 Abs. 3 S. 2 abge- **94** wichen werden und dem **Urheber** ein **Recht zur Nutzung** seines Werkes verbleiben. Ferner besteht **Sukzessionsschutz nach § 33** für den Inhaber eines vorher eingeräumten einfachen Nutzungsrechts. Jedoch besteht **keine Möglichkeit** für den Urheber, mit dem Inhaber des ausschließlichen Rechts zu vereinbaren, dass der Urheber ein **einfaches Nutzungsrecht** mit dinglicher Wirkung einem Dritten **zukünftig** einräumen kann. Dies würde den Charakter des Rechts als ausschließlich sprengen.

Schuldrechtlich wirkende Einschränkungen: Jedoch kann schuldrechtlich eine **95** **Pflicht zur Duldung der Nutzung durch bestimmte Dritte** vereinbart werden (Schricker/*Schricker*[3] Rn. 4; Loewenheim/*Loewenheim/Jan Bernd Nordemann* § 25 Rn. 3). Eine solche Gestaltung (schuldrechtliche Beschränkungen eines ausschließlichen Rechtes) bietet gegenüber einem nicht-ausschließlichen immerhin den Vorteil einer eigenen Klagemöglichkeit, gewährt aber keine Möglichkeit, sich gegenüber Nicht-Vertragspartnern darauf zu berufen.

c) Aktivlegitimation: Im Gegensatz zu einfachen Nutzungsrechten fließt aus **96** dem ausschließlichen Nutzungsrecht neben der positiven Nutzungsbefugnis auch eine negative Abwehrbefugnis mit der Möglichkeit zum Verbot der Nutzung durch Dritte im Wege von **Unterlassungs- und Schadensersatzansprüchen;** eingehend vgl. § 97 Rn. 132 ff. Das **negative Verbotsrecht** des Nutzungsberechtigten kann über sein positives Benutzungsrecht hinausgehen, vor allem wenn es sich um eine illegale Nutzung handelt, die vom Urheber nicht legitimiert ist; vgl. Rn. 20 ff. Der Unterlassungsanspruch des **Urhebers** bleibt in jedem Fall neben dem Anspruch des Nutzungsberechtigten bestehen; für Schadensersatzansprüche ist der Urheber nur anspruchsberechtigt, wenn er selbst ein eigenes schutzwürdiges Interesse an der Geltendmachung hat; vgl. § 97 Rn. 128.

d) Stufung: An ausschließlichen Nutzungsrechten können **Nutzungsrechte** **97** **weiterer Stufen eingeräumt** werden, die ihrerseits entweder einfache oder ausschließliche sind, § 31 Abs. 3. Man spricht dann von **Enkelrechten etc.;** vgl. § 29 Rn. 22. Dazu ist die **Zustimmung** des Urhebers nötig (§ 35). Zustimmungsfreiheit gilt, wenn das Recht zur Wahrung der Belange des Urhebers eingeräumt wurde (§ 35 Abs. 1 S. 2). Bedeutung erlangt die Zustimmungsfreiheit für Verwertungsgesellschaften (siehe die Kommentierung zum UrhWahrnG) und für Bühnenverlage (vgl. Vor §§ 31 ff. Rn. 322 ff.). Die Zustimmung kann nicht wider Treu und Glauben verweigert werden (§§ 35 Abs. 2, 34 Abs. 1 S. 2), ist als Erfordernis aber abdingbar (§§ 35 Abs. 2, 34 Abs. 5 S. 2) und im Einzelfall konkludent erteilbar, vgl. § 35 Rn. 9. Zur Weiter**übertragung** von Nutzungsrechten vgl. § 34 Rn. 8 ff.

e) Vermutungsregeln: Vermutungen für die Einräumungen eines ausschließ- **98** lichen Nutzungsrechtes finden sich in **§ 38 Abs. 1** (Gestattung der Aufnahme in eine periodisch erscheinende Sammlung umfasst im Zweifel ausschließliches Nutzungsrecht für Veröffentlichung und Verbreitung; siehe auch die Beschränkung der Ausschließlichkeit für Zeitungen nach Erscheinen des Beitrages in § 38 Abs. 3), § 88 Abs. 1 (Gestattung der Verfilmung als Nutzung des Werkes bzw. einer Bearbeitung oder Umgestaltung zur Herstellung eines Filmwerkes und dessen filmische Nutzung), § 89 Abs. 1 (ausschließliche Recht für den Filmhersteller zur filmischen Nutzung der Rechte am Filmwerk) und § 8 VerlG (ausschließliches Recht zur Vervielfältigung und Verbreitung bei Verlagsvertrag). In Arbeitsverhältnissen ist im Zweifelsfall von ausschließlichen Nutzungsrechten auszugehen (Loewenheim/*Jan Bernd Nordemann* § 60 Rn. 21). Zur Anwendung der **Zweckübertragungslehre** auf die Frage, ob ein Nutzungsrecht einfach oder ausschließlich begründet wurde, vgl. § 31 Rn. 142 f.

8.   Weitere Formen der Nutzungserlaubnis

99 Anstelle eines gegenständlichen Nutzungsrechtes ist eine bloß **schuldrechtlich wirkende Gestattung** des Urhebers möglich, wie sie § 29 Abs. 2 seit dem UrhVG 2002 auch ausdrücklich erwähnt; vgl. § 29 Rn. 24 f.

9.   AGB-Recht

100 Zur Anwendbarkeit des AGB-Rechts (§§ 305 ff. BGB bzw. früheres AGBG) für Verträge mit Urhebern in zeitlicher Hinsicht vgl. Vor §§ 31 ff. Rn. 193, in persönlicher Hinsicht vgl. Vor §§ 31 ff. Rn. 195, zur Einbeziehung vgl. Vor §§ 31 ff. Rn. 196, zur Unklarheitenregelung vgl. Vor §§ 31 ff. Rn. 197 f., zu überraschenden Klauseln vgl. Vor §§ 31 ff. Rn. 199, zum Transparenzgebot vgl. Vor §§ 31 ff. Rn. 201 und zur Inhaltskontrolle vgl. Vor §§ 31 ff. Rn. 202 ff. Speziell zu Verträgen zwischen Verwertern vgl. Vor §§ 31 ff. Rn. 289 ff. Die formularmäßige Einräumung von Nutzungsrechten durch Verwerter ist sehr üblich und kann deshalb grundsätzlich nicht überraschend sein. Es ist jedoch überraschend und damit gem. § 305c Abs. 1 BGB unwirksam, wenn sich eine Druckerei bei Zahlungsverzug Rechte zur weitergehenden Nutzung des Werkes einräumen lässt, obwohl der Zweck des Vertrages lediglich in der Herstellung liegt (OLG Frankfurt a.M. GRUR 1984, 515, 516 – *Übertragung von Nutzungsrechten*). Denn üblicherweise beinhaltet ein Vertrag mit einer Druckerei keine anderen Nutzungsrechte als die Vervielfältigung in der betreffenden Nutzungsart. Im Übrigen zur Inhaltskontrolle von Nutzungsrechtseinräumungen vgl. Rn. 179 ff.

10.   Allgemeines Vertragsrecht, Vertragsrecht nach Branchen

101 Zum allgemeinen Vertragsrecht für Urheberverträge vgl. Vor §§ 31 ff. Rn. 32 ff., für Verträge mit Leistungsschutzberechtigten vgl. Vor §§ 31 ff. Rn. 215 ff. und für Verträge zwischen Verwertern vgl. Vor §§ 31 ff. Rn. 223 ff. Zu den einzelnen Nutzungsverträgen nach Nutzungsart und Branchen vgl. Vor §§ 31 ff. Rn. 295 ff.

11.   Prozessuales

102 Für die Einräumung von Nutzungsrechten ist nach allgemeinen Grundsätzen die Partei **darlegungs- und beweispflichtig**, die sich auf bestehende Nutzungsrechte zu ihren Gunsten beruft, im Verletzungsprozess im Regelfall der Beklagte. Indizielle Bedeutung für die Beweislage bei der Frage, ob durch einen Vertrag Nutzungsrechte eingeräumt wurden, kann auch eine GEMA-Registrierung des vermeintlich berechtigten Verlages haben, wenn der Rechtsinhaber einer Auswertung und damit auch der Registrierung nicht entgegengetreten ist (OLG München ZUM 2001, 173, 176 – *Hollaender*). Zur **Aktivlegitimation** und Nutzungsrechtseinräumung vgl. § 97 Rn. 132 ff.

12. Verhältnis zu anderen Vorschriften

Nach § 29 ist das **Urheberrecht grundsätzlich nicht übertragbar.** Lediglich **103** Nutzungsrechtseinräumungen, schuldrechtliche Abreden und Rechtsgeschäfte über Persönlichkeitsrechte gemäß § 39 sind zulässig; jedoch werden vertragliche Formulierungen, nach denen das „Urheberrecht übertragen" wird, regelmäßig dahin auszulegen sein, dass eine Nutzungsrechtseinräumung gemeint ist; vgl. § 29 Rn. 8, 16.

Die Einräumung von Nutzungsrechten durch einen Vertrag ist grundsätzlich **104** frei vereinbar. **Zwingend** ist zunächst der **Erschöpfungsgrundsatz** gem. § 17 Abs. 2; dazu vgl. Rn. 15 ff. Für unbekannte Nutzungsarten existierte für Verträge von 1996 bis 2007 ein Verbot der Einräumung von Rechten an unbekannten Nutzungsarten (§ 31 Abs. 4 a.F., vgl. § 31a Rn. 6 ff.); heute besteht nur noch ein **zwingendes Schriftformgebot** nach § 31a Abs. 1, genauso wie für Verpflichtungen zur Rechtseinräumung an nicht näher bestimmten künftigen Werken gem. § 40 Abs. 1. Für solche Werke besteht auch ein **unabdingbares Kündigungsrecht** für beide Seiten, § 40 Abs. 2. Weitere zwingende Regelungen sind das **Rückrufsrecht** (§ 34 Abs. 5), die **Haftung des Erwerbers eines Nutzungsrechts** (§ 34 Abs. 5), das **Rückrufsrecht wegen Nichtausübung** (§ 41 Abs. 4) und **gewandelter Überzeugung** (§ 42 Abs. 2). Zu erwähnen sind ferner die **Schrankenbestimmungen** des UrhG (§§ 44a ff.). Die Einräumung von Nutzungsrechten ist nur dort erforderlich und deren Abwehrbefugnis reicht auch nur soweit, wie die **Schranken des Urheberrechts** (§§ 44a ff.) keine Nutzung gestatten. Zwingend als Auslegungsregel (wenn auch durch umfangreiche Klauselwerke außer Kraft zu setzen, vgl. § 31 Rn. 122 f.) ist die in § 31 Abs. 5 niedergelegte **Zweckübertragungslehre**, nach der im Zweifel ein Nutzungsrecht nur in dem Umfang eingeräumt wird, wie es der zugrunde liegende Vertrag als Verpflichtungsgeschäft unbedingt erfordert. **Spezielle Regelungen für bestimmte Werkarten** enthalten § 55a für Datenbankwerke und § 69g Abs. 2 für Computerprogramme. Auch bestimmte **Vergütungsansprüche des Urhebers** sind nicht dispositiv (§§ 32, 32a und die gesetzlichen Vergütungsansprüche der §§ 20b Abs. 2 S. 2, 26 Abs. 2 S. 1, 27 Abs. 1 S. 2, 63a S. 1). Dasselbe gilt für bestimmte Vergütungsansprüche aus den zeitlichen Übergangsvorschriften der §§ 137 ff.

Verschiedene Ansprüche sind zwingend **verwertungsgesellschaftspflichtig,** ins- **105** besondere § 20b (Kabelweitersenderecht), § 26 (Folgerecht), § 27 (Vergütung für Vermieten und Verleihen), § 49 (Vergütung für Vervielfältigung und Verbreitung in Rundfunkkommentaren und Zeitungsartikeln), § 52a (Öffentliche Zugänglichmachung für Unterricht und Forschung), §§ 54 ff. (Leermedien- und Geräteabgabe) sowie §§ 77, 27 bzw. 78, 20b (ausübende Künstler).

Bei Fehlen einer ausdrücklichen Regelung gibt das UrhG daneben auch einige **106** **Auslegungsregeln** vor. Nach § 37 verbleibt das Recht zur Einwilligung in Bearbeitung und Verwertung durch Bild- und Tonträger im Zweifel beim Urheber. § 38 trifft Vermutungsregelungen für Beiträge in Sammlungen, § 39 für den Fall der Änderung des Werkes, des Titels sowie der Urheberbezeichnung. Gemäß § 44 Abs. 1 erfolgt mit der Veräußerung des Werkoriginals allein noch keine Nutzungsrechtseinräumung. Nach § 44 Abs. 2 ist aber bei Werken der bildenden Kunst oder bei Lichtbildwerken im Zweifel ein Ausstellungs-recht eingeräumt. Für den Filmbereich enthalten die §§ 88, 89, 92 weitere Vermutungsregelungen. Als Vermutung wirken auch verschiedene zeitliche Übergangsbestimmungen, z.B. die §§ 137 Abs. 1 S. 2 und Abs. 2, 137a Abs. 2, 137b Abs. 2, 137c Abs. 2, 137f Abs. 4.

II. Unbekannte Nutzungsarten (§ 31 Abs. 4 a.F.; aufgehoben mit Wirkung für Verträge ab 1.1.2008)

107 Bis zum 31.12.2007 lautete § 31 Abs. 4 wie folgt:

> Die Einräumung von Nutzungsrechten für noch nicht bekannte Nutzungsarten sowie Verpflichtungen hierzu sind unwirksam.

Vgl. § 31a Rn. 6 ff.; außerdem siehe § 137l.

III. Zweckübertragungslehre (§ 31 Abs. 5)

1. Sinn und Zweck

108 Die Zweckübertragungslehre gem. § 31 Abs. 5 ist ein **Auslegungsgrundsatz** für den Umfang der vertraglichen Nutzungsrechtseinräumung (BGH GRUR 1998, 680, 682 – *Comic-Übersetzungen I*). Das Urheberrecht ist von dem Grundgedanken durchzogen, dass der Urheber möglichst weitgehend an den **Erträgen** der Verwertung **beteiligt** werden soll (BGH GRUR 2002, 248, 251 – *Spiegel-CD-ROM*; BGH GRUR 1979, 637, 638 – *White Christmas*; BGH GRUR 1974, 786, 787 – *Kassettenfilm*). Dies ist seit der Urhebervertrags-rechtsreform 2002 auch in **§ 11 S. 2** kodifiziert. Daraus ergibt sich für das Urheberrecht die generelle **Tendenz**, möglichst **beim Urheber** zu verbleiben. Neben der Unübertragbarkeit des Urheberrechts als Ganzem ist Ausfluss dieser Tendenz vor allem die Zweckübertragungslehre, die den **Umfang der Einräumung von Nutzungsrechten** steuert.

109 Die Einräumung von Nutzungsrechten erfolgt zum Schutz des Urhebers nur in dem Umfang, den der mit Vertrag verfolgte **Zweck „unbedingt" erfordert** (so BGH GRUR 2002, 248, 251 – *Spiegel-CD-ROM*; BGH GRUR 1998, 680, 682 – *Comic-Übersetzungen I*; ferner BGH GRUR 1996, 121, 122 – *Pauschale Rechtseinräumung*). Durch die Zweckübertragungslehre des § 31 Abs. 5 soll eine „übermäßige" Vergabe von Nutzungsrechten durch umfassen-de, pauschale Rechtseinräumungen an die Verwerterseite dadurch verhindert werden, dass der Umfang an den konkret verfolgten Zweck des Vertrages anpasst wird. Die Zweckübertragungslehre ist jedoch eine bloße **Auslegungs-regel**. Sie tritt zurück, sofern **eine spezifische Vereinbarung** über den Umfang der Rechtseinräumung getroffen wurde. Deshalb kann die Zweckübertra-gungslehre auch einen lückenlosen Urheberschutz nicht gewährleisten (*Wandtke* FS Nordemann II S. 267, 271), zumal sie auch in der AGB-Kontrolle nur begrenzte Wirkungen entfaltet; vgl. Rn. 180. Ohnehin ist die Zwecküber-tragungslehre ungeeignet, direkt auf der Vergütungsseite einzugreifen (*Gernot Schulze* GRUR 2005, 828, 829), so dass der Gesetzgeber meinte, die §§ 32, 32a und 32c zur Ergänzung schaffen zu müssen.

110 Die Verengung der Zweckübertragungslehre auf den Aspekt des Urheber-schutzes greift indes zu kurz. Sie kann vielmehr die Rolle eines Instrumentes des allgemeinen Interessenausgleichs spielen. Schon nach geltendem Recht ist nach der Zweckübertragungslehre **keinesfalls** im Zweifel **immer zu Gunsten**

des Urhebers zu entscheiden (*Haupt* ZUM 1999, 898, 899; HK-UrhR/*Kotthoff* Rn. 31; Schricker/*Schricker*[2] Vor §§ 28 ff. Rn. 65; *Schricker*, Verlagsrecht[3] § 1 Rn. 6; a.A. *Riesenhuber* GRUR 2005, 712, 713; Wandtke/Bullinger/*Wandtke/ Grunert*[2] Vor §§ 31 ff. Rn. 114). Maßgeblich ist vielmehr der Vertragszweck, der auch dem Verwerter dienen kann (BGH GRUR 2003, 234, 236 – *EROC III*; BGH GRUR 1988, 300, 301 – *Fremdenverkehrsbroschüre*; OLG Düsseldorf ZUM 2001, 795, 797 – *Schulungslizenzen*).

Beim vertikalen Interessenausgleich im Zweipersonenverhältnis darf § 31 **111** Abs. 5 indes nicht stehen bleiben. Das wäre insbesondere bei Beteiligung einer **Vielzahl von Urhebern und Leistungsschutzberechtigten**, vornehmlich bei Film- oder auch Musikproduktionen, nicht befriedigend. Ihren Zweck, dem Urheber die Vergütung aus der Verwertung zu sichern, kann sie insbesondere dann verfehlen, wenn sie alle Beteiligten in die Dilemmasituation zwingt, dass ein Einzelner wegen zu enger Auslegung der Rechtseinräumung die Auswertung komplett verhindern könnte (eingehend *Schaefer* FS Nordemann II S. 227 ff.). Für die besondere Interessenlage in solchen Konstellationen sieht das Gesetz etwa in §§ 31a Abs. 3, 34 Abs. 1 S. 2, 93 Abs. 1 S. 2, 80 sowie 137l Abs. 4 Lösungen vor. Darüber hinaus sollte dem allgemein dadurch Rechnung getragen werden können, dass sich der Vertragszweck solcher Produktionen mit einer Vielzahl von Beteiligten aus einer bilateralen Sicht von Urheber und Verwerter löst und auch das Verwertungsinteresse anderer Urheber bzw. Rechteinhaber in den Blick nimmt, was im Zweifel zur Verwertungsmöglichkeit führt, solange nicht berechtigte Interessen eines Urhebers ausnahmsweise Vorrang haben. Für Einzelheiten sei auf die Kommentierung zu § 31a Abs. 3 verwiesen; vgl. § 31a Rn. 72 ff. Außerhalb des Anwendungsbereiches der Zweckübertragungslehre kann zumindest ein Anspruch gegen den Urheber auf Einräumung der Nutzungsrechte nach § 242 BGB bzw. § 313 BGB bestehen; vgl. Vor §§ 31 ff. Rn. 88, 100 ff.

Über ihre ausdrückliche gesetzliche Regelung in **§ 31 Abs. 5 hinaus** hat die **112** Zweckübertragungslehre noch Bedeutung für andere Rechteweitergaben als die Einräumung von Nutzungsrechten durch den Urheber. Man spricht von der **„allgemeinen Zweckübertragungslehre"**, soweit sie nicht kodifiziert ist; ausführlich vgl. Rn. 118 ff.

2. Früheres Recht

a) Altverträge bis 31.12.1965: Die Zweckübertragungslehre existierte als **113** **ungeschriebene Auslegungsregel** schon im früheren Recht (LUG, KUG) **vor Inkrafttreten des UrhG** am 01.01.1966. Sie wurde von *Goldbaum* (Urheberrecht und Urhebervertragsrecht, 1927, S. 75 ff.) entwickelt und vom Reichsgericht übernommen (RGZ 118, 282, 287 – *Musikantenmädel*; RGZ 123, 312, 316 ff. – *Wilhelm Busch*; RGZ 134, 198 – *Schallplattenrechte*; RGZ 140, 231 – *Tonfilm*; zu historischen Aspekten *Haupt* ZUM 1999, 898, 899); sie erfasste auch eine nach KUG bzw. LUG zulässige Übertragung des Urheberrechts (BGH GRUR 1960, 197 – *Keine Ferien für den lieben Gott*; RGZ 123, 312, 318 f. – *Wilhelm Busch*; RGZ 134, 198, 201 – *Schallplattenrecht*), die allerdings nach § 137 Abs. 1 S. 1 in eine Nutzungsrechtseinräumung umzudeuten ist. Die – nicht im LUG und KUG kodifizierte – Zweckübertragungslehre kann mithin auf Altverträge angewendet werden, die **vor dem 1.1.1966** geschlossen wurden (BGH GRUR 1982, 727, 730 – *Altverträge*; BGHZ 9, 262, 265 – *Lied der Wildbahn I*; KG GRUR 1991, 596, 598 f. – *Schopenhauer-Ausgabe*; OLG München ZUM 2001, 173, 177).

114 b) **UrhG 1965 und spätere Reformen:** Seit dem **UrhG 1965** ist die Zweck-übertragungslehre in § 31 Abs. 5 kodifiziert. Nach § 31 Abs. 5 UrhG 1965 bezog sich die gesetzliche Regelung der Zweckübertragungslehre nur auf den Umfang der Nutzungsrechtseinräumung für bestimmte Nutzungsarten. Die **Urhebervertragrechtsreform 2002** hat den gesetzlich geregelten Anwendungs-bereich in einem neu eingefügten S. 2 wesentlich erweitert, und zwar auch auf das „Ob" das Nutzungsrechtseinräumung, auf einfache oder ausschließliche Einräumung, auf die Reichweite von Nutzungsrecht und Verbotsrecht sowie auf die Einschränkungen des Nutzungsrechts. Die neu geregelten Tatbestände wurde davor aber schon durch die (insoweit nicht kodifizierte) allgemeine Zweckübertragungslehre erfasst, so dass sich inhaltlich nichts geändert hat (Begr RegE UrhVG – BT-Drucks. 14/6433, S. 14) und für Altverträge **vor dem 01.07.2002** (§ 132 Abs. 3 S. 1) keine Änderungen zu beachten sind. Die **Novelle 2003 zur Informationsgesellschaft** (UrhG Infoges) hat schließlich für eine ausdrückliche Verknüpfung der meisten Leistungsschutzrechte mit § 31 Abs. 5 gesorgt (ausübende Künstler § 79; Veranstalter § 81 S. 2; Tonträger-hersteller § 85 Abs. 2 S. 3; Sendeunternehmen § 87 Abs. 2 S. 3; Filmhersteller § 94 Abs. 2 S. 3 und § 95 i.V.m. 94 Abs. 2 S. 3), soweit diese noch nicht wegen einer umfassenden Verweisung bereits vorhanden war (wissenschaftliche Aus-gaben § 70; Lichtbildner § 72). Auch das hat allerdings wegen der vorherigen Anwendung der nicht kodifizierten allgemeinen Zweckübertragungslehre nicht zu einer inhaltlichen Änderung geführt.

115 c) **DDR-Altverträge:** Die Zweckübertragungslehre galt auch im Urheberrecht der **DDR** für Verträge bis 02.10.1990 (vgl. Vor §§ 31 ff. Rn. 20 ff.), auch wenn sie dort nicht ausdrücklich gesetzlich erwähnt ist (BGH GRUR 2001, 826, 828 – *Barfuss ins Bett*; OLG München ZUM 2000, 61, 64 – *Das kalte Herz*; Wandtke/Bullinger/*Wandtke/Grunert*[2] § 31 Rn. 93). Insoweit gilt nichts ande-res als unter LUG und KUG, die auch die Zweckübertragungsregel nicht erwähnten. LUG und KUG fanden ohnehin auf DDR-Verträge bis 31.12.1965 Anwendung (§ 95 Abs. 2 DDR-URG). Zu unbekannten Nutzungsarten und DDR-Verträgen vgl. § 31a Rn. 11.

3.   EU-Recht und Internationales Recht

116 Das Urhebervertragsrecht ist noch nicht auf **EU-Ebene** harmonisiert. Das gilt insbesondere auch für die Zweckübertragungslehre. Ansonsten haben aller-dings einige der urheberrechtlichen EU-Richtlinien zumindest gewissen Ein-fluss auf die Vertragsgestaltung; vgl. Vor §§ 31 ff. Rn. 24. Zum internationalen Urheberprivatrecht für Verträge vgl. Vor § 120 Rn. 58 ff. In den zahlreichen **internationalen Abkommen**, in denen Deutschland sich verpflichtet hat (dazu vgl. Vor §§ 120 ff. Rn. 4 ff.) findet sich keine Regelung im Hinblick auf die Zweckübertragungslehre, so dass keine abkommenskonforme Auslegung er-folgt.

117 In internationalen Sachverhalten ist allerdings regelmäßig die Frage aufgewor-fen, ob und inwieweit die deutsche Zweckübertragungslehre gemäß § 31 Abs. 5 oder als allgemeine Zweckübertragungslehre nach dem **internationalen Urheberprivatrecht Anwendung** findet. Bei ausländischem Vertragsstatut, ohne dass deutsches Recht durch bloße Rechtswahl als Vertragsstatut aus-scheidet (Art. 27 Abs. 3, 30 Abs. 2 EGBGB), kommt eine Anwendung des § 31 Abs. 5 nicht in Betracht (str.; dazu vgl. Vor §§ 120 ff. Rn. 88). Bei US-Vertrags-statut und einer nach US-Recht zulässigen Übertragung des Urheberrechts bzw. einem originären Erwerb des Urheberrechts durch „work for hire" werden deshalb Rechte an allen bekannten und unbekannten Nutzungsarten eingeräumt, ohne dass eine einschränkende Auslegung nach deutschem Recht stattfinden würde (*Jan Bernd Nordemann/Wilhelm Nordemann* FS Schricker 70. Geb. S. 473, 480 ff.; *Jan Bernd Nordemann* Journal Copyright Society of the USA 53 (2006), 603, 613; ferner OLG Düsseldorf ZUM 2006, 326, 328 – *Breuer-Hocker*); vgl. § 31a Rn. 14.

4. Tatbestand

a) **Persönlicher Anwendungsbereich (Urheber, Leistungsschutzberechtigte** **118** etc.):** Nach seiner systematischen Stellung findet § 31 Abs. 5 zunächst auf Verträge des **Urhebers** Anwendung, weil die §§ 31 ff. solche Verträge regulieren; vgl. Vor §§ 31 ff. Rn. 2. Durch entsprechende Verweise gilt § 31 Abs. 5 unmittelbar auch für Nutzungsrechtseinräumungen durch **Lichtbildner** (§ 72) und für **wissenschaftliche Ausgaben** (§ 70). Nutzungsrechtseinräumungen ausübender Künstler sind seit der Urhebervertragsrechtsreform gemäß § 79 Abs. 2 in den Anwendungsbereich des § 31 Abs. 5 einbezogen; für Altverträge (§ 132 Abs. 4) gilt die allgemeine Zweckübertragungslehre (BGH GRUR 1984, 121, 122 – *Synchronisationssprecher*; KG GRUR 2003, 1038 – *Klaus Kinski Rezitationen*), ohne dass sich dadurch für die Praxis Unterschiede ergäben. Seit der Reform 2003 findet § 31 Abs. 5 ferner durch Verweisung auf die Nutzungsrechtseinräumung für die Leistungsschutzrechte des § 81 (**Veranstalter**), des § 85 (**Tonträgerhersteller**), des § 87 (**Sendeunternehmen**) und der §§ 94, 95 (**Filmhersteller**) Anwendung. Vor 2003 galt wiederum die allgemeine Zweckübertragungslehre (OLG Düsseldorf GRUR-RR 2002, 121, 122 – *Das weite Land*). Für **nachgelassene Werke** (§ 71) und **Datenbanken** (§§ 87a ff.) muss mangels Verweisung auf § 31 Abs. 5 die allgemeine Zweckübertragungslehre angewendet werden. Die Anwendung der allgemeinen Zweckübertragungslehre ist ferner auch für **Verträge zwischen Verwertern**, also für die Weitergabe von Rechten auf allen Stufen anerkannt (BGH GRUR 1976, 382, 383 – *Kaviar*; BGH GRUR 1960, 197 – *Keine Ferien für den lieben Gott*; BGH GRUR 1959, 197 – *Verkehrskinderlied*; OLG Düsseldorf GRUR-RR 2002, 121, 122 – *Das weite Land*; KG AfP 1997, 919, 921 – *Hans Fallada*).

b) **Sachlicher Anwendungsbereich („Einräumung eines Nutzungsrechts"):** Die **119** Zweckübertragungslehre erfasst nach dem Wortlaut des § 31 Abs. 5 die Einräumung von Nutzungsrechten; dazu allgemein vgl. Rn. 5 ff. Sie ist von Bedeutung sowohl auf schuldrechtlicher Ebene bzgl. des Umfanges, den der Urheber verpflichtet war zu gewähren, als auch auf gegenständlicher Ebene bzgl. des Umfanges, der tatsächlich gewährt wurde. Die Zweckübertragungslehre dient nicht nur der Bestimmung des „Ob" und „Wie" der positiven **Nutzungsgestattung**, sondern auch der **Reichweite des negativen Verbotsrechts** des Nutzungsberechtigten (§ 31 Abs. 5 S. 2), das über die positive Nutzungserlaubnis hinausgehen kann; vgl. Rn. 144. Sie gilt auch für **Wahrnehmungsverträge** (BGH GRUR 2000, 228, 229 – *Musical Gala*; BGH GRUR 1986, 62, 66 – *GEMA-Vermutung I*; OLG München ZUM 2007, 60, 63 – *Eigenwerbung mit Arbeitsergebnissen*; *Riesenhuber* GRUR 2005, 712, 714, 716, der aber de lege ferenda die Inhaltskontrolle nach § 6 Abs. 1 UrhWahrnG favorisiert; a.A. noch OLG München GRUR 1983, 571, 572 – *Spielfilm Videogramme*). Gleichwohl ist deren besondere Interessenlage bei der Anwendung der Zweckübertragungslehre zu beachten; vgl. Rn. 171. Zu **Altverträgen vor 1966** sowie zu **DDR-Verträgen** vgl. Rn. 113 f.

120 Die allgemeine Zweckübertragungslehre (vgl. Rn. 112) kann nicht nur auf die Einräumung von Nutzungsrechten, sondern auch auf die **Übertragung von originären Rechten** in ihrer Gesamtheit angewendet werden. Das betrifft die **Leistungsschutzrechte** für nachgelassene Werke (§ 71), des ausübenden Künstlers (§§ 73 ff.), des Veranstalters (§ 81), des Tonträgerherstellers (§ 85), des Sendeunternehmens (§ 87), des Datenbankherstellers (§§ 87a ff.) und der Film- bzw. Laufbildhersteller (§§ 94, 95), die auch in ihrer Gesamtheit übertragbar sind (siehe zur Übertragbarkeit die einzelnen Kommentierungen dort). Ferner war das **Urheberrecht** vor In-Kraft-Treten des UrhG am 01.01.1966 übertragbar, so dass bis dahin geschlossene Altverträge (§§ 132, 137) ebenfalls im Lichte der Zweckübertragungslehre auszulegen sind (BGH GRUR 1960, 197 – *Keine Ferien für den lieben Gott*; RGZ 123, 312 – *Wilhelm Busch*; RGZ 134, 198 – *AMMRE*; RGZ 140, 255 – *Hampelmann*; *Jan Bernd Nordemann* FS Nordemann II S. 200).

121 Über die Einräumung bzw. Übertragung von Nutzungsrechten hinaus beansprucht die allgemeine Zweckübertragungslehre Geltung im gesamten Urhebervertragsrecht unter Einschluss des Verlagsrechtes. So sind Vereinbarungen über **Urheberpersönlichkeitsrechte**, z.B. für das Veröffentlichungsrecht (BGHZ 15, 249, 255 f. – *Cosima Wagner*; BGH GRUR 1977, 551, 554 – *Textdichteranmeldung*), anhand der Zweckübertragungslehre auszulegen. Die Zweckübertragungslehre wird auch zur Auslegung rein **schuldrechtlicher Gestattungen** (vgl. § 29 Rn. 24 f.) herangezogen (Loewenheim/*Jan Bernd Nordemann* § 60 Rn. 16). Im **Urhebersachenrecht** gilt die Zweckübertragungslehre bei der Frage der Eigentumsübertragung an Werkstücken (BGH GRUR 2007, 693, 695 – *Archivfotos*; OLG München GRUR 1984, 516 – *Tierabbildungen*; begrifflich, nicht aber inhaltlich kritisch zur Heranziehung der Zweckübertragungslehre KG ZUM-RD 1998, 9, 10 – *Werkstücke im Arbeitsverhältnis*, sowie *Ullmann* GRUR 1987, 6, 9; eingehend vgl. Nach § 44 Rn. 5). Eine Anwendung auf die **Übertragung gesetzlicher Vergütungsansprüche** ist möglich (OLG Köln GRUR 1980, 913, 915 – *Presseschau*). Außerhalb des Urheberrechts ist ferner eine Geltung im **allgemeinen Persönlichkeitsrecht** anerkannt, z.B. für das **Recht am eigenen Bild** (Schricker/*Gerstenberg*/*Götting*[3] § 60/§ 22 KUG Rn. 44 m.w.N.; Loewenheim/*Jan Bernd Nordemann* § 60 Rn. 16; ferner BGH GRUR 1985, 398, 399 – *Nacktfoto*; OLG Frankfurt GRUR 1986, 614 – *Ferienprospekt*).

122 c) **Nicht ausdrücklich einzeln bezeichnet:** Die Zweckübertragungslehre kann nur greifen, wenn die relevanten Rechte „nicht ausdrücklich einzeln bezeichnet" sind. Das ist der Fall, wenn die Parteien **gar keine Abrede** über die Rechtssituation getroffen haben. Dieser Fall ist in der Praxis nicht selten, vor allem wenn Verträge nur mündlich geschlossen werden (BGH GRUR 1998, 680, 682 – *Comic-Übersetzungen I*).

123 Raum für eine Auslegung ist ferner bei **pauschalen Formulierungen**. Insoweit setzt sich bei einer zwar ausdrücklichen, aber nur pauschalen Rechtseinräumung die Zweckübertragungslehre gegenüber dem Vertragswortlaut durch, solange die einzelnen Nutzungsarten nicht explizit aufgeführt sind (BGH GRUR 1996, 121, 122 – *Pauschale Rechtseinräumung*). Das gilt selbst dann, wenn der (pauschale) Wortlaut eindeutig ist (BGH GRUR 1996, 121 – *Pauschale Rechtseinräumung*, dort 2. Leitsatz). Eine dem Wortlaut nach „uneingeschränkte" Einräumung von Nutzungsrechten gibt für den tatsächlichen Umfang daher nichts her; vielmehr muss sich die Auslegung am jeweiligen Vertragszweck orientieren (BGH GRUR 1974, 786, 787 – *Kassettenfilm*).

Das Gleiche gilt für die Formulierung, nach der das Werk „auf alle erdenklichen Nutzungsarten" oder „für alle bekannten Nutzungsarten" ausgewertet werden dürfe (Loewenheim/*Jan Bernd Nordemann* § 60 Rn. 10). Auch eine Klausel wie die „unbegrenzte Vervielfältigung und Verbreitung" des Werkes muss sich am Vertragszweck messen lassen. Dort werden zwar zwei Verwertungsrechte genannt, welche jedoch unabhängig von den konkreten verkehrsfähigen Nutzungsarten zu sehen sind (zur terminologischen Trennung von Verwertungsrechten und Nutzungsarten vgl. Rn. 13); letztere müssen spezifiziert werden (BGH GRUR 1982, 727, 730 – *Altverträge*). Die Formulierung „für alle Auflagen" ist im Gegensatz zu „alle Ausgaben" bestimmt genug, um die Anwendung der Zweckübertragungslehre auszuschließen (KG GRUR 1991, 596, 599 – *Schopenhauer-Ausgabe*).

d) Ausschluss des § 31 Abs. 5 (Spezifizierung; unzweideutiger Parteiwille): **124** Faktisch führt die Zweckübertragungslehre gem. § 31 Abs. 5 zu einer **Spezifizierungslast des Nutzungsberechtigten;** zum Prozessualen vgl. Rn. 189. Für ihre Erfüllung hat der Nutzungsberechtigte **zwei Möglichkeiten: Erstens** greift die Zweckübertragungslehre nicht, wenn die eingeräumten **Nutzungsrechte ausdrücklich einzeln bezeichnet** werden (BGH GRUR 1996, 121, 122 – *Pauschale Rechtseinräumung*; BGH GRUR 1990, 669, 671 – *Bibelreproduktion*; BGH GRUR 1974, 786, 787 – *Kassettenfilm*; OLG Hamburg GRUR 1991, 599, 600 – *Rundfunkwerbung*). Die Zweckübertragungslehre kann mithin durch Vertragsgestaltung mit umfassenden Klauselkatalogen und ausdrücklich einzeln bezeichneten Rechten vermieden werden; zumindest aber bleibt für den Urheber der Warnzweck eines solchen umfassenden Kataloges, so dass sich der Urheber der Tragweite seiner Verfügung bewusst ist (*Riesenhuber* GRUR 2005, 712, 714; *Schricker* IIC 2004, 850, 853; Loewenheim/*Jan Bernd Nordemann* § 60 Rn. 5). In engen Grenzen kann allerdings eine AGB-Kontrolle relevant werden; vgl. Rn. 179 ff. Ansonsten werden die vergütungsrechtlichen Konsequenzen umfassender, nicht nach dem Vertragszweck gerechtfertigter Rechtseinräumungen durch §§ 32, 32a, 32c abgemildert; für § 138 BGB bleibt grundsätzlich wenig Raum; vgl. Vor §§ 31 ff. Rn. 51 ff.

Zweitens kann der Nutzungsberechtigte alternativ – nach einer gängigen **125** Formulierung des I. Zivilsenates des BGH – auch geltend machen, dass bei stillschweigenden Rechtseinräumungen ein **Parteiwille zur Einräumung über den Vertragszweck hinaus unzweideutig zum Ausdruck gekommen** ist, „und sei es nur aufgrund der Begleitumstände und des schlüssigen Verhaltens der Beteiligten" (BGH GRUR 2004, 938, 939 – *Comic-Übersetzungen III*; BGH GRUR 2000, 144, 145– *Comic-Übersetzungen II*; BGH GRUR 1998, 580, 582 – *Comic-Übersetzungen I* m.w.N.). Nach dem I. Zivilsenat ist das allerdings ein **Ausnahmetatbestand**, weil im Regelfall nur bei ausdrücklicher Abrede ein Parteiwille unzweideutig zum Ausdruck komme (BGH GRUR 2004, 938, 939 – *Comic-Übersetzungen III*). Die Formulierung der Voraussetzungen für die Ausnahme ist ohnehin unglücklich, weil Begleitumstände und das schlüssige Verhalten der Parteien bereits den Vertragszweck beeinflussen, ihn insbesondere zu Gunsten des Nutzungsberechtigten ausdehnen können. Die Definition des Vertragszwecks durch den BGH erscheint insoweit als zu eng. Die zweite Ausschlussmöglichkeit verschmilzt vielmehr mit der Feststellung des Vertragszwecks (vgl. Rn. 126 ff. sogleich) und hat keine eigenständige Bedeutung.

126 e) Rechtsfolge (Bestimmung nach dem von beiden Parteien zugrunde gelegtem Vertragszweck): Sofern die Tatbestandvoraussetzungen erfüllt sind (Rn. 118 ff.) und kein Ausschlusstatbestand (vgl. Rn. 124 f.) greift, ordnet § 31 Abs. 5 als **Rechtsfolge** an, dass der von beiden Parteien zugrunde gelegte Vertragszweck den Umfang der Nutzungsrechtseinräumung bestimmt. Maßstab für den erforderlichen Umfang ist also der **vertragliche Zweck.** Die Zweckübertragungslehre wirkt nicht allein zu Lasten der Nutzungsberechtigten (*Haupt* ZUM 1999, 898, 899; Schricker/*Schricker*[3] vor §§ 28 ff. Rn. 65; *Schricker*, Verlagsrecht[3] § 1 Rn. 6; a.A. wohl generell Wandtke/Bullinger/*Wandtke/Grunert*[2] Vor §§ 31 ff. Rn. 104). Der Vertragszweck kann auch dem Verwerter dienen (BGH GRUR 2003, 234, 236 – *EROC III*; BGH GRUR 1988, 300, 301 – *Fremdenverkehrsbroschüre*; OLG Düsseldorf ZUM 2001, 795, 797 – *Schulungslizenzen*). Zweifel, ob ein gemeinsam verfolgter Zweck ermittelt werden kann, gehen allerdings zu Lasten des Verwerters. Im Zweifel verbleibt das Recht also beim Urheber (*Schack*[4] Rn. 547).

127 Man wird den Vertragszweck zunächst in einer **ausdrücklichen Parteivereinbarung** zu suchen haben, die auch in einer Präambel enthalten sein kann. Damit ist das Risiko verbunden, dass über eine entsprechend weite Definition des Vertragszweckes der Schutzzweck der Zweckübertragungslehre unterlaufen wird. Sehr umfassende Bestimmungen des Vertragszweckes müssen deshalb darauf überprüft werden, ob sie dem wirklichen Willen beider Vertragspartner entsprechen. Ansonsten sind sie auf ihren tatsächlichen Kern zurückzuführen (*Schricker,* Verlagsrecht[3], § 8 Rn. 5b; Schricker/*Schricker*[3] Rn. 39; Dreier/Schulze/*Schulze*[2] Rn. 121; Loewenheim/*Jan Bernd Nordemann* § 60 Rn. 13). Bei Individualverträgen ist jedoch im Regelfall davon auszugehen, dass der von den Parteien verabredete Zweck auch dem Willen der Parteien entspricht. Nur bei standardisierten Formularverträgen ist Vorsicht geboten (Loewenheim/*Jan Bernd Nordemann* § 60 Rn. 13), weil der vorformulierte Vertragszweck nicht zwingend dem wirklichen entsprechen muss. Allerdings ist zu Gunsten des AGB-Verwenders zu berücksichtigen, dass er zur vereinfachten Handhabung einer Vielzahl von Verträgen auf Formularverträge angewiesen ist und deshalb etwas gröbere, verallgemeinerte Beschreibungen des Zwecks möglich bleiben müssen.

128 Existiert **keine hinreichende ausdrückliche Aussage des Vertrages** zum Vertragszweck, so gilt Folgendes: Der Vertragszweck ist unter Heranziehung der **§§ 133, 157 BGB** festzustellen. Es ist eine **Gesamtbetrachtung** aller Umstände nach Treu und Glauben (*Schack*[4] Rn. 548) vorzunehmen. Wegen seiner urheberschützenden Funktion bestimmt sich der Vertragszweck **aus der Sicht des Urhebers** (BGH GRUR 2002, 248, 251 – *Spiegel-CD-ROM*). Sofern Rechte Dritter betroffen sind, ist nach der hier vertretenen Auffassung über dies ihre auch auf ihre Sicht abzustellen; vgl. Rn. 111. Stets ist der objektive Empfängerhorizont maßgebend. Deshalb kommt **Üblichkeitserwägungen** und der **Verkehrssitte** erhebliches Gewicht zu (BGH GRUR 2004, 938, 939 – *Comic-Übersetzungen III*; BGH GRUR 1986, 885, 886 – *Metaxa*). Sie sind aber nicht allein entscheidend. Vielmehr sind – wie stets bei Vertagsauslegungen – auch sämtliche **Begleitumstände** und das **schlüssige Verhalten** der Parteien relevant. Der BGH will zwar die Begleitumstände und das schlüssige Verhalten der Parteien nur bei der Frage berücksichtigen, ob eine über den Vertragszweck hinausgehende Einräumung erfolgt ist (BGH GRUR 2000, 144, 145– *Comic-Übersetzungen II*; BGH GRUR 1998, 580, 582 – *Comic-Übersetzungen I* m.w.N.) und geht deshalb offensichtlich davon aus, dass der Vertragszweck unabhängig davon bestimmt wird; zur Kritik vgl. Rn. 125. Im Ergebnis unterscheidet sich die hier vertretene Berücksichtigung schon bei der Auslegung des Vertragszwecks aber nicht von der Auffassung des BGH.

Üblichkeit und Verkehrssitte: Im Rahmen der Gesamtbetrachtung ist zunächst **129** relevant, was üblicherweise nach Treu und Glauben und der Verkehrssitte zum Zweck von Verträgen des betreffenden Zuschnittes gemacht wird (BGH GRUR 1988, 300, 300 f. – *Fremdenverkehrsbroschüre*; BGH GRUR 1986, 885, 886 – *Metaxa*; OLG München ZUM-RD 1998, 101, 104 – *Auf und davon*; OLG Hamburg CR 1999, 322, 324 – *Spiegel-Ausgaben*). Entscheidender Zeitpunkt für die Feststellung der Üblichkeit ist der Zeitpunkt des Vertragsschlusses (BGH GRUR 1974, 786/787 – *Kassettenfilm*). Üblich ist die Einbeziehung von bestimmten Nutzungsarten in den Vertragszweck noch nicht allein deshalb, weil die Nutzungsart bekannt ist. Vielmehr ist danach zu fragen, ob die bekannte **Nutzungsart** bereits eine solche Marktbedeutung genießt, dass sie **üblicherweise in Nutzungsverträge aufgenommen** wird. Dann ist der Rückschluss auf einen objektivierten rechtsgeschäftlichen Erklärungswillen der Vertragsparteien, insbesondere des Urhebers, erlaubt (BGH GRUR 2004, 938, 939 – *Comic-Übersetzungen III;* BGH GRUR 1974, 786, 787 – *Kassettenfilm*; ferner OLG Hamburg GRUR 1999, 45, 47 – *CD-Cover,* LG München I K&R 1999, 522, 523 – *Focus-TV;* KG GRUR 2002, 252, und die Vorinstanz LG Berlin ZUM-RD 2001, 36, 40 – *Fotos auf Internethomepage*).

Jedoch hat der BGH bei daraus folgender umfassender Rechtseinräumung – **130** im konkreten Fall für alle Folgeauflagen gegen Pauschalhonorar – die **zusätzliche (subjektive) Voraussetzung** aufgestellt, dass sich der Urheber dieser weitreichenden stillschweigenden Einräumung bewusst („im Klaren") gewesen sein muss (BGH GRUR 2004, 938, 939 – *Comic-Übersetzungen III*). Damit wird eine umfassende stillschweigende Nutzungsrechtseinräumung nur in Ausnahmefällen vorliegen (so ausdrücklich BGH GRUR 2004, 938, 939 – *Comic-Übersetzungen III*). Ob diese umfassende Anwendung der Zweckübertragungslehre auch bei Beteiligungsvergütung oder bei Anwendbarkeit des § 32 gemäß § 132 Abs. 3 angezeigt gewesen wäre, erscheint indes fraglich. Eine Nutzungsart, die eine andere **substituiert** (hier LP durch CD), ist im Zweifel ebenfalls eingeräumt, wenn nicht ersichtlich ist, dass nach dem Vertragszweck die Nutzung mit der Substitution beendet sein sollte (BGH GRUR 2003, 234, 236 – *EROC III*).

Üblich kann auch die Einräumung von **unbekannten Nutzungsarten** sein (dazu **131** ausführlich vgl. Rn. 172 ff.; ferner *Jan Bernd Nordemann* FS Nordemann II S. 203 ff.), allerdings scheitert die Einräumung durch Urheber in Verträgen ab 2008 bei fehlender ausdrücklicher Erwähnung am Schriftformgebot des § 31a Abs. 1; vgl. § 31a Rn. 53.

Begleitumstände und schlüssiges Verhalten: Indiz kann eine lange tatsächliche **132** **Übung** der Parteien im Hinblick auf die Durchführung des konkreten Vertrages sein (BGH GRUR 1984, 528, 529 – *Bestellvertrag*), die eine Nutzungsrechtseinräumung auch **nachträglich** verändern kann, z.B. aufgrund jahrzehntelanger Vertragshandhabung mit Abrechnung (OLG München ZUM 2001, 173, 177 – *Hollaender*). Eine nachträgliche Genehmigung von Verletzungshandlungen ist mit einer nachträglichen Einräumung von Nutzungsrechten vergleichbar und unterliegt daher den gleichen Beurteilungsmaßstäben (BGH GRUR 2000, 144 – *Comic-Übersetzungen II*). Der Parteiwille kann ferner aus

Hilfstatsachen wie **Geschäftskorrespondenz** geschlossen werden (OLG Frankfurt GRUR 1991, 601, 602 – *Werkverzeichnis*).

133 Für die Zweckbestimmung kann auch auf den **übrigen Vertragsinhalt** zurückgegriffen werden. Insbesondere können aus der vereinbarten **Vergütung** Rückschlüsse auf den Rechteumfang gezogen werden. Denn die Zweckübertragungsregel soll gerade eine angemessene Vergütung des Urhebers sicherstellen; vgl. Rn. 108. Wurde eine bedeutende Vergütung vereinbart, spricht dies für eine umfassende Rechtseinräumung (OLG Hamburg GRUR 2000, 45, 47 – *CD-Cover*; *Jan Bernd Nordemann* FS Nordemann II S. 203; auch OLG München ZUM 2000, 61, 66 – *Paul Verhoeven*). Müsste der Nutzer eine Beteiligungsvergütung für die im Streit befindliche Nutzungsart bezahlen, ist wenig Raum für eine enge, diese Nutzungsart nicht umfassende Auslegung. Die wie Stummfilm vergütungspflichtige Nutzungsart Tonfilm war deshalb bei einer Vertragsauslegung einzubeziehen (RGZ 140, 255, 258 – *Hampelmann*). Internetnutzung ist vom Vertragsweck umfasst, wenn die Vergütungsabrede für den Ton- oder Bildtonträgerbereich anwendbar ist (*Jan Bernd Nordemann* FS Nordemann II S. 204). Wenn Urheber, z.B. Wissenschaftler, kein Vergütungsinteresse haben, sondern eher an einer möglichst weiten Verbreitung des Werkes interessiert sind, spricht das ebenfalls für eine sehr weite Auslegung der Rechtseinräumung (BGH GRUR 2002, 248, 251 – *Spiegel-CD-ROM*). Auch Urheber oder ausübende Künstler, deren künstlerischer Anteil so geringfügig ist, dass eine einmalige Pauschalvergütung in keinem Fall gegen § 32 verstößt (*Wilhelm Nordemann*, Urhebervertragsrecht, § 32 Rn. 29), z.B. Statisten im Film, sollten kein hinreichendes Interesse an einem Einbehalt von Rechten nach § 31 Abs. 5 haben (*Jan Bernd Nordemann* FS Nordemann II S. 202). Wenn dem Urheber oder dem ausübenden Künstler Ansprüche auf Vertragsanpassung hin zu einer angemessenen Vergütung gemäß §§ 32, 32a, 32c zustehen, darf das nicht ausgeblendet werden. Im Grundsatz kann gesagt werden, dass die §§ 32, 32a, 32c tendenziell den Umfang der Rechtseinräumung steigern (*v. Becker* ZUM 2005, 303, 306 ff.). Die Verjährungsproblematik, die insbesondere für unbekannte Nutzungsarten im Hinblick auf § 32 bestand (*Jan Bernd Nordemann* FS Nordemann II S. 204), ist durch § 32c ausgeräumt. Auch aus **anderen (vergleichbaren) Verträgen der Parteien** können Rückschlüsse gezogen werden; das gilt aber nicht, wenn die anderen Verträge eine andere Struktur aufwiesen, z.B. Rechte an sämtlichen Auflagen nur gegen zusätzliche Vergütung eingeräumt wurden und eine solche Vergütungsabrede im auszulegenden Vertrag fehlt (BGH GRUR 1984, 528, 529 – *Bestellvertrag*).

134 Ferner sollte der Vertragszweck bei Werken, an denen viele Urheber und ggf. ausübende Künstler beteiligt sind, sich nicht auf eine bilaterale Sicht von Urheber (bzw. ausübendem Künstler) und Verwerter beschränken, sondern auch **Verwertungsinteressen anderer Rechteinhaber** in den Blick nehmen. Das führt im Zweifel zur Verwertungsmöglichkeit, solange nicht berechtigte Interessen eines Urhebers Vorrang haben (vgl. Rn. 111; *Schaefer* FS Nordemann II S. 234); allerdings sei auf die Regelungen der §§ 31a Abs. 3, 93 Abs. 1 S. 2, 80 sowie § 137l Abs. 4 verwiesen, die bereits einen Interessenausgleich vorsehen. **Einseitige Zweckvorstellungen** sind allerdings in keinem Fall relevant (*Schack*[4] Rn. 548). Zur Darlegungs- und Beweislast für Begleitumstände und schlüssiges Verhalten vgl. Rn. 189.

135 **Nacheinräumung:** Wurden Rechte bei Vertragsschluss gemäß § 31 Abs. 5 nicht eingeräumt, kann der Urheber zur Nacheinräumung gegen angemessene

Vergütung aus § 242 BGB bzw. § 313 BGB verpflichtet sein (BGH GRUR 2002, 248, 251 – *Spiegel-CD-ROM*; KG GRUR 2002, 252, 253 – *Mantellieferung*: dort wurde eine solche Pflicht erwogen, aber abgelehnt; ausführlich vgl. Vor §§ 31 ff. Rn. 100 ff.) oder aber im Arbeitsverhältnis aus Nebenpflichten.

f) Einzelfälle: aa) „Ob" der Nutzungsrechtseinräumung (S. 2): Die Zweck- **136** übertragungslehre bestimmt nach § 31 Abs. 5 S. 2 über das „Ob" der Nutzungsrechtseinräumung. Die Nutzungsrechtseinräumung kann durch **konkludentes Verhalten** unter Berücksichtigung der gesamten Begleitumstände erfolgen (BGH GRUR 1960, 199, 200 – *Tofifa*; BGH GRUR 1971, 362, 363 – *Kandinski II*; BGH GRUR 1999, 579, 581– *Hunger und Durst*); zur stillschweigenden Einräumung vgl. Rn. 128 ff. Entscheidend wird stets sein, ob **natürlicher Zweck** des Vertrages die Ausübung urheberrechtlicher Nutzungshandlungen ist. Dann muss von einer Nutzungsrechtseinräumung ausgegangen werden, z.B. bei Anfertigung von Fotos für ein LP-Cover (OLG Hamburg GRUR 2000, 45, 47 f. – *CD-Cover*), bei einem Zeitschriften-Layout (KG AfP 1997, 924, 925 – *Zeitschriften Layout*) oder bei einem Hörspiel oder einer Komposition. Auch Arbeits- und Dienstverträge, die eine Nutzung der in diesem Rahmen erstellten Werke voraussetzen, bedingen grundsätzlich die Einräumung von Nutzungsrechten an den Arbeitgeber bzw. Dienstherrn auch ohne jede ausdrückliche Abrede (BGH GRUR 2005, 860, 862 – *Fash 2000*; OLG Jena GRUR-RR 2002, 379, 380 – *Rudolstädter Vogelschießen*). Der Registrierung eines Verlages für ein Musikstück in der **GEMA-Datenbank** kommt nach Auffassung des OLG München indizielle Bedeutung dafür zu, dass ein Verlagsvertrag mit entsprechender Rechtseinräumung besteht, zumindest wenn die Registrierung jahrzehntelang vom Urheber ohne Widerspruch akzeptiert wurde (OLG München ZUM 2001, 173, 177 – *Hollaender*). Entspricht die Einräumung von Nutzungsrechten nicht dem natürlichen Zweck des Vertrages, kann eine formularmäßige Einräumung in AGB überraschend und damit unwirksam sein.

Nutzungsrechte können auch durch **Vorverträge** (vgl. Vor §§ 31 ff. Rn 309), **137** **Kurzverträge** („deal memos") (vgl. Vor §§ 31 ff. Rn. 304 f.) oder durch bloße **Geschäftskorrespondenz** vergeben werden, wenn darin eine Einigung über wesentliche Grundlagen des Vertrages erfolgte oder der übrige Inhalt durch gesetzliche Regelungen (z.B. § 5 Abs. 2 und § 22 Abs. 2 VerlG) bestimmt werden kann (OLG Frankfurt, GRUR 1991, 601, 602 – *Werkverzeichnis*). **Nachträglich** kann bei einer einverständlichen Nutzung ohne entsprechendes Nutzungsrecht von einer konkludenten Einräumung ausgegangen werden (BGH GRUR 1999, 579, 581 – *Hunger und Durst*), vor allem bei Nutzung (z.B. Aufführung) im Beisein des Urhebers. Gleiches gilt, wenn durch einen Nutzungsvertrag Rechte für die Verwendung von Musikstücken in der Werbung nicht mit übertragen wurden, der Urheber es aber aufgrund Jahrzehnte langer Vertragshandhabung und auch Abrechnungen duldete, dass diese zunehmend an wirtschaftlicher Bedeutung gewinnende Form der Nutzung durch Weiterlizenzierung vorgenommen wurde (OLG München ZUM 2001, 173, 177 – *Hollaender*). Rechte sind ferner stillschweigend eingeräumt, wenn alle Bearbeiter eines Werkes dem Verwerter (hier der evangelischen Kirche) nahe standen und ihnen ersichtlich nicht an einer eigenen Verwertung ihres Miturheberrechts gelegen ist (LG Stuttgart GRUR 2004, 325, 327 – *Lutherbibel 1984*). Eine nachträgliche Genehmigung von Verletzungshandlungen ist mit einer nachträglichen Einräumung von Nutzungsrechten vergleichbar und unterliegt daher den gleichen Beurteilungsmaßstäben, erfordert also einen unzweideutigen Parteiwillen (BGH GRUR 2000, 144, 145 – *Comic-Überset-zungen II*).

138 Bei einem **Werkvertrag**, in dem ein urheberrechtliches Werk auf Bestellung hin gefertigt wird, kann danach nicht automatisch von einer Rechtevergabe aus-gegangen werden. Die Anfertigung eines Werkes der bildenden Kunst oder eines Lichtbildwerkes geht nicht mit einer über § 44 Abs. 2 hinausgehenden Nutzungsrechtsvergabe einher, wenn der Vertragszweck nicht über eine Nut-zung im Wege der Ausstellung hinausgeht. Werkverträge, vor allem im Bereich der angewandten Kunst und der Fotografie, sind teilweise sog. „**2-Stufen-Ver-träge**". Auf der ersten Stufe werden die Werke erstellt, aus denen sich der Auftraggeber auf einer zweiten Stufe einzelne Werke zur Nutzung (ggf. unter weiterer Konkretisierung des Werkes) auswählt. Nur auf der zweiten Stufe werden im Regelfall Nutzungsrechte eingeräumt; ausführlich vgl. Vor §§ 31 ff. Rn. 306 ff. Werden mehrere Fotos einem Nutzer zur Auswahl zugesendet, erhält der Nutzer nur die Rechte an dem verwendeten Foto, nicht jedoch an den übrigen Fotos, auch wenn Fotograf diese nicht zurückfordert (LG Mün-chen I GRUR 1970, 566). Anspruch auf kostenlose Überlassung von Nut-zungsrechten aus einem **Rechtepool** hat ein aus Platzgründen von einer Ge-richtsreportage ausgeschlossener Fotograf nur dann, wenn er ernsthaft an einer Teilnahme an der Gerichtsverhandlung interessiert war (KG NJW-RR 1997, 789 – *Poolregelung*).

139 Im Bereich der Tätigkeit von **Architekten** ist die Fertigstellung eines Bauwerkes mit Werkcharakter nach dessen Plänen eine Vervielfältigung der Pläne, im Regelfall durch Bearbeitung (§ 23 S. 2), so dass es einer Rechtseinräumung bedarf, sofern die Realisierung nicht durch den planenden Architekten selbst erfolgt (OLG Frankfurt GRUR-RR 2007, 307, 308 – *Mehrfamilienhaus*). Bei künstlerischen Bauten ist diese eher zurückhaltend anzunehmen (BGHZ 24, 55, 71 – *Ledigenheim*), für Bauten mit gerade noch vorhandenem Werkscha-rakter eher weitreichender (BGHZ 64, 145, 146 – *Wohnhausneubau;* BGH GRUR 1974, 674, 676 ff. – *Schulerweiterung*). Bei vollständiger Planung ist nach den Umständen des Einzelfalles zu bewerten, ob damit dem Bauherrn auch das Recht zur Baufertigstellung nach seinen Plänen eingeräumt wurde (dazu BGHZ 64, 145 – *Wohnhausneubau;* BGH GRUR 1984, 656, 657 – *Vorentwurf I,* OLG Nürnberg NJW-RR 1989, 407, 409; OLG München GRUR 1987, 290, 291 – *Wohnanlage;* siehe auch *Gerlach* GRUR 1976, 613; *v. Gamm* BauR 1982, 97, 113).

140 Für die Nutzungsrechtseinräumung durch den Architekten können auch **Leis-tungsphasen** Bedeutung erlangen, wie sie in der HOAI geregelt sind. Ein **Vorentwurf** berechtigt nicht zur Verwertung als Vorlage für einen Entwurf oder die Fertigstellung des Bauwerkes durch Dritte oder den Auftraggeber (BGH GRUR 1957, 391 – *Ledigenheim;* BGH GRUR 1984, 656, 658 – *Vorentwurf;* BGH GRUR 1981, 196, 197 – *Honorarvereinbarung;* anders teilweise die unterinstanzliche Rspr. OLG Nürnberg NJW-RR 1989, 407, 409: konkludente Vergabe der Nutzungsrechte jedenfalls dann, wenn der Bauherr die Nutzungsrechte zur Durchführung des geplanten Baus benötigt; OLG München ZUM 1995, 882, 887). Keine Nutzungsrechte werden deshalb in der Leistungsphase 2 (Vorplanung) eingeräumt, da dort erst die Umformung der Idee in eine fassbare Ausdrucksform erfolgt, so dass der Bauherr die Arbeit nicht ohne weiteres einem anderen Architekten auf Basis der geleisteten Vor-arbeit übertragen kann. Die kreativen Elemente sind erst in späteren Baupha-sen durch die Vergütung abgegolten, spätestens mit Bezahlung der Leistungsphasen 1 bis 4 (OLG Jena BauR 1999, 672, 673 f.; so auch OLG München NJW-RR 1995, 474, das eine Einräumung bei der Realisierung von 4 der 5 vereinbarten Leistungsphasen annimmt). Allerdings ist nur dann von einer Einräumung durch den Architekten auszugehen, wenn er **eindeutig und von vornherein auf die Genehmigungsplanung (also die Leistungsphasen 1 bis 4) beschränkt ist.** Ansonsten ist nämlich zu unterstellen, dass der Architekt gar keine Rechte einräumt, weil er dann mit einer eigenen Beauftragung rechnet, für die er keine Nutzungsrechte (von sich selbst) benötigt (BGH GRUR 1973, 663, 665 – *Wahlamt*; BGH GRUR 1984, 656, 658 – *Vorentwurf I*; OLG Frankfurt GRUR-RR 2007, 307, 308 – *Mehrfamilienhaus*). Anders soll dies nach BGH (VII. Zivilsenat) sein, wenn der Architekt mit der Einreichung des Bauantrages beauftragt ist, weil dann feststehe, dass der Bau realisiert werden solle (BGH GRUR 1975, 445, 446 = BGH NJW 1975, 1165 – *Wohnungs-neubau* mit kritischer Anmerkung von *Wilhelm Nordemann*). Der Bau eines **weiteren Bauwerkes** ist grundsätzlich nicht gedeckt (BGH GRUR 1981, 196, 197 – *Honorarvereinbarung*).

Nur ausnahmsweise erfolgt beim bewussten Zurverfügungstellen von Inhalten **141** im **Internet** eine konkludente Einräumung von Nutzungsrechten (*Grunert/ Ohst* KUR 2001, 8, 12; Wandtke/Bullinger/*Wandtke/Grunert*[2] Vor §§ 31 ff. Rn. 77; ähnlich *Berberich* MMR 2005, 145; zum Content-Caching *Roggen-kamp* K&R 2006, 405, 408). In der technischen Möglichkeit, in das Internet gestellte Werke ohne Zustimmung zu nutzen – etwa durch fehlende technische Maßnahmen nach §§ 95a ff. –, kann noch keine Einräumung von Nutzungs-rechten liegen. Bei Abbildung von Kunstwerken mittels sog. „**Thumbnails**" in Suchmaschinen ist allerdings von einem stillschweigenden Einverständnis des-jenigen auszugehen, der die Kunstwerke in das Internet gestellt hat (LG Erfurt ZUM 2007, 566; a.A. in der zweiten Instanz OLG Jena K&R 2008, 301, 304). Wird die Möglichkeit der kostenlosen Nutzung im Internet explizit gewährt (z.B. durch eine Druck- oder Downloadmöglichkeit), erstreckt sich das aber nicht auf eine gewinnerzielende Nutzung (OLG Hamburg MMR 2007, 533). – Keine Nutzungsrechte zur Verbreitung werden begründet bei einem freund-schaftlichen **Tausch** von Plastiken zweier Bildhauer mit der Maßgabe, einzelne Abgüsse herzustellen (KG ZUM 1987, 293, 295 – *Sterndeuter II*).

bb) Einfache und ausschließliche Nutzungsrechte (S. 2): Die Zweckübertra- **142** gungsregel hat nur Raum, soweit sie nicht von den §§ 38, 88, 89 UrhG und § 8 VerlG zurückgedrängt wird; zum Verhältnis vgl. Rn. 190 f. Weiter muss ent-weder keine oder jedenfalls keine hinreichend spezifizierte Bezeichnung vor-liegen. Eine Bezeichnung als „exklusiv" (statt „ausschließlich") ist hinreichend spezifiziert und eröffnet nicht den Anwendungsbereich des § 31 Abs. 5.

Es existiert keine Regel, nach der im Zweifel ohne eindeutigen Wortlaut der **143** Vereinbarung von der Einräumung nur eines einfachen Nutzungsrechts aus-zugehen ist. Vielmehr ist die Frage nach der Zweckübertragungslehre zu beantworten. Die Nutzungsrechte für Fotos in einem **Warenkatalog** sind ein-fache, auch bei Übereignung der Abzüge (OLG Düsseldorf GRUR 1988, 541 – *Warenkatalogfoto*), ebenso die Nutzung von **Plakatmotiven** eines Designers durch seinen Kunden (OLG Jena GRUR-RR 2002, 379, 380 – *Rudolstädter Vogelschießen*). Die Erstellung eines **Firmenlogos** erfolgt i.d.R. ausschließlich, weil der Zweck des Vertrages auf die Schaffung eines unterscheidungskräftigen Image- und Werbeträgers gerichtet ist und diesem Zweck Verwechslungen abträglich wären (Loewenheim/*Jan Bernd Nordemann* § 60 Rn. 22). Bei ei-nem Auseinandersetzungsvertrag mit einem Verlag, der zunächst ein ausschließliches Recht besaß, führt eine unklare Bezeichnung nebst einem **Hinweis auf Rechte eines Dritten** zur Annahme eines nur einfachen Nutzungsrechts (KG ZUM-RD 1997, 81, 82 f.). Im Zweifel räumt der **Architekt** nur ein einfaches Nutzungsrecht ein (*v. Gamm* BauR 1982, 97, 104; Loewenheim/*Jan Bernd Nordemann* § 60 Rn. 22); bei Einzelanfertigungen gilt am Ort des Baus allerdings ohne andere Abrede Ausschließlichkeit (a.A. *Gerlach* GRUR 1976, 613, 620), weil es nicht Zweck eines solchen Vertrages sein kann, dass am selben Ort noch ein identisches Gebäude errichtet wird. Eine Nutzungserlaubnis an einem **Computerprogramm** ist einfacher Natur; etwas anderes kann sich aus weiteren Umständen wie der Übertragung von Geschäftsanteilen ergeben (LG Oldenburg GRUR 1996, 481 – *Subventions-Analyse-System*). Ein Werkvertrag über die exklusive Herstellung eines an individuelle Bedürfnisse angepassten Computer-Programms mit der Nebenpflicht, die Software nicht anderweitig identisch zu verwerten, begründet ein ausschließliches Nutzungsrecht (BGH GRUR 1985, 1041, 1043 – *Inkasso-Programm*). Andererseits begründet allein ein **Wettbewerbsverbot** (zu Enthaltungspflichten vgl. Vor §§ 31 ff. Rn. 45 ff.) noch keine Ausschließlichkeit (Loewenheim/*Jan Bernd Nordemann* § 60 Rn. 22).

144 **cc) Negative Verbotsrechte des Nutzungsberechtigten (S. 2):** Die aus einem ausschließlichen Nutzungsrecht fließenden negativen **Verbotsrechte** gegenüber Dritten können über den Umfang des positiven Nutzungsrechtes **hinaus gehen**, wenn der Vertragszweck dies erfordert. Danach ist grundsätzlich von einem Gleichlauf der Verbots- mit den Nutzungsrechten auszugehen, sofern es um ein Verbot vom Urheber erlaubter Nutzungen geht. Über die Nutzungsrechte hinausgehende Verbotsrechte können dann bestehen, wenn auch der Urheber die Nutzung nicht gestattet hat; im Einzelnen str., vgl. Rn. 20 ff.

145 **dd) Räumlicher Umfang (S. 2):** Die Zweckübertragungslehre ist auch heranzuziehen, wenn der räumliche Umfang nicht oder nicht hinreichend spezifiziert vereinbart ist. Formulierungen „räumlich unbeschränkt" oder „ohne räumliche Begrenzung" sind danach für eine Anwendung der Zweckübertragungslehre offen (Loewenheim /*Jan Bernd Nordemann* § 60 Rn. 24); eine Rechtseinräumung für Territorien, die ersichtlich nicht zum räumlichen Gegenstand gemacht werden wollten, wäre danach ausgeschlossen. Eine „weltweite" Einräumung ist hingegen hinreichend spezifiziert und kann nicht einschränkend ausgelegt werden.

146 Einem **Verleger** werden im Zweifel nur die Rechte für das **bestimmungsgemäße Verbreitungsgebiet** eingeräumt. Das umfasst ggf. auch das deutschsprachige Ausland als Kernverbreitungsgebiet (OLG Hamburg NJW-RR 1986, 996), bei entsprechend großräumigem Vertragszweck auch weltweite Rechte (OLG Frankfurt GRUR-RR 2004, 99, 101 – *anonyme Alkoholiker*). Für den räumlichen Umfang können auch **technische Gegebenheiten** wichtig sein. Wegen der grundsätzlich technisch nicht zu verhindernden weltweiten Abrufbarkeit erfolgt die Einräumung von Nutzungsrechten für das **Internet** im Regelfall weltweit. Eine **Satellitensendung** im Fernsehbereich kann technisch nicht auf deutschsprachige Gebiete begrenzt werden; deshalb scheidet eine Auslegung einer Vereinbarung zwischen Co-Produzenten, dass Fernsehsatellitenrechte nur für Deutschland eingeräumt wurden aus, selbst wenn alle Fernsehrechte – einschließlich Satellitenfernsehen – nur für die deutsche Fassung und auch nur für die deutschsprachigen Gebiete übertragen wurden (BGH GRUR 2005, 48 – *Man spricht deutsh*); dazu vgl. Vor §§ 88 ff. Rn. 102.

ee) Zeitlicher Umfang (S. 2): Ohne Regelung oder zumindest Spezifizierung **147** des zeitlichen Umfanges (z.B. nicht hinreichend spezifiziert: „zeitlich unbeschränkt") wird die Zweckübertragungsregel zur Auslegung herangezogen. Erfordert der Vertragszweck eine dauernde Nutzung des Werkes, ist mangels anderer Abrede eine zeitlich dauerhafte Rechtseinräumung anzunehmen. Die Rechtseinräumung für eine Verwertung von Grafiken in der **Werbung** ist zeitlich unbefristet, um je nach Anklang und Bedarf künftige Nachdrucke zu ermöglichen, was im Regelfall bei einer dauerhaften Bewerbung eines Tourismusobjektes zweckkonform ist (BGH GRUR 1988, 300 – *Fremdenverkehrsbroschüre*; anders bei ausdrücklicher Abrede, dass Nutzung nur für einen Katalog: LG München I ZUM –RD 2007, 208, 210). Zeitlich unbefristetete Rechte werden deshalb auch am Entwurf einer Corporate Identity begründet, die als Erscheinungsbild des Unternehmens zeitlich unbegrenzt und für alle Werbemittel zur Verfügung stehen muss (ÖOGH GRUR Int. 1994, 758 – *Corporate Identity*). Anders kann es sein, wenn nur ein konkretes Werbevorhaben, z.B. eine einmalige Anzeigenkampagne, geplant war. Die Zweckübertragungslehre kann auch zur Klärung der Frage eingesetzt werden, ob von einem **Gesellschafter** in ein Architekturbüro **eingebrachten Nutzungsrechte nach seinem Ausscheiden** wieder an ihn zurückfallen (BGH GRUR 1996, 121 – *pauschale Rechtseinräumung*).

Auf **Schutzfristverlängerungen** nach Vertragsabschluss findet § 31 Abs. 5 **148** grundsätzlich keine Anwendung, weil hierfür spezielle Tatbestände in den §§ 137 ff. zur Vertragsauslegung geschaffen worden sind. Ergänzend kann sie jedoch angewendet werden (siehe die Kommentierungen dort).

ff) Quantitativer Umfang (S. 2): Der Zweckübertragungsregel gehen jeden- **149** falls grundsätzlich spezielle dispositive Regelungen vor. Eine solche enthält § 5 **Abs. 1 VerlG**, nach der der Verleger nur zu einer Auflage berechtigt ist; insbesondere für Bestellverträge gemäß § 47 VerlG gilt § 5 VerlG aber nicht. Auch kann die Zweckübertragungslehre möglicherweise § 5 VerlG außer Kraft setzen (vgl. Rn. 191), wenn sich belegen lässt, dass auch ohne Abrede über die Auflage die Veranstaltung mehrerer Auflagen üblich war.

Bei fehlender Regelung oder fehlender Spezifizierung greift ansonsten die **150** **Zweckübertragungslehre** ein (s.a. BGH GRUR 1984, 528 – *Bestellvertrag*). Hinreichend bestimmt sind Formulierungen wie „für alle Auflagen" (KG GRUR 1991, 596/599 – *Schopenhauer-Ausgabe*: dort wird lediglich der Begriff „alle Ausgaben" als nicht hinreichend spezifisch genug nach der Zweckübertragungslehre verstanden, nicht jedoch die Formulierung „alle Auflagen", „für eine unbeschränkte Zahl von Aufführungen" oder „für beliebig viele Sendungen". Anders dagegen bei Abreden wie „eine ausreichende Anzahl von Auflagen", „eine genügende Anzahl von Bühnenaufführungen" oder „Ausstrahlungen im Fernsehen in möglichst großer Zahl" (Loewenheim/*Jan Bernd Nordemann* § 60 Rn. 28).

Im **Werbebereich** gelten grundsätzlich keinerlei quantitative Beschränkungen, **151** z.B. kann eine Werbebroschüre unbegrenzt neu aufgelegt werden (BGH GRUR 1988, 300 – *Fremdenverkehrsbroschüre*; dort wurde auf den geringen künstlerischen Gehalt der Werbung abgestellt, so dass auch eine Einmalzahlung für eine Rechtseinräumung genügte). Bei **Architektenverträgen** ist der **Bau eines weiteren Bauwerkes** grundsätzlich nicht in der Rechtseinräumung enthalten (BGH GRUR 1981, 196, 197 – *Honorarvereinbarung*).

152 Wenn im **Verlagsbereich** in früheren Verträgen die Rechte an sämtlichen Auflagen eingeräumt wurden, so spricht dies nicht zwingend für eine solche Nutzungsbefugnis auch im neuen Vertrag, wenn die früheren Verträge eine zusätzliche Vergütungsregelung für weitere Auflagen enthielten (BGH GRUR 1984, 528, 529 – *Bestellvertrag*). **Buchillustrationen** berechtigen im Zweifel nur für eine Auflage zum Druck; auch bei Scheitern von Verhandlungen über ein zusätzliches Honorar liefert eine Fortsetzung der Illustrationsverwertung keinen Anhaltspunkt für die Einräumung weiterer Nutzungsrechte (BGH GRUR 1985, 378, 379 – *Illustrationsvertrag*). Bei **Übersetzungen** ist trotz einer bestehenden Branchenübung zur Einräumung von Nutzungsrechten für Folgeauflagen gegen Pauschalhonorar in einem Altvertrag (§ 132 Abs. 3) nur von einer Einräumung auszugehen, wenn der Urheber das Bewusstsein einer so weitreichenden Rechtseinräumung hatte, sich also darüber „im Klaren" war (BGH GRUR 2004, 938, 939 – *Comic-Übersetzungen III*), was im konkreten Fall dazu führte, dass die Nutzungsrechte für Folgeauflagen nicht eingeräumt worden waren. Bei Beteiligungsvergütung oder Anwendbarkeit des § 32 (§ 132 Abs. 3) erscheint es indes nicht als erforderlich, die Zweckübertragungslehre derart rigoros anzuwenden. Im Falle unberechtigter Neuauflagen ist Grundlage für eine **konkludente nachträgliche Rechtseinräumung** außer der Kenntnis des Urhebers von den Neuauflagen auch seine zutreffende Einschätzung der Rechtslage, dass die Neuauflagen von der Rechtseinräumung nicht umfasst sind (BGH GRUR 2000, 144, 145– *Comic-Übersetzungen II*).

153 **gg) Nutzungsarten (inhaltlicher Umfang; S. 1):** Nach § 31 Abs. 5 S. 1 umfasst die Zweckübertragungsregel als Auslegungsgrundsatz auch den Umfang der eingeräumten Nutzungsarten. Der **Begriff der Nutzungsart** ist von dem des Verwertungsrechtes streng zu trennen und stellt die wirtschaftlich und technisch eigenständige Verwertungsform eines Werkes dar; im Einzelnen vgl. Rn. 13.

154 Im **Verlagsbereich** hat ein Verleger im Zweifel nur das Verbreitungsrecht für eine Normalausgabe im Sortimentsbuchhandel (zu den unterschiedlichen Nutzungsarten im Buchbereich vgl. Rn. 65 ff.), also nicht für Nebenausgaben wie **Buchgemeinschaftsausgaben** (BGH GRUR 1959, 200, 203 – *Heiligenhof*; BGH GRUR 1968, 152 – *Angélique I*). Auch der Verfasser eines **Handbuches** der deutschen Gegenwartsliteratur räumt dem Verlag nur für ein Handbuch in der konkrete Ausgabe Rechte ein (OLG München ZUM 2000, 404, 406). Das Verlagsrecht für alle Auflagen und Ausgaben erfasst im Zweifel nicht eine **Taschenbuchausgabe,** weil „alle Ausgaben" nicht hinreichend spezifiziert nach § 31 Abs. 5 ist (KG GRUR 1991, 596, 599 – *Schopenhauer-Ausgabe*). Eine wiederholte Veröffentlichung in **Zeitungen und Zeitschriften** des Verlages ist bei entsprechend umfassendem Vertragszweck möglich (OLG Karlsruhe GRUR 1984, 522, 523 f. – *Herrensitze in Schleswig-Holstein*). Steht nach dem Verlagsvertrag dem Verleger auch das Recht des Vorabdrucks und Nachdrucks in Zeitungen oder Zeitschriften zu, so umfasst dieses Recht nicht den Abdruck in einer gefälschten Zeitungsausgabe des „Neues Deutschland", denn diese ist keine „Zeitung" im Sinne der Vertragsbestimmung (KG ZUM 1989, 246, 247 – *Neues Deutschland*).

155 Nutzungsrechte für **elektronische Medien** einschließlich einer digitalen Nutzung werden nicht stillschweigend eingeräumt, wenn der betreffende Buchverlag zum Zeitpunkt des Vertragsschlusses nur im Printbereich tätig ist (OLG Frankfurt ZUM 2000, 595, 596 – *Sturm am Tegernsee*). Ein Verleger von Publikumszeitschriften hat die Rechte zur **CD-ROM-Nutzung** von Lichtbildern in Jahrgangseditionen nicht erworben, wenn er nur Rechte für die gedruckte Jahresausgabe oder Mikrofiche besitzt, weil die CD-ROM aufgrund ihrer besonderen Recherchemöglichkeiten einen eigenständigen Markt bildet (BGH GRUR 2002, 248, 251 – *Spiegel-CD-ROM)*. Anders mag das bei **wissenschaftlichen** Autoren sein, weil dort weniger die Honorarforderung im Vordergrund steht, sondern eine möglichst breite Veröffentlichung, die auch eine CD-ROM-Nutzung mit umfassen kann (BGH GRUR 2002, 248, 251 – *Spiegel-CD-ROM)*. Zur elektronischen Nutzung von Pressebeiträgen im **Zeitungs- oder Zeitschriftenarchiv** *Rath-Glawatz/Dietrich* AfP 2000, 222, 226. Fotografien von freiberuflich tätigen Pressefotografen für Tageszeitungen durften nicht im Rahmen einer **Übernahme** durch eine **wirtschaftlich verbundene** Tageszeitung (sog. Mantellieferung) von dieser verwendet werden, solange das nicht branchenüblich war (KG GRUR 2002, 252, 253 – *Mantellieferung;* Vorinstanz LG Berlin AfP 2000, 197, 201 – *Mantellieferung*). Heute dürfte das allerdings der Fall sein. Rechte zur Online-Nutzung von Beiträgen eines freien Mitarbeiters durch eine Zeitung sind also insbesondere eingeräumt, wenn ihm bekannt sein muss, dass „sein" Verlag diese Nutzungsform betreibt und er eine gewisse Dauer das Einstellen in die Online-Ausgabe widerspruchslos geduldet hat (*Rath-Glawatz/Dietrich* AfP 2000, 222).

Für das Einstellen von Verlagserzeugnissen in eine **Volltextsuche** ist zu unter- **156** scheiden. Die Volltextsuche kann einerseits der **Bewerbung** von eingeräumten Nutzungsarten dienen, z.B. der Print-Ausgabe. Das ist insbesondere anzunehmen bei einer im Internet abrufbaren, für den Nutzer kostenlosen Volltextsuche unter nur ausschnittsweiser Ansicht ohne eine den Printabsatz substituierende Downloadmöglichkeit (zur Bewerbung von CDs genauso: KG GRUR 2003, 1038 – *Klaus Kinski Rezitationen*). Insoweit liegt schon keine dinglich abspaltbare Nutzungsart vor; vgl. Rn. 64. Jedoch ist andererseits eine eigenständige Verwertung der Volltextsuche davon nicht erfasst (KG MMR 2003, 110, 111 – *Paul und Paula*), z.B. bei Lizenzierung von Volltextsuchen gegen Entgelt an Bibliotheken, die sie wiederum ihren Kunden zur Verfügung stellt. Sofern Rechte für die vorerwähnten neuen Medien im Zeitpunkt des Vertrages unbekannt waren und unter § 31 Abs. 4 a.F. fielen, ist § 137l zu beachten.

Im **Bühnenbereich** ist ein allgemeines Einverständnis zur Nutzung eines Wer- **157** kes als Libretto ohne Vergütungsabrede noch keine Rechtseinräumung (OLG Hamburg ZUM 2001, 507, 510 – *Kinderoper*).

Im **Musikbereich** sind durch eine Klausel „... ohne Einschränkung ... und **158** zeitlich unbegrenzt das Recht, die Schallplattenaufnahmen in jeder beliebigen Weise auszuwerten" nicht nur Rechte zur Nutzung auf Schallplatte (LP), sondern auch die später bekannt gewordene **CD als technische Verbesserung** umfasst (BGH GRUR 2003, 234, 236 – *EROC III)*, weil die CD die Schallplatte substituiert und der Vertragszweck keine Beendigung der Nutzung bei Ende der Schallplattennutzung anordnete. In einer Rechtseinräumung zum Vertrieb von CDs enthalten ist deren **Bewerbung**, auch wenn diese in einer anderen Nutzungsart erfolgt, weil die (Eigen-)Bewerbung keine abspaltbare Nutzungsform ist (vgl. Rn. 64); so etwa sind **Hörproben** von CDs im Internet zulässig, wenn sie der Bewerbung ihrer Verwertung dienen und nur ausschnittsweise ohne Möglichkeit zum download und Substitution der CD zur Verfügung stehen (KG GRUR 2003, 1038 – *Klaus Kinski Rezitationen*). Eine eigenständige Verwertung von Ausschnitten ist aber unzulässig (KG MMR 2003, 110, 111 – *Paul und Paula*). Music On Demand ist zwar eine eigenständige Nutzungsart nach § 31 Abs. 1; vgl. Rn. 71; vgl. § 31a Rn. 41. Bei entsprechend weiter Formulierung der Rechteklausel oder des Vertragszwecks spricht jedoch wegen der Substitutionswirkung gegenüber der CD viel dafür, eine Rechteeinräumung für die CD auch auf Music on Demand zu beziehen; parallel zu Video On Demand vgl. Rn. 164. Rechte an MC/LP-**Covergestaltungen** erstrecken sich auf CD-Cover, jedoch ist die Nutzung gesondert zu vergüten, wobei als Indiz die Branchenübung zählt, wonach Cover getrennt nach Tonträgern honoriert werden (OLG Hamburg GRUR 2000, 45, 46 – *CD-Cover*). **Künstlerfotos** für eine Schallplattenhülle können auch für den Vertrieb der Platten verwendet werden, nicht aber für Ankündigung einer Tour (OLG Hamburg AfP 1987, 691 – *Mikis Theodorakis*). Das Recht zur Nutzung als „**Hintergrundmusik**" umfasst nicht das Verlagsrecht (Vervielfältigung und Verbreitung) und das Bühnenaufführungsrecht, sogar wenn sämtliche „rights of copyright" mit Ausnahme der GEMA-Rechte übertragen wurden (BGH GRUR 1971, 480, 481 – *Schwarzwaldfahrt*).

159 Die **Werbenutzung** ist grundsätzlich nicht vom Vertragszweck umfasst, wenn der Vertrag auf die herkömmliche Auswertung gerichtet ist und es sich nicht um ein als Werbung geschaffenes Werk handelt (vgl. Vor §§ 31 ff. Rn. 398). Bei einem in den dreißiger Jahren abgeschlossenen Vertrag über die Nutzung von Musikwerken ist die Nutzung für Werbezwecke Dritter im Zweifel nicht enthalten, weil sich die kommerzielle Bedeutung einer branchenfremden werblichen Nutzung erst in den frühen sechziger Jahren entwickelte (OLG München ZUM 2001, 173, 177 – *Hollaender*). Ein Signet, das für ein Unternehmen erstellt wurde, darf für dessen gesamte Geschäftstätigkeit eingesetzt werden.

160 Im **Film- und Rundfunkbereich** verdrängen die Auslegungsregeln der §§ 88, 89 grundsätzlich § 31 Abs. 5; vgl. § 88 Rn. 99 ff. und vgl. § 89 Rn. 67 ff. Der Zweckübertragungslehre kommt danach für die Auslegung abweichender Abreden Bedeutung zu; ferner gilt die Zweckübertragungslehre vor allem für Verträge zwischen Verwertern; zu solchen Filmverträgen zwischen Verwertern vgl. Vor §§ 88 ff. Rn. 55 ff. und zu Rundfunkverträgen vgl. Vor §§ 31 ff. Rn. 372 ff.

161 Eine Einräumung für „alle **Rundfunk- und Filmzwecke**" an eine öffentlichrechtliche Rundfunkanstalt umfasst **nicht** das Recht zur **Schmalfilmverwertung** durch Vorführung auf Projektoren, weil die Vorführung in Filmtheatern den Aufgabenbereich der Rundfunkanstalten auch im Bereich der Randnutzung überschreitet (BGH GRUR 1974, 786 – *Kassettenfilm*).

162 Eine 1955 vereinbarte Vertragsklausel über die Wiedergabe eines Werkes in **Tonfilm und Rundfunk beinhaltet nicht** die **Fernsehrechte**, weil Film und Fernsehen damals getrennte Medien waren und das schon bekannte Fernsehen nicht erwähnt wurde (OLG Frankfurt ZUM 2000, 595, 596 – *Sturm am Tegernsee*).

163 Einer **Fernsehanstalt** sind durch einen Auftragsproduzenten nicht auch die Rechte für eine **körperliche Auswertung z.B. auf Video** eingeräumt, sofern bei fehlender ausdrücklicher Erwähnung im Vertrag eine entsprechende Branchenübung nicht durch die Fernsehanstalt im Zeitpunkt des Vertragsschlusses belegt werden kann (OLG München ZUM-RD 1998, 101 – *Auf und davon* für einen Vertrag aus 1989; OLG Düsseldorf GRUR-RR 2002, 121, 123 – *Das weite Land*).

164 Das Gleiche gilt für das öffentliche Zugänglichmachen von **Fernsehbeiträgen auf Abruf im Internet**, wenn dies zum Zeitpunkt des Vertragsschlusses nicht üblich war (LG München I MMR 2000, 291, 292 – *Focus TV*). Eine Auswertung durch **Video on Demand** ist von der Einräumung von „Rechten in allen audiovisuellen Verfahren" zur Auswertung von Filmen in allen audiovisuellen Verfahren erfasst, wenn der Vertragszweck auf eine umfassende Rechtseinräumung im audiovisuellen Bereich gerichtet ist (OLG München NJW-RR 1998, 988 – *Video on demand*; kritisch zu Unrecht *Auktien* MMR 1998, 369). Dafür spricht die Substitutionswirkung von Video on Demand im Hinblick auf körperliche Verwertungsformen, die jedenfalls für permanentes oder temporäres Download sowie für Streaming beobachtet werden kann; vgl. Rn. 76. In der Filmbranche wird das Angebot des permanenten Downloads auch „Electronic Sell Through" (EST) genannt, was die Marktgleichheit der beiden Nutzungsarten unterstreicht.

Internet-TV (Internetfernsehen) (Sendung gem. § 20) ist kein Video on De- **165** mand, allerdings ist sowohl Internetfernsehen als auch Video On Demand bei der Formulierung „alle Formen von Online-Diensten" eingeräumt (LG München I ZUM 2001, 260). Internetfernsehen ist im Nutzungsumfang enthalten, falls eine umfassende fernsehmäßige Verwertung in allen technischen Wegen Vertragszweck ist (vgl. Vor §§ 88 Rn. 99), auch wenn die unterschiedlichen technischen Sendeformen für sich genommen eigenständige Nutzungsarten und theoretisch separat einräumbar sind; vgl. Rn. 77 f. Allerdings kann die Vertragsauslegung ergeben, dass nur die althergebrachten Sendetechnologien erlaubt werden sollten (LG München I NJW-RR 2000, 1148).

Die Nutzung auf **DVD** ist trotz der damit einhergehenden erheblichen **tech-** **166** **nischen Verbesserung** vom Vertragszweck bei einer umfassenden Rechtseinräumung („die Nutzung ..., gleichviel mit welchen technischen Mitteln sie erfolgt, einschließlich ... der Verwertung durch andere zurzeit bekannte Verfahren, einschließlich AV-Verfahren und -träger, gleichgültig, ob sie bereits in Benutzung sind oder in Zukunft genutzt werden") auch bei vor ihrem Bekanntwerden abgeschlossenen Verträgen umfasst (BGH GRUR 2005, 937, 939 – *Der Zauberberg,* allerdings unter Hinweis auf § 89 Abs. 1; ferner BGH GRUR 2003, 234, 236 zur Einräumung von bei Vertragsschluss unbekannten CD-Rechten wegen umfassenden Vertragszwecks). Die DVD-Nutzung sollte jedoch auch ohne eine solche umfassende Nutzungserlaubnis vom Videokassettenrecht regelmäßig umfasst sein, weil die DVD die Videokassette ersetzt (BGH GRUR 2005, 937, 940 – *Der Zauberberg* für § 31 Abs. 4; für CD und LP mit dem gleichen Ergebnis zu § 31 Abs. 5: BGH GRUR 2003, 234, 236 – *EROC III*). Eine separate Lizenzierung findet üblicherweise auch gar nicht statt.

Die Nutzung von **Filmmusik** bezieht sich in der Regel nur auf die vertrags- **167** gegenständlichen Filme (BGH GRUR 1957, 611, 612 – *Bel Ami*). An einer für das Fernsehen und nicht für den Filmhersteller erstellten Dokumentation zur Entstehung eines Films („**Making-of**") erwirbt der Filmhersteller grundsätzlich keine Rechte (BGH GRUR 2005, 937, 940 – *Der Zauberberg*); bei Herstellung durch den Filmhersteller stehen diese Rechte aber gemäß § 89 Abs. 1 dem Filmhersteller zu. Die Einräumung nur eines ausschließlichen Vorführungsrechtes an einem Film gestattet nicht, **einzelne Lichtbilder** nichtfilmisch zu verwenden (BGHZ 9, 262 – *Lied der Wildbahn I*); vgl. § 89 Rn. 57 ff. Wenn der Vertragszweck eine Verwertung im Kino, im Fernsehen und durch Video/DVD umfasst, kann ein **Lichtbild** zum Zweck der Werbung für einen Film nicht nur für Kino und Fernsehen (z.B. als Programmhinweis auf einer Internetplattform: OLG Köln MMR 2005, 185, 186), sondern auch als **Coverbild für Video** eingesetzt werden (OLG München ZUM 1995, 798,

800 – *Das Boot*). Das Recht zur **Abbildung** eines Werkes (hier des „Maschinenmenschen" aus Fritz Langs Metropolis) in einer **Zeitschrift** wird nicht durch einen Vertrag über Verfilmung und Vorführung eingeräumt, wenn die Abbildung nicht der Bewerbung des Films dient, sondern damit in keinem Zusammenhang steht (OLG Hamburg GRUR-RR 2003, 33, 35 – *Maschinenmensch*).

168 **Lichtbilder** für einen besonderen Verlagszweck dürfen nicht als **Postkarten** verwertet werden (OLG München GRUR 1958, 458 – *Kirchenfotos*), Werbezeichnungen für Postkarten nicht für Plakate (OLG Hamm UFITA 28 [1959], 352, 355). Weiß der Einräumende, dass Unternehmensgegenstand des Verwerters insbesondere der Vertrieb von Postkarten ist, so umfasst der Begriff „**Merchandising**" auch die Nutzungsrechte für Postkarten (OLG Hamburg ZUM 2001, 330, 332 – *Loriot*). Umgekehrt umfassen die Rechte an **Fotos** für eine Veröffentlichung **im Internet** nicht eine Veröffentlichung in Printmedien (LG München I MMR 2004, 192).

169 Bei der **Internetnutzung** ist eine **differenzierte Betrachtung** erforderlich. Es wäre zu pauschal, generell von einer fehlenden Einräumung auszugehen, selbst wenn das Internet im Zeitpunkt des Vertragsschlusses noch nicht bekannt war. Zwar sind die unterschiedlichen Nutzungsformen im Internet durchweg eigene Nutzungsarten im Sinne des § 31 Abs. 1; dazu vgl. Rn. 85, aber vgl. auch § 31a Rn. 35 ff. Ist der Vertragszweck jedoch auf eine umfassende Rechtseinräumung gerichtet, kann die Nutzung auch das Internet umfassen. Das gilt insbesondere bei üblicherweise als Offline- und Online-Angebot gekoppelten Nutzungen, z.B. bei Tageszeitungen; vgl. Rn. 155. Auch eine Substitutionswirkung der Internetnutzung spricht jedenfalls bei auf umfassende Nutzung gerichtetem Vertragszweck für eine bereits erfolgte Einräumung. Zu Video On Demand Download sowie für Internetfernsehen vgl. Rn. 164. Denkbar ist eine **konkludente Einräumung beim bewussten Zurverfügungstellen** von Inhalten im Internet; vgl. Rn. 141.

170 Bei **Architektenverträgen** sind Abreden über Änderungen und **Umgestaltungen** zulässig, solange dem Urheber erkennbar bleibt, welchen Umfang seine Zustimmung hat (*Goldmann* GRUR 2005, 639, 645); jedenfalls deckt eine Klausel, die Umgestaltungen erlaubt, keine Entstellungen (BGH GRUR 1999, 230 – *Treppenhausgestaltung*). Zu Änderungen und Umgestaltungen von Bauwerken und der Kollision von Eigentum und Urheberrechten des Architekten vgl. § 14. Ferner zum „Ob" der Nutzungsrechtseinräumung vgl. Rn. 139 f. Auch für **Gesellschaftsverträge zwischen Architekten** kann die Zweckübertragungsregel bei pauschalen Nutzungsrechtsabreden bemüht werden, um festzustellen, ob nach Ausscheiden des Nutzungsrechte einbringenden Architekten die Rechte an Werken der Baukunst (§ 2 Abs. 1 Nr. 4) oder technischen Zeichnungen (§ 2 Abs. 1 Nr. 7) an ihn zurückfallen (im Hinblick auf die Werkart differenzierend BGH GRUR 1996, 121, 123 – *Pauschale Rechtseinräumung*).

171 Auch für **Wahrnehmungsverträge** gilt § 31 Abs. 5; vgl. Rn. 119. Es ist zu beachten, dass die darin eingeräumten Rechte treuhänderisch für die Urheber wahrgenommen werden; vgl. § 6 UrhWahrnG Rn. 11. Doch auch die Urheber haben ein Interesse an individueller Rechtewahrnehmung dort, wo diese möglich ist, also bei nicht-verwertungsgesellschaftspflichtigen Rechten. Befugnisse, die im Wahrnehmungsvertrag gar nicht geregelt sind, wie etwa Bearbeitungsrechte (für Handyklingeltöne siehe LG München I ZUM 2005, 849, 852; OLG Hamburg ZUM 2005, 920, 921; LG Hamburg ZUM 2005, 908, 910) verbleiben im Zweifel beim Urheber bzw. dem Rechteinhaber (Musikverlag). Durch Abschluss eines Wahrnehmungsvertrages mit der GEMA willigen Urheber nicht konkludent in die Wahrnehmung von Befugnissen zur Bearbeitung z.B. bei der Rechtevergabe für Handyklingeltöne ein (*von Einem* ZUM 2005, 540, 543; a.A. *Castendyk* ZUM 2005, 9, 18 f.). Auch in **Arbeits- und Dienstverhältnissen** gilt die Zweckübertragungslehre, allerdings mit Modifikationen; siehe die Kommentierung zu § 43. Das Gleiche gilt für **Gesellschaftsverträge**, wenn streitig ist, in welchem Umfang Nutzungsrechte durch Gesellschafter eingeräumt wurden und ob diese nach seinem Ausscheiden wieder an ihn zurückfallen (BGH GRUR 1996, 121, 122 – *Pauschale Rechtseinräumung*).

hh) Unbekannte Nutzungsarten: Teilweise wird die Auffassung vertreten, in **172** den meisten Fällen werde die Anwendung der Zweckübertragungslehre dazu führen, dass Rechte an unbekannten Nutzungsarten nicht eingeräumt wurden (BGH GRUR 1988, 296, 299 – *GEMA-Vermutung IV* unter Verweis auf RGZ 118, 282, 285 ff. – *Musikantenmädel*, auf RGZ 123, 312, 317 – *Wilhelm Busch* und auf BGHZ 11,135, 143 – *Schallplattenlautsprecherübertragung;* ebenso *Wandtke/Holzapfel* GRUR 2004, 284). Das ist indes eher zweifelhaft (eingehend *Jan Bernd Nordemann* FS Nordemann II S. 201 ff.). Es sind verschiedene Konstellationen denkbar, in denen auch unter Berücksichtigung der Zweckübertragungslehre eine Einräumung von bei Vertragsschluss unbekannten Nutzungsarten erfolgen kann.

Zunächst können die Parteien eine **ausdrückliche Vereinbarung** im Vertrag **173** treffen, die die Zweckübertragungslehre außer Kraft setzt, weil für die Anwendung der die Rechtseinräumung einschränkenden Zweckübertragungslehre eben kein Raum ist, wenn die einzelnen Nutzungsarten im Vertrag spezifiziert sind; vgl. Rn. 124 f. Das LG München I entschied, dass die Formulierung „andere heute bekannte oder in Zukunft bekannte Systeme" in einem Tarifvertrag ausreichend war, die bei Vertragsschluss unbekannte Nutzungsart Video in die Nutzungsrechtseinräumung einzubeziehen (LG München I ZUM 1999, 332, 335 mit zustimmender Anm. *Schneider* ZUM 2000, 310, 313). Das Gleiche nahm das LG Hamburg für die Formulierung „Der Rechteübergang erstreckt sich auf alle jetzigen und zukünftigen Arten, Systeme und Verfahren der Auswertung des Filmes und seiner Titel inklusive Draht, Rundfunk, Television" für einen Individualvertrag von *Heinz Ehrhardt* aus dem Jahr 1956 ebenfalls im Hinblick auf unbekannte Videorechte an (LG Hamburg ZUM-RD 1999, 134, 135 – *Heinz Ehrhardt*). Das OLG München ist dieser Auffassung beigetreten und verlangt lediglich eine generelle Beschreibung der unbekannten Nutzungsart, weil eine unbekannte Nutzungsart nicht in eine spezifischere Sprache gebracht werden könne. Formulierungen wie „noch nicht bekannte Verwertungsgebiete" oder „künftige Arten, Systeme und Verfahren der Kinematographie" wurden als ausreichend angesehen (OLG München ZUM 2000, 61/66 – *Paul Verhoeven*), um sämtliche unbekannten filmischen Nutzungsarten von der vertraglichen Nutzungsrechtseinräumung zu erfassen. Im Streitfall ging es wieder um die bei Vertragsschluss im Jahr 1949 unbekannte Videonutzung. Dem ist grundsätzlich zuzustimmen (*Jan Bernd Nordemann* FS Nordemann II S. 206; *Berger* GRUR 2005, 907, 908; kritisch *Drewes*, Neue Nutzungsarten im Urheberrecht, 2001, S. 31 ff.). Ist eine Nutzungsart unbekannt, kann der Wille der Vertragsparteien, eine Einräumung von unbekannten Nutzungsarten zu erfassen, nur durch allgemeine Formulierungen zum Ausdruck kommen. Denn mehr Spezifikation kann nicht verlangt werden, wenn eine Nutzungsart mangels Bekanntheit noch nicht genauer beschrieben werden kann (so auch RegE 2. Korb – BT-Drucks.

16/1828, S. 24: „versteht sich von selbst"). Der Empfänger der Rechtseinräumung kommt damit also seiner Spezifizierungslast nach. Die Verfügung ist auch hinreichend bestimmbar (*Berger* GRUR 2005, 907, 908; a.A. *Frey/Rudolph* ZUM 2007, 13, 14 ff.). Formulierungen wie „Einräumung der Nutzungsrechte (auch) für alle bei Vertragsschluss unbekannten Nutzungsarten" müssen daher ausreichend sein, auch in **AGB**; vgl. Rn. 187. Allerdings muss damit nicht zwingend jede unbekannte Nutzungsart erfasst sein, sondern nur (unbekannte) Nutzungsarten, die im Vertragszweck angelegt sind. Wenn dem Verleger eines Theaterstückes auf der Grundlage eines Altvertrages vor 1966 pauschal die Rechte an unbekannten Nutzungsarten eingeräumt wurden, sich ansonsten aber der Zweck (und die ausdrücklich aufgezählten Rechte) auf eine außerfilmische Nutzung beschränken, kann davon nur die Einräumung an Rechten für unbekannte außerfilmische Nutzungsarten umfasst sein. Eine Erlaubnis für die Verwertung des Romans auf Video scheidet aus. Die Parteien können von vornherein enger am Vertragszweck orientierte Abreden formulieren, die solche Auslegungsschwierigkeiten vermeiden; beispielsweise können Rechte an unbekannte Nutzungsarten nur für den privaten Bereich vergeben werden (RegE 2. Korb – BT-Drucks. 16/1828, S. 24); Filmhersteller können sich Rechte an unbekannten Nutzungsarten einräumen lassen, die auf den filmischen Bereich beschränkt sind.

174 Mehr Zurückhaltung ist für **nicht-ausdrückliche (konkludente) Rechtseinräumungen** geboten, d.h. für Rechteklauseln, die unbekannte Nutzungsarten nicht aufführen (ausführlich *Jan Bernd Nordemann* FS Nordemann II S. 202 ff.). Nicht tragfähig für die Einräumung von (bei Vertragsschluss 1949 noch nicht üblichen, aber bekannten) Fernsehrechten ist etwa die Formulierung über „zeitlich und örtlich uneingeschränkte deutsche Verfilmungsrechte" (BGH GRUR 1969, 143, 145 – *Curt-Goetz-Filme II*). Auch erfassen „alleinige Schmalfilmrechte in ihrer Gesamtheit" nicht das Fernsehsenderecht (BGH GRUR 1960, 197, 198 – *Keine Ferien für den lieben Gott*). Anderes kann sich jedoch wegen Üblichkeit der Einräumung von Rechten an unbekannten Nutzungsarten ergeben, z.B. weil Tarifverträge in der Branche dies als Standard vorsehen. Auch war es in der NS-Zeit üblich, dass die Urheber von Propagandafilmen die unbekannten Nutzungsarten einräumten (LG München I ZUM 1993, 370, 375 – *NS-Propagandafilme*). Stets ist ferner die Vergütungsfrage relevant. Es spricht für eine Einräumung unbekannter Nutzungsarten, wenn der Urheber, z.B. Wissenschaftler, kein Vergütungsinteresse hat, sondern eher an einer möglichst weiten Verbreitung des Werkes interessiert ist (siehe BGH GRUR 2002, 248, 251 – *Spiegel-CD-ROM*) oder wenn die Rechtseinräumung durch Urheber oder ausübende Künstler in Rede steht, deren künstlerischer Anteil so geringfügig ist, dass eine einmalige Pauschalvergütung in keinem Fall gegen § 32 verstößt (siehe die Kommentierung zu § 32), z.B. Statisten im Film (*Jan Bernd Nordemann* FS Nordemann II S. 202). Ferner spricht auch für eine Einräumung unbekannter Nutzungsarten, wenn der Urheber nach der bereits bestehenden vertraglichen Regelung angemessen für die Nutzung in der neuen Nutzungsart vergütet wird (RGZ 140, 255, 258 – *Hampelmann*; *Jan Bernd Nordemann* FS Nordemann II S. 204).

175 Bei Verträgen mit Urhebern kommen nicht-ausdrückliche Rechtseinräumungen für Verträge ab 2008 nicht in Betracht, weil das Schriftformgebot des § 31a Abs. 1 entgegensteht; vgl. § 31a Rn. 53. Zur (zulässigen) Einräumung unbekannter Nutzungsarten **nach ausländischem Vertragsstatut**, insbesondere nach US-Vertragsstatut bei Übertragung des Urheberrechts bzw. „work for hire", vgl. Rn. 117, vgl. § 31a Rn. 14.

ii) Weitergabe von Nutzungsrechten: Hierzu vgl. § 34 Rn. 12 ff. und vgl. § 35   **176** Rn. 9.

jj) Urheberpersönlichkeitsrechte: Vereinbarungen über **Urheberpersönlich-**   **177** **keitsrechte**, z.B. für das Veröffentlichungsrecht des § 12 (BGHZ 15, 249, 255 f. – *Cosima Wagner*; BGH GRUR 1977, 551, 554 – *Textdichteranmeldung*; *Goldmann* GRUR 2005, 639, 644), sind anhand der Zweckübertragungslehre auszulegen. Die Anzeige einer Zusammenstellung von Werken verschiedener – auch fremder – Urheber kann wegen der Zweckübertragungstheorie geboten sein, weil sich aus unerwünschter künstlerischer Gesellschaft persönlichkeitsrechtliche Beeinträchtigungen ergeben können (OLG Hamburg GRUR-RR 2002, 153, 159 – *Der grüne Tisch*). Das gilt insbesondere gemäß § 14 bei Musiksamplern und der Verbindung mit Musiktiteln aus der neofaschistischen Szene (OLG Frankfurt GRUR 1995, 215, 216 – *Springtoifel*). Die Ausübung urheberpersönlichkeitsrechtlicher Befugnisse gegen den Verwerter, auch wenn diese nicht eingeräumt wurden, steht aber unter dem Vorbehalt von § 242 BGB (OLG Köln GRUR-RR 2005, 337, 338 – *Dokumentarfilm Massaker.*

kk) Urhebersachenrecht: Das Urhebersachenrecht regelt Besitz und Eigentum   **178** am Werkoriginal und an Vervielfältigungsstücken; vgl. Nach § 44 Rn. 4 ff.

IV. AGB-Recht

1. Gesetzliches Leitbild

Verständlicherweise versuchen viele Verwerter (z.B. Verlage, Filmhersteller,   **179** Sendeunternehmen), sich über vorformulierte Vertragsmuster in einem möglichst großen Umfang Nutzungsrechte durch den Urheber einräumen zu lassen. Allgemein zum AGB-Recht für Urheberverträge vgl. Vor §§ 31 ff. Rn. 192 ff, für Verträge zwischen Verwertern vgl. Vor §§ 31 ff. Rn. 289 ff. Der Umfang der Nutzungsrechtseinräumung kann dabei auch über den Zweck des Vertrages hinausgehen. Solche Rechtseinräumungen stehen in einem Spannungsverhältnis zur Zweckübertragungslehre gem. § 31 Abs. 5, nach der im Zweifel Rechte nur in dem Umfang eingeräumt werden, den der vom Nutzungsvertrag verfolgte Zweck erfordert; eingehend vgl. Rn. 108 ff.

Fraglich ist, ob die Auslegungsregel des § **31 Abs. 5** auch für die Inhaltskon-   **180** trolle als **gesetzliches Leitbild gem. § 307 Abs. 2 Nr. 1 BGB** zum Tragen kommt. Nach einer **früheren Ansicht des BGH** kann die Zweckübertragungslehre nicht als gesetzliches Leitbild für die AGB-Kontrolle herangezogen werden, weil es sich um eine bloße Auslegungsregel handele (BGH GRUR 1984, 45, 49 – *Honorarbedingungen* zur Auslegungsregel des § 88 Abs. 2; ferner BGH GRUR 1984, 119, 121 – *Synchronisationssprecher*; großzügiger aber OLG Zweibrücken ZUM 2001, 346, 347 – *ZDF-Komponistenverträge*; zwischen Verwertern OLG Düsseldorf GRUR-RR 121, 122 – *Das weite Land*). Daran war schon immer mit Recht Kritik geäußert worden (*Donle*, Die Bedeutung des § 31 Abs. 5 für das Urhebervertragsrecht, 1992, S. 269; *Schricker/Schricker*[3] Vor §§ 28 ff. Rn. 14; *Schricker*, Verlagsrecht[3], Einl. Rn. 15; *Möhring/Nicolini/Spautz*[2] § 31 Rn. 26, 51; *Haberstumpf*[2] Rn. 267; *Schack*[4] Rn. 958; vor den beiden BGH-Entscheidungen *Hertin* FuR 1983, 153 f.; *ders.* AfP 1978, 72, 79; *Hubmann* UFITA 74 (1975), 3, 8 f.). Jedenfalls **seit der Urhebervertragsrechtsreform 2002** (beachte § 132 Abs. 3) sprechen weitere gewichtige Gründe für eine Berücksichtigung der Zweckübertragungslehre bei der AGB-Kontrolle (kritisch, aber i.E. offen LG Berlin ZUM-RD 2008, 18 – *Springer-Honorarregelungen*). Die Urhebervertragsrechtsreform wollte ausdrücklich die vertragliche Position der Urheber stärken. Dazu gehört auch, dass der Urheber vor ihn benachteiligenden Rechtseinräumungen aufgrund von AGB geschützt wird. Schon im Regierungsentwurf wurde die bisherige Rechtsprechung als Defizit kritisiert (Begr RegE UrhVG – BT-Drucks. 14/6433, S. 11). Deshalb sollte mit Einführung des § 11 S. 2 eine AGB-Kontrolle ermöglicht werden (BeschlE RAusschuss UrhVG – BT-Drucks. 14/8058, S. 1, 18). Denn auch die Zweckübertragungslehre dient dem Grundsatz, den Urheber angemessen an den wirtschaftlichen Früchten der Verwertung seines Werkes zu beteiligen (vgl. Rn. 108, aus der Rechtsprechung insb. BGH GRUR 2002, 248/251 – *Spiegel-CD-ROM*; BGH GRUR 1999, 707/711 – *Kopienversanddienste*). Zu Gunsten von Leistungsschutzberechtigten und Verwertern gilt das (zusätzliche) Argument des § 11 S. 2 jedoch nicht, weil § 11 S. 2 dort keine Anwendung findet.

2. Keine Kontrolle des Leistungsgegenstandes

181 Allerdings hat die grundsätzliche Möglichkeit der AGB-Kontrolle von Nutzungsrechtseinräumungen durch Urheber nach § 31 Abs. 5 nur **begrenzte Konsequenzen**. Denn eine Kontrolle des eigentlichen Leistungsgegenstandes scheidet grundsätzlich aus. Dieser ist einer AGB-Kontrolle grundsätzlich nicht zugänglich, **§ 307 Abs. 3 S. 1 BGB** (eingehend *Berberich* ZUM 2006, 205, 209; *Castendyk* ZUM 2007, 169, 173; ferner *Hoeren* CR 2004, 723; *Schack*[4] Rn. 959). Eine zu geringe Vergütung ist deshalb über § 32 zu korrigieren. Gleiches muss grundsätzlich auch für die Gegenleistung des Urhebers, d.h. die Nutzungsrechtseinräumung, gelten. Jedoch gehört tendenziell nur das als Nutzungsrechtseinräumung zum Leistungsgegenstand, was **als Nutzungsart dinglich abspaltbar** ist (so wohl auch BGH GRUR 2003, 416, 418 – *CPU-Klausel*; Wandtke/Bullinger/*Grützmacher*[2] § 69d Rn. 31). Darüber hinaus gehende Beschränkungen, die nur schuldrechtlich wirken (vgl. Rn. 12), sind demgegenüber grundsätzlich kontrollfähig.

182 Fraglich bleibt aber, inwieweit die Zweckübertragungslehre dinglich wirksame Rechtseinräumungen als Leistungsgegenstand dennoch kontrollieren kann. *Schack* will „präzise formulierte" Klauseln für die Nutzungsrechtseinräumung durch den Urheber kontrollfrei stellen (*Schack*[4] Rn. 959). Dies würde im Ergebnis eine AGB-Kontrolle durch die Zweckübertragungslehre leer laufen lassen, weil die Verwender ohne weiteres in der Lage sind, die über den Vertragszweck hinausgehende Nutzungsrechtseinräumung hinreichend präzise zu beschreiben. Deshalb ist die Auffassung vertreten worden, es könne auch eine AGB-Kontrolle der Nutzungsrechtseinräumung als Leistungsgegenstand stattfinden, wenn diese sich außerhalb des Vertragszwecks bewege. Dem Urheber gegenüber entfalte sich das Missbrauchspotential gerade durch eine vorformulierte Festlegung von Hauptleistungspflichten außerhalb des Vertragszwecks. Der Sinn der AGB-Kontrolle, die Leistungen der individuellen Vereinbarung der Parteien zu überlassen und allein die oft vom Vertragspartner für weniger bedeutsam gehaltenen und daher vom Verwender formularmäßig behandelten Nebenabreden zu kontrollieren, treffe auch die Einräumung von Nutzungsrechten im Urheberrecht, soweit die Rechtseinräumung nicht vom Zweck des Vertrages gedeckt sei (*Berberich* ZUM 2006, 205, 208 ff.).

183 Ob damit deshalb eine generelle Kontrollfähigkeit des Umfangs der Nutzungsrechtseinräumung zugelassen werden muss, soweit sie über den Vertragszweck hinausgeht, erscheint zweifelhaft. Dem Verwerter muss auch die Möglichkeit zustehen, über den Vertragszweck hinausgehende Rechte durch präzise formulierte Klauseln zu erwerben, weil viele Verwerter ein berechtigtes Interesse an einer möglichst umfassenden Verwertung von Werken haben (in diese Richtung auch *Castendyk* ZUM 2007, 169, 173); sie sind hier auch oft über den eigentlichen Vertragszweck hinaus erfolgreich als „Agenten" für den Urheber tätig. Zweck eines Vertrages mit einem Buchverleger wird es beispielsweise sein, das Werk als Buch zu verlegen; es ist jedoch nicht ersichtlich, weshalb es grundsätzlich ausgeschlossen sein sollte, dass er zusätzlich Verfilmungsrechte über AGB erwirbt. Danach ist die AGB-Kontrolle nach der Zweckübertragungslehre auf **Ausnahmefälle** zu beschränken, in denen ein **Gestaltungsmissbrauch** vorliegt, weil eben grundsätzlich die Nutzungsrechtseinräumung als Leistungsgegenstand nicht kontrollfähig sein kann. Vor allem „**unbedeutende**" **Nebenrechte** können außerhalb der Hauptleistungspflicht stehen und kontrollfähig sein (*Castendyk* ZUM 2007, 169, 175). Danach kann nicht generell, sondern nur für jeden Einzelfall gesagt werden, ob wegen Gestaltungsmissbrauches eine AGB-Kontrolle erfolgen kann.

3.   Fallgruppen Gestaltungsmissbrauch

Zunächst sollten Nutzungsrechtseinräumungen in vorformulierten Verträgen nach § 307 BGB unwirksam sein, wenn eine tatsächliche **Nutzung objektiv ausscheidet**, auch wenn sie zumindest theoretisch denkbar sind. In vielen Fällen werden solche Klauseln allerdings schon wegen § 305c Abs. 1 BGB als überraschend unwirksam sein. Als Beispiel für eine Unwirksamkeit gemäß § 307 Abs. 2 BGB sei hier das Verfilmungsrecht für ein zwanzigzeiliges Liebesgedicht erwähnt. Liebesgedichte, noch dazu solche kurzen Liebesgedichte, werden in aller Regel überhaupt nie verfilmt, so dass es dann auch gegen § 307 Abs. 2 BGB verstößt, sich solche Nebenrechte formularmäßig einräumen zu lassen (Loewenheim/*Jan Bernd Nordemann* § 64 Rn. 80). Das Gleiche sollte für die Einräumung eines Dramatisierungsrechts für eine juristische Dissertation gelten. Hierher gehören auch die Fälle, in denen sich Verwerter Rechte zur Vermarktung einräumen lassen, die nicht vermarktbar sind. So kann es gegen § 307 Abs. 2 BGB verstoßen, wenn Rundfunkanstalten formularmäßig die Verlagsrechte für Filmmusik ohne besondere Vergütung an einen ihnen nahe stehenden Musikverlag einräumen lassen. Insbesondere liegt dann ein Verstoß gegen § 307 Abs. 2 BGB vor, wenn die Filmmusik gar nicht dem typischen Musikverlagsgeschäft zugeführt werden kann, weil sie nicht separat (unabhängig vom Filmwerk) verwertbar ist (ebenso für die Einbringung von Scoremusik in einen Musikverlag *Castendyk* ZUM 2007, 169, 175). Letztlich dient die Rechtseinräumung dann nur dazu, im Rahmen der von vornherein feststehenden filmischen Verwertung die Verlagsanteile bei den GEMA-Ausschüttungen zu vereinnahmen (OLG Zweibrücken ZUM 2001, 346, 347 – *ZDF-Komponistenverträge*, dort wurde allerdings auf den Aspekt der mangelnden eigenständigen Verwertbarkeit außerhalb des Films nicht entscheidend abgestellt).

184

Weiter kommt eine AGB-Kontrolle der Nutzungsrechtseinräumung insoweit in Betracht, als eine tatsächliche **Nutzung subjektiv im Hinblick auf den vertragsbeteiligten Verwerter ausscheidet**. Es ist danach zu fragen, ob die Verwertung durch die Einräumung im Grunde nur blockiert wird. Weil auf das subjektive Vermögen des Verwerters abzustellen ist, verbieten sich hier generalisierende Aussagen. Beispielsweise im Buch-Verlagsbereich ist die for-

185

mularmäßige Einräumung von buchnahen Nebenrechten (Loewenheim/*Jan Bernd Nordemann* § 64 Rn. 81) stets möglich, weil die Nutzung buchnaher Nebenrechte zum typischen Geschäft der Verleger gehört, z.B. Taschenbuch- oder Buchgemeinschaftsausgaben. Aber auch bei buchfernen Nebenrechten (z.B. Verfilmung, Dramatisierung, Vertonung) betätigen sich viele Verleger erfolgreich als (Quasi-)Agenten ihrer Autoren bei der Verwertung der Rechte, so dass keinesfalls generell gesagt werden kann, die Einräumung von buchfernen Rechten sei kontrollfähig. In der Vertragsgestaltung von vorformulierten Verträgen bietet sich an, den subjektiven Anspruch des Verlegers, tatsächlich für eine Verwertung zu sorgen, zu substantiieren, wenn dies nach dem Geschäftsgegenstand des Verwerters zunächst zweifelhaft erscheinen mag. Die Einräumung des Rechts, **redaktionelle Beiträge** von Journalisten (ggf. nach Bearbeitung) auch **zu Werbezwecken** zu benutzen, ist kein Gestaltungsmissbrauch (LG Berlin ZUM-RD 2008, 18 – *Springer-Honorarregelungen*). Auch begegnet die formularmäßige **Einräumung von Nutzungsrechten durch Architekten an Bauherrn** keinen Bedenken; es liegt grundsätzlich keine Kontrollfähigkeit vor, und ein Gestaltungsmissbrauch wird im Regelfall nicht ersichtlich sein, soweit eine Nutzung durch den Bauherrn objektiv bzw. subjektiv nicht von vornherein ausscheidet. Auf die Angemessenheit der Gegenleistung kommt es auch nicht an (a.A. Dreier/Schulze/*Schulze*[2] vor § 31 Rn. 265 m.w.N.), zumal § 32 für Neuverträge (§ 132 Abs. 3) einen Abänderungsanspruch zwingend vorsieht.

186 Für bestimmte Werkarten gilt das gesetzliche Leitbild der Zweckübertragungslehre nicht. Insbesondere für **Filmwerke** bestehen deshalb gegen eine umfassende filmische Rechteeinräumung an einen Filmproduzenten durch Filmurheber in AGB – angesichts des gesetzlichen Leitbildes in § 89 – überhaupt keine Bedenken (BGH GRUR 2005, 937, 939 – *Der Zauberberg*, wo allerdings AGB-Recht ohnehin keine Anwendung fand; *Castendyk* ZUM 2007, 169, 174 f.; eingehend zum Umfang der Rechteeinräumung im Filmbereich vgl. § 88 Rn. 21 ff. und vgl. § 89 Rn. 9 ff.

4.   Weitere Fälle, insbesondere unbekannte Nutzungsarten

187 Zumeist werden sich Nutzungsrechtseinräumungen für **unbekannte Nutzungsarten** in allgemeinen Geschäftsbedingungen finden (so auch in OLG München ZUM 2000, 61, 66 – *Paul Verhoeven*, und LG München I ZUM 1999, 332, 335); zu unbekannten Nutzungsarten und § 31 Abs. 5 allgemein vgl. Rn. 172 ff. Im Hinblick auf ältere Rechtseinräumungen, insbesondere in Verträgen bis 01.04.1977, scheitert eine uneingeschränkte Anwendung von AGB-Recht schon an der fehlenden Anwendbarkeit des geltenden AGB-Rechts, das auch keine entsprechende Anwendung findet (Art. 229 § 3 EGBGB, § 28 AGBG a.F.). Zwar können die vor Inkrafttreten des AGBG entwickelten Grundsätze der AGB-Kontrolle Anwendung finden, die zumindest eine vergleichbare Inhaltskontrolle erlauben; vgl. Vor §§ 31 ff. Rn. 192 ff. Jedoch war zur Urhebervertragsrechtsreform 2002 (§ 132 Abs. 2) nach der Rechtsprechung des BGH eine Inhaltskontrolle nicht möglich; vgl. Rn. 180. Danach kommt bei einer ausdrücklichen Einräumung nur ein Eingreifen der AGB-Kontrolle im Fall von Gestaltungsmissbräuchen in Betracht (vgl. Rn. 183 ff.), also insbesondere wenn sich das Werk objektiv nicht für eine Auswertung in der neuen Nutzungsart eignet: kurze Liebesgedichte können in aller Regel nicht verfilmt werden. Eine Einräumung von Videorechten für das Liebesgedicht in einem Altvertrag vor 1966 scheidet aus. Gegen ein Eingreifen der AGB-Kontrolle spricht es, wenn die Einräumung üblich ist. Insbesondere wenn unbekannte Nutzungsarten in Tarifverträgen eingeräumt werden, kann eine AGB-Kontrolle also nicht greifen, auch wenn der Urheber selbst nicht tarifgebunden ist (*Jan Bernd Nordemann* FS Nordemann II S. 210). Da § 31 Abs. 4 a.F. für Verträge mit Urhebern von 1966 bis 2007 die Einräumung verbot, kann sich hier eine Üblichkeit erst entwickeln, was allerdings auch nicht gegen eine Möglichkeit der formularmäßigen Einräumung schon ab Anfang 2008 spricht. Vielmehr zeigt die Regelung in § 137l Abs. 1, dass ein Rechteerwerb in bestimmten Konstellationen nahe liegend ist. Wurde mit dem Rechteinhaber eine bedeutende Vergütung vereinbart, so spricht dies für einen Vertragszweck, der auf eine umfassende Rechtseinräumung gerichtet ist; vgl. Rn. 174. Deshalb hat auch das OLG München mit Recht eine ausdrückliche, wenn auch formularmäßige Einräumung von Rechten an unbekannten Nutzungsarten gegen eine beträchtliche Vergütung nicht nach AGB-Recht beanstandet (OLG München ZUM 2000, 61/66 – *Paul Verhoeven*).

Wettbewerbsverbote für den Urheber **durch Zustimmungsvorbehalte** des Ver- **188** werters zur Vergabe von Rechten an Dritte sind formularmäßig nur dann möglich, wenn auch ungeschrieben eine Enthaltungspflicht bestünde; vgl. Vor §§ 31 ff. Rn. 45 ff. Nach OLG Düsseldorf GRUR-RR 2002, 121, 122 – *Das weite Land* darf eine Sendeanstalt wegen unangemessener Benachteiligung eine Nutzung in einer bestimmten Nutzungsart (Video) durch den lizenzgebenden Produzenten nicht formularmäßig von ihrer Zustimmung abhängig machen, wenn der Sendeanstalt nicht das Recht an der betreffenden Nutzungsart eingeräumt wurde.

V. Prozessuales

Die Zweckübertragungsregel löst eine Spezifizierungslast zu Gunsten desjeni- **189** gen aus, der sich eine vom Vertragszweck abweichende Rechtseinräumung beruft; vgl. Rn. 124 f. Die **Spezifizierungslast** ist gleichzusetzen mit der **Darlegungs- und Beweislast**. Der **Nutzungsberechtigte** muss die hinreichende Spezifizierung der Nutzungsrechtseinräumung darlegen und ggf. beweisen, wenn er sich auf ein Nutzungsrecht beruft, das außerhalb des Vertragszwecks liegt (BGH GRUR 1996, 121, 123 – *Pauschale Rechtseinräumung*; KG GRUR 2002, 252, 255 – *Mantellieferung*). Dem sollte der Nutzungsberechtigte bei ausdrücklicher Erwähnung des betreffenden Nutzungsrechts in der Vereinbarung genügen; vgl. Rn. 124. Bei fehlender ausdrücklicher Abrede muss der Nutzungsberechtigte darlegen und ggf. beweisen, dass der Vertragszweck über die konkret anstehende Nutzung hinausgeht und auf eine umfassendere Nutzung gerichtet ist. Ihm obliegt der Nachweis, dass ein Parteiwille insoweit unzweideutig – auch ohne ausdrückliche Abrede z.B. aus den Begleitumständen und dem schlüssigen Verhalten der Beteiligten – zum Ausdruck gekommen ist (BGH GRUR 2004, 938, 939 – *Comic-Übersetzungen III*; BGH GRUR 2000, 144, 145– *Comic-Übersetzungen II*; BGH GRUR 1998, 580, 582 – *Comic-Übersetzungen I* m.w.N.). Denn das ist ein Ausnahmetatbestand, weil im Regelfall nur bei ausdrücklicher Abrede ein Parteiwille unzweideutig zum Ausdruck kommt (BGH GRUR 2004, 938, 939 – *Comic-Übersetzungen III*). Die Darlegungs- und Beweislast liegt hingegen beim **Rechtsinhaber**, wenn er sich darauf beruft, dass trotz eines auf die Rechtseinräumung gerichteten Vertragszwecks das Nutzungsrecht nicht eingeräumt wurde. Die Nichtbeachtung der Zweckübertragungslehre ist **Revisionsgrund** (BGH GRUR 1966, 382 – *Kaviar*; BGH GRUR 1986, 885, 886 – *Metaxa*).

VI. Verhältnis zu anderen Vorschriften

190 Spezielle urheberrechtliche Auslegungsregeln haben grundsätzlich Vorrang vor der Zweckübertragungslehre (BGH GRUR 2005, 937, 939 – *Der Zauberberg* im Hinblick auf § 89 Abs. 1). Solche sind etwa § 37 **Abs. 1** (im Zweifel behält der Urheber das Recht der Einwilligung zu Veröffentlichung oder Verwertung einer Bearbeitung), § 37 **Abs. 2** (im Zweifel behält der Urheber das Recht, das Werk auf Bild- und Tonträger zu übertragen), § 37 **Abs. 3** (bei öffentlicher Wiedergabe keine Wiedergabe außerhalb des Veranstaltungsortes, durch Bildschirm, Lautsprecher o.Ä.), § 38 **Abs. 1 S. 2** (bei Aufnahme des Werkes in periodisches Sammelwerk kann der Beitrag nach einem Jahr seit Erscheinen anderweitig vervielfältigt und verbreitet werden), § 39 **Abs. 1** (Unzulässigkeit von Änderungen des Werkes, Titels oder der Urheberbezeichnung; Zulässigkeit solcher Änderungen, denen der Urheber nach Treu und Glauben zustimmen muss), § 44 **Abs. 2** (Eigentümer des Originales eines Werkes der bildenden Kunst oder eines Lichtbildwerkes erhält im Zweifel ein Ausstellungsrecht) und §§ **88, 89** (Rechtseinräumung bei Filmherstellung). Ein Beispiel für die ergänzende Funktion sind Werknutzungsverträge, die nach dem Vertragszweck eine Bearbeitung erfordern (z.B. bei **Handy-Klingeltönen**). Dort umfasst die Berechtigung zur Nutzung gemäß § 31 Abs. 5 auch die Befugnis zu Änderungen nach § 39 Abs. 1, die im konkreten Fall erforderlich sind (*Castendyk* ZUM 2005, 9, 17), so dass § 39 Abs. 1 zur Seite tritt. Auf **Schutzfristverlängerungen** nach Vertragsabschluss findet § 31 Abs. 5 grundsätzlich keine Anwendung, weil hierfür spezielle Tatbestände in den §§ 137 ff. zur Vertragsauslegung geschaffen worden sind. Ergänzend kann sie jedoch auch hier angewendet werden.

191 Das Verhältnis des **VerlG** zu § 31 Abs. 5 UrhG ist komplex; vgl. Einl. VerlG Rn. 11 ff. Grundsätzlich gilt die Zweckübertragungsregel auch im Verlagsrecht (BGH GRUR 1998, 680, 682 – *Comic-Übersetzungen I;* KG GRUR 1991, 596/598 f – *Schopenhauerausgabe;* OLG München ZUM 2000, 404/406 – *Lexikon der deutschen Gegenwartsliteratur;* OLG Frankfurt ZUM 2000, 595/596 – *Sturm am Tegernsee;* OLG Hamburg GRUR 2002, 335/336 – *Kinderfernsehreihe*). Das ist allerdings dahingehend einzuschränken, dass spezielle Auslegungsregeln aus dem VerlG die Anwendung der Zweckübertragungsregel überflüssig machen können. Nach § 1 VerlG werden regelmäßig im Verlagsvertrag Nutzungsrechte für Vervielfältigung und Verbreitung eingeräumt, nach § 8 VerlG im Zweifel als ausschließliche Rechte. In § 2 legt das VerlG im Hinblick auf Übersetzungen (Nr. 1), Dramatisierungen (Nr. 2), Übertragung auf Tonträger (Nr. 4) und die Verfilmung (Nr. 5) fest, dass die Rechte hierfür im Zweifel beim Urheber bleiben. Nach § 4 VerlG ist der Verleger nicht berechtigt, ein Einzelwerk für eine Gesamtausgabe zu verwerten. § 5 Abs. 1 VerlG bestimmt, dass der Verleger grundsätzlich nur zu einer Auflage berechtigt ist. Diese Regelungen machen die Anwendung der Zweckübertragungslehre im Regelfall überflüssig. Jedoch kann ausnahmsweise § 31 Abs. 5 ergänzend neben den vorgenannten Vorschriften anwendet werden (Schricker/*Schricker*[3] Rn. 36 m.w.N.; HK-UrhR/*Kotthoff* Rn. 131; Loewenheim/*Jan Bernd Nordemann* § 60 Rn. 8). Die Zweckübertragungslehre wird jedoch in diesen Fällen insoweit zurückgedrängt, als der Vertragszweck nicht doch die Einräumung solcher Rechte erfordert, z.B. wenn sich der Vertragszweck nicht nur auf eine Einzelausgabe, sondern gerade auch darauf bezieht, das Einzelwerk mit anderen verlegten Werken in einer Gesamtausgabe zu kombinieren. Auch kann sich aus der Üblichkeit von Vereinbarungen, die vom VerlG abweichen, ein Vorrang des § 31 Abs. 5 ableiten; vgl. Rn. 129.

Zusammenfassend kann gesagt werden, dass der **Zweckübertragungsregel für die Nutzungsrechtseinräumung ergänzende Bedeutung** zukommt (*Schricker*, Verlagsrecht³, § 8 Rn. 5c; Loewenheim/*Jan Bernd Nordemann* § 64 Rn. 27, 43; *Schweyer*, Die Zweckübertragungstheorie im Urheberrecht, 1982, S. 94 ff.).

§ 31a Verträge über unbekannte Nutzungsarten

(1) Ein Vertrag, durch den der Urheber Rechte für unbekannte Nutzungsarten einräumt oder sich dazu verpflichtet, bedarf der Schriftform. Der Schriftform bedarf es nicht, wenn der Urheber unentgeltlich ein einfaches Nutzungsrecht für jedermann einräumt. Der Urheber kann diese Rechtseinräumung oder die Verpflichtung hierzu widerrufen. Das Widerrufsrecht erlischt nach Ablauf von drei Monaten, nachdem der andere die Mitteilung über die beabsichtigte Aufnahme der neuen Art der Werknutzung an den Urheber unter der ihm zuletzt bekannten Anschrift abgesendet hat.

(2) Das Widerrufsrecht entfällt, wenn sich die Parteien nach Bekanntwerden der neuen Nutzungsart auf eine Vergütung nach § 32c Abs. 1 geeinigt haben. Das Widerrufsrecht entfällt auch, wenn die Parteien die Vergütung nach einer gemeinsamen Vergütungsregel vereinbart haben. Es erlischt mit dem Tod des Urhebers.

(3) Sind mehrere Werke oder Werkbeiträge zu einer Gesamtheit zusammengefasst, die sich in der neuen Nutzungsart in angemessener Weise nur unter Verwendung sämtlicher Werke oder Werkbeiträge verwerten lässt, so kann der Urheber das Widerrufsrecht nicht wider Treu und Glauben ausüben.

(4) Auf die Rechte nach den Absätzen 1 bis 3 kann im Voraus nicht verzichtet werden.

Übersicht

I. Allgemeines

1. Sinn und Zweck

1 Die Regelung des § 31a ist eine **Schutzbestimmung zu Gunsten des Urhebers,** die grundsätzlich im Voraus nicht vertraglich abänderbar ist (Abs. 4). Für bei Vertragsschluss unbekannte Nutzungsarten müssen die Rechte **in schriftlicher Form** erworben werden, um den Rechteerwerb vom Urheber zu **erschweren** und ihn zu **warnen.** Zu Lebzeiten des Urhebers besteht darüber hinaus auch ein **Widerrufsrecht,** das dem Urheber ermöglichen soll, die Rechtevergabe für unbekannte Nutzungsarten auch nachträglich zu revidieren (RegE 2. Korb – BT-Drucks. 16/1828, S. 22). Da § 31a damit immer noch sehr urheberfreundlich ausgestaltet und zudem auch ein unverzichtbarer Vergütungsanspruch gem. § 32c gewährt wird, bestehen auch keinerlei Zweifel daran, dass er verfassungsgemäß ist (zu Unrecht zweifelnd *Schulze* UFITA 2007, 641, 646). Insgesamt dient § 31a dem Schutz des Urhebers sowohl in wirtschaftlicher wie auch in persönlichkeitsrechtlicher Hinsicht:

2 **Wirtschaftlicher Schutzzweck:** Dem Urheberrecht liegt in wirtschaftlicher Hinsicht der – in § 11 S. 2 niedergelegte – Gedanke zugrunde, dass der Urheber **angemessen an den wirtschaftlichen Erträgen** seines Werkes **beteiligt** werden soll (so etwa BGH GRUR 2005, 937, 939 – *Der Zauberberg*; BGH GRUR 2002, 248, 251 – *Spiegel-CD-ROM*). § 31a soll mit § 32c verhindern, dass der Urheber den – objektiv ex ante kaum bestimmbaren – Wert dieser zukünftigen Verwertungsmöglichkeiten unterschätzt und Nutzungsrechte an ihnen gleichsam als Dreingabe zu ungünstigen Bedingungen einräumt (so schon RGZ 123, 312 – *Wilhelm Busch*). Sein Schutzbedürfnis resultiert hier aus mangelnder Information über zukünftige Entwicklungen, die ihm es erheblich erschwert, eine wirtschaftlich angemessene Gegenleistung einzufordern. Dem Urheber sollen im Ergebnis keine Mehrerträgnisse vorbehalten werden, die aus einer neuen technischen Entwicklung fließen (BGH GRUR 1997, § 215, 217 – *Klimbim*; BGH GRUR 1986, 62 – *Gema-Vermutung I*; jeweils zu § 31 Abs. 4 a.F.).

3 **Urheberpersönlichkeitsrechtlicher Schutzweck:** Die Entscheidung, ob der Urheber mit der Nutzung in einem neuen Medium einverstanden ist, soll ihm auch aus urheberpersönlichkeitsrechtlichen Gründen bei der Entwicklung neuer Nutzungsarten vorbehalten bleiben (RegE UrhG – BT-Drucks. IV/270, S. 56; BGH GRUR 2005, 937, 939 – *Der Zauberberg*; *Kitz* GRUR 2006, 548, 549; *Castendyk/Kirchherr*, ZUM 2003, 751, 752; *Katzenberger* GRUR 2003, 889; a.A. *Schwarz*, ZUM 2003, 733: nur vermögensrechtliche Interessen sind geschützt; wohl auch *Ahlberg* GRUR 2002, 313, 317). Persönlichkeitsrechtliche Aspekte kommen vor allem bei Entstellung in Betracht (§ 14). Richtigerweise sind urheberpersönlichkeitsrechtliche Aspekte aber nicht bei jedem neuen Medium relevant. Der Regisseur eines Spielfilms von 1968 kann beispielsweise durch die damals unbekannte Nutzung auf Video oder zum permanenten Download im Internet nur ausnahmsweise in urheberpersönlich-keitsrechtlich relevanter Weise berührt sein, weil es wenig Filme gibt, die außerhalb einer Kinonutzung entstellt werden (denkbar aber bei Bildschirm-verkleinerung und sehr anspruchsvollen Filmen, z.B. Handy-TV). Demgegen-über erscheint die Nutzung von ernster Musik als Handyklingelton aus urhe-berpersönlichkeitsrechtlicher Sicht grundsätzlich relevant. Insoweit ist die generelle Widerrufsmöglichkeit, die § 31a für den Urheber ohne jede weitere Voraussetzung gewährt, auch wenig differenziert und nicht sachgerecht.

Interessen der Vertragspartner und der Allgemeinheit: Die urheberschützende **4** Funktion des § 31a steht in einem **Spannungsverhältnis** zu den berechtigten **Interessen des Vertragspartners** an einem Erhalt des Wertes der Nutzungs-rechtseinräumung auch bei technischer Weiterentwicklung, insbesondere wenn der Vertragspartner umfassende Investitionen vorgenommen hat. Diese sind zu berücksichtigen (BGH GRUR 2005, 937, 939 – *Der Zauberberg*; zu Unrecht kritisch *Kitz* GRUR 2006, 546, 551; jeweils zu § 31 Abs. 4 a.F.). Ferner hat auch die **Allgemeinheit** ein Interesse daran, dass der technisch-wirt-schaftliche Fortschritt nicht behindert wird (zu § 31 Abs. 4 a.F.: BGH GRUR 2005, 937, 939 – *Der Zauberberg*; BGH GRUR 1997, 215, 217 – *Klimbim*; *Castendyk* ZUM 2002, 332, 335; a.A. *Kitz* GRUR 2006, 546, 551*).* Auch der RegE zu § 31a will die „Interessen aller Beteiligten – d.h. der Urheber ebenso wie der Verwerter und der Allgemeinheit" – schützen (RegE 2. Korb – BT-Drucks. 16/1828, S. 22). Bei großzügiger Anwendung des § 31a und seiner Rechtsfolgen droht eine größere Rechtsunsicherheit hinsichtlich der Möglich-keit, neue Technologien nutzen zu können. Die Rspr. neigte schon für § 31 Abs. 4 a.F. mit Recht einer **restriktiven Auslegung** zu, die nicht bei einer technischen Eigenständigkeit für das Vorliegen einer neuen Nutzungsart stehen bleibt, sondern auch eine wirtschaftliche Eigenständigkeit fordert (BGH GRUR 2005, 937, 939 – *Der Zauberberg*; BGH GRUR 1997, 215, 217 – *Klimbim*; zu Unrecht kritisch *Kitz* GRUR 2006, 546, 551, sowie Dreier/Schu-le/*Schulze*[2] § 31 Rn. 78). Auch wenn § 31a etwas weniger einschneidend angelegt ist als das pauschale Verbot des § 31 Abs. 4 a.F., gilt für § 31a wegen seiner ebenfalls drastischen Konsequenzen (Unwirksamkeitsfolge bei fehlender Schriftform; Widerrufsrecht zu Lebzeiten grundsätzlich ohne sachlichen Grund) nichts anderes.

2.   Früheres Recht

a) Altverträge vor 1966: Nach § 132 Abs. 1 findet § 31a **keine Anwendung** auf **5** Verträge, die **vor dem 01.01.1966** geschlossen wurden (BGH GRUR 1999, 152, 154 – *Spielbankaffäre*). Entscheidend ist der Zeitpunkt des Vertrags-schlusses. Wird ein davor geschlossener Vertrag nach dem 31.12.1965 geän-dert, unterfällt der Vertrag nur dann § 31a (oder bei Änderung bis 31.12.2007 § 31 Abs. 4 a.F.; vgl. Rn. 6 ff.), wenn die Modifizierung auch den materiellen Umfang der Werknutzung betrifft (siehe OLG Hamburg ZUM 2005, 833, 837 – *Yacht-Archiv*, für Vertragsänderungen nach Bekanntwerden einer Nutzungs-art). Wenn bei einem laufenden Filmabonnementvertrag eine jährliche Über-sendung von sog. Freigabedokumenten mit **Bestätigung** der unbeschränkten **Nutzung** erfolgt, ist auf das jeweilige Datum der Bestätigung abzustellen (OLG Köln MMR 2003, 338 – *Filmmusik*). Die Einräumung von damals unbe-kannten Nutzungsrechten in Altverträgen bis 31.12.1965 richtet sich nach der **Zweckübertragungslehre** (vgl. § 31 Rn. 172 ff.).

6 b) **Altverträge vom 01.01.1966 bis 31.12.2007:** Mit dem 2. Korb wurde die Regelung des § 31 Abs. 4 a.F. abgeschafft. Sie lautete:

> „Die Einräumung von Nutzungsrechten für noch nicht bekannte Nutzungsarten sowie Verpflichtungen hierzu sind unwirksam."

§ 31 Abs. 4 a.F. war – vor allem nach Anbruch des Internetzeitalters – Kritik ausgesetzt. Ein „Missstand" (so wörtlich RegE 2. Korb – BT-Drucks. 16/1828, S. 22) war der häufig unterbleibende Nacherwerb von Rechten nach Bekanntwerden der Nutzungsart, weil die Urheber (bzw. ihre Erben) schwierig auffindbar waren bzw. der Nacherwerb hohe, durch die Nutzung in der früher unbekannten Nutzungsart nicht gerechtfertigte Transaktionskosten auslöste. Das hatte zur Konsequenz, dass bei technischer Fortentwicklung Werke brachlagen (siehe *Castendyk/Kirchherr* ZUM 2003, 751, 753 f.; *Bornkamm* ZUM 2003, 2010, 2012; *Berger* GRUR 2005, 907, 908; speziell für den Filmbereich *Wilhelm Nordemann/Jan Bernd Nordemann* GRUR 2003, 947; gegen eine Abschaffung des § 31 Abs. 4 dennoch: *Wandtke/Holzapfel* GRUR 2004, 284, 292; *Schack* GRUR 2002, 853, 854).

7 Für Verträge ab 01.01.2008 entfiel § 31 Abs. 4 a.F. und wurde durch § 31a ersetzt. Für **vom 01.01.1966 bis zum 31.12.2007 abgeschlossene Verträge** (zum Fall späterer Vertragsmodifizierung vgl. Rn. 5 und OLG Hamburg ZUM 2005, 833, 837 – *Yacht-Archiv*) gilt das Verbot des § 31 Abs. 4 a.F. fort, jedoch ist ein Nacherwerb der Rechte an unbekannten Nutzungsarten nach § 137l unter bestimmten Voraussetzungen möglich. Im Einzelnen vgl. § 137l Rn. 1 ff.

8 § 31 Abs. 4 a.F. und § 31a n.F. unterscheiden sich nur hinsichtlich der Rechtsfolgen, nicht im Hinblick auf die Frage, wann eine „unbekannte Nutzungsart" vorliegt (eingehend vgl. Rn. 4). Daher kann im Fall, dass der (zeitliche) Anwendungsbereich von § 31 Abs. 4 a.F. eröffnet ist (vgl. Rn. 7 ff.), für die Beantwortung der Frage, ob eine **noch nicht bekannte Nutzungsart** vorliegt, die aktuelle Kommentierung zu § 31a herangezogen werden (vgl. Rn. 21 ff.). Auch im Hinblick auf die fehlende **Anwendbarkeit auf Leistungsschutzberechtigte** (mit Ausnahme von Lichtbildnern und Herausgebern wissenschaftlicher Ausgaben) hat sich durch § 31a nichts geändert (vgl. Rn. 19). Seit der Urhebervertragsrechtsreform 2002 (UrhVG) stellte die Verweisung des § 75 Abs. 4 a.F. klar, dass § 31 Abs. 4 a.F. nicht für Rechtseinräumungen durch **ausübende Künstler** galt (BGH GRUR 2003, 234, 236 – *EROC III; Schack* GRUR 2002, 853, 854 Fn. 22; *Erdmann* GRUR 2002, 923, 930). Trotz hieran geäußerter Kritik (*Krüger* ZUM 2003, 122; ähnlich auch *Wandtke* FS Nordemann II S. 267 ff.) hat auch der Gesetzgeber der Urheberrechtsreform 2003 (UrhG Infoges), die das Recht der ausübenden Künstler grundlegend reformiert hat, nichts an der Regelung geändert und sie lediglich in § 79 Abs. 2 S. 2 verschoben. Für Verträge vor Inkrafttreten des UrhVG 2002 (§ 132 Abs. 3) war eine Anwendung des § 31 Abs. 4 a.F. auf Rechtseinräumungen von ausübenden Künstlern und anderen Leistungsschutzberechtigten hingegen durchaus streitig. I.E. ist eine analoge Anwendung zu Gunsten Leistungsschutzberechtigter, z.B. ausübender Künstler, abzulehnen (BGH GRUR 2003, 234, 235 – *EROC III; Sasse/Waldhausen* ZUM 2000, 837, 841; *Jan Bernd Nordemann* FS Nordemann II S. 194 f.; *Vorauflage/Hertin*[9] § 92 Rn. 4; a.A. *Ahlberg* GRUR 2002, 313, 315 ff; stillschweigend für eine analoge Anwendung des § 31 Abs. 4: KG NJW-RR 2000, 270, OLG Düsseldorf ZUM 2001, 164, OLG Köln ZUM 2001, 166 – *The Kelly Family*). Es fehlte schon immer – anders als für Lichtbildner in § 72 Abs. 1 – an einer ausdrücklichen Verweisung aus dem dritten Abschnitt des UrhG auf seinen ersten Teil. Ferner fehlt es an einer planwidrigen Regelungslücke (siehe die Nachweise bei *Jan Bernd Nordemann* FS Nordemann II S. 195). Des Weiteren können auch **Tonträgerhersteller** (§ 85), **Filmproduzenten** (§ 94) und **alle anderen** nach dem UrhG **Leistungsschutzberechtigten** für Verträge vor der Urhebervertragsrechtsreform sich nicht auf § 31 Abs. 4 a.F. berufen (a.A für den Tonträgerhersteller *Ahlberg* GRUR 2002, 313, 317; wie hier *Schwarz* ZUM 2000, 816, 830, *Jan Bernd Nordemann* FS Nordemann II S. 195). Denn im Gegensatz zum ausübenden Künstler fehlt diesen Leistungsschutzrechten jede persönlichkeitsrechtliche Komponente. Sie bestehen ausschließlich aus Verwertungsrechten. Diese Leistungsschutzrechte sind insoweit noch weniger vergleichbar mit den Urheberrechten als die Rechte ausübender Künstler.

§ 31 Abs. 4 a.F. sprach nur von der „Einräumung von Nutzungsrechten" und **9** erfasste jedenfalls die Einräumung durch den Urheber an die Verwerter. Davon gedeckt wäre genau genommen auch eine Einräumung zwischen Verwertern ohne Beteiligung des Urhebers etwa bei Nutzungsrechtseinräumungen auf nachgelagerten Stufen. Auf die Einräumung solcher **Sublizenzen** und deren Übertragung ist § 31 Abs. 4 a.F. **nicht anwendbar** (*Schwarz* ZUM 2003, 733, 734; *Jan Bernd Nordemann* FS Nordemann II S. 196; Loewenheim/*Jan Bernd Nordemann* § 60 Rn. 33). Sein Schutzzweck (vgl. Rn. 1 ff.) war personell auf den Urheber beschränkt und diente nicht den Interessen der Verwerter. Solche Verträge ohne Beteiligung des Urhebers sind an der **Zweckübertragungslehre** zu messen (Loewenheim/*Jan Bernd Nordemann* § 60 Rn. 33); vgl. § 31 Rn. 172 ff.

Rechtsfolge des § 31 Abs. 4 a.F. war die **Unwirksamkeit** sowohl der Einräu- **10** mung als Verfügungsgeschäft als auch des Verpflichtungsgeschäfts. Das Schicksal des restlichen Teiles eines einheitlichen und teilbaren Rechtsgeschäftes – wenn etwa andere (bekannte) Rechte eingeräumt wurden – bestimmt sich nach § 139 BGB; ggf. muss diesbezüglich eine Rückabwicklung nach Bereicherungsrecht erfolgen. Wenn die Voraussetzungen für einen **Nacherwerb nach § 137l** nicht vorliegen, kann den Urheber eine **Verpflichtung zur Rechtseinräumung** treffen (vgl. Vor §§ 31 ff. Rn. 98). Konnte der **Ersterwerber** eine unbekannte Nutzungsart **wegen § 31 Abs. 4 a.F.** vom Urheber **nicht erwerben**, ist Folgendes zu beachten: eine weitere Verfügung, sei es durch konstitutive Einräumung eines Enkelrechtes oder translative Übertragung des erworbenen Nutzungsrechtes an einen Dritten, ist nicht möglich, was i.E. auf der dinglichen Ebene für die Verwerter untereinander dieselbe Folge wie § 31 Abs. 4 a.F. hat. Unterschiede ergeben sich hingegen auf der schuldrechtlichen Ebene: Im Gegensatz zur Rechtsfolge des § 31 Abs. 4 a.F. zwischen Urheber und Verwerter ist die Verpflichtung zu einer unmöglichen Verfügung wirksam, was zu einer **Haftung** des Erstverwerters nach § 311a BGB führt. Nach § 311a Abs. 2 BGB ist er zum Ersatz des entstandenen Schadens verpflichtet, wenn er seine Unkenntnis von der Unmöglichkeit der Einräumung zu vertreten hat. Das Verschuldenserfordernis ist hier also auf die Unkenntnis von der Unbekanntheit (und damit Uneinräumbarkeit) der Nutzungsart bezogen. Ersatzfähig ist der volle Nichterfüllungsschaden und nicht nur der Vertrauensschaden. Freilich wird zwischen branchenkundigen Verwertern eine Kürzung des Schadensersatzes durch Mitverschulden, § 254 BGB, in Betracht kommen. Zum **internationalen Privatrecht** und insbesondere der Frage der Anknüpfung des § 31 Abs. 4 a.F. vgl. Rn. 14.

11 c) **Altverträge DDR:** Im Urheberrecht der DDR existierte ebenso wenig wie im bundesdeutschen Recht vor 1966 ein Verbot der Einräumung von Rechten an unbekannten Nutzungsarten. Deshalb ist eine Einräumung von Rechten an unbekannten Nutzungsarten in Verträgen vor dem 03.10.1990 denkbar. § 31 Abs. 4 a.F. ist nicht etwa wegen des ordre-public Vorbehalts des Art. 6 bzw. Art 36 EGBGB auf DDR-Altverträge nach dem 01.01.1966 (Inkrafttreten des UrhG in der BRD) anwendbar (so aber Wandtke/Bullinger/*Wandtke*[2] EVtr Rn. 39), weil der Einigungsvertrag irgendwelche Vorbehalte nicht kennt, obwohl dies möglich gewesen wäre (ausführlich vgl. Vor §§ 31 ff. Rn. 22). Allerdings ist die Zweckübertragungslehre zu beachten, die auch im Urheberrecht der DDR galt (vgl. § 31 Rn. 3). Sie verhindert die Rechtseinräumung für unbekannte Nutzungsarten grundsätzlich nicht (OLG München ZUM 2000, 61, 64 – *Das kalte Herz*; *Püschel* GRUR 1992, 579, 582; Wandtke/Bullinger/ *Wandtke*[2] EVtr Rn. 53 ff., insbesondere unter Verweis auf § 39 lit. a) DDR-URG). Die Einräumung wird auch nicht dadurch in der Praxis unmöglich, dass nur abstrakte Formulierungen möglich wären (*Haupt* ZUM 1999, 381; a.A. Wandtke/Bullinger/*Wandtke*[2] EVtr Rn. 28); insoweit gilt nichts anderes als für das bundesdeutsche Recht (vgl. § 31 Rn. 173).

3. EU-Recht und internationales Recht

12 Für § 31a und dort insbesondere für das Schriftformgebot diente Art. L. 131–6 des **französischen Code** de la propriété intellectuelle als **Vorbild** (RegE 2. Korb – BT-Drucks. 16/1828, S. 24). Auf **EU-Ebene** ist das Recht der unbekannten Nutzungsarten indes nicht harmonisiert; es fehlt überhaupt an einer grundsätzlichen EU-Regelung des Urhebervertragsrechts (vgl. Vor §§ 31 ff. Rn. 24 ff.).

13 **Internationalprivatrechtlich** sollte § 31a über das Vertragsstatut angeknüpft werden. Eine Anknüpfung über das Schutzlandprinzip scheidet aus. Denn sowohl Schriftformgebot als auch Widerrufsrecht sind vertraglicher Natur (eingehend vgl. Vor §§ 120 ff. Rn. 88).

14 Auch **§ 31 Abs. 4 a.F.** wird (für Verträge vom 01.01.1966 bis 31.12.2007 vgl. Rn. 6 ff.) internationalprivatrechtlich nicht nach dem Schutzlandprinzip, sondern nach dem Vertragsstatut angeknüpft (str.: wie hier *Obergfell* K&R 2003, 118, 125; *Hilty/Peukert* GRUR Int. 2002, 643, 644; *Siehr*, Internationales Privatrecht, 2001, S. 292; *Schack*[4] Rn. 1148; *Jan Bernd Nordemann/Wilhelm Nordemann* FS Schricker 70. Geb. S. 473, 482; für eine zwingende Wirkung: *Loewenheim* ZUM 1999, 923, 926; Schricker/*Katzenberger*[3] vor §§ 120 ff. Rn. 166; Möhring/Nicolini/*Hartmann*[2] vor §§ 120 ff. Rn. 15; Dreier/Schulze/ *Dreier*[2] vor §§ 120 ff. Rn. 55; für eine zwingende Anwendung wohl auch BGH GRUR 1988, 296 – *GEMA-Vermutung IV*; BGH GRUR Int. 1998, 427 – *Spielbankaffaire*; ausdrücklich offen aber BGH GRUR 2001, 826, 828 – *Barfuß ins Bett*; vgl. Vor §§ 120 ff. Rn. 88). Schon mit Einführung des § 32b (i.V.m. §§ 32, 32a) war für eine zwingende Anwendung des § 31 Abs. 4 a.F. kein Raum mehr (*Jan Bernd Nordemann/Wilhelm Nordemann* FS Schricker 70. Geb. S. 473, 482; Wandtke/Bullinger/*von Welser*[2] § 32b Rn. 2). Der Gesetzgeber des 2. Korbes 2007 hat § 31 Abs. 4 a.F. als „Missstand" (RegE 2. Korb – BT-Drucks 18/1828, S. 22) bezeichnet und im Filmbereich als „weder im Interesse der Urheber noch im Interesse der Filmproduzenten und auch nicht im Interesse der Konsumenten" gebrandmarkt (RegE 2. Korb – BT-Drucks. 16/1828, S. 33), so dass eine extensive Anwendung internationalprivatrechtlich kaum als angezeigt erscheint. Die gegenteilige Auffassung wird

§ 137l zu beachten haben. Zum Erwerb der Rechte an unbekannten Nutzungs-arten bei **US-Vertragsstatut** und „work-for-hire" bzw. einer Übertragung des Urheberrechts, vgl. § 31 Rn. 117.

II. Tatbestand

1. Schriftformgebot (Abs. 1 S. 1)

a) Vertrag: Zunächst muss ein Vertrag vorliegen, also eine Willensübereinstimmung zwischen zwei oder mehr Personen im Hinblick auf die für § 31a relevante Einräumung oder Verpflichtung. Nach seinem Sinn und Zweck setzt § 31a dabei einen wirksamen Vertrag voraus, weil nur dann der Vertrag wirtschaftliche Folgen hat. Ist ein Vertrag also schon nach anderen Bestimmungen unwirksam oder noch nicht wirksam (z.B. Fehlen einer behördlichen Genehmigung, noch nicht eingetretene aufschiebende Bedingung), kommt § 31a nicht zur Anwendung. **15**

Der **Vertragstyp** ist grundsätzlich unerheblich. § 31a gilt danach insbesondere **16** für **Verlagsverträge**, weil die Regelungen des UrhG in den §§ 31 bis 44 UrhG den Bestimmungen des VerlG vorgehen (vgl. Einl VerlG Rn. 11 ff.; Loewenheim/*Jan Bernd Nordemann* § 64 Rn. 14), ansonsten auch für andere übliche Urheberverträge wie die Sende-, Aufführungs-, Tonträgerherstellungs- oder Merchandisingverträge. **Qualifizierte Optionsverträge** (dazu allgemein vgl. Vor §§ 31 ff. Rn. 319 ff.) berechtigen den Verwerter einseitig, durch Ausübung der Option einen Vertrag bestimmten Inhaltes zur Geltung zu bringen. Sie fallen dann unter § 31a, wenn die optionierte Verpflichtung die Voraussetzungen des § 31a erfüllt, also sich auf unbekannte Nutzungsarten erstreckt. Mit Einräumung der Option hat es der Urheber aus der Hand gegeben, ob er Rechte an unbekannten Nutzungsarten einräumt. **Einfache Optionsverträge** (dazu allgemein vgl. Vor §§ 31 ff. Rn. 318) erlauben dem optionsverpflichteten Urheber, den Vertragsschluss mit dem Optionsberechtigten dadurch zu vermeiden, dass ein anderer zu einem Vertragsschluss unter günstigeren Bedingungen bereit ist. Darauf ist § 31a analog anzuwenden (siehe die Parallele zum Schriftformerfordernis des § 40: OLG Schleswig ZUM 1995, 867, 872; Schricker/*Schricker*³ § 31 Rn. 3 m.w.N.; Loewenheim/*Jan Bernd Nordemann* § 60 Rn. 49). Hier besteht zumindest dann eine Bindung, wenn sich günstigere Bedingungen nicht finden lassen. Für **Vorverträge**, die im Gegensatz zum Optionsvertrag beide Seiten zum Abschluss eines späteren Vertrages binden, gilt § 31a ebenfalls (vgl. Vor §§ 31 ff. Rn. 309). Auch **spätere Modifikationen** unterfallen § 31a und müssen schriftlich abgefasst werden, wenn die Modifizierung auch den materiellen Umfang der Werknutzung betrifft (OLG Hamburg ZUM 2005, 833, 837 – *Yacht-Archiv*). Das gilt wegen § 31a Abs. 3 allerdings nicht, wenn die Nutzungsart dann bereits bekannt war. Bei einem laufenden Filmabonnementvertrag und jährlicher Übersendung von sog. Freigabedokumenten mit Bestätigung der unbeschränkten Nutzung ist auf das jeweilige Datum der Bestätigung abzustellen (OLG Köln MMR 2003, 338 – *Filmmusik*).

Einräumung an Verwertungsgesellschaften: Angesichts ihrer treuhänderischen **17** Rechtewahrnehmung, die das von § 31a geregelte Schutzbedürfnis des Urhebers in den Hintergrund drängt, liegt es nahe, § 31a nicht auf Wahrnehmungsverträge mit VGen anzuwenden. Mehr als die Erwägung, dass dem Urheber dennoch mit dem Widerrufsrecht die Entscheidung vorbehalten werden soll, ob es zu einer Verwertung überhaupt kommt und er ggf. die Chance behalten soll, an einer VG vorbei bessere Konditionen aushandeln, spricht dagegen aber der klare Wortlaut des Gesetzes. Auch für § 31 Abs. 4 a.F. hatte der BGH eine Ausnahme zu Gunsten einer Einräumung an VGen abgelehnt (BGH GRUR 1986, 62, 65 – *GEMA-Vermutung I*; BGH GRUR 1988, 296, 298 – *GEMA-Vermutung IV*; a.A. noch OLG München GRUR 1983, 571, 572 – *Spielfilm-Videogramme*; kritisch auch *Castendyk* ZUM 2002, 343; *Wandtke/Holzapfel* GRUR 2004, 284, 288; Schricker/*Schricker*³ § 31 Rn. 29; *Jan Bernd Nordemann* FS Nordemann II S. 193, 196). Ein Abschlusszwang für VGen gem. § 11 UrhWahrnG besteht jedoch nicht (*Schulze* UFITA 2007, 641, 658).

18 **Arbeitsverhältnisse:** Im Arbeitsverhältnis ist § 43 zu beachten. Daneben **gilt** § **31a** (genauso zu § 31 Abs. 4 a.F.: BGH GRUR 1991, 133, 135 – *Video-zweitauswertung*; OLG München GRUR 1994, 115, 116 – *Audiovisuelle Verfahren*). In Arbeits- oder Tarifverträgen ist § 31a jedoch entgegen § 31a Abs. 4 **abdingbar** (vgl. Rn. 79). Auch wenn das Widerrufsrecht des § 31a nicht abgedungen wurde, besteht gleichwohl eine Verpflichtung zur Nichtsausübung oder Zurückeinräumung aus den Nebenpflichten des Arbeitsvertrages, nach Beendigung des Arbeitsverhältnisses aus nachwirkender Pflicht (*Schmechel-Gaumé* K&R 2001, 74, 77 zu § 31 Abs. 4 a.F.).

19 **b) Durch den Urheber:** Die Regelung des § 31a Abs. 1 S. 1 gilt für Verträge des Urhebers; zur zeitlichen Anwendbarkeit auf **Altverträge vor 1966** und **von 1966 bis 2007** vgl. Rn. 5 ff. sowie auf **DDR-Verträge** vgl. Rn. 11. Das Schriftformgebot entfaltet Wirkung auch zu Gunsten der **Urhebererben**; lediglich das Widerrufsrecht erlischt mit dem Tod des Urhebers (§ 31a Abs. 2 S. 3). Für **einfache Lichtbilder** und für **wissenschaftliche Ausgaben** findet § 31a (und auch § 31 Abs. 4 a.F. für Verträge bis 31.12.2007) Anwendung, weil § 72 Abs. 1 bzw. § 70 Abs. 1 seit 01.01.1966 eine entsprechende Anwendung des gesamten ersten Teils, also der Vorschriften über das Urheberrecht, anordnen. Für die übrigen Leistungsschutzrechte wird hingegen ausdrücklich nicht auf § 31a verwiesen, so für: **Ausübende Künstler** (§ 79 Abs. 2 S. 2), **Veranstalter** (§ 81 S. 2), **Tonträgerhersteller** (§ 85 Abs. 2 S. 2), **Sendeunternehmen** (§ 87 Abs. 2 S. 2) und **Filmhersteller** (§§ 94 Abs. 2 S. 2, 95), so dass § 31a keine Anwendung findet. **Bloße Inhaber von Nutzungsrechten:** Der Wortlaut des § 31a Abs. 1 spricht davon, dass der Urheber Rechte für unbekannte Nutzungsarten einräumt; auf die Einräumung zwischen Verwertern ohne Beteiligung des Urhebers etwa bei Nutzungsrechtseinräumungen auf nachgelagerten Stufen ist § 31a also nicht anwendbar. Allerdings können Nutzungsrechtsinhaber teilweise in die Position des Vertragspartners des Urhebers einrücken, wenn sie die unbekannten Nutzungsrechte übertragen erhalten (vgl. Rn. 62).

20 **c) Rechte eingeräumt oder sich dazu verpflichtet:** Mit Rechtseinräumung ist die Verfügung über das Urheberrecht gemeint, durch die Nutzungsrechte abgespalten werden (ausführlich vgl. § 31 Rn. 5 ff.). Davon zu trennen ist das der Verfügung zu Grunde liegende Verpflichtungsgeschäft (zum Trennungsprinzip vgl. § 31 Rn. 29; zur Durchbrechung des Abstraktionsprinzips aber vgl. § 31 Rn. 29). Besondere **Anforderungen an die Formulierung der Nutzungsrechtseinräumung** bzw. Verpflichtung bestehen nicht. Es genügt, pauschal von „Rechten an unbekannten Nutzungsarten" zu sprechen, jedoch müssen Rechte an unbekannten Nutzungsarten ausdrücklich angesprochen sein (vgl. Rn. 53). Eine analoge Anwendung des § 31a auf Verfügungen über

Vergütungsansprüche aufgrund neuer, unbekannter Nutzungsarten findet nicht statt (dafür aber bei § 31 Abs. 4 a.F.: Schricker/*Melichar*[3] Vor § 44a Rn. 19 m.w.N.; eingeschränkter Dreier/Schulze/*Dreier*[2] Vor §§ 44a ff. Rn. 17: in Einzelfällen). Denn die Verfügung über Vergütungsansprüche ist in § 63a abschließend geregelt.

d) „**Nutzungsart**" i.S.d. § 31a: Der Begriff der Nutzungsart wird im UrhG in **21** **mehreren Zusammenhängen** verwendet, so etwa in § 31 Abs. 1 und Abs. 5, § 31a sowie §§ 88, 89. Der Begriff der Nutzungsart in § 31a ist dabei **gesondert** auszulegen. Insbesondere ist die Nutzungsart gem. **§ 31 Abs. 1** (vgl. § 31 Rn. 10) und die Nutzungsart nach **§ 31a nicht identisch**. Es genügt für § 31a nicht, dass die Nutzungsart als hinreichend klar abgrenzbare Verwertungsform gem. § 31 Abs. 1 Gegenstand einer dinglich auch Dritten gegenüber geltenden Nutzungsrechtseinräumung sein kann. Das war schon für den Vorgänger § 31 Abs. 4 a.F. zutreffend (BGH GRUR 1997, 215, 217 – *Klimbim*; im Schrifttum war die Frage der Einheitlichkeit des Begriffes der Nutzungsart innerhalb von § 31 strittig, dafür und gegen den BGH: *Kitz* GRUR 2006, 546, 551; Schricker/*Schricker*[3] § 31 Rn. 8; *Donhauser*, Der Begriff der unbekannten Nutzungsart gemäß § 31 Abs. 4 UrhG, 2001, S. 96 f.; wie hier *Castendyk* ZUM 2002, 332, 336 m.w.N.; Loewenheim/*Loewenheim*/*Jan Bernd Nordemann* § 24 Rn. 6 und § 26 Rn. 37). Auch für § 31a kann nichts anderes gelten (so auch *Berger* GRUR 2005, 907, 908). Zwar ordnet § 31a – im Gegensatz zum pauschalen Verbot des § 31 Abs. 4 – „nur" die Schriftform an und erlaubt den Widerruf des Urhebers. Jedoch sind Unwirksamkeitsfolge bei mangelnder Einhaltung der Schriftform und Rückfall bei Widerruf ebenfalls sehr einschneidende Konsequenzen für die Verwertbarkeit des Werkes in neuen Technologien durch den Vertragspartner, so dass eine restriktive Auslegung sinnvoll ist (vgl. Rn. 4). Für eine **Differenzierung** zwischen der Nutzungsart nach § 31 Abs. 1 und nach § 31a sprechen auch deren unterschiedliche **Zwecke**: Für die Bestimmung der Nutzungsart nach § 31 Abs. 1 sind Verkehrsschutzaspekte entscheidend, ob eine Abspaltung der Nutzungsart mit dinglicher Wirkung zugelassen werden soll. Demgegenüber geht es bei § 31a um den Schutz des Urhebers, dabei sind allerdings auch die berechtigten Interessen des Vertragspartners und der Allgemeinheit zu berücksichtigen (zu § 31 Abs. 4 a.F.: *Castendyk* ZUM 2002, 332, 336 m.w.N.; *Loewenheim* GRUR 2004, 36, 37; zu den Schutzzwecken des § 31a vgl. Rn. 1 ff.).

Danach erschöpfen sich die Anforderungen nicht in der von § 31 Abs. 1 **22** verlangten hinreichend klar abgrenzbaren Verwendungsform (vgl. § 31 Rn. 10 ff.), sondern erfordern eine neu geschaffene **eigenständige Nutzungsart**, die sich **von den bisherigen technisch und wirtschaftlich** so **sehr unterscheidet**, dass eine Werkverwertung in dieser Form nur auf Grund einer eigenständigen Entscheidung des Urhebers zugelassen werden kann, wenn dem Grundgedanken des Urheberrechtes, dass der Urheber tunlichst angemessen an dem wirtschaftlichen Nutzen seines Werkes zu beteiligen ist, Rechnung getragen werden soll (BGH GRUR 1997, 215, 217 – *Klimbim*). Das ist nicht der Fall, wenn eine schon bisher übliche Nutzungsmöglichkeit durch den technischen Fortschritt erweitert und verstärkt wird, ohne sich aber dadurch in ihrem Wesen entscheidend zu verändern (BGH GRUR 2005, 937, 939 – *Der Zauberberg*; BGH GRUR 1997, 215, 217 – *Klimbim*; KG GRUR 2002, 252, 254 – *Mantellieferung*; OLG Hamburg GRUR-RR 2002, 153, 157 – *Der grüne Tisch*). Dabei ist auf die **Sicht der Endverbraucher** abzustellen (BGH GRUR 2005, 937, 939 – *Der Zauberberg*; BGH GRUR 1997, 215, 217 – *Klimbim*).

23 Als **relevanter Zeitpunkt** für die Beurteilung der Eigenständigkeit wird zutreffend der Zeitpunkt der Nutzungshandlung gesehen (BGH GRUR 1997, 215, 217 – *Klimbim; Schwarz* ZUM 2000, 810, 825), wobei die Beurteilung ggf. mit einer Prognose der zukünftigen Entwicklung zu verknüpfen ist (siehe die Prognose zur Substitution der Videokassette durch die DVD bei BGH GRUR 2005, 937, 940 – *Der Zauberberg*). Abzulehnen ist die Auffassung, dass auf den Zeitpunkt des Vertragsschlusses abzustellen ist, um Eigenständigkeit und Bekanntheit in zeitlicher Hinsicht anzugleichen (*Castendyk* ZUM 2002, 332, 341; *Schulze* ZUM 2000, 437, 438; Dreier/Schulze/*Schulze*² § 31 Rn. 76). Die Eigenständigkeit muss durch Vergleich der vorbekannten mit der neuen Nutzungsform festgestellt werden. Zum Zeitpunkt des Vertragsabschlusses ist ein solcher Vergleich denklogisch ausgeschlossen.

24 **Bezugspunkt** ist das **Werk in seiner konkreten Nutzungsform.** Es kommt nicht auf die abstrakt – ggf. bloß für andere Nutzungsformen – bestehenden Nutzungsmöglichkeiten an, weil § 31a sich auf die konkrete Nutzung bezieht und keine abstrakt generellen Regeln aufstellen will. Auch erlaubt nur eine Beurteilung der konkreten Nutzungsform eine angemessene Differenzierung in unterschiedlichen Anwendungsfeldern einer einheitlichen Technologie. Im Zeitschriftenbereich (Jahrgangsbände; dazu BGH GRUR 2002, 248, 252 – *Spiegel-CD-ROM*) beurteilt sich die Neuheit einer Nutzungsart anders als bei Verwendung der DVD für Filme (dazu BGH GRUR 2005, 937, 939 – *Der Zauberberg*). Weiter darf bei der Frage, ob die (Film-)DVD gegenüber der Videokassette als technisch eigenständig anzusehen ist, nicht auf die Nutzung als DVD mit allen abstrakten Möglichkeiten, die die DVD bietet, sondern nur auf die konkret bei dem betreffenden Werk vorhandenen Nutzungsmöglichkeit abgestellt werden (a.A. *OLG München* GRUR 2003, 50, 53 – *Der Zauberberg*, von BGH GRUR 2005, 937, 939 f. – *Der Zauberberg* insoweit nicht kommentiert; *Loewenheim* GRUR 2004, 36, 38). Interaktivität einer Film-DVD (z.B. mit der individuellen Möglichkeit der Veränderung des Betrachtungswinkels durch den Verbraucher) ist also nur relevant, wenn auch die konkret betroffene DVD diese Interaktivität überhaupt ermöglicht. Auch der BGH stellt in *Spiegel-CD-ROM* auf die konkret vorhandenen technischen Möglichkeiten ab (BGH GRUR 2002, 248, 252 – *Spiegel-CD-ROM*, allerdings zu § 31 Abs. 5).

25 Für die Bestimmung der Eigenständigkeit ist eine **zweistufige** Prüfung vonnöten, die zuerst die **technische** und dann die **wirtschaftliche** Eigenständigkeit umfasst (BGH GRUR 2005, 937, 939 – *Der Zauberberg*; BGH GRUR 1997, 215, 217 – *Klimbim;* BGH GRUR 1997, 464, 466 – *CB-Infobank*). Beide müssen **kumulativ** vorliegen; eine rein technische Verbesserung ohne wirtschaftliche Auswirkung genügt nicht (BGH GRUR 2005, 937, 939 – *Der Zauberberg,* BGH GRUR 1997, 215, 217 – *Klimbim; Loewenheim* GRUR 2004, 36, 37; *Castendyk* ZUM 2002, 332, 337; a.A. *Kitz* GRUR 2006, 546, 551). Leider wird nicht immer hinreichend genau zwischen beiden Voraussetzungen getrennt (OLG Düsseldorf ZUM 2001, 164, 166, das „schon unter technischen Gesichtspunkten" eine neue Nutzungsart bejaht). Diese **restriktive Auslegung** (Notwendigkeit von technischer *und* wirtschaftlicher Eigenständigkeit) ist geboten. Insbesondere mit dem Merkmal der wirtschaftlich eigenständigen Verwendungsform werden auch die Interessen des Vertragspartners berücksichtigt. Ansonsten würde allein eine technisch neue Verwendungsform, die eine intensivere Nutzung erlaubt und innerhalb kurzer Zeit die herkömmliche Verwendungsform verdrängt, ausreichen, um eine Rechtseinräumung, die diese neue Verwendungsform umfasst, nach § 31a unter das Schriftformerfordernis zu stellen und über das Widerrufsrecht angreifbar zu machen. Die herkömmliche Verwendungsform ließe sich nicht mehr absetzen, weil ihm keine Rechte an der neuen Verwendungsform zustünden (so zu Recht BGH GRUR 2005, 937, 939 – *Der Zauberberg,* wenn auch zum pauschalen Verbot des § 31 Abs. 4 a.F.). Dann würde aber die wirtschaftlich-technische Fortentwicklung der Werknutzung durch Herausbildung neuer, selbständig lizenzierbarer Nutzungsmöglichkeiten, deren Weiterentwicklung letztlich auch im Interesse des Urhebers liegt, behindert. Insoweit werden dessen Interessen schon durch das übrige Urhebervertragsrecht geschützt (BGH GRUR 1997, 215, 217 – *Klimbim*; BGH GRUR 1996, 121, 122 – *Pauschale Rechtseinräumung*; s.a. *Wandtke* FS Nordemann II S. 267, 271 ff.; kritisch Dreier/Schulze/*Schulze*[2] § 31 Rn. 73). Es gelten insbesondere § 31 Abs. 5 und § 32a (BGH GRUR 1997, 215, 217 – *Klimbim,* noch zu § 36 a.F.); für Verträge ab 01.06.2001 (§ 132 Abs. 3) kommt sogar noch die Anwendbarkeit des § 32 dazu.

aa) Technische Eigenständigkeit: In der Entscheidung *GEMA-Vermutung* hat **26** der I. Zivilsenat des BGH für die technische Eigenständigkeit ausreichen lassen, dass die „technischen Möglichkeiten in beträchtlichem Maße verbessert und erweitert worden sind" (*BGH* GRUR 1986, 62, 65 – *GEMA-Vermutung I*). *Klimbim* schränkte dies jedoch ein. Es reicht danach nicht aus, dass eine schon bisher übliche Nutzungsmöglichkeit durch den technischen Fortschritt erweitert und verstärkt wird, ohne sich aber dadurch **aus der Sicht der Endverbraucher in ihrem Wesen entscheidend zu verändern** (BGH GRUR 1997, 215, 217 – *Klimbim*).

Deshalb sind bloße **Qualitätsverbesserungen** nicht ausreichend. Satelliten- und **27** Kabelfernsehen war noch nicht einmal technisch eigenständig gegenüber terrestrischem Fernsehen (BGH GRUR 1997, 215, 217 – *Klimbim*). Das Gleiche gilt für die Qualitätsverbesserung von Schallplatte zu CD oder der Videokassette zur DVD (*Loewenheim* GRUR 2004, 36, 38). Eine bloße Steigerung der **Bedienungsbequemlichkeit** kann eine technische Eigenständigkeit nur begründen, wenn sich dadurch aus Verbrauchersicht etwas Entscheidendes verändert. Beim Fernsehen liegt nicht etwa durch die Entwicklung der Fernbedienung sowie des Videotextes als Unterstützungsmedium eine technisch eigenständige Nutzungsform vor (*Castendyk* ZUM 2002, 332, 341). Zweifelhaft ist danach auch, ob allein die Möglichkeit des präzisen Suchens und Ansteuerns von Titeln bei der Musik-CD gegenüber der Schallplatte genügt. Aus Sicht der Verbraucher steht nach wie vor der Musikgenuss und nicht die Recherchefunktion im Vordergrund (ähnlich OLG Köln ZUM 2001, 166, 172 – *The Kelly Family*; für eine technische Eigenständigkeit der CD hingegen KG NJW-RR 2000, 270, 271; OLG Düsseldorf ZUM 2001, 164, 165). Das Gleiche gilt für die DVD im Vergleich zu Videokassette. Menü, direkte Ansteuerung von Szenen, Suchlauf usw. sind aus der ausschlaggebenden Sicht des Verbrauchers nicht geeignet, das Wesen der Nutzungsmöglichkeit entscheidend zu ändern, weil die Nutzung in Form des Abspielens des Films nur bequemer und qualitativ hochwertiger wird, der Verbraucher aber den Film wie bisher wahrnimmt (*Loewenheim* GRUR 2004, 36, 38). Bei der CD-Rom eines Zeitschriftenjahrganges im Vergleich zum Printwerk kann sich die technische Eigenständigkeit allerdings aus der enormen Platzersparnis ergeben (BGH GRUR 2002, 248, 251 – *Spiegel-CD-ROM,* zu § 31 Abs. 5).

Veränderungen der **Aufnahme- und Wiedergabetechnik** sind differenziert zu **28** betrachten. Die Videotechnik erlaubte das technisch einfache Abspielen von

Bildtonträgern durch den privaten Verbraucher und war deshalb eine technisch eigenständige Verwendungsform gegenüber dem Schmalfilm oder dem Fernsehen (*BGH* GRUR 1986, 62, 65 – *GEMA-Vermutung I*). Sie ist ferner gegeben, wenn bei Zeitschriftenjahrgangsbänden auf CD-ROM im Vergleich zur gedruckten Ausgabe eine Textrecherche als wichtige neue Nutzungsmöglichkeit zur Verfügung steht (BGH GRUR 2002, 248, 251 – *Spiegel-CD-ROM*, allerdings zu § 31 Abs. 5). Beim Vergleich Videokassette und DVD hingegen führt die Möglichkeit, auf den acht Soundspuren der DVD verschiedene Sprachversionen des Films, Kommentare des Regisseurs, abweichende Filmversionen oder Zusatzinformationen (Bonusmaterial) anzubieten, nicht zu einer aus der Sicht des Verbrauchers entscheidenden Wesensänderung. Denn der Verbraucher kann nur eine Fassung gleichzeitig wahrnehmen.

29 **Interaktive Nutzungsmöglichkeiten** können hingegen aus Sicht des Endverbrauchers die Nutzung entscheidend verändern, beispielsweise bei der DVD die Möglichkeit der Veränderung des Betrachtungswinkels (Perspektive) oder die verschiedenen Handlungsstränge, zwischen denen der Nutzer interaktiv wählen kann. Hierbei ist allerdings zu berücksichtigen, dass vor Bekanntwerden solcher interaktiven Nutzungsformen geschaffenes Filmmaterial diese Nutzungsmöglichkeiten nicht bereithält. Keine DVD, für die eine technische Eigenständigkeit gegenüber der Videokassette zu untersuchen ist, kennt also diese Interaktivität. Deshalb scheidet eine Berücksichtigung von vornherein aus (*OLG München* GRUR 2003, 50, 53 – *Der Zauberberg; Loewenheim* GRUR 2004, 36, 38). Ohnehin kommt es stets auf das konkrete Werk bei der Bestimmung der Anwendung des § 31 Abs. 4 und nicht auf die abstrakt bestehenden Nutzungsmöglichkeiten an (str., vgl. Rn. 24).

30 **bb) Wirtschaftliche Eigenständigkeit:** Die zweite Voraussetzung bildet das Erfordernis der wirtschaftlichen Eigenständigkeit. Es ist eine **Gesamtschau** anzustellen. Entscheidend ist auch hier – wie bei der technischen Eigenständigkeit –, dass aus Sicht der Verbraucher eine entscheidende Wesensänderung der wirtschaftlichen Nutzung stattgefunden haben muss.

31 Das **wichtigste Kriterium** zur Bestimmung der wirtschaftlichen Eigenständigkeit ist die **fehlende Substitution** der bestehenden Nutzungsarten durch die neue Nutzungsart. Eine neue Nutzungsart liegt dann vor, sobald neue Märkte erschlossen werden und nicht lediglich vorbekannte Nutzungsarten substituiert werden (BGH GRUR 2005, 937, 939 – *Der Zauberberg;* OLG Hamburg, GRUR-RR 2002, 153, 157 – *Der grüne Tisch; Castendyk* ZUM 2002, 332, 339; *Wandtke/Holzapfel* GRUR 2004, 284; Loewenheim/*Jan Bernd Nordemann* § 26 Rn. 39; Möhring/Nicolini/*Spautz*[2] § 31 Rn. 45; HK-UrhR/*Kotthoff* § 31 Rn. 121; zu Unrecht kritisch *Reber* ZUM 1998, 481 ff.; *ders.* GRUR 1998, 792, 796; *Stieper/Frank* MMR 2000, 643, 644). Ohne diese Substitutionswirkung ist das Vorliegen wirtschaftlicher Eigenständigkeit „tendenziell zu verneinen" (BGH GRUR 2005, 937, 939 – *Der Zauberberg*).

32 Die substituierte Nutzungsart muss allerdings **wirtschaftlich bedeutend** gewesen sein und Verbraucherkreise in nennenswertem Umfang erschlossen haben (*Loewenheim* GRUR 2004, 36, 39). Das zeigt sich am Beispiel der (vorher unbekannten) Nutzungsart Video im Gegensatz zu Schmalfilm. Erst Video brachte den Massenmarkt für Zweitauswertung durch Bildtonträger zum Entstehen, Schmalfilm war nur ein Nischenprodukt; ferner gab es erst bei der Videokassette eine Vermietung (siehe BGH GRUR 1986, 62, 65 – *GEMA-Vermutung I;* ferner *Donhauser,* Der Begriff der unbekannten Nutzungsart gemäss § 31 Abs. 4 UrhG, 2001, S. 145). Ein Gegenbeispiel ist BGH GRUR

1977, 215, 217 – *Klimbim*: Die Änderung der Übertragungsform von terrestrischem Fernsehen zu Satellitenausstrahlung ist für Endverbraucher im Wesentlichen mit keiner Veränderung der Rezeption verbunden; es werden keine neuen Märkte und Verbraucherkreise erschlossen. Das Gleiche gilt für DVDs im Vergleich mit Videokassetten, weil DVDs den Absatz von Videokassetten kannibalisieren und DVDs auch keine neuen Verbraucherkreise erreichen (BGH GRUR 2005, 937, 940 – *Der Zauberberg*).

Das Kriterium der Substitution ist zwar an die aus dem **Kartellrecht** bekannte **33** **Marktabgrenzung** angelehnt (*Loewenheim* GRUR 2004, 36, 39 f.), jedoch darf letztere – insbesondere bei einer engen Anwendung des Bedarfsmarktkonzeptes (vgl. Vor §§ 31 ff. Rn. 267 ff. und die einschlägigen Kommentierungen zu § 19 GWB) – nicht unbesehen übernommen werden (s.a. BGH GRUR 2002, 248, 252 – *Spiegel-CD-ROM*), da dieses eine eher statische Betrachtung beinhaltet, die Substitution jedoch u.U. auch ein dynamischer Vorgang sein kann. Zudem besteht die Gefahr, durch zu sehr am Kartellrecht orientierte Anwendung des Bedarfsmarktkonzeptes bei der Frage, welche Güter für den Nachfrager konkret austauschbar sind, die im Kartellrecht bestehenden Probleme bei der Marktabgrenzung in das Urheberrecht zu tragen. Jedoch entsprechen sich die kartellrechtliche und die urheberrechtliche Betrachtung insoweit, als es entscheidend auf die **Sicht der** Abnehmer, also hier **Endnutzer**, ankommt (BGH GRUR 2005, 937, 940 – *Der Zauberberg*).

Im Übrigen ist jedoch im Rahmen einer Gesamtschau auch noch auf **weitere 34** **Kriterien** abzustellen. Für eine wirtschaftliche Eigenständigkeit der Nutzungsart kann ein **anderes Erscheinungsbild**, eine **neue Vertriebsstruktur mit separaten Vertriebswegen** (dazu ausführlich *Castendyk* ZUM 2002, 332, 336 ff. m.w.N.; *Loewenheim* GRUR 2004, 36, 39) oder eine bislang **nicht erreichbare wirtschaftliche Ausnutzbarkeit** sprechen, z.B. neben Verkauf jetzt auch Vermietung (BGH GRUR 1986, 62, 65 – *GEMA-Vermutung I*, zu Video gegenüber Schmalfilm). Dabei kommt es jedoch auf die **andere Qualität der Nutzung** an, nicht auf deren veränderte Quantität. **Umsatzerhöhungen** und **Mehrerlöse** auf dem gleichen Markt führen für sich genommen noch **nicht** zu wirtschaftlich eigenständiger Nutzungsart, solange qualitativ die Nutzungsformen sich in ihrem Wesen nicht entscheidend von bisherigen unterscheiden. Mehrerlöse können über § 32 und vor allem über § 32a UrhG erfasst werden, der bei Umsatzsteigerungen und bloßen technischen Verbesserungen im Falle eines auffälligen Missverhältnisses zwischen Lizenzgebühr und Verwertungseinnahmen Korrekturmöglichkeiten bietet (Loewenheim/*Jan Bernd Nordemann* § 26 Rn. 39). Keine Frage einer anderen Qualität der Nutzung ist, ob die Nutzung im Internet entgeltlich oder unentgeltlich erfolgt (OLG Hamburg ZUM 2005, 833, 837 – *Yacht-Archiv*). Auch die **Vertragspraxis** kann herangezogen werden; es spricht gegen eine neue Nutzungsart, wenn nach der Vertragspraxis nach Bekanntwerden der Nutzungsart diese stets gemeinsam mit einer länger bekannten in Lizenz vergeben wird (*Castendyk* ZUM 2002, 332, 345; *Loewenheim* GRUR 2004, 36, 41).

cc) Einzelfälle: Allein die Anwendung **digitaler** statt analoger **Technik** führt für **35** sich genommen noch nicht zu einer neuen Nutzungsart. Urheberrechtlich kommt es allein auf den konkreten Nutzungsvorgang an, nicht auf die Art der Speicherung (BGH GRUR 2002, 248, 252 – *Spiegel CD-ROM*; OLG Hamburg GRUR-RR 2002, 153, 157 f. – *Der grüne Tisch*; LG München I MMR 2001, 828, 829). Deshalb ist es auch viel zu pauschal, das **Internet** als neue Nutzungsart zu bezeichnen (*Czychowski* K&R 2000, 249). Internet bildet lediglich einen Oberbegriff, so dass hinsichtlich der Nutzungsarten weiter zu **differenzieren** ist (bspw. die Nutzung in Form einer Homepage, Streaming, temporärer bzw. permanenter Download, Internet-TV etc.). „Multimedia" ist wegen des allumfassenden Charakters ebenfalls keine eigene Nutzungsart (*Hoeren* CR 1995, 710, 712).

36 **Fernsehen** ist eine neue Nutzungsart gegenüber Kino (Loewenheim/*Castendyk* § 75 Rn. 46 unter zutreffendem Verweis auf BGH GRUR 1982, 727, 730 – *Altverträge*, dort allerdings zu § 31 Abs. 5). **Satelliten- und Kabelsendung** statt terrestrischer Übertragung ist keine neue Nutzungsart, weil für die Empfänger keine großen Unterschiede in Rezeption von terrestrischem Fernsehen zu einer anderen Übertragungsart bestehen (BGH GRUR 1997, 215 – *Klimbim*; BGH GRUR 2001, 826, 828 – *Barfuß ins Bett*; kritisch *Reber* GRUR 1998, 792, 794 mit Hinweis auf zusätzliche Kosten und wachsende Programmvielfalt). Das Gleiche dürfte für die digitale Übertragung auf terrestrischem Wege (**DVB-T**) gelten, da auch hier lediglich die Übertragungsform gewechselt hat. Die Sendung (§ 20) über das Internet – **Internet-Radio** (sog. **Webcasting**) oder **Internet-TV** – ist keine neue Nutzungsart (*Hoeren* CR 1995, 710, 713; *Castendyk* MMR 2000, 294, 295; HK-UrhR/*Kotthoff* § 31 Rn. 122; nicht einschlägig LG München I MMR 2000, 291, 293 – *Focus TV*, da es dort um den individuellen Abruf von Fernsehsendungen gem. § 19a ging). Sie substituiert lediglich andere Sendeformen über terrestrische Antenne, Satellit oder Kabel. Deshalb war schon die Satelliten- oder Kabelsendung gegenüber der terrestrischen Ausstrahlung keine neue Nutzungsart (BGH GRUR 1997, 215, 217 – *Klimbim*). Das Gleiche gilt für **Handy-TV** oder **Mobile-TV**, solange eine Substitution anderer technischer Sendeformen im Vordergrund steht (gl.A. *Weber* ZUM 2007, 688); das steht noch nicht abschließend fest. Insbesondere wenn eigene Inhalte, die nur speziell für die mobile Nutzung hergestellt sind, gesendet werden, ist eine Substitution nicht zwingend.

37 **Pay-TV,** dessen Unterschied zum Free-TV im zusätzlichen pauschalen Entgelt besteht, ist keine neue Nutzungsart (KG ZUM-RD 2000, 384, 386 f.; *Reber* GRUR 1998, 792, 797; *v. Gamm* ZUM 1994, 591, 595; *Plato* ZUM 1986, 572, 578; *Drewes*, Neue Nutzungsarten im Urheberrecht, 2001, S. 105; *Schack*[4] Rn. 551; a.A. *Ernst* GRUR 1997, 592, 596; Wandtke/Bullinger/*Wandtke/Grunert*[3] § 31 Rn. 46; HK-UrhR/*Kotthoff* § 31 Rn. 120; wohl auch Loewenheim/*Castendyk* § 75 Rn. 43). Von Pay-TV abzugrenzen ist **pay per view** wegen des fehlenden Pauschalentgeltes; es wird nur die ausgewählte Sendung bezahlt. Auch das ist keine neue Nutzungsart im Vergleich zu Pay-TV (*Eberle* GRUR 1995, 790, 798; Loewenheim/*Castendyk* § 75 Rn. 43; a.A. *Schack*[4] Rn. 55), weil allein durch die Änderung der Vergütungsstruktur keine wirtschaftliche Eigenständigkeit entsteht.

38 Die Zweitauswertung von Filmen durch **Video** gegenüber **Schmalfilm** ist eine neue Nutzungsart (BGH GRUR 1986, 62, 65 – *GEMA-Vermutung I*), da ein neuer Markt für die Vermarktung von Videofilmen gegenüber Schmalfilmen im Massengeschäft mit Verkauf und Vermietung erst durch die Einführung der Videotechnologie entstand. Etwas anderes gilt für **DVD** gegenüber **Video;** hier ist keine neue Nutzungsart entstanden (BGH GRUR 2005, 937, 940 – *Der Zauberberg*; OLG München GRUR 2003, 51, 53 f. – *Der Zauberberg*; LG München I ZUM 2003, 147 – *Die Macht der Bilder*; *Castendyk* ZUM 2002, 332, 345; *Loewenheim* GRUR 2004, 36, 38 m.w.N.; *v. Petersdorff-Campen* ZUM 2002, 74 ff.; *Lang* ZUM 2003, 150; *Stolzenburg-Wiemer* K&R 2002, 663; *Donhauser*, Der Begriff der unbekannten Nutzungsart gemäß § 31 Abs. 4

UrhG, 2001, S. 145 f.; **a.A.** für eine neue Nutzungsart aufgrund gegenüber dem Video erweiterter Funktionalität die Vorinstanz LG München MMR 2001, 828, 829; *Reber* MMR 2001, 829; *Stieper/Frank* MMR 2000, 643; *Katzenberger* GRUR Int. 2003, 889, 893; *Schack*[4] Rn. 551) Auch hier liegt keine entscheidende Veränderung im Wesen der Werkauswertung vor: Wiedergabequalität, Verschleißfreiheit und höherer Bedienkomfort sind ausschließlich technischer Natur, ebenso wie der Übergang von analoger zu digitaler Technik. Dieser Gesichtspunkt allein kann auch deswegen keine Rolle spielen, weil es für den Verbraucher kaum erkennbar ist, welches der beiden Verfahren angewandt wird (OLG München GRUR 2003, 51, 53 f. – *Der Zauberberg*). Dass die DVD einen eigenständigen Massenmarkt geschaffen hat (so *Katzenberger* GRUR Int. 2003, 889, 898), darf angesichts der „Kannibalisierung" der Videokassette durch DVDs bezweifelt werden. Aus Sicht des Endverbrauchers ändern auch neue Interaktionsmöglichkeiten nichts daran, dass letztendlich auch nur der Film auf dem Bildschirm erscheint, zumal jene für die Kaufentscheidung eher Dreingabe darstellen werden, als für den Kunden ein entscheidendes Kriterium zu sein, der primär einen Film sehen will. Danach sind auch direkt mit der DVD konkurrierende Formate wie **Blu-Ray** oder **HD-DVD** keine neuen Nutzungsarten nach § 31a.

Im Bereich Audio ist die **Musik-CD** gegenüber der Vinylschallplatte – wie die **39** DVD gegenüber der Videokassette – keine neue Nutzungsart (OLG Hamburg GRUR-RR 2002, 153, 157 f. – *Der grüne Tisch*; OLG Köln ZUM 2001, 166, 172 – *The Kelly Family*; LG Köln ZUM-RD 1999, 387 – *The Kelly Family*; *Castendyk* ZUM 2002, 332, 344; *Katzenberger* AfP 1997, 434, 440; wohl auch *Reber* GRUR 1998, 790, 796; Möhring/Nicolini/*Spautz*[2] § 31 Rn. 45; *Schack*[4] Rn. 551; **dagegen** und für eine neue Nutzungsart: KG NJW-RR 2000, 270; OLG Düsseldorf ZUM 2001, 164; *Fitzek*, Die unbekannte Nutzungsart, 2000, S. 105; *Wandtke* GRUR 2002, 1, 10; Vorauflage/*Hertin*[9] §§ 31/32 Rn. 18; Wandtke/Bullinger/*Grunert*[2] § 31 Rn. 50). Wenn als Kriterien für eine neue Nutzungsart technische Gesichtspunkte wie etwa der Übergang von der analogen zur digitalen Abspieltechnik, das dadurch geminderte Rauschen, ein weiterer Umfang von Tonfrequenzen u.Ä. angeführt werden, so bezieht sich das allein auf die technische Ebene, nicht aber auf die kumulativ erforderliche wirtschaftliche Eigenständigkeit (unzutreffend daher OLG Düsseldorf ZUM 2001, 164, 166, das „schon unter technischen Gesichtspunkten" eine neue Nutzungsart bejaht). Entscheidend ist vielmehr, dass die Schallplatte durch die CD vom Markt verdrängt und substituiert wurde, so dass sie heute allenfalls noch ein Liebhaberstück darstellt. Insoweit spricht auch die Entscheidung des BGH *EROC III* (BGH GRUR 2003, 234, 236 – *EROC III*) gegen eine neue Nutzungsart (so auch *Krüger* FS Nordemann II S. 343, 348). Auch wenn das Gericht offen ließ, ob die CD im Vergleich zur Vinylschallplatte eine neue Nutzungsart i.S.d. § 31 Abs. 4 a.F. darstellt, war nach dem BGH jedenfalls zu beobachten, dass die CD die Vinylschallplatte wirtschaftlich mehr oder weniger vollständig substituiert habe. Dass die CD „technisch eine neue Nutzungsvariante" darstelle, sei unbeachtlich. Nach seiner eigenen Rechtsprechung liegt eine unbekannte Nutzungsart aber nicht vor, wenn die neue Nutzung die ursprüngliche Nutzung mehr oder weniger vollständig substituiert hat (vgl. Rn. 31). Dementsprechend stellt auch die Nutzung von Fotos auf **CD-Covern** zwar eine selbständige Nutzungsart nach § 31 Abs. 1 dar (OLG Hamburg GRUR 2000, 45, 47 – *Streicheleinheiten*), jedoch keine Nutzungsart gem. § 31a.

40 Eine neue Nutzungsart liegt in der Auswertung von Musikwerken durch **Handyklingeltöne.** Technisch war die Nutzung von Musikwerken als Klingelton davor unbekannt. In wirtschaftlicher Hinsicht erfolgt keine Substitution. Vielmehr wurde qualitativ ein völlig neuer Markt erschlossen. Denn es steht nicht mehr das sinnlich-klangliche Erlebnis im Vordergrund, sondern die Nutzung als rein funktionales Erkennungszeichen, das nicht der Nutzer, sondern der Anrufer aktiviert (OLG Hamburg GRUR-RR 2002, 249, 251 – *Handy-Klingeltöne*; *Castendyk* ZUM 2005, 9, 13).

41 **Music on demand** und **video on demand** durch öffentliches Zugänglichmachen im Internet ist nicht zwingend eine neue Nutzungsart gegenüber der CD bzw. der DVD (a.A. für music on demand *Wandtke/Schäfer* GRUR Int. 2000, 187, 189; *Sasse/Waldhausen* ZUM 2000, 837; a.A. für video on demand: *Reber* GRUR 1998, 792, 796; *Schack*[4] Rn. 551; *Eberle* GRUR 1995, 790, 798; *Ernst* GRUR 1997, 592, 596; *v. Gamm* ZUM 1994, 591, 593; *Schwarz* ZUM 2000, 816, 828; *Drewes*, Neue Nutzungsarten im Urheberrecht, 2001, S. 107 ff.; indifferenziert von „On-Demand-Angeboten im Internet" als neue Nutzungsart spricht RegE 2. Korb – BT-Drucks. 16/1828, S. 33; offen: OLG München NJW-RR 1999, 988; wie hier dagegen *Hoeren* CR 1995, 710, 713, HK-UrhR/*Kotthoff* § 31 Rn. 122). Zwar ist eine **technische Eigenständigkeit** gegeben, weil die Nutzung bei on demand technisch völlig anders abläuft als die Verbreitung von Trägermedien wie CD oder DVD. Jedoch spricht derzeit einiges dafür, dass sich wirtschaftlich die Bedeutung von on demand teilweise in einer Substitution der CD bzw. DVD erschöpft. Dann wäre eine **wirtschaftliche Eigenständigkeit** tendenziell zu verneinen (BGH GRUR 2005, 937, 939 – *Der Zauberberg*). Für eine temporär begrenzte, aber beliebig häufige Nutzung kommt eine Substitution der Trägervermietung in Betracht, wie sie insbesondere im DVD-Bereich üblich ist. Eine solche Substitutionswirkung ist auch zu erwägen für reine **Streaming**angebote, die nur die einmalige Nutzung erlauben, weil gemietete DVDs eben im Regelfall nur einmalig angesehen werden (HK-UrhR/*Kotthoff* § 31 Rn. 122, der eine wirtschaftliche Eigenständigkeit verneint). Eine wirtschaftliche Eigenständigkeit könnte auch fehlen für den Download zur permanenten und beliebig häufigen Nutzung, die seine wirtschaftliche Entsprechung im CD-Verkauf (vor allem Musik) bzw. DVD-Verkauf (vor allem Film) hat. Jedenfalls im Filmbereich wird der permanente Download deshalb auch konsequent „Electronic Sell Through" (EST) genannt. Für eine Substitution spricht im Filmbereich außerdem, dass die Auswertungsfenster für den temporären Download, das Streaming und den permanenten Download dem Auswertungsfenster für Vermietung bzw. Verkauf häufig entsprechen (vgl. Vor §§ 88 Rn. 90). Auch im Musikbereich unterscheiden sich die Auswertungszeiten von Trägermedien und on demand nicht. Nach dem gegenwärtigen Erkenntnisstand sprechen die bestehenden qualitativen und wirtschaftlich relevanten Unterschiede (z.B.: ständige und sofortige Verfügbarkeit online gegen Öffnungszeiten und Wege bei Vermietung und Verkauf; Erschöpfung der Rechte bei Verbreitung von Trägermedien gegen fehlende Erschöpfung bei Online-Nutzung, dazu vgl. § 31 Rn. 15 ff.) auch nicht entscheidend für eine wirtschaftliche Eigenständigkeit. Anders ist es aber, wenn noch gar kein eigenständiger Markt für die separate Nutzung auf Trägermedien bestand und erst die On-Demand-Nutzung auf individuellen Abruf eine Nutzung eröffnet. Dies sollte insbesondere auf die Online-Archivierung von Fernsehsendungen zutreffen, deren Vertrieb auf Trägermedien nicht wirtschaftlich lohnend ist, die jedoch on demand vertrieben werden können. Beispiele sind kürzere Sendungen, insb. Nachrichten- oder politische

Magazinsendungen von zeitgeschichtlichem Interesse (z.B. aus den 1970er Jahren), die auf Trägermedien separat nicht vermarktbar wären. Hier liegt eine hinreichende wirtschaftliche Eigenständigkeit vor.

Auch für **Text und Bild** kann danach nicht generell gesagt werden, dass die **42** Online-Nutzung allgemein eine neue Nutzungsart darstelle (so aber *Reber* GRUR 1998, 792, 797; zu indifferenziert auch Dreier/Schulze/*Schulze*[2] § 31 Rn. 100). Es kommt auf die konkrete Nutzung und insbesondere auf deren wirtschaftliche Eigenständigkeit an (Substitutionswirkung). Neue Nutzungsarten sind **Unternehmenspräsentationen im Internet** wegen der Interaktivität und der direkten Kommunikationsmöglichkeiten. Die Nutzung von **Beiträgen** und **Fotos aus Zeitungen und Zeitschriften** auf einer Website/www-Homepage im **Internet** ist eine neue Nutzungsart (OLG Hamburg ZUM 2005, 833 – *Yacht-Archiv*; OLG Hamburg NJW-RR 2001, 123 – *digitaz*; KG AfP 2001, 406, 410; *Wilhelm Nordemann/Schierholz* AfP 1998, 365, 367; *Rehbinder/ Lausen/Donhauser* UFITA 2000, 395, 403), weil die Online-Ausgaben die Print-Ausgaben nicht substituieren, sondern ergänzen; ferner sind neue Nutzungsmöglichkeiten wie Archivabruf oder Verlinkung eröffnet. Das Gleiche sollte für Bücher gelten, die auf individuellen Abruf im Internet verfügbar gemacht werden. Keine neue Nutzungsart ist hingegen die Online-**Volltextsuche in digitalisierten Büchern** zur Bewerbung des Absatzes der gedruckten Buchausgabe, weil hier noch nicht einmal eine eigenständige Nutzungsart nach § 31 Abs. 1 vorliegt (vgl. § 31 Rn. 64). Internetgestützte Nutzungen, die bekannt sind, werden nicht dadurch zu vormals unbekannten Nutzungsarten, weil sie mobil erfolgen können („**Mobiles Internet**"). Allein die technische Eigenständigkeit ist nicht genügend; an einer wirtschaftlichen Eigenständigkeit wird es aber im Regelfall wegen Substitution der stationären Internetnutzung fehlen; z.B. ersetzt der mobile Abruf einer juristischen Datenbank von unterwegs deren stationäre Nutzung, allenfalls erspart sich der Jurist den Weg zu einem stationären Internetanschluss. Nicht neu ist **publishing on demand**, da lediglich die Herstellung von Werkexemplaren durch einen Verleger beschleunigt und vereinfacht ist, der Nutzer aber letztlich immer noch sein körperliches Werkstück erhält (Loewenheim/*Jan Bernd Nordemann* § 64 Rn. 100). Die Einordnung von **ebooks** ist noch zweifelhaft; an der technischen Eigenständigkeit bestehen zwar keine Zweifel, wohl aber kann die wirtschaftliche Bedeutung und die Frage der Substitution normaler Bücher noch nicht beurteilt werden (Loewenheim/*Jan Bernd Nordemann* § 64 Rn. 101; Bröcker/ *Czychowski*/Schäfer § 13 Rn. 219.) Kommt es zu einer Substitutionswirkung gegenüber dem gedruckten Buch, spricht das gegen eine neue Nutzungsart. Allerdings können für eine Neuheit die ständige und sofortige Verfügbarkeit einer Vielzahl von Büchern ohne Platzbedarf und die üblichen Beschränkungen der Nutzung durch DRM sprechen. **CD-ROM oder DVD für Text und Fotos** ist im Vergleich zu Printmedien und Mikrofiche neue Nutzungsart (OLG Hamburg ZUM 1999, 78, 79; *Wandtke* GRUR 2002, 1, 10; *Castendyk* ZUM 2002, 332, 346; *Reber* GRUR 1998, 792, 796; *Loewenheim* GRUR 1996, 830, 835; *Wilhelm Nordemann/Schierholz* AfP 1998, 365, 367; **a.A.** *Hoeren* CR 1995, 710, 712). Der BGH hat bei einer Prüfung des § 31 Abs. 5 Gründe genannt, die auch die Begründung einer neuen Nutzungsart nach § 31 Abs. 4 tragen (BGH GRUR 2002, 248, 251 – *Spiegel CD-ROM*): Die wirtschaftliche Eigenständigkeit liegt vor wegen der neuen Möglichkeit einer multimedialen Präsentation und qualifizierten Suchfunktionen, die etwa bei Jahresausgaben gegenüber den aufbewahrten Print- oder Mikroficheausgaben eine entscheidende qualitative Änderung der Werknutzung ermöglichen (ferner LG Hamburg AfP 1998, 944; *Katzenberger* AfP 1997, 434, 440; a.A. *Hoeren* CR 1995, 710, 712). Jahrgangsbände von Zeitschriften auf CD-ROM haben im Vergleich zu Druckausgabe oder Mikrofiche ein ganz anderes Marktpotential, auf platzsparende Weise das Sammelbedürfnis zu befriedigen (dazu auch *Feldmann* ZUM 2002, 210).

43 e) **Unbekanntheit: aa) Kriterien:** Der BGH hat für § 31 Abs. 4 a.F. bislang offen gelassen, ob die objektivierte Sicht der Allgemeinheit, eines durchschnittlichen Urhebers oder der beiden Vertragspartner **Maßstab** ist (BGH GRUR 1991, 133, 136 – *Videozweitauswertung I*). Gegen die Sicht der konkreten Vertragsparteien spricht, dass eine gewisse Typisierung für die Rechtssicherheit notwendig erscheint. Der Sinn des § 31a, den Urheber vor einer endgültigen Rechtevergabe für noch nicht überschaubare Nutzungsarten zu schützen (vgl. Rn. 1 ff.), erfordert zwingend seine Einbeziehung. Allerdings dürfen auch die Interessen der Vertragspartner und der Allgemeinheit nicht völlig ausgeblendet werden (vgl. Rn. 4). Maßgeblich ist daher der **objektivierte durchschnittliche Urheber** der entsprechenden Werkgattung (so auch für § 31 Abs. 4 a.F.: *Castendyk* ZUM 2002, 332, 342; Loewenheim/*Jan Bernd Nordemann* § 26 Rn. 42; Dreier/Schulze/*Schulze*[2] § 31 Rn. 66; Wandtke/Bullinger/*Wandtke*/*Grunert*[2] § 31 Rn. 42; Schricker/*Schricker*[3] § 31 Rn. 27 m.w.N.; mit leicht individueller Tendenz hingegen OLG Köln MMR 2003, 338, 339 – *Filmmusik*, wonach bei professionellen Urhebern die maßgeblichen Verkehrskreise Kenner der Branche und nicht durchschnittliche Laien sind).

44 Eine Nutzungsart ist demnach **bekannt**, wenn sie zur Zeit des Vertragsschlusses dem durchschnittlichen Urheber der maßgeblichen Verkehrskreise zwar **nicht in allen Einzelheiten**, aber doch als praktisch durchführbare eigenständige Nutzungsart geläufig ist. Die Kenntnis der **technischen Möglichkeit** allein **reicht nicht**; vielmehr muss auch die **wirtschaftliche Bedeutung und Verwertbarkeit** erkennbar sein (BGH GRUR 1995, 212, 213 – *Videozweitauswertung III*; BGH GRUR 1991, 133, 136 – *Videozweitauswertung I*). Bekanntheit ist also nicht gegeben, wenn sich die neue Nutzungsform erst in der Phase der Planung, Entwicklung oder der Erprobung ohne jeglichen praktischen Bezug befindet, ebenso wenig, wenn sich die Kenntnis der wirtschaftlichen Möglichkeiten noch auf Fachkreise beschränkt. Indizien für die Kenntnis in Urheberkreisen können etwa die erkennbare Schaffung neuer Absatzwege und die Vertragsgestaltung sein. Bekanntheit tritt nicht erst mit dem tatsächlichen wirtschaftlichen Erfolg ein (BGH GRUR 1997, 464, 465 – *CB-Infobank II*).

45 In **zeitlicher** Hinsicht ist auf den **Vertragsschluss** abzustellen. Das gilt auch bei Nachtragsvereinbarungen, solange der materielle Umfang der Werknutzung nicht in Rede steht (OLG Hamburg ZUM 2005, 833, 837 – *Yacht-Archiv*). Wenn aber bei einem laufenden Filmabonnementvertrag eine jährliche Übersendung von sog. Freigabedokumenten mit **Bestätigung** der unbeschränkten **Nutzung** erfolgt, dann ist wegen der damit jeweils – aus dem praktischen Bedürfnis, die vertraglichen Regelungen dem technischen Fortschritt anzupassen – verbundenen **vertragsändernden** Wirkung auf diese abstellen (OLG Köln MMR 2003, 338 – *Filmmusik*).

46 bb) **Risikogeschäfte:** Für § 31 Abs. 4 a.F. war anerkannt, dass auf sog. Risikogeschäfte die Bestimmung keine Anwendung finden sollte, und zwar unter drei Voraussetzungen (BGH GRUR 1995, 212, 214 – *Videozweitauswertung III*; OLG München NJW-RR 1998, 335, 336; Loewenheim/*Loewenheim*/*Jan Bernd Nordemann* § 26 Rn. 41; krit. *Wandtke*/*Schäfer* GRUR Int. 2000,

187, 188; Schricker/*Schricker*[3] § 31 Rn. 27 m.w.N.): **Erstens** muss es sich um ein Geschäft über eine technisch bekannte, aber wirtschaftlich noch bedeutungslose (und damit in ihrer wirtschaftlichen Bedeutung noch nicht einschätzbare) Nutzungsart handeln. **Zweitens** muss die in Rede stehende Nutzungsart ausdrücklich und konkret im Vertrag aufgeführt sein. Konkludentes Handeln oder eine Vertragsauslegung scheiden also aus. Es genügt ferner nicht eine Wendung wie „für alle bekannten Nutzungsarten". Dem BGH reichte allerdings bei der Videoauswertung als neue Nutzungsart die Formulierung „im Wege audiovisueller Verfahren" (BGH GRUR 1995, 212/214 – *Videozweitauswertung III*). Die neue Nutzungsart ist **drittens** konkret zu erörtern und damit erkennbar zum Gegenstand von Leistung und Gegenleistung zu machen. Das widerspricht allerdings der grundsätzlich nach der Rechtsprechung (BGH a.a.O.) bestehenden Möglichkeit formularvertraglicher Regelung (Loewenheim/*Jan Bernd Nordemann* § 60 Rn. 32). Denn unter „Erörtern" ist eine eingehende Besprechung oder Diskussion zu verstehen, mithin ein persönlich geführter Gedankenaustausch (BGH GRUR 1995, 212/214 – *Videozweitauswertung III*). Für die Vertragsgestaltung ist ratsam, dass die eingehende Erörterung in einem separaten Schriftstück, das zudem noch individuell formuliert sein muss, festgehalten wird z.B. in einem Briefwechsel, der dem Vertrag als Anlage beigefügt wird. Mündliche Erörterungen sollten – z.B. in Protokollform – schriftlich festgehalten und dem Vertrag als Anlage beigegeben werden. Unter diesen Voraussetzungen sollte bei Risikogeschäften auch das Schriftformgebot und das Widerrufsrecht des § 31a entfallen; denn auch der im Vergleich zu § 31 Abs. 4 nicht veränderte Sinn und Zweck des § 31a erfordert in derartigen Konstellationen seine Anwendung nicht.

cc) **Zeitpunkt des „Bekanntseins" nach Einzelfällen: Fernsehübertragungen** **47** sind bekannt seit ca. 1939, zumindest als Risikogeschäft (BGH GRUR 1982, 727, 729 – *Altverträge*; anders wegen dessen enormer wirtschaftlicher Bedeutung LG Berlin GRUR 1983, 438, 440 – *Joseph Roth*). **Kabel-** und **Satellitenübertragungen** sind seit Mitte der 1970er Jahre bekannt, **Pay-TV** seit Anfang der 1990er Jahre (*Ernst* GRUR 1997, 592, 596). Das Gleiche sollte für **Pay per View** gelten. Die Zweitauswertung von Filmen durch **Video** war jedenfalls 1968 unbekannt (BGH GRUR 1991, 133, 136 – *Videozweitauswertung I*), angeblich auch noch 1975 (OLG München ZUM-RD 1997, 354, 357) und 1977 (OLG München ZUM 1989, 146, 148; dazu auch *Reimer* GRUR Int. 1973, 315, 322; *Movessian* GRUR 1974, 371, 373). Das **Musikvideo** soll bis 1980 unbekannt gewesen sein (Vorauflage/*Hertin*[9] §§ 31/32 Rn. 15). **Video on Demand** ist seit 1995 bekannt (OLG München ZUM 1998, 413, 416; zu Unrecht kritisch *Lauktien* MMR 1998, 369, 371: höchstens als Risikogeschäft; auch *Drewes*, Neue Nutzungsarten im Urheberrecht, 2001, S. 128: 1997 als Zeitpunkt), weil zu diesem Zeitpunkt das öffentliche Zugänglichmachen von Werken aller Art bekannt war (so für das Internet allgemein OLG München GRUR-RR 2004, 33, 34 – *Pumuckl-Illustrationen*; siehe auch OLG Hamburg NJW-RR 2001, 123, 124 – *digitaz*). Als zutreffender Zeitpunkt scheidet jedenfalls 2000 offensichtlich aus (so aber Wandtke/Bullinger/*Wandtke/Grunert*[2] § 31 Rn. 63), wenn sich 1998 schon das OLG München mit der Nutzungsart befasste. **Musik on Demand** ist ebenfalls seit 1995 bekannt (*Sasse/Waldhausen* ZUM 2000, 837; *Drewes*, Neue Nutzungsarten im Urheberrecht, 2001, S. 128; dem folgend *Schack*[3] Rn. 551; anders aber Wandtke/Bullinger/*Wandtke/Grunert*[2] § 31 Rn. 63: allenfalls ab 2000).

48 Die **CD** – sofern als unbekannte Nutzungsart anzuerkennen – war unbekannt bis 1976 (OLG Hamburg GRUR-RR 2002, 153, 156 f. – *Der grüne Tisch*), bis 1979 (KG ZUM 2000, 164), wohl auch noch bis 1982 (OLG Düsseldorf ZUM 2001, 164). Das **Sampling** von Musik als digitale Verarbeitung und Einarbeitung in neue Werke war bis Mitte der 1980er nicht bekannt (Vorauflage/*Hertin*[9] §§ 31/32 Rn. 18). **Handyklingeltöne** sind bekannt seit 1999 (LG Hamburg ZUM 2001, 443, 444).

49 Die Herausgabe von **Printmedien** auf **CD-ROM** soll bei Zeitungen ab 1988 bekannt sein, weil bereits in diesem Jahr erste CD-ROMs auf dem Markt erschienen (LG Hamburg CR 1998, 32; *Katzenberger* AfP 1997, 434, 440). Als weitere Daten werden vertreten 1989 (*Reber* ZUM 1998, 481), jedenfalls 1993/94 (KG MMR 1999, 727; Vorauflage/*Hertin*[9] §§ 31/32 Rn. 18; *Drewes*, Neue Nutzungsarten im Urheberrecht, 2001, S. 131). Bei der CD-ROM als Trägermedium sollte nach den Nutzungsmöglichkeiten und Inhalten differenziert werden (so auch Wandtke/Bullinger/*Wandtke/Grunert*[2] § 31 Rn. 55). CD-ROMs mit digitalisierten Fotos waren bis 1993 unbekannt (OLG Hamburg MMR 1999, 225). Die Mitte der 1990er Jahre dürfte auch bei technisch aufwändigeren CD-ROMS mit Recherchefunktion und Verlinkung die Bekanntheitsschwelle bilden. Reine Volltext-CD-ROMS ohne Recherchetools, insbesondere bei Fachzeitschriften, waren schon früher ab ca. 1989 bekannt (*Fitzek*, Die unbekannte Nutzungsart, 2000, S. 215 f.; a.A. *Drewes*, Neue Nutzungsarten im Urheberrecht, 2001, S. 130). Sofern **ebooks** eine neue Nutzungsart darstellen, kann sie seit Oktober 2000 als bekannt angesehen werden (Loewenheim/*Jan Bernd Nordemann* § 64 Rn. 101; Bröcker/*Czychowski*/ Schäfer § 13 Rn. 219). Der Bekanntheitszeitpunkt für die **Internetnutzung** von **Schrift- und Lichtbildwerken** zum individuellen Abruf ist etwas umstritten. 1980 (OLG Hamburg NJW-RR 2001, 123 – *digitaz*) und auch noch 1984 (OLG Hamburg ZUM 2005, 833, 836 – *Yacht-Archiv*) war eine solche Nutzung unbekannt, während das OLG Hamburg 1993 als Bekanntheitszeitpunkt zuneigt (OLG Hamburg ZUM 2005, 833 – *Yacht-Archiv*, unter Hinweis auf *Wilhelm Nordemann/Schierholz* AfP 1998, 365, die Bekanntwerden 1995 annehmen, letztlich vom OLG offen gelassen) und das KG 1996 als Zeitpunkt für das Bekanntwerden sieht (KG AfP 2001, 406, 410). Teilweise wird in der Literatur Bekanntheit sogar ab 1984 bejaht (*Katzenberger* AfP 1997, 434, 440; *Rath-Glawatz/Dietrich* AfP 2000, 222, 226), was indes die wirtschaftliche Bedeutung außer Acht lässt, die im Jahr 1986 jedenfalls noch nicht gegeben war (OLG Hamburg ZUM 2005, 833, 836 – *Yacht-Archiv*). Die **Digitalisierung von Bildern**, die eine Aufnahme in ein Archiv oder die elektronische Bearbeitung oder Einarbeitung in andere Werke (picture sampling) ermöglicht, ist grundsätzlich ab 1988 bekannt (*Maaßen* ZUM 1992, 338, 349). Jedoch muss ggf. weiter nach wirtschaftlichen Anwendungsbereichen differenziert werden (hierzu *Schulze* GRUR 1994, 855, 864). Die reine Speicherung von Bildern in digitaler Form hält das OLG München schon 1987 für bekannt (OLG München ZUM 1998, 413, 416).

50 **f) Rechtsfolge (Schriftform):** Der von § 31a Abs. 1 S. 1 angeordneten Schriftform wird genügt, wenn die Unterschrift beider Vertragsparteien auf derselben Urkunde oder wechselseitige Ausfertigungen (**§ 126 Abs. 2 BGB**) erfolgen. Ein Briefwechsel, eine einseitige Erklärung, ein Bestätigungsschreiben oder ein **Telefax** reichen nicht. Die elektronische Form nach **§ 126a BGB** wahrt jedoch die Schriftform (§ 126 Abs. 3 BGB), nicht aber die Textform gem. **§ 126b BGB** (zu Recht *de lege lata* kritisch *Berger* GRUR 2005, 907, 909).

Ein Verstoß gegen diese gesetzliche Formvorschrift (§ 126 BGB) führt zur **51** **Nichtigkeit gemäß § 125 BGB**. Eine Heilung scheidet aus. Allein eine erneute Vornahme oder ggf. Bestätigung (§ 141 BGB) sind denkbar.

Es dürfte bei Verträgen über Nutzungsrechtseinräumungen die Regel sein, dass **52** Einräumungen und Verpflichtungen, die nach § 31a formbedürftig sind, mit formfreien Einräumungen bzw. Verpflichtungen kombiniert werden. Ein Beispiel wäre die formfreie Einräumung aller bekannten Buchrechte in einem Verlagsvertrag neben einer formbedürftigen Einräumung aller unbekannten Buchnutzungsrechte. In solchen Fällen muss bei fehlender Schriftform von **Teilnichtigkeit** ausgegangen werden. Das Schicksal des Restvertrages beurteilt sich grundsätzlich nach den Bestimmungen des **§ 139 BGB** für die Wirksamkeit von teilnichtigen Verträgen. Danach ist von Gesamtnichtigkeit auszugehen, wenn nicht anzunehmen ist, dass das Rechtsgeschäft auch ohne den nichtigen Teil abgeschlossen worden wäre. Entscheidend ist dabei der (**hypothetische**) **Wille der Parteien**. Stellen die verbleibenden Teile des Vertrages keine "sinnvolle" Regelung mehr dar, liegt Gesamtnichtigkeit nahe. Genauso verhält es sich, wenn Verpflichtungen, von denen eine nichtig ist, in einem derart engen Zusammenhang stehen, dass mit der Unwirksamkeit der einen auch die Wirksamkeit der anderen Klausel entfallen muss (siehe BGH NJW 1992, 2888 – *Freistellungsende bei Wegenutzungsrecht*). In aller Regel wird danach der formfreie Teil bestehen bleiben können, weil die Parteien bei Vertragsschluss unbekannten Nutzungsarten kaum eine derart entscheidende Bedeutung für das Schicksal des Vertrages zubilligen werden. Unabhängig von den Wertungen nach § 139 BGB bzw. einer salvatorischen Klausel kann eine Wirksamkeit nicht angenommen werden, wenn die Aufrechterhaltung des Restvertrages aus anderen Rechtsgründen eine Nichtigkeit erfordert, z.B. wegen sittenwidriger Übervorteilung der einen Seite gemäß **§ 138 BGB** (BGH GRUR 1994, 463, 465 – *Pronuptia II*; zur beschränkten Anwendung des § 138 BGB wegen § 32 vgl. § 32 Rn. 152) oder wenn der **Sinn der Anwendung des § 31a** eine Nichtigkeit gebietet (zur parallelen Argumentation z.B. im Kartellrecht OLG Düsseldorf WuW/E DE-R 854, 863 – *Stadtwerke Aachen*; ferner BGH GRUR 1994, 463, 465 – *Pronuptia II* sowie OLG Düsseldorf WuW/E DE-R 661, 663 – *Tennishallenpacht*).

g) Formulierung der Rechtseinräumung für unbekannte Nutzungsarten; AGB: 53 Es versteht sich von selbst, dass eine Nutzungsart, die im Zeitpunkt des Vertragsschlusses unbekannt ist, nicht im Einzelnen bezeichnet werden kann. Abstrakte Pauschalierungen wird man hier unter Beachtung der Zweckübertragungslehre zulassen müssen (so RegE 2. Korb – BT-Drucks 16/1828, S. 24; ferner *Jan Bernd Nordemann* FS Nordemann II S. 201 ff.); zu Einzelheiten vgl. § 31 Rn. 173. Wegen der Warnfunktion des § 31a dürfte es jedoch nicht möglich sein, ohne die ausdrückliche Erwähnung „unbekannter" Nutzungsarten von einer ausreichenden schriftlichen Gestattung auszugehen (so auch *Schulze* UFITA 2007, 641, 661). In der Praxis sollte das aber keine große Bedeutung haben, weil auch nach § 31 Abs. 5 Rechte an unbekannten Nutzungsarten im Regelfall nur dann eingeräumt sind, wenn sie ausdrücklich erwähnt werden (vgl. § 31 Rn. 173 f.). Die Schriftform kann – wie auch sonst (siehe z.B. BGH NJW 1986, 928 für die Schriftform nach § 766 BGB) – durch **Formularverträge** gewahrt werden. Es bedarf auch keiner gesonderten Unterschrift des Urhebers unter die Formularklausel (a.A. *Spindler* NJW 2008, 9, 10), sofern gem. § 126 Abs. 1 BGB die Klausel in die Urkunde aufgenommen ist. Nach der Zweckübertragungslehre des § 31 Abs. 5 richtet sich auch die Frage, ob das Nutzungsrecht für technische Verbesserungen, die keine neue Nutzungsart nach § 31a sind (vgl. Rn. 26 ff.), eingeräumt ist (vgl. § 31 Rn. 166).

54 **h) Keine Schriftform bei entgeltfreiem einfachem Nutzungsrecht für jedermann (Abs. 1 S. 2):** Eine Schriftform wäre in der (einseitigen) Konstellation des § 31a Abs. 1 S. 2 schlechterdings nicht einhaltbar. Die Ausnahmebestimmung knüpft an die Ausnahme des § 32 Abs. 3 S. 3 an, nach der der Urheber ohne Konflikt mit § 32 unentgeltlich ein einfaches Nutzungsrecht für jedermann einräumen darf. Es sei deshalb für die einzelnen Tatbestandsmerkmale auf die Kommentierung zu § 32 (vgl. Rn. 123) verwiesen.

2.   Widerrufsrecht

55 **a) Das Widerrufsrecht gem. Abs. 1 S. 3:** Der **Urheber** kann die Rechtseinräumung oder die Verpflichtung hierzu ohne Folgen widerrufen, solange keiner der unten besprochenen Ausschlussgründe (Mitteilung des Vertragspartners, Einigung über angemessene Vergütung, Tod des Urhebers) vorliegt. Ausgenommen sind jedoch Filmstoffurheber und Filmurheber (§§ 88, 89, dort jeweils Abs. 1 S. 2). Insbesondere bei Filmstoffurhebern kann deshalb bei nur einem einheitlichen Akt der Nutzungsrechtseinräumung nur teilweise ein Widerrufsrecht entstehen, z.B. für den Romanautor, der einerseits widerrufbare Verlagsrechte, andererseits aber nicht widerrufbare Verteilungsrechte einräumt. **Leistungsschutzberechtigten** steht das Recht nur bei ausdrücklichen Verweis auf § 31a zu, mithin nur den Lichtbildnern (§ 72 Abs. 1) und den Verfassern wissenschaftlicher Ausgaben (§ 70 Abs. 1), allen übrigen nicht. Auch für bloße Nutzungsberechtigte gilt § 31a ebenso wenig wie für den Vertragspartner des Urhebers, so dass keine „Waffengleichheit" besteht.

56 Das Widerrufsrecht bezieht sich auf **„diese Rechtseinräumung oder die Verpflichtung hierzu".** Dies meint die Einräumung (bzw. Verpflichtung) für Rechte an unbekannten Nutzungsarten. Damit müssen für einen Widerruf die strengen Voraussetzungen einer neue „Nutzungsart" gemäß § 31a vorliegen (dazu vgl. Rn. 21 ff.), die auch noch bei Vertragsschluss "unbekannt" gewesen sein muss (vgl. Rn. 43 ff.; zum „Vertragsschluss" bei späteren Änderungen vgl. Rn. 45). Weitere Voraussetzungen kennt das Widerrufsrecht nach dem Wortlaut des § 31 Abs. 1 S. 3 nicht; auch die Gesetzesbegründung spricht von „uneingeschränkt(er)" Widerrufsmöglichkeit (RegE 2. Korb – BT-Drucks. 16/1828, S. 24). Damit muss **kein sachlicher Grund** für den Widerruf vorliegen; es ist irrelevant, ob dem Urheber sogar ein über die angemessene Vergütung (§ 32c) hinausgehendes Entgelt gezahlt wird oder die neue Nutzungsart urheberpersönlichkeitsrechtlich unproblematisch ist. Das ist rechtspolitisch verfehlt, weil Regelungszweck des § 31a doch gerade wirtschaftliche und urheberpersönlichkeitsrechtliche Interessen des Urhebers sind (vgl. Rn. 1 ff.) und der RegE meint, dass ein späterer Widerruf eher die Ausnahme sein dürfte (RegE 2. Korb – BT-Drucks. 16/1828, S. 24). Allerdings muss zumindest bei einer Gesamtheit von Beiträgen nach Abs. 3 ein sachlicher Grund für den Urheber gegeben sein. Über dies kann § 242 BGB das **Widerrufsrecht ausschließen** (vgl. Rn. 82). Zu vertraglichen Gestaltungsmöglichkeiten einer Erschwerung des Widerrufs vgl. Rn. 77 ff.

57 Rechtsfolge ist ein **Widerrufsrecht** des Urhebers. Es kann **jederzeit** ausgeübt werden, also entweder im Zeitpunkt der Unbekanntheit oder nach Bekanntwerden. Der Widerruf kann für alle unbekannten Nutzungsarten genauso **pauschal** erfolgen, wie ihre Einräumung an den Verwerter zulässig ist (RegE

2. Korb – BT-Drucks. 16/1828, S. 24). Der Widerruf kann aber auch auf einzelne Rechte **beschränkt** werden; während der Unbekanntheit ist eine Beschränkung auf einen Widerruf z.B. nur der unbekannten filmischen Rechte denkbar, nach Bekanntwerden kann die Beschränkung dann noch spezifischer erfolgen. Möglich ist auch eine Kombination aus Rückruf unbekannter und spezifischer bekannter (bei Vertragsschluss aber unbekannter) Rechte. Der Vertragspartner muss die Rechte aber identifizieren können, die widerrufen werden. Insoweit muss der Urheber also beim Widerruf **ausreichende Angaben** machen. Ferner muss er das Werk nennen, wenn der Verwerter mehrere Werke des Urhebers verwertet, z.B. mehrere seiner Werke von einem Verleger verlegt werden. Eine Abtretung des Widerrufsrechtes ist wegen seines (auch) urheberpersönlichkeitsrechtlichen Einschlages (vgl. Rn. 3) und damit höchstpersönlichen Charakters nicht möglich, §§ 399, 413 BGB. Jedoch ist eine Bevollmächtigung Dritter durch den Urheber möglich.

58 Ein Widerruf verlangt eine dahingehende **Erklärung.** Die Erklärung ist formfrei, unterliegt also nicht den Anforderungen des Abs. 1 S. 1 (*Schulze* UFITA 2007, 641, 669). Eine ausdrückliche Bezeichnung als Widerruf ist nicht nötig; auch die Erklärung einer „Kündigung" kann als Widerruf ausgelegt werden, solange damit keine Rechtsunsicherheit verbunden ist (BGH GRUR 1970, 40, 43 – *Musikverleger I* zur Umdeutung einer „Kündigung" in einen Rücktritt). Die **Wirksamkeit** eines Widerrufs als einseitiger Willenserklärung bemisst sich nach den Vorschriften des Allgemeinen Teil des BGB (insb. §§ 104 ff. BGB). Die Widerrufserklärung ist mit Zugang wirksam, § 130 BGB. Ein Versenden an die letzte bekannte Adresse genügt also nicht, wenn sie nicht mehr stimmt (a.A. *Schulze* UFITA 2007, 641, 698); die fehlende Mitteilung der aktuellen Adresse durch den Vertragspartner kann aber Sekundäransprüche des Urhebers auslösen. Weiter kann der Widerruf nach § **174 BGB** zurückgewiesen werden, wenn sie durch einen Vertreter ohne Vorlage der Vollmachtsurkunde ausgesprochen wird. Zum Vertragsschluss durch **mehrere Urheber** (Miturheber oder verbundene Werke) vgl. Rn. 74.

59 Nach Widerruf fallen die **Rechte** an den Urheber **zurück**, und zwar „**ex nunc**", also auf den Zeitpunkt des Zuganges des Widerrufs. Verpflichtungs- und Verfügungswirkung hinsichtlich der unbekannten Nutzungsarten enden damit (*Berger* GRUR 2005, 907, 909). Der Urheber kann das Wirksamwerden des Widerrufs („ex nunc") nach hinten verschieben, also den Widerruf „zum Jahresende" oder „nach Abverkauf" erklären. **Nutzungshandlungen** des Verwerters, **die** dieser vor Widerruf **bereits durchgeführt** hat, bleiben wirksam. Die Gegenauffassung, die eine Wirkung „ex tunc", also auf den Einräumungszeitpunkt, für den Rückfall annimmt (so *Schulze* UFITA 2007, 641, 651 f.), übersieht, dass der Wortlaut für eine solche aufschiebende Bedingung („kein Widerruf") nichts hergibt. Systematisch spricht insbesondere § 32c Abs. 1 S. 3 gegen eine „ex tunc"-Wirkung. Danach steht dem Einräumungsempfänger die (legale) Möglichkeit zu, die Rechte auch ohne Entscheidung des Urhebers, nicht zu widerrufen, zu nutzen. Sonst könnte eine (vertragliche) angemessene Vergütung nach § 32c nicht geschuldet sein, sondern nur nach § 97 als Schadensersatz in Form einer angemessenen Lizenzgebühr. Die Geltendmachung einer vertraglichen Vergütung neben einem deliktischen Anspruch für dieselbe Nutzungshandlung ist konstruktiv undenkbar (a.A. *Schulze* UFITA 2007, 641, 682). Ferner zum Ganzen vgl. § 137l Rn. 21. Der **Bestand des übrigen Vertrages**, insbesondere die Einräumung von Rechten an bekannten Nutzungsarten gem. § 31, wird durch den Widerruf nicht berührt. § 139 BGB gilt nicht (*Berger* GRUR 2005, 907, 909).

60 Im Hinblick auf eine bereits an den Urheber gezahlte **Vergütung** ist zu unterscheiden: Vergütungen für die Verpflichtung zur Einräumung bis zum Kündigungszeitpunkt verbleiben beim Urheber. Ein Beispiel ist die Vergütung für die Übernahme einer Option. Vorschusszahlungen auf zukünftige, nicht gezogene Nutzungen sind hingegen **zurückzuzahlen** (zu Unrecht zweifelnd *Verweyen* ZUM 2008, 217, 219). Fraglich erscheint, wonach sich die Rückzahlungsverpflichtungen richten. Insoweit ist – wie bei einer Kündigung nach § 40 – eine analoge Anwendung der §§ 346 ff. BGB vorzugswürdig (vgl. § 40 Rn. 31; für §§ 812 ff. BGB: *Verweyen* ZUM 2008, 217, 219).

61 Der Rückfall von Nutzungsrechten an den Urheber betrifft wegen Durchbrechung des Abstraktionsprinzips grundsätzlich auch alle **abgeleiteten Rechte** (Enkel-, Urenkelrechte etc.; str., vgl. § 31 Rn. 30 ff.). Der Urheber kann jedoch – in gewissen Grenzen – zustimmen, dass auch bei Rückfall der Rechte die abgeleiteten Rechte bestehen bleiben. Zu **Vertragsgestaltungen**, um für den Sublizenzgeber das Risiko zu verringern, vgl. § 31 Rn. 37 ff. Sekundäransprüche des Sublizenznehmers gegen den Sublizenzgeber kommen wegen nachträglicher Unmöglichkeit der Rechtseinräumung in Betracht, und zwar ein **Rücktrittsrecht** (§ 326 Abs. 5 i.V.m. §§ 323 ff. BGB), soweit nicht schon die Rücktrittswirkung ohne Gestaltungsakt eintritt (§ 326 Abs. 1 BGB). Daneben wird ein Anspruch auf Schadensersatz nach §§ 280 Abs. 1, Abs. 3, 283 BGB gewährt. Fraglich ist jedoch, ob dem **Sublizenzgeber** bei Widerruf des Urhebers der für einen Schadensersatzanspruch notwendige **Verschuldensvorwurf** gemacht werden kann. Das sollte zu verneinen sein, weil der Urheber von einem – gemäß § 31a Abs. 4 unverzichtbaren – gesetzlichen Recht Gebrauch macht. Individualvertraglich – nicht aber formularvertraglich – kann jedoch eine verschuldensunabhängige Garantiehaftung des Sublizenzgebers vereinbart werden (vgl. Vor §§ 31 ff. Rn. 212).

62 Keine Regelung enthält § 31a für den Fall der **Übergangs des Rechts auf einen Dritten**. Das ist nicht befriedigend. Insbesondere bei endgültiger Auflösung des Vertragspartners (z.B. nach Liquidation einer juristischen Person) muss das Widerrufsrecht ausübbar bleiben. Genau aus diesen Gründen ordnet § 137l Abs. 2 bei Rechtsübertragung einen Übergang des Widerrufsgegners an (RegE 2. Korb – BT-Drucks. 16/1828, S. 34); die fehlende Regelung in § 31a dürfte ein Redaktionsversehen des Gesetzgebers sein. Dafür spricht auch § 32c Abs. 2, nach dem der Dritte dem Urheber im Fall der Übertragung die angemessene Vergütung schuldet. Mithin ist von Folgendem auszugehen: Sind die Rechte auf einen Dritten übergegangen, muss der **Widerruf gegenüber dem Dritten** erfolgen (a.A. *Schulze* UFITA 2007, 641, 670: Wahlrecht für Urheber, ob Widerruf gegenüber Vertragspartner oder Drittem). Der Übergang der Rechte muss sich auf alle Rechte beziehen, die der Urheber widerrufen will; es dürfen keine widerrufenen Rechte mehr beim ursprünglichen Vertragspartner liegen. Das kann der Fall sein bei Übertragung der relevanten Rechte. Aber auch bei bloßer Einräumung an Dritte ist ein solches Szenario denkbar. Beispielsweise können von unbegrenzt durch den Urheber gewährten Rechten an unbekannten Nutzungsarten an einen Dritten nach Bekanntwerden nur der bekannt gewordene Teil (vollständig) abgespalten und dem Dritten eingeräumt werden. Wie bei § 137l Abs. 2 ist nicht zwingend, dass der Urheber über die Übertragung informiert wird. Allerdings besteht eine vertragliche (Neben-)**Pflicht** des ursprünglichen Vertragspartners, bei einem an ihn gerichteten Widerruf dem Urheber zu antworten und ihn **über die unverzügliche Übertragung zu unterrichten** (§ 137l Abs. 2 S. 2 analog; siehe auch *Spindler/ Heckmann* ZUM 2006, 620, 628). Eine Verletzung kann Schadensersatzansprüche des Urhebers gegen seinen Vertragspartner zur Folge haben; der Umfang richtet sich nach dem Vermögensnachteil des Urhebers (vgl. § 97 Rn. 70 ff.), z.B. wenn er die Rechte nach Widerruf gegen eine höhere Vergütung hätte vergeben können. Andere Berechnungsarten des Schadensersatzes als über den Vermögensnachteil (angemessene Lizenzgebühr, Verletzergewinn; vgl. § 97 Rn. 74 ff.) sind nicht denkbar. Ein Schadensersatzanspruch nach § 97 Abs. 2 kommt dann in Betracht, wenn der fehlende Widerruf urheberpersönlichkeitsrechtlich relevant ist. Nur im Einzelfall kann es treuwidrig gegenüber dem Dritten (§ 242 BGB) sein, wenn der Vertragspartner des Urhebers den Urheber auf die Widerrufsmöglichkeit aufmerksam macht und es in Folge des Widerrufs zu einem (Rückruf)-Erwerb der Rechte durch den Vertragspartner des Urhebers aufgrund einer neuen Vereinbarung mit dem Urheber kommt. Denn der Urheber verantwortet grundsätzlich den Widerruf allein.

b) Erlöschen nach Mitteilung (Abs. 1 S. 4): Der Vertragspartner des Urhebers **63** hat nach Abs. 1 S. 4 die Möglichkeit, den Urheber zu einer Entscheidung zu zwingen, ob der Urheber widerrufen will. Der Vertragpartner muss dem Urheber zunächst eine **Mitteilung** machen. Diese ist **formfrei**. Zwar spricht Abs. 1 S. 4 von „Absendung" einer Mitteilung; eine Schriftform wird aber nicht angeordnet, weil sich die Regelung zur Absendung der Mitteilung nur auf den Fall der Unerreichbarkeit des Urhebers bezieht. Vielmehr kann die Mitteilung auch mündlich erfolgen, z.B. bei einem persönlichen Zusammentreffen. Aus Beweisgründen sollten die Mitteilung und deren Zugang allerdings schriftlich fixiert werden. Bei **Übertragung** (nicht Einräumung eines Enkelrechts) der relevanten **Rechte auf einen Dritten** erfolgt die Mitteilung durch den Dritten (vgl. Rn. 62).

Die Mitteilung muss die Information über die beabsichtigte Werknutzung in **64** der bei Vertragsschluss unbekannten (vgl. Rn. 43 ff.) Nutzungsart (vgl. Rn. 21 ff.) enthalten. Dafür ist erforderlich, dass die **Nutzungsart bei Mitteilung bekannt** ist (vgl. Rn. 21). Anders als im RegE vorgesehen (RegE 2. Korb – BT-Drucks. 16/1828, S. 22) kommt es dafür nicht darauf an, ob der Vertragspartner mit der Ausübung der früher unbekannten Nutzungsart begonnen hat (StellungN BR 2. Korb – BT-Drucks. 16/1828, S. 38; dem folgend BeschlE RAusschuss 2. Korb – BT-Drucks. 16/5939, S. 44, 46). Vielmehr genügt eine „Absicht" der Aufnahme der Nutzung. Irrelevant ist, ob der Vertragspartner später die Nutzung aufnimmt. An die **Absicht** sollten keine zu hohen Anforderungen gestellt werden, damit der Vertragspartner schon früh die für seine weiteren geschäftlichen Aktivitäten erforderliche Klarheit erzwingen kann, ob ein Widerruf erfolgt oder er mit den Rechten ggf. arbeiten kann. Eine beabsichtigte Werknutzung liegt danach vor, wenn der Vertragpartner die Nutzung als **realistische geschäftliche Option** behandelt. Konkrete Vorbereitungshandlungen sind nicht erforderlich, sind aber ein Indiz für die Absicht. Als **Nutzung** gilt insoweit auch die Einräumung der Rechte an Dritte, die ihrerseits nutzen. Die Mitteilung nach § 31a Abs. 1 S. 4 und nach § 32c Abs. 1 S. 3 über die Aufnahme der Werknutzung können also auch zusammenfallen und in einem Akt zusammengefasst werden. Die Mitteilung nach § 32c schließt die Mitteilung nach § 31a sogar ein, so dass bei Mitteilung nach § 32c keine ausdrückliche Mitteilung nach § 31a erfolgen muss. Nach dem Wortlaut des S. 4 muss die Mitteilung **keine Belehrung** über deren Konsequenzen enthalten, also insbesondere nicht auf den Lauf der 3-monatigen Ausschlussfrist ab Absendung hinweisen (genauso *Klett* K&R 2008, 1, 2; a.A. *Schulze* UFITA 2007, 641, 665).

65 Die Mitteilung erfolgt an die **letzte dem Vertragspartner bekannte Adresse**. Im eigenen Interesse hat der Urheber deshalb dafür zu sorgen, dass der Vertragspartner immer über die aktuelle Adresse verfügt (BeschlE RAusschuss 2. Korb – BT-Drucks. 16/5939, S. 44). Allerdings ist der Vertragspartner zu einer **zumutbaren Recherche** verpflichtet; insoweit gilt auch eine Adresse als bekannt, die der Vertragspartner über (einschlägig tätige) Verwertungsgesellschaften erfahren kann (BeschlE RAusschuss 2. Korb – BT-Drucks. 16/5939, S. 44). Die Verwertungsgesellschaften verletzen schon wegen § 28 Abs. 3 Nr. 1 BDSG nicht Datenschutzrecht, wenn sie die Adresse herausgeben; sie müssen aber den Vertragspartner des Urhebers informieren, dass die Adresse nur für die Mitteilung verwendet werden darf, § 28 Abs. 5 S. 3 BDSG. Weitergehende Recherchepflichten dürften den Vertragspartner in öffentlich zugänglichen Adressverzeichnissen oder über eine Internetrecherche unter Benutzung der gängigen Suchmaschinen treffen. Das Erfordernis einer zumutbaren Recherche bedingt auch, dass der Vertragspartner eine Gegenkontrolle durchführen muss, ob die Mitteilung angekommen ist; deshalb muss die (eigentlich formfreie, vgl. Rn. 63) Mitteilung gegenüber einem abwesenden Urheber so mitgeteilt werden, dass ein sicherer Rücklauf bei fehlender Aktualität der Adresse erfolgt (z.B. Einschreiben mit Rückschein). Abweichende Vereinbarungen zu den Recherchepflichten des Verwerters zu Lasten des Urhebers sind möglich, weil die Recherchepflicht nicht unter Abs. 4 fällt. Individualvertraglich und formularvertraglich ist deshalb insbesondere eine Verpflichtung des Urhebers denkbar, dem Verwerter ständig seine aktuelle Adresse mitzuteilen und die Verpflichtung zu weitergehenden Recherchen durch den Verwerter auszuschließen.

66 Nach Absendung der Mitteilung läuft eine **3-Monats-Frist**; auf den Zeitpunkt des Empfangs kommt es für den Beginn der Frist nicht an. Die Absendung sollte deshalb dokumentiert werden. Zur Fristberechnung gelten die §§ 186 ff. BGB. Fällt das Fristende auf einen Samstag, Sonntag der Feiertag, endet die Frist erst am kommenden Montag (§ 193 BGB). Die Frist kann nach der Mitteilung **durch Parteivereinbarung verkürzt** werden. Es ist nicht ersichtlich, warum der Verwerter 3 Monate warten muss, wenn der Urheber verbindlich erklärt, dass er sein Widerrufsrecht nicht ausübt.

67 **Rechtsfolge:** Mit Ablauf der Frist erlischt das Widerrufsrecht des Urhebers. Erfasst ist allerdings nur die Nutzungsart, die in die Mitteilung aufgenommen ist. Insoweit ist auf den Begriff der Nutzungsart nach § 31a, nicht nach § 31 Abs. 1 abzustellen. Der Verwerter kann die gesamte Bandbreite der neuen Technologie nutzen, auch wenn diese mehrere Nutzungsarten nach § 31 Abs. 1 hervorbringt, die in der Mitteilung nicht spezifiziert sind. Ein (wegen Bekanntheit überholtes) Beispiel: Bezöge sich die Mitteilung im Hinblick auf einen schöpferischen Beitrag in einer politischen Fernseh-Magazinsendung pauschal auf die neue Nutzungsart Internet, würde das Widerrufsrecht für alle mit der neuen Technologie Internet verbundenen vorher unbekannten Nutzungsarten erlöschen, also z.B. für On-Demand-Streaming, temporären und permanenten Download sowie Push-Technologien (vgl. Rn. 35 ff.).

68 **c) Entfall bei Einigung über Vergütung (Abs. 2 S. 1 und S. 2):** Das Widerrufsrecht entfällt, wenn sich die Parteien nach Bekanntwerden der Nutzungsart (hierzu vgl. Rn. 43 ff.) auf eine angemessene Nutzungsvergütung nach § 32c geeinigt haben (S. 1). Eine Vergütung nach § 32c steht dem Urheber zwingend zu (vgl. § 32c Rn. 1 ff.). Offensichtlich will das Gesetz also ein Erlöschen nicht vom ohnehin unverzichtbaren Vergütungsanspruch, sondern von einer **Eini-**

gung mit dem Verwerter darüber abhängig machen. Das soll den Verwerter motivieren, eine Einigung nach § 32c mit dem Urheber zu suchen. Schriftform ist – anders als für die Nutzungsrechtseinräumung – nicht gefordert. Eine Einigung kann damit auch konkludent durch eine länger geübte Vertragspraxis zustande kommen, etwa durch jahrelange Zahlung einer Vergütung durch den Verwerter und widerspruchsloser Vereinnahmung durch den Urheber. Genügend ist nur eine Einigung, die die Vergütungshöhe des § 32c mindestens erreicht, nicht irgendeine Einigung (a.A. *Berger* GRUR 2005, 907, 909). Das Widerrufsrecht erlischt, sobald die Einigung über die Vergütung wirksam ist. **Aufschiebende Bedingungen** müssen also eingetreten sein. Eine **Erfüllung** wird nicht vorausgesetzt. Das Widerrufsrecht entfällt allerdings nur insoweit, wie eine Einigung getroffen wurde, der Entfall gilt also nur für die Nutzungsrechte, die Gegenstand der Einigung sind.

Nach S. 2 ist das Widerrufsrecht auch ausgeschlossen, wenn die Parteien die **69** Vergütung nach einer gemeinsamen Vergütungsregel gem. § 36 vereinbaren. Entgegen dem missverständlichen Wortlaut muss es sich nicht um eine Vergütungsregel handeln, die unmittelbar zwischen den Parteien gilt. Vielmehr genügt die Abrede, einer Vergütungsregel nach § 36 zu folgen, mag diese auch zwischen Dritten abgeschlossen sein. Eine solche Einigung gem. § 36 (nicht bloß nach § 32c!) muss **nicht zwingend nach Bekanntwerden** erfolgen; auch schon davor können sich die Parteien beispielsweise auf eine angemessene prozentuale Beteiligung einigen (RegE 2. Korb – BT-Drucks. 16/1828, S. 24). Vereinbarungen nach einem Tarifvertrag werden zwar vom Wortlaut nicht erwähnt, sollten aber ebenfalls erfasst sein (*Schulze* UFITA 2007, 641, 673).

Abzugrenzen ist die Einigung über die Vergütung nach Abs. 2 S. 1 und S. 2 von **70** einer Neueinräumung der Rechte an einer inzwischen bekannten Nutzungsart und einer diesbezüglichen Einigung über eine Vergütung. Darauf findet Abs. 2 keine Anwendung, weil er nur bei einer Vergütungsvereinbarung unter Beibehaltung der ursprünglichen (schriftlichen) Nutzungsrechtseinräumung zum Tragen kommt.

d) Erlöschen durch Tod des Urhebers (Abs. 2 S. 3): Das Widerrufsrecht erlischt **71** ferner mit dem Tode des Urhebers. Dessen Erben können die unbekannte Verwertungsmöglichkeit also nicht zu sich zurückholen. Nach dem RegE 2. Korb (BT-Drucks. 16/1828, S. 24) gehen nach dem Tod des Urhebers die Interessen der Verwerter und der Allgemeinheit vor; das widerspricht nicht Art. 14 GG (so aber *Frey/Rudolph* ZUM 2007, 13, 19; *Schulze* UFITA 2007, 641, 668), weil den Erben ein unverzichtbarer Anspruch auf Vergütung nach § 32c zusteht. Zum Begriff „Tod" Müko/*Schmitt*[5] § 1 BGB Rn. 19. Tritt der Tod nach Mitteilung gem. Abs. 1 S. 3, aber vor Widerruf ein, ist das Widerrufsrecht erloschen. Bei mehreren Urhebern (§§ 8, 9) besteht das Widerrufsrecht für den zuletzt Lebenden bis zu dessen Tod fort; zu mehreren lebenden Urhebern vgl. Rn. 74.

e) Mehrheit von Rechtsinhabern; Keine Ausübung wider Treu und Glauben 72 (Abs. 3): Absatz 3 regelt den Fall des Interessenausgleichs für den Widerruf bei einer Vielzahl von beteiligten Rechteinhabern. Das soll Auswertungsblockaden durch einzelne Urheber vermeiden (RegE 2. Korb – BT-Drucks. 16/1828, S. 25).

Dafür müssen zunächst mehrere „**Werke oder Werkbeiträge**" zusammenkom- **73** men. Erfasst werden nicht nur **Werke nach** § 2, sondern auch **Leistungsschutz-**

rechte nach UrhG (RegE 2. Korb – BT-Drucks. 16/1828, S. 25: Werke oder Werkbeiträge mit anderen nach diesem Gesetz geschützten Schutzgegenständen). Insoweit kann es also nicht nur zur Kollision mit Rechten anderer Urheber oder ausübender Künstler kommen, sondern auch mit den unternehmerischen Leistungsschutzrechten wie z.b. des Veranstalters (§ 81), des Tonträgerherstellers (§ 85), des Sendeunternehmens (§ 87), des Filmherstellers (§§ 94, 95) oder des Datenbankherstellers (§ 87b). Ihre originären Rechte sind allerdings nur relevant, sofern sie noch ein berechtigtes Interesse an der Auswertung haben; das sollte gegeben sein, solange sie zu Unterlassungsansprüchen bei unerlaubter Nutzung berechtigt wären (vgl. § 97 Rn. 129 f.). Geschützt sind aber nicht nur die ursprünglichen Rechteinhaber (Urheber, Leistungsschutzberechtigte), sondern auch (daneben) die aktuellen Inhaber der kollidierenden Rechte, also die Nutzungsrechtsinhaber oder (bei Übertragung) der neue Inhaber des Leistungsschutzrechts. Es erscheint nicht als opportun, hier einfache Nutzungsrechtsinhaber (§ 31 Abs. 2) von Abs. 3 auszunehmen, weil sie auch ein berechtigtes Interesse an einer durch den Widerruf nicht gestörten Verwertung haben können. Nicht geschützt werden aber die Inhaber von Nutzungsrechten, die sich vom widerrufenden Urheber ableiten, weil in diesem Verhältnis Abs. 3 keine Anwendung findet; allenfalls § 242 BGB kann hier helfen (vgl. Rn. 82; vgl. Vor §§ 31 ff. Rn. 94 ff.). Eine solche Ableitung liegt aber nicht vor, wenn die Leistung des anderen selbständig geschützt ist. (Erlaubte) Bearbeitungen, die die Grenze des § 3 überschreiten, nehmen deshalb am Schutz des § 31a Abs. 3 teil (a.A. *Schulze* UFITA 2007, 641, 674). Werkbeiträge können auch außerhalb des UrhG stehende Rechte wie **Persönlichkeitsrechte** (z.B. Erlaubnis, die eigene Lebensgeschichte zu nutzen), **Markenrechte** (z.B. Merchandising) oder **Patentrechte** (z.B. Softwarepatent) sein.

74 „Gesamtheit" gem. Abs. 3 meint gerade nicht den Fall des Widerrufs und die Regelung seiner Ausübung unter Miturhebern gem. § 8 oder unter Urhebern verbundener Werke gem. § 9 (so auch *Frey/Rudolph* ZUM 2007, 13, 19; *Spindler* NJW 2008, 9, 10). In beiden Fällen kann ein Widerruf nur durch alle gemeinsam ausgesprochen werden. Insoweit ist nicht ersichtlich, weshalb für den Widerruf etwas anderes als für die Kündigung gelten sollte (zur Kündigung: BGH GRUR 1982, 743 – *Verbundene Werke*; BGH GRUR 1982, 41 – *Musikverleger III*; OLG Frankfurt ZUM 2003, 957, 959). Ein Vertragspartner kann Vertretungsmacht von den anderen Berechtigten erhalten. In Fällen des § 9 kann ein Urheber ausnahmsweise dann alleine widerrufen, wenn ihm abweichend von § 709 Abs. 1 BGB (zur Anwendung der §§ 705 ff. BGB bei § 9 UrhG vgl. § 9 Rn. 28) ein alleiniges Geschäftsführungsrecht zugebilligt wurde (BGH GRUR 1982, 743, 744 – *Verbundene Werke*), was in der Praxis aber kaum vorkommt. Ggf. muss die Mitwirkung durch Klage auf Einwilligung durchgesetzt werden (dazu im Fall des § 9 BGH GRUR 1982, 743, 744 – *Verbundene Werke*). – § 31a Abs. 3 erfasst jedoch andere Konstellationen, in denen der ansonsten einzeln zulässige Widerruf die Auswertung einer „Gesamtheit" von Werken oder Leistungen zu Lasten Dritter behindert (RegE 2. Korb – BT-Drucks. 16/1828, S. 25). Beispiele sind Kompilationen von Werken im Musik- oder im Wortbereich, denen keine Werkverbindung gem. § 9 zu Grunde liegt, beispielsweise verschiedene Zeitungs- oder Zeitschriftenbeiträge, vom Verlag zusammengestellte Gedichtsammlungen verschiedener Autoren. Außerdem sind zu nennen Gesamtheiten aus Werk und Leistungsschutzrechten, beispielsweise ein von ausübenden Künstlern auf Tonträger eingespieltes Musikwerk (§§ 2, 73 ff. und 85), ein vorgelesenes und

auf Tonträger erschienenes Buch (§§ 2, 73 ff., 85), zu einer einfachen Datenbank zusammengestellte verschiedene Lichtbildwerke (§§ 2, 87b) oder eine
sowohl urheber- als auch patentrechtlich geschützte Software. Die „Gesamtheit" muss nicht zwingend **vor Bekanntwerden der neuen Nutzungsart** für eine
bekannte Nutzungsart vorliegen, sondern kann erst für die Nutzung in der
vorher unbekannten Nutzungsarten entstehen (so auch *Berger* GRUR 2005,
907, 910). Insoweit erstreckt sich der Anwendungsbereich auch auf Gesamtheiten, die zwar geplant, aber noch nicht in der Nutzung zusammengefasst
sind. Der Verwerter kann in der Mitteilung nach Abs. 1 S. 4 auf die Zusammenfassung und die Anwendung des Abs. 3 hinweisen.

Für die Ausübungsbeschränkung nach Abs. 3 muss eine Gesamtheit vorliegen, **75**
„die sich in der neuen Nutzungsart in angemessener Weise nur unter Verwendung sämtlicher Werke oder Werkbeiträge verwerten lässt". „**Neue Nutzungsart**" meint dabei die bei Vertragsschluss mit dem widerrufenden Urheber
unbekannte (vgl. Rn. 43 ff.) Nutzungsart (vgl. Rn. 21 ff.). „**Sämtliche Werke**"
will diejenigen Rechteinhaber ausgrenzen, deren Beiträge nicht zwingend für
eine Verwertung der Gesamtheit erforderlich sind. Dabei kommt es auf eine
wirtschaftliche Betrachtung an, weil es bei Abs. 3 um den Schutz der Verwertungsmöglichkeit geht. Jedes wirtschaftliche Interesse an einer gemeinsamen
Verwertung erfüllt den Tatbestand. Eine Kompilation im Musik- oder Wortbereich kann insoweit grundsätzlich für sich in Anspruch nehmen, komplett
ohne Werklücken auch in der neuen Nutzungsart verwertet zu werden. Eine
juristische Zeitschrift darf den Anspruch erheben, komplett mit allen Aufsätzen in der neuen Nutzungsart verwertet zu werden (*Spindler* NJW 2008, 9,
10), ein Schlager-Tonträger mit allen darauf enthaltenen Schlagern. Immer
zwingend verbunden sind bei Werknutzung entstehende Leistungsschutzrechte, beispielsweise Rechte des Tonträgerherstellers, die wegen der Einspielung
eines bestimmten Musikwerkes entstanden sind. Auch erscheint es wirtschaftlich im Regelfall nicht angemessen, eine patentgeschützte Software neu zu
programmieren, wenn der Urheber seine urheberrechtlichen Rechte widerruft.
Das Gewicht der wirtschaftlichen Interessen wird aber bei der Interessenabwägung berücksichtigt (vgl. Rn. 76).

Abs. 3 stellt in solchen Fällen das Widerrufsrecht unter den Vorbehalt von **Treu 76
und Glauben,** der sich in dieser Formulierung schon in anderen Vorschriften
(z.B. §§ 8 Abs. 2 S. 2, 9, 34 Abs. 1, 3, 39 Abs. 2, 80 Abs. 1 S. 2) findet, die
auch darauf zielen, Auswertungsblockaden zu vermeiden, in denen einzelne
Urheber aus ihrer Blockadeposition Kapital schlagen wollen. Fehlen Spezialregelungen, operiert die Rechtsprechung mit § 242 BGB (OLG Köln
GRUR-RR 2005, 337, 338 – *Dokumentarfilm Massaker*). Allerdings erlaubt
das nur die Berücksichtigung von Interessen einer schuldrechtlich mit dem
Urheber verbundenen Person; § 31a Abs. 3 geht hier weiter und berücksichtigt
Drittinteressen betroffener Rechteinhaber (vgl. Rn. 73), selbst wenn es kein
schuldrechtliches Band mit dem widerrufenden Urheber gibt. **Konsumenten-
interessen** berücksichtigt Abs. 3 jedoch nicht (so aber wohl *Frey/Rudolph*
ZUM 2007, 13, 19), weil sie nicht Teil des von Abs. 3 erfassten Interessen-
konflikts sind. Treu und Glauben bedeutet zunächst, dass der **Urheber** sein
Widerrufsrecht nicht willkürlich, d.h. **nicht ohne sachlichen Grund,** ausüben
darf. Sachliche Gründe sind primär urheberpersönlichkeitsrechtliche Gründe
(vgl. Rn. 3). Wirtschaftliche Interessen beziehen sich auf die Vergütung des
Urhebers (vgl. Rn. 2); sie wiegen allerdings nicht besonders schwer, weil der
Urheber nach § 32c einen (unverzichtbaren) Anspruch auf angemessene Vergütung hat. Kein durchgreifender sachlicher Grund ist es danach in der Regel,

wenn der Urheber nur deshalb zurückruft, um selbst verwerten zu können (zweifelnd *Spindler* NJW 2008, 9, 10). Interessen anderer Urheber sind wiederum persönlichkeitsrechtlicher (insbesondere wichtig: sein Werk verwertet zu sehen) oder wirtschaftlicher Natur (Vergütung, die regelmäßig nur bei Nutzung anfällt). Inhaber von Leistungsschutzrechten können sich, mit Ausnahme der ausübenden Künstler, nur auf wirtschaftliche Interessen stützen. Das Gleiche gilt für bloße Nutzungsrechtsinhaber, oder Inhaber von Rechten außerhalb des UrhG, die vor allem bei umfassenden Investitionen ein erhebliches Interesse an der Verwertung haben. Die Interessen sind dann in einer umfassenden **Abwägung aller im Einzelfall relevanter Interessen** zu gewichten. Die persönlichkeitsrechtlichen und wirtschaftlichen Interessen des Urhebers können sich erst nach Bekanntwerden konkretisieren. Davor erscheint ein Widerruf des Urhebers im Regelfall als wider Treu und Glauben.

3. Kein Vorausverzicht auf Rechte (Abs. 4); Vereinbarungen nach Bekanntwerden

77 Die durch § 31a gewährten Rechte sind gem. Abs. 4 im Voraus unverzichtbar. Damit ist in jedem Fall das **Widerrufsrecht des Abs. 1 S. 3** gemeint, weil es sich insoweit um ein Recht handelt. Auch Erschwerungen der Ausübung des Widerrufsrechts wie Vertragsstrafen-, Schadensersatz- oder pauschale Aufwandsklauseln sollen unzulässig sein (*Spindler* NJW 2008, 9). Das erscheint vor dem Hintergrund des Regelungszwecks des § 31a allerdings als zu weitgehend. § 31a will wirtschaftliche und urheberpersönlichkeitsrechtliche Interessen des Urhebers schützen (vgl. Rn. 2 f.). Deshalb kann eine vertragliche Erschwerung der Ausübung des Widerrufsrechts zumindest dann erfolgen, wenn der Urheber ohne berechtigten wirtschaftlichen oder urheberpersönlichkeitsrechtlichen Grund – also willkürlich – widerruft. Die Verpflichtung zur Rückzahlung nicht verbrauchter Vergütungen (vgl. Rn. 60) ist auch kein Verstoß gegen Abs. 4. Die 3-Monats-Frist nach Abs. 1 S. 3 kann nach erfolgter Mitteilung durch Parteivereinbarung verkürzt werden (vgl. Rn. 66), weil die Rechte nur „im Voraus" unverzichtbar sind. Recherchepflichten des Verwerters werden gar nicht von Abs. 4 erfasst (vgl. Rn. 65).

78 Auch der Interessenschutz Dritter nach **Abs. 3** dürfte als „Recht" zu behandeln sein. Das **Schriftformgebot des Abs. 1 S. 1**, das kein solches „Recht" darstellt, ist dennoch zwingend, weil der Gesetzgeber von einer fehlenden Abänderbarkeit ausgegangen ist (RegE 2. Korb – BT-Drucks. 16/1828, S. 22, 24: „Vereinbarung nur schriftlich"). Auch die Erlöschensgründe sind wohl zu Gunsten und zu Lasten des Urhebers grundsätzlich zwingend; ansonsten würde der Verweis auch auf Abs. 2 („Absätze 1 bis 3") wenig Sinn machen.

79 Ausnahmsweise ist § 31a in **Arbeits- und Dienstverhältnissen** abdingbar. Hier gilt nichts anderes als für § 31 Abs. 4 a.F. (dazu *Schricker/Rojahn*[3] § 43 Rn. 55a; *Zirkel* ZUM 2004, 626, 629; *Jan Bernd Nordemann* FS Nordemann II S. 193, 197; dagegen *Schulze* GRUR 1994, 855, 868; offen gelassen von BGH GRUR 1991, 133, 135 – *Videozweitauswertung*; zur Frage, ob das ausdrücklich oder konkludent erfolgen musste: *Schmechel-Gaumé* K&R 2001, 74, 75 m.w.N.). Die Abdingbarkeit bezieht sich im Rahmen des § 31a zunächst auf das Schriftformerfordernis; da man auch eine konkludente Abdingbarkeit zulassen muss, können damit in Arbeits- und Dienstverträgen auch unbekannte Rechte eingeräumt sein, ohne dass sie als solche ausdrücklich als unbekannt erwähnt sind (vgl. Rn. 53). Ferner gilt die Abdingbarkeit für das Widerrufsrecht im Ganzen oder für seine Modifikation.

Das Verbot des Verzichts gilt nur „im Voraus". **Nach Bekanntwerden der** **80** **Nutzungsart** (vgl. Rn. 43 ff.) können die Parteien eine **Vereinbarung** treffen, ohne dass gem. § 31a das Schriftformgebot für die Rechtseinräumung, ein Widerrufsrecht des Urhebers oder ein Vergütungsanspruch nach § 32c (wohl aber nach § 32) bestünden. Dabei ist der Vertrag über unbekannte Nutzungsarten gem. § 31a von der Neueinräumung der Rechte an einer inzwischen bekannten Nutzungsart abzugrenzen. Erforderlich erscheint mit Rücksicht auf § 31a Abs. 2 neben einer Vereinbarung der Vergütung auch eine Rechtseinräumung für die jetzt bekannte Nutzungsart. Über dies muss eine gewisse Vertragsmodifikation stattfinden (vgl. Rn. 45). Eine Einigung nach Bekanntwerden kann auch konkludent erfolgen, weil sie an keine Schriftform gem. § 31a gebunden ist; das kommt insbesondere bei langjährigen Zahlung einer Vergütung an den Urheber für die Nutzung in Betracht.

III. Prozessuales

Die **Darlegungs- und Beweislast** für eine Tatsache trägt nach allgemeinen **81** zivilprozessualen Grundsätzen derjenige, der sich auf eine für ihn günstige Tatsache beruft. Daher ist es der Urheber, der das Schriftformerfordernis und damit die mangelnde Bekanntheit geltend machen und beweisen muss. Der Beweis kann insbesondere durch Sachverständigengutachten geführt werden. Der Schutzzweck des § 31a bedingt keine Absenkung der Beweisanforderungen, dass der Nachweis ernster Zweifel an der Bekanntheit genügen würde (so aber für § 31 Abs. 4 a.F. Vorauflage/*Hertin*[9] §§ 31/32 Rn. 10). Vielmehr ist der Urheber für Neuverträge hinreichend durch § 32c und für Altverträge (vgl. Rn. 5 ff.) durch §§ 32a, 31 Abs. 5 geschützt. Dementsprechend musste, wer die **Aktivlegitimation** eines Arbeitgebers bestreitet, weil der Arbeitgeber wegen § 31 Abs. 4 a.F. vom Arbeitnehmerurheber keine Nutzungsrechte erworben haben könne, Anhaltspunkte darlegen, dass die Nutzungsart im Zeitpunkt des Vertragsschlusses unbekannt war (BGH GRUR 1997, 464, 465 – *CB-Infobank II*). Unterfällt ein Vertrag dem Schriftformgebot nach § 31a Abs. 1 S. 1, muss aber der Vertragspartner des Urhebers darlegen und beweisen, dass die Schriftform eingehalten ist (*Schulze* UFITA 2007, 641, 663). Die Last für das Vorliegen des **Widerrufsrechts** und seiner Ausübung trägt wiederum der Urheber, während der Andere Erlöschengründe nach Abs. 1 S. 3, Abs. 2 S. 1 oder Abs. 2 S. 2 ggf. zu beweisen hat. Die Darlegungs- und Beweislast für die **Versendung der Mitteilung** an den Urheber, die gem. Abs. 1 S. 4 das Widerrufsrecht ausschließt, trägt also der Verwerter. Bei mehreren Urhebern nach §§ 8, 9 muss der Widerruf gemeinsam erklärt werden; ein Vertragspartner kann Vertretungsmacht von den anderen Berechtigten erhalten. Ggf. muss die Mitwirkung durch Klage auf Einwilligung durchgesetzt werden (dazu im Fall des § 9: BGH GRUR 1982, 743, 744 – *Verbundene Werke*). Im Hinblick auf eine **Ausübung wider Treu und Glauben** nach Abs. 3 liegt die Darlegungs- und Beweislast nicht beim widerrufenden Urheber, sondern bei demjenigen, der sich auf Abs. 3 beruft. Neben dem Vertragpartner des Urhebers bzw. dem Inhaber des Nutzungsrechts nach Übertragung (vgl. Rn. 62) können alle in die Interessenabwägung einzubeziehenden Rechteinhaber (vgl. Rn. 73) **Feststellungsklage** erheben, dass der Widerruf gegen Treu und Glauben verstößt; sie haben ein ausreichendes Feststellungsinteresse nach § 256 ZPO, weil ihre Interessen durch Abs. 3 geschützt werden.

IV. Verhältnis zu anderen Vorschriften

82 § 31, insbesondere § 31 Abs. 5 (Zweckübertragungslehre), ist neben § 31a anwendbar; ausführlich zur Zweckübertragungslehre und Einräumung unbekannter Nutzungsarten vgl. § 31 Rn. 108 ff. Nach der Zweckübertragungslehre richtet sich auch die Frage, ob das Nutzungsrecht für technische Verbesserungen, die keine neue Nutzungsart nach § 31a sind, eingeräumt ist (vgl. § 31 Rn. 166). Den Urheber kann aus **§ 242 BGB bzw. § 313 BGB** eine **Verpflichtung zur Rechtseinräumung** treffen (vgl. Vor §§ 31 ff. Rn. 94 ff.). Besteht eine solche bei Widerruf, ist die Ausübung des Widerrufs gesperrt und kann nicht erfolgen. Anderenfalls müsste der Vertragspartner umständlich auf Wiedereinräumung klagen. Zur Anwendbarkeit des § 31a auf **Leistungsschutzberechtigte** und bloße **Nutzungsberechtigte**, sowie bei Einräumungen an **Verwertungsgesellschaften**, vgl. Rn. 19 und in **Arbeitsverhältnissen**, vgl. Rn. 18. Das Widerrufsrecht – nicht aber das Schriftformgebot – wird für **Filmstoffurheber** gem. § 88 Abs. 1 S. 2 und für **Filmurheber** gem. § 89 Abs. 1 S. 2 ausgeschlossen.

---

§ 32   Angemessene Vergütung

(1) [1]Der Urheber hat für die Einräumung von Nutzungsrechten und die Erlaubnis zur Werknutzung Anspruch auf die vertraglich vereinbarte Vergütung. [2]Ist die Höhe der Vergütung nicht bestimmt, gilt die angemessene Vergütung als vereinbart. [3]Soweit die vereinbarte Vergütung nicht angemessen ist, kann der Urheber von seinem Vertragspartner die Einwilligung in die Änderung des Vertrages verlangen, durch die dem Urheber eine angemessene Vergütung gewährt wird.

(2) [1]Eine nach einer gemeinsamen Vergütungsregel (§ 36) ermittelte Vergütung ist angemessen. [2]Im Übrigen ist die Vergütung angemessen, wenn sie im Zeitpunkt des Vertragsschlusses dem entspricht, was im Geschäftsverkehr nach Art und Umfang der eingeräumten Nutzungsmöglichkeiten, insbesondere nach Dauer und Zeitpunkt der Nutzung, unter Berücksichtigung aller Umstände üblicher- und redlicherweise zu leisten ist.

(3) [1]Auf eine Vereinbarung, die zum Nachteil des Urhebers von den Absätzen 1 und 2 abweicht, kann der Vertragspartner sich nicht berufen. [2]Die in Satz 1 bezeichneten Vorschriften finden auch Anwendung, wenn sie durch anderweitige Gestaltungen umgangen werden. [3]Der Urheber kann aber unentgeltlich ein einfaches Nutzungsrecht für jedermann einräumen.

(4) Der Urheber hat keinen Anspruch nach Absatz 1 Satz 3, soweit die Vergütung für die Nutzung seiner Werke tarifvertraglich bestimmt ist.

Übersicht

I. Allgemeines

1. Sinn und Zweck

1 **a) Zugrunde liegender Konflikt:** Der Wunsch der Urheber nach einer Regelung zur Vergütungshöhe ist so alt wie das Urheberrecht (*Czychowski* UFITA 2000, 191). Diesem Wunsch zu entsprechen, ist Zweck der Regelung. Der Kampf einer Gesellschaft um **„gerechte"** Preise ist noch älter: Thomas von Aquin entwarf zurückgehend auf römisch-rechtliche Grundsätze eine Figur, die sittliche Maßstäbe in den Vordergrund stellte; er formuliert: „[...] was gegen die Tugend ist." (*Thomas von Aquin*, Summa Theologica, zitiert nach der von der Thomas-Morus-Akademie herausgegebenen Ausgabe, II. Teil des 2. Buches, Frage 77, Art.1). Der Diskurs verharrte jedoch eher in der Theorie. Die römisch-rechtliche Diskussion war demgegenüber viel breiter, stellte die allgemeine Frage der **Vertragsgerechtigkeit** und hatte praktische Auswirkungen allerdings eher im Sinne einer Billigkeitskorrektur (dazu ausführlich und instruktiv *Göttlicher*, Iustum pretium und Vertragsgerechtigkeit (= Osnabrücker Schriften zur Rechtsgeschichte 6, Göttingen 2004). Die Wirtschaftswissenschaft hingegen geht seit *Adam Smith* davon aus, dass eine *invisible hand* für die gewollte Effizienz des Systems sorgt. *Smith* schließt aus, dass diese Effizienz von dem Bemühen des Menschen um Preisgerechtigkeit abhängt. *John Stuart Mill* war in diesem Zusammenhang wohl der erste, der erkannte, dass Gerechtigkeit und Effizienz des wirtschaftspolitischen Systems von einander zu trennende Fragen sind. Heute gilt dies in den Hauptströmungen der Volkswirtschaftslehre nach wie vor. Allerdings entwickeln sich in den Disziplinen der Wirtschaftsethik oder der Verhandlungstheorie Denkansätze, die versuchen, die „Gerechtigkeit" wieder in die wirtschaftstheoretischen Systeme einzubeziehen.

Der deutsche Gesetzgeber hatte bereits in der Begründung zum Urheberrechts- **2** gesetz von 1962 (RegE UrhG – BT-Drucks. IV/270, S. 27 f.) eingeräumt, dass das Urhebervertragsrecht eingehender geregelt werden müsse (zur weiteren Geschichte der verschiedenen Anläufe einer Regelung s. nur RegE UrhVG – BT-Drucks. 14/6433, S. 7 m.w.N.). 2001 hat er sich nach dem sog. **Professorenentwurf** für eine neue Art von Regelung entschieden: Dem Urheber wird ein Anspruch auf angemessene Vergütung gewährt, der in § 32 näher ausgestaltet wird (zum Urhebervertragsgesetz allgemein *Dietz* IIC 2002, 828 ff.; *Erdmann* GRUR 2002, 923; *Hertin* MMR 2002, 16 ff. mit Klauselvorschlägen; *Schmidt* ZUM 2002, 781 ff.; *Schricker* GRUR Int. 2002, 797 ff.). Die **ersten Erfahrungen** mit den neuen Regeln zeigen, dass der vom Gesetzgeber gewählte Ansatz und die Einzelfallgerechtigkeit noch nicht zusammengefunden haben (zu Details der bisherigen Entscheidungspraxis vgl. Rn. 45) getreu dem Motto: „*Der Richter sprach: [...], so weis' ich Euch von meinem Stuhle. Denkt Ihr, dass ich Rätsel zu lösen da bin? [...]*" – Lessing, Nathan der Weise, Dritter Aufzug, Fünfter Auftritt. Zudem existiert bislang nur eine einzige gemeinsame Vergütungsregel (dazu vgl. Rn. 28; auch vgl. § 36 Rn. 28 ff.). Ob man daraus allerdings den Schluss ziehen muss, der Gesetzgeber müsse noch weiter regulierend eingreifen (so wohl Dreier/Schulze/*Schulze*[2] Rn. 1 unter Verweis auf *Gernot Schulze* GRUR 2005, 828, 832 ff., linke Spalte Mitte), erscheint vor dem Hintergrund der hier insgesamt vertretenen Auffassung mehr als fraglich (skeptisch zur Neuregelung auch *Schack*[4] Rn. 969a).

b) **Existierende Lösungsansätze: Weltweit** gibt es im Wesentlichen **drei Ansätze** **3** zur Bestimmung der Vergütung im primären Urhebervertragsrecht: Im angloamerikanischen Copyright System überließ man den Ausgleich dem Markt. Insbesondere im Bereich des Films hat allerdings die Vertragsdisparität zwischen Filmschaffenden und Produzenten zur Gründung von sogenannten „Guilds", einer Art Gewerkschaft von Filmschaffenden geführt. Durch Kollektivvereinbarungen, sogenannte **guild agreements**, wird nahezu jede Verwertungsform eines Filmwerkes erfasst und die Schaffenden vergütet (*Reber*, Die Beteiligung von Urhebern und ausübenden Künstlern an der Verwertung von Filmwerken, 1998, S. 321 ff; *ders.* GRUR 2003, 393, 396). In den **sozialistischen Staaten** wählte man **starre Vergütungsvorgaben** (dazu *Czychowski*, Urhebervertragsrecht, S. 189 ff.). Im Übrigen **korrigierte man** allzu ungerechte Ergebnisse **im Nachhinein** über **Anpassungsregeln** wie den alten deutschen Bestsellerparagrafen (§ 36 a.F.). In Frankreich existierte seit 1957 der Grundsatz der verhältnismäßigen Beteiligung, der allerdings keine unmittelbaren Auswirkungen auf die Höhe der Vergütung gehabt hat, sondern sich soweit ersichtlich in grundsätzlichen Erwägungen zur Struktur der Vergütung (Pauschale vs. Beteiligung) erschöpft.

c) **Bestimmungen im deutschen Recht zu ähnlichen Konfliktlagen:** Das deut- **4** sche Recht kennt **vergleichbare Bestimmungen** (zu mit dem Begriff der „Angemessenheit" **vergleichbaren Begriffen** vgl. Rn. 34), denen auf den ersten Blick ein ähnlicher Gedanke zu Grunde liegt: Regeln die Parteien die Höhe der Vergütung für die Werkleistung eines Urhebers im Vertrag nicht, kann der

Urheber gem. § 632 BGB (**Werkvertrag**) die übliche Vergütung verlangen; dies trifft allerdings nur auf den Teil von Urheberrechtsverträgen zu, denen ein Werkvertrag zugrunde liegt und dann auch nur für diese Werkleistung (a.A. OLG Hamm GRUR-RR 2003, 124 – *Werbepostkarten*, das auch die Nutzungsentgelte unter § 632 BGB rechnet). Daneben kann im Anwendungsbereich des **Verlagsgesetzes** die angemessene Vergütung nach § 22 VerlG verlangt werden. Andere Eingriffe in vertragliche Vergütungsregelungen sind die gesetzlichen Bestimmungen der Honorare von Ärzten, Architekten oder Rechtsanwälten. In den Blick geraten auch die Regelungen zum Schutz vor überhöhten Mieten (§ 5 **WiStG**), die allerdings – ebenso wie der allgemeine Wuchertatbestand – eher Ausreißer einfangen wollen, als einen allgemeinen „Anspruch auf eine angemessene Miete" zu formulieren.

5 Bei näherer Betrachtung sind all diese Fälle aber **nicht vergleichbar.** Den letzteren Fällen ist gemeinsam, dass der Gesetzgeber Preisunterbietungen verhindern wollte, um die hohe Qualität freiberuflicher Leistungen, die zum Teil – z.B. bei Ärzten – lebenswichtig sein kann, im Interesse wichtiger Gemeinschaftsgüter zu sichern. § 632 BGB hingegen hat keinen Schutzcharakter; er will nur Lücken im Vertrag schließen und damit verhindern, dass ein Dissens entsteht (Palandt/*Sprau*[68] § 632 Rn. 1; MüKo/*Busche* § 632 Rn. 2). § 22 VerlG schließlich ist in seiner Struktur § 632 BGB nachgebildet. Am ehesten vergleichbar dürfte § 32 mit § 9 **ArbNEG** sein. Diese Regelung aus dem speziellen **Patentrecht für Arbeitsverhältnisse** gewährt dem Arbeitnehmer gegenüber dem Arbeitgeber einen Anspruch auf angemessene Vergütung, wenn und sobald der Arbeitgeber eine Erfindung in Anspruch genommen hat. Dennoch hilft auch die dazu ergangene Spruchpraxis wenig, da sie auf speziellen Richtlinien beruht, die es im Urheberrecht nicht gibt und die die Besonderheiten des technischen Patentrechts berücksichtigen (s. dazu *Bartenbach*/*Volz*, Arbeitnehmererfindervergütung, 2. Auflage 1999). Vergleichbar scheint zudem § 23 Abs. 1 ArbNEG, der bei Vergütungsvereinbarungen ebenfalls den Weg einer Inhaltskontrolle eröffnet „soweit sie in erheblichem Maße" unbillig sind. Allerdings ist die Rechtsfolge dort Unwirksamkeit und nicht wie hier Vertragsanpassung (*Erdmann* GRUR 2002, 923, 925).

6 In der Literatur wird auch darauf hingewiesen, dass möglicherweise die Rechtsprechung zu verschuldensabhängigen Schadensersatzansprüchen nach § 97 zur Bestimmung des Begriffes der Angemessenheit herangezogen werden kann (*Schricker* GRUR 2002 737, 738; Wandtke/Bullinger/*Wandtke*/*Grunert*[2] Rn. 37). Im Rahmen des § 97 wird dem Rechteinhaber Schadensersatz gegen den unberechtigten Werknutzer in Höhe einer angemessenen Lizenzgebühr gewährt (**Lizenzanalogie**; vgl. § 97 Rn. 86 ff.), auch für die Feststellung der angemessenen Vergütung im Rahmen eines Gesamtvertrages muss der Begriff der Angemessenheit konkretisiert werden (BGH GRUR 2001, 1139, 1142). Tatsächlich kann der dazu verwendete Maßstab, nämlich, was verständige Vertragspartner redlicherweise für den objektiv sachlich angemessenen Wert der Rechtsbenutzung vereinbart hätten (Schricker/*Wild*[3] § 97 Rn. 61 m.w.N.), im Rahmen des § 32 auch Verwendung finden. Zu Recht wird allerdings darauf hingewiesen, dass es bei der Schadensberechnung nach § 97 weniger um eine gerechte Wertung der Verhältnisse von Leistung und Gegenleistung ginge als vielmehr um eine möglichst genaue Reproduktion der Marktverhältnisse (*Schricker* GRUR 2002 737, 738). Tatsächlich ist im Rahmen der Schadensfestsetzung gem. § 97 eine Prüfungsstufe der Redlichkeit nicht vorgesehen. Es wird bei der Bestimmung auf die üblichen Tarife und Honorare abgestellt (*Dietz* ZUM 2001, 276, 279). Mangels solcher – und dies ist nicht selten der Fall – ist die Schadensfestsetzung allerdings der freien Schätzung des Gerichts nach § 287 ZPO (der in der Tat wegen § 287 Abs. 2 ZPO auch in den vermögensrechtlichen Streitigkeiten des § 32 anwendbar sein dürfte) anheimgestellt. Dieses wird jedoch bei seiner Ermessensentscheidung gerade auch einen Ausgleich anstreben, der interessengerecht ist. Insofern sind diejenigen Kriterien für § 32 interessant, die die Rechtsprechung zur Lizenzanalogie im Rahmen des § 97 gefunden hat, um in freier Schätzung zu einem Ergebnis zu kommen. Unbeachtet müssen alle Gesichtspunkte der Rechtsprechung zur Lizenzanalogie bleiben, die auf den genuin schadensrechtlichen Charakter der Bestimmung abheben (z.B. die „doppelte Lizenz", so zu Recht: Wandtke/Bullinger/*Wandtke/Grunert*[2] Rn. 37). Umgekehrt könnte die Rechtsprechung zu § 32 Einfluss auf die Festlegung der Lizenzanalogie im Schadensrecht haben: *Schricker* weist daraufhin, dass es wohl eine unangemessene Besserstellung des unberechtigten Werknutzer gegenüber dem Nutzer auf Grund eines Vertrages wäre, sollte bei der Schadensberechnung im Wege der Lizenzanalogie nicht berücksichtigt werden, was für die Korrektur vertraglicher Vergütungen gilt (*Schricker* GRUR 2002, 737, 738).

Schließlich kennt das Urheberrecht den Begriff der Angemessenheit aus **ge-** **7** **setzlichen Vergütungsansprüchen** (z.B. §§ 26 Abs. 3, 27 Abs. 1 und 2, 45a Abs. 2, 46 Abs. 4, 49 Abs. 1, 54, 54a), die i.d.R. verwertungsgesellschaftenpflichtig sind und daher der besonderen Angemessenheitsbestimmung des § 6 Abs. 1 UrhWahrnG unterworfen sind. Soweit sie nicht verwertungsgesellschaftenpflichtig sind (z.B. § 46 Abs. 4), kann man allerdings nicht davon sprechen, dass sich eine Praxis zur Bestimmung der Angemessenheit herausgebildet hat, so dass sie zur Auslegung des § 32 wenig beitragen können.

2. Verfassungsrechtliche Aspekte

Die Regierungsbegründung spricht davon, dass sie mit dem Gesetz einem **8** **verfassungsrechtlichen Gebot** gefolgt sei (RegE UrhVG – BT-Drucks. 14/6433, S. 7 m.w.N. unter Verweis auf BVerfG NJW 1994, 2749, 2450): Der Ausgleich gestörter Vertragsparität gehöre zu den Hauptaufgaben des Zivilrechts. Zweifel daran, ob dies unbedingt den Gesetzgeber auf den Plan rufen muss, sind durchaus angebracht, denn mit dieser Begründung wäre fast jeder Lebensbereich preisrechtlich regelbar. Das wiederum dürfte mit der ebenfalls verfassungsrechtlich verankerten Vertragsfreiheit schwer vereinbar sein. Dennoch hat das Bundesverfassungsrecht schon früh entschieden, dass Preisrecht mit **Art. 14 GG** vereinbar sein kann (BVerfG NJW 1959, 475). Damals judizierte das BVerfG, dass § 2 Abs. 1 PreisG (in der damaligen Fassung) verfassungskonform ermächtige, Preise festzusetzen oder zu genehmigen. Sinn der Ermächtigung war, das allgemeine Preisniveau zu stabilisieren, insbesondere unangemessene Preissteigerungen zu verhindern. Schon damals hat das BVerfG Eingriffen in die Preisfreiheit aber Grenzen gesetzt: § 2 PreisG ermächtige nur zu solchen Preisregelungen, die zur Abwehr ernsthafter, für den gesamten Preisstand relevanter Störungen unerlässlich sind (BVerfG NJW 1959, 475). Die Ermächtigung darf also nicht zu einer aktiven, die Preis- und Wirtschaftsordnung umgestaltenden Wirtschaftspolitik benutzt werden. Deshalb betont das BVerfG, dass eine Einschränkung der Privatautonomie nur bei *fundamentalen Ungleichgewichten* zulässig ist (*Jarass/Pieroth*, GG, Kommentar, 7. Auflage 2004, Art. 2 Rn. 16 m.w.N.). Zudem besagt die zitierte Rechtsprechung des BVerfG keineswegs, dass der Gesetzgeber typisierte strukturelle Unterlegenheit durch generelle Regelungen korrigieren müsse (Loewenheim/*v. Becker*

§ 29 Rn. 10 unter Verwies auf *Thüsing* GRUR 2002, 203, 206); es wäre denkbar gewesen, allein den Bestsellerparagrafen als nachträgliche Korrektur deutlich aufzuwerten. Zur Frage der verfassungsrechtlichen Zulässigkeit s. LG München I Urteil vom 15.12.2005 – 7 O 25199/04, S. 12 f. UA; *Grzeszick* AfP 2002, 383 ff.. Einige äußern zudem verfassungsrechtliche Bedenken gegen die persönliche Reichweite der Vermutungsregel des § 32 Abs. 2 Satz 2 (*Erdmann* GRUR 2002, 923, 925; *Thüsing* GRUR 2002, 203, 204 ff.).

9 Bedenken bezüglich der **Unbestimmtheit der Norm** hegt das OLG München („nicht unproblematisch": OLG München ZUM 2007, 166, 175; ZUM 2007, 314, 325; LG München I ZUM 2006 154, 156 hält die Norm für bestimmbar durch juristische Methodik; *Ory* AfP 2006, 9, 19).

3.   EU-Recht/Internationale Konventionen

10 Weder EU-Recht noch internationale Konventionen kennen eine vergleichbare Regelung noch gibt es **Vorgaben** zu der deutschen Regelung. Zu den Nachweisen aus Erwägungsgründen einzelner Richtlinien aber vgl. § 11 Rn. 5. Einzelne Staaten haben vergleichbare Regelungen eingeführt. Hier ist insbesondere das unter maßgeblicher Beteiligung des Münchener Max Planck Instituts entstandene Gesetz in Slowenien zu nennen (*Czychowski*, Urhebervertragsrecht, S. 139 ff.). Zu Art. 81 EGV und § 36 vgl. Vor §§ 31 ff. Rn. 78.

II.   Tatbestand

1.   Inhalte und Struktur der Ansprüche nach § 32 auf angemessene Vergütung

11 § 32 regelt verschiedene Ansprüche des Urhebers in Abhängigkeit von der Art der Vergütungsregelung (vertraglich, unbestimmt, zu ermitteln nach Gemeinsamer Vergütungsregel, zu bestimmen nach Angemessenheit, und eine unangemessene).

12 § 32 **Abs. 1 S. 1** normiert die als Selbstverständlichkeit erscheinende Aussage, dass der Urheber für die Einräumung von Nutzungsrechten und die Erlaubnis zur Werknutzung Anspruch auf die vertraglich vereinbarte Vergütung hat. Satz 1 regelt also einen **Zahlungsanspruch**, der ohne rechtstechnische Besonderheiten entsprechend den Regeln des deutschen Zivilrechts durchgesetzt werden kann. Er verdeutlicht aber auch, dass dem Urheber neben seinen vertraglichen Ansprüchen nicht noch ein zusätzlicher rein gesetzlicher Vergütungsanspruch zusteht.

13 § 32 **Abs. 1 S. 2** statuiert, dass, wenn die Höhe der Vergütung nicht bestimmt ist, die angemessene Vergütung als vereinbart gilt. Dabei weicht der Terminus der „angemessenen" Vergütung bewusst von dem Begriff der „üblichen" Vergütung ab. Nach § 32 Abs. 2 S. 2 ist die **Vergütung angemessen, wenn sie üblich und redlich** (vgl. Rn. 45 ff.) ist. Nachdem Absatz 1 also den Anspruch aufgestellt hat, regelt Absatz 2 die Frage, wie die Angemessenheit der Vergütung zu bestimmen ist. **Vorrang** genießen dabei **gemeinsame Vergütungsregeln i.S.d. § 36.** Für diese besteht eine **unwiderlegliche Vermutung** dahingehend, dass eine nach einer solchen gemeinsamen Vergütungsregel ermittelte Vergütung angemessen ist. Besteht keine gemeinsame Vergütungsregel, bestimmt § 32 Abs. 2 S. 2, dass die Vergütung angemessen ist, die im Zeitpunkt des Vertragsabschlusses dem entspricht, was im Geschäftsverkehr nach **Art**

und Umfang der eingeräumten Nutzungsmöglichkeit, insbesondere nach Dauer und Zeitpunkt der Nutzung unter Berücksichtigung aller Umstände **üblicher- und redlicherweise** zu leisten ist. An dieser Stelle sei bereits erwähnt, dass die Bestimmungen des § 32 **zwingend** sind; dies sowohl in inhaltlicher Hinsicht (§ 32 Abs. 3 S. 1 und 2), als auch in internationaler Hinsicht (§ 32b). Auch diese Stufe des § 32 regelt also einen **Zahlungsanspruch.** Der Anspruch bleibt dem Berechtigten auch dann erhalten, wenn die Vergütung ausdrücklich ausgeschlossen wird (und keiner der Fälle, dass eine solche angemessen ist (vgl. Rn. 115 ff.), vorliegt), sei es über § 32 Abs. 1 S. 2 (*Wilhelm Nordemann*, Urhebervertragsrecht, § 32 Rn. 4 f.) oder über § 32 Abs. 3. Denn andernfalls wäre dies eine Einladung zur Umgehung; zudem handelt es sich um die Steigerungsform der Nichtregelung. I.E. dürfte die dogmatische Begründung keinen Unterschied machen. Wenn man den Weg über § 32 Abs. 1 S. 2 geht, steht dem Urheber unmittelbar ein Zahlungsanspruch zu. Wählt man den Weg über § 32 Abs. 3, ist der entsprechende vertragliche Ausschluss unwirksam, und der Berechtigte hat wieder einen Vertrag, der keine Regelung enthält, mithin einen direkten Zahlungsanspruch.

Für den Fall, dass eine Vergütung vereinbart ist, diese aber unangemessen ist **14** (**§ 32 Abs. 1 S. 3**), steht dem Berechtigten hingegen ein Anspruch auf Einwilligung in die Änderung des Vertrages (**Anpassungsanspruch**) zu. Dabei reduziert sich dieser um den Teil, der bereits bezahlt wurde/wird (FormH 19.11.2001 UrhVG – BT-Drucks. 14/6433, S. 15). Dieser Änderungsanspruch geht ebenfalls dahin, dass dem Urheber eine angemessene Vergütung gewährt wird. In der Tat dürfte es sich bei § 32 Abs. 1 S. 3 um den Hauptanwendungsfall des gesamten Anspruchs handeln (so *Wilhelm Nordemann*, Urhebervertragsrecht, § 32 Rn. 6). Hintergrund, den Berechtigten keinen Zahlungsanspruch, sondern einen Korrekturanspruch zu geben, ist, dass andernfalls gerade bei Dauerschuldverhältnissen eine praktikable Durchsetzung kaum möglich erscheint (BeschlE RAusschuss UrhVG – BT-Drucks. 14/8058, S. 18). Den ebenfalls denkbaren Fall, dass eine Vergütung unangemessen, aber zu Lasten des Verwerters ist, regelt § 32 nicht (Dreier/Schulze/*Schulze*[2] Rn. 26). Er kann allenfalls über allgemeine Regeln (z.B. §§ 138, 313 BGB) gelöst werden.

§ 32 Abs. 4 bestimmt schließlich, dass **Tarifverträge** grundsätzlich Vorrang **15** genießen. Zu beachten ist insoweit allerdings, dass Tarifverträge nur dann vorgehen, wenn sie Bindungswirkung entfalten, also beide Parteien Angehörige der Tarifvertragsparteien sind. Da die meisten Urheber freischaffend tätig sind, besitzen Tarifverträge im Urheberrecht eine eher untergeordnete Bedeutung (zu Details vgl. Rn. 26 ff.).

2. Rechtsnatur der Ansprüche

Die dogmatische Bestimmung der Rechtsnatur der Ansprüche hat ihren Aus- **16** gangspunkt darin, dass diese einerseits kraft Gesetz in Verträge eingreifen, andererseits diese die Verträge zur Basis des Anspruchs macht. Insofern können sowohl der **Änderungsanspruch** nach Abs. 1 Satz 3 als auch der **Zahlungsanspruch** nach Abs. 1 Satz 2 als gesetzliche *Änderungs*ansprüche eingeordnet werden. Die Gesetzesbegründung spricht von dem Anspruch als *gesetzlichem* Vergütungsanspruch (FormH 19.11.2001 UrhVG– BT-Drucks. 14/6433, S. 1 ff.). Dieser Zahlungsanspruch hat jedoch seine Grundlage im Vertrag. Trotz dieser vertraglichen Vereinbarung muss man wohl angesichts der klaren Vorgabe in der Gesetzesbegründung von einem **gesetzlichen Vergütungs-**

anspruch ausgehen (FormH 19.11.2001 UrhVG – BT-Drucks. 14/6433, S. 1 ff.; a.A. Schricker/*Schricker*[3] Rn. 2: vertraglicher Anspruch eigener Art; in dieselbe Richtung *Erdmann* GRUR 2002, 923, 925), da er seinen Grund im Gesetz und nicht in dem (noch unkontrollierten) Vertrag hat, wenn er natürlich auch einen Vertrag voraussetzt; letztlich ist er mit Ansprüchen wie § 137d Abs. 3 i.V.m. § 137 vergleichbar, die wohl auch als gesetzliche Ansprüche verstanden werden (Schricker/*Katzenberger*[3] § 137 Rn. 13). Dogmatisch wird der Anspruch zudem als einer der seltenen gesetzlich vorgeschriebenen Fälle der objektiven Inhaltskontrolle außerhalb des AGB-Rechts eingeordnet (*Erdmann* GRUR 2002, 923, 925; *Schricker* GRUR 2002, 737, 737).

3.   Sachlicher Anwendungsbereich

17 **Sachlich** ist der Anspruch nur bei bestehenden Vertragsbeziehungen im **primären Urhebervertragsrecht,** also bei Verträgen mir Urheberrechtsbeteiligung, (zu diesem Begriff *Dietz*, Urhebervertragsrecht, S. 1 ff.) anwendbar. Dies umfasst die klassische Einräumung von Nutzungsrechten ebenso wie die bloß schuldrechtliche Gestattung (vgl. § 31 Rn. 5 ff.) sowie die einseitige Einwilligung (vgl. § 31 Rn. 5 ff.) in die Werknutzung (Schricker/*Schricker*[3] Rn. 7). Das schließt zunächst aus, dass der Anspruch auch auf die **schuldrechtlichen Grundgeschäfte** des Urhebervertragsrechts, also etwa einen **Dienst- oder einen Werkvertrag** durchschlägt. Letztere regeln sich nach den allgemeinen Bestimmungen. Das schließt aber nicht aus, dass nicht neben § 32 für die urheberrechtliche Vergütung auch § 632 BGB für die Vergütung einer etwaigen Werkleistung Anwendung findet. Im Gegenteil sollte in Verträgen, deren Inhalt zugleich die Erbringung einer Leistung wie die Übertragung von Nutzungsrechten ist, möglicherweise zwischen dem Entgelt für die Leistung und die Übertragung unterschieden werden (für Werklohn ist § 32 nicht eröffnet: LG Stuttgart, Beschl. v. 02.11.2007, 17 O 734/05). In vielen Fällen, genannt seien z.B. die Übersetzer und freien Journalisten, fallen beide Entgelte in eins, was zu einer unsauberen Vermengung der Bestimmung des angemessenen Entgeltes für beide Bereiche führt (vgl. Rn. 87 ff.; weiterhin vgl. Rn. 65 ff.). Beispielsweise wäre denkbar, dass ein Designer ein Signet für einen Kunden entwickelt, ohne über die Vergütung oder die Einräumung von Rechten zu reden. Er hätte dann nach § 632 BGB für seine Werkleistung Anspruch auf die übliche Vergütung, nach § 32 hingegen einen Anspruch auf angemessene Vergütung für die Nutzung z.B. auf den Geschäftspapieren und auf der Internet-Seite des Auftraggebers, da letzterer wohl nach der Zweckübertragungstheorie in einem solchen Fall recht umfassende Nutzungsrechte erwerben würde. Soweit der Anwendungsbereich des VerlG eröffnet ist, muss das Verhältnis zu § 22 VerlG geklärt werden. Da **§ 22 VerlG** etwas anderes regelt (vgl. Rn. 4), geht dieser auch nicht vor.

18 Anders als im Professorenentwurf ist nach einer Formulierungshilfe vom 19.11.2001 der Bereich der tarifvertraglich geregelten Vergütungen aus der Anwendbarkeit des § 32 ausdrücklich herausgenommen worden; damit sollte der Tarifautonomie Rechnung getragen werden (FormH 19.11.2001 UrhVG – BT-Drucks. 14/6433, S. 17). Wenn und soweit also ein **Tarifvertrag** Regelungen zur urheberrechtlichen Vergütung enthält, ist ein Rückgriff auf § 32 nicht mehr möglich. Die Regel gilt auch für Tarifverträge **arbeitnehmerähnlicher Personen** (**§ 12a TVG**) wie die Gesetzesbegründung mit einer zwischenzeitlichen Streichung im Rahmen des Gesetzgebungsverfahrens klarstellt (FormH 19.11.2001 UrhVG – BT-Drucks. 14/6433, S. 20).

Nicht anwendbar ist § 32 auf **gesetzliche Lizenzen** (2. ProfE UrhVG, *Schulze*, **19** S. 1377; so auch Dreier/Schulze/*Schulze*[2] Rn. 9; Schricker/*Schricker*[3] Rn.6; Wandtke/Bullinger/*Wandtke/Grunert*[2] Rn. 6), da dort eigenständige Ansprüche bestehen, oftmals ebenfalls auf *angemessene* Vergütung (siehe z.B. § 46 Abs. 4). Der Anspruch gilt, eigentlich selbstverständlich, auch nicht gegenüber **unberechtigten Nutzern**, also Rechtsverletzern (2. ProfE UrhVG, *Schulze*, S. 1377; so auch Dreier/Schulze/*Schulze*[2] Rn. 10; Wandtke/Bullinger/*Wandtke/Grunert*[2] Rn. 6). Auch das Verhältnis zwischen Urheber und Verwertungsgesellschaften ist eigenständiger Art, der Schutzkonstellation des § 32 bedarf es nicht: § 32 findet also auf **Wahrnehmungsverträge** keine Anwendung (Dreier/Schulze/*Schulze*[2] Rn. 8; Schricker/*Schricker*[3] Rn. 4; Wandtke/Bullinger/ *Wandtke/Grunert*[2] Rn. 7). Zur Problematik der Abtretung der Ansprüche an eine Verwertungsgesellschaft vgl. Rn.22.

4. Entstehen, Fälligkeit, Abtretbarkeit, Verjährung und Verwirkung des Anspruches

a) **Entstehen:** Der Anspruch entsteht mit der Einräumung von Nutzungsrech- **20** ten oder der Erteilung der Erlaubnis zur Werknutzung, d.h. zeitlich i. d. R. mit dem Datum, das bei den Unterschriften unter der jeweiligen Vereinbarung steht. Die Regierungsbegründung sah noch vor, dass der Anspruch nicht mit diesem Vorgang entsteht. Erforderlich war vielmehr, dass die Nutzung dann auch tatsächlich stattfindet (RegE UrhVG – BT-Drucks. 14/6433, S. 15). Das hat der Rechtsausschuss geändert und ausdrücklich auf die Kritik an der Anknüpfung an der Nutzungshandlung hingewiesen (BeschlE RAusschuss – UrhVG BT-Drucks. 14/8058, S. 18). Insbesondere für die **Verjährung** spielt die Frage eine Rolle, wann der Anspruch nach § 32 entsteht und fällig wird. Grundsätzlich ist ein Anspruch entstanden, sobald er mit einer Klage geltend gemacht werden kann (BGHZ 55, 340; BGHZ 73, 365). Voraussetzung dafür ist i.d.R. nur, dass der Anspruch fällig ist (BGHZ 53, 222, 225; BGHZ 113, 193).

b) **Fälligkeit:** Anders als im Regierungsentwurf (RegE UrhVG – BT-Drucks. **21** 14/6433, S. 3) enthält das Gesetz keine Regelung zur **Fälligkeit** des Anpassungsanspruchs. Der Rechtsausschuss hatte diese mit der Begründung gestrichen, dass sich mangels abweichender Regelung die Fälligkeit aus § 271 BGB ergebe (BeschlE RAusschuss UrhVG – BT-Drucks. 14/8058, S. 19). Nach dieser Vorschrift wird der Anspruch „sofort" fällig. Was dies genau heißt, ist bei näherer Betrachtung nicht ganz so klar. Daher ist **umstritten**, wann die Ansprüche des § 32, also der Zahlungsanspruch und der Anpassungsanspruch, **fällig** sind. Einige plädieren für eine Fälligkeit mit Vertragsschluss bzw. der Einräumung der Nutzungsrechte (Dreier/*Dreier/Schulze*[2] § 32 Rn. 11; Schmid/ Wirth § 32 Rn. 7; so wohl auch Schricker/*Schricker*[3] Rn. 27), andere lassen den Anspruch fortwährend neu fällig werden (so noch Wandtke/Bullinger/ *Wandtke/Grunert*[1] Rn. 21; jetzt wohl wie hier Wandtke/Bullinger/*Wandtke/ Grunert*[2] Rn. 21), *Wilhelm Nordemann* koppelt den Zahlungsanspruch an den Nutzungsbeginn, sieht den Anpassungsanspruch hingegen mit Vertragsschluss als fällig an (*Wilhelm Nordemann*, Urhebervertragsrecht, § 32 Rn. 57 f.). Da der Rechtsausschuss sich ausdrücklich dafür entschieden hat, die Nutzung nicht mehr als relevanten Anknüpfungspunkt für den Anspruch zu wählen (BeschlE RAusschuss UrhVG – BT-Drucks. 14/8058, S. 18), dürfte zunächst viel dafür sprechen, dass der Anspruch im Zeitpunkt der Einräumung der Nutzungsrechte fällig wird. Dies muss nicht zwingend der Zeitpunkt des Vertragsschlusses sein; es ist denkbar, dass die Einräumung der Nutzungsrechte z.B. an die Zahlung einer ersten Abschlagzahlung gekoppelt ist. Allerdings passt dies, worauf *von Becker* zu Recht hinweist, nur wenn keine Vergütung vereinbart ist oder aber eine Pauschalzahlung (Loewenheim/*v. Becker* § 29 Rn. 58). Besteht die angemessene Vergütung in einer Beteiligung, entscheidet die tatsächliche Nutzung über die Fälligkeit der einzelnen Beteiligungen. Dies muss u.E. aber nicht zwingend bedeuten, dass auch der Anpassungsanspruch fortlaufend neu fällig wird. Die abstrakte Frage, ob die vereinbarte Beteiligung angemessen ist, stellt sich bereits bei Einräumung der Nutzungsrechte. Dies bedeutet, dass alle Ansprüche des § 32 zunächst mit Einräumung der Nutzungsrechte fällig werden. Eine solche Lösung führt auch keineswegs automatisch in eine Verjährungsfalle, da für die Verjährung nach BGB immer ein subjektives Element vorliegen muss (vgl. Rn. 23). **Abweichende vertragliche Regelungen** sind nur zulässig, wenn sie nicht ihrerseits gegen § 32 verstoßen (Loewenheim/*v. Becker* § 29 Rn. 58; a.A. *Hertin* MMR 2003, 16, 18). Im Verlagsrecht gilt § 23 VerlG, sofern nicht derogiert.

22   c) **Abtretbarkeit des Anspruches:** Ob der Anspruch **abtretbar** ist, ist gesetzlich nicht geregelt. Im Laufe des Gesetzgebungsverfahrens wurde § 32 Abs. 4, der die Einschränkung der Abtretbarkeit ausdrücklich regelte, gestrichen, ohne dass hierfür aber eine Begründung gegeben wurde. Die Gesetzesbegründung spricht nur davon, dass der Anspruch sich einer kollektiven Wahrnehmung entzieht (RegE UrhVG – BT-Drucks. 14/6433, S. 12). Erstes Gebot ist zunächst § 32 Abs. 3 S. 1 (vgl. Rn. 114 ff.), der bestimmt, dass nicht zum Nachteil des Urhebers von Abs. 1 und 2 abgewichen werden darf. Zu Recht wird man wohl differenzieren müssen (*Wilhelm Nordemann*, Urhebervertragsrecht, § 32, Rn. 48 ff.): Der Vertragsänderungsanspruch nach Abs. 1 S. 3 dürfte nicht abtretbar sein, da eine Änderung eines Vertrages nur von Vertragspartnern vorgenommen werden kann (*Wilhelm Nordemann*, Urhebervertragsrecht, § 32, Rn. 49). Demgegenüber steht einer Abtretung der Zahlungsansprüche nach Abs. 1 S. 1 und 2 nichts im Wege, wenn eine angemessene Gegenleistung vereinbart wird und damit Abs. 3 S. 1 Genüge getan wird (a.A. Dreier/Schulze/*Schulze*[2] Rn. 76, die eine Abtretung prinzipiell für nachteilig halten; anders beurteilt dies *Schricker*, der zwischen abtretbarem Vergütungsanspruch und nur mit dem Hauptrecht abtretbaren akzessorischem Nebenrecht, hier: Änderungsanspruch, unterscheidet: Schricker/*Schricker*[3] Rn. 17; dem folgend: LG Hamburg Urt. v. 26.10.2007 – 308 O 317/06). Allerdings dürfte einer Abtretung an eine Verwertungsgesellschaft (so *Wilhelm Nordemann*, Urhebervertragsrecht, § 32 Rn. 50) der Wille des Gesetzgebers entgegenstehen (RegE UrhVG – BT-Drucks. 14/6433, S. 12; a.A. aber Schricker/*Schricker*[3] Rn. 18, der nur auf konstruktive Schwierigkeiten verweist, da Verwertungsgesellschaften i.d.R. ihre Rechte im eigenen Namen geltend machen), auch wenn die Gesetzesbegründung undifferenziert von „dem Anspruch nach § 32" spricht.

23   d) **Verjährung:** Das Gesetz hat die ursprünglich enthaltene eigene Regelung zur **Verjährung** nicht übernommen (BeschlE RAusschuss UrhVG – BT-Drucks. 14/8058, S. 19). Es gelten damit die Regeln des allgemeinen neuen Verjährungsrechts aus dem BGB. § 102 ist unanwendbar (Schricker/*Schricker*[3] Rn. 44). Die regelmäßige Verjährungsfrist beträgt **drei Jahre** (§ 195 BGB). Sie beginnt am Ende des Jahres, in dem der Anspruch entstanden ist *und* der Berechtigte von den ihn begründenden Umständen Kenntnis erlangt hat oder diese ohne grobe Fahrlässigkeit erlangen müsste (§ 199 Abs. 2 BGB). Bei Unkenntnis, die nicht auf grober Fahrlässigkeit beruht, beträgt die Verjährungsfrist **zehn Jahre** ab *Entstehung* des Anspruchs (dazu vgl. Rn. 27) – also nicht ab Ende des Jahres (§ 199 Abs. 4 BGB). Wie man allerdings von dem unbestimmten Rechtsbegriff der „Angemessenheit" Kenntnis erlangen kann, wird ein Geheimnis des Gesetzgebers bleiben. Denkbar wäre es, darauf abzustellen, ob dem Berechtigten keine vernünftigen Zweifel mehr kommen konnten, dass die Vergütung unangemessen ist. Dies wird sicherlich nicht bei Einholung jedes Rechtsrates eines Dritten der Fall sein. Wenn der Urheber allerdings von seinem Berufsverband oder seinem Anwalt auf die Unangemessenheit aufmerksam gemacht wurde, dürfte die Frist sicherlich zu laufen beginnen. Dasselbe trifft zu, wenn er Kenntnis oder grob fahrlässige Unkenntnis von einer gemeinsamen Vergütungsregel hat, aus der sich die Unangemessenheit ergibt (so Dreier/Schulze/*Schulze*[2] Rn. 89; Wandtke/Bullinger/*Wandtke/Grunert*[2] Rn. 21; a.A. Loewenheim/*v. Becker* § 29 Rn. 60). Wenn der Anspruchssteller in diesem Sinne Kenntnis hat, läuft die 3-Jahres-Frist, so dass es sein kann, dass der Anspruch bei späterer Geltendmachung ausgeschlossen ist (*Wilhelm Nordemann*, Urhebervertragsrecht, § 32 Rn. 57 f.). Nach anderer zutreffender Ansicht handelt es sich hierbei nicht um eine strenge Ausschlussfrist, sondern der Anspruch entsteht bei fortlaufender Nutzung immer neu, so dass jeweils nur die „bekannten" drei Jahre verjähren (Dreier/Schulze/*Schulze*[2] Rn. 90). Ein ähnliche Problem existierte schon zu § 36 a.F. (hierzu die Vorauflage/*Hertin*[9] § 36 Rn. 9).

e) Verwirkung: In einem Fall, in dem der Urheber bewusst den Vertrag eingeht, **24** obwohl er von der Unangemessenheit Kenntnis hat, wird man darüber nachdenken müssen, ob er seinen Anpassungsanspruch nicht **verwirkt** oder dessen Geltendmachung **treuwidrig** wäre. Allerdings wird man zu berücksichtigen haben, ob der Vertragspartner den Berechtigten möglicherweise dergestalt unter Druck setzt, dass er entweder „diesen Vertrag oder keinen" haben könne.

f) Zusammenfassung: Daraus ergeben sich **zusammenfassend** folgende Besonderheiten für die beiden Ansprüche des § 32: Der **Anspruch auf angemessene Vergütung** entsteht mit Einräumung der Nutzungsrechte; der Berechtigte kann sich aber auf Unkenntnis berufen, sofern er keine Zahlung erhalten hat oder ihm die erforderlichen Informationen übermittelt wurden bzw. die Unkenntnis als grob fahrlässig einzustufen ist. Folge ist die zehnjährige Verjährung des § 199 Abs. 2 BGB. Für Verwertungen, die laut Vertrag nicht vergütungspflichtig sind, sollte der Berechtigte den Verwerter um Auskunft über zwischenzeitlich etwa erfolgte Nutzungen bitten. Dies hemmt die Verjährung gem. § 203 BGB, denn das Auskunftsersuchen kann als konkludentes Verhandlungsangebot verstanden werden. Allerdings dürfte der Berechtigte zu solchen Anfragen nicht gezwungen sein; auch ohne sie setzt er sich nicht dem Vorwurf der groben Fahrlässigkeit aus. Grob fahrlässig könnte es hingegen sein, dass er ihm vom Vertragspartner nachweislich übersandte z.B. Verlagsinformationsbriefe, in denen über den Erfolg eines Werkes berichtet wird, nicht zur Kenntnis nimmt. Der **Anspruch auf Vertragsanpassung** entsteht ebenfalls mit Einräumung der Nutzungsrechte. Auch hier gelten die eben dargestellten Regeln der drei- und zehnjährigen Verjährung nebst Hemmung.

25

5.   Vorrang des Tarifvertrages (Abs. 4)/Verhältnis zum Arbeitsrecht

§ 32 Abs. 4 räumt Tarifverträge Vorrang vor dem allgemeinen Anspruch nach **26** § 32 Abs. 1 Satz 3 ein (vgl. Rn. 15). Denn sie binden nicht nur die an ihrem Abschluss beteiligten Tarifvertragspartner, sondern auch deren Mitglieder (§ 3

Abs. 1 TVG). Damit ist nicht etwa gemeint, dass Tarifverträge zwischen Verwertern und Urhebern bzw. ausübenden Künstlern nunmehr automatisch allgemeinverbindlich wären, als sie Vergütungen für urheberrechtlich geschützte Werke oder Leistungen bestimmen. Zur Indizwirkung auch außerhalb der Bindungswirkung des § 3 Abs. 1 TVG *Wilhelm Nordemann*, Urhebervertragsrecht, § 32 Rn. 43 und § 36 Rn. 45.

27 a) **Voraussetzung für die Anwendbarkeit des Abs. 4:** Urheber und Werknutzer müssen **tarifgebunden** sein (§ 3 Abs. 1 TVG). Zu Recht weisen Dreier/Schulze/*Schulze*[2] (Rn. 83 f.) darauf hin, dass allerdings eine tarifvertragliche Regelung auch bei nicht tarifgebundenen Parteien **eine indizielle Wirkung** für die Angemessenheit einer Vergütung entfalten kann. Allerdings setzt dies voraus, dass derjenige, der sich darauf beruft, nachweist, dass die tatsächliche Situation mit der einer gemeinsamen Vergütungsregel nach § 36 vergleichbar war/ist und zudem nicht etwa urheberrechtsfremde Erwägungen bei der speziellen tarifvertraglichen Regelung eine Rolle gespielt haben (in diese Richtung auch Dreier/Schulze/*Schulze*[2] Rn. 84). Weiterhin muss der Tarifvertrag auch tatsächlich und ausdrücklich eine **Regelung der Vergütung nach** § 32 für die in Rede stehende Nutzung enthalten. Ob Letzteres der Fall ist, dürfte sich nach den allgemeinen Regeln über den Zuschnitt von Nutzungsarten und –rechten bestimmen (vgl. Vor §§ 31 ff. Rn. 5 ff.). Zudem reichen bloße Regelungen über einzelne Nutzungsentgelte ohne Bezug zur Urhebervergütung nicht, erst recht nicht bloße Regelungen zum Arbeitsentgelt, die keinen urheberrechtlichen Regelungscharakter haben.

28 b) **Anwendbarkeit des § 32 im Arbeitverhältnis:** Damit stellt sich aber auch ganz allgemein die Frage der **Anwendbarkeit** des § 32 **im Arbeitsverhältnis.** § 43 enthält hierzu die allgemeine arbeitnehmerurheberrechtliche Norm; zu ihr war bislang anerkannt, dass der Lohn, den ein Arbeitnehmer erhält, auch die Einräumung von Nutzungsrechten im Rahmen der Anwendbarkeit des § 43 abgilt (OLG Hamburg GRUR 1977, 556, 558 – *Zwischen Marx und Rothschild*; Schricker/*Rojahn*[3] § 43 Rn.64). Das Gesetz enthält keine Aussage über das Verhältnis von § 32 zu § 43. Zum Spezialfall in § 69b für **angestellte Computerprogrammierer** vgl. § 69b Rn. 15 ff.. Damit stellt sich zunächst die Frage, ob § 32 im Anwendungsbereich des § 43 gilt (hierzu *Zirkel* WRP 2003, 59: § 32 kommt in Teilen auch bei Arbeitnehmern zur Anwendung). Die Entstehung des Gesetzes zum Urhebervertragsrecht ist ein wenig aufschlussreicher: Die Regierungsbegründung des neuen Urhebervertragsrechts enthielt noch eine Neuregelung des § 43. Dort hieß es aber, dass die betriebliche Nutzung „in der Regel mit dem Lohn und Gehalt – soweit die Zahlung tatsächlich erfolgt ist – abgegolten" sei (RegE UrhVG – BT-Drucks. 14/6433, S. 18). Der Bundesrat regte demgegenüber eine Regelung entsprechend dem § 69b für alle Arbeits- und Dienstverhältnisse an (RegE UrhVG – BT-Drucks. 14/7564, S. 9). Die Formulierungshilfen vom 19.11.2001 sowie 14.01.2002 strichen die Änderungen in § 43. Letztere betont, dass die „[...] Grundsätze zu den Vergütungsansprüchen der Urheber in Arbeits- und Dienstverhältnissen [unberührt] bleiben" (FormH 14.01.2002 UrhVG – BT-Drucks. 14/6433, S. 25). Nach ersterer „findet sich die Regelung zum Vergütungsanspruch für Urheber in Arbeits- und Dienstverhältnissen nun in §§ 32 Abs. 4, 32a Abs. 4" (FormH 19.11.2001 UrhVG – BT-Drucks. 14/6433, S. 23). Da dort lediglich der Verweis auf Tarifverträge geregelt ist, könnte man gerade aus diesem letzten Satz das Argument entnehmen, dass – wenn kein Tarifvertrag existiert – es keinen zusätzlichen Vergütungsanspruch gibt. Die Genese des Gesetzes ist also, wenn auch nicht völlig eindeutig, so aber doch zumindest ein Indiz für eine solche Auslegung (a.A. Dreier/Schulze/*Schulze*[2] Rn. 13; Schricker/*Schricker*[3] Rn. 4; Wandtke/Bullinger/*Wandtke*[2] § 43 Rn. 145; wie hier i.E. *Bayreuther* GRUR 2003, 570, 574; *Berger* ZUM 2003, 173, 179; *Ory* AfP 2002, 93, 95; Loewenheim/*v. Becker* § 29 Rn. 56, 99; zum Sonderfall der Anwendbarkeit des Bestseller-Paragrafen vgl. § 32a Rn. 9; allg. vgl. § 69b Rn. 16). Will der Arbeitgeber sicher der Anwendbarkeit des § 32 „entkommen", muss er die gesetzliche Regelung der §§ 31 ff., 43 dahingehend abändern, dass er sich keine Nutzungsrechte einräumen lässt (*Zirkel* ZUM 2004, 626, 633 f.); ein Ergebnis, das praktisch kaum befriedigen dürfte.

6.   Unwiderlegliche Vermutung: Gemeinsame Vergütungsregel (§ 32 Abs. 1 i.V.m. § 36)

Bei der Bestimmung der angemessenen Vergütung ist zunächst zu fragen, ob **29** eine vorrangige gemeinsame Vergütungsregel nach § 36 existiert. Ist dies der Fall, gilt die dort festgelegte Vergütung unwiderlich als angemessen. Voraussetzung ist aber, dass diese gemeinsame Vergütungsregel **wirksam zustande gekommen** und selbst rechtlich nicht angreifbar ist (zu den (engen) Grenzen der Überprüfbarkeit einer gemeinsamen Vergütungsregel vgl. § 36 Rn. 15; auch vgl. § 36 Rn. 44 ff.). Eine weitere Prüfung der Angemessenheit der Vergütung nach § 32 Abs. 2 Satz 2 ist dann versperrt. Dies gilt nach der Formulierungshilfe vom Januar 2002, die diese Änderung einführte, immer auch dann, wenn die Vergütung sich in der Spanne, die eine gemeinsame Vergütungsregel möglicherweise vorsieht, bewegt (FormH 14.01.2002 UrhVG – BT-Drucks. 14/6433, S. 15). Voraussetzung ist lediglich, dass das **betroffene Nutzungsrecht** und seine Vergütung in der Vergütungsregel auch **ausdrücklich geregelt** wird. Es kommt darauf an, dass jeder einzelnen Nutzungsart eine konkrete Vergütung zugewiesen wird, mithin der bereits erwähnten neuen **Spezifizierungslast** (vgl. Rn. 114 ff.) nachgekommen wird (i.d.S. auch Dreier/Schulze/*Schulze*[2] Rn. 32). Vergütungen für **unbekannte Nutzungsarten** konnten bis zur Einführung des neuen § 32c nicht geregelt werden (Dreier/Schulze/*Schulze*[2] Rn. 32); ebenso genügten allgemeine Formulierungen wegen der Zweckübertragungsregel der erwähnten Spezifizierungslast nicht. Insofern ist die Regelung des § 8 der GemVergRegel für Autoren belletristischer Werke (vgl. § 36 Rn. 29 ff.) zumindest fragwürdig. Darin ist der Autor, wenn er mit dem Verlag eine nach diesen gemeinsamen Vergütungsregeln ermittelte Vergütung vereinbart, verpflichtet, dem Verlag auf dessen Verlangen die Rechte an sämtlichen zukünftig entstehenden neuen Nutzungsarten (§ 31 Abs. 4 UrhG) schriftlich einzuräumen. Der Verlag verpflichtet sich in diesem Fall im Gegenzug, den Autor an den Erlösen aus derartigen Nutzungen angemessen zu beteiligen. Die Beteiligung wird gegebenenfalls der wirtschaftlichen Entwicklung der neuen Nutzung angepasst. Seit dem 01.01.2008 ist wegen §§ 31a, 32c die Regelung unbedenklich.

Insofern gelten für gemeinsame Vergütungsregeln die allgemeinen urhebervertragsrechtlichen Grundsätze (vgl. § 36 Rn. 25). Zu den weiteren Grenzen **30** gemeinsamer Vergütungsregeln vgl. § 36 Rn. 23 ff. Die Vergütungsregel reicht also, wenn und soweit den einzelnen Nutzungsarten eine Vergütung zugewiesen wurde. Ungeklärt bleibt, was passiert, wenn sich zwei gemeinsame Vergütungsregeln widersprechen (zu diesem Problem vgl. § 36 Rn. 34 ff.).

Für Verträge z.B. belletristischer Autoren, die bis zu einem Jahr vor Geltung **31** der Vergütungsregel geschlossen wurden, ist von einer widerleglichen Vermutungswirkung bzw. Indizwirkung der GemVergRegel auszugehen. Eine

Vergütung, die in einem Jahr für angemessen gehalten wurde, wird wohl auch schon im Vorjahr angemessen gewesen sein.

32 Fraglich ist, ob sich die Vermutungswirkung auf alle Urheber im Geltungsbereich einer Vergütungsregel erstreckt oder nur auf diejenigen Urheber, die Mitglieder der Vergütungsregelparteien sind. Es wird zu Recht vertreten, dass die Vermutungswirkung für Nichtmitglieder der Vergütungsregelparteien zumindest widerleglich sein muss, wie auch für nicht tarifgebundene Parteien der Tarifvertrag nur indizielle Wirkung haben kann (*Erdmann* GRUR 2002 923, 925). Eine „**Außenseiterbindung**" besteht selbst im Tarifrecht nur bei ausdrücklicher Allgemeinverbindlichkeitserklärung (*Erdmann* GRUR 2002 923, 925). Der Eingriff in die Vertragsautonomie aller Parteien ist sonst zu schwerwiegend. Es ist im Interesse des durch die Vergütungsregel nicht gebundenen Urhebers, nicht in den Geltungsbereich einer unwiderleglichen Vermutung einbezogen zu werden. Zudem kann der einzelne Autor es bestimmen, ob er an der Vermutungswirkung teilhaben will, indem er entweder vor Vertragsschluss in eine Partei i.S.d. § 36 Abs. 1 Satz 1 eintritt oder im Vertrag die GemVergRegel als Grundlage einbezieht (*Erdmann* GRUR 2002 923, 924, *Hucko* S. 12). Keine so verstandene Vermutungswirkung kann eine GemVerg-Regel entfalten, die nur von einzelnen Verwertern abgeschlossen wurde (vgl. § 36 Rn. 22).

7. Bestimmung der Angemessenheit der Vergütung (Abs. 2 Satz 2)

33 Der unbestimmte Rechtsbegriff der Angemessenheit wird in § 32 Abs. 2 durch eine Einführung verschiedener Kriterien konkretisiert, anhand derer die Angemessenheit bestimmt werden soll (Satz 2, vgl. Rn. 39, vgl. Rn. 50 ff.). Zu **vergleichbaren Bestimmungen** vgl. Rn. 4 f.. Eine angemessene Vergütung ist nach dem Gesetz auf zwei Wegen zu bestimmen. Auf dem ersten Weg wird für die jeweilige Branche die übliche Vergütung ermittelt. Lässt sich eine übliche Vergütung ermitteln, so wird diese darauf geprüft, ob sie auch redlich ist. Für deren Prüfung sind die weiteren **Anhaltspunkte des § 32 Abs. 2 S. 2** heranzuziehen. Die Kriterien des § 32 Abs. 2 S. 2 für die **Üblich- und Redlichkeit** sind: 1. der Geschäftsverkehr, 2. die Art und der Umfang der eingeräumten Nutzungsmöglichkeiten, 3. die Dauer und der Zeitpunkt der Nutzung, wobei 4. alle Umstände Berücksichtigung finden sollen (dazu im Detail vgl. Rn. 50 ff.). Der zweite Weg wird beschritten, wenn entweder schon keine Branchenübung ermittelt werden kann, oder die festgestellte Branchenübung nicht redlich ist. Dann erfolgt die Festsetzung der angemessenen Vergütung nach billigem Ermessen des Gerichtes. Dazu sind wiederum die Kriterien des § 32 Abs. 2 Satz 2 zu Grunde zu legen und ein der Billigkeit entsprechendes Ergebnis zu finden (so wohl auch BeschlE RAusschuss UrhVG – BT-Drucks. 14/8058, S. 18). Zu den sich daraus ergebenden prozessualen Handlungsalternativen vgl. Rn. 125 ff. Für den Fall neuer Nutzungsbereiche, die noch keine üblichen Vergütungen kennen vgl. Rn. 44.

34 **a) Begriff der Angemessenheit:** Der **Begriff der Angemessenheit** ist wie oben ausgeführt im deutschen Urheberrecht seit langem bekannt (zu anderen Vorschriften, die den Begriff der Angemessenheit verwenden, vgl. Rn. 4 f.). Allerdings soll hier nochmals betont werden, dass diese Angemessenheitsbegriffe nicht unbedingt gleich auszulegen sind und daher nur bedingt zur Herleitung der Angemessenheit im Rahmen des § 32 herangezogen werden können. Wohl können aber Ähnlichkeiten in dem zugrundeliegenden Lebenssachverhalt der jeweiligen Norm mit dem des § 32 auf die Rechtstechnik auswirken. Gemeinsam ist diesen Bestimmungen, dass sie alle Umstände des Einzelfalls berücksichtigt wissen wollen. **Verallgemeinerungen** über generell angemessene Beträge **verbieten sich** also, so auch bei § 32. Allerdings zeigt eine Norm, die in einer vergleichbaren Interessenlage steht und dort ebenfalls eine Vertragspartei, nämlich den Mieter, schützen will, wie der Gesetzgeber an anderer Stelle sich diesem Einzelfallproblem nähert: Nach § 5 Abs. 2 WiStG – das als Ordnungswidrigkeit bestimmte überhöhte Mieten ahndet – sind unangemessen Entgelte, die infolge der Ausnutzung eines geringen Angebots an vergleichbaren Räumen die üblichen Entgelte um mehr als 20 vom Hundert übersteigen, die in Vergleichslagen in den letzten vier Jahren vereinbart oder geändert worden sind. Nicht unangemessen hoch sind Entgelte, die zur Deckung der laufenden Aufwendungen des Vermieters erforderlich sind, sofern sie unter Zugrundelegung der nach Satz 1 maßgeblichen Entgelte nicht in einem auffälligen Missverhältnis zu der Leistung des Vermieters stehen. Auch hier zeigt sich die weiter unten (vgl. Rn. 39) detailliert beschriebene Berücksichtigung beider Interessen, insbesondere auch der Ausgaben der Vermieterseite.

aa) Zeitpunkt der Betrachtung: Die Kriterien zur Bestimmung von Üblich- und **35** Redlichkeit knüpfen in einer objektiven Betrachtungsweise **ex ante** an den **Zeitpunkt des Vertragsschlusses** an (so BeschlE RAusschuss UrhVG – BT-Drucks. 14/8058, S. 18 sowie ganz h.M. in Rechtsprechung und Literatur: OLG München ZUM-RD 2007, 166, 177; LG Hamburg ZUM 2006, 683, 686 f; LG München I ZUM 2006, 73, 77; LG Hamburg ZUM 2005, 483, 485; *Jacobs* NJW 2002, 1905, 1907; *Zirkel* WRP 2003, 59, 60; *Haas* Rn. 186; *Hertin* Rn. 333; Loewenheim/*Jan Bernd Nordemann* § 61 Rn. 4; HK-UrhR/ *Kotthoff* § 32 Rn. 28) Berücksichtigung finden daher nur solche Umstände, die bis zum Zeitpunkt des Vertrages bekannt waren. Allerdings gibt es Stimmen, die auch Entwicklungen nach Vertragsschluss in die Angemessenheitsprüfung einfließen lassen wollen (Wandtke/Bullinger/*Wandtke/Grunert*[2] Rn. 41 ff; für eingeschränkte ex-ante Betrachtung bei lang zurückliegendem Vertragsschluss *v. Berger/Wegener* ZUM 2005, 695, 696; Dreier/Schulze/ *Schulze*[2] Rn. 45). Es lassen sich Entwicklungen während der Nutzung allenfalls über § 32a abfangen; andernfalls wird aus dem Anspruch ein allgemeines Billigkeitskorrektiv, das noch größere Rechtsunsicherheit in sich trüge. Anknüpfend an den Betrachtungszeitpunkt ergibt sich, dass bei einigen Kriterien ein Rekurs auf Fakten genommen werden kann, während bei anderen Kriterien die bei Vertragsschluss angestellten Prognosen herangezogen werden müssen. Sollten sich Prognosen nach Vertragsschluss als unzutreffend darstellen, dürfen vom Gericht keine Prognosen an deren Stelle gesetzt werden, die diese nachträgliche Entwicklung miteinbeziehen. In einem solchen Fall muss die angemessene Vergütung ausgehend von den übrigen Faktoren, die bei Vertragsschluss bekannt waren, in Hinblick auf eine von diesen ausgehenden Prognose mittels Sachverständigengutachten ermittelt werden. So wird gewöhnlich die Werkstückzahl, z.B. Auflagenhöhe, bereits feststehen bzw. mit dem Vertrag festgelegt. Auch ist der Werkstücksverkaufspreis häufig schon zum Zeitpunkt des Vertragsschlusses nach Verwertungsart zumindest bestimmbar: So steht bei Jugendbüchern schon im Vorfeld fest, dass nur niedrige Brutto-Verkaufspreise verlangt werden (LG Hamburg ZUM 2006, 683, 686 f), was wiederum Einfluss auf die Einnahmenerwartungen und dementsprechend auf die Vergütungshöhe hat. Bei der Bewertung der Kriterien Gewinnerwartungen, Kosten oder Markterfolg an sich ist notwendig auf Erwartungen und Prognosen im Zeitpunkt des Vertragsschlusses abzustellen (OLG München ZUM-RD 2007, 166, 177).

36 Vorsicht ist daher geboten bei Argumenten für die nachträgliche Anpassung des Vertrages: Tatsächlich scheint es nach einer ex post –Betrachtung zu klingen, wenn das LG Berlin ZUM 2005, 904, 908 (gleichlautend LG Berlin ZUM 2006, 942, 946) die nachträgliche Anpassung eines Übersetzerhonorars damit rechtfertigt, dass statt einer Erhöhung des Pauschalhonorars eine ergänzende Absatzbeteiligung interessengerechter wäre, da so gewährleistet sei, dass der Urheber nur insoweit vergütet werde, als dem Vertragspartner Erträge zufließen (*Beisler* ZUM 2005, 907, 908: Vermengung der „ex ante" und „ex post"-Betrachtung). Eine solche Beurteilung stellt sich jedoch nicht in dem Gesamtkontext der Argumentation des LG Berlin ein: Das zitierte Urteil sagt nämlich nicht, dass eine Absatzbeteiligung immer nur dann zugebilligt wird, wenn zum Zeitpunkt der gerichtlichen Entscheidung Erträge entstanden sind, sondern dass im Grundsatz bereits zum Zeitpunkt des Vertragsschlusses – der in diesem Fall vor Geltung des § 32 lag – eine Beteiligung an potentiell eintretenden Erträgen redlich ist. Maßgeblich stellt es aber darauf ab, dass es aufgrund der Enthebung des Risiko des wirtschaftlichen Erfolg, die mit einer Pauschalvergütung verbunden ist, ein erhebliche nachträglich einseitige Risikoverteilung zu Lasten des Verlages wäre, ein höheres Pauschalhonorar zuzubilligen, das zudem – im Augenblick des Vertragsschlusses – als branchenübliche Vergütung galt.

37 **bb) Fokus der Betrachtung: Einzelfall oder Typus?:** Ungeklärt ist die spezifische Fokus der Betrachtungsweise: Die Vorgabe des Gesetzes in § 32 Abs. 2 Satz 2 lässt eine **individualisierende**, primär auf die Besonderheiten des Einzelfalles abstellende (LG Hamburg ZUM 2006, 683, 685; LG Berlin ZUM 2005, 904, 906) **oder** aber eine **generalisierende,** eher an typisierten Fallgestaltungen orientierte **Betrachtung** zu (so auch OLG München (6. Senat) ZUM 2007, 317, 324). Für eine individualisierende Betrachtungsweise sprechen unter anderem Abs. 2 S. 2, wonach alle Umstände zu berücksichtigen sind sowie die vom Rechtsausschuss ergänzend angeführten relevanten Umstände wie konkret getätigte Investitionen, die zu erwartenden und bereits angefallenen Kosten, Zahl der Werkstücke und die zu erzielenden Einnahmen. Dabei handelt es sich um Umstände, die durch den Einzelfall bestimmbar sind. Der Rechtsausschuss nennt aber mit „Marktverhältnissen" und „Risikotragung" auch Umstände, die generalisierend für ein Marktsegment bzw. eine Verwertungssituation bestimmt werden können. Auch spricht die Begründung der Beschlussempfehlung des Rechtsausschusses, davon dass in einer **objektiven Betrachtungsweise ex ante** (so BeschlE RAusschuss UrhVG – BT-Drucks. 14/8058, S. 18) auf die redliche Branchenübung abzustellen sei. Dies legt eher einen generalisierenden Ansatz nahe. Die Parameter der Prüfung als wenig stringente Handreichung für den Rechtsanwender kritisierend, entscheidet sich das OLG München (6. Senat) (ZUM-RD 2007, 166; 175; 182; 188; ZUM 2007, 308, 312; 317, 324) für eine generalisierende Betrachtungsweise: § 32 Abs. 2 Satz 2 verweise auf die Umstände im Zeitpunkt des Vertragsschlusses, woraus gefolgert werden könne, das Spezifika des Einzelfalles, die sich häufig erst nach Vertragsschluss einstellen, keine Berücksichtigung finden dürfen. Die Begrenzung auf die Umstände zum Zeitpunkt des Vertragsschlusses lässt auch daraus erklären, dass sich anders als unter dieser zeitlichen Prämisse die Redlichkeit oder Unredlichkeit des Verwerters in der Tat nicht beurteilen lasse, denn Verwertungsverträge, die – wie meist – auf Schutzfristdauer abgeschlossen werden, haben, im statistischen Durchschnitt gesehen, eine Laufzeit von mehr als 100 Jahren (*Wilhelm Nordemann*, Urhebervertragsrecht, § 32 Rn. 11). Dass sich bestimmte Kalkulationen zu Einzelfallfragen wie

Einnahmen oder Werkzahl zum Zeitpunkt des Vertragsschlusses erst später als zutreffend oder nicht herausstellen, ist keine Frage des § 32, sondern des § 32a, der spätere Entwicklungen regeln soll. Weiterhin ist es durchaus üblich und nicht unmöglich, die Vergütung mit Hilfe von Prognosen bestimmter einzelfallabhängiger Kalkulationen zu Auflagenzahl oder Einnahmenerwartungen zur Grundlage des Vertrages gemacht (OLG München ZUM-RD 2007, 166, 177). Die zeitliche Begrenzung der Berücksichtigungsfähigkeit von Umständen ist daher nicht eindeutig genug, um für die eine oder andere Betrachtungsweise als Argument herangezogen zu werden.

Weiterhin verweist § 32 Abs. 2 Satz 1 vorrangig auf gemeinsame Vergütungsregeln, die schon ihrer Natur nach generalisierend formuliert sind (OLG München (6. Senat) ZUM 2007, 317, 324). Daher ist auch die Betrachtungsweise in § 32 Abs. 2 S. 2 generalisierend durchzuführen. Tatsächlich kann selbst einem nach § 36 Abs. 4 nicht angenommenen Schlichtungsvorschlag eine indizielle Bedeutung im Rahmen des § 32 Abs. 2 Satz 2 zukommen (BeschlE RAusschuss UrhVG – BT-Drucks. 14/8058, S. 20). Auch andere Normen, bei denen der Begriff der Angemessenheit konkretisiert werden muss, verwenden eine generalisierende Perspektive, doch ist dies aufgrund des zugrundliegenden Lebenssachverhaltes gerechtfertigt: Soweit es z.B. um die Vergütung für gesetzliche Lizenz geht, die in Tarifen oder Gesamtverträgen der Verwertungsgesellschaften konkretisiert werden oder die Lizenzierung ausschließliche Rechte durch Verwertungsgesellschaften, kommt es notwendig zu einer Generalisierung und Typisierung (*Schricker* GRUR 2002, 737, 738). Für § 32 Abs. 2 S. 2 ist die Schlussfolgerung des OLG München jedoch nicht zwingend: Durch Umkehrschluss kann man auch zu der Auffassung gelangen, dass – sofern nicht gemeinsame Vergütungsregeln oder Tarifverträge zur Anwendung kommen – gerade **individualisierend** der **Einzelfall** betrachtet werden muss (in diese Richtung zu Recht *Schricker* GRUR 2002, 737, 738). Letztlich spricht die Vielfalt der vom Gesetzgeber verwandten Kriterien dafür, den Maßstab für die Kriterien des § 32 Abs. 2 Satz 2 nicht pauschal zu bestimmen, sondern je nach der Natur der Kriterien: So stellt das LG Berlin ZUM 2005, 904, 906 zu Recht fest, dass der Umfang der Rechteeinräumung in Fokus auf die einzelfallspezifischen Besonderheiten zu bestimmen ist, da diese die Gegenleistung des Urhebers darstellt. Hingegen befinden sich Urheber wie Verwerter in einem spezifischen Marktumfeld, das der Generalisierung zugänglich ist, so dass die zugrundeliegenden Prognosen für Kosten oder Einnahmen an diesem Maßstab zu messen sind. Leitfaden der Methodik ist daher eine Kombination beider Perspektiven: Die Vergütungsfestsetzung muss also **sowohl den Spezifika des Einzelfalles gerecht werden wie eine im Rahmen der Branchenübung generalisierbare Entscheidung** sein.   **38**

cc) Unterkriterien zur Feststellung der angemessenen Vergütung: Diese abstrakt anmutende Debatte entscheidet darüber, welche Unterkriterien neben bzw. zur Bestimmung des Umfangs, der Dauer und der Intensität der Nutzung in die Bewertung der angemessenen Vergütung miteinbezogen werden dürfen und welche nicht. Hintergrund der Entscheidung des OLG München ist, dass nach Klägervortrag bei der Vergütung für Übersetzer auch Umstände wie die **Schwierigkeit des zu übersetzenden Textes,** die besondere **Originalität der Übersetzung,** der **Zeitaufwand** oder die **Gewährleistung eines auskömmlichen Einkommens** Berücksichtigung finden sollten. Diese Aspekte wurden angeführt, weil bei der Vergütung von Übersetzern üblicherweise die Erstellung der Übersetzung und die Übertragung der Nutzungsrechte mit einer Pauschalsumme abgegolten werden. Tatsächlich ist noch ungeklärt, wie mit der Ver-   **39**

mengung von Urheber- und Werkvertragsrecht umgegangen werden soll (dazu vgl. Rn. 17). Die bisherige Rechtsprechung zu Übersetzervergütungen hat eine Stellungnahme zu dieser Frage durch Ergänzung der Vergütung durch Absatzbeteiligung statt Aufgliederung des Normseitenhonorars umschifft bzw. nur gestreift (auf den Zwittercharakter der Normseitenvergütung hinweisend: OLG München (6. Senat) ZUM 2007, 317, 326; LG München I ZUM 2006, 73, 77; LG München ZUM 2006, 159, 162; LG München ZUM 2006 154, 156; zur sauberen Trennung der einzelnen Teile eines „Werkauftrages" vgl. Rn. 17). Um irrelevante Faktoren aus der Festsetzung der angemessenen Vergütung herauszuhalten, bedarf es aber nicht der Annahme einer generalisierenden Betrachtungsweise. Das OLG München zeigt zugleich in allen Parallelverfahren (OLG München ZUM 2007, 317, 327), wie Kriterien ausgelesen werden können, indem sie jeweils zu den drei Hauptkriterien Umfang, Dauer und Intensität in Relation gesetzt werden, sprich: auf ihren Einfluss auf die Verwertungsmöglichkeiten hin untersucht werden: So sei die schöpferische Leistung des Romanciers von größerer Relevanz für die Verwertungsmöglichkeit des Werkes als die nachgeordnete des Übersetzers, Ausnahmen sind aber möglich, z.B. die Übersetzung von James Joyce „Ullysses" durch Hans Wollschläger oder Erich Frieds Übertragungen von Shakespeare (OLG München ZUM 2007, 317, 327). Insofern kann der Nachweis eines plausiblen Zusammenhanges zwischen der Bekanntheit des Autors mit der erweiterten Nutzung des Werkes = höheren Absatz ein Kriterium sein. Beispiele für die Notwendigkeit der Darlegung eines solchen Zusammenhanges zwischen Leistung des Urhebers für die Erzielung von Einnahmen aus der Verwertung enthalten die Begründungen des OLG München ZUM 2007, 308, 316, das von „**Korrelation der Qualität des schöpferischen Werkes und Publikumsecho**" spricht, wobei „Publikumsecho" – als pars pro toto – wohl mit Relevanz für Verbreitung, Absatz und Einnahmen ausgefächert werden kann, sowie die des LG Berlin ZUM 2006, 942, 946, die auf die Relevanz der Bekanntheit des Autors für die Auswertungsmöglichkeit der Unterlizenzierung hinweist. Anders ausgedrückt: Es ist nicht einzusehen, warum der (glückliche) Übersetzer eines englischsprachigen Welterfolgs (der einen ebensolchen Erfolg in Deutschland nahelegt) wegen eines zwingend zu vereinbarenden Absatzhonorars besser gestellt werden soll und damit gewissermaßen wenigstens einen Teil der Früchte des Originalurhebers ernten soll, als der (vielleicht sogar qualitativ bessere) Übersetzers eines wenig gelesenen aber anspruchsvollen Prosa-Textes. Dieser Situation trägt übrigens das vom Börsenverein vorgeschlagene Münchner Modell mit einem Solidarfonds Rechnung (vgl. § 36 Rn. 31 ff.).

40 Die signifikante Relation zu den Endpunkten Umfang, Dauer und Intensität der Nutzung ist auch bei den durch den Gesetzgeber vorgeschlagenen Unterkriterien Marktverhältnisse, Investitionen, Risikotragung, Kosten, Zahl der Werkstücke oder zu erzielende Einnahmen darzulegen (FormH 14.01.2002 UrhVG – BT-Drucks. 14/6433, S. 16). Nur diejenigen Faktoren, die relevant zur Nutzung sind, können berücksichtigt werden. Es ist jedoch zu unterscheiden zwischen Kosten, die als Faktoren der Werkerstellung und als Faktoren der Rechteeinräumung zu betrachten sind. So können z.B. Kosten, die notwendig anfallen, um die Nutzung des Werkes vorzubereiten oder erst zu ermöglichen wie z.B. für **Lektorat**, **Film**- bzw. **Musikschnitt** etc, in die Berechnung der angemessenen Vergütung einfließen (zur Irrelevanz der **Ausstattung des Werkes** auf die Verbreitung: OLG München (6. Senat) ZUM-RD 2007, 166, 179). **Zuschläge** auf die Vergütung freier Journalisten wegen des **Selbständigen-**

risikos oder **Ausfallzeiten** wie Urlaub oder Krankheit sind hingegen typische Begleitfaktoren eines Werk – bzw- Dienstvertragsverhältnisses.

Ob daher auch der **zeitliche Aufwand für die Erstellung des Werkes** wirklich **41** bei § 32 zu berücksichtigen sein kann (so LG München I ZUM 2006, 73, 77; LG München I ZUM 2006 164, 168), erscheint uns eher zweifelhaft. Gewöhnlich hat die Dauer der Herstellung des Werkes keinen Einfluss auf Umfang, Dauer oder Nutzung des Werkes. Ausnahmen könnten hier die bildenden Künstler an der Grenze zu den ausübenden Künstlern sein, wie Performance-Künstler/Tänzer, bei denen tatsächlich die Werkherstellung und die Nutzung häufig in eins fällt, da eine dauerhafte Manifestation des Werkes gerade nicht gewünscht ist. Keinesfalls hilfreich sind allerdings Vergleiche mit **Stundensätzen**, die ein Urheber aufgrund der Verwertung seiner Werke erzielt. Nicht nur sind sie verzerrend, da es schnell und langsam arbeitende Kreative gibt. Sie zielen darauf ab, dem – häufig selbstständig tätigen – Urheber ein auskömmliches Einkommen zu gewährleisten: § 32 dient jedoch nicht dazu, dem Urheber ein **angemessenes Einkommen** zu sichern, sondern lediglich ihn an der Werknutzung angemessen zu beteiligen (so auch ausdrücklich LG Berlin ZUM 2005, 901, 903; LG Berlin ZUM 2005 904, 906; LG München I ZUM 2006 154, 157). OLG München ZUM 2007, 308, 317; ZUM 2007, 317, 326 bringt dies auf den Punkt, indem es klarstellt, dass § 32 sich nicht am sozialrechtlichen Prinzip der Alimentation nach Bedürftigkeit orientiere (i.E. ebenso OLG München (29. Senat) ZUM 2007, 142, 148. 29; *Schulze* GRUR 2005 828, 830). Nicht entscheidend ist daher, ob das sich aus der Vergütung ergebende tatsächliche Einkommen des Urhebers der angemessenen Lebensführung genügt, vgl. Rn. 90; zur daraus resultierenden Beweislastanforderungen vgl. Rn. 135 ff.

dd) Bewertung der Vertragsklauseln in Gesamtschau oder im Einzelnen: Die **42** Rechtsprechung zur Übersetzervergütung bemisst zu Recht die Angemessenheit der Vergütung in einer **Gesamtschau** aller vertraglichen Vergütungsansprüche, nicht die einzelnen Vergütungsklauseln für sich: Die Heraufsetzung des Normseitenhonorars wurde durchgehend mit der Begründung abgelehnt, dass das aus einer Pauschalsumme und einer Abgabeteilung bestehende Honorar insgesamt, aber nicht jeweils angemessen sein müsse (LG Berlin ZUM-RD 2007, 198; LG München I ZUM 2006, 159, 163; LG Berlin ZUM 2005, 904, 906;). A. A. ist das LG Hamburg ZUM 2006, 683, 687, welches sowohl die einzelnen Vergütungsbestandteile wie in einer Gesamtschau prüft. U. E. dürfte daher zwingend eine solche **generelle Abwägung** anzustellen sein, vgl. Rn. 56.

ee) Punktlandung oder Spanne?: Hat man mit Hilfe der Kriterien eine ange- **43** messene Vergütung ermittelt, stellt sich die Frage, ob der Urheber Anspruch auf genau diese Vergütung hat oder eine solche, die sich in einer gewissen Spanne bewegt. *Wilhelm Nordemann* wählt das Beispiel, ob die Vereinbarung einer Beteiligung des Urhebers am Buchumsatz im Verlagsvertrag, die statt der üblichen 10% vom Ladenpreis nur 9% vorsieht, schon als „nicht angemessen" anzusehen ist und damit den Anspruch des Urhebers aus Abs. 1 Satz 3 auslöst (*Wilhelm Nordemann*, Urhebervertragsrecht, § 32 Rn. 7). Im RegE hieß es, der Urheber habe Anspruch auf „eine" nach Art und Umfang angemessene Vergütung. Das Gesetz formuliert aber, dass „die" angemessene Vergütung geschuldet wird (§ 32 Abs. 1 Satz 2 und 3). *Wilhelm Nordemann* ist daher Recht zu geben, dass eine Spanne nicht existiert; allerdings dürfte im Einzelfall eine „Punktlandung" auf der einen und einzigen angemessenen Zahl ohnehin schwierig sein und zudem ein Korrekturanspruch des Urhebers oder ausübenden Künstlers gegenüber unerheblichen Abweichungen im Einzelfall an § 242 BGB zu messen sein. Für die Anwendung eines Korridors der angemessenen Vergütung spricht die Ermittlung des angemessenen Normseitenhonorars in LG München I ZUM 2006 154, 157.

44   **b) Begriff der Üblichkeit:** Der Rechtsausschuss spricht beim ersten Kriterium, dem der **Üblichkeit**, von „**Branchenpraxis**" (BeschlE RAusschuss UrhVG – BT-Drucks. 14/8058, S. 18). *Wilhelm Nordemann* versteht hierunter eine Vergütungsregelung, die der einheitlichen Überzeugung und Übung fast aller Marktteilnehmer entspricht, anders formuliert: die auf einer gleichmäßigen, einheitlichen und freiwilligen Übung der beteiligten Kreise über einen angemessenen Zeitraum hinweg beruht (*ders.*, Urhebervertragsrecht, § 32 Rn. 25 unter Verweis auf BGH NJW 1994, 659, 660 bzw. WM 1984, 1002, beide für den identischen Begriff des „Handelsbrauchs", vgl. § 346 HGB). Die Feststellung einer solchen Branchenpraxis wird im Einzelfall sehr schwierig sein. Möglicherweise scheidet sie bereits dann aus, wenn zwar häufig in einer bestimmten Weise verfahren wird, daneben aber abweichende Übungen bestehen (so *Wilhelm Nordemann*, Urhebervertragsrecht, § 32 Rn. 25). Denn es fehlt dann an einer *einheitlichen* Praxis der Beteiligten (*Staudinger/Dilcher* §§ 133, 157 BGB Rn. 35 unter Hinweis auf RGZ 75, 338, 341 und RG JW 1938, 859). Dabei kommt es **nicht** auf die subjektive **Kenntnis** oder **Erkennbarkeit** der redlichen Branchenpraxis auf Verwerter- oder Urheberseite an (anders in sonstigen Fällen der Einbeziehung von Branchenübungen in Verträge BGH GRUR 1995, 671, 673 – *Namensnennungsrecht des Architekten*; so zu Recht *Wilhelm Nordemann*, Urhebervertragsrecht, § 32 Rn. 35). Fehlt es bereits an der Üblichkeit, kommt es auf die Redlichkeit einer Vergütung nicht mehr an, denn beide Kriterien müssen kumulativ vorliegen. Dies bedeutet aber auch, dass § 32 in **neuen Verwertungsbereichen** selten Anwendung finden dürfte, da sich dort i.d.R. noch keine Üblichkeit gebildet haben kann. § 32 will eben nicht einen allgemein gerechten Preis einführen, sondern „nur" bei einer gewissen Breite im Markt zu ausgleichenden Ergebnissen beitragen (vgl. Rn. 33). Allein die Üblichkeit einer Übung lässt keine Schlüsse auf deren Redlichkeit zu (BGH GRUR 2002, 602 – *Musikfragmente*; OLG München ZUM 2007, 314, 325).

45   **c) Begriff der Redlichkeit: aa) Abstrakte Bestimmung:** Weiteres, kumulativ erforderliches, Kriterium ist die **Redlichkeit**. Doch was ist redlich? Ist redlich = gerecht? Und wenn ja, was ist gerecht? Ist redlich das, was für einen Urheber *auskömmlich* ist? – und wenn ja, gilt dies bezogen auf die eingesetzte Arbeitszeit des Urhebers (was aber ist, wenn er besonders langsam arbeitet?). Oder ist redlich nicht vielmehr das, was die Interessen beider Parteien, also auch die des Verwerters berücksichtigt? Der Duden definiert „redlich" als „*ehrenhaft*" (Duden, Band 8 Sinn- und Sachverwandte Wörter, 1997, Stichwort „redlich"). „Ehrenhaft" wiederum ist u.a. „rechtschaffen", „rühmenswert", „charakterfest" (Duden, Band 8 Sinn- und Sachverwandte Wörter, 1997, Stichwort „ehrenhaft"). Dem Begriff wohnt also eine **doppelte Richtung** inne, auf die Person selbst bezogen, aber auch Dritten gegenüber; Ehre ist nie denkbar ohne Reflektion durch Dritte, durch einen Bezug zu anderen. Ein Verhalten des puren Eigennutzes ist nie ehrenhaft. Dieses Verständnis des Begriffs spiegelt sich auch in der höchstrichterlichen Rechtsprechung in anderen Zusammenhängen wider. Ein Verhalten, das bloß darauf gerichtet ist, sich Vorteile zu sichern, ist nicht redlich (BGH NJW 1996, 2652, 2653 zu § 819 BGB). Das bedeutet also, dass der Begriff der Redlichkeit die **Interessen beider Seiten** zu berücksichtigen hat. Dies entspricht offenbar auch den gesetzgeberischen Vorstellungen im Urheberrecht, denn die Formulierungshilfe vom 14.01.2002, durch die dieser Begriff zum ersten Mal in der später Gesetz gewordenen Form in den Entwurf eingeführt wurde, spricht dies wie folgt an: *„Der Begriff der Redlichkeit berücksichtigt neben der Interessenlage der Verwerter gleichberechtigt die Interessen der Urheber und ausübenden Künstler."* (FormH 14.01.2002 UrhVG – BT-Drucks. 14/6433, S. 16).

bb) **Vergleichsmarktprinzip:** Die Redlichkeit bedeutet für den Richter einen **46** (wohl zu dosierenden) Ermessensspielraum; es ist – neben der „Berücksichtigung aller Umstände" – das wesentliche Korrektiv für eine Einzelfallgerechtigkeit, sicher aber auch für eine gewisse Rechtsunsicherheit; jedenfalls solange, bis sich Präjudizien herausgebildet haben. *Wilhelm Nordemann* schlägt vor, das **Vergleichsmarktprinzip** des Kartellrechts (§ 19 Abs. 4 Nr. 2 und 3 GWB a.F. und dazu *Immenga/Mestmäcker*, Kartellrecht, GWB-Kommentar § 19 Rn. 156) für die Beurteilung der Redlichkeit fruchtbar zu machen (*ders.*, Urhebervertragsrecht, § 32 Rn. 26). Dieser Gedanke wurde auch schon in Verfahren nach dem UrhWahrnG fruchtbar gemacht (kritisch dazu aber OLG München ZUM-RD 2003, 464, 475). Danach sollen Nutzungen derselben Werkart in anderen Branchen oder auf ausländischen Märkten, oder Nutzungen anderer Werkarten entweder im selben Bereich oder wiederum in anderen Branchen oder auf ausländischen Märkten, als Vergleichsmaßstab herangezogen werden. Hierbei ist allerdings zu beachten, dass nicht Äpfel mit Birnen verglichen werden. Das Vergleichsmarktprinzip vergleicht ein konkretes Marktergebnis mit demjenigen Marktergebnis, das bei funktionsfähigem Wettbewerb erzielt werden kann oder erzielt worden wäre (*Immenga/Mestmäcker*, Kartellrecht, GWB-Kommentar § 19 Rn. 156). Maßgeblich ist dabei nur ein Vergleich mit einem tatsächlich vorhandenen Vergleichsmarkt, und zwar entweder desselben Unternehmens auf anderen räumlichen, sachlich oder zeitlich unterschiedlichen Märkten für das *gleiche Produkt* oder anderer Unternehmen auf anderen Märkten, ebenso für das *gleiche Produkt*. Hilfreich kann das Vergleichsmarktprinzip also nur beim Vergleich gleicher Produkte sein; es wird vornehmlich beim Vergleich verschiedener räumlicher Märkte eingesetzt. Es geht also nicht darum, dass man Autorenhonorare mit Übersetzerhonoraren (also unterschiedliche Produkte) vergleicht, sondern allenfalls Übersetzerhonorare in Deutschland mit Übersetzerhonoraren in anderen Staaten, die allerdings vergleichbare Buchmarktbedingungen aufweisen müssen.

cc) **Orientierung an den Verteilungsplänen von Verwertungsgesellschaften:** Zu **47** Recht wird ferner auf die **Verteilungspläne von Verwertungsgesellschaften** verwiesen (LG München I ZUM 2006, 73, 78; *Wilhelm Nordemann*, Urhebervertragsrecht, § 32 Rn. 26); denn ihre Verteilungspläne können angesichts der Kontrollinstrumente des Wahrnehmungsgesetzes Beispiele für eine gleichberechtigte Berücksichtigung der Interessenlage sowohl der Verwerter als auch der Urheber bzw. der ausübenden Künstler sein. Allerdings ist auch hier Vorsicht geboten. Denn die Nutzung und die Randbedingungen müssen einerseits wirklich vergleichbar sein; andererseits regeln Verteilungspläne in der Regel Sekundärverwertungen, während es bei § 32 um Primärverwertungen geht. Allerdings müssen grundlegende Bezugspunkte der Verteilungsmaßstäbe mit denen der zu beurteilenden Interessenlage vergleichbar sein: So übernimmt OLG München den von Verwertungsgemeinschaften angewandten Tarifstrukturen den Grundsatz einer am Umfang der faktischen Verbreitung des Werkes orientierten Vergütung für die Festsetzung eines angemessenen Absatzhonorars für Übersetzer, hinsichtlich der konkreten Höhe des Absatzhonorars könne indes nicht auf die Tarife der Verwertungsgesellschaften zurückgegriffen werden mangels Vergleichbarkeit der Interessenlage der Verwertungsgesellschaften und eines Verlages (OLG München ZUM 2007, 317, 327). Weiterhin sei eine Übernahme des Verteilungsschlüssel der VG Wort für die Absatzvergütung der Erstverwertung übersetzter Bücher nicht angezeigt, weil es dort um Zweitverwertungsrechte gehe, so dass der interne Verteilungsmaßstab zwischen Verlag, Autor und Übersetzer nur bei den Nebenrechten herangezogen werden könne (LG München I ZUM 2006, 73, 78; kritisch *Ory* AfP 2006, 9,12).

48 dd) **Orientierung an den Vergütungsregeln anderer Berufe:** Da z.B. die GemVergRegel für belletristische Autoren (vgl. § 36 Rn. 29 f.) nicht für die Urhebergruppe der Übersetzer abgeschlossen wurde, kann sie keine Vermutungswirkung i.S.d. § 32 Abs. 2 S. 1 entfalten. Die Gemeinsamen Vergütungsregeln sollen jedoch nach Ansicht der Gerichte auch auf andere Berufe Wirkung entfalten („gewisse Indizwirkung": OLG München (29. Senat) ZUM 2007, 142, 148; „Orientierungshilfe": OLG München (6. Senat) ZUM 2007, 166, 174; ZUM 2007, 308, 314; LG München ZUM 2006, 73, 78). So wurden die GemVergRegel belletristischer Autoren für die Ermittlung von absoluter Höhe wie Staffelstufen der angemessenen Absatzbeteiligung bei Übersetzern belletristischer Werke herangezogen. Allerdings müssten die Gemeinsamkeiten und Unterschiede der jeweiligen Berufsgruppen einbezogen werden: Die vergleichbare Struktur der Verhältnisse von Autoren und Übersetzern einerseits und den Verlagen andererseits ermögliche zwar eine Orientierung an deren Prinzipien. Wegen der dienenden Funktion, die der Übersetzer im Vergleich zu der geniun schöpferischen Leistung des Autors leiste wie der Branchenübung, Autoren mit einer alleinigen Absatzvergütung auch stärker am Risiko zu beteiligen, seien Abschläge gegenüber den Autorenvergütungsregeln gerechtfertigt (zu den Unterschieden ausführlich OLG München ZUM 2007, 317, 327; LG München I ZUM 2003, 73, 78).

49 Eine Orientierungshilfe für die Bestimmung des § 32 können allerdings auch neben den Höhen bzw. Staffelung der Vergütung insb. die in den GemVergRegeln vereinbarten Kriterien sein. So sieht die GemVergRegel in bestimmten Ausnahmefällen eine geringere Beteiligung als 10% am Nettoladenverkaufspreis für den Autor vor. Diese Gründe umfassen: 1. die in § 36 Abs. 1 UrhG genannte Rücksicht auf **Struktur und Größe des Verwerters**, 2. die mutmaßlich geringe **Verkaufserwartung**, 3. das Vorliegen eines Erstlingswerkes (Bedeutung der **Bekanntheit des Autors**), 4. die beschränkte **Möglichkeit der Rechteverwertung**, 5. der außergewöhnliche **Lektoratsaufwand**, 6. die Notwendigkeit umfangreicher **Lizenzeinholung**, 7. der niedrige End**verkaufspreis**, 8. genrespezifische **Entstehungs-** und **Marktbedingungen**. Nach § 3 Abs. 3 der GemVergRegel Belletristik ist eine Beteiligung unter 8% kann nur in außergewöhnlichen Ausnahmefällen zulässig, in denen besondere Umstände dies angemessen erscheinen lassen, z. B. bei besonders hohem Aufwand bei der Herstellung oder bei Werbung oder Marketing oder Vertrieb oder bei wissenschaftlichen Gesamtausgaben. All diese Kriterien sind somit von den Parteien als Faktoren der Vergütungshöhe anerkannt worden. Unberücksichtigt bleiben müssen nicht vergleichbare Vergütungsregeln (so auch z.B. Vergütung gerichtlicher Übersetzer nach ZSEG bzw. JVEG: LG Hamburg ZUM 2006, 683, 686; LG München I ZUM 2006, 159, 163; LG Berlin ZUM 2005, 901).

50 d) **Kriterien des § 32 Abs. 2 S. 2: aa) Tatsächliche Nutzung:** Die im Folgenden näher zu beleuchtenden Kriterien bedürfen zunächst der Klarstellung, dass der Anspruch in der Regel nur bei **tatsächlicher Nutzung** eines Werkes entsteht (so ausdrücklich ProfE UrhVG, *Schulze*, S. 1377 und RegE UrhVG – BT-Drucks. 14/6433, S. 15). Die Gesetzesformulierung „[…] hat für die Einräumung von Nutzungsrechten [….] Anspruch […]" könnte dahingehend verstanden werden, bereits letztere löse grundsätzlich den Vergütungsanspruch aus. Das kann zwar ausnahmsweise bei einer unangemessenen Pauschalzahlung der Fall sein, wird aber bei prozentualer Beteiligung erst in der Regel mit aufgenommener Nutzung der Fall sein (LG Berlin ZUM 2005, 901 geht bei tatsächlicher Nutzung, die auch bei einer Pauschalzahlung umgerechnet noch nicht zu einer nach den Maßstäben des Gerichts unangemessenen Prozentbeteiligung führt, von mangelndem Rechtsschutzbedürfnis für eine Klage aus (dazu allg. vgl. Rn. 20 ff.).

bb) Geschäftsverkehr: Für die Bestimmung der Angemessenheit ist nur ent-　**51** scheidend, was im **Geschäftsverkehr** üblich und redlich ist. Zur Ausfüllung dieses Tatbestandsmerkmals kann sicherlich auf das Handeln im geschäftlichen Verkehr im Marken- und Wettbewerbsrecht zurückgegriffen werden (s. die Kommentarliteratur zum MarkenG oder zum UWG). Außer Betracht dürfte auch ein Handeln bleiben, das bloße Liebhaberei ist. Wenn also eine sich selbst als Primadonna fühlende Dame ein großes Konzerthaus auf eigene Kosten anmietet und dort mit einem Orchester eine Aufführung macht, die mitgeschnitten wird, bleibt ihr Nullhonorar aus der Betrachtung der Angemessenheit ausgenommen.

cc) Art der eingeräumten Nutzungsmöglichkeit: Der Gesetzgeber nennt als　**52** erstes Kriterium die **Art** der eingeräumten Nutzungsmöglichkeit. Im Regierungsentwurf hieß es noch „Art […] der Werknutzung", in der FormH 19.11.2001 UrhVG sodann „Art der […] Befugnis. Erst durch die FormH 14.01.2002 UrhVG ist der jetzt zu Gesetz gewordene Wortlaut gewählt worden. Allerdings spricht die dazugehörige Begründung nicht von „Nutzungsmöglichkeit", sondern von „Nutzung". Inhaltlich dürfte darin angesichts der verankerten ex-ante Betrachtungsweise kein wesentlicher Unterschied liegen. Unter Art sind wohl sowohl die Einteilung in ausschließliche und einfache Nutzungsrechte, als auch die verschiedenen Nutzungsarten zu verstehen, auch wenn gerade letztere natürlich eine Schnittmenge mit dem Begriff des Umfangs (dazu sogleich vgl. Rn. 53 ff.) bilden. Zeitliche und räumliche Beschränkungen dürften hierunter nicht zu fassen sein, da sie zudem ausdrücklich zusätzlich erwähnt werden. Die Einräumung von Bearbeitergenehmigungen nach § 23 hingegen dürfte wieder unter die „Art" der Nutzungsmöglichkeit fallen.

dd) Umfang und Dauer der eingeräumten Nutzung: Der **Umfang** der einge-　**53** räumten Nutzungsmöglichkeit ist das zweite Kriterium. Er überschneidet sich teils mit der Art der Nutzungsmöglichkeit, als auch mit den weiteren im Gesetz genannten **zeitlichen** („Dauer") oder **räumlichen Komponenten.** Hierunter dürften zuvorderst die Nutzungsarten, aber auch die Frage, ob es sich um ausschließliche oder einfache Rechte handelt, zu verstehen sein.

Die **Dauer der Nutzung** ist nur als „insbesondere"-Beispiel der eingeräumten　**54** Nutzungsmöglichkeit genannt. Dabei geht die Nutzungs*möglichkeit* als Oberbegriff weiter. Auch die Dauer der Nutzungsmöglichkeit ist also von Bedeutung, wenn auch der Gesetzgeber wohl an der Praxis orientiert zu Recht die tatsächliche Nutzungsdauer als wesentliches Kriterium herausstellt. Hier geht es also um Fragen, ob der Vertrag auf Dauer der Schutzfrist abgeschlossen ist oder die Rechte nur zeitlich limitiert eingeräumt wurden. Der Rechtsausschuss stellt in seiner Beschlussempfehlung noch einmal klar, dass „[…] die Vergütung angemessen (ist), wenn sie – ermittelt im Zeitpunkt des Vertragsschlusses, freilich *im Blick*

auf die gesamte Vertragsdauer – dem Üblichen und Redlichen entspricht" (BeschlE RAusschuss UrhVG – BT-Drucks. 14/8058, S. 2). *Wilhelm Nordemann*
zieht hieraus den Schluss, dass, soweit künftig noch **Pauschalhonorare** in Verwertungsverträgen vereinbart werden sollten, diese, um angemessen zu sein, den
Nutzungsmöglichkeiten des Verwerters **während der gesamten Vertragsdauer**
Rechnung tragen müssen und eine **Geldentwertungsklausel** enthalten (*Wilhelm
Nordemann*, Urhebervertragsrecht, § 32 Rn. 15 und 32). Letzteres dürfte in
dieser Pauschalität allerdings mit § 2 Preisangaben- und Preisklauselgesetz kollidieren, der Wertsicherungsklauseln nur in engem Umfang zulässt.

55 ee) **Zeitpunkt der Nutzung:** Das weitere Kriterium des **Zeitpunkts der Nutzung** erscheint etwas undeutlich. Dass die nahe am Vertragsschluss liegenden
geplante Nutzung (z.b. fiktive Komposition einer Ode auf den neuen Bundes-
präsidenten zur Aufführung beim Mahl der Demokratie am Brandenburger
Tor), die einen solchen besonderen Zeitpunkt wählt, nicht bereits von den
vertragsschließenden Parteien ohnehin berücksichtigt wird, erscheint selbstverständlich. Darum kann es also nicht gehen, sondern eher um in der Zukunft
möglicherweise liegende besondere Nutzungssituationen. Das aber verlangt
wohl prophetische Gaben. Richard Strauss und seine Vertragspartner des
Salomé-Aufführungsvertrages hätten kaum das Ende der Monarchie und das
Ende der damals herkömmlichen Finanzierung von Opernaufführungen vo-
raussehen können. *Wilhelm Nordemann* betont deshalb zu recht, dass dies für
einen Beteiligungsanspruch des Urhebers, der solche Änderungen wenigstens
teilweise abfedern kann, spricht (*Wilhelm Nordemann*, Urhebervertragsrecht,
§ 32 Rn. 16 mit weiteren Beispiele).

56 ff) **Umfassende Interessenabwägung:** Schließlich verlangt das Gesetz die Be-
rücksichtigung **aller Umstände**, also wohl eine **umfassende Güter- und Interes-
senabwägung**. Die Gesetzesbegründung gibt hierfür weitere Kriterien an die
Hand: Marktverhältnisse, Investitionen, Risikotragung, Kosten, Zahl der
Werkstücke oder zu erzielende Einnahmen (FormH 19.11.2001 UrhVG –
BT-Drucks. 14/6433, S. 16).

57 So wie die Urheber daher am Erfolg einer Verwertung partizipieren sollen, haben
die Verwerter ein Interesse, nicht insgesamt Werke zu verwerten, die ihnen unter
dem Strich nur Verluste bringen. **Quersubventionierung** und **Mischkalkulationen** durch eine Anpassung der Beteiligung bei bestimmten Nutzungsarten (z.B.
Erträgnisse aus Nebenrechtsverwertung z.B. bei Übersetzern vgl. Rn. 94 ff.)
sollen daher auch weiterhin zulässig bleiben (FormH 19.11.2001 UrhVG –
BT-Drucks. 14/6433, S. 16 f.; ausdrücklich anerkannt durch OLG München
(6. Senat) ZUM 2007 308, 316; i.d.S. auch *v. Becker* ZUM 2007 249, 253;
Loewenheim/*v. Becker* § 29 Rn. 32; Schricker/*Schricker*[3] Rn. 35, soweit den
Interessen der Urheber hinreichend Rechnung getragen wird und so auch Bü-
scher/Dittmer/Schiwy/*Haberstumpf*, § 32 Rn. 9).

58 Hierzu wird der Verwerter – soweit der Urheber die Unüblichkeit- und/oder
-redlichkeit substantiiert hat (zu prozessualen Fragen vgl. Rn. 135) detailliert
vortragen müssen, allerdings nach Wunsch unter Wirtschaftsprüfervorbehalt
(vgl. Rn. 129), um seinen berechtigten Geheimhaltungsinteressen Genüge zu
tun. Hierzu gehört nicht nur die Offenlegung der **Erträge**, sondern auch eine
Darstellung der **Aufwände**, die je nach Werkart natürlich unterschiedlich sein
können (Dreier/Schulze/*Schulze*[2] Rn. 69 mit dem Verweis auf besonders aufwändige Ausgaben). Ein weiteres entscheidendes Element der Interessenabwägung ist die Frage der **Risikotragung** (dazu auch LG Berlin ZUM 2005, 904,
906). Trifft diese z.B. durch ein ausschließliches Beteiligungshonorar auch den

Urheber, dürfte dies tendenziell höhere Beteiligungen rechtfertigen als wenn der Urheber durch nicht rückzahlbare Vorschüsse oder sonstige Festvergütungen (teilweise) abgesichert ist. Dasselbe gilt bei Extrem-Risiken, wie bei Verfilmungen, die höchste Investitionen auf Verwerterseite verursachen. Beteiligt sich der Urheber hingegen sogar an den Kostenrisiken (wie z.B. bei bestimmten Tonträgervertragstypen), muss sich dies natürlich positiv auf die Höhe der Beteiligung auswirken. Hierbei ist aber auch die **Art der Werkleistung** zu berücksichtigen. Ist diese eher abhängig und nicht selbständig verwertbar, dürfte dies eine geringere Vergütung rechtfertigen. Ob sich bei einer **Absatzbeteiligung der Prozentsatz bei höherem Absatz** zu erhöhen hat (Argument: geringere Kostenquote) oder nicht vielmehr zu verringern hat (Argument: höhere Marketing-Aufwendungen), ist nicht nur ein alter Streit aus dem Lizenzrecht, sondern dürfte auch nur im Einzelfall, der diese Argumente nachweist und abwägt, zu entscheiden sein (zu dieser Diskussion bei der Absatzbeteiligung von Übersetzern vgl. Rn. 87 ff.).

10. Die angemessene Vergütung in der Praxis des besonderen Urhebervertragsrechts

In den kommenden Jahren werden für die **einzelnen Branchen** in verschiedenen Fallkonstellationen vielleicht übliche und redliche Vergütungsstrukturen **59** richterrechtlich festgestellt werden. Naturgemäß existieren insoweit bislang nur wenige Entscheidungen. Allerdings gab es auch bislang schon einige Anhaltspunkte im Besonderen Urhebervertragsrecht (zu diesem Begriff *FS Schricker* mit ihrem 2. Teil „Besonderes Urhebervertragsrecht im Bereich traditioneller Werkkategorie"), die hier Erwähnung finden sollen. Dabei werden wir uns an den Werkarten des § 2 Abs. 1 orientieren (zum sonstigen Überblick über die Besonderheiten im Urhebervertragsrecht der einzelnen Branchen vgl. Vor §§ 31 ff. Rn. 295 ff. und in Hasselblatt/*Axel Nordemann/ Czychowski* § 43 Rn. 89 ff. sowie auszugsweise auch *Haupt/Flisak* KUR 2003, 41 ff. und Loewenheim/*v. Becker* § 29 Rn. 40 ff.). Wir betonen allerdings noch einmal, dass wir der Auffassung sind, dass sich eine starre Vergütungshöhe, etwa gar pro Branche oder darüber hinaus, verbietet.

a) **Autoren:** Im Bereich der klassischen Medien (wie Bücher) wird i.d.R. als **60** angemessene Vergütung eine fortlaufende Beteiligung zu zahlen sein (*Reber* GRUR 2003, 993; Dreier/Schulze/*Schulze*[2] Rn. 57), insb. wenn es sich um ein Werk handelt, das fortlaufend genutzt werden kann oder soll. Dies entspricht dem Prinzip der angemessen Vergütung des § 11 Abs. 2, wonach der Urheber an dem wirtschaftlichen Nutzen, und zwar bei jeder einzelnen Nutzung zu beteiligen ist (BGH NJW 1999, 1953 – *Kopienversanddienst*; LG München I Urt. v. 15.12.2005 S. 16; Dreier/Schulze/*Dreier*[2] § 11 Rn. 8). Dies erkennt man auch an der amtlichen Überschrift des § 32a („weitere Beteiligung [...]") und der Gesetzesbegründung dazu, die davon spricht, „dass schon die angemessene Vergütung nach § 32 das Beteiligungsprinzip beachten wird [...]" (FormH 19.11.2001 UrhVG – BT-Drucks. 14/6433, S. 18).

Für **Autoren belletristischer Werke** in deutscher Sprache ist bereits zwischen **61** ver.di und einzelnen Verlagen die wohl momentan einzige GemVergRegel vereinbart worden, downloadbar auf http://www.bmj.de/media/archive/ 962.pdf; abgerufen am 02.07.2007, gültig ab 01.07.2005 (im Detail vgl. § 36 Rn. 29 ff.). Für die Vergütung von Verlagsverträgen im Bereich der **Belletristik** hatte sich schon vor der eben genannten Gemeinsamen Vergütungsregel eingespielt, dass der Urheber für das eigentliche Verlagsrecht, also die

Vervielfältigung und Verbreitung in Hardcover-Buchform, etwa 10% des Nettoladenverkaufspreises erhält (dazu auch *Schricker* GRUR 2002, 737 ff., der von einem Maßstab spricht), etwa 5 Prozent mit festen Steigerungsstufen bei hohen Auflagen für Taschenbuch-Ausgaben, während die Erlöse des Verlegers aus den Nebenrechten, also z.B. Taschenbuchlizenzen, i.d.R 50% bei buchnahen Nebenrechten (z.B. Übersetzung) und 40% – in Einzelfällen 30% – bei buchfernen Nebenrechten (z.B. Medienrechte) betragen (zu weiteren Details Loewenheim/*Jan Bernd Nordemann* § 64 Rn. 116 ff. m.w.N.). Für den Fall, dass das **Verfilmungsrecht** im Verlagsvertrag zurückgehalten wird und später eigen vergeben wird, erlösen diese sog. **Stoffrechte** in der Regel vier-, selten fünfstellige Eurobeträge für jeden Optionszeitraum, und danach für einen Fernsehfilm Pauschalen im fünfstelligen Eurobereich. Für einen Kinofilm ist ca. 1,5 – 3% des Filmbudgets, mit Mindest- und Maximalsummen, üblich, plus – häufig – ein Bonus bei Erreichen bestimmter Zuschauerzahlen. Hierzu existiert nunmehr auch die oben erwähnte GemVergRegel nach § 36 (vgl. § 36 Rn. 29 ff.). Inwieweit diese Vergütungsregel auch auf nicht unterzeichnende Verlage Anwendung findet, vgl. Rn. 31 ff.

62 Demgegenüber ist bei **Sachbuchautoren** und Werken **wissenschaftlicher** Autoren keine Branchenübung feststellbar, da die Sachverhalte zu unterschiedlich sind (Loewenheim/*Czychowski* § 65 Rn. 22 ff.). Für Dissertationen, wissenschaftliche Rezensionen u.Ä. enthält § 22 Abs. 1 Satz 2 VerlG eine Sonderregel, die eine Vergütungspflicht nur bei entsprechenden Umständen, nach denen eine Vergütung zu erwarten ist, annimmt. Auch wenn § 22 VerlG durch §§ 11 Satz 2, 32, 32a überlagert sein dürfte, zeigt er dennoch eine gesetzgeberische Wertung auf, die bei diesen speziellen Werken Berücksichtigung finden muss. Zu Zusatzvergütungen bei Online-Nutzung wissenschaftlicher Werke vgl. Rn. 112. Wieder anders sieht es bei **Kinderbüchern** aus, bei denen oftmals eher einfache Texte oder besondere Bilder im Vordergrund stehen. Die **Hörbuch-Verwertung** schließlich scheint noch zu jung, als dass man eine Übung feststellen könnte (zum sich entwickelnden Blindenhörbuchmarkt vgl. § 56).

63 Der Verband deutscher **Drehbuchautoren** e.V. (VDD, vor 1991: Arbeitsgemeinschaft der Drehbuchautoren e.V. (AGD), führt seit 1995 Mitgliederumfragen zur Honorarhöhe durch. Die jeweiligen Ergebnisse werden im VDD eigenen Publikationsorgan „script" herausgegeben, das seit 2001 auch online erscheint (VDD, www.drehbuchautoren.de/forum/Fragen und Antworten; abgerufen am 11.09.2007). Alle diese Publikationen sind einseitige und unverbindliche Honorarempfehlungen von Urheberseite. Sie bieten zwar einen Überblick über die branchenüblichen Beträge, können prozessual jedoch aber erst dann indiziell für die Üblichkeit der Vergütung herangezogen werden, wenn sie empirisch belastbar sind. Informationen anzufordern bei Verband Deutscher Drehbuchautoren e.V., Charlottenstraße 95, 10969 Berlin, mail an: info@drehbuchautoren.de, www.drehbuchautoren.de. Zu Details im Zusammenhang der **Film- und Fernsehschaffenden** vgl. Rn. 103 f.

64 Die Sendung von **vorbestehenden Bühnenwerken** in dramatischer Form („großes" **(Sende-)Recht**, vgl. § 20 Rn. 20 ff.) wird von den Bühnenverlagen oder den Autoren selbst wahrgenommen. Der Verband Deutscher Bühnen- und Medienverlage e.V. hat sich mit den öffentlich-rechtlichen Rundfunkanstalten mit der Regelsammlung Rundfunk/Verlage für Hörfunk und Fernsehen (**RS Hörfunk, RS Fernsehen**) auf Normverträge (vgl. Vor §§ 31 ff. Rn. 336 ff.) geeinigt (erhältlich beim Verband, www.buehnenverleger.de; siehe zum Ganzen ausführlich Wandtke/Bullinger/*Ehrhardt*[2] §§ 20–20b Rn. 40 ff.). Diese Regelsammlung – eigentlich bei Abschluss durch die Verlage kein primärer Urhebervertrag, sondern eine Regelung, die dem sekundären Urhebervertragsrecht zuzuordnen ist, und damit nicht § 32 direkt unterfällt – enthält insb. Bestimmungen zur Vergütung (im Einzelnen zur Regelsammlung, auch aus kartellrechtlicher Sicht, vgl. Vor §§ 31 ff. Rn. 80 ff.; 299; 342). Sie ist jedoch keine Vergütungsregel nach § 36. Dennoch kann man der RS Hörfunk übliche Vergütungen entnehmen, so für Scripts, die Drehbüchern im Filmbereich vergleichbar sind; für die Honorierung sonstiger Stoffrechte gelten sie nur als Anhaltspunkt unter Berücksichtigung von Abschlägen (Wandtke/Bullinger/ *Ehrhardt*[2] §§ 20 bis 20b Rn. 42). Die Sendevergütungen im Hörfunkbereich orientieren sich an der erreichbaren Zuhörerzahl und schwanken je nach Größe der Rundfunkanstalten. Teilweise werden bestimmte Programmteile, z.B. Nachrichten, von den Rundfunkanstalten extern zugekauft. Insoweit sei auf die Ausführungen zu Auftragsproduktionen oder Sendelizenzverträgen verwiesen (vgl. Vor §§ 88 ff. Rn. 97 ff.). Allerdings gelten die §§ 88, 89 in keinem Fall, auch nicht analog, weil Gegenstand der Produktion kein „Film" ist. Für die gleichzeitige Übernahme von Fernsehsendungen in den Hörfunk gelten gemäß RS Fernsehen 2/3 der Hörfunkentgelte als üblich. Ausführlich zu den Vertragsbeziehungen – und Vergütungssystemen – im **Bühnenbereich (Urheber mit Bühne für vorbestehende Werke und für Auftragswerke)** vgl. Vor §§ 31 ff. Rn. 337 ff.).

b) Journalisten: Im Printbereich ist zu unterscheiden zwischen den sog. „Freien" und den angestellten Journalisten. Dabei gibt es die Tätigkeitsbereiche Tageszeitungen, Zeitschriften und Agenturen. Eine GemVergRegel gibt es im Bereich des Print-Journalismus bislang nicht. **65**

aa) Festangestellte Journalisten im Printbereich: Die Vergütung des festange- **66** stellten Journalisten im Printbereich (Zeitungen und Zeitschriften) ist weitgehend durch Tarifvertragsrecht geregelt. Folgende Verträge sind zu beachten:
– Manteltarifvertrag für Redakteurinnen und Redakteure in **Tageszeitungen** vom 24.02.2004, gültig ab 01.01.2003 (Überheberrechtsübertragungsvertrag)
– Manteltarifvertrag für Journalistinnen und Journalisten an **Zeitschriften** vom 1. Januar 1998 (Überheberrechtsübertragungsvertrag)
– Gehaltstarifvertrag für alle fest angestellten Redakteurinnen und Redakteure sowie festen Redaktionsvolontäre an **Zeitschriften**, gültig ab 01.06.2006, neue Gehaltsstruktur ab 01.09.2006, Tariferhöhung um 2,2% ab Januar 2007, erstmalig kündbar zum 31.07.2008,
– Gehaltstarifvertrag für fest angestellte Redakteurinnen und Redakteure an **Tageszeitungen,** gültig ab 01.08.2005; Tariferhöhung um 1,0%, ab August 2006; Tariferhöhung um 1,5% ab Aug. 2007; erstmalig kündbar zum 31.07.2008.

Alle Verträge sind abrufbar unter www.mediafon.de, eine verdi-Website für Selbstständige im Medienbereich, abgerufen am 03.07.2007, bzw. zu beziehen beim Deutschen Journalisten Verband e. V. – Gewerkschaft der Journalistinnen und Journalisten – Bennauer Straße 60, 53115 Bonn, im Internet: http:// www.djv.de. Die urheberrechtlichen Regelungen des Manteltarifvertrag für Journalistinnen und Journalisten an Zeitschriften vom 01.01.1998 in §§ 12 ff. sind identisch mit denen des §§ 18 ff. des Manteltarifvertrag für Redakteurinnen und Redakteure an Tageszeitungen vom 24.02.2004. Die **Vergütung** in Verhältnis zur Rechteübertragung ergibt sich jeweils aus dem gültigen Gehaltstarifvertrag i.V.m. dem jeweiligen Manteltarifvertrag.

67 Die Tarifverträge gelten für alle hauptberuflich an Tageszeitungen bzw. Zeitschriften festangestellten Redakteure und Redakteurinnen, entsprechend für Redaktionsvolontäre und Volontärinnen, sofern für diese nichts anderes bestimmt ist, sowie für die im Ausland tätigen Redakteure und Redakteurinnen. Vertragsparteien aller Verträge sind auf Verwerterseite jeweils der Verband Deutscher Zeitschriftenverleger e.V., als Vertreter der ihm angeschlossenen Mitgliedsverbände, dem Deutschen Journalisten-Verband e.V. sowie ver.di. Festangestellte Journalisten räumen dem Verlag gegen die Erstvergütung nach § 18 Abs. 1 resp. § 12 Abs. 1 des Manteltarifvertrag das ausschließliche zeitlich, räumlich und inhaltlich unbeschränkte Recht ein, Urheber- und verwandte Schutzrechte, die sie in Erfüllung ihrer vertraglichen Pflichten aus dem Arbeitverhältnis erworben haben, vom Zeitpunkt an der Entstehung zu nutzen. Es folgt ein nahezu erschöpfender Katalog an Nutzungsrechten, insbesondere erfasst ist auch die Nutzung in Datenbanken oder die Online-Nutzung. Die nach Abs. 1 definierte **Nutzung** in **Archiven/Datenbanken** ist neben dem Verlag auch verbundenen Unternehmen wie kooperierende Verlage **vergütungsfrei** gestattet. Eine **Sondervergütung** gibt es in speziell aufgeführten Fällen, z.B. bei der Übertragung von Nutzungsrechten an Dritte oder die Nutzung der Textbeiträge in anderen Objekten desselben Verlages. Als angemessene Sondervergütung gelten 40% des aus der Verwertung erzielten Nettoerlöses. Die Erstvergütung im Arbeitverhältnis ergibt sich aus dem einschlägigen Gehaltstarifvertrag.

68 bb) **Freie Journalisten im Printbereich:** Das Leistungsspektrum freier Journalisten ist weit: Es fängt an mit der Recherche von Fakten, welche Verwertung finden können in Nachrichtenform, in Glossen, Artikeln oder bei Erstellung ganzer Reportagen mit Texten und Bildern. Auch bei Zeitungen oder Zeitschriften arbeiten Freie mit.

69 Das Arbeitverhältnis zwischen Freien und Verwertern ist zwar geprägt durch freie Mitarbeit in Form der Lieferung von Beiträgen, bei der das journalistische Produkt im eigenen Büro nach selbstbestimmten Zeitplänen und Arbeitsabläufen gefertigt wird, verbreitet sind aber Mischformen bei der Leistungen auch in Arbeitsräumen und unter Integration in den Arbeitsablauf des Auftraggebers erbracht werden. Rechtlich ist das Verhältnis zwischen Journalisten entweder als Werk- oder Dienstverhältnis einzuordnen. Häufig sind Freie, die mit Dienstverträgen arbeiten, wegen der erheblichen Einbindung in den Betrieb des Auftraggebers nicht mehr als Selbstständige („freie Dienstnehmer") einzustufen, sondern als Arbeitnehmer. Entsprechend gibt es einen
 – Tarifvertrag für alle hauptberuflich freien Journalistinnen/Journalisten, die als *arbeitnehmerähnlich* i.S.d. § 3 gelten, soweit sie für Tageszeitungen aufgrund von Dienst- oder Werkverträgen tätig sind (gültig ab 01.08.2005; Honorarerhöhung um 2,5% ab Oktober 2006; erstmalig kündbar zum 31.07.2008; abrufbar auf www.mediafon.de; abgerufen am 11.09.2007).
Dieser Tarifvertrag gilt für Bild- und Textbeiträge, jedoch nur in den alten Bundesländern und dort nicht in Hessen. Informationen für freie Journalisten sind erhältlich beim Deutscher Journalisten-Verband, Referat Freie, Bennauerstraße 60, 53115 Bonn, Tel. 0228/201 72 18, Fax: 0228/201 72 33, E-Mail: hir@djv.de, Internet: http://www.djv.de/freie. An üblichen **Vergütungsformen** für Freie gibt es die Abrechnung nach Zeilen, Seiten oder Sendeminuten, wobei hier häufig lediglich die veröffentlichten Zeilen und Seiten bzw. gesendeten Minuten abgerechnet werden, Honorare in zeitlich definierten Pauschalen (Stunden-, Tages- oder Monatssätzen) oder auf Basis von Beitrags-Pauschalen.

Kriterien, die Höhe der Vergütung zu bestimmen, sind nach Auffassung der **70** Urheberseite insb. die „**wirtschaftlichen Positionierung des Auftraggebers im Medienmarkt**" und der „**Bedeutung, die dem einzelnen Auftrag bzw. der Tätigkeit zugemessen wird**", vermutlich in Bezug auf die **Auflagenhöhe** bzw. den **Absatz**, bemessen (Vertragsbedingungen und Honorare 2007 für die Nutzung freier journalistischer Beiträge, S. 5; abrufbar auf http://www.djv.de/Honorare_fuer_Freie.1045.0.html; abgerufen am 11.09.2007).

Diese Kriterien gehen konform mit dem Sinn und Zweck des § 32 S. 1, die **71** Intensität, Dauer und den Umfang der eingeräumten tatsächlichen Nutzung angemessen zu vergüten. Weiterhin nennt der DJV als allgemeine Kriterien für die Honorarberechnung aber auch **Arbeitsaufwand** und **Schwierigkeitsgrad des Themas** (Erforderlichkeit von Recherchen und Ankauf von Hilfsmitteln etc.), **Sachkunde** und **Bekanntheit des Verfassers, Leistung** (nahtlose Übernahmemöglichkeit, ohne nennenswerte sachliche und redaktionelle Änderungen). Zur Relevanz dieser Kriterien vgl. Rn. 41.

[bleibt frei] **72**

cc) Bild- und Textjournalisten im Internet: Nach Auffassung der Urheberseite **73** ist von dem Grundsatz auszugehen, dass sich die Honorarsätze für Online-Beiträge in der Regel am „Muttermedium" des Onlinedienstes orientieren (Vertragsbedingungen und Honorare 2007 für die Nutzung freier journalistischer Beiträge des DJV, S. 23 ff; abrufbar auf http://www.djv.de/Honorare_fuer_Freie.1045.0.html; abgerufen am 11.09.2007 (im Weiteren: Honorare 2007). Insoweit ist bei den Online-Ablegern der Tageszeitungen, Zeitschriften oder den Online-Tochterunternehmen von Rundfunksendern auf die entsprechenden Pauschalsätze oder sonstigen Konditionen für Freie der Mutterkonzerne abzustellen.

Mitunter enthalten bestehende **Tarifverträge** im **Rundfunk**bereich bereits **On-** **74** **line-Vergütungsregelungen**: Der Tarifvertrag über Mindestvergütungen für freie WDR-Mitarbeiter (downloadbar von www.freienseiten.de; abgerufen am 11.09.2007) sieht Mindestvergütungen für Beiträge im Verwendungsbereich Internet (Web) mit Stand vom 01.01.2005 vor. § 3.5.1. des Manteltarifvertrag zur Einräumung von Urheberrechten beschäftigter Urheber vom 22.04.2003 zwischen ZDF, verdi und dem Verband der Rundfunk-, Film- und Fernsehschaffender (auf Anfrage bei ver.di im ZDF, 55100 Mainz, www.rundfunkfreiheit.de, Mail: verdi-zdf@verdi.de) zufolge umfasst das eingeräumte Senderecht auch die Verwertung des Live-Streaming (zeitgleiche, unveränderte Übertragung des Programms im Internet) und „sonstigen Verbreitungsarten und/oder Trägertechniken" nach § 5 ist auch die Verwendung der Werke in Online- und Abrufdiensten sowie Datenbanken zu Zwecken des Rundfunks wie Außerrundfunkzwecken. Der ZDF Urhebrechtstarifvertrag unterscheidet dabei zwischen drei, durch Buchstabenkombinationen gekennzeichnete Vertragstypen dem Pauschalvertrag (UP), den Vertragstypen mit voller (UO) bzw. reduzierter (UW) Zahlung von Wiederholungs- und Folgerechtsvergütungen. Nach § 17.4 S. 2 sind dem Pauschalisten bei erstmaliger Onlinenutzung 4,5% zu zahlen, dieser Satz war bis zum 31.12.2003 festgeschrieben (Protokollnotiz 14 des TV). Nach § 3.3.1. Tarifverträge über die Urheberrechte *arbeitnehmerähnlicher Personen* des WDR, des NDR und des SWR, gültig seit 01.04.2001, der Sender das Senderecht in analoger wie digitaler Übertragungstechnik hat, ist auch die Online-Nutzung im Wege des **Streaming**, des near-video-on-demand und des pay-per-view mit der Vergütung abgegolten. Die Nutzung des Werkes in Abruf- und Online-Diensten zu Rundfunkzwecken darf die Rundfunkanstalt vornehmen, wenn der Mitarbeiter dem nicht bei Auftragserteilung widerspricht (§ 3.3.3). Widerspricht er nicht, erfolgt für diese Nutzung eine Zahlung in Höhe von 4,5% der Erstvergütung. Wird die Produktion online zu außerrundfunkmäßigen Zwecken genutzt, erfolgt eine Beteiligung des Urhebers am Erlös (§ 4.6 i.V.m. 4.10). Die Herstellung eines Manuskripts ausschließlich für die Nutzung in Abruf- und Online-Diensten zu Rundfunkzwecken wird extra vergütet pro Manuskriptseite (30 Zeilen à 60 Anschläge; § 3.3.3. Fn. 4).

75 Die Fachausschüsse Freie Journalisten und Online-Journalismus im Deutschen Journalisten-Verband (DJV) haben im Rahmen der Publikation des DJV „Vertragsbedingungen und Honorare 2007" eine Übersicht über Vertragsbedingungen und Honorare für die **Nutzung journalistischer Beiträge im Internet** im Jahr 2007 erstellt (Honorare 2007, S. 23 ff). Auch hier gilt, das oben (vgl. Rn. 63) gesagte: Die Üblichkeit muss ggfs. empirisch belegt werden.

76 In Betracht gezogen werden muss allerdings die durch die **Natur des Internets** räumlich erweiterte Nutzung auf zumindest das gesamte deutschsprachige Ausland für deutsche Texte sowie den jeweiligen Zeitraum, den der Beitrag online steht, der für einen Artikel ggf. länger sein kann als z.B. bei der Tageszeitung. Ähnliche Kriterien sind z.B. den Online-Vergütungen der MFM-Empfehlung 2007 für Foto-/Bildhonorare zu entnehmen.

77 Aus diesen Erwägungen erklärt sich, warum die Rechteübertragung für die **Online-Zweitverwertung** nach Empfehlungen der MFM wie des DJV unter prozentualem Aufschlag vom Erstverwertungspreis erfolgen soll: Die oben genannten Honorare der MFM-Empfehlung 2007 für **Foto-/Bildhonorare** für digitale Nutzungen von Fotos gelten z.B. nur für Erstnutzungen in elektronischen Medien (zu Details und zu ihrer prozessualen Verwertbarkeit vgl. Rn. 111). Erfolgt die Nutzung zusätzlich zur eigentlichen Print-Nutzung, so ist laut MFM bei Nutzung auf einer Jahrgangs-CD-ROM ein Zuschlag von 10% (ein Jahr) bzw. 25% (fünf Jahre) auf das Original-Honorar, bei Nutzung in Online-Diensten ist allerdings ein Rabatt von 50% auf das Print-Honorar üblich. Auch der DJV empfiehlt bei digitaler Zweitverwertung von Texten je nach Nutzungsart einen prozentualen Aufschlag zu berechnen. Dabei sei die Dauer der Verfügbarkeit miteinzubeziehen, da während dieser Zeit eine andere weitere Verwertung der Beiträge kaum möglich sei. Bei online nutzbaren elektronischen Archiven bzw. CD-ROM/DVD sei das ausschlaggebende Honorierungskriterium die Aufnahme eines Textes an sich. Unterschieden wird auch beim DJV nach Medium, Online-Verfügbarkeit und Dauer der Nutzung: So sei für die Aufnahme in einen Online- Dienste für bis zu einem Monat ein Aufschlag von 15% zu verlangen; bei längerer Nutzung pro Jahr zusätzlich 5%; die Aufnahme in ein kostenfrei zugänglichen elektronischen Archiv sei gegen einen Aufschlag von 10% zu gewähren, in ein kostenpflichtiges elektronisches Archiv hingegen gegen einen Aufschlag von 20%; bei längerer Nutzung im jeweiligen Archiv seien anschließend zusätzlich 5% bzw. 10% Aufschlag pro Jahr zu zahlen. Die Aufnahme in eine CD-ROM/DVD müsse mit einem 10%igen Aufschlag vergütet werden. Die vom DJV angegeben prozentualen Aufschläge sind Mindestprozentsätze, die nach dem derzeitigen Erkenntnisstand gezahlt würden – so die Zweitverwertung überhaupt honoriert werde (Honorare 2007, S. 29).

78 *[bleibt frei]*

c) **Journalisten im Rundfunk:** Ebenso wie im Printbereich ist bei Urhebern im 79
Fernsehen/Rundfunk zum einen zwischen Festangestellten, arbeitnehmerähnlichen Selbstständigen sowie den „freien" selbstständigen Urhebern, meist
Journalisten zu unterscheiden. Des Weiteren bestehen aber auch jeweils Regelungen für den Bereich des Privatfernsehen und des öffentlich-rechtlichen
Rundfunks. Ebenso wie bei den Printmedien kann aber davon ausgegangen
werden, dass sich die Höhe der Honorierung nach der „wirtschaftlichen
Positionierung des Auftraggebers im Medienmarkt" und der „Bedeutung,
die dem einzelnen Auftrag bzw. der Tätigkeit" bemisst (vgl. Rn. 70).

aa) **Öffentlich rechtliches Fernsehen und Rundfunk (ARD):** Tarifverträge des 80
öffentlich-rechtlichen Rundfunks im Bereich der ARD sind u.a. die folgenden:
- Mindesthonorarkatalog für den Hörfunk ab 01.10.2006 des Hessischen
  Rundfunks
- Gehalts- und Tarif-Info 2006 für Mitarbeiter beim BR
- Urheberrechts-Tarifvertrag des Deutschlandradios vom 01.04.2002
- Tarifvertrag für Film- und Fernsehschaffende vom 24.05.1996, gültig ab
  01.01.1996, der dazugehörige Übergangstarifvertrag für 2005 und 2006
  sowie eine aktuelle Gagentabelle für die Jahre 2005 – 2008, zu beziehen
  bei der IG Medien, Friedrichstr. 15, 70174 Stuttgart, auszugsweise abgedruckt in den Beck-Texten im DTV, Urheber- und Verlagsrecht, auch
  abrufbar unter www.connexx-av.de/tarifvertraege
- Tarifvertrag für befristete Programmmitarbeit beim Norddeutschen Rundfunk

Die angegebenen Tarifverträge oder Informationen sind ebenso wie die weiteren jeweiligen Tarifverträgen der öffentlich-rechtlichen Rundfunksender auf
www.rundfunkfreiheit.de (Infoseite von ver.di) in der Sparte: „In den Sendern" bei den jeweiligen Sendeanstalten downloadbar. Tarife aus den Bereichen Film, privater Rundfunk und AV sind beim ver.di-Projekt connexx-av,
Bereich Tarifverträge zu finden. Außerdem bieten connexx.av und der Bundesverband Kamera Gagenrechner an, die nicht nur die erreichte Gage ausrech-
nen, sondern auch die Urlaubstage, die Überstundenzuschläge, das Arbeits-
zeitkonto und die der Arbeitslosenversicherung zu meldenden Tage.
- Tarifverträge über die Urheberrechte *arbeitnehmerähnlicher Personen* des
  WDR, des NDR und des SWR, gültig seit 01.04.2001

Obwohl gemeinsam zwischen den Sendern NDR, WDR, SWR und den Gewerkschaften ausgehandelt, zeigt die auf www.rundfunkfreiheit.de am
14.08.2007 abrufbare Textversion nur den Namen des WDR als Tarifvertrags-
partei. Die beteiligten Sender haben sich wohl jeweils eine eigene Textversion
mit ihrem Namen vorbehalten. Für *auf Produktionsdauer Beschäftigte* gilt der
Tarifvertrag über die Urheberrechte arbeitnehmerähnlicher Personen nur,
wenn dies im Beschäftigungsvertrag ausdrücklich vereinbart ist. Ziff. 3.1.
des Tarifvertrages regelt den Umfang **der eingeräumten Rechte** gegen die
Erstvergütung. Dieser ist recht ausführlich: In einem umfangreichen Katalog,
der neben dem Senderecht, das auch Fernsehtext, near-video-on-demand,
Rechte zur Übertragung im Pay-Radio oder Pay-per-view umfasst, das Vervielfältigungsrecht inklusive des Rechts der Übertragung auf Ton- und Bildträger bzw. Datenträger und in die Datenbanken des WDR, Nutzung in Abruf
– und Onlinediensten, das Verbreitungsrecht zum Verkauf zur Vermietung zum
Verleih, Vorführungsrecht, Ausstellungsrecht die ausschließlichen räumlich
und inhaltlich unbegrenzten Rechte eingeräumt sein Werk für alle Zwecke
des Rundfunks ganz oder teilweise im In- und Ausland beliebig oft zu benutzen
und die unter Benutzung des Werkes erfolgte Sendung oder hergestellte Pro-

duktion ganz oder teilweise im In- und Ausland beliebig oft zu verwerten. Zeitlich ist die Nutzung je nach Werkart (bei Expose 2 Jahre, bei Hörfunkproduktionen drei, Fernsehproduktionen fünf, Fernsehspielen und -serien sieben) vom Zeitpunkt des Vertragsschlusses, bei Auftragswerken vom Zeitpunkt der Abnahme an. Diese Sondernutzung soll grundsätzlich gegen **Entgelt** erfolgen. Daneben besteht ein Katalog zur Einräumung von Nutzungsrechten zu anderen als Rundfunkzwecken, insb. zu Zwecken der Bildungs- und Kulturarbeit wie die Kinofilmauswertung und audiovisuellen Verwertung auf Tonträgern, die Multimedia-Nutzung. Die Vergütung selbst ist der Höhe nach in dem Tarifvertrag über Mindestvergütungen der arbeitnehmerähnlichen Personen und der auf Produktionsdauer Beschäftigten des WDR geregelt. Es folgt in den Punkten 16.1.3 – 16.3.6 ein Katalog an Sondervergütungen neben der Erstvergütungen für bestimmte Nutzungsarten, so wird für die Online-Nutzung eine Vergütung in Höhe von 4,5 % der Erstvergütung bezahlt. Die wesentlichen Regelungen der neuen Urheberrechtstarifverträge für freie arbeitnehmerähnliche Personen sind folgende:

–   die Rundfunkanstalten dürfen in Allgemeinen Geschäftsbedingungen keine ungünstigeren Regelungen verwenden, als diejenigen, die in den Tarifverträgen vereinbart sind,

–   die einmalige Vergütung sämtlicher Leistungen und Rechtsübertragungen für Sendezwecke von öffentlich-rechtlichen Rundfunkanstalten darf nur noch in den in den jeweiligen Vergütungstarifverträgen ausdrücklich dafür vorgesehenen Fällen erfolgen,

–   auch diejenigen, die weiterhin Verträge erhalten, nach denen sämtliche Leistungen und Rechtsübertragungen mit einer einmaligen Vergütung abgegolten sind, erhalten zukünftig grundsätzlich Erlösbeteiligungen aus der außerrundfunkmäßigen Verwertung ihrer Werke und Produktionen,

–   die Wiederholungsvergütungen für Wiederholungen in 3 Sat wird in allen Anstalten auf das bisher nur im WDR übliche Niveau von 25,5 % der Erstvergütung (= 34 % der Wiederholungsvergütung) angehoben,

–   Wiederholungen in den Programmen Kinderkanal und Phoenix werden mit einer Wiederholungsvergütung in Höhe von 15 Prozent der Erstvergütung (= 20 Prozent der Wiederholungsvergütung) bezahlt,

–   Wiederholungen in ausschließlich digital ausgestrahlten und empfangbaren Programmen werden mit einer Wiederholungsvergütung in Höhe von 5,25 % der Erstvergütung (= 7 Prozent der Wiederholungsvergütung) abgegolten (dieser Satz gilt vom 01.01.2001 bis zum 31.12.2003),

–   die Erlösbeteiligungen werden für Urheber und Leistungsschutzberechtigte Künstler auf das bisher nur beim WDR übliche Niveau in Höhe von 35 % der Nettoerlöse angehoben. Zu Gunsten der Urheber werden die nach diesem Satz errechneten Erlöse zukünftig zwischen Urhebern und Leistungsschutzberechtigten je zur Hälfte geteilt (bisher: 1/4 für die Urheber, 3/4 für die Leistungsschutzberechtigten).

–   Schließlich wurde geregelt, dass der volle Vergütungsanteil auch dann zu zahlen ist, wenn lediglich die Gruppe der Urheber oder die Gruppe der Leistungsschutzberechtigten Rechte an der Produktion hat,

81   bb) **Öffentlich rechtliches Fernsehen und Rundfunk (ZDF):**
–   Urhebertarifvertrag des ZDF vom 22.04.2003
–   Tarifvertrag für auf Produktionsdauer Beschäftigte
–   Tarifvertrag über die Beteiligung von Arbeitnehmern/innen sowie arbeitnehmerähnlichen und auf Produktionsdauer beschäftigte Personen des ZDF an den Einnahmen aus der Kabelweiterleitung der Programme.

Alle Verträge auf Anfrage bei ver.di im ZDF erhältlich, 55100 Mainz, www.rundfunkfreiheit.de, Mail: verdi-zdf@verdi.de

Wegen der Sende- und Programmstruktur des ZDF sind seine Regelungen **82** nicht unbedingt mit denen der ARD-Anstalten vergleichbar. Letztere verfügen über eine eigene Verwertungskette in den Dritten Programmen. Beim ZDF können allerdings die Programme 3 Sat und ARTE als strukturell angegliederte Drittverwerter betrachtet werden. Die Vergütung in Verhältnis zum Umfang der Rechteeinräumung ergibt sich aus §§ 3,4 und 15, 17 sowie dem Einzelvertrag mit dem Urheber. Der ZDF Urheberrechtstarifvertrag unterscheidet dabei zwischen drei, durch Buchstabenkombination gekennzeichnete Vertragstypen dem Pauschalvertrag (UP), den Vertragstypen mit voller (UO) bzw. reduzierter (UW) Zahlung von Wiederholungs- und Folgerechtsvergütungen.

cc) Privater Rundfunk: **83**
– TPR – Manteltarifvertrag für die Arbeitnehmerinnen und Arbeitnehmer in Unternehmen des privatrechtlichen Rundfunks
– TPR – Volontärstarifvertrag
– Entgelttarifvertrag privater Rundfunk (TPR)
– Tarifvertrag (TPR) zur Entgelterhöhung 2007
– RTL – Manteltarifvertrag RTL Television GmbH, Köln ab 01.01.2002
– RTL – Entgelttarifvertrag RTL Television GmbH, Köln ab 01.01.2002 (gekündigt)
– n-tv -Tarifvertrag für Freie ab 01.08.2000 (gekündigt)
– Lokalfunk Bayern – Gehaltstarifvertrag vom 13.07.2000
– Lokalfunk Bayern – Manteltarifvertrag vom 11.03.1999
– Manteltarifvertrag Lokalfunk Nordrhein-Westfalen – vom 03.05.1993
– Gehaltstarifvertrag Lokalfunk NRW
– Lokalfunk Baden-Württemberg – Gehaltstarifvertrag vom 28.03.2000
– Lokalfunk Baden-Württemberg – Manteltarifvertrag vom 13.01.1998
– Tarifvertrag für Redaktionsvolontärinnen und Redaktionsvolontäre im privaten Rundfunk (TPR)
Alle Verträge abrufbar auf http://www.connexx-av.de, Abteilung Tarifverträge Privater Rundfunk; abgerufen 11.09.2007.

Der TPR – Manteltarifvertrag für die Arbeitnehmerinnen und Arbeitnehmer **84** in Unternehmen des privatrechtlichen Rundfunk, Stand: 01.01.1997; enthält in Fußnote 6 eine Protokollnotiz zu § 16. Darin vereinbarten die Tarifparteien, dass nach Abschluss dieses Tarifvertrages unverzüglich Verhandlungen über Urheber- und Leistungsschutzrechte mit dem Ziel eines baldigen Abschlusses aufgenommen werden. Zu einem derartigen Vertrag ist es bisher nicht gekommen. Im Übrigen enthalten die Tarifverträge **keine Regelungen zur Vergütung** im Verhältnis zur Übertragung der Nutzungsrechte. Insofern ist, von der Rechteübertragung im Rahmen des § 43 auszugehen als Gegenleistung für die Vergütung. Auf Initiative der Gewerkschaften ver.di sowie DJV soll an den TPR Tarifverband für den privaten Rundfunk (TPR) das Angebot gerichtet werden, für Freie Verhandlungen zu Vergütungsregeln nach dem Urhebergesetz aufzunehmen.

d) Kommunikationsdienstleistungen (Werbetexte, Public Relation, Reden- **85** **schreiber):** Der Fachverband Freier Werbetexter (FFW) ermittelt durch Honorarumfragen regelmäßig Honorare für Werbetexte und verwandte Arbeiten, die in der Broschüre Marktmonitor Werbetext beim FFW zu bestellen ist. Die aktuelle Broschüre Marktmonitor Werbetext, die auf der Honorarerhebung des Jahres 2003 basiert und auch Muster-AGB für freie Werbetexter enthält, ist beim FFW zu bestellen. Nach Angaben des DJV beginnen die üblichen Tagessätze für spezielle Beratungsleistungen im Bereich der Kommunikation wie der Presse- und Öffentlichkeitsarbeit bei etwa € 500,00. Nach Angaben des Fachverbands Freier Werbetexter (FFW) kann für einen PR-Artikel je Manuskriptseite ab € 200,00 verlangt werden. Die MFM-Empfehlung 2007 für Foto-/Bildhonorare Foto (zu Details und zu ihrer prozessualen Verwertbarkeit vgl. Rn. 111) enthält auch Empfehlungen für die Verwendung von Fotos im Rahmen werblicher Nutzung.

86 Für das Schreiben von Reden durch professionelle **Redenschreiber** gibt es noch keinen etablierten Markt, der „erhärtete Erfahrungssätze" für die Honorierung bilden konnte. Eine grobe und naturgemäß einseitige Empfehlung, was für Reden verlangt werden kann, gibt der Verband der Redenschreiber deutscher Sprache (VRdS). Auch der Fachverband Freier Werbetexter (FFW) teilt Honorare für das Ghostwriting mit (DJV Honorare 2007, S. 22).

87 e) Übersetzer: aa) Bestehende Honorarregelungen: Derzeit sieht alles danach aus, dass – nachdem lange Zeit nur ein Entwurf einer gemeinsame Vergütungsregel für **Übersetzer von (literarischen) Prosawerken** von Seiten der Urhebervereinigungen Verband deutscher Schriftsteller (VS) in der Vereinten Dienstleistungsgewerkschaft (ver.di), dem Verband deutschsprachiger Übersetzer literarischer und wissenschaftlicher Werke e.V. (VdÜ) vorlag, der nicht die Zustimmung beider Seiten fand – nun eine Einigung gefunden wurde (zum Stand der Verhandlungen vgl. § 36 Rn. 31 ff.). Im Übrigen gibt es einige einseitige Empfehlungen/Übersichten.
– Digitaler Honorarrechner auf der Website des VDÜ: Vergleich der eingegebenen Daten nach jeweiligem Vertrag (Höhe und Art der Vergütung, Beteiligung des Verlages, Auflagenart) mit dem Modell der AG Publikumsverlage und einem Vertrag mit den Konditionen, die den Grundsätzen des Urteil des OLG München vom 14.12.2006, 17... entspricht.
– Honorarempfehlungen für literarische Übersetzungen der Mittelstandsgemeinschaft literarische Übersetzerinnen und Übersetzer (*Delp*, Der Verlagsvertrag, S. 363 ff. und im Selbstverlag)
– Für Sachbuch-Übersetzer: »Auskommen mit dem Einkommen?« Marktstudie des ADÜ Nord: Verdienstmöglichkeiten und Berufsalltag freiberuflicher Dolmetscher und Übersetzer, Ergebnisse der Honorarumfrage 2004/2005 des ADÜ Nord unter freiberuflichen Übersetzern und Dolmetschern mit Unterstützung des Hamburger Marktforschungsinstitutes PhoneResearch

88 bb) Kriterien der Honorarfestlegung bei Übersetzern: Die Kriterien der Honorarfestlegung bei Übersetzern sollen sein **Dauer, Intensität** und **Umfang der eingeräumten Nutzung** (LG Berlin ZUM 2006, 942, 946). Die Faktoren **Qualifikation des Übersetzers, schöpferische Originalität, Schwierigkeitsgrad der Übersetzung, Bekanntheit des Übersetzers** sind für die Bestimmung der angemessenen Vergütung nach § 32 nur dann relevant, wenn eine „Korrelation" zu den Kriterien Dauer, Intensität und Umfang der Nutzung dargelegt werden kann (OLG München (6 Senat) ZUM 2007, 308, 316; LG Berlin ZUM 2006, 942, 946; ausführlich vgl. Rn. 50 ff.).

89 Die Orientierung an der **Gemeinsamen Vergütungsregel für Autoren** belletristischer Werke dürfte unter Berücksichtigung der Unterschiede zwischen Autor und Übersetzern zulässig sein (vgl. Rn. 48). Die Orientierung am **Verteilungsschlüssel der VG Wort** ist hingegen nur im Bereich der Zweitverwertungsrechte möglich (vgl. Rn. 47). Die Vergütungen für Übersetzer nach § 11 JVEG

(**Justizvergütungs- und –entschädigungsgesetz**) sind aufgrund des unterschiedlichen Anforderungsprofils jedenfalls **nicht** auf literarische Übersetzungsleistungen **anwendbar** (LG München I ZUM 2006 154, 157; ähnlich ablehnend zum Vorläufer ZSEG LG Berlin ZUM 2005, 901).

Nicht relevant ist die **Einkommenssituation** der Übersetzer an sich: Zwar **90** wurden die Übersetzer von der Gesetzesbegründung als typischerweise benachteiligte Urhebergruppe und Grund für die Einführung des § 32 genannt (RegE UrhVG – BT-Drucks. 14/6433, S. 9). Der Gesetzgeber wollte damit jedoch dem Übersetzer keine Vergütung sichern, die eine durchschnittliches Arbeiteinkommen eines Lektors oder Journalisten sichert (so aber *Schulze* GRUR 2005, 828, 839). Denn für die Sicherung des Arbeitseinkommens ist das Urheberrecht schlichtweg nicht „zuständig"; es soll nur eine Abgeltung für die Nutzung des Werkes sichern. Die Erwähnung in der Gesetzesbegründung alleine dürfte darüber hinaus für die Substantiierung einer Unredlichkeit in einem Rechtsstreit nicht genügen (so aber LG Berlin), denn eine Gesetzesbegründung kann keinen Sachverhalt i.S.d. Zivilprozesses unstreitig stellen (zu dieser prozessualen Frage im Detail vgl. Rn. 135 ff.). Prägnant hat OLG München (6. Senat) ZUM 2007, 308, 314 formuliert, dass die gesetzliche Vergütungsregel nicht auf dem sozialrechtlichen Prinzip der Alimentierung nach Bedürftigkeit beruhe, sondern auf dem bürgerlich-rechtlichen Grundsatz von Leistung und Gegenleistung (OLG München 6. Senat ZUM 2007, 308, 314. i.E. ebenso, aber mit anderer Begründung: OLG München (29. Senat) ZUM 2007, 142, 148; LG Berlin ZUM 2006, 942, 946; LG Berlin ZUM 2005 901, 903; widersprüchlich LG Hamburg ZUM 2006, 683, 687 a.A. Wandtke/Bullinger/*Grunert*[2] Rn. 29, der vertritt, das dass eine Vergütung „redlich" sein soll, die dem Urheber unter Berücksichtigung seines Arbeitseinsatzes prinzipiell eine angemessene Lebensführung von den Erträgnissen seiner Leistung ermöglicht.

cc) **Angemessenheit der Vergütung:** Neben den vielfältigen Besonderheiten der **91** jeweiligen Urteile lässt sich dennoch als Grundsatz ermitteln, dass in Gesamtwertung der Vergütungsbestimmungen eine Erhöhung des branchenüblichen Normseitenhonorars nicht angezeigt war, literarische Übersetzer i.d.R. allerdings am Absatz wie den Nebenrechten zu beteiligen sind, wobei die überwiegende Spruchpraxis von einer Anrechenbarkeit des Normseitenhonorars auf die Absatzvergütung ausgeht.

dd) **Absatzbeteiligung:** Bereits vor Einführung des § 32 hatten sich einige **92** Gerichte mit der Vergütung von Übersetzern auseinandergesetzt, die üblicherweise mit einem Pauschalhonorar, das sich an den von ihnen übersetzten sog. Normseiten orientierte, vergütet wurden (zu Details Loewenheim/*Czychowski* § 66 Rn. 13). Während der BGH in den Entscheidungen *Comic-Übersetzungen I-III* zur Höhe der Vergütung sich nicht äußerte, aber erkennen ließ, dass der Anwendungsbereich des § 36 a.F. eröffnet war (BGH GRUR 2004, 938), entschied der 29. Zivilsenat des OLG München die ersten zwei Fälle auch zur Höhe. Es judizierte im Anwendungsbereich des § 36 a.F., dass in den dortigen Fällen (OLG München ZUM 2003 684, 686) eine Vergütung zwischen 1% – 3% des Nettoladenverkaufspreises das Missverhältnis ausgleichen würde. Demgegenüber geht der 6. Senat desselben Gerichts davon aus, dass generell 1,5% des Nettoladenverkaufspreises ohne jegliche Staffel angemessen sind (OLG München ZUM 2003 684, 686 (6. Senat). Die ersten Urteile zur Übersetzervergütung nach § 32 fordern, dass im Regelfall bei literarischen Übersetzern eine Absatzvergütung angemessen ist (OLG München 6. Senat ZUM 2007,

308, 312 f.; LG München I ZUM 2006, 73, 77; LG Berlin ZUM 2006, 942, 945; *von Becker* ZUM 2007, 249, 251). Sollten sämtliche Rechte für die gesamte Dauer des Urheberrechtes – also regelmäßig bis zum Ablauf der Schutzfrist siebzig Jahre nach dem Tod des Übersetzer – übertragen worden sein, gewährleistet ein Pauschalhonorar nicht die angemessene Vergütung für die gesamte Vertragslaufzeit (OLG München 6. Senat ZUM 2007, 308, 312 f; ähnlich auf die Dauer der Nutzung abstellend: LG Berlin ZUM 2006, 942, 945). Weiterhin führte die nachträgliche Erhöhung des Pauschalhonorars zu einer unangemessen einseitigen Risikoverteilung zu Lasten des Verlages (LG Berlin ZUM 2005, 904, 908). **Berechnungsgrundlage** ist der Bruttoerlös abzüglich der Mehrwertsteuer, also der **Nettoladenverkaufspreis** (LG Berlin ZUM 2005, 904, 906; a.A. *Berger* GRUR 2003, 675, 687), da das Urheberrecht von einer Beteiligung an den Einnahmen, nicht von dem schwer überprüfbaren Gewinn ausgeht (*Wilhelm Nordemann*, § 32a Rn. 8). Bezüglich der konkreten **Höhe** des Absatzbeteiligung und einer etwaiger **Staffel** besteht jedoch alles andere als Einigkeit (für Staffel: OLG München (29. Senat) ZUM 2007, 142; LG München ZUM 2006, 159, 163; LG München ZUM 2006, 73, 78; LG Berlin ZUM 2005, 904, 906; gegen progressive Staffel: OLG München 6. Senat ZUM 2007 308, 316; ZUM-RD 2007, 166, 180; beides als angemessen beurteilt: LG Berlin ZUM-RD 2007, 194). In einigen Urteilen wird als angemessene Absatzbeteiligung auf OLG München ZUM 2003, 684, 685 f. (ZUM 2003, 970 ff.) verwiesen, dass in Bezug auf den alten Bestsellerparagrafen § 36 a.F. 2% am Nettoladenverkaufspreises als angemessen befunden hatte (OLG München ZUM-RD 2007, 166, 179; LG München ZUM 2006, 73, 78; kritisch zur Übernahme dieser Zahl ohne Prüfung *von Becker* ZUM 2007, 249, 252). Der 6. Senat des OLG München hält einen einheitlicher Satz von 1,5% für Hardcover und Taschenbuch ohne Progression für angemessen, da die Leistung des Übersetzers nicht ursächlich für den in steigenden Absatzzahlen sich ausdrückenden Erfolg des Buches sei. Dem häufig für eine progressive Beteiligung angeführten Argument, dass mit steigender Auflage der Fixkostenanteil des Verlages sinke, wird entgegengehalten, dass Verlage die Gewinne aus auflagenstarken Titeln benötigen, um die zahlreichen erfolglosen Werke querzusubventionieren (OLG München (6. Senat) ZUM 2007, 308, 316; für Berücksichtigung von Quersubventionierung *von Becker* ZUM 2007 249, 253). LG München ZUM 2006, 159, 163 hat seine Staffel in Anlehnung an die Staffelung der Gemeinsamen Vergütungsregel für Autoren der Belletristik entwickelt. Auch in Orientierung an derselben fand das LG Hamburg eine Absatzbeteiligung von 1% des Nettoladenverkaufspreises ab 50.000 Exemplaren für Hardcover und 0,5% ab 25.000 Exemplaren für angemessen (LG Hamburg ZUM 2006, 683, 686). Unklar ist auch, ob bei der Staffelung nach Taschenbuch und Hardcover unterschieden werden soll (dafür LG München (21.Zivilkammer) ZUM 2006, 164, 169; dagegen OLG München ZUM-RD 2007, 166, 179; ZUM 2007, 317, 328; besonders lesenswert zur Irrelevanz der Ausstattung des Werkes auf die Verbreitung: OLG München ZUM-RD 2007, 166, 179).

93   **ee) Anrechenbarkeit Normhonorar auf Absatzhonorar:** Auch bei der Anrechenbarkeit der Absatzvergütung auf das Pauschalhonorar besteht keine Einigkeit. Während das LG München I in 7. wie 21. Zivilkammer einmütig von einer Nichtanrechenbarkeit ausgeht, ohne dies gesondert zu begründen, begründet der 29. Senat des OLG München die Anrechenbarkeit des Pauschalhonorars zu Recht mit Erwägungen zur Risikoverteilung und einem Vergleich mit der Situation von Autoren: Es sei der gegenläufigen Interessenlage zwischen Verlag und Übersetzer nicht angemessen, den Übersetzer durch Pauschalhonorar sowohl des Risiko des schlechten Absatzes völlig zu entbinden als auch durch eine zusätzliche Absatzbeteiligung uneingeschränkt in den Genuss der Vorteile eine erfolgreichen Absatzes kommen zu lassen (OLG München (29. Senat) ZUM 2007, 142, 150). Dies käme zudem einer Besserstellung der Autoren gleich, die nach den Vergütungsregeln nur ein sog. Garantiehonorarmodell enthielte, bei der also eine Vorabvergütung als Vorschuss auf die endgültige Vergütung zu betrachten sei. Das LG Hamburg stellt darauf ab, dass eine zusätzliche Beteiligung des Übersetzers durch prozentuale Erlösbeteiligung erst ab einem Bereich, wo der Verlag seine Kosten erwirtschaftet habe und Gewinne erziele, angemessen sei, woraus es zu Recht eine Anrechenbarkeit folgert (LG Hamburg ZUM 2006, 683, 686).

ff) Nebenrechtsbeteiligung: Auch zur Nebenrechtsbeteiligung besteht Uneinig-   **94** keit: Beginnend bei 5% (LG Hamburg ZUM 2006, 683) über 10% (OLG München (6. Senat) ZUM-RD 2007, 308, 316) hin zu 25% (LG München I ZUM 2006, 73, 78; LG München I ZUM 2006, 154; LG München I ZUM 2006, 164; LG München I ZUM 2006, 159; LG München I ZUM 2006, 73; LG Berlin ZUM 2005, 901; LG Berlin ZUM 2005, 904, 906) und hälftige Aufteilung zwischen Autor und Verlag (OLG München 29. Senat ZUM 2007, 142 ff).

25% an dem Erlös der Nebenrechte wurden dem Urheber zugesprochen, da   **95** die vorteilhaftere Gewinnsituation des Beklagten infolge geringerer Investitionen einen höheren Anteil des Urhebers rechtfertige (LG Berlin ZUM 2005, 904, 906). Dabei bleibt durch den fehlenden Bezugspunkt des Komparativs „höheren Anteil" unklar, ob der Anteil lediglich absolut höher angesetzt werden soll oder größer sein soll als der Anteil des Verlages. Dass Verlage durch die Einnahmen aus den Nebenrechten ihre weniger umsatzstarken Produkte finanzieren und deshalb diese Einkommensquelle nicht allzu stark geschmälert werden dürfe (**Quersubventionierung**), anerkennen zu Recht hingegen OLG München (6. Senat) ZUM-RD 2007, 308, 316 wie LG Berlin ZUM 2006, 942, 946 (FormH 19.11.2001 UrhVG – BT-Drucks. 14/6433, S. 16 f.) und befanden 10% (OLG München (6. Senat) ZUM-RD 2007 308, 316) und sogar nur 5% (LG Berlin ZUM 2006, 942, 946) Absatzbeteiligung für angemessen.

Weiterhin weist *von Becker* zu Recht daraufhin, dass die deutschen Verlage   **96** dem ausländischen Lizenzgeber (sei es Verlag oder Autor) regelmäßig mehr als die Hälfte (60 – 70%) der Einnahmen auskehren müssen (*v. Becker* ZUM 2007, 249, 253). Vor diesem Hintergrund stellt es in der Tat eine Besserstellung des Übersetzers gegenüber dem Verlag da, ihm pauschal 25% zuzusprechen. Bei einem Rest von 20 – 30% der Einnahmen blieben dem Verlag bei 25% Beteiligung des Übersetzers nur 5%. In diesem Zusammenhang ist das Urteil des 29. Senats des OLG München zu setzen. Der 29. Senat hat auf die Nennung einer Prozentzahl verzichtet, sondern ausgeführt, dass die Erlöse aus der Verwertung von Nebenrechten an der Übersetzung einheitlich hälftig zwischen Verlag und Übersetzer zu teilen sind (OLG München 29. Senat ZUM 2007 142, 151). Der Autor erhält von denen nach Abzug der Zahlungen an den Autor bzw. Lizenzgebenden Verlag im Ausland verbleibenden Einkünfte, die ca. 30 – 40% der Gesamteinkünfte ausmachen, von diesen die Hälfte, also 15 – 20%. Es muss also deutlich weniger als die hälftige Teilung der Einkünfte nach Abzug der Lizenzabgaben angemessen sein, denn sonst ist nicht gewährleistet, dass der Verlag zumindest nicht weniger erhält als der Übersetzer.

97 f) **Computerprogrammierer:** Im Bereich der Computerprogramme gibt es keinerlei Übungen zur Vergütung, da die meisten Computerprogramme in komplexen Einzelprojekten erstellt werden, im Übrigen zumeist angestellte Urheber eingesetzt werden.

98 g) **Komponisten:**
–   Erfahrungsregeln über die Verwertung von Nutzungsrechten, herausgegeben vom Deutschen Musikverlegerverband e. V. Loseblatt, (– mehr für das sekundäre Urhebervertragsrecht)
–   Zwischen DMV und DKV ausgehandeltes Musikverlagsvertragsmuster (mit Empfehlungen für die Regelung in Bezug auf den GEMA-Verteilschlüssel, ohne Empfehlungen für konkrete Vergütung)

99 Bei der Vergütung im Rahmen von **Musikverlagsverträgen** unterscheidet man zwischen derjenigen des Urhebers für die Einräumung des Hauptrechtes und der Nebenrechte. Für einen **Titelautorenvertrag** eines normal bekannten Urhebers ohne Besonderheiten hat sich beim **Hauptrecht** eine prozentuale Beteiligung von 10% bis 15% des Nettodetailverkaufspreises eingespielt; zu beachten ist, dass eine bestimmte Anzahl Druckausgaben für Werbezwecke aus der Berechnung herausfallen (*Rossbach/Joos* FS Schricker S. 344; Moser/Scheuermann/*Lichte* S. 1001; Münchener Vertragshandbuch/*Wilhelm Nordemann* Formular IX.20). Bei den **Nebenrechten**, die regelmäßig vom Verleger nicht selbst wahrgenommen werden, hat sich eine Beteiligung von 50% an den Einnahmen des Verlegers eingespielt (*Rossbach/Joos* FS Schricker S. 351; Moser/Scheuermann/*Lichte* S. 1001 f.; Münchener Vertragshandbuch/*Wilhelm Nordemann* Formular IX.20). Hier ist allerdings zu beachten, dass für einige Nebenrechte Sonderregelungen üblich geworden sind. Dies betrifft insbesondere die Nebenrechte, bei denen der Verleger oder Dritte erhebliche Vorinvestitionen tätigen. Zu nennen ist an dieser Stelle zum Beispiel das Filmsynchronisationsrecht, bei dem *Lichte* die Höhe der vorweg abgezogenen Administrationsgebühr mit 5% bis 15% angibt (Moser/Scheuermann/*Lichte* S. 1002.). Im **Subverlagsbereich** gelten wiederum Besonderheiten (Moser/Scheuermann/*Lichte* S. 1077 f.). (Zu weiteren Details Loewenheim/*Czychowski* § 68 Rn. 40). Wie sich die Vergütung bei **Filmmusikverträgen** entwickelt, bleibt abzuwarten. Derzeit besteht die Vergütung – neben den GEMA-Einnamen – wegen des beschränkten Charakters des Vertrages, in der Regel in einer Pauschalabgeltung.

100 Die Vergütung für **Werbenutzung von Musik** orientiert sich i.d.R. am Media-Budget des einzelnen Spots und beträgt 1% bis 5% dieses Budgets. Wird das Musikwerk geändert, sind allerdings zusätzliche Pauschalsummen oder eine Erhöhung der prozentualen Beteiligung üblich. Soll sogar der Titel des Musikwerkes für das beworbene Produkt verwendet werden, ist ein Titelzuschlag durchaus im fünfstelligen Bereich üblich.

101 h) **Bühnenschaffende: Der Normalvertrag Bühne** (NV Bühne) vom 15.10.2002, aktuell in der Fassung vom 15.01.2006, bindend für alle öffentlich kommunalen und Landestheater, ersetzt seit dem 01.01.2003 insgesamt 19 Tarifverträge im Bühnenbereich. Er enthält Sonderregelungen für Solisten, Bühnentechnik, Chor und Tanz, Muster für berufsspezifische Arbeitsverträge sowie Nutzungsrechtseinräumungen des Theaterdramaturgen für Beiträge zu Programmheften oder zur Übertragung der Aufführung durch Bildschirm, Lautsprecher oder ähnliche technische Einrichtungen durch die Mitwirkenden einschließlich der Werbung für die Bühne (näheres bei Wandtke/Bullinger/*Wandtke*[2] Rn. 62 ff.). Im Januar 2006 wurde eine Zusatzvereinbarung bezüglich der Gagenhöhen geschlossen (beide Dokumente abrufbar auf www.mediafon.de unter Tarife; abgerufen am 11.09.2007).

Im **Bühnenvertriebs**vertrag erhält der Urheber in der Regel eine Vergütung, die **102** sich an den erzielten Einnahmen des Bühnenvertriebsunternehmens orientiert. Hier sind 15% bis 25% der Einnahmen die Regel. Näheres ergibt sich aus der in Bezug genommenen Regelsammlung Bühne (zu weiteren Details Loewenheim/*Czychowski* § 68 Rn. 40; Loewenheim/*Schlatter* § 72 Rn. 55 ff.). Zu Verträgen der **Autoren mit Bühnen** vgl. Rn. 64.

i) Film- und Fernsehfilmschaffende: aa) Bestehende Honorarregelungen: Die **103** Urheberseite hat mit einzelnen Verbänden der Filmwirtschaft über eine GemVergRegel im Rahmen ohnehin existierender Tarifvertragsgespräche verhandelt. Diese Gespräche wurden ausgesetzt (zum Stand der Verhandlungen vgl. § 36 Rn. 33). Es existieren aber Tarifverträge, allerdings ohne Regelungen der angemessenen Vergütung:
– dmfilm: Entgelttarifvertrag 2006
  FFS – Tarifvertrag für auf Produktionsdauer beschäftigte Film- und Fernsehschaffende – Manteltarifvertrag und Übergangstarifvertrag
  FFS: Tarifgebundene Filmproduktionen (Stand März 2007)
Abrufbar auf http://www.connexx-av.de/tarifvertraege_filmfernsehproduktion.php3?view=&si=1&lang=1; abgerufen 11.09.2007
– Richtlinien für die Projektfilmförderung nach §§ 24, 32, 63 FFG

bb) Kriterien der Honorarfestlegung bei Film- und Fernsehschaffenden: Die **104** Hauptpflicht des Filmherstellers zur Zahlung einer Vergütung kommt dieser i.d.R. als Pauschalbetrag oder aber in Form einer gestaffelten Vergütung mit Grund- und Wiederholungshonorar nach (hierzu Loewenheim/*Schwarz*/*Reber* § 74 Rn. 80 ff.). Dabei dürfte der Markt i.d.R. nicht mehr als 1% – 5% des Gesamtbudgets eines Kinofilms für alle Rechteeinholungen hergeben (Loewenheim/*Schwarz*/*Reber* § 74 Rn. 80 sprechen von 3,5% – 5% des Gesamtbudgets bei Fernsehproduktionen; *Haupt*/*Flisak* KUR 2003, 41, 46 differenzieren zwischen Drehbuchautoren und Regisseuren). Interessant ist, dass die o.g. Richtlinien bei höheren Herstellungskosten durchaus niedrigere Beteiligungssätze annehmen, auch wenn möglicherweise bei aufwendigeren Filmen höhere Einnahmen erzielbar sind (zur Redlichkeit der Vergütung im Film- und Fernsehbereich *Reber* GRUR 2003, 393 ff.). Es begegnet keinen Bedenken des OLG Köln, dass für eine Kamerafrau ein **Pauschalhonorar** von € 15.000,00 vereinbart worden ist und dieses nach dem **von der Filmförderung beeinflussten Budget berechnet** worden ist (OLG Köln GRUR-RR 2005, 337, 339 – *Dokumentarfilm Massaker*).

j) Ausübende Künstler: Anders stellt sich die Lage für **ausübende Künstler** dar: **105** Die Vergütung erfolgt i.d.R. als Beteiligung am **Umsatz.** Dabei spielt als Ausgangspunkt der sogenannte Händlerabgabepreis, also der im Rahmen von Verkaufslisten festgestellte Preis, zu dem die Tonträgerfirma den Tonträger an Händler abgibt, die entscheidende Rolle. Ausgehend von dieser Basis wird die Vergütung bei den verschiedenen Sachverhalten reduziert, insbesondere für retournierte Tonträger. Bei sog. **Bandübernahmeverträgen**, also Verträgen, bei denen die Künstler die Tonaufnahme auf eigenes wirtschaftliches Risiko zunächst selber fertigen, erfolgt die Vergütung, ebenso wie im **Künstlervertrag**, in der Regel als Umsatzbeteiligung, wobei auch hier die oben dargestellten Berechnungsgrundlagen und Abzüge gelten. Anders als im Künstlervertrag ist es beim Bandübernahmevertrag allerdings üblich, einen Vorschuss an den wirtschaftlichen Produzenten zu zahlen, der auch nicht rückzahlbar ist (zu den Üblichkeiten in diesem gesamten Bereich Loewenheim/ *Rossbach* § 69 Rn. 30 ff., 53 ff. und 65 ff.). Niemals Vertragsgegenstand sind bei derartigen Verträgen natürlich die entsprechenden Nutzungsrechte des Komponisten, also die mechanischen Vervielfältigungsrechte; diese sind gesondert über die GEMA einzuholen.

106 **k) Bildende Künstler, Architekten, Illustratoren, Comiczeichner:** Das „Vertragswerk Bildende Kunst" der Verwertungsgesellschaft Bild-Kunst, Tarife (zu beziehen über die Fachgruppe Bildende Kunst, 10112 Berlin, kunst@verdi.de, FAX 030.6956–3656, im Internet unter http://www.bildkunst.de, abgerufen am 11.09.2007 enthält Ausstellungsverträge (digital/analog), Ateliermiet- und Galerievertrag, Kaufvertrag (digital/analog), Kunstmietvertrag, Vertrag Nutzung digitaler Werke im Internet. Die bildenden Künstler erhalten ihre Vergütung i.d.R. als Auftragshonorar oder über die Folgerechtseinnahmen (vgl. § 26). Darüber hinaus vergibt die VG Bild-Kunst auch im primären Urhebervertragsrecht einzelne Nutzungsrechte, so bestimmte Reproduktionsrechte oder Senderechte; zu Details vgl. http://www.bildkunst.de, abgerufen am 13.11.2005 (zur vertraglichen Vergütungssituation Loewenheim/*Schulze* § 70 Rn. 59 ff.). Für **Architekten** gilt zunächst die HOAI, die Mindest- und Höchstgrenzen (§ 4 HOAI) der Vergütung enthält und insofern § 32 vorgeht. Außerhalb des Anwendungsbereichs der HOAI kann der Architekt aber Vergütungen für die Einräumung von Nutzungsrechten frei vereinbaren (Loewenheim/*Gernot Schulze* § 71 Rn. 80). Zur Höhe derartiger Vergütungen gibt es aber bislang soweit ersichtlich keine Praxis.

107 Im Bereich der Illustratoren muss man wohl zwischen den verlagsgebundenen Illustrationen (hier behandelt) und den freien Designern (vgl. Rn. 108 f.), die nicht ihre Illustrationen um ihrer selbst willen z.B. in Büchern veröffentlichen (lassen), sondern z.B. als Werbedesigner für Unternehmen arbeiten, unterscheiden. Der **ICOM-Ratgeber für die Bereiche Comic, Cartoon und Illustration,** (herausgegeben Christof Ruoss im Auftrag des Interessenverbandes Comic e.V (ICOM), 3. akt. Aufl., Stuttgart: ICOM 2002, ISBN 3–88834–922–2; bestellbar unter http://icom.independentshop.de) enthält eine aktuelle Honorarübersicht für **Illustratoren/Comic-Zeichner/Karikaturisten** aus Sicht der Urheber, Beispielverträge für Verlags-, Werk- und Kooperationsverträge, Grundinformationen zu den Bereichen Steuern, Urheberrecht, Betriebskosten und Verträge sowie Link- und Literaturlisten. Die Vergütung derartiger verlagsvertragsähnlicher Verträge (im Detail zu ihnen vgl. Vor 31 ff. Rn. 390 ff.) erfolgt über eine Beteiligung am gebundenen Ladenpreis (z.B. BuchpreisbindungsG), ansonsten am Abgabepreis. Bei Beteiligung am Ladenpreis erhalten alle Urheber bei Büchern in der Regel zusammen 10% Beteiligung, und es muss im Einzelfall ermittelt werden, welchen Anteil die Illustration daran hat. Der AGD-Tarifvertrag (vgl. Rn. 108) erlaubt darüber hinaus auch eine Pauschalvergütung (S. 48 ff.).

108 **l) Designer:**
– Vergütungstarifvertrag für Designleistungen vom 24.03.2006 zwischen der Allianz Deutscher Designer e.V. und SDSt (für arbeitnehmerähnliche Designer), gültig ab 01.03.2002, im Internet unter, abgerufen am, kostenpflichtig zu beziehen über den Onlineshop auf http://www.agd.de oder die Allianz deutscher Designer (AGD) e. V. Steinstraße 3, 38100 Braunschweig, ältere Fassung auszugsweise abgedruckt in den Beck-Texten im DTV, Urheber- und Verlagsrecht

– Honorare und Konditionen im Designbereich [Bund Deutscher Grafik-Designer] (Eigenpublikation des Bund Deutscher Grafik-Designer)
– Betz, Formulierungsvorschlag Vertragsmuster mit Rahmenbedingungen im Bereich Industriedesign des Verbandes Deutscher Industrie Designer (VDID), Berlin, erhältlich über www.vdid.de;
– Etat-Kalkulator 200/2008 zur konzeptionellen Ermittlung des Werbeetats und überschlägigen Werbekostenberechnung, erschienen im creativ collection Verlag GmbH, Basler Landstraße 61, 79111 Freiburg (www.ccvision.de), allerdings ausdrücklich ohne Inanspruchnahme eines Richtpreischarakters, jedoch unter Angabe verschiedenster namhafter Quellen der Werbebranche.

Die Vergütung orientiert sich bei (**Kommunikations-)Designverträgen**, neben **109** der Honorierung für die Werkleistung, ebenso wie bei dem Entwurf, an der Üblichkeit, die sich etwa aus den Honorarempfehlungen des BDG oder dem Vergütungstarifvertrag der AGD ergibt. Diese arbeiten mit einem **Faktorensystem**, das sich danach richtet, wie hoch der Aufwand für das Design war und wie das Design räumlich, zeitlich und inhaltlich genutzt werden soll. Die Honorarsätze gehen von einem Basisentwurfshonorar pro Stunde aus, auf das je nach Art und Umfang der Nutzung noch eine Nutzungsvergütung zwischen 50 und 600 Prozent aufgeschlagen wird. Im Bereich der räumlichen Nutzungsvergütung scheinen lokale, regionale, nationale, europaweite und weltweite Aufspaltungen üblich. Zeitlich unterteilt sich die Nutzung in drei Monate, 1 Jahr, 5 Jahre, 10 Jahre und eine unbegrenzte Nutzung. Inhaltlich differenziert die AGD lediglich zwischen einer einfachen (geringen, mittel oder umfangreichen) oder ausschließlichen Nutzung, die allerdings wiederum unterteilt ist in „inklusive Weitergabe von Nutzungsrechten an Dritten" oder „ohne Weitergabe von Nutzungsrechten an Dritte" sowie schließlich „mit Branchenexlusivität für fünf Jahre" (im Einzelnen: Vergütungstarifvertrag SDSt/AGD Tafeln I und II). Das Tarifwerk der AGD wurde mehrfach vor Einführung des § 32 als übliche Vergütung im Rahmen der §§ 631 ff. BGB aber auch § 97 UrhG gerichtlich anerkannt (OLG Hamm GRUR-RR 2003, 124 – *Werbepostkarten*; OLG Frankfurt NJW-RR 1997, 120). Eine GemVergRegel ist der Vergütungstarifvertrag aber nicht (so auch LG Stuttgart Beschluss vom 02.11.2007 – 17 O 734/05). Auch werden Bedenken erhoben, ob die Nutzungsvergütung als Aufschlag von 50% bis 600% auf die Entwurfsvergütung realistisch ist, weil üblicherweise der durchschnittliche Anteil der Nutzungsvergütung an der Gesamtvergütung nur 35% betrage (*Maaßen*, Designers' Calculator[2], S. 66). In der vorgenannten Entscheidung hat das OLG Hamm – nach Einholung eines Sachverständigengutachtens – nur einen Aufschlag von 80% toleriert (OLG Hamm GRUR-RR 2003, 124 – *Werbepostkarten*). Im Bereich **Industrie- und Produktdesign** ist dies anders; hier wird neben einem aufwandsbezogenen Entwurfshonorar eine Beteiligung am Endverkaufspreis ab Lager (Nettofabrikverkaufspreis ohne Kosten für Transport, Verpackung, Versicherung und Mwst.) gezahlt; so z.B. § 3 Mustervertrag des VDID; genauso AGD-Tarifvertrag 2006, S. 132, der 1,5% bis 10%, teilweise auch mehr, als Satz angibt, allerdings auch eine Einmalvergütung berechnet nach Nutzungsumfang zulässt. Auftraggeber aus der Möbelindustrie berichten von Beteiligungsvergütungen zusätzlich zu einmaligen Entwurfsvergütungen von 0,9% bis 6%, für durchschnittliche Modelle meistens 1,5%, für erfolgreichere Produkte meistens 3%. Zudem besteht im Bereich der angewandten Kunst das Dilemma, dass ein Großteil der grafischen Leistungen urheberrechtlich gemeinfrei sein dürfte, da sie nicht die **strengen Anforderungen** der Rechtsprechung an die **Schöpfungshöhe** erfüllen (vgl. § 2 Rn. 146 ff.). Daher werden viele Klagen nach § 32 an diesem Kriterium scheitern (LG Stuttgart Beschluss vom 02.11.2007, 17 O 734/05).

110 m) **Fotografen:** – Bildhonorare 2007 – Marktübersicht der üblichen Vergütungen für Bildnutzungsrechte, herausgegeben von der Mittelstandsgemeinschaft Foto- Marketing (MFM), zu beziehen bei Bundesverband der Pressebildagenturen (BVPA), Lietzenburger Straße 91, 10719 Berlin, Tel.: 030/324 99 17, Fax: 030/324 70 01; E-Mail: info@bvpa.org; zusammen mit „Der Bildermarkt"; Auszüge sind wiedergegeben auf www.mediafon.de in der Rubrik Empfehlungen; abgerufen am 11.09.2007.
  – Vertragshandbuch des BFF Bund Freischaffender Foto-Designer e.V., Tuttlinger Straße 95, D-70619 Stuttgart
  – Vergütungstarifvertrag für Designleistungen vom 05.03.1998 (zugl. auch als Vergütungsempfehlung verwendbar), s.o. Tarifverträge;
  – Verwertungsgesellschaft Bild-Kunst, Tarife, zu beziehen über die VG Bild-Kunst, Poppelsdorfer Allee 43, 53115 Bonn oder im Internet unter http://www.bildkunst.de, abgerufen am 13.11.2005

111 Die Vertragspraxis zwischen Fotografen und ihren Nutzern unterscheidet mehrere Typen: Die Auftragsproduktion, den Bildagenturvertrag und den fotografischen Kunstverlag. Der **Bildagenturvertrag** teilt normalerweise zwischen der Bildagentur und dem Fotografen hälftig die erlangten Einnahmen der Agentur (Loewenheim/*Axel Nordemann* § 73 Rn. 8). Die Höhe der von der Bildagentur mindestens zu verlangenden Honorare kann man im vorhinein vertraglich fast nie fixieren; jedoch bieten die **Honorarempfehlungen der Mittelstandsgemeinschaft Foto-Marketing** Anhaltspunkte dafür, welches Honorar bei der Verwertung einer Fotografie durch eine Bildagentur im Normalfall erzielt wird, so dass in den Bildagenturvertrag auch eine Klausel aufgenommen werden kann, dass die Bildagentur mindestens die sich aus den MFM-Empfehlungen ergebenden Honorare verlangen muss (Einzelheiten hierzu sind erläutert bei Loewenheim/*Axel Nordemann* § 73 Rn. 9). Erhält ein Fotograf von einem Verwerter einen mehr oder weniger fest umrissenen Auftrag, bestimmte Fotografien oder eine Fotografien-Serie anzufertigen, spricht man von einer Auftragsproduktion. Solche **Auftragsproduktionen** betreffen in erster Linie Reportagen für den Bereich der Presse, aber auch Werbefotografien oder das Erstellen ganzer Werbeprospekte. Hauptsächlich in diesem Bereich tätige Fotografen bezeichnen sich i.d.R. als „Foto-Designer" und haben sich im „Bund freischaffender Foto-Designer" zusammengeschlossen, der auch unverbindliche Empfehlungen allgemeiner Geschäftsbedingungen für seine Mitglieder herausgibt. Nach der Rechtsprechung des BGH muss allerdings bei substantiiertem Bestreiten der Angemessenheit der sich daraus ergebenden Tarife ein Sachverständiger eingeschaltet werden (BGH GRUR 2006, 136, 138 – *Pressefotos*). Ansonsten, z.B. bei lediglich einfachem Bestreiten mit Nichtwissen ohne Angebot eines Gegenbeweises, sollte es allerdings möglich sein, die MFM-Bildhonorare auch ohne Zwischenschaltung eines Sachverständigen als angemessen heranzuziehen (LG Berlin ZUM 1998, 673, 674 unter Bezug auf LG Düsseldorf GRUR 1993, 664, – *Urheberbenennung bei Foto*; *Jan Bernd Nordemann* ZUM 1998, 642, 644; von BGH GRUR 2006, 136, 138 – *Pressefotos* nicht entschiedene Konstellation). Je nach Foto kommen überdies die Tarife der VG Bild-Kunst oder die Tarife Fotodesign aus dem Tarifvertrag AGB/SDSt (vgl. Rn. 109) als Anhaltspunkte in Betracht.

n) Internet: Das Internet hat eine ganze Palette neuer Nutzungsmöglichkeiten **112**
geschaffen. Verträge, die einen urheberrechtlichen Bezug haben und bei denen
§ 32 eine Rolle spielen könnte, dürften der Vertrag über die **Erstellung einer**
Website oder allgemein eines **Screendesigns** sein (zu diesem Vertrag Bröcker/
Czychowski/Schäfer § 13 Rn. 329 ff.) oder Verträge über das **Herauf- oder**
Herunterladen von Daten (dazu Bröcker/*Czychowski*/Schäfer § 13 Rn. 270 ff.
und 285 ff.). Während erstere sich wohl am ehesten an den Bedingungen der
oben beschriebenen Verträge über Designleistungen (vgl. Rn. 111) orientieren
(zur Auswirkung der §§ 32, 32a auf Website-Verträge auch *Lober* K&R 2002,
526 ff.), dürfte letztere selten den Bereich des primären Urhebervertragsrechts
berühren und daher für § 32 nicht relevant sein. Eine jährlich aktualisierte
Honorarübersicht für das schnelllebige Marktsegment der „interaktiven Produktion" stellt die Redaktion des Brancheninformationsdienstes iBusiness
(HighText-Verlag) zusammen (mehr Informationen unter www.mediafon.de/
Geld&mehr). Inwiefern eine **Online-Datenbank-Nutzung** z.B. eines im Übrigen **gedruckt vertriebenen Buches** – was gerade bei wissenschaftlichen Publikationen verstärkt vorkommt – nach den Regeln der Hauptrechts vergütet
wird oder aber als Nebenrecht abgegolten wird, ist offen. Eigentlich passen
beide Vergütungsformen nicht, da sie an einen direkt dem Werk zuzuordnen-
den Umsatz anknüpfen, den es bei mit Pauschalen abgerechneten Online-Datenbanken in der Regel gerade nicht gibt. Für den Fall dass es eine Möglichkeit
gibt, den Umsatz werkbezogen zu erfassen, ist eine Abrechnung dem Hauptrecht entsprechend angemessener. Im Übrigen spricht viel dafür, eine gesonderte Vergütung, die entweder nutzungsabhängig ist oder pauschal erfolgt, –
also weder auf die Vergütung des Hauptrechts noch auf eine Nebenrechtsbeteiligung Bezug nimmt – für angemessen zu halten. In jedem Fall dürften
Konvertierungskosten vorab abzugsfähig sein. Für den Fall der Nutzung durch
Dritte im Wege der Lizenzvergabe dürften die allgemeinen Beteiligungen für
Nebenrechte greifen, hingegen nicht bei Nutzung im Konzern, da sonst die
Missbrauchsmöglichkeit zu groß ist.

o) Optionsvertrag: Auch wenn es sich beim Optionsvertrag nicht um einen **113**
Vertrag einer eigenen Werkart handelt, spielt er doch im Urhebervertragsrecht
eine große Rolle (vgl. Vor §§ 31 ff. Rn. 311 ff.) und kommt im Grunde genommen bei allen Werkarten vor. Für den Optionsvertrag gelten in Bezug auf
§ 32 keine Besonderheiten. Solange er als reiner Optionsvertrag noch keine
Möglichkeit der Werknutzung eröffnet, ist er dem Anwendungsbereich des
§ 32 entzogen. Soweit sie hingegen als qualifizierte Option (BGHZ 22, 374)
bereits Nutzungen gestatten, kann anderes gelten (Schricker/*Schricker*[3]
Rn. 15). Ob ein für die Option gewährtes Entgelt seinerseits den Regelungen
des § 32 unterfällt, erscheint uns eher zweifelhaft, denn das Entgelt wird nicht
für die Einräumung von Nutzungsrechten gezahlt, sondern für die Enthaltung
von der Einräumung gegenüber Dritten.

III. Vertragsrecht: Optionen der Vertragsgestaltung

1. Zwingende Anwendbarkeit (Abs. 3)

Die Regelungen des § 32 Abs. 1 und Abs. 2 sind zwingend. Durch die Geset- **114**
zesfassung, dass der Vertragspartner sich auf abweichende Vereinbarungen
nicht berufen kann, ist festgestellt worden, dass der Nutzungsvertrag mit
sonstigen Rechten und Pflichten wirksam bleibt. Dies gilt auch für Umge-
hungsgeschäfte, sowohl in inhaltlicher Hinsicht (§ 32 Abs. 3 S. 1 und 2), als

auch in internationaler Hinsicht (§ 32b). Allerdings bleiben Vergleiche zulässig, wohl aber erst ab Rechtshängigkeit der Ansprüche.

2. Pauschalhonorare

115 Es sind Situationen denkbar, in denen das Interesse des Urhebers, an der Nutzung seines Werkes fortlaufend beteiligt zu werden, in aller Regel so gering ist, dass es gegenüber dem Interesse des Verwerters, mit einer Einmalzahlung den Aufwand der fortlaufenden Abrechnungen zu beseitigen, nicht mehr ins Gewicht fällt. Ebenso denkbar sind Fälle, in denen eine Beteiligung gerade dem Interesse des Urhebers zuwiderlaufen würde. In einzelnen Branchen wurde in der Vergangenheit ein großer Umfang von ausschließlichen Nutzungsrechten gegen Zahlung eines einmaligen **Pauschalhonorars** eingeräumt. Derartige Pauschalhonorare werden unter Geltung des neuen § 32 nicht per se unangemessen sein (so auch LG Berlin ZUM 2005, 901, 903; LG München I ZUM 2006, 159). Voraussetzung ist nur, dass sie sich – bewertet anhand der Kriterien des § 32 (vgl. Rn. 45 ff.) – als angemessen erweisen.

116 Die Formulierungshilfe vom 14.01.2002 nennt als Beispiele Festbeträge bei Sammelwerken im Verlagsbereich oder der Werbewirtschaft (FormH 14.01.2001 UrhVG – BT-Drucks. 14/6433, S. 16), ohne dass dies aber losgelöst von der Angemessenheit in diesen Bereichen immer der Fall wäre. In der Rechtsprechung gehen die ersten Entscheidungen davon aus, dass ein Pauschalhonorar i.d.R. unangemessen ist, wenn ein Werk fortlaufend gegen Entgelt für den Nutzenden genutzt wird, es sei denn, dass besondere Gründe für die Vereinbarung eine Pauschalhonorars vorliegen (LG München I ZUM 2006, 73, 77; LG München I ZUM 2006, 159, 162; OLG München (29. Senat) ZUM 2007, 142, 147). Dies kann so allgemein nicht gelten; vielmehr wird es auch bei solchen Verträgen auf die Höhe der Vergütung ankommen (ebenso *Erdmann* GRUR 2002, 923, 927).

117 *Wilhelm Nordemann* nennt als Beispiele für Pauschalhonorare die nur wenige Seiten umfassenden Beiträge eines Wissenschaftlers zu einigen Stichwörtern eines Konversationslexikons, oder das von einem Bildjournalisten stammende Foto, das in einem Bildband wiedergegeben wird, selbst wenn dies an prominenter Stelle – etwa auf dem *cover* – geschieht (*ders.*, Urhebervertragsrecht, § 32 Rn. 28 ff.). Fallkonstellationen, in denen **Pauschalhonorare angemessen** sein können sind daher in jedem Fall: Werke, die gegenüber anderen Werken untergeordnete Bedeutung haben: Titelbildillustration; Werken die einem anderen Zweck als dem Werkgenuss dienen (Werbung); die erhöhte Praktikabilität von Pauschalen bei einer Vielzahl von Urhebern (LG München I Urt. v. 15.12.2005 S.16). Entsprechendes dürfte gelten bei Filmwerken für die Kleindarsteller, die Mitwirkenden an Massenszenen und für die Regie-, Kamera- und sonstigen Assistenten, nicht dagegen etwa für Künstlergruppen im Sinne des § 80, weil diese von ihren Vorständen bzw. Leitern vertreten werden (*Wilhelm Nordemann*, Urhebervertragsrecht, § 32 Rn. 29). Allerdings wird generell gelten, dass auch Pauschalhonorare möglich sind, solange sie eben nur angemessen hoch sind und eine § 11 Abs. 2 entsprechende Beteiligung an der Nutzung darstellen. Sollte die Nutzung wider Erwarten doch besondern erfolgreich verlaufen, muss § 32a als Korrektiv genügen.

118 Die sog. reinen **Buyout-Verträge**, die für ein einmaliges Pauschalentgelt umfassend nahezu alle Nutzungsrechte in allen Nutzungsarten dem Verwerter einräumen, sind nach Meinung einiger per se unangemessen (so allg. *Wilhelm*

Nordemann, Urhebervertragsrecht, § 32 Rn. 27), wenn sie bei der üblichen Nutzungsintensität zu einer umgerechneten Beteiligung führen, die unangemessen ist. Denn dann berücksichtigen sie nicht hinreichend das Beteiligungsprinzip, das von der Rechtsprechung entwickelt noch einmal ausdrücklich in die Gesetzesbegründung aufgenommen wurde (RegE UrhVG – BT-Drucks. 14/6433, S. 14 unter Verweis auf RGZ 128, 102, 113 – *Schlagerliederbuch*; RGZ 134, 198, 201 – *Schallplattenrechte*). Tatsächlich wird man auch diese Buyout-Honorare an den oben ausführlich dargestellten Kriterien messen müssen (so auch *Schack*[4] Rn. 967)

3. Beteiligung

Gegenüber Pauschalabgeltungen stellt sich bei einer Vergütung über eine **119** **Beteiligung** die Frage der Angemessenheit in sehr viel geringerem Umfang. Hier ist allerdings zu fragen, ob das Zusammenspiel von Bezugsgröße der Beteiligung, Höhe der Beteiligung und etwaige weitere Faktoren der Vergütungsbemessung (Reduktionen bei besonderen Nutzungsformen) angemessen sind. Im Verlagsbereich hat sich bei belletristischen Werken eine Beteiligung von 10% am Nettoladenverkaufspreis eingeübt (im Detail zur Verlagsbranche vgl. Rn. 60 ff.); hieraus wurde zum Teil eine allgemeine Übung der Beteiligung von 10% angeleitet (ausführlich zur Historie und zur Reichweite der **weit verbreiteten „10%"-Beteiligung** *Schricker* GRUR 2002, 737; Schricker/*Schricker*[3] Rn. 34).

4. Kopplungen

Natürlich sind **Koppelungen von Pauschal- und Beteiligungszahlungen** ebenso **120** denkbar, manchmal sogar besonders sinnvoll. Dies kann dann der Fall sein, wenn man zwar von einer dauerhaften Nutzung ausgeht, diese aber in den ersten Stufen der Nutzung relativ wenig abwerfen wird. Dann können Pauschalen z.B. für die erste Auflage angemessen sein, für Folgeauflagen aber Beteiligungen angezeigt sein.

5. Nebenbestimmungen

Hingegen sind u.E. sämtliche **Nebenbestimmungen,** die keine unmittelbare **121** Auswirkung auf die Vergütung haben, dem Anwendungsbereich des § 32 entzogen. So wird z.T. in den veröffentlichten ersten Fällen (z.B. LG Berlin Urteile vom 27.09.2005 – 16 O 795/04, und ZUM 2006, 942, und 27.07.2006 – 16 O 812/04) eine **jährliche Honorarabrechnung** gefordert oder der Kläger macht eine **Akontozahlung** geltend (z.B. LG Berlin Urteile vom 27.09.2005 – 16 O 795/04, und ZUM 2006, 942, und 27.07.2006 – 16 O 812/04). § 32 greift in solchen Fällen nicht. Denn § 32 UrhG enthält einen Anspruch hinsichtlich des „Ob" und des „Wieviel" einer Vergütung, nicht aber hinsichtlich des „Wie", also der Zahlungsmodalitäten. Etwas anderes kann nur gelten, wenn z. B. durch langfristige Fälligkeiten (etwa Abrechnung nur alle 5 Jahre) auch die Höhe der Vergütung indirekt betroffen ist. Weder war die richterliche Festsetzung von Verlagsverträgen Ziel des Urhebervertragsgesetzes, noch ist es Aufgabe der Gerichte, die Verträge zwischen Übersetzern und Verlagen zu formulieren. Dies zeigt sich bereit anhand eines einfachen Umkehrschlusses aus § 14c Abs. 1 S. 1 UrhWahrnG. Denn einzig im UrhWahrnG kennt das deutsche Urheberrecht die Aufgabe für einen richterlichen Spruchkörper, einen Vertrag zu formulieren. Nur in den Streitfällen des § 14 Abs. 1 Ziffer 1 b

UrhWahrnG darf der Spruchkörper gem. § 14c Abs. 1 UrhWahrnG einen Vertrag formulieren, also bei Streitfällen über Gesamtverträge, an denen eine VG beteiligt ist. Die Gerichte haben es entsprechend abgelehnt, den Inhalt eines Vertrages anzupassen, soweit diese nicht von dem Änderungsanspruch des § 32 Abs. 1 Satz 3 gedeckt waren. Ausschließlich solche Vertragsklauseln, die Einfluss auf die Vergütungshöhe haben, werden vom Gericht angepasst. Nicht dazu gehören vorhandene Abrechnungs- und Zahlungsmodalitäten, Bucheinsichts- und Prüfungsrecht (LG Hamburg ZUM 2006, 683, 687). Sollte jedoch einer Vertragsanpassung um einen zusätzlichen Vergütungsanspruch wie einer vorher nicht vereinbarten Absatzbeteiligung stattgegeben werden, sind diesbezüglich **fehlende Klauseln** wie **Abrechnungs- und Fälligkeitsklauseln** ebenfalls zu ergänzen und möglichst im Klageantrag schon vorzuformulieren (so in LG Berlin ZUM 2005, 904, 907). LG München I ZUM 2006, 73, 78 entnahm die zu ergänzenden Abrechnungs- und Zahlungsmodalitäten der GemVergRegel für Autoren belletristischer Werke.

6.   Keine Vergütung

122 Die Gesetzesbegründung erwähnt schließlich zu Recht, dass es in Ausnahmefällen angemessen sein kann, dem Urheber oder sonstigen Berechtigten **überhaupt keine Vergütung** für seine kreative Leistung zu gewähren. Der klassische Anwendungsfall dürfte der Bereich des Drucks von Büchern mit Druckkostenzuschüssen sein (RegE UrhVG – BT-Drucks. 14/6433, S. 14 f.), also z.B. Dissertationen (zum Verhältnis zu § 22 VerlG vgl. Rn. 62). Dabei geht es i.a.R. um Werke oder Leistungen, die für den Verwerter bei eigener Übernahme des Risikos wirtschaftlich gänzlich uninteressant wären. Demgegenüber hat der Urheber oder ausübende Künstler aber an einer Verwertung (in der Regel Einmalnutzung) ein erhebliches (meist immatrielles) Interesse. In diesem Bereich dürfte auch die Liebhaberei fallen, wie die oben bereits erwähnte Primadonna, die ihren Gesang unbedingt an den Hörer bringen will. Der Rechtsausschuss (BeschlE RAusschuss UrhVG – BT-Drucks. 14/8058, S. 18) erwähnt ehrenamtliche Tätigkeiten zu gemeinnützigen Zwecken, für die der Schöpfer keine Vergütung erwartet. Einen **Sonderfall der vergütungsfreien Nutzung** betrifft die sog. Linux-Klausel in § **32 Abs. 3 S. 3**, wonach der Urheber unentgeltlich ein einfaches Nutzungsrecht an jedermann einräumen kann (vgl. Rn. 123).

7.   Unentgeltliches einfaches Nutzungsrecht für jedermann (§ 32 Abs. 3 Satz 3)

123 § 32 Abs. 3 S. 3 gestattet die Einräumung eines unentgeltlichen einfachen Nutzungsrechts für jedermann. Diese Formulierung wird zum Teil als verunglückt bzw. überflüssig kritisiert (*Wilhelm Nordemann*, Urhebervertragsrecht, § 32 Rn. 42), denn die Einräumung eines einfachen Nutzungsrechts erfolge an jedermann nicht durch Vereinbarung, sondern durch ein einseitiges, öffentliches Angebot des Urhebers oder ausübenden Künstlers. Den Hintergrund der Formulierung nennt der Bericht des Rechtsausschusses selbst: Die z.B. von Linux gebotene Möglichkeit der freien Verwertung sogenannter open-source-Software (BeschlE RAusschuss UrhVG – BT-Drucks. 14/8058, S. 19). Zu den urheberrechtlichen Fragen bei Open-Source-Software und der Zulässigkeit derartiger Verpflichtung zu entgeltfreier Rechteeinräumungen vgl. Nach § 69c.

IV. ABG-Recht

§ 32 nimmt eine **Inhaltskontrolle des Einzelvertrages** (bei der Vergütung!) vor **124** (*Erdmann* GRUR 2002, 923, 925: objektive Inhaltskontrolle; Schricker/*Schricker*[3] Rn. 1); – eine Situation, die das AGB-Recht nicht kennt; zur AGB-rechtlichen Problematik vgl. § 11 Rn. 8 und vgl. Vor §§ 31 ff. Rn. 192 ff. Das AGB-Recht nimmt gerade keine Kontrolle der Vergütungshöhe vor (vgl. § 11 Rn. 8). Da der Anspruch nach § 32 zwingend ist (vgl. Rn. 114 und § 32b) scheidet auch jedwede vertragliche Änderung im Rahmen von AGB erst recht aus (i.E. ebenso *Berger* ZUM 2003, 521, 529). Dies betrifft nicht nur die Höhe der Vergütung, die als Regelung der Hauptleistung ohnehin dem AGB-Recht entzogen ist (vgl. § 11 Rn. 8 m.w.N.), sondern auch alle sonstigen denkbaren Regelungen, wie Fälligkeit oder Verjährung. Denkbar ist aber, dass der Lizenznehmer in einem sekundären Urhebervertrag, in dem § 32 ja nicht gilt (vgl. Rn. 17), Rückgriffsansprüche des Lizenzgebers ausschließt.

V. Prozessuales

1. Anspruchsziele

Hat der Berechtigte eigenständig genügend Informationen gesammelt oder hat **125** ihm der Vertragspartner diese gegeben, kann er vom Vertragspartner im Falle des § 32 Abs. 1 S. 3 eine **Vertragsänderung** verlangen. Diese sollte, muss aber nicht schriftlich vorgenommen werden. Sie war bereits aus § 36 a.F. bekannt. Eine solche Vertragsänderung reicht unzweifelhaft in die Vergangenheit und wirkt anders als bei § 36 a. F. ab Vertragsschluss (Dreier/Schulze/*Schulze*[2] Rn. 28; Wandtke/Bullinger/*Wandtke/Grunert*[2] Rn. 19).

Widersetzt sich der Vertragspartner diesem Verlangen, kann der Berechtigte **126** ihn – wie bei allen Dauerschuldverhältnissen, bei denen es um eine angemessene Gegenleistung über die Gesamtlaufzeit des Vertrages geht – auf **Einwilligung in die Änderung des Vertrages** (vollstreckbar nach § 894 ZPO) **verklagen**; sind nicht genügend Informationen vorhanden, muss ggfs **Auskunft** und Vertragsänderung in einer Stufenklage verbunden werden. Wie schon in der Rechtsprechung zu § 36 a.F. bisher anerkannt war, kann die Klage auf Vertragsänderung auch zugleich mit der **Zahlungs**klage verbunden werden (LG Berlin ZUM 2005, 904, 906). Sie muss es, wenn und soweit alle notwendigen Informationen vorliegen.

Soweit sich aufgrund dieser Änderung ergibt, dass Zahlungsansprüche bereits **127** **fällig** sind, kann der Berechtigte auch direkte **Zahlung** verlangen (BeschlE RAusschuss UrhVG – BT-Drucks. 14/8058, S. 18 unter Verweis auf BGH GRUR 1991, 901 – *Horoskop-Kalender*).

2. Auskunftsanspruch im Vorfeld der Klage

Sofern der Berechtigte unverschuldet über Bestand oder Umfang seines Rechts **128** im Ungewissen ist, der Verpflichtete aber unschwer Auskunft geben kann, billigt die Rechtsprechung dem Urheber mittlerweile einen **gewohnheitsrechtlich anerkannten Auskunftsanspruch** zu (st. Rspr. RGZ 108, 1; BGHZ 125, 322, 329 – *Cartier-Armreif*). Aufgrund dieses Umstandes oder als Nebenpflicht aus dem Nutzungsvertrag soll dem Berechtigten ein allgemeiner Auskunftsanspruch gegen seinen Vertragspartner zur Vorbereitung des Zahlungs- oder des Anpassungsanspruchs zustehen (BeschlE RAusschuss UrhVG – BT-

Drucks. 14/8058, S. 18); der Gesetzgeber hat daher bewusst auf eine eigene Regelung des Auskunftsanspruchs, die noch im Referentenentwurf enthalten war, verzichtet (FormH 14.01.2002 UrhVG – BT-Drucks. 14/6433, S. 15). Das wirft aber einige Fragen der **Begründung dieses Auskunftsanspruchs** auf: Anders als in Fällen der Rechtsverletzung und des sich daran anknüpfenden gewohnheitsrechtlichen Auskunftsanspruch über den Umfang (nicht das „Ob") der Verletzung, steht der Berechtigte bei § 32 vor dem **Dilemma**, dass er manchmal gar nicht weiß, ob der Anpassungsanspruch überhaupt denkbar in Betracht kommt. Das „Ob" ist also keineswegs geklärt. An dieser Stelle hilft auch nicht der in der Begründung der Beschlussempfehlung des Rechtsausschusses (BeschlE RAusschuss UrhVG – BT-Drucks. 14/8058, S. 18) genannte Auskunftsanspruch auf Basis einer Nebenpflicht des Nutzungsvertrages („etwa Rechnungslegung bei Stückzahllizenzen"). Denn der Berechtigte wird vor allem bei Pauschalhonoraren auf Informationen über die tatsächliche Nutzung angewiesen sein. Angesichts der klaren Worte der Gesetzesbegründung wird man den **Auskunftsanspruch dennoch nicht in Frage stellen können**; er dürfte sich aber nicht unmittelbar auf die o.g. Entscheidungen und nur bei nutzungsabhängigen Vergütungen auf eine vertragliche Nebenpflicht zurückführen lassen. Er ist vielmehr ein vom Gesetzgeber offensichtlich vorausgesetzter ungeschriebener Auskunftsanspruch, ohne den die Durchsetzung der normierten Ansprüche über Gebühr erschwert würde. Dennoch wird die Rechtsprechung den Widerspruch aufzulösen haben, dass es nach der Konstruktion des § 32 eigentlich gar nicht auf die tatsächliche Verwertung ankommt; für die Auskunft muss daher immer im Blick gehalten werden, dass der Gesetzgeber für § 32 eine ex-ante Sicht vorschreibt.

129 Dennoch wird man diesen Anspruch seinem **Umfang** nach näher ausformen müssen: Um eine Ausforschung und Anfragen ins Blaue hinein zu verhindern, wird zu fordern sein, dass der Berechtigte wenigstens **Anhaltspunkte für eine Störung der Vergütungsangemessenheit** vorträgt. Kann er diese beibringen, kann er von seinem Vertragspartner alle zur Berechnung seiner Ansprüche erforderlichen Informationen verlangen (zu dem vergleichbaren Auskunftsanspruch nach dem ArbNEG bspw. BGH GRUR 2003, 789 – *Abwasserbehandlung*). Hierzu sind z.B. bei belletristischen Büchern die Anzahl der verkauften Bücher und deren Nettoladenpreis zu zählen. Anders als bei den drei Berechnungsmöglichkeiten des Schadensersatz, kann der Berechtigte nicht etwa Angaben zur Ermittlung des Gewinns verlangen. Denn es steht „nur" die angemessene Vergütung in Rede. Der Vertragspartner kann dem Anspruch berechtigte **Geheimhaltungsinteressen** entgegensetzen (vgl. Rn. 58; vgl. Rn. 148).

130 Ergibt die Auskunft des Vertragspartners hingegen, dass die bereits gezahlte/ vereinbarte Vergütung weiterhin angemessen ist, steht dem Berechtigten in praktischer Abwicklung des Anspruchs natürlich für die evtl. mit Hilfe eines Anwalts eingeforderte Auskunft **keine Kostenerstattung** zu; ebensowenig wie ihm dies bei berechtigter Forderung zusteht, denn dem Auskunftsanspruch geht in einem solchen Fall keine Urheberrechtsverletzung, sondern eine Vertragsverletzung voraus: Bei dieser bestehen bekanntlich Kostenerstattungsansprüche erst bei eingetretenem Verzug (Palandt/*Heinrichs*[65] § 286 Rn. 47 ff.). Ob er selber dem Vertragspartner Kostenerstattung zu leisten hat, dürfte zumindest bei einem aus Sicht eines unabhängigen Betrachters zu Recht vorgebrachten Anspruch eher zweifelhaft sein. Missbraucht der Berechtigte diese Möglichkeit hingegen, könnte man an eine analoge Anwendung der

Rechtsprechung zu Kostenerstattungsansprüchen bei offensichtlich unberechtigten Abmahnungen aus Schutzrechten denken.

3. Klageantrag

Bezüglich des konkreten **Inhaltes des Klageantrages** stellt sich das Problem, **131** dass bei Klageerhebung möglicherweise noch unklar ist, welche Vergütungshöhe als angemessene Grundlage für die Vertragsänderung herangezogen werden kann. Häufig ergibt sich diese erst nach der Auskunft (zum vorbereitenden Auskunftsanspruch vgl. Rn. 128). Der Kläger hat dann zum einem die Möglichkeit, eine der im Urheberrecht üblichen und (wohl auch in dieser neuen Konstellation) zulässigen „geteilten"/gestuften Klagen einzureichen, nämlich zunächst auf **Auskunft und Feststellung**, sodann nach Umstellung im Anschluss an die Auskunft auf konkrete Vertragsänderung. Der Berechtigte kann aber natürlich auch sogleich den konkreten Vertragsänderungsanspruch stellen; er riskiert dann allerdings möglicherweise eine Teilabweisung. Entgehen kann man dem, indem man die Höhe der konkreten Vergütung in das Ermessen des Gerichts stellt (§ 287 ZPO).

Eine derartige Klage kann ohne weiteres mit einem **Zahlungsanspruch** ver- **132** bunden werden, der die Teile des Honorars betrifft, die in der Vergangenheit lagen und damit bereits fällig sind (OLG München ZUM 2007, 308, 311). Obacht ist allerdings bei weitergehenden Ansprüchen geboten, z.B. auf Vertragsänderung, mit der eine Abrechnungsregelung aufgenommen wird oder die zusätzliche Zahlung der Mehrwertsteuer. Wenn dies schon im Urhebervertrag verankert ist, laufen derartige Ansprüche leer. Ob weitergehende Vertragsänderungsansprüche, z.B. auf Zahlung eine Vorschusses oder bestimmter Abrechnungsmodalitäten begründet sind, richtet sich nach der materiellen Frage der Angemessenheit bzw. ob diese bei der Betrachtung der Missverhältnisses einzubeziehen sind (vgl. Rn. 121). Auch ist § 32 nicht etwa ein Tor zu **richterlichen Vertragsgestaltung**; diese ist vielmehr im Urheberrecht der Schiedsstelle vorbehalten (§ 14a UrhWahrnG; vgl. Rn. 121). § 32 soll lediglich einzelne Klauseln der Vergütungsfragen ggfs. korrigieren. Daher darf mit einer Klage nach § 32 auch nicht etwa ein Werklohnanspruch verbunden werden (LG Stuttgart ZUM 2008, 163).

Es dürfte allerdings – entsprechend der Rechtsprechung des BGH zum alten **133** Bestsellerparagraf – zulässig sein, eine **Abänderungsklage mit einen unbezifferten Zahlungsantrag** der sich ergebenden Nachzahlungen zu verbinden (BGH GRUR 1991, 901 – *Horoskop-Kalender).* Die Höhe der Vergütung kann auch bei solchen Konstellationen in das Ermessen des Gerichts gestellt werden § 287 ZPO (LG Hamburg ZUM 2006, 683, 685; LG Stuttgart ZUM 2008, 163; *Erdmann* GRUR 2002, 923, 926). Der Inhalt des Klageantrages ist durch den Änderungsanspruch des § 32 Abs. 1 S. 3 begrenzt: Ausschließlich solche Vertragsklauseln, die Einfluss auf die Vergütungshöhe haben, können aussichtsreich angegangen werden (vgl. Rn 121): Nicht dazu gehören auch bei diesen Konstellationen vorhandene Abrechnungs- und Zahlungsmodalitäten, Bucheinsichts- und Prüfungsrecht (LG Hamburg ZUM 2006, 683, 687). Sollte jedoch einer Vertragsanpassung um einen zusätzlichen Vergütungsanspruch wie einer vorher nicht vereinbarten Absatzbeteiligung stattgegeben werden, sind diesbezüglich fehlende Klauseln wie Abrechnungs- und Fälligkeitsklauseln ebenfalls zu ergänzen und möglichst im Klageantrag schon vorzuformulieren (so in LG Berlin ZUM 2005, 904, 907). LG München I ZUM 2006, 73, 78 entnahm die zu ergänzenden Abrechnungs- und Zahlungsmodalitäten der Gemeinsamen Vergütungsregel für Autoren belletristischer Werke (vgl. Rn. 121).

4. Gerichtsstand

134 Der **Gerichtsstand** für Klagen gegen den Vertragspartner ergibt sich aus den allgemeinen Regeln der §§ 12 ff. ZPO (vgl. § 105 Rn. 8). Denn es handelt sich bei den Ansprüchen des § 32 nicht um solche aus unerlaubten Handlungen (zur Einordnung der Ansprüche vgl. Rn. 16). Dabei sind die ggfs. bestehenden Spezialzuständigkeiten zu beachten (vgl. § 105 Rn. 2).

5. Beweislast

135 Die **Beweislast** für das Vorliegen der Voraussetzungen des § 32, und zwar in allen Anspruchsalternativen, trifft den Urheber. Insbesondere muss er also alle Umstände vortragen, aus denen sich die Unangemessenheit der bisherigen Vergütung ergibt. Der Urheber muss **substantiiert** vortragen (zu niedrige Anforderungen daran LG München I ZUM 2006, 73, 78; zu Recht kritisch daher *Ory* AfP 2006, 9, 10; strenger richtig LG Hamburg ZUM 2006, 683, 685), weshalb die vertraglich vereinbarte Vergütung der gesetzlichen Maßgabe nicht entspricht und was im konkreten Fall als Maß der Angemessenheit dienen soll (FormH 19.11.2001 UrhVG – BT-Drucks. 14/6433, S. 16). Erst wenn der Kläger eine ganz bestimmte Art der Vertragsanpassung begehrt – vorliegend neben Beteiligung am Absatz der Bücher auch Anhebung des Normseitenhonorars – verlangt das LG München I substantiierten Vortrag des Klägers, warum genau dieses Detail des Vertrages angepasst werden muss, um die Schwelle der Redlichkeit der vertraglichen Vergütung zu erreichen (*Ory* AfP 2006, 9,10). Der Verwerter muss dann ggfs. ebenso substantiiert erwidern, z.B. also zu Fragen der Mischkalkulationen. Schließlich kann man aus den Anforderungen des Gesetzes wohl eine **neue Spezifizierungslast** ableiten: Nicht nur bei der Einräumung von Nutzungsrechten gilt diese nunmehr, sondern auch bei der Aufgliederung der Vergütung auf jede Nutzungsart.

136 Im Rahmen der Bestimmung der angemessenen Vergütung durch das Gericht muss der Urheber den Zusammenhang zwischen den von ihm als vergütungsrelevant behaupteten Faktoren und ihren Einfluss auf die Vergütung (Einfluss des Faktors auf Verwertungs- und Nutzungsumfang, -dauer oder -intensität) darlegen. Zwingende Kausalität zwischen den Kriterien und der tatsächlichen Nutzung sind nicht nachzuweisen, wohl aber ein plausibel nachvollziehbarer Einfluss.

137 Offen ist, ob der Urheber im Rahmen des Prüfungspunktes „Ausgleich der Interessenlage der Verwerter" nachweisen muss, dass der Interessenausgleich **kausal** wegen des Ungleichgewichtes erfolgte, so dass der Urheber weiterhin **nachweisen** muss, warum er zum Zeitpunkt des Vertragsschlusses gehindert war, seine damals bestehende Interessenlage durchzusetzen (so *Ory* AfP 2006, 9, 10). Eine ähnliche Richtung schlägt das LG Hamburg ein, wenn es ausführt, dass es Anhaltspunkte dafür gebe, dass die Konditionen bei den Verhandlungen zwischen den Parteien zur Disposition standen. So sprächen erhebliche Herabsetzungen bei den Stückzahlen dafür, dass die Klägerin ihre Vorstellungen bei den Verhandlungen einbringen und zumindest teilweise auch durchsetzen konnte (LG Hamburg ZUM 2006, 683, 687). Doch auch wenn das LG München I definiert, dass eine unredliche Vergütung dann vereinbart worden sei, *„wenn sich in einer Branche bestimmte Usancen eingeschlichen haben,* *weil Werknutzer die schwächere Position der Urheber ausnutzen und letztere nicht in der Lage waren, angemessene Regelungen durchzusetzen"*, macht dies die **Ausnutzung** einer **stärkeren Vertragsposition** wohl nicht zur gesetzlichen Anspruchsvoraussetzung. Eine solche als ungeschriebene Voraussetzung zu verlangen, widerspräche der Entstehungsgeschichte, der Intention des Gesetzgebers und Sinn und Zweck der Norm (vgl. Rn. 1; weiterhin vgl. Rn. 8). Ausgehend von einem gesetzlich für strukturell ungleichgewichtig befundenen Vertragsverhältnis muss der Urheber neben dem Nachweis der Unangemessenheit der Vergütung nicht auch noch seine Schutzbedürftigkeit und Verhandlungsunfähigkeit darlegen. Allerdings kann der substantiierte Vortrag eines Verwerters (z.B. durch Verhandlungsprotokolle), dass der Urheber in den Verhandlungen seine Vorstellungen hat einfließen lassen und möglicherweise auch teilweise hat durchsetzen können, Berücksichtigung bei der Gesamtschau finden.

138 Um die Unangemessenheit einer Vergütungsübung darzulegen, reicht ein **Verweis auf die Gesetzesbegründung nicht** aus (LG Hamburg ZUM 2006, 683, 685; *Ory* AfP 2006, 9; a.A. LG Berlin ZUM 2005, 904, 906; daran festhaltend LG Berlin ZUM 2006, 942, 945). Eine Gesetzesbegründung kann keinen Sachverhalt i.S.d. Zivilprozesses unstreitig stellen. Zudem ist eine vertraglich vereinbarte Übersetzervergütung für angemessen befunden worden (LG Hamburg ZUM 2006, 683, 685), so dass die ersten entscheidenden Gerichte zu Recht der Stellungnahme des Gesetzgebers nicht ohne Vortrag im Prozess gefolgt sind.

139 Um in den Genuss der **Vermutungsregel des § 32 Abs. 2 Satz 1** (GemVergRegel) zu kommen, ist nachzuweisen, dass die Vergütungsregel wirksam zustande gekommen ist und anderweitig auch nicht rechtlich anzugreifen ist (Dreier/Schulze/*Schulze*[2] Rn. 16; *Wilhelm Nordemann*, Urhebervertragsrecht, § 36 Rn. 10). Zudem muss dargelegt werden, dass die Vergütung mit Hilfe einer GemVergRegel „ermittelt" wurde, d.h. entweder qua Mitgliedschaft der Vertragsparteien in einer Vereinigung i.S.d. § 36 Abs. 1 bestimmt wird oder durch ausdrückliche und stillschweigende Einbeziehung in den Vertrag. Zu Recht wird gefordert, dass strenge Anforderungen an den Nachweis der Wirksamkeit gestellt werden (Dreier/Schulze/*Schulze*[2] Rn. 16).

140 Die **Üblichkeit** der Vergütung ist eine der Beweiserhebung – insbesondere durch Einholung von Auskünften und Sachverständigengutachten – zugängliche Tatfrage (*Erdmann* GRUR 2002 923, 925).

6. Aktivlegitimation

141 **a) Der Alleinurheber:** Aktivlegitimiert ist in erster Linie der **Urheber**, egal ob Originalurheber oder Bearbeiter-Urheber (§ 3). Natürlich werden auch die Urheber von Werken, die Sonderregeln erfahren, erfasst, also z.B. der Computerprogramm-Urheber (§§ 2, 69a). Zu **Urhebern in Arbeits- oder Dienstverhältnissen** vgl. Rn. 27. Über § 79 Abs. 2 kommen auch **ausübende Künstler** in den Genuss der Regelung. Dasselbe gilt für **Verfasser wissenschaftlicher Ausgaben** (§ 70 Abs. 1) und **Lichtbildner** (§ 72 Abs. 1), da sie „in entsprechender Anwendung der Vorschriften des Teils 1" geschützt werden. Für weitere Inhaber verwandter Schutzrechte gilt § 32 mangels Verweisung aber nicht. Die Ansprüche sind – wie alle anderen urheberrechtlichen Ansprüche – vererbbar (§ 28 Abs. 1). **Rechtsnachfolger** des Urhebers (§ 30) stehen diesem also in Bezug auf den Anspruch nach § 32 gleich. Allerdings müssen die **Erben** eines Berechtigten nach § 211 BGB binnen sechs Monaten nach der Annahme der Erbschaft oder seit dem Zeitpunkt, von dem an der Anspruch von einem oder gegen einen Vertreter geltend gemacht werden kann, handeln, da sonst ggfs. Verjährung droht. Ebenso in den Genuss des § 32 kommen Rechtsnachfolger der Verfasser wissenschaftlicher Ausgaben und Lichtbildner (Quellen/ *Schricker*, Band 2, Deutschland V/1/a, S. 16). Bei Vererbung gilt dies auch für ausübende Künstler; anders als ihre sonstigen Rechte können letztere den Anspruch aber **nicht übertragen** (§ 79 Abs. 1; zur Abtretbarkeit vgl. Rn. 22).

142 **b) Anspruchsgeltendmachung mehrerer Urheber:** Die Geltendmachung der Ansprüche **mehrerer Urheber** ist nicht gesondert geregelt, sie folgt also den allgemeinen zivilrechtlichen Regeln. Dabei macht es keinen Unterschied, ob sich mehrere Urheber auch formal zu einer GbR zusammengeschlossen haben (LG Stuttgart ZUM 2008, 163), allerdings nur, soweit die GbR als „Zusammenschluss" nach § 8 oder § 9 klagt, nicht etwa, wenn eine GbR, in der sich Urheber aus anderen Gründen zusammengeschlossen haben (z.B. Anwaltssozietät), klagt. Da die in Rede stehenden Ansprüche im Vertrag ihre Grundlage haben, auch wenn sie gesetzliche Ansprüche sind (vgl. Rn. 16), hängt ihre Geltendmachung bei mehreren Urhebern davon ab, wer auf der Urheberseite Vertragspartner des ursprünglichen Nutzungsvertrages gewesen ist: Haben **Miturheber** eines gemeinsames Werkes (z.B. Co-Autoren eines Romans) einen gemeinsamen Verwertungsvertrag mit dem Erstverwerter abgeschlossen, sind sie auch nur gemeinsam zur Geltendmachung der Ansprüche berechtigt; es sei denn, sie hätten eigene gesonderte Vergütungsansprüche aus dem Vertrag (Dreier/Schulze/*Schulze*[2] Rn. 88). Können sie sich auf ein Vergehen nicht einigen, gelten die Regeln der Gesellschaft aus dem BGB. Anders sieht es aus, wenn Miturheber einzelne eigene Verträge geschlossen haben, wie dies z.B. beim Film häufig geschieht; man denke nur an den Vertrag zwischen Produzent und Kameramann oder Regisseur. Oder im Bereich der Computerprogramme und Videospiele, bei denen die einzelnen Programmierer (wenn sie freiberuflich tätig sind) fast niemals gemeinsame Verträge schließen. In diesen Fällen kann jeder Miturheber die Ansprüche aus § 32 (oder auch § 32a) selber geltend machen. Entsprechendes gilt für die **Urheber verbundener Werke**, wenn sie einen gemeinsamen Verwertungsvertrag unterzeichnet haben. Dabei ist aber zu beachten, dass Miturheber (§ 8 Abs. 2 Satz 2) und Urheber verbundener Werke (§ 9) zur Mitwirkung an *Änderungen* und in Bezug auf die *Verwertung* des gemeinsamen Werks oder der Werkverbindung verpflichtet sind, wenn sie anderenfalls treuwidrig (§ 242 BGB) handeln würden.

143 Man könnte diese Regel auf die Durchsetzung solcher **Vertragsänderungsansprüche** oder diese ersetzende Zahlungsansprüche, die nach den obigen Ausführungen *allen* beteiligten Urhebern zugute kommen, anwenden (so wohl *Wilhelm Nordemann*, Urhebervertragsrecht, § 32 Rn. 55). Zwingend scheint dies aber nicht, denn § 8 Abs. 2 S. 3 enthält für Aktivprozesse eine Sonderregelung. Diese Norm ist aber lediglich auf die Verletzung *des Urheberrechts* anwendbar; für die hier in Rede stehenden Ansprüche wird er also – jedenfalls seinem klaren Wortlaut nach – nichts hergeben, es sei denn man nimmt ihn als Argument dafür, dass eine Sonderregel für Miturheber gerade nicht gewollt war und damit die oben dargestellten allgemeinen Regeln gelten.

144 **c) Gesamthand nach § 80 Abs. 1:** Sofern **mehrere ausübende Künstler** gemeinsam eine Leistung erbringen, ohne dass sich ihre Anteile gesondert verwerten lassen, unterliegen sie nunmehr ebenfalls einer gesamthändischen Bindung (§ 80 Abs. 1). Diese Regelung ist durch das Gesetz zur Regelung des Urheberrechts in der Informationsgesellschaft aufgenommen worden (vgl. § 80 Rn. 1) und ersetzt die alte Regelung in § 75, die das Urhebervertragsgesetz eingeführt hatte. Nach letzterer konnten die ausübenden Künstler zur Ausübung ihrer Ansprüche aus den §§ 32, 32a eine Person bestimmen, womit klar war, dass die Ansprüche nach §§ 32, 32a auf diese Weise bei mehreren Beteiligten geltend gemacht werden konnten. Dies war aber nur *vor* Beginn der Darbietung möglich (*Wilhelm Nordemann*, Urhebervertragsrecht, § 32 Rn. 53). Diese Regelung ist gestrichen worden, ohne dass der Gesetzgeber sich geäußert hätte, wie nun bei mehreren ausübenden Künstlern zu verfahren ist. Allerdings geht die Gesetzesbegründung zu § 80 n.F. wie selbstverständlich davon aus, dass die Ansprüche aus §§ 32, 32a zu dem „Recht zur Verwertung" aus § 80 gehören (RegE UrhG Infoges – BT-Drucks. 15/38, S. 24). Damit gilt für mehrere ausübende Künstler also das oben zu Miturhebern Gesagte. Bei anderen berechtigten Inhabern verwandter Schutzrechte fehlt eine solche gesetzliche Regelung. Man dürfte in den dortigen (wohl seltenen) Fällen aber an eine analoge Anwendung denken.

d) Verbandsklage: Ob die Möglichkeit der **Verbandsklage** besteht, ist noch   **145**
nicht endgültig entschieden (dagegen: *v. Westphalen* AGP 2008, 21). Erstmals wurde diese Klagemöglichkeit von Urheberverbänden (hier des DJV) gegen Vergütungs-AGB eines Verlages (Springer Verlag AG) in Anspruch genommen (LG Berlin K&R 2007, 588).

7.   Passivlegitimation (Vertragspartner des Urhebers)

Anspruchsgegner ist der **Vertragspartner des Urhebers** (so ausdrücklich Be-   **146**
schlE RAusschuss UrhVG – BT-Drucks. 14/8058, S. 18); dies trifft natürlich genauso auf den ausübenden Künstler und die anderen Berechtigten zu. Damit ist klargestellt, dass nur der Vertragspartner im primären Urhebervertrag (zum Begriff *Dietz*, Urhebervertragsrecht, S. 1 ff.) Anspruchsgegner ist. Anspruchsverpflichteter ist **nicht** etwa auch der **Lizenzgeber** im Verhältnis zum Lizenznehmer. Es kommt nicht darauf an, ob der Vertragspartner des Urhebers das Werk selber nutzt oder einem Dritten ein Nutzungsrecht eingeräumt bzw. übertragen hat (so auch Dreier/Schulze/*Schulze*[2] Rn. 17). Bei diesen kann aber ein Anspruch nach § 32a in Betracht kommen (vgl. § 32a Rn. 28 ff.). Der Vertragspartner des Urhebers wird den Anspruch nach § 32 nicht dadurch verringern können, dass er mit seinem Vertragspartner eine unangemessen niedrige Vergütung vereinbart, um eine mit dem Urheber vereinbarte Beteiligung zu minimieren. Abgesehen davon, dass dies auch ihn schädigen würde, dürfte hierin ein Umgehungsgeschäft zu sehen sein, das Abs. 3 S. 1 verbietet (so Dreier/Schulze/*Schulze*[2] Rn. 17); zur Beweislast vgl. Rn. 135. Denkbar ist auch, dass man eine derart vereinbarte Vergütung schlicht als unangemessen ansieht, da sie an der falschen Bezugsgröße (Höhe der Einnahmen beim Vertragspartner des Urhebers) und nicht am Umsatz anknüpft. Sieht der primäre Urhebervertrag keine Zustimmung des Urhebers zur **Übertragung von Nutzungsrechten** vor, tut der Vertragspartner dies gleichwohl, haftet der Zweiterwerber gesamtschuldnerisch nach § 34 Abs. 4 auch für die Ansprüche aus § 32 (*Erdmann* GRUR 2002, 923, 925).

8.   Einstweilige Verfügung

Eine Durchsetzung des Anpassungsanspruchs im Wege einer **Einstweiligen**   **147**
Verfügung verbietet sich grundsätzlich angesichts der damit verbundenen Vorwegnahme der Hauptsache. Ob in äußerst seltenen Fällen einer Existenz-

bedrohung eine solche Leistungsverfügung (zu der grundsätzlichen Zulässigkeit solcher *Zöller/Volkommer*, ZPO. 24. Auflage 2004, § 940, Rn. 6 ff. m.w.N.) denkbar ist, erscheint höchst zweifelhaft, denn das Urheberrecht ist – anders als z.b. das Arbeits- oder Mietrecht – nicht dazu da, Grundbedürfnisse zu befriedigen und schon gar nicht, einen angemessenen Beitrag zum Lebensunterhalt zu leisten (zu Recht werden daher Vergütungen für die Einräumung von Nutzungsrechten vom BFH steuerrechtlich auch streng vom Arbeitslohn getrennt: BFH GRUR 2006, 1021 – *Arbeitslohn*).

9. Zwangsvollstreckung

148 Die Vollstreckung richtet sich nach § 894 ZPO. Der Verwerter kann nicht gezwungen werden, Betriebsgeheimnisse offenzulegen. In einem solchen Fall wird er sich auf einen **Wirtschaftsprüfervorbehalt** zurückziehen dürfen (BGH GRUR 1962, 354, 357 – *Furniergitter*; BGH GRUR 1981, 535 – *Wirtschaftsprüfervorbehalt*). Ob der Anspruch nach § 32 Abs. 1 S. 3 der **Zwangsvollstreckung** unterliegt, erscheint angesichts des klaren Schutzgesichtspunktes und zudem höchstpersönlichen Charakters zweifelhaft; anders dürfte dies beim Zahlungsanspruch zu beurteilen sein (so auch *Berger* NJW 2003, 853, 854 f.). Zum Auskunftsanspruch vgl. Rn. 129.

VI. Verhältnis zu anderen Normen

1. Übergangsrecht und Anwendbarkeit des alten „Beststellerparagrafen"

149 Die **Übergangsregel** findet sich in § 132 Abs. 3 und regelt im Wesentlichen, dass der neue Anspruch erst auf Verträge anwendbar ist, die ab Inkrafttreten des Gesetzes (UrhVG), also dem 01.07.2002, geschlossen wurden. Damit ist zwar die ursprünglich vorgesehene Rückwirkung des Anspruchs nach § 32 nicht aufgenommen worden (dazu *Wilhelm Nordemann*, Urhebervertragsrecht, § 132 Rn.4). Mit der Erwägung, dass sich die Verwerter angesichts der intensiven rechtpolitischen Diskussion der Thematik jedenfalls seit der Übersendung des Gesetzentwurfes der Bundesregierung an den Bundesrat am 01.06.2001 auf Änderungen hätten einstellen können (BeschlE RAusschuss UrhVG – BT-Drucks 14/8058, S.22), hat der Gesetzgeber allerdings in § 132 Abs. 3 S. 3 eine unechte Rückwirkung des § 32 UrhG für Altverträge vorgesehen. § 32 findet Anwendung auf Verträge, die zwischen dem 01.06.2001 und dem 30.06.2002 geschlossen wurden, sofern – als weitere Voraussetzung – nach dem 28.03.2002 (so LG Berlin ZUM 2005, 901, 903) bzw. nach dem 30.06.2001 (so LG Berlin ZUM 2006, 942, 945) weitere Nutzungshandlungen stattfinden (BeschlE RAusschuss UrhVG – BT-Drucks. 14/8058, S. 22 zu Nr. 23, vorletzter Absatz) bzw. von den eingeräumten Rechten Gebrauch gemacht worden ist (LG Berlin ZUM 2006, 942, 945). Während das OLG München ZUM 2007, 317, 324 alle Verwertungshandlungen seit Vertragsschluss – also auch solche, die vor In-Kraft-Treten des Gesetzes vorgenommen wurden – in den nach § 32 angepassten Vertrag einbezieht, reduziert das LG Berlin ZUM 2006, 942, 946 den Anspruch nach § 32 zu Recht auf Vergütungen für diejenigen Nutzungen, die nach Inkrafttreten des Gesetzes gezogen wurden. Sofern eine Vertragspartei den Vertragsschluss böswillig herausgezögert hat oder vorverlegt hat, ist denkbar, dass ein Berufen auf das neue bzw. alte Recht **rechtsmissbräuchlich** sein kann.

2. Werkvertragsrecht

Durch die Anwendung des § 32 ist § 632 BGB, der einen anderen Regelungs- **150** gegenstand hat, nicht ausgeschlossen (vgl. Rn. 4).

3. Weitere Beteiligung nach 32a

Das Verhältnis zu § 32a bleibt unklar. Letzterer dient einer „weiteren Betei- **151** ligung", wobei nicht deutlich wird, ob der Übergang zu § 32a ein gradueller ist oder § 32a erst mit einem gewissen Abstand eingreift (dazu auch *Ory* AfP 2006, 9, 11). Es spricht jedenfalls vom Wortlaut her einiges dafür, dass § 32 alle Vergütungsfragen – tatsächlich wie vertraglich – erfasst, bei denen ex ante die Vergütung nicht angemessen war, während § 32a nur Änderungen in den tatsächlichen Umständen ex post erfasst (so auch *v. Becker/Wegner* ZUM 2005, 695).

4. Wegfall der Geschäftsgrundlage, Sittenwidrigkeit

Neben § 32 ist eine Anwendung von § 313 BGB (Wegfall der Geschäftsgrund- **152** lage) sowie § 138 BGB (Sittenwidrigkeit) denkbar (dazu BGHZ 137, 387 – *Comic-Übersetzungen* I; BVerfG GRUR 2005, 880 – *Xavier Naidoo* zu einem Künstlervertrag). Allerdings könnte § 313 BGB schon deshalb ausgeschlossen sein, weil die „Gerechtigkeit", die § 313 BGB schaffen will, in § 32 bereits über die Angemessenheit verwirklicht wird. Eine Anwendbarkeit des § 138 BGB dürfte allein wegen zu niedriger Vergütungsbestandteile ausscheiden, denn für einen solchen Fall sieht das Gesetz nun den Anspruch des § 32 vor, der trotz unterschiedlicher Rechtsfolgen vorgeht und dessen Weg vom Urheber zu beschreiten ist. Zu dem Sonderfall bei § 32a bzw. § 36 a.F. vgl. § 32a Rn. 52 ff.; weiterhin vgl. § 79 sowie den Hinweis zu § 134 BGB in FormH 19.11.2001 UrhVG – BT-Drucks. 14/6433, S. 15.

5. Nichtanwendbarkeit des § 134 BGB

§ 32 Abs. 3 S. 1 statuiert den Anspruch des Urhebers oder ausübenden Künst- **153** lers auf angemessene Vergütung als **zwingendes Recht** (für international-rechtliche Fragen § 32b). Damit nicht die sonst diskussionswürdige Folge des § 134 BGB (Nichtigkeit des Vertrages) den Urheber schlechter als mit dem Vertrag und der unangemessenen Vergütung stellen würde, vermeidet das Urhebervertragsrecht die negativen Folgen des § 134 BGB für den zu schützenden Vertragsteil: Die verbotene Regelung macht den Vertrag also **nicht nichtig** (FormH 19.11.2001 UrhVG – BT-Drucks. 14/6433, S. 15). Also ist auch ein etwa vom Urheber oder ausübenden Künstler erklärter **Verzicht** auf die Geltendmachung der ihm zustehenden Rechte aus den Absätzen 1 und 2 **wirkungslos**. Man könnte hieran die Frage anschließen, ob dann überhaupt noch ein (**gerichtlicher**) **Vergleich** über Ansprüche nach § 32, der in der Regel auch ein Nachgeben des Urhebers beinhalten wird, zulässig ist. Man wird einen solchen Vergleich aber natürlich zulassen müssen; an dieser Stelle bietet sich möglicherweise an, die Rechtsprechung zu Vergleichen in Patentstreitsachen heranzuziehen, wonach in derartigen Vergleichen auch (sonst) kartellrechtswidrige Klauseln enthalten sein dürfen, wenn dies der Klärung eines streitigen Rechtsverhältnisses dient. Nach der Rechtsprechung des BGH ist ein **Vergleich mit objektiv wettbewerbsbeschränkendem** Inhalt dann zulässig, wenn ein ernsthafter, objektiv begründeter Anlass zu der Annahme besteht, der begünstigte Vertragspartner habe einen Anspruch auf Unterlassung der durch den Vergleich untersagten Handlung, so dass bei Durchführung eines Rechtsstreits ernstlich mit dem Ergebnis zu rechnen wäre, dass dem Wettbewerber das umstrittene Vorgehen untersagt werde. Nur solche wettbewerbsbeschränkenden Abreden sind von der Nichtigkeitsfolge freigestellt, die sich innerhalb der Grenzen dessen halten, was auch bei objektiver Beurteilung ernstlich zweifelhaft sein kann (BGH GRUR 1983, 602, 603 – *Vertragsstrafenrückzahlung*; BGH GRUR 2005, 845, 848 Tz. 32 – *Abgasreinigungsvorrichtung*). Die Rechtsfolge des § 32 Abs. 3 S. 1 erfasst allerdings nur diejenigen Vertragsteile, die die **Vergütung unmittelbar oder mittelbar regeln**; nur dies ist ja zugleich der Regelungsgegenstand der Absätze 1 und 2 (*Wilhelm Nordemann*, Urhebervertragsrecht, § 32 Rn. 38 mit Beispielen nicht zulässiger Klauseln). Dabei gilt auch ein besonderes **Umgehungsverbot** (§ 32 Abs. 3 Satz 2); zum allgemeinen vgl. Rn. 114. Zur **Abtretung** vgl. Rn. 22.

6.   Kündigung aus wichtigem Grund

154   Denkbar wäre schließlich, dass eine unangemessene Vergütung eine so schwerwiegende Vertragsverletzung darstellt, dass sie eine Kündigungsmöglichkeit nach § 314 BGB zulässt. Dies würde aber dem Zweck des Gesetzes, das gerade eine Spezialregelung für die Vergütung schaffen wollte, und den Bestand des Vertrages unangetastet wissen wollte, zuwiderlaufen. Eine Anwendbarkeit des § 314 BGB allein wegen unangemessener Vergütung **ist** also **abzulehnen**.

7.   Teilnichtigkeit

155   § 139 BGB ist nach der Gesetzesbegründung trotz nichtiger Vergütungsabrede **nicht anwendbar** (FormH 19.11.2001 UrhVG – BT-Drucks. 14/6433, S. 15).

§ 32a   Weitere Beteiligung des Urhebers

(1) Hat der Urheber einem anderen ein Nutzungsrecht zu Bedingungen eingeräumt, die dazu führen, dass die vereinbarte Gegenleistung unter Berücksichtigung der gesamten Beziehungen des Urhebers zu dem anderen in einem auffälligen Missverhältnis zu den Erträgen und Vorteilen aus der Nutzung des Werkes steht, so ist der andere auf Verlangen des Urhebers verpflichtet, in einen Änderung des Vertrages einzuwilligen, durch die dem Urheber eine den Umständen nach weitere angemessene Beteiligung gewährt wird. Ob die Vertragspartner die Höhe der erzielten Erträge oder Vorteile vorhergesehen haben oder hätten vorhersehen können, ist unerheblich.

(2) Hat der andere das Nutzungsrecht übertragen oder weitere Nutzungsrechte eingeräumt und ergibt sich das auffällige Missverhältnis aus den Erträgnissen oder Vorteilen eines Dritten, so haftet dieser nach Maßgabe des Absatzes 1 unter Berücksichtigung der vertraglichen Beziehungen in der Lizenzkette. Die Haftung des anderen entfällt.

(3) Auf die Ansprüche nach Abs. 1 und 2 kann im Voraus nicht verzichtet werden. Die Anwartschaft hierauf unterliegt nicht der Zwangsvollstreckung; eine Verfügung über die Anwartschaft ist unwirksam.

(4) Der Urheber hat keinen Anspruch nach Absatz 1, soweit die Vergütung nach einer gemeinsamen Vergütungsregel (§ 36) oder tarifvertraglich bestimmt worden ist und ausdrücklich eine weitere angemessene Beteiligung für den Fall des Absatzes 1 vorsieht.

Übersicht

I. Allgemeines

1. Sinn und Zweck

1 Wie schon der funktional äquivalente § 36 a.F. soll nun § 32a n.F. den (insb. jungen und noch unbekannten) Urhebern, die ihre Werke aus wirtschaftlicher Not und rechtlicher Unerfahrenheit anderen gegen eine geringe Vergütung zur Verwertung überlassen, in besonderen Ausnahmefällen bei einer nachträglich sich als unerwartet erfolgreich ergebenden Verwertung seiner Werke eine angemessene Beteiligung sichern (RegE UrhG– BT-Drucks. IV/270, S. 57). Er dient damit einer wesentlichen Funktion des Urheberrechts, nämlich der Vergütungssicherung (§ 11 Satz 2) und stellt einen Fairnessausgleich zwischen erheblichen Erträgen auf der Verwerterseite und dem Beitrag des Urhebers dazu dar. Damit kommt es – in Abgrenzung zu § 32 (zu den Tücken dieser Abgrenzung vgl. Rn. 47) – maßgeblich darauf an, dass die unten näher beschriebene Änderungen im Verhältnis Nutzung./. Vergütung nachträglich eintreten, während § 32 die Vergütung nur ex ante zum Zeitpunkt des Vertragsschlusses betrachtet. Zu **internationalen Fragen** und **Vertragsgestaltungen** vgl. § 32b Rn. 19 ff.

2. Überblick und Vergleich zur früheren Rechtslage

2 Die Vorschrift ist durch das UrhVG 2002 (vgl. § 32 Rn. 2) eingeführt worden. Sie knüpft an den sog. Bestsellerparagrafen des § 36 a.F. an (zu § 36 a.F. vgl. Rn. 52 ff.), geht aber über diesen hinaus, da sie für den Urheber zum Teil günstigere Regelungen enthält. Sie stellt zudem klar, dass schon im Rahmen des § 32 in der Regel eine Beteiligung zu zahlen sein wird; dies erkennt man an der amtlichen Überschrift des § 32a („weitere Beteiligung [...]") und der Gesetzesbegründung dazu, die davon spricht, „dass schon die angemessene Vergütung nach § 32 das Beteiligungsprinzip beachten wird [...]" (FormH 19.11.2001 UrhVG, S. 18). Zur Entstehungsgeschichte allg. vgl. § 32 Rn. 3 ff.

3 § 36 a.F., der oft als „Bestsellerparagraf" bezeichnet wurde, hatte aus Sicht der Urheber im Wesentlichen **zwei Schwächen:** Erforderlich war ein grobes Missverhältnisses zwischen der Vergütung, die der Urheber erhalten hatte, und den Erträgnissen des Verwerters. Damit musste der Anspruch bei unangemessen niedrigen Beteiligungsansprüchen oft ausfallen. Bei Pauschalhonoraren riss jedoch in der Regel das Informationsband mit dem Verwerter und der Urheber erfuhr kaum jemals den Umfang der Verwertung seines Werkes. Das bedeutete, dass er zunächst einen Auskunftsanspruch geltend machen musste und sah sich dann – weil derartige Prozesse oftmals lange dauern – der kurzen Verjährungsfrist des § 36 Abs. 2 a.F. ausgesetzt. Hinzu kam das nicht unwesentliche Kostenargument wegen der zu leistenden Vorschüsse an Anwälte und das Gericht. Zweite Schwäche des § 36 a.F. war, dass der Bundesgerichtshof § 36 a.F. das ungeschriebene Tatbestandsmerkmal des Unerwartetseins der Entstehung des groben Missverhältnisses entnahm (BGH GRUR 2002, 153, 154 – *Kinderhörspiele* m.w.N.). Letzteres erklärt sich mit der **Herleitung des Anspruchs,** den der BGH ausgehend von der Entstehungsgeschichte des § 36 (siehe den Bericht des Rechtsausschusses des Deutschen Bundestages zu § 36 RegE zu BT-Drucks. IV/3401, abgedruckt in UFITA [Bd. 46] 1966, 174, 182) als besonderen Anwendungsfall der Lehre des Wegfalls der Geschäftsgrundlage ansah (BGH GRUR 1991, 901, 902 – *Horoskop-Kalender*; BGHZ 56, 256, 261 – *Urheberfolgerecht*; BGH GRUR 1998, 680, 683 – *Comic-Übersetzungen I:* a.A. *Brandner* GRUR 1993, 173, 176: rechtlich vorgeschriebene

Inhaltskontrolle). Ob diese dogmatische Verortung weiter zulässig ist, dazu schweigt die Gesetzesbegründung (für Fortgeltung *Schaub* ZUM 2005, 212, 218; *Hucko* S. 14; dagegen: *Erdmann* GRUR 923, 927 wie Wandtke/Bullinger/*Wandtke/Grunert*[2] Rn. 15). Es spricht wohl einiges dafür, dass die neue Regelung so nicht mehr eingeordnet werden kann, denn mit der Neuregelung hat der Gesetzgeber bewusst angeordnet, dass das ungeschriebene Tatbestandsmerkmal der Unerwartetheit des Erfolgs (dazu vgl. Rn. 20) keine Rolle mehr spielt. Die Rechtsprechung hatte dieses Kriterium aber gerade aus der Einordnung des § 36 a.F. als Sonderfall des Wegfalls der Geschäftsgrundlage abgeleitet. Wenn der Gesetzgeber nun anordnet, dass dieses Tatbestandsmerkmal keine Rolle mehr spielt, entfällt auch diese dogmatische Verankerung. Ebenso wie § 32, der einen noch deutlicheren vertraglichen Bezug hat (vgl. § 32 Rn. 16), ist § 32a kein vertraglicher Korrekturanspruch (a.A. Schricker/*Schricker*[3] Rn. 5, allerdings einschränkend für den Durchgriffsanspruch gegen den Dritten in Rn. 34).

Dass es im Zuge der Regelung des Urhebervertragsrechts überhaupt zu einem **4** neuen „Bestsellerparagrafen" kam, ist dem Umstand geschuldet, dass der Gesetzgeber nicht dem „Professorenentwurf" folgte, der den neuen Anspruch auf angemessene Vergütung für jede tatsächlich stattfindende Werknutzung vorsah (FormH 19.11.2001 UrhVG, S. 15). Das bedeutete, dass es für die Angemessenheit der Vergütung nicht auf den Zeitpunkt der Nutzung, also oft lange Zeit nach Vertragsschluss, ankommt, sondern auf den Zeitpunkt des Vertragsschlusses (vgl. § 32 Rn. 35). Dies wiederum macht es erforderlich, für die Fälle, für die die bei Vertragsschluss vorhandene Angemessenheit sich im Laufe der langen Dauer eines langen Nutzungsvertrages z.B. aufgrund einer Veränderung des Nutzungsverhaltens etc. in eine Unangemessenheit, möglicherweise sogar in ein regelrechtes Missverhältnis, verwandelt, ein Korrektiv vorzusehen. Hintergrund dürfte auch in diesem Fall sein, dass es einer der Grundgedanken des Urheberrechts ist, Urheber und ausübende Künstler angemessen an den wirtschaftlichen Nutzungen ihrer Arbeit, ihrer Werke und Darbietungen zu beteiligen (RegE UrhVG – BT-Drucks. 14/6433, S. 14 unter Verweis auf RGZ 128, 102, 113 – *Schlagerliederbuch*; RGZ 134, 198, 201 – *Schallplattenrechte*). Eine Regelung, die dem nicht Rechnung trägt, wäre aber wohl in der Tat als unbillig anzusehen. Zu Recht weist *Wilhelm Nordemann* daher darauf hin, dass eine Regelung ohne diese „Sicherungsklausel" deshalb Stückwerk geblieben wäre, ja sie hätte sich möglicherweise dem Vorwurf ausgesetzt, dass sie die angenommene Verpflichtung des Zivilgesetzgebers (hierzu § 32 Rn. 8) zum Ausgleich gestörter Vertragsparität missachtet habe (BVerfG NJW 1994, 2749, 2750; *Wilhelm Nordemann*, Urhebervertragsrecht, § 32a, Rn. 4). Die Gesetzesbegründung spricht daher konsequent selbst von einem „verbesserten" Bestsellerparagrafen (FormH 19.11.2001 UrhVG, S. 2); **zu verfassungsrechtlichen Fragen** der neuen §§ 32, 32a vgl. § 32 Rn. 8 f.

3. EU-Recht/Internationale Konventionen

Hierzu vgl. § 32 Rn. 10.   **5**

II. Tatbestand

1. Inhalt

§ 32a enthält **zwei Ansprüche**: Abs. 1 regelt den gegen den Vertragspartner des **6** Urhebers, also dem, dem Nutzungsrechte eingeräumt wurden; während Abs. 2

unter bestimmten Bedingungen einen Anspruch gegen Dritte gewährt (dazu unten vgl. Rn. 28 ff.). Dies ist einer der wesentlichen Unterschiede zu § 32, der in der Regel (zu Ausnahmen vgl. § 32 Rn. 22) nur gegen den Vertragspartner gerichtet ist. Wenn der Urheber zunächst eine angemessene Vergütung erhalten hat, das Werk jedoch außergewöhnlich erfolgreich verwertet wird und seine Vergütung im Verhältnis zu den Erträgen und Vorteilen, die der Verwerter aus der Nutzung des Werkes gezogen hat, dann in einem **auffälligen Missverhältnis** steht, gewährt § 32a Abs. 1 S.1 dem Urheber Anspruch auf eine den Umständen nach **weitere angemessene Beteiligung**. Anders als das frühere Recht (§ 36 a.F.) fordert das Gesetz jetzt nur noch ein auffälliges und nicht mehr ein grobes Missverhältnis. Die enge (*Wilhelm Nordemann*, Urhebervertragsrecht, § 32a Rn. 8) alte Formulierung der „Erträgnisse" ist durch „Erträge und Vorteile" ersetzt worden, um auch geldwerte Vorteile einbeziehen zu können (BeschlE RAusschuss UrhVG – BT-Drucks. 14/8058, S. 19). Zudem ist nicht mehr entscheidend, ob die Vertragspartner bei Vertragsschluss die erzielten Erträge oder Vorteile vorhergesehen haben oder hätten vorhersehen können (§ 32a Abs. 1 S. 2), womit die Rechtsprechung des Bundesgerichtshofs, der dieses Merkmal in § 36 a.F. hineingelesen hatte (z.B. BGH GRUR 2000, 144 – *Comic-Übersetzungen II*) ausdrücklich nicht aufgenommen wird. Die Gesetzesbegründung betont schließlich, dass auf die vorhandene Rechtsprechung und Literatur zu § 36 a.F. zurückgegriffen werden kann, da die Grundstruktur des Bestsellerparagrafen beibehalten werde (BeschlE RAusschuss UrhVG – BT-Drucks. 14/8058, S. 19).

2. Anwendbarkeit

7 a) **Zeitlich:** Die **Übergangsregel** findet sich in § 132 Abs. 3 Satz 2. Danach ist dieser Anspruch erst auf **Sachverhalte** anwendbar, die **nach dem 28.04.2002** entstanden sind. Der Begriff des Sachverhalts in § 132 Abs. 3 Satz 2 ist so zu verstehen, dass auch Nutzungsvorgänge erfasst werden, deren dazugehörige Verträge nicht in den Anwendungsbereich des § 32 (vgl. § 32 Rn. 4) fallen. Sachverhalt dürfte aber als ein in sich abgeschlossener Vorgang zu verstehen sein, denn sonst hätte der Gesetzgeber auch den im Urheberrecht üblichen Begriff der „Verwertung" oder „Nutzung" wählen können; eine bloße Fortsetzung der Verwertung dürfte also nicht ausreichen (so aber i.E. LG Berlin ZUM 2005, 901, 903; ausführlich vgl. § 132 Rn. 18). Nach LG Berlin kommt es auf diejenigen Umstände an, die zu einer weiteren Beteiligung des Urhebers berechtigen. Entscheidend seien diejenigen Umstände, die zur Folge haben, dass sich ein auffälliges Missverhältnis zwischen Vergütung und Erträgen ergibt (LG Berlin ZUM 2005, 901, 903).

8 b) **Persönlich:** Anspruchsberechtigte sind der **Urheber** und seine **Rechtsnachfolger**. Über § 79 Abs. 2 kommen auch **ausübende Künstler** in den Genuss der Regelung. Dasselbe gilt für **Verfasser wissenschaftlicher Ausgaben** (§ 70 Abs. 1) und **Lichtbildner** (§ 72 Abs. 1), da sie „in entsprechender Anwendung der Vorschriften des Teils 1" geschützt werden. Für weitere Inhaber verwandter Schutzrechte gilt § 32a mangels Verweisung aber nicht. § 32a gilt schließlich, anders als § 36 a.F., auch für Filmurheber (Dreier/Schulze/*Schulze²* Rn. 14).

9 Für angestellte **Computerprogrammierer** – wie überhaupt allgemein bei **angestellten Urhebern** – ist die Anwendbarkeit der §§ 32, 32a **umstritten** (vgl. § 32 Rn. 28; vgl. § 43 Rn. 58 ff. sowie vgl. § 69b Rn. 22 ff.; für Anwendbarkeit: Dreier/Schulze/*Schulze²* Rn. 16; gegen Anwendbarkeit: OLG Düsseldorf

ZUM 2004, 756 zu § 36 a.F.; *Wimmers/Rode* CR 2003, 399, 404; zweifelnd *Bayreuther* GRUR 2003, 570). Die Sonderregel des alten Bestsellerparagrafen (§ 36 UrhG a.F.) hat der BGH auf angestellte Computerprogrammierer für anwendbar erklärt (BGH GRUR 2002, 149, 152 f. – *Wetterführungspläne II*; zuvor bereits so *Dreier* GRUR 1993, 781, 785.). Die Entscheidung enthält keine Begründung, warum § 36 UrhG a.F. als Norm aus dem allgemeinen Urhebervertragsrecht etwa allgemeine Geltung beanspruche, also auch im Rahmen der besonderen Bestimmungen für Computerprogramme Anwendung finde. Vielmehr spricht der BGH nur von dessen Anwendbarkeit „im Rahmen arbeitsvertraglicher Übertragungspflichten", also für § 43 UrhG (BGH GRUR 2002, 149, 152 – *Wetterführungspläne II* unter Verweis auf Schricker/*Rojahn*³ § 43 Rn. 71; Möhring/Nicolini/*Spautz*² § 43 Rn. 11). Dass im Bereich der besonderen Bestimmungen für Computerprogramme die Norm des § 69b zumindest eine zusätzliche Begründung erforderlich gemacht hätte, übergeht der BGH. Es bleibt nach dem *telos* der besonderen Bestimmungen für Computerprogramme daher äußerst zweifelhaft, ob dieses Verdikt des Bundesgerichtshofs wirklich trägt (vgl. § 69b Rn. 22 ff.). Ob sie auch allgemein bei angestellten Urhebern gilt, dazu äußert sich der Bundesgerichtshof nicht. Die Lage ist also offen; es sprechen wohl die besseren Gründe gegen eine Anwendung von §§ 32 und 32a auf angestellte Programmierer (so i.E. nun auch *Wimmers/Rode* CR 2003, 399, 404 f.); ausführlich dazu *Czychowski* FS Nordemann II S. 157 ff.). Denkbar ist ferner selbstverständlich, dass ein Tarifvertrag eine besondere Vergütungspflicht einführt und damit vorgeht (siehe § 32 Abs. 4; vgl. Rn. 21).

c) Bindungen des Anspruchs (Abs. 3): Der Anspruch aus § 32a ist in verschiedener Hinsicht an die Person des Urhebers gebunden. Dabei orientiert sich das Gesetz (fast) wörtlich an § 36 Abs. 3 a.F. Der Anspruch ist **nicht** in dem Sinne **übertragbar**, dass er einem Erwerber von Nutzungsrechten übertragen werden könnte (Dreier/Schulze/*Schulze*² Rn. 22); er ist nur im Rahmen der allgemeinen Bestimmungen (§ 28) **vererbbar**. Der Anspruch auf Vertragsänderung gegen den ursprünglichen Vertragspartner ist **unverzichtbar** (Abs. 3 Satz 1). Das gleich gilt für den Anspruch gegen Dritte. Diese Ansprüche sind zugleich **unveräußerlich, unpfändbar** (Abs. 3 S. 2) und **nicht abtretbar.** Anders als bei § 32 ist also auch eine Abtretung an eine Verwertungsgesellschaft nicht möglich. Ist allerdings die Vertragsänderung vollzogen und der daraus sich ergebene Zahlungsanspruch entstanden (Abs. 1) oder hat der Dritte den Zahlungsanspruch anerkannt (Abs. 2), so folgt das weitere Schicksal der nunmehr bestehenden Forderung des Urhebers oder sonstigen Berechtigten den **allgemeinen Grundsätzen**: Sie kann abgetreten, gepfändet oder verpfändet werden; der Urheber oder sonstige Berechtigte könnte auch auf sie verzichten (Dreier/Schulze/*Schulze*² Rn. 56 f.; *Wilhelm Nordemann*, Urhebervertragsrecht, § 32a Rn. 19).   **10**

3. Voraussetzungen

a) Nutzungsrechtseinräumung: Das Gesetz verlangt zunächst, dass zwischen Anspruchssteller und Anspruchsgegner ein vertragliches Band besteht. Der vom Professorenentwurf vorgesehene Anspruch auf angemessene Beteiligung gegen jeden Nutzer (§ 32 ProfE) und der Ansatz, Nutzungsverträge nach 30 Jahren kündbar zu stellen, was einen eigenen Bestsellerparagraf überflüssig machte, sah dies nicht vor (ProfE UrhVG, *Schulze*, S. 1313). Erforderlich ist mit *Dietz* (*ders.*, Urhebervertragsrecht, S. 4) also ein **primärer Urheberrechts-**   **11**

vertrag (zum Begriff § 32 Rn. 4) zwischen dem Urheber bzw. seinem Rechtsnachfolger und einem Verwerter. Unerheblich ist, ob dieser Vertrag einfache
oder ausschließliche Nutzungsrechte einräumt, zeitlich auf Dauer der Schutzfrist oder nur für wenige Jahre geschlossen ist oder etwa auf einzelne Staaten
örtlich beschränkt ist oder eine sonstige Art der erlaubten Werknutzung vorliegt (Dreier/Schulze/*Schulze*² Rn. 24). Für **Wahrnehmungsverträge** gilt das
Korrektiv des UrhWahrnG, i.Ü. wird zu Recht darauf hingewiesen, dass
Verwertungsgesellschaften ohnehin ihre Erträge ganz überwiegend an die
Berechtigten ausschütten und damit die besondere Interessenlage des § 32a
überhaupt nicht vorliegt (Dreier/Schulze/*Schulze*² Rn. 17; *Schricker*, Quellen,
S. 35). Eine Nutzung aufgrund **gesetzlicher Lizenzen** hindert die Anwendung
des § 32a ebenso, denn es fehlt an einer vertraglichen Rechtseinräumung
(Dreier/Schulze/*Schulze*² Rn. 19); zudem existieren dort eigene Begriffe der
Angemessenheit (vgl. z.B. § 46 Abs. 4).

12 **b) Auffälliges Missverhältnis zu den Erträgen und Vorteilen aus der Nutzung
des Werkes:** Erstes Merkmal des neuen § 32a ist das **auffällige Missverhältnis**
zu den Erträgen und Vorteilen aus der Nutzung des Werkes. Anknüpfungspunkt aller Betrachtungen ist die Gegenleistung, die der Urheber für die
Einräumung seiner Nutzungsrechte erhalten hat. Anders als z.B. § 433 Abs. 2
BGB, der als Gegenleistung den „Kaufpreis" verlangt, der in Geld zu entrichten ist, da ansonsten Tausch (§ 480 BGB) vorliegt, stellt § 32a solche Anforderungen nicht. Es ist also **denkbar**, dass die Gegenleistung **nicht in Geld**
besteht und dennoch § 32a nicht eingreift. Freilich dürfte dies eher selten
der Fall sein. § 32a wäre z. B. nicht erfüllt, wenn der berühmte Sammler
dem jungen Künstler für die Einräumung bestimmter Nutzungsrechte für einen
Bildband ein wertvolles Gemälde aus seiner Sammlung übereignet.

13 Das neue Urhebervertragsrecht hat damit die **Hürde** für das Eingreifen der
ehemals als Bestsellerparagrafen bezeichneten Norm „**deutlich herabgesetzt**"
(FormH 14.01.2002 UrhVG, S. 19; BeschlE RAusschuss UrhVG – BT-Drucks.
14/8058, S. 19). Danach soll im Gegensatz zur alten Rechtslage ein solches
Missverhältnis „jedenfalls dann vorliegen, wenn die vereinbarte Vergütung um
100% von der angemessenen Vergütung abweicht (FormH 14.01.2002
UrhVG, S. 19; LG Berlin ZUM-RD 2007, 194, 198). Dabei erwähnt die
Gesetzesbegründung ausdrücklich die Rechtsprechung des BGH (BGH
GRUR 196, 763, 765 f. – *Salome II*), an der sie nicht anknüpfen wolle (FormH
14.01.2002 UrhVG, S. 19). Zugleich weist sie darauf hin, dass „nach Maßgabe der Umstände [...] aber auch bereits geringere Abweichungen ein auffälliges Missverhältnis" begründen können (FormH 14.01.2002 UrhVG, S. 19;
Schricker/*Schricker*³ Rn. 20, der zu Recht zur Vorsicht bei Quantifizierungen
rät). Ausdrücklich Bezug nimmt der Gesetzgeber hierzu schließlich auf die
Regelung des französischen Rechts in Art. 37 Code de la Propriété Intellectuelle, wonach Pauschalvergütungen zu korrigieren sind, wenn die Differenz
zwischen der vereinbarten und der angemessenen Vergütung mehr als 7/12
beträgt (*Hertin* FuR 1975, 303, 310; FormH 14.01.2002 UrhVG, S. 19 unter
Verweis auf *v. Lewinski* FS-Schricker S. 685, 697). *Willhelm Nordemann* lässt
eine Abweichung von 2/3 genügen (*ders.*, Urhebervertragsrecht, § 32a Rn. 7);
andere gehen von einer zulässigen Unterschreitung bis zu 20% – 30% aus
(Wandtke/Bullinger/*Wandtke/Grunert*² Rn. 20; *Schricker*, Quellen, S. 38).
Man kann **keine starre Grenze** finden; je nach der Lage des Einzelfalls, die
entscheidend in die Abwägung einfließen muss (dazu unten vgl. Rn. 18), sind
Fälle denkbar, in denen weniger als 100% ausreichen, aber auch Fälle, in
denen bei 100% Abweichung noch kein auffälliges Missverhältnis vorliegt.

Unklar bleibt aber das **Verhältnis zu** § 32 (dazu vgl. Rn. 47). Es scheint viel dafür zu sprechen, dass eine Vergütung, die z.B. 80% von der angemessenen Vergütung abweicht, nicht unter § 32a zu subsumieren ist, jedoch unter § 32 bei Vorliegen dessen Voraussetzungen, so dass die Vorschriften gleitend ineinander übergehen können (LG München I: ab einer Unterschreitung von 50% kommt § 32a in Betracht).

Bezugspunkte des Missverhältnisses sind auf der einen Seite die Gegenleistung, **14** also in der Regel das Entgelt, auf der anderen Seite die **Erträge und Vorteile aus der Nutzung des Werkes.** Der Wortlaut gibt vor, dass jede Gegenleistung eingestellt werden muss, also nicht nur die Vergütung, sondern auch etwaige ausdrücklich vereinbarte Sonderkonditionen beim Erwerb von Werkexemplaren, Übernahmen von besonderen Kosten bei der Schaffung eines Werkes (Dreier/Schulze/*Schulze*[2] Rn. 26) oder gewährte Vergünstigungen in anderen Verträgen. Ausgenommen dürften solche Leistungen des Verwerters sein, die nicht im Synallagma stehen, also etwa Leistungen für die Vermarktung (Dreier/Schulze/*Schulze*[2] Rn. 27); letztere dürften in Fällen der regelmäßigen vertraglichen Abdingung ohnehin eher Obliegenheiten als eigentliche Leistungspflichten sein.

Gegenüberzustellen sind zum einen die **Erträge** des Verwerters oder – wie das **15** Gesetz inkonsistent in Abs. 2 formuliert – die Erträgnisse, ohne dass damit ein Unterschied verbunden ist. Hierunter sind alle Einnahmen des Verwerters zu verstehen, abzüglich der Umsatzsteuer (und anderer abzusetzender Belastungen: BGH GRUR 1991, 901, 903 – *Horoskop-Kalender,* der dies bei der Abwägung zwischen Erträgnissen und Nutzung einstellt), ohne weitere Abzüge für andere Kosten (*Reber* GRUR 2003, 393, 396; *Schaub* ZUM 2005, 212, 218; Dreier/Schulze/*Schulze*[2] Rn. 28; Schricker/*Schricker*[3] Rn. 17; Vorauflage/*Hertin*[9] § 36 Rn. 6; a.A.; Wandtke/Bullinger/*Wandtke/Grunert*[2] Rn. 11). Allerdings spielen diese bei der gerichtlichen Neufestsetzung der Vergütung eine Rolle (Dreier/Schulze/*Schulze*[2] Rn. 28 unter Verweis auf BGH GRUR 1991, 901, 903 – *Horoskop-Kalender* (Erträgnisse i.S.d. § 36 UrhG sind Bruttoerträgnisse); BGH GRUR 2002, 153, 154/155 – *Kinderhörspiele;*), so dass durchaus ein etwaiger Verlust des Verwerters oder dessen **Mischkalkulation** berücksichtigt werden kann (a.A. LG Berlin Urteil vom 27.07.2006 – 16 O 812/04, S. 14 UA); insofern kommt es zwar bei dem Tatbestandsmerkmal der Erträge und Vorteile auf Derartiges nicht an (hierzu bereits Gesetzesbegründung zu § 36 a.F. in RegE UrhG – BT-Drucks. IV/270, S. 58), wohl jedoch bei der Abwägung (dazu vgl. Rn. 18). Zum anderen gehören zu den Gegenwerten für die Abwägung des Missverhältnisses auch die **Vorteile** des Verwerters. Hierunter können wirtschaftliche und ideelle Vorteile zu verstehen sein; es dürften aber denklogisch nur solche sein, die dem Verwerter aus dem Vertrag zufließen. Die reine Durchführung des Vertrages stellt keinen Vorteil dar. Wenn sich also z.B. aus dem Urhebervertrag ergibt, dass das Recht zur Werbung eingeräumt wurde, kann die Nutzung des Werkes zu Werbezwecken nicht noch ein Vorteil sein (a.A. wohl Dreier/Schulze/*Schulze*[2] Rn. 29 unter Verweis auf die in der Tat missverständliche Erwähnung in der FormH 14.01.2002 UrhVG, S. 20, die Werbung nur als Beispiel eines nicht umsatzbringenden Nutzungsvertrages kennt). Abgedeckt wird mit der Begrifflichkeit nunmehr aber auch die innerbetriebliche Verwertung (*Hagen,* S. 110; Dreier/Schulze/*Schulze*[2] Rn. 29 unter Verweis auf BGH GRUR 1985, 1041, 1046 – *Inkasso-Programm,* der diese Frage in der Tat noch offen gelassen hat).

16 **Erträge oder Vorteile** aus einer Verwertung im **Ausland** sind in die Abwägung ebenso einzubeziehen (dafür: *Wilhelm Nordemann*, Urhebervertragsrecht § 32a Rn. 18). Wie die Frage des Missverhältnisses auf den gesamten Vertrag, also auch die etwaige Nutzung im Ausland bestimmt werden muss vgl. § 32b Rn. 5 f.

17 **c) Beitrag muss nicht notwendig ursächlich für den Erfolg des Werkes sein:** Nicht entscheidend war schon nach altem Recht, ob der Beitrag des Anspruchsinhabers **ursächlich** für den Erfolg der Werkes war (BGH GRUR 2002, 153, 154/155 – *Kinderhörspiele*; BGH GRUR 1991, 901, 903 – *Horoskop-Kalender*; OLG München ZUM 2001, 994, 999; Dreier/Schulze/*Dreier* Rn 30; Mestmäcker/Schulze/*Lindner* § 32a Anm. 2c; Schricker/*Schricker*³ § 32a Rn. 21; Wandtke/Bullinger/*Wandtke*/*Grunert*² Rn. 14). Dies gilt unverändert fort (FormH 14.01.2002 UrhVG, S. 19; ausdrücklich auch Schricker/*Schricker*³ Rn.21). Davon zu trennen ist die Frage, wer von mehreren Anspruchsberechtigten in welchem Umfang ursächlich für das Entstehen des Werkes war; dies ist eine allgemeine Frage der Urheberschaft mehrerer am Werk (vgl. § 8 und § 9). Allerdings wird zu Recht darauf hingewiesen, dass bei **untergeordneten Beiträgen** § 32a zurückhaltend anzuwenden sein dürfte (FormH 14.01.2002 UrhVG, S. 19; Dreier/Schulze/*Schulze*² Rn. 30 unter Verweis auf BGH GRUR 2002, 153, 156 – *Kinderhörspiele*; so nun auch OLG Naumburg GRUR-RR 2006, 82, das allerdings verkennt, dass der Anspruch nach § 32a nur dem Urheber und nicht etwa einem Unternehmen zustehen kann. Diese Abwägung dürfte wohl am ehesten bei dem sogleich zu behandelnden Tatbestandsmerkmal der Berücksichtigung **der gesamten Beziehungen des Urhebers zu dem anderen** zu verorten sein (vgl. Rn. 18).

18 **d) Unter Berücksichtigung der gesamten Beziehungen des Urhebers zu dem anderen:** Dieses Tatbestandsmerkmal kannte schon § 36 a.F. (Vorauflage/*Hertin*⁹ § 36 Rn. 6; Schricker/*Schricker*³ § 32a Rn. 18). Die hierzu ergangene Rechtsprechung (BGH GRUR 1991, 901, 903 – *Horoskop-Kalender*; BGH GRUR 2002, 153, 154/155 – *Kinderhörspiele*; BGH GRUR 2002, 602, 604 – *Musikfragmente*) fort (zu diesem generellen Postulat für den neuen § 32a: BeschlE RAusschuss UrhVG – BT-Drucks. 14/8058, S. 19). Dieses Tatbestandsmerkmal dürfte der **umfassenden Abwägung** beider beteiligter Interessen dienen. An dieser Stelle sind also neben den Besonderheiten auf Urheberseite auch die Kostensituation des Verwerters, etwaige Verluste von ihm und die von ihm möglicherweise vorgenommene Mischkalkulation zu berücksichtigen. Zum alten Recht nannte der Bundesgerichtshof beispielhaft das unternehmerische Risiko, die Bedeutung der Grundidee, etwaige Beiträge des Verwerters zur Gestaltung des Werkes (BGH GRUR 1991, 901, 903 – *Horoskop-Kalender*). Das Gesetz differenziert die **Aufwendungen** – ebenso wenig wie die Vergütung des Urhebers – nicht nach solchen, die bei jeder Verwertung anfallen und solchen, die die betroffene Verwertung besonders erscheinen lassen (so aber wohl Dreier/Schulze/*Schulze*² Rn. 33). Bei **Verlusten** wird man zu differenzieren haben. Während bei § 32 ein umfassender Abgleich auch mit anderen Werken anderer Urheber statthaft erscheint (vgl. § 32 Rn. 57 f.), dürfte bei § 32a es nur auf etwaige Verluste mit anderen Werken desselben Urhebers ankommen (so auch Dreier/Schulze/*Schulze*² Rn. 34; Schricker/*Schricker*³ Rn. 18; OLG München ZUM 2001, 994, 1002). Schließlich deutet die Gesetzesbegründung an, dass an dieser Stelle auch die Frage zu entscheiden ist, wie viel Anteil der Urheber an dem Werk überhaupt hatte. Die Gesetzesbegründung spricht davon, dass § 32a bei untergeordneten Beiträgen zurückhaltend anzuwenden sein wird (BeschlE RAusschuss UrhVG – BT-Drucks. 14/8058, S. 19).

e) Verlangen des Urhebers: Der Anspruch auf Vertragsänderung, den § 32a **19** begründet, setzt voraus, dass der Urheber eine Änderung des Vertrages verlangt. Unterlässt er dies und klagt unmittelbar auf Änderung des Vertrages vor Gericht, riskiert er – wie aber allgemein in Prozessen des gewerblichen Rechtsschutzes und Urheberrechts – ein für ihn kostenpflichtiges Anerkenntnis der Gegenseite (§ 93 ZPO). Das Tatbestandsmerkmal ist also nicht im Sinne einer materiellen Anspruchsvoraussetzung zu verstehen.

f) Ohne Rücksicht auf Kenntnis: § 32a Abs. 1 Satz 2 stellt klar, dass es für den **20** Anspruch **nicht mehr darauf ankommt**, ob die Vertragspartner die Höhe der erzielten **Erträge oder Vorteile vorhergesehen haben** oder **vorhersehen können**. Damit hat der Gesetzgeber – nachdem er den reinen, nur an die tatsächliche Nutzung anknüpfenden Vergütungsanspruch des Professorenentwurfs nicht aufnehmen wollte (FormH 19.11.2001 UrhVG, S. 15) – jedenfalls diesem restriktiven Merkmal der Rechtsprechung (BGH GRUR 1991, 901, 902 – *Horoskop-Kalender*; BGH GRUR 1998, 680, 684 – *Comic-Übersetzungen I*), das viele Verfahren des § 36 a.F. scheitern ließ, eine Absage erteilt.

g) Ausschluss (Abs. 4) durch GemVerR oder Tarifvertrag: Der Gesetzgeber **21** schließt die Ansprüche nach § 32a durch § 32a Abs. 4 aus, wenn Tarifverträge oder gemeinsame Vergütungsregeln den Belangen der Urheber hinsichtlich angemessener Vergütung Rechnung tragen. Dies gilt auch für den Fall, soweit sie **ausdrücklich** eine weitere angemessene Beteiligung für den späteren außergewöhnlichen Erfolg der Werkverwertung vorsehen, welches zu einem auffälligem Missverhältnis zwischen Vergütung und Erträgnissen sowie Vorteilen führt (Abs. 4; so auch *Wilhelm Nordemann*, Urhebervertragsrecht, § 32a Rn. 20), Denn dann haben Vertreter der Berechtigten auf kollektiver Ebene die Interessen der Berechtigten bereits eingebracht.) Die Normierung muss nicht ausdrücklich die Norm des § 32a erwähnen. Die Vereinbarung eines normalen bloßen Vergütungsanspruches enthält im Zweifelsfall keine Regelung zum § 32a. Dasselbe gilt für **Tarifverträge.** Auch diese müssen also ausdrücklich den besonderen Anspruch des § 32a normieren. **Tarifverträge** gehen sogar gemeinsamen Vergütungsregeln vor. Allerdings setzen sie natürlich zusätzlich voraus, dass die Beteiligten tarifgebunden sind.

4. Praxisbeispiele

Das OLG München hat in einer Reihe von Prozessen eine Beteiligung von **22** 1% – 3% des Nettoladenverkaufspreises für **Übersetzer** im Rahmen des § 36 a.F. für angemessen angesehen (OLG München ZUM 2001, 994; ZUM 2003, 684; ZUM 2003, 970). Die bisherige Rechtsprechung zu § 36 a.F. dürfte indessen hinsichtlich der Vergütungshöhen nicht ohne weiteres auf § 32a übertragbar sein. Denn in den dortigen Fällen stand ein § 32 gerade nicht zur Verfügung, sondern § 36 a.F. war das einzige dem Gericht zur Verfügung stehende Korrektiv. Zur umfangreichen Spruchpraxis zu § 32 und Übersetzern vgl. § 32 Rn. 87 ff.

Ein gutes Beispiel für die neue Regelung ist die existierende gemeinsame **23** Vergütungsregel für **Autoren im Bereich der Belletristik** (vgl. § 32 Rn. 61 ff.). Wenn unter Geltung des neuen Rechts ein Autor eines in keiner Weise von der Norm abweichenden Werkes bei einem durchschnittlichen Verlag 6% Beteiligung am Nettoladenverkaufspreis für sein Verlagsrecht erhalten würde, müsste man dies an § 32 bzw. der GemVergRegel Belletristik messen. Handelt es sich hingegen um einen jungen Autor mit seinem Erstlingswerk in einem kaum verkäuflichen Markt und wird daraus nachträglich ein Verkaufsschlager, könnte § 32a greifen.

24 Ob hingegen derselbe Autor sich ebenso auf § 32a berufen könnte, wenn sein Vertrag noch vor dem Stichtag der Übergangsregel des § 132 abgeschlossen und mit der Nutzung begonnen wurde, erscheint zweifelhaft (so aber Dreier/Schulze/*Schulze*[2] Rn. 38). Denn der Begriff des Sachverhalts in § 132 dürfte u.E. nicht eine „nur" fortlaufende Verwertung erfassen, sondern setzt eine qualifizierte Änderung in der Verwertung, also z.B. eine neue Auflage o.Ä., voraus (vgl. oben Rn. 7 und § 132 Rn. 18). Andernfalls hätte der Gesetzgeber in § 132 auch den gebräuchlichen urheberrechtlichen Begriff der „Nutzung" oder „Verwertung" wählen können. Er hat aber den Begriff des „Sachverhalts" gewählt, der etwas anderen aussagen muss als bloße „Weiternutzung".

5. Folgen: Änderungsanspruch

25 Das Gesetz gewährt dem Urheber bei Vorliegen der Voraussetzungen des § 32a keinen unmittelbaren Zahlungsanspruch, sondern einen Anspruch auf **Änderung des Nutzungsvertrages** (a.A. *Berger* GRUR 2003, 675, 677 f., dessen praktisches Argument in der Tat einige der Unklarheiten im Verhältnis zwischen § 32 und § 32a beseitigt, aber das weitere Problem nicht löst, wie in der Zukunft entstehende weitere Erträge erfasst werden können). Zur Verbindung dieses Anspruchs mit einem Zahlungsantrag vgl. Rn. 45.

26 **a) weitere angemessene Beteiligung:** Bereits in der amtlichen Überschrift kommt zum Ausdruck, dass die Regelfolge des Anspruchs ein Anspruch auf *Beteiligung* an den Erträgnissen des Verwerters ist. Die Gesetzesbegründung formuliert „[...] meist eine weitere Beteiligung [...]" (FormH 14.01.2002 UrhVG, S. 18). Diese Einschränkung scheint allerdings mit dem Wortlaut nicht in Einklang zu bringen: Zwar kann man aus der amtlichen Überschrift des § 32a herauslesen, dass es eine Vorschrift geben muss, die in aller Regel ebenfalls eine Beteiligung verlangt, nämlich § 32 – sonst würde der Terminus „weitere" keinen Sinn machen. Dass § 32a aber, wie die Gesetzesbegründung formuliert (FormH 14.01.2002 UrhVG, S. 18) nur „meist" eine Beteiligung gewährt, formuliert § 32a gerade nicht. Dort ist ausschließlich von einer Beteiligung die Rede. Daraus folgt, dass mit dem Wortlaut des § 32a kaum andere Vergütungen gemeint sein können als Beteiligungshonorare (a.A. wohl Dreier/Schulze/*Schulze*[2] Rn. 42), wobei auch wiederholt gezahlte Pauschalen natürlich Beteiligungen sind. Diese Beteiligung muss angemessen sein; zur **Definition** dieses Merkmals kann auf **§ 32 Abs. 2 Satz 2** zurückgegriffen werden (vgl. § 32 Rn. 33 ff.). Die dem Urheber insoweit zu gewährende weitere angemessene Beteiligung muss schließlich nur eine solche Höhe besitzen, dass das auffällige Missverhältnis beseitigt wird (*Berger* GRUR 2003, 675, 679 f.; *Erdmann* GRUR 2002, 923, 927; Loewenheim/*v. Becker* § 29 Rn. 91; a.A. Dreier/Schulze/*Schulze*[2] Rn. 42; *Wilhelm Nordemann*, Urhebervertragsrecht, § 32 Rn. 7; zum alten Recht: BGH GRUR 2002, 153, 155 – *Kinderhörspiele*: „§ 36 zielt darauf ab, dem Urheber eine noch angemessene Vergütung zuzusprechen. Das Entgelt nur soweit zu erhöhen, dass das grobe Missverhältnis entfällt, würde diesem Ziel nicht gerecht". Dass nunmehr eine „weitere" Beteiligung gem. § 32a zu zahlen ist, kann kein Argument in diesem Zusammenhang sein (so aber Dreier/Schulze/*Schulze*[2] Rn. 42), denn es besagt vom Wortlaut her schon nicht „die", sondern will in der Systematik eher den Bogen zu § 32 spannen). Es wird auch in der Praxis nie eine einzige angemessene Vergütung – gewissermaßen „den goldenen Schnitt" des Urhebervertragsrechts – geben, sondern man dürfte daher wohl von einem **Korridor** ausgehen müssen. Dann aber dürfte es im Fall des § 32a ausreichen, wenn die Anhebung in diesen Korridor erfolgt; dabei muss aber nicht zwingend des Mittelwert dieses Korridors erreicht werden (so zu Recht Loewenheim/*von Becker* § 29 Rn. 91). Ausführlich zu den Übungen der **einzelnen Branchen** vgl. § 32 Rn. 59 ff.; für Übersetzer hat das OLG München noch zu § 36 a.F. die Auffassung vertreten, dass 1% – 3% Beteiligung am Nettoladenverkaufspreis angemessen seien (OLG München ZUM 2001, 994; ZUM 2003, 684; ZUM 2003, 970). Zu Beteiligungsansprüchen für ausübende Künstler *Pleister/Ruttig* ZUM 2004, 337; für den Filmbereich *Reber* GRUR 2003, 393.

b) Verjährung: Der Anspruch entsteht mit Vorliegen der Voraussetzung des **27** Tatbestands, also vor allem sobald das Missverhältnis eingetreten ist. Der Anspruch auf Vertragsanpassung verjährt nach den allgemeinen Regeln der §§ 194 ff. BGB (FormH 14.01.2002 UrhVG, S. 20). Die regelmäßige Verjährungsfrist beträgt **drei Jahre** (§ 195 BGB). Sie beginnt am Ende des Jahres, in dem der Anspruch entstanden ist *und* der Berechtigte von den ihn begründenden Umständen Kenntnis erlangt hat oder diese ohne grobe Fahrlässigkeit erlangen müsste (§ 199 Abs. 2 BGB). Bei Unkenntnis, die nicht auf grober Fahrlässigkeit beruht, beträgt die Verjährungsfrist **zehn Jahre** ab *Entstehung* des Anspruchs – also nicht ab Ende des Jahres (§ 199 Abs. 4 BGB). Die Sonderproblematik des § 36 Abs. 2 a.F., wonach es unklar war, ob mit der einmal für die ersten Verwertungen eingetretenen Verjährung auch ein Berufen auf alle später vorgenommenen Nutzungen ausgeschlossen war, also die Verjährung gewissermaßen eine strikte Ausschlussfrist für den gesamten § 36 a.F. war (s. die Kommentierung hierzu in Vorauflage/*Hertin*[9] § 36 Rn. 9), ist damit obsolet. Das bedeutet, dass es nun auf die Kenntnis der Umstände ankommt, womit die 3-Jahres-Frist in Gang gesetzt wird, oder – wenn keine Kenntnis vorliegt – die 10-Jahres Frist (zur Verjährungsproblematik vgl. § 32 Rn. 23). Der Urheber ist nicht verpflichtet, die Verwertung seines Werkes zu überwachen (Dreier/Schulze/*Schulze*[2] Rn. 67; Wandtke/Bullinger/*Grunert*[2] § 32a Rn. 31), muss aber Hinweise zur Kenntnis nehmen vgl. § 32 Rn. 23)

6.   Direkter Anspruch gegen Dritte Nutzer

Die Formulierung des § 32a Abs. 2 ist erst durch den Rechtsausschuss auf **28** genommen worden (BeschlE RAusschuss UrhVG – BT-Drucks. 14/8058, S. 19). Er wollte damit aber lediglich der – aus seiner Sicht – „herrschenden Auffassung" zu § 36 a.F. Rechnung tragen, die bereits unter Geltung des alten Rechts einen direkten Anspruch gegen den Inhaber des Nutzungsrechts, auch wenn er nicht Vertragspartner des Urhebers war, anerkannte (zu der Begründung Schricker/*Schricker*[2] § 36 Rn. 8 m.w.N.).

a) Überblick und Vergleich zur früheren Rechtslage: § 36 a.F. (allg. zu § 36 a.F. **29** vgl. Rn. 56) kannte keine gesetzliche Regelung eines Durchgriffs, gleichwohl erzielte die überwiegende Meinung dasselbe Ergebnis. Mit § 32a Abs. 2 muss man nicht mehr eine Analogie bemühen. Der Urheber hat also einen Durchgriffsanspruch gegen den berechtigten Verwerter, der in einer Kette von Nutzungsverträgen seine Berechtigung vom Vertragspartner des Urhebers ableitet. Satz 2 stellt klar, dass in einem solchen Fall die Haftung des Erst- oder Vorerwerbers der Nutzungsrechte entfällt. Der Urheber kann also verständlicherweise die **weitere Beteiligung nicht doppelt** verlangen.

30 Da in Abs. 2 keine eigenständigen Anspruchsvoraussetzungen geregelt sind, sondern lediglich zusätzliche Tatbestandsmerkmale in Bezug auf die Nutzungsrechte und das Missverhältnis, handelt es sich um eine **Rechtsgrundverweisung**. Es müssen also alle Tatbestandsvoraussetzungen des Abs. 1 gegeben sein (vgl. Rn 11 ff.). Das bedeutet, dass insb. auch die umfassende Abwägung erfolgt, also die gesamten Beziehungen des Urhebers zu dem anderen berücksichtigt werden.

31 b) **Voraussetzungen: aa) Nutzungsrechtsübertragung oder -einräumung:** Da zwischen dem Dritten Nutzer und dem Urheber kein Vertragsverhältnis besteht, bedarf es einer gesonderten Regelung bzw. **Begründung des Durchgriffs**. Abs. 2 knüpft diese an die **Übertragung oder Einräumung von Nutzungsrechten** durch den Vertragspartner des Urhebers im primären Urhebervertrag an. Dabei ist gleichgültig, ob der Ersterwerber des Nutzungsrechts dieses dem Zweiterwerber übertragen hat oder aber selbst nur ein (einfaches) Nutzungsrechts eingeräumt hat (zu dieser Unterscheidung vgl. Vor §§ 31 ff. Rn. 33 und Loewenheim/*Jan Bernd Nordemann* § 60 Rn. 36 ff.). In beiden Fällen entsteht der Anspruch. Natürlich setzt der Anspruch gleichwohl voraus, dass der Ersterwerber diese Rechtseinräumungen /-übertragungen überhaupt vornehmen durfte, mithin die Rechtsmacht aus dem primären Urheberrechtsvertrag überhaupt vom Urheber erhalten hatte. Andernfalls begeht der Dritte schlicht eine Urheberrechtsverletzung.

32 bb) **Auffälliges Missverhältnis aus den Erträgnissen oder Vorteilen eines Dritten:** Die weitere Voraussetzung des Durchgriffsanspruchs, nämlich das auffällige Missverhältnis aus den Erträgnissen oder Vorteilen, entspricht dem Anspruch nach Abs. 1 (vgl. Rn. 12 ff.). Allerdings ist erforderlich, dass dieses **Missverhältnis gerade bei dem Dritten** entstanden ist. Das bedeutet, dass die Gegenleistung, die der Urheber erhält, mit den Erträgnissen oder Vorteilen, die der Dritte erzielt verglichen werden muss. Anders als bei Abs. 1 spielt hier aber auch eine Rolle, welche vertraglichen Absprachen zwischen dem Vertragspartner des Urhebers und dem Dritten bzw. den weiteren Beteiligten in der Rechtekette bestehen. Denn sollten diese dazu führen, dass von den Erträgnissen oder Vorteilen beim Dritten kaum etwas bei dem Vertragspartner des Urhebers ankommt, und dieser damit den Urheber nicht angemessen beteiligen können, kann Abs. 2 erfüllt sein. Dies dürfte die etwas kryptische Formulierung „unter Berücksichtigung der vertraglichen Beziehungen in der Lizenzkette" (dazu sogleich mehr), die auch in der Gesetzesbegründung nicht näher erläutert wird, aussagen wollen. Nicht entscheidend dürfte es sein, ob die Gegenleistung, die der Lizenzgeber in der Kette, erhält in einem angemessenen Verhältnis zu den Vorteilen und Erträgnissen des Lizenznehmers steht (so aber wohl Dreier/Schulze/*Schulze*[2] Rn. 52).

33 cc) **Unter Berücksichtigung der vertraglichen Beziehungen in der Lizenzkette:** In der Beschlussempfehlung des Rechtsausschusses, der die Formulierung aufgenommen hatte (BeschlE RAusschuss UrhVG – BT-Drucks. 14/8058, S. 19), fehlt leider jeder Hinweis zu den Hintergründen. Man wird jedoch vermuten dürfen, dass der Gesetzgeber Fälle im Blick hatte, in denen gewissermaßen „nach" dem primären Urheberrechtsvertrag zwischen Urheber und Erstverwerter eine Vielzahl weiterer Lizenzverträge geschaltet ist, die sich dadurch auszeichnen, dass bei jedem Lizenznehmer nicht der „volle Ertrag" verbleibt, sondern sich die **verschiedenen Verwerter** diesen **arbeitsteilig aufteilen**; man denke nur an die Verwertungskaskade im Filmbereich.

Dies stellt den Anspruchsinhaber vor zwei Probleme: Zum einen stellt sich die **34** Frage der **Berechnung der Höhe** des Anspruches. Einerseits sind aus Sicht des Urhebers alle Erträge und Vorteile, die aus der Nutzung des Werkes oder der Leistung erzielt worden sind, in die Berechnung einzustellen. Fraglich ist jedoch, ob der Dritte die von ihm **bezahlten Lizenzgebühren** von den Erträgnissen abziehen darf, die Erträge als Nettobezugsgröße nach Abzug der Lizenzgebühren (in diese Richtung *Brauner* ZUM 2004, 100, 104; Dreier/Schulze/ *Dreier*[2] Rn. 52; *Haas* Rn. 312). Man könnte allerdings auch die Brutto-Variante vertreten, dass die Erträge des Dritten ohne Abzüge etwaiger Kosten mit der Vergütung des Urhebers in Beziehung gesetzt werden (in diese Richtung: *Reinhard/Diestelkötter* ZUM 2003, 273).

Wenn man jedoch überlegt, die Lizenzgebühren vom Anspruch abzuziehen, **35** stellt sich die Frage, ob nicht in weiterem Umfang **Investitionen des Lizenznehmers** auf den Anspruch anrechenbar sein sollten. Gewissen Kosten des Lizenznehmers" z.B. für interessante Bewerbungskonzepte, die Lizenznutzenverwirklichungskosten, sind Investitionen, die erst die Voraussetzung für die Realisierung der Erträge, an denen der Urheber nun teilhaben will geschaffen haben. Insofern wäre es unfair, den Urheber ohne eine Beteiligung an diesen Kosten an den Bruttoerträgen teilhaben zu lassen. Andererseits muss man bedenken, dass die vollständige Anrechenbarkeit von Investitions- bzw. Transaktionskosten auf den Anspruch des Urhebers zu einer völligen (möglicherweise missbräuchlichen) Aushöhlung desselben führen kann. Zudem hat der Lizenznehmer diese Investition getätigt, da er mit einem gewissen Investitionsprofit gerechnet hat, der maßgeblich auf den Beitrag des Urhebers zurückgeht. Es stellt sich die Frage, wer der **Anspruchsgegner in einer Lizenzkette** ist: Grundsatz ist, dass im Ergebnis jeder der beteiligten Dritten natürlich nur für seine Erträgnisse oder Vorteile haften muss (*Berger* GRUR 2003, 675, 680 f.; *Höckelmann* ZUM 2005, 526, 530; Schricker/*Schricker*[3] Rn. 33; a.A. *Hertin* MMR 2003, 16, 20, der wohl eine Addition befürwortet). Dieses Ergebnis kann aber erreicht werden, indem der Anspruchsinhaber gegen jeden Lizenznehmer einzeln vorgeht oder gegen einen, der im Innenverhältnis der Lizenznehmer Rückgriff nimmt.

Das bedeutet, der **Urheber** muss **ggfs. gegen mehrere vorgehen.** Tut er dies **36** nicht, kann sich der allein in Anspruch Genommene damit verteidigen, bei ihm sei nur ein ganz bestimmter Teil der Erträgnisse angefallen (a.A. nunmehr offenbar Dreier/Schulze/*Schulze*[2] Rn. 52 unter Verweis auf *Wilhelm Nordemann*, Urhebervertragsrecht, § 32a Rn. 16; zu einer Möglichkeit der Berechnung der Erträgnisse und Vorteile *Wilhelm Nordemann*, Urhebervertragsrecht, § 32a Rn. 12 ff.). Da ein derartiges Vorgehen des Anspruchsinhabers gegen alle Lizenznehmer die Durchsetzung des Nachforderungsanspruch erheblich erschwert, plädiert *Schack*[4] für eine Gesamthandhaftung mit Haftung des letzten Lizenznehmers für das Ganze („den Letzten beißen die Hunde", Rn. 968b), der sich dann jeweils bei den anderen Lizenznehmern entweder nach vertraglich vereinbarter Freistellungsklausel für diese Fälle bzw. nach § 426 BGB in der Höhe der jeweils bei ihnen angefallenen Erträge schadlos halten kann *(Schack*[4] Rn. 968b). Nicht verstanden werden darf die Formel über die Lizenzkette in der Weise, dass nach innen etwaig existierende Regressansprüche nach außen durchschlagen (Schricker/*Schricker*[3] Rn. 33 m.w.N.).

c) Folgen: Die Rechtsfolgen des Durchgriffsanspruchs sind nicht etwa eigen- **37** ständig in Abs. 2 geregelt. Das Gesetz verweist lediglich auf den **Anspruch**

nach Abs. 1, nimmt aber **gewisse Anpassungen** vor (vgl. Rn. 38 ff.). Es handelt sich also um eine eingeschränkte Rechtsfolgenverweisung.

38 **aa) Haftung des Dritten nach Maßgabe des Absatzes 1:** Grundsätzlich haftet der Dritte ebenso wie der Erstverwerter. Das bedeutete, dass der Anspruch auf eine Änderung des Vertrages gerichtet wäre. Dies ist jedoch, da mit dem Dritten kein Vertrag besteht, nicht möglich. Also spricht viel dafür, dem Urheber einen **direkten Zahlungsanspruch gegen den Dritten** zu geben (*Wilhelm Nordemann*, Urhebervertragsrecht, § 32a Rn. 15; so wohl auch *Ory* AfP 2002, 93, 100; *Berger* Rn. 306; Wandtke/Bullinger/*Wandtke*/*Grunert*[2] Rn. 29). Sollte jedoch der primäre Urhebervertrag so ausgestaltet sein, dass damit keine dauernde Vergütungslösung für die Zukunft verbunden ist, muss man überlegen, ob dem Urheber daneben ein Vertragsanpassungsanspruch gegen seinen Vertragspartner zugebilligt wird und zugleich eine Lösung für die zukünftige Nutzung des Dritten gefunden wird. *Schulze* scheint den Abschluss eine Vertrages mit dem Dritten als Lösung zu favorisieren (*Hilty*/*Peukert* GRUR Int. 2002, 643, 647; Dreier/Schulze/*Schulze*[2] Rn. 48 unter Verweis auf *Schricker*, Quellen, S. 43; *Haas* Rn. 316;).

39 Ob unter einer **Mehrzahl von Lizenznehmern** in der Kette ein **Teil-Gesamtschuldverhältniss** entsteht (so *Wilhelm Nordemann*, Urhebervertragsrecht, § 32a Rn. 16), erscheint **zweifelhaft** (so auch *Brauner* ZUM 2004, 96, 98ff). Denn für eine Gesamtschuld ist eine nahezu bestehende inhaltliche Gleichheit der Schulden erforderlich (BGHZ 43, 227, 233). An dieser dürfte es fehlen, da jeder Dritte in der Kette nur im Rahmen seiner Erträgnisse und Vorteile haftet. Daher wird der Erstverwerter seiner Pflichten entbunden, es sei denn bei ihm entstehen eigene besondere Erträge (*Berger* GRUR 2003, 675, 681).

40 Es dürfte sich anbieten, bei den Vertragsverhältnissen in der eben dargestellten Lizenzkette über **Freistellungsklauseln** nachzudenken. So könnte ein Lizenzgeber Nutzungsrechte einem Lizenznehmer einräumen; dies jedoch davon abhängig machen, dass dem Lizenznehmer kein Regress im Falle der Inanspruchnahme durch einen Urheber nach § 32a Abs. 2 zusteht. Derartige Klauseln wirken natürlich **niemals zu Lasten des Urhebers**. Ob sie im Übrigen wirksam sind, wird von verschiedenen Faktoren abhängen. So sind sicherlich die **Grenzen des AGB-Rechts** zu beachten (BGH NJW 2006, 47, 49 ff. Tz. 29 ff. und Tz. 46: verschuldensunabhängige Rückgriffsansprüche verstoßen gegen § 307 Abs. 2 Nr.1, Abs. 1 BGB), sofern es sich um vorformulierte Verträge handelt (wohl zu allgemein *Castendyk* ZUM 2007, 169, 176 f., der von einer generellen Unwirksamkeit ausgeht, denn ob im Unternehmensverkehr diese Schutzvorschrift zu Gunsten der Urheber wirklich greift, erscheint zweifelhaft; für die von ihm erörterte besondere Situation der Auftragsproduzenten überzeugt die Argumentation aber). Auch sind andere Unwirksamkeitsgründe wie § 119 ff. BGB denkbar. Ob solche Vertragskonstruktionen indes per se sittenwidrig sind (so *Wilhelm Nordemann*, Urhebervertragsrecht, § 32a Rn. 17; *Hoeren* FS Nordemann II S. 181, 187 und wohl auch Dreier/Schulze/*Schulze*[2] Rn. 55; Wandtke/Bullinger/*Wandtke*/*Grunert*[2] Rn. 30; a.A. *Reinhard*/*Distelkötter* ZUM 2003, 269, 275; *Schack*[4] Rn. 968b), erscheint zweifelhaft (differenzierend wie hier wohl auch *Höckelmann* ZUM 2005, 526, 532 „in den weitaus meisten Fällen gemäß § 138 BGB nichtig"; für situative Anwendung des Maßstabes § 138 BGB: *Erdmann* GRUR 2002, 923, 927; ebenfalls differenzierend und auf die vergleichbare Situation des Rückgriffs in der Lieferkette im Kaufrecht (478 Abs. 4 BGB) HK-UrhR/*Kotthoff* Rn. 37). Denn der Lizenznehmer genießt i.d.R. nicht den Schutzbereich der §§ 32, 32a; in seinem Vertragsverhältnis zum Lizenzgeber besteht vielmehr Vertragsfreiheit im üblichen Umfang. Zudem ist sehr wohl denkbar, dass der Regressausschluss in der sonstigen Gegenleistung bereits eingepreist ist, so dass keineswegs zwingend „keine hinreichende Gegenleistung" gewährt wird, einmal dahin gestellt, dass nicht jeder Pflicht in einem Vertrag eine individualisierbare Gegenleistung gegenüber stehen muss.

bb) Haftungsentlassung des „anderen": Sofern der Dritte entsprechend den **41** eben dargestellten Regeln direkt haftet, entfällt die Haftung „des anderen", wie das Gesetz formuliert. Damit ist nicht etwa gemeint, dass in der eben dargestellten Lizenzkette immer nur der letzte haftet (so aber wohl *Wilhelm Nordemann*, Urhebervertragsrecht, § 32a Rn. 16). Dies gilt aber natürlich nur, wenn bei diesem Letzten nicht etwa doch noch Erträgnisse und Vorteile anfallen. Der Urheber soll also vor „Rechteverschiebungen" geschützt werden (hierzu dient ggfs. auch § 826 BGB, s. dazu Dreier/Schulze/*Schulze*[2] Rn. 54). Gleichwohl kann er verständlicherweise die weitere Beteiligung nicht doppelt verlangen.

cc) Verjährung: Der Anspruch gegen den Dritten verjährt ebenso wie der **42** Vertragsänderungsanspruch nach den allgemeinen Regeln der §§ 194 ff. BGB (FormH 14.01.2002 UrhVG, S. 20). Die regelmäßige Verjährungsfrist beträgt drei Jahre (§ 195 BGB). Sie beginnt am Ende des Jahres, in dem der Anspruch entstanden ist *und* der Berechtigte von den ihn begründenden Umständen Kenntnis erlangt hat oder diese ohne grobe Fahrlässigkeit erlangen müsste (§ 199 Abs. 2 BGB). Bei Unkenntnis, die nicht auf grober Fahrlässigkeit beruht, beträgt die Verjährungsfrist zehn Jahre ab *Entstehung* des Anspruchs – also nicht ab Ende des Jahres (§ 199 Abs. 4 BGB). Die Sonderproblematik des § 36 Abs. 2 a.F., wonach es unklar war, ob mit der einmal für die ersten Verwertungen eingetretenen Verjährung auch ein Berufen auf alle später vorgenommenen Nutzungen ausgeschlossen war, also die Verjährung gewissermaßen eine strikte Ausschlussfrist für den gesamten § 36 a.F. war (siehe Vorauflage/*Hertin*[9] § 36 Rn. 9), ist damit obsolet. Das bedeutet, dass es nun auf die Kenntnis der Umstände des Tatbestandes ankommt, womit die 3-Jahres-Frist in Gang gesetzt wird, oder – wenn keine Kenntnis vorliegt – die 10-Jahres Frist (zur Verjährungsproblematik vgl. § 32 Rn. 23). Der Urheber ist nicht verpflichtet, die Verwertung seines Werkes zu überwachen (Dreier/Schulze/*Schulze*[2] Rn. 67; Wandtke/Bullinger/*Grunert*[2] Rn. 31). Zur Verjährung des Auskunftsanspruchs nach § 36 a.F. OLG Köln GRUR-RR 2004, 161.

III. Prozessuales

1.   Allgemeines; Anspruchsziele

An der Technik des Anspruchs hat sich gegenüber § 36 a.F. nichts geändert. Es ist **43** also in der Regel eine Einwilligung in die **Änderung des primären Urheberrechtsvertrages** zu verlangen, nicht unmittelbar die sich daraus ergebende Zahlung. Allerdings kann – soweit sich aufgrund dieser Änderung ergibt, dass Zahlungsansprüche bereits **fällig** sind, der Berechtigte auch direkte **Zahlung** verlangen (FormH 19.11.2001 UrhVG, S. 15 unter Verweis auf BGH GRUR 1991, 901, 141 – *Horoskop-Kalender*; auch vgl. § 32 Rn. 132). Willigt der andere in eine solche nicht ein, muss der Berechtigte ihn auf Abgabe dieser Willenserklärung verklagen. Das entsprechende Urteil wird ggfs. nach § 894 ZPO vollstreckt.

44 Der Berechtigte weiß bei Klageerhebung möglicherweise noch nicht, welche Vergütungsregelung, die er als Vertragsänderung verlangen müsste, angemessen ist; vielleicht ergibt sich dies erst nach der Auskunft (zum Auskunftsanspruch vgl. Rn. 46). Dann muss er eine der im Urheberrecht üblichen und (wohl auch in dieser neuen Konstellation) zulässigen „geteilten" Klagen einreichen, nämlich zunächst auf Auskunft und Feststellung, sodann im Anschluss an die Auskunft Umstellung auf konkrete Vertragsänderung. Der Berechtigte kann aber natürlich auch sogleich den konkreten Vertragsänderungsanspruch stellen; er riskiert dann allerdings möglicherweise eine Teilabweisung. Entgehen kann man dem, indem man die Höhe der konkreten Vergütung in das Ermessen des Gerichts stellt (§ 287 ZPO).

45 Eine derartige **Klage** kann ohne weiteres **mit einem Zahlungsanspruch verbunden** werden, der die Teile des Honorars betrifft, die in der Vergangenheit lagen und damit bereits fällig sind (BGH GRUR 1991, 901, amtlicher Leitsatz Nr.1 – *Horoskop-Kalender* zum alten Recht; nunmehr so wohl auch OLG München WRP 2006, 611, 616 f. – *Mambo No. 5*; *Erdmann* GRUR 2002, 923, 927). Vorsicht ist allerdings bei weitergehenden Ansprüchen geboten, z.B. auf Vertragsänderung mit der eine Abrechnungsregelung aufgenommen wird oder die zusätzliche Zahlung der Mehrwertsteuer. Wenn dies schon im Urhebervertrag verankert ist, laufen derartige Ansprüche leer. Ob weitergehende Vertragsänderungsansprüche, z.B. auf Zahlung eines Vorschusses oder bestimmter Abrechnungsmodalitäten begründet sind, richtet sich nach der materiellen Frage der Angemessenheit bzw. ob diese bei der Betrachtung der Missverhältnisses einzubeziehen sind (vgl. dazu § 32 Rn. 121). Für die Geltendmachung von **Ansprüchen mehrerer Berechtigter** vgl. zunächst § 32 Rn. 142 f. Die Situation in § 32a unterscheidet sich aber von der des § 32a, da hier nicht zwingend vertragliche Bindungen zwischen den Betroffenen bestehen. Für den **Anspruch nach Abs. 1** gegen den Vertragspartner des Urhebers gilt daher das zu § 32 Gesagte. Für den **Anspruch nach Abs. 2** muss erst recht gelten, dass jeder Berechtigte den Anspruch eigenständig gelten machen kann, denn in dieser Konstellation fehlen ja sogar vertragliche Bindungen (i.E. ebenso Dreier/Schulze/*Schulze*² Rn. 66). **Gerichtsstand** für Klagen gegen den Vertragspartner wegen des Vertragsänderungsanspruchs (Abs. 1) ist ebenso wie für solche gegen den Dritten (Abs. 2) der Sitz des Beklagten. Denn es handelt sich bei den Ansprüchen des § 32a nicht um solche aus unerlaubten Handlungen (vgl. zur Einordnung der Ansprüchen § 32 Rn. 16). Dabei sind die ggfs. bestehenden Spezialzuständigkeiten zu beachten (vgl. § 105). Zur **Zwangsvollstreckung** *Berger* NJW 2003, 853, 854: Im Anspruch auf nachträgliche Beteiligung gem. § 32a n.F. sieht er keinen Vollstreckungsgegenstand nach § 857 ZPO. Hingegen könne die Honorarforderung des Urhebers unter bestimmten Voraussetzungen gepfändet werden. Zu Fragen der **Beweislast** vgl. § 32 Rn. 135.

2.   **Vorbereitender Auskunftsanspruch**

46 Ebenso wie bei § 32 steht dem Berechtigten bei § 32a ein vorbereitender Auskunftsanspruch zu (vgl. § 32 Rn. 128 f.). Er ist gerichtet auf die Informationen, die der Berechtigte benötigt, um seinen Anspruch zu berechnen. Allerdings muss der Berechtigte aufgrund nachprüfbarer Tatsachen (z. B., dass ein Buch eine gewisse Zeit in Bestsellerlisten stand, (so LG Köln Urt. v. 08.08.2007 – 28 O 355/05) klare Anhaltspunkte für einen Anspruch nach § 32a plausibel ebenso darlegen wie ggfs. Gründe, warum ihm eine weitere Spezifizierung der Anspruchsvoraussetzungen nicht möglich ist (BGH GRUR

2002, 602, 603 – *Musikfragmente*; BGH GRUR 2002, 149, 153 – *Wetterführungspläne II*; beides noch zu § 36 a.F.; LG München I: Urt. v. 15.05.2008, 7 O 235/05: aufgrund nachprüfbarer Tatsachen darlegen, dass klare Anhaltspunkte für Anspruch bestehen). Der Anspruch findet seine **Grenze in der Verhältnismäßigkeit** (in diese Richtung wohl auch Dreier/Schulze/*Schulze*[2] Rn. 6). Wenn die Auskunft auf andere Weise erzielbar ist, z.B. weil der Verlag die Zahlen seiner Buchveröffentlichungen anderweitig publiziert, ist der Anspruch nicht gegeben. Oder wenn die Auskunft zu einem so erheblichen Aufwand beim Nutzer führt, dass dies in keinem Verhältnis mehr zum möglichen Ertrag steht, was z.B. bei Werken mit einer Vielzahl von Urhebern denkbar ist, wird man über eine Grenze des Anspruchs nachdenken müssen. Unklar ist, ob der Berechtigte fortlaufend Auskunft verlangen kann? Ebenfalls zweifelhaft erscheint, ob der Nutzer zur Offenlegung seiner Kalkulation gezwungen werden kann. Der Nutzer wird sich vielfach nur dadurch verteidigen können, um zu belegen, dass keine ein Missverhältnis begründenden Erträgnisse und Vorteile vorliegen. In einem solchen Fall kann ihm wegen seiner Geheimhaltungsinteressen ein Wirtschaftsprüfervorbehalt zur Seite stehen (vgl. § 32 Rn. 148).

IV. Verhältnis zu anderen Normen

1. Angemessene Vergütung nach § 32

Das Verhältnis zu § 32 bleibt im Unklaren. Angesichts der amtlichen Überschrift des § 32a („weitere Beteiligung […]") und der Gesetzesbegründung, die davon spricht, „dass schon die angemessene Vergütung nach § 32 das Beteiligungsprinzip beachten wird […]" (FormH 19.11.2002 UrhVG, S. 18), wird bei einer Honorierung durch eine Beteiligung wenig Raum für eine eigenständige Anwendung von § 32a bleiben. Es existiert keine Regel, wonach die Beteiligung umso höher sein muss, je mehr die Verkaufszahlen eines Werkes ansteigen. Dieses in Lizenzvertragsverhandlungen auch in anderen Rechtsgebieten des Geistigen Eigentums, insb. dem Patentrecht, oft gehörte Argument, setzt sich nur dann durch, wenn wirklich die höheren Verkaufszahlen nicht etwa durch besondere Aufwendungen im Marketing und Vertrieb, die durchaus überproportional steigen können, erklären lassen. Zu Recht wird daher darauf hingewiesen, dass § 32a und § 32 parallel laufen können (*Haas* Rn. 321; Loewenheim/*v. Becker* § 29 Rn. 94 spricht von „Überschneidung"; a.A. *Berger* GRUR 2003, 675: streng zu trennen), und § 32a im Wesentlichen anwendbar ist, wenn sich eine Vergütung nachträglich als unangemessen herausstellt (Dreier/Schulze/*Schulze*[2] Rn. 7; Schricker/*Schricker*[3] Rn. 9; für Abgrenzung der Anwendung durch zeitlichen Ansatzpunkt auch *Becker*/*Wegener* ZUM 2005, 695). **47**

2. Alter Beststellerparagraf

§ 36 a.F. ist nach Ablauf der Übergangsregel (vgl. Rn. 7) nicht mehr anwendbar. Im Übrigen vgl. Rn 52 ff. **48**

3. Geschäftsgrundlage

Der BGH hat § 36 a.F. als besonderen Anwendungsfall des Wegfalls der Geschäftsgrundlage (nunmehr kodifiziert in § 313 BGB) interpretiert (BGH GRUR 1991, 901, 902 – *Horoskop-Kalender*; BGH GRUR 1998, 680, 683 – **49**

Comic-Übersetzungen I). Dem ist die h.M. gefolgt (*Schricker/Schricker*[2] § 36 Rn. 3; a.A.: rechtlich vorgeschriebene Inhaltskontrolle: *Brandner* GRUR 1993, 173, 176; Dreier/Schulze/*Schulze*[4] Rn. 4; *Schack*[2] Rn. 966). Nach der h.M. kann daher das Rechtsinstitut aus dem BGB nicht neben § 36 a.F. zur Anwendung kommen (so auch Schricker/*Schricker*[3] Rn. 10). Da der Gesetzgeber in § 32a ausdrücklich in Abs. 1 Satz 2 statuiert hat, dass es auf die Frage der Unerwartetheit nicht mehr ankommt und nachdem in der Gesetzesbegründung – anders als noch zum § 36 a.F. (dort Rechtsausschuss UFITA 46/1966) – nunmehr kein Hinweis auf den Wegfall der Geschäftsgrundlage enthalten ist, ist § 32a **als besonderer Fall der AGB- bzw. Vertrags-Inhaltskontrolle** anzusehen (so Dreier/Schulze/*Schulze*[2] Rn. 8, die zu Recht darauf hinweisen, dass angesichts der strengen Anforderungen an den Wegfall der Geschäftsgrundlage diese selten anwendbar sein dürfte). Die Gesetzesbegründung schweigt zu dieser Frage. (im Detail vgl. Rn. 3; für Fortgeltung *Hucko* S. 14; dagegen: Wandtke/Bullinger/*Wandtke/Grunert*[2] § 32a Rn. 15).

4. AGB-Recht

50 Angesichts des klaren Umgehungsverbots in Abs. 3 und § 32b sind nicht nur vertragliche Konstruktionen, sondern erst recht AGB-Konstruktionen unwirksam, die § 32a umgehen bzw. abbedingen. Zur Frage des Einflusses des AGB-Rechts auf Regressansprüche in der Lizenzkette vgl. Rn. 40.

5. Weitere Bestimmungen

51 Denkbar bleibt allenfalls eine eingeschränkte Anwendung von **§ 138 BGB** (Schricker/*Schricker*[3] Rn. 10), vgl. § 32 Rn. 152. Ebenso wie § 32, der einen noch deutlicheren vertraglichen Bezug hat, ist § 32a jedenfalls kein vertraglicher Korrekturanspruch (vgl. Rn. 3 a.E.). Daher dürfte eine **Kündigung aus wichtigem Grund** von Dauerschuldverhältnissen (**§ 314 BGB**) wegen Verstoßes gegen § 32a ausscheiden (vgl. § 32 Rn. 152; a.A. Schricker/*Schricker*[3] Rn. 10).

V. Anhang: § 36 a.F.

52 **§ 36 a.F. Beteiligung des Urhebers**

(1) Hat der Urheber einem anderen ein Nutzungsrecht zu Bedingungen eingeräumt, die dazu führen, dass die vereinbarte Gegenleistung unter Berücksichtigung der gesamten Beziehungen des Urhebers zu dem anderen in einem groben Missverhältnis zu den Erträgnissen aus der Nutzung des Werkes steht, so ist der andere auf Verlangen des Urhebers verpflichtet, in einen Änderung des Vertrages einzuwilligen, durch die dem Urheber eine den Umständen nach angemessene Beteiligung an den Erträgnissen gewährt wird.

(2) Der Anspruch verjährt in zwei Jahren von dem Zeitpunkt an, in den der Urheber von den Umständen, aus denen sich der Anspruch ergibt, Kenntnis erlangt, ohne Rücksicht auf diese Kenntnis in zehn Jahren. *[mit Wirkung zum 1.1.2002 aufgehoben]*

(3) Auf den Anspruch kann im Voraus nicht verzichtet werden. Die Anwartschaft darauf unterliegt nicht der Zwangsvollstreckung; eine Verfügung über die Anwartschaft ist unwirksam.

1. Rückblick auf die Anwendung des § 36 a.F.

53 § 36 a.F. war ein gewissermaßen zahnloser Tiger bzw. die Rechtsprechung ihn nur sehr zurückhaltend angewendet. Nicht zu verkennen ist aber, dass seit dem

Beginn der 90er Jahre die Zahl der höchstrichterlichen Entscheidungen zu § 36 a.F. deutlich zugenommen hatte. Sie seien hier überblicksartig aufgelistet:

–   BGH GRUR 1990, 1005 – *Salome*
–   BGH GRUR 1991, 901 – *Horoskop-Kalender*
–   BGH GRUR 1998, 680 – *Comic-Übersetzungen* I
–   BGH GRUR 2000, 144 – *Comic-Übersetzungen* II
–   BGH GRUR 2002, 153 – *Kinderhörspiele*
–   BGH GRUR 2002, 149 – *Wetterführungspläne II*
–   BGH GRUR 2002, 602 – *Musikfragmente*
–   BGH GRUR 2004, 938 – *Comic-Übersetzungen III*

Ebenfalls nicht zu verkennen ist, dass das deutsche Zivilrecht bislang im **54** Wesentlichen eine nachträgliche Korrektur unbillig gefundener Ergebnisse der Vertragsfreiheit bevorzugte (z.B. § 138 BGB; zu dieser Art der Vergütungskontrolle im Urheberrecht im internationalen Vergleich zu anderen *Czychowski*, Urhebervertragsrecht, S. 189 ff.). Dennoch war die Anwendung des § 36 a.F. in vielerlei Hinsicht mit hohen praktischen Hürden versehen, die nun nahezu alle durch § 32a aus dem Weg geräumt wurden.

2.   Anwendbarkeit im Verhältnis zu § 32a

Die Übergangsregel findet sich in § 132 Abs. 3 Satz 2. Damit dürfte § 36 a.F. **55** noch für Sachverhalte, die vor dem 28.03.2002 lagen (zu einem Fall entschieden nach Einführung des § 32a: LG Berlin ZUM-RD 2008, 72), solange anwendbar sein, bis die letzten Ansprüche verjährt sind. Da § 36 Abs. 2 durch das Schuldrechtsmodernisierungsgesetz zum 01.01.2002 aufgehoben wurde, gelten seitdem die allgemeinen Verjährungsregeln. Ansprüche nach § 36 a.F., die vor dem 01.01.2002 entstanden sind, konnten also nach der Übergangsregel des Art. 229 § 6 EGBGB am 31.12.2004 verjähren.

3.   Voraussetzungen

Anspruchsberechtigt sind **Urheber** bzw. **ihre Rechtsnachfolger**, wobei auch **56** angestellte Urheber in den Genuss der Regelung kommen (BGH GRUR 2002, 149, 153 – *Wetterführungspläne II*), ebenso wie Lichtbildner (§ 72) und Inhaber des Rechts an **wissenschaftlichen Ausgaben** (§ 70). § 90 Satz 2 schließt Filmurheber von § 36 a.F. aus. Ausübende Künstler genießen ebenfalls nicht den Schutz des § 36 a.F. Der Personenkreis, der sich nun auf § 32a berufen kann (vgl. Rn. 8 f.) hat sich also stark erweitert.

a) Nutzungsrechtseinräumung: § 36 a.F. setzt voraus, dass der Anspruchs- **57** berechtigte ein **Nutzungsrecht** eingeräumt hat, wobei es keinen Unterschied macht, ob diese Nutzungsrechtseinräumung einfach/ausschließlich oder schuldrechtlich bzw. quasi-dinglich (dazu vgl. Vor §§ 31 ff. Rn. 33) erfolgte. Ausreichend ist auch eine Nutzungsrechtseinräumung durch einen **Bestellvertrag** i.S.d. § 40 VerlG (BGH GRUR GRUR 1998, 680 – *Comic-Übersetzungen I*). Ebenfalls nicht erforderlich ist, dass der Urheber darlegt, dass die unerwartet hohen Erträgnisse aus der Nutzung gerade auf seinem schöpferischen Beitrag beruhen (BGH GRUR 2002, 153 – *Kinderhörspiele*). **Umstritten** ist, ob § 36 a.F. auch **gegen den dritten Nutzer** gerichtet werden kann, mithin nicht nur gegen den Vertragspartner des Urhebers. § 32a Abs. 2 schafft insofern Klarheit (vgl. Rn. 28). Die Meinungen hierzu waren geteilt, ohne dass die Frage soweit ersichtlich einmal gerichtlich geklärt worden wäre (zum Streitstand Vorauflage/*Hertin*[9] § 36 a.F. Rn. 8; Schricker/*Schricker*[2] § 36 Rn. 8).

58 b) **Vereinbarte Gegenleistung; Grobes Missverhältnis zu den Erträgnissen aus der Nutzung des Werkes:** Die Rechtsprechung hat aus dem Merkmal des groben Missverhältnisses abgeleitet, dass jedenfalls eine Abweichung der Vergütung von der angemessenen Vergütung um 100% noch nicht ausreiche (BGH GRUR 1996, 763, 765 f. – *Salome II*; anders nun § 32a vgl. Rn. 12 ff.). Dabei ist Grundlage der Bewertung das, was üblicherweise zu leisten ist. Die Rechtsprechung hat dies immer nur im Einzelfall entschieden; Verallgemeinerungen verbieten sich wohl. Allerdings kann auch eine branchenübliche Vergütung zu einem groben Missverhältnis führen (BGH GRUR 2002, 602 – *Musikfragmente*). Die vereinbarte Gegenleistung kann in Geld bestehen; auch andere Leistungen, wie Freiexemplare, sind hier einzustellen. Die Erträgnisse demgegenüber sind alle Vermögensvorteile; dabei dürfte es sich um Bruttoeinkünfte ohne Abzug von Kosten handeln (Vorauflage/*Hertin*[9] § 36 a.F. Rn. 5; Schricker/*Schricker*[2] § 36 a.F. Rn. 10; Möhring/Nicolini/*Spautz*[2] § 36 a.F. Rn. 9 („Bruttoertrag"), a.A. „Gewinn" BAG GRUR 1984, 429, 432 – *Statikprogramme*, allerdings wohl eher ohne Problembewusstsein für die Unterscheide zwischen Bruttoertrag und Gewinn nach Lastenabzug). Allerdings kann nicht völlig unbeachtet bleiben, wenn der Verwerter in seinem Unternehmen insgesamt überhaupt keinen Gewinn macht, was bei Mischkalkulationen durchaus sein kann. Denn schon nach dem Gesetzeswortlaut erfolgt eine Berücksichtigung der gesamten Beziehungen des Urhebers zu dem anderen. Letzteres Merkmal gilt natürlich auch zu Gunsten des Urhebers.

59 c) **Ungeschrieben: Rücksicht auf Kenntnis/Unerwartetsein:** Höchste **Hürde** des § 36 a.F. war sicherlich, dass die Rechtsprechung wegen der Herleitung vom Institut des Wegfalls der Geschäftsgrundlage (BGH GRUR 1991, 901, 902 – *Horoskop-Kalender*; BGH GRUR 1971, 519, 521 – *Urheberfolgerecht*; BGH ZUM 1998, 497, 501 – *Comic-Übersetzungen I*) verlangte, dass der Erfolg der Verwertung für den Anspruchsinhaber unerwartet war (BGH GRUR 1991, 901, 902 – *Horoskop-Kalender*; BGH GRUR 1998, 680 – *Comic-Übersetzungen*). **Nicht entscheidend** ist, ob die Leistung des Anspruchsberechtigten **kausal für den Erfolg** war (BGH GRUR 1991, 901, 902 – *Horoskop-Kalender*).

4.   Folgen: Änderungsanspruch

60 Rechtsfolge des § 36 a.F. ist, dass der Urheber einen Anspruch auf Einwilligung in eine Vertragsänderung erwirbt. Diese soll erreichen, dass eine angemessene Beteiligung vereinbart wird. **Vorbereitend** ist ein entsprechender **Auskunftsanspruch** anerkannt (BGH GRUR 2002, 602 – *Musikfragmente*), der freilich nicht die Verjährung unterbricht (zu letzterer vgl. Rn. 27; zur **Verwirkung** des Anspruchs nach § 36 a.F. BGH GRUR 2000, 144 – *Comic-Übersetzungen II*).

§ 32b   Zwingende Anwendung

Die §§ 32 und 32a finden zwingend Anwendung
1. **wenn auf den Nutzungsvertrag mangels einer Rechtswahl deutsches Recht anzuwenden wäre oder**
2. **soweit Gegenstand des Vertrages maßgebliche Nutzungshandlungen im räumlichen Geltungsbereich dieses Gesetzes sind.**

Übersicht:

I. Allgemeines

Im internationalen Urhebervertragsrecht, zu dessen Regelungsbereich § 32b **1** nach heute ganz h.M. gehört (z.B. *Hilty/Peukert* GRUR Int. 2002, 643, 644; *Schricker/Katzenberger*[3] § 32b Rn. 4), können die Parteien das anwendbare Recht weitgehend frei wählen, Art. 27 EGBGB. Das gewählte Recht regelt grundsätzlich alle Beziehungen zwischen den Parteien (zum internationalen Urhebervertragsrecht vgl. Vor §§ 120 ff. Rn. 82 ff.). Lediglich materiellrechtlich, d.h. innerstaatlich zwingende Normen des deutschen Rechts finden bei Wahl eines anderen Rechts ebensowenig Anwendung wie dann, wenn der Nutzungsvertrag mangels Rechtswahl aufgrund objektiver Anknüpfung einem anderen als dem deutschen Recht untersteht.

Um sicherzustellen, dass dem Urheber und dem ausübenden Künstler (§ 79 **2** Abs. 2) der Schutz des deutschen Rechts jedenfalls dann erhalten bleibt, wenn eine enge Verbindung zum Inland besteht, erklärt § 32b – nur wenige Tage vor der endgültigen Beschlussfassung in die Gesetzesvorlage eingefügt – für zwei Fallgruppen die §§ 32, 32a auch dann für anwendbar, wenn deutsches Recht im Übrigen nicht Vertragsstatut ist: So kann der Urheber sich trotz abweichender Rechtswahl auf §§ 32, 32a berufen, wenn ohne diese Rechtswahl deutsches Recht auf den Vertrag anwendbar wäre (§ 32b Nr. 1); ist dies nicht der Fall, so kann der Urheber seinen Anspruch auf angemessene Vergütung aus §§ 32, 32a geltend machen, „soweit Gegenstand des Vertrages maßgebliche Nutzungshandlungen" im Inland sind (§ 32b Nr. 2). § 32b macht §§ 32, 32a somit zu (international zwingenden) Eingriffsnormen i.S.d. Art. 34 EGBGB, indem er regelt, dass und unter welchen Voraussetzungen sich die §§ 32, 32a gegen einzelne Vorschriften des an sich berufenen ausländischen Rechts durchsetzen (ausführlich zu § 32b und Art. 34 EGBGB *Hilty/Peukert* GRUR Int. 2002, 643, 648 ff.; zu Art. 34 EGBGB im internationalen Urhebervertragsrecht vgl. Rn. 19 ff. und vgl. Vor §§ 120 ff. Rn. 86 ff.). §§ 32, 32a greifen deshalb nur insoweit in den Nutzungsvertrag ein, als der Urheber eine angemessene Vergütung fordert. § **32c**, den Vergütungsanspruch des Urhebers für später bekannte Nutzungsarten, erwähnt § 32b nicht. § 32c könnte sich also allenfalls über Art. 34 EGBGB (vgl. Rn. 19 ff., auch vgl. Rn. 22) als international zwingende Norm gegenüber einem ausländischen Vertragsstatut durchsetzen. § 32c betrifft in erster Linie Individual-, nicht hingegen öffentliche oder Gemeinwohlinteressen. Dafür spricht auch die Übergangsregelung des § 137l.

Nach der hier vertretenen Auffassung gehört die Vorschrift deshalb nicht zu dem – eng begrenzten, vgl. Rn. 19 f. – Kreis der international zwingenden Regelungen i.S.d. Art. 34 EGBGB. Allerdings ist angesichts des Regelungsgehalts und des mit § 32c verfolgten Ziels, das §§ 32, 32a gleicht – dazu vgl. § 32c Rn. 2 f. – davon auszugehen, dass es sich um ein Redaktionsversehen handelt, das der Gesetzgeber dementsprechend schon im Rahmen der Umsetzung der Enforcement-RL beheben sollte. *Schack* meint demgegenüber, bei § 32c handele es sich um einen gesetzlichen Vergütungsanspruch, weil er § 31 Abs. 4 a.F. folge, der wiederum die Übertragbarkeit des Urheberrechts überhaupt betreffe und deshalb dem Recht des Schutzlands unterliege. Auch § 32c finde deshalb nicht im Rahmen des Vertragsstatuts oder über Art. 34 EGBGB, sondern als Teil der *lex loci protectionis* Anwendung (*Schack*[4] Rn. 550 Fn. 92; *ders.* FS Heldrich S. 997, 1004 zu § 31 Abs. 4 a.F.). Dies ist allerdings wenig überzeugend. Denn es ist – neben systematischen Gründen – kein Grund ersichtlich, weshalb § 32c anders zu behandeln sein sollte als der – auch in der Durchgriffsmöglichkeit auf Dritte – ganz ähnlich gestaltete § 32a, der wiederum nach wohl h.M. vertragsrechtlicher Natur ist (vgl. Vor §§ 120 ff. Rn. 73, 86).

II. Tatbestand

1. § 32b Nr. 1

3 a) **Anwendungsbereich:** § 32b Nr. 1 eröffnet dem Urheber die Ansprüche aus §§ 32, 32a zunächst dann, wenn die Parteien für den Nutzungsvertrag zwar wirksam eine ausländische Rechtsordnung gewählt haben (Art. 27 EGBGB), der Vertrag aber bei **objektiver Anknüpfung** (Art. 28 EGBGB), d.h. wenn die Parteien keine Rechtswahl getroffen hätten, deutschem Recht unterliegen würde. Art. 28 Abs. 1 EGBGB unterstellt Verträge mangels Rechtswahl dem Recht des Staates, zu dem die engsten Verbindungen bestehen. Nach Art. 28 Abs. 2 EGBGB wird die engste Verbindung zu dem Staat vermutet, in dem die Partei, die die charakteristische Leistung erbringt, ihren Sitz oder ihre Niederlassung hat. Dies ist nach ganz h.M. (Nachweise vgl. Vor §§ 120 ff. Rn. 90) immer dann der Verwerter, wenn dieser sich verpflichtet hat, die eingeräumten Rechte zu nutzen, oder wenn er ein ausschließliches Nutzungsrecht erworben und damit jedenfalls eine Ausübungslast übernommen hat. Bei Verlagsverträgen, bei denen der Verleger sich in der Regel zur Vervielfältigung und Verbreitung des Werkes verpflichtet, ist mithin das Recht an dessen Sitz Vertragsstatut (BGH GRUR 2001, 1134, 1136 – *Lepo Sumera*; BGH GRUR 1956, 135, 137 f. – *Sorrell and Son*). Auf einen Verlagsvertrag, den ein Verlag mit Sitz oder vertragschließender Niederlassung in Deutschland schließt, sind nach § 32b Nr. 1 also §§ 32, 32a auch dann anzuwenden, wenn im Übrigen z.B. amerikanisches Recht wirksam vereinbart worden ist.

4 Ist der Verwerter hingegen nicht zur Nutzung der eingeräumten Rechte verpflichtet, so dass seine Pflichten sich im Wesentlichen auf die Zahlung der vereinbarten Vergütung beschränken, erbringt nach wiederum ganz h.M. (Nachweise vgl. Vor §§ 120 ff. Rn. 90) der Urheber die charakteristische Leistung i.S.d. Art. 28 Abs. 2 EGBGB mit der Folge, dass das Recht seines Sitzes den Vertrag regelt. In diesen Fällen kann also für in Deutschland lebende Urheber die Anwendung der §§ 32, 32a nicht durch die Wahl eines ausländischen Rechts ausgeschlossen werden.

b) Erfasste Nutzungen: Sind §§ 32, 32a über § 32b Nr. 1 auf einen Verwer- **5** tungsvertrag anwendbar, stellt sich die Frage, ob der Urheber eine angemessene Vergütung nur für **Verwertungshandlungen in Deutschland** oder für den gesamten Vertrag, d.h. auch für die **Nutzung außerhalb Deutschlands** verlangen kann. Auf den ersten Blick mag eine Beschränkung der möglichen Ansprüche auf die Nutzung im Inland geboten erscheinen: Schließlich nimmt § 32b Nr. 1 einen erheblichen Eingriff in die – in Art. 27 Abs. 1 EGBGB als Grundsatz niedergelegte – Parteiautonomie vor, indem er die von den Parteien getroffene Rechtswahl im Hinblick auf mögliche Ansprüche des Urhebers aus §§ 32, 32a aushebelt. Generell lässt sich im internationalen Privatrecht ein solcher Eingriff nur rechtfertigen, wenn und soweit eine mehr oder weniger starke Inlandsbeziehung des Sachverhaltes besteht, das deutsche Recht also ein Interesse, den Sachverhalt zu regeln, geltend machen kann. Allerdings ist bei § 32b Nr. 1 die hinter der Regelung stehende Inlandsbeziehung deutlich enger als bei § 32b Nr. 2: Ohne die abweichende Rechtswahl der Parteien wäre deutsches Recht auf den Vertrag insgesamt anzuwenden, d.h. einschließlich der Teile, die die Nutzung im Ausland betreffen, weil die Partei, die die wesentliche Leistung erbringt, im Inland sitzt. Der Urheber muss sich deshalb im Rahmen des § 32b Nr. 1 für den ganzen Vertrag, d.h. im Hinblick auf alle dort vorgesehenen Nutzungsmöglichkeiten und alle mit den eingeräumten Rechten erzielten Erlöse auf §§ 32, 32a berufen dürfen (*Wilhelm Nordemann* Das neue Urhebervertragsrecht, § 32b Rn. 4; Dreier/Schulze/*Schulze*[2] Rn. 7). Dem entspricht im Übrigen der Wortlaut des § 32b Nr.1, nach dem die §§ 32, 32a zwingend Anwendung finden, wenn *„auf den Nutzungsvertrag“* bei objektiver Anknüpfung deutsches Recht – also auch für die im Ausland vorgesehene Nutzung des Werkes – anzuwenden wäre.

Im Rahmen der Prüfung, ob die Ansprüche nach § 32 Abs. 2 S. 2 bzw. § 32a **6** Abs. 1 S. 1 gegeben sind, ist dann wiederum der gesamte internationale Sachverhalt zu berücksichtigen. Ein Missverhältnis nur in Deutschland reicht für eine Bejahung der Ansprüche des Urhebers mithin ebensowenig aus wie umgekehrt ein ausgewogenes Verhältnis (nur) im Inland für ihre Zurückweisung.

c) Maßgeblicher Vertrag bei Lizenzketten: Ein Sonderproblem ergibt sich, **7** wenn der Urheber aus **§ 32a Abs. 2** nicht von seinem unmittelbaren Vertragspartner, sondern von einem weiteren Berechtigten innerhalb einer Lizenzkette eine zusätzliche Vergütung verlangen will: Soll der für eine Anwendung des § 32b Nr. 1 entscheidende Nutzungsvertrag, der objektiv deutschem Recht unterliegen müsste, der erste zwischen dem Urheber und dem ersten Verwerter oder der zweite mit dem konkret in Anspruch genommenen Lizenznehmer sein, oder soll man verlangen, dass beide (oder alle) Verträge der Kette bei fehlender Rechtswahl deutschem Recht unterstehen? Die Antwort ergibt sich aus dem Ziel der Norm: Der Annexanspruch aus § 32a Abs. 2 soll (nur) vermeiden, dass der Urheber nur deshalb den Anspruch aus § 32a Abs. 1 nicht geltend machen kann, weil der Erstverwerter die Nutzungsrechte weiterübertragen und das Werk erst bei der Verwertung des zweiten Rechteinhabers außergewöhnlichen Erfolg hat. In einem solchen Fall gibt es aber keinen Grund, den Zweitberechtigten schlechter zu stellen als den direkten Vertragspartner des Urhebers oder umgekehrt den Urheber bei einem Vorgehen gegen einen Zweitverwerter besser zu stellen als bei gegenüber seinem Vertragspartner. Der Urheber kann deshalb bei Verträgen mit Auslandsberührung den Anspruch aus § 32a Abs. 2 nur dann geltend machen, wenn bereits sein Vertrag mit dem ersten Rechteinhaber bei objektiver Anknüpfung nach deutschem Recht beurteilt werden müsste (ebenso *Hilty/Peukert* GRUR Int. 2002,

643, 664), also bei Ausübungslast der Verwerter oder, bei einfacher Lizenz, der Urheber in Deutschland sitzt.

8 Ist dies nicht der Fall, so führt § 32b Nr. 1 auch dann nicht zur Anwendung deutschen Rechts, wenn der Vertrag, durch den dem in Anspruch genommenen Lizenznehmer Nutzungsrechte eingeräumt wurden, bei objektiver Anknüpfung deutschem Recht unterstünde. Denn unterliegt bereits der erste Vertrag bei objektiver Anknüpfung nicht deutschem Recht und geht es konkret auch nicht um die Nutzung in Deutschland (dann griffe § 32b Nr. 2), ist die Beziehung zum Inland jedenfalls nicht so eng, dass eine Verdrängung des ausländischen Vertragsstatuts zugunsten des Anspruchs aus § 32a Abs. 2 gerechtfertigt erschiene (zum Einwand des Rechtsmißbrauchs in Ausnahmefällen *Hilty/Peukert* GRUR Int. 2002, 643, 664). Umgekehrt ist nicht erforderlich, dass auch der zweite Vertrag in der Kette (geschweige denn alle weiteren) diese Voraussetzung erfüllt.

2.   § 32b Nr. 2

9 a) „**Maßgebliche**" **Nutzungshandlungen:** § 32b Nr. 2 erklärt als Auffangtatbestand §§ 32, 32a für anwendbar, „soweit Gegenstand des Vertrages maßgebliche Nutzungshandlungen" im Inland sind, d.h. auch dann, wenn der (erste, vgl. Rn. 7 f.) Vertrag des Urhebers mit dem Verwerter objektiv nicht deutschem Recht unterliegt. „Maßgeblich" ist dabei jede vertraglich vorgesehene Nutzung in Deutschland, unabhängig davon, welchen Anteil diese Nutzung an der Verwertung insgesamt hat, und ohne dass eine bestimmte quantitative oder qualitative Schwelle überschritten werden oder eine Nutzung überhaupt vorgenommen werden müsste (Dreier/Schulze/*Schulze*[2] Rn. 9; Schricker/*Katzenberger*[3] Rn. 17 ff.; *Nordemann-Schiffel* FS Nordemann II S. 483; a.A. *Haas* Rn. 478): Ohnehin kann nur eine Nutzung von gewissem Umfang dem Urheber die Ansprüche aus § 32 oder § 32a eröffnen; ein zusätzliches „Schwellenkriterium" in § 32b Nr. 2 ist deshalb nicht erforderlich und wäre als materiellrechtliches Element hier fehl am Platze. Ein unvermeidbarer „Overspill", der auch in Lizenzverträgen regelmäßig nicht berücksichtigt wird, genügt allerdings insofern nicht (*Schack* FS Heldrich S. 997, 999).

10 b) **Umfang der Ansprüche:** § 32b Nr. 2 eröffnet allerdings Ansprüche nur für die in Deutschland vorgesehene Nutzung bzw. die hier vorgenommene Verwertung (Dreier/Schulze/*Schulze*[2] Rn. 9; Wandtke/Bullinger/*v. Welser*[2] Rn. 4; *Nordemann-Schiffel* FS Nordemann II S.479, 483 f.; a.A. *Hilty/Peukert* GRUR Int. 2002, 643, 663 f.). Der Gesetzestext ist insofern eindeutig: § 32b Nr. 2 führt (nur) zur Anwendung der §§ 32, 32a, „*soweit*" die **vertragsgegenständliche Nutzung im Inland** betroffen ist. Ein darüber hinausgehender, d.h. auch die Nutzung im Ausland erfassender Eingriff in das Vertragsgefüge ließe sich internationalprivatrechtlich kaum rechtfertigen: Im Vergleich zu den von § 32b Nr. 1 erfassten Konstellationen ist die Inlandsbeziehung der Fälle, die unter § 32b Nr. 2 fallen, sehr viel schwächer. Auch ohne abweichende Rechtswahl, d.h. bei objektiver Anknüpfung würde das deutsche Recht den Verwertungsvertrag, den der Urheber geschlossen hat, nicht regeln; die Parteien umgehen also durch ihre Rechtswahl keineswegs die §§ 32, 32a, die ohnehin keine Anwendung finden würden. Die Inlandsbeziehung besteht hier grundsätzlich nur insoweit, als die Nutzung in Deutschland im Raume steht. Das deutsche Recht kann deshalb nach allgemeinen internationalprivatrechtlichen Grundsätzen den Sachverhalt nur insoweit regeln, als Deutschland betroffen ist: für die Nutzung im Inland.

Der Urheber kann also grundsätzlich nur dann die angemessene Vergütung **11** verlangen, wenn die auf Deutschland entfallende Vergütung angesichts der für das Inland eingeräumten Nutzungsrechte unangemessen ist, und nur dann ein zusätzliches Honorar fordern, wenn im Hinblick auf die mit der Nutzung in Deutschland erzielten Erlöse ein **Missverhältnis** besteht. Allerdings spricht einiges dafür, auch hier das gesamte Vertragsgefüge bzw. das Verhältnis der gesamten Vergütung des Urhebers zu allen Erlösen des Verwerters zu berücksichtigen. Bereits der Gesetzestext geht in diese Richtung, wenn er in § 32 Abs. 2 S. 2 die „Berücksichtigung aller Umstände", in § 32a Abs. 1 die der „gesamten Beziehungen des Urhebers" zu seinem Vertragspartner verlangt. Vor allem aber ist zweifelhaft, ob der Urheber, der insgesamt betrachtet eine angemessene Vergütung erhalten hat, Anspruch auf zusätzliche Vergütung haben soll, nur weil dann, wenn das Inland isoliert betrachtet wird, sein Honorar unangemessen erscheint. Eine solche Betrachtung birgt die Gefahr, den Vertrag willkürlich aufzuspalten und durch diese Aufspaltung die vertragliche Realität zu verzerren.

Die **materiellrechtliche Prüfung der Ansprüche** aus §§ 32, 32a für Nutzungs- **12** handlungen in Deutschland sollte mithin bei § 32b Nr. 2 in **drei Stufen** erfolgen: (1.) Zunächst ist für Deutschland zu klären, ob die Vergütung des Urhebers unangemessen i.S.d. § 32 ist oder ein auffälliges Missverhältnis i.S.d. § 32a besteht. (2.) Sodann wird geprüft, ob die Vergütung auch dann noch unangemessen bzw. unverhältnismäßig ist, wenn man die Gesamtsituation – also einschließlich der ausländischen Nutzungen, Erlöse und für diese vereinbarten oder gezahlten Vergütungen – betrachtet. Nur wenn dies der Fall ist, kann der Urheber (3.) Ansprüche, allerdings nach Umfang und Höhe wiederum beschränkt auf die im Inland vorgesehene bzw. geschehene Nutzung, geltend machen.

c) Lizenzketten: Gleiches gilt, wenn der Urheber nicht von seinem unmittel- **13** baren Vertragspartner, sondern aus **§ 32a Abs. 2** von einem Dritten eine zusätzliche Vergütung verlangen will: Der Dritte muss (selbstverständlich) in Deutschland nutzen und aufgrund dieser Nutzung ein Missverhältnis bestehen. Da auch hier § 32a Abs. 2 den Dritten jedenfalls nicht schlechter stellt als den unmittelbaren Vertragspartner des Urhebers, kann der Urheber Ansprüche allerdings nur geltend machen, wenn unter Berücksichtigung des gesamten Vertrages und aller Honorare ein Missverhältnis besteht. Der Anspruch ist dann wiederum in Umfang und Höhe auf Deutschland beschränkt.

3.   Art. 27 Abs. 3 und Art. 30 EGBGB

§ 32b ist nicht die einzige Möglichkeit für den Urheber, trotz Anwendung eines **14** ausländischen Rechts auf seinen Verwertungsvertrag Ansprüche aus §§ 32, 32a geltend zu machen. So kann sich der Urheber trotz Abwahl des deutschen Rechts in seinem Nutzungsvertrag auch dann auf §§ 32, 32a berufen, wenn der Vertrag außer der Rechtswahl keinerlei Auslandsbezug aufweist: Nach **Art. 27 Abs. 3 EGBGB** können die Parteien durch ihre Wahl eines anderen Rechts zwingende Bestimmungen eines Staates nicht ausschließen, wenn der Sachverhalt im Zeitpunkt der Rechtswahl allein mit diesem Staat verbunden war. Allerdings wird bei Urheberrechtsverträgen ein hinreichender Auslandsbezug wegen der üblichen Einräumung weltweiter Nutzungsrechte jedenfalls dann regelmäßig bestehen, wenn eine über Deutschland hinausgehende Nutzung nicht völlig unwahrscheinlich erscheint, so dass Art. 27 Abs. 3 in der urhebervertragsrechtlichen Praxis keine große Rolle spielen dürfte.

15 Praktisch bedeutsamer ist wohl **Art. 30 Abs. 1 EGBGB**, der gegenüber Urhebern und ausübenden Künstlern, die in oder aufgrund eines **Arbeitsverhältnisses** Nutzungsrechte einräumen, die Rechtswahlfreiheit einschränkt: Nach Art. 30 Abs. 1 EGBGB darf eine Rechtswahl dem Arbeitnehmer nicht den Schutz durch zwingende Bestimmungen des Rechts, das ohne Rechtswahl auf das Arbeitsverhältnis anzuwenden wäre (Art. 30 Abs. 2 EGBGB), entziehen. Das ist nach Art. 30 Abs. 2 EGBGB das Recht am gewöhnlichen Arbeitsort, ansonsten das Recht am Ort der Niederlassung, die den Betroffenen eingestellt hat, falls keine engere Verbindung zu einem anderen Staat besteht. Zwingende Vorschriften i.S.d. nach h.M. weit auszulegenden Art. 30 Abs. 1 EGBGB sind alle Normen, die eine Besserstellung des Arbeitnehmers gegenüber seinem Arbeitgeber bezwecken; jedenfalls §§ 32, 32a zählen, soweit in der Praxis ihre Tatbestandsvoraussetzungen im einzelnen Arbeitsverhältnis überhaupt einmal erfüllt sind (dazu Vorauflage/*Vinck*[9] § 43 Rn. 4; Schricker/*Rojahn*[3] § 43 Rn. 71), zweifellos dazu (*Hilty/Peukert* GRUR Int. 2002, 643, 648; ausführlich *Pütz* IPRax 2005, 13 ff.). Schafft ein angestellter Buchillustrator seine Zeichnungen vertragsgemäß gewöhnlich in Deutschland, kann er sich auf §§ 32, 32a – vorbehaltlich eines Günstigkeitsvergleiches mit dem Arbeitsvertragsstatut im Übrigen – auch dann berufen, wenn der Verlag in London ansässig und verpflichtet ist, die Zeichnungen zu verwerten (§ 32b Nr. 1) oder die Illustrationen nicht in Deutschland genutzt werden (§ 32b Nr. 2).

III. Prozessuales

16 § 32b wird dem Urheber oder ausübenden Künstler allerdings mit der international zwingenden Anwendung der §§ 32, 32a nur nützen, wenn dies in der Praxis auch vor Gericht durchsetzbar ist. Dies wird naturgemäß am ehesten gelingen, wenn ein deutsches Gericht international zuständig ist (zur internationalen Zuständigkeit in Urhebersachen vgl. Vor §§ 120 ff. Rn. 96 ff.). Schwierigkeiten können hier dann entstehen, wenn das in Deutschland erstrittene Urteil im Ausland gegen den dort ansässigen Verwerter vollstreckt werden muss (zur internationalen Anerkennung und Vollstreckung in Urhebersachen vgl. Vor §§ 120 ff. Rn. 103 f.). Ob eine international zwingende Anwendung der §§ 32, 32a sich über § 32b auch dann – z.B. über Art. 7 Abs. 1 EVÜ – durchsetzen lässt, wenn der Urheber vor einem ausländischen Gericht vorgeht, wird sich zeigen müssen (zur internationalen Anwendung zwingender nationaler Normen über Art. 34 EGBGB vgl. Vor §§ 120 ff. Rn. 86 ff.). Hier liegt denn auch die Sollbruchstelle des § 32b: Die Regelung kann den Urheber nur vor einem kollisionsrechtlichen Verlust des Schutzes aus §§ 32, 32a bewahren; gegenüber dem vorhandenen verfahrensrechtlichen Risiko ist sie wirkungslos (zum ganzen *Hilty/Peukert* GRUR Int. 2002, 643, 662 ff.).

IV. Verhältnis zu anderen Vorschriften

17 §§ 32, 32a schützen ausländische Urheber und ausländische ausübende Künstler nicht in jedem Fall: Die – diskriminierenden – **fremdenrechtlichen Vorschriften der §§ 120 ff.** schränken den Ausländern gewährten Schutz deutlich ein. Die Einschränkung erfasst im Grundsatz das gesamte UrhG, Normen zum Schutz absoluter Rechtspositionen ebenso wie urhebervertragsrechtliche Bestimmungen z.B. der §§ 32, 32a (*Hilty/Peukert* GRUR Int. 2002, 643, 652). Insofern hilft auch § 32b dem ausländischen Urheber oder ausübenden Künstler nicht weiter, denn § 32b trifft keinerlei fremdenrechtliche Aussage, sondern hat allein kollisionsrechtlichen Gehalt, bestimmt also nur, welches nationale

Recht auf einen Sachverhalt anzuwenden ist (ausführlich *Hilty/Peukert* GRUR Int. 2002, 643, 651). Fremdenrechtliche Einschränkungen kommen jedoch erst nach der kollisionsrechtlichen Entscheidung, welches nationale Recht den Sachverhalt regelt, zum Zuge: Das berufene Sachrecht schränkt dann die eigene Anwendung in fremdenrechtlichen Bestimmungen dergestalt ein, dass es nur für bestimmte Staatsangehörige gilt. § 32b tritt also bereits vor den §§ 120 ff. auf den Plan, indem er festlegt, wann – für einen Teilbereich des Vertrages – deutsches Urheberrecht anzuwenden ist. Die §§ 120 ff. greifen hingegen erst dann, wenn bereits feststeht, dass im Grundsatz deutsches Recht anzuwenden ist, und schließen dann jedenfalls eine Anwendung des UrhG – nicht jedoch des allgemeinen Zivilrechts – aus.

Unter den Nichtdeutschen sind **EU- und EWR-Staatsangehörige** (§§ 120 **18** Abs. 2, 125 Abs. 1 S. 2), **Flüchtlinge** (§§ 123, 125 Abs. 5 S.2) und **Staatenlose** (§§ 122, 125 Abs. 5 S.2) Inländern gleichgestellt und können also die Ansprüche aus §§ 32, 32a geltend machen. Für die Werke ausländischer Urheber, die nicht i.S.d. § 121 Abs. 1, 2 zuerst im Inland erschienen sind, ist dies hingegen nicht ohne weiteres der Fall. Sie sind vielmehr nur dann geschützt, wenn sie einem Mitgliedstaat der RBÜ, des WUA oder TRIPS, die insofern den Schutzgehalt der RBÜ übernehmen (Art. 3 WCT, Art. 9 Abs. 1 S. 1 TRIPS), angehören, § 121 Abs. 4 S. 1. Der Grundsatz der Inländerbehandlung in den genannten Konventionen erfaßt heute grundsätzlich auch zwingendes nationales Urhebervertragsrecht (grundlegend bereits *Katzenberger* FS Schricker 60. Geb., S. 225, 247 f.; s. auch *Wilhelm Nordemann* GRUR Int. 1989, 615, 618 f.; Schricker/*Katzenberger*[3] Rn. 29; a.A. – allerdings mit beachtlichen Argumenten – *Hilty/Peukert* GRUR Int. 2002, 643, 653 ff.). Ausländische ausübende Künstler sind demgegenüber nur für ihre Darbietungen im Inland geschützt, § 125 Abs. 2. Denn anders als für Urheber ist der Leistungsschutz im internationalen Vergleich noch bei weitem nicht selbstverständlich. Dementsprechend muss die Inländerbehandlung nur für die in den Abkommen selbst geregelten Materien gewährt werden (Art. 2 Nr. 2 RA, Art. 4 Abs. 1 WPPT, Art. 3 Abs. 1 S. 2 TRIPS) und erfasst zwingendes Vertragsrecht somit nicht (ebenso *Hilty/Peukert* GRUR Int. 2002, 643, 655; Schricker/*Katzenberger*[3] Rn. 31, aber a.A. für den Bereich des Rom-Abkommens; a.A. *Wilhelm Nordemann*, Urhebervertragsrecht, § 32b Rn. 7).

V. Internationale zwingender Charakter der nicht in § 32b genannten urheberrechtliche Vorschriften?

Nach Art. 34 EGBGB sind unabhängig vom Vertragsstatut zwingende Nor- **19** men des deutschen Rechts, die ohne Rücksicht auf das auf den Vertrag anzuwendende Recht den Sachverhalt zwingend regeln, (punktuell) anwendbar. In diesem Zusammenhang ist sehr streitig, welche Normen insbesondere des deutschen UrhG über die Sonderanknüpfung des Art. 34 EGBGB anwendbar sind. Nach einer in der urheberrechtlichen Literatur verbreiteten, jedoch deutlich zu weit gehenden Auffassung sind als zwingende Normen i.S.d. Art. 34 EGBGB nahezu alle intern zwingenden, weil den Urheber als schwächere Vertragspartei schützenden Regelungen des deutschen UrhG anzuwenden (z.B. Schricker/*Katzenberger*[3] Vor §§ 120 ff. Rn. 162 ff.; Dreier/Schulze/*Schulze*[2] Rn. 55; Möhring/Nicolini/*Hartmann*[2] Vor §§ 120 ff. Rn. 45; s. auch – allerdings ohne Berufung auf Art. 34 EGBGB – LG Hamburg ZUM 2001, 711 – *Kunstwerke auf Spiegel-CD-ROM*). International sollen sich somit auch gegenüber einem ausländischen Vertragsstatut die §§ 12–14, 32 und 32a, der frühere 31 Abs. 4, 31 Abs. 5, 40 Abs. 1 und 2, 41 und 42, 69d Abs. 2 und 3, 69e und 69d Abs. 1, 87e UrhG durchsetzen.

20 Allerdings dürfte die bloße Unabdingbarkeit insbesondere der genannten Normen nach deutschem materiellen Recht für eine Sonderanknüpfung im Rahmen des Art. 34 EGBGB nicht ausreichen. Nach Art. 34 ist vielmehr ein klarer Wille des Gesetzgebers, die betreffende Norm unabhängig von dem im Übrigen auf den Sachverhalt anzuwendenden Recht durchzusetzen, erforderlich („Bestimmungen des deutschen Rechts, die ohne Rücksicht auf das dem Vertrag anzuwendende Recht den Sachverhalt zwingend regeln"). Es muss sich mithin um national zwingendes Recht mit internationalem Geltungsanspruch handeln, das nicht nur den Ausgleich widerstreitender Individualinteressen, sondern auch öffentliche Gemeinwohlinteressen verfolgt (BGH NJW 2006, 762, Ls., zum VerbrKrG, das nicht international zwingend ist). Insoweit ist ferner zu berücksichtigen, dass das Kollisionsrecht gerade auf dem Grundsatz fußt, dass alle in Betracht kommenden nationalen Rechte grundsätzlich gleichwertig angewendet werden, und zwar allein nach den eher abstrakten Kriterien der unterschiedlichen Anknüpfungspunkte. Für eine inhaltliche, materiellrechtliche Wertung der in Betracht kommenden Rechte soll dabei gerade kein Raum sein. Art. 34 EGBGB stellt demgegenüber einen – auf Art. 8 EVÜ zurückgehenden – Fremdkörper dar, der als Ausnahmeregelung eng auszulegen ist. Im Übrigen wäre die Regelung des Art. 27 Abs. 3 überflüssig, wenn alle intern zwingenden Normen ohnehin unter Art. 34 fielen: Denn dann gäbe es keine Fälle, in denen Art. 27 Abs. 3 EGBGB über Art. 34 hinaus noch irgendeiner nationalen Norm zur Anwendung verhelfen könnte.

21 Insgesamt muss für eine Sonderanknüpfung im Rahmen des Art. 34 EGBGB der Inlandsbezug des zu entscheidenden Falls um so stärker sein, je schwächer das Gewicht der durch die Eingriffsnorm geschützten öffentlichen Interessen ist; die bloße Unabdingbarkeit nach deutschem materiellen Recht genügt nicht (Palandt/*Heldrich*[67] Art. 34 EGBGB Rn. 3 m.w.N.). Ob es für eine enge Verbindung mit Deutschland in diesem Sinne ausreicht, dass um Schutz für Deutschland nachgesucht wird (so Dreier/Schulze/*Schulze*[2] Rn. 55, unter Berufung auf *Katzenberger*), ist allerdings zweifelhaft, denn damit dürfte die gewollte Einschränkung in der Praxis kaum stattfinden. Vielmehr wird jedenfalls dann, wenn eine Verwertung in mehreren Staaten stattfindet, in Deutschland zumindest ein wesentlicher Teil der Gesamtnutzung stattfinden müssen.

22 §§ 12–14 UrhG mag man nach alledem – da hier Grundwertungen des Gesetzgebers zum Ausdruck kommen – möglicherweise noch über Art. 34 EGBGB anwenden können. Für alle weiteren das Vertragsrecht berührenden Normen des Urheberrechtsgesetzes stellt jedoch § 32b UrhG jedenfalls seit der Urhebervertragsrechtsreform klar, dass alle dort nicht genannten oder in Bezug genommen Normen nicht zu dem eng umgrenzten Kreis der für eine Sonderanknüpfung im Rahmen des Art. 34 EGBGB in Betracht kommenden Regelungen zählen (differenzierend *Schack* FS Heldrich S. 997, 1000, 1004; a.A., allerdings ohne Auseinandersetzung mit Art. 34 EGBGB, Schricker/*Katzenberger*[3] § 32b Rn. 33 f.). Dies gilt umso mehr, als § 32b auch im Zuge der weiteren Reformen des UrhG u.a. durch den sog. 2. Korb nicht ergänzt worden ist. Insbesondere der frühere § 31 Abs. 4 UrhG zählt mithin ebenso wenig wie die ihm nachfolgenden Regelungen in § 31a – der als Formvorschrift ohnehin grundsätzlich dem Formstatut unterliegt, s. Art. 31 Abs. 1 und Art. 11 EGBGB und dort Abs. 5 *e contratrio* – und – jedenfalls derzeit (vgl. Rn. 2) – § 32c zu den international zwingenden Normen i.S.d. Art. 34 EGBGB. Ob in Bezug auf

§ 32c schlicht vergessen wurde, § 32b zu ändern, wird sich zeigen; ohne eine ausdrückliche Bezugnahme ist jedenfalls ein besonderes öffentliches Interesse ebenso wenig erkennbar wie ein internationaler Geltungswille der Norm.

Auch § 31 Abs. 5 UrhG – der zudem eine Frage der Auslegung und mithin **23** etwas untrennbar mit dem Vertragsstatut selbst Verbundenes betrifft – kann nicht über Art. 34 EGBGB zur Anwendung kommen (wie hier Wandtke/Bullinger/*v. Welser*[2] § 32b Rn. 2; differenzierend *Schack* FS Heldrich S. 997, 1000, 1004; a.A. Dreier/Schulze/*Schulze*[2] Rn. 55). Für dieses Ergebnis spricht im Übrigen, dass spätestens mit der Reform des Urhebervertragsrechts 2002, die dem Urheber gerade einen Anspruch auf angemessene Vergütung für die Nutzung seiner Werke sichern will, die primäre Rechtfertigung für eine Reihe der eben aufgeführten Regelungen entfallen ist. Jedenfalls soweit ein Werk auf eine neue Nutzungsart im Sinne des § 31 Abs. 4 a.F. UrhG nach dem 28.03.2002 genutzt wird, gilt dies wegen § 132 Abs. 3 Satz 2 UrhG auch für Altverträge aus der Zeit seit Einführung des § 31 Abs. 4 UrhG zum 01.01.1966; insoweit stellt § 32a UrhG international zwingend eine faire Vergütung auch für diese Verträge sicher (ebenso *Wilhelm Nordemann/Jan Nordemann* FS Schricker 70. Geb., S. 473, 482).

§ 32c Vergütung für später bekannte Nutzungsarten

(1) [1]Der Urheber hat Anspruch auf eine gesonderte angemessene Vergütung, wenn der Vertragspartner eine neue Art der Werknutzung nach § 31a aufnimmt, die im Zeitpunkt des Vertragsschlusses vereinbart, aber noch unbekannt war. [2]§ 32 Abs. 2 und 4 gilt entsprechend. [3]Der Vertragspartner hat den Urheber über die Aufnahme der neuen Art der Werknutzung unverzüglich zu unterrichten.

(2) [1]Hat der Vertragspartner das Nutzungsrecht einem Dritten übertragen, haftet der Dritte mit der Aufnahme der neuen Art der Werknutzung für die Vergütung nach Absatz 1. [2]Die Haftung des Vertragspartners entfällt.

(3) [1]Auf die Rechte nach den Absätzen 1 und 2 kann im Voraus nicht verzichtet werden. [2]Der Urheber kann aber unentgeltlich ein einfaches Nutzungsrecht für jedermann einräumen.

Übersicht

I.   Allgemeines

1.   Hintergrund und Entstehungsgeschichte, Sinn und Zweck

1 Nachdem auf EG-Ebene durch die Info-RL Vorgaben für eine Harmonisierung einzelner Nutzungsarten, insbesondere des Vervielfältigungsrechts, gewisser Schranken und technischer Schutzmechanismen vorgegeben worden waren und diese im Gesetz zur Regelung des Urheberrechts in der Informationsgesellschaft umgesetzt worden waren (hierzu *Czychowski* NJW 2003, 2409 ff.), blieben weitere Fragen, die sich aus nationaler Sicht stellten, damals bewußt ungeregelt, da insofern kein Umsetzungsdruck von Seiten der EU vorlag. Zu diesen einzelnen offengebliebenen Punkten hatte das Bundesministerium der Justiz die beteiligten Kreise im Sommer 2003 anhand eines Fragebogens um Stellungnahme gebeten und die Antworten hierauf auf einer Veranstaltung im September 2003 am Institut für Urheber- und Medienrecht in München diskutiert (Zum Fragebogen und dieser Veranstaltung http://www.urheberrecht.org/topic/korb-2, abgerufen am 28.07.2007). Daran angeschlossen hatten sich Diskussionen in vom Bundesministerium der Justiz eingesetzten Arbeitsgruppen zu 11 Themen, u.a. zu der Frage der unbekannten Nutzungsarten, nach § 31 Abs. 4 (dazu ausführlich vgl. § 31a Rn. 1 ff. und zu den Ergebnissen der einzelnen Arbeitsgruppen http://www.urheberrecht.org/topic/korb-2, abgerufen am 28.07.2007).

2 Bei einer Neuregelung des an dieser Stelle interessierenden Komplexes galt es, die – **teilweise** auch **urheberpersönlichkeitsrechtlich** – geprägten berechtigten **Interessen der Urheber** in Einklang mit den **Interessen der Verwerter** und auch der Allgemeinheit an einer Nutzung derartiger Werke zu bringen. Zwar wurde von einigen schon nach Inkrafttreten des Urhebervertragsgesetzes argumentiert, dass mit dem Anspruch auf angemessene Vergütung das Interesse an einer Regelung über das Verbot der Einräumung unbekannter Nutzungsarten entfallen sei. Dabei wurde aber übersehen, dass die Urheber nicht nur materielle Interessen im Zusammenhang mit solchen Nutzungsarten haben, sondern möglicherweise auch aus persönlichkeitsrechtlichen Erwägungen heraus bestimmte Nutzungsformen nicht wünschen. So sehen die §§ 31a, 32c, die nunmehr in das UrhG eingefügt wurden, vor, dass der Urheber auch einen Vertrag abschließen kann, mit dem er Rechte an noch nicht bekannten Nutzungsarten einräumt oder sich dazu verpflichtet. Dieser Vertrag bedarf allerdings der **Schriftform**, mit Ausnahme einer unentgeltlichen Rechtseinräumung eines einfachen Nutzungsrechtes für jedermann (im Detail vgl. § 31a Rn. 54). Zum Hintergrund der neuen Regelungen *Czychowski* GRUR 2008 586, 587 f.

3 Pendant dieses § 31a ist § 32c, der die Vergütung für später bekannte Nutzungsarten regelt. Er entspricht in weiten Teilen der Struktur des neuen Vergütungsanspruchs nach § 32 und nimmt auch auf dessen Termini Bezug. Alle Fragen, die das neue Urhebervertragsrecht aufgeworfen hat, werden sich im Rahmen des § 32c also nahezu umfassend ebenfalls stellen (vgl. Kommentierung zu § 32).

2.   EU-Recht, Internationale Konventionen

4 Vorgaben aus EU-Recht oder internationalen Konventionen gibt es zu § 32c nicht. Zur internationalen Anwendbarkeit vgl. § 32b Rn. 2, 22.

II. Tatbestand

1. Anspruch nach Abs. 1

Nach der Gesetzesbegründung soll es sich der Rechtsnatur nach um einen **5** zusätzlichen **gesetzlichen Vergütungsanspruch** des Urhebers handeln (RegE 2. Korb – BT-Drucks. 16/1828, S. 25). Die Regelung soll die durch die Erlaubnis Verträge auch über ungekannte Nutzungsarten zu schließen wiederhergestellte Vertragsfreiheit für die Urheber finanziell kompensieren (RegE 2. Korb – BT-Drucks. 16/1828, S. 25). Zur sehr vergleichbaren Rechtsnatur des Anspruchs nach § 32 vgl. § 32 Rn. 16.

a) Voraussetzungen: Der Anspruch entsteht, wenn der Vertragspartner eine **6** neue Art der Werknutzung nach § 31a aufnimmt, die im Zeitpunkt des Vertragsschlusses vereinbart, aber noch unbekannt war. Damit bleibt es auch bei der Notwendigkeit, den **Begriff der unbekannten Nutzungsart** zu definieren (vgl. § 31a Rn. 43 ff. und die Nachweise auch aus der Zeit der Geltung des § 31 Abs. 4 a.F.). Auch wenn die Gesetzesbegründung dies nicht ausdrücklich erwähnt, dürften hierzu die bisher ergangenen Urteile sowie Literaturmeinungen weiter fort gelten (vgl. § 31a Rn. 43 ff.).

Der Anspruch entsteht nur, wenn eine neue Art der Werknutzung aufgenom- **7** men wird. § 32c verweist hier auf § 31a. Hierbei dürfte es sich also um die dort definierten Nutzungsarten handeln (vgl. § 31a Rn. 21 ff.). Weitere Voraussetzung ist, dass diese neue Art der Werknutzung im Zeitpunkt des Vertragsschlusses vereinbart, aber noch unbekannt war. Auch hierzu ist auf § 31a, vgl. § 31a Rn. 43 ff. zu verweisen. Der Anspruch ist mit Aufnahme der neuen Art der Nutzung auch **fällig**. Schwierig zu beurteilen ist, wann er **verjährt** ist (vgl. § 32 vgl. Rn. 23) denn auch hier kommt es auf Kenntnis eines unbestimmten Rechtsbegriffes (der neuen Art der Nutzung) an. Zu Verwirkung vgl. § 32 Rn. 24.

b) Gesonderte angemessene Vergütung: Auch wenn das Gesetz und die Ge- **8** setzesbegründung zur Definition der Angemessenheit schwiegt, ist angesichts der Begriffsübereinstimmung die Angemessenheit i.S.d. § 32 gemeint (Zur Ausfüllung des Begriffs vgl. § 32 Rn. 33 ff.). Der Terminus „gesondert" soll lediglich sicherstellen, dass z.B. mit einer etwaigen (angemessenen) Pauschalvergütung für die bisher eingeräumten Rechte nicht auch die „neuen" Rechte nach § 31a abgegolten werden, wobei sicherlich auch Konstellationen denkbar sind, in denen eine nach § 32 angemessene Pauschalvergütung auch noch „neue" Rechte als angemessen abdeckt. Die Vergütung kann auch gegen Null tendieren (*Kreile* ZUM 2007, 682, 685). Im Übrigen gibt die Gesetzesbegründung nur einen Hinweis: Für die Höhe der Vergütung sind die wirtschaftlichen Rahmenbedingungen bei der Festsetzung zu berücksichtigen (RegE 2. Korb – BT-Drucks. 16/1828, S. 25). In Fällen, in denen z.B. der Ersatz einer alten Nutzungsart durch eine neue erfolgt, kann es auch angemessen sein, dass der zusätzliche Vergütungsanspruch gegen Null tendiert, wenn dadurch von vornherein keine Änderung der Erträgnisse eintritt (RegE 2. Korb – BT-Drucks. 16/1828, S. 25). Das überrascht insofern als die Substituierbarkeit einer Nutzung im Rahmen des § 31 Abs. 4 regelmäßig nach der Rechtsprechung gerade dazu führte, dass keine neue Nutzungsart vorliegt (BGH GRUR 2005, 937, 939 – *Zauberberg*). Im Übrigen dürfte für Art und Umfang der Vergütung die Praxis zur Regelung des § 32 relevant sein, die sich allerdings noch herausbilden muss (ausführlich vgl. § 32 Rn. 33 ff.).

Wegen der oft schwer vorhersehbaren Entwicklung neuer Märkte – sowohl in technischer als auch vor allem in wirtschaftlicher Hinsicht – dürfte es sich anbieten, die Einigung über die konkrete Höhe der Vergütung auf den Zeitpunkt der Nutzungsaufnahme zu verschieben. Für den Fall, dass keine Einigung zustande kommt, kann man daran denken, die **Vergütung nach billigem Ermessen** von einer der Vertragsparteien bestimmen zu lassen und insofern auf die §§ 315 ff. BGB zu verweisen.

9 c) **Berechtigte Personen:** Anders als § 32 ist der Anspruch des § 32c auf **Urheber beschränkt.** Für Leistungsschutzberechtigte gilt Folgendes: Wegen der Verweisungen (§§ 70 Abs. 1, 72) gilt der Anspruch **entsprechend für Lichtbilder und wissenschaftliche Ausgaben.** Eine Anwendung scheidet ausdrücklich aus für ausübende Künstler, da in § 79 Abs. 2 Satz 2 ausdrücklich nicht auf § 32c verwiesen wird. Dies hat seinen Grund darin, dass auch schon die Regeln über unbekannten Nutzungsarten in § 31 Abs. 4 a.F. für ausübende Künstler nicht anwendbar waren (BGH GRUR 2003, 234, 235 – *EROC III*). Für **Urheber vorbestehender Werke im Filmbereich und Filmurheber** bleibt § 32c anwendbar, auch wenn die Regelungen des § 31a weitestgehend nicht zur Anwendung kommen (vgl. § 31a Rn. 19), denn §§ 88 und 89 nehmen diese Bestimmungen nicht aus (im Übrigen den ausdrücklichen Hinweis in der Gesetzesbegründung RegE 2. Korb – BT-Drucks. 16/1828, S. 33). Zu den übrigen Berechtigten (Rechtsnachfolger, Abtretbarkeit etc.) vgl. § 32 Rn. 22, Rn. 141.

10 d) **Verpflichtete Personen:** Anspruchsgegner ist zunächst der Vertragspartner des Urhebers. Damit ist klargestellt, dass nur der **Vertragspartner im primären Urhebervertrag Anspruchsgegner** ist, nicht etwa auch der Lizenzgeber im Verhältnis zum Lizenznehmer (im Übrigen zu den verpflichteten Personen vgl. § 32 Rn. 146 ff.). Zum Anspruch gegen Dritten nach Abs. 2 vgl. Rn. 15.

11 e) **Anwendbarkeit der § 32 Abs. 2 und 4:** § 32 Abs. 1 Satz 2 bestimmt, dass § 32 Abs. 2 und 4 entsprechend anzuwenden ist. Es gilt also der **Vorrang des Tarifvertrages** (vgl. § 32 Rn. 26) sowie die **unwiderleglich vermutete Angemessenheit** einer Vergütung, die in einer **gemeinsamen Vergütungsregel** nach § 36 ermittelt wurde (vgl. § 32 Rn. 29).

12 *[derzeit leer]*

13 *[derzeit leer]*

2. Anspruch auf Unterrichtung und Auskunftsanspruch

14 Der Anspruch nach § 32c würde in vielen Fällen leerlaufen, wenn der Urheber von der Aufnahme der neuen Art der Werknutzung überhaupt nichts erfährt. Daher statuiert Satz 3 des Abs. 1 eine entsprechende **Unterrichtungspflicht.** Diese dürfte über einen bloßen Auskunftsanspruch hinausgehen. Sie stellt eine **eigenständige Verpflichtung** des Vertragspartners dar, **ohne** dass allerdings an ihre Nichterfüllung irgendwelche **Sanktionen** geknüpft wären (in diesem Sinne auch *Frey/Rudolph* ZUM 2007, 13, 20). Damit dürfte es sich bei der Verletzung dieser Pflicht um eine Verletzung des § 280 BGB mit den allgemeinen vom BGB daran geknüpften Rechtsfolgen handeln. Anders als in § 31a Abs. 1 Satz 4 enthält § 32c Abs. 1 Satz 3 keine Regelung darüber, an welche Adresse die Unterrichtung zu erfolgen hat. Da Satz 4 des § 31a Abs. 1 im Rahmen des Gesetzgebungsprozesses ausdrücklich aufgenommen wurde, hat der Gesetzgeber eine vergleichbare Regelung bewusst in § 32c Abs. 1 Satz 3 nicht aufgenommen. Damit könnte man argumentieren, es obläge dem Vertragspartner, die jeweils aktuelle Anschrift zu ermitteln. Man wird dem Urheber jedoch eine Mitwirkungspflicht auferlegen müssen, bei **Umzügen** seine neue **Anschrift mitzuteilen**. Neben dieser Unterrichtungspflicht dürfte ein **allgemeiner Auskunftsanspruch** gelten, wie er auch bei § 32 diskutiert wird (vgl. § 32 Rn. 128 ff.).

3.   Anspruch gegen Dritten nach Abs. 2

§ 32c Abs. 2 übernimmt, wonach ein Haftungsdurchgriff gegen Dritte, denen **15** Nutzungsrechte weiter übertragen wurden exitiert, die Regelungen des § 32a insoweit sinngemäß (RegE 2. Korb – BT-Drucks. 16/1828, S. 25); daher vgl. § 32a Rn. 28 ff. Allerdings enthält § 32c Abs. 2 nicht die Einschränkung, die § 32a Abs. 2 Satz 1 enthält, wonach die „vertraglichen Beziehungen in der Lizenzkette" zu berücksichtigen sind. Die entsprechenden Ausführungen in der Kommentierung zu § 32 sind hier also nicht zu berücksichtigen. Völlig unklar ist, ob der Dritte – bei Eingreifen des Abs. 2 – auch für die Unterichtungspflicht nach Abs. 1 S. 2 haftet. Auch hier wird man sich fragen müssen (zur parallelen Problematik vgl. § 32a Rn. 30), ob es sich um eine **Rechtsgrund- oder Rechtsfolgenverweisung** handelt. Dann dürfte die Unterrichtungspflicht insoweit „mitübergehen" mit der Folge, dass bei Nichtbeachtung § 280 BGB eingreift. Der Erwerber wird insoweit gut daran tun in seinen Erwerbsvertrag entsprechende Regelungen aufzunehmen, z.B. eine Verpflichtung über etwaige mitgeteilte Anschriftsänderungen zu informieren. Zur Frage der **Freistellungsklauseln** im Vertragsverhältnis zwischen Erst- und Zweitverwerter vgl. § 32a Rn. 40.

4.   Nichtabdingbarkeit (Abs. 3)

Ebenso wie in § 32a Abs. 3 Satz 1 geregelt ist der Anspruch **nicht verzichtbar** **16** (Abs. 3 Satz 1). Eine gesonderte **internationalrechtliche Regelung wie in § 32b fehlt aber** (zu den Konsequenzen daraus vgl. § 32b Rn. 22).

5.   Unentgeltliches einfaches Nutzungsrecht

Abs. 3 Satz 2 führt die Möglichkeit eines unentgeltlichen einfachen Nutzungs- **17** rechts ein, wie es bereits in § 31a Abs. 1 noch im Rahmen des Gesetzgebungsverfahrens verschoben wurde und was die Regelungen aus dem Bereich der Open Source Software insbesondere nachvollzieht (vgl. § 32 Rn. 122 f.; vgl. § 31a Rn. 54).

[derzeit leer] **18**

[derzeit leer] **19**

III. Prozessuales

Die praktische Durchsetzung des Anspruchs entspricht der nach § 32 entspre- **20** chen, hierzu vgl. § 32 Rn. 125 ff. Zur Frage, welche (auch prozessualen) Möglichkeiten der Urheber hat, wenn der Verwerter ohne Information nach § 31a das Werk in einer neuen Nutzungsart nutzt, vgl. § 31a Rn. 81.

IV. AGB-Recht, Verträge

21 § 32c ist vertraglichen Änderungen nicht zugänglich (s. Abs. 3), vgl. Rn. 16.

V. Verhältnis zu anderen Vorschriften

22 Eine unangemessene Vergütung i.S.d. § 32c könnte eine so schwerwiegende Vertragsverletzung darstellen, dass man auf den Gedanken kommt, in einem solchen Fall eine Kündigungsmöglichkeit nach § 314 BGB zuzulassen. Dies würde aber dem Zweck auch des § 32c, der – ebenso wie § 32 – gerade eine Spezialregelung für die Vergütung schaffen wollte, und den Bestand des Vertrages unangetastet wissen wollte, zuwiderlaufen. Eine Anwendbarkeit des § 314 BGB allein wegen unangemessener Vergütung **ist** also **abzulehnen** (vgl. § 32 Rn. 154). Höchst wesentlich und für das eigentlichen Ziel, „die Archive zu heben" maßgeblich, ist in diesem Zusammenhang die in § 137l **enthaltene Übergangsregelung,** die eine Nutzung in unbekannten Nutzungsarten unter bestimmten Voraussetzungen gestaltet, wenn im ursprünglichen Vertrag des Urhebers dieser „alte wesentliche Nutzungsrechte" seinem Vertragspartner eingeräumt hat.

---

§ 33   Weiterwirkung von Nutzungsrechten

[1]Ausschließliche und einfache Nutzungsrechte bleiben gegenüber später eingeräumten Nutzungsrechten wirksam. [2]Gleiches gilt, wenn der Inhaber des Rechts, der das Nutzungsrecht eingeräumt hat, wechselt oder wenn er auf sein Recht verzichtet.

Übersicht

I. Allgemeines

1. Sinn und Zweck

1 Nach **Satz 1** setzen sich einmal eingeräumte einfache und ausschließliche Nutzungsrechte gegenüber später begründeten Nutzungsrechten durch. § 33 gewährt insoweit einen **Bestandsschutz** für den Inhaber bestehender Nutzungsrechte (RegE UrhG – BT-Drucks. IV/270, S. 56). Das dient insbesondere dem Schutz der Investitionen des Ersterwerbers. Insoweit enthält § 33 S. 1 mit seiner Gleichstellung von ausschließlichen und einfachen Nutzungsrechten auch eine Bestätigung dafür, dass neben ausschließlichen auch einfache Nutzungsrechte dingliche Wirkung haben; str., vgl. § 31 Rn. 87, 92.

Satz 2 ordnet für den Fall des einseitigen Verzichts des einräumenden Recht- **2** einhabers den **Sukzessionsschutz** für den aktuellen Inhaber des Nutzungsrechts an. Damit soll erreicht werden, dass der Inhaber vor einer einseitigen Änderung seiner Rechtsstellung geschützt wird. Diese Regelung bezieht sich jedoch nicht auf einen Rückfall der Rechte an den Urheber wegen Erlöschens seiner Rechtseinräumung gegenüber dem Ersterwerber; vgl. dazu § 31 Rn. 30 ff. Insoweit schützt S. 2 nur bei einem Wechsel der Rechte zu einem anderen Nutzungsberechtigten oder bei Verzicht durch einen Nutzungsberechtigten; vgl. Rn. 34.

2. Früheres Recht

Die Vorschrift des § 33 wurde mit der **Urhebervertragsrechtsreform** durch das **3** UrhVG **neu** gefasst. Seine **alte Fassung** (ab 01.01.1966) lautete:

„Ein einfaches Nutzungsrecht, das der Urheber vor der Einräumung eines ausschließlichen Nutzungsrechts eingeräumt hat, bleibt gegenüber dem Inhaber des ausschließlichen Nutzungsrechts wirksam, wenn nichts anderes zwischen dem Urheber und dem Inhaber des einfachen Nutzungsrechts vereinbart ist."

In **zeitlicher** Hinsicht gilt § 33 a.F. für Verträge, die **bis zum 30.06.2002 abgeschlossen** wurden, § 132 Abs. 3 S. 1. **Die Änderung ist aber für die Praxis irrelevant.** Nach dem Gesetzgeber war die frühere Fassung „zu eng gefasst". Die Erweiterung beziehe nur Fälle ein, auf die § 33 a.F. „schon bisher analog angewendet wird" (RegE UrhVG – BT-Drucks. 14/7564, S. 16), so dass auch bis zum 30.06.2002 abgeschlossene Verträge nach § 33 beurteilt werden können. Insbesondere die von der a.F. nicht erfassten ausschließlichen Nutzungsrechte genossen schon immer Sukzessionsschutz, was sich aus deren gegenständlichen Charakter und dem Verbrauch der Verfügungsmacht durch die Einräumung ergibt (Dreier/Schulze/*Schulze*[2] Rn. 2; Schricker/*Schricker*[2] Rn. 8).

II. Tatbestand

1. Ausschließliche und einfache Nutzungsrechte

Sukzessionsschutz genießen einfache Nutzungsrechte und ausschließliche Nut- **4** zungsrechte (zum Unterschied vgl. § 31 Rn. 86 ff., 91 ff.). Geschützt sind nur mit gegenständlicher Wirkung eingeräumte Nutzungsrechte, nicht aber bloße schuldrechtliche Vereinbarungen wie z.B. einseitige Gestattungen (vgl. dazu § 29 Rn. 24 f.) oder Nutzungsabreden, die aus Gründen des Verkehrsschutzes nicht dinglich wirken können (vgl. § 31 Rn. 11 f.).

2. Durch den Urheber oder Nutzungsrechtsinhaber

§ 33 lässt offen, wer die Rechte einräumt. Das geschützte Nutzungsrecht kann **5** entweder als erststufiges Nutzungsrecht unmittelbar vom Stammrecht des Urhebers abgeleitet sein oder aber weiter gestuft von einem bereits bestehenden ausschließlichen Nutzungsrecht eines anderen (zu den Stufen vgl. § 29 Rn. 22). Der Bestandsschutz des Nutzungsrechts nach S. 1 erfordert aber eine lückenlose Rechtekette bis zum Stammrecht. Ist diese unterbrochen, z.B. weil das Recht an den Urheber zurückgefallen ist (vgl. § 31 Rn. 30 ff.), greift der Sukzessionsschutz gegenüber anderen Nutzungsrechten nicht.

§ 33 S. 1 erfasst nicht nur Nutzungsrechte an urheberrechtlichen Werken, **6** sondern auch an Leistungsschutzrechten. Das ergibt sich teils aus den Verweisen in den §§ 70 Abs. 1, 72 Abs. 1 sowie den §§ 79 Abs. 2, 81, 85 Abs. 2,

87 Abs. 2, 94 Abs. 2, die durch das UrhVG neu gefasst wurden. Soweit solche Verweise fehlen – etwa beim Schutz von Datenbanken gem. §§ 87a ff. und nachgelassenen Werken gem. § 71 –, gilt § 33 ebenfalls, weil auch dort Nutzungsrechte verschiedenen Personen einräumbar sind und die von § 33 erfasste Konfliktlage existiert (Dreier/Schulze/*Schulze*[2] § 33 Rn. 3).

3. Rechtsfolge: Wirksamkeit gegenüber später eingeräumten Nutzungsrechten

7 **a) Prioritätsgrundsatz:** Es gilt der Grundsatz der Priorität. Die geschützten Nutzungsrechte müssen früher eingeräumt worden sein, was dann den Erwerber späterer Rechte beschränkt. Dieser kann keine Ansprüche gegen den Inhaber der früheren Rechte geltend machen und muss deren Nutzung dulden (Schricker/*Schricker*[3] Rn. 5; Wandtke/Bullinger/*Wandtke/Grunert*[2] Rn. 8). Das ändert indes nichts daran, dass der Erwerber eines ausschließlichen Nutzungsrechts Dritten gegenüber gleichwohl seine Verbotsrechte vollständig ausüben kann (OLG Hamburg GRUR-RR 2001, 260, 261 – *Loriot Postkarten*; vgl. § 97 Rn. 132 ff.).

8 **b) Kollisionskonstellationen:** Die eigentliche Wirkung des Sukzessionsschutzes entfaltet sich – trotz des insofern etwas weiteren Wortlautes – nur in dem Fall, wo ein früheres einfaches und ein späteres ausschließliches Nutzungsrecht aufeinander treffen. Eine solche Kollision kann dort auftreten, wenn Rechte gleichen Zuschnitts, insbesondere an gleichen Nutzungsarten, eingeräumt wurden. § 33 begrenzt die aus dem ausschließlichen Nutzungsrecht fließenden Verbotsrechte hin zu einer beschränkten Ausschließlichkeit. Das spätere ausschließliche Nutzungsrecht ist mit dem bestehenden einfachen gleichsam belastet (Schricker/*Schricker*[3] Rn. 5).

9 Demgegenüber ist bei der Kollision von zwei einfachen Nutzungsrechten die von § 33 erfasste Gefahrenlage nicht vorhanden, weil aus diesen keinerlei Abwehrbefugnisse gegeneinander fließen; vgl. § 31 Rn. 88. Wird zunächst ein ausschließliches und dann ein identisches ausschließliches Nutzungsrecht vergeben, so gelangt man zwar in den Anwendungsbereich des § 33 (BGH GRUR 1986, 91, 93 – *Preisabstandsklausel* zu § 33 a.F.). Für den Schutz des Ersterwerbers bedarf es aber keines Rückgriffs auf diese Norm, weil sich die Unwirksamkeit der späteren Rechteeinräumung gleichen Umfangs schon allein aus dem gegenständlichen Charakter in Verbindung mit dem Prioritätsprinzip ergibt: Das spätere Nutzungsrecht ist schon gar nicht wirksam eingeräumt worden, weil sich der Urheber durch die ausschließliche Erstvergabe bereits seiner Rechte entäußert hatte (Dreier/Schulze/*Schulze*[2] Rn. 8; Wandtke/Bullinger/*Wandtke/Grunert*[2] Rn. 4, 10; bzgl. ausschließlicher Nutzungsrechte auch Möhring/Nicolini/*Spautz*[2] Rn. 2). Auch in dem Fall, dass zuerst ein ausschließliches und dann ein einfaches Nutzungsrecht eingeräumt wurde, kann der Inhaber des ersten die Nutzung durch letzteren vollends verbieten. Zu Leistungsstörungen in diesen Fällen vgl. Vor §§ 31 ff. Rn. 163 ff., 287.

10 **c) Haftung des Urhebers:** Genießt ein früheres Recht Sukzessionsschutz, kann der Urheber dem späteren Erwerber gegenüber wegen Leistungsstörung haften; vgl. dazu Vor §§ 31 ff. Rn. 163 ff., 287.

4. Inhaberwechsel oder Verzicht (S. 2)

11 Nach den gleichen Grundsätzen wie oben dargelegt ist der Erwerber eines Nutzungsrechtes geschützt, wenn der Inhaber des Nutzungsrechtes wechselt oder auf sein Recht verzichtet (§ 33 S. 2). Mit „Inhaber des Nutzungsrechts" ist nicht der Urheber gemeint, weil der Urheber erst mit Abspaltung Nutzungsrechte schafft; vgl. § 29 Rn. 14 ff. Auch ist das Urheberrecht als solches unverzichtbar, so dass die Regelung zum Verzicht nicht den Urheber meinen kann; zum Verzicht des Urhebers allgemein vgl. § 29 Rn. 11 ff. § 33 S. 2 erfasst nur den Wechsel von einem Inhaber ausschließlicher Nutzungsrechte zu einem anderen Inhaber bzw. den Verzicht durch den Inhaber (so für den Verzicht auch Wandtke/Bullinger/*Wandtke*/*Grunert*[2] Rn. 7; a.A. Dreier/Schulze/*Schulze*[2] Rn. 9). Damit lässt sich Satz 2 insbesondere keine Stellungnahme des Gesetzgebers dazu entnehmen, welches Schicksal eingeräumte Enkelrechte haben, wenn die Tochterrechte an den Urheber zurückfallen (Schricker/*Schricker*[3] § 33 Rn. 16; a.A. wohl LG Köln ZUM 2006, 149, 153; noch anders Folgeinstanz OLG Köln ZUM 2006, 927, 929 – *Reifen Q*); zum Rückfall im Detail vgl. § 31 Rn. 30 ff. Vielmehr wollte S. 2 dies ausdrücklich offenlassen (RegE UrhVG – BT-Drucks. 14/6433, S. 16). Wechsel bedeutet jede Änderung der Inhaberstellung, insbesondere durch Verfügung oder durch Rückfall (z.B. bei Befristung). Nicht als Wechsel kann ein Entfall der Inhaberschaft von Anfang an (ex tunc) angesehen werden, wie er bei Anfechtung der ursprünglichen Verfügung vorkommen kann. Der Verzicht ist eine einseitige Erklärung des Nutzungsrechtsinhabers, durch die das Recht aufgegeben wird. Die Aufgabe erfolgt zu Gunsten des früheren Inhabers (einschließlich des Urhebers), weil ein Verzicht zu Gunsten der Allgemeinheit den Bestandsschutz des S. 2 ad absurdum führen würde.

5. Abweichende Vereinbarungen

Der Sukzessionsschutz ist nicht zwingend; abweichende vertragliche Vereinbarungen zwischen dem Urheber und dem Inhaber des früher eingeräumten Nutzungsrechts sind zulässig, auch wenn die Formulierung des § 33 a.F. „wenn nichts anderes ... vereinbart ist" weggefallen ist (zur a.F. BGH GRUR 1986, 91, 93 – Preisabstandsklausel; Loewenheim/*Loewenheim*/*Jan Bernd Nordemann* § 26 Rn. 32). Für eine Vereinbarung in AGB ist zunächst zu bedenken, dass entsprechende Klauseln weitgehend unüblich sind und deshalb dem Überraschungsverbot des § 305c Abs. 1 BGB Bedeutung zukommt. Auch setzt eine abweichende Regelung die dinglich prioritäre Wirkung des eingeräumten Nutzungsrechts außer Kraft, was je nach vertraglicher Konstellation die formularmäßige Abrede an § 307 BGB scheitern lassen kann. **12**

III. Prozessuales

Der Nutzungsberechtigte, der eine von § 33 abweichende vertragliche Vereinbarung (vgl. Rn. 12) geltend machen will, trägt dafür die Darlegungs- und Beweislast. **13**

§ 34 Übertragung von Nutzungsrechten

(1) Ein Nutzungsrecht kann nur mit Zustimmung des Urhebers übertragen werden. Der Urheber darf die Zustimmung nicht wider Treu und Glauben verweigern.

(2) Werden mit dem Nutzungsrecht an einem Sammelwerk (§ 4) Nutzungsrechte an den in das Sammelwerk aufgenommenen einzelnen Werken übertragen, so genügt die Zustimmung des Urhebers des Sammelwerkes.

(3) Ein Nutzungsrecht kann ohne Zustimmung des Urhebers übertragen werden, wenn die Übertragung im Rahmen der Gesamtveräußerung eines Unternehmens oder der Veräußerung von Teilen eines Unternehmens geschieht. Der Urheber kann das Nutzungsrecht zurückrufen, wenn ihm die Ausübung des Nutzungsrechts durch den Erwerber nach Treu und Glauben nicht zuzumuten ist. Satz 2 findet auch dann Anwendung, wenn sich die Beteiligungsverhältnisse am Unternehmen des Inhabers des Nutzungsrechts wesentlich ändern.

(4) Der Erwerber des Nutzungsrechts haftet gesamtschuldnerisch für die Erfüllung der sich aus dem Vertrag mit dem Urheber ergebenden Verpflichtungen des Veräußerers, wenn der Urheber der Übertragung des Nutzungsrechts nicht im Einzelfall ausdrücklich zugestimmt hat.

(5) Der Urheber kann auf das Rückrufsrecht und die Haftung des Erwerbers im Voraus nicht verzichten. Im Übrigen können der Inhaber des Nutzungsrechts und der Urheber Abweichendes vereinbaren.

Übersicht

I. Allgemeines

1. Sinn und Zweck

1 Im Gegensatz zum unveräußerlichen (§ 29 Abs. 1) Urheberrecht und daran hängenden materiellen Verwertungsrechten des Urhebers sind die davon durch Belastung des Stammrechts abgespaltenen und an Dritte vergebenen Nutzungsrechte veräußerlich. Das gilt für ausschließliche und für einfache Nutzungsrechte (vgl. Vor §§ 31 ff. Rn. 86 ff., 91 ff.). Ein Verwerter kann daher das sich in seinen Händen befindliche Nutzungsrecht an einen Dritten vollständig übertragen oder diesem wiederum (sofern ein ausschließliches Nutzungsrecht vorliegt) ein neues abgeleitetes Nutzungsrecht niederer Stufe einräumen. Den ersten Fall der (translativen) Übertragung regelt § 34; den zweiten Fall der (konstitutiven) Einräumung abgeleiteter Nutzungsrechte § 35.

Auch nach Einräumung der Nutzungsrechte besteht ein Interesse des Urhebers **2** an der Entscheidung, wer die Verwertung des Werkes übernimmt. Das folgt aus der fortbestehenden urheberpersönlichkeitsrechtlichen Bindung der Nutzungsrechte an das Stammrecht (Loewenheim/*Loewenheim*/*Jan Bernd Nordemann* § 28 Rn. 6; Wandtke/Bullinger/*Wandtke*/*Grunert*[2] Rn. 1). So soll der Urheber insbesondere verhindern können, dass Werke zur Auswertung an Personen gelangen, die das Vertrauen des Urhebers nicht besitzen und von denen er befürchten muss, dass die Nutzung seinen Absichten zuwiderläuft (Begr RegE UrhG – BT-Drucks. IV/270, S. 57). Auch hat die Person des Verwerters Einfluss auf die materiellen Erträge aus der Verwertung. Der mit § 34 beabsichtigte und durch das Zustimmungserfordernis des Abs. 1 S. 1 realisierte Schutz des Urhebers hat daher eine doppelte Ausrichtung: Geschützt sind sowohl persönlichkeitsrechtliche als auch verwertungsrechtliche Interessen des Urhebers (Dreier/Schulze/*Schulze*[2] Rn. 1). Das Zustimmungserfordernis wird dort eingeschränkt, wo die Zustimmungspflicht missbraucht würde (Abs. 1 S. 2) oder unpraktikabel wäre, so etwa wenn einzelne Urheber aus einer Vielzahl von Urhebern heraus den Rechtserwerb blockieren könnten wie bei Sammelwerken (Abs. 2) und Unternehmensveräußerungen (Abs. 3). Wo eine Rechteübertragung stattfindet, wird dem Schutz des Urhebers dadurch Rechnung getragen, dass der Erwerber u.U. neben dem Veräußerer haftet (Abs. 4). Alle Regelungen sind – von den Ausnahmen des Abs. 5 S. 1 abgesehen – dispositiv (vgl. Rn. 38 ff.).

2.   Früheres Recht

Die Bestimmung des § 34 wurde mit dem UrhG von 1965 geschaffen. Aber **3** auch davor war anerkannt, dass Nutzungsrechte wegen ihrer urheberpersönlichkeitsrechtlichen Bestandteile grundsätzlich nur mit Zustimmung übertragen werden können (Dreier/Schulze/*Schulze*[2] Rn. 4; Schricker/*Schricker*[3] Rn. 1). Das ist bei der Behandlung von **Altverträgen** bedeutsam, die **vor dem 01.01.1966** geschlossen wurden und für die § 34 nicht gilt, § 132 Abs. 1. Auch im Urheberrecht der **DDR** war die Übertragung gem. § 44 DDR-URG von der Zustimmung des Urhebers abhängig (dazu BGH GRUR 2001, 826, 829 – *Barfuß ins Bett*). Grundsätzlich gelten danach für die Erteilung der Zustimmung die gleichen Maßstäbe wie nach dem § 34 Abs. 1 S. 1 UrhG, soweit es sich um DDR-Verträge vor dem 03.10.1990 handelt (vgl. Vor §§ 31 ff. Rn. 20).

Durch die **Urhebervertragsrechtsreform 2002** (UrhVG v. 22.03.2002) wurde **4** § 34 Abs. 3 bis 5 neu gefasst. Für Verträge und Sachverhalte bis 30.06.2002 gilt § 34 a.F. (§ 132 Abs. 3). Die frühere Fassung ab UrhG 1965 lautete:

(3) Ein Nutzungsrecht kann ohne Zustimmung des Urhebers übertragen werden, wenn die Übertragung im Rahmen der Gesamtveräußerung eines Unternehmens oder der Veräußerung von Teilen eines Unternehmens geschieht.

(4) Abweichende Vereinbarungen zwischen dem Inhaber eines Nutzungsrechts und dem Urheber sind zulässig.

(5) Ist die Übertragung des Nutzungsrechts nach Vertrag oder kraft Gesetzes ohne die Zustimmung des Urhebers zulässig, so haftet der Erwerber gesamtschuldnerisch für die Erfüllung der sich aus dem Vertrag mit dem Urheber ergebenden Verpflichtungen des Veräußerers.

Als **Neuerung** wurden also ein **Rückrufsrecht für den Fall der Veräußerung 5** eines Unternehmens (**Abs. 3 S. 2**) oder einer **Änderung der Beteiligungsverhältnisse** (**Abs. 3 S. 3**) eingefügt, was nach der Gesetzesbegründung zum UrhVG allerdings keine Erweiterung darstellen soll, weil nach h.A. davor bereits dem

Urheber ein ungeschriebenes Recht zur Kündigung aus wichtigem Grund zustand (Begr RegE UrhVG – BT-Drucks. 14/6433, S. 16; s.a. *Hemler* GRUR 1994, 578, 584 ff.; Vorauflage/*Hertin*[9] Rn. 12 m.w.N. ferner vgl. Rn. 29). Die Haftungsregel des **Abs. 5 a.F.** wurde **in Abs. 4 n.F.** modifiziert niedergelegt. Während nach Abs. 5 a.F. die Haftung nur eintrat, wenn die Zustimmung vorab kraft Vertrages oder Gesetzes entbehrlich war, wurde die Haftung nach neuem Recht auf sämtliche Übertragungsfälle ausgedehnt, es sei denn, der Urheber hat der Übertragung der Nutzungsrechte im konkreten Fall „ausdrücklich zugestimmt", was eine **Erweiterung** bedeutet. Denn die Rechtsprechung hat § 34 Abs. 5 a.F. dahin ausgelegt, dass jeder Fall vom Haftungsausschluss erfasst wird, in dem der Urheber der Übertragung durch vorherigen Vertrag zugestimmt hat, ohne Differenzierung danach, ob eine inhaltliche konkrete oder pauschale Zustimmung erfolgte (LG Mannheim ZUM 2003, 415, 416). Auch die **Möglichkeit abweichender Vereinbarungen** des **Abs. 4 a.F.** wurde in **Abs. 5 neu geregelt.** Ein Verzicht auf das (neu geschaffene) Rücktrittsrecht ist ausgeschlossen. Die Haftungsregeln des Abs. 4 n.F. sind nunmehr nach dem ausdrücklichen Wortlaut unverzichtbar, was allerdings auch der herrschenden Auffassung zu § 34 a.F. entsprach (Vorauflage/*Hertin*[9] Rn. 14; Schricker/*Schricker*[2] Rn. 25 m.w.N.). Das UrhVG 2002 hat ferner **§ 28 VerlG** aufgehoben (vgl. Rn. 46).

6 **Zeitlicher Anknüpfungspunkt** für § 34 n.F. und sich daraus ergebende Erweiterungen ist wegen des eindeutigen Wortlautes der Übergangsvorschrift des § 132 Abs. 3 S. 1 der **Vertragsschluss** (*Haas* Rn. 495; a.A. *Koch-Sembdner* AfP 2004, 211, 215, und Dreier/Schulze/*Schulze*[2] Rn. 4, die jeweils für das Rückrufsrecht auf die Veräußerung bzw. Änderung der Beteiligungsverhältnisse abstellen). § 34 n.F. gilt also nur für **Verträge ab dem 01.07.2002.**

3. EU-Recht und Internationales Recht

7 Das EU-Recht reguliert die Frage der Zustimmungsbedürftigkeit einer Weiterübertragung von Rechten nicht; es fehlt an einer grundlegenden Harmonisierung des Urhebervertragsrechts (vgl. Vor §§ 31 ff. Rn. 24 f.). Für die relevanten internationalen Urheberrechtsabkommen gilt das Gleiche (vgl. Vor §§ 31 ff. Rn. 26 f.). Zur fehlenden zwingenden Anwendung des § 34 im internationalen Privatrecht vgl. Vor §§ 120 ff. Rn. 86 ff.

II. Tatbestand

1. Zustimmungserfordernis (Abs. 1)

8 a) **Übertragung eines Nutzungsrechts:** Das **Nutzungsrecht** muss als gegenständliches Recht bereits in den Händen des Inhabers liegen. Das kann entweder durch eine Einräumung durch den Urheber (in Form einer Belastung des beim Urheber befindlichen Verwertungsrechtes) oder translativ durch Übertragung eines anderen Inhabers geschehen sein. Das Nutzungsrecht kann **einfacher** oder **ausschließlicher** Natur sein (Loewenheim/*Jan Bernd Nordemann* § 28 Rn. 1; a.A. Vorauflage/*Hertin*[9] Rn. 1; zur Rechtsnatur der Nutzungsrechte vgl. § 31 Rn. 86 ff., 91 ff.). Übertragen werden können nur Nutzungsrechte an **dinglich eigenständigen Nutzungsarten** (vgl. § 31 Rn. 10 ff.). Liegt eine lediglich obligatorisch zulässige Ausgestaltung der Nutzung vor, wird deren Weitergabe von § 35 analog erfasst wird (Loewenheim/*Jan Bernd Nordemann* § 28 Rn. 2; *Schricker* FS Nordemann II S. 243, 250; Schricker/

Schricker[3] Rn. 7). Gar nicht von §§ 34, 35 erfasst werden bloß schuldrechtliche Vertriebsvereinbarungen (OLG Hamburg UFITA 91 (1981), 230, 234 –
Das große Buch der Handarbeiten). § 34 gilt analog für die Weiterübertragung
von **Rechten mit urheberpersönlichkeitsrechtlicher** Natur, soweit diese überhaupt übertragen werden können, ebenso für das Einwilligungsrecht zu Bearbeitungen und Umgestaltungen gem. § 23 (Wandtke/Bullinger/*Wandtke/
Grunert*[2] Rn. 7), weil auch in diesen Fällen die *ratio* des § 34 greift.

Das zustimmungsbedürftige Rechtsgeschäft ist gerichtet auf die vollständige – **9**
translative – Übertragung eines in den Händen des Verwerters befindlichen
Nutzungsrechtes auf einen anderen. Nicht unter § 34, sondern unter § 35 fällt
die von einem Nutzungsrecht abgeleitete Einräumung von Nutzungsrechten
weiterer Stufen, die von der Übertragung zu unterscheiden ist. Ist die Vereinbarung zwischen den Parteien unklar, entscheidet im Rahmen der **Auslegung**,
ob die abgebende Vertragspartei ohne eigene Rechte bleiben soll. Dann liegt
eine Übertragung nahe. Unter Übertragung fallen auch **Sicherungsübereignung, Nießbrauch und Verpfändung** (Loewenheim/*Jan Bernd Nordemann*
§ 28 Rn. 2; Dreier/Schulze/*Schulze*[2] Rn. 7). Das Zustimmungserfordernis betrifft **nur** den Übertragungsakt als **Verfügungsgeschäft**, nicht jedoch das diesem
zugrunde liegende Verpflichtungsgeschäft (zum Trennungsprinzip vgl. § 31
Rn. 29). Eine fehlende Zustimmung wirkt sich nicht auf die Wirksamkeit
des Verpflichtungsgeschäfts aus (BGH NJW 1967, 2354, 2358 – *Angelique*;
OLG München GRUR 1996, 972 – *Accatone*; Dreier/Schulze/*Schulze*[2] Rn. 10;
Wandtke/Bullinger/*Wandtke/Grunert*[2] Rn. 4). Sämtliche schuldrechtliche Absprachen im Zusammenhang mit der Veräußerung sind daher zustimmungsfrei. Wohl aber kann die fehlende Zustimmung des Urhebers zur Unmöglichkeit der Verpflichtung im Verhältnis Veräußerer und Erwerber führen, wenn
der Urheber zur Zustimmung nicht verpflichtet (vgl. Rn. 18 ff.) und auch sonst
nicht bereit ist; zu Sekundäransprüchen vgl. Vor §§ 31 ff. Rn. 287.

Die Übertragung muss **unter Lebenden** erfolgen. § 34 bezieht sich nicht auf die **10**
Vererbung von Nutzungsrechten oder die Erbauseinandersetzung unter Mit-
erben (*Berger* FS Schricker 70. Geb. S. 229; Loewenheim/*Loewenheim/Jan
Bernd Nordemann* § 28 Rn. 2; Dreier/Schulze/*Schulze*[2] § 34 Rn. 8; anders
wohl Vorauflage/*Hertin*[9] § 34 Rn. 12, wonach die Zustimmungsfreiheit im
Rahmen von Unternehmensveräußerungen auf die Vererbung des ganzen
Unternehmens beschränkt sein soll, was aber wegen der grundsätzlichen
Zustimmungsfreiheit bei Verfügungen von Todes wegen gar nicht nötig ist).
Dem Urheber, der sich durch einen Erbfall in der Gefahr der Beeinträchtigung
seiner Interessen wähnt, verbleibt die Möglichkeit, sich durch vertragliche
Regelungen wie eine vereinbarte auflösende Bedingung für den Todesfall zu
schützen.

Nach dem Regelungszweck muss die Übertragung des Nutzungsrechts **auf 11
einen anderen** erfolgen. Nur dann kommt ein Grund für eine Zustimmungs-
pflichtigkeit in Betracht. Damit sind **konzerninterne Verschiebungen des Nutzungsrechts** von der Zustimmungspflicht auszunehmen. Denn dadurch ändert
sich weder aus wirtschaftlicher noch aus persönlichkeitsrechtlicher Sicht der
Inhaber des Nutzungsrechts. Demnach kommt es nicht darauf an, ob eine
(konkludente) Zustimmung gegeben ist, dazu vgl. Rn. 12 ff.

b) Zustimmung des Urhebers: Der Begriff der Zustimmung deckt sich mit den **12**
Regelungen der §§ **182 ff. BGB** (HK-UrhR/*Kotthoff* Rn. 6; Möhring/Nicolini/
Spautz[2] Rn. 4; Wandtke/Bullinger/*Wandtke/Grunert*[2] Rn. 8). Die Zustimmung
kann demnach als vorherige Einwilligung (§ 183 BGB) oder als nachträgliche

Genehmigung (§ 184 BGB) erteilt werden. Die Einwilligung ist bis zur Vornahme widerruflich, soweit sich nicht aus dem Nutzungsvertrag etwas anderes ergibt (§ 183 S. 1 BGB). Entscheidend ist der Zweck der Zustimmungserklärung. I.d.R. dürfte danach ein nachträglicher Widerruf von Zustimmungen in Nutzungsverträgen mit Verwertern ausgeschlossen sein. Denn die Zustimmung erfolgt in diesen Fällen im Interesse des Verwerters, so dass ein Widerruf nicht mit dem Vertragszweck konform ginge (siehe BGH NJW-RR 1991, 439, 441 zum Widerruf von Vollmachten gem. § 168 BGB). Auch wenn ausnahmsweise ein Recht auf Widerruf besteht, kann der Urheber damit u.U. auf obligatorischer Ebene eine im Nutzungsvertrag vereinbarte Pflicht zur Zustimmung verletzen.

13 Die Anforderungen an eine **ausdrückliche Zustimmung** werden auch durch eine **pauschale** Vorabzustimmung zu einer Vielzahl im Einzelnen nicht näher bezeichneter Übertragungen erfüllt. Das gilt nach a.M. für die Individualabrede, nach zutreffender Ansicht aber auch bei formularmäßigen Abreden (zu AGB vgl. Rn. 41 f., str.). Bei individueller Zustimmung im Einzelfall kann die Haftung nach Abs. 4 ausgeschlossen sein (vgl. Rn. 37).

14 Die Erklärung kann – wie jede Willenserklärung – nicht nur ausdrücklich, sondern auch **konkludent** erfolgen (BGH GRUR 2005, 860, 862 – *Fash 2000*). Einem bloßen Schweigen lassen sich aber grundsätzlich keine rechtlichen Folgen entnehmen. Für die Annahme einer konkludenten Zustimmung kommt es letztlich entscheidend auf den Vertragzweck an, mithin kommt die **allgemeine Zweckübertragungsregel** zur Anwendung (dazu allgemein vgl. § 31 Rn. 108 ff.). Dafür spricht bereits, dass Beschränkungen in der Weitergabe („Ob") als eigenständige Nutzungsarten anzuerkennen sind (vgl. § 31 Rn. 62). Der Bundesgerichtshof hat die Zweckübertragungslehre bislang noch nicht ausdrücklich herangezogen, jedoch zur Auslegung auf den Vertragszweck abgestellt (BGH GRUR 1996, 121, 122 a.E. – *pauschale Rechtseinräumung*; BGH GRUR 1984, 528, 529 – *Bestellvertrag*). Entscheidend ist also, ob der **Zweck des Vertrages eine Weiterübertragung erlaubt oder voraussetzt.** Das ist aus der Sicht des Urhebers nach **Üblichkeitserwägungen**, der **Verkehrssitte**, nach allen **Begleitumständen** und dem **schlüssigen Verhalten** der Parteien zu entscheiden. Im Zweifel ist von einer fehlenden Zustimmung wegen der gesetzlichen Regel des § 34 Abs. 1 S. 1 auszugehen (Dreier/Schulze/*Schulze*[2] Rn. 49).

15 Für die Bewertung, ob eine konkludente Zustimmung vorliegt, kann zunächst der **Charakter des Werkes** eine Rolle spielen. Eine Zustimmung liegt bei Massenwerken geringer Schöpfungshöhe nahe, weniger bei der Übertragung von Rechten mit großem urheberpersönlichkeitsrechtlichem Einschlag. Nicht überzeugend ist es danach, wenn der BGH (GRUR 1984, 528, 529 – *Bestellvertrag*) die konkludente Zustimmung zur Weiterübertragung im Hinblick auf urheberrechtlich nur ausnahmsweise geschützte Werbebroschüren davon abhängig macht, ob der Urheber wusste, dass vom Vertragspartner nur die erste Auflage, alle eventuellen weiteren Auflagen jedoch von Dritten hergestellt werden (BGH GRUR 1984, 528, 529 – *Bestellvertrag*). In **Verlagsverträgen**, die umfassende Nebenrechte einräumen, die der Verleger regelmäßig nicht selbst zu verwerten pflegt, kann danach eine konkludente Zustimmung angenommen werden, z.B. bei Musikverlagsverträgen (BGH GRUR 1964, 326, 331 – *Subverleger*). Insbesondere gilt dies dann, wenn die Parteien eine Honorarabrede über die Aufteilung mit Dritten erzielter Verwertungserlöse vereinbart haben. Aus einer bloßen Regelung in einem Verlagsvertrag zu Freiexemplaren bei Lizenzausgaben ergibt sich jedoch nicht zwingend eine konkludente Zustimmung (KG GRUR 1991, 596, 599 – *Schopenhauer-Ausgabe*). Bei **Filmverträgen** kann aus der Verpflichtung, ggf. eine „Exportfassung" eines Films herzustellen, eine Zustimmung hergeleitet werden, wenn es den Aufgaben des (staatlichen) Verwerters entsprach und auch üblich war, Werke zur Auswertung durch Dritte im Ausland zu exportieren (BGH GRUR 2001, 826, 828 – *Barfuß ins Bett*, zu § 44 DDR-URG; siehe ansonsten auch § 90). Nicht überzeugend erscheint es, speziell bei einem **buyout-Vertrag** Zurückhaltung bei der Annahme einer konkludenten Zustimmung zu üben (so aber Wandtke/Bullinger/*Wandtke/Grunert*[2] Rn. 35); solche Verträge sind nach ihrem Vertragszweck gerade darauf gerichtet, dem Verwerter ein Höchstmaß an Rechten und Flexibilität bei der Verwertung zu gewähren. Bei **Wahrnehmungsverträgen**, z.B. mit Verwertungsgesellschaften oder Bühnenverlagen (jeweils treuhänderische Tätigkeit zu Gunsten des Urhebers, vgl. Vor §§ 31 ff. Rn. 322 ff.), wird eine konkludente Zustimmung i.d.R. anzunehmen sein (Dreier/Schulze/*Schulze*[2] Rn. 49; Wandtke/Bullinger/*Wandtke/Grunert*[2] Rn. 34). Das Gleiche gilt für **Arbeits- und Dienstverhältnisse**; insbesondere eine wirtschaftlich gesicherte Anstellung des Urhebers, deren Arbeitsergebnisse dem Dienstherrn zustehen sollen, kann für eine konkludente Zustimmung sprechen (KG AfP 1996, 148, 150 – *Poldok*). Auch das **Verhalten** des Urhebers **vor und nach Abschluss des Nutzungsvertrages** kann bedeutsam sein; es spricht für eine konkludente Zustimmung, wenn der Urheber nach Vertragsschluss Kenntnis von der Weiterübertragung an einen Dritten hatte und diesem Dritten sogar noch zuarbeitete (BGH GRUR 2005, 860, 862 – *Fash 2000)* oder die Parteien in gleich gelagerten Fällen stets ohne Zustimmung verfahren sind (OLG Hamburg GRUR Int. 1998, 431/434 – *Feliksas Bajoras*; Loewenheim/*Jan Bernd Nordemann* § 60 Rn. 37). Auch wenn eine Lizenz zur Nutzung von Software, die Dritten zur Schulung von Mitarbeitern überlassen wird, nach ihrem Wortlaut auf die Verwendung auf den Rechnern des Lizenznehmers beschränkt ist, umfasst sie die Nutzung auf Rechnern des schulenden Dritten, wenn dem Lizenznehmer die Schulung freigestellt war (OLG Düsseldorf ZUM 2001, 795, 796). Im Regelfall ist die Zustimmung zur **Weitergabe** von Rechten **an ein konzerneigenes Unternehmen** konkludent erteilt (OLG Hamburg ZUM 2002, 833, 835, zu § 35; *Berger* FS Schricker 70. Geb. S. 228, will § 34 gar nicht anwenden, was zutreffend ist, vgl. Rn. 11; a.A. KG GRUR 1991, 596, 599 – *Schopenhauer-Ausgabe*). Auch in einer **Insolvenz** können keine hohen Anforderungen an das Vorliegen einer Zustimmung gestellt werden (BGH GRUR 2005, 860, 862 – *Fash 2000*). Zur Anwendung des § 34 auf **Leistungsschutzberechtigte** und **bloße Nutzungsrechtsinhaber** vgl. Rn. 48.

16 c) **Fehlende Zustimmung, Rechtsfolgen:** Ohne Zustimmung ist die Übertragung als Verfügungsgeschäft **schwebend unwirksam** (Dreier/Schulze/*Schulze*[2] Rn. 22; Wandtke/Bullinger/*Wandtke/Grunert*[2] Rn. 10). Mit Genehmigung erlangt sie rückwirkend („ex tunc") Wirksamkeit. Zur Darlegungs- und Beweislast vgl. Rn. 43. Scheitert die Übertragung, hat der Erwerber **Schadensersatzansprüche** wegen Nichterfüllung gegen den Veräußerer, vgl. Vor §§ 31 ff. Rn. 287. Ein gutgläubiger Erwerb ist jedenfalls ausgeschlossen.

17 Die Zustimmung ermöglicht nur die Übertragung des Rechts in der jeweiligen Form und mit dem jeweiligen Inhalt; sie ermöglicht keine Änderung des Rechts (anders bei § 35). Die Zustimmung gilt – mangels anderweitiger Abrede – für eine beliebige Anzahl von (Weiter-)Übertragungen (vgl. Rn. 38). Nimmt der **Erwerber trotz fehlender Zustimmung Nutzungshandlungen** vor, ist er **deliktischer Verletzer** und als solcher einem Unterlassungsanspruch des Urhebers aus § 97 Abs. 1 ausgesetzt. Denn der Zustimmungsvorbehalt hat dingliche Wirkung (BGH GRUR 1987, 37, 39 – *Video-Lizenzvertrag*; Loewenheim/*Jan Bernd Nordemann* § 60 Rn. 38). Ob auch Schadensersatzansprüche bestehen, hängt von der Konstellation des Vertrages mit dem Erwerber ab (vgl. § 97 Rn. 128). Der Veräußerer als aktueller Inhaber ist ebenfalls berechtigt, Unterlassungsansprüche zu stellen, kann aber keine Schadensersatzansprüche geltend machen (vgl. Vor §§ 31 ff. Rn. 89 f. zur entsprechenden Situation bei Kontrahierungsansprüchen).

18   **d) Treuwidrige Verweigerung (Abs. 1 S. 2):** Der Urheber darf seine Zustimmung nicht entgegen den Geboten von Treu und Glauben ohne sachlichen Grund missbräuchlich verweigern. Die Bestimmung der Treuwidrigkeit erfordert eine umfassende **Interessenabwägung** zwischen Urheber und Nutzungsrechtsinhaber (Loewenheim/*Jan Bernd Nordemann* § 28 Rn. 10; Wandtke/Bullinger/*Wandtke/Grunert*[2] Rn. 11; Schricker/*Schricker*[3] Rn. 16). Der **Maßstab** für diese Interessenabwägung ist **streitig**. Rein willkürliche Zustimmungsverweigerungen ohne sachlichen Grund durch den Urheber verstoßen gegen Treu und Glauben. Insoweit erscheint es als unzutreffend, wenn das LG München I ZUM 2003, 71, 76, eine willkürliche Verweigerung gestattet, solange keine schwerwiegenden Interessen auf Verwerterseite entgegenstehen. Weitergehend kann auch bei Vorliegen eines sachlichen Grundes auf Seiten des Urhebers eine Zustimmungspflicht nach den Umständen des Einzelfalls denkbar sein (Loewenheim/*Loewenheim/Jan Bernd Nordemann* § 28 Rn. 10; a.A. Dreier/Schulze/*Schulze*[2] Rn. 18; Vorauflage/*Hertin*[9] Rn. 10: nur bei Schikane). Der Gesetzgeber wollte den Fall der Zustimmungspflicht nicht auf den Fall der Willkür beschränken (Begr RegE UrhG – BT-Drucks. IV/270, S. 57). Treuwidrig ist danach die Verweigerung, wenn für den Nutzungsberechtigten die Blockierung der Nutzung durch Weiterübertragung nach Abwägung aller Umstände des Einzelfalls unzumutbar ist. **Im Zweifel** geht die Interessenabwägung **zu Gunsten des Urhebers** aus (KG GRUR 1991, 596, 599 – *Schopenhauer-Ausgabe*); der Verwerter kann sich durch eine – auch formularmäßig mögliche (vgl. Rn. 41 f.) – eingeholte Zustimmung vor solchen Zweifelsfällen hinreichend schützen.

19   Als **sachlicher Grund des Urhebers** kommen nach dem Schutzzweck des § 34 (vgl. Rn. 2) urheberpersönlichkeitsrechtliche oder vermögensrechtliche (wirtschaftliche) Interessen in Betracht. **Urheberpersönlichkeitsrechte Gründe** haben regelmäßig ein starkes Gewicht in der Interessenabwägung. Sie können sich aus der Tendenz des Verwerters, seiner persönlichen Eignung, seinem übrigen Geschäftszuschnitt, aber auch aus dem übrigen Geschäftsgebaren des Verwerters einschließlich seines Rufs und Ansehens ergeben. Jedoch schwindet das Gewicht der Urheberinteressen, wenn er stärker in die Organisation des Verwerters – etwa im Rahmen eines Arbeits- oder Dienstverhältnisses – eingebunden ist (Schricker/*Schricker* Rn. 16). Auch die künstlerische Natur des Werkes ist zu beachten. Je geringer die Schöpfungshöhe und damit die persönliche Prägung, je mehr das Werk auf den Breitengeschmack ausgerichtet ist, desto eher besteht eine Zustimmungspflicht (Wandtke/Bullinger/*Wandtke/Grunert*[2] Rn. 13; Schricker/*Schricker*[3] Rn. 16). **Wirtschaftlich** steht es dem Urheber grundsätzlich zu, für die Zustimmung ein (angemessenes) Entgelt zu verlangen (Loewenheim/*Loewenheim/Jan Bernd Nordemann* § 25 Rn. 12 zu § 35), anderenfalls besteht regelmäßig ein berechtigter Grund zu Verweigerung. Das gilt insbesondere dann, wenn der bisherige Vertrag ein angemessenes Entgelt noch nicht vorsieht. **Relevante Interessen des Nutzungsrechtsinhabers** sind seine eigenen und auch die Interessen des Erwerbers, weil sie auch die Interessen des abgebenden Nutzungsrechtsinhabers sind. Die Interessen können dem persönlichen Umfeld entspringen (Stellung, Weltanschauung, Reputation), sich aber auch aus dem wirtschaftlichen Umfeld ergeben, z.B. aus dem Inhalt des übrigen Verlagsprogrammes und nicht zuletzt auch der Branchenübung (Schricker/*Schricker*[3] Rn. 16). Verfügt der Nutzungsrechtsinhaber bzw. der Erwerber über ein vielfältiges Angebot, das ihn nicht wirklich von den Werken des einen Urhebers abhängig macht, spricht das gegen die Treuwidrigkeit (LG München I ZUM 2003, 73, 76 – *Pumuckl-Illustrationen*). Schließlich können auch **allgemeine Rechtsgrundsätze** in die Beurteilung einzubeziehen sein. Wenn z.B. der Urheber trotz einer anfänglichen Zusage seine Zustimmung nicht erteilt, führt dieses widersprüchliche Verhalten (venire contra factum proprium) zur Zustimmungspflicht (Wandtke/Bullinger/*Grunert*[2] Rn. 12)

Rechtsfolge: Ohne Zustimmung ist die Veräußerung des Nutzungsrechtes **20** schwebend unwirksam. Auch eine treuwidrige Verweigerung hilft nicht über das Zustimmungserfordernis hinweg. Der Erwerber hat in diesem Fall noch keine Nutzungsrechte, und seine Nutzungen stellen Verletzungshandlungen dar (Dreier/Schulze/*Schulze*[2] Rn. 20). Der Inhaber (der Erwerber nur in gewillkürter Prozessstandschaft) muss daher Klage auf Zustimmung erheben; zum Prozessualen vgl. Rn. 44. Bei treuwidriger Verweigerung kann der Urheber dem Nutzungsrechtsinhaber schadensersatzpflichtig werden; letzterer hat u.U. auch ein Kündigungsrecht aus wichtigem Grund (Schricker/*Schricker*[3] Rn. 17; Wandtke/Bullinger/*Wandtke*/*Grunert*[2] Rn. 14).

2.   Sammelwerke (Abs. 2)

Bei Sammelwerken ist zu unterscheiden zwischen den in die Sammlung einge- **21** stellten Werken und dem Sammelwerk als solchem, das Werkcharakter durch die Art und Weise der Zusammenstellung erlangt (vgl. § 4 Rn. 10). Werden Nutzungsrechte am Sammelwerk als Ganzem übertragen, so ist davon zugleich auch die Nutzung der einzelnen Werke betroffen. Müsste nun die Zustimmung aller Urheber der einzelnen Werke eingeholt werden, würde der Rechtsverkehr übermäßig erschwert. § 34 Abs. 2 lässt daher das Zustimmungserfordernis für die Urheber der einzelnen Werke als Bestandteile des Sammelwerkes entfallen; lediglich der Urheber des Sammelwerkes i.S.d. § 4 muss seine Zustimmung gem. Abs. 1 S. 1 geben.

Voraussetzung für diese Erleichterung ist freilich das Vorliegen eines **schutz-** **22** **fähigen Sammelwerkes.** Abs. 2 kommt nicht zum Tragen in anderen Fällen der Beteiligung mehrerer Urheber wie z. B. bei Bearbeitungen (§ 3), Miturheberschaft (§ 8) oder Werkverbindung (§ 9). Dort ist die Zustimmung aller erforderlich. Auch ist erforderlich, dass der **Urheber des Sammelwerkes** die relevanten **Nutzungsrechte an den Einzelwerken** (wenn auch ohne Zustimmung zur Übertragung) hält. Ansonsten scheitert die Übertragung schon am Fehlen der Rechte, und es kommt auf die Zustimmungsfrage gar nicht an (KG GRUR 2002, 252, 257 – *Mantellieferung*).

3.   Unternehmensveräußerung (Abs. 3)

Auch bei Unternehmensveräußerungen wäre das Einholen der Zustimmung **23** aller Urheber für den Nutzungsberechtigten unzumutbar, wenn der Nutzungsberechtigte – wie beispielsweise ein Verlag – Rechte einer großen Zahl von Urhebern hält (Begr RegE UrhG – BT-Drucks. IV/270, S. 57). Neben dem

bürokratischen Aufwand ist insoweit auch relevant, dass die Unternehmensveräußerung wegen der Abhängigkeit vom Urheber deutlich **finanziell entwertet** würde (Loewenheim/*Loewenheim*/*Jan Bernd Nordemann* § 28 Rn. 8) und dass dem Verwerter **Bestandsschutz** zu gewähren ist (*Berger* FS Schricker 70. Geb. S. 226). Ohnehin ist der Urheber im Grundsatz nicht schutzwürdig, wenn das Unternehmen, das der Urheber als sachlichen Rahmen für die Nutzung seines Werkes akzeptiert hat, lediglich veräußert wird. Deshalb erklärt § 34 Abs. 3 S. 1 die Zustimmung für entbehrlich (BGH GRUR 2005, 860, 862 – *Fash 2000*; *Koch-Sembdner* AfP 2004, 211, 212; *Wernicke*/*Kockentiedt* ZUM 2004, 348, 349; Loewenheim/*Loewenheim*/*Jan Bernd Nordemann* § 28 Rn. 8; *v. Pfeil*, Urheberrecht und Unternehmenskauf, 2007, S. 49 ff.). Die Interessen der Urheber werden durch das Rückrufrecht des Abs. 3 S. 2 (vgl. Rn. 27 ff.) sowie die Haftung des Erwerbers gemäß Abs. 4 (vgl. Rn. 36) hinreichend geschützt.

24 a) **Gesamtveräußerung Unternehmen oder Unternehmensteil (Abs. 3 S. 1):** Ein **Unternehmen** ist die auf Dauer angelegte, am Wirtschaftsleben teilhabende Zusammenfassung personeller und sachlicher Mittel (Produktionsmittel, Waren, Kundschaft, Ruf, Geschäftsgeheimnisse, Marken, Firma, Rechte etc.), die sich der Urheber als sachlichen Rahmen für die Nutzung seines Werkes ausgesucht hat. Auf Gewinnerzielungsabsicht und Rechtsform kommt es nicht an. Beispiele sind Verlage, Theater, Filmproduzenten, Rundfunkanstalten. Nach dem Regelungszweck des Abs. 3, der als Unternehmen auf den sachlichen Rahmen abstellt, den sich der Urheber selbst ausgesucht hat, kann ein Unternehmen auch vorliegen, wenn es lediglich für die Verwertung eines Werkes existiert (BGHZ 15, 1, 3 ff. – *Sportwette*; OLG Köln GRUR 1950, 579, 580; *v. Pfeil*, Urheberrecht und Unternehmenskauf, 2007, S. 51, 54). Werden aber nur Nutzungsrechte an einem einzelnen Werk veräußert, greift die Privilegierung nicht, auch wenn es sich um einen ganz wesentlichen Wert handelt (BGH GRUR 2005, 860, 862 – *Fash 2000* bezogen auf den Wert für die Insolvenzmasse).

25 **Gesamtveräußerung:** Im Zuge der Veräußerung muss der Erwerber Inhaber des gesamten Unternehmens werden. Das kann durch Veräußerung des Unternehmens als Gesamtheit aller Vermögenswerte im Wege eines „asset deal" erfolgen. Die assets können dabei nicht nur Produktionsmittel, Waren, Kundschaft, Ruf, Geschäftsgeheimnisse, Marken, Firma etc., sondern auch lediglich Rechte sein (*Wernicke*/*Kockentiedt* ZUM 2004, 348, 350; Wandtke/Bullinger/*Wandtke*/*Grunert*² Rn. 20). Da auf eine *Gesamt*veräußerung abgestellt wird, müssen alle assets des Unternehmens oder des Unternehmensteils veräußert werden, nicht nur Teile. Keine Gesamtveräußerung gem. Abs. 3 S. 1 kann eine **identitätswahrende Umwandlung** (z.B. in eine **andere Rechtsform**) sein, weil die Rechte gar nicht auf einen neuen Rechtsträger übergehen, also gar kein Zustimmungsbedürfnis nach Abs. 1 S. 1 entsteht. Anderes gilt für eine **Verschmelzung** zweier Unternehmen zu einem neuen (Loewenheim/*Loewenheim*/ *Jan Bernd Nordemann* § 28 Rn. 8; a.A. Vorauflage/*Hertin*⁹ Rn. 30), weil dann keine Unternehmensidentität mehr besteht. Umstritten ist, ob Veräußerungen unter Abs. 3 S. 1 fallen, die zu keiner Änderung der Rechtsinhaberschaft, aber zu einem Kontrollwechsel führen. Das können vor allem sog. „share deals" (Anteilserwerbe) sein, die lediglich die Gesellschafterstruktur, nicht aber den Rechtsträger ändern (für eine Anwendung des Abs. 3 S. 1: *Joppich* K&R 2003, 211, 212; Loewenheim/*Loewenheim*/*Jan Bernd Nordemann* § 28 Rn. 8; wohl auch Wandtke/Bullinger/*Wandtke*/*Grunert*² Rn. 22; **a.A.:** HK-UrhR/*Kotthoff* Rn. 10; Schricker/*Schricker*³ Rn. 20; *v. Pfeil*, Urheberrecht und Unternehmenskauf, 2007, S. 52, 56). Dem Streit kommt nur dann praktische Bedeutung zu, wenn man Abs. 3 S. 3 als eigenständige Regelung begreift, die auch unterhalb der Schwelle des Kontrollerwerbs durch Anteilskauf greifen kann. Das ist indes nicht der Fall, weil eine wesentliche Änderung der Beteiligungsverhältnisse gem. Abs. 3 S. 3 einen Kontrollwechsel erfordert (vgl. Rn. 35). Ansonsten spricht mehr für eine Herausnahme von Anteilserwerben ohne Änderung der Rechtsinhaberschaft aus § 34 Abs. 3 S. 1, weil in solchen Fällen keine „Übertragung" des Nutzungsrechts gemäß § 34 Abs. 1 vorliegt.

Die Veräußerung eines **Unternehmensteils** muss von der Übertragung lediglich **26** einzelner Nutzungsrechte abgegrenzt werden, die nicht unter das Privileg des Abs. 3 fallen soll. Kriterium ist auch hier eine gewisse wirtschaftliche Geschlossenheit, die den Unternehmensteil rechtlich oder fachlich vom Rest des Unternehmens abgrenzbar macht. Die Veräußerung eines **Geschäftszweiges** unterfällt dem Abs. 3 dann, wenn es sich um einen **geschlossenen Fachbereich** eines Verlages handelt (Dreier/Schulze/*Schulze*[2] Rn. 32; Loewenheim/*Loewenheim/Jan Bernd Nordemann* § 28 Rn. 8). Ein geschlossener Fachbereich kann sich nach der Art, Inhalt und Form der verwerteten Werke richten (z.B. die Abteilung Reiseliteratur eines Verlages), **nicht** aber nach **persönlichen Kriterien**, so dass bei Veräußerung aller Rechte eines Autors keine Veräußerung eines Unternehmensteils gegeben ist (Loewenheim/*Loewenheim/Jan Bernd Nordemann* § 28 Rn. 9). Nicht ausreichend ist auch, wenn ein Unternehmsteil veräußert und dabei ein Nutzungsrecht übertragen wird, das nur außerhalb des veräußerten Unternehmensteils genutzt wurde (*v. Pfeil*, Urheberrecht und Unternehmenskauf, 2007, S. 50).

b) Rückrufsrecht (Abs. 3 S. 2): Bei der Veräußerung des Unternehmens und **27** dem Übergang der Rechte ohne das Zustimmungserfordernis des Abs. 1 S. 1 gewährt Abs. 3 S. 2 für Verträge ab 01.07.2002 (str.) ein vorab unverzichtbares Rückrufsrecht (zum früheren Recht vgl. Rn. 4 ff.). Gegenüber §§ 313, 314 BGB ist das Rückrufsrecht des Abs. 3 S. 2 spezieller (Wandtke/Bullinger/*Wandtke/Grunert*[2] Rn. 24; Schricker/*Schricker*[3] Rn. 20). Der Zweck des Abs. 3 S. 2 erschließt sich vor dem Hintergrund der fortschreitenden Unternehmenskonzentration im Verlagswesen, als Folge dessen sich einige Autoren „verkauft" fühlten (*Schricker* FS Nordemann II S. 249).

aa) Erwerber: Mit seinem vorgenannten Sinn und Zweck muss für eine An- **28** wendbarkeit des § 34 Abs. 3 S. 2 ein **echter Inhaberwechsel** stattgefunden haben. Eine bloß **konzerninterne Verschiebung** von Unternehmen oder Unternehmensteilen ohne Eigentümerwechsel genügt nicht. Das gilt auch, wenn durch die konzerninterne Verschiebung ein **Geschäftsführerwechsel** eintritt; auf einen bloßen Geschäftsführerwechsel ist das Rückrufsrecht offensichtlich nicht zugeschnitten. Es kommt allenfalls ein (ungeschriebenes) Kündigungsrecht aus wichtigem Grund in Betracht.

bb) Unzumutbarkeit: Ein Unterschied des Maßstabes im Vergleich zu einer **29** **Kündigung aus wichtigem Grund** nach § 314 BGB besteht nicht, weil der Gesetzgeber (RegE UrhVG BT Drucks. 14/6433, S. 16) sich bei Einführung des Rückrufsrechts auf die bisherige Praxis zum Kündigungsrecht aus wichtigem Grund bezog (*Partsch/Reich* NJW 2002, 3286, 3287; *dies.* AfP 2002, 298, 299; *Berger* FS Schricker 70. Geb. S. 230; a.A. niedrigere Anforderungen an Rückruf: *Koch-Sembdner* AfP 2004, 211, 212; *Wernicke/Kockentiedt* ZUM 2004, 348, 351; *Wilhelm Nordemann*, Urhebervertragsrecht, § 34 Rn. 3).

30 Das Rückrufsrecht ist ein **Ausnahmetatbestand**, der **eng auszulegen** ist. Deshalb kann auch **keine Gleichstellung mit Abs. 1 S. 2** erfolgen. Vielmehr sind die Anforderungen an eine Unzumutbarkeit nach Abs. 3 S. 2 höher, weil das Gesetz im Grundsatz von der Übertragbarkeit ausgeht und explizit von Unzumutbarkeit spricht (*Berger* FS Schricker 70. Geb. S. 230; Loewenheim/*Jan Bernd Nordemann* § 28 Rn. 14; Dreier/Schulze/*Schulze*[2] Rn. 37; Schricker/*Schricker*[3] Rn. 20a; a.A. HK-UrhR/*Kotthoff* Rn. 11). Die Feststellung der Unzumutbarkeit erfordert eine umfassende **Interessenabwägung**. Hier sind auf der einen Seite die **Interessen des Urhebers** relevant. Auf der anderen Seite sind nicht nur die **Interessen des Erwerbers** einzustellen, sondern auch die **Interessen des Veräußerers** (Schricker/*Schricker*[3] Rn. 20a; a.A. möglicherweise *Partsch*/*Reich* AfP 2002, 298, 299: nur Erwerberinteressen), die Abs. 3 schützen will (vgl. Rn. 31). Die Umstände müssen im **Zeitpunkt der Veräußerung** vorliegen. Denn es handelt sich um ein Rückrufsrecht, das auf das Ereignis der Veräußerung abstellt und dem Urheber nicht die Möglichkeit geben soll, diese noch Jahre nach der Veräußerung zu konterkarieren (*Berger* FS Schricker 70. Geb. S. 230); ggf. muss der Urheber bei nach Veräußerung neu auftretenden Gründen gemäß § 314 BGB kündigen. Auch für den Urheber ist das Abstellen auf den Veräußerungszeitpunkt sinnvoll. Er muss nicht warten, wie sich der Erwerber bei der Auswertung verhält (*Wernicke*/*Kockentiedt* ZUM 2004, 348, 351; Dreier/Schulze/*Schulze*[2] Rn. 37). Vielmehr fällt er eine **Prognoseentscheidung** auf Grundlage der bei Veräußerung vorliegenden Tatsachen im Wege einer **ex ante Betrachtung**.

31 **Interessen des Urhebers** können sowohl in persönlichkeitsrechtlicher als auch in wirtschaftlicher Hinsicht relevant sein (Schricker/*Schricker*[3] Rn. 20a; *Loewenheim*/Loewenheim/*Jan Bernd Nordemann* § 28 Rn. 15; a.A. *Berger* FS Schricker 70. Geb. S. 230: nur persönlichkeitsrechtliche Interessen). Solche Interessen müssen **schwerwiegend verletzt** sein, damit eine Unzumutbarkeit in Betracht kommt. Maßstab ist, ob Umstände vorliegen, die erwarten lassen, dass sich ein Verhältnis gegenseitigen Vertrauens nicht bilden wird (Dreier/Schulze/*Schulze*[2] Rn. 37). **Persönlichkeitsrechtliche Interessen** sind beispielsweise berührt bei konträren politischen oder weltanschaulichen Überzeugungen des Erwerbers, sofern das Werk des Urhebers gerade auf eine bestimmte weltanschauliche Ausrichtung des Verwerters angewiesen ist (*Koch-Sembdner* AfP 2004, 211, 212). Beispiele: Die Verwertung der Werke *Günter Wallraffs* im *Axel-Springer-Verlag*, weil sich einige seiner Werke gerade gegen das verlegerische Geschäftsgebaren richteten; pazifistische Werke in den Händen eines Waffenhändlers, auch wenn der Waffenhändler in den Werken nicht direkt angegriffen wird. Ferner können auch erhebliche persönliche Ressentiments oder Geringschätzung für den Schaffenden auf Seiten des neuen Verwerters oder eine erhebliche Beeinträchtigung eines Werkes in seiner künstlerischen Wirkung etwa durch einen Verwertungszusammenhang mit anderen Werken relevant sein. **Wirtschaftliche Gründe** können sein: die mangelnde fachliche Eignung des Erwerbers (unter Berücksichtigung der übernommenen Mitarbeiter), ein unzureichender Vertrieb, Aufkauf von Unternehmen allein zum Vorgehen gegen die Konkurrenz ohne ernsthaftes Interesse, das Verlagsprogramm zu pflegen (zu diesen Erwägungen siehe *Joppich* K&R 2003, 211, 212 f.; *Wernicke*/*Kockentiedt* ZUM 2004, 348, 349 ff.; *Wilhelm Nordemann*, Urhebervertragsrecht, § 34 Rn. 4; Möhring/Nicolini/*Spautz*[2] Rn. 7 f.). Kein relevantes Urheberinteresse ist wegen Abs. 4 die finanzielle Bonität des Erwerbers, solange der Veräußerer als Haftender in Frage kommt. Auf der Seite des **Erwerbers** ist sein wirtschaftliches Interesse an einem Erwerb der Nutzungsrechte zu berücksichtigen. Der **Veräußerer** darf sich auf einen wirtschaftlichen Bestandsschutz und insbesondere darauf berufen, dass sein Unternehmen durch den Rechterückruf finanziell entwertet würde. Denn diese Interessen sind von Abs. 3 geschützt; vgl. Rn. 23. Ferner kann sich der Veräußerer (ggf. in Person des Insolvenzverwalters) auf sein Sanierungsinteresse berufen (*Berger* FS Schricker 70. Geb. S. 230). Bei der Abwägung ist auch die **vertragliche Grundlage** der Nutzungsrechtseinräumung relevant. Im Arbeitsverhältnis (eingehend *Berger* FS Schricker 70. Geb. 231; *Wernicke/Kockentiedt* ZUM 2004, 348, 355) oder bei Weisungsabhängigkeit des Urhebers im Rahmen einer Auftragsproduktion (Loewenheim/*Loewenheim/Jan Bernd Nordemann* § 28 Rn. 14) wird regelmäßig keine Unzumutbarkeit vorliegen. Ferner ist auf **Werkqualität und Werkbeitrag** des Urhebers abzustellen (*Berger* FS Schricker 70. Geb. S. 230). Werke der kleinen Münze rechtfertigen in der Regel genauso wenig einen Rückruf wie Werkbeiträge von untergeordneter Bedeutung. Rein künstlerische Werke ohne Gebrauchszweck (z.B. Belletristik) haben einen stärkeren persönlichkeitsrechtlichen Einschlag als Gebrauchskunst (Sachtexte, angewandte Kunst).

cc) Ausübung und Frist: Die Ausübung kann **gegenüber dem Erwerber oder** **32** **dem Veräußerer** stattfinden (Schricker/*Schricker*[2] Rn. 20e). Der Wortlaut des Abs. 3 S. 2 lässt das zu. Eine Ausübung lediglich gegenüber dem Erwerber (so Dreier/Schulze/*Schulze*[2] Rn. 39) erscheint schon mit Blick auf die Rechtsfolge, die das Nutzungsrecht an den Urheber (und nicht an den Veräußerer) zurückfallen lässt, als nicht sachgerecht.

Die Ausübung des Rückrufsrechts ist an eine **Frist** gebunden. **Fristbeginn** ist die **33** hinreichende Information des Urhebers (*Berger* FS Schricker 70. Geb. S. 232; Schricker/*Schricker*[2] Rn. 20e). Regelungen zur Länge der **Ausübungsfrist** enthält Abs. 3 S. 2 nicht. Auf die Zweimonatsfrist des aufgehobenen § 28 VerlG für den Widerspruch (vgl. Rn. 46) kann nicht zurückgegriffen werden. Es existieren verschiedene Ansätze. Teilweise wird an die Grundsätze zu den angemessenen Fristen des bisherigen außerordentlichen Kündigungsrechtes gem. § 314 Abs. 3 BGB (*Wernicke/Kockentiedt* ZUM 2004, 348, 354; Schricker/*Schricker*[2] Rn. 20e; Dreier/Schulze/*Schulze*[2] Rn. 39; zu den Voraussetzungen vgl. Vor §§ 31 ff. Rn. 142 f.) angeknüpft, auf Unverzüglichkeit (HK-UrhR/*Kotthoff* Rn. 15) oder auf Verwirkung abgestellt (*Joppich* K&R 2003, 211, 215, dort auch zu Zeitmoment und Umstandsmoment). Diese vordergründig „flexiblen" Lösungen lassen jedoch das Interesse von Veräußerer und Erwerber nach Planungssicherheit unberücksichtigt, die von Abs. 3 ebenfalls geschützt sind. Deshalb erscheint die **Monatsfrist** des § 613a Abs. 6 S. 1 BGB analog als angemessen (Loewenheim/*Loewenheim/Jan Bernd Nordemann* § 28 Rn. 14; *Partsch/Reich* NJW 2002, 3286, 3287; *dies.* AfP 2002, 298, 300; *Berger* FS Schricker 70. Geb. S. 232; dagegen *Wernicke/Kockentiedt* ZUM 2004, 348, 354; *Joppich* K&R 2003, 211, 215). Für die Praxis bleibt angesichts der Unsicherheit über die bestehende Frist die Möglichkeit, dass der **Veräußerer oder Erwerber** den Urheber informieren und ihm gleichzeitig eine **angemessene Frist** (i.d.R. wird 1 Monat angemessen sein) **setzen**, um sich zu erklären. Reagiert der Urheber darauf gar nicht (auch nicht mit Fristverlängerungsgesuch), wäre ein danach erfolgender Rückruf wegen der erheblichen Interessen von Veräußerer und Erwerber an einer klaren Rechtslage verfristet. Ein **Anspruch des Veräußerers oder Erwerbers** gegen den Urheber **auf Zustimmung** analog Abs. 1 S. 2 besteht aber nicht (so auch *v. Pfeil*, Urheberrecht und Unternehmenskauf, 2007, S. 60 f.), weil gar kein Zustimmungs-, sondern nur ein Rücktrittsvorbehalt des Urhebers besteht. Zur **Feststellungsklage** von Veräußerer oder Erwerber vgl. Rn. 44.

34 **dd) Rechtsfolgen:** Ein Rückruf führt zum Erlöschen der Rechte beim Verwerter mit Wirkung **per sofort**, also „ex nunc" (LG Köln ZUM 2006, 149, 152; *Berger* FS Schricker 70. Geb. S. 232 m.w.N.). In Konsequenz fallen nicht nur die beim Vertragspartner des Urhebers (Unternehmensveräußerer) liegenden Rechte an den Urheber zurück, sondern auch alle übrigen vom Vertragspartner abgeleiteten Rechte (vgl. Vor §§ 31 ff. Rn. 30 ff.). Teilweise wird jedoch gefordert, dass der Rückruf nicht zu einem Rückfall an den Urheber, sondern an den Veräußerer führt; der Veräußerer solle eine „zweite Chance" erhalten (*Berger* FS Schricker 70. Geb. S. 232 f.; dagegen zu Recht Dreier/Schulze/*Schulze*[2] Rn. 39). Diese Lösung widerspricht indes nicht nur dem klaren Wortlaut („Der Urheber kann das Nutzungsrecht zurückrufen") und hat keine Stütze in der Gesetzgebungshistorie. Vielmehr versagt sie auch vollständig bei Fällen des Abs. 3 S. 3, in denen der Rechtsinhaber identisch bleibt. Eine **Entschädigungspflicht** bei Ausübung ist gesetzlich nicht vorgesehen. Sie würde den Urheber auch faktisch an der Ausübung hindern (*Koch-Sembdner* AfP 2004, 211, 214). Eine entsprechende Anwendung des § 38 **VerlG** auch außerhalb von Verlagsverträgen sollte hingegen – wie in Fällen des Rücktritts nach den allgemeinen Bestimmungen – zugelassen werden (vgl. Vor §§ 31 ff. Rn. 151).

35 **c) Wesentliche Änderung der Beteiligung (Abs. 3 S. 3):** Nach Abs. 3 S. 3 ist ein Rückruf ohne Übertragung der Nutzungsrechte möglich, wenn sich die Beteiligungsverhältnisse am Nutzungsrechtsinhaber wesentlich ändern. Die Regelung bietet **Schutz vor Umgehung** des S. 2 durch andere gesellschaftsrechtliche Gestaltung (HK-UrhR/*Kotthoff* Rn. 12). Nach diesem Schutzzweck bestimmt sich die Auslegung des Merkmals der Wesentlichkeit. Es können nur Änderungen erfasst werden, die einer Übertragung des Nutzungsrechts durch Unternehmensveräußerung gleich zu stellen sind. Deshalb ist auf einen **Wechsel in der Kontrolle des Nutzungsrechtsinhabers** abzustellen (HK-UrhR/*Kotthoff* Rn. 13). Unzutreffend ist der Ausgangpunkt, dass eine „für den Rückruf relevante Verschlechterung der Lage für den Urheber zu befürchten ist" (so Schricker/*Schricker*[3] Rn. 20c; ähnlich Wandtke/Bullinger/*Wandtke*/*Grunert*[2] Rn. 26), was über dies keinen Konkretisierungsgewinn bringt. Ob ein Kontrollwechsel vorliegt, kann nur auf der Grundlage einer **Einzelfallbetrachtung** gesagt werden. Eine schematische Betrachtung von prozentualen Beteiligungen ist nicht angezeigt, weil durch individuelle Abreden die Kontrollverhältnisse völlig anders liegen können als die Beteiligungsverhältnisse (fraglich deshalb die schematische Betrachtung bei *Wernicke*/*Kockentiedt* ZUM 2004, 348, 353, und Dreier/Schulze/*Schulze*[2] Rn. 38: 25%, jeweils unter Hinweis auf § 13 des Normvertrages zwischen dem Verband deutscher Schriftsteller und dem Börsenverein des Deutschen Buchhandels, der bei 25% eine Anzeigepflicht und ein daraus erwachsendes Rücktrittsrecht vorsieht; siehe auch *Partsch*/*Reich* AfP 2002, 298, 302: 50%). Eine Minderheitsbeteiligung von 25% kann gemeinsame Kontrolle auslösen, wenn sämtliche Entscheidungen ein Quorum von 75% erfordern. Umgekehrt stellt ein Erwerb von 50% der Anteile nicht eine Kontrolländerung dar, wenn die Anteile ohne Stimmrechte sind. Für Details zur Frage des Kontrollwechsels sei auf die **deutsche und europäische Zusammenschlusskontrolle** verwiesen, soweit sie für den Zusammenschlussbegriff ebenfalls auf einen Kontrollwechsel abstellt (§ 37 Abs. 1 Nr. 2 GWB; Art. 3 Abs. 1 lit. b), Abs. 2 EU-FKVO; s.a. insb. die Bekanntmachung der EU-Kommission über den Begriff des Zusammenschlusses, Abl.

EG 1998, 1998, C 66/02). Änderungen von Beteiligungsverhältnissen an einer **Unternehmensholding** sollen auch erfasst sein (*Wernicke/Kockentiedt* ZUM 2004, 348, 353).

4. Haftung des Erwerbers gegenüber dem Urheber (Abs. 4)

Der **Erwerber haftet** neben dem Veräußerer nach den Grundsätzen der **Ge-** **36** **samtschuld** auf das Ganze und die volle Höhe gem. §§ 421 ff. BGB. Das ist verfassungsgemäß (BVerfG GRUR 2006, 410, 411 – *Nachhaftung des Verlegers*). Betroffen hiervon sind nach dem Wortlaut des Abs. 4 **nur vertragliche Ansprüche** aus dem Verhältnis **Urheber-Veräußerer**, keine deliktischen Ansprüche. Abs. 4 statuiert nur eine Ausweitung der Haftung auf den Erwerber; Vertragspartner und Beteiligter des Schuldverhältnisses mit dem Urheber bleibt hingegen der Veräußerer. Welchen von beiden er letztlich in Anspruch nimmt, liegt in der Entscheidung des Urhebers. Von der Haftungsregel umfasst sind **Hauptansprüche** – wie das Entgelt als Gegenleistung für die Nutzung – und **Nebenansprüche** – wie Erstattungsansprüche, Werbepflichten, Auswertungspflichten, Enthaltungspflichten, Schadensersatzansprüche. Nach einer verbreiteten Auffassung soll allerdings der Veräußerer für Pflichtverletzungen des Erwerbers nicht über § 278 BGB haften, sondern nur für eigene Pflichtverletzungen (*Haberstumpf/Hintermaier* § 22 III 1a; Dreier/Schulze/*Schulze*[2] Rn. 40; Wandtke/Bullinger/*Wandtke/Grunert*[2] Rn. 29; Schricker/*Schricker*[3] Rn. 23; wie hier a.A. Vorauflage/*Hertin*[9] Rn. 14). Das hätte die merkwürdige Konsequenz, dass der Veräußerer nur noch bei einer schuldhaft schlechten Auswahl des Erwerbers haftet, ansonsten für dessen Nicht- oder Schlechterfüllung aber nicht, also eine weitgehende Exkulpationsmöglichkeit hätte (so in der Tat *Haberstumpf/Hintermaier* § 22 III 1a; Dreier/Schulze/*Schulze*[2] Rn. 40). Da dies dem Zweck des Abs. 4 widerspräche, haftet der Veräußerer gem. § 278 BGB auch für Pflichtverletzungen des Erwerbers. Mangels gegenteiliger Abrede steht der **Erwerber gegenüber dem Veräußerer** dafür ein, dass der Veräußerer die vertraglichen Verpflichtungen des Erwerbers erfüllt.

Ausschluss der Haftung (Abs. 4 2. Halbs.): Nach Abs. 5 a.F. war die **Haftung des** **37** **Erwerbers** ausgeschlossen, wenn eine Zustimmung durch den Urheber erteilt wurde (vgl. Rn. 5). Seit der Urhebervertragsrechtsreform 2002 (vgl. Rn. 4) gilt der Ausschluss der Haftung des Erwerbers gem. Abs. 4 2. Halbs. n.F. nur noch dann, wenn der Urheber der Übertragung **im Einzelfall ausdrücklich zugestimmt** hat. Der Unterschied liegt also im Maß der Konkretisierung der Zustimmung. Dahinter steht der Gedanke, dass der Urheber nur dann „im Einzelfall ausdrücklich" zustimmen wird, wenn er sich seine Rechte ausreichend vertraglich absichern lässt. Um das zu tun, sollte er sich im Zeitpunkt der Zustimmung der Tragweite bewusst sein, insbesondere die Person des Erwerbers und die Art der künftigen Verwertung kennen. Jedenfalls deswegen ist eine Zustimmung durch **Pauschal- oder Formularverträge** nicht möglich, um die Haftung auszuschließen (RegE UrhVG – BT-Drucks. 14/6433, S. 16). Auch **konkludente Zustimmungen** scheiden wegen des Wortlautes („ausdrücklich") aus. Ein Ausschluss der **Haftung des Veräußerers** gegenüber dem Urheber ist von Abs. 4 nicht geregelt und bedarf der befreienden Schuldübernahme durch den Erwerber, wozu allerdings die Zustimmung des Urhebers erforderlich ist.

5. Abweichende Vereinbarungen (Abs. 5)

Das Zustimmungserfordernis gemäß Abs. 1 können die Vertragsparteien ver- **38** traglich abändern. Eine erforderliche Zustimmung nach Abs. 1 S. 1 kann beispielsweise vorab abbedungen werden (zu Regelungen in AGB vgl. Rn. 41). Meist wird jedoch die Zustimmung pauschal erteilt, was auf das gleiche Ergebnis hinausläuft. Die Zustimmung ist – mangels abweichender Vereinbarung – nicht mit dem ersten Übertragungsakt verbraucht; eine wiederholte Weiterübertragung ist möglich. Ein Verbrauch der Zustimmung kann nur gegeben sein, wenn der Urheber die Zustimmung mit einem bestimmten Verwerter verknüpft hat; ansonsten ist nicht ersichtlich, weshalb der Urheber nur die erste Übertragung freigeben wollte. Ferner ist es möglich, die Zustimmung von Modalitäten abhängig zu machen. Beispielsweise kann vereinbart werden, dass nur an bestimmte weitere Verwerter Nutzungsrechte zustimmungsfrei eingeräumt werden dürfen und dass es in anderen Fällen beim Zustimmungserfordernis bleibt. Auf diese Weise kann der Urheber sicherstellen, dass sein Werk nicht von Personen verwertet wird, mit denen er nicht einverstanden ist, etwa von einem Verlag mit einer von ihm abgelehnten weltanschaulichen Einstellung. Persönliche Beschränkungen bei der Übertragbarkeit wirken aber nur schuldrechtlich zwischen den Parteien (OLG München GRUR 1996, 972, 973 – *Accatone*); die Zustimmung wirkt bei vertragswidriger Übertragung dinglich nicht zu Gunsten des Erwerbers, weil die Verfügungsbeschränkung nicht überwunden wurde (für die Verfügungsbeschränkung s. BGH GRUR 1987, 37, 39 – *Videolizenzvertrag;* OLG München GRUR 1984, 524, 525 – *Nachtblende;* Schricker/*Schricker*[3] Rn. 13; Wandtke/Bullinger/*Wandtke/Grunert*[2] Rn. 36; a.A., allerdings für eine Vereinbarung zwischen Verwertern: OLG München GRUR 1996, 972, 973 – *Accatone*). Im Hinblick auf das Verbot der Konditionenbindung in Drittverträgen nach § 1 GWB, Art. 81 Abs. 1 EG kann es problematisch sein, wenn der Urheber auf den Inhalt des Vertrages zwischen dem Nutzungsrechtsinhaber und dem Erwerber von Nutzungsrechten weiterer Stufen Einfluss zu nehmen sucht. Da das Zustimmungserfordernis des § 34 Abs. 1 S. 1 grundsätzlich Ausdruck der berechtigten Einflussnahme des Urhebers auf die Zweitverträge ist, werden kartellrechtliche Bedenken zurücktreten müssen, solange der Urheber sachliche Gründe für seine Einflussnahme hat (vgl. Vor §§ 31 ff. Rn. 72 ff.). Zu prozessualen Fragen bei Modifikationen der Zustimmung vgl. Rn. 44. Auch das Verbot, die Zustimmung wider Treu und Glauben zu verweigern (Abs. 1 S. 2), kann zu Gunsten des Urhebers außer Kraft gesetzt werden. In den Fällen der Abs. 2 und 3 können Zustimmungsrechte zu Gunsten des Urhebers vereinbart und an Bedingungen geknüpft (dazu prozessual vgl. Rn. 44) werden. Ebenso kann die Zustimmung vorab komplett versagt werden.

39 Unverzichtbar ist im Voraus das Rückrufsrecht des Abs. 3 S. 2 und S. 3 sowie die Haftung des Erwerbers gemäß Abs. 4. Die Unverzichtbarkeit gilt nur „im Voraus". Disponibel wird das Rückrufsrecht damit, sobald der Urheber von der Unternehmensveräußerung bzw. der Änderung der Beteiligungsverhältnisse in Kenntnis gesetzt wurde bzw. alle Kenntnisse zur Begründung der Haftung des Erwerbers erhalten hat. Im Hinblick auf das Rückrufsrecht des Abs. 3 S. 2 und S. 3 sollte es außerdem möglich sein, vorab die Ausschlussfrist für den Rückruf, die der Gesetzgeber nicht genauer bestimmt hat und ansonsten wohl entsprechend § 613a BGB zu ermitteln wäre (vgl. Rn. 33), festzulegen (Loewenheim/*Jan Bernd Nordemann* § 60 Rn. 44). In Formularverträgen darf dem Urheber aber wegen der Parallele zu § 613a BGB keine kürzere Frist als 3 Wochen zugemutet werden (BAG NJW 1994, 2170).

40 Ferner gilt es für den Vertrag mit dem Urheber zu bedenken, dass es zu einem Rechterückfall an den Urheber kommen kann, wenn die Rechtseinräumung beendet wird (vgl. § 31 Rn. 30 ff., str.). Dem Verwerter stehen hier verschiedene Gestaltungsmöglichkeiten für den Vertrag mit dem Urheber offen, um sich für den Fall des Rechterückfalls an den Urheber vor Regress durch den Erwerber zu schützen (vgl. Vor §§ 31 ff. Rn. 36 ff.).

6. AGB-Recht

Im Hinblick auf die Zulässigkeit einer formularmäßigen **Zustimmung** zur **41** Weiterübertragung oder Einräumung abgeleiteter Nutzungsrechte **nach Abs. 1 S. 1** werden im Schrifttum Bedenken geäußert (Schricker/*Schricker*[3] Rn. 12 m.w.N.; Wandtke/Bullinger/*Wandtke*/*Grunert*[2] Rn. 40; HK-UrhR/ *Kotthoff* Rn. 18; Vorauflage/*Hertin*[9] § 34 Rn. 13). Insbesondere bei „Werken anspruchsvollen Niveaus mit erheblichen urheberpersönlichkeitsrechtlichen Implikationen" sei keine formularmäßige Zustimmung möglich (Schricker/ *Schricker*[3] Rn. 12). Das OLG Zweibrücken und *Hertin* meinen, dass eine Abweichung vom gesetzlichen Leitbild der §§ 34, 35 im Rahmen von AGB ausnahmsweise zuzulassen sein kann, jedoch nur bei klarer Formulierung und unter Hervorhebung des Umstandes, dass damit vom gesetzlichen Regelfall abgewichen wird (OLG Zweibrücken ZUM 2001, 346, 347 – *ZDF-Komponistenvertrag*; Vorauflage/*Hertin*[9] Rn. 13). Sofern sich die vorerwähnten Auffassungen auf BGH *Honorarbedingungen: Sendevertrag* (BGH GRUR 1984, 45, 52) berufen, ist das jedoch nicht zutreffend. Der BGH ließ dort die Klausel „*Der SFB ist berechtigt, die ihm eingeräumten Rechte ganz oder teilweise auf Dritte zu übertragen oder diesen Nutzungsrechte einzuräumen*" unbeanstandet. Lediglich die Klausel „*Im selben Umfang wird der SFB ermächtigt, diesen Vertrag im Namen des Vertragspartners mit einer noch näher zu bestimmenden Auswertungsfirma abzuschließen*" erklärte der BGH für unwirksam i.S.d. § 9 Abs. 2 Nr. 1 AGBG a.F., weil eine Vollmacht, im Namen des Urhebers mit einem noch nicht bekannten Dritten einen Nutzungsvertrag zu schließen, jedenfalls in einer AGB-Klausel eine unangemessene Benachteiligung des Urhebers darstelle (BGH GRUR 1984, 49, 52 – *Honorarbedingungen: Sendevertrag*). Der BGH hat also die formularmäßige Zustimmung gemäß §§ 34, 35 grundsätzlich unbeanstandet gelassen. Das erscheint auch als zutreffend. Ein Verbot oder eine restriktive Handhabung der formularmäßigen Zustimmung nach §§ 34, 35 wäre in der Praxis wenig befriedigend, weil Verwerter, die im Massengeschäft tätig sind, das Zustimmungserfordernis kaum einzeln aushandeln können und eine angemessene Standardisierung möglich sein muss.

Ein Ausschluss des Zustimmungsvorbehalts in Allgemeinen Geschäftsbedin- **42** gungen sollte daher **grundsätzlich** als **zulässig** angesehen werden (LG Berlin K&R 2007, 588 – *Springer-Honorarregelungen*; Loewenheim/*Loewenheim*/ *Jan Bernd Nordemann* § 25 Rn. 14 und § 28 Rn. 12), und zwar ohne irgendwelche besonderen Anforderungen an die Formulierung. Enthalten Tonträgerproduktionsverträge die Verpflichtung, die Auswertung einem Dritten, und zwar einem später vom Produzenten benannten Musikverlag zu übertragen, so ist dies grundsätzlich nicht zu beanstanden (in diese Richtung OLG Frankfurt ZUM 2003, 957, 958, wenn auch i.E. offen gelassen). Ausnahmsweise gilt dann etwas anderes, wenn die formularmäßige Zustimmung einen **Gestaltungsmissbrauch** darstellt. Eine Klausel, mit der sich ein Komponist in einem Filmproduktionsvertrag mit einer Rundfunkanstalt bereit erklärt, die Verlagsrechte für seine Filmmusik zur Wahrnehmung einem bestimmten Musikverlag als Drittem einzuräumen, ist als unangemessene Benachteiligung gem. § 307

Abs. 2 Nr. 1 BGB unwirksam, wenn es dabei nur um die Vereinnahmung der anfallenden GEMA-Erlöse durch den Musikverlag auf Kosten des Komponisten geht, jedoch keine weiteren dem Komponisten zu Gute kommenden Aktivitäten des Musikverlages zu erwarten sind (OLG Zweibrücken ZUM 2001, 346, 347 – *ZDF-Komponistenvertrag* deshalb im Ergebnis richtig). Zur **Rückrufsfrist** gem. Abs. 3 vgl. Rn. 39.

III. Prozessuales

43 Die **Darlegungs- und Beweislast** für die Erteilung der Zustimmung nach § 34 Abs. 1 S. 1 trägt nach dem ausdrücklichen Wortlaut der Nutzungsrechtsinhaber. Im Übrigen gilt, dass derjenige die Darlegungs- und Beweislast trägt, der sich auf die Bestimmung beruft. Die Last liegt also für die Frage, ob die Verweigerung gemäß Abs. 1 S. 2 gegen Treu und Glauben verstößt, beim Nutzungsberechtigten bzw. Erwerber (KG GRUR 1991, 596, 599 – *Schopenhauer-Ausgabe*; Loewenheim/*Jan Bernd Nordemann* § 28 Rn. 10; Dreier/Schulze/*Schulze*[2] Rn. 18). Das Gleiche gilt für den Fall der (zustimmungslosen) Unternehmensveräußerung gem. § 34 Abs. 3 S. 1. Der Urheber trägt wiederum die Last, dass ihm die Ausübung gem. Abs. 3 S. 2 nicht zumutbar ist. Er muss auch die Tatbestandsvoraussetzungen des Abs. 4 darlegen und ggf. beweisen, wobei sich die Last aber im Hinblick auf den 2. Halbs. (Zustimmung im Einzelfall) auf den Nutzungsberechtigten verschiebt. Für abweichende Vereinbarungen (Abs. 5 S. 2) hat derjenige die Darlegungs- und Beweislast, der sich auf eine solche Vereinbarung beruft.

44 Im Fall der **Verweigerung der Zustimmung** nach Abs. 1 muss eine Leistungsklage gem. § 894 ZPO auf Zustimmung durch den Nutzungsrechtsinhaber erhoben werden. Der Erwerber kann nur in gewillkürter Prozessstandschaft vorgehen (Loewenheim/*Loewenheim*/*Jan Bernd Nordemann* § 25 Rn. 13; Dreier/Schulze/*Schulze*[2] Rn. 20). Vor der Rechtskraft des Urteils stellt jede Nutzung durch den Erwerber als Nichtberechtigten eine Verletzungshandlung dar; dies gilt auch dann, wenn die Verweigerung treuwidrig war. Ist die Zustimmung von gewissen vertraglichen Modalitäten auf der Verwerterseite abhängig (vgl. Rn. 38), so brauchen diese nicht notwendigerweise in einen Antrag aufgenommen zu werden. Sie stellen gegenüber einer Zustimmung kein aliud, sondern ein minus dar, so dass § 308 ZPO einem Urteil unter Beachtung dieser Modalitäten nicht entgegensteht (BGH GRUR 1995, 668, 670 – *Emil Nolde*). Eine Zustimmung im Zuge eines Prozessvergleiches beschränkt sich auf die jeweilig streitgegenständlichen Werke und hat nur Wirkung zwischen den Prozessparteien (LG München I ZUM 2003, 73, 75 – *Pumuckl-Illustrationen*). Möglich erscheint eine Feststellungsklage des Veräußerers im Hinblick auf einen möglichen Rückruf nach Abs. 3 S. 2 oder S. 3. Ein hinreichendes Feststellungsinteresse sollte vorliegen, wenn der Urheber den Rückruf erklärt hat oder sich ernsthaft berühmt, den Rückruf noch erklären zu dürfen. Der Erwerber muss nicht im Wege der gewillkürten Prozessstandschaft auf Feststellung klagen, weil bei erfolgreichem Rückruf eine Urheberrechtsverletzung (Delikt) seinerseits gegenüber dem Urheber droht und deshalb ein eigenes Feststellungsinteresse gegeben ist.

IV. Verhältnis zu anderen Vorschriften

45 Während § 34 die translative Übertragung von bereits bestehenden Nutzungsrechten regelt, wird die **konstitutive Einräumung weiterer Nutzungsrechte** von

§ 35 erfasst. Zum **Rückfall** von an Dritte übertragenen Nutzungsrechten bei Beendigung des Nutzungsvertrages des Urhebers mit dem Ersterwerber vgl. Vor §§ 31 ff. Rn. 30 ff.

Das Verhältnis des zum 01.07.2002 abgeschafften § **28 VerlG** zu § 34 war **46** streitig. § 28 VerlG findet mangels Übergangsvorschrift auch bei Verträgen bis zum 30.06.2002 keine Anwendung mehr (eingehend, auch zum Streitstand, vgl. § 28 VerlG Rn. 2), sondern nur noch § 34 a.F. (vgl. Rn. 5).

Im **Filmbereich** statuiert § 90 Ausnahmen von der Zustimmungsbedürftigkeit. **47** Hier ist zwischen dem Verfilmungsrecht (§ 88) und den Rechten der Mitwirkenden am Filmwerk (§ 89) zu unterscheiden. Der Filmhersteller kann das Recht zur Herstellung des Filmes selbst, d.h. die Nutzungsrechte zur Vervielfältigung und Verbreitung, öffentlicher Vorführung, Funksendung, Übersetzungen und anderen filmischen Bearbeitungen und Umgestaltungen, ohne Zustimmung weiterübertragen, wenn mit den Dreharbeiten begonnen wurde, vorher jedoch nicht ohne Zustimmung gem. § 34 (§ 90 S. 2). Die entstehenden Rechte der Filmurheber als Mitwirkende – die naturgemäß meist erst mit den Dreharbeiten entstehen – können stets ohne Zustimmung übertragen werden. Die gesamtschuldnerische Haftung des § 34 Abs. 5 wird dadurch aus Gründen des Urheberschutzes allerdings nicht ausgeschlossen (BGH GRUR 2001, 826, 830 – *Barfuß ins Bett*).

Auf **verwandte Schutzrechte** ist § 34 nur bei Verweis anwendbar. Das ist der **48** Fall bei wissenschaftlichen Ausgaben (§ 70), Lichtbildern (§ 72) und Leistungen der ausübenden Künstler (§ 79 Abs. 2), nicht aber bei nachgelassenen Werken (§ 71) oder dem Leistungsschutz für Tonträgerproduzenten (§ 85), Sendeveranstalter (§ 87), Datenbankhersteller (§ 87a) und Filmproduzenten (§ 94). Auch ansonsten scheidet eine analoge Heranziehung des § 34 aus, insbesondere zugunsten eines früheren **bloßen Nutzungsrechtsinhabers**, der nicht Urheber ist (Dreier/Schulze/*Schulze*[2] Rn. 15, 44). Jedoch kann sich ein Übertragungsverbot – auch ungeschrieben – aus Vertrag ergeben (vgl. Vor §§ 31 ff. Rn. 243 f.).

Neben dem Haftungstatbestand des § 34 Abs. 4 ist vor allem an § **25 HGB** bei **49** Unternehmensveräußerung zu denken, der an die Fortführung der Firma anknüpft. § **419 BGB** kann nur noch für Vermögensübernahmen relevant werden, die vor dem 01.01.1999 erfolgt sind.

§ 35   Einräumung weiterer Nutzungsrechte

(1) Der Inhaber eines ausschließlichen Nutzungsrechts kann weitere Nutzungsrechte nur mit Zustimmung des Urhebers einräumen. Der Zustimmung bedarf es nicht, wenn das ausschließliche Nutzungsrecht nur zur Wahrnehmung der Belange des Urhebers eingeräumt ist.

(2) Die Bestimmungen in § 34 Abs. 1 Satz 2, Abs. 2 und Absatz 5 Satz 2 sind entsprechend anzuwenden.

Übersicht

I. Allgemeines

1. Sinn und Zweck

1 Wie bei § 34 übernimmt auch im Regelungsbereich des § 35 ein Dritter die Verwertung, zu dem der Urheber keine unmittelbare vertragliche Beziehung hat. Aus den gleichen Gründen wie bei § 34 ist der Urheber nach Auffassung des Gesetzgebers schutzwürdig, wenn die Gefahr einer Beeinträchtigung seiner Interessen aufgrund der Art und Weise der Auswertung oder die Person damit beschäftigter, ihm unbekannter Dritter droht; vgl. § 34 Rn. 2. Bei Wahrnehmungsverträgen dürfte das kaum der Fall sein, weshalb § 35 Abs. 1 S. 2 eine entsprechende Ausnahme vorsieht.

2 § 35 findet Anwendung auf **konstitutive Einräumungen eines neuen Nutzungsrechtes** von einem bestehenden Nutzungsrecht aus (zur Dogmatik als Belastung des Stammrechtes mit einem Nutzungsrecht und bei weiterer Einräumung Belastung dieses Nutzungsrechtes und Unterscheidung vgl. § 29 Rn. 17 f., 22), wohingegen § 34 für translative Übertragungen bestehender Nutzungsrechte auf den Erwerber gilt, ohne dass der Veräußerer die relevanten Rechte behält. Danach kann § 35 im Wesentlichen auf § 34 verweisen. Keine Verweisung findet aber auf das Rückrufsrecht des § 34 Abs. 3 und auf die Haftung nach § 34 Abs. 4 statt, so dass auch der Verweis auf § 34 Abs. 5 S. 1 obsolet ist.

2. Früheres Recht

3 Die Vorschrift des § 35 wurde durch das UrhVG 2002 geringfügig geändert. Die in der a.F. enthaltenen einräumbaren „einfachen Nutzungsrechte" wurden sprachlich in der n.F. zu „weitere Nutzungsrechte", um auch die konstitutive Einräumung ausschließlicher Nutzungsrechte zu erfassen. Zudem wurden die Verweise auf § 34 in § 35 Abs. 2 an die Änderungen des § 34 angepasst. In der Sache ergibt sich **keine Änderung gegenüber der alten Rechtslage** (Dreier/Schulze/*Schulze*[2] Rn. 51; Wandtke/Bullinger/*Wandtke/Grunert*[2] Rn. 14; Schricker/*Schricker*[3] Rn. 2; s.a. Begr RegE UrhVG – BT-Drucks. 14/6433, S. 16).

3. EU-Recht und Internationales Recht

4 Das EU-Recht reguliert die Frage der Zustimmungsbedürftigkeit einer Einräumung weiterer Nutzungsrechte nicht; es fehlt schon an einer grundlegenden Harmonisierung des Urhebervertragsrechts; vgl. Vor §§ 31 ff. Rn. 24 f. Für die relevanten internationalen Urheberrechtsabkommen gilt Entsprechendes; vgl. Vor §§ 31 ff. Rn. 26 f. Zur fehlenden zwingenden Anwendung des § 35 im internationalen Privatrecht vgl. Vor §§ 120 ff. Rn. 86 ff.

II. Tatbestand

1. Ausschließliches Nutzungsrecht

Als Ausgangspunkt einer zustimmungsbedürftigen konstitutiven Rechtsein- **5**
räumung nennt § 35 Abs. 1 S. 1 ein **ausschließliches Nutzungsrecht** (vgl.
§ 31 Rn. 91 ff.). Was für **einfache Nutzungsrechte** gilt, bleibt offen. Nimmt
man mit der zutreffenden Ansicht dessen gegenständlichen Charakter an (vgl.
Vor §§ 31 ff. Rn. 87), können auch am einfachen Nutzungsrecht weitere (einfache) Nutzungsrechte eingeräumt und § 35 darauf angewendet werden (Drei-
er/Schulze/*Schulze*[2] Rn. 5). § 35 regelt nur die Frage der Zustimmungsbedürftigkeit wegen des Schutzbedürfnisses des Urhebers, das in dieser Situation aber
keineswegs als geringer erscheint.

2. Einräumung weiterer Nutzungsrechte

Die Einräumung von Nutzungsrechten ist ein Verfügungsgeschäft, durch das **6**
das höherstufige Recht bzw. das Stammrecht belastet werden und ein in den
Händen des Erwerbers konstitutiv entstehendes Nutzungsrecht mit dinglicher
Wirkung gegenüber jedermann von ihnen abgespalten wird. Von dem Nutzungsrecht des Veräußerers aus können sowohl ausschließliche als auch einfache weitere Nutzungsrechte abgeleitet werden. Das Zustimmungserfordernis durch den Urheber gilt unabhängig davon, auf welcher Stufe in einer
Rechtekette die Einräumung erfolgt (Loewenheim/*Loewenheim*/*Jan Bernd
Nordemann* § 25 Rn. 10). – Abzugrenzen ist die Einräumung von der Übertragung der Nutzungsrechte gem. § 34 (vgl. Rn. 2). Zur **Auslegung** unklarer
Vereinbarungen vgl. § 34 Rn. 9. – Eine Einräumung von Nutzungsrechten ist
irrelevant, wenn der Nutzungsberechtigte das Werk durch bloße Hilfspersonen
distribuiert (siehe OLG Frankfurt C R 1998, 525, 526).

Bei Erlöschen der Rechtseinräumung durch den Urheber fallen davon abge- **7**
leitete Rechte zurück (vgl. § 31 Rn. 30 ff., str.), nicht jedoch bei Erlöschen
anderer höherstufiger Rechte von bloßen Nutzungsberechtigten (vgl. Vor
§§ 31 ff. Rn. 229 ff., str.).

Den Fall der Begründung einer rein schuldrechtlichen Nutzungsbefugnis regelt **8**
§ 35 nicht. Angesichts der vergleichbaren Interessenlage kommt hier eine
analoge Anwendung in Betracht (Dreier/Schulze/*Schulze*[2] Rn. 9; Wandtke/Bul-
linger/*Wandtke*/*Grunert*[2] Rn. 6), gleichviel, ob die Gestattung von einem ausschließlichen oder einfachen Nutzungsrecht aus erfolgt.

3. Zustimmung des Urhebers

Zur Frage, wann eine Zustimmung vorliegt, vgl. § 34 Rn. 12 ff. Zur Rechts- **9**
lage bei fehlender Zustimmung vgl. § 34 Rn. 16 f. Wie § 34 regelt § 35 nur die
Frage der Zustimmung des Urhebers. Die Zustimmung des bloßen Nutzungsrechtsinhabers erfasst § 35 nicht. Gleichwohl kann vertraglich – sogar ungeschrieben – ein Sublizenzierungsverbot bestehen (vgl. Vor §§ 31 ff. Rn. 243 f.).
Dieser Zustimmungsvorbehalt hat dingliche Wirkung (BGH GRUR 1987, 37,
39 – *Videolizenzvertrag*; OLG Frankfurt/M. CR 1998, 525, 526; Dreier/Schul-
ze/*Schulze*[2] Rn. 11; Wandtke/Bullinger/*Grunert*[2] Rn. 11; a.A. für rein obligatorische Wirkung Schricker/*Schricker*[3] Rn. 8).

4. Treuwidrige Verweigerung

10 Wegen des Verweises in Abs. 2 auf § 34 Abs. 1 S. 2 darf die Zustimmung durch den Urheber nicht wider Treu und Glauben verweigert werden; vgl. § 34 Rn. 18 ff.

5. Ausnahmen von der Zustimmungsbedürftigkeit

11 a) **Wahrnehmungsverträge:** Die Zustimmung ist gem. Abs. 1 S. 2 entbehrlich bei Nutzungsrechten, die nur zur Wahrnehmung der Belange des Urhebers eingeräumt wurden. Diese Regelung zielt auf die treuhänderische Übertragung in erster Linie an die Verwertungsgesellschaften, die ohne Zustimmung den Verwertern Rechte einräumen können (LG Köln ZUM 1998, 168, 169). Denn Zweck des Wahrnehmungsvertrages ist gerade die Rechtseinräumung an Dritte. Anders ließe sich die Rechtewahrnehmung auch nicht realisieren. Die Ausnahme gilt auch für andere treuhänderische Nutzungsrechtseinräumungen durch den Urheber wie etwa bei Bühnenverlagsverträgen (Dreier/Schulze/*Schulze*[2] Rn. 15; Schricker/*Schricker*[3] Rn. 10); zu diesen Verträgen eingehend vgl. Vor §§ 31 ff. Rn. 337 ff. Nicht darunter fallen Verträge, bei denen der Verwerter nicht treuhänderisch, sondern im eigenen Interesse tätig wird. Deshalb ist eine Anwendung des § 35 Abs. 1 S. 2 auf Subverlagsverträge generell abzulehnen (a.A. für Musiksubverlagsverträge Dreier/Schulze/*Schulze*[2] Rn. 15; Schricker/*Schricker*[3] Rn. 5 unter unzutreffender Berufung auf BGH GRUR 1964, 326, 331 – *Subverleger*, weil der BGH einen Fall der konkludenten Zustimmung annahm; für Buchsubverlagsverträge aber wie hier: Dreier/Schulze/*Schulze*[2] Rn. 15; Schricker/*Schricker*[3] Rn. 10). Jedoch liegt bei einer Einräumung von nur durch Dritte auswertbaren Nutzungsrechten eine konkludente Zustimmung des Urhebers nahe, die insbesondere im Verlagsbereich auch üblich ist; zur konkludenten Zustimmung vgl. § 34 Rn. 14 f. Nicht unter die Ausnahme des Abs. 1 S. 2 fällt auch die bloße Ausübung der Nutzungsrechte (LG München I ZUM 2003, 71, 76 – *Pumuckl-Illustrationen*).

12 b) **Sammelwerke:** Ausgenommen von dem Erfordernis der Zustimmung aller Urheber sind nach dem Verweis des § 35 Abs. 2 auf § 34 Abs. 2 auch Sammelwerke, für die die Zustimmung des Urhebers des Sammelwerkes genügt; vgl. § 34 Rn. 21 f.

13 c) **Unternehmensveräußerung:** Es findet sich kein Verweis auf § 34 Abs. 3, so dass es keine Ausnahme von der Zustimmungspflicht für den Fall einer Unternehmensveräußerung gibt. Der Gesetzgeber hat unterstellt, dass bei Unternehmensveräußerungen keine konstitutive Einräumung eines neuen Nutzungsrechts an den Erwerber vorkommen kann. Sollte dies – entgegen der Annahme des Gesetzgebers – doch Realität werden, z. B. im Rahmen eines asset deals, kann an eine analoge Anwendung des § 34 Abs. 3 gedacht werden.

6. Abweichende Vereinbarungen

14 Abweichende Vereinbarungen sind zulässig; § 35 ist gem. § 35 Abs. 2 i.V.m. § 34 Abs. 5 S. 2 dispositiv. Die Zustimmung kann abbedungen, modifiziert oder auch eingeführt werden für Fälle, in denen sie eigentlich entbehrlich ist; vgl. § 34 Rn. 38 ff. Auch der Fortbestand erteilter Unterlizenzen beim Wegfall des höherstufigen Rechtes des Urhebers ist möglich; vgl. § 31 Rn. 37 ff. Solche Abreden können auch durch AGB erfolgen (LG Berlin K&R 207, 588 – *Springer-Honorarregelungen*); ferner vgl. § 34 Rn. 41 f.

§ 36 Gemeinsame Vergütungsregeln

(1) [1]Zur Bestimmung der Angemessenheit von Vergütungen nach § 32 stellen Vereinigungen von Urhebern mit Vereinigungen von Werknutzern oder einzelnen Werknutzern gemeinsame Vergütungsregeln auf. [2]Die gemeinsamen Vergütungsregeln sollen Umstände des jeweiligen Regelungsbereichs berücksichtigen, insbesondere auch die Größe und die Struktur der Verwerter. [3]In Tarifverträgen enthaltene Regelungen gehen diesen gemeinsamen Vergütungsregeln vor.

(2) Vereinigungen nach Absatz 1 müssen repräsentativ, unabhängig und zur Aufstellung gemeinsamer Vergütungsregeln ermächtigt sein.

(3) Ein Verfahren zur Aufstellung gemeinsamer Vergütungsregeln vor der Schlichtungsstelle (§ 36a) findet statt, wenn die Parteien dies vereinbaren. Das Verfahren findet auf schriftliches Verlangen einer Partei statt, wenn
1. die andere Partei nicht binnen drei Monaten, nachdem eine Partei schriftlich die Aufnahme von Verhandlungen verlangt hat, Verhandlungen über gemeinsame Vergütungsregeln beginnt,
2. Verhandlungen über gemeinsame Vergütungsregeln ein Jahr, nachdem schriftlich ihre Aufnahme verlangt worden ist, ohne Ergebnis bleiben oder
3. eine Partei die Verhandlungen für endgültig gescheitert erklärt.

(4) [1]Die Schlichtungsstelle hat den Parteien einen begründeten Einigungsvorschlag zu machen, der den Inhalt der gemeinsamen Vergütungsregeln enthält. [2]Er gilt als angenommen, wenn ihm nicht innerhalb von drei Monaten nach Empfang des Vorschlags schriftlich widersprochen wird.

Übersicht

I. Allgemeines

1. Sinn und Zweck

1 §§ 36 und 36a führen **kollektivrechtliche Strukturen** in das Urheberrecht ein. Diese Regelungen tragen den Gedanken von Dietz (*Dietz* FS Schricker S. 7 ff.) fort, dass die einzelnen Vertragstypen in den unterschiedlichen Branchen des Urhebervertragsrechts kaum gesetzlich, sondern allenfalls durch die Beteiligten selbst regelbar sind. Mit den Regelungen soll den Urhebern und ihren Verbänden nach dem Willen des Gesetzgebers ein Mittel zur *B*eseitigung der strukturellen Benachteiligung (RegE UrhVG – BT-Drucks. 14/6433, S. 16) an die Hand gegeben werden, das zugleich die Vergütungspraxis der jeweiligen Branche prägen soll (RegE UrhVG – BT-Drucks. 14/6433, S. 16). Wichtig ist auch der systematische Zusammenhang mit § 32. Dessen Abs. 2 Satz 1 statuiert als Rechtsfolge einer ausgehandelten gemeinsamen Vergütungsregel die unwiderlegliche Vermutung, dass die in ihr geregelte Vergütung angemessen i.S.d. § 32 ist.

2. Entstehungsgeschichte

2 Die Vorschrift ist durch das UrhVG vom 22.03.2002 (vgl. § 32 Rn. 2) eingeführt worden. Sie bildet gemeinsam mit § 36a **den zweiten Pfeiler der Urhebervertragsrechtsreform** und geht wohl auf **Dietz' mehrdimensionalen Ansatz** des Urhebervertragsrechts (*Dietz* FS Schricker S. 7 ff.) zurück. Im Professorenentwurf (ProfE UrhVG, *Schulze*, S. 1314) hieß dieses Instrument noch „Gesamtvertrag" und kannte keine direkte Verzahnung mit den Regeln zur angemessenen Vergütung. Bereits in dem ersten „offiziellen" Gesetzesentwurf (RegE UrhVG – BT-Drucks. 14/6433, S. 4) fand sich dann aber die hier gewählte Regelung ihrer Struktur nach wieder, die durch die Fiktion der Angemessenheit einer gemeinsamen Vergütungsregel nach §§ 36, 32 Abs. 2 Satz 2 sogar noch über den Professorenentwurf hinausgeht, der lediglich eine Wirkung *inter partes* des Gesamtvertrages vorsah (zur Problematik der „Außenseiterwirkung" vgl. Rn. 22). Allerdings begegnete die im Regierungsentwurf vorgesehene Möglichkeit, einen von einer Partei abgelehnten Einigungsvorschlag gerichtlich als angemessen feststellen zu lassen, verfassungsrechtlichen Bedenken (dazu vgl. Rn. 50). Daher nahm das Gesetz die Möglichkeit auf, einen Einigungsvorschlages abzulehnen, ohne dass dies direkte Wirkung auf die Angemessenheit (aber vgl. Rn. 43) hätte. Bislang gab es einzelne Vergütungsempfehlungen oder Marktübersichten, die z.B. bei der Bestimmung der Vergütung im Rahmen der Schadensersatzberechnung nach der Lizenzanalogie eine Rolle spielen können (dazu vgl. § 32 Rn. 59 ff.; vgl. § 97 Rn. 86 ff.). Sinn der Regel soll es ausweislich der Gesetzesbegründung sein, dieses offenbar vorhandene Fachwissen aller Beteiligten in prozesshafter Weise zu verobjektivieren (RegE UrhVG – BT-Drucks. 14/6433, S. 17). Mit klareren Worten: Der Gesetzgeber hofft, dass Instrumentarien wie etwa im kollektiven Arbeitsrecht auch im Urheberrecht greifen.

3. EU-Recht/Internationale Konventionen

Im EU-Recht gibt es keine Vorgaben zu der deutschen Regelung. Auch die **3**
Internationalen Konventionen kennen keine vergleichbare Normierung oder
gar Vorgaben. Einzelne Staaten haben vergleichbare Regelungen eingeführt.
Hier ist insbesondere das unter maßgeblicher Beteiligung des Münchener Max
Planck Instituts entstandene Gesetz in Slowenien zu nennen (hierzu *Czy-
chowski*, Urhebervertragsrecht, S. 139 ff, 228 ff.).

II. Tatbestand

1. Anwendbarkeit (in persönlicher und zeitlicher Hinsicht)

§ 36 ist in sachlicher und zeitlicher Hinsicht an die neuen Ansprüche aus §§ 32, **4**
32a gekoppelt. Daher findet sich die Übergangsregel auch für § 36 in § 132
Abs. 3 S. 1 (vgl. § 132) und regelt im Wesentlichen, dass die neuen Regeln erst
auf Verträge anwendbar sind, die ab Inkrafttreten, also dem 01.07.2002, geschlossen wurden. Für Bestsellerregelungen (§§ 32a, 36) gilt § 132 Abs. 3 Satz 2
(vgl. § 132). Die persönlichen Grenzen des § 36 finden sich in seinen materiellen
Anspruchsvoraussetzungen (dazu vgl. Rn. 5; auch vgl. Rn. 23 ff.).

2. Anforderungen an die beteiligten Parteien

Die **Vereinigungen** der Urheber und Werknutzer müssen **repräsentativ, unab- 5
hängig** und **zur Aufstellung gemeinsamer Vergütungsregeln ermächtigt** sein
(§ 36 Abs. 2). Die Gesetzesbegründung gibt zwar keine weitere Hilfestellung
für die Auslegung dieser Unterbegriffe, geht aber implizit wohl von einer
Orientierung des Begriffs der „Vereinigung" am verfassungsrechtlichen Begriff
der „Koalition" aus, wenn es die Regelung an Art. 9 Abs. 3 GG misst (RegE
UrhVG – BT-Drucks. 14/6433, S. 17). Die Begriffe sind tw. auch aus dem
kollektiven Arbeitsrecht bekannt: *Ory* AfP 1993, 101 verweist auf den arbeitsrechtlichen Begriff der Tariffähigkeit von Koalitionen (§ 2 TVG); *Thüsing*
GRUR 2002, 203, 209 hingegen verweist auf partielle Parallelen zum verfassungsrechtlichen Begriff der „Koalition" nach Art. 9 Abs. 3 GG. Vereinigungen setzen eine **mitgliedschaftliche Willensbildung** voraus (*Berger*
Rn. 171), müssen aber **nicht** etwa in einer **besondere** Rechtsform organisiert
sein (Dreier/Schulze/*Schulze*[2] Rn.7).

a) **Repräsentativ:** Als **repräsentativ** ist eine Vereinigung dann einzustufen, **6**
wenn ihr einerseits eine nicht unerhebliche Anzahl von Mitgliedern angehört;
andererseits diese Mitglieder einen wesentlichen Teil der Berufsgruppe ausmachen (eine rein zahlenmäßige Betrachtung ist unzureichend nach *Dietz* AfP
2001 261, 263 und *Thüsing* GRUR 2002, 203, 209; ein weiterer eigenständiger Definitionsversuch findet sich bei *Flechsig/Hendriks* ZUM 2002, 423,
425). Um letzteres zu bestimmen, dürfte sich die Hilfe z.B. des Statistischen
Bundesamtes anbieten.

Zu Recht weist *Wilhelm Nordemann* auf die Parallelen im UWG und die **7**
Rechtsprechung des Bundesgerichtshofs zu § 13 Abs. 2 UWG a.F. (jetzt § 8
Abs. 3 Nr. 2 UWG) hin (*Wilhelm Nordemann*, Urhebervertragsrecht, § 36
Rn. 7; ebenso *Erdmann* GRUR 2002, 923, 929). Danach muss die Gruppe
die Branche nach Anzahl und/oder Größe, Marktbedeutung oder wirtschaft-
lichem Gewicht widerspiegeln (BGH GRUR 1997, 934, 935 f. – *50% Sonder-*

Afa). Entscheidend ist, dass trotz eines evtl. geringen Mitgliederstandes kein Missbrauch zu befürchten ist (BGH GRUR 1997, 934, 935 f. – *50% Sonder-Afa*; BGH WRP 1996, 1102, 1103 —*Großimporteur*). Wegen der bundesweiten Wirkung von Vergütungsregeln halten wir **Regionalverbände** nicht für repräsentativ (so aber *Ory* AfP 1993, 102; *Thüsing* GRUR 2002, 203, 209; Dreier/Schulze/*Schulze*[2] Rn. 18; wie hier *Wilhelm Nordemann*, Urhebervertragsrecht, § 36 Rn. 7). Ob eine Vermutung für einen Verband streitet, wenn es für den fraglichen Bereich nur einen Verband gibt (Dreier/Schulze/*Schulze*[2] Rn. 18), erscheint uns zweifelhaft, denn so könnte man die Wirkungen der Regeln der §§ 36 f. allzu schnell „selbstgesteuert" herbeiführen. Es gibt nämlich durchaus Werkkategorien, die verbandsmäßig kaum organisiert sind oder in denen die große Mehrzahl der Beteiligten – sei es auf Urheber-, sei es auf Verwerterseite – sich bewusst nicht einem Verband anschließt, da sie dessen Politik ablehnt. In einem solchen Fall kann man durchaus argumentieren, dass diese Vereinigung gerade **nicht repräsentativ in Bezug auf den spezifischen Vereinbarungsgegenstand ist.**

8 Schließlich ist sehr genau darauf zu achten, **für welche Verwerter der Verband** **repräsentativ** ist; so dürfte ein Verband, der z.B. Werbeagenturen umfasst, nur für das Verhältnis (schein)selbständiger Designer zu diesen Agenturen repräsentativ sein, nicht aber für das Verhältnis Agentur./. Kunde. Andererseits dürften Verwertungsgesellschaften per se ausscheiden, da für sie das UrhWahrnG die speziellere Regelung ist (Schricker/*Dietz*[3] Rn. 57; a.A. Dreier/Schulze/*Schulze*[2] Rn. 26 für den Fall, dass nur Kreative vertreten werden).

9 b) **Unabhängig: Unabhängigkeit** meint „Gegnerfreiheit" im tarifvertragsrechtlichen Sinn (so auch Dreier/Schulze/*Schulze*[2] Rn. 18; zweifelnd Wandtke/Bullinger/*Wandtke/Grunert*[2] Rn. 10; etwas unklar *Thüsing* GRUR 2002, 203, 204, der zumindest vertritt, dass die Gegnerunabhängigkeit heute nicht gewährleistet ist; sich anschließend *Flechsig/Hendricks* ZUM 2002, 423, 425). Auf jeden Fall bezieht sich die gesetzliche Forderung nach der Unabhängigkeit der Vereinigung nur auf die Unabhängigkeit der Vereinigung **von der jeweils anderen Seite**, nicht etwa auf absolute Unabhängigkeit, also z.B. von eigenen Dachverbänden (*Wilhelm Nordemann*, Urhebervertragsrecht, § 36 Rn. 8). Problematisch ist die Unabhängigkeit – worauf Dreier/Schulze/*Schulze*[2] Rn. 21 zu Recht hinweisen – in Organisationen wie Verwertungsgesellschaften, in denen sich Urheber und Verwerter gemeinsam organisieren (Dreier/Schulze/*Schulze*[2] Rn. 21; Schricker/*Dietz*[3] Rn. 57), wenn man diese überhaupt als Vereinigungen i.S.d. § 36 anerkennen will (vgl. Rn. 8). Schädlich ist auf jeden Fall auch, wenn der Verlagsleiter eines Comicverlages, der selbst Übersetzungen anfertigt, Mitglied in einem Übersetzerverband ist oder wenn Geschäftsführer von GmbHs, die Designleistungen anbieten, Mitglied in einem Verband von Designern sind. Ob es ausreicht, diesen Mitgliedern das Stimmrecht zu nehmen, dürfte zweifelhaft sein, denn Gegnerfreiheit will nicht nur Einfluss verhindern, sondern auch Information. Ebenso problematisch kann eine wirtschaftliche Abhängigkeit sein, etwa weil die Organisation indirekt durch Unterstützung von der „Gegenseite" lebt (*Haas* Rn. 226).

10 c) **Ermächtigt:** Für die **Ermächtigung** dürfte ausreichen, dass entweder die Mitgliederversammlung der Vereinigung einen Ermächtigungsbeschluss gefasst hat oder die Satzung der Vereinigung eine derartige Ermächtigung vorsieht (Dreier/Schulze/*Schulze*[2] Rn. 23; a.A. HK-UrhR/*Kotthoff* Rn. 20: ausreichend wenn die Aufstellung zu den satzungsgemäßen Aufgaben gehört). Aufgrund der Tragweite, die gemeinsame Vergütungsregelungen für die Mitglieder der Vereinigung haben können, ist einer Ermächtigung durch die Satzung der Vorzug zu geben ist; die bloße Erfassung durch die satzungsgemäßen Aufgaben erscheint uns nicht ausreichend (so auch LG Frankfurt a.M. ZUM 2006, 948, 949; wohl auch Schricker/*Dietz*[3] Rn. 58 f.). Da im Fall des LG Frankfurt a.M. ZUM 2006, 948 es jedoch überhaupt keine Ermächtigung zum Abschluss von Regelhonoraren irgendeiner Art, also auch nicht von Tarifverträgen bestand, bleibt offen, ob die satzungsmäßige Ermächtigung zum Abschluss von Tarifverträgen auch die Ermächtigung zum Abschluss von Gemeinsamen Vergütungsregeln nach § 36 erfasst. Man könnte dies allenfalls mit dem Argument vertreten, dass die Mitglieder dem Verband die Entscheidungsmacht, verbindliche Regelhonorare auszuhandeln, eingeräumt haben und eine derartige Erweiterung durch Änderung der Satzungen bzw. Geschäftsordnungen der Verbände die Interessen der Mitglieder nicht verletzt, sondern im Gegenteil schützt, zumal die Ergänzung der Satzungen um eine spezifische Ermächtigung eventuell Verhandlungen über verbindliche Maßstäbe erheblich vertagen kann. Allerdings muss eine solche Ermächtigung nach Inkrafttreten des Urhebervertragsrechts erfolgt sein, um so ausgelegt werden zu können und im Übrigen unzweifelhaft so allgemein zu verstehen sein. Jedenfalls klar auszuschließen ist eine Ermächtigung des Verbandes, wenn sein Vereinszweck lediglich die *Vorbereitung eigenverantwortlicher Honorargestaltung* verfolgt (§ 2 02.03 der Satzung des BFF).

d) Erlöschen der Voraussetzungen: Das Gesetz schweigt zum **Erlöschen** der **11** eben beschriebenen **Voraussetzungen**. Daher wird man annehmen dürfen, dass diese Voraussetzungen zum **Zeitpunkt des Abschlusses** der gemeinsamen Vergütungsregel, aber auch **kontinuierlich danach** vorliegen müssen. Sollte also z.B. durch eine Satzungsänderung eines Verbandes die Ermächtigungsgrundlage wegfallen oder aber er nicht mehr unabhängig sein, dürfte die Vergütungsregel insoweit wirkungslos werden (i.d.S. wohl auch *Wilhelm Nordemann*, Urhebervertragsrecht, § 36 Rn. 10).

Anders dürfte die Frage zu entscheiden sein, was passiert, wenn z.B. die **12** Ermächtigungsgrundlage während eines nach § 36 f. begonnenen Verfahrens bewusst entzogen wird. Der Regierungsentwurf hatte für einen solchen Fall die Einstellung des begonnenen Verfahrens vorgesehen (§ 36 Abs. 4). Mit der Streichung dieser Regelung wollte der Rechtsausschuss sicherstellen, dass sich niemand dem Schlichtungsverfahren entziehen kann; sein Bericht hebt ausdrücklich hervor, dass dies auch dann gilt, wenn die fragliche Partei ein Verband ist (BeschlE RAusschuss UrhVG – BT-Drucks. 14/8058, S. 20). Daraus folgt *Wilhelm Nordemann*, dass nach dem Beginn der von § 36 statuierten Prozedur zur Herbeiführung gemeinsamer Vergütungsregeln, also dem schriftlichen Verlangen einer Partei nach Aufnahme von Verhandlungen darüber (§ 36 Abs. 3 S. 2 Nr. 1), ein wie auch immer begründeter Versuch der anderen Partei, sich diesen – und bei deren Scheitern dem sich anschließenden Schiedsverfahren – zu entziehen, wirkungslos bleiben muss (*ders.*, Urhebervertragsrecht, § 36 Rn. 9).

3. **Beispiele aus der Praxis**

a) Vereinigungen von Werknutzern: Der **Begriff des Werknutzers** taucht hier – **13** soweit ersichtlich – zum ersten Mal im Urheberrechtsgesetz auf. Gemeint sein dürfte mit ihm der Personenkreis, der Vertragspartner des Urhebers im primären Urhebervertragsrecht (zu dem Begriff *Dietz*, Urhebervertragsrecht, S. 4) ist. Vereinigungen setzen eine mitgliedschaftliche Willenbildung voraus (*Ber-*

ger Rn. 171), müssen aber nicht etwa in einer besondere Rechtsform organisiert sein (Dreier/Schulze/*Schulze*[2] Rn.7). **Beispiele** für Vereinigungen von Werknutzern könnten sein:
- der Börsenverein des Deutschen Buchhandels für Buchverleger
- die Deutsche Landesgruppe der Internationalen Vereinigung der Tonträgerhersteller(ifpi)
- Zeitungs- und Zeitschriftenverleger wie BDZV und der VDZ und ihre Landesverbände
- der Deutsche Musikverlegerverband (DMV)
- der Bundesverband der Pressebildagenturen (BVPA)
- die Arbeitsgemeinschaft neuer deutscher Spielfilmproduzenten
- die Verbände der Sendeanstalten (VPRT, APR)
- Bundesverband Deutscher Fernsehproduzenten e.V.
- Bundesverband Produktion e.V.
- Film- & Fernseh Produzentenverband NRW e.V.

Ob diese Vereinigungen die Voraussetzungen der Repräsentativität erfüllen, kann hier nicht im Einzelnen dargestellt werden. Soweit die Satzungen allerdings überhaupt eine konkrete Regelung zu Vertretungsverhältnissen mit rechtlichen Konsequenzen enthalten, beziehen sich diese jedoch meist nur auf den Abschluss von Tarifverträgen. Mangels expliziter Ermächtigung wurde erstinstanzlich befunden, dass der Börsenverein des Deutschen Buchhandels für Buchverleger nicht rechtswirksam GemVergRegeln abschließen kann (LG Frankfurt a.M. ZUM 2006, 948). Allein explizit ermächtigt haben sich einige Urhebervereinigungen (vgl. Rn. 16 ff.).

14 Auch **ausländische Vereinigungen** müssen sich an den oben genannten Voraussetzungen messen lassen, können dann aber auch in den Genuss der Regelung kommen; man wird dies nicht pauschal beantworten können (so aber wohl „in der Regel keine Vermutung" Wandtke/Bullinger/*Wandtke*/*Grunert*[2] Rn. 14; a.A. „generell" v. Hartlieb/*Schwarz*/*Reber*, 53. Kap. Rn. 4).

15 **b) Vereinigungen von Urhebern:** Spiegelbildlich gelten die eben genannten Voraussetzungen auch auf Urheberseite. Beispiele für Vereinigungen von Urhebern könnten sein (ob sie die o.g. Anforderungen im Einzelfall erfüllen ist und kann hier nicht überprüft werden; soweit ersichtlich existiert zu dieser Frage auch noch keine explizite gerichtliche Entscheidung):
- der Deutsche Komponisten Verband (DKV)
- der Verband deutscher Schriftsteller (VS)
- der Deutsche Journalisten Verband (DJV)
- Verband der Fotojournalistinnen und Fotojournalisten e.V. (freelens)
- Allianz Deutscher Designer (AGD)
- Bund Deutscher Graphikdesigner (BDG)
- Bund freischaffender Fotodesigner (BFF)
- Illustratoren Organisation e.V (IO)
- Der Interessenverband Comic e.V. (ICOM)
- Einzelne Verbände der Filmschaffenden
- Verband Deutscher Drehbuchautoren e.V.

16 Soweit bekannt, haben sich von den genannten Urhebervereinigungen nur der DJV, freelens und der DKV ermächtigen lassen. Der **Deutsche Journalisten Verband** ist kraft § 2 Abs. 2 seiner Satzung in der Fassung vom 07./08.11.2006 zur Verhandlung über gemeinsame Vergütungsregeln wie auch der Durchführung etwa erforderlich werdender Schlichtungsverfahren ermächtigt ebenso der **Verband der Fotojournalistinnen und Fotojournalisten e.V.** (freelens) nach § 2 der Satzung vom April 2002 wie auch der **Deutsche Komponistenverband** (DKV) nach § 2 Abs. 5 der Online-Version seiner Satzung, abgerufen am 06.07.2007.

Alle übrigen Urhebervereinigungen weisen keine eindeutige Ermächtigung auf: **17** Speziell in Folge der Einführung des § 36 wurde Ende 2002 z.B. der IO (**Illustratoren Organisation** e.V) gegründet (weitere Informationen auf www.io-home.org/philosophie). Nach Angaben auf der Website ist es zwar gerade Ziel der IO durch Honorarerhebungen die gängigen Entgelte für Illustrationsleistungen in Deutschland zu ermitteln, um am Ende ein Honorarwerk ermittelt zu haben, „das dem Berufsanfänger, dem professionellen Illustrator, sowie Repräsentanten und Auftraggebern, aber auch Richtern und Anwälten erschöpfend Auskunft über die Vergütung der vielfältigen Illustrationsleistungen und Nutzungsrechte geben soll". Zu Verhandlungen nach § 36 ist der IO e.V. jedoch nicht ermächtigt. Nach § 2.2. Nr. 5 ist seine Aufgabe bezüglich der Vergütung lediglich beratender und vorbereitender Art „zur Erleichterung eigenverantwortlicher Honorarabsprachen der Mitglieder", Ebenso verhält es sich beim Bund freischaffender Fotodesigner (BFF), laut § 2 02.03 Satzung vom 25.09.1986 in der Fassung vom 29.09.2006.

Der **Interessenverband Comic e.V.** (ICOM, siehe www.comic-i.com, unter **18** „Fakten") weist in seiner aktuellen Satzung weder eine Ermächtigung für Tarif- noch GemVergR – Verhandlungen auf. Ebenso verhält sich beim **Bund deutscher Graphikdesigner** (BDG) nach Satzung mit Stand der Online-Version: 30.10.2000. Der Zweck des Bundes deutscher Übersetzer (BDÜ) ist nach § 2 seiner im Internet undatiert abrufbaren Satzung so weit formuliert, dass eine Ermächtigung zum Abschluss verbindlicher Regelhonorarvereinbarungen darin kaum zu sehen sein kann („Wahrnehmung der berufsständischen Interessen der Dolmetscher und Übersetzer, insbesondere die Koordinierung der Tätigkeit der ihm angeschlossenen Landes- und Mitgliedsverbände sowie die Vertretung der Gesamtheit der Verbände bei den Einrichtungen des öffentlichen Lebens des In- und Auslandes").

Der **Verband Deutscher Schriftsteller** (VS) sieht nach seiner Geschäftsordnung **19** als Fachgruppe Literatur der Gewerkschaft ver.di zwar die Ermächtigung zum Abschluss von Tarifverträgen vor, nicht aber die zur Verhandlung Gemeinsamer Vergütungsregeln. Da Mitglieder des **VdÜ als Bundessparte Übersetzer** zugleich dem Verband deutscher Schriftsteller (VS) angehören, gilt diese Geschäftsordnung auch für den VdÜ. Ebenso ist auch der **AGD** nach § 2 Satz 2 Satzung AGD (Fassung vom 15.10.2004) nur zum Abschluss von Tarifverträgen ermächtigt.

Nach § 1 Abs. 3 der am 05.07.2007 verfügbaren Onlineversion der Satzung **20** des Bundesverbands Filmschnitt – Editor e.V. B.F.S. ist dieser zur „Interessenvertretung gegenüber den Rundfunk und Fernsehanstalten, der Filmwirtschaft, den Gewerkschaften sowie Ministerien und gesetzgebenden Körperschaften" befugt. Fraglich ist hier, ob unter Interessenvertretung nur die rein lobbyistische oder auch die rechtlich-verbindliche zu verstehen ist. Eine Ermächtigung i.S.d. § 36 jedenfalls fehlt.

Im Bereich der **Filmproduktion** hat der neue Mantel- und Gagentarif vom **21** 01.06.2005 Vorrang vor Gemeinsamen Vergütungsregeln. Ausgehend von der Selbstdarstellung des Bundesverbands der Filmschaffenden, gegründet am 09.02.2007, (www.die-filmschaffenden.de) ist davon auszugehen, dass dieser wie sämtliche Verbände dieses Bereiches die Durchsetzung des Tarifvertrages verfolgen. Im Satzungsentwurf war für den Bundesverband „Tariffähigkeit" zunächst nicht vorgesehen, dazu bedürfte eines „gesonderten Beschlusses" der Mitgliederversammlung. Eine Ermächtigung zum Abschluss von GemVergR ist dort nicht zu erwarten. Verbände dieses Bereiches sind u.a. **Bundesverband der Fernseh – und Filmregisseure in Deutschland e.V. Bundesverband Kamera e.V. (bvk), Bundesverband Regie, der Berufsverband der Szenenbildner, Filmarchitekten und Kostümbildner (SFK), Bundesverband Filmschnitt – Editor e.V. B.F.S., Bundesverband Produktion e.V.,** sowie die trotz fehldeutbarem Namen offenbar bundesweit tätige **Maskenbildner Vereinigung München e. V.**

22 c) **Einzelne Werknutzer:** Neben den Kollektiven stellt der Gesetzgeber den Vereinigungen von Urhebern auch einzelne Werknutzer als potentielle Partner von gemeinsamen Vergütungsregeln zur Seite. An sie stellt der Gesetzgeber **keine materiellen Anforderungen.** Damit kann jeder Werknutzer gemeinsame Vergütungsregeln abschließen. Man dürfte aber verlangen, dass er zumindest in dem betroffenen Verwertungsgebiet (wohl nicht Nutzungsart) bereits tätig geworden ist. Zudem spielen die Umstände des einzelnen Werknutzers sicherlich eine Rolle bei der Beurteilung der Wirkungsbreite einer mit ihm abgeschlossenen gemeinsamen Vergütungsregel (Dreier/Schulze/*Schulze*[2] Rn. 8). Ob die Rechtsprechung weitergehende Anforderungen stellt, etwa dass er nachweislich einen gewissen Verwertungsumfang erbracht hat, ist abzuwarten. Die Reichweite der Vermutung bei einer Vergütungsregel, die nur einer oder wenige Werknutzer abschließen, ist aber deutlich geringer als bei einem Abschluss einer Vereinigung. Man könnte sogar soweit gehen zu fordern, dass eine solche – nicht repräsentative – Partei nur alleine gebunden wird, die Vergütungsregel für „Außenseiter" also nicht gilt. Zur Wirkung nur für die Beklagten vgl. § 32 Rn. 32.

4. Inhalt der gemeinsamen Vergütungsregeln

23 Das Gesetz macht wenige Vorgaben, die den Inhalt der Vergütungsregeln betreffen; das dürfte auch folgerichtig sein, denn der Gesetzgeber wollte den beteiligten Parteien weitestgehende Freiheit geben. Er wollte – wie er formuliert – einen Ordnungsrahmen schaffen, in dem die Parteien eigenverantwortlich zu angemessenen, auf den Gegenstand zugeschnittenen Absprachen kommen können, die auch der unterschiedlichen Struktur der Kulturwirtschaft [...] Rechnung tragen (RegE UrhVG – BT-Drucks. 14/6433, S. 8). Das bedingt, dass eine **Inhaltskontrolle** von verfahrensrechtlich korrekt zustande gekommenen Vergütungsregeln nur eingeschränkt stattfindet. Ausführlich zum Inhalt auch Schricker/*Dietz*[3] Rn. 63 ff. Zur Frage der Zulässigkeit des Verfahrens nach §§ 36, 36a an sich vgl. Rn. 44.

24 a) **Zur Bestimmung der Angemessenheit von Vergütungen nach § 32:** Die gemeinsamen Vergütungsregeln dienen nur der Bestimmung der Angemessenheit von Vergütungen nach § 32. Zwar können sie sicherlich auch andere Inhalte enthalten. **Nur** die auf die **Angemessenheit** bezogenen Inhalte genießen aber die **Privilegierung** des § 36 (Dreier/Schulze/*Schulze*[2] Rn. 10). Alle anderen Inhalte sind nicht nur voll überprüfbar, sondern nehmen auch nicht an den kartellrechtlichen Privilegierungen teil (dazu unten Rn. 51). Zu den Regelungen, die „zur Bestimmung der Angemessenheit" existieren, zählen neben den unmittelbaren Regelungen zur Vergütungshöhe (inkl. etwaigen Vorauszahlungen, Verrechenbarkeitsklauseln, Mindestlizenzen) sicherlich auch Vergütungsnebenabreden, wie die über Abrechnungsmodi oder Verzugsfolgen; aber auch Regelungen zu Kostenübernahmen, wie Reisekosten, dürften hierunter fallen

(Dreier/Schulze/*Schulze*[2] Rn. 10). Jedenfalls alle Regelungen, die auch bei der Bestimmung der Angemessenheit der Vergütung nach § 32 eine Rolle spielen können (vgl. § 32 Rn. 34 ff.), unterliegen auch § 36. Schließlich gehören zu eine gemeinsamen Vergütungsregel natürlich zwingend Bestimmungen über die Definition des Gegenstandes, Laufzeit, Kündigungsfristen und die üblichen Schlussbestimmungen vertraglicher Regelwerke. Auch sie will § 36 durch den Einleitungssatz nicht etwa ausnehmen.

Allerdings setzt das allgemeine Urhebervertragsrecht gemeinsamen Ver- **25** gütungsregeln auch **Grenzen**: Voraussetzung für eine gemeinsame Vergütungsregel ist, dass das betroffene Nutzungsrecht und seine Vergütung in der Vergütungsregel auch ausdrücklich geregelt wird. Es kommt also darauf an, dass jeder einzelne Nutzungsart eine konkrete Vergütung zugewiesen wird, mithin der bereits erwähnten neuen Spezifizierungslast (vgl. § 32 Rn. 135) nachgekommen wird. Zudem gelten die allgemeinen Regeln: Vergütungen für unbekannte Nutzungsarten konnten bis zur Regelung des neuen § 31a, 32c ebenso wenig geregelt werden (Dreier/Schulze/*Schulze*[2] § 32 Rn. 32) wie allgemeine Formulierungen wegen der **Zweckübertragungsregel** der erwähnten Spezifizierungslast genügen. Weitergehende Grenzen, etwa durch das **AGB-Recht** dürften nicht existieren. Es spricht wohl viel dafür, § 310 Abs. 4 BGB analog auf gemeinsame Vergütungsregeln anzuwenden, da ihr Zustandekommen Tarifverträgen gleicht (so auch Dreier/Schulze/*Schulze*[2] Rn. 36).

b) Berücksichtigung der Umstände des jeweiligen Regelungsbereichs: Abs. 1 **26** S. 2 normiert die eigentlichen inhaltlichen Vorgaben an Vergütungsregeln, spricht aber wohl eher Selbstverständlichkeiten aus (so auch *Wilhelm Nordemann*, Urhebervertragsrecht, § 36 Rn. 4). Er ist jedoch als **Soll-Vorschrift** ausgestaltet, lässt also Raum für Abweichungen in begründeten Fällen. Zu den Umständen des Regelungsbereichs gehören insbesondere **Art und Intensität der Nutzung**, eine gewisse **Typisierung** der denkbaren Fälle aber auch notwendige Pauschalierungen, um sich nicht zu sehr in Details zu verlieren (zu Beispielen Dreier/Schulze/*Schulze*[2] Rn. 11); all das werden die beteiligten Parteien im Zweifel viel besser wissen. Daher hat die Missachtung des Abs. 1 Satz 2 in gemeinsamen Vergütungsregeln auch keine Rechtsfolgen. Sie gäbe, wenn sie sich in der Vereinbarung unangemessener Sätze auswirken sollte, allerdings Anlass zur Überprüfung einerseits ihrer Wirksamkeit aus den §§ 138, 242 BGB (vgl. § 32 Rn. 10), andererseits der Aktivlegitimation der an ihrer Entstehung beteiligten Vereinigungen (*Wilhelm Nordemann*, Urhebervertragsrecht, § 36 Rn. 9).

5. Vorrang von Tarifverträgen

Wie bereits in § 32 Abs. 4 für die „einfache" angemessene Vergütung bestimmt **27** auch Abs. 1 Satz 3 an dieser Stelle, dass Tarifverträge auch vor Gemeinsamen Vergütungsregeln Vorrang genießen. Dies gilt **auch** für **Tarifverträge arbeitnehmerähnlicher Personen** (§ 12a TVG) wie die Gesetzesbegründung – mit einer zwischenzeitlichen Streichung im Rahmen des Gesetzgebungsverfahrens – klarstellt (FormH 19.11.2001 UrhVG, S. 20). Damit wollte der Gesetzgeber dort, wo gut funktionierende tarifvertragliche Regelungsmechanismen existieren, diese nicht ohne Not in neue Form zwingen (RegE UrhVG – BT-Drucks. 14/6433, S. 17). Allerdings gilt der Vorrang nicht nur für bereits existierende Tarifverträge, sondern auch für solche, die erst noch abgeschlossen werden (RegE UrhVG – BT-Drucks. 14/6433, S. 17). Zu Recht wird allerdings betont, dass dieser Vorrang nur gilt, **soweit** die Geltung der **Tarifverträge reicht**

(*Wilhelm Nordemann*, Urhebervertragsrecht, § 36 Rn. 5 und § 32 Rn. 43).
Wenn der Tarifvertrag also nicht für allgemeinverbindlich erklärt wurde – und
das ist unseres Wissens bei keinem Tarifvertrag im Bereich des Urheberrechts
der Fall (Loewenheim/*Axel Nordemann* § 63 Rn. 40 ff.) – entfaltet er nur
Wirkung inter partes (zu Tarifverträgen im Urheberbereich vgl. § 32
Rn. 73 ff.), so dass nicht gewerkschaftlich organisierte Urheber, ausübende
Künstler oder Verwerter, die Mitglied einer Urheber- bzw. Verwertervereini-
gung i.S.d. § 36 sind, sich auf abweichende Vergütungsregeln berufen können,
während ungebundene Urheber oder Verwerter die Bestimmung der Angemessenheit der Vergütung dem Gericht anvertrauen müssen (vgl. § 32 Rn. 26 ff.).
Dasselbe gilt natürlich, sollte der Tarifvertrag etwa nur regional gelten; dann
dürfte es nicht darauf ankommen, wo die Parteien ihren Sitz haben, sondern
wo die Nutzung stattfindet. Auch in zeitlicher Hinsicht kann der Vorrang nur
solange gelten, wie der Tarifvertrag gilt, so dass etwaige Neuabschlüsse des
Tarifvertrages natürlich Auswirkungen auf die dann neue Vergütung haben.
Denkbar ist schließlich, dass tarifvertragliche Regelungen **Indizwirkung** haben
(so auch *Wilhelm Nordemann*, Urhebervertragsrecht, § 36 Rn. 5 und § 32
Rn. 26 ff.).

III. Aktueller Stand der Vereinbarung Gemeinsamer Vergütungsregeln

28 Der Gesetzgeber hatte angekündigt, zu beobachten, ob sich die Erwartungen
an die neue Regelung erfüllen; falls nicht, wolle er erneut handeln (BeschlE
RAusschuss UrhVG – BT-Drucks. 14/8058, S. 20). Die Bilanz nach 5 Jahren
zeigt, dass der Weg zu GemVergRegeln für beide Seiten schwieriger zu sein
scheint als manche erhofft hatten:

1. Gemeinsame Vergütungsregeln Belletristische Literatur

29 Einzige bisher zum Abschluss gekommene gemeinsame Vergütungsregel ist die
zwischen dem Verband Deutscher Schriftsteller in ver.di (VS) und einer Reihe
deutscher Belletristikverlage (Berlin-Verlag, Fischer, Hanser, Antje Kunstmann,
Lübbe, Piper, Random House, Rowohlt und Seemann-Henschel) vom
09.05.2005, für Autoren belletristischer Werke, entstanden in Mediation durch
das Bundesjustizministerium, gültig ab 1. Juli 2005 (abrufbar auf
http://www.bmj.bund.de/media/archive/962.pdf; abgerufen am 11.09.2007).
Die Verleger hatten allerdings zunächst den Börsenverein für nicht zuständig
erklärt und anschließend die eigens zu diesem Zweck gegründet „Verlegerver-
einigung Belletristik" wieder aufgelöst (kritisch *Schulze* GRUR 2005, 828, 830).

30 Autorinnen und Autoren werden unter Geltung der GemVergRegel nunmehr
im Regelfall bei Hardcover-Ausgaben 10% vom Nettoladenverkaufspreis
ihrer Bücher erhalten; bei großem Verkaufserfolg soll der Prozentsatz steigen;
in bestimmten (in § 3 Abs. 2 definierten) Ausnahmefällen können allerdings
auch 8 Prozent „angemessen" sein. Für Taschenbuch-Ausgaben sind 5% mit
festen Steigerungsstufen bei hohen Auflagen vorgesehen. Die Beteiligung an
Nebenrechten beträgt 50 Prozent bei buchnahen Nebenrechten (z.B. Übersetzung) und 60 Prozent bei buchfernen Nebenrechten. Die Regelung des
§ 8 der GemVergRegel für Autoren belletristischer Werke, nach der Autoren
sich verpflichten, dem Verlag künftig auch die Rechte an allen heute noch
unbekannten Nutzungsarten einzuräumen, wofür die Verlage jedoch zu einer
angemessenen Vergütung verpflichtet sind, ist erst ab 01.01.2008 wirksam, da
die identisch lautende Regelung des § 32c erst dann eingeführt ist.

2. Übersetzer

Einen ersten nicht vereinbarten Entwurf gab es für Übersetzer, den der Ver- **31** band deutscher Schriftsteller (VS) in ver.di und der Verband deutschsprachiger **Übersetzer** literarischer und wissenschaftlicher Werke e.V. (VdÜ) vorgelegt haben (Entwurf abrufbar auf http://www.literaturuebersetzer.de/download/ wissenswertes/Verguetung.pdf, abgerufen am 11.09.2007). Er sieht für literarische Übersetzungen je nach Schwierigkeitsgrad eine Grundvergütung von € 22 – 34 je Normseite sowie zusätzlich ein auflagenbezogenes Honorar in Höhe von 3% vom Ladenverkaufspreis für jedes verkaufte Exemplar vor. Die Verlegerverbände haben im Laufe der Gespräche das sog. „**Münchner Modell**" als Vergütungsmodell vorgestellt, das mittlerweile auch von Teilen der Bundesregierung befürwortet wird (s. Mitteilung AfP 2007, 551). Das Modell sieht eine Pauschalzahlung vor, die sich am bisherigen Seitenhonorar orientiert, die nicht auf das Seitenhonorar anrechenbar ist (sog. Garantiehonorar), sowie eine prozentuale Beteiligung an jedem verkauften Exemplar und an allen Erlösen aus der weiteren Nutzung der Übersetzung. Wie bei den Autoren ist das Garantiehonorar auch im Falle eines wirtschaftlichen Misserfolgs nicht zurückzuzahlen. Außerdem soll ein Solidarfond geschaffen werden, der aus Bestsellererlösen gespeist wird, aus dem insbesondere Übersetzer anspruchsvoller und schwerverkäuflicher Werke zusätzliche Honorare erhalten können (Pressemitteilung des Börsenvereins v. 19.01.2007 auf http://boersenverein.de, abgerufen am 11.09.2007). Im April 2007 war die erneute Mediation durch das Bundesjustizministerium ausgesetzt worden (Pressemitteilung des Börsenvereins v. 20.04.2007 auf http://boersenverein.de, abgerufen am 11.09.2007). Ende Juni 2008 kam es zu einer Einigung, die aber noch der Zustimmung der Ende September 2008 sattfindenden außerordentlichen Mitgliederversammlung der Bundessparte Übersetzer in der Gewerkschaft ver.di/VdÜ bedarf. Sollte die GemVergRegel in Kraft treten, an die zu halten sich eine Reihe namhafter deutscher Verlage bereits verpflichtet haben, sieht diese folgendes Vergütungsmodell (zu den bisherigen gerichtlichen Auseinandersetzungen vgl. § 32 Rn. 88 ff.) vor: Eine Grundvergütung von im Mittel € 17,00 pro Normseite (30 Seiten à 60 Anschläge) bei Hardcover-Ausgaben und € 13,00 pro Normseite bei Taschenbuch-Ausgaben. Dabei wollen die Parteien die Höhe dieser Grundvergütung und ihre Auswirkungen auf die Verlage genau überwachen, denn die Grundvergütung ist als Garantiezahlung nicht verrechenbar und rückzahlbar. Für die Höhe der Grundvergütung sieht Ziff. II. 4. GemVergRegel diverse Kriterien vor, die sich an den bereits dargestellten orientieren (§ 32 Rn. 88 ff.). Neben der Grundvergütung regelt Ziff. II. 1 GemVergRegel eine laufende Beteiligung ab einer verkauften Auflage von 5.000 Stück (0,5% – 1% bei Hardcover, 0,3% –0,6% bei Taschenbüchern) und weitere Beteiligungen u.a. an Lizenzerlösen (Ziff. II. 2 GemVergRegel). Ziff. IV. GemVergRegel enthält eine strenge Übergangsregel, nach der die GemVergRegel wirklich nur für Verträge, die ab ihrem Inkrafttreten (voraussichtlich 30.09.2008) abgeschlossen werden.

3. Weitere Verhandlungen und Entwürfe

Alle übrigen Verhandlungen, die in Folge der Einführung des § 36 begonnen **32** wurden, konnten bisher noch nicht zu einem erfolgreichen Abschluss geführt werden: So werden seit August 2002 Verhandlungen zwischen dem Bundesverband Deutscher Zeitungsverleger (BDZV) und dem Verband Deutscher Zeitschriftenverleger (VDZ), und Journalistenorganisation des DJV zu Gemeinsamen Vergütungsregeln für **freie Journalisten** geführt. Die Deutsche

Journalistinnen- und Journalisten-Union (dju) in ver.di und der DJV haben als Verhandlungsvorschlag Entwürfe für solche Vergütungsregelungen vorgelegt, beruhend auf den bisherigen Honorarempfehlungen beider Vereinigungen (Entwurf ist enthalten in der Broschüre „Honorare Text + Foto 2005 für freie Journalisten/innen": downloadbar auf http://mmm.verdi.de/archiv/2005/03/aktuell/dju-honoraruebersicht_fuer_freie_journalisten, abgerufen am 11.09.2007).

33 Auch im Bereich des **Privaten Rundfunks** haben die Gewerkschaften ver.di und DJV gegenüber dem Tarifverband für den privaten Rundfunk (TPR) angeregt, Verhandlungen aufzunehmen. Ein Entwurf wird bei den Gewerkschaften ausgearbeitet (Pressemitteilung ver.di v. 02.05.06; abrufbar auf http://www.connexx-av.de/upload/m445788facc0f3_verweis1.pdfMvF; abgerufen am 11.09.2007). Bereits 2002 haben ver.di und Verbände der Film- und Fernsehproduzenten Verhandlungen für GemVergRegeln für **Film- und Fernsehschaffende** aufgenommen. Von Seiten der Urheber- und Künstlervertretungen wurde ein nutzungsabhängiges Vergütungsmodell eingebracht (*Reber* GRUR Int 2006, 9, 10; auch zu den Guilds Agreements der Film- und Fernsehbranche als Vorbild für GemVergRegeln). Der Verband der Fernsehproduzenten hat im September 2006 um Aussetzung der Verhandlungen gebeten. Die Gespräche mit den Kinoproduzentenverbänden werden weitergeführt. Im Herbst 2007 war die Zukunft der Verhandlungen ungewiss (siehe http://www.drehbuchautoren.de/Script/scriptonline0207.pdf; abgerufen am 11.09.2007).

IV. Problem konkurrierender Vergütungsregeln

34 Angesichts des aktuellen Standes der Vereinbarung von Gemeinsamen Vergütungsregeln ist das Problem, welche von zwei konkurrierenden Vergütungsregeln Anwendung finden wird, **noch hypothetischer** Natur. Da der Vergütung (relativ) volatile Marktverhältnisse zugrundegelegt werden, wird man wohl zum einen auf die zeitliche Nähe des Abschlusses der Vergütungsregel zum jeweiligen Einzelvertragsschluss abstellen und diejenige bevorzugt heranziehen, die näher am Vertragsschluss liegt, da für sie die faktische Vermutung spricht, den herrschenden Marktverhältnissen eher zu entsprechen. Da § 32 Abs. 1 weiterhin von dem Kenntnisstand der Parteien bei Vertragsschluss ausgeht, ist in einer Situation, in der eine Vergütungsregel vor Einzelvertragsschluss vereinbart wurde und eine danach, die dem Vertragsschluss vorangehende anzuwenden. Vergütungsregeln, die erst nach Einzelvertragsschluss abgeschlossen wurden, konnten nicht mal hypothetischerweise zum Zeitpunkt des Vertragsschlusses vom Urheber oder Verwerter zur „Ermittlung" der Vergütung herangezogen werden. Redlicherweise kann ein Verwerter aber nichts gegen die Anhebung einer Vergütung auf ein Niveau einwenden, das dem Verwerter sogar hätte bekannt sein und er zur Basis des Vertrages hatte machen können. Im Zweifelsfall ist also diejenige Vergütungsregel, die zum Zeitpunkt des Einzelvertragsschluss zumindest hätte einbezogen werden können, der späteren vorzuziehen.

35 Liegen wiederum zwei Vergütungsregeln vor, die beide entweder vor oder nach dem Vertragsschluss vereinbart wurden und zeitlich so nahe beieinander liegen, dass dies nicht ins Gewicht fällt, ist auf diejenige abzustellen, die **geeigneter** ist, in der **speziellen Situation** des Einzelfalles eine angemessene Lösung zu erzeugen. Die Eignung ergibt sich aus der Vergleichbarkeit dem der Vergütungsregel zugrundeliegenden und dem Vertrag zugrundeliegenden Lebenssachverhalt und bestimmt sich danach, welche Unterkriterien zur Vergütungsfestsetzung in die Vergütungsregel eingeflossen sind, wie es sich aus einer **Auslegung** der einzelnen, am nächsten einschlägigen Regelungen der GemVergRegel ergibt. Stellen sich die Kataloge beider GemVergRegeln als gleich nah am **Lebenssachverhalt** der Vertragssituation dar, ist der Korridor zwischen den Vergütungssätzen beider Regeln zu bestimmen, innerhalb dessen das Gericht nach freiem Ermessen unter Einbeziehung der einzelfallabhängigen Kriterien eine Vergütung ansetzen darf. Im Ergebnis relativiert die Existenz einer GemVergRegel die prozessuale Wirkung einer bereits bestehenden Vergütungsregel.

Die Ausführungen haben gezeigt, dass zwei konkurrierende GemVergRegeln **36** zu einer Relativierung des Grundsatzes des § 32 Abs. 2 führen müssen und dass GemVergRegeln auf ihre Angemessenheit hin untersucht werden. Allerdings ist die hier vorgeschlagene Relativierung dieses Grundsatzes nicht absolut: Es geht nicht darum, die Angemessenheit der GemVergRegel doch durch Gerichte prüfen zu lassen, sondern lediglich die im Vergleich angemessenere Vergütungsregel zu ermitteln. Um derartige Relativierungen zu vermeiden, empfiehlt es sich, im Rahmen der Verhandlungen zu GemVergRegeln Kollisionsklauseln für potentiell konkurrierende Regeln aufzunehmen und genau zu regeln, inwieweit diese Anwendung finden sollen. Da dies keine Abbedingung, sondern eine Ausgestaltung der Regeln i.S.d. des § 32, 36 ist, verstieße eine solche Klausel auch nicht gegen §§ 32 Abs. 3 S. 1 und 2.

V. Prozessuales

1. Der Weg zu einer gemeinsamer Vergütungsregeln

Den Weg zu einer gemeinsamen Vergütungsregel beschreibt § 36 und verweist **37** zu der Ausgestaltung des etwaig notwendigen Schlichtungsverfahrens auf § 36a, das das zunächst in der Begründung vorgesehene Schiedsverfahren nach der ZPO (FormH 19.11.2001 UrhVG, S. 20) ersetzt. Ausführlich zum Verfahren Schricker/*Dietz*[3] Rn. 74 ff. Schematisch könnte man diesen Weg wie folgt darstellen:

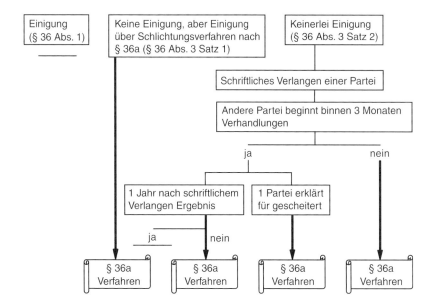

Der einfachste Weg ist in § 36 Abs. 1 aufgezeigt. Die Parteien einigen sich und stellen eine gemeinsame Vergütungsregel auf. Für diese im Rahmen der Parteiautonomie ablaufenden Verhandlungen über gemeinsame Vergütungsregeln gibt das Gesetz keine Verfahrensvorschriften vor. Die Vertragsparteien haben vielmehr Freiheit z.B. in Auswahl und Größe der Verhandlungskommission, der Durchführung von Sitzungen, der Gestaltung und Veröffentlichung der Vergütungsregel selbst und hinsichtlich des Inhalts der vereinbarten Regeln (*Wilhelm Nordemann*, Urhebervertragsrecht, § 36 Rn. 3). Letzteres gilt im Rahmen der wenigen materiellen Grenzen, die das Gesetz gemeinsamen Vergütungsregeln steckt (vgl. Rn. 23 f.).

38 All dies berührt natürlich nicht die bisherige Praxis, die in einigen Bereichen schon seit Anfang des 20. Jahrhunderts zu abgestimmten Vertragsmustern, im Bühnenbereich sogar zu allgemein befolgten Vergütungssätzen für Aufführungen im staatlichen und kommunalen Häusern und subventionierten Bühnen geführt hat (sog. Regelsammlung Verlage (Vertriebe)/Bühnen) (hierzu *Wilhelm Nordemann*, Urhebervertragsrecht, § 36 Rn. 3). Solche Vereinbarungen können weiterhin – im Rahmen der insbesondere kartellrechtlichen Grenzen – gefunden werden und haben dann insbesondere Auswirkungen auf Fragen der angemessenen Lizenzgebühr im Rahmen des § 97 oder sind schlichte Kalkulationshilfe für Vertragsverhandlungen (vgl. § 97 Rn. 86 ff.; allg. zu diesen „Übungen" vgl. § 32 Rn. 44). Wollen die Parteien aber die Wirkungen des § 36 erreichen, müssen sie die hier dargestellten Voraussetzungen erfüllen. Eine Umwidmung schon bestehender Vereinbarungen dürfte schon deshalb nicht in Betracht kommen, weil sie nicht gemäß den Regeln der Abs. 1 und 2 entstanden sein können (im Ergebnis ebenso Wandtke/Bullinger/*Wandtke/Grunert*[2] Rn. 20). Für die Verhandlungen und etwaige Abschlüsse von Vereinbarungen gelten die allgemeinen bürgerlich-rechtlichen Regeln, also auch die besonderen Treuepflichten aus § 242 BGB.

2. Voraussetzungen für das Einleitung des Schlichtungsverfahrens (§ 36a)

39 Wie in V.1. schematisch dargestellt (vg. Rn. 37), gibt es mehrere Wege zu einem Verfahren nach § 36a vor der Schlichtungsstelle.

40 a) **Parteivereinbarung:** Der einfachste Weg ist der in § 36 Abs. 3 Satz 1 beschriebene: Die Parteien **einigen sich selbständig** auf ein Schlichtungsverfahren, ohne dass zuvor irgendwelche Formalia der §§ 36, 36a durchlaufen sein müssen. Diese Einigung ist formfrei, sollte aber sicherlich zu Beweiszwecken schriftlich festgehalten werden.

41 b) **Schriftliches Verlangen einer Partei:** Ohne eine solche Einigung kann das Verfahren auch auf Verlangen einer Partei eingeleitet werden. Dann allerdings ist für das Verlangen **Schriftform** (§ 126 BGB) vorgeschrieben. Zudem muss es eine weitere formelle Voraussetzung erfüllen, die in § 36a Abs. 4 versteckt ist: Es muss einen **Vorschlag** über die Aufstellung einer gemeinsamen Vergütungsregel enthalten. Dabei dürfen an diesen Vorschlag keine zu strengen Anforderungen gestellt werden. Natürlich muss er nicht die Zustimmung der anderen Partei finden und sicherlich auch nicht alle Details in Einzelheiten regeln, aber er muss doch substantiiert sein, also aus sich heraus verständlich und konsistent. Dazu gehört auch, dass er für alle zu regelnden Nutzungen konkrete Vergütungsvorstellungen nennt. Soweit lediglich die Bestimmung eines Vorsitzenden oder der Anzahl der von jeder Seite zu benennenden Beisitzer verlangt wird, kommt es auf die materiellen Voraussetzungen der beantragenden

Partei – also z.B. ob sie repräsentativ ist – nicht an (KG ZUM 2005, 229). Anders wäre nur zu entscheiden, wenn die Unzulässigkeit des Schlichtungsverfahrens ganz offensichtlich ist (KG ZUM 2005, 230 unter Verweis auf § 76 BetrVG). Wenn sich allerdings die jeweiligen Antragsgegner aufgelöst haben, muss ein entsprechender Antrag als unzulässig verworfen werden (KG ZUM 2005, 230). Vgl. § 36a Rn. 4. Ob ein **Feststellungsantrag**, dass ein bestimmter Antragsgegner verpflichtet ist, sich auf ein Schlichtungsverfahren einzulassen (zur Zuständigkeit vgl. § 36a Rn. 5) zulässig ist, ist bislang nicht entschieden (offen lassend LG Frankfurt am Main ZUM 2006, 948, 949; zum Streit über die Zulässigkeit vgl. Rn. 44). In jedem Fall müssen die Parteien die materiellen Anforderungen (vor allem: Ermächtigung), erfüllen, ansonsten ist die entsprechende Klage unbegründet (LG Frankfurt am Main ZUM 2006, 948, 949). Überhaupt ist ungeklärt, ob das so entscheidende **OLG** die **materiellen** und **formellen** Voraussetzungen des Schlichtungsverfahrens **überprüfen** muss oder sich auf eine kursorische Prüfung zu beschränken hat (in ersterem Sinne: *Ory* ZUM 2006, 914, 916; in letzterem Sinne ausführlich Schricker/*Dietz*[3] Rn. 61; vgl. § 36a Rn. 14; auch vgl. § 36a Rn. 6 und zur generellen Zulässigkeitsfrage vgl. Rn. 44).

aa) Verhandlungsverweigerung: Abs. 3 Satz 2 Nr. 1 nennt als ersten Anwendungsfall dieses einseitigen Verlangens die Verhandlungsverweigerung, die allerdings an Fristen gebunden ist. Erforderlich ist das fruchtlose Verstreichen von drei Monaten nach dem Verlangen nach Verhandlungen. Die eine Partei muss also **ernsthaft** um solche **Verhandlungen nachgesucht** haben. Es reicht nicht ein lapidarer Brief, „[…] man könne ja mal reden.". Es sollte eine deutliche Aufforderung an die andere Partei sein, die keine Zweifel aufkommen lässt, was die Partei wünscht. Denkbar ist, die Rechtsprechung zum Begriff der Mahnung fruchtbar zu machen (dazu Palandt/*Heinrich*[66] § 286 Rn. 16 ff.). Das Gesetz verlangt als Reaktion auf die Aufforderung **mehr als eine schriftliche Reaktion.** *Wilhelm Nordemann* weist zu Recht darauf hin, dass der Sprachgebrauch – anders als bei der Verwendung des entsprechenden Verbs „verhandeln" – unter dem Begriff der „Verhandlung" die Erörterung von Meinungen und Vorschlägen im Gespräch versteht, das unter den heutigen technischen Gegebenheiten auch per Telefonkonferenz stattfinden könnte, das aber jedenfalls von einem persönlichen Gedankenaustausch gekennzeichnet ist. Innerhalb der Dreimonatsfrist muss es also zu einer Begegnung der Verhandlungskommissionen beider Seiten gekommen sein (*ders.*, Urhebervertragsrecht, § 36 Rn. 12).

42

bb) Ergebnislosigkeit: Die Verhandlungen können darüber hinaus dann vor der Schlichtungsstelle enden, wenn sie – wiederum mit einer Frist belegt, diesmal aber einer **1-Jahres-Frist** – **ergebnislos** verlaufen. Ob ein Ergebnis vorliegt, bestimmen die Parteien. Nur wenn beide Parteien das etwaig vorliegende Papier als Ergebnis ansehen, ist es ein solches im Sinne des § 36. **Objektive Kriterien** spielen dabei **keine Rolle.**

43

cc) Gescheitert erklären: Schließlich kommen die Parteien immer dann vor die Schlichtungsstelle, wenn nur eine Partei die **Verhandlungen für endgültig gescheitert erklärt.** Das Gesetz gibt hierfür **keine Frist** vor, doch wird man im Interesse einer Chance für die gesetzlichen Vorstellungen von weitestgehender Parteiautonomie zumindest einen Abbruch der Verhandlungen bereits im ersten Treffen für treuwidrig halten dürfen (zur Geltung der allgemeinen zivilrechtlichen Regeln vgl. Rn. 38).

44

45 c) **Streit über die Zulässigkeit an sich:** Eine wesentliche Fallgruppe des Streits über GemVergR regeln §§ 36, 36a aber nicht: Was passiert, wenn z.B. ein Werknutzer, der zu Verhandlungen aufgefordert wird, der **Ansicht** ist, er sei **nicht passivlegitimiert**, sei also kein Werknutzer. In einem solchen Fall entsteht also **Streit über die Zulässigkeit eines Schlichtungsverfahrens an sich.** § 36a Abs. 3 regelt nur den Fall, dass die Parteien sich nicht auf den Vorsitzenden einigen können. Dietz plädiert wohl dafür, die Zuständigkeitsregel des § 36a auch auf diesen Fall anzuwenden (Schricker/*Dietz*[3] § 36a Rn. 14). Das KG hat dies abgelehnt (KG ZUM 2005, 229, 230). Diese Situation stellt schlicht einen Streit über ein Rechtsverhältnis dar, die mit einer – ggfs. negativen (je nachdem, wer angreift) – Feststellungsklage vor den allgemein zuständigen Gerichten (also in der Regel das Landgericht am Sitz des Beklagten) zu klären ist (auch vgl. Rn. 40).

3.   Inhalt des Schlichtungsspruchs und seine Folgen

46 In Vorgriff auf § 36a, der nur das Verfahren der Schlichtungsstelle regelt, bestimmt § 36 Abs. 4 das Ergebnis dieser Stelle: Nämlich den Schlichterspruch. Dieser Spruch ist nicht mehr und nicht weniger als ein **Einigungsvorschlag**, der eine gemeinsame Vergütungsregel i.S.d. Gesetzes enthält (§ 36 Abs. 4). Angenommen werden muss er nicht. Wird er abgelehnt, entfaltet er nur insoweit Wirkung, als er **indizielle Bedeutung** für die Höhe der angemessenen Vergütung besitzen könnte (dafür *Wilhelm Nordemann*, Urhebervertragsrecht, § 36 Rn. 15 unter Verweis auf BeschlE RAusschuss UrhVG – BT-Drucks. 14/8058, S. 20; a.A. *Berger* Rn. 242; wohl offen Dreier/Schulze/*Schulze*[2] Rn. 34). Wenn der Einigungsvorschlag angenommen wird, entfaltet er die nicht widerlegbare Vermutungswirkung, dass die geregelte Vergütung angemessen i. S. d. § 32 ist (§ 32 Abs. 2).

47 Der **Regierungsentwurf zu § 36**, der insoweit mit dem Professoren- und dem Referentenentwurf übereinstimmte, sah sich – wie *Wilhelm Nordemann* erläutert – dem Vorwurf nicht nur von Verwerterseite, sondern auch aus der Wissenschaft ausgesetzt, dass die – darin allerdings nur für einzelne Werknutzer vorgeschlagene – **Zwangsschlichtung** die von **Art. 9 Abs. 3 GG geschützte Freiheit** beschränke, sich zur Wahrung und Förderung der Arbeits- und Wirtschaftsbedingungen zu vereinigen (*Schack* ZUM 2001, 453, 462; *Gounalakis/Heinze/Dörr*, Urhebervertragsrecht 2001, S. 194, 203; abrufbar unter http://www.ory.de/uvr/UrhVR-Gutachten.pdf, abgerufen am 28.02.2008; gegen beide *Schlink/Poscher*, Verfassungsfragen der Reform des Urhebervertragsrechts 2002, S. 15 f.). Diese Freiheit umfasst auch die Betätigung in den für solche Vereinigungen typischen Handlungsformen (BVerfGE 94, 268, 283), insbesondere die tarifvertragliche Regelung von Arbeits- und Wirtschaftsbedingungen, die sog. Tarifautonomie (BVerfGE 84, 212, 224). Zwar hatten die Entwürfe letztere mit einer Vorrangklausel zu Gunsten tarifvertraglicher Regelungen gewahrt (§ 36 Abs. 1 Satz 3 des Regierungsentwurfs); diese erfasste jedoch nur solche mit Arbeitnehmern, nicht diejenigen des § 12a TVG mit arbeitnehmerähnlichen Personen (zu allem vorstehenden *Wilhelm Nordemann*, Urhebervertragsrecht, § 36 Rn. 1). Die Gesetzesfassung hat sich dieses Punktes angenommen und aus den eben dargestellten Gründen nur den Einigungs*vorschlag* als Ergebnis der Schlichtung eingeführt, da andernfalls eine Kollision mit Art. 9 GG vorläge. Dieser Vorschlag gilt allerdings als angenommen, wenn ihm nicht innerhalb von drei Monaten nach Empfang widersprochen wird. Die beteiligten Parteien haben also die Freiheit, sich von dem Spruch überzeugen zu lassen oder nicht. Wenn sie aber nicht widersprechen, entfaltet der Spruch Wirkung und führt zu der oben beschriebenen (vgl. Rn. 45; vgl. § 32 Rn. 29 ff.) strengen Vermutungswirkung.

Inhaltlich gibt das Gesetz wenig zum Einigungsvorschlag vor. Er muss natür- **48** lich den **Inhalt der für angemessen gehaltenen Vergütungsregel wiedergeben** (Abs. 4 Satz 1). Ein strenges **ne ultra petita** wie im Zivilprozess (§ 308 ZPO) **dürfte aber nicht existieren.** Zwar bestimmt der Antragsteller mit seinem Verlangen auf Durchführung des Schlichtungsverfahrens den Rahmen; dieser kann freilich noch während des Verfahrens durch Ergänzungsvorschläge der einen oder der anderen Seite oder Vorschläge des Schlichtergremiums verändert werden. Der Gesetzgeber wollte ja weitestgehende Verlagerung der Auseinandersetzung über die Angemessenheit aus den Justiz- in die Fachkreise. Ein strenges *ne ultra petita* würde dem Schlichtungsverfahren unnötig Flexibilität nehmen. Ob der Einigungsvorschlag als Ergebnis des Verfahrens durch den ursprünglichen Vorschlag des Antragstellers wirklich begrenzt ist (so *Wilhelm Nordemann*, Urhebervertragsrecht, § 36 Rn. 13; offen wohl Dreier/Schulze/*Schulze*[2] Rn. 33), erscheint zumindest diskussionswürdig. Der Einigungsvorschlag der Schlichtungsstelle ist ferner zu begründen; dazu wird es nicht genügen, dass die Schlichtungsstelle erklärt, nach Abwägung aller von den Parteien vorgetragenen Gesichtspunkte halte sie die nachfolgend vorgeschlagene Vergütungstabelle für angemessen. Sie muss vielmehr, soweit Einzelbeträge streitig sind, ihren Vorschlag im Einzelnen begründen. Letztlich wird sie sich an § 313 ZPO zu orientieren haben (*Wilhelm Nordemann*, Urhebervertragsrecht, § 36 Rn. 13).

Der Einigungsvorschlag gilt, ähnlich der Regelung aus dem Wahrnehmungs- **49** gesetz, als angenommen, wenn ihm nicht binnen drei Monaten ab Empfang (**Annahmefiktion nach 3-Monatsfrist**; zur Zuleitung an die Parteien vgl. § 36a Rn. 14) widersprochen wird (Abs. 4 Satz 2). Dieser **Widerspruch** muss – eine abweichende Verordnung nach § 36a Abs. 8 existiert noch nicht – innerhalb der Frist **beim Vorsitzenden** (*Wilhelm Nordemann*, Urhebervertragsrecht, § 36 Rn. 13; für vorherige Absprache wegen offensichtlicher Lücke Dreier/Schulze/*Schulze*[2] Rn. 33) eingegangen sein. Er muss also schriftlich erklärt werden. Eine Begründung ist nicht vorgeschrieben. Sie ist auch nicht erforderlich, weil mit dem Widerspruch das Schlichtungsverfahren ebenso abgeschlossen ist wie ohne einen solchen. Einen **weitergehenden Rechtsbehelf** gegen den Einigungsvorschlag **gibt es nicht** (Dreier/Schulze/*Schulze*[2] Rn. 37).

4.   Ausblick: Notwendigkeit der Veröffentlichung der Ergebnisse

Gemeinsame Vergütungsregeln können die vom Gesetzgeber in sie gesetzte **50** Erwartung, zu Standards zu werden, nur erfüllen, wenn sie veröffentlicht werden. Mit Einigungsvorschlägen einer Schiedsstelle, die wegen des Widerspruchs einer Seite nicht zu einer gemeinsamen Vergütungsregel geführt haben, sollte seitens der anderen Seite entsprechend verfahren werden, schon damit ihre die Vertragspraxis beeinflussende Wirkung sich entfalten kann. **Wünschenswert** wäre daher eine **vom BMJ veranlasste Veröffentlichung** zumindest der gemeinsamen Vergütungsregeln mit Hinweis, welche als unwidersprochen gebliebenen Einigungsvorschläge zustande gekommen sind (zu ähnlichen Überlegungen auch Dreier/Schulze/*Schulze*[2] § 36a Rn. 22 und *Hertin* MMR 2003, 16, 17). Einen Überblick über die bisherigen Verhandlungen gibt Schricker/*Dietz*[3] Rn. 93 ff.; vgl. Rn. 28 ff. Im Übrigen für die einzelnen Branchen vgl. § 32 Rn. 59 ff.

VI. Verhältnis zu anderen Normen

1. Verfassungsrecht

51 Bereits gegen die Idee des Regierungsentwurfs, einen von einer Partei abgelehnten Einigungsvorschlag gerichtlich als angemessen feststellen lassen zu
können, wurden verfassungsrechtlichen **Bedenken** geäußert (*Gounalakis/
Heinze/Dörr*, Urhebervertragsrecht 2001, S. 206, abrufbar unter
http://www.ory.de/uvr/UrhVR-Gutachten.pdf, abgerufen am 28.02.2008; für
Verfassungskonformität das Gegengutachten im Auftrag von djv und verdi von
Schlink/Poscher, Verfassungsfragen der Reform des Urhebervertragsrechts
2002, S. 71; kritisch *Thüsing* GRUR 2002, 203, 204 ff.; so auch *Geulen/Klin-
ger*, ZUM 2000, 721). *Gounalakis/Heinze/Dörr* orientierten sich im Wesentlichen daran, dass ein solcher Zwang einer Partei des kollektiven Instrumen-
tariums „Gemeinsame Vergütungsregel" faktisch einen Verstoß gegen die
negative Koalitionsfreiheit (Art. 9 Abs. 3 GG) darstellte (a.A. weil schon
Vereinigungen i.S.d. § 36 keine Koalitionen: *Schlink/Poscher*, S. 13 ff.). Dem
wurde durch die oben beschriebene Änderung (vgl. Rn. 24) Rechnung getragen (weiterhin skeptisch *Schack*[4] Rn. 969). Andere Bedenken wegen eines
Verstoßes gegen Art. 9 GG äußert der Regierungsentwurf nicht (RegE UrhVG
– BT-Drucks. 14/6433, S. 17).

2. Kartellrecht

52 Neben den verfassungsrechtlichen Fragen darf aber auch das Kartellrecht nicht
aus dem Blick geraten. **§ 1 GWB** verbietet unter anderem „[...] Beschlüsse von
Unternehmensvereinigungen, die eine [...] Einschränkung oder Verfälschung
des Wettbewerbs bezwecken oder bewirken"; auch Urheber und ausübende
Künstler sind Unternehmer im Sinne dieser Bestimmung (Immenga/Mestmä-
cker § 1 GWB Rn. 70 ff. m.w.N.). Selbiges tut **Art. 81 EGV**, der mittlerweile in
Deutschland eine größere Rolle spielt (zum Kartellrecht im Urheberrecht allg.
vgl. Vor §§ 31 ff. Rn. 251 ff.). Ausdrücklich erwähnt wird dieses Spannungsverhältnis in der Gesetzesbegründung nur kurz (RegE UrhVG – BT-Drucks.
14/6433, S. 12). Diese rechtfertigen den Eingriff mit der Begründung, dass sie
die Urheber und ausübenden Künstler in die Lage versetzen soll, angemessene
Vertragsbedingungen auszuhandeln und durchzusetzen. *Wilhelm Nordemann*
ergänzt dies dergestalt, dass eine solche wirtschaftliche Position der Kreativen
erst in der Kombination des Anspruchs auf angemessene Vergütung aus
§ 32 mit seiner Bestimmung durch gemeinsame Vergütungsregeln nach
§ 36 entstehen wird (*Wilhelm Nordemann*, Urhebervertragsrecht, § 36 Rn. 2).
Einige sind der Ansicht, dass dies ausreiche die geäußerten kartellrechtlichen
Bedenken (*Ory* AfP 2002, 93, 104; *Schack* GRUR 2002, 853, 857; *Schmitt*
GRUR 2003, 294) zu zerstreuen (Dreier/Schulze/*Schulze*[2] Rn. 3; Schricker/
Dietz[3] Rn. 19 ff. „juristisches Neuland"). *Schlink/Poscher* (Quelle vgl. Rn. 50)
sehen keinen Konflikt mit Art. 81 EGV, weil die Neuregelung nicht den
redlichen, sondern den unredlichen Wettbewerb betreffe (a.a.O., S. 66): Die
Neuregelung richtet sich nicht auf eine Beschränkung des Wettbewerbs, sondern auf eine Kompensation einer den redlichen Wettbewerb verzerrenden
Verteilung wirtschaftlicher Macht die gem. Vergütungsregeln nicht Vereinbarungen im Sinne des Art. 81 EGV seien. Diese seien eine Selbstauskunft,
aber keine Rechtsgeschäfte in denen sich Urheber zu einem Verhalten verpflichteten (a.a.O., S. 67), mit kommunalen Mietspiegeln (zur europarechtlichen Zulässigkeit siehe auch *Heinze*, Arbeitsrechtliche Aspekte des Urheber-

vertragsrecht, in: Urhebervertragsrecht – Verfassungs- und europarechtliche Bewertung des Entwurfs der Bundesregierung vom 30.05.2001, S. 197 ff.). Entscheidend dürfte vielmehr § 36 i.V.m. § 11 S. 2 sein, die nunmehr die Möglichkeit der Kartellierung als spezifischen Teil des Schutzgegenstandes des Urheberrechts vorgeben. Ob dann kartellrechtlich dennoch Bedenken bestehen, ist im Rahmen der üblichen Abwägung nach der Immanenzlehre (vgl. Vor §§ 31 ff. Rn. 261 ff.) zu entscheiden. Derzeit sind keine negativen Auswirkungen erkennbar (im Detail hierzu vgl. Vor §§ 31 ff. Rn. 78).

§ 36a Schlichtungsstelle

(1) Zur Aufstellung gemeinsamer Vergütungsregeln bilden Vereinigungen von Urhebern mit Vereinigungen von Werknutzern oder einzelnen Werknutzern eine Schlichtungsstelle, wenn die Parteien dies vereinbaren oder eine Partei die Durchführung des Schlichtungsverfahrens verlangt.

(2) Die Schlichtungsstelle besteht aus einer gleichen Anzahl von Beisitzern, die jeweils von einer Partei bestellt werden, und einem unparteiischen Vorsitzenden, auf dessen Person sich beide Parteien einigen sollen.

(3) Kommt eine Einigung über die Person des Vorsitzenden nicht zustande, so bestellt ihn das nach § 1062 ZPO zuständige Oberlandesgericht. Das Oberlandesgericht entscheidet auch, wenn keine Einigung über die Zahl der Beisitzer erzielt wird. Für das Verfahren gelten die §§ 1063, 1065 ZPO entsprechend.

(4) Das Verlangen auf Durchführung des Schlichtungsverfahrens gemäß § 36 Abs. 3 Satz 2 muss einen Vorschlag über die Aufstellung gemeinsamer Vergütungsregeln enthalten.

(5) Die Schlichtungsstelle fasst ihren Beschluß nach mündlicher Beratung mit Stimmenmehrheit. Die Beschlußfassung erfolgt zunächst unter den Beisitzern; kommt eine Stimmenmehrheit nicht zustande, so nimmt der Vorsitzende nach erneuter Beratung an der Beschlussfassung teil. Benennt eine Partei keine Mitglieder oder bleiben die von einer Partei genannten Mitglieder trotz rechtzeitiger Einladung der Sitzung fern, so entscheiden der Vorsitzende und die erschienenen Mitglieder nach Maßgabe der Sätze 1 und 2 allein. Der Beschluss der Schlichtungsstelle ist schriftlich niederzulegen, vom Vorsitzenden zu unterschreiben und beiden Parteien zuzuleiten.

(6) Die Parteien tragen ihre eigenen Kosten sowie die Kosten der von ihnen bestellten Beisitzer. Die sonstigen Kosten tragen die Parteien jeweils zur Hälfte. Die Parteien haben als Gesamtschuldner auf Anforderung des Vorsitzenden zu dessen Händen einen für die Tätigkeit der Schlichtungsstelle erforderlichen Vorschuss zu leisten.

(7) Die Parteien können durch Vereinbarung die Einzelheiten des Verfahrens vor der Schlichtungsstelle regeln.

(8) Das Bundesministerium der Justiz wird ermächtigt, durch Rechtsverordnung ohne Zustimmung des Bundesrates die weiteren Einzelheiten des Verfahrens vor der Schlichtungsstelle zu regeln sowie weitere Vorschriften über die Kosten des Verfahrens und die Entschädigung der Mitglieder der Schlichtungsstelle zu erlassen.

Übersicht

I. Allgemeines

1. Entstehungsgeschichte, Hintergrund, Sinn und Zweck

1 Die Vorschrift ist durch das UrhVG vom 22.03.2002 (vgl. § 32 Rn. 2) eingeführt worden. Sie vervollständigt die materiellen Regeln zu gemeinsamen
Vergütungsregeln aus § 36 und bildet damit gemeinsam mit § 36 den **zweiten
Pfeiler der Urhebervertragsrechtsreform** (zu weiteren Details vgl. § 36 Rn. 1).
Der Gesetzgeber hat sich bei der Struktur der Regeln zur Schlichtungsstelle an
der Einigungsstelle nach §§ 76, 77 BetrVG orientiert (FormH 19.11.2001
UrhVG S. 21), so dass dazu ergangene Rechtsprechung bei der Interpretation
von § 36a berücksichtigt werden dürfte, ohne sie allerdings allzu schematisch
zu übertragen, da das Betriebsverfassungsrecht teils abweichende Regelungen
enthält (z.B. bei Streit um die Zulässigkeit eines Verfahrens nach §§ 76, 77
BetrVG erfolgt eine gerichtliche Überprüfung ausdrücklich nur bei offensichtlicher Unzulässigkeit, vgl. § 98 Abs. 1 Satz 1 ArbGG). Der Regierungsentwurf
sah noch eine Übernahme des Verfahrens vor der Schiedsstelle nach dem
Vorbild der §§ 14a – 16 WahrnG vor, falls die Parteien nicht ohnehin die
nach § 14 WahrnG errichtete Schiedsstelle beim Deutschen Patent- und Markenamt anzurufen vereinbaren würden (§ 36 Abs. 7). Zur Anwendbarkeit in
persönlicher und zeitlicher Hinsicht vgl. § 36 Rn. 4.

2. EU-Recht, Internationale Konventionen

2 Im EU-Recht gibt es **keine Vorgaben** zu der deutschen Regelung. Auch die
Internationalen Konventionen kennen keine vergleichbare Normierung oder
gar Vorgaben. Einzelne Staaten haben vergleichbare Regelungen eingeführt.
Hier ist insbesondere das unter maßgeblicher Beteiligung des Münchener Max
Planck Instituts entstandene Gesetz in Slowenien zu nennen (hierzu *Czychowski*, Urhebervertragsrecht, S. 139 ff.).

II. Tatbestand

1. Verfahren der Aufstellung der Schlichtungsstelle

3 Wann eine Schlichtungsstelle aufgestellt wird, regelt neben § 36a Abs. 1 detailliert § 36 Abs. 3; daher vgl. § 36 Rn. 37 ff. § 36a Abs. 1 ist insofern redundant. Klar ist aber, dass die Schlichtungsstelle **keine dauerhaft existierende
Einrichtung**, wie etwa die Schiedsstelle nach dem WahrnG, ist. Daher fehlt ihr
auch jegliche Infrastruktur, was sich sicherlich auf die Schnelligkeit ihrer
Handlungen nicht unbedingt vorteilhaft auswirkt. Erste praktische Erfahrungen (KG ZUM 2005, 229 m. Anm. *v. Becker* ZUM 2005, 303) zeigen im
Übrigen, dass das **Verfahren** relativ viel Zeit in Anspruch nimmt. Ob überhaupt das Verfahren nach §§ 36, 36a eröffnet ist, ist ggfs. in einem (negativen)

Festellungsverfahren vor dem zuständigen Landgericht zu entscheiden (im Detail vgl. § 36 Rn. 44).

2.   Besetzung der Schlichtungsstelle inkl. Bestimmung des Vorsitzenden

Abs. 2 regelt die Besetzung der Schlichtungsstelle, die aus **paritätisch besetzten** **4** **Beisitzern** und einem **unabhängigen Vorsitzenden** besteht. Auf letzteren sollen die Parteien sich einigen. Einzige Anforderung an ihn ist, dass er unparteiisch ist; hierunter ist zu verstehen, dass er weder in Lohn und Brot einer Partei steht oder stand, mit ihr verwandt oder verschwägert ist oder sonst wie ihren Weisungen untersteht. Gelingt eine solche Bestellung nicht, bestimmt Abs. 3, dass das nach § 1062 ZPO zuständige Oberlandesgericht ihn bestellt. Dasselbe gilt, wenn die Parteien sich nicht über die Anzahl der jeweiligen Beisitzer einigen können. Sicherlich ist es sinnvoll, zumindest von den Beisitzern einschlägige fachliche Kompetenz auf dem zu beurteilenden Gebiet des Urheberrechts zu verlangen; hierzu gehören neben juristischen Erfahrungen vor allem Kenntnisse der betriebswirtschaftlichen Zusammenhänge auf beiden betroffenen Seiten. Darüber hinaus sollte zumindest der Vorsitzende über ausgleichende Fähigkeiten verfügen (Dreier/Schulze/*Schulze*[2] Rn. 5). Soweit lediglich die Bestimmung eines Vorsitzenden oder der Anzahl der von jeder Seite zu benennenden Beisitzer verlangt wird, kommt es auf die materiellen Voraussetzungen der beantragenden Partei – also z.B. ob sie repräsentativ ist – nicht an (KG ZUM 2005, 229). Anders wäre nur zu entscheiden, wenn die Unzulässigkeit des Schlichtungsverfahrens ganz offensichtlich ist (KG ZUM 2005, 230 unter Verweis auf § 76 BetrVG). Wenn sich allerdings die jeweiligen Antragsgegner aufgelöst haben, muss ein entsprechender Antrag als unzulässig verworfen werden (KG ZUM 2005, 230). Vgl. § 36 Rn. 40. Zur Frage der Prüfung der Zulässigkeit des jeweiligen Schlichtungsverfahrens an sich vgl. § 36 Rn. 44.

Das Verfahren vor dem Oberlandesgericht regelt sich nach §§ 1063, 1065 **5** ZPO, die allgemeine Vorschriften (§ 1063 ZPO) und solche über Rechtsmittel (§ 1065 ZPO) enthalten. **Zuständig** ist also das **OLG**, das entweder von den Parteien bestimmt wird oder in dessen Bezirk der Ort des schiedsrichterlichen Verfahrens liegt. Schwierigkeiten könnten entstehen, wenn nicht klar ist bzw. keine Einigung erzielt wird, wo die Schlichtungsstelle ihren Sitz hat, also tagen soll. Dann kann man in analoger Anwendung des § 1062 Abs. 2 ZPO an den Ort des Antragsgegners als zuständigkeitbestimmend denken (anders *Wilhelm Nordemann*, Urhebervertragsrecht, § 36a Rn. 3: Ort des Antragsgegner oder Antragstellers; so jetzt auch KG ZUM 2005, 229 und Dreier/Schulze/*Schulze*[2] Rn. 4). Innerhalb des Oberlandesgerichts sollten diese Sachen tunlichst dem für Urhebersachen zuständige Senat zugewiesen sein (so auch Dreier/Schulze/ *Schulze*[2] Rn. 4; a.A. wohl KG ZUM 2005, 229, was nämlich andernfalls – wenn ein anderer Senat entscheidet – dazu führt, dass z.B. im Dienstvertragsrecht bewanderte Schlichter eingesetzt werden). Welches das örtlich zuständige Oberlandesgericht ist, erschließt sich allenfalls aus einer entsprechenden Anwendung des § 1062 Abs. 2 ZPO, wonach, wenn in bestimmten, für das Urhebervertragsrecht in der Regel nicht zutreffenden Fällen *kein deutscher Schiedsort* besteht, für die Entscheidungen das Oberlandesgericht zuständig ist, *in dessen Bezirk der Antragsgegner seinen Sitz oder gewöhnlichen Aufenthalt hat[...] hilfsweise das Kammergericht* (*Wilhelm Nordemann*, Urhebervertragsrecht, § 36a Rn. 3). Eine rügelose Verhandlung (analog § 39 ZPO) ist denkbar (*Zöller*, § 1062 Rn. 3). Unklar ist, ob nicht nur die Zuständigkeit des Oberlandesgerichts nach § 1062 ZPO bestimmt wird, sondern die Vorschrift des § 1062 ZPO auch im übrigen (Regeln über die Bestimmung des Vorsitzenden) gilt, wofür viel sprechen dürfte, auch wenn der Gesetzeswortlaut dies nicht nahe legt. Denn andernfalls hat das Oberlandesgericht keine Leitlinien für seine Entscheidung.

6 Ebenfalls ungeregelt wären sonst beispielhaft die **Voraussetzungen der Ablehnungen von Schiedsrichtern** (§ 1062 Abs. 1 Ziff.1 i.V.m. § 1037 ZPO). Für ein Feststellungsbegehren, dass ein bestimmter Antragsgegner verpflichtet ist, sich auf ein Schlichtungsverfahren einzulassen, soll das Gericht am Sitz des Antragsgegners zuständig sein, da eine entsprechende Regelung zur Zulässigkeit des Schlichtungsverfahrens fehlt (KG ZUM 2005, 229, 230; das führt zu unglücklichen Trennungen von Verfahren; zu recht kritisch daher: *v. Becker* ZUM 2005, 303, 305; zum Teil wird die Notwendigkeit eines Feststellungsverfahrens überhaupt in Abrede gestellt: Schricker/*Dietz*[3] Rn. 7; vgl. § 36 Rn. 44). Ungeklärt ist, ob das so entscheidende OLG die materiellen und formellen Voraussetzungen des Schlichtungsverfahrens überprüfen muss oder sich auf eine kursorische Prüfung zu beschränken hat (in ersterem Sinne: *Ory* ZUM 2006, 914, 916; in letzterem Sinne ausführlich Schricker/*Dietz*[3] Rn. 61; vgl. § 36a Rn. 14). Für letztere Ansicht spricht zunächst schlicht der Wortlaut des § 36a, der dem OLG nur die Entscheidung über den Vorsitzenden und die Zahl der Beisitzer zuweist; auch lässt sich diese Auffassung wohl besser mit der Intention des Gesetzgebers in Einklang bringen, das Verfahren zur Aufstellung gemeinsamer Vergütungsregeln weitestgehend in die Hände der beteiligten Parteien zu legen (RegE UrhVG – BT-Drucks. 14/6433, S. 8). Voraussetzung ist aber in jedem Fall, dass überhaupt das Verfahren nach §§ 36, 36a eröffnet ist (dazu vgl. Rn. 3; vgl. § 36 Rn. 44 ff.).

7 Der **Beschluss des Oberlandesgerichts** ist – nicht zuletzt im Sinne einer zügigen Schlichtung – **unanfechtbar** (Dreier/Schulze/*Schulze*[2] Rn. 7; Schricker/*Dietz*[3] Rn. 16; Wandtke/Bullinger/*Grunert*[2] Rn. 7; a.A. *Haas* Rn. 244, der entsprechend § 1065 ZPO die Rechtsbeschwerde für zulässig hält). Allerdings dürfte einiges dafür sprechen, gegen die Entscheidung des OLG über die **Unzulässigkeit des Schlichtungsverfahrens** wegen offensichtlichen Nichtvorliegens der gesetzlichen Anforderungen nach § 36 Abs. 2 bzw. Abs. 3 Satz 2 sowie § 36a Abs. 4 die **Rechtsbeschwerde zum BGH** zuzulassen (Schricker/*Dietz*[3] Rn. 16), da hier einerseits sich eine Analogie zu § 1065 Abs. 1 Satz 1 i.V.m. § 1062 Abs. 1 Nr.2 ZPO anbietet und andererseits dies eine sehr grundlegende Frage im fragilen Regelungsgefüge der §§ 32, 32a, 36, 36a betrifft, zu der aus Gerechtigkeitserwägungen heraus schon mehr als eine Instanz geboten erscheint.

3. Formelle Voraussetzungen des Verlangens auf Durchführung des Schlichtungsverfahrens

8 Die formellen Voraussetzungen des Verlangens, die in Abs. 4 nur teilweise angesprochen werden, finden sich im Wesentlichen in § 36 Abs. 3 (vgl. § 36 Rn. 24 ff.).

4. Die Regeln zur Durchführung und Abschluss des Schlichtungsverfahrens (Abs. 5–8)

9 a) **Allgemeines: Schlichtung** ist – anders als Schiedsverfahren nach §§ 1029 ZPO – zunächst einmal **kein zivilprozessualer Begriff**. Daher sind die **Regeln der §§ 1029 ff. ZPO** auch **nicht unmittelbar anwendbar**. Allerdings erklärt

§ 36a Abs. 1 Satz 3 Teile davon für anwendbar (zu den dabei verbliebenen Fragen vgl Rn. 3 ff.). § 1066 ZPO bestimmt, dass die Vorschriften des Zehnten Buches der ZPO auch im Übrigen auf *Schiedsgerichte* entsprechend anzuwenden sind, *die in gesetzlich statthafter Weise durch ... nicht auf Vereinbarung beruhende Verfügungen angeordnet werden*. Diese Vorschrift ist daher auf das von § 36a angeordnete Schlichtungsverfahren entsprechend anzuwenden.

b) Anwendbarkeit eigener Regeln (Abs. 7): In jedem Fall können die Parteien **10**
diese Unsicherheit aber dadurch überbrücken, dass sie **eigene Verfahrensregeln** aufstellen (Abs. 7). Das Gesetz lässt dabei nicht nur selber aufgestellte Regeln, sondern auch die Einbeziehung fremder Regeln zu. Es gibt eine Vielzahl von Angeboten der **Alternative Dispute Resolution** (ADR). Zu nennen sind hier nur das Mediation and Arbitration Center der WIPO in Genf (Verfahrensregeln sind downloadbar unter http://www.wipo.int/amc/en/arbitration/rules/index.html; zuletzt abgerufen am 17.05.2008), der International Court of Arbitration der Internationalen Handelskammer in Paris (International Chamber of Commerce ICC (http://www.iccwbo.org/court/; zuletzt abgerufen am 17.05.2008) oder das Deutsche Institut für Schiedsgerichtsbarkeit e.V. (http://www.dis-arb.de; weitere nationale Angebote: das Stockholmer Schiedsgericht „Arbitration Institute of the Stockholm Chamber of Commerce" (http://www.sccinstitute.com/uk/Home), das LCIA – The London Court of International Arbitration vgl. http://www.lcia.org). Als eine der modernsten Regeln für die Schiedsgerichtsbarkeit gelten die Bestimmungen des Schweizer Schiedsgerichtes, die Swiss International Arbitration Rules (http://www.swissarbitration.ch; zuletzt abgerufen am 17.05.2008). Einige dieser Angebote stellen auch Klauselvorschläge für eine Vereinbarung der Einbeziehung dieser Regeln zur Verfügung vgl. z.B. die ICC Standard and Suggested Clauses for Dispute Resolution Services unter ICC DOCDEX auf http://www.iccwbo.org/court/docdex/id4424/index.html; für die Swiss International Arbitration Rules https://www.sccam.org/sa/en/clause.php; abgerufen am 17.05.2008). Die Parteien werden gut daran tun sich hieran zu orientieren. Wenn sie dies nicht wollen, sollte die Partei, die das Verfahren einleitet, zusammen mit dem materiellen Vorschlag auch einen kompletten Vorschlag für die Verfahrensregeln unterbreiten (Dreier/Schulze/*Schulze*[2] Rn. 9).

c) Folgen der Nichtbenennung von Mitgliedern oder deren Fernbleiben: Teil **11**
der rudimentären Verfahrensregeln des urhebervertragsrechtlichen Schlichtungsverfahrens ist Abs. 5 Satz 3. Er enthält Regelungen zu den Folgen der **Nichtbenennung von Mitgliedern oder deren Fernbleiben.** Voraussetzung für deren Anwendung dürfte zunächst einmal die formell korrekte Initiierung des Verfahrens sein (vgl. Rn. 3 ff.), sodann die rechtzeitige Einladung, die natürlich auch zugegangen sein muß. Zur Auslegung dessen kann auf die Regeln über die Ladung und das bei Ausbleiben einer Reaktion ergehende Versäumnisurteil aus der ZPO verwiesen werden. Benennt eine Partei keine Mitglieder oder bleiben die von einer Partei genannten Mitglieder trotz rechtzeitiger Einladung der Sitzung fern, regelt das Gesetz, dass dann der Vorsitzende und die erschienenen Mitglieder nach Maßgabe der Sätze 1 und 2 allein entscheiden. Sofern die Entscheidung dann nicht in der einen Sitzung fällt (zur zeitlichen Streckungsmöglichkeit vgl. Rn. 3), dürfte eine erneute Einladung erforderlich sein.

d) Verfahren; mündliche Beratung und Beschlussfassung: Soll die Schlich- **12**
tungsstelle einen Einigungsvorschlag (§ 36 Abs. 4 Satz 1) machen, ist denklogische Voraussetzung, dass klar ist, worüber die Parteien streiten. Deshalb

muss der Antragsteller die Vergütungsregel in jeder Einzelheit so, wie er sie sich vorstellt, darstellen. Mit anderen Worten: Er muss einen Vorschlag über die Aufstellung gemeinsamer Vergütungsregeln machen (Abs. 4; siehe § 253 Abs. 2 Nr. 2 ZPO). Bevor dieser nicht vorliegt, muss die Schlichtungsstelle überhaupt nicht besetzt werden; Abs. 4 verknüpft schon das Verlangen des Schlichtungsverfahrens nach § 36 Abs. 3 Satz 2 mit dem Zwang zur Vorlage des Vorschlages des Antragstellers. Spätere Korrekturen oder Erweiterungen des Vorschlages im laufenden Verfahren – ggf. als Reaktion auf die Stellungnahme der Gegenseite – werden dadurch nicht ausgeschlossen (vgl. § 36 Rn. 47; dort auch zur Frage des *ne ultra petita*).

13 Das Verfahren mündet in einer **mündlichen Beratung der Beisitzer und des Vorsitzenden** (Abs. 5 Satz 1). Ob dies zwingend eine Verhandlung auch mit den Parteien voraussetzt (so Dreier/Schulze/*Schulze*[2] Rn. 11; Schricker/*Dietz*[3] Rn. 20) scheint fraglich, da in Zeiten mobiler Kommunikation ein Ergebnis auch ohne persönliche Anwesenheit effizient und gerecht sein kann.

14 Das Schlichtungsverfahren **endet mit einem Beschluss,** der mit (einfacher) Stimmenmehrheit ergeht. Dieser soll nach Abs. 5 zunächst unter den von den Parteien benannten Beisitzern gefunden werden. Nur wenn unter diesen keine Einigung möglich ist, nimmt der Vorsitzende an einer erneuten Beratung teil, an deren Ende dann der Beschluss unter Beteiligung des Vorsitzenden ergeht. Der Vorsitzende soll nicht unnötig beansprucht werden, wenn bereits anderweitig eine Mehrheit gefunden wird. Das bedeutet auch, dass es Schlichtungsbeschlüsse geben kann, an denen der Vorsitzende gar nicht mitgewirkt hat. Das Prozedere kann auch zeitlich gestreckt ablaufen. Der Beschluss ist schriftlich abzufassen, vom Vorsitzenden zu unterschreiben (beides Abs. 5 Satz 4) und zu begründen (Dreier/Schulze/*Schulze*[2] Rn. 14). Die Zuleitung des Beschlusses an die Parteien (Abs. 5 Satz 4) muss sicherstellen, dass sie nachgewiesen werden kann, da andernfalls der Lauf der Widerspruchsfrist nicht kontrolliert werden kann. Dies kann gegen Empfangsbekenntnis *(Wilhelm Nordemann,* Urhebervertragsrecht, § 36a Rn. 3) oder sonst auf einem Wege erfolgen, der den Nachweis des Empfangs ermöglicht (Dreier/Schulze/*Schulze*[2] Rn. 14). Zu Recht weist *Schulze* darauf hin, dass dies in der zu erwartenden Rechtsverordnung geregelt werden sollte (Dreier/Schulze/*Schulze*[2] Rn. 14).

15 e) **Kosten:** Nachdem der Gesetzgeber zunächst dem Antragsteller die Kosten auferlegt hatte (§ 36a Abs. 6 a.F.), entschied er im UrhG Infoges diese – angeblich durch ein Redaktionsversehen damals aufgenommene Fassung – durch eine **Kostenaufhebung** zu ersetzen (Abs. 6, aktuelle Fassung). Dies schließt eine andere **einvernehmliche Kostenverteilung** nicht aus (Abs. 7). Die Kostenaufhebung erfasst alle Kosten, die bei jeder Partei entstandenen Kosten, aber auch die Kosten des Vorsitzenden, die Kosten des evtl. entscheidenden Oberlandesgerichts oder auch etwaige Gutachter- oder Sachverständigenkosten (ausführlich dazu Wandtke/Bullinger/*Wandtke*/*Grunert*[2] Rn. 22 ff.). Wenn der Vorsitzende dies fordert (woran keine Voraussetzungen geknüpft sind), haben beide Parteien einen „erforderlichen" Vorschuss zu leisten (Abs. 6 Satz 3). Dieser kann sich beziehen bspw. auf die Reisekosten der Schlichter, aber auch auf etwaige Mietkosten für Räume. Derartige Vorschussanforderungen sind in jedem Verfahrensstadium zulässig (Dreier/Schulze/*Schulze*[2] Rn. 18). Leistet eine Partei sie nicht, muss die andere einspringen („beide Parteien"); es ist von einer gesamtschuldnerischen Haftung entsprechend § 5 GKG auszugehen (Dreier/Schulze/*Schulze*[2] Rn. 18).

Da nunmehr eine Kostenaufhebung geregelt wurde, erübrigt sich eine Auf- **16** lösung der in der Tat unklaren Begriffswahl des Rechtsauschusses (BeschlE RAusschuss UrhVG – BT-Drucks. 14/8058, S. 21: *„notwendigen Bestimmungen über die Kosten der Schlichtung"*; jedenfalls für die Kosten jeder Partei. Für die Höhe der Vergütung Dritter (Gutachter, Miete etc.) dürfte sich eine Orientierung am Begriff der Notwendigkeit aus dem Kostenrecht (§ 91 Abs. 1 S. 1 ZPO) anbieten.

f) **Verordnungsermächtigung:** Die weiteren **Einzelheiten des Verfahrens** vor der **17** Schlichtungsstelle sowie weitere Vorschriften über die Kosten des Verfahrens und die Entschädigung der Mitglieder der Schlichtungsstelle soll das **Bundesministerium der Justiz** per **Rechtsverordnung** bestimmen (Abs. 8). Hierzu ist es **bislang nicht** gekommen, allerdings relativiert die Gesetzesbegründung die Verordnungsermächtigung auch dahingehend, dass diese nur für den Fall ausgeübt werden dürfte, wenn sich in der Praxis Unzulänglichkeiten zeigen sollten (FormH 19.11.2001 UrhVG S. 22).

§ 37 Verträge über die Einräumung von Nutzungsrechten

(1) Räumt der Urheber einem anderen ein Nutzungsrecht am Werk ein, so verbleibt ihm im Zweifel das Recht der Einwilligung zur Veröffentlichung oder Verwertung einer Bearbeitung des Werkes.

(2) Räumt der Urheber einem anderen ein Nutzungsrecht zur Vervielfältigung des Werkes ein, so verbleibt ihm in Zweifel das Recht, das Werk auf Bild- oder Tonträger zu übertragen.

(3) Räumt der Urheber einem anderen ein Nutzungsrecht zu einer öffentlichen Wiedergabe des Werkes ein, so ist dieser im Zweifel nicht berechtigt, die Wiedergabe außerhalb der Veranstaltung, für die sie bestimmt ist, durch Bildschirm, Lautsprecher oder ähnliche technische Einrichtungen öffentlich wahrnehmbar zu machen.

Übersicht

I. Allgemeines

1. Sinn und Zweck

§ 37 ist eine urheber*vertrags*rechtliche Vorschrift. Die allgemeine **Zwecküber- 1 tragungsregel** (§ 31 Abs. 5) erfährt in § 37 eine **Konkretisierung** (allgemein zur Zweckübertragungslehre vgl. § 31 Rn. 108 ff.; zum Verhältnis des § 37 zu § 31 Abs. 5 vgl. Rn. 23). § 37 ist wie § 31 Abs. 5 Ausdruck der Tendenz urheberrechtlicher Befugnisse, so weit wie möglich beim Urheber zu verbleiben, damit dieser angemessen an den Erträgen seines Werkes beteiligt wird. Dieser Grundsatz ist in § 11 S. 2 kodifiziert. Die Regeln des § 37 finden nur im Zweifelsfall Anwendung, sind also nachgiebig, wenn „zweifelsfrei" etwas anderes vereinbart wurde. Es handelt sich um **Auslegungsregeln**. Die Regelung in § 37 **Abs. 1** betrifft das Bearbeitungsrecht des § 23. § 37 Abs. 1 stellt eine Auslegungsregel auf, ob die nach § 23 erforderliche „Einwilligung" erteilt ist. Insoweit betrifft Abs. 1 nur vertragliche Vereinbarungen zum Verwertungsrecht des § 23, nicht Rechtsgeschäfte über Urheberpersönlichkeitsrechte, die in § 39 und § 14 geregelt sind (vgl. Rn. 26). Aus dem RegE UrhG geht hervor, dass § 37 **Abs. 2** als eigenständige gesetzliche Regelung für die Übertragung eines Werkes auf Bild- oder Tonträger notwendig war, weil die Übertragung eines Werkes auf Tonträger nicht als Bearbeitung, sondern als Vervielfältigung angesehen wird (RegE UrhG – BT-Drucks. IV/270, S. 58). § 37 **Abs. 3** regelt die öffentliche Wahrnehmbarmachung durch technische Einrichtungen außerhalb der Veranstaltung, für die die öffentliche Wiedergabe erlaubt wird.

2. Früheres Recht

2 Mit dem UrhG zum 01.01.1966 trat auch § 37 in Kraft. Gemäß § 132 Abs. 1 gelten die Auslegungsregeln des § 37 nicht für **Altverträge**, die **vor dem 01.01.1966** abgeschlossen wurden. Durch § 37 **Abs. 1** hat sich bei **Verlagsverträgen** jedoch nicht viel geändert: § 2 Abs. 2 VerlG fand auch schon vor 1966 Anwendung; zum Verhältnis des § 2 Abs. 2 VerlG zu § 37 vgl. Rn. 27). Überdies enthielt § 14 LUG die Regelung, dass bei Fehlen von anderweitigen Vereinbarungen die Entscheidung über die Verwertung für dort aufgezählte Bearbeitungen beim Urheber verbleiben sollte. Die in § 14 LUG aufgelisteten Bearbeitungen entsprachen fast wörtlich denjenigen des § 2 Abs. 2 VerlG (Schricker/*Schricker*, Verlagsrecht[3], § 2 Rn. 12). Danach dürfte durch die Einführung des § 37 Abs. 1 für Werke der Literatur keine wesentliche Änderung gebracht haben, auch wenn die möglichen Bearbeitungsformen (Übersetzung, Dramatisierung usw.) in § 37 Abs. 1 nicht im Einzelnen aufgeführt werden (RegE UrhG – BT-Drucks. IV/270, S. 58). Für in §§ 2 Abs. 2 VerlG, 14 LUG nicht aufgeführte Bearbeitungen und generell für alle Werke, die nach KUG zu beurteilen sind (vgl. Vor §§ 31 ff. Rn. 14), galt über dies vor 1966 die nicht kodifizierte allgemeine Zweckübertragungslehre (vgl. § 31 Rn. 113), die zum Fehlen eines Bearbeitungsrechts führt, wenn der Vertragszweck eine Bearbeitung nicht unbedingt erfordert; zu Beispielen vgl. Rn. 10. Das Gleiche gilt für § 37 **Abs. 2 und Abs. 3**: Mangels konkreter Regelung in VerlG, LUG oder KUG muss bei Verträgen vor 1966 die allgemeine Zweckübertragungslehre entscheiden, ob das Recht eingeräumt wurde. Davon ist im Zweifel nicht auszugehen, wenn der Zweck der Vereinbarung eine entsprechende Nutzung nicht unbedingt erforderte; vgl. Rn. 17 zu Abs. 2 und vgl. Rn. 21 zu Abs. 3

II. EU-Richtlinien /Internationales Recht

3 Die internationalen Konventionen und EU-Richtlinien sehen keine mit den Vorschriften des § 37 vergleichbaren Regelungen vor, zur Anwendung des rein vertragsrechtlichen § 37 im Internationalen Privatrecht vgl. Vor §§ 120 ff. Rn. 80.

III. Tatbestand

1. Vertrag mit dem Urheber über die Einräumung von Nutzungsrechten

Grundsätzlich gilt § 37 Abs. 1 bis Abs. 3 für alle Verträge der **Urheber** (§ 7) **4** und von deren Rechtsnachfolgern (§ 30). Zur Verdrängung des § 37 im Filmbereich (§§ 88, 89), bei Computerprogrammen (§ 69d) und Datenbankwerken (§ 55c); vgl. Rn. 24 ff. Auch die Inhaber von bestimmten **Leistungsschutzrechten** können sich auf § 37 berufen: die Verfasser wissenschaftlicher Ausgaben (§ 70 Abs. 1) und die Lichtbildner (§ 72 Abs. 1). Seit der gesetzlichen Regelung der Nutzungsrechtseinräumung durch ausübende Künstler durch das UrhG Infoges vom 10.09.2003 kommen auch die ausübenden Künstler (§ 79 Abs. 2 S. 2) in den Genuss des § 37, jedoch vgl. § 79 Rn. 59; das gilt allerdings wegen des Wortlautes von § 79 Abs. 2 S. 1 nur bei Nutzungsrechtseinräumungen, nicht bei Übertragungen des Rechts (vgl. § 79 Rn. 49 ff.). Auf andere Leistungsschutzrechte kann § 37 – auch analog – nicht angewendet werden, weil die entsprechenden Verweisungsnormen § 37 gerade nicht einbeziehen (§§ 81 S. 2, 85 Abs. 2 S. 2, 87 Abs. 2 S. 2, 94 Abs. 2 S. 3; in § 87e fehlt jeder Verweis auf den ersten Teil des UrhG). Auf **Verträge zwischen Verwertern**, also auf eine Weiterübertragung der Rechte (vgl. § 34) bzw. auf die Einräumung weiterer Nutzungsrechte durch einen bloßen Nutzungsrechtsinhaber (vgl. § 35) bezieht sich § 37 aufgrund seines eindeutigen Wortlautes nicht (a.A. *v. Gamm* Rn. 1); das gesamte Urhebervertragsrecht der §§ 31 bis 44 will Verträge zwischen Verwertern grundsätzlich nicht erfassen.

Die Auslegungsregeln des § 37 beziehen sich auf Nutzungsrechtseinräumun- **5** gen (vgl. § 31 Rn. 5 ff.). Der Anwendungsbereich des § 37 ist nicht auf Verträge beschränkt, die nur „ein Nutzungsrecht" einräumen, wie der Wortlaut jeweils etwas missverständlich formuliert. Es können auch mehrere Nutzungsrechte eingeräumt werden, die insbesondere über die in § 37 genannten Nutzungsarten. Die Auslegungsregeln des § 37 gelten sowohl für die Einräumung des Nutzungsrechts als **Verfügungsgeschäft** als auch in entsprechender Anwendung des zugrundeliegenden **Verpflichtungsgeschäfts** (Schricker/*Schricker*[3] Rn. 3; Dreier/Schulze/*Schulze*[2] Rn. 4, 9).

2. Veröffentlichung und Verwertung von Bearbeitungen (Abs. 1)

Mit **Bearbeitung** i.S.v. Abs. 1 sind nur solche Bearbeitungen gemeint, die selbst **6** ein **schutzfähiges Werk gem.** § 3 darstellen; vgl. § 3 Rn. 1 ff. (*Gottschalk*, ZUM 2005, 359; *Schricker* GRUR Int. 1983, 446, 454; Dreier/Schulze/*Schulze*[2] Rn. 16; HK-UrhR/*Kotthoff* Rn. 3; Schricker/*Schricker*[3] Rn. 9; Wandtke/Bullinger/*Wandtke*/*Grunert*[2] Rn. 4). Eine unter diesem Niveau bleibende bloße Umgestaltung genügt nicht. Das hat vor allem Konsequenzen für den Umfang des positiven Nutzungsrechts und des negativen Verbotsrechts des Erwerbers (vgl. § 31 Rn. 20 ff.). Liegt eine Bearbeitung nach § 3 vor, steht dem Erwerber des Nutzungsrechts im Zweifel kein **positives Nutzungsrecht** hinsichtlich dieser Bearbeitung gem. § 23 zu (Schricker/*Schricker*[3] Rn. 10; *v. Gamm* Rn. 2). Daher ist der Erwerber im Zweifel nicht berechtigt, selbst eine Bearbeitung des Werks gem. § 3 zu veröffentlichen oder zu verbreiten. Im Zweifel steht dem Erwerber auch kein **negatives Verbotsrecht** hinsichtlich einer Bearbeitung zu (RegE UrhG – BT-Drucks. IV/270, S. 58). Diese Zweifelsregel kennt aber **zwei wichtige Einschränkungen. Erstens** steht dem Nutzungsrechtsinhaber dann ein negatives Verbotsrecht zu, wenn er entweder Urheber der Bearbeitung ist oder zumindest die ausschließlichen Nutzungsrechte vom Bearbeiter erworben hat. Denn die Bearbeitung genießt Schutz nach § 3. **Zweitens** hat der ausschließliche Nutzungsrechteinhaber im Regelfall ein negatives Verbotsrecht, wenn es sich um eine illegale Nutzung handelt. Die Verfolgung von Urheberrechtsverletzungen durch einen mit umfassenden ausschließlichen Nutzungsrechten ausgestatteten Verwerter liegt auch aus Urhebersicht im Rahmen des Vertragszwecks und setzt sich deshalb gegen die Auslegungsregel des § 37 Abs. 1 durch (vgl. Rn. 23). So kann der Verleger des Originalwerkes gegen einen nicht autorisierten Fortsetzungsroman auf Unterlassung vorgehen (BGH GRUR 1999, 984, 985 – *Laras Tochter*; zu Unrecht kritisch Schricker/*Schricker*[3] Rn. 10; weitergehend zum Ganzen vgl. § 31 Rn. 23).

7 Auch wenn der Urheber nach § 37 Abs. 1 Inhaber der Bearbeitungsrechte bleibt, kann er Bearbeitungen nicht beliebig nutzen. Den Urheber kann eine vertragliche **Enthaltungspflicht** treffen, wenn die Bearbeitung geeignet ist, mit den ausschließlichen Nutzungsrechten des Vertragspartners am Originalwerk in Konkurrenz zu treten (vgl. Vor §§ 31 ff. Rn. 45 ff.; Möhring/Nicolini/ *Spautz*[2] Rn. 4; HK-UrhR/*Kotthoff* Rn. 4, Wandtke/Bullinger/*Wandtke/Grunert*[2] Rn. 6; a.A. wohl Schricker/*Schricker*[3] Rn. 10). Das gilt jedoch nicht für alle Bearbeitungen und insbesondere grundsätzlich nicht für die in § 2 Abs. 2 VerlG genannten (vgl. § 2 VerlG Rn. 11 ff.). Jedoch besteht bei Einräumung des ausschließlichen Rechts, eigene Erzählungen des Autors in einer Gesamtausgabe mit Texten von ihm zu veröffentlichen, eine Enthaltungspflicht des Autors, an einen anderen Verleger ebenfalls solche Rechte zu vergeben, obwohl die zweite Gesamtausgabe anders ausgestaltet ist (KG ZUM 1997, 397, 398 – *Unwirksame Zweitvergabe*; siehe auch § 2 Abs. 3 VerlG). Auch begründet etwa die Vergabe des Verfilmungsrechts für ein Bühnenstück eine zeitlich begrenzte Enthaltungspflicht für die Vergabe von Rechten zur Fernsehnutzung nach Neuverfilmung auf der Grundlage eines Drehbuches, wenn die Fernsehnutzung die Auswertung beeinträchtigen kann (BGH GRUR 1969, 364 – *Fernsehauswertung*). Insbesondere im Filmbereich ist die Frage der Enthaltungspflicht für die erneute Vergabe eines Verfilmungsrechts in § 88 Abs. 2 S. 2 ausdrücklich geregelt (zum Verhältnis des § 37 zu § 88 vgl. Rn. 25). Ein Verstoß gegen Enthaltungspflichten löst nur im Rahmen des § 88 Abs. 2 ein (deliktisches) negatives Verbotsrecht des Erwerbers aus; ansonsten wirkt es nur relativ zwischen Urheber und Erwerber (vgl. § 31 Rn. 21; str.). Im obigen Fall der konkurrierenden Vergabe von Gesamtausgaberechten bestehen deshalb nur relative Ansprüche des Erstverlegers gegen den Autor, nicht aber des Erstverlegers gegen den weiteren Verleger (a.A. KG ZUM 1997, 397, 398 – *Unwirksame Zweitvergabe*, wegen Ausschließlichkeit der Einräumung, jedoch ohne Erörterung des § 37 Abs. 1; kritisch auch Schricker/*Schricker*[3] Rn. 9).

8 **Unterhalb der Schwelle** der urheberrechtlich gesondert geschützten **Bearbeitung nach** § 3 ist § 37 Abs. 1 nicht anwendbar (vgl. Rn. 6). Dem Erwerber steht dann im Umkehrschluss ein negatives Verbotsrecht ohne Einschränkungen zu (Schricker/*Schricker*[3] Rn. 9). Ein positives Nutzungsrecht hat der Erwerber im Zweifel aber schon wegen § 39 nicht (vgl. Rn. 26). Die Vergabe von Nutzungsrechten erstreckt sich im Zweifel nur auf die Nutzung des Werkes in seiner Originalform (OLG Karlsruhe GRUR 1983, 300, 309 – *Inkasso-Programm*; *Ulmer*[3] § 84 IV).

9 Mit „**Veröffentlichung und Verwertung**" bezieht sich § 37 Abs. 1 auf die in § 23 S. 1 verwendeten Begriffe (vgl. §§ 23/24 Rn. 23 ff.). Auch „**Einwilligung**" ist der Begriff aus § 23 S. 1 (vgl. §§ 23/24 Rn. 13 f.). § 37 Abs. 1 regelt, dass die nach § 23 S. 1 erforderliche Einwilligung im Zweifel nicht erteilt wird, ist also das urhebervertragsrechtliche Pendant zu § 23 S. 1. Keine Regelung enthält § 37 Abs. 1 zur Erteilung der Einwilligung nach § 23 S. 2; diese richtet sich nach § 31 Abs. 5.

§ 37 Abs. 1 enthält nur eine **Zweifelsregelung** für den Fall, dass eine Absprache **10** zwischen den Parteien fehlt und sich ihr Wille auch nicht aus den sonstigen Umständen ergibt. **Abweichende Vereinbarungen** sind denkbar. Sie können zunächst ausdrücklich das Bearbeitungsrecht einräumen. Bei **pauschalen Formulierungen** findet das allerdings seine urheberpersönlichkeitsrechtliche Grenze im Entstellungsverbot (vgl. § 39 Rn. 15 ff.). Ansonsten besteht aber Vertragsfreiheit. Insbesondere in **AGB** kann das Bearbeitungsrecht eingeräumt sein. Zwar ergibt sich das noch nicht daraus, dass § 37 Abs. 1 eine bloße Auslegungsregel wäre und nicht der gesetzliche Maßstab i.S.d. § 307 Abs. 2 Nr. 1 BGB ist (eingehend vgl. Vor §§ 31 Rn. 203; a.A. noch BGH GRUR 1984, 45, 48 f. – *Honorarbedingungen: Sendevertrag* für Bearbeitungsrechte, aber zu § 88 Abs. 2 S. 2; zu § 37 Abs. 1 LG Berlin ZUM-RD 2008, 18, 22 – *Honorarregelungen für Journalisten*). Jedoch scheidet eine Kontrolle des eigentlichen Leistungsgegenstandes grundsätzlich aus, § 307 Abs. 3 BGB (vgl. Vor §§ 31 ff. Rn. 204). Der Umfang der Nutzungsrechtseinräumung und damit auch des Bearbeitungsrechts ist damit im Regelfall nicht kontrollfähig. Ausnahmen gelten nur bei Gestaltungsmissbrauch (vgl. § 31 Rn. 184 ff.). – Eine Einräumung des Bearbeitungsrechts entgegen der Regel des § 37 Abs. 1 ist auch **stillschweigend** möglich. Das gilt namentlich in Fällen, in denen der Zweck des Vertrages eine Bearbeitung zwingend voraussetzt und damit nach § 31 Abs. 5 ohne Zweifel von einer Einräumung auszugehen ist (BGH GRUR 1986, 458, 459 – *Oberammergauer Passionsspiele*, allerdings ohne Erwähnung von § 37; OLG Nürnberg ZUM 1999, 656 – *Freilandmuseum*; zum Verhältnis von § 37 und § 31 Abs. 5 vgl. Rn. 23). Stillschweigend Bearbeitungsrechte räumte beispielsweise der Bühnenbildner der *Oberammergauer Passionsspiele* ein. Denn er wusste bei Schaffung der Bühnenbilder, dass sich das historisch gewachsene religiöse Volksschauspiel im Laufe von Jahrhunderten kontinuierlich weiter entwickelt hat, indem die Spiele jeweils auf die vorangegangenen aufbauend fortgeführt und von einer Generation der Dorfbewohner an die nächste Generation weitergegeben wurden (BGH GRUR 1986, 458, 459 – *Oberammergauer Passionsspiele*; im Ergebnis zutreffend, aber leider ohne Erwähnung des § 37 Abs. 1; kritisch wegen fehlender Erwähnung des § 37 Abs. 1 auch Wandtke/Bullinger/*Wandtke*/*Grunert*[2] Rn. 2). Wer einen Führer für ein Museum verfasst, muss als Autor damit rechnen, dass das Museum durch neue Objekte erweitert wird; deshalb ist stillschweigend ein Bearbeitungsrecht für das Museum eingeräumt, den Führer um Abschnitte zu ergänzen, die neu hinzukommende Ausstellungsobjekte beschreiben und erläutern. Jedoch verlangt der Vertragszweck nicht, dass vom Autor verfasste und mit seinem Namen gekennzeichnete Abschnitte über bereits fertig gestellte und unveränderte Museumsobjekte bearbeitet werden (OLG Nürnberg ZUM 1999, 656 – *Freilandmuseum*).

Ist danach entgegen der Auslegungsregel ein Bearbeitungsrecht dem Erwerber **11** eines Nutzungsrechts vertraglich eingeräumt, besteht keine weitere Auslegungsregel, dass die Bearbeitung im Zweifel auf eine einzige konkrete Bearbeitung beschränkt ist (a.A. Dreier/Schulze/*Schulze*[2] Rn. 11 f.). Vielmehr richtet sich der **Umfang des vertraglich eingeräumten Bearbeitungsrechts** nach der Zweckübertragungslehre (§ 31 Abs. 5). Die Zweckübertragungslehre ist indes wegen eindeutiger Substantiierung durch den Erwerber außer Kraft gesetzt, wenn ihm ein Recht zur Bearbeitung ausdrücklich und ohne Einschränkungen gewährt wurde („das Recht, das Werk zu bearbeiten"). Dann findet das Bearbeitungsrecht seine Grenze grundsätzlich nur im Entstellungsverbot des § 14 (vgl. Rn. 10). Der Erwerber hat ansonsten das Recht zu beliebig häufiger Bearbeitung, also z.B. zur Erstellung und Nutzung beliebig vieler Übersetzungen eines Romans. Teilweise wird dem entgegengehalten, aus § 88 Abs. 2 müsse „erst recht" gefolgert werden, dass nur eine einzige Übersetzung eines Romans zulässig sei (so Dreier/Schulze/*Schulze*[2] Rn. 12). Das ist nicht überzeugend. § 88 Abs. 2 ist eine Spezialregelung für den Filmbereich. Ferner erfasst § 88 Abs. 2 auch im Filmbereich nur das Verfilmungsrecht als Bearbeitungsrecht; demgegenüber sind Bearbeitungen des einen Films beliebig häufig nach § 88 Abs. 1 möglich, insbesondere mehrere Synchronisationen, so dass § 88 Abs. 2 gar keine generellen Aussagen zum Bearbeitungsrecht, insbesondere nicht zum Übersetzungsrecht, macht. – Urheber und Erwerber können aber selbstverständlich auch vereinbaren, das Bearbeitungsrecht räumlich, zeitlich und inhaltlich nur beschränkt zu vergeben (§ 31 Abs. 1), z.B. inhaltlich beschränkt auf eine einzelne Übersetzung in die englische Sprache.

3. Übertragung auf Bild- und Tonträger (Abs. 2)

12 In der amtlichen Begründung zu § 37 wird hervorgehoben, dass die Übertragung eines Werkes auf Tonträger nicht mehr – wie nach altem Recht – als Bearbeitung, sondern als eine Vervielfältigung anzusehen ist (RegE UrhG – BT-Drucks. IV/270, S. 58). Deshalb unterfällt es nicht § 37 Abs. 1 und wurde gesondert geregelt.

13 Der „**Bild- oder Tonträger**" ist in § 16 Abs. 2 legal definiert (vgl. § 16 Rn. 21). Bild- oder Tonträger ist insbesondere auf „Bild- und/oder Tonträger" zu präzisieren, weil es keinen Sinn machen würde, Bildtonträger von der Regelung auszunehmen. Trägermedien sind Schallplatten, Kassetten, Videobänder, CDs, CD-Roms, DVDs, MP3 Player, Blu-Ray, HD-DVD, Festplatten, Speicherkarten etc. Damit beinhaltet auch die Internetnutzung (§ 19a) eine Übertragung auf Bild- oder Tonträger, weil das Werk zum Abruf auf einem Bild- oder Tonträger abgelegt sein muss. Innerhalb des Vervielfältigungsrechts stellen diese Trägermedien jeweils eigenständige Nutzungsarten dar (vgl. § 31 Rn. 65 ff.); das Vervielfältigungsrecht kann also mit absoluter Wirkung beschränkt auf einzelne Trägermedien eingeräumt werden; in der Praxis kommt das freilich eher selten vor; insbesondere erfolgt eine Rechtevergabe für alle Trägermedien an einen Verwerter, wenn die Trägermedien untereinander konkurrieren.

14 § 16 Abs. 2 definiert den Begriff der **Vervielfältigung** als Übertragung auf einen Bild- oder Tonträger und von einem Bild- oder Tonträger auf einen anderen (im Einzelnen vgl. § 16 Rn. 9 ff.). § 37 Abs. 2 bezieht sich jedoch nach seinem Wortlaut nur auf die Frage, **ob** neben einem Vervielfältigungsrecht für ein Trägermedium, das kein Bild- oder Tonträger ist, (**auch**) **ein Vervielfältigungsrecht für Bild- oder Tonträger eingeräumt** ist. Ein Beispiel ist die Nutzung von Werken in periodischen Printmedien auch auf CD-Rom mit Recherchefunktion. Dieses Recht ist im Zweifel nach § 37 Abs. 2 nicht eingeräumt (Dreier/Schulze/*Schulze*[2] Rn. 21; i.E. genauso: BGH GRUR 2002, 248, 251 – *Spiegel-CD-Rom*, allerdings aus § 31 Abs. 5 ohne jede Erwähnung des § 37 Abs. 2). Für den Filmbereich entfaltet § 37 Abs. 2 von vornherein keine Wirkung, weil hier die spezielleren §§ 88, 89 die Urheberverträge regulieren; nach § 37 Abs. 2 ist also nicht zu beurteilen, ob neben dem Recht zur Fernsehnutzung auch das Recht zur Videonutzung besteht (vgl. § 88 Rn. 66 und vgl. § 89 Rn. 39).

Abs. 2 spricht von dem „Recht, das Werk auf Bild- oder Tonträger zu über- **15** tragen". Nach dem Wortlaut des Abs. 2 **nicht geregelt** wird also die Konstellation, dass ein Vervielfältigungsrecht für bestimmte Bild- oder Tonträger eingeräumt wurde und lediglich unklar ist, **inwieweit (auch) andere Bild- oder Tonträger** erfasst sind (a.A. wohl Dreier/Schulze/*Schulze*[2] Rn. 21). Das richtet sich nach der Zweckübertragungslehre gem. § 31 Abs. 5 und insbesondere danach, ob der Zweck des Vertrages technische Verbesserungen des bei Vertragsschluss bekannten Bild- oder Tonträgers erfasst (ausführlich dazu vgl. § 31 Rn. 166).

Rechtsfolge der Anwendung der Zweifelsregel des Abs. 2 ist die fehlende **16** Einräumung des Nutzungsrechts durch den Urheber. Dem Urheber steht ein **positives Nutzungsrecht** hinsichtlich der Übertragung des Werkes auf Ton- und Bildträger zu. Allerdings können zu seinen Lasten Enthaltungspflichten bestehen, wenn die Übertragung geeignet ist, dem Inhaber des Vervielfältigungsrechts Wettbewerb zu machen (vgl. Vor §§ 31 ff. Rn. 45). Das **negative Verbotsrecht** steht indes nicht nur dem Urheber, sondern in bestimmten Konstellationen auch dem Inhaber des Vervielfältigungsrechts zu (a.A. Dreier Schulze/*Schulze*[2] Rn. 24) zu; insoweit gilt nicht anderes als für Abs. 1 (vgl. Rn. 7).

Abs. 2 ist eine Zweifelsregelung und ist deshalb gegenüber **entgegenstehenden** **17** **Vereinbarungen** nachgiebig. Diese können sich aus ausdrücklichen Vereinbarungen ergeben und können grundsätzlich auch durch **AGB** erfolgen, was im Bereich der Zweitverwertung von Printwerken auf Bild- oder Tonträger sogar üblich ist. **Konkludent** kann das Recht eingeräumt sein, wenn der Zweck des Vertrages eine Einräumung zwingend erfordert. Ein Beispiel ist die Nutzung von Zeitschriftenartikeln auf CD-Rom mit Recherchefunktion. Die CD-Rom mit Recherchefunktion war noch bis 1995 eine unbekannte Nutzungsart und unterfiel deshalb § 31 Abs. 4 a.F. (vgl. § 31a Rn. 6 ff.). Heute ist die Auswertung von periodischen Printmedien auf CD-Rom mit Recherchefunktion üblich, so dass die Zweifelregel des Abs. 2 stillschweigend durchbrochen sein wird. Denn übliche Nutzungen sind regelmäßig vom Vertragszweck umfasst und werden sind damit eingeräumt (vgl. § 31 Rn. 129). Das gilt zum Bespiel, wenn ein Verlag mit der elektronischen Nutzung einer Print-Zeitung oder Zeitschrift in vollem Umfang begonnen hat und ein Urheber in Kenntnis dieser Nutzung einen Beitrag zur Publikation in dieser Zeitung oder Zeitschrift einreicht, ohne einen Vorbehalt hinsichtlich der elektronischen Nutzung zu erklären (*Katzenberger* AfP 1997, 434, 439).

4. Wiedergabe außerhalb vertraglich bestimmter Veranstaltung (Abs. 3)

Für den Begriff der **öffentlichen Wiedergabe** sei auf die Legaldefinition in § 15 **18** Abs. 2 S. 1, Abs. 3 verwiesen.

§ 37 Abs. 3 bezieht sich auf das Verwertungsrecht des **§ 19 Abs. 3**, Vorträge **19** und Aufführungen außerhalb der Veranstaltung, bei der sie stattfinden, durch Bildschirm, Lautsprecher oder ähnliche technische Einrichtungen öffentlich wahrnehmbar zu machen. Abweichend von der Formulierung in § 19 Abs. 3 („außerhalb der Veranstaltung, bei der sie stattfinden") heißt es in § 37 Abs. 3

„außerhalb der Veranstaltung, für die sie bestimmt sind". Das hatte aber nur redaktionelle Gründe, weil der Gesetzgeber bei einer Auslegungsregel nicht auf objektive Merkmale, sondern auf den subjektiven Willen der Vertragsparteien abstellen wollte (RegE UrhG – BT-Drucks. IV/270, S. 58). Es kann deshalb für Definitionen zu den einzelnen Tatbestandsmerkmalen auf die Kommentierung zu § 19 Abs. 3 verwiesen werden. Ein Beispiel für die Anwendung des § 37 Abs. 3 wäre eine Opernaufführung, die parallel auch auf einer Großbildleinwand „open air" übertragen wird. Auch sollte der Fall erfasst sein, dass ein Theaterstück für zu spät Kommende in der Theaterlobby per Bildschirm übertragen wird, bis sie Einlass erhalten können (aber vgl. Rn. 21).

20 Im Gegensatz zu den Auslegungsregeln der Abs. 1 und 2 beschränkt sich Abs. 3 auf die **positive Seite des Nutzungsrechts**: Der Erwerber soll im Zweifel selbst eine Bildschirm- oder Lautsprecherübertragung nicht vornehmen dürfen. Nach dem ausdrücklichen Willen des Gesetzes hat der Urheber seinerseits aber kein schutzwürdiges Interesse daran, gegen den Willen des Nutzungsberechtigten eine Bildschirm- oder Lautsprecherübertragung anderen zu gestatten oder selbst vorzunehmen (RegE UrhG – BT-Drucks. IV/270, S. 58). Der Erwerber hat damit ein **negatives Verbotsrecht** gegenüber dem Urheber und Dritten (Wandtke/Bullinger/*Wandtke*/*Grunert*[2] Rn. 8; *v. Gamm* Rn. 2), das absolute Wirkung gegenüber jedermann hat. Es handelt sich also nicht nur um eine rein vertragliche Enthaltungspflicht des Urhebers (vgl. Vor §§ 31 ff. Rn. 45 ff.). Daneben hat auch der Urheber ein negatives Verbotsrecht gegenüber seinem Vertragspartner oder Dritten, wenn das Recht ohne seine Zustimmung genutzt wird.

21 Auch für Abs. 3 gilt, dass es sich um eine nachgiebige Auslegungsregel handelt. Sie kann durch **entgegenstehende Vereinbarungen** abgeändert werden. Eine Abänderung ist ausdrücklich möglich, auch durch **AGB**; insoweit gilt nichts anderes als für Abs. 1 (vgl. Rn. 10). Konkludent ist Abs. 3 abbedungen, wenn der Zweck der Vereinbarung eine Einräumung des Rechts zwingend erfordert. Das kann der Fall sein, wenn die Einräumung üblich ist (vgl. § 31 Rn. 129). Z.B. ist es gängig, dass Theater für zu spät Kommende das Werk per Bildschirm in die Theaterlobby übertragen, bevor sie in den Theaterraum eingelassen werden; dieses Recht dürfte entgegen § 37 Abs. 3 dem Theater eingeräumt sein (vgl. Vor §§ 31 ff. Rn. 344), nicht aber das Recht, das Stück per Großbildleinwand auf dem Marktplatz parallel zur Theateraufführung zu zeigen.

IV. Prozessuales

22 Die **Darlegungs- und Beweislast** für eine Rechtseinräumung liegt bei demjenigen, der sich auf ein Recht zur Nutzung beruft – also beim Nutzungsberechtigten (Dreier/Schulze/*Schulze*[2] Rn. 23; Möhring/Nicolini/*Spautz*[2] Rn. 9; außerhalb des § 37: BGH GRUR 1996, 121, *122 – Pauschale Rechtseinräumung*). Ist das Nutzungsrecht wegen § 37 nicht eingeräumt, führt eine Nutzung zu einer deliktischen **Urheberrechtsverletzung** und den sich aus §§ 97 ff. ergebenden Ansprüchen, die gegen jeden urheberrechtswidrig Nutzenden gerichtet werden können. Daneben kann der Urheber auch gegenüber seinem Vertragspartner **vertragliche Ansprüche** geltend machen.

V. Verhältnis zu anderen Vorschriften

23 § 37 ist die speziellere Ausprägung der **Zweckübertragungsregel des § 31 Abs. 5** hinsichtlich der in § 37 geregelten Fragen. § 37 geht deshalb § 31

Abs. 5 vor (HK-UrhR/*Kotthoff* Rn. 2). Teilweise wird aber auch vertreten, dass beide nebeneinander anzuwenden sind (Wandtke/Bullinger/*Wandtke*/ *Grunert*[2] Rn. 1; Möhring/Nicolini/*Spautz*[2] Rn. 1; Schricker/*Schricker*[3] Rn. 4). Der Meinungsstreit hat keine praktischen Konsequenzen, weil alle Auffassungen zum gleichen Ergebnis führen. **Grundsätzlich läuft die Beurteilung nach § 37 und nach § 31 Abs. 5 parallel.** Denn auch als spezielle Ausprägung von § 31 Abs. 5 ist § 37 den gleichen Grundsätzen verpflichtet. Insbesondere kann ein entgegenstehender Vertragszweck die Anwendung der Auslegungsregel des § 37 Abs. 1 verhindern. Das gilt namentlich in Fällen, in denen der Zweck des Vertrages eine Bearbeitung zwingend voraussetzt und damit ohne Zweifel von einer Einräumung auszugehen ist (BGH GRUR 1986, 458, 459 – *Oberammergauer Passionsspiele*, ohne Prüfung des § 37 Abs. 1 zu § 31 Abs. 5; OLG Nürnberg ZUM 1999, 656 – *Freilandmuseum*).

Für Verträge über die **Benutzung von Datenbankwerken** und **Software** sind die **24** § 55a und § 69d als Auslegungsregeln heranzuziehen. Diese Spezialvorschriften verdrängen die Anwendung des § 37 Abs. 1.

Auch die §§ 88, 89 gehen dem § 37 Abs. 1 bis Abs. 3 als **speziellere Aus-** **25** **legungsregeln** vor (Schricker/*Schricker*[3] Rn. 4). Während § 31 Abs. 5 und § 37 für den Urheber günstige Vermutungen aufstellen, ist die Anwendung der §§ 88, 89 eher vorteilhaft für den Rechteerwerber (*Erdmann* GRUR 2002, 923, 930). Die §§ 88, 89 räumen im Zweifel dem Filmhersteller und nicht dem Urheber das Recht ein, ein vorbestehendes Werk zur Herstellung eines Filmwerks zu bearbeiten und umzugestalten sowie das Filmwerk, Übersetzungen und filmische Bearbeitungen uneingeschränkt zu benutzen. Jedoch soll nach § 88 Abs. 2 das Recht zur Wiederverfilmung dem Filmhersteller im Zweifelsfall nicht zustehen.

Verhältnis von § 37 Abs. 1 und § 23: § 23 gewährt grundsätzlich dem Urheber **26** ein eigenständiges Verwertungsrecht der Veröffentlichung und Verwertung von Bearbeitungen. Dazu bedarf es seiner „Einwilligung". Ob der Urheber vertraglich diese „Einwilligung" gegeben hat, regelt § 37 Abs. 1; § 37 Abs. 1 ist damit das vertragliche Gegenstück zu § 23. Wenn wegen einer freien Benutzung (§ 24) gar keine Einwilligung erforderlich ist, ist auch § 37 Abs. 1 irrelevant. Demgegenüber regelt § 39, ob die Bearbeitung urheberpersönlichkeitsrechtlich zulässig ist; deshalb bildet § 39 als urheberpersönlichkeitsrechtliche Vorschrift auch zu dem urheberpersönlichkeitsrechtlichen Entstellungsverbot des § 14 das vertragsrechtliche Pendant, genauso wie § 37 Abs. 1 zu § 23 im Bereich des Verwertungsrechts (s.a. Schricker/*Schricker*[3] Rn. 5).

Die Vorschrift des **§ 2 Abs. 2 VerlG** findet sich zwar in einem spezielleren **27** Gesetz. Dennoch geht § 2 VerlG der Regelung in § 37 Abs. 1 nicht vor, weil der Gesetzgeber den Umfang der beim Urheber verbleibenden Bearbeitungsrechte über § 2 Abs. 2 VerlG hinaus auf alle Bearbeitungsrechte ausdehnen wollte (RegE UrhG – BT-Drucks. IV/270, S. 58; *Gottschalk* ZUM 2005, 359; *Schricker* GRUR Int. 1983, 446, 454; Schricker/*Schricker*[3] Rn. 6). In der Praxis hat das allerdings nur geringe Auswirkungen, weil § 2 Abs. 2 VerlG die wichtigsten Bearbeitungsrechte im Verlagsbereich nennt.

§ 38   Beiträge zu Sammlungen

(1) [1]Gestattet der Urheber die Aufnahme des Werkes in eine periodisch erscheinende Sammlung, so erwirbt der Verleger oder Herausgeber im Zweifel
ein ausschließliches Nutzungsrecht zur Vervielfältigung und Verbreitung. [2]Je-
doch darf der Urheber das Werk nach Ablauf eines Jahres seit Erscheinen
anderweit vervielfältigen und verbreiten, wenn nichts anderes vereinbart ist.

(2) Absatz 1 Satz 2 gilt auch für einen Beitrag zu einer nicht periodisch erscheinenden Sammlung, für dessen Überlassung dem Urheber kein Anspruch auf
Vergütung zusteht.

(3) [1]Wird der Beitrag einer Zeitung überlassen, so erwirbt der Verleger oder
Herausgeber ein einfaches Nutzungsrecht, wenn nichts anderes vereinbart ist.
[2]Räumt der Urheber ein ausschließliches Nutzungsrecht ein, so ist er sogleich
nach Erscheinen des Beitrags berechtigt, ihn anderweit zu vervielfältigen und
zu verbreiten, wenn nichts anderes vereinbart ist.

Übersicht:

I.   Allgemeines

1.   Bedeutung und systematische Stellung

1   Die Auslegungsregeln des § 38 ersetzen die im Rahmen des UrhG 1965 durch
§ 141 Nr. 4 aufgehobenen §§ 3, 42 VerlG (zur Rechtslage bei vor dem
01.01.1966 geschlossenen Nutzungsverträgen Dreier/Schulze//*Schulze*[2] § 38
Rn. 5). Die frühere Regelung barg einige Unsicherheiten und wurde den
Erfordernissen der Praxis nicht in allen Bereichen gerecht, da der Herausgeber
bzw. Verleger einer periodisch erscheinenden Sammlung mangels anderer
Vereinbarung lediglich ein einfaches Nutzungsrecht erwarb. Nunmehr erhält
der Herausgeber oder Verleger einer Zeitschrift oder vergleichbaren periodisch
erscheinenden Sammlung nach § 38 im Zweifel ein ausschließliches Nutzungsrecht; der Urheber darf allerdings sein Werk ein Jahr nach Erscheinen anderweit nutzen, wenn nichts anderes vereinbart ist (§ 38 Abs. 1). Gleiches gilt für
Beiträge zu nicht periodisch erscheinenden Sammlungen, für die der Urheber
keine Vergütung beanspruchen kann (§ 38 Abs. 2). Der Verleger bzw. Herausgeber einer Zeitung erwirbt demgegenüber nur ein einfaches Nutzungsrecht,

wenn nichts anderes vereinbart wird; lässt er sich ein ausschließliches Recht einräumen, so darf der Urheber seinen Beitrag unmittelbar nach Erscheinen anderweit nutzen, wiederum wenn nichts Entgegenstehendes vereinbart ist (§ 38 Abs. 3).

§ 38 gilt grundsätzlich für alle urheberrechtlich geschützten Werke (für die **2** nicht geschützten gilt § 39 VerlG; vgl. §§ 39/40 VerlG Rn. 1), die für eine periodische erscheinende Sammlung oder eine Zeitung „überlassen" werden können, seien es Texte oder Fotografien, Zeichnungen für ein Kunstjahrbuch oder Kompositionen für einen regelmäßig erscheinenden Musikalmanach. Zweifelhaft ist in diesem Zusammenhang, ob auch Onlinesammlungen und -Zeitungen wie z.B. Internetzeitschriften und Datenbanken, bei denen kein körperliches Vervielfältigungsstück vorhanden ist, unter § 38 fallen, denn § 38 erwähnt lediglich Vervielfältigung (§ 16) und Verbreitung (§ 17). Dies mag jedoch daran liegen, dass eine Anpassung des § 38 bei Einführung des § 19a im Jahre 2003 schlicht nicht bedacht worden ist. Es ist auch kein Grund ersichtlich, § 38 auf Onlinesammlungen, die den periodisch erscheinenden Printprodukten entsprechen, nicht anzuwenden; vielmehr passen die Regelungen des § 38 hier ebenso gut. § 38 findet mithin unabhängig von der äußeren technischen Form bzw. dem Medium der Sammlung oder Zeitung Anwendung (a.A. Dreier/Schulze/*Schulze*[2] Rn. 11, die lediglich eine Heranziehung als „Orientierungshilfe" befürworten).

Durch verschiedene Verweisungen ist § 38 auch für Verfasser wissenschaftli- **3** cher Ausgaben (§ 70 Abs. 1) und Lichtbildner (§ 72 Abs. 1) sowie – seit der Urhebervertragsrechtsreform 2003 – für ausübende Künstler (§ 79 Abs. 2), Veranstalter (§ 81), Tonträgerhersteller (§ 85 Abs. 2), Sendeunternehmen (§ 87 Abs. 2) und Filmhersteller (§ 94 Abs. 2) entsprechend anwendbar. Seine wesentliche praktische Bedeutung entfaltet § 38 jedoch nach wie vor im Pressebereich.

2. Regelungsbereich

a) **Abdingbarkeit:** § 38 betrifft sowohl die schuldrechtliche Gestattung als **4** auch die dingliche Rechtseinräumung (Schricker/*Schricker*[3] Rn. 3; Dreier/Schulze/*Schulze*[2] Rn. 4; Wandtke/Bullinger/*Wandtke/Grunert*[3] Rn. 1). Seine gesetzlichen Vermutungen sind als Auslegungsregel dispositiv, kommen also nur zum Einsatz, wenn auch die Auslegung nach den allgemeinen Vorschriften keine eindeutigen Abreden zwischen den Parteien ergibt. Zu Arbeitnehmerurhebern vgl. Rn. 21. Zu Tarifverträgen in diesem Bereich vgl. Rn. 22.

b) **Rechteerwerb durch Herausgeber oder Verleger:** § 38 betrifft die rechtlichen **5** Beziehungen des Urhebers eines Einzelwerks, das in eine periodisch (Abs. 1) oder nicht periodisch (Abs. 2) erscheinende Sammlung oder in eine Zeitung (Abs. 3) aufgenommen wird, zu deren Herausgeber oder Verleger. Im Rahmen des § 38 erwirbt dabei nicht der Urheber des Sammelwerks (§ 4), in dem das Einzelwerk erscheinen soll, sondern der Inhaber der Sammlung, der **Herr des Unternehmens**, die Nutzungsrechte (Schricker/*Schricker*[3] Rn. 3; Dreier/Schulze/*Schulze*[2] Rn. 14; Wandtke/Bullinger/*Wandtke/Grunert*[3] § 38 Rn. 2). Herr des Unternehmens ist, wer die Sammlung oder Zeitung begründet und ihr den Titel gegeben hat, Mitarbeiter und Verfasser der Beiträge einstellt bzw. auswählt, das wirtschaftliche Risiko trägt und über wirtschaftliche und sachliche Fragen im Zusammenhang mit der Sammlung (Ausstattung, Aufmachung, Änderung des Titels oder der Ausrichtung, Verlag usw.) entscheidet (BGH

GRUR 1968, 329, 331 – *Der kleine Tierfreund*; OLG Hamm GRUR 1967, 153, 155 – *Deutsche Bauzeitschrift*; OLG Frankfurt UFITA 59 (1071), 306, 309 – *Taschenbuch für Wehrfragen*; GRUR 1967, 151, 152 – *Archiv*; GRUR 1986, 242, 243 – *Gesetzessammlung*; GRUR 1993, 665, 666 – *Jahrbuch für Architektur*; ausführlich *Schricker* VerlagsR³ § 41 Rn. 13 ff.; Loewenheim/ *Nordemann-Schiffel* § 67 Rn. 50 ff.). Dabei kommt es auf die tatsächlichen Verhältnisse, nicht hingegen darauf an, wie der Unternehmer z.B. im Impressum bezeichnet wird (BGH GRUR 1955, 199, 200 f. – *Sport-Wette*; OLG Nürnberg GRUR 2002, 607, 608 – *Stufenaufklärung nach Weissauer*).

6 Ist der Verlag nicht gleichzeitig Herr des Unternehmens, wird in der Regel der Herausgeber-Inhaber die Rechte unmittelbar von dem Urheber erwerben und dem Verlag die erforderlichen Vervielfältigungs- und Verbreitungsrechte verschaffen. Erwirbt in diesen Fällen der Verlag die Rechte direkt von dem Urheber, so muss er nach Ende des Verlagsvertrages mit dem Herausgeber-Inhaber diesem die Nutzungsrechte soweit wie möglich übertragen (Vorauflage/*Hertin*⁹ Rn. 3). Ist umgekehrt der Verlag als Herr des Unternehmens anzusehen, jedoch nicht gleichzeitig Herausgeber, so erwirbt der Herausgeber, falls er mit dem Urheber abschließt, entweder von vornherein für den Verlag, d.h. als dessen Vertreter, die Nutzungsrechte oder ist jedenfalls verpflichtet, dem Verlag die Rechte weiterzuübertragen. Im Falle einer Trennung von Herausgeber und Verlag stehen die **Rechte am Titel** des Sammelwerks bei Fehlen einer ausdrücklichen Regelung in den Verträgen dem Herrn des Unternehmens zu, auf dessen Bestimmung es deshalb besonders ankommt. Ohnehin ist es jedoch empfehlenswert, bereits in den Herausgebervertrag eine eindeutige Regelung über die Titelrechte aufzunehmen.

7 Ist die Sammlung über die enthaltenen Einzelbeiträge hinaus als Sammelwerk (§ 4) geschützt, muss der Verlag außerdem von dem Urheber des Sammelwerks – häufig dem Herausgeber – die entsprechenden Nutzungsrechte erwerben. Auf die Beziehungen zwischen dem Urheber des Sammelwerks und dem Verlag ist § 38 nicht anwendbar; es bleibt vielmehr bei den allgemeinen Auslegungsregeln des UrhG, vor allem der Zweckübertragungslehre, und des Verlagsrechts (zum Herausgebervertrag vgl. § 41 VerlG Rn. 9 ff.; *Schricker* VerlagsR³ § 42 /§ 38 UrhG Rn. 13 ff.).

8 c) **Internationales Recht, EU-Recht, IPR:** Die für das Urheberrecht relevanten internationalen Abkommen (vgl. Vor §§ 120 ff. Rn. 4 ff.) enthalten keine speziellen Regeln für den Anwendungsbereich des § 38. Auch europarechtliche Vorgaben gibt es hier nicht. Kollisionsrechtlich ist § 38 anwendbar, wenn der der Rechtseinräumung zugrunde liegende Vertrag deutschem Recht unterliegt (vgl. Vor §§ 120 ff. Rn. 80 ff.).

II. Tatbestand

1. Abs. 1

9 a) **Periodisch erscheinende Sammlung:** Die periodisch erscheinenden Sammlungen des § 38 Abs. 1 meinen Zeitschriften, Almanache, Jahrbücher, Kalender u.Ä. Die in Rede stehende Sammlung muss nach ganz h.M. mehrere Werke (wohl mindestens drei; Schricker/*Schricker*² Rn. 8) von mindestens zwei Urhebern enthalten (Dreier/Schulze/*Schulze*² Rn. 8). Die Einräumung von Nutzungsrechten an den gesammelten Werken oder einer Gesamtausgabe eines einzigen Urhebers wird mithin nach den allgemeinen Regeln ausgelegt (*Schri-*

cker VerlagsR[3] § 3/§ 38 UrhG Rn. 2 f.; a.A. *Haberstumpf/Hintermeier* § 27 I 1). Die Sammlung kann Werke verschiedener oder nur einer einzigen Werkgattung enthalten und muss nicht als solche urheberrechtlich geschützt sein (Schricker/*Schricker*[3] Rn. 8; Dreier/Schulze/*Schulze*[2] Rn. 7); sie muss allerdings, damit man überhaupt zu § 38 gelangt, mit dem in Rede stehenden Beitrag mindestens ein urheberrechtlich geschütztes Werk enthalten.

Die einzelnen Bände der Sammlung müssen darüber hinaus einen engen **10** äußeren Zusammenhang aufweisen (Schricker/*Schricker*[3] Rn. 8; Dreier/Schulze/*Schulze*[2] Rn. 9) und die veröffentlichten Einzelwerke eigens für die Sammlung geschaffen oder eigens für diese dem Verlag überlassen worden sein (Schricker/*Schricker*[3] Rn. 8). Keine periodischen Sammlungen in diesem Sinne sind deshalb Schriftenreihen, Fortsetzungsreihen und sonstige Reihenwerke, wenn keine enger Zusammenhang, sondern allenfalls ein übergeordnetes gemeinsames Thema vorhanden ist (wie z.B. bei einer Schriftenreihe zum Urheberrecht; Dreier/Schulze/*Schulze*[2] Rn. 9; etwas anders Wandtke/Bullinger/ *Wandtke/Grunert*[3] § 38 Rn. 7 a.E.). Die einzelnen Bände der Sammlung müssen außerdem in sich geschlossen sein, d.h. unabhängig voneinander Bestand haben, so dass z.B. Lieferungs- oder Fortsetzungswerke, bei denen ein Gesamtwerk aus technischen oder wirtschaftlichen Gründen in einzelnen Bänden oder in Fortsetzungen erscheint, nicht zu den periodisch erscheinenden Sammlungen zählen (Schricker/*Schricker*[3] Rn. 9).

Periodisch sind Sammlungen, die darauf angelegt sind, regelmäßig oder un- **11** regelmäßig, jedoch fortlaufend zu erscheinen. Auch ein lediglich jährlich oder in größeren Abständen erscheinender Almanach kann mithin noch zu den periodisch erscheinenden Sammlungen zählen. Nicht hierher – allerdings unter Umständen unter Abs. 2 – gehören von vornherein begrenzte, einmalige Sammlungen wie Festschriften, Lexika oder in mehreren Bänden veröffentliche Großkommentare (Schricker/*Schricker*[3] Rn. 11). Bei Datenbanken mit regelmäßigen Updates z.B. in Form einer CD-Rom wird danach unterschieden, ob ihr Bestand fortlaufend ergänzt (dann spricht einiges für eine periodisch erscheinende Sammlung) oder lediglich aktualisiert, also ähnlich einer Neuauflage auf den neuesten Stand gebracht wird (dann keine periodisch erscheinende Sammlung; s. Dreier/Schulze/*Schulze*[2] Rn. 10). Erscheint eine CD-Rom parallel oder als Ergänzung zu einem Printprodukt wie einer Zeitschrift oder einem Lehrbuch, sind Printprodukt und CD-Rom unabhängig voneinander nach den oben erläuterten Kriterien zu beurteilen. Zu Onlinesammlungen vgl. Rn. 2.

b) Abs. 1 Satz 1: Im Zweifel ausschließliches Recht: § 38 kommt als Aus- **12** legungsregel erst dann zum Einsatz, wenn der Urheber die Aufnahme seines Werkes in die Sammlung überhaupt gestattet hat. Ob dies der Fall ist, ist nach den allgemeinen Auslegungsregeln, vor allem den Grundsätzen der Zweckübertragungslehre, zu entscheiden (Schricker/*Schricker*[3] Rn. 15 f.; Dreier/ Schulze/*Schulze*[2] Rn. 12). Auch im Folgenden wird bei Fehlen einer eindeutigen Abrede zunächst nach den allgemeinen Auslegungsgrundsätzen – insbesondere dem Vertragszweck – geprüft, in welchem Umfang der Urheber dem Verwerter Nutzungsrechte eingeräumt hat. Sendet z.B. ein Journalist unaufgefordert und ohne weitere Erläuterung einer Zeitschrift einen Beitrag, so räumt er damit in aller Regel stillschweigend ein Abdruckrecht ein. Bei Aufsätzen u.Ä. wird in der Druckfertigerklärung, die der Urheber unterzeichnet, häufig ein ausschließliches Nutzungsrecht eingeräumt (OLG Köln GRUR 2000, 414, 416 – *GRUR/GRUR Int.*). Bei angestellten Urhebern oder bestellten Beiträgen kann man häufig von einem unbefristeten ausschließlichen

Nutzungsrecht ausgehen, wenn ausdrücklich oder nach den Umständen nichts anderes vereinbart ist. Nach den **tarifvertraglichen Regelungen** (§ 12 MTV-Zeitschriften) räumen die gebundenen Wort- bzw. Bildjournalisten dem Verlag grundsätzlich ausschließliche, räumlich, zeitlich und inhaltlich uneingeschränkte Nutzungsrechte, und zwar sowohl für körperliche als auch unkörperliche Nutzungsarten, ein.

13 Erst wenn nach der Auslegung noch Zweifel verbleiben, wird nach der Auslegungsregel des Abs. 1 Satz 1 vermutet, dass der Herausgeber bzw. Verleger ein ausschließliches Recht zur Vervielfältigung und Verbreitung bzw. – nach der hier vertretenen Auffassung – öffentlichen Zugänglichmachung erwirbt (zum Erwerber der Nutzungsrechte vgl. Rn. 5 f.). Der Herausgeber bzw. Verleger darf in der Regel auch in unveränderter Form und in derselben Nutzungsart nachdrucken, da es sich dabei nicht um eine Neuauflage i.S.d. § 5 VerlG handelt (h.M., s. Vorauflage/*Hertin*[9] Rn. 3 a.E.; Dreier/Schulze/*Schulze*[2] Rn. 16).

14 c) **Abs. 1 Satz 2: Im Zweifel Begrenzung der Ausschließlichkeit auf ein Jahr:** Ist nichts abweichendes vereinbart, was wiederum zunächst nach allgemeinen Auslegungsgrundsätzen zu prüfen ist, darf der Urheber seinen Beitrag nach Ablauf eines Jahres seit Erscheinen anderweit vervielfältigen, verbreiten oder öffentlich zugänglich machen (vgl. Rn. 2). Bei in Fortsetzungen veröffentlichten Werken beginnt diese Frist erst mit Erscheinen des letzten Teils zu laufen. Dem Verleger bzw. Herausgeber verbleibt jedoch im Zweifel ein einfaches Nutzungsrecht. Er darf mithin zwar z.B. Dritten keine Abdruckrechte mehr einräumen, selbst jedoch weiterhin nachdrucken.

2.   Abs. 2: Nicht periodisch erscheinende Sammlung

15 Auch einen Beitrag zu einer einmalig erscheinenden oder von vornherein klar begrenzten Sammlung darf der Urheber im Zweifel mit Ablauf eines Jahres seit Erscheinen anderweit verwerten, wenn er für die Überlassung des Beitrags keine (echte, nicht nur symbolische oder scheinbare) Vergütung verlangen kann. Unter die nicht periodisch erscheinenden Sammlungen fallen z.B. Festschriften und in sich geschlossene Werke, die aus technischen oder wirtschaftlichen Gründen in Einzel- oder Teillieferungen veröffentlicht werden (Lexika, Enzyklopädien usw.; RGZ 112, 2, 4 – *Brehms Tierleben*). Da diese Fälle dem normalen Buchverlag deutlich näher stehen als den Notwendigkeiten z.B. im Zeitschriftenverlag, gelten für die Bestimmung des Umfangs der eingeräumten Rechte die allgemeinen Vorschriften; im Verlagsbereich erwirbt der Unternehmer mithin in aller Regel ausschließliche Vervielfältigungs- und Verbreitungsrechte, § 8 VerlG (Dreier/Schulze/*Schulze*[2] Rn. 17). Auch ein ausschließliches Nutzungsrecht wird allerdings mangels anderer Vereinbarung mit Jahresfrist wiederum zu einem einfachen, § 38 Abs. 2 i.V.m. Abs. 1 Satz 2.
Steht dem Urheber für die Überlassung seines Beitrags eine Vergütung zu, gelten insgesamt die allgemeinen Vorschriften, so dass die Ausschließlichkeit der eingeräumten Nutzungsrechte grundsätzlich nicht auf ein Jahr beschränkt ist (Schricker/*Schricker*[3] Rn. 6; Dreier/Schulze/*Schulze*[2] Rn. 19). Zur Beweislast vgl. Rn. 19 f.

3.   Abs. 3

16 a) **Einfaches bzw. zeitlich begrenztes ausschließliches Recht:** Überlässt der Urheber einer Zeitung einen Beitrag, erwirbt der Unternehmer lediglich ein einfaches Nutzungsrecht, wenn nichts anderes vereinbart ist (Abs. 3 Satz 1); der Urheber kann also seinen Beitrag mehreren Zeitungen anbieten, die parallel abdrucken können. Ist ein ausschließliches Recht eingeräumt worden, gilt die Ausschließlichkeit im Zweifel nur bis zum Erscheinen (§ 6 Abs. 2) des Beitrags, so dass der Verlag nur einen Vor- oder einen zeitgleichen Abdruck in einer anderer Zeitung verbieten kann. Unmittelbar nach Erscheinen darf der Urheber in diesen Fällen seinen Beitrag selbst anderweit verwerten, wenn keine andere Vereinbarung besteht, Abs. 3 Satz 2. Der Unternehmer behält wiederum ein einfaches Recht. Erscheint der Beitrag in mehreren, nicht eigenständig verwertbaren Folgen, gilt er erst mit Veröffentlichung der letzten Folge als erschienen (allg.A.; statt aller Schricker/*Schricker*³ Rn. 21). Nach den tarifvertraglichen Regelungen des § 18 MTV-Zeitungen räumen die gebundenen Wort- bzw. Bildjournalisten dem Verlag grundsätzlich ausschließliche, räumlich, zeitlich und inhaltlich uneingeschränkte Nutzungsrechte ein, und zwar sowohl für körperliche als auch unkörperliche Nutzungsarten. Dies ist in vielen Fällen auch bei nichttarifgebundenen, festangestellten Journalisten anzunehmen. § 13 des Tarifvertrags für arbeitnehmerähnliche freie Journalisten an Tageszeitungen verweist hingegen auf die Regelung des § 38 Abs. 3 (näher Loewenheim/*Nordemann-Schiffel* Rn. 4 ff., 24 ff., jew. m.w.N.; zu Online- und Digitalisierungsrechten sowie Bildarchiven vgl. Rn. 2, 21).

b) Zeitung: Die Regelung des Abs. 3 ist durch die besondere Interessenlage bei **17** Zeitungen gerechtfertigt: Zeitungen sollen vor allem Tagesneuigkeiten vermitteln, d.h. aktuelle Berichterstattung zu Politik, Wirtschaft, Kultur, Sport usw. liefern. Sie erscheinen deshalb in kurzen zeitlichen Abständen und können eine lokale, regionale, nationale oder internationale (z.B. *International Herald Tribune*) Leserschaft ansprechen. Aufgrund ihres kurzen Erscheinungsrhythmus bedeutet für eine Zeitung das Erscheinen eines ihrer Beiträge einen Tag oder eine Ausgabe später in einer anderen Zeitung, die zudem möglicherweise ein ganz anderes geographisches Verbreitungsgebiet hat, regelmäßig keine ernsthafte Konkurrenz. Zeitungsverlage werden deshalb in aller Regel vor allem daran interessiert sein, einen Text oder ein Bild als erste, d.h. nicht nach oder zeitgleich mit anderen Zeitungen abzudrucken. Dies gilt umgekehrt auch für den Urheber: Er wird in den meisten Fällen überhaupt nur dann eine Chance auf eine zweite Verwertung eines tagesaktuellen Beitrages haben, wenn dies so rasch wie möglich nach der ersten erfolgen kann. Diese Interessenlage ist allerdings bei Nachrichtenmagazinen und Wochenzeitungen wie dem *Spiegel* oder der *Zeit* so nicht gegeben. Vielmehr haben diese bereits aufgrund ihres längeren Erscheinungszyklus durchaus ein Interesse daran, dass der Autor eines Text- oder Bildbeitrags diesen nicht nach Abs. 3 unmittelbar nach Erscheinen des *SPIEGEL* am Montag der am Donnerstag veröffentlichten *Zeit* anbieten darf. Zeitung i.S.d. des Abs. 3 kann mithin nur eine Tageszeitung sein (*Melichar* ZUM 1988, 14, 18; Wandtke/Bullinger/*Wandtke/Grunert*³ § 38 Rn. 12; a.A. Schricker/*Schricker*³ Rn. 12 f.; Dreier/Schulze/*Schulze*² Rn. 21; Löffler/*Löffler* BT UrhR Rn. 144; Möhring/Nicolini/*Spautz*² § 38 Rn. 8; anders im Rahmen des § 49 Abs. 1 Satz 1 BGH GRUR 2005, 670, 672 f. – *Wirtschafts*Woche).

Für Tagesjournalismus im Fernsehen ist, soweit nicht ohnehin tarifvertragliche **18** Regelungen einschlägig sind, § 38 jedenfalls entsprechend heranzuziehen. Zwar sieht die Vorschrift unkörperliche Verwertungen eigentlich nicht vor. Die Verweisungen in §§ 79 Abs. 2, 81, 85 Abs. 2, 87 Abs. 2 und 94 Abs. 2 sprechen jedoch für eine zumindest entsprechende Anwendung, zumal die

Interessenlage durchaus vergleichbar ist (ähnlich Dreier/Schulze/*Schulze*[2] Rn. 24).

III. Prozessuales

19 Im Rahmen des **Abs. 1 Satz 1** muss der Urheber ggf. darlegen und beweisen, dass der Herausgeber/Verleger nur ein einfaches Recht erworben hat. Umgekehrt muss innerhalb des **Abs. 1 Satz 2** der Unternehmer nachweisen, dass das ausschließliche Nutzungsrecht über die Jahresfrist hinaus fortbesteht, mit dem Urheber also eine dessen eigener Verwertung entgegenstehende Vereinbarung getroffen wurde.

20 Die Beweislast für die Vereinbarung eines ausschließlichen Nutzungsrechts trägt im Rahmen des **Abs. 3 Satz 1** der Verleger/Herausgeber. Ebenfalls der Verwerter muss bei Abs. 3 Satz 2 beweisen, dass der Urheber nach dem vertraglich Vereinbarten nicht berechtigt sein soll, seinen Beitrag unmittelbar nach Erscheinen anderweitig zu verwerten.

IV. Verhältnis zu anderen Vorschriften

1. § 43 UrhG

21 Urheber, die im Rahmen eines Arbeitsverhältnisses Beiträge liefern, räumen in der Regel aufgrund des Vertragszwecks auch dann ihrem Arbeitgeber ausschließliche Rechte ein, wenn sie für eine Zeitung tätig sind, § 43; sie werden außerdem jedenfalls seit Bekanntheit digitaler, elektronischer und der Nutzungsmöglichkeiten im bzw. über das Internet (seit ca. 1994) dem Verwerter regelmäßig auch diese Nutzungsrechte einräumen (vgl. § 43 Rn. 30 f.; Schricker/*Schricker*[3] Rn. 16; Loewenheim/*Nordemann-Schiffel* § 67 Rn. 18, 46 m.w.N.; s. auch LG Berlin ZUM 2000, 73 ff.; zu Vergütungsansprüchen in diesen Fällen vgl. § 43 Rn. 58 ff. und LG Berlin, Urteil vom 5.7.2007, 16 O 106/07). Kauft ein Verlag ein Bild ausdrücklich oder nach den Umständen für sein Archiv an, räumt der Urheber nach dem Vertragszweck in der Regel zeitlich uneingeschränkte Rechte zur beliebig häufigen Verwertung ein (näher Loewenheim/*Nordemann-Schiffel* Rn. 46).

2. Tarifverträge

22 Darüber hinaus wird § 38 im Pressebereich häufig durch tarifvertragliche Regelungen, an die nach wie vor zahlreiche Journalisten und Presseunternehmen gebunden sind, überlagert. Die wichtigsten Tarifverträge für fest angestellte Urheber sind der Manteltarifvertrag für Redakteurinnen und Redakteure an Tageszeitungen in der seit 01.01.2003 gültigen Fassung (MTV-Zeitungen; abrufbar unter http://www.djv.de/tarifvertraege/shtml) und der Manteltarifvertrag für Journalistinnen und Journalisten an Zeitschriften in der seit 01.01.1998 gültigen Fassung (MTV-Zeitschiften; abrufbar unter http://www.djv.de/tarifvertraege/shtml; ausführlich Loewenheim/*Nordemann-Schiffel* Rn. 3 ff. m.w.N.). Für hauptberuflich tätige freie, arbeitnehmerähnliche Journalisten gilt der Tarifvertrag für arbeitnehmerähnliche freie Journalisten und Journalistinnen in der seit 01.08.2003 gültigen Fassung (abrufbar unter http://www.djv.de/tarifvertraege/shtml; ausführlich zur vorhergehenden Fassung Loewenheim/*Nordemann-Schiffel* Rn. 23 ff. m.w.N.). Die Tarifverträge für Redaktionsvolontäre an Zeitungen bzw. Zeitschriften in der jeweils seit 01.01.1990 geltenden Fassung verweisen für die urheberrechtlichen Regelungen auf die jeweils gültigen Manteltarifverträge für fest angestellte Journalisten.

§ 39 Änderungen des Werkes

(1) Der Inhaber eines Nutzungsrechts darf das Werk, dessen Titel oder Urheberbezeichnung (§ 10 Abs. 1) nicht ändern, wenn nichts anderes vereinbart ist.

(2) Änderungen des Werkes und seines Titels, zu denen der Urheber seine Einwilligung nach Treu und Glauben nicht versagen kann, sind zulässig.

Übersicht

I. Allgemeines

1. Bedeutung, Sinn und Zweck der Norm, systematische Stellung im Gesetz

Das Änderungsverbot des § 39 – weitergehend als das Verbot der Entstellung **1** (§ 14) – ist eine der in der Praxis bedeutsamsten Vorschriften des UrhG. Im Rahmen der Verwertung urheberrechtlich geschützter Werke wird es vielfach gewünscht oder ist es notwendig, Änderungen am Werk, manchmal auch am Titel, vorzunehmen: Bühnenwerke müssen gekürzt, sollen „modernisiert" oder an aktuelle Tagesfragen angepasst werden, Lektoren oder Redakteure passen die an ihre Verlage eingesandten Romane oder Artikel sprachlich an oder kürzen sie, Fotografien müssen beschnitten oder können nur in schwarz/weiß veröffentlicht werden. Insoweit stellt § 39 den Grundsatz auf, dass alle **Änderungen am Werk** und seinem Titel sowie an der Urheberbezeichnung **unzulässig** sind. Das UrhG geht insoweit davon aus, dass es das souveräne

Recht des Urhebers ist, Form und Inhalt seines Werkes selbst zu bestimmen
(vgl. Vor §§ 12 Rn. 1). Nur ausnahmsweise kann von diesem Grundsatz abgewichen werden: Entweder im Wege der anderweitigen Vereinbarung (vgl.
Rn. 15 ff.) oder wenn der Urheber die Einwilligung zur Änderung nach Treu
und Glauben nicht würde versagen können (vgl. Rn. 20 ff.).

2 Im Urheberrecht herrscht zugunsten des Urhebers grundsätzlich ein **Änderungsverbot**. Nach der Rechtsprechung des BGH beruht dieses Änderungsverbot zwar nicht auf § 39, sondern werde vom UrhG stillschweigend als
selbstverständlich in dem Sinne vorausgesetzt, dass aus dem Wesen und Inhalt
des Urheberrechts folge, dass sowohl der Nutzungsberechtigte als auch der
Eigentümer des Werkoriginals grundsätzlich keine in das fremde Urheberrecht
eingreifenden Änderungen an dem ihm gehörenden Original vornehmen dürften (BGH GRUR 1982, 107, 109 – *Kirchen-Innenraumgestaltung*; BGH
GRUR 1974, 675, 676 – *Schulerweiterung*). Indessen ergibt sich das grundsätzlich im Urheberrecht bestehende Änderungsverbot aus dem **Gesamtkontext der änderungsrechtlichen Bestimmungen des UrhG**: Die urheberpersönlichkeitsrechtliche Vorschrift des § 14 schützt den Urheber vor Entstellungen
oder anderen Beeinträchtigungen seines Werkes, die geeignet sind, seine berechtigten geistigen oder persönlichen Interessen am Werk zu gefährden,
§ 23 gewährt dem Urheber das ausschließliche Recht, die Veröffentlichung
und die Verwertung, teilweise auch schon die Herstellung, von Bearbeitungen
oder anderen Umgestaltungen seines Werkes zu gestatten, schließlich regelt
§ 39, dass der Inhaber des Nutzungsrechtes das Werk, dessen Titel oder die
Urheberbezeichnung nicht verändern darf. Da bereits das ausschließliche
Bearbeitungsrecht des § 23 jegliche Änderungen am Werk erfasst – unter
den Begriff der Umgestaltung fallen alle zwischen der Vervielfältigung (§ 16)
und der Bearbeitung (§ 3) liegenden nicht-schöpferischen Änderungen des
Werkes (vgl. §§ 23/24 Rn. 10) – und § 14 und § 23 parallel laufen – eine
Entstellung kann durch Umgestaltung oder Bearbeitung erfolgen, nicht aber
durch freie Benutzung (vgl. §§ 23/24 Rn. 4) – handelt es sich bei § 39 nicht um
ein eigenständiges Verbotsrecht des Urhebers (anders noch die Vorauflage
Rn. 1), sondern um eine bloße **Auslegungsregel** der vertraglich eingeräumten
(§ 31) oder Kraft Gesetzes (§§ 44a–60) bestehenden Nutzungsbefugnis. Abs. 2
ergänzt die Auslegungsregel des Abs. 1 um eine **Zustimmungsfiktion**: Die
Erlaubnis des Urhebers, die gem. § 23 an sich notwendig ist, wird für die Fälle
fingiert, in denen der Urheber seine Einwilligung nach Treu und Glauben nicht
versagen kann.

3 § 39 schützt die **Werkintegrität**, d.h. das Interesse des Urhebers, sein Werk
zusammen mit dem Titel und der Urheberbezeichnung unverändert, also in der
Gestalt, die er dem Werk gegeben hat, verwertet zu sehen (BGH GRUR 1982,
107, 109 – *Kirchen-Innenraumgestaltung*; BGH GRUR 1971, 35, 37 – *Maske
in Blau*). Die Vorschrift betrifft damit nur die **Verwertung der Originalfassung**
des Werkes und die Zulässigkeit von Änderungen, die an ihr vorgenommen
werden. Sie gilt nicht für die Verwertung (und Herstellung) von Bearbeitungsfassungen wie etwa Übersetzungen, Dramatisierungen oder Verfilmungen.
Soweit nach § 23 S. 1 die Herstellung der Bearbeitung nicht der Zustimmung
des Urhebers des Originalwerks unterliegt, kann dies durch den Schutz der
Integrität des Werkoriginals vor Veränderungen über § 39 nur für die Herstellung von Bearbeitungsfassungen des Werkes gelten; soweit die Herstellung
der Bearbeitung mit einer Veränderung des Werkoriginals einhergeht, steht
dem § 39 entgegen (vgl. auch §§ 23/24 Rn. 3). Für die Einräumung des Be-

arbeitsrechtes ist die Auslegungsregel des § 37 Abs. 1 einschlägig. Vgl. i.Ü. zum Verhältnis zu anderen Vorschriften Rn. 7 f.

2. Früheres Recht

§ 39 geht fast wörtlich auf die §§ 9 LUG und 12 KUG zurück; § 9 Abs. 1 LUG **4** stellte allerdings noch klar, dass insbesondere Zusätze und Kürzungen nicht vorgenommen werden durften, was aber ohnehin vom allgemeinen Änderungsbegriff umfasst ist (Begr. zum RegE UrhG BT-Drucks. IV/270, S. 59). Die Zulässigkeit der Vornahme von Änderungen nach Treu und Glauben hat in § 39 Abs. 2 im Vergleich zu §§ 9 Abs. 2 LUG und 12 Abs. 2 KUG allerdings eine durchaus maßgebliche Änderung gebracht: Während sich §§ 9 Abs. 2 LUG und 12 Abs. 2 KUG auf Änderungen des Werkes, des Titels und der Urheberbezeichnung bezogen, erwähnt § 39 Abs. 2 nur noch das Werk und den Titel, aber nicht die Urheberbezeichnung; Änderungen an der Urheberbezeichnung sind deshalb, sofern über sie keine vertragliche Einigung gem. § 39 Abs. 1 erzielt wurde, grundsätzlich nie nach Treu und Glauben gem. § 39 Abs. 2 zulässig (vgl. Rn. 21 und die Begr. zum RegE UrhG BT-Drucks. IV/ 270, S. 59).

3. EU-Richtlinien

EU-Richtlinien haben bislang urhebervertragsrechtliche Vorschriften nur ganz **5** punktuell enthalten (vgl. Vor §§ 31 ff. Rn. 24 und Walter/*v. Lewinski* Stand der Harmonisierung Rn. 75). Änderungsrechtliche Vorschriften enthalten jeweils indirekt Art. 4 lit. b Software-RL und Art. 5 lit. b Datenbank-RL dadurch, dass sie dem Urheber das Recht vorbehalten, die Bearbeitung, das Arrangement und andere Umarbeitungen zu gestatten oder zu verbieten, worin zumindest dem Ansatz nach ein Änderungsverbot liegt (Walter/*Walter* Stand der Harmonisierung Rn. 98). Korrespondierend zu § 39 Abs. 2 enthalten Art. 5 Abs. 1 Software-RL und Art. 6 Abs. 1 Datenbank-RL Vorschriften, die auch die Änderung einer Software oder einer Datenbank ohne Zustimmung des Rechtsinhabers gestatten, wenn dies für die bestimmungsgemäße Benutzung des Computerprogramms einschließlich der Fehlerberichtigung (Art. 5 Abs. 1 Software-RL) oder für den Zugang zum Inhalt der Datenbank und deren normale Benutzung (Art. 6 Abs. 1 Datenbank-RL) erforderlich ist. In beiden Fällen würde man sicherlich auch über Treu und Glauben nach § 39 Abs. 2 zu einem entsprechenden Ergebnis gelangen. Vgl. im Übrigen §§ 23/24 Rn. 6.

4. Internationale Konventionen

Die internationalen urheberrechtlichen Konventionen enthalten keine Bestim- **6** mungen über das Urhebervertragsrecht (vgl. Vor §§ 31 ff. Rn. 26). Ein Änderungsverbot folgt insoweit allerdings aus dem Bearbeitungsrecht; vgl. im Einzelnen §§ 23/24 Rn. 7.

5. Verhältnis zu anderen Vorschriften

Zum Verhältnis zu §§ **23 und 3** vgl. zunächst Rn. 2. § 39 gilt nicht nur im **7** Rahmen der vertraglichen Beziehung des Urhebers zum Werknutzer, sondern über § 62 Abs. 1 S. 2 auch im Rahmen solcher Werknutzungen, die aufgrund der Schrankenbestimmungen der §§ 44a–60 erlaubt sind. § 14 schließlich beschränkt sich auf Entstellungen und Beeinträchtigungen, die den persönlichkeitsrechtlichen Bereich betreffen (vgl. § 14 Rn. 1). §§ 39 und 14 stehen selbständig neben einander: Während § 14 als Bestandteil des Urheberpersönlichkeitsrechts dem Urheber vorbehält, sich gegen Entstellungen oder andere Beeinträchtigungen seines Werkes zu wehren, die seine berechtigten geistigen oder persönlichen Interessen am Werk zu gefährden geeignet sind, was auch in der Form der Werkwiedergabe und der Werknutzung liegen kann – das Werk kann also auch dann entstellt sein, wenn es an sich unverändert ist –, betrifft § 39 die urhebervertragsrechtliche Zulässigkeit von Änderungen des Werkes, seines Titels oder der Urheberbezeichnung und erlaubt Änderungen des Werkes und seines Titels unter Berücksichtigung der Grundsätze von Treu und Glauben; § 39 schützt die Werkintegrität und setzt voraus, dass das Werk selbst geändert wurde (BGH GRUR 1982, 107, 109 – *Kirchen-Innenraumgestaltung*; HK/ *Dreier* § 14 Rn. 7; a.A. Dreier/Schulze/*Schulze*[2] Rn. 3; Schricker/*Dietz*[3] Rn. 1). Allerdings ist nicht zu verkennen, dass § 14 in seinem Kern die Grenze für § 39 bildet: Einerseits kann eine vertragliche Einräumung des Änderungs- und Bearbeitungsrechts nicht weiter gehen, als es der unverzichtbare Kern von § 14 erlaubt (vgl. § 14 Rn. 23, 52 und § 31 Rn. 1, 106, 127, 190). Andererseits findet die Zustimmungsfiktion nach § 39 Abs. 2 ihre natürliche Grenze in § 14; wo die Änderung so weit geht, dass darin eine Entstellung liegt, kann niemals der Urheber nach Treu und Glauben verpflichtet sein, sie hinzunehmen (vgl. a. Rn. 24).

8 Die Vorschriften der §§ 14, 23 und 39, aus denen das grundsätzlich im Urheberrecht bestehende Änderungsverbot zugunsten des Urhebers folgt (Rn. 2), werden ergänzt durch eine Reihe von vertragsauslegenden Vorschriften: **§ 37 Abs. 1** bestimmt zunächst, dass im Falle der Nutzungsrechtseinräumung das Bearbeitungsrecht im Zweifel nicht mit eingeräumt wird; während § 39 also vor allem solche Fälle treffen soll, in denen eigentlich eine unveränderte Verwertung des Werkes beabsichtigt ist (Rn. 3), betrifft § 37 Abs. 1 die Veröffentlichung und Verwertung bearbeiteter Fassungen des Werkes. § 88 Abs. 1 ist für den Bereich der Verfilmung vorbestehender Werke und § 89 Abs. 1 für die Mitwirkung an der Herstellung eines Filmwerkes *lex specialis* zu § 39; der Filmhersteller erwirbt mithin im Zweifel auch das Änderungsrecht (vgl. § 88 Rn. 11, 50 ff. und § 89 Rn. 1, 30, 34), das allerdings nur bis zur Grenze der gröblichen Entstellung oder gröblichen Beeinträchtigung reicht (§ 93 Abs. 1; vgl. dort Rn. 1, 8).

II. Tatbestand

1. Änderung des Werkes

9 Unter einer Änderung im Sinne von § 39 sind alle **Substanzveränderungen am Werk** zu verstehen, die über die bloße Vervielfältigung des Werkes hinausgehen, also jede nicht-schöpferische Umgestaltung, erst recht aber die (schöpferische) Bearbeitung (vgl. §§ 23/24 Rn. 8 ff.). Wird das Werk selbst nicht verändert, sondern die Werkintegrität gewahrt, ihm aber etwas hinzugefügt – ein Gemälde wird durch die Art und Weise der Bemalung des Rahmens dadurch quasi „fortgesetzt" – greifen deshalb weder § 39 noch § 23 ein (**a.A.** zu § 23 BGH GRUR 2002, 532, 534 – *Unikatrahmen*); da aber § 14 den Urheber auch gegen Entstellungen, die sich aus der Form und der Art der Werkwiedergabe und –nutzung ergeben, schützt, greift in solchen Fällen das urheberpersönlichkeitsrechtliche Entstellungsverbot aus § 14 ein, sofern die berechtigten geistigen oder persönlichen Interessen des Urhebers am Werk gefährdet werden (vgl. §§ 23/ 24 Rn. 7 und BGH GRUR 2002, 532, 534 – *Unikatrahmen*; BGH GRUR 1982, 107, 109 – *Kirchen-Innenraumgestaltung*).

2. Inhaber des Nutzungsrechts – Nutzer aufgrund Schrankenbestimmung

§ 39 gilt nach seinem klaren Wortlaut zunächst nur für den **Inhaber des** **10** **Nutzungsrechts**; das ist derjenige, der von dem Urheber gem. § 31 Nutzungsrechte am Werk erworben hat; ferner auch derjenige, der Rechte von dem ursprünglichen Nutzungsrechtsinhaber ableitet, also beispielsweise der Inhaber eines einfachen Nutzungsrechtes, das ihm von dem Inhaber eines ausschließlichen Nutzungsrechtes eingeräumt worden ist (§ 35 Abs. 1 S. 1) oder derjenige, dem ein Nutzungsrecht übertragen wurde (§ 34 Abs. 1 S. 1). Darüber hinaus gilt § 39 durch die Verweisung aus § 62 Abs. 1 S. 2 auch für diejenigen, die Nutzungshandlungen am Werk auf der Grundlage der **Schrankenbestimmungen** der §§ 44a – 60 vornehmen. § 39 gilt **nicht für den Urheberrechtsverletzer**. Das folgt allerdings schon aus § 23, weil die Verwertung von Änderungen des Werkes, gegebenenfalls bereits auch die Herstellung der Änderung, ohnehin dem ausschließlichen Änderungsrecht des Urhebers unterliegen (vgl. § 23 Rn. 2). Die Beschränkung der Anwendbarkeit von § 39 auf den Inhaber des Nutzungsrechtes und diejenigen Nutzer, die von einer Schrankenbestimmung Gebrauch machen, bedeutet aber zugleich, dass sich der **Urheberrechtsverletzer** auch **nicht darauf berufen** kann, zu einer von ihm vorgenommenen Änderung des Werkes oder seines Titels hätte der Urheber seine Einwilligung nach Treu und Glauben nicht versagen dürfen (§ 39 Abs. 2).

3. Werk

Soweit in § 39 auf den Begriff des Werkes Bezug genommen wird, bedeutet **11** dies zunächst, dass **alle Werke** gem. § 2 sowie auch Bearbeitungen gem. § 3 und schließlich Datenbankwerke gem. § 4 vom Änderungsverbot umfasst sind. § 39 gilt damit auch für Computerprogramme, soweit nicht die §§ 69a ff. Sonderbestimmungen enthalten wie dies beispielsweise in § 69b Abs. 1 der Fall ist (vgl. dort Rn. 5 ff.). Im Bereich der Filmwerke bestehen die Sondervorschriften der §§ 88 Abs. 1, 89 Abs. 1 (vgl. dort Rn. 11, 50; 1, 34) mit der Begrenzung durch § 93 Abs. 1 (vgl. dort Rn. 1, 8, 35). Wird nicht das Werk insgesamt, sondern nur ein Teil davon verändert, greift § 39 auch dann ein, wenn der veränderte **Werkteil** nicht für sich separat betrachtet urheberrechtlich geschützt ist (vgl. zum Schutz von Teilen von Werken § 2 Rn. 51 und §§ 23/24 Rn. 46). Denn das Änderungsverbot des Urheberrechts, das in den §§ 23 und 39 niedergelegt ist, schützt die Werkintegrität (BGH GRUR 1982, 607, 609 – *Kirchen-Innenraumgestaltung*); wenn aber der geänderte Werkteil Bestandteil des Werkes bleibt, werden die übrigen, urheberrechtlich geschützten Teile von der Verwertung auch dann tangiert, wenn der geänderte Teil nicht für sich betrachtet geschützt ist.

4. Werktitel

Von systematischer Bedeutung ist, dass der Werktitel, der nur in seltenen **12** Ausnahmefällen ein eigenständiges urheberrechtlich geschütztes Werk oder einen Werkteil darstellt (vgl. § 2 Rn. 53), **ausdrücklich unter** § 39 fällt. Er genießt daher trotz fehlender Werkeigenschaft urheberrechtlichen Teilschutz, in dem er an der durch §§ 23 und 39 geschützten Werkintegrität teilhat (vgl. Rn. 3 und § 2 Rn. 53).

5.   Urheberbezeichnung

13 Die Vorschrift nimmt zunächst § 10 Abs. 1 in Bezug und meint mit Urheberbezeichnung die auf dem Werkstück in der üblichen Weise angebrachte Urheberbezeichnung, die auch aus einem Deck- oder Künstlernamen bestehen kann (vgl. § 10 Rn. 16). § 39 beschränkt das Änderungsverbot aber nicht auf Vervielfältigungsstücke eines erschienenen Werkes oder das Original eines Werkes der bildenden Künste (Gesetzeswortlaut § 10); vielmehr darf auch die Urheberbezeichnung auf **Entwürfen** zu Werken oder Originalen anderer Werkarten, beispielsweise auf Manuskripten, nicht geändert werden (so in richtlinienkonformer Auslegung auch § 10, vgl. dort Rn. 9, 15. Der Urheber soll letztendlich bestimmen können, unter welchem Namen sein Werk verwertet wird oder ob es anonym erscheinen soll (§ 13 S. 2). Es darf also nicht nur die Urheberbezeichnung nicht geändert, sondern bei **anonymen Werken** darf auch keine Urheberbezeichnung hinzugefügt werden (so schon Begr. zum RegE UrhG BT-Drucks. IV/270, S. 59).

14 Eine Änderung der Urheberbezeichnung liegt allerdings nicht schon dann vor, wenn **weitere Urheber** wie beispielsweise Übersetzer oder sonstige Bearbeiter hinzutreten. Würde bei der Übersetzung eines Buches in eine fremde Sprache nur der Original-Autor genannt werden, so ginge jedermann davon aus, dass er auch die Übersetzung angefertigt hat. Es würde zudem die Rechte des Übersetzers nach § 13 berühren; denn auch der Übersetzer, dessen Übersetzung wie ein selbständiges Werk und § 3 geschützt wird, besitzt das Namensnennungsrecht des § 13 S. 2. Auch gegen den Willen des Original-Autors hat deshalb die Nennung des späteren Übersetzers auf den Werkstücken der Übersetzung zu erfolgen. Wer Übersetzungs- oder sonstige Bearbeitungsrechte vergibt, weiß das; er hat damit auch die Nennung des Übersetzers in üblicher Form akzeptiert und vereinbart (vgl. § 13 Rn. 5 ff.). Im Übrigen ist die Verweisung in Abs. 1 auf § 10 Abs. 1 ein Zeichen dafür, dass es dem Gesetzgeber darauf ankam, für Klarheit zu sorgen, wer Urheber ist. § 39 verhindert also nicht die Hinzufügung klarstellender Zusätze bei Änderungen oder anderen Werkfassungen, die die urheberrechtlichen Verhältnisse korrekt wiedergeben. Vgl. auch § 13 Rn. 22 und 26.

6.   Ohne anderweitige Vereinbarung (Abs. 1)

15 § 39 Abs. 1 setzt ein **Regel-Ausnahmeverhältnis** voraus: Im Regelfall besteht ein Änderungsverbot, lediglich dann, wenn eine abweichende Vereinbarung getroffen worden ist, sind Änderungen zulässig. Das entspricht im Grundsatz der Tendenz des Urhebervertragsrechts, dass das Urheberrecht soweit wie möglich beim Urheber zurückbleibt (vgl. § 31 Rn. 1 und BGH GRUR 2002, 248, 251 – *Spiegel-CD-ROM* sowie BGH GRUR 1996, 121, 122 – *pauschale Rechtseinräumung*). Eine **entsprechende Auslegungsregel enthält** § 37 Abs. 1: Räumt der Urheber einem anderen ein Nutzungsrecht am Werk ein, so verbleibt ihm im Zweifel das Recht der Einwilligung zur Veröffentlichung oder Verwertung einer Bearbeitung des Werkes (vgl. § 37 Rn. 12 ff.).

16 Auch für die Einräumung des Änderungsrechts gilt grundsätzlich die Zweckübertragungsbestimmung des § 31 Abs. 5 (vgl. § 31 Rn. 1, 108 ff.), so dass sich die anderweitige Vereinbarung im Sinne von § 39 Abs. 1 bei fehlender ausdrücklicher Vereinbarung auch **stillschweigend** aus dem Vertragszweck ergeben kann (BGH GRUR 1988, 106, 108 – *Oberammergauer Passionsspiele II*; BGH GRUR 1986, 458, 459 – *Oberammergauer Passionsspiele I*; Dreier/Schulze/*Schulze*[2] Rn. 10; differenzierter Schricker/*Dietz*[3] Rn. 11; a.A. noch die Vorauflage Rn. 2). Anders wäre § 39 kaum in Einklang mit § 37 Abs. 1 zu bringen, für den anerkannt ist, dass die Einräumung des unter Umständen viel weiter als eine bloße Änderungsbefugnis gehenden Bearbeitungsrechtes auch stillschweigend auf der Grundlage des Zwecks des Vertrages erfolgen kann (vgl. § 37 Rn. 10). Jedoch darf nicht übersehen werden, dass § 39 Abs. 1 den Urheber von seiner Tendenz her vor Änderungen schützen soll (vgl. Rn. 3) und deshalb die Änderung grundsätzlich verbietet, sofern nichts anderes vereinbart ist. Abweichende Vereinbarungen, die sich über § 31 Abs. 5 stillschweigend aus dem Vertragszweck ergeben sollen, müssen deshalb nach dem Vertragszweck **so deutlich hervortreten**, dass zur Erreichung des Vertragszweckes auch die Änderungsbefugnis erforderlich ist (BGH GRUR 1986, 458, 459 – *Oberammergauer Passionsspiele I*). Dies schließt die **formularmäßige** Einräumung der Änderungsbefugnis aus (so schon die Vorauflage Rn. 2 und Dreier/Schulze/*Schulze*[2] Rn. 11; differenzierter Schricker/*Dietz*[3] Rn. 12).

Im Zusammenhang mit der **Herstellung eines Filmes** wird jedoch das Änderungsrecht grundsätzlich **auch stillschweigend** eingeräumt: Aus § 88 Abs. 1 folgt, dass im Zuge der Einräumung des Verfilmungsrechtes im Zweifel auch das Recht zur Bearbeitung oder Umgestaltung eingeräumt wird (vgl. § 88 Rn. 42, 53); die Mitwirkenden an der Herstellung eines Filmwerkes räumen im Zweifel ebenfalls das ausschließliche Recht ein, das Filmwerk auch in bearbeiteter oder umgestalteter Form zu verwerten (vgl. § 89 Rn. 34 ff.). Das Regel-/Ausnahmeverhältnis des § 39 Abs. 1 kehrt sich durch die §§ 88 und 89, die insoweit als *lex specialis* vorgehen, um. Entsprechend ist in diesen Fällen auch die pauschale Änderungsvereinbarung in Formularverträgen und sonstigen allgemeinen Geschäftsbedingungen zulässig (BGH GRUR 1984, 45, 51 – *Honorarbedingungen: Sendevertrag*; siehe auch Dreier/Schulze/*Schulze*[2] Rn. 11). **17**

Im **Arbeits- oder Dienstverhältnis** ist grundsätzlich der **Betriebszweck vorrangig**; nach ihm richtet sich über §§ 43, 31 Abs. 5 die Nutzungsrechtseinräumung (vgl. § 43 Rn. 30 ff. und 48). Das Änderungsrecht wird deshalb regelmäßig dem Arbeitgeber oder Dienstherrn stillschweigend eingeräumt werden (a.A. die Vorauflage Rn. 2), zumal im Arbeits- oder Dienstverhältnis ohnehin infolge der weitgehenden wirtschaftlichen Absicherung des Urhebers die Interessenwertung verschoben ist (vgl. § 43 Rn. 48). Der Arbeitgeber darf daher regelmäßig das Werk auch ohne Einwilligung des Urhebers mit dem Ziel der Verbesserung für den gedachten Zweck bearbeiten und muss auch Elemente, die Rechte Dritter verletzen könnten (Urheberrechtsverletzungen, Persönlichkeitsrechtsverletzungen, Markenverletzungen, irreführende Angaben) streichen können (vgl. § 43 Rn. 48). Allerdings muss der Arbeitgeber die Grenze des § 14 beachten (vgl. § 43 Rn. 48 und Loewenheim/*Axel Nordemann* § 63 Rn. 35; *Schack*[2] Rn. 990). Raum für eine zusätzliche Interessenabwägung besteht nicht (vgl. § 43 Rn. 48; a.A. Dreier/Schulze/*Dreier*[2] § 43 Rn. 37; Schricker/*Rojahn*[3] § 43 Rn. 86). **18**

Die Freiheit der Vertragsschließenden, die Zulassung von Änderungen zu vereinbaren, unterliegt den **Beschränkungen des Urheberpersönlichkeitsrechts**: Das Recht des Urhebers aus § 14, Entstellungen oder andere Beeinträchtigungen des Werkes, die seine berechtigten geistigen oder persönlichen **19**

Interessen am Werk gefährden können, zu verbieten, ist in seinem Kern unverzichtbar (vgl. § 14 Rn. 23, 52). Ist das Änderungsrecht eingeräumt, muss grundsätzlich eine Vertragsauslegung einschließlich einer Interessenabwägung ergeben, wie weitgehend davon auch Entstellungen und andere die berechtigten geistigen oder persönlichen Interessen des Urhebers am Werk potenziell gefährdende Beeinträchtigungen zulässig sind; das kann so weit gehen, dass sich der Schutz der Werkintegrität auf gröbliche Entstellungen beschränkt, was für die Urheber des **Filmwerkes** und der vorbestehenden Werke bei Filmwerken durch § 93 Abs. 1 ausdrücklich klargestellt wird (vgl. dort Rn. 18, 25 sowie § 14 Rn. 23). Vereinbart ein Filmhersteller jedoch mit einem Filmregisseur das Verbot nachträglicher Veränderungen des Films, so genießt diese **vertragliche Vereinbarung den Vorrang** vor § 93 und ist als dinglich wirkende Beschränkung der Filmauswertungsrechte anzusehen (vgl. § 93 Rn. 25 und OLG München UFITA 48 [1966], 287, 290). Zwar kann der Urheber grundsätzlich auf sein Namensnennungsrecht verzichten (vgl. § 13 Rn. 12 ff.). Jedoch ist das Recht, sich als Urheber zu erkennen zu geben, unverzichtbar (vgl. § 13 Rn. 12).

7. Zulässigkeit nach Treu und Glauben (Abs. 2)

20 Abs. 2 macht eine weitere Ausnahme von dem grundsätzlichen Änderungsverbot des Abs. 1 dann, wenn die Weigerung des Urhebers, der Änderung zuzustimmen, gegen Treu und Glauben verstoßen würde.

21 a) **Anwendungsbereich:** Die Bestimmung spricht ausdrücklich nur von „Änderungen des Werkes und seines Titels", nicht aber von Änderungen an der Urheberbezeichnung. Wenn der Verwerter mit dem Urheber sich also nicht vertraglich – ausdrücklich oder stillschweigend, vgl. Rn. 16 – über die Befugnis verständigt hat, auch die Urheberbezeichnung zu ändern, kann eine Änderung der **Urheberbezeichnung niemals nach Treu und Glauben** zulässig sein (so schon Begr. zum RegE UrhG BT-Drucks. IV/270, S. 59). Das Änderungsverbot hindert allerdings nicht die Hinzufügung klarstellender Zusätze bei Änderungen, die Angabe der Namen weiterer Urheber und von Bearbeiterurhebern, die die urheberrechtlichen Verhältnisse korrekt wiedergeben, vgl. Rn. 14.

22 b) **Zustimmungsfiktion und vertragliche Abdingbarkeit** Abs. 2 ist eine Ausnahmevorschrift, die dem Schutz des Werkschöpfers dient (BGH GRUR 1971, 35, 37 – *Maske in Blau*) und deshalb eng auszulegen ist. **Im Zweifel haben somit Änderungen zu unterbleiben.** Deshalb ist auch bei der nach Abs. 2 gebotenen Interessenabwägung der **Wille des Urhebers** gegenüber dem des Werknutzers **vorrangig** (BGH GRUR 1971, 35, 37 f. – *Maske in Blau*) und nur dann unbeachtlich, wenn unter Beachtung dieser Rechtsstellung die Verweigerung der Zustimmung zu Änderungen die **Grenze der unzulässigen Rechtsausübung** erreicht. Sind Änderungen des Werkes und seines Titels nach Treu und Glauben zulässig, wird durch § 39 Abs. 2 die **Zustimmung des Urhebers fingiert.** Das bedeutet zugleich, dass § 39 Abs. 2 vertraglich nicht abgedungen werden kann: zwar können die Parteien vertraglich die Änderungsbefugnis weitgehend regeln und ihren Umfang bestimmen; sind jedoch weitere, nicht vom Umfang der Vereinbarung erfasste Änderungen zur Erreichung des Vertragszwecks zwingend erforderlich (vgl. dazu sogleich Rn. 24), greift § 39 Abs. 2 trotz der vertraglichen Begrenzung der Änderungsbefugnis ein (a.A. offenbar OLG Hamburg GRUR 2006, 323, 325 – *Handy-Klingeltöne II*).

Ob eine Änderung des Werkes oder seines Titels nach Treu und Glauben **23** zulässig ist, kann nur im Rahmen einer **Interessenabwägung** unter Berücksichtigung der Verkehrssitte ermittelt werden (Dreier/Schulze/*Schulze*² Rn. 16 f.). Im Rahmen der Interessenabwägung, die letztendlich das urheberpersönlichkeitsrechtliche **Interesse des Urhebers an der Integrität seines Werkes und des Titels,** den er ihm gegeben hat, und den **Verwertungsinteressen des Nutzers** erfolgen muss, kann der künstlerische Rang des betreffenden Werkes, der vertraglich eingeräumte Verwertungszweck und schließlich auch die Intensität des Eingriffs eine Rolle spielen; diese Gesichtspunkte stehen in einer Art **Wechselwirkung** zueinander, d.h. der künstlerische Rang des in Frage stehenden Werkes und der vertraglich vorgesehene Verwertungszweck begrenzen oder erweitern den Freiheitsspielraum des Nutzungsberechtigten bei Werkänderungen (so fast wörtlich BGH GRUR 1971, 35, 37 – *Maske in Blau*).

Insbesondere dort, wo eine **Änderung zur Erfüllung des Vertragszweckes 24 erforderlich** ist, wird regelmäßig anzunehmen sein, dass der Urheber seine Einwilligung zu Änderungen nach Treu und Glauben nicht versagen kann. So muss ein Bühnenstück, das als Hörspiel oder im Fernsehen gesendet werden soll, entsprechend eingerichtet werden. Der Verleger muss, um das Buch ordnungsgemäß herausbringen zu können, das Recht zur Korrektur von orthografischen, grammatikalischen und stilistischen Fehlern des Autors haben. Ebenso muss ein Verleger berechtigt sein, den Titel eines Werkes zu verändern, wenn ansonsten die Gefahr einer Titelrechts- oder Markenverletzung gem. §§ 14, 15 MarkenG bestehen würde. Ein Lied, das von einem bestimmten Sänger dargeboten werden soll, muss für ihn stimmgerecht gemacht, d.h. in eine passende Tonlage transponiert werden dürfen. Auch muss eine Fotografie, die für die Spalte einer Tageszeitung zu breit ist, größenmäßig angepasst und gegebenenfalls beschnitten werden dürfen. Abs. 2 wiederum findet ebenfalls seine Grenze im Urheberpersönlichkeitsrecht, insbesondere im Entstellungsverbot (vgl. Rn. 7). Allerdings kann die Änderungsbefugnis nach Treu und Glauben wegen ihres Ausnahmecharakters nicht so weit gehen, wie dies eine vertragliche Einwilligung tun kann. Das Entstellungsverbot des § 14 bildet deshalb die Grenze, die im Rahmen von Abs. 2 nicht überschritten werden kann; im Gegensatz zu Abs. 1 kann die Ausnahmevorschrift des Abs. 2 das Entstellungsverbot des § 14 nicht auf seinen unverzichtbaren Kern reduzieren (vgl. Rn. 7).

c) Keine Verpflichtung zur Änderung § 39 Abs. 2 fingiert lediglich die Zu- **25** stimmung des Urhebers nach Treu und Glauben, wenn hierüber keine vertragliche Einigung erzielt worden ist. Umgekehrt wird aber keine Verpflichtung des Verwerters zur Änderung geschaffen; er kann allerdings nach Treu und Glauben nach § 242 BGB im Rahmen der vertraglichen Beziehung zum Autor zu einer Änderung verpflichtet sein, beispielsweise wenn ihm aufgrund einer Titel- und Markenrecherche bekannt ist, dass der vom Urheber gewählte Titel ältere Rechte Dritter verletzen könnte (vgl. hierzu auch Vor §§ 31 ff. Rn. 140 f., 171, 178 f.).

d) Änderungsbefugnis im Rahmen von Schrankenbestimmungen Soweit in **26** den §§ 44a–60 eine gesetzliche Zulassung von Werknutzungen festgelegt ist, kann sich dabei ebenfalls die Notwendigkeit von Änderungen ergeben. § 62 Abs. 1 S. 1 kodifiziert ein eigenständiges Änderungsverbot bezüglich des Werkes; den Werktitel und die Urheberbezeichnung darf ein Nutzer, der sich auf die Schrankenbestimmungen beruft, niemals verändern (vgl. § 62 Rn. 7). Im Übrigen wird in § 62 Abs. 1 S. 2 auf § 39 verwiesen, so dass auch solche Werknutzer sich auf die Zulässigkeit von Änderungen aufgrund von Treu und Glauben nach § 39 Abs. 2 berufen können. Diese Änderungsbefugnis kann sogar über das hinausgehen, was der Urheber bei vertraglich geregelter Werknutzung nach § 39 Abs. 2 zu akzeptieren hat (vgl. § 62 Rn. 7). § 62 Abs. 2 erklärt im Übrigen Übersetzungen und Änderungen, die nur Auszüge oder Übertragungen in eine andere Tonart oder Stimmlage darstellen, ebenso für zulässig wie § 62 Abs. 3 die Übertragung eines Werkes der bildenden Künste oder eines Lichtbildwerkes in eine andere Größe, wenn dies für die Vervielfältigung notwendig ist. Schließlich bestimmt § 62 Abs. 4, dass bestimmte Änderungen im Rahmen des Kirchen-, Schul- oder Unterrichtsgebrauchs zulässig sind, und zwar für den Unterrichtsgebrauch erforderliche. Eine Besonderheit bei Änderungen für den Unterrichtsgebrauch besteht insoweit, als § 62 Abs. 4 S. 2 eine Einwilligung des Urhebers fordert, diese aber fingiert, wenn der Urheber nicht innerhalb eines Monats nach Zugang der Änderungsmitteilung widersprochen hat (Einzelheiten vgl. § 62 Rn. 9 ff.).

27 e) **Einzelfälle aa) Bühnenregisseur** Der **Bühnenregisseur** darf im Regelfall das Stück nur auf die konkreten Bühnenverhältnisse hin einrichten; im Übrigen machen aber die branchenüblichen Bühnenaufführungsverträge jede Änderung von der Zustimmung des Bühnenverlegers abhängig (Münchener Vertragshandbuch/*Vinck* Bd. 3 Wirtschaftsstrafrecht II, VII.47, dort § 4 mit Ziff. 3.2 der Regelsammlung). Ist ihm vertraglich freie Hand gelassen, so darf er zwar die geistige Substanz des Werkes nicht antasten; er hat jedoch je nach Art des Werkes, Aussagekraft und auch künstlerischem Rang eine von Stück zu Stück verschieden weit gehende Änderungsbefugnis (vgl. Rn. 23 und Dreier/Schulze/*Schulze*[2] Rn. 23; Schricker/*Dietz*[3] Rn. 20 f.; Wandtke/Bullinger/*Wandtke/Grunert*[2] Rn. 27 ff.). Das Interesse des Bühnenautors geht regelmäßig dahin, sein Werk unverändert zur Aufführung zu bringen, während der Regisseur seine persönliche künstlerische Handschrift sichtbar machen möchte. Wenn auch grundsätzlich die Werktreue vorgeht, so ist doch nicht zu verkennen, dass kein Bühnenautor die Gegebenheiten im Theater übersehen kann. Dies ist kein Museum, in dem Kunst unverändert präsentiert wird, sondern der Wandel im Zeitgeschmack und die schöpferische Leistung des Regisseurs halten das Theater und die dort dargebotenen Werke lebendig (*Ulmer*[3] S. 218). Eine Änderung ist jedoch nicht schon deshalb zulässig, weil der Regisseur meint, das Werk komme dann besser beim Publikum an, selbst wenn feststehen sollte, dass die das Werk verändernden Regieeinfälle den Erfolg des Stückes beim Publikum fördern. Eine „zumutbare Rücksicht auf das geistige Band, das den Werkautor mit seiner Schöpfung verbindet" (BGH GRUR 1971, 35, 38 – *Maske in Blau*) ist unverzichtbar; deshalb durfte eine Operette auch nicht so verändert werden, dass das Ergebnis schließlich eine „gekonnte Verhohnepiepelung der Maske in Blau war" (dazu *Ulmer*[3] S. 218 f.).

28 In der Entscheidung *Oberammergauer Passionsspiele I* wird bei der Beurteilung der Abänderungsbefugnis von **Bühnenbildern** zu dem Passionsspiel darauf hingewiesen, dass der Urheber, der zu einem derartigen Spiel urheberrechtlich geschützte Werke geschaffen hat, schon deshalb mit einer Veränderung seiner Werke rechnen müsse, weil das gesamte Spiel selbst in gewissen Abständen an den Zeitgeschmack und neue Stilrichtungen anzupassen sei (BGH GRUR 1986, 458, 459 – *Oberammergauer Passionsspiele I*; vgl. aber § 14 Rn. 6, § 37 Rn. 10, 23 sowie Vor §§ 31 ff. Rn. 15, 39). Als Gründe für die Zulässigkeit einer **Änderung des Bühnenwerks** nach Abs. 2 nennt BGH GRUR 1971, 35, 38 – *Maske in Blau* z.B. unwesentliche Kürzungen oder die Streichung kleinerer Rollen (bedenklich, wenn es sich nicht um die Streichung ganz unwesentlicher Nebenrollen handelt). Textrevisionen und andere Bearbeitungen zur Sprachglättung sollten ebenfalls erlaubt sein (BGH GRUR 1972, 143, 145 – *Biografie: Ein Spiel*). Nach Auffassung des OLG Frankfurt (GRUR 1976, 199, 201 – *Götterdämmerung*) können auch **Regieanweisungen**, die dem Zeitgeschmack nicht mehr entsprechen, geändert werden. Das gerät allerdings zunehmend in die Kritik. Auch wenn die Regieleistung des Theaterregisseurs regelmäßig kein Werk im Sinne von § 2, sondern „nur" leistungsschutzrechtlich relevant ist, ist doch ein Schutz seiner künstlerischen Leistung gegenüber den Interessen des Theaters anzuerkennen (nachdrücklich für einen solchen Schutz Wandtke/Bullinger/*Wandtke*/*Grunert*[2] Rn. 32; dagegen Schricker/*Dietz*[3] Rn. 21). Da nach unserer Auffassung nach wie vor die Anerkennung eines „Regiewerks" für den Bühnenregisseur höchst fragwürdig ist (vgl. § 3 Rn. 30 f.), sollten Konflikte zwischen Theater und Regisseur im Hinblick auf vom Theater veranlasste Änderungen nicht über § 39 oder § 14, sondern über § 75 (§ 83 Abs. 1 a.F.) gelöst werden. Da über § 75 ebenfalls eine Interessenabwägung vorzunehmen ist (vgl. dort Rn. 32 ff.), dürften die Ergebnisse dann im Wesentlichen gleich sein (zutr. OLG Dresden ZUM 2000, 955, 957 – *Csardasfürstin*; OLG München ZUM 1996, 598, 600 f. – *Iphigenie in Aulis*; vgl. a. § 75 Rn. 32).

bb) Verlagswesen Im **Verlagswesen** sind die Änderungsbefugnisse des Verlags-   **29**
lektors noch geringer. Selbst Änderungen an der eigenwilligen Rechtschreibung und Zeichensetzung des Autors sind nicht gestattet, wenn diese stilistisches Ausdrucksmittel des Autors sind, so dass praktisch nur die Korrektur von ersichtlichen Flüchtigkeitsfehlern oder Irrtümern in der Rechtschreibung übrig bleiben (Schricker/*Dietz*[3] Rn. 17). Der Stil des Autors muss unangetastet bleiben. Bei Beiträgen zu Sammelwerken geht die Änderungsbefugnis des Verlegers weiter, weil nach § 44 VerlG übliche Änderungen hingenommen werden dürfen (vgl. hierzu im einzelnen die Kommentierung dort und Dreier/Schulze/*Schulze*[2] Rn. 20 sowie Schricker/*Dietz*[3] Rn. 18).

cc) Werbegrafiken Eine für erforderlich gehaltene Anpassung von **Werbegra-**   **30**
fiken an die veränderte Marktlage ist nicht aus Abs. 2 zulässig, weil dadurch das Unternehmerrisiko auf den Grafiker abgewälzt werden würde. Dieser müsste bei Anwendung von Abs. 2 die Änderung dulden, ohne weiteres Honorar beanspruchen zu können, obwohl nicht ihn als Künstler, sondern nur den Auftraggeber die Marktlage interessieren kann (a.A. Schricker/*Dietz*[3] Rn. 24 unter Berufung auf LG München I Schulze LGZ 41, 4). Auch die gesetzliche Regelung in § 37 spricht („im Zweifel") gegen Änderungsbefugnisse. Allerdings wird man in der Werbung dann, wenn die Arbeiten des Grafikers über einen längeren Zeitraum hin Verwendung finden sollen, mit einer Änderung des Zeitgeschmacks rechnen müssen, was im Einzelfall unter Berücksichtigung des Vertragsinhalts und der Vergütung für den Urheber auch seine Pflicht zur Hinnahme von Änderungen begründen kann.

8.   Änderungsverbot gegenüber nicht nutzungsberechtigten Dritten

Soweit nicht im urheberrechtlichen Sinne Nutzungsberechtigte Dritte, das   **31**
wären insbesondere Urheberrechtsverletzer und der Eigentümer, Änderungen am Werk vornehmen, gilt Folgendes:

a) Urheberrechtsverletzer Der **Urheberrechtsverletzer** kann sich zunächst nie   **32**
darauf berufen, der Urheber hätte einer von ihm vorgenommenen Änderung nach § 39 S. 2 nach Treu und Glauben zustimmen müssen; wer sich über das

Urheberrecht hinwegsetzt und es verletzt, kann Treu und Glauben für sich nicht in Anspruch nehmen (vgl. im übrigen Rn. 10).

33 b) **Werkeigentümer** Ein Änderungsverbot gegenüber dem **Werkeigentümer** ist weder in § 39 noch in § 62 Abs. 1 ausdrücklich geregelt, da dort nur Nutzungsverträge und gesetzlich erlaubte Nutzungen angesprochen werden, wird aber vom Gesetz stillschweigend als selbstverständlich vorausgesetzt. Dabei ist zu beachten, dass der Werkeigentümer gem. § 44 Abs. 1 im Zweifel mit dem Eigentumserwerb keine Nutzungsrechte erhält; § 39 ist deshalb nicht direkt anwendbar. Jedoch hat das auch gegenüber dem Werkeigentümer geltende Änderungsverbot seine Grundlage im Wesen und Inhalt des Urheberrechts und besagt, dass der Eigentümer des Werkoriginals grundsätzlich keine in das fremde Urheberrecht eingreifenden Änderungen an dem ihm gehörenden Original vornehmen darf (so wörtlich BGH GRUR 1982, 107, 109 – *Kirchen-Innenraumgestaltung*). Wenn nämlich der Eigentümer Änderungen am Werkoriginal vornimmt, tut er dies selbst dann, wenn er mit dem Urheber direkt vertraglich verbunden sein sollte, regelmäßig nicht in Ausübung urheberrechtlicher Nutzungsbefugnisse, sondern regelmäßig allein unter Berufung auf das Eigentumsrecht; der sich aus dem Zusammentreffen der Urheber- und der Eigentümerbelange ergebende Konflikt kann deshalb in solchen Fällen auch nicht auf der Basis von § 39 gelöst werden, sondern nur durch eine Abwägung der jeweils betroffenen Interessen unter Berücksichtigung des sich aus den §§ 11, 14 ergebenden Grundsatzes, dass der Urheber grundsätzlich ein Recht darauf hat, dass das von ihm geschaffene Werk, in dem seine individuelle künstlerische Schöpferkraft ihren Ausdruck gefunden hat, der Mit- und Nachwelt in seiner unveränderten individuellen Gestaltung zugänglich bleibt (so wiederum fast wörtlich BGH GRUR 1999, 230, 231 – *Treppenhausgestaltung*).

34 Im wichtigsten Bereich der Kollision von Urheber- und Eigentümerinteressen, nämlich bei **Bauwerken**, erfährt dieser Grundsatz für den Regelfall eine wesentliche Einschränkung, die sich aus dem Vertragszweck (zu Architektenverträgen vgl. § 31 Rn. 151, 170) ergibt: Für den Bauherrn pflegt der Gebrauchszweck des zu errichtenden Gebäudes im Vordergrund zu stehen (Ausnahme: überwiegend künstlerische Gestaltungsarchitektur wie im Falle der Berliner Philharmonie oder in dem Fall OLG Celle ZUM 1994, 437, 438 – *Anm. Wilhelm Nordemann* für ein öffentlich aufgestelltes Kunstwerk). Der Architekt muss, weil dies unmittelbar aus dem Zweck seiner Beauftragung folgt, solche Änderungen nach Treu und Glauben dulden, die zur Erhaltung oder Verbesserung des Gebrauchszwecks erforderlich sind (z.B. Anpassung an neue Bauvorschriften, Materialien, veränderte Bedürfnisse oder technische Modernisierung, *Nahme* GRUR 1966, 474, 476).

35 Der Bundesgerichtshof hat bei einem **Schulbau mit Werkcharakter**, der wegen gestiegenen Raumbedarfs erweitert werden sollte, Änderungen zugelassen, die ohne Berücksichtigung der früheren Pläne des Architekten erfolgten, wenn keine Entstellung des so veränderten Gebäudes eintrat und nach Abwägung der Interessen von Urheber und Eigentümer eine Änderung zumutbar war (BGH GRUR 1974, 675, 676 f. – *Schulerweiterung*; ähnlich OLG Frankfurt GRUR 1986, 244, 244 f. – *Verwaltungsgebäude*). Änderungen bei einem **Treppenhaus** in Form einer Skulptur, die unten im Treppenhaus aufgestellt worden ist, hat der Bundesgerichtshof jedoch für einen schwerwiegenden Eingriff erachtet, die der Urheber des Treppenhauses nicht hinnehmen müsse (BGH GRUR 1999, 230, 232 – *Treppenhausgestaltung*). Großzügiger war der Bundesgerichtshof bei einem **Kirchen-Innenraum**: Im Aufstellen eines Orgelspieltisches und im Aufhängen von Lautsprechern wurde kein Eingriff in die Substanz des Bauwerkes gesehen und die Änderungen daher für zulässig gehalten (BGH GRUR 1982, 107, 109 – *Kirchen-Innenraumgestaltung*; ebenfalls eher großzügig OLG Düsseldorf GRUR 1979, 318, 318 – *Treppenwangen*). Zulässig sind Änderungen bei Bestehen **unanfechtbarer behördlicher Gebote**; OLG Nürnberg UFITA 25 [1958], 361, 365f. – *Reformationsgedächtniskirche* meint allerdings – zu unrecht -, dass dem Eigentümer die Anfechtung einer behördlichen Anordnung im Verwaltungsstreitverfahren nicht zugemutet werden könne. Die Entstehung ganz **unverhältnismäßig hoher Kosten** braucht der Eigentümer nicht hinzunehmen, um die Interessen des Urhebers zu wahren (LG Berlin Schulze LGZ 65, 6 – *Rathaus Friedenau*). Den **Farbanstrich** eines Hauses darf der Eigentümer ändern, weil darin in der Regel kein schöpferisches Gestaltungselement liegt (BGH NJW 1971, 556, 557 – *Farbanstrich* gegen KG Schulze KGZ 45, 7). Ein schutzfähiges, **zerstörtes Haus** darf der Eigentümer schon nach §§ 16, 44 Abs. 1 nicht ohne Zustimmung des Architekten nach seinen Plänen wieder aufbauen; denn die Umsetzung eines Architektenplanes in ein Gebäude stellt eine Vervielfältigung des Planes dar (vgl. § 2 Rn. 152). Der Architekt kann ferner von dem Eigentümer auch nicht verlangen, das zerstörte Haus wieder aufzubauen (vgl. § 14 Rn. 23, 64 ff. „Vernichtung"). Zur Restaurierung von Bauwerken siehe im Übrigen *Bartal Markiewicz* GRUR Int. 1986, 705.

III. Prozessuales

Entsteht Streit über die Vereinbarung einer Änderungsbefugnis, so muss die **36** Vereinbarung von dem, der sie behauptet, **dargelegt und bewiesen** (glaubhaft gemacht) werden. Zweifel gehen zu seinen Lasten, weil im Regel-/Ausnahmeverhältnis des § 39 das Änderungsverbot die Regel ist (vgl. Rn. 15). Das hat vor allem dort Bedeutung, wo Branchengewohnheiten bestehen (vgl. § 13 Rn. 14 ff.). Sind diese nicht vollständig nachweisbar und steht außerdem nicht fest, dass der Urheber sie kannte, so ist davon auszugehen, dass der Urheber keine stillschweigende vertragliche Zustimmung zu Änderungen erteilt hat; sie sind dann unzulässig (OLG Köln GRUR 1953, 499, 500 – *Kronprinzessin Cäcilie*). Im Rahmen der Interessenabwägung nach Abs. 2 hat derjenige, der sich auf ein Interesse beruft, das in die Abwägung mit einbezogen werden soll, dieses Interesse darzulegen und gegebenenfalls auch Beweis für die das Interesse auslösenden Tatsachen anzutreten; insbesondere bei Bauwerken können diese Tatsachen beispielsweise in behördlichen Anordnungen, rechtlichen Vorschriften oder auch bautechnischen Notwendigkeiten bestehen (Rn. 34 f.).

§ 40 Verträge über künftige Werke

(1) [1]Ein Vertrag, durch den sich der Urheber zur Einräumung von Nutzungsrechten an künftigen Werken verpflichtet, die überhaupt nicht näher oder nur der Gattung nach bestimmt sind, bedarf der schriftlichen Form. [2]Er kann von beiden Vertragsteilen nach Ablauf von fünf Jahren seit dem Abschluss des Vertrages gekündigt werden. [3]Die Kündigungsfrist beträgt sechs Monate, wenn keine kürzere Frist vereinbart ist.

(2) [1]Auf das Kündigungsrecht kann im Voraus nicht verzichtet werden. [2]Andere vertragliche oder gesetzliche Kündigungsrechte bleiben unberührt.

(3) Wenn in Erfüllung des Vertrages Nutzungsrechte an künftigen Werken eingeräumt worden sind, wird mit Beendigung des Vertrages die Verfügung hinsichtlich der Werke unwirksam, die zu diesem Zeitpunkt noch nicht abgeliefert sind.

Übersicht

I. Allgemeines

1. Sinn und Zweck

1 Ein Urheber hat auch schon vor Schöpfung des Werkes die Möglichkeit, sich zur Einräumung von Nutzungsrechten zu verpflichten und über Nutzungsrechte zu verfügen. Zumindest für den Fall, dass der Urheber sich zur Einräumung von Nutzungsrechten an sämtlichen künftigen Werken oder an einer bestimmten Gattung seiner Werke (z.B. an allen Romanen) verpflichtet, sah der Gesetzgeber des UrhG 1965 die Gefahr, dass der Urheber die „wirtschaftlichen Folgen" der Bindung nicht hinreichend vorhersehen kann (Begr RegE – UrhG BT-Drucks. IV/270, S. 59). Der Gesetzgeber führte deshalb das Schriftformgebot gem. § 40 Abs. 1 S. 1 als Übereilungsschutz für den Urheber und zur Beweiserleichterung ein (Begr RegE UrhG a.a.O.). Außerdem wurde ein Kündigungsrecht (§ 40 Abs. 1 S. 2) geschaffen, das eine „Überprüfung des Vertragsverhältnisses nach einer gewissen Zeit" ermöglichen sollte (Begr RegE UrhG a.a.O.). Nach der **Urhebervertragsrechtsreform 2002**, insb. mit Einführung des Anspruches auf angemessene Vergütung zu Gunsten des Urhebers gem. § 32 und auch der Novellierung des § 32a, ist der Urheber gegen nicht absehbare wirtschaftliche Folgen der Verpflichtung zur Nutzungsrechtseinräumung für künftige Werke bereits grundsätzlich ausreichend geschützt (ebenso HK-UrhR/*Kotthoff* Rn. 1; a.A. Schricker/*Schricker*[3] § 40 Rn. 2); aus wirtschaftlichen Gründen erscheint es seitdem nicht mehr zwingend, den Urheber auch noch durch Schriftformgebot zu warnen und von Zeit zu Zeit eine Überprüfungsmöglichkeit durch Kündigungsrecht einzuräumen. Entscheidend für eine aktuelle Existenzberechtigung des § 40 ist letztlich, dass die Regelung des § 40 nicht nur den Urheber, sondern auch den Verwerter über Schriftformgebot und (unverzichtbares) Kündigungsrecht schützt (den Schutz des Verwerters anerkennend Schricker/*Schricker*[3] § 40 Rn. 2). Die **für beide Vertragsseiten kaum absehbaren wirtschaftlichen Folgen** der vertraglichen Bindung bilden danach den entscheidenden Regelungszweck.

Daneben wird teilweise betont, die Regelung beinhalte auch einen **allgemein-** **2** **persönlichkeitsrechtlichen Aspekt**: zu Gunsten des Urhebers werde auch seine **Schaffensfreiheit** geschützt (*Schmitt-Kammler*, Die Schaffensfreiheit des Künstlers in Verträgen über künftige Geisteswerke, 1978, S. 42, 48 f.; dem folgend Schricker/*Schricker*³ § 40 Rn. 2). Solchen Aspekten aus dem allgemeinen Persönlichkeitsrecht dürfte jedoch **keine entscheidende Bedeutung**, insb. für die teleologische Auslegung des § 40, zukommen. Schon die Gesetzesbegründung enthält keine Anhaltspunkte dafür, sondern stellt auf nicht vorhersehbare „wirtschaftliche Folgen" ab.

2.   Früheres Recht

Die Vorschrift des § 40 trat zusammen mit dem **UrhG am 01.01.1966** in Kraft. **3** Nach der Übergangsvorschrift § 132 Abs. 1 S. 3 gilt sie auch für Verträge, die vorher geschlossen wurden, allerdings mit der Maßgabe, dass die Fünfjahresfrist für die Kündigung erst am 01.01.1966 zu laufen begann. Das UrhVG 2002 ließ die Regelung unverändert. Für Verträge vor dem 03.10.1990 (vgl. Vor §§ 31 ff. Rn. 20 ff.) kannte das **DDR-URG** in § 42 eine Regelung für einen „Vertrag über künftiges Schaffen". Die Schriftform war nicht zwingend, sondern nur „Soll"-Vorschrift (§§ 42 Abs. 1, 37 Abs. 2 DDR-URG). In Abweichung von § 40 UrhG enthielt § 42 Abs. 2 DDR-URG folgende Regelung: „Verträge, durch die sich ein Urheber hinsichtlich der Verwendung seines noch unbestimmten zukünftigen Schaffens verpflichtet, sind nichtig, soweit es sich nicht um ein Arbeitsrechtsverhältnis handelt."

3.   EU-Recht und Internationales Recht

EU-Recht, insb. eine EU-Richtlinie, hat bislang den Regelungsbereich des **4** § 40 **nicht harmonisiert**. EU-Recht steht damit nicht als Auslegungshilfe zur Verfügung. Auch die wichtigen **Urheberrechtskonventionen** (TRIPS, RBÜ etc.; vgl. Vor §§ 31 ff. Rn. 26 f.) enthalten **keine Regelungen** im Hinblick auf die Verpflichtung zur Einräumung von Nutzungsrechten an künftigen Werken. Zur nicht zwingenden Anknüpfung der Regelungen des § 40 im **internationalen Privatrecht** vgl. Vor §§ 120 ff. Rn. 86 ff.

II.   Tatbestand

1.   Schriftformerfordernis (§ 40 Abs. 1 S. 1)

Die Verpflichtung zur Einräumung von Nutzungsrechten an nicht näher oder **5** nur der Gattung nach bestimmten künftigen Werken bedarf gem. § 40 Abs. 1 S. 1 der **Schriftform**. Dies dient nicht nur dazu, den Urheber auf die Bedeutung des Vertrages hinzuweisen, sondern auch der Beweiserleichterung (Begr RegE UrhG – BT-Drucks. IV/270, S. 59).

a) Vertrag, insbesondere Bestimmtheit, Vertragsart: Zunächst muss ein Vertrag **6** vorliegen, also eine Willensübereinstimmung zwischen zwei oder mehr Personen im Hinblick auf die für § 40 relevante Verpflichtung. Nach seinem Sinn und Zweck setzt § 40 dabei einen **wirksamen Vertrag** voraus, weil nur dann der Vertrag wirtschaftliche Folgen hat. Ist ein Vertrag also schon nach anderen Bestimmungen unwirksam oder noch nicht wirksam (z.B. Fehlen einer behördlichen Genehmigung, noch nicht eingetretene aufschiebende Bedingung), kommt § 40 nicht zur Anwendung. Auch muss ein wirksamer Vertrag **die**

notwendigen Vertragsabreden (*essentialia negotii*) enthalten. Dazu gehört die Bestimmbarkeit des Werkes. Eine hinreichende Bestimmbarkeit des Werkes ist noch gegeben, wenn das Werk „überhaupt nicht näher oder nur der Gattung nach bestimmt" ist, weil für diesen Fall § 40 die Möglichkeit eines Vertragsschlusses erlaubt (a.A. wohl *Schack*[4] Rn. 558). Die Grenze zur fehlenden Bestimmtheit ist erst dann überschritten, wenn unklar bleibt, auf welches Werk sich der Vertrag bezieht, z.B. bei Einräumung von Nutzungsrechten für „irgendein zukünftiges Werk" des Urhebers. Titelangaben sind für eine Bestimmbarkeit ausreichend (a.A. *Brauneck/Brauner* ZUM 2006, 513, 514), weil das Werk nach Fertigstellung eindeutig identifiziert werden kann. Der Vertragsgegenstand kann auch personenbezogen definiert werden; die Formulierung „das nächste Werk" des Urhebers ist hinreichend bestimmbar. Dies erfasst das Werk, das der Urheber als erstes nach der Abrede fertig stellt und für eine Veröffentlichung geeignet erachtet (BGH GRUR 1953, 497 – *Gaunerroman*).

7 Der **Vertragstyp** ist grundsätzlich unerheblich. § 40 gilt danach insbesondere für Verlagsverträge (Wandtke/Bullinger/*Wandtke*[2] Rn. 4; *Schricker*, Verlagsrecht[3], § 1 Rn. 18), weil die Regelungen des UrhG in den §§ 31 bis 44 UrhG den Bestimmungen des VerlG vorgehen (*Schricker*, Verlagsrecht[3], Einl. Rn. 21; Loewenheim/*Jan Bernd Nordemann* § 64 Rn. 14). Auch für andere übliche Urheberrechtsverträge wie die Sende-, Aufführungs-, Tonträgerherstellungs- oder Merchandisingverträge findet § 40 Anwendung. Abzulehnen ist hingegen eine Anwendbarkeit des § 40 auf **Wahrnehmungsverträge** (wie hier: *v. Gamm* Rn. 4; *Mestmäcker/Schulze* Anm. 1; *Rehbinder*[14] § 41 5.; a.A. Dreier/Schulze/*Schulze*[2] Rn. 4; Wandtke/Bullinger/*Wandtke*[2] Rn. 4; Schricker/*Schricker*[3] Rn. 3; *Schack*[4] Rn. 557). Denn die im Regelungszweck des § 40 liegende Warnfunktion ist bei Verpflichtungen gegenüber Verwertungsgesellschaften überflüssig, weil sie die Rechte ohnehin treuhänderisch zu Gunsten des Urhebers wahrnehmen (§ 6 UrhWahrnG). Umstritten ist auch, ob § 40 für **Arbeits- und Dienstverhältnisse** gilt (dafür: Wandtke/Bullinger/*Wandtke*[2] Rn. 4; *Schack*[4] Rn. 557, 984; dagegen Schricker/*Schricker*[3] Rn. 3; Schricker/*Rojahn*[3] § 43 Rn. 43 f.; Dreier/Schulze/*Schulze*[2] § 40 Rn. 5; *Ulmer*[3] S. 404). Gegen eine Anwendung des § 40 spricht, dass ansonsten keine mündlichen Arbeits- und Dienstverhältnisse zur Erbringung von urheberrechtlichen Leistungen abgeschlossen werden könnten, ohne dass das Vertragsverhältnis fehlerhaft wäre (so in der Tat z.B. *Schack*[4] Rn. 984). Im Urheberrecht würde also ein Formerfordernis eingeführt, das das Arbeits- und Dienstrecht im Übrigen nicht kennt. Über dies kann § 40 seine Warnfunktion kaum erfüllen, wenn der Urheber nur zu dem Zweck eingestellt wird, Werke zu schaffen. Das Arbeits- oder Dienstverhältnis ist außerdem kündbar, so dass die Parteien auch die besonderen Kündigungsmöglichkeiten des § 40 nicht brauchen. Nur dann, wenn die Verpflichtungen zur Nutzungsrechtseinräumung für künftige Werke über das Vertragsende hinausgehen, bleibt § 40 anwendbar (Dreier/Schulze/*Schulze*[2] § 40 Rn. 5). Der Schutzzweck erfordert auch dann ein Eingreifen des § 40, wenn der Urheber nur beiläufig Werke schafft, weil dann die Warnfunktion des Schriftformerfordernisses für ihn Sinn macht (*Bollack* GRUR 1976, 74; Schricker/*Rojahn*[3] § 43 Rn. 44).

8 Qualifizierte (auch genannt absolute) **Optionsverträge** (dazu allgemein vgl. Vor §§ 31 ff. Rn. 311 ff.) berechtigten den Verwerter einseitig, durch Ausübung der Option einen Vertrag bestimmten Inhaltes zur Geltung zu bringen. Sie fallen dann unter § 40, wenn die optionierte Verpflichtung die Voraussetzungen des § 40 erfüllt, also sich auf ein künftiges Werk bezieht, das noch nicht näher oder nur der Gattung nach bestimmt ist (Begr RegE UrhG – BT-Drucks. IV/270, S. 59; ferner Wandtke/Bullinger/*Wandtke*[2] Rn. 7; *Schricker*, Verlagsrecht[3], § 1 Rn. 18; Loewenheim/*Jan Bernd Nordemann* § 60 Rn. 49). Denn mit Einräumung der Option hat es der Urheber aus der Hand gegeben, ob ihn später die für § 40 relevante Verpflichtung trifft. Einfache (auch genannt relative) Optionsverträge erlauben dem Optionsverpflichteten, den Vertragsschluss mit dem Optionsberechtigten dadurch zu umgehen, dass ein anderer zu einem Vertragsschluss unter günstigeren Bedingungen bereit ist. Darauf ist § 40 analog anzuwenden (OLG Schleswig ZUM 1995, 867, 872; Schricker/*Schricker*[3] Rn. 3 m.w.N.; Loewenheim/*Jan Bernd Nordemann* § 60 Rn. 49). Zwar hat der Optionsverpflichtete hier die Möglichkeit, über anderweitige günstigere Bedingungen auszusteigen. Jedoch besteht zumindest dann eine Bindung, wenn sich günstigere Bedingungen nicht finden lassen (str., vgl. Vor §§ 31 ff. Rn. 318). Meist wird der Urheber optionsverpflichtet und ein Verwerter optionsberechtigt sein; § 40 findet aber auch auf die umgekehrte Konstellation Anwendung, weil er auch den verpflichteten Verwerter schützt (vgl. Rn. 1). Für **Vorverträge**, die im Gegensatz zum Optionsvertrag beide Seiten zum Abschluss eines späteren Vertrages binden, gilt § 40 ebenso (vgl. Vor §§ 31 ff. Rn. 309).

b) Des Urhebers: Der Wortlaut des § 40 Abs. 1 S. 1 schreibt ausdrücklich vor, **9** dass nur Verträge eines Urhebers unter das Schriftformgebot fallen können. Nicht betroffen davon sind also Verträge zwischen Verwertern, die sich z.B. die Einräumung von Nutzungsrechten an künftigen Werken versprechen; solche Verträge sind formfrei. Wegen der Globalverweisungen in § 70 Abs. 1 und § 72 Abs. 1 findet § 40 auch auf die Leistungsschutzrechte an wissenschaftlichen Ausgaben und an Lichtbildern Anwendung. Von den Leistungsschutzberechtigten sind ansonsten nur ausübende Künstler den Urhebern im Hinblick auf § 40 gleichgestellt (§ 79 Abs. 2 S. 2). Andere Leistungsschutzberechtigte können sich formfrei verpflichten.

c) Verpflichtung zur Einräumung von Nutzungsrechten: Die Regelung in § 40 **10** Abs. 1 S. 1 bezieht sich nach ihrem klaren Wortlaut **nur** auf **Verpflichtungsgeschäfte** (Dreier/Schulze/*Schulze*[3] Rn. 7; Wandtke/Bullinger/*Wandtke*[2] Rn. 2; Schricker/*Schricker*[3] Rn. 3), nicht aber auf die tatsächliche Rechtseinräumung als Verfügung. § 40 trennt also gedanklich Verpflichtungs- und Verfügungsgeschäft (zum sog. Trennungsprinzip vgl. § 31 Rn. 29).

Das **Verfügungsgeschäft** bedarf damit eigentlich nicht der Schriftform und **11** unterliegt auch nicht der Kündigungsmöglichkeit. Nicht gehindert wird die Wirksamkeit der Verfügung ferner dadurch, dass die einzuräumenden Rechte erst zusammen mit dem Schutz des Werkes im Moment seiner Schöpfung entstehen (sog. **Vorausverfügung**). Denn eine Verfügung hat sofort gegenständliche Wirkung, ähnlich wie die Vorausabtretung einer noch nicht entstandenen Forderung, die mit dem Zeitpunkt ihrer Entstehung automatisch auf den Inhaber übergeht (OLG München ZUM 2000, 767, 770 – *down under*; Dreier/Schulze/*Schulze*[2] Rn. 7; Schricker/*Schricker*[3] Vor §§ 28 ff. Rn. 46; Wandtke/Bullinger/*Wandtke/Grunert*[2] Vor §§ 31 ff. Rn. 30). Das in § 40 Abs. 1 S. 1 angesprochene Trennungsprinzip zwischen Verpflichtung und Verfügung hat allerdings nicht die Konsequenz, dass das Verfügungsgeschäft von der Formunwirksamkeit des Verpflichtungsgeschäftes unberührt bliebe. Denn nach bestrittener, aber zutreffender Ansicht besteht **im Urheberrecht zwischen Verpflichtungs- und Verfügungsgeschäft eine besondere kausale Verknüpfung**, die das eigentlich im Zivilrecht geltende Abstraktionsprinzip stark aufweicht (eingehend mit Nachweisen zum Streitstand vgl. § 31 Rn. 30 ff.). Wegfall, Beendigung oder fehlende Entstehung der Verpflichtung beseitigen auch das Verfügungsgeschäft. Danach kommt es zu **keiner Einräumung der Nutzungsrechte, wenn das Verpflichtungsgeschäft gem. § 40 Abs. 1 S. 1 nicht wirksam ist** (wie hier *Ulmer*³ S. 398; wohl auch Dreier/Schulze/*Schulze*³ Rn. 7; a.A., allerdings auch die hier befürwortete kausale Verknüpfung zwischen Verpflichtung und Verfügung ablehnend, *Schack*⁴ Rn. 558; dem folgend Wandtke/Bullinger/*Wandtke*² Rn. 3). Für die Verfügung kann es darüber hinaus noch **andere Gründe für ihre Unwirksamkeit** geben. Insbesondere ist hier auf den **Bestimmtheitsgrundsatz** zu verweisen, der allerdings dem sachenrechtlichen Bestimmtheitsgrundsatz nicht vollständig entspricht (vgl. Vor §§ 31 ff. Rn. 11).

12 Die Einräumung von Nutzungsrechten ist zu trennen von der Eigentumslage am Werkstück (vgl. nach § 44 Rn. 4 ff.). Auf die Verpflichtung zur **Eigentumsübertragung** an künftigen Werkstücken kann § 40 **nicht analog** angewendet werden (Schricker/*Schricker*³ Rn. 10; *Brandi-Dohrn*, Der urheberrechtliche Optionsvertrag, 1967, S. 90; a.A. *v. Olenhusen* ZUM 2000, 1056, 1062; *Ohly* FS Schricker 60. Geb. S. 427, 444; Dreier/Schulze/*Schulze*² Rn. 8; Möhring/Nicolini/*Spautz*² Rn. 6; *Schmitt-Kammler*, Die Schaffensfreiheit des Künstlers in Verträgen über künftige Geisteswerke, 1978, S. 176 f.). Schon § 44 Abs. 1 bestimmt, dass die Übereignung von der Nutzungsrechtseinräumung zu trennen ist. Die Veräußerung von zukünftigen Werkstücken verursacht auch im Regelfall nicht die für den Regelungszweck des § 40 entscheidende Gefahrenlage, dass die wirtschaftliche Bedeutung des Geschäfts nicht überblickt werden kann (vgl. Rn. 1). Im Übrigen greifen hier andere Regelungen, beispielsweise das Folgerecht des § 26. Der Hinweis von *Gernot Schulze* (Dreier/Schulze/*Schulze*² Rn. 8) auf § 44 Abs. 2 ist nicht überzeugend, weil das Ausstellungsrecht nach dem Willen des Gesetzgebers nach § 44 Abs. 2 gerade nicht zur wirtschaftlichen Dispositionsmasse des Urhebers gehört und er deshalb insoweit auch nicht schutzwürdig ist. Danach kann die Übereignung zukünftiger Werkstücke nur nach den allgemeinen Regelungen beurteilt werden. Dazu gehört auch, dass die Herstellungs- und Übereignungsverpflichtung für das zukünftige Werk bei Unwirksamkeit der Nutzungsrechtseinräumung nach § 40 im Regelfall gem. § 139 BGB nichtig sein wird.

13 **d) An künftigen Werken:** Die Vorschrift gilt zunächst nur für **Werke gemäß §§ 2 bis 4.** Auf eine nicht urheberrechtlich geschützte Herausgeberleistung ist § 40 nicht – auch nicht analog – anwendbar (OLG Frankfurt ZUM 2006, 566, 568 – *Herausgebervertrag*). Zur Anwendung auf Leistungsschutzrechte vgl. Rn. 9.

14 Das Werk darf noch **nicht vollendet** sein. Die Entscheidung über die Vollendung steht dem Urheber zu. Er muss das Werk fertig gestellt haben und es zur Veröffentlichung als geeignet erachten (BGHZ 9, 237, 239, 241 – *Gaunerroman*; Schricker/*Dietz*³ § 12 Rn. 11 f.). Das ist insbesondere dann der Fall, wenn er die Arbeiten am Vertragswerk beendet und dieses dem Vertragspartner zur Nutzung übergibt (OLG München ZUM 2000, 767, 771 – *Down under*).

15 Trotz des Wortlautes des § 40 gilt die Vorschrift auch bei Verpflichtung im Hinblick auf **ein (nicht mehrere) künftiges Werk**; der Plural im Wortlaut ist mit Blick auf den Schutzzweck nicht entscheidend, zumal die Quantität des Werkschaffens nicht ausschlaggebend sein kann (Dreier/Schulze/*Schulze*² Rn. 10; Schricker/*Schricker*³ Rn. 12; Wandtke/Bullinger/*Wandtke*² Rn. 12; Loewenheim/*Loewenheim/Jan Bernd Nordemann* § 26 Rn. 6; a.A. *v. Gamm*, Rn. 5;

Schmitt-Kammler, Schaffensfreiheit die Schaffensfreiheit des Künstlers in Verträgen über künftige Geisteswerke, 1978, S. 175).

e) Die nicht näher oder nur der Gattung nach bestimmt: Dass ein Werk **16** **überhaupt nicht** bestimmt (aber zumindest bestimmbar, vgl. Rn. 6) ist, findet sich eher selten und vor allem dann, wenn Verträge über das gesamte Schaffen eines Künstlers geschlossen werden. „**Das nächste** vom Künstler geschaffene **Werk**" ist Ausdruck einer vollständig fehlenden Bestimmung, weil es in der Entscheidung des Autors liegt, welches etwa von mehreren Werken das sein wird (so auch Begr RegE UrhG – BT-Drucks. IV/270, S. 59). Als „nächstes" Werk gilt dasjenige, das er als erstes fertig stellt und zur Veröffentlichung als geeignet erachtet; auf die bloße Fertigstellung kommt es nicht an (BGHZ 9, 237, 241 – *Gaunerroman*).

Häufiger sind Werke nur der **Gattung** nach bestimmt. Eine solche gattungs- **17** mäßige Bestimmung kann sich auf die **Werkart** (§ 2 Abs. 1) beziehen. So kann der Vertragsgegenstand beispielsweise als Sprachwerk, musikalisches Werk, Lichtbild- oder Filmwerk bezeichnet sein. Auch Gattungsbegriffe, die sich am **Werkinhalt** orientieren, sind denkbar, insbesondere in Kombination mit einer Werkart, z.B. (Liebes-)Roman, Rock-Oper, Kriminalfilm. Die Gattung kann auch durch die Nutzungsart vorgegeben sein, auch wenn dies selten vorkommen dürfte: beispielsweise „DVD", wobei offengelassen wird, ob Sprach-, Musik- oder Filmwerk zu schaffen ist. Die Grenzlinie zwischen zukünftigen Werken, die nur der Gattung nach bestimmt sind, und hinreichend präzisierten Werken (keine Anwendung des § 40) ist mit Hilfe des Schutzzweckes des § 40 (vgl. Rn. 7 f.) zu ziehen: Mit zunehmender Präzisierung des Werkes läuft der Vertrag aus dem Anwendungsbereich des § 40 heraus, weil sich dann die Auswertungsmöglichkeiten für beide Vertragsseiten hinreichend abzeichnen und § 40 nicht eingreifen muss. **Hinreichend konkret** für eine formlose Verpflichtung ist ein Werk, dessen **Inhalt** im Vertrag beschrieben ist oder dessen **Beschaffenheit** feststeht, wie z.B. bei der Erstellung eines Werkverzeichnisses eines bildenden Künstlers (OLG Frankfurt GRUR 1991, 601 – *Werkverzeichnis*) oder einem detaillierten Inhaltsverzeichnis eines Sachbuches nebst Probetextseite von jedem Autor (OLG Hamm AfP 1987, 515, 517 – *Spektrum für Fortgeschrittene*). Bei der Vorgabe einer fiktiven Figur für ein (Film-)Werk ist zu differenzieren, inwieweit die Figur und ihre typischen Eigenschaften durch Handlungen in früheren Werken inhaltlich konkretisiert wurden (OLG Schleswig ZUM 1995, 867, 874 – *Werner*; kritisch *Willi* WRP 1996, 652, 655). Die isolierte Vorgabe der Figur allein genügt nicht (Loewenheim/*Loewenheim*/*Jan Bernd Nordemann*, § 26 Rn. 7). Auch bei Verpflichtung zur Fortsetzung eines Romans in beliebiger Form durch den Autor ohne irgendwelche inhaltlichen Vorgaben scheitert eine Anwendung des § 40 nicht daran, dass die Hauptpersonen ohne jedes Handlungs- und Beziehungsgeflecht feststehen. Hinreichend konkretisiert ist das künftige Werk aber bei Fortsetzung einer bestimmten periodischen Sammlung, weil die entscheidende Konkretisierung hier bei der Fortsetzung des Bisherigen liegt.

f) Rechtsfolge (Schriftform): Liegt ein nur der Gattung nach bestimmtes **18** künftiges Werk vor, ordnet § 40 Abs. 1 S. 1 **Schriftform** (**§ 126 BGB**) an. Für die Schriftform sind die Unterschrift beider Vertragsparteien auf derselben Urkunde oder wechselseitige Ausfertigungen (§ 126 Abs. 2 BGB) nötig. Ein Briefwechsel, eine einseitige Erklärung oder ein Bestätigungsschreiben reichen nicht (Dreier/Schulze/*Schulze*[2] Rn. 14; Schricker/*Schricker*[3] Rn. 14), auch nicht ein **Telefax** (BGH NJW 1997, 3169, 3170) oder die **Textform nach**

§ 126b BGB, wohl aber die **elektronische Form gem.** § 126a BGB, weil sie nur ein Unterfall der Schriftform ist (§ 126 Abs. 3 BGB).

19   Ein Verstoß gegen diese gesetzliche Formvorschrift des § 126 BGB führt zur **Nichtigkeit** gem. § 125 BGB. Eine Heilung kommt nicht in Betracht. Eine **erneute Vornahme** oder ggf. **Bestätigung** (§ 141 BGB) durch Ablieferung (OLG München ZUM 2000, 61, 65 – *Paul Verhoeven*; LG Hamburg ZUM-RD 1999, 134, 136 – *Heinz Erhardt*; Schricker/*Schricker*[3] Rn. 14) können dem Geschäft zur Wirksamkeit verhelfen. Für eine Bestätigung ist der zweifelsfreie Wille erforderlich, das konkretisierte Werk zu früheren Bedingungen dem Verwerter zu überlassen. Er ist nicht gegeben, wenn sich der Urheber irrtümlich zur Ablieferung für verpflichtet hält.

20   Häufig werden Verpflichtungen, die nach § 40 formbedürftig sind, mit formfreien Verpflichtungen kombiniert, z.B. die formfreie Verpflichtung zur Nutzungsrechtseinräumung für ein Sachbuch, für das ein detailliertes Inhaltsverzeichnis nebst Probetextseite von jedem Autor vorliegt; formbedürftig nach § 40 war jedoch das gleichzeitig im Vertrag vorgesehene Optionsrecht an künftigen Werken, die nicht näher beschrieben waren (OLG Hamm AfP 1987, 515, 517 – *Spektrum für Fortgeschrittene*). In solchen Fällen liegt lediglich **Teilnichtigkeit** vor. Gem. § 139 BGB ist entscheidend der (**hypothetische**) **Wille der Parteien.** Stellen die verbleibenden Teile des Vertrages keine "sinnvolle" Regelung mehr da, liegt Gesamtnichtigkeit nahe. Genauso verhält es sich, wenn Verpflichtungen, von denen eine nichtig ist, in einem derart engen Zusammenhang stehen, dass mit der Unwirksamkeit der einen auch die Wirksamkeit der anderen Klausel entfallen muss (BGH NJW 1992, 2888 – *Freistellungsende bei Wegenutzungsrecht*). Bei Regelung unterschiedlicher Werke in einem Vertrag kommt es darauf an, ob die Verpflichtung im Hinblick auf beide Werke so eng miteinander verknüpft ist, dass eine Verpflichtung zur Rechtseinräumung keinen Sinn macht, wenn die andere nichtig ist. Ein Verleger schließt mit dem Autor eines Kriminalromans eine Vereinbarung, nach der der Autor eine ganze Reihe von Kriminalromanen mit einer feststehenden Hauptfigur schaffen soll. Die Unwirksamkeit erfasst auch die Verpflichtung für den ersten fertigen Roman, wenn der hypothetische Parteiwille das Schaffen der Serie in den Mittelpunkt stellt. Von Gesamtnichtigkeit ist aber nicht auszugehen, wenn die Werke nicht in zwingendem Zusammenhang stehen, z.B. bei Vereinbarung einer (formfreien) Nutzungsrechtseinräumung für ein hinreichend individualisiertes Werk und einer (formbedürftigen) Option für ein künftiges Werk (wie im eben erwähnten Fall des OLG Hamm AfP 1987, 515, 517 – *Spektrum für Fortgeschrittene*; Dreier/Schulze/*Schulze*[2] Rn. 14; *Haberstumpf/Hintermeier* § 9 IV 3). Der Berufung auf die Gesamtnichtigkeit des Vertrages kann allenfalls ausnahmsweise der **Einwand der unzulässigen Rechtsausübung** (§ 242 BGB) entgegenstehen.

21   Unabhängig von den Wertungen nach § 139 BGB bzw. einer salvatorischen Klausel kann eine Wirksamkeit nicht angenommen werden, wenn die Aufrechterhaltung des Restvertrages aus anderen Rechtsgründen eine Nichtigkeit erfordert, z.B. wegen sittenwidriger Übervorteilung der einen Seite gem. § 138 BGB (Wandtke/Bullinger/*Wandtke*[2] Rn. 5; Dreier/Schulze/*Schulze*[2] Rn. 15; vgl. auch BGH GRUR 1994, 463, 465 – *Pronuptia II*) oder wenn der **Sinn der Anwendung des** § 40 eine Nichtigkeit gebietet (zur parallelen Argumentation z.B. im Kartellrecht OLG Düsseldorf WuW/E DE-R 854, 863 – *Stadtwerke Aachen*; siehe ferner BGH GRUR 1994, 463, 465 – *Pronuptia II*, sowie OLG Düsseldorf WuW/E DE-R 661, 663 – *Tennishallenpacht*).

2. Kündigung

§ 40 enthält neben dem Schriftformgebot des Abs. 1 S. 1 umfassende Bestim- **22**
mungen im Hinblick auf eine vorzeitige Kündigung des Vertrages. Die Kün-
digungsregelungen gelten (wie das Schriftformgebot) nur, wenn es sich um
einen Vertrag (vgl. Rn. 6 ff.) handelt, durch den sich der Urheber (vgl. Rn. 9)
zur Einräumung von Nutzungsrechten verpflichtet (vgl. Rn. 10 ff.), und zwar
an künftigen Werken (vgl. Rn. 13 ff.), die nicht oder nur der Gattung nach
bestimmt sind (vgl. Rn. 16 f.).

a) Kündigungsrecht (§ 40 Abs. 1 S. 2): Das Recht steht beiden Vertragspartnern **23**
zu, also **auch Verwertern**. Ausgeübt wird die Kündigung durch **formlose Kündigungserklärung**. § 40 sieht vor, dass das Kündigungsrecht erst „nach Ablauf von
fünf Jahren seit dem Abschluss des Vertrages" ausgeübt werden darf (sog. **Wartezeit**). Dieser **5-Jahres-Zeitraum** beginnt nach dem Wortlaut mit der Unterzeichnung des Vertrages (a.A.: mit Wirksamkeit Schricker/*Schricker*[3] Rn. 15; Möh-
ring/Nicolini/*Spautz*[2] Rn. 9; Wandtke/Bullinger/*Wandtke*[2] Rn. 14). Er kann
durch Vereinbarung beliebig verkürzt werden (Dreier/Schulze/*Schulze*[2] Rn. 19).
Eine Verlängerung ist indes nicht möglich, weil das Kündigungsrecht in Abs. 2
S. 1 vom Gesetz für unverzichtbar erklärt wird (vgl. Rn. 24).

b) Verzicht auf Kündigungsrecht (§ 40 Abs. 2 S. 1): Das Kündigungsrecht ist **24**
im Voraus nicht verzichtbar (Abs. 2 S.1). „Im Voraus" umfasst dabei die
Wartezeit, also den Zeitraum vom Vertragsschluss bis zum Ablauf der 5-Jah-
res-Frist bzw. bis zum Ablauf einer in zulässiger Weise verkürzten Frist für die
Ausübung des Kündigungsrechts (vgl. Rn. 26). Der Verzicht kann folglich ab
dem Zeitpunkt erklärt werden, in dem eine Ausübung des Kündigungsrechts
zulässig wäre. Nach überwiegender Auffassung soll dann die Wartezeit von
neuem zu laufen beginnen und danach erneut eine Kündigung möglich sein
(Schricker/*Schricker*[3] Rn. 8; Dreier/Schulze/*Schulze*[2] Rn. 20). Mit dieser Auffassung gewährt § 40 also nicht nur ein einmaliges, sondern ein ständiges
Kündigungsrecht. Das ist trotz des neuen Urhebervertragsrechts, das dem
Urheber einen Anspruch auf angemessene Vergütung (§ 32) und einen Fairnessausgleich (§ 32a) gewährt, überzeugend. § 40 will Verträge über künftige
Werke über die vorgenannten Vergütungsregeln hinaus generell für beide
Vertragsteile mit einem ständigen Kündigungsrecht ausstatten, das gerade
dann seinen Zweck erfüllt, wenn innerhalb der Wartefrist die Ablieferung
des Werkes noch nicht erfolgt ist. Nach Ablieferung des Werkes ist eine
Kündigung nicht mehr möglich, § 40 Abs. 3.

c) Andere Kündigungsrechte bleiben unberührt (§ 40 Abs. 2 S. 2): § 40 Abs. 2 **25**
S. 2 ordnet an, dass andere Kündigungsrechte unberührt bleiben. Das gilt
insbesondere für eine fristlose Kündigung aus wichtigem Grund, für gesetzliche Kündigungs- und Rücktrittsrechte (z.B. § 315 BGB, § 45 VerlG; § 323
BGB, §§ 30, 31, 32 VerlG), gesetzliche Rückrufsrechte (§§ 34 Abs. 3, 42;
§ 41 kommt mangels Existenz des Werkes nicht in Betracht), gesetzliche Widerrufsrechte (§ 31a) und vertragliche Kündigungsrechte; dazu vgl. Vor
§§ 31 ff. Rn. 115 ff.

d) Kündigungsfrist (§ 40 Abs. 1 S. 3): Die Kündigungsfrist, mit deren Ablauf **26**
die Kündigung Wirksamkeit erlangt, beträgt 6 Monate. Sie kann nach dem
Wortlaut durch Vereinbarung verkürzt, nicht aber verlängert werden („wenn
keine *kürzere* Frist vereinbart ist").

e) Kündigungserklärung: Hierzu vgl. Vor §§ 31 ff. Rn. 141. **27**

28 f) **Rechtsfolgen bei Kündigung des Vertrages** (§ 40 Abs. 3): Die Kündigung des Vertrages beendet die Verpflichtung (**ex nunc**) auf den Zeitpunkt des Endes der Kündigungsfrist (vgl. Rn. 26). Die Beendigung betrifft eigentlich nur die Ebene des Verpflichtungsgeschäfts, nicht aber die Verfügung über die Rechte. Dennoch **fallen eingeräumte Nutzungsrechte automatisch zurück**, weil das Abstraktionsprinzip insoweit nur eingeschränkt gilt; str., im Einzelnen vgl. Vor §§ 31 ff. Rn. 30 (wie hier Dreier/Schulze/*Schulze*[2] § Rn. 24; Wandtke/Bullinger/*Wandtke*[2] Rn. 19). Einer gesonderten Rückübertragung bedarf es nicht. § 40 Abs. 3 ordnet dies im Übrigen auch ausdrücklich an.

29 Gleichzeitig enthält § 40 Abs. 3 eine Sonderregelung für den Fall, dass **Werke bereits abgeliefert** sind. In diesem Fall ist eine Kündigung nicht mehr möglich. Bei Verträgen, die mehrere Werke umfassen, wirkt sich die Kündigung nur auf den **Vertragsteil** aus, der die noch nicht abgelieferten Werke umfasst; der Vertragsteil für die abgelieferten Werke bleibt als Rechtsgrund bestehen. Hinsichtlich der abgelieferten Werke bleibt damit auch die Einräumung wirksam. Insbesondere bei **Wahrnehmungsverträgen** (vgl. Rn. 7) erscheint ein Abstellen auf eine Ablieferung aber nicht sachgerecht, weil gegenüber der Verwertungsgesellschaft grundsätzlich nie ein Werk abgeliefert wird. Hier sollte anstelle von § 40 Abs. 3 vielmehr § 139 BGB zur Beendigung des gesamten Vertrages führen, was dann einen gänzlichen Rechterückfall zur Folge hat (Schricker/*Schricker*[2] Rn. 17; *Ulmer*[3] § 94 III 1).

30 Entscheidend für das Durchgreifen des Kündigungsrechts ist damit grundsätzlich die „**Ablieferung**". Für die Definition kann auf § 9 Abs. 1 VerlG zurückgegriffen werden, der die Ablieferung zur Voraussetzung für das Entstehen des Verlagsrechts macht. Die werkvertragsrechtliche Abnahme (§ 640 BGB) spielt hier keine Rolle; auch ein mangelhaftes Werk kann „abgeliefert" werden. Ferner ist eine Rechteeinräumung nicht entscheidend, weil sie keine „Ablieferung" sein kann (BGH GRUR 1966, 390, 391 – *Werbefilm*). Vielmehr muss das Werkstück zum Zwecke der Vertragserfüllung **in den Machtbereich des Verwerters** gelangen. Das bloße Zurverfügungstellen zur Ansicht ohne Erfüllungsabsicht genügt genauso wenig wie die Einräumung mittelbaren Besitzes oder die Abtretung des Herausgabeanspruches (str., wie hier: *Schricker*, Verlagsrecht[3], § 9 Rn. 4 m.w.N. zum Streitstand). Bei körperlichen Werkstücken muss also eine körperliche Übergabe zur Erfüllung vorliegen. Bei unkörperlicher Ablieferung genügt die Möglichkeit für den Verwerter, endgültig über das Werkstück zu verfügen. Das ist beispielsweise bei elektronischem Zugänglichmachen des Werkstückes über das Internet der Fall, z.B. einer urheberrechtlich geschützten Internethomepage oder eines Musikstückes. Fraglich ist, ob die erforderliche Ablieferung **vertraglich abdingbar** oder zumindest **modifizierbar** ist. Gegen eine vollständige Abdingbarkeit spricht, dass das Kündigungsrecht gem. § 40 Abs. 2 S. 1 zwingend ist. Jedoch können die Vertragsparteien den Begriff der Ablieferung modifizieren, beispielsweise Übergabesurrogate (Einräumung des mittelbaren Besitzes, Abtretung des Herausgabeanspruches) als Ablieferung ausreichen zu lassen. Wird die **Ablieferung treuwidrig** verhindert, kommt eine Schadensersatzpflicht aus § 280 Abs. 1 BGB und ggf. § 826 BGB in Betracht (ebenso Dreier/Schulze/*Schulze*[2] Rn. 26), nicht aber, wenn lediglich die gesetzlich gewährten Kündigungsrechte (vgl. Rn. 25) genutzt werden (Wandtke/Bullinger/*Wandtke*[2] Rn. 21). Treuwidrig ist es, wenn der Urheber das Werk bereits einem an einer Nutzung interessierten Dritten abgeliefert hat, jedoch an seinen Vertragspartner nicht liefert, um sich die Kündigungsmöglichkeit offen zu halten (*Brauneck/Brauner* ZUM 2006, 513, 521).

Im Hinblick auf eine bereits gezahlte **Vergütung** ist zu unterscheiden: Ver- **31** gütungen für die Verpflichtung zur Einräumung bis zum Kündigungszeitpunkt verbleiben beim Urheber (Schricker/*Schricker*[2] Rn. 16). Ein Beispiel ist die Vergütung für die Übernahme einer Option. Vorschusszahlungen auf zukünftige, nicht gezogene Nutzungen sind hingegen zurückzuzahlen. Umstritten ist, wonach sich die Rückzahlungsverpflichtungen richten. Eine Auffassung will auf eine Abwicklung nach §§ 812 ff. BGB abstellen (so Wandtke/Bullinger/*Wandtke*[2] Rn. 21; Dreier/Schulze/*Schulze*[2] Rn. 23; etwas offener, nur „insbesondere" Schricker/*Schricker*[2] Rn. 16), eine andere Auffassung erachtet eine Abwicklung nach §§ 346 ff. BGB analog als vorzugswürdig (*Schack*[4] Rn. 975; noch anders über § 242 BGB: *Ulmer*[3] § 94 IV). Der Hauptunterschied liegt in der Frage der Entreicherung (§ 818 Abs. 3 BGB). Wendet man die Rückgewährvorschriften der §§ 346 ff. BGB an, so wäre der Urheber ggf. zum Wertersatz verpflichtet. Dieser kann allerdings analog § 346 Abs. 3 Nr. 3 BGB entfallen, weil § 40 als gesetzliches Kündigungsrecht anzusehen ist; Voraussetzung ist aber daneben, dass der Urheber die Sorgfalt in eigenen Angelegenheiten gewahrt hat, also z.B. die Vorschüsse in die Herstellung des Werkes investiert hat. In anderen Fällen erscheint die mildere Bereicherungshaftung der §§ 812 ff. BGB nicht angebracht, so dass die Lösung über §§ 346 ff. BGB vorzugswürdig ist.

Das Schicksal des unter Umständen übertragenen **Sacheigentums am Werk-** **32** **stück** richtet sich nach den allgemeinen Vorschriften über die Beendigung des Kausalgeschäftes. Dieser Fall dürfte aber selten vorkommen, weil regelmäßig eine Übereignung erst bei Ablieferung gem. § 929 S. 1 BGB vorliegen wird; dann aber laufen die Folgen für Sacheigentum an den Werkstücken und Nutzungsrechten parallel, so dass dem Verwerter das Eigentum genauso wie das eingeräumte Nutzungsrecht verbleibt. Eigentumsübertragungen bei qualifizierten Optionsverträgen können endgültig sein (OLG München NJW-RR 2000, 777; kritisch *v. Olenhusen* ZUM 2000, 1056, 1061, der auf eine analoge Anwendung von § 27 VerlG verweist, wenn der Verfasser auf das Werkstück angewiesen ist; zur Eigentumsübertragung bei Nutzungsrechtseinräumung vgl. Nach § 44 Rn. 4 ff.).

III. Prozessuales

Der **Verstoß gegen das Schriftlichkeitsgebot** kann zur Folge haben, dass neben **33** dem Verpflichtungsgeschäft auch das Verfügungsgeschäft nichtig ist (vgl. Rn. 18 ff.). Ein Urheber kann danach gegen seinen Vertragspartner oder einen Dritten, wenn sie das Werk nutzen, mit einem wiederherstellenden Unterlassungsanspruch vorgehen (vgl. § 97 Rn. 29 ff.). Berühmt sich der Vertragspartner, das Werk nutzen zu dürfen, hat der Urheber einen vorbeugenden Unterlassungsanspruch (vgl. § 97 Rn. 39 f.); insoweit dürfte eine positive Feststellungsklage des Urhebers mangels Feststellungsinteresses ausscheiden. Eine negative Feststellungsklage des Vertragspartners bleibt möglich. Der Urheber hat im Fall der urheberrechtswidrigen Nutzung darüber hinaus auch die übrigen Ansprüche gem. §§ 97 ff.

Für den Fall der **Kündigung** kann bei Streit über deren Wirksamkeit jede Seite **34** positive bzw. negative Feststellungsklage erheben. Nutzt der Vertragspartner (oder ein von ihm lizensierter Dritter) die Rechte, obwohl die Kündigung wirksam ist, kommen wiederum Unterlassungs-, Beseitigungs-, Schadensersatz- und Auskunftsansprüche des Urhebers in Betracht. Umgekehrt gilt, dass der Urheber bei Unwirksamkeit der Kündigung (beispielsweise weil die Ablieferung des Werkes schon erfolgt ist) das Werk nicht nutzen darf, sofern er ausschließliche Rechte eingeräumt hat; anderenfalls ist der Urheber den vorgenannten Ansprüchen ausgesetzt.

IV. Verhältnis zu anderen Vorschriften

35 Andere Regelungen, die eine bestimmte Form für das Rechtsgeschäft vorschreiben, sind anwendbar (z.B. § 31a). Neben dem Recht zur Kündigung aus § 40 Abs. 1 S. 2 bleiben **andere Kündigungsgründe** sowie **Rücktritts- und Rückrufrechte** bestehen, § 40 Abs. 2 S. 2 (vgl. Rn. 25). Auch können andere Unwirksamkeitsgründe wie eine sittenwidrige Knebelung gem. § 138 BGB (Begr RegE UrhG – BT-Drucks. IV/270, S. 59, unter Verweis auf BGHZ 22, 347, 354 – *Clemens Lear*; vgl. Vor §§ 31 ff. Rn. 51 ff.) zur Nichtigkeit des Vertrages führen. Im Verlagswesen ist § 40 gegenüber den Bestimmungen des **VerlG** vorrangig (*Schricker*, Verlagsrecht³, Einl. Rn. 21; Loewenheim/*Jan Bernd Nordemann* § 64 Rn. 14). Sofern kein Widerspruch besteht, behalten die Bestimmung des VerlG aber Geltung (z.B. §§ 11 Abs. 2, 30, 31, 32 VerlG). Neben den Verfassern wissenschaftlicher Ausgaben (§ 70 Abs. 1) und Lichtbildnern (§ 70 Abs. 1) sind ausübende Künstler als einzige **Leistungsschutzberechtigte** in den Regelungsbereich des § 40 einbezogen (§ 79 Abs. 2 S. 2). Zum Verhältnis des § 40 zu § 43 bei **Arbeits- und Dienstverträgen** vgl. Rn. 49.

§ 41 Rückrufsrecht wegen Nichtausübung

(1) ¹Übt der Inhaber eines ausschließlichen Nutzungsrechts das Recht nicht oder nur unzureichend aus und werden dadurch berechtigte Interessen des Urhebers erheblich verletzt, so kann dieser das Nutzungsrecht zurückrufen. ²Dies gilt nicht, wenn die Nichtausübung oder die unzureichende Ausübung des Nutzungsrechts überwiegend auf Umständen beruht, deren Behebung dem Urheber zuzumuten ist.

(2) ¹Das Rückrufsrecht kann nicht vor Ablauf von zwei Jahren seit Einräumung oder Übertragung des Nutzungsrechts oder, wenn das Werk später abgeliefert wird, seit der Ablieferung geltend gemacht werden. ²Bei einem Beitrag zu einer Zeitung beträgt die Frist drei Monate, bei einem Beitrag zu einer Zeitschrift, die monatlich oder in kürzeren Abständen erscheint, sechs Monate und bei einem Beitrag zu anderen Zeitschriften ein Jahr.

(3) ¹Der Rückruf kann erst erklärt werden, nachdem der Urheber dem Inhaber des Nutzungsrechts unter Ankündigung des Rückrufs eine angemessene Nachfrist zur zureichenden Ausübung des Nutzungsrechts bestimmt hat. ²Der Bestimmung der Nachfrist bedarf es nicht, wenn die Ausübung des Nutzungsrechts seinem Inhaber unmöglich ist oder von ihm verweigert wird oder wenn durch die Gewährung einer Nachfrist überwiegende Interessen des Urhebers gefährdet würden.

(4) Auf das Rückrufsrecht kann im Voraus nicht verzichtet werden. Seine Ausübung kann im Voraus für mehr als fünf Jahre nicht ausgeschlossen werden.

(5) Mit Wirksamwerden des Rückrufs erlischt das Nutzungsrecht.

(6) Der Urheber hat den Betroffenen zu entschädigen, wenn und soweit es der Billigkeit entspricht.

(7) Rechte und Ansprüche der Beteiligten nach anderen gesetzlichen Vorschriften bleiben unberührt.

Übersicht

I. Allgemeines

1. Sinn und Zweck

Der Urheber hat ein Wirkungsrecht. Er schafft sein Werk nicht für die Schub- **1** lade oder den Hausgebrauch, sondern zur öffentlichen Mitteilung und Verwertung (RegE UrhG – BT-Drucks. IV/270, S. 60). Hat der Urheber jedoch einem Dritten ein ausschließliches Nutzungsrecht im Sinne des § 31 Abs. 3 übertragen, so ist nicht nur jeder andere, sondern auch er selbst von der Nutzung des Werkes in dem vereinbarten Umfange ausgeschlossen. Das ausschließliche Nutzungsrecht wirkt sich daher als Sperre gegen den Urheber aus, so dass sein Werk unter Umständen, statt bekannt gemacht und ausgewertet zu werden, „auf Eis gelegt" werden kann, ohne dass der Urheber dagegen etwas ausrichten könnte. Das verletzt nicht nur die **urheberpersönlichkeitsrechtlichen**, sondern auch die **verwertungsrechtlichen Interessen** des Urhebers (Wandtke/Bullinger/*Wandtke*[2] Rn. 2; Loewenheim/*v. Becker* § 16 Rn. 25; *Schack*[4] Rn. 559; a.A. nur persönlichkeitsrechtliche Komponente des § 41: *Ulmer*[3] S. 373; *Fischer/Reich* 1. Kap. Rn. 101). Dem sucht § 41 als **Vorschrift zum Schutz des Urhebers** abzuhelfen, indem er dem Urheber ein Rückrufsrecht für den Fall zugesteht, dass der Nutzungsberechtigte das ihm eingeräumte ausschließliche Recht überhaupt nicht oder nur unzureichend ausübt. Allerdings steht dem das Interesse des Verwerters entgegen, angesichts seines oft nicht unbeträchtlichen geschäftlichen Risikos den Verwertungszeitpunkt selbst zu bestimmen. § 41 **schließt** insoweit eine wichtige **Lücke des Vertragsrechts**: Der Urheber kann Nutzungsrechtseinräumungen vertragsrechtlich bei unzureichender Ausübung nur beenden, wenn den Verwerter eine Ausübungspflicht trifft (ausdrücklich oder konkludent, vgl. Vor §§ 31 ff. Rn. 41 ff.). Darauf kommt es für § 41 ebensowenig an (vgl. Rn. 52) wie darauf, ob der Urheber mit dem Rückrufsgegner einen Vertrag hat (vgl. Rn. 8). Über seinen Wortlaut

hinaus soll zumindest die Frist des § 41 Abs. 4 S. 2 auch auf **urheberpersönlichkeitsrechtliche Gestattungen** angewendet werden (vgl. Rn. 6).

2. Früheres Recht

2 Mit den Rückrufsrechten wegen Nichtausübung (§ 41) und wegen gewandelter Überzeugung (§ 42) beschritt der Gesetzgeber des UrhG 1965 neue Wege;
vorher kannten weder LUG noch KUG eine entsprechende Rückrufsmöglichkeit. Der Gesetzgeber hat, wie die Begr. (RegE UrhG – BT-Drucks. IV/270,
S. 60) bemerkt, das Rückrufsrecht wegen Nichtausübung nicht zuletzt deshalb
eingeführt, weil die Sonderregelungen des Verlagsgesetzes sich als nicht ausreichend erwiesen hatten, wollte also gerade im Bereich des Verlagsrechts die
Rechtsstellung des Urhebers verbessern (vgl. Rn. 52). Allerdings entfaltet
§ 41 auch für Verträge Wirkung, die vor dem 01.01.1966 abgeschlossen wurden (§ 132 Abs. 1 S. 3).

3. EU-Recht und Internationales Recht

3 Da das Urhebervertragsrecht auf internationaler Ebene nur gering ausgeprägt
ist, verwundert es nicht, dass in **internationalen Urheberrechtsabkommen**
keine Grundlage für § 41 zu finden ist (Nordemann/Vinck/Hertin Einl. Rn. 27
und RBÜ Art.14/Art. 14bis Rn. 10). Auch **EU-Recht** enthält keine Regelung
hierzu. Zur Anwendung des § 41 im **internationalen Urheberprivatrecht** vgl.
Vor §§ 120 ff. Rn. 86 ff. Zum französischem *droit de repentir* siehe Schricker/
Dietz[3] Rn. 3.

II. Tatbestand

1. Anwendungsbereich

4 Die Bestimmung gilt (mit der einzigen Ausnahme des § 90 für den Filmbereich)
allgemein im gesamten Bereich des Urheberrechts **einschließlich des Verlagsrechts für alle Vertragsarten,** ganz gleich, ob der Urheber nach dem Vertrag
einen Anspruch auf Verwertung des eingeräumten Nutzungsrechts hat oder
nicht, und welche Vereinbarungen sonst getroffen sind. Das folgt schon aus
dem zwingenden Charakter der Bestimmung (Abs. 4). Sind **mehrere Nutzungsrechte gleichzeitig** übertragen worden, wie das bei den meisten Verlagsverträgen zutrifft, so kann jedes von ihnen gesondert zurückgerufen werden, wie
der Gesetzestext klar ergibt (ebenso Schricker/*Schricker*[3] Rn. 23; Dreier/Schul-
ze/*Schulze*[2] Rn. 10; Wandtke/Bullinger/*Wandtke*[2] Rn. 3; *Budde* S. 29; a.M.
wohl nur *v. Gamm* Rn. 12). Ein Nebenrecht, für das der Verleger nichts tut,
kann der Urheber ihm also aus der Hand nehmen (vgl. Rn. 14; ferner OLG
München ZUM 2008, 154, 155). Neben vertraglichen Nutzungsrechtseinräumungen entfaltet § 41 auch Wirkung für **Einräumungsfiktionen** der Übergangsbestimmungen gem. §§ 137 ff. Insb. auf die Einräumungsfiktion des
§ **137l Abs. 1 S. 1** findet § 41 Anwendung, wobei der 01.01.2008 als Tag
der Einräumung gilt (vgl. § 137l Rn. 42); Ausübungslasten kommen aber
erst ab Bekanntheit in Frage (vgl. Rn. 13).

5 Beim Gegenstand des Rückrufes muss es sich stets um ein **ausschließliches
Nutzungsrecht** handeln (§ 31 Abs. 3); bei einfachen Rechten (§ 31 Abs. 2) ist
der Urheber nicht schutzbedürftig, weil ihm die Möglichkeit der anderweiten

Verwertung verblieben ist. Einfache Nutzungsrechte können daher nicht zurückgerufen werden (§ 41 Abs. 1 Satz 1).

Das OLG München meint, ein Rückruf **analog § 41 Abs. 4 S. 2** käme auch für **6** **urheberpersönlichkeitsrechtliche Gestattungen** nach 5 Jahren in Betracht; insb. ein Verzicht auf die Urhebernennung (§ 13) könne zurückgerufen werden (OLG München GRUR-RR 2004, 33, 35 – *Pumuckl-Illustrationen*; zustimmend Schricker/*Dietz*[3] § 13 Rn. 29; Wandtke/Bullinger/*Bullinger*[2] § 13 Rn. 23; ferner *Schack*[4] Rn. 339). Das kann indes nicht überzeugen, weil die Interessenlage bei persönlichkeitsrechtlichen Gestattungen völlig unterschiedlich ist (gl.A. HK-UrhR/*Dreyer* § 13 Rn. 42). Jedenfalls erscheint es kaum als gerechtfertigt, Ghostwritern bereits nach 5 Jahren ein unverzichtbares Rückrufsrecht zu geben, wobei es auf eine Nichtbenutzung noch nicht einmal ankommen soll.

2. Rückrufsberechtigter und Rückrufsgegner

Das Rückrufsrecht gilt nur für den **Urheber** und seinen **Rechtsnachfolger 7** (§ 30), auch für den angestellten Urheber (§ 43), **nicht** jedoch für den **Erwerber** eines ausschließlichen Nutzungsrechts, der dieses seinerseits weiterübertragen hat. Miturheber müssen i.d.R. den Rückruf gemeinsam erklären, dasselbe gilt bei solchen Werkverbindungen, die auf BGB-Gesellschaften beruhen, wegen § 709 BGB (vgl. Rn. 38).

Das Bestehen eines unmittelbaren Vertrages zwischen Urheber und Verwerter **8** wird von § 41 nicht vorausgesetzt (RegE UrhG – BT-Drucks. IV/270, S. 60; OLG München GRUR-RR 2004, 33, 35 – *Pumuckl-Illustrationen*); deswegen kann der Urheber auch einem **Subverleger**, Unterlizenznehmer seines Vertragspartners u.s.w. gegenüber zurückrufen.

3. Nichtausübung oder unzureichende Ausübung

Der Urheber kann das eingeräumte Nutzungsrecht nur dann zurückrufen, **9** wenn es entweder (1.) gar **nicht** oder (2.) nur **unzureichend ausgeübt** wird **und** (3.) wenn dadurch **berechtigte Interessen des Urhebers** erheblich verletzt werden. Ob das Nutzungsrecht überhaupt ausgeübt wurde, wird sich stets unschwer feststellen lassen. Das gilt insb. bei Geschäftseinstellung, ohne dass die Rechte wirksam auf Dritte übertragen wurden (OLG Köln GRUR-RR 2005, 303, 303 – *Entwurfsmaterial*). Streit dürfte daher in der Praxis vor allem um die zweite und dritte Voraussetzung des Rückrufsrechts entstehen.

Ob die Ausübung des Nutzungsrechts **zureichend** war oder nicht, ist zunächst **10** **objektiv** zu entscheiden (OLG München ZUM 1997, 451, 452 – *Fix und Foxi*). **Danach** ist auf Seiten des **Urhebers subjektiv** festzustellen, ob die unzureichende Ausübung seine **berechtigten Interessen** verletzt (i.d.R. verletzt, vgl. Rn. 23). Trifft das zu, so ist ein Rückrufsrecht gegeben, selbst wenn dies für den Verwerter zu geschäftlichen Einbußen führt. Das subjektive Interesse des Verwerters, das zumeist wirtschaftlicher Natur ist, wird nach dem eindeutigen Willen des Gesetzgebers nur durch Entschädigungszahlungen, also auf wirtschaftlicher Basis, ausgeglichen (Abs. 6; dazu vgl. Rn. 43 ff.). Darauf, ob den Verwerter ein Verschulden trifft, oder ob er etwa ein Nutzungsrecht nach der Art seines Betriebes oder des Werkes selbst gar nicht ausüben kann, kommt es nicht an; im letzten Falle hätte er es sich nicht erst einräumen lassen sollen.

11 **Objektiv unzureichend** ist jede Ausübung des Nutzungsrechts, die zur Verwertung des Werkes weniger Mittel einsetzt, als **zur Erreichung des Vertragszweckes erforderlich** sind. Dieser Definition, von der wohl auch der BGH ausgeht (GRUR 1970, 40, 43 – *Musikverleger I*), ist gegenüber der Formulierung der ersten beiden Auflagen, die auf die Mittel abstellte, welche *in der jeweiligen Branche üblicherweise eingesetzt zu werden pflegen,* der Vorzug zu geben. Der Branchenbrauch gibt nur die untere Grenze der Erforderlichkeit an, ist aber jedenfalls dort nicht verbindlich, wo Üblichkeiten existieren, die dem objektiven Interesse des Urhebers an der bestmöglichen Verwertung seines Werkes nicht genügen (Wandtke/Bullinger/*Wandtke*[2] Rn. 13; a.M. *Budde* S. 45). Im Übrigen findet eine umfassende **Interessenabwägung** statt (OLG München ZUM-RD 1997, 451, 452 – *Fix und Foxi*; Wandtke/Bullinger/*Wandtke*[2] Rn. 13; Schricker/*Schricker*[3] Rn. 14; Dreier/Schulze/*Schulze*[2] Rn. 15; HK-UrhR/*Kotthoff* Rn. 6; *Budde* S. 45).

12 Stets muss die Unzulänglichkeit **erheblich** sein. Geringfügige Versäumnisse des Verwerters lassen das Rückrufsrecht nicht entstehen. Insoweit ist jedoch durch die Abmahnungspflicht des Abs. 3 ein Regulativ eingeschaltet: an sich weniger bedeutende Versäumnisse werden erheblich, wenn sie trotz Abmahnung nicht behoben werden, weil sie allgemein auf eine nachlässige Verwertung des Werkes schließen lassen.

13 Für die Feststellung, ob die Ausübung des Nutzungsrechts unzureichend ist oder nicht, kann es nicht darauf ankommen, ob es sich für den Verwerter „lohnt", die erforderlichen Maßnahmen zu ergreifen (BGH GRUR 1970, 40, 42 – *Musikverleger I*). Wenn er die bessere Auswertung für wirtschaftlich sinnlos hält, so ist das seine eigene kaufmännische Entscheidung; andere Verwerter denken darüber möglicherweise anders. Der Richter wäre überfordert, wollte er nach objektiven Gesichtspunkten beurteilen, ob ein kaufmännisches Wagnis eingegangen werden soll oder nicht. § 41 will dem Urheber vielmehr stets die Chance lassen, einen anderen Verwerter zu finden, der zwar möglicherweise nicht mehr Beteiligung bietet, der aber bereit ist, mehr für das Werk zu tun. Die Gefahr, dass die Urheber in großem Umfange von dem Rückrufsrecht des § 41 Gebrauch machen könnten, besteht nur in der Theorie: Niemand wird das Rückrufsrecht ausüben, wenn er sich nicht ernstlich etwas davon verspricht. Erfolglose Autoren werden also nicht zurückrufen, weil sie nicht hoffen können, bei einem anderen Verwerter besser zu fahren; bei erfolgreichen Werken dagegen wird meist der Verwerter selbst so viel tun, dass von einer unzureichenden Ausübung nicht gesprochen werden kann. § 41 trifft daher nur nachlässige (oder gar böswillige) Verwerter, die auch erfolgversprechende Werke ungenützt oder unzureichend genützt lassen. Jedoch kann die Ausübung von Nutzungsrechten nicht gefordert werden, wenn den Urheber nach Rückruf bei separater Vergabe eine **Enthaltungspflicht** träfe (vgl. Vor §§ 31 ff. Rn. 45 ff.). Das sind insb. Fälle, in denen die nicht ausgeübten Rechte in Konkurrenz zu hinreichend ausgeübten Rechten stünden (Beispiele beim Buchverlag vgl. Rn. 14). Sind die **Erträgnisse** unbefriedigend, so muss das nicht an mangelnder Aktivität des Verwerters liegen. Eine zu niedrige Beteiligung kann der Urheber nur nach §§ 32, 32a, 32c (§ 132 Abs. 3) zu verbessern suchen. Rechte für bei Vertragsschluss **unbekannte Nutzungsarten** können seit 01.01.2008 durch den Urheber vergeben werden (§ 31a). Eine Ausübungslast gem. § 41 besteht für den Verwerter jedoch erst ab Bekanntheit, weil vorher keine Ausübung möglich ist. **Optionsverträge** (vgl. Vor §§ 31 ff. Rn. 311 ff.) können eine Ausübung darstellen, weil die (sperrende) Wirkung der Nutzungsrechte eingesetzt wird (zum Filmbereich vgl. Rn. 21).

4. Einzelfälle unzureichender Ausübung

a) Buch- und Kunstverlagswesen: Im Bereich des **Buch- und Kunstverlags- 14 wesens** reicht es i.d.R. nicht aus, die vereinbarte Zahl von Exemplaren zu drucken und sie im *Börsenblatt* oder im *Buchreport* anzuzeigen; wenn die Absatzlage es erfordert, müssen zusätzliche Werbemaßnahmen (Prospekt- druck, Anzeigen, Versand von Rezensionsexemplaren in größerem Umfang; Fernsehwerbung ist aber regelmäßig nicht angezeigt, siehe OLG München ZUM 1998, 154, 155) durchgeführt werden. Der Verleger darf den Schwer- punkt seiner Werbe- und Vermarktungsaktivitäten jedoch auf die Zeit unmit- telbar nach Erscheinen des Buches legen. Eine fortdauernd gleichbleibende Aktivität ist nicht erforderlich (OLG München ZUM 2008, 154, 155). Wird ein vergriffenes Werk nicht in angemessener Frist wieder neu aufgelegt, so ist das stets als unzureichende Ausübung des Nutzungsrechts anzusehen (so schon § 17 VerlG). Der bloße Umstand der Verramschung genügt hingegen noch nicht (OLG München ZUM 2008, 154, 155). In einigen Sonderfällen sind umfangreiche Vorbereitungen erforderlich, bevor das Werk erscheinen kann (z. B. bei Enzyklopädien, Werkverzeichnissen, Kommentaren usw.; OLG Frankfurt GRUR 1991, 601, 602 – *Werkverzeichnis*). Dort muss der Verleger die Vorbereitungen jedenfalls ohne schuldhaftes Zögern betreiben (s. § 15 VerlG). Auch hinsichtlich der **Nebenrechte** gilt Entsprechendes: Sorgt der Verleger, der sich das Übersetzungs-, Verfilmungs-, das Funk- und Fernseh- recht hat übertragen lassen, nicht für deren Verwertung, so kann der Urheber sie zurückrufen (OLG München ZUM 2008, 154, 155). Damit ist der vielfach geübte Brauch, sich zum Ausgleich des hohen Buchverlagsrisikos die Neben- rechte übertragen zu lassen, um bei erfolgreicher Weitergabe an Dritte eine Einnahme zu erzielen, nur in den Grenzen des § 41 möglich: Der Verleger muss etwas für die Nebenrechte tun, wenn er sich nicht der Gefahr des Rückrufs aussetzen will, zumal der Urheber sie auch getrennt vom Verlagsrecht zurück- rufen kann (vgl. Rn. 4). Allerdings kann die Ausübung von Haupt- oder Nebenrechten dann nicht gefordert werden, wenn den Urheber bei separater Vergabe eine Enthaltungspflicht träfe (vgl. Rn. 13). Beispielsweise muss das Hauptrecht nicht mehr ausgeübt werden, wenn es durch (konkurrierende) Nebenrechtsverwertungen ersetzt wurde; ein Vertrieb als Taschenbuch (Ne- benrecht) macht insoweit die Ausübung der Hardcoverrechte (Hauptrecht) überflüssig (LG München I GRUR-RR 2007, 195, 197 – *Romane von Tom. C. Boyle*). Die Ausübung der Taschenbuchrechte (Nebenrecht) kann nicht ver- langt werden, wenn die Hardcoverausgabe (Hauptrecht) noch vermarktet wird; für Remakerechte zur Verfilmung besteht innerhalb der Enthaltungs- pflicht des § 88 Abs. 2 (vgl. § 88 Rn. 89) keine Ausübungslast des Verwerters.

b) Werke der Musik: Bei Werken der Musik gehen die wichtigsten Nutzungs- 15 rechte regelmäßig schon bei der Schaffung des Werkes auf die VerwGes über, weil die Berechtigungsverträge eine entsprechende Vorausabtretung enthalten (vgl. § 6 WahrnG Rn. 6). Der Musikverleger kann sie nur dann erwerben, wenn der Urheber ausnahmsweise keiner VerwGes angeschlossen ist. Im Regelfall erwirbt er trotz gegenteiliger Formulierung in den üblichen Vertrags- mustern nur das graphische Vervielfältigungs- und Verbreitungsrecht sowie bestimmte Bearbeitungsrechte (Textübersetzung, Verfilmung). Als Surrogat für die bei der VerwGes liegenden Nutzungsrechte erwächst ihm, falls er – wie fast immer – der VerwGes ebenfalls angeschlossen ist, mit Abschluss des Musikverlagsvertrages ein Beteiligungsanspruch gegen diese in beachtlicher Höhe (Faustregel bei der GEMA: 1/3 am Aufführungs- und Senderecht, 40%

am mechanischen Vervielfältigungsrecht, für vor dem 01.01.1979 gemeldete Werke wurden noch 50% zugelassen). Die Einnahmen über die VerwGes sind zugleich die Haupteinnahmen aus der Verwertung des Werkes im Musikverlagsbereich. Der Notenvertrieb, das sog. „Papiergeschäft", spielt nur bei der ernsten Musik (E-Musik) und auch dort nur eine untergeordnete Rolle. Der Musikverlagsvertrag ist daher in erster Linie auf die Erzielung von Einnahmen aus den von der VerwGes wahrgenommenen Nutzungsrechten gerichtet. Hauptaufgabe des Musikverlegers ist es, die für eine Verwertung des Werkes im Wege der Aufführung, Sendung und Schallplattenaufnahme erforderlichen Verbindungen zu den in Betracht kommenden Musikverbraucherkreisen zu schaffen. Diese Feststellung hat der BGH (GRUR 1970, 40, 43 – *Musikverleger I*; GRUR 1974, 789, 790 – *Hofbräuhaus-Lied*) zwar zunächst nur für den Bereich der U-Musik (Unterhaltungs- und Tanzmusik) getroffen; sie gilt gleichwohl für alle Musikwerke, also auch für den Bereich der E-Musik, weil die Beteiligung des Musikverlegers an den Einnahmen der VerwGes hier wie dort gleich ist (ebenso *Budde* S. 49 m.w.N.).

16 Allerdings sind die zur Herstellung dieser Verbindungen erforderlichen Maßnahmen für den E- und U-Bereich unterschiedlich: Bei der **E-Musik** wird der Vertragszweck, also das Zustandekommen möglichst vieler Aufführungen, Sendungen und Aufnahmen des Werkes, vor allem dadurch erreicht, dass den Orchestern, Sendeanstalten und Tonträgerherstellern das Notenmaterial angeboten wird. Hier muss der Verleger also genügend Kopien des Werkes herstellen, und zwar in einer Form, die zur Benutzung im Orchester ohne weiteres geeignet ist. Die fotomechanische Vervielfältigung des Notenmanuskripts genügt dazu nur dort, wo dieses in Form und Qualität (Lesbarkeit) einer gedruckten Partitur entspricht (KG ZUM 1986, 470, 471). Der E-Musikverleger musste früher also i.d.R. drucken lassen; die heutige digitale Technik bietet allerdings auch andere gleichwertige Möglichkeiten (z.B. Print-On-Demand). Die Herstellung von Notenmaterial selbst ist heute ohnehin durch EDV sehr viel preiswerter geworden. Ob ein nennenswerter Verkauf oder eine häufige Vermietung der Noten erwartet werden kann, ist dabei für die Herstellungsverpflichtung ohne Bedeutung; die Kosten des Notenmaterials kann der Verleger über seine Beteiligung an den Einnahmen der VerwGes amortisieren. Darüber hinaus muss er das Werk propagieren, d. h. in geeigneter Form Dirigenten, Orchesterträgern, Sendern und Produzenten anbieten (*Budde* S. 52: Er muss „gezielte Kontakte in der Konzert- und Opernszene aufbauen"); er muss ferner geeignete Werbemaßnahmen unternehmen, wie Druck und Versand von Verlagskatalogen, Publikation von Verlagsnachrichten, Information der Öffentlichkeit über besondere Ereignisse wie Uraufführungen und Jubiläen, Versorgung der Öffentlichkeit mit biographischem Material über den Komponisten, Anzeigenwerbung in Fachzeitschriften. Er braucht die Noten aber nicht zu verschenken, kann sie vielmehr verkaufen oder vermieten (zum reversgebundenen Notenmaterial; vgl. Vor §§ 31 ff. Rn. 352 ff.).

17 Dagegen ist es im Bereich der **U-Musik** nach wie vor üblich, einfache Notenausgaben (Klavierauszüge), seltener auch SO-Ausgaben (Partituren für Salonorchester-Besetzung), in großer Zahl an Kapellenleiter, Programmgestalter, Schallplattenproduzenten u. a. Verwerter kostenlos zu verteilen, um so die Zahl der Aufführungen, Sendungen und Aufnahmen zu steigern. Daneben ist die direkte Propaganda bei den in Betracht kommenden Interessenten erforderlich, und zwar bei der U-Musik wegen ihrer Kurzlebigkeit mit noch größerer Intensität als im E-Bereich. Auch für die Verwertung im Ausland muss sich der Musikverleger einsetzen (*Budde* S. 54 f.).

Verwerter von „Konservenmusik" werden darüber hinaus mit Demobändern **18** oder Demo-CDs bemustert, d. h. ihnen werden verlagsseitig hergestellte Aufnahmen kostenlos zur Verfügung gestellt (*Budde* S. 58 m.w.N. in Fn. 210). Dasselbe gilt, wenn es schon eine industriell hergestellte MC oder CD gibt, auch für diese. Da die bloße Übersendung solchen Materials etwa an die zuständigen Redakteure der Rundfunk- und Fernsehsender kaum mehr brächte als eine Postwurfsendung an alle Haushaltungen, sind regelmäßige Rundreisen und persönliche Kontakte Verlagsbrauch geworden (*Budde* S. 56). Mit Recht betont BGH GRUR 1970, 40, 43 – *Musikverleger I*, dass es nicht genügt, wenn der Musikverleger das Werk im Katalog führt und die Noten dazu vorrätig hält; er muss auch aktiv tätig werden, um neuen Bedarf nach den bei ihm verlegten Werken zu wecken, wenn er sich nicht der Gefahr des Rückrufs aussetzen will. Wenig überzeugend erscheint es, wenn BGH GRUR 1974, 789 – *Hofbräuhaus-Lied* einem Urheber das Rückrufsrecht gegenüber einem Verlag verweigerte, der jede Geschäftstätigkeit eingestellt hatte, weil der Erfolg des Liedes unabhängig davon erhalten geblieben war; „ausüben" ist aber ein *Tätigkeitswort*. Ein anderer, tätiger Verlag hätte aus einem solchen Lied möglicherweise noch viel mehr gemacht. Diese Chance will § 41 dem Urheber gerade erhalten.

Vernachlässigt der Musikverleger die Ausübungslast zur **Herstellung und** zur **19** **Verteilung der Noten**, so erlischt mit dem Rückruf des Vervielfältigungs- und Verbreitungsrechts auch sein Beteiligungsanspruch aus der Verwertung der bei der VerwGes liegenden Rechte, weil dieser den Fortbestand des Musikverlagsrechts voraussetzt. Vernachlässigt der Musikverleger dagegen nur die sonstige Propagierung des Werkes bei Dirigenten, Sendern und Schallplattenfirmen, so betrifft diese „Nichtausübung" Nutzungsrechte, deren Inhaber er gar nicht ist, so dass § 41 dem Wortlaut nach nicht anwendbar wäre. Gleichwohl kann der Urheber auch in diesem Falle zurückrufen, weil der Musikverleger mit dem Beteiligungsanspruch gegen die VerwGes jedenfalls Inhaber eines diesen Nutzungsrechten entsprechenden Surrogats ist (so wohl auch BGH GRUR 1970, 40, 43 – *Musikverleger I*, der als Grund zum Rückruf anerkennt, dass der Verleger die Werke „nicht gefördert" habe).

Hat der Musikverleger von **mehreren Werken** eines Urhebers einige ausrei- **20** chend gefördert, andere nicht, so kann der Rückruf nur für die letzteren erklärt werden; allenfalls kommt eine Kündigung des ganzen Kataloges aus wichtigem Grunde wegen Verletzung der Ausübungspflicht (vgl. Vor §§ 31 ff. Rn. 41 ff.) in Betracht (BGH GRUR 1973, 328, 330 – *Musikverleger II)*, etwa wenn er die vernachlässigten Werke nur zusammen mit den übrigen bei einem anderen Verleger unterbringen kann, der sich dann für alle einzusetzen bereit wäre, und ihm aus diesem Grunde die Fortsetzung des bisherigen Vertrages nicht zuzumuten ist. Näheres zum Kündigungsrecht vgl. Vor §§ 31 ff. Rn. 121 ff.

c) Bühne, Rundfunk, Film: Die zureichende Ausübung der Nutzungsrechte **21** durch den **Bühnenvertrieb** erfordert, dass er das ihm anvertraute Werk immer wieder anbietet, und zwar nicht nur in Prospekten, Katalogen und Hauszeitschriften, sondern auch durch persönliche Kontaktaufnahme, und dass er, soweit erforderlich, Neuauflagen, moderne Übersetzungen usw. veranstaltet (LG München I UFITA 90 (1981), 227, 230). Beim **Rundfunk** ist vor allem die mangelnde Wiederholung der Ausstrahlung als Nichtausübung des Nutzungsrechts anzusehen. Im **Filmbereich** ist für die Ausübung auf den Beginn der Nutzungshandlungen (§§ 15 bis 23) abzustellen. Eine Bearbeitung des Filmstoffes durch Verfilmung nach § 23 S. 2 setzt einen Drehbeginn voraus (vgl.

§§ 23/24 Rn. 18); jedoch ist gem. § 90 S. 2 ab Drehbeginn § 41 im Filmbereich ausgeschlossen (vgl. § 90 Rn. 11 f.). Das gilt auch für danach erfolgende andere Nutzungshandlungen wie Vervielfältigung, Verbreitung, Sendung, öffentliche Zugänglichmachung des Films etc. Demnach kommt im Filmbereich grds. nur eine Nicht-Ausübung in Betracht. Die Vergabe von Optionen zur Verfilmung von Stoffen im Vorfeld des § 90 S. 2 kann eine Ausübung sein (vgl. Rn. 13). Keine Nutzungshandlung sind Bemühungen des Produzenten um eine Finanzierung, Eingehen von Verpflichtungen gegenüber Filmurhebern (Regisseur etc.) und Schauspielern, weil ein Einsatz der Nutzungsrechte nicht ersichtlich ist (offen LG München I ZUM 2007, 758, 760 – *Rückruf von Verfilmungsrechten*); da solche Bemühungen jedoch häufig sehr zeitintensiv sind, sind dem Produzenten großzüge Ausübungsfristen (vgl. Rn. 28) bzw. Nachfristen (vgl. Rn. 31) zu gewähren.

22 **d) Anpassung an veränderte Nutzergewohnheiten; Vorgehen gegen Verletzungshandlungen:** Die grundlegende Veränderung der Nutzergewohnheiten durch die technischen Neuerungen der letzten beiden Jahrzehnte hat eine weitere Fallgruppe der unzureichenden Werknutzung zu einer Bedeutung gelangen lassen, die sie früher nie hatte – eben die **mangelnde Anpassung der Werknutzung an die veränderten Nutzergewohnheiten** seitens des Nutzungsberechtigten (Dreier/Schulze/*Schulze*[2] Rn. 16). Ein wichtiges Beispiel ist die öffentliche Zugänglichmachung auf individuellen Abruf über das **Internet**, das gegenüber körperlicher Verbreitung wegen des geringen Material- und Distributionsaufwandes eine sehr preiswerte Möglichkeit der Nutzung darstellt. Erforderlich ist jedoch, dass der Verwerter die relevanten Rechte besitzt (siehe auch § 137l). Keine gesonderte Rechtseinräumung ist für die Eigenwerbung im Internet auf individuellen Abruf erforderlich (vgl. § 31 Rn. 64), so dass dies im Regelfall heute auch für Altverträge zu fordern sein wird. Wer das alles „verschläft", macht in dieser modernen Welt keinen zureichenden Gebrauch von den ihm anvertrauten Nutzungsrechten. Eine unzureichende Ausübung des Nutzungsrechts ist ferner dann gegeben, wenn der Verwerter es unterlässt, **gegen Verletzungshandlungen** einzuschreiten (Möhring/Nicolini/*Spautz*[2] Rn. 3a; Schricker/*Schricker*[3] Rn. 14; Wandtke/Bullinger/*Wandtke*[2] Rn. 12; *Ulmer*[3] S. 374).

5. Berechtigtes Interesse des Urhebers

23 Der Urheber hat stets ein erhebliches **persönlichkeitsrechtliches und verwertungsrechtliches Interesse** (vgl. Rn. 1) daran, dass sein Werk in allen denkbaren Nutzungsarten verwertet wird (*Mestmäcker/Schulze* Rn. 2). Die weitere Voraussetzung für das Bestehen eines Rückrufsrechts, dass berechtigte Interessen des Urhebers erheblich verletzt sein müssten, hat deshalb nicht etwa die Bedeutung einer zusätzlichen Erschwerung des Rückrufsrechts, sondern dient nur als Sicherung gegen einen Missbrauch der Urheberbefugnis (RegE UrhG – BT-Drucks. IV/270, S. 60). I.a.R. folgt aus der Tatsache der unzureichenden Ausübung des Nutzungsrechts bereits die Verletzung erheblicher berechtigter Interessen des Urhebers (BGH GRUR 1970, 40, 43 – *Musikverleger I*; OLG Frankfurt GRUR 1991, 601, 602 – *Werkverzeichnis*; LG München I ZUM 2007, 758, 760 – *Rückruf von Verfilmungsrechten*). Nur in besonders gelagerten Einzelfällen kann das Interesse des Urhebers so gering sein, dass es ein Rückrufsrecht nicht rechtfertigt. Das wird insb. diskutiert für **Werke der kleinen Münze**, also an der Grenze der Schutzfähigkeit nach § 2 (kurze Gebrauchstexte wie z.B. Bedienungsanleitungen, Gebrauchsgrafik etc.), je-

doch zumeist darauf verwiesen, dass auch Rechte an solchen Werken zurückgerufen werden könnten und eher eine eingeschränkte Auslegung der unrei-
chenden Ausübung erfolgen müsse (Dreier/Schulze/*Schulze*[2] Rn. 17; Wandtke/
Bullinger/*Wandtke*[2] Rn. 15; Schricker/*Schricker*[3] Rn. 15). Jedoch kann gerade
der Rückruf von Werken der kleinen Münze missbräuchlich sein, wenn eine
Beeinträchtigung von ideellen und verwertungsrechtlichen Interessen des Urhebers nicht ersichtlich ist wie z.B. bei einem Text für eine Bedienungsanweisung einer Motorsäge, die auf das Produkt zugeschnitten ist und für andere
Produkte nicht einsetzbar wäre. Einzubeziehen sind auch **berechtigte Interessen von Miturhebern, Urhebern verbundener Werke** sowie **Inhaber sonstiger
Rechte**, deren Ausübung vom Rückruf betroffen sind (ausführlich vgl. Rn. 39).

6.   Einwendung des Verwerters aus Abs. 1 Satz 2

Die einzige Einwendung, die der Verwerter zur Entkräftung des Vorwurfs der **24**
unzureichenden Ausübung vorbringen kann, ist die des Abs. 1 Satz 2: Nur
wenn die objektiv bereits feststehende Unzulänglichkeit der Nutzung überwiegend auf Umständen beruht, deren Behebung dem Urheber zuzumuten ist,
ist ein Rückruf ausgeschlossen. Die Begr. (RegE UrhG – BT-Drucks. IV/270,
S. 60) nennt als Beispiel hierfür den Fall, dass das Werk wegen veränderter
Umstände nicht herausgebracht werden kann, es dem Urheber aber leicht ist,
das Werk den veränderten Umständen anzupassen.

Dabei kann wohl kaum an den Fall gedacht worden sein, dass die Darstellung **25**
wissenschaftlicher Inhalte wegen einer **Veränderung des Erkenntnisstandes**
oder der sonstigen Sach- oder Rechtslage überholt sei. In Fällen solcher Art
kann ein berechtigtes Interesse des Autors durch das Unterbleiben der weiteren
– unveränderten – Verwertung seines Werkes nicht verletzt sein; im Gegenteil
entspricht dessen Korrektur gerade seinem Interesse. Offenbar hat der Gesetzgeber von 1965 vor allem daran gedacht, dass der Publikumsgeschmack sich
im Laufe der Schutzdauer wandelt und dass demnach eine Neubearbeitung des
Werkes angezeigt erscheint. Gerade in diesen Fällen ist aber Vorsicht geboten.
Was dem Verwerter als zweckmäßige Modernisierung erscheint, ist in den
Augen des Urhebers oder seiner Erben möglicherweise eine Verkitschung des
Werkes oder wenigstens eine Entwürdigung des Andenkens seines Schöpfers.
Nicht immer ist zudem der Geschmack des Publikums von Bestand; was heute
modern ist, ist morgen modernd. Eine Neubearbeitung des Werkes wegen
veränderten Publikumsgeschmacks wird deshalb nur ausnahmsweise dem
Urheber im Sinne von Abs. 1 Satz 2 zugemutet werden können, etwa weil es
sich um einen heute allgemein als anstößig empfundenen Text handelt (z. B.
eine Verherrlichung des Krieges oder der nationalen Eroberungspolitik), oder
weil die heutige Lesergeneration so weitgehend andere Lebensauffassungen
hat, dass sie die im Werk dargestellten Ereignisse und Zusammenhänge nicht
mehr verstünde, oder weil neue wissenschaftliche Erkenntnisse bestehen, die
im Ursprungswerk noch nicht berücksichtigt werden konnten.

Ist das Werk nur deshalb nicht verwertbar, weil seine **Verwertung gegen** **26**
Rechtsnormen verstoßen würde, so muss sich der Urheber auch das entgegen-
halten lassen. Deshalb hat z. B. der Autor, in dessen Werk **ehrenrührige
Behauptungen** über Dritte aufgestellt werden, kein Rückrufsrecht, wenn der
Verleger mit Rücksicht auf die drohenden Schadensersatzansprüche von einer
Verbreitung Abstand nimmt. Der Verwerter kann in solchen Fällen meist,
wenn er dies für angezeigt hält, seinerseits mit Rücksicht auf § 39 Abs. 2
Änderungen vornehmen, ist dazu aber nicht verpflichtet (vgl. § 39 Rn. 4).

Auch besteht eine Einwendung des Verwerters, wenn der Urheber die **Rechte anderweitig vergeben** hat (sofern die Einräumung nicht an VerwGes erfolgte, vgl. Rn. 15 ff.). Schließlich dürfte es auch für Abs. 1 S. 2 ausreichend sein, wenn der **Urheber** nachhaltig das **Bestehen einer wirksamen Rechtseinräumung** an den Nutzungsrechtsinhaber **bestreitet**, selbst wenn dies im Ergebnis nicht zutreffend sein sollte; beispielsweise ein Urheber, der unberechtigt den Rückruf nach § 41 erklärt, setzt damit einen sachlichen Grund für den Nutzunsrechtsinhaber, nicht zu verwerten (LG München I ZUM 2007, 758, 761 – *Rückruf von Verfilmungsrechten*).

7. Fristen der Ausübung des Rückrufsrechts

27 a) **Nutzungsfrist (Abs. 2):** Die Fristen des Abs. 2 rechnen grds. von der Einräumung bzw. Übertragung des Nutzungsrechts an (d. h. meist ab Vertragsschluss). Nur wenn das Werk erst nach der Einräumung bzw. Übertragung abgeliefert wurde, beginnt die Frist erst mit dem Ablieferungstag. I.d.R. beträgt die Frist 2 Jahre. Bei Zeitschriften, die in einem Abstand von mehr als einem Monat erscheinen (z. B. zweimal vierteljährlich, vierteljährlich, halbjährlich usw.), beträgt sie – wie bei § 45 VerlG – ein Jahr, bei Zeitschriften mit kürzeren Erscheinungszeiten 6 Monate und bei Zeitungen nur 3 Monate (Zum Zeitungsbegriff vgl. § 38 Rn. 17).

28 Bei Werken, deren Produktion zeitraubende Vorbereitungen erfordert, wie Enzyklopädien, Werkverzeichnisse, Kommentare, Kinofilme usw., kann die Frist auch erheblich länger sein, jedoch mit Rücksicht auf Abs. 4 S. 2 äußerstenfalls 5 Jahre (weitgehender OLG Frankfurt GRUR 1991, 601, 602 – *Werkverzeichnis*, wo nach 7 Jahren das Erscheinen des Buches noch immer nicht abzusehen war). In Fällen dieser Art entspricht die Frist – innerhalb des 5-Jahres-Zeitraums – derjenigen, die ein ohne schuldhaftes Zögern tätiger Verwerter benötigt.

29 Ist dem Verwerter schon vor Ablauf der Nutzungsfrist des Abs. 2 die Ausübung seines Rechts **dauernd unmöglich** geworden, oder **verweigert** er die Ausübung **endgültig,** so muss ein Rückruf auch schon vor Fristablauf zulässig sein. Es würde gegen Treu und Glauben verstoßen, wenn der Verwerter den Urheber an der anderweitigen Verwertung seines Werkes, sei es auch nur auf Zeit, hindern wollte, obwohl feststeht, dass er selbst die Verwertung nicht durchführen kann oder will. Dauernd unmöglich ist die Verwertung, wenn sie mit an Sicherheit grenzender Wahrscheinlichkeit nicht mehr vor Ablauf der Nutzungsfrist des Abs. 2 und einer angemessenen Nachfrist (vgl. Rn. 9) stattfinden kann. Endgültig ist eine Weigerung, die entweder unbeschränkt oder für einen Zeitraum ausgesprochen wird, der den Rest der Nutzungsfrist des Abs. 2 und eine angemessene Nachfrist umfasst (vgl. Rn. 31 ff.).

30 Im Falle einer **Übertragung** des Nutzungsrechts (vgl. § 34 Rn. 8 ff.) beginnen die Fristen des Abs. 2 jeweils **neu zu laufen.** Damit ist sichergestellt, dass auch der neue Verwerter ausreichend Zeit zur Ausübung des Nutzungsrechts hat. Ob es sich um die Übertragung des vollen ausschließlichen Nutzungsrechts oder nur die **Einräumung** eines beschränkten Rechts (§§ 31, 35) handelt, ist gleichgültig; auch der Subverleger, der ein auf Frankreich begrenztes ausschließliches Nutzungsrecht aus §§ 16, 17 hat, kann die Nutzungsfrist des Abs. 2 beanspruchen. Gegen eine Verschleppung der Verwertung durch Weiterübertragung kurz vor Fristablauf kann sich der Urheber dadurch schützen, dass er die erforderliche Zustimmung (§§ 34, 35) verweigert (RegE UrhG –

BT-Drucks. IV/270, S. 60). Gegen eine wiederholte Weiterübertragung (und die damit verbundene ständige Verlängerung der Frist) ist der Urheber nicht deshalb geschützt, weil die Zustimmung, wenn nicht anders vereinbart, mit dem ersten Übertragungsakt verbraucht wäre (vgl. § 34 Rn. 38; a.A. Voraufl./ *Wilhelm Nordemann* Rn. 8). Auch kommt nicht in Betracht, dass die Frist bei Weiterübertragungen nur dann erneut läuft, wenn der Urheber ausdrücklich zugestimmt hat (so HK-UrhR/*Kotthoff* Rn. 10), weil dafür jeder Anhalt im Wortlaut des § 41 fehlt (wie hier Schricker/*Schricker*[3] Rn. 18, Dreier/Schulze/ *Schulze*[2] Rn. 23). Hat er die Zustimmung im Voraus erteilt, muss er die sich daraus ergebenden Nachteile tragen, falls nicht ein **Missbrauch** vorliegt, dem über §§ 242, 826 BGB zu begegnen ist (Schricker/*Schricker*[3] Rn. 18 a. E., Dreier/Schulze/*Schulze*[2] Rn. 23). Ein Missbrauch liegt nahe, wenn eine Übertragung erst nach Ablauf der Wartefrist und nach Nachfristsetzung durch den Urheber gem. Abs. 3 erfolgt (Dreier/Schulze/*Schulze*[2] Rn. 23). **Übertragungen innerhalb eines Konzerns** sind nicht pauschal als irrelevant zu betrachten (so aber Dreier/Schulze/*Schulze*[2] Rn. 23); vielmehr ist zu differenzieren: Liegt lediglich eine Umgehung des Abs. 2 (und ggf. des Abs. 4) vor, sind sie auszublenden. Arbeiten die Konzernunternehmen in der Praxis unabhängig von einander und ist die Übertragung deshalb einer Übertragung an einen unabhängigen Dritten vergleichbar, beginnen die Fristen erneut zu laufen.

b) Nachfrist (Abs. 3): Nach Ablauf der in Abs. 2 bestimmten Fristen steht dem **31** Verwerter noch eine angemessene Nachfrist zu (Abs. 3). Sie muss ihm – formlos – vom Urheber bestimmt werden, und zwar mit der **ausdrücklichen Erklärung,** dass innerhalb der Nachfrist das Nutzungsrecht nunmehr hinreichend ausgeübt werden müsse. In der Praxis dürfte sich Streit vor allem an der Frage entzünden, was **angemessen** ist. Für angemessen halten wir eine Frist, die ausreicht, um unter den durchschnittlichen Bedingungen, wie sie in der Branche herrschen, die vorgesehene Nutzung des Werkes ordnungsgemäß herbeizuführen (objektiv), und zwar einschließlich einer gewissen Planungs- und Überlegungsfrist. Für die Nutzung des Verfilmungsrechts wird demnach je nach Projekt i.d.R. eine Nachfrist von einem Jahr bis 5 Jahren (aufwändige Spielfilme mit komplexer Finanzierung) zu geben sein (a.A. LG München I ZUM 2007, 758, 761 – *Rückruf von Verfilmungsrechten*; Dreier/Schulze/ *Schulze*[2] Rn. 27: nur ein Jahr). Für die Vervielfältigung und Verbreitung von Sprach- oder Kunstwerken in Buchform sowie von Noten und für Bühnenaufführungen wird i.d.R. ein Jahr, für Funksendungen, Schallplattenaufnahmen und Konzertaufführungen ein halbes Jahr ausreichen (*Budde* S. 78; a.A. Voraufl./*Wilhelm Nordemann* Rn. 8: ein viertel Jahr; dem folgend Dreier/ Schulze/*Schulze*[2] Rn. 27).

Die Fristen **können** von Fall zu Fall und auch jahreszeitlich **schwanken:** Die **32** einem Buchverleger zu gewährende Nachfrist muss so bemessen sein, dass er in der Lage ist, das Werk zu einer **verkaufsgünstigen Zeit** herauszubringen (zur Frühjahrs- oder Herbstmesse, nicht etwa zum Weihnachtsgeschäft, da dieses im Wesentlichen schon auf der Herbstmesse abgewickelt wird). Die heute vielfach bestehenden Lieferschwierigkeiten braucht der Urheber nicht noch besonders zu berücksichtigen, wenn er von dem in der obigen Definition genannten Begriff der Durchschnittsbedingungen ausgeht, da diese dort bereits ihren Niederschlag gefunden haben. Schon erfolgte **Vorbereitungshandlungen** sind nicht zu Lasten des Verwerters zu berücksichtigen; sonst steht der völlig untätige Verwerter besser als der, der sich schon bemüht hat (a.A. LG München I ZUM 2007, 758, 761 – *Rückruf von Verfilmungsrechten*). Allgemein sollte man in der Bemessung der Fristen nicht allzu kleinlich sein, um einem verwertungswilligen Nutzungsberechtigten nicht die Möglichkeit der Ausübung des Rechts zu nehmen. Die Nachfrist darf allerdings nicht länger als die ursprüngliche Nutzungsfrist des Abs. 2 sein.

33 Hat der **Urheber** die Nachfrist **zu kurz bemessen**, so ist die Fristsetzung nicht etwa ungültig. Vielmehr verlängert sich die Nachfrist automatisch bis zu dem Endzeitpunkt, der angemessen ist (LG München I ZUM 2007, 758, 761 – *Rückruf von Verfilmungsrechten*; allg.M., siehe *Budde* S. 79 Fn. 309 m.w.N.). Sonst würde dem Urheber das Risiko für die Beurteilung von Umständen aufgebürdet, die er möglicherweise gar nicht übersehen kann. Beispiel: eine besonders lange Frist ist aus Konkurrenzgründen oder wegen sonstiger Marktverhältnisse angemessen, wovon der Autor naturgemäß nichts weiß. Allerdings muss richtigerweise zu Lasten des Urhebers berücksichtigt werden, wenn er eine zu kurze Frist setzt und sogleich nach deren Ablauf klagt, weil der Verwerter dann einer so großen Unsicherheit ausgesetzt ist, dass ihm eine Ausübung nicht mehr zuzumuten ist (LG München I ZUM 2007, 758, 761 – *Rückruf von Verfilmungsrechten*).

34 c) **Entbehrlichkeit der Nachfrist (Abs. 3 S. 2 et al.):** Keine Nachfrist ist in den Fällen des Abs. 3 S. 2 vorgeschrieben. Dabei handelt es sich um Ausnahmeregelungen, die demgemäß eng auszulegen sind. Im Zweifel ist hier gegen den Urheber und zu Gunsten einer Nachfrist für den Verwerter zu entscheiden.

35 **Seinem Inhaber unmöglich** ist die Ausübung des Nutzungsrechts im Falle seines persönlichen Unvermögens (§ 275 BGB); dass ihn daran eine Schuld trifft, wird vom Gesetz nicht gefordert. Unvermögen liegt bei Stilllegung des Betriebs vor (Schricker/*Schricker*³ Rn. 20), also bei behördlicher Schließung, Geschäftsauflösung, Tod des Nutzungsberechtigten (bei persönlicher Inhaberschaft) und fehlender Nachfolge, Krieg und entsprechenden Ereignissen, aber auch im Falle der Eröffnung des Insolvenzverfahrens (nicht erst bei dessen Abschluss, wie OLG München ZUM 1994, 360, 361 meint; solche Verfahren pflegen länger zu dauern, als je eine Nachfrist dauern könnte; wie hier OLG Köln ZUM-RD 2005, 333, 334). Die Setzung einer Nachfrist kann schließlich auch ein Streik entbehrlich machen, der die Drucklegung verhindert (wichtig bei Beiträgen zu Zeitungen und Zeitschriften), allerdings nur dann, wenn die Nutzungsfrist des Abs. 2 bereits abgelaufen ist. Keine Probleme bietet der Fall, dass der Berechtigte die Ausübung seines Rechts **verweigert.** Verweigert er sie vor Ablauf der Nutzungsfrist, so kommt es darauf an, ob die Weigerung endgültig oder nur für die Zeit bis zum Ablauf der Nutzungsfrist ausgesprochen wurde (vgl. Rn. 29).

36 Die größten Schwierigkeiten dürfte in der Praxis der Fall verursachen, dass **überwiegende Interessen des Urhebers gefährdet** werden. Hier wird dem Richter eine Güter- und Interessenabwägung zugewiesen, die je nach Lage des Einzelfalles unterschiedlich zu sein hat. Jedenfalls muss das Interesse des Urhebers an der Nichtgewährung der Nachfrist dasjenige des Verwerters, noch eine Nachfrist zu erhalten, „überwiegen"; es muss also größer sein als das des Verwerters. Abs. 3 S. 2 ist eine Ausnahmevorschrift und daher eng auszulegen. I.d.R. wird das Interesse des Urhebers auch dann genügend gewahrt, wenn der Verwerter eine Nachfrist erhält. Nur wo im Einzelfall ein besonderes Interesse des Urhebers daran besteht, sein Werk möglichst schnell anderweitig verwerten zu können, kann ein Fall des Abs. 3 S. 2 vorliegen. Dies kann z. B. zutreffen bei rasch veraltenden Werken wie Kabaretttexten, Zeitungsartikeln usw. Doch geht der Gesetzgeber auch hier von dem Regelfall der Gewährung einer Nachfrist aus; den normalen Bedürfnissen derartiger schnelllebiger Produkte hat er schon durch die Verkürzung der Fristen des Abs. 2 Rechnung getragen (schriftl. Bericht zu BT-Drucks. IV/3401, S. 5 f.).

Eine Nachfrist ist ferner im Falle des § 45 VerlG entbehrlich, der weitergilt **37** (vgl. Rn. 52). Danach kann, wenn ein Beitrag zu einem Sammelwerk im Sinne des § 41 VerlG (**Zeitungen, Zeitschriften und sonstige periodische Sammlungen**) nicht innerhalb eines Jahres nach Ablieferung erschienen ist, ohne Nachfristsetzung „gekündigt", d. h. der Rückruf erklärt werden. Endlich ist die Nachfristsetzung entbehrlich, wenn der Verwerter die Ausübung des Nutzungsrechts erst für einen **Zeitpunkt ankündigt**, der **außerhalb der zu setzenden Nachfrist** läge (BGH NJW 1984, 48, 49 für einen Fall des § 327 BGB).

8.   Ausübung des Rückrufsrechts (Abs. 5)

Der Rückruf wird, wenn die Voraussetzungen des Abs. 1 vorliegen, die Frist **38** des Abs. 2 eingehalten wurde und auch die gesetzte Nachfrist aus Abs. 3 S. 1 ergebnislos verstrichen ist bzw. wegen Abs. 3 S. 2 nicht gewährt zu werden brauchte, **mit dem Zugang** der Rückrufserklärung an den Verwerter wirksam. Das ist bei mündlichen oder telefonischen Erklärungen sofort, sonst dann der Fall, wenn die Erklärung in den Herrschaftsbereich des Empfängers gelangt ist, so dass er davon Kenntnis nehmen konnte, wenn er es wollte (siehe Rspr. zu § 130 BGB). Auch ansonsten gelten die Vorschriften des BGB für einseitige Willenserklärungen. Insb. kann der Rückruf nach § 174 BGB zurückgewiesen werden, wenn er durch einen anwaltlichen Vertreter ohne Vorlage der Vollmachtsurkunde ausgesprochen wurde. Eine nicht als „Rückruf" bezeichnete Erklärung kann in einen Rückruf **umgedeutet** werden, solange damit keine Rechtsunsicherheit verbunden ist (BGH GRUR 1970, 40, 43 – *Musikverleger I*, Umdeutung einer „Kündigung" in einen Rücktritt). Bei **Miturheberschaft** (§ 8) bzw. **verbundenen Werken** (§ 9) kann ein Rückruf nur durch alle gemeinsam ausgesprochen werden. Für § 8 ergibt sich das aus der Natur der Rechtsbeziehung nach § 8 (*Budde* S. 31 ff.; Schricker/*Schricker*³ Rn. 23), bei verbundenen Werken aus §§ 705, 709 Abs. 1 BGB (vgl. § 9 Rn. 20, 28). Insoweit ist nicht ersichtlich, weshalb für den Rückruf etwas anderes als für die Kündigung gelten sollte (zur Kündigung: BGH GRUR 1982, 743 – *Verbundene Werke*; BGH GRUR 1982, 41 – *Musikverleger III*; OLG Frankfurt ZUM 2003, 957, 959). Ein Vertragspartner kann Vertretungsmacht von den anderen Berechtigten erhalten. In Fällen des § 9 kann ein Urheber ausnahmsweise dann alleine zurückrufen, wenn ihm abweichend von § 709 Abs. 1 BGB ein alleiniges Geschäftsführungsrecht zugebilligt wurde (BGH GRUR 1982, 743, 744 – *Verbundene Werke*), was in der Praxis aber kaum vorkommt. Ggf. muss die Mitwirkung durch Klage auf Einwilligung durchgesetzt werden (dazu im Fall des § 9 BGH GRUR 1982, 743, 744 – *Verbundene Werke*).

Ausübungsbeschränkungen können auch außerhalb von § 8 und § 9 bei einer **39** **Gesamtheit von Werken** bestehen. Die Regelung des § 31a Abs. 3 (Ausübung bei Gesamtheit von Werken nicht wider Treu und Glauben, vgl. § 31a Rn. 72 ff.) ist analog auch auf den Rückruf nach § 41 anzuwenden. Dagegen spricht systematisch nicht, dass der Gesetzgeber in § 90 die Rechte aus § 41 im Filmbereich mit Rücksicht auf derartige Konstellationen bereits eingeschränkt hat. Auch § 31a Abs. 3 gilt nicht im Filmbereich (§ 88 und § 89, dort jeweils Abs. 1 S. 2). Die Konstellation des § 31a Abs. 3 (Rechteblockade) kann bei § 41 auch außerhalb des Filmbereichs auftreten, insb. bei aufgenommenen Tonträgern, Hörbüchern, Zeitschriften. Das gilt insbesondere, wenn man einen automatischen Rechterückfall an den Urheber bei Rückruf nach § 41 annimmt (str., vgl. Rn. 40). Allerdings wiegt das berechtigte Interesse des Urhebers bei fehlender oder unzureichender Ausübung im Regelfall durchaus schwer.

9. Rechtsfolgen

40 Mit Wirksamwerden **erlischt** das Nutzungsrecht (Abs. 5). Das heißt nicht etwa, dass es endgültig untergegangen wäre und demnach auch dem Urheber nicht mehr zustünde. Der Gesetzgeber wollte es vielmehr an den Urheber zurückgeben, wie schon der Ausdruck „Rückruf" sagt. Es liegt also ein **Heimfall** des Nutzungsrechts vor (vgl. Vor §§ 31 ff. Rn. 188 ff.). Das Abstraktionsprinzip gilt nicht, d.h. das zurückgerufene Nutzungsrecht **fällt automatisch** an den Urheber **zurück**, ohne dass es einer Rückübertragung bedürfte (str., vgl. § 31 Rn. 30 ff.). Vom zurückgerufenen Nutzungsrecht abgeleitete Rechte (**Enkelrechte** etc.) fallen ebenfalls an den Urheber (str., vgl. § 31 Rn. 34); auf die Wirksamkeit der Einräumung der abgeleiteten Rechte als Behaltensgrund kommt es nicht an. Auch speziell für § 41 gibt es keinen Schutz abgeleiteter Rechte (a.A. OLG Köln ZUM 2006, 927, 929 – *Reifen Q*), weil § 11 S. 2 entgegensteht und § 33 S. 2 keine Anwendung findet (vgl. § 31 Rn. 32).

41 Die getrennte Beurteilung der in einem einheitlichen Vertrag eingeräumten einzelnen Nutzungsrechte findet ihre Grenze bei § 139 BGB. Wenn und soweit anzunehmen ist, dass die verbleibenden Rechte nicht ohne das zurückgerufene Recht eingeräumt worden wären, werden diese von dessen Rückruf miterfasst. Es ist danach Auslegungsfrage, ob der Rückruf des Hauptrechts die Nebenrechte auch erfasst (a.A. Voraufl./*Wilhelm Nordemann* Rn. 2: stets Rückfall auch der Nebenrechte). Der Urheber kann über dies bei Rückruf ausdrücklich bestimmen, dass er nur bestimmte Rechte zurückruft. Wenn nicht die Gesamtheit der dem Verwerter eingeräumten Nutzungsrechte vom Rückruf umfasst ist, dessen Gegenstand vielmehr nur ein bestimmtes Nutzungsrecht oder die Gesamtheit der Rechte an einem von mehreren Vertragswerken ist, bleibt das Vertragsverhältnis als solches im Übrigen bestehen.

42 Mit dem Wirksamwerden des Rückrufs **endet** auch der zugrundeliegende **schuldrechtliche Vertrag**, und zwar *ex nunc* (allg.M. siehe Schricker/*Schricker*[3] Rn. 24 m.w.N.).

10. Entschädigung des Verwerters (Abs. 6)

43 Wenn und soweit es der Billigkeit entspricht, hat der Urheber den Inhaber des ausschließlichen Nutzungsrechts zu entschädigen (Abs. 6). Der Gesetzgeber hat es hier (anders als bei § 42) ausdrücklich abgelehnt, die Vorauszahlung einer etwaigen Entschädigungssumme oder auch nur eine Sicherheitsleistung durch den Urheber vorzusehen, weil sonst nur vermögende Autoren von dem Rückrufsrecht des § 41 Gebrauch machen könnten (RegE UrhG – BT-Drucks. IV/270, S. 60). Auch ein **Leistungsverweigerungsrecht** steht dem Verwerter nicht zur Seite. Es hätte keinen Sinn, da das Erlöschen des Nutzungsrechts mit dem Wirksamwerden des Rückrufs eintritt (Abs. 5). **Drittentschädigungen** für Personen, denen gegenüber der Urheber nicht zurückruft, die jedoch mittelbar davon betroffen sind, gewährt § 41 nicht (Dreier/Schulze/*Schulze*[2] Rn. 10; Wandtke/Bullinger/*Wandtke*[2] Rn. 31; Schricker/*Schricker*[3] Rn. 25). Zur Vereinbarungen über Abs. 6 vgl. Rn. 50.

Der Ermessensspielraum des Richters bei der Prüfung der Entschädigungs- **44**
pflicht des Urhebers aus Abs. 6 ist besonders groß: Er wird das Verhalten des
Urhebers und des Nutzungsberechtigten zu werten haben und prüfen müssen,
ob dem Urheber nach dem Rechtsempfinden aller billig und gerecht Denkenden die Zahlung einer Entschädigung zuzumuten ist. Die Begr (RegE UrhG –
BT-Drucks. IV/270, S. 60) führt als Beispiel für eine denkbare Entschädigungspflicht an, dass der Verwerter für den Erwerb des Rechts ein Entgelt gezahlt
oder im Vertrauen auf sein Recht bereits Aufwendungen gemacht habe. In
beiden Fällen wird die Billigkeitsprüfung jedoch nur ausnahmsweise zu einer
Entschädigung führen.

Immerhin hat der Urheber i.d.R. dem Verwerter für das gezahlte Entgelt ein **45**
Nutzungsrecht über 2 Jahre lang ausschließlich zur Verfügung gestellt. Er hätte
es in der Zwischenzeit möglicherweise anderweitig viel besser verwerten lassen
können. Das Entgelt, das der Verwerter gezahlt, oder die Aufwendungen, die er
gehabt hat, sind also i.d.R. durch die ausschließliche Bereitstellung des Nutzungsrechts für ihn über einen längeren Zeitraum hinweg abgegolten. Beide
Fälle sind der Zahlung für eine Option vergleichbar (vgl. Vor §§ 31 ff.
Rn. 31 ff.).

Im Rahmen der vom Gericht anzustellenden Billigkeitserwägungen wird da- **46**
gegen zu berücksichtigen sein, ob der Verwerter etwa **unverschuldet** oder gar
durch höhere Gewalt an der rechtzeitigen Ausübung seines Nutzungsrechts
gehindert war, diese Behinderung aber in Zukunft nicht mehr bestanden hätte.
Eine Entschädigung sollte grds. dann nicht gewährt werden, wenn der Verwerter die Ausübung seines Rechts vorsätzlich oder fahrlässig, d. h. schuldhaft,
unterlassen hat (z. B. sie ausdrücklich verweigert) oder wenn ihm die Ausübung dauernd unmöglich ist. Im ersten Fall muss er sich sein eigenes Verschulden anrechnen lassen (OLG München ZUM-RD 1997, 451, 453 – *Fix
und Foxi*; Schricker/*Schricker*[3] Rn. 25), im zweiten Falle entsteht ihm kein
Verlust, für den er entschädigt werden könnte.

Da es sich um eine billige und nicht etwa um eine angemessene Entschädigung **47**
handeln soll, wie sie z. B. § 42 Abs. 3 fordert, sind auf ihre Ermittlung die
Grundsätze des allgemeinen Schadensersatzrechts nicht anwendbar (allg.M;
Schricker/*Schricker*[3] Rn. 25). Der Schaden, der dem Verwerter durch den
Rückruf entsteht, ist vielmehr nur ein Anhaltspunkt für die Abwägung der
beiderseitigen Interessen im Rahmen der Billigkeitsprüfung.

11. Abweichende Vereinbarungen

Der Urheber kann auf das Rückrufsrecht nicht **im Voraus verzichten** (**Abs. 4** **48**
S. 1). Dagegen ist die Vereinbarung möglich, dass die Ausübung des Rückrufsrechts ausgeschlossen sein soll, jedoch nur bis zu einer Höchstdauer von
5 Jahren (**Abs. 4 S. 2**). Sie muss i.d.R. ausdrücklich getroffen werden und
kann auch in **AGB** erfolgen. Keinesfalls liegt sie konkludent in einer Vertragsbestimmung, die den Verwerter von der Pflicht zur Nutzung befreit; denn
§ 41 kommt gerade dann zur Anwendung, wenn den Verwerter keine Nut-
zungspflicht, sondern nur eine Nutzungslast trifft (BGH GRUR 1970, 40, 42 f.
– *Musikverleger I*). Die Vereinbarung muss mit dem Urheber geschlossen
werden; bei Verlängerung der Frist in einem Vertrag mit Dritten muss der
Urheber zustimmen, ansonsten liegt ein unzulässiger Vertrag zu Lasten Dritter
vor (LG München I ZUM 2007, 758, 761 – *Rückruf von Verfilmungsrechten*).
Die 5-Jahres-Frist gilt für jedes fristauslösende Ereignis des Abs. 2 separat. Es

handelt sich nicht um die kumulierte Frist aus Nutzungsrechtseinräumung und eventuellen Weiterübertragungen. Da der Gesetzgeber jedoch, wie sich aus Abs. 2 ergibt, den **Übertragungsempfänger** nicht schlechter als den ursprünglich Nutzungsberechtigten stellen wollte, ist davon auszugehen, dass durch Vereinbarung des Urhebers mit dem Erwerber auch diesem gegenüber die Ausübung des Rückrufsrechts bis zu einer Dauer von 5 Jahren, gerechnet vom Tage der Übertragung an, ausgeschlossen werden kann. Eine entsprechende Klausel schon im Vertrag des Urhebers mit dem ursprünglich Nutzungsberechtigten ist zunächst auf kartellrechtliche Wirksamkeit nach § 1 GWB, Art. 81 EG zu untersuchen, weil grds. eine relevante Konditionenbindung für einen Drittvertrag vorliegt (vgl. Vor §§ 31 ff. Rn. 72 ff.); darüber hinaus können zumindest Bedenken für formularvertragliche Abreden nach § 307 Abs. 2 BGB bestehen. Dasselbe gilt für **andere Klauseln** in Verwertungsverträgen, die die spätere Ausübung des Rückrufsrechts in anderer als zeitlicher Hinsicht beschränken, sie also beispielsweise davon abhängig machen, dass der Urheber das vereinbarte Honorar ganz oder teilweise zurückzahlt, oder die ihn verpflichten, bei erneuter Verwertung seines Werkes nach Ausübung des Rückrufsrechts das Nutzungsrecht zuerst dem bisherigen Vertragspartner oder einem bestimmten Dritten anzubieten. Als möglich erscheint zumindest individualvertraglich jedoch eine Bestimmung, die das bisher ausschließlich gewährte Nutzungsrecht nach Rückruf automatisch in ein einfaches Nutzungsrecht umwandelt.

49 Ein **nachträglicher Verzicht** des Urhebers ist möglich. Er kann formlos, also auch stillschweigend durch schlüssiges Handeln, erklärt werden. Verzichten kann der Urheber vor Setzen der Nachfrist nach Abs. 3 oder vor Ausübung des Rückrufs. Nach Ausübung des Rückrufs ist ein Verzicht auf das Rückrufsrecht denklogisch ausgeschlossen, weil das Nutzungsrecht erloschen ist (Abs. 5); die Parteien können jedoch vereinbaren, dass die frühere Nutzungsrechtseinräumung wieder in Krraft gesetzt wird. Da dies jedoch einer neuen Einräumung gleichkommt, ist für Altverträge nach § 132 Abs. 1 das neue Recht einschlägig. Der Verzicht hat im Übrigen nicht etwa zur Folge, dass damit das Rückrufsrecht des Urhebers endgültig ausgeschlossen wäre; vielmehr beseitigt er nur ein bereits entstandenes Rückrufsrecht. Für die Zukunft kann er schon deshalb nicht wirken, weil er nicht „im Voraus" erklärt werden kann (Abs. 4 S. 1). Demgemäß beginnt mit dem Verzicht eine **neue Frist** aus Abs. 2 zu laufen, nach deren erneutem Ablauf der Urheber entweder das Rückrufsrecht geltend machen oder wiederum verzichten kann.

50 Von **Abs. 6** darf innerhalb des **5-Jahres-Zeitraumes** beliebig (auch formularmäßig) abgewichen werden, weil Abs. 4 S. 2 für diesen Zeitraum auch den völligen Ausschluss des Rückrufsrechtes zulässt. Im Übrigen ist Abs. 6 insoweit zwingendes Recht, als der grundsätzliche **Charakter eines Anspruches nach Billigkeit** nicht verändert werden darf, insb. nicht in einen Schadensersatzanspruch. Jedoch darf dem berechtigten Interesse der Verwerterseite nach **Pauschalierung** nachgekommen werden, weil das auch im Urheberinteresse unklare Rechtsverhältnisse vermeidet. Die formularmäßige Vereinbarung der Rückerstattung eines Sendehonorars bei Rückruf der Nutzungsrechte in einem Sendevertrag als Pauschalierung der Entschädigung nach Abs. 6 beurteilte der BGH als grds. zulässig (BGH GRUR 1984, 45, 50 – *Honorarbedingungen: Sendevertrag*), nicht aber wenn die Regelung sowohl das Sende- als auch Ausarbeitungshonorar erfasst, unabhängig von der tatsächlichen Sendung (BGH GRUR 1984, 45, 52 – *Honorarbedingungen: Sendevertrag*). Die Pauschalierung vereinfache die im Einzelfall schwierige und oft nur unter

Heranziehung des § 287 ZPO zu treffende Feststellung der Billigkeitsentschädigung. Dieser Vorteil wiege bei einer Interessenabwägung die Nachteile einer abstrakten, die Umstände des Einzelfalles nicht berücksichtigenden Regelung auf. Allerdings schränkte der BGH die Allgemeingültigkeit seiner Ausführungen dahin ein, dass die Rückerstattung des Sendehonorars „für den Regelfall einen angemessenen Ausgleich des durch den vorzeitigen Entzug des Nutzungsrechts entstandenen Schadens (einschließlich der bereits gemachten Aufwendungen) darstellen" müsse. Ferner berücksichtigte er im konkreten Fall den Umstand, dass der Verwender in seinen AGB seine grundsätzliche Bereitschaft erklärt hat, über eine vorzeitige Freigabe der nicht benutzten Rechte vor Ablauf der eigentlichen geltenden 5-Jahres-Frist zu verhandeln (BGH GRUR 1984, 45, 50 – *Honorarbedingungen: Sendevertrag*).

12. Verwirkung

Eine **Verwirkung** des Rückrufsrechts ist ausgeschlossen. Setzt beispielsweise **51** ein Urheber, der Jahre oder Jahrzehnte geschwiegen hat, plötzlich dem Verwerter eine Nachfrist aus Abs. 3, so steht der Verwerter nicht schlechter, sondern besser, als wenn ihm die Nachfrist alsbald nach Ablauf der Frist des Abs. 2 gesetzt worden wäre. Ihm ist also stets nach Treu und Glauben zuzumuten, nunmehr die Nachfrist, die stets angemessen sein muss, auszunutzen. Ebenso *Budde* S. 86 f.; Wandtke/Bullinger/*Wandtke*[2] Rn. 27; Schricker/*Schricker*[3] Rn. 21; Dreier/Schulze/*Schulze*[2] Rn. 36; a.M. *v. Gamm* Rn. 9.

13. Andere Rechte und Ansprüche bleiben unberührt (Abs. 7)

Abs. 7 lässt Rechte und Ansprüche nach anderen gesetzlichen Vorschriften **52** ausdrücklich unberührt. Damit gelten neben § 41 insb. die allgemeinen Vorschriften der §§ 320 ff. BGB und die Spezialregelungen des § 32 VerlG für die Erstauflage bzw. § 17 VerlG für Folgeauflagen (OLG München, ZUM 2008, 154; OLG München ZUM-RD 1997, 451, 453 – *Fix und Foxi*; *Junker* GRUR 1988, 793, 796; Schricker/*Schricker*[3] Rn. 7; Loewenheim/*Jan Bernd Nordemann* § 62 Rn. 18; a.M. *v. Gamm* Rn. 1, der die §§ 32, 30 VerlG dort weiterhin allein gelten lassen will, wo den Verleger eine Verbreitungspflicht trifft). Der BGH hat sich etwas unklar geäußert und zumindest festgestellt, dass Ansprüche nach VerlG ggf. *zuerst* zu prüfen seien (BGH GRUR 1988, 304, 305 – *Sonnengesang*). Zu §§ 320 ff. BGB vgl. Vor §§ 31 ff. Rn. 170 ff.; zu §§ 32, 17 VerlG siehe die Kommentierung dort. Der Verwerter, der im Vertrag die ausdrückliche Verpflichtung zur Ausübung des Nutzungsrechts übernommen hat (vgl. Vor §§ 31 ff. Rn. 41 ff.) oder dessen Verpflichtung sich aus dem Gesetz ergibt (z. B. § 1 Satz 2 VerlG, siehe die Kommentierung dort), kann also vom Urheber auf Einhaltung dieser Verpflichtung jederzeit verklagt werden oder den Vertrag aus wichtigem Grund gem. § 314 BGB kündigen (BGH GRUR 1973, 328, 330 – *Musikverleger II*; näheres zum Kündigungsrecht vgl. Vor §§ 31 ff. Rn. 121). Unabhängig davon, also möglicherweise sogar im Verlauf des Prozesses um Einhaltung der Verpflichtung, kann der Urheber das Rückrufsrecht ausüben, wenn und sobald die Voraussetzungen dafür gegeben sind.

III. Prozessuales

Es handelt sich wieder um eine Schutzvorschrift zu Gunsten des Urhebers **53** (RegE UrhG – BT-Drucks. IV/270, S. 60). Dies hat Konsequenzen in Zweifelsfällen für die **Darlegungs- und Beweislast**. Da der Urheber nicht wissen kann, was der Verwerter getan oder nicht getan hat, trifft den **Verwerter** im Prozess die Darlegungs- und Beweislast **für seine Aktivitäten** (KG Schulze KGZ 63, 6 – *Lieber reich, aber glücklich*). Tw. wird jedoch vertreten, der Urheber trage für die Frage der fehlenden oder unzureichenden Ausübung zwar die Darlegungs- und Beweislast; jedoch würden Darlegungs- und Beweiserleichterungen gelten, sofern es sich um Tatsachen aus der Sphäre des Nutzungsrechtsinhabers handele (Schricker/*Schricker*[3] Rn. 14; Dreier/Schulze/*Schulze*[2] Rn. 18; zu dieser sekundären Behauptungslast auch allgemein Zöller/*Greger*[25] Vor § 284 Rn. 34 ff.). Das sollte für die Frage, ob und inwieweit das Nutzungsrecht ausgeübt wurde, regelmäßig der Fall sein, so dass sich beide Auffassungen im praktischen Ergebnis kaum unterscheiden. Allenfalls ist bei sekundärer Behauptungslast des Verwerters zu fordern, dass der Urheber schlüssig vorträgt, ihm seien keine bzw. keine ausreichenden Aktivitäten des Verwerters bekannt. Dass diese Aktivitäten, gemessen an den einschlägigen objektiven Kriterien (vgl. Rn. 9 ff.), ihrerseits **unzulänglich gewesen** sind, hat der **Urheber** darzulegen; soweit es hierbei nicht lediglich auf eine Wertung, sondern etwa auf beweiserhebliche Tatsachen ankommt, trägt er die Beweislast. Bleiben **Zweifel**, ob der Verwerter ausreichend aktiv war, so geht dies **zu Lasten des Urhebers**, dessen Rückruf damit ohne Wirksamkeit bleibt. Allerdings werden die Anforderungen an die Beweisführung durch den Urheber nicht allzu hoch zu stellen sein, weil sonst der Schutzzweck der Bestimmung gefährdet wäre (vgl. Rn. 1). Wenn die unzureichende Ausübung des Nutzungsrechts feststeht, hat der Urheber damit zugleich seiner Darlegungs- und Beweislast für die erhebliche **Verletzung seiner berechtigten Interessen** genügt (vgl. Rn. 23). Umgekehrt ist die **Einwendung des Verwerters aus Abs. 1 S. 2** (Bestehen behebbarer Umstände), für die er die Darlegungs- und Beweislast trägt, im Zweifel als nicht durchgreifend anzusehen.

54 Prozessual hat Abs. 5 zur Folge, dass der Verwerter schon während des Prozesses dem Urheber wegen der Nichtanerkennung des Rückrufs schadensersatzpflichtig werden kann, da der Richter die Wirksamkeit des Rückrufs rückwirkend auf den Tag seiner Erklärung feststellt. Hier kommen bei weiterer Verwertung durch den früheren Nutzungsrechtsinhaber **Ansprüche wegen Urheberrechtsverletzung nach §§ 97 ff.** gegen ihn in Betracht. Der Verwerter, der sich auf einen Prozess aus § 41 einlässt und weiter verwertet, trägt also ein erhebliches zusätzliches Risiko. Umgekehrt setzt der Urheber mit einem unberechtigten Rückruf einen sachlichen Grund für den Nutzungsberechtigten zur Nichtausübung gem. Abs. 1 S. 2; Unterlassungs- und Schadensersatzansprüche des Verwerters gegen den Urheber werden aber nur in Betracht kommen, wenn der Urheber den Verwerter (oder sogar in die Verwertung eingeschaltete Dritte) wegen Schutzrechtsverletzung abmahnt (zur **unberechtigten Schutzrechtsverwarnung** vgl. § 97a Rn. 42 ff.). Sowohl Urheber als auch Verwerter sind also gut beraten, bei unklarer Rechtslage den Streit über die Wirksamkeit des Rückrufs über eine **Feststellungsklage** zu klären, für die stets ein Feststellungsinteresse des Urhebers bzw. des Verwerters vorliegt.

IV. Verhältnis zu anderen Vorschriften

55 Abs. 7 lässt Rechte und Ansprüche zur Beendigung der Nutzungsrechtseinräumung nach anderen gesetzlichen Vorschriften ausdrücklich unberührt (ausführlich vgl. Rn. 52). Umgekehrt ist auch kein Grund ersichtlich, weshalb Rücktrittsrechte nach §§ 30, 32 VerlG vorrangig sein sollen (OLG München ZUM 2008, 154; Schricker/*Schricker*[3] Rn. 7 m.w.N.; Loewenheim/*Jan Bernd*

Nordemann § 62 Rn. 18 m.w.N.; anders BGH GRUR 1988, 303, 305 – *Sonnengesang*). § 41 gilt nicht im Bereich des **Filmrechts** für die in § 88 Abs. 1 und § 89 Abs. 1 genannten Rechte (§ 90 S. 1). Eine Ausnahme bildet nur das Recht zur Verfilmung nach § 88 Abs. 1, das bis zum Drehbeginn zurückgerufen werden kann (§ 90 S. 2). Außerhalb des Filmrechts erscheint bei Gesamtheit von Werken eine **analoge Anwendung des § 31a Abs. 3** angezeigt (vgl. Rn. 39). § 41 gilt auch für die Einräumungsfiktion des § 137l Abs. 1 (vgl. Rn. 4; vgl. Rn. 13).

§ 42   Rückrufsrecht wegen gewandelter Überzeugung

(1) [1]Der Urheber kann ein Nutzungsrecht gegenüber dem Inhaber zurückrufen, wenn das Werk seiner Überzeugung nicht mehr entspricht und ihm deshalb die Verwertung des Werkes nicht mehr zugemutet werden kann. [2]Der Rechtsnachfolger des Urhebers (§ 30) kann den Rückruf nur erklären, wenn er nachweist, dass der Urheber vor seinem Tode zum Rückruf berechtigt gewesen wäre und an der Erklärung des Rückrufs gehindert war oder diese letztwillig verfügt hat.

(2) [1]Auf das Rückrufsrecht kann im Voraus nicht verzichtet werden. [2]Seine Ausübung kann nicht ausgeschlossen werden.

(3) [1]Der Urheber hat den Inhaber des Nutzungsrechts angemessen zu entschädigen. [2]Die Entschädigung muss mindestens die Aufwendungen decken, die der Inhaber des Nutzungsrechts bis zur Erklärung des Rückrufs gemacht hat; jedoch bleiben hierbei Aufwendungen, die auf bereits gezogene Nutzungen entfallen, außer Betracht. [3]Der Rückruf wird erst wirksam, wenn der Urheber die Aufwendungen ersetzt oder Sicherheit dafür geleistet hat. [4]Der Inhaber des Nutzungsrechts hat dem Urheber binnen einer Frist von drei Monaten nach Erklärung des Rückrufs die Aufwendungen mitzuteilen; kommt er dieser Pflicht nicht nach, so wird der Rückruf bereits mit Ablauf dieser Frist wirksam.

(4) Will der Urheber nach Rückruf das Werk wieder verwerten, so ist er verpflichtet, dem früheren Inhaber des Nutzungsrechts ein entsprechendes Nutzungsrecht zu angemessenen Bedingungen anzubieten.

(5) Die Bestimmungen in § 41 Abs. 5 und 7 sind entsprechend anzuwenden.

Übersicht

I. Allgemeines

1. Sinn und Zweck

1 § 42 trägt dem Grundgedanken Rechnung, dass sich das gesamte Geistesleben im Flusse einer ständigen dynamischen Entwicklung befindet. Politik und Gesetzgebung machen von dem Recht des Überzeugungswandels in unserem Zeitalter einen recht kräftigen Gebrauch. Auch die Rspr. ist oft gezwungen, als „ehern" geltende Grundsätze über Bord zu werfen und den entgegengesetzten Standpunkt einzunehmen. Zahlreiche Bestimmungen des UrhG sind ein Beweis dafür, dass der Gesetzgeber von seinem „Rückrufsrecht wegen gewandelter Überzeugung" im Urheberrecht einen segensvollen Gebrauch gemacht hat (z. B. vgl. § 31a Rn. 6 zu § 31 Abs. 4). Den Urheber an seinen einmal geäußerten Meinungen, der einmal gegebenen Form eines Kunstwerkes festhalten zu wollen, würde diesen Grundsätzen zuwiderlaufen. Der Sturmlauf der wissenschaftlichen Erkenntnisse auf nahezu allen Wissensgebieten lässt es vielmehr erforderlich erscheinen, Urhebern von fachwissenschaftlichen Werken die rechtliche Möglichkeit an die Hand zu geben, die weitere Verbreitung von Werken zu verhindern, deren Inhalt überholt oder widerlegt ist. Politische Entwicklungen und Umwälzungen können ein gleiches dringendes Interesse bei Autoren politisch-weltanschaulicher Publikationen hervorrufen. Schließlich kann aber auch ganz allgemein die geistige Entwicklung eines Urhebers es ihm geboten erscheinen lassen, von einem Werk abzurücken, dessen Gedankengehalt oder künstlerische Formung er nicht mehr verantworten kann. So ließ beispielsweise Gerhart Hauptmann sein Jugendwerk *„Promethidenlos"* später aus dem Verkehr ziehen und einstampfen. Jean-Paul Sartre untersagte die weitere Aufführung seines Werkes *„Die schmutzigen Hände"* in Belgien mit der Begründung, das Stück *„passe nicht mehr in die heutigen Verhältnisse"* (FuR 1967, 19). § 42 erweist sich demnach als eine lebendige Verwirklichung des Grundsatzes, den Nietzsche mit dem Satz: *„Nur wer sich wandelt, bleibt mir verwandt"* prägte und womit er der steten Fortentwicklung und Weiterbildung der menschlichen Kultur eine Bresche schlug. § 42 ist **urheberpersönlichkeitsrechtlicher Natur** und ergänzt das Veröffentlichungsrecht des § 12: eine einmal erfolgte Veröffentlichung kann rückgängig gemacht werden. Das Rückrufsrecht ist Teil des unverzichtbaren Kerns (Abs. 2) des Urheberpersönlichkeitsrechts (Loewenheim/*Dietz* § 16 Rn. 20).

2 Die **praktische Bedeutung** des § 42 ist aber gering. Veröffentlichte Gerichtspraxis gibt es kaum, was nicht nur mit der Entschädigungspflicht des Abs. 3 zusammenhängt (so Loewenheim/*Dietz* § 16 Rn. 15). Mancher Urheber räumt nicht gerne ein, seine Überzeugungen geändert zu haben. Vor allem im wissenschaftlichen und politischen Bereich (aber auch in der Belletristik, z.B. technisch überholte Science Fiction Romane) ist es zudem für Verwerter eher unattraktiv, die Rechte noch zu nutzen (Dreier/Schulze/*Schulze*[2] Rn. 3). Nur eine Archivnutzung aus zeitgeschichtlichen Gründen kommt üblicherweise noch in Betracht. Allerdings bietet das Internet eine günstige Vertriebsmöglichkeit auch für Archive. Seit 01.01.2008 besteht für den Inhaber der wesentlichen Rechte aufgrund von Nutzungsverträgen die Möglichkeit über § 137l,

Material aus Archiven zu heben und der Internetnutzung zuzuführen (vgl. § 137l Rn. 1), auch wenn die betreffende Internetnutzung im Zeitpunkt des Vertragsschlusses unbekannt war; insb. für politisch-weltanschauliche Werke (z.B. Fernsehsendungen) könnte deshalb weitere gerichtliche Praxis zu § 42 entstehen.

2. Früheres Recht

§ 42 gilt auch für solche Verträge, die vor dem Inkrafttreten des Gesetzes **am** **3** **01.01.1966** geschlossen wurden (§ 132 Abs. 1 S. 1).

3. Internationales Recht und EU-Recht

Da das Urhebervertragsrecht insgesamt auf internationaler Ebene nur gering **4** ausgeprägt ist, verwundert es nicht, dass im internationalen Urheberrecht keine vergleichbare Norm zu finden ist (vgl. Vor §§ 31 ff. Rn. 26 f.; Norde-mann/Vinck/Hertin Einl. Rn. 27 und RBÜ Art.14/Art. 14bis Rn. 10). Auch EU-Recht enthält keine harmonisierenden Vorschriften. Zum französischen *droit de repentir* Schricker/*Dietz*[3] Rn. 3. Zur Anknüpfung des § 42 im interna-tionalen Privatrecht vgl. Vor §§ 120 ff. Rn. 86 ff..

II. Tatbestand

1. Rückrufsrecht des Urhebers wegen gewandelter Überzeugung (Abs. 1 Satz 1)

a) **Rückrufsberechtigte:** Rückrufsberechtigter ist der **Urheber**; nach Abs. 1 **5** Satz 2 unter zusätzlichen Voraussetzungen (vgl. Rn. 13 f.) auch sein **Rechts-nachfolger** (§ 30). **Miturheber** können den Rückruf aus § 42 nur gemeinsam erklären (vgl. § 8 Rn. 17). Bestehen zwischen ihnen Differenzen, so kann der Miturheber, der den Rückruf verlangt, die anderen auf Einwilligung verklagen (vgl. § 8 Rn. 17). Etwaige persönliche Nachteile, die er für die Zwischenzeit befürchtet, kann er durch das Verbot vermeiden, ihn als Miturheber zu nennen (vgl. § 13 Rn. 12 ff.). In der **Werkverbindung** (§ 9) gilt an sich das Gleiche. Die Weigerung des anderen Urhebers, einem – begründeten – Rückruf wegen gewandelter Überzeugung zuzustimmen, ist jedoch stets ein wichtiger Grund für die fristlose Kündigung des Gesellschaftsverhältnisses, das zwischen den Urhebern der verbundenen Werke besteht (vgl. § 9 Rn. 14 ff.).

b) **Gegenstand des Rückrufs: Nutzungsrecht:** Gegenstand des Rückrufs ist das **6** **Nutzungsrecht** (zu dem Begriff vgl. § 29 Rn. 14 ff.). Erfasst sind alle Arten von Nutzungsrechten (vgl. § 31 Rn. 9 ff.), auch für Nutzungsrechte an sonstigen Sammelwerken (§ 4) und an verbundenen Werken (§ 9). Nutzungsrechte kön-nen auch differenziert nach Inhaber oder Inhalt zurückgerufen werden. So ist es möglich, dass der Rückruf für eine politische Fernsehsendung nur für die Rechte zum individuellen Abruf des Werkes aus dem Internet erklärt wird, die Senderechte aber vom Inhaber nicht zurückgerufen werden (zu willkürlichen Differenzierungen vgl. Rn. 11). Bei Nutzungsrechten an Sammlungen für den Kirchen-, Schul- oder Unterrichtsgebrauch ist die Sondervorschrift des § 46 Abs. 5 zu beachten. Rechte an unbekannten Nutzungsarten, die aufgrund der Fiktion des § 137l für Verträge von 01.01.1966 bis 31.12.2007 eingeräumt sind, können ebenfalls nach § 42 zurückgerufen werden. – Eine **Ausnahme** macht § 90 für die Nutzungsrechte an Filmwerken. Nach § 90 S. 1 ist § 42 auf die in § 88 Abs. 1 bezeichneten Stoffrechte und die in § 89 Abs. 1 bezeichneten Rechte am Filmwerk nicht anwendbar, bei Stoffrechten allerdings erst ab Beginn der Dreharbeiten (§ 90 S. 2). Für Laufbilder (§ 95) gilt das Gleiche (mit Ausnahme des ohnehin nicht anwendbaren § 89).

7 **Werkexemplare** bzw. das **Original** sind von Nutzungsrechten zu unterscheiden (vgl. Nach § 44 Rn. 1); sie sind nicht Gegenstand des Rückrufsrechts (OLG Celle NJW 2000, 1579 – *Dissertationsexemplare;* vgl. Rn. 18). Auch **Nutzungserlaubnisse außerhalb des Urheberrechts**, z.B. aufgrund des Bildnisschutzes der § 22 f. KUG oder des allgemeinen Persönlichkeitsrechts gem. § 823 Abs. 1 BGB, können nicht analog § 42 zurückgerufen werden (Dreier/Schulze/ *Schulze*[2] Rn. 5; AG Charlottenburg GRUR-RR 2002, 187 – *Entschädigung wegen Widerrufs*, das zumindest eine analoge Anwendung des § 42 Abs. 3 für Fälle des § 22 KUG ablehnt, im Übrigen aber offen lässt, wie solche Nutzungserlaubnisse rückrufbar sind).

8 **c) Gewandelte Überzeugung:** Das Rückrufsrecht besteht jederzeit, wenn das Werk der Überzeugung des Urhebers nicht mehr entspricht. Dieser Begriff ist weit auszulegen. Dies können z.B. Änderungen der **religiösen oder politischen Überzeugung** des Urhebers sein (*Ulmer*[3] § 87 III 1). Bei wissenschaftlichen Werken kann der Überzeugungswandel sich auch aus dem inzwischen eingetretenen Fortschritt der Erkenntnis ergeben (Schricker/*Dietz*[3] Rn. 26). Von einer Lehre oder Erkenntnis, die überholt ist, kann ein Wissenschaftler, der ernst genommen werden will, nicht mehr überzeugt sein. Zum Rückrufsrecht aus § 42 an **Dissertationen** *Rohlfing/Kolbusch* ZUM 2000, 305.

9 Es gibt allerdings eine große Zahl von Werken des Katalogs aus § 2 Abs. 1, in denen keine „Überzeugungen" i.e.S. vertreten werden, z.B. die Werke der Musik, die pantomimischen Werke, die meisten Werke der bildenden Künste, fast alle Werke der Baukunst und der angewandten Kunst, schließlich zahlreiche Lichtbildwerke und die nur beschreibenden Darstellungen wissenschaftlich-technischer Art. Es ist der Wille des Gesetzgebers, § 42 auf **alle urheberrechtlich geschützten Werke** anzuwenden. Bei denjenigen Werken, die nur dem Gefühl des Menschen, seiner ästhetischen Empfindungswelt zugewandt sind, wird man daher den „Überzeugungswandel" i.S.d. § 42 mit dem Wandel der künstlerischen Auffassung gleichsetzen müssen (ebenso Möhring/Nicolini/ *Spautz*[2] Rn. 5b; Schricker/*Dietz*[3] Rn. 23; Dreier/Schulze/*Schulze*[2] Rn. 16; enger *v. Gamm* Rn. 5). Es genügt aber nicht, dass der Künstler ein früheres Werk bloß für „weniger gelungen" hält, ohne dass ein Wandel seiner künstlerischen Auffassung eingetreten wäre (Dreier/Schulze/*Schulze*[2] Rn. 16).

10 **d) Unzumutbare Verwertung:** Der Überzeugungswandel muss allerdings **zusätzlich** dazu führen, dass dem Urheber die Zulassung der weiteren Verwertung des Werkes nicht mehr zugemutet werden kann. Das erfordert eine **Interessenabwägung**. Dieses zusätzliche Erfordernis hat, anders als die ähnliche Voraussetzung der *„berechtigten Interessen des Urhebers"* in § 41 (dort vgl. Rn. 23), nicht nur die Funktion einer Missbrauchssperre. Während die mangelnde Verwertung eines Werkes stets die berechtigten Interessen des Urhebers zu verletzen pflegt, ist die Zulassung der weiteren Verwertung eines Werkes dem Urheber sehr häufig auch dann noch zuzumuten, wenn seine künstlerische oder wissenschaftliche Überzeugung sich geändert hat. Niemand würde Verständnis dafür haben, wenn Pablo Picasso die weitere Verwertung seiner Bilder aus der *Blauen Periode* in Deutschland mit Hilfe von § 42 hätte sperren wollen, weil er seine künstlerischen Auffassungen inzwischen wiederholt geändert hatte. Vielmehr wird im Streitfall nach **objektiven Maßstäben** zu prüfen sein, ob die im Werk vertretene Auffassung nach dem jetzigen Stand der Wissenschaft oder der Kunstkritik so unhaltbar geworden ist, dass die Fortdauer der Verbreitung den Ruf des Urhebers empfindlich schädigen kann. Die weitere Verbreitung und sonstige Verwertung eines Werkes, das wissenschaftlich hoffnungslos überholt ist, kann dem Urheber nicht zugemutet werden; bei solchen früheren Werken dagegen, die dem künstlerischen oder persönlichen Ansehen des Urhebers keinen Abbruch tun und die er lediglich heute anders gestalten würde, wenn er sie neu zu schreiben oder zu malen hätte, muss es dagegen bei den einmal abgeschlossenen Verwertungsverträgen bleiben (ebenso Möhring/Nicolini/*Spautz*[2] Rn. 8; Dreier/Schulze/*Schulze*[2] Rn. 18).

11 Für die Interessenabwägung kann ferner nicht unberücksichtigt bleiben, wenn der Urheber nur **Nutzungsrechte von bestimmten Inhabern** zurückruft, andere aber bei anderen Inhabern belässt. Auch ist denkbar, dass der Urheber inhaltlich differenziert und nur **bestimmte Nutzungsrechte** vom Inhaber zurückruft. Erfolgt diese Differenzierung willkürlich, also ohne sachlichen Grund, kann das dafür sprechen, dass kein anerkennenswertes Interesse des Urhebers am Rückruf besteht. Jedoch wäre es nicht willkürlich, dass der Urheber einer politischen Fernsehsendung die Rechte zum individuellen Abruf aus dem Internet zurückruft, jedoch die Senderechte nicht, wenn das Senderecht mangels Wiederholung der Sendung kein nennenswertes Nutzungspotenzial mehr hat. Auch darf der Urheber nur bestimmte Nutzungsrechte zurückrufen, wenn das zur Folge hat, das auch die übrigen Nutzungsrechte (automatisch) an ihn zurückfallen (HK-UrhR/*Kotthoff* Rn. 3; vgl. Rn. 17).

12 Zur Frage der Zumutbarkeit gehört auch die Prüfung, ob der **Rückruf notwendig** ist oder ob nicht vielmehr schon mit Änderungen des Werkes, die beiden Teilen nach Treu und Glauben zuzumuten sind (§ 39 Abs. 2), den berechtigten Interessen des Urhebers ausreichend gedient sein würde (dem folgend HK-UrhR/*Kotthoff* Rn. 9; Möhring/Nicolini/*Spautz*[2] Rn. 8; Dreier/Schulze/*Schulze*[2] Rn. 18). Der Rückruf, der das vollständige Erlöschen des Nutzungsrechts und damit i.d.R. den Wegfall des ganzen Vertrages zur Folge hat, muss das angemessene Mittel sein, um die persönlich-geistigen Beziehungen des Urhebers zu seinem Werk zu wahren. Reichen dazu Änderungen aus, zu deren Hinnahme der Nutzungsberechtigte bereit ist, so entsteht kein Rückrufsrecht. Erst wenn der Nutzungsberechtigte diese möglichen und ihm zumutbaren Änderungen ablehnt, wird die Zulassung der weiteren Verwertung des Ursprungswerkes für den Urheber seinerseits unzumutbar.

2.   Rückrufsrecht des Rechtsnachfolgers (Abs. 1 Satz 2)

13 Der Urheber kennt seine eigene Überzeugung selbst am besten. Es wäre daher misslich, wenn der Rechtsnachfolger (zum Begriff des Rechtsnachfolgers § 30 Rn. 5 ff.) einen Rückruf wegen gewandelter Überzeugung des Urhebers erklären könnte, zu dem der Urheber selbst keinen Anlass sah. Grundsätzlich soll dem Rechtsnachfolger daher kein Rückrufsrecht aus § 42 zustehen. Abs. 1 Satz 2 macht davon nur für zwei Fälle eine – eng auszulegende – **Ausnahme:** Im ersten Fall war der Urheber an der Ausübung des Rückrufsrechts **gehindert,** z. B. weil ihm die Person oder der Aufenthaltsort des Nutzungsberechtigten unbekannt war (Begr RegE UrhG – BT-Drucks. IV/270, S. 62), oder weil er vom Tode überrascht wurde, oder weil er geschäftsunfähig war (siehe § 104 Nr. 2 und 3 BGB), oder endlich wegen höherer Gewalt (Gefangennahme, politische Absperrung, aber auch Poststreik, Naturkatastrophen usw.). Im zweiten Fall hatte der Urheber die **Ausübung** des Rückrufsrechts noch selbst durch Testament, Erbvertrag oder Auftrag an seinen Anwalt oder sonstigen Bevollmächtigten **angeordnet**.

14 In beiden Fällen muss der Rückruf **sachlich gerechtfertigt** gewesen sein. Schon zu Lebzeiten des Urhebers muss also ein Überzeugungswandel (vgl. Rn. 8 f.) gegeben gewesen sein, der die Unzumutbarkeit der Zulassung einer weiteren Verwertung begründete.

3. Rückrufsgegner

15 Der Rückruf kann **gegenüber jedem Nutzungsrechtsinhaber** erklärt werden. Auf den Erwerbstatbestand kommt es nicht an. Auch gegenüber dem Dienstherrn oder Arbeitgeber kann der Rückruf erklärt werden. Der Nutzungsrechtsinhaber muss **nicht unbedingt Vertragspartner** des Urhebers sein (allg.M. trotz einer unklaren Formulierung in der Begr RegE UrhG – BT-Drucks. IV/270 S. 62; Nachweise bei Schricker/*Dietz*[3] Rn. 11; zu den vertraglichen Konsequenzen des Rückrufs vgl. Rn. 17 f.). Der Vertragspartner ist sogar nicht der richtige Rückrufsgegner, wenn er nicht mehr Inhaber des Nutzungsrechts ist, sondern es weiter übertragen hat (§ 34). Dann muss der Rückruf an den neuen Inhaber gerichtet werden; der Vertragspartner des Urhebers hat allerdings eine Informationspflicht gegenüber dem Urheber, deren Verletzung insbesondere zu Schadensersatzansprüchen des Urhebers führen kann. Auch Inhaber abgeleiteter weiterer Nutzungsrechte (Enkelrechte, Urenkelrechte etc.; vgl. § 35 Rn. 6 ff.) sowie Erben von Nutzungsrechten sind potenzielle Rückrufsgegner. Schließlich kommt es nicht darauf an, welchem Umfang sein Nutzungsrecht hat: ausschließlich oder einfach, räumlich, zeitlich oder inhaltlich unbeschränkt oder beschränkt. Zur willkürlichen Unterscheidung bei Rückrufen durch den Urheber vgl. Rn. 11.

4. Ausübung des Rückrufsrechts

16 Das Rückrufsrecht wird durch einseitige empfangsbedürftige Willenserklärung (§ 130 BGB) ausgeübt. Durch Zugang beim Empfänger wird der Rückruf wirksam. Das Nutzungsrecht **erlischt** jedoch erst mit Zahlung oder Sicherheitsleistung für die Aufwendungen (Abs. 3 S. 3 vgl. Rn. 24). Ferner zur Ausübung des Rückrufsrechts vgl. § 41 Rn. 38 f.

5. Rechtsfolgen

17 a) Rückfall des Nutzungsrechts an den Urheber (Abs. 5 i.V.m. § 41 Abs. 5): Der Rückruf bewirkt gem. § 41 Abs. 5 ein **Erlöschen** des Nutzungsrechts **ex nunc** und ein Zurückfallen des Nutzungsrechts an den Urheber (Schricker/*Dietz*[3] Rn. 33), sofern der Urheber die weitere Voraussetzung des Abs. 3 S. 3 erfüllt hat (vgl. Rn. 24). Damit endet auch ein etwa bestehender schuldrechtlicher Vertrag des Urhebers mit dem Rückrufsgegner ebenfalls ex nunc (Schricker/*Dietz*[3] Rn. 33). Der Rückruf durch den Urheber bewirkt auch den **automatischen Rückfall** sämtlicher vom eingeräumten Nutzungsrecht **abgeleiteter Rechte** (§ 35), also von Enkelrechten, Urenkelrechten etc. (vgl. § 41 Rn. 40 ff.; vgl. § 31 Rn. 30 ff.; im Einzelnen str.).

18 Mit dem Rückruf wird lediglich eine weitere Verwertung des betroffenen Werkes durch den bisherigen Nutzungsberechtigten verhindert, durch welche der Eindruck entstehen könnte, das Werk entspreche auch heute noch seiner Überzeugung. Der Rückruf erfasst damit nicht Sachverhalte, bei denen keine urheberrechtlich relevante Nutzung erfolgt. Beispielsweise ist das Verbreitungsrecht (§ 17) an Werkexemplaren erschöpft, die innerhalb der EU bzw. des EWR mit Zustimmung des Berechtigten in Verkehr gesetzt wurden (§ 17 Abs. 2). Deshalb kann der Urheber durch § 42 nicht verhindern, dass einmal in Verkehr gelangte Exemplare seiner Dissertation weiter verbreitet werden, weil das keine urheberrechtlich relevante Nutzung ist (OLG Celle NJW 2000, 1579 – *Dissertationsexemplare*). Nicht in Verkehr gesetzte Lagerbestände darf der Verleger allerdings nicht mehr verbreiten, weil dies urheberrechtlich relevant wäre (zu Einzelheiten vgl. § 17 Rn. 29 f.). Nicht von der Erschöpfungswirkung erfasst sind auch Vervielfältigungsrechte nach § 16 und Rechte der öffentlichen Widergabe (§ 15 Abs. 2, §§ 18 bis 22).

b) Entschädigung des Nutzungsrechtsinhabers (Abs. 3 S. 1 und S. 2): Im Gegensatz zu § 41, dessen Abs. 6 eine Entschädigungspflicht des Urhebers nur im Falle der Billigkeit vorsieht, schreibt § 42 Abs. 3 S. 1 eine *unbedingte* Entschädigung des Nutzungsberechtigten vor. **Rechtspolitisch** kann kritisiert werden, dass der Rückruf wegen gewandelter Überzeugung damit in der Regel nur einem Urheber offen steht, der über hinreichende finanzielle Mittel verfügt (so Schricker/*Dietz*[3] Rn. 32). Das erscheint allerdings als gerechtfertigt, wenn man bedenkt, dass der Urheber durch seinen Überzeugungswandel bei einem Verwerter, der auf die vertragsgemäße Nutzung des Werkes vertraut hat, nicht unerheblichen Schaden – insb. in Form nutzloser Aufwendungen – anrichten kann. Die Rspr. wird jedoch darüber zu wachen haben, dass § 42 nicht umgekehrt zu einer Bereicherung des Verwerters auf Kosten des Urhebers missbraucht wird. – Nach Abs. 3 ist zwischen einer Entschädigung für (nutzlose) **Aufwendungen** (vgl. Rn. 20 ff.) einerseits und einer **weitergehenden Entschädigung** (vgl. Rn. 23) andererseits zu **differenzieren.** **19**

Untere Grenze der vom Urheber zu leistenden Entschädigung sind die **Aufwendungen,** die der Nutzungsberechtigte bereits gehabt hat (Abs. 3 S. 2 Halbs. 1). Das sind alle baren Auslagen des Verwerters im Zusammenhang mit der Ausübung seines Rechts, also im Verlagswesen vor allem Druck- und Werbungskosten, im Filmwesen die gesamten Herstellungs- und Verleihkosten (siehe aber § 90), bei den Bühnen die Kosten der Inszenierung und Werbung usw. **20**

Allgemeine Verwaltungskosten bleiben jedoch, weil nur schätzbar, insoweit außer Ansatz. Nicht berücksichtigt werden ferner solche Aufwendungen, die auf **bereits gezogene Nutzungen** entfallen (Abs. 3 Satz 2 Halbs. 2). Die Kosten früherer, bereits vergriffener Auflagen, die Kosten bereits ausgewerteter Filmkopien, die Kosten einer bereits abgeschlossenen Aufführungsserie bleiben außer Betracht, selbst wenn der Verwerter dabei Verluste erlitten hatte. Entschädigungspflichtig sind also nur Aufwendungen für solche Nutzungen, die noch in der Auswertung sind. **21**

Fraglich ist, wie dabei die **bereits gezogenen Teilnutzungen** zu Lasten der Aufwendungen zu berücksichtigen sind. Denkbar ist erstens eine verhältnismäßige Anrechnung, wie sie der Wortlaut von Abs. 3 Satz 2 Halbs. 2 nahe legt: Befindet sich eine Buchauflage im Vertrieb, so muss der Verleger von den Gesamtaufwendungen denjenigen Teil der Kosten abziehen, der auf die schon verkauften Exemplare entfällt. Bei 3000 hergestellten und 1000 verkauften Exemplaren wären also dem Urheber noch 2/3 der gesamten Druck- und Werbekosten anzulasten. Denkbar ist zweitens die Verrechnung aller Aufwendungen mit allen Erträgnissen, dies allerdings beschränkt auf die jeweilige Auflage, Auswertungsserie usw.: Der Filmhersteller darf nur diejenigen Her- **22** stellungs- und Verleihkosten dem Urheber als Aufwendungen in Rechnung stellen, die noch nicht abgedeckt sind. Der Bühnenunternehmer muss die bereits eingespielten Kosten von den Aufwendungen absetzen. Wir halten allein die zweite Lösung für richtig. Die erste wäre nur dort praktisch durchführbar, wo die Aktivitäten des Verwerters klar begrenzt sind. Das trifft scheinbar – für das Buchverlagswesen – zu, wo die Auflagenhöhe feststeht. Wie oft aber Filmkopien eingesetzt, Regiebücher benutzt, Aufführungen veranstaltet werden können, lässt sich nicht vorhersagen. Auch im Buchverlag stimmt das Verhältnis letztlich nicht, weil kein Verleger auf die ganze Auflage kalkuliert. Da das Wirksamwerden des Rückrufs von der Erstattung der Aufwendungen abhängt, müssen diese einfach, schnell und klar feststellbar sein, wenn das Gesetz seinen Zweck soll erfüllen können. Es kommt hinzu, dass die erste Lösung auf einen Schadensersatzanspruch und nicht auf den davon zu trennenden Aufwendungsersatz des Abs. 3 S. 2 hinausliefe; denn der Verwerter würde für die gezogenen Nutzungen so gestellt, wie er ohne den Rückruf gestanden hätte (siehe § 249 BGB).

23 Neben dem Aufwendungsersatz (vgl. Rn. 17 ff.) bleibt dem Nutzungsberechtigten noch ein über den Aufwendungsersatz hinausgehender **Anspruch auf angemessene Entschädigung**. Das kann insbesondere der dem Verwerter entgangene Gewinn sein, der im Wege der freien Schätzung (§ 287 ZPO) ermittelt wird. Die zusätzliche Entschädigung kann jedoch nach Abs. 3 S. 1 („mindestens") auch ganz ausfallen (dem folgend Dreier/Schulze/*Schulze*[2] Rn. 23), wenn das der Angemessenheit entspricht. Denn Abs. 3 dient primär als Ausgleich für nutzlose Aufwendungen (Schricker/*Dietz*[3] Rn. 29; Möhring/ Nicolini/*Spautz*[2] Rn. 16; Dreier/Schulze/*Schulze*[2] Rn. 23). Hier sind auf Seiten des Urhebers die näheren Umstände seines Überzeugungswandels zu berücksichtigen. Hat der Urheber etwa das Rückrufsrecht nur deshalb ausgeübt, weil er durch äußere Ereignisse dazu veranlasst wurde (z. B. sein Werk ist infolge neuer Erkenntnisse überholt), so ist das bei der Festlegung der Entschädigung zu berücksichtigen und kann im Einzelfall zu deren völligem Wegfall führen. Im Übrigen ist weitgehend nach dem allgemeinen Schadenersatzrecht der §§ 249 ff. BGB zu verfahren.

24 c) **Wirksamwerden des Rückrufs mit Zahlung der Aufwendungen (Abs. 3 S. 3):** Der **Rückruf** wird erst **wirksam,** wenn die **Aufwendungen** (nicht etwa die gesamte, möglicherweise viel höhere Entschädigung, vgl. Rn. 20 ff.) erstattet sind oder für sie Sicherheit geleistet ist, Abs. 3 Satz 3. Der Urheber mag, wenn er die Berechnung der Aufwendungen durch den Nutzungsberechtigten für unrichtig hält, unter Vorbehalt zahlen oder, was stets zu empfehlen ist, Sicherheit leisten; eines von beidem muss er jedoch tun, wenn der Rückruf überhaupt wirksam werden soll.

25 d) **Mitteilungsfrist für Aufwendungen (Abs. 3 Satz 4):** Bis zur Zahlung bzw. Sicherheitsleistung ist der bereits erklärte Rückruf schwebend unwirksam. Damit dieser Schwebezustand vom Nutzungsberechtigten nicht beliebig ausgedehnt werden kann, schreibt **Abs. 3 Satz 4** vor, dass der Berechtigte dem Urheber binnen einer **Frist von 3 Monaten** nach Erklärung (Zugang) des Rückrufs die Aufwendungen mitgeteilt haben muss; anderenfalls wird der Rückruf ohne Zahlung oder Sicherheitsleistung wirksam. Die Vorleistungspflicht des Urhebers erlischt also mit Fristablauf. – Die Mitteilung hat in Form der Rechnungslegung zu erfolgen (Dreier/Schulze/*Schulze*[2] Rn. 26); die Angabe des Gesamtbetrages genügt nicht, da sich die Verpflichtung des Verwerters zur Vorlage eines vollständigen Verzeichnisses der Aufwendungen und

Erträgnisse aus § 259 BGB ergibt. Anderenfalls bestünde auch die Gefahr, dass der Verwerter zur Angabe überhöhter Gesamtsummen die Forderung und damit nach einer Sicherheitsleistung motiviert sein könnte, die die Finanzkraft des Urhebers oder seines Rechtsnachfolgers übersteigt und ihn damit praktisch zum Verzicht auf den Rückruf nötigt, ohne dass er die Möglichkeit einer Überprüfung der Angaben des Verwerters hätte. Nach fruchtlosem Ablauf der Frist wird der Rückruf wirksam, der Urheber bleibt aber zur Entschädigung verpflichtet.

6. Wiederverwertung des zurückgerufenen Werkes (Abs. 4)

Als zusätzliche Sicherung gegen einen Missbrauch des § 42, z.B. um nach der **26** Lösung einen Vertrag zu günstigeren Bedingungen abzuschließen (Begr RegE UrhG – BT-Drucks. IV/270, S. 61), verpflichtet Abs. 4 den Urheber, das Werk bei etwaiger Wiederverwertung (z. B. nach Änderung) dem bisherigen Nutzungsberechtigten wieder anzubieten. Das Fehlen jeder Befristung der Anbietungspflicht halten wir mit Schricker/*Dietz*[3] Rn. 34 für unausgewogen. Selbst der Urheber, der ein Jugendwerk nach gründlicher Überarbeitung im „Reifezustand" nach 20, 30 oder gar 50 Jahren wieder neu publizieren will, bleibt an den Ursprungsverleger gebunden, obwohl er seine weiteren Werke vielleicht längst anderswo verlegt. Die von *Dietz* ins Auge gefasste Befristung auf 10 Jahre seit dem Rückruf schlösse einen Missbrauch des Rückrufrechts durch den Urheber aus. – Der Urheber hat dem früheren Nutzungsrechtsinhaber ein entsprechendes Nutzungsrecht anzubieten, allerdings zu angemessenen Bedingungen. Angemessen sind nicht notwendig die früheren Bedingungen. Vielmehr ist eine Veränderung in Umfang oder Inhalt des Werkes oder eine inzwischen eingetretene Steigerung des „Marktwertes" des Urhebers zu berücksichtigen.

Die Bestimmung hat nur obligatorischen Charakter. Wenn der Urheber sie **27** nicht beachtet, macht er sich zwar schadensersatzpflichtig; sein etwaiger Vertrag mit einem anderen Verwerter bleibt aber gültig (vgl. Vor §§ 31 ff. Rn. 45 ff.). Unter Umständen haftet auch der zweite Verwerter, wenn er wusste, dass es sich um ein zurückgerufenes Werk handelte (siehe den ähnlichen Fall OLG München GRUR 1953, 302 – *Dreigroschenroman I*; BGH GRUR 1959, 331 – *Dreigroschenroman II*).

III. Vertragsrecht: Ausschluss des Vorausverzichtes und des Ausübungsverzichtes (Abs. 2)

Der Urheber kann auf das **Rückrufrecht im Voraus nicht verzichten** (Abs. 2 **28** Satz 1). Nach Entstehen des Rückrufsrechts, d.h. nachdem die Voraussetzungen des Abs. 1 vorliegen, kann der Urheber jedoch auf das Rückrufsrecht verzichten. Allerdings kann aufgrund einer weiteren Veränderung der Verhältnisse ein neues Rückrufsrecht entstehen und ausgeübt werden.

Damit sind auch der **Verwirkung** Grenzen gesetzt. Sie ist nur möglich, wenn **29** und soweit auch ein Verzicht zulässig wäre (weitergehend, jede Verwirkung ablehnend Vorauflage/*Wilhelm Nordemann*[9] Rn. 12; wie hier Schricker/*Dietz*[3] Rn. 28; Dreier/Schulze/*Schulze*[2] Rn. 22). Erforderlich ist also ein Vertrauenstatbestand auf Seiten des Verwerters, der nicht vorliegt, wenn Rückrufsansprüche noch gar nicht entstanden waren (BGH GRUR 1985, 378, 380 – *Illustrationsvertrag*), also insbesondere noch kein Überzeugungswandel des Urhebers vorliegt. Auch kann es den Vertrauenstatbestand zerstören, wenn der Verwerter weiß oder davon ausgehen kann, dass der Urheber sich eine Entschädigung nach Abs. 3 nicht leisten kann. Ferner muss ein hinreichendes Zeitmoment gegeben sein. Seine Bestimmung ist von den Umständen des Einzelfalls abhängig, sollte aber nach 3 bis 5 Jahren Untätigkeit des Urhebers im Regelfall vorliegen. Ein derart langes Zuwarten spricht dann auch gegen eine Unzumutbarkeit, so dass der Verwirkungstatbestand kaum praktische Bedeutung erfahren wird. Zur Verwirkung von Gestaltungsrechten allgemein BGH GRUR 2002, 280, 282 – *Rücktrittsfrist*.

30   Die **Ausübung des Rückrufsrechts** aus § 42 dagegen kann nach Abs. 2 S. 2 gar nicht ausgeschlossen werden. Nach Entstehung des Rückrufsrechts ist zwar ein Verzicht auf dieses möglich, ein vertraglicher Ausschluss der Ausübung, der etwaige neue Rückrufsrechte aufgrund weiterer Veränderungen der Verhältnisse zum Gegenstand hätte, ist aber unwirksam. Hierdurch sollen Vereinbarungen zur Umgehung des Verbots des Vorausverzichts verhindert werden, nämlich solche Vereinbarungen, in denen zwar ein Verzicht auf das Rückrufsrecht vom Urheber noch nicht erklärt ist, in denen er sich jedoch verpflichtet, das Rückrufsrecht niemals auszuüben. – Die Ausübung des Rückrufsrechts kann auch **nicht befristet** ausgeschlossen werden (Begr RegE UrhG – BT-Drucks. IV/270, S. 61). Hier liegt ein Unterschied zu der entsprechenden Vorschrift des § 41 (§ 41 Abs. 4 Satz 2; vgl. § 41 Rn. 48 ff.) vor, wonach ein beschränkter (höchstens für fünf Jahre) Ausschluss möglich ist.

IV. Prozessuales

31   Der Urheber muss nach dem Wortlaut der Bestimmung darlegen und ggf. beweisen, dass seine Überzeugung sich gewandelt hat. Dieser **Darlegungs- und Beweislast** wird er sich allerdings im Regelfalle schon dadurch entledigen können, dass er den Widerspruch zwischen seiner Überzeugung bei Schaffung des Werkes und seiner jetzigen Überzeugung näher darlegt; denn „Überzeugung" ist ein innerer Tatbestand, der kaum der Widerlegung fähig ist. Die bloße Erklärung, jetzt anderen Sinnes geworden zu sein, genügt freilich nicht. Es müssen vielmehr Tatsachen angegeben werden, aus denen sich ergibt, dass der Urheber nunmehr eine andere künstlerische oder wissenschaftliche Auffassung vertritt oder sich durch neue wissenschaftliche Erkenntnisse widerlegt sieht. Das wird meist durch Belegexemplare von anderen, erst in jüngerer Zeit geschaffenen Werken geschehen können; ein Maler, der in seiner Jugend impressionistisch oder gar romantisch gemalt hat und nunmehr des Glaubens ist, nur die surrealistische Malweise sei Kunst, wird diesen Überzeugungswandel sehr leicht durch den Hinweis auf sein neueres Schaffen unter Beweis stellen können. Eine Begründung oder gar eine Rechtfertigung für die Änderung seiner künstlerischen Auffassung braucht er nicht zu geben. Überzeugungen sind so subjektiv und vielfach, zumal im Bereich der Kunst, so irrational, dass der Zwang zu einer jedermann einleuchtenden, „plausiblen" Begründung unweigerlich zu einer Nivellierung des Geisteslebens und zu einer Herabwürdigung des Genies auf die Stufe des Durchschnittsbürgers führen müsste.

32   Die Fassung des Abs. 1 Satz 2 ist verunglückt (a.A. Schricker/*Dietz*[3] Rn. 27; Möhring/Nicolini/*Spautz*[2] Rn. 10). Der Rechtsnachfolger braucht nicht etwa in der Rückrufserklärung Beweise für seine Darlegungen anzubieten, geschweige denn zu erbringen; dazu wäre er im Falle eines Zeugenbeweises auch gar nicht in der Lage. Die Bestimmung besagt nur, dass der Rechtsnachfolger im Prozess voll beweispflichtig ist und dass jeder Zweifel zu seinen Lasten geht.

V. Verhältnis zu anderen Vorschriften (Abs. 5 i.V.m. § 41 Abs. 7)

Abs. 5 ordnet eine entsprechende Anwendung des § 41 Abs. 7 an. Dies bedeu- **33**
tet, dass Rechte und Ansprüche der Beteiligten nach anderen gesetzlichen
Vorschriften unberührt bleiben. Gemeint sind hiermit insbesondere das Rücktrittsrecht des § 35 VerlG (Schricker/*Dietz*[3] Rn. 20) und die Rechte aus den
§§ 323 bis 326 BGB; eingehend vgl. § 41 Rn. 52. Insbesondere kann der
Urheber ein Zitat (§ 51) auch weiterhin nicht verbieten. Lediglich der Aufnahme des Werkes oder von Teilen davon in Sammlungen für den Kirchen-,
Schul- und Unterrichtsgebrauch kann der Urheber entgegentreten (§ 46
Abs. 4; vgl. § 46 Rn. 8).

§ 42a Zwangslizenz zur Herstellung von Tonträgern

(1) [1]Ist einem Hersteller von Tonträgern ein Nutzungsrecht an einem Werk der
Musik eingeräumt worden mit dem Inhalt, das Werk zu gewerblichen Zwecken
auf Tonträger zu übertragen und diese zu vervielfältigen und zu verbreiten, so
ist der Urheber verpflichtet, jedem anderen Hersteller von Tonträgern, der im
Geltungsbereich dieses Gesetzes seine Hauptniederlassung oder seinen
Wohnsitz hat, nach Erscheinen des Werkes gleichfalls ein Nutzungsrecht mit
diesem Inhalt zu angemessenen Bedingungen einzuräumen; dies gilt nicht,
wenn das bezeichnete Nutzungsrecht erlaubterweise von einer Verwertungsgesellschaft wahrgenommen wird oder wenn das Werk der Überzeugung des
Urhebers nicht mehr entspricht, ihm deshalb die Verwertung des Werkes nicht
mehr zugemutet werden kann und er ein etwa bestehendes Nutzungsrecht aus
diesem Grunde zurückgerufen hat. [2]Der Urheber ist nicht verpflichtet, die
Benutzung des Werkes zur Herstellung eines Filmes zu gestatten.

(2) Gegenüber einem Hersteller von Tonträgern, der weder seine Hauptniederlassung noch seinen Wohnsitz im Geltungsbereich dieses Gesetzes hat, besteht die Verpflichtung nach Absatz 1, soweit in dem Staat, in dem er seine
Hauptniederlassung oder seinen Wohnsitz hat, den Herstellern von Tonträgern,
die ihre Hauptniederlassung oder ihren Wohnsitz im Geltungsbereich dieses
Gesetzes haben, nach einer Bekanntmachung des Bundesministers der Justiz
im Bundesgesetzblatt ein entsprechendes Recht gewährt wird.

(3) Das nach den vorstehenden Bestimmungen einzuräumende Nutzungsrecht
wirkt nur im Geltungsbereich dieses Gesetzes und für die Ausfuhr nach Staaten, in denen das Werk keinen Schutz gegen die Übertragung auf Tonträger
genießt.

(4) Hat der Urheber einem anderen das ausschließliche Nutzungsrecht eingeräumt mit dem Inhalt, das Werk zu gewerblichen Zwecken auf Tonträger zu
übertragen und diese zu vervielfältigen und zu verbreiten, so gelten die vorstehenden Bestimmungen mit der Maßgabe, dass der Inhaber des ausschließlichen Nutzungsrechts zur Einräumung des in Absatz 1 bezeichneten Nutzungsrechts verpflichtet ist.

(5) Auf ein Sprachwerk, das als Text mit einem Werk der Musik verbunden ist,
sind die vorstehenden Bestimmungen entsprechend anzuwenden, wenn einem
Hersteller von Tonträgern ein Nutzungsrecht eingeräumt worden ist mit dem
Inhalt, das Sprachwerk in Verbindung mit dem Werk der Musik auf Tonträger zu
übertragen und diese zu vervielfältigen und zu verbreiten.

(6) [1]Für Klagen, durch die ein Anspruch auf Einräumung des Nutzungsrechts
geltend gemacht wird, sind, sofern der Urheber oder im Falle des Absatzes 4
der Inhaber des ausschließlichen Nutzungsrechts im Geltungsbereich dieses
Gesetzes keinen allgemeinen Gerichtsstand hat, die Gerichte zuständig, in
deren Bezirk das Patentamt seinen Sitz hat. [2]Einstweilige Verfügungen können
erlassen werden, auch wenn die in den §§ 935 und 940 der Zivilprozessordnung
bezeichneten Voraussetzungen nicht zutreffen.

(7) Die vorstehenden Bestimmungen sind nicht anzuwenden, wenn das in Absatz 1 bezeichnete Nutzungsrecht lediglich zur Herstellung eines Filmes eingeräumt worden ist.

Übersicht

I. Allgemeines

1. Sinn und Zweck

1 Wie kein anderes Werk bedarf die Musik der Interpretation, um als Werk in Gänze zu erstehen. Die dadurch entstehenden Variationen bereichern unser Verständnis der zugrundeliegenden Komposition. Breitenwirkung könne diese naturgemäß flüchtigen Interpretationen nur durch die Festlegung auf Tonträgern erhalten. Es ist offensichtlich, dass derjenige Tonträgerhersteller, der sich ein ausschließliches Nutzungsrecht an einem Werk der Musik sichern könnte, versucht wäre, seinen Mitbewerbern die Nutzung eben dieses Werkes mit konkurrierenden Aufnahmen durch restriktive Lizenzvergabe zu erschweren oder unmöglich zu machen (zum kulturellen Aspekt: Bericht RAuschuss UrhG – BT- Drucks. IV/3401, S. 11; RegE UrhG – BT-Drucks. IV/270, S. 77; zum kartellrechtlichen Aspekt *Buhrow/Jan Bernd Nordemann* GRUR Int 2005 407, 411; nur für kartellrechtliche Natur *v. Gamm* Rn. 2). Im Interesse der Entfaltung des musikalischen Potentials von Musikstücke verpflichtet § 42a den Urheber auch einem konkurrierenden Tonträgerhersteller ein Nutzungsrecht in Form einer Zwangslizenz einzuräumen. Der Gesetzesbegründung zufolge soll der so eröffnete Wettbewerb zwischen den Tonträgerherstellern auch eine „Vervollkommnung der Tonträger" erzeugen. Dies kann wohl nur so verstanden werden, dass die Perfektionierung der Tonträger ein förderungswürdiges Ziel darstellt, da das musikalische Erlebnis maßgeblich von der Qualität des Tonträgers abhängt (RegE UrhG – BT-Drucks. IV/270, S. 77). Um dieses Recht auch zeitnah effektiv durchzusetzen, wurde durch Abs. 6 S. 2

das Erwirken einstweiliger Verfügungen für die konkurrierenden Tonträgerhersteller erleichtert (Bericht RAusschuss UrhG – BT- Drucks. IV/3401, S. 11).

Zugleich berücksichtigt die Vorschrift aber auch den Interessen des so in **2** seinem Verfügungsrecht eingeschränkten Urhebers, da die Vorschrift zum einen als Zwangslizenz und nicht als gesetzliche Lizenz ausgeformt ist, zum anderen muss der Urheber die Zwangslizenz nur zu angemessen Bedingungen einräumen. Entscheidend für ihren Fortbestand war die Erwägung des Gesetzgebers von 1965, dass nur im Falle der Zwangslizenz der Urheber die Bedingungen für die Nutzung seines Werkes in angemessenem Rahmen selbst festsetzen könne (Bericht RAusschuss UrhG – BT- Drucks. IV/3401, S. 11).

2. Systematische Stellung

Ursprünglich stand die Vorgängervorschrift im 7. Abschnitt mit dem Titel **3** „Gesetzliche Nutzungsrechte". Dort hatte der RegE UrhG (dort §§ 64 und 65) gesetzliche Lizenzen für die Hersteller von Tonträgern (z. B. Schallplattenproduzenten) und den Rundfunk vorgesehen. Der Bundestag hat auf Vorschlag des Rechtsausschusses die gesetzliche Lizenz des Rundfunks gestrichen und zugleich die vom Entwurf vorgesehene gesetzliche Lizenz der Hersteller von Tonträgern in dem damaligen § 61 zu einer **Zwangslizenz** herabgemildert. Dessen etwas unsystematische Stellung im 6. Abschnitt *Schranken des Urheberrechts* habe den Gesetzgeber in Zusammenhang mit der Umsetzung der EU Info-RL mit dem Gesetzes zur Regelung des Urheberrechts in der Informationsgesellschaft (v. 10.09.2003, BGBl. I 1774) ausweislich der Begründung (Begr RegE Urhg Infoges – BT-Drucks. 15/38, S.17) schließlich veranlasst, die Bestimmung ohne jede Veränderung von Text und Inhalt wortgleich in den 5. Abschnitt *Rechtsverkehr im Urheberrecht* zu verpflanzen.

Freilich konnte die Vorschrift nicht an ihrer alten Stelle verbleiben, weil Art. 5 **4** Abs. 2 und 3 Info-RL 2001/29/EG einen abschließenden Katalog der zulässigen Ausnahmen und Schranken vorgeben (ErwG 32 Info-RL), in dem eine solche Zwangslizenz nicht vorgesehen ist (so auch zutreffend Schicker/*Melichar*[3] Rn. 3, jedoch mit einer Rechtfertigung der getroffenen Regelung). Die Gesetzesbegründung (RegE UrhG Infoges – BT-Drucks. 15/38, 17) versucht die Beibehaltung der Zwangslizenz damit zu begründen, es handele sich um keine „Ausnahme oder Schranke" im Sinne der Richtlinie. Die Vorschrift greife in das jeweilige Ausschließlichkeitsrecht nicht ein, sondern regele ausschließlich Teilfragen bezüglich dessen Ausübung, also im Sinne einer Regelung zur Ausübung der Vertragsfreiheit (so auch Wandtke/Bullinger/*Bullinger*[2] Rn. 1, wie hier Wandtke/Bullinger/*Schaefer*[2] § 85 Rn. 30). Da jedoch die „Teilfrage" eine Beschränkung der Ausübbarkeit als solcher betrifft, handelt es sich durchaus um eine Schrankenbestimmung (Art. 13 Abs. 1 RBÜ bezieht sich auf Vorschriften wie diese und hat sie erst ermöglicht). Die Frage der Richtlinienkonformität des § 42a dürfte indes hinsichtlich der traditionellen Werknutzung bei der Tonträgerherstellung wirtschaftlich kaum eine Rolle spielen, da die Vervielfältigungs- und Verbreitungsrechte der Autoren regelmäßig in die GEMA eingebracht sind und diese einem Kontrahierungszwang unterliegt (§ 11 Abs. 1 UrhWahrnG).

II. Tatbestand

1. Anwendungsbereich

5 a) **Erschienene Werke der Musik (Abs. 1 Satz 1):** Die Zwangslizenz bezieht sich ausschließlich auf **Werke der Musik** aller Art (ernst, Unterhaltung etc.); siehe § 2 Abs. 1 Nr. 2; vgl. § 2 Rn. 122 ff. Die Werke müssen bereits erschienen sein (§ 6 Abs. 2). Dazu reicht jede Form des Erscheinens, auch die Veröffentlichung als Noten, aus (Dreier/Schulze/*Dreier*[2] Rn. 11). Auch auf Verbindungen i.S.d. § 9 von Musik und Sprache wie Liedern, Opern, Operetten, Musicals findet § 42a Anwendung. Diese Verbindung von Musik und Text muss nicht von Anfang an bestanden haben: Auch ein zu einem späteren Zeitpunkt vertonter Text unterfällt § 42a (Schricker/*Melichar*[3] Rn. 4). Allerdings muss die Verbindung ausreichend fest sein: Bei Sprachwerke mit Musikeinlagen werden nur die Musikeinlagen selbst von der Regelung erfasst (*v. Gamm* § 61 Rn. 4). Entscheidend ist bei der Anwendung der Zwanglizenz auf eine Werkverbindung, dass der Schwerpunkt des Gesamtwerkcharakters auf dem Musikwerk liegt (*Ulmer*[3] § 76 III 1).

6 b) **Keine Zwangslizenz für Verwendung im Film (Abs. 1 Satz 2 Abs. 7):** Ein Anspruch auf Rechtseinräumung besteht ferner dann nicht, wenn es sich um die **Benutzung zur Filmherstellung** handelt. Das Filmherstellungsrecht ist ein Individualrecht, das vom Urheber oder dem ausschließlich Nutzungsberechtigten (z.B. dem Verleger oder dem Bühnenvertrieb) ohne gesetzlichen Eingriff und nach freier Entscheidung vergeben oder verweigert werden soll (zuletzt BGH GRUR 2006, 319, 320 f. – Alpensinfonie m.w.N.). Weil dieses Recht, selbst wenn es sich in Übereinstimmung mit der *Alpensinfonie*-Entscheidung des BGH regelmäßig um eine abspaltbare Nutzungsart des Vervielfältigungsrechts nach § 16 handeln, jedenfalls nicht mit der Einräumung von Verbreitungsrechten an einen Tonträgerhersteller einhergeht (sondern allenfalls an einen Filmhersteller), lässt die Einräumung eines Nutzungsrechts aus den §§ 16 Abs. 2, 17 an einen Filmproduzenten keine Zwangslizenz anderer Film- oder Tonträgerhersteller entstehen, ebenso wenig wie ein Filmhersteller sich auf § 42a berufen kann, selbst wenn schon Tonträgeraufnahmen des Werkes im Handel sind (Abs. 7). Dabei ist es gleichgültig, ob es sich um einen sog. Kinofilm oder um einen Fernsehfilm (§ 88 Abs. 1 Nr. 3 und 4), um ein Filmwerk (§ 2 Abs. Nr. 6) oder um Laufbilder handelt, da „Film" vom Gesetzgeber als Oberbegriff verwendet wurde (vgl. Vor §§ 88 ff. Rn. 1). Hat der Erstlizenzvertrag jedoch jeweils als getrennte Lizenzgegenstände die Nutzung der Musik zur Filmherstellung wie zur separaten Tonträgerherstellung zum Gegenstand, führt dies zur Anwendung der Zwangslizenz (ebenso Schricker/*Melichar*[3] Rn. 17).

7 c) **Einschränkung des Anwendungsbereiches durch Abs. 1 Satz 1 Halbsatz 2/§ 11 UrhWahrnG:** Da die Zwangslizenzregelung nicht gilt, wenn die Rechte bereits durch die GEMA wahrgenommen werden, steht die praktische Bedeutung der Vorschrift in umgekehrtem Verhältnis zu ihrem Wortreichtum. Sie gilt nur für solche Komponisten und Texter, die keiner VerwGes angehören (Abs. 1 S. 1 Halbs. 2); denn das Repertoire der VerwGes steht der Schallplattenindustrie ohnehin über den Abschlusszwang zur Verfügung (§ 11 UrhWahrnG). Da fast alle Länder, deren Staatsangehörige in der Bundesrepublik Urheberschutz genießen (vgl. § 121), VerwGes haben, deren Repertoire die GEMA in der Bundesrepublik vertritt, wird § 42a außerordentlich selten praktisch relevant.

Dabei darf man sich nicht durch die Tatsache täuschen lassen, dass die **8** §§ 22a ff. LUG in fünfundfünfzigjähriger Geltungsdauer niemals zu einer höchstrichterlichen Entscheidung geführt haben und auch der damalige § 61 erst im Dezember 1997, fast 32 Jahre nach Inkrafttreten des UrhG, erstmals den Bundesgerichtshof beschäftigt hat (BGH GRUR 1998, 376 – *Coverversion*). Offensichtlich hat schon das Bestehen einer gesetzlich angeordneten Zwangslizenz für sich allein genügt, Konflikte gar nicht erst entstehen zu lassen. Für den verbleibenden Anwendungsbereich der Bestimmung könnte es angesichts der ausgeführten Situation (vgl. Rn. 4) künftig durchaus zum Streit kommen, falls sich einzelne Musikverlage im Zuge der gegenwärtigen Debatte über die kollektive Rechtewahrnehmung in Europa entschließen sollten, ihre Rechte der GEMA zu entziehen, um sie selbst wahrzunehmen oder von einer anderen Verwertungsgesellschaft zentral wahrnehmen zu lassen. Ob und inwieweit die Zwangslizenz politisch notwendig oder wünschenswert ist, was in der Vergangenheit jedenfalls nie streitig wurde (RegE UrhG Infoges – BT-Drucks. 15/38, S. 17; dagegen *Schulze* Rn. 1 und *Riedel* Rn. A; Schricker/*Melichar*[3] Rn. 3; HK-UrhR/*Schmidt*/*Wirth* Rn. 2; Diskussion über Abschaffung des Art. 13 RBÜ WIPO 30.08.1996 Art. 6 des Dok. CRNR/DC/4; Schricker/*Melichar*[3] Rn.3a; *Reinbothe*/*v. Lewinski*, The WIPO Treaties, 1996, Chapter 3 Rn. 3, 8), spielt dann keine Rolle, wenn die gegenwärtige Regelung, wie hier vertreten, geltendem EU-Recht widerspricht.

d) Örtliche Einschränkung der Zwangslizenz auf das Bundesgebiet (Abs. 2 und **9** **3):** Gem. § 42a Abs. 3 sowie dem Wortlaut von Art. 13 RBÜ wirkt die Zwangslizenz territorial auf die Bundesrepublik Deutschland begrenzt. Ein Export von Vervielfältigungsstücken ist darüber hinaus nur in Staaten zulässig, in denen das Werk keinen Schutz in Bezug auf das mechanische Recht (mehr) besitzt. Die Zwangslizenz ist auch nicht durch EU-Recht auf das Gebiet anderer EU-Staaten anzuwenden (zur kritischen Frage der Richtlinienkonformität vgl. Rn. 3): Die Gegenseitigkeitsregel des Abs. 2 hat aufgrund bisher fehlender Bekanntmachung des Bundesjustizministeriums hat noch keine praktische Relevanz.

e) Vorhergehende Rechtseinräumung eines Nutzungsrechtes: Voraussetzung **10** für die Geltendmachung des Lizenzanspruches ist, dass der Urheber schon einem anderen Hersteller ein Nutzungsrecht an dem Werk eingeräumt hat. Der Begriff des **Tonträgerherstellers** im Sinne dieser Bestimmung entspricht dem des § 85. Auch für den Fall, dass der Urheber sein Werk selbst auf Tonträgern vervielfältigt und verbreitet, scheidet eine Zwangslizenz aus. Die Vereinbarung mit dem anderen Tonträgerhersteller muss wirksam zustande gekommen sein. Musikverleger wie sonstige Dritte zählen nicht dazu, da ausweislich der Gesetzgebungsmaterialien nur hinsichtlich Tonträgerherstellern die Gefahr von Monopolstellungen gesehen wird (ebenso wie schon zu Einführung des § 22 LUG: RegE UrhG – BT-Drucks IV/270, 77; *Dreyer*/Kotthoff/Meckel Rn. 9).

Des Weiteren muss es sich um ein **Nutzungsrecht** aus § 16 Abs. 2 (Vervielfäl- **11** tigung durch Aufnahme auf Tonträger) und aus § 17 (Verbreitungsrecht) handeln. Ob ein einfaches oder ausschließliches Nutzungsrecht eingeräumt wurde (§ 31 Abs. 2 und 3), ist an sich gleichgültig; im letzteren Falle richtet sich der Anspruch lediglich gegen den anderen Hersteller, statt wie sonst gegen den Urheber (Abs. 4). § 42a ändert § 31 Abs. 3 also in einem gewissen Sinne ab: Ein volles ausschließliches Nutzungsrecht aus § 16 Abs. 2 zur gewerblichen Nutzung gibt es für die von § 42a betroffenen Werke nicht. Nur eine ausschließliche Nutzung zu nichtgewerblichen, also etwa zu politischen, wohltätigen oder sonstigen ideellen Zwecken ist denkbar, weil sie keine Zwangslizenz zur Folge hat

12 **f) Keine Zwangslizenz bei Rückruf:** Ein Anspruch auf Rechtseinräumung entfällt, wenn der Urheber das Werk wegen gewandelter Überzeugung zurückgerufen hat und die Voraussetzungen des § 42 tatsächlich vorliegen (Abs. 1 S. 1 Halbs. 2; vgl. § 42 Rn. 4–6; zu besonderen Fälle vgl. § 46 Rn. 13). Der Rückruf wegen Nichtausübung (§ 41) beeinträchtigt die Zwangslizenz jedoch nicht, da § 42a ihn nicht erwähnt.

13 **g) Berechtigter:** Berechtigter ist nur ein gewerbsmäßiger Tonträgerhersteller (Abs. 1 S. 1), wobei freilich nicht der Hersteller der zur Aufnahme bestimmten Materialien, sondern der Hersteller von Aufnahmen auf Tonträgern gemeint ist. Der Hersteller muss Wohnsitz oder Niederlassung in der Bundesrepublik haben oder in einem Lande ansässig sein, mit dem die Gegenseitigkeit verbürgt ist (Abs. 1 S. 1 und Abs. 2).

14 Der Tonträgerhersteller muss einen Sitz in Deutschland haben, entweder i.S.d. der Hauptniederlassung (§§ 13–13c HGB 17 ZPO) oder den Wohnsitz (§ 7 BGB). Häufig haben ausländische Verwertungsgesellschaften mit der GEMA Gegenseitigkeitsverträge geschlossen, so dass ein ausländischer Tonträgerhersteller über seine nationale Verwertungsgesellschaft die erforderlichen Rechte erwerben kann. Der Kreis der Berechtigten ist im Lichte des Diskriminierungsgebotes des Art. 12 EGV auszulegen.

15 Im Zuge des 3. UrhRÄndG 1995 hat der Gesetzgeber die fremdenrechtlichen Vorschriften (§§ 120 ff) dahingehend angepasst, dass den inländischen Unternehmen die Unternehmen mit Sitz in anderen EU-Ländern gleichzustellen sind (RegE ÄndG 1995 – BT-Drucks. 13/781, S. 11; Wandtke Bullinger/*v. Welser*[2] § 120 Rn. 1 Rn. 18; Dreier/Schulze/*Schulze*[2] § 120 Rn. 9).

16 **h) Verpflichteter:** Der Urheber ist zur Nutzungseinräumung verpflichtet. Bei dem Urheber kann es sich um einen Musiker, Textautor oder Bearbeiter handeln. Möglich ist auch, dass der Urheber sein Nutzungsrecht ausschließlich einem Dritten einräumt. Dann ist der Dritte zum Abschluss einer Zwangslizenz verpflichtet (meist Verleger). Dem Verleger muss dann im Verlagsvertrag das ausschließliche Recht eingeräumt werden, im Zweifel gilt § 37 Abs. 2.

2. **Rechtsfolge**

17 **a) Anspruchsinhalt: Einräumung eines Nutzungsrechts:** § 42a begründet kein Nutzungsrecht, sondern nur einen **Anspruch auf Einräumung** eines solchen, der notfalls gerichtlich durchsetzbar ist (BGH GRUR 1998, 376, 378 – *Coverversion* unter Hinweis auf *Ulmer*[3] S. 337 und *Schack*[4] Rn. 790), in Eilfällen auch im Wege einstweiliger Verfügung (Abs. 6 S. 2; BGH a.a.O.). Ohne Vertrag oder gerichtliche Entscheidung ist die Nutzung als Urheberrechtsverletzung zu qualifizieren (BGH a.a.O.).

18 Der Anspruch geht auf Einräumung eines Nutzungsrechtes mit dem gleichen Inhalt wie der Erstlizenzvertrag. Der Inhalt des Erstlizenzvertrages ist dabei jedoch definiert durch Abs. 1 Satz 1: er umfasst Übertragung (§ 16 Abs. 2), Vervielfältigung (§ 16 Abs. 1) und das Verbreitungsrecht (§ 17 Abs. 1). Diese drei Rechte können nur als Bündel eingeräumt werden, ein isolierter Erwerb sei auf Grundlage der Zwangslizenz nicht möglich. (Möhring/Nicolini/*Gass* § 61 Rn. 20; Dreyer/Kotthoff/Meckel/*Dreyer*[2] Rn. 12 Schricker/*Melichar*[3]

Rn. 10; ungenau: HK-UrhR/*Schmid*/*Wirth* Rn. 3). Daraus ergibt sich, dass eine Übertragung anderer Nutzungsarten als diese drei genannten nicht aufgrund der Zwangslizenz erzwungen werden kann. Es handelt sich um einfache Nutzungsrechte (§ 31 Abs. 2).

Privilegiert ist daher nur die Herstellung von Werkträger, die ausschließlich **19** Töne enthalten. Nicht unter die Tonträger fallen die Speicherkarten von Handys, die Nutzung als Handy-Klingelton ist eine eigenständige Nutzungsart, die der Zwangslizenz nicht unterliegt (OLG Hamburg MMR 2006, 315 – *Handyklingelton II*). Die Nutzung im Rahmen von Filmen ist bereits ausdrücklich durch Abs. 7 ausgeschlossen vgl. Rn. 6. Ein Bearbeitungsrecht (§ 23) steht dem von § 42a begünstigten Tonträgerhersteller ebenfalls nicht zu. Ein Recht zur genehmigungslosen Änderung gibt es nur in den engen Grenzen des § 39 Abs. 2.

Die Zwangslizenz erfasst nur das Werk, sie erstreckt sich weder auf eine bereits **20** vorhandene Musikaufnahme noch auf die Interpretationen ausübender Künstler. Der Verweisungsfehler in § 79 Abs. 2 wurde inzwischen korrigiert (vgl. § 79 Rn. 95).

b) Zwangslizenzvergabe zu angemessenen Bedingungen: Der Anspruch ist **21** begrenzt auf die Einräumung der Zwangslizenz zu angemessenen Bedingungen. Die Angemessenheit der Bedingungen ist im Streitfall Gegenstand der richterlichen Festsetzung (§ 287 Abs. 2 ZPO). Dabei ist es praktisch die Aufgabe des Richters, den gesamten Vertragsinhalt festzusetzen, da jede Klausel das Gleichgewicht von Leistung und Gegenleistung berührt. Als Maßstab sind zunächst die Bedingungen heranzuziehen, die der freiwilligen Rechtseinräumung an den ersten Tonträgerhersteller zugrunde gelegen haben, ferner die üblichen Bedingungen, d. h. diejenigen, die in gleichartigen Fällen von der GEMA tarifmäßig festgesetzt sind (zu Nachweisen vgl. § 97 Rn. 94 f.). Damit der Hersteller nicht bis zur rechtskräftigen Erledigung eines etwaigen Prozesses um die Angemessenheit der Bedingungen von der Herstellung und dem Vertrieb des Werkes ausgeschaltet bleibt, sieht Abs. 6 S. 2 gewisse prozessuale Erleichterungen vor (Bericht RAusschuss UrhG – BT- Drucks. IV/3401, S. 11).

c) Änderungsverbot und Quellenangabe: Das Änderungsverbot des § 39 galt **22** für die Bestimmung schon an ihrem bisherigen Regelungsort (gem. § 62 Abs. 1). Der Hersteller darf also das Werk also nur unwesentlich kürzen, den Text verändern oder mit anderen Werken verbinden oder bei Sprach- und Musikwerkverbindungen den Text gar weglassen oder dem Werk durch eine andere Instrumentierung oder Auswechseln von Stimmen einen abweichenden musikalischen Charakter geben (OLG Hamburg ZUM 2002, 480, 485 – *Handyklingelton I*; Dreier/Schulze/*Schulze*[2] Rn. 17; Wandtke/Bullinger/ *Bullinger*[2] Rn. 25; Schricker/*Melichar*[3] Rn. 14). Allerdings ist der interpretatorische Spielraum bei Coverversionen regelmäßig sehr groß (BGH GRUR 1998, 376 – *Coverversion;* weiterführend *Schulz* FS Hertin S. 213).

Aufgrund der neuen systematischen Stellung ist das ausdrückliche Gebot der **23** umfassenden Quellenangabe (§ 63 Abs. 1 a.F.) auf § 42a nicht mehr anwendbar gewesen mit der Folge, dass nur noch der Anspruch auf Urhebernennung nach § 13 bestand (Dreier/Schulze/*Schulze*[2] Rn. 18; *Dreyer*/Kotthoff/Meckel § 42a Rn. 24.), aufgrund des Art. 1 Nr. 7 des „Zweiten Korbes" wird jedoch § 63 für entsprechend anwendbar erklärt (RegE UmsG Enforcement-RL – BT-Drucks. 16/1828, S. 22).

III. Prozessuales

1. Klage

24 Kommt eine Vereinbarung nicht zustande, muss der Anspruch mit der Klage auf Abgabe einer Willenserklärung nach § 894 ZPO eingeklagt werden. Die Passivlegitimation richtet sich nach der Art des eingeräumten Nutzungsrecht: Bei einfachem Nutzungsrecht ist der Urheber der richtige Klagegegner, bei Einräumung eines ausschließlichen Nutzungsrechtes richtet sich der Anspruch hingegen gegen den Inhabers des abgeleiteten Rechtes.

2. Gerichtsstand

25 Gerichte i.S.d. Abs. 6 sind das AG München und das LG München I, im Übrigen richtet sich die Zuständigkeit nach §§ 38 ff. ZPO. Für einstweilige Verfügungen bleibt nach wie vor neben diesen Gerichten das Gericht am Sitz des Berechtigten zuständig, da das durchzusetzende Lizenzrecht sich dort im Sinne des § 919 ZPO „befindet".

3. Einstweilige Verfügung (Abs. 6 S. 2)

26 Zur effektiven Durchsetzung des Anspruches auf Lizenzeinräumung wird der Erlass einer einstweiligen Verfügung durch die gesetzliche Vermutung der Tatsache der Dringlichkeit (§§ 935, 940 ZPO) erleichtert. Um diese Regelung im Rahmen des nur summarischen Einstweiligen Rechtsschutzverfahren zu Gunsten der Tonträgerindustrie auszugleichen, wird die Lizenz möglicherweise nur gegen entsprechende Sicherheitsleistung (§ 921 Abs. 2 S. 2 ZPO) zumindest in Teilhöhe der angemessenen Vergütung zu vergeben sein (Anlehnung an § 11 Abs. 2 UrhWahrnG; Schricker/*Melichar*[3] Rn. 19; OLG GRUR 1994, 118, 119 – *Beatles CD*). Im Falle der Lizenzverweigerung seitens der GEMA kommt eine analoge Anwendung des Abs. 6 S. 2 auch auf den Bereich des § 11 UrhWahrnG in Betracht (OLG München GRUR 1994, 118, 119 – *Beatles CD*; LG München *Schulze* LGZ 215).

---

§ 43   Urheber in Arbeits- oder Dienstverhältnissen

Die Vorschriften dieses Unterabschnitts sind auch anzuwenden, wenn der Urheber das Werk in Erfüllung seiner Verpflichtungen aus einem Arbeits- oder Dienstverhältnis geschaffen hat, soweit sich aus dem Inhalt oder dem Wesen des Arbeits- oder Dienstverhältnisses nichts anderes ergibt.

Übersicht

I. Allgemeines

1. Sinn und Zweck der Norm, systematische Stellung im Gesetz

§ 43 ist eine merkwürdige Vorschrift. Nach ihrem Wortlaut verheißt sie ei- **1** gentlich nichts überraschendes: Auch in Arbeits- oder Dienstverhältnissen soll das allgemeine Urhebervertragsrecht zur Anwendung kommen. Tatsächlich verbirgt sich dahinter jedoch das glatte Gegenteil: An allen in Erfüllung der Verpflichtungen aus einem Arbeits- oder Dienstverhältnis geschaffenen Werken stehen die **Nutzungsrechte grundsätzlich dem Arbeitgeber oder Dienstherren so weit zu, wie er sie für die betriebliche Verwertung benötigt;** das ist die Anwendung der Zweckübertragungslehre aus § 31 Abs. 5 in ihrer wohl am weitesten zu Gunsten des Verwerters gehenden Form (Einzelheiten vgl. Rn. 27 ff.). Die Vorschrift sollte deshalb gelegentlich einmal der Lebenswirklichkeit angepasst werden und besser lauten:

Hat der Urheber ein Werk in Erfüllung seiner Verpflichtungen aus einem Arbeits- oder Dienstverhältnis geschaffen, so stehen dem Arbeitgeber oder

Dienstherren daran die Nutzungsrechte zu, soweit er sie für die betriebliche Verwertung des Werkes benötigt.

2 Die Sonderregelung des § 43 betrifft **nur das Urhebervertragsrecht.** Alle übrigen Bestimmungen des UrhG bleiben auch für in Arbeits- oder Dienstverhältnissen geschaffene Werke einschränkungslos anwendbar. Dies gilt insbesondere für § 7: Derjenige, der ein Werk in Erfüllung seiner Verpflichtungen aus einem Arbeits- oder Dienstverhältnis erschafft, bleibt grundsätzlich der Urheber seines Werkes (so schon ausdrücklich die Begründung zum UrhG-Entwurf vom 23. März 1962, abgedruckt bei *Marcel Schulze* zu § 43 S. 138; s. a. Dreier/Schulze/*Dreier*[2] Rn. 1; Loewenheim/*Wilhelm Nordemann* § 13 Rn. 1; Loewenheim/*Axel Nordemann* § 63 Rn. 5; Schricker/*Rojahn*[3] Rn. 2; Wandtke/Bullinger/*Wandtke*[2] Rn. 4). Die Vorschrift ist auch durch das Gesetz zur Stärkung der vertraglichen Stellung von Urhebern und ausübenden Künstlern vom 22. März 2002 nicht verändert worden, obwohl es entsprechende Vorschläge gab; auch der die angemessene Vergütung sowie die Bestsellervergütung betreffende Teil des Urhebervertragsrechts in den §§ 32–32b sind daher im Prinzip zu Gunsten von Urhebern in Arbeits- und Dienstverhältnissen anwendbar (Loewenheim/*Axel Nordemann* § 63 Rn. 4 und Rn. 65 ff. sowie unten vgl. Rn. 51 ff.).

3 Urheber, die aufgrund eines Arbeits- oder Dienstverhältnisses in **gesicherten Einkommensverhältnissen** leben, sind nicht im gleichen Maße schutzbedürftig wie freie Urheber. Die soziale Funktion des Urheberrechts, den Urhebern ihren Lebensunterhalt zu verschaffen und ihre Existenz zu sichern, ist bei Urhebern in Arbeits- oder Dienstverhältnissen deshalb auch zurückgedrängt, sie sind nicht ohne weiteres „tunlichst an dem wirtschaftlichen Nutzen zu beteiligen, der aus ihren Werken gezogen wird", weil ihr Lebensunterhalt in der Regel bereits durch das Arbeits- oder Dienstverhältnis gesichert wird (so schon *Ulmer*[1] S. 31 sowie RegE UrhG BT-Drucks. IV/270, S. 61 ff.; im Übrigen Loewenheim/*Axel Nordemann* § 63 Rn. 2 f.; Schricker/*Rojahn*[3] Rn. 10 ff.; *Schack*[2] Rn. 981).

4 Nicht übersehen werden darf ferner die **Sonderregelung in § 69b,** nach der – weiter einschränkend als durch § 43 – bei **Computerprogrammen,** die von einem Arbeitnehmer oder Dienstverpflichteten in Wahrnehmung seiner Aufgaben oder nach den Anweisungen seines Arbeitgebers oder Dienstherrn geschaffen werden, sämtliche ausschließlichen Verwertungsrechte auf den Arbeitgeber oder Dienstherrn übergehen (Einzelheiten vgl. § 69b Rn. 11, 13 ff.).

2. Früheres Recht

5 § 43 entspricht im Wesentlichen dem schon zu Zeiten von LUG und KUG geltenden Recht, wo anerkannt war, dass der Arbeitgeber oder Dienstherr die für seine Zwecke erforderlichen Nutzungsrechte gegebenenfalls stillschweigend auf der Basis des Arbeitsvertrages oder des Beamtenverhältnisses eingeräumt erhielt (RegE UrhG BT-Drucks. IV/270, S. 61 ff.; *Ulmer*[1] S. 31 und 118; *Allfeld*[2] § 2 LUG Rn. 2 S. 69). Zwar war teilweise vertreten worden, dass das Urheberrecht auch originär beim Arbeitgeber oder Dienstherren entstehen könne (so beispielsweise *Elster*[2] § 12 Rn. 2 S. 110); dies hatte sich jedoch nicht durchgesetzt (*Ulmer*[1] S. 118; *Allfeld*[2] § 2 LUG Rn. 2 S. 69). Lediglich in dem Sonderfall, dass eine juristische Person des öffentlichen Rechts als Herausgeber ein Werk veröffentlichte, dessen Urheber nicht angegeben war, erwarb diese originär das Urheberrecht am Werk gem. §§ 3 LUG oder 5 KUG. Diese

Sonderbestimmungen haben jedoch keinen Eingang in das UrhG gefunden (dazu im Übrigen RegE UrhG BT-Drucks. IV/270, S. 61 f.), sondern wurden durch § 141 Nr. 1 und 2 aufgehoben, so dass sie heute auch für vor dem Inkrafttreten des UrhG veröffentlichte Werke nicht mehr anwendbar sind (Loewenheim/*Wilhelm Nordemann* § 13 Rn. 3).

3. EU-Richtlinien

Das bislang ohnehin nur stückweise in der Europäischen Union harmonisierte **6** Urheberrecht (vgl. Einleitung Rn. 37 ff.) hat zum Urhebervertragsrecht und somit auch unter Bezugnahme auf Urheber in Arbeits- oder Dienstverhältnissen nur im Hinblick auf eine Werkart eine Harmonisierung erfahren: Art. 2 Abs. 3 der **Computerprogramm-RL** gab vor, dass der Arbeitgeber zur Ausübung aller wirtschaftlichen Rechte an dem Computerprogramm berechtigt sein sollte, wenn ein Computerprogramm von einem Arbeitnehmer in Wahrnehmung seiner Aufgaben oder nach den Anweisungen seines Arbeitgebers geschaffen und keine anderweitige vertragliche Regelung getroffen wurde (Walter/*v. Lewinsky* § 2 Software-RL Rn. 21 ff.). Diese Vorgabe hat der deutsche Gesetzgeber unter Erweiterung auf die Dienstverhältnisse in § 69b umgesetzt (Einzelheiten vgl. dort Rn. 3). Auch die Datenbank-RL sollte ursprünglich eine entsprechende Vorgabe enthalten (Walter/*v. Lewinsky* vor Art. 1 Datenbank-RL Rn. 6); da die dann verabschiedete Datenbank-RL jedoch keine solche Bestimmung enthielt, kennt auch das deutsche Recht zu Datenbanken weder in § 4 noch in §§ 87a ff. Sonderregelungen für Arbeits- oder Dienstverhältnisse. Gerade im Hinblick auf das verwandte Schutzrecht aus § 87a wäre dies auch nicht notwendig, weil Inhaber des verwandten Schutzrechtes ohnehin der Datenbankhersteller, mithin derjenige, der die Investition in die Datenbank vorgenommen hat (was regelmäßig der Arbeitgeber oder Dienstherr sein wird), ist (§§ 87b Abs. 1, 87a Abs. 2; Einzelheiten § 87b Rn. 33).

4. Internationales Urheberrecht

Auch wenn streitig ist, ob RBÜ und WUA zugunsten des Arbeitnehmers fest- **7** schreiben, dass er stets als Urheber anzusehen ist und nicht etwa der Arbeitgeber (Nordemann/Vinck/Hertin Art. 2 RBÜ Rn. 7 und Art. I WUA Rn. 5; dagegen Schricker/*Rojahn*[3] § 43 Rn. 4), enthält doch keine der internationalen Konventionen RBÜ, WUA oder TRIPS Regelungen über das Urhebervertragsrecht (zur RBÜ: Nordemann/Vinck/Hertin Art. 14/14[BIS] RBÜ Rn. 10) und mithin auch nicht im Regelungsbereich von § 43. Vielmehr ist bei internationalen Sachverhalten in Anwendung der allgemeinen Grundsätze des internationalen Privatrechts zu bestimmen, welches Vertragsstatut und damit auch welches Urhebervertragsrecht welchen Landes auf die Fallgestaltung anzuwenden ist (Nordemann/Vinck/Hertin Einl. Rn. 27; Einzelheiten vgl. Vor §§ 120 ff. Rn. 65, 82 ff.). Insbesondere dann, wenn eine ausländische Rechtsordnung wie beispielsweise die der USA über deren „work-made-for-hire"-Doktrin für Werke, die in Arbeits- oder Dienstverhältnissen geschaffen werden, den Arbeitgeber oder Dienstherrn zum originären Urheber erklärt und somit auch das Urheberrecht vollständig dem Arbeitgeber oder Dienstherrn zuordnet, kann es im Einzelfall schwierig sein, zu bestimmen, wie weit sich das US-amerikanische Vertragsstatut mit seiner „work-made-for-hire"-Doktrin gegenüber den Grundsätzen des deutschen Urhebervertragsrechts durchsetzt und wo nicht; § 43 dürfte davon wegen der viel weitgehenderen Rechtseinräumung im Falle des „work-made-for-hire" ebenso verdrängt werden wie das früher gültige Verbot der Einräumung von Nutzungsrechten an noch unbekannten Nutzungsarten gem. § 31 Abs. 4 a.F., während die Bestimmungen über die angemessene Vergütung und die weitere Beteiligung des Urhebers gem. §§ 32, 32a auch im Falle des „work-made-for-hire" und einer Anwendbarkeit des US-amerikanischen Vertragsstatuts gem. § 32b zwingend anwendbar bleiben (Einzelheiten vgl. § 32b Rn. 2 ff., 19 ff. sowie bei *Wilhelm Nordemann* und *Jan Nordemann* FS Schricker S. 473, 474 ff.; zum „work-made-for-hire" *Nimmer* § 5.03 [B]; *Nimmer/Geller/Nimmer* § 4 [1] [6]; *Goldstein* § 5.2.1.4.; *Dowd* § 12:16).

II. Tatbestand

8 § 43 ist anwendbar auf Werke, die in einem *Arbeits- oder Dienstverhältnis* entstanden sind in Erfüllung der *Verpflichtungen hieraus*, regelt den *Umfang der Nutzungsrechtseinräumung* und hat schließlich auch Auswirkungen auf den Anspruch des Urhebers auf Bezahlung einer angemessenen *Vergütung*.

1. Arbeits- oder Dienstverhältnis

9 a) **Arbeitsverhältnis** In entsprechender Anwendung der arbeitsrechtlichen Rechtsprechung und herrschenden Meinung zu § 611 BGB ist **Arbeitnehmer, wer aufgrund eines privatrechtlichen Arbeitsverhältnisses weisungsgebunden und in persönlicher Abhängigkeit von einem Arbeitgeber zur fremdbestimmten Arbeitsleistung gegen Entgelt verpflichtet ist** (BAG NJW 2004, 461, 462; BAG NJW 2003, 3365, 3366; Palandt/*Weidenkaff* Einf. v. § 611 Rn. 4; Wandtke/Bullinger/*Wandtke*[2] § 43 Rn. 5). Ob es sich um Arbeiter oder Angestellte handelt, ist für § 43 irrelevant; die Bestimmung gilt für alle Arbeitnehmer, die mit einem Arbeitgeber durch einen Arbeitsvertrag gem. § 611 BGB verbunden sind. Da allerdings arbeitnehmerähnliche Personen im Sinne von § 12a TVG oder freie Mitarbeiter nicht in einem vergleichbar einem Arbeitnehmer gesicherten Abhängigkeitsverhältnis stehen und deshalb von der Schutzwürdigkeit her betrachtet eher mit freien Urhebern zu vergleichen sind (vgl. Rn. 3), gilt § 43 für diese nicht (Dreier/Schulze/*Dreier*[2] Rn. 8; Loewenheim/*Axel Nordemann* § 63 Rn. 7; Schricker/*Rojahn*[3] Rn. 16 f. und 18; Wandtke/Bullinger/*Wandtke*[2] Rn. 9 f. und 12, s. a. BGH GRUR 2005, 860, 862 – *Fash 2000* zu § 69b). Für Scheinselbstständige kann § 43 ohnehin nicht gelten, weil diesen durch die Annahme eines Arbeitsverhältnisses gerade ein besonderer Schutz zukommen soll, der durch eine Anwendbarkeit von § 43 aber wieder aufgehoben werden würde; wer als Arbeitgeber einen Scheinselbstständigen beschäftigt, muss folgerichtig das Risiko tragen, für urheberrechtlich relevante Leistungen die erforderlichen Nutzungsrechte zu erwerben und eine angemessene Vergütung für die Verwertung zu bezahlen (gl. A. Dreier/Schulze/*Dreier*[2] Rn. 8; a. A. Wandtke/Bullinger/*Wandtke*[2] Rn. 12).

10 Als **Arbeitsverhältnisse** i.S.v. § 43 sind ferner die Ausbildungsverhältnisse (§§ 5 Abs. 1 ArbGG, 5 Abs. 1 BetrVG) sowie auch die Beschäftigungsverhältnisse der Arbeiter und Angestellten im öffentlichen Dienst aufzufassen, weil auch sie ihrem öffentlichen Arbeitgeber durch ein Arbeitsverhältnis gem. § 611 BGB verbunden sind (Loewenheim/*Axel Nordemann* § 63 Rn. 8; Schricker/ *Rojahn*[3] Rn. 10; *Schaub* S. 89 f.). Schließlich sind zwar Geschäftsführer und Vorstände juristischer Personen gem. §§ 5 Abs. 1 ArbGG und 5 Abs. 2 Nr. 1 BetrVG keine Arbeitnehmer. Sie sind jedoch im Rahmen von § 43 wie Arbeitnehmer zu behandeln, da sie aus gesicherten Einkommensverhältnissen heraus schöpferisch für das Unternehmen, deren Geschäftsführer oder Vorstand sie sind, tätig werden, so dass sie vom Schutzbedürfnis her eher dem Arbeitnehmer vergleichbar sind als einem freien Urheber (Loewenheim/*Axel Nordemann* § 63 Rn. 9; s.a. OLG Jena GRUR-RR 2002, 379, 380 – *Rudolstädter Vogelschießen*, wo allerdings die Anwendbarkeit von § 43 auf einen Geschäftsführer offen bleibt); da Geschäftsführer oder Vorstände regelmäßig über ein erheblich höheres Einkommen als „normale" Arbeitnehmer verfügen, muss § 43 auf diese „erst recht" anwendbar sein.

b) Dienstverhältnis § 43 meint mit dem Dienstverhältnis nicht den Dienst- **11** vertrag im Sinne von § 611 BGB (das sind die Arbeitsverhältnisse im Sinne der Vorschrift), sondern die öffentlich-rechtlichen Dienstverhältnisse der Beamten im Sinne von § 5 Abs. 1 BRRG (Dreier/Schulze/*Dreier*[2] Rn. 6; Loewenheim/*Axel Nordemann* § 63 Rn. 10; Schricker/*Rojahn*[3] Rn. 19 f.; Wandtke/Bullinger/*Wandtke*[2] Rn. 14). § 43 gilt damit für alle Beamten, die Dienstbezüge und Versorgung erhalten, wie beispielsweise Beamte auf Lebenszeit, auf Probe, auf Widerruf, Polizeivollzugsbeamte, politische Beamte, Beamte im Ruhestand, beamtete Professoren oder beamtete wissenschaftliche und künstlerische Mitarbeiter von Hochschulen; die Vorschrift gilt auch für Richter und Soldaten (Einzelheiten bei Loewenheim/*Axel Nordemann* § 63 Rn. 10 f.).

Angestellte und Arbeiter im öffentlichen Dienst unterfallen dem Begriff des **12** Arbeitsverhältnisses; für sie gilt § 43 damit ebenfalls (vgl. oben Rn. 10).

2.   Verpflichtung aus dem Arbeits- oder Dienstverhältnis

§ 43 gilt nicht für alle Werke, die ein Arbeitnehmer oder Beamter schafft, **13** sondern nur für solche, die auch auf seine Verpflichtungen aus dem Arbeits- oder Beamtenverhältnis zurückgehen; das, was der Arbeitnehmer oder Beamte ohne Zusammenhang mit seinen Verpflichtungen aus dem Arbeits- oder Dienstverhältnis in der Freizeit oder freiwillig schafft, fällt nicht in den Anwendungsbereich von § 43.

a) Allgemeines: Es besteht keine Vermutung, dass ein Werk, das ein Arbeit- **14** nehmer oder Beamter geschaffen hat, auch in Erfüllung der Verpflichtungen aus dem Arbeits- oder Dienstverhältnis entstanden ist. Nicht entscheidend ist ferner, ob der Arbeitsvertrag ausdrücklich eine Verpflichtung zu schöpferischer Tätigkeit enthält, ob der Arbeitnehmer oder Beamte auf Arbeitsmittel oder Ressourcen seines Arbeitgebers oder Dienstherrn zurückgegriffen hat, oder wo und wann das Werk geschaffen wurde; der Arbeitnehmer kann insbesondere **auch zuhause oder nachts** für seinen Arbeitgeber im Anwendungsbereich von § 43 schöpferisch tätig sein (OLG Nürnberg ZUM 1999, 656, 657 – *Museumsführer*; KG ZUM 1998, 167 – *Softwareentwickler im Arbeitsverhältnis*; Loewenheim/*Axel Nordemann* § 63 Rn. 14; Schricker/*Rojahn*[3] Rn. 23; Wandtke/Bullinger/*Wandtke*[2] Rn. 20; *Wandtke* GRUR 1999, 390, 391 f.). Nicht entscheidend ist ferner der subjektive Wille des Arbeitnehmers oder Beamten; § 43 enthält eine objektive Auslegungsregel, die auch dann anwendbar ist, wenn der Urheber ausschließlich für sich und nicht für seinen Arbeitgeber oder Dienstherrn tätig werden wollte (Schricker/*Rojahn*[3] Rn. 23). **Maßgeblich** ist nur, ob das Werkschaffen des Arbeitnehmers oder Beamten **zu seinem Aufgabenbereich im Rahmen des Arbeits- oder Dienstverhältnisses** gehört im Sinne eines inneren Zusammenhanges zwischen arbeits- oder dienstvertraglicher Pflichterfüllung und dem Werkschaffen (BGH

GRUR 2001, 155, 157 – *Wetterführungspläne*; OLG München ZUM-RD 2000, 8, 12 – *TESY-M2*; KG ZUM 1998, 167 – *Softwareentwickler im Arbeitsverhältnis*; KG ZUM-RD 1997, 175, 178 f. – *POLDOK*; Loewenheim/ *Axel Nordemann* § 63 Rn. 14; *Wandtke* GRUR 1999, 390, 392; vgl. a. § 69b Rn. 4). Schließlich ist der Anwendungsbereich von § 43 nur für solche Werke eröffnet, die während der Dauer des Arbeits- oder Dienstverhältnisses geschaffen werden. Für Werke, die der Urheber vor Eintritt in das Arbeitsverhältnis oder nach seiner Beendigung geschaffen hat, besteht weder ein Anspruch des Arbeitgebers auf Nutzungsrechtseinräumung noch auf unentgeltliche Nutzung; für solche Werke gilt vielmehr das allgemeine Urhebervertragsrecht (BGH GRUR 1985, 129, 130 – *Elektrodenfabrik*; Wandtke/Bullinger/*Wandtke*[2] Rn. 21).

15 b) **Arbeitsverhältnisse:** Wer in einem **schöpferischen Beruf** als Angestellter tätig ist wie etwa als angestellter Architekt, Designer, Filmregisseur, Programmierer, Fotograf, Werbetexter oder Journalist, wird regelmäßig seine Werke in Erfüllung einer Verpflichtung aus dem Arbeitsverhältnis erbringen, so dass der innere Zusammenhang zwischen Verpflichtung aus dem Arbeitsverhältnis und Werkschaffen regelmäßig problemlos festzustellen sein wird. Anders ist dies freilich bei den nicht kreativen Angestellten solcher Branchen: Ein Kabelträger oder Bühnenarbeiter, die Telefonistin, der Hardware-Techniker oder auch die Verlagsjustitiarin werden regelmäßig nicht dazu verpflichtet sein, kreativ in Bezug auf die Branchenerzeugnisse, die ihr Arbeitgeber regelmäßig hervorbringt, tätig zu werden. Dass auch diese Personen in den Anwendungsbereich von § 43 fallende Werke schaffen, ist gleichwohl nicht ausgeschlossen: Wenn beispielsweise die Verlagsjustitiarin in einer von ihrem Arbeitgeber herausgegebenen Tageszeitung einen Artikel über den Diskussionsstand einer anstehenden Urheberrechtsreform publiziert, kann dies von ihren arbeitsvertraglichen Pflichten umfasst sein; erst recht gilt dies, wenn sie ein Muster für einen Verlagsvertrag entwirft.

16 Ist ein Arbeitnehmer in einer **Branche** tätig, in der er in seinem Aufgabenbereich **üblicherweise keine schöpferischen Leistungen** erbringt, beispielsweise im produzierenden Gewerbe, in Handwerksbetrieben, bei Banken und Versicherungen, Behörden und vergleichbaren Unternehmen, kommt es jeweils darauf an, wofür der Arbeitnehmer beschäftigt worden ist: Ein Installateur oder ein Autoschlosser werden kaum dazu verpflichtet sein, schöpferisch tätig zu werden, während dies bei einem bei einer Bank angestellten Programmierer oder einem angestellten Werbedesigner eines Einzelhandelsunternehmens normalerweise sehr wohl der Fall ist. So fiel beispielsweise die Entwicklung eines Computerprogramms durch den Leiter der Gruppe „Wettertechnik" eines Bergbauunternehmens oder durch einen Mitarbeiter der Treuhandanstalt in ihre jeweiligen arbeitsvertraglichen Verpflichtungen (BGH GRUR 2001, 155, 157 – *Wetterführungspläne*; KG ZUM 1998, 167 – *Softwareentwickler im Arbeitsverhältnis*). Wenn aber etwa die Kassiererin in einem Kaufhaus eine Sammlung von Liebesgedichten schreibt, die Telefonistin in einem Anwaltsbüro einen Song für die Warteschleife komponiert, der dann zum Hit wird oder der Hardware-Techniker eines Verlagsunternehmens eine Comicfigur mit dazugehörigen Geschichten schafft, fällt dies aus den jeweiligen Verpflichtungen aus dem Arbeitsverhältnis heraus. Vgl. a. Rn. 23.

17 c) **Dienstverhältnisse:** Im Bereich der Dienstverhältnisse ist zu unterscheiden zwischen dem „normalen" Beamten und dem Hochschulbereich. Während

Beamte regelmäßig unter § 43 fallen, gilt dies für den Hochschulbereich nur ausnahmsweise (vgl. Rn. 21).

Im Gegensatz zu den Arbeitsverhältnissen definiert sich der Anwendungs- **18** bereich von § 43 bei **Beamten** aus ihrem **Aufgabenbereich**, weil es gesetzliche Vorschriften, aus denen sich eine Verpflichtung von Beamten zur Schaffung von Werken herleiten ließe, nicht gibt (OLG München ZUM-RD 2000, 8, 12 – *TESY-M2*; OLG Nürnberg ZUM 1999, 656, 657 – *Museumsführer*). Bestimmt wird der Aufgabenbereich eines Beamten grundsätzlich durch den Dienstherrn (§ 3 Abs. 2 BBG). Ein Richter, der Urteile und Beschlüsse verfasst, der Pressesprecher einer Behörde oder eines Gerichts, der Pressemitteilungen entwirft, der Katasterbeamte, der Karten zeichnet, der Mitarbeiter eines Bauamtes, der Bebauungspläne zeichnen und für Dienstgebäude Entwürfe fertigen muss oder der Ministerialbeamte, der Gesetze, Verordnungen und Erlasse entwirft, wird in seinem allgemeinen Aufgabenbereich schöpferisch tätig. Gehört es nicht zum allgemeinen Aufgabenbereich eines Beamten, urheberrechtlich relevante Werke zu schaffen, kann sich die Anwendbarkeit von § 43 dennoch aus einer konkreten Aufgabe ergeben, weil auch dann die schöpferische Tätigkeit im Rahmen des Dienstverhältnisses erbracht wurde (Loewenheim/*Axel Nordemann* § 63 Rn. 18; a.A. Dreier/Schulze/*Dreier*[2] Rn. 11, Schricker/*Rojahn*[3] Rn. 29): Der Kommissar, der Fotos vom Tatort eines Verbrechens macht, weil der Polizeifotograf nicht verfügbar ist oder der Ministerialbeamte, der in seiner Funktion mit organisatorischen Aufgaben betraut ist, aber beispielsweise den Auftrag erhält, eine Stellungnahme des Ministeriums zu einem Gesetzentwurf zu fertigen, wird im Rahmen einer konkreten Aufgabenbestimmung schöpferisch tätig, so dass auch auf diese Werke § 43 anwendbar ist.

Zu beachten ist gleichwohl, dass die meisten der von Beamten geschaffenen **19** Werke **amtliche Werke** gem. § 5 UrhG sind, so dass sie, wenn es sich um Gesetze, Verordnungen, Erlasse und Bekanntmachungen sowie Entscheidungen und amtlich verfasste Leitsätze zu Entscheidungen handelt, von vornherein gemeinfrei sind (§ 5 Abs. 1) oder die, wenn es sich um andere amtliche Werke handelt, die im amtlichen Interesse zur allgemeinen Kenntnisnahme bestimmt sind, mit Veröffentlichung gemeinfrei werden (§ 5 Abs. 2). Bei den „anderen" amtlichen Werken im Sinne von § 5 Abs. 2 behalten die Beamten bis zum Zeitpunkt des Eintrittes der Gemeinfreiheit ihre Urheberstellung und die sich daraus ergebenen Rechte, die allerdings durch das Wesen des Dienstverhältnisses beschränkt sein können (BVerfG GRUR 1999, 226, 228 f. – *DIN-Normen*).

Wird der Beamte **aus eigener Initiative** tätig oder fällt das Werkschaffen aus **20** dem (allgemeinen oder konkret zugewiesenen) Aufgabenbereich des Beamten heraus, unterfällt das geschaffene Werk selbst dann nicht § 43, wenn es den Interessen des Dienstherrn dient: So musste ein beamteter Museumsleiter beispielsweise im Rahmen seines Aufgabenbereiches keinen umfangreichen, wissenschaftlich fundierten Museumsführer verfassen und behielt deshalb sämtliche Rechte daran ebenso wie ein Beamter der Deutschen Bundespost/ Telekom, der lediglich beim Bereitstellen von Datenverarbeitungs-Anwendungen mitzuwirken gehabt, aber eigenständig neue Programme erarbeitet hatte (OLG Nürnberg ZUM 1999, 656, 657 – *Museumsführer*; OLG München ZUM-RD 2000, 8, 12 – *TESY-M2*).

Wissenschaftliche und künstlerische Arbeiten von Hochschullehrern und **21** anderen beamteten wissenschaftlichen oder künstlerischen Mitarbeitern von

Hochschulen sind ihrem privaten Bereich zuzuordnen, weil es nicht zu ihren Dienstpflichten gehört, schöpferische Leistungen zu erbringen; sie forschen, publizieren und werden künstlerisch tätig vielmehr in freier und eigenverantwortlicher Stellung (BGH GRUR 1991, 523, 525 – *Grabungsmaterialien*; siehe auch *Heermann* GRUR 1999, 468, 472 und 475; Loewenheim/*Axel Nordemann* § 63 Rn. 21; Wandtke/Bullinger/*Wandtke*[2] § 43 Rn. 40). Eine Ausnahme gilt nur für Lehrmaterial, das Professoren an Fernuniversitäten zu erstellen haben (Kraßer/*Schricker* S. 113; Schricker/*Rojahn*[3] Rn. 131). Aus der **Wissenschaftsfreiheit** gem. Art. 5 Abs. 3 GG folgt zugleich auch, dass Hochschullehrer und wissenschaftliche sowie künstlerische Mitarbeiter an Hochschulen Werke, die sie während der Dienstzeit und unter Inanspruchnahme universitärer Personal- und Sachmittel erstellt haben, der Hochschule auch nicht zur Nutzung anbieten müssen (*Heermann* GRUR 1999, 468, 472; Loewenheim/*Axel Nordemann* § 63 Rn. 21; Schricker/*Rojahn*[3] Rn. 131; a.A. BGH GRUR 1991, 523, 525 – *Grabungsmaterialien*: Anbietungspflicht als nachwirkende Treuepflicht; zur Anbietungspflicht im Einzelnen vgl. Rn. 25).

22 Ein **Assistent**, der Zuarbeiten für einen Hochschullehrer leisten muss, wird, wenn er schöpferisch tätig wird, Miturheber neben dem Hochschullehrer; auch er profitiert von der Wissenschaftsfreiheit gem. Art. 5 Abs. 3 GG, so dass sein Werkbeitrag ebenfalls nicht dem Dienstherrn gehört (Loewenheim/*Axel Nordemann* § 63 Rn. 23; Schricker/*Rojahn*[3] Rn. 132). Gehört allerdings die Schaffung bestimmter Werke zu den universitären Aufgaben, kann es auch im Universitätsbereich Werke geben, auf die § 43 anwendbar ist, beispielsweise im Fall von Prüfungsklausuren oder dann, wenn das Ziel und die Aufgabe einer besonders geschaffenen Stelle eines Universitätsinstitutes darin lag, ein bestimmtes Werk zu erstellen und zu publizieren (LG Köln ZUM 2000, 597, 598 – *Multiple-Choice-Klausuren*; KG ZUM-RD 1997, 175, 179 – *POLDOK*).

23 d) **Freizeitwerke:** Als Freizeitwerke bezeichnet man solche **Werke, die ein Arbeitnehmer oder Dienstverpflichteter in seiner Freizeit schafft, ohne dass er hierzu aus seinem Arbeits- oder Dienstverhältnis verpflichtet wäre.** Solche Werke sind immer **frei** und verbleiben vollständig beim Urheber; der Arbeitgeber erhält daran weder Nutzungsrechte eingeräumt noch besitzt er insoweit ein Zugriffsrecht. Beispiele: Der angestellte Rechtsanwalt schreibt ein Liebesgedicht, der angestellte Designer malt ein Ölgemälde für seine Frau zum Geburtstag, ein Ministerialbeamter komponiert einen Popsong. Vgl. a. Rn. 16.

24 e) **Freiwillige Werke:** Von den Freizeitwerken zu unterscheiden sind die sogenannten freiwilligen Werke: Während bei Freizeitwerken wie erläutert weder ein Zusammenhang mit einer Verpflichtung aus dem Arbeits- oder Dienstverhältnis noch eine betriebliche Verwendbarkeit gegeben ist, fehlt bei einem freiwilligen Werk zwar ebenfalls die Verpflichtung aus dem Arbeits- oder Dienstverhältnis, ein solches Werk zu schaffen; im Unterschied zu den Freizeitwerken ist das freiwillige Werk jedoch im Arbeitsbereich des Arbeitgebers oder Dienstherrn verwendbar bzw. könnte ihm Konkurrenz machen. In der Literatur wird deshalb in diesen Fällen diskutiert, ob eine Anbietungspflicht des Arbeitnehmers oder Beamten besteht (Dreier/Schulze/*Dreier*[2] Rn. 23 ff.; Loewenheim/*Axel Nordemann* § 63 Rn. 25 ff.; Schricker/*Rojahn*[3] Rn. 100 ff., Wandtke/Bullinger/*Wandtke*[2] Rn. 30 ff.). Es ist zu **differenzieren:**

25 Hat der Arbeitnehmer oder Beamte das Werk zwar freiwillig, also außerhalb seiner arbeits- oder dienstvertraglichen Verpflichtungen geschaffen, jedoch **während seiner Arbeitszeit** oder **mit Mitteln des Arbeitgebers** oder Dienstherrn, wird man normalerweise von einer **Anbietungspflicht** ausgehen müssen, weil das Werk dann mit Hilfe der wirtschaftlichen Ressourcen des Arbeitgebers oder Dienstherrn entstanden ist; als Ausfluss der arbeitsrechtlichen oder dienstrechtlichen Treuepflicht wird der Arbeitgeber oder Dienstherr dann auch eine Einräumung der für die Verwendung notwendigen Nutzungsrechte verlangen können, wenn er das geschaffene Werk für seine betrieblichen oder dienstlichen Zwecke verwenden kann. Da man aber in solchen Fällen nicht davon ausgehen kann, dass die Nutzungsrechtseinräumung vom Arbeitsentgelt oder den Dienstbezügen umfasst war, weil keine Verpflichtung zur Schaffung des Werkes aus dem Arbeits- oder Dienstverhältnis bestand, hat der Arbeitnehmer oder Beamte hierfür einen gesonderten Vergütungsanspruch (OLG München ZUM-RD 2000, 8, 12 – *TESY-M2*). Bei der Bemessung der Vergütung kann der Grad der Inanspruchnahme der Ressourcen des Arbeitgebers berücksichtigt werden.

Wenn der Arbeitnehmer oder Beamte ein solches Werk jedoch unter **Einsatz** **26** **seiner privaten Mittel** und **außerhalb seiner Arbeitszeit** geschaffen hat, besteht grundsätzlich **keine Anbietungspflicht**. Denn es fehlt sowohl an der arbeits- oder dienstvertraglichen Verpflichtung als auch an der Inanspruchnahme der wirtschaftlichen Ressourcen des Arbeitgebers oder Dienstherrn. Lediglich dann, wenn die freie Verwertung eines solchen Werkes in unmittelbare Konkurrenz zu den von dem Arbeitgeber vermarkteten Werken treten könnte, kann im Einzelfall ein Verwertungsverbot aus der arbeitsrechtlichen Treuepflicht folgen (vgl. § 69b Rn. 4). Denkbar wäre dies beispielsweise bei einem angestellten Hardware-Techniker, der in seiner Freizeit ein Konkurrenzprogramm zu der Software seines Arbeitgebers geschaffen hat. Die Grenzziehung kann jedoch im Einzelfall schwierig sein: Der angestellte Toningenieur eines Musikproduzenten wird sicherlich in seiner Freizeit eigene Songs komponieren und verwerten dürfen, ohne dass der Arbeitgeber darauf Einfluss hätte.

3.   Umfang der Nutzungsrechtseinräumung

a) **Grundsatz:** § 43 erklärt zwar die allgemeinen urhebervertragsrechtlichen **27** Bestimmungen auch im Bereich der Arbeits- und Dienstverhältnisse für grundsätzlich anwendbar, schränkt dies jedoch für die Fälle ein, in denen sich aus dem Wesen des Arbeits- oder Dienstverhältnisses etwas anderes ergibt. Wie bereits einleitend erläutert, ist dies nicht der Ausnahmefall, sondern die Regel: **Hat der Arbeitnehmer oder Beamte ein Werk in Erfüllung seiner Verpflichtungen aus dem Arbeits- oder Dienstverhältnis geschaffen, folgt aus dem Wesen des Arbeits- oder Dienstverhältnisses, dass der Arbeitgeber oder Dienstherr die für die betriebliche Verwertung notwendigen Nutzungsrechte erhält** (Rn. 1). § 43 stellt insoweit eine besondere Ausprägung der Zweckübertragungslehre des § 31 Abs. 5 dar (vgl. dort Rn. 108 ff.; im Übrigen Dreier/ Schulze/*Dreier*[2] Rn. 20; Loewenheim/*Axel Nordemann* § 63 Rn. 31; Wandtke/ Bullinger/*Wandtke*[2] Rn. 54; Schricker/*Rojahn*[3] Rn. 48).

b) **Arbeitsverhältnisse:** Im Bereich der Arbeitsverhältnisse ist zu unterscheiden **28** zwischen Einzelarbeitsverträgen und Tarifverträgen.

aa) **Einzelverträge mit ausdrücklicher Rechteklausel:** Enthält ein Arbeitsver- **29** trag eine ausdrückliche Rechteklausel, d.h. eine Bestimmung, in der die Nutzungsrechte, die der Arbeitnehmer dem Arbeitgeber einräumt, ausdrücklich einzeln bezeichnet und näher spezifiziert werden, bedarf es für die Frage der Nutzungsrechtseinräumung keines Rückgriffs auf § 43. Der sich aus § 43 ergebende Auslegungsgrundsatz, dass der Arbeitgeber die Nutzungsrechte erhält, die er zur betrieblichen Verwertung benötigt, ist **erst dann** heranzuziehen, **wenn Zweifel** bleiben, die Nutzungsrechtseinräumung also auslegungsbedürftig ist. Dies ist immer dann der Fall, wenn sie zu pauschal gehalten ist (vgl. § 31 Rn. 109, 158, 174) oder Unklarheiten verbleiben. Selbstverständlich ist sie auch und gerade dann anwendbar, wenn der Arbeitsvertrag überhaupt keine Nutzungsrechtseinräumung enthält.

30 **bb) Einzelverträge ohne oder mit auslegungsbedürftiger Rechteklausel:** Immer dann, wenn trotz einer im Arbeitsvertrag enthaltenen Rechteklausel ein Auslegungsbedürfnis verbleibt, Unklarheiten bestehen geblieben sind oder der Arbeitsvertrag gar keine Rechteklausel enthält, ist der Arbeitsvertrag so auszulegen, dass der Arbeitgeber mit der Übergabe des Werkes durch den Arbeitnehmer alle diejenigen Nutzungsrechte eingeräumt erhält, die er **für seine betrieblichen Zwecke** benötigt (BGH GRUR 1974, 480, 482 f. – *Hummelrechte*; OLG Hamburg GRUR 1977, 556, 558 – *Zwischen Marx und Rothschild*; KG GRUR 1976, 264, 265 – *Gesicherte Spuren*; Dreier/Schulze/*Dreier*[2] Rn. 19 und 20; Loewenheim/*Axel Nordemann* § 63 Rn. 31; Schricker/*Rojahn*[3] Rn. 52; Wandtke/Bullinger/*Wandtke*[2] Rn. 55). Dies gilt auch im Rahmen von Altverträgen, die in der DDR geschlossen wurden und für die § 20 URG-DDR galt (BGH GRUR Int. 2001, 873, 875 f. – *Barfuß ins Bett*). Maßgebend ist danach der Betriebszweck im Zeitpunkt des Rechteübergangs, und zwar soweit, wie er dem Arbeitnehmer bekannt ist; denn nur dann kann ein unzweifelhaft eindeutiger beiderseitiger Parteiwille unterstellt werden, die Nutzungsrechte für die betrieblichen Zwecke einzuräumen (zur Feststellung des beiderseitigen Parteiwillens BGH GRUR 1998, 680, 682 – *Comic-Übersetzungen* m.w.N.). Nicht von der Nutzungsrechtseinräumung für die betrieblichen Zwecke des Arbeitgebers umfasst ist deshalb, was der Arbeitgeber vielleicht zukünftig ebenfalls tun könnte oder vorstandsintern schon plant, sowie eine spätere Umstellung oder Erweiterung auf eine andere Branche und einen anderen Betrieb, für den der Arbeitnehmer nicht tätig ist (Dreier/Schulze/*Dreier*[2] Rn. 20; Loewenheim/*Axel Nordemann* § 63 Rn. 31; Schricker/*Rojahn*[3] Rn. 53 f.; Wandtke/Bullinger/*Wandtke*[2] Rn. 59).

31 Der **Betriebszweck** bestimmt auch, wie weit die Nutzungsrechtseinräumung in **räumlicher, zeitlicher und inhaltlicher** Hinsicht ausgestaltet ist (§ 31 Abs. 1 S. 2): Der Verleger einer Lokalzeitung erhält Nutzungsrechte nur für sein lokales Verbreitungsgebiet, bei einer parallelen Internetausgabe allerdings auch für diese Zwecke, das Einzelhandelsunternehmen von seinem Angestellten Designer bei Produktgestaltungen, entworfenen Logos sowie Betriebs- und Geschäftsausstattungen die Nutzungsrechte dauerhaft und ausschließlich auch über die Region oder Deutschland hinaus, wenn das Unternehmen auf Expansion angelegt ist, oder das Architekturbüro an den Entwürfen seiner angestellten Architekten nicht nur das Vervielfältigungsrecht für die Planung und Fertigstellung des Bauwerkes, sondern auch für die Eigenwerbung mit dem fertig gestellten Bauwerk sowie das Bearbeitungsrecht für spätere Änderungen. Der Betriebszweck schließt eine gewisse Dynamik des Unternehmens ein, so dass Produkterneuerungen, Erweiterungen des Geschäftsbetriebes und des Umfanges der Tätigkeit regelmäßig noch von der Nutzungsrechtseinräumung mit umfasst sind, sofern die Arbeitnehmer damit rechnen konnten (zutr. Dreier/Schulze/*Dreier*[2] Rn. 20; a.A. Vorauflage/*Vinck* Rn. 3; Schricker/*Rojahn*[3] Rn. 54).

Die Nutzungsrechtseinräumung **endet nicht mit dem Ende des Arbeitsverhält-** **32**
nisses; je nach konkreter Verpflichtung aus dem Arbeitsverhältnis und dem
Betriebszweck kann sich ergeben, dass der Arbeitgeber auch über das Ende des
Arbeitsverhältnisses hinaus dazu berechtigt ist, das Werk zu nutzen (zutr.
Dreier/Schulze/*Dreier*² Rn. 20; a.A. Wandtke/Bullinger/*Wandtke*² Rn. 76).
Zwar wird der Betriebszweck eines Zeitungsverlages regelmäßig nur dahin
gehen, tagesaktuelle Artikel im Rahmen von § 38 Abs. 3 zu nutzen (Loewen-
heim/*Axel Nordemann* § 63 Rn. 32), so dass der Urheber nach Erscheinen zur
anderweitigen Vervielfältigung und Verbreitung des Beitrags berechtigt ist.
Jedoch umfasst der Betriebszweck eines Zeitungsverlages regelmäßig auch
die Archivierung solcher Beiträge oder die Wiederveröffentlichung nach einigen Jahren („Rückblick"). Auch dafür ist der angestellte Redakteur jedoch
während seines Arbeitsverhältnisses abgegolten worden, so dass die Nutzungsrechtseinräumung für diese Zwecke über das Ende hinaus fortdauern muss.
Das selbe gilt beispielsweise im Falle eines Einzelhandelunternehmens, für das
ein angestellter Designer ein Produkt, ein Logo oder eine Geschäftsausstattung
gestaltet hat; da der angestellte Designer insoweit ohne weiteres erkennen
konnte, dass die Dauer der Verwendung seiner Gestaltungen durch den Arbeitgeber eher von ihrem wirtschaftlichen Erfolg denn von der Dauer seines
Arbeitsverhältnisses abhängen würde, überdauert die Nutzungsrechtseinräumung auch insoweit das Ende des Arbeitsverhältnisses.

Zu beachten ist ferner, dass Sonderregelungen gelten im Bereich der Compu- **33**
terprogramme, wo der Arbeitgeber über § 69b die ausschließlichen Nutzungsrechte unbeschränkt und unbefristet eingeräumt erhält (vgl. dort Rn. 13) sowie
für den Filmbereich, wo alle an der Filmherstellung beteiligten angestellten
oder freien Urheber dem Filmproduzenten das ausschließliche Nutzungsrecht
einräumen, das Filmwerk sowie Übersetzungen und andere filmische Bearbeitungen oder Umgestaltungen auf alle bekannten Nutzungsarten zu nutzen (vgl.
§ 88 Rn. 45 f.)

cc) Tarifverträge: Gem. § 4 Abs. 3 TVG gehen Tarifverträge Einzelarbeits- **34**
verträgen vor, wenn der Urheber und sein Arbeitgeber Mitglieder der Tarifvertragsparteien sind oder der Tarifvertrag für allgemeinverbindlich erklärt
wurde. Ist die Nutzungsrechtseinräumungsklausel in einem Tarifvertrag unklar, auslegungsbedürftig oder zu pauschal, gilt für die Nutzungsrechtseinräumung wie bei Individualarbeitsverträgen der aus § 43 i.V.m. § 31 Abs. 5
folgende Grundsatz, dass die Nutzungsrechte (nur) soweit eingeräumt wurden
wie der Arbeitgeber sie für seine betrieblichen Zwecke benötigt. Klauseln zur
urheberrechtlichen Nutzungsrechtseinräumung finden sich in den folgenden
Tarifverträgen der folgenden Branchen, wobei die Einzelheiten jewils bei
§ 32 dargestellt sind:

(1) Bühne: Vgl. § 32 Rn. 101–102.   **35**

(2) Designleistungen: Vgl. § 32 Rn. 108–109.   **36**

(3) Film: Vgl. § 32 Rn. 103–104.   **37**

(4) Öffentlich-rechtlicher Rundfunk: Vgl. § 32 Rn. 79–86.   **38**

(5) Presse: Vgl. § 32 Rn. 65–78.   **39**

§ 43 gilt nur für Arbeitnehmer, nicht aber für arbeitnehmerähnliche Personen **40**
im Sinne von § 12a TVG. Tarifverträge für arbeitnehmerähnliche Personen
sind damit also ohne Rückgriff auf § 43 ausschließlich anhand der Zweckübertragungslehre von § 31 Abs. 5 auszulegen (vgl. Rn. 9).

41 c) **Öffentlich-rechtliche Dienstverhältnisse:** Weder das BRRG noch die Landesbeamtengesetze oder das HRG und die entsprechenden Landes-Hochschulgesetze enthalten Regelungen über die Nutzungsrechtseinräumung an urheberrechtlich relevanten Werken, die in Ausübung der Verpflichtungen aus dem Dienstverhältnis entstanden sind. Folgt aus dem Aufgabenbereich eines Beamten, dass die Schaffung von Werken zu seinen Dienstpflichten gehört (vgl. Rn. 18), wird der Dienstherr über § 43 Inhaber der Nutzungsrechte, die er für seine dienstlichen Zwecke benötigt. Dies kann beispielsweise bei dem Fahndungs- oder Tatortfoto eines Polizeikommissars die Veröffentlichung auf Fahndungsplakaten oder im Internet beinhalten (vgl. Rn. 18), bei „anderen" amtlichen Werken im Sinne von § 5 Abs. 2 auch die Ausübung des Veröffentlichungsrechtes (BVerfG GRUR 1999, 226, 228 f. – *DIN-Normen*; vgl. a. Rn. 18). Zu beachten ist, dass Gesetze, Verordnungen, Erlasse und Bekanntmachungen sowie Entscheidungen und amtlich verfasste Leitsätze zu Entscheidungen gem. § 5 Abs. 1 von vornherein gemeinfrei sind (Einzelheiten vgl. § 5 Rn. 2), so dass insoweit die Einräumung von Nutzungsrechten an den Dienstherrn gem. § 43 ohnehin nicht relevant ist.

42 Beamte, zu deren Dienstpflichten es gehört, schöpferische Leistungen zu erbringen, die dann von ihrem Dienstherrn tatsächlich **wirtschaftlich verwertet** werden, sind relativ selten. Gab es doch einmal eine wirtschaftliche Verwertung, hat die Rechtsprechung schon das Werkschaffen nicht in den konkreten Aufgabenbereich des jeweiligen Beamten eingeordnet, so dass die Nutzungsrechte von dem Beamten separat erworben werden mussten (OLG München ZUM-RD 2000, 8, 12 – *TESY-M2*; OLG Nürnberg ZUM 1999, 656, 657 – *Museumsführer*). Wird der Beamte aber in seinem konkreten Aufgabenbereich schöpferisch tätig, folgt aus dem Wesen des Dienstverhältnisses zugleich, dass der Dienstherr daraus die Nutzungsrechte eingeräumt erhält, die er für seine **dienstlichen Zwecke** benötigt (Dreier/Schulze/*Dreier*[2] Rn. 20; Schricker/*Rojahn*[3] Rn. 51). Diese werden aber primär auf die Erfüllung staatlicher Aufgaben gerichtet sein (Loewenheim/*Axel Nordemann* § 63 Rn. 29), was bei der Bestimmung des Umfanges der Nutzungsrechtseinräumung zu berücksichtigen ist.

43 Im **Hochschulbereich** ist zu beachten, dass nur dann, wenn die Schaffung bestimmter Werke zu den universitären Aufgaben gehört, eine Nutzungsrechtseinräumung zu universitären Zwecken in Betracht kommen kann, beispielsweise im Falle von Prüfungsklausuren oder der Publikation bestimmter Dokumente, zu deren Zweck die Stelle überhaupt nur geschaffen worden war (vgl. oben Rn. 21 und LG Köln ZUM 2000, 597, 598 – *Multiple-Choice-Klausuren*; KG ZUM-RD 1997, 175, 179 – *POLDOK*). Auch dann ist aber die Nutzungsrechtseinräumung auf den dienstlichen Zweck beschränkt; die Klausuren dürfen eben nur im Rahmen von Prüfungsaufgaben verwendet, nicht aber beispielsweise in einem Band „Prüfungsklausuren und ihre Lösungen" veröffentlicht werden. Hochschullehrer und sonstige in der Forschung tätige Beamte bleiben auch Eigentümer ihrer Manuskripte, Aufzeichnungen und Arbeitsmaterialien; aus ihrer dienstrechtlichen Treuepflicht folgt auch nicht ein dauerndes Besitzrecht zu Gunsten der Hochschule, weil dies einer faktischen Enteignung gleichkäme und mit der Wissenschaftsfreiheit nicht vereinbar wäre (Loewenheim/*Axel Nordemann* § 63 Rn. 52; a.A. BGH GRUR 1991, 523, 528 – *Grabungsmaterialien*; s.a. Schricker/*Rojahn*[3] Rn. 131).

d) Einfaches oder ausschließliches Nutzungsrecht: Die Frage, ob der Urheber **44** im Arbeits- oder Dienstverhältnis regelmäßig einfache oder ausschließliche Nutzungsrechte einräumt, lässt sich nicht von vornherein pauschal beantworten. Es mag Fälle geben, in denen der Arbeitgeber tatsächlich nur ein einfaches Nutzungsrecht benötigt oder sich ein zunächst ausschließlich eingeräumtes Nutzungsrecht in ein einfaches umwandelt, wie dies beispielsweise bei einer Tageszeitung über § 38 Abs. 3 regelmäßig der Fall ist. Es entscheidet daher im Einzelfall der Betriebszweck und der insoweit zu unterstellende beiderseitige Parteiwille (Rn. 31), ob ein einfaches oder ein ausschließliches Nutzungsrecht eingeräumt worden ist (insoweit anders, d.h. immer ausschließliches Nutzungsrecht: vgl. § 69b, s. dort Rn. 13). In den meisten Fällen wird der Arbeitgeber allerdings tatsächlich ein ausschließliches Nutzungsrecht erhalten, weil es häufig im Interesse des Arbeitgebers liegen dürfte, die schöpferischen Arbeitsergebnisse seiner Arbeitnehmer ausschließlich verwerten zu dürfen: Ansonsten könnte ihm der bei ihm angestellte Urheber entweder selbst oder im Wege der weiteren Nutzungsrechtseinräumung durch Dritte Konkurrenz machen; das würde aber wiederum dem aus dem arbeitsrechtlichen Treueverhältnis folgenden Wettbewerbsverbot widersprechen (gl. A. Wandtke/Bullinger/*Wandtke*[2] Rn. 73 f.). Da sich die Nutzungsrechtseinräumung auf den Betriebszweck beschränkt (vgl. Rn. 27), bleibt der Urheber trotz eines eingeräumten ausschließlichen Nutzungsrechtes darin frei, das Werk außerhalb des Betriebszweckes des Arbeitgebers zu verwerten (BGH GRUR 2002, 149, 151 – *Wetterführungspläne II*). Denn die Ausschließlichkeit der Nutzungsrechtseinräumung reicht nicht weiter als der Vertragszweck (hier: Betriebszweck), womit auch mehrere ausschließliche Nutzungsrechte an dem selben Werk nebeneinander für unterschiedliche Nutzungsarten und –zwecke bestehen können (§ 31 Rn. 1, 9 ff.). Außerhalb des Betriebszwecks wird auch das Wettbewerbsverbot des Arbeitnehmers nicht greifen. Beispiel: Der angestellte Fotograf einer Lokalzeitung veranstaltet eine Kunstausstellung mit seinen Aufnahmen, die schon in der Lokalzeitung erschienen waren; davon wird ein Ausstellungskatalog hergestellt und schließlich ein Kalender erzeugt.

e) Anwendbarkeit allgemeiner urhebervertragsrechtlicher Bestimmungen: 45 aa) Zweckübertragungslehre aus § 31 Abs. 5: Wie bereits voranstehend erläutert, bleibt § 31 Abs. 5 im Rahmen der Bestimmung des Umfanges der Nutzungsrechtseinräumung aus dem Arbeits- oder Dienstverhältnissen anwendbar; § 43 modifiziert die Zweckübertragungslehre jedoch weitgehend zugunsten des Arbeitgebers oder Dienstherrn (vgl. Rn. 1 und vgl. Rn. 27). Der Vertragszweck im Sinne von § 31 Abs. 5 ergibt sich hier aus dem Inhalt und Wesen des Arbeits- oder Dienstverhältnisses; der Umfang der Nutzungsrechtseinräumung richtet sich danach, welche Nutzungsrechte der Arbeitgeber oder Dienstherr für seine betrieblichen bzw. dienstlichen Zwecke benötigt (vgl. Rn. 27).

bb) Einräumung von Nutzungsrechten an unbekannten Nutzungsarten gem. 46 § 31 Abs. 4 a. F.: Das Verbot der Einräumung von Nutzungsrechten an unbekannten Nutzungsarten ist zum 1.1.2008 aufgehoben und durch § 31a ersetzt worden; zur Anwendbarkeit von § 31a im Rahmen von Arbeits- und Dienstverhältnissen vgl. § 31a Rn. 18, 79. Das Verbot galt ohnehin im Rahmen von Arbeits- oder Dienstverhältnissen nur eingeschränkt. Zwar gehörte § 31 Abs. 4 a.F. zu den zwingenden Normen des UrhG, mit deren Schutzzweck es nicht zu vereinbaren war, sie generell auf Arbeits- oder Dienstverhältnisse nicht anzuwenden (BGH GRUR 1991, 133, 135 – *Videozweitauswertung I*; Loewenheim/*Axel Nordemann* § 63 Rn. 33, Schricker/*Rojahn*[3] Rn. 55a;

Wandtke/Bullinger/*Wandtke*² Rn. 67). Jedoch konnte § 31 Abs. 4 a.F. im Rahmen eines konkreten Arbeits- oder Dienstverhältnisses vertraglich abgedungen werden, sofern dies nach der zugrunde liegenden Interessenlage gerechtfertigt erschien (BGH GRUR 1991, 133, 135 – *Videozweitauswertung I*) oder eine ausdrückliche, besonders ausgehandelte Vereinbarung vorlag, die zu einem Zeitpunkt geschlossen wurde, als die Nutzungsart zwar schon bekannt, aber wirtschaftlich noch bedeutungslos gewesen ist (BGH GRUR 1995, 212, 214 – *Videozweitauswertung III*). Eine pauschale vertragliche Abdingbarkeit von § 31 Abs. 4 a.F. im Rahmen von Arbeits- oder Dienstverhältnissen bestand deshalb nicht (a.A. Schricker/*Rojahn*³ Rn. 55a); insbesondere eine stillschweigende Abbedingung war aber ausgeschlossen (Bröcker/Czychowski/Schaefer/*Wirtz* § 8 Rn. 172; Wandtke/Bullinger/*Wandtke*² Rn. 69).

47   **cc) Weiterübertragung von Nutzungsrechten und Einräumung von weiteren Nutzungsrechten durch den Arbeitgeber gem. §§ 34 und 35:** Ob der Arbeitgeber dazu berechtigt ist, die ihm eingeräumten Nutzungsrechte weiterzuübertragen oder daran „Unternutzungsrechte" einzuräumen, bestimmt sich nach dem Betriebszweck; daraus kann sich eine weitgehende Freiheit des Arbeitgebers zur Weiterübertragung oder Einräumung von Unternutzungsrechten ergeben (OLG Jena GRUR-RR 2002, 379, 380 – *Rudolstädter Vogelschießen*; Dreier/Schulze/*Dreier*² Rn. 21, Loewenheim/*Axel Nordemann* § 63 Rn. 34; Schricker/*Rojahn*³ Rn. 57; Wandtke/Bullinger/*Wandtke*² Rn. 81; vgl. a. BGH GRUR 2005, 860, 862 – *Fash 2000*). Deckt der Betriebszweck allerdings nicht die Weiterübertragung der eingeräumten Nutzungsrechte oder die Einräumung von Unternutzungsrechten, bleibt es bei den allgemeinen Regeln der §§ 34 und 35.

48   **dd) Änderungsrecht des § 39:** Im Arbeits- oder Dienstverhältnis ist grundsätzlich der Betriebszweck vorrangig; nach ihm richtet sich die Nutzungsrechtseinräumung. Deshalb kann der Arbeitgeber auch nicht an die engen Grenzen des § 39 Abs. 2 gebunden sein, sondern darf das Werk auch ohne Einwilligung des Urhebers mit dem Ziel der Verbesserung für den gedachten Zweck bearbeiten oder muss Werkelemente, die die Rechte Dritter verletzen könnten (Urheberrechtsverletzungen, Persönlichkeitsrechtsverletzungen, Markenverletzungen etc.) streichen können. Im Rahmen des Arbeits- und Dienstverhältnisses gilt deshalb nur die Grenze des § 14; erst dann, wenn die Wesenszüge des Werkes berührt werden, also der Charakter verändert wird, endet das Änderungsrecht des Arbeitgebers, so dass er dann auf die Verwertung des Werkes verzichten muss (Loewenheim/*Axel Nordemann* § 63 Rn. 35; *Schack*² Rn. 990). Infolge der weitgehenden Absicherung des Urhebers im Arbeits- oder Dienstverhältnis in wirtschaftlicher Hinsicht, infolge dessen der Arbeitgeber oder Dienstherr das alleinige Risiko der wirtschaftlichen Verwertung des geschaffenen Werkes trägt, muss die Entscheidung darüber, ob das Werk unverändert oder in einer veränderten Form verwertet wird oder später einer Veränderung/Modernisierung zu unterwerfen ist, dem Arbeitgeber vorbehalten bleiben; eine zusätzliche Interessenabwägung erscheint insoweit nicht sachgerecht (a.A. Dreier/Schulze/*Dreier*² Rn. 37; Schricker/*Rojahn*³ Rn. 86).

49   **ee) Verträge über künftige Werke gem. § 40:** Jeder Arbeitsvertrag, der eine Verpflichtung für den Arbeitnehmer (ausdrücklich oder stillschweigend) enthält, schöpferisch tätig zu werden, ist ein Vertrag über künftige Werke, weil er im Zeitpunkt des Vertragsschlusses die schöpferische Tätigkeit notwendigerweise antizipiert. Das Schriftformerfordernis von § 40 Abs. 1 S. 1 sowie das nicht-verzichtbare Kündigungsrecht aus § 40 Abs. 1 S. 2 und 3, Abs. 2 S. 1 ist deshalb im Arbeits- oder Dienstverhältnis nicht anwendbar, weil insoweit die arbeitsrechtlichen Spezialvorschriften sowie die tarif- oder einzelarbeitsvertraglich vereinbarten Kündigungsfristen vorgehen (Loewenheim/*Axel Nordemann* § 63 Rn. 36). Lediglich § 40 Abs. 3 hat im Arbeits- oder Dienstverhältnis Bedeutung: Werke, die zwar in Erfüllung des Arbeits- oder Dienstverhältnisses geschaffen, dem Arbeitgeber aber im Zeitpunkt des Endes des Arbeits- oder Dienstverhältnisses noch nicht übergeben worden sind, verbleiben vollständig beim Urheber, es sei denn, dass der Urheber im Rahmen seiner arbeitsvertraglichen Treuepflicht dazu verpflichtet ist, das Werk trotz der Beendigung des Arbeitsverhältnisses noch abzugeben; ein weitgehend vorangeschrittenes oder fertig gestelltes Manuskript, das bereits fertig gestellte oder noch unvollendete Produktdesign, sind allerdings ohnehin bereits vorhandene und keine zukünftigen Werke, an denen dem Arbeitgeber die Nutzungsrechte für seine betrieblichen Zwecke zustehen (Loewenheim/*Axel Nordemann* § 63 Rn. 36).

ff) Rückrufrechte wegen Nichtausübung gem. § 41 und wegen gewandelter **50** **Überzeugung gem. § 42:** Das Rückrufsrecht wegen Nichtausübung gem. § 41 soll den Urheber in erster Linie in seinen wirtschaftlichen Interessen schützen, wenn der Verwerter von seinen Nutzungsrechten keinen Gebrauch macht (vgl. § 41 Rn. 1, 23). Beim Arbeitnehmerurheber ist insoweit die Interessenlage meistens anders (vgl. Rn. 3), weil er bereits durch seinen Lohn dauerhaft wirtschaftlich abgesichert ist. Allerdings können die berechtigten Interessen des Arbeitnehmerurhebers durchaus verletzt sein, wenn beispielsweise das Arbeitsverhältnis nur kurz gedauert hat und der aus dem Arbeitsverhältnis ausgeschiedene Urheber das Werk verwerten könnte, der Arbeitgeber hieran aber kein Interesse hat; insbesondere nach dem Ende des Arbeitsverhältnisses kann § 41 deshalb anwendbar sein (Loewenheim/*Axel Nordemann* § 63 Rn. 37). Ferner kann das Interesse des angestellten Arbeitnehmerurhebers an einer weiteren Verwertung seiner Werke auch dann gegeben sein, wenn er ein besonderes persönliches Interesse daran hat (Schricker/*Rojahn*[3] Rn. 88). Das Rückrufsrecht wegen gewandelter Überzeugung gem. § 42 ist ohnehin an strenge Anforderungen geknüpft (vgl. dort Rn. 5 ff.). Beim Arbeitnehmerurheber wird man zudem fordern müssen, dass das Werk mit seinem Namen verknüpft worden ist; wird die Werkidentifikation nämlich überwiegend auf den Arbeitgeber bezogen, dürfte die weitere Werkverwertung für den Urheber kaum unzumutbar sein (Schricker/*Rojahn*[3] Rn. 94).

gg) Eigentum an Werkoriginalen gem. § 44: Das UrhG trifft grundsätzlich **51** keine Regelung darüber, wem das Eigentum am Werkoriginal zustehen soll; im Umkehrschluss aus § 44 ergibt sich lediglich, dass die Nutzungsrechteinräumung grundsätzlich keine Übertragung auch des Eigentums am Werkoriginal beinhaltet (vgl. dort Rn. 1, 4 ff. und Nachbemerkung § 44). Für das Arbeitsverhältnis ist sich das Schrifttum jedoch weitgehend einig, dass dem Arbeitgeber das geschuldete Arbeitsergebnis und damit auch das Sacheigentum am Werk zusteht; er erwirbt es unmittelbar und originär nach § 950 BGB (statt aller: Wandtke/Bullinger/*Wandtke*[22] Rn. 37). Für die Zuordnung des Eigentums an den Werkoriginalen ist damit der Betriebszweck irrelevant; es steht immer dem Arbeitgeber zu (a.A. Loewenheim/*Axel Nordemann* § 63 Rn. 39: Eigentumszuordnung richtet sich nach dem Betriebszweck).

f) Anwendbarkeit der urheberpersönlichkeitsrechtlichen Bestimmungen: Der **52** Arbeitgeber oder Dienstherr bezahlt den angestellten oder beamteten Urheber in der Regel im Vorhinein für die noch zu schaffenden Werke, die er dann anschließend verwerten will. Er sichert den angestellten oder beamteten Urheber durch laufende Gehalts- und Vergütungszahlungen wirtschaftlich ab. Das Urheberpersönlichkeitsrecht gilt deshalb im Rahmen von Arbeits- oder Dienstverhältnissen nur mit Einschränkungen dahingehend, dass die Interessen des Arbeitgebers oder Dienstherrn an der ungehinderten, unveränderten oder in einer durch den Arbeitgeber veränderten Fassung dem Urheberpersönlichkeitsrecht vorgehen können (Dreier/Schulze/*Dreier*[2] Rn. 34; Wandtke/Bullinger/*Wandtke*[2] Rn. 84). Zu beachten ist, dass § 43 vom Anwendungsbereich her ausdrücklich begrenzt ist auf „die Vorschriften dieses Unterabschnitts", mithin auf die Vorschriften des Urhebervertragsrechts, zu denen aber nur eine dem Urheberpersönlichkeitsrecht zuzuordnende Bestimmung gehört, nämlich § 39. Eine Beschränkung der Urheberpersönlichkeitsrechtlichen Bestimmungen der §§ 12–14 kann deshalb nur entweder aus dem Umfang der Nutzungsrechtseinräumung unter Berücksichtigung der betrieblichen Zwecke des Arbeitgebers oder Dienstherrn – und damit doch indirekt über § 43 – oder im Rahmen einer generellen Interessenabwägung im eingangs beschriebenen Sinne – der Arbeitgeber oder Dienstherr finanziert die Schaffung des Werkes vor, sichert den Urheber wirtschaftlich ab und trägt das volle Risiko der wirtschaftlichen Verwertung – erfolgen (Loewenheim/*Axel Nordemann* § 63 Rn. 58).

53 aa) **Veröffentlichungsrecht, § 12:** Wer im Rahmen der Erfüllung seiner Verpflichtungen aus einem Arbeits- oder Dienstverhältnis ein Werk schafft, räumt dem Arbeitgeber oder Dienstherrn regelmäßig stillschweigend das Ausübungsrecht im Hinblick auf das Veröffentlichungsrecht gem. § 12 ein; aus dem Wesen jedes Arbeits- oder Dienstverhältnisses folgt, dass der Arbeitgeber oder Dienstherr, der die Schaffung des Werkes durch fortlaufende Lohn- und Gehaltszahlungen vorfinanziert, darüber bestimmen können muss, ob, wann und wie das geschaffene Werk veröffentlicht wird (Dreier/Schulze/*Dreier*[2] Rn. 35; Loewenheim/*Axel Nordemann* § 63 Rn. 59; Schricker/*Rojahn*[3] Rn. 73 ff.; Wandtke/Bullinger/*Wandtke*[2] Rn. 87). Dem Urheber kann im Gegenzug nicht generell das Recht zugestanden werden, die Namensnennung zu untersagen (so aber Dreier/Schulze/*Dreier*[2] Rn. 35; Loewenheim/*Axel Nordemann* § 63 Rn. 61; Schricker/*Rojahn*[3] Rn. 74 und Wandtke/Bullinger/*Wandtke*[2] Rn. 87), weil in bestimmten Branchen der wirtschaftliche Verwertungserfolg gerade von der Namensnennung abhängen kann (beispielsweise bei angestellten Mode- oder Produktdesignern sowie Fotografen). Ist der Urheber mit der Veröffentlichung seines Werkes nicht einverstanden, muss deshalb im Einzelfall eine Interessenabwägung stattfinden, ob er die Namensnennung untersagen kann und nicht wiederum berechtigte Interessen des Arbeitgebers an der Namensnennung überwiegen.

54 bb) **Recht auf Anerkennung der Urheberschaft und Namensnennungsrecht, § 13:** Das Recht auf Anerkennung der Urheberschaft gem. § 13 S. 1 ist zu unterscheiden vom Namensnennungsrecht gem. § 13 S. 2. Während ersteres unverzichtbar ist und somit seine Ausübung auch nicht auf den Arbeitgeber übertragen werden kann, ist das Namensnennungsrecht weitgehend verzichtbar (vgl. § 13 Rn. 12). Das Recht auf Anerkennung der Urheberschaft, das die Befugnis beinhaltet, sich auf die Urheberschaft zu berufen und jedem entgegenzutreten, der seine Urheberschaft bestreitet oder der sich selbst die Urheberschaft anmaßt (Schricker/*Rojahn*[3] Rn. 76), gilt für alle angestellten und beamteten Urheber mit Ausnahme des Ghostwriters, der von vornherein weiß, dass ein anderer sich der Urheberschaft an dem Werk berühmen und es für sich vereinnahmen wird (Schricker/*Dietz*[2] § 13 Rn. 9; Schricker/*Rojahn*[3] Rn. 77;

Wandtke/Bullinger/*Wandtke*[2] Rn. 88). Das Recht auf Namensnennung, also auf öffentliche Benennung im Zusammenhang mit der Verwertung des Werkes gem. § 13 S. 2, ist zwar uneingeschränkt verzichtbar. Solange jedoch durch den Urheber nicht ein ausdrücklicher Verzicht auf die Namensnennung erklärt wurde, richtet sich das Namensnennungsrecht im Arbeits- oder Dienstverhältnis nach der Branchenüblichkeit: In den meisten Branchen, wie etwa im Zeitungs- und Zeitschriftenbereich, beim Fernsehen, im Rundfunk, beim Film oder in der Architektur- sowie auch in der Computerbranche werden die Urheber regelmäßig genannt, in der Werbebranche beispielsweise jedoch ebenso wenig wie normalerweise im öffentlichen Dienst (Loewenheim/*Axel Nordemann* § 63 Rn. 61; Schricker/*Rojahn*[3] Rn. 81 ff.; Wandtke/Bullinger/*Wandtke*[2] Rn. 92 ff.). Lässt sich eine Branchenübung nicht feststellen oder erscheint die Branchenübung als nicht generell gerechtfertigte „Unsitte", ist im Rahmen einer Einzelfall-Interessenabwägung zu bestimmen, ob eine Namensnennung zu erfolgen hat oder nicht (Dreier/Schulze/*Dreier*[2] Rn. 36; Loewenheim/*Axel Nordemann* § 63 Rn. 61). Da die Namensnennung des Urhebers die wirtschaftliche Verwertung des Werkes im Normalfall nicht tangiert, ist insoweit im Zweifel den Interessen des Urhebers der Vorrang einzuräumen, weil § 43 keine generelle Einschränkung des Urheberpersönlichkeitsrechts enthält (vgl. Rn. 52).

cc) Entstellungen und andere Beeinträchtigungen des Werkes, § 14: Das Änderungsrecht des Arbeitgebers oder Dienstherrn (vgl. Rn. 48) findet dort seine Grenze, wo infolge einer Entstellung des Werkes die berechtigten geistigen und persönlichen Interessen des Urhebers am Werk gefährdet werden können; das Entstellungsverbot ist in seinem Kern daher auch arbeitsvertraglich nicht verzichtbar (Dreier/Schulze/*Dreier*[2] Rn. 37; Loewenheim/*Axel Nordemann* § 63 Rn. 62; Wandtke/Bullinge/*Wandtke*[2] Rn. 99; Schricker/*Rojahn*[3] Rn. 83). Allerdings kann im Einzelfall vor allem dann, wenn eine Namensnennung des Urhebers weder üblich noch arbeitsvertraglich vereinbart ist, die Interessenabwägungs- "Grenze" zwischen den Verwertungsinteressen des Arbeitgebers an der aus Sicht des Urhebers entstellten Fassung und den ideellen Interessen des Urhebers stärker in Richtung Arbeitgeber verschoben sein, als dies im Verhältnis Verwerter/freier Urheber normalerweise der Fall ist, weil der Arbeitgeber über die Lohn- und Gehaltszahlung in Vorleistung geht und das volle wirtschaftliche Risiko trägt (vgl. Rn. 48). Die in § 14 genannten anderen Beeinträchtigungen des Werkes betreffen nicht den Kern des Urheberpersönlichkeitsrechts, sondern umfassen die unter § 39 fallenden Änderungen des Werkes; diese Änderungsbefugnis liegt im Anwendungsbereich von § 43 aber weitgehend beim Arbeitgeber oder Dienstherrn (vgl. oben Rn. 48). **55**

g) Nutzungsrechte an Computerprogrammen, § 69b: Die Nutzungsrechtseinräumung zu Gunsten von Arbeitgeber und Dienstherrn bei aufgrund einer Verpflichtung aus dem Arbeits- oder Dienstverhältnis geschaffenen Computerprogrammen ist deutlich weitergehend als über § 43: § 69b bestimmt, dass dem Arbeitgeber bzw. Dienstherrn das Recht zur Ausübung aller vermögensrechtlichen Befugnisse am Computerprogramm zusteht, sofern nichts anderes vereinbart ist. Dies schließt per Gesetz die Zweckübertragungsregel im Anwendungsbereich von § 69b aus. Vielmehr erhält der Arbeitgeber oder Dienstherr unabhängig von seinem Betriebs- oder Dienstzweck und etwaigen betrieblichen oder dienstlichen Notwendigkeiten ein unbeschränktes und unbefristetes ausschließliches Nutzungsrecht, das sowohl das Bearbeitungsrecht als auch das Recht, es weiterzuübertragen oder Unterlizenzen daran zu erteilen, einschließt. Der Software-Urheber in einem Arbeits- oder Dienstver- **56**

hältnis erhält also keine eigenen Verwertungsrechte zurück. Einzelheiten: vgl. § 69b Rn. 11, 15 ff.; Loewenheim/*Axel Nordemann* § 63 Rn. 54 ff.; BGH GRUR 2002, 149, 151 – *Wetterführungspläne II.*

III. Vergütung des Arbeitnehmerurhebers

57 Es ist zu unterscheiden zwischen vertraglichen und gesetzlichen Vergütungsansprüchen.

1. Vertragliche Vergütungsansprüche

58 Urheber in Arbeits- oder Dienstverhältnissen leben grundsätzlich **in gesicherten Einkommensverhältnissen** und sind daher nicht im gleichen Maße schutzbedürftig wie freie Urheber; sie sind deshalb auch nicht ohne weiteres „tunlichst an dem wirtschaftlichen Nutzen zu beteiligen, der aus ihren Werken gezogen wird" (vgl. Rn. 3). Die Rechtsprechung und die h.M. in der Literatur gehen deshalb davon aus, dass Urheber in Arbeits- oder Dienstverhältnissen **neben ihrem Arbeitsentgelt** oder ihren Dienstbezügen für solche Werke, die im Anwendungsbereich von § 43 geschaffen werden, **keinen gesonderten Vergütungsanspruch** als Gegenleistung für die Nutzungsrechtseinräumung besitzen (BGH GRUR 2002, 149, 151 – *Wetterführungspläne II*; Dreier/Schulze/*Dreier*² Rn. 30; Loewenheim/*Axel Nordemann* § 63 Rn. 64; Schricker/*Rojahn*³ Rn. 64). *Wandtke*, der an sich dogmatisch richtig trennt zwischen dem Lohnanspruch des Arbeitnehmers einerseits und dem Nutzungsentgelt des Urhebers andererseits und daraus folgert, dass der arbeitsrechtliche Vergütungsanspruch lediglich die Tätigkeit erfasst (das urheberrechtliche Werkschaffen), während der urheberrechtliche Vergütungsanspruch erst aus der Rechtseinräumung und der Nutzung des geschaffenen Arbeitsergebnisses entspringe (Wandtke/Bullinger/*Wandtke*² Rn. 136 ff.; *Wandtke* GRUR 1999, 390, 398), und der es zwar für möglich hält, dass der urheberrechtliche Vergütungsanspruch bereits im Arbeitslohn oder den Dienstbezügen enthalten ist, insoweit aber den Nachweis des Arbeitgebers fordert, dass mit der Zahlung des Lohnes auch die Nutzungsrechte erworben worden sind (Wandtke/Bullinger/*Wandtke*² Rn. 139 unter Berufung auf BGH GRUR 1978, 244, 238 – *Ratgeber für Tierheilkunde*), berücksichtigt die unterschiedliche Schutzbedürftigkeit des freien Urhebers und des Urhebers in einem Arbeits- oder Dienstverhältnis nicht ausreichend. Wer aufgrund einer arbeits- oder dienstvertraglichen Verpflichtung urheberrechtlich relevante Werke schafft, wird von seinem Arbeitgeber genau dafür bezahlt. Allein der Arbeitgeber trägt das volle Risiko des Werkschaffens: Er muss den Urheber auch dann bezahlen, wenn ihm nichts Kreatives einfällt, die geschaffenen Werke unbrauchbar sind oder sich sonstwie nicht verwerten lassen. Dies ist beim freien Urheber ganz anders: Er trägt das volle Risiko des Werkschaffens und erhält keinerlei Vergütung, wenn er nichts schafft oder die von ihm geschaffenen Werke nicht verwertet werden können.

59 Allerdings kann auch der Urheber im Arbeits- oder Dienstverhältnis vom Arbeitgeber oder Dienstherrn **gem. § 32 die Bezahlung einer angemessenen Vergütung verlangen**; sollten das Arbeitsentgelt oder die Dienstbezüge keine angemessene Vergütung für die Werknutzung darstellen, kann der Urheber über § 32 ein zusätzliches Entgelt verlangen (Dreier/Schulze/*Dreier*² Rn. 30; Loewenheim/*Axel Nordemann* Rn. 66; Schricker/*Rojahn*³ Rn. 64 ff.; Wandtke/Bullinger/*Wandtke*² Rn. 145 f.). In Betracht kommen kann dies insbesondere bei Arbeits- oder Dienstverhältnissen, die nur von kurzer Dauer gewesen sind, aber eigentlich

langfristig angelegt waren, weil dann die hinter der Abgeltung der Nutzungsrechtseinräumung durch das Arbeitsentgelt oder die Dienstbezüge stehende
Rechtfertigung des Urhebers in gesicherten Einkommensverhältnissen nicht
mehr so weitgehend durchgreift. Dann könnten das Arbeitsentgelt oder die
Dienstbezüge im Hinblick auf die erkennbar gewesene und in Aussicht genommene Verwertung des Werkes im Einzelfall nicht mehr angemessen sein.

Im Arbeits- oder Dienstverhältnis **anwendbar ist auch der ergänzende Ver-** **60**
gütungsanspruch aus § 32a: Bei außergewöhnlichen, nicht vorhersehbaren
Verwertungserfolgen kann auch der in einem Arbeits- oder Dienstverhältnis
stehende Urheber einen Anspruch auf weitere Beteiligung nach § 32a besitzen,
wenn der vereinbarte Arbeitslohn in einem auffälligen Missverhältnis zu den
Erträgen und Vorteilen aus der Nutzung des Werkes steht (vgl. dazu § 32a
Rn. 34 ff.); allerdings ist bei der Bestimmung des auffälligen Missverhältnisses
gerade auch die Dauer der Alimentation des Arbeitnehmerurhebers durch
seinen Arbeitgeber zu berücksichtigen (Loewenheim/*Axel Nordemann* § 63
Rn. 70), was dazu führen kann, dass die weitere Beteiligung des Arbeitnehmerurhebers erst auf einer deutlich höheren Stufe zur Anwendung kommt als
dies bei einem freien Urheber in einer vergleichbaren Situation der Fall wäre.

Da die Nutzungsrechtseinräumung grundsätzlich im Anwendungsbereich von **61**
§ 43 nur soweit reicht, wie der Betriebszweck geht und für Freizeitwerke über
§ 43 gar keine Nutzungsrechtseinräumung stattfindet, hat der Urheber in
einem Arbeits- oder Dienstverhältnis immer dann einen **gesonderten Ver-**
gütungsanspruch, wenn er seinem Arbeitgeber die Nutzungsrechte **über den**
Betriebszweck hinausgehend oder an Freizeitwerken einräumt (ebenso Dreier/
Schulze/*Dreier*[2] Rn. 31; Schricker/*Rojahn*[3] Rn. 66; Wandtke/Bullinger/*Wandt-*
ke[2] Rn. 135). Sieht der Arbeitsvertrag bereits ausdrücklich eine Nutzungsrechtseinräumung, die über den Betriebszweck hinausgeht, vor, kann dann
kein Anspruch auf gesonderte Vergütung bestehen, wenn das Arbeitsentgelt
noch als angemessene Vergütung auch für die über den Betriebszweck hinausgehende Nutzungsrechtseinräumung angesehen werden kann (§ 32). Bei **Frei-**
zeitwerken ist einerseits kaum vorstellbar, dass eine Nutzungsrechtseinräumung im Arbeitsvertrag ausdrücklich auch diese erfassen könnte; dem wird
regelmäßig schon die Zweckübertragungsbestimmung von § 31 Abs. 5 entgegenstehen. Andererseits kann ein Arbeitsentgelt niemals als angemessene
Vergütung für die Nutzungsrechtseinräumung an einem Freizeitwerk herhalten, das mit dem Arbeitsvertrag gar nicht im Zusammenhang steht.

Hat der Urheber in einem Arbeits- oder Dienstverhältnis ein Werk, das der **62**
Arbeitgeber oder Dienstherr verwerten möchte, **vor Beginn des Arbeits- oder**
Dienstverhältnisses geschaffen, besteht ebenfalls grundsätzlich ein Anspruch
auf gesonderte Vergütung. § 43 kommt hier schon nicht zur Anwendung, so
dass sich der Arbeitgeber oder Dienstherr die Nutzungsrechte gesondert einräumen lassen muss. Allerdings kann das Entgelt für die Einräumung der
Nutzungsrechte im Arbeitslohn bestehen, beispielsweise wenn ein Designer,
der eine Produktserie bereits weitgehend fertig gestaltet hat, als Arbeitnehmer
gerade zu dem Zwecke eingestellt wird, die Produktserie bis zur Marktreife
fortzuentwickeln und dann auch für die Vermarktung Sorge zu tragen. Soweit
vertreten wird, der Urheber besitze nach Beendigung des Arbeits- oder Dienstverhältnisses grundsätzlich einen Anspruch auf Zahlung einer gesonderten
Vergütung für die Verwertungshandlungen nach Beendigung des Arbeits-
oder Dienstverhältnisses (so insbesondere Wandtke/Bullinger/*Wandtke*[2]
Rn. 149 f.), bleibt unberücksichtigt, dass die angemessene Vergütung im Sinne

von § 32 gerade in der Gewährung eines dauerhaften Arbeitsentgeltes oder dauerhafter Dienstbezüge besteht und die Nutzung der im Arbeits- oder Dienstverhältnis geschaffenen Werke normalerweise darauf angelegt ist, unabhängig vom Fortbestehen des Arbeits- oder Dienstverhältnisses fortzudauern. Im Einzelfall ist allerdings eine Korrektur über § 32 oder auch § 32a möglich: Kann das gewährte Arbeitsentgelt beispielsweise infolge einer nur kurzen Dauer des Arbeitsverhältnisses nicht als angemessene Vergütung für die eingeräumten Nutzungsrechte angesehen werden, kann der Urheber die angemessene Vergütung nachfordern.

2. Gesetzliche Vergütungsansprüche

63 § 43 ist eine besondere Bestimmung des Urhebervertragsrechts. Sie ist gegenüber den gesetzlichen Vergütungsansprüchen nachgiebig. Sie **verbleiben grundsätzlich dem Urheber,** der darauf im Voraus auch nicht verzichten und diese im Voraus auch nur an eine Verwertungsgesellschaft abtreten kann (§§ 20b Abs. 2, 26 Abs. 1, 27 Abs. 2, 63a). Entgegenstehende einzelarbeitsvertragliche oder tarifvertragliche Bestimmungen sind unwirksam wie beispielsweise § 18 Ziff. 1 MTV Tageszeitungen, der dem Urheber nur die Pressespiegelvergütung gem. § 49 vorbehält (Loewenheim/*Axel Nordemann* § 63 Rn. 72). Eine Ausnahme hierzu bildet § 20b Abs. 2: Der gesetzliche Vergütungsanspruch für die Kabelweitersendung kann durch Tarifverträge und Betriebsvereinbarungen an Sendeunternehmen abgetreten werden, soweit dadurch dem Urheber eine angemessene Vergütung eingeräumt wird (§ 20b Abs. 2 S. 4; vgl. dort Rn. 19 ff.).

3. Arbeitnehmererfindungsgesetz

64 Die Bestimmungen des Arbeitnehmererfindungsgesetzes (ArbEG) sind auf die Vergütung des Urhebers im Arbeits- oder Dienstverhältnisses **nicht entsprechend anwendbar,** weil sich Patent- und Urheberrecht sowohl im Hinblick auf die Investitionen, die in eine Erlangung des Schutzes getätigt werden müssen, als auch von der Schutzdauer her zu sehr unterscheiden und im Übrigen auch im UrhG keine Lücke besteht, die durch analoge Anwendung des ArbEG geschlossen werden müsste (gl.A. Dreier/Schulze/*Dreier*[2] Rn. 25; Loewenheim/*Axel Nordemann* § 63 Rn. 74; Schricker/*Rojahn*[3] Rn. 64; differenzierend Wandtke/Bullinger/*Wandtke*[2] Rn. 43; a.A. LG München I ZUM 1997, 659, 665; so auch BGH GRUR 2002, 149, 151). Allerdings kann ein Computerprogramm sowohl urheberrechtlich geschützt als auch patentiert sein (vgl. Vor §§ 69a ff. Rn. 4, 7, 22); für den zum Patent angemeldeten technischen Teil der Software kann dann sehr wohl ein Anspruch aus dem ArbEG auf Arbeitnehmererfindervergütung (§§ 9, 10 ArbEG) oder aufgrund eines technischen Verbesserungsvorschlages (§ 20 ArbEG) bestehen (vgl. BGH GRUR 2002, 149, 151 – *Wetterführungspläne II*; Loewenheim/*Axel Nordemann* § 63 Rn. 74).

IV. Prozessuales

1. Rechtsweg

65 § 104 S. 1weist alle Urheberrechtsstreitsachen grundsätzlich dem **ordentlichen Rechtsweg** zu. Der Rechtsweg zu den **Arbeitsgerichten** und den Verwaltungsgerichten bleibt gem. § 104 S. 2 allerdings eröffnet für alle **Ansprüche auf**

Leistung einer vereinbarten Vergütung. Diese Fälle dürften sich jedoch rein auf solche auf Zahlung des Arbeitsentgeltes oder der Dienstbezüge beschränken; immer dann, wenn auch das Bestehen eines Urheberrechts, sein Inhalt, sein Umfang, eine Nutzungsrechtseinräumung oder Fragen rund um die Angemessenheit einer Vergütung für die Nutzung eines **urheberrechtlich relevanten** Werkes in Streit stehen, bleibt es bei der **ausschließlichen Zuweisung zu den ordentlichen Gerichten** (BGH GRUR 1983, 22, 23 – *Tonmeister*; BAG ZUM 1997, 67, 68; Dreier/Schulze/*Schulze*[2] § 104 Rn. 13; Loewenheim/*Axel Nordemann* § 63 Rn. 82; Schricker/*Wild*[3] § 104 Rn. 3; differenzierend Wandtke/Bullinger/*Kefferpütz*[2] § 104 Rn. 13). Die Zuweisung zum ordentlichen Rechtsweg gilt auch dann, wenn im Arbeitsvertrag eine Vergütung für die Nutzung von dem Arbeitnehmerurheber geschaffener Werke vereinbart worden ist, weil das UrhG über § 104 S. 1 alle im Zusammenhang mit dem Urheberrecht stehenden Rechtsstreitigkeiten dem ordentlichen Rechtsweg zuweisen wollte (a.A. Wandtke/Bullinger/*Kefferpütz*[2] § 104 Rn. 13)

2. Aktivlegitimation

Der Arbeitgeber oder Dienstherr ist für die Verfolgung solcher Urheberrechts- **66** verletzungen aktivlegitimiert, die sein ausschließliches Nutzungsrecht tangieren. Für Nutzungen außerhalb des Betriebszwecks bleibt der Urheber ebenso selbst aktivlegitimiert wie zur Verfolgung von Verletzungen seines Urheberpersönlichkeitsrechts (Einzelheiten vgl. § 97 Rn. 127 ff.), soweit die Befugnis zur Ausübung des Urheberpersönlichkeitsrechts nicht auf den Arbeitgeber übergegangen ist (vgl. Rn. 52). Hat der Arbeitgeber dem Urheber beispielsweise durch Gewährung einer Umsatzbeteiligung an den Erträgnissen aus der Verwertung des Werkes beteiligt, bleibt der Urheber auch im Falle einer ausschließlichen Nutzungsrechtseinräumung aktivlegitimiert (vgl. § 97 Rn. 128). Besitzt der Arbeitgeber ausnahmsweise nur ein einfaches Nutzungsrecht (vgl. Rn. 44), ist er an sich nicht aktivlegitimiert (vgl. § 97 Rn. 132). Er benötigt insoweit die Zustimmung des Urhebers zur Rechtsverfolgung (vgl. § 97 Rn. 132, 139). Allerdings kann diese Zustimmung im Einzelfall sich auch aus einer Auslegung des Arbeitsvertrages oder dem arbeitsrechtlichen Treueverhältnis ergeben, beispielsweise wenn die betriebliche Auswertung des Werkes durch die Urheberrechtsverletzung tangiert wird. Dies kann etwa der Fall sein, wenn eine zu Werbezwecken verwendete Fotografie von einem Mitbewerber für eine ähnliche Werbemaßnahme verwendet wird, nicht jedoch, wenn etwa die in einer Tageszeitung erschienene Fotografie später von einer anderen Zeitung nachgedruckt wird.

3. Beweislast

Ausgehend von dem Grundsatz, dass der Anspruchsteller grundsätzlich die **67** ihm günstigen Tatsachen darlegen und beweisen muss, folgt für § 43 eine differenzierende Betrachtung: Geht der Arbeitgeber aufgrund eines aus § 43 folgenden ausschließlichen Nutzungsrechts gegen einen Dritten vor, muss er darlegen und beweisen, dass er Inhaber eines ausschließlichen Nutzungsrechtes geworden ist, also die **Schaffung des Werkes in Erfüllung einer Arbeitspflicht des Arbeitnehmers und die aus dem Betriebszweck folgende ausschließliche Rechtsposition** (insoweit zutr. Schricker/*Rojahn*[3] Rn. 27). Dies gilt auch, wenn der Arbeitgeber gegen den Urheber selbst vorgeht, beispielsweise auf Feststellung, dass er Inhaber einer bestimmten Nutzungsbefugnis geworden ist oder auf Herausgabe von Vorlagen oder Übergabe des Werkes bzw. von Entwürfen hierzu. Geht jedoch der Urheber gegen seinen Arbeitgeber vor, beispielsweise weil er festgestellt wissen möchte, dass bestimmte Nutzungsrechte nicht vom Betriebszweck umfasst sind und er deshalb diese an einen Dritten vergeben kann, trifft ihn die Darlegungs- und Beweislast (a.A. Schricker/*Rojahn*[3] Rn. 27). Beansprucht der Urheber von seinem Arbeitgeber oder Dienstherrn über das Arbeitsentgelt oder die Dienstbezüge **hinausgehende gesonderte Vergütung** gem. § 32 oder einer weiteren Beteiligung gem. § 32a, trifft ihn die Darlegungs- und Beweislast dafür, dass die Vergütung für die Nutzung des Werkes nicht im Arbeitsentgelt oder den Dienstbezügen enthalten gewesen ist (zur Beweislast im Rahmen von vgl. § 32 dort Rn. 135 ff.); das selbe gilt für die Voraussetzungen des Anspruchs auf Zahlung einer weiteren Beteiligung gem. § 32a (vgl. dort Rn. 45). Die Gegenmeinung (Wandtke/Bullinger/*Wandtke*[2] Rn. 138 unter Berufung auf BGH GRUR 1978, 244, 246 – *Ratgeber für Tierheilkunde*) übersieht, dass auch der freie Urheber die Darlegungs- und Beweislast dafür trägt, dass die vertraglich vereinbarte Vergütung nicht angemessen war und ihm deshalb ein zusätzlicher Vergütungsanspruch bis zur angemessenen Vergütung zusteht (vgl. § 32 Rn. 135 ff.) und dass insoweit für den weit weniger schutzbedürftigen Urheber im Arbeits- oder Dienstverhältnis erst recht nichts anderes gelten kann (BGH GRUR 1978, 244, 246 – *Ratgeber für Tierheilkunde* betrifft einen speziellen Einzelfall und lässt sich nicht verallgemeinern: Dort war die Arbeitnehmerin für einfache Schreib- und Hilfsarbeiten bei der Fertigung eines Buchmanuskripts eingestellt worden und hat dann darüber hinausgehend einen wesentlichen schöpferischen Beitrag an der Erstellung des Buchmanuskripts geleistet, was der BGH als nicht mit der Zahlung des vereinbarten Gehalts abgegolten angesehen hat. § 43 war dort mithin gar nicht anwendbar).

§ 44 Veräußerung des Originals des Werkes

(1) Veräußert der Urheber das Original des Werkes, so räumt er damit im Zweifel dem Erwerber ein Nutzungsrecht nicht ein.

(2) Der Eigentümer des Originals eines Werkes der bildenden Künste oder eines Lichtbildwerkes ist berechtigt, das Werk öffentlich auszustellen, auch wenn es noch nicht veröffentlicht ist, es sei denn, dass der Urheber dies bei der Veräußerung des Originals ausdrücklich ausgeschlossen hat.

Übersicht

I. Allgemeines

1. Sinn und Zweck

§ 44 enthält Auslegungsregeln für den Zweifelsfall, dass die Parteien keine **1** klare Vereinbarung über das Schicksal von Eigentum und Nutzungsrechten getroffen haben. Sie regeln die Frage, welchen Einfluss die Veräußerung des Sacheigentums auf die Einräumung von Nutzungsrechten hat. Beide Verfügungen sind strikt zu trennen. Die Eigentums- und Besitzlage am Werkstück ist unabhängig von Verfügungen über Nutzungsrechte. Nach der Vermutungsregel des § 44 Abs. 1 lässt sich aus der Veräußerung des Werkoriginals im Zweifel nicht ableiten, dass Nutzungsrechte an den Eigentümer eingeräumt werden. Das soll dem Urheber die Erträge aus Urheberrecht neben dem Entgelt bei Veräußerung von Eigentum sichern. § 44 Abs. 1 hat im Hinblick auf die Zweckübertragungslehre nach § 31 Abs. 5 keine eigenständige Bedeutung (vgl. Rn. 8). Die Regelung des Abs. 2 stellt eine Ausnahme zu Abs. 1 dar. Abs. 2 kommt eine eigenständige Bedeutung zu, weil sich eine solche Regel aus § 31 Abs. 5 nicht herleiten ließe (vgl. Rn. 13).

2. Früheres Recht

Die Vorschrift des § 44 wurde mit dem UrhG vom 09.09.1965 geschaffen. **2** § 132 Abs. 1 ordnet keine Anwendung von § 44 für **Altverträge vor dem 01.01.1966** an, so dass dafür LUG und KUG gelten. Auch für Nutzungsverträge nach KUG war aber anerkannt, dass der Eigentümer nicht schon kraft seines Sacheigentums Nutzungsrechte am Werk erwirbt (siehe die Regelung in § 10 Abs. 4 KUG; OLG Stuttgart GRUR 1956, 519 – *Hohenzollern-Tonband*; BAG GRUR 1961, 491 f. – *Nahverkehrschronik*). Für **DDR-Altverträge vor dem 03.10.1990** (vgl. Vor §§ 31 ff. Rn. 20 ff.) gilt § 43 DDR-URG. § 43 Abs. 2 DDR-URG enthält eine § 44 Abs. 1 UrhG entsprechende Auslegungsregel, die allerdings nur für „Werkstücke der Malerei, der Bildhauerei, der Grafik, der Gebrauchsgrafik, der angewandten Kunst, des Films, des Rundfunks, des Fernsehens, der Fotografie, der Fotomontage oder der Baukunst" gilt.

3. EU-Recht und Internationales Recht

Im EU-Recht und den relevanten internationalen Urheberrechtsabkommen **3** finden sich keine für § 44 relevanten Regelungen (vgl. Vor §§ 31 ff. Rn. 24 ff.). Internationalprivatrechtlich ist § 44 als bloße Auslegungsregel nicht nach Art. 34 EGBGB oder gar nach Art. 6 EGBGB (ordre public) zwingend; zur nicht zwingenden Anwendung des § 44 im internationalen Privatrecht vgl. Vor §§ 120 Rn. 86 ff.

II. Tatbestand

1. Veräußerung und Nutzungsrechte (Abs. 1)

a) Veräußerung durch den Urheber: Unter Veräußerung fällt jede Übereignung **4** und jede Form des Eigentumserwerbes durch Gesetz (BGH GRUR 1995, 673, 675 – *Mauer-Bilder* für § 17 Abs. 2). Zur Frage, wann eine solche Veräußerung im Einzelnen vorliegt, ausführlich vgl. Nach § 44 Rn. 4 ff. zum **Urhebersachenrecht**.

5 Nach dem Wortlaut gilt die Auslegungsregel nur für den Urheber. Es spricht jedoch nichts dagegen, die Auslegungsregel sinngemäß auch auf **bloße Nutzungsrechtsinhaber** anzuwenden, die Eigentümer des Werkoriginals sind.

6 b) **Original:** Von ihrem Wortlaut her erfasst § 44 Abs. 1 allein die Veräußerung des **Werkoriginals.** Das Original ist jede reproduktionsfähige Erstfixierung, die entweder vom Urheber selbst stammt oder unter seiner Aufsicht von Dritten hergestellt wurde; Beispiele: Manuskripte, Partituren, Gemälde, Skulpturen, unabhängig von der Werkart. Das gilt jedenfalls für alle vom Urheber geschaffenen Unikate unter Einschluss von Skizzen und Entwürfen. Auch mehrfache Schöpfungen können unter den Begriff des Originals fallen; im Einzelnen str., zum Ganzen im Detail vgl. § 26 Rn. 9 ff. Die Vermutungsregel ist auch auf Eigentumsübertragungen an **Vervielfältigungsstücken** anwendbar (OLG Düsseldorf GRUR 1988, 541 – *Warenkatalogfoto;* Dreier/Schulze/*Schulze*[2] Rn. 5; Wandtke/Bullinger/*Wandtke*[2] Rn. 11). Wenn schon die Veräußerung des Originals eines Werkes keine Nutzungsrechte gewährt, dann muss dies für bloße Vervielfältigungsstücke erst recht gelten. Damit ist nur für § 44 Abs. 2 von Bedeutung, ob ein Original vorliegt; vgl. Rn. 11.

7 c) **Im Zweifel kein Nutzungsrecht (Rechtsfolge):** Die Bedeutung des § 44 Abs. 1 erschöpft sich in der **Auslegungsregel** (vgl. Rn. 1), dass im Zweifel kein Nutzungsrecht eingeräumt wurde. Sie wird verdrängt durch eine **ausdrückliche Vereinbarung** zur Übereignung (BGH GRUR 1995, 673, 675 – *Mauer-Bilder*), z.B. eines Manuskriptes (OLG München ZUM 2000, 66, 68). Die Formulierung, der Verwerter solle „volles und bedingungsloses Eigentum" erhalten, lässt hingegen noch Raum für § 44 Abs. 1, weil sie die Nutzungsrechte nicht explizit erfasst (BGH GRUR 1968, 607, 611 – *Kandinsky*).

8 In allen Fällen der fehlenden ausdrücklichen Abrede über die Nutzungsrechtseinräumung steuert die **Zweckübertragungslehre** gemäß § 31 Abs. 5 den Umfang der Rechteeinräumung. Soweit der Vertragszweck die Einräumung von Nutzungsrechten „unbedingt" erfordert, werden Nutzungsrechte auch stillschweigend eingeräumt (vgl. § 31 Rn. 122 f.). Eine Regelung in einem Vertrag, die sich sprachlich nur auf ein Sachrecht bezieht, schließt die Einräumung von Nutzungsrechten nicht aus, so etwa bei „Sicherungsübereignung" von Software, bei der die bloße Übereignung des Datenträgers den Sicherungszweck verfehlen würde (BGH GRUR 1994, 363, 365 – *Holzhandelsprogramm*). Die Auslegungsregel des § 44 Abs. 1 hat danach im Hinblick auf § 31 Abs. 5 **keine eigenständige Bedeutung,** sondern wirkt nur deklaratorisch (HK-UrhR/*Kotthoff* Rn. 1, 5; Schricker/*Vogel*[3] Rn. 6). Keine Nutzungsrechte zur Vervielfältigung und Verbreitung werden begründet bei einem freundschaftlichen Austausch von Plastiken zweier Bildhauer mit Maßgabe, einzelne Abgüsse herzustellen, es erfolgt lediglich eine Eigentumsübertragung (KG ZUM 1987, 293, 295 – *Sterndeuter II*). Bei Übereignung zur Aufnahme in ein Archiv werden auch einfache Rechte zum Abdruck mitbegründet (OLG Hamburg GRUR 1989, 912, 914 – *Spiegel-Fotos*). Zu weiteren Fällen vgl. § 31 Rn. 136 ff.

2.   Öffentliche Ausstellung (Abs. 2)

9 Abs. 2 ist eine **Ausnahme zu Abs. 1.** Mit der Veräußerung des Originals eines Werkes der bildenden Künste oder eines Lichtbildwerkes erwirbt der neue Eigentümer im Zweifel auch das Ausstellungsrecht an dem noch nicht veröffentlichten Werk gem. § 18, es sei denn, der Urheber hat sich dies ausdrücklich vorbehalten. Denn allein sein Eigentum gewährt dem Eigentümer nicht das Recht, es öffentlich auszustellen, bevor das Werk veröffentlicht wurde. Allenfalls wäre eine Vorführung an einen beschränkten Personenkreis möglich. Nach Veröffentlichung des Werkes ist das Ausstellungsrecht erschöpft (§ 18 Rn. 1 ff.), so dass jeder folgende Eigentümer auch zur öffentlichen Ausstellung berechtigt ist. Abs. 2 trägt folgender Interessenlage Rechnung: Entlässt ein Künstler das Original eines Werkes an einen Dritten und damit aus seiner persönlichen Sphäre, sei nach der Lebenserfahrung davon auszugehen, dass der Künstler mit der Ausstellung des noch nicht veröffentlichten Werkes im Zweifel einverstanden sei (Begr RegE UrhG – BT-Drucks IV/270, S. 62; zu Recht kritisch *Erdmann* FS Piper S. 662). Als **Ausnahmevorschrift,** insb. zu § 31 Abs. 5, ist § 44 Abs. 2 **eng auszulegen** (Schricker/*Vogel*[3] Rn. 19; Dreier/Schulze/*Schulze*[3] Rn. 15).

a) Eigentümer: Zur Ausstellung berechtigt ist jeder Eigentümer, wenn das **10** Werkstück die Sphäre des Urhebers einmal verlassen hat. Das muss nicht notwendig der Ersterwerber sein; auch Nachfolgende kommen in Betracht. Die Anwendung auf Kommissionäre – wie etwa den Galeristen, der nicht Eigentümer ist – wird hingegen abgelehnt (Dreier/Schulze/*Schulze*[2] Rn. 14; Wandtke/Bullinger/*Wandtke*[2] Rn. 18).

b) Original bildende Kunst oder Lichtbildwerk: Das Recht zur Ausstellung **11** bezieht sich im Gegensatz zu Abs. 1 nur auf das Original. Zum Begriff vgl. § 26 Rn. 9 ff. Als Werkarten kommen nur die bildenden Künste und Lichtbildwerke in Betracht; über den Verweis des § 72 auch bloße Lichtbilder. Für Vervielfältigungsstücke und andere Werkarten gilt die Regelung nicht, so dass hier ein Recht zur Ausstellung nicht besteht.

c) Öffentliche Ausstellung vor Veröffentlichung: Gemeint ist die öffentliche **12** Ausstellung i.S.d. § 18; vgl. § 18 Rn. 6. Das Recht zur Ausstellung besteht als Verwertungsbefugnis gemäß § 18 nur vor der Veröffentlichung des Werkes; danach ist es erschöpft, so dass der jeweilige Eigentümer das Werk unabhängig von § 44 Abs. 2 dazu berechtigt ist. Abs. 2 betrifft nicht die bleibende öffentliche Ausstellung im Sinne des § 59 (zustimmend Schricker/*Vogel*[3] Rn. 19). Denn diese geht mit weitgehenden Verlusten des Nutzungsmonopols für den Urheber einher.

d) Abweichender Vorbehalt des Urhebers: Um – abweichend von der normalen **13** Interessenlage – die Befugnis zur Ausstellung auszuschließen, muss sich der Urheber diese vorbehalten. Ein solcher Vorbehalt entfaltet **dingliche Wirkung** (Begr RegE UrhG – BT-Drucks. IV/270, S. 62; *Erdmann* FS Piper S. 663) und wirkt auch gegenüber jedem folgenden Eigentümer, zumal ein gutgläubiger Erwerb von Nutzungsrechten generell nicht in Betracht kommt; vgl. § 31 Rn. 42. Zusammen mit dem Recht zur Ausstellung fehlt dann auch die Befugnis zur Wiedergabe in Katalogen, weil § 58 seinerseits auf dem Recht zur Ausstellung fußt (Schricker/*Vogel*[3] Rn. 19; Dreier/Schulze/*Schulze*[2] § 44 Rn. 20). Der Vorbehalt muss **ausdrücklich** sein und kann im Regelfall nicht aus den Umständen gefolgert werden (Wandtke/Bullinger/*Wandtke*[2] Rn. 18; Schricker/*Vogel*[3] Rn. 19). Eine Berufung auf einen konkludenten Vorbehalt nach der Zweckübertragungsregel des § 31 Abs. 5 ist nicht möglich, weil § 44 Abs. 2 eine bewusste Durchbrechung der Zweckübertragungslehre darstellt (ähnlich Schricker/*Vogel*[3] Rn. 20).

III. Prozessuales

14 Die Darlegungs- und Beweislast für die Einräumung eines Nutzungsrechtes entgegen § 44 Abs. 1 trägt der Nutzende. Umgekehrt muss bei Abs. 2 der Urheber darlegen und ggf. beweisen, dass Abweichendes vereinbart ist. Wegen der dinglichen Wirkung abweichender Vereinbarungen kann der Urheber bei Verletzung aus §§ 97 ff. vorgehen.

IV. Verhältnis zu anderen Vorschriften

15 Zum Verhältnis der **Zweckübertragungsregel** des **§ 31 Abs. 5** zu **§ 44 Abs. 1** vgl. Rn. 8 und zu Abs. 2 vgl. Rn. 13. § 40 **(künftige Werke)** findet auf die Eigentumsübertragung nach § 44 keine analoge Anwendung (vgl. § 40 Rn. 12). Ist das veräußerte Original ein Bildnis, so geht **§ 60 Abs. 1** vor, nach dem bestimmte Personen das Werk vervielfältigen und unentgeltlich verbreiten lassen können. Zu **§ 58** vgl. Rn. 13; zu **§ 59** vgl. Rn. 12. Zum **Urhebersachenrecht (Eigentum und Besitz an Werkstücken)** eingehend vgl. Nach **§ 44** Rn. 4 ff.; weiterhin siehe die Kommentierung zu § 27 VerlG.

Nachbemerkung
Körperliches Eigentum und Besitz
(Urhebersachenrecht)

Übersicht

I. Nutzungsrechte und Sachenrechte

1 Die Nutzungsrechte am Werk (immaterielles Gut) sind **zu trennen** von der Sachenrechtslage, insbesondere hinsichtlich Eigentum und Besitz am körperlichen Werkstück. Das ergibt sich für das UrhG aus **§ 44 Abs. 1** (Begr RegE UrhG – BT-Drucks. IV/270, S. 63), war aber auch schon davor anerkannt (RGZ 79, 397, 300 – *Felseneiland mit Sirenen*; RGZ 108, 14, 45; siehe ferner BGH GRUR 1971, 481, 483 – *Filmverleih*; OLG München GRUR-RR 2004, 220, 221 f. – *Fotoabzüge*; KG ZUM-RD 1998, 9, 10 – *Werkstücke im Arbeitsverhältnis*). Zivilrechtlicher Herrschaftsgegenstand des Eigentums gemäß § 903 BGB ist nur das körperliche Werkstück; Herrschaftsgegenstand des Urheberrechts das immaterielle Werk. Beide Befugnisse müssen sich nicht decken, sondern können auseinander fallen oder sogar kollidieren; vgl. Rn. 11. Die **ausschließlichen Rechte des Urheberrechts** können bestimmte Nutzungen des körperlichen Werkstückes als „andere Vorschriften" gemäß § 903 S. 1 **2. Halbs. BGB** beschränken.

Das Sacheigentum umfasst danach nicht die **wirtschaftliche Verwertung** des **2** Werkes, weil diese grundsätzlich **urheberrechtlich geregelt** ist. Eine Verwertung des Sacheigentums ohne Eingriff in die urheberrechtlichen Verwertungsrechte kann jedoch **ausnahmsweise** erfolgen, so etwa durch Verkauf des Original-werkstückes, wenn es schon gemäß **§ 17 Abs. 2** in Verkehr gebracht worden war und sich damit das Urheberrecht erschöpft hat (BGH GRUR 2005, 505, 507 – *Altana*, vgl. § 17 Rn. 24 ff.). Das gilt nicht, wenn das Objekt zum Zeitpunkt der Werkschöpfung – wie Bilder auf der Berliner Mauer – nicht verkehrsfähig war (BGH GRUR 1995, 673, 676 – *Mauer-Bilder*).

II. Eigentumserwerb am Werkstück

1. Erwerb von Nutzungsrechten

Nach der Vermutungsregel des § 44 Abs. 1 lässt sich aus der Veräußerung des **3** Werkoriginals im Zweifel (siehe aber § 44 Abs. 2) nicht ableiten, dass Nut-zungsrechte an den Eigentümer eingeräumt werden. Das gilt ebenso für Ver-vielfältigungsstücke (OLG Düsseldorf GRUR 1988, 541 – *Warenhaus-Fotos*). Ob und inwieweit neben der Übereignung auch Nutzungsrechte eingeräumt wurden, richtet sich vielmehr nach der Zweckübertragungslehre (eingehend vgl. § 31 Rn. 136 ff.; ferner vgl. § 44 Rn. 8).

2. Erwerb von Sacheigentum

Der Urheber wird durch Eigentumserwerb kraft **Verarbeitung gem. § 950** **4** **Abs. 1 BGB** im Regelfall Sacheigentümer des Originalwerkstückes (BGH GRUR 1991, 523, 526 – *Grabungsmaterialien*), nicht aber in Arbeitsverhält-nissen, wo der Arbeitgeber als Hersteller angesehen wird (Wandtke/Bullinger/*Wandtke/Grunert*[2] Rn. 55). Gleiches gilt für den Nutzungsberechtigten, wenn er selbst Vervielfältigungsstücke herstellt.

Bei der **rechtsgeschäftlichen Übertragung** von Eigentum ist die **Zwecküber-** **5** **tragungslehre** zu berücksichtigen (BGH GRUR 2007, 693, 695 – *Archivfotos*). Solange nichts ausdrücklich vereinbart wurde, ist eine Übereignung nur an-zunehmen, wenn sie zum Zweck der Vertragserfüllung erforderlich ist. Ins-besondere wenn es nur um die Nutzung des Werkes geht, verbleibt das Eigentum im Regelfall beim Urheber (Dreier/Schulze/*Schulze*[2] Rn. 39). Ein Designer bleibt der Eigentümer einer Grafik, die nur als Druckvorlage benötigt wird (OLG Hamburg GRUR 1980, 909, 910 – *Gebrauchsgrafik für Werbe-zwecke*), Gleiches gilt für Originalmanuskripte als Vorlage zur Vervielfältigung (BGH GRUR 1999, 579, 580 – *Hunger und Durst*), für Abbildungen zur Buchillustration (OLG München GRUR 1984, 516, 517 – *Tierabbildungen*) und für Filmkopien des Filmverleihers (BGH GRUR 1971, 481, 483 – *Film-verleih*). Eine Übereignung ist nach der Zweckübertragungslehre nicht unbe-dingt erforderlich und deshalb wegen Aufdrucks „Foto nur leihweise" nicht anzunehmen, wenn einem Verlag Fotoabzüge zur Aufnahme in ein Archiv gegen Archivgebühr überlassen worden sind (BGH GRUR 2007, 693, 695 – *Archivfotos*). Eine Eigentumsübertragung kann aber bei dauerhafter Nut-zungsmöglichkeit ohne einen solchen ausdrücklichen Hinweis auf die leih-weise Überlassung anzunehmen sein, weil mit der Archivierung in diesem Fall der dauerhafte Verlust der Verfügungsmöglichkeit verbunden ist (OLG Ham-burg GRUR 1989, 912, 914 – *Spiegel-Fotos*). In Arbeitsverhältnissen erwirbt der Arbeitgeber neben Nutzungsrechten im Zweifel auch das Eigentum an den

Werkstücken (BGH GRUR 1952, 257 – *Krankenhauskartei*; BGH GRUR 1991, 523, 525 – *Grabungsmaterialien*; KG ZUM-RD 1998, 9, 10 – *Werkstück im Arbeitsverhältnis*). § 27 VerlG, nach dem der Verleger das Manuskript zurückzugeben hat, wenn sich der Verfasser die Rückgabe vorbehält, besagt nicht, dass der Verleger im Regelfall Eigentum an dem Manuskript erwirbt (BGH GRUR 1999, 579, 580 – *Hunger und Durst*).

6 Für die Frage, ob eine Übereignung stattgefunden hat, kann auf die **Eigentumsvermutung** des § 1006 BGB zurückgegriffen werden. Wer danach ein Werk oder ein Vervielfältigungsstück als Eigenbesitzer erwirbt, kann sich auf die Eigentumsvermutung berufen (BGH GRUR 2005, 505, 506 – *Altana*). Wem dagegen ein Werk oder ein Vervielfältigungsstück nur zur Anfertigung von Kopien (im vorliegenden Fall einer Heliogravüren-Edition) oder zu Ausstellungszwecken übergeben wird, ist kein Eigen-, sondern Fremdbesitzer und kann die Eigentumsvermutung nicht für sich in Anspruch nehmen (BGH GRUR 2005, 505, 507 – *Altana*). Solcher Fremdbesitz wandelt sich nicht durch Signieren des Werkstückes durch den Eigentümer (Urheber) in Eigenbesitz um, weil darin kein eindeutiger Wille des Signierenden liegt, Eigenbesitz zu verschaffen (BGH GRUR 2005, 505, 507 – *Altana*).

7 Für **DDR-Altverträge** vor dem 3.10.1990 (vgl. Vor §§ 31 ff. Rn. 24 f.) gilt nach § 43 Abs. 1 DDR-URG die Vermutung, dass der Urheber Eigentümer des überlassenen Originals bleibt.

3. Anspruch auf Eigentumsverschaffung

8 Das Urheberrecht gewährt dem Werkschöpfer oder seinem Rechtsnachfolger nur Ausschließlichkeitsrechte am (immateriellen) geistigen Eigentum, nicht aber ein Recht auf körperliches Eigentum an den einzelnen Werkstücken, auf das beispielsweise ein Herausgabeverlangen gestützt werden könnte (BGH GRUR 1991, 523, 525 – *Grabungsmaterialien*). Wurde ein Eigentumserwerb vereinbart, kann sich – hier bei vorzeitiger Beendigung eines Musikverlagsvertrages – eine Rückübereignungspflicht für das Originalmanuskript aus ergänzender Vertragsauslegung ergeben (BGH GRUR 1999, 579, 580 – *Hunger und Durst*). Für Nebendokumente (Schriftwechsel u.Ä.) hingegen gilt das nicht, auch nicht durch ergänzende Auslegung und Konstruktion eines Treuhandverhältnisses, aus dem eine Rückgabepflicht folgt (OLG München ZUM 2000, 66, 69: für einen klar und eindeutig formulierten Optionsvertrag). Zur Frage des Herausgabeanspruches des Filmproduzenten gegen den Verleiher nach Kündigung des Verleihvertrages, wenn der Verleiher (rechtmäßig) bei Dritten Kopien unter Vereinbarung eines Eigentumsvorbehaltes gezogen hat, BGH GRUR 1971, 481, 483 – *Filmverleih*.

4. Sonstiges

9 Zur Eigentums- und Besitzlage sowie Ansprüchen bei geraubten und **gestohlenen Kunstwerken** siehe *Heuer* NJW 1999, 2558; *Müller-Katzenburg* NJW 1999, 2551.

III. Besitz am Werkstück

10 Wer den Besitz als tatsächliche Sachherrschaft am Werkstück haben soll, wird sich zumeist dem **Zweck** des Vertrages entnehmen lassen, wenn Eigentum und Besitz auseinander fallen. Ist für die Ausübung eines Nutzungsrechtes – etwa der Vervielfältigung – der Besitz am Originalwerkstück erforderlich, so gibt der Nutzungsvertrag dazu das Recht (OLG Hamburg ZUM-RD 1999, 80). Für Verlagsverträge regelt § 27 VerlG die Besitzlage am **Manuskript**. Dem Verleger wird für die Dauer des Verlagsvertrages ein Recht zum Besitz am Manuskript eingeräumt – sofern es nicht schon übereignet wurde –, es sei denn, der Verfasser hat sich die Rückgabe vorbehalten hat. Mit Beendigung des Verlagsvertrages endet das Recht zum Besitz in jedem Fall (dazu *v. Olenhusen* ZUM 2000, 1056, 1057).

IV. Konflikt zwischen Eigentum und Urheberrecht

Sacheigentum kann mit dem Urheberrecht kollidieren (dazu umfassend *Erd-* **11** *mann* FS Piper S. 655 ff.). Die Änderung eines Werkstückes und damit auch des Werkes im nicht-öffentlichen Bereich außerhalb von Verwertungshandlungen ist urheberrechtlich irrelevant, weil die §§ 3, 23 eine öffentliche Verwertung voraussetzen (Filmwerke, Werke der bildenden Kunst, Bauwerke und Datenbankwerke gem. § 23 S. 2 ausgenommen). Ansonsten ist eine **Änderung** nur im Rahmen der §§ 14, 39 Abs. 2 zulässig; diese Bestimmungen gelten auch außerhalb von Vertragsverhältnissen als Änderungsgrenze; vgl. § 14 Rn. 5 ff.; vgl. § 39 Rn. 7. Der Eigentümer kann ferner zur **Vernichtung** des Werkstückes berechtigt sein; str., vgl. § 14 Rn. 31 ff. Eine **Veräußerung** kommt auch ohne entsprechendes Nutzungsrecht in Betracht, soweit **Verbreitungs**rechte gem. § 17 Abs. 2 erschöpft sind (BGH GRUR 2005, 505, 507 – *Altana*); ferner vgl. § 17 Rn. 1 ff.

Abschnitt 6   **Schranken des Urheberrechts**

Vorbemerkung

Die ausschließliche Herrschaft des Urhebers über sein Werk ist die natürliche **1** Folge der Tatsache, dass er das Werk geschaffen hat. Das UrhG erkennt deshalb das geistige Eigentum des Urhebers an seinem Werk grundsätzlich an (vgl. § 1 Rn. 3). Ziel des Gesetzes ist es, die ausschließlichen Befugnisse des Urhebers so umfassend zu gestalten, dass möglichst jede Art der Nutzung seines Werkes seiner Kontrolle unterliegt (Begr RegE UrhG – BT-Drucks. IV/270, S. 28). Wie das Sacheigentum, dessen Gebrauch zugleich dem Wohle der Allgemeinheit dienen soll (Art. 14 Abs. 2 GG), ist auch das geistige Eigentum des Urhebers ein sozialgebundenes Recht, das seine Grenze an den überwiegenden Bedürfnissen der Allgemeinheit finden muss, wenn ein gedeihliches Zusammenleben der menschlichen Gesellschaft überhaupt möglich sein soll (Begr RegE UrhG – BT-Drucks. IV/270, S. 62; BVerfGE 31, 229, 241, 243 – *Kirchen- und Schulgebrauch*, zu weiteren Entscheidungen vgl. § 1 Rn. 4). Der 6. Abschnitt legt deshalb die Beschränkungen fest, denen das Urheberrecht im Interesse der Allgemeinheit unterworfen ist.

Das frühere, in LUG und KUG kodifizierte Urheberrecht entstand in einer **2** Zeit, die sich gerade erst anschickte, das Staatsdenken des Obrigkeitsstaates abzustreifen. Es hat später in Zeiten unangefochtene Geltung behauptet, in denen „Allgemeininteresse" mit „Staatsinteresse" verwechselt wurde und man das Sprichwort *Gemeinnutz geht vor Eigennutz* zur Rechtfertigung staatlicher Willkür und zur Leugnung jeder individuellen Freiheit missbrauchte. Inzwischen hat sich in großen Teilen der Welt die Überzeugung durchgesetzt, dass

die Freiheit des Einzelnen der oberste Wert jeden menschlichen Zusammen-
lebens ist, und dass es der eigentliche Sinn einer staatlichen Ordnung sein
muss, diese Freiheit zu erhalten, soweit nicht das Interesse der Allgemeinheit
eine Beschränkung zwingend erfordert. Wo bei einer Begegnung von Einzel-
und Allgemeininteresse nicht eindeutig das Erfordernis einer Beschränkung
des Einzelinteresses besteht, wo also Zweifel offen bleiben, geht das Recht des
Einzelnen vor: „Zu vermuten ist die Freiheit, nachzuweisen ist die Unfreiheit"
(*Kitzinger* in Nipperdey, Die Grundrechte und Grundpflichten der Reichsverfassung, 1929, 2. Bd, S. 450).

3 Das UrhG trägt diesen Grundsätzen in weitem Maße Rechnung. Nach der
ausdrücklichen Erklärung des Gesetzgebers (Begr RegE UrhG – BT-Drucks.
IV/270, S. 30) verfolgte die Neuregelung auch bei der Abgrenzung des Urheberrechts gegenüber den Interessen der Allgemeinheit das Ziel einer Verbesserung der Rechtsstellung des Urhebers. Gleiches galt für die Novellen 1972,
1985, 1990 und 2002 (vgl. Einl Rn. 27–36). Während die Rechte des Urhebers
generalklauselartig auf alle denkbaren Rechtsbeziehungen (§ 11) und Verwertungsarten (§ 15) erstreckt sind, wurden die Schranken des Urheberrechts in
den §§ 45–63 einzeln aufgezählt und inhaltlich genau festgelegt (mit der
Berücksichtigung neuer Verwertungsarten im Gesetz sind später die §§ 44a,
69d, 69e und 87c hinzugekommen). Damit wird deutlich, dass der Gesetzgeber der Freiheit des Urhebers, über sein Werk und dessen Nutzung nach
Belieben zu verfügen, den Vorrang eingeräumt hat. Dies rechtfertigt sich aus
der Tatsache, dass das ausschließliche Verwertungsrecht des Urhebers das
Ergebnis eigener persönlicher Leistung und nicht eines unverdienten Ver-
mögenszuwachses darstellt (BVerfGE 49, 382, 400 – *Kirchenmusik*; für die
Leistungsschutzrechte der ausübenden Künstler und der Tonträgerhersteller
im gleichen Sinne BVerfGE 81, 12, 16 – *Bob Dylan* und 80, 208, 219 –
Vermietungsvorbehalt). Die Beschränkungen dieser Freiheit in den genannten
Bestimmungen sind Ausnahmen, die wegen dieses Charakters eng auszulegen
sind (BGH GRUR 68, 607, 608 – *Kandinsky I*; BGH GRUR 72, 614, 616 –
Landesversicherungsanstalt; BGH GRUR 91, 903, 905 – *Liedersammlung*;
BGH GRUR 94, 800, 802 – *Museumskatalog*; BGH GRUR 97, 459, 463 –
CB-Infobank I; BGH GRUR 2002, 605 f. – *Verhüllter Reichstag*; irrig a.M.
OLG Hamburg ZUM-RD 1998, 2, 4). Im Zweifel ist stets zu Gunsten des
Urhebers zu entscheiden und die Zulässigkeit der beliebigen Nutzung seines
Werkes durch Dritte zu verneinen (so schon für das frühere Recht BGH in st.
Rspr., z. B. BGH GRUR 1954, 216, 221 – *Schallplatten-Lautsprecher-Über-
tragung*; BGH GRUR 1955, 492, 502 – *Tonband/Grundig-Reporter*, vgl. § 1
Rn. 1). Für die analoge Anwendung der Bestimmungen des 6. Abschnitts auf
nicht ausdrücklich freigegebene weitere Nutzungstatbestände ist daher grundsätzlich kein Raum (BGH GRUR 1985, 874, 876 – *Schulfunksendung*; etwas
einschränkend BGH GRUR 1994, 45, 47 – *Verteileranlagen* „nur in seltenen
Fällen" und Dreier/Schulze/*Dreier*[2] Rn. 7 sowie Wandtke/Bullinger/*Lüft*[2] Rn. 1;
wie hier Schricker/*Melichar*[3] Rn. 16). Eine Ausnahme macht nur das Bildzitat,
das schon immer zugelassen, in § 51 aber wohl versehentlich nicht geregelt
wurde (vgl. § 51 Rn. 9). Da die Schrankenregelungen der §§ 44a ff. Ausnahmen
sind, trägt derjenige für das Vorliegen ihrer Voraussetzungen die Darlegungs- und
Beweislast, der sich auf sie beruft (OLG Stuttgart NJW-RR 1986, 220, 221 –
Arbeitgeber-Lichtbild zu § 50; *Flechsig* GRUR 1993, 532, 535).

4 Beschränkungen des Urheberrechts zu Gunsten zwingender Erfordernisse des
Allgemeininteresses können die unerwünschte Nebenfolge haben, dass dadurch mittelbar oder unmittelbar das wirtschaftliche Eigeninteresse bestimm-

ter Verwertergruppen gefördert wird. Mit Recht weist die Begr RegE UrhG (BT-Drucks. IV/270, S. 63) darauf hin, dass dies mit dem schon von der früheren Rechtsprechung entwickelten Grundsatz unvereinbar wäre, dass der Urheber tunlichst an jedem Nutzen zu beteiligen ist, der aus seinem Werk gezogen wird (BGH GRUR 1954, 216, 221 – *Schallplatten-Lautsprecher-Übertragung*; BGH GRUR 1954, 412, 416 – *Volksbühnen-Platzzuschüsse*; BGH GRUR 1955, 492, 502 – *Tonband/Grundig-Reporter*; vgl. § 1 Rn. 4). Bei derartigen Konfliktsituationen hat der Gesetzgeber die Benutzung des Werkes zwar zugelassen, dafür dem Urheber aber einen Anspruch auf Vergütung gewährt, um so einen Ausgleich der Interessen herbeizuführen (§§ 46– 54, zu den bisherigen Ergebnissen dieses Versuchs vgl. Rn. 6 f.). Eine Ausnahme machte zunächst § 46 (Sammlungen für den Kirchen-, Schul- und Unterrichtsgebrauch). Hier ist der Vergütungsanspruch des Urhebers erst durch die Novelle 1972 eingeführt worden, nachdem BVerfGE 31, 229 – *Kirchen- und Schulgebrauch* seine Versagung durch den bisherigen § 46 für verfassungswidrig erklärt hatte. Die entsprechende Entscheidung zu § 52 (BVerfGE 49, 382 – *Kirchenmusik*) hat die Novelle 1985 in der Neufassung dieser Bestimmung berücksichtigt.

Nicht in den §§ 44a–63 geregelt sind diejenigen Beschränkungen des Urheber- **5** rechts, die sich aus allgemeinen Rechtsnormen ergeben. In Betracht kommt vor allem die Rechtfertigung einer an sich unzulässigen Benutzung fremden Urheberrechtsgutes aus dem Gesichtspunkt des rechtfertigenden Notstandes (analog § 904 BGB), so z. B. dann, wenn geschütztes Material für eine bestimmte Arbeit unerlässlich ist, aber nur unter unzumutbaren politischen Bedingungen legal zu beschaffen wäre (LG Berlin GRUR 1962, 207, 211 – *Maifeiern* sowie KG UFITA 54 [1969], 296; zu beiden vgl. § 97 Rn. 22 f.; s.a. *Löffler* NJW 1980, 201; vgl. § 51 Rn. 16). Mit *Bornkamm* FS Piper S. 641, 647 f. und KG NJW 1995, 3392 – *Botho Strauß* sind angesichts der grundsätzlich abschließenden Schrankenregelung der §§ 44a ff. allerdings strenge Anforderungen an das Vorliegen der Notstandsvoraussetzungen zu stellen (dies missachtet OLG Hamburg GRUR 2000, 146, 147 – *Berufungsschrift*; wie hier *Schack* FS Schricker S. 511, 516; Schricker/*Melichar*[3] Rn. 14). Nicht zutreffend ist es ferner, nicht von den §§ 44a ff. gedeckte Nutzungen aus dem Grundrecht der Meinungsfreiheit (Art. 5 Abs. 1 GG) zu rechtfertigen (so aber OLG Stuttgart ZUM-RD 2003, 586, 589).

Die Lösung des Konflikts zwischen Urheber- und Allgemeininteresse, wie sie **6** der deutsche Gesetzgeber in Einzelfällen mit der Abschwächung des Verbotsanspruchs des Urhebers, der aus dem Ausschließlichkeitsrecht folgen würde, zu einem bloßen Vergütungsanspruch versucht hat, ist auch im Ausland bewundert worden und wird vielfach als die Patentlösung für offene Konflikte angesehen (Art. 29, 30 des schweizerischen URG-Entwurfs II und dazu Nr. 153 der Botschaft, UFITA 99 [1985], 165, 178 ff.; jetzt Art. 20, 23 Schweiz. URG, Anh. IV). Die praktischen Erfahrungen mit diesem System sind jedoch nicht immer ermutigend. Wenn der Urheber die Nutzung seines Werkes nicht mehr verbieten kann, auch wenn die Vergütungsfrage nicht geklärt ist, vielmehr der Verwerter erst einmal nutzen darf und dann hinterher darüber zu reden ist, welche Vergütung denn nun angemessen sei, verliert der Urheber das einzige Druckmittel, mit dem ihm eine wirklich angemessene Vergütung gesichert werden würde. Er ist damit von vornherein in der schwächeren Verhandlungsposition. Der Verwerter kann die Verhandlung über den Vergütungsanspruch auf lange Zeit verzögern, zumal sich stets trefflich darüber streiten lässt, was angemessen ist und was nicht. Nicht einmal auf die Hilfe der Gerichte kann der Urheber bauen: Abgesehen von der langen Dauer der Prozesse ist in den echten Streitfällen um die Angemessenheit, dort also, wo klare Kriterien für die Berechnung der Vergütung fehlen, der Richter auf die freie Schätzung angewiesen, was ein hohes Risiko vor allem für den Urheber bedeutet; denn die Gerichte schätzen, wie die Schmerzensgeld-Rechtsprechung zeigt, eher zu niedrig als zu hoch. Die praktischen Erfahrungen der Urheber in der Bundesrepublik mit den Vergütungsansprüchen des UrhG von 1965 und der Novelle von 1972 haben denn auch ergeben, dass sie nie das auch nur annähernd durchsetzen konnten, was der Gesetzgeber selbst sich vorgestellt hatte: Die Tonbandgeräteabgabe (§ 53 Abs. 5 a. F.) brachte viele Jahre ganze 2,2% und stieg zuletzt auf etwas über 4%, freilich ohne dass die ZPÜ (vgl. Einl. Rn. 4 zum UrhWahrnG) die von der Industrie genannten Umsätze nachzuprüfen in der Lage war. Um den vom Gesetzgeber ausdrücklich gewollten „Bibliotheksgroschen" der ersten Neufassung des § 27 von 1972 haben Bund und Länder fast 3 Jahre gefeilscht, bis man sich schließlich – ungeachtet der inzwischen eingetretenen Geldentwertung – auf 5,5 Pfennige einigte (Vorauflage Rn. 3). Erst nach der zweiten Neufassung des § 27 der Vermiet- und Verleihrecht-RL 92/100/EWG vom 19.11.1992 mit dem ÄndG vom 23.06.1995 ist der Abschluss von Gesamtverträgen zwischen den Bibliotheksträgern und den zuständigen Verwertungsgesellschaften verwirklicht worden (vgl. § 27 Rn. 2).

7 Die Novelle 1985 ging mit der Einführung fester Vergütungssätze für Überspielungen und Fotokopien zum eigenen Gebrauch (Anlage zu § 54d Abs. 1) einen anderen Weg. Sie wollte auf diese Weise langwierige Streitigkeiten vermeiden, die die Durchsetzbarkeit der Vergütungsansprüche gefährden würden (RegE UrhG ÄndG 1983 – BT-Drucks. 10/837, S. 19). Diesem unbestreitbaren Vorteil standen freilich gewichtige Nachteile gegenüber: Frei ausgehandelte Sätze lassen sich neu vereinbaren und gerichtlich für angemessen erklärte Beträge lassen sich über § 323 ZPO anpassen, wenn die Verhältnisse sich ändern. Eine Gesetzesanlage kann nur durch Gesetz geändert werden. Der Gesetzgeber ist bei der Festlegung der Sätze zudem Einflüssen ausgesetzt, die seine Vorstellung davon, was angemessen ist, verzerren können, wie der Bericht des Abgeordneten Kleinert anlässlich der 3. Lesung der Novelle 1985 im Deutschen Bundestag anschaulich macht (BT-Protokolle, 10. Wahlperiode, S. 10340). Tatsächlich hat in den mittlerweile mehr als zwei Jahrzehnten seit der Einführung der Leerkassetten- und der Kopiervergütung der Bundesrat – offenbar in der Befürchtung, dass die Bundesländer dann mehr als bisher zu zahlen hätten – jeden Versuch blockiert, auch nur einen Ausgleich dafür zu schaffen, dass die gesetzlichen Vergütungen durch die inzwischen eingetretene Geldentwertung nahezu halbiert worden sind, geschweige denn sie auf ein gerechteres Niveau anzuheben; sogar die Gelegenheit der Euro-Einführung – durch Art. 16 des Gesetzes vom 13.12.2001 (BGBl. I 3656) – ist ungenutzt geblieben. Zwar hat der Gesetzgeber bei der Bestimmung, welche Vergütung als angemessen anzusehen ist, einen verhältnismäßig weiten Gestaltungsspielraum: Nach BVerfGE 79, 1, 27 f. – *Leerkassettenabgabe* ist eine Vergütungsregelung dann verfassungsgemäß, wenn sie in den Grenzen der Praktikabilität unter Beachtung des Gleichheitssatzes und des Grundsatzes der Verhältnismäßigkeit so gestaltet ist, dass eine in etwa angemessene Gegenleistung für die Inanspruchnahme geschützter Werke erbracht wird. Aber für ein und dieselbe Nutzung kann die wertmäßige Halbierung der ursprünglich vom Gesetzgeber selbst als angemessen bewerteten Vergütung unmöglich noch diesem Gebot entsprechen. Die von uns in der Vorauflage geäußerte Skepsis, ob das System fester Vergütungssätze seine Bewährungsprobe bestehen werde, war danach nicht nur – leider – gerechtfertigt; in der Verweigerung angemessener Vergütungssätze durch den Gesetzgeber lag vielmehr mittlerweile schon ein Verfassungsverstoß (vgl. § 1 Rn. 5).

Der Gesetzgeber hat inzwischen die verfassungsrechtliche Problematik gesetz- **8** lich festgelegter Vergütungssätze mit dem 2. Gesetz zur Regelung des Urheberrechts in der Informationsgesellschaft vom 10.09.2003 („2. Korb") entschärft: Bei Geräten und Speichermedien soll die angemessene Vergütung in einem wirtschaftlichen angemessenen Verhältnis zum Preisniveau des Geräts oder des Speichermediums stehen (§ 54a Abs. 4). Die ursprünglich vorgesehene Deckelung bei 5% des Verkaufspreises ist indes im Gesetzgebungsverfahren entfallen.

Die Aufhebung bzw. Nichtgewährung eines Vergütungsanspruchs durch den **9** Gesetzgeber erfordert ein gesteigertes öffentliches Interesse, das einen derart weitgehenden Eingriff zwingend erfordert. Die Sozialbindung des Urheberrechts (dazu *Lerche* FS Reinhardt S. 101) rechtfertigt Regelungen, die den Zugang der Allgemeinheit zum Werkschaffen ihrer Urheber ermöglichen; dafür, dass dies dann auch noch unentgeltlich zu geschehen habe, gibt es keinen Grund (BVerfGE 31, 229, 244 f. – *Kirchen- und Schulgebrauch* und 49, 382, 400 – *Kirchenmusik*). Dieser Grundsatz wird von BVerfG GRUR 1989, 193, 196 – *Vollzugsanstalten* zwar bestätigt, jedoch zugleich – wenn auch hypothetisch für den Fall einer weiten Auslegung des § 52 durch die Fachgerichte – missachtet: Das Gemeinwohl erfordere die Veranstaltung von Rundfunksendungen in Vollzugsanstalten als für die psychische Gesundheit der Gefangenen wichtiges Ersatzkommunikationsmittel (BVerfG a.a.O. S. 196); dem einzelnen Urheber entgehe angesichts der niedrigen GEMA-Tarife nur ein verschwindend geringfügiger Betrag, der keinen wesentlichen Beitrag zur Erhaltung seiner Existenz leisten könne (BVerfG a.a.O. S. 197). Müssen etwa die Gerätehändler im Gemeinwohlinteresse der psychischen Gesundheit von Strafgefangenen an die Vollzugsanstalten umsonst liefern? Kann man dem Urheber zumuten, auf eine Vergütung ganz zu verzichten, nur weil er – im wohlverstandenen Interesse der Allgemeinheit – von vornherein nur bescheidene Ansprüche geltend gemacht hat?

An dem Grundsatz der Vergütungspflicht (vgl. Rn. 4) ändert sich nichts da- **10** durch, dass das BVerfG ihn in einer späteren Entscheidung zwar ausdrücklich bestätigt, aber gleichwohl die Erstreckung der Vergütungsfreiheit in § 52 Abs. 1 auf die Gefangenenbetreuung zugelassen hat, obwohl diese letztlich nicht den Insassen, sondern der Verwaltung und damit dem jeweiligen Bundesland zugute kommt (BVerfG GRUR 1989, 193, 196 – *Vollzugsanstalten II*, zur Kritik daran s. schon die Vorauflage Vor § 45 Rn. 10 und § 52 Rn. 7 a. E.; Schricker/*Melichar*[3] vor §§ 44a ff. Rn. 11). Richtig ist freilich, dass der Gesetzgeber bei der Bestimmung, welche Vergütung als angemessen anzusehen ist, einen verhältnismäßig weiten Gestaltungsspielraum hat. BVerfGE 79, 1, 27 f. – *Leerkassettenabgabe* sieht demgemäß eine Vergütungsregelung dann als verfassungsgemäß an, wenn sie in den Grenzen der Praktikabilität unter Beachtung des Gleichheitssatzes und des Grundsatzes der Verhältnismäßigkeit so gestaffelt ist, dass eine in etwa angemessene Gegenleistung für die Inanspruchnahme geschützter Werke erbracht wird (dort zu Ziffer I Nr. 4 der Anlage zu § 54d Abs. 1, mit allerdings unzutreffendem Ergebnis, s. §§ 54–54h Rn. 8 a. E.).

§ 44a Vorübergehende Vervielfältigungshandlungen

Zulässig sind vorübergehende Vervielfältigungshandlungen, die flüchtig oder begleitend sind und einen integralen und wesentlichen Teil eines technischen Verfahrens darstellen und deren alleiniger Zweck es ist,
1. **eine Übertragung in einem Netz zwischen Dritten durch einen Vermittler oder**
2. **eine rechtmäßige Nutzung eines Werkes oder sonstigen Schutzgegenstands**
zu ermöglichen, und die keine eigenständige wirtschaftliche Bedeutung haben.

1 Die Bestimmung ist durch das UrhG Infoges vom 10.09.2003 (BGBl. I 1774) mit Wirkung vom 13.09.2003 in das UrhG eingefügt worden. Ihr Text ist mit Art. 5 Abs. 1 Multimedia–RL faktisch wortgleich (zu deren Wortlaut siehe HK-UrhR/*Meckel* Anhang 12, S. 1449 ff.). Sie gilt für alle Werkarten und Werkformen mit Ausnahme der Computerprogramme; § 69c Nr. 1 schließt auch deren vorübergehende Vervielfältigung ohne Zustimmung des Rechtsinhabers grundsätzlich aus (die folgenden §§ 69d und e regeln nur Sonderfälle, die zur Nutzung des Programms unerlässlich sind). Die insoweit von Dreier/Schulze/*Dreier*[2] Rn. 2 geäußerten Bedenken sind gegenstandslos, weil nach Art. 1 Abs. 2 Multimedia-RL die Regelungen der Computer-RL unberührt bleiben (ebenso Wandtke/Bullinger/*v. Welser*[2] Rn. 23 und Schricker/*Loewenheim*[3] Rn. 3).

2 Dreier/Schulze/*Dreier*[2] Rn. 4 weist allerdings mit Recht darauf hin, dass die Wortwahl des § 44a, ebenso wie Art. 5 Abs. 5 Multimedia-RL, ungenau ist. Nicht die Handlung, mit der die Vervielfältigung bewirkt wird, sondern die Vervielfältigung als solche muss vorübergehend in dem Sinne sein, dass ihre Lebensdauer begrenzt ist. Flüchtig sind besonders kurzlebige Vervielfältigungsvorgänge: Artikel oder Bilder aus Zeitschriften oder anderen, im Netz gespeicherten Quellen gelangen durch Browsing oder auf ähnliche Weise in den Arbeitsspeicher und werden auf dem Bildschirm sichtbar gemacht; beim Abschalten des Geräts – oder schon vorher durch Knopfdruck – werden sie wieder gelöscht (Dreier/Schulze/*Schulze*[2] Rn. 4–7, Schricker/*Loewenheim*[3] Rn. 5). Wandtke/Bullinger/*v. Welser*[2] (Rn. 5 ff.) nennt daneben auch das Caching, das aber wohl nicht mehr als „besonders kurzlebig" bezeichnet werden kann, weil die damit bewirkte Speicherung nur durch erneutes Tätigwerden (bewusstes Löschen) beendet wird. Erst recht ist das Downloading von § 44a privilegiert (Schricker/*Loewenheim*[3] Rn. 15).

3 Vervielfältigungsvorgänge, die durch Browsing oder auf ähnliche Weise bewirkt werden, stellen stets einen integralen und wesentlichen Teil eines technischen Verfahrens dar (*Spindler* GRUR 2002, 105, 111).

4 Alleiniger Zweck des Vervielfältigungsvorgangs muss eine Übertragung innerhalb eines Netzes zwischen Dritten durch einen Vermittler oder eine rechtmäßige Nutzung sein. Ersteres trifft vor allem auf die Übertragung im Internet zu (Schricker/*Loewenheim*[3] Rn. 8). Ist darin oder in anderen Speicherkapazitäten Material enthalten, das rechtswidrig verfügbar gemacht wurde, so können Ansprüche daraus gegen den Provider nicht aus § 44a Nr. 1, sondern nur aus den §§ 8 – 11 TDG geltend gemacht werden (dazu Wandtke/Bullinger/*v. Welser*[2] Rn. 15). Mit Rücksicht auf die zusätzliche Voraussetzung des § 44a, dass die vorübergehende Vervielfältigung keine eigenständige wirtschaftliche Bedeutung haben darf, wird dieses Problem hier kaum praktische Bedeutung gewinnen.

Rechtmäßig ist die Nutzung nicht nur bei erteilter Erlaubnis durch den Rechts- 5
inhaber, sondern auch im Regelungsbereich der Schrankenbestimmungen des
UrhG (Schricker/*Loewenheim*[3] Rn. 9; Dreier/Schulze/*Schulze*[2] Rn. 8; Wandt-
ke/Bullinger/*v. Welser*[2] Rn. 17 ff.). Auf rechtswidrig verfügbar gemachtes Material trifft das naturgemäß nicht zu; Ansprüche wegen dessen Nutzung sind
aus den §§ 8–11 TDG geltend zu machen.

Die abschließende Bedingung des § 44a, dass die vorübergehende Vervielfäl- 6
tigung keine eigenständige wirtschaftliche Bedeutung haben dürfe, trifft für
das **Browsing** ohne weiteres zu. Gleiches gilt auch in den Fällen der **Nr. 2:** Eine
rechtmäßige, also erlaubte Nutzung ist nicht in dem vom Gesetzgeber verstandenen Sinne eigenständig. Dagegen hat das **Hosting** durchaus eigene wirtschaftliche Relevanz (Schricker/*Loewenheim*[3] Rn. 10 m.w.N.), ebenso wie der
E-Mail-Versand von Zeitungsartikeln, mit dem die Erstellung einer digitalen
Kartei zur Belieferung beliebig vieler Kunden ermöglicht wird (Schricker/*Loewenheim*[3] Rn. 10 unter Bezugnahme auf KG GRUR-RR 2004, 228, 231 –
Ausschnittdienst).

§ 45 Rechtspflege und öffentliche Sicherheit

**(1) Zulässig ist, einzelne Vervielfältigungsstücke von Werken zur Verwendung
in Verfahren vor einem Gericht, einem Schiedsgericht oder einer Behörde
herzustellen oder herstellen zu lassen.**

**(2) Gerichte und Behörden dürfen für Zwecke der Rechtspflege und der öffent-
lichen Sicherheit Bildnisse vervielfältigen oder vervielfältigen lassen.**

**(3) Unter den gleichen Voraussetzungen wie die Vervielfältigung ist auch die
Verbreitung, öffentliche Ausstellung und öffentliche Wiedergabe der Werke
zulässig.**

Die Bestimmung hat den **Sinn,** die Rechtspflege und, soweit die Verwaltung 1
selbst Verfahren durchführt, auch diese von Behinderungen durch urheberrechtliche Verbotsansprüche freizuhalten. Die Duldung der Benutzung des
Werkes ist dem Urheber auch entschädigungslos zuzumuten, da sie nicht um
des Werkes willen erfolgt und dessen Verwertung kaum beeinträchtigt (Begr
RegE UrhG – BT-Drucks. IV/270, S. 62, 63). Die Regelung entspricht der
bisherigen Handhabung, die sich trotz Fehlens einer entsprechenden Vorschrift
im LUG und KUG allgemein durchgesetzt hatte, und dient der Klarstellung.

Abs. 1 ist nur anwendbar, wenn folgende **Voraussetzungen** erfüllt sind: Es 2
muss sich um ein Verfahren handeln, das vor einem Gericht, einem Schiedsgericht oder einer Behörde stattfindet. Als Verfahren ist nur ein staatliches
Handeln anzusehen, das zur Regelung eines Einzelfalles im Kompetenzbereich
des handelnden Organs stattfindet, an dem mindestens ein Rechtssubjekt als
Kläger, Antragsteller, Betroffener, Beschuldigter oder in ähnlicher Funktion
dem handelnden Organ gegenübersteht und das im Regelfall mit einer Entscheidung abgeschlossen wird. Verwaltungsinterne Vorgänge fallen also nicht
unter § 45 (Schricker/*Melichar*[3] Rn. 5). Schiedsgerichte sind neben denjenigen
des § 1029 ZPO auch die Schiedsstellen nach § 14 WahrnG und § 29 Arbn-
ErfG (Dreier/Schulze/*Dreier*[2] Rn. 5; Wandtke/Bullinger/*Lüft*[2] Rn. 2; Schrik-
ker/*Melichar*[3] Rn. 3 nennt auch Sportgerichte und andere Vereinsgerichte).
Behörden sind nur die mit der Wahrnehmung hoheitlicher Aufgaben betrauten
staatlichen Organe; staatliche Eigenbetriebe, wie Gas- und Elektrizitätswerke,
Schlachthöfe, Verkehrsbetriebe usw. gehören nicht dazu.

3 **Dauer der erlaubten Nutzung:** Die Vervielfältigungsstücke können schon vor Verfahrensbeginn hergestellt werden, müssen aber jedenfalls zur Verwendung im Verfahren bestimmt sein, also als Beweismaterial, als Beleg wissenschaftlicher Meinungen, als Anschauungs- und Vergleichsmaterial usw. dienen. Ihre anderweitige Verwertung ist auch nach Abschluss des Verfahrens stets unzulässig. Weitergehend fordert *v. Gamm* Rn. 11 dann auch ihre Vernichtung (§ 98); die durch § 45 erlaubte Vervielfältigung wird durch den Abschluss des Verfahrens aber nicht rückwirkend unzulässig, abgesehen davon, dass die Aufbewahrung unvollständiger Akten ihre Benutzung in Folgeprozessen, z. B. in Wiederaufnahmeverfahren (§§ 578 ff. ZPO), erschweren würde. Es darf sich nur um einzelne und keinesfalls um mehr Exemplare handeln, als für das Verfahren benötigt werden (z. B. im Zivilprozess: Gericht, Anwälte, Parteien)..

4 **Privilegiert** ist jeder am Verfahren Beteiligte. Eine Anordnung des Gerichts oder der Behörde ist nicht Voraussetzung der Zulässigkeit, weil sonst eilige Verfahren zu sehr verzögert werden würden (Begr RegE UrhG – BT-Drucks. IV/270, S. 63).

5 Keine Begrenzung des **Umfang**es der Vervielfältigung findet nach **Abs.** 2 dann statt, wenn es sich um Bildnisse (von Personen) handelt und die Vervielfältigung für Zwecke der Rechtspflege oder der öffentlichen Sicherheit bestimmt ist. Der Fotograf, der das Passbild des Mörders hergestellt hat, kann dessen Verwendung im Steckbrief und auf Plakaten, die zur Mitfahndung aufrufen, also nicht verbieten. Zur Rechtspflege gehören alle gerichtlichen Verfahren (Aufgebots-, Entmündigungs-, Zwangsvollstreckungs-, Strafverfahren usw.). Zwecke der öffentlichen Sicherheit können nicht nur von Polizeibehörden im materiellen Sinne (Staatsanwaltschaft, Kriminal- und Schutzpolizei, Gewerbe-, Gesundheitspolizei usw.), sondern auch von militärischen und diesen gleichstehenden Dienststellen verfolgt werden (Bundeswehr, Bundesgrenzschutz).

6 **Abs.** 3 trägt der Tatsache Rechnung, dass die Vervielfältigung häufig erst Mittel zum Zweck ist: Das Bild des Mörders wird nicht nur für die Archive der Polizei, sondern zur Unterrichtung der Öffentlichkeit, die zur Mitfahndung aufgerufen wird, vervielfältigt, ferngesendet usw. Die Bestimmung stellt klar, dass es auf Fernsehschirmen gezeigt, in Steckbriefen verbreitet und auf Plakaten öffentlich ausgestellt werden kann. Ihre Bedeutung für die in Abs. 1 bezeichneten Verfahren als solche dürfte allerdings gering sein; allenfalls kann ein Werk öffentlich ausgestellt oder ein Film öffentlich vorgeführt werden. Dass seine Verwendung im Verfahren aber eine **Verbreitung oder Wiedergabe** nötig machen würde, ist kaum denkbar, zumal etwaige Presseberichte über das Verfahren, in denen das Werk ganz oder zum Teil wiedergegeben wird, nicht unter § 45, sondern unter § 50 fallen. Vorherige Veröffentlichung ist nicht Voraussetzung; § 45 enthält also auch eine Beschränkung des Urheberpersönlichkeitsrechts aus § 12. Änderungen sind dagegen nur im Rahmen des § 62 zulässig (vgl. § 62 Rn. 7–14).

7 Alle Absätze sind ohne Rücksicht darauf anwendbar, ob das zu vervielfältigende Werk ein Original oder seinerseits ein Vervielfältigungsstück ist, ob es noch unveröffentlicht (OLG Frankfurt ZUM-RD 1999, 370, 382 f.), möglicherweise sogar noch unvollendet ist (Konzept, Manuskript, Skizze, Entwurf eines Bildes oder einer Komposition). Es kommt auch nicht darauf an, ob derjenige, der die Vervielfältigungsstücke in einem Verfahren nach Abs. 1 verwenden will, rechtmäßiger Besitzer des zu vervielfältigenden Werkexemplars oder zum Mitschnitt der Vorführung oder Sendung des fraglichen Werks berechtigt ist; Gleiches gilt für das Gericht oder die Behörde in den Fällen des Abs. 2.

Handelt es sich bei dem zu vervielfältigenden Werk um das **Bildnis einer** **8** **Person**, so ist deren Persönlichkeitsrecht am eigenen Bild durch den insoweit fortgeltenden § 24 KUG in entsprechendem Maße eingeschränkt (Schricker/ *Melichar*[3] Rn. 2 unter Hinweis auf OLG Frankfurt NJW 1971, 47).

§ 45a Behinderte Menschen

(1) Zulässig ist die nicht Erwerbszwecken dienende Vervielfältigung für und deren Verbreitung ausschließlich an Menschen, soweit diesen der Zugang zu dem Werk in einer bereits verfügbaren Art der sinnlichen Wahrnehmung auf Grund einer Behinderung nicht möglich oder erheblich erschwert ist, soweit es zur Ermöglichung des Zugangs erforderlich ist.

(2) [1]Für die Vervielfältigung und Verbreitung ist dem Urheber eine angemessene Vergütung zu zahlen; ausgenommen ist die Herstellung lediglich einzelner Vervielfältigungsstücke. [2]Der Anspruch kann nur durch eine Verwertungsgesellschaft geltend gemacht werden.

Die Bestimmung wurde mit dem UrhG Infoges (BGBl I 1774) eingeführt, um **1** „dem besonderen Anliegen der Bundesregierung, die Diskriminierung zu bekämpfen", gerecht zu werden (Amtl. Begr. UFITA 2004 Bd. I, S. 187, 218). In Wahrheit ist sie wohl eher dem deutschen Hang zum Perfektionismus (und zur Erfindung von Sprachungetümen) geschuldet: Schricker/*Melichar*[3] Rn. 1 weist zu Recht darauf hin, dass sämtliche Rechtinhaber in der Bundesrepublik – entsprechend den Empfehlungen ihrer Verbände – mit den Organisationen der Blinden und Sehbehinderten schon seit vielen Jahren Gesamtverträge haben, die eine *kostenlose* Nutzung ihrer Werke für Blindenschriftausgaben und Blindenhörbücher, also für den Schwerpunktbereich des § 45a, im Regelfall ermöglichen.

Ohnehin kommt die Bestimmung nur dann und nur insoweit zur Anwendung, **2** als dies zur Ermöglichung des Zugangs erforderlich ist (Abs. 1 letzter Halbs.), nur dann also, wenn das jeweilige Werk nicht in einer der jeweiligen Behinderung angepassten Ausgabe verfügbar ist. In der Lebenswirklichkeit ist § 45a danach wohl nur für Blinde und andere Sehbehinderte relevant. Schwerhörigen kann man nur mit mehr Lautstärke, ganz ertaubten Menschen gar nicht mehr helfen. Die von Wandtke/Bullinger/*Lüft*[2] Rn. 2 genannten Körperbehinderten, die nicht in der Lage sind, eine Zeitung oder ein Buch zu halten, brauchen keine auf ihre Behinderung ausgerichteten Sonderausgaben, sondern nur eine feste Unterlage. Gleichwohl hat die Bestimmung jedenfalls eine Warnfunktion, die ihre Einfügung in das UrhG rechtfertigt: Eine Veränderung der Wirtschaftslage könnte die Bereitschaft der Rechtsinhaber, Blinden und anderen Sehbehinderten gegenüber Großzügigkeit walten zu lassen, in Frage stellen.

Einen – durchaus relevanten – Anwendungsfall der Bestimmung nennt schon **3** die Amtl. Begr. (BT-Drucks. 15/38 S. 18, Wandtke/Bullinger/*Lüft*[2] Rn. 3): Ein sehbehinderter Wissenschaftler benötigt für seine Arbeit Zugang zu einem Buch, das zwar als Hörbuch verfügbar ist, mit dem aber nicht den Erfordernissen einer wissenschaftlichen Zitierweise genügt werden kann. In der Tat wird ein Hörbuch beispielsweise keine Anmerkungen und Quellenangaben enthalten. Abbildungen sind in Hörbüchern nicht denkbar; sie könnten allerdings an Sehbehinderte – nicht an Blinde – mit Hilfe von Diakopien in Vergrößerungen übermittelt werden; auch dies wäre ein Anwendungsfall des § 45a Abs. 1.

4 Von der Vergütungspflicht des Abs. 2 ausgenommen ist die Herstellung lediglich einzelner Vervielfältigungsstücke (S. 1 Hs. 2). Diese Regelung ist nur im
Privatbereich der Behinderten relevant: Zwar beschränken sich selbst Blinden-
büchereien schon aus Kostengründen auf die Herstellung einzelner Exemplare.
Aber diese werden immer wieder verliehen oder vermietet, also im Sinne des
§ 17 verbreitet; die Verbreitung ist von Abs. 2 Satz 1 Halbs. 2 nicht erfasst
(Schricker/*Melichar*[3] Rn. 10).

5 Nach dem Inkrafttreten des § 45a hat die VG Wort mit der Mediengemein-
schaft für Blinde und Sehbehinderte e.V. (Medibus) einen Gesamtvertrag abgeschlossen, der auf die kulturellen und sozialen Belange der Vergütungspflichtigen in besonderem Maße Rücksicht nimmt (BAnz. v. 28.07.2004 S. 16466,
Schricker/*Melichar*[3] Rn. 9).

§ 46   Sammlungen für Kirchen-, Schul- oder Unterrichtsgebrauch

(1) [1]Nach der Veröffentlichung zulässig ist die Vervielfältigung, Verbreitung und
öffentliche Zugänglichmachung von Teilen eines Werkes, von Sprachwerken
oder von Werken der Musik von geringem Umfang, von einzelnen Werken der
bildenden Künste oder einzelnen Lichtbildwerken als Element einer Sammlung,
die Werke einer größeren Anzahl von Urhebern vereinigt und die nach ihrer
Beschaffenheit nur für den Unterrichtsgebrauch in Schulen, nicht nichtgewerblichen Einrichtungen der Aus- und Weiterbildung oder in Einrichtungen der
Berufsbildung oder für den Kirchengebrauch bestimmt ist. [2]In den Vervielfältigungsstücken oder bei der öffentlichen Zugänglichmachung ist deutlich anzugeben, wozu die Sammlung bestimmt ist.

(2) Absatz 1 gilt für Werke der Musik nur, wenn diese Elemente einer Sammlung
sind, die für den Gebrauch im Musikunterricht in Schulen mit Ausnahme der
Musikschulen bestimmt ist.

(3) [1]Mit der Vervielfältigung oder der öffentlichen Zugänglichmachung darf erst
begonnen werden, wenn die Absicht, von der Berechtigung nach Absatz 1
Gebrauch zu machen, dem Urheber oder, wenn sein Wohnort oder Aufenthaltsort unbekannt ist, dem Inhaber des ausschließlichen Nutzungsrechts durch
eingeschriebenen Brief mitgeteilt worden ist und seit Absendung des Briefes
zwei Wochen verstrichen sind. [2]Ist auch der Wohnort oder Aufenthaltsort des
Inhabers des ausschließlichen Nutzungsrechts unbekannt, so kann die Mitteilung durch Veröffentlichung im Bundesanzeiger bewirkt werden.

(4) Für die nach den Absätzen 1 und 2 zulässige Verwertung ist dem Urheber
eine angemessene Vergütung zu zahlen.

(5) [1]Der Urheber kann nach den Absätzen 1 und 2 zulässige Verwertung verbieten, wenn das Werk seiner Überzeugung nicht mehr entspricht, ihm deshalb
die Verwertung des Werkes nicht mehr zugemutet werden kann und er ein etwa
bestehendes Nutzungsrecht aus diesem Grunde zurückgerufen hat (§ 42). [2]Die
Bestimmungen in § 136 Abs. 1 und 2 sind entsprechend anzuwenden.

Übersicht

I. Allgemeines

Die Bestimmung entspricht im Grundsatz den früheren §§ 19 Nr. 4, 21 Nr. 3 **1** LUG, § 19 Abs. 1 KUG, brachte aber schon in ihrer ursprünglichen Fassung eine Straffung und Verschärfung des früheren Rechts in wichtigen Punkten (vgl. Rn. 4–6). Die Vergütungspflicht des Abs. 4 ist durch die Novelle 1972 eingefügt worden, nachdem das Bundesverfassungsgericht ihr Fehlen als verfassungswidrig beanstandet hatte (BVerfG GRUR 1972, 481, 484 – *Kirchen- und Schulgebrauch;* vgl. Vor § 44a Rn. 3; vgl. Rn. 12). Anlässlich der Umsetzung der sog. Multimedia-RL in das deutsche Recht mit dem UrhG Infoges vom 10.09.2003 (BGBl. I 1774) ist – neben redaktionellen Korrekturen – einerseits die öffentliche Zugänglichmachung in die Regelung einbezogen worden (Abs. 1 und 3); andererseits ist nicht mehr jeder beliebige, auch zu gewerblichen Zwecken veranstaltete Unterrichtsgebrauch privilegiert, sondern nur noch derjenige in *nichtgewerblichen* Einrichtungen der Aus- und Weiterbildung und solchen der Berufsbildung. Bei letzteren fehlt das Eigenschaftswort „nichtgewerblich" im Gesetzestext. Auch insoweit können aber nur nichtgewerbliche Einrichtungen gemeint sein; Art. 5 Abs. 3 Multimedia-RL erlaubt ausdrücklich nur Ausnahmen von den ausschließlichen Nutzungsrechten des Urhebers *zur Veranschaulichung im Unterricht …, soweit dies zur Verfolgung nichtkommerzieller Zwecke gerechtfertigt ist.* Der neue Gesetzestext stellt ferner klar, dass das Privileg des § 46 **nur** für **veröffentlichte Werke** gilt.

Im Übrigen ist **dem Gesetzgeber von 2003** allerdings ein gewiss unbeabsich- **2** tigter, aber leider grober **Fehler** unterlaufen: Mit der Neufassung des **Abs. 2** ist das seit der Entstehung des modernen Urheberrechts im 19. Jahrhundert niemals in Frage gestellte Gesangbuch-Privileg der christlichen Kirchen entfallen. Zwar gehört nach Abs. 1 der Kirchengebrauch nach wie vor zu den grundsätzlich privilegierten Nutzungsbereichen. Doch gilt diese Bestimmung nach Abs. 2, soweit es sich um Werke der Musik handelt, nur noch für Sammlungen zum Gebrauch in Schulen. Die Beschränkung des bis zur Neufassung geltenden Textes der Bestimmung auf für den Musikunterricht bestimmte Sammlungen ist gestrichen worden – offenbar ohne dass im Ministerium oder im Rechtsausschuss des Bundestages jemand bemerkt hat, dass Werke der Musik nunmehr nur noch für den Musikunterricht in Schulen freigegeben sind. Auch in der seither erschienenen Fachliteratur gibt es dazu keinen Hinweis.

II. Privileg des Abs. 1

Abs. 1 lässt die **Vervielfältigung** (§ 16) einschließlich der **Übertragung auf 3 Bild- oder Tonträger** (§ 16 Abs. 2), also auch auf Tonbandkassetten (LG Frankfurt GRUR 1979, 155, 156 f. – *Tonbandkassette*), Schallplatten, Videokassetten, Dia-Serien, CD-ROM, DVD und ähnliche Produkte sowie die **Verbreitung** (§ 17) und – seit der Neufassung – die **öffentliche Zugänglichmachung** (§ 19a) von Werken zu, d. h. ihre Einstellung in elektronische Datennetze zum Abruf (sog. digitale Online-Medien).

Das Privileg des Abs. 1 bezieht sich zunächst auf **Teile von Werken** jeder Art, **4** also ein einzelnes Buchkapitel, einzelne Szenen eines Bühnenwerkes, Bildausschnitte, einige Takte aus einem Musikwerk. **Ganze Werke** dürfen nur dann vervielfältigt und verbreitet werden, wenn es sich um Sprach- oder Musikwerke (§ 2 Abs. 1 Nr. 1 und 2) von geringem Umfang, z. B. Gedichte (BGH

GRUR 1972, 432, 433 – *Schulbuch*), oder um einzelne Werke der bildenden Kunst, Lichtbildwerke oder Lichtbilder (§ 72) handelt. Ein Sprach- oder Musikwerk sollte, um noch von geringem Umfang zu sein, im Regelfall nicht mehr als 3 normale DIN A5-Seiten, in Ausnahmefällen (bei Sprachwerken) bis zu 6 Seiten haben. Dem Gesetzeszweck entsprechend werden auch **Teile von Werken** diese Grenzen nicht wesentlich überschreiten dürfen (Schricker/*Melichar*[3] Rn. 15 und – ihm folgend – Wandtke/Bullinger/*Lüft*[2] Rn. 11 wollen sogar 10 Seiten zulassen; in der Tendenz wie hier dagegen Dreier/Schulze/*Dreier*[2] Rn. 5). Bei der Aufnahme von Werkteilen in die Sammlung sind sowohl § 62 als auch § 14 zu beachten: An dem in die Sammlung aufgenommenen Teil darf nichts geändert werden. Die Auswahl des Teils darf nicht zu einer Entstellung oder anderen Beeinträchtigung des Werks führen. – Seit 2003 ist allerdings die Beschränkung des Privilegs des Abs. 1 auf *erschienene* Werke entfallen.

5 Die Vervielfältigung, Verbreitung und öffentliche Zugänglichmachung ist nur im Rahmen einer **Sammlung** zulässig, die Werke einer **größeren Anzahl** von Urhebern **vereinigt.** Schriftenreihen, enzyklopädische Sammlungen und ähnliche, unter einheitlicher Bezeichnung zusammengefasste Werksammlungen fallen demnach nicht unter § 46 (z. B. die bekannten Göschen-Bändchen, Rowohlts Deutsche Enzyklopädie usw.); vielmehr liegt eine „Vereinigung" mehrerer Werke nur vor, wenn es sich um die Zusammenfassung in einem Band handelt (Begr RegE UrhG – BT-Drucks. IV/270, S. 64). Ist z. B. ein Lesebuch in mehrere Bände, etwa nach Schulklassen, aufgeteilt, so kommt es für die Zulässigkeit der Vervielfältigung und Verbreitung der aufgenommenen Werke darauf an, ob jeder einzelne Band die Voraussetzungen des § 46 erfüllt, also insbesondere eine größere Anzahl von Urhebern in sich vereinigt. Von einer solchen größeren Anzahl kann erst gesprochen werden, wenn mindestens 7 Urheber (nicht etwa 7 Werke von 5 oder gar nur 3 Autoren) aufgenommen sind; die Beschränkung auf 7 (wir hatten in früheren Auflagen 10 für angemessen gehalten) ergibt sich aus einem gemeinsamen Merkblatt der VG Wort und des Verbandes der Schulbuchverlage (UFITA 92 [1982] 83). – Sammlung kann auch eine Tonbandkassette sein, auf der Hörbeispiele verschiedener Komponisten zusammengefasst sind (LG Frankfurt GRUR 1979, 155, 156 f.).

6 Zu diesen objektiven Merkmalen muss subjektiv hinzutreten, dass der **alleinige Zweck** der Sammlung die Verwendung im Kirchen- oder Unterrichtsgebrauch ist. Den Gebrauchszweck hat der Gesetzgeber zwar unverändert aus § 19 Nr. 4 LUG übernommen (§ 19 Abs. 1 KUG schloss den Kirchengebrauch aus). Es genügt jedoch nicht mehr, dass die Sammlung „auch" für die genannten Zwecke geeignet oder bestimmt ist (so noch RGZ 155, 33, 35); der Gebrauch im Schulunterricht, bei der nichtgewerblichen Aus-, Weiter- und Berufsbildung oder der Kirchengebrauch muss der ausschließliche Zweck sein. Das ist schon dann nicht mehr gegeben, wenn die Sammlung jedermann zum Kauf angeboten wird (OLG Frankfurt GRUR 1994, 116, 118 – *Städel*). Dabei muss sich die subjektive Zweckbestimmung der Sammlung auch objektiv in ihrer inneren und äußeren Beschaffenheit niederschlagen, z. B. bei Schulbüchern in der Auswahl und Anordnung des Stoffes unter pädagogischen Gesichtspunkten und in der äußeren Ausstattung als Schulbuch (BGH GRUR 1972, 432, 433 – *Schulbuch*, vgl. Rn. 7). Liegen diese Voraussetzungen vor, so kommt es freilich weder auf die Möglichkeit, die Sammlung auch in der Freizeit zu benutzen, noch auf ihren pädagogischen Wert an (BGH GRUR 1991, 903, 907 – *Liedersammlung*).

Schulen sind alle öffentlichen Schulen, in denen Unterricht erteilt wird, also **7** neben den allgemeinbildenden Schulen auch Berufsschulen, Sonder- und Blindenschulen und anerkannte Privatschulen (Begr RegE UrhG – BT-Drucks. IV/270, S. 64 f.) sowie vorschulische Sprachförderkurse, nicht jedoch Hoch- und Fachschulen oder sonstige private Schulen (z. B. Fahrschulen); § 46 sollte nach dem Willen des Gesetzgebers auf die Erwachsenenbildung nicht zur Anwendung kommen (Bericht RAusschuss RegE UrhG – UFITA 46 [1966] 174, 184). Daran wollte die Neufassung von 2003 nichts ändern, obwohl die nunmehrige Nennung nichtgewerblicher Einrichtungen der Aus- und Weiterbildung und der Einrichtungen der Berufsbildung eine solche Annahme nahelegt; der Gesetzgeber bezeichnete die Neufassung ausdrücklich als nur „redaktionell" (Begr RegE UrhG Infoges– BT-Drucks. 15/38, S. 19 = UFITA XX [2004] 187, 221). Schricker/*Melichar*[3] Rn. 8 verweist dazu ergänzend auf die unterschiedliche Nennung der Hochschulen in Abs. 3 Nr. 1 und 2 des ebenfalls mit der Novelle 2003 neu gefassten § 53.

§ 46 ist nur anwendbar, wenn die Sammlung **ausschließlich für Schulzwecke,** **8** also für den Unterricht bestimmt ist, und zwar nur, soweit es sich um den Gebrauch durch die Schüler handelt. Sammlungen, die für die Hand des Lehrers, als Prämie für gute Leistungen oder als Erinnerungsgabe für Abiturienten usw. gedacht sind, fallen nicht unter § 46. Im Bereich der Musik dienen im allgemeinen nur Schulliederbücher dem Musikunterricht in den Klassen; Schulchorbücher dagegen sind in erster Linie für den aus mehreren Klassen gebildeten Auswahlchor der Schule bestimmt, der zumindest auch anderen Zwecken dient (Umrahmung von Feiern, Repräsentationsveranstaltungen und dergleichen), und sind außerdem ohne weiteres auch für andere Chöre geeignet, fallen also nicht unter die Freigabe. Soweit zu ihnen neben dem Notenband noch ein Arbeitsband gehört, kann dieser allerdings Schulbuch sein (Beispiel: das „Werk Arbeitshilfen zu Chor aktuell" aus dem Bosse-Verlag). – Für den sonst freigegebenen **Unterrichtsgebrauch** sind solche Sammlungen bestimmt, die außerhalb des Schulbereichs zu Unterrichtszwecken Verwendung finden sollen, also neben den im Gesetz genannten Institutionen beispielsweise Werke für den Kommunions- und Konfirmandenunterricht und für den Privatunterricht. Von „Unterricht" kann nur gesprochen werden, wo ein Lehrer-Schüler-Verhältnis im engeren Sinne besteht, also nicht bei Selbstunterricht (RGZ 155, 33, 36), bei Arbeitsgemeinschaften Gleichrangiger und bei Studenten, auch wenn es sich um eine Unterrichtung außerhalb der Hochschule handelt (z. B. durch einen Repetitor). Erwachsenenbildung (z. B. in Volkshochschulen) und Jugendpflege gelten ebenfalls nicht als Unterrichtung (Begr RegE UrhG – BT-Drucks. IV/270, S. 64); unzutreffend deshalb OLG Karlsruhe GRUR 1987, 818, 819 f. – *Referendarkurs.*

Kirchen sind die anerkannten Religionsgemeinschaften im Sinne des öffent- **9** lichen Rechts. Als **Kirchengebrauch** ist wie bisher nur der Gebrauch in der Kirche anzusehen, was für Gebetbücher, nicht aber für Predigtsammlungen, christliche Hausbücher usw. zutrifft (so schon KG UFITA 10 [1937], 186, 190 – *Speyerer Domfestmesse*). Dass das Katholische Einheitsgesangbuch *Gotteslob* auch für die häusliche Erbauung oder zum Beten im Familienkreis dienen kann, ändert entgegen Schricker/*Melichar*[3] Rn. 9 nichts an seiner Bestimmung für den Kirchengebrauch (BGH GRUR 1971, 903, 907 – *Liedersammlung*); sonst gäbe es im kirchlichen Bereich wohl überhaupt keinen Anwendungsfall des § 46. Es fällt allerdings – ebenso wie das evangelische Kirchengesangbuch – seit der Neufassung des Abs. 1 durch die Novelle 2003 nicht mehr unter das Privileg des Abs. 1, soweit es noch geschützte Melodien enthält (vgl. Rn. 2).

III. Privileg des Abs. 2

10 Für **Musikwerke** gilt die **Sonderregelung des Abs. 2.** Die Erlaubnispflicht entfällt hier nur, wenn es sich entweder um eine Sammlung für den Kirchengebrauch (dann Abs. 1) oder um eine für den Musikunterricht bestimmte Sammlung in Schulen (vgl. Rn. 7) außer Musikschulen handelt (so schon § 21 Nr. 3 LUG). Die Unterscheidung der Werke dürfte in der Praxis wegen der weit höheren Anforderungen, die in für Musikschulen bestimmten Sammlungen gestellt werden, keine Schwierigkeiten bereiten.

IV. Aufgabe des Zwecks

11 Nach bisherigem Recht musste der Zweck der Sammlung auf der **Titelseite** angegeben werden. Die Neufassung hat diese Verpflichtung auf ein ihrem Zweck genügendes Maß zurückgeführt; eine **deutliche Angabe** genügt.

V. Unterrichtung des Urhebers oder Rechtsinhabers (Abs. 3)

12 Die **Frist des Abs. 3** beginnt mit der Absendung des eingeschriebenen Briefes, ohne Rücksicht darauf, ob er den Empfänger erreicht. Das kann zu Unzuträglichkeiten führen, wenn der Verwerter eine nicht mehr zutreffende Anschrift verwendet. Man muss daher von ihm verlangen, dass er die Richtigkeit der Anschrift zuvor überprüft, wenn auch nur ein geringer Anlass zu Zweifeln besteht (Rückfrage beim Einwohnermeldeamt, briefliche Anfrage beim Autor selbst). Das ist dem Verwerter stets schon deshalb zuzumuten, weil die Vorbereitung der Vervielfältigung dadurch nicht aufgehalten wird und kein Zeitverlust eintritt. Im Falle des **Abs. 3 Satz 2** beginnt die Frist mit der Veröffentlichung der Anzeige, nicht mit der Auftragserteilung dazu. – Zum **Beginn** der Vervielfältigung vgl. § 16 Rn. 2. – Die **Mitteilung** muss die Angabe enthalten, in welcher Weise und zu welchem Zweck von dem Recht des Abs. 1 Gebrauch gemacht werden soll; sonst wäre Abs. 3, der dem Urheber eine Kontrolle und notfalls die Verhinderung unzulässiger Vervielfältigungen ermöglichen soll, sinnlos. Sind **Änderungen** beabsichtigt, muss der Urheber darauf in der Form des § 62 Abs. 4 hingewiesen werden (vgl. § 62 Rn. 11). Aufgrund von Gesamtverträgen, die der Verband der Schulbuchverlage mit den zuständigen VerwGes abgeschlossen hat, erfolgen die Meldungen inzwischen nur noch an diese (vgl. Rn. 13).

VI. Vergütungsanspruch

13 Die nach Inkrafttreten der Novelle 1972 zunächst streitige Frage, ob der **Vergütungsanspruch des Abs. 4** dem Urheber oder seinem Originalverleger zustehe (*Samson* UFITA 71 [1974] 658 gegen *Rehbinder* UFITA 71 [1974] 53), hat keine praktische Bedeutung mehr, weil dieser Anspruch inzwischen zum Wahrnehmungsbereich der jeweils zuständigen VerwGes gehört. Die **VG Wort** hat schon 1977 mit dem Verband der Schulbuchverlage dazu einen Gesamtvertrag abgeschlossen (*Melichar* UFITA 92 [1982] 43). Den für 2005 und 2006 darin vereinbarten Tarif pro Druckseite für je 1000 Exemplare von Sprachwerk-Sammlungen gibt Schricker/*Melichar*[3] Rn. 29 mit 3.45 E, den für 2007 und 2008 mit 3.70 € an; für Mitglieder des VdS Bildungsmedien e.V., dem praktisch alle Schulbuchverleger angehören, ermäßigen sich diese Beträge auf 2.75 € bzw. 2.95 € (BAnz. v. 03.08.2005, S. 11819). Ein Gesamtvertrag besteht seit 1988 auch für musikalische Sammlungen; er wurde ebenfalls vom

VdS Bildungsmedien e.V. mit der VG Musikedition abgeschlossen (BAnz. v. 31.12.1997, S. 15255).

VII. Ausschluss rückgerufener Werke (Abs. 5)

Das **Verbot wegen gewandelter Überzeugung** (Abs. 5) kann jederzeit ausgeübt **14** werden, wenn die Voraussetzungen des § 42 vorliegen und der Rückruf wirksam ist (vgl. § 42 Rn. 17); auf die letztere Voraussetzung kann es allerdings dann nicht ankommen, wenn ohnehin keine Verwertungsverträge mehr bestanden, es also nichts zurückzurufen gab. War die Vervielfältigung schon beendet oder wenigstens schon begonnen, so dürfen die hergestellten bzw. in der Herstellung befindlichen Exemplare noch verbreitet werden (§ 136 Abs. 1 und 2).

§ 47 Schulfunksendungen

(1) ¹Schulen sowie Einrichtungen der Lehrerbildung und der Lehrerfortbildung dürfen einzelne Vervielfältigungsstücke von Werken, die innerhalb einer Schulfunksendung gesendet werden, durch Übertragung der Werke auf Bild- oder Tonträger herstellen. ²Das gleiche gilt für Heime der Jugendhilfe und die staatlichen Landesbildstellen oder vergleichbare Einrichtungen in öffentlicher Trägerschaft.

(2) Die Bild- oder Tonträger dürfen nur für den Unterricht verwendet werden. Sie sind spätestens am Ende des auf die Übertragung der Schulfunksendung folgenden Schuljahres zu löschen, es sei denn, dass dem Urheber eine angemessene Vergütung gezahlt wird.

Im früheren Recht war mangels ausdrücklicher Regelung des Senderechts **1** ungeklärt, wie Schulfunksendungen zu behandeln sind. Die Sender erwarben die Senderechte von den Autoren der Sendemanuskripte auf dem üblichen Vertragswege. Soweit die Schulen die Sendungen live übertrugen, entstanden gegen sie keine Ansprüche, da es sich nicht um eine öffentliche Wiedergabe handelte. Vielfach waren die Schulen jedoch gezwungen, die Sendungen mitzuschneiden, um sie dem Lehrplan entsprechend in den Unterricht einbauen zu können. Das war nicht ausdrücklich vom Gesetz freigegeben. § 47 trägt dieser Gesetzeslücke Rechnung. Die Bestimmung betrifft nicht den Erwerb der Senderechte, sondern **nur die Vervielfältigung** derartiger Sendungen (Aufnahme auf Bild- oder Tonträger, § 16 Abs. 2). Eine Verfassungsbeschwerde, die sich gegen die teilweise Vergütungsfreiheit des Mitschnitts (vgl. Rn. 6) richtete, ist erfolglos geblieben (BVerfGE 31, 270, 273 f. – *Schulfunksendungen).*

Das Vorrecht des § 47 genießen **Schulen** (Begriff vgl. § 46 Rn. 7), Einrichtun- **2** gen der **Lehrerbildung** (Pädagogische Akademien, Lehrerseminare, nicht dagegen die mathematisch-naturwissenschaftlichen und die philosophischen Fakultäten der Universitäten und Hochschulen, da diese nicht speziell der Lehrerbildung, sondern der wissenschaftlichen Forschung und Lehre dienen), Einrichtungen der **Lehrerfortbildung** (Ausbildungsstätten für Mittelschullehrer, kirchliche Seminare für Religionslehrer usw.) und **Heime der Jugendhilfe,** zu denen auch die Jugendstrafanstalten zu rechnen sind, soweit sie Unterricht betreiben. Die Privilegierung auch der **Landesbildstellen** ist auf Betreiben des Freistaates Bayern, dessen Landesbildstellen die Herstellung von Vorratskopien von Schulfunksendungen für interessierte Schulen gerichtlich verboten worden war (OLG München FuR 1983, 273, bestätigt durch BGH GRUR 1985, 874, 875 f. – *Schulfunksendung),* in die Novelle 1985 aufgenommen worden. Wir haben dies in den beiden Vorauflagen als systemfremd und verfassungsrechtlich bedenklich kritisiert. In der Praxis hat aber der Mitschnitt von Schulfunkendungen durch die Landesbildstellen keine Bedeutung erlangt. – Der **Lehrer** darf von ihm selbst **zu Hause** hergestellte Mitschnitte schon wegen der Beschränkung des § 53 Abs. 3 Nr. 1 auf kleine Teile eines Werkes, Werke von geringem Umfang oder Einzelbeiträge kaum jemals im Unterricht verwenden (Schricker/*Loewenheim*[3] § 53 Rn. 38 f.).

3 Das Recht des § 47 bezieht sich nur auf Werke, die innerhalb einer **Schulfunksendung** gesendet werden. Indiz ist zunächst die Programmbezeichnung des Senders. Der Lehrer darf also nicht etwa von sich aus eine ihm wichtig erscheinende allgemeine Sendung, etwa ein Fernsehspiel, einen Rundfunkkommentar, einen wissenschaftlichen Vortrag, die Darbietung einer Oper oder eines Musikwerkes mitschneiden und diese zu Unterrichtszwecken benutzen. Sollte eine Sendeanstalt ein Programm, das nicht für Schulen bestimmt ist, fälschlich als „Schulfunkendung" bezeichnen (z. B. eine zum Selbststudium gedachte Sendung wie das Telekolleg oder einen Sprachlehrgang), so wäre dessen Mitschnitt gleichwohl nicht von § 47 privilegiert (so mit Recht Schricker/*Melichar*[3] Rn. 10). Ein Online-Angebot von Anschauungsmaterial für den Unterricht fiele nicht unter § 20, sondern unter das neue Recht der öffentlichen Zugänglichmachung (§ 19a), wäre also keine privilegierte Schulfunksendung.

4 Es dürfen nur **einzelne** Vervielfältigungsstücke i.S.d. § 16 Abs. 2 (Aufnahmen) hergestellt werden, also nur so viele, wie für die Verwendung in den einzelnen Schulklassen erforderlich sind (zum Begriff „einzelne" vgl. § 53 Rn. 3). Sie dürfen auch **nur für den Unterricht** verwendet werden (Abs. 2 Satz 1). Es ist also nicht zulässig, dass die Schule bei einem Elternabend oder einem Schulfest die mitgeschnittenen Aufnahmen darbietet, weil dies keinen Unterrichtszweck mehr erfüllt.

5 Nach dem Text der Bestimmung dürfen nur Bild- oder Tonträger hergestellt werden. Dies entspricht der noch bei Schaffung des UrhG im Jahre 1965 gebräuchlichen Ausdrucksweise (z. B. § 54 Abs. 1, 55). Inzwischen gibt es faktisch nur noch Bildtonträger und Tonträger; auf diese ist die Bestimmung anzuwenden (Dreier/Schulze/*Dreier*[2] Rn. 5; Schricker/*Melichar*[3] Rn. 17 unter Hinweis auf die Begr, die das Mitschneiden von Fernsehsendungen, also von Bild und Ton, als von § 47 gedeckt nennt (UFITA 45 [1965] 240, 281).

6 Die Aufnahmen sind spätestens am **Ende des folgenden Schuljahres zu löschen,** ganz gleich, ob sie zu Schuljahrsbeginn oder erst „kurz vor Toresschluss" hergestellt wurden. Für die neben den Schulen berechtigten Einrichtungen (vgl. Rn. 2) passt dieses Merkmal nicht. Der redaktionelle Fehler ist durch entsprechende Anwendung auszugleichen (ebenso Schricker/*Melichar*[3] Rn. 21). Für Akademien usw. ist das Ende des folgenden Semesters maßgebend. Wo kein jährlicher Zeitschnitt stattfindet (Heime, Landesbildstellen), ist das in dem jeweiligen Bundesland gültige Schuljahr maßgebend (abweichend Schricker/*Melichar*[3] Rn. 21: Kalenderjahr). – **Löschung** bedeutet Unbrauchbarmachung. Will die Schule jedoch die einmal vorgenommene Vervielfältigung über das Schuljahr hinaus behalten, so hat sie dem Urheber eine **angemessene Vergütung** zu zahlen. Was angemessen ist, bestimmt sich nach der Länge des Mitschnitts, den Kosten seiner Herstellung, der Dauer der beabsichtigten Aufbewahrung und danach, was die Schule durch die Aufbewahrung erspart. Sie erspart mindestens die Beschaffung gleichwertigen Anschauungsmaterials. Im Streitfall ist die angemessene Vergütung vom Richter festzusetzen (analog § 287 ZPO; vgl. § 97 Rn. 40). Nichtlöschung ohne

Zahlung der Vergütung ist Urheberrechtsverletzung (*v. Gamm* Rn. 9; Schricker/*Melichar*[3] Rn. 22; *Neumann* S. 83). Gleichwohl ist bisher über Zahlungen von Schulträgern – mit Ausnahme solcher an die GEMA – nichts bekannt geworden (*Neumann* S. 83 f.).

Zur Kontrolle der Vervielfältigungshandlungen und der Aufbewahrungsdauer **7** steht dem Urheber ein **Auskunftsanspruch** zu. Seine Geltendmachung würde vermutlich für die Schulverwaltungen der Bundesländer zu peinlichen Ergebnissen führen (*Neumann* S. 84).

§ 48 Öffentliche Reden

(1) Zulässig ist
1. die Vervielfältigung und Verbreitung von Reden über Tagesfragen in Zeitungen, Zeitschriften sowie in anderen Druckschriften oder sonstigen Datenträgern, die im Wesentlichen den Tagesinteressen Rechnung tragen, wenn die Reden bei öffentlichen Versammlungen gehalten oder durch öffentliche Wiedergabe im Sinne von § 19a oder § 20 veröffentlicht worden sind, sowie die öffentliche Wiedergabe solcher Reden,
2. die Vervielfältigung, Verbreitung und öffentliche Wiedergabe von Reden, die bei öffentlichen Verhandlungen vor staatlichen, kommunalen oder kirchlichen Organen gehalten worden sind.
(2) Unzulässig ist jedoch die Vervielfältigung und Verbreitung der in Absatz 1 Nr. 2 bezeichneten Reden in Form einer Sammlung, die überwiegend Reden desselben Urhebers enthält.

Übersicht

I. Vervielfältigung in Zeitungen u.ä. Publikationen (Abs. 1 Nr. 1)

Die Bestimmung hatte ursprünglich die §§ 17, 26 LUG zum Vorbild, be- **1** schränkte deren Regelung aber auf Tagesfragen und auf Publikationen, die im Wesentlichen **Tagesinteressen** dienen; freigegeben waren nur Reden in öffentlichen Versammlungen oder im Rundfunk. Diese Regelung ist anlässlich der Umsetzung der Multimedia-RL mit dem UrhG Infoges vom 10.09.2003 (BGBl I 1774) auf den elektronischen Bereich erweitert worden: Die Reden brauchen nicht mehr unbedingt in öffentlichen Versammlungen gehalten worden zu sein. Es genügt auch, wenn sie durch öffentliche Wiedergabe i.S.v. § 19a, also mittels Verfügbarkeit im Internet oder einem gleichermaßen öffentlich zugänglichen Netz (Auflistung in Dreier/Schulze/*Schulze*[2] Rn. 6 zu § 19a) oder durch Sendung (§ 20) veröffentlicht worden sind. Im Übrigen hat sich aber nur wenig geändert:

Nach wie vor muss die Rede **Tagesfragen** behandeln. Philosophische, literari- **2** sche, musik- und kunstwissenschaftliche Vorträge aller Art sind daher nicht freigegeben. Sinn des § 48 ist es, die schleunige Unterrichtung der Öffentlichkeit über aktuelle Äußerungen zu aktuellen Themen zu erleichtern; es besteht jedoch kein dringendes Bedürfnis, nicht tagesgebundene Reden schnellstens der Öffentlichkeit mitzuteilen, dies auch dann nicht, wenn sie anlässlich eines Tagesereignisses gehalten wurden (Begr RegE UrhG – BT-Drucks. IV/270, 65). Das wissenschaftliche Referat eines Gelehrten bei der Eröffnung eines Instituts oder die Antrittsrede des neugewählten Universitätsrektors fallen also nicht unter § 48. Hat der Redner nur in einem **Teil der Rede** Tagesfragen behandelt, so ist auch nur dieser Teil freigegeben.

3 Soweit Abs. 1 Nr. 1 **Reden in öffentlichen Versammlungen** betrifft, ist – anders als in § 15 Abs. 3 – Öffentlichkeit erst dann gegeben, wenn ein an sich unbegrenzter Personenkreis Zutritt zu der Versammlung hat (Art. 42 Abs. 1 Satz 1 GG, § 23 Abs. 2 Nr. 3 KUG – Anhang I 3 –, §§ 169 ff. GVG). Darauf, ob ein Eintrittsgeld erhoben wird, kommt es nicht an. Auch dass der Versammlungsraum nur die Teilnahme einer begrenzten Anzahl von Personen ermöglicht, ist bedeutungslos, es sei denn, er wäre so klein, dass er die zu erwartende Zahl der Teilnehmer auch nicht annähernd fassen könnte.

4 Die Freigabe umfasst nur die Rede als solche, also im vollen oder teilweisen Wortlaut; nur dieser ist maßgeblich, nicht das Manuskript (Schricker/*Melichar*[3] Rn. 3). Ihre nur inhaltliche Wiedergabe ist – da § 48 Öffentlichkeit voraussetzt – schon nach § 12 Abs. 2 frei.

5 Das Vorrecht der Vervielfältigungs- und Verbreitungsfreiheit genießen **nur** **Zeitungen** (vgl. § 38 Rn. 17–18) und solche Zeitschriften, Druckschriften und Datenträger, die im Wesentlichen (also nicht ausschließlich, dagegen vgl. § 49 Rn. 3) Tagesinteressen dienen. Zu den Druckschriften rechnen neben den Illustrierten und anderen, auf Aktualität ausgerichteten Wochen- und Monatsblättern insbesondere Nachrichtendienste, Korrespondenzen und dergleichen (Begr RegE UrhG – BT-Drucks. IV/270, S. 65). Mit den – seit der Neufassung 2003 zusätzlich privilegierten – **sonstigen Datenträgern** sind vornehmlich digitale Offline-Medien wie CD-Rom und DVD gemeint.

6 Anders als die Vervielfältigung und Verbreitung (vgl. Rn. 5) kann die **Wiedergabe** von **jedermann**, nicht nur von Zeitungen usw., bewirkt werden. Öffentliche Reden über Tagesfragen dürfen daher ohne Zustimmung des Vortragenden insbesondere in andere Räume übertragen (§ 19 Abs. 3) und gesendet (§ 20) werden, was bedeutet, dass die Sendeanstalt sie auch mitschneiden darf (§ 55). Zur Wiedergabefreiheit rechnet auch die online-Verwertung (§ 15 Abs. 2 Nr. 5).

Vervielfältigung von Reden vor Organen (Abs. 1 Nr. 2)

7 Ganz freigegeben sind Reden bei **öffentlichen** (vgl. Rn. 3) **Verhandlungen**, d. h. Veranstaltungen, die im Anschluss an die Rede eine Aussprache vorsehen (Begr RegE UrhG – BT-Drucks. IV/270, S. 65). Es muss sich um Verhandlungen vor staatlichen, kommunalen oder kirchlichen **Organen** handeln (Parlamente, Ausschüsse, Gerichte, Synoden, nicht jedoch Parteien oder Gewerkschaften). Predigten in Gottesdiensten werden weder in einer Verhandlung noch vor einem Organ der Kirche gehalten. Reden in geheimen Beratungen fallen schon wegen der fehlenden Öffentlichkeit nicht unter die Bestimmung.

8 Abs. 1 Nr. 2 erlaubt **jedermann** die Vervielfältigung, Verbreitung und öffentliche Wiedergabe, also auch den Mitschnitt durch Interessenten, soweit nicht andere Rechtsnormen dies ausschließen: § 169 Satz 2 GVG verbietet Ton- und Filmaufnahmen während einer Gerichtsverhandlung. Auch das allgemeine Persönlichkeitsrecht Einzelner kann Aufnahmen entgegenstehen (OLG Celle AfP 1986, 57). Ein öffentlich-rechtlicher Anspruch gegen das jeweilige Organ auf Gestattung von Tonbandaufzeichnungen wird durch die Bestimmung jedenfalls nicht begründet; sie beschränkt lediglich das Verwertungsrecht des Urhebers (BVerwG NJW 1991, 118, 119; dazu *Wilhelmi* AfP 1992, 221 ff.).

III. Redensammlung eines Urhebers (Abs. 2)

Eine Sammlung enthält dann **überwiegend** Reden desselben Urhebers, wenn 9 diese mehr als die Hälfte ihres Umfanges (nach Anzahl oder Seitenzahl) ausmachen (abweichend Schricker/*Melichar*[3] Rn. 15 und Dreier/Schulz/*Schulze*[2] Rn. 10, die darauf abstellen, ob die Reden desselben Urhebers das Schwergewicht der Sammlung bilden). Allerdings muss die Bestimmung im Hinblick auf Art. 2 bis Abs. 3 RBÜ konventionsfreundlich dahin ausgelegt werden, dass auch die Vereinigung der Mehrzahl der Reden, die ein Urheber überhaupt gehalten hat, in einer Sammlung unzulässig ist, und zwar auch dann, wenn diese Reden zusammen weniger als die Hälfte der ganzen Sammlung ausmachen. Die Zusammenfassung der drei öffentlichen Reden, die ein Politiker insgesamt gehalten hat, in einer Redensammlung mit 30 Einzelbeiträgen wäre danach unzulässig.

§ 49 Zeitungsartikel und Rundfunkkommentare

(1) [1]Zulässig ist die Vervielfältigung und Verbreitung einzelner Rundfunkkommentare und einzelner Artikel aus Zeitungen und anderen lediglich Tagesinteressen dienenden Informationsblättern in anderen Zeitungen und Informationsblättern dieser Art sowie die öffentliche Wiedergabe solcher Kommentare und Artikel, wenn sie politische, wirtschaftliche oder religiöse Tagesfragen betreffen und nicht mit einem Vorbehalt der Rechte versehen sind. [2]Für die Vervielfältigung, Verbreitung und öffentliche Wiedergabe ist dem Urheber eine angemessene Vergütung zu zahlen, es sei denn, dass es sich um eine Vervielfältigung, Verbreitung oder öffentliche Wiedergabe kurzer Auszüge aus mehreren Kommentaren oder Artikeln in Form einer Übersicht handelt. [3]Der Anspruch kann nur durch eine Verwertungsgesellschaft geltend gemacht werden.

(2) Unbeschränkt zulässig ist die Vervielfältigung, Verbreitung und öffentliche Wiedergabe von vermischten Nachrichten tatsächlichen Inhalts und von Tagesneuigkeiten, die durch Presse oder Funk veröffentlicht worden sind; ein durch andere gesetzliche Vorschriften gewährter Schutz bleibt unberührt.

Übersicht

I. Gegenstand der Regelung

Die Bestimmung **stellt Presse und Rundfunk** hinsichtlich ihrer Artikel und 1 Kommentare **gleich** und geht damit über den RegE. hinaus, der entsprechend § 18 LUG und dem damaligen Konventionsrecht (Art. 9 RBÜ Brüssel) die Freigabe nur für Zeitungen und andere Informationsblätter vorgesehen hatte. Die Gleichstellung war sachlich schon deshalb gerechtfertigt, weil beide Publikationsmittel den gleichen Informationsaufgaben dienen und die von § 49 geschaffene Erleichterung der Berichterstattung bei beiden gleichermaßen im Interesse der Allgemeinheit liegt (Schriftl. Bericht RegE UrhG – BT-Drucks. IV/3401 S. 7). Dennoch lag darin ein Dissens zum Konventionsrecht mit der Folge, dass die Verbandsurheber der RBÜ (Begriff Nordemann/Vinck/Hertin Art. 3, 4 RBÜ, Rn. 5–12) sich vor den deutschen Gerichten auf den ihnen günstigeren Art. 9 RBÜ Brüssel berufen konnten. Im vollen Umfange galt § 49 nur für Inländer im Sinne der §§ 120, 121 Abs. 1 und 2, 122 und 123. Inzwischen ist in der Bundesrepublik die Brüsseler durch die Pariser Fassung der RBÜ abgelöst worden (10.10.1974), deren Art. 10 bis Abs. 1 die Gleichstellung nachvollzieht. Geblieben ist allerdings ein Widerspruch zwischen § 49 **Abs. 2** und dem Konventionsrecht auch der Pariser Fassung, der allerdings keine praktische Bedeutung hat (vgl. Rn. 12).

2 § 49 bezieht sich nur auf **Werke** i.S.d. § 2 Abs. 2, also persönliche geistige Schöpfungen (vgl. § 2 Rn. 20 ff.). Nachrichten und Tagesneuigkeiten (Abs. 2) werden dieses Erfordernis nur selten erfüllen; sie sind daher ohnehin meist frei, ohne dass es ihrer Freigabe durch § 49 noch bedürfte (ihre Verwendung kann im Einzelfall aus anderen Gründen unzulässig sein, vgl. Rn. 13 am Ende). Im Übrigen geht aber der BGH mit dem Gesetzgeber (Begr RegE UrhG – BT-Drucks. IV/270, S. 66) von der grundsätzlichen Werkqualität von Beiträgen in Zeitungen aus (BGH GRUR 1997, 459, 460 f. – *CB-Infobank I*; vgl. § 2 Rn. 30). Freigegeben ist die **Vervielfältigung** (§ 16) und **Verbreitung** (§ 17) in Zeitungen und entsprechenden Informationsblättern (vgl. Rn. 4) sowie die **öffentliche Wiedergabe** durch jedermann (§§ 19–22); vgl. § 48 Rn. 4–6 (dort auch zur Online- Übermittlung).

II.   Übernahmeprivileg des Abs. 1

3 Abs. 1 betrifft einzelne **Rundfunkkommentare,** d. h. verlesene oder selbst gesprochene Meinungsäußerungen einer Einzelperson (also keine Diskussionsbeiträge, Interviews, Rundgespräche wie der *Internationale Frühschoppen* oder Talkshows), und **Artikel,** d. h. geschriebene Äußerungen der gleichen Art, im Ausnahmefall auch Gedichte, wenn sie Tagesfragen berühren (anders noch die Vorauflage; wie hier Schricker/*Melichar*[3] Rn. 4; Wandtke/Bullinger/ *Lüft*[2] Rn. 5; zu großzügig Möhring/Nicolini/*Engels*[2] Rn. 7). Berichte, die ohne jede eigene Stellungnahme nur referieren, fallen unter Abs. 2 (Rn. 12). Es muss sich um solche Äußerungen handeln, die politische, wirtschaftliche oder religiöse **Tagesfragen** betreffen, die also einen aktuellen Inhalt haben (zur Aktualitätsgrenze s. OLG München ZUM-RD 2000, 428 f.; vgl. § 50 Rn. 6). Die Aufzählung ist, da es sich um eine Ausnahmevorschrift handelt, als erschöpfend anzusehen; Äußerungen zu kulturellen und wissenschaftlichen Tagesfragen sind nicht freigegeben. Ebensowenig fallen solche Äußerungen unter § 49, die weit über den Tag hinausgreifen, z. B. ein politischer Rückblick (LG Berlin GRUR 1962, 207, 208 – *Maifeiern),* eine Vorausschau auf die zukünftige Entwicklung, eine allgemeine Betrachtung.

4 Es darf sich nur um **einzelne** Kommentare oder Artikel, also *einige wenige,* handeln (Schricker/*Melichar*[3] Rn. 9; Dreier/Schulze/*Dreier*[2] Rn. 9). Die Übernahme der wichtigsten Artikel aus derselben Quelle wäre auch bei Veränderung ihrer Reihenfolge unzulässig (Möhring/*Nicolini*[2] Rn. 3). – Kommentare müssen im **Rundfunk** gesendet (Begriff vgl. § 20 Rn. 2), Artikel in **Zeitungen** (Begriff vgl. § 38 Rn. 5) oder in anderen **Informationsblättern** erschienen sein, die ausschließlich („lediglich") Tagesinteressen dienen (die Begr RegE UrhG – BT-Drucks. IV/270, S. 66, spricht offenbar irrtümlich von Informationsblättern, die – wie in § 48 – *im Wesentlichen* Tagesinteressen dienen). Dazu gehören nur Nachrichtendienste und aktuelle Korrespondenzen. Artikel aus Zeitschriften sind – abweichend von Art. 10 bis Abs. 1 RBÜ – nicht freigegeben, weil sie oft bleibende Bedeutung haben und deshalb schutzwürdig sind (Begr RegE UrhG – BT-Drucks. IV/270, S. 66).

5 Der Hinweis auf die „Tagesinteressen" in Abs. 1 Satz 1 enthält eine weitere Einschränkung: Die Übernahme darf nur **zum Zwecke der aktuellen Informa-**

tion erfolgen. Die Übernahme zu Werbezwecken ist ausgeschlossen (OLG Hamm UFITA 96 [1983], 265, 269 f. – *Auch ein Fenster will gepflegt sein*; auf den dort übernommenen *wissenschaftlichen* Artikel war die Bestimmung freilich ohnehin nicht anwendbar).

Zum **Nachdruck** sind nur Zeitungen – zur Bestimmung dieses Begriffs vgl. **6** § 38 Rn. 17 – und die ihnen gleichgestellten Blätter, zur **Wiedergabe** ist jedermann befugt. Die Einschränkung „in anderen Zeitungen und Informationsblättern dieser Art" kann sich bei Rundfunk-Kommentaren nur auf die Verbreitung beziehen; sonst würde deren Mitschnitt, der ihren Nachdruck erst ermöglicht, unzulässig sein. Die Einschränkung der Verbreitungserlaubnis auf Printmedien hat aber zur Folge, dass nicht etwa jemand Rundfunkkommentare mitschneiden und die Bänder vertreiben darf (§ 16 Abs. 2).

Elektronische Pressespiegel als Informations*blätter* anzusehen ist schon **7** sprachlich nicht möglich. Wir haben deshalb in der Vorauflage eine analoge Anwendung des § 49 auf diese neue Art der Kommunikation unter Hinweis auf den BGH (der zu § 53 Abs. 2 UrhG den gleichen Standpunkt vertreten hatte, BGH GRUR 1997, 459, 463 – *CB-Infobank*) und *Loewenheim* (GRUR 1996, 636) für nicht möglich gehalten, dies freilich in der Erwartung, dass der Gesetzgeber bei nächster Gelegenheit die zu eng gewordene Regelung des § 49 Abs. 1 den veränderten technischen Gegebenheiten anpassen würde. Nachdem das nicht geschah, hat der BGH im Wege richterlicher Rechtsfortbildung jedenfalls den – nur betriebs- oder behördenintern zugänglichen – sog. **Inhouse Pressespiegel** zugelassen (BGH GRUR 2002, 963, 965 – *Elektronischer Pressespiegel*; dazu *Katzenberger* GRUR Int. 2004, 739). Die darin wiedergegebenen Presseausschnitte dürfen allerdings nur als graphische Datei, in die die einzelnen Artikel als Faksimile eingebunden sind, übermittelt werden (BGH a.a.O. S. 967; ebenso KG GRUR-RR 2004, 228, 230 – *Ausschnittdienst*; Einzelheiten bei Schricker/*Melichar*[3] Rn. 32 ff.; *Katzenberger* GRUR Int. 2004, 739, 741 mit Hinweis auf die Zulässigkeit von PDF-Karteien in Fn. 27). Elektronische Presseausschnittdienste, deren Angebot sich an die Öffentlichkeit richtet, würden jedoch deshalb nicht zugelassen werden können, weil sie die Existenz der von ihnen ausgeschlachteten Zeitungen und Informationsblätter in Frage stellen würden (sinngemäß ebenso KG GRUR-RR 2004, 228, 230 – *Ausschnittdienst*; Schricker/*Melichar*[3] Rn. 36; Dreier/Schulze/*Dreier*[2] Rn. 18; schon BGH GRUR 2002, 963, 966 – *Elektronische Pressespiegel* hatte eine solche Zulassung für „zweifelhaft" erklärt).

Eine **analoge Anwendung** des Abs. 1 auf andere Werkarten, etwa auf Licht- **8** bilder oder Karikaturen, kommt wegen des Ausnahmecharakters der Bestimmung (vgl. Vor § 44a Rn. 3) nicht in Betracht (unzutreffend LG Berlin 22. 4. 68, zit. bei *Romatka* AfP 1971, 20, 23). Soweit gleichwohl in den Pressespiegeln auch Bilder gleichwertiger Art enthalten sein sollen, wird dies vorab im Einzelvertrag geregelt; insoweit wird die VG Wort treuhänderisch für die VG Bild-Kunst tätig, die die entsprechenden Rechte ihrer Mitglieder innehat (Schricker/*Melichar*[3] Rn. 19).

Für die Vervielfältigung, Verbreitung oder Wiedergabe ist dem Urheber (nicht **9** etwa dem Sender oder der Zeitung) nach Abs. 1 Satz 2 eine **angemessene Vergütung** zu zahlen, deren Höhe den üblichen Sätzen für die Erteilung einer Nachdruckerlaubnis entspricht und die notfalls vom Richter festzusetzen ist (analog § 287 ZPO). Sie entfällt ausnahmsweise dann, wenn es sich um **kurze,** d. h. aus wenigen Sätzen bestehende **Auszüge** aus **mehreren** (mindestens zwei) Kommentaren oder Artikeln in der Form einer **Übersicht** handelt. Die in den meisten Sendern übliche *Presseschau* erfüllt diese Voraussetzungen in der Regel nicht, da sie längere Auszüge, wenn nicht den ganzen Artikel zu bringen pflegt. Auch ein etwaiges deutsches Pendant der *Englischen Rundschau* würde nicht vergütungsfrei sein.

10 Die Einführung der Verwertungsgesellschaftenpflicht mit **Abs. 1 Satz 3** durch die Novelle 1985 korrespondiert mit § 13b UrhWahrnG. Der Gesetzgeber wollte der VG Wort auf diese Weise die Geltendmachung erleichtern (Begr RegE ÄndG 1983 – BT-Drucks 10/837, S. 14). Um die jeweils Berechtigten unter ihren Mitgliedern ermitteln zu können, kann sie **Auskunft** von dem Hersteller des Pressespiegels darüber verlangen, welche Artikel er vervielfältigt und verbreitet hat und wer – soweit die Originalquelle das erkennen lässt – ihr Urheber ist (OLG Düsseldorf GRUR 1991, 908, 909 – *Pressespiegel)*. Inzwischen bestehen neben dem Rahmenvertrag der VG Wort mit dem Bundesverband der deutschen Industrie (BDI) über 700 Einzelverträge mit Institutionen, die Pressespiegel verbreiten (Parteien, Behörden – darunter auch die Bundesländer und zahlreiche Kommunen – und Gewerbebetriebe). Sie alle basieren auf dem derzeit geltenden Tarif der VG Wort, den diese gemäß § 13 UrhWahrnG im BAnz. Nr. 230 vom 8.12.2007 veröffentlicht hat; er beträgt 4,75 Cent je vervielfältigter DIN-A4-Seite, berechnet nach der Größe des Originals (Schricker/*Melichar*[3] Rn. 17).

11 Die **Freigabe** des Abs. 1 **entfällt, wenn** der Kommentar oder Artikel mit einem **Vorbehalt der Rechte** versehen ist. Der Vorbehalt muss, wie der Gesetzestext ergibt, zu dem einzelnen Artikel oder Kommentar erklärt werden. Ein allgemeiner Vorbehalt im Impressum ist wirkungslos; beim Rundfunk wäre er mangels einer geeigneten Ansagemöglichkeit ohnehin nicht denkbar. Fälle dieser Art sind bisher nicht bekannt geworden.

III. Relevanz des Abs. 2

12 **Abs. 2** hat keine praktische Bedeutung. Aktuelle Berichte, die keine Stellungnahme des Verfassers enthalten, sind in aller Regel ohnehin frei (vgl. Rn. 2). Abs. 2 sollte daher nach der Begr. (Begr Entwurf LUG v. 08.12.1900, *Schulze* S. 149) nur solche reinen Tatsachenberichte betreffen, denen ausnahmsweise der Charakter einer persönlichen geistigen Schöpfung eigen ist, etwa weil sie besonders geistreich-witzig formuliert oder in einem eigenartigen Stil abgefasst sind (Beispielfall: OLG Hamburg GRUR 1978, 307, 308 – *Artikelübernahme*). Gerade das aber steht im Widerspruch zum Konventionsrecht (Art. 9 Abs. 3 RBÜ Brüssel, Art. 2 Abs. 8 RBÜ Paris), wonach es dem nationalen Gesetzgeber nicht gestattet ist, journalistische Arbeiten mit Schöpfungscharakter vom Urheberschutz auszunehmen (Nordemann/Vinck/Hertin Art. 2/2bis RBÜ, Rn. 4). Da die Pariser Fassung der RBÜ nach Erlass des UrhG ratifiziert wurde und nicht anzunehmen ist, dass der Gesetzgeber Inländer hat schlechter stellen wollen als Verbandsurheber (vgl. Rn. 1), ist anzunehmen, dass das ältere Landesrecht auch im Inlandsbereich von dem jüngeren Konventionsrecht verdrängt worden ist (Nordemann/Vinck/Hertin Einl. 32 m.w.N.), so dass Nachrichten und Tagesneuigkeiten mit Werkcharakter trotz Abs. 2 geschützt sind. Schricker/*Melichar*[3] (Rn. 30) und Dreier/Schulze/*Schulze*[2] (Rn. 3) wollen stattdessen Abs. 2 zu den zulässigen kleinen Ausnahmen des Konventionsrechts rechnen (wie hier dagegen Wandtke/Bullinger/*Lüft*[2] Rn. 18; Loewenheim/*Götting* Rn. 105 zu § 31, S. 450).

Die Vervielfältigung, Verbreitung und öffentliche Wiedergabe auch von **nicht** **13**
geschützten Nachrichten kann jedoch – in seltenen Ausnahmefällen – nach
anderen gesetzlichen Vorschriften unzulässig sein. In Betracht kommt vor
allem das UWG, aber auch das allgemeine Deliktsrecht des BGB (§§ 823,
826). So kann es gegen § 1 UWG verstoßen, wenn eine Zeitung die Meldung
der anderen von Anfang bis Ende übernimmt (unlautere Nachahmung) oder
dies gar regelmäßig mit allen oder der Mehrzahl der Meldungen tut (unmittelbare Leistungsübernahme, BGH GRUR 1988, 308 – *Informationsdienst).*
Einzelheiten bei *Prantl* (Lit.Verz.).

§ 50 Bild- und Tonberichterstattung

Zur Bild- und Tonberichterstattung über Tagesereignisse durch Funk oder
durch ähnliche technische Mittel, in Zeitungen, Zeitschriften und in anderen
Druckschriften oder sonstigen Datenträgern, die im wesentlichen Tagesinte-
ressen Rechnung tragen, sowie im Film, ist die Vervielfältigung, Verbreitung
und öffentliche Wiedergabe von Werken, die im Verlauf dieser Ereignisse wahr-
nehmbar werden, in einem durch den Zweck gebotenen Umfang zulässig.

§ 50 ist die dritte Sonderregelung, die dem Interesse der Allgemeinheit an der **1**
Erleichterung der Berichterstattung über aktuelle Ereignisse dient. Es ist vielfach unvermeidlich, ein im Hintergrund gespieltes Musikstück, die Silhouette
eines künstlerisch gestalteten Gebäudes, ein hinter dem Schreibtisch des inter-
viewten Politikers hängendes Gemälde mit in die Aufnahme einzubeziehen,
wenn sie nicht bruchstückhaft werden soll. Demgemäß hatte schon das Gesetz
zur Erleichterung der Filmberichterstattung vom 30.04.1936 (RGBl. I 404)
den Herstellern von Filmaufnahmen das Recht eingeräumt, bei der Berichterstattung über Tagesereignisse (Wochenschauen, Tagesschauen usw.) auch
urheberrechtlich geschützte Werke, die im Verlauf der Vorgänge sichtbar
oder hörbar wurden, mitzufilmen. § 50 erweiterte diese Regelung schon in
der ursprünglichen Gesetzesfassung auf **jede Art der Ton- und Bildbericht-**
erstattung sowie in Zeitungen (Begriff vgl. § 38 Rn. 6) und in solchen anderen
Organen, die im wesentlichen Tagesinteressen Rechnung tragen (vgl. § 48
Rn. 2). Die Bestimmung wich damit seinerzeit von Art. 10 bis RBÜ Brüssel
bewusst ab, wo dem Gesetzgeber der Verbandsländer lediglich freigestellt war,
festzulegen, unter welchen Voraussetzungen kurze **Bruchstücke** aus Werken
der Literatur oder Kunst mittels Fotografie, Kinematografie oder Rundfunksendung bei Gelegenheit der Berichterstattung über Tagesereignisse festgehalten, wiedergegeben und öffentlich mitgeteilt werden dürfen. Wie die Begr RegE
UrhG (BT-Drucks. IV/270, S. 67) damals mit Recht ausführte, muss es auch
möglich sein, bei der Berichterstattung über eine Veranstaltung ein kleineres,
ganzes Werk, z. B. ein Gedicht oder ein Lied, das in deren Rahmen dargeboten
wird, oder ein einzelnes Kunstwerk mit aufzunehmen, ohne zuvor die Erlaubnis des Urhebers einholen zu müssen (ebenso jetzt Art. 10 bis Abs. 2 RBÜ
Paris).

Mit der Neufassung des Gesetzestexts durch das UrhG Infoges vom **2**
10.09.2003 (vgl. Vor § 44a Rn. 8) wurde auch die Berichterstattung in digitalen Online-Medien in der Freigabe einbezogen (RegE UrhG Infoges – BT-
Drucks 15/38, S. 19).

Das Werk selbst kann kein *Vorgang* sein, über den berichtet werden könnte; **3**
das anlässlich der Eröffnung eines Theaterneubaus aufgeführte Werk darf in
dem Fernsehbericht darüber allenfalls in kleinen Ausschnitten gezeigt werden
(OLG Frankfurt GRUR 1985, 380, 382 – *Operneröffnung).* Ein Bericht über

das neue Buch eines Autors, ein neues Bühnenstück, eine neue Plastik ist ohne den Erwerb eines entsprechenden Nutzungsrechts nur zulässig, wenn zugleich über die Vorstellung des Buches in der Öffentlichkeit, über die Uraufführung, über die Enthüllungszeremonie referiert wird (Öst. OGH GRUR Int. 1971, 411 – *Bad Ischler Operettenwochen*). Für den Bericht selbst braucht allerdings nicht unbedingt ein aktuelles Foto des gezeigten Werks verwendet zu werden; ein Archivbild genügt (BGH GRUR 1983, 28, 29 – *Presseberichterstattung und Kunstwerkwiedergabe II*). Programmzeitschriften berichten über Sendungen, nicht über die in den Sendungen etwa dargestellten Ereignisse (LG Berlin ZUM 1989, 473, 474).

4 **Im Verlauf der Vorgänge,** über die berichtet wird, muss das Werk **wahrnehmbar** werden (ein sonstiger Zusammenhang genügt nicht, LG Berlin ZUM 1989, 473, 474). Bürgermeister und Museumsdirektor, einander bei der Ausstellungseröffnung vor dem Hauptwerk des Künstlers die Hände schüttelnd, lassen also § 50 auf dessen Wiedergabe im Fernsehbericht oder auf dem Zeitungsfoto anwendbar werden. Nach BGH GRUR 1983, 25, 28 – *Presseberichterstattung und Kunstwerkwiedergabe I* darf der Reporter sogar das Hauptwerk allein, vor oder nach dem großen Ereignis in aller Ruhe und mit der richtigen Beleuchtung, aufnehmen. Die politische Anzeige mit Foto, gegen die in einer Zeitung oder einer aktuellen Sendung polemisiert wird, darf gezeigt werden (OLG Stuttgart NJW-RR 1986, 220, 221 – *Arbeitgeber-Lichtbild*).

5 Die Vervielfältigung, Verbreitung und öffentliche Wiedergabe ist jedoch auch in diesem Falle nur in einem **durch den Zweck gebotenen Umfang** freigegeben. Das bedeutet zum einen, dass die Berichterstattung sachlich im Vordergrund stehen muss; die sich daraus ergebende Grenze der Nutzung fremder Werke ist in jedem Einzelfall gesondert zu ermitteln (BGH GRUR 1983, 28, 29 – *Presseberichterstattung und Kunstwerkwiedergabe II*; BGH GRUR 2002, 1050, 1051 – *Zeitungsbericht als Tagesereignis*).

6 Zum anderen unterliegt die Freigabe einer **zeitlichen** Schranke: Nur die **Gegenwarts-Berichterstattung** ist von § 50 freigegeben, wie schon der Begriff „Tagesereignisse" im Gesetzestext ergibt (BGH GRUR 2002, 1050, 1051 – *Zeitungsbericht als Tagesereignis*; OLG Frankfurt ZUM 2005, 477, 481 – *TV Total*). Tagesereignis ist jedes eventuelle Geschehen, das für die Öffentlichkeit von Interesse ist. Gegenwärtig ist nur, was aktuell ist. Selbst bedeutsame Ereignisse sind das am übernächsten Tage in aller Regel schon nicht mehr. Nur an Wochenenden und während der Oster-, Pfingst- und Weihnachtsfeiertage verschiebt sich die Aktualitätsgrenze auf den nächsten regulären Wochentag. Rückblicke, Jahresübersichten, Wiederholungssendungen und dergleichen werden von § 50 nicht gedeckt (LG Hamburg GRUR 1989, 591, 592 – *Neonrevier*; *Schack*[2] Rn. 485). Ein früheres Tagesereignis wird jedoch wieder aktuell, wenn es nach 5 Monaten Gegenstand einer öffentlichen Debatte wird, die ihrerseits Tagesereignis ist (OLG Stuttgart NJW-RR 1986, 220, 221 – *Arbeitgeber-Lichtbild).

7 Eine etwaige Verletzung von Persönlichkeitsrechten gleich welcher Art ist von § 50 nicht gedeckt (Dreier/Schulze/*Dreier*[2] Rn. 1; Schricker/*Vogel*[3] Rn. 27).

§ 51   Zitate

¹Zulässig ist die Vervielfältigung, Verbreitung und öffentliche Wiedergabe eines veröffentlichten Werkes zum Zweck des Zitats, sofern die Nutzung in ihrem Umfang durch den besonderen Zweck gerechtfertigt ist. ²Zulässig ist dies insbesondere, wenn
1. **einzelne Werke nach der Veröffentlichung in ein selbständiges wissenschaftliches Werk zur Erläuterung des Inhalts aufgenommen werden,**
2. **Stellen eines Werkes nach der Veröffentlichung in einem selbstständigen Sprachwerk angeführt werden,**
3. **einzelne Stellen eines erschienenen Werkes der Musik in ein selbständiges Werk der Musik angeführt werden.**

I.   Allgemeines

1.   Bedeutung

Das Recht zum Zitieren fremden Geistesgutes ist eine **Grundlage für die** **1** **Freiheit der geistigen Auseinandersetzung** (BGH GRUR 1973, 216, 217 – *Handbuch moderner Zitate*). Es ermöglicht dem Zitierenden, Entlehnungen als Hilfsmittel der eigenen Darstellung zu benutzen, um das fremde Werk kritisch zu beleuchten, es als Ausgangspunkt und insb. zur Bekräftigung und Erläuterung des eigenen Gedankengangs auszuwerten oder um es in Gestalt von Leseproben zur Veranschaulichung eines selbständigen Berichts zu verwenden (BGH GRUR 1959, 197 – *Verkehrskinderlied*). Der Sinn und Zweck von Zitaten ist dabei stets auf **die Unterstützung der eigenen Ausführungen** oder die **Auseinandersetzung mit fremden Gedanken** begrenzt. Allein, dass der Zitierende die Wiedergabe fremder Inhalte kenntlich macht, reicht für die nach § 51 gebotene Rechtfertigung des Zitats nicht aus. Als Einschränkung des verfassungsrechtlich geschützten Urheberrechts ist das Zitatrecht grundsätzlich eng auszulegen. Es darf dem Urheber insb. nicht die Wahrnehmung seiner Rechte unmöglich machen oder wesentlich erschweren.

2. Konventionsrecht und europäische Harmonisierung

2 Die Zitierfreiheit geht auf **Art. 10 RBÜ** zurück, wonach Zitate zulässig sind, „sofern sie anständigen Gepflogenheiten entsprechen und in ihrem Umfang durch den Zweck gerechtfertigt sind". Art. 10 Abs. 3 RBÜ fordert die Angabe der Quelle. In **Art. 9 Abs. 2 RBÜ** wird den Verbandsländern gestattet, in „gewissen Sonderfällen" die Vervielfältigung zu gestatten, solange eine solche Vervielfältigung „weder die normale Auswertung des Werkes beeinträchtigt noch die berechtigten Interessen des Urhebers unzumutbar verletzt".

3 **Europarechtliche Entwicklungen** auf dem Gebiet des Urheberrechts führten auch zu Änderungen des deutschen UrhG. So erging aufgrund der Info-RL und des 2. Korbs eine entscheidende Änderung von § 51. Art. 5 Abs. 3 lit. d Info-RL erlaubt den Mitgliedstaaten Ausnahmen oder Beschränkungen des Urheberrechts

„für Zitate zu Zwecken der Kritik oder Rezensionen, sofern sie ein Werk oder einen sonstigen Schutzgegenstand betreffen, das bzw. der der Öffentlichkeit bereits rechtmäßig zugänglich gemacht wurde, sofern – außer in Fällen, in denen sich dies als unmöglich erweist – die Quelle, einschließlich des Namens des Urhebers, angegeben wird und sofern die Nutzung den anständigen Gepflogenheiten entspricht und in ihrem Umfang durch den besonderen Zweck gerechtfertigt ist."

Während § 51 im ersten Gesetz zur Umsetzung der Info-RL unverändert blieb, führte der 2. Korb zu einigen Änderungen der Vorschrift (vgl. Rn. 4 f.).

3. Aufbau der Vorschrift

4 Der durch den 2. Korb neugefasste § 51 beginnt nun mit einer Generalklausel, die allgemein Voraussetzungen und Grenzen des Zitatrechts regelt. Danach ist die Vervielfältigung, Verbreitung und öffentliche Wiedergabe eines veröffentlichten Werkes **zum Zwecke des Zitats zulässig**, sofern die Nutzung des fremden Werkes in ihrem Umfang durch den besonderen Zweck gerechtfertigt ist. Das Merkmal des **„besonderen Zwecks"** ist neu durch die Novellierung des 2. Korbes hinzugekommen und modifiziert die bisherige Formulierung „in einem durch den Zweck gebotenen Umfang". Dies entspricht der Regelung in Art. 5 Abs. 3 lit. d Info-RL. Eine Einschränkung der Zitierfreiheit hat diese Änderung nicht zur Folge. Vielmehr verdeutlicht sie den Zusammenhang zwischen Umfang und Zweck des Zitats. Beide stehen in einer Wechselbeziehung zueinander. Das Zitat ist immer in dem Umfang zulässig, wie es für die Erreichung des Zitatszwecks erforderlich ist (vgl. Rn. 16 ff.). Der besondere Zitatzweck kann daher einen kleineren bis hin zu einem größeren Umfang erfordern.

5 Der Generalklausel folgen die drei Regelbeispiele Großzitat (Nr. 1), Kleinzitat (Nr. 2) und Musikzitat (Nr. 3). Das **Großzitat** erlaubt das Zitieren ganzer Werke, jedoch begrenzt auf wissenschaftliche Werke. Der hier bestehende größere Zitatumfang wird durch einen engeren Zitatzweck begrenzt. Jedoch umfasst das Großzitat nicht nur die ausschließlich wissenschaftlichen, sondern auch populärwissenschaftliche Werke (vgl. Rn. 24). Im Rahmen des **Kleinzitats** hingegen dürfen nur Stellen eines Werkes anstatt des gesamten Werkes in einem selbständigen Sprachwerk zitiert werden. Der vermeintlich kleinere Umfang (vgl. Rn. 29) wird durch einen entsprechend großzügigen Zitatzweck ergänzt. Denn bereits jegliche Belegfunktion bis zur Grenze der Ausschmückung kann dafür ausreichen (vgl. Rn. 31). Das **Musikzitat** ist ein Unterfall des Kleinzitats. Es ist auf das Anführen einzelner Stellen eines Musikwerkes in einem selbständigen Musikwerk beschränkt. Soll die Übernahme in andere Werke erfolgen, fällt das Zitat unter Nr. 1 oder Nr. 2 (ausführlicher zum Musikzitat *Hertin* GRUR 1989, 159).

Während vor der Gesetzesänderung durch den 2. Korb beim Großzitat das **6** wissenschaftliche Werk erschienen sein musste, reicht nun die **Veröffentlichung** i.S.v. § 6 Abs. 1 aus (vgl. § 6 Rn. 1 ff.). Die Anforderungen an das Großzitat wurden demnach an die allgemeinen Zitatvoraussetzungen angepasst, die vom veröffentlichten Werk ausgehen. Lediglich beim Musikzitat kann das Zitat nur aus Stellen eines **erschienenen** Werkes i.S.v. § 6 Abs. 2 erfolgen. Diese Abweichung ist vom Gesetzgeber in Anbetracht der Besonderheiten beim Musikzitat bewusst gewählt.

Dass der Gesetzgeber bei Nr. 1, 2 und 3 Unterschiede in der Terminologie **7** macht, indem er in Nr. 2 und 3 von „*anführen*", jedoch in Nr. 1 von „*aufnehmen*" spricht, hat keine Bedeutung. Diese Unterschiede sind rein sprachlicher Natur.

Die Regelungen der Nr. 1 bis 3 sind nicht abschließend. Sie können sich in **8** ihrer Anwendung ergänzen, überschneiden sowie auch nebeneinander anwendbar sein (Schricker/*Schricker*³ Rn. 11; Loewenheim/*Götting* § 31 Rn. 126). Insb. das Groß- und das Kleinzitat sind in der Praxis nicht immer deutlich voneinander zu trennen. So kann beim Großzitat als Zitatzweck nur die Wiedergabe von Werkteilen statt des gesamten Werkes sowie beim Kleinzitat die Wiedergabe des ganzen Werkes ausnahmsweise zulässig sein (vgl. Rn. 29).

Weitere Zitatformen wurden mit der Änderung des 2. Korbes nicht in § 51 auf- **9** genommen. Zwar heißt es im RegE: „So schlägt der Entwurf eine Erweiterung der Zitatschranke (§ 51) mit Blick auf weitere Werkarten (Filmwerke, Multimediawerke) vor." (RegE 2. Korb – BT-Drucks. 16/1828, S. 21). Doch geht die Erweiterung nicht über die generalklauselartige Regelung hinaus. Werkarten werden nicht explizit genannt. Zwar bedeutet die Generalklausel eine gewisse Öffnung für weitere Zitatformen, doch bleibt abzuwarten, ob auch in Zukunft der bisherigen Praxis entsprechend neue Werkarten und Zitatformen unter die Regelbeispiele im Rahmen einer Analogie oder unter den Anwendungsbereich der Generalklausel subsumiert werden.

4.   Zitat – Begriff und Abgrenzung

Zitat ist die **unveränderte Übernahme fremden Geistesgutes unter Quellen-** **10** **angabe in den Grenzen des** § 51. Das Zitat ist von der freien Benutzung nach § 24 abzugrenzen. Es unterliegt einem absoluten **Änderungsverbot** und erlaubt gerade nicht die Bearbeitung des benutzten Werkes (§ 62). Die Verwendung fremden Geistesgutes als Anregung zu eigenem Schaffen, ohne dieses direkt zu übernehmen, entspricht der freien Benutzung. Zudem gilt das **Entstellungsverbot** des § 14, welches u.U. durch das genaue, aber sinnentstellte Zitieren verletzt sein kann (vgl. § 14 Rn. 41; Schricker/*Schricker*³ Rn. 28). Wird jemandem eine Äußerung zugeschrieben, die er nicht bzw. so nicht getan hat, kann eine Verletzung des allgemeinen Persönlichkeitsrechts vorliegen (BVerfG GRUR 1980, 1087 – *Heinrich Böll*).

Die **Parodie** i.S. einer Entfremdung des fremden Werkes fällt als solche nicht **11** unter § 51, sondern ggf. unter § 24 oder auch § 14 (vgl. § 14 Rn. 50). Sie kann aber ein selbstständiges Werk darstellen, aus dem wiederum nach § 51 Nr. 1, 2 zitiert werden kann.

12 Das Zitat hat unter **Angabe der Quelle** des fremden Urhebers zu erfolgen, vgl. § 63 Rn. 1 ff. Ohne diese ist es als bewusste Aneignung fremden Geistesgutes unter Anmaßung fremder Urheberschaft **Plagiat** oder im Fall der unbewussten Aneignung unbewusste Entlehnung, vgl. §§ 23/24 Rn 58 ff.

II. Allgemeine Voraussetzungen (Abs. 1)

1. Schutzfähigkeit des zitierten Werkes

13 Der Berufung auf das Zitatrecht bedarf es überhaupt nur, wenn das übernommene Werk urheberrechtlich **schutzfähig** ist (Einzelheiten vgl. § 2 Rn. 12 ff.). Werden nur Teile eines Werkes übernommen, müssen diese als solche **Werkqualität** aufweisen, d.h. persönlich geistige Schöpfungen gem. § 2 Abs. 2 sein (KG GRUR 2002, 313, 314 – *Das Leben, dieser Augenblick*; OLG Hamburg ZUM-RD 2004, 75, 78 – *Opus Dei*; LG Frankfurt MMR 2007, 118). Bei **Sprachwerken** kann die persönliche geistige Schöpfung sowohl in der Gedankenführung und -formung des dargestellten Inhalts als auch in der besonders geistvollen Form und Art der Sammlung, Einteilung und Anordnung des dargebotenen Stoffs liegen (BGH GRUR 1987, 704, 705 – *Warenzeichenlexika*; KG Berlin GRUR-RR 2002, 313, 314 – *Das Leben, dieser Augenblick*; Schricker/*Schricker*[3] § 2 Rn. 52). Auch kleine Teile, einzelne Wörter, Sätze oder Satzteile können schutzfähig sein, wenn ihre Form oder ihr Inhalt ausreichend Individualität aufweisen. Werden wiederholt einzelne – als solches schutzunfähige – Werkteile zitiert, vermag die bloße Anzahl dieser Übernahmen Urheberschutz nicht zu begründen.

14 **Wissenschaftliche Ergebnisse** sind als solche urheberrechtlich nicht schutzfähig (BGH GRUR 1991, 130 – *Themenkatalog*; Einzelheiten vgl. § 2 Rn. 43). Nur für ihre **Art der Darstellung** kommt Urheberschutz in Betracht, denn nur dahingehend kann die schöpferische Eigenheit die Individualität des Werkes prägen (OLG Hamburg ZUM-RD 2004, 75, 78 – *Opus Dei*; OLG Hamburg GRUR-RR 2004, 285, 286 – *Markentechnik*). So mögen etwa **Tabellen** und **Grafiken**, die wissenschaftliche Erhebungen anschaulich darstellen, urheberrechtlich geschützt sein; übernimmt der Zitierende daraus nur die Zahlen, ist es Gebot des wissenschaftlichen Anstandes, dafür die Quelle zu nennen. Für eine Verletzung des Zitatrechts ist indes kein Raum (OLG Hamburg ZUM-RD 2004, 75, 78 – *Opus Dei*).

15 Gemeinfreie Werke, nicht schutzfähige Werke oder Werkteile fallen nicht unter den Anwendungsbereich von § 51.

2. Zitatzweck

16 Nach der Generalklausel des § 51 S. 1 darf die Verwendung fremden Geistesgutes (nur) zum **Zweck des Zitats** erfolgen. Der Zitatzweck ist damit die entscheidende Voraussetzung für die Anwendung von § 51 (Dreier/Schulze/*Dreier*[2] Rn. 3 unter Verweis auf BGH GRUR 1983, 25 – *Presseberichterstattung und Kunstwerkwiedergabe I*; BGH GRUR 1986, 59/60 – *Geistchristentum*). Was der Zitatzweck bzw. ein Zitat ist, definiert § 51 nicht. Lediglich für das wissenschaftliche Großzitat nach Nr. 1 wird festgelegt, dass es zur **Erläuterung** des Inhalts des zitierenden Werkes erfolgen muss. Für das Kleinzitat und das Musikzitat kommen dagegen auch weitergehende Zitatzwecke in Betracht. Die Übernahme eines Werkes oder einzelner Werkteile in ein anderes Werk ist grundsätzlich zulässig, wenn es als **Beleg** eigener Ausführungen, also als Beispiel, zur Verdeutlichung der übereinstimmenden Meinungen, zum besseren Verständnis der eigenen Ausführungen oder sonst zur Begründung oder Vertiefung des Dargelegten oder Erörterungsgrundlage dient (BGH GRUR 1968, 607 – *Kandinsky I*; BGH GRUR 1986, 59, 60 – *Geistchristentum*; BGH GRUR 1987, 34/35 – *Liedtextwiedergabe*; OLG Hamburg ZUM-RD 2004, 75; Schricker/*Schricker*[3] Rn. 16). Zwischen eigenem und fremdem Werk muss eine **innere Verbindung** hergestellt werden (BGH v. 20.12.2007 – I ZR 42/05, Rn. 42 – *TV-Total*; BGH GRUR 1959, 197 – *Verkehrskinderlied*; BGH GRUR 1968, 607 – *Kandinksy I*, BGH GRUR 1986, 59, 60 – *Geistchristentum*), die den Belegcharakter verdeutlicht. Das Zitat darf gerade nicht bloßes Anhängsel, sondern muss in den Text eingearbeitet sein (BGH GRUR 1959, 197 – *Verkehrskinderlied*, BGH GRUR 1968, 607 – *Kandinsky I*). Das Zitat kann auch dazu dienen, Lehrinhalte anschaulich zu vermitteln, z. B. durch Einfügung von Karl Valentin Texten in vorlesungsbegleitende Skripten (LG München I GRUR-RR 2006, 7 – *Karl Valentin*). Jedoch erlaubt der Zitatzweck nicht die Zugänglichmachung dieser Skripten im Internet ohne jegliche Zugangsbeschränkung, da die schrankenlose Veröffentlichung im Internet das Verwertungsrecht des Rechteinhabers faktisch umgehen würde (so LG München I GRUR-RR 2006, 7 – *Karl Valentin*).

Der Zitierende darf sich durch das Zitat auch nicht eigene Ausführungen **17** ersparen und diese gerade durch das Zitat ersetzen wollen (KG GRUR 1970, 616/618 – *Eintänzer*; LG Berlin GRUR 2000, 797 – *Screenshots*). Auch die bloße Wiedergabe des Zitats um seiner selbst willen ist nicht vom zulässigen Zitatzweck umfasst (LG Berlin GRUR 1962, 207, 210). Der Zitatzweck darf nicht allein in der **Ausschmückung** bestehen (BGH GRUR 1968, 607 – *Kandinsky I*). Jedoch kann das Zitat auch ausschmückenden Charakter haben, solange dieser den Erläuterungszweck nicht überwiegt (BGH GRUR 1968, 607 – *Kandinsky I*; Schricker/*Schricker*[3] Rn. 17). Dem Zitatzweck darf auch nicht lediglich die Funktion als **Blickfang** und beliebig austauschbares **optisches Anhängsel** ohne konkrete Belegfunktion zukommen (OLG Hamburg GRUR-RR 2003, 33, 37 – *Maschinenmensch*). Am inneren Zusammenhang fehlt es auch bei der Wiedergabe einer urheberrechtlich geschützten Gedichtzeile an der Wand in einem Touristik-Center, wenn keine innere Verbindung zwischen dem zitierten Bauwerk und der Gedichtzeile besteht. Der bestehende Zusammenhang zwischen dem Nutzungszweck der Räume und der Gedichtzeile reicht hingegen nicht aus. (LG München I NJW 1999, 1978 – *Wandinschrift in städtischen Räumen*). Bei der Wiedergabe des Zitats muss deutlich sein, dass es sich um eine **fremde Zutat** handelt. Es darf nicht ununterscheidbar in das zitierende Werk integriert werden (LG Berlin GRUR 2000, 797 – *Screenshots*). Das übernommene Werk bzw. die übernommenen Werkteile müssen also vom eigenen Werk abgehoben werden. Dafür kann beispielsweise bei Sprachwerken das Kenntlichmachen durch Kursivschrift genügen (offen lassend, ob dies allein ausreicht OLG München NJW 1999, 1975, 1976).

3. Zitatumfang

Das Zitat ist **in dem Umfang** zulässig, der für den Zitatzweck **erforderlich** ist. **18** Der zulässige Umfang ist im Einzelfall unter **Abwägung** aller Umstände unter Berücksichtigung des Zitatzwecks, des Inhalts und Umfangs des zitierten sowie zitierenden Werkes zu bestimmen (BGH GRUR 1986, 59 – *Geistchristentum*). Das Anlegen arithmetischer Maßstäbe oder die Ermittlung des Umfangs anhand schematischer Kriterien verbietet sich in Anbetracht der sich gegenüber stehenden Interessen des Urhebers und des Zitierenden (LG Berlin LGZ 144, 6, 7). Entscheidend ist, dass die **Verwertung** des Werkes aufgrund des Zitats durch den Urheber **nicht unzumutbar beeinträchtigt** oder **unmöglich** gemacht wird. Das zitierende Werk darf insb. das zitierte Werk **nicht ersetzen** (BGH GRUR 1986, 59 – *Geistchristentum*; BGHZ 99, 162 – *Filmzitat*; BGH GRUR 1968, 607 – *Kandinsky I*) bzw. nicht dazu führen, dass der Verkehr aufgrund des Zitats die Werke des Urhebers nicht mehr erwirbt. Vor allem die materiellen Interessen des Urhebers an der Verwertung seines Werkes sind neben seinen ideellen Interessen bei der Abwägung zu beachten. Eine zu starke **Gebrauchs-nähe** zwischen den sich gegenüberstehenden Werken führt zu einer Einschränkung des Zitatumfangs (KG GRUR-RR 2002, 313, 315 – *Das Leben, dieser Augenblick*).

4. Selbständigkeit des zitierenden Werkes

19 Das Zitieren ist nur in einem **selbständigen** Werk zulässig. Das zitierende Werk muss den Anforderungen der §§ 1, 2 Abs. 1 und 2 entsprechen und urheberrechtlich schutzfähig sein (a.A. OLG Jena ZUM 2008, 522, 524 unter Berufung auf die Änderung des 2. Korbes). Voraussetzung dafür ist, dass es sich um eine **persönliche geistige Schöpfung**, also um eine eigene Leistung handelt (vgl. § 2 Rn 1 ff). Denn nur dann kann die Privilegierung von § 51 in Anspruch genommen werden (KG GRUR-RR 2002, 313 – *Das Leben, dieser Augenblick*). Das Werk ist insb. dann selbständig, wenn es urheberrechtlich **unabhängig** vom zitierten Werk ist. Das zitierende Werk muss also auch ohne Zitat als **eigenständige geistige Schöpfung** bestehen bleiben (BGH GRUR 1994, 800, 802, 803 – *Museumskatalog;* am Beispiel des Bildzitats OLG München ZUM 2003, 571). Das bloße Aneinanderreihen fremder Textstellen fällt daher nicht unter § 51 (BGH GRUR 1973, 216 – *Handbuch moderner Zitate*, für das Zusammenstellen von Zitaten im Rahmen einer Zitatsammlung; BGH GRUR 1992, 382 – *Leitsätze* für die kommentarlose Zusammenstellung von Leitsätzen gerichtlicher Entscheidungen).

20 Letztlich darf dem Zitat nur eine **untergeordnete Rolle** im Verhältnis zur eigenen Schöpfung des Zitierenden zukommen.

III. Das wissenschaftliche Großzitat § 51 Nr. 1

1. Einzelne Werke

21 Der Umfang des Zitats ist auf **einzelne Werke** beschränkt. Der Begriff der einzelnen Werke steht in Beziehung zum gesamten Schaffen des Künstlers und enthält gleichzeitig eine **absolute Begrenzung** des zulässigen Umfangs, da auch beim Vorliegen eines zahlenmäßig umfangreicheren Schaffens des Künstlers nur einige wenige statt zahlreiche seiner Werke in das wissenschaftliche Werk übernommen werden dürfen (BGH GRUR 1968, 607 – *Kandinsky I*; Dreier/Schulze/*Dreier*[2] Rn. 11). Entscheidend ist die **Gesamtzahl** aller zitierten Werke eines Urhebers (BGH GRUR 1968, 607 – *Kandinsky I*) sowie das Verhältnis der Zitate zum Gesamtumfang des zitierenden Werkes, das nur von geringem Ausmaß sein darf. Das Zitat von 69 Werken Kandinskys in ein Werk über den „Blauen Reiter" fällt nicht mehr unter die Grenze des „einzelnen Werks"

(BGH GRUR 1968, 607 – *Kandinsky I*). Gleiches gilt für die Übernahme von 56 Bildern von Franz Marc (LG München II Schulze LGZ 84, 9 ff.) sowie für die Übernahme von 24 Comiczeichnungen eines Zeichners in einem kultur-wissenschaftlichem Buch über die Bildergeschichten des Zeichners (KG ZUM-RD 1997, 135). Einzubeziehen bei der Abwägung sind grundsätzlich **sämtliche zitierten Werke** und nicht nur diejenigen, die ohne Erlaubnis des Inhabers der Urheberrechte zitiert wurden (so der BGH, der die aufgrund Erlaubnis aufgenommenen Werke bei der Ermittlung des zulässigen Quantums an Zitaten ohne weiteres mit einbezieht in BGH GRUR 1968, 607 – *Kandinsky I*; a.A. Schricker/*Schricker*[3] Rn. 36, der die mit Erlaubnis übernommenen Zitate nur bei der Beurteilung des Zitatzwecks berücksichtigt).

Unterschiede bei den Anforderungen an „einzelne Werke" können sich daraus **22** ergeben, dass Werke **mehrerer Urheber** übernommen werden. Nach *Ulmer* und *Schricker* kann in einem solchen Fall die Anzahl der zitierten Werke höher sein als in dem Fall, wenn nur Werke eines einzelnen Urhebers zitiert werden. Jedoch bleibt auch hier Voraussetzung, dass nur einige wenige Werke desselben Urhebers entnommen werden (*Ulmer*[3] § 67 II 1 b; *Schricker*[3] Rn. 34 f.).

2. Erläuterung des Inhalts

Das zitierte Werk muss ausschließlich der **Erläuterung** des Inhalts des zitie- **23** renden Werkes dienen. Der damit eingeschränkte Zitatzweck ist deutlich enger als bei Nr. 2 und 3. Das Zitat darf also nur **Belegfunktion** haben. Jedoch kann mit dem Zitat zusätzlich ein weiterer Zitatzweck verfolgt werden, z. B. der der Ausschmückung, solange dieser nicht den Schwerpunkt des Zwecks darstellt.

3. Selbständiges wissenschaftliches Werk

§ 51 Nr. 1 begrenzt das Zitatrecht auf **wissenschaftliche Werke**. Wissenschaft- **24** lich ist ein Werk, das nach Rahmen, Form und Gehalt durch einen eigenen geistigen Gehalt die Wissenschaft durch Vermittlung von **Erkenntnis** fördern will und der Belehrung dient (LG Berlin GRUR 1962, 207, 209 – *Maifeiern*; LG Berlin GRUR 1978, 108 – *Terroristenbild*; Schricker/*Schricker*[3] Rn. 31). Dabei ist neben dem Inhalt auch die Form der Darstellung in die Prüfung einzubeziehen (OLG München ZUM 1989, 529, 531). Zum Begriff der Wissenschaft und der Wissenschaftsfreiheit BVerfG NJW 1973, 1179 ff.; zur wissenschaftlichen Tätigkeit und Arbeitsweise BVerwGE 29, 77, 78. Der Anwendungsbereich von Nr. 1 umfasst auch **populärwissenschaftliche Werke** (LG Berlin GRUR 1962, 207/209 – *Maifeiern*; LG München I AfP 1994, 326/327; Schricker/*Schricker*[3] Rn. 31; Wandtke/Bullinger/*Lüft*[2] Rn. 11), da diese Erkenntnisse für weite Teile der Bevölkerung vermitteln. Entscheidendes Kriterium ist daher die **Vermittlung von Erkenntnissen** bzw. das Vorliegen eines **Erkenntnisbezugs**. Fehlt es daran, liegt in der Regel kein wissenschaftliches Werk vor. So sind Werke, die nicht den Intellekt, sondern vom Verstand unabhängige Gefühle oder den Schönheitssinn ansprechen – wie die Musik und bildende Kunst – keine der Wissenschaft. Auch das Fehlen methodisch geordneter Erkenntnisse, bspw. bei Romanen, Bühnenwerk-enschließt das wissenschaftliche Werk aus. Ebenso gehören politische, welt-anschauliche und sonstige Agitation und Propaganda sowie geschäftliche Werbung nicht zu den wissenschaftlichen Werken (LG München I Schulze LGZ 182, 4 lehnt die Wahlkampfbroschüre als wissenschaftliches Werk ab; Schricker/*Schricker*[3] Rn. 32; Dreier/Schulze/*Dreier*[2] Rn. 8; Möhring/Nico-lini/*Waldenberger*[2] Rn. 13).

25 Verfolgt das zitierende Werk lediglich **Unterhaltungszwecke**, kommt § 51 Nr. 1 nicht in Betracht (für einen Artikel in einer Publikumszeitschrift KG GRUR 1970, 616 – *Eintänzer*; für eine polemisch-kritische Fernsehsendung LG Berlin GRUR 1978, 108, 109 – *Terroristenbild*; Schricker/*Schricker*[3] Rn. 32 f.; mit weiteren Bsp. HK-UrhR/*Dreyer* Rn. 34, 35).

26 Die Werksgattung ist für das zitierende wissenschaftliche Werk nicht von Bedeutung. So können es Sprachwerke, aber auch Filmwerke (*Ulmer* GRUR 1972, 323, 324), Fernsehsendungen (LG Berlin GRUR 1962, 207, 209) sowie Darstellungen wissenschaftlicher Art i.S.v. § 2 Abs. 1 Nr. 7 und Multimediawerke sein (Wandtke/Bullinger/*Lüft*[2] Rn. 11; Schricker/*Schricker*[3] Rn. 33). Als wissenschaftliche Werke wurden anerkannt: das illustrierte Kunstbuch „Der blaue Reiter und die Neue Künstlervereinigung München", BGH GRUR 1968, 607 – *Kandinsky I*; die Broschüre „Stellenangebote – entwerfen, gestalten, streuen", LG München I Schulze LGZ 94, 3; eine auf Schallplatte aufgenommene musikwissenschaftliche Darstellung, LG Berlin Schulze LGZ 75, 6, 7; der Fernsehbericht und Kommentar „Mitteldeutsches Tagebuch", LG Berlin GRUR 1962, 207, 209 – *Maifeiern*.

27 Das zitierte Einzelwerk muss **veröffentlicht** sein (vgl. § 6 Rn. 10 f.).

IV. Das Kleinzitat § 51 Nr. 2

1. Stellen eines veröffentlichten Werkes

28 Zitiert werden dürfen im Rahmen des § 51 Nr. 2 nur **Stellen eines Werkes**. Eine Beschränkung hinsichtlich der Werkgattung des zitierten Werkes besteht nicht. Daher kommen alle Arten von Werken, also auch Musik-, Film-, Multimediawerke für ein Zitat in Betracht. Stellen eines Werkes sind **kleine Ausschnitte**, deren Umfang weder absolut noch im Verhältnis zum gesamten benutzten Werk ins Gewicht fällt (*Ulmer* § 67 II 2b; Schricker/*Schricker*[3] Rn. 42). Der zulässige Umfang ist dabei anhand relativer und absoluter Maßstäbe zu ermitteln (BGH GRUR 1959, 197 – *Verkehrskinderlied*; AG Köln ZUM 2003, 77, 78; Schricker/*Schricker*[3] Rn. 44). I.d.R. sollte das Kleinzitat nicht mehr als einen **Bruchteil des gesamten Werkes** darstellen, auch sollte bei kleineren Werken eher weniger zitiert werden (BGH GRUR 1959, 197 – *Verkehrskinderlied*; BGH GRUR 1986, 59, 60 – *Geistchristentum*). Stellen eines Werkes bedeutet insb. nicht, dass nur ein oder zwei Kernsätze wiedergegeben werden dürfen (BGH GRUR 1986, 59, 60 – *Geistchristentum*, wonach längere Zitate zulässig sind, wenn Wortwahl und Atmosphäre des zitierten Werkes von besonderer Bedeutung sind, sie „sich mit ein oder zwei Kernsätzen nur unvollkommen belegen und veranschaulichen lassen").

29 Der Zitatumfang wird im Einzelfall vom Zitatzweck bestimmt. Dieser kann ausnahmsweise die Übernahme längerer Ausschnitte erfordern, um dem Zitatzweck gerecht zu werden. Jedoch darf dadurch keine unangemessene Benachteiligung des Urhebers an der Verwertung des zitierten Werkes eintreten. So können das Wesen des Zitates sowie dessen Zweck **größere Teile** eines Werkes erforderlich machen (BGH GRUR 1959, 197 – *Verkehrskinderlied*, wo von insgesamt drei Strophen das Zitieren einer Strophe ohne Noten für zulässig erachtet wurde; ebenso zulässig ist die Wiedergabe von vier Zeilen eines fünfzehn Zeilen umfassenden Liedtextes OLG Hamburg GRUR 1970, 38, 39; BGH NJW 1986, 311 – *Geistchristentum*). Ausnahmsweise kann das Zitatrecht auch **ganze Werke** umfassen. Dies gilt aber nur dann, wenn der Zitatzweck dies unbedingt erfordert, also anders ein sinnvolles Zitieren nicht möglich ist (KG UFITA 54 [1969] 296, 299; LG München I Schulze LGZ 182, 5; Loewenheim/*Götting* § 31 Rn. 148, 149; Schricker/*Schricker*[3] Rn. 45; abl. LG Hamburg UFITA 54 [1969] 324, 328 für das Zitat eines ganzen „Spiegel"-Artikels in einer kritischen Flugschrift; *v. Gamm* Rn. 13).

Die zitierten Stellen müssen aus einem **veröffentlichten Werk** stammen. Zu den **30** Anforderungen an die Veröffentlichung vgl. § 6 Rn.

2. Zitatzweck

Nach h.M. geht der Zitatzweck über den der „Erläuterung des Inhalts" der **31** Nr. 1 hinaus (BGH GRUR 1973, 216/218 – *Handbuch moderner Zitate*; Schricker/*Schricker*[3] Rn. 17). Insb. bei künstlerischen Werken, die den Schutz der **Kunstfreiheit** nach Art. 5 Abs. 3 GG genießen, ist der Zitatzweck weitergehend, über den der Belegfunktion hinausgehend, zu verstehen. Das BVerfG hat in seiner *Germania 3*-Entscheidung zur Übernahme von Teilen von Werken Bertold Brechts in ein Werk Heiner Müllers das Zitat als **Stilmittel** bzw. **Mittel künstlerischen Ausdrucks** und **künstlerischer Gestaltung** anerkannt. Damit räumt es Kunstwerken einen weiteren Anwendungsbereich des § 51 als den nichtkünstlerischen Sprachwerken ein (BVerfG GRUR 2001, 149 – *Germania 3*). Das OLG München hatte zuvor den zulässigen Zitatzweck abgelehnt. Das BVerfG hat bei der Entscheidung die Verletzung des Urheberpersönlichkeitsrechts bzw. allgemeinen Persönlichkeitsrechts nicht geprüft. Die Übertragung dieser Grundsätze zur Kunstfreiheit auf Zitate im Rahmen der Wissenschaftsfreiheit bejaht ausdrücklich für die Freiheit der Lehre LG München I GRUR-RR 2006, 7, 8 – *Karl Valentin*. Skeptisch hingegen KG GRUR-RR 2002, 313, 315, ablehnend Wandtke/Bullinger/*Lüft*[2] Rn. 3. Zu Recht wird die Übertragung der BVerfG-Grundsätze auf die Wissenschaftsfreiheit abgelehnt. Zwar kann diese eine wissenschaftsspezifische Auslegung und Anwendung von § 51 Nr. 2 erfordern, doch dient das Zitat in der Wissenschaft ausschließlich als Beleg einer fremden Meinung und gerade nicht als Stilmittel. Eine Übertragung der Grundsätze auf die Pressefreiheit lehnt OLG Hamburg GRUR 2003, 33, 38 – *Maschinenmensch* ab.

Bei Sprachwerken kann das Zitat auch als **Motto** oder **Devise** vorangestellt **32** werden (KG GRUR-RR 2002, 313, 315 – *Das Leben, dieser Augenblick*). Ein Filmzitat zur Einstimmung in einer Talkshow zu senden, ist jedoch nicht zulässig (OLG Köln GRUR 1994, 47, 48 – *Filmausschnitt*).

3. Selbständiges Sprachwerk

Das Kleinzitat ist ausdrücklich nur in selbständigen Sprachwerken zulässig. **33** Diese müssen nach § 2 Abs. 1 Nr. 1 selbst urheberrechtlich schutzfähig sein. Der Begriff der Sprachwerke ist dabei nicht allzu eng auszulegen. Die h.M. wendet § 51 Nr. 2 auch auf andere Werkarten, wie Filme und Fernsehsendungen, analog an (vgl. Rn. 42).

Bei den Sprachwerken muss es sich um **selbstständige Werke** handeln. Zur **34** Selbständigkeit des zitierenden Werkes vgl. Rn. 19.

V.   Das Musikzitat § 51 Nr. 3

35 Das Musikzitat ist ein Unterfall der Nr. 2, wobei der Regelungsgehalt in Nr. 3 enger ist. Sowohl das zitierte als auch das zitierende Werk müssen Werke der Musik i.S.d. § 2 Abs. 1 Nr. 2 sein. Das Musikzitat in anderen Werken als denen der Musik fällt unter den Anwendungsbereich von § 51 Nr. 1 und Nr. 2.

36 Das Musikwerk, aus dem zitiert werden soll, muss statt nur veröffentlicht **erschienen** sein (§ 6 Abs. 2). Das setzt voraus, dass das Musikwerk in der Öffentlichkeit auf Tonträgern oder in Form von Noten angeboten wird.

37 Erlaubt ist nur das Zitieren **einzelner Stellen**. Der Begriff ist eng auszulegen. Solche sind **kleine Ausschnitte**, die jedoch ausreichend lang sein müssen, um dem Hörer das Erkennen des Zitats zu ermöglichen (ausführlich zum Musikzitat *Hertin* GRUR 1989, 159; Wandtke/Bullinger/*Lüft*[2] Rn. 17). Welchen Umfang die einzelnen Stellen im Einzelfall haben dürfen, richtet sich nach dem **Zitatzweck**. Notwendig ist stets der Mindestumfang der Übernahme, der erforderlich ist, damit der Hörer die übernommene Werkstelle erkennen kann (Schricker/*Schricker*[3] Rn. 49 begrenzt den Umfang darauf, dass ein Hörer mit durchschnittlichem musikalischem Empfinden gerade noch die fremde Melodie erkennen kann). Die entlehnten Stellen müssen in dem zitierenden Werken **angeführt**, also als fremde Bestandteile erkennbar sein. Die Übernahme einer fremden Melodie oder eines Themas in Variationen wird nicht von Nr. 3 umfasst. Das Musikzitat ist daher von diesen Verarbeitungsformen abzugrenzen. Die freie Benutzung eines vorbestehenden Werkes oder von Teilen daraus ist in der Musik gerade nicht gestattet, § 24 Abs. 2.

38 Zitatzweck der Nr. 3 können sein: Parodie, Erinnerung an einen anderen Komponisten oder die Herstellung einer Assoziation zu örtlichen und zeitlichen Begebenheiten (Möhring/Nicolini/*Waldenberger*[2] Rn. 26; Wandtke/Bullinger/*Lüft*[2] Rn. 18). Beispiele zulässiger Musikzitate sind die Wiedergabe des Wagnerschen Walhalla-Motivs in Richard Strauss' *Feuersnot* (*Ulmer* § 67 Abs. 2, 3; weitere Beispiele bei *Doblinger* Neue Zeitschrift für Musik 1963, 134 ff.).

39 Bei Musikzitaten die **Quellenangabe** kann nur im Notentext, auf Programmzetteln oder Tonträgern erfolgen, nicht jedoch bei der Darbietung selbst (*Hertin* GRUR 1989, 159, 164).

VI.   Weitere Zitatformen

1.   Das Bildzitat

40 Das Bildzitat ist nicht ausdrücklich in § 51 genannt, seine Zulässigkeit jedoch allgemein anerkannt (LG Berlin GRUR 2000, 797 – *Screenshots*). Auf das Bildzitat findet § 51 Nr. 2 analog Anwendung. Im Einzelfall kann die Übernahme **ganzer Werke** zulässig sein. Dies kann insb. bei der Wiedergabe von Werken der bildenden Kunst, wie Zeichnungen, Grafiken und Karikaturen, Lichtbildwerken, Lichtbildern und wissenschaftlichen/technischen Darstellungen erfolgen. Das Bildzitat wird daher auch als „kleines Großzitat" oder „großes Kleinzitat" bezeichnet (OLG Hamburg GRUR 1990, 36/37 – *Foto-Entnahme*; KG UFITA 54 [1969], 296, 300 – *Extradienst*; LG München I FuR 1984, 475, 477 – *Monitor*). Denn bei Abbildungen fallen Groß- und Kleinzitat praktisch zusammen, da ein sinnvolles Zitieren ohne die vollständige Wiedergabe des zitierten Bildwerkes nicht möglich ist. Die Übernahme ganzer Darstellungen muss jedoch **erforderlich** sein, um den zulässigen Zitatzweck zu erreichen (LG Berlin GRUR 2000, 797 – *Screenshots*; OLG München ZUM 2003, 571, 574 ff. – *Badeszene; Ulmer* GRUR, 1972, 323, 328; Schricker/ *Schricker*³ Rn. 45). Die Zitate dürfen nicht den Beitrag eigentlich prägen oder ganz wesentlich tragen (OLG Hamburg GRUR 1990, 36/37 – *Foto-Entnahme*). Kein zulässiger Zitatzweck ist die Ermöglichung der Bildrecherche (OLG Jena ZUM 2008, 522, 525 für Thumbnails einer Bildsuchmaschine; vgl. dazu § 19a Rn. 22.

Im **politischen Meinungskampf** ist die Wiedergabe des ganzen zitierten Werkes **41** in der Rechtsprechung anerkannt. Dies wird vor allem mit dem Grundrecht der Meinungsfreiheit nach Art. 5 Abs. 1 GG gerechtfertigt (KG UFITA 54 [1969], 296, 300 – *Extradienst*; LG München I UFITA 77 [1976], 289, 292 – *Kampf der Klassenjustiz*; Schulze LGZ 182 – *Entmannt alle Wüstlinge* sowie LG Frankfurt UFITA 1982, 338, 340 – *Lachende Sonne*: für politische Embleme). Bei Karikaturen, politischen Witzen und Versen, Wahlslogans erfordert der Zitatzweck in der Regel die Wiedergabe des ganzen zitierten Werkes. So gestattete die Rechtsprechung die Übernahme von Pressefotos zum Zweck der kritischen Auseinandersetzung (LG Berlin GRUR 1978, 108, 110 – *Terroristenbild*: unter Berufung auf Art. 5 Abs. 1 S. 2 GG, da anders die Freiheit der Berichterstattung und der politische Meinungskampf nicht aufrecht zu erhalten wären), die Übernahme eines Fotos aus einem Werbeprospekt (LG München I UFITA 77 [1976], 289), die Übernahme politischer Karikaturen inklusive Begleittext (LG München UFITA 77 [1976], 289; KG UFITA 54 [1969], 296).

2. Das Filmzitat

Allgemein anerkannt ist, dass § 51 Nr. 2 auf Filmwerke analog anzuwenden **42** ist. Filmwerke sind als zitierte und zitierende Werke zulässig (bspw. BGH GRUR 1987, 363, 364 – *Filmzitat*; OLG Frankfurt/Main ZUM 2005, 477, 481 – *TV Total*; OLG Köln GRUR 1994, 47 – *Filmausschnitt*; BGH GRUR 1978, 362, 363; AG Köln ZUM 2003, 77; Wandtke/Bullinger/*Lüft*² Rn. 15). Zu den Filmwerken gehören nicht nur Kinofilme, sondern auch Fernsehfilme und Fernsehsendungen (BGH GRUR 1987, 363, 364 – *Filmzitat*; OLG Köln GRUR 1994, 47 – *Filmausschnitt*). Auch pantomimische Werke sowie wissenschaftliche und technische Darstellungen und sonstige Werkgattungen, die ein Zitieren möglich machen, sind vom analogen Anwendungsbereich des § 51 Nr. 2 umfasst (*Ulmer* § 67 Abs. 2, 4; Schricker/*Schricker*³ Rn. 41).

Die einzelnen Werkstellen oder ggf. ganzen Werke, aus denen zitiert wird, **43** können aus Filmwerken, Lichtbildwerken, Lichtbildern, Laufbildern sowie Musikwerken stammen. Jedoch darf in Laufbildern nicht zitiert werden, da es ihnen an der Selbständigkeit des Werkes fehlt (Wandtke/Bullinger/*Lüft*² Rn. 15; Schricker/*Schricker*³ Rn. 41).

3. Zitate in Multimediawerken

Das Zitat ist auch in sowie aus Multimediawerken zulässig (*Schulz* ZUM **44** 1998, 221, 231 ff., Wandtke/Bullinger/*Lüft*² Rn. 15; Loewenheim/*Götting* § 31 Rn. 144). Diese sind den Filmwerken nicht unähnlich, so dass die zum Filmzitat entwickelten Grundsätze auch hier – unter Berücksichtigung der technischen Besonderheiten – Anwendung finden.

45 Nicht unter den Anwendungsbereich des § 51 fallen **Zitate per Link**, d.h. die Verweisung auf eine Webseite, auf der das Originalwerk bereitgehalten wird. Denn selbst das Setzen von Deep-Links (zum Begriff vgl. § 16 Rn. 30) greift nicht in urheberrechtliche Verwertungsbefugnisse ein (BGH GRUR 2003, 958, 961 – *Paperboy*; zum Ganzen vgl. § 16 Rn. 30).

VII. Rechtsfolgen

46 Entspricht das Zitat den Anforderungen des § 51, liegt ein zulässiges Zitat vor. Erlaubt ist dann die Vervielfältigung, Verbreitung und öffentliche Wiedergabe. Die Zustimmung des Urhebers ist nicht erforderlich, sie wird gerade durch die Schranke des § 51 ersetzt. Eine Verletzung des Urheberrechts kommt dann nicht mehr in Betracht. Das zulässige Zitat lässt die Vergütungspflicht des Urhebers entfallen, denn Grundlage der Verwertung ist die eigene schöpferische Leistung des Zitierenden und gerade nicht das Zitat.

47 Ist der Zitatzweck nicht zulässig bzw. überschreitet der Umfang den zulässigen Zitatzweck, ist **das ganze Zitat unzulässig** und nicht nur der über den zulässigen Umfang hinausgehende Teil (LG München AfP 1994, 326; Schricker/*Schricker*[3] Rn. 19; Wandtke/Bullinger/*Lüft*[2] Rn. 5; Wegner/Wallenfels/*Kaboth* S. 61). Dem Berechtigten stehen in diesem Fall nach § 97 ein Unterlassungs-, ggf. auch ein Schadensersatzanspruch (insb. beim Bildzitat), zu.

48 Verstößt der Zitierende gegen die Pflicht zur Quellenangabe nach § 63, bleibt aber mit dem Zitat innerhalb der Grenzen des § 51, ist das Zitat **nicht insgesamt unzulässig** (OLG Hamburg GRUR 1970, 38, 40 – *Heintje*; Schricker/*Dietz*[3] § 63 Rn. 30; Wandtke/Bullinger/*Bullinger*[2] § 63 Rn. 30 sowie vgl. § 63 Rn. 19). Der Unterlassungsanspruch beschränkt sich auf die konkrete Form des Zitats ohne Quellenangabe.

§ 52   Öffentliche Wiedergabe

(1) [1]Zulässig ist die öffentliche Wiedergabe eines veröffentlichten Werkes, wenn die Wiedergabe keinem Erwerbszweck des Veranstalters dient, die Teilnehmer ohne Entgelt zugelassen werden und im Falle des Vortrages oder der Aufführung des Werkes keiner der ausübenden Künstler (§ 73) eine besondere Vergütung erhält. Für die Wiedergabe ist eine angemessene Vergütung zu zahlen. [2]Die Vergütungspflicht entfällt für Veranstaltungen der Jugendhilfe, der Sozialhilfe, der Alten- und Wohlfahrtspflege, der Gefangenenbetreuung sowie für Schulveranstaltungen, sofern sie nach ihrer sozialen oder erzieherischen Zweckbestimmung nur einem bestimmt abgegrenzten Kreis von Personen zugänglich sind. [3]Dies gilt nicht, wenn die Veranstaltung dem Erwerbszweck eines Dritten dient; in diesem Fall hat der Dritte die Vergütung zu zahlen.

(2) [1]Zulässig ist die öffentliche Wiedergabe eines erschienenen Werkes auch bei einem Gottesdienst oder einer kirchlichen Feier der Kirchen oder Religionsgemeinschaften. [2]Jedoch hat der Veranstalter dem Urheber eine angemessene Vergütung zu zahlen.

(3) Öffentliche bühnenmäßige Darstellungen, öffentliche Zugänglichmachungen und Funksendungen eines Werkes sowie öffentliche Vorführungen eines Filmwerkes sind stets nur mit Einwilligung des Berechtigten zulässig.

Übersicht

I. Früheres Recht

Schon im früheren Recht war umstritten, ob das schon in Art. 11 RBÜ Brüssel **1** anerkannte ausschließliche Recht des Urhebers, öffentliche Aufführungen seines Werkes zu erlauben, durch die nationale Gesetzgebung der Verbandsländer auch nur für einzelne, als unbedeutend angesehene Aufführungsarten beseitigt werden dürfe. Solchen Bedenken, wie sie vor allem von *Bappert/ Wagner* (Art. 11 RBÜ Rn. 11) erhoben worden waren, trat die Begr RegE UrhG (BT-Drucks. IV/270, S. 68) im Anschluss an *Ulmer*[2] (S. 247) mit dem Hinweis entgegen, dass ein entsprechender Vorbehalt zwar nicht im Text der RBÜ, wohl aber im Generalbericht gemacht worden sei (Documents de la Conférence Réunie à Bruxelles du 5 à 26 juin 1948, S. 100, deutsche Übersetzung bei Mestmäcker/*Schulze* Anhang B 2, S. 7). Die Stockholmer Revisionskonferenz wollte daran offenbar nichts ändern (Bericht der Hauptkommission I Nr. 209, 210; deutscher Text bei Roeber/*Jacoby* S. 434). Man war der Meinung, dass die von einzelnen Verbandsländern, darunter der Bundesrepublik, zugelassenen Ausnahmen *das Recht nur leicht berühren, ohne es im Grundsatz zu beeinträchtigen* (Documents a.a.O.; dazu eingehend Nordemann/Vinck/Hertin Art. 8 RBÜ Rn. 2–3). Auch wir hatten uns dem ursprünglich in der Annahme angeschlossen, die Beschränkungen seien verhältnismäßig geringfügig (1. Aufl. Rn. 2). Inzwischen hatte § 52 in der Praxis jedoch zu Unzuträglichkeiten geführt. Während unter der Geltung des § 27 LUG letztlich jeder Komponist Einbußen durch die teilweise Wiedergabefreiheit hinnehmen musste, konzentrierten sich die Beschränkungen des § 52 in der Fassung von 1965 auf nur noch drei Gruppen von Urhebern: Komponisten und Textdichter moderner Chorlieder, Komponisten moderner Blasmusik und Kirchenkomponisten. Öffentliche Aufführungen ihrer Werke werden vorwiegend von privaten Gesangvereinen, von Bundeswehr-, Polizei-, Feuerwehr- und Schützenkapellen und in den Kirchen veranstaltet; nur ausnahmsweise wird dabei auch ein Erwerbszweck verfolgt, und nur in diesem Falle war die Aufführung vergütungspflichtig. Den betroffenen Komponisten war also die Haupteinnahmequelle aus der Verwertung ihrer Werke (nach dem Geschäftsbericht der GEMA für 1977 entfielen von den damaligen rund 340 Mio. DM Einnahmen allein rund 131 Mio. DM auf das Aufführungs- und Senderecht) weitgehend verschlossen. Da die Beschränkungen ihrer Rechte durch § 52 im Interesse der Allgemeinheit angeordnet wurden, wie die Begr RegE UrhG (a.a.O.) betont, erbrachten sie ein Sonderopfer, das ihnen jedenfalls nicht entschädigungslos zugemutet werden durfte (Art. 14 Abs. 3 GG). BVerfGE 49, 382, 400 ff. – *Kirchenmusik* erklärte deshalb den Ausschluss des Vergütungsanspruchs bei gottesdienstlichen Veranstaltungen (§ 52 Abs. 1 Nr. 2 a. F.) für schlechthin nichtig und machte zugleich deutlich, dass die weitgehende Wiedergabefreiheit in Nr. 1 a. F. zumindest teilweise verfassungswidrig sei (vgl. § 1 Rn. 4; RegE ÄndG 1983 – BT-Drucks. 10/837, S. 14).

Die daraufhin veranlasste, am 01.07.1985 in Kraft getretene **Neufassung** der **2** Absätze 1 und 2 ist seither nahezu unverändert geblieben. Neben der Erstreckung des Privilegs des Abs. 1 auf *veröffentlichte* Werke (Rn. 6) ist nur Abs. 3

durch das UrhG Infoges vom 10.09.2003 auf das gleichzeitig eingeführte Recht der öffentlichen Zugänglichmachung abgestimmt worden; das führt insbesondere zur Illegalität jedweden unauthorisierten Internet-Uploads, selbst wenn es zu privaten Zwecken erfolgt (vgl. Rn. 8).

II. Inhalt der Regelung

3 Die Bestimmung folgt dem **Grundsatz**, dass die öffentliche Wiedergabe ein dem Urheber vorbehaltenes Verwertungsrecht ist (§ 15 Abs. 2). Im **Regelfall** darf also ein Werk ohne seine Zustimmung weder öffentlich vorgetragen noch auf- bzw. vorgeführt, aber auch nicht öffentlich wiedergegeben oder zugänglich gemacht werden, wobei Öffentlichkeit im Zweifel schon bei mehreren Anwesenden gegeben ist (vgl. § 15 Rn. 28). Dieser Grundsatz gilt nach wie vor **uneingeschränkt** für die Sendung (BGH GRUR 1994, 45, 46 – *Verteileranlagen*; BGH GRUR 1994, 797 f. – *Verteileranlagen im Krankenhaus*), für Filmvorführungen (Begriff: § 19 Abs. 4) und für die bühnenmäßige Aufführung eines Werkes (Begriff: § 19 Abs. 2), wie **Abs. 3** ergibt (vgl. Rn. 7). BGH GRUR 1996, 875, 876 f. – *Zweibettzimmer im Krankenhaus* macht davon nur scheinbar eine Ausnahme: Dort wurde schon die *Öffentlichkeit* der Wiedergabe mit Rücksicht auf die persönlichen Beziehungen zweier Patienten im selben Krankenzimmer zueinander verneint (vgl. § 15 Rn. 33).

4 **Ausnahmsweise** – mit allen sich aus dem Ausnahmecharakter ergebenden Rechtsfolgen für die Auslegung des Gesetzes, für die Beurteilung von Grenzfällen und für die Beweislast im Zivilprozess, vgl. Vor § 45 Rn. 3 – ist in den Sonderfällen der **Absätze 1 und 2** die öffentliche Wiedergabe *nicht* von dem vorherigen Erwerb eines entsprechenden Nutzungsrechts beim Urheber abhängig. Aber für diese Ausnahmen gilt seit dem 1985 wenigstens die **Regel der Vergütungspflicht** (Abs. 1 Satz 2, Abs. 2 Satz 2; dazu vgl. Rn. 16–22). Von dieser Regel gibt es eine **erneute gesetzliche Ausnahme** in **Abs. 1 Satz 3** der Neuregelung für bestimmte Sozial- und Bildungseinrichtungen. Hier besteht nicht einmal der Vergütungsanspruch des Urhebers (vgl. Rn. 10 – 12). Diese Ausnahme von der Ausnahme kennt allerdings wiederum eine **Ausnahme**: Nach **Abs. 1 Satz 4** sind die privilegierten Sozial- und Schulveranstaltungen dann nicht vergütungsfrei, wenn sie dem Erwerbszweck eines Dritten dienen, also etwa im Saal einer Gastwirtschaft stattfinden oder von einem Unternehmen durchgeführt werden (vgl. Rn. 10).

5 In der Diskussion um die Neufassung des § 52 ist gelegentlich auch der Fall angesprochen worden, dass jemand für sich selbst ein Werk in der Weise deklamiert, spielt oder singt, dass beliebige Dritte es hören (können), so wie das etwa beim Musizieren von Wandergruppen vorkommt. Die **Wiedergabe zum eigenen Werkgenuss** fällt aber schon nach § 15 Abs. 2 nicht in den Bereich des Verwertungsrechts des Urhebers. Ihm ist nur die öffentliche Wiedergabe vorbehalten, und diese setzt nach der gesetzlichen Definition des Öffentlichkeitsbegriffes in § 15 Abs. 3 voraus, dass die Darbietung „für eine Mehrzahl von Personen *bestimmt*" ist. Wer für sich selbst singt oder spielt, bewirkt also auch dann keine öffentliche Wiedergabe, wenn er dies in aller Öffentlichkeit tut (BeschlE RAusschuss RegE ÄndG 1983 – BT-Drucks. 10/3360, S. 18). Vgl. aber Rn. 25 zur Kirchenmusik.

6 Die Freigabe öffentlicher Wiedergaben in **Abs. 1** war in der bis 2003 geltenden Gesetzesfassung auf *erschienene* Werke beschränkt. Mit der Erweiterung auf **veröffentlichte Werke** wollte der Gesetzgeber der geänderten Veröffentlichungspraxis Rechnung tragen und solche Werke in die Freigabe einbeziehen, die „lediglich im Internet veröffentlicht wurden" (Begr RegE UrhVG – BT-Drucks. 14/7564, = UFITA 2004 [I] 143, 222). Für Gottesdienste und kirchliche Feiern ist es jedoch bei der Freigabe lediglich von **erschienenen Werken** geblieben (**Abs. 2**).

Die Bestimmung betrifft, wie **Abs. 3** ergibt, nur einen **Teil** des Rechts der **7** öffentlichen Wiedergabe aus § 15 Abs. 2: Die öffentliche bühnenmäßige **Aufführung** eines Werkes nach § 19 Abs. 2 (vgl. § 19 Rn. 17 f.), die öffentliche **Vorführung** eines Filmwerkes nach § 19 Abs. 4 (vgl. § 19 Rn. 27 f.) und die **Funksendung** (§ 20) schlechthin sind **nicht freigegeben**. Diese Wiedergabearten erfordern ohnehin stets so viel Mühe und Kosten, dass es dem Veranstalter zuzumuten ist, bei Einholung einer entsprechenden Erlaubnis auch dem Urheber eine angemessene Vergütung zu zahlen (Begr RegE UrhG– BT-Drucks. IV/270, S. 70).

Die **Online-Übermittlung** konnte der Gesetzgeber 1985 nicht regeln, weil es sie **8** noch nicht gab. Er hat anlässlich der Umsetzung der Info-RL durch das UrhG Infoges vom 10.09.2003 (vgl. Vor § 44a Rn. 8) bewusst darauf verzichtet, auch das neue Recht der öffentlichen Zugänglichmachung (§ 19a) in den Anwendungsbereich des § 52 einzubeziehen, weil damit angesichts der weitgehenden „Vernetzung" der heutigen Lebensverhältnisse die Möglichkeit einer gewinnbringenden eigenen Verwertung durch die Urheber derjenigen Werke, die in der Lebenspraxis von § 52 erfasst werden, allzu weitgehend beschränkt worden wäre (Dreier/Schulze/*Dreier*[2] Rn. 18 unter Hinweis auf die Begr RegE UrhG InfoGes– BT-Drucks. 15/38, S. 20). Die Online-Übermittlung ist ebenso wie jede andere Art der öffentlichen Zugänglichmachung vielmehr nach der Neufassung des **Abs. 3** dem Urheber einschränkungslos vorbehalten. Das bedeutet insbesondere, dass ein zustimmungsloser Upload im Internet, z.B. in Tauschbörsen, selbst dann nicht von § 52 privilegiert ist, wenn er zu privaten Zwecken erfolgt (*Jan Bernd Nordemann/Dustmann* CR 2004, 380, dort auch zu anderen urheberrechtlichen Fragen von Internettauschbörsen). Eine weiterer Ausnahme vom Verbot der zustimmungslosen öffentlichen Zugänglichmachung enthält § 52a. Stellt der Urheber sein Werk allerdings selbst ins Internet, so ist dessen damit ermöglichte öffentliche Wiedergabe jedenfalls dann – nur dann – von § 52 Abs. 1 oder 2 privilegiert, wenn deren sonstige Voraussetzungen gegeben sind (Schricker/*Melichar*[3] Rn. 47a).

III. Grenzen der Nutzungsfreiheit

Der **Anwendungsbereich** des § 52 beschränkt sich **9**
- bei **Sprachwerken** auf deren öffentlichen Vortrag, im Falle von Bühnenwerken auf deren Lesung;
- bei **Werken der Musik** auf deren Darbietung; ob diese *live* oder durch die Wiedergabe von Aufnahmen geschieht, macht keinen Unterschied (private Aufnahmen dürfen allerdings nicht benutzt werden, § 53 Abs. 6);
- bei **Werken der bildenden Kunst, Lichtbildwerken** und **Darstellungen** nach § 2 Abs. 1 Nr. 7 durch deren Präsentation im Original oder von Vervielfältigungsstücken.

Filmwerke sind **nicht** freigegeben. Damit scheiden zugleich die **pantomimischen Werke** des § 2 Abs. 1 Nr. 4 aus, weil ihre Wiedergabe durch Darsteller nach Abs. 3 unzulässig und eine andere Wiedergabe eines solchen Werks nur im Film denkbar ist. Auch **Computerprogramme** dürfen nur mit Zustimmung des Rechtsinhabers öffentlich wiedergegeben werden (§ 69c Nr. 4). Im Rahmen eines Gottesdienstes kann eine Kirchengemeinde also, wenn die Voraussetzungen des Abs. 1 vorliegen, Gedichte von Rudolf Alexander Schröder lesen und den Kirchenchor Werke moderner Künstler singen lassen; allerdings muss die Gemeinde als Rechtsträger dafür eine angemessene Vergütung zahlen (**Abs. 2**). Geschützte Krippenspiele – etwa *Das Worpsweder Hirtenspiel* von Manfred Hausmann – darf sie jedoch nicht aufführen lassen, ohne ein Nutzungsrecht aus § 19 Abs. 2 von dem Berechtigten zu erwerben (**Abs. 3**).

IV. Bedingungen der Nutzungsfreiheit

10 Die Wiedergabe darf **keinem Erwerbszweck** des Veranstalters dienen. Sie darf also nicht zur Förderung seiner Einnahmen bestimmt sein, wobei das Privileg des § 52 schon nicht mehr gegeben ist, wenn sie *auch* diesem Zweck dient (so schon BGH GRUR 1955, 549 f. – *Betriebsfeiern* und BGH GRUR 1961, 97, 99 – *Sportheim*). Gleichgültig ist, ob die Förderung mittelbar oder unmittelbar geschieht (Begr RegE UrhG– BT-Drucks. IV/270, S. 69 f.; ebenso schon BGH GRUR 1956, 131, 132 – *Rosenmontagsfest* und die vorstehend genannten Quellen), ob durch den Betrieb Gewinn erzielt wird und ob die Einrichtung etwa staatlich (BGH GRUR 1972, 614, 615 – *Landesversicherungsanstalt)* oder gemeinnützig ist (BGH a.a.O. – *Sportheim*). Liegt ein Erwerbszweck nur deshalb nicht vor, weil es sich um eine staatliche Einrichtung handelt, wäre er aber bei vergleichbaren privaten Einrichtungen zu bejahen, so wird sein Vorhandensein im Wege der Analogie unterstellt (BGH GRUR 1983, 562, 566 – *Zoll- und Finanzschulen).*

11 Demgemäß besteht auch für Kliniken, Sanatorien, Wohnheime und Clubhäuser regelmäßig *keine* Wiedergabefreiheit, auch wenn es sich nur um das Radio im Freizeitheim handeln sollte. Aus der bisherigen Rspr. seien hier ferner genannt:
– OLG Frankfurt GRUR 1969, 52 – *Erholungsheim;*
– OLG Frankfurt BB 1970, 1371 – *Heilstätten*;
– OLG München Schulze OLGZ 111 – *Klinik;*
– KG UFITA 66 [1973], 310 – *Sanatorium*;
– OLG Köln UFITA 90 [1981], 212 – *Psychiatrisches Krankenhaus*;
– BGH UFITA 73 [1975], 286 – *Postjugendheim*;
– LG Berlin Schulze LGZ 135 – *Clubhaus der FU*;
– LG Frankfurt Schulze LGZ 136 – *Gastarbeiterwohnheim*;
– OLG Hamm UFITA 93 [1982], 209 – *Kirchliche Heime*;
– LG Frankfurt Schulze LGZ 154 – *Landesfinanzschule* (ebenso LG Hannover Schulze LGZ 165);
– OLG Köln Schulze OLGZ 230 – *Psychiatrisches Krankenhaus*;
– AG Bad Mergentheim Schulze AGZ 24 – *Offiziersheim*.
In allen diesen Fällen – mit der einzigen Ausnahme der wohl unzutreffenden Entscheidung des LG Berlin Schulze LGZ 135 – *Clubhaus der FU* – ist ein zumindest mittelbarer Erwerbszweck als gegeben angesehen worden. Die Förderung des eigenen Erwerbszwecks ist offensichtlich, wenn Arztpraxen (LG Leipzig NJW-RR 1999, 551 f.) oder gar Ladengeschäfte (LG Frankfurt/ M. ZUM-RD 2005, 242 f.) ihre wartenden Kunden mit Hintergrundmusik unterhalten (so schon Schricker/*Melichar*[3] Rn. 14).

12 Dient die Wiedergabe zwar nicht einem **Erwerbszweck** des Veranstalters, wohl aber dem **eines Dritten,** so ist die Wiedergabe zwar zulässig, aber vergütungspflichtig (Abs. 1 Satz 4); die Vergütungspflicht trifft den fahrenden Unternehmer, der von Heim zu Heim zieht und gegen eine von der Heimleitung gezahlte

Pauschale tätig wird, den Gastwirt, dessen Umsatz an Speisen und Getränken durch die Veranstaltung gefördert wird (Begr RegE UrhG– BT-Drucks. IV/270, S. 70; so schon BGH GRUR 1955, 549 f. – *Betriebsfeiern* mit Nachweisen und BGH GRUR 1959, 428, 429 – *Michaelismesse)*, aber auch den Pächter, der das Jugendzentrum, die Altentagesstätte oder die Schulkantine bewirtschaftet (Schricker/*Melichar*³ Rn. 36). Eigenartigerweise braucht also der Verein, der bei einer Tanzveranstaltung in einem Sportheim zur Deckung der Unkosten Speisen und Getränke mit Gewinnspanne an die Mitglieder ausschenkt, ein formelles Nutzungsrecht aus § 35; würde er dagegen dazu einen Saal mieten, so wäre der Gastwirt nicht zum Rechtserwerb, sondern nur zur Zahlung der Vergütung verpflichtet.

Veranstalter ist derjenige, welcher die Wiedergabe veranlasst; vgl. § 81 **13** Rn. 14–16; und § 97 Rn. 146. – Zur urheberrechtlichen Beurteilung der Betriebsmusik s. *Dittrich* ÖBl. 1975, 125.

Die Teilnehmer müssen **ohne Entgelt** zugelassen werden. Ein reguläres Ein- **14** trittsgeld würde stets dem Erwerb des Veranstalters dienen; die Tatsache, dass der Gesetzgeber neben das Fehlen des Erwerbszwecks das Erfordernis der Unentgeltlichkeit gestellt hat, macht deutlich, dass auch die Erhebung reiner Unkostenbeiträge die Anwendung des § 52 ausschließt, wobei selbst kleinste Beträge genügen (anders noch – vor Inkrafttreten des UrhG – BGH GRUR 1956, 131, 134 – *Schützenfest*, weil es sich um ein Volksfest i.S. von § 27 Abs. 1 Nr. 1 LUG handelte). Nicht als Entgelt sind freiwillige Spenden anzu- sehen, wie sie vor allem von den Kirchen während ihrer Gottesdienste und Veranstaltungen erbeten zu werden pflegen, ohne dass hiervon die Zulassung der Teilnehmer abhängig gemacht wird (a.M. Schricker/*Melichar*³ Rn. 17; Möhring/Nicolini/*Waldenberger*² Rn. 13; beide unter Berufung auf KG UFITA 15 [1942], 422, 423; wie hier *v. Gamm* Rn. 8; HK-UrhR/*Meckel* Rn. 18; vermittelnd Dreier/Schulze/*Dreier*² Rn. 7).

Bei Vorträgen oder Aufführungen darf dem oder den ausübenden Künstlern **15** **keine besondere Vergütung** gezahlt werden; zahlt der Veranstalter dafür Geld, so ist es ihm auch zuzumuten, den Urheber zu honorieren (Begr RegE UrhG– BT-Drucks. IV/270, S. 69). Es muss sich dann allerdings um eine *besondere* Vergütung handeln. Ein etwa ohnehin gezahltes Arbeitsentgelt ist das nicht. Sonst wäre der Gottesdienst schon nach Abs. 1 tantiemenpflichtig, weil das Orgelspiel meist von fest angestellten Organisten ausgeführt zu werden pflegt (so aber *v. Gamm* Rn. 12). Nach der Textfassung von 1965 musste die Ver- gütung ferner *gezahlt* werden, also in Geld bestehen. Die Verabreichung von Speisen und Getränken an die Musiker galt demnach nicht als Vergütung. Seit der Neufassung von 1985 ist das Privileg des Abs. 1 **auch bei Sachleistungen nicht** mehr gegeben, was dem Ausnahmecharakter der Regelung besser gerecht wird. Vergütungen an Mitwirkende, die nicht ausübende Künstler sind (Tech- niker, Garderobieren, Aufsichtspersonal) sind unschädlich (Schricker/*Meli- char*³ Rn. 20).

V. Vergütungsanspruch

Der Urheber hat Anspruch auf eine **angemessene Vergütung**. Da die Inan- **16** spruchnahme des Wiedergabeprivilegs vom einzelnen Urheber nicht kontrol- liert werden kann, überlässt er den Vergütungsanspruch der zuständigen Ver- wertungsgesellschaft zur Wahrnehmung. Deren Tarife sind *prima facie* als angemessen anzusehen; vgl. § 13 UrhWahrnG Rn. 1. Ihre Unangemessenheit kann faktisch nur vor der Schiedsstelle geltend gemacht werden (s. § 14b Abs. 1 UrhWahrnG; vgl. § 14 UrhWahrnG Rn. 4).

17 Der **Vergütungsanspruch entfällt** bei bestimmten **Veranstaltungen.** Das sind zeitlich begrenzte *Einzel*ereignisse, die aus bestimmtem Anlass stattfinden; Dauereinrichtungen, wie die ständige Musikwiedergabe in Aufenthaltsräumen, fallen nicht darunter (BGH GRUR 1992, 386, 387 – *Altenwohnheim II*; BGH GRUR 1994, 45, 46 f. – *Verteileranlagen*; BGH GRUR 1994, 797, 798 – *Verteileranlagen im Krankenhaus*; für Kurse LG München I ZUM-RD 1997, 146, 147 f.; s.a. *Scheuermann* ZUM 1990, 71; *Seifert* ZUM 1991, 306).

18 Nur solche Veranstaltungen sind privilegiert, die den folgenden Zwecken dienen: **Jugendhilfe** (§§ 8, 27 SGB), **Sozialhilfe** (§§ 9, 28 SGB und das BSHG), **Alten- und Wohlfahrtspflege** und **Gefangenenbetreuung.** Zur Altenpflege gehört nicht nur der Bereich der Altenhilfe (§ 75 BSHG), auch nicht etwa nur die Betreuung pflegebedürftiger alter Menschen, sondern alles, was unmittelbar und ausschließlich den Bedürfnissen alter Menschen zu dienen bestimmt ist, wie die Arbeit von Altenheimen, von Altenkreisen in Kirchengemeinden und weltlichen Verbänden, die kommunale Veranstaltung von Seniorenfahrten und -nachmittagen usw., wobei letztere freilich in der Regel dem Erwerbszweck eines Dritten dienen (Omnibusunternehmer, Gastwirt); macht der Träger den Seniorenausflug allerdings mit dem eigenen Bus, so wird er nicht etwa einem solchen Gewerbetreibenden gleichgestellt, wie der Rechtsausschuss (BeschlE RAusschuss RegE ÄndG 1983 – BT-Drucks. 10/3360, S. 19) ausdrücklich vermerkt, wohl im Hinblick auf BGH GRUR 1983, 562, 563 f. – *Zoll- und Finanzschulen.* Die Wohlfahrtspflege umfasst daneben auch die Betreuung von Behinderten, Ausländern, erholungsbedürftigen Müttern, Suchtgefährdeten usw. Auch die Gefangenenbetreuung ist ein Teil der Wohlfahrtspflege. Ob es sich um einen privaten, gemeinnützigen oder staatlichen Veranstalter handelt, ist gleichgültig.

19 Stets muss die Veranstaltung allein der Erfüllung der sozialen oder erzieherischen Aufgaben des Veranstalters dienen, um die Vergütungsfreiheit in Anspruch nehmen zu können (Begr RegE ÄndG 1983– BT-Drucks. 10/837, S. 14 f.). Sie muss darüber hinaus sämtliche Voraussetzungen des Abs. 1 Satz 1 erfüllen (vgl. Rn. 10 – 15; zur Frage der insoweit geänderten Interpretation des Erwerbszwecks s. Schricker/*Melichar*[3] Rn. 26–28). Sie darf endlich nur **einem bestimmt abgegrenzten Personenkreis zugänglich** sein, also den zu Betreuenden und ihren Betreuern und daneben allenfalls noch einzelnen Besuchern, nicht aber ganzen Besuchergruppen (BeschlE RAusschuss RegE ÄndG 1983 – BT-Drucks. 10/3360, S. 19; OLG Frankfurt ZUM 1990, 408, 409 für die Beratungsstellen eines Wohlfahrtsverbandes). Wenn zu einem Bunten Abend im Altenheim, den die Bewohner selbst gestalten, auch deren Angehörige eingeladen werden sollen, kann also die Vergütungsfreiheit nicht mehr in Anspruch genommen werden. Die Abgrenzung des Personenkreises nach *beiden* Kriterien des § 15 Abs. 3, wie sie Neumann S. 93 f. postuliert, ist schon wegen des klaren Textunterschieds der beiden gesetzlichen Regelungen nicht zutreffend. Betreute Jugendliche, Sozialhilfeempfänger und Gefangene, aber auch Schüler größerer Schulen lassen sich kaum als *persönlich untereinander verbunden* bezeichnen.

20 Unter **Schulveranstaltungen** versteht der Gesetzgeber solche, die von der Schule oder von den Schülern selbst im Rahmen der schulischen Aufgaben durchgeführt werden und die im Ablauf eines Schuljahres üblich sind (so wörtlich Begr RegE ÄndG 1983– BT-Drucks. 10/837, S. 15). Schulen sind alle öffentlichen Schulen, in denen Unterricht erteilt wird, also auch die anerkannten Privatschulen, nicht jedoch Hoch- oder Fachschulen (OLG Koblenz NJW-RR 1987, 699, 701) oder sonstige private Schulen (z. B. Fahrschulen). Der Gesetzgeber wollte, wie schon der Hinweis der Begr (Begr RegE ÄndG 1983 –– BT-Drucks. 10/837, S. 15) auf die Schulbuchsammlungen, aber auch die Verwendung des Begriffs „erzieherische Zweckbestimmung" im Gesetzestext zeigt, den Kreis der privilegierten Rechtsträger ebenso bestimmen wie in § 46 (vgl. § 46 Rn. 7).

Der Bericht des Rechtsausschusses (BeschlE RAusschuss RegE ÄndG 1983 – **21** BT-Drucks. 10/3360, S. 19) weist darauf hin, dass der Begriff des „bestimmt abgegrenzten Personenkreises" für die verschiedenen Einrichtungen jeweils im Lichte ihres Zwecks unterschiedlich zu interpretieren sei. Was darunter für Schulveranstaltungen zu verstehen iar, wird nicht gesagt. Die Abgrenzung ergibt sich jedoch aus der erzieherischen Zweckbestimmung, die der Veranstaltung stets zugrundeliegen muss: Ein Schulfest, zu dem außer den Eltern auch die Geschwister, Großeltern und Freunde der Kinder Zutritt haben, dient jedenfalls nicht mehr unmittelbar und allein einem erzieherischen Zweck. Ein Vortragsabend des Schulchors in der Aula für die Eltern dient überwiegend der Selbstdarstellung der Schule und allenfalls sekundär der Erziehung der Chormitglieder zum sicheren Auftreten vor kritischen Zuhörern; letzteres überwiegt aber beim Singen vor dem Lehrerkollegium oder vor anderen Schülern. Entsprechendes gilt für die musikalische Umrahmung der Abiturfeier durch das Schulorchester.

Der Vergütungsanspruch lebt wieder auf, wenn die Veranstaltung dem **Er-** **22** **werbszweck eines Dritten** dient (**Abs. 1 Satz 4,** dazu Rn. 12).

Es mag sein, dass mit der völligen Freigabe der Sozial- und Schulveranstaltun- **23** gen den Urhebern *wesentliche* Einnahmen nicht verlorengehen, wie die Begr des RegE. zum ÄndG (Begr RegE. ÄndG 1985 –– BT-Drucks. 10/837, S. 15) argumentiert. Daraus zu folgern, der Kirchenmusik-Entscheidung des Bundesverfassungsgerichts (vgl. Rn. 1) sei somit genüge getan, ist jedoch verfehlt: Was täte es dem Elektrizitätswerk, wenn es den an Sozialträger und Schulen gelieferten Strom nicht bezahlt erhielte? Die Noten, aus denen der Schulchor singt, und die Tonträger, von denen Musikdarbietungen im Unterricht oder im Altenheim abgespielt werden, muss deren Rechtsträger doch auch bezahlen; mit welchem Recht soll der Urheber, ohne dessen Schöpfung das Notenpapier wertlos und der Tonträger unbespielt wäre, als einziger leer ausgehen? Auch die Neuregelung mutet dem Urheber wieder mit Rücksicht auf die fiskalischen Interessen des Bundesrates – ohne deren Zustimmung sie nicht möglich gewesen wäre – ein verfassungswidriges Sonderopfer zu (vgl. § 1 Rn. 5).

Daran ändert die Tatsache nichts, dass das Bundesverfassungsgericht die **24** Verfassungsbeschwerden gegen diesen Teil der Neuregelung zurückgewiesen hat (BVerfG GRUR 1989, 193, 196 – *Vollzugsanstalten;* vgl. Vor § 45 Rn. 9; kritisch *Fedor Seifert* FS Reichardt S. 225 ff.; *Kreile* GEMA-Jahrbuch 1992, S. 48 ff.).

VI. Sonderfall Kirchenmusik

Die Vergütungspflicht bei **Gottesdiensten und kirchlichen Feiern,** wie sie **25** **Abs. 2** statuiert, entspricht dem Wortlaut nach der *Kirchenmusik*-Entscheidung des BVerfG; **Feiern** können Taufen, Beerdigungen, Prozessionen, Andachten und andere liturgisch bestimmte Anlässe sein, nicht aber Gemeindeabende, Jugend- und Altenkreise, Begegnungsabende oder Tagungen. Der Gesetzgeber von 1985 wollte gleichwohl fast den gesamten Gottesdienst aus der Vergütungspflicht herausgenommen wissen: Die amtliche Begründung zum Regierungsentwurf des ÄndG 1985 (Begr RegE ÄndG 1983 – BT-Drucks. 10/837, S. 15 f.) meint, der Gesang der Gemeinde und dessen musikalische Begleitung würden schon *per definitionem* vom ausschließlichen Verwertungsrecht des Urhebers aus § 19 Abs. 1 nicht erfasst, weil „Aufführung" die Darbietung vor einem Zuhörerkreis sei und es im Gottesdienst an der Zweiteilung in Darbietende und Zuhörerschaft fehle (ebenso *Rojahn* FS Klaka S. 146, 158 f.; *Overath* FS Kreile S. 483, 488). Der Bundesrat sah dies darüber hinaus für Gebete und für den Gesang des Liturgen als gegeben an (StellungN BR RegE ÄndG 1983 – BT-Drucks. 10/837, S. 28); eine Rückäußerung der Bundesregierung dazu fehlt (StellungN BReg RegE ÄndG – BT-Drucks. 10/837, S. 36 f.). Demnach bezieht sich Abs. 2 nur noch auf die Predigt – die nach dem Verständnis beider großen Konfessionen ebenfalls Teil der liturgischen Gottesdiensthandlung ist, aber für die Praxis des § 52 keine Rolle spielt – sowie auf das Orgelvor- und -nachspiel, ferner gegebenenfalls auf besondere Darbietungen des Kirchen- oder Posaunenchores. Kirchenlieder und durchkomponierte Messen (wie die in Süddeutschland häufig aufgeführte *Bauernmesse*) bleiben faktisch frei. Dabei liegt der Amtl Begr ein Missverständnis des § 15 Abs. 3 zugrunde: Wenn die *Fischer-Chöre* einen Abend zum Mitsingen veranstalten oder beim Karneval die Kapelle das Lied *Kornblumenblau* von Gerhard Jussenhoven und Jupp Schlösser spielt, das der ganze Saal kennt und mitsingt, lässt sich ebensowenig von einer Zweiteilung in Darbietende und Zuhörerschaft sprechen wie im Gottesdienst. § 15 Abs. 3 grenzt aber danach ab, ob die Darbietung für Dritte *bestimmt* ist; davon, ob diese während der Darbietung passiv bleiben müssten, sagt die Bestimmung nichts. Der Gemeindegesang wird vom Pfarrer für die Gemeinde bestimmt: Er sucht die Lieder aus und er legt fest, an welcher Stelle des Gottesdienstes welches Lied mit welchen Versen gesungen wird. Er veranlasst den Organisten, entsprechend zu spielen. Er erfüllt damit seine Aufgabe, die Gemeinde zur Ehre Gottes zu rufen und ihr Gottes Wort zu verkünden. Nur in dieser Ausübung seines Amtes (dessen Funktionen in beiden christlichen Lehren von denen der Gemeinde deutlich abgehoben werden) unterscheidet er sich, urheberrechtlich gesehen, von dem Leiter einer Kapelle, der den Stimmungsschlager ja auch zu dem Zweck spielen lässt, dass das Publikum ihn mitsingt, und der in gleicher Weise den Zeitpunkt, die Zahl der Verse, das Tempo und die Tonlage des gemeinsamen Gesanges unter Begleitung der Kapelle bestimmt. So wenig wie der Begriff der Öffentlichkeit in § 15 Abs. 3 danach variieren kann, wie mitreißend eine Kapelle spielt, so wenig ist er für Gottesdienste davon abhängig, ob und was die Gemeinde mitsingt. Erst recht sind Liturgie und Gebete keine Selbstdarbietung der Gottesdienstbesucher. Das BVerfG hat dergleichen auch nicht gemeint. Die *Kirchenmusik*-Entscheidung stellt nicht nur in erster Linie darauf ab, dass „die Urheber von Kirchenmusik keine ausreichenden Einnahmen aus ihren Werken erhalten" (BVerfGE 49, 382, 399), was, wenn die Begr recht hätte, für die Komponisten von Kirchenliedern und ganzen Messen weiterhin zuträfe; sie hält dem Argument, die Vergütungspflicht erschwere die Aufführung zeitgenössischer Kirchenmusik, auch entgegen, die Kirchen müssten solche Musik (über die Zahlung von Urhebervergütungen) fördern, „gerade weil religiösliturgische Musik einen wesentlichen Teil kirchlicher Veranstaltungen ausmacht" (a.a.O. S. 402). Die ordentlichen Gerichte werden also bei der verfassungskonformen Auslegung des Abs. 2, zu der sie verpflichtet sind (st. Rspr., BVerfGE 54, 251, 273 f. – *Berufsvormund*; BVerfGE 66, 313, 319), die Rechtsansicht der Begr außer Betracht zu lassen und *alle* Darbietungen geschützter Werke bei Gottesdiensten und kirchlichen Feiern als vergütungspflichtig anzusehen haben.

VII. Vorbehalt des Abs. 3

Zum Begriff der **bühnenmäßigen Aufführung** vgl. § 19 Rn. 3. Eine (Draht-) **26** Funksendung (§ 20) ist auch die hausinterne Verbreitung von Werken auf Ton- oder Bildtonträgern (CDs, Musik- und Videokassetten) oder von Hörfunk- und Fernsehsendungen über Kabel in die einzelnen Zellen einer Justizvollzugsanstalt, BGH GRUR 1994, 45, 46 – *Verteileranlagen* und BGH GRUR 1994, 797 f. – *Verteileranlagen im Krankenhaus*.

§ 52a Öffentliche Zugänglichmachung für Unterricht und Forschung

(1) Zulässig ist,

1. veröffentlichte kleine Teile eines Werkes, Werke geringen Umfangs sowie einzelne Beiträge aus Zeitungen oder Zeitschriften zur Veranschaulichung im Unterricht an Schulen, Hochschulen, nichtgewerblichen Einrichtungen der Aus- und Weiterbildung sowie an Einrichtungen der Berufsbildung ausschließlich für den bestimmt abgegrenzten Kreis von Unterrichtsteilnehmern oder

2. veröffentlichte Teile eines Werkes, Werke geringen Umfangs sowie einzelne Beiträge aus Zeitungen oder Zeitschriften ausschließlich für einen bestimmt abgegrenzten Kreis von Personen für deren eigene wissenschaftliche Forschung öffentlich zugänglich zu machen, soweit dies zu dem jeweiligen Zweck geboten und zur Verfolgung nicht kommerzieller Zwecke gerechtfertigt ist.

(2) ¹Die öffentliche Zugänglichmachung eines für den Unterrichtsgebrauch an Schulen bestimmten Werkes ist stets nur mit Einwilligung des Berechtigten zulässig. ²Die öffentliche Zugänglichmachung eines Filmwerkes ist vor Ablauf von zwei Jahren nach Beginn der üblichen regulären Auswertung in Filmtheatern im Geltungsbereich dieses Gesetzes stets nur mit Einwilligung des Berechtigten zulässig.

(3) Zulässig sind in den Fällen des Absatzes 1 auch die zur öffentlichen Zugänglichmachung erforderlichen Vervielfältigungen.

(4) ¹Für die öffentliche Zugänglichmachung nach Absatz 1 ist eine angemessene Vergütung zu zahlen. ²Der Anspruch kann nur durch eine Verwertungsgesellschaft geltend gemacht werden.

Übersicht

I. Allgemeines

1. Entstehungsgeschichte, Sinn und Zweck der Norm

1 § 52a wurde durch das UrhG Infoges (BGBl. I S. 1774) im Zuge der Umsetzung der Info-RL 2001/29/EG neu in das UrhG eingefügt. Die Vorschrift soll den **Interessen von Unterricht und Forschung** Rechnung tragen, indem sie eng definierte und zweckgebundene Handlungen der öffentlichen Zugänglichmachung (§ 19a) von der Zustimmung des Urhebers freistellt. Insoweit besteht sachlich eine Parallele zu § 53 Abs. 2 Nr. 1, Abs. 3, die ähnliche Schranken zu Gunsten von Unterricht und Wissenschaft bereits für das Vervielfältigungsrecht (§ 16) vorsehen. Erklärtes Ziel des Gesetzgebers war es, diese Schranken auf die **modernen Online-Medien** entsprechend zu übertragen (RegE UrhG Infoges – BT-Drucks. 15/38, S. 20). Schulen und Universitäten sollen Werke zum Zwecke des Unterrichts nicht nur vervielfältigen (§§ 16, 53 Abs. 3 Nr. 1), sondern den Schülern bzw. Studenten ggf. auch über das Intranet zugänglich machen dürfen (§§ 19a, 52a).

2 § 52a erwies sich als eine der umstrittensten Regelungen der damaligen Reformgesetzgebung. Der ursprüngliche Gesetzesentwurf der Bundesregierung vom 06.11.2002 (RegE UrhG Infoges – BT-Drucks. 15/38, S. 20) sah noch vor, dass Bildungseinrichtungen ganze Werke zu Zwecken des Unterrichts einscannen und online stellen durften, ohne dafür eine Vergütung an die Rechteinhaber zahlen zu müssen. Zu Recht bewerteten insb. die Schulbuch- und Wissenschaftsverlage eine derart weitgehende Regelung als massiven Eingriff in ihre urheberrechtlich geschützten Positionen. Insb. in der Literatur wurden verfassungs- und konventionsrechtliche Bedenken erhoben (*Schack* AfP 2003, 1, 6; *v. Bernuth* ZUM 2003, 438, 444; *Ernsthaler* K&R 2003, 209; *Gounalakis* JZ 2003, 1099, 1100). Nach dem sog. **Drei-Stufen-Test** (vgl. Einl. Rn. 62) darf die Schranke des § 52a zudem weder die normale Auswertung der geschützten Werke beeinträchtigen, noch die berechtigten Interessen der Rechteinhaber verletzen (siehe Art. 5 Abs. 5 Info-RL, Art. 10 Abs. 2 WCT, Art. 16 Abs. 2 WPPT, Art. 13 TRIPS und Art. 9 RBÜ). Im Laufe des Gesetzgebungsverfahrens wurde der urspr. Entwurf zu § 52a erheblich entschärft. So beschränkt Abs. 1 den Kreis der betroffenen Werke auf kleine Teile eines Werkes, Werke geringen Umfangs sowie einzelne Beiträge aus Zeitungen und Zeitschriften. Abs. 2 S. 1 schließt die Anwendung der Schranke auf Werke aus, die unmittelbar für den Unterrichtsgebrauch an Schulen bestimmt sind.

3 Teil des im Gesetzgebungsverfahren erzielten Kompromisses ist auch die **zeitliche Befristung** der Geltung des § 52a durch § 137k (sog. „sunset-provision"). Danach sollte die Regelung ursprünglich nur bis zum 31.12.2006 gelten, um Erfahrungen um die wirtschaftlichen Auswirkungen der Regelung zu sammeln (StellungN RAusschuss UrhG Infoges – BT-Drucks. 15/837, S. 34). Die zeitliche Befristung wurde durch das ÄndG 2006 um 2 Jahre auf den 31.12.2008 verlängert (BGBl. I, S. 2587; zu Einzelheiten vgl. § 137k

Rn. 1). In seinem **Evaluationsbericht** vom 30.04.2008 hat das BMJ empfohlen, die Befristung des § 52a aufzuheben.

2. Aufbau

Absatz 1 enthält die eigentliche Urheberrechtschranke: Die Regelung unter- **4** scheidet zwischen der öffentlichen Zugänglichmachung (§ 19a) von Werken bzw. Werkteilen **zur Veranschaulichung des Unterrichts** an Schulen, Hochschulen und anderen nicht-gewerblichen Bildungseinrichtungen (Abs. 1 Nr. 1) und der Zugänglichmachung **zu Zwecken der eigenen wissenschaftlichen Forschung** (Abs. 1 Nr. 2). In beiden Fällen darf die Zugänglichmachung nur an einen bestimmt abgegrenzten Personenkreis erfolgen. **Absatz 2** nimmt von der Privilegierung nach Abs. 1 Werke aus, die unmittelbar für den Unterrichtsgebrauch an Schulen bestimmt sind (Schulbücher), sowie Filmwerke, solange diese sich noch in den ersten zwei Jahren ihrer Auswertung befinden. **Absatz 3** stellt ergänzend klar, dass die Schranke des Abs. 1 auch die für die Zugänglichmachung erforderlichen Vervielfältigungen (Einscannen, Upload) erlaubt. **Absatz 4** billigt schließlich den betroffenen Rechteinhabern einen verwertungsgesellschaftspflichtigen Vergütungsanspruch zu.

3. EU-Richtlinien und Konventionsrecht

§ 52a beruht auf der **fakultativen Schranke** des Art. 5 Abs. 3 lit. a) Info-RL. **5** Die Vorschrift erlaubt die „Vervielfältigung und öffentliche Wiedergabe von Werken [...] für die Nutzung ausschließlich zur Veranschaulichung im Unterricht oder für Zwecke der wissenschaftlichen Forschung [...] soweit dies zur Verfolgung nichtkommerzieller Zwecke gerechtfertigt ist". Vorbehaltlich des 3-Stufen-Tests (Art. 5 Abs. 5 Info-RL) geht die Richtlinienregelung damit über die deutsche Regelung weit hinaus.

Im internationalen Konventionsrecht findet § 52a keine Entsprechung. In den **6** USA sieht der sog. TEACH Act vergleichbare, jedoch wesentlich weitergehende Befugnisse zugunsten von Schulen und Bildungseinrichtungen vor (siehe dazu *Hoeren/Kalberg* ZUM 2006, 600 ff.).

II. Einzelerläuterungen

1. Zugänglichmachung zur Veranschaulichung im Unterricht (Abs. 1 Nr. 1)

a) Gegenstand und Umfang: Es dürfen nur veröffentlichte (vgl. §§ 6 Abs. 1, 15 **7** Abs. 3) **kleine Teile eines Werkes, Werke geringen Umfangs sowie einzelne Beiträge aus Zeitungen oder Zeitschriften** zustimmungsfrei öffentlich zugänglich gemacht werden. Diese Regelung entspricht im Kern § 53 Abs. 2 Nr. 4 lit. a, Abs. 3. Ob es sich um einen **kleinen Teil** eines Werkes handelt, bestimmt sich nach dem Verhältnis sämtlicher vervielfältigten Teile eines Werkes zum gesamten Werk. Verschiedentlich werden 20% als obere Grenze genannt (Wandtke/Bullinger/*Lüft*[2] Rn. 12; *Haberstumpf*[2] Rn. 345; für 10% als Obergrenze: Schricker/*Loewenheim*[3] § 53 Rn. 31 unter Verweis auf OLG Karlsruhe GRUR 1987, 818, 820 – *Referendarkurs*; *v. Bernuth* ZUM 2003, 438, 440). Maßgebend ist letztlich eine Einzelfallbetrachtung, konkrete Zahlen verbieten sich.

8 Werke haben nur einen **geringen Umfang**, wenn sie bei einer Gesamtbetrachtung aller möglichen Werke umfänglich zu den Kleinsten gehören. Dies können z.B. kurze Artikel, Kurzgeschichten (BGH GRUR 1972, 432, 433 – *Schulbuch*), Novellen (RGZ 80, 78 f.), Tonfolgen, Gedichte, Liedertexte und Lieder sein. Der Rechtsausschuss des Bundestages zählt sogar Monographien dazu (Bericht RAusschuss UrhG Infoges – BT-Drucks. 15/837, S. 34), was angesichts des heutigen Umfangs von Monographien (z.B. Dissertationen) eher fragwürdig erscheint (kritisch auch HK-UrhR/*Dreyer* Rn. 11; Schricker/*Loewenheim*[3] Rn. 7; Wandtke/Bullinger/*Lüft*[2] Rn. 7). Bei **Kunst- und Lichtbildwerken** ist nicht auf die Bildgröße, sondern auf den inneren Umfang des Werks abzustellen (zutreffend HK-UrhR/*Dreyer* Rn. 12). Maßgebend ist der schöpferische Gehalt des Kunstwerks, mag dieses auch noch so klein sein.

9 b) **Veranschaulichung im Unterricht:** Die nach § 52 Abs. 1 Nr. 1 privilegierte öffentliche Zugänglichmachung ist zweckgebunden. Sie darf nur zur **Veranschaulichung im Unterricht** an Schulen, Hochschulen, nichtgewerblichen Einrichtungen der Aus- und Weiterbildung sowie an Einrichtungen der Berufsbildung erfolgen (s. auch die Parallelvorschriften § 87c Nr. 3 und § 53 Abs. 3 Nr. 1). Nicht ausreichend ist, dass die Zugänglichmachung innerhalb der Bildungseinrichtung erfolgt. Vielmehr muss sie den Zweck haben, den zu **behandelnden Unterrichtstoff besser und verständlicher darzustellen**; die netzvermittelte Wiedergabe des Werkinhalts muss notwendig, zumindest aber hilfreich für die Darstellung des Lehrstoffs sein. Erfolgt die Zugänglichmachung nur zu Zwecken der schulinternen Verwaltung, der Dekoration, des Aufbaus einer Wissensdatenbank oder gar nur zur Unterhaltung (z.B. Videoclip-Sammlung im schulinternen Internet), ist für die Privilegierung kein Raum (ähnlich Schricker/*Loewenheim*[3] Rn. 9; HK-UrhR/*Dreyer* Rn. 15; Wandtke/Bullinger/*Lüft*[2] Rn. 9; noch strenger *Sandberger* ZUM 2006, 824, der auch die Online-Vermittlung zur Vor- oder Nachbereitung des Unterrichts von § 52a ausklammern möchte).

10 Für die in § 52a genannten privilegierten Bildungseinrichtungen spielt keine Rolle, ob sie in privater oder staatlicher Hand sind. Zu den Schulen gehören auch die Volkshochschulen (a.A. *von Bernuth* ZUM 2003, 438, 440) sowie Musik- und Kunstschulen. Einrichtungen der Berufsbildung sind auch staatliche Stellen, die für die Referendarausbildung zuständig sind (OLG Karlsruhe GRUR 1987, 818 – *Referendarkurs*). Ausgeschlossen bleiben dagegen gewerbliche, d.h. an der Erwirtschaftung von Gewinn orientierte Anbieter der Aus- und Fortbildung. Ein gewichtiges Indiz bildet insoweit die Rechtsform des Anbieters. Einem als GmbH oder Aktiengesellschaft agierenden Seminaranbieter bleibt die Privilegierung des § 52a regelmäßig versperrt.

11 c) **Abgegrenzter Personenkreis:** Die zur Veranschaulichung des Unterrichts erfolgende Zugänglichmachung darf sich nur an den **abgegrenzten Kreis der Unterrichtsteilnehmer** richten (Dreier/Schulze/*Dreier*[2] Rn. 8; Wandtke/Bullinger/*Lüft*[2] Rn. 9; Schricker/*Loewenheim*[3] Rn. 10; HK-UrhR/*Dreyer* Rn. 16). Der Online-Zugriff auf das Werk darf also nur für diejenigen Studenten bzw. Schülern möglich sein, welche die betreffende Lehrveranstaltung besuchen, in der das Werk benötigt wird (*Harder* UFITA 2004/III 643, 646). Zu diesem Personenkreis zählen auch der Lehrende (Wandtke/Bullinger/*Lüft*[2] Rn. 9), die Klasse wiederholende Schüler, Schüler, die probeweise am Unterricht teilnehmen und Besucher während des Regelbetriebs der Einrichtung (z.B. Referendarsprüfungskomitee). Dagegen ist die Zugänglichmachung für alle Studenten bzw. Schüler der gesamten Lehreinrichtung innerhalb des Intranet nicht von § 52a gedeckt. Es müssen Zugangskontrollsysteme (z.B. Passwörter) eingerichtet werden, die sicherstellen, dass das Werk nur für die Unterrichtsteilnehmer verfügbar ist (ebenso Dreier/Schulze/*Dreier*[2] Rn. 8; Schricker/*Loewenheim*[3] Rn. 10).

2. Zugänglichmachung zur eigenen wissenschaftliche Forschung (Abs. 1 Nr. 2)

a) **Gegenstand und Umfang:** Bei Nr. 2 **entfällt die Beschränkung auf kleine** **12** **Teile** des Werkes. Dieses erweitert gegenüber Nr. 1 den Kreis der Werke, die zwecks der eigenen wissenschaftlichen Forschung zugänglich gemacht werden dürfen. Soll z.B. ein umfangreiches Werk für die eigene wissenschaftliche Forschung zugänglich gemacht, genügt es, einzelne Kapitel oder bei Sammelwerken einzelne Bände auszunehmen (HK-UrhR/*Dreyer* Rn. 8). Im Übrigen gelten die Ausführungen zu Abs. 1 Nr. 1 entsprechend (vgl. Rn. 7 f.).

b) **Eigenen wissenschaftlichen Forschung:** Privilegiert ist **wissenschaftliche** **13** **Forschung** und somit die **gezielte Wissenschaftsproduktion**, nicht jedoch die bloße Unterrichtung über den Stand der Wissenschaft (Schricker/*Loewenheim*[3] Rn. 11). Dieses wird begrifflich durch die Abgrenzung zum Begriff des eigenen wissenschaftlichen Gebrauchs in § 53 Abs. 2 Nr. 1 deutlich (HK-UrhR/*Dreyer* Rn. 29; a.A. Dreier/Schulze/*Dreier*[2] Rn. 10). Die Werknutzung muss selbst das Ziel der Gewinnung neuer wissenschaftlicher Erkenntnis verfolgen. In der Praxis dürfte freilich eine Abgrenzung nur schwerlich zu treffen sein. Von Abs. 1 Nr. 2 umfasst ist jedenfalls auch die Anfertigung von wissenschaftlichen Arbeiten im Rahmen des Studiums.

c) **Abgegrenzter Personenkreis:** Wie im Fall von Nr. 1 darf die netzvermittelte **14** Online-Wiedergabe nur an einen abgegrenzten Personenkreis erfolgen. Der Gesetzgeber hatte dabei **kleine Forschungsteams** im Sinn (Bericht RAusschuss UrhG Infoges – BT-Drucks. 15/837, 34), die an dem gleichen Forschungsprojekt arbeiten. Die Größe des Personenkreises hängt von dem Forschungsgegenstand ab (Schricker/*Loewenheim*[3] Rn. 12) und kann bei Großprojekten ggf. Hunderte von Teilnehmer übersteigen (insgesamt kritisch zur Abgrenzbarkeit des Personenkreises *Gounalakis* JZ 2003, 1098, 1100). Unzulässig ist es dagegen, Werke so in das Intranet einer Universität einzustellen, dass sämtlichen dort tätigen Forschern die Nutzung des Werkes ermöglicht wird (Bericht RAusschuss UrhG Infoges – BT-Drucks. 15/837, S. 34). Zu groß und somit nicht von Nr. 2 umfasst ist auch die Gruppe der Angehörigen eines Fachbereichs einer Universität (ähnlich HK-UrhR/*Dreyer* Rn. 33). Wie im Fall von Nr. 1 ist durch technische Vorkehrungen die Abrufbarkeit der Inhalte auf diejenigen Personen zu begrenzen, die das Angebot für eigene wissenschaftliche Zwecke abrufen.

3. Gebotenheit der Online-Vermittlung

Gemeinsame Voraussetzung der Privilegierungen nach Abs. 1 Nr. 1 und Nr. 2 **15** ist, dass die Zugänglichmachung des Werkes **zu dem jeweiligen Zweck geboten** sein muss. Dies bedeutet, dass sich gerade die Online-Einspeisung des Werkes für die Veranschaulichung des Unterrichts bzw. für die private Forschung anbieten muss. Dieses Erfordernis ist nicht eng i.S.e. absoluten Notwendigkeit bzw. eines „sine qua non" zu verstehen (Dreier/Schulze/*Dreier*[2] Rn. 12). Das widerspräche dem Geist der Gesetzesänderung, die den Informationsquellenzugang erleichtern wollte. Vielmehr soll im **Einzelfall eine Gesamtabwägung** zwischen dem Bedürfnis der öffentlichen Zugänglichmachung und der Intensität der Beeinträchtigung des Rechteinhabers stattfinden (Dreier/Schulze/*Dreier*[2] Rn. 12). Kann das gleiche Vermittlungsresultat **mit anderen Mitteln** ebenso einfach oder sogar besser erzielt werden, ist die öffentliche Zugänglichmachung nicht geboten (ebenso Wandtke/Bullinger/*Lüft*[2] Rn. 14; HK-UrhR/*Dreyer* Rn. 22). An der Gebotenheit fehlt es nicht schon dann, wenn der jeweilige Werkinhalt auch über kostenpflichtige Online-Datenbanken des Verlages verfügbar ist (a.A. wohl HK-UrhR/*Dreyer* Rn. 22; kritisch auch *Schack*[4] Rn. 513a).

4. Verfolgung nicht kommerzieller Zwecke

16 Schließlich muss die Zugänglichmachung (z.B. Intranet-Wiedergabe) durch die Verfolgung nicht kommerzieller Zwecke gerechtfertigt sein. Aus ErwG 42 Info-RL folgt, dass nicht die öffentliche oder private Struktur oder Finanzierung der Einrichtung, sondern die (konkrete) **Unterrichts- bzw. Forschungstätigkeit maßgebend** dafür ist, ob die Zugänglichmachung einem nicht kommerziellen Zweck dient (Wandtke/Bullinger/*Lüft*[2] Rn. 14; Dreier/Schulze/*Dreier*[2] Rn. 13; auf die private Finanzierung der jeweiligen Einrichtung abstellend dagegen *v. Bernuth* ZUM 2003, 438, 441). Bezahlter Unterricht, bezahlte Auftragsforschung und die entgeltpflichtige Zugänglichmachung sind folglich nicht privilegiert, da sie der Gewinnerzielung dienen (Wandtke/Bullinger/*Lüft*[2] Rn. 14). Aufwandsentschädigungen und Unkostenbeiträge sind hingegen unschädlich (Dreier/Schulze/*Dreier*[2] Rn. 13). Ebenso wenig schließt die Erhebung von Studiengebühren, die gerade der Verbesserung der Bildung und der technischen Infrastrukrur dienen, die Anwendung von § 52a aus.

5. Ausnahmeregelungen für Schulbücher und Filmwerke (Abs. 2)

17 a) **Für den Unterrichtsgebrauch bestimmte Werke:** Die Schranke des § 52 Abs. 1 gilt nicht für Werke, die für den Unterrichtsgebrauch an Schulen bestimmt sind; dies gilt sowohl für Abs. 1 Nr. 1 als auch Abs. 1 Nr. 2 (ebenso Schricker/*Loewenheim*[3] Rn. 16; für Abs. 1 Nr. 2 fehlt freilich die praktische Relevanz). Die Schulbuchverlage sollen dadurch vor Umsatzverlusten in ihrem Primärmarkt geschützt werden (Bericht RAusschuss UrhG Infoges – BT-Drucks. 15/837, S. 34), da andernfalls Schulbücher einfach eingescannt und über Intranet-Systeme zur Verfügung gestellt werden können. Für den Schulgebrauch bestimmte Unterrichtsmaterialien sind neben Schulbüchern auch speziell für den Schulunterricht konzipierte Hör- und Filmwerke, nicht jedoch der im Deutschunterricht behandelte Roman.

18 b) **Filmwerke:** Eine weitere Einschränkung besteht für Filmwerke. Ihre öffentliche Zugänglichmachung darf ohne Zustimmung des Berechtigten nicht vor Ablauf von 2 Jahren nach Beginn der üblichen regulären Auswertung in Filmtheatern erfolgen. Grund für diese Regelung ist die für den Film typische Staffelung der Auswertung („Verwertungskaskaden"), wonach ein Film üblicherweise zunächst nur im Kino, dann als Home-Video und später im Bezahl- und Freifernsehen gezeigt wird. Die Exklusivität dieser Auswertungsstaffeln soll geschützt werden (Bericht RAusschuss UrhG Infoges – BT-Drucks. 15/837, S. 34). Maßgebender Zeitpunkt für den Lauf der 2-Jahresfrist ist der Beginn der Auswertung in den deutschen Kinos. Eine Regelungslücke findet sich für Filme, die erstmals oder nur im Fernsehen gezeigt oder als Home-Videoprodukt angeboten werden. Die Interessenlage gebietet es, die 2-Jahres-

Regel entsprechend anzuwenden (ebenso Schricker/*Loewenheim*[3] Rn. 17; a.A. Wandtke/Bullinger/*Lüft*[2] Rn. 19).

6. Erforderliche Vervielfältigungen (Abs. 3)

Absatz 3 erlaubt alle Vervielfältigungen (§ 16), die für die nach Abs. 1 zuläs- **19** sige öffentliche Zugänglichmachung erforderlich sind (sog. **Annex-Vervielfältigungen**). Dazu gehört das Scannen und Abspeichern der Daten auf einem Computerserver bzw. im Arbeitsspeicher. Unzulässig ist es dagegen, den Kopierschutz einer CD oder DVD unter Verstoß gegen § 95a zu überwinden. Nicht erfasst durch Abs. 3 sind etwaige **Folgeverwertung** durch die Wahrnehmenden (z.B. Ausdrucken, Abspeichern, E-Mail-Versand, etc). Insoweit greifen jedoch meist die Schranken der §§ 53 Abs. 2 und Abs. 3 (Bericht RAusschuss UrhG Infoges –BT-Drucks. 15/837, S. 34).

7. Vergütungspflicht (Abs. 4)

Für die öffentliche Zugänglichmachung nach Abs. 1 ist eine angemessene **20** Vergütung an die Rechteinhaber, d.h. die Urheber und Verleger, zu zahlen. Der Vergütungsanspruch kann nur durch eine Verwertungsgesellschaft geltend gemacht werden. Der Gesetzgeber hat damit an die Regelung gleich gelagerter Fällen angeknüpft (§§ 45a, 46, 49, 52, 53a). Im September 2007 schlossen die durch die Kultusministerkonferenz vertretenen Bundesländer auf der einen Seite und die Verwertungsgesellschaften GEMA, Bild-Kunst, GVL, VGF, VFF, GWFF und VG Musikedition (nicht jedoch die VG Wort) auf der anderen Seite einen **Gesamtvertrag** zur Vergütung der Ansprüche nach § 52a ab (abzurufen unter www.bibliotheksverband.de/vereinbarungen). Er gilt für alle in Trägerschaft der Bundesländer befindlichen Einrichtungen. Bis Ende 2008 wird die Vergütung übergangsweise in Form einer Pauschalsumme entrichtet, danach soll mit Hilfe eines Abrechnungssystems die tatsächlich erfolgende Nutzung vergütet werden (z.B. € 1,80 für jede Zugänglichmachung eines Werkes im Schulunterricht mit bis zu 20 Teilnehmern).

III. Verhältnis zu anderen Vorschriften

Über die nach Abs. 3 **erforderlichen Vervielfältigungen hinausgehende** Ver- **21** vielfältigungen können z.B. nach §§ 53 Abs. 2, 3, 44a zulässig sein (HK-UrhR/ *Dreyer* Rn. 20; Dreier/Schulze/*Dreier*[2] Rn. 2; Bericht RAusschuss UrhG Infoges – BT-Drucks. 15/837, S. 34). Im Verhältnis zu § 53 stellt § 52a Abs. 1 Nr.1 aber insofern eine Erweiterung dar, als dass § 53 die Vervielfältigung geschützter Werke für die Teilnehmer von Hochschulveranstaltungen nicht abdeckt (*Sandberger* ZUM 2006, 824). Bei der Anwendung von § 52a ist insb. auch der Anwendungsbereich des § **46** zu beachten.

§ 52a kann sich sachlich mit dem – vergütungsfreien – Zitatrecht nach **22** § **51** überschneiden, insb. wenn nur kleine Werkteile betroffen sind (dazu etwa die Fallgestaltung LG München I GRUR 2006, 7 – *Karl Valentin*: Verwendung von längeren Textpassagen in einem Vorlesungsskript; dazu *Taubner* ZUM 2005, 411). Greift § 51, ist für eine Anwendung von § 52a kein Raum.

§ 52b   Wiedergabe von Werken an elektronischen Leseplätzen in öffentlichen Bibliotheken, Museen und Archiven

[1]Zulässig ist, veröffentlichte Werke aus dem Bestand öffentlich zugänglicher Bibliotheken, Museen oder Archive, die keinen unmittelbar oder mittelbar wirtschaftlichen oder Erwerbszweck verfolgen, ausschließlich in den Räumen der jeweiligen Einrichtung an eigens dafür eingerichteten elektronischen Leseplätzen zur Forschung und für private Studien zugänglich zu machen, soweit dem keine vertraglichen Regelungen entgegenstehen. [2]Es dürfen grundsätzlich nicht mehr Exemplare eines Werkes an den eingerichteten elektronischen Leseplätzen gleichzeitig zugänglich gemacht werden, als der Bestand der Einrichtung umfasst. [3]Für die Zugänglichmachung ist eine angemessene Vergütung zu zahlen. [4]Der Anspruch kann nur durch eine Verwertungsgesellschaft geltend gemacht werden.

Übersicht

I.   Allgemeines

1.   Bedeutung und Entstehungsgeschichte

1   Die Schrankenregelung des § 52b wurde durch den 2. Korb 2007 in das UrhG eingefügt. Sie ermöglicht Bibliotheken, Museen und Archiven, die in ihrem Bestand befindlichen Werke (z.B. Bücher, Zeitschriften, Pläne, Kunstwerke) auch an elektronischen Leseplätzen öffentlich zugänglich zu machen, ohne dafür die Einwilligung der Rechteinhaber einholen zu müssen. Stattdessen ist eine angemessene Vergütung an eine Verwertungsgesellschaft zu zahlen.

2   Nach der Gesetzesbegründung soll § 52b den Bibliotheken, Museen und Archiven die Erfüllung ihres **Bildungsauftrags** erleichtern und zugleich die **Medienkompetenz der Bevölkerung** fördern (RegE 2. Korb – BT-Drucks. 16/1828, S. 40). Tatsächlich ermöglicht die Regelung den – sich meist in öffentlicher Hand befindlichen – genannten Einrichtungen in erster Linie Kosteneinsparungen, indem sie die Anschaffung teurer Zweitexemplare eines wissenschaftlichen Standardwerkes durch elektronisch vor Ort abrufbare Kopien ersetzen können. Insb. von Seiten der Wissenschaftsverlage, die erhebliche Teile ihres Umsatzes mit Bibliotheken und Forschungseinrichtungen erzielen, ist die neue Schranke heftig kritisiert und bekämpft worden. Teilweise wurden verfassungs- und europarechtliche Bedenken gegen § 52b geltend gemacht (*Berger* GRUR 2007, 757, 759). Die heiß umkämpfte neue Schranke wurde im Gesetzgebungsverfahren schließlich erheblich entschärft. So darf die Einrichtung an den Leseplätzen nicht mehr Kopien gleichzeitig zugänglich machen, als ihr Bestand umfasst (vgl. Rn. 9). Damit dürfte die Bedeutung von § 52b zumindest mittelfristig eher gering bleiben (ebenso *Schack*[4] Rn. 513b).

2. EU-Richtlinien und internationales Urheberrecht

§ 52b beruht auf der **fakultativen Schranke** des Art. 5 Abs. 3 lit. n), Abs. 2 lit. **3** c) Info-RL. Nach dieser – sprachlich umständlich formulierten – Regelung *können* die Mitgliedstaaten die „Wiedergabe oder Zugänglichmachung [von Werken und sonstigen Schutzgegenständen] für einzelne Mitglieder der Öffentlichkeit zu Zwecken der Forschung und privater Studien auf eigens hierfür eingerichteten Terminals in den Räumlichkeiten" von Bibliotheken, Bildungseinrichtungen, Museen oder Archiven freigeben, wenn „sich die Werke in den Sammlungen dieser Einrichtungen befinden" und „keine Regelungen über Verkauf und Lizenzen gelten". Die Richtlinienvorschrift geht damit inhaltlich über § 52b hinaus. Sie gilt auch für **nicht-öffentliche Bildungseinrichtungen** und ermöglicht die gleichzeitige Wiedergabe des Werkes an einer Vielzahl von Leseplätzen einer Einrichtung, auch wenn diese in ihrem Bestand nur über ein einziges Werkexemplar verfügt. § 52b schreibt dagegen grundsätzlich Bestandsakzessorietät vor (vgl. Rn. 9). Im **Konventionsrecht** findet § 52b keine Entsprechung.

II. Tatbestand

1. Privilegierte Einrichtungen

Auf die Schranke des § 52b können sich nur Bibliotheken, Museen und **4** Archive berufen, die **öffentlich zugänglich** sind. Die Forderung des Bundesrates, die Privilegierung allgemein auch auf nicht-öffentlich zugängliche Bildungseinrichtungen zu erweitern (StellungBR RegE 2. Korb – BR-Drucks. 257/06, S. 8), wurde nicht umgesetzt (Gegenäußerung BReg – BT-Drucks. 16/1828, S. 48). Schulbibliotheken sollen aber nach übereinstimmender Auffassung von Bundesregierung und Bundesrat dann öffentlich zugänglich i.S.v. § 52b sein, soweit sie der Gesamtheit der Lehrer und Schüler der Schule offen stehen (StellungBR RegE 2. Korb – BR-Drucks. 257/06, S. 16; Gegenäußerung BReg – BT-Drucks. 16/1828, S. 48, Antwort zu Nr. 9).

Keine Rolle spielt, ob sich die Einrichtung in privater oder staatlicher Träger- **5** schaft befindet. Sie darf nur keinen **unmittelbar oder mittelbar wirtschaftlichen oder Erwerbszweck** verfolgen. Dem steht nicht entgegen, wenn für die Benutzung der Einrichtung, einschließlich der Leseplatznutzung, Gebühren gefordert werden. Maßgebend ist, ob der Betrieb der Einrichtung insgesamt auf Gewinnerzielung gerichtet ist. Ein gewichtiges Indiz bildet insoweit die Rechtsform, in der die Einrichtung betrieben wird.

2. Veröffentlichte Werke aus dem Bestand der Einrichtung

Die Privilegierung gilt nur für **veröffentlichte Werke** (§ 6 Abs. 1), die sich in **6** dem Bestand der Einrichtung befinden (sog. „Bestandsakzessorietät"). Die Einrichtung muss mindestens ein körperliches Werkexemplar erworben oder als Pflichtexemplar erhalten haben und es in ihrem **Präsenzbestand** halten (Antwort BReg Kl. Anfrage – BT-Drs. 16/1356, Antwort 16). Nimmt das Werkexemplar ausschließlich am Leihverkehr einer Bibliothek teil, ist § 52b nicht anwendbar. Unerheblich sind dagegen die **Eigentumsverhältnisse** am Werk. Bedient sich ein Museum für eine Ausstellung der Leihgabe eines Werkes, darf es dieses für die Dauer der Leihgabe an einem elektronischen Leseplatz zugänglich machen.

3.   Zugänglichmachung an elektronischen Leseplätzen in eigenen Räumen

7 Die privilegierte Einrichtung ist nur berechtigt, das in ihrem Bestand befindliche Werk „ihren Räumen [...] an eigens dafür eingerichteten elektronischen Leseplätzen zur Forschung und für private Studien öffentlich zugänglich zu machen". Ausdrücklich ausgeschlossen wird damit die Möglichkeit, den Online-Zugriff auf das Werk auch von außen zu ermöglichen (RegE 2. Korb – BT-Drucks. 16/1828, S. 26). Vielmehr darf der elektronische Abruf nur über eigens dafür eingerichtete Leseplätze (z.B. PC-Bildschirmplatz, Mikrofilmplatz, Terminals, etc.) in den eigenen Räumen der Einrichtung erfolgen. Von § 52b gedeckt ist dagegen die Einspeicherung und Bereitstellung des Werkes auf einen **zentralen Intranet-Server**, solange nach Satz 2 der Werkabruf auf den Leseplätzen (User-Terminals) nicht gleichzeitig ermöglicht wird. Nicht zwingend erforderlich ist, dass sich der Leseplatz in demselben Gebäude wie das Bestandsexemplar befindet; zu den „Räumen der Einrichtung" gehören auch **Zweigstellen und Nebengebäude** von Bibliotheken (a.A. wohl *Hoeren* MMR 2007, 615, 617). Ob Zentral- und Fakultätsbibliothek einer Universität zur derselben Einrichtung gehören ist Frage des Einzelfalls. Zwar gehören beide zum gleichen Träger, oftmals sind sie aber organisatorisch und haushaltsrechtlich getrennt, so dass im Zweifel von unterschiedlichen Einrichtungen i.S.v. § 52b auszugehen ist.

8 Die Leseplatznutzung des Werkes darf nur **zur Forschung und privaten Studien** erfolgen. Die praktische Bedeutung dieser Einschränkung ist gering, da der Leseplatz typischerweise nur eine private, individuelle Nutzung zulässt. Kaum feststellbar ist, ob dort etwa ein Rechtsanwalt einen Zeitschriftenaufsatz zur Forschung oder Berufsausübung abruft. Unzulässig ist der Werkabruf zu Unterrichts- und Präsentationszwecken. Ein im Vorlesungssaal installierter „Leseplatz" darf also nicht zu einem Beamer umgerüstet werden. § 52b bleibt auf die individuelle Nutzung des Werkes beschränkt.

9 Von grundlegender Bedeutung ist die in Satz 2 festgelegte **erweiterte Bestandsakzessorietät**: Die Einrichtung darf an den Leseplätzen „grundsätzlich" nicht mehr Kopien gleichzeitig zugänglich machen, wie ihr Bestand umfasst. Insoweit setzte sich der Bundesrat mit seiner Forderung schließlich durch (StellungBR RegE 2. Korb – BR-Drucks. 257/06, S. 5–6; zum Gesetzgebungsverfahren *Berger* GRUR 2007, 754, 756). Verfügt ein Archiv über zwei Bestandsexemplare eines Lehrbuchs, kann es dieses „grundsätzlich" nur an zwei Leseplatzen simultan zugänglich gemacht werden. Bei weniger nachgefragten wissenschaftlichen Werken bleibt diese Einschränkung im Gegensatz zu Standardwerken meist folgenlos. Mit der Formulierung **„grundsätzlich"** verspricht sich der Gesetzgeber eine Einzelfallprüfung, die die Bedürfnisse der Hochschulen berücksichtigen soll. In **Ausnahmefällen** von Belastungsspitzen in der Nutzung eines Werkes dürfen an den Leseplätzen vorübergehend mehr Exemplare gleichzeitig zugänglich gemacht werden, als der Bestand der Einrichtung umfasst. Als Richtwert wird die Nutzung an maximal **vier Leseplätzen** pro Bestandsexemplar genannt (Bericht RAusschuss 2. Korb – BT-Drucks. 16/5939, S. 44).

4.   Vervielfältigung

10 § 52b regelt nicht, wie die privilegierte Einrichtung das für die Leseplatznutzung erforderliche digitale Werkexemplar erlangt. Anders als § 52a Abs. 3 sieht § 52b ein **Recht zur Annex-Vervielfältigung** nicht ausdrücklich vor (dazu ausführlich *Heckmann* K&R 2008, 284). Gleichwohl bleibt die Anwendung der Schranke nicht auf digital vom Verlag angebotene Werke beschränkt (so aber *Berger* GRUR 2007, 756), verfolgt der Gesetzgeber mit § 52b gerade das Ziel der digitalen Nutzung *vorhandener* Bibliotheks- und Archivbestände. Zulässig sind das Einscannen des Werkes und die Bereitstellung der digitalen Kopie auf dem Server der Einrichtung. Dies gilt auch, wenn der Verlag das betreffende Werk bereits in **digitaler Form anbietet** (*Hoeren* MMR 2007, 615, 618; a.A. *Langhoff/Oberndörfer/Jani* ZUM 2007, 593, 597), was heute bereits für die Mehrzahl der wissenschaftlichen Periodika zutrifft. § 52b begründet keinen „Vorrang von digitalen Verlagsangeboten" (vgl. Rn. 11).

5.   Keine abweichenden vertragliche Regelungen

Die Schranke des § 52b ist **dispositiv**. Sie greift nur, wenn die jeweilige **11** Einrichtung mit dem Rechteinhaber keine entgegen stehenden vertraglichen Regelungen über die digitale Werknutzung getroffen hat. Stellt der Verlag der Einrichtung seine Werke bereits über Online-Datenbanken oder CD-ROM zu Verfügung, ist der Einrichtung die parallele Nutzung dieser Werke über § 52b versagt. Die Vorschrift begründet aber de lege lata keinen Vorrang bzw. Kontrahierungszwang zur Nutzung von digitalen Verlagsangeboten (a.A. *Berger* GRUR 2007, 756, 760; *Langhoff/Oberndörfer/Jani* ZUM 2007, 593, 597 wie hier wohl *Spindler/Heckmann* GRUR/Jat. 2008, 271, 275). Der Einrichtung bleibt unbenommen, entsprechende Angebote auszuschlagen und die Werknutzung über Leseplätze unter den strengen Voraussetzungen § 52b zu ermöglichen. Für die Erstellung der erforderlichen digitalen Kopien darf die Einrichtung aber nicht auf die Online-Datenbank des Verlags zurückgreifen.

6.   Vergütungsanspruch

Die Werknutzung über Leseplätze ist nach Satz 3 **angemessen** (§ 32) **zu ver- 12 güten**. Der Vergütungsanspruch kann nur durch eine Verwertungsgesellschaft geltend gemacht werden. Der Gesetzgeber hat damit an die Regelung gleich gelagerter Fällen angeknüpft (§§ 45a Abs. 2 S. 1; 46 Abs. 4, 47 Abs. 2 S. 2, 49 Abs. 1 S. 2, 52 Abs. 1 S. 2, 53a Abs. 2; 54 Abs. 1, 54a Abs. 1). Gesamtverträge bestehen zu Zeit noch nicht. Es ist zu erwarten, dass für die Einrichtungen, die sich in der Trägerschaft der Länder befinden, die Kultusministerkonferenz mit den Verwertungsgesellschaften, insbesondere der VG WORT, entsprechende Verträge abschließt.

III.   Verhältnis zu anderen Schranken

Mit § 53 bestehen grundsätzlich keine Überschneidungen, da diese Schranke **13** nur die Vervielfältigung, nicht die öffentliche Zugänglichmachung eines Werkes regelt. Zulässig ist es, wenn der Nutzer der Einrichtung den Leseplatzabruf nach § 52b zur Herstellung einer – ebenfalls vergütungspflichtigen – Privatkopie nutzt (gegen eine solche **Schrankenkette** *Berger* GRUR 2007, 754, 756). Es macht wirtschaftlich keinen Unterschied, ob der Nutzer die Privatkopie vom Bestandsexemplar oder der Leseplatzkopie der Einrichtung erstellt. Ebenfalls nicht zu beanstanden ist, wenn der Leseplatznutzer die hergestellte Kopie später zur öffentlichen Wiedergabe nach § 52 Abs. 1 oder Zugänglichmachung nach § 52a Abs. 1 Nr. 2a zugänglich macht.

§ 53   Vervielfältigungen zum privaten und sonstigen eigenen Gebrauch

(1) [1]Zulässig sind einzelne Vervielfältigungen eines Werkes durch eine natürliche Person zum privaten Gebrauch auf beliebigen Trägern, sofern sie weder unmittelbar noch mittelbar Erwerbszwecken dienen, soweit nicht zur Vervielfältigung eine offensichtlich rechtswidrig hergestellte oder öffentlich zugänglich gemachte Vorlage verwendet wird. [2]Der zur Vervielfältigung Befugte darf die Vervielfältigungsstücke auch durch einen anderen herstellen lassen, sofern dies unentgeltlich geschieht oder es sich um Vervielfältigungen auf Papier oder einem ähnlichen Träger mittels beliebiger photomechanischer Verfahren oder anderer Verfahren mit ähnlicher Wirkung handelt.

(2) [1]Zulässig ist, einzelne Vervielfältigungsstücke eines Werkes herzustellen oder herstellen zu lassen
1. zum eigenen wissenschaftlichen Gebrauch, wenn und soweit die Vervielfältigung zu diesem Zweck geboten ist und sie keinen gewerblichen Zwecken dient,
2. zur Aufnahme in ein eigenes Archiv, wenn und soweit die Vervielfältigung zu diesem Zweck geboten ist und als Vorlage für die Vervielfältigung ein eigenes Werkstück benutzt wird,
3. zur eigenen Unterrichtung über Tagesfragen, wenn es sich um ein durch Funk gesendetes Werk handelt,
4. zum sonstigen eigenen Gebrauch,
    a) wenn es sich um kleine Teile eines erschienenen Werkes oder um einzelne Beiträge handelt, die in Zeitungen oder Zeitschriften erschienen sind,
    b) wenn es sich um ein seit mindestens zwei Jahren vergriffenes Werk handelt.
[2]Dies gilt im Fall des Satzes 1 Nr. 2 nur, wenn zusätzlich
1. die Vervielfältigung auf Papier oder einem ähnlichen Träger mittels beliebiger photomechanischer Verfahren oder anderer Verfahren mit ähnlicher Wirkung vorgenommen wird oder
2. eine ausschließlich analoge Nutzung stattfindet oder
3. das Archiv im öffentlichen Interesse tätig ist und keinen unmittelbar oder mittelbar wirtschaftlichen Erwerbszweck verfolgt.
[3]Dies gilt in den Fällen des Satzes 1 Nr. 3 und 4 nur, wenn zusätzlich eine der Voraussetzungen des Satzes 2 Nr. 1 oder 2 vorliegt.

(3) [1]Zulässig ist, Vervielfältigungsstücke von kleinen Teilen eines Werkes, von Werken von geringem Umfang oder von einzelnen Beiträgen, die in Zeitungen oder Zeitschriften erschienen oder öffentlich zugänglich gemacht worden sind, zum eigenen Gebrauch
1. zur Veranschaulichung des Unterrichts in Schulen, in nichtgewerblichen Einrichtungen der Aus- und Weiterbildung sowie in Einrichtungen der Berufsbildung in der für die Unterrichtsteilnehmer erforderlichen Anzahl oder
2. für staatliche Prüfungen und Prüfungen in Schulen, Hochschulen, in nichtgewerblichen Einrichtungen der Aus- und Weiterbildung sowie in der Berufsbildung in der erforderlichen Anzahl
herzustellen oder herstellen zu lassen, wenn und soweit die Vervielfältigung zu diesem Zweck geboten ist. [2]Die Vervielfältigung eines Werkes, das für den Unterrichtsgebrauch an Schulen bestimmt ist, ist stets nur mit der Einwilligung des Berechtigten zulässig.

(4) Die Vervielfältigung
a) graphischer Aufzeichnungen von Werken der Musik,
b) eines Buches oder einer Zeitschrift, wenn es sich um eine im wesentlichen vollständige Vervielfältigung handelt,
ist, soweit sie nicht durch Abschreiben vorgenommen wird, stets nur mit Einwilligung des Berechtigten zulässig oder unter den Voraussetzungen des Absatzes 2 Satz 1 Nr. 2 oder zum eigenen Gebrauch, wenn es sich um ein seit mindestens zwei Jahren vergriffenes Werk handelt.

(5) [1]Absatz 1, Absatz 2 Satz 1 Nr. 2 bis 4 sowie Absatz 3 Nr. 2 finden keine Anwendung auf Datenbankwerke, deren Elemente einzeln mit Hilfe elektro-

nischer Mittel zugänglich sind. ²Absatz 2 Satz 1 Nr. 1 sowie Absatz 3 Nr. 1 finden auf solche Datenbankwerke mit der Maßgabe Anwendung, dass der wissenschaftliche Gebrauch sowie der Gebrauch im Unterricht nicht zu gewerblichen Zwekken erfolgen.

(6) ¹Die Vervielfältigungsstücke dürfen weder verbreitet noch zu öffentlichen Wiedergaben benutzt werden. ²Zulässig ist jedoch, rechtmäßig hergestellte Vervielfältigungsstücke von Zeitungen und vergriffenen Werken sowie solche Werkstücke zu verleihen, bei denen kleine beschädigte oder abhanden gekommene Teile durch Vervielfältigungsstücke ersetzt worden sind.

(7) Die Aufnahme öffentlicher Vorträge, Aufführungen oder Vorführungen eines Werkes auf Bild- oder Tonträger, die Ausführung von Plänen und Entwürfen zu Werken der bildenden Künste und der Nachbau eines Werkes der Baukunst sind stets nur mit Einwilligung des Berechtigten zulässig.

Übersicht

I. Früheres Recht

In der Urfassung des UrhG von 1965 war in § 53 die Vervielfältigung zum **1** persönlichen Gebrauch, in § 54 diejenige zum sonstigen eigenen Gebrauch geregelt. Der damals allein gewährte Vergütungsanspruch für Überspielungen auf Bild- oder Tonträger, die sog. *Tonbandgeräteabgabe*, fand sich in § 53 Abs. 5.

Der Gesetzgeber von 1985 gestaltete diesen Vergütungsanspruch neu und **2** erweiterte ihn zugleich auf das Trägermaterial. Neben die so entstandene *Geräte- und Leerkassettenabgabe* trat ein Vergütungsanspruch für Fotokopien. Die Schrankenregelung wurde in § 53 zusammengefasst, während § 54 die beiden Vergütungsansprüche zum Gegenstand hatte.

Von 1994 bis 2003 hat es sodann insgesamt *fünf* weitere Änderungen gegeben, **3** von denen *drei* auch § 53 betrafen (zu § 54 vgl. § 54 Rn. 1–4):

–   Das ÄndG 1993 vom 09.06.1993 (BGBl I 910) strich das in § 53 Abs. 4
    Satz 2 enthaltene allgemeine Verbot der Vervielfältigung von Computer-
    programmen mit Rücksicht auf seine Neuregelung in den §§ 69c-e.
–   Das IuKDG vom 22.07.1997 (BGBl I 1870) setzte die Datenbank-RL mit
    der Einführung des § 53 Abs. 5 um.
–   Die geltende Fassung des § 53 beruht im Wesentlichen auf dem UrhG
    Infoges vom 10.09.2003 (BGBl. I 1774), mit dem die Info-RL umgesetzt
    wurde (vgl. Vor § 44a Rn. 8–9).

4 Das zum 01.01.2008 in Kraft getretene Zweite Gesetz zur Regelung des
Urheberrechts in der Informationsgesellschaft vom 10.09.2007, der sog.
„2.Korb" (BGBl. I S. 2513), hat neben einer Reihe von redaktionellen Klarstellungen in **Abs. 2** die Begünstigung der Archive auf solche beschränkt, die
im öffentlichen Interesse tätig sind, und mit **Abs. 3 Satz 2** jede Vervielfältigung
von urheberrechtlich geschütztem **Unterrichtsmaterial ausgeschlossen.**

II. Überblick

5 Der Wortreichtum des § 53 (ohne die Bezifferung nunmehr 606 Wörter)
erschließt sich leichter, wenn man sich zunächst seine Struktur vergegenwär-
tigt:
1. Die Bestimmung **erlaubt Vervielfältigungen** einerseits zu jedem Zweck des
    privaten Gebrauchs (Abs. 1), andererseits – in genau bezeichneten Fällen –
    zum **eigenen** Gebrauch, wobei sie zwischen dem Gebrauch für den Nutzer
    selbst, also dem Eigengebrauch im engeren Sinne (Abs. 2), und demjenigen
    gegenüber Dritten (Abs. 3) unterscheidet.
2. Diese Freiheit ist in Abs. 4 und 5 für bestimmte **Werkformen einge-
    schränkt** oder ganz ausgeschlossen (Noten und andere geographische Auf-
    zeichnungen musikalischer Werke sowie ganze Bücher oder Zeitschriften;
    Datenbankwerke; seit Jahresbeginn 2008 auch jegliches Unterrichtsmate-
    rial für Schulen, Abs. 3 Satz 2).
3. Die **Verbreitung** oder **öffentliche Wiedergabe** von Vervielfältigungsstücken,
    deren Herstellung und Benutzung die Absätze 1–5 erlauben, ist **stets unzu-
    lässig** (Abs. 6 Satz 1 mit einer – unbedeutenden – Ausnahme in Satz 2).
4. Bestimmte Nutzungsarten sind nach Abs. 7 **von der Nutzungsfreigabe** nach
    den Absätzen 1–5 **gänzlich ausgenommen**; unter den in der Bestimmung
    genannten Fällen sind allerdings nur die Aufnahmen öffentlicher Vorträge,
    Aufführungen und Vorführungen von praktischer Bedeutung.

III. Privatgebrauch (Abs. 1)

1.   Begriff

6 Den **Begriff** des „Privatgebrauchs" hat schon BGH GRUR 1978, 474, 475 –
Vervielfältigungsstücke zutreffend dahin umschrieben, dass es sich um einen
Gebrauch in der Privatsphäre zur Befriedigung rein persönlicher Bedürfnisse
durch die eigene Person oder die mit ihr durch ein persönliches Band verbundenen Personen handelt. **Privat ist nur, was sich im häuslichen Bereich oder
im Freundeskreis abspielt** (*Flechsig* GRUR 1993, 532, 533).

7 Danach war einerseits schon immer klar, dass **nur natürliche Personen** von
§ 53 Abs. 1 begünstigt sind (Begr RegE ÄndG 1983 – BT-Drucks. 10/837,
S. 16 f. und BGH GRUR 1997, 459, 462 – *CB-Infobank I*). Juristische Per-

sonen haben kein Privatleben; sie können sich allenfalls auf die Absätze 2 oder 3 berufen (BGH a.a.O. – *CB-Infobank I*; ebenso schon BGH GRUR 1978, 474, 475 – *Vervielfältigungsstücke*). Auch wenn ein Anbieter eines sog. **virtuellen Videorecorders** Privaten die Zeit versetzte Aufnahme z.B. von Fernsehsendungen ermöglicht (in der Regel durch zentrale Aufnahme und Versendung an den Endnutzer als digitale Datei) ist dies kein Privatgebrauch (so zu Recht: LG Leipzig GRUR-RR 2007, 143 – *Virtueller Videorecorder*; OLG Dresden NJOZ 2007, 1564, nicht r.kr.; OLG Köln GRUr-RR 2006, 5 _ Personal Video Recorder, kritisch: *Hofmann* MMR 2006, 793).

Andererseits muss die Vervielfältigung **ausschließlich zum privaten Gebrauch** **8** **bestimmt** sein und darf deshalb **weder unmittelbar noch mittelbar** zugleich **Erwerbszwecken dienen**. Für das Privileg des § 53 Abs. 1 kommt also nur die Befriedigung rein persönlicher Bedürfnisse außerberuflicher und außerwirtschaftlicher Art in Betracht (so schon BGH GRUR 1978, 474, 475 – *Vervielfältigungsstücke*). Das ist schon dann nicht mehr gegeben, wenn ein Theaterregisseur eine eigene Inszenierung mitschneidet, um sie für seine weitere berufliche Tätigkeit zu dokumentieren (BGH GRUR 1993, 889, 890 – *Dia-Duplikate*), oder wenn ein Student sich für Studienzwecke Kopien macht (BGH GRUR 1984, 54, 55 – *Kopierläden*), oder wenn ein Orchestermusiker das Solistenkonzert eines Kollegen mitschneidet, um sein eigenes Spiel damit zu vergleichen und gegebenenfalls zu vervollkommnen. Freigegeben ist vielmehr nur beispielsweise der Mitschnitt eines Konzerts der Berliner Philharmoniker, das schon ausverkauft war, um es selbst oder mit der Familie oder mit Freunden später in Ruhe hören zu können, oder eines Probekapitels aus dem eben erschienenen neuen Roman von Bernhard Schlink für die Großmutter in der Klinik.

2.   Privater Gebrauch

Zum privaten Gebrauch (Abs. 1) darf man fast alles vervielfältigen, selbst **9** unveröffentlichte Werke, jedoch weder Datenbankwerke (Abs. 5; zu „einfachen" Datenbanken s. § 87c) noch Computerprogramme (§§ 69c–e) noch öffentliche Aufführungen oder Vorführungen (Abs. 7). Neuerdings ist auch jede Vervielfältigung von Werken gleich jeder Art, die für den Unterrichtsgebrauch an Schulen bestimmt sind, verboten (§ 53 Abs. 3 Satz 2). Vorträge darf man allenfalls mitschreiben (jedoch nicht mitschneiden, Abs. 7), Noten, ganze Bücher oder Zeitschriften allenfalls abschreiben (Abs. 4). Dass man Pläne und Entwürfe zu Bauwerken und anderen Kunstwerken nicht „zu privaten Zwecken" ausführen darf, versteht sich eigentlich von selbst (Abs. 7). Die „Generalklausel mit Einschränkungen", als die § 53 gelten kann, ändert freilich an ihrem Ausnahmecharakter gegenüber dem Grundsatz des ausschließlichen Herrschaftsrechts des Urhebers über die Nutzung seines Werkes zu gleich welchen Zwecken nichts (vgl. Vor § 44a Rn. 3–4). Das hat Folgen für ihre Auslegung in Grenzfällen und für die Darlegungs- und Beweislast (vgl. § 97 Rn. 26–28).

3.   Beschränkung

Eine Beschränkung der **Art der Vervielfältigung** sieht Abs. 1 nicht vor, soweit **10** der Berechtigte die Kopien *selbst* herstellt (Satz 1). Nur wenn er einen anderen damit beauftragt (und bezahlt, vgl. Rn. 11), ist die Freigabe auf photomechanisch hergestellte Papierkopien – und entsprechende Verfahren oder Kopienträger – beschränkt (Satz 2). **Anderer** ist nicht erst der Inhaber des Copyshops, sondern **jeder Dritte**, also auch die eigene Sekretärin, ein Familienmitglied oder ein Freund (Schricker/*Loewenheim*[3] Rn. 15; Möhring/Nicolini/*Decker*[2] Rn. 11); sogar der Kopienversanddienst einer öffentlichen Bibliothek ist „anderer" im Sinne der Bestimmung, darf also um bestimmte Kopien aus bestimmten Werken und Zeitschriften ersucht werden (BGH GRUR 1999, 707, 709 – *Kopienversanddienst*). Allerdings muss in allen Fällen die Bestimmung, ob und wann welche Kopien anzufertigen sind, bei dem Berechtigten verbleiben; deshalb ist die Inanspruchnahme eines Recherchedienstes, der nach der Vorgabe des Themenbereichs durch den Besteller die zu liefernden Kopien selbst auswählt, von § 53 Abs. 1 nicht gedeckt (BGH GRUR 1997, 459, 463 und 464, 466 – *CB-Infobank I und II*).

11 Der „andere" im Sinne des Abs. 1 Satz 2 hat allerdings nur dann dieselbe Freiheit in der Art der Vervielfältigung wie der Berechtigte selbst, wenn er **unentgeltlich** tätig wird. Das kann von Kopienversanddiensten niemand erwarten, auch wenn es sich um öffentliche, der Allgemeinheit gewidmete Bibliotheken, Film- und Tonträgersammlungen handelt. Soweit diese sich auf die bloße Erstattung der ihnen durch die Kopien entstehenden Kosten, also jedenfalls der Materialkosten, beschränken, wird das von der Literatur allerdings übereinstimmend als noch unentgeltlich angesehen (Nachweise bei Schricker/*Loewenheim*[3] Rn. 16). Für Kopien auf *Papier oder einem ähnlichen Träger* gilt die Bedingung der Unentgeltlichkeit ohnehin nicht (§ 53 Abs. 1 Satz 2). An dieser Voraussetzung scheitert in der Regel auch der Anbieter sog. **virtueller Videorecorder** (z.B. LG Leipzig GRUR-RR 2007, 143, 144 – *Virtueller Videorecorder*). Es stellen sich dann aber auch noch wietergehende wettbewerbsrechtliche Fragen (OLG Dresden NJOZ 2007, 1564, 1571).

12 Ein **Grenzfall** lag der Entscheidung des OLG München ZUM 2003, 569, 570 f. zugrunde: Der in einem Copyshop aufgestellte CD-Kopierer ermöglichte es jedem Kunden, nach Einwurf einer Münze die mitgebrachte CD zu kopieren. Das Gericht sah den Kunden als Hersteller und damit die Kopie als von § 53 Abs. 1 gedeckt an. Das kann nicht richtig sein, selbst wenn man die – erheblichen – Auswirkungen auf den regulären Verkauf von CDs und die damit verbundene Schädigung der Urheber außer Betracht lässt: Der private Nutzer des Automaten bedient sich zur Herstellung der CD-Kopie doch jedenfalls des Copyshops; ohne dessen Einschaltung käme die Kopie nicht zustande. Deshalb ist nicht er selbst, sondern der Copyshop-Inhaber, also ein „Anderer" im Sinne des Abs. 1 Satz 2, der Hersteller der Kopie, und dieser darf gegen Entgelt nur auf Papier kopieren (ebenso schon *Stieper* ZUM 2004, 911, 915 f.; a.M. Dreier/Schulze/*Dreier*[2] Rn. 14).

4.   Einzelne Kopien

13 In allen von Abs. 1 freigegebenen Fällen dürfen stets **nur einzelne Kopien** hergestellt werden. Das sind nach der Rechtsprechung jedenfalls nicht mehr als 7 Exemplare (BGH GRUR 1978, 474, 476 – *Vervielfältigungsstücke*). Wir meinen freilich, dass die Obergrenze bei 3 liegen muss, wenn das Wort „einzelne" noch zutreffen soll (ebenso *Schack*[2] Rn. 496; Schricker/*Loewenheim*[3] Rn. 14). Dreier/Schulze/*Dreier*[2] Rn. 9 stellt auf die zur Deckung des rein persönlichen Bedarfs erforderlichen Exemplare ab, was letztlich auf dasselbe Ergebnis hinausläuft. Einiges spricht dafür, dass der BGH seinerzeit an einer solchen engeren Begrenzung nur durch die auf 7 Exemplare lautende Fassung des Klageantrages gehindert worden ist (§ 308 Abs. 1 ZPO). Kopien für die 10 kleinen Gäste eines Kindergeburtstages sind, weil nicht mehr „einzeln", in jedem Falle unzulässig. Eine **Ausnahme** macht nur der schulische Bereich, wo das Kopieren in Klassenstärke bzw. in der für die Prüfung erforderlichen Anzahl zugelassen ist (Abs. 3; vgl. Rn. 31–33).

5. Freigabe

Die Freigabe des Abs. 1 scheitert allerdings stets dann, wenn für die Verviel- **14** fältigung eine offensichtlich rechtswidrig hergestellte Vorlage verwendet wird. Diese – durch den Vermittlungsausschluss veranlasste (Schricker/*Loewenheim*[3] Rn. 14b) – Freigabebedingung hat in erster Linie die Wirkung eines erhobenen Zeigefingers: *Offensichtlich* ist nach allgemeinem Sprachgebrauch nur, was jedermann auf den ersten Blick erkennt. Auf das subjektive Wissen oder Nicht-Wissen Einzelner kann es also nicht ankommen (Schricker/*Loewenheim*[3] Rn. 14c im Anschluss an *Jani* ZUM 2003, 842 f, 847 ff. und *Lauber/ Schwipps* GRUR 2004, 293, 298 f.; im gleichen Sinne *Czychowski* NJW 2003, 2409, 2411; so auch *Stickelbrock* GRUR 2004, 736, 738). In Betracht kommen also vor allem
- mittels versteckter Kamera aufgenommene Fotos von Prominenten, Privaträumen oder Entwürfen neuer Produkte,
- zeitlich *vor* der Veröffentlichung von Druckwerken, Musik-CDs oder Filmen liegende Angebote.

Schricker/*Loewenheim*[3] (Rn. 14c) nennt daneben noch dubiose Angebote nach dem Preis und/oder den Umständen der Übergabe. Fälle dieser Art werden allerdings für die Anwendung des § 53 Abs. 1 nur dann relevant, wenn sie durch die vom Hersteller der Vorlage betriebene Werbung auch den Rechtsinhabern bekannt werden (OLG München GRUR 2001, 499, 503 für ein Internet-Forum).

Dass der Hersteller eines Originals im online-Bereich die Möglichkeit der **15** Erstellung von Privatkopien durch technische Schutzmaßnahmen „bekanntermaßen" ausgeschlossen hat, muss nicht zwangsläufig jedermann bekannt sein und macht deshalb die Herstellung einer Kopie nicht *offensichtlich* rechtswidrig, ganz abgesehen davon, dass § 53 Abs. 1 derart „gesperrte" Vorlagen von der Freigabe privater Kopien nicht ausnimmt (§ 95b Abs. 1 Nr. 6; a.M. Dreier/Schulze/*Dreier*[2] Rn. 12; Schricker/*Loewenheim*[3] Rn. 14c). Nur wer *selbst* die Sperre überwindet, verletzt § 95a Abs. 1 und kann deshalb auch das Privileg des § 53 Abs. 1 Satz 1 nicht für sich in Anspruch nehmen; Selbsthilfe erlaubt § 95b nicht (Schricker/*Götting*[3] Rn. 21 unter Hinweis auf die Begr RegE UrhG Infoges – BT-Drucks. 15/38, S. 27; Wandtke/Bullinger/*Ohst*[2] Rn. 38 m.w.N.).

IV. Eigener Gebrauch (Abs. 2 und 3)

1. Gemeinsamkeiten

Der Begriff „eigener Gebrauch" in § 53 meint die Herstellung von Vervielfäl- **16** tigungsstücken zur eigenen Verwendung, nicht aber zur Weitergabe an Dritte (Begr RegE ÄndG 1983 – BT-Drucks. 10/837, S. 9). Wer Dritter in diesem Sinne ist, wird nicht gesagt; die Begr (a.a.O.) beschränkt sich auf den Hinweis, dass als eigener Gebrauch auch Vervielfältigungen durch juristische Personen, z. B. eines Unternehmens für seine Angestellten oder einer Behörde zum innerbehördlichen Gebrauch, anzusehen seien. BGH GRUR 1997, 456, 463 – *CB-Infobank I* schließt zutreffend Kopien für außenstehende Dritte aus.

Schon deswegen ist die Tätigkeit eines Recherchedienstes von § 54 Abs. 2 und 3 nicht gedeckt (KG GRUR-RR 2004, 228, 232 – *Ausschnittdienst*). Die gebotene enge Auslegung auch des § 53 (BGH GRUR 1997, 459, 463 – *CB-Infobank I*) zwingt zugleich dazu, auf den jeweils verfolgten Zweck abzustellen: Eigener wissenschaftlicher Gebrauch (Abs. 2 Nr. 1) findet im Regelfall nur an demselben Lehrstuhl, allenfalls im selben Institut oder in derselben Forschungseinrichtung statt; hier braucht man auch nur die in Abs. 2 Nr. 4 erwähnten kleinen Teile eines erschienenen Werkes. Über einschlägige Tagesfragen (Abs. 2 Nr. 3) will der Vorstandsvorsitzende seine Kollegen im Vorstand, der Behördenchef seine Abteilungsleiter, der Dekan die Mitglieder des Fakultätsrats, der Universitätspräsident die Vizepräsidenten unterrichten; das ist, soweit nur *einzelne* Mitschnitte zu diesem Zweck gefertigt werden, von Abs. 2 gedeckt. Außenstehende Dritte sind bei Abs. 2 Nr. 1 im Regelfall aber schon die Fakultätsmitglieder anderer Fachrichtungen und der Kollege in der gleichen Position aus einer anderen Konzernfirma oder an der Nachbarschule, bei Abs. 2 Nr. 3 die über- oder nachgeordnete Behörde; erst recht sind dies die eigenen Bankkunden (BGH GRUR 1997, 459, 462 f. und 464, 466 – *CB-Infobank I* und *II*).

17 Zum eigenen Gebrauch freigegeben sind nur die von § 53 Abs. 2 und 3 bestimmten Fallgruppen. In den Fällen des Abs. 2 ist nur die Herstellung einzelner Kopien erlaubt (vgl. Rn. 12); die Freigabe der „erforderlichen Anzahl" von Kopien für Unterrichts- und Prüfungszwecke in Abs. 3 hat demgegenüber den Charakter einer – notwendigen – Ausnahme.

18 Auch die Absätze 2 und 3 erlauben dem Berechtigten, die von ihm benötigten Kopien durch einen Dritten herstellen zu lassen. Dieser nimmt insoweit an der Privilegierung seines Auftraggebers teil (BGH GRUR 1997, 459, 462 – *CB-Infobank I*) mit der Folge, dass die Beschränkungen des Abs. 2 Satz 2 und 3 (Vervielfältigungen auf Papier u.a.) auch von ihm zu beachten sind.

2. Wissenschaftlicher Gebrauch (Abs. 2 Satz 1 Nr. 1)

19 Ein solcher kann nur vorliegen, wenn die Vervielfältigung im Rahmen einer wissenschaftlichen Betätigung hergestellt wird. Zur Wissenschaft rechnet dabei nur, was an Universitäten und Hochschulen gelehrt wird (weitergehend *Bruhn* UFITA 52 [1969], 115, 122; *v. Gamm* § 54 Rn. 9, allerdings ohne Angabe, wie denn die Grenze sonst gezogen werden soll). Dabei ist allerdings gleichgültig, ob der Vervielfältigende dort tätig ist oder ob es sich um Privatgelehrte, Studenten, akademische Berufe, Organisationen oder Institute handelt. Der praktische Arzt, der einen Aufsatz für die *Münchener Medizinische Wochenschrift* schreibt, ist ebenso wissenschaftlich tätig wie der Student bei der Anfertigung einer Hausarbeit. Auch die Abfassung eines populär-wissenschaftlichen Artikels über medizinische Fragen (LG München II UFITA 24 [1957], 265 – *Kopfschmerzepidemie*) kann wissenschaftliche Betätigung sein, wenn dabei mit wissenschaftlichen Methoden nach wissenschaftlichen Grundsätzen gearbeitet worden ist (vgl. § 51 Rn. 24; *v. Gamm* Rn. 9). Die Vervielfältigung muss zu diesem Zweck geboten, d. h. erforderlich sein. Das trifft dann zu, wenn der Erwerb oder zumindest die Ausleihe eines Werkexemplars unzumutbar – weil zu teuer oder zu umständlich, d. h. mit erheblichem Zeitaufwand verbunden – sein würde (Schricker/*Loewenheim*[3] Rn. 23; Dreier/Schulze/*Dreier*[2] Rn. 23). Wandtke/Bullinger/*Lüft*[2] Rn. 26 formuliert im wohl gleichen Sinne, dass die Erforderlichkeit der Vervielfältigung fehlte, wenn das fragliche Werkoriginal *ohne erheblichen Aufwand* beschafft werden könne.

Dagegen wird man bei der Entscheidung, ob die Vervielfältigung für den beabsichtigten wissenschaftlichen Zweck wirklich *benötigt* wurde, großzügig sein müssen. In der Regel kann unterstellt werden, dass ein Wissenschaftler die Mühe und Kosten der Kopie nur dann aufwendet, wenn er dazu Veranlassung sieht. Jedenfalls genügt es hier stets, wenn der Wissenschaftler die Vervielfältigung subjektiv für erforderlich hielt, mag sie auch objektiv überflüssig gewesen sein.

3. Aufnahme in ein eigenes Archiv (Abs. 2 Satz 1 Nr. 2)

Unter einem solchen versteht der BGH eine unter sachlichen Gesichtspunkten **20** geordnete Sammlung vorhandener Werke zum internen Gebrauch (BGH GRUR 1997, 459,461 – *CB-Infobank I*). Darunter fällt jegliches Geistesgut, also auch eine Sammlung von Filmen, Tonbändern, alten Schallplatten, Zeitschriften und anderes (BGH a.a.O.), wenn die folgenden Bedingungen erfüllt sind:

a) Es muss sich um ein **eigenes Archiv** handeln. Darunter wird allgemein nur **21** eine betriebsinterne Einrichtung verstanden (BGH GRUR 1997, 459,461 – *CB-Infobank I* und die gesamte Literatur, Schricker/*Loewenheim*[3] Rn. 25). An diesem Charakter ändert sich freilich nichts, wenn in Ausnahmefällen einem Wissenschaftler oder Journalisten einmal Zugang gewährt wird (so schon Vorauflage Rn. 7).

b) Die Vervielfältigung muss für die Aufnahme **erforderlich** sein; es darf auch **22** nur ein eigenes Exemplar als Vorlage benutzt werden. Die Begr RegE UrhG (BT-Drucks. IV/270, S. 73) nennt als Beispiel, dass eine Bibliothek ihre Bestände auf Mikrofilm aufnimmt, um Platz zu sparen oder vor Katastrophen geschützt zu sein. Jedenfalls darf in der Archivierung keine zusätzliche Verwertung des Werkes liegen (Begr a.a.O.). Das wäre dann der Fall, wenn eine Gerichtsbücherei einen ihr abhanden gekommenen Band kurzerhand nach dem im Archiv befindlichen Zweitexemplar fotokopieren lassen würde. Sie muss den Band neu kaufen oder antiquarisch beschaffen oder, falls das nicht möglich ist, vom Berechtigten ein einfaches Nutzungsrecht aus § 16 Abs. 1 erwerben (ebenso *Bruhn* UFITA 52 [1969], 115, 126). Dagegen darf sie kleinere Reparaturen vornehmen, also abhanden gekommene Seiten eines Buches ersetzen (so jetzt Abs. 6; für das bisherige Recht ebenso *v. Gamm* § 16 Rn. 10). Nur zu Archivzwecken dürfen Noten, ganze Bücher und Zeitschriften kopiert werden (Abs. 4); diese Beschränkung gilt allerdings nicht für Werke, die schon mehr als zwei Jahre vergriffen sind.

c) **Kein Erwerbszweck**: Seit der Einfügung des Abs. 2 Satz 2 im Jahre 2003 **23** (vgl. Rn. 3) ist nur solchen Archiven die Art der Vervielfältigung freigestellt, die weder unmittelbar noch mittelbar einen wirtschaftlichen Zweck oder gar einen Erwerbszweck verfolgen (Satz 2 Nr. 3); auch von ihnen dürfen die Kopien nur auf Papier oder einem ähnlichen Träger hergestellt (Satz 2 Nr. 1) oder nur analog genutzt werden (Satz 2 Nr. 2). Die Formulierung der Nr. 3 ist sprachlich nicht ganz unmissverständlich; betriebsinterne Archive dürften als solche wohl kaum jemals auch nur wirtschaftliche, geschweige denn Erwerbszwecke verfolgen, falls man den Zweck der Bestandssicherung, der ja im Falle eines Betriebsschadens Geld sparen hilft, nicht unter ersteres rechnet. Die Nr. 3 kann sich deshalb nur auf den *Betrieb als solchen* beziehen, innerhalb dessen das Archiv errichtet worden ist; nur öffentliche Bibliotheken und Sammlungen sowie gemeinnützige Stiftungen sind deshalb von Nr. 3 privilegiert (letztere nennt die Begr RegE UrhG Infoges – BT-Drucks. 15/38, S. 21).

24 d) Mit der zum 01.01.2008 in Kraft getretenen Änderung von § 53 Abs. 2 Satz 2 Nr. 3 ist die Begünstigung von Archiven in Abs. 1 Nr. 2 auf solche Institutionen beschränkt worden, die **im öffentlichen Interesse** tätig sind. Das dürfte für deren große Mehrzahl zutreffen. Firmeninterne und Privatarchive sind aber seither von Abs. 2 Nr. 2 auch dann nicht mehr begünstigt, wenn sie keinen wirtschaftlichen oder Erwerbszweck verfolgen.

4. Funksendungen zu Tagesfragen (Abs. 2 Satz 1 Nr. 3)

25 Jedermann durfte schon nach der Fassung des § 53 von 1985 eine Funksendung mitschneiden (lassen), um sich über Tagesfragen zu unterrichten; die Umsetzung der Info-RL im Jahre 2003 (vgl. Vor § 44a Rn. 10) hat nur die Beschränkung des Abs. 2 Satz 3 gebracht. *Eigene* Unterrichtung ist jedenfalls nur eine *betriebsinterne* Unterrichtung (Begr RegE UrhG – BT-Drucks. IV/270, S. 74). Dass *Tagesfragen* nur solche von aktueller Bedeutung sind, versteht sich von selbst; klarzustellen ist insoweit nur, dass dazu nicht nur politische, sondern auch gesellschaftliche und kulturelle Ereignisse, Naturkatastrophen und deren Folgen sowie sonstige aktuelle Geschehen rechnen. Deshalb darf etwa ein Theaterleiter die Sendekritik einer Neuinszenierung mitschneiden lassen, um deren Inhalt und/oder ihre Wirkung auf das interessierte Publikum zu erfahren; ebenso darf ein Musikkritiker die Übertragung von Mozarts *Don Giovanni* von den *Salzburger Festspielen* aufnehmen, um sich über die Qualität und die Eigenheiten der Inszenierung, die im Mittelpunkt des aktuellen Interesses steht, zu informieren.

26 Die Beschränkung der Freigabe aktueller Sendungen durch den 2003 eingefügten Abs. 2 Satz 3 wäre leichter nachvollziehbar, wenn sie auf Abs. 2 Satz 2 Nr. 2, also die analoge Nutzung, beschränkt worden wäre; eine Hörfunksendung lässt sich überhaupt nicht, ein Fernsehbericht allenfalls mit Hilfe einer Fotokamera auf Papier oder einen ähnlichen Träger übertragen. In beiden Fällen wird in der Lebenswirklichkeit eine Aufnahme auf Tonband oder Videoband erfolgen. Digitale Aufzeichnungen, die bis zur Neuregelung 2003 von der bis dahin geltenden Fassung des § 53 Abs. 2 gedeckt waren (HK-UrhR/*Dreyer* Rn. 73), sind seither nicht mehr zulässig. Dabei war eine spürbare Beeinträchtigung der Interessen der Urheber aktueller Sendungen bis zur Gesetzesänderung nicht eingetreten und auch in Zukunft nicht zu erwarten; an dieser Stelle hätte der Gesetzgeber es anlässlich der Umsetzung der Multimedia-RL also getrost bei der bisherigen Regelung belassen können (und sollen).

5. Die Vervielfältigung zum sonstigen eigenen Gebrauch

27 Die Vervielfältigung zum sonstigen eigenen Gebrauch (Abs. 2 Satz 1 Nr. 4) ist nur
– für kleine Teile eines erschienenen Werkes
– für einzelne Beiträge aus Zeitungen oder Zeitschriften
– für ganze Werke, die seit mindestens zwei Jahren vergriffen sind,
freigegeben, dies wiederum mit der Beschränkung auf Papier oder ähnliches Material, soweit Kopien solcher Art – grafische Kopien – in Betracht kommen (Abs. 2 Satz 1 Nr. 4 mit Satz 2 Nr. 1). Wird auf Träger anderer Art – also auf Bild- oder Tonträger oder andere elektronisch gesteuerte Träger – kopiert, so

ist nicht die Kopie als solche, sondern nur ihre Nutzung vom Gesetz vorgegeben: Es darf nur eine analoge Nutzung des Trägers stattfinden (Abs. 2 Satz 3 mit Satz 2 Nr. 2). Soweit es inzwischen möglich ist, Werkteile oder Beiträge aus dem Internet nicht nur auf Festplatte oder digitale Datenträger herunterzuladen, sondern sogleich auf Papier oder ähnlichen Trägern auszudrucken, ist dies von Satz 2 Nr. 1 gedeckt (HK-UrhR/*Dreyer* Rn. 83; Dreier/Schulze/ *Dreier*[2] Rn. 35).

Um kleine Teile (Abs. 2 Satz 1 Nr. 4 lit. a) handelt es sich dann, wenn ihr **28** Gesamtumfang im Verhältnis zum Gesamtwerk noch als klein erscheint; im Regelfall muss dieser noch unter 10% liegen (OLG Karlsruhe GRUR 1987, 818, 820 – *Referendarkurs*), also beispielsweise ein oder zwei Beiträge von je 10 Seiten aus einer Festschrift, die über 600 Seiten umfasst (vgl. Schricker/ Loewenheim Rn. 32). Ein größerer Anteil ist nur in Ausnahmefällen denkbar: Die Vervielfältigung einer von fünf Strophen eines Gedichts umfasst bereits 20% des Werkes, wird aber wohl allgemein als ein „kleiner Teil" des Gedichts verstanden.

Der Umfang einzelner Beiträge in Zeitungen und Zeitschriften ist vom Gesetz **29** nicht vorgegeben. Ein ganzseitiger Bericht über ein aktuelles Ereignis oder eine ganzseitige Betrachtung zu einem bestimmten Thema in der Tageszeitung erfüllt, wenn nicht etwa noch mehrere weitere Beiträge kopiert werden, ebenso die Voraussetzungen der Freigabe des Abs. 2 Satz 1 Nr. 4 wie ein mehrseitiger, vielleicht gar bebilderter Artikel in einer Zeitschrift. In beiden Fällen entsteht den betroffenen Urhebern und Verlegern kein messbarer wirtschaftlicher Nachteil. *Einzeln* meint aber im Regelfall nicht mehr als zwei, im Ausnahmefall drei Beiträge, letzteres etwa dann, wenn zum selben Ereignis oder Thema mehrere Berichte oder Beiträge in derselben Ausgabe erschienen sind. *Keinesfalls* dürfen die kopierten Beiträge insgesamt *mehr als einen kleinen Teil* der ganzen Zeitung oder Zeitschrift ausmachen (Schricker/*Loewenheim*[3] Rn. 32 m.w.N. unter Hinweis auf schon die Begr. RegE UrhG, – BT-Drucks. IV/270 S. 73 r. Sp.).

Ein Werk ist vergriffen, wenn es vom Verlag nicht mehr geliefert werden kann. **30** In der mit diesem Zeitpunkt beginnenden „Wartefrist" von 2 Jahren wird es auch im Handel nicht mehr verfügbar sein. Darauf, dass es möglicherweise noch antiquarisch angeboten wird, kann es nicht ankommen, weil andernfalls die Regelung des Abs. 2 Nr. 4 lit. b leerliefe; irgendwo in Deutschland findet man so gut wie alles im Antiquariat, was jemals gedruckt wurde und noch ein Mindestmaß an Interesse erwarten lässt. Die strengere Auffassung der Vorauflage geben wir zugunsten der insoweit absolut herrschenden Meinung auf (Nachweise bei Schricker/*Loewenheim*[3] Rn. 34).

6. Schulische Zwecke Abs. 3 Nr. 1

Zu schulischen Zwecken darf nach Abs. 3 Nr. 1 im gesamten Bildungswesen **31** mit Ausnahme allein des gewerblichen Bereichs (insoweit die übereinstimmende Regelung des § 46 Abs. 1, vgl. dort Rn. 1) für den eigenen – also wiederum internen, vgl. Rn. 15 – Gebrauch praktisch alles kopiert, überspielt oder heruntergeladen werden, was sich für solche Zwecke eignet:
– kleine Teile eines Werkes oder Werke von geringem Umfang, also ein Kapitel aus einem Lehrbuch, einige Fotos aus einem Bildband, ein ganzes Gedicht (BGH GRUR 1972, 432, 433 – *Schulbuch*) oder eine Kurzgeschichte, aber auch ein Ausschnitt aus der neuen Barenboim-Aufnahme der

Eroica oder der *Neuen Welt*, aus einem Dokumentarfilm, aus einem Roman oder einer Mappe mit Wiedergaben der neuesten Bilder eines bekannten Malers,

– einzelne Beiträge aus Zeitungen und Zeitschriften (vgl. Rn. 27),
– einzelne Beiträge gleich welcher Art, die direkt aus dem Internet kommen, oder zwar im Druck erschienen, aber sodann über das Internet öffentlich zugänglich gemacht worden sind.

32 Zum Unterricht im Sinne des Abs. 3 Nr. 1 gehört nicht nur der Vortrag des Lehrers, sondern auch die Festigung des Lernstoffes mittels Hausaufgaben (der Lehrer gibt den Schülern Kopien mit nach Hause) und die Vergabe von Klassenarbeiten, gelegentlich auch in Arbeitsgruppen. Dafür können Kopien, Mitschnitte, Ausdrucke, Overhead-Folien und Abspeicherungen auf einem für Schüler zugänglichen Server in der für die Unterrichtsteilnehmer erforderlichen Anzahl gefertigt werden (bis Ende 2007 hieß es etwas ungenau „die für eine Schulklasse erforderliche Anzahl". Damit ist BGH GRUR 1978, 474 ff. – *Vervielfältigungsstücke*, wonach auch für eine Schulklasse höchstens 7 Exemplare erlaubt waren, insoweit überholt.

33 Entsprechendes gilt gemäß Abs. 3 Nr. 2 für staatliche Prüfungen gleich welcher Art und welchen Anlasses und für Prüfungen im gesamten Bildungsbereich, wiederum mit Ausnahme gewerblicher Einrichtungen, andererseits aber auch in Hochschulen, also auch für Universitätsprüfungen. Darauf, ob es sich um eine *staatlich anerkannte* Prüfung handelt oder nicht, kommt es nicht an, wenn das sie abnehmende Institut zu den vom Abs. 3 Nr. 1 begünstigten Bildungseinrichtungen zählt, wie dies etwa für Konfirmanden- oder Firmungsprüfungen zutrifft (zu eng Dreier/Schulze/*Dreier*[2] Rn. 40). Teil einer Prüfung sind auch Klassen- und Hausarbeiten, an Hochschulen auch die für den Erwerb der Übungsscheine erforderlichen Klausuren und Hausarbeiten; von ihnen hängt der Klassen-, Schul- oder Hochschulabschluss ebenso ab wie die den Prüfungsvorgang abschließende mündliche Prüfung (ebenso Dreier/Schulze/*Dreier*[2] Rn. 40; Schricker/*Loewenheim*[3] Rn. 41 ordnen erstere unter Abs. 3 Nr. 1 ein, was zum selben Ergebnis führt). Zur Anwendbarkeit des Abs. 3 Nr. 2 auf Multiple-choice-Prüfungsaufgaben s. *Oechsler* GRUR 2006, 205–210.

V. Beschränkungen und Ausnahmen (Abs. 3 bis 7)

34 Die Freigabe einzelner Vervielfältigungen zum privaten oder eigenen Gebrauch, in Abs. 3 sogar in der für Schul- und Prüfungszwecke erforderlichen Anzahl, wird in den Absätzen 3–7 teils eingeschränkt, teils gänzlich ausgeschlossen. In allen dort geregelten Fällen hat die Werkherrschaft des Urhebers (Vor § 44a Rn. 3) Vorrang, weil diese anderenfalls unzumutbar beeinträchtigt würde.

1. Musiknoten

35 Wenn jedermann Noten kopieren dürfte, sei es auch nur für den persönlichen Gebrauch, so wäre die Inverlagnahme musikalischer Werke nicht mehr wirtschaftlich; jeder, der ein solches Werk spielen will, würde sich eine entsprechende Kopiermöglichkeit zu verschaffen wissen. § 53 Abs. 4 lit. a lässt deswegen nur das Abschreiben zu, das – schon wegen seiner Komplexität – keine wirtschaftliche Bedeutung erlangen kann. Ausnahmen gelten insoweit lediglich für die Sicherung des Notenbestandes in einem betriebsinternen Archiv

(Abs. 2 Nr. 2, vgl. Rn. 20–24) und für Notenwerke, die seit mindestens zwei Jahren vergriffen sind, weil ihr regulärer Absatz dann nicht mehr beeinträchtigt werden kann (vgl. Rn. 30).

2. Vollständige Kopie eines Buches oder einer Zeitschrift

36 Gleiches gilt für vollständige Buch- und Zeitschriftenkopien (§ 53 Abs. 4 lit. b): Wäre dergleichen erlaubt, so würden viele Verlagsprodukte dieser Art, vor allem im Bereich ohnehin niedriger Auflagen wie im Wissenschaftsbereich, unwirtschaftlich werden, zumal der Fortschritt der Kopiertechnik inzwischen die ebenso rasche wie problemlose Herstellung von Kopien ganzer Druckwerke möglich macht. Auch insoweit sind nur betriebsinterne Archive begünstigt und Kopien solcher Werke erlaubt, die länger als zwei Jahre vergriffen sind (vgl. Rn. 30).

3. Schulbücher

37 Seit dem 01.01.2008 ist auch jede Vervielfältigung von Werken unzulässig, die für den Unterrichtsgebrauch an Schulen bestimmt sind (Abs. 3 Satz 2).

4. Datenbankwerke

38 Datenbankwerke dürfen nach § 53 Abs. 5 nur innerhalb der Grenzen von dessen Abs. 2 Nr. 1, also – soweit erforderlich – zum eigenen wissenschaftlichen Gebrauch, und derjenigen des Abs. 3 Nr. 1, also zu Unterrichtszwecken, vervielfältigt werden. Für den letzteren Zweck wird im Regelfall der Server der Schule oder sonstigen Bildungseinrichtung ausreichen; der Gesetzgeber wollte jedoch der künftigen technischen Entwicklung, die eine weitergehende Nutzung zu Unterrichtszwecken ermöglichen könnte, Rechnung tragen. Für einfache Datenbanken formuliert § 87c Abs. 1 Nr. 3 etwas klarer, dass Vervielfältigungen *für die Benutzung zur Veranschaulichung des Unterrichts* erfolgen dürfen.

5. Weitere Ausnahmen

39 Von den Freigaben der Absätze 1–4 ganz ausgenommen sind nach Abs. 7
- die Aufnahmen öffentlicher Vorträge, Aufführungen oder Vorführungen eines Werkes auf Bild- oder Tonträger; zulässig ist insoweit nur der Mitschnitt einer internen Probe oder Vorführung, soweit dieser von einer der Freigaben der Absätze 1–3 gedeckt ist;
- die Ausführung von Plänen und Entwürfen zu Werken der bildenden Künste, insoweit kommt nicht einmal eine Freigabe aus den Absätzen 1 bis 3 in Betracht;
- der Nachbau eines Werkes der Baukunst (insoweit ist die ebenso wirklichkeitsfremde Regelung des § 18 Abs. 1 KUG etwas gedankenlos in das UrhG übernommen worden). Eine Nachbildung als Modell ist kein Nachbau, bleibt also, wenn einer der Freigabefälle der Absätze 1 bis 3 vorliegt, zulässig (Dreier/Schulze/*Schulze*[2] Rn. 56; Schricker/*Loewenheim*[3] Rn. 54).

VI. Unzulässige Verbreitung und öffentliche Wiedergabe

40 Die Freigabe von Vervielfältigungen in den von § 53 Abs. 1 bis 5 umschriebenen Fällen beschränkt sich auf deren Nutzung zum persönlichen oder eigenen, jedenfalls aber internen Gebrauch außerhalb der Öffentlichkeit. Deswegen schließt Absatz 6 jede Verbreitung und/oder öffentliche Wiedergabe für *alle* diese Fälle von vornherein und absolut aus. Nur im Ausleihverkehr der Bibliotheken dürfen auch solche Werkstücke weiterhin verwendet werden, bei denen kleine Teile, die fehlen oder beschädigt wurden (meist also herausgerissene oder herausgefallene Buchseiten), durch Kopien ersetzt worden sind. Diese Ausnahme ist so unbedeutend, dass sie die Regel in keiner Weise beeinträchtigt.

§ 53a   Kopienversand auf Bestellung

(1) [1]**Zulässig ist auf Einzelbestellung die Vervielfältigung und Übermittlung einzelner in Zeitungen und Zeitschriften erschienener Beiträge sowie kleiner Teile eines erschienenen Werkes im Wege des Post- oder Faxversands durch öffentliche Bibliotheken, sofern die Nutzung durch den Besteller nach § 53 zulässig ist.** [2]**Die Vervielfältigung und Übermittlung in sonstiger elektronischer Form ist ausschließlich als grafische Datei und zur Veranschaulichung des Unterrichts oder für Zwecke der wissenschaftlichen Forschung zulässig, soweit dies zur Verfolgung nicht gewerblicher Zwecke gerechtfertigt ist.** [3]**Die Vervielfältigung und Übermittlung in sonstiger elektronischer Form ist ferner nur dann zulässig, wenn der Zugang zu den Beiträgen oder kleinen Teilen eines Werkes den Mitgliedern der Öffentlichkeit nicht offensichtlich von Orten und zu Zeiten ihrer Wahl mittels einer vertraglichen Vereinbarung zu angemessenen Bedingungen ermöglicht wird.**
(2) [1]**Für die Vervielfältigung und Übermittlung ist dem Urheber eine angemessene Vergütung zu zahlen.** [2]**Der Anspruch kann nur durch eine Verwertungsgesellschaft geltend gemacht werden.**

Übersicht

I. Allgemeines

1 Die Regelung des § 53a, neu eingeführt durch den 2. Korb 2007, soll die Möglichkeiten des Kopienversands durch öffentliche Bibliotheken gegenüber der bisherigen Lage erweitern. Schon seit etlichen Jahren bieten zahlreiche öffentliche Bibliotheken ihren Nutzern an, einzelne Beiträge in Fachzeitschriften oder einzelne Teile eines Werkes zu kopieren und dem Nutzer gegen einen Kostenbeitrag per Post oder per Telefax zuzusenden. Diese Praxis hat der BGH bereits 1999 (GRUR 1999, 707 ff. – *Kopienversand*) jedenfalls für die Fälle im Wesentlichen gebilligt, in denen die Herstellung und Nutzung der Kopie nach § 53 zulässig ist. Die Übermittlung der Kopien per Email war danach jedoch bislang nicht möglich (hierzu OLG München MMR 2007, 525 ff. – *Subito*).

Diese Lücke soll § 53a schließen. Dabei kodifiziert § 53a Abs. 1 Satz 1 im **2** Wesentlichen die einschlägige Rechtsprechung des BGH zum analogen Kopienversand (insbesondere GRUR 1999, 707 ff. – *Kopienversand*, wo der BGH die Zulässigkeit des Kopienversands auf elektronischem Wege allerdings ausdrücklich offen ließ). Für den elektronischen Versand stellen Abs. 1 Satz 2 und 3 zusätzliche Zulässigkeitsvoraussetzungen auf, deren etwas umständliche Ausgestaltung dem zähen Ringen mit den unterschiedlichen Interessenverbänden um eine Lösung geschuldet sein dürfte (s. dazu RegE 2. Korb – BT-Dr. 16/1828, S. 27 ff., 41 ff., 48 ff., mit den unterschiedlichen Stellungnahmen der Bundesregierung und des Bundesrates; weitere Stellungnahme des Bundesrates in BT-Dr. 257/06, S. 12 ff.). Die ausdrückliche Vorgabe, dass der elektronische Versand auf die Zwecke der Veranschaulichung des Unterrichts und der wissenschaftlichen Forschung beschränkt sein solle, entspricht dem Wortlaut des Art. 5 Abs. 3 lit. a) Info-RL 2001/29/EG. Damit wollte der Gesetzgeber den von der Kommission geäußerten Bedenken, eine andere Regelung könne zu einer nicht richtlinienkonformen Auslegung der nationalen Norm führen, Rechnung tragen (BT-Dr. 16/5939, S. 45). Abs. 2 (vgl. Rn 19) der Vorschrift gibt dem Urheber einen Anspruch auf angemessene Vergütung für die Vervielfältigung *und* Übermittlung der Kopien. Wie stets im System der §§ 45 ff. kann der Anspruch nur durch eine Verwertungsgesellschaft geltend gemacht werden.

Eine Entsprechung in internationalen Konventionen hat § 53a nicht. **Interna- 3 tional privatrechtlich** erfasst die Privilegierung des § 53a nur die in Deutschland ansässigen, öffentlichen Bibliotheken (*Spindler* NJW 2008, 9, 15), unabhängig von dem Sitz des Bestellers, so dass die Vervielfältigung und analoge oder elektronische Übermittlung der Kopien jedenfalls aus Sicht des deutschen Urheberrechts zulässig ist, wenn die Voraussetzungen des § 53a Abs. 1 erfüllt sind. Allerdings kann ein ausländisches UrhG – wegen Art. 5 Abs. 3 lit. a) Info-RL in erster Linie außerhalb der Europäischen Union –, das keine dem § 53a Abs. 1 vergleichbare Schranke kennt, durchaus eine Urheberrechtsverletzung auch in der Vervielfältigung und Übermittlung der Kopie durch eine deutsche Bibliothek an einen Empfänger im betreffenden Ausland sehen. Zur territorialen Anwendbarkeit vgl. Rn. 6; vgl. Vor §§ 120 ff. Rn. 66 f.) Zu den Regelungen des Rahmenvertrages zwischen Subito e.V., dem Börsenverein des Deutschen Buchhandels und der International STM Association, der den Versand in das nicht deutschsprachige Ausland gestattet, vgl. Rn. 22 ff.

II. Voraussetzungen des zulässigen Kopienversands

1. Übermittlung der Kopien per Fax oder Post

Abs. 1, der zwischen den Voraussetzungen für eine zulässige Übermittlung per **4** Post oder Fax einerseits (Satz 1) und auf elektronischem Wege andererseits (Satz 2 und 3) differenziert, entspricht in seinem Satz 1 im Wesentlichen den

Vorgaben des BGH in der grundlegenden Entscheidung *Kopienversand* (GRUR 1999, 707 ff.). Danach ist die Vervielfältigung und Übermittlung einzelner in Zeitungen und Zeitschriften erschienener Beiträge oder kleinerer Teile eines erschienenen Werkes auf Einzelbestellung bei einer öffentlichen Bibliothek zulässig, sofern der Besteller eine Privatkopie nach § 53 herstellen dürfte. Die Übermittlung per Telefax erlaubt eine Sendung durch Computerfax (anders der Rahmenvertrag mit Subito e. V.; vgl. Rn. 24).

5 a) **Privilegierte Einrichtungen:** Auf die Regelung des § 53a können sich nur öffentliche Bibliotheken berufen. Der Begriff der „öffentlichen Bibliothek" entspricht dem in § 52b, der ebenfalls durch den sog. 2. Korb 2007 in das UrhG eingefügt wurde. Eine **öffentliche Bibliothek** in diesem Sinne muss öffentlich zugänglich sein. Dies gilt für Schulbibliotheken und Bibliotheken ähnlicher Einrichtungen nur dann, wenn sie der Gesamtheit des Lehrpersonals und der Schüler oder Studenten der Einrichtung offen stehen (StellungN BR RegE 2. Korb – BR-Drs. 257/06, S. 16; Gegenäußerung BReg in RegE 2. Korb – BT-Drucksache 16/1828, S. 48). Dabei ist es unerheblich, ob die Bibliothek in privater oder öffentlicher Trägerschaft steht (anders grds. der Subito-Rahmenvertrag; vgl. Rn. 22). Mit Blick auf die Regelungen des § 52b Satz 1 darf eine öffentliche Bibliothek in diesem Sinne wohl außerdem keinen unmittelbar oder mittelbar wirtschaftlichen oder Erwerbszweck verfolgen, die Bibliothek also nicht insgesamt auf Gewinnerzielung ausgerichtet sein. Die Erhebung von Gebühren für die Benutzung der Einrichtung – einschließlich der Nutzung von Leseplätzen – dürfte insofern jedoch unproblematisch sein (vgl. § 52b Rn. 5).

6 Nach dem Wortlaut des Abs. 1 Satz 1 greift die Privilegierung nur, wenn die **Vervielfältigung und Übermittlung „durch"** öffentliche Bibliotheken erfolgt. Diese Voraussetzung ist auch dann erfüllt, wenn die betreffende öffentliche Bibliothek die Kopie nicht unmittelbar selbst herstellt und/oder übermittelt, sondern sich hierzu z.B. einer mehreren Bibliotheken gemeinsamen Organisation oder eines Dienstleisters bedient, sofern dieser Dritte keinen unmittelbar oder mittelbar wirtschaftlichen oder Erwerbszweck verfolgt (s.a. BGH GRUR 1999, 707, 711 – *Kopienversanddienst*; OLG München MMR 2007, 525 ff. – *Subito*). Internationalprivatrechtlich kommt es für die (bei Vorliegen der weiteren Voraussetzungen) zulässige Vervielfältigung und Übermittlung einer Kopie mithin auf den Sitz der öffentlichen Bibliothek, nicht hingegen auf den des eventuell eingeschalteten (keinen Erwerbszweck verfolgenden) Dienstleisters an.

7 b) **Vervielfältigung und Übermittlung einzelner Beiträge oder kleiner Teile erschienener Werke:** Zulässig ist nach Abs. 1 Satz 1 (nur) die Vervielfältigung und Übermittlung **einzelner** in Zeitungen und Zeitschriften erschienener **Beiträge** sowie **kleiner Teile** eines **erschienenen Werkes**. Der Begriff des „Erscheinens" entspricht dem des § 6 Abs. 2; es müssen also mit Zustimmung des Berechtigten Vervielfältigungsstücke des Beitrags bzw. Werkes in genügender Anzahl der Öffentlichkeit angeboten oder sonst in Verkehr gebracht worden sein (vgl. § 6 Rn. 15 ff. Ob die vervielfältigten Auszüge aus einem Werk noch einen kleinen Teil i.S.d. Abs. 1 Satz 1 darstellen, bestimmt sich nach dem Verhältnis aller vervielfältigten Teile des Werkes zu dessen Umfang insgesamt. Insofern lässt sich keine feste Grenze ziehen; maßgeblich ist stets eine Einzelfallbetrachtung (vgl. § 52a Rn. 7; a.A. Wandtke/Bullinger/*Lüft*[2] § 53 Rn. 12: 20% als Obergrenze; Schricker/*Loewenheim*[3] § 53 Rn. 31: 10% als Obergrenze, unter Verweis auf OLG Karlsruhe GRUR 1987, 818, 820 – *Referendarkurs*; s.a. *v. Bernuth* ZUM 2003, 438, 440).

Fraglich ist, ob auch im Rahmen des § 53a die sog. **Bestandsakzessorietät** gilt, **8** die Privilegierung also nur für Werke aus dem Bestand der öffentlichen Bibliothek eingreift (differenziert der Subito-Rahmenvertrag; vgl. Rn. 24). Anders als § 52b Satz 1 enthält § 53a hierzu keine ausdrückliche Regelung. Soweit ersichtlich, ist diese Frage im Gesetzgebungsverfahren nicht thematisiert worden. Es spricht allerdings einiges dafür, auch im Rahmen des § 53a die Privilegierung auf Werke bzw. Beiträge aus dem Bestand der betreffenden Bibliothek zu beschränken, denn § 53a ist als Schranke des Urheberrechts grundsätzlich eng auszulegen (vgl. Vor §§ 44a ff. Rn. 3). Unabhängig davon wollte der Gesetzgeber mit § 53a im Wesentlichen die bestehende Praxis zahlreicher öffentlicher Bibliotheken nach den Vorgaben des BGH (aus GRUR 1999, 707 ff. – *Kopienversand*) legalisieren, nicht jedoch den Bibliotheken ermöglichen, über den eigenen Bestand hinaus umfassende Kopienversanddienste zu bieten. Privilegiert kann eine Kopie nach § 53a Abs. 1 Satz 1 deshalb nur sein, wenn der Beitrag oder das Werk von der Bibliothek erworben oder ihr als Pflichtexemplar zugegangen ist, die Bibliothek das Werk also in ihrem Präsenzbestand hält (ebenso vgl. § 52b Rn. 6). Es genügt also nicht, wenn das Werkexemplar ausschließlich im Leihverkehr mit anderen Bibliotheken zugänglich ist.

Zulässig sind sowohl Papierkopien von Papier- als auch von digitalen Werken; **9** die Bibliothek muss dann Ausdrucke versenden. Der Kopienversand ist weiter nur **auf Einzelbestellung** zulässig. Die Bibliothek darf also z.B. keine regelmäßigen Newsletter mit neueren Artikeln eines bestimmten Fachgebiets oder Leseproben versenden.

c) **Zulässige Nutzung durch Besteller, § 53:** Der Kopienversand ist schließlich **10** nur zulässig, sofern die Nutzung durch den Besteller von § 53 gedeckt ist. Bei der Bestellung muss es sich also um einzelne Vervielfältigungen zum **privaten** (§ 53 Abs. 1) **oder eigenen wissenschaftlichen Gebrauch** (§ 53 Abs. 2 Satz 1 Nr. 4 mit Satz 3) handeln und – in letzterem Fall – die Vervielfältigung zu diesem Zweck geboten sein und keinen gewerblichen Zwecken dienen (§ 53 Abs. 2 Satz 1 Nr. 1 i.V.m. Satz 3). Die weiteren Fälle des § 53 Abs. 2 können im Rahmen des § 53a nicht zum Tragen kommen, weil sie entweder die Vervielfältigung ganzer Werke, ein durch Funk gesendetes Werk oder – bei der Aufnahme in ein eigenes Archiv – die Vervielfältigung eines eigenen Werkexemplars des Archivierenden voraussetzen.

Zulässig ist nach § 53 Abs. 3 außerdem der Kopienversand zur **Veranschauli- 11 chung des Unterrichts** in Schulen, in nicht gewerblichen Einrichtungen der Aus- und Weiterbildung sowie Berufsbildung in der für die Unterrichtsteilnehmer jeweils erforderlichen Anzahl sowie für staatliche Prüfungen und Prüfungen in Schulen, Hochschulen u.ä. nicht gewerblichen Bildungseinrichtungen, wenn und soweit Vervielfältigung und Versand zu diesem Zweck geboten sind. Dabei gilt die Privilegierung nach der ausdrücklichen Regelung des § 53 Abs. 3 Satz 2 allerdings nicht für Schulbücher (vgl. § 53 Rn. 31 ff.). Zu den Voraussetzungen des § 53 im Übrigen vgl. § 53 Rn. 5.

2. Privilegierte elektronische Übermittlung

a) **Allgemeines:** Die Vervielfältigung und Übermittlung von Beiträgen oder **12** Werkteilen in sonstiger elektronischer Form ist nur zulässig, wenn neben den Voraussetzungen des Satzes 1 außerdem die Voraussetzungen des Satzes 2 *und* 3 erfüllt sind. Zwar ist der Wortlaut des § 53a Abs. 1 („ferner") insofern nicht eindeutig. Aus der Begründung des Rechtsausschusses folgt jedoch, dass die Sätze 2 und 3 **zusätzliche Voraussetzungen** zu denen des Satzes 1 aufstellen sollten (BeschlE RAusschuss 2. Korb – BT-DR 16/5939, S. 80). Die in § 53a Abs. 1 genannten Voraussetzungen müssen mithin für eine Zulässigkeit des elektronischen Kopienversands kumulativ vorliegen.

13 b) **Übermittlung einer grafischen Datei zu Unterrichts- oder Forschungszwecken zu nicht gewerblichen Zwecken:** Abs. 1 Satz 2 der Regelung gestattet nur eine Übermittlung der hergestellten Kopien als grafische Datei (PDF bzw. Faksimile-Kopie), um einen möglichen Missbrauch soweit wie möglich auszuschließen. Der elektronische Versand ist außerdem ausschließlich für die in Abs. 1 Satz 2 genannten **privilegierten Zwecke** zulässig, nicht für andere Zwecke, und zwar auch nicht, soweit das Herstellen der Kopien nach § 53 zulässig wäre. Für Privatkopien ist deshalb ein elektronischer Kopienversand ausgeschlossen (*Spindler* NJW 2008, 9, 14). Nach Auffassung des Rechtsausschusses konnte nur durch die jetzt Gesetz gewordene Regelung Art. 5 Abs. 3 lit. a) Info-RL richtlinienkonform umgesetzt werden (BeschlE RAusschuss 2. Korb – BT-Drs. 16/5939, S. 80; allerdings betrifft Art. 5 Abs. 3 lit. a) Info-RL neben der Vervielfältigung nur Schranken des Rechts auf öffentliches Zugänglichmachen, nicht hingegen den elektronischen Kopienversand; zu dieser Problematik *Spindler* NJW 2008, 9, 14 m.w.N.).

14 Der Begriff der „**Veranschaulichung des Unterrichts**" in § 53a Abs. 1 Satz 2 entspricht dem in § 52a Abs. 1 Nr. 1. Insofern geht die Formulierung in § 53a Abs. 1 Satz 2 wie § 52a Abs. 1 Nr. 1 auf Art. 5 Abs. 3 lit. a) Info-RL zurück (s.a. die Parallelvorschriften in § 53 Abs. 3 Satz 1 Nr. 1 und § 87c Abs. 1 Satz 1 Nr. 3). Die elektronische versandte Kopie muss deshalb den Zweck haben, mit ihr den zu vermittelnden Unterrichtsstoff besser oder verständlicher darzustellen; die Kopie muss insofern für die Veranschaulichung zwar nicht unerlässlich, aber jedenfalls hilfreich sein (vgl. § 52a Rn. 9). Die elektronisch versandte Kopie darf außerdem nur für den abgegrenzten Kreis der Teilnehmer an eben dem Unterricht, der durch die Kopie veranschaulicht werden soll, gedacht sein. Herstellung und Übermittlung einer elektronischen Kopie sind mithin nicht mehr gedeckt, wenn sie lediglich der schulinternen Verwaltung, dem Aufbau einer schulinternen Datenbank, zur Unterhaltung der Schüler oder – bei Bildern – zur Dekoration gedacht sind (vgl. § 52a Rn. 9 m.w.N.). Dabei kann allerdings keine Rolle spielen, ob die Kopie tatsächlich innerhalb der Schule oder Hochschule oder etwa im Rahmen einer Exkursion verwendet wird. Ebenfalls unerheblich ist, ob die privilegierten Bildungseinrichtungen **private oder staatliche Träger** haben (anders wohl *v. Bernuth* ZUM 2003, 438, 441, zu § 52a). Insofern sind auch Volkshochschulen, Musik- und Kunstschulen erfasst, wenn und soweit sie nicht gewerblich, d.h. nicht auf die Erzielung von Gewinn ausgerichtet sind, da Abs. 1 Satz 2 die Vervielfältigung und Übermittlung nur gestattet, soweit dies zur Verfolgung nicht gewerblicher Zwecke gerechtfertigt ist. Bezahlte Auftragsforschung und bezahlter Unterricht werden also von der Privilegierung nicht erfasst, denn sie dienen der Gewinnerzielung. Bloße Aufwandsentschädigungen, Unkostenbeiträge oder Erstattung der Kosten stehen dem nach richtiger Auffassung nicht entgegen (vgl. § 52a Rn. 16; Dreier/Schulze/*Dreier*[2] § 52a Rn. 13). Die Erhebung von Studiengebühren, die lediglich einen Beitrag zum Verwaltungsaufwand und zur Verbesserung der technischen Infrastruktur bilden, nicht hingegen den tatsächlichen Aufwand finanziell voll abdecken sollen, sind deshalb unproblematisch (vgl. § 52a Rn. 16).

Ähnliches gilt für den Bereich der **wissenschaftlichen Forschung.** Für die **15** Beurteilung, ob nicht gewerbliche Zwecke verfolgt werden, spielt die öffentliche oder private Trägerschaft der Unterrichts- oder Forschungseinrichtung keine Rolle. Auch die Rechtsform kann insofern allenfalls ein Indiz darstellen; angesichts der Möglichkeiten z.B. einer gGmbH kann allein die Rechtsform die Beurteilung eines kommerziellen oder gerade nicht kommerziellen Zwecks nicht ersetzen. Privilegiert ist nach Abs. 2 Satz 2 nur die eigene wissenschaftliche Forschung. Ob damit gegenüber § 53 Abs. 2 Nr. 1 („eigener wissenschaftlicher Gebrauch") tatsächlich eine begriffliche Unterscheidung verbunden, die Schranke in § 53 Abs. 2 Satz 2 also enger zu verstehen ist, ist fraglich (so aber Schricker/*Loewenheim*[3] § 52a Rn. 11); die Gesetzesbegründung enthält hierzu nichts Präzises. Ohnehin dürfte kaum zu unterscheiden sein, ob sich jemand lediglich über den Stand der Wissenschaft unterrichtet oder die elektronisch versandte Kopie mit dem Ziel der Gewinnung neuer wissenschaftlicher Erkenntnisse verwendet. Das eine wird sicherlich in aller Regel der Vorbereitung des anderen dienen. Die Privilegierung kann deshalb bereits dann zum Tragen kommen, wenn der Besteller mit der Kopie **eigene wissenschaftliche Zwecke** verfolgt. In jedem Fall erfasst ist deshalb die im weitesten Sinne wissenschaftliche Tätigkeit z.B. im Rahmen eines Studiums (vgl. § 52a Rn. 13).

c) Keine offensichtliche Zugangsmöglichkeit auf vertraglicher Grundlage 16 (Abs. 1 Satz 3): Die Vervielfältigung und Übermittlung einer elektronischen Kopie ist des weiteren – kumulativ – nur zulässig, wenn und soweit der betreffende Beitrag oder die kleinen Teile eines Werkes für die Öffentlichkeit nicht „offensichtlich" von Orten und zu Zeiten ihrer Wahl auf der Grundlage einer vertraglichen Vereinbarung zu angemessenen Bedingungen zugänglich sind, Abs. 1 Satz 3. Damit sollen ausdrücklich die bereits vielfältig im Internet verfügbaren Datenbankangebote insbesondere der großen wissenschaftlichen Verlage Vorrang haben vor einem elektronischen Kopienversand durch öffentliche Bibliotheken (siehe BeschlE RAusschuss 2. Korb – BT Drucksache 16/5939, S. 45). Abs. 1 Satz 3 geht auf Formulierungen des Art. 6 Abs. 4 Unterabs. 4 Info-RL zurück, fasst diese Schranken-Schranke aber wesentlich enger als die Formulierungen der Richtlinie. Nur wenn die Angebote zu „angemessenen Bedingungen" zugänglich und die Angebote offensichtlich sind, ist der elektronische Kopienversand unzulässig. Ob die konkreten Bedingungen der Verlage oder anderer Datenbanken angemessen sind, wird nach dem in diesem Bereich redlicherweise Üblichen, d.h. im Ergebnis nach den Maßstäben des § 32 Abs. 2 Satz 2 zu beurteilen sein. Jedenfalls muss der Werkzugang grundsätzlich dauerhaft, zuverlässig und (bei Einzelbeiträgen) vollständig möglich sein. Auch darf die Preisgestaltung nicht prohibitiv wirken und der Nutzer, der nur an einem einzelnen Beitrag interessiert ist, nicht ein ganzes Paket oder gar ein Abonnement erwerben müssen. Soweit ersichtlich, erfüllen jedenfalls die derzeit im Internet im deutschsprachigen Raum erhältlichen Verlagsangebote diese Voraussetzungen.

Nach dem Gesetzestext muss das **Onlineangebot** der Datenbanken der Verlage **17** bzw. der von diesen zur Nutzung ermächtigten Datenbanken oder Portale „**offensichtlich**" sein. Nach dem Bericht des Rechtsausschusses sollte damit den Befürchtungen der Bibliotheken, internationale Recherchen durchführen zu müssen, Rechnung getragen werden. Wiederum nach dem Bericht des Rechtsausschusses soll ein Angebot jedenfalls dann offensichtlich sein, wenn es in einer zentral administrierten Datenbank der Bibliotheken und Verlage verzeichnet ist (BeschlE RAusschuss 2. Korb – BT-Drucks. 16/5939, S. 45). Ob man allerdings tatsächlich die Einrichtung und Unterhaltung einer solchen

Datenbank von den Verlagen fordern kann, ist zweifelhaft. Angesichts der ungemein einfachen Recherchemöglichkeiten im Internet – über Google oder vergleichbare Suchmaschinen –, die den Nutzer bei Eingabe des Titels und des Autors – die Angabe des Verlages ist häufig gar nicht erforderlich – in den allermeisten Fällen zu einem Verlagsangebot führen, ist jedenfalls nicht erkennbar, welche Vereinfachung eine solche zentrale Datenbank für die Bibliotheken bedeuten könnte. Die äußerst einfache Recherche über normale Suchmaschinen sollte jedenfalls auch den Bibliotheken zumutbar sein. Eine Datenbank bedeutet demgegenüber einen ganz erheblichen zusätzlichen Verwaltungsaufwand sowohl für die Bibliotheken als auch für die Verlage. Fraglich ist außerdem, ob in einer derartigen Datenbank tatsächlich sichergestellt werden kann, dass auch ausländische Verlage zuverlässig eingebunden werden. Gerade die größeren englischsprachigen – niederländischen, britischen und amerikanischen – Verlage bieten aber sicherlich ein für jeden wissenschaftlichen Nutzer im Sinne des Gesetzes „offensichtliches", weil ohne weiteres aufzufindendes Onlineangebot der jedenfalls zentralen wissenschaftlichen Zeitschriften.

18 Allerdings gibt es bereits eine Elektronische Zeitschriftenbibliothek (EZB), eine von der Universität Regensburg unterhaltene Datenbank, die Daten über die per Einzelabruf erhältlichen Beiträge der angeschlossenen Verlage enthält (http://rzblx1.uni-regensburg.de/ezeit/about.phtml?bibid=AAAAA&colors=7&lang=de, zuletzt abgerufen am 16.05.2008). Die Verlage, die einen Rahmenvertrag mit Subito e.V. abschließen, sind verpflichtet, die relevanten Daten in die Datenbank einzugeben (vgl. Rn. 25).

3. Vergütungspflicht (Abs. 2)

19 Für die Vervielfältigung *und* die Übermittlung analoger und elektronischer Kopien nach Abs. 1 ist eine angemessene Vergütung an die Rechteinhaber, d.h. Urheber und Verleger, zu zahlen. Nach Abs. 2 Satz 2 kann der Vergütungsanspruch – wie stets im System der §§ 45 ff. (siehe §§ 45a, 46, 49, 52, 52a) – nur durch eine Verwertungsgesellschaft geltend gemacht werden. Ein Gesamtvertrag mit einer Verwertungsgesellschaft, namentlich der VG Wort, besteht hinsichtlich des elektronischen Kopienversands noch nicht. Bislang werden lediglich die Vergütungsansprüche aus analogem Kopienversand von der VG Wort wahrgenommen. Zur Vergütung bei Geltung des Subito-Rahmenvertrages vgl. Rn. 27 ff.

III. Prozessuales

20 Da es sich bei § 53a um eine Schrankenregelung handelt, muss grundsätzlich derjenige, der sich auf ihr Eingreifen beruft, im Streitfall das Vorliegen der Voraussetzungen beweisen. Gegenüber der Behauptung einer Urheberrechtsverletzung oder einer entsprechenden Klage muss also z.B. die beklagte öffentliche Bibliothek nachweisen, dass es sich konkret um eine privilegierte Kopie handelte.

IV. Verhältnis zu anderen Vorschriften

21 § 53a trifft eine Spezialregelung für den analogen und elektronischen Kopienversand durch öffentliche Bibliotheken. Insofern kann zwar die eigentliche Vervielfältigung durch eine öffentliche Bibliothek über § 53a hinaus von anderen Vorschriften – z.B. § 53 – gedeckt sein; ein Versand der angefertigten Kopien ist allerdings nur unter den Voraussetzungen des § 53a zulässig. Insofern sind auch Überschneidungen mit anderen Vorschriften im Bereich des § 53a Abs. 1 kaum denkbar, zumal § 53a das Recht der öffentlichen Zugänglichmachung aus § 19a nicht betrifft und also keine Schranke des § 19a darstellt (*Spindler* NJW 2008, 9, 14 m.w.N.).

V. Rahmenvertrag zwischen Subito e.V. und Verlagen zum elektronischen Kopienversand

1. Allgemeines

Im Juli 2006 wurde ein erster Rahmenvertrag zwischen Subito eV, der International STM Association und dem Börsenverein des Deutschen Buchhandels ausgehandelt, der den elektronischen Kopienversand in Erwartung einer gesetzlichen Regelung bereits teilweise regelte. Der Vertrag betraf zunächst nur den Versand durch in Deutschland, Österreich und der Schweiz ansässige öffentlich getragene Bibliotheken an Kunden außerhalb Deutschlands, Österreichs und der Schweiz. Ende 2007 kam ein „Nachtrag Nr. 1 zum Rahmenvertrag" mit Subito e.V. hinzu, der nunmehr – nach Verabschiedung des neuen § 53a UrhG – den Vertrag um den elektronischen Kopienversand an Besteller im deutschsprachigen Raum, d.h. insbesondere innerhalb des Geltungsbereichs des UrhG ergänzt. Gleichzeitig vereinbarten die Parteien einige allgemeine Änderungen des ursprünglichen Rahmenvertrages (Eckpunkte des Rahmenvertrages 2006 abrufbar unter http://www.stm-assoc.org/subito/; dort kann auch der vollständige Vertragstext des Rahmenvertrags und des Nachtrags angefordert werden; Eckpunkte des Nachtrags Nr. 1 zum Rahmenvertrag abrufbar unter http://www.boersenverein.de/de/69181?rubrik=82993&seite=20&dl_id=179806; abgerufen am 14.05.2008). **22**

Der Rahmenvertrag, der in seinem Anwendungsbereich die Regelungen des § 53a zwischen den vertragsschließenden Rechteinhabern und den in Subito zusammengeschlossenen Bibliotheken abbedingt, wird geschlossen zwischen den in Subito eV vereinigten deutschen und deutschsprachigen Bibliotheken einerseits und grundsätzlich jeweils einem einzelnen – vor allem wissenschaftlichen – Verlag andererseits. Anfang 2008 unterzeichnete der erste Wissenschaftsverlag die Rahmenvereinbarung; vermutlich wird sich die Vereinbarung sehr weitgehend durchsetzen, zumal sie aus Sicht der Verlage zum Teil durchaus günstigere Regelungen enthält als § 53a. Rein nationale Lieferungen von Kopien per Fax oder Post, d.h. insbesondere innerhalb Deutschlands, erfasst der Vertrag nicht. Diese Lieferungen unterliegen also weiterhin den Voraussetzungen des § 53a (vgl. Rn. 29). Einige Bibliotheken bieten schließlich einen eigenen Dokumentenlieferdienst an, so z.B. die TIB Hannover. Für diese Bibliotheken soll der Nachtrag Nr. 1 zum Rahmenvertrag entsprechend gelten. **23**

2. Inhalt und Umfang der eingeräumten Nutzungsrechte

Der vertragsschließende Verlag räumt Subito eV und dessen Mitgliedsbibliotheken eine **einfache, nicht übertragbare Lizenz** zur Vervielfältigung von Beiträgen und Artikeln aus dem wissenschaftlichen Verlagsprogramm ein. Diese Kopien dürfen innerhalb Deutschlands, Österreichs, der Schweiz und Liechtensteins an Nutzer versandt werden; dabei ist über den Rahmenvertrag – wiederum über § 53a hinaus – den Bibliotheken auch der grenzüberschrei- **24** tende Versand jedenfalls per Fax – Computerfax zählt unter dem Rahmenvertrag wohl nicht als Telefax – und Post innerhalb des deutschsprachigen Territoriums (also z.b. von Deutschland in die Schweiz oder Ähnliches) gestattet. Die Kopien dürfen nur von einer gedruckten Originalpublikation, die Bestandteil der ständigen Sammlung der betreffenden Bibliothek sein muss (sog. Bestandsakzessorietät), angefertigt werden, wenn und soweit der Verlag nicht ausdrücklich die Verwendung seiner eigenen elektronischen Quellen gestattet hat. Die Bibliotheken müssen außerdem sämtliche Zwischenkopien im Rahmen des Vervielfältigungsvorgangs löschen, dürfen also keine Datenbank bereits gescannter Artikel anlegen oder nutzen. Die Lieferbibliotheken müssen für den elektronischen Versand technische Schutzmaßnahmen treffen und mit den Bestellern einen Lizenzvertrag schließen, um die Verlage vor einem Missbrauch der elektronischen Kopien zu schützen. Die einzelne Bibliothek erledigt Vervielfältigung und Versand selbst. Subito eV stellt lediglich das Internetportal, über das der einzelne Nutzer einen Artikel bestellt, bereit.

25 Über die Regelungen des § 53a hinaus dürfen die in Subito eV zusammengeschlossenen Bibliotheken Kopien auch an solche Institutionen versenden, die die bestellten Dokumente nicht unmittelbar selbst nutzen, sondern lediglich an eigene Kunden weiterleiten. Des Weiteren räumt der vertragsschließende Verlag in dem Rahmenvertrag – ebenfalls über § 53a hinaus – Subito und den einzelnen Bibliotheken auch dort für den elektronischen Kopienversand von Artikeln oder Beiträgen Nutzungsrechte ein, wo der Verlag diese den Endkunden über ein eigenes Verlagsportal zum Herunterladen anbietet. Dabei muss der Verlag die Daten der elektronisch über ein eigenes Verlagsportal verfügbaren Artikel in die Datenbank der elektronischen Zeitschriftenbibliothek (EZB), die von der Universitätsbibliothek Regensburg unterhalten wird (http://rzblx1.uni-regensburg.de/ezeit/about.phtml?bibid=AAAAA&colors=7&lang=de), einspeisen.

26 Abweichend von dem in 2006 ausgehandelten Rahmenvertrag, der eine Grundlaufzeit von drei Jahren mit automatischer Verlängerung jeweils um ein Jahr vorsah, hat jeder zwischen Subito und einem Verlag geschlossene Lizenzvertrag eine **Grundlaufzeit** von fünf Jahren. Auch diese Verträge verlängern sich automatisch um jeweils ein Jahr, wenn sie nicht fristgerecht gekündigt werden.

3. Lizenzgebühren

27 Die Bibliotheken dürfen Artikel elektronisch oder per Post bzw. Fax grundsätzlich sowohl an akademische Kunden (vor allem Studenten und Wissenschaftler), kommerzielle Firmen, Privatpersonen und ähnliche sowie andere Bibliotheken versenden. Für akademische bzw. wissenschaftliche Kunden und bestellende Bibliotheken einerseits und kommerzielle Kunden/Privatpersonen usw. anderseits fallen unterschiedlich hohe Gebühren an. So liegen innerhalb der ersten 18 Monate nach Vertragsschluss die an den Verlag zu entrichtenden Gebühren pro Artikel bei € 3,50, ab dem 18. Monat bis zum Ende des zweiten Vertragsjahres bei € 4,00, im dritten Vertragsjahr bei € 4,50, im vierten Vertragsjahr bei € 5,00 und im fünften Vertragsjahr bei € 5,50. Gestattet der Verlag der Bibliothek bzw. Subito die Nutzung der eigenen digitalen Quellen des Verlages für den Versand, können mit Subito höhere Gebühren vereinbart werden. Die Nutzungsentgelte für Lieferungen an kommerzielle Firmen, Privatpersonen usw. legt der Verlag frei fest. Um die Verlage insbesondere davor zu schützen, dass die Bibliotheken auf Abonnements der wissenschaftlichen

Zeitschriften verzichten, dürfen die Bibliotheken ab dem 19. Monat nach Abschluss des Nachtrages nur zehn Kopien pro Zeitschrift und Kalenderjahr sowie Bibliothek zu den günstigeren Gebühren liefern. Überschreiten die Bibliotheken diesen Rahmen, fällt automatisch das für kommerzielle Kunden, Privatpersonen usw. festgesetzte Entgelt pro Artikel an.

Kundenbibliotheken innerhalb des deutschsprachigen Raumes (Deutschland, **28** Österreich, Schweiz, Lichtenstein) dürfen von ihnen bestellte Artikel auf Antrag unmittelbar an einen Endkunden aus dem akademischen Bereich weiterreichen, müssen dabei allerdings technische Schutzmaßnahmen einsetzen, um einen Missbrauch soweit wie möglich zu verhindern. In diesen Fällen erhebt der Verlag ab dem 19. Monat nach Vertragsschluss eine um € 0,50 bis € 1,00 erhöhte Nutzungsgebühr.

Rein nationale Lieferungen von Kopien per Fax oder Post, d.h. insbesondere **29** innerhalb Deutschlands, erfasst der Vertrag nicht (s. Ziff. 2.3.1 des Nachtrags Nr. 1 zum Rahmenvertrag). Diese Lieferungen unterliegen also weiterhin den Voraussetzungen des § 53a. Die Nutzungsentgelte sind entsprechend den Tarifen der zuständigen Verwertungsgesellschaften, insbesondere der VG Wort, zu zahlen (s. § 1 Nr. 20 Wahrnehmungsvertrag der VG Wort). Auch das Nutzungsentgelt für grenzüberschreitende Lieferungen per Post oder Telefax orientiert sich an den Tarifen der VG Wort für den nationalen Kopienversand. Versendet allerdings eine Bibliothek, die am 01.10.2007 nicht Mitglied von Subito war, Kopien, muss eine höhere Gebühr gezahlt werden. Sog. **Mittler**, die also für eigene Kunden Kopien bestellen, werden wie kommerzielle Nutzer/ Privatkunden behandelt, müssen also die vom Verlag nach freiem Ermessen festgesetzte Gebühr an den Verlag zahlen.

Subito rechnet für alle in ihm zusammengeschlossenen Lieferbibliotheken **30** spätestens 30 Tage nach Ablauf eines jeden Quartals über alle Lieferungen aus Publikationen des Verlages, jeweils aufgeschlüsselt nach Kundengruppe und Versandart (per Fax/Post oder elektronisch) ab. Die sich daraus ergebenden Lizenzentgelte sind ebenfalls spätestens bis zu diesem Zeitpunkt zu zahlen.

Vorbemerkung
Neuregelung der Vergütungspflicht für Vervielfältigungen in den §§ 54 – 54h

Mit dem am 5. Juli 2007 vom Deutschen Bundestag in zweiter und dritter **1** Lesung beschlossenen Zweiten Gesetz zur Regelung des Urheberrechts in der Informationsgesellschaft („2. Korb"), das am 31.10.2007 in BGBL I S. 2513 verkündet wurde und demgemäß nach seinem Art. 4 am ersten Tag des dritten auf die Verkündung folgenden Kalendermonats, also am 01.01.2008, in Kraft trat, ist der **Vergütungsanspruch** der Urheber für Vervielfältigungen ihrer Werke zum privaten und sonstigen eigenen Gebrauch nach § 53 Abs. 1 bis 3 **einheitlich neu geregelt** worden: Zwischen Vervielfältigungen im Wege der Bild- und Tonaufzeichnung (§ 54 a. F.) und der Ablichtung (§ 54a a. F.) wird nicht mehr unterschieden (§ 54 n. F.). Die Höhe der angemessenen Vergütung bestimmt nicht mehr der Gesetzgeber (vgl. die Anlage zum bisherigen § 54d Abs. 1). Vielmehr nennt der neue § 54a die Kriterien, nach denen die Vergütungshöhe zu bestimmen ist.

2 Im Übrigen kehren die 1994 eingeführten §§ 54a–h teils wortgleich, teils mit Anpassungen an die Neuregelung zum 01.01.2008 an meist anderer Stelle wieder:

3 Der nunmehrige § 54b findet sich wie folgt im bisherigen Text: Abs. 1 ist wortgleich mit § 54 Abs. 1 Satz 2 a. F.; Abs. 2 mit § 54 Abs. 2 a. F.; Abs. 3 mit § 54b a. F.

4 Der nunmehrige § 54c **Abs. 1** wiederholt § 54a Abs. 2 a. F. lediglich mit der Korrektur der Verweisung (statt auf § 54a Abs. 1 a. F. auf den neuen § 54 Abs. 1); § 54c **Abs. 2** ist wortgleich mit § 54d Abs. 2 a. F.

5 Die Hinweispflicht des neuen § 54d ist der bisherigen Regelung in § 54e a. F. nur noch ähnlich: Sie besteht lediglich in den Fällen, in denen eine Verpflichtung zur Erteilung einer Rechnung nach § 14 Abs. 2 Satz 1 Nr. 2 Satz 2 des Umsatzsteuergesetzes gegeben ist; der bisher vorgeschriebene Vermerk, ob die Urhebervergütung entrichtet wurde oder nicht, ist dahin abgeschwächt, dass auf die Urhebervergütung lediglich hinzuweisen ist.

6 § 54e n. F. wiederum stimmt inhaltlich mit dem bisherigen § 54f überein; die Vereinheitlichung der bisherigen Vervielfältigungsfälle im neuen § 54 hat allerdings die Zusammenfassung der Absätze 1 und 2 der Fassung von 1994 in einem neuen Abs. 1 ermöglicht mit der Folge, dass der bisherige Abs. 3 nunmehr als Abs. 2 fungiert.

7 § 54f n. F. entspricht ebenfalls inhaltlich – unter Korrektur der Verweisungen – dem bisherigen § 54g.

8 Neu ist § 54g: Die Möglichkeit von Kontrollbesuchen ist den Verwertungsgesellschaften für die von ihnen vertretenen Urheber zur Bemessung der Ansprüche gegen die Betreiber von Ablichtungsgeräten (§ 54c) erst seit Jahresbeginn 2008 eingeräumt.

9 Der Einschub des neuen § 54g hatte zur Folge, dass die Bezifferung des neuen § 54h mit der entsprechenden Regelung von 1994 übereinstimmt. Er ist lediglich in den Bezugsrahmen auf andere Bestimmungen des UrhG korrigiert. Darüber hinaus gibt es inhaltlich nur eine Abweichung: Abs. 2 Satz 2 der Neufassung nimmt Werke, die mit technischen Maßnahmen gemäß § 95a gegen Vervielfältigungen geschützt sind, von der Verteilung der Einnahmen nach den §§ 54 bis 54c aus.

10 Als Inhaber der Rechte und Ansprüche aus den §§ 54 bis 54c und 54e bis g ist stets **der Urheber** genannt. Deren Geltendmachung weist § 54h Abs. 1 jedoch der – jeweils zuständigen – **Verwertungsgesellschaft** ausschließlich zu: Nur sie bestimmt die Vergütungshöhe. Nur sie kann die Zahlungsansprüche aus den §§ 54 bis 54c, 54e Abs. 2 und 54f Abs. 2 sowie dem Auskunftsanspruch aus § 54f durchsetzen. Nur ihren Mitarbeitern oder Beauftragten muss der Kontrollbesuch des § 54g ermöglicht werden.

11 Die Pflicht der VG, jedem Berechtigten einen **angemessenen Anteil** an den gezahlten Vergütungen zukommen zu lassen, folgt schon aus § 7 Satz 1 UrhWahrnG. Die – überflüssige – Wiederholung dieses Grundsatzes in § 54h Abs. 2 ist zugleich redaktionell verunglückt: Nicht nur an den nach den §§ 54 bis 54c gezahlten Vergütungen, sondern auch an denjenigen aus § 54e Abs. 2 und § 54f Abs. 2 sind die Berechtigten angemessen zu beteiligen.

Die Neuregelung der gesetzlichen Vergütungsansprüche des Urhebers, zu de- **12** nen auch derjenige für die Verwertung von Werken in bei Vertragsschluss noch unbekannten Nutzungsarten rechnet (§ 32c), hat eine Reihe von **Änderungen im UrhWahrnG** veranlasst (siehe dort die neuen §§ 13a, 14e, 17a und 27 sowie die Neufassung des § 14). Der neue § 27 UrhWahrnG enthält eine Übergangsregelung für die bisher von den VGen aufgestellten Tarife und die von ihnen abgeschlossenen Gesamtverträge einerseits und die Vergütungssätze nach der bisherigen Anlage zu § 54d Abs. 1 andererseits, soweit sie am 01.01.2008 noch angewendet wurden: Sie gelten als Tarife weiter, bis sie durch neue Vergütungssätze ersetzt werden, längstens jedoch bis zum Jahresbeginn 2010 (§ 27 Abs. 1 Satz 1 WahrnG).

§ 54 Vergütungspflicht

(1) Ist nach der Art eines Werkes zu erwarten, dass es nach § 53 Abs. 1 bis 3 vervielfältigt wird, so hat der Urheber des Werkes gegen den Hersteller von Geräten und von Speichermedien, deren Typ allein oder in Verbindung mit anderen Geräten, Speichermedien oder Zubehör zur Vornahme solcher Vervielfältigungen benutzt wird, Anspruch auf Zahlung einer angemessenen Vergütung.

(2) Der Anspruch nach Abs. 1 entfällt, soweit nach den Umständen erwartet werden kann, dass die Geräte oder Speichermedien im Geltungsbereich dieses Gesetzes nicht zu Vervielfältigungen benutzt werden.

Übersicht

I. Anspruchsbegründendes Handeln: Vervielfältigung

Unter diesem Begriff versteht das UrhG jede körperliche Festlegung, die **1** geeignet ist, ein Werk auf irgendeine Weise den menschlichen Sinnen unmittelbar oder mittelbar zugänglich zu machen (Begr RegE UrhG – BT-Drucks. IV/270, S. 47; vom BGH übernommen in GRUR 1955, 492, 494 – *Grundig-Reporter*). Auch auf Tonträgern, digitalen Trägern und anderen Speichermedien ist das Werk körperlich festgelegt, nicht jedoch, wenn es durch Sendung oder Netzübertragung auf einem Bildschirm erscheint; erst sein daraufhin erfolgender Mitschnitt wäre wiederum Vervielfältigung. Die Art und Weise der Festlegung ist irrelevant: Wer ein Gemälde abmalt oder eine frei gesprochene Rede mitschreibt oder mitschneidet, vervielfältigt. Die Vervielfältigung braucht nicht einmal dauerhaft zu sein (§ 16 Abs. 1).

Die bis zum Jahresende 2007 geltende Regelung der §§ 54/54a unterschied **2** zwischen zwei Arten der Vervielfältigung, für die eine Vergütungspflicht bestand: Derjenigen im Wege der Bild- und Tonaufzeichnung und derjenigen im Wege der Ablichtung. **Die Neufassung** der beiden Bestimmungen **vereinheitlicht** die Rechtsfolgen der von § 53 erlaubten Vervielfältigungen zum privaten und sonstigen eigenen Gebrauch. Der Gesetzgeber entsprach damit der inzwischen eingetretenen technischen Entwicklung: Fast alle modernen Geräte verbinden einzelne oder sämtliche von § 53 vorausgesetzte Möglichkeiten der Vervielfältigung miteinander. *Stefan Müller* nennt Mobiltelefone mit integriertem MP3-Player und Fernseher mit eingebauten Aufnahmegeräten als Beispiele für entsprechende Teilfunktionen einerseits und DVD-Recorder für den anschließenden Gebrauch nach § 53 andererseits (ZUM 2007, 777, 779 und 781). Die nutzungsrelevanten Eigenschaften solcher Geräte sind bei der Bestimmung der Vergütungshöhe zu berücksichtigen (§ 54a Abs 3). Ob Computerdrucker solche Eigenschaften überhaupt haben, wird allerdings erst vom BGH geklärt werden, nachdem die OLGe Stuttgart und Düsseldorf insoweit gegensätzlich entschieden haben (Näheres bei *Klett* K&R 2007, 356, 358 f).

3 Dem Vergütungsanspruch aus § 54 Abs. 1 unterliegen nur solche Geräte oder Speichermedien, *deren Typ zur Vornahme* urheberrechtlich relevanter *Vervielfältigungen* im Sinne des § 53 Abs. 1 *benutzt* wird. Durch die typisierte Betrachtung wird auf den üblichen Gebrauch des Gerätes oder Speichermediums abgestellt. *Geräte, die nur theoretisch zur Vervielfältigung genutzt werden können…, aber völlig anderen Funktionen* (dienen), *werden nicht in die Vergütungspflicht einbezogen* (so wörtlich die Begr – BT-Drucks. 16/1828 – zu Art. 1 Nr. 14 – §§ 54 bis 54h). Höchstrichterlich bestätigt ist die Vergütungspflicht für Videorecorder (BGH GRUR 1981, 355, 359), Readerprinter (BGH GRUR 1993, 553, 555), Telefaxgeräte (BGH GRUR 1999, 928, 931) und Scanner (BGH GRUR 2002, 246, 248). Dass auch Amateur- und Videokameras unter die Bestimmung fallen, weil mit ihnen geschützte Werke (z. B. Bühnenaufführungen, Werke der bildenden Kunst) aufgenommen werden können, ergibt sich schon aus BGH GRUR 1982, 104, 105 f – *Tonfilmgeräte*. CD-Brenner fallen so offensichtlich unter die Vergütungspflicht, dass ihre Hersteller sich mit der Entscheidung des OLG Stuttgart (CR 2001, 817) abgefunden haben; für diese und für DVD-Brenner gibt es inzwischen sogar Gesamtverträge der BITCOM mit den Verwertungsgesellschaften (6 € bzw. 9,21 € pro Gerät; Dreier/Schulze/*Dreier*[2] Rn. 5). Offen ist dagegen derzeit noch, ob MP3-Player, Organizer, Laptops, bespielbare Bänder, Kassetten, DVDs und CDs sowie Speicherchips vergütungspflichtig sind. Für Computerdrucker wird dies vom BGH geklärt werden müssen (vgl. Rn. 2 am Ende).

II.   Anspruchsinhaber und Anspruchsgegner

4 § 54 Abs. 1 bezeichnet den **Urheber** als Anspruchsinhaber; entsprechendes gilt für die §§ 54c Abs. 1, 54e Abs. 1, 54f Abs. 1 und 2 und 54g. Tatsächlich können die Ansprüche aus den §§ 54–54g aber **nur durch eine Verwertungsgesellschaft** geltend gemacht werden (§ 54h Abs. 1; vgl. Vor § 54 Rn. 8–9).

5 Ohnehin ist die Verwendung allein des Begriffs „Urheber" in den §§ 54 Abs. 1, 54c Abs. 1, 54e Abs. 1, 54f Abs. 1 und 2 und 54g ungenau, weil es eine Mehrzahl anderer **Berechtigter** gibt, denen neben ihm oder an seiner Stelle die Erträgnisse aus der Vergütungspflicht über ihre Verwertungsgesellschaft zufließen; § 54h Abs. 2 Satz 1 bestimmt demgemäß, dass *jedem Berechtigten ein angemessener Anteil an den nach § 54 bis 54c gezahlten Vergütungen* zustehe; zum Kreis der Berechtigten vgl. § 54h Rn. 1.

6 Anspruchsgegner, also zur Zahlung der angemessenen Vergütung aus § 54 **Abs. 1** Verpflichteter, ist nach dieser Bestimmung zunächst der **Hersteller** von Geräten und Speichermedien, die *allein oder in Verbindung mit anderen Geräten, Speichermedien oder Zubehör* zu Vervielfältigungen benutzt werden. Das ist nach BGH GRUR 1984, 518, 519 und 1985, 280, 281 – *Herstellerbegriff I und II* derjenige, der die Geräte (oder inzwischen auch die Speichermedien) *tatsächlich produziert.* Daran ändert sich selbst dann nichts, wenn innerhalb einer Firmengruppe die rechtlich selbständige Vertriebsfirma die Geräte oder Speichermedien unter der eigenen Firma oder Marke in Verkehr bringt (BGH GRUR 1985, 284, 285 und 287, 288 – *Herstellerbegriff III und IV).* Neben dem Hersteller haften der (gewerbliche) **Importeur** solcher Geräte oder Speichermedien – das Gesetz nennt ihn „Einführer" – und der **Geräte- und Medienhändler** (§ 54b Abs. 1). Soweit ein im Ausland ansässiger Hersteller oder Händler direkt und ohne Zwischenschaltung eines Importeurs nach Deutschland liefert, ist sein in Deutschland ansässiger Vertragspartner, im Regelfall also der **Empfänger** der Lieferung, als „Einführer" anzusehen und damit zahlungspflichtig (§ 54b Abs. 2 Satz 2); der bloße Spediteur oder Frachtführer haftet aber nicht (§ 54b Abs. 2 Satz 3). Dass, wer Geräte und Speichermedien zunächst in einem Freilager untergebracht und dann aber doch regelrecht eingeführt – der Text des § 54b Abs. 2 Satz 4 formuliert „in den zollrechtlich freien Verkehr übergeführt" – hat, im Rechtssinne „Einführer" ist und demgemäß für die Erfüllung der Vergütungspflicht aus § 54 haftet, versteht sich von selbst und hätte deshalb keiner Regelung im Gesetz bedurft.

Von jeder Verpflichtung aus § 54 **frei** ist der in Deutschland ansässige **Käufer 7** eines Gerätes oder Speichermediums **für den eigenen Gebrauch.** Insoweit kommt es nicht darauf an, ob er es im Inland oder im Ausland erwirbt oder es sich aus dem Ausland schicken lässt: Nur die *gewerblich* betriebene Einfuhr macht zahlungspflichtig (§ 54b Abs. 1).

Der **Geräte- und Medienhändler** ist nach § 54b Abs. 3 Nr. 1 von der Zahlungs- **8** pflicht **frei,** wenn diese schon seinen Lieferanten trifft, wenn er also von einem in Deutschland ansässigen Hersteller oder von einem gewerblichen Importeur („Einführer") kauft, der Partner eines **Gesamtvertrages** ist (§ 12 WahrnG). Mit dieser Regelung sollen Doppelzahlungen verhindert werden. Darüber hinaus befreit § 54b Abs. 3 Nr. 2 auch ohne die vorstehend genannte Bedingung den Händler von jeder Zahlungsverpflichtung, wenn er „mit offenen Karten spielt", also nicht nur Art und Stückzahl der bezogenen (nicht der verkauften) Geräte und Speichermedien, sondern auch seine Bezugsquelle jeweils halbjährlich zum 10. Januar und 10. Juli der „Empfangsstelle" (§ 54h Abs. 3) schriftlich mitteilt.

§ 54c Abs. 1 wiederum **erweitert** den Kreis der vergütungspflichtigen Nutzer **9** moderner Vervielfältigungstechniken um die **Betreiber** von Ablichtungsgeräten oder solchen vergleichbarer Wirkung, soweit es sich um

– Schulen und Hochschulen,
– Einrichtungen der Berufs- und der sonstigen Aus- und Weiterbildung (Bildungseinrichtung),
– Forschungseinrichtungen und
– öffentliche Bibliotheken

handelt; darüber hinaus sind auch Copyshops und ähnliche Betriebe – das Gesetz spricht von *Einrichtungen, die Geräte für die entgeltliche Herstellung von Ablichtungen bereithalten* – zur Zahlung einer angemessenen Vergütung verpflichtet.

III. Angemessenheit der Vergütung

Mit der Festlegung des Anspruchs des Urhebers auf eine **angemessene Ver- 10** **gütung** übernimmt die Neufassung des § 54 Abs. 1 nicht nur den bis zum Jahresende 2007 geltenden Text der Bestimmung. Sie sichert damit zugleich die weitere uneingeschränkte Anwendbarkeit des § 32 Abs. 2 mit der Folge, dass das **bisher bestehende Gesamtsystem der Vergütungsregeln zu § 53 als Untergrenze fortgilt:**

11 Die 1985 vom Bundesgesetzgeber in der Anlage zu § 54d bestimmten **Vergütungssätze** für Werknutzungen nach den §§ 54, 54a, die in den mehr als 22 Jahren ihrer Existenz niemals geändert wurden, obwohl die seither stattgefundene **Geldentwertung** von durchschnittlich etwa 3% pro Jahr sie auf **ein Drittel** ihres ursprünglichen Wertes hat sinken lassen, können mittlerweile schon deshalb nicht mehr als angemessen angesehen werden, bilden aber jedenfalls die äußerste **Untergrenze** dessen, was noch als „wirtschaftlich angemessen" im Sinne des neuen § 54a Abs. 4 angesehen werden kann, welche Preispolitik auch immer die jeweils aktuellen Konkurrenzverhältnisse auf dem Geräte- oder Speichermedienmarkt bedingen mögen.

12 Entsprechendes gilt für die seither abgeschlossenen **Gesamtverträge,** soweit sie noch bestehen. Die fortschreitende Geldentwertung – sie lag allein in 2007 schon bei 3,2% – macht auch die darin vereinbarten Vergütungssätze zu Mindestgrößen, die in künftigen Abschlüssen nicht unterschritten werden können, wenn ein Verstoß gegen § 32 mit den sich daraus ergebenden Rechtsfolgen vermieden werden soll (§ 32 Abs. 3).

13 Gemeinsame **Vergütungsregeln** (§ 36) gab es bisher schon wegen der Geltung des § 54d a. F. nicht.

14 Die **Mehrwertsteuer** ist wie bisher *zusätzlich* zu entrichten (Begr RegE ÄndG 1983 – BT-Drucks. 10/837, S. 13).

IV. Übergangsregel des Art. 3 des Zweiten Gesetzes zur Regelung des Urheberrechts in der Informationsgesellschaft

15 Die sich nach dem Wegfall der Bestimmung der Vergütungssätze im bisherigen § 54d ergebende, vorstehend in Abschnitt 3 (vgl. Rn. 9–14) angesprochene Frage der Fortgeltung des bisherigen Vergütungssystems überlässt Art. 3 der Neuregelung zunächst den beiderseits Beteiligten: Der neue § 27 Abs. 1 WahrnG bestimmt die Fortgeltung der von dem VerwG aufgestellten Tarife und der von ihnen abgeschlossenen Gesamtverträge, bis sie durch neue Tarife oder Verträge ersetzt worden sind, längstens jedoch bis zum Jahresbeginn 2010 (näheres dort).

V. Wegfall des Vergütungsanspruchs (Abs. 2)

16 Die „Exportklausel" des Abs. 2 ist – nahezu wortgleich – schon in der Urfassung des UrhG von 1965 (dort in § 53 Abs. 3) enthalten gewesen; seit 1985 fand sie sich in § 53 Abs. 5 Satz 3. Das Gesetz zur Regelung des Urheberrechts in der Informationsgesellschaft vom 10.09.2003 „verpflanzte" sie nach § 54c. Die ihr dort beigegebene Überschrift *Wegfall der Vergütungspflicht bei Ausfuhr* machte deutlich, um was es insoweit schon immer ging (und nach wie vor geht): Der Export deutscher Produkte soll nicht durch inländische Belastungen erschwert werden. In anderssprachigen Ländern wird, was den Gegenstand der dort hergestellten Vervielfältigungen betrifft, der Anteil von Werken deutschen Ursprungs in aller Regel wesentlich geringer sein als im Inland, wenn er nicht gar bedeutungslos wird.

Die seit dem 01.01.2008 geltende **Neufassung** weicht vom Wortlaut des **17** bisherigen § 54c nur insofern ab, als die Erwartung der Nichtbenutzung im Inland nicht mehr von einer *Wahrscheinlichkeit* gestützt zu sein braucht. Sie ist in aller Regel schon dann gegeben, wenn der Erwerber des Gerätes oder des Speichermediums im Ausland ansässig ist und/oder das Gerät oder Speichermedium dort installiert hat. Das Gegenteil kommt nur dann in Betracht, wenn das Gerät oder Speichermedium beispielsweise in einem Fahrzeug installiert ist und sein Erwerber in Grenznähe ansässig ist, so dass ein häufiger Standortwechsel naheliegt. Der Fall, dass ein in Frankreich lebender deutscher Journalist dort fortlaufend Kopien deutscher Publikationen zieht oder herunterlädt, entspricht dagegen gerade der Freigabe des Abs. 2, weil solche Vervielfältigungen nicht *im Geltungsbereich dieses Gesetzes* stattfinden.

VI. Nicht freigegebene Vervielfältigungen

Soweit bestimmte Werke von der Vervielfältigungserlaubnis des § 53 aus- **18** genommen sind (neues Beispiel: für den Unterrichtsgebrauch an Schulen bestimmte Werke, § 53 Abs. 3 Satz 2), haben Zuwiderhandlungen nicht etwa die ersatzweise Entstehung des Anspruchs auf angemessene Vergütung, sondern diejenige eines Unterlassungs- und Schadensersatzanspruches zur Folge; letzterer kann im Einzelfall ein Vielfaches des Vergütungsanspruchs ausmachen.

§ 54a   Vergütungshöhe

(1) ¹Maßgebend für die Vergütungshöhe ist, in welchem Maß die Geräte und Speichermedien als Typen tatsächlich für Vervielfältigungen nach § 53 Abs. 1 bis 3 genutzt werden. ²Dabei ist zu berücksichtigen, inwieweit technische Schutzmaßnahmen nach § 95a auf die betreffenden Werke angewendet werden.

(2) Die Vergütung für Geräte ist so zu gestalten, dass sie auch mit Blick auf die Vergütungspflicht für in diesen Geräten enthaltene Speichermedien oder andere, mit diesen funktionell zusammenwirkende Geräte oder Speichermedien insgesamt angemessen ist.

(3) Bei der Bestimmung der Vergütungshöhe sind die nutzungsrelevanten Eigenschaften der Geräte und Speichermedien, insbesondere die Leistungsfähigkeit von Geräten sowie Speicherkapazität und Mehrfachbeschreibbarkeit von Speichermedien, zu berücksichtigen.

(4) Die Vergütung darf Hersteller von Geräten und Speichermedien nicht unzumutbar beeinträchtigen; sie muss in einem wirtschaftlich angemessenen Verhältnis zum Preisniveau des Geräts oder des Speichermediums stehen.

Für die Ermittlung der Höhe der nach § 54 Abs. 1 zu leistenden angemessenen **1** Vergütung macht § 54a zunächst **drei Vorgaben**, die als sachbezogen zu qualifizieren sind:

Nach **Abs. 1** kommt es in erster Linie auf das **Maß der tatsächlichen Nutzung 2** des jeweiligen Gerätes oder Speichermediums an, wie es für dieses **typisch** ist, d.h. der allgemein gebräuchlichen Nutzung entspricht (Satz 1). Einschränkungen der Nutzungsmöglichkeit durch technische Schutzmaßnahmen sind dabei zu berücksichtigen (Satz 2); gibt es solche – was bisher kaum vorkommt, weil dergleichen vom Markt als nicht bedarfsgemäß abgelehnt wird –, so verringert sich der typische Nutzungsumfang naturgemäß entsprechend dem Anteil der damit ausgerüsteten Geräte; ein Anteil von bis zu 10% könnte noch nicht als „typisch" angesehen werden.

3 Nach Abs. 2 ist für **Geräte** zugleich maßgebend, wie sie mit anderen Geräten und/oder Speichermedien zusammenwirken.

4 Abs. 3 schließlich verlangt die Berücksichtigung auch der Leistungsfähigkeit der Geräte einerseits sowie der Speicherkapazität und Mehrfachbeschreibbarkeit von Speichermedien andererseits.

5 Gegenüber den objektiven, ohne weiteres nachvollziehbaren Kriterien der Absätze 1 bis 3 für die Bemessung der Vergütungshöhe wirkt **Abs. 4** wie ein **Fremdkörper**, der er freilich auch ist: Wieso kann die Verpflichtung zur Zahlung einer *angemessenen* Vergütung, die nach § 54 Abs. 1 allein geschuldet wird, den Zahlungspflichtigen jemals „unzumutbar beeinträchtigen"? Sie ist Teil seiner Gestehungskosten, aus denen sich – zzgl. der Gewinnspanne, ohne die kein Hersteller auf Dauer existieren könnte – der Verkaufspreis der Geräte und Speichermedien ergibt, und liegt damit jeder Kalkulation, die kaufmännischer Einsicht entspricht, mit absoluter Selbstverständlichkeit zugrunde. Sie steht also *immer* in einem wirtschaftlich angemessenen Verhältnis zu dem Verkaufspreis, der sich aus eben dieser Kalkulation errechnet. Kampf- und Schleuderpreise zur Lagerräumung oder gar zur Ausschaltung der Konkurrenz gehen die Urheber ebenso wenig an wie die Lieferanten des Rohmaterials für die Geräteherstellung oder die mit der Produktion beschäftigten Mitarbeiter des vergütungspflichtigen Herstellers. Abs. 4 ist damit sachlich gegenstandslos.

6 Die Feststellung zu **Abs. 1, in welchem Maß** die Geräte und Speichermedien **als Typen** tatsächlich für Vervielfältigungen nach § 53 Abs. 1 bis 3 **genutzt** werden, wird sich nur durch statistische Erhebungen klären lassen, denen Umfragen bei den Nutzern zugrunde liegen; die Praxis wird zeigen, ob dazu repräsentative Aktionen – die etwa nur Städte mit über 100.000 Einwohnern oder bestimmte Bundesländer umfassen – genügen. Immerhin erlaubt die gesetzliche Beschränkung auf *typische* Nutzungsgegebenheiten eine Art „Hochrechnung" letzterer im Interesse auch der Hersteller und Importeure. Bei *neuen* Produkten der Geräte- und Medienhersteller werden die nach der Markteinführung gewonnenen ersten Erhebungsergebnisse allerdings einige Jahre später wiederholt werden müssen, um die seither erreichte Marktdurchsetzung und den sich daraus ergebenden produkttypischen Nutzungsumfang zu ermitteln.

7 Die Forderung des **Abs. 2** nach der Berücksichtigung des **Zusammenwirkens von Geräten** mit den ihnen beigegebenen Speichermedien oder sonstigen Geräten bei der Bemessung der Vergütung lässt sich nicht durch Erhebungen, sondern allein mit Hilfe des Sachverstands der Fachleute auf Seiten der Hersteller und der Verwertungsgesellschaften erfüllen und wird deshalb, ein Mindestmaß an allseitigem Einigungswillen vorausgesetzt, kaum zu Streitfällen führen.

8 Die Berücksichtigung der nutzungsrelevanten Eigenschaften der Geräte und Speichermedien, also
– der Leistungsfähigkeit der Geräte und
– der Speicherkapazität bzw. Mehrfachbeschreibbarkeit von Speichermedien,
die **Abs. 3** verlangt, kann sogar als selbstverständlich bezeichnet werden, weil davon letztlich der Umfang der gerätetypischen Nutzung bestimmt wird.

§ 54b   Vergütungspflicht des Händlers oder Importeurs

(1) Neben dem Hersteller haftet als Gesamtschuldner, wer die Geräte oder Speichermedien in den Geltungsbereich dieses Gesetzes gewerblich einführt oder wiedereinführt oder wer mit ihnen handelt.

(2) [1]Einführer ist, wer die Geräte oder Speichermedien in den Geltungsbereich dieses Gesetzes verbringt oder verbringen lässt. [2]Liegt der Einfuhr ein Vertrag mit einem Gebietsfremden zugrunde, so ist Einführer nur der im Geltungsbereich dieses Gesetzes ansässige Vertragspartner, soweit er gewerblich tätig wird. [3]Wer lediglich als Spediteur oder Frachtführer oder in einer ähnlichen Stellung bei dem Verbringen der Waren tätig wird, ist nicht Einführer. [4]Wer die Gegenstände aus Drittländern in eine Freizone oder in ein Freilager nach Art. 166 der Verordnung (EWG) Nr. 2913/92 des Rates vom 12. Oktober 1992 zur Festlegung des Zollkodex der Gemeinschaften (ABl. EG Nr. L 302 S. 1) verbringt oder verbringen lässt, ist als Einführer nur anzusehen, wenn die Gegenstände in diesem Bereich gebraucht oder wenn sie in den zollrechtlich freien Verkehr übergeführt werden.

(3) Die Vergütungspflicht des Händlers entfällt,
1. soweit ein zur Zahlung der Vergütung Verpflichteter, von dem der Händler die Geräte oder die Speichermedien bezieht, an einen Gesamtvertrag über die Vergütung gebunden ist oder
2. wenn der Händler Art und Stückzahl der bezogenen Geräte und Speichermedien und seine Bezugsquelle der nach § 54h Abs. 3 bezeichneten Empfangsstelle jeweils zum 10. Januar und 10. Juli für das vorangegangene Kalenderhalbjahr schriftlich mitteilt.

Zu **Abs. 1** und 2 vgl. zunächst § 54 Rn. 6. Ergänzend ist zu bemerken, dass **1** auch der **Reimporteur,** der in Deutschland hergestellte und anschließend ins Ausland verbrachte Geräte oder Speichermedien wieder einführt, **Gesamtschuldner** der nach § 54 zu leistenden angemessenen Vergütung (neben dem Hersteller und dem Händler) ist. In Anlehnung an die Wortschöpfung „Einführer", die seit Inkrafttreten der §§ 54a–h mit der Novelle 1994 für den Importeur verwendet wird, müsste der Reimporteur allerdings wohl „Wiedereinführer" heißen.

Der neben dem Hersteller und dem Importeur für die Erfüllung der Vergütungspflicht des § 54 haftende **Geräte- und Medienhändler** wird von der **2** Zahlungspflicht frei, wenn sein Lieferant insoweit an einen Gesamtvertrag gebunden ist (**Abs. 3 Nr. 1**) oder er von der Möglichkeit des **Abs. 3 Nr. 2** Gebrauch macht (vgl. schon § 54 Rn. 8).

Die von § 54 **Abs. 1 Satz 3 a. F.** vorgesehene weitergehende Befreiung der **3** Kleinhändler (Bezug von Bild- oder Tonträgern mit weniger als 6000 Stunden Spieldauer und weniger als 100 Geräten im Kalenderhalbjahr) ist mit Jahresbeginn 2008 ersatzlos entfallen; diese Regelung hatte keine praktische Bedeutung erlangt.

§ 54c   Vergütungspflicht des Betreibers von Ablichtungsgeräten

(1) Werden Geräte der in § 54 Abs. 1 genannten Art, die im Weg der Ablichtung oder in einem Verfahren vergleichbarer Wirkung vervielfältigen, in Schulen, Hochschulen sowie Einrichtungen der Berufsbildung oder der sonstigen Aus- und Weiterbildung (Bildungseinrichtungen), Forschungseinrichtungen, öffentlichen Bibliotheken oder in Einrichtungen betrieben, die Geräte für die entgeltliche Herstellung von Ablichtungen bereithalten, so hat der Urheber auch gegen den Betreiber des Geräts einen Anspruch auf Zahlung einer angemessenen Vergütung.

(2) Die Höhe der von dem Betreiber insgesamt geschuldeten Vergütung bemisst sich nach der Art und dem Umfang der Nutzung des Geräts, die nach den Umständen, insbesondere nach dem Standort und der üblichen Verwendung, wahrscheinlich ist.

1 Der Wortlaut dieser Bestimmung deckt sich
– in **Abs. 1** mit dem bisherigen § 54a Abs. 2, dies allerdings unter Korrektur der Verweisung (statt auf § 54a Abs. 2 a. F. nunmehr auf § 54 Abs. 1 n. F.) und der Gerätebezeichnung,
– in **Abs. 2** mit § 54d Abs. 2 a. F. (wortgleich).
Die Bezugnahme des bisherigen § 54a Abs. 1 auf Geräte, die zur Vornahme von Vervielfältigungen *durch Ablichtung eines Werkstücks oder in einem Verfahren vergleichbarer Wirkung* bestimmt sind, entspricht inhaltlich derjenigen des neuen § 54c Abs. 1.

2 Behörden, Freiberufler und die **gewerbliche Wirtschaft** trifft **keine Verpflichtung** aus § 54c (BeschlE RAusschuss RegE ÄndG 1985 – BT-Drucks. 10/3360 S. 20; kritisch dazu schon *Wilhelm Nordemann* GRUR 1985, 837, 841). Die Belastung nur bestimmter Einrichtungen mit besonderer Öffentlichkeitswirkung ist mit dem Gleichheitsgebot des Art. 3 GG vereinbar (BGH NJW 1997, 3440, 3442 – *Betreibervergütung*).

3 Diejenigen **Betreiber** von Fotokopiergeräten, die zur Zahlung der Vergütung nach Ziffer II Nr. 2 und 3 der Anlage zu § 54d **verpflichtet** sind, werden in **§ 54a Abs. 2 abschließend genannt:**

4 Den Begriff der **Bildungseinrichtungen** hat der Rechtsausschuss gewählt, um die Großbetreiber im Bildungsbereich zu erfassen (BeschlE RAusschuss RegE ÄndG 1985 – BT-Drucks. 10/3360, S. 20). Für diese *ratio legis* ist es gleichgültig, wer die Bildungseinrichtung betreibt. Vergütungspflichtig sind daher nicht nur die von § 46 privilegierten öffentlichen Schulen (vgl. § 46 Rn. 7), sondern auch private Schulen, Fortbildungsseminare, Fahrschulen, Volkshochschulen, Sprachschulen, Berufsbildungswerke der Gewerkschaften und Berufsverbände, kirchliche Schulungsheime, kurz alle Einrichtungen, die der Berufs-, Aus- und Weiterbildung dienen, ohne Rücksicht auf ihre Trägerschaft und den tatsächlichen Umfang ihrer Kopiertätigkeit, letztere wirkt sich erst bei der Höhe der zu entrichtenden Vergütung aus.

5 **Forschungseinrichtungen** sind auch die Forschungsabteilungen der Privatindustrie (BGH ZUM-RD 1997, 425, 427 f. – *Betreibervergütung bei Großunternehmen*), die Max-Planck-Institute und die Bundesanstalten. Ob die konkrete Kopie der Forschung dient oder Verwaltungszwecke erfüllt, ist unerheblich. Da eine Abgrenzung nur mit unverhältnismäßigem Verwaltungsaufwand möglich wäre, knüpft der Gesetzgeber die Vergütungspflicht an das Bestehen der Einrichtung, nicht an den Kopierzweck im Einzelfall.

6 Der Begriff der **öffentlichen Bibliotheken** dürfte dem des § 27 Abs. 2 „eine der Öffentlichkeit zugängliche Einrichtung (Bücherei, Sammlung von Bild- oder Tonträgern oder anderen Originale oder Vervielfältigungsstücke)" entsprechen; die Begr RegE ÄndG 1985 (BT-Drucks. 10/837, S. 20) meint demgemäß, künftig ersetze Abs. 2 für bestimmte Fälle die Biblitothekantieme. *Öffentlich* ist die Bibliothek schon dann, wenn die Voraussetzungen des § 15 Abs. 3 (vgl. § 15 Rn. 27 ff.) erfüllt sind, wie BGH ZUM-RD 1997, 425, 429 – *Betreibervergütung bei Großunternehmen* klarstellt.

7 Einrichtungen, die Kopiergeräte für Ablichtungen gegen Entgelt bereithalten, sind vor allem die Kopierläden (Copyshops), aber auch alle anderen Betriebe, die gegen Bezahlung Kopien liefern oder ermöglichen, auch wenn dies für sie ein „Nebengeschäft" sein sollte (OLG Nürnberg ZUM 1992, 154 f.), einschließlich der Betreiber von Geräten, die außerhalb eines Ladens auf Bahnhöfen, in Postämtern, Supermärkten, Durchgängen und sonst Dritten zugänglichen Orten aufgestellt sind. Schon das *Bereithalten* löst die Vergütungspflicht jedenfalls dem Grunde nach aus (BVerfG NJW 1997, 247 und 249; OLG Hamburg ZUM-RD 1997, 19, 21 f.). Zu dem von der VG Wort für Copyshops veröffentlichten Tarif s. Schiedsstelle ZUM 1989, 533, 534 f. und OLG Nürnberg ZUM 1992, 154, 155. Ob der Betreiber Eigentümer oder Mieter des Gerätes ist oder ob er es geleast hat, ist bedeutungslos (RegE ÄndG 1985 – BT-Drucks. 10/837, S. 21).

Abs. 2 stimmt mit dem bisherigen § 54d Abs. 2 überein (mit der bedeutungs- **8** losen Streichung der nicht mehr zutreffenden Bezugnahme auf § 54a Abs. 2). Der Regierungsentwurf zum ÄndG 1985, dem § 54d entstammt, sah drei Faktoren als maßgeblich für die **Bemessung der Vergütungshöhe** an:
– die Zahl der insgesamt hergestellten Kopien,
– den Anteil urheberrechtlich geschützter Vorlagen,
– den für jede Kopie einer geschützten Vorlage zu zahlenden Preis
(BT-Drucks. 10/837, S. 21). Zu deren Feststellung diente seither – und dient auch in Zukunft – eine entsprechende **Auskunft** des Gerätebetreibers (§ 54f Abs. 3, bis Ende 2007 § 54g Abs. 2).

Die **praktische Bedeutung** des nunmehrigen § 54c beschränkt sich auf den **9** Bereich der **Sprachwerke**. Kopien von Noten, Fotografien, Werken der bildenden Kunst und solchen wissenschaftlicher oder technischer Art bilden eher die Ausnahme. Demgemäß sind bisher auch nur die von der **VG Wort** aufgestellten **Tarife** Gegenstand gerichtlicher Auseinandersetzungen gewesen; stets sind diese als angemessen anerkannt worden (OLG Nürnberg ZUM 1992, 154, 155; OLG Köln Schulze OLGZ 320; LG Stuttgart ZUM 1996, 426, 427 f).

Die Aufstellung von **Warnschildern** in Copyshops, wonach das Kopieren **10** urheberrechtlich geschützter Vorlagen nicht erlaubt sei, ändert an der Vergütungspflicht des Betreibers schon deshalb nichts, weil sie unbeachtet zu bleiben pflegen; der Kunde kann meist auch nicht beurteilen, was urheberrechtlich geschützt ist und was nicht. Gleichwohl hat dieser Problembereich einer klärenden Entscheidung des BVerfG bedurft (GRUR 1997, 124, 125; s. auch OLG Köln Schulze OLGZ 320).

§ 54d Hinweispflicht

Soweit nach § 14 Abs. 2 Satz 1 Nr. 2 Satz 2 des Umsatzsteuergesetzes eine Verpflichtung zur Erteilung einer Rechnung besteht, ist in Rechnungen über die Veräußerung oder ein sonstiges Inverkehrbringen der in § 54 Abs. 1 genannten Geräte oder Speichermedien auf die auf das Gerät oder Speichermedium entfallende Urhebervergütung hinzuweisen.

Der Text des bisherigen § 54e ist mit Wirkung zum 01.01.2008 gestrafft **1** worden: Die Hinweispflicht in Rechnungen besteht nur noch, wenn das Umsatzsteuerrecht zu deren Erteilung verpflichtet. Trifft das zu, so genügt ein Hinweis darauf, dass überhaupt eine Urhebervergütung auf das Gerät oder Speichermedium entfällt; der vom bisherigen § 54e Abs. 2 geforderte Vermerk, ob diese entrichtet wurde, braucht nicht mehr hinzugefügt zu werden.

Praktische Bedeutung hatte die Bestimmung auch in ihrer ursprünglichen **2** Fassung von 1994 nicht.

§ 54e Meldepflicht

(1) Wer Geräte oder Speichermedien in den Geltungsbereich dieses Gesetzes gewerblich einführt oder wiedereinführt, ist dem Urheber gegenüber verpflichtet, Art und Stückzahl der eingeführten Gegenstände der nach § 54h Abs. 3 bezeichneten Empfangsstelle monatlich bis zum zehnten Tag nach Ablauf jedes Kalendermonats schriftlich mitzuteilen.

(2) Kommt der Meldepflichtige seiner Meldepflicht nicht, nur unvollständig oder sonst unrichtig nach, kann der doppelte Vergütungssatz verlangt werden.

1 Die umständliche Formulierung von **Abs.** 1 und 2 lässt sich auf den einfachen Satz zurückführen, dass der *Importeur* (vgl. § 54 Rn. 6) die eingeführten Geräte monatlich zum 10. des Folgemonats der gemeinsamen Empfangsstelle der VG (§ 54h Abs. 3, vgl. Rn. 4) schriftlich zu melden hat, und zwar nach dem vom Deutschen Patentamt bestimmten Muster (Anh. I). Die Frist ist gewahrt, wenn die Meldung zum 10. des Folgemonats *eingeht* (§ 188 Abs. 1 BGB). Sie ist *unaufgefordert* zu erstatten (Begr RegE ÄndG 1994/I – BR-Drucks. 218/94, S. 25). Wird sie versäumt, so kann von der oder von den zuständigen VerwGes. nach **Abs.** 2 der **doppelte Vergütungssatz** verlangt werden. Ohne eine solche Sanktion wäre die Meldepflicht in der Tat kaum effektiv geworden (Begr RegE ÄndG 1994/I – BR-Drucks. 218/94, S. 26). Die Angabe der **Art** der Geräte und Speichermedien muss ihrer Zuordnung zu möglicherweise unterschiedlichen Vergütungsklassen entsprechen; es muss also nach den Gerätetypen und der Art der Speichermedien unterschieden werden. Bei Readerprintern, Telefaxgeräten, Scannern und inzwischen auch vielen PCs und entsprechender *Hardware* ist auch die Kopiergeschwindigkeit anzugeben. Die Unvollständigkeit oder sonstige Unrichtigkeit löst die Sanktion des **Abs.** 2 aus; Nachbesserung entlastet nicht (LG Hagen GRUR 1993, 474, 475 – *Kontrollzuschlag*, wo gegenteilig entschieden wurde, ist überholt, da die damaligen §§ 54f und g – jetzt §§ 54e und g – erst später in Kraft traten).

§ 54f Auskunftspflicht

(1) [1]Der Urheber kann von dem nach § 54 oder § 54b zur Zahlung der Vergütung Verpflichteten Auskunft über Art und Stückzahl der im Geltungsbereich dieses Gesetzes veräußerten oder in Verkehr gebrachten Geräte und Speichermedien verlangen. [2]Die Auskunftspflicht des Händlers erstreckt sich auch auf die Benennung der Bezugsquellen; sie besteht auch im Fall des § 54b Abs. 3 Nr. 1. § 26 Abs. 7 gilt entsprechend.

(2) Der Urheber kann von dem Betreiber eines Gerätes in einer Einrichtung im Sinne des § 54c Abs. 1 die für die Bemessung der Vergütung erforderliche Auskunft verlangen.

(3) Kommt der zur Zahlung der Vergütung Verpflichtete seiner Auskunftspflicht nicht, nur unvollständig oder sonst unrichtig nach, so kann der doppelte Vergütungssatz verlangt werden.

1 Während die Meldepflicht des § 54e nur den Importeur trifft, besteht der Auskunftsanspruch der VG (§ 54h Abs. 1) gegenüber *allen* nach den §§ 54/54b/54c Verpflichteten. In der Mitteilung des Händlers nach § 54 Abs. 3 Nr. 2 und in der Meldung des Importeurs nach § 54e liegt bereits die Auskunft; hat die VG Grund zu der Annahme, dass diese nicht mit der erforderlichen Sorgfalt erteilt worden sei, kann sie nach § 260 Abs. 2 BGB vorgehen. Erweist sich die Auskunft als unvollständig oder unrichtig, kann sie den doppelten Vergütungssatz fordern (**Abs.** 3). Dieser Anspruch wird schon durch eine unvollständige oder sonst unrichtige *Erst*auskunft ausgelöst (OLG Köln NJW-RR 1998, 1263, 1264). Nur wenn der Verpflichtete *von sich aus* nachbessert, *bevor* die VG ihn dazu auffordert, wird der Sanktionszweck des Abs. 3 nicht berührt, so dass dessen Rechtsfolge nicht eintritt.

Die Auskunft nach **Abs. 1** hat sich auf Art und Stückzahl der Geräte und **2** Speichermedien zu erstrecken. Auch seine Bezugsquellen muss jeder Händler auch dann angeben, wenn er an einen Gesamtvertrag gebunden ist (Abs 1 S. 2 mit § 54b Abs. 3 Nr. 1); dieser Verpflichtung ist erst genügt, wenn der Lieferant mit Firma und Anschrift (nicht Postfach) vollständig bezeichnet ist. – Das im RegE ÄndG 1994/I (BR-Drucks. 218/94, S. 27) vorgeschlagene **Einsichtsrecht in die Geschäftsbücher** des Verpflichteten entsprechend § 26 Abs. 6 ist in Abs. 1 Satz 2 „versteckt".

Abs. 2 entspricht Abs. 5 Satz 1 schon des ÄndG 1985. Der damalige Rechts- **3** ausschuss machte sich mit dieser Formulierung einen Vorschlag des Bundesrates zu eigen (RegE ÄndG 1985 – BT-Drucks. 10/837, S. 28), der damit sicherstellen wollte, dass nicht bei jeder Bildungseinrichtung die vergütungspflichtigen Kopien zahlenmäßig erfasst werden müssten; vielmehr ergebe sich bereits aus Art und Größe eine genügende Diffferenzierung (RegE ÄndG 1985 – BT-Drucks. 10/837, S. 30). Er hatte dabei offenbar die Praxis der VG Wort vor Augen, die sowohl bei der Ermittlung der Ausleihfrequenzen (§ 27) als auch bei der Ermittlung von Fotokopien aus geschützten Werken in Schulen mit Repräsentativerhebungen arbeitet, die dann hochgerechnet und zur Grundlage von Pauschalverträgen gemacht werden. Verwerter, die einem solchen nicht beigetreten sind, müssen allerdings die vergütungspflichtigen Kopien einzeln zählen und – wenn anders eine Überprüfung nicht möglich ist – Angaben machen, *anhand derer der nach den für den betreffenden Bereich typischen Verhältnissen wahrscheinliche Umfang der Vervielfältigungen urheberrechtlich geschützten Fremdmaterials mit Hilfe der Geräte beurteilt werden kann* (so wörtlich BGH ZUM-RD 1997, 425, 427 – *Betreibervergütung*), schlimmstenfalls also der VG Überstücke aller hergestellten Kopien zumindest für Stichprobenzeiträume, die eine verlässliche Hochrechnung ermöglichen, vorlegen.

§ 54g Kontrollbesuch

[1]Soweit dies für die Bemessung der vom Betreiber nach § 54c geschuldeten Vergütung erforderlich ist, kann der Urheber verlangen, dass ihm das Betreten der Betriebs- und Geschäftsräume des Betreibers, der Geräte für die entgeltliche Herstellung von Ablichtungen bereithält, während der üblichen Betriebs- oder Geschäftszeit gestattet wird. [2]Der Kontrollbesuch muss so ausgeübt werden, dass vermeidbare Betriebsstörungen unterbleiben.

Diese Regelung ist erst seit dem 01.01.2008 geltendes Recht. Sie war nötig **1** geworden, nachdem der BGH bei der Sicherung sinnvoller Kontrollen der Kopiertätigkeit von Einrichtungen nach § 54c, vor allen von Copyshops, auf halbem Wege stehengeblieben war: Die VG durften nach BGH GRUR 2004, 420, 421 – *Kontrollbesuch* bei begründeten Zweifeln an der Richtigkeit oder Vollständigkeit einer Auskunft nach § 54g Abs 1 oder 2 zwar Einsicht in die Geschäftsbücher und sonstigen Urkunden des auskunftspflichtigen Herstellers, Importeurs oder Händlers verlangen. Sie durften gegen den Willen des Verpflichteten aber dessen Geschäftsräume nicht betreten, um sich durch Überprüfung der Geräte und/oder Kopierabläufe ein unmittelbares Bild vom tatsächlichen Geschehen zu machen.

Die nunmehr geltende Regelung beschränkt zwar das Kontrollrecht der VG **2** auf die übliche Betriebs- oder Geschäftszeit, lässt aber das Betreten der Betriebs- und Geschäftsräume des Betreibers innerhalb dieser Zeit ausdrücklich zu. Als *üblich* wird der Tageszeitraum anzusehen sein, der im Geschäftsverkehr des jeweiligen Ortes mit Kunden allgemein gebräuchlich ist.

3 Dass vermeidbare Betriebsstörungen bei Kontrollbesuchen tatsächlich vermieden werden, versteht sich eigentlich von selbst.

§ 54h Verwertungsgesellschaften; Handhabung der Mitteilungen

(1) Die Ansprüche nach den §§ 54 bis 54c, 54e Abs. 2, §§ 54f und 54g können nur durch eine Verwertungsgesellschaft geltend gemacht werden.

(2) ¹Jedem Berechtigten steht ein angemessener Anteil an den nach §§ 54 bis 54c gezahlten Vergütungen zu. ²Soweit Werke mit technischen Maßnahmen gemäß § 95a geschützt sind, werden sie bei der Verteilung der Einnahmen nicht berücksichtigt.

(3) ¹Für Mitteilungen nach § 54b Abs. 3 und § 54e haben die Verwertungsgesellschaften dem Deutschen Patent- und Markenamt eine gemeinsame Empfangsstelle zu bezeichnen. ²Das Deutsche Patent- und Markenamt gibt diese im Bundesanzeiger bekannt.

(4) ¹Das Deutsche Patent- und Markenamt kann Muster für die Mitteilungen nach § 54b Abs. 3 Nr. 2 und § 54e im Bundesanzeiger oder im elektronischen Bundesanzeiger bekannt machen. ²Werden Muster bekannt gemacht, sind diese zu verwenden.

(5) Die Verwertungsgesellschaften und die Empfangsstelle dürfen die gemäß § 54b Abs. 3 Nr. 2, den §§ 54e und 54f erhaltenen Angaben nur zur Geltendmachung der Ansprüche nach Absatz 1 verwenden.

1 Den im Gesetz allein genannten **Urhebern** hatte schon die Ursprungsfassung des § 53 Abs. 5 von 1965 **weitere Berechtigte** an die Seite gestellt (vgl. § 54 Rn. 5). Daran wollte man weder 1985 noch 1994 etwas ändern (Begr RegE ÄndG 1985 – BT-Drucks. 10/837, S. 17, bzw. Begr RegE ÄndG 1994/I – BR-Drucks. 218/94, S. 16 zu Nr. 4). Danach sind Berechtigte:

– Die **Urheber** der aufgenommenen oder überspielten Werke. Das sind bei Filmwerken nicht nur die Urheber der vorbestehenden Werke (§ 89 Abs. 3), sondern auch die **Filmurheber** (§ 89 Rn. 1). Die Auslegungsregel des § 89 Abs. 1 betrifft nur Nutzungsrechte, nicht Vergütungsansprüche. Sie ist 1965 eingeführt worden, um dem Filmhersteller den Erwerb der „für die Auswertung des Filmwerks *erforderlichen* Rechte" zu erleichtern (Begr RegE UrhG – BT-Drucks. IV/270, S. 100) und ihm so die ungehinderte Auswertung des Filmwerks zu sichern (Begr. aaO.). Vergütungsansprüche der Filmurheber gegen Geräte- und Leerkassettenhersteller können als solche kein Störfaktor sein. Der Filmhersteller hat zudem einen eigenen Vergütungsanspruch aus § 54 Abs. 1 über § 94 Abs. 4.

– Die **ausübenden Künstler** und **Veranstalter** (§§ 73, 81, 84). Sie wurden in § 53 Abs. 5 a. F. besonders genannt. Für ausübende Künstler, die bei der Herstellung eines Filmwerks mitwirken, gilt insoweit nichts besonderes; die Ausnahmeregel des § 92 nimmt ihnen nur bestimmte Einwilligungsrechte, lässt aber die ihnen zustehenden Vergütungsansprüche unberührt (vgl. § 92 Rn. 5).

– Die **Tonträgerhersteller** (§ 85 Abs. 3). Auch sie wurden in § 53 a. F. besonders erwähnt.

– Die **Filmhersteller** (§ 94 Abs. 4) einschließlich der Laufbildhersteller (§ 95), welche ebenfalls in § 53 Abs. 5 a. F. genannt wurden.

– Die **Verfasser** und **Herausgeber** wissenschaftlicher Ausgaben und nachgelassener Werke (§§ 70 Abs. 1, 71 Abs. 1 Satz 3).

Dagegen bleiben Sendeanstalten als solche von einer Beteiligung an den Vergütungsansprüchen aus Abs. 1 ausgeschlossen; sie können allerdings in ihrer Eigenschaft als Tonträger- oder Filmhersteller beteiligt sein (Begr RegE ÄndG 1985 – BT-Drucks. 10/837, S. 22; dazu eingehend *Claussen* S. 148 ff.).

Die Beteiligung von **ausländischen** Urhebern und Leistungsschutzberechtigten **2** ergibt sich aus den §§ 120–128. Danach stehen Staatsangehörige der EU- und EWR-Staaten Deutschen gleich (§ 120 Abs. 2 Nr. 2; § 124, § 125 Abs. 1 Satz 2, § 126 Abs. 1 Satz 2, § 128 Abs. 1 Satz 2). Dasselbe gilt für Staatenlose und Flüchtlinge, die in Deutschland ihren gewöhnlichen Aufenthalt haben (§§ 122, 123, 124, 125 Abs. 5 Satz 2, 126 Abs. 3 Satz 2, 128 Abs. 1 Satz 2), und für Unternehmen mit Sitz in der EU oder dem EWR (§ 126 Abs. 1 Satz 3, § 128 Abs. 2). Urheber, für die das nicht zutrifft, deren Heimatstaat aber der RBÜ oder dem WUA angehört, genießen in Deutschland Inländerbehandlung (§ 121 Rn. 2, 3). Auch sonst richtet sich der Beteiligungsanspruch nach den Staatsverträgen. Solche gibt es für Verfasser und Herausgeber (§ 124) allerdings ebensowenig wie für Filmhersteller (§ 128). Da fremdsprachige Filme in aller Regel erst synchronisiert werden müssen, ehe sie in der Bundesrepublik erscheinen können, und diese Kosten erst aufgewendet zu werden pflegen, wenn feststeht, dass der Film im Ursprungsland Erfolg hat, ist für Filme, die nicht aus der EU oder dem EWR stammen, im Regelfall davon auszugehen, dass ein Beteiligungsanspruch des ausländischen Filmherstellers nicht in Betracht kommt; wohl aber hat der deutsche Synchronhersteller ein eigenes Leistungsschutzrecht aus § 94, vgl. § 94 Rn. 30, und damit auch die Ansprüche aus den §§ 54 und 54c. Der Filmhersteller aus einem Land, dessen Urheberrecht ihm die Stellung eines Urhebers zuweist (z. B. USA), gilt in Deutschland gleichwohl *nicht* als Urheber (vgl. Vor § 120 ff. Rn. 57).

Die Vielzahl der Berechtigten schließt eine individuelle Geltendmachung der **3** Vergütungsansprüche aus den §§ 54/54c aus. Deswegen hatte schon das UrhG von 1965 für die Tonbandgeräteabgabe des § 53 Abs. 5 **Verwertungsgesellschaftenpflicht** angeordnet (vgl. § 53 Satz 4). Unter „einer" VG versteht der Gesetzgeber gegebenenfalls mehrere, wie § 13b Abs. 2 Satz 2 WahrnG ergibt. Auskunftsansprüche können die berechtigten VG je für sich geltend machen (vgl. § 13b Rn. 2). Für Zahlungsansprüche gilt das zwar ebenso; nur gilt die Vermutung der Befugnis zur Wahrnehmung der Ansprüche aller Berechtigten einer Kategorie bei mehreren für diese tätigen VG nur, wenn sie gemeinsam auftreten (vgl. dort Rn. 3 am Schluss). Steht – durch Vertrag oder Richterspruch – fest, welcher „angemessene Anteil" (Satz 2) den Urhebern oder Leistungsschutzberechtigten einer Kategorie zusteht, so kann jede VG, die als einzige für eine bestimmte Kategorie von Berechtigten tätig ist, den ihr gebührenden Anteil unabhängig von den anderen VG geltend machen und darüber mit den Verpflichteten Gesamtverträge schließen. – Zur Freistellungsverpflichtung der VG vgl. § 13b UrhWahrnG Rn. 4. – Nur die Mitteilungen nach § 54b Abs. 3 Nr. 2 und die Meldungen nach § 54e sind an die gemeinsame Empfangsstelle der VG zu richten (Abs. 3).

Anders als in § 27 Abs. 1 Satz 2 und 3 ist die Verwertungsgesellschaften- **4** pflicht nicht mit einem gesetzlichen Ausschluss der Abtretbarkeit des Vergütungsanspruchs außer an die VG gekoppelt. Abtretungsvereinbarungen in Formularverträgen sind allerdings unwirksam, wenn der Urheber oder Leistungsschutzberechtigte schon einer VG angehört, weil deren Wahrnehmungsverträge eine Vorausabtretung auch für künftige Werke und Leistungen zu enthalten pflegen; im Übrigen halten wir solche Vereinbarungen, wenn sie nicht mit einer angemessenen Beteiligungsvereinbarung gekoppelt sind, wegen Verstoßes gegen § 138 BGB für nichtig (Vorauflage § 27 Bem. 6).

5 Für die **Verteilung der Einnahmen** hatten sich die beteiligten VG auf Vermittlung des damaligen Präsidenten des Deutschen Patentamts, *Erich Häußer*, am 29.04.1985 vorläufig (d.h. bis einschließlich 1986, später verlängert bis 31.12.1988) auf eine hälftige Teilung des Aufkommens aus dem **Videobereich** zwischen den neuen FilmVGs (vgl. Einl UrhWahrnG Rn. 9) und den „alten" VG geeinigt, während es im Audiobereich bei dem bisherigen Aufteilungsschlüssel 42:42:16 zwischen GEMA, GVL und VG Wort blieb (vgl. Einl UrhWahrnG Rn. 4). Erst am 03.06.1991 konnten sich die VG in der ZPÜ (vgl. Einl UrhWahrnG Rn. 4) auf einen nur im Videobereich etwas abgeänderten Verteilungsschlüssel einigen, der rückwirkend ab 01.01.1989 bis zunächst zum 31.12.1992 gelten sollte, für die Zeit danach aber bisher weder bestätigt noch geändert worden ist: 2% der Erträge werden vorab zu bestimmten Prozentsätzen an die FilmVG (VG Bild-Kunst, VGF, GWFF, VFF, GÜFA) ausgeschüttet. Für die restlichen 98% blieb es bei der hälftigen Teilung zwischen den letzteren einerseits und GEMA, VG Wort und GVL andererseits. Zu dem komplizierten Verteilungsschlüssels der FilmVG untereinander und weiterer Einzelheiten siehe zunächst *Kreile* GRUR Int. 1992, 24, 34 ff. und *Nordemann/Mélanges/Voyame* S. 173, 190 ff., inzwischen die eingehenden Darstellungen von Schricker/*Katzenberger*[3] Rn. 29 zu § 94 und *Claussen* S. 173 ff.; Bedenken beider hinsichtlich der Angemessenheit der vereinbarten Quoten werden von uns geteilt).

6 Empfangsstelle nach **Abs. 4** ist für Mitteilungen zur Überspielvergütung die ZPÜ (vgl. Einl. UrhWahrnG Rn. 4), für Mitteilungen zur Fotokopiergerätevergütung die VG Wort, die zugleich im Auftrage der VG Bild-Kunst tätig wird (vgl. Einl. UrhWahrnG Rn. 2, 7); BAnZ Nr. 63 v. 30.03.1995, S. 3717. Dort können auch die vom Deutschen Patent- und Markenamt bestimmten, nach den Meldepflichten und der Art der zu meldenden Gegenstände unterschiedlich gestalteten Muster bezogen werden.

7 **Abs. 5** bedeutet für die VG eine **Pflicht zur Geheimhaltung**. Jede Mitteilung der Angaben an unbeteiligte Dritte wäre eine unzulässige *Verwendung*, die die VG schadensersatzpflichtig machen würde. Der Missbrauch durch einen Mitarbeiter könnte seine strafrechtliche Verfolgung nach § 17 UWG veranlassen (Begr RegE ÄndG 1994/I – BR-Drucks. 218/94, S. 16).

§ 55   Vervielfältigung durch Sendeunternehmen

(1) [1]**Ein Sendeunternehmen, das zur Funksendung eines Werkes berechtigt ist, darf das Werk mit eigenen Mitteln auf Bild- oder Tonträger übertragen, um diese zur Funksendung über jeden seiner Sender oder Richtstrahler je einmal zu benutzen.** [2]**Die Bild- oder Tonträger sind spätestens einen Monat nach der ersten Funksendung des Werkes zu löschen.**

(2) [1]**Bild- oder Tonträger, die außergewöhnlichen dokumentarischen Wert haben, brauchen nicht gelöscht zu werden, wenn sie in ein amtliches Archiv aufgenommen werden.** [2]**Von der Aufnahme in das Archiv ist der Urheber unverzüglich zu benachrichtigen.**

1 Die Vorschrift darf nicht mit dem gesetzlichen Nutzungsrecht des Rundfunks verwechselt werden, das in § 65 RegE UrhG vorgesehen war, vom Bundestag aber ersatzlos gestrichen wurde. Das Recht aus § 55 setzt vielmehr voraus, dass das Sendeunternehmen ein **Nutzungsrecht** (aus § 20) ordnungsgemäß **erworben** hat, und erlaubt lediglich die Aufnahme des zur Funksendung bestimmten Werkes auf Bild- oder Tonträger. Darunter fällt auch der Umschnitt eines bereits vorhandenen Bild- oder Tonträgers, z. B. einer Schallplatte auf Tonband oder eines Zelluloid-Films auf Ampex (§ 85 Abs. 3, § 94 Abs. 4; ebenso *Brack* UFITA 50 [1967], 544, 548). Anlass für die Freigabe war die Überlegung, dass der moderne 24-Stunden-Sendebetrieb nicht durchgeführt werden kann, ohne dass die zu sendenden Werke auf Band festgehalten werden, zumal manche Sender zu verschiedenen Zeiten auf verschiedenen Wellen dasselbe Programm ausstrahlen und die Mitwirkenden nicht immer zu den festgesetzten Sendezeiten zur Verfügung stehen können. Art. 11bis Abs. 3 Satz 2 RBÜ lässt eine innerstaatliche Regelung dieses Problems der sog. ephemeren Funkaufnahme ausdrücklich zu.

Zum Begriff des **Sendeunternehmens** vgl. § 87 Rn. 12–16. **Kabel- und Satel-** **2** **litensender** sind Sendeunternehmen im Sinne der Bestimmung, soweit sie eigene Programme senden (*Ullmann* NJW 2000, 494, 495; Schricker/*Melichar*[3] Rn. 8). Dagegen sind Kabelweitersendeunternehmen, die lediglich fremde Programme weiterleiten, von § 55 nicht begünstigt (Dreier/Schulze/*Schulze*[2] Rn. 4; Wandtke/Bullinger/*Lüft*[2] Rn. 2; Schricker/*Melichar*[3] Rn. 3).

Das Werk darf nur **mit eigenen Mitteln** aufgenommen werden. Sendeanstalten, **3** die – wie das ZDF – mit Auftragsproduzenten arbeiten, brauchen für deren Aufnahmetätigkeit das Nutzungsrecht aus § 16 Abs. 2. Die Aufnahme darf nur **einmal je Sender** oder Richtstrahler verwendet werden, also z. B. einmal über das NDR-UKW-Programm, einmal über NDR Hannover, Oldenburg, Braunschweig und Lingen und einmal über die übrigen Regionalstationen, jedoch z. B. nicht einmal über einige Regionalstationen und einmal im Hauptprogramm, das auf derselben Welle gesendet wird. Der Sender oder Richtstrahler braucht nicht im Eigentum der Anstalt zu stehen; es genügt, dass er ihr zu Sendezwecken zur Verfügung steht (Möhring/Nicolini/*Gass*[2] Rn. 14).

Von der Pflicht zur **Unbrauchbarmachung** spätestens einen Monat nach der **4** ersten Funksendung des Werkes (Abs. 1 Satz 2) sind nur Aufnahmen von **außergewöhnlichem dokumentarischem Wert** ausgenommen (**Abs. 2**). Die Formulierung ist Art. 11 bis Abs. 3 RBÜ entnommen. Sie bedeutet, dass die Aufnahme – nicht das Werk – historische Bedeutung haben muss (z. B. der letzte Auftritt Mario Lanzas, die historische Uraufführung von Hochhuths *Stellvertreter,* die Rede Theodor Heuss' bei der Amtsübernahme als erster Präsident der Bundesrepublik). Da Historiker rückwärtsgewandte Propheten sind, wird die Gegenwart oft kaum erkennen können, was in Zukunft möglicherweise außergewöhnlichen dokumentarischen Wert besitzt. Wir halten daher trotz des Ausnahmecharakters auch des § 55 insoweit eine großzügige Anwendung für geboten, dies um so mehr, als eine Gefährdung der Urheberinteressen durch den Zwang zur **Aufnahme in ein amtliches Archiv,** d. h. eine vom Staat oder zumindest von einer Anstalt des öffentlichen Rechts (auch von den öffentlich-rechtlichen Sendeanstalten selbst, Begr RegE UrhG – BT-Drucks. IV/270, S. 75) geführte, nach sachlichen Gesichtspunkten geordnete Sammel- und Aufbewahrungsstelle (vgl. § 53 Rn. 20–24), in aller Regel ausgeschlossen wird. Außerdem hat der Urheber wegen der **Benachrichtigungspflicht** (Abs. 2 Satz 2) noch die Möglichkeit der Kontrolle; ihm steht ferner stets ein Auskunftsanspruch zu (vgl. Vor § 31 Rn. 7). Ein Recht des Senders zur Nutzung der Archivaufnahme ergibt sich aus Abs. 2 nicht; sie darf also nur nach Zustimmung der Rechtsinhaber zu Sendungen oder in anderer Weise verwertet werden (Begr RegE UrhG – BT-Drucks. IV/270, S. 75). Die Löschungspflicht ist **abdingbar;** die Sender schließen sie in den üblichen Honorarbedingungen aus.

5 Über § 55 hinaus haben die öffentlich-rechtlichen Sendeanstalten der Bundesrepublik nach § 32 des Gesetzes über die Errichtung von Rundfunkanstalten des Bundesrechts vom 29.11.1960 (BGBl. I 862) noch die öffentlich-rechtliche und daher von den Urhebern auch nicht angreifbare **Verpflichtung,** alle Wortsendungen zu Beweiszwecken **aufzuzeichnen und** eine gewisse Zeit **aufzubewahren** (4 Wochen, falls niemand Beanstandungen erhebt, sonst bis nach einer rechtskräftigen gerichtlichen Entscheidung). Diese Aufnahmen dürfen aber nicht etwa zur Sendung verwendet werden (Möhring/Nicolini/*Gass*[2] Rn. 25). Die entsprechende Verpflichtung auch der privaten Rundfunkveranstalter ist verfassungsgemäß (BVerfG ZUM-RD 1997, 321 zu den §§ 38 Abs. 1, 60 Abs. 1 des baden-württ. LandesmedienG).

§ 55a   Benutzung eines Datenbankwerkes

[1]**Zulässig ist die Bearbeitung sowie die Vervielfältigung eines Datenbankwerkes durch den Eigentümer eines mit Zustimmung des Urhebers durch Veräußerung in Verkehr gebrachten Vervielfältigungsstücks des Datenbankwerkes, den in sonstiger Weise zu dessen Gebrauch Berechtigten oder denjenigen, dem ein Datenbankwerk aufgrund eines mit dem Urheber oder eines mit dessen Zustimmung mit einem Dritten geschlossenen Vertrags zugänglich gemacht wird, wenn und soweit die Bearbeitung oder Vervielfältigung für den Zugang zu den Elementen des Datenbankwerkes und für dessen übliche Benutzung erforderlich ist.** [2]**Wird aufgrund eines Vertrags nach Satz 1 nur ein Teil des Datenbankwerkes zugänglich gemacht, so ist nur die Bearbeitung sowie die Vervielfältigung dieses Teils zulässig.** [3]**Entgegenstehende vertragliche Vereinbarungen sind nichtig.**

Übersicht

I.   Allgemeines

1.   Entstehungsgeschichte, Hintergrund, Sinn und Zweck

1 § 55a normiert eine besondere Schrankenbestimmung für Datenbankwerke (§ 4 Abs. 2) und geht auf das IuKDG zurück (dazu vgl. Vor §§ 87a ff. Rn. 8 ff.). Hintergrund ist, dass insbesondere bei elektronischen Schutzgegenständen bestimmte Handlungen (wie Vervielfältigung beim Laden etc.) mehr oder weniger zwangsläufig vorgenommen werden müssen und der Richtliniengeber hierzu eine pragmatische Lösung suchte (Dreier/Schulze/*Dreier*[2] Rn. 1). Der ursprüngliche Regierungsentwurf hatte in einem § 69k den Wortlaut der

Richtlinienregelungen nahezu wörtlich übernommen (RegE IuKDG 1996 –
BR-Drucks. 966/96, S. 15). Bereits die Computerprogramm-RL hatte – ebenso
wie nachfolgende die Datenbank-RL – ein Konzept eingeführt, nach dem der
sog. rechtmäßige Benutzer für bestimmte Handlungen keiner Zustimmung des
Rechteinhabers bedurfte. Diesem Sinn und Zweck dient in der deutschen
Umsetzung § 55a, der damit § 69d bei Computerprogrammen entspricht.

2. EU-Recht, Internationales Recht

Die Bestimmung setzt Art. 6 Abs. 1 und 15 Datenbank-RL um und ist daher **2**
richtlinienkonform auszulegen.

II. Tatbestand

1. Konzept

Der rechtmäßige Benutzer einer Datenbank oder ihrer Vervielfältigungsstücke **3**
bedarf für die in Art. 5 Datenbank-RL aufgezählten Handlungen nicht der
Zustimmung des Urhebers der Datenbank, wenn sie für den Zugang zum
Inhalt der Datenbank und deren normale Benutzung durch den rechtmäßigen
Benutzer erforderlich sind. Sofern der rechtmäßige Benutzer nur berechtigt ist,
einen Teil der Datenbank zu nutzen, gilt diese Bestimmung nur für diesen Teil
nahezu wörtlich übernommen (RegE IuKDG 1996 – BR-Drucks. 966/96,
S. 15), was sich im Interesse des Ziels der Harmonisierung in allen Mitglied-
staaten bei der Umsetzung von Richtlinien stets empfiehlt, allerdings den
„rechtmäßigen Benutzer" durch den *„zur Benutzung Berechtigten"* ersetzt.
Der 19. Ausschuss des Bundestages nahm das zum Anlass einer Neuformulierung, die inhaltlich nichts ändern wollte (Ausschussbericht vom 11.06.1997 –
BT-Drucks. 13/7934, S. 43, betont die Absicht der bloßen Umsetzung), aber
Unklarheiten schafft, die der Text der Richtlinie vermeidet; dafür ist sie
immerhin doppelt so lang wie dieser. Gemeint ist, dass der „Endverbraucher"
eines Datenbankwerkes (Bericht des 19. Ausschusses a.a.O.), also der Benutzer
eines Lexikons (§ 4 Abs. 2: „oder auf andere Weise"), einer CD-ROM oder
eines im Internet abrufbaren Sammelwerks dasjenige soll tun können, was zu
dessen bestimmungsgemäßem Gebrauch erforderlich ist. Art. 6 Abs. 1 der
Richtlinie stellt damit nur klar, was selbstverständlich sein sollte: Die erlaubte
Benutzung soll auch tatsächlich möglich sein. § 55a S. 1 zählt so umständlich
wie nur irgend möglich auf, wer dieser Endverbraucher ist, und schafft damit
unnötige Auslegungsprobleme. Wichtig ist, dass die Schranke des § 55a nur die
zugelassenen Handlungen im Verhältnis zum Ausschließlichkeitsrecht des
Inhabers am Datenbankwerk gestattet, nicht etwa einen Freibrief auch in
Bezug auf den Inhalt des Datenbankwerkes enthält (zum Verhältnis Inhalt./.
Datenbankwerk vgl. § 4 Rn. 39); für diesen Inhalt gelten – wenn er urheberrechtlich geschützt ist – die allgemeinen Regeln (Dreier/Schulze/*Dreier*[2] Rn. 2).

2. Berechtigter

Es gibt drei Kategorien von Berechtigten: **4**
1. den **Eigentümer** eines mit Zustimmung des Urhebers durch Veräußerung in
   Verkehr gebrachten **Vervielfältigungsstücks,**
2. den in sonstiger Weise zu dessen **Gebrauch Berechtigten** und

3. denjenigen, dem ein Datenbankwerk aufgrund eines mit dem Urheber oder eines mit dessen Zustimmung mit einem Dritten geschlossenen **Vertrags zugänglich gemacht** wird.

Berechtigter ist also zunächst nicht jeder Eigentümer des Datenbankwerkstücks, sondern nur der, welchem ein mit Zustimmung des Urhebers durch Veräußerung in Verkehr gebrachtes Exemplar gehört. Unklar bleibt, ob der gutgläubige Erwerber (§ 932 BGB) sein Eigentum nicht soll nutzen dürfen? (kritisch hierzu Dreier/Schulze/*Dreier*[2] Rn. 4 wegen des fehlenden Gutglaubensschutzes im Urheberrecht, doch ist dies u.E. irrelevant, denn es geht um die physische Herrschaftsmacht des Eigentümers über das (mit Zustimmung des Berechtigten ursprünglich in Verkehr gebrachte und später möglicherweise unter Verstoß gegen das Eigentum eines Voreigentümers übertragene) Exemplar des Datenbankwerkes). Mit dem „in sonstiger Weise" zum Gebrauch des Werkstücks Berechtigten ist wohl der **Mieter, Entleiher** oder auch der bloße **Besitzdiener,** z.B. der Bibliotheksbenutzer oder der Arbeitnehmer, gemeint. Auch diese Benutzergruppen waren mit dem Begriff des rechtmäßigen Benutzers einer Datenbank zweifelsfrei erfasst. Schließlich ist berechtigt i.S.d. § 55a derjenige, der mit dem Inhaber des Urheberrechts/abgeleiteten Nutzungsrechtsinhabers einen entsprechenden Vertrag über die Zugänglichmachung geschlossen hat. Hierunter sind alle Vertragsformen, die die Zugänglichmachung betreffen, zu verstehen, auch uns insbesondere also z.B. Online-Nutzer (Dreier/Schulze/*Dreier*[2] Rn. 5 unter Verweis auf RegE IuKDG 1996 – BR-Drucks. 966/96, S. 46).

3. Zugelassene Handlungen und deren Umfang

5 Der rechtmäßige Benutzer soll nach Art. 6 Abs. 1 der Richtlinie das tun dürfen, was für den Zugang und für die **normale Benutzung** erforderlich ist. „Normal" ist nur eine Benutzung, die der Bestimmung des Datenbankwerkes entspricht; schon die Kommission hätte deshalb besser daran getan, es bei dem Begriff des bestimmungsgemäßen Gebrauchs zu belassen, wie ihn § 69d Abs. 1 verwendet, dessen Vorbild Art. 5 Abs. 1 der Computerprogramm-RL offenbar die Datenbank-RL folgen wollte. Der in § 55a stattdessen verwendete Ausdruck „*übliche Benutzung*" zwingt jedoch – nimmt man ihn wörtlich – im Streitfall zur Klärung der Frage, was denn, ganz unabhängig von der ursprünglichen Bestimmung des Datenbankwerkes, sich hinsichtlich seiner Benutzung für eine Übung herausgebildet habe. Auch der Missbrauch und die Unsitte wären dann gedeckt, wenn sie nur üblich geworden sein sollten. Das kann der Gesetzgeber nicht gemeint haben; er wollte nichts weiter, als die Richtlinie umzusetzen. Der rechtmäßige Benutzer darf also alles das, aber auch nur das tun, was für den Zugang und den bestimmungsgemäßen Gebrauch der Datenbank (oder des Teils davon, für den er allein berechtigt ist, Satz 2) erforderlich ist. Das wird in aller Regel zwar lediglich die ephemere Vervielfältigung sein (zum Begriff vgl. § 16), der Bericht des 19. Ausschusses nennt dazu als Beispiel das vorübergehende Abspeichern im Arbeitsspeicher (BeschlE RAusschuss IukDG – BT-Drucks. 13/7934, S. 44). zugelassen ist aber die Vervielfältigung ohne Einschränkung. Dass zum bloßen Gebrauch, den allein § 55a S. 1 entsprechend Art. 6 Abs. 1 der Richtlinie regeln will, eine Bearbeitung i.S.d. § 23 erforderlich sein könnte, ist kaum vorstellbar, aber nach dem klaren Wortlaut erfasst.

6 Der Umfang dieser Handlungen ist zunächst durch den Begriff der **Erforderlichkeit** begrenzt, womit solche Handlungen ausscheiden, für die es andere zumutbare Maßnahmen gibt (Möhring/Nicolini/*Decker*[2] Rn. 8; Dreier/Schulze/*Dreier*[2] Rn. 12 mit den Beispielen Ausdruck, Abspeichern auf einem Einzelplatzrechner und Ergänzung des Datenbestandes). Angesichts der parallelen – zumindest in gewisser Weise vergleichbaren – Vorschrift des § 69d wird man darüber hinaus auch hier eine Wechselwirkung zwischen vertraglicher Abrede und Einfluss dieser auf den zugelassenen Benutzungsumfang annehmen können (zu dieser Wechselwirkung vgl. § 69d Rn. 9 ff.; Möhring/Nicolini/*Decker*[2] Rn. 9; Dreier/Schulze/*Dreier*[2] Rn. 7). Nicht erfasst werden von § 55a **weitergehende Verwertungen,** etwa die Verbreitung (§ 17) und das Zugänglichmachen (§ 19a).

4. Teil des Datenbankwerkes zugänglich

Selbstverständlich dürfte S. 2 sein, denn wenn nur ein Teil des Datenbankwerkes zugänglich gemacht wurde, kann sich die Schranke natürlich auch nur darauf beziehen. Dies ergibt sich eigentlich bereits aus dem Begriff des „Berechtigten" (Dreier/Schulze/*Dreier*[2] Rn. 9) **7**

5. Entgegenstehende vertragliche Vereinbarungen

§ 55a ist nach den Regelungen des Satzes 3 unabdingbar. Satz 3 hat der 19. **8** Ausschuss aus § 69k des RegE IuKDG 1996 übernommen (BeschlE RAusschuss IukDG – BT-Drucks. 13/7934, S. 23). Seine Notwendigkeit ist zumindest teilweise zweifelhaft: Ein Vertrag, mit dem jemanden die Berechtigung zum Gebrauch eines Datenbankwerks zugleich eingeräumt und entzogen würde, müsste schon an § 118 BGB scheitern, vielleicht auch an kartellrechtlichen Grenzen. Auch wird niemand Eigentum an einer Sache erwerben wollen, die er nicht gebrauchen darf (§ 903 Satz 1 BGB). Denkbar sind allenfalls zeitliche, räumliche oder gegenständliche Beschränkungen; sie werden von Satz 3 ausgeschlossen. Erlaubt bleibt nach Satz 2 in jedem Fall, das der Rechteinhaber vertragliche Zweckbestimmungen vornimmt oder bestimmte Teile der Datenbank von der Nutzung vertraglich ausnimmt (Dreier/Schulze/*Dreier*[2] Rn. 10). § 55a ist keine Schranke, die in § 95b sog. **durchsetzungsstark** ausgestaltet ist. Der Rechteinhaber kann also durch technische Schutzmaßnahmen die Handlungen des § 55a verhindern (Dreier/Schulze/*Dreier*[2] Rn. 11).

III. Prozessuales

Der Benutzer, der sich auf § 55a beruft, muss die ihm günstigen Voraussetzungen der Norm nach den allgemeinen Grundsätzen der Beweisverteilung substantiieren und ggfs. beweisen. **9**

IV. Verhältnis zu anderen Normen

§ 87d enthält die korrespondierende Norm für einfache Datenbanken, ist in **10** seinem Umfang aber auf unwesentliche Teile beschränkt und nicht auf die Datenbank insgesamt anwendbar. Im Übrigen gelten für Datenbankwerke alle allgemeinen Schrankenregelungen (Dreier/Schulze/*Dreier*[2] Rn. 3), ggfs. mit entsprechend normierten Ausnahmen (§ 53 Abs. 5).

§ 56   Vervielfältigung und öffentliche Wiedergabe in Geschäftsbetrieben

(1) In Geschäftsbetrieben, in denen Geräte zur Herstellung oder zur Wiedergabe von Bild- oder Tonträgern, zum Empfang von Funksendungen oder zur elektronischen Datenverarbeitung vertrieben oder instandgesetzt werden, ist die Übertragung von Werken auf Bild-, Ton- oder Datenträger sowie die öffentliche Wahrnehmbarmachung von Funksendungen und öffentliche Zugänglichmachung von Werken zulässig, soweit dies notwendig ist, um diese Geräte Kunden vorzuführen oder instandzusetzen.

(2) Nach Absatz 1 hergestellte Bild-, Ton- oder Datenträger sind unverzüglich zu löschen.

1 Die Bestimmung (von Schricker/*Melichar*[3] Rn. 1 „Ladenklausel" genannt) betrifft nur Geschäftsbetriebe, also gewerbliche Unternehmen (vgl. § 54 Rn. 6–8) mit Publikumsverkehr, die sich dauernd mit dem Vertrieb (d. h. Verkauf an Zwischenhändler oder Endverbraucher) oder der Reparatur folgender Gegenstände befassen:

– Bildträger und Geräte zu deren Herstellung oder Wiedergabe (ersteres meint Herstellung von *Aufnahmen* auf Bildträgern, s. § 16 Abs. 2), also Videobänder, Filme und anderes Trägermaterial einerseits; Projektoren, Fotoapparate, Videorekorder und entsprechende Geräte;

– Tonträger und Geräte zu deren Herstellung und Wiedergabe (ebenso), also Tonbänder, Tonbandgeräte, CDs, Minidiscs, Plattenspieler, Lautsprecher und entsprechende Geräte;

– Geräte zum Empfang von Funksendungen, d. h. Radio- und Fernsehgeräte; digitale Aufnahme- und Wiedergabegeräte jeder Art;

– Geräte zur elektronischen Datenverarbeitung, also Drucker, Modems, Computer-Bildschirme, aber auch DVD- und CD-ROM-Laufwerke (Dreier/Schulze/*Schulze*[2] Rn. 4; Schricker/*Melichar*[3] Rn. 5).

2 Geräte und Trägermaterial für die *online*-Übermittlung kannte man 1965 noch nicht. Der Gesetzgeber hat die Gelegenheit der Umsetzung der Multimedia-RL mit dem Gesetz vom 10.09.2003 (vgl. Vor § 44a Rn. 8) genutzt, die Bestimmung den technischen Fortschritt anzupassen. Auch **digitale Aufnahme- und Wiedergabegeräte** dürfen seither zu Vorführ- und Reparaturzwecken urheberrechtlich geschützte Werke in Anspruch nehmen.

3 In den in Rn. 1 und 2 genannten Betrieben würde mit Rücksicht auf den engen Öffentlichkeitsbegriff des § 15 Abs. 3 eine unerlaubte öffentliche Wiedergabe (§ 22) schon dann vorliegen, wenn der Verkäufer im Laden ein Radiogerät einschaltete, um es dem Kunden vorzuführen, und dabei zufällig die Sendung eines geschützten Werkes wiedergäbe; ebenso wäre es unerlaubte Vervielfältigung (§ 16 Abs. 2), wenn der Verkäufer eine CD auf Band aufnähme, um dem Kunden die Möglichkeiten des Kassettenrecorders zu zeigen. Da solche „Verwertungs"handlungen nicht um des Werkes, sondern **um des Gerätes willen** erfolgen, ist es gerechtfertigt, sie von Ansprüchen des Urhebers freizustellen. § 56 erklärt daher die Aufnahme auf Bild- oder Tonträger (§ 16 Abs. 2; der musisch interessierte Geschäftsinhaber spricht ein Gedicht ins Mikrofon des Tonbandgerätes), die Wiedergabe von Aufnahmen (§ 21) und die Wiedergabe von Funksendungen (§ 22) für zulässig, aber nur insoweit, als dies für das Verkaufsgespräch oder für die Reparatur **notwendig** ist. Dagegen bleibt die „Musikberieselung" in Warenhäusern durch das ständige Laufenlassen von Geräten und die Vorführung von Fernsehgeräten im Schaufenster nach wie vor erlaubnispflichtig (Bericht RAusschuss UrhG – BT-Drucks IV/3401, UFITA 46 [1966], 174, 192). Erst recht gilt das für Geräte im Schaufenster, die von außen, d. h. von Passanten, bedient werden können. Notwendig ist die Vorführung schon dann nicht mehr, wenn sie auch anderen Zwecken dient, also etwa der Unterhaltung der Kunden (LG Berlin Schulze LGZ 98 – *Schallplatten-Espresso*: Kopfhöreranlage in einem Plattengeschäft mit Lautsprecheranlage) oder der allgemeinen Kundenwerbung; die Vorführung an mehrere Kunden gleichzeitig, also an einen begrenzten Kreis von Interessenten, ist aber noch von § 56 gedeckt (AG Charlottenburg Schulze AGZ 16 – *HiFi-Messe*, dazu *Dietz* UFITA 72 [1975], 1, 65 und – für Verkaufsmessen und andere Großveranstaltungen – *Loewenheim* GRUR 1987, 659). In den letztgenannten Fällen wird regelmäßig der Hersteller oder Großhändler die Geräte vorführen mit dem Ziel, dass die Interessenten sodann beim Einzelhändler Kunden werden; das halten Schricker/*Melichar*[3] Rn. 8 und Dreier/Schulze/*Dreier*[2] Rn. 7 (beide unter Hinweis auf AG Charlottenburg Schulze AGZ 16) mit Recht für von § 56 gedeckt.

Die etwa gemachten Aufnahmen sind unverzüglich, d. h. ohne schuldhaftes Zögern (§ 121 BGB), zu löschen (Abs. 2).   **4**

Zu der Parallelvorschrift des § 56 Öst. UrhG s. OGH Wien ÖBl. 1998, 85,   **5**
86 f. – *Musikberieselung* und *Dittrich* ÖBl. 1997, 211.

§ 57   Unwesentliches Beiwerk

Zulässig ist die Vervielfältigung, Verbreitung und öffentliche Wiedergabe von Werken, wenn sie als unwesentliches Beiwerk neben dem eigentlichen Gegenstand der Vervielfältigung, Verbreitung oder öffentlichen Wiedergabe anzusehen sind.

Die Bestimmung hat ein Vorbild in § 23 Abs. 1 Nr. 2 KUG, der die Veröffent-   **1**
lichung von Bildern freigab, *auf denen die Personen nur als Beiwerk neben einer Landschaft oder sonstigen Örtlichkeit erscheinen* (Anhang I 3). Sie ist zudem inzwischen von **Art. 9 Abs. 2 RBÜ Paris** gedeckt. § 57 überschneidet sich mit § 50 und erweitert jene Vorschrift für den Fall, dass es sich um unwesentliches Beiwerk handelt, auf alle denkbaren Arten der Vervielfältigung, Verbreitung und Wiedergabe.

Wenn § 57 nicht zur ständigen Ausrede für Urheberrechtsverletzer werden   **2**
soll, muss der Begriff **unwesentliches Beiwerk** eng ausgelegt werden. Die Begr (RegE UrhG (BT-Drucks. IV/270, S. 75) nennt als Beispiel den Fall, dass bei der Herstellung eines Spielfilmes eine Szene in einem Innenraum aufgenommen wird, in dem geschützte Gemälde hängen; sie will die Unterscheidung danach treffen, ob das mitaufgenommene Werk den eigentlichen Gegenstand der Verwertungshandlung darstellt oder nicht. Das ist zu weit und zu unbestimmt. Bei der Aufführung eines Theaterstücks ist das Bühnenbild niemals in diesem Sinne „eigentlicher Gegenstand der Verwertungshandlung"; es wird nur aus Anlass der Darbietung des Bühnenwerkes mit gezeigt. Gleichwohl kann nicht zweifelhaft sein, dass das Bühnenbild, das regelmäßig Werk i. S. d. § 2 Abs. 1 Nr. 4 ist (vgl. § 2 Rn. 157), alles andere als „unwesentliches Beiwerk" zu sein pflegt. Auch das Spielfilm-Beispiel ist unzutreffend: Sind die Gemälde für das Filmgeschehen bedeutsam – z. B. zwei Personen im Film unterhalten sich darüber, oder eine Figur hält innere Zwiesprache mit einem Bild –, so sind sie keineswegs unwesentliches Beiwerk; der Filmhersteller muss Nutzungsrechte aus den §§ 16 Abs. 2, 19 Abs. 4 erwerben, wenn er sie im Film verwenden will. Kommt es dagegen auf die Gemälde nicht an, so besteht kein Anlass, dem Filmhersteller unter Beschränkung der Rechte des Urhebers die Benutzung aus § 57 zu ermöglichen; er kann dann ebenso gut gemeinfreie

Gemälde in den Hintergrund hängen oder den Hintergrund überhaupt unscharf lassen. Der Begriff „unwesentliches Beiwerk" erfasst demnach nur Gegenstände, deren Erscheinen im Werk **unvermeidlich** ist **und** die darüber hinaus so **nebensächlich** sind, dass sie dem durchschnittlichen Werkverbraucher nicht auffallen und daher weggelassen werden könnten, ohne die Wirkung des Werkes auch nur im geringsten zu verändern (insoweit großzügiger Dreier/Schulze/*Schulze*[2] Rn. 2). Unvermeidlich ist die Benutzung in der Regel nur dort, wo die Werke oder Werkteile ungewollt – die Begr RegE UrhG (BT-Drucks. IV/270, S. 75) spricht selbst von „mehr oder weniger zufällig" – erscheinen; denn wo sie absichtlich mit in das Werk einbezogen wurden, sollen sie dessen Wirkung erhöhen und werden deshalb durchaus um ihrer selbst willen verwendet (OLG München NJW 1989, 404 = AfP 1989, 545 für Möbelprospekt mit Bild in Wohnlandschaft; LG Frankfurt/Main UFITA 57 [1970], 342, 344 f. = Schulze LGZ 106 S. 3 – *Yearning* und dazu *Dietz* UFITA 72 [1975], 1, 67; abzulehnen *Brack* UFITA 50 [1967], 544, 553, der sogar Zwischenakt- und Hintergrundmusik als unwesentliches Beiwerk ansehen will; wie hier Schricker/*Vogel*[3] Rn. 8). Sind sie nicht völlig nebensächlich – z. B. in einem Kulturfilm über das Alltagsleben in Schwabing erscheint unvermeidlicherweise mehrmals das auf der Staffelei befindliche Werk eines Malers, der auf dem Bürgersteig sitzt und arbeitet –, so ist ihre Benutzung selbst dann nicht nach § 57 frei, wenn sie nicht zu umgehen war.

3 Im Zweifel ist auch hier stets **zu Gunsten des Urhebers** zu entscheiden. Benutzungen, die nicht eindeutig unvermeidlich und nebensächlich sind, werden von § 57 nicht gedeckt (*Schack*[2] Rn. 504). Die Bestimmung kommt nach alledem nur in seltenen **Ausnahmefällen** zur Anwendung, in denen es auch ohne ausdrückliche Normierung kaum jemals zum Streit gekommen wäre. Man hätte sie streichen sollen; sie schafft wegen ihrer vagen Formulierung nur Verwirrung und bietet Verwertern, die keinen Respekt vor den Rechten des Urhebers haben, einen bequemen Vorwand zu Rechtsverletzungen.

§ 58   **Werke in Ausstellungen, öffentlichem Verkauf und öffentlich zugänglichen Einrichtungen**

(1) Zulässig ist die Vervielfältigung, Verbreitung und öffentliche Zugänglichmachung von öffentlich ausgestellten oder zur öffentlichen Ausstellung oder zum öffentlichen Verkauf bestimmten Werken der bildenden Künste und Lichtbildwerken durch den Veranstalter zur Werbung, soweit dies zur Förderung der Veranstaltung erforderlich ist.

(2) Zulässig ist ferner die Vervielfältigung und Verbreitung der in Absatz 1 genannten Werke in Verzeichnissen, die von öffentlich zugänglichen Bibliotheken, Bildungseinrichtungen oder Museen in inhaltlichem und zeitlichem Zusammenhang mit einer Ausstellung oder zur Dokumentation von Beständen herausgegeben werden und mit denen kein eigenständiger Erwerbszweck verfolgt wird.

1 § 58 privilegierte in seiner ursprünglichen Fassung von 1965 nur Werke der bildenden Künste, die ausgestellt wurden oder versteigert werden sollten. Anlässlich der Umsetzung der Multimedia-RL durch das UrhG Infoges vom 10.09.2003 (vgl. Vor § 44a Rn. 8) ist die Bestimmung sowohl auf Lichtbildwerke als auch auf öffentliche Verkäufe jeder Art erstreckt worden. Zugleich wurde in Abs. 1 die Beschränkung auf „Verzeichnisse" aufgehoben; die öffentliche Zugänglichmachung wurde freigegeben. Die Einführung eines gesetzlichen Vergütungsanspruchs der Urheber hat der Gesetzgeber – dies freilich in Übereinstimmung mit der Richtlinie – nicht für geboten gehalten, obwohl offensichtlich ist, dass die Bestimmung allein den Kunsthandel und die Museen begünstigt.

Abs. 1 gibt in der Verwendung der Begriffe **Ausstellung** und **Veranstaltung** **2** zunächst zu denselben Auslegungsproblemen Anlass wie die ursprüngliche Fassung der Bestimmung von 1965. Der erstgenannte Begriff meint im allgemeinen Sprachgebrauch die vorübergehende Präsentation von Gegenständen (Meyers Enzyklopädisches Lexikon, Band 3, Stichwort Ausstellung, Mannheim 1971). Ebenso sind **Veranstaltungen** *zeitlich begrenzte Einzelereignisse, die aus bestimmtem Anlass stattfinden* (BGH GRUR 1992, 386, 387 – *Altenwohnheim II* und 1994, 45, 47 – *Verteileranlagen*). Wir hatten deshalb noch in der 8. Auflage den Standpunkt vertreten, dass § 58 a. F. nur die *vorübergehende* Ausstellung von Kunstwerken privilegiere; für die parallel genannten Versteigerungen traf dieses Prädikat ohnehin zu. Die Neufassung der Bestimmung macht allerdings mit der sogar erstrangigen Nennung von *öffentlich ausgestellten* Werken deutlich, dass **auch Dauerausstellungen** privilegiert sind (ebenso schon BGH GRUR 1994, 800, 802 – *Museumskatalog* für das frühere Recht).

Zur **Werbung** für die Ausstellung oder den Verkauf ist die Präsentation von **3** Werken in Anzeigen, Werbeprospekten, Katalogen, auf Plakaten, im Fernsehen oder im Internet – die Neuregelung gibt jede derzeit mögliche oder künftig neu entstehende Art der Darstellung in der Öffentlichkeit frei – dann **erforderlich,** wenn sie *ausschließlich* diesem Zweck dient. Museumskataloge sind deshalb im Regelfall – wie im bisherigen Recht – von Abs. 1 nicht freigegeben (jedoch vgl. Rn. 6 zu Abs. 2). Im Übrigen ist davon auszugehen, dass kein Kunsthändler oder Versteigerer (auch die Versteigerung ist öffentlicher Verkauf) und erst recht kein Museumsleiter eine Werbung, die stets Geld kostet, veranlasst, wenn er sich davon keinen Erfolg verspricht. Die Beurteilung der Erforderlichkeit einer Geldausgabe bleibt auch im täglichen Leben der Person überlassen, deren Vermögen dadurch gemindert wird. Die Erforderlichkeit der Werbung – und damit die von § 58 Abs. 1 gewährte Nutzungsfreiheit – wird deshalb nur dann zu verneinen sein, wenn die fragliche Werbung nicht **unmittelbar und ausschließlich** dem Besuchs- oder Verkaufszweck dient (so schon für das frühere Recht BGH GRUR 1993, 822, 823 – *Katalogbild* und GRUR 1994, 800, 802 – *Museumskatalog*). Schricker/*Vogel*[3] Rn. 17 nennt zutreffend als Beispiel dafür, dass diese Bedingung *nicht* erfüllt ist, die Abbildung von Werken auf zum Kauf angebotenen Souvenirartikeln.

Die **Freiheit** auch **der öffentlichen Zugänglichmachung** zu Werbezwecken **4** zugunsten des Kunsthandels und der Museen in Abs. 1 erlaubt diesen nicht nur die **offline-,** sondern auch die **online-Werbung,** also beispielsweise durch CD-Rom einerseits und im Internet andererseits (Dreier/Schulze/*Dreier*[2] Rn. 2; Schricker/*Vogel*[3] Rn. 16; Wandtke/Bullinger/*Lüft*[2] Rn. 6).

Abs. 2 erweitert die Freigabe der Nutzung von Kunst- und Lichtbildwerken **5** zur Werbung für Ausstellungen und öffentliche Verkäufe durch Abs. 1 um die sog. Katalogbildfreiheit zugunsten öffentlicher Bibliotheken, Bildungseinrichtungen oder Museen. Diese dürfen Verzeichnisse, also grundsätzlich *vollständige* Listen entweder der von ihnen in einer Ausstellung präsentierten Werke oder ihres Gesamtbestandes vervielfältigen und verbreiten; die öffentliche Zugänglichmachung ist – anders als in Abs. 1 – für diese Fälle nicht freigegeben. Nach der Begr RegE UrhG Infoges (BT-Drucks. 15/38, S. 21) umfasst der Begriff der Verbreitung angesichts des geänderten technischen Umfeldes allerdings auch digitale offline-Medien wie CD-Rom oder Microfiche; der Austausch dieser Datenträger zwischen den Museen oder ihren Versicherern erleichtert zugleich die Bestandssicherung (HK-UrhR/*Meckel* Rn. 25). Ein werblicher Effekt braucht nicht gegeben zu sein; er wird bei der Publikation von Ausstellungsverzeichnissen in der Regel, bei Bestandsverzeichnissen allenfalls in geringem Maße eintreten. Soweit es sich um Ausstellungsverzeichnisse handelt, ist die von Abs. 2 gewährte Nutzungsfreiheit allerdings auf einen *inhaltlichen und zeitlichen Zusammenhang* mit der Ausstellung begrenzt. Die in den Verzeichnissen wiedergegebenen Werke müssen in diesem Falle in der Ausstellung zu sehen sein, was freilich ohnehin zu erwarten ist; im übrigen ist die Freigabe dieser Verzeichnisse auf einen angemessenen Zeitraum vor und nach der Ausstellung begrenzt (Dreier/Schulze/*Dreier*[2] Rn. 12).

6 Die Katalogbildfreiheit des Abs. 2 kommt nur zur Geltung, wenn mit der Verbreitung der Verzeichnisse **kein eigenständiger Erwerbszweck** verfolgt wird. Der Verkauf von Exemplaren der Ausstellungs- oder Bestandsverzeichnisse darf deshalb nur zu einem Preis erfolgen, der die Selbstkosten, also die Herstellungs- und Lagerkosten sowie einen angemessenen Gewinnkostenanteil deckt. Ob die Bibliothek, die Bildungseinrichtung oder das Museum die Verbreitung selbst praktiziert oder einen Händler zwischenschaltet, wird ihr bzw. ihm schon deshalb zu überlassen ein, weil die beiden erstgenannten Institutionen über Einrichtungen, die den üblichen Museumsshops vergleichbar sind, im Regelfall nicht verfügen.

7 Unter den drei Gruppen der von Abs. 2 Begünstigten bedarf nur diejenige der **Bildungseinrichtungen** einer näheren Umschreibung. Man wird darunter alle Einrichtungen zu verstehen haben, deren Zweck die Bildung von Menschen im weiteren Sinne, also neben der Schul- und Hochschulbildung auch die sonstige Aus- und Weiterbildung, umfasst. Schricker/*Vogel*[3] Rn. 23 nennen zutreffend beispielsweise Kindergärten, Schulen (aller Art), Volkshochschulen, Universitäten, sonstige Bildungs-Institute und entsprechende Archive.

8 § 58 lässt – wie alle Beschränkungen der absoluten Rechte des Urhebers im 6. Abschnitt des UrhG – das **Urheberpersönlichkeitsrecht** ebenso unberührt wie das **Änderungsverbot** des § 62. Bei allen von § 58 freigegebenen Nutzungen ist also der Urheber des genutzten Werkes zu nennen, wenn er dies nicht im Einzelfall ausgeschlossen hat (§ 13 Satz 2). Änderungen sind nur zulässig, soweit sie durch die Art der Vervielfältigung bedingt sind (Verkleinerungen). Die Schwarz-Weiß-Wiedergabe eines mehrfarbigen Werkes überschreitet in aller Regel die Grenzen des Entstellungsverbots (§ 14); sie ist angesichts des Fortschritts der Technik im Bereich der Farbkopie auch nicht mehr zu rechtfertigen. Entsprechendes gilt für Ausschnitte (insoweit a.M. Dreier/Schulze/*Dreier*[2] Rn. 19).

§ 59 Werke an öffentlichen Plätzen

(1) [1]**Zulässig ist, Werke, die sich bleibend an öffentlichen Wegen, Straßen oder Plätzen befinden, mit Mitteln der Malerei oder Graphik, durch Lichtbild oder durch Film zu vervielfältigen, zu verbreiten und öffentlich wiederzugeben.** [2]**Bei Bauwerken erstrecken sich diese Befugnisse nur auf die äußere Ansicht.**

(2) Die Vervielfältigungen dürfen nicht an einem Bauwerk vorgenommen werden.

1 Abs. 1 wiederholt den Rechtsgedanken des § 20 KUG in redaktionell verbesserter Form und dehnt ihn auf die öffentliche Wiedergabe aus. **Öffentliche Straßen, Wege und Plätze** sind nur die jedermann frei zugänglichen, im Gemeingebrauch stehenden Grundstücke dieser Art. Dass sie Tag und Nacht zugänglich sind, ist nicht erforderlich (so schon RGSt 40, 125, 126 für öffentliche Friedhöfe). Es kommt auch nicht darauf an, wem sie gehören; auch ein für den öffentlichen Verkehr freigegebener Privatweg oder Privatpark steht im Gemeingebrauch. Dagegen fällt **Privatgelände**, das zwar ständig Publikumsverkehr hat, aber durch Umzäunung und Torkontrollen von freiem Zutritt abgeschirmt wird (Beispiel: das Verwaltungsgebäude von Peter Behrens auf dem Gelände der Farbwerke Hoechst AG in Frankfurt, an dem täglich viele tausend Menschen vorübergehen), *nicht* unter § 59. Die Bestimmung ist als **Ausnahmebestimmung** eng auszulegen (OLG München AfP 1988, 45 für ein Klinikum; s. schon BGH GRUR 1975, 500, 501 f. – *Schloss Tegel* für einen eingeschränkt zugänglichen Privatpark, dort zu § 985 BGB). In Österreich gilt – trotz der etwas abweichenden Formulierung *die sich an einem dem öffentlichen Verkehr dienenden Orte befinden* in § 54 Abs. 1 Nr. 5 Öst.URG, vgl. Anh. II – insoweit Entsprechendes (OGH Wien ÖBl. 1995, 81 – *Glasfenster*); jedoch vgl. Rn. 2.

An einer öffentlichen Straße befinden sich die auf den angrenzenden Grund- **2** stücken befindlichen Werke, *soweit* sie von der Straße aus frei sichtbar sind, also nicht etwa die Rückfront oder das Innere eines Gebäudes (anders das österreichische Recht, OGH Wien GRUR Int. 1991, 56 – *Adolf-Loos-Werke*). Luftaufnahmen sind von § 59 nicht freigegeben, weil sie nicht auf einer Sicht von der Straße aus beruhen; sonst hätte der Gesetzgeber allgemeiner „Werke, die sich im Freien befinden" formuliert. Von der Straße aus sichtbar ist ferner nicht, was man nur vom Balkon oder gar vom Dach eines benachbarten Gebäudes oder dadurch sehen kann, dass man die Hecke auseinanderbiegt oder ein Loch in den Bretterzaun bohrt (Beispielfall OLG München GRUR 2005, 1038 – *Hundertwasserhaus II*: Aufnahme von einer Privatwohnung aus, die in einem oberen Stockwerk des gegenüberliegenden Hauses Löwengasse 28 liegt). Frei sichtbar ist, was sich dem unbewaffneten Auge darbietet. Was man nur mit Hilfe eines Teleobjektives erkennen kann, liegt nicht mehr „an" der Straße (a. M. Dreier/Schulze/*Dreier*[2] Rn. 4; wie hier Schricker/*Vogel*[3] Rn. 10; HK-UrhR/*Meckel* Rn. 4). Auch die Zuhilfenahme einer Leiter, um über eine Mauer oder Hecke schauen zu können, lässt das Privileg des Abs. 1 nicht entstehen. Von der Straße aus sichtbar sind meist Bauwerke (LG Freiburg GRUR 1985, 544 – *Fachwerkhaus* und OLG Bremen NJW 1987, 1420; BGH GRUR 1990, 390 f. – *Friesenhaus*, zu § 985 BGB), aber auch etwa eine Skulptur im Vorgarten oder ein Gartentor (OLG Hamburg GRUR 1974, 165, 167 – *Gartentor*), zur Zeit der deutschen Teilung auch Bilder an der Mauer (BGH GRUR 1995, 673, 674 f. – *Mauer-Bilder*). Bahnhofshallen, U-Bahnhöfe, Straßen- und Fußgängertunnel, Passagen, Hausdurchgänge und Atrien fallen nicht unter § 59; **Abs. 1 Satz 2** beschränkt die Freigabe auf die **äußere Ansicht von Bauwerken** (das verkennen Dreier/Schulze/*Dreier*[2] Rn. 3 und Wandtke/Bullinger/*Lüft*[2] Rn. 3; wie hier Schricker/*Vogel*[3] Rn. 7, *Schack*[2] Rn. 506; auch BGH GRUR 2003, 1035, 1037 – *Hundertwasser-Haus I*).

Ob sich das Werk **bleibend** an seinem öffentlichen Standort befindet, bestimmt **3** sich nicht nach seiner Konsistenz gegen Witterungseinflüsse, sondern danach, ob der Verfügungsberechtigte den Willen hat, es wieder fortzuschaffen (LG Hamburg GRUR 1989, 591, 592 – *Neonrevier*; BGH GRUR 2002, 605, 606 – *Verhüllter Reichstag*, eingehend *Hess* FS Nordemann S. 89, 94). Deshalb sind zwar einerseits Pflastermalereien und andere aufgedrängte Bildwerke an Hauswänden u.a., andererseits aber nicht etwa Werke im Schaufenster oder in städtischen Omnibussen von § 59 freigegeben (*v. Gamm* Rn. 2; Schricker/*Vogel*[3] Rn. 15; Möhring/Nicolini/*Gass*[2] Rn. 9; *Schack*[2] Rn. 506; für Pflastermalereien a. M. Möhring/*Nicolini*[2] Rn. 3a, für Omnibusse a. M. Schricker/*Gerstenberg*[3] Rn. 5). Zu Christos *Verhülltem Reichstag* hat es eine Kontroverse in der Literatur gegeben; die Befürworter einer Anwendung des § 59 meinten, „bleibend“ sei auch, was nicht unzerstört fortgeschafft werden könne (*Weberling* AfP 1996, 34; *Pöppelmann* ZUM 1996, 393; *Kleinke* AfP 1996, 396). Aber § 59 ist die gesetzliche Ausprägung eines Nutzungsrechtsverzichts zugunsten der Allgemeinheit (vgl. Vor § 28 Rn. 2); es kommt deshalb allein darauf an, ob die subjektive Zweckbestimmung durch den Urheber objektiv als Widmung zu verstehen ist (so schon Begr. LUG, *Schulze*, S. 170). Der Pflastermaler überlässt das fertige Bild seinem Schicksal. Der Künstler, der sein Werk nach Ablauf eines vorgesehenen Zeitraums wieder abbauen will, behält sich sein Bestimmungsrecht vor (LG Frankenthal ZUM-RD 2005, 408, 409 f. – *Grassofa*). Ob das Werk dabei seine Gestalt verändert oder nicht, ist insoweit ohne Bedeutung (ebenso *Pfennig* ZUM 1996, 658; *Müller-Katzenburg* NJW 1996, 2341, 2344; *Ernst* AfP 1997, 458, 459).

4 § 59 Abs. 2 erlaubt nur die **zweidimensionale Nutzung** der freigegebenen Werke durch Malerei, Grafik, Lichtbild oder Film. Das Spielzeugmodell eines geschützten Bauwerks oder Denkmals ist also nicht privilegiert; seine Verwertung wäre im übrigen schon deshalb im Regelfall von dem Erwerb entsprechender Nutzungsrechte abhängig, weil § 59 nur den Werkteil freigibt, der von der Straße aus frei sichtbar ist (vgl. Rn. 2). Im wohl häufigsten Fall der Inanspruchnahme der Bestimmung durch Lichtbild (Schricker/*Vogel*[3] Rn. 18) beschränkt sich die Werkdarstellung ohnehin auf das, was der Fotograf von der Straße aus sieht (vgl. Rn. 2).

5 **Vervielfältigung und Verbreitung** dürfen zu jedem beliebigen Zweck erfolgen (Ausnahme: Verbreitung des Originals, BGH GRUR 1995, 673, 675 – *Mauer-Bilder*). Deshalb kann man die äußere Ansicht eines Denkmals, eines Gebäudes oder einer ganzen Anlage auch zu gewerblichen Zwecken reproduzieren (Begr. LUG, *Schulze* S. 170; OLG Bremen NJW 1987, 1420; ebenso für das österreichische Recht OGH Wien GRUR Int. 1996, 73, 74 – *Hundertwasserhaus I*), z. B. für Postkarten, Stadtführer, Konversationslexika usw. Auch gegen ihre Verwendung als Marke lässt sich nichts einwenden. Wegen der in solchen Fällen meist erforderlichen Stilisierung oder Vereinfachung s. Rn. 6 (Beispiel: Das Hoechst-Firmenzeichen mit der stilisierten Wiedergabe des Verwaltungsgebäudes von Peter Behrens, vgl. Rn. 1). Die Vervielfältigung darf nicht an einem Bauwerk, d. h. an der äußeren Ansicht (z. B. durch Relief oder Malerei) vorgenommen werden (**Abs. 2**). Fälle dieser Art sind bisher nicht bekannt geworden.

6 Eine **Bearbeitung** oder sonstige Umgestaltung darf nach dem Wortlaut des § 62 Abs. 1 nicht stattfinden; die Quellenangabe ist in § 63 Abs. 1 sogar ausdrücklich auch für § 59 vorgeschrieben. Das ist in dieser Allgemeinheit sicher ein Redaktionsversehen. Vielmehr ist zu differenzieren:
– Der **Fotograf** beschränkt sich auf die Vervielfältigung der äußeren Ansicht. Er braucht dafür kein Änderungsrecht; soweit die Verkleinerung Vereinfachungen mit sich bringt, sind diese von § 39 gedeckt, den § 62 Abs. 1 Satz 2 ausdrücklich nennt. Von diesem Verwerter kann man auch erwarten, dass er bei einer etwaigen Verwertung des Lichtbilds Ross und Reiter nennt. Auf ihn ist die gesetzliche Regelung offenbar zugeschnitten. Er darf übrigens auch Bearbeitungen, sonstige Umgestaltungen (soweit sie

nicht von § 39 gedeckt sind) oder gar Entstellungen, die Dritte an dem Werk unerlaubt vorgenommen haben, nicht dadurch seinerseits verwerten, dass er Fotos davon herstellt und verbreitet (*Ernst* AfP 1997, 458, 459 f. für das sogenannte *Freiburger Holbein-Pferd*; unzutreffend LG Mannheim GRUR 1997, 364, 365, das meint, die Befugnis zur Verwertung eines öffentlich aufgestellten Werks sei nur durch das Verbot *eigener* Bearbeitung aus § 62 Abs. 1 begrenzt, jedoch übersieht, dass das Verbotsrecht des § 14 sich gegen *jedermann* richtet, auch gegen den, welcher eine von Dritten begangene Entstellung seinerseits lediglich verwertet, vgl. § 14 Rn. 75).

- Das Gegenstück bildet der **Maler**, der das Werk zum *Sujet* nimmt. Er malt es so, wie er es sieht, nicht wie es ist. In einem solchen Fall wird in aller Regel freie Benutzung (§ 24) vorliegen, so dass § 59 und damit die §§ 62, 63 gar nicht erst zum Zuge kommen.

- Es bleibt jedoch die zwischen beiden liegende Gruppe derer, die zwar „naturgetreu" abbilden, aber dabei doch schöpferisch tätig sind: Realisten, Neo-Realisten und Sonntagsmaler. Auch ihnen wollte der Gesetzgeber freie Hand lassen; sonst hätte er nicht ausdrücklich die Vervielfältigung *mit Mitteln der Malerei oder Graphik* erlaubt. In den Grenzen des § 59 sind also jedenfalls die Verwertungsrechte der §§ 15–23 für Maler und Graphiker freigegeben; sie dürfen sogar bearbeiten (§ 23), also auch – *a maiore ad minus* – ändern (§ 39 Abs. 1; anders für das österreichische Recht OGH Wien GRUR Int. 1996, 73, 74 – *Hundertwasserhaus I*). Die Urheberpersönlichkeitsrechte des Originalurhebers aus den §§ 13 und 14 sind allerdings auch von ihnen zu beachten. OLG Hamburg GRUR 1974, 165, 167 – *Gartentor* betrifft den anders gelagerten Fall der bloßen Vervielfältigung. Die Verwertung von Christo's *Verpacktem Reichstag* auf einer Gedenkmedaille scheiterte schon am Fehlen des Merkmals „bleibend" (vgl. Rn. 2; BGH GRUR 2002, 605, 606 – *Verhüllter Reichstag* und die Vorinstanz: KG GRUR 1997, 128 f. und 129, 130).

Abs. 2 schließt jede Art der Vervielfältigung der von Abs. 1 freigegebenen **7** Werke an einem Bauwerk aus. Das Denkmal auf dem Marktplatz darf also nicht an der Wand eines der Häuser ringsum „wiedergespiegelt" werden. Das künstlerisch gestaltete – oder auch nur architektonisch besondere, also jedenfalls urheberrechtlich geschützte – neue Rathaus einer mitteldeutschen Kleinstadt anderswo einfach nachzubauen wäre unzulässig. Fälle solcher Art sind in den mittlerweile fast fünf Jahrzehnten der Existenz der Bestimmung nicht bekannt geworden.

§ 60 Bildnisse

(1) ¹Zulässig ist die Vervielfältigung sowie die unentgeltliche und nicht zu gewerblichen Zwecken vorgenommene Verbreitung eines Bildnisses durch den Besteller des Bildnisses oder seinen Rechtsnachfolger oder bei einem auf Bestellung geschaffenen Bildnis durch den Abgebildeten oder nach dessen Tod durch seine Angehörigen oder durch einen im Auftrag dieser Personen handelnden Dritten. ²Handelt es sich bei dem Bildnis um ein Werk der bildenden Künste, so ist die Verwertung nur durch Lichtbild zulässig.

(2) Angehörige im Sinne von Absatz 1 Satz 1 sind der Ehegatte und der Lebenspartner und die Kinder oder, wenn weder ein Ehegatte oder Lebenspartner noch Kinder vorhanden sind, die Eltern.

Übersicht

I.   Allgemeines

1.   Sinn und Zweck der Norm, Stellung im Gesetz

1 Die Vorschrift geht auf § 18 Abs. 2 KUG zurück, der das natürliche Interesse des Bestellers an der freien Verfügung über das ihm gelieferte fotografische Bildnis sichern sollte; er sollte frei von den Rechten des Fotografen das Bildnis selbst oder durch einen anderen vervielfältigen dürfen (Begr. KUG-Entw. v. 28.11.1905 [zu § 22], abgedr. bei *Marcel Schulze* S. 220). § 60 gestattet dem Besteller eines Bildnisses heute aber nur noch die unentgeltliche und nicht zu gewerblichen Zwecken vorgenommene Verbreitung; die Vervielfältigung selbst darf sowohl entgeltlich als auch zu gewerblichen Zwecken erfolgen (vgl. Rn. 9), wird aber digital (vgl. Rn. 5 a.E. und 8).

2 § 60 ist seit der Änderung durch das Gesetz zur Regelung des Urheberrechts in der Informationsgesellschaft vom 10.09.2003 als gesetzliche Schranke gefasst und kann daher nicht mehr als urhebervertragsrechtliche Auslegungsregel eingeordnet werden (HK-UrhR/*Dreier* Rn. 6; Loewenheim/*Axel Nordemann* § 73 Rn. 51; a.A. Dreier/Schulze/*Dreier*[2] Rn. 2; Möhring/Nicolini/*Gass*[2] Rn. 8; Schricker/*Vogel*[3] Rn. 5; Wandtke/Bullinger/*Lüft*[2] Rn. 1). Schon die systematische Stellung der Norm bei den Schrankenbestimmungen und nicht bei den urhebervertragsrechtlichen Normen spricht gegen die Annahme einer Auslegungsregelung (so zutr. HK-UrhR/*Dreier* Rn. 6). Die Annahme einer Schrankenbestimmung erlaubt allerdings die vertragliche Abdingbarkeit, weil sie von der Norm nicht ausdrücklich ausgeschlossen wird (ebenso Dreier/Schulze/*Dreier*[2] Rn. 2; HK-UrhR/*Dreier* Rn. 6; Schricker/*Vogel*[3] Rn. 5; a.A. Loewenheim/*Axel Nordemann* § 73 Rn. 51 a.E.). Vertraglich abbedingen kann der Fotograf die Anwendbarkeit von § 60 aber nur im Verhältnis zum Besteller; gegenüber dem nach § 60 ebenfalls berechtigten Abgebildeten, wenn er nicht zugleich der Besteller ist, kann die Vorschrift nicht abbedungen werden, weil zu ihm einerseits kein vertragliches Verhältnis besteht und andererseits eine derartige Vereinbarung in dem Vertrag zwischen dem Fotografen und dem Besteller als Vertrag zu Lasten des Abgebildeten keine Wirkung entfalten könnte. Dann setzt sich die Schrankenbestimmung also in jedem Fall durch (ebenso Dreier/Schulze/*Dreier*[2] Rn. 2; Schricker/*Vogel*[3] Rn. 5).

3 Die Vorschrift dürfte heute kaum noch eine Existenzberechtigung besitzen: Zunächst ist schon das „natürliche Interesse an der freien Verfügung über das ihm gelieferte fotografische Bildnis", das die Begründung zum KUG-Entwurf vom 28.11.1905 (abgedr. bei *Marcel Schulze* S. 220) noch hervorgehoben hatte, durch die weite Verbreitung der Fotografie und die dadurch eingetretene Erleichterung für jeden Bürger, fotografische Bildnisse auch selbst herstellen zu können, heute nicht mehr anerkennenswert. Außerdem gestattet § 53 Abs. 1 dem privaten Verbraucher ohnehin die Herstellung einzelner Vervielfältigungsstücke auch von Bildnissen; über die private Nutzung hinausgehende, umfangreiche Vervielfältigungs- und Verbreitungshandlungen zu nicht gewerblichen Zwecken wie beispielsweise durch Wahlplakate oder Wahlbroschüren von Politikern müssen aber nicht besonders privilegiert werden, ohne dass der Fotograf für solche Nutzungen auch eine angemessene Vergütung erhält (Loewenheim/*Axel Nordemann* § 73 Rn. 51; zur Kritik an § 60 a.F. schon Vorauflage/*Wilhelm Nordemann* Rn. 6). Außerdem ist es heute durch die fortschreitende Technik ohne weiteres möglich, auch ohne ein Negativ oder eine Datei eine qualitativ von einem Originalabzug kaum zu unterscheidende Kopie anzufertigen (mittels Scannern oder anderen Bild-vom-Bild Geräten), so dass sich der Fotograf auch nicht mehr durch Einbehalt des Negativs oder der Datei vor Vervielfältigungen schützen kann (ebenso Dreier/Schulze/*Dreier*[2] Rn. 2; Schricker/*Vogel*[3] Rn. 6). Die Vorschrift sollte daher ersatzlos gestrichen werden.

2. Früheres Recht

Die Vorschrift ist § 18 Abs. 2 KUG nachgebildet (vgl. Rn. 1). In seiner alten **4** Fassung gestattete § 60 es dem Besteller, Bildnisse durch Lichtbild zu vervielfältigen und unentgeltlich zu verbreiten, was auch dann galt, wenn hinter der unentgeltlichen Verbreitung gewerbliche Zwecke standen (Vorauflage/*Wilhelm Nordemann* Rn. 5 f.; Lowenheim/*Axel Nordemann* § 73 Rn. 51). Die Reform durch das Gesetz zur Regelung des Urheberrechts in der Informationsgesellschaft vom 2. Mai 2003 hat dies geändert; nunmehr ist nur noch die unentgeltliche und nicht zu gewerblichen Zwecken vorgenommene Verbreitung zulässig; während § 60 a.F. nur die Vervielfältigung durch Lichtbild gestattete, erlaubt § 60 n.F. nunmehr auch die Vervielfältigung durch andere Techniken (Einzelheiten zur Reform bei Schricker/*Vogel*[3] Rn. 4). Werke der bildenden Künste dürfen allerdings auch nach der Reform weiterhin nur fotografisch vervielfältigt werden.

3. EU-Richtlinien

Es existiert keine EU-Richtlinie, die die Einführung oder Aufrechterhaltung **5** einer Schrankenbestimmung wie der des § 60 fordern würde. Allerdings erlaubt Art. 5 Abs. 3 lit. o) Info-RL Ausnahmen vom Vervielfältigungsrecht für Schrankenregelungen geringer Bedeutung, worunter § 60 fällt (Schricker/*Vogel*[3] Rn. 4). Es bestehen jedoch Zweifel, ob die Vorschrift die Voraussetzungen des insoweit zwingend vorgeschriebenen 3-Stufen-Tests gem. Art. 5 Abs. 5 Info-RL erfüllt (dazu Walter/*Walter* Info-RL Rn. 93; zum 3-Stufen-Test im übrigen vgl. Einl. Rn. 62), also durch § 60 die normale Verwertung des Werkes in diesem bestimmten Sonderfall nicht beeinträchtigt wird und auch die berechtigten Interessen des Rechtsinhabers nicht ungebührlich verletzt werden (vgl. Rn. 3). Jedenfalls ist aber die Vorgabe von Art. 5 Abs. 3 lit. o) Info-RL zu beachten, dass nur die analoge Nutzung zugelassen werden darf; § 60 ist mithin europäisch dahingehend auszulegen, dass digitale Nutzungen nicht von der Vorschrift gedeckt sind (Einzelheiten vgl. Rn. 8 [Vervielfältigung] und vgl. Rn. 12 [Verbreitung]).

4. Internationale Konventionen

6 Eine § 60 vergleichbare Ausnahmebestimmung findet sich in keiner internationalen Konvention.

II. Tatbestand

1. Bildnis

7 **Bildnis** ist die Abbildung eines oder mehrerer *Menschen*. Der Besteller eines Gemäldes, einer Grafik oder eines Holzschnittes kann sich dann auf § 60 berufen, wenn darauf er selbst oder eine andere Person abgebildet wird; der Bildnisbegriff in § 60 beschränkt sich nicht auf fotografische Bildnisse, was schon aus Abs. 1 S. 2 folgt, der Bildnisse in Form von Werken der bildenden Künste insoweit privilegiert, als ihre Verwertung über § 60 nur durch Lichtbild zulässig ist (vgl. Rn. 15). Im Bereich der Fotografie ist es für die Anwendbarkeit von § 60 unerheblich, ob es sich bei dem Bildnis um ein Lichtbildwerk gem. § 2 Abs. 1 Nr. 5 oder ein einfaches Lichtbild gem. § 72 handelt, weil auf die einfachen Lichtbilder die für die Lichtbildwerke geltenden Vorschriften entsprechend anzuwenden sind (vgl. § 72 Rn. 15). Abbildungen von Tieren, Landschaften oder Gebäuden sind keine Bildnisse (Loewenheim/*Axel Nordemann* § 73 Rn. 49; Schricker/*Vogel*³ Rn. 16). Auf die Anzahl der abgebildeten Personen kommt es nicht an, so dass beispielsweise auch Hochzeitsfotos oder Gruppenaufnahmen unter die Bestimmung fallen (Loewenheim/*Axel Nordemann* § 73 Rn. 49; Schricker/*Vogel*³ Rn. 16). Der Umfang der Abbildung ist ebenfalls gleichgültig, wenn nur der Abgebildete als Person individualisiert ist (z. B. Brustbild, Totenmaske, KG GRUR 1981, 742, 743 *Totenmaske* I). Auch auf die Art der Abbildung (Zeichnung, Gemälde, Lichtbild, Plastik, Relief) kommt es nicht an. Jedoch kann als „Bildnis" nur die optische Wiedergabe eines äußeren Erscheinungsbildes angesehen werden. Die literarische Schilderung eines Menschen ist kein Bildnis im Sinne des § 60; sie ließe sich als solche wohl auch kaum durch Lichtbild vervielfältigen.

2. Vervielfältigung

8 Der Begriff der Vervielfältigung richtet sich nach § 16. Sie darf durch alle denkbaren Vervielfältigungsmedien vorgenommen werden, also insbesondere fotografisch. Eine Fotografie kann auch durch Umsetzung in ein Werk der bildenden Kunst (z.b. in ein Ölgemälde) vervielfältigt werden, nicht jedoch ein Werk der bildenden Künste in ein anderes Werk der bildenden Kunst; das wird von Abs. 2 ausdrücklich ausgeschlossen. Bei der Verwendung digitaler Vervielfältigungstechniken ist zu unterscheiden: Zunächst ist § 60 wegen Art. 5 Abs. 3 lit. o) Info-RL europäisch dahingehend auszulegen, dass digitale Nutzungen von der Vorschrift nicht gedeckt sind (vgl. Rn. 5). Dies bedeutet aber nicht, dass für die Vervielfältigung keine digitalen Vervielfältigungstechniken eingesetzt werden dürfen, weil die Nutzung dann, wenn eine analoge Vorlage mit Hilfe eines digitalen Mediums vervielfältigt wird, zunächst analog bleibt; das Abfotografieren eines gemalten Portraits oder das Einscannen eines fotografischen Bildnisses fällt mithin als analoge Nutzung noch unter § 60 ebenso wie die Anfertigung eines Abzugs der Fotografie oder eines Ausdrucks des

Scanns. Nicht zulässig ist es jedoch, die von einem Fotografen beispielsweise zum Zwecke der Anfertigung von Ausdrucken gelieferte Datei zu kopieren oder die Datei zu vervielfältigen, die infolge des Abfotografierens mit der Digitalkamera oder durch das Einscannen entstanden ist, weil dies jeweils digitale Nutzungen wären. Zur Abgrenzung zwischen analoger und digitaler Vervielfältigung vgl. § 16 Rn. 12 ff.

Ob der Vervielfältigungsvorgang privat oder gewerblich, entgeltlich oder un- **9** entgeltlich erfolgt, ist nach der Vorschrift unerheblich.

3. Unentgeltliche und nicht zu gewerblichen Zwecken vorgenommene Verbreitung

Der Begriff der Verbreitung folgt § 17. Die Bildkopien dürfen **unentgeltlich 10 verbreitet,** d. h. an jedermann verschenkt werden (vgl. § 17 Rn. 2–4). Der Bundestagskandidat kann also sein von dem Ortsfotografen hergestelltes Konterfei ohne dessen Erlaubnis auf allen Wahlplakaten und Postwurfsendungen erscheinen lassen. Er kann es auch der Zeitung geben. Der Verlag jedoch muss die Erlaubnis des Fotografen zur Veröffentlichung einholen, soweit er die Zeitung nicht unentgeltlich abgibt (LG München I UFITA 87 [1980], 338, 340). Frei sind also Veröffentlichungen in Wahlzeitungen, nicht jedoch in Anzeigenblättern, weil deren Entgelte aus Anzeigen fließen, die ihrerseits im Hinblick auf den redaktionellen Teil gegeben werden. Auch die Bildagentur braucht für die Verbreitung des Bildnisses die Erlaubnis des Fotografen.

Der Zweck der unentgeltlichen Verbreitung war bis zur Reform im Jahr 2003 **11** ohne Bedeutung (vgl. Rn. 4); der Besteller konnte die Bildkopien früher also auch für seine eigene kommerzielle Werbung einsetzen (OLG Hamm UFITA 91 [1981], 242 *Song-Do Kwan;* kritisch dazu *Gerstenberg* Anm. zu Schulze OLGZ 236, S. 4 f. und Schricker/*Gerstenberg*[3] Rn. 11). Heute ist dies nicht mehr möglich. § 60 erlaubt nur noch die nicht zu gewerblichen Zwecken vorgenommene Verbreitung des Bildnisses, wobei der Begriff der Gewerblichkeit die Entgeltlichkeit nicht voraussetzt. Wer also zum Zwecke der Eigenwerbung beispielsweise Handzettel mit seinem Bildnis verteilt, handelt, wenn dies seinem geschäftlichen Fortkommen dient, zu gewerblichen Zwecken (Schricker/*Vogel*[3] Rn. 29); ist er jedoch Politiker, ist ein solcher Zweck nicht gewerblicher Art und daher von § 60 gedeckt (Loewenheim/*Axel Nordemann* § 73 Rn. 51).

Infolge der wegen Art. 5 Abs. 3 lit. o) Info-RL notwendigen europäischen **12** Auslegung (vgl. Rn. 5 und 8) ist nach § 60 nur die analoge Verbreitung des Bildnisses zulässig, nicht aber die Verbreitung in digitaler Form. Das bedeutet, dass die Bildnisse regelmäßig nur in gedruckter oder gemalter Form verbreitet werden dürfen, nicht aber beispielsweise in Dateiform auf einer CD-ROM (zur Vervielfältigung vgl. Rn. 8). Die Verbreitung eines Bildnisses über das Internet, also beispielsweise durch Einstellung auf eine Internet-Homepage, privilegiert § 60 weder zu privaten noch zu gewerblichen Zwecken, weil die Vorschrift nur die Vervielfältigung (§ 16) und die Verbreitung (§ 17), nicht aber die öffentliche Wiedergabe (§§ 19 ff.), insbesondere nicht die öffentliche Zugänglichmachung (§ 19a) privilegiert (vgl. Rn. 14 und Schricker/*Vogel*[3] Rn. 30). Ohnehin würde aber die Einstellung eines Portraitfotos auf einer Internet-Homepage schon daran scheitern, dass dies nicht ohne Durchführung einer digitalen Vervielfältigung möglich wäre, § 60 aber wegen der notwendigen europäischen Auslegung nur die analoge Nutzung erlaubt.

13 Sind Besteller und Abgebildeter nicht identisch, so ist die Freigabe des Verbreitungsrechts in Abs. 1 Satz 2 nur im Verhältnis Besteller/Urheber wirksam; im Verhältnis Besteller/Abgebildeter kommt § 22 KUG zur Anwendung, der die Verbreitung des Bildnisses nur mit Zustimmung des Abgebildeten zulässt. Dessen Erlaubnis muss also gegebenenfalls zusätzlich eingeholt werden (vgl. Einl. Rn. 88).

4. Nicht gedeckte Nutzungshandlungen

14 § 60 deckt nur die Vervielfältigung und Verbreitung (§§ 16, 17), nicht aber die Verwertung in unkörperlicher Form durch öffentliche Wiedergabe (§§ 15 Abs. 2, 19 ff.). Das bedeutet, dass der Besteller des Bildnisses oder der Abgebildete abfotografieren, abzeichnen, abmalen oder nachbilden darf und solche Vervielfältigungen dann auch unentgeltlich und zu nicht gewerblichen Zwecken verbreiten kann. Er darf jedoch das Bildnis, sofern es noch unveröffentlicht ist, nicht ausstellen (§ 18). Er darf ferner das Bildnis insbesondere nicht vorführen (§ 19 Abs. 4) und es auch nicht öffentlich zugänglich machen (§ 19a); Nutzungen im Internet deckt also § 60 in keinem Fall ab (vgl. Rn. 12). Ferner darf das Bildnis nicht bearbeitet oder sonst wie geändert werden; vor allem Übermalungen sind mithin nicht zulässig, es sei denn, der Urheber könnte die Änderung nach Treu und Glauben nicht versagen (§ 62 Abs. 1 S. 2 i.V.m. § 39 Abs. 2; vgl. § 62 Rn. 7 und 10). Das früher vielfach übliche Nachkolorieren von Fotos wird nicht von § 60 gedeckt (Schricker/*Gerstenberg*[3] Rn. 7; *Schack*[2] Rn. 501). Ein Anspruch des Bestellers auf Herausgabe der Negative bestellter Fotos lässt sich aus § 60 nicht herleiten (LG Wuppertal GRUR 1989, 54, 55 *Lichtbild-Negativ*).

5. Sonderfall: Werke der bildenden Künste

15 § 60 Abs. 1 S. 2 stellt klar, dass bei Bildnissen, die in Form von Werken der bildenden Künste geschaffen worden sind, also insbesondere bei Gemälden, Zeichnungen, Grafiken, Plastiken und Reliefen, nur die Vervielfältigung durch Lichtbild zulässig ist. Bildnisse in Form von Werken der bildenden Künste dürfen also nur fotografiert, nicht aber nachgemalt, nachgedruckt oder nachgebildet werden.

6. Berechtigte Personen (Abs. 1 und Abs. 2)

16 Nach § 60 berechtigt ist zunächst der Besteller eines Bildnisses, d.h. derjenige, der mit dem Fotografen den Vertrag über die Anfertigung des Bildnisses geschlossen hat (zu Bildnisbestellverträgen Loewenheim/*Axel Nordemann* § 73 Rn. 49 ff.). Berechtigt ist ferner derjenige, der auf dem Bildnis abgebildet ist; der Umfang der Abbildung ist gleichgültig, wenn nur der Abgebildete als Person individualisierbar ist (vgl. Rn. 7). Schließlich sind berechtigt der **Rechtsnachfolger** des Bestellers (Abs. 1); das kann jeder rechtsgeschäftliche Erwerber der Rechte des Bestellers, aber auch sein gesetzlicher Rechtsnachfolger (z.B. Erbe) sein. **Angehörige** des Abgebildeten sind nach der einschränkenden Regelung des Abs. 2 Ehegatte, Lebenspartner und Kinder, wenn keiner dieser vorhanden ist, die Eltern, nicht aber die Enkel oder der geschiedene Ehegatte, aber nach Art. 1 Nr. 3 des Gesetzes über die Stellung der nichtehelichen Kinder vom 19. 8. 1969 (BGBl. I 1243) auch diese, ferner Adoptivkinder, aber nicht Stiefkinder.

III. Prozessuales

Bei § 60 handelt es sich schon von seinem Charakter als Schrankenbestim- **17** mung her um eine Ausnahmevorschrift. Wer sich darauf berufen will, trägt grundsätzlich die Beweislast für das Vorliegen ihrer Voraussetzungen. Der Besteller eines Bildnisses, sein Rechtsnachfolger, der Abgebildete oder nach dessen Tod seine Angehörigen oder der im Auftrage einer dieser Person handelnde Dritte muss also darlegen und beweisen, dass ein Bildnis vorliegt, er das Bildnis bestellt hat oder darauf abgebildet ist, dass die Vervielfältigung lediglich eine analoge Nutzung dargestellt hat und schließlich eine lediglich unentgeltliche, nicht zu gewerblichen Zwecken vorgenommene analoge Verbreitung stattgefunden hat. Zweifel gehen zu seinen Lasten.

§ 61 *(aufgehoben)*

Siehe jetzt § 42a.

§ 62 Änderungsverbot

(1) Soweit nach den Bestimmungen dieses Abschnitts die Benutzung eines Werkes zulässig ist, dürfen Änderungen an dem Werk nicht vorgenommen werden. § 39 gilt entsprechend.

(2) Soweit der Benutzungszweck es erfordert, sind Übersetzungen und solche Änderungen des Werkes zulässig, die nur Auszüge oder Übertragungen in eine andere Tonart oder Stimmlage darstellen.

(3) Bei Werken der bildenden Künste und Lichtbildwerken sind Übertragungen des Werkes in eine andere Größe und solche Änderungen zulässig, die das für die Vervielfältigung angewendete Verfahren mit sich bringt.

(4) ¹Bei Sammlungen für Kirchen-, Schul- oder Unterrichtsgebrauch (§ 46) sind außer den nach den Absätzen 1 bis 3 erlaubten Änderungen solche Änderungen von Sprachwerken zulässig, die für den Kirchen-, Schul- oder Unterrichtsgebrauch erforderlich sind. ²Diese Änderungen bedürfen jedoch der Einwilligung des Urhebers, nach seinem Tode der Einwilligung seines Rechtsnachfolgers (§ 30), wenn dieser Angehöriger (§ 60 Abs. 2) des Urhebers ist oder das Urheberrecht auf Grund letztwilliger Verfügung des Urhebers erworben hat. ³Die Einwilligung gilt als erteilt, wenn der Urheber oder der Rechtsnachfolger nicht innerhalb eines Monats, nachdem ihm die beabsichtigte Änderung mitgeteilt worden ist, widerspricht und er bei der Mitteilung der Änderung auf diese Rechtsfolge hingewiesen worden ist.

Übersicht

I. Allgemeines

1. Bedeutung, Sinn und Zweck der Norm, systematische Stellung im Gesetz

1 Die Vorschrift gilt nur für die **Schrankenbestimmungen** des 6. Abschnitts des UrhG, also nur für solche Sachverhalte, bei denen der Werkschöpfer auf Grund der Sozialbindung des geistigen Eigentums (Art. 14 Abs. 2 GG) hinnehmen muss, dass sein Werk im Allgemeininteresse auch ohne seine Zustimmung in bestimmtem Umfang genutzt werden kann. § 62 muss vor allem im Zusammenhang mit den gesetzlichen Regelungen in den §§ 14, 39 gesehen werden, zu denen nur noch die besonderen Vorschriften der Entstellungsverbote bei künstlerischen Darbietungen (§ 83) und im Bereich des Films kommen (§ 93).

2 Grundlage für das Bestehen oder Nichtbestehen einer Änderungsbefugnis durch den Nichturheber ist der **Vorrang der Urheberpersönlichkeitsrechte gegenüber Drittinteressen**, zu denen wir auch die Interessen der Allgemeinheit zählen. Dieser Vorrang verbietet persönlichkeitsrechtsverletzende Werkentstellungen ohne Zustimmung des Urhebers in jedem Fall; bei weniger schwerwiegenden Eingriffen – vor allem den „anderen Beeinträchtigungen" in § 14 und Änderungen nach § 39 – kommt es letztlich darauf an, was der Urheber nach Treu und Glauben an Veränderungen an seinem Werk hinnehmen muss (§ 39 Abs. 2). Aufbau und Inhalt des § 62 lassen keine Zweifel daran, dass auch bei dem Bestehen (berechtigter) Allgemeininteressen das im Urheberpersönlichkeitsrecht begründete grundsätzliche Änderungsverbot Vorrang hat (Abs. 1) und nur einzelne Ausnahmen für Art und Umfang von Änderungsbefugnissen bei gesetzlich erlaubter Nutzung des Werkes anerkannt werden (Abs. 2–4). Der Vorrang der Interessen des Werkschöpfers führt auch dazu, dass die §§ 44a–61 mit Rücksicht auf das Veröffentlichungsrecht des Urhebers (§ 12) in der Regel nur **erschienene oder wenigstens veröffentlichte Werke** freigeben; wo auch unveröffentlichte Werke freigegeben sind, ist ihre Veröffentlichung durch den Benutzer in den wichtigsten Fällen (§ 53) unzulässig. In gleicher Weise erkennt § 62 auch für den Bereich der gesetzlichen Rechtseinräumung und der Zwangslizenzen das persönliche Recht des Urhebers an, über Form und Gestalt seines Werkes allein zu entscheiden, wie es nicht nur den §§ 23 und 39, sondern vor allem § 14 zugrunde liegt (vgl. § 39 Rn. 1).

3 **Rechtsprechung zu § 62 ist selten**, was auf einer problemlosen Anwendung in der Praxis beruhen dürfte (Schricker/*Dietz*[3] Rn. 16).

2. Früheres Recht

4 Die Vorschrift geht weitgehend auf § 21 KUG und § 24 LUG zurück: § 21 KUG bestimmte, dass eine Vervielfältigung aufgrund der §§ 19 und 20 KUG (Zitatrecht, Schulbuchprivileg, bleibende Werke, Panoramafreiheit) nur dann zulässig war, wenn an dem wiedergegebenen Werk keine Änderung vorgenommen wurde. Zulässig waren allerdings Übertragungen des Werkes in eine andere Größe und durch das Vervielfältigungsverfahren technisch bedingte Änderungen, so dass § 21 KUG weitgehend § 61 Abs. 1 S. 1 und Abs. 3 UrhG entspricht; es fehlte lediglich der in § 62 Abs. 1 S. 2 UrhG enthaltene Verweis auf § 39 Abs. 2 UrhG und damit eine Einschränkung, dass Änderungen nach Treu und Glauben zulässig sind. Die Vorschrift des § 24 LUG traf eine entsprechende Regelung zu § 62 Abs. 2 und erlaubte somit ebenfalls Übersetzungen und solche Änderungen des Werkes, die nur Auszüge oder Übertragungen in eine andere Tonart oder Stimmlage darstellten. Die Regelung gem. § 62 Abs. 4, nach der für den Kirchen-, Schul- oder Unterrichtsgebrauch erforderliche Änderungen nur mit Einwilligung des Urhebers zulässig sind, diese aber fingiert sind, wenn er nicht innerhalb eines Monats widerspricht, hatte ebenfalls in § 24 S. 5 u. 6 LUG ein Vorbild.

3. EU-Richtlinien

Eine Harmonisierung durch eine EU-Richtlinie besteht im Regelungsbereich **5** des § 62 nicht. Vgl. § 39 Rn. 5 sowie Schricker/*Dietz*[3] Rn. 4a.

4. Internationale Konventionen

Die Internationalen Konventionen enthalten keine § 62 vergleichbare Rege- **6** lung, jedoch vgl. § 14 Rn. 4.

II. Tatbestand

1. Grundsätzliches Änderungsverbot (Abs. 1)

Im **Grundsatz** ist jede Änderung bei der Benutzung eines fremden Werkes ohne **7** Zustimmung des Werkschöpfers unstatthaft. § 62 betont daher das im UrhG grundsätzlich bestehende **Änderungsverbot** (vgl. § 39 Rn. 2), und zwar zugleich in doppelter Weise: Einmal selbst und einmal durch den Verweis auf § 39. Schricker/*Dietz*[3] Rn. 2 erkennen dieses Änderungsverbot an, sprechen jedoch gleichzeitig von einer Interessenabwägung als „überwölbendem Prinzip" in § 62 (Schricker/*Dietz*[3] Rn. 15). Obwohl nicht verkannt werden kann, dass § 62 auch auf § 39 Abs. 2 und damit auf die Grundsätze von Treu und Glauben Bezug nimmt, halten wir es für missverständlich, wenn allgemein von einem derartigen Prinzip der Interessenabwägung im Rahmen der Vorschrift gesprochen wird. Änderungen haben grundsätzlich zu unterbleiben (Abs. 1 Satz 1). Sie dürfen nur dann vorgenommen werden, wenn sie *notwendig* sind (so auch OLG Hamburg GRUR 1970, 38, 39 – *Heintje*). Bei Änderungen unter Berücksichtigung von **Treu und Glauben** (§ 39 Abs. 2) ist mithin nicht von einer Gleichberechtigung der Interessen der Urheber des benutzten und des nutzenden Werkes auszugehen (vgl. § 39 Rn. 22). **Die Interessen des Werkschöpfers des benutzten Werkes haben Vorrang**, zumal dieser infolge der Schranken der §§ 44a ff. oft die entschädigungslose Nutzung seines Werkes dulden muss und somit erwarten darf, dass sein Werk im Originalzustand respektiert wird. Der **Verweis auf § 39** bedeutet zunächst, dass das Änderungsverbot nicht nur für das Werk selbst gilt, sondern auch für seinen Titel und die Urheberbezeichnung (Dreier/Schulze/*Schulze*[2] Rn. 10). Dies bedeutet aber zugleich, dass eine Änderung der Urheberbezeichnung niemals nach Treu und Glauben zulässig ist, weil § 39 Abs. 2 nur für das Werk und seinen Titel gilt (vgl. § 39 Rn. 21). Da sich § 62 ausschließlich auf die Schrankenbestimmungen bezieht und es sich hierbei um gesetzlich erlaubte Handlungen ohne vertragliche Grundlage handelt, ist die Änderungsbefugnis nach Treu und Glauben entsprechend § 39 Abs. 2 nicht anhand des Vertragszweckes (vgl. § 39 Rn. 23 f.) vorzunehmen, sondern mit dem **Schrankenzweck**, d.h. dem vom Gesetzgeber mit der gesetzlichen Nutzungsbefugnis verfolgten Sinn und Zweck der Schrankenbestimmung (Dreier/Schulze/*Schulze*[2] Rn. 12).

2.   Ausnahmen vom Änderungsverbot (Abs. 2–4)

8   **a) Allgemeines:** Die **Ausnahmen sind eng auszulegen:** Wenn schon dem rechtsgeschäftlichen Erwerber eines Nutzungsrechts die Änderung des Werkes oder die Unterdrückung der Urheberrechtsbezeichnung nicht erlaubt ist (§ 39), muss dies erst Recht für denjenigen gelten, der sich nur auf eine gesetzliche Einschränkung des an sich umfassenden Verwertungsrechts des Urhebers (vgl. § 15 Rn. 1) berufen kann. Auch im Bereich des Urheberpersönlichkeitsrechts ist der Schutz des Urhebers jedoch nicht ohne Ausnahme denkbar, die die Beschränkung des Verwertungsrechts zwangsläufig mit sich bringt. Diese Ausnahmen, die § 62 hinsichtlich des Änderungsrechts erschöpfend aufzählt, sind eng auszulegen und kommen nur dann zum Zuge, wenn ihre Voraussetzungen lückenlos gegeben sind.

9   **b) Ausnahme für Sprachwerke (Abs. 2):** Die Ausnahme des **Abs. 2** für die **Übersetzung von Sprachwerken** und die **Herstellung von Auszügen** oder **Transpositionen** bei Musikwerken steht unter dem Vorbehalt, dass der **Benutzungszweck** sie **erfordern** muss. Die Änderung muss also unvermeidlich sein, wenn der beabsichtigte Zweck erreicht werden soll. Dabei sind strenge Maßstäbe anzulegen. Die Übersetzung einer Kurzgeschichte von Hemingway, die in ein deutsches Lesebuch aufgenommen werden soll, ist nur dann unvermeidlich, wenn eine autorisierte deutsche Übersetzung noch nicht vorliegt (zustimmend Schricker/*Dietz*[3] Rn. 18). Die Transposition eines im Original in H-Dur stehenden Liedes nach C-Dur für das Schulliederbuch ist erforderlich, wenn es sich um ein Werk für Grund- und Mittelschulen handelt, nicht dagegen, wenn es für die Oberstufe des musischen Zweiges bestimmt ist.

10   **c) Ausnahme für Werke der bildenden Künste und Lichtbildwerke (Abs. 3):** Bei **Werken der bildenden Künste** (§ 2 Abs. 1 Nr. 4) und **Lichtbildwerken** (§ 2 Abs. 1 Nr. 5) lässt **Abs. 3** eine Änderung der **Größe** stets zu. Im Übrigen sind nur solche Änderungen erlaubt, die das **Vervielfältigungsverfahren** ohnehin mit sich bringt (das Abzeichnen oder Fotografieren eines Gemäldes in Schwarz-Weiß ändert die Farbgebung). Nur was bei Anwendung des jeweiligen Verfahrens unvermeidlich ist, wird demnach von Abs. 3 gedeckt. Die **Nichtnennung** der in § 2 Abs. 1 Nr. 7 genannten **Darstellungen wissenschaftlicher oder technischer Art** wie Zeichnungen, Pläne, Karten, Skizzen, Tabellen und plastischen Darstellungen beruht wohl nur auf einem **redaktionellen Versehen**. Es ist nicht einzusehen, warum diese Darstellungen, die ihrem Hauptzweck nach nicht als Kunstwerke zu betrachten sind, also die Merkmale der persönlichen geistigen Schöpfung in schwächerem Maße aufweisen, mit einem stärkeren Änderungsverbot ausgerüstet werden sollten als Kunstwerke. Auch die Werke des § 2 Abs. 1 Nr. 7 dürfen daher bei der Benutzung nach den §§ 44a–61 denjenigen Änderungen unterworfen werden, die das Vervielfältigungsverfahren mit sich bringt.

11   **d) Erweiterte Änderungsbefugnis für Kirchen-, Schul- oder Unterrichtsgebrauch (Abs. 4):** Die **erweiterte Änderungsbefugnis** des Abs. 4 für den Kirchen-, Schul- und Unterrichtsgebrauch (§ 46) ist dem Wortlaut nach an die **doppelte Voraussetzung** geknüpft, dass die Änderung **erforderlich** ist und der Urheber ihr **zugestimmt** hat. Das ist nicht ganz korrekt: Hat der Urheber ausdrücklich zugestimmt, so sind damit naturgemäß auch Änderungen gedeckt, die nicht erforderlich gewesen wären. Die Voraussetzung der Erforderlichkeit kann daher, wenn ihre ausdrückliche Festlegung durch den Gesetzgeber überhaupt eine Bedeutung haben soll, nur für Abs. 4 Satz 2 Geltung haben. Diese Bestimmung ist also dahin auszulegen, dass der Berechtigte sich auf die nach Schweigen des Autors unterstellte Einwilligung nur dann berufen kann, wenn die Änderung tatsächlich erforderlich (d.h. unvermeidlich) war, um den beabsichtigten Verwendungszweck zu erreichen.

Der Urheber ist **nicht** etwa zur Erteilung der Zustimmung **verpflichtet**; er kann **12** sie auch dann verweigern, wenn die Änderung an sich erforderlich wäre, weil sonst die Nennung beider Voraussetzungen nebeneinander durch den Gesetzgeber sinnlos wäre.

Der **Rechtsnachfolger des Urhebers** hat das Einwilligungsrecht nur, wenn er **13** Angehöriger ist (vgl. § 60 Rn. 16) oder wenn er aufgrund letztwilliger Verfügung in die Rechtsstellung des Urhebers eingerückt ist, also Testamentserbe, Vermächtnisnehmer oder Miterbe ist, der das Urheberrecht im Wege der Erbauseinandersetzung erworben hat. Ausgeschlossen sind danach die gesetzlichen Erben, die nicht Angehörige sind. Das ist, soweit der Fiskus als gesetzlicher Erbe in Betracht kommt, sinnvoll; die Schlechterstellung von Enkeln und Großeltern des Urhebers ist jedoch durch nichts gerechtfertigt und lässt ein Redaktionsversehen vermuten.

Für die Zustimmungsfiktion nach Abs. 4 Satz 3 ist, anders als in § 46 Abs. 3, **14** nicht die Absendung, sondern der **Zugang der Mitteilung** für den Fristbeginn maßgebend (§ 130 BGB; vgl. § 41 Rn. 38). Die Verpflichtung zum Hinweis auf die Rechtsfolgen des Schweigens (Abs. 4 Satz 3) ist durch die Novelle 1972 eingeführt worden, damit auch der rechtsunkundige Urheber geschützt ist.

3. Verhältnis zu §§ 51 und 59

Das OLG Hamburg (GRUR 1970, 38, 39 – *Heintje*) kommt zu dem Ergebnis, **15** dass ein Verstoß gegen das Änderungsverbot des § 62 an der – ansonsten gegebenen – Zulässigkeit eines Zitats nichts ändert, sofern die Änderungen im Rahmen des § 39 Abs. 2 bleiben. Dabei wird zu Recht darauf hingewiesen, dass dann, wenn Änderungen vorgenommen werden, diese aus den Gründen (dort: Zitatzweck) erforderlich sein müssen, aus denen die (unentgeltliche) Nutzung des Werkes in Anspruch genommen wird.

Etwas ungenau ist § 62 im Hinblick auf die **Befugnisse aus** § 59. Wenn die **16** äußere Ansicht eines Gebäudes usw. mit *Mitteln der Malerei und Grafik* vervielfältigt werden darf, ist dazu stets eine schöpferische Leistung des Malers oder Grafikers, damit also eine Bearbeitung des vorgegebenen Werkes (Gebäudes) nötig, wenn nicht ohnehin eine freie Benutzung (§ 24) vorliegt. Gleiches gilt für den Schöpfer eines Lichtbild- oder Filmwerkes bei der Wiedergabe des Gebäudes. § 59 ist also vom Änderungsverbot des § 62 ausgenommen, soweit es sich um solche Vervielfältigungsarten handelt, die eine Bearbeitung voraussetzen (vgl. § 59 Rn. 6).

III. Prozessuales

§ 62 enthält ein **Regel-/Ausnahmeverhältnis**: Das Änderungsverbot ist der **17** Regelfall. Wer sich auf die in § 62 enthaltenen Ausnahmen – Zulässigkeit nach Treu und Glauben entsprechend § 39 Abs. 2, Benutzungszweck gem. Abs. 2 und Größenänderungen bzw. technische bedingte Änderungen gem. Abs. 3 – beruft, muss ihre Voraussetzungen darlegen und beweisen; Zweifel gehen zu seinen Lasten (vgl. § 39 Rn. 36). Wer sich auf die Änderungsbefugnis nach Abs. 4 beruft, muss nicht nur darlegen und beweisen, dass die Änderung des Sprachwerkes für den Kirchen-, Schul- oder Unterrichtsgebrauch erforderlich ist, sondern auch, dass die Voraussetzungen der Einwilligungsfiktion gegeben sind, d.h. insbesondere wann dem Urheber die Mitteilung zugegangen ist und dass sie den inhaltlichen Anforderungen des Abs. 4 S. 3 entsprach.

§ 63 Quellenangabe

(1) [1]Wenn ein Werk oder ein Teil eines Werkes in den Fällen des § 45 Abs. 1, der §§ 45a bis 48, 50, 51, 53 Abs. 2 S. 1 Nr. 1 und Abs. 3 Nr. 1 sowie der §§ 58 und 59 vervielfältigt wird, ist stets die Quelle deutlich anzugeben. [2]Bei der Vervielfältigung ganzer Sprachwerke oder ganzer Werke der Musik ist neben dem Urheber auch der Verlag anzugeben, in dem das Werk erschienen ist, und außerdem kenntlich zu machen, ob an dem Werk Kürzungen oder andere Änderungen vorgenommen worden sind. [3]Die Verpflichtung zur Quellenangabe entfällt, wenn die Quelle weder auf dem benutzten Werkstück oder bei der benutzten Werkwiedergabe genannt noch dem zur Vervielfältigung Befugten anderweit bekannt ist.

(2) [1]Soweit nach den Bestimmungen dieses Abschnitts die öffentliche Wiedergabe eines Werkes zulässig ist, ist die Quelle deutlich anzugeben, wenn und soweit die Verkehrssitte es erfordert. [2]In den Fällen der öffentlichen Wiedergabe nach den §§ 46, 48, 51 und 52a ist die Quelle einschließlich des Namens des Urhebers anzugeben, es sei denn, dass dies nicht möglich ist.

(3) [1]Wird ein Artikel aus einer Zeitung oder einem anderen Informationsblatt nach § 49 Abs. 1 in einer anderen Zeitung oder in einem anderen Informationsblatt abgedruckt oder durch Funk gesendet, so ist stets außer dem Urheber, der in der benutzten Quelle bezeichnet ist, auch die Zeitung oder das Informationsblatt anzugeben, woraus der Artikel entnommen ist; ist dort eine andere Zeitung oder ein anderes Informationsblatt als Quelle angeführt, so ist diese Zeitung oder dieses Informationsblatt anzugeben. [2]Wird ein Rundfunkkommentar nach § 49 Abs. 1 in einer Zeitung oder einem anderen Informationsblatt abgedruckt oder durch Funk gesendet, so ist stets außer dem Urheber auch das Sendeunternehmen anzugeben, das den Kommentar gesendet hat.

Übersicht

I. Allgemeines

1. Sinn und Zweck

Die Pflicht zur Quellenangabe ergänzt das **Recht des Urhebers auf Anerken-** **1** **nung seiner Urheberschaft** nach § 13. Es soll dem Urheber auch in den Fällen erhalten bleiben, in denen er aufgrund der Regelungen der §§ 45a ff. Einschränkungen bei der wirtschaftlichen Verwertung seines Werkes hinzunehmen hat. Als „Quelle" ist dabei nicht nur der **Name des Urhebers** (§ 13), sondern auch die **Fundstelle** anzugeben. Auf diese Weise wird dem Publikum ermöglicht, das vollständige Originalwerk zu finden und zu überprüfen, ob richtig zitiert wurde (Nachweisfunktion). Die Pflicht zur Quellenangabe hat überdies eine gewisse **Werbewirkung**, von der auch der Verlag profitiert (Abs. 1 S. 3 und Abs. 3).

2. Internationales Recht

Das **RBÜ** enthält keine § 63 entsprechende Regelung, Art. 6bis Abs. 1 RBÜ **2** gibt nur den Rechtsgedanken von § 13 wieder. Die Pflicht zur Quellenangabe ist indes in einzelnen Vorschriften erwähnt (z. B. Art. 10 Abs. 3 und Art. 10bis Abs. 1 sowie Anhang Art. IV Abs. 3). Das **WUA** enthält weder eine Regelung zur Namensnennung noch eine § 63 vergleichbare Vorschrift. Lediglich im Rahmen der allgemeinen Zwangslizenz (z. B. Art. V Abs. 2 lit. e, Art. V^{bis} ff) wird die Quellenangabe berücksichtigt.

Die Pflicht zur Quellenangabe ist Bestandteil der **EU-Harmonisierungsricht-** **3** **linien**. In Art. 6 Abs. 2 lit. b der Datenbank-RL wird sie erstmalig ausdrücklich genannt. Die Richtlinien haben wiederholt zu Anpassungen des § 63 geführt. So wurden zuletzt im Rahmen der Umsetzung der Info-RL geringfügige Änderungen in Abs. 1 S. 1 vorgenommen und Abs. 2 S. 2 eingeführt. Dass § 63 bei Zwangslizenzen entsprechend anzuwenden ist, stellt der durch den 2. Korb neu eingefügte S. 1 in § 42a Abs. 1 klar. § 63 geht über den Regelungsgehalt der Info-RL hinaus, da die Pflicht zur Quellenangabe zusätzlich für weitere Schrankenvorschriften gilt (ausführlicher Schricker/*Dietz*[3] Rn. 4).

3. Aufbau und Systematik

§ 63 benennt positiv die Fälle und Voraussetzungen, die eine Quellenangabe **4** erfordern. Wird ein Fall nicht durch § 63 erfasst, besteht keine Pflicht zur Quellenangabe, jedoch kann weiterhin das Urheberbenennungsrecht bestehen (§ 13). Die Vorschrift unterscheidet für die Quellenangabe zwischen der **Vervielfältigung** in Abs. 1 und der **öffentlichen Wiedergabe** in Abs. 2. Gemeinsam ist beiden Regelungen, dass die Quellenangabe deutlich erfolgen und die Bezeichnung des Urhebers sowie der Fundstelle enthalten muss (vgl. Rn. 6). In den Spezialfällen des Abs. 1 S. 2 und Abs. 3 werden an die Quellenangabe hinsichtlich des Umfangs der zu benennenden Quelle höhere Anforderungen gestellt (zu Vervielfältigungen vgl. Rn. 11 ff.; zu Sonderfällen vgl. Rn. 15 ff.).

§ 63 enthält auch Ausnahmen von der Pflicht zur Quellenangabe. Sie entfällt **5** nach Abs. 1 S. 3, wenn die Quelle nicht genannt oder bekannt ist, nach Abs. 2 S. 1 eine Verkehrssitte die Angabe nicht erfordert oder nach Abs. 2 S. 2 die Angabe der Quelle unmöglich ist.

II. Allgemeiner Tatbestand

1. Begriff und Umfang der Quellenangabe

6 Der Begriff der „Quellenangabe" ist in § 63 nicht näher definiert. Entsprechend besteht in der Praxis häufig Streit darüber, welche Angaben zur Kennzeichnung der Quelle genau erforderlich sind. Feste Regeln verbieten sich. Entscheidend ist letztlich, ob die **Angaben im konkreten Fall geeignet sind, Urheber und Werk eindeutig zu identifizieren** (OLG Brandenburg NJW 1997, 1162, 1163 – *Brecht-Zitate*). Das Publikum soll in die Lage versetzt werden, unter zumutbarem Aufwand das Originalwerk aufzufinden. Damit ist die Angabe der Quelle immer mehr als die bloße Namensnennung des Urhebers.

7 Geschuldet ist stets die **Bezeichnung des Urhebers** i.S.v. § 10 Abs. 1. Diese erfordert grundsätzlich die Nennung seines **vollständigen Namens** (Schricker/ *Dietz*[3] Rn. 13; Wandtke/Bullinger/*Bullinger*[2] Rn. 12; a.A. AG Baden-Baden, Schulze AGZ 28, wonach die Angabe des Vornamens nicht erforderlich sei). Kann der Urheber nicht benannt werden, ist nach Abs. 2 der Herausgeber oder Verleger anzugeben.

8 Neben der Bezeichnung des Urhebers muss in allen Fällen auch die **Fundstelle** angegeben werden. Wie dies zu erfolgen hat, hängt ganz von dem jeweiligen Werk ab. Bei **Sprachwerken** ist stets der Titel des Werkes, bei **Büchern** überdies das Erscheinungsjahr, die Seitenzahl und ggf. auch der Verlag zu nennen, wenn mehrere Ausgaben erschienen sind. Bei in **Periodika** (Zeitschriften) oder **Sammelwerken** erschienenen Beiträgen ist überdies der Name der Publikation, ggf. auch deren Herausgeber bzw. das Publikationsorgan, Ausgabennummer und Erscheinungsdatum zu nennen. Die Sonderregelung in Abs. 3 für Zeitungen und andere Informationsblätter hat insoweit nur klarstellende Bedeutung. Bei **Kunstwerken** wird man neben der Nennung des Urhebers und des Werktitels die Angabe des Ausstellungsortes allenfalls dann verlangen können, wenn sich das Werk dauerhaft an dem Ort befindet (a.A. OLG Hamburg GRUR 1974, 165, 167 – *Gartentor*: Angabe des Urhebers ausreichend; strenger Vorauflage/ *Vinck*[9] Rn. 4). Die Angabe temporärer Ausstellungen macht wenig Sinn. Bei in **Webseiten** erschienenen Werken genügt die Angabe der URL, die in der Praxis häufig erfolgende Angabe des Abrufzeitpunkts erscheint dagegen entbehrlich, weil dem Publikum ohnehin klar ist, dass Webseiten sich ändern können.

9 Die Angabe des **Verlages** ist nicht die Regel, sondern bleibt nach Abs. 1 S. 2 als Sondervorschrift auf die Vervielfältigung ganzer Sprachwerke oder ganzer Werke der Musik beschränkt.

2. Deutlichkeit der Quellenangabe

10 Die Quellenangabe muss **deutlich** erfolgen. Sie muss dem Leser, Hörer oder Betrachter eine eindeutige Zuordnung ermöglichen (zur Erkennbarkeit des fremden Werkes vgl. § 51 Rn. 10). Der Autor muss ohne besondere Mühe zu erkennen sein und die Richtigkeit der Entlehnung überprüft werden können. Entscheidend dafür ist die **Platzierung** der Quellenangabe. Werden Autor und Fundstelle des fremden Werkes direkt neben der Vervielfältigung genannt, ist die Quellenangabe am deutlichsten. Kann die Platzierung nicht in unmittelbarer Nähe erfolgen, muss eine **eindeutige Zuordnung** durch entsprechende konkrete Angaben, wie Seite und Position, sichergestellt sein (zurückhaltend OLG Brandenburg NJW 1997, 1162, 1163 – *Brecht-Zitate*). Ein zusammenfassendes Quellenverzeichnis kann ausreichen, wenn die Zuordnung zur benutzten Quelle sofort erfolgen kann, z. B. durch Einhaltung der Reihenfolge der wiedergegebenen Werke unter Nennung der Seite des zitierenden Werkes. Bei Bildern und Grafiken auf **Webseiten** kann die Quellenangabe auch über „Scroll-Over"-Texte erfolgen (Quellenangabe erscheint (nur) beim Führen der Maus auf das Bild), sofern entsprechende Hinweise erfolgen.

III. Quellenangabe bei Vervielfältigungen (Abs. 1)

1. Voraussetzungen

Die Pflicht zur Quellenangabe nach Abs. 1 gilt für alle **Vervielfältigungen**, die **11** nach §§ 45a, 46, 47, 48, 50, 51, 53 Abs. 2 S. 1 Nr. 1 und Abs. 3 Nr. 1, 58 oder 59 UrhG privilegiert sind. Werden ganze Sprachwerke oder ganze Werke der Musik vervielfältigt, ist nach Abs. 1 S. 2 zusätzlich zur allgemeinen Quellenangabe der **Verlag**, in dem das Werk erschienen ist, zu nennen. Zudem müssen vorgenommene Kürzungen oder Änderungen kenntlich gemacht werden. Wird die Quelle nicht gekürzt oder geändert, muss ein Hinweis erfolgen, dass es sich um eine **ungekürzte Fassung** oder die **Originalfassung** handelt.

2. Wegfall der Pflicht zur Quellenangabe

Der Nutzer ist nach Abs. 1 S. 3 von der Pflicht zur Quellenangabe befreit, **12** wenn ihm die Quelle **unbekannt** ist. Dies kann sich daraus ergeben, dass sie auf den benutzten Werkstücken oder sonstigen Materialien **nicht angegeben** ist oder er sich nicht anderweitig Kenntnis von der Quelle verschaffen konnte. Der Nutzer darf nicht untätig bleiben. Ihm obliegt die Pflicht, sich im Rahmen des Zumutbaren zu **bemühen**, die Quelle zu erfahren und dafür ggf. Recherchetätigkeiten aufzunehmen (Schricker/*Dietz*[3] Rn. 17; Möhring/Nicolini/ *Gass*[2] Rn. 23). Der Nutzer kann sich hier – im Gegensatz zu Abs. 2 – auch nicht auf eine entgegenstehende Verkehrssitte berufen (OLG Hamburg GRUR 1970, 38, 40 – *Heintje*; OLG Hamburg GRUR 1974, 165, 167 – *Gartentor*; OLG Hamburg v. 27.9.1973 – 3 U 38/73). Der Nutzer darf sich seiner Verpflichtung zur Quellenangabe auch nicht bewusst verschließen (OLG Hamburg GRUR 1970, 38, 40 – *Heintje*; OLG Hamburg GRUR 1974, 165, 167 – *Gartentor*). Verweisen kann der Nutzer auch nicht auf eine entgegenstehende **Branchenübung**, die die Nennung der Quelle nicht erforderlich macht.

IV. Quellenangabe bei öffentlicher Wiedergabe (Abs. 2)

1. Quellenangabe bei bestehender Verkehrssitte (Abs. 2 S. 1)

Die Quellenangabe ist nach Abs. 2 S. 1 bei der **öffentlichen Wiedergabe** eines **13** Werkes nur erforderlich, wenn die bestehende **Verkehrssitte** dies erfordert. Eine solche Verkehrssitte ist zu bejahen, wenn es der allgemeinen Übung unter loyalen, den Belangen des Urhebers mit Verständnis gegenübertretenden, billig und gerecht denkenden Benutzern entspricht. Die Verkehrssitte muss zweifelsfrei bestehen. Lässt sich diese nicht mit Sicherheit feststellen, besteht keine Verpflichtung zur Quellenangabe. Beseitigt wird die Verkehrssitte noch nicht durch die Nachlässigkeit einzelner oder auch vieler Benutzer.

14 Einzelfälle: Bei Einblendung von Fotografien oder Filmausschnitten in Fernsehsendungen besteht Verkehrsitte zur Quellenangabe (LG Berlin GRUR 2000, 797, 798 – *Screenshots* für Lichtbilder; LG Stuttgart ZUM 2003, 156, 157 für die Wiedergabe eines Ausschnitts aus der „Tagesschau"; a.A. LG München I FuR 1984, 475, 477 – *Monitor* für Wiedergabe eines Werbeprospekts in Sendung); bei der Wiedergabe auf Webseiten (§ 19a) entspricht die Quellenangabe wegen der Vergleichbarkeit mit der Vervielfältigung ebenfalls der Verkehrsitte; anders dagegen Theateraufführungen und öffentliche Reden.

2. Quellenangabe in Sonderfällen (Abs. 2 S. 2)

15 Unabhängig vom Bestehen einer Verkehrssitte ist für die Fälle der privilegierten Nutzung in §§ 46, 48, 51 und 52a die Angabe der Quelle Pflicht, es sei denn, dies ist **unmöglich**. Wann die Quellenangabe unmöglich ist, kann unter Rückgriff auf die Kriterien nach Abs. 1 S. 3 für die ungenannte und unbekannte Quelle ermittelt werden (Schricker/*Dietz*³ Rn. 18a; HK-UrhR/*Dreyer* Rn. 16). Die Unmöglichkeit der Quellenangabe kann sich auch aus technischen oder anderen praktischen Gründen ergeben. Insbesondere kann die Angabe der Quelle auch nur **teilweise unmöglich** sein, z. B. wenn nur die Angabe des Urhebers unmöglich ist. In solchen Fällen entfällt die Pflicht zur Quellenangabe nicht vollständig, sondern bleibt im Rahmen des Möglichen bestehen. Genannt werden müssen dann Titel oder Publikationsorgan (Schricker/*Dietz*³ Rn. 17).

V. Angabe der Zeitung und des Sendeunternehmens (Abs. 3)

16 Absatz 3 regelt die Quellenangabe für den Anwendungsbereich des § 49, also für dem Tagesinteresse dienende Zeitungsartikel und Rundfunkkommentare. Neben dem Urheber sind auch die Zeitung bzw. das Informationsblatt oder das Sendeunternehmen zu nennen (Beispiel: „*Müller*, FAZ v. 16.10.2007"). Dies ist keine zusätzliche Voraussetzung, sondern entspricht bereits den allgemeinen Anforderungen an die Quellenangabe (vgl. Rn. 8 f.). Für gesendete Rundfunkkommentare gilt, dass diese nicht unter Absatz 2 fallen (Rn. 13 f.) und somit immer die Angabe der Quelle enthalten müssen, unabhängig vom Bestehen der Verkehrssitte.

17 Beim Abdrucken des Zeitungsartikels ist die ursprüngliche Quelle anzugeben, also diejenige, bei dem der Artikel erstmalig erschienen ist. Weitere spätere Veröffentlichungen, die in der Zeitungsbranche üblich sind, bleiben außer Betracht.

18 Bei Rundfunkkommentaren erfordert die Quellenangabe die Nennung des Urhebers sowie der Sendung (a.A. LG Stuttgart ZUM 2003, 156, 157, wonach aufgrund der Bekanntheit der Sendung die Angabe der Sendung und des Sendedatums ausreichten).

VI. Rechtsfolgen bei Verletzung

19 Ein Verstoß gegen die Pflicht zur Quellenangabe führt noch nicht zur Unzulässigkeit der Werknutzung insgesamt, wenn und solange die Voraussetzungen der Urheberrechtsschranken im Übrigen eingehalten sind (OLG Hamburg GRUR 1974, 38, 40 – *Heintje*; Schricker/*Dietz*³ Rn. 20 m.w.N.). Der **Unterlassungs- und Beseitigungsanspruch** des Urhebers (§ 97 Abs. 1) beschränkt sich allein auf die **konkrete Form** der Benutzung ohne Quellenangabe. Die Nutzung ist solange zu unterlassen, bis die Quellenangabe nach § 63 erfolgt.

Daneben steht dem Urheber auch **Schadenersatz** zu. Ein materieller Schaden **20** lässt sich dabei meist kaum nachweisen, weshalb sich der Anspruch auf Naturalrestitution, d.h. eine Berichtigung bzw. nachträgliche Quellenangabe beschränkt (so OLG Hamburg GRUR 1970, 38, 40 – *Heintje*; OLG Hamburg GRUR 1974, 165, 166 – *Gartentor*). § 97 Abs. 2 gewährt dem Urheber indes Anspruch auf Zahlung einer Geldentschädigung für den erlittenen **immateriellen Schaden**, wenn und sofern dies der Billigkeit entspricht. Nach OLG Hamburg GRUR 1974, 165, 166 – *Gartentor* sei dies nur der Fall, wenn die Beeinträchtigung schwerwiegend war (ähnlich OLG Hamburg GRUR 1993, 666, 667 – *Altersfoto*; Entschädigung ablehnend auch Schricker/*Dietz*[3] Rn. 22; Möhring/Nicolini/*Gass*[2] Rn. 32, wenn Eingriff bereits durch Berichtigung beseitigt wurde). Diese restriktive Haltung trägt jedoch nicht dem Umstand Rechnung, dass zahlreiche Tarifwerke insbesondere im Bereich der Fotografie und Kunst (Übersicht vgl. § 32 Rn. 59), Zuschläge für den Fall fehlender Urheberbenennung vorsehen. Die Zahlung einer Geldentschädigung erweist sich damit durchaus als billig. Aus dem Umstand, dass im Anwendungsbereich des § 63 die Werknutzung aufgrund urheberrechtlicher Schranken zustimmungsfrei erfolgen kann, folgen keine Einschränkungen bei der Urheberbenennung und der Pflicht zur Quellenangabe (ähnlich Dreier/Schulze/*Schulze*[2] Rn. 31). Für eine großzügige Bemessung LG Berlin GRUR 2000, 797, 798 – *Screenshots* (Zuschlag in Höhe von 50% der üblichen Lizenzgebühr angemessen, LG Berlin v. 16.3.2000 – 16 S 12/99) sowie LG München I UFITA 52 (1969), 247, 251 – *Wenn die Elisabeth...* (ebenfalls Teil der üblichen Abdruckvergütung). Zum Schadensersatz bei fehlender Urheberbenennung vgl. § 13 Rn. 30 ff.; vgl. § 97 Rn. 101 ff.

VII. Prozessuales

Aufgrund der persönlichen Natur des Urheberbenennungsrechts kann im **21** Regelfall nur der Urheber selbst die Rechte aus § 63 geltend machen. Zumindest ohne ausdrückliche Ermächtigung des Urhebers fehlt dem Verlag bzw. Verwerter die Aktivlegitimation, sofern nicht das Benennungsrechts des Verlags selbst betroffen ist (vgl. Rn. 11).

Der Nutzer trägt die **Beweislast** für den **Wegfall der Pflicht** zur Quellenangabe. **22** Er muss im Rahmen von Abs. 1 beweisen, dass die Quelle nicht angegeben und ihm deshalb nicht bekannt war. Ggf. muss er auch Beweis erbringen und konkrete Angaben zu seinen Recherchebemühungen machen durch Erläuterung, was er zu diesem Zweck und mit welchem Ergebnis unternommen hat (Möhring/Nicolini/*Gass*[2] Rn. 22).

Bestehen Zweifel, ob eine **Verkehrssitte** i.S.v. Abs. 2 S. 1 besteht, trägt der **23** Urheber auch dafür die Beweislast. Der Nutzer ist ebenso dafür beweispflichtig, dass ihm die Quellenangabe nach Abs. 2 S. 2 **unmöglich** war. Dies hat er durch konkrete Angaben darzulegen.

§ 63a   Gesetzliche Vergütungsansprüche

[1]**Auf gesetzliche Vergütungsansprüche nach diesem Abschnitt kann der Urheber im Voraus nicht verzichten.** [2]**Sie können im Voraus nur an eine Verwertungsgesellschaft oder zusammen mit der Einräumung des Verlagsrechts dem Verleger abgetreten werden, wenn dieser sie durch eine Verwertungsgesellschaft wahrnehmen lässt, die Rechte von Verlegern und Urhebern gemeinsam wahrnimmt.**

Übersicht

I.   Allgemeines

1.   Bedeutung, früheres Recht und Geltungszeitraum

1 Die Vorschrift soll dafür sorgen, dass gewisse den Urheber zugewiesene Vergütungsansprüche tatsächlich ihnen zukommen und nicht durch Abtretung an Verwerter leer laufen (UrhVGE – BT-Drucks. 14/6433, 13, 14, zu § 29 Abs. 3, der § 63a entsprach und RegE UmsG Enforcement-RL – BT-Drucks. 16/1828, 31 f). Sie war in den ersten Entwürfen § 29 Abs. 3 zugeordnet und erst im Laufe des Gesetzgebungsverfahrens aus systematischen Gründen dem 6. Abschnitt eingegliedert worden, um klarzustellen, dass sie sich nicht auf den quasi-vertraglichen Anspruch nach § 32, sondern nur auf gesetzliche Vergütungsansprüche gemäß §§ 44a ff. bezieht (BeschlE RAusschuss UrhVG – BT-Drucks. 14/8058, S. 21).

2 Die Norm wurde mit Wirkung zum 1. Juli 2002 (durch das UrhVG [BGBl. Tz. 1155]) eingeführt und 2007 (BGBl. I 2513) mit Wirkung zum 1. Januar 2008 durch Einfügung des letzten Halbsatzes zu S. 2 novelliert, nachdem es bei der VG Wort um die vom Verteilungsplan angeordnete Beteiligung der Verlage an den eingenommenen Vergütungen nach §§ 44a ff. zum Streit gekommen war (LG München ZUM-RD 2007, 546; zu den weiteren der Auseinandersetzungseinzelheiten: Stellungnahme des DPMA als Aufsichtsbehörde über die Verwertungsgesellschaften gegenüber der Enquete Kommission „Kultur in Deutschland" vom 15.01.2007, S. 20 ff, http://www.bundestag.de/parlament/gremien/kommissionen/enqkultur/oeffentlanh/5_Verwertungsgesellschaften/stellungnahmen/3_Stellungnahme_Aufsicht/index.html;   abgerufen   am 10.06.2008) Die Novelle ermöglicht wieder die bereits vor Inkrafttreten des § 63a praktizierte Teilhabe der Verleger im Wege der Verteilungspläne (in der Begr RegE UmsG Enforcement-RL – BT-Drucks. 16/1828, S. 31 f., heißt es, ein Ausschluss der Verleger von dieser Teilhabe hätte nicht den Intentionen des Gesetzgebers bei Einführung des § 63a entsprochen).

3 Auf Verträge und sonstige Sachverhalte, die vor dem 01.07.2002 geschlossen worden oder entstanden sind, bleiben gemäß § 132 Abs. 3 die Vorschriften des UrhG in der am 28.03.2002, also vor Inkrafttreten der damaligen Gesetzesnovelle, geltenden Fassung weiter anzuwenden. In dieser Fassung des Gesetzes existierte keine allgemeine Vorschrift mit dem Regelungsgehalt des § 63a, jedoch fanden sich in einer Reihe von Vorschriften ausdrückliche Unverzichtbarkeitsregeln und Abtretbarkeitsbeschränkungen (so in §§ 20b Abs. 2, 26 Abs. 1, 27 Abs. 1, 137e Abs. 2 und 3). Aufgrund der besonderen Fassung der Übergangsregelung in § 132 Abs. 3 bleibt eine nach damaligem Recht zulässige vertragliche Abtretung oder ein vertraglicher Verzicht aus der Zeit vor dem 01.07.2002 wirksam, und zwar auch im Hinblick auf künftige Ansprüche. Da nämlich für den Altvertrag das alte Recht auf unbestimmte Zeit bestehen bleibt, kann auch hinsichtlich künftiger Ansprüche der erst später eingefügte § 63a nicht zum Zuge kommen. Solche Verträge sind mithin auch in Zukunft so zu behandeln, als existiere § 63a nicht. Ob anspruchsbegründende Sachverhalte (also Nutzungshandlungen, die eine Vergütungsforderung begründen) erst nach dem 01.07.2002 entstehen, ist angesichts dessen nicht mehr von Belang (wie hier: Schricker/*Schricker*[3] § 63a Rn. 5; a.A. Dreier/Schulze/*Schulze*[2] § 63a Rn. 2).

In seiner zum 01.01.2008 geänderten Form ist § 63a erst ab diesem Zeitpunkt **4** wirksam und insbesondere nicht auf Sachverhalte anwendbar, die vor Inkrafttreten lagen. Alle Verträge zwischen dem 01.07.2002 und dem 31.12.2007 sind also weiterhin nach der damals geltenden Fassung des 63a zu beurteilen.

2. Begünstigte der Vorschrift

a) Urheber: Direkt gilt die Vorschrift, wie sämtliche Regelungen des Teil 1, nur **5** für Urheber. Allerdings ist sie auf eine Reihe verwandter Schutzrechte entsprechend anzuwenden (auf wissenschaftliche Ausgaben, § 70 Abs. 1, Lichtbilder, § 72 Abs. 1, ausübende Künstler und Veranstalter, § 83, Tonträgerhersteller, § 85 Abs. 4, Sendeunternehmen, § 87 Abs. 4, Filmhersteller, § 94 Abs. 4, Laufbilder, § 95 – übrigens nicht auf nachgelassene Werke, § 71). Damit gelangen nach dem klaren Wortlaut des Gesetzes auch unternehmensbezogene Leistungsschutzrechte in den Schutzbereich der Vorschrift (a.A. Dreier/Schulze/*Schulze*[2]§ 63a Rn. 9 unter Hinweis darauf, dass in diesen Fällen die Abtretbarkeit gewollt sei, weil auch § 27 Abs. 1 in § 94 Abs. 4 von den Verweisungen ausgenommen sei – gleiches gilt übrigens auch für § 85 Abs. 4).

b) Inhaber verwandter Schutzrechte: Da die verwandten Schutzrechte der **6** Tonträgerhersteller (§ 85 Abs. 2 S. 1), Sendeunternehmen (§ 87 Abs. 2 S. 1) und Filmhersteller (§ 94 Abs. 2 S. 1) insgesamt übertragbar sind, stellt sich die Frage nach dem Verhältnis der gesetzlich vorgesehenen Gesamtübertragbarkeit und der von § 63a angeordneten beschränkten Abtretbarkeit der Vergütungsansprüche.

Anders als in § 79 Abs. 1, der lediglich die „Rechte und Ansprüche" aus **7** §§ 77 und 78 für übertragbar erklärt (zu näheren Erläuterungen vgl. § 79 Rn. 32 ff.), ist bei den Herstellerrechten die Übertragung „des Rechts" an sich vorgesehen.

Dies spricht dafür, dass jedenfalls hier die Übertragung des Gesamtrechts dem **8** § 63a vorgeht. Der Erwerber des Gesamtrechts erhält also das Stammrecht einschließlich der daraus erwachsenden Vergütungsansprüche. Damit reduziert sich die entsprechende Anwendung des § 63a darauf zu regeln, dass die Vergütungsansprüche nicht als solche verkehrsfähig, also übertragbar oder verzichtbar sind (generell wird die Anwendung des § 63a auf Hersteller als nicht systemkonform angesehen, mit unterschiedlichen Folgerungen; wie hier: Schricker/*Vogel*[3] § 85 Rn. 51 – sogar im Sinne gänzlicher Unanwendbarkeit des § 63a; a.A. Schricker/*Schricker*[3] § 63a Rn. 5; Dreier/Schulze/*Schulze*[2] § 63a Rn. 9, § 85 Rn. 44).

3.   Geltung bei Sachverhalten mit Auslandsberührung

9   Ob § 63a zwingend auch dann anzuwenden ist, wenn ein Vertrag nicht deutschem Vertragsstatut unterliegt, ist außerordentlich umstritten (stellvertretend für den Streitstand: wohl für eine Anwendung des § 63a auf solche Sachverhalte, wenn auch ohne ausdrückliche Nennung von § 63a: Schricker/ *Katzenberger*³ vor §§ 120 ff. Rn. 150 ff, 166 m.w.N.; gegen eine Anwendung von § 63a: Stellungnahme des DPMA als Aufsichtsbehörde über die Verwertungsgesellschaften vom 15.01.2007, S. 26, Fundstelle vgl. Rn. 2). Hier muss differenziert werden: Während sich wohl die beschränkte Abtretbarkeit nach § 63a bei Urhebern und ausübenden Künstlern stets durchsetzt, weil die Übertragbarkeit von Rechten nach dem Recht des Schutzlands zu bestimmen ist (dazu vgl. Vor §§ 120 ff. Rn. 65, 73), wäre sie hinsichtlich der gerade genannten unternehmensbezogenen Schutzrechte unangebracht, für die sogar nach deutschem Recht, wie gerade dargestellt, bestimmte Fälle denkbar sind, in denen die Vorschrift nicht zum Tragen kommt (vgl. § 79 Rn. 11). Jedenfalls in einem Rahmen, der dem in Rn. 8 beschriebenen ähnelt, wäre hier also ein Übergang wirksam.

10   Nach der neuesten Fassung von Satz 2 ordnet § 63a kein Abtretungsverbot an, sondern eine bedingte Abtretbarkeit (vgl. Rn. 18). Nach dem oben (vgl. Rn. 2) dargestellten Sinn der Neufassung des Satzes 2 muss davon ausgegangen werden, dass es bei Abtretungen an Verlage nach ausländischem Vertragsstatut nunmehr ausreicht, wenn die Ansprüche in Deutschland irgendwie über den Verlag in eine Verwertungsgesellschaft gelangen, also entweder durch direkte Mitgliedschaft des betreffenden Verlages oder im Wege von Subverlagsverträgen. Ebenso stünde es der Wirksamkeit nicht entgegen, wenn die betreffenden Ansprüche im Ausland an eine dortige Verwertungsgesellschaft zur Wahrnehmung gegeben werden, solange diese die Anforderungen des § 63a erfüllt (Rechtewahrnehmung für Verleger und Urheber). In solchen Fällen werden sogar meist Gegenseitigkeitsverträge mit der entsprechenden deutschen Verwertungsgesellschaft bestehen.

II.   Tatbestand

1.   Betroffene Vergütungsansprüche

11   **a) Bei Urhebern:** Hinsichtlich Urheberrechten bezieht sich die Vorschrift ausschließlich auf gesetzliche Vergütungsansprüche nach dem 6. Abschnitt des 1. Teils, also auf die §§ 44a bis 63a. Das Urheberrechtsgesetz kennt eine Reihe weiterer Vergütungsansprüche außerhalb dieses Abschnitts, die mithin nicht von der Vorschrift betroffen sind. Einige dieser Vorschriften enthalten stets ihrerseits eine Unverzichtbarkeitsklausel sowie die Beschränkung der Vorausabtretbarkeit, wie in §§ 20b Abs. 2, 26 Abs. 1, 27 Abs. 1, 137e Abs. 2 und 3. Anderes gilt für § 26 Abs. 1 und § 27 Abs. 2 (insoweit gelten nur die Ausübbarkeitsregeln der § 26 Abs. 5 bzw. § 27 Abs. 3) und § 137 Abs. 3 sowie § 137f Abs. 3. Ebenfalls nicht vom Regelungsbereich des § 63a umfasst sind die Vergütungsansprüche nach §§ 32 und 32a.

12   **b) Bei Inhabern verwandter Schutzrechte:** Hinsichtlich verwandter Schutzrechte sind einige der wichtigsten gesetzlichen Vergütungsansprüche, nämlich die des ausübenden Künstlers gemäß § 78 Abs. 2, nicht von § 63a erfasst. Indes enthält § 78 Abs. 3 abermals eine dem § 63a entsprechende Regelung.

Weitere, ebenfalls nicht von § 63a erfasste Vergütungsansprüche der Inhaber verwandter Schutzrechte finden sich in § 137b Abs. 3 (bestimmte Ausgaben im Sinne der §§ 70 und 71), § 137c Abs. 3 (ausübende Künstler), § 137e Abs. 2 und 3 (ausübende Künstler), § 137f Abs. 3 S. 4 und Abs. 4 (sämtliche verwandte Schutzrechte), § 137j Abs. 4 S. 3 (Tonträgerhersteller).

2. Unverzichtbarkeit

Die Unverzichtbarkeit dient letztlich der Absicherung der beschränkten Abtretbarkeit und soll insbesondere verhindern, dass bestimmte Gruppen von Produzenten im weitesten Sinne (Tonträger- oder Filmhersteller, Sendeunternehmen, Verlage) die mit ihnen verbundenen Urheber oder Künstler veranlassen, auf die Geltendmachung ihrer Ansprüche wenigstens zu verzichten, wenn sie schon nicht auf diese Hersteller übertragbar sind (i.d.S. RefE UrhVG vom 17. Mai 2001, S. 39; abrufbar auf www.urheberrecht.org/UrhGE-2000/download/GesetzEUrhVertrRefE_170501.pdf; zuletzt abgerufen am 26.06.2008). Nicht geregelt und damit weiterhin offen ist die Möglichkeit, dass sich der Berechtigte gegenüber einem Produzenten schuldrechtlich dazu verpflichtet, das Recht nicht in eine Verwertungsgesellschaft einzubringen (zur Möglichkeit einer solchen Vereinbarung MüKo/*Roth*[4] § 399 Rn. 30). Damit entfiele für den Berechtigten faktisch die Möglichkeit der Rechtsdurchsetzung (da Vergütungsansprüche regelmäßig sinnvoll nur durch eine Verwertungsgesellschaft administrierbar sind), so dass es nicht einmal darauf ankäme, ob anstelle des (unzulässigen) Verzichts eine schuldrechtliche Verpflichtung zur Nichtausübung zulässig wäre (dafür: Wandtke/Bullinger/*Lüft*[2] § 63a Rn. 5; dagegen: Dreier/Schulze/*Schulze*[2] § 63a Rn. 10). Allerdings dürfte diese theoretische Möglichkeit in der Praxis regelmäßig daran scheitern, dass die Berechtigten ihre Rechte bereits im Wege der Vorausabtretung in eine Verwertungsgesellschaft eingebracht haben, so dass eine solche Verpflichtung auf eine für sie unmögliche Leistung gerichtet wäre (ggf. mit den Rechtsfolgen der §§ 275, 323 ff. BGB). **13**

3. Beschränkte Vorausabtretbarkeit

a) Allgemeines: Regelungsgegenstand sind ausschließlich Vergütungsansprüche des Berechtigten gegen Nutzer. Solche können vor ihrem Entstehen nur an eine Verwertungsgesellschaft abgetreten werden. Nach ihrem Entstehen wäre eine Abtretung ohne weiteres möglich, scheitert aber regelmäßig daran, dass die betreffenden Berechtigten bereits eine Vorausabtretung gegenüber einer Verwertungsgesellschaft vorgenommen haben dürften. Damit erzeugt die Vorschrift praktisch (und erwünschtermaßen) eine Konzentration der gesetzlichen Vergütungsansprüche bei den Verwertungsgesellschaften. **14**

Ausdrücklich nicht von der beschränkten Vorausabtretbarkeit erfasst (und zwar weder gemäß demjenigen nach § 63a noch nach denjenigen aus den oben dargestellten verwandten Vorschriften) sind die Ansprüche des Berechtigten gegen die Verwertungsgesellschaft, und zwar auf Ausschüttung des dem Berechtigten gemäß Verteilungsplan zustehenden Anteils aus dem Vergütungsaufkommen. Hier handelt es sich nicht um gesetzliche Vergütungsansprüche, sondern um Ansprüche aus einem vertraglichen Treuhandverhältnis mit der Verwertungsgesellschaft, die grundsätzlich abtretbar sind, da dies keiner der gläubiger- oder schuldnerschützenden Bestimmungen des § 399 BGB widerspräche. Allerdings unterwerfen praktisch sämtliche Verwertungsgesellschaften in ihren Berechtigungs- oder Wahrnehmungsverträgen die Abtretung ei- **15**

nem Zustimmungsvorbehalt bzw. dem Vorbehalt einer vorherigen Vereinbarung (z.B. GEMA in § 4, VG Wort in § 8 und VG Bild-Kunst in § 7 ihrer
jeweiligen Berechtigungs- bzw. Wahrnehmungsverträge).

16 **b) Bei Urhebern:** Mit der Neufassung zum 01.01.2008 geht es dem Gesetz-
geber nicht zuletzt darum, den Verwertungsgesellschaften eine Grundlage für
eine Beteiligung der Verlage bei der Verteilung zu schaffen (RegE UmsG
Enforcement-RL – BT-Drucks. 16/1828, 32). Allerdings ist die Gesetzesbegründung insoweit klarer als der Gesetzeswortlaut: Häufig werden die
Ansprüche des Urhebers über die erste Alternative des § 63a S. 2, also ohne
Zutun des Verlegers, in die Verwertungsgesellschaft fließen. Dass in solchen
Fällen ebenfalls eine Beteiligung der Verleger an der Verteilung möglich bleiben
soll, lässt sich nur der Gesetzesbegründung entnehmen, nicht dem Wortlaut
der Vorschrift.

17 Da Verlegern, anders als z.B. Tonträger- oder Filmherstellern, Sendeunternehmen und Veranstaltern, keine originären Rechte zustehen, kann es sich bei
„Rechte von Verlegern" im Sinne des Satzes 2 stets nur um im Rahmen des
Verlagsrechts abgetretene Rechte der Urheber handeln. Gemeint ist also, dass
die Verwertungsgesellschaft mit Verlegern und Urhebern Wahrnehmungsverträge schliesst.

18 Bei Satz 2 handelt es sich um eine bedingte Beschränkung der (Voraus-) Abtretbarkeit. Fraglich ist deshalb, ob es sich um eine aufschiebende oder um eine
auflösende Bedingung handelt, ob also der Verlag bereits zum Zeitpunkt des
Vertragsschlusses mit dem Urheber Wahrnehmungsberechtigter einer den Anforderungen des § 63a genügenden Verwertungsgesellschaft sein muss, damit
die Abtretung überhaupt wirksam wird. Man wird die Vorschrift als aufschiebende Bedingung lesen müssen.

19 Nach dem Sinn der Vorschrift darf es nicht darauf ankommen, ob der Verleger
bereits zum Zeitpunkt der Abtretung einen Wahrnehmungsvertrag unterhielt,
weil es bisweilen vom Zufall abhängt, in welcher Reihenfolge Verlags- und
Wahrnehmungsverträge geschlossen werden. Zwar dürften in Deutschland die
Verleger regelmäßig Wahrnehmungsverträge mit den betreffenden Verwertungsgesellschaften unterhalten (vor allem geht es hier um die VG Wort und
die GEMA). Bei Verträgen mit Auslandsberührung müssen jedoch häufig erst
nach Vertragsschluss mit dem Urheber durch Verträge mit ausländischen
Lizenznehmern die Voraussetzungen für ein Inkasso der Vergütungsansprüche
geschaffen werden, es sei denn, in dem betreffende Land existiert eine Verwertungsgesellschaft, die den Anforderungen des § 63a entspricht.

20 Die aufschiebende Bedingung hat allerdings zur Folge, dass der Urheber
gehindert ist, die aufschiebend bedingt abgetretenen Rechte selbst in eine
Verwertungsgesellschaft einzubringen, wenn der Verleger dies nicht tut, weil
bis zum Eintritt der Bedingung die Abtretung lediglich schwebend unwirksam
wäre. Nach der hier vertretenen Auffassung würde ferner die Abtretung
lediglich schwebend unwirksam, wenn der Verlag den eigenen Wahrnehmungsvertrag mit der Verwertungsgesellschaft kündigt.

21 Wäre die Vorschrift demgegenüber als auflösende Bedingung zu lesen, könnte
zwar der Urheber nach Eintritt der Bedingung (sie träte ein, falls der Verlag –
noch – keinen Wahrnehmungsvertrag mit einer Verwertungsgesellschaft unterhält) ohne weiteres über die Ansprüche anderweitig verfügen. Gerade bei
den erwähnten Sachverhalten mit Auslandsberührung wäre jedoch die Situation regelmäßig unüberschaubar und könnte zu dem unerwünschten Ergebnis

führen, dass die Vergütungsansprüche in Deutschland weder für den Verleger, noch für den Urheber wahrgenommen werden.

Interessanterweise muss nach dem Wortlaut von § 63a S. 2 nur der Verleger **22** einen Wahrnehmungsvertrag mit der Verwertungsgesellschaft geschlossen haben, nicht der Urheber, dem die Vergütungsansprüche zustehen. Damit ist garantiert, dass der Verleger stets an der Verteilung teilnimmt, soweit die Abtretung an ihn wirksam ist. Falls der Urheber tatsächlich keinen Wahrnehmungsvertrag geschlossen (bzw. die Mitgliedschaft erworben) hat, muss gesondert nach Satzung, Verteilungsplan und Gegenseitigkeitsverträgen der jeweiligen Verwertungsgesellschaft geklärt werden, ob und auf welche Weise auch der Urheber an den ihm zustehenden Anteil gelangt.

c) **Bei Inhabern verwandter Schutzrechte:** Ausweislich der Gesetzesbegrün- **23** dung (Begr RegE UmsG Enforcement-RL – BT-Drucks. 16/1828, S. 32) ist § 63a S. 2 2. Halbs. ausschließlich auf Verleger, nicht auf Leistungsschutzberechtigte anwendbar. Dies hängt damit zusammen, das § 63a sich nur auf die Vergütungsansprüche nach dem 44a bis 63a bezieht, hinsichtlich derer alle Leistungsschutzberechtigte über autonome Ansprüche verfügen, die sie jeweils selbst in Verwertungsgesellschafen einbringen können. Sonstige Vergütungsansprüche, insbesondere solche nach § 78 Abs. 2 und den Beteiligungsanspruch des Tonträgerherstellers daran nach § 86 unterliegen ausschließlich § 79 (vgl. § 79 Rn. 36 ff.).

Abschnitt 7 **Dauer des Urheberrechts**

§ 64 Allgemeines

Das Urheberrecht erlischt 70 Jahre nach dem Tode des Urhebers.

Übersicht

I. Allgemeines

1. Bedeutung, Sinn und Zweck der Norm, systematische Stellung im Gesetz

Die Vorschrift normiert die **zeitliche Schranke** des Urheberrechts. Ebenso wie **1** die anderen geistige Leistungen monopolisierenden Rechte ist auch das Urheberrecht endlich. Die Schutzfrist des Urheberrechts ist allerdings erheblich länger: Während die patentrechtliche Schutzfrist maximal 20 Jahre betragen kann und die Schutzdauer des Geschmacksmusters nicht über 25 Jahre hinausreicht, überlebt das Urheberrecht den Tod des Urhebers um immerhin 70 Jahre. Man spricht auch von einer **Schutzfrist von 70 Jahren** *post mortem auctoris*. Theoretisch unendlich ist lediglich das Markenrecht: Die eingetragene Marke kann beliebig oft nach Ablauf der 10-jährigen Schutzdauer für weitere 10 Jahre verlängert werden, die durch das MarkenG gewährten nicht-eingetragenen Kennzeichenrechte wie Firma, Werktitel oder nicht-eingetragene, verkehrsbekannte Marke sind so lange geschützt, wie sie im geschäftlichen Verkehr benutzt werden. Im Gegensatz zu den vorbenannten gewerblichen Schutzrechten beginnt die urheberrechtliche Schutzdauer immer mit der Schöpfung; es bedarf weder eines Aktes nach außen noch einer Anmeldung. Demgegenüber gelangen Patent, Geschmacksmuster und eingetragene Marke nur zur Entstehung, wenn der Eintragung durch ein Amt eine Anmeldung vorausgegangen war (Ausnahme: Nicht-eingetragenes Gemeinschaftsgeschmacksmuster, Art. 11 GGMV; vgl. Einl. Rn. 78). Während man Patent, Geschmacksmuster und eingetragenes Markenrecht in bestimmten Abständen aufrechterhalten oder verlängern lassen muss, um sich den Schutz zu erhalten – beim Patent einmal pro Jahr, beim Geschmacksmuster alle fünf Jahre und bei der Marke alle zehn Jahre – ist das Urheberrecht nicht verlängerbar; es beginnt mit der Schöpfung und endet 70 Jahre nach dem Tode des Urhebers, ohne dass es irgendwelcher Zwischenschritte bedürfte. Es ist auch kein zwischenzeitlicher Verlust möglich; der Urheber kann darauf während der Schutzdauer nicht verzichten (Einzelheiten vgl. § 29 Rn. 11 ff.) und es auch nicht durch unbedachte Handlungen verlieren. Demgegenüber sind Patent, Geschmacksmuster und Marke nicht nur verzichtbar – die eingetragene Marke wird beispielsweise gem. § 48 Abs. 1 MarkenG durch Verzicht im Register gelöscht –, sondern können durch unbedachte Handlungen des Erfinders bzw. Urhebers von Anfang an nichtig oder unwirksam sein (Verlust der Neuheit durch Vorveröffentlichung) oder Erlöschen (beim Patent Versäumung der Einzahlung der Jahresgebühr, beim Geschmacksmuster Nichtverlängerung nach jeweils fünf Jahren).

2 Im **internationalen Vergleich** markierte die deutsche Schutzfrist lange Zeit das höchste Niveau. Inzwischen sind die Urheberrechtsgesetze in den Mitgliedsländern der Europäischen Union auf entsprechendem Niveau harmonisiert (vgl. Rn. 6) und auch die USA haben sich der Schutzfrist von 70 Jahren post mortem auctoris angeschlossen. Trotz der Mindestvorgabe von 50 Jahren post mortem auctoris durch Art. 7 Abs. 1 RBÜ und die für bestimmte Werkarten vorgesehenen Einschränkungen (vgl. Rn. 7), kann sich die Schutzfrist von 70 Jahren post mortem auctoris damit zum weltweiten Standard entwickeln.

2. Früheres Recht

3 Das preußische „Gesetz zum Schutz des Eigentums an Werken der Wissenschaft und Kunst gegen Nachdruck und Nachbildung" vom 11.06.1837 und ihm folgend das „Gesetz betreffend das Urheberrecht an Schriftwerken, Abbildungen, musikalischen Kompositionen und dramatischen Werken" des Norddeutschen Bundes vom 11.06.1870, das Gesetz vom 09.01.1876 betreffend das „Urheberrecht an Werken der bildenden Künste" sowie die beiden unmittelbaren Vorläufergesetze des UrhG „Gesetz betreffend das Urheberrecht an Werken der Literatur und der Tonkunst" vom 19.06.1901 (LUG) und das

„Gesetz betreffend das Urheberrecht an Werken der bildenden Künste und der Photographie" vom 09.01.1907 (KUG) sahen jeweils eine Schutzdauer von 30 Jahren post mortem auctoris vor. Nachdem in Deutschland fast 100 Jahre diese 30-jährige Schutzdauer gegolten hatte, erfolgte durch das Gesetz zur Verlängerung der Schutzfristen im Urheberrecht vom 13.12.1934 (abgedr. bei *Marcel Schulze* S. 312) eine Verlängerung auf 50 Jahre post mortem auctoris; gem. § 2 Abs. 1 des Verlängerungsgesetzes kamen alle die Werke in den Genuss der verlängerten Schutzdauer, die bei Inkrafttreten des Gesetzes noch urheberrechtlich geschützt waren. Eine **Verlängerung** der Schutzdauer **auf 70 Jahre** post mortem auctoris war im Regierungsentwurf vom 23.03.1962 noch nicht vorgesehen, weil man dies nicht für gerechtfertigt hielt (RegE UrhG – BT-Drucks. IV/270. S. 78 f.). Erst der Bundestag hat sie auf Vorschlag des Rechts-ausschusses eingeführt, und zwar aufgrund der gestiegenen allgemeinen Lebenserwartung, die zur Folge gehabt hat, dass immer häufiger bei Ablauf der 50-jährigen Schutzfrist noch nahe Angehörige des Urhebers lebten, denen der Gesetzgeber die Einnahmen aus der Werknutzung nicht entziehen wollte. Ferner wollte der Bundestag zugleich einen gewissen Ausgleich für die Streichung einer von den Urhebern geforderten Urhebernachfolgevergütung schaffen (schriftl. Bericht zu BT-Drucks IV/3401 S. 12). In der **DDR** galt gem. § 33 Abs. 1 UrhG-DDR eine Schutzfrist von 50 Jahren post mortem auctoris (zur Übergangsregelung nach dem Einigungsvertrag vgl. Rn. 15). Die historische Entwicklung der Schutzfrist ist ausführlich dargestellt bei Schricker/*Vogel*[3] Einleitung Rn. 50–79 (Geschichte des Urheberrechts), Schricker/*Katzenber-ger*[3] § 64 Rn. 52–55 (speziell Entstehungsgeschichte von § 64) und Dreier/Schulze/*Dreier*[2] Vor §§ 64 ff. Rn. 8 ff.).

Für **Lichtbildwerke** bestimmte § 68 n.F. zunächst eine Verkürzung der Schutz- **4** frist auf 25 Jahre seit dem Erscheinen; die Vorschrift wurde durch das ÄndG 1995 aufgehoben (zur Entwicklung der Schutzfristen bei Lichtbildwerken vgl. Rn. 16). § 64 Abs. 2 a.F., der für **nicht-veröffentlichte Werke**, die zwischen dem 60. Jahr und dem Ablauf der Schutzfrist veröffentlicht wurden, eine zusätzliche Schutzfrist von 10 Jahren nach der Veröffentlichung vorsah, wurde ebenfalls durch das ÄndG 1995 gestrichen. Diese Korrektur war nötig geworden, nachdem das ProdPiratG von 1990 die ursprünglich gleiche Schutzfrist von 10 Jahren für die Erstveröffentlichung nachgelassener Werke nach Schutzfristablauf in § 71 Abs. 3 auf 25 Jahre heraufgesetzt hatte, mit der Folge, dass die Schutzfristen je nach dem Zeitpunkt der Erstveröffentlichung kurz vor oder kurz nach Ablauf der Schutzfrist von 70 Jahren post mortem auctoris um volle 15 Jahre voneinander differierten, ohne dass dafür ein sachlich gerechtfertigter Grund erkennbar war. Außerdem schloss Art. 1 Abs. 1 Halbs. 2 Schutzdau-er-RL jede auch nur als Ausnahme gestaltete Anknüpfung an den Zeitpunkt der Veröffentlichung für die Regelschutzdauer aus (RegE UrhG ÄndG 1995 – BT-Drucks. 13/781, S. 8 f.; s.a. *Axel Nordemann/Mielke* ZUM 1996, 214).

Zum Schutz älterer Werke und zum Übergangsrecht vgl. Rn. 15. **5**

3. EU-Richtlinien

Nachdem Art. 8 der Software-RL noch eine Harmonisierung der Schutzdauer **6** für Computerprogramme von 50 Jahren post mortem auctoris unter ausdrücklicher Erlaubnis der Gewährung längerer Schutzfristen durch die Mitgliedsstaaten vorgesehen hatte, ist die Schutzfrist für Werke der Literatur und Kunst im Sinne von Art. 2 RBÜ einschließlich der Computerprogramme durch die **Schutzdauer-RL** und ihren Art. 1 **einheitlich auf 70 Jahre post mortem auctoris**

harmonisiert worden. Diese Harmonisierung ist ein Mindest- und Maximal-
schutz zugleich (Walter/*Walter* Vor Art. 1 Schutzdauer-RL Rn. 3), d.h.
die einzelnen Mitgliedsländer können davon weder nach oben noch nach unten
abweichen. Die Schutzdauer-RL weicht damit von der Mindest-Schutzfrist
von Art. 7 RBÜ deutlich nach oben ab und führt zu einer Harmonisierung
auf dem hohen deutschen Schutzniveau (vgl. Rn. 2), um die harmonische
Entwicklung der literarischen und künstlerischen Kreativität in der Gemeinschaft zu fördern und durch unterschiedliche Schutzfristen bestehende Hindernisse für den freien Waren- und Dienstleistungsverkehr zu beseitigen (ErwG 11
und 2 Schutzdauer-RL). Die Harmonisierung erfolgt aber nicht nur für die
Regelschutzfrist selbst, sondern auch für in Miturheberschaft geschaffene
Werke sowie Filmwerke, anonyme und pseudonyme Werke, Lieferungswerke
und den Berechnungsbeginn der Schutzdauer (Art. 1, 2 und 8 Schutzdauer-
RL), die Schutzdauer bestimmter verwandter Schutzrechte (Art. 3 bis 5
Schutzdauer-RL) und schließlich auch für den Schutz der Lichtbildwerke
(Art. 6 Schutzdauer-RL). Sie ordnet in Art. 7 Abs 1 Schutzdauer-RL einen
Schutzfristenvergleich für Werke an, deren Ursprungsland ein RBÜ-Staat,
deren Urheber aber nicht Staatsangehöriger eines Mitgliedslandes der Europäischen Union ist (zum Prinzip des Schutzfristenvergleichs vgl. Rn. 8), lässt
nationale Regelungen zu den Urheberpersönlichkeitsrechten unberührt, so
dass die Mitgliedsländer für Urheberpersönlichkeitsrechte tatsächlich eine
längere Schutzdauer als 70 Jahre post mortem auctoris festlegen können,
beispielsweise durch Einrichtung eines ewigen *droit moral* (Walter/*Walter*
Art. 9 Schutzdauer-RL Rn. 5) und enthält schließlich diverse Übergangsregeln,
die für Deutschland umgesetzt wurden in § 137f (siehe dort; Einzelheiten zu
den Übergangsregelungen im Übrigen bei Walter/*Walter* Art. 10 Schutzdauer-RL Rn. 1 ff.).

4. Internationale Konventionen

7 Die **RBÜ** sieht in Art. 7 Abs. 1 eine Schutzdauer von 50 Jahren post mortem
auctoris vor; gem. Art. 7 Abs. 6 handelt es sich dabei um eine Mindestschutzdauer. Ausnahmen gelten jedoch für Filmwerke, Fotografien und Werke der
angewandten Kunst: Für Filmwerke beträgt die Mindestschutzfrist gem. § 7
Abs. 2 lediglich 50 Jahre nach erstmaliger öffentlicher Zugänglichmachung
(was Aufführung, Vorführung, Vortrag, Sendung oder sonstige Bekanntgabe
an die Öffentlichkeit bedeutet; vgl. Nordemann/Vinck/Hertin Art. 7 RBÜ
Rn. 2) bzw. Herstellung, sollten sie unveröffentlicht bleiben. Die Festlegung
der Schutzdauer für Lichtbildwerke und Werke der angewandten Kunst muss
gem. Art. 7 Abs. 4 mindestens 25 Jahre seit der Herstellung betragen. Die
Mitgliedsländer des WIPO-Urheberrechtsvertrages haben sich jedoch in Art. 9
WCT dazu verpflichtet, die abweichende Mindestschutzdauer für Lichtbildwerke nicht anzuwenden. Mitglied des WCT sind beispielsweise die USA, nicht
aber die meisten Mitgliedsländer der Europäischen Union. Für Letztere sind
sämtliche Mindestschutzdauern in Art. 7 RBÜ aber ohnehin nicht mehr relevant, weil die Schutzdauer-RL die Schutzfrist auf einem höheren Niveau bei
einheitlich 70 Jahre post mortem auctoris harmonisiert hat (vgl. Rn. 6); damit
kommen auch die von der RBÜ gestatteten kürzeren Schutzfristen für Filmwerke, Lichtbildwerke und Werke der angewandten Kunst in den Mitgliedsländern der Europäischen Union nicht mehr zum Tragen. Die **TRIPS** verweisen
in Art. 9 Abs. 1 auf die RBÜ unter Aufrechterhaltung auch der Ausnahmen für
Filmwerke, Lichtbildwerke und Werke der angewandten Kunst über Art. 12
TRIPS. Das **WUA** schließlich sieht eine Mindestschutzdauer von 25 Jahren

post mortem auctoris vor (Art. IV Abs. 2a WUA), gestattet jedoch solchen Mitgliedsländern, die bei Inkrafttreten des Abkommens andere Schutzfristen und Schutzfristen-Berechnungsarten kannten, diese beizubehalten, sofern eine Schutzdauer von mindestens 25 Jahren seit der ersten Veröffentlichung oder einer ihr vorausgegangenen Registrierung gewährleistet wird (Art. IV Abs. 2 WUA); das WUA sieht für Werke der Fotografie und Werke der angewandten Kunst eine kürzere Mindestschutzfrist von 10 Jahren vor (Art. IV Abs. 3 WUA).

Im internationalen Urheberrecht von besonderer Bedeutung ist der sogenannte **8** **Schutzfristenvergleich.** Er bedeutet, dass die Vertragsstaaten die Werke ausländischer Urheber nicht länger schützen müssen als die Schutzdauer der Werke des ausländischen Urhebers im Ursprungsland beträgt (Art. 7 Abs. 8 RBÜ und darauf verweisend Art. 9 Abs. 1 TRIPS [der Schutzfristenvergleich ist gem. Art. 4 lit. b TRIPS von der Meistbegünstigung ausgenommen] sowie Art. IV Abs. 4 WUA). Der Schutzfristenvergleich ist wegen des Diskriminierungsverbotes innerhalb der EU nicht anwendbar (EuGH GRUR Int. 1994, 53, 55 f., Tz. 28 ff. – *Phil Collins*), was allerdings infolge der Harmonisierung der Schutzfristen durch die Schutzdauer-RL jedenfalls im Bereich der Urheberrechte ohnehin gewährleistet ist. Vgl. Einl. Rn. 40 und 58 f. und Vor §§ 120 ff. Rn. 14 ff.

Zu beachten ist ferner, dass das **Deutsch-Amerikanische Urheberrechtsabkom- 9 men von 1892** US-amerikanischen Urhebern, die Schutz in Deutschland nachsuchen, volle Inländerbehandlung ohne Schutzfristenvergleich gewährt; vgl. Einl. Rn. 59 und Vor §§ 120 ff. Rn. 55 ff.

5. Verwandte Schutzrechte

§ 64 gilt nur für das Urheberrecht, nicht aber für verwandte Schutzrechte. Die **10** Schutzfrist für die verwandten Schutzrechte ist jeweils **gesondert geregelt** und beträgt 15 Jahre nach der Veröffentlichung für Datenbanken (§ 87d), jeweils 25 Jahre nach dem Erscheinen für wissenschaftliche Ausgaben (§ 70 Abs. 3) und nachgelassene Werke (§ 71 Abs. 3) sowie nach dem Erscheinen des Bild- oder Tonträger für den Veranstalter (§ 82 S. 1) und schließlich jeweils 50 Jahre nach dem Erscheinen für einfache Lichtbilder (§ 72 Abs. 3), nach dem Erscheinen des Bild- oder Tonträgers für ausübende Künstler (§ 82 S. 1), nach dem Erscheinen des Tonträgers für den Tonträgerhersteller (§ 85 Abs. 3), nach der ersten Funksendung für das Sendeunternehmen (§ 87 Abs. 3) sowie nach dem Erscheinen des Bildträgers oder Bild- und Tonträgers für den Filmhersteller (§ 94 Abs. 3) und die einfachen Laufbilder (§ 95 i.V.m. § 94 Abs. 3).

II. Tatbestand

1. Schutzdauer

Der Schutz des Urheberrechts **beginnt mit der Schöpfung als Realakt** (Schri- **11** cker/*Loewenheim*[3] § 7 Rn. 5), d.h. in den Zeitpunkt, zu dem ein geschütztes Werk im Sinne von § 2 entstanden ist; das ist nicht erst das fertige Werk, sondern wird regelmäßig bereits im Entwurfsstadium vorliegen. **Die Schutzdauer läuft dann während des gesamten Lebens des Urhebers plus 70 Jahre nach seinem Tod.** Diese Schutzdauer von 70 Jahren nach dem Tode des Urhebers – im Fachjargon: 70 Jahre **post mortem auctoris** – endet aber nicht exakt 70 Jahre nach dem Todestag, sondern immer **erst zum Jahresende;** das folgt aus § 69, der bestimmt, dass die Schutzfrist erst mit dem Ablauf des Kalenderjahres beginnt, in dem das für die Frist maßgebende Ereignis eingetreten ist (also der Tod des Urhebers). Die Schutzdauer gilt einheitlich für alle Werke und ist nicht davon abhängig, ob sie veröffentlicht wurden oder nicht; das stellt auch Art. 1 Abs. 1 Schutzdauer-RL klar.

12 Die Schutzfrist von 70 Jahren post mortem auctoris hat zur Folge, dass die **Zeitdauer,** für die ein Werk Urheberrechtsschutz genießt, **variabel ist.** Werke von Urhebern, die nicht lange gelebt haben (Franz Kafka 41 Jahre, Franz Marc 36 Jahre, Dietrich Bonhoeffer 39 Jahre), genießen nur einen Bruchteil der Schutzdauer solcher Werke, deren Autoren ein hohes Alter vergönnt war (George Bernard Shaw 94 Jahre, Hermann Hesse 85 Jahre, Astrid Lindgren 95 Jahre). § 64 bestimmt dabei die grundsätzliche Schutzdauer, die §§ 65–67 enthalten **Sonderregelungen.** Da die Schutzdauer eines Werkes einheitlich ablaufen soll, Werke aber mehrere Urheber haben können, bestimmt § 65, dass das Urheberrecht erst nach dem Tode des längstlebenden Miturhebers erlischt und enthält weiterhin besondere Regeln für Filmwerke (§ 65 Abs. 2). Ist der Urheber anonym geblieben oder ein Werk unter einem Pseudonym veröffentlicht worden, bei dem der dahinter stehende Urheber nicht bekannt ist, lässt sich die urheberrechtliche Schutzfrist nicht berechnen, weil das Todesjahr des Urhebers nicht bestimmt werden kann; § 66 enthält deshalb Sonderregelungen für solche anonyme und pseudonyme Werke und verkürzt deren Schutzfrist auf 70 Jahre nach der Veröffentlichung. Identitätsoffenbarung vor Schutzfristablauf oder Anmeldung zur Urheberrolle (vgl. § 66 Rn. 8) stellen die generelle Schutzfrist wieder her, weil diese dann zuverlässig berechnet werden kann. § 67 enthält schließlich noch Sonderregelungen für Lieferungswerke. Der einheitliche Beginn der Schutzfrist mit dem Ablauf des Kalenderjahres, in das der Tod des Urhebers gefallen ist, findet sich in § 69.

13 Die Schutzfrist von 70 Jahren post mortem auctoris gilt zunächst **einschränkungslos für deutsche Urheber und Staatsangehörige eines anderen EU-Mitgliedslandes** (§ 120); Deutsche im Sinne von Art. 116 Abs. 1 GG sind dem gleichgestellt (§ 120 Abs. 2 Nr. 1). **Angehörige von Staaten außerhalb der EU** genießen die Schutzfrist von 70 Jahren post mortem auctoris ebenfalls einschränkungslos – d.h. ohne Schutzfristenvergleich (vgl. Rn. 8) – dann, wenn ihre Werke in Deutschland erschienen sind und ein früheres Erscheinen im Ausland nicht länger als 30 Tage vorher stattgefunden hat (§ 121 Abs. 1 S. 1). Anderenfalls – also bei fehlendem Erscheinen in Deutschland oder einem Erscheinen im Ausland, das früher als 30 Tage vor dem Erscheinen in Deutschland liegt – erhalten ausländische Urheber von Staaten außerhalb der EU Schutz nach Maßgabe der internationalen Konventionen oder bestehender bilateraler Staatsverträge (§ 121 Abs. 4). Für die meisten Urheber bedeutet dies die Anwendbarkeit des Schutzfristfristenvergleichs nach Art. 7 Abs. 8 RBÜ, nicht jedoch für US-Amerikaner, die sich insoweit auf das Deutsch-Amerikanische Urheberrechtsabkommen von 1892 berufen können (vgl. Rn. 9).

14 **Beispiele** für die Schutzfristberechnung: Die Werke Bertold Brechts (10.02.1898 – 14.08.1956) sind bis einschließlich zum 31.12.2026 geschützt und werden ab dem 01.01.2027 gemeinfrei sein. Die bereits 1928 uraufgeführte Dreigroschenoper wird also fast 100 Jahre geschützt sein, während der Schwejk, der 1943 entstand, aber erst 1965 erschien, anschließend nur noch gut 60 Jahre Schutz genießt. Die Werke von György Ligeti (28.05.1923 –

12.06.2006) wären auch dann in der gesamten Europäischen Union bis zum 31.12.2076 geschützt, wenn Rumänien, auf dessen heutigem Staatsgebiet Ligeti geboren ist, nicht zum 01.01.2007 Mitglied der Europäischen Union geworden wäre; denn Ligeti war bei seinem Tod österreichischer Staatsbürger. Für die Schutzfristberechnung ist aber die Staatsangehörigkeit im Todeszeitpunkt maßgeblich (Schricker/*Katzenberger*[3] § 120 Rn. 18). Die Werke Irving Berlins (11.05.1888 – 22.09.1989) sind in Deutschland aufgrund des Deutsch-Amerikanischen Urheberrechtsabkommens von 1892 auch dann für 70 Jahre post mortem auctoris und damit bis zum 31.12.2059 einschließlich geschützt, wenn sie in den USA im Jahr 1922 oder früher erschienen und dort bereits gemeinfrei sind, wie beispielsweise der 1919 erschienene Song *A pretty girl is like a melody* (zur Gemeinfreiheit von Werken, die 1922 oder früher in den USA erschienen sind, Nimmer/Geller/Schwartz/*Nimmer*, USA § 3 [2][a][i]).

2. Ältere Werke und Übergangsrecht

Von der Verlängerung der urheberrechtlichen Schutzfrist von 50 auf 70 Jahre **15** post mortem auctoris (vgl. Rn. 3) haben gem. § 129 Abs. 1 S. 1 nur die Werke profitiert, die **bei Inkrafttreten des UrhG am 01.01.1966 noch urheberrechtlich geschützt waren**; zu Einzelheiten vgl. § 129 Rn. 2. Zur Übergangsregelung für die sogenannten Quasi-Urheberrechte des § 2 Abs. 2 LUG vgl. §§ 135, 135a Rn. 1–5, für die am 01.07.1995 noch geschützten, posthum veröffentlichten Werke des bisherigen § 64 Abs. 2 vgl. § 137f Rn. 1. Für das Gebiet der ehemaligen **DDR** gilt seit dem Inkrafttreten des Einigungsvertrages am 03.10.1990 die bundesdeutsche Regelung. Werke, die dort nach Ablauf der 50-jährigen Schutzfrist des § 33 Abs. 1 UrhG-DDR schon gemeinfrei geworden waren, sind seither wieder bis zum Ablauf von 70 Jahren post mortem auctoris geschützt (Kap. III Sachgebiet E Abschnitt II Nr. 2 § 1 des Einigungsvertrages). Das trifft für das Schaffen einer ganzen Reihe bekannter Urheber zu, von denen nur beispielsweise genannt seien: Herrmann Bahr und Joachim Ringelnatz (gestorben 1934, in der DDR geschützt bis zum 31.12.1984), Kurt Tucholsky (gestorben 1935, in der DDR geschützt bis zum 31.12.1985), Ödön von Horváth (gestorben 1938, in der DDR geschützt bis zum 31.12.1988), Alban Berg (gestorben 1935, in der DDR geschützt bis zum 31.12.1985), Maurice Ravel (gestorben 1937, in der DDR geschützt bis zum 31.12.1987), Max Liebermann (gestorben 1935, in der DDR geschützt bis zum 31.12.1985) und Ernst Barlach (gestorben 1936, in der DDR geschützt bis zum 31.12.1986). Die Übergangsregelung durch den **Einigungsvertrag** sieht insoweit vor, dass Nutzungen, die infolge der Gemeinfreiheit in der DDR zulässig waren, im vorgesehenen Rahmen gegen Zahlung einer angemessenen Vergütung fortgesetzt werden durften (§ 2 Einigungsvertrag; im Einzelnen vgl. § 2 EV Rn. 1 ff.).

3. Besonderheiten bei Lichtbildwerken

Etwas unübersichtlich ist die Übergangsproblematik bei Lichtbildwerken. In **16** der Bundesrepublik galt bis zur Novelle 1985 (vgl. Einl. Rn. 29) eine Schutzfrist von 25 Jahren ab Erscheinen, sonst ab Herstellung (§ 68 a.F.). Lichtbildwerke, die bei Inkrafttreten der Novelle 1985 – mit der § 68 gestrichen wurde, vgl. Rn. 4 – schon gemeinfrei geworden waren, blieben es; an die 1990 durch §§ 1 und 2 des Einigungsvertrages und 1995 durch die Umsetzung der Schutzdauer-RL und § 137f praktisch Regel des Wiederauflebens des Schutzes hat man damals offenbar noch nicht gedacht. Damit blieben nicht nur beispielsweise die erst in den 60-er Jahren bei Schirmer-Mosel in München publizierten Fotos Heinrich Zilles (gestorben 1929) gemeinfrei, von dem bis dahin niemand ahnte, dass er nicht nur ein großer Zeichner, sondern auch ein begnadeter Fotograf war. In der DDR waren Lichtbildwerke seit dem Inkrafttreten des UrhG-DDR am 01.01.1966 wie alle anderen Werke 50 Jahre post mortem auctoris geschützt (§ 2 Abs. 2 lit. h UrhG-DDR). In den Genuss dieser Regelung kamen alle Werke der Fotokunst, die bis zu diesem Zeitpunkt noch nicht wegen Ablaufs der zuvor geltenden Schutzfrist des § 26 KUG gemeinfrei geworden waren (25 Jahren ab Erscheinen, bei nicht erschienenen Werken 25 Jahre ab Tod des Urhebers, jeweils auf das Jahresende gerechnet, § 29 KUG). Nach dem Inkrafttreten des Einigungsvertrages, wenn man die darin getroffene Übergangsregelung als abschließend ansah, fielen auch die bis dahin in der DDR geschützten Lichtbildwerke anderer Urheber in die Gemeinfreiheit (s. im Einzelnen *Axel Nordemann* GRUR 1991, 418, 418 ff.). So waren etwa die großartigen Fotos des Dresdners Hugo Erfurt (gestorben 1948) und die 1918–20 entstandenen Photogramme (Schadographien) des Maler Christian Schad (gestorben 1982), soweit sie nicht vor dem 01.01.1941 erschienen waren, in der DDR am Tage der Wiedervereinigung noch geschützt, während sie in der Bundesrepublik für Erfurt spätestens am 01.01.1974 gemeinfrei geworden waren. Für Schad gilt dies zwar nicht für nicht-erschienene Photogramme, weil bei Inkrafttreten des § 68 am 01.01.1966 (§ 143 Abs. 1) insoweit noch die Schutzfrist des § 26 KUG lief und die neue 25-Jahres-Frist ab Herstellung aus verfassungsrechtlichen Gründen nicht früher als jene ablaufen konnte (vgl. §§ 135, 135a Rn. 3 zu der gleichartigen Situation für die früher von § 2 Abs. 2 LUG länger geschützten Tonträgeraufnahmen). Aber soweit seine Photogramme nach dem 01.01.1941, aber vor dem 01.01.1960 erstmals erschienen sind, waren sie wiederum in der Bundesrepublik – anders als in der DDR – schon vor dem 03.10.1990 gemeinfrei (hierzu schon *Axel Nordemann* GRUR 1991, 418, 419, wo allerdings infolge eines Rechenfehlers irrtümlich auf den 01.01.1940 abgestellt wird; hierauf weisen zutreffend Schricker/*Katzenberger*³ § 64 Rn. 71 hin).

17 Diese **Regelungslücke** schließt sich zunächst für den Zeitraum vom 03.10.1990 zum 30.06.1995, wenn man, was wir für verfassungsmäßig geboten halten, § 137a Abs. 1 auf die Fälle analog anwendet, in denen bei Inkrafttreten des UrhG im Gebiet der ehemaligen DDR die Schutzfrist für Lichtbildwerke dort noch nicht abgelaufen war, womit zugleich die verfassungswidrige Schlechterstellung der bundesdeutschen Fotourheber durch § 68 (siehe die Kommentierung hierzu in der 7. Auflage), die in der DDR über RBÜ und WUA ebenfalls geschützt waren, behoben wird (so schon *Axel Nordemann* GRUR 1991, 418, 420 f.; Schricker/*Katzenberger*³ § 64 Rn. 72). Mit dem Inkrafttreten des ÄndG 1995 am 01.07.1995 hat sich – allerdings nur für die Zeit *danach* – die Problematik für die Foto-Urheber aus beiden Teilen Deutschlands endgültig erledigt: § 137f Abs. 2 ließ den Schutz solcher Werke gleich welcher Art und welchen Ursprungs in Deutschland wieder aufleben, deren Schutzfrist hier bereits abgelaufen war, die aber in einem anderen EU oder EWR-Staat noch geschützt waren, was insbesondere auf Spanien zutraf (OLG Hamburg ZUM-RD 2004, 303, 304 – *Foto auftauchendes U-Boot*). Zu Einzelheiten vgl. § 137f Rn. 13. Die von uns schon seit der 1. Auflage beklagte Verfassungswidrigkeit der Schlechterstellung der Fotografen gegenüber den Urhebern aller anderen Werkarten über § 68 a.F. ist damit erst 30 Jahre nach dem Inkrafttreten des UrhG behoben worden.

III. Rechtsfolge des Erlöschens: Gemeinfreiheit

1. Gemeinfreiheit des Werkes

Nach Ablauf der Schutzfrist wird das Werk gemeinfrei; es fällt in die Public **18** Domain. Jedermann darf es vervielfältigen, verbreiten, öffentlich wiedergeben, bearbeiten, ändern oder in das Internet einstellen. Auch das Urheberpersönlichkeitsrecht endet. Vom viel gerühmten *droit moral* des Urhebers bleibt nur noch die Moral, nicht mehr das Recht übrig. Die Urhebererben können nicht mehr bestimmen, ob ein bisher unveröffentlichtes Werk aus dem Nachlass weiterhin der Öffentlichkeit vorenthalten werden soll oder nicht (§ 12); an solchen Werken wird aber zugunsten des Berechtigten das verwandte Schutzrecht an nachgelassenen Werken gem. § 71 entstehen. Den Urhebererben steht kein Zugangsrecht (§ 25), nicht einmal mehr das Recht zu, sich gegen Verschandelungen und Entstellungen des Werkes zur Wehr zu setzen (§ 14). Zumindest in ihrer Eigenschaft als Rechtsnachfolger des Urhebers haben sie auch keinen Anspruch mehr auf Anerkennung der Urheberschaft und auf wahrheitsgemäße Urheberbezeichnung (§ 13); allerdings können insoweit wettbewerbsrechtliche Ansprüche wegen Irreführung oder ein allgemeines postmortales Persönlichkeitsrecht entgegenstehen (so BGH GRUR 1995, 668, 670 – *Emil Nolde* zur Verwendung der Signatur von Emil Nolde auf einem gefälschten Bild). Wird ein Werk gemeinfrei, **erlöschen** auch die daran eingeräumten **Nutzungsrechte** (Schricker/*Katzenberger*[3] § 64 Rn. 5).

Einige geringfügige Einschränkungen der „Vogelfreiheit" des gemeinfreien **19** Werkes ergeben sich allerdings aus seiner **Rechtsstellung als Allgemeingut.** Die in der Begrenzung des absoluten Urheberrechts liegende Enteignung bei Fristablauf erfolgt nicht etwa, um das Werk auf den Abfallhaufen der Dereliktion zu werfen, sondern im allgemeinen Interesse zugunsten der Allgemeinheit. Das gemeinfreie Werk steht damit rechtlich den öffentlichen Sachen gleich, die ebenfalls im allgemeinen Interesse der Eigentümerherrschaft des Einzelnen entzogen worden sind und von jedermann nach Belieben frei benutzt werden dürfen; wie diese ist es *res extra commercium.* Daraus ergeben sich zwei Folgerungen: Zunächst unterliegt das freie Geistesgut nicht der Aneignung durch jedermann. Die Inanspruchnahme des Urheberrechts an einem gemeinfreien Werk ist daher rechtlich unwirksam und tatsächlich unzulässig. Des Weiteren ist der Benutzung gemeinfreier Werke auch durch das Interesse der Allgemeinheit an der Erhaltung ihrer Güter eine Grenze gesetzt. Das Recht des Eigentümers, mit der ihm gehörenden Sache nach Belieben zu verfahren, steht dem Interesse der Allgemeinheit nach der Erhaltung des Allgemeinguts gegenüber (vgl. § 71 Rn. 2). Hier ist danach zu unterscheiden, ob durch eine Verfügung im Rahmen des Eigentums an der Werkverkörperung zugleich die Originalgestalt des Werkes, an deren Erhaltung allein die Allgemeinheit ein Interesse haben kann, berührt wird. Verfilmt jemand Homers Ilias oder wird, wie geschehen, Franz Liszts Liebestraum zu einem Liebestraum als Twist verändert, so berührt das die Originalgestalt der Werke nicht; diese Benutzung ist also stets zulässig, selbst wenn sie als Entstellung zu qualifizieren sein sollte. Wem der Film nicht gefällt, der kann immer noch das Original lesen. Nimmt jemand jedoch in dem einzigen noch vorhandenen Exemplar eines handschriftlichen Heldenepos aus dem Mittelalter Veränderungen oder Kürzungen vor oder malt jemand Rembrandts Mann mit dem Goldhelm einen Schnurrbart an, so wird die Originalgestalt des Werkes verändert; das Werk wird der

Allgemeinheit sogar ganz entzogen, wenn das Original vom Eigentümer vernichtet wird.

20 Der hier auftretende Konflikt zwischen privatem Eigentum und Allgemeininteresse kann nicht im Sinne eines ewigen „Denkmalschutzes" (*Leinweber* GRUR 1962, 75 und GRUR 1964, 364) gelöst werden, wenn die Welt nicht zum Museum gemacht werden soll. Vielmehr ist die Entscheidung entsprechend der Lösung bei urheberrechtlich geschützten Werken zu treffen: Der Eigentümer kann unter bestimmten Voraussetzungen (vgl. § 13 Rn. 3) das Original, selbst wenn kein Vervielfältigungsstück existiert, vernichten, er darf es jedoch nicht beliebig verändern (so schon RGZ 79, 397 – *Felseneiland mit Sirenen*; *Ulmer*[3] S. 220). Allerdings hat der Gesetzgeber davon abgesehen, eine Möglichkeit der Durchsetzung der vorstehend genannten Beschränkungen der Gemeinfreiheit zu geben, weil er – zu Unrecht – eine Überforderung der Gerichte befürchtete, wenn sie mit kulturkritischen und kulturwertenden Fragen befasst werden würden (RegE UrhG – BT-Drucks. IV/270, S. 80). Die Beschränkungen bleiben also vorläufig weiterhin *lex imperfecta*. Zum Ganzen eingehend *Wilhelm Nordemann*, Das Recht der Bearbeitung gemeinfreier Werke, GRUR 1964, 117 und *Ruzicka*, Die Problematik eines „ewigen Urheberpersönlichkeitsrechts" unter besonderer Berücksichtigung des Schutzes musikalischer Werke, Berlin 1979 sowie *Pakuscher* UFITA 93 (1982), 43. Siehe schließlich auch zur Diskussion über ein von Stimmen in der Literatur früher gefordertes „ewiges Urheberpersönlichkeitsrecht" Schricker/*Dietz*[3] Vor §§ 12 ff. Rn. 33 ff.

21 Zu beachten ist, dass an gemeinfreien Werken die verwandten Schutzrechte der wissenschaftlichen Ausgabe gem. § 70 sowie der nachgelassenen Werke gem. § 71 bestehen können; während § 70 allerdings nur die wissenschaftliche Leistung an dem gemeinfreien Werk und nicht das gemeinfreie Werk als solches schützt, entsteht der Schutz nach § 71 an dem vorher gemeinfreien Werk selbst mit der Folge, dass es während der Schutzdauer des verwandten Schutzrechtes remonopolisiert wird (vgl. § 70 Rn. 18; vgl. § 71 Rn. 1). Ferner bedeutet die Gemeinfreiheit eines Werkes nicht, dass damit auch alle Abbildungen des Werkes frei benutzt werden dürfen, weil dem Fotografen an der Abbildung ein Urheberrecht gem. § 2 Abs. 1 Nr. 5 oder ein verwandtes Schutzrecht gem. § 72 zustehen kann (vgl. § 72 Rn. 10). Museen können also über ihr Hausrecht und ihr Eigentum eine Verwertung ihrer gemeinfreien Gemälde kontrollieren, wenn sie das Fotografieren in ihren Räumen verbieten oder nur für nicht-gewerbliche Zwecke gestatten (BGH GRUR 1975, 500, 501 – *Schloss Tegel* und Loewenheim/*Axel Nordemann* § 23 Rn. 29).

2. Schicksal des Werktitels

22 Wird ein Werktitel mit Eintritt in die Gemeinfreiheit des Werkes weiterbenutzt, besteht das Titelschutzrecht fort (BGH GRUR 2003, 440, 441 – *Winnetous Rückkehr*; OLG Nürnberg WRP 2000, 1168, 1171 – *Winnetou*). Allerdings muss auch die klare Wertung des UrhG berücksichtigt werden, dass das Werk mit Eintritt der Gemeinfreiheit von jedermann frei benutzt werden kann. Zur Lösung des Konfliktes zwischen fortbestehendem Werktitelschutz gem. § 5 Abs. 3 MarkenG und urheberrechtlicher Gemeinfreiheit ist auf § 23 Nr. 2 MarkenG zurückzugreifen, der die Benutzung bestimmter Angaben grundsätzlich gestattet, wenn dies lauter geschieht: Der Werktitel als Name des gemeinfreien Werkes kann für das gemeinfreie Werk frei benutzt werden, nicht aber in verwechslungsfähiger Art und Weise für ein anderes Werk (BGH

GRUR 2003, 440, 441 – *Winnetous Rückkehr*; OLG Nürnberg WRP 2000, 1168, 1171 – *Winnetou*; Schricker/*Katzenberger*[3] Rn. 64). Dasselbe gilt, wenn der Werktitel auch durch eine eingetragene Marke gem. § 4 Nr. 1 MarkenG geschützt ist. Einzelheiten zum Werktitelschutz vgl. § 2 Rn. 53; *Nordemann*[10] Rn. 2701 ff.; *Wilhelm Nordemann, Axel Nordemann und Jan Bernd Nordemann* FS Ullmann S. 327 ff; Deutsch/Ellerbrock Rn. 12 ff.; Loewenheim/*Axel Nordemann* § 83 Rn. 57 ff.

3. Fortbestehender Markenschutz und markenrechtliche Remonopolisierungsversuche

Mit Eintritt der urheberrechtlichen Gemeinfreiheit kann auch ein Konflikt zwi- **23** schen Urheberrecht und Markenrecht entstehen: Ein urheberrechtlich gemeinfreies Werk kann beispielsweise **als Marke** angemeldet und **eingetragen** werden, wie im Fall von Wilhelm Buschs Zeichnung von Max und Moritz (*Wilhelm Nordemann* WRP 1997, 389, 390), Leonardos Mona Lisa (BPatG GRUR 1998, 1021, 1022 – *Mona Lisa*; Anmeldung als schutzunfähig zurückgewiesen) oder für die ersten neun Töne aus der Klaviersonate für Elise von Ludwig van Beethoven (EuGH GRUR 2004, 54, 55, Tz. 14 – *Shield Marc/Kist*). Des Weiteren können urheberrechtlich geschützte Gestaltungen, die Gegenstand von Markeneintragungen sind, urheberrechtlich gemeinfrei werden, wie dies beispielsweise bei der Abbildung von Comic-Figuren geschehen kann.

Es kann wohl **kein generelles Eintragungsverbot** für urheberrechtlich gemein- **24** freie Werke als Marke angenommen werden, weil § 8 MarkenG die Eintragungshindernisse abschließend regelt und dort urheberrechtlich gemeinfreie Werke nicht aufgeführt sind. Auch können urheberrechtlich gemeinfreie Werke durchaus unterscheidungskräftig sein; ein Freihaltebedürfnis kann allerdings schon eher bestehen (s. auch *Seifert* WRP 2000, 1014, 1015 f.). Auch kennt das MarkenG kein Erlöschen des Markenrechts durch Eintritt urheberrechtlicher Gemeinfreiheit. Die generell bestehende urheberrechtliche Gemeinfreiheit muss allerdings im Rahmen des Eintragungsverfahrens für Marken nur am Rande interessieren, weil die Benutzung urheberrechtlicher Werke und von Marken ganz unterschiedlicher Natur sind: Marken werden zeichenmäßig verwendet, während urheberrechtliche Werke als geistige Werke oder Bestandteile solcher Werke Verwendung finden (Loewenheim/*Axel Nordemann* § 83 Rn. 51). Eine Tonfolge, die als Hörmarke verwendet wird, kollidiert deshalb normalerweise nicht mit derselben Tonfolge, wenn diese in einem Konzert vorgetragen oder auf einem Tonträger abgespielt wird. In Fällen, in denen urheberrechtlich gemeinfreie Werke, die markenrechtlich (noch) geschützt sind, doch zeichenmäßig benutzt werden, wie dies beispielsweise bei Comic-Figuren auf T-Shirts der Fall sein kann (*Nordemann*[10] Rn. 2292), ist der Konflikt analog § 23 MarkenG zu lösen: Wer ein urheberrechtlich gemeinfreies Werk, das über das Markenrecht geschützt ist, zeichenmäßig benutzt, muss dies so tun, dass die Benutzung nicht gegen die guten Sitten verstößt, also insbesondere die Verwendung so gestalten, dass keine Verwechslungen mit dem Inhaber der Marke auftreten können (*Nordemann*[10] Rn. 2417 und 2874). Urheberrechtlich gemeinfreie Werke können damit als Marken grundsätzlich eingetragen werden, sofern sie unterscheidungskräftig und nicht freihaltebedürftig sind (weitere Einzelheiten bei *Kouker* FS Wilhelm Nordemann II S. 391–397; Loewenheim/*Axel Nordemann* § 83 Rn. 49 ff.; *Wilhelm Nordemann* WRP 1997, 389, 390 f.; *Seifert* WRP 2000, 1014, 1015 f.); sie können nach Ablauf der urheberrechtlichen Schutzfrist auch eingetragen bleiben (*Nordemann*[10] Rn. 2874).

IV. Prozessuales

25 Das UrhG kennt **keine Vermutung** des Bestehens urheberrechtlichen Schutzes. Der Urheber oder derjenige, der sich auf ein Urheberrecht beruft, muss daher grundsätzlich die Voraussetzungen des bestehenden Schutzes darlegen und beweisen. Es wäre natürlich unsinnig, von einem Urheber zu verlangen, dass er zu Lebzeiten darlegen und beweisen muss, dass die Schutzdauer noch besteht; zu Lebzeiten des Urhebers kann die Schutzfrist gar nicht abgelaufen sein (vgl. Rn. 10). Ist der Urheber verstorben, werden die Erben oder Erbeserben aber im Zweifel **darlegen und beweisen** müssen, **wann der Urheber verstorben ist** und – insbesondere bei internationalem Bezug sehr wichtig – **welche Staatsangehörigkeit** der Urheber im Zeitpunkt seines Todes hatte (vgl. Rn. 7; vgl. Rn. 13). Besaß der Urheber im Zeitpunkt seines Todes die Angehörigkeit eines Staates außerhalb der Europäischen Union, werden seine Erben und Erbeserben und diejenigen, die von ihnen Rechte ableiten, auch darlegen und beweisen müssen, ob die Voraussetzungen von § 121 Abs. 1 S. 1 vorliegen (vgl. Rn. 13). Da die **Berechnung der Schutzfrist** als solche **von Amts wegen** vorzunehmen ist, muss das Gericht auch von Amts wegen überprüfen, ob gegebenenfalls ein Schutzfristenvergleich zur Anwendung kommt (vgl. Rn. 8).

§ 65   Miturheber, Filmwerke

(1) Steht das Urheberrecht mehreren Urhebern (§ 8) zu, so erlischt es 70 Jahre nach dem Tod des längstlebenden Miturhebers.

(2) Bei Filmwerken und Werken, die ähnlich wie Filmwerke hergestellt werden, erlischt das Urheberrecht 70 Jahre nach dem Tod des längstlebenden der folgenden Personen: Hauptregisseur, Urheber des Drehbuchs, Urheber der Dialoge, Komponist der für das betreffende Filmwerk komponierten Musik.

Übersicht

I. Allgemeines

1. Bedeutung, Sinn und Zweck der Norm, systematische Stellung im Gesetz

1 § 65 enthält eine **Sonderregelung** für solche Werke, die nicht nur von einem, sondern von **mehreren Urhebern** geschaffen worden sind. Die Vorschrift stellt sicher, dass die Schutzfrist eines konkreten Werkes einheitlich abläuft; das wäre ansonsten nicht gewährleistet, weil § 64 für die Bestimmung der Schutzdauer nicht auf das Werk abstellt, sondern die Fristberechnung immer und ausnahmslos auf der Basis des Todes des Urhebers erfolgt (vgl. § 64 Rn. 11 ff.). Die Vorschrift hat zur Folge, dass bestimmte Werke eines Urhebers erheblich länger geschützt sein können als andere, wenn er nämlich ein Werk gemeinsam mit anderen Urhebern geschaffen hat und diese länger leben als er. **Beispiel:** Die Werke Thomas Manns (18.11.1906 – 21.05.1949) sind bis zum 31.12.2019 geschützt, das Werk *The Other Germany* jedoch, das er mit seiner Schwester Erika (09.11.1905 – 27.08.1969) verfasste, bis zum 31.12.2039, weil sich die Schutzfristberechnung nach ihrem Tod als längstlebende Miturheberin berechnet. § 65 gilt aber nur für die echte Miturheberschaft i.S.v. § 8 UrhG; liegen verbundene Werke i.S.v. § 9 vor, läuft die Schutzfrist für jedes der verbundenen Werke gesondert. Das ist konsequent: Bei der Miturheberschaft lassen sich die Beiträge der Miturheber nicht gesondert verwerten und damit auch nicht wirklich voneinander trennen, so dass ein einheitlicher Schutzfristablauf zwingend erforderlich erscheint. Demgegenüber bleiben bei einem verbundenen Werk die Beiträge der Urheber gesondert verwertbar, so dass eine gesonderte Schutzfristberechnung gerechtfertigt ist. Beispiel: Die Musik zu der Oper Elektra von Richard Strauss (11.06.1864 – 08.09.1949) ist bis zum 31.12.2019 geschützt, während das aus der Feder von Hugo von Hofmannsthal (01.02.1874 – 15.07.1929) stammende Libretto nur bis zum 31.12.1999 geschützt war und heute bereits gemeinfrei ist. Außerdem schaffen Miturheber grundsätzlich gemeinsam, während ein verbundenes Werk auch noch nach dem Tod eines Urhebers oder mit einem gemeinfreien Werk entstehen kann (Beispiel: Komposition einer Oper mit einem gemeinfreien Libretto). § 65 trennt zwischen normaler Miturheberschaft und der besonderen Miturheberschaft bei Filmwerken, die an sich überflüssig ist und erst in Umsetzung der Schutzdauer-RL eingeführt wurde (vgl. Rn. 3; vgl. Rn. 6 ff.).

2. Früheres Recht

Bereits das Gesetz vom 11.06.1870 betreffend das Urheberrecht an Schrift- **2** werken, Abbildungen, musikalischen Kompositionen und dramatischen Werken kannte eine § 65 Abs. 1 entsprechende Bestimmung in § 9 ebenso wie § 30 LUG und § 27 KUG. Auch in der DDR galt mit § 33 Abs. 3 UrhG-DDR eine entsprechende Regelung. Die besondere Bestimmung für die Filmwerke wurde erst mit dem ÄndG 1995 in Umsetzung der Schutzdauer-RL (vgl. Rn. 3) eingeführt; eine vergleichbare Sonderbestimmung kannten die Vorgängergesetze des UrhG nicht.

3. EU-Richtlinien

Art. 1 Abs. 2 der **Schutzdauer-RL** hat die auch schon vorher im deutschen **3** UrhG vorhandene Regelung des Schutzfristenablaufs im Falle der Miturheberschaft gemeinschaftsweit harmonisiert (zur Notwendigkeit der Harmonisierung Walter/*Walter* Art. 1 Schutzdauer-RL Rn. 27). § 65 Abs. 2 basiert auf Art. 2 der Schutzdauer-RL und wurde infolgedessen durch das ÄndG 1995 in das UrhG eingeführt. Zu Einzelheiten vgl. Rn. 6 ff.

4. Internationales Urheberrecht

§ 65 Abs. 1 entspricht Art. 7bis RBÜ; Art. 9 Abs. 1 TRIPS nimmt hierauf **4** Bezug. Fremdenrechtlich gilt § 65 immer dann, wenn ein Miturheber deutscher Staatsangehöriger, Deutscher im Sinne von Art. 116 Abs. 1 GG oder Staatsangehöriger eines anderen Mitgliedsstaates der Europäischen Union oder eines anderen Vertragsstaates des Abkommens über den europäischen Wirtschaftsraum ist (§ 120 Abs. 1 S. 2; vgl. § 120 Rn. 5 ff.).

II. Tatbestand (Abs. 1)

1. Miturheberschaft (Abs. 1)

5 Haben Urheber ein Werk gemeinsam erschaffen und liegt deshalb Miturheberschaft vor, läuft die Schutzfrist für **70 Jahre nach dem Tode des längstlebenden Miturhebers.** Wann Miturheberschaft im Sinne des Abs. 1 gegeben ist, bestimmt sich nach § 8 Abs. 1: Das Werk muss gemeinsam geschaffen sein (vgl. § 8 Rn. 2 f.) und eine gesonderte Verwertung der Anteile ausscheiden (vgl. § 8 Rn. 10 f.). Der Verzicht eines Miturhebers auf seinen Anteil an den Verwertungsrechten (§ 8 Abs. 4, vgl. § 8 Rn. 16) ist für den Schutzfristablauf ohne Bedeutung, da ihm jedenfalls das Urheberpersönlichkeitsrecht verblieben ist. Bei **Werkverbindungen** (§ 9) richtet sich die Schutzfrist nach dem **Todestag der einzelnen Werkschöpfer;** zu dem dadurch entstehenden Problem eines urheberrechtlichen Teilschutzes vgl. § 9 Rn. 5.

2. Filmwerke (Abs. 2)

6 Für die an der Schaffung von Filmwerken beteiligten Urheber hat erst das ÄndG 1995 mit dem neuen Abs. 2 eine gesonderte Regelung getroffen. § 65 Abs. 2 folgt dabei Art. 2 Abs. 2 der Schutzdauer-RL (vgl. Rn. 3). Art. 2 Abs. 1 der Schutzdauer-RL erklärt zwar den Hauptregisseur eines Filmwerks zu dessen (Mit-) Urheber und stellt den Mitgliedstaaten frei, vorzusehen, dass weitere Personen als Miturheber benannt werden können. Für die Bestimmung der Schutzfrist gibt Art. 2 Abs. 2 der Schutzdauer-RL jedoch zwingend vor, dass **nur** auf eben jenen **Hauptregisseur** und daneben den **Urheber des Drehbuchs,** den **Urheber der Dialoge** und den **Komponisten,** der speziell für das betreffende Filmwerk eine Musik komponiert hat, abzustellen ist. Das lässt einiges im Unklaren: So bleibt einerseits offen, welche Schutzfrist für das Filmwerk bei späterer Auswechslung der Musik gelten soll: Ist die Lebensdauer des ursprünglichen oder des späteren Komponisten maßgebend, falls die übrigen in Abs. 2 Genannten sämtlich vorverstorben sind? Da die Schutzfrist eines Werkes, die mit dessen Fertigstellung verbindlich geregelt ist, nicht im Nachhinein durch einzelne Beteiligte willkürlich verkürzt oder verlängert werden kann, wird man für Abs. 2 die Lebensdaten des ursprünglichen Komponisten als maßgeblich anzusehen haben; der spätere Komponist bzw. seine Erben und Erbeserben erleiden dadurch keinen Nachteil, weil – was sich aus § 64 i.V.m. § 89 Abs. 3 ergibt – jedenfalls seine Musik bis zum Ablauf der für ihn geltenden Schutzfrist auch dann geschützt bleibt, wenn sie mit dem ansonsten gemeinfreien Filmwerk verwertet wird. Entsprechendes gilt für Synchronfassungen: Der Übersetzer der Dialoge, der möglicherweise länger lebt als alle in Abs. 2 genannten Urheber, bleibt hinsichtlich seines schöpferischen Beitrags bis zum Ablauf der für ihn geltenden Schutzfrist geschützt, das Filmwerk als solches wird aber frei. Für mehrere Urheber unter den nach Abs. 2 maßgeblichen Beteiligten gilt wiederum Abs. 1: Bei mehreren Drehbuch-Mitautoren ist die Schutzfrist des Längstlebenden maßgeblich.

7 Andererseits ist gänzlich unverständlich, was Richtlinie und deutscher Gesetzgeber mit „**Hauptregisseur**" gemeint haben könnten: Falls von vornherein mehrere Regisseure schöpferisch tätig waren, sind sie Miturheber mit der Rechtsfolge des Abs. 1. Einen „Haupt-" Regisseur unter ihnen auszumachen, dürfte kaum jemals gelingen; würde das Filmwerk – unterstellt, der „Haupt-" Regisseur überlebte die sonst von Abs. 2 Genannten, würde aber früher sterben als seine Mitregisseure – mit seinem Tode frei, würde der urheberrechtliche Schutz der Mitregisseure verfassungswidrig verkürzt (vgl. Rn. 8). Ist der ursprüngliche Regisseur ausgeschieden und wird das Filmwerk von einem anderen Regisseur fertig gestellt, so liegt die Vollendung eines Fragments (vgl. § 8 Rn. 7) vor wiederum mit der Folge, dass letztendlich die Schutzfrist des Längstlebenden gem. Abs. 1 maßgebend ist, es sei denn, einer der beiden Regisseure ließe sich doch irgendwie noch zuverlässig als „Hauptregisseur" bestimmen.

Die Vorschrift des Abs. 2 begegnet erheblichen **verfassungsrechtlichen Bedenken**: Miturheber eines Filmwerkes sind nicht nur der Hauptregisseur und die Dialogurheber, sondern regelmäßig eine Vielzahl weiterer Personen (vgl. § 8 Rn. 13). Durch Abs. 2 wird damit einerseits die Schutzfrist ihrer schöpferischen Beiträge unter Umständen verkürzt, nämlich dann, wenn sie länger leben als einer der dort ausdrücklich genannten Miturheber. Andererseits werden diese Urheber mit den Urhebern anderer Werke ungleich behandelt (Art. 14 und 3 GG; ebenso Schricker/*Katzenberger*[3] Rn. 7 und ihm folgend Loewenheim/*Axel Nordemann* § 22 Rn. 12; HK-UrhR/*Meckel* Rn. 5 a.E.; Möhring/Nicolini/*Gass*[2] Rn. 2), weil es eben nicht mehr auf den längstlebenden Miturheber ankommt, sondern nur noch auf die in § 65 Abs. 2 genannten Personen. Ein sachlich gerechtfertigter Grund für die Ungleichbehandlung ist nicht ersichtlich: Zu Gunsten der Regelung in der Schutzdauer-RL wurde lediglich angeführt, dass die Regelung klar und verhältnismäßig leicht anwendbar sei (Walter/*Walter* Art. 2 Schutzdauer-RL Rn. 4). Das vermag aber den Nachteil der jedenfalls in Deutschland gegebenen verfassungswidrigen Verkürzung der Schutzfrist zu Gunsten einiger Miturheber nicht aufzuwiegen, zumal der angesprochene Vorteil auch diesseits nicht gesehen wird: Bei der Bestimmung der Miturheberschaft besteht häufig das Problem, festzustellen, wer schöpferische Beiträge geleistet hat (vgl. § 8 Rn. 10). Im Zweifel liegt ohnehin die Beweislast dafür, dass die Schutzfrist noch nicht abgelaufen ist, bei demjenigen, der sich auf Rechte an einem Filmwerk beruft; er muss dann darlegen und beweisen, welcher Miturheber mit welchen schöpferischen Beiträgen der Längstlebende ist (vgl. Rn. 11). Ein Beispiel mag die Unzuträglichkeit der Regelung verdeutlichen: Der Kameramann ist zwar nach deutschen Urheberrecht regelmäßig als Filmurheber anzusehen (vgl. § 8 Rn. 13); er profitiert daher auch für seinen schöpferischen Beitrag von dem an dem Filmwerk bestehenden urheberrechtlichen Schutz. Seine Lebensdaten bleiben aber bei der Schutzfristberechnung zwingend außer Betracht (Dreier/Schulze/*Dreier*[2] Rn. 2) mit der Folge, dass die eigentlich zwingend auf 70 Jahre post mortem auctoris harmonisierte Schutzdauer gem. Art. 1 Abs. 1 Schutzdauer-RL und § 64 für den Kameramann erheblich kürzer ausfallen kann: Wirkt er in jungen Jahren an einem Filmwerk mit, dessen Hauptregisseur, Drehbuchurheber, Dialogurheber und Komponist von spezieller für den Film komponierter Musik schon relativ alt sind und kurz nach Fertigstellung des Filmwerkes versterben, verkürzt sich die Schutzfrist für seine schöpferische Leistung unter Umständen dramatisch; überlebt er den Längstlebenden der vorgenannten Film-Miturheber beispielsweise um 40 Jahre, verkürzt sich die Schutzfrist seines schöpferischen Beitrages auf 30 Jahre post mortem auctoris.

Die **Neuregelung** gilt nur für solche Filmwerke, die ab dem 01.07.1995 geschaffen wurden. Filmwerke, die bis zum 30.06.1995 entstanden sind, profitieren von der Übergangsregelung des § 137f Abs. 1 S. 1 UrhG; ihre Schutzfrist läuft gem. § 65 a.F. tatsächlich erst 70 Jahre nach dem Tod des längstlebenden Miturhebers ab (vgl. § 137f Rn. 3).

3. Anonyme und pseudonyme Werke (§ 66 Abs. 2)

10 Für anonyme und pseudonyme Werke ist die besondere Regelung in § 66 Abs. 2 zu beachten: Nur dann, wenn die **Identität mindestens eines Miturhebers** keinem Zweifel unterliegt oder durch Eintragung in das Register anonymer und pseudonymer Werke gem. § 138 offenbart wird, lässt sich die Schutzfrist gem. § 64 zuverlässig berechnen. Für anonyme und pseudonyme Werke gilt deshalb, dass für sie die Schutzfrist nach § 64 gilt, wenn nur ein Miturheber identifizierbar ist oder das Werk in die Rolle hat eintragen lassen; treten mehrere Miturheber aus der Anonymität oder der Pseudonymität heraus, berechnet sich die Schutzfrist nach § 65. Bleiben einige Miturheber anonym oder pseudonym, profitieren sie gem. § 66 Abs. 2 von der Berechnung der Schutzfrist anhand der Lebensdaten der Miturheber, die sich offenbart haben.

III. Prozessuales

11 Für § 65 gilt wie zu § 64 (vgl. § 64 Rn. 25), dass derjenige, der für sich das Recht an einem Werk in Anspruch nimmt, im Zweifel **darlegen und beweisen** muss, dass die Schutzfrist noch nicht abgelaufen ist. Für den Fall der normalen Miturheberschaft nach Abs. 1 bedeutet dies, dass sich die Darlegungs- und Beweislast auf das Vorliegen von Miturheberschaft und die Lebensdaten des längstlebenden Miturhebers bezieht; im Fall von **Filmwerken** ist vom Kläger darzulegen und zu beweisen, wer der Hauptregisseur, der Drehbuchurheber, der Dialogurheber und der Komponist von für das betreffende Filmwerk komponierter Musik gewesen ist und welche Lebensdaten der längstlebende dieser Personen hatte, sofern dies für den Streit relevant ist (je nach streitigem Zeitraum und Anspruchsrichtung kann es auch genügen, die Lebensdaten eines dieser Miturheber darzulegen, sofern beides damit noch innerhalb der Schutzfrist gegeben ist). Die **Berechnung** der Schutzfrist als solche ist **von Amts wegen** vorzunehmen.

§ 66   Anonyme und pseudonyme Werke.

(1) [1]Bei anonymen und pseudonymen Werken erlischt das Urheberrecht 70 Jahre nach der Veröffentlichung. [2]Es erlischt jedoch bereits 70 Jahre nach der Schaffung des Werkes, wenn das Werk innerhalb dieser Frist nicht veröffentlicht worden ist.

(2) [1]Offenbart der Urheber seine Identität innerhalb der in Absatz 1 Satz 1 bezeichneten Frist oder lässt das vom Urheber angenommene Pseudonym keinen Zweifel an seiner Identität zu, so berechnet sich die Dauer des Urheberrechts nach den §§ 64 und 65. [2]Dasselbe gilt, wenn innerhalb der in Absatz 1 Satz 1 bezeichneten Frist der wahre Name des Urhebers zur Eintragung in das Register anonymer und pseudonymer Werke (§ 138) angemeldet wird.

(3) Zu den Handlungen nach Absatz 2 sind der Urheber, nach seinem Tode sein Rechtsnachfolger (§ 30) oder der Testamentsvollstrecker (§ 28 Abs. 2) berechtigt.

Übersicht

I. Allgemeines

1. Bedeutung, Sinn und Zweck der Norm, systematische Stellung im Gesetz

Anknüpfungspunkt für die Berechnung der Regelschutzdauer von 70 Jahren **1** post mortem auctoris ist der Tod des Urhebers (§ 64); auf Veröffentlichung oder Erscheinen kommt es an sich nicht an (vgl. § 64 Rn. 11). Ist der Urheber aber **anonym** geblieben oder hat er seine Werke unter einem **Pseudonym** veröffentlicht, unter dem er nicht zweifelsfrei identifizierbar ist, lässt sich eine Schutzfristberechnung auf der Basis des Todes des Urhebers nicht vornehmen. § 66 schafft deshalb für diese Fälle eine **Ausnahmevorschrift**: Bei anonymen und pseudonymen Werken erlischt das Urheberrecht 70 Jahre nach der Veröffentlichung oder, wenn es nicht veröffentlicht worden ist, nach der Schaffung. Ist der Urheber unbekannt, gibt es keinen anderen Anknüpfungspunkt, um die Schutzfrist zuverlässig zu berechnen. Die Vorschrift dient damit der **Rechtssicherheit**. Sie hat eine unter Umständen erhebliche Verkürzung der Schutzdauer zur Folge; ein Werk kann sogar schon vor dem Tode des Urhebers gemeinfrei werden. Der Urheber oder seine Erben können nach Abs. 2 und 3 die Verkürzung der Schutzdauer allerdings vermeiden, in dem sie die Identität des Urhebers offenbaren oder das Werk unter Angabe des wahren Namens zur Eintragung in die **Urheberrolle** anmelden (vgl. Rn. 10; vgl. § 138 Rn. 4 ff.).

Die Schutzfristverkürzung für anonyme und pseudonyme Werke hat in der **2** **Praxis wenig Relevanz**. Dies ergibt sich bereits daraus, dass Ansprüche aus der Verwertung eines irgendwann einmal veröffentlichten oder auch eines unveröffentlicht gebliebenen Werkes immer nur der Rechtsinhaber geltend machen kann, also entweder der Urheber oder sein Rechtsnachfolger bzw. Testamentsvollstrecker (s. Abs. 3); dieser muss, um sein Recht zu belegen, die Urheberschaft ohnehin aufdecken mit der Folge, dass dann die §§ 64 und 65 zur Anwendung kommen (s. Abs. 2). Die Funktion des Abs. 1 beschränkt sich deshalb auf den Schutz potentieller Nutzer: Das anonyme künstlerische Foto, das Philipp Scheidemann am 9. November 1918 auf dem Balkon des Berliner Stadtschlosses bei der Ausrufung der Republik zeigt und das am nächsten Tag in allen Zeitungen zu sehen war, kann seit dem 1. Januar 1989 (vgl. Rn. 7) jeder nutzen, der sicher sein zu können glaubt, dass die Identität des Fotografen in den 70 Jahren vorher niemals offenbart worden ist.

2. Früheres Recht

§ 31 Abs. 1 LUG sah für anonyme und pseudonyme Werke der Literatur und **3** Tonkunst ebenfalls eine Sonderregelung vor, nach der solche Werke 50 Jahre nach der Erstveröffentlichung gemeinfrei wurden; § 31 Abs. 2 LUG stellte den anonymen und pseudonymen Werken die orthonymen dann gleich, wenn der wahre Name des Urhebers noch rechtzeitig vor Ablauf der 50 jährigen Schutzfrist angegeben oder zur Eintragung in die „Eintragungsrolle" angemeldet wurde. Für Werke der bildenden Künste galt dies nicht; das KUG kannte keine vergleichbare Regelung. § 66 a.F. übernahm diese Regelung, verlängerte aber die Schutzfrist auf 70 Jahre nach der Veröffentlichung; § 66 Abs. 4 a.F. nahm auch weiterhin die Werke der bildenden Künste aus. Ferner sah § 66 Abs. 2 Nr. 1 a.F. im Gegensatz zu § 31 Abs. 1 LUG vor, dass bei einem pseudonymen Werk der volle Schutz gem. § 64 zuerkannt werden musste, wenn das vom Urheber angegebene Pseudonym keinerlei Zweifel über seine Identität zuließ (Art. 7 Abs. 3 S. 2 RBÜ; vgl. Rn. 9 und OLG München GRUR 1990, 446, 447 f. – *Josefine Mutzenbacher*). Wie die Ausnahme für Werke der bildenden Künste gem. § 66 Abs. 4 a.F. wirken sollte, ist allerdings unklar geblieben; diese Sonderregelung war relativ sinnfrei, weil sich eine Schutzfrist von 70 Jahren post mortem auctoris auch bei einem Werk der bildenden Künste nicht berechnen lässt, wenn der Urheber nicht bekannt ist. Infolge der Schutzdauer-RL wurde § 66 durch das ÄndG 1995 geändert (vgl. Rn. 4): Ist das Werk nicht veröffentlicht worden, so knüpft der Ablauf der Schutzfrist bei anonymen und pseudonymen Werken nunmehr an die Schaffung des Werkes an (Abs. 1); posthum veröffentlichte Werke erhalten keine Sonderbehandlung mehr wie dies noch von § 66 Abs. 2 Nr. 3 a.F. vorgesehen war. Ferner ist die Ausnahme für Werke der bildenden Künste gem. § 66 Abs. 4 a.F. ersatzlos entfallen. Sofern allerdings dadurch eine Schutzfristverkürzung entstanden ist, z.B. dadurch, dass der wahre Name des Urhebers später als 70 Jahre nach der Veröffentlichung oder Schaffung eines Werkes der bildenden Künste bekannt geworden ist (dann wäre es nämlich nach § 66 Abs. 1 und 2 nach aktuell gültiger Rechtslage gemeinfrei geblieben), berechnet sich die Schutzfrist gem. § 137f Abs. 1 S. 1 nach dem bisherigen Recht (vgl. § 137f Rn. 4).

3.   EU-Richtlinien

4   Die durch das ÄndG 1995 erfolgte „Bereinigung" von § 66 basiert auf Art. 1 Abs. 3 Schutzdauer-RL, der anstelle von Veröffentlichung allerdings an „erlaubterweise der Öffentlichkeit zugänglich gemacht worden ist" anknüpft; dies deckt sich jedoch inhaltlich mit dem Begriff der Veröffentlichung (RegE UrhG ÄndG 1995 – BT-Drucks. 13/781, S. 8 f., 13; Walter/*Walter* Art. 1 SchutzdauerRL Rn. 36); „erlaubterweise" entspricht insoweit der in § 6 Abs. 1 vorgesehenen Zustimmung des Berechtigten (Einzelheiten vgl. § 71 Rn. 24).

4.   Internationale Konventionen

5   Art. 7 Abs. 3 RBÜ verwendet dieselbe Formulierung wie Art. 1 Abs. 3 Schutzdauer-RL, verpflichtet die Verbandsländer aber nicht, anonyme und pseudonyme Werke zu schützen, wenn der Urheber länger als 50 Jahre tot ist (dazu Nordemann/Vinck/Hertin Art. 7 RBÜ Rn. 2). Die TRIPS nehmen über Art. 9 auch Art. 7 RBÜ in Bezug; das WUA kennt keine Sonderregelung für anonyme und pseudonyme Werke (Nordemann/Vinck/Hertin Art. IV WUA Rn. 4). Fremdenrechtlich gelten keine Besonderheiten; insbesondere kann auch der ausländische Urheber seine Identität durch Eintragung in die Urheberrolle offenbaren (vgl. § 138 Rn. 4).

II. Tatbestand

1. Regelschutzdauer bei anonymen und pseudonymen Werken (Abs. 1)

Anonym sind solche Werke, die ohne jede Urheberbezeichnung (vgl. § 10 **6** Rn. 43 ff.; vgl. § 13 Rn. 28) veröffentlicht worden sind. Demgegenüber spricht man von pseudonymen Werken, wenn die Veröffentlichung des Werkes unter einem Künstlernamen oder einer anderen Bezeichnung, die die wahre Identität des Urhebers nicht offenbart, erfolgt. Da sich in solchen Fällen die Regelschutzdauer nach § 64 mit 70 Jahren post mortem auctoris nicht berechnen lässt – es fehlt der Anknüpfungspunkt des Todes des Urhebers – bestimmt § 66 aus Gründen der Rechtssicherheit (vgl. Rn. 1), dass sich die **Schutzdauer nach der Veröffentlichung** richtet und **70 Jahre nach ihr erlischt**; wird das Werk innerhalb dieser Frist nicht veröffentlicht, endet die Schutzdauer bereits 70 Jahre nach der Schaffung des Werkes (Abs. 1). Der Begriff der Veröffentlichung richtet sich nach § 6 Abs. 1; vgl. § 6 Rn. 10 ff. Diese Anknüpfung ist missglückt: Kaum jemals wird sich noch nach 70 Jahren mit den Beweismitteln der ZPO der genaue Zeitpunkt feststellen lassen, in dem ein Bild in einer Ausstellung oder gar nur im Schaufenster einer Galerie erstmals gezeigt, eine Komposition erstmals in einem Konzert gespielt, ein Kabarett-Sketch erstmals dargeboten worden ist. Die Anknüpfung an das Erscheinen (§ 6 Abs. 2; vgl. § 6 Rn. 15 ff.), wie sie Schricker/*Katzenberger* in der 2. Auflage noch für § 66 a.f. vorgeschlagen hatten, wäre deshalb besser gewesen und hätte dem Postulat von § 66, für Rechtssicherheit zu sorgen, mehr entsprochen. Da Art. 1 Abs. 3 Schutzdauer-RL auf die öffentliche Zugänglichmachung abstellt und damit den Begriff der Veröffentlichung im Sinne von § 6 Abs. 1 meint (im Gegensatz zum Begriff der Veröffentlichung in der SchutzdauerRL, mit dem auf das Erscheinen i.S.v. § 6 Abs. 2 abgestellt wird; zu diesen Begrifflichkeiten Walter/*Walter* vor Art. 1 Schutzdauer-RL Rn. 9), ist die Auffassung von *Katzenberger* leider nicht mehr zu halten und deshalb mit der 3. Auflage auch aufgegeben worden (Schricker/*Katzenberger*[3] Rn. 12).

Die **Fristberechnung** erfolgt gem. § 69 mit der Folge, dass auch die Schutz- **7** fristen anonymer und pseudonymer Werke jeweils **zum Jahresende** ablaufen.

2. Offenbarung der Identität des Urhebers (Abs. 2, S. 1 Alt. 1)

Für anonyme und pseudonyme Werke wird wiederum die Regelschutzfrist des **8** § 64 mit 70 Jahren post mortem auctoris anwendbar, wenn der Urheber seine Identität **innerhalb der** für sein anonymes oder pseudonymes Werk geltenden **Schutzfrist** nach Abs. 1 **offenbart**; verpasst er diese Frist, wird das Werk gemeinfrei. Die Vorschrift lässt allerdings offen, wem gegenüber der Urheber (oder sein Rechtsnachfolger bzw. Testamentsvollstrecker, Abs. 3) seine Identität offenbaren muss. Soll der Fotograf, dessen großartiges Foto des Kometen Hale-Bobb nur ein einziges Mal im Spiegel abgedruckt wurde, und dies trotz ordnungsgemäßer Beschriftung ohne Urheberangabe, genötigt sein, in Zeitungsanzeigen auf seine Urheberschaft hinzuweisen? Genügt es, dass der Maler, dessen unsigniertes Bild ein Sammler oder ein Museum kauft, dem Erwerber sagt, dass es von ihm ist? Muss er das selbst tun – wie die Formulierung des Gesetzestextes nahelegt – oder genügt es, wenn sein Galerist dies auf die Rechnung schreibt? Wenn die von Abs. 2 betroffene Regelung überhaupt einen Sinn haben soll, dann kann sie nur dahin interpretiert werden, dass der Urheber seine **Identität** schon dann offenbart hat, wenn er sie fest-

stellbar gemacht hat, sei es durch die **Anbringung auf Werkstücken** (wie im Fall oben) oder durch **Mitteilung an Dritte.** Der mögliche Einwand, dass dies jedenfalls in letzterem Fall ein ahnungsloser Nutzer nicht wissen könne, kann schon deshalb nicht durchgreifen, weil dieser auch von Zeitungsanzeigen kaum etwas wissen könnte, schon gar nicht nach Jahrzehnten; der Urheber kann aber nicht dadurch seines Anspruchs auf die volle Schutzfrist des § 64 beraubt werden, weil sein Werk irgendwann einmal ohne Urheberbezeichnung veröffentlicht worden ist, und noch dazu ohne sein zutun. Anderenfalls fielen sehr viele Werke unter § 66 Abs. 1: Wenn in einem deutschen Sender überhaupt eine Ansage zu Sendungen leichter Musik stattfindet, dann wird der Interpret genannt, aber praktisch nie der Komponist oder der Textdichter. Allerdings kann man über die GEMA (vgl. Einl. UrhWarnG Rn. 1) herausbekommen, wer das ist; dem Rechtssicherheitsgedanken (vgl. Rn. 1) ist insoweit Genüge getan. Ein Urheber, dessen Werk anonym veröffentlicht worden ist (sei es absichtlich oder versehentlich), tut allerdings gut daran, schon zur eigenen Sicherheit und der seiner Erben und Erbeserben, eine Anmeldung zur Urheberrolle (§ 138; vgl. § 138 Rn. 4 ff.; vgl. Rn. 10) vorzunehmen.

3. Kein bestehender Zweifel an der Identität des Urhebers (Abs. 2 S. 1 Alt. 2)

9 Die Regelschutzdauer des § 64 mit 70 Jahren post mortem auctoris ist gem. Abs. 2 S. 1 Alt. 2 auch dann anwendbar, wenn das vom Urheber angenommene Pseudonym keinen Zweifel seiner Identität zulässt. Gemeint ist damit, dass **klar sein muss, wen ein bestimmtes Pseudonym bezeichnet.** Bestehende Zweifel an der wahren Identität des Urhebers müssen aufgehoben werden, gleich durch wen und auf welche Weise dies geschieht (so wörtlich RegE UrhG ÄndG 1995, BT-Drucks. 13/781, S. 13 f.). Deshalb genügt der Nachweis in einer wissenschaftlichen Publikation (RegE UrhG ÄndG 1995 – BT-Drucks. 13/781, S. 14) ebenso wie in einem Lexikon, aber auch in autorisierten sogenannten Nebenausgaben (OLG München GRUR 1990, 446, 449 f. – *Josefine Mutzenbacher*). Nicht relevant ist deshalb, wer das Pseudonym aufdeckt, so dass dies **auch durch Dritte** wie beispielsweise die Medien erfolgen kann (ebenso Dreier/Schulze/*Dreier*² Rn. 9); denn die Schutzfristverkürzung des § 66 Abs. 1 erfolgt ausschließlich aus Gründen der Rechtssicherheit (vgl. Rn. 1), so dass es egal ist, aus welchen Gründen sich die Regelschutzdauer des § 64 zuverlässig berechnen lässt.

4. Anmeldung zur Eintragung in die Urheberrolle (Abs. 2 S. 2)

10 Die Schutzfristverkürzung des Abs. 1 lässt sich schließlich dadurch vermeiden, dass der anonym gebliebene oder unter einem Pseudonym aufgetretene Urheber sein Werk unter seinem wahren Namen zur Eintragung in die Urheberrolle gem. § 138 anmeldet; zu Einzelheiten vgl. § 138 Rn. 4 ff.

5. Berechtigung für die Offenbarungshandlungen bzw. die Anmeldung (Abs. 3)

11 Abs. 3 bestimmt, dass zu den Handlungen nach Abs. 2 der Urheber, seine Erben oder der Testamentsvollstrecker berechtigt sein sollen. Sinnvollerweise kann sich Abs. 3 aber **nur auf die Anmeldung zur Eintragung in die Urheberrolle** gem. Abs. 2 S. 2, § 138 beziehen, **weil die Identitätsoffenbarung** gem. Abs. 2 S. 1 **auch durch einen Dritten** erfolgen kann (vgl. Rn. 9; anders noch die Vorauflage/*Wilhelm Nordemann* Rn. 7). Da die Schutzfristverkürzung des

Abs. 1 der Rechtssicherheit dient (vgl. Rn. 1), macht es keinen Sinn, die Offenbarung der Identität eines anonym oder unter einem Pseudonym veröffentlichenden Urheber von einer Identitätsoffenbarung eines Berechtigten abhängig zu machen. Denn die Schutzfrist von 70 Jahren post mortem auctoris lässt sich immer dann zuverlässig berechnen, wenn die wahre Identität des Urhebers offenbart wird, und zwar egal von wem (vgl. Rn. 9). Das Deutsche Patent- und Markenamt prüft gem. § 138 Abs. 1 S. 2 die Berechtigung des Anmelders zur Eintragung in die Urheberrolle nicht; derjenige, der unberechtigterweise eine Eintragung in die Urheberrolle bewirkt, unterliegt aber dem Risiko, dass die Eintragung unwirksam ist und damit die Wirkungen des § 66 Abs. 2 S. 2 nicht eintreten (vgl. § 138 Rn. 4).

6. Anwendbarkeit auf Miturheber (Abs. 2 S. 1)

Abs. 2 gilt sinngemäß auch für Miturheber, wie die Verweisung auf § 65 ergibt. War also das Werk zweier Miturheber unter dem Namen allein eines von ihnen veröffentlicht worden und stellt sich im Nachhinein die Miturheberschaft des zweiten heraus, so richtet sich die Schutzfrist nach dessen Tod, wenn er länger gelebt hat (Schricker/*Katzenberger*[3] Rn. 6). Sind alle Miturheber anonym geblieben oder haben alle Miturheber unter einem Pseudonym veröffentlicht, kann die Regelschutzdauer des § 64 auch durch Anmeldung zur Eintragung in die Urheberrolle entweder durch einen oder auch alle diese Urheber vorgenommen werden (vgl. § 138 Rn. 4). **12**

III. Prozessuales

Ist ein Werk anonym veröffentlicht worden, trägt die **Beweislast** dafür, dass es gemäß der Regelschutzdauer nach § 64 geschützt ist, derjenige, der sich darauf beruft; er muss dann darlegen und beweisen, dass der Urheber seine Identität vor Ablauf von 70 Jahren nach der Veröffentlichung (§ 66 Abs. 1) offenbart hatte (Abs. 2). Dasselbe gilt für den Fall der Veröffentlichung unter einem Pseudonym. **Auszüge aus der Urheberrolle** tragen zunächst die Vermutung der Wahrheit in sich; diese kann nur durch den Gegenbeweis der Unrichtigkeit erschüttert werden. **13**

---

§ 67 Lieferungswerke.

Bei Werken, die in inhaltlich nicht abgeschlossenen Teilen (Lieferungen) veröffentlicht werden, berechnet sich im Falle des § 66 Abs. 1 S. 1 die Schutzfrist einer jeden Lieferung gesondert ab dem Zeitpunkt ihrer Veröffentlichung.

Übersicht

I. Allgemeines

1. Bedeutung, Sinn und Zweck der Norm, systematische Stellung im Gesetz

1 § 67 betrifft nur die **praktisch sehr seltenen Fälle**, dass sogenannte „Lieferungswerke" 70 Jahre lang anonym oder unter einem unbekannten Pseudonym verwertet werden, denn § 67 verweist ausschließlich auf § 66 Abs. 1 S. 1, der eine Sonderregelung eben nur für anonyme und pseudonyme Werke enthält. Für Lieferungswerke, deren Urheber bekannt sind, gilt die Regelschutzfrist des § 64.

2. Früheres Recht

2 Die §§ 33 LUG und 28 KUG bestimmten, dass bei mehreren in Zwischenräumen veröffentlichten Werken jeder Band, jedes Blatt, jedes Heft oder jeder Bericht für die Berechnung der Schutzfristen als besonderes Werk angesehen wurden; sofern bei Lieferungswerken für die Berechnung der Schutzfrist der Zeitpunkt der Veröffentlichung maßgeblich war, galt der Zeitpunkt der letzten Lieferung. Bedeutung hatte die Vorschrift seinerzeit aber nicht nur für anonyme und pseudonyme Werke (§ 31 Abs. 1 LUG), sondern auch für die Schutzfristberechnung in solchen Fällen, in denen einer juristischen Person das Urheberrecht originär zustand (§§ 32 LUG, 25 Abs. 2 KUG). Nach Inkrafttreten des UrhG beschränkte § 67 a.F. die Anwendbarkeit des Rechtsgedankens auf anonyme und pseudonyme Lieferungswerke, belief es aber bei der Anknüpfung der Schutzfristberechnung an die letzte Lieferung. Das ÄndG 1995 gab § 67 seine aktuelle Fassung und setzte damit die Schutzdauer-RL um (vgl. Rn. 3).

3. EU-Richtlinien

3 Art. 1 Abs. 5 **Schutzdauer-RL** gibt vor, dass für Werke, die in mehreren Bänden, Teilen, Lieferungen, Nummern oder Episoden veröffentlicht werden und für die die Schutzfrist ab dem Zeitpunkt zu laufen beginnt, in dem das Werk erlaubter Weise der Öffentlichkeit zugänglich gemacht worden ist, die Schutzfrist für jeden Bestandteil einzeln zu laufen beginnt. Das ist nicht nur vom Wortlaut her anders als § 67, sondern wohl auch inhaltlich: Art. 1 Abs. 5 Schutzdauer-RL sieht nämlich nicht vor, dass die dort genannten Werke inhaltlich nicht abgeschlossen sein müssen. In mehreren Bänden oder Teilen erscheinende Lexika, Kommentare, Romantrilogien, aber auch sonstige in sich abgeschlossene Episoden-Werke wie Kinder-Abenteuerbücher oder Comic-Serien können aber sehr wohl inhaltlich jeweils in sich abgeschlossen sein; sie würden dann nicht unter § 67, aber sehr wohl unter Art. 1 Abs. 5 Schutzdauer-RL fallen. Da die Vorgabe der Schutzdauer-RL insoweit an sich keine abweichende Regelung zuließ, ist § 67 korrigierend europäisch dahingehend auszulegen, dass es gem. der Vorgabe von Art. 1 Abs. 5 Schutzdauer-RL auf das inhaltliche Nicht-Abgeschlossensein nicht ankommt, so dass die Klarstellung tatsächlich für alle Werke, die in mehreren Bänden, Teilen, Lieferungen, Nummern oder Episoden veröffentlicht werden, gilt. Die Anknüpfung in Art. 1 Abs. 5 Schutzdauer-RL an die öffentliche Zugänglichmachung meint die Veröffentlichung im Sinne von § 6 Abs. 1 (vgl. § 66 Rn. 6); auch Art. 1 Abs. 5 Schutzdauer-RL kann sich nur auf anonyme oder pseudonyme Werke beziehen, da es nur bei diesen für den Schutzfristablauf auf den Veröffentlichungszeitpunkt ankommt (*Walter*/*Walter* Art. 1 Schutzdauer-RL Rn. 59).

4. Internationale Konventionen

Sonderregelungen für Lieferungswerke bestehen in den internationalen Kon- **4** ventionen nicht. Allerdings enthielt Art. 5 RBÜ in der Pariser Fassung von 1896 die Vorgabe, dass bei in Lieferungen veröffentlichten Werken die Frist von 10 Jahren für das ausschließliche Übersetzungsrecht erst mit dem Erscheinen der letzten Lieferung des Originalwerkes beginnen sollte (Nordemann/ Vinck/Hertin Art. 8 RBÜ Rn. 4).

II. Tatbestand

§ 67 gilt für alle **anonymen und pseudonymen Werke, die in mehreren Bänden,** **5** **Teilen, Lieferungen, Nummern oder Episoden veröffentlicht worden sind** (europäische Auslegung auf der Basis von Art. 1 Abs. 5 Schutzdauer-RL, vgl. Rn. 3); es kommt entgegen dem Wortlaut von § 67 nicht darauf an, dass die Werkteile inhaltlich nicht abgeschlossen sind, weil Art. 1 Abs. 5 der Schutzdauer-RL eine solche Beschränkung nicht enthält (Rn. 3). Die h.M. stellt **demgegenüber** darauf ab, dass § 67 tatsächlich nur solche Werke erfasse, die in inhaltlich nicht abgeschlossenen Teilen veröffentlicht werden würden, d.h. deren Teile nicht gesondert verwertbar sind im Sinne von § 8 (Vorauflage/*Wilhelm Nordemann* Rn. 1 sowie Dreier/Schulze/*Dreier*[2] Rn. 3; HK-UrhR/*Meckel* Rn. 2; Schricker/*Katzenberger*[3] Rn. 4). Die h.M. berücksichtigt jedoch den Gesichtspunkt der notwendigen europäischen Auslegung von § 67 nicht; sie erscheint auch in sich widersprüchlich, weil eine Veröffentlichung in einzelnen Teilen bereits eine gesonderte Verwertung darstellt. Praktisch relevant erscheint der Streit jedoch nicht, weil § 67 ohnehin nur eine Klarstellung dahingehend enthält, dass bei in Teilen veröffentlichten Werken die Schutzfristberechnung nach § 66 Abs. 1 S. 1 für jeden Werkteil gesondert erfolgt. Dies bedeutet, dass die Vorschrift Anwendung findet beispielsweise auf in mehreren Fortsetzungsbänden oder Teilen erscheinende Romane, Geschichten, Lexika, Kommentare, Kinder-Abenteuerbücher oder Comics. Wegen der Anknüpfung ausschließlich an die Fristberechnung nach § 66 Abs. 1 S. 1, gilt **§ 67 nur für anonyme und pseudonyme Werke.** Tritt der Urheber aus der Anonymität oder der Pseudonymität heraus (§ 66 Abs. 2), gilt auch für Lieferungswerke die Regelschutzfrist des § 64.

III. Prozessuales

Insoweit gelten für Lieferungswerke keine Besonderheiten, so dass auf die **6** Hinweise zu den anonymen und pseudonymen Werken verwiesen werden kann (vgl. § 66 Rn. 13).

§ 68 *(aufgehoben)*

§ 69 Berechnung der Fristen

Die Fristen dieses Abschnitts beginnen mit dem Ablauf des Kalenderjahres, in dem das für den Beginn der Frist maßgebende Ereignis eingetreten ist.

Übersicht

I. Allgemeines, Sinn und Zweck der Norm, EU-Richtlinien, Internationale Konventionen

1 Die Vorschrift hat den Zweck, zur Erleichterung der Schutzfristberechnung diese grundsätzlich erst mit dem Ablauf des Kalenderjahres beginnen zu lassen, in dem das jeweils maßgebende Ereignis eingetreten ist (Schricker/*Katzenberger*[2] Rn. 1). Sie entspricht dem früheren Recht (§§ 34 LUG, 29 KUG), der europäischen Harmonisierungsvorgabe (Art. 8 Schutzdauer-RL) und dem Konventionsrecht (Art. 7 Abs. 5 RBÜ). Die Vorschrift gilt für alle Schutzfristberechnungen im UrhG, also nicht nur für die Dauer des Urheberrechts unabhängig davon, ob diese an den Tod des Urhebers (§§ 64, 65) oder die Veröffentlichung bzw. die Schaffung des Werkes anknüpft (§§ 66, 67), sondern auch für alle verwandten Schutzrechte. Letzteres stellen die Schutzfristbestimmungen bei den einzelnen verwandten Schutzrechten jeweils klar; soweit die Anwendbarkeit von § 69 beim verwandten Schutzrecht für nachgelassene Werke in § 71 nicht genannt ist, handelt es sich um ein Redaktionsversehen (vgl. § 71 Rn. 31).

2 Art. 8 Schutzdauer-RL hat die Fristberechnung entsprechend § 69 EU-weit harmonisiert. Grundlage beider Vorschriften ist Art. 7 Abs. 5 RBÜ.

II. Tatbestand

3 Für die Schutzfristberechnung muss nie der genaue Zeitpunkt des Todes des Urhebers oder des sonstigen Ereignisses, an das die Schutzfristberechnung anknüpft, festgestellt werden; es genügt grundsätzlich, dass sich mit hinreichender Sicherheit feststellen lässt, in welchem Jahr der Urheber verstorben oder das sonstige Ereignis eingetreten ist. Zu Beispielen für die Schutzfristberechnung vgl. § 64 Rn. 14.

III. Übergangsrecht

4 Die §§ 64 – 67 und 69 sind am 10.09.1965 durch § 143 Abs. 1 vorzeitig in Kraft gesetzt worden mit der Folge, dass diejenigen Werke, die nach dem bisherigen Recht am 01.01.1966 gemeinfrei geworden wären, geschützt blieben (vgl. § 143 Rn. 1).

Abschnitt 8   **Besondere Bestimmungen für Computerprogramme**

Vorbemerkung

Übersicht

I. Hintergrund, Historie, EU-Recht

Computerprogramme werden erst seit dem ÄndG 1985 – damals noch als **1**
„Programme für die Datenverarbeitung" – ausdrücklich im UrhG genannt,
und zwar bei den Sprachwerken in § 2 Abs. 2 Nr. 1. Vorher hatte es eine Art
Wettlauf zwischen Bundesgerichtshof und Gesetzgeber gegeben, wer als erster
den Urheberrechtsschutz für Computerprogramme ausdrücklich anerkennen
würde. Für sich entschieden hat das Rennen der Bundesgerichtshof, der in
seinem **Urteil *Inkasso-Programm*** 1985 (BGH GRUR 1985, 1041– *Inkasso-
Programm*) ausdrücklich anerkannte, dass Computerprogramme zum Bereich
der Wissenschaft i.S.d. § 1 gehörten und daher dem Urheberrechtsschutz zugänglich seien (BGH GRUR 1985, 1041 – *Inkasso-Programm*; zur Entwicklung *Lesshaft/Ulmer* CR 1991, 519, 523; Schricker/*Loewenheim*[3] Rn. 1 ff.;
Wandtke/Bullinger/*Grützmacher*[2] Rn. 1 ff.; *Marly*, Softwareüberlassungsverträge, S. 53; Lehmann/*Haberstumpf* S. 69 ff.). Der BGH schraubte die Hürden
für die Zuerkennung des Schutzes für Computerprogramme allerdings hoch:
Das Können eines Durchschnittsgestalters, das rein Handwerksmäßige, die
mechanisch-technische Aneinanderreihung und Zusammenfügung des Materials liege außerhalb jeder Schutzfähigkeit; erst in einem erheblich weiteren
Abstand beginne die untere Grenze der Urheberrechtsschutzfähigkeit, die ein
deutliches Überragen der Gestaltungstätigkeit in Auswahl, Sammlung, Anordnung und Einteilung der Informationen und Anweisungen gegenüber dem
allgemeinen Durchschnittskönnen voraussetze (BGH GRUR 1985, 1041 –
Inkasso-Programm). Diese Rechtsprechung, die der BGH später bestätigte
(BGH GRUR 1991, 449 – *Betriebssystem*), führte dazu, dass ein Großteil
der Computerprogramme urheberrechtlich ungeschützt blieb (so ausdrücklich
die Begr RegE ÄndG 1992 – BT-Drucks. 12/4022, S. 6). Schätzungen gingen
sogar davon aus, dass 80% bis 95% aller Computerprogramme infolge der
restriktiven BGH-Rechtsprechung gemeinfrei blieben (*Hoeren* CR 1991, 463;
Paschke/Kerfack ZUM 1996, 498, 498).

Dieser als unbefriedigend empfundene und vielfach kritisierte Rechtszustand **2**
(zusammengefasst bei Schricker/*Loewenheim*[3] Rn. 1 ff.; Wandtke/Bullinger/
Grützmacher[2] Rn. 1 ff.) führte nach Zwischenschritten (dazu Wandtke/Bullin-
ger/*Grützmacher*[2] Rn. 4) zunächst zur **Richtlinie** des Rates vom 14. Mai 1991
über den Rechtsschutz von Computerprogrammen (Computerprogramm-RL,
abgedruckt in GRUR Int. 1991, 545 ff.), die die unterschiedlichen Schutzvoraussetzungen und -inhalte für Computerprogramme in den EG-Mitglied-
staaten harmonisiert hat (dazu ausführlich Lehmann/*Lehmann* S. 1 ff.). Die
Richtlinie sollte die Unsicherheiten über den Urheberrechtsschutz von Computerprogrammen abstellen (*Dreier* GRUR 1993, 781, 782), um Investitionen
eine sichere gesetzliche Grundlage zu bieten (ErwG 2 und 3 Computerprogramm-RL). Dass sie mit der Aufnahme des Computerprogrammschutzes in
das Urheberrecht vielleicht nur vordergründig Probleme gelöst hat, konnte
oder wollte damals kaum einer erkennen (zu den aktuellen Problemen der
Rechtfertigung des Urheberrechts und der Anlage dieser Probleme u.a. in
dieser Entscheidung des Gesetzgebers *Czychowski*, in: Büllesbach/Büchner,
IT Doesn't matter?, 2006, 131 ff.). Auch wenn die Ansicht vertreten wurde,
dass das UrhG zur Umsetzung der Computerprogramm-RL nicht geändert
werden müsse, weil mit einer entsprechenden Interpretation der bereits vor-

handenen Bestimmungen ihren Harmonisierungsvorgaben entsprochen werden könne (*Erdmann/Bornkamm* GRUR 1991, 877), hat der Gesetzgeber der Rechtsprechung nicht vertraut (RegE ÄndG 1992 – BT-Drucks. 12/4022, S. 7) und die Richtlinie nahezu wortwörtlich in das UrhG mit den §§ 69a–69g eingefügt. Er schuf damit „**ein Stück europäisches Urheberrecht**" im UrhG, was der Rechtsprechung zur Berücksichtigung bei der Auslegung der Vorschriften aufgegeben wurde (RegE ÄndG 1992 – BT-Drucks. 12/4022, S. 8). Zur Entstehungsgeschichte siehe im Übrigen *Heymann* CR 1990, 9, 10; *Hoeren* CR 1991, 463 ff.; *Lehmann* NJW 1991, 2112 f., *Lesshaft/Ulmer* CR 1991, 519, 520 ff; sowie RegE ÄndG 1992 – BT-Drucks. 12/4022, S. 6 ff. Den vorläufigen internationalen Abschluss hat der urheberrechtliche Schutz von Computerprogrammen in **Art. 10 Abs. 1 TRIPs** sowie **Art. 4 WCT** gefunden, der Computerprogramme nun zwingend als Werke der Literatur nach der RBÜ schützt.

3 Die Aufnahme und der Bestand des Computerprogrammschutzes im Urheberrecht ist nur Gegenstand zaghafter **Kritik**, zumal Kritik oft missverstanden wird, als ob man die Schutznotwendigkeit negieren wollte (sehr instruktiv zu den theoretischen Kritikpunkten Dreier/Schulze/*Dreier*[2] § 69a Rn. 2, der zu Recht insbesondere hervorhebt, dass der eigentliche Wert einer Software, nämlich ihre Funktionalität, wenig mit dem über das Urheberrecht im Wesentlichen geschützten Code an sich zu tun hat). In der Praxis stellen sich aber eine Reihe von Problemen, die erkennen lassen, dass die Verankerung im Urheberrecht nicht der Weisheit letzter Schluss ist: Zunächst einmal ist das Computerprogramm in seiner (i.d.R. verschlüsselten) Codeform der einzige urheberrechtliche Werkgegenstand, bei dem das Werk selbst für den Konsumenten/Nutzer **nicht sichtbar/wahrnehmbar** ist. Man mag dem entgegnen, dass es auch nicht erforderlich sei, das Werk zu sehen. Das ist sicherlich richtig, es führt aber kein Weg daran vorbei, dass aus dieser „Unsichtbarkeit" besondere Probleme erwachsen, wie die schwierige Rechtsverfolgung von unerlaubten Bearbeitungen oder überhaupt die Beweisführung von unerlaubten Vervielfältigungen. Anders als einen kopierten *Nolde*, den zu erkennen jeder Richter sich zu Recht zutraut, erkennt man einen kopierten *Gates* eben nicht so einfach. Nächstes Problem ist der **Nachweis der Rechteinhaberschaft** bei multinationalen Programmierteams mit in die Tausende gehenden Urheber. Ein Anachronismus ist die Übernahme der **allgemeinen urheberrechtlichen Schutzfrist**. Da diese wegen des miturheberschaftlichen Charakters der meisten Computerprogramme i.d.R. nie ausläuft (vgl. § 65 Rn. 5), wird das Programm, mit dem diese Zeilen geschrieben sind, wohl nie gemeinfrei. Ob die Regelungen der §§ 69a ff. vor dem Hintergrund globaler Entwicklungen wie der Open Source Bewegung (vgl. Nach § 69c) und den eben beschriebenen zunehmenden Schwierigkeiten bei der Rechtsdurchsetzung (dazu vgl. Rn. 15 ff.) daher auf lange Sicht noch zeitgemäß sind, steht auf einem anderen Blatt (dazu *Czychowski*, in: Büllesbach/Büchner, IT Doesn't matter?, 2006, 131 ff.).

II. Systematik der §§ 69a ff.

4 Die §§ 69a–69g sind Sonderregelungen für das Computerprogramm als Sprachwerk i.S.v. § 2 Abs. 1 Nr. 1, die den (allgemeinen) Vorschriften für Sprachwerke, aber auch den Schrankenbestimmungen und den Vorschriften über Rechtsverletzungen als *leges speciales* vorgehen (vgl. § 69a Rn. 1 f.). Der Gesetzgeber wollte dadurch auch im Interesse der Rechtsklarheit die Rechts-

anwendung erleichtern und übersichtlicher gestalten (RegE ÄndG 1992 –
BT-Drucks. 12/4022, S. 8). Er hat sich zu dem Sonderabschnitt aber auch
deshalb entschieden, um eine **Ausstrahlung der Sonderregeln** für Computerprogramme **auf das allgemeine Urheberrecht so weit wie möglich zu vermeiden** (RegE ÄndG 1992 – BT-Drucks. 12/4022, S. 8); dies ist bei der Auslegung
zu berücksichtigen. Die §§ 69a–69g enthalten eine Vielzahl von Regel- und
Ausnahmebestimmungen. So stehen dem Rechtsinhaber zwar vielfältige Verbotsrechte gem. § 69c Nrn. 1, 2 und 3 S. 1 zu, diese werden jedoch eingeschränkt durch die Ausnahmen in §§ 69c Nr. 3 S. 2, 69d und 69e. Zu beachten
ist auch, dass etwas, was als Computerprogramm i.S.v. § 69a Abs. 1 aufzufassen ist, nicht notwendigerweise auch eine eigene geistige Schöpfung gem. § 69a
Abs. 3 darstellt und urheberrechtlich geschützt ist. Es soll allerdings nicht
verkannt werden, dass Computerprogramme aufgrund ihres technischen Hin-
tergrundes nach wie vor nicht so recht in das UrhG zu passen scheinen:
Jedenfalls mit Literatur und Kunst als solcher haben sie wenig gemein, das
Bedürfnis für Urheberpersönlichkeitsrechte erscheint weniger ausgeprägt (im
Detail vgl. Rn. 3; hier sei erwähnt, dass z.B. das Namensnennungsrecht i.d.R.
durch entsprechende Branchenübung nicht vorhanden sein dürfte (i.E. so auch
Wandtke/Bullinger/*Grützmacher*[2] § 69b Rn. 38 und 40 ff.), und auch eine
Schutzfrist von 70 Jahren post mortem auctoris ist – jedenfalls aus heutiger
Sicht – doch recht lang (vgl. Rn. 3). Es ist deshalb früher nicht nur darüber
diskutiert worden, ob die Computerprogramme eher dem Patentschutz zuzuordnen seien, sondern auch eine Zuordnung zu den verwandten Schutzrechten
oder ein ausschließlich wettbewerbsrechtlicher Schutz erörtert worden, und
wird wieder erörtert (vgl. Rn. 2 und *Czychowski* in Büllesbach/Büchner, IT
Doesn't matter?, 2006, 131 ff.; zur Tendenz des immer stärkeren Investitionsschutzes *Dreier* CR 2000, 45, 46). Nicht zuletzt die Gesetzesbegründung lässt
sogar leichte Zweifel an der Verortung des Computerprogrammschutzes im
Urheberrecht spüren (RegE ÄndG 1992 – BT-Drucks. 12/4022, S. 8). Angesichts des Bedürfnisses eines möglichst weltweiten Schutzes für Computerprogramme, der ohne Registrierungsformalitäten über die internationalen
Urheberrechtsabkommen, vornehmlich die Revidierte Berner Übereinkunft,
gewährleistet werden konnte, ist die Zuordnung der Computerprogramme zu
den Sprachwerken inzwischen nicht nur in Deutschland, sondern in den
meisten Ländern der Welt durchgesetzt (dazu allg. *Ullrich/Lejeune*[2] passim
und ausführlich Lehmann/*Dreier* S. 33 ff.; s.a. *Lehmann* NJW 1991, 2112,
2113 in Fn. 16 und 17). Zudem ist die Bundesrepublik zu diesem Schutz durch
Internationale Abkommen verpflichtet (Art. 10 Abs. 1 TRIPs; Art. 4 WCT).

Vor dem Hintergrund dieser Historie und dieser Systematik zeigt sich, dass die **5**
§§ 69a ff. in erster Linie dem Schutz der Investition der Computerprogramm-
herstellers dienen und stets **richtlinienkonform auszulegen** sind. Weder sind
also überhöhte Anforderungen an die Individualität eines Computerprogramms zu stellen, noch dürfen zu hohe Hürden für die Darlegung der
Rechtsinhaberschaft aufgestellt werden (dazu vgl. § 69a Rn. 35 ff.). Andererseits sind natürlich die berechtigten Interessen der Programmnutzer ebenso
im Blick zu halten wie kartellrechtliche Grenzen (Wandtke/Bullinger/*Grützmacher*[2] Rn. 7).

III. Besonderheiten in den Teilgebieten

1. Internationales Softwareurheberrecht

6 Für Computerprogramme gelten die allgemeinen Regeln des Fremdenrechts (vgl. Vor §§ 120 ff. Rn. 1 ff.). Allerdings sollte beachtet werden, dass es für den Schutz nicht darauf ankommt, in welchem Staat der mögliche Programmhersteller seinen Sitz hat, sondern alleine auf die **Staatsangehörigkeit des/der Programmierer**. Ob es für ein ausschließlich im Internet zur Verfügung gestelltes Computerprogramm ausreicht, dass es auch in Deutschland abrufbar ist, womit ein Erscheinen nach § 121 Abs. 1 gegeben sein könnte, ist offen (zum Pro und Contra *Süßenberger/Czychowski* GRUR 2003, 489, 490 ff.). U.E. sprechen die besseren Gründe gegen ein Erscheinen; zu den internationalen Verpflichtungen aus internationalen Konventionen vgl. Rn. 2 f. und Wandtke/Bullinger/*Grützmacher*² Rn. 8 f.; zu einer **Übersicht über einzelne ausländische Rechtsordnungen**: Wandtke/Bullinger/*Grützmacher*² Rn. 10 sowie sehr umfassend Ullrich/*Lejeune*² II mit einer Darstellung des nationalen Rechts in den wesentlichen Industriestaaten. Zur **Ausländersicherheit** (§ 110 ZPO) s. die allgemeinen Ausführungen zu Urheberrechtsprozessen mit Auslandsbeteiligung vgl. Vor §§ 120 ff. Rn. 19. Besonderheiten des **Grid-Computing** – also des verteilten Rechnens über verschiedene international verteilte Computer – behandelt *Koch* CR 2006, 42 und 112. Vergleichbare Fragen entstehen, wenn verschiedene international verteilte Spieler in Online-Spielen Kreaturen wie Avatare erschaffen und damit urheberrechtlich relevante Schöpfungen entstehen (*Lim* Journal of Intellectual Property Law & Practice 2006, 481 ff.). Zu international-privatrechtlichen Fragen siehe Ullrich/*Lejeune*² I Rn. 558 ff.

2. Urheberschaft/Vermutungen

7 Auch der Urheber eines Computerprogramms kann nur eine **natürliche Person** sein. Allerdings tritt er als Individuum bei der heute gängigen komplexen Standardsoftware kaum noch in Erscheinung; so findet man weder beim Aufruf noch in den dafür vorgesehenen Informations-Menüs sowie den begleitenden Dokumentationen der z.b. in Kanzleien verwendeten Standardprogramme Angaben zu den tatsächlichen Urhebern, sondern ausschließlich Copyright-Vermerke der US-amerikanischen oder deutschen Softwarehersteller. Dies ist sicherlich nicht nur eine Folge amerikanischer Üblichkeit, sondern auch dadurch bedingt, dass gerade komplexe, ständig in Weiterentwicklung befindliche Computerprogramme i.d.R. von Teams wechselnder Urheber erstellt werden, deren Individualität bzw. einzelne Leistungen kaum genau festzustellen sein werden (*Broy/Lehmann* GRUR 1992, 419, 422). Für die Zuerkennung der Miturheberschaft der einzelnen Mitwirkenden an der Entstehung und Weiterentwicklung eines Computerprogramms ist es auch nicht erforderlich, dass jeder Beitrag gemeinsam erbracht wird, sondern es reicht aus, wenn ein unselbständiger, allerdings schöpferischer Beitrag auf irgendeiner Entwicklungs- bzw. Weiterentwicklungsstufe des Computerprogramms erbracht wird (BGH GRUR 1994, 39, 40 – *Buchhaltungsprogramm*). Die Nicht-Angabe der Namen der Urheber hat zur Folge, dass diese Computerprogramme als *anonyme* Werke aufzufassen sind, weil der wahre Name der Urheber weder gemäß § 10 Abs. 1 auf Vervielfältigungsstücken des Computerprogramms noch sonst bei einer öffentlichen Wiedergabe angegeben wird. Dadurch verkürzt sich die Schutzfrist dieser Computerprogramme gemäß § 66 Abs. 1 auf siebzig Jahre nach der (ersten) Veröffentlichung; sie verlängert sich allerdings auf die normale Schutzfrist des § 64 von siebzig Jahren *post mortem auctoris*, sofern der wahre Name des Urhebers vor Ablauf von siebzig Jahren nach Erstveröffentlichung gemäß § 10 Abs. 1 angegeben oder sonstwie bekannt wird (§ 66 Abs. 2 Nr. 1). Der Angabe gemäß § 10 Abs. 1 oder dem sonstigen Bekanntwerden gleichgestellt ist die Anmeldung des wahren Namens des Urhebers zur Eintragung in die Urheberrolle gemäß § 138 (§ 66 Abs. 2 Nr. 2, Abs. 3 i.V.m. § 138). Softwareherstellern, die nur sich selbst, nicht aber die Urheber ihrer Programme auf den Vervielfältigungsstücken bezeichnen, ist also, sofern sie Wert auf die normale urheberrechtliche Schutzfrist von siebzig Jahren *post mortem auctoris* legen, dringend anzuraten, entweder die Urheber ordnungsgemäß gemäß § 10 Abs. 1 zu bezeichnen oder diese zur Eintragung in die Urheberrolle beim Deutschen Patent- und Markenamt anzumelden. Gemäß § 66 Abs. 3 kann Letzteres zwar nur der Urheber selbst tun, auch wenn der Arbeitgeber gemäß § 69b zur Ausübung sämtlicher vermögensrechtlicher Befugnisse berechtigt ist und die Folge der Anmeldung in die Urheberrolle mit der Verlängerung der Schutzfrist durchaus auch vermögensrechtlichen Einschlag hat. Software-Arbeitgeber können sich aber von ihren angestellten Programm-Urhebern bevollmächtigen lassen, wenn sie eine Eintragung in die Urheberrolle vornehmen wollen (vgl. § 66).

Die in der üblichen Weise erfolgende **Urheberbezeichnung**, die gemäß § 10 **8** Abs. 1 eine tatsächliche **Vermutung** dafür begründet, dass der Bezeichnete der Urheber ist, kann bei Computerprogrammen z.b. in der Kopfleiste der Maskenausdrucke oder der Fußzeile des Bedienungshandbuchs jeweils mit initialen Angaben erfolgen (BGH GRUR 1994, 39, 40 – *Buchhaltungsprogramm*); üblich ist aber auch eine Urheberangabe auf der Startseite oder im Hilfe-Menü im Unterpunkt „Info". Sofern keine Urheberbezeichnung angebracht ist, kann § 10 Abs. 2 greifen. Hierbei handelt es sich aber lediglich um eine Vermutung, dass eine Ermächtigung vorliegt; sie stellt also eine **Prozessstandschaft** dar (vgl. § 10 Rn. 43 ff.). Dabei unterscheidet § 10 Abs. 2 zwischen einer Ermächtigungsvermutung des Herausgebers oder – wenn auch dieser nicht genannt ist – des Verlegers. Da ersteres bei Computerprogrammen praktisch keine Rolle spielen dürfte, ist denkbar, dass die zweite Vermutung ins Spiel kommen kann. Hierzu wird man allerdings den Begriff des Verlegers weit auslegen müssen, da es sich hierbei nicht um einen *terminus technicus* des Urheberrechtsgesetzes handelt und der Gesetzgeber wohl kaum diese Art der Vermutung alleine auf den Buchbereich beschränken wollte. Es ist daher zu Recht geäußert worden, dass auch andere Bezeichnungen in Betracht kommen (Dreier/Schulze/*Schulze*[2] § 10 Rn. 34). Mithin kann dem Hersteller oder Vertreiber eines Computerprogramms, der als solcher auf den Vervielfältigungsstücken genannt ist, diese Vermutung zu Gute kommen (so auch OLG Köln GRUR 1992, 312, 313 – *Amiga Club* für Computerspiele, die auf der Originalverpackung einen Aufkleber aufwiesen, wonach sich das Vertriebsunternehmen Urheber- und Leistungsschutzrechte vorbehalte). Es dürfte ausreichen, wenn der Name des Herstellers oder Vertreibers neben dem üblichen ©-Vermerk genannt wird oder sonst aus den Umständen erkennbar wird, dass alleine dieses Unternehmen Hersteller bzw. Vertreiber sein kann und die entsprechenden Nutzungsrechte an dem Computerprogramm für sich in Anspruch nimmt. Die **Enforcement-RL** hat hieran nichts geändert. Ihr Artikel 5 regelt nur die Vorgabe, dass eine Vermutung auch für **Inhaber verwandter Schutzrechte** existieren muss (vgl. dazu § 10 Rn. 55 ff.). Ob und inwieweit auf das aus § 13 fließende Namensnennungsrecht **verzichtet** werden kann, richtet sich nach den allgemeinen Regeln (vgl. § 13; und OLG Hamm C R 2008, 280 – *Namensnennungsrecht von Programmierern*).

3.   Softwareurhebervertragsrecht/Lizenzierung

9 Zunächst vgl. Vor §§ 31 ff. Rn. 333 ff. Verträge über Computerprogramme kommen auf beiden Ebenen des Urhebervertragsrechts vor; während das **primäre Urhebervertragsrecht** (zum Begriff vgl. § 32 Rn. 3 und *Dietz*, Urhebervertragsrecht, S. 1) jedenfalls bei angestellten Programmierern durch § 69b vorgegeben ist, im Übrigen den allgemeinen Regeln folgt (vgl. § 43), kennt das **sekundäre Urhebervertragsrecht** eine Vielzahl von Vertragsgestaltungen. Es ist hier nicht der Platz, detailliert Verträge über Computerprogramme zu kommentieren (dazu ausführlich *Marly*, Softwareüberlassungsverträge, passim; *Schneider*[3] S. 1141 (Besonderer Teil des EDV-Vertragsrechts); S. 679 ff. (Formularverträge); *Hoeren/Sieber*, passim; *Ullrich/Lejeune*[2] passim). Nur soviel: Nahezu alle Verträge über Computerprogramme enthalten Regeln über die Einräumung oder Übertragung von Nutzungsrechten, i.d.R. als Lizenzierung bezeichnet (zu Einzelheiten des Lizenzrechts von Computerprogrammen vgl. § 69c Rn. 35 ff.; zu steuerrechtlichen Fragen, insbesondere zur Bilanzierung von Software: *Eriksen* K&R 2003, 72).

10 Diese Lizenzverträge oder Verträge mit Lizenzklauseln lassen sich grob in **drei Gruppen** unterteilen: Einerseits solche zur **endgültigen Überlassung von Software** (gegen Einmalzahlung), was schuldrechtlich überwiegend als Kaufvertrag qualifiziert wird (BGH NJW 2000, 1415; BGH NJW 1990, 320, 321; *Schneider*[3] S. 1646; ebd. S. 1648 ff. zur Standard-Software-Überlassung nach Kaufrecht; für Vertrag sui generis (Lizenzvertrag): *Moritz* CR 1994, 257; für aus Nutzungs- und Sachkaufelementen gemischte Verträge: *Wilhelm Nordemann* CR 1996, 5, 7; grds. für Kaufvertragsrecht, bei Computersoftware in Verbindung mit weiteren Dienstleistungen: Werkvertragsrecht *Müller-Hengstenberg* CR 2004, 161, 166). Andererseits gibt es Verträge zur **Überlassung auf bestimmte Dauer**, also der Gewährung eines befristeten Nutzungsrechtes, die schuldrechtlich je nach Ausgestaltung als Miete, Pacht oder Leasing zu qualifizieren sind (*Lehmann* NJW 1993, 1822, 1825 m.w.N.; *Schneider*[3] S. 1646; ebd. S. 1757 zur Standard-Überlassung nach Mietrecht). Schließlich dürfte man eine neue Art der Softwarenutzung als eigenen Fall bezeichnen: Das sog. **Application Service Providing**, kurz ASP. Hierbei wird dem Nutzer eine Zugriffsmöglichkeit gewährt, ohne dass er physische Datenträger o.ä. erhält (BGH CR 2007, 75, 76 – *ASP-Vertrag* zählt auch RAM zu physischen Datenträgern und unterstellt ASP Mietrecht). In allen diesen Fällen ist die schuldrechtliche Qualifizierung für die urheberrechtliche Beurteilung gleichwohl zunächst bedeutungslos, weil der Programmnutzer in beiden ersten Fällen zumindest ein einfaches Nutzungsrecht benötigt (vgl. § 69c Rn. 3; weiterhin vgl. § 69d Rn. 1; zur praktischen Bedeutung der vertragstypologischen Einordnung: *Schneider*[3] S. 768), im Fall des ASP je nach Ausgestaltung jedoch nicht (*Bröcker/Czychowski* MMR 2002, 81, 83). Hinzu kommt eine dogmatische Besonderheit: Wer ein Computerprogramm gegen Einmalzahlung in einem Geschäft erwirbt, muss nach herkömmlicher urhebervertragsrechtlicher Dogmatik zur Erfüllung des Vertrages nicht nur das Eigentum an den Datenträgern und den Handbüchern übertragen bekommen, sondern darüber hinaus auch ein – i.d.R. einfaches – Nutzungsrecht am Computerprogramm eingeräumt erhalten; § 69d Abs. 1 macht dies jedoch überflüssig. Dennoch handelt es sich in einem solchen Fall um einen **gemischten Sach- und Rechtskauf**. Der Verkäufer des Computerprogramms haftet für die ordnungsgemäße Einräumung des Nutzungsrechtes; ein gutgläubiger Erwerb z. B. an raubkopierten Programmen ist deshalb nicht möglich (vgl. Vor §§ 31 ff. Rn. 9). Dies übersieht, wer aus § 69d den Schluss zieht, dass es bei der Überlassung von Software-Produkten nicht um die Einräumung von Nutzungsrechten gehe (*Zahrnt* NJW 1996, 1798, 1798). Zum Dritten gibt es die **Software-Erstellung,** in der Regel als Werkvertrag zu qualifizieren (st. Rspr. s. nur BGH NJW 2001, 1718).

Allen Softwareverträgen mit Nutzungsrechtsklauseln sind gewisse **rechtliche   11 Grenzen** gemeinsam. Diese ergeben sich vor allem aus urhebervertragsrechtlichen Beschränkungen, AGB-Recht und Kartellrecht, die im Folgenden überblicksartig betrachtet werden sollen (im Detail hierzu vgl. § 69c Rn. 46 ff.).

Zunächst gilt die **Zweckübertragungslehre des § 31 Abs. 5** auch im Soft-   **12** ware(lizenz)recht (zur Anwendbarkeit im sekundären Urhebervertragsrecht vgl. § 31 Rn. 118) uneingeschränkt; sie wird allerdings konkretisiert bzw. ergänzt durch die „Mindestrechte" der §§ 69d und 69e und abbedungen durch § 69b (vgl. Rn. 1). Innerhalb des § 69d regelt sie die Frage der Bestimmungsgemäßheit einer Benutzung (vgl. § 69d Rn. 12 ff.). Einschränkungen der Nutzungsrechte sind soweit möglich, wie das **urheberrechtliche Nutzungs- bzw. Verwertungsrecht aufspaltbar** ist und keine Erschöpfung eintritt (§ 69c Nr. 3 S. 2; vgl. § 69c Rn. 32 ff.; weiterhin vgl. § 17). Zulässig sind daher z. B. Netzwerkbeschränkungen (auf Anzahl der Nutzer), Vervielfältigungsverbote (Sicherungskopie muss aber zulässig bleiben, § 69d Abs. 2), Verbote der Einrichtung auf mehreren Rechnern, Bearbeitungs- und Übersetzungsverbote (soweit nicht zur Fehlerbeseitigung notwendig, vgl. § 69d Rn. 3): In der Praxis haben sich einige spezielle Klauseln entwickelt, die einer jeweils gesonderten Betrachtung bedürfen: OEM-Lizenzen, Weiterveräußerungsverbote, sog. CPU-Klauseln, field-of-use-Beschränkungen oder Nutzungsverbote innerhalb eines anderen EU-Mitgliedstaates (vgl. § 69c Rn. 50 ff.). Eine andere Rolle spielt die Aufspaltbarkeit bei der Überlassung auf bestimmte Dauer, also der befristeten Lizenzierung: Da insoweit der Erschöpfungsgrundsatz nicht gilt (§ 69c Nr. 3), sind Weitergabeverbote, field-of-use-Beschränkungen, CPU-Klauseln, ja sogar örtliche Nutzungsbeschränkungen soweit zulässig und urheberrechtlich dinglich wirksam, wie es sich hierbei um eigenständige Nutzungsarten i.S.d. Definition des Bundesgerichtshofs handelt (vgl. § 69c Rn. 6; zu letzterem offenbar a.A. *Lehmann* NJW 1993, 1822, 1826). Auch insoweit gilt allerdings das Korrektiv der Zweckübertragungsklausel des § 31 Abs. 4 sowie der Mindestrechte der §§ 69d und 69e UrhG.

Zu beachten ist weiter, dass Softwareverträge mit Lizenzklauseln, soweit sie   **13** für eine Vielzahl von Verträgen vorformuliert und einseitig gestellt sind, einer **Inhaltskontrolle durch das AGB-Recht** unterliegen können (BGH NJW 1991, 976, 977 f.; zu AGB, neuem Schuldrecht und Softwareverträgen: *Redeker* CR 2006, 433) Danach ist z.B. denkbar, dass eine CPU-Klausel, die urheberrechtlich unbedenklich, aber nicht dinglich wirksam ist (dazu z.B. BGH GRUR 2003, 416, 418 – *CPU Klausel*), dennoch vertraglich nicht in AGB vereinbart werden kann, weil sie mit den Grundgedanken der gesetzlichen Regelung (§ 307 Abs. 2 Nr. 1 BGB) unvereinbar ist oder – so wie sie formuliert ist – eine überraschende Klausel (§ 305c Abs. 1 BGB) darstellt. Softwareverträge sind also stets auch unter diesem Blickwinkel einer kritischen Würdigung zu unterziehen. Der ursprünglich zurückhaltende Zugriff der Rechtsprechung auf eine AGB-Kontrolle urheberrechtlich relevanter Regelungen dürfte mittlerweile obsolet sein (vgl. § 11 Rn. 6, 9; weiterhin vgl. Vor §§ 31 ff. rn. 192 ff.). An dieser Stelle können nicht alle denkbaren Kollisionen von Lizenzvertragsklauseln mit dem AGB-Recht dargestellt werden. Erwähnt werden soll aber im

Besonderen das Transparenzgebot (aus § 307 Abs. 1 S. 2 BGB), das zu klaren und verständlichen Formulierungen zwingt und das Verbot überraschender Klauseln (§ 305c Abs. 1 BGB), das verhindert, dass z.b. in einem Software-mietvertrag eine rein technisch gehaltene nicht verständliche CPU-Klausel enthalten ist oder in einem Softwareerstellungsvertrag Erlöse aus der Weiter-veräußerung im Rahmen eines (Software nicht erfassenden) verlängerten Ei-gentumsvorbehaltes mit abgetreten werden sollen (OLG Düsseldorf OLGR 1999, 130).

14 Schließlich ist das **europäische und das deutsche Kartellrecht** zu beachten (*Dreier* GRUR 1993, 781, 785 m.w.N.; *Jan Bernd Nordemann* GRUR 2007, 203). **Artt. 81, 82 EGV** sowie **§ 1 GWB** folgen dem Prinzip der **Inhaltstheorie** (EuG Slg. 1999 II-3989 Rn. 56 f. – *Micro Leader Business*; EuGH GRUR Int. 1995, 490, Rn. 48 ff. – *Magill*), wonach grundsätzlich solche Beschränkungen in Lizenzverträgen verboten sind, die über den Inhalt der gewerblichen Schutz-rechte hinausgehen (EuGH GRUR Int. 1995, 490, Rn. 48 ff. – *Magill*; EuGH GRUR Int. 2004, 644, Rn. 34 ff. – *IMS Health*). Für Art. 81 EG bzw. § 1 GWB gilt das Prinzip der Legalausnahme. Dieses System zwingt die beteiligten Unternehmen zu einer Selbsteinschätzung, ob die Abrede Art. 81 EG bzw. § 1 GWB verletzt. Behördliche Freistellungen gibt es grundsätzlich nicht mehr. Die Praxis sucht deshalb anderweitig nach Rechtssicherheit, insbesondere in einer sog. **EU-GruppenfreistellungsVO** (im Folgenden GVO). Diese GVOen stellen Gruppen von eigentlich wettbewerbsbeschränkenden Vereinbarungen von den Verboten des Art. 81 EG bzw. § 1 GWB frei (§ 2 Abs. 2 GWB). Urheberrechtliche Verträge werden jedoch nur teilweise von GVOen erfasst (hierzu im Detail vgl. Vor §§ 31 ff. Rn. 222). Die Anwendbarkeit einzelner dieser GruppenfreistellungsVOen auf Softwarelizenzverträge ist allerdings umstritten. Gem. Art. 1 Abs. 1 lit. B GVO TT müssen sich Softwarelizenzver-einbarungen auf den Bezug oder den Absatz von Produkten beziehen und dürfen nicht den eigentlichen Gegenstand der Vereinbarung bilden (*Lejeune* CR 2004, 467; großzügiger und bejahend für Softwareentwicklung und Soft-wareüberlassung zwischen Unternehmen *Polley* CR 2004, 641, 645 ff.) (hierzu im Detail vgl. § 69c Rn. 47 ff.; auch vgl. Vor §§ 31 ff. Rn. 222).

4. Rechtsdurchsetzung

15 Vor der Urheberrechtsnovelle war es nur mit erheblichem Aufwand und erheblicher Rechtsunsicherheit möglich, Urheberrechte an einem Computer-programm durchzusetzen. Die Begründung zum Regierungsentwurf hat dies treffend wie folgt umschrieben: „Nach jahrelanger Prozessdauer durch drei Instanzen stand die urheberrechtliche Schutzfähigkeit eines anspruchsvollen Betriebssystems noch nicht fest. Der BGH hat die Sache zur weiteren Auf-klärung an das Oberlandesgericht zurückverwiesen, das ein Sachverständigen-gutachten einholen sollte, um die Frage der Werkqualität des streitgegen-ständlichen Computerprogramms zu klären." (RegE ÄndG 1992 – BT-Drucks. 12/4022, S. 7). § 69a Abs. 3 hat die Rechtsdurchsetzung im Hin-blick auf die Schutzfähigkeit erheblich erleichtert. Zwar kann nicht generell von einer Vermutung der urheberrechtlichen Schutzfähigkeit von Computer-programmen ausgegangen werden, so dass der Verletzte nach wie vor darlegen muss, woraus sich die Schutzfähigkeit seines Werkes ergibt (RegE ÄndG 1992 – BT-Drucks. 12/4022, S. 10; *Dreier* GRUR Int. 1993, 781, 788; *Ullmann* CR 1992, 641, 643 f.). Dennoch wird bei Computerprogrammen gewisser Kom-plexität, die ohnehin für Verletzungen gefährdeter erscheinen als simple Software, meist eine **tatsächliche Vermutung für die Schutzfähigkeit** sprechen (Schricker/*Loewenheim*[3] § 69a Rn. 21; Wandtke/Bullinger/*Grützmacher*[2] § 69a Rn. 37; so jetzt auch BGH GRUR 2005, 860, 861 – *Fash 2000*), die sich aus dem Vortrag des Verletzten über die Gestaltungselemente seines Computerprogramms und der Vorlage des Werkes selbst ergibt; der Verletzer muss in diesen Fällen dann die Vermutung dadurch entkräften, dass er Übereinstimmungen bei vorbekannten Programmierleistungen nachweist (*Erdmann/Bornkamm* GRUR 1991, 877, 879; *Ullmann* CR 1992, 641, 643 f.; *Kilian/Heussen/Harte-Bavendamm* Kap. 54 Rn. 25; zu streng daher OLG München CR 1988, 378). Die Gesetzesbegründung geht von der prinzipiellen Schutzfähigkeit aus und fordert nähere Darlegungen zur Schutzfähigkeit erst dann, wenn ernsthafte Anhaltspunkte bestehen, dass ein Programm sehr einfach strukturiert ist (RegE ÄndG 1992 – BT-Drucks. 12/4022, S. 6). Wenn der Beklagte einen solchermaßen substantiierten Vortrag nicht bestreitet oder gar unstreitig stellt, ist kein Beweis zu erheben (OLG Köln CR 1996, 723, 724; OLG Frankfurt CR 2000, 581 – *OEM-Version*). Es besteht deshalb auch **kein Grund, Einschränkungen** im Hinblick auf die Durchsetzbarkeit der Rechte an Computerprogrammen im **einstweiligen Verfügungsverfahren** vorzunehmen (so ausdrücklich auch die Gesetzesbegründung RegE ÄndG 1992 – BT-Drucks. 12/4022, S. 10).

Keine Erleichterungen hat die Urheberrechtsreform allerdings im Hinblick auf **16** den **Schutzumfang von Computerprogrammen** gebracht. Die Fragen, ob und welche Übereinstimmungen zwischen zwei Computerprogrammen bestehen und ob sie die urheberrechtlich geschützten Gestaltungselemente des Ausgangsprogramms betreffen, werden nach wie vor in der Regel nur mit **Sachverständigenhilfe** zu klären sein (vgl. Rn. 19). Ob daher einstweilige Verfügungsverfahren deshalb nur für solche Rechtsverletzungen geeignet erscheinen, die komplexe Computerprogramme betreffen und bei denen die Identität des jüngeren Programms mit dem Ausgangsprogramm insgesamt oder in den urheberrechtlich geschützten Teilen feststeht bzw. auf der Hand liegt (nach OLG Celle CR 1994, 748, 750 werden aufgrund der beschränkten Erkenntnismöglichkeit des einstweiligen Rechtschutzes derartige Verfügungen nur restriktiv und in einfach gelagerten Urheberrechtsverletzungsfällen erlassen), erscheint zweifelhaft. Natürlich kann es wie etwa im Patentrecht zu komplexe Sachverhalte geben; letztendlich wird der Verletzungsvortrag aber eine Frage der hinreichenden Glaubhaftmachung sein. Dabei kann auch auf Indizien zurückgegriffen werden: Die Nachprogrammierung liegt z. B. auf der Hand, wenn nicht nur das äußeren Erscheinungsbild, sondern auch die Bildschirmmasken nahezu vollständig übereinstimmen (LG Mannheim NJW-RR 1994, 1007) oder Programmfehler des Originalprogrammes auch in der nachgeschaffenen Software enthalten sind. Unterschiede in der Rechtsdurchsetzung zwischen urheber- und wettbewerbsrechtlichen Ansprüchen dürften insoweit jedenfalls nicht mehr bestehen, weil gerade auch im Rahmen von §§ 3, 4 Ziff. 9 UWG die tatsächlich schwierig darstellbare Leistungsübernahme nachgewiesen werden muss (a.A. *Lesshaft/Ulmer* CR 1993, 607, 615: UWG-Tatbestand „ohne größere Probleme darstellbar"). Etwas anderes stellen natürlich die sonstigen Voraussetzugen eines Anspruchs aus z. B. §§ 3, 4 Ziff. 9 UWG dar (vgl. § 69g Rn. 7 ff.)

Nicht selten steht man bei der Rechtsdurchsetzung im Bereich der Computer- **17** programme vor Problemen der **Beweissicherung**, weil man z. B. durch einen Testkauf nur in den Besitz der maschinenlesbaren Form des Programmes gelangt, nicht aber ohne weiteres auch in den des Quellcodes. Sofern aufgrund vorliegender Indizien (s.o.) eine gewisse Wahrscheinlichkeit für eine Rechtsverletzung gegeben ist, konnte lange Zeit nur der Besichtigungsanspruch des § 809 BGB weiterhelfen: Der Datenträger, auf dem der Quellcode enthalten ist, wurde als Sache eingeordnet, der Verletzer wird auch regelmäßig Besitzer desselben sein (ausführlich *Bork* NJW 1997, 1665, 1668 ff.; *Auer-Reinsdorff* ITRB 2006, 82 ff.). Der Anwendungsbereich des § 809 BGB war durch den Bundesgerichtshof **auch für Quellcodes** eröffnet worden (BGH GRUR 2002, 1046, 1048 – *Faxkarte*). All diese „Klimmzüge" haben sich seit 01.09.2008 erledigt, denn nun steht mit § 101a eine Kodifizierung des Vorlageanspruchs speziell für das Urheberrecht zur Verfügung, der infolge der Umsetzung der Enforcement-RL in das Gesetz und die anderen Normwerke des Geistigen Eigentums aufgenommen wurde (zu Details vgl. § 101a, zum früheren Recht ausführlich auch dort, Rn. 4 f.).

18 Zur **Vollziehung** einer solchen auch im Wege der Einstweiligen Verfügung zu erwirkenden Maßnahme analog § 883 ZPO im Wege der Sequestrierung durch einen von einem Sachverständigen unterstützten Gerichtsvollzieher vgl. § 101a Rn. 31.

19 Bereits bei derartigen Beweissicherungen, erst recht aber bei entsprechenden Beweisbeschlüssen im Rahmen von Verletzungsprozessen, spielen die **Gutachter**, die die Frage, ob eine Verletzung vorliegt oder nicht, in tatsächlicher Hinsicht für das Gericht aufbereiten, eine überragende Bedeutung (zu deren Tätigkeit *Hoppen/Streitz* CR 2007, 270; einige Sachverständige sind in Verbänden organisiert; z.B. http://www.sv-edv.de, abgerufen am 10.08.2007). Einen Gutachter zu finden, der nicht nur über entsprechende Fachkunde verfügt, sondern den jeweiligen EDV-technischen Sachverhalt auch für die Prozessbeteiligten verständlich darlegen kann, ist oft nicht einfach. Auf die Auswahl des Gutachters ist daher besondere Mühe zu verwenden (zu einem anschaulichem Beispiel auch hinsichtlich der Anknüpfungspunkte für rechtswidrige Übernahmen von Code LG Düsseldorf ZUM 2007, 559, 564 ff.). Erstaunlich ist in diesem Zusammenhang schließlich, dass von den seit dem ZPO-Reformgesetz 2001 eingeführten Vorschriften der §§ 142, 144 ZPO offenbar wenig Gebrauch gemacht wird. Hiernach kann das Gericht die Vorlage von Urkunden, aber insbesondere auch die Einnahme des Augenscheins sowie die Begutachtung durch Sachverständige anordnen. Hierunter dürfte unproblematisch auch eine Inaugenscheinnahme bzw. Begutachtung des Quellcodes eines Computerprogrammes zu subsumieren sein. Nachteil der Vorschriften ist, dass sie ihre Anwendung in das Ermessen des Gerichts stellen, dem Anspruchssteller also keinen direkten Anspruch gewähren (zu diesem vgl. oben Rn. 19 das Umsetzungsgesetz zur Enforcement-RL und § 809 BGB). Schließlich ist noch der ebenfalls wenig Beachtung findende § 371 Abs. 2 ZPO zu nennen, der einen Beweisantritt statt durch Vorlage des Quellcodes (nach Abs. 1 Satz 2 auch elektronische „Dokumente") durch **Antrag auf Vorlegung** ermöglicht. Allerdings dürfte hier das Problem sein, dass in der Regel der Beweisbelastete den Gegenstand nicht hinreichend konkret beschreiben kann.

20 Ein weiterer denkbarer Weg der **Beweissicherung** ist der der **Dekompilierung**. Ob diese zum Nachweis einer behaupteten Urheberrechtsverletzung zulässig ist, ist streitig (wohl tendenziell pro bei Einschalten eines Gerichtes *Wandtke/Bullinger/Grützmacher*[2] § 69e Rn. 29; contra Schricker/*Loewenheim*[2] § 69e Rn. 10; differenzierend *Dreier* GRUR 1993, 781, 789 f.). Die Gesetzesbegründung deutet ihre Zulässigkeit an, will aber offenbar bei Streit darüber einen zur

Verschwiegenheit verpflichteten Sachverständigen dazwischenschalten (RegE ÄndG 1992 – BT-Drucks. 12/4022, S. 14. Oftmals ist dieses Verfahren aber schlichtweg zu aufwendig und teilweise auch nicht aussagekräftig genug (*Brandi-Dohrn* BB 1994, 658, 662). Schließlich könnte § 45 fruchtbar gemacht werden (zu Recht auf die Geeignetheit hinweisend *Dreier* GRUR 1993, 781, 789 f. und Dreier/Schulze/*Schulze*² § 45 Rn. 9; vorsichtig zustimmend Wandtke/Bullinger/*Grützmacher*² Rn. 23 und § 69e Rn. 29), der allerdings erst im Verfahren selbst greifen kann und damit dem Kläger ein erhebliches Risiko aufbürdet.

Beachtung sollte in einem Softwareverletzungsprozess dem **Klageantrag** ge- **21** widmet werden (*Redeker*, in: Bartsch (Hrsg.), Softwareüberlassung im Zivilprozess, 1991, S. 105, 108 ff.; Lehmann/*Engel* Kap. XVIII, S. 869 Rn. 94 ff.; *Schneider*³ Kap. P Rn. 147). Er muss bekanntlich bestimmt genug sein (§ 253 Abs. 2 Nr. 2 ZPO). Es dürfte jedenfalls bei durchgesetzten Programmen ausreichen, wenn man die gängige Marktbezeichnung des Programms im Antrag aufnimmt. Steht aber nicht eindeutig fest, welches Programm gemeint ist, muss es so beschrieben werden, dass Verwechslungen soweit wie möglich ausgeschlossen werden, also z.b. durch Programmausdrucke oder Programmträger (BGH, Urt. v. 22.11.2007, I ZR 12/05). Ggfs. kann man dies im Laufe des Verfahrens durch einen Datenträger konkretisieren (in diesem Sinne auch Wandtke/Bullinger/*Grützmacher*² Rn. 18 mwN.). Nicht zulässig sind Antragsformen wie „[...] zu unterlassen, das Computerprogramm XYZ abzuändern." Dies ist zu unbestimmt und gibt nicht die konkrete Verletzung wider (OLG Düsseldorf CR 2001, 371, 372).

IV. Schutzsystem: Urheberrecht statt Patentrecht, Geheimhaltung des Source Codes

Die in der Beratungspraxis immer wieder auftauchende Frage, ob denn der **22** Urheberrechtsschutz „besser" sei als ein eventueller Patentschutz, kann man nicht beantworten. Denn die **beiden Schutzsysteme schützen gänzlich Unterschiedliches:** Während der Urheberrechtsschutz dem Schutz der in eine (Quellcode-)Form gegossenen Computerprogramm-Idee gilt, schützen computerimplementierte Erfindungen entweder Produkte oder Verfahren (im Einzelnen dazu und zu den existierenden Regelungen im PatG, dem EPÜ und den Bemühungen auf EU-Ebene sowie der Rechtsprechung hierzu vgl. § 69g Rn. 9 sowie überblicksartig *Moufang* in: *Haase/Agardi* K&R 2005, 451 ff.; *Ghidini/Arezzo* IIC 2005, 159 ff.; Ullrich/*Lejeune*² I Rn. 73 ff.; aus rechtsökonomischer Sicht *Hilty/Geiger* IIC 2005, 615 ff.). Anschaulich kann man dies an einem Beispiel machen: Nehmen wir einmal an, es gäbe noch keine Pull-Down-Menüs. Käme nun ein Erfinder auf die Idee, ein Computerprogramm zu entwerfen, das bei Klick mit der Maus auf eine bestimmte Stelle des Bildschirms ein Menü sich öffnen lässt, aus dem man weitere Befehle auswählen kann, könnte er sich zweifach schützen: Der Urheberrechtsschutz würde ihn vor einer Kopie oder unerlaubten Bearbeitung seiner Programmierung, also des Codes, und ggfs. auch noch der Nachahmung der Oberfläche schützen. Ein Dritter könnte aber völlig anders gestaltete Pull Down Menüs mit anderem Code schreiben. Demgegenüber erfasste ein Patent, so es unser Erfinder denn anmeldet und erteilt bekommt, das „Produkt" seiner Pull Down Menüs, wie er es in seiner Patentanmeldung und vor allem den Patentansprüchen beschrieben hat.

23 Ein wesentliches Element des urheberrechtlichen Schutzsystems für Computerprogramme ist das grundsätzliche Verbot der Dekompilierung und dessen Ausnahmen (§ 69e), das faktisch zu einem eigenen KnowHow Schutz für den in der Regel verschlüsselten Quellcode führt. Daran schließen sich Fragen der Quellcodebesichtigung, um etwaige Rechtsverletzungen festzustellen (dazu vgl. Rn. 17), ebenso an wie Fragen der Quellcodeherausgabe, etwa weil der Lizenzgeber das Programm nicht mehr pflegt.

V. Verhältnis zu anderen Regelungen

24 Im Detail hierzu ausführlich § 69g Rn. 7 ff. Bereits Art. 9 Abs. 1 der Software-RL bestimmt, dass sonstige Rechtsvorschriften, die Schutz für Computerprogramme oder deren Teile gewähren, nicht berührt werden, mithin neben den urheberrechtlichen Bestimmungen (fort-) gelten. Dies betrifft vor allem den **Schutz aus dem UWG.** In Frage kommt hier insb. der **ergänzende wettbewerbsrechtliche Leistungsschutz** (§§ 3, 4 Ziff. 9 UWG; ausführlich zum Verhältnis UrhG UWG vgl. Einl. Rn. 55; im Bereich der Software speziell: *Brandi-Dohrn*, in: Ullrich/Lejeune² I Rn. 151 ff.). Das Wettbewerbsrecht geht bei Ausscheiden eines Sonderrechtsschutzes grundsätzlich von Nachahmungsfreiheit aus (*Nordemann*[10] Rn. 1604). Erst wenn besondere Unlauterkeitsmerkmale hinzutreten, ist ein Wettbewerbsverstoß denkbar (*Nordemann*[10] Rn. 1607). Dies kann bei Computerprogrammen die unmittelbare Leistungsübernahme aber auch die vermeidbare Herkunftstäuschung sein (*Nordemann*[10] Rn. 1627 ff., 1653). Sie setzt – neben der ia.r. bei Computerprogrammen gegebenen **wettbewerblichen Eigenart** (LG Oldenburg GRUR 1996, 481, 485 – *Subventions-Analyse-System*) – nach der neueren Rechtsprechung eine **gewisse Bekanntheit des nachgeahmten Produktes** voraus, denn eine wettbewerbliche Eigenart setzt voraus, dass die konkrete Ausgestaltung oder bestimmte Merkmale des Produktes geeignet sind, die interessierten Verkehrskreise auf seine betriebliche Herkunft oder seine Besonderheiten hinzuweisen (BGH GRUR 2002, 275, 276 – *Noppenbahnen*; BGH GRUR 2000, 521, 523 – *Modulgerüst*; BGH GRUR 2002, 86, 90 – *Laubhefter*; BGH GRUR 1998, 830, 833 – *Les-Paul-Gitarren*; für eine Bildschirmmaske LG Frankfurt am Main ZUM-RD 2006, 530). Denkbar sind auch Wettbewerbsverstöße durch Verletzungen der Bestimmungen für **Betriebsgeheimnisse** (§§ 17, 18 UWG). Letztere sind allerdings nur gegen Weitergaben bei bestehendem Anstellungsverhältnis (§ 17 Abs. 1 UWG), gegen Ausspähung mit bestimmten Mitteln (§ 17 Abs. 2 Ziff. 1 UWG), gegen unbefugte Verwertung ohne oder nach Ende des Anstellungsverhältnisses (§ 17 Abs. 2 Ziff. 2 UWG) bzw. unbefugter Verwertung bei bestehendem Vertrauensverhältnis (§ 18 UWG) geschützt. Die Anwendung dieser Normen bietet sich insbesondere an, wenn Code „mitgenommen" wurde, dessen urheberrechtliche Schutzfähigkeit möglicherweise zweifelhaft ist, denn die Anforderungen an ein Betriebsgeheimnis sind andere als an eine persönliche geistige Schöpfung; so ist anerkannt, dass Betriebsgeheimnis insbesondere auch der Code von Computerprogrammen sein kann (OLG Celle CR 1989, 1002; LG Stuttgart NJW 1991, 441; Hefermehl/*Köhler/* Bornkamm*[26]*, § 17 Rn. 12 m.w.N.). Schutz für Icons oder Bildschirmmasken kann das **Geschmacksmusterrecht** bieten, wobei insb. das neue nichteingetragene EU-Geschmacksmuster zu erwähnen ist (dazu *Gottschalk/Gottschalk* GRUR Int. 2006, 461 ff.; *Oldekop* WRP 2006, 801 ff.). Schließlich bietet das **Kennzeichenrecht** Schutz für die Bezeichnung eines Computerprogramms, sei es als eingetragene Marke (§ 4 MarkenG), sei es bei Benutzung eines unterscheidungskräftigen „Namens" eines Computerprogramms im geschäftlichen

Verkehr als Werktitel nach § 5 Abs. 3 MarkenG (BGH GRUR 1998, 155, 156
– *Power Point*; zu Verletzungen des Markenrechts durch Umverpackungen
OLG Karlsruhe CR 2000, 285 – *CD-ROM Vertrieb ohne Produktbestand-
teile*). Hierzu *Brandi-Dohrn*, in: Ullrich/Lejeune[2] I Rn. 213 ff.; Zum Patentrecht als einem anderen Schutzregime vgl. Rn. 23 m.w.N..

VI. Open Source als Antwort?

Mit Computerprogrammen hat erstmals seit der Schaffung moderner Urheber- **25**
rechtsgesetze eine völlig neue Art von Werken Eingang in die Gesetze gefunden. Zudem kann man seitdem eine Entwicklung hin zu vermehrtem Schutz
von Investitionen erkennen, was man nicht zuletzt an der Aufnahme des
Datenbankschutzrechts sui generis (§§ 87a ff.) sieht. Einher damit geht ein
verstärkter technischer Schutz, sei es über den Quellcode-Schutz (vgl. Rn. 21),
sei es über neue technische Schutzmechanismen (§§ 95a ff.). War es da nur eine
Frage der Zeit bis sich eine **Gegenbewegung** etabliert? (zu dieser Entwicklung
allgemein *Czychowski*, in: Büllesbach/Büchner, IT Doesn't matter?, 2006,
S. 131 ff.). Das was man gemeinhin unter dem Begriff Open Source Bewegung
subsummiert, kämpfte zunächst im Wesentlichen nur für ein Programmiermo-
dell, das den verpflichtenden freien Zugang zum Quellcode beinhaltete. Mittlerweile ist daraus aber fast eine eigene Philosophie geworden, sei es unter dem
Begriff *Free Software*, sei es weitergehender unter *Free Content* oder der
Creative Commons Bewegung (hierzu *Dreier* FS Schricker S. 283 ff.). Was ist
also Open Source?

Open Source ist *per definitionem* nicht gesetzlich normiert. Allerdings gibt es **26**
einige Institutionen, die sich der Pflege und Entwicklung dieses Software-
modells verschrieben haben und daher mit einer gewissen Rechtfertigung bei
Fragen der Definition als standardsetzend bezeichnet werden können. Die
Definition der Open Source Initiative (http://www.opensource.org/osd.html,
abgerufen am 28.02.2008) fordert folgende Voraussetzungen für Open Source
Software, die hier zusammengefasst dargestellt werden und an deutsche urheberrechtliche Begrifflichkeiten angepasst wurden:

1. Freie Verbreitung des Computerprogramms, insbesondere ohne Lizenzgebühren
   zu fordern
2. Verfügbarmachung des Quellcodes bei Verbreitung
3. Erlaubnis der Bearbeitung und deren Verbreitung unter den selben Bedingungen
   wie die Ursprungssoftware
4. Bestimmte Regeln zur Integrität des Ursprungs-Quellcodes
5. Verbot der Diskriminierung gegenüber Personen oder Gruppen
6. Verbot der Diskriminierung gegenüber bestimmten Anwendungsformen
7. Verbreitung der Lizenz auch ohne expliziten Lizenzvertragsschluss
8. Verbot, die Lizenz an ein bestimmtes Software-Produkt zu knüpfen
9. Verbot, aus der Lizenz Beschränkungen in Bezug auf andere Software abzuleiten
10. Gebot, dass die Lizenz technologieneutral ist

Weniger detailliert ist die Definition der Free Software Foundation
(http://www.gnu.org/philosophy/free-sw.html, abgerufen am 28.02.2008),
die sich auf folgende verpflichtende Freiheiten bezieht:

1. Die Freiheit, das Programm für jegliche Zwecke ablaufen zu lassen (Freiheit 0).
2. Die Freiheit, zu beobachten, wie das Programm arbeitet und es an die eigenen
   Bedürfnisse anzupassen (Freiheit 1). Zugang zum Quellcode ist eine Voraussetzung hierfür.
3. Die Freiheit, Vervielfältigungsstücke weiterzuverbreiten, um seinem Nachbarn zu
   helfen (Freiheit 2).

4. Die Freiheit, das Programm zu verbessern und diese Verbesserungen zu veröffentlichen, so dass die gesamte Gemeinschaft davon profitiert (Freiheit 3). Zugang zum Quellcode ist eine Voraussetzung hierfür.

27 Es gibt eine Unmenge an **verschiedenen Lizenzen**, die diese Grundgedanken beherzigen (zu einem Überblick http://www.ifross.de/ifross_html/lizenzcenter.html, abgerufen am 28.02.2008). Dabei unterscheidet man zwischen Lizenzen mit und ohne sog. **Copyleft-Effekt**. Letztere erkennt man daran, dass der Lizenznehmer nicht verpflichtet ist, seine eigene Software, die er unter Verwendung von Open Source Software hergestellt hat, wiederum einem Open Source Modell zu unterstellen. Gemein ist allen diesen Lizenzen, dass sie nicht etwa – wie landläufig oft behauptet – das Urheberrecht ablehnen. Sie setzen ein existierendes Urheberrechtssystem für Software vielmehr voraus, denn ohne ein solches könnte ihr Lizenzgegenstand, nämlich bestimmte urheberrechtliche Nutzungsrechte, nicht existieren. Open Source verhindert auch nicht die gängige softwareurheberrechtliche Lizenzpraxis. Open Source stellt vielmehr schlichtweg ein **alternatives Geschäftsmodell** dar. Da insbesondere die Open Source Lizenzen mit strengem Copyleft-Effekt aber Regelungen enthalten, die dem gängigen Lizenzmodell entgegenlaufen, kommt es zwangsläufig zu Friktionen mit den hergebrachten Einordnung und Wirksamkeitsverständnis etablierter Softwaregeschäftsmodelle. Zudem geraten immer mehr Unternehmen, die Open Source Software (bewusst oder unbewusst) nutzen und bearbeiten in die Gefahr, in Kollision mit den Bestimmungen der jeweiligen Open Source Lizenz zu geraten. Die einzelnen Bestimmungen der jeweiligen Lizenzen können hier nicht dargestellt werden. Wir kommentieren allerdings ausgewählte Regelungen der am weitest verbreiteten sog. GPL-Lizenz in den Nachbermerkungen zu §§ 69a ff. (vgl. Nach § 69c Rn. 1).

§ 69a Gegenstand des Schutzes

(1) Computerprogramme im Sinne dieses Gesetzes sind Programme in jeder Gestalt, einschließlich des Entwurfsmaterials.

(2) [1]Der gewährte Schutz gilt für alle Ausdrucksformen eines Computerprogramms. [2]Ideen und Grundsätze, die einem Element eines Computerprogramms zugrunde liegen, einschließlich der den Schnittstellen zugrundeliegenden Ideen und Grundsätze, sind nicht geschützt.

(3) [1]Computerprogramme werden geschützt, wenn sie individuelle Werke in dem Sinne darstellen, dass sie das Ergebnis der eigenen geistigen Schöpfung ihres Urhebers sind. [2]Zur Bestimmung ihrer Schutzfähigkeit sind keine anderen Kriterien, insbesondere nicht qualitative oder ästhetische, anzuwenden.

(4) Auf Computerprogramme finden die für Sprachwerke geltenden Bestimmungen Anwendung, soweit in diesem Abschnitt nichts anderes bestimmt ist.

(5) Die Vorschriften der §§ 95a bis 95d finden auf Computerprogramme keine Anwendung.

Übersicht

I.   Allgemeines

§ 69a ist zentrale Norm für den Schutz eines Computerprogramms: Sie be- **1** stimmt den Schutzumfang, regelt die Schutzvoraussetzungen und legt eine Grundlage für die Definition des Schutzgegenstandes (im Detail vgl. Vor §§ 69a ff. Rn. 1). Da sie – bis auf Abs. 4 – weitgehend Art. 1 Software-RL entspricht, knüpft sie an den europaweiten Standard an. Zum EU-rechtlichen Hintergrund vgl. Vor §§ 69a ff. Rn. 1 f.. Die Voraussetzungen des § 69a senken die Schwelle zur Schutzfähigkeit von Computerprogrammen im Vergleich zur früheren Rechtslage erheblich (vgl. Vor §§ 69 ff. Rn. 1). § 69a stellt eine Spezialvorschrift zu den Werkvoraussetzungen des § 2 Abs. 2 dar. Nunmehr stellt § 69a die Computerprogramme den Sprachwerken gleich. Abs. 4 stellt jedoch klar, dass die Bestimmungen für Sprachwerke (§ 2 Abs. 1 Nr. 1) nur ergänzend neben den Spezialvorschriften der §§ 69 ff. Anwendung finden (dazu vgl. Rn. 40 ff.), stellt also eine lückenfüllende Verknüpfung zum allgemeinen Urheberrecht her. Zur Systematik vgl. Vor §§ 69a ff. Rn. 4 f..

Computerprogramme genießen aufgrund von **Art. 5 Abs. 1 RBÜ** sowie **Art. II** **2** **Abs. 1 und 2 WUA** Schutz im Rahmen der sog. Inländerbehandlung. Auch nach WUA, allerdings aufgrund des eingeschränkten Mindestkataloges des Art. I WUA, und nur mit der Folge der Inländerbehandlung sind Computerprogramme geschützt (OLG Karlsruhe GRUR 1984, 521, 522 – *Atari-Spielcassetten*; auch Lehmann/*Haberstumpf*[2] Kap. II Rn. 30). **Art. 10 TRIPS** sowie **Art. 4 World Copyright Treaty** v. 20.12.1996 (WCT) schützen Computerprogramme als Werke der Literatur (dazu näher *Lehmann* CR 1995, 2 ff.; *Rehbinder*/*Staehelin* UFITA 127 (1995) 5, 17 ff.; *Reinbothe* GRUR Int. 1992, 707, 709 ff.). Nach Art. 10 i.V.m. 9 Abs. 1 TRIPS sind Mitgliedstaaten zur Gewährung von (wirtschaftlichen) Mindestrechten an Computerprogrammen verpflichtet. Art. 4 WCT stellt alleinig klar, dass Computerprogramme „ohne Rücksicht auf die Art und Form des Ausdrucks" geschützt sind. Damit sind nach WCT nicht nur der Quell- und Objektcode geschützt, sondern auch die innere Gestaltung (*v. Lewinski* CR 1997, 438, 442). Mehr zu Internationalen Konventionen vgl. Vor §§ 69 ff. Rn. 6 ff. m.w.N..

II. Tatbestand

1. Anwendbarkeit in persönlicher und zeitlicher Hinsicht

3 **Urheber** ist/sind der/die Programmierer bzw. sonstigen **Schöpfer** (zu Fragen der Urhebervermutung vgl. Vor §§ 69a ff. Rn. 8 f.). Es gilt nach wie vor das Schöpferprinzip (§ 7), wie sich ausdrücklich aus Art. 2 Software-RL ergibt. Computerprogramme werden i.a.R. nicht von einem einzelnen Programmierer geschrieben. Es gelten die allgemeinen Voraussetzungen zur Miturheberschaft oder Urheberschaft verbundener Werke (BGH GRUR 2005, 860, 862– *Fash 2000*). Sofern in Programmierteams gearbeitet wird (häufig als „core team" eingegrenzt auf die entscheidenden Programmierer) dürfte es sich um **Miturheberschaft** handeln, denn bei in solcher Teamarbeit entstandenen Computerprogrammen arbeiten die Programmierer arbeitsteilig, ohne dass sich ihre Anteile gesondert verwerten lassen (zu prozessualen Folgen vgl. Rn. 35 ff.). Anders kann zu entscheiden sein, wenn die Beiträge der einzelnen Programmierer zeitlich gestaffelt eingebracht werden (BGH GRUR 2005, 860, 862 – *Fash 2000*).

4 In **zeitlicher Hinsicht** finden §§ 69a ff. auch auf Programme Anwendung, die vor dem 24.06.1993 geschaffen wurden (s. die Übergangsregelung in § 137d Abs. 1).

2. Computerprogramm

5 **a) Überblick und Begriff:** Das Gesetz enthält **keine Definition des Computerprogramms**, da zu befürchten war, dass eine Begriffsdefinition durch die Entwicklung schon bald wieder überholt sein würde (RegE ÄndG 1992 – BT-Drucks. 12/4022, S. 9). In der Entscheidung *Inkasso-Programm* hat der BGH das Computerprogramm unter Berufung auf die DIN 44.300 wie folgt definiert:

„Eine Folge von Befehlen, die nach Aufnahme in einen maschinenlesbaren Träger fähig sind zu bewirken, dass eine Maschine mit informationsverarbeitenden Fähigkeiten eine bestimmte Funktion oder Aufgabe oder ein bestimmtes Ergebnis anzeigt, ausführt oder erzielt" (BGH GRUR 1985, 1041 – Inkasso-Programm).

Kürzer, aber ebenso treffend, kann das Computerprogramm auch als „eine ablauffähige Folge von Einzelanweisungen, die dazu dient, den Computer zur Ausführung einer bestimmten Funktion zu veranlassen", definiert werden (*Lesshaft/Ulmer* CR 1993, 607, 608). Zu Recht wird daher für Computerprogramme als entscheidendes Kriterium verlangt, dass es Steuerbefehle enthält (Wandtke/Bullinger/Grützmacher[2] Rn. 3 unter Verweis auf OLG Hamburg NJW-RR 1999, 483, 484 f – *Computerspielergänzung*; § 1 (i) WIPO-Mustervorschriften für den Schutz von Computersoftware, abgedr. in GRUR 1979, 300, 306 ff.; GRUR Int. 1978, 286, 290 ff.).

6 **b) Sachlicher Anwendungsbereich; Beispiele:** Die offene Begriffsdefinition führt dazu, dass nicht nur Computerprogramme im engeren Sinne wie z.B. Betriebssysteme, Anwendungsprogramme, Benutzeroberflächen, Hilfsprogramme und Makros darunter fallen, sondern z. B. auch **Firmware/embedded Software,** d. h. in der Hardware auf Speicherchips integrierte Computerprogramme (RegE ÄndG 1992 – BT-Drucks. 12/4022, S. 9, vgl. § 69c Rn. 10). Für solche Computerprogramme gelten also keine Besonderheiten.

Die **Multimedia** -Anwendungen steuernde Software ist ebenso Computerpro- **7** gramm wie im Zusammenhang mit **Datenbanken** die Retrieval-Software sowie die geschlossene **Onlinedienste** wie z. B. T-Online oder AOL steuernden Computerprogramme. Im Bereich des **Internet** sind Computerprogramme die Browser, d. h. die zum Betrachten von Daten dienenden Benutzeroberflächen, die Search-Engines, die der Suche nach Daten im Internet dienen, oder die E-Mail-Software („elektronische Post"), Software-Agenten („Knowbots"), die in Netzen eigenständige Aufgaben erfüllen wie z.b. Nachrichten oder sonstige Dokumente sammeln, selbständig Links aktivieren, überprüfen und Suchergebnisse auswerten (*Koch* GRUR 1997, 417, 422), die Router-Software, d. h. Software, die den Versand von Daten im Internet steuert (*Koch* GRUR 1997, 417, 422), die Micropayment zugrundeliegende Software (*Koch* GRUR 1997, 417, 421), IRC-Software (*Koch* GRUR 1997, 417, 421), die das „Chatten" im Internet ermöglicht, also die Kommunikation der Teilnehmer in Echtzeit durch Textaustausch oder Push- and Pulltechnologie-Software, die das dauerhafte, automatische Zusenden von Informationen nach vorheriger einmaliger Anforderung ermöglicht.

Die **HTML-„Programmierung"** einer Webseite hingegen ist kein Computer- **8** programm (a.A. die Vorauflage/*Nordemann/Vinck* Rn. 2; wie hier auch Wandtke/Bullinger/*Grützmacher*[2] Rn. 18 unter Verweis auf OLG Düsseldorf MMR 1999, 729, 730; nunmehr auch OLG Frankfurt GRUR-RR 2005, 299 – *Online-Stellenmarkt*; zum sonstigen Schutz von **Websites** vgl. § 2 Rn. 116, 231; vgl. § 4 Rn. 15). Zwar definiert sie durch bestimmte Befehle die logische Struktur eines Internet-Dokuments, z. B. einer Homepage-Seite, d. h. mit bestimmten Befehlen wird die Anordnung und das Format der einzelnen Bestandteile der Seite (Texte, Bilder, Grafiken, Videos) vorgegeben; allerdings macht die HTML-„Programmierung" nur Texte und Grafiken sichtbar, sie führt keine eigenständigen Funktionen aus. Andererseits können Teile von Websites als Computerprogramm geschützt sein, wenn sie z.b. eigenständig ablauffähige **Java-Applets** oder Java-Skripten enthalten.

Auch eine über „Macromedia Directors" erstellte **Menüführung** für ein **mul-** **9** **timediales Produkt** ist regelmäßig nicht schutzfähig (LG Köln MMR 2006, 52 – *Schutzfähigkeit multimedialer Werke*). Gängige Computer-Lexika fassen auch die **Programmiersprachen** als Computerprogramme auf (*Irlbeck* und *Voets/Hamel* jeweils unter dem Stichwort „Software"). Aufgrund der offenen Begriffsdefinition des Computerprogramms in § 69a Abs. 1 kann man dies rechtfertigen, weil eine Programmiersprache nichts anderes ist als eine Sammlung von Bezeichnungen und Regeln, die dazu dient, einem Computer Anweisungen und Befehle zu übermitteln und Programme zu erstellen. Allerdings könnte man mit dieser Ansicht auch die deutsche Sprache als urheberrechtliches Werk einstufen; sie dient ersichtlich nur als Voraussetzung für Werke, so dass sie selbst – zumal nach der Rechtschreibreform – wohl eher kein Werk sein kann (im Detail vgl. Rn. 31). Von seiner Definition her als „Folge von Anweisungen, die den Zweck haben, ein bestimmtes Problem zu bearbeiten" wäre dann auch ein **Algorithmus** als Computerprogramm aufzufassen, sofern er nicht eine reine Rechenregel ist (dafür *Heymann* CR 1990, 9, 13 ff.; *Lesshaft/Ulmer* CR 1991, 519, 522 f.; *Zahrnt* GRUR 1988, 598; vermittelnd (nach *Lesshaft/Ulmer* ablehnend) BGH GRUR 1991, 449, 453 – *Betriebssystem* und *Dreier* GRUR 1993, 781, 786 in Bezug auf die Kombination von Algorithmen;

zu unterschiedlichem Schutz von Implementationslogarithmus und schutz-unfähigen Algorithmen höherer Allgemeinheitsstufe Lehmann/*Haberstumpf*[2] S. 81 ff.; *Ensthaler/Möllenkamp* GRUR 1994, 151, 151 ff.; *Hübner* GRUR 1994, 883, 885). Als Computerprogramme aufzufassen ist des Weiteren die **Computerspiele steuernde Software** (Dreier/Schulze/*Dreier*[2] Rn. 17; a.A. of-fenbar: *Gernot Schulze* ZUM 1997, 77, 80 unter Hinweis auf OLG Frankfurt GRUR 1983, 757, 758 – *Donkey Kong Junior*; *Günther* CR 1994, 339, 340; *Junker* NJW 1993, 824, 826).

10 Die **Computer- oder Videospiele selbst** hingegen sind als Filmwerke aufzufas-sen oder, wenn sie die Werkeigenschaft nicht erreichen, als Laufbild (vgl. § 2 Rn. 193 m.w.N.; h.M. OLG Hamburg GRUR 1983, 436 – *PUCKMAN*; OLG Hamm NJW 1991, 2161; s.a. Öst. ÖGH ZUM-RD 2005, 11, 13: zugrunde liegendes Programm = Computerprogramm, bildliche Darstellungen = Film-werk; a.A. allerdings ohne Begründung Möhring/Nicolini/*Hoeren* Rn. 8: auch Computerprogramm; *Kreutzer* CR 2007, 1: nach wirtschaftlichem Schwer-punkt; u. E. macht aber gerade die „Programmierleistung" i.S. eines wirkliche Aufgaben lösenden Computerprogramms nicht den Schwerpunkt aus; neuer Vorschlag von *Lambrecht*, Der urheberrechtliche Schutz von Bildschirmspie-len, 2006: Doppelnatur, also Computerprogamm und filmisches Werk). Abge-speicherte Spielstände eines solchen Computerspiels fallen ebenfalls nicht unter § 69a (OLG Düsseldorf MMR 1999, 602 – *Siedler III*). Eine ähnliche Differenzierung wird man auch bei **Multimediawerken** vornehmen müssen. Bei ihnen gilt es, vornehmlich die Form der Darstellung, in aller Regel als audiovisuelles Werk (vgl. § 2 Rn. 231), zu schützen; nur in seltenen Fällen wird ein Computerprogramm integriert sein, das dann eigenständig Schutz genie-ßen kann (wohl mittlerweile h.M.; s. ausführliche Darstellung bei Wandtke/ Bullinger/*Grützmacher*[2] Rn. 21 m.w.N.).

11 Die Unterscheidung zwischen Spielinhalt einerseits und den Spielverlauf steu-erndes Computerprogramm ist allerdings bedeutsam für die Frage, nach wel-cher Norm gegen die Umgehung von **technischen Schutzmaßnahmen** vor-gegangen werden kann. (vgl. § 95a Rn. 7). Je nachdem ob der Schutzgegenstand als „normales Werk", also „Filmwerk" bzw. „Laufbild" oder als „Computerprogramm" zu qualifizieren ist, finden nämlich entweder die Regeln des §§ 95a ff. oder die Regelung des § 69f Anwendung. Hierzu gibt es bislang soweit ersichtlich keine gerichtliche Klärung. Letztlich ist die Frage nach dem Normregime hinsichtlich der Rechtsfolgenseite dadurch entschärft, dass § 69f von der Rechtsprechung dahingehend erweiternd ausgelegt wird, dass neben dem Vernichtungsanspruch nach § 69f auch Ansprüche auf Unter-lassung und ggf. Schadenersatz existieren. Zwei Problemkreise in Bezug auf § 69f sind jedoch strittig: Zum einen gestatten die Regelungen über den Rechtsschutz von Computerprogrammen nach §§ 69c die Anfertigung einer Sicherungskopie, zum anderen greift § 69f UrhG nach dem Wortlaut nur ein, wenn die Ausschaltung des Programmschutzes die *alleinige* Bestimmung des Mittels ist. Letzteres indessen stellt nach allgemeiner Auffassung kein größeres Problem dar, da sich ein Umgehungsprogramm nicht dadurch dem Anwen-dungsbereich des Abs. 2 entziehen kann, dass es mit zusätzlichen, nicht der Ausschaltung des Umgehungsschutzes dienenden Funktionen ausgestattet wird (statt vieler: Schricker/*Loewenheim*[3] § 69f Rn. 13 m.w.N). Auch das Recht zur Sicherungskopie stellt kein Problem dar, da es nur auf den Teil des Computerspiels Anwendung findet, der klar als Computerprogramm erkannt wird. Die Teile eines Computerspiels die filmwerkähnlichen Charak-

ter haben unterliegen nach allgemeiner Meinung nicht dem Recht auf Sicherungskopie.

Keine Computerprogramme sind **Textdateien**, auch die Handbücher (vgl. **12** unten Rn. 29 und Dreier/Schulze/*Dreier*[2] § 69a Rn.15; Wandtke/Bullinger/ *Grützmacher*[2] Rn. 13 m.w.N), bloße **Daten** und Datenbestände. Wohl ebenfalls nicht als Computerprogramme aufgefasst werden können **Hyperlinks,** die hauptsächlich im Internet Verwendung finden und mit deren Hilfe man durch einen Klick von dem mit dem Hyperlink unterlegten Wort zu einer anderen Stelle des selben Dokuments oder einer anderen Internet-Seite gelangen kann, weil ein Hyperlink i.d.R. nur aus einem einzigen Befehl besteht (s.a. *Koch* GRUR 1997, 417, 420). Zu der umstrittenen Lage bei **Benutzeroberflächen,** neudeutsch **GUI** (Graphical User Interfaces), vgl. Rn. 27. Zum Verhältnis zu Datensammlungen und **Datenbanken** vgl. Rn. 47.

Schließlich fallen auch die **Computerschriften** aus dem Begriff der Computer- **13** programme heraus (Wandtke/Bullinger/*Grützmacher*[2] Rn. 15 unter Hinweis auf die a.A. Entscheidung des LG Köln CR 2000, 431, 432 – *Urheberschutz für Computerschriften*), können aber Schutz als Geschmacksmuster (§ 1 Ziff. 2 GeschmG, Art. 3 lit. b) EG GeschmVO; dazu insgesamt *Bulling* Mitt. der PA 2004, 254, 255) oder in seltenen Fällen Schutz als Werk der angewandten Kunst (vgl. § 2 Rn. 182) genießen. Ebenfalls nicht schutzfähig sind die **rein konzeptionellen Vorgaben,** etwa in betriebswirtschaftlicher oder kaufmännischer Sicht, für ein Computerprogramm (OLG Köln GRUR-RR 2005, 303, 304 – *Entwurfsmaterial*).

c) Schutzvoraussetzungen (Abs. 3): aa) Eigene geistige Schöpfung: Abs. 3 ver- **14** langt für die Schutzfähigkeit von Computerprogrammen nur noch Individualität im Sinne einer „**eigenen geistigen Schöpfung**"; qualitative oder ästhetische Kriterien sollen keine Anwendung finden. Mit dieser Schutzfähigkeitsvoraussetzung sind die überspannten Voraussetzungen, die der BGH in seiner *Inkasso-Programm*-Entscheidung festgeschrieben hatte (vgl. Vor §§ 69a ff. Rn. 1), per Gesetz auf das urheberrechtliche Normalmaß reduziert worden.

Die eigene geistige Schöpfung des Urhebers, d. h. die Individualität des Com- **15** puterprogramms, ergibt sich aus der Auswahl, Sammlung, Anordnung und Einteilung der Informationen und Anweisungen, kann aber auch durch die Be-, Um- und Einarbeitung vorbekannter Elemente und Formen erzielt werden (BGH GRUR 1985, 1041, 1047 f. – *Inkasso-Programm*). Schöpferische Gestaltungsakte können in allen drei Phasen der Entstehung eines Computerprogramms erbracht werden, (dennoch für Wertung aller Zwischenergebnisse als ganzheitlicher geistiger Schöpfung: *Lesshaft/Ulmer* CR 1993, 607, 609 zu Problemen der **Miturheberschaft** vgl. Rn. 39) und sich sowohl aus dem Konzept des Systems als Ganzem (*Lesshaft/Ulmer* CR 1993, 607, 608) als auch aus seiner Funktionalität, den verwendeten Implementierungstechniken oder der Art und Weise der Integration bestehender Softwaresysteme ergeben (*Broy/ Lehmann* GRUR 1992, 419, 422).

Die **Schutzuntergrenze** ist damit niedrig; „einfache" Individualität auch unter- **16** halb des Durchschnittskönnens ist ausreichend. Allerdings bleibt ein gewisses Mindestmaß an geistiger Leistung erforderlich, weil Individualität bzw. die „eigene geistige Schöpfung" letztendlich nichts anderes ist als eine „persönliche geistige Schöpfung" i. S. v. § 2 Abs. 2 (zutr. *Erdmann/Bornkamm* GRUR 1991, 877, 877 f.). Derartige menschliche Leistung fehlt bei rein computergenerierten Programmen (vgl. Rn. 19). Es ist deshalb auch nicht ausreichend,

Individualität schon dann anzunehmen, wenn das Computerprogramm nicht kopiert wurde (so *Marly*, Urheberrechtsschutz, S. 119; *ders.* NJW-CoR 4/93, 21, 21), die Individualität als *„statistische Einmaligkeit"* zu verstehen (so noch die Vorauflage/*Vinck*[8] Bem. 4 sowie OLG Hamburg CR 1999, 298; OLG München CR 2000, 429, 430; dagegen auch Dreier/Schulze/*Dreier*[2] Rn. 26) oder überhaupt keine Schöpfungshöhe zu verlangen (so LG Düsseldorf CR 1996, 737, 737 – *Dongle-Umgehung*). Auch im Rahmen der Beurteilung der Schutzfähigkeit von Computerprogrammen ist **nicht entscheidend,** mit welchem **Aufwand** und mit welchen Kosten das Computerprogramm konzipiert wurde oder welchen quantitativen Umfang es hat (BGH GRUR 1985, 1041, 1048 – *Inkasso-Programm*). Die Gegenauffassung (*Marly*, Softwareüberlassungsverträge[3], Rn. 130) berücksichtigt nicht, dass der Schutz der Computerprogramme gem. §§ 69a, 2 Abs. 1 Nr. 1 urheber- und nicht leistungsschutzrechtlich ausgestaltet ist. Urheberrechtsschutz setzt aber eine schöpferische Leistung voraus, während die verwandten Schutzrechte Leistungen, also Aufwand, Können und Mühe, honorieren. Ausgeschlossen sein kann die Schutzfähigkeit, wenn die entsprechende Programmierung zwingend funktional vorgegeben ist und kein Gestaltungsspielraum besteht (Dreier/Schulze/*Dreier*[2] § 69a Rn. 27). Die Individualität bzw. die „eigene geistige Schöpfung" ist *europäisch* auszulegen (RegE ÄndG 1992 – BT-Drucks. 12/4022, S. 8; vgl. Vor §§ 69a ff. Rn. 2; *Broy/Lehmann* GRUR 1992, 419, 419 f.), so dass hierzu neben der bindenden Rechtsprechung des EuGH auch die Rechtsprechung der anderen EU-Mitgliedstaaten herangezogen werden kann (vgl. Vor §§ 69a ff. Rn. 6).

17 So wie z.B. bei Musikwerken verschiedene Elemente (z.B. Tonhöhe, Tondauer, Lautstärke und Klangfarbe) zur Schutzfähigkeit beitragen können, gibt es auch bei Computerprogrammen **schutzbegründende und irrelevante Elemente.** Zu ersteren zählt z.B. der konzeptionelle Aufbau eines Codes oder Einfallsreichtum bei der konstruktiven Struktur des Computerprogramms. Schöpfungsbegründend sind auch z.B. die Umsetzung spezieller organisatorischer Vorgaben im Rahmen einer individuellen Problemlösung (OLG München ZUM-RD 2000, 8). Irrelevant hingegen sind die Aufwendungen für die Programmierung oder die Länge eines Computerprogramms. Außen vor bei der Betrachtung der Schutzfähigkeit bleiben schließlich auch solche Teile des Computerprogramms, die technisch bedingt oder durch andere Vorgaben zwingend sind.

18 bb) **Schutz auch für die „Kleine Münze":** Das früher bestehende Regel-Ausnahmeverhältnis hat sich umgekehrt: Nunmehr ist auch die *Kleine Münze* der Computerprogramme urheberrechtlich geschützt (OLG München ZUM-RD 1999, 445), so dass im Regelfall ein Urheberrechtsschutz von Computerprogrammen vorliegt (RegE ÄndG 1992 – BT-Drucks. 12/4022, S. 9; *Lehmann* CR 1993, 268, 268; *Raubenheimer* CR 1996, 69, 71 u. 73). Alle etwas komplexeren Programme sind deshalb nunmehr urheberrechtlich geschützt (BGH GRUR 1991, 449, 450 f. – *Betriebssystem*; OLG Karlsruhe NJW 1996, 2583, 2584 – *Dongle-Abfrage, Lehmann* NJW 1993, 1822, 1822; a. A. *Lesshaft/Ulmer* CR 1993, 607, 608, da Komplexität allein noch keine individuelle Schöpfung sein muss – zumal sie technisch bedingt sein kann). Dies gilt auch für einfache Programme (RegE ÄndG 1992 – BT-Drucks. 12/4022, S. 8), sofern sie nicht völlig trivial oder banal sind (OLG Düsseldorf ZUM-RD 1997, 555 – *Dongle-Umgehung*; 520; *Paschke/Kerfack* ZUM 1996, 498, 499 zur Entscheidung des OLG Karlsruhe GRUR 1994, 726 – *Bildschirmmasken; Pres* CR 1994, 520).

cc) **Auch Schöpfung mit Maschinenhilfe erfasst (CASE):** Aufgrund der gerin- **19** gen Anforderungen an die Schöpfungshöhe dürfte die Schutzfähigkeit i.d.R. auch dann gegeben sein, wenn die Software computergestützt entwickelt wurde (sog. **computer-aided software-engineering**, CASE), also ein anderes Computerprogramm quasi als „Werkzeug" zur Erstellung des neuen Computerprogramms verwendet wurde. Ein solches Hilfsmittel übernimmt eher die „handwerksmäßigen" Programmerstellungsaufgaben und lässt dem Urheber für Auswahl, Konzept und Struktur des neu erstellten Programms häufig noch genügend Gestaltungsfreiraum (Kilian/Heussen/*Harte-Bavendamm* Kap. 54 Rn. 15). Ähnliches dürfte bei der heute schon als üblich zu bezeichnenden **objektorientierten Programmierung** gelten. Hierbei bedient sich der Programmierer vorgefertigter Module, auch **Klassen** genannt, die in sog. Klassenbibliotheken abgelegt sind. Bei der Programmerstellung konkretisiert er diese eher abstrakten Vorgaben für das individuelle Programm (zur Technik derartiger Programmierung *Koch* GRUR 2000, 191, 192 ff.; *Grützmacher* S. 38 ff.). Zwar sehen einige angesichts der fehlenden Ausführbarkeit der einzelnen Klassen und mangels Einheitlichkeit der Werkgestaltung hierin kein Computerprogramm (*Koch* GRUR 2000, 191, 192 ff.). I.d.R. wird es aber nicht um die Schutzfähigkeit isolierter Klassen, sondern deren Implementierung in ein ablauffähiges Computerprogramm gehen. Ob dieses sich aus vorbestehenden Teilen zusammensetzt, ist für den Werkbegriff generell unschädlich (wie hier auch Wandtke/Bullinger/*Grützmacher*[2] Rn. 19). Zu einem Beispiel OLG Hamburg GRUR-RR 2002, 217 – *CT-Klassenbibliothek*.

dd) **Tatsächliche Vermutung:** Mittlerweile ist anerkannt, dass bei Computer- **20** programmen gewisser Komplexität, die ohnehin für Verletzungen gefährdeter erscheinen als simple Software, eine **tatsächliche Vermutung für die Schutzfähigkeit** spricht (BGH GRUR 2005, 860; 862– *Fash 2000*; zuvor schon i.d.S. die Vorauflage und Schricker/*Loewenheim*[3] Rn. 21; Wandtke/Bullinger/*Grützmacher*[2] Rn. 37), die sich aus dem Vortrag des Verletzten über die Gestaltungselemente seines Computerprogramms und der Vorlage des Werkes selbst ergibt; der Verletzer muss in diesen Fällen dann die Vermutung dadurch entkräften, dass er Übereinstimmungen mit vorbekannten Programmierleistungen nachweist (*Erdmann/Bornkamm* GRUR 1991, 877, 879; *Ullmann* CR 1992, 641, 643; *Kilian/Heussen/Harte-Bavendamm* Kap. 54 Rn. 25; zu streng daher OLG München CR 1988, 378).

ee) **Rechtsprechung:** Die **Rechtsprechung** hat die geringen Schutzanforderun- **21** gen an Computerprogramme weitgehend umgesetzt. Auch wenn in einigen Entscheidungen die Werkqualität offengelassen werden konnte, weil es hierauf nicht ankam (OLG Stuttgart CR 1994, 743, 744 – *Public Domain Software*, OLG Celle CR 1994, 681, 684 – *Programmfertigstellung beim neuen Arbeitgeber*), ist ansonsten auf die nur noch geringen Anforderungen an die Schöpfungshöhe ausdrücklich hingewiesen und die Werkqualität der betroffenen Computerprogramme angenommen worden (BGH GRUR 1994, 39, 39 f. – *Buchhaltungsprogramm*, OLG Düsseldorf ZUM-RD 1997, 555, 556, 338 – *Dongle-Umgehung*, KG GRUR 1996, 974, 974 f. – *OEM-Software*, OLG Karlsruhe NJW 1996, 2583, 2584 – *Dongle-Abfrage*, OLG Düsseldorf NJW-RR 1995, 730 – *Shareware-Vertrieb auf CD-ROM*, OLG Karlsruhe GRUR 1994, 726, 729 – *Bildschirmmasken*; OLG München ZUM-RD 1999, 445; LG Mannheim NJW-RR 1994, 1007, 1007). Tw. wurde die Schutzfähigkeit auch mit Hilfe von Sachverständigengutachten festgestellt (BGH GRUR 1994, 39, 40 – *Buchhaltungsprogramm*, LG München I CR 1997, 351, 352 – *Softwareentwicklung im Dienstverhältnis*, LG Oldenburg GRUR 1996, 481,

482 f. – *Subventions-Analyse-System*). Bei komplexeren Programmen spricht ebenso wie bei ausgereiften Standardprogrammen die oben beschriebene tatsächliche Vermutung für die Schutzfähigkeit (vgl. Rn. 20); das KG hat deshalb auch vollkommen zu Recht die Schutzfähigkeit der beiden Computerprogramme MS-DOS und Windows for Workgroups ohne Sachverständigenhilfe unterstellt (KG GRUR 1996, 974, 974 f. – *OEM-Software* und letztinstanzlich BGH GRUR 2001, 153, 153 – *OEM Version*).

22 **d) Schutz des Programms in jeder Gestalt (Abs. 1):** § 69a Abs. 1 schützt Computerprogramme in **jeder Gestalt**. Erfasst wird auch das **Entwurfsmaterial**. Die Programmierpraxis ist heutzutage sehr diversifiziert. Zwar gibt es Projekte, die nach dem klassischen Phasenmodell (dazu sogleich) ablaufen. Weiter verbreitet sind aber iteratives Programmieren, Rapid Programming u.a. In der juristischen Literatur und Rechtsprechung wird die Entwicklung eines Computerprogramms üblicherweise in 3 – 5 Phasen eingeteilt (z. B. BGH GRUR 1985, 1041, 1046 f. – *Inkasso-Programm* (unterscheidet 3 Phasen: Systemanalyse, Projektion des Lösungsweges, Kodierung des Programms); ebenso *Broy/Lehmann* GRUR 1992, 419, 422; *Paschke/Kerfack* ZUM 1996, 498, 501 (3-Phaseneinteilung mit Bezugnahme auf jeweils schützenswerte Idee: Anwendungsidee, Strukturierungsidee, Implementierungsidee); *Ullmann* CR 1992, 641, 645; Lehmann/*Haberstumpf*[2] S. 80 f. geht von 6 Phasen aus; ebenso: *Kindermann* ZUM 1985, 6 ff; *Ilzhöfer* CR 1988, 333 ff; *Ulmer/Kolle* GRUR Int. 1982, 493; s.a. Kilian/Heussen/*Harte-Bavendamm* Kap. 54 Rn. 11 f.)

23 Geschützt sind auch **Teile** von Computerprogrammen, sofern sie für sich betrachtet Werkqualität besitzen (vgl. § 2 Rn. 51 ff.; OLG Hamburg MMR 1999, 230, 231 – *Superfun*, dort allerdings verneint für Spielstände eines Computerspiels; OLG Hamburg GRUR-RR 2001, 289 290 – *Faxkarte*). Gerade komplexere Computerprogramme sind heutzutage häufig aus vielen einzelnen Programm-Modulen zusammengesetzt, die im Rahmen der Benutzung des „Hauptprogramms" aufgerufen werden und ablaufen (im Copyright-Vermerk von Microsoft Word finden sich beispielsweise Hinweise auf ein Korrekturprogramm, ein Wörterbuchprogramm und ein Versionsvergleichs-Programm, die in Word integriert sind; RA-Micro besteht aus vielen einzelnen Programmen wie Adressverwaltung, Aktenregister, Finanzbuchhaltung, Info-Modul, Gebühren, Kanzlei-Textverarbeitung, Winword-Schnittstelle etc.); sie können neben dem eigentlichen Programm selbständig urheberrechtlichen Schutz genießen.

24 **aa) Phasen der Computerprogrammentwicklung:** Nach der **ersten Phase** der sog. „**Problem- oder Systemanalyse**" (auch **Anforderungsphase** genannt) über Ziele und Aufgaben der Software schließt sich die **zweite Phase** (**Definitionsphase**) über Leistungsumfang, erforderliche Hardware und Bestimmung des Benutzerkreises an, im Rahmen derer das „*Pflichtenheft*" (weiterführend zu diesem Begriff und seiner Bedeutung für das EDV-Vertragsrecht: *Schaub* CR 1993, 329) erstellt wird, das selbst nicht als Entwurfsmaterial, sondern allenfalls nach § 2 Abs. 2 Nr. 1 oder 7 geschützt ist (Mestmäcker/Schulze/*Haberstumpf* Rn. 7; Möhring/Nicolini/*Hoeren*[2] Rn. 4; Schricker/*Loewenheim*[3] Rn. 5; Wandtke/Bullinger/*Grützmacher*[2] Rn. 9); sie beschreibt den Entwurf, die Idee für die anwendungsspezifische Systemkonzeption. In der **dritten Phase** (**Strukturierungsphase**) wird ein Datenflussplan bzw. Flussdiagramm erstellt, in dem die Grundstruktur der Softwarearchitektur beschrieben wird (für diese meist graphische Darstellung eines Programmentwurfs s.a. die DIN 66.001).

Da Datenflussplan bzw. Flussdiagramm für komplexere Programme häufig als ungeeignet erscheinen, wird stattdessen ein Struktogramm erstellt (DIN 66.261; *Irlbeck* „Programmablaufplan" und „Struktogramm"). In der **vierten Phase** erfolgt die Umsetzung der Datenstrukturen und der darauf arbeitenden Algorithmen in eine dem Computer verständliche Befehlsfolge, d. h. die eigentliche Kodierung des Programms in einer Programmiersprache (**Kodierungsphase**). Das Ergebnis hiervon ist der Quellcode (auch „Source Code"). Es handelt sich dabei um ein in Programmiersprache formuliertes Programm, das in Form einer Textdatei vorliegt und nicht direkt ausführbar ist (*Irlbeck* „Quellcode"). Zu einem anschaulichen Beispiel *Walter/Blocher*, Anh. Art.6 Software-RL. Durch maschinelle Übersetzung des Quellcodes mit Hilfe eines Compilers entsteht dann das Objektprogramm (auch sog. „Executables"), d. h. das fertige, auf einem Computer ausführbare Programm. Dass dieser Objektcode für Menschen nicht ohne weiteres lesbar ist (zu einem anschaulichen Beispiel *Walter/Blocher*, Anh. Art.6 Software-RL.), schadet nicht; es reicht die sinnliche Wahrnehmbarkeit (BGH GRUR 1985, 1041, 1057 – *Inkasso-Programm*). Insofern sind Computerprogramme wohl die einzigen Werke, die – jedenfalls in ihrer Objektcodeform – nur eingeschränkt „erkennbar" sind. Bei komplexeren Programmen werden in der **Testphase** die unterschiedlichen Programmteile zusammengefügt und in ihrem Zusammenspiel getestet. Auf Grundlage der Programmbeschreibung und des Quellenprogramms entstehen in dieser Phase auch die Anleitungen für den Nutzer (Handbücher) (*Lehmann/Haberstumpf*[2] S. 81).

bb) Praktische Relevanz der Phaseneinteilung von Computer – Programm- 25 entwicklung: Die praktische Relevanz dieser Phasenmodelle liegt zum einen in der Beurteilung der Schutzfähigkeit der einzelnen Beiträge zum Endprodukt Computerprogramm sowie in dessen Konsequenz in der vertraglichen Gestaltung der Verträge mit den einzelnen (Mit-)Urhebern (Definition des Vertragsgegenstandes, Vergütung für die jeweilige Leistung etc. vgl. zur Phaseneinteilung auch die Vergütungsregeln für den öffentlichen Dienst: EVB – Erstellung § 1 Ziff. 1 S. 2).

Die **eigene geistige Schöpfung** (vgl. Rn. 14) kann **in allen** (drei) **Entwicklungs- 26 phasen** des Programms zum Ausdruck kommen (BGH GRUR 1985, 1041, 1046. – *Inkasso-Programm*; *Paschke/Kerfack* ZUM 1996, 498, 501; *Broy/Lehmann* GRUR 1992, 419, 422; *Ullmann* CR 1992, 641, 645; *Kilian/Heussen/Harte-Bavendamm*, Kap. 54, Rn. 13), und zwar auch beim Pflichtenheft allein, wenn danach zunächst keine Software entwickelt wird (a.A. *Lesshaft/Ulmer* CR 1993, 607, 609). In der Phase der Kodierung sind ebenfalls noch schöpferische Leistungen möglich, sofern Flussdiagramm, Programmablaufplan oder Struktogramm dem Programmkodierer noch genügend Raum für eine individuelle Auswahl und Einteilung der Kodierung gelassen haben (BGH GRUR 1985, 1041, 1047 – *Inkasso-Programm*, a. A. offenbar *Hübner* GRUR 1994, 883, 885; a.A. auch *Ullmann* CR 1992, 641, 645: Kodierung genießt nur als Manifestation des Programms Urheberrechtsschutz). Nicht verwechselt werden darf die Erbringung einer geistigen Leistung während sowie der Schutz der einzelnen Entwicklungsphasen mit dem Schutz des Computerprogramms als solchem: Wenn die geistige Leistung bereits in der ersten oder zweiten Entwicklungsphase erbracht wurde, ist selbstverständlich auch das erst in der dritten Phase entstandene Computerprogramm urheberrechtlich geschützt, auch wenn in der dritten Phase keine schöpferische Leistung mehr erbracht wurde (BGH GRUR 1985, 1041, 1046 – *Inkasso-Programm*; *Ullmann* CR 1992, 641, 645).

27 e) **Ausdrucksform (Abs. 2):** Der Begriff der **Ausdrucksform eines Computerprogramms** in Abs. 2 hat in der Vergangenheit zu Missverständnissen in Rechtsprechung und Literatur geführt. So sind nicht nur **Bildschirmmasken** (OLG Karlsruhe GRUR 1994, 726, 729 –*Bildschirmmasken; Möhring/Nicolini/ Hoeren*[2] Rn. 6; *Marly*, Urheberrechtsschutz, S. 144 f.) oder Benutzeroberflächen (sog. Graphical User Interfaces, kurz GUI) oder sogar noch weitergehend das „Look & Feel" (*Härting/Kuon* CR 2004, 527) als Ausdrucksform eines Computerprogramms aufgefasst worden, sondern auch Bildschirmdisplays, Home-Pages als solche, Directorymenüs, die Datenbank hinter einem Computerprogramm selbst, ja sogar Texte, Grafiken und Fotografien (*Koch* GRUR 1997, 417, 418 ff.). Wir sind der Auffassung, dass dies den Gesetzestext überspannt (so auch Dreier/Schulze/*Dreier*[2] Rn. 16; Wandtke/Bullinger/*Grützmacher*[2] Rn. 14; *Funk/Zeifang* in Ullrich/Lejeune[2] I Rn.16; für ein anschauliches Beispiel, bei dem Schutz zu Recht versagt wurde s. LG Frankfurt a.M. CR 2007, 424, 425 f. – *Bildschirmmaske*). Abs. 2 will nur das Programm selbst und *seine* Ausdrucksform schützen, nicht aber das Ergebnis.

28 Ausdrucksform des Computerprogramms ist daher das **Computerprogramm in Datenform,** in ausgedruckter Form, in Form des Entwurfsmaterials oder in Form des Source Code (RegE ÄndG 1992 – BT-Drucks. 12/4022, S. 9; vgl. Rn. 22 ff.). Da Fotografien, Videofilme, Musik, Grafiken oder technische Zeichnungen immer in eine Datei umgewandelt werden müssen, um dann mit Hilfe eines Computerprogramms auf einem Computer sichtbar gemacht werden zu können, würde die Gegenauffassung letztendlich zur Konsequenz haben, dass Lichtbildwerke, Videofilme, Musik und dergleichen auch als Ausdrucksform eines Computerprogramms geschützt wären. Die §§ 69a ff. gingen dann den ansonsten für diese Werke geltenden Vorschriften des UrhG als *leges speciales* vor und Abs. 4 erklärte die für Sprachwerke geltenden Bestimmungen für ergänzend anwendbar. Das kann aber kaum gewollt gewesen sein. Abs. 2 betrifft daher nur die Computerprogramme als solche und überlässt die auf dem Computerbildschirm angezeigten oder mittels Computer ausgedruckten Fotografien dem Lichtbildwerkschutz, die Videofilme dem Filmwerkschutz, die Musik dem Musikwerkschutz und die Bildschirmmasken dem Schutz als Werk der angewandten Kunst oder als Darstellung wissenschaftlicher oder technischer Art (*Gernot Schulze* ZUM 1997, 77, 83; *Paschke/Kerfack* ZUM 1996, 498, 501; *Raubenheimer* CR 1994, 69, 70 f.; Lehmann/*Schlatter*[2] S. 202 ff.; Schricker/*Loewenheim*[3] Rn. 7; Wandtke/Bullinger/*Grützmacher*[2] Rn. 14, § 2 Rn. 38 sowie § 69g Rn. 13) bzw. als mögliches Geschmacksmuster.

29 aa) **Schutz des Look & Feel eines Programmes:** Eine Geschmacksmusteranmeldung ist unbedingt zu empfehlen, wenn man als Programmhersteller das **Look & Feel** eines Programms geschützt bekommen will. Dies ist allenfalls über einen möglichst flächendeckenden Geschmacksmusterschutz der einzelnen (natürlich notwendigerweise neuen und eigentümlichen) Gestaltungselemente denkbar. In seltenen Fällen dürfte das **Layout** einer Benutzeroberfläche derart schöpferisch sein, dass es die (aus unserer Sicht unnötig strengen) Hürden der Rechtsprechung zum Schutz als angewandte Kunst überspringt (dazu vgl. § 2 Rn. 171) oder als Werk wissenschaftlich-technischer Art (§ 2 Abs. 1 Ziff. 7) Schutz genießt. Denkbar ist dies jedoch, wie einzelne Fälle aus der Rechtsprechung belegen: LG Frankfurt a.M. CR 2007, 424, 425, das allerdings einen Schutz im konkreten Fall mangels Schöpfung in der Anordnung der Felder und sonstiger Individualität ablehnt. Ebenfalls nicht als Ausdrucksform eines Computerprogramms aufgefasst werden können die **Hand-**

bücher, sie unterliegen dem (normalen) Schriftwerkschutz (§ 2 Abs. 1 Nr. 1), die in ihnen enthaltenen Grafiken dem Schutz als Darstellungen technischer oder wissenschaftlicher Art (§ 2 Abs. 1 Nr. 7) (*Heymann* CR 1994, 228 in Anm. zu LG Köln CR 1994, 226 – *Anforderungen an Schutz für DV-Handbücher*). Dazu vgl. Rn. 12. Um insoweit einen einheitlichen Schutzstandard zu gewährleisten, dürfte allerdings im Hinblick auf die erforderliche Gestaltungshöhe § 69a Abs. 3 entsprechend anwendbar sein.

bb) Ideen und Grundsätze: Die Algorithmen-Problematik: Ideen und Grund- **30** **sätze** bleiben frei. Abs. 2 wiederholt letztendlich nur den allgemeinen urheberrechtlichen Grundsatz, dass Ideen und Motive grundsätzlich frei bleiben und das in Computerprogrammen enthaltene wissenschaftlich-technische Gedankengut als solches nicht schutzfähig ist (vgl. § 2 Rn. 24 f.; Schricker/*Loewenheim*[3] Rn. 12; zu einem anschaulichen Beispiel LG Düsseldorf ZUM 2007, 559, 562 ff., bei dem die Idee für ein Transportsimulationsspiel übernommen wurde, ohne dass der Anspruchsteller mehr als die Übernahme dieser Idee und einzelner Unterideen in der Ausführung belegen konnte). Sofern es sich bei dem **Algorithmus** (vgl. Rn. 9) um Allgemeingut handelt, er also nichts anderes als eine allgemein bekannte Rechenregel darstellt, muss auch er frei bleiben (BGH GRUR 1991, 449, 453 – *Betriebssystem*; *Ensthaler/Möllenkamp* GRUR 1994, 151, 151 f.; *Ullmann* CR 1992, 641, 642; *Lehmann* NJW 1991, 2112, 2113; Dreier/Schulze/*Dreier*[2] Rn. 22; Schricker/*Loewenheim*[3] Rn. 12). Soweit man den Algorithmus jedoch als *„eine Folge von Anweisungen, die den Zweck haben, ein bestimmtes Problem zu bearbeiten"* (*Voets/Hamel* „Algorithmus") versteht *und* diese Folge von Anweisungen nicht zum Allgemeingut gehört, besteht kein Grund, ihn per se vom Schutz auszuschließen (*Dreier* GRUR 1993, 781, 786; *Haberstumpf* GRUR 1986, 222, 227 ff.; *Heymann* CR 1990, 9, 13 ff.; Schricker/*Loewenheim*[3] Rn. 12, der auf die auf die konkrete Anwendung in einem Programm abstellt). Auch der BGH geht davon aus, dass Algorithmen jedenfalls in der Art und Weise der Implementierung und Zuordnung zueinander urheberrechtsschutzfähig sein können (BGH GRUR 1991, 449, 453 – *Betriebssystem*). *Loewenheim* weist allerdings zutreffend darauf hin, dass unabhängig vom Begriff des Algorithmus die bei der Erstellung des Programms herangezogenen mathematischen Prinzipien und Lehren als Bestandteil der wissenschaftlichen Lehre frei bleiben müssen (Schricker/*Loewenheim*[3] Rn. 12). Ein Schutz des Algorithmus kann sich deshalb auch nicht auf die Rechenregel als solche, sondern allenfalls auf ihre Kombination im Rahmen einer Folge von Anweisungen beziehen (BGH GRUR 1991, 449, 453 – *Betriebssystem*, *Lehmann* NJW 1991, 2112, 2113); *Ulmer* hat dies als das *Gewebe* eines Datenverarbeitungsprogramms bezeichnet (*Ulmer*, UrhSchutz, S. 3; BGH GRUR 1991, 449, 453 – *Betriebssystem* beruft sich ausdrücklich darauf).

cc) Programmiersprachen: Dasselbe könnte man auch für **Programmierspra-** **31** **chen** gelten lassen: Die ihnen zugrundeliegenden Ideen und Grundsätze sind vom Schutz ausgenommen, nicht aber ihre konkrete Ausgestaltung und Kombination (*Dreier* GRUR 1993, 781, 786; Dreier/Schulze/*Dreier*[2] Rn. 24; Wandtke/Bullinger/*Grützmacher*[2] Rn. 30; so auch die Vorauflage Bem. 2). Allerdings widerspricht dies der Tatsache, dass Programmiersprachen ebenso wie die allgemeine Sprache nur die Voraussetzung für Werke schafft. Zudem dürfte es der bedenklichen Entwicklung zunehmender Skepsis gegenüber dem Urheberrecht (*Czychowski*, in: Büllesbach/Büchner, IT-doesn't matter!?, 2006, 131, 147 ff.) Vorschub leisten, wenn man derart grundlegende Formen wie die Sprache zu einer Programmierung unter Schutz stellt. Wir haben daher Zweifel an deren genereller Schutzfähigkeit losgelöst vom konkreten Konzept (so auch Schricker/*Loewenheim*[3] Rn. 12).

32 **dd) Schnittstellen:** Schnittstellen („Interfaces") sind Verbindungen oder Übergänge zwischen zwei Systemen; sie existieren als Hardware und als Software-Schnittstellen (*Voets/Hamel* „Schnittstelle"); letztere unterteilen sich in Softwareschnittstellen im engeren Sinne und Programmierschnittstellen, sog. Application Programming Interfaces, kurz **API**. Im Bereich der Software ermöglichen Schnittstellen den Datenaustausch zwischen verschiedenen Programmen, z.B. zwischen Rechtsanwaltssoftware und Textverarbeitungsprogramm. Da GUIs (vgl. Rn. 27) nicht dem Datenaustausch dienen, sondern den Austausch zwischen Mensch und Maschine, sind sie nicht Schnittstellen im hier besprochenen Sinne (so auch Wandtke/Bullinger/*Grützmacher*[2] Rn. 31). Abs. 2 erklärt auch die ihnen zugrundeliegenden Ideen und Grundsätze für nicht schutzfähig, was aber eigentlich nur eine nicht notwendige Klarstellung bedeutet. Hierzu gehören auch die sog. Schnittstellenspezifikationen (Wandtke/Bullinger/*Grützmacher*[2] Rn. 31), die die Regeln des Datenaustausches und die Interaktion der Programme beschreiben. Die Schnittstelle selbst, also das Schnittstellen-Computerprogramm in seiner konkreten Form, ist aber selbstverständlich schutzfähig (*Lehmann* NJW 1991, 2112, 2113; Dreier/Schulze/*Dreier*[2] Rn. 23; Wandtke/Bullinger/*Grützmacher*[2] Rn. 31). Eine Ausnahme muss nur für solche Schnittstellen-Programme gemacht werden, die technisch bedingt sind und nicht anders hätten programmiert werden können (OLG Hamburg GRUR-RR 2001, 289, 291 – *Faxkarte*) oder aber solche, die durch Normierung und Standardisierung vorgegeben sind (Wandtke/Bullinger/*Grützmacher*[2] Rn. 31 m.w.N.). Auf die Sonderregeln der §§ 69e und 69d Abs. 3 sei verwiesen.

33 **f) Grenzfälle, Ausblick:** Eine Urheberschaft an **computergenerierten Programmen**, also solchen Programmen, die mit Hilfe eines anderen Computerprogramms erstellt worden sind, kann nur dann bestehen, wenn ein Mensch das sogenannte „Tool-Programm" tatsächlich nur als Hilfsmittel benutzt hat und selbst noch schöpferisch tätig geworden ist; für den Urheberrechtsschutz bleibt damit entscheidend, ob der Mensch Urheber ist (a. A. *Heymann* CR 1990, 9, 17; vgl. a. Rn. 19).

34 Mit zunehmender Standardisierung, insbesondere im Bereich der **objektorientierten Programmierung** (vgl. Rn. 19), dürfte der Freiraum selbst für die geforderte geringe Eigentümlichkeit schwinden. Die eigene geistige Schöpfung verlagert sich dann zunehmend auf die Konzeption und Zusammensetzung der vorgefertigten Module. Es ist daher denkbar, dass objektorientiert programmierte einfach konzeptionierte Computerprogramme in Zukunft aus dem Schutz der §§ 69a ff. herausfallen. Dann hätte die praktische Entwicklung dem BGH, der zu Beginn der Schutzdiskussion so streng war (vgl. Vor §§ 69a ff. Rn. 1), Recht gegeben (zur Verortung des Computerprogrammschutzes im Urheberrecht überhaupt *Czychowski* in Büllesbach/Büchner, IT-doesn't matter!?, 2006, 131, 147 ff.).

III. Prozessuales

1. Beweislast

35 Zunächst vgl. Vor §§ 69a ff. Rn. 18. Die abgesenkten Schutzanforderungen (vgl. Rn. 14 ff.) haben nichts an dem Grundsatz geändert, dass der Anspruchsteller die Schutzfähigkeit des Computerprogramms darzulegen und ggf. zu beweisen hat (Dreier/Schulze/*Dreier*[2] Rn. 29; Wandtke/Bullinger/*Grützmacher*[2] Rn. 36; zur Darlegungs- und Beweislast aus berufenem Munde: *Ulmer*, IT-Rechtsberater 2006, S. 63). Ihm steht dabei aber die oben beschriebene (vgl. Rn. 20) **tatsächliche Vermutung der Schutzfähigkeit**, jedenfalls bei Computerprogrammen einer gewissen Komplexität, zur Seite (so auch BGH GRUR 2001, 153, 153 – *OEM Version*; LG Mannheim CR 1994, 627; Dreier/Schulze/*Dreier*[2] Rn. 29; Schricker/*Loewenheim*[3] Rn. 14;).

Die Komplexität kann sich ergeben aus einer Kombination von Länge und **36** Vielschichtigkeit der Aufgabenstellung (*Dreier* GRUR 1993, 781, 789), aber auch die Tatsache, dass es sich um ein hochwertiges Spezialprogramm handelt, mag ausreichend sein (OLG Düsseldorf ZUM-RD 1997, 555, 556 – *Dongle-Umgehung*). Hierfür dürfte auf die allgemeinen Elemente der Schutzfähigkeit zurückzugreifen sein (vgl. Rn. 17). Zu Beginn der neuen Rechtsprechung wurde als ausreichend angesehen, dass eine globale, pauschale Beschreibung des Programms vorgelegt wird, aus der hervorgeht, dass es sich nicht um eine völlig banale Gestaltung handelt (OLG München ZUM-RD 1999, 445). Ggf. bietet sich zum Nachweis des Zeitpunkts des Schaffens eine **Hinterlegung** an; diese wird bei Computerprogrammen neben Notaren und Rechtsanwälten auch und insbesondere von besonderen Hinterlegungs-Dienstleistern (z.B. http://www.tuev-sued.de/industrie_konsumprodukte/dienstleistungen/hinterlegungsservice_escrow#1164909847221184291906, abgerufen am 28.02. 2008) angeboten. Für die Substantiierung einer Verletzung kann man im Antrag auf einen **Datenträger** verweisen (BGH GRUR 2003, 786, 787 – *Innungsprogramm*).

Trägt der Anspruchsteller Indizien für die eben genannte Komplexität vor und **37** erläutert auch, dass es sich bei dem Programm nicht um eine Kopie bzw. unerlaubte Bearbeitung eines fremden Programms handelt, greift die erwähnte Vermutung und es wäre an dem Anspruchsgegner vorzutragen, warum es sich doch um eine Kopie handelt oder warum das Programm alles andere als komplex ist. Nicht ausreichend ist es hingegen z.B. für den Anspruchsteller, Bildschirmausdrucke seines Programms vorzutragen, die z. B. nach einem einfachen excel-Makro aussehen und dann ohne weitere Belege zu behaupten, sein Programm sei äußerst komplex. Andererseits kann vom Anspruchsteller auch nicht verlangt werden, seinen Code offenzulegen (Dreier/Schulze/*Dreier*[2] Rn. 29). Daher wird dies bei entsprechend substantiiertem Bestreiten des Anspruchsgegners („[...] ernsthafte Anhaltspunkte, dass [...] sehr einfach strukturiert [...]“, RegE ÄndG 1992 – BT-Drucks. 12/4022, S. 10), das ein erhebliches Maß erreichen muss, nur über ein die Verschwiegenheit wahrendes **Sachverständigengutachten** (dazu und zur selben Frage bei Verletzungen vgl. Vor §§ 69a ff. Rn. 16) möglich sein.

2. Einstweiliger Rechtschutz

Der Gesetzgeber hat ausdrücklich betont, dass die **Möglichkeit einstweiligen** **38** **Rechtsschutzes** durch zu hohe Anforderungen nicht erschwert werden darf (RegE ÄndG 1992 – BT-Drucks. 12/4022, S. 10).

3. Geltendmachung der Ansprüche mehrerer

Wenn Computerprogramme nicht in Alleinurheberschaft geschaffen wurden **39** (dazu im Detail vgl. Rn. 3; vgl. Rn. 41) und dem prozessführenden Programmierer Rechte der anderen Programmierer eingeräumt wurden, ist die Rechtsprechung des OLG Frankfurt zu beachten (OLG Frankfurt MMR 2003, 45, 47 – *IMS Health*) wonach für die Aktivlegitimation bei Schadensersatzansprüchen § 8 UrhG nicht gilt, da bei abgeleiteten Rechten dem einzelnen Miturheber keine **Aktivlegitimation für Schadensersatzansprüche** zusteht.

IV. Verhältnis zu anderen Vorschriften

1. Anwendbarkeit der Bestimmungen für Sprachwerke (Abs. 4)

40 Computerprogramme sind seit der Urheberrechtsnovelle des Jahres 1985 ausdrücklich von Gesetzes wegen den **Sprachwerken** gem. § 2 Abs. 1 Nr. 1 zugeordnet. Dies war auch vorher schon weitgehend in Literatur und der Rechtsprechung der Instanzgerichte akzeptiert (Nachweise bei Schricker/*Loewenheim*[3] Rn. 1 f.). Der BGH hatte allerdings noch offen gelassen, ob ein Schutz als Sprachwerk gem. § 2 Abs. 1 Nr. 1 oder als Darstellung wissenschaftlicher oder technischer Art gem. § 2 Abs. 1 Nr. 7 in Betracht komme (BGH GRUR 1985, 1041, 1046 – *Inkasso-Programm*). Dabei ist es für den Sprachwerkschutz grundsätzlich unerheblich, dass ein Computerprogramm nicht wie ein Buch von jedermann „gelesen" werden kann, sondern die in ihm zum Ausdruck kommende Gedankenformung und -führung häufig nur von Fachleuten oder mit Maschinenhilfe verstanden werden kann (vgl. Vor §§ 69a ff. Rn. 3). Abs. 4 enthält eine Klarstellung, dass neben den in den §§ 69a–69g enthaltenen besonderen Bestimmungen für Computerprogramme die für Sprachwerke geltenden allgemeinen Bestimmungen Anwendung finden. Bei den §§ 69a–69g handelt es sich damit um *leges speciales* zu den allgemeinen Vorschriften für Sprachwerke. § 2 **Abs. 2** ist also verdrängt, ebenso die §§ 15–23 und § 39 (a.A. allerdings ohne jegliche Problematisierung OLG Hamm GRUR-RR 2008, 154, 155 – *Copyrightvermerk*), da § 69c insofern Sonderregeln enthält (§ 24 hingegen nicht; vgl. § 69c Rn. 22).

41 Anwendbar aber sind §§ **6, 7–10**. Letztere enthalten die Regelungen über Urheberschaft. Es gilt das **Schöpferprinzip**. In der Praxis der Softwareentwicklung wird dies oft übersehen, nicht etwa das Unternehmen, dass freie Softwareentwickler beschäftigt oder entsprechende Angestellte hat, ist Inhaber der Urheberrechte, sondern diejenigen Programmierer, die die schöpferischen Beiträge (zu diesen vgl. Rn. 3) erbringen. Da Computerprogramme heutzutage i.d.R. von größeren **Entwicklungsteams** erbracht werden, ist eine saubere Dokumentation deren Beiträge unerlässlich. I.d.R. dürften derartige Beiträge einzelner Teammitglieder sich nicht gesondert verwerten lassen, so dass nach § 8 Abs. 1 **Miturheberschaft** vorliegt. Allerdings dürfte es – auch im Sinne einer praktikablen Handhabung der Vorschrift und um Missbrauch eines pauschalen Bestreitens zu verhindern – sinnvoll sein, keine zu strengen Anforderungen an diesen etwaigen Nachweis zu stellen. Es ist nicht erforderlich, dass ein Miturheber auf allen Schöpfungsebenen mitwirkt (BGH GRUR 1994, 39, 40 f. – *Buchhaltungsprogramm*). Miturheberschaft hat bestimmte Folgen (vgl. § 8): Eine der wichtigsten im Anwendungsbereich der Computerprogramme – auch und gerade bei Open-Source-Programmierungen (dazu vgl. Nach § 69c Rn. 41) – ist, dass einzelne Miturheber bei Rechtsverletzungen nur Unterlassung verlangen können. Schadensersatzansprüche sind nur bei Leistung an alle durchsetzbar und die sie vorbereitenden Auskunftsanspruch nach der hier vertretenen Auffassung ebenso (zu den vorstehenden Fragen auch OLG Frankfurt MMR 2003, 45, 47 – *IMS Health*; LG Düsseldorf ZUM 2007,

559, 562 ff.). Für die **Urhebernennung nach** § 10 (zu Details vgl. § 10) soll es nicht ausreichen, wenn eine Erwähnung lediglich in den Credits eines Computerspiels in Form einer Danksagung erfolgt (LG Düsseldorf ZUM 2007, 559, 563). Anwendbar sind auch die Regeln über Persönlichkeitsrechte (§§ 12 – 14; zu den praktischen Besonderheiten aber vgl. Vor §§ 69a ff. Rn. 7 f.; für § 13 s. OLG Hamm GRUR-RR 2008, 154, 155 – *Copyrightvermerk*) und die allgemeinen Bestimmungen über Rechtsnachfolge in §§ 28 – 30.

2. Urhebervertragsrecht

Die **urhebervertragsrechtlichen Bestimmungen** der §§ 31 – 41 müssen diffe- **42** renziert betrachtet werden. Umstritten ist/war zunächst, ob § 31 Abs. 4 a.F. (bzw. die nun neuen Vorschriften des § 31a und § 32c über unbekannte Nutzungsarten) verdrängt wird (dafür Wandtke/Bullinger/*Grützmacher*[2] Rn. 58; dagegen wohl Dreier/Schulze/*Dreier*[2] Rn. 33 f.; Schricker/*Loewenheim*[3] Rn. 23). Dasselbe gilt für die **Zweckübertragungstheorie** aus § 31 Abs. 5 (für Beschränkung im Anwendungsbereich des § 69d: Wandtke/Bullinger/ *Grützmacher*[2] Rn. 58; dagegen, außer bei Arbeits- und Dienstverhältnissen wohl Dreier/Schulze/*Dreier*[2] Rn. 33 f.; Schricker/*Loewenheim*[3] Rn. 23). In Arbeits- und Dienstverhältnissen ist § 31 Abs. 5 durch die Gesetzesbegründung eindeutig ausgeschlossen (vgl. § 69b Rn. 13). Während bei § 31 Abs. 5 im Übrigen wohl wirklich viel für einen partiellen Vorrang der Sonderregel des § 69d (in dessen Anwendungsbereich) spricht, da der bestimmungsgemäßen Benutzung bei einer Vielzahl von Vertragsgestaltungen im Softwarebereich eine immense Bedeutung zukommt, kann man eine solche Feststellung für § 31 Abs. 4 a. F. bzw. §§ 31a, 32c nicht treffen. Wenn man mit dem Schöpferprinzip auch bei Computerprogrammen ernst macht, gibt es keinen Grund, die Programmierer nicht auch bei unbekannten Nutzungsarten zu schützen. Allerdings dürften die praktischen Auswirkungen eher gering sein, da neue Nutzungsarten von Computerprogrammen noch seltener sind als bei sonstigen Werken (zu ASP *Bröcker/Czychowski* MMR 2002, 81, 82). Für Arbeits- und Dienstverhältnisse enthält § 69b eine Spezialregelung (ausführlich vgl. § 69b Rn. 13). Zu den neuen Regeln der angemessenen Vergütung vgl. § 69b Rn. 22 ff.. Die übrigen urhebervertragsrechtlichen Bestimmungen finden ohne weiteres Anwendung (ohne Diskussion z.B. BGH GRUR 2005, 860, 862 – *Fash 2000* für § 34; für § 41: OLG Köln GRUR-RR 2005, 303, 304; im Übrigen Dreier/Schulze/*Dreier*[2] Rn. 32 ff.; Wandtke/Bullinger/*Grützmacher*[2] Rn. 56 ff., Schricker/*Loewenheim*[3] Rn. 23; mit Ausnahme des § 34 vgl. § 69c Rn. 24).

3. Schrankenbestimmungen (§§ 45–63)

Von den **Schrankenbestimmungen** der §§ 45–63 passt eigentlich nur § 44a **43** (vorübergehende Vervielfältigungen; dazu vgl. § 69c Rn. 9) und § 45 Abs. 1 Vervielfältigung zur Verwendung in Gerichtsverfahren; dazu vgl. Vor §§ 69a ff. Rn. 21). Im Übrigen dürften die Schrankenbestimmungen aber auf Computerprogramme nicht anwendbar sein (Dreier/*Schulze*/*Dreier*[2] Rn. 34: noch Zitatrecht (s.a. Schricker/*Loewenheim*[3] Rn. 23); a.A. Wandtke/Bullinger/*Grützmacher*[2] Rn. 74 f., nur § 45), keinesfalls § 53. Die **Schutzfristen** berechnen sich nach §§ 64 – 69; § 69f verdrängt § 98 Abs. 1; die übrigen Vorschriften zur **Rechtsdurchsetzung** und die folgenden Schlussbestimmungen finden aber Anwendung.

4.   Keine Anwendung der §§ 95 a–d (Abs. 5)

44 Bereits Art. 7 Software-RL enthielt eine gesonderte Regelung für „Besondere Schutzmaßnahmen". Diese wurde in § 69f Abs. 2 umgesetzt. ErwG 50 Info-RL, die Grundlage für die §§ 95a–d ist, ließ ausdrücklich diese hergebrachten Regeln unberührt. Daher war der deutsche Gesetzgeber gewissermaßen zur Einfügung des Abs. 5 gezwungen (anders noch der Vorschlag des Bundesrates – BR Drucks. 684/02 v. 27.09.02, Ziff. 4).

45 Er hat dabei jedoch übersehen, dass in der Praxis oft urheberrechtlich geschützte Gegenstände, die keine Computerprogramme sind – z.B. Videospiele –, mit Computerprogrammen untrennbar verbunden sind. Zwar kann man theoretisch zwischen dem technischen Schutz des Computerprogramms nach § 69f Abs. 2 und dem des „Inhalts" nach § 95a ff. unterscheiden. In der Praxis dürfte der Schutz der §§ 95a ff. in solchen Fällen des **„Bundling"** aber auch auf Computerprogramme übergreifen. Es wird daher überzeugend dafür plädiert, den Schwerpunkt entscheiden zu lassen: Wird primär ein Computerprogramm geschützt, gilt § 69f Abs. 2, dient der Schutz vornehmlich dem Schutz der „Inhalte" greifen die § 95a ff. (Wandtke/Bullinger/*Grützmacher*[2] Rn. 83; in dieselbe Richtung mit restriktiver Auslegung: *Arlt* MMR 2005, 148, 154); hierzu vgl. § 95a Rn. 7 ff.; zum Sonderproblem der Computerspiele vgl. Rn. 9 f.

46 Folge des Abs. 5 ist einerseits, dass man Computerprogramme **nicht entsprechend § 95d kennzeichnen** muss; andererseits aber auch, dass die Umgehung ihres technischen Schutzes **nicht strafbewehrt nach § 108b** ist (Wandtke/Bullinger/*Grützmacher*[2] Rn. 84), möglicherweise aber nach speziellen strafrechtlichen Vorschriften (vgl. § 69f Rn. 15).

5.   Weitere Vorschriften

47 Zunächst vgl. Vor §§ 69a ff. Rn. 23 ff. m.w.N. zum **Patent-, Wettbewerbs-, Geschmacksmuster und Kennzeichenrecht.** Das Verhältnis zu anderen Werkarten bei **Computerspielen** unter Rn. 9 f. Art. 2 lit. a) und ErwG 23 Datenbank-RL stellen klar, dass der **Datenbankschutz** sich nicht auf Computerprogramme erstreckt. Allerdings liegt der Teufel hier wie so oft im Detail. Im Fall *Buchhaltungsprogramm* hatte der BGH es damit zu tun, dass eine Festlegung von Datensatzelementen sowie die Kriterien ihrer Auswahl und Anordnung in das Entwurfsmaterials eines Computerprogramms einging (BGH GRUR 1994, 39, 40 – *Buchhaltungsprogramm*). Dann kann es im Einzelfall schwer sein, dies von einem daran eventuell auch bestehenden Datenbankschutz nach §§ 87a ff. zu trennen (dazu Wandtke/Bullinger/*Grützmacher*[2] Rn. 16 m.w.N.). S. auch OLG Hamburg GRUR-RR 2001, 289, 291 – *Faxkarte*). Demgegenüber sind Thesaurus und Index einer Datenbank (vgl. § 87a Rn. 24) niemals Computerprogramm i.S.d. § 69a.

§ 69b   Urheber in Arbeits- und Dienstverhältnissen

(1) Wird ein Computerprogramm von einem Arbeitnehmer in Wahrnehmung seiner Aufgaben oder nach den Anweisungen seines Arbeitgebers geschaffen, so ist ausschließlich der Arbeitgeber zur Ausübung aller vermögensrechtlichen Befugnisse an dem Computerprogramm berechtigt, sofern nichts anderes vereinbart ist.

(2) Absatz 1 ist auf Dienstverhältnisse entsprechend anzuwenden.

Übersicht

I. Allgemeines

§ 69b UrhG weist dem Arbeitgeber weitestgehend alle vermögenswerten **1** Rechte an Computerprogrammen zu. Dies ist eine dem vom Schöpferprinzip geprägten deutschen Urheberrecht grds. eher fremde Konstruktion im Urhebervertragsrecht, die im Filmrecht (§§ 88 ff.) ihre einzige Parallele findet. Ratio legis ist das Schöpferprinzip des deutschen Urheberrechts auch bei neuen Schutzgegenständen durchzuhalten, andererseits dem Arbeitgeber/Computerprogrammauftraggeber die notwendige Sicherheit in Bezug auf die wirtschaftliche Verwertbarkeit zu geben. Es ist daher anerkannt, dass die Regelung keinen urheberschützenden Charakter hat, sondern dem Schutz des wirtschaftlichen Programmnutzers dient (*Dreier* GRUR 1993, 781, 785.).

Die Vorschrift ist im **Zusammenhang mit § 43** zu sehen. Der im Arbeits- und **2** Dienstverhältnis tätige Werkschöpfer bleibt nach der dortigen Regelung Urheber seines Werkes. Art und Umfang der Nutzungsrechte, die dem Arbeitgeber zufallen, richten sich, wenn keine ausdrückliche arbeitsvertragliche Regelung vorliegt, nach Inhalt und Wesen des Abhängigkeitsverhältnisses (vgl. § 43 Rn. 3 ff.). Es ist offensichtlich, dass das zu Unsicherheiten darüber führen kann, welche Rechte dem abhängigen Werkschöpfer und welche dem Arbeitgeber und Dienstherren zustehen. Während dieser bei allen übrigen Werken Rechte und Befugnisse nur in dem Umfang erwirbt, wie sie für die betriebliche Auswertung des Werkes erforderlich sind, stellt § 69b bei Computerprogrammen eine deutliche Besserstellung des Arbeitgebers dar. Er erwirbt alle vermögensrechtlichen Befugnisse, mithin **alle Nutzungsrechte** (die Vorauflage sprach missverständlich von Verwertungsrechten). Es kommt somit nicht darauf an, ob der Betrieb, für den das Programm geschaffen worden ist, bestimmte Verwertungshandlungen tatsächlich vornimmt, sondern die Lehre vom Recht des Arbeitgebers am Arbeitsergebnis ist konsequent durchgeführt, so dass man von einer Annäherung an die US-amerikanische *work-made-for-hire-doctrine* sprechen kann. § 69b lässt allerdings Raum für **anderweitige vertragliche Vereinbarungen.** Es handelt sich deshalb dabei auch um eine **gesetzliche Auslegungsregel** (so wohl auch OLG Düsseldorf CR 1997, 337, 338 – *Dongle-Umgehung (Vermutungsregel)*) und nicht um eine gesetzliche Lizenz (so aber *Lehmann* NJW 1991, 2112, 2113; *Sack* UFITA 121 [1993], 15, 23 f.; Wandtke/Bullinger/*Grützmacher*[2] Rn. 1; wohl auch BGH GRUR 2001,

155, 157 – *Wetterführungspläne*; BGH GRUR 2002, 149, 151 – *Wetterführungspläne II*; wieder a.a. Schack[4] Rn. 271: *cessio legis*).

3 § 69b ist direkter Ausfluss der Computerprogrammschutz-Richtlinie (**Art. 2 Abs. 3 Software-RL**) und damit „ein Stück europäisches Urheberrecht innerhalb des UrhG" (RegE ÄndG 1992 – BT-Drucks. 12/4022, S. 8) und ist wie alle Vorschriften des Achten Abschnittes **richtlinienkonform auszulegen** (RegE ÄndG 1992 – BT-Drucks. 12/4022, S. 8).

II. Tatbestand

1. Anwendbarkeit in persönlicher und sachlicher Hinsicht

4 Die Vorschrift gilt nur für **Arbeitsverhältnisse** und gem. Abs. 2 **auch für öffentlich-rechtliche Dienstverhältnisse** (RegE ÄndG 1992 – BT-Drucks. 12/4022, S. 11). Sie ist damit anwendbar auf Beamte, Soldaten, Richter und andere öffentlich-rechtliche Dienstverhältnisse, die keine Beamtenverhältnisse im engeren Sinne sind (RegE ÄndG 1992 – BT-Drucks. 12/4022, S. 11), **nicht aber auf privatrechtliche Dienstverhältnisse** wie z. B. freie Mitarbeiter (*Marly* NJW-CoR 4/93, 21, 22, anders noch die Vorauflage/*Vinck*[8] Bem. 3). Insoweit ist allerdings § 43 anwendbar (vgl. § 43 Rn. 11), was dazu führt, dass bei fehlender ausdrücklicher vertraglicher Vereinbarung die Einräumung von Nutzungsrechten immerhin in dem Umfang erfolgt, wie es für die betriebliche Auswertung des Werkes erforderlich ist (vgl. § 43 Rn. 11). Die Vorschrift gilt nicht für Altverträge, d. h. solche Verträge, die vor dem 24. Juni 1993 geschlossen worden sind (siehe § 137d). Die Vorschrift erfasst auch **keine Urheberpersönlichkeitsrechte**. Soweit diese vom Programmierer geltend gemacht werden können, verbleiben sie bei ihm (Dreier/Schulze/*Dreier*[2] Rn. 3), dürften in der Praxis aber kaum eine Rolle spielen.

2. Rechts„übergang" (Abs. 1)

5 Abs. 1 konstruiert einen Rechtsübergang *ipso iure* (zu den unterschiedlichen dogmatischen Einordnungen vgl. Rn. 2). Es handelt sich dabei aber um einen **derivativen Erwerb**, denn die §§ 69a ff. tasten das Schöpferprinzip (§ 7) nicht an, auch wenn die Software-RL dies offen gelassen hatte.

6 **a) Betroffene Personen:** Die betroffenen Personen ergeben sich aus dem Anwendungsbereich der Norm (vgl. Rn. 2). Der Begriff des Arbeitnehmers und des öffentlich-rechtlichen Dienstverhältnisses ergibt sich aus dem nationalen Arbeitsrecht und den zu § 43 entwickelten Grundsätzen (vgl. § 43 Rn. 30 ff.). Da die Richtlinie insofern keine Vorgaben macht, ist der nationale Gesetzgeber hier in gewissen Grenzen frei. Oft ist in Softwareprojekten **Arbeitnehmerüberlassung** anzutreffen. Unabhängig von deren arbeits- und gewerberechtlichen Schwierigkeiten (dazu *Schneider*[3] 13 Rn. 960 ff. und das Merkblatt der Bundesagentur für Arbeit AÜG 10–5/2004) gilt für § 69b immer der Auftraggeber als Arbeitgeber (Wandtke/Bullinger/*Grützmacher*[2] Rn. 2). In **international-privatrechtlicher** Hinsicht findet § 69b nur auf Personen Anwendung, die ihre Arbeit gewöhnlich in Deutschland verrichten (Art. 30 EGBGB).

7 **b) Wahrnehmung seiner Aufgaben:** Das Computerprogramm muss von dem Arbeitnehmer **in Wahrnehmung seiner Aufgaben oder nach den Anweisungen seines Arbeitgebers** geschaffen worden sein. Erforderlich ist zunächst, dass der **Arbeitsvertrag** zum Zeitpunkt des Programmierens **noch besteht**. Für Programme, die der Arbeitnehmer erst nach Ende des Arbeitsverhältnisses fertigstellt, kann u.E. die arbeitsvertragliche Treuepflicht eine analoge Anwendung des § 69b gebieten. Es kann aber auch – z.b. wenn der Arbeitgeber dieses Risiko bewusst in Kauf genommen hat oder der (ehemalige) Arbeitnehmer einen abtrennbaren neuen Teil entwickelt – zu einer Trennung kommen, so dass der Arbeitgeber nur die Rechte an den vor Ende des Arbeitsverhältnisses entstandenen Programmierungen inne hat (immer i.d.S.: Dreier/Schulze/*Drei-er*[2] Rn. 7; Wandtke/Bullinger/*Grützmacher*[2] Rn. 10). Im jedem Fall ist dem Arbeitnehmer aber aufgrund fortwirkender Treuepflicht verboten, „seine" Teile eigenständig zu verwerten (Dreier/Schulze/*Dreier*[2] Rn. 7). Des Weiteren genügt, dass ein **enger innerer Zusammenhang** zwischen arbeitsvertraglicher Pflichterfüllung bzw. Anweisungen des Arbeitgebers und der Schaffung des Computerprogramms bestanden hat (OLG München CR 2000, 429, 430; *Ullmann* GRUR 1987, 6, 14; Schricker/*Loewenheim*[2] Rn. 6). Dieser kann sich einerseits auch aus **arbeitsplatzspezifischen Zusammenhängen** (z.B. Arbeitnehmer ist kein Programmierer, wird aber als solcher eingesetzt) ergeben, andererseits dann, wenn der Arbeitnehmer **Arbeitsmittel** und/oder **Kenntnisse** aus dem Betrieb des Arbeitgebers nutzt (OLG München CR 2000, 429; LG München I CR 1997, 351, 353 – *Softwareentwicklung im Dienstverhältnis*; Dreier/Schulze/*Dreier*[2] Rn. 8; Schricker/*Loewenheim*[3] Rn. 9; siehe auch zur parallelen Frage der Erfahrungserfindung aus dem Arbeitnehmererfindungsrecht; auch *Bartenbach/Volz*[3] § 4 Rn. 35 ff). Abweichend von § 43 können deshalb auch **in der Freizeit** oder **zu Hause** geschaffene Computerprogramme der umfassenden Verwertungsbefugnis des Arbeitgebers gem. § 69b unterfallen (OLG Köln GRUR-RR 2005, 302 – *TKD-Programme*: überwiegend außerhalb der regulären Arbeitszeit; *Sack* UFITA 121 [1993], 15, 20; Dreier/Schulze/*Dreier*[2] Rn. 8), zumal infolge der fortgeschrittenen Telekommunikationstechnik auf dem Rechner des Arbeitgebers liegende Computerprogramme vom Arbeitnehmer auch von zu Hause oder unterwegs aus bearbeitet oder weiterentwickelt werden können und werden. So liegt die Entwicklung von Computerprogrammen jedenfalls dann noch im Rahmen der arbeitsvertraglich geschuldeten Tätigkeit, wenn der Arbeitgeber dem Arbeitnehmer Spielraum für eine entsprechende Organisation und Gestaltung seiner Tätigkeit belässt und er mit Billigung und auf Kosten des Arbeitgebers das Programm erstellt; einer ausdrücklichen Erwähnung im Arbeitsvertrag bedarf eine solche Verpflichtung nicht (Lehmann/*Büchner* S. 442 Rn. 61; a.A. KG CR 1997, 612).

Für solche **Freizeitwerke**, die der Arbeitnehmer ohne einen engeren Zusammenhang zu seinen arbeitsvertraglichen Pflichten bzw. zu den Anweisungen seines Arbeitgebers geschaffen hat, die aber im Arbeitsbereich des Betriebs verwendbar sind oder diesem Konkurrenz machen können, besteht wohl keine automatische Verwertungsbefugnis des Arbeitsgebers (vgl. § 43 Rn. 23, dort auch „noch Anbietungspflicht des Urhebers"; Dreier/Schulze/*Dreier*[2] Rn. 8; a.A. *Sack* UFITA 121 [1993], 15, 27 f.; *Wandtke/Bullinger/Grützmacher*[2] § 69b Rn. 35: soweit Arbeitsmittel und Knowhow genutzt werden; wie hier nunmehr Schricker/*Loewenheim*[3] Rn. 9). Im Hinblick auf ein Konkurrenzprogramm kann sich allerdings ein Verwertungsverbot aus der arbeitsrechtlichen Treuepflicht ergeben, möglicherweise auch eine stillschweigende Rechtseinräumung (BAG GRUR 1984, 429, 431 f. – *Statikprogramme*). Es erscheint auch nicht sachgerecht, das **Arbeitnehmererfindungsgesetz** entsprechend anzuwenden (LG München I CR 1997, 351, 353 – *Softwareentwicklung im Dienstverhältnis*; OLG München CR 2000, 429, jew. m.w.N.; s.a.

8

Ullmann GRUR 1987, 6, 14; Wandtke/Bullinger/*Grützmacher*[2] Rn. 33; anders *Sack* UFITA 121 [1993], 15, 21; Bartenbach/*Volz*[4] § 1 Rn. 3, weil die Interessenlage eine andere ist und natürlich auch die Vergütungsansprüche des ArbNErfG auf eine ganz andere, viel kürzere als die urheberrechtliche Schutzfrist ausgerichtet sind. Hätte der Gesetzgeber in Ansehung des ArbNErfG, das er kannte, seine Anwendbarkeit im Rahmen von § 69b anerkennen wollen, hätte er dies sicherlich ausdrücklich in dieser Vorschrift erwähnt (s.a. *Sack* UFITA 121 [1993], 15, 38). Vgl. Rn. 20 ff. Damit bleibt es in diesen Fällen bei den **allgemeinen urhebervertragsrechtlichen Möglichkeiten der Rechtseinräumung.**

9   In Einzelfällen kann ein Arbeitnehmer aber nach **Treu und Glauben** verpflichtet sein, einer **Nutzung** seines Werkes jenseits der eingeräumten Rechte **zuzustimmen** (BGH GRUR 2002, 248, 252 – *Spiegel CD ROM*; für einen solchen Anspruch auch *Katzenberger* AfP 1997, 434, 441).

10   Computerprogramme, die von **Hochschullehrern** oder sonstigen Personen, die im Rahmen der Forschungsfreiheit des Art. 5 Abs. 3 GG tätig sind, geschaffen werden, unterliegen nach richtiger Auffassung nicht den Folgen des § 69b (BGH GRUR 1991, 523, 527 – *Grabungsmaterialien*; Schricker/*Loewenheim*[2] Rn. 6; Wandtke/Bullinger/*Grützmacher*[2] Rn. 15). Denn es gehört nicht zu den Aufgaben eines frei forschenden Hochschullehrers, Computerprogramme für seinen Dienstherren zu schaffen. Anderes kann sich nur aus der speziellen vertragsrechtlichen Situation ergeben, etwa, wenn ein Hochschullehrer beauftragt wurde, ein Computerprogramm zu entwickeln (KG NJW-RR 1996, 1066, 1067 – *Poldok*; *Haberstumpf* ZUM 2001, 819, 826).

11   Im Falle eines **Arbeitgeberwechsels**, vor dem der Arbeitnehmer das Computerprogramm, das er im Rahmen seines beendeten Arbeitsverhältnisses begonnen hat, nicht vollendet hat, und dieses zu seinem neuen Arbeitgeber mitnimmt und dort vollendet, entsteht das Problem der Zuordnung der Arbeitsergebnisse des Urhebers zu den einzelnen Arbeitgebern. Da im Rahmen aller Phasen der Entwicklung eines Computerprogramms schöpferische Leistungen erbracht werden können und die einzelnen Phasen für sich genommen selbständig Schutz genießen, sofern die schöpferische Gestaltung des Computerprogramms darin ihren Ausdruck findet (vgl. § 69a Rn. 24 ff.), stehen die ausschließlichen Verwertungsrechte an einer solchen Vorstufe des Computerprogramms auch dem bisherigen Arbeitgeber zu (zu § 43 a.F.: BGH GRUR 1974, 480, 483; Urheber überträgt erst mit Ablieferung des fertigen Werkes die Urheberrechte; *Kolle* GRUR 1985, 1016, 1023; ebenso noch Fromm/Nordemann[7] § 43 Rn. 3). Dies hat zur Folge, dass der bisherige Arbeitgeber nicht nur das endgültige Programm aus der Vorstufe heraus entwickeln darf, sondern auch dem neuen Arbeitgeber gerade diese Weiterentwicklung untersagen kann, sofern urheberrechtlich geschützte Gestaltungselemente weiterverwendet werden (a.A. *Sack* UFITA 121 [1993], 15, 21, der dem bisherigen Arbeitgeber lediglich einen Schadensersatzanspruch unter engen Voraussetzungen zugestehen will, und OLG Celle CR 1994, 681, 683 f., das verlangt, dass ein fertiges Werk abgeliefert bzw. übergeben wurde; die Entscheidung erging allerdings noch zu § 43). Zur Frage, ob der Arbeitgeber bei Beendigung des Arbeitsverhältnisses ein Computerprogramm weiter nutzen darf, BAG NJW 1997, 1025 ff.

12   **c) Nach den Anweisungen:** Alternativ gewährt § 69b dem Arbeitgeber ebenfalls alle vermögenswerten Rechte, wenn der Arbeitnehmer nicht in Wahrnehmung seiner Aufgaben, sondern nach den Anweisungen des Arbeitgebers tätig geworden ist. Damit wird dem Umstand Rechnung getragen, dass dem Arbeitgeber ein Direktionsrecht zusteht (*Schaub*[11] § 45 Rn. 23) und er damit dem Arbeitnehmer eine Aufgabe anweisen kann, die nicht zu seinen arbeitsvertraglichen Pflichten gehört. Die Weisung kann auch über das Direktionsrecht hinausgehen; etwaige sich daraus ergebende arbeitsrechtliche Konfliktlagen sind arbeitsrechtlich zu lösen; sie haben keinen Einfluss auf die urheberrechtliche Rechtslage (Dreier/Schulze/*Dreier*[2] Rn. 8; Schricker/*Loewenheim*[3] Rn. 7; Wandtke/Bullinger/*Grützmacher*[2] Rn. 16).

d) Übergang der vermögensrechtlichen Befugnisse: Mit dem Erwerb aller **13** vermögensrechtlichen Befugnisse erhält der Arbeitgeber durch § 69b ein **ausschließliches Nutzungsrecht,** das ihn nicht nur dazu berechtigt, das Computerprogramm **inhaltlich unbeschränkt** und **zeitlich unbefristet** – also auch nach Ende des Arbeitsverhältnisses – auf alle denkbaren Arten zu verwerten (dazu BGH GRUR 2001, 155, 157 – *Wetterführungspläne*; BGH GRUR 2002, 149, 151 – *Wetterführungspläne II*), sondern auch unbeschränkt zu bearbeiten (RegE ÄndG 1992 – BT-Drucks. 12/4022, S. 10, *Sack* UFITA 121 [1993], 15, 24). Gerade das Bearbeitungsrecht ist für die Verwerter von Computerprogrammen von äußerster Wichtigkeit, weil Computerprogramme in der Regel fortlaufend weiterentwickelt und damit bearbeitet werden (müssen). Durch die Ausschließlichkeit des Nutzungsrechtserwerbs bleibt beim Arbeitnehmer keine Verwertungsbefugnis zurück. Die Verwertungsbefugnis war auch **nicht** durch §§ 31 Abs. 4 oder 5 beschränkt, insbesondere galt sie also auch für **unbekannte Nutzungsarten i.s.d.** § 31 Abs. 4 a.F. (Dreier/Schulze/*Dreier*[2] Rn. 9; Wandtke/Bullinger/*Grützmacher*[2] Rn. 19). Deshalb dürfte auch eine Anwendbarkeit der §§ 31a, 32c ausscheiden. Schließlich sind die Nutzungsrechte auch **räumlich unbeschränkt,** also **weltweit** eingeräumt *(*Dreier/Schulze/*Dreier*[2] Rn. 9); nur wenn man § 69b als gesetzliche Lizenz ansieht, muss man dieses Ergebnis erst über das dann anwendbare Arbeitsvertragsstatut des Art. 30 EGBGB, das in einem solchen Fall dem urheberrechtlichen Territorialitätsprinzip vorgeht, erreichen (so Wandtke/Bullinger/*Grützmacher*[2] Rn. 20).

Auch wenn § 69b davon spricht, dass „ausschließlich der Arbeitgeber" Inha- **14** ber der Rechte wird, ist anerkannt, dass er über die ihm zustehenden Rechte frei verfügen kann. Er kann mithin selber **Nutzungsrechte** hieran **einräumen** oder die **Nutzungsrechte auf Dritte übertragen** (Wandtke/Bullinger/*Grützmacher*[2] Rn. 18 unter Verweis auf OLG Frankfurt CR 1998, 525, 526 – *Software-Innovation* wiederum unter Verweis auf Vorauflage/*Vinck*[8] § 69b Rn. 1).

Die Frage des Verhältnisses zu §§ 32, 32a, also ob der angestellte Program- **15** mierer sich auf die Regelungen zur **angemessenen Vergütung** berufen kann, behandeln wir unten (vgl. Rn. 22 ff.); zum Verhältnis zum Arbeitnehmererfindungsrecht vgl. Rn. 20. An der Tatsache, dass der angestellte Werkschöpfer Urheber bleibt, ändert die Vorschrift nichts. Seine **urheberpersönlichkeitsrechtlichen Befugnisse** sind jedoch eingeschränkt, soweit die wirtschaftliche Auswertungsbefugnis des Arbeitgebers betroffen ist, zumal bei Computerprogrammen die „persönliche Beziehung" des Urhebers zu seinem Werk ohnehin in der Regel weniger ausgeprägt sein wird als in den Bereichen der Literatur und Kunst. Das Veröffentlichungsrecht des § 12 ist deshalb, obwohl zentraler Bestandteil des Urheberpersönlichkeitsrechts, auf im Abhängigkeitsverhältnis geschaffene Computerprogramme nicht anwendbar (Dreier/Schulze/*Dreier*[2] Rn. 3: nicht in einer Weise, die Verwertung be- oder verhindert; Wandtke/Bullinger/*Grützmacher*[2] Rn. 38: stillschweigender Verzicht). Auch das Recht des Urhebers, gem. § 14 Entstellungen oder andere Beeinträchtigungen des Werkes zu verbieten, dürfte nur in ganz wenigen Ausnahmefällen Anwendung finden können (Dreier/Schulze/*Dreier*[2] Rn. 3: weitgehend eingeschränkt; Wandtke/Bullinger/*Grützmacher*[2] Rn. 42: kaum anwendbar). Anders könnte dies allenfalls im Hinblick auf das Namensnennungsrecht des Urhebers gem. § 13 sein: Ein wirtschaftliches Interesse des Betriebsinhabers, nur seinen eigenen Copyright-Vermerk, daneben aber nicht auch noch den Namen des Urhebers anzugeben, ist nicht erkennbar (anders noch die Vorauflage/*Vinck*[8] Bem. 1); z. B. im „Hilfe"-Menü im Unterpunkt „Info" stehen vielfältige Möglichkeiten offen, die Urheber ordnungsgemäß zu bezeichnen. Die Namensnennung hat für den Arbeitgeber sogar einen klaren wirtschaftlichen Vorteil: Durch die ordnungsgemäße Urheberbenennung stellt das Computerprogramm nämlich kein anonymes Werk dar, sondern genießt die normale urheberrechtliche Schutzfrist von 70 Jahren post mortem auctoris (vgl. Vor §§ 69a ff. Rn. 7). Das Namensnennungsrecht des § 13 ist allerdings insoweit eingeschränkt, als der angestellte Programmierer die Namensnennung durch den Arbeitgeber nicht verhindern kann, weil dieser ansonsten dem Werk nicht aus der Anonymität „heraushelfen" könnte. Zudem dürfte es eine flächendeckende Untersuchung wert sein, ob nicht bereits eine Branchenübung besteht, den Urheber nicht zu nennen (so wenn auch abgeschwächt nunmehr Wandtke/Bullinger/ *Grützmacher*[2] Rn. 38), womit § 13 ausgeschlossen wäre.

16 Offengelassen hat § 69b, wem etwaige **gesetzliche Vergütungsansprüche** aus der Verwertung von Computerprogrammen zustehen sollen. Denkbar sind solche Vergütungsansprüche etwa aufgrund des Verleihens von Computerprogrammen (vgl. § 69c Rn. 27 ff.). Da der Begriff der „vermögensrechtlichen Befugnisse" in Abs. 1 sehr umfassend ist, liegt die Auslegung nahe, dass die Vorschrift auch die gesetzlichen Vergütungsansprüche einschließt (Eingabe des Fachausschusses für Urheber- und Verlagsrecht des Grünen Vereins sowie der deutschen Landesgruppe der ALAI zum RegE., GRUR 1992, 837, 837 f.). Dennoch ist es weiterhin als strittig zu bezeichnen, ob die gesetzlichen Vergütungsansprüche von dieser Regelung umfasst werden (dafür Möhring/Nicolini/*Hoeren* Rn. 16; Wandtke/Bullinger/*Grützmacher*[2] Rn. 18; dagegen Dreier/Schulze/*Dreier*[2] Rn. 10; einschränkend mit Blick auf die Zweckübertragungstheorie: *Dreier* GRUR 1993, 781, 785; als Lücke erkennend: deutsche Landesgruppe der ALAI GRUR 1992, 837, 837 f.; offen lassend: Walter/*Walter*, Software-RL Art. 2 Rn. 23). Angesichts der Tatsache, dass diese bei Computerprogrammen eine eher untergeordnete Rolle spielen, dürfte diese Frage keine besondere praktische Relevanz haben. Wegen § 63a spricht aber einiges dafür, eine gegenleistungslose Übertragung abzulehnen.

17 **e) Abweichende Vereinbarungen: Zulässig** sind von § 69b abweichende Vereinbarungen, sei es im Arbeitsvertrag, sei es in einer Nebenabrede oder auch nur stillschweigend. Zu Recht wird allerdings gefordert, dass an eine **stillschweigende** abweichende Vereinbarung hohe Anforderungen zu stellen sind (Wandtke/Bullinger/*Grützmacher*[2] Rn. 17). So kann in der Tat der Verzicht auf die Inanspruchnahme einer Erfindung (§ 8 Abs. 1 Ziff. 1 ArbNErfG) nicht automatisch auch den Verzicht auf die Rechte aus § 69b beinhalten (Wandtke/ Bullinger/*Grützmacher*[2] Rn. 17 zu Recht unter Ablehnung von *Brandi-Dohrn* CR 2001, 285, 291 f.). Denn einerseits mag die Patentanmeldung wenig erfolgversprechend oder zu aufwendig sein; andererseits schützt das Patentrecht eben einen gänzlich anderen Gegenstand, so dass vom „uninteressanten" Patentschutz nicht automatisch auf einen „uninteressanten" Urheberrechtsschutz geschlossen werden kann. Häufiger dürfte es vorkommen, dass abweichende Regelungen in einer Aufhebungsvereinbarung oder aber nachträglichen Abreden enthalten sind. Diese unterliegen keinen Besonderheiten.

III. AGB-Recht

Abweichende Vereinbarungen (vgl. Rn. 17) können auch in AGB enthalten **18** sein. Allerdings dürften hier, analog den stillschweigenden Vereinbarungen (vgl. Rn. 17) **hohe Anforderungen** an die **Transparenz** zu stellen sein. In der Praxis dürften solche AGB-Klauseln eher selten vorkommen, da der Arbeitgeber sie tunlichst vermeidet und der Arbeitnehmer selten AGBs verwenden dürfte.

IV. Prozessuales

Die **Darlegungs- und Beweislast**, dass eine abweichende Vereinbarung zur **19** umfassenden Verwertungsbefugnis des Arbeitgebers getroffen worden ist, trägt der Arbeitnehmer. Gleiches gilt für die Behauptung, es habe sich um ein in der Freizeit geschaffenes Computerprogramm ohne engen inneren Zusammenhang zu den arbeitsvertraglichen Pflichten bzw. Anweisungen des Arbeitgebers gehandelt.

V. Verhältnis zu anderen Regelungen

1. Arbeitnehmererfindungsrecht und Vergütungsanspruch

Das Arbeitnehmererfindungsrecht regelt bekanntlich, wem die patentrechtlich **20** schutzfähige Erfindung im Arbeitsverhältnis zusteht und wie Vergütung sowie andere Folgen ausgestaltet werden (im Detail dazu s. die Literatur zum ArbNErfG). § 6 Satz 1 PatG gewährt, in Durchbrechung sonstiger arbeitsrechtlicher Grundsätze, die Erfindung ausschließlich dem (Arbeitnehmer-)Erfinder. Um dem Arbeitgeber gleichwohl die Verwertung des erfinderischen Arbeitsergebnisses zu ermöglichen, sieht das Arbeitnehmererfindungsrecht ein Melde- und Inanspruchnahmesystem vor, an dessen Ende der Arbeitgeber – wenn er will – voll über die Erfindung verfügen kann; der Arbeitnehmer hingegen erhält dafür einen Vergütungsanspruch gegen den Arbeitgeber (§§ 9, 10 und 20 ArbNErfG). Dieser Anspruch steht im Widerstreit mit der Regelung in § 69b; mehr noch: es könnte durch die von einigen befürwortete Anwendung des urheberrechtlichen Vergütungsanspruches nach § 32 (dazu sogleich vgl. Rn. 22) zu einer Doppelbelastung des Arbeitgebers kommen. Auf den ersten Blick besteht kein Grund, alleine aus der Tatsache eines doppelten Vergütungsanspruchs abzuleiten, dass eine Anwendbarkeit des § 32 UrhG oder der §§ 9, 10 und 20 ArbNErfG ausscheide. Denn das Urheberrecht und das Arbeitnehmererfindungsrecht haben eben unterschiedliche Schutzgegenstände: Der arbeitnehmererfindungsrechtliche Anspruch gilt die Erfindung ab, während der urhebervertragsrechtliche das Schreiben des Codes abgilt. Und überhaupt, warum sollte gerade der urheberrechtliche Anspruch ausscheiden? Genau so gut könnte man den arbeitnehmererfindungsrechtlichen Anspruch negieren. Der Bundesgerichtshof verortet beide Ansprüche auch unterschiedlich: Während der arbeitnehmererfindungsrechtliche Anspruch daher herrührt, dass im Erfindungsrecht den Arbeitnehmern in der Regel mangels abweichender besonderer vertraglicher Regelungen keine Verpflichtung zur Entwicklung sonderrechtsfähiger technischer Lehren auferlegt werde, wird eine korrespondierende urheberrechtliche Verpflichtung bejaht, wenn der Arbeitnehmer entsprechend angestellt oder angewiesen wurde (BGH GRUR 2002, 149, 152 – *Wetterführungspläne II)*. Gerade letzteres würde dafür sprechen, den urheberrechtlichen Anspruch bei einer Kollision zurücktreten zu lassen. Wegen des letztgenannten Arguments könnte man eine doppelte Belastung des Arbeitgebers für zumindest zweifelhaft halten. So hat der Bundesgerichtshof in *Wetterführungspläne* auch betont, dass § 69b UrhG (vor der Reform) einen Anspruch auf Arbeitnehmererfindervergütung wegen eines technischen Verbesserungsvorschlags (§ 10 ArbNErfG) „grundsätzlich" ausschließe (BGH GRUR 2001, 155, 155 – *Wetterführungspläne* (Ls.); kritisch dazu *Brandner* GRUR 2001, 883, 884.). Dem Arbeitsrecht ist es im Übrigen auch fremd, aus ein und derselben Tätigkeit, die durch gesetzliche Entscheidungen zu mehreren für den Arbeitgeber nutzbaren Arbeitsergebnissen (Patent und urheberrechtliche Nutzungsrechte) führt, einen doppelten Lohnanspruch abzuleiten. Andererseits ist nicht zu negieren, dass die Schutzgegenstände unterschiedlich sind und Art. 1, 2 Abs. 1 GG sowie Art. 14 GG beide nutzbaren Arbeitsergebnisse (Patent und Urheberrecht) als getrennten Wert anerkennen.

21 Folgende **Lösung** scheint daher praxisgerecht: Dem Arbeitnehmer sind zwar grundsätzlich beide Ansprüche zuzugestehen (wenn man der hier vertretenen Auffassung nicht folgt, die die urheberrechtlichen Ansprüche für angestellte Programmierer verneint), aber es ist ein Korrektiv einzuführen. Hierzu bietet sich der Terminus der *Angemessenheit* im Rahmen der Ermittlung der Vergütung nach § 32 UrhG an. Bei diesem könnte berücksichtigt werden, ob der Schöpfer bereits eine andere Vergütung, hier auch nach dem Arbeitnehmererfindungsgesetz, erhalten hat (zu allem vorgenannten ausführlich *Czychowski* FS Nordemann II S. 157 ff. m.w.N.; a.A. allerdings ohne besondere Begründung Wandtke/Bullinger/*Wandtke/Grunert*[2] § 32 Rn. 13).

2. Anwendbarkeit der §§ 32, 32a

22 Ob im Rahmen des § 69b auch Raum für eine Anwendung der neuen urhebervertragsrechtlichen Bestimmungen, insbesondere §§ 32 und 32a ist, ist nach der Novelle zum Urhebervertragsrecht **nicht abschließend geklärt**, die überwiegenden Argumente sprechen jedoch weiterhin gegen eine Anwendbarkeit im Regelfall.

23 Bis vor der Novelle zum Urhebervertragsrecht war für die allgemeine arbeitnehmerurheberrechtliche Norm des § 43 UrhG allgemein anerkannt, dass der Lohn, den ein Arbeitnehmer erhält, auch die Einräumung von Nutzungsrechten im Rahmen der Anwendbarkeit des § 43 UrhG abgilt (OLG Hamburg GRUR 1977, 556, 558 – *Zwischen Marx und Rothschild*; Schricker/*Rojahn*[2], § 43 Rn.64; Lehmann/*Buchner* Kap. XI. Rn. 77). Der BGH formulierte, dass der Übergang der wirtschaftlichen Verwertungsrechte nicht von einer Gegenleistung abhängig gemacht werde und dass für eine weitere Vergütung (sic! jenseits des Lohns) kein Platz mehr sei (BGH GRUR 2002, 149, 151 – *Wetterführungspläne II*) und unterzieht dieses Ergebnis auch einer verfassungsrechtlichen Prüfung. Für die Sonderregel des alten Bestsellerparagraphen (§ 36 UrhG a.F.) hatte der Bundesgerichtshof allerdings für angestellte Programmierer eine Ausnahme gemacht –leider ohne die in dieser Konstellation notwendige Begründung (BGH GRUR 2002, 149, 152 f. Wetterführungspläne II für § 36 UrhG a.F.; zuvor bereits so *Dreier* GRUR 1993, 781, 785.). Vielmehr rekurriert der BGH nur auf dessen Anwendbarkeit „im Rahmen arbeitsvertraglicher Übertragungspflichten", also für § 43 UrhG (BGH GRUR

2002, 149, 152 – Wetterführungspläne II unter Verweis auf Schricker/Rojahn[2] § 43 Rn. 71; Möhring/Nicolini/*Spautz*[2] § 43 Rn. 11.). Nach *Brandi-Dorn* sei sogar jegliche zusätzliche Vergütung, also auch die Bestseller-Vergütung, europarechtswidrig (*Brandi-Dohrn* CR 2002, 252, Anm. zu BGH GRUR 2002, 149 – *Wetterführungspläne II*).

Die **Genese des Gesetzes zum Urhebervertragsrecht** ist ein wenig aufschluss- **24** reich: In Übereinstimmung mit obigen Grundsätzen enthielt die Regierungsbegründung des neuen Urhebervertragsrechts noch eine Neuregelung des § 43 UrhG (RegE UrhVG – BT-Drucks. 14/6433, S. 5), die besagte, dass die betriebliche Nutzung *„in der Regel mit dem Lohn und Gehalt – soweit die Zahlung tatsächlich erfolgt ist – abgegolten"* sei. Der Bundesrat regte demgegenüber eine Regelung entsprechend dem § 69b UrhG für alle Arbeits- und Dienstverhältnisse an (Stellungnahme BR – BT-Drucks. 14/7564, S. 9). Die Formulierungshilfen vom 19.11.2001 (FormH 19.11.2001 UrhVG, S. 23) sowie 14.01.2002 (FormH 14.01.2002 UrhVG, S. 25) strichen die Änderungen in § 43 UrhG. Letztere betont, dass die „[...] Grundsätze zu den Vergütungsansprüchen der Urheber in Arbeits- und Dienstverhältnissen [unberührt] bleiben" (FormH 14.01.2002 UrhVG, S. 25). Nach ersterer „findet sich die Regelung zum Vergütungsanspruch für Urheber in Arbeits- und Dienstverhältnissen nun in §§ 32 Abs. 4, 32a Abs. 4 UrhG" (FormH 19.11.2001 UrhVG, S. 23). Da dort lediglich der Verweis auf Tarifverträge geregelt ist, könnte man gerade aus diesem letzten Satz das e contrario Argument entnehmen, dass – wenn kein Tarifvertrag existiert – es keinen zusätzlichen Vergütungsanspruch gibt. Die Genese des Gesetzes zeigt eine Auseinandersetzung mit der Problematik, die jedoch für eine unveränderte Geltung des Grundsatzes der abschließenden Abgeltung durch den Arbeitslohn spricht.

Auch die übrigen Auslegungsaspekte sprechen dafür, dass die §§ 32 ff. nicht **25** anwendbar sind. Die Stellung als Achter Teil im Ersten Abschnitt wie § 69a Abs. 4 könnten **systematisch** als Ansatzpunkt für eine Anwendbarkeit der Regeln des Urhebervertragsrechts auf die besonderen des Computerprogrammrechts dienen. Allerdings folgt aus § 69a Abs. 4 nur, dass die in der der Norm zugrundeliegenden Computerprogrammschutz-Richtlinie fehlenden Regeln zu Persönlichkeitsrechten und zum Sanktionensystem auszufüllen (Schricker/*Loewenheim*[2] § 69a Rn. 23). Die systematische Stellung im Gesetz wird in ihrer Aussagekraft durch die Bezeichnung als „besonderer" Regelungen relativiert. § 69b ist zwar als lex specialis zu den urhebervertraglichen Regelungen zu charakterisieren, trifft allerdings nur Regelungen zur Einräumung von Nutzungsrechten und keine spezielleren Aussagen zur Vergütung. Rein methodisch werden allgemeine Regeln durch besondere nur dann modifiziert, wenn eine andere Regelung zum selben Regelungsgegenstand getroffen wurde.

Sinn und Zweck sprechen allerdings gegen eine Anwendung: Die Regelungen **26** der §§ 69a – g UrhG gehen unmittelbar auf Art. 2 Abs. 3 Software-RL zurück. Dieser ist überschrieben „Urheberschaft am Programm" und stellt damit klar, dass eigentliches Ziel der Regel ist, den Arbeitgeber soweit wie im überwiegend vom Schöpferprinzip geprägten europäischen Urheberrechtssystem überhaupt möglich in den Genuss der wirtschaftlichen Verwertbarkeit des Programms kommen zu lassen und ihr dabei weiterhin so weit wie möglich Sicherheit in Bezug auf ihre Investitionen zu geben. Wie bei anderen vergleichbaren Werken des Urheberrechts, etwa den Filmwerken, ist auch die Verwertung von Computerprogrammen ein derart komplexer Vorgang, dass es weder Zweifel an der Berechtigung des die Verwertungsinvestition anstoßenden

Arbeitgebers geben darf noch Unklarheit über den die Kostenseite definierende Vergütungsumfang des Schöpfers. Insofern trifft die Regelung implizit mit der Definition der umfassenden Rechteeinräumung auch eine Regelung für die Vergütung: Die Investitionssicherheit des Programmverwerters wäre gefährdet, wenn der angestellte Programmierer noch eine zusätzliche Vergütung verlangen könnte. Insofern ist davon auszugehen, dass die allgemeinen Regelungen des Urhebervertragsrechts nur modifiziert um die Besonderheiten der Regelungssituation wie um die eindeutige Weisung der umfassenden Rechteübertragung allein gegen den Arbeitslohn des § 69b Anwendung finden können.

27 Es bleibt daher äußerst zweifelhaft, ob das Verdikt des BGH zum § 36. a.F. auch in Zukunft bei angestellten Programmieren trägt (zu allem Vorgenannten ausführlich *Czychowski* FS Nordemann II S. 157 ff.).

3. Sonstiges Urhebervertragsrecht

28 Die **Zweckübertragungsregel** des § 31 Abs. 5 ist im Rahmen von § 69b nicht anwendbar, weil die vermögensrechtlichen Befugnisse dem Arbeitgeber vollständig zugeordnet werden (RegE ÄndG 1992 – BT-Drucks. 12/4022, S. 10). In der Konsequenz muss dies auch gelten für § 31 Abs. 4a F.; der Arbeitgeber erhält also über § 69b auch die Nutzungsrechte an **noch nicht bekannten Nutzungsarten** so das nun mehr §§ 31a, 32c nicht anwendbar sind; hierzu vgl. Rn. 13. Ebenso ausgeschlossen ist die Anwendung des Rückrufsrechts aus § 41, da der Programmierer angesichts der klaren Zuordnung aller wirtschaftlichen Entscheidungen und Befugnisse kein „berechtigtes Interesse" mehr geltend machen kann (so auch Wandtke/Bullinger/*Grützmacher*[2] Rn. 45). Das persönlichkeitsrechtlich verankerte **Rückrufsrecht aus** § 42 unterfällt dem nicht, spielt aber in der Praxis überhaupt keine Rolle.

VI. Regelungen in Bezug auf nicht unter § 69b fallende Werke

29 Für alle Werke, die nicht unter § 69b fallen, wird diskutiert, ob den Arbeitnehmer insofern eine Anbietungspflicht trifft (vgl. Rn. 9; zu der allgemeinen Frage vgl. § 43 Rn. 9). Zur Diskussion im Rahmen des § 69b siehe Wandtke/Bullinger/*Grützmacher*[2] Rn. 29 ff. m.w.N. Das Arbeitnehmererfindungsrecht findet jedenfalls keine Anwendung (vgl. Rn. 20).

§ 69c Zustimmungsbedürftige Handlungen

Der Rechtsinhaber hat das ausschließliche Recht, folgende Handlungen vorzunehmen oder zu gestatten:
1. **die dauerhafte oder vorübergehende Vervielfältigung, ganz oder teilweise, eines Computerprogramms mit jedem Mittel und in jeder Form. Soweit das Laden, Anzeigen, Ablaufen, Übertragen oder Speichern des Computerprogramms eine Vervielfältigung erfordert, bedürfen diese Handlungen der Zustimmung des Rechtsinhabers;**
2. **die Übersetzung, die Bearbeitung, das Arrangement und andere Umarbeitungen eines Computerprogramms sowie die Vervielfältigung der erzielten Ergebnisse. Die Rechte derjenigen, die das Programm bearbeiten, bleiben unberührt;**
3. **jede Form der Verbreitung des Originals eines Computerprogramms oder von Vervielfältigungsstücken, einschließlich der Vermietung. Wird ein Vervielfältigungsstück eines Computerprogramms mit Zustimmung des Rechtsinhabers im Gebiet der Europäischen Gemeinschaft oder eines anderen Vertragsstaates des Abkommens über den Europäischen Wirtschaftsraum im Wege der Veräußerung in Verkehr gebracht, so erschöpft**

sich das Verbreitungsrecht in Bezug auf dieses Vervielfältigungsstück mit Ausnahme des Vermietrechts;
4. die drahtgebundene oder drahtlose öffentliche Wiedergabe eines Computerprogramms einschließlich der öffentlichen Zugänglichmachung in der Weise, dass es Mitgliedern der Öffentlichkeit von Orten und zu Zeiten ihrer Wahl zugänglich ist.

Übersicht

I.   Allgemeines

1.   Sinn und Zweck

1 § 69c regelt den Umfang der im Softwarebereich geltenden spezifischen Verwertungsrechte und ist damit zugleich **Anker für das Softwarevertragsrecht,** jedenfalls soweit es urheberrechtliche Fragen betrifft. In Zusammenhang mit § 69b ergibt sich, dass der Katalog des § 69c maßgeblich dem (Investitions-) Schutz des wirtschaftlichen Verwerters/Auftraggebers dient.

2.   EU-Recht

2 Die Vorschrift entspricht im Wortlaut weitgehend Art. 4 Software-RL. Sie ist Teil der europaweiten Vereinheitlichung des Umfanges von Verwertungs- und Nutzungsrechte und damit der Lizenzverträge (RegE ÄndG 1992 – BT-Drucks. 12/4022, S. 8).

3 Seit dem 13.09.2003 zählt zum Katalog der Ausschließlichkeitsrechte des Abs. 4 nunmehr explizit auch das **Recht der öffentlichen Wiedergabe,** speziell auch in Form der öffentlichen Zugänglichmachung (Online-Übermittlung und –Bereithaltung), auf. Bis zum 13.09.2003 erreichte man zwar nach Meinung einiger dasselbe Ergebnis über den Verweis des § 69a Abs. 4 auf die allgemeinen Regeln des § 15 Abs. 2 und 3 (so Wandtke/Bullinger/*Grützmacher*[2] Rn. 4; *v. Gamm* § 15 Rn. 1, 3 f.) **Dieser Absatz war aber keineswegs unumstritten** (Schricker/*Loewenheim*[3] Rn. 1 f). Die explizite Aufnahme **schafft diesbezüglich nun** Rechtssicherheit. Die Kodifizierung dieses Rechtes war durch Art. 4c Software-RL noch nicht zwingend vorgeschrieben (Bericht der Kommission über die Umsetzung und die Auswirkung der Richtlinie 91/250/EWG über den Rechtsschutz von Computerprogrammen, KOM [2000] 199 endg. v. 10. 4. 2000, 18). Abs. 4 beruht vielmehr auf Art. 4 i.V.m. 8 WCT (Bericht der Kommission KOM [2000] 199 endg. v. 10. 4. 2000, 18; zu Art. 8 WCT vgl. Vor §§ 69a ff. Rn. 9), Art. 3 Multimedia-RL und den Empfehlungen der EU-Kommission (Bericht der Kommission KOM [2000] 199 endg. v. 10. 4. 2000, 18). Mangels einer gleichartigen Bestimmung nach Software-RL verstößt die Neueinführung der besagten Rechte auch nicht gegen Art. 1 Abs. 2 lit. a) Multimedia-RL (*Dreier* ZUM 2002, 28, 29; *Jaeger* CR 2002, 309, 311).

3.   Systematik

4 Die Norm orientiert sich an der Diktion der §§ 15 ff., geht diesen aber als lex specialis vor (vgl. Rn. 88). Die früher virulente Frage, ob man bei Unterschieden im Umfang der Verwertungsrechte nach §§ 15 ff. und 69c auf die eine oder andere Norm zur Auslegung zurückgreifen könnte (dazu Schricker/*Loewenheim*[3] Rn. 1 f.) ist heutzutage durch den weitestgehenden Gleichlauf der Vorschriften obsolet. Ausführlich vgl. Vor §§ 69a ff. Rn. 9 ff. Ausführlich zur **Systematik** vgl. Vor §§ 69a ff. Rn. 9 ff.

II.   Tatbestand

1.   Anwendbarkeit in persönlicher und sachlicher Hinsicht

5 § 69c führt zwar den dem deutschen Urheberrecht bis dato fremden Begriff des „Rechtsinhabers" ein. Dieser Begriff enthält aber keineswegs eine Abkehr vom

Schöpferprinzip (vgl. Vor §§ 69a ff. Rn. 7). Er erklärt sich vielmehr vor dem Hintergrund der europarechtlichen Diktion und bedeutet inhaltlich zunächst den Urheber (i.d.S. wie selbstverständlich auch *Walter/Blocher* Art. 4 Software-RL Rn. 6) bzw. den derivativen Erwerber von Nutzungsrechten. Auch der ausschließliche Lizenznehmer ist also als Rechtsinhaber im Sinne der Vorschrift anzusehen. Zur Übergangsvorschrift vgl. § 137d.

2. Zugewiesene Rechte und Nutzungsarten

Art. 4 Software-RL gibt den Kreis der zugewiesenen Rechte abschließend vor. **6** Die in § 69c umgesetzte Regelung ist – anders als § 15 – abschließend: das **Vervielfältigungsrecht** (Nr. 1), das **Umarbeitungsrecht** (Nr. 2), das **Verbreitungsrecht** (Nr. 3) mit der Regelung zur Erschöpfung und das **Recht der öffentlichen Wiedergabe** (Nr. 4). Damit kennt das Softwareurheberrecht nicht die anderen in § 15 erwähnten Verwertungsrechte; zu denken wäre beispielsweise an ein Ausstellungsrecht (zu dessen Anwendung jenseits der in § 18 genannten Werkarten vgl. § 18), etwa von besonders interessierendem Quellcode. Anders als bei den meisten Werkarten greift bei Computerprogrammen bereits die **bloße Benutzung** in Verwertungsrechte ein (BGH GRUR 1991, 449, 453 – *Betriebssystem*; LG Mannheim CR 1999, 360; differenzierend Dreier/Schulze/*Dreier*[2] Rn. 8; wohl auch Schricker/*Loewenheim*[3] Rn. 9); zwar unterstellt § 11 auch den Werkgenuss dem Urheberrecht, die Verwertungsrechte greifen jedoch bei allen anderen Werkarten nicht so weit (zur Rechtslage bei anderen Werkarten vgl. § 11 Rn. 8). Nicht zuletzt deshalb gewährt § 69d auch für den rechtmäßigen Nutzer besondere Berechtigungen (vgl. § 69d Rn. 17 ff.). Letztere – wohl zu allererst Käufer von Standardsoftware zur Einzelplatznutzung – benötigen daher für die bloße Benutzung des Computerprogramms auf einem PC keine Nutzungsrechte vom Rechtsinhaber; Lizenzmodelle, die den Erwerber von Standardsoftware mit einem Lizenzvertrag binden wollen, wollen daher zu viel des Guten.

a) **Vervielfältigung (Nr. 1):** Der Streit um den Vervielfältigungsbegriff bei **7** Computerprogrammen ist so alt wie der Urheberrechtsschutz für Computerprogramme (zum Streitstand *Pres* CR 1994, 520, 521; Schricker/*Loewenheim*[1] § 16 Rn. 9, jew. m.w.N.). Der Begriff der Vervielfältigung in § 69c Nr. 1 unterscheidet sich nicht von dem des § 16 (Dreier/Schulze/*Dreier*[2] Rn. 6; zu Grundlagen vgl. § 16). Daher ist auch unstreitig, dass **einfache Kopien** eines Computerprogramms, etwa das Duplizieren eines Computerprogramms auf einem selbständigen Datenträger, eine Vervielfältigung darstellen (BGH GRUR 1994, 363, 364 f. – *Holzhandelsprogramm*), im neuen Terminus nun „**dauerhafte Vervielfältigung**". Selbständige Datenträger können magnetische oder optische Datenträger, also Festplatten oder USB-Sticks ebenso sein wie selbstverständlich auch Server, aber natürlich ebenfalls Papier, so dass der Ausdruck des Quellcodes als Vervielfältigung anzusehen ist. Dasselbe gilt für die Kopie von Programmen im Rahmen der **Produktpiraterie**, bei der in der Regel eine 1:1 Kopie erstellt wird und die Verpackung nebst Begleitmaterial möglichst genau nachgeahmt wird (Wandtke/Bullinger/*Grützmacher*[2] Rn. 4). Auch die 1:1 **Kopie einer schutzfähigen Stufe der Programmentwicklung** (vgl. § 69a Rn. 24 ff.) kann eine Vervielfältigung darstellen, selbst wenn der Code selbst nicht kopiert oder z.B. nur bearbeitet wurde; zu Recht wird z.B. auf die individuelle formale Programmstruktur verwiesen (im Detail Wandtke/Bullinger/*Grützmacher*[2] Rn. 9 ff.).

8 aa) **Vorübergehend oder dauerhaft:** Streitig war und ist im Grunde immer
noch, wann das Laden, Anzeigen, Ablaufen, Übertragen und Speichern eines
Computerprogramms eine Vervielfältigung erfordert, wann also eine „vorübergehende Vervielfältigung" vorliegt. Der Beantwortung dieser Frage wollte
der Gesetzgeber offenbar ausweichen, denn weder in § 69c Nr.1, noch im
nunmehr neugefassten § 16 (der jetzt auch vorübergehende Vervielfältigungshandlungen erfasst) findet sich eine Antwort hierauf. Wir halten diesen Streit
für relativ akademischer Natur, so dass wir zur Vertiefung auf Wandtke/Bul-
linger/*Grützmacher*[2] Rn. 5 ff. und die dortigen ausführlichen Nachweise verweisen. Bedeutung hat der Streit für die Frage der Benutzung eines Computerprogramms inkl. Laden in Arbeitsspeicher (h.M. = Vervielfältigung) und des
Ablaufenlassens (h.M. ≠ Vervielfältigung). Da aber ein Ablaufenlassen ohne
Laden in den Arbeitsspeicher nicht denkbar ist, sind die Auswirkungen dieses
Streites gering. Wirklich relevant wird der Streit wohl nur beim **ASP** (dazu vgl.
Rn. 69 ff. und *Bröcker/Czychowski* MMR 2002, 81, 82) und bei sog. embed-
ded Software (vgl. Rn. 10).

9 Eine neue „Spielwiese" für diesen Streit dürfte § **44a** eröffnet haben, der
bestimmte vorübergehende Vervielfältigungshandlungen freistellt. Ob diese
allgemeine Schrankenregelung im Rahmen der Sondervorschriften der §§ 69a
ff. anwendbar ist (zur allgemeinen Frage vgl. § 69a Rn. 43), ist offen (dafür:
Dreier/Schulze/*Dreier*[2] Rn. 9; dagegen: wohl Wandtke/Bullinger/*Grützmacher*[2] Rn. 74 f.). § 69a Abs. 4 eröffnet grundsätzlich die systematische Möglichkeit der Anwendung auch von Schrankenregelungen. Die technische und
wirtschaftliche Interessenlage bei vorübergehenden Vervielfältigungen deckt
sich mit der bei sonstigen Werken. Der Gesetzgeber wollte ersichtlich, auch
wenn er die Computerprogramme nicht ausdrücklich erwähnt hat (RegE
UrhG Infoges – BT-Drucks. 15/38, S. 18), für die nicht relevant gehaltenen
temporären Nutzungshandlungen, die sich eher als zwangsläufige dogmatische Folge des Urheberrechts ergeben, eine einfache Lösung anbieten. Es
spricht daher nichts dagegen, § 44a auch bei Computerprogrammen anzuwenden, soweit durch die entsprechende Vervielfältigungshandlung nicht etwa ein
zusätzlicher Nutzen generiert wird.

10 Bei in **Hardware integrierter Software** werden die Befehle in der Regel direkt
vom Chip ohne den „Umweg" eines Arbeitsspeichers abgerufen, so dass im
Rahmen der Benutzung eines solchen Programmes keine urheberrechtlich
relevanten Vervielfältigungshandlungen vorliegen würden (Lehmann/*Haberstumpf* S. 136), auch wenn unklar ist, ob diese technischen „Zufälligkeiten"
entscheidend sein sollen (so zu Recht Wandtke/Bullinger/*Grützmacher*[2]
Rn. 7). Im Bereich der Datenfernübertragung und des **Internets** sind als Vervielfältigungen anzusehen das **Downloaden** („Herunterladen", d. h. Empfangen von Daten; man kann sich im Internet eine Vielzahl von Computerprogrammen auf den eigenen Rechner „herunterladen"), das **Uploaden**
(„Heraufladen", d. h. die Übertragung von Dateien vom eigenen Computer
an ein anderes System, das darin bestehen kann, die Kopie eines Computerprogramms an einen anderen Rechner „weiterzugeben"), oder bestimmte
ASP-Anwendungen (vgl. Rn. 69 ff.). Ob die Datenübertragung über Router
(ein Router ermittelt den geeigneten Übertragungsweg für ein Datenpaket im
Internet und schickt es über Zwischenstationen zum Ziel) eine Vervielfältigung
darstellt, entscheidet sich nach der hier vertretenen Ansicht über § 44a. Näheres zu Vervielfältigungshandlungen im Internet bei *Koch* GRUR 1997, 417,
423 ff.; *Nordemann/Goddar/Tönhardt/Czychowski* CR 1996, 645, 647 ff. Vergleichbar der Ausführung eines Baus nach den Plänen eines Architekten (vgl.

§ 16 Rn. 1) kann auch die **Codierung** eines Computerprogramms auf der Basis des Programmablaufplans oder des Struktogramms (vgl. § 69a Rn. 24) eine unfreie Benutzung in Form der Vervielfältigung darstellen, je nachdem, ob Veränderungen an Programmablaufplan oder Struktogramm vorgenommen werden, allerdings auch eine abhängige Bearbeitung (BGH GRUR 1985, 1041, 1048 – *Inkasso-Programm*).

bb) Unzulässige Vervielfältigung beim Handel mit Gebrauchtsoftware?: Ein **11** weiterer Problemkreis ist der Handel mit **sog. gebrauchter Software** (umfassend hierzu *Grützmacher* CR 2007, 549). Dieser kann verschiedene Formen haben (zu den unterschiedlichen Erscheinungsformen des Gebraucht-Software-Handels *Huppertz* CR 2006, 145). Schon der Ausgangspunkt der Erstübertragung von Rechteinhaber zum Erstkunden spielt eine Rolle für die Beurteilung des Problems „Gebrauchtsoftware": Übergibt der Rechteinhaber dem Erst-Kunden einen Datenträger, also ein körperliches Vervielfältigungsstück, tritt an diesem unzweifelhaft Erschöpfung ein, der Erstkunde kann dieses Vervielfältigungsstück weiterveräußern an einen Zweitkunden (BGH GRUR 2001, 153). Dieser Zweiterwerber wird aufgrund der Erschöpfung, die an dem körperlichen Vervielfältigungsstück (z.b. CD-ROM) eingetreten ist, zum Berechtigten i.S.d. § 69d. Das weitere Speichern im Arbeitsspeicher wie auf der Festplatte sind daher auch beim Zweiterwerber von § 69d Abs. 1 gedeckt (so zu Recht *Hoeren* CR 2006, 573, 757; das erwähnt das LG München I – allerdings in seinem Fall folgerichtig – nicht: LG München I MMR 2006, 175, 177). Allerdings sollte nicht übersehen werden, dass die Erschöpfungswirkung nur eintritt, wenn der **Veräußernde** alle auf seinen Rechnern noch befindlichen **Kopien des Computerprogramms löscht** (darauf weist zu Recht hin Wandtke/Bullinger/*Grützmacher*[2] Rn. 36).

Davon zu unterscheiden ist die Konstellation, in der der Kunde eine **Master-** **12** **kopie mit einer bestimmten Anzahl an Lizenzen** bekommt, d.h. ein Vervielfältigungsstück und die Erlaubnis die darauf verkörperte Software an einer bestimmten Anzahl von Arbeitsplätzen zu nutzen, d.h. auf den dortigen Festplatten zu installieren. Gerade bei dieser Fallkonstellation hat sich ein Handel mit „Lizenzen" entwickelt, die der erste Lizenznehmer nicht benötigt. Dabei behält der Lizenz-Erstnehmer die Masterkopie und veräußert überzählige Lizenzen. Dies ist wirtschaftlich nicht unbedenklich, da die Preisgestaltung des Rechteinhabers bei Volumenlizenzverträgen gegenüber dem Erstkunden natürlich von der Zahl der als Bündel veräußerten Lizenzen abhängt (Stichwort: degressive Gebührenstruktur). Weiterhin wird durch die Weitergabe der Software auch die Zahl von Nutzern der Software erweitert, ohne dass der Rechtsinhaber daran teilhat. Der Weiterverkauf von Lizenzen berührt daher das Verwertungsinteresse des Rechtsinhabers erheblich. Ob dieses Vergütungsinteresse Beachtung bei der Frage finden soll, ist allerdings umstritten (dafür: zu Recht LG München I MMR 2006, 175, 177; ohne Auseinandersetzung mit diesem Argument a.A. LG München I (30. Zivilkammer) K&R 2008, 387, 388 in einem kaufrechtlichen Fall). Der Erschöpfungsgrundsatz hat nicht etwa nur den Sinn, den Rechtsinhaber im Falle der Veräußerung für diese konkrete Verbreitungshandlung nur einmal partizipieren zu lassen (so aber *Lehmann* NJW 1991, 2112, 2114 f.); insoweit wird vertreten es gebe keinen sachgerechten Unterschied zwischen Disketten-/CD-Rom-Veräußerung und Online-Veräußerung (LG Hamburg MMR 2006, 827; *Berger* GRUR 2002, 198, 200; *Koch* GRUR 1997, 417, 426). Letztlich sind dies aber der vorrangigen Frage nach einer Regelungslücke nachgelagerte Fragen (zur Regelungslücke vgl. Rn. 14 ff.).

13 Die Rechtsprechung ist uneinig, ob der **Verkauf** „gebrauchter" Lizenzen **ohne Weitergabe** der **Masterkopie** zulässig ist: Das LG Hamburg vertritt die Position, die bei einem Volumenlizenzvertrag mit Übergabe der Masterkopie eingeräumten Lizenzen, die Software auf einer bestimmten Anzahl von Arbeitsplätzen zu installieren, seien so zu behandeln, als ob eine entsprechende Anzahl von Vervielfältigungsstücken übergeben worden wären. Ist der Käufer selbst im (rechtmäßigen) Besitz einer anderen Masterkopie und kaufe nur zusätzliche Lizenzen an (LG Hamburg MMR 2006, 827 m. Anm. *Heydn/ Schmidl*), sei dies nicht zu beanstanden. Der Erschöpfungsgrundsatz fände ungeachtet des Vertriebsweges (entsprechende) Anwendung (zu Frage der analogen Anwendung des Erschöpfungsgrundsatzes auf den Online-Vertrieb vgl. Rn. 32 f.). Die Folgeinstanz (OLG Hamburg MMR 2007, 318, 319) hat zwar das Ergebnis der Erstinstanz bestätigt, sich zu dieser Frage jedoch nicht geäußert. Das LG München I (MMR 2006, 175 (Erstinstanz)) wie das OLG München (MMR 2006, 748 m. Anm. *Stögmüller* (Folgeinstanz)) lehnten hingegen die Anwendung des Erschöpfungsgrundsatzes auf den Weiterverkauf von Softwarelizenzen an Computerprogrammen ohne die Weitergabe von Medienträgern zu Recht ab (zu diesen Urteilen sogleich ausführlicher).

14 Weiterhin kann aber schon die **Erstübertragung** ausschließlich **online** stattfinden. Daran anschließend ist umstritten, ob die Weiterübertragung von online übertragener Software bzw. aus einem Volumenlizenzvertrag herausgelöster Lizenzen ebenfalls ohne Zustimmung des Rechteinhabers zulässig ist. Dies wäre sie nur, wenn Erschöpfung auch an online übertragener Software einträte. Ausgehend von dem Wortlaut des § 17 ist dieser allerdings nur auf körperliche Vervielfältigungsstücke anwendbar. Aufgrund der funktionalen Äquivalenz, die die Onlineübertragung mit der Übergabe eines Datenträgers habe, wird die entsprechende/analoge Anwendung des Erschöpfungsgrundsatzes auf die Onlineübertragung vertreten (*Hoeren*, „Gutachten zur Frage der Geltung des urheberrechtlichen Erschöpfungsgrundsatzes bei der Online-Übertragung von Computerprogrammen" v. 17.02.2006, abrufbar unter: www.usedsoft.com; abgerufen am 10.03.2008, sowie differenzierter bei Dreier/Schulze/*Dreier*[2] Rn. 24; Wandtke/Bullinger/*Grützmacher*[2] Rn. 36; *Witte* ITRB 2005, 86; *Koch* GRUR 1997, 417, 426; Übersicht über die Argumente pro und contra: *Stögmöller*, in: Taeger/Wiebe, S. 213, 214 f).

15 Stellt sich der Lizenzhandel derart dar, dass der Händler den Kunden veranlasst, eine Kopie des jeweiligen Computerprogramms – tw. sogar durch Herunterladen von einer Internet-Seite – zu machen, greift eine solche Handlung zunächst zweifelsfrei in das **Vervielfältigungsrecht** ein, (so zu Recht auch LG München I MMR 2006, 175 – *Handel mit Gebrauchtsoftware I*; bestätigt durch Folgeinstanz OLG München MMR 2006, 748, 749). Das LG München I erweitert in an den Interessen des Rechtsinhabers orientierter, wertender Auslegung den Gesetzestext auch auf das Laden des Programms in die Arbeitsspeicher der Rechner der einzelnen Anwender. Die Auslegung müsse sich am legitimen Interesse des Rechtsinhabers orientieren, an den wirtschaftlichen Vorteilen der Nutzung seines Programms zu partizipieren. Daher liege eine Vervielfältigung im rechtlichen Sinne immer dann vor, wenn der technische Vervielfältigungsvorgang zu einer gesteigerten Programmnutzung führe (so LG München I unter Verweis auf Schricker/*Loewenheim*[3] Rn. 9). Diesbezüglich führte das LG Hamburg hingegen aus, dass soweit zur bestimmungsgemäßen Benutzung der Software noch Handlungen i.S.v. § 69c Nr. 1 – sei es durch den Ersterwerber, soweit der Zweiterwerber keine eigene Masterkopie in Bezug auf die in Rede stehende Software hat, oder durch den Zweiterwerber –

erforderlich sind, vermittele Letzteren § 69d Abs. 1 hierfür eine gesetzliche „implied licence" unter Verweis auf Wandtke/Bullinger/*Grützmacher*[2] Rn. 3 f.). Eine Zustimmung des Rechtsinhabers sei insoweit nicht erforderlich. Das überstrapaziere den klaren Gesetzeswortlaut.

Mit der Frage, ob der Handel mit **„abgespalteten Lizenzen"** bei Volumenlizenzverträgen ohne Zustimmung des Rechteinhabers zulässig ist, beschäftigte sich das LG Hamburg MMR 2006, 827 (allerdings nicht die Urheberkammer) als Vorfrage innerhalb der Prüfung eines Unterlassungsanspruch aus § 8 Abs. 1 und 3 Nr. 1 UWG i.V.m. den §§ 3, 5 Abs. 1 und 2 Satz 1 Nr. 3 UWG wegen irreführender Werbung mit der Werbeaussage, dass der Verkauf bzw. die Veräußerung einzelner Softwarelizenzen wirksam möglich sei. Das LG Hamburg MMR 2006, 827, 828 schloss sich in dieser Frage der Literaturmeinung an, dass eine analoge Anwendung des Erschöpfungsgrundsatzes geboten sei bei der einmaligen, in Erfüllung eines Volumenlizenzvertrags erfolgenden, Onlineübertragung von Software, die fortan ohne eine (Online-)Verbindung zum Rechtsinhaber von dem Ersterwerber auf seinem Rechner genutzt werden kann (*Grützmacher* ZUM 2006, 302 ff.; *Hoeren* CR 2006, 573, 757, *Sosnitza* K&R 2006, 206 ff.; dagegen: LG München I MMR 2006, 175). Die vergleichbare Interessen – bzw. Erfüllungslage von Online- und Offline-Vertrieb identische Interessenlage (Dreier/Schulze/*Dreier*[2] Rn. 24; Möhring/Nicolini/*Hoeren* Rn. 16; Wandtke/Bullinger/*Grützmacher*[2] Rn. 36) kann erst dann eine Rolle spielen, wenn unzweifelhaft eine **Regelungslücke** besteht. Eine solche sei trotz des eindeutigen Wortlautes des ErwG 29 Info-RL dadurch gegeben, dass diese Formulierung nicht den Fall der einmaligen, in Erfüllung eines Volumenlizenzvertrags erfolgenden, Onlineübertragung von Software, die fortan ohne eine (Online-)Verbindung zum Rechtsinhaber von dem Ersterwerber auf seinem Rechner genutzt werden kann, erfasse. Art. 3 Abs. 3 der Richtlinie 2001/29/EG sei daher nicht einschlägig.

16

Uns überzeugt das nicht: Zunächst sei erwähnt, dass die Ausführungen des LG Hamburgs zu Erschöpfung bei Onlineübermittlung wohl höchstens als obiter dicta bezeichnet werden können, da sich diese Frage zumal in bei einem nicht genuin urheberrechtlichen Klageantrag streitgegenständlich gar nicht stellen konnte: In dem vom LG Hamburg entschiedenen Fall hatten alle Ersterwerber einen körperlichen Datenträger erhalten (*Heydn/Schmidl* Anm. zu LG Hamburg MMR 2006, 827, 831). Weiterhin liegt es zunächst in der abstrakten Natur eines Gesetzes- bzw. einer Richtlinie nicht jeden denkbaren Einzelfall aufzulisten, auch eine amtl. Begründung muss dies nicht. Eine Regelungslücke begründet dieses Schweigen des subjektiven Gesetzgebers noch nicht. Zudem wird nicht begründet, warum dieser Fall nicht vom Wortlaut der Richtlinie erfasst sei. Dies hätte erfordert, darzulegen, warum die einmalige Online-Bereitstellung von Software kein Online-Dienst ist. Nur die Feststellung, dass die Nutzung der Software ohne weiteren Zugriff auf das Online-Angebot des Rechteinhabers möglich ist, schließt dies noch nicht aus. Augenscheinlich geht das Gericht von der Prämisse aus, dass ein mehrmaliger Online-Kontakt notwendig ist, um die Inanspruchnahme eines Onlinedienstes zu konstituieren. Dennoch hat das Gericht nicht geprüft, ob es tatsächlich im Rahmen der vorliegenden Erstvertragsgestaltung zu einem allein einmaligen Onlinekontakt zwischen Erstkunde und Rechteinhaber kommen sollte. Es sei angemerkt, dass gerade das Softwareüberlassungsmodell „Volumenlizenzvertrag" häufig Wartung, Pflege und Up-Date-Leistungen per Onlineübermittlung umfassen, es also zu mehr als einem Online-Kontakt kommt. Zudem zitiert das Gericht unvollständig. ErwG 29 lautet vollständig:

17

„Die Frage der Erschöpfung stellt sich weder bei Dienstleistungen allgemein noch bei Online-Diensten im Besonderen. Dies gilt auch für materielle Vervielfältigungsstücke eines Werks oder eines sonstigen Schutzgegenstands, die durch den Nutzer eines solchen Dienstes mit Zustimmung des Rechtsinhabers hergestellt worden sind. Dasselbe gilt daher auch für die Vermietung oder den Verleih des Originals oder von Vervielfältigungsstücken eines Werks oder eines sonstigen Schutzgegenstands, bei denen es sich dem Wesen nach um Dienstleistungen handelt. Anders als bei CD-ROM oder CD-I, wo das geistige Eigentum in einem materiellen Träger, d. h. einem Gegenstand, verkörpert ist, ist jede Bereitstellung eines Online-Dienstes im Grunde eine Handlung, die zustimmungsbedürftig ist, wenn das Urheberrecht oder ein verwandtes Schutzrecht dies vorsieht."

Wenn man also entweder davon ausgeht, dass auch ein nur einmalig genutzter Onlineübertragungsdienst unter den Begriff Onlinedienst fällt oder dass Volumenlizenzverträge wegen des wiederholten Onlinekontaktes wegen Wartungs- und Up-Date-Komponenten Onlinedienstcharakter haben, unterfällt auch die Software eines Volumenlizenzvertrages Satz 2 des Erwägungsgrundes 29 (lakonischer zum selben Ergebnis kommend: OLG München MMR 2006, 748, 749; weitere Überlegungen gegen eine Regelungslücke wegen fehlerhafter Interpretation der EU-RL bei *Heydn*, in: Taeger/Wiebe S. 205, 211 sowie *Heydn/Schmidl*, Anm. zu LG Hamburg MMR 2006 827, 830 f.). Denn unzweifelhaft erfasst Satz 2 materielle Vervielfältigungsstücke eines Onlinedienstes. Indem der Zweitkunde durch den Download ein Vervielfältigungsstück herstellt, liegt eine zustimmungsbedürftige Handlung i.S.d Erwägungsgrund 29 S. 2 und 4 vor. Als Fazit ist festzustellen, dass die Begründung der Regelungslücke selbst nicht lückenlos ist und angesichts des notwendigen Begründungsaufwandes einer derartigen Rechtsfortbildung kann dieser Meinung de lege lata nicht gefolgt werden (richtig daher auch *Lehmann* CR 2006, 655, der zu Recht von einer babylonischen Verständnisverwirrung wegen der abweichenden früheren Literaturmeinungen spricht).

18 cc) **Ganz oder teilweise:** Nach den allgemeinen Regeln (vgl. § 16 Rn. 9 ff.) kann eine Vervielfältigung auch vorliegen, wenn nur ein **Teil eines Werkes** dupliziert wird; er muss nur selbst Werkqualität haben. Diese Formulierung ist also eine Selbstverständlichkeit. Es kommt nicht darauf an, ob die Vervielfältigung en bloc geschieht oder sukzessive (Dreier/Schulze/*Dreier*[2] Rn. 10; Schricker/*Loewenheim*[3] Rn. 7).

19 dd) **Mit jedem Mittel, in jeder Form:** Dasselbe gilt für den Zusatz „mit jedem Mittel und in jeder Form". Er stellt nur klar, dass es für die Frage, ob eine Vervielfältigung vorliegt, nicht darauf ankommt, ob diese z.B. digital oder analog erfolgt (Form) oder etwa ob sie hardware-embedded oder rein softwaremäßig erfolgt (Mittel).

20 b) **Umarbeitung (Nr. 2):** § 69c Nr. 2 gewährt ein umfassendes Recht der Umarbeitung (beachte auch den von § 23 abweichenden Sprachgebrauch!). Während § 23 bei der Bearbeitung – von den Ausnahmen in Satz 2 abgesehen – nur die Veröffentlichung und Verwertung untersagt, geht § 69c bei Computerprogrammen erheblich weiter, denn in Nr. 2 wird bereits **die Herstellung von Umarbeitungen, insbesondere Bearbeitungen,** untersagt. § 69c verdrängt § 23 insofern als lex specialis (vgl. Rn. 22, vgl. § 69a Rn. 44); auch § 39 (trotz seiner persönlichkeitsrechtlichen Ausrichtung) findet keine Anwendung (vgl. § 69a Rn. 40; Dreier/Schulze/*Dreier*[2] Rn. 14: tritt zurück; Wandtke/Bullinger/*Grützmacher*[2] Rn. 23: verbleibt praktisch kein Raum). Der Gedanke des § 39 Abs. 2, insbesondere bei Gebrauchswerken eine praktikable Abwägung der Interessen zu finden, kann aber im Rahmen der Abwägung eine Rolle spielen.

Umarbeitung ist jede abhängige Nachschöpfung (Dreier/Schulze/*Dreier*[2] Rn. 12).

aa) Beispiele: Zu den Umarbeitungen gehören auch die **Übersetzung** (§ 3) **21** sowie **Arrangements** (vgl. § 2 Rn. 8); ob diese Werkcharakter haben, ist nicht entscheidend (so in: *Lehmann/Haberstumpf*, S. 145 ff. und noch Vorauflage/ *Hertin*[9] Rn. 4; wie hier Dreier/Schulze/*Dreier*[2] Rn. 12; Schricker/*Loewenheim*[3] Rn. 13). Das Gleiche gilt für „andere Umarbeitungen". Als Umarbeitung eines Computerprogramms aufzufassen ist z. B. die **Entfernung einer Dongle-Abfrage;** ein Dongle ist ein Stecker, der dem Kopierschutz von Software dient, auf eine Schnittstelle an der Hardware aufgesteckt wird und dessen Vorhandensein vom Computerprogramm während der Benutzung abgefragt wird (OLG Düsseldorf ZUM-RD 1997, 555 – *Dongle-Umgehung,* OLG Karlsruhe NJW 1996, 2583, 2584 – *Dongle-Abfrage,* LG Düsseldorf CR 1996, 737, 737 – *Dongle-Umgehung).* Als Umgestaltung aufzufassen ist auch die **Portierung,** d. h. das Übertragen eines Programms auf ein nicht kompatibles System, weil insoweit das Programm geändert werden muss, um es auf dem neuen System lauffähig zu machen (*Irlbeck* „Portieren"). Auch die **Dekompilierung** eines Computerprogramms ist eine Bearbeitung in Form der Übersetzung (vgl. § 69e Rn. 1). Dasselbe gilt für die Übersetzung in eine andere **Programmsprache** oder von **Quellcode in Objektcode.** Alle vorgenannten Formen kommen mehr oder weniger auch maschinell, als sog. **Refactoring,** vor, ohne dass dies an der urheberrechtlichen Einordnung etwas ändern würde. Wohl nicht als Umgestaltung, sondern als Vervielfältigung anzusehen ist das **Zerlegen und wieder Zusammensetzen** eines Computerprogramms, wenn es im Internet mittels Routing von einem Rechner zum anderen geschickt wird, weil die Werkgestalt der Zielkopie durch das Routing nicht verändert wird (*Koch* GRUR 1997, 417, 425; nun aber zu der neuen Regelung des § 44a). Klassische Bearbeitungen sind natürlich auch die **Ergänzung des Quellcodes,** sofern die Grenzen des § 24 übersprungen werden (dazu vgl. Rn. 22). BGH GRUR 2000, 866, 868 – *Programmfehlerbeseitigung).* Die Vorschrift stellt im Übrigen klar, dass nicht nur Übersetzung, Bearbeitung, Arrangement und andere Umarbeitungen bereits als solche unzulässig sind, sondern auch die Vervielfältigung der dadurch erzielten Ergebnisse. Nr. 2 S. 2 lässt die Bearbeiterrechte unberührt; derjenige Bearbeiter eines Programms, der mit seiner Bearbeitung ein individuelles Werk nach § 69a Abs. 3 schafft, ist zwar Urheber, in der Verwertung seiner Bearbeitung jedoch von der Zustimmung des Originalurhebers abhängig (vgl. § 23).

bb) Abgrenzung zwischen Bearbeitung und freier Benutzung: Im **Verletzungs-** **22** **fall** kommt es für die Abgrenzung zwischen Bearbeitung und freier Benutzung (§ 24, zu dessen Anwendbarkeit vgl. § 69a Rn. 40) nach den allgemeinen Regeln darauf an, ob die Vorlage nur Anregung zu selbständigem Schaffen gewesen ist oder die Wesenszüge des Originalwerkes im nachgeschaffenen Werk nicht „verblasst" sind (vgl. § 24 Rn. 2; BGH CR 1990, 188, 189 – *Programmübernahme:* 5% keine Umarbeitung. Dabei ist zunächst zu klären, welche Merkmale übereinstimmen und ob die übereinstimmenden Merkmale des Originalwerkes schutzfähig sind; ist dies der Fall, wird eine unfreie Bearbeitung vorliegen (vgl. § 24). Weicht das nachgeschaffene Programm von den urheberrechtlich geschützten Merkmalen des Originalprogramms ab, kommt es darauf an, wie ausgeprägt die Eigenart der schutzfähigen Merkmale des Originalprogramms ist (vgl. § 24 Rn. 7); je eigenartiger sie sind, umso weiter muss der Abstand des nachgeschaffenen Programms sein. **Materielle** und vor allem greifbare, auch für die urheberrechtlichen Laien und Softwarepraktiker nachvollziehbare, **Voraussetzungen** für das Vorliegen einer Umarbeitung in Abgrenzung zur freien Benutzung bei Computerprogrammen sind im Softwareurheberrecht noch schwerer als im allgemeinen Urheberrecht (zu § 23 mit einer Darstellung des Standes der Wissenschaft sowie einem intelligenten neuen wettbewerbsrechtlich basierten Vorschlag *Chakraborty*, Das Rechtsinstitut der freien Benutzung, 1997, S. 82 ff). Das vom BGH geprägte Bild des Verblassens wird man für die hier interessierende Abgrenzung kaum bemühen können. Letztendlich wird diese Entscheidung wohl von den Juristen aus der Hand und den **Sachverständigen** in die Hand gegeben (Dreier/Schulze/*Dreier*[2] § 69c Rn. 17); ein weiterer Beleg für die Kritikwürdigkeit der Einordnung des Computerprogrammschutzes in das Urheberrecht (vgl. Vor §§ 69a ff. Rn. 16). Doch dürfte der Beleg von Übernahmen einzelner Programmfehler oder sonstiger Zufälligkeiten (wie z.B. willkürlich gewählter Dateinamen) ein starkes Indiz für eine unerlaubte Umarbeitung sein (OLG Frankfurt GRUR 1985, 1049, 1051 – *Baustatikprogramm*). Zur Bestimmung des Schutzbereichs von Computerprogrammen ausführlich *Marly*, Urheberrechtsschutz, S. 123 ff. Zu weiteren Fragen im Zusammenhang mit der Rechtsdurchsetzung vgl. Vor §§ 69a ff. Rn. 15 ff. Zu prozessualen Fragen vgl. Rn. 80 f.

23 Erreicht eine Umarbeitung Werkcharakter, erwirbt der Urheber – wie auch im allgemeinen Urheberrecht – ein **eigenes Bearbeiterurheberrecht** nach § 3; dies gilt unabhängig davon, ob die Umarbeitung erlaubtermaßen geschah oder nicht (Dreier/Schulze/*Dreier*[2] Rn. 18). Natürlich vermittelt dieses abgeleitete Recht ihm nicht etwa Rechte am Ursprungsprogramm. Zudem ist er in der Verwertung seines Computerprogramms an die **Zustimmung** des Originalrechteinhabers **gebunden**.

24 **c) Verbreitung (Nr. 3):** Der Rechtsinhaber hat das ausschließliche Recht, jede Form der Verbreitung des Originals eines Computerprogramms oder von Vervielfältigungsstücken vorzunehmen oder zu gestatten. Das Verbreitungsrecht schließt das **Vermietrecht** mit ein. Computerprogramme dürfen also abweichend von § 27 Abs. 1 auch nicht gegen Bezahlung einer angemessenen Vergütung ohne Zustimmung des Rechtsinhabers vermietet werden; das Vermietrecht ist somit als eigenständiges ausschließliches Recht ausgestaltet. Zum vom Vermietrecht grundsätzlich zu unterscheidenden **Verleihrecht** vgl. Rn. 6 a.E.). Die Erschöpfungsregelung in Nr. 3 S. 2 hat auch zur Folge, dass derjenige, der ein Computerprogramm käuflich erworben hat und es weiterveräußern will, für die Übertragung seines einfachen Nutzungsrechtes keine Zustimmung des Urhebers oder sonstigen Rechtsinhabers benötigt; die Anwendung der Vorschrift des § 34 Abs. 1 ist insoweit ausgeschlossen.

25 **aa) Original oder Vervielfältigungsstück:** Entsprechend den allgemeinen Regeln (§ 17) gilt das Verbreitungsrecht unabhängig davon, ob ein Original betroffen ist oder ein Vervielfältigungsstück. Bei Computerprogrammen wird Ersteres praktisch kaum vorkommen. Fraglich ist aber, ob ein **vom Rechteinhaber selbst installiertes Programm** – ohne dass dem ersten Lizenznehmer ein körperlicher Datenträger übergeben wird – nicht **auch als Vervielfältigungsstück** angesehen werden muss. Das hätte zur Folge, dass auch dort, wo nur Vervielfältigungsrechte eingeräumt werden, Erschöpfung eintreten kann und ein Handel mit gebrauchter Software (vgl. Rn. 11 ff.) sich entwickeln könnte. Letztendlich hängt dies an der Frage, wie man die Körperlichkeit von Computerprogrammen oder digitalen Daten generell auffasst (zu dieser Gretchenfrage für die digitale Welt allgemein vgl. Rn. 36 ff.; Bröcker/*Czychowski*/Schäfer § 13 Rn. 13).

bb) Inverkehrbringen: Zwar ist anerkannt, dass der Verbreitungsbegriff aus- **26** gehend von der Software-RL **weit zu fassen** ist (*Walter/Blocher* Art.4 Software-RL Rn. 25; Dreier/Schulze/*Dreier*[2] Rn. 20). Insoweit kann voll auf die Ausführungen zu § 17 verwiesen werden. Es ist jedenfalls nach Einfügung der Nr. 4 aber nicht mehr erforderlich, die **Online-Übermittlung** mit unter die Verbreitung zu fassen (so die Vorauflage/Nordemann/*Vinck*[9] Rn. 5; *Walter/ Blocher* Art. 4 Software-RL Rn. 25). Zu Details der sich hieraus ergebenden Fragen und zum Streitstand vgl. Rn. 6. Das Inverkehrbringen muss **im Wege der Veräußerung** geschehen. Hierzu allg. vgl. § 17; hierzu zählt neben Kauf auch Tausch und Schenkung. Schließlich muss das Inverkehrbringen **mit Zustimmung des Rechteinhabers** geschehen. Dabei muss sich diese Zustimmung auf das konkrete **Werkstück** und auf die **betroffene Nutzungsart** beziehen. Letzteres war u.a. Gegenstand der Entscheidung BGH GRUR 2001, 153, 154 – *OEM-Version*. Ob dieser Zuschnitt der Nutzungsarten dingliche Wirkungen hat und wenn ja welche, ist umstritten (dazu im Detail vgl. Rn. 54 f.). Die Zustimmung muss sich – wenn es sich um Verträge außerhalb der EU bzw. des EWR handelt, auch auf dieses Territorium beziehen (OLG Hamburg GRUR 1990, 127, 128 – *Super Mario III*).

cc) Vermietrecht: Auch für den Begriff der Vermietung kann auf § 17 Abs. 3 **27** verwiesen werden. Die Begriffe sind identisch zu verstehen. Es geht um die **zeitlich befristete Gebrauchsüberlassung.**

Umstritten ist, ob die Gebrauchsüberlassung auch **unkörperlich** über das Internet **28** erfolgen kann (ja: *Bartsch* CR 1994, 667, 671; *Koch* ITRB 2001, 39, 41; nein: Wandtke/Bullinger/*Grützmacher*[2] Rn. 44; wohl auch Dreier/Schulze/*Dreier*[2] Rn. 36). Diskutiert wird diese Frage vor allem bei **ASP** (dazu vgl. Rn. 69 ff.; *Bröcker/Czychowski* MMR 2002, 81, 82), obwohl doch die meisten ASP-Nutzungen beim Nutzer urheberrechtsneutral sind (*Bröcker/Czychowski* MMR 2002, 81, 82). Dies erfasst die Onlinenutzung eines Computerprogramms in der Variante, dass es gerade nicht zu einer Vervielfältigung auf der Festplatte, dem Arbeitsspeicher oder einem sonstigen Datenträger kommt (zur Problematik der Nutzung von hardware-integrierten Computerprogrammen vgl. Rn. 10).

Für die Frage des Vermietrechts ist, eine Körperlichkeit der überlassenen **29** Vervielfältigungstücke zu verlangen. Nimmt man Unkörperlichkeit an, wird kein Gegenstand vermietet, sondern allenfalls ein Recht, das zu übertragen der Rechteinhaber aber unproblematisch durch die Nutzungsumfangbeschreibung im Vertrag verhindern kann. Damit unterfiele diese Online-Nutzung ebenfalls nicht dem Erschöpfungsgrundsatz. Es ist wohl auch daher anerkannt, dass die Online-Übermittlung ganzer Computerprogramme oder schutzfähiger Teile jedenfalls **keine Vermietung** darstellt (Schricker/*Loewenheim*[3] § 17 Rn. 30). Für Computerprogramme, die vor dem 01.01.1993 erworben wurden, beachte die Übergangsregel in § 137d S.2.

Anders als das Mietvertragsrecht des BGB erfordere der urheberrechtliche **30** Begriff des Vermietens wegen seiner Zuordnung zu den körperlichen Werkverwertungen i.S.d. § 15 Abs. 1 eine körperliche Überlassung eines Werkstücks. Eine urheberrechtliche Vermietung liege z.B. bei dem Angebot von ASP folglich grundsätzlich nicht vor (Anm. *Marly/Jobke* LMK 2007, 209583 zu BGH MMR 2007, 243. Dagegen spricht, dass der Begriff der Vermietung nach § 17 Abs. 3 S. 1 gerade weit ausgelegt werden muss, da er Art. 1 Abs. 2 der Vermiet- und Verleih-Richtlinie umsetzt (RegE UrhG ÄndG 1994/II – BR-Drucks. 876/94, S. 28). Der deutsche wie der europäische Gesetzgeber sprechen gerade nicht von „Besitz-", sondern von „*Gebrauch*süberlassung".

Das Vermietrecht ist zwar urheberrechtlich zu interpretieren. Nicht entscheidend sind die zugrunde liegenden schuldrechtlichen Verträge; es geht also nicht nur um Mietverträge nach dem BGB (im Detail vgl. § 17). Wenn aber bereits im engeren zivilrechtlichen Mietbegriff eine unkörperliche Gebrauchsüberlassung für das Vorliegen einer Vermietung ausreicht, stellt sich die Frage, weshalb der urheberrechtliche Begriff nun enger ausgelegt werden sollte. BGH CR 2007, 75, 76 – *ASP Vertrag* nimmt recht großzügig bei Softwareprogrammen Verkörperung an, wenn diese „auf einem Wechselspeichermedium (z.b. auf Diskette, CD, USB-Stick), oder auf einer Festplatte oder auch nur auf einem **flüchtigen (stromabhängigen) Speichermedium**" gespeichert sind. Bei wem diese gespeichert sind, scheint für den BGH keine Rolle zu spielen, da er Mietvertragsrecht auf ASP-Verträge anwendet. Der BGH geht davon aus, dass auch bei einer Zuverfügungstellung online es zusätzlich der urheberrechtlich erforderlichen vertraglichen Vereinbarungen, wie der Erlaubnis zur Vervielfältigung, Übersetzung, Verbreitung gem. § 69c bedarf (BGH CR 2007, 75, 76 – *ASP Vertrag*) Gegen eine Übertragung der Ausführungen des BGH zu ASP auf die umstrittene Frage, ob der Anbieter von ASP im Rahmen seiner Tätigkeit eine zustimmungspflichtige Vermietung gem. § 69c Nr. 3 UrhG vornimmt, daher zu Recht Anm. *Marly/Jobke* LMK 2007, 209583 zu BGH MMR 2007, 243).

31   **dd) Erschöpfung bei Vervielfältigungsstücken/Weitergabeverbote:** Das Verbreitungsrecht erschöpft sich in Bezug auf das Vervielfältigungsstück eines Computerprogramms, wenn es mit Zustimmung des Rechtsinhabers in einem Mitgliedsland der Europäischen Union oder einem anderen Vertragsstaat des Abkommens über den Europäischen Wirtschaftsraum im Wege der Veräußerung in Verkehr gebracht worden ist, mit **Ausnahme** allerdings **des Vermietrechts.** In Bezug auf Computerprogramme ist damit die Erschöpfungsregelung in § 17 Abs. 2 eingeschränkt. Wird also z. B. in den USA gezielt für den Heimatmarkt ein Computerprogramm veräußert, so hat sich das Verbreitungsrecht des Rechtsinhabers in Bezug auf Deutschland nicht erschöpft; er kann die Weiterverbreitung des Computerprogramms in Deutschland untersagen. Unter den Veräußerungsbegriff fallen nicht nur Verkauf, sondern auch Tausch und Schenkung (vgl. Rn. 26). Bei nur **zeitlich befristeter Gebrauchsüberlassung** (Vermietung im urheberrechtlichen Sinn, vgl. Rn. 26), tritt hingegen wegen der Ausnahme des Vermietrechts keine Erschöpfung ein. Zu den in der Vertragspraxis wichtigen Fragen rund um **Weitergabeverbote** vgl. Rn. 50 ff.

32   **ee) Sonderfall: Erschöpfung bei Online-Übermittlung:** Fraglich ist allerdings, ob die Erschöpfungsregelung auf die Veräußerung eines **körperlichen Datenträgers** wie z. B. einer Diskette oder CD-ROM beschränkt ist oder nicht vielmehr auch im Falle der **unkörperlichen Programmüberlassung** (vgl. Rn. 14 ff) eintritt (dafür: *Hoeren* CR 2006, 573; *Berger* GRUR 2002, 198, 199; *Koch* GRUR 1997, 417, 426 f.; *Mäger* CR 1996, 522, 525 f.; *Dreier/Schulze/Dreier*[2] Rn. 24; *Ullrich/Lejeune/Funk/Zeifang*[2] I Rn.41; noch weitergehend: *Wandtke/Bullinger/Grützmacher*[2] Rn. 36, der sogar ein Vervielfältigungsrecht erwerben lässt, wenn das Programm online übermittelt wurde; dagegen: *Koch* CR 2002, 629, 631; *Zahrnt* CR 1994, 455, 457 gegen Überlassung auf unbegrenzte Dauer gegen einmalige Vergütung in Lizenzform als dritte Vertragsgestaltung; *Büscher/Dittmer/Schiwy/Haberstumpf*, § 69c rn. 7; *Bergmann* FS Erdmann S. 17, 19; *Schricker/Loewenheim*[3] Rn. 33; eine stillschweigende Zustimmung zur Weiterübertragung nimmt *Lehmann/Haberstumpf* II Rn. 132 an.). Dies wird zwar bislang nur – soweit ersichtlich – für **Online-Übermittlungen** diskutiert, es müsste jedoch konsequenter Weise für alle Arten unkörperlicher

Programmüberlassung, also auch z.b. das Installieren durch den Rechteinhaber selbst, gelten. Der BGH hat sich in BGH GRUR 2007, 50 – *Le-Corbusier-Möbel* noch nicht positioniert, sondern weist nur (in einem gänzlich anderen Fall) auf den weiten Begriff des Art. 4 Abs. 1 Info-RL hin; wenn auch im Zusammenhang mit der Typisierung des schuldrechtlichen Grundgeschäfts eine flüchtige Verkörperung im RAM tendenziell als körperlich ansehend BGH CR 2007, 75, 76 – *ASP Vertrag*. Obergerichtlich haben sich mittlerweile das OLG München, LG München I sowie das LG Hamburg positioniert: Nach ersteren fällt der Weiterverkauf von Softwarelizenzen an Computerprogrammen ohne die Weitergabe von Medienträgern, die die Programme enthalten, fällt nicht unter den Erschöpfungsgrundsatz, denn dieser findet nur auf in einem Gegenstand verkörperte Werke Anwendung (OLG München MMR 2006, 746 bestätigt Vorinstanz LG München I MMR 2006, 175). Das LG Hamburg MMR 2006, 827, 828 hat sich hingegen der Literaturmeinung an, dass bei der Onlineübermittlung von Software eine analoge Anwendung des Erschöpfungsgrundsatzes geboten sei (zu diesem Problem ausführlich auch unsere eigene Position bei Gebrauchtsoftware vgl. Rn. 14 ff.).

Vom **Begriff der Veräußerung** her entstehen insoweit keine Probleme, weil im **33** Bereich der Computerprogramme nicht nur der körperliche Datenträger, sondern auch das in der Regel einfache Nutzungsrecht automatisch erworben wird. Damit unterfällt der Online-Erwerb von Computerprogrammen dem Veräußerungsbegriff in Nr. 3 S. 2 (*Koch* GRUR 1997, 417, 426). Fraglich ist aber, ob bei der Online-Veräußerung auch ein **Vervielfältigungsstück** betroffen ist. Das LG Hamburg MMR 2006, 827 entschied bzgl. eines Volumenlizenzvertrages, dass Lizenzen, die auf einem Datenträger (sog. Masterkopie) verkörperte Software auf einer bestimmten Anzahl von Rechnern dauerhaft zu installieren und zu nutzen, so zu behandeln seien, als ob eine entsprechende Anzahl von Vervielfältigungsstücken übergeben worden wäre. Für diese Auffassung spricht die die Interessenlage des Erwerbers: Dieser ist regelmäßig hauptsächlich am Datenbestand selbst interessiert, nicht aber an der Art der Übergabe der Software (für analoge Anwendung daher u.a. Wandtke/Bullinger/*Grützmacher*[2] Rn. 31). Anknüpfungspunkt beim Begriff des Vervielfältigungsstücks in Nr. 3 S. 2 könnte in ausweitender Auslegung deshalb nicht der Datenträger selbst, sondern der erworbene **Datenbestand** (*Mäger* CR 1996, 522, 526; ausführlich zum Sachcharakter vgl. Rn. 36) sein, so dass auch ohne Übergabe von Disketten oder CD-ROMs direkt installierte oder online z.B. aus dem Internet heruntergeladene Computerprogramme weiterverbreitet werden dürfen, sofern ein ordnungsgemäßer Veräußerungsvorgang vorliegt. Diese zwar de lege ferenda bedenkenswerte Überlegung scheitert jedoch an der notwendigen Regelungslücke für eine analoge Anwendung des Erschöpfungsgrundsatzes auf die Online-Übermittlung (hierzu ausführlich vgl. Rn 14 ff.). Auch die Onlineübermittlung führt letztlich zu Vervielfältigungshandlungen, die der Zustimmung des Rechteinhabers bedürfen (OLG MünchenMMR 2006 748; LG München I MMR 2006, 175).

d) Öffentliche Wiedergabe (Nr. 4): Die Online-Übertragung von Computer- **34** programmen und ähnliche Akte der öffentlichen Wiedergabe waren von der Software-RL nicht als explizites Verwertungsrecht vorgesehen. Das Gesetz zum Urheberrecht in der Informationsgesellschaft (allg. dazu vgl. Vor §§ 95a ff. Rn. 14 ff.) hat diese **Lücke** ohne europarechtlichen Zwang **geschlossen**. Die Fragen rund um die Online-Übermittlung von Computerprogrammen (dazu Vorauflage/*Nordemann*/*Vinck*[9] Rn. 5) sind damit gelöst. Aus Sicht des Gesetzgebers war dies nur eine Klarstellung (RegE UrhG Infoges BT-Drucks. 15/38,

S. 22). Inhaltlich kann auf die Ausführungen zu §§ 15 ff., insb. § 19a verwiesen werden.

III. Verwertung der Rechte in der Lizenz, Softwarevertragsrecht, inkl. Überblick über das AGB-Recht

1. Allgemeines

35 Siehe zunächst die Einführung vgl. Vor §§ 69a ff. Rn. 9 ff. Das Softwarevertragsrecht ist im Wesentlichen **sekundäres Urhebervertragsrecht**, daher mehr von den wirtschaftlichen Interessen der beteiligten Verwerter bestimmt als von Schutzinteressen der Urheber. Es hat sich zu einem eignen Rechtsgebiet entwickelt, das auf urheberrechtlicher Grundlage Fragen des allgemeinen Zivilrechts, insbesondere AGB-Recht, aber auch des Kartellrechts in den Blick führt. Im Folgenden geht es, wie bereits in der Einführung (vgl. Vor §§ 69a ff. Rn. 9 ff.) betont, nicht um die allgemeinen zivilrechtlichen Ausgestaltungen, sondern um die Grenzen, die diesen aus dem Urheberrecht, aber auch dem AGB-Recht und dem Kartellrecht gesetzt werden. Computerprogramme werden allerdings – anders als die sie verkörpernden Datenträger – bislang nicht als Sachen verstanden (vgl. Rn. 36), sondern urheberrechtlich als Sprachwerk i.S.d. § 2 Abs. 1 Nr. 1 i.V.m. § 69a Abs. 4 geschützt und gewähren dem Rechteinhaber die ausschließlichen Rechte des § 69c. Die Überlassung von Software ist damit – neben einem schuldrechtlichen Vertrag über den Datenträger – ein urheberrechtlicher Nutzungsvertrag (BGH GRUR 1994, 363, 365 – *Holzhandelsprogramm; Haberstumpf* GRUR Int. 1992, 715 ff.; *Lehmann* FS Schricker S. 543, 545 ff.; *Schack*[3] Rn. 1135). **Nicht behandelt** werden können Fragen des allgemeinen Softwarerechts ohne Bezug zum Urheberrecht (zu diesen sehr praxisnah: *Schneider*[3] passim *Redeker*, Handbuch der IT-Verträge oder *Ullrich/Lejeune*[2] passim), also z.B. die sehr wesentliche Frage, ob mangels ausdrücklicher Regelung in einem Softwareerstellungsvertrag eine Pflicht zur Überlassung des Quellcodes besteht (dazu BGH CR 2004, 490 – *Indizien für Überlassung Quellcode*). Zu **Zwangslizenzen** vgl. Vor §§ 31 ff. Rn. 84.

2. Sachcharakter von Informationen

36 Es sei an dieser Stelle ein kleiner Exkurs gestattet, der den Gegenstand vieler Verträge der neuen digitalen Welt betrifft. Viele dieser Verträge berühren das Problem des **Sachcharakters** von Informationen, Software oder allgemein von **Daten** i.S.d. § 90 BGB. Dies ist immer noch ein nicht abschließend geklärtes Problem, da Daten als solche nicht verkörpert sind (Palandt/*Heinrichs*[68] § 90 Rn. 2 m.w.N.). Möglicherweise würde eine Lösung dieses Problems aber viele der oben dargestellten Probleme (zum Beispiel die Einordnung der Vervielfältigung beim Laden des Computerprogramms) lösen helfen. Entschieden ist bislang nur, dass der Datenträger mit dem darin verkörperten Computerprogramm eine Sache ist (Palandt/*Heinrichs*[68] § 90 Rn. 2; OLG Karlsruhe CR 1996, 352.). Auch ist man sich weitgehend darüber einig, dass Computerprogramme, wenn sie Standardsoftware sind, schuldrechtlich wie Sachen behandelt werden, d.h. sie können Gegenstand von Kaufverträgen und Gewährleistungsansprüchen sein (BGH NJW 1990, 320, 321; LG Konstanz CR 1997, 84, 84). Die Frage der Sacheigenschaft von Computerprogrammen, auch und gerade wenn sie ausschließlich über das Internet verbreitet bzw. genutzt werden, wird seit Neuestem insbesondere bei individuell erstellter Software virulent. Die Regeln über den Werklieferungsvertrag (§ 651 BGB) sind neu geordnet worden; danach ist nun weitgehend Kaufrecht anwendbar (im einzelnen Palandt/*Sprau*[68] § 651 BGB Rn.1 ff. m.w.N.). Damit könnte nun auch auf individuell erstellte Software, folgt man der Ansicht, die hierauf Werklieferungsrecht anwenden will, weitestgehend Kaufrecht unterstellt sein (zum Streitstand *Marly*, Softwareüberlassungsverträge, Rn. 57 m.w.N.; jetzt *Müller-Hengstenberg* CR 2004, 161; *Thewalt* CR 2002, 1 ff.). Immerhin bezüglich des Zivilrechts hat der BGH hat wiederholt entschieden, dass eine auf einem Datenträger verkörperte Standardsoftware als bewegliche Sache anzusehen ist, auf die je nach der vereinbarten Überlassungsform Miet- oder Kaufrecht anwendbar ist (BGHZ 143, 307, 309; 109, 97, 100 f.; 102, 135, 144; BGH MDR 1997, 913; BGH NJW 1993, 2436, 2437 f.; BGH NJW 1990, 3011; BGH ZIP 1984, 962, 963; BGH GRUR 1985, 1055). Diese Auffassung hat im Schrifttum weitgehend Zustimmung erfahren (*Henssler* MDR 1993, 489, 490; *König* NJW 1993, 3121 ff.; *Marly* BB 1991, 432; *Erman/Michalski*[11] § 90 Rn. 3; Palandt/*Heinrichs*[68] § 90 BGB Rn. 2; *Soergel/Marly*[12] § 90 BGB Rn. 3; *Koch* S. 40 f.; *Sedlmeier/Kolk* S. 77; a.A. *Müller-Hengstenberg* CR 2004, 161, 164; *Diedrich* CR 2002, 473, 475; *Redeker* NJW 1992, 1739). Die beim **ASP-Vertrag** geschuldeten Softwareprogramme sind auch auf einem Datenträger verkörpert. Denn die der Steuerung des Computers dienenden Programme müssen, um ihre Funktion erfüllen zu können, d.h. um überhaupt nutzbar zu sein, in verkörperter Form vorhanden sein, sei es auf einem Wechselspeichermedium (z.B. auf Diskette, CD, USB-Stick), oder auf einer Festplatte, oder auch nur auf einem flüchtigen (stromabhängigen) Speichermedium (hierzu *Marly*, Softwareüberlassungsverträge, Rn. 102 m.w.N., 119). Gegenstand des ASP-Vertrags ist somit stets die verkörperte geistige Leistung. Dabei ist es ohne Bedeutung, auf welchem Informationsträger das Computerprogramm verkörpert ist. Entscheidend ist nur, dass es verkörpert und damit nutzbar ist. Vergleichbar mit dem elektronischen Datenträger ist das Buch. Auch das Buch, dessen Sachqualität nicht angezweifelt wird, ist Ergebnis einer schöpferischen Geistestätigkeit und wird ausschließlich wegen seines geistigen Inhalts und nicht wegen seines Informationsträgers, des Papiers, erworben. Dadurch verliert es jedoch nicht seine Sachqualität (*Marly*, Softwareüberlassungsverträge, Rn. 98 m.w.N.).

Nicht unwesentlich ist die Frage des Sachcharakters von Daten bzw. Software **37** auch für die **verschuldensunabhängige Produkthaftung**. Nach überkommener Lehre ist die Anwendbarkeit von § 2 ProdHG problematisch, wenn keine bewegliche Sache vorliegt, da es an einer **Verkörperung** fehlt. Der BGH und die mittlerweile wohl überwiegende Meinung stellen wiederum darauf ab, ob die Daten auf Datenträgern verkörpert sind (BGH NJW 1988, 406, 407; BGH NJW 1990, 320, 321 und wenden zudem die Vorschriften über den Sachkauf entsprechend an: *Cahn* NJW 1996, 2899, 2903 ff.; *Lehmann* NJW 1992, 1721, 1724; *Marly*, Softwareüberlassungsverträge, Rn. 89 ff; kritisch dazu – mit interessanten Argumenten – *Wächter* JurPC Web-Dok. 242/2000). Problematisch bleiben somit nur die Fälle, in denen die digitalisierten Informationen online abgerufen werden, eine Verkörperung zunächst also nicht gegeben ist.

Man könnte daran denken, in einer **Analogie zur Elektrizität** § 2 ProdHG **38** dennoch anzuwenden. Da auch bei Elektrizität keine Körperlichkeit erforderlich ist, spricht viel dafür, die Übertragung von Daten mittels elektromagnetischer Strömung als eine modifizierte Form von Elektrizität zu betrachten. Es wird daher auch vertreten, dass aufgrund der Zielsetzung der Produkthaftungsrichtlinie, nämlich den Verbraucher vor gefährlichen Gütern zu schützen, es nur auf den Warencharakter, die Austauschbarkeit des Produktes und seine Gefährlichkeit ankommt, nicht aber auf die Körperlichkeit (*Meyer* ZUM 1997, 26, 28, 33; *Bothe/Kilian*, S. 373 f.). Da ein Gefahrenpotential vorhanden sei und die Übertragung elektronisch verlaufe, solle auch die Übertragung online der Produkthaftung unterfallen (*Meier/Wehlau* CR 1990, 95, 99). Elektrizität ist allerdings in § 2 ProdHaftG die einzige Ausnahme zum Tatbestandsmerkmal der Verkörperung. Dies deutet gerade daraufhin, dass der Gesetzgeber keinen Raum für die Annahme einer Regelungslücke schaffen wollte und daher eine Analogie für nicht körperlich in den Verkehr gebrachte Produkte von vornherein ausscheidet (*Spindler* MMR 1998, 119, 120; im Detail hierzu Bröcker/*Czychowski*/Schäfer § 13 Rn. 13 m.w.N.). Alles in allem spricht also viel dafür, auf Daten und Computerprogramme, auch ohne Verkörperung auf einem Datenträger, die Regeln über Sachen zumindest **analog anzuwenden**, jedenfalls bis der Gesetzgeber reagiert und dieses wichtige Rechtsobjekt der Wissensgesellschaft als solches erkannt hat.

3. Vertrag über die Erstellung eines Computerprogramms

39 Der Softwareerstellungsvertrag von Individualsoftware ist im Regelfall ein Werkvertrag gemäß §§ 631 ff. BGB (BGH NJW 1990, 3008; Wandtke/Bullinger/*Grunert*[2] Rn. 125; *Schack*[4] Rn. 1138). Es wird die Pflicht zur Programmierung der Software – die Herstellung eines Werkes – und zur Einräumung von Nutzungsrechten vereinbarten Umfanges gegen Entgelt übernommen. Da die Urheberrechte in der Person des Schöpfers entstehen und die Verträge regelmäßig mit Softwareunternehmen und selten mit den Programmierern persönlich abgeschlossen werden, müssen jene zunächst die Nutzungsrechte an der Software von diesen erwerben, bevor sie diese dem Vertragspartner einräumen können. Diese Frage regelt § 69b, der als Spezialnorm zu § 43 bestimmt, dass angestellte Programmierer von der Verwertung des Werkes ausgeschlossen sind (vgl. § 43). Abweichendes kann ausdrücklich vertraglich vereinbart werden. Der Umfang der Rechteeinräumung richtet sich nach den allgemeinen Regeln.

4. Software „überlassungs"-/-lizenzvertrag, inkl. Besonderheiten bei Free/Shareware

40 Verträge über die Überlassung von Software zur Nutzung kommen in unterschiedlichen Bezeichnungen daher. Es gibt mannigfaltige Formen der Abwicklung und des Zuschnitts solcher in der Regel als Lizenzvertrag bezeichneter Rechtsgeschäfte (zu den Lizenzmodellen bspw. *Hoppen* CR 2007, 129).

41 **a) Auslegung und genereller Umfang der Rechteübertragung:** Für sie gelten die **allgemeinen Auslegungsgrundsätze**, aus denen Inhalt, Umfang und Form einzelner Vertragspflichten zu bestimmen sind. Diese Auslegung hat sich bekanntlich nach Treu und Glauben mit Rücksicht auf die Verkehrssitte (§§ 133, 157 BGB) zu richten. Es gilt der Grundsatz der beiderseitigen interessengerechten Auslegung (BGH GRUR 2003, 699, 701 – *Eterna*). Ausgangspunkt ist der von den Parteien gewählte Wortlaut einer Bestimmung und der dem Wortlaut zu entnehmende für die andere Partei jeweils erkennbare Wille (BGH GRUR 2002, 533 – *Unikatrahmen*). Ist eine Erklärung nicht völlig eindeutig, ist nicht am Buchstaben zu haften, sondern vielmehr der wirkliche Wille der Vertragspartner zu ermitteln (§§ 133, 157 BGB). Hierbei ist nicht maßgebend, welche Bedeutung der Erklärende seiner Äußerung beilegt, sondern vielmehr, wie eine vernünftige Person in der Lage des Empfängers diese Erklärung nach Treu und

Glauben mit Rücksicht auf die Verkehrssitte verstehen musste und durfte. Als Auslegungshilfen sind die Ausgangslage, die Umstände des Zustandekommens des Vertrages ebenso heranzuziehen wie die Interessenlage der Vertragspartner, der von ihnen verfolgte Zweck und ihre Ziele (st. Rspr.: siehe nur RGZ 142, 212, 213). Über diese allgemeinen Auslegungsgrundsätze hinaus gilt für die Auslegung von Zuordnungsklauseln an Rechten aus der Sicht des Rechtegebers, dass dieser grundsätzlich dem Rechtenehmer von den ihm zustehenden Rechten nur so wenig überlassen will, wie Letzterer unbedingt zur Durchführung des Vertrages benötigt; dies ist eherner Grundsatz der Zweckübertragungslehre, die auch im Softwarelizenzrecht gilt (BGH GRUR 2003, 234 – *EROC III*; s.a. *Bartenbach*, Patentlizenz- und Knowhow-Vertrag, 6. Auflage 2007, Rn. 476).

Durch den Softwarelizenzvertrag für eine bereits anderweitig hergestellte Soft- **42** ware werden dem Lizenznehmer Rechte für die Nutzung der Software eingeräumt generell zur Auslegung von Nutzungsrechtseinräumungen vgl. § 31 Rn. 5 ff.). Die Auslegung derartiger Nutzungsrechtseinräumungen – bzw. mangels ausdrücklicher Regelungen über den **Umfang** der Nutzungsrechtseinräumungen – des Vertrages generell folgt den allgemeinen Regeln (vgl. Vor §§ 31 ff. Rn. 33 ff.). So ist z.B. eine „Generallizenz", die die Nutzung eines Programms „im Rahmen eines normalen Gebrauchs" gestattet, dahingehend auszulegen, dass auch die Nutzung zur Schulung der Mitarbeiter durch Dritte umfasst ist (OLG Düsseldorf ZUM 2001, 795, 796). Die Klausel „innerhalb des XYZ-Konterns zu nutzen" ist dahingehend auszulegen, dass bei Ausscheiden des Unternehmens aus dem Konzern das Nutzungsrecht erlischt (OLG Düsseldorf CR 2006, 656 – *Schicksal einer Konzernlizenz*). Nachträglich können Änderungen nur im Konsens beider Vertragspartner geändert werden (zu einer (nicht wirksamen) nachträglichen Beschränkung auf „named user" beispielhaft OLG München ZUM 2005, 838).

b) Vertragsschluss und Vertragstyp: Der Abschluss eines Softwarelizenzver- **43** trages kommt in der Praxis oft durch das Öffnen der Schutzhülle zustande, womit sich der Käufer auf einen ausdrücklichen Hinweis hin mit der Geltung der Lizenzbestimmungen bzw. AGB einverstanden erklärt, sog. **Shrink-Wrap Licence** (kritisch Dreier/Schulze/*Dreier*[2] Rn. 33; *Schack*[3] Rn. 1140 m.w.N.; nunmehr allg. auch *Söder*, Schutzhüllenverträge und Shrink-Wrap-License, 2006). Shrink-Wrap-Licenses müssen sich an den allgemeinen Regeln des BGB zum Vertragsschluss und der Einbeziehung von AGB messen lassen. Wenn also z.B. der Inhalt der AGB nur auf der Innenseite der CD-Beschreibung zu finden ist, können diese bei einem Vertragsschluss durch Aufbrechen der Hülle nicht einbezogen werden (allg. hierzu *Schneider*[3] Rn. 3 ff.). Ein dauerhafter Softwareüberlassungsvertrag bei Standardsoftware ist **Kaufvertrag** (BGH GRUR 1994, 363 – *Holzhandelsprogramm*; BGH NJW 1990, 320 – *Lohnprogramm*; BGH NJW 1988, 406 – *Übersetzungsprogramm*; ähnlich *Wilhelm Nordemann* CR 1996, 5, 7: gemischter Vertrag, aber mit Gewährleistung nach Kaufrecht; a.A. Wandtke/Bullinger/*Wandtke/Grunert*[2] Vor §§ 31 ff. Rn. 124: Lizenzvertrag sui generis mit Hauptpflicht der Nutzungsüberlassung). Ähnlich sind die sog. **Clip-Wrap-Verträge** einzuordnen, bei denen der Vertragsschluss mit Anklicken eines Icons auf der Oberfläche vor Herunterladen des Programms erfolgt (zur AGB-rechtlichen Problematik des Vertragsschlusses im Detail Bröcker/*Czychowski*/Schäfer § 13 Rn. 58 m.w.N.; ansonsten hierzu *Karger* ITRB 2003, 134 und 2004, 110). Zeitlich beschränkte Softwarelizenzverträge sind als **Rechtspacht** einzuordnen (*Ulmer* ITRB 2004, 213).

44 c) **Nebenpflichten:** Wie jeder Vertrag kennt auch der Softwarelizenzvertrag Nebenpflichten: Ob sich auch im Rahmen eines Softwarevertrages die **Pflicht zur Überlassung des Quellcodes** ergibt, erscheint zunächst vor dem Hintergrund problematisch, dass damit das im Programm enthaltene Knowhow offen gelegt werden würde. Im Regelfall ist eine solche verkehrsunübliche Überlassungspflicht mit Zurückhaltung zu betrachten (*Hoeren* CR 2004, 721, 723), so dass sie auch durch AGB ausgeschlossen werden kann (LG Köln CR 2003, 484; kritisch *Hoeren* CR 2004, 721, 723, mit dem Argument, dass dies als Hauptleistungspflicht einer Regelung durch AGB nicht zugänglich sei). Eine Überlassungspflicht besteht allenfalls unter besonderen Umständen, wenn nach dem vertraglichen Zweck die Nutzung des Quellcodes erforderlich ist, so etwa bei der Berechtigung, selbst Änderungen an dem Programm vorzunehmen (LG Köln NJW-RR 2001, 1711). Sogar die Pflicht zur Überlassung einer umfassenden Dokumentation soll implizit auch die Verpflichtung zur Übergabe des Quellcodes enthalten (OLG Karlsruhe CR 1999, 11) oder auch eine erforderliche Fehlerbeseitigung bei fehlendem Wartungsvertrag mit dem Ersteller (OLG München CR 1992, 208, 209). Ob das generell auf Individualsoftware ausgeweitet werden kann (so LG Aschaffenburg CR 1998, 203), darf eher bezweifelt werden. Der BGH stellt hier zunächst entscheidend auf die ausdrückliche Vereinbarung der Parteien ab. Fehlt diese, kann ein Werkunternehmer, der sich zur Erstellung eines DV-Programms verpflichtet hat, je nach den Umständen des Einzelfalles auch verpflichtet sein, dem Besteller den Quellcode des Programms zu überlassen; insbesondere ist dies an der vereinbarten Vergütung und an dem Umstand festzumachen, ob das Programm vom Besteller lediglich vermarktet oder auch eigenständig gewartet und weiterentwickelt werden soll (BGH CR 2004, 490 hierzu mit Hinweisen für die Vertragspraxis *Conrad* ITRB 2005, 12). Auch die umgekehrte Situation ist denkbar. Hierbei spricht vieles dafür, dass bei **faktischer Überlassung des Source Codes** auf **Einräumung des Bearbeitungsrechts** geschlossen werden kann.

45 d) **Leistungsstörungen:** Bei Leistungsstörungen ist zwischen Standard- und Individualsoftware zu unterscheiden (ausführlich *Pres* CR 1994, 520 ff.; *Lehmann* FS Schricker S. 543, 548; *Schneider*[3] D Rn. 104). Bei **individuell** auf Kundenwunsch erstellter **Software** greifen die §§ 633 ff. BGB, mit der Besonderheit, dass ein Streit besteht, wann Werklieferungsrecht eingreift (dazu statt aller *Schneider*[3] D Rn. 1514 ff.). Bei nicht individuell angefertigter **Standardsoftware** richtet sich die Gewährleistung nach Kaufrecht gem. §§ 434 ff. BGB (BGH NJW 1990, 3011; *Zahrnt* NJW 1996, 1798, 1800). Gegen eine vertragliche Regelung, die die Fehlerbeseitigung dem Softwarehersteller überlässt, ist nichts einzuwenden, solange sie dem Vertragspartner das Recht vorbehält, den Fehler selbst zu beheben oder durch Dritte beheben zu lassen, wenn der Hersteller dazu nicht willens oder in der Lage ist (BGH GRUR 2000, 866, 868 – *Programmfehlerbeseitigung*).

46 e) **Grundsätzliches zur Einräumung von Nutzungsrechten:** Softwarelizenzverträge berühren Nutzungsrechtseinräumungen: Entweder sie enthalten diese ausdrücklich oder konkludent (vgl. Rn. 42) oder aber sie stützen sich, damit der Nutzer berechtigt ist, die Software zu nutzen, auf die Regelung des § 69d (dazu deren Einordnung auf der Grenze zwischen Schranke und Rechtseinräumung vgl. § 69d Rn. 3). Das Softwarevertragsrecht hat bei diesen Nutzungsrechtseinräumungen eine umfassende **Praxis** entwickelt, die sich weniger in äußerlichen Unterscheidungen äußert (die Unterschiede einer Einzelplatzgegenüber einer Mehrplatzlizenz sieht man – anders als einem Taschenbuch im Verhältnis zum Hardcover – dem übergebenen Datenträger nicht unmittelbar an), als vielmehr in technischen Abgrenzungen (ein Datenträger für eine Einzelplatzlizenz ist mittlerweile in der Regel durch technische Schutzmaßnahmen derart gesichert, dass man ihn nicht gleichzeitig auf mehreren Plätzen nutzen kann). Ebenso wie etwa Buchverlage, die mit der Unterscheidung von Taschenbuch- und Hardcover-Ausgaben neue Märkte erschlossen haben, dienen die im Folgenden zu behandelnden Formen des Nutzungsrechtszuschnitts dem wirtschaftlich möglichst idealen Abbild der Kundenwünsche. Es gibt **Einzelplatzlizenzen** oder **Netzwerklizenzen, aber** auch eine **zahlenmäßige Beschränkung** bei Netzwerklizenzen (Dreier/Schulze/*Dreier*[2] Rn. 35; Wandtke/Bullinger/*Grützmacher*[2] Rn. 63). Sog. **named-user Lizenzen personalisieren** das Nutzungsrecht. Sodann finden sich Regelungen, die zwar nicht die Person des Nutzers bestimmen, aber den Rechner, auf dem er das Programm nutzt (z.B. sog. **CPU-Klauseln**). Schließlich gibt es Aufspaltungen, die sich auf den Vertrieb beziehen, wie bei **OEM-, Update, Upgrade- oder Testversionen.** Alle diese spezifischen Arten der Nutzung von Computerprogrammen bedürfen einer vierfachen Prüfung: (1) Handelt es sich um eigene Nutzungsarten im Sinne der §§ 31 ff., (2) unterliegen sie urheberrechtlichen Bedenken insbesondere im Hinblick auf die Erschöpfung, (3) können sie einer kartellrechtlichen Prüfung standhalten und schließlich (4) sind sie „AGB-fest" vereinbar.

aa) Eigenständige Nutzungsarten?: Für die Nutzungsrechtseinräumungen ist **47** **zentraler Begriff** – wie allgemeinen im Urhebervertragsrecht (dazu vgl. Vor §§ 31 ff. Rn. 5 ff.) der den **Nutzungsart.** Nur was eine eigenständige Nutzungsart i.S.d. §§ 31 ff. ist, kann mit dinglicher Wirkung in einen Überlassungsvertrag aufgenommen werden (anders aber OLG Frankfurt CR 1999, 7, 8; OLG München CR 1998, 266, 267, die § 69c als abschließende Spezialregelung auffassen und § 31 überhaupt nicht anwenden wollen, was allerdings bedeutet, dass jegliche dingliche Aufspaltung der Rechte in Nutzungsarten ausgeschlossen sein könnte). Die hier zu behandelnden **inhaltlichen** Beschränkungen/Zuschnitte der Nutzungsrechte setzten voraus, dass es sich um eine **eigenständige, dinglich abspaltbare Nutzungsart** handelt (KG GRUR 1996, 974, 975 – *OEM-Software*; OLG Frankfurt CR 2000, 581, 582 – *OEM-Vertrieb*; OLG Bremen WRP 1997, 573, 575 – *expiration date*; Schricker/*Loewenheim*[3] § 17 Rn. 16 f.). Dies kann alle Verwertungsrechte i.S.d. § 69c Nr. 1 – 4 betreffen, spielt aber beim **Verbreitungsrecht** eine besondere Rolle. Hinsichtlich der **OEM-Versionen,** also dem Vertrieb eines Programms nur zusammen mit bestimmter Hardware, hat der BGH explizit offen gelassen, ob es sich hierbei um eine eigenständige Nutzungsart handelt, sondern das Problem über die Erschöpfung gelöst (BGH GRUR 2001, 153, 154 – *OEM-Version*), vgl. Rn. 55. Ein Teil der Literatur und Rechtsprechung ging vor der BGH-Entscheidung davon aus, dass sich der Vertrieb von OEM-Versionen hinreichend von dem als Vollversion unterscheidet und somit eine eigenständige Nutzungsart darstellt (KG GRUR 1996, 974, 975 – *OEM-Software*; OLG Frankfurt ZUM 2000, 763, 766 – *OEM-Version*; Loewenheim/*Lehmann*, § 76 Rn. 28). Auch wenn dem zuzustimmen ist, denn die Verbindung von Hard- und Software stellt eine besondere wirtschaftliche Vertriebsform dar, die aufgrund der oftmals vorhandenen Vorinstallierung auch technische Eigenständigkeit besitzt, hat sich diese Ansicht durch die *OEM-Entscheidung* des BGH jedenfalls für die Praxis überholt.

In Bezug auf **Updates/Upgrades** (also Programmaktualisierungen/-verbes- **48** serungen) wird dagegen vertreten, dass das Verbreitungsrecht insofern nicht wirksam beschränkt werden kann, weil es sich dabei nicht um eine am Markt übliche abspaltbare Nutzungsart handelt (OLG München CR 1998, 265,

266 f. – *Verbreitungsrecht bei Standardsoftware* mit abl. Anm. *v. Erben* und *Zahrnt*; OLG Frankfurt CR 1999, 7 – *Erschöpfungsgrundsatz bei Update-Software*). Dies ist eigentlich nicht einzusehen, denn dem Rechtsinhaber muss es einerseits gestattet sein, an dem Erstverkauf von Standardsoftware stärker zu partizipieren und denjenigen, die ältere Versionen seines Programms rechtmäßig verwenden, günstigere Updates/Upgrades anzubieten. Zudem dürften Updates/Upgrades sich in der Regel auch technisch von Vollversionen unterscheiden.

49 Zweifelhaft ist, ob und wenn welche sog. „field-of-use" **Beschränkungen** zulässig sind, also z. B. die Beschränkung auf private Benutzung oder Benutzung zu Ausbildungszwecken. Hierbei handelt es sich um einen Terminus aus dem Patentlizenzrecht, der besondere Formen der Nutzung und die Einsatzgebiete der Software beschreibt. Wir halten solche Beschränkungen – jedenfalls, wenn sie sich technisch unterscheiden – für zulässig, weil im Hinblick auf das Partizipationsinteresse des Urhebers eine Differenzierung zwischen privater, wissenschaftlicher, gewerblicher oder schulischer Nutzung von Computerprogrammen sachgerecht erscheint (anders noch Vorauflage/*Nordemann*/ *Vinck*[9] Rn. 6). Ob dies auch für **Schulversionen** gilt, ist offen.

50 Umstritten waren auch **CPU-Klauseln** (ausführlich zu ihnen *Marly*, Softwareüberlassungsverträge, Rn. 1102 ff.), die den Nutzer verpflichten, die erworbene Software nur auf einer bestimmten Hardware zu verwenden. Hierunter sind einerseits Klauseln zu verstehen, die den Lizenznehmer an eine bestimmte CPU-/Rechner-Klasse binden und für den Lizenzgeber im Falle des Aufstiegs auf eine größere Ausstattung eine zusätzliche Beteiligung vorsehen (sog. Upgrade-Klausel). Wesentlich restriktiver sind hingegen sog. Systemklauseln, die den Lizenznehmer an eine bestimmte Maschine, ggf. zusätzlich an einen bestimmten Aufstellungsort binden (sog. Systemklausel, echte CPU-Klausel). Der BGH hat unter Bezug auf seine *OEM-Entscheidung* bestätigt, dass solche Klauseln urheberrechtlich nicht wirken (BGH GRUR 2003, 416, 418 – *CPU-Klausel*). Vertraglichen Gestaltungen hat der BGH aber – wie schon in der *OEM-Entscheidung* – Türen offen gelassen (BGH GRUR 2003, 416, 418 ff. – *CPU-Klausel*; hierzu vgl. Vor §§ 69a ff. Rn. 3, Ullrich/*Lejeune*[2] I Rn. 385 ff. und zu den vertragsrechtlichen Fragen vgl. Rn. 63 f.

51 Inhaltliche und ggf. zeitliche Beschränkungen können auch in Form von **Demo- und Testversionen** auftreten. Diese sind als eigenständige Nutzungsart auch beim Verbreitungsrecht anzusehen (KG ZUM 2000, 1089), da es sich auch um technisch andersartig gestaltete Versionen handelt und andernfalls gerade die Verkehrsfähigkeit beschädigt wird. Die Hersteller würden derartige Versionen nicht mehr anbieten. Sie besitzen auch eine wirtschaftlich eigenständige Bedeutung, da sie in der Regel kostenlos oder mit starken Preisnachlässen angeboten werden, um für den Erwerb einer Vollversion zu werben.

52 Dasselbe gilt natürlich auch für eine vertragliche Regelung, die ein Computerprogramm von der **Internet-Nutzung**, z.B. in der Form des Download-Angebots, ausnimmt; der Rechteinhaber darf dann eben nicht das neue Recht der öffentlichen Wiedergabe einräumen (§ 69c Nr. 4).

53 Schließlich sind **Beschränkungen der Nutzeranzahl** zu nennen. Die grundsätzliche Unterscheidung zwischen Einzelplatz- und Mehrplatznutzung dürfte unproblematisch sein, da sich diese Unterscheidung nicht nur durchgesetzt hat, sondern man sie auch einfach abgrenzen kann. Innerhalb der Mehrplatznutzung ist ferner zwischen Einprozessor-Mehrplatzsystemen (Terminalbetrieb) und Multirechnersystemen (Serverbetrieb) zu differenzieren (ausführlich hierzu *Marly*, Softwareüberlassungsverträge, Rn. 1127 ff.). Ebenfalls zulässig ist eine zahlenmäßige Beschränkung bei Netzwerklizenzen (Dreier/Schulze/ *Dreier*[2] Rn. 35; Wandtke/Bullinger/*Grützmacher*[2] Rn. 63). Bei größeren Netzwerken dürfte zudem regelmäßig das Recht der öffentlichen Wiedergabe zusätzlich betroffen sein (Wandtke/Bullinger/*Grützmacher*[2] Rn. 63; *Marly*, Softwareüberlassungsverträge, Rn. 1140). Einer Einzelplatzlizenz vergleichbar ist auch die **persönliche Lizenz**, mit der ein Programm durch eine Person auf mehreren Rechnern, nicht jedoch zeitgleich genutzt werden darf. Keine urheberrechtliche Relevanz hat dagegen die Verknüpfung der Vergütung an die Anzahl der Mitarbeiter bzw. der als berechtigt registrierten natürlichen Personen unabhängig von der Anzahl der PC-Plätze (*Schneider*[3] C Rn. 62). Zum **ASP-Betrieb** ausführlich vgl. Rn. 74 f.

bb) Einschränkungen der Verbreitung und Verhältnis zur Erschöpfung: Um **54** Einfluss auf den Vertrieb der Computerprogramme zu nehmen, hat die Praxis versucht, verschiedenste **Weitergabeverbote** und **Einschränkungen** der Weitergabe von Datenträgern, aber auch von unkörperlich überlassenen Programmen durchzusetzen. Gerade im Softwarerecht besteht wie in kaum einem anderen gewerblich relevanten Gebiet des Urheberrechts das Bedürfnis zur Statuierung dieser Verbote, weil Computerprogramme als digitale Werke in besonderer Weise verletzlich sind. Betrachten wir im Folgenden die besonders relevanten **Weitergabeverbote,** ergibt sich folgendes Bild: Zwar ist grundsätzlich anerkannt, dass die Nutzungsrechte, die mit dem Computerprogramm gem. § 69c Nr. 3 S. 2 weiterverbreitet werden dürfen, auch **beschränkt** eingeräumt werden können (vgl. Rn. 47); § 31 gestattet dies ausdrücklich. **Räumliche** Beschränkungen sind gem. § 69c Nr. 3 S. 2 jedoch nur insoweit zulässig, als sie nicht einzelne Mitgliedsländer der Europäischen Union oder Mitgliedsstaaten des EWR betreffen. Wird bei der Veräußerung also die Weiterverbreitung auf die USA beschränkt, ist sie in Deutschland unzulässig; wird sie auf Deutschland beschränkt, tritt demgegenüber Erschöpfung im Hinblick auf die gesamte Europäische Union ein. **Zeitliche** Beschränkungen sind ohne weiteres möglich, allerdings findet sich in der schon erwähnten OEM-Entscheidung der schwer verständliche Hinweis, die Erschöpfung erlaube auch eine Weiterverbreitung, wenn die Veräußerung (vielleicht im Wege eines massenhaften Abverkaufs) kurz vor Ablauf der Lizenzzeit erfolge, also gewissermaßen bewusst zur Umgehung des Endes der Lizenzzeit. (BGH GRUR 2001, 153, 154 f. – *OEM-Version)*. Hieraus darf aber nicht der Schluss gezogen werden, eine zeitliche Beschränkung sei *wegen* der zwingenden Erschöpfungswirkung nicht zulässig. Ohnehin ist aber eine befristete Überlassung nicht als Veräußerung aufzufassen (zutr. *Lehmann* NJW 1993, 1822, 1825).

Die verbleibenden **inhaltlichen** Beschränkungen des Verbreitungsrechts werden seit 2000 von der **OEM-Entscheidung** des BGH beherrscht. Danach ist oberster Grundsatz die freie Weiterverbreitung der Werkexemplare, um eine im Allgemeininteresse liegende Verkehrsfähigkeit zu ermöglichen. (BGH GRUR 2001, 153, 154 – *OEM-Version)*. Der Versuch einer Auswertung dieser schwer verständlichen Entscheidung ergibt folgendes Bild: Sicherlich unwirksam sind Klauseln, die die Weitergabe des Orginaldatenträgers mit dem Computerprogramm unterbinden wollen. Derartige **pauschale Weitergabeverbote** kollidieren zunächst (vgl. Rn. 54) mit dem Erschöpfungsgrundsatz aus § 69c Nr. 3 S. 2 und verstoßen wohl zudem gegen AGB-Recht (vgl. Rn. 63). Ersteres gilt auch, wenn sie nur schuldrechtlich und nicht dinglich ausgestaltet sind (OLG München CR 2001, 11, 11; OLG Frankfurt NJW-RR 1997, 494; OLG

Bremen WRP 1997, 573, 575 f. zu § 826 BGB; offen gelassen in BGH GRUR 2000, 249, 251 – *Programmsperre*). Für den **OEM-Vertrieb** hat der BGH festgelegt, dass das Verbreitungsrecht an einer Software, die ausweislich eines Aufdrucks auf ihrem Datenträger nur zusammen mit neuer Hardware verkauft werden darf, sich erschöpft, auch sofern sie ohne einen neuen Computer an den Endverbraucher verkauft wird (BGH GRUR 2001, 153, 154 f. – *OEM-Version*; a.A. KG GRUR 1996, 974, 975 – *OEM-Software*). Allerdings scheint der BGH in der genannten OEM-Entscheidung dahin zu tendieren, dass – selbst wenn man ein Verbreitungsrecht auf eine bestimmte zulässige eigenständige Nutzungsart beschränken kann – einem so dinglich beschränkten Verbreitungsrecht keine „normale" Erschöpfungswirkung zukommt, sondern nur eine, wenn auch dinglich wirkende, **Beschränkung mit Blick auf die Erstverbreitung** (BGH GRUR 2001, 153, 154 – OEM-Version). So interpretieren auch gewichtige Stimmen in der Literatur die Entscheidung Anm. *Bartsch* K&R 2000, 612; *Jaeger* ZUM 2000, 1070, 1073 f.; *Lehmann* CR 2000, 740; *Witte* CR 2000, 654 f. Soweit der erste Erwerber das Vervielfältigungsstück nicht entsprechend der Abrede mit dem Rechteinhaber veräußert, wird die Beschränkung dinglich, andernfalls nicht. Dies wäre immerhin eine teilweise Lösung des Problems. Dennoch wird zu Recht an einer solchen aus unserer Sicht immer noch strengen Auslegung des Erschöpfungsgrundsatzes Kritik geäußert (*Chrocziel* CR 2000, 738, 739; Wandtke/Bullinger/*Grützmacher*[2] Rn. 90 f.). Zudem dürfte die Verkehrsfähigkeit der Produkte, um die es dem BGH an vorderster Stelle geht, damit nicht unbedingt gesichert oder gar erhöht werden, denn die Einhaltung einer Beschränkung auf der ersten Stufe sieht man dem Produkt auf weiteren Vertriebsstufen nicht mehr an. An der Erschöpfungswirkung scheitern aus den genannten Gründen ferner sog. **named-user Lizenzen**, die das Nutzungsrecht personalisieren. Nicht gegen den Erschöpfungsgrundsatz verstoßen Klauseln, die nicht auf ein Weiterverbreitungsverbot abzielen, wie zum Beispiel **CPU-Klauseln** (so auch *Marly*, Softwareüberlassungsverträge, Rn. 1110; a.A. *Bartsch* CR 1987, 8, 13).

56 Zur Lösung, **Weitergabeverbote** nur **vertraglich** zu **vereinbaren** und den Vertragspartner zu zwingen, sie weiterzureichen vgl. Rn. 63 f.

57 Erschöpfung kann schließlich nur dann eintreten, wenn das konkrete Computerprogramm **unverändert** weiterverbreitet wird (BGH GRUR 1991, 449, 453 – *Betriebssystem*), weil die Bearbeitung gem. § 69c Nr. 2 dem Rechtsinhaber vorbehalten ist. Sofern allerdings eine Bearbeitung des Computerprogramms in den engen Grenzen des § 69d Abs. 1 notwendig war, ist auch die Weiterverbreitung des solchermaßen bearbeiteten Computerprogramms zulässig. **Erschöpfung** tritt weiter ausdrücklich **nicht ein** im Hinblick auf das Vermietrecht; der Berechtigte darf also ohne Zustimmung des Rechtsinhabers weder vermieten noch sonst befristete Nutzungsrechte an dem durch Veräußerung erworbenen Computerprogramm einräumen. Vom Vermietrecht grundsätzlich zu unterscheiden ist jedoch das sog. Verleihrecht, d. h. der Verleih von Computerprogrammen durch öffentliche Bibliotheken (*Lehmann* CR 1994, 271 ff.). Im Hinblick auf das **Verleihrecht** tritt Erschöpfung ein (RegE ÄndG 1992 – BT-Drucks. 12/4022, S. 11 und RegE ÄndG 1994/II – BR-Drucks. 876/94, S. 13 ff.). Insoweit bleibt § 27 Abs. 1 für das Verleihen von Computerprogrammen durch öffentliche Bibliotheken anwendbar (RegE ÄndG 1992 – BT-Drucks. 12/4022, S. 11 f.). Moderne Computerprogramme arbeiten selten mit Installationsdatenträgern, sondern allenfalls mit sog. **Recovery-Datenträgern**. Diese dienen aber nicht der Benutzung, sondern nur der Wiederherstellung, so dass sie insoweit (also jenseits der Wiederherstellung, da nur dies die bestimmungsgemäße Benutzung i.S.d. § 69d ist) nicht an der Erschöpfung teilhaben.

Soweit Erschöpfung eingetreten ist, wird der Erwerber zum berechtigten **58** Nutzer i.S.d. § 69d, so dass er alle **erforderlichen Vervielfältigungshandlungen** (vgl. Rn. 7 ff.) vornehmen darf (nicht unumstr. aber vom Ergebnis allg.M. Dreier/Schulze/*Dreier*[2] Rn. 25 m.w.N.) und auch ggfs. die **Fehlerbehebung** einem Dritten übergeben darf; entgegenstehende vertragliche Bestimmungen sind unwirksam (BGH GRUR 2000, 866, 868 – *Programmfehlerbehebung*).

cc) **Kartellrechtliche Grenzen:** Wie jeder Vertrag unterliegt auch und gerade der **59** Softwareüberlassungsvertrag **kartellrechtlichen Grenzen**, denn insbesondere bereits diskutierte Vertragsregelungen wie CPU-, Upgrade- und OEM-Klauseln können wettbewerbsbeschränkenden Charakter haben. Die Bestimmungen der EU-Durchführungsverordnung zur Anwendung der Artt. 81 und 82 EG-Vertrag wurden mit der 7. GWB-Novelle nachvollzogen, nachdem das GWB aufgrund des europarechtlichen Vorrangs ohnehin nur noch in Fällen mit rein lokalen oder regionalen Auswirkungen ohne zwischenstaatliche Relevanz eigenständige Bedeutung gehabt hätte. Mit dem Systemwechsel im Kartellrecht weg von Anmelde- und Genehmigungspflichten hin zu den Legalausnahmen (praxisnah aus Softwaresicht hierzu *Lejeune* ITRB 2004, 227) haben neben der Möglichkeit der Einzelausnahmen insbesondere die Gruppenfreistellungsverordnungen praktische Relevanz erlangt. Dabei finden die GruppenfreistellungsVOen über § 2 Abs. 2 GWB auch im rein deutschen Kartellrecht Anwendung (im Detail hierzu vgl. Vor §§ 31 ff. Rn. 56 ff.). Wir beleuchten im Folgenden die für Überlassungsverträge relevanten GruppenfreistellungsVOen.

An erster Stelle ist die **GruppenfreistellungsVO für Technologie-Transfer-Ver-** **60** **einbarungen** (GVO-TT) zu nennen. Sie ist in ihrer aktuellen Fassung auch auf reine Softwareüberlassungsverträge anwendbar ist (Art. 1 Abs. 1 b GVO-TT) und verlangt nicht mehr, dass auch geschütztes Know-how überlassen oder eine Lizenz an einem Softwarepatent eingeräumt wird. Sie setzt allerdings Technologie-Transfervereinbarungen zwischen zwei Unternehmen voraus, gilt daher grundsätzlich nicht für Verträge mit dem Endnutzer; Endnutzerlizenzverträge unterliegen somit ausschließlich der Missbrauchskontrolle gem. Art. 82 EG, §§ 19 ff. GWB. Die Lizenzierung der Software kann – entgegen der missverständlichen Formulierung des Art. 1 lit. b GVO-TT – Hauptgegenstand des Vertrages sein (Leitlinien zur Anwendung der GVO-TT, Tz. 50; *Bechtold/Bosch/Brinker/Hirsbrunner*, EG-Kartellrecht, Art. 1 VO 772/2004, Rn. 5). Ferner sind nur Lizenzvereinbarungen erfasst, die die „Produktion von Vertragsprodukten" ermöglichen. Es ist also ein **Produktionsbezug** erforderlich, d.h. Produkte müssen mit Hilfe der lizenzierten Software erstellt werden (Leitlinien zur Anwendung der GVO-TT, Tz. 41; *Bechtold/Bosch/Brinker/ Hirsbrunner* Art. 1 VO 772/2004 Rn. 4; *Zöttl* WRP 2005, 33, 35), wodurch reine Softwarevertriebslizenzen (dann GVO-VV, vgl. Rn. 61) ausgeklammert werden. Der Produktionsbezug ist bei Software im Detail aber streitig und führt zu Abgrenzungsproblemen, sofern weder die Herstellung oder die Entwicklung von neuen bzw. verbesserten Produkten noch der Vertrieb im Vordergrund stehen. Die GVO-TT stellt somit keinen allgemeinen Auffangtatbestand für wettbewerbsbeschränkende Klauseln in Softwarelizenzen dar (so auch *Schultze/Pautke/Wagener* WRP 2004, 175, 180).

Die **GruppenfreistellungsVO für Vertikalverträge (GVO-VV)** erfasst haupt- **61** sächlich Vertriebsverträge (dazu vgl. Rn. 67 ff.). Sie umfasst ausweislich ihres

ErwG 3 auch vertikale Vereinbarungen, die Nebenabreden über die Übertragung und Nutzung geistiger Eigentumsrechte enthalten und sich unmittelbar auf die Nutzung, den Verkauf oder Weiterverkauf von Waren oder Dienstleistungen bezieht. Wiederum erforderlich ist, dass die Vereinbarung zwischen zwei (oder mehr) Unternehmen besteht, was Verträge mit Endverbrauchern ausschließt. Die GVO-VV ist nicht anwendbar, wenn die vertikalen Vereinbarungen betreffend die Übertragung/Lizenzierung von geistigen Eigentumsrechten Bestimmungen enthalten, die den Hauptgegenstand der Vereinbarung betreffen, Art. 2 Abs. 3 GVO-VV. Hiervon sind Software-Lizenzen jedoch nicht erfasst, sofern die Software auf materiellen Trägern weiterverkauft wird, denn die damit verbundene Lizenz ist im Regelfall nicht Hauptgegenstand der Vereinbarung (*Bechtold/Bosch/Brinker/Hirsbrunner*, EG-Kartellrecht, Art. 2 VO 2790/1999, Rn. 19). Generell gilt natürlich auch für Softwareüberlassungsverträge das Spannungsverhältnis des Kartellrechts zum Rechts des geistigen Eigentums, das bekanntlich mit der **Immanenzlehre** gelöst wird (dazu im Detail vgl. Vor §§ 31 ff. Rn. 58). Es lässt sich nicht leugnen, dass Schutzrechte schon für sich genommen eine besondere gesetzliche Rückendeckung haben, sei es im PatG, GebrMG, MarkenG, UrhG oder GeschMG. Sie sind darüber hinaus auch durch Art. 14 GG besonders abgesichert. Dies bedeutet zwar nicht, dass wettbewerbsbeschränkende Lizenzverträge generell der Anwendung des Kartellrechts entzogen wären. Je enger die wettbewerbsbeschränkenden Regelungen jedoch mit dem Inhalt des Schutzrechtes verbunden sind, desto weniger Rechtfertigungsaufwand bedarf es, um den Lizenzvertrag als kartellrechtlich unbedenklich einzustufen (allg. zu dieser sog. Immanenzlehre für alle Urheberverträge vgl. Vor §§ 31 ff. Rn 58).

62 Sofern keine Gruppenfreistellungsverordnungen oder Einzelfreistellungen gem. Art. 81 Abs. 3 EG greifen, sind wettbewerbsbeschränkende Klauseln nichtig und gerichtlich nicht durchsetzbar. Zu beachten ist jedoch, dass die in den Gruppenfreistellungsverordnungen und den entsprechenden Leitlinien aufgestellten Grundsätze auch von der Kommission angewendet werden, wenn Lizenzvereinbarungen auf der Grundlage von Art. 81 EG geprüft werden (etwa Leitlinien zur Anwendung der GVO-TT, Tz. 51). Für einzelne Klauseln hat dies folgende Konsequenzen: **Field-of-use Beschränkungen** sind nach Art. 4 Abs. 1 lit. c) (i) GVO-TT in der Regel zulässig. Sofern Endnutzerlizenzen betroffen sind, kommt eine Freistellung nach Art. 81 Abs. 3 EG in Betracht, denn der Lizenznehmer partizipiert in der Regel durch den günstigeren Lizenzpreis. Dasselbe dürfte für **Gebäude- oder sog. Site-Lizenzklauseln** gelten (a.A. *Grützmacher* ITRB 2005, 205, 207). Für **OEM- und andere Bindungsklauseln** dürfte im Einzelfall eine Freistellung nach Art. 81 Abs. 3 EG denkbar sein, sofern sie keine Kernbeschränkungen gem. Art. 4 GVO-TT, Art. 4 GVO-VV enthalten (so auch zu Recht *Seffer/Beninca* ITRB 2004, 210, 213; a.A. *Schneider*, Handbuch des EDV-Rechts, C Rn. 371). **Unterlizenzverbote** können dinglich wegen § 137 BGB unwirksam sein, es sei denn man befindet sich im Anwendungsbereich des § 34 (dazu und zur Abgrenzung § 34 zu § 137 BGB vgl. § 34) **Koppelungsbindungen**, die den Erwerber verpflichten, die Software mit anderen Produkten zu koppeln oder nur gekoppelt abzunehmen, verstoßen mittlerweile gegen Art. 81 Abs. 1 lit. e) EG und dürften auch nur selten freistellungsfähig sein (zu Recht so *Grützmacher* ITRB 2005, 205, 207). Schuldrechtliche **Weitergabeverbote** in Endnutzerlizenzverträgen unterfallen keiner GVO; eine Freistellung kommt auch im Übrigen nicht in Betracht, da die Erschöpfungslehre gerade dem Verkehrsschutz dient (so auch *Grützmacher* ITRB 2005, 205, 207). Die Verpflichtung, die Software nur mit bestimmter

Hardware zu nutzen (insb. als **CPU-Klauseln** bekannt), hingegen kann – auch wenn eine direkte Freistellung nach der GVO-TT bei Endnutzern nicht in Betracht kommt (zum Anwendungsbereich der GVO vgl. Rn. 60) – wegen der analogen Anwendung der Leitlinien durch die Kommission nicht vereinbart werden (bei echten CPU-Klauseln ablehnend *Scholz/Wagener* CR 2003, 880 zum alten Recht, im Übrigen differenzierend).

dd) AGB-Festigkeit: Pauschale Weitergabeverbote verstoßen außer gegen den **63** Erschöpfungsgrundsatz auch gegen § 307 Abs. 2 Nr. 1 BGB, da sie sowohl vom vertraglichen als auch urheberrechtlichen Leitbild abweichen, bzw. gegen § 305c BGB, sofern sie überraschend sind. Bei einer Ausgestaltung als reiner Schutzhüllenvertrag, sog. **Shrink Wrap License**, dürfte es bereits an einer wirksamen Einbeziehung fehlen, § 305 Abs. 2 BGB. Bezüglich der **OEM-Klauseln** hat der BGH in seiner OEM-Entscheidung (BGH GRUR 2001, 153, 155 – *OEM-Version*) ausgeführt, dass eine schuldrechtliche Verpflichtung zur Weitergabe bestimmter Verwendungsbeschränkungen grundsätzlich möglich ist. Eine AGB-feste Ausgestaltung erscheint vor dem Hintergrund von § 307 BGB jedoch schwierig, da der BGH selbst feststellt, dass durch die (urheberrechtliche) Bindung der freie Warenverkehr „in unerträglicher Weise" behindert werde (*Chrocziel* CR 2000, 738, 739). Die **CPU-Klauseln** (aus urheberrechtlicher Sicht hierzu oben vgl. Rn. 50) unterliegen auch AGB-rechtlichen Schwierigkeiten: Jedenfalls bei einer zeitlich unbeschränkten Programmüberlassung verstoßen sie gegen § 307 BGB (OLG Frankfurt NJW-RR 1995, 182; für Zulässigkeit bestimmter CPU-Klauseln *Metzger* NJW 2003, 1994). Soweit die Klausel aber nur bei zeitlich begrenzter Programmüberlassung greift, können sie AGB-rechtlich zulässig formuliert werden (BGH GRUR 2003, 416, 418 – *CPU-Klausel*; dazu *Grützmacher* ITRB 2003, 279; *Scholz/Haines* CR 2003, 393; *Spindler* JZ 2003, 1117). Der Lizenznehmer muss grundsätzlich in der Lage bleiben, die Hardware zu erneuern und leistungsstärkere Rechner zu verwenden, was nicht durch die Anpassung der Lizenzgebühren ausgeschlossen wird. Dies gilt auch dann, wenn die Leistung bei der Anwendung des Programms auf einem leistungsstärkeren Rechner durch technische Maßnahmen auf früherem Niveau gehalten wird (BGH GRUR 2003. 416, 419 – *CPU-Klausel*). U.E. können schließlich gewichtige wirtschaftliche Gründe und andere besondere Interessen des Softwareherstellers ein Weitergabeverbot zulässig machen und somit die Vermutung des § 307 Abs. 2 BGB widerlegen, etwa erhebliche Haftungsrisiken bei **Demo- oder Testversionen** (i.d.S. auch *Wandtke/Bullinger/Grützmacher*[2] Rn. 39). Darüber hinaus ist hierbei auch die bereits erwähnte große Anfälligkeit von Computersoftware für Urheberrechtsverletzungen zu berücksichtigen. Im Rahmen der AGB-Prüfung sehen Stimmen in der Literatur zu Recht ferner Klauseln als zulässig an, die die Weitergabe von der Zustimmung des Erwerbers zu den Bedingungen des Vertrages abhängig machen (*Schuppert/Greissinger* CR 2005, 81, 84; *Bartsch* K&R 2000, 612; *Bartsch* CR 1994, 667, 672; *Wolf/Horn/Lindacher* AGBG § 9 Rn. S. 143; zu Produktaktivierungsmechanismen *Koch* CR 2002, 629, 632 und vgl. Rn. 65). Die vertragliche Vereinbarung von Klauseln zusammen mit der (schuldrechtlichen) Verpflichtung des Vertragspartners, diese an Zweiterwerber weiterzureichen (dazu *Dreier/Schulze/Dreier*[2] Rn. 33 m.w.N. zum Meinungsstand sowie aus der Praxis: *Ullrich/Lejeune*[2] I Rn. 373 ff.), scheiterte bislang im deutschen Recht am Verbot der **Konditionenbindung** aus dem Kartellrecht. Die Vertikal-GVO auf EU-Ebene kennt jedoch keine derart strengen inhaltlichen Konditionenbindungsverbote, sondern nur solche, die sich auf Preisbindungen – die hier nicht vorliegen – beziehen (Art. 4 Vertikal-

GVO). Vertraglich dürften solche Bindungen also nicht *per se* unzulässig sein (Dreier/Schulze/*Dreier*² Rn. 33). Ihre Einführung ist auch verständlich, denn Computerprogramme sind als digitale Nutzwerke in besonderer Weise verletzlich. § 307 BGB steht dem angesichts des begründbaren überwiegenden Interesse des Rechteinhabers (dazu ausführlich *Marly*, Softwareüberlassungsverträge, Rn. 1061 ff.) nicht entgegen. Vielmehr spricht viel dafür, vertragliche Weitergabeverbote für zulässig zu halten, die verlangen, dass der Rechteinhaber zustimmt, ihm der Erwerber mitgeteilt wird und letzterer den bestehenden Vertrag übernimmt (i.d.S. auch *Marly*, Softwareüberlassungsverträge, Rn. 1068 ff.); letztendlich handelt es sich dann um **bedingte Weitergabeverbote** (i.d.S. auch *Marly*, Softwareüberlassungsverträge, Rn. 1068; *Chrocziel* CR 2000, 738, 739). Auch eine Einzelfreistellung (§ 2 Abs. 1 GWB) wird i.d.R. wegen der Kollision des Weitergabeverbots mit der Erschöpfungslehre ausscheiden (*Grützmacher* ITRB 2005, 205, 207).

64 Für **unkörperliche Werkexemplare** (Onlineübermittlung bzw. ohne Originalvervielfältigungsstück) folgt aus den jeweiligen Positionen zur Anwendung des Erschöpfungsgrundsatzes (vgl. Rn. 28 ff.) zwangsläufig die Position bezüglich der AGB-rechtlichen Vereinbarung von Weiterveräußerungsverboten. Bejaht man die analoge Anwendbarkeit, kann der Lizenzgeber die Weiterveräußerung nicht im Rahmen seiner allgemeinen Geschäftsbedingungen verbieten. Derartige Regelungen verstießen gegen den Erschöpfungsgrundsatz und damit gegen zwingendes Recht (LG Hamburg MMR 2006, 827). Lehnt man diese ab, ist die AGB-rechtliche Vereinbarung von Weiterveräußerungsverboten zulässig. Das LG München I und das OLG München gehen sogar soweit, dieser Vereinbarung dingliche Wirkung zuzuschreiben (LG München I, MMR 2006, 175; OLG München MMR 2006, 748, 749; a.A. LG Hamburg MMR 2006, 827). Sollte die Klausel aus anderem Grunde unwirksam sein, wirke die Unwirksamkeit nur schuldrechtlich und führe nicht zum Entstehen einer Verfügungsbefugnis (LG München I MMR 2006, 175). Eine Abtretung der erworbenen Nutzungsrechte an einen Dritten ist unzulässig und unwirksam. Das LG Hamburg hingegen ließ offen, ob eine derartige Klausel schuldrechtliche Wirkung zukommen könnte. Es sah die konkrete Klausel, durch die vertragswidrige Übertragungen pauschal für nichtig erklärt wurden, sowohl gem. §§ 305 Abs. 1, 306 Abs. 1 BGB als auch gem. §§ 307 Abs. 1 Satz 1 und Abs. 2 Nr. 1, 306 Abs. 1 BGB als unwirksam an (LG Hamburg MMR 2006, 827, 829).

65 **f) Technische Durchsetzung von Nutzungsbeschränkungen:** Soweit nach den vorstehenden Ausführungen eine unzulässige Nutzungsbeschränkung vorliegt, hilft es dem Rechteinhaber nicht, das Verbot durch (zeitlich wirkende) **technische Programmsperren** zu umgehen; solche können vielmehr sogar Haftungsansprüche oder gar Ansprüche nach § 826 BGB auslösen (BGH GRUR 2000, 249, 251 – *Programmsperre* [§ 826 BGB verneint]; BGH NJW 1987, 2005, 2006 [Vertragspflichtverletzung bejaht]; BGH NJW 1981, 2684, 2685 [außerordentliches Kündigungsrecht verneint]; OLG Frankfurt CR 2000, 146). Im Übrigen zur Umgehung technischer Schutzvorrichtungen vgl. § 69g. Ob **Produktaktivierungsroutinen** insoweit zulässig sind, wird unterschiedlich beurteilt (Ullrich/*Lejeune*² I Rn. 400 ff. m.w.N.; *Runte* CR 2001, 657) und wird sicherlich von der individuellen Ausgestaltung abhängen. Soweit diese eine zwingende Aktivierung vorsehen, ohne die z.B. der Käufer eines Standardcomputerprogramms dieses nicht nutzen kann, dürfte – selbst bei wirksamer Einbeziehung und keinem Vorliegen einer überraschenden Klausel – ein Verstoß gegen § 307 Abs. 1 Ziff. 2 BGB vorliegen, da eine solche faktische Sperre nicht mit § 69d Abs. 1 in Einklang zu bringen ist (zu weiteren Fragen aus allgemein zivilrechtlicher Sicht (z.b. Haftung) und aus Sicht des Datenschutzrechts *Runte* CR 2001, 657).

g) Public Domain Software: Public Domain Software zeichnet sich durch **66** größtmögliche Freiheit aus; sie soll gewissermaßen gemeinfrei sein. Es ist also jedwede Vervielfältigung, Verbreitung, öffentliche Wiedergabe aber auch Bearbeitung erlaubt (Wandtke/Bullinger/*Grützmacher*[2] Rn. 55 m.w.N.). Ob ein solcher Wille des ursprünglichen Rechtsinhabers vorliegt, wird man durch Auslegung unter Beachtung insbesondere auch der Zweckübertragungstheorie (zu deren Anwendbarkeit hier vgl. § 69a Rn. 42) feststellen müssen. Rechtstechnisch wird teilweise ein Verzicht auf die Geltendmachung der entsprechenden Nutzungsrechte angenommen (OLG Stuttgart CR 1994, 743; zum Verzicht Schricker/*Schricker*[3] § 29 Rn. 18). Eher dürfte es sich wohl um ein einfaches Nutzungsrecht für jeden Nutzer handeln, was nunmehr auch der Gesetzgeber unter ausdrücklichem Bezug auf derartige Softwarekonstellationen vorgesehen hat (§ 32 Abs. 3 Satz 3; BeschlE RAusschuss UrhVG – BT-Drucks. 14/8058, S. 19). **Freeware** hat demgenüber denselben Rechteumfang, nur dürfen keine Änderungen vorgenommen werden (Wandtke/Bullinger/*Grützmacher*[2] Rn. 55 m.w.N.). **Shareware** schließlich gleicht am ehesten proprietärer Software, denn hier ist in der Regel eine Registrierung mit Registrierungsgebühr vorzunehmen (Wandtke/Bullinger/*Grützmacher*[2] Rn. 55 m.w.N.); aus letzterem dürfte sich auch der Umfang der Rechte – jedenfalls im Wege der Auslegung – ergeben. Ob als **Shareware** oder **Public Domain** gekennzeichnete Software auch gewerblich weiterverbreitet werden darf, ist umstritten (dagegen: OLG Düsseldorf CR 1995, 730; dafür: OLG Stuttgart CR 1994, 743; OLG Hamburg CR 1994, 616). Für etwaige **Nutzungsbeschränkungen**, z.b. „nur zu privaten Zwecken", gelten die allgemeinen Regeln über Nutzungsarten (vgl. Rn. 46). Schließlich sei an dieser Stelle auch **Open Source Software** erwähnt (hierzu im Detail vgl. Nach § 69c). Darüber hinaus ist es natürlich – auch unter Geltung von Open Source Lizenzen – denkbar, dass Rechteinhaber Computerprogramme im Wege des sog. **dual licensing** auslizenzieren (hierzu beispielhaft *Nimmer* CRi 2006, 129). Sie vergeben dann einfache Nutzungsrechte im Wege einer üblichen proprietären Lizenz und solche unter einer Open Source Lizenz. Da i.d.R. Open Source Lizenzen nicht ausschließlich sind, erscheint dies unproblematisch möglich.

5. Softwarevertriebsvertrag

Softwarevertrieb unterscheidet *grosso modo* zwischen solchen Verträgen, bei **67** denen **Vervielfältigungsstücke überlassen** werden, und solchen, bei denen entweder ein *authorized replicator* **die Vervielfältigung** selbst **übernimmt** oder aber die Lizenzkeys für die online oder offline vom Hersteller selbst zur Verfügung gestellten Kopien jeweils angefordert werden müssen und ggfs. vom Hersteller direkt an die Endkunden geschickt werden. Im ersten Fall erschöpft sich mit den oben dargestellten Einschränkungsmöglichkeiten (vgl. Rn. 50 ff.) das Verbreitungsrecht nach § 69c Nr. 3. Im zweiten Fall gilt dies bei der Online-Übermittlung und späteren Zurverfügungstellung der Lizenzkeys ebenso (vgl. Rn. 32); bei der Übergabe einer Masterkopie an den *authorized replicator* gilt dies natürlich nur für die Masterkopie, wobei dem *authorized replicator* Vervielfältigungsrechte eingeräumt werden müssen, die i.d.R. mit strengen Qualitätskontrollen und Aufsichtsrechten einhergehen. Zu den verschiedenen Vertriebsformen siehe praxisnah *Grützmacher* ITRB 2003, 199; auch *Sahin/Haines* CR 2005, 241. Die Variante 2 wird i.d.R. als Vertragshändler- oder Eigenhändlervertrag aufgefasst, wobei sowohl Beschaffungs- als auch Verkaufsgeschäft i.d.R. Kaufrecht unterliegen; eine Einräumung von Nutzungsrechten, gar zur Unterlizenzierung, findet nicht statt (LG Stuttgart ITRB 2005, 77).

68 Bei allen Vertriebsverträgen, die nicht über reine Handelsvertreter- oder Kommissionsgeschäfte abgewickelt werden (diese Geschäfte gelten nicht als wettbewerbsbeschränkend i.S.d. Art. 81 Abs. 1 EG), und bei denen Datenträger übergeben werden, ist die **Gruppenfreistellungsverordnung für Vertikalverträge** zu beachten, die die relevanten Freistellungen von Art. 81, 82 EG enthält (im Detail dazu *Polley/Seeliger* CR 2001, 1).

69 a) **Überlassungsvereinbarungen nach GVO-VV:** Soweit **Vervielfältigungsstücke überlassen** werden, ist der Anwendungsbereich der **GVO-VV** grundsätzlich eröffnet und eine Freistellung unter den Voraussetzungen des Art. 2 Abs. 3 möglich, die die Kommission in ihren Leitlinien (Tz. 32 ff) konkretisiert. Ausweislich des Wortlauts ist die GVO-VV nur anwendbar auf Vertikalvereinbarungen, die sich auf den Bezug, Verkauf, Weiterverkauf beziehen, nicht auf Miete/Pacht beziehen; ausnahmsweise doch anwendbar kann sie aber sein, wenn zwar Miete/Pacht vorliegt, aber diese Verträge ausschließlich den Vertrieb regulieren. Art. 3 GVO-VV macht die Freistellung darüber hinaus von Marktanteilen des Lieferanten wie des Käufers abhängig. Art. 4 GVO-VV als Kernbeschränkung schließt die Freistellungen aus; Art. 5 GVO-VV führt hingegen nicht zum Verlust der Freistellung insgesamt, sondern führt zur Unwirksamkeit der jeweiligen vertraglichen Regelung Das o.g. Vertriebsmodell durch die Überlassung der Masterkopie unterfällt hingegen nicht der GVO-VV, weil bei dieser Vertriebsform die Nutzungsrechteinräumung Teil des Hauptgegenstands des Vertrags ist; stattdessen Freistellung nach der GVO-TT, Art. 2, weil es sich um eine Vereinbarung zur Produktion der Vertragsprodukte handelt (*Lejeune* ITRB 2004, 227 ff.). Die Abgrenzung zwischen GVO-VV und GVO-TT erfolgt im Übrigen nach Art. 2 Abs. 5 GVO-VV, wonach die GVO-VV nicht für Vereinbarungen gilt, deren Gegenstand in den Anwendungsbereich einer anderen GVO fällt, also insbesondere im Bereich der Forschung und Entwicklung die GVO-TT. Vorgaben für die EULA (End User Licence Agreements) sind also unzulässig (*Sucker* CR 1989, 468, 475). Soweit die oben genannten *authorized replicator* eingesetzt werden, dürfte allerdings die **GVO Technologie-Transfer** einschlägig sein (*Polley* CR 2004, 641, 645 f.; Wandtke/Bullinger/*Grützmacher*[2] Rn. 67 a.A. *Schultze/Pautke/Wagener* WRP 2004, 175, 180; *Seffer/Beninca* ITRB 2004, 210, 211).

70 Eine sehr wichtige Einschränkung ist ferner, dass nur Vertikalvereinbarungen erfasst sind, die sich auf den **Bezug, Verkauf oder Weiterverkauf von Produkten** beziehen. Daraus ist zu folgern, dass Miet-, Pacht-, Leasing- oder ähnliche Verträge als solche nicht in den Anwendungsbereich der GVO-VV fallen können. Das hat die EU-Kommission auch in Tz. 25 der Leitlinien, mit denen sie die GVO-VV unverbindlich kommentiert, festgestellt. Einige wichtige Fallgestaltungen des Softwarevertriebes nimmt dies von der Anwendung der GVO-VV aus, insbesondere auch diverse Erscheinungsformen des Online-Vertriebs, die zivilrechtrechtlich häufig als Miete, Pacht, Leihe o.Ä. zu qualifizieren ist (vgl. Rn. 26).

71 b) **Begleitende Lizenzregelungen nach GVO-VV:** Für **begleitende Lizenzregelungen** stellt die Kommission in den – allerdings unverbindlichen – Leitlinien zur Auslegung der GVO-VV fünf Voraussetzungen auf, damit die GVO-VV darauf Anwendung findet:

(1) die Bestimmungen müssen Bestandteil einer vertikalen Vereinbarung sein, die die Voraussetzungen, unter denen die Vertragsparteien bestimmte Waren oder Dienstleistungen beziehen, verkaufen oder weiterverkaufen dürfen enthält;

(2) die Bestimmungen müssen die Übertragung solcher Rechte auf den Käufer oder deren Nutzung durch den Käufer betreffen;

(3) die Bestimmungen dürfen nicht den Hauptgegenstand der Vereinbarung bilden;

(4) die Bestimmungen müssen unmittelbar mit der Nutzung, dem Verkauf oder dem Weiterverkauf von Waren oder Dienstleistungen durch den Käufer oder dessen Kunden zusammenhängen (bei Franchiseverträgen, bei denen der Zweck der Nutzung der Eigentumsrechte in der Vermarktung liegt, werden die Waren oder Dienstleistungen vom Hauptfranchisenehmer bzw. von den Franchisenehmern vertrieben);

(5) die Bestimmungen dürfen im Verhältnis zu den Vertragswaren oder –dienstleistungen keine Wettbewerbsbeschränkung enthalten, die denselben Zweck oder dieselbe Wirkung wie vertikale Beschränkungen haben, die nicht von der GruppenfreistellungsVO freigestellt sind.

In solchen Konstellationen fallen auch begleitende Lizenzregelungen unter die GVO-VV. Keine Anwendung findet die GVO-VV damit auf reine Lizenzvereinbarungen wie Rezept-Lizenzen, Software-Lizenzverträge, bei denen nur eine Masterkopie überlassen wird, reine Markenlizenzverträge, Sponsorenverträge (z.B. „Offizieller Ausrüster der Fußballnationalmannschaft") sowie Urheberrechts-Lizenzverträge (z.B. Gewährung von Fernsehübertragungsrechten) (*EU-Kommission*, Leitlinien für vertikale Beschränkungen, Tz. 32 ff.; *Bauer/de Bronett*, Die EU-GruppenfreistellungsVO für vertikale Wettbewerbsbeschränkungen, 2001, S. 59). Nicht unter die GVO-VV fällt auch die Konstellation, in der ein Lizenzgeber dem Lizenznehmer im Wege der Downloadberechtigung eine Mutterkopie mit einer Lizenz zur Herstellung und Verteilung von Kopien überlässt.

c) **Nichtanwendbarkeit des GVO-VV:** Die GVO-VV gilt allerdings dann, wenn **72** es sich zwar um **Miet- und Pachtverträge** handelt, jedoch diese Verträge den **Vertrieb von Produkten** regulieren. Nach der Definition des Art. 2 Abs. 5 GVO-VV fallen schließlich **Forschungs- und Entwicklungsverbote** nicht in ihren Anwendungsbereich. Insoweit macht vielmehr die Technologie-Transfer GVO einige Vorgaben. Außerdem gilt die GVO-VV gemäß Art. 3 Abs. 1 GVO-VV nur, wenn der **Anteil** des Lieferanten an dem jeweiligen **Markt**, auf dem er die Vertragswaren oder -dienstleistungen verkauft, 30% nicht überschreitet. Im Fall von Alleinbelieferungsverpflichtungen findet die Freistellung Anwendung bei einem Anteil des Käufers an dem relevanten Markt, auf dem er die Vertragswaren oder -dienstleistungen einkauft, der nicht mehr als 30% ausmacht (Art. 3 Abs. 2 GVO-VV). Art. 4 und Art. 5 GVO-VV führen bestimmte vertikale Vereinbarungen auf, für welche die Freistellung nach Art. 2 GVO-VV nicht gilt (sog. „schwarze Klauseln"); dies sind Preisvorgaben, Beschränkungen des Gebiets- oder Kundenkreises sowie Beschränkungen der Verkaufsstätte.

Nicht unwesentlich für die Ausgestaltung des Vertriebsvertrages ist schließlich, **73** ob man annimmt, dass dem Endnutzer überhaupt Nutzungsrechte eingeräumt werden müssen oder aber dieser über § 69d ohnehin zur Nutzung im bestimmungsgemäßen Umfang berechtigt ist (vgl. § 69d Rn. 13 ff.). Wenn man unserer Auffassung folgt, wonach dies jedenfalls über Einzelplatzlizenzen von Endkundenkäufern nicht der Fall ist, benötigt der Vertriebs-Vertragspartner des Herstellers auch keine gesonderten Rechte, die er an den Endnutzer weiterreichen kann.

6. ASP-Vertrag

74 Bei ASP-Verträgen, also Verträgen, bei denen dem Nutzer die Zugriffs- und Nutzungsmöglichkeit gegeben wird, ohne dass auf seinem Rechner eine Kopie des Programms installiert wird, stellt sich zunehmd die Frage, ob überhaupt urheberrechtlich relevante Rechte betroffen sind (dazu *Bröcker/Czychowski* MMR 2002, 81, 82). Beim ASP handelt es sich – vergröbernd ausgedrückt – um die **Bereitstellung von Software-Produkten über Datennetze**, ohne dass es zu einer Installation der Software auf dem System des Nutzers kommt. Der Nutzer erhält also eine Möglichkeit, Software durch Zugang auf die Systemressourcen des Anbieters gegen Entrichtung eines Entgelts zu nutzen. Der Vorteil für den Nutzer liegt auf der Hand: Er vermeidet hohe Anschaffungskosten, kann genauer kalkulieren und erspart sich den mit der Softwarepflege zuweilen verbundenen Ärger. Auch für den Anbieter weist das ASP gewichtige Vorteile auf: Er kann seine Kosten durch eine Vielzahl von Nutzern verteilen, eröffnet sich einen neuen wirtschaftlichen Absatzmarkt und kann die Nutzung punktgenau abrechnen. Darüber hinaus kann im Rahmen des Outsourcing, das schon lange im Softwarebereich praktiziert wird, ASP mit weiteren Leistungen verbunden werden, so etwa der Auslagerung des Betriebssystems oder des Betriebs von Rechenzentren und Datenbanken (Datahosting, Datawarehousing) (ausführlich hierzu *Peter* CR 2005, 404; *Röhrborn/Sinhardt* CR 2001, 69).

75 Mit ASP sind **vielfältige vertragsrechtliche Fragen** zur vertragstypologischen Einordnung, Gestaltung des Vertragsgegenstandes, Gewährleistung oder Haftung) verbunden (hierzu *Röhrborn/Sinhardt* CR 2001, 69 ff.; *Feil*, Application Service Providing, abrufbar auf http://www.recht-freundlich.de/download/ Asp.pdf, abgerufen am 10.03.2008; http://www.provider-vertragsrecht.de/ asp/index.html, abgerufen am 10.03.2008), und bislang ungeklärte urheberrechtliche Probleme. Denn zumindest bei einigen der Varianten des ASP wird der Nutzer kein Computerprogramm auf seinem Computer mehr ablaufen lassen (also auf seiner Festplatte speichern), so dass sich etwa Fragen des Vervielfältigungsrechts wohl nicht mehr stellen werden. Wichtiger Ausgangsbefund dürfte sein, dass es sich beim ASP um einen der typischen Vertragstypen der Wissensverkehrsgesellschaft handelt, die vermehrt über den Zugang und weniger über Zuordnungsveränderungen funktionieren wird (hierzu Bröcker/ *Czychowski*/Schäfer, § 1 Rn. 8 ff.). Dann aber dürfte es sich beim ASP um eine **eigenständige Nutzungsart** im Sinne des § 31 ff. UrhG handeln, so dass es eines näheren Blicks auf die notwendigen Nutzungsrechte in einem Vertrag zwischen Anbieter und Nutzer bedarf. Hierbei dürfte sich herauskristallisieren, dass bei der reinsten Form des ASP im sekundären urhebervertragsrechtlichen Verhältnis zwischen ASP-Anbieter und Nutzer überhaupt keine Urheberrechte betroffen sind, während die unreinste Form des ASP die Einräumung aller bislang bekannten urheberrechtlichen Nutzungsrechte im Zusammenhang mit Computerprogrammen erforderlich macht.

76 Umgekehrt benötigt der ASP-Anbieter aufgrund der eigenständigen Nutzungsart ASP vom Urheber sehr wohl dem Vertragszweck entsprechende Nutzungsrechte. Eine im Einzelfall zu betrachtende Mittellösung dürfte das Applet-ASP darstellen, bei dem es zunächst darauf ankommt, ob die entsprechenden applets überhaupt urheberrechtlich geschützt sind. Sollte dies im Einzelfall der Fall sein (was keineswegs selbstverständlich erscheint), dürfte der Nutzer wieder der Einräumung sämtlicher aus den üblichen Softwareüberlassungsverträgen bekannten Nutzungsrechte bedürfen (dazu ausführlich *Bröcker/Czychowski* MMR 2002, 81).

7. Rückruf nach § 41

Für den **Rückruf** nach § 41 stehen LG und OLG Köln auf dem Standpunkt, **77** dass im Softwarevertragsrecht kein Heimfall der Nutzungsrechte hinsichtlich der Enkelrechte erfolgt (LG Köln ITRB 2006, 154; OLG Köln GRUR-RR 2007, 33, 34). Ob diese Abweichung von der sonst allgemein vertretenen Auffassung (vgl. Vor §§ 31 ff. Rn. 148 ff.) wirklich mit der vermeintlich besonderen Schutzbedürftigkeit des Programmnutzers erklärt werden kann, erscheint zweifelhaft. Letzterer ist ohnehin nach § 69d, wenn er das Programm rechtmäßig erworben hat, geschützt. Im Übrigen dürfte es sich bei der vom OLG Köln entschiedenen Frage eher um eine solche des Anwendungsbereiches des § 33 auch im Fall des Wegfalls des zugrunde liegenden Nutzungsrechts, also des **Sukzessionsschutzes**, handeln (zu dieser umstr. Frage vgl. § 33). Im Übrigen gelten die allgemeinen urheberrechtlichen, insbesondere urhebervertragsrechtlichen Regelungen (vgl. § 69a Rn. 42 ff.).

8. Softwarelizenzen in der Insolvenz

Sehr relevant für die Praxis ist schließlich das **Schicksal von Softwarelizenzen** **78** **in der Insolvenz** von Lizenzgeber oder Lizenznehmer (vgl. Vor §§ 31 ff. Rn. 285). Der Bundesgerichtshof hat hierzu vor kurzem für den Fall der **Insolvenz des Lizenzgebers** jedenfalls in Bezug auf Quellcode und daran bestehende Nutzungsrechte einige Klarheit geschaffen: Eine aufschiebend bedingte Verfügung über eine künftige Sache oder ein künftiges Recht ist insolvenzfest, wenn der fragliche Gegenstand bis zur Insolvenzeröffnung entstanden ist und danach die Bedingung eintritt.

Wenn insolvenzfest vereinbart wird, die Ausübung eines Kündigungsrechts sei **79** die aufschiebende Bedingung für einen Rechtsübergang, scheitert dieser nicht daran, dass er vom Willen des Berechtigten abhängt. Hat vor Insolvenzeröffnung – wenngleich aufschiebend bedingt – ein dinglicher Rechtsübergang stattgefunden, kann der Insolvenzverwalter diesen nicht mehr dadurch verhindern, dass er die Nichterfüllung des zu Grunde liegenden Vertrags wählt (zu allem BGH GRUR 2006, 435 – *Softwarenutzungsrecht*; anders hatte dies zuvor das LG Mannheim gelöst: LG Mannheim CR 2004, 811; zu beidem ausführlich auch unter Darstellung der bisherigen sonstigen Rechtsprechung: *Grützmacher* CR 2006, 289; s.a. *Berger* CR 2006, 505). Im konkreten Fall war für eine übliche Klausel zur außerordentlichen Kündigung im Lizenzvertrag enthalten, wonach eine Kündigung zulässig ist, wenn Tatsachen gegeben sind, aufgrund derer dem Kündigenden […] ein Festhalten am Vertrag nicht zugemutet werden kann; für den Fall der Kündigung sollten alle Rechte und der Code an den Kündigenden fallen.

Die Klausel enthielt – worauf der BGH ausdrücklich eingeht – kein Kündi- **80** gungsrecht für den Insolvenzfall. Vielmehr kündigte die Lizenznehmerin, nachdem der Insolvenzverwalter sein Wahlrecht ausgeübt hatte. Das bedeutet also, dass eine aufschiebend bedingt erklärte Übertragung wie eine Vollrechtsübertragung vor Insolvenzeröffnung gewertet wird. Allerdings muss das Computerprogramm bis zur Eröffnung des Insolvenzverfahrens fertiggestellt sein.

Das heißt also, eine solche Vertragskonstruktion ist nicht auf Überlassung von Standardsoftware beschränkt, sondern kann auch für längerfristige Erstellungsprojekte angewandt werden. Das heißt des Weiteren, dass dem Insolvenzverwalter die Ausübung des Wahlrechts nach § 103 InsO in solchen Fällen verwehrt ist. Hieraus folgt aber auch, dass § 103 InsO grundsätzlich auf Lizenzverträge anwendbar ist. Die Entscheidung des BGH hat schließlich die weitere wichtige Frage im Zusammenhang mit Lizenzen und Insolvenz nicht beantwortet, wann Erfüllung i.S.d. § 103 InsO vorliegt, denn dazu brauchte es im vorliegenden Fall keiner Entscheidung (zu Recht deshalb kritisch *Koehler/Ludwig* WRP 2006, 1342; zu alternativen Lösungsmöglichkeiten, allerdings vor der BGH-Entscheidung, *Plath* CR 2005, 613).

81 In jedem Fall klar nach der Entscheidung des BGH ist nun, dass Lizenzverträge unter **§ 103 Abs. 1 InsO** fallen (ausführlich vgl. § 113 Rn. 6 ff. m.w.N.). Sie sind damit im Gegensatz zur Rechtslage nach der Konkursordnung nicht mehr insolvenzfest. Das führt zu folgender Situation bei Insolvenz des Lizenzgebers – wenn eine vertragliche Regelung wie im o.g. BGH-Fall nicht vorliegt: Wenn der Lizenzvertrag beiderseits noch nicht oder nicht vollständig erfüllt ist, kann der Insolvenzverwalter sein Wahlrecht ausüben. Zur **Wirkung der Insolvenzeröffnung** (keine Umgestaltung des Vertragsverhältnisses mehr, sondern Hinderung der beiderseitigen Nichterfüllungseinreden vgl. § 113 Rn. 5 m.w.N.).

82 Für die **Insolvenz des Lizenznehmers** gibt es kaum Judikatur. Die Risikolage ist auf den ersten Blick auch unterschiedlich: Während in der Insolvenz des Lizenzgebers dem Lizenznehmer die sinnlose Investition möglicherweise hoher Upfront-Zahlungen und der Verlust der Lizenz (und der damit einhergehenden Technik etc.) droht, was z.B. bei Produktionsprozessen weitreichende Folgen haben kann, scheint bei der Insolvenz des Lizenznehmers ein derartig vitales Interesse nicht zu existieren. Allerdings darf das in der Praxis u.E. ebenso wichtige Interesse des Lizenzgebers an einer Beendigung des Lizenzvertrages nicht aus dem Blick verloren werden, um etwaige Weitergaben der Lizenz an missliebige Dritte zu verhindern. Nach der o.g. Entscheidung des BGH ist jedoch klar, dass auch insoweit Lizenzverträge dem Wahlrecht des Insolvenzverwalters unterliegen können (§ 103 InsO). Es gelten dann die Kündigungssperre (§ 112 InsO) und die übrigen Vorschriften des Insolvenzrechts. U.E. müsste aber auch eine entsprechende Klausel – wie sie der Entscheidung des BGH GRUR 2006, 435 – *Softwarenutzungsrecht* zugrunde lag – analog auch im Fall der Insolvenz des Lizenznehmers zulässig sein. Dann muss der Lizenznehmer aber für die ihm möglicherweise eingeräumte Gestattung in Bezug auf Unterlizenzen Sorge tragen.

83 In der **Literatur** wurde in den vergangenen Jahren – auch vor der Entscheidung des BGH im Jahr 2005 – im Hinblick auf die oben geschilderten gravierenden Auswirkungen des § 103 InsO für die lizenznehmenden Unternehmen versucht, **rechtliche Gestaltungen** zu entwickeln, wie in der Insolvenz des Lizenzgebers die Lizenz insolvenzfest ausgestaltet werden kann. So wird etwa eine **Sicherungsübertragung** des geschützten Rechts, dessen **Verpfändung,** eine **Doppeltreuhand** oder ein **Lizenzsicherungsnießbrauch** diskutiert (hierzu überblicksartig m.w.N. *Beyerlein* WRP 2007, 1074). Zu Recht weist die Bundesregierung in ihrer Begründung zur sogleich besprochenen angedachten Änderung der InsO darauf hin, dass diese dem nationalen Recht entlehnten Lösungsmöglichkeiten nicht geeignet erscheinen, dem Sicherungsbedürfnis des Lizenznehmers umfassend Rechnung zu tragen; zudem dürften sie insbesondere im angloamerikanischen Rechtskreis, dem diese Rechtsformen fremd sind, kaum auf Akzeptanz stoßen. Daher zog die Bundesregierung zu Recht einer materiell-rechtlichen Konstruktion eine in das Insolvenzrecht eingebettete verfahrensrechtliche Lösung vor. Mit dem im Gesetzgebungsverfahren überarbeiteten **Entwurf eines Gesetzes** zur Entschuldung mitteloser Personen, das vornehmlich eine Neuordnung des sog. Restschuldbefreiung dient, sollen Lizenzen künftig insolvenzfest ausgestaltet sein (zum Gesetz und zu einem eigenen Vorschlag: *Ullmann* Mitt. 2008, 49 ff.). Ein **neuer** § 108a wird in die **InsO** eingefügt, nach dem der Lizenzvertrag nicht dem Wahlrecht des Insolvenzverwalters unterliegt. Die Masse soll solche Nebenpflichten zu erfüllen haben, die für eine Nutzung des betroffenen Schutzrechts unumgänglich sind. Für den Fall eines krassen Missverhältnisses zwischen der vereinbarten und einer marktgerechten Vergütung soll der Insolvenzverwalter eine Anpassung verlangen können. In einem solchen Fall soll der Lizenznehmer ein Recht zur außerordentlichen Kündigung erhalten. § 108a InsO-E lautet:

„Ein vom Schuldner als Lizenzgeber abgeschlossener Lizenzvertrag über ein Recht am geistigen Eigentum besteht mit Wirkung für die Insolvenzmasse fort. Dies gilt für vertragliche Nebenpflichten nur in dem Umfang, als deren Erfüllung zwingend geboten ist, um dem Lizenznehmer eine Nutzung des geschützten Rechts zu ermöglichen. Besteht zwischen der im Lizenzvertrag vereinbarten Vergütung und einer marktgerechten Vergütung ein auffälliges Missverhältnis, so kann der Insolvenzverwalter eine Anpassung der Vergütung verlangen; in diesem Fall kann der Lizenznehmer den Vertrag fristlos kündigen.“

Das Gesetz befindet sich bei Redaktionsschluss noch im Gesetzgebungsverfahren.

Die Grenze zwischen allgemeinem Vertragsrecht, Fragen der Beweissicherung **84** nach § 809 BGB bzw. dem neuen § 101a ist im Bereich der sog. **Software-Lizenz-Audits** erreicht (zu den beweissicherungsrechtlichen Fragen vgl. § 101a).Sie dürften insb. am AGB-Recht zu messen sein (im Detail dazu *Moos* CR 2006, 797).

V.   Prozessuales

1.   Beweislast

Bei Verletzungsprozessen stellt sich hauptsächlich die Frage des Nachweises **85** der unerlaubten Kopie oder Umarbeitung. An dieser Stelle gilt – vergleichbar der Situation bei der Schutzfähigkeit – eine gewisse Beweiserleichterung. Hat der Rechteinhaber Indizien für eine Übernahme des Codes vorgetragen (z.B. Übereinstimmung frei wählbarer Dateinamen, Reproduzierbarkeit bestimmter Fehler), wird dem Anspruchsgegner ein einfaches Bestreiten nicht helfen; in der Regel wird das Gericht sich veranlasst sehen, einen Sachverständigen mit der Klärung – ggf. unter Geheimhaltung des vorgelegten Codes der jeweils anderen Seite – der Übernahmefrage zu beauftragen. Nicht ausreichend für diese Indizien dürfte die Übereinstimmung einzelner Teile der Benutzeroberflächen sein, denn diese kann man mit verschiedenem Code identisch produzieren (zu Recht in diese Richtung auch Wandtke/Bullinger/*Grützmacher*[2] Rn. 11). Zu den Möglichkeiten der **Beweissicherung** über § 809 BGB und auch im Einstweiligen Verfügungsverfahren vgl.

Die **Darlegungs- und Beweislast**, dass eine Veräußerung mit Zustimmung des **86** Rechtsinhabers erfolgt ist, trägt der Programmnutzer; diejenige, dass das Verbreitungsrecht wirksam inhaltlich oder räumlich beschränkt wurde, der Rechtsinhaber (vgl. Vor §§ 69a ff. Rn. 4).

2. Schadensberechnung

87 Die **Schadensberechnung** (hierzu allg. vgl. § 97) kennt bei unerlaubten Vervielfältigungen und Verbreitungen von Computerprogrammen eine Besonderheit: Auch wenn der Bundesgerichtshof bestimmten OEM-Lizenzen eine urheberrechtliche Absage erteilt hat (dazu ausführlich vgl. Rn. 55), sind dennoch Vertriebskonstellationen mit OEM-Lizenzen denkbar; dann aber richtet sich die angemessene Lizenzgebühr im Sinne des Schadensersatzrechts nicht nach den Vergütungen für Vollversionen, sondern nach denen für OEM-Versionen (zu Recht so OLG Düsseldorf GRUR-RR 2005, 213, 214 – *unauthorisierte OEM-Software*).

V. Verhältnis zu allgemeinen Verwertungsrechten

88 § 69c ist lex specialis zu §§ 15 ff. Auf letztere ist im Rahmen der Auslegung des § 69c nicht zurückzugreifen, allerdings laufen die allermeisten Begriffe parallel, so dass sich ein Rückgriff *eo ipso* ergibt (Dreier/Schulze/*Dreier*[2] Rn. 1). Eine **Ausnahme** – also direkte Anwendbarkeit – wird für die in engem Zusammenhang mit dem unzweifelhaft nicht anwendbaren § 23 stehende Norm des § 24 zu machen sein (vgl. § 69a Rn. 40; Dreier/Schulze/*Dreier*[2] Rn. 13; Wandtke/Bullinger/*Grützmacher*[2] Rn. 1), da andernfalls eine freie Benutzung nicht denkbar wäre, obwohl diese wohl eine verfassungsrechtliche Notwendigkeit im Hinblick auf die Sozialbindung des Eigentums ist.

Nachbemerkung
Anmerkungen zu GPLv3
(General Public License, Version 3)

Angesichts der zunehmenden Bedeutung von Open-Source-Lizenzen im Softwarelizenzrecht (vgl. Vor §§ 69a ff. Rn. 26 ff.), haben wir uns entschlossen, eine dieser Lizenzvertragsvorschläge, die GPL, im Hinblick auf deutsches Urheberrecht einigen allgemeinen Anmerkungen zu unterziehen. Die folgenden Anmerkungen verstehen sich dabei nicht als Kommentar im eigentlichen Sinn; sie versuchen lediglich, die in der Praxis wichtigsten Begriffe und Problemstellungen bei der Anwendung der GPL zu beleuchten.

Übersicht

I.   Überblick über und Hintergrund von Open-Source

Wir haben aus der Unmenge an sog. Open Source Lizenzen die GPL aus- **1** gewählt, weil sie einerseits den sog. strengen Copyleft-Effekt (vgl. Rn. 18 ff.) am stringentesten umsetzt und weil sie andererseits die wohl meistverbreitete Open Source Lizenz ist (zu Open Source aus wirtschaftlicher Sicht und zur Geschichte: *Dietrich*, Open Source Business, abrufbar auf http://www.heise.de/open/Open-Source-Business-Update–/artikel/76859, abgerufen am 28.02.2008; einen Überblick über Open Source Lizenzen mit nützlichen Links hält das sog. Institut für Freie und Open Source Software bereit: http://www.ifross.de/ifross_html/lizenzcenter.html, abgerufen am 28.02.2008; sehr übersichtlich stellen *Beardwood/Alleyne* CRi 2006, 97, 103 f. die Inhalte verschiedener Open Source Lizenzmodelle gegenüber). Lange Zeit galt die GPL in ihrer **Version 2** (die wenigen Gerichtsurteile in Deutschland beziehen sich auf diese Version). Die Free Software Foundation hat bereits 2005 angekündigt (http://www.tecchannel.de/news/themen/linux/431468/, PM v. 04.08.2005, abgerufen am 28.02.2008), dass im Jahr 2007 nach Diskussion durch die Community eine neue Version der GPL, nämlich die Version 3, veröffentlicht werden soll. Tatsächlich ist am 29.06.2007 GPLv3 veröffentlicht worden (http://gplv3.fsf.org/, abgerufen am 28.02.2008; zu ihr z.B. *Jaeger/Metzger* GRUR 2008, 130 ff.; *Buono/Siverding*, Les Nouvelles 2007, 405; zu Umstellungsfragen von Version 2 auf Version 3: *Koglin* CR 2008, 137 ff.). Die neue Version sollte der internationalen Verwendung mehr Rechnung tragen als die bisherigen Versionen und zudem neuere Entwicklungen wie Application Service Providing sowie vor allem die hart diskutierten Themen DRM und sog. Softwarepatente berücksichtigen. In der Tat hat sie diese Themen auch aufgegriffen; inwieweit sie einer für Deutschland nachvollziehbaren Lösung zugeführt wurden dazu vgl. Rn. 7 ff.

Open Source Lizenzen folgen einigen z.T. einheitlichen Prinzipien, deren **2** **Grundideen** vom Open Source Institute (OSI) „begleitet" werden. Es ist nicht erforderlich, dass eine solche Lizenz von einer Institution wie OSI zertifiziert wird. Wer seine Lizenzbedingungen jedoch als Open Source Software oder Free Software bezeichnen will, sollte sich an den Vorgaben der Free Software Foundation orientieren. Diese verlangen von einer Software, damit sie als „**Free Software**" bezeichnet werden kann, folgendes:

"[...] the freedom to run the program, for any purpose; the freedom to study how the program works, and adapt it to your needs. Access to the source code is a precondition for this; the freedom to redistribute copies so you can help your neighbor; the freedom to improve the program, and relies your improvements to the public, so that the hole community benefits. Access to the source code is a precondition for this."

1.   Bedeutung und Begründung der GPL

Bedeutung und Begründung der GPL scheinen einige einleitende Sätze wert. **3** Open Source Software ist nicht urheberrechtsfrei, sondern unterliegt der general public licence (GPL). Dieser Lizenzvertrag ist zu seiner **Durchsetzung** **auf das urheberrechtliche Instrumentarium angewiesen**. Er benutzt gewissermaßen das Zivilrechtssystem, um der Allgemeinheit zugängliche Güter zu produzieren. Viele Open Source Initiativen verweisen zur Begründung ihrerseits auf die dogmatische Begründung des Schutzes von Immaterialgüterrechten; diese sollen der Förderung des Fortschritts von Wissenschaft und Kunst dienen. Dies sei auch das Ziel der Open Source Initiativen, die Rechtsinhaber dabei unterstützen wollen, die Rechtsausübung an ihren Inhalten exakt mit ihren eigenen Vorstellungen und Bedürfnissen in Einklang zu bringen und dabei die Allgemeinheit zu fördern. Dabei übersehen diese Ideen aber, dass es sich hierbei – entsprechend dem Entstehungsort dieses Lizenzsystems in den USA – ausschließlich um die US-amerikanischer Auffassung von „Copyright" handelt; alle diese Theorien blenden die aufklärerische Tradition des kontinental-europäischen droit d'auteur Systems, in dem der Schöpfer mit seinen Persönlichkeitsrechten im Mittelpunkt steht (vgl. Einl.) leider völlig aus.

4 Die GPL ist also ein Lizenzvertrag, durch den der Programmurheber jedem Nutzer die Nutzungsrechte ohne entgeltliche Gegenleistung einräumt. Diese Einräumung von Nutzungsrechten ist indes an **Bedingungen** geknüpft. Die Weitergabe der Software ist nur mit der Maßgabe erlaubt, dass mit der Software auch der Quellcode, ein Hinweis auf die Geltung der GPL sowie ein Haftungsausschluss des Erstellers weitergegeben werden. Kopien dürfen nur angefertigt werden, wenn die Bestimmungen der GPL eingehalten werden. Ein Verstoß gegen diese Bestimmungen führt automatisch zum Erlöschen der Nutzungsrechte (zu den urheber-, kartell- und AGB-rechtlichen Fragen vgl. Rn. 18 ff.; frühzeitig schon zur GPL: *Jaeger/Metzger* GRUR Int. 1999, 839; einen guten Überblick vermittelt *Teufel* Mitt.d.PA 2007, 341; neuerdings *Funk/Zeifang* CR 2007, 617; *Schulz*, Dezentrale Softwareentwicklungs- und Softwarevermarktungskonzepte, 2004).

2. Weitergehende Ansätze: Creative Commons

5 Lange nachdem Open Source im Softwarerecht bereits ein etabliertes System war, entstand in den USA ein allgemeinerer Ansatz, der den Gedanken, bestimmte Rechte an Inhalten freizugeben, aufgriff. Dies war die Geburtsstunde von Creative Commons (allgemein zu der Idee *Goldstein* GRUR Int. 2006, 901; *Plaß* GRUR 2002, 670; zu einer der ersten Gerichtsentscheidungen zu einer Creative Commons Lizenz: President District Court Amsterdam CRi 2006, 121). Mittlerweile handelt es sich bei der Institution, die diese „Idee" verwaltet um eine gemeinnützige Organisation, die sich nach ihren eigenen Worten dafür einsetzt, dass das Internet ein Medium für den freien Austausch von Inhalten bleibt (http://www.creativecommons.org, abgerufen am 28.02.2008). Schlagwort ist, dass nicht immer gelten solle „All Rights Reserved", sondern vielmehr nur „Some Rights Reserved", im Grunde genommen macht der Standardlizenzvertrag, den Creative Commons propagiert, damit also nur von den Möglichkeiten einer ausdifferenzierten Einräumung von Nutzungsrechten (vgl. Vor §§ 31 ff. Rn. 5 ff.) Gebrauch. Bezeichnender Weise ist bei Creative Commons hauptsächlich von einer Internetnutzung die Rede und vom großen Interesse der Internetnutzer daran, ihre Inhalte anderen zugänglich zu machen und – indem sie die Rechte zur Weiterverwendung und Bearbeitung der Öffentlichkeit einräumen – ein Teil der wachsenden Open Access-Bewegung zu werden (http://www.creativecommons.org; zur Frage des „Access" (Zugang) ausführlich vgl. Vor §§ 87a ff. Rn. 97 f.; vgl. Vor §§ 95a ff. Rn. 31). Seit 2004 ist auf http://de.creativecommons.org auch eine an das deutsche Urheberschutzrecht angepasste Version der Creative Commons-Lizenzen veröffentlicht. Mit einem sog. Lizenzierungstool kann der

Nutzer von Creative Commons sich aus einer Reihe von Lizenelementen einen individuellen Lizenzvertrag zusammenstellen (allg. zu Open Content Lizenzen *Jaeger/Metzger* MMR 2003, 431). Folgende „Bausteine" werden angeboten:

(1) *Namensnennung:* Erlaubt anderen, unter der Voraussetzung, dass die Rechtsinhaberschaft des Lizenzgebers durch Nennung dessen Namen anerkannt wird, den Inhalt des Lizenzgebers und darauf aufbauende Bearbeitungen zu vervielfältigen, zu verbreiten, aufzuführen und öffentlich zugänglich zu machen.

(2) *Nicht-Kommerzielle Nutzung:* Erlaubt anderen, den Inhalt des Lizenzgebers und darauf aufbauende Bearbeitungen nur zu nicht-kommerziellen Zwecken zu vervielfältigen, zu verbreiten, aufzuführen und öffentlich zugänglich zu machen.

(3) *Keine Bearbeitungen*: Erlaubt anderen, nur unveränderte Kopien des Inhalts des Lizenzgebers zu vervielfältigen, zu verbreiten, aufzuführen und öffentlich zugänglich zu machen, dagegen sind keine Bearbeitungen erlaubt, die auf Ihrem Inhalt basieren.

(4) *Weitergabe unter gleichen Bedingungen*: Erlaubt anderen, Bearbeitungen des Inhalts des Lizenzgebers nur unter einem Lizenzvertrag zu verbreiten, der demjenigen entspricht, unter dem der Lizenzgeber selbst seinen Inhalt lizenziert hat. Creative Commons ist also mit Open Source Lizenzen vergleichbar, beschränkt sich aber nicht auf Softwareanwendungen, so dass sie hier nicht weiter betrachtet wird.

Es scheint einen **generellen Trend** zu kreativer Gemeinschaftsentwicklung zu **6** geben und die Open Source Idee dürfte im speziellen Feld der Computerprogrammentwicklung nur die erste Ausprägung dieses Trends gewesen sein. Sie hat wegen der spezifischen Besonderheiten der Computerprogrammentwicklung einiges für sich. Ob sie auch auf andere Werkgattunen übertragbar ist, bezweifeln wir. Denn – anders als bei den weitestgehend angestellten oder in auskömmlichen freien Mitarbeiterverhältnissen tätigen Open-Source-Softwareprogrammierern leben viele freie Künstler und Schriftsteller in anderen Verhältnissen und sind auf die Vergütung für Nutzungsrechtseinräumungen angewiesen. Vollends zweifelhaft wird sie aber, wenn sie – wie bei Wikipedia in seiner Urform – dazu führt, dass nicht redaktionell betreute Systeme glauben machen wollen, es gäbe eine Weisheit der Massen. Nicht etwa, weil viele an einem Artikel chaotisch zusammenschreiben, entsteht der beste Artikel. Das Prinzip, wonach viele Menschen ihre Stimme erheben und am Ende im Durchschnitt ein verblüffend korrektes Ergebnis herauskommt, ist zwar demokratisch, führt aber nicht zu wissenschaftlicher Wahrheit oder Substanz. Anders ausgedrückt: Die Idee von Open Source dürfte nur auf wenige Teilbereiche, dort aber durchaus sinnvoll, anwendbar sein.

II. Einzelne Problemschwerpunkte aus der GPL

1. Anwendbares Recht

Zu einer der wesentlichen Fragen schweigt die GPL wie fast alle Open Source **7** Lizenzen, nämlich dem **anwendbaren Recht** (vgl. *Metzger/Jaeger* GRUR Int. 1999, 839, 841 f.) mit Ausnahme eines dürren Hinweises in Ziff. 17, wonach die (nach deutschem AGB-rechtlichen Verständnis sicher unwirksamen) Haftungs- und Gewährleistungsausschlüsse bei „lokaler Unwirksamkeit" eben soweit wie möglich gelten sollen. Die GPL trifft also keine Rechtswahl; es gelten die **allgemeinen Grundsätze des Vertrags-IPR** (Vgl. Vor §§ 120 ff. Rn. 80 ff.).

2. Vertragsschluss und AGB-Recht

8 Ziff. 10 verhält sich rudimentär zu den Fragen des **Vertragsschlusses** bei Einsatz einer Software, die „unter GPL" steht. Man könnte ihm entnehmen, dass die GPL nicht von einem zwei- oder mehrseitigem Vertrag ausgeht (so *Metzger/ Jaeger* GRUR Int. 1999, 839, 843; *Koch* CR 2000, 333, 338; *Sester* CR 2000, 797, 804), sondern der Nutzer von den jeweils betroffenen Urhebern einseitig die Nutzungsrechte eingeräumt bekommt (so *Heymann*, berichtet von Büllesbach/Heymann/*Büchner* S. 129, 131). In der Tat ist der Gedanke, der Nutzer würde mit einer Vielzahl ihm nicht bekannter Personen einen Vertrag schließen, wirklichkeitsfremd (Wandtke/Bullinger/*Grützmacher*[2] § 69c Rn. 62). Allerdings wird man an der deutschen Rechtswirklichkeit nicht vorbeikommen, die keine „einseitigen" Urheberrechtsverträge kennt.

9 Weitestgehend ungeklärt sind auch die Rechtsfolgen in Deutschland, die sich aus einer Einordnung der GPL als **AGB**, die wohl unzweifelhaft sein dürfte (LG München I CR 2004, 774 – *Wirksamkeit einer GPL-Lizenz)* ergeben (beispielhaft als Anm. zu LG München I, Urtl. v. 19.05.2004, *Spindler* K&R 2004, 528). Da es sich hierbei aber nicht um genuin urheberrechtliche Fragen handelt, gehen wir auf dieses weite Feld nicht ein (ausführlich dazu *Jaeger/ Metzger* GRUR Int. 1999, 839, 843). Interessant ist es aber allemal, wie sich deutsche Gerichte mit der Anwendbarkeit etwaiger dem AGB-Recht vergleichbaren Rechtsnormen im Ausland auseinandersetzen, wenn dort der erste Vertragsschluss mit der GPL erfolgte (darauf zu Recht hinweisend *Grützmacher* in Anm. zu LG Frankfurt CR 2006, 733 734). Wird die GPL nicht wirksam in das Rechtsgeschäft einbezogen, dürfte ihr Inhalt weitestgehend bedeutungslos sein. Dann allerdings dürfte die allgemeine Vorschrift des § 69d zum Tragen kommen (falsch LG München I CR 2004, 774, 776 – *Wirksamkeit einer GPL-Lizenz*, das § 69d nicht für einschlägig hält, da er die Einräumung von Nutzungsrechten voraussetze, was aber gerade nicht der Fall ist (vgl. § 69d Rn. 4). Bei der Auslegung der „bestimmungsgemäßen Benutzung" wird dann aber wohl wiederum der Open Source Charakter des jeweiligen Programms zu beachten sein (zur Bestimmung der bestimmungsgemäßen Benutzung vgl. § 69d Rn. 10 ff.). In jedem Fall wirft der **Wechsel von GPLv2 auf GPLv3** auch AGB-rechtliche Fragen auf: Ein einfacher „Austausch" der Versionen durch den Lizenzgeber im laufenden Vertrag ist nach deutschem vertragsrechtlichem Verständnis nicht möglich. Man wird in jedem Fall also zu prüfen haben, welche Version bei dem ursprünglichen Vertragsschluss (mit dem ursprünglichen Lizenzgeber nach dessen Recht; vgl. Rn. 7) dem Vertrag zugrunde gelegt wurde. Eine Änderung dieser Vertragsgrundlage ist – bei Anwendbarkeit deutschen Rechts – nur in den Grenzen der §§ 307, 308 Nr. 5 BGB möglich (zu weiteren Fragen beim Wechsel zur Version 3: *Koch* ITRB 2007, 261).

3. Wichtige Begriffe

10 Anders als die GPLv2 enthält die GPLv3 keine ausdrückliche Regelung des Lizenzgegenstandes, sondern stellt einige **Begriffsdefinitionen** vorweg (Ziff. 0: Definitionen). Gleich der Gegenstand der Lizenz, als „the program" bezeichnet, offenbart das Dilemma der Open Source Lizenzen. In einer Welt nationaler Urheberrechtsregime gibt es kaum einheitliche **Begrifflichkeiten**. Vor dem Hintergrund der Schwierigkeiten mit dem anwendbaren Recht (vgl. Rn. 7*), dürften auch diese Begrifflichkeiten im Lichte des Schutzlandprinzips auszulegen sein, obwohl sie natürlich durch die Begrifflichkeiten des US-amerikanischen Copyrights geprägt sind (dazu und zur Auslegung nach US-amerikani-schem Recht *Determann* GRUR Int. 2006, 645, 646 ff.). Daher spricht wohl viel dafür, Begriffe wie „the programm" oder „to modify" nach den Grund-sätzen des internationalen Urhebervertragsrechts (wann in einem Fall damit deutsches Urheberrecht Anwendung findet, dazu ausführlich vgl. Vor §§ 120 ff. Rn.59 ff.) nach deutschen urheberrechtlichen Verständnis, also nach den **allgemeinen Regeln der §§ 3, 23, 24 und 69c**, einzuordnen. Man könnte allerdings auch noch weitergehen: In den Begriffsdefinitionen findet sich der Hinweis, dass „modify" alles sei, was nicht „the making of an exact copy" beinhalte. Das würde weit über die deutsche Abgrenzung der §§ 23, 24 und 69c hinausgehen und wäre dann – nach allgemeinen AGB-rechtlichen Grundsätzen – wegen Widerspruchs gegen § 307 Abs. 2 Nr.1 BGB unwirksam mit der Folge der Nichtigkeit der entsprechenden Definition, die aber Grund-lage der gesamten GPL ist.

11 Entscheidend für die Praxis ist oft die Frage – wenn es sich nicht um eindeutige Kopien handelt (hierum ging es i.d.R. bei den bislang entschiedenen Fällen LG München I CR 2004, 774 – *Wirksamkeit einer GPL-Lizenz*; LG Frankfurt am Main CR 2006, 729 – *Anwendbarkeit der GPL*), wann ein nachgeschaffenes Computerprogramm derart mit einem unter der GPL stehenden Computer-programm kombiniert wurde, dass es gewissermaßen „infiziert" wird. Wir wollen im Folgenden die wesentliche Begrifflichkeiten, die hierbei eine Rolle spielen, versuchen zu analysieren: Ziff. 0 Abs. 1 Satz 1 GPLv2 führte den Begriff des „**work based on the program**" ein und dürfte dabei auf 17 USC § 101 angespielt haben, das die Bearbeitung im US Copyright als „[…] an original work of authorship, is a derivative work" regelt. Die nunmehrige Begriffswahl in den Definitionen der GPLv3, „**a work based on the earlier work**", in den Definitionen auch als „**covered work**" bezeichnet, dürfte inhalt-lich keine Änderung gebracht haben. U.E. dürfte daher dieser Begriff nach dem jeweiligen Schutzlandprinzip als „Bearbeitung", hier also im deutsche Sinne zu verstehen sein (so auch *Determann* GRUR Int. 2006, 645, 649). Dasselbe gilt für Ziff. 2 (b) GPLv2 und den Begriff des „**work that […] is derived**" (so auch *Determann* GRUR Int. 2006, 645, 649). Damit ist aber noch nicht viel gewonnen, denn spannend wird erst die Frage, wann denn im Falle von den eben beschriebenen Kombinationen eine Bearbeitung vorliegt. Es hat den Anschein, als wollten einige Stimmen in der Literatur hierbei den urheber-rechtlichen Begriff der Bearbeitung lockern (*Jaeger/Metzger* unter Bezug auf FAQ der FSF zu GPLv2 „what is the difference between a mere aggregation and combining two modules […]"?) Andere schlagen folgende Prüfung dafür vor, ob ein Computerprogramm „infiziert" wird:
(1) Ist es ausreichend dauerhaft verknüpft?
(2) Enthält es wesentliche und kreative Teile des GPL-Programms?
(3) Ist es selbst hinreichend kreativ?
(4) Zieht es inhaltliche Änderungen des GPL-Programnms nach sich? (*Determann* GRUR Int. 2006, 645, 649). U.E. bedarf es keines neuen Prüfungs-schemas, es gilt vielmehr das vom BGH für Bearbeitungen aufgestellte (vgl. § 69c Rn. 20; allgmein vgl. § 23).

4. Abgrenzung „infiziertes" ./. „nicht-infiziertes" Werk

12 Mit dem Begriff "**Independent functional work module** […]" nach GPLv2 und nunmehr in Ziff.5 GPLv3 ("Conveying Modified Source Versions") handelt es sich um die entscheidende Frage, wie man Code programmiert, um proprietären

Code von eventuell verwendeten GPL-Code abzugrenzen und diesen nicht zu „infizieren". Zunächst einmal ist nach der GPL erforderlich, dass man nicht nur den eigentlichen Code veröffentlicht, sondern auch die dazugehörigen Kompilationsskripte, die für eine Ausführung unbedingt erforderlich sind. Sodann zieht man eine sogenannte Code-Zwischenschicht ein, die den eigenen, nicht zu veröffentlichten Teil, also die proprietäre Software, von den Modulen trennt, die unter GPL fallen. Dies ist eine in der Programmierwelt gängige Praxis. Damit entbindet man sich davon den gesamten Code eines Produktes offenzulegen.

13 Wir haben gesehen, dass alle von uns ausgelegten Begrifflichkeiten aus der GPL sich um die zentrale Frage in Ziff. 2.b GPLv2 (nunmehr Definitionen GPLv3) drehen, nämlich, was ein „program derived from the work" bzw. „work based on the program" ist. Ziff. 0 der GPLv2 stellte klar, dass das urheberrechtliche Verständnis hierfür entscheidend sein soll, so wie wir es auch bislang in unseren obigen Ausführungen dargestellt hatten. Damit ist dies eine von Land zu Land sehr unterschiedliche Auslegungsfrage, die wir anhand der Grundsätze in Deutschland dargestellt hatten. Man kann aber auch aus der GPL selbst einige Auslegungshilfen zusammentragen, die bei dieser rein urheberrechtlichen Betrachtung hinzuzuziehen sind. Ausgangspunkt der Betrachtungen der GPL ist Ziff. 2 zweiter Hauptsatz GPLv2:

„Reasonably considered independent and separate works themselves"

bzw. nun Ziff. 5 Absatz 3 GPLv3:

„[…] independent works, which are not by their nature extensions of the covered work, and which are not combined with it such as to form a larger program, in or on a volume of a storage or distribution medium, is called an "aggregate" if the compilation and its resulting copyright are not used to limit the access or legal rights of the compilation's users beyond what the individual works permit. Inclusion of a covered work in an aggregate does not cause this License to apply to the other parts of the aggregate."

14 Einen ähnlichen Hinweis gab es bereits in Ziff. 2 Abs. 4 GPLv2, dass es nicht darauf ankommt, auf welchen Speichermedium das Programm vertrieben wird und insbesondere, ob es auf einem Speichermedium zusammen vertrieben wird. Entscheidend war nach GPLv2 vielmehr, ob es sich um einen „part of a whole" handele, eine Formulierung, die sich in GPLv3 nicht mehr findet. Wir geben im Folgenden einige Beispiele (dazu auch *Jaeger/Metzger* passim und *Funk/Zeifang* CR 2007, 617, 619 f.) aus der Praxis, die diese Grundsätze berücksichtigen:

- **Systemaufrufe** von Anwendungsprogrammen werden id.R. nicht als Einheit mit dem Kernel des sie betreffenden Betriebssystems angesehen.
- Immer dann, wenn **Pipes, Queues, Sockets** oder **Kommandozeilenargumente** verwendet werden, gilt dies nicht als Ganzes.
- Umgekehrt wird man von einem Ganzen ausgehen müssen, wenn eine **Executable** verwendet wird, wenn also das abgeleitete Programm ohne das Original nicht lauffähig ist.
- Ebenso unproblematisch wird ein Ganzes vorliegen, wenn der unter der **GPL vertriebene Code selbst** geändert wird.
- Ein besonderes Problem stellen sogenannten **Kernel-Module** dar. Wenn es sich hierbei z.B. um einen Treiber für eine Anbindung von Linux an proprietärer Hardware handelt, gehen einige Autoren im Schrifttum davon aus, dass ein derartiger Treiber immer unter die GPL fällt und damit als „Ganzes" mit dem Betriebssystem wie Linux angesehen wird.
- Ein separates Problem sind **Kombinationen** von GPL Software-Bibliotheken mit proprietären Programmen. Hierfür gilt bekanntlich die LGPL.

Für die Praxis sehr relevant ist z.b. die Frage, ob ein **Grafiktreiber**, der in dem **15**
PC-System eingesetzt wird, dazu führt, dass das Betriebssystem plus Grafiktreiber als „ein System" angesehen werden mit der Folge, dass auch der
Grafiktreiber unter die GPL-Verpflichtungen fallen würde. Die GPL gibt
hierauf keine eindeutige Antwort, jedoch einige Indizien, die im Folgenden
beleuchtet werden sollen: § 2 Abs. 4 der GPLv2 bzw. nunmehr Ziff.5 Absatz 3
GPLv3 erklärt, dass es für die Abgrenzung zwischen den beiden Teilen nicht
darauf ankommt, ob das eine Werk und der hinzugefügte Code auf einem
Speichermedium zusammen verarbeitet werden oder nicht. Entscheidend
scheint vielmehr zu sein, ob der Grafiktreiber gemeinsam mit dem GPL-Code
geladen wird oder ob dies unabhängig von einander geschieht. Darüber hinaus
wäre interessant zu wissen, ob Betriebssystem und Grafiktreiber Teile eines
Executables sind und ob sie in einem Adressraum ausgeführt werden. Wenn
dies der Fall ist, erzeugt dies tendenziell Schwierigkeiten. Wenn hingegen die
Kommunikation zwischen den Modulen mittels Mechanismen abläuft, die
gängigerweise zwischen selbstständigen Programmen benutzt werden (ich
habe hier die Hinweise auf sogenannte Pipes, Queues, Sockets oder Kommandozeilenargumente gefunden), wird dies eher gegen die Annahme eines
einheitlichen „Systems" sprechen.

5.   Nutzungsrechtseinräumung

Ziff. 2 GPLv3 enthält eine Art **Nutzungsrechtseinräumung (Basic Permission)**, **16**
die mit der GPL einhergeht. Sie ist in GPLv3 nicht mehr auf die Vervielfältigung und Verbreitung beschränkt. Der Begriff „propagate" umfasst vielmehr:
„*to do anything with it that, without permission, would make you directly or
secondarily liable for infringement under applicable copyright law, except
executing it on a computer or modifying a private copy.*" Eine solche Formulierung dürfte der deutschen Zweckübertragungslehre nicht standhalten (zu
deren eingeschränkter Anwendbarkeit im Softwarerecht vgl. § 69a Rn. 42).
Man wird daher im Einzelfall den Umfang der Nutzungsrechtseinräumung zu
prüfen haben. Jedenfalls umfasst sind nach den Definitionen *"copying, distribution (with or without modification)"* und *"making available to the
public"*, also Vervielfältigung (§ 69c Nr. 1), Verbreitung (§ 69c Nr.3) und
Zugänglichmachung (§ 69c Nr.4). Wie hilflos die GPLv3 dem internationalen
Charakter ihrer Rechtseinräumung gegenübersteht, offenbaren die dann folgenden Nutzungsrechte, die auch eingeräumt sein sollen: *"and in some coun-
tries other activities as well"*. Zur Bestimmung der **Nutzungsart** bei der GPL
vgl. Rn. 29.

Die Nutzungsrechtseinräumung nach Ziff.2 GPLv3 bzw. überhaupt das ge- **17**
samte Konzept der GPL **kollidiert bei angestellten Programmierern** mit § 69b,
da die (automatische) Einräumung der Rechte nach § 69b an den Arbeitgeber
(zu der Rechtskonstruktion vgl. § 69b Rn. 2) gegen Entgelt erfolgt (vgl. § 69b
Rn. 2). Aufgrund des zwingenden Charakters von § 69b dürfte allein der
Arbeitgeber entscheiden können, ob er bei einer Programmierung eines seiner
Arbeitnehmer die GPL anwendet oder nicht. Der Arbeitnehmer kann sich
nicht für die Weitergabe unter der GPL entscheiden.

6.   Strenger Copyleft-Effekt

a) Inhalt des Copyleft-Effektes: Ziff. 4 GPLv3 regelt die Zulassung der Wei- **18**
tergabe unveränderter Kopien des Programms, Ziff. 5 GPLv3 diejenige veränderter Kopien in Source-Code-Form und Ziff. 6 schließlich diejenige (ver-

änderter oder unveränderter) Kopien in Non-Sorce-Code-Form, also als Objekt-Code (zu den Begriffen s. Ziff. 1 mit den entsprechenden Definitionen). Die beinhalten damit den sog. strengen Copyleft-Effekt, wonach der jeweilige Lizenznehmer verpflichtet ist, auf dem ursprünglichen Computerprogramm basierende neue Programme nur unter bestimmten Bedingungen des ursprünglichen Lizenzvertrages weiterzuverbreiten. Wie dieser Effekt dogmatisch einzuordnen ist, ist umstritten (vgl. Rn. 37).

19 **Ziff. 4 Absatz 2 GPLv3 (ehemals § 1 Abs. 2 GPLv2)** statuiert in diesem Rahmen einen der wichtigsten Grundsätze der Open Source Lizenzen mit strengem **Copyleft Effekt:** Der Lizenzgeber darf zwar für die Dienstleistung des Kopierens ein Entgelt verlangen, nicht aber für die Lizenzeinräumung selber. In GPLv2 hieß es: *„You may charge a fee for the physical act of transferring a copy"*, nunmehr *"You may charge any price or no price for each copy that you convey"*. Damit dürfte jedoch der strenge Copyleft-Effekt und die Verpflichtung, keine Lizenzgebühren zu verlangen, nicht verändert worden sein.

20 I.E. bindet die Lizenz den Lizenznehmer in seiner **Preisgestaltung.** Darüber hinaus enthält Ziff. 4 Abs. 1 und vor allem Ziff. 5 **Konditionenbindungen,** nämlich dass der Lizenznehmer mit jeder Kopie einen entsprechenden Copyright-Vermerk sowie einen Haftungsausschluss veröffentlicht, alle Vermerke, die sich auf diese Lizenz und das Fehlen einer Garantie beziehen, unverändert lässt und des Weiteren allen anderen Empfängern des Programms zusammen mit dem Programm eine Kopie dieser Lizenz zukommen lässt (zu den Verpflichtungen vgl. Rn. 33).

21 **b) Kartellrechtliche Bedenken gegen den Copyleft-Effekt:** Wir haben grundsätzliche **Bedenken,** dass diese Regelungen der GPL mit der Verpflichtung, keine Lizenzentgelte für die Einräumung der Nutzungsrechte zu nehmen, deutschem und europäischem Kartellrecht standhalten (a.A. *Jaeger/Metzger* S. 32 Fn. 1226; *Omsels* FS Hertin S. 146; *Heussen* MMR 2004, 445, 449, *Koch* CR 2000, 333, 336; differenzierend: *Spindler/Wiebe* CR 2003, 873; LG Berlin CR 2006, 735 – *Wirksamkeit der GPL;* offen lassend LG Frankfurt CR 2006, 729). Art. 81 EGV und § 1 GWB n.F. verbieten Vereinbarungen zwischen Unternehmen, die geeignet sind, den Handel zwischen Mitgliedstaaten zu beeinträchtigen und eine Wettbewerbsbeschränkung innerhalb des gemeinsamen Marktes bezwecken oder bewirken. Seit der 7. GWB-Novelle 2005 enthält § 1 GWB eine praktisch wortgleiche Regelung, sieht man einmal davon ab, dass § 1 GWB (auch) auf nicht-zwischenstaatliche Sachverhalte Anwendung findet. In zwischenstaatlichen Sachverhalten läuft die Beurteilung nach Art. 81 EGV und § 1 GWB jedoch parallel (§ 22 GWB). In Fällen der Softwarelizenzierung dürfte i.d.R. ein solcher zwischenstaatlicher Bezug gegeben scin. Insofern ist also davon auszugehen, dass die Beurteilung nach Art. 81 EVG nach § 1 GWB parallel läuft. Zu allg. kartellrechtlichen Erwägungen bei (nicht festgestellter) Marktmacht vgl. *Koch* CR 2000, 333).

22 Die GPL als License Agreement stellt eine Vereinbarung zwischen Unternehmen dar. Insbesondere der Lizenzverkehr ist schon lange als unternehmerische Tätigkeit anerkannt (statt aller Immenga/Mestmäcker/*Zimmer*[3] § 1 GWB Rn. 70 m.w.N.). Aber auch wenn man die Überlassung von Software als Warenvertrieb auffasst (Immenga/Mestmäcker/*Zimmer*[3] § 14 Rn. 20; *Koch* CR 2000, 273, 341), ergibt sich nichts anderes, denn Softwarenentwickler werden auch im Vertrieb als Unternehmer angesehen (*Koch* CR 2000, 273, 341).

Auch liegt in den obengenannten Bindungen des Lizenznehmers eine Wett- **23**
bewerbsbeschränkung i.S.d. Art. 81 EGV bzw. § 1 GWB. Soweit die Beklagte
über die GPL gezwungen wird, ihrerseits in bestimmter Weise mit ihren
eigenen Programmen zu verfahren, ist sie in ihren wettbewerblichen Möglichkeiten beschränkt, so dass per se eine Wettbewerbsbeschränkung vorliegt.
Daher sind derartige Preis- und Konditionenbindungen kartellrechtlich auch
besonders kritisch.

Danach ist zu fragen, ob die so dargestellten Wettbewerbsbeschränkungen **24**
nicht ausnahmsweise anderweitig erlaubt ist, z.B. nach Art. 81 Abs. 3 EG bzw.
nach § 2 Abs. 1 GWB. Konkretisierungen dieser generalklauselartigen Freistellung finden sich insbesondere in den **Gruppenfreistellungsverordnungen**
(GVO; § 2 Abs. 2 GWB). Im vorliegenden Fall handelt es sich um urheberrechtliche Lizenzen für den Weiterverkauf, nämlich für eine Vervielfältigung
und Verbreitung. Das sind nach der EU-Kommission „der Lizenzierung von
Technologie ähnliche Formen der Lizenzvergabe", so dass sie generell für alle
urheberrechtlichen Werkarten die in der GVO Technologietransfer und den
dazugehörenden Leitlinien aufgestellten Grundsätze auf die Einräumung von
Vervielfältigungs- und Verbreitungsrechten bei der Prüfung des Art. 81 EG
anwenden will (EU-Kommission, Leitlinien zur Anwendbarkeit von Art. 81
EG-Vertrag auf Technologietransfervereinbarungen, ABl. C 101 vom
27.04.2004, S. 2 Rn. 51; kritisch dazu Loewenheim/Meessen/Riesenkampff/
Jan Bernd Nordemann § 1 Rn. 216). Andere wenden die Vertikal-GVO wegen
des im Vordergrund stehenden Warenvertriebs an (*Heath*, in: Spindler (Hrsg.),
Rechtsfragen bei Open Source, Kap. G Rn.6 ff.). Allerdings erfasst die GVO
TechTransfer nach Art.1 Abs. 1 lit.b) ausdrücklich auch Softwarelizenzver-
träge, so dass ihr wohl der Vorzug zu geben ist. Beide GVOs enthalten aber das
Verbot der Preisfestsetzung als Kernbeschränkung (Art. 4 Abs. 1 lit a) GVO
TechTransfer). Eine solche Preisbindung enthält die GPL, denn sie verpflichtet
zur kostenlosen Weitergabe des Quelltextes, mithin, das Lizenzentgelt auf Null
zu setzen. Zwar sind Höchstpreisgrenzen zulässig, da jedoch zwischen keinem
Entgelt und der vermeintlichen „Höchstpreisgrenze" € 0,- kein Raum ist, kann
es sich bei der entsprechenden Bestimmung aus der GPL nicht um eine solche
handeln (so ausdrücklich auch *Heath* a.a.O. Kap. G Rn.9). Damit gibt es also
für die **Preisfestsetzungen keine Gruppenfreistellung.**

Allerdings ist für urheberrechtliche und urhebervertragsrechtliche Sachver- **25**
halte darüber hinaus stets das besondere Spannungsverhältnis zwischen Urheberrecht einerseits und **Kartellrecht** andererseits zu beachten. Urheberrechte
gewähren – wie andere geistige Eigentumsrechte – Ausschließlichkeitsrechte,
also monopolartige Rechte. Das Urheberrecht gewährt mit anderen Worten
ein Recht auf Wettbewerbsbeschränkung. Das dadurch entstehende Spannungsverhältnis zu Art. 81 EGV und § 1 GWB löst die **Lehre vom sogenannten
spezifischen Gegenstand des Schutzrechts** (st. Rspr. des EuGH, EuGH SLG
1966, 321, *349 – Grundig/Consten*; EuGH Sammlung 1982, 2015, 2061 –
Maissaatgut = GRUR Int. 1982, 530; ferner Loewenheim/Meessen/Riesen-
kampff/*Axter/Schütze* Art. 81 EGV Anhang 3 Rn. 167 ff., allg. dazu vgl. Vor
§§ 31 Rn. 58). Danach muss über eine umfassende Interessenabwägung ein
gerechter Ausgleich zwischen Wettbewerbsfreiheit einerseits und Immaterial-
güterrechtschutz andererseits gefunden werden. Dafür wird zwischen Bestand
und Ausübung des Schutzrechts unterschieden, wobei Kartellrecht den Bestand des Urheberrechts unangetastet lässt und nur die Ausübung regelt. Für
die Ausübung aus dem Urheberrecht fließender ausschließlicher Verbreitungsrechte innerhalb der EU (und um die es geht es bei der „Einfuhr" der GPL-Pro-

gramme) ist zunächst auf die parallel gelagerte Erschöpfungslehre zu verweisen. Kartellrecht nimmt insoweit eine Ausübung der urheberrechtlichen Befugnisse für das erste Inverkehrbringen innerhalb der EU mit Zustimmung des Rechteinhabers grundsätzlich hin.

26   Kartellrechtswidrig ist hingegen jede weitere Wettbewerbsbeschränkung nach einem ersten Inverkehrbringen der verbreiteten urheberrechtlich geschützten Waren innerhalb der EU mit Zustimmung des Rechteinhabers. Insoweit sei auf die Entscheidung des EuGH *Maissaatgut* zum Gebietsschutz verwiesen. In dieser Entscheidung (EuGH Slg. 1982, 2015, 2061 – *Maissaatgut* = GRUR Int. 1982, 530). heißt es im dritten Leitsatz:

> „Eine ausschließliche Lizenz mit absolutem Gebietsschutz, bei der die Parteien die Absicht verfolgen, für die betreffenden Erzeugnisse und das fragliche Gebiet jeden Wettbewerb Dritter, etwa von Parallelimporten oder Lizenznehmern für andere Gebiete, auszuschalten, fällt dagegen unter das Kartellverbot des Art. 85 Abs. 1 EWG-Vertrag [Anmerkung des Verfassers: heute Art. 81 Abs. 1 EG] und kann davon jedenfalls insoweit nicht gemäß Abs. 3 der Vorschrift freigestellt werden, als der absolute Gebietsschutz gegen Parallelimporte rechtmäßig in Verkehr gesetzter Erzeugnisse gerichtet ist."

Auch der BGH betont die gewissermaßen alles überlagernde Wirkung der Erschöpfung (BGH NJW 2000, 3571, 3572 – *OEM Vertrieb*). Danach gilt also für den Ausgleich des Spannungsverhältnisses zwischen Urheberrecht und Art. 81 EG bzw. § 1 GWB: Eine vertragliche Beschränkung zwischen Lizenzvertragsparteien, die dem Lizenznehmer trotz eingetretener Erschöpfungswirkung bindet, ist grundsätzlich eine gegen Art. 81 Abs. 1 EG bzw. § 1 GWB verstoßende Wettbewerbsbeschränkung.

27   Dieser Kartellrechtsverstoß ließe sich also allenfalls über den spezifischen Schutzzweck des Urheberrechts rechtfertigen. Dabei ist allerdings bereits anerkannt, dass dieses für Preisbindungen keinesfalls erfolgen kann (Loewenheim UFITA 79 (1977), 175, 206; Loewenheim/Meessen/Riesenkampff/*Jan Bernd Nordemann* § 1 GWB Rn. 223).

28   Für die **übrigen Konditionenbindungen**, die in der GPL enthalten sind (Veröffentlichung des Quellcodes, Anbringung des Gewährleistungsausschlusses), gilt hingegen möglicherweise anderes. *Grützmacher* weist zu recht darauf hin, dass es im EG-Kartellrecht ein umfassendes Verbot von Konditionenbindungen nicht mehr gibt (*Grützmacher* in Anm. zu LG Frankfurt CR 2006, 733, 735). Allerdings ist ebenfalls anerkannt, dass eine solche Bindung nicht möglich ist, wenn sie sich über die Definition des BGHs zur dinglich abspaltbaren Nutzungsart hinwegsetzt (BGH GRUR 1990, 660, 661 – *Bibelreproduktion*; Loewenheim/*Jan Bernd Nordemann* § 64 Rn. 70). Andere diskutieren diese Frage nur urheberrechtlich ohne Bezug zum Kartellrecht und kommen zu unterschiedlichen Auffassungen, ob die Beschränkung der Weiterverbreitung gegen den Erschöpfungsgrundsaatz verstoßen (nein; *Jaeger/Metzger* S. 32 Fn. 1226; *Omsels* FS Hertin S. 146; *Heussen* MMR 2004, 445, 449, da der Lizenznehmer seine Rechte vom Hersteller erhält; *Koch* CR 2000, 333, 336; der eine beschränkte Einräumung für zulässig hält; differenzierend: *Spindler/Wiebe* CR 2003, 873; LG Berlin CR 2006, 735 – *Wirksamkeit der GPL*.

29   Bei den hier in Rede stehenden Formen der Nutzung von Software handelt es sich nicht um eine solche **eigenständige Nutzungsart** im Sinne des Urheberrechts handelt, denn die Bindung bestimmter Vertriebsziele an eine auflösende Bedingung im Sinne des § 158 BGB ist seit langem bekannt und auch in anderen Gebieten eingeführt (s. nur BGH GRUR 1958, 504 – *Die Privatse-*

kretärin). Allein wegen dieser besonderen Vertragskonstruktion entsteht keine eigene Nutzungsart. Diese setzt vielmehr eine übliche, sowohl wirtschaftlich als auch **technisch** eigenständige und damit klar abgrenzbare Nutzungsform voraus (BGH NJW 2000, 3571, 3572 – *OEM Vertrieb*) voraus. Open Source-Software ist aber ebensolche Software wir proprietäre Software. Ein technischer Unterschied besteht hier nicht. Man sieht einem einmal als Open Source Software vertriebenem Computerprogramm nicht äußerlich an, ob es solches ist oder nicht. Damit unterscheidet sich der Fall nicht vom Fall OEM-Vertrieb. Ausdrücklich heißt es in der erwähnten Entscheidung: „Könnte der Rechteinhaber [...] den weiteren Vertrieb [...] von Bedingungen abhängig machen, so wäre dadurch der freie Warenverkehr in unerträglicher Weise behindert" (BGH NJW 2000, 3571, 3572 – *OEM Vertrieb*) Zusammenfassend kann damit festgehalten werden, dass die vertragliche Verpflichtung gegenüber den Urhebern von GPL-Computerprogrammen, jedenfalls diejenige, die die Lizenznehmer dazu verpflichtet, keine Lizenzgebühren zu nehmen, wohl auch diejenige, ihrerseits des Quell-Code offenzulegen und weitergehende Anforderungen an das Angebot ihrer eigenen Computerprogramme zu erfüllen, eine Wettbewerbsbeschränkung nach Art. 81 EGV bzw. § 1 GWB darstellt. Zwar ist den Befürwortern der Zulässigkeit dieser Regel (Wandtke/Bullinger/*Grützmacher* § 69c Rn. 62) zuzugestehen, dass § 32 Abs. 3 Satz 3 nunmehr ausdrücklich die vergütungsfreie Einräumung von Nutzungsrechten als Ausnahmefall gestattet; dies sagt aber über die kartellrechtliche Zulässigkeit derartige Drittbindungen nichts (a.A. *Jaeger/Metzger* GRUR Int 1999, 839).

c) **Rechtsfolge der Kartellrechtswidrigkeit:** Rechtsfolge dieser Kartellrechts- **30** widrigkeit ist eine **Teilnichtigkeit** des Lizenzvertrages, deren Folge nach § 139 BGB zu bewerten ist. Würde diese Teilnichtigkeit einzelner Klauseln der GPL zur gesamten Nichtigkeit führen, könnten Computerprogrammierer, die ihre Computerprogramme lizenzieren müssen, damit sie überhaupt am Geschäftsleben teilnehmen, keine Lizenzen mehr einräumen. § 139 BGB kann nicht dazu führen, dass bei den vorliegenden Verstößen die Lizenz der Lizenznehmer nichtig ist und damit sowohl nach § 139 BGB als auch nach den Regelungen der GPL die Beklagte sich durch die bloße bestimmungsgemäße Nutzung der streitgegenständlichen Computerprogramme dem Vorwurf einer Urheberrechtsverletzung ausgesetzt sehen. In der Rechtsprechung des BGH ist es anerkannt, dass die Rechtsfolgen des § 139 BGB einer Korrektur durch den Einwand der Arglist ausgesetzt sein können. Das gilt insbesondere für Fälle, in denen es kartellrechtlich als höchst bedenklich erscheinen würde, den Vertrag aufgrund der Kartellrechtswidrigkeit einer Klausel für gesamtnichtig zu erklären: *„Der Senat hat allerdings ausnahmsweise den Einwand der Arglist durchgreifen lassen, wenn eine Partei aus der kartellrechtlich begründeten Nichtigkeit einer Vertragsklausel über § 139 BGB die Unwirksamkeit weitere Vertragsbestimmungen herleiten wollte."* (BGH GRUR 1991, 558, 559 – *Kaschierte Hartschaumplatten).*

In der konkreten Konstellation des vorerwähnten Falles *Kaschierte Hart-* **31** *schaumplatten* ging es darum, dass eine aus kartellrechtlichen Gründen nichtige Vertragsklausel zu Lasten der Partei ging, die sich darauf berief und die durch die Nichtigkeit dieser Klausel (gleich Teilnichtigkeit des Vertrages) besser gestellt wurde (BGH GRUR 1991, 558, 559 – *Kaschierte Hartschaumplatten):* „Diese Partei sollte nicht noch zusätzlichen Vorteil dadurch erlangen können, dass sie aus der Teilnichtigkeit über § 139 BGB die Unwirksamkeit weiterer, an sich unbedenklicher Vertragsbestimmungen herleitet." (BGH a.a.O.). Daraus lässt sich der allgemeine Rechtssatz herleiten, dass eine kartellrechtliche Nichtigkeit nicht zu einer Gesamtnichtigkeit gem. § 139 BGB führen darf, wenn dies den Regelungszweck des Kartellrechtes widerspricht. Im Fall der GPL würde aber eine Gesamtnichtigkeit des Vertrages zu einem Ergebnis führen, das kartellrechtliche Wertungen vollständig konterkarieren würde: Wenn die – kartellrechtswidrige – Preisbindung und (ggfs. auch) Konditionenbindung zu einer Unwirksamkeit der Nutzungsrechtseinräumung insgesamt führt, wäre die kartellrechtswidrige Verabredung von Preisbindungen und Konditionenbindungen für den jeweiligen Lizenzgeber völlig risikolos. Er könnte – wenn ein Lizenznehmer auf die kartellrechtliche Unzulässigkeit der Preis- und Konditionenbindung pocht – stets den Lizenznehmer mit einer Urheberrechtsverletzung drohen. Die Folge wäre, dass der Kartellrechtsverstoß unsanktioniert bliebe, weil ansonsten der Lizenznehmer einen Urheberrechtsverstoß riskieren würde.

32 Mit anderen Worten: Die Gesamtnichtigkeit nach § 139 BGB hebelt im vorliegenden Fall vollständig die kartellrechtlich gewollte Sanktion aus. Es läuft aber gerade den Regelungszwecken des Kartellrechts krass zuwider, den Vertragsbeteiligten das Nichtigkeitsrisiko zu nehmen (Loewenheim/Meessen/Riesenkampff/*Jan Bernd Nordemann* § 1 GWB Rn. 252; v.a. Emmerich ZHR 139 (1975), 501, 513; *Pfeiffer* FS Benisch S. 313, 320). Da dem Lizenzgeber jedes Nichtigkeitsrisiko genommen würde, sich sogar das Nichtigkeitsrisiko allein auf die Lizenznehmerin verlagern würde, ist mithin die Anwendung des § 139 BGB kartellrechtlich zu korrigieren. Nur die kartellrechtlich unzulässige Preisbindung und ggfs. die kartellrechtlich unzulässige Konditionenbindung sind unwirksam; der Rest des Vertrages muss wirksam bleiben (so auch *Grützmacher* in Anm. zu LG Frankfurt CR 2006, 733, 735 f.).

4.   Verpflichtungen der Verwender der GPL

33 a) **Wortlaut Ziff. 4 GPLv3:** Ziff. 4–6 GPLv3 enthalten die Verpflichtungen des Lizenznehmers. Je nach Art der Weitergabe wird unterschieden:
Bei **Weitergabe reiner Kopien** (ohne Veränderungen):

"(1) publish on each copy an appropriate copyright notice;

(2) keep intact all notices stating that this License and any non-permissive terms added in accord with section 7 apply to the code;

(3) keep intact all notices of the absence of any warranty;

(4) give all recipients a copy of this License along with the Program."
b) Im Falle von Veränderungen am Quellcode: Ziff. 5 GPLv3
"(1) The work must carry prominent notices stating that you modified it, and giving a relevant date.

(2) The work must carry prominent notices stating that it is released under this License and any conditions added under section 7. This requirement modifies the requirement in section 4 to "keep intact all notices".

(3) You must license the entire work, as a whole, under this License to anyone who comes into possession of a copy. This License will therefore apply, along with any applicable section 7 additional terms, to the whole of the work, and all its parts, regardless of how they are packaged. This License gives no permission to license the work in any other way, but it does not invalidate such permission if you have separately received it.

(4) If the work has interactive user interfaces, each must display Appropriate Legal Notices; however, if the Program has interactive interfaces that do not display Appropriate Legal Notices, your work need not make them do so. "

Bei **Weitergabe nicht in Quellcode-Form:** Ziff. 6 GPLv3; es gelten zunächst die Anforderungen aus Ziff. 4 und 5 und zusätzlich:

"[...] convey the machine-readable Corresponding Source under the terms of this License, in one of these ways:

a) Convey the object code in, or embodied in, a physical product (including a physical distribution medium), accompanied by the Corresponding Source fixed on a durable physical medium customarily used for software interchange.

b) Convey the object code in, or embodied in, a physical product (including a physical distribution medium), accompanied by a written offer, valid for at least three years and valid for as long as you offer spare parts or customer support for that product model, to give anyone who possesses the object code either (1) a copy of the Corresponding Source for all the software in the product that is covered by this License, on a durable physical medium customarily used for software interchange, for a price no more than your reasonable cost of physically performing this conveying of source, or (2) access to copy the Corresponding Source from a network server at no charge.

c) Convey individual copies of the object code with a copy of the written offer to provide the Corresponding Source. This alternative is allowed only occasionally and noncommercially, and only if you received the object code with such an offer, in accord with subsection 6b.

d) Convey the object code by offering access from a designated place (gratis or for a charge), and offer equivalent access to the Corresponding Source in the same way through the same place at no further charge. You need not require recipients to copy the Corresponding Source along with the object code. If the place to copy the object code is a network server, the Corresponding Source may be on a different server (operated by you or a third party) that supports equivalent copying facilities, provided you maintain clear directions next to the object code saying where to find the Corresponding Source. Regardless of what server hosts the Corresponding Source, you remain obligated to ensure that it is available for as long as needed to satisfy these requirements.

e) Convey the object code using peer-to-peer transmission, provided you inform other peers where the object code and Corresponding Source of the work are being offered to the general public at no charge under subsection 6d. "

b) Anforderungen: Zu den **Anforderungen** für den wichtigsten und praktisch 34 häufigsten Fall der Ziff. 5 (also im Falle von Veränderungen am Quellcode) im Einzelnen: Unseres Erachtens reicht es aus, den betroffenen Source Code auf einer eigenen Website zu veröffentlichen und auf diese entsprechend Ziff. 5 GPLv3 hinzuweisen. Dies ist wohl auch deshalb sinnvoll, weil man ihn dann am besten zu dem jeweils betroffenen Produkt ins Internet stellen kann. Daneben ist daran zu denken, dass neben dem Code selbst auch die Bedingungen der GPL dem Kunden zur Verfügung gestellt werden müssen. Dies geschieht i.d.R. durch einen entsprechenden Produktflyer, der dem Produkt beigegeben wird.

Für die in der Praxis ebenso wichtigen **Embedded-Systeme** gelten die oben 35 dargestellten Möglichkeiten der Ziff. 6 GPLv3, wonach z.B. der maschinenlesbaren Quelltext auf einem für Datenaustausch üblichen Medium (auf dem dann auch der Copyrightvermerk, die GPL selbst und der Haftungsausschluss enthalten sein muss) beigefügt wird. Wie in GPLv2 ist es auch ausreichend, wenn der Vertreiber ein mindestens drei Jahre gültiges schriftliches Angebot in den mitgelieferten Papieren abgibt, jedem Dritten eine vollständige maschinenlesbare Kopie des Quelltextes auf einem für Datenaustausch üblichen Medium zur Verfügung zu stellen. Als Kosten dürfen hierbei nicht mehr als die für den physikalischen Kopiervorgang anfallenden Kosten für diesen Datenträger verlangt werden.

c) Umgehung technischer Schutzmaßnahmen: Eine weitergehende Verpflich- 36 tung ist erst durch GPLv3 aufgenommen worden: Nach Ziff. 3 GPLv3 ist demjenigen, der ein „covered work" weitergibt untersagt, die **Umgehung**

technischer Schutzmaßnahmen zu verbieten, insoweit diese Umgehung durch die Ausübung der von dieser Lizenz gewährten Rechte in Bezug auf das „covered work" herbeigeführt wird. Der Text geht sogar noch weiter und verpflichtet den Nutzer *„to disclaim any intention to limit operation or modification of the work as a means of enforcing, against the work's users, your or third parties' legal rights to forbid circumvention of technological measures"*. Dabei geht es der GPL – aus ihrer Sicht völlig verständlich – darum, dass Nutzer nicht etwa durch die Einführung technischer Schutzmaßnahmen (dazu siehe §§ 95a ff. und für Computerprogramme siehe § 69f), die "Freiheiten" der GPL umgehen. Dieses Verbot ist seinem Wortlaut und Sinn nach nur auf das "covered work" bezogen. Es gelten also alle (vgl. Rn. 12 ff.) oben dargestellten Schwierigkeiten der Abgrenzung von "infizierter" und "nicht-infizierter" Software. Allerdings dürfte die Klausel aus anderen Gründen erheblichen Bedenken unterliegen, denn der Sache nach handelt es sich nahezu um einen Vertrag zu Lasten Dritter: Welche Bedeutung die Handlung eines Vertragspartners des GPL-Verwenders zukommt, entzieht sich der Regelbarkeit in dem ursprünglichen Lizenzvertrag. Soweit Ziff. 3 Absatz 1 GPLv3 die Fiktion enthält, dass "no covered work shall be deemed part of an effective technological measure under any applicable law fulfilling obligations under article 11 of the WIPO copyright treaty adopted on 20 December 1996, or similar laws prohibiting or restricting circumvention of such measures" dürfte eine derartige "Regelung" der Tatbestandsvoraussetzungen z.B. des § 95a in einem Vertrag keine Wirkung für den auslegenden Richter entfalten.

8. Folgen eines Verstosses gegen Lizenz

37 **a) Vertragsauflösung:** Die Regelung, dass eine Lizenz endet, wenn man gegen einen Lizenzvertrag verstößt (Ziff. 2 GPLv3 „[...] provided the stated conditions are met"), ist aus dem US-amerikanischen Recht bekannt. Wie diese Regelung dogmatisch nach deutschem Verständnis einzuordnen ist, ist noch nicht abschließend geklärt. Denkbar wäre es, sie als echte Bedingungen i.S.d. § 158 Abs. 2 BGB anzusehen (so *Metzger/Jaeger* GRUR Int. 1999, 839, 843 f.; *Grzeszick* MMR 2000, 412, 415; *Sester* CR 2000, 797; *Osmels* FS *Hertin* 141, 156) oder aber als Aufspaltung einer eigenen Nutzungsart i.S.d. §§ 31 ff. (*Koch* CR 2000, 333, 334 ff.; offenlassend (Wandtke/Bullinger/*Grützmacher*[2] § 69c Rn. 66). Für letzteres spricht nicht nur die kartellrechtliche Betrachtung (so Wandtke/Bullinger/*Grützmacher*[2] § 69c Rn. 62; dazu vgl. Rn. 29), sondern vielmehr wohl auch der Ansatz der Open Source Community selbst. Sie wollen sich als wirtschaftlich eigenständige Art der Softwarenutzung sehen. Dann sollte man ihnen dies auch unter dem Blickwinkel der Nutzungsart nicht versagen. Wir haben gleichwohl Bedenken, da eine solche **Bedingungslösung** der Umgehung der Vorgaben des BGI Is zum Zuschnitt von Nutzungsarten führen kann (a.A. LG München I CR 2004, 774, das aus § 31 UrhG n.F. nicht herleiten wil, dass auflösend bedingte Rechteübertragungen von urheberrechtlichen Nutzungsrechten grds. ausgeschlossen sind; wiederholend: LG München I CR 2008, 57 f. – *VoIP-Telefon*). Zu Recht stellt das LG München I auf den tragenden Grundsatz des BGH zur Erschöpfungswirkung ab, nämlich die Verkehrsfähigkeit (LG München I CR 2004, 774; LG München I CR 2008, 57 f. – *VoIP-Telefon*). U.E. ist diese aber gerade gefährdet, denn allein das bloße Risiko einer GPL-„Infizierung" proprietärer Programme veranlasst viele Unternehmen, von jeglicher Benutzung von Programmen unter der GPL Abstand zu nehmen. Zur Frage, ob Ziff.4 gegen §§ 305c und 307 BGB verstößt und welche Rechtsfolgen dies hat siehe ausführlich LG München I CR 2004, 774 und Wandtke/Bullinger/*Grützmacher*[2] § 69c Rn. 65).

b) Bündelung der Rechte in Treuhand: Bei Vorliegen eines Verstosses gegen die **38** „Bedingungen", kann der Berechtigte nach der Konstruktion der GPL gegen den Verletzer vorgehen. Allein, i.d.R. wird es nicht einen einzigen Programmierer geben, der Urheber des GPL-Programmes ist. Dies hat die Open Source Gemeinde vorausgesehen und daher einen **Treuhandvertrag** eingeführt (IT-Report ITRB 2003, 69). Mit diesem Treuhandvertrag sollen verschiedenen Programmierer von Open Source Software ihre Rechte bündeln, damit ein einzelnen dann gegen Verletzer vorgehen kann.

Wir haben Zweifel, ob dieser Treuhandvertrag alle Konstellationen hinrei- **39** chend bedenkt. Was ist, wenn Programmierer vor Abschluss dieses Vertrages Rechte an Dritte eingeräumt haben, u.a. möglicherweise den nunmehrigen Lizenznehmer einer GPL-Lizenz. Erstens kann der Treuhandverwalter mit dem Treuhandvertrag nicht wirklich ausschließliche Rechte erworben haben, zweitens könnte der jetzige Lizenznehmer bereits im Besitz von Rechten sein. Zudem haben wir erhebliche Zweifel, ob das System der GPL, das nach der Präambel der GPL die Freiheit des einzelnen Programmierers sichern soll, überhaupt mit einem solchen Lizenzvertrag in Einklang zu bringen ist. Denn mit einem solchen treuhänderischen Lizenzvertrag können die eigentlichen vermeintlichen Programmierer selbst überhaupt keine Rechte über die GPL mehr an Dritte einräumen, da sie ja selbst bereits dem Treuhandverwalter die ausschließlichen Rechte eingeräumt haben. (zu diesem Gedanken auch *Grützmacher* in Anm. zu LG Frankfurt CR 2006, 733).

Diese Situation offenbart im Übrigen ein besonderes **Dilemma** der Open Source **40** Lizenzen. Diese sind werk- und nicht nutzungsgebunden. Hat der Urheber sich einmal entschieden, sein Werk unter eine Open Source Lizenz in die Welt zu entlassen, ist er hieran mehr oder weniger ewig gebunden. Er kann sich später kaum noch umentscheiden, da die einmal eingeräumten Rechte natürlich Sukzessionsschutz genießen. Dies ist auch eines der Hauptargumente, warum wir Bedenken gegen die Creative Commons Lizenz haben, denn diese dürfte insbesondere bei herkömmlichen Werkarten auf Verwertungsgesellschaften und deren Wahrnehmungsverträge treffen und damit einige Probleme verursachen, da der Urheber, der bereits eine Creative Commons Lizenz eingeräumt hat, später kaum noch einen Wahrnehmungsvertrag wird schließen können (eine Lösung dieses Dilemmas scheint die GEMA derzeit zumindest partiell zu suchen: Die GEMA hat mit dem Musiknetzwerk Open Music Source (OMS) eine Vereinbarung geschlossen, Werke trotz eines kostenlosen Angebots im Internet bei der GEMA anzumelden (CRaktuell 2007, R90).

c) Rechtedurchsetzung: Für die **Rechtedurchsetzung** ist zu beachten, dass dann **41** – wenn es sich um miturheberschaftlich geschaffenen Code handelt (zur Frage der Abgrenzung der verschiedenen Formen gemeinschaftlicher Entwicklung von Code vgl. § 69a Rn. 39) – die Privilegierung des § 8 Abs. 2 (dazu LG München I CR 2004, 774, 775 – *Wirksamkeit einer GPL-Lizenz*) nicht mehr gilt (LG Frankfurt a.M. CR 2006, 729, vertrat die Auffassung im dort entschiedenen Fall läge keine Miturheberschaft vor: zu Recht kritisch daher *Grützmacher* in Anm. zu LG Frankfurt CR 2006, 733), denn während für die Geltendmachung von **Unterlassungsansprüchen** durch einzelne Miturheber anerkannt ist, dass jeder einzelne Miturheber aktivlegitimiert über § 8 Abs. 2 S. 3 UrhG ist, gilt dies nicht für die Geltendmachung von Unterlassungsansprüchen aufgrund abgeleiteten Rechts. In diesem Fall muss derjenige, der nicht selbst Miturheber ist, sondern nur abgeleitete Rechte besitzt, sich die Rechte von allen Miturhebern beschaffen, wenn er gegen vermeintliche Rechtsverletzer vorgehen will (OLG Frankfurt MMR 2003, 45, 47 – *IMS Health*; Dreier/Dreier/*Schulze*[2] § 8 Rn. 20). Dies ist auch nachvollziehbar, denn nur die durch die charakteristischen Züge einer urheberrechtlichen Miturhebergemeinschaft verbundenen wirklichen Miturheber sollen in den Genuss der Regelung des § 8 Abs. 2 S. 3 kommen. Eine Erweiterung dieser gesetzlichen Prozessstandschaft auf lediglich Nutzungsberechtigte kennt das Gesetz nicht und würde auch die besonderen Voraussetzungen der Miturhebergemeinschaft negieren.

42 Ob die Privilegierung des § 8 Abs. 2 auch für **Auskunftsansprüche** gilt, ist umstritten (vgl. dazu § 69a Rn. 39; auch vgl. § 8 Rn. 20 ff.). Ob der Urheber bzw. der Treuhandverwalter nach der oben (vgl. Rn. 38) beschriebenen Form überhaupt **Ansprüche auf Schadensersatz**, die sich über etwaige Anwaltskostenerstattungen und Erstattung sonstiger erstattungsfähiger Aufwendungen (LG Frankfurt a.M. CR 2006, 729) hinaus bewegen, geltend machen kann, ist bislang nicht entschieden. Angesichts der klaren eigenen Vorgabe der GPL, keine Lizenzgebühren zu verlangen, scheidet dies u.E. aus (die wenigen internationalen Stimmen, die es zu diesem Thema gibt, schweigen sich hierzu aus; so fordern in den USA anhängige Klagen z.b. vor dem United District Court Southern District of New York i.S. Andersen, Landley vs. Verizon wie selbstverständlich und ohne nähere Ausführungen Schadensersatz, http://www.softwarefreedom.org/news/2007/nov/20/busybox/, abgerufen am 28.02.2008).

§ 69d Ausnahmen von den zustimmungsbedürftigen Handlungen

(1) Soweit keine besonderen vertraglichen Bestimmungen vorliegen, bedürfen die in § 69c Nr. 1 und 2 genannten Handlungen nicht der Zustimmung des Rechtsinhabers, wenn sie für eine bestimmungsgemäße Benutzung des Computerprogramms einschließlich der Fehlerberichtigung durch jeden zur Verwendung eines Vervielfältigungsstücks des Programms Berechtigten notwendig sind.

(2) Die Erstellung einer Sicherungskopie durch eine Person, die zur Benutzung des Programms berechtigt ist, darf nicht vertraglich untersagt werden, wenn sie für die Sicherung künftiger Benutzung erforderlich ist.

(3) Der zur Verwendung eines Vervielfältigungsstücks eines Programms Berechtigte kann ohne Zustimmung des Rechtsinhabers das Funktionieren dieses Programms beobachten, untersuchen oder testen, um die einem Programmelement zugrundeliegenden Ideen und Grundsätze zu ermitteln, wenn dies durch Handlungen zum Laden, Anzeigen, Ablaufen, Übertragen oder Speichern des Programms geschieht, zu denen er berechtigt ist.

Übersicht

I. Allgemeines

1. Sinn und Zweck, Rechtsnatur

Die Vorschrift stellt eine Ausnahmeregelung zu § 69c dar und gestattet be- **1** stimmten Nutzern eines Computerprogramms, es bestimmungsgemäß zu benutzen, notwendige Fehlerberichtigungen vorzunehmen, Sicherungskopien anzufertigen und das Funktionieren des Programms zu beobachten, zu untersuchen und zu testen, um die ihm zugrundeliegenden Ideen und Grundsätze zu ermitteln.

Die Vorschrift stellt *keinen* gesetzlich normierten Verzicht auf Unterlassungs- **2** ansprüche dar (so aber *Zahrnt* NJW 1996, 1798, 1799).

Der Rechtsinhaber kann aber auch mit dem Anwender spezielle Vereinbarun- **3** gen treffen, § 69d Abs. 1. Der Gesetzgeber will diesen vorrangigen Vereinbarungen dieselbe Rechtsqualität wie denjenigen Vereinbarungen einräumen, die allgemein gelten. Nach der –vom Gesetz zugegebenermaßen nicht zu Ende gedachten – Konstruktion müsste der Rechtsinhaber auf dem Aufkleber des Datenträgers, auf dem das Softwareprodukt gespeichert ist, die speziellen Vereinbarungen vorgeben. In diesem Umfang verzichtet er nicht auf seinen urheberrechtlichen Unterlassungsanspruch, sondern gibt bestimmten Nutzern eines Computerprogramms gewisse **Mindestrechte als Konkretisierung der Zweckübertragungsbestimmung** des § 31 Abs. 5 (zutr. OLG Karlsruhe NJW 1996, 2583, 2584 – *Dongle-Abfrage;* LG Düsseldorf CR 1996, 737, 738 – *Dongle-Umgehung; Lehmann* NJW 1993, 1822, 1825; Mestmäcker/Schulze/ *Haberstumpf* Rn. 5; in diese Richtung wohl auch Loewenheim/*Lehmann* § 76 Rn. 17).

Der BGH spricht von einem *„zwingenden Kern der Verwendungshandlungen,* **4** *die für eine vertragsgemäße Verwendung des Programms unerlässlich sind"* (BGH GRUR 2003, 416, 419 – *CPU-Klausel*). Sie ist **keine** klassische Schrankenregelung (so aber Möhring/Nicolini/*Hoeren*[2] § 69d Rn. 3 und wohl auch Schricker/*Loewenheim*[3] Rn. 1: primär Schrankenbestimmung), nicht zuletzt, weil sie nicht alle Dritte privilegiert, die den Sachverhalt erfüllen, sondern nur die, die zur Verwendung des Computerprogramms berechtigt sind (Dreier/ Schulze/*Dreier*[2] Rn.2: Mischform zwischen gesetzlicher Lizenz und vertraglicher Auslegungsvorschrift; Wandtke/Bullinger/*Grützmacher*[2] Rn. 3: implied licence). Da der Rechteinhaber damit in gewisser Weise selber in der Hand hat, wer in den Genuss des § 69d kommt, spricht wohl in der Tat einiges dafür, die

Vorschrift am Rande einer gesetzlich normierten Rechteinräumung mit Bezügen zu Schrankenregelungen zu sehen.

2. EU-Recht

5 Die Vorschrift entspricht weitgehend **Art. 5 Software-RL** (zur Entstehungsgeschichte *Lehmann* FS Schricker S. 543, 549 ff.; im Übrigen s. Bemerkungen bei jeweiligem Tatbestandsmerkmal).

II. Tatbestand

1. Anwendbarkeit

6 Keiner Erläuterung bedarf es, dass die Vorschrift nur auf Computerprogramme anwendbar ist (zu deren Anwendungsbereich vgl. § 69a Rn. 5 ff.). Wenn man mit der hier vertretenen Auffassung **Computer- und Videospiele** (nicht die sie steuernde Software) nicht unter §§ 69a ff. subsumiert (vgl. § 69a Rn. 9 ff.), gilt natürlich auch § 69d nicht, mit der weiteren Folge, dass z.b. Kopierschutzmechanismen nach § 95a ff. Sicherungskopien verhindern können.

7 Die Vorschrift ist nur auf solche **Personen** anwendbar, die **zur Verwendung des Computerprogramms berechtigt** sind (dazu im Detail vgl. Rn. 10 ff.). Sie betrifft aber nur das Vervielfältigung- und Umarbeitungsrecht, nicht etwa auch das Verbreitungsrecht, wie sich aus dem Bezug lediglich zu § 69c Nr. 1 und 2 ergibt. Sie ist ferner nur auf solche Verträge anwendbar, an denen ein Benutzer überhaupt beteiligt ist. Auch wenn der **Begriff des zur Verwendung Berechtigten** dem Urheberrechtsgesetz sonst fremd ist, wird man hierunter denjenigen Nutzer i.S.d § 11 bzw. hier des § 69c zu verstehen haben, der gewissermaßen als End"verbraucher" den tatsächlichen Werkgenuss hat, der also das Computerprogramm zum Ablaufenlassen einsetzt. Damit scheidet die Anwendung des § 69d auf **Vertriebsverträge** oder auch nur **Lizenzverträge** auf verschiedenen Vertriebsstufen sowie **Entwicklungsverträge** aus.

8 Die **Übergangsvorschrift** für vor dem 24.06.1993 geschaffene Programme findet sich in § 137d (zu Details vgl. § 137d).

2. Vervielfältigung und Bearbeitung bei bestimmungsgemäßer Benutzung

9 Für die Praxis kommt es bei § 69d weniger auf die dogmatische Einordnung der Vorschrift an (vgl. Rn. 1). Die entscheidende Frage des § 69d für die Praxis ist, ob der Erwerber eines Computerprogramms neben dem Erwerbsvorgang noch einen weiteren **Vertrag zur Einräumung von Nutzungsrechten** an dem Computerprogramm abschließen muss. Von der Beantwortung dieser Frage hängt für Softwarehersteller ab, wie sie ihren Vertrieb organisieren (dazu ausführlich *Schneider*[3] J Rn. 3 ff.). Einfach zu beantworten ist diese Frage nur beim Erwerb von Standardsoftware durch einen Einzelplatznutzer. Letzterer benötigt keine weitergehenden Nutzungsrechte (Dreier/Schulze/*Dreier*[2] Rn. 2; OLG Frankfurt NJW-RR 1997, 494). Wie bestimmt man jedoch, ob jemand sich als Einzelplatznutzer sieht? Und was ist mit Nutzern, die erklärtermaßen weitergehende Nutzungen wünschen? Hierzu siehe die folgenden Ausführungen. Nicht geregelt wird durch den klaren Wortlaut des § 69d, ob der Betroffene das Programm auch **verbreiten** oder gar **öffentlich zugänglich** machen darf (Dreier/Schulze/*Dreier*[2] Rn. 10; Schricker/*Loewenheim*[3] Rn.3;

a.A. Wandtke/Bullinger/*Grützmacher*[2] Rn. 12); hierzu benötigt er in jedem Fall die explizite Zustimmung des Rechteinhabers, sofern diese nicht wegen der Erschöpfungswirkung (dazu ausführlich vgl. § 69c Rn. 31) entbehrlich ist. Zur Dekompilierung vgl. Rn. 20.

a) **Zur Verwendung eines Vervielfältigungsstücks Berechtigter: Zur Verwen-** **10** **dung berechtigt** ist nach Art.5 Abs. 1 Software-RL der *„rechtmäßige Erwerber"*. Das ist unglücklich formuliert, denn es stellt zu sehr auf eine etwaige schuldrechtliche Berechtigung ab und könnte z.b. auch den gutgläubigen Erwerber einer veruntreuten Masterkopie privilegieren. Entscheidend ist, dass es eine **geschlossene Kette von Berechtigungen** hin zum originären Rechtsinhaber gibt. Damit wird gewissermaßen der Rechtsübertragungsgedanke übertragen, ohne dass es zwingend eine Übertragung von Nutzungsrechten geben muss. So ist jedenfalls berechtigt, wer ausdrückliche Nutzungsrechte vom Rechtsinhaber erworben hat. Aber auch der Käufer eines Datenträgers mit einem Computerprogramm, das – nach Erschöpfung – rechtmäßig im Verkehr zirkuliert, ist Berechtigter. Es ist nicht erforderlich, dass der Veräußerer Nutzungsrechte besaß.

b) **Benutzungsarten eines Computerprogramms:** Gem. Abs. 1 erhält der be- **11** rechtigte Benutzer eines Computerprogramms nicht nur das Recht, dieses dauerhaft oder vorübergehend zu vervielfältigen, sondern auch, es zu übersetzen, zu bearbeiten, zu arrangieren oder anders umzuarbeiten, sofern dies zur bestimmungsgemäßen Benutzung des Computerprogramms einschließlich der Fehlerberichtigung notwendig ist. Dies bedeutet zunächst, dass alle Vervielfältigungshandlungen, die im Rahmen einer „normalen" Benutzung des Computerprogramms anfallen, von dem Nutzungsrecht des Programmbenutzers erfasst werden.

Was bestimmungsgemäß ist, kann nur im Rahmen einer **umfassenden Interes-** **12** **senabwägung** festgestellt werden (grundsätzlich für weite Auslegung, da Herstellerinteressen schon durch die Beweislast zu Lasten des Anwenders berücksichtigt würden: *Günther* CR 1994, 321, 327). Hier zeigt sich, dass § 69d und § 31 Abs. 5 untrennbar verknüpft sind. Der Zweck der Softwareüberlassung entscheidet über den Umfang der Bestimmung. Dabei kommt es nur auf den Zweck an, den der ursprüngliche (eigentliche) Rechteinhaber, in der Regel also der Hersteller (nicht der Urheber, vgl. Vor §§ 69a ff. Rn. 9), vorgegeben hat. Er kann sich aber nicht über die Grenzen der §§ 31 ff. hinwegsetzen (dazu im Detail vgl. § 69c Rn. 46 ff., 50 ff.). Dennoch geht die bestimmungsgemäße Benutzung **über** die **dinglich wirkenden Nutzungsarten** hinaus; sie erfasst auch schuldrechtliche Einschränkungen, die im allgemeinen Urhebervertragsrecht nicht weiterwirken würden (so auch Wandtke/Bullinger/*Grützmacher*[2] Rn. 6). Wie weit diese Aufspaltbarkeit geht, hat die Rechtsprechung noch nicht entschieden. Als Abgrenzungskriterien werden die **wirtschaftlichen Partizipationsinteressen** des Herstellers (*Lehmann* FS Schricker S. 543, 560, 569) ebenso vorgeschlagen wie die **Funktionsgerichtetheit** der Handlungen (*Marly*, Urheberrechtsschutz, S. 227) oder alle Umstände rund um den Überlassungszweck (Dreier/Schulze/*Dreier*[2] Rn. 7; Wandtke/Bullinger/*Grützmacher*[2] Rn. 7). Jenseits der von der Rechtsprechung sehr streng gehandhabten Erschöpfung (vgl. § 69c Rn. 31 ff.) scheinen uns denkbar, **alle technisch abgrenzbaren Aufspaltungen** ausreichen zu lassen (auch wirtschaftliche Abgrenzung notwendig: Dreier/Schulze/*Dreier*[2] Rn. 7 unter Verweis auf OLG Düsseldorf CR 1997, 337, 338, das allerdings nur die wirtschaftlichen Interessen hinter einer Entfernung eines Dongle-Schutzes sowie dem Wunsch der Verhinderung dieses Vorgangs erwähnt, denn Computerprogramme sind anders als andere Werkarten stärker technisch geprägt und damit sind die Nutzungsarten auch trennschärfer erkennbar (zu dieser allgemeinen Entwicklung bei technisch geprägten Nutzungen, insbesondere auch bei § 95b *Czychowski* in Büllesbach/Büchner, IT doesn't matter?!, 2006, S. 131 ff.). Dennoch gibt es Grenzen für die Bestimmung der bestimmungsgemäßen Benutzung, sei diese vertraglich bestimmt, sei diese durch die Umstände des Rechtsgeschäfts über den Erwerb bestimmt. Dies ist der sog. abredefeste Kern des § 69d Abs. 1 Hierzu vgl. Rn. 27.

13 c) **Beispiele zur Bestimmung der bestimmungsgemäßen Benutzung:** Im Einzelnen folgende **Beispiele zur Bestimmung der bestimmungsgemäßen** Benutzung: Soweit eine Standardsoftware im Wege des Kaufs veräußert wird, ist grundsätzlich vom **Einzelplatzbetrieb** auszugehen. Alle für die Benutzung erforderlichen Handlungen (Laden, Anzeigen, Ablaufenlassen, Übertragen oder Speichern im Arbeitsspeicher) sind damit gestattet. Natürlich gehört dann angesichts der Erschöpfung (vgl. § 69c Rn. 31 ff.) auch die Löschung und Neuinstallation auf einem anderen Rechner dazu. Die parallele Installation auf einem zweiten Rechner, etwa Laptop, auch bei Nutzung durch eine andere Person hingegen entspricht nicht der Bestimmung des Rechteinhabers, ist daher von § 69d nicht gedeckt (Wandtke/Bullinger/*Grützmacher*[2] Rn. 9; a.A. Hoeren/*Schumacher* CR 2000, 137, 139; Mestmäcker/Schulze/*Haberstumpf* Rn. 7).

14 Bei Programmen, die extra für den **Netzwerkbetrieb** geschaffen wurden (z.B. ehemals Windows for Workgroups) oder bei denen sich sonst aus den Umständen der Überlassung vom originären Rechtsinhaber ergibt, dass ein Netzwerkbetrieb die Bestimmung war, kann auch dieser zur bestimmungsgemäßen Benutzung gehören (Hoeren/*Schumacher* CR 2000, 137, 139; Mestmäcker/Schulze/*Haberstumpf* Rn. 7; Wandtke/Bullinger/*Grützmacher*[2] Rn. 10; *Marly*, Softwareüberlassungsverträge, Rn. 1141 ff.).

15 Zum **ASP-Betrieb** *Broecker*/*Czychowski* MMR 2002, 81. Die Nutzung einer Software im ASP-Betriebs bedarf sicherlich der ausdrücklichen Erlaubnis bzw. der entsprechenden Zweckbestimmung (so auch Dreier/Schulze/*Dreier*[2] Rn. 8; Wandtke/Bullinger/*Grützmacher*[2] Rn. 1), denn ASP ist eine eigenständige Nutzungsart (*Broecker*/*Czychowski* MMR 2002, 81, 82 f.). Das Ablaufenlassen kann dann im Einzelfall je nach ASP-Art urheberrechtsneutral sein (*Broecker*/*Czychowski* MMR 2002, 81, 82 f.), so dass die weitergehende Frage nach der bestimmungsgemäßen Benutzung sich nur bei solchen ASP-Formen stellt, die urheberrechtlich relevante Nutzungshandlungen beim Endnutzer überhaupt kennen. Wieviele dieser Nutzer dann bestimmungsgemäß nutzen und in welchem Umfang dürfte sich nur aus den Umständen des Einzelfalls bzw. den vertragliche Absprachen ergeben.

16 Ob **field-of-use Beschränkungen**, wie z.B. ein Einsatz nur zu wissenschaftlichen Zwecken (vgl. § 69c Rn. 54), sich als bestimmungsgemäße Nutzungsbeschränkung darstellen, ist offen (eher ablehnend: Wandtke/Bullinger/*Grützmacher*[2] Rn. 15; befürwortend: *Lehmann* FS Schricker S. 543, 560, 568). Es spricht viel für deren Zulässigkeit auch im Rahmen des § 69d, da – wie wir sogleich zeigen (vgl. Rn. 27) – der abredefeste Kern des § 69d enger ist als der Zuschnitt einer Nutzungsart.

17 Alle anderen **Sondernutzungen** können sich zwar aus den Umständen der Überlassung vom originären Rechtsinhaber ergeben, bedürfen aber einer genauen Prüfung im Einzelfall. Eine Lücke scheint es aber zu geben: Es scheint denkbar, dass man z.b. die bestimmungsgemäße Verwendung eines Computerprogramms auf eine Schulnutzung beschränkt, die Erschöpfung damit zwar nicht verhindert, aber die folgende Nutzung (sprich: Vervielfältigungen) dann nicht mehr als bestimmungsgemäß erlaubt sind. Wo die Grenze derartig zulässiger Verwendungsbestimmungen und unzulässiger Nutzungsartzuschnitte sowie dem Verhältnis der Erschöpfung hierzu liegt, ist aber derzeit völlig offen.

d) **Notwendigkeit:** Neben den Vervielfältigungen sind auch **Übersetzungen,** **18** **Bearbeitungen, Arrange**ments und andere Umarbeitungen einschl. der Fehlerbeseitigung zulässig, sofern sie im Rahmen der bestimmungsgemäßen Benutzung notwendig sind. Der Begriff der **Notwendigkeit** ist restriktiv auszulegen (so auch Dreier/Schulze/*Dreier*[2] Rn. 11 unter Berufung auf OLG München CR 1996, 11, 17; Wandtke/Bullinger/*Grützmacher*[2] Rn. 23), weil es sich bei Abs. 1 um eine Ausnahmebestimmung handelt; lediglich nützliche Programmänderungen und -verbesserungen wie z. B. Funktionserweiterungen oder -erleichterungen sind deshalb von Abs. 1 nicht gedeckt (Schricker/*Loewenheim*[2] Rn. 11 m.w.N.; a.A. offenbar *Günther* CR 1994, 321, 325 f. u. 328). Auch außerhalb der reinen Fehlerbeseitigung können **Bearbeitungen,** Übersetzungen und andere Umgestaltungen i.S.v. § 69c Nr. 2 **notwendig** sein, z. B. die Anpassung eines Computerprogramms an eine Mehrwertsteuererhöhung, an die Währungsumstellung von der DM auf den EURO oder die Datumsumstellung zum Jahr 2000. Im Rahmen der für die Notwendigkeitsprüfung vorzunehmenden Interessenabwägung halten wir auch die Portierung für zulässig im Rahmen von Abs. 1, weil das Interesse des Programmnutzers an einer Weiternutzung seines Computerprogramms und der daran hängenden Datenbestände z. B. für den Fall des Wechsels des Betriebssystems, der meistens im Zusammenhang mit der Anschaffung neuer Hardware steht, eindeutig die Interessen des Rechtsinhabers, solche Umgestaltungen kontrollieren zu können, überwiegt (zweifelnd *Lehmann* NJW 1993, 1822, 1826; *ders.* NJW 1991, 2112, 2115; *Marly,* Softwareüberlassungsverträge, Rn. 1017).

Als **lediglich nützliche Bearbeitung** oder Umgestaltung ist das **Updating,** d.h. **19** die Aktualisierung und Verbesserung eines Computerprogramms, keinesfalls mehr notwendig im Sinne der Vorschrift; insoweit ist es dem Rechtsinhaber vorbehalten, an der Auslieferung jeder neuen Programmversion mitverdienen zu können (*Lehmann* NJW 1991, 2112, 2115). *Dreier* fasst dies alles zu Recht dahingehend zusammen, dass Notwendigkeit nur vorliegt, wenn die bestimmungsgemäße Benutzung nicht durch andere Maßnahmen auf zumutbare Weise ermöglicht werden kann (Dreier/Schulze/*Dreier*[2] Rn. 11).

Nur in ganz besonderen Ausnahmefällen, z.B. bei Vorliegen eines besonders **20** schweren Programmfehlers, ist eine **Dekompilierung** (zum Begriff vgl. § 69e Rn. 2) notwendig und damit zulässig (ebenso: *Günther* CR 1994, 321, 327 f.; *Lehmann* NJW 1993, 1822, 1824; eher zurückhaltend: Schricker/*Loewenheim*[3] Rn. 3; a.A.: zulässig: Dreier/Schulze/*Dreier*[2] Rn. 10; Wandtke/Bullinger/ *Grützmacher*[2] Rn. 12), weil ansonsten der Gefahr, dass die Fehlerberichtigung für eine umfassende Dekompilierung nur vorgeschoben wird, kaum wirksam begegnet werden kann (*Günther* CR 1994, 321, 327 f.; *Raubenheimer* CR 1996, 69, 76).

e) **Fehlerberichtigung:** Gem. Abs. 1 gehört auch die **Fehlerberichtigung** (als **21** Form der Bearbeitung oder anderen Umgestaltung gem. § 69c Nr. 2) zur bestimmungsgemäßen Benutzung. Notwendig ist die Fehlerberichtigung nur dann, wenn das Programm in der vom Urheber intendierten Richtung fortentwickelt wird (zum Fehlerbegriff Dreier/Schulze/*Dreier*² Rn. 9), nicht aber, wenn Veränderungen vorgenommen werden, die die – aus der Sicht des Programmschöpfers definierte – Programmierleistung konterkarieren (OLG Karlsruhe NJW 1996, 2583, 2584 – *Dongle-Abfrage*) oder neue Module hinzufügen (BGH GRUR 2000, 866, 868 – *Programmfehlerbeseitigung*). Dasselbe gilt auch für reine Programmverbesserungen, reine Wartung oder gar Updates. Bewirkt die Fehlerberichtigung, dass ein anderer, aus der Sicht des Programmschöpfers wesentlicher Teil des Programms ausgeschaltet wird, ist sie nicht von Abs. 1 gedeckt.

22 Die Entfernung einer sog. **Dongle-Abfrage**, die dem Schutz des Programms gegen unerlaubte Vervielfältigungen dient, ist deshalb unzulässig, auch wenn das Programm infolge der Dongle-Abfrage nicht voll funktionstüchtig ist (OLG Düsseldorf CR 1997, 337, 339 – *Dongle-Umgehung*, OLG Karlsruhe NJW 1996, 2583, 2584 – *Dongle-Abfrage*, LG Düsseldorf CR 1996, 737, 738 – *Dongle-Umgehung*, *Raubenheimer* CR 1996, 69, 73.; differenzierend OLG Düsseldorf CR 1997, 337, 338 – *Dongle-Umgehung*: grundsätzlich völlige Entfernung der Dongle-Abfrage unzulässig, aber Entfernung eines fehlerhaften Dongles zur Reparatur sowie eine Beseitigung von Mängeln des Abfrageprogramms noch im Rahmen des bestimmungsgemäßen Gebrauchs; LG Mannheim NJW 1995, 3322, 3322 – *Entfernung von Dongle-Schutz*;; gänzlich anders: *König* NJW 1995, 3293, 3294: Beseitigung den Betrieb störender Dongles ist von § 69d gedeckt und kann nur dann nach § 1 UWG a. F. untersagt werden, wenn weitere Umstände jenseits der urheberrechtlichen Tatbestände hinzukommen, die den Vorwurf unlauteren Vorgehens rechtfertigen; differenzierend, je nachdem, ob der Anbieter die Fehlerbeseitigung ablehnt: Schricker/*Loewenheim*² Rn. 10 m.w.N.; Wandtke/Bullinger/*Grützmacher*² Rn. 19 m.w.N.).

3. Sicherungskopie durch zur Benutzung Berechtigten (Abs. 2)

23 **a) Unterschied des Berechtigten zu Abs. 1:** Der Wortlauf des Abs. 2 weicht hinsichtlich des betroffenen Personenkreises von Nr. 1, wenn auch nur geringfügig, ab. Hieraus wird zu recht geschlossen, der Begriff in Abs. 2 sei enger (Dreier/Schulze/*Dreier*² Rn. 14; Schricker/*Loewenheim*² Rn. 17; a.A. Wandtke/Bullinger/*Grützmacher*² Rn. 59). Ausgeschlossen sollte sein, dass jeder, der das Programm auch nur kurzfristig rechtmäßig nutzt, sich unmittelbar eine Sicherungskopie erstellen darf. Zulässig ist aber, die **Sicherungskopie durch Dritte** erstellen zu lassen. Es handelt sich hierbei aber nicht etwa um ein „Recht", das übertragbar wäre; dies würde den Bezug zu den Schrankenregelungen (vgl. Rn.1 a.E.), die niemals Rechte vermitteln (vgl. Vor §§ 44a Rn. 3) verwischen (i.E. Dreier/Schulze/*Dreier*² Rn. 14). Allerdings vertreten einige Stimmen, dass sich die Befugnis zur Erstellung von Sicherungskopien bereits aus § 69d Abs. 1 ergibt (Wandtke/Bullinger/*Grützmacher*² Rn. 16 m.w.N.).

24 **b) Sicherungskopie:** Die Regelung in Abs. 2 trägt der Notwendigkeit Rechnung, dass durch unvorhergesehene Ereignisse ein Verlust des Programms eintreten kann. Die Begründung zum Regierungsentwurf und die herrschende Meinung halten nur **eine Sicherungskopie** für zulässig (RegE ÄndG 1992 – BT-Drucks. 12/4022, S. 12; *Lehmann* NJW 1993, 1822, 1823). Wir halten hingegen die Auslegung des Abs. 2 für sachgerecht, dass die Anfertigung von Sicherungskopien in derjenigen Anzahl zulässig ist, in der sie sie **für die**

Sicherungsbedürfnisse des Programmnutzers erforderlich sind (so nunmehr auch Wandtke/Bullinger/*Grützmacher*[2] Rn. 56). Zulässig sind daher insbesondere die häufig anzutreffenden **zyklischen Sicherungskopien**, bei denen der gesamte Datenbestand einschließlich der Programme tage-, wochen- und monatsweise auf Streamer-Bändern gesichert wird. Da im Falle einer täglichen Datensicherung bei der Zulässigkeit nur einer einzelnen Sicherungskopie diese täglich immer wieder überschrieben werden müsste, wäre es für den Programmnutzer ansonsten ausgeschlossen, auf ältere Programm- und Datenbestände zurückzugreifen zu können (so auch *Marly* NJW-COR 4/93, 21, 23; *ders.*, Urheberrechtsschutz, S. 188 f.). Die berechtigten Interessen des Rechtsinhabers werden durch zyklische Sicherungskopien auch in keiner Weise tangiert, weil die Streamer-Bänder als solche nicht lauffähig sind und deshalb kaum die Gefahr bestehen dürfte, dass auf ihnen enthaltene Sicherungskopien eines Programms unzulässig verbreitet werden. Nicht zulässig ist es, eine Sicherungskopie anzufertigen, auf der Programmschutzmechanismen entfernt worden sind, um der Gefahr eines fehlerhaften Programmschutzmechanismus vorzubeugen (OLG Düsseldorf CR 1997, 337, 337 – *Dongle-Umgehung*, LG Düsseldorf CR 1996, 737, 739 – *Dongle-Umgehung*; Wandtke/Bullinger/ *Grützmacher*[2] Rn. 57); die Anfertigung einer Sicherungskopie unter Umgehung des Kopierschutzes wird allerdings von einigen für zulässig gehalten (so *Raubenheimer* CR 1994, 129, 131 im Allgemeinen, allerdings nicht für Dongle: etwas kryptisch der RegE ÄndG 1992 – BT-Drucks. 12/4022, S. 12, im Ergebnis aber wohl ablehnend). Hierzu vgl. § 69f Rn. 3. Es versteht sich von selbst, dass Sicherungskopien immer nur **1:1 Kopien** sein können. Moderne Computerprogramme arbeiten selten mit Installationsdatenträgern, sondern allenfalls mit sog. **Recovery-Datenträgern.** Diese dienen aber nicht der Benutzung, sondern nur der Wiederherstellung, so dass sie u.E. nicht an der Erschöpfung teilhaben (vgl. § 69c Rn. 31 ff.).

c) Erforderlichkeit: Erforderlich ist eine Sicherungskopie immer nur dann, **25** wenn der Nutzer anders seinen berechtigten Sicherungsbedürfnissen nicht Rechnung tragen kann. Damit scheidet die Berechtigung zur Sicherungskopie – außer in den oben dargestellten zyklischen Formen (vgl. Rn. 24) – immer dann aus, wenn der Hersteller bereits eine Sicherungskopie mitliefert. Ob es ausreicht, dass der Hersteller verspricht, im Bedarfsfall eine Sicherungskopie zuzusenden (hierzu Dreier/Schulze/*Dreier*[2] Rn. 16) erscheint uns angesichts der eventuellen Eilbedürftigkeit im Einsatz eher zweifelhaft (so auch Wandtke/ Bullinger/*Grützmacher*[2] Rn. 44; vorsichtiger: Dreier/Schulze/*Dreier*[2] Rn. 16). Bei embedded Systems scheint uns der Verlust keineswegs ausgeschlossen (so Dreier/Schulze/*Dreier*[2] Rn. 16), so dass wir auch hier für die Zulässigkeit plädieren.

d) Verhinderung: Neuere technische Schutzmechanismen können die Anfer- **26** tigung einer Sicherungskopie verhindern. Zwar untersagt § 69g Abs. 2 nur den vertraglichen Ausschluss der Anfertigung einer Sicherungskopie. Uns erscheint es aber gerechtfertigt dies auf den ungleich schwerer wiegenden technischen Ausschluss analog anzuwenden (so auch Dreier/Schulze/*Dreier*[2] Rn. 19). Das bedeutet aber **kein Recht zur Selbsthilfe**, sondern einen Anspruch auf Entfernung des Kopierschutzes (nunmehr so auch Dreier/Schulze/*Dreier*[2] Rn. 19).

4.   Beobachten und Untersuchen (Abs. 3)

a) Unterschied des Berechtigten zu Abs. 2: Der Kreis der Berechtigten dürfte **27** angesichts des identischen Wortlauts mit denen des Abs. 1 übereinstimmen (vgl. Rn. 10). Zwar kann auch hier die Handlung von einem Dritten für den Berechtigten vorgenommen werden; nicht aber kann diese Berechtigung isoliert abgetreten werden (Dreier/Schulze/*Dreier*[2] Rn. 21; Schricker/*Loewenheim*[3] Rn. 23).

28 **b) Beobachten, Untersuchen, Testen:** Der berechtigte Benutzer eines Computerprogramms kann das Programm grundsätzlich beobachten, untersuchen oder testen, um die ihm zugrundeliegenden Ideen und Grundsätze zu ermitteln. Die Vorschrift ist die logische Konsequenz des in § 69a Abs. 2 wiedergegebenen urheberrechtlichen Grundsatzes, dass Ideen und Grundsätze urheberrechtlich grundsätzlich frei bleiben müssen (vgl. § 69a Rn. 30). Beobachten, Untersuchen und Testen darf allerdings nur durchgeführt werden, wenn dies beim Laden, Anzeigen, Ablaufen, Übertragen oder Speichern des Programms geschehen kann. Ein **Eingriff in das Programm**, insbesondere aber eine Dekompilierung des Programms oder ein Kopieren bzw. eine Übernahme von Programmteilen oder des Codes sind **in keinem Fall** von Abs. 3 gedeckt (*Koch* GRUR 1997, 417, 429: zur Analyse von Homepages durch Web Browser Software). Im Gegensatz zu § 69e besagt § 69d nichts über die Zulässigkeit der Verwendung der gewonnen Erkenntnisse (LG Mannheim NJW-RR 1994, 1007, 1008); diese Frage richtet sich allein nach § 69a i.V.m. §§ 69c Nr. 2 und 4 sowie dem Wettbewerbsrecht (*Koch* GRUR 1997, 417, 429).

29 **c) Ziel der Handlungen:** Einen bestimmten Zweck der Handlungen schreibt Abs. 3 nicht vor: Denkbar sind neben wissenschaftlichen Untersuchungen auch Vorbereitungshandlungen bei vermuteter Rechtsverletzung oder schlicht Analysen, um eigene Programme zu erstellen. Hierzu zählt die sog. Black-Box-Technik oder aber Speicherdumps (so auch Dreier/Schulze/*Dreier*[2] Rn. 22; a.A. wohl Wandtke/Bullinger/*Grützmacher*[2] Rn. 64). Eingesetzt werden können für zulässige Handlungen auch eigenständige Computerprogramme, wie Linetrancer oder Debuger (so auch Dreier/Schulze/*Dreier*[2] Rn. 22). Das Gesetz kennt also – anders als bei Abs. 2 – keine Grenze durch eine vorausgesetzte Notwendigkeit.

III. Vertragsrecht; Abdingbarkeit; AGB-Recht

1. Verhältnis zum Vertragsrecht

30 Wie dargestellt (vgl. Rn. 4) ist eine vertragliche Nutzungsrechtseinräumung neben § 69d nicht notwendig. Sie wird aber erforderlich und sollte gewählt werden, wenn die Parteien über die sich aus den Umständen ergebende bestimmungsgemäße Benutzung weitergehende Nutzungsrechte einräumen wollen (Dreier/Schulze/*Dreier*[2] Rn. 2). Sie ist zulässig, wie § 69d zeigt („Soweit keine besonderen vertraglichen Bestimmungen vorliegen [...]"); dennoch muss § 69d einen sog. **abredefester Kern** haben, der über das, was sich aus den Umständen ergibt (vgl. Rn. 12 a.E.), hinausreicht. In ErwG 17 Software-RL ist niedergelegt, dass das **Betrachten, Prüfen oder Testen** und die dafür notwendigen Handlungen dem Berechtigten immer erlaubt sein muss. Dies hat der BGH aufgegriffen und festgestellt, dass die **Einschaltung Dritter zur Fehlerbeseitigung** erlaubt sein muss (BGH GRUR 2000, 866 – *Programmfehlerbeseitigung*). All dies bestimmt aber nicht wirklich den abredefesten Teil der „Bestimmungsgemäßheit der Verwendung", sondern nur den Umfang einer Verwendung, wenn sie denn bestimmungsgemäß ist. Der abredefeste Kern scheint vielmehr alles zuzulassen, was **Art und Umfang der Nutzung** betrifft, aber auch **Nutzungsintensität** (Dreier/Schulze/*Dreier*[2] Rn. 12). Nach § 69d ist also vieles erlaubt, was nach § 69c auf urheberrechtliche Grenzen stieße (vgl. § 69c Rn. 46 ff.). Vertrags- und kartellrechtliche Fragen bleiben an dieser Stelle natürlich genauso virulent wie bei § 69c (vgl. § 69c Rn. 46 ff.). Das ist nur auf den ersten Blick ein Widerspruch. Denn selbst wenn man nach § 69d die Bestimmungsgemäßheit der Verwendung eines Computerprogramms eng zuschneidet, holt den Rechteinhaber – gewissermaßen – dies bei der Erschöpfung ohnehin wieder ein. Denn seit der *OEM-Version* Entscheidung des BGH GRUR 2001, 153 (m. Anm. *Chroeziel* CR 2000, 738; *Lehmann* CR 2000, 740) ist klar, dass all dies die Erschöpfung nicht hindern kann.

2. Abdingbarkeit

Auch wenn § 69g Abs. 2 nur die Abs. 2 und 3 für unabdingbar erklärt, ist auch **31** der Kernbereich von § 69d Abs. 1 vertragsrechtlich nicht dispositiv (BGH GRUR 2003, 416, 419 – *CPU-Klausel*; zutr. zuvor bereits *Marly* NJW-COR 4/93, 21, 23, vgl. Rn. 27). So müssen dem Benutzer eines Computerprogramms die im Zuge seiner Benutzung entstehenden technischen Vervielfältigungsvorgänge erlaubt sein. In Anbetracht der Tatsache allerdings, dass § 69g Abs. 2 den Abs. 1 nicht ausdrücklich für unabdingbar erklärt, muss neben dem nicht disponiblen Kernbereich auch noch ein Bereich bestehen, der vertraglich abdingbar ist; ob dies allerdings das Recht zur **Fehlerbeseitigung** betreffen kann (so *Raubenheimer* CR 1996, 69, 72), bezweifeln wir – jedenfalls für Notfälle muss es bestehen (so nun auch BGH GRUR 2000, 866 – *Programmfehlerbeseitigung ausgedruckt* für eine solche durch Dritte). Jedenfalls solange der Vertrag eine Nutzung auf einem etwa als Ersatz angeschafften Rechner nicht ausschließt, verstoßen auch z.b. **CPU-Klauseln** nicht gegen § 69d (BGH GRUR 2003, 416, 419 – *CPU-Klausel*). Einschränkungen der Rechte des Programmnutzes können im Übrigen gegen das AGB-Recht und auch gegen kartellrechtliche Vorschriften verstoßen (für AGB-Recht: *Günther* CR 1994, 321, 326; beides: *Lehmann* NJW 1991, 2112, 2115 und vgl. Vor §§ 69a ff. Rn. 9 ff.; vgl. § 69c Rn. 46 ff. auch).

IV. Prozessuales

Die **Darlegungs- und Beweislast**, dass die vorgenommenen Handlungen zur **32** bestimmungsgemäßen Benutzung des Computerprogramms einschließlich der Fehlerberichtigung notwendig waren, trägt der Programmnutzer. Die **Darlegungs- und Beweislast**, dass die Fehlerberichtigung zur bestimmungsgemäßen Benutzung des Computerprogramms notwendig war, trägt der Programmnutzer. Die **Darlegungs- und Beweislast**, dass es sich bei Programmkopien um Sicherungskopien handelt, trägt der Programmnutzer; im Falle mehrerer Sicherungskopien auch im Hinblick auf deren Erforderlichkeit.

V. Verhältnis zu anderen Normen

Wegen der Herleitung des § 69d aus § **31 Abs.** 5 bleibt letzterer auch neben **33** § 69d anwendbar, tritt aber im Falle, dass der Anwendungsbereich des § 69d eröffnet ist, zurück (Wandtke/Bullinger/*Grützmacher*[2] Rn. 3). Aus dem Zusammenspiel der §§ 69c Nr. 1 und 69d Abs. 1 folgt zugleich, dass das **Kopier-Privileg von § 53 auf Computerprogramme keine Anwendung** findet (allg. M. siehe nur Schricker/*Loewenheim*[3] § 53 Rn. 10).

§ 69e   Dekompilierung

(1) Die Zustimmung des Rechtsinhabers ist nicht erforderlich, wenn die Vervielfältigung des Codes oder die Übersetzung der Codeform im Sinne des § 69c Nr. 1 und 2 unerlässlich ist, um die erforderlichen Informationen zur Herstellung der Interoperabilität eines unabhängig geschaffenen Computerprogramms mit anderen Programmen zu erhalten, sofern folgende Bedingungen erfüllt sind:
1. Die Handlungen werden von dem Lizenznehmer oder von einer anderen zur Verwendung eines Vervielfältigungsstücks des Programms berechtigten Person oder in deren Namen von einer hierzu ermächtigten Person vorgenommen;
2. die für die Herstellung der Interoperabilität notwendigen Informationen sind für die in Nummer 1 genannten Personen noch nicht ohne weiteres zugänglich gemacht;
3. die Handlungen beschränken sich auf die Teile des ursprünglichen Programms, die zur Herstellung der Interoperabilität notwendig sind.

(2) Bei Handlungen nach Absatz 1 gewonnene Informationen dürfen nicht
1. zu anderen Zwecken als zur Herstellung der Interoperabilität des unabhängig geschaffenen Programms verwendet werden,
2. an Dritte weitergegeben werden, es sei denn, dass dies für die Interoperabilität des unabhängig geschaffenen Programms notwendig ist,
3. für die Entwicklung, Herstellung oder Vermarktung eines Programms mit im Wesentlichen ähnlicher Ausdrucksform oder für irgendwelche anderen das Urheberrecht verletzenden Handlungen verwendet werden.

(3) Die Absätze 1 und 2 sind so auszulegen, dass ihre Anwendung weder die normale Auswertung des Werkes beeinträchtigt noch die berechtigten Interessen des Rechtsinhabers unzumutbar verletzt.

Übersicht

I.   Allgemeines

1.   Sinn und Zweck

1 Unter engen Voraussetzungen gestattet die Vorschrift die Dekompilierung eines Computerprogramms, um mit den gewonnenen Informationen eine Interoperabilität mit einem anderen Computerprogramm zu gewährleisten. Dekompilierung **bedeutet,** dass das ablauffähige Programm (die „Executables", vgl. § 69a Rn. 24) zurückübersetzt wird in den nicht-ablauffähigen Quellcode (vgl. § 69a Rn. 24 und *Irlbeck* „Recompiler"; zum technischen Hintergrund ausführlich *Marly*, Urheberrechtsschutz, S. 268 ff.; anschauliches

Beispiel bei Walter/*Blocher* Anh. Art. 6 Software-RL). Da diese Rückübersetzung nicht nur Vervielfältigungsvorgänge nach sich zieht, sondern auch eine Übersetzungshandlung darstellt, die nicht zum bestimmungsgemäßen Gebrauch des Computerprogramms notwendig ist, sind diese Handlungen von § 69d Abs. 1 nicht gedeckt. Hintergrund der Norm ist der Grundsatz des freien Zugangs zu Ideen. Durch die Vervielfältigungs- und Übersetzungsrechte des Rechtsinhabers gem. § 69c Nr. 1 und 2 wie durch die Tatsache, dass der Objektcode eines Computerprogramms für Menschen nicht lesbar ist (vgl. Vor §§ 69a ff. Rn. 3), besteht die Gefahr, dass ein de-facto-Schutz den Zugang zu den zugrundeliegenden Ideen versperrt. Dies soll diese Norm verhindern (RegE ÄndG 1992 – BT-Drucks. 12/4022, S. 13). Allerdings könnten Konkurrenten mit der Dekompilierung auch unfaire Vorteile erwirtschaften oder kaufunlustigen Verbraucher nutzen. Die Dekompilierung ist daher nur zweckgebunden erlaubt: Mit den als **Folge der Dekompilierung** gewonnenen Informationen des zugrundeliegenden Quellcodes kann u.a. die Interoperabilität mit einem unabhängig geschaffenen Computerprogramm ermöglicht werden. Interoperabilität wird von der EG-Computerrechtslinie als die Fähigkeit eines Programms zum Austausch von Informationen und zur wechselseitigen Verwendung der ausgetauschten Informationen definiert (Software-RL GRUR Int. 1991, 545, 545 f.); Interoperabilität ist also das „**Zusammenarbeiten**" **von zwei Computerprogrammen.** Die Vorschrift will damit letztendlich die Herstellung von Schnittstellen zwischen zwei Computerprogrammen erleichtern (vgl. § 69a Rn. 32). Die Vorschrift bezieht sich ausdrücklich nur auf die Herstellung der Interoperabilität zwischen zwei Computerprogrammen. Sie erlaubt daher **nicht** die Dekompilierung zur Herstellung einer **Schnittstelle** zwischen Software und **Hardware** oder Hardware und Hardware (RegE ÄndG 1992 – BT-Drucks. 12/4022, S. 13). Zum Dekompilieren **zu Zwecken der Rechtsverfolgung** vgl. Vor §§ 69a ff. Rn. 21. Zum Hintergrund der entsprechenden Vorschrift in der EG-Computerrechtsrichtlinie *Lehmann* NJW 1991, 2112, 2115 f. ausgedruckt. Einen Vergleich zu den USA stellt an *Wuermeling* CR 1993, 665, 669 f. Die Vorschrift ist daher eine seltene Ausnahme zu dem speziellen KnowHow Schutz bei Computerprogrammen. Sie verhindert letztlich den von *Lessig* befürchteten „Code as Law" (*Lessig*, Code and Other Laws of Cyberspace, 1999; *ders.*, Code 2.0, 2006, S. 5) und wird deshalb auch kartellrechtlich begründet (Möhring/Nicolini/*Hoeren*[2] Rn.10; *Pilny* GRUR Int. 1995, 954). Zum weiterhin anwendbaren Kartellrecht vgl. Rn. 5.

Die **praktische Anwendung** der Norm hält sich entweder bislang sehr in **2** Grenzen oder es entsteht kein Streit darüber, vielleicht auch, weil die Kontrolle von Verstössen sehr schwer ist. Jedenfalls existieren keine bekannt gewordenen gerichtlichen Entscheidungen. Eine Reihe von Softwareherstellern legt aus eigenen Interessen Schnittstelleninformationen ohnehin offen, so dass für eine Anwendung des § 69e in vielen Fällen keine Notwendigkeit mehr besteht.

2. EU-Recht

Die Vorschrift entspricht weitgehend wörtlich Art. 6 Software-RL und stellt **3** einen diffizilen Kompromiss der widerstreitenden **Interessenlagen** der **Softwareanwender** und **Softwarehersteller** dar. Die schlussendlich nicht verabschiedete sog. **Software-Patent-RL** (dazu vgl. § 69g Rn. 6) sah in ihrem Art. 6 eine Vorschrift zur Dekompilierung vor.
Zur **Übergangsregelung** vgl. § 137d Rn. 1.

II. Tatbestand

1. Berechtigter Personenkreis (Abs. 1 Nr.1)

4 Die Dekompilierung eines Computerprogramms ist nur unter den engen Voraussetzungen des Abs. 1 zulässig. Danach darf die Dekompilierung nur von einem **Lizenznehmer** oder einer anderen berechtigten Person vorgenommen werden; beide dürfen allerdings auch **Dritte** mit der Dekompilierung beauftragen (Schricker/*Loewenheim*[3] Rn. 14; Wandtke/Bullinger/*Grützmacher*[2] Rn. 12) (Nr. 1), allerdings nur „in deren Namen" (Walter/*Blocher* Art. 6 Software-RL Rn. 25 f.; Wandtke/Bullinger/*Grützmacher*[2] Rn. 12), nicht etwa selbständig und nur unter Berufung auf den eigentlich Berechtigten. Daher ist diese Berechtigung auch nicht etwa isoliert abtretbar (zur vergleichbaren Lage bei den Berechtigungen aus § 69d vgl. $ 69d Rn. 7).

2. Umfang: Vervielfältigung des Codes, Übersetzung der Codeform

5 Gestattet ist lediglich die **Vervielfältigung des Codes** und die **Übersetzung** i.s.d. § 69c Nr. 1 und 2 (vgl. § 69c Rn. 7). **Weitergehende Umarbeitungen** i.s.d. § 69c Nr.2 oder sogar darüber hinaus sind nicht von § 69e gedeckt (OLG Karlsruhe NJW 1996, 2583, 2584; Wandtke/Bullinger/*Grützmacher*[2] Rn. 4; a.A.: weitergehende Umarbeitungen zulässig soweit für die Übersetzung notwendig: OLG Düsseldorf CR 2001, 371, 372; *Schricker/Loewenheim* § 69e Rn. 17; Walter/*Blocher* Art.6 Software-RL Rn. 20). Dekompilierung ist – wie eingangs (Rn.1) beschrieben das ablauffähige Programm (die „Executables", vgl. § 69a Rn. 24) zurückzuübersetzen in den nicht-ablauffähigen Quellcode (vgl. § 69a Rn. 24 und *Irlbeck* „Recompiler"; zum technischen Hintergrund ausführlich *Marly*, Urheberrechtsschutz, S. 268 ff.; anschauliches Beispiel bei Walter/*Blocher* Anh. Art.6 Software-RL).

6 Nicht unmittelbar darunter fällt die **Disassemblierung**, bei der Objektcode in ein sog. Assemblerprogramm, das wiederum lesbar ist, umgewandelt wird, allerdings ohne, dass die oftmals wichtige Kommentarzeilen und bestimmte Variablen erkennbar werden. Da sie ein Weniger gegenüber der Dekompilierung darstellt, wird sie zu Recht für zulässig gehalten (Dreier/Schulze/*Dreier*[2] Rn.9; i.E. wohl auch Schricker/*Loewenheim*[2] Rn. 17; Walter/*Blocher* Art. 6 Software-RL Rn. 15; Wandtke/Bullinger/*Grützmacher*[2] Rn. 5). Dasselbe gilt für die **Rekompilierung**, also die Rückwärts-Dekompilierung, um den gewonnenen Code mit dem Ursprungscode zu vergleichen Schricker/*Loewenheim*[2] Rn. 17; Wandtke/Bullinger/*Grützmacher*[2] Rn. 5). All dies muss natürlich **nicht von Hand** geschehen, sondern wird in der Regel mittels bestimmter Computerprogramme durchgeführt.

7 Die Dekompilierung von **Internet-Homepages** ist ein Scheinproblem (anders noch die Vorauflage/*Nordemann/Vinck*[9]Rn. 2). Viele Websites werden gar kein Computerprogramm sein (vgl. § 69a Rn. 8; so zu Recht Wandtke/Bullinger/*Grützmacher*[2] Rn. 30); sofern sie in Teilen Computerprogramme enthalten (z.B. Java-Script), kann der Betreiber der Website entscheiden, ob deren Quelltext mit sichtbar gemacht wird. Sofern er dies tut, dürfte eine konkludente Einwilligung in das Betrachten vorliegen. Das Dekompilieren ist also gar nicht mehr nötig (zu Recht so Wandtke/Bullinger/*Grützmacher*[2] Rn. 30). Allerdings bedeutet die hier dargestellte konkludente Zustimmung nicht etwa die Einwilligung und Vervielfältigungs- oder Umarbeitungshandlungen Dritter.

3. Zweckbindung: Herstellung der Interoperabilität

Der einzige Zweck der Dekompilierung darf sein, die erforderlichen Informa- **8**
tionen zur Herstellung der Interoperabilität sein. ErwG 12 Software-RL definiert dies als die Fähigkeit zum Austausch von Informationen und zur
wechselseitigen Verwendung der ausgetauschten Informationen. Es geht also
um **Schnittstelleninformationen** (dazu vgl. Rn. 1).

Nach dem Wortlaut nicht gestattet ist daher auch die Dekompilierung zum **9**
Zwecke der Rechtsverfolgung (aber vgl. Rn. 1 und vgl. Vor §§ 69a ff. Rn. 21).
Die Interoperabilität bezieht sich auf „**andere Programme**"; die Interoperabi-
lität von **Soft- mit Hardware** scheidet also aus (dazu vgl. Rn. 1; Schricker/
Loewenheim[3] Rn. 11; Wandtke/Bullinger/*Grützmacher*[2] Rn. 8); allerdings gestattet § 69e auch die Schaffung von Konkurrenzprogrammen
(Schricker/*Loewenheim*[3] Rn. 17; Walter/*Blocher* Art. 6 Software-RL Rn. 23;
Wandtke/Bullinger/*Grützmacher*[2] Rn. 8). Dies müssen aber zumindest mit
dem dekompilierten Programm theoretisch interagieren können, also z.b.
durch Austausch von in einem Textverarbeitungsprogramm geschriebenen
Texten in ein anderes. Wenn die Programme denklogisch nichts miteinander
zu tun haben (z.b. ein Textverarbeitungsprogramm und ein Defragmentie-
rungsprogramm) greift § 69e nicht.

4. Ultima Ratio: Unerlässlichkeit und weitere Einschränkungen

Die Handlungen müsse zudem überhaupt **unerlässlich** sein, um die erforder- **10**
lichen Informationen zu erhalten (Abs. 1 Satz 1). Sind die erforderlichen
Informationen also anderweitig vom Softwarehersteller veröffentlicht, ist
eine Dekompilierung nicht erlaubt (dazu vgl. auch das Merkmal „nicht ohne
weiteres zugänglich" in Nr.2 dazu vgl. Rn. 11). Das Merkmal ist also in
gewisser Hinsicht doppelt vorhanden; man wird daraus aber den Schluss
ziehen dürfen, dass die Dekompilierung die *ultima ratio* sein muss (*Lehmann*
NJW 1991, 2112, 1216; *Marly*, Urheberrechtsschutz, S. 319).

Weiter dürfen die Informationen, die durch das Dekompilieren für die Her- **11**
stellung der Interoperabilität gewonnen werden sollen, für die vorgenannten
Personen **nicht ohne weiteres zugänglich** sein (Nr. 2). Was unter „*nicht ohne
weiteres*" zu verstehen ist, sagt die Vorschrift nicht. *Marly* NJW-COR 4/93,
21, 23 schlägt vor, auf die französische Fassung der Richtlinie zurückzugreifen, die diese Element mit „facilement et rapidement" („leicht und schnell")
sprachlich anschaulicher fasst. Wir sind der Auffassung, dass danach eine
Dekompilierung immer dann nicht zulässig ist, wenn entweder die für die
Herstellung der Interoperabilität notwendigen Informationen schon bekannt
sind oder von Dritten bzw. dem Rechtsinhaber angeboten oder sonst zur
Verfügung gestellt werden. Ob eine Notwendigkeit besteht nachzufragen, ist
umstritten (zum Meinungsstand Wandtke/Bullinger/*Grützmacher*[2] Rn. 15); in
Zeiten der ubiquitären Informationsflut über das Internet scheint uns ein
Zwang zum Nachfragen als zu große Hürde; man dürfte wohl eher eine
Veröffentlichungspflicht über **spezielle Internet-Angebote** annehmen (Dreier/
Schulze/*Dreier*[2] Rn.15). Um dem Zweck der Vorschrift zu entsprechen, darf
von Dritter oder Rechtsinhaberseite aber für die Informationen **kein Entgelt**
verlangt werden, sofern dies nicht eine reine Aufwandsentschädigung darstellt
(*Marly* NJW-COR 4/93, 21, 24; Möhring/Nicolini/*Hoeren*[2] Rn. 11; auch eine
solche Aufwandsentschädigung ablehnend: Schricker/*Loewenheim*[2] Rn. 15;

Wandtke/Bullinger/*Grützmacher*[2] Rn. 14 m.w.N.; wohl auch Mestmäcker/ Schulze/*Haberstumpf* Rn. 11).

12 Die Dekompilierungshandlungen müssen sich schließlich auf die Teile des ursprünglichen Programms beschränken, die zur Herstellung der Interoperabilität **notwendig** sind (Nr. 3) (*Lehmann* NJW 1991, 2112, 1216), d.h. die Dekompilierung ist erst dann zulässig, wenn es keine andere Möglichkeit gibt, die Interoperabilität herzustellen. Zugleich ist auch der Umfang der Dekompilierung durch die Notwendigkeit umrissen: Zunächst ist nur zunächst nur die Dekompilierung derjenigen Teile des Ursprungsprogramms, die die Schnittstellen steuern zulässig Wenn die dadurch gewonnenen Informationen für die Herstellung der Interoperabilität nicht ausreichend sind, dürfen auch weitere Teile des Ursprungsprogramms dekompiliert werden. Erst, wenn auch dadurch die notwendigen Informationen nicht erzielt werden können, darf das gesamte Programm dekompiliert werden. Bei anderen als in Abs. 1 genannten Bedingungen kann die Zulässigkeit des Dekompilierens jedenfalls nicht auf § 69e gestützt werden. § 69e gestattet deshalb weder das Dekompilieren zur Fehlerbeseitigung (wegen nicht abschließenden Charakter des § 69d vgl. § 69d Rn. 3; *Günther* CR 1994, 321, 327 f.) noch vom Wortlaut her zum Beweis des Vorliegens einer Urheberrechtsverletzung (aber vgl. Vor §§ 69a ff. Rn. 21).

5. Verwendungsbeschränkungen (Abs. 2)

13 Abs. 2 bestimmt, dass die durch die Dekompilierung gewonnenen Informationen ausschließlich **zur Herstellung der Interoperabilität** verwendet werden dürfen, nicht aber zu anderen Zwecken (Nr. 1), dass sie an Dritte nur dann **weitergegeben** werden dürfen, wenn dies für die Herstellung der Interoperabilität notwendig ist (Nr. 2) und dass sie nicht für irgendwelche das Urheberrecht verletzenden Handlungen **verwendet** werden dürfen (Nr. 3). **Gegenstand der Verwendungsbeschränkung** sind dabei nicht nur urheberrechtlich geschützte Teile des Programms, sondern jegliche Informationen, die durch das Dekompilieren erlangt wurden (Mestmäcker/Schulze/*Haberstumpf* Rn. 13; Wandtke/Bullinger/*Grützmacher*[2] Rn. 20; a.A. Walter/*Blocher* Art.6 Software-RL Rn. 34 f.). Abs. 2 dürfte Resultat der berechtigten Sorge der Softwarehersteller sein, dass die durch die Dekompilierung gewonnenen Informationen dazu missbraucht werden könnten, eben nicht (nur) die Interoperabilität zwischen zwei Computerprogrammen herzustellen, sondern auf der Basis der gewonnenen Informationen ein Konkurrenzprogramm zu entwickeln oder zu verbessern. Bedurft hätte es des Abs. 2 freilich nicht, weil Abs. 1 eine eng auszulegende Ausnahmevorschrift zu den Ausschließlichkeitsrechten des Rechtsinhabers darstellt und damit die gewonnenen Informationen ohnehin nicht zu anderen Zwecken als zu solchen, die vom Ausnahmetatbestand gedeckt sind, verwendet werden dürfen, schon gar nicht natürlich für Urheberrechtsverletzungen. Eigenständige Bedeutung hat Abs. 2 Nr. 2 aber, da hierin auch ein **Verbot der Veröffentlichung** zu sehen ist (Wandtke/Bullinger/ *Grützmacher*[2] Rn. 21).

14 Die Erlaubnis der Dekompilierung ist auch zeitlich begrenzt. Die Voraussetzung eines „**unabhängig geschaffenes Computerprogrammes**" (Abs. 1 S. 1) hält daher eine Selbstverständlichkeit fest: Einen durch Dekompilierung gewonnenen Code darf man nicht in seinen eigenen Computerprogramm einbauen. Dies wäre eine unzulässige Vervielfältigung nach § 69c Nr.1. Aber auch jede sonstige Verletzung, etwa eine unerlaubte Umarbeitung, wäre schädlich (Dreier/Schulze/*Dreier*[2] Rn. 13).

6.   Interessenabwägung (Abs. 3)

Auch Abs. 3 soll einem Missbrauch der durch die Dekompilierung gewonne- **15** nen Informationen vorbeugen. Danach dürfen durch die zulässige Dekompilierung weder die normale Auswertung des Werkes beeinträchtigt noch die berechtigten Interessen des Rechtsinhabers unzumutbar verletzt werden. Eine solche Generalklausel ist sicherlich deshalb sinnvoll, weil weder bei Erlass der Computerprogramm-RL noch bei ihrer Umsetzung in das UrhG absehbar war, welche Bedeutung der Ausnahmevorschrift des § 69e zukommen würde, insbesondere im Hinblick auf Missbräuche oder andere unzumutbare Beeinträchtigungen der Rechtsinhaber. Sie entspricht im Übrigen dem Drei-Stufen-Test aus Art. 9 Abs. 2 RBÜ und zeigt einmal mehr, dass es sich bei § 69e um eine eng auszulegende Ausnahmevorschrift handelt. Die Rechtsprechung hatte zwischenzeitlich bereits Gelegenheit, zu Abs. 3 Stellung zu nehmen. Danach wird eine Dekompilierung dann für unzumutbar gehalten, wenn durch die Herstellung der Interoperabilität der Kopierschutz des Ursprungsprogramms beseitigt wird (LG Düsseldorf CR 1996, 737, 739 – *Dongle-Umgehung*). Die tatsächliche Entfernung eines Kopierschutzes ist aber ohnehin nicht von Abs. 1 gedeckt, weil insoweit eine Umgestaltung des Ursprungsprogramms vorliegt, die Vorschrift aber nur Vervielfältigung und (Rück-)übersetzung gestattet (OLG Karlsruhe NJW 1996, 2583, 2584 – *Dongle-Abfrage*).

7.   Vertragsrecht, AGB-Recht

§ 69e ist **zwingendes Recht** (§ 69g Abs. 2) und kann nicht abbedungen wer- **16** den, erst recht nicht durch AGB. Auch eine Ausformung in AGB widerspricht § 307 BGB und ist damit unwirksam. Die Norm ist auch **zwingende Norm i.S.d. Internationalen Privatrechts** und kann nicht etwa durch Vornahme der Handlungen im Ausland umgangen werden (Dreier/Schulze/*Dreier*[2] Rn. 4).

III.   Prozessuales

Die **Darlegungs- und Beweislast,** dass die Voraussetzungen der Vorschrift **17** vorliegen, trägt der Programmnutzer (Kilian/Heussen/*Harte-Bavendamm/ Wiebe* Kap. 51 Rn. 81; Schricker/*Loewenheim*[3] Rn. 3; a.A. *Moritz* GRUR Int. 1991, 697, 701 f).

IV.   Verhältnis zu anderen Regelungen

1.   Kartellrecht

Man mag sich fragen, ob marktstarke und marktbeherrschende Unternehmen **18** unabhängig von § 69e auch aus **kartellrechtlichen** Gründen dazu gezwungen sein können, ihre Schnittstelleninformationen zu veröffentlichen oder weitgehend kostenlos zur Verfügung zu stellen (so *Lehmann* NJW 1991, 2112, 2116). EG Kommission KOM (90) 509 endg. – SYN 183; EG Kommission Abl. EG 1989 Nr. C 91/16; Lehmann CR 1989, 1085 f m.w.N.; *Schroeder,* Kartellrecht, in: Computerrechtshandbuch 1990, S.63 Rn.14 ff. Die Art.81, 82 EGV bleiben nach ErwG 27 Software-RL unberührt. Entsprechend der Immanenztheorie ist zwar die bloße Ausübung von Urheberrechten kartellrechtlich unbedenklich (EuGH GRUR Int. 1990. 141 ff. – *Volvo*; EuGH GRUR Int. 1995, 490 ff. – *Magill*). Allerdings betont der EuGH seit kurzem, dass die

Ausübung eines ausschließlichen Rechtes durch ein Unternehmen in beherrschender Stellung unter außergewöhnlichen Umständen missbräuchlich i.S.d. Art.82 EG sein kann (zu den drei Voraussetzungen, die dazu erfüllt sein müssen für die Verweigerung einer Lizenzerteilung EuGH GRUR Int. 2004, 644, 646 – *IMS Health*). Andererseits inkorporiert § 69e mit dem von ihm gefundenen diffizilen Kompromiss (dazu vgl. Rn. 1) kartellrechtliche Erwägungen. Dennoch will die Kommission eine Offenlegung von Schnittstelleninformationen auch jenseits des § 69e allein aus kartellrechtlichen Gründen begründen (EuG Urt. v. 17.09.2007 – T-125/03 und T-253/03, T-125/03, T-253/03; dazu vgl. Vor §§ 31 ff. Rn. 270 ff.; *Körber* K&R 2005, 193; so wohl auch Dreier/Schulze/*Dreier*[2] R. 6; i.E. ebenso: Wandtke/Bullinger/*Grützmacher*[2] Rn. 27).

2. Wettbewerbsrecht

19 Da der Quellcode i.d.R. Geschäftsgeheimnis i.S.d. § 17 UWG ist, könnten Rechtinhaber versucht sein, die Dekompilierung über das **Wettbewerbsrecht** zu verbieten. Art. 9 Software-RL lässt zwar Regeln des Rechts des Unlauteren Wettbewerbs „unberührt" (zum sonstigen Verhältnis zum UWG vgl. Vor §§ 69a ff. Rn. 25). Es ist aber anerkannt, dass § 69e die speziellere Norm gegenüber § 17 UG ist und dieser bei zulässiger Anwendung des § 69e ausgeschlossen ist (Dreier/Schulze/*Dreier*[2] R. 5; i.E. ebenso: Wandtke/Bullinger/*Grützmacher*[2] Rn. 31; a.A.: *Moritz* CR 1993, 257, 267; *Wiebe* CR 1992, 134, 137 f.).

§ 69f   Rechtsverletzungen

(1) [1]Der Rechtsinhaber kann von dem Eigentümer oder Besitzer verlangen, dass alle rechtswidrig hergestellten, verbreiteten oder zur rechtswidrigen Verbreitung bestimmten Vervielfältigungsstücke vernichtet werden. [2]§ 98 Abs. 3 und 4 ist entsprechend anzuwenden.

(2) Absatz 1 ist entsprechend auf Mittel anzuwenden, die allein dazu bestimmt sind, die unerlaubte Beseitigung oder Umgehung technischer Programmschutzmechanismen zu erleichtern.

Übersicht

I.   Allgemeines

1 Die Vorschrift knüpft an § 98 an, geht jedoch erheblich weiter: Während gem. § 98 der Verletzte verlangen kann, dass alle rechtswidrig hergestellten, verbreiteten und zur rechtswidrigen Verbreitung bestimmten Vervielfältigungsstücke vernichtet werden, soweit sie im Besitz oder Eigentum des Verletzers stehen, gewährt § 69f den **Vernichtungsanspruch gegenüber jedem Eigentümer** oder **Besitzer.** Zur Durchsetzung des Vernichtungsanspruchs muss also nicht mehr nachgewiesen werden, dass der Eigentümer oder Besitzer auch eine Urheberrechtsverletzung begangen hat, z. B. indem er das Programm raubkopierte oder ein solches Programm benutzte. Das bloße Auffinden von Raubkopien genügt also bereits zur Durchsetzung des Vernichtungsanspruchs. Dies geht weiter als die Vorgabe von Art. 7 Software-RL; danach waren geeignete Maßnahmen dann vorzusehen, wenn die betreffende Person zumindest Grund zu der Annahme hatte, dass eine unerlaubte Kopie vorlag und der Besitz Erwerbszwecken diente. Die sonstige Maßnahmen der Rechtsdurchsetzung finden sich in den §§ 96 ff.; zu allg. Fragen der Rechtsdurchsetzung vgl. Vor §§ 69a ff. Rn. 4.

II. Tatbestand

1. Anwendbarkeit in persönlicher und sachlicher Hinsicht

Berechtigter ist nur der Rechtsinhaber; zum Begriff des **Rechtsinhabers** vgl. § 69c **2** Rn. 2. Dies kann nach allgemeinen Regeln (vgl. § 97) auch der ausschließliche Lizenznehmer, nicht jedoch ein einfacher sein (so Wandtke/Bullinger/*Grützmacher*[2] Rn. 5: letzterer nur im Wege der Prozessstandschaft). Die allgemeinen Regeln der §§ 96 ff. bleiben – bis auf § 98 Abs. 1, der von § 69f als lex specialis verdrängt wird – anwendbar, nicht aber die §§ 95a–d (vgl. Rn. 15).

2. Vernichtungsanspruch (Abs. 1 Satz 1)

a) Voraussetzungen: Die durch § 69f gewährten Ansprüche setzen **rechtswidrig 3 hergestellte, verbreitete und zur rechtswidrigen Verbreitung bestimmte Vervielfältigungsstücks** eines Computerprogramms voraus. Es muss bei der Anfertigung der Vervielfältigungsstücke also ein **Verstoß gegen § 69c** vorliegen, der nicht von den Ausnahmen der §§ 69d und e gedeckt ist. Insbesondere die letzte Alternative dürfte bei **drohenden Parallelimporten** von nicht zu unterschätzender Bedeutung sein. Die Ansprüche beziehen sich grundsätzlich auf **alle Vervielfältigungsstücke**, die beim Eigentümer oder Besitzer vorhanden sind, also insbesondere auch auf etwa vorhandene Sicherungskopien. Da aber lediglich Vervielfältigungsstücks eines Computerprogramms betroffen sind, kann sich der Anspruch nur auf die als Computerprogramme geschützten Werke beziehen, nicht etwa auf Begleitmaterial, das z.B. als Sprachwerk geschützt ist (so auch Dreier/Schulze/*Dreier*[2] Rn. 4; Wandtke/Bullinger/*Grützmacher*[2] Rn. 6; a.A. Schricker/*Loewenheim*[3] Rn. 4). Es schadet aber nicht, wenn bei der Vernichtung eines auf einem Datenträger gespeicherten Computerprogramms, das in seinem Quellcode verletzende ist auch nicht-verletztende Teile, etwa die Grafik von Bildschirmmasken, mit vernichtet werden. Der Eigentümer oder Besitzer muss **nicht selber die unerlaubten Handlungen** nach § 69c **begangen** haben. Über § **99** (§ **100 a.F.**) ist auch der Betriebsinhaber potentieller Anspruchsgegner, selbst wenn man ihm keinen mittelbaren Besitz an Vervielfältigungsstücken zuerkennen würde (so auch Dreier/Schulze/*Dreier*[2] Rn.6; Möhring/Nicolini/*Hoeren*[2] Rn. 11; Wandtke/Bullinger/*Grützmacher*[2] Rn. 5).

b) Inhalt und Umfang: Abs. 1 gewährt dem Rechtsinhaber zunächst durch S. 1 **4** einen Vernichtungsanspruch. Vernichtung geht auf **Veränderung der Substanz** (vgl. § 98 Rn. 14), so dass eine Zerstörung der Datenträger, auf denen das rechtsverletzende Computerprogramm gespeichert ist, verlangt werden kann, weil sich das Programm darauf „verkörpert" und gerade die Datenträger jedenfalls bislang die unzulässige Verbreitung erleichterten (zur Problematik der Software als Sache vgl. § 69c Rn. 36). Z.T. wird statt der Vernichtung eine **Löschung** für zulässig gehalten; jedenfalls muss es aber eine solche Löschung sein, die keine Wiederherstellung erlaubt (Schricker/*Loewenheim*[3] Rn. 16). Dies kann allenfalls in Frage kommen bei wiederbeschreibbaren Datenträgern von einigem Wert, etwa Festplatten; nicht bei CD-ROMs, Disketten (hier reicht Neuformatierung) oder Magnetbändern, auf keinen Fall bei ROMs, Chips oder EPROMs (so auch Wandtke/Bullinger/*Grützmacher*[2] Rn. 10). Des Weiteren kann der Beseitigungsanspruch – als Ausfluss der Verhältnismäßigkeit (vgl. Rn. 10) – auch auf eine lediglich **teilweise Löschung** gehen, wenn z. B. bei einem modular aufgebauten Computerprogramm (vgl. § 69a Rn. 24 ff.) lediglich ein Modul die Rechte des Rechtsinhabers verletzt. Erforderlich ist aber, dass sichergestellt werden kann, dass keine verletzenden Teile übrig bleiben. Im Zweifel wird das gesamte Programm zu vernichten sein; zudem dürfte die Beweislast für nur teilweise verletzenden Teile und die „Sauberkeit" des Restprogramms beim Verletzer liegen. Zu sonstigen Beweis- und Kostenfragen vgl. Rn. 12 f.

5 **c) Passivlegitimation:** Wie eingangs erwähnt (vgl. Rn. 1) richtet sich der Anspruch gegen **jeden Eigentümer oder Besitzer** eines rechtswidrig hergestellten, verbreiteten und zur rechtswidrigen Verbreitung bestimmten Vervielfältigungsstücks eines Computerprogramms. Der Anspruch ist natürlich auch **verschuldensunabhängig** und statuiert gewissermaßen einen Zustandsstörer. § 100 dürfte **entsprechend** anwendbar sein (vgl. Rn. 12 f.).

6 **d) Verhältnismäßigkeit (Abs. 1 Satz 2 Alt. 2):** Durch die Verweisung in S. 2 auf § 98 Abs. 4 findet allerdings eine Verhältnismäßigkeitsprüfung statt: Gem. § 98 Abs. 4 bestehen die dortigen Ansprüche nur, wenn die Vernichtungsmaßnahme im Einzelfall unverhältnismäßig ist und der die Rechtsverletzung verursachende Zustand auch anderweitig beseitigt werden kann. Dies kann im Einzelfall dazu führen, dass lediglich ein Löschungsanspruch besteht, z.B. wenn sich das rechtsverletzende Computerprogramm auf einer Festplatte befindet, weil die Zerstörung der Festplatte nicht nur einen unverhältnismäßig hohen materiellen Schaden beim Eigentümer oder Besitzer verursacht, sondern dadurch auch andere Computerprogramme und Datenbestände verloren gehen. Für eine **analoge Anwendung des § 101 Abs. 1** (Dreier/Schulze/*Dreier*[2] Rn. 7 a.E.; Möhring/Nicolini/*Hoeren*[2] Rn. 12; vorsichtig: Wandtke/Bullinger/ *Grützmacher*[2] Rn. 7) spricht eigentlich wenig, denn der Gesetzgeber hat bei Einführung der §§ 69a ff. § 101 Abs. 1 gekannt und sich offenbar bewusst gegen einer Anwendbarkeitsanordnung entschieden. Die Schutzwürdigkeit (dazu Wandtke/Bullinger/*Grützmacher*[2] Rn. 7) dessen, der Raubkopien nutzt, scheint uns auch cher gering, zumal er bei seinem Vertragspartner natürlich Regress nehmen kann.

3. Überlassungsanspruch (Abs. 1 Satz 2 Alt. 1)

7 Durch den Verweis in S. 2 auf § 98 Abs. 3 kann der Rechtsinhaber von dem Eigentümer oder Besitzer auch verlangen, dass ihm die Vervielfältigungsstücke gegen eine angemessene Vergütung **überlassen** werden. Er hat also einen **Herausgabeanspruch** im Hinblick auf die Kopien der rechtsverletzenden Computerprogramme. Die im Gegenzug zu leistende angemessene Vergütung darf die Herstellungskosten des betroffenen Vervielfältigungsstücks nicht überteigen, wird also in der Regel nur in dem Preis für eine leere Festplatte bestehen. Da im Falle von Disketten oder CD-ROM's nach der hier vertretenen Auffassung Vernichtung verlangt werden kann, besteht im Hinblick auf den Herausgabeanspruch insoweit keine Pflicht zur Bezahlung einer angemessenen Vergütung.

4. Mittel zur Umgehung von Schutzmechanismen (Abs. 2)

Abs. 2 erstreckt die Ansprüche auf Vernichtung, Herausgabe und sonstige **8** Beseitigung gem. Abs. 1 auch auf Mittel, die allein dazu bestimmt sind, die unerlaubte Beseitigung oder Umgehung technischer Programmschutzmechanismen zu erleichtern. Die Vorschrift meint insbesondere **Umgehungsprogramme**, die es ermöglichen, z.b. den vom Softwarehersteller eingebauten Kopierschutz auszuschalten (RegE ÄndG 1992 – BT-Drucks. 12/4022, S. 12; *Raubenheimer* CR 1996, 69, 71 f.), erfasst aber auch **Geräte zur Umgehung** von Programmschutzmechanismen (RegE ÄndG 1992 – BT-Drucks. 12/4022, S. 14 f.), also etwa einen nachgebauten Dongle. § 69f Abs. 2 ist damit einer der **Vorläufer der §§ 95a ff.** (vgl. Rn. 15). Ob eine Umgehung derartiger Schutzvorrichtungen zulässig ist, soweit damit „nur" die gesetzlichen Gestattungen (z.b. Sicherungskopie) durchgesetzt werden (so *Kreutzer* CR 2006, 804; *Raubenheimer* CR 1996, 69, 72; *Möhring/Nicolini/Hoeren*[2] Rn. 16), erscheint zweifelhaft. Denn zum einen ist unserer Rechtsordnung das Selbsthilferecht insoweit fremd. Zum anderen kennt § 69f gerade nicht eine dem § 95b vergleichbare Vorschrift (wie hier Schricker/*Loewenheim*[3] Rn. 11; *Marly*, Urheberrechtsschutz, S. 184 f.; *Baus* 188 f., 198; wohl auch Dreier/Schulze/*Dreier*[2] Rn. 12; Mestmäcker/Schulze/*Haberstumpf* Rn. 14; Wandtke/Bullinger/*Grützmacher*[2] Rn. 19). Ebenfalls nicht gestattet sind (nach § 69d) solche Umarbeitungen eines Computerprogramms, die nur vor einem Verlust eines Dongles schützen sollen (OLG Düsseldorf CR 1997, 337, 339 – *Dongle-Umgehung*; LG Düsseldorf CR 1996, 737, 739 – *Dongle-Umgehung*).

Mittel zur Umgehung sind alle Computerprogramme oder Hardware, die **9** geeignet ist, Schutzmechanismen des Herstellers zu umgehen. Schutzmechanismen sind alle Einrichtungen, die verhindern sollen, dass Urheberrechtsverletzungen möglich werden. Es kann sich also um Mechanismen handeln, die ein **Kopieren verhindern**, aber auch solche, die den **Zugang von unberechtigten Nutzern** verhindern oder die vereiteln, das ein Programm auf mehr als der zugelassenen **Anzahl von Arbeitsplätzen** in einem Netzwerk benutzt wird. Natürlich gehört hierher auch der **Schutz gegen Umgestaltungen**. Anders als bei §§ 95a ff. ist eine „Wirksamkeit" (vgl. § 95a Rn. 17 ff.) dieser Mechanismen nicht erforderlich. **Beispiele** sind Dongles, Passwörter, Biometriemechanismen, Nutzeranzahlabfragen oder schlicht Verschlüsselung. Die Umgehung muss aber **rechtswidrig** sein, sich also nicht etwa auf §§ 69d oder e stützen können.

Im Übrigen ist der Anspruch aber ebenso wie Abs. 1 **verschuldensunabhängig 10** (Dreier/Schulze/*Dreier*[2] Rn. 10; Wandtke/Bullinger/*Grützmacher*[2] Rn. 17). Er wird allerdings ebenso durch den **Verhältnismäßigkeitsgrundsatz** eingeschränkt (Wandtke/Bullinger/*Grützmacher*[2] Rn. 22).

Abs. 2 betrifft allerdings nur solche Mittel, die **allein** dazu bestimmt sind, einen **11** Programmschutz zu umgehen. So ist es denkbar, dass ein Umgehungsprogramm auch noch andere Funktionen als die Umgehung des Kopierschutzes hat, z.b. wenn ein Dongle-Umgehungsprogramm es ermöglicht, eine Sicherungskopie des Computerprogramms anzufertigen (was für zulässig gehalten wird; RegE ÄndG 1992 – BT-Drucks. 12/4022, S. 15; *Lehmann* NJW 1993, 1822, 1823, *Raubenheimer* CR 1994, 129, 131). In solchen Fällen ist auf den **Hauptzweck** des Umgehungsmittels abzustellen, d.h. nach der Frage zu entscheiden, ob das Mittel *nach der allgemeinen Lebenserfahrung* den Hauptzweck hatte, beim Betrieb eines Computerprogramms den Programmschutzmechanismus zu beseitigen oder zu umgehen (*Raubenheimer* CR 1994, 129, 132; enger: *die Sicht des objektiven Betrachters* ist maßgeblich: Dreier/Schulze/*Dreier*[2] Rn.13; Möhring/Nicolini/*Hoeren*[2] Rn. 12; Wandtke/Bullinger/*Grützmacher*[2] Rn. 21 m.w.N.; noch strikter als hier: Schricker/*Loewenheim*[3] Rn. 13), und das Merkmal ist insgesamt nicht zu eng auszulegen (Wandtke/Bullinger/*Grützmacher*[2] Rn. 21 m.w.N.). Man denke nur an die Rechtsprechung zur Frage, ob Gegenstände überwiegend zu Rechtsverletzungen benutzt werden, um eine Haftung der Hersteller zu konstruieren (vgl. § 53). Hinweise der Anbieter von Entdonglierung-Programmen können kaum aus der Haftung führen (OLG Düsseldorf CR 1997, 337, 339 – *Dongle-Umgehung*). Niemals ausreichend sind offensichtliche Scheinhinweise (OLG Frankfurt GRUR-RR 2003, 287, allerdings zu §§ 2 Nr.3, 3 ZKDSG).

III. Prozessuales

12 Die Ansprüche auf Vernichtung und Überlassung **verjähren** gem. § 102 Abs. 1 in drei Jahren von dem Zeitpunkt an, in dem der Rechtsinhaber von der Verletzung und dem Anspruchsgegner Kenntnis erlangt hat, spätestens aber in zehn Jahren von der Verletzungshandlung an (vgl. § 102 Rn. 7). Die Vernichtung ist grundsätzlich vom Eigentümer bzw. Besitzer selbst durchzuführen oder von einem von ihm beauftragten Dritten (Klageantrag lautet auf Vornahme der Vernichtung, ebenso: Mestmäcker/Schulze/*Haberstumpf* § 69f Rn. 6; Wandtke/Bullinger/*Grützmacher*[2] § 69f Rn. 11, a.A. Klageantrag auf Herausgabe gerichtet: Möhring/Nicolini/*Lütje*[2] § 98 Rn. 7; Schricker/*Wild* §§ 98/99 Rn. 12; BGH GRUR 2003, 228 – *P-Vermerk*); er hat sie auch **nachzuweisen** und die **Kosten** zu tragen. Strittig ist, wie die Vollstreckung des Vernichtungsanspruchs – ob nach §§ 883, 886 ZPO (so Schricker/*Wild*[3] § 98/99 Rn. 12) oder §§ 887, 892 ZPO – erfolgt (so Mestmäcker/Schulze/ *Haberstumpf* § 69f Rn. 6). Es spricht wohl viel dafür § 883 ZPO anzuwenden, da über den Gerichtsvollzieher eine zügige Vollstreckung gewährleistet werden kann. Der Anspruch auf Vernichtung kann **nicht im Einstweiligen Verfügungsverfahren** durchgesetzt werden (Schricker/*Loewenheim*[3] Rn.3), wohl aber kann die übliche Sequestration beantragt werden (dazu vgl. Vor §§ 69a ff. Rn. 17 ff. und allg. vgl. § 98 Rn. 38).

13 Als Ansprüche entstehen darüber hinaus sowohl (vorbeugende) **Unterlassungsansprüche** nach den o.g. Normen als auch **Auskunfts- und Schadenersatzansprüche** (BGH GRUR 1996, 78 f. – *Umgehungsprogramm*; OLG München CR 1996, 11, 16). Zu Recht wird darauf hingewiesen, dass an die Konkretisierung der Gefahr keine zu strikten Anforderungen gestellt werden dürfen (Wandtke/Bullinger/*Grützmacher*[2] Rn. 27; a.A. LG Mannheim NJW 1995, 3322, 3323). Im Sinne einer effizienten Bekämpfung der erhebliches Gefährdungspotential bergenden Softwarepiraterie muss schon das Angebot von Mitteln bekämpft werden können, die nach der Lebenserfahrung einen hohen Anreiz zu einer rechtwidrigen Beseitigung und Umgehung eines Programmschutzes bieten (BGH GRUR 1996, 78 – *Umgehungsprogramm*; OLG München CR 1996, 11, 16 f.).

IV. Verhältnis zu anderen Regelungen

1. Allgemeine Regelungen zum Schutz vor Umgehung

Ein unerlaubter Einsatz von Umgehungsmaßnahmen kann immer auch An- **14**
sprüche nach §§ 97 ff. auslösen, wenn durch die Mittel eine Urheberrechtsverletzung adäquat kausal und bestimmungsgemäß verursacht wird (RegE
ÄndG 1992 – BT-Drucks. 12/4022, S. 15; OLG Düsseldorf CR 1997, 337,
339 – *Dongle-Umgehung*; Wandtke/Bullinger/*Grützmacher*[2] Rn. 25; *Bechtold*
S. 222 f.; Lehmann/*Wand* S. 35, 49 f.). Darüber hinaus kann das Wettbewerbsrecht eingreifen (am ehesten §§ 3, 4 Ziff. 10 UWG; hierzu allg. vgl. Vor §§ 69a
ff. Rn. 25 ff.; und speziell im Verhältnis § 69f zu UWG: *Arnold*, Die Gefahr
von Urheberrechtsverletzungen durch Umgehungsmittel nach Wettbewerbsrecht und Urheberrecht, 2006, S. 137 ff. zum neuen UWG etwas zurückhaltender *Arlt* MMR 2005, 148, 152 f.). Den Weg über (damals noch § 1 UWG)
ist die Rechtsprechung gegangen: OLG München CR 1996, 11, 16 f. – *Dongle*
– bestätigt durch Nichtannahmebeschluss des BGH CR 1996, 674 bzw. musste
sie unter altem Recht gehen: OLG Stuttgart NJW 1989, 2633 – *Hardlock-
Entferner*; OLG Düsseldorf GRUR 1990, 535 – *Hardware-Zusatz*; OLG
München GRUR 1995, 293 – *UNPROTECT*). Immer denkbar ist auch ein
Anspruch nach **§ 823 BGB wegen Eingriffs in den eingerichteten und ausgeübten Gewerbebetriebs**, der z.b. bei der Verwendung gefälschter Seriennum-
mern in Betracht kommt, oder als **sittenwidrige Schädigung nach § 826 BGB**
(Wandtke/Bullinger/*Grützmacher*[2] Rn. 27; OLG Frankfurt NJW 1996, 264 f.
– *Piratenkarte*).

2. Spezielle Regelungen der §§ 95a ff. und des ZKDSG, Strafrecht

Die neue Regelungen der §§ 95a ff. sind nach § 69a Abs. 5 auf Computer- **15**
programme nicht anwendbar (vgl. § 69a Rn. 44 ff.). Allerdings gibt es Fälle, in
denen es zu Überschneidungen kommen kann (dazu vgl. Vor §§ 69a ff.
Rn. 27 ff.). Die Anwendbarkeit des ZKDSG ist nicht eingeschränkt; doch
erfasst dessen Anwendungsbereich Computerprogramme nicht. Allerdings
hat das **41. Strafrechtsänderungsgesetz** 2007 einige neue Tatbestände in Bezug
auf Computerkriminalität eingeführt, insbesondere den neugefassten § 202a
StGB (Überwindung Zugangssicherung) und die neuen § 202b StGB (Abfangen von Daten) sowie § 202c StGB (Vorbereiten des Ausspähens und Abfangens von Daten), hierzu *Gröseling/Höfinger* MMR 2007, 549. Unklar bleibt
uns dabei das Verhältnis dieser offensichtlich in Teilen mit §§ 95a ff., 108b
UrhG parallel laufenden Vorschriften (vgl. Vor §§ 95a ff.).

---

§ 69g Anwendung sonstiger Rechtsvorschriften; Vertragsrecht

**(1) Die Bestimmungen dieses Abschnitts lassen die Anwendung sonstiger
Rechtsvorschriften auf Computerprogramme, insbesondere über den Schutz
von Erfindungen, Topographien von Halbleitererzeugnissen, Marken und den
Schutz gegen unlauteren Wettbewerb einschließlich des Schutzes von Ge-
schäfts- und Betriebsgeheimnissen, sowie schuldrechtliche Vereinbarungen
unberührt.**

**(2) Vertragliche Bestimmungen, die in Widerspruch zu § 69d Abs. 2 und 3 und
§ 69e stehen, sind nichtig.**

Übersicht

I. Allgemeines

1 Die Vorschrift entspricht weitgehend **Art. 9 Abs. 1 Software-RL**, wonach Ansprüche neben dem Urheberrecht bestehen bleiben sollen. Die Vorschrift stellt aber auch klar, dass abweichende vertragliche Vereinbarungen in bestimmten Grenzen zulässig sind.

II. Abgrenzung zu anderen Schutzinstrumenten

2 Wir hatten (vgl. Vor §§ 69a ff. Rn. 25 ff.) bereits einen Überblick gegeben, den wir hier vertiefen. Dabei ist aber zu beachten, dass die **Aufzählung** in Abs. 1 **nicht abschließend** ist (RegE ÄndG 1992 – BT-Drucks. 12/4022, S. 15). Weitergehende Ansprüche, etwa aus §§ 823, 826 BGB (Dreier/Schulze/*Dreier*[2] Rn. 1) sollen durch die Aufzählung nicht ausgeschlossen werden (zu diesen vgl. § 69f Rn. 14 f.).

1. Patentrecht

3 Während § 2 Abs. 1 Nr. 1 die Computerprogramme ausdrücklich den Sprachwerken und damit dem Urheberrechtsschutz zuordnet, erklären § 1 Abs. 2 Nr. 3 PatG und Art. 52 Abs. 2 lit. c) EPÜ ebenso klar und eindeutig, dass Programme für Datenverarbeitungsanlagen *„als solche"* nicht als Erfindungen anzusehen seien. Dies bedeutet aber keinesfalls, dass Computerprogramme etwa nicht patentfähig wären: Das Europäische Patentamt hat bis Ende 1997 insgesamt etwa 20 000 Patente, nach Schätzungen des gegenüber Software-Patenten kritisch eingestellten FFII (Förderverein für eine Freie Informationelle Infrastruktur e.V.) sind es bisher 30.000 (http://eupat.ffii.org/patente/zahlen/; abgerufen am 01.09.2007) für softwarebezogene Erfindungen erteilt (so der Präsident des Europäischen Patentamtes, Kober, auf einer Konferenz im März 1998 in London), und auch das Deutsche Patentamt sowie die Rechtsprechung erkennen schon seit Jahren an, dass technische Lösungen, die mit Hilfe von Computerprogrammen umgesetzt werden, als Erfindungen patentfähig sein können.

4 Eine *„Lehre zum technischen Handeln"*, wie sie für die Patentfähigkeit erforderlich ist, kann danach bei Computerprogrammen dann vorliegen, wenn sich die Lehre nicht in der Auswahl, Gliederung und Zuordnung von Daten erschöpft, sondern die Funktionsfähigkeit der Datenverarbeitungsanlage als solcher betrifft und damit das unmittelbare Zusammenwirken ihrer Elemente ermöglicht (BGH GRUR 1992, 33 – *Seitenpuffer*). Ein Ordnungssystem rein gedanklicher Art, das durch Auswahl, Einreihung und Einordnung von Bedeutungsinhalten (Adressen) geprägt ist und sich keiner Mittel bedient, die

technisches Gebiet betreffen und sich außerhalb der menschlichen Verstandestätigkeit befinden, stellt demgegenüber keine technische Lehre dar (BGH
GRUR 1992, 36 – *Chinesische Schriftzeichen*). Außerhalb von die Arbeitsweise der Datenverarbeitungsanlage betreffenden Entwicklungen liegt eine
Lehre zum technischen Handeln beim Computerprogrammen dann vor,
wenn der Betrieb bestimmter (technischer) Geräte nach einer bestimmten
Rechenregel automatisch ohne Einschaltung menschlicher Verstandestätigkeit
ermöglicht wird (BGH GRUR 1992, 430, 432 – *Tauchcomputer*; BPatG
GRUR 1992, 681, 682 – *Herstellungsverfahren für ein elektronisches Gerät*).

Grundsätzlich gilt also, dass ein Computerprogramm patentfähig ist, wenn es **5**
ein **technisches Problem** löst, technische Mittel verwendet oder eine technische
Wirkung hat (dazu im Übrigen *Betten* GRUR 1995, 775 ff.; *Hübner* GRUR
1994, 883, 883 ff.; *Junker* NJW 1993, 824, 826 f.; *Sack* UFITA 121 (1993), 15,
40; *Ullmann* CR 1992, 641, 646 f.; Benkart/*Bruchhausen* § 1 PatG Rn. 104;
Kilian/Heussen/v. Gravenreuth, Kap. 51; Lehmann/*Kraßer* S. 221 ff.). Mitte
der 90er Jahre erkannte das Europäische Patentamt sogar die Patentfähigkeit
eines Computerprogramms an, das Management- und Verwaltungsfunktionen
ausführt, weil zu dessen Realisierung „technische Überlegungen" angestellt
werden müssen (EPA CR 1995, 208 – *Sohei/Computer-Management-System*).
Diese Entwicklung ist ein wenig rückläufig (*Wimmer-Leonhardt* WRP 2007,
273).

Die Europäische Union hatte versucht, sich auf eine **Richtlinie zu computer- 6**
implementierten Erfindungen** zu einigen (ursprünglicher Entwurf: Vorschlag
für eine Richtlinie des Europäischen Parlaments und des Rates über die
Patentierbarkeit computerimplementierter Erfindungen, *ABl. C 151E vom
25.06.2002, S. 129;* zur Gesetzgebungsgenese: http://ec.europa.eu/inter-
nal_market/indprop/comp/index_de.htm, abgerufen am 29.12.2007). Sofern
für ein Computerprogramm ein Patent erteilt wird, bestehen Patentschutz und
Urheberrechtsschutz nebeneinander; sie schließen einander also nicht aus,
sondern ergänzen sich (so auch BGH GRUR 1991, 449, 450 – *Betriebssystem*). Dies steht nicht im Widerspruch zu den an sich klaren gesetzlichen
Vorgaben der §§ 2 Abs. 1 Nr. 1 UrhG, 1 Abs. 2 Nr. 3 PatG und Art. 52 Abs. 2c
EPÜ, weil die Schutzrichtung von Urheberrecht und Patentrecht grundsätzlich
eine andere ist: Während das Urheberrecht nur die konkrete Form, die der
zugrundeliegende Gedanke in der Programmiersprache gefunden hat, schützt,
aber die zugrundeliegende Idee als solche frei lässt, **schützt das Patent** an einem
Computerprogramm **dessen „Erfindungsgedanken",** also die zugrundeliegende technische Idee (dazu auch vgl. § 69b Rn. 22 ff. zur Kollision von
§ 32 und ArbEG). Deshalb wird auch das Urheberrecht an einem Computerprogramm nicht verletzt, wenn das jüngere Programm die zugrundeliegende
Idee anders verwirklicht (vgl. § 69c Rn. 22 f.), während es ein an dem Computerprogramm bestehendes Patent verletzen würde, wenn es dieselbe technische Idee verwirklicht. Denkbar ist im Übrigen auch ein „kleiner Patentschutz" über ein Gebrauchsmuster (Lehmann/*v. Falckenstein*, S. 319 ff.).

2. Topographien

Soweit ein Computerprogramm in einem Hardware-Chip integriert ist (vgl. **7**
§ 69a Rn. 6; vgl. § 69c Rn. 10), bleibt der Schutz der Oberfläche des Chips, d.
h. seiner die elektrische Schaltung ermöglichenden dreidimensionalen Ausgestaltung, nach dem Halbleiterschutzgesetz unberührt. Einzelheiten bei Leh-
mann/*Koch*, S. 333 ff.; *Kilian/Heussen/v. Gravenreuth* Kap. 53.

3. Kennzeichenrecht

8 Titel von Computerprogrammen gehören zu den geschützten **Werktiteln** gem. § 5 Abs. 3 MarkenG (BGH GRUR 1997, 902, 903 – *FTOS*, BGH GRUR 1998, 155, 156 – *Power-Point*, *Lehmann* CR 1998, 2, 2 f.; *ders.* GRUR 1995, 250, 250 f.; *Nordemann*[10] Rn. 2701; a.A. *Betten* GRUR 1995, 5, 10 ff.). Voraussetzung für den Titelschutz gem. § 5 Abs. 3 MarkenG ist zunächst, dass titelmäßige Unterscheidungskraft vorliegt, der Titel des Computerprogramms also nicht aus einem reinen Gattungsbegriff besteht, sondern dazu geeignet ist, wie ein Titel zu wirken oder sich im Verkehr als schlagwortartiger Hinweis durchzusetzen (*Nordemann*[10] Rn. 2721). Fehlende Schutzfähigkeit kann durch Verkehrsgeltung ausgeglichen werden (*Nordemann*[10] Rn. 419 und 421). Der Titelschutz entsteht mit Inbenutzungnahme und erlischt mit endgültiger Benutzungsaufgabe, nicht unbedingt aber mit Ablauf der urheberrechtlichen Schutzfrist siebzig Jahre nach dem Tod des Urhebers (BGH GRUR 2003, 440, 441 – *Winnetous Rückkehr*; *Nordemann*[10] Rn. 2751 und 2876). Tatsächlich urheberrechtlich geschützt gem. § 69a Abs. 3 (vgl. § 69a Rn. 6 f.) muss ein Computerprogramm nicht sein, damit sein Titel als Werktitel gem. § 5 Abs. 3 MarkenG geschützt ist, weil insoweit ausreichend ist, dass unabhängig vom Erreichen einer etwa erforderlichen Gestaltungshöhe das Werk potentiell einem Urheberrechtsschutz zugänglich ist (OLG Hamburg CR 1995, 335, 336 – *Titelschutz für Software*, *Nordemann*[10] Rn. 2701). Es muss also lediglich ein § 69a Abs. 1 unterfallendes Computerprogramm vorliegen. Neben dem Titelschutz gem. § 5 Abs. 3 MarkenG ist es inzwischen durchaus üblich geworden, die Titel von Computerprogrammen auch als **Marke** beim Deutschen Patent- und Markenamt anzumelden (Einzelheiten zum Eintragungsverfahren bei *Nordemann*[10] Rn. 2461 ff.), um so einen effizienteren Schutz zu erreichen.

4. Unlauterer Wettbewerb

9 Trotz der niedrigen bestehenden Gestaltungshöhe für Computerprogramme durch § 69a Abs. 3 bleibt noch ein (kleiner) Anwendungsbereich für das **UWG** (BGH NJW 1996, 197, 197 – *Umgehungsprogramm*; LG Oldenburg GRUR 1996, 481, 484 – *Subventions-Analyse-System*, *Paschke/Kerfak* ZUM 1996, 498, *Raubenheimer* CR 1996, 342, 343; *ders.* CR 1994, 129, 132; Lehmann/ *Lehmann* S. 383 ff., S. 503; ausführlich zum wettbewerbsrechtlichen Softwareschutz *Raubenheimer* CR 1994, 264; einschränkend LG Mannheim NJW 1995, 3322, 3323; *König* NJW 1995, 3293, 3295). Selbstverständlich müssen die allgemeinen wettbewerbsrechtlichen Anspruchsvoraussetzungen, also insbesondere eine Wettbewerbshandlung (§ 2 Abs. 1 UWG) vorliegen (hierzu und insbesondere zu der neuen Fallgruppe des Substitutionswettbewerbs vgl. Vor §§ 87a ff. Rn. 31).

10 In Frage kommen zunächst die Fälle einer **unlauteren unmittelbaren Leistungsübernahme** gem. §§ 3, 4 Ziff. 9 UWG. Aufgrund des wettbewerbsrechtlichen Grundsatzes, dass die Nachahmung nicht sonderrechtlich geschützter Erzeugnisse grundsätzlich frei ist, müssen allerdings neben dem bloßen Nachahmungstatbestand noch besondere Umstände hinzutreten, die die Unlauterkeit begründen (zu Computerprogrammen OLG Köln CR 1998, 199, 201 f. – *Geheimnisverrat in der Computertechnologie*). Dies kann bei Vorliegen wettbewerblicher Eigenart des Computerprogrammes eine vermeidbare Herkunftstäuschung sein (hierzu LG Frankfurt am Main CR 2007, 424, 425 f. –

Bildschirmmaske für ein überragend bekanntes Online-Buchungssystem für Reiseveranstalter), aber z.B. auch die Ausnutzung einer Markterschließung, die planmäßige Nachahmung oder die unmittelbare Leistungsübernahme ohne Hinzufügen eigener Leistungen (*Nordemann*[10] Rn. 1621 ff. m.w.N.). Dabei ist aber zu beachten, dass der BGH seit kurzem für die Herkunftstäuschung eine gewisse Bekanntheit des nachgeahmten Produktes fordert (BGH GRUR 2002, 629, 631 – *Blendsegel*). Des Weiteren kann unlauterer Behinderungswettbewerb gem. § 3, 4, Ziff. 10 UWG vorliegen, wenn ein Programm zur Umgehung des Dongles (vgl. § 69f Rn. 14) eines anderen Programmes angeboten wird (BGH NJW 1996, 197, 197 – *Umgehungsprogramm* = CR 1996, 79 m. Anm. Lehmann; OLG München CR 1996, 357 – *Unprotect;* OLG München CR 1996, 11, 16 – *Dongle*).

Den wettbewerbsrechtlichen Schutz gegen das **Einschieben in eine fremde Serie**   **11**
(Lego-Rechtsprechung; BGHZ 41, 55 – *Klemmbausteine I;* BGH GRUR 1992, 619 – *Klemmbausteine II*) gibt es allerdings so nicht mehr (hierauf noch abstellend Wandtke/Bullinger/*Grützmacher*[2] Rn. 31; nunmehr BGH GRUR 2005, 349 – *Klemmbausteine III*; insofern ist die Entscheidung OLG Hamburg CR 1998, 332, 335 – *Computerspielzeugergänzung* überholt).

Sofern es sich bei dem Computerprogramm um ein Geschäfts- und Betriebs-   **12**
geheimnis handelt, kommen gegenüber **Rechtsverletzungen auch die Ansprüche der §§ 17 und 18 UWG** in Betracht (Lehmann/*Buchner* S. 454 ff.; OLG Köln CR 1998, 199, 200 f. – *Geheimnisverrat in der Computertechnologie*). Die §§ 17 und 18 UWG sind auch dann anwendbar, wenn es sich bei dem Betriebs- und Geschäftsgeheimnis um die einem Computerprogramm oder einer Schnittstelle zugrundeliegenden Ideen und Grundsätze handelt, die gem. § 69a Abs. 2 S. 2 für grundsätzlich nicht geschützt erklärt werden. Dies ist kein Wertungswiderspruch, weil § 69a Abs. 2 S. 2 an diesen Ideen und Grundsätzen lediglich kein Dritten gegenüber wirkendes Monopolrecht verleihen will, die §§ 17 und 18 UWG aber den Verrat von Geschäfts- oder Betriebsgeheimnissen bzw. die Vorlagenfreibeuterei bestrafen wollen (a.A. *Lehmann* NJW 1991, 2112, 2117). Wie wertvoll geheimes, nicht sondergesetzlich geschütztes Know-How sein kann, zeigt das Beispiel des Coca-Cola-Rezepts.

5. Geschmacksmusterrecht

Auch wenn nicht ausdrücklich erwähnt, kann neben dem urheberrechtlichen   **13**
Schutz eines Computerprogramms auch **geschmacksmusterrechtlicher Schutz** bestehen. Dieser kommt allerdings nicht für das Programm selbst, sondern nur für Bildschirmmasken oder Bildschirmikons in Betracht, also Computergrafik im weiteren Sinne (Lehmann/*v. Falckenstein* S. 329 f.; auch vgl. § 69a Rn. 3). Hier ist insbesondere das neue nicht eingetragene EU-Geschmacksmuster zu erwähnen (dazu *Gottschalk/Gottschalk* GRUR Int. 2006, 461 ff.; *Oldekop* WRP 2006, 801 ff.).

6. Know How Schutz

Software wird i.d.R. im Quellcode verschlüsselt, so dass sich darin Knowhow   **14**
manifestiert (zum Begriff z.B. GVO TT). Dieses Knowhow ist – anders als herkömmlicherweise z.B. im Anlagenbau o.ä. – sogar noch durch das Dekompilierungsverbot des § 69e besonders geschützt. Unabhängig davon ist es natürlich denkbar, dass über dieses oder anderes KnowHow übliche

Knowhow Lizenzen geschlossen werden. Aber auch jenseits der Quellcodes sind Gegenstände denkbar, die bei der Erstellung von Computerprogrammen anfallen, und KnowHow Schutz unterliegen, wie z.b. Strukturpläne oder Vertriebsverteilpläne. Der BGH hat erst jüngst die Anforderungen an die Schutzfähigkeit von Knowhow gesenkt (BGH GRUR 2006, 1044 – *Kundendatenprogramm* und dazu *Westermann* GRUR 2007, 116).

7. Schuldrechtliche Vereinbarungen

15 Aus dem Zusammenhang der Vorschrift folgt, dass **vertragliche Vereinbarungen** in Abweichung zu den §§ 69b bis 69d Abs. 1 unberührt bleiben. Vertragliche Vereinbarungen in Abweichung zu den §§ 69a, 69f und 69g sind denknotwendig nicht möglich, weil es sich insoweit einerseits um die gesetzlichen Schutzvoraussetzungen für Computerprogramme handelt und andererseits um Ansprüche bzw. Rechtsfolgen, was vertraglich nicht dispositiv ist. **Abweichungen zu** § **69d** Abs. 1 sind allerdings nur insoweit zulässig, als sie **nicht den Kernbereich** der Vorschrift tangieren (vgl. § 69d Rn. 27). Darüber hinaus bleibt das Recht der **Allgemeinen Geschäftsbedingungen** auch auf Verträge über Computerprogramme anwendbar (*Marly* NJW-CoR 4/93, 21, 24; *Zahrnt* CR 1994, 455, 458 vgl. Vor §§ 69a ff. Rn. 13 f.).

III. Abweichende vertragliche Bestimmungen (Abs. 2)

16 Abs. 2 erklärt vertragliche Bestimmungen, die im Widerspruch zu § 69d Abs. 2 (Sicherungskopie) und 3 (Beobachten und Testen) sowie § 69e (Dekompilierung) stehen, für **nichtig.** Da die Vorschrift des § 69d Abs. 1 (Bestimmungsgemäße Benutzung) nicht ausdrücklich erwähnt ist, kann man wohl auch nicht davon sprechen, dass dem Programmbenutzer durch die Vorschrift des Abs. 2 gewisse Mindestrechte gesichert werden sollen; diese finden sich in § 69d. Es ist wohl eher davon auszugehen, dass der Gesetzgeber sicherstellen wollte, dass von den drei genannten Vorschriften einschränkungslos nicht abgewichen werden sollte. Im Detail siehe aber jeweils bei den eben genannten Vorschriften.

Teil 2   **Verwandte Schutzrechte**

Abschnitt 1   **Schutz bestimmter Ausgaben**

Vorbemerkung

Die verwandten Schutzrechte der §§ 70 und 71 sind eher dem wissenschaftli- **1** chen Bereich zuzuordnen. § 70 schützt die unterhalb des Werkschutzes liegende Leistung, gemeinfreie Werke oder nicht geschützte Texte zu sichten und in einer Ausgabe zusammenzustellen. Schutz entsteht nicht an dem gemeinfreien Werk oder Text, sondern nur an der wissenschaftlichen Leistung. Demgegenüber schützt § 71 nicht eine wissenschaftliche Leistung als solche, sondern gewährt Schutz für die Erstausgabe oder die erstmalige öffentliche Wiedergabe eines nicht erschienenen Werkes. Der Schutz umfasst das vollständige gemeinfreie Werk, das insoweit für die Dauer des verwandten Schutzrechts „remonopolisiert" wird. Die §§ 70 und 71 fristen in der Praxis eher ein Schattendasein; veröffentlichte Entscheidungen finden sich nur vereinzelt. Das mag daran liegen, dass man sich im wissenschaftlichen Bereich nicht vor Gericht streitet (Schricker/*Loewenheim*[3] § 70 Rn. 2). Jedenfalls § 71 ist aktuell durch die spektakuläre Himmelsscheibe von Nebra (LG Magdeburg GRUR 2004, 672) und den Streit um die Vivaldi-Oper Motezuma (OLG Düsseldorf GRUR 2006, 673) etwas stärker in den Fokus der (urheberrechtlichen) Öffentlichkeit gelangt (vgl. § 71 Rn. 13 ff.).

§ 70   Wissenschaftliche Ausgaben

(1) Ausgaben urheberrechtlich nicht geschützter Werke oder Texte werden in entsprechender Anwendung der Vorschriften des Teils 1 geschützt, wenn sie das Ergebnis wissenschaftlich sichtender Tätigkeit darstellen und sich wesentlich von den bisher bekannten Ausgaben der Werke oder Texte unterscheiden.

(2) Das Recht steht dem Verfasser der Ausgabe zu.

(3) [1]Das Recht erlischt fünfundzwanzig Jahre nach dem Erscheinen der Ausgabe, jedoch bereits fünfundzwanzig Jahre nach der Herstellung, wenn die Ausgabe innerhalb dieser Frist nicht erschienen ist. [2]Die Frist ist nach § 69 zu berechnen.

Übersicht

I.   Allgemeines

1.   Bedeutung, Sinn und Zweck der Norm, systematische Stellung im Gesetz

1   Die Herausgabe eines alten, urheberrechtlich nicht geschützten Werkes oder Textes wie beispielsweise unvollständig oder tw. verloren gegangener musikalischer Kompositionen, alter, noch nicht gedruckter Handschriften oder (nicht mehr) vollständig vorhandener alter Texte erfordert häufig eine bedeutende wissenschaftliche Arbeit und erhebliche Investitionen (RegE UrhG – BT-Drucks. IV/270 [zu § 80], S. 87). Da die wissenschaftliche Aufarbeitung, Ergänzung vorhandener Lücken und Erläuterung durch Anmerkungen jedoch nicht immer die Voraussetzungen der persönlichen geistigen Schöpfung für den Werkschutz (§ 2 Abs. 2) erreichen, gewährt § 70 einen **Schutz der wissenschaftlichen Leistung und der Investition** unterhalb des urheberrechtlichen Werkschutzes (RegE UrhG – BT-Drucks. IV/270 [zu § 80], S. 87) mit einer Schutzdauer von 25 Jahren nach dem Erscheinen sowie beschränkt auf die wissenschaftliche Leistung; das zugrunde liegende Werk und der zugrunde liegende Text bleiben gemeinfrei.

2   § 70 bestimmt einheitlich sowohl die Schutzvoraussetzungen (Abs. 1) als auch den Rechtsinhaber (Abs. 2) und die Schutzfrist (Abs. 3).

2.   Früheres Recht

3   Vor Inkrafttreten des UrhG bestand ein Schutz für wissenschaftliche Ausgaben nur dann, wenn der Verfasser Lücken einer musikalischen Komposition oder eines Textes durch eigene Schöpfungen ausgefüllt oder den Text durch Anmerkungen erläutert hatte und die Hinzufügungen oder Anmerkungen als persönliche geistige Schöpfungen Werkqualität erreichten; LUG und KUG kannten keine verwandten Schutzrechte (vgl. § 71 Rn. 4) und somit auch keinen § 70 vergleichbaren Schutz. Die Unzuträglichkeiten, die dadurch entstanden, dass die unterhalb des Werkschutzes liegende wissenschaftliche Leistung ungeschützt blieb und somit auch für die in eine wissenschaftliche Ausgabe zu tätigenden Investitionen kein Schutz bestand, wurde mit Einführung von § 70 geschlossen (RegE UrhG – BT-Drucks. IV/270 [zu § 80], S. 87). Die Schutzdauer betrug zunächst 10 Jahre ab Erscheinen bzw. Herstellung bei Nichterscheinen und wurde durch das ProdPiratG zum 01.07.1990 auf 25 Jahre ab Erscheinen bzw. Herstellung bei Nichterscheinen heraufgesetzt (RegE ProdPiratG – BT-Drucks. 11/5744, S. 36).

3.   EU-Richtlinien

4   Art. 5 der Schutzdauer-RL enthält ein **fakultatives** verwandtes Schutzrecht für kritische und wissenschaftliche Ausgaben von gemeinfrei gewordenen Werken mit einer Schutzdauer von maximal 30 Jahren ab dem Erscheinen. Damit wurde lediglich eine begrenzte Harmonisierung für die Mitgliedsstaaten geschaffen, die ein solches verwandtes Schutzrecht bereits besaßen oder es einführen wollten; eine Verpflichtung zur Einführung eines solchen verwandten Schutzrechtes besteht hingegen nicht (ErwG 20 Schutzdauer-RL; Walter/ *Walter* Art. 5 Schutzdauer-RL Rn. 1 und 5). Die Mitgliedsstaaten sind dabei relativ frei: Sie können die Schutzvoraussetzungen frei regeln und müssen lediglich beachten, dass nur wissenschaftlich-kritische Ausgaben an gemeinfreien Werken geschützt werden und die Schutzdauer 30 Jahre ab dem Erscheinen nicht überschritten (Walter/*Walter* Art. 5 Schutzdauer-RL Rn. 5 und 6).

In Deutschland wurde § 70 nicht verändert und bei Umsetzung der Schutz-dauer-RL auch die damals bereits existierende Schutzfrist von 25 Jahren ab Erscheinen bzw. ab Herstellung bei Nichterscheinen bestehen gelassen (Walter/ *Walter* Art. 5 Schutzdauer-RL Rn. 8).

4. Internationales Urheberrecht

Die internationalen Konventionen enthalten keine Bestimmungen über wis- **5** senschaftliche Ausgaben unterhalb des urheberrechtlichen Werkschutzes.

5. Verwertungsgesellschaften

Die Wahrnehmung der Rechte an wissenschaftlichen Ausgaben von Musik- **6** werken erfolgt durch die

> VG Musikedition – Verwertungsgesellschaft zur Wahrnehmung von Nut-zungsrechten an Editionen (Ausgaben) von Musikwerken – rechtskräftiger Verein kraft Verleihung
> Königstor 1A
> 34117 Kassel
> Tel.: 0561–1096560
> Fax: 0561–10965620
> Email: info@vg-musikedition.de
> Internet: vg-musikedition.de

Mitglied der VG Musikedition können Herausgeber und Verfasser, Verleger **7** sowie Komponisten und Textdichter werden. Die VG Musikedition nimmt vor allem die Zweitverwertungsrechte im Zusammenhang mit § 46 (Schulbücher) und § 53 Abs. 4 (Fotokopierverbot für Musiknoten) wahr und räumt die sich aus den §§ 70 und 71 UrhG ergebenen Verwertungsrechte an Notenausgaben ein (vor allem Aufführungsrechte, Senderechte und mechanische Vervielfälti-gungsrechte); sie nimmt ferner die daraus resultierenden gesetzlichen Ver-gütungsansprüche (vor allem §§ 27, 54) wahr. Ausgenommen hiervon sind lediglich die bühnenmäßigen Verwertungen, die den Rechteinhabern (und ihren Verlegern) selbst vorbehalten sind (*Krauss* GEMA-Nachrichten 06/2003 S. 120 f.; weitere Einzelheiten unter www.vg-musikedition.de).

6. Verhältnis zum Werkschutz

§ 70 gewährt Schutz für die wissenschaftliche Ausgabe unterhalb des Werk- **8** schutzes (vgl. Rn. 1). Ergänzungen des Originaltextes oder der Originalkom-position, der Fußnotenapparat, Berichte, Abhandlungen oder Anmerkungen über oder zu dem gemeinfreien Original führen häufig zu einem urheberrecht-lichen Schutz als **Schriftwerk** (§ 2 Abs. 1 Nr. 1) oder als Werk der Musik (§ 2 Abs. 1 Nr. 2); gegebenenfalls kann auch ein Schutz als **Sammelwerk** (§ 4) entstehen. Wenn das gemeinfreie Werk **bearbeitet** wurde, kann auch § 3 heran-zuziehen sein (Schricker/*Loewenheim*[3] Rn. 3). Ebenso wie dies in den Berei-chen der Fotografie mit § 2 Abs. 1 Nr. 5 und § 72 sowie beim Film mit §§ 2 Abs. 1 Nr. 6 und 94 der Fall ist, bestehen urheberrechtlicher Werkschutz und verwandtes Schutzrecht auch bei den wissenschaftlichen Ausgaben neben-einander.

II. Tatbestand (Abs. 1)

9 Das verwandte Schutzrecht wird gewährt an einer Ausgabe (vgl. Rn. 10) eines urheberrechtlich nicht geschützten Werkes oder Textes (vgl. Rn. 11 ff.), wenn sie das Ergebnis wissenschaftlich sichtender Tätigkeit darstellt (vgl. Rn. 15) und sich wesentlich von den bisher bekannten Ausgaben des Werkes oder Textes unterscheidet (vgl. Rn. 16).

1. Ausgabe

10 Unter einer Ausgabe im Sinne von § 70 ist **jede Form der Festlegung der wissenschaftlichen Leistung** zu verstehen (Dreier/Schulze/*Dreier*[2] Rn. 6; HK-UrhR/*Meckel* Rn. 5; etwas enger Wandtke/Bullinger/*Thum*[2] Rn. 4: originales Manuskript des Wissenschaftlers). Die Herausgabe in Druckform genügt dabei dem Begriff der Ausgabe ebenso wie in elektronischer Form beispielsweise auf CD-ROM, Bild- oder Tonträger sowie im Internet (Loewenheim/*Axel Nordemann* § 44 Rn. 4; Schricker/*Loewenheim*[3] Rn. 5; HK-UrhR/*Meckel* Rn. 5). Fehlt es an einer Festlegung wie beispielsweise bei einem bloßen Vortrag, der nicht in Form eines Manuskriptes oder von Tagungsunterlagen fixiert wird, ist der Begriff der Ausgabe nicht erfüllt (Loewenheim/*Axel Nordemann* § 44 Rn. 4). Im Umkehrschluss aus dem weiteren Tatbestandsmerkmal der wesentlichen Unterscheidung von bisher bekannten Ausgaben (vgl. Rn. 16) folgt, dass es sich bei der Ausgabe im Sinne von § 70 nicht um eine Erstausgabe handeln muss, sondern dass es genügt, wenn bereits bekannte Werke und Texte erneut herausgegeben werden (Loewenheim/*Axel Nordemann* § 44 Rn. 4; *Ulmer*[3] S. 507; Schricker/*Loewenheim*[3] Rn. 5).

2. Urheberrechtlich nicht geschütztes Werk oder Text

11 Das verwandte Schutzrecht kann nur an einem urheberrechtlich nicht geschützten Werk oder Text entstehen. Dabei kommen **alle Werkarten des § 2** in Betracht, also Texte, Noten, Landkarten, Inschriften, Filme, Bilder, Zeichnungen, Baupläne, selbst Computerprogramme (Loewenheim/*Axel Nordemann* § 44 Rn. 6; Wandtke/Bullinger/*Thum*[2] Rn. 2). Warum der Urheberrechtsschutz fehlt, ist unerheblich: Der Schutz kann fehlen, weil sie **gemeinfrei** geworden sind durch Ablauf der Schutzfrist (§ 64), es sich um amtliche Werke handelt (§ 5), **kein Inlandsschutz** besteht (§§ 120 ff.) oder die **Gestaltungshöhe** (§ 2 Abs. 2) **nicht erreicht** worden ist. Letzteres ist **streitig:** Die h.M. verlangt, dass „Werke" im Sinne von § 70 auch das Kriterium der persönlichen geistigen Schöpfung gem. § 2 Abs. 2 erfüllen müssten (so noch die Vorauflage/*Hertin* Rn. 2; HK-UrhR/*Meckel* Rn. 5; Schricker/*Loewenheim*[3] Rn. 5; Wandtke/Bullinger/*Thum*[2] Rn. 4 ff.; wie hier Dreier/Schulze/*Dreier*[2] Rn. 5; Loewenheim/*Axel Nordemann* § 44 Rn. 6). Der h.M. ist zwar zuzugeben, dass die Legaldefinition des Werkes aus § 2 Abs. 2 folgt und § 70 zwischen Werken und Texten unterscheidet, was sinnlos wäre, wenn für das Werk das **Vorliegen einer persönlichen geistigen Schöpfung nicht erforderlich** wäre (Wandtke/Bullinger/*Thum*[2] Rn. 5 f.). § 70 will jedoch die wissenschaftliche Tätigkeit schützen. Würde man tatsächlich für erforderlich halten, dass ein Werk i.S.v. § 70 nur ein solches sein könne, dass die Anforderungen an den Werkschutz gem. § 2 Abs. 2 erfüllt, hinge das Entstehen des verwandten Schutzrechts von etwas ab, das weder den Gegenstand des verwandten Schutzrechts bildet noch daran selbst Teil hat. Außerdem müssten sonst sehr alte Werke wie beispielsweise eine alte Landkarte, ein alter Film oder eine Höhlenzeichnung aus der Steinzeit mit den heutigen von der Rechtsprechung an den Werkschutz gestellten Maßstäben gemessen werden, ob es sich bei ihnen um eine persönliche geistige Schöpfung handelt (Loewenheim/*Axel Nordemann* § 44 Rn. 6). Die gleichzeitige Nennung der Texte in § 70 erlaubt auch nicht einen Umkehrschluss, dass deshalb mit Werken nur persönliche geistige Schöpfungen gemeint sind (so Wandtke/Bullinger/*Thum*[2] Rn. 7); vielmehr ist die gleichzeitige Nennung der Texte lediglich historisch bedingt (Dreier/Schulze/*Dreier*[2] Rn. 5).

An **urheberrechtlich noch geschützten** Werken kann das verwandte Schutzrecht **12** nicht entstehen. Die wissenschaftliche Leistung an urheberrechtlich noch geschützten Werken bleibt entweder ungeschützt, wenn sie für sich betrachtet das Niveau einer persönlichen geistigen Schöpfung gem. § 2 Abs. 2 nicht erreicht, oder unterfällt eben selbst dem Werkschutz, wenn dessen Voraussetzungen erfüllt sind. In Betracht kommt dann entweder ein abhängiger Werkschutz als Bearbeitung über § 3 oder ein unabhängiger Werkschutz direkt über § 2.

Maßgeblicher Zeitpunkt für das Fehlen des urheberrechtlichen Schutzes ist das **13** Erscheinen der Ausgabe; ist das Werk, an dem die wissenschaftliche Leistung erbracht wird, im Zeitpunkt der Herstellung der Ausgabe noch geschützt, spielt dies für § 70 keine Rolle, solange die Gemeinfreiheit mit dem Erscheinen der wissenschaftlichen Ausgabe eingetreten ist (Loewenheim/*Axel Nordemann* § 44 Rn. 7). War ein Werk im Zeitpunkt des Erscheinens der Ausgabe gemeinfrei, ist die Gemeinfreiheit jedoch später entfallen, beispielsweise weil infolge eines Staatsvertrages rückwirkend Schutz gewährt wird, bleibt der einmal entstandene Schutz bestehen; die Nutzung darf allerdings analog § 137f Abs. 3 nur gegen Zahlung einer angemessenen Vergütung fortgesetzt werden (Loewenheim/*Axel Nordemann* § 44 Rn. 7).

Die Voraussetzung des urheberrechtlich nicht geschützten Werkes ist **objektiv** zu **14** bestimmen. Der Wissenschaftler, der irrig annimmt, ein Werk sei gemeinfrei, obwohl es noch urheberrechtlich geschützt ist, erhält für seine Leistung kein verwandtes Schutzrecht; Irrtümer über das Bestehen des urheberrechtlichen Schutzes oder die Dauer der Schutzfrist sind grundsätzlich unbeachtlich (BGH GRUR 1999, 49, 52 – *Bruce Springsteen and his Band*; vgl. § 97 Rn. 65 f.).

3.   Ergebnis wissenschaftlich sichtender Tätigkeit

Die Ausgabe ist nur dann ein Ergebnis wissenschaftlich sichtender Tätigkeit, **15** wenn der Verfasser **wissenschaftlich fundiert** gegenübergestellt, verglichen und kritisch gesichtet hat, er **sichtend, ordnend und abwägend** unter Verwendung **wissenschaftlicher Methoden** tätig war (BGH GRUR 1975, 667, 668 – *Reichswehrprozess*). Begleitende Fußnoten und Zitate können dafür ebenso einen Anhaltspunkt liefern wie die präzise Kenntlichmachung ergänzender und vervollständigender Eingriffe (BGH GRUR 1975, 667, 668 – *Reichswehrprozess*; Dreier/Schulze/*Dreier*[2] Rn. 7). Die Rekonstruktion des gemeinfreien Werkes oder Textes muss grundsätzlich **mehr sein als die bloße Wiedergabe** von Tatsachen oder die Veröffentlichung eines aufgefundenen Textes ohne text- und quellenkritische Arbeit (RegE UrhG – BT-Drucks. IV/270 [zu § 80], S. 87; BGH GRUR 1975, 667, 668 – *Reichswehrprozess*; Schricker/*Loewenheim*[3] Rn. 6; Wandtke/Bullinger/*Thum*[2] Rn. 9). **Beispiele:** Quellenkritische Rekonstruktion der acht Verhandlungstage vor dem Reichsgericht zum so genannten „Reichswehrprozess" in den Jahren 1928 und 1929 (BGH GRUR 1975, 667 – *Reichswehrprozess*), Modernisierung der Rechtschreibung und Zeichensetzung von Werken des Philosophen Schopenhauer mit Einfügungen altsprachlicher Übersetzungen und deren Berichtigung, Hinzufügung textkritischer Nachworte zu Textunterschieden, Sortierung der Schriften in die editorisch richtige Reihenfolge und Hinzufügung eines textkritischen Nachwortes samt eines Personen- und Begriffsregisters (KG GRUR 1991, 596 – *Schopenhauer-Ausgabe*; Schutzfrist von § 70 war abgelaufen, aber ergänzend Urheberrechtsschutz bejaht) oder etwa Ausgaben alter Notenhandschriften in moderner Notation (Walter/*Walter* Art. 5 Schutzdauer-RL Rn. 2).

4. Wesentliche Unterscheidung von den bisher bekannten Ausgaben des Werkes oder Textes

16 Das Leistungsschutzrecht entsteht nur, wenn sich die (neue) Ausgabe von den bisher bestehenden Ausgaben des gemeinfreien Werkes oder Textes wesentlich unterscheidet. Im Sinne einer negativen Abgrenzung bedeutet dies zunächst, dass überhaupt eine ältere Ausgabe vorhanden sein muss; gibt es keine bisher bekannten Ausgaben, entsteht der Schutz nach § 70, sofern die übrigen Voraussetzungen erfüllt sind (Dreier/Schulze/*Dreier*[2] Rn. 8; Loewenheim/*Axel Nordemann* § 44 Rn. 9; Schricker/*Loewenheim*[3] Rn. 7). Denn das Kriterium der wesentlichen Unterscheidung dient in erster Linie der Rechtssicherheit und soll verhindern, dass mehrere Ausgaben eines Werkes oder Textes geschützt sind, die im Falle der Verwertung kaum auseinander gehalten werden können (RegE UrhG – BT-Drucks. IV/270, [zu § 80] S. 87). Da es sich bei § 70 um ein Leistungsschutzrecht handelt, das unterhalb des Werkschutzes angesiedelt ist, kann die wesentliche Unterscheidung auch nicht in analoger Anwendung der Abgrenzung zwischen unfreier Bearbeitung und freier Benutzung gem. §§ 23 und 24 gesucht werden (so aber HK-UrhR/*Meckel* Rn. 7; *v. Gamm* Rn. 7), sondern ausschließlich anhand des Zweckes des Kriteriums, nämlich Rechtssicherheit zu schaffen: Eine Ausgabe **unterscheidet sich immer dann wesentlich** von einer vorbestehenden, wenn im Rahmen der Verwertung mit Sicherheit festgestellt werden kann, welche Ausgabe benutzt worden ist (RegE UrhG – BT-Drucks. IV/270, [zu § 80] S. 87; Dreier/Schulze/*Dreier*[2] Rn. 8; Loewenheim/*Axel Nordemann* § 44 Rn. 8; Schricker/*Loewenheim*[3] Rn 7; Wandtke/Bullinger/*Thum*[2] Rn. 14).

17 Das Problem der **Doppelschöpfung** stellt sich für § 70 **nicht**: Im Interesse der Rechtssicherheit kann selbst dann, wenn zwei Ausgaben eines gemeinfreien Werkes oder Textes etwa zur selben Zeit hergestellt worden sein sollten, nur derjenige das verwandte Schutzrecht des § 70 erhalten, dessen Ausgabe zuerst erscheint; der Verfasser der Ausgabe, der „zu spät kommt" und dessen Ausgabe sich von der vorveröffentlichten nicht wesentlich unterscheidet, geht leer aus (Loewenheim/*Axel Nordemann* § 44 Rn. 11; Wandtke/Bullinger/*Thum*[2] Rn. 11).

III. Schutzumfang (Abs. 1)

18 Gem. § 70 Abs. 1 erhält der Verfasser **ein dem Urheberrecht gleichgestelltes verwandtes Schutzrecht**; er erhält mithin die gleichen Rechte wie ein Urheber einschließlich des Urheberpersönlichkeitsrechts, kann sein Recht nicht übertragen, sondern nur Nutzungsrechte daran einräumen (§ 29 Abs. 2) und unterliegt auch den Schranken der §§ 44a ff. Das darf aber nicht den Blick dafür verstellen, dass der Schutz beschränkt ist auf die wissenschaftliche Leistung; ein **Schutz an dem** der Ausgabe zugrunde liegenden **gemeinfreien Werk** oder Text entsteht – im Gegensatz zu § 71 – **nicht** (Loewenheim/*Axel Nordemann*

§ 44 Rn. 11; Schricker/*Loewenheim*[3] Rn. 10; Wandtke/Bullinger/*Thum*[2] Rn. 18). Besteht an einer Ausgabe das verwandte Schutzrecht des § 70, bleibt es zulässig, unter Benutzung des gemeinfreien Werkes oder Textes sowie des vorhandenen begleitenden Quellenmaterials eine neue Ausgabe zu erstellen, die allerdings ihrerseits nur dann gem. § 70 schutzfähig ist, wenn sie sich von der vorveröffentlichten Ausgabe wesentlich unterscheidet (vgl. Rn. 15; Loewenheim/*Axel Nordemann* § 44 Rn. 11; Schricker/*Loewenheim*[3] Rn. 10). Eine **Verletzung** des verwandten Schutzrechtes kann nur dann in Betracht kommen, wenn diejenigen Teile der Ausgabe, die das Ergebnis der wissenschaftlich sichtenden Tätigkeit waren und sich von den bisher bekannten Ausgaben wesentlich unterschieden, übernommen worden sind (eingehend Wandtke/Bullinger/*Thum*[2] Rn. 19 ff.).

IV. Rechtsinhaberschaft (Abs. 2)

Inhaber des verwandten Schutzrechtes wird grundsätzlich der **Verfasser der** **19** **Ausgabe**, also derjenige, der die wissenschaftlich sichtende Tätigkeit vorgenommen hat; Inhaber des verwandten Schutzrechtes kann damit zugleich nur eine natürliche Person sein (RegE UrhG – BT-Drucks. IV/270, [zu § 80] S. 87; Dreier/Schulze/*Dreier*[2] Rn. 10; Loewenheim/*Axel Nordemann* § 44 Rn. 12; Schricker/*Loewenheim*[3] Rn. 11; Wandtke/Bullinger/*Thum*[2] Rn. 22). Da das verwandte Schutzrecht inhaltlich den Vorschriften des 1. Teils gem. Abs. 1 gleichgestellt ist, ist es zugleich nicht übertragbar (§ 29). § 70 folgt insoweit der Regelung von § 72 im Gegensatz zu den verwandten Schutzrechten der §§ 71 und 73 ff., die sämtlich übertragbar sind.

Zur Rechtewahrnehmung durch die VG Musikedition vgl. Rn. 6.   **20**

V. Schutzdauer (Abs. 3)

Die Schutzdauer beträgt **25 Jahre** ab Erscheinen (§ 70 Abs. 3), wobei der **21** Begriff des Erscheinens aus § 6 Abs. 2 folgt. Ist die Ausgabe nicht innerhalb von 25 Jahren nach der Herstellung erschienen, erlischt das verwandte Schutzrecht ebenfalls. Ab Herstellung kann die Dauer des verwandten Schutzrechtes also theoretisch 50 Jahre betragen, wenn die Ausgabe erst im 25. Jahr nach der Herstellung erscheint. Die Schutzfrist berechnet sich gem. § 70 Abs. 3 S. 2 nach § 69, d.h. die Schutzfrist endet mit dem 25. Jahr nach dem Ende des Jahres, in das das Erscheinen oder die Herstellung gefallen ist. Die Schutzfrist endet mithin immer an einem 31. Dezember.

Früher betrug die Schutzfrist lediglich 10 Jahre. Die Verlängerung erfolgte **22** durch das ProdPiratG (BGBl. I 1990, 422 vom 13.03.1990) mit Wirkung zum 01.07.1990, wenn ein Schutz am 30.06.1990 noch bestand (§ 137b Abs. 1). Alle Ausgaben, die am oder vor dem 31.12.1979 erschienen bzw. bei Nichterscheinen hergestellt worden sind, haben deshalb von der Schutzfristverlängerung nicht profitiert, sondern sind gemeinfrei geblieben.

Art. 5 der Schutzdauer-RL sieht für das darin vorgesehene fakultative ver- **23** wandte Schutzrecht an kritischen und wissenschaftlichen Ausgaben eine maximale Schutzfrist von 30 Jahren ab dem Zeitpunkt der ersten erlaubten Veröffentlichung vor. Erste erlaubte Veröffentlichung meint Erscheinen im Sinne von § 6 Abs. 2 UrhG (Walter/*Walter* Art. 5 Schutzdauer-RL Rn. 7). Dem entspricht § 70 Abs. 3, weil die Schutzfrist von 25 Jahren ab Erscheinen die maximale Schutzdauer von Art. 5 Schutzdauer-RL nicht überschreitet.

Dass rein theoretisch eine Schutzdauer von fast 50 Jahren ab Herstellung in Deutschland möglich ist (vgl. Rn. 21), steht dem nicht entgegen, weil Art. 5 Schutzdauer-RL für die Berechnung der maximalen Schutzdauer nur auf das Erscheinen abstellt und im Übrigen die deutsche Einschränkung, dass die Ausgabe innerhalb von 25 Jahren ab Herstellung erschienen sein muss, allenfalls zu einer Verkürzung, jedenfalls aber nicht zu einer Verlängerung der ab Erscheinen gerechneten Schutzdauer führen kann (Walter/*Walter* Art. 5 Schutzdauer-RL Rn. 9).

VI. Prozessuales

24 Die Schutzvoraussetzungen von § 70 sind grundsätzlich von demjenigen, der sich darauf beruft, **darzulegen und zu beweisen.** Beweiserleichterungen aus dem Sinn und Zweck der Norm sind nicht ersichtlich. Der Verfasser der Ausgabe (oder der Inhaber eines ausschließlichen Nutzungsrechtes; vgl. § 97 Rn. 143) muss also darlegen und beweisen, dass er an einem urheberrechtlich nicht geschützten Werk oder Text wissenschaftlich sichtend tätig war und sich die von ihm geschaffene Ausgabe wesentlich von den bisher bekannten Ausgaben des Werkes oder Textes unterscheidet. Bestehen an dem gemeinfreien Werk oder Text keine bisher bekannten Ausgaben, muss er dies zumindest vortragen, um den Schutz ohne dieses Kriterium zu erlangen (vgl. Rn. 16). Trägt er dies vor, wird der Antragsgegner oder Beklagte nicht umhin kommen, vorbestehende bekannte Ausgaben vorzulegen, da der Kläger ansonsten gezwungen wäre, den Beweis einer negativen Tatsache anzutreten (vgl. § 97 Rn. 152). Legt der Beklagte allerdings eine bekannte Ausgabe vor, bleibt die Darlegungs- und Beweislast beim Kläger, dass sich seine Ausgabe von der bekannten wesentlich unterscheidet.

25 Ist die wissenschaftlich sichtende Tätigkeit sowie die wesentliche Unterscheidung von bekannten Ausgaben auch für den Laien ohne weiteres nachvollziehbar und erkennbar, wird ein Gericht regelmäßig das Bestehen des Leistungsschutzrechtes ohne **Sachverständigenhilfe** bejahen können. Trägt der Kläger allerdings eine wissenschaftlich sichtende Tätigkeit sowie wesentliche Unterschiede zu bisher bekannten Ausgaben vor, die sich nur für den Fachmann erschließen, für den Laien aber nicht ohne weiteres erkennbar sind, wird regelmäßig die Einholung eines Sachverständigengutachtens zur Beurteilung des Bestehens des verwandten Schutzrechtes erforderlich sein (Loewenheim/*Axel Nordemann* § 44 Rn. 9; Wandtke/Bullinger/*Thum*[2] Rn. 42). Das Gericht ist jedenfalls gehalten, fehlende eigene Fachkenntnisse durch Einholung eines Sachverständigengutachtens zu ersetzen (BVerfG NJW 2003, 1655, 1656 – *Zündholzbriefchen*).

§ 71 Nachgelassene Werke

(1) [1]Wer ein nicht erschienenes Werk nach Erlöschen des Urheberrechts erlaubter Weise erstmals erscheinen lässt oder erstmals öffentlich wiedergibt, hat das ausschließliche Recht, das Werk zu verwerten. [2]Das gleiche gilt für nicht erschienene Werke, die im Geltungsbereich dieses Gesetzes niemals geschützt waren, deren Urheber aber schon länger als siebzig Jahre tot ist. [3]Die §§ 5 und 10 Abs. 1 sowie die §§ 15 bis 24, 26, 27, 44a bis 63 und 88 sind sinngemäß anzuwenden.

(2) Das Recht ist übertragbar.

(3) [1]Das Recht erlischt fünfundzwanzig Jahre nach dem Erscheinen des Werkes oder, wenn seine erste öffentliche Wiedergabe früher erfolgt ist, nach dieser. [2]Diese Frist ist nach § 69 zu berechnen.

Übersicht

I. Allgemeines

1. Sinn und Zweck der Norm, Stellung im Gesetz

Das verwandte Schutzrecht des § 71 knüpft an gemeinfreie Werke an, belohnt **1** aber nicht wie § 70 eine wissenschaftliche Leistung an einem gemeinfreien Werk, das selbst gemeinfrei bleibt, sondern **honoriert das Auffinden, Sammeln und Herausgeben vorher unbekannter gemeinfreier Werke,** die durch § 71 gleichsam „remonopolisiert" werden; das verwandte Schutzrecht entsteht an dem vorher gemeinfreien Werk selbst und gewährt seinem Inhaber für die Dauer von 25 Jahren ein dem Urheberrecht weitgehend gleichgestelltes ausschließliches Recht. Es handelt sich daher bei § 71 um einen Sonderschutz außerhalb des Systems urheberrechtlicher Schutzfristen (Walter/*Walter* Art. 4 Schutzdauer-RL Rn. 3).

Der **Sinn und Zweck** von § 71 ist es, alte, verschollen geglaubte und unbe- **2** kannte, gemeinfrei gewordene oder niemals urheberrechtlich geschützte Werke der Öffentlichkeit wieder zugänglich zu machen, nachdem sie aufgefunden und aufgearbeitet wurden, damit solche Werke von kultureller oder wissenschaftlicher Bedeutung nicht verborgen bleiben; die Vorschrift will durch die Gewährung eines ausschließlichen Rechtes den Arbeits- und Kostenaufwand honorieren, der entsteht, wenn solche alten, verschollen geglaubten oder gänzlich unbekannten Werke aufgefunden, ihr Wert erkannt, sie aufgearbeitet und dann wieder der Öffentlichkeit zugänglich gemacht werden (LG Magdeburg GRUR 2004, 672, 673 – *Himmelsscheibe von Nebra I*; LG Magdeburg *v. 19.04.2005 – 7 O 703/05*032* – Himmelsscheibe von Nebra II*; RegE UrhG BT-Drucks. IV/270, S. 87 f.; Dreier/Schulze/*Dreier*[2] Rn. 1; Götting/Lauber-Rönsberg GRUR 2006, 638, 639; HK-UrhR/*Meckel* Rn. 1; Möhring/Nicolini/*Kreutzsch*[2] Rn. 5; Schricker/*Loewenheim*[3] Rn. 1; Walter/*Walter* Art. 4 Schutzdauer-RL Rn. 14; Wandtke/Bullinger/*Thum*[2] Rn. 1; *Stroh* FS Wilhelm Nordemann I S. 269, 275 f.; a.A. *Büscher* FS Raue S. 363, 374: Schutz für verlegerische, editorische Leistung). Der Anreizgedanke der Vorschrift ist mithin, eine **unterbrochene Traditionskette** – das Werk ist vergessen, niemand lebt mehr, der es kennt oder der es gesehen hat, es war der heutigen Öffentlichkeit bis zu ihrer Entdeckung verborgen – zu schließen und zu verhindern, dass verborgene Kulturschätze im Verborgenen bleiben, weil sich die Aufarbeitung, Restaurierung und Wiederzugänglichmachung an die Öffentlichkeit ansonsten nicht lohnen würde. § 71 gilt dabei für alle Arten von Werken, beispielsweise auch für alte Märchen, Sagen, Volkslieder, Volkstänze, Mythen oder andere nur mündlich überlieferte Werke, die verschollen waren (Schricker/*Loewenheim*[3] Rn. 5; Möhring/Nicolini/*Kroitzsch*[2] Rn. 5).

3 § 71 hat im Urheberrecht lange Zeit ein Schattendasein gefristet. Lediglich eine einzige BGH-Entscheidung ist dazu veröffentlicht worden (BGH GRUR 1975, 447, 448 – *Te deum*). Mit der Geschichte eines Bürgermeisters in Sachsen-Anhalt, der die spektakuläre **Himmelsscheibe von Nebra** nach ihrer erstmaligen Präsentation in der Öffentlichkeit sogleich als Marke anmeldete und daraufhin das Land Sachsen-Anhalt aus der Marke abmahnen und auf Unterlassung in Anspruch nehmen ließ, hat es die Vorschrift sogar in die Bild-Zeitung geschafft (BILD, Ausgabe vom 18.07.2003). Infolge des Streites über die Oper Motezuma von Antonio Vivaldi wird der BGH voraussichtlich Gelegenheit erhalten, einige grundlegende Fragen im Zusammenhang mit § 71 – vor allem die Beweislast betreffend – zu beantworten; nachdem das Landgericht Düsseldorf das Bestehen eines verwandten Schutzrechtes im einstweiligen Verfügungsverfahren zunächst bejaht (Urtl. v. 11.07.2005 – 12 O 355/05) und das Oberlandesgericht Düsseldorf gegenteilig entschieden hatte (OLG Düsseldorf GRUR 2006, 673 – *Motezuma*), hat das Hauptsacheverfahren die erste Instanz bereits wieder durchschritten (LG Düsseldorf ZUM 2006, 654 [Anschluss OLG Düsseldorf vom 16.08.2005, I 20 U 123/05], nunmehr auf der Linie des OLG).

2. Früheres Recht

4 Das deutsche Urheberrecht kennt verwandte Schutzrechte erst mit der Einführung des UrhG zum 01.01.1966. LUG und KUG besaßen keine § 71 entsprechende Regelung. Allerdings sah § 29 S. 1 LUG eine „Sonderschutzfrist" von 10 Jahren seit Veröffentlichung vor, wenn ein Werk nicht innerhalb von 50 Jahren nach dem Tode des Urhebers veröffentlicht worden war; die Schutzfrist unveröffentlichter Werke war mithin bis zu ihrer Veröffentlichung unbefristet. Diese Regelung fand sich zunächst in etwas abgeschwächter Form auch im UrhG wieder: § 64 S. 2 a.F. sah bis zur Änderung durch die Reform von 1995 eine Verlängerung der Schutzfrist für *posthum* veröffentlichte Werke um 10 Jahre ab dem Erscheinen vor, wenn dies innerhalb von 10 Jahren vor Ablauf der normalen Schutzdauer von 70 Jahren *post mortem auctoris* geschah (vgl. § 64 Rn. 4). Der ebenfalls durch das UrhG mit Wirkung zum 01.01.1966 eingeführte § 71 besaß zunächst eine Schutzfrist von 10 Jahren seit dem Erscheinen, sie wurde durch das ProdPiratG im Jahr 1990 auf 25 Jahre verlängert. Die tatbestandlichen Voraussetzungen von § 71 wurden durch die Reform von 1995 in Umsetzung der Schutzdauer-RL modifiziert und knüpfen nunmehr nicht nur an ein im Geltungsbereich des UrhG nicht erschienenes Werk und dessen Erscheinenlassen an, sondern lassen das Schutzrecht auch durch eine erstmalige öffentliche Wiedergabe entstehen (kritisch hierzu Schricker/*Loewenheim*[3] Rn. 3).

3. EU-Richtlinien

5 § 71 hat seine jetzige Fassung erfahren in Umsetzung der Schutzdauer-RL durch das dritte UrhG ÄndG vom 23.06.1995 und gilt in der jetzigen Fassung seit dem 01.07.1995 mit einem eingefügten Verweis auf § 10 Abs. 1 durch das DurchsG mit Wirkung vom 1. September 2008. Die Vorschrift ist daher **europäisch auszulegen.** Art. 4 der Schutzdauer-RL lautet wie folgt:

Art. 4   Schutz zuvor unveröffentlichter Werke

Wer ein zuvor unveröffentlichtes Werk, dessen urheberrechtlicher Schutz abgelaufen ist, erstmals erlaubterweise veröffentlicht bzw. erlaubterweise öffentlich wiedergibt, genießt einen den vermögensrechtlichen Befugnissen des Urhebers entsprechenden Schutz. Die Schutzdauer für solche Rechte beträgt 25 Jahre ab dem Zeitpunkt, zu dem das Werk erstmals erlaubterweise veröffentlicht oder erstmals erlaubterweise öffentlich wiedergeben worden ist.

Art. 4 der Schutzdauer-RL spricht zwar von einem zuvor *unveröffentlichten* Werk und knüpft die Schutzentstehung sowie den Lauf der Schutzfrist an den Zeitpunkt an, zu dem es erstmals erlaubterweise *veröffentlicht* worden ist, meint damit aber im Sinne des deutschen Urheberrechtsverständnisses nicht die Veröffentlichung (§ 6 Abs. 1), sondern **das Erscheinen als qualifizierte Form der Veröffentlichung** (§ 6 Abs. 2). Das folgt aus den internationalen Konventionen, wo der Begriff der Veröffentlichung normalerweise im Sinne eines Erscheinens verstanden wird: Art. 3 Abs. 3 RBÜ definiert die veröffentlichten Werke als „die mit Zustimmung ihrer Urheber erschienenen Werke", Art. VI WUA versteht unter einer Veröffentlichung die Vervielfältigung in körperlicher Form und (kumulativ) die Zugänglichmachung an die Öffentlichkeit durch Werkstücke, die es gestatten, das Werk zu lesen oder sonst mit dem Auge wahrzunehmen (s. dazu auch Walter/*Walter* vor Art. 1 Schutzdauer-RL Rn. 9 und Art. 4 Schutzdauer-RL Rn. 4 und 12; Nordemann/Vinck/ Hertin Art. VI WUA Rn. 1).

4.   **Internationales Urheberrecht**

Die internationalen Konventionen sehen heute **keine Sonderregelungen** für *post-* **6** *hum* veröffentlichte Werke mehr vor; Art. 7 Abs. 3 RBÜ kannte noch in der Berliner Fassung von 1908 einen Vorbehalt für besondere Schutzfristen für solche Werke, was jedoch durch die Brüsseler Fassung von 1948 aufgegeben (Art. 7 Abs. 5 RBÜ) wurde; die Klarstellung in Art. 7 Abs. 5 RBÜ BrF, dass nachgelassene Werke keine besondere Schutzfrist genießen, findet sich heute in der Pariser Fassung von 1971 nicht mehr (Nordemann/Vinck/Hertin Art. 7 RBÜ Rn. 1).

5.   **Verhältnis zum Werkschutz und zu § 70**

Das verwandte Schutzrecht des § 71 kann nicht neben einem Urheberrecht an **7** dem Werk selbst bestehen, weil Tatbestandsvoraussetzung die Gemeinfreiheit des Werkes ist. Da § 71 im Tatbestand auf das erstmalige Erscheinenlassen bzw. die erste öffentliche Wiedergabe abstellt und beides tatsächliche Handlungen sind, die keine kreativen Elemente beinhalten, kann durch das Erscheinenlassen bzw. die öffentliche Wiedergabe auch nicht parallel zu § 71 ein Urheberrecht am Werk entstehen. Allerdings können die verwandten Schutzrechte der §§ 70 und 71 parallel und daneben auch ein Urheberrecht an einer wissenschaftlichen Leistung entstehen: Wird ein unbekanntes, nicht-erschienenes, gemeinfreies Werk vervollständigt oder wissenschaftlich-kritisch rekonstruiert, kann an der wissenschaftlich sichtenden Tätigkeit ein verwandtes Schutzrecht nach § 70 oder ein Urheberrecht nach § 2 Abs. 1 Nr. 1 bestehen (vgl. § 70 Rn. 6), während das Werk selbst über § 71 geschützt sein kann (auch Wandtke/Bullinger/*Thum*[2] Rn. 41 f.).

6. Verwertungsgesellschaft

8 Die Wahrnehmung der Rechte an Erstausgaben von Musikwerken erfolgt durch die

> VG Musikedition – Verwertungsgesellschaft zur Wahrnehmung von Nutzungsrechten an Editionen (Ausgaben) von Musikwerken – rechtskräftiger Verein kraft Verleihung
> Königstor 1A
> 34117 Kassel
> Tel.: 0561–1096560
> Fax: 0561–10965620
> Email: info@vg-musikedition.de
> Internet: vg-musikedition.de

Mitglied der VG Musikedition können Herausgeber und Verfasser, Verleger sowie Komponisten und Textdichter werden. Die VG Musikedition nimmt vor allem die Zweitverwertungsrechte im Zusammenhang mit § 46 (Schulbücher) und § 53 Abs. 4 (Fotokopierverbot für Musiknoten) wahr und räumt die sich aus den §§ 70 und 71 UrhG ergebenden Verwertungsrechte an Notenausgaben ein, vor allem Aufführungsrechte, Senderechte und mechanische Vervielfältigungsrechte. Sie nimmt ferner die daraus resultierenden gesetzlichen Vergütungsansprüche (vor allem §§ 27, 54) wahr. Ausgenommen hiervon sind lediglich die bühnenmäßigen Verwertungen, die den Rechteinhabern (und ihren Verlegern) selbst vorbehalten sind (*Krauss* GEMA-Nachrichten 06/2003 S. 120 f.; weitere Einzelheiten unter www.vg-musikedition.de). Außerhalb des Bereichs der Musik besteht keine Rechtewahrnehmung.

II. Tatbestand

9 Das verwandte Schutzrecht wird gewährt für ein Werk (vgl. Rn. 10 f.), das vorher nicht erschienen war (vgl. Rn. 12 ff.), das gemeinfrei ist (vgl. Rn. 20) und das erstmals erscheinen gelassen oder erstmals öffentlich wiedergegeben wird (vgl. Rn. 21 ff.) mit Erlaubnis des Berechtigten (vgl. Rn. 24 f.).

1. Werk

10 Werke i.S.d. Urheberrechts sind persönliche geistige Schöpfungen auf den Gebieten der Literatur, Wissenschaft und Kunst (§ 2). Als Werk i.S.v. § 71 kommen grundsätzlich **alle Werkarten des § 2** in Frage (Wandtke/Bullinger/*Thum*[2] Rn. 5). Im Gegensatz zu § 70 (vgl. § 70 Rn. 11) setzt § 71 allerdings voraus, dass das Werk – auch wenn es gemeinfrei ist – die Voraussetzung der persönlichen geistigen Schöpfung gem. § 2 Abs. 2 erfüllt, weil das verwandte Schutzrecht des § 71 das Werk „remonopolisiert" (Rn. 1), im Gegensatz zu § 70 bei § 71 das zugrunde liegende Werk also am Schutz teilhat (Dreier/Schulze/*Dreier*[2] Rn. 4; Loewenheim/*Axel Nordemann* § 44 Rn. 17; Schricker/*Loewenheim*[3] Rn. 5; HK-UrhR/*Meckel* Rn. 6; Wandtke/Bullinger/*Thum*[2] Rn. 5; Götting/Lauber-Rönsberg GRUR 2006, 638, 639).

11 Unproblematisch ist das gleichwohl nicht: Da § 71 zu einem weitgehend dem Urheberrechtsschutz gleichgestellten Schutz führt (bis auf die Urheberpersönlichkeitsrechte; vgl. Rn. 27), müssen an das Werk i.S.v. § 71 dieselben Anforderungen gestellt werden wie an neue Werke i.S.v. § 2 (Loewenheim/*Axel Nordemann* § 44 Rn. 18). Das wird bei solchen Werkarten, bei denen auch die kleine Münze einschränkungslos Schutz genießt (vgl. § 2 Rn. 30 ff.), zu keinen Schwierigkeiten führen, weil bei kulturhistorisch wertvollen Werken, bei denen es sich lohnt, sie erscheinen zu lassen oder öffentlich wiederzugeben, in der Regel davon ausgegangen werden kann, dass sie wenigstens die geringen Voraussetzungen der kleinen Münze erfüllen; selbst eine einfache Höhlenzeichnung wird man deshalb ohne weiteres als Werk der bildenden Kunst auffassen müssen. Problematisch wird es jedoch bei den Werkarten, bei denen die Rechtsprechung ein deutliches Überragen des Durchschnittskönnens verlangt, insb. bei Werken der angewandten Kunst (vgl. § 2 Rn. 146 ff.). Zwar ist insoweit auf den Zeitpunkt der Schöpfung abzustellen, so dass das alte Werk nicht mit dem heutigen Durchschnittskönnen konfrontiert werden kann; wo bei einem Jahrhunderte oder Jahrtausende alten Werk das Durchschnittskönnen gelegen und ob der (möglicherweise unbekannte) Urheber diesen Durchschnitt mit seiner Schöpfung deutlich überragt hat, wird sich jedoch häufig gar nicht zuverlässig feststellen lassen (zu der Problematik auch Loewenheim/*Axel Nordemann* § 44 Rn. 18).

2. Nicht erschienen (oder öffentlich wiedergegeben?)

Nicht erschienen ist ein Werk dann, wenn davon weder im Inland noch im **12** Ausland **Vervielfältigungsstücke in genügender Anzahl** der Öffentlichkeit angeboten oder in Verkehr gebracht worden sind, § 6 Abs. 2 S. 1 (OLG Düsseldorf GRUR 2006, 673, 675 – *Motezuma*; LG Magdeburg GRUR 2004, 672, 673 – *Himmelsscheibe von Nebra*; *Götting/Lauber-Rönsberg* GRUR 2006, 638, 640; Möhring/Nicolini/*Kroitzsch*[2] Rn. 8; Schricker/*Loewenheim*[3] Rn. 7; Wandtke/Bullinger/*Thum*[2] Rn. 10). Bei dem Erscheinen gem. § 6 Abs. 2 S. 1 handelt es sich um eine qualifizierte Form der Veröffentlichung gem. § 6 Abs. 1; da § 71 Abs. 1 ausschließlich darauf abstellt, dass ein Werk *nicht erschienen* ist, hindert die bloße Vor*veröffentlichung* das Entstehen des verwandten Schutzrechtes nicht (Dreier/Schulze/*Dreier*[2] Rn. 5. a.E.).

Erschienen ist ein Werk beispielsweise dann, wenn es gedruckt oder auf **13** anderen Vervielfältigungsträgern verbreitet worden ist, wie beispielsweise durch Fotografien oder auf CD-ROMs (LG Magdeburg GRUR 2004, 672, 673 – *Himmelsscheibe von Nebra*; *Götting/Lauber-Rönsberg* GRUR 2006, 638, 640); auch die handschriftliche Vervielfältigung kann den Begriff des Erscheinens i.S.v. § 6 Abs. 2 S. 1 erfüllen (OLG Düsseldorf GRUR 2006, 673, 674 ff. – *Motezuma*; *Götting/Lauber-Rönsberg* GRUR 2006, 638, 640). Dasselbe gilt für ein Erscheinen im Internet (Dreier/Schulze/*Dreier*[2] Rn. 7).

Zu beachten ist ferner, dass gem. § 6 Abs. 2 S. 1 ein Erscheinen begrifflich nur **14** dann vorliegt, wenn eine **Zustimmung des Berechtigten** gegeben war; wurden Vervielfältigungsstücke ohne Zustimmung des Berechtigten angefertigt und der Öffentlichkeit angeboten, gilt es weiterhin als nicht erschienen i.S.v. §§ 71 Abs. 1, 6 Abs. 2 S. 1 (LG Magdeburg, GRUR 2004, 672, 674 – *Himmelsscheibe von Nebra*; Dreier/Schulze/*Dreier*[2] Rn. 8; *Götting/Lauber-Rönsberg* GRUR 2006, 638, 641; vgl. § 6 Rn. 15, 17 ff.). Ist fraglich, ob ein Erscheinen noch mit Zustimmung eines urheberrechtlich Berechtigten (Urheber oder Erben) bewirkt wurde, ist auf diese abzustellen. Gab es zum Zeitpunkt des Erscheinens keinen urheberrechtlich Berechtigten, weil es damals noch gar kein Urheberrecht gab oder das in Frage stehende Erscheinen nach dem Ablauf des Urheberrechts erfolgte, ist auf die Zustimmung desjenigen abzustellen, der dem Werk rechtlich am nächsten steht; das wird in der Regel der Eigentümer sein (LG Magdeburg GRUR 2004, 672, 673 – *Himmels-*

scheibe von Nebra; Dreier/Schulze/*Dreier*² Rn. 8; *Götting/Lauber-Rönsberg* GRUR 2006, 638, 646; Schricker/*Loewenheim*³ Rn. 10; Wandtke/Bullinger/ *Thum*² Rn. 25 ff.; a.A. wohl Walter/*Walter* Art. 4 Schutzdauer-RL Rn. 17: Inhaber eines ewigen Urheberpersönlichkeitsrechts oder Redaktionsversehen sowie *Büscher* FS Raue S. 363, 376: Billigkeitskorrektiv). Zu weiteren Einzelheiten zum Kriterium „erlaubterweise" vgl. Rn. 24 f.

15 Im Sinne der notwendigen europäischen Auslegung der Vorschrift (vgl. Rn. 5) gilt für den Begriff des nicht erschienen Werkes nur § 6 Abs. 2 S. 1, **nicht aber die deutsche Sonderform des Erscheinens gem. § 6 Abs. 2 S. 2**, nach der ein Werk der bildenden Künste auch dann als erschienen gilt, wenn das Original oder ein Vervielfältigungsstück mit Zustimmung des Berechtigten bleibend der Öffentlichkeit zugänglich ist (z.B. in einem Museum, vgl. § 6 Rn. 15, 19). Dies mag zwar auf den ersten Blick nicht ganz einleuchten, ergibt sich aber aus der zwingenden Vorgabe von Art. 4 Schutzdauer-RL, weil ein *zuvor unveröffentlichtes Werk* entsprechend dem Veröffentlichungsbegriff der internationalen Konventionen nur ein Erscheinen im Sinne der Herstellung von Vervielfältigungsstücken und der Zurverfügungstellung dieser Vervielfältigungsstücke an die Öffentlichkeit meinen kann (wie hier Walter/*Walter* Art. 4 Schutzdauer-RL Rn. 12). Denn Art. 3 Abs. 3 RBÜ legt ausdrücklich fest, dass die Ausstellung eines Werkes der bildenden Künste keine Veröffentlichung darstellt; Art. VI WUA ist zwar insoweit nicht so klar, definiert die Veröffentlichung jedoch als Vervielfältigung in körperlicher Form und kumulativ die Zugänglichmachung dieser Werkstücke an die Öffentlichkeit zum Lesen oder zur Wahrnehmung mit dem Auge. Ein Gemälde oder eine Plastik gilt also selbst dann noch als nicht erschienen i.S.v. § 71, wenn es dauerhaft in einem Museum ausgestellt gewesen ist; es dürfen davon lediglich keine Vervielfältigungsstücke hergestellt und verbreitet worden sein.

16 Die h.M. geht ferner offenbar davon aus, dass das Werk **noch niemals** erschienen gewesen sein darf (Dreier/Schulze/*Dreier*² Rn. 5; *Götting/Lauber-Rönsberg* GRUR 2006, 638, 640; Möhring/Nicolini/*Kroitzsch*² Rn. 8; Schricker/*Loewenheim*³ Rn. 6; Wandtke/Bullinger/*Thum*² Rn. 10). Das OLG Düsseldorf hat deshalb sehr ausführlich untersucht, ob die handschriftliche Vervielfältigung der Vivaldi-Oper Motezuma im 18. Jahrhundert ein Erscheinen war, obwohl die Oper als verschollen galt und erst 2002 in einem Archiv in Form einer Handschrift wieder entdeckt worden ist (OLG Düsseldorf GRUR 2006, 673, 673 ff. – *Motezuma*); auch das LG Magdeburg hat sich gefragt, ob die Himmelsscheibe von Nebra dadurch, dass sie vor 3.600 Jahren als Kultobjekt benutzt worden sein könnte, möglicherweise als Erschienen zu gelten habe, dies aber verworfen (LG Magdeburg GRUR 2004, 672, 674 – *Himmelsscheibe von Nebra*).

17 Der h.M. ist **nicht zu folgen**: Sinn und Zweck der Vorschrift ist es, einen Anreiz zu schaffen, der Öffentlichkeit bisher unbekannte, verschollen gewesene oder nur durch mündliche Überlieferung bekannte Werke wieder zur Verfügung zu stellen, indem die für das Erscheinenlassen eines solchen Werkes erforderlichen Investitionen mit einem verwandten Schutzrecht belohnt werden (vgl. Rn. 2). Das ist weitgehend unbestritten und folgt so schon aus der Gesetzesbegründung, nach der es gerechtfertigt sei, dem Herausgeber alter Märchen, Volkslieder, von Volkstänzen, alten Schriften oder Kompositionen für eine gewisse Zeit ein ausschließliches Recht zur Verwertung zuzusprechen, weil die Herausgabe oft einen erheblichen Arbeits- und Kostenaufwand erfordere (RegE UrhG – BT-Drucks. IV/270, S. 87 f.). Dabei kann es aber keinen Unterschied machen, ob ein Werk noch niemals erschienen gewesen ist oder schon einmal erschienen war, dann aber verschollen ist. Denn in beiden Fällen ist das Werk unbekannt und steht der Öffentlichkeit nicht zur Verfügung; in beiden Fällen ist der Arbeits- und Kostenaufwand, das Werk erscheinen zu lassen, nicht davon abhängig, ob es schon einmal erschienen war, sondern davon, in welchem Zustand sich das aufgefundene Original oder sonstige Werkexemplar befindet. In beiden Fällen ist auch das Interesse der Öffentlichkeit, dass das Werk erscheint, nicht davon abhängig, ob es schon einmal erschienen war, sondern ob es kulturhistorisch wertvoll ist oder nicht. Es erscheint deshalb nicht als gerechtfertigt, für das verwandte Schutzrecht von § 71 zu verlangen, dass das Werk niemals erschienen gewesen ist. Ausreichend ist vielmehr, dass im Zeitpunkt der Entstehung des verwandten Schutzrechtes das Werk *nicht erschienen* i.S.v. § 6 Abs. 2 S. 1 ist, d.h. dass keine Vervielfältigungsstücke des Werkes mehr vorhanden sind und der Öffentlichkeit angeboten werden können, es also aus dem Bewusstsein der Öffentlichkeit verschwunden ist und niemand mehr lebt, der seinen Inhalt kennt oder es noch gesehen hat. Die h.M. berücksichtigt insoweit Sinn und Zweck der Norm nicht ausreichend. Auch der Gesetzeswortlaut spricht nicht gegen die hier vertretene Auffassung; § 71 Abs. 1 spricht nämlich nur von dem nicht erschienenen Werk, nicht aber von einem niemals erschienenen.

Entsprechend hindert auch eine **öffentliche Wiedergabe** des Werkes zu einem **18** Zeitpunkt, bevor es verschollen ist, das Entstehen des verwandten Schutzrechtes nicht. Die h.M. folgert zwar daraus, dass die Vorschrift als Tatbestandshandlung auf das *erstmalige* Erscheinenlassen oder die erstmalige öffentliche Wiedergabe abstellt, dass das Werk nicht nur nicht erschienen, sondern auch nicht öffentlich wiedergegeben worden sein darf; ansonsten könne die öffentliche Wiedergabe, die zu einem Entstehen des verwandten Schutzrechts führe, nicht mehr „erstmalig" sein (Dreier/Schulze/*Dreier*[2] Rn. 5; *Götting/Lauber-Rönsberg* GRUR 2006, 638, 645; Loewenheim/*Axel Nordemann* § 44 Rn. 19; Schricker/*Loewenheim*[3] Rn. 6; Wandtke/Bullinger/*Thum*[2] Rn. 12). Dem liegt jedoch ein Missverständnis der Norm zugrunde: § 71 Abs. 1 S. 1 unterscheidet zwischen dem Gegenstand des verwandten Schutzrechtes, bei dem es sich ausschließlich um ein *nicht erschienenes Werk* handeln kann, und den Tatbestandshandlungen, die das verwandte Schutzrecht entstehen lassen, nämlich dem erstmaligen Erscheinenlassen und der erstmaligen öffentlichen Wiedergabe; für das nicht erschienene Werk spielt es demnach keine Rolle, ob es bereits zuvor öffentlich wiedergegeben worden ist (zutr. Walter/*Walter* Art. 4 Schutzdauer-RL Rn. 12; ähnlich *Büscher* FS Raue S. 363, 374). **Erstmals** im Rahmen der Vorschrift bedeutet des Weiteren nicht „niemals", wovon aber die h.M. offenbar unzutreffend ausgeht (vgl. a. Rn. 17), sondern grenzt lediglich nach dem Wiederauffinden des vorher verschollenen Werkes die beiden Tatbestandshandlungen des Erscheinenlassens und der öffentlichen Wiedergabe voneinander ab: Nur der zuerst Handelnde erhält das verwandte Schutzrecht; ist nach dem Wiederauffinden des verschollenen Werkes beispielsweise eine öffentliche Wiedergabe bewirkt worden, kann durch ein späteres Erscheinenlassen kein zweites verwandtes Schutzrecht mehr entstehen (gl.A. zu Letzterem *Büscher* FS Raue S. 363, 374; *Dietz* GRUR Int. 1995, 670, 673). Vgl. Rn. 23 ff.

Zur Frage der **Beweislast**, ob ein Werk als nicht erschienen (und noch nicht **19** öffentlich wiedergegeben) gilt, vgl. Rn. 32 f.

3. Nach Erlöschen des Urheberrechts oder bei Gemeinfreiheit aus anderen Gründen

20 Das verwandte Schutzrecht des § 71 kann **nur an einem gemeinfreien Werk** entstehen: Der urheberrechtliche Schutz muss entweder erloschen sein (Abs. 1 S. 1) oder in Deutschland niemals bestanden haben (Abs. 1 S. 2). Bei der Bestimmung, ob das Werk durch Erlöschen der Schutzfrist gemeinfrei geworden ist, muss beachtet werden, dass zwar heute eine Schutzfrist von 70 Jahren *post mortem auctoris* gilt (§ 64), die Verlängerung vormals kürzerer Schutzfristen jedoch tw. zu einem Wiederentstehen des Schutzes bereits gemeinfrei gewesener Werke geführt haben kann (vgl. § 64 Rn. 15; vgl. § 137f Rn. 10 ff.). Dem Ablauf der urheberrechtlichen Schutzfrist gleichgestellt ist ein niemals in Deutschland vorhanden gewesener Urheberrechtsschutz, was vor allem auf solche Werke zutrifft, die so alt sind, dass es im Zeitpunkt ihrer Schöpfung noch gar kein Urheberrecht gab (wie beispielsweise im Falle einer zu Anfang des 18. Jahrhunderts geschaffenen Vivaldi-Oper [OLG Düsseldorf GRUR 2006, 673 – *Motezuma*] oder einer künstlerischen Darstellung des Kosmos im vorgeschichtlichen Europa von vor etwa 3.600 Jahren [LG Magdeburg GRUR 2004, 672 – *Himmelsscheibe von Nebra*]). Besteht der Schutz in Deutschland aus anderen Gründen nicht, beispielsweise weil es sich um ein Werk eines ausländischen Urhebers handelt, der in Deutschland keinen Schutz genießt, so muss die urheberrechtliche Schutzfrist jedenfalls theoretisch abgelaufen sein, d.h. der Urheber muss länger als 70 Jahre tot sein (Loewenheim/*Axel Nordemann* § 44 Rn. 21; Schricker/*Loewenheim*[3] Rn. 8).

4. Erstmals erscheinen lässt oder erstmals öffentlich wiedergibt

21 Der Begriff des Erscheinens folgt aus § 6 Abs. 2 S. 1 (vgl. Rn. 12 ff.), der der öffentlichen Wiedergabe aus § 15 Abs. 2. **Erschienen** ist ein Werk mithin, wenn davon mit Zustimmung des Berechtigten Vervielfältigungsstücke des Werkes nach ihrer Herstellung in genügender Anzahl der Öffentlichkeit angeboten oder in Verkehr gebracht worden sind; herkömmliche Vervielfältigungsstücke wie beispielsweise Printmedien sind dabei ebenso ausreichend wie digitale (LG Magdeburg GRUR 2004, 672, 673 – *Himmelsscheibe von Nebra*; Dreier/Schulze/*Dreier*[2] Rn. 7; Schricker/*Loewenheim*[3] Rn. 9). Die **Ausstellung** eines Werkes der bildenden Künste i.S.v. § 6 Abs. 2 S. 2, die eine Sonderform des Erscheinens darstellt, führt nicht zu einem Entstehen des verwandten Schutzrechtes, weil sich der in Art. 4 Schutzdauer-RL verwendete Veröffentlichungsbegriff an Art. 3 Abs. 3 RBÜ und Art. VI WUA orientiert und nach beiden Vorschriften die Ausstellung eines Werkes der bildenden Künste nicht als Veröffentlichung gilt (vgl. Rn. 15). Der **Berechtigte** i.S.v. § 6 Abs. 2 S. 1, dessen Zustimmung für das Erscheinen erforderlich ist, kann wegen der Gemeinfreiheit des Werkes kein urheberrechtlich Berechtigter sein; vielmehr handelt es sich hierbei regelmäßig um den Eigentümer (vgl. Rn. 24). Der in § 71 verwendete Begriff der **öffentlichen Wiedergabe** umfasst alle ihre in § 15 Abs. 2 genannten Formen, also neben Vortrag, Aufführung und Vorführung, Sendung, Wiedergabe durch Bild- oder Tonträger sowie von Funksendungen gerade auch die öffentliche Zugänglichmachung, so dass also eine öffentliche Wiedergabe im Internet das verwandte Schutzrecht zur Entstehung bringt (ebenso Dreier/Schulze/*Dreier*[2] Rn. 7).

22 Die **Gleichstellung** des Erscheinenlassens mit der öffentlichen Wiedergabe für die Entstehung des verwandten Schutzrechtes durch die Reform von 1995 (vgl. Rn. 4) ist **zu Recht kritisiert worden**, weil sie dem Sinn und Zweck der

Vorschrift nicht ausreichend Rechnung trägt: Ein Werk, das verschollen, unbekannt oder verloren gegangen ist, kann der Öffentlichkeit nur dann dauerhaft wieder zugänglich gemacht werden, wenn es erscheint, also der Öffentlichkeit dauerhaft Vervielfältigungsstücke davon zur Verfügung stehen; wird es beispielsweise nur einmal öffentlich aufgeführt, steht es der Öffentlichkeit eben nicht dauerhaft zur Verfügung, obwohl dadurch das verwandte Schutzrecht zur Entstehung gelangt (wie hier *Stroh* FS Wilhelm Nordemann I S. 269, 276; Walter/*Walter* Art. 4 Schutzdauer-RL Rn. 14; auch *Götting/Lauber-Rönsberg* GRUR 2006, 638, 645 f.). Allerdings blieb dem deutschen Gesetzgeber keine andere Wahl, als die Schutzentstehung auch an die öffentliche Wiedergabe zu knüpfen, weil Art. 4 Schutzdauer-RL eine entsprechende Vorgabe enthält (a.A. Walter/*Walter* Art. 4 Schutzdauer-RL Rn. 23: Festhalten an bisheriger Regelung wäre zulässig gewesen).

Das verwandte Schutzrecht entsteht ferner nur, wenn das Erscheinen und/oder **23** die öffentliche Wiedergabe *erstmals* erfolgen. Entgegen h.M. ist dies nicht so zu verstehen, dass das Werk vorher noch niemals erschienen oder öffentlich wiedergegeben sein darf (vgl. Rn. 16 f.), sondern soll nur klarstellen, dass das verwandte Schutzrecht an einem vormals gemeinfreien Werk **nur einmal entstehen** kann: Es entsteht nur bei demjenigen, der das Erscheinen bzw. die öffentliche Wiedergabe erstmals bewirkt; hat eine öffentliche Wiedergabe stattgefunden, ist das verwandte Schutzrecht entstanden, so dass ein späteres Erscheinenlassen nicht zu einem erneuten Entstehen des verwandten Schutzrechtes (zugunsten einer anderen Person) führen kann und umgekehrt (vgl. Rn. 18 und *Mareile Büscher* FS Raue S. 363, 374; *Dietz* GRUR Int. 1995, 670, 673). Eine Art „Doppelschöpfung" kann es im Rahmen von § 71 daher nicht geben. Eine darüber hinausgehende Bedeutung hat das Tatbestandsmerkmal *erstmals* entgegen h.M. nicht (vgl. Rn. 16 ff.).

5. Erlaubterweise

Zwar konnte sich der Gesetzgeber bei Umsetzung von Art. 4 Schutzdauer-RL **24** nicht vorstellen, was mit „erlaubterweise" gemeint sein soll (RegE UrhG ÄndG 1995 – BT-Drucks. 13/781 zu Nr. 4 (§ 71), S. 14). So schwer ist das allerdings nicht: „Erlaubterweise" bedeutet **„mit Zustimmung des Berechtigten"**, so dass dieses Kriterium für das Erscheinenlassen überflüssig ist, weil der Begriff des Erscheinens gem. § 6 Abs. 2 S. 1 ohnehin eine Zustimmung des Berechtigten voraussetzt (vgl. Rn. 14). Da im Gegensatz zum Erscheinen die öffentliche Wiedergabe gem. § 15 Abs. 2 aber tatbestandsmäßig keine Zustimmung des Berechtigten voraussetzt, war die Umsetzung der entsprechenden Vorgabe von Art. 4 Schutzdauer-RL in § 71 gleichwohl notwendig, weil ansonsten ein Unberechtigter durch die öffentliche Wiedergabe des Werkes Inhaber des verwandten Schutzrechtes werden könnte (Loewenheim/*Axel Nordemann* § 44 Rn. 22). Wegen der Gemeinfreiheit des Werkes kann der Berechtigte allerdings kein urheberrechtlich Berechtigter sein, sondern ist regelmäßig der Eigentümer des Werkes (vgl. Rn. 14; LG Magdeburg GRUR 2004, 672, 673 – *Himmelsscheibe von Nebra*; Dreier/Schulze/*Dreier*[2] Rn. 8; *Götting/Lauber-Rönsberg* GRUR 2006, 638, 646; Schricker/*Loewenheim*[3] Rn. 10; Wandtke/Bullinger/*Thum*[2] Rn. 25 ff.; a.A. wohl Walter/*Walter* Art. 4 Schutzdauer-RL Rn. 17: Inhaber eines ewigen Urheberpersönlichkeitsrechts oder Redaktionsversehen sowie *Büscher* FS Raue S. 363, 376: Billigkeitskorrektiv).

25 Rechtsfolge der fehlenden Erlaubnis ist, dass das verwandte Schutzrecht überhaupt nicht zur Entstehung gelangt und durch den Berechtigten noch erworben werden kann, wenn er das Erscheinen oder die öffentliche Wiedergabe später bewirkt (LG Magdeburg GRUR 2004, 672, 673 f. – *Himmelsscheibe von Nebra*; Dreier/Schulze/*Dreier*[2] Rn. 8; Wandtke/Bullinger/*Thum*[2] Rn. 27 f.).

6. Amtliche Werke (Abs. 1 S. 3)

26 Da gem. Abs. 1 Satz 3 unter anderem § 5 auf § 71 sinngemäß anzuwenden ist, kann an amtlichen Werken auch bei Vorliegen der Voraussetzungen des § 71 kein verwandtes Schutzrecht entstehen. Das gilt jedoch nicht einschränkungslos (so aber Loewenheim/*Axel Nordemann* § 44 Rn. 23; Wandtke/Bullinger/*Thum*[2] Rn. 42), sondern nur dann, wenn das Gesetz, die Verordnung, der amtliche Erlass sowie die amtliche Bekanntmachung **noch in Kraft** stehen oder an einer gerichtlichen Entscheidung sowie einem sonstigen amtlichen Werk **noch ein amtliches Interesse** besteht. Denn verschollene oder heute nach ihrem Wortlaut unbekannte Gesetze, Verordnungen oder Erlasse, die nicht mehr in Kraft stehen, müssen nach dem Sinn und Zweck von § 5 auch nicht mehr für die Allgemeinheit freigehalten werden; vielmehr muss sich hier die Belohnungsfunktion von § 71, solche Gesetze, Verordnungen oder Erlasse der Öffentlichkeit wieder zugänglich zu machen, durchsetzen. Kann eine Gerichtsentscheidung für die Anwendung des Rechts noch relevant sein, liegt sie auch heute noch im amtlichen Interesse und bleibt daher im Rahmen von § 71 frei; dies kann beispielsweise gelten für eine bisher unveröffentlichte Entscheidung des Reichsgerichts. Handelt es sich aber etwa um eine bisher unbekannte gerichtliche Entscheidung aus der Antike, kann das verwandte Schutzrecht des § 71 daran zur Entstehung gelangen.

III. Schutzumfang (Abs. 1 S. 3)

27 Dem Inhaber des verwandten Schutzrechtes stehen **sämtliche Verwertungsrechte** wie einem Urheber uneingeschränkt zu, also alle körperlichen (§§ 15 Abs. 1 und 16–18) und unkörperlichen (§§ 15 Abs. 3 und 19–22) einschließlich des Bearbeitungsrechts (§ 23); ein Werk, das den Gegenstand eines verwandten Schutzrechts aus § 71 bildet, kann auch frei benutzt werden (§ 24). Die Vorschriften des Folgerechts (§ 26) gelten ebenso wie die des Vermiet- und Verleihrechts (§ 27) und der gesetzlichen Vergütungsansprüche (§§ 26, 27, 46, 47, 49, 52, 54 ff.). Auch die Schrankenbestimmungen der §§ 45–63 sind entsprechend anwendbar; zu amtlichen Werken siehe oben Rn. 26. Vom Schutzumfang **nicht** umfasst sind allerdings die **Urheberpersönlichkeitsrechte**, so dass der Inhaber des verwandten Schutzrechtes beispielsweise kein Namensnennungsrecht gem. § 13 S. 2 besitzt; konsequenterweise ist § 71 beim Anspruch auf Ersatz des Nicht-Vermögensschadens auch nicht genannt (§ 97 Abs. 2). § 10 Abs. 1 ist seit dem 1. September 2008 entsprechend anwendbar (vgl. Rn. 5).

28 Gem. Abs. 2 ist das verwandte Schutzrecht **übertragbar**. Da die urhebervertragsrechtlichen Bestimmungen durch Abs. 1 S. 3 nicht ausdrücklich für entsprechend anwendbar erklärt werden, kann auf die Rechtsübertragung die Zweckübertragungsbestimmung des § 31 Abs. 5 auch nicht entsprechend angewendet werden (a.A. Dreier/Schulze/*Dreier*[2] Rn. 12; Loewenheim/*Axel Nordemann* § 44 Rn. 26; Schricker/*Loewenheim*[3] Rn. 12). Von der Übertragung des verwandten Schutzrechts zu unterscheiden ist die Einräumung von Nutzungsrechten am verwandten Schutzrecht, die als Grundprinzip des Urheberrechts auch ohne ausdrückliche Inbezugnahme von § 29 in § 71 möglich ist. Fraglich ist, ob darauf die Zweckübertragungslehre von § 31 Abs. 5 anzuwenden ist. Dies ist zu bejahen, weil es sich bei § 31 Abs. 5 um eine der zentralen Normen zur Regelung des urheberrechtlichen Rechtsverkehrs schlechthin handelt und die Gleichstellung mit den Verwertungsbefugnissen der Urheber auch eine entsprechende Anwendung der grundlegenden Normen des Urhebervertragsrechts auf die Nutzungsrechtseinräumung erforderlich erscheinen lässt (Loewenheim/*Axel Nordemann* § 44 Rn. 26; Wandtke/Bullinger/*Thum*[2] Rn. 36).

IV. Rechtsinhaberschaft (Abs. 1 S. 1)

29 Das verwandte Schutzrecht des § 71 kann sowohl zu Gunsten einer **natürlichen** als auch einer **juristischen Person** originär entstehen, weil sämtliche für ein Erscheinen erforderlichen Handlungen auch von einer juristischen Person erbracht werden können (Dreier/Schulze/*Dreier*[2] Rn. 9; Loewenheim/*Axel Nordemann* § 44 Rn. 27; Schricker/*Loewenheim*[3] Rn. 13). Zwar kann im Rahmen einer öffentlichen Wiedergabe eine juristische Person nichts aufführen oder vorführen, was neben der Verwendung des Wortes „wiedergibt" in § 71 Abs. 1 S. 1 zu der Annahme führen könnte, dass im Falle einer erstmaligen öffentlichen Wiedergabe nur eine oder mehrere natürliche Personen Rechtsinhaber werden könnten. Dies würde jedoch dem Sinn und Zweck von § 71 nicht gerecht werden, weil der zu belohnende Kostenaufwand in der Regel beim Veranstalter der öffentlichen Wiedergabe anfällt, der auch eine juristische Person sein kann. Außerdem ist das Urheberpersönlichkeitsrecht auf § 71 nicht anwendbar (vgl. Rn. 27), was ebenfalls dafür spricht, es einschränkungslos auch bei juristischen Personen entstehen zu lassen. Rechtsinhaber ist also entweder der Herausgeber (derjenige, der das erste Erscheinen bewirkt), der Veranstalter (im Falle von Vorträgen, Aufführungen, Vorführungen, Sendungen oder Wiedergaben) oder derjenige, der die Veröffentlichung im Internet besorgt (Loewenheim/*Axel Nordemann* § 44 Rn. 27 f.; Schricker/*Loewenheim*[3] Rn. 13; Wandtke/Bullinger/*Thum*[2] Rn. 32). Demgegenüber wird der Verleger, der üblicherweise im Auftrag des Herausgebers handelt, nicht Inhaber des verwandten Schutzrechts, sofern er es sich nicht vertraglich übertragen lässt (RegE UrhG – BT-Drucks. IV/270, [zu § 80] S. 87 f.; Dreier/Schulze/*Dreier*[2] Rn. 9; Schricker/*Loewenheim*[3] Rn. 13; Wandtke/Bullinger/*Thum*[2] Rn. 32)

30 § 71 knüpft lediglich daran an, dass das Erscheinen bzw. die öffentliche Wiedergabe **in Deutschland** geschehen; es ist insoweit unerheblich, ob derjenige, der das Erscheinen bzw. die öffentliche Wiedergabe bewirkt, Deutscher oder Ausländer ist, so dass auch ausländische juristische Personen in den Genuss von § 71 kommen; § 121 Abs. 1 S. 1 ist insoweit analog anzuwenden (Dreier/Schulze/*Dreier*[2] Rn. 9; Loewenheim/*Axel Nordemann* § 44 Rn. 29; Schricker/*Loewenheim*[3] Rn. 13).

V. Schutzdauer (Abs. 3)

31 Die Schutzdauer beträgt **25 Jahre** ab dem Erscheinen oder der öffentlichen Wiedergabe, je nach dem, was zuerst stattgefunden hat (§ 71 Abs. 3). Die Schutzfrist beginnt am Jahresende, § 69 analog und Art. 8 Schutzdauer-RL (vgl. § 69 Rn. 1 und Dreier/Schulze/*Dreier*[2] Rn. 14; Loewenheim/*Axel Norde-*

mann § 44 Rn. 30; Schricker/*Loewenheim*[3] Rn. 14; Wandtke/Bullinger/*Thum*[2] Rn. 39). Zur Rechtslage vor dem 01.07.1990 vgl. Rn. 4.

VI. Prozessuales

32 Die aktuell diskutierten Fragen zur **Beweislast** ranken sich vor allem um die Frage, wer beweisen muss, ob das Werk als nicht erschienen bzw. nicht öffentlich wiedergegeben anzusehen ist. Der Beweis des Nicht-Erscheinens käme dem Beweis einer negativen Tatsache gleich, den niemand erbringen kann (eingehend *Götting/Lauber-Rönsberg* GRUR 2006, 638, 642; *Büscher* FS Raue S. 363, 369 und 371 ff.). Das LG Magdeburg ist deshalb bei einem Werk, das über einen langen Zeitraum (dort mehr als 3.000 Jahre) nicht der Öffentlichkeit zugänglich war und bei dem auch keine Anhaltspunkte für ein Erscheinen vorlagen, von einer **Vermutung für das Nicht-Erschienensein** ausgegangen (LG Magdeburg GRUR 2004, 672, 674 – *Himmelsscheibe von Nebra*). Dem hat das OLG Düsseldorf entgegengehalten, dass das Fehlen bekannter Vervielfältigungsstücke eines Werkes über eine längere Zeit keine hinreichend sichere Grundlage für die Annahme des Nicht-Erscheinenseins bilde, sondern vielmehr im Rahmen von § 71 von der normalen Verteilung der Beweislast, die der Kläger für die anspruchsbegründenden Tatbestandsmerkmale, auch wenn sie negativ seien, trage, nicht abzuweichen sei (OLG Düsseldorf GRUR 2006, 673, 679 – *Motezuma*).

33 Das Problem entsteht eigentlich nur, wenn man mit der h.M. verlangt, dass das Werk *niemals* erschienen oder öffentlich wiedergegeben sein darf (zum Streitstand vgl. Rn. 16 ff.). Nur dann muss man sich, wie es das OLG Düsseldorf ausführlich getan hat, darüber Gedanken machen, ob beispielsweise handgefertigte Vervielfältigungsstücke einer Oper im 18. Jahrhundert oder deren Aufführung am 14. November 1733 eine Entstehung des verwandten Schutzrechtes heute verhindern (OLG Düsseldorf GRUR 2006, 673, 674 ff. – *Motezuma*). Auch dann kann man aber nicht so einfach, wie es letztendlich die Quintessenz des Urteils des OLG Düsseldorf darstellt, dem Kläger auch die Beweislast für die negativen Tatbestandsmerkmale des § 71 voll aufbürden; denn OLG Düsseldorf berücksichtigt in seiner Entscheidung mit keinem Wort den **Sinn und Zweck des** § 71, einen Anreiz dafür zu schaffen, alte, verschollene und/oder bisher unbekannte Werke der Öffentlichkeit wieder zugänglich zu machen. Sachgerecht und im Rahmen von Sinn und Zweck der Norm angemessen ist vielmehr zumindest eine Beweismaßreduzierung dergestalt, dass derjenige, der sich auf § 71 beruft, solche Tatsachen vortragen und beweisen muss, die es als **überwiegend wahrscheinlich** erscheinen lassen, dass das Werk nicht erschienen ist, auch wenn er nicht alle Zweifel restlos ausräumen kann (*Götting/Lauber-Rönsberg* GRUR 2006, 638, 644; ähnlich *Büscher* FS Raue S. 363, 373, die allerdings von „Beweislastumkehr" spricht). Das entspricht i.E. auch der Auffassung des LG Magdeburg, das keine Anhaltspunkte für gegeben sah, dass die Himmelsscheibe von Nebra früher einmal der Öffentlichkeit zugänglich gewesen sei und deshalb ein Nicht-Erschienensein unterstellt hat (LG Magdeburg GRUR 2004, 672, 674 – *Himmelsscheibe von Nebra*).

34 Mit der hier vertretenen Auffassung, dass es auf ein früheres Erscheinen oder eine frühere öffentliche Wiedergabe nicht ankommt, wenn ein Werk verschollen ist, davon heute keine Vervielfältigungsstücke mehr existieren und auch niemand mehr lebt, der das Werk kennt oder es gesehen hat (vgl. Rn. 17), spielen frühere Vervielfältigungs-, Verbreitungs- oder sonstige Veröffentlichungshandlungen aber ohnehin keine Rolle (ähnlich Schricker/*Loewen-heim*[3] Rn. 7). Derjenige, der sich auf das verwandte Schutzrecht nach § 71 beruft, muss insoweit nur darlegen und beweisen, dass das Werk als verschollen gilt und heute bis auf das Werkexemplar, das er hat erscheinen lassen bzw. auf der Basis dessen er eine öffentliche Wiedergabe veranstaltet hat, keine Vervielfältigungsstücke mehr existieren. Dies war nach dem Tatbestand von OLG Düsseldorf GRUR 2006, 673 – *Motezuma* bei der Oper von Antonio Vivaldi offenbar der Fall; das OLG Düsseldorf hätte deshalb anders entscheiden und das Vorliegen des verwandten Schutzrechtes aus § 71 bejahen müssen.

Abschnitt 2 Schutz der Lichtbilder

§ 72 Lichtbilder

(1) Lichtbilder und Erzeugnisse, die ähnlich wie Lichtbilder hergestellt werden, werden in entsprechender Anwendung der für Lichtbildwerke geltenden Vorschriften des Teils 1 geschützt.

(2) Das Recht nach Absatz 1 steht dem Lichtbildner zu.

(3) Das Recht nach Absatz 1 erlischt fünfzig Jahre nach dem Erscheinen des Lichtbildes oder, wenn seine erste erlaubte öffentliche Wiedergabe früher erfolgt ist, nach dieser, jedoch bereits fünfzig Jahre nach der Herstellung, wenn das Lichtbild innerhalb dieser Frist nicht erschienen oder erlaubter Weise öffentlich wiedergegeben worden ist. Die Frist ist nach § 69 zu berechnen.

Übersicht

I. Allgemeines

1. Bedeutung, Sinn und Zweck der Norm, systematische Stellung im Gesetz

§ 72 gewährt ein verwandtes Schutzrecht für Lichtbilder und Erzeugnisse, die **1** ähnlich wie Lichtbilder hergestellt werden und meint damit „einfache" Fotografien, also solche, die mangels Individualität nicht als Lichtbildwerke gem. § 2 Abs. 1 Nr. 5 zu qualifizieren sind. Der Schutz der Fotografie ist daher im UrhG zweistufig ausgestaltet: Die lediglich abbildenden, nicht-individuellen Fotografien werden als „**einfache Lichtbilder**" über § 72 mit einem verwandten Schutzrecht auf der unteren Stufe geschützt, während die gestalteten und daher individuellen Fotografien als **Lichtbildwerke** gem. § 2 Abs. 1 Nr. 5 auf der oberen Stufe ein Urheberrecht erhalten (vgl. § 2 Rn. 191 ff.). Dieser zweistufige Fotografieschutz war ursprünglich eingeführt worden, weil der Gesetzgeber die Lichtbildwerke systematisch richtig dem urheberrechtlichen Werkschutz unterstellen, aber das seinerzeit geltende Recht (vgl. Rn. 3), das auch den einfachen Lichtbildern vollen urheberrechtlichen Schutz gewährte, nicht verändern wollte; außerdem sah man „unüberwindliche Schwierigkeiten" einer Abgrenzung zwischen Lichtbildwerken und einfachen Lichtbildern (RegE UrhG – BT-Drucks. IV/270, [zu § 82] S. 88 f.). Die befürchteten unüberwindlichen Schwierigkeiten haben sich zwar seit Inkrafttreten des UrhG nicht ergeben (zu Einzelheiten der Abgrenzung vgl. § 2 Rn. 198 ff.), die Gewährung eines verwandten Schutzrechtes für die einfachen Lichtbilder ist jedoch nach wie vor gerechtfertigt, weil einerseits der mit der Aufnahme auch einfacher Fotografien verbundene finanzielle und technische Aufwand einen Schutz verdient (Schricker/*Vogel*[3] Rn. 13) und andererseits ein schutzwürdiges Interesse Dritter, fremde einfache Fotografien verwenden zu dürfen, nicht erkennbar ist (Möhring/Nicolini/*Kroitzsch*[2] Rn. 2).

2 **Urheberrecht und verwandtes Schutzrecht** schließen sich nicht gegenseitig aus, sondern **ergänzen sich**: Alle Lichtbildwerke genießen grundsätzlich auch Schutz als einfache Lichtbilder gem. § 72, weil die für den Schutz eines Lichtbildes notwendige und in eine Abbildung mündende rein technische Leistung auch in jedem Lichtbildwerk vorhanden ist; das Lichtbildwerk ist lediglich darüber hinaus noch individuell gestaltet (konsequenterweise hat deshalb der BGH in seiner Entscheidung GRUR 2000, 317, 318 – *Werbefotos* die Frage, ob Lichtbildwerke vorlagen, offengelassen und ihnen jedenfalls den Lichtbildschutz nach § 72 zuerkannt. A.A. offenbar Schricker/*Vogel*[3] Rn. 22 und Wandtke/Bullinger/*Thum*[2] Rn. 3, die den Lichtbildschutz dort enden lassen wollen, wo der Schutz für die Lichtbildwerke beginnt). § 72 erklärt deshalb auch die für die Lichtbildwerke geltenden Vorschriften für entsprechend anwendbar (Abs. 1) und ordnet das verwandte Schutzrecht entsprechend einem Urheber dem Lichtbildner zu (Abs. 2); Abs. 3 bestimmt allerdings eine kürzere Schutzfrist von 50 Jahren nach dem Erscheinen (zu Einzelheiten vgl. Rn. 27 f.). Unterschiede ergeben sich lediglich infolge der fehlenden Individualität bei der Bestimmung des sich aus dem Bearbeitungsrecht gem. § 23 ergebenden Schutzumfangs (vgl. Rn. 20 f.) sowie beim Entstellungsschutz (vgl. Rn. 17).

2. Früheres Recht

3 Das verwandte Schutzrecht des § 72 wurde zum 1. Januar 1966 mit Inkrafttreten des UrhG erstmals eingeführt; Leistungsschutzrechte existierten vorher nicht (vgl. Vor § 70 Rn. 1 und § 70 Rn. 3). Allerdings schützte § 1 KUG trotz seines entgegenstehenden Wortlautes („Werke der Photographie") in der Rechtspraxis alle Fotografien unabhängig davon, ob sie individuell schöpferisch gestaltet waren oder nicht (*Allfeld*, KUG, § 1 Anm. 29 und 30; *Allfeld*, Urheber- und Erfinderrecht, S. 8; RegE UrhG – BT-Drucks. IV/270, [zu § 82] S. 88 f.). § 72 sah zunächst eine Schutzfrist von 25 Jahren seit Erscheinen bzw. Herstellung bei Nichterscheinen vor und korrespondierte insoweit mit § 68 a.F., der die Schutzfrist für Lichtbildwerke entsprechend verkürzte. Durch die Urheberrechtsreform von 1985 wurde die Schutzfristverkürzung für die Lichtbildwerke durch die Streichung von § 68 aufgehoben und die

Schutzfrist für solche einfachen Lichtbilder, die als Dokumente der Zeitgeschichte anzusehen waren, auf 50 Jahre nach Erscheinen bzw. Herstellung bei Nichterscheinen verlängert. Mit der Urheberrechtsreform von 1995 wurde auch diese Unterscheidung aufgehoben, so dass nunmehr alle einfachen Lichtbilder für 50 Jahre seit dem Erscheinen bzw. Herstellung bei Nichterscheinen geschützt sind. Zur Entwicklung des Fotografieschutzes in Deutschland und der Schutzfristen (s. im Einzelnen Loewenheim/*Axel Nordemann* § 9 Rn. 124 ff. und § 22 Rn. 22 ff.; Loewenheim/*Vogel* § 37 Rn. 4 ff.; *Axel Nordemann* S. 7 ff.; Schricker/*Vogel*[3] Rn. 2 ff.; Wandtke/Bullinger/*Thum*[2] Rn. 38 ff.; *Heitland* S. 13 ff.; *Platena* S. 40 ff. Die DDR kannte ebenfalls ein zweistufiges Schutzsystem für Lichtbildwerke und einfache Lichtbilder über § 2 Abs. 2 lit. h [Lichtbildwerke] und § 77 [einfache Lichtbilder] (Einzelheiten hierzu bei *Axel Nordemann* S. 55 ff.).

3. EU-Richtlinien

Art. 6 Schutzdauer-RL harmonisiert lediglich den Schutz der Lichtbildwerke, **4** erlaubt in S. 3 aber den nationalen Gesetzgebern, daneben auch einen Schutz für andere Fotografien vorzusehen, also für solche, die nicht individuell im Sinne der Richtlinie sind (vgl. § 2 Rn. 198). Das deutsche zweistufige System konnte deshalb bestehen bleiben (Walter/*Walter* Art. 6 Schutzdauer-RL Rn. 9).

4. Internationales Urheberrecht

Es existiert keine internationale Konvention, die auch den Schutz einfacher **5** Lichtbilder vorsieht. Art. 2 Abs. 1 RBÜ fasst unter die „Werke der Literatur und Kunst" lediglich „photographische Werke, denen Werke gleichgestellt sind, die durch ein der Photographie ähnliches Verfahren hervorgebracht sind" und gilt damit nicht für solche Fotografien, denen die Individualität fehlt (OLG Frankfurt GRUR Int. 1993, 872, 873 – *Beatles*; Gendreau/Nordemann/Oesch/*Ricketson* S. 24 f.; Nordemann/Vinck/Hertin Art. 2 RBÜ Rn. 3; Schricker/*Vogel*[3] Rn. 16). Dasselbe gilt für Art. I WUA, unter den ebenfalls nur fotografische Werke fallen (Nordemann/Vinck/Hertin Art. I WUA Rn. 3 und Art. IV WUA Rn. 5) sowie die TRIPS, die die RBÜ in Art. 9 in Bezug nehmen und im Übrigen keine Sonderbestimmungen für Fotografien enthalten. S. zur Behandlung der Fotografie in den internationalen Konventionen im Übrigen: Gendreau/Nordemann/Oesch/*Ricketson* S. 15 ff. sowie die in Gendreau/Nordemann/Oesch enthaltenen Länderkapitel zu Belgien (*Strowel* und *Ihde*), Frankreich (*Gendreau*), Großbritannien (*Gendreau*), Italien (*Ubertazzi*), Japan (*Doi*), Kanada (*Gendreau*), Niederlande (*van Oerle*), Österreich (*Walter*), Schweden, Finnland, Norwegen und Dänemark (*Oesch*), Schweiz (*Hug*) und USA (*Gendreau*). Ausländische Fotografen genießen in Deutschland uneingeschränkt Schutz auch für ihre einfachen Lichtbilder, wenn sie Staatsangehörige eines EU-Mitgliedslandes sind (§ 124 i.V.m. § 120 Abs. 2 Nr. 2; EuGH GRUR 1994, 280, 283 – *Phil Collins*). Einfache Lichtbilder anderer ausländischer Staatsangehöriger sind in Deutschland nur dann geschützt, wenn sie in Deutschland erstmalig oder spätestens innerhalb von 30 Tagen nach einem früheren Erscheinen im Ausland erschienen sind (§ 124 i.V.m. § 121 Abs. 1).

5. Verwertungsgesellschaften

Die Rechtewahrnehmung im Bereich der Fotografie erfolgt durch die VG Bild- **6** Kunst, in deren Berufsgruppe II auch Fotografen Mitglied werden können. Die

VG Bild-Kunst nimmt die Rechte an Fotografien unabhängig davon wahr, ob es sich bei dem konkreten Bild um ein Lichtbildwerk oder ein einfaches Lichtbild handelt. Einzelheiten zum Wahrnehmungsvertrag eines Fotografen mit der VG Bild-Kunst bei Loewenheim/*Axel Nordemann* § 73 Rn. 81 ff.

> Verwertungsgesellschaft Bild-Kunst
> Weberstraße 61
> D-53113 Bonn
> Tel.: 0228/91534–0
> Fax: 0228/91534–39
> http://www.bildkunst.de
> email: info@bildkunst.de

II. Tatbestand (Abs. 1)

7 Das verwandte Schutzrecht wird gewährt für Lichtbilder und Erzeugnisse, die ähnlich wie Lichtbilder hergestellt werden.

1. Lichtbildbegriff (technisch)

8 Ein Lichtbild oder ein in einem ähnlichen Verfahren geschaffenes Bild liegt immer dann vor, wenn es in einem **fotografischen oder der Fotografie in Wirkungsweise und Ergebnis ähnlichen Verfahren** hergestellt worden ist (Loewenheim/*Axel Nordemann* § 9 Rn. 128; *Axel Nordemann* S. 63 f.; Schricker/*Loewenheim*[3] § 2 Rn. 176; *Ulmer*[3] S. 153 und 511). Dies schließt herkömmliche fotografische Verfahren ebenso ein wie elektronische Aufnahmetechniken; ob also auf herkömmlichem Film fotografiert wurde, ein digitaler Chip verwendet worden ist, Röntgenstrahlen verwendet werden oder die Infrarottechnik, Kernspin- oder Computertomografie eingesetzt wird, spielt grundsätzlich keine Rolle (schon BGH GRUR 1962, 470, 472 – *AKI* zu einem elektronischen, nicht zwischengespeicherten Standbild einer Fernsehkamera; ferner Dreier/Schulze/*Schulze*[2] Rn. 6; Schricker/*Vogel*[3] Rn. 19). Rein technisch gesehen unterfallen daher auch reine Reproduktionsvorgänge, die sich fotografischer oder fotografieähnlicher Verfahren bedienen, wie beispielsweise Foto-, Mikro- oder Makrokopien, ebenso dem Lichtbildbegriff wie im Labor angefertigte Abzüge vom fotografischen Negativ oder einem Diapositiv (BGH GRUR 1990, 669, 673 – *Bibelreproduktion*; *Wilhelm Nordemann* GRUR 1987, 15, 15; *Riedel* S. 22; aber vgl. Rn. 10). Computergestützt gezeichnete Bilder können nicht als lichtbildähnlich eingestuft werden, weil sie nicht in Wirkungsweise und Ergebnis der Fotografie ähnlichen Verfahren hergestellt, sondern eher „gezeichnet" werden (OLG Hamm GRUR-RR 2005, 73, 74 – *Web-Grafiken*; LG Hamburg ZUM 2004, 675, 677 – *Becker-Setlur*; Loewenheim/*Axel Nordemann* § 9 Rn. 128; *Axel Nordemann* S. 65; a.A. Dreier/Schulze/*Schulze*[2] Rn. 7; zu Einzelheiten zum Streitstand vgl. § 2 Rn. 193).

2. Lichtbildbegriff (inhaltlich)

9 Nicht jedes technisch als Lichtbild oder ähnlich hergestelltes Erzeugnis aufzufassendes Leistungsergebnis kann jedoch Gegenstand des verwandten Schutzrechtes aus § 72 sein, denn der Gesetzgeber wollte – zur Vermeidung von Abgrenzungsschwierigkeiten (RegE UrhG – BT-Drucks. IV/270, [zu § 82] S. 88 f.) – mit der Einführung eines verwandten Schutzrechtes eine Leistung schützen, die der **schöpferischen Leistung** des Urhebers eines Lichtbildwerkes

ähnlich ist (*Wilhelm Nordemann* GRUR 1987, 15, 17). **Reine Fotokopier- und sonstige Reproduktionsvorgänge,** die zur Vervielfältigung einer Vorlage benötigt werden, sind der schöpferischen Leistung eines Fotografen jedoch **nicht vergleichbar** (*Wilhelm Nordemann* GRUR 1987, 15, 17). Rechtsprechung und herrschende Lehre in der Literatur sind sich zwar im Ergebnis insoweit einig, nicht jedoch in der Begründung: Weitgehende Einigkeit besteht noch darin, dass – zurückgehend auf *Hertin* – das Lichtbild als solches originär von einer natürlichen Person als Urbild angefertigt sein worden muss (Vorauflagen seit der 6. Auflage/*Hertin* Rn. 2; BGH GRUR 1990, 669, 673 – *Bibelreproduktion*; OLG Köln GRUR 1987, 42, 43 – *Lichtbildkopien*; Dreier/Schulze/*Schulze*[2] Rn. 9; Schricker/*Vogel*[3] Rn. 23; Wandtke/Bullinger/*Thum*[2] Rn. 11). Darüber hinausgehend wird tw. ein „Mindestmaß an – zwar nicht schöpferischer, aber doch – persönlich-geistiger Leistung" verlangt (BGH GRUR 1990, 669, 673 – *Bibelreproduktion*; unter Berufung darauf Dreier/Schulze/*Schulze*[2] Rn. 9; Loewenheim/*Vogel* § 37 Rn. 10; Schricker/*Vogel*[3] Rn. 23; Wandtke/Bullinger/*Thum*[2] Rn. 11; vgl. schon *Ulmer*[3] S. 511 und *Willhelm Nordemann* GRUR 1987, 15, 17). Diese Voraussetzung ist tw. auf Ablehnung gestoßen (Vorauflage/*Hertin*[9] Rn. 3; Möhring/Nicolini/*Kroitzsch*[2] Rn. 4), tw. sind auch andere Kriterien entwickelt worden wie beispielsweise die Entstehung eines neuen, selbstständig verwertbaren Wirtschaftsgutes (*Katzenberger* GRUR Int. 1989, 116, 117) oder eines Aufwandes, der eine wesentliche Investition erfordert (Dreier/Schulze/*Schulze*[2] Rn. 10).

Der Lösungsansatz ist im Sinn und Zweck der Norm zu suchen: Für den **10** Lichtbildschutz nach § 72 soll zunächst die rein technische Leistung genügen (RegE UrhG BT-Drucks. IV/270, [zu § 82] S. 88 f.), von einem Mindestmaß an *geistiger* Leistung sollte der Schutz wohl nicht abhängen (gl.A. Dreier/Schulze/*Schulze*[2] Rn. 10). Die Begründung zum RegE sagt des Weiteren, dass keine besonderen Fähigkeiten für den Schutz erforderlich seien (RegE UrhG – BT-Drucks. IV/270, [zu § 82] S. 88 f.). Eine technische Qualität oder ein technischer Aufwand sind also ebenfalls irrelevant. § 72 sollte ein Fotografieschutzrecht darstellen, das die nicht-individuellen Fotografien – unterhalb des Werkschutzes – schützen sollte; dabei darf nicht verkannt werden, dass § 72 nur für solche Lichtbilder eingreifen kann, die aufgrund einer Leistung entstanden sind, die der Leistung des fotografischen Urhebers ähnlich sind (*Wilhelm Nordemann* GRUR 1987, 15, 17). Unter § 72 fallen können danach nur solche Fotografien, die etwas abbilden, also als das Ergebnis einer rein fotografisch-technischen Leistung eines Menschen angesehen werden können. Abbildung bedeutet zugleich, dass eine **drei-dimensionale Vorlage** mit Hilfe fotografischer oder fotografieähnlicher Technik **in ein zwei-dimensionales fotografisches Bild umgesetzt** wird. Das schließt fotografische Reproduktionen drei-dimensionaler Gegenstände – beispielsweise von Gemälden – ebenso in den Schutz ein wie Knipsbilder mit vollautomatisierten Kameras, Aufnahmen mit Röntgenapparaten, Satellitenfotos oder Radaraufnahmen der Polizei (s.A. LG Berlin GRUR 1990, 270, 270 – *Satellitenfoto*; Dreier/Schulze/*Dreier*[2] Rn. 4; *Katzenberger* GRUR Int. 1989, 116, 118; Schricker/*Vogel*[3] Rn. 20; a.A. LG Hamburg ZUM 2004, 675, 677 – *Becker-Setlur*; Möhring/Nicolini/*Kroitzsch*[2] Rn. 3); gerade letztere gehen eben auf die fotografisch-technische Leistung eines Menschen zurück, der den Röntgenapparat, den Satelliten oder das Radargerät so einstellen, programmieren oder ausrichten muss, dass eine technisch einwandfreie Abbildung entsteht.

Die – auch fotografische – **Vervielfältigung ist damit vom Schutz ausgeschlos-** **11** **sen:** Sie bildet nicht ab, sondern setzt eine zwei-dimensionale Vorlage in eine so weit wie möglich identische wiederum zwei-dimensionale Kopie um. Fotokopien, drucktechnische Reproduktionsvorlagen, Vergrößerungen vom Negativ oder Positiv sind also ebenso wenig Lichtbilder im Sinne von § 72 wie Scans (im Ergebnis ebenso Vorauflage/*Hertin* Rn. 3; BGH GRUR 1990, 669, 673 – *Bibelreproduktion*; OLG Köln GRUR 1987, 42, 43 – *Lichtbildkopien*; Loewenheim/*Vogel* § 37 Rn. 10; Dreier/Schulze/*Schulze*[2] Rn. 10 f.; Möhring/Nicolini/*Kroitzsch*[2] Rn. 3; Schricker/*Vogel*[3] Rn. 23; Wandtke/Bullinger/*Thum*[2] Rn. 11). Entgegen Rechtsprechung und h.M. ist damit im Rahmen der Abgrenzung nicht auf ein Mindestmaß an geistiger Leistung abzustellen – das birgt zudem die Gefahr der Verwechslung oder Überschneidung mit der geistigen Leistung des Fotografie-Urhebers, was schon BGH GRUR 1990, 669, 673 – *Bibelreproduktion* zu einer entsprechenden Klarstellung veranlasst hat und LG Hamburg ZUM 2004, 675, 677 – *Becker-Setlur* dazu verführte, das Bestehen des verwandten Schutzrechtes nach § 72 ausführlich damit zu begründen, die Fotos seien im genau richtigen Moment aufgenommen worden und die Leistung habe ferner darin bestanden, den Ausschnitt und die Optik (Brennweite, Blende, daraus resultierende Schärfentiefe) zu wählen, um insgesamt ein möglichst natürliches und sympathisches Erscheinungsbild des aufgenommenen Paares zu erreichen; das sind aber alles Gestaltungsmerkmale, die zur Annahme eines Lichtbildwerkes hätten führen müssen (vgl. im Einzelnen § 2 Rn. 198 f.). Allein maßgeblich ist die fotografisch-technische Leistung eines Menschen zur Umsetzung einer drei-dimensionalen Vorlage in ein zwei-dimensionales fotografisches oder fotografieähnliches Bild.

12 Oberhalb des Lichtbildschutzes gem. § 72 gibt es **keine Lücke zum Werkschutz** nach § 2 Abs. 1 Nr. 5. Eine Abgrenzung „nach oben" in dem Sinne, dass der Schutz als einfaches Lichtbild dort endet, wo der Schutz als Lichtbildwerk beginnt, ist nicht erforderlich, weil alle Lichtbildwerke zugleich auch als Lichtbilder geschützt sind (vgl. Rn. 2). Allerdings ist der Werkcharakter einer Fotografie im Wege einer negativen Abgrenzung zu bestimmen: Jede Fotografie, die mehr ist als ein einfaches Lichtbild, muss ein Lichtbildwerk sein, weil alle Lichtbildwerke zugleich auch einfache Lichtbilder sind. Damit ist jede Fotografie, die über die rein fotografisch-technische Abbildung hinausgehend zumindest geringfügig gestaltet wurde und die ein anderer Fotograf anders aufgenommen hätte, Lichtbildwerk und nach § 2 Abs. 1 Nr. 5 zu schützen (zu Einzelheiten vgl. § 2 Rn. 197 f.).

3. Film- und Fernseheinzelbilder

13 Seit BGH GRUR 1962, 470, 472 – *AKI* ist anerkannt, dass auch Film- und Fernseheinzelbilder grundsätzlich dem Fotografieschutz unterfallen. Zwar ist die Entscheidung noch aus der Zeit vor Inkrafttreten des UrhG und mithin auch vor Existenz von § 72; da der sowohl dem Werkschutz als auch dem Leistungsschutz zugrundeliegende Begriff des Lichtbildes im Bereich des Fotografieschutzes jedoch derselbe ist, sind die Grundsätze der Entscheidung ohne weiteres auch auf Lichtbilder gem. § 72 übertragbar. **Einfache Film- und Fernseheinzelbilder unterfallen dem Leistungsschutz** nach § 72; sind sie fotografisch (und nicht nur rein filmisch) gestaltet worden, unterfallen sie dem Werkschutz gem. § 2 Abs. 1 Nr. 5 (zu Einzelheiten vgl. § 2 Rn. 197 f.).

4. Darstellungen wissenschaftlicher oder technischer Art

14 Fotografien, die wissenschaftliche oder technische Gegenstände abbilden, unterfallen dann, wenn sie nicht gestaltet worden sind, ebenfalls dem verwandten Schutzrecht gem. § 72. Ob sie auch der Vermittlung eines belehrenden oder unterrichtenden Inhaltes dienen (vgl. § 2 Rn. 210), ist insoweit unerheblich. Besitzen sie einen belehrenden oder unterrichtenden Inhalt und sind sie zusätzlich auch noch gestaltet, können sie sowohl als Lichtbildwerke gem. § 2 Abs. 1 Nr. 5 als auch als Darstellungen wissenschaftlicher oder technischer Art gem. § 2 Abs. 1 Nr. 7 zusätzlich geschützt sein. Diese konkrete Einordnung ist zwar für die Bestimmung des Bestehens urheberrechtlichen Werkschutzes unerheblich, kann jedoch beim Schutzumfang Bedeutung erlangen, und zwar dann, wenn der Schutz eines arrangierten Motivs in Frage steht (im Einzelnen vgl. §§ 23/24 Rn. 38).

III. Schutzinhalt (Abs. 1)

Lichtbilder und ähnliche Erzeugnisse werden gem. Abs. 1 in entsprechender **15** Anwendung der für Lichtbildwerke geltenden Vorschriften geschützt. Einschränkungen können sich allerdings infolge der fehlenden Individualität einfacher Lichtbilder ergeben, so namentlich beim Entstellungsverbot gem. § 14 (vgl. Rn. 17), beim Änderungsverbot gem. § 39 (vgl. Rn. 18) und schließlich beim Bearbeitungsrecht gem. § 23 (vgl. Rn. 20 f.).

1. Urheberpersönlichkeitsrecht

Der Inhaber des verwandten Schutzrechtes aus § 72 besitzt zunächst uneinge- **16** schränkt das **Veröffentlichungsrecht** gem. § 12 und das **Recht auf Anerkennung der Urheberschaft** gem. § 13. Letzteres schließt das Recht auf **Namensnennung** ein (§ 13 S. 2), dem im Bereich der Fotografie eine besondere Bedeutung zukommt, weil für den Verletzungsfall anerkannt ist, dass der Fotograf – gleich ob er ein Lichtbildwerk oder nur ein einfaches Lichtbild aufgenommen hat – bei unterlassener Namensnennung einen Zuschlag von 100% zur angemessenen Vergütung als Schadensersatz beanspruchen kann (OLG Hamburg GRUR 1989, 912, 913 – *Spiegel-Fotos*; LG Düsseldorf GRUR 1993, 664, 664 f. – *Urheberbenennung bei Foto*; vgl. § 97 Rn. 101, 124, 128).

Nur eingeschränkt steht dem Inhaber des verwandten Schutzrechtes jedoch **17** das **Entstellungsverbot** gem. § 14 zu, weil § 14 die geistigen und persönlichen Interessen des Urhebers in einem besonderen Maße in den Vordergrund stellt, einem einfachen Lichtbild jedoch gerade die Individualität und damit die geistige und persönliche Prägung durch einen Urheber fehlt. Soweit allerdings eine entsprechende Anwendung von § 14 deshalb vollständig abgelehnt wird (Loewenheim/*Vogel* § 37 Rn. 18; Möhring/Nicolini/*Kroitzsch*² Rn. 6; Schricker/*Vogel*³ Rn. 31) ist dem nicht zu folgen: Das **berufliche Ansehen des Fotografen** kann auch bei der Entstellung einfacher Lichtbilder betroffen sein (Schricker/*Vogel*³ Rn. 31 a.E. sieht dies dann als Verletzung des allgemeinen Persönlichkeitsrechts an), insb. dann, wenn eine einfache Fotografie nur ausschnittsweise oder sonst wie verändert entstellend veröffentlicht wird (Dreier/Schulze/*Schulze*² Rn. 18). Da der Fotograf auch im Falle der Veröffentlichung einfacher Lichtbilder gem. § 13 S. 2 Anspruch darauf hat, dass sein Name genannt wird, erscheint dies konsequent: Durch die Namensnennung wird seine Person mit dem einfachen Lichtbild identifizierbar verbunden; erfolgt im Zusammenhang mit der Veröffentlichung eine Entstellung, kann dies die berechtigten persönlichen Interessen des Fotografen beeinträchtigen.

Entsprechendes gilt für das **Änderungsverbot gem.** § 39: Der Inhaber des **18** verwandten Schutzrechtes muss Änderungen an einem einfachen Lichtbild –

beispielsweise durch Beschneiden oder Formatänderung – sehr viel eher hinnehmen als der Urheber eines Lichtbildwerkes, weil durch die fehlende Individualität seine persönlichen und geistigen Beziehungen zum Lichtbild nur sehr untergeordnet zum Tragen kommen und deshalb Gesichtspunkte nach Treu und Glauben beim einfachen Lichtbild sehr viel stärker zurücktreten. Der Fotograf muss deshalb bei einfachen Lichtbildern in der Regel hinnehmen, dass sein Foto nur ausschnittsweise oder verändert benutzt wird, es sei denn, sein berufliches Ansehen würde durch die Art der Veröffentlichung gefährdet (a.A. Dreier/Schulze/*Schulze*[2] Rn. 18).

2. Verwertungsrechte

19 Die Verwertungsrechte sind, soweit für ihre Anwendung die Individualität keine Rolle spielt, im Rahmen des verwandten Schutzrechtes **einschränkungslos anwendbar.** Das gilt insb. für das Vervielfältigungsrecht (§ 16), das Verbreitungsrecht (§ 17), das Ausstellungsrecht (§ 18), das Vorführungsrecht (§ 19 Abs. 4) und das Recht der öffentlichen Zugänglichmachung (§ 19a).

20 **Einschränkungen** ergeben sich jedoch **beim Bearbeitungsrecht** gem. § 23 und der damit im Zusammenhang stehenden Abgrenzung zur freien Benutzung gem. § 24, weil der durch das Bearbeitungsrecht bestimmte Schutzumfang des Urheberrechts maßgeblich von dem Grad der Individualität des Werkes abhängt (vgl. §§ 23/24 Rn. 46), einem einfachen Lichtbild aber gerade die Individualität fehlt. Es ist deshalb zu unterscheiden: Wird ein einfaches Lichtbild identisch übernommen, liegt bereits eine Vervielfältigung vor (§ 16), so dass es auf eine Bestimmung des Schutzumfanges nicht ankommt. Entsprechendes gilt für Lichtbildteile, die, solange sie unverändert vervielfältigt werden und noch so „groß" sind, dass in ihnen eine fotografisch-technische Abbildung enthalten geblieben ist, dem Vervielfältigungsrecht des Fotografen unterfallen (Dreier/Schulze/*Schulze*[2] Rn. 15; Schricker/*Vogel*[3] Rn. 29; Wandtke/Bullinger/*Thum*[2] Rn. 24). Denn auch Werkteile sind so lange geschützt, wie das selbstständig betrachtete Werkteil urheberrechtlich geschützt ist. Für Lichtbildwerke bedeutet dies, dass selbst dann, wenn das vervielfältigte Teil eines Lichtbildwerkes keine individuellen schöpferischen Züge mehr enthält, i.d.R. noch ein Schutz für das Werkteil gem. § 72 besteht (vgl. § 2 Rn. 51 sowie §§ 23/24 Rn. 46).

21 Wird ein Lichtbild vollständig übernommen, aber **digital verändert** (z.B. durch eine Größen- oder Auflösungsveränderung durch Umsetzung in sogenannte „Thumbnails" [LG Hamburg GRUR-RR 2004, 313, 316 – *Thumbnails*], von Farbe in Schwarz/Weiß umgesetzt, in Kontrast oder der Schärfe verändert **oder farblich umgestaltet,** etwa durch Veränderung eines wolkenverhangenen Himmels in einen strahlend blauen Himmel) oder **durch Hinzufügungen ergänzt** (z.B. durch eine hineinmontierte Person oder manuelle Übermalungen), liegt solange keine freie Benutzung gem. § 24, sondern eine abhängige Bearbeitung gem. § 23 vor, wie der **charakteristische Gesamteindruck des Lichtbildes noch erhalten bleibt** (ebenso *Heitland* S. 102 ff.; Schricker/*Vogel*[3] Rn. 30; a.A. offenbar BGH GRUR 1967, 315, 316 – *Skai-Cubana*, wo der Schutz für einfache Lichtbilder auf die Vervielfältigung beschränkt wird). Insoweit kann auch ein einfaches Lichtbild gegenüber einem **Abmalen durch einen bildenden Künstler** geschützt sein, sofern die Vorlage weitgehend unverändert „fotorealistisch" in das Gemälde umgesetzt wird (*Heitland* S. 102 ff.; Dreier/Schulze/*Schulze*[2] Rn. 17; *Ulmer*[3] S. 512). Durch die Umsetzung in eine andere Kunstform (vgl. § 3 Rn. 10 f.) und die fehlende Individualität bei einfachen Lichtbildern führt jedoch eine Veränderung durch den bildenden Künstler sehr schnell aus dem

Schutzbereich des § 23 hinaus und in die freie Benutzung hinein (zum Streitstand im Einzelnen vgl. §§ 23/24 Rn. 84). Infolge der fehlenden Individualität bei einfachen Lichtbildern stellen wesentliche Änderungen und Abweichungen infolge einer Bearbeitung lediglich eine freie Benutzung dar (BGH GRUR 1967, 315, 316 – *Skai Cubana*; Schricker/Vogel[3] Rn. 30). Zwar genießen Lichtbildwerke einen eingeschränkten Motivschutz (vgl. §§ 23/24 Rn. 38 und 84). Dies gilt jedoch nicht für einfache Lichtbilder, weil ihnen die Individualität fehlt; der Inhaber des verwandten Schutzrechtes kann sich also nicht gegen einen anderen Fotografen zur Wehr setzen, der das selbe Motiv nachfotografiert, und zwar auch dann nicht, wenn das ursprüngliche Motiv künstlich arrangiert gewesen ist (Dreier/Schulze/*Schulze*[2] Rn. 14; Schricker/*Vogel*[3] Rn. 27; Wandtke/Bullinger/*Thum*[2] Rn. 22).

22 Wenn kein Schutz über § 72 besteht oder der Schutz nicht weit genug reicht, ist das ungeschützte Produkt an sich frei und kann von jedermann verwendet werden. Ein **ergänzender wettbewerbsrechtlicher Leistungsschutz** nach § 4 Nr. 9 UWG kann dann nur unter ganz besonderen Umständen in Betracht kommen, die außerhalb der urheberrechtlichen Wertung liegen müssen. So ist einmal einem Hochzeitsfotografen Schutz nach § 1 UWG a.F. gewährt worden, als ein anderer Fotograf das von ihm aufgestellte Gerüst für eigene Aufnahmen verwendet hatte (OLG München ZUM 1991, 431, 431 f. – *Hochzeits-Fotograf*). In der Regel dürfte jedoch ein ergänzender wettbewerbsrechtlicher Leistungsschutz ausscheiden (im Einzelnen hierzu vgl. §§ 23/24 Rn. 98 ff.).

3. Sonstige Rechte

23 Das **Recht des Zugangs zu Werkstücken** (§ 25) steht auch dem Inhaber des verwandten Schutzrechtes ebenso zu wie die **gesetzlichen Vergütungsansprüche**, wobei insb. die Vergütungsansprüche für das Vermieten und Verleihen (§ 27), für Sammlungen für den Kirchen-, Schul- oder Unterrichtsgebrauch (§ 46), für Schulfunksendungen (§ 47), für die öffentliche Wiedergabe (§ 52), für die öffentliche Zugänglichmachung für Unterricht und Forschung (§ 52a) und für die Kopie zum privaten und sonstigen eigenen Gebrauch (§§ 53 f.) in Betracht kommen. Der sich aus dem Folgerecht (§ 26) ergebende Vergütungsanspruch gilt nunmehr auch für Lichtbildwerke (vgl. § 26 Rn. 12), aber nicht für einfache Lichtbilder (Loewenheim/*Vogel* § 37 Rn. 14; Schricker/*Vogel*[3] Rn. 24; Wandtke/Bullinger/*Thum*[2] Rn. 31).

4. Urhebervertragsrecht

24 Der Verweis von Abs. 1 auf die entsprechende Anwendung der für Lichtbildwerke geltenden Vorschriften enthält **keine Beschränkungen im Hinblick auf das Urhebervertragsrecht**. Das verwandte Schutzrecht ist deshalb insb. nicht übertragbar (§ 29 Abs. 1) und Gegenstand der Einräumung von Nutzungsrechten (§§ 29 Abs. 2, 31). Auch die Zweckübertragungsbestimmung des § 31 Abs. 5 ist auf einfache Lichtbilder uneingeschränkt anwendbar; denn der Schutz der einfachen Lichtbilder sollte dem der Lichtbildwerke gerade gleichgestellt werden (vgl. Rn. 1 f.). Des Weiteren hat der Inhaber des verwandten Schutzrechtes Anspruch auf Zahlung einer angemessenen Vergütung (§ 32), wobei diese anhand der **Empfehlungen der Mittelstandsgemeinschaft Foto-Marketing** (MFM c/o BVPA, Lietzenburger Str. 91 10719 Berlin, Tel. 030/324 99 17, Fax. 030/324 70 01, e-mail: info@bvpa.org) berechnet werden kann (vgl. § 97 Rn. 94, 115 und Dreier/Schulze/*Schulze*[2] Rn. 29; Wandtke/Bullinger/*Thum*[2] Rn. 48). Einzelheiten zur Vertragsgestaltung im Bereich der Fotografie finden sich bei Loewenheim/*Axel Nordemann* § 73; Hasselblatt/*Axel Nordemann/Czychowski* § 44 Rn. 176 ff.; Schricker/*Vogel*[3] Rn. 46 ff.; Wandtke/Bullinger/*Thum*[2] Rn. 49 ff.)

5. Schrankenbestimmungen

25 Die urheberrechtlichen Schranken finden auch auf einfache Lichtbilder **einschränkungslos Anwendung** einschließlich der in ihnen enthaltenen gesetzlichen Vergütungsansprüche (vgl. Rn. 23). Hinzuweisen ist insb. auf § 60, nach dem die Vervielfältigung und die unentgeltliche und nicht zu gewerblichen Zwecken erfolgende Verbreitung von Fotografien durch den Besteller eines Portraits oder nach seinem Tod durch seine Angehörigen unentgeltlich zulässig sind (im Einzelnen vgl. § 60 Rn. 7 ff.).

IV. Rechtsinhaberschaft (Abs. 2)

26 Das verwandte Schutzrecht steht gem. Abs. 2 dem **Lichtbildner** zu. Lichtbildner ist entweder der Fotograf selbst oder diejenige Person, die die technischen Bedingungen für die Aufnahme festgelegt und den Aufnahmeapparat eingerichtet hat, also beispielsweise der Röntgenologe, auf dessen Anweisungen hin Aufnahmen mit einem Kernspintomographen angefertigt werden, die Zahnarzthelferin, die ein Gebiss oder Gebissteile mit dem Röntgenapparat ablichtet, der Polizist, der die Radarfalle aufgestellt und eingerichtet hat oder derjenige, der sich an einem Passbildautomaten selbst durch Münzeinwurf ablichtet. Das Schöpferprinzip des § 7 gilt auch für das verwandte Schutzrecht des § 72 mit der Folge, dass Lichtbildner und damit Inhaber des verwandten Schutzrechtes immer nur eine natürliche Person sein kann; ein originärer Rechtserwerb durch eine juristische Person ist ausgeschlossen (LG Berlin GRUR 1990, 270, 270 – *Satellitenfoto*; Dreier/Schulze/*Schulze*[2] Rn. 32 f.; Loewenheim/*Vogel* § 37 Rn. 12; Schricker/*Vogel*[3] Rn. 36; Wandtke/Bullinger/ *Thum*[2] Rn. 34). Für juristische Personen kommt mithin nur ein abgeleiteter Rechtserwerb durch Einräumung von Nutzungsrechten über das Urhebervertragsrecht in Betracht, wobei für Arbeitnehmerurheber gem. § 43 besondere Auslegungsregeln gelten (vgl. dort Rn. 1).

V. Schutzdauer (Abs. 3)

27 Die Schutzdauer beträgt gem. Abs. 3 S. 1 **50 Jahre** seit dem Erscheinen des Lichtbildes oder seiner ersten erlaubten öffentlichen Wiedergabe, je nach dem, was früher erfolgt ist. Unter Erscheinen ist gem. § 6 Abs. 2 S. 1 das Angebot oder Inverkehrbringen von Vervielfältigungsstücken des Lichtbildes nach ihrer Herstellung in genügender Anzahl gegenüber der Öffentlichkeit mit Zustimmung des Berechtigten zu verstehen (vgl. § 6 Rn. 15, 17 ff.); eine Fotografie ist also beispielsweise erschienen, wenn sie in einer Zeitung, einer Zeitschrift oder einem Buch veröffentlicht oder als Postkarte vertrieben worden ist. Erste öffentliche Wiedergabe umfasst alle unkörperlichen Verwertungsrechte gem. §§ 15 Abs. 2, 19 ff. und kommt im Bereich der Fotografie insb. in Form der Vorführung gem. § 19 Abs. 4 und der öffentlichen Zugänglichmachung gem. § 19a in Betracht; ein Lichtbild, das im Rahmen einer Diashow öffentlich gezeigt worden ist, ist vorgeführt und damit öffentlich wiedergegeben worden (vgl. § 19 Rn. 27 ff.), ein Foto, das auf eine Internet-Homepage eingestellt wurde, die öffentlich zugänglich ist, ist öffentlich zugänglich gemacht worden gem. § 19a (vgl. § 19a Rn. 7 ff.). Ist ein Lichtbild weder erschienen noch öffentlich wiedergegeben worden, berechnet sich die Schutzfrist seit der Herstellung. Unter Herstellung ist die Aufnahme des „Ur-Bildes" zu verstehen, also des ursprünglichen Negativs, Diapositivs oder der original von der Digitalkamera aufgenommenen Datei, nicht aber der daraus hergestellte erstmalige Abzug (gl.A.: HK-UrhR/*Meckel* Rn. 16; Wandtke/Bullinger/*Thum*[2] Rn. 36; differenzierend Vorauflage/*Hertin*[9] Rn. 12: nicht schon mit der Belichtung, sondern erst mit der Entwicklung des Negativs). Aufgrund der besonderen Konstruktion von Abs. 3 S. 1 hat das einfache Lichtbild eigentlich zwei Schutzfristen: Die erste Schutzfrist von 50 Jahren beginnt mit der Herstellung zu laufen. Nur dann, wenn das einfache Lichtbild innerhalb des Laufs dieser ersten Schutzfrist auch erscheint oder öffentlich wiedergegeben wird, beginnt die zweite Schutzfrist von 50 Jahren seit Erscheinen bzw. erstmaliger öffentlichen Wiedergabe zu laufen. Da sich die beiden Schutzfristen rechnerisch ergänzen, kann ein einfaches Lichtbild also theoretisch 100 Jahre lang geschützt sein, nämlich dann, wenn es am letzten Tag der ersten Schutzdauer noch erscheint oder erstmalig öffentlich wiedergegeben wird.

Für die **Berechnung der Schutzdauer** ist gem. Abs. 3 S. 2 § 69 anzuwenden mit **28** der Folge, dass die Schutzfrist erst mit dem Ablauf des Kalenderjahres endet, das 50 Jahre nach dem Kalenderjahr liegt, in das die Herstellung, das Erscheinen oder die erste öffentliche Wiedergabe des Lichtbildes gefallen ist: Ein am 03.10.2006 hergestelltes Lichtbild ist mithin bis zum 31.12.2056 geschützt und wird am 01.01.2057 gemeinfrei. Ist es am 15.01.2007 erschienen, läuft der Schutz bis einschließlich zum 31.12.2057; ist es im Rahmen einer öffentlichen Diavorführung am 20.11.2006 gezeigt worden, läuft die Schutzfrist am 31.12.2056 ab. Im Falle eines Erscheinens oder einer öffentlichen Wiedergabe erst am 31.12.2056 würde die Schutzfrist bis zum 31.12.2106 laufen (zur Entwicklung der Schutzdauer bei einfachen Lichtbildern Dreier/Schulze/*Schulze*[2] Rn. 34 ff.; Loewenheim/*Vogel* § 37 Rn. 19 ff.; Schricker/*Vogel*[3] Rn. 37 ff.; Wandtke/Bullinger/*Thum*[2] Rn. 38 ff.).

VI. Prozessuales

Die **Beweislast** dafür, dass das verwandte Schutzrecht besteht, trägt grund- **29** sätzlich derjenige, der sich auf das Bestehen beruft (vgl. § 97 Rn. 26, 149). Dies bedeutet, dass der Anspruchsteller nicht nur das Lichtbild vorlegen, sondern auch darlegen und gegebenenfalls beweisen muss, wer der Lichtbildner war, weil das verwandte Schutzrecht originär nur in einer natürlichen Person entstehen kann (LG Berlin GRUR 1990, 270, 270 – *Satellitenfoto*). Der Anspruchsteller muss ferner beweisen, dass die Schutzfrist noch nicht abgelaufen ist, also entweder den Zeitpunkt des Erscheinens oder der ersten öffentlichen Wiedergabe, gegebenenfalls auch der Herstellung (a.A. Wandtke/Bullinger/*Thum*[2] Rn. 37).

Die **Urheberschaftsvermutung** des § 10 findet gem. § 72 Abs. 1 auf Lichtbilder **30** uneingeschränkt Anwendung; Voraussetzung ist lediglich, dass der Fotograf in üblicher Weise auf dem Werkstück, also beispielsweise auf dem Abzug, benannt worden ist (vgl. § 10 Rn. 5, 14, 16 ff.; KG GRUR-RR 2002, 125, 127 – *Gruß aus Potsdam*; Wandtke/Bullinger/*Thum*[2] Rn. 59).

Abschnitt 3   **Schutz des ausübenden Künstlers**

Vorbemerkung

1 Obwohl der Schutz des ausübenden Künstlers stets an seine Darbietungen anknüpft (§§ 74, 75, 77, 78), ist die Darbietung des ausübenden Künstlers als solche, also z.B. die Theateraufführung vor Publikum oder das Konzert, nicht mit einem umfassenden Exklusivrecht geschützt (a.A. *Dünnwald* ZUM 2004, 161, 177). Der Gesetzgeber ist davon ausgegangen, dass insoweit kein Schutzbedürfnis bestehe, da der Künstler nicht auftreten würde, wenn er mit den Bedingungen seines Auftritts nicht einverstanden wäre. Nur die Künstlerpersönlichkeitsrechte (§§ 74, 75) gelten bereits bezüglich der Darbietung selbst. Im Übrigen kommt der Schutz des UrhG erst zum Tragen, wo sich die Art der Verwertung seiner Darbietung der unmittelbaren Kontrolle des Künstlers entzieht.

2 Nicht die öffentliche Wiedergabe im Konzertsaal, vielmehr erst die öffentliche Wahrnehmbarmachung außerhalb des Raumes, in dem die Darbietung stattfindet, unterliegt dem Ausschließlichkeitsrecht des Künstlers (§ 78 Abs. 1 Nr. 3), ebenso wie die öffentliche Zugänglichmachung der Darbietung i.S.d. § 19a (§ 78 Abs. 1 Nr. 1). Und ebenfalls nur, weil eine Aufnahme der Darbietung diese selbst überdauert, ja dem Künstler möglicherweise sogar verborgen bleibt (im Fall eines unerlaubten Mitschnitts), gewährt ihm das Gesetz das Aufnahmerecht (§ 77 Abs. 1) und die darauf aufbauenden Rechte der Vervielfältigung und Verbreitung (§ 77 Abs. 2) und der Sendung (§ 78 Abs. 1 Nr. 2).

§ 73   Ausübender Künstler

Ausübender Künstler im Sinne dieses Gesetzes ist, wer ein Werk oder eine Ausdrucksform der Volkskunst aufführt, singt, spielt oder auf eine andere Weise darbietet oder an einer solchen Darbietung künstlerisch mitwirkt.

Übersicht

I.   Allgemeines

1.   Bedeutung, Sinn und Zweck der Norm

1 Die Frage, ob eine Darbietung als Darbietung eines ausübenden Künstlers den Schutz der §§ 73 ff. genießt, besitzt zunächst Bedeutung für die Reichweite des

Rechtsschutzes gegen unerlaubte Übernahme des Leistungsergebnisses außerhalb des vom Darbietenden kontrollierbaren Bereichs (vgl. Vor §§ 73 ff.). Wer sich für seine Darbietungen nicht auf den Schutz des UrhG berufen kann, muss auf die Regeln der allgemeinen Gesetze zurückgreifen, etwa das allgemeine Persönlichkeitsrecht oder das Wettbewerbsrecht (dazu näher: *Krumow*, Der Schutz artistischer und sportlicher Leistungen in den Mitgliedstaaten der EU, Berlin 2005).

Streit über die Frage, ob sich ein Darbietender hinsichtlich seiner Darbietungen **2** als ausübender Künstler auf die Vorschriften der §§ 73 ff. berufen kann, entzündet sich regelmäßig am Wunsch auf **Teilhabe an den Vergütungsansprüchen** gemäß §§ 78 Abs. 2, 4, 83, 44a ff.. Da die Vergütungsansprüche der ausübenden Künstler über die Verwertungsgesellschaft GVL (Gesellschaft zur Verwertung von Leistungsschutzrechten mbH, mit Sitz in Berlin, www.gvl.de) wahrgenommen werden, die ihrerseits häufig mit den Vergütungsschuldnern über Gesamtverträge pauschalierte (Prozent-) Vergütungen vereinbart, liegt es im Interesse der gegenwärtigen Wahrnehmungsberechtigten, den Kreis derer, unter denen das Aufkommen verteilt wird, begrenzt zu halten. Daher betrifft die Mehrzahl der unten aufgeführten Entscheidungen Fälle, in denen ein Darbietender von der GVL den Abschluss eines Wahrnehmungsvertrags als ausübender Künstler begehrte.

2. Früheres Recht

Die Vorschrift wurde neu gefasst mit Wirkung zum 13.09.2003 (BGBl. I **3** S. 1774). Die bis dahin geltende Fassung lautete:

§ 73 Ausübender Künstler

Ausübender Künstler im Sinne dieses Gesetzes ist, wer ein Werk vorträgt oder aufführt oder bei dem Vortrag oder der Aufführung eines Werkes künstlerisch mitwirkt.

Künstlerschutzrechte aus der Zeit vor Inkrafttreten des UrhG (nach § 2 Abs. 1 LUG) haben sich in die Rechte nach §§ 73 ff. umgewandelt (OLG Hamburg ZUM 1991, 143).

3. Internationales Urheberrecht

Der Schutz ausländischer ausübender Künstler ist in § 125 Abs. 2 bis 6 geregelt **4** (siehe die dortige Kommentierung). Zur auslandsbezogenen Aspekten des Künstlervertragsrechts vgl. § 79 Rn 8 ff.

§ 125 Abs. 1 betrifft ausschließlich den Schutz ausländischer Staatsangehöri- **5** ger in Deutschland (auch für ihre Darbietungen im Ausland). Inwieweit Deutsche im Ausland Schutz beanspruchen können, richtet sich wegen des im Urheberrecht geltenden Territorialitätsprinzips nach der Rechtslage in diesen jeweiligen Ländern (Schutzlandprinzip). Allerdings können Deutsche in anderen Ländern der EU sowie außerhalb der EU aufgrund von Staatsverträgen (insb. dem sog. Rom- und dem TRIPS-Abkommen) regelmäßig Inländerbehandlung beanspruchen (vgl. Vor §§ 120 ff. Rn. 17, 34).

II. Tatbestand

1. Gegenstand der Darbietung des ausübenden Künstlers

6 Die Vorschrift enthält eine Legaldefinition des Begriffs „ausübender Künstler", die streng **darbietungsbezogen** ausgestaltet ist. Ausübender Künstler kann nur sein, wer ein Werk oder eine Ausdrucksform der Volkskunst darbietet. Dies ist für jede einzelne Darbietung gesondert zu prüfen (BGH GRUR 1981, 419, 421 – *Quizmaster*). Ein weltbekannter Schauspieler, dessen Darbietung kein Werk zum Gegenstand hat („Stars in der Manege"), ist hinsichtlich einer solchen Darbietung kein ausübender Künstler im Sinne des UrhG (BGH ebenda).

7 Es reicht aber nicht, ein Werk einfach nur vorzutragen, vielmehr ist eine **künstlerische Interpretation** erforderlich. Obwohl § 73 eine „künstlerische" Leistung nur bei „Mitwirkenden" erwähnt, fordert die Rechtsprechung richtigerweise im Wege eines „erst recht"-Schlusses ein künstlerisches Element ohne weiteres auch von jedem Darbietenden selbst (so ausdrücklich BGH GRUR 1981, 419, 421 – *Quizmaster*, LG Hamburg, GRUR 1976, 151, 153 – *Rundfunksprecher; a.A.* Vorauflage/*Hertin*[9] § 73 Rn. 5). Auch hier kann nicht ohne weiteres aus der Bekanntheit des Darbietenden auf eine hinreichende interpretatorische Leistung geschlossen werden, wenn der Gegenstand eine zu geringe Entfaltungsmöglichkeit bietet (BGH GRUR 1981, 419, 421 – *Quizmaster*).

8 **a) Werk:** Nur die künstlerische Darbietung von „Werken" begründet den Schutz nach § 73 ff. Damit liegt möglicherweise die wichtigste Aussage des § 73 darin, dass er anderen Darbietungen den Schutz versagt. In der heutigen Mediengesellschaft existiert eine Fülle von Darbietungsformen, die hohen wirtschaftlichen Wert besitzen, gleichwohl aber nicht am Schutz des § 73 teilhaben. Weder Sportler, noch Akrobaten und Varietékünstler genießen, sollte ihre jeweilige Darbietung nicht ausnahmsweise **Werkschutz im Sinne des § 2 Abs. 1** genießen, den Schutz als ausübende Künstler. Maßgeblich für die Einordnung ist mithin der Werkbegriff des § 2 UrhG, wobei es allerdings nur auf die abstrakte Schutzfähigkeit ankommt. **Auch gemeinfreie Werke** oder **solche, die in Deutschland nicht geschützt** sind, fallen unter den Werkbegriff des § 73 (so auch Schricker/*Krüger*[3] § 73 Rn 10; Dreier/Schulze/*Dreier*[2] § 73 Rn. 8; Wandtke/Bullinger/*Büscher*[2] § 73 Rn. 4).

9 Die h.M. (stellvertretend Schricker/*Krüger*[3] § 73 Rn 10; Dreier/Schulze/*Dreier*[2] § 73 Rn. 8; Wandtke/Bullinger/*Büscher*[2] § 73 Rn. 4) verlangt auch **nicht die nach § 2 Abs. 2 erforderliche Gestaltungshöhe**. Damit ist aber, jedenfalls im Bereich der Sprachwerke, noch nicht viel gewonnen.

10 Im Ergebnis wird nämlich bei der Wiedergabe von Werken, die nicht den Anforderungen des § 2 Abs. 2 genügen, die Schutzfähigkeit als Darbietung i.S.d. § 73 häufig bereits daran scheitern, dass die Vorlage einen zu geringen Spielraum für die Interpretation bietet (vgl. Rn. 7, 13 f.). Gerade den in der gerade zitierten Rechtsprechung hervorgehobenen „Sachinformationen" (BGH GRUR 1981, 419, 420 – *Quizmaster*), die nicht künstlerisch interpretierbar seien, dürfte meist auch die erforderliche Gestaltungshöhe i.S.d. § 2 Abs. 2 fehlen. Und diejenigen Züge, welche einem Text den Werkcharakter verleihen, dürften demgegenüber am ehesten künstlerisch interpretierbar sein. Es ist charakteristisch, dass der BGH in seiner *Quizmaster*-Entscheidung zur Beschreibung der Mindestanforderungen an die künstlerische Gestalt einer

Darbietung den Begriff der „Kleinen Münze" gebraucht, der üblicherweise nur auf Werke Anwendung findet.

b) Ausdrucksform der Volkskunst: Seit der Novelle von 2003 sind auch **11** Darbietungen von „einer Ausdrucksform der Volkskunst" geschützt. Diese Erweiterung geht unmittelbar zurück auf Art. 2 Buchst. a WPPT. Soweit es sich bei den Choreographien, Kompositionen und Texten solcher Ausdrucksformen der Volkskunst um (gemeinfreie) Werke i.S.d. § 2 UrhG handelt, ist dadurch nicht der Kreis der Berechtigten erweitert (so ausdrücklich RegE UrhG Infoges – BT-Drucks. 15/38, 23). Jede Ausdrucksform der Volkskunst ist aber nunmehr selbst dann für den Schutz qualifiziert, wenn sie keinen Werkcharakter aufweist.

Während für alle anderen Formen der Darbietungen (vgl. Rn. 7, 13) die **12** künstlerische Werkinterpretation gehört, zählt zu den Charakteristiken der Volkskunst vielerorts die strenge Beachtung von Aufführungstraditionen, die eine Interpretation im herkömmlichen Sinne geradezu ausschließen. In solchen Fällen wird man die Anforderungen an die künstlerische Interpretation herabzusetzen haben, um nicht den Schutz solcher Darbietungen insgesamt obsolet zu machen.

2. Darbietung

Der Oberbegriff der „Darbietung" umfasst die beiden wesentlichen Aspekte **13** jeder künstlerischen Leistung: Zum einen geht es darum, ein abstraktes Werk (oder eine Ausdrucksform der Volkskunst) bestimmungsgemäß in eine konkrete Ausdrucksform zu „transponieren" (i.d.S. BGH GRUR 1981, 419, 420 – *Quizmaster*). **Das betreffende Werk muss also darauf angelegt sein, dargeboten zu werden.** Das Werk der Choreographie ist bestimmt dafür, in Tanz umgesetzt zu werden, wie ein Werk der Musik nur durch Musiker zum Erklingen gebracht werden kann. Gemälde, Werke der Baukunst oder der Wissenschaft sind zwar jeweils ebenfalls Werke im Sinne des § 2 UrhG, eignen sich aber nicht für eine „Darbietung" im Sinne des § 73. Zum anderen beinhaltet der Begriff der Darbietung im Sinne des § 73, dass sich der Darbietende künstlerischer Ausdrucksformen bedient, also das Werk interpretiert. **Die schutzfähige Darbietung setzt eine Werkinterpretation voraus** (so bereits BT-Drucks. IV/270, 90: „den Musiker, Sänger, Schauspieler, Tänzer und jeden anderen Werkinterpreten"; vertiefend BGH GRUR 1981, 419, 420 – *Quizmaster*; neuerlich im Rahmen der Gesetzesbegründung zur jetzigen Fassung RegE UrhG Infoges – BT-Drucks. 15/38, 23).

Die **künstlerische Interpretation eines Sprachwerkes** darf sich nicht in der **14** akustischen Textwiedergabe erschöpfen, die dem Hörer einen Gedanken oder eine Information vermittelt. Sie setzt vielmehr darüber hinaus voraus, dass der Hörer mit den Ausdrucksmöglichkeiten der Sprache – unabhängig vom sachlichen Inhalt – einen Sinneseindruck empfängt, der seine Stimmung, sein Empfinden, sein Gefühl oder seine Phantasie anregt. Bei der Umsetzung des Schriftwerkes von der begrifflichen in die sinnlich fassbare Sphäre muss ein künstlerischer Eigenwert zutage treten. Auch Werkinterpretationen von geringer künstlerischer Höhe können allerdings Schutz genießen. Zu den sprachlichen Ausdrucksmitteln, welche eine ausreichende künstlerische Interpretation vermitteln können, gehört die erkennbare „innere Anteilnahme" und „abgestufte Lebhaftigkeit" ebenso wie die Fähigkeit, sich sprachlich auf eine besondere Situation einzustellen oder durch wechselnde Betonung beim Zuhörer Wirkungen zu erzielen (BGH GRUR 1981, 419, 420 – *Quizmaster*).

15 Das Gesetz umschreibt mit der beispielhaften Aufzählung „**aufführt, singt, spielt**" den Kreis der Darbietungsformen, an die der Gesetzgeber ursprünglich gedacht hatte, und damit die „klassischen" ausübenden Künstler, nämlich Musiker (spielen, aufführen), Sänger (singen), Schauspieler (spielen, aufführen) und Tänzer (aufführen).

16 Die zur Zeit der Geltung der alten Fassung des Gesetzes (zu Abdruck derselben vgl. Rn. 3) gestellte Frage, ob unter „Aufführung" i.S.d. § 19 Abs. 2 auch nicht-öffentliche Darbietungen, besonders solche im Fernseh- oder Tonstudio fallen, ist durch die neue Fassung des Gesetzes obsolet geworden: eine nach § 73 schutzfähige Darbietung muss nicht öffentlich sein. Schon die Rechtsprechung zur alten Rechtslage hatte dies festgestellt (BGH GRUR 1983, 22, 25 – *Tonmeister*). Der moderne Darbietungsbegriff trägt der Tatsache Rechnung, dass gerade die Arbeit im Studio unter Ausschluss der Öffentlichkeit heute für viele Künstler die auch wirtschaftlich wichtigste Form ihrer Tätigkeit darstellt.

17 Was nach Vorstellung des Gesetzgebers unter den Begriff „**auf andere Weise darbieten**" fallen sollte (denkbar wären hier etwa die Leistungen reiner Sprecher, da diese nicht im engeren Sinne aufführen, singen oder spielen), braucht nicht bestimmt zu werden. Die Formulierung dient nur der Bekräftigung, dass es sich bei „Darbietung" um den Oberbegriff handelt.

3.   Künstlerische Mitwirkung an einer solchen Darbietung

18 Mitwirkender ist, wer auf die künstlerische Werkwiedergabe einen bestimmenden Einfluss nimmt (BGH GRUR 1981, 419, 420 – *Quizmaster*; GRUR 1974, 672, 673 – *Celestina*).

19 Mit der ausdrücklichen Erwähnung der „künstlerischen Mitwirkung" beabsichtigt der Gesetzgeber klarzustellen, dass die künstlerische Einflussnahme auf die Werkdarbietung oder die Darbietung einer Ausdrucksform der Volkskunst nicht zeitgleich erfolgen muss, sondern wie z.B. diejenige des **Bühnenregisseurs** der Darbietung vorausgehen kann (RegE UrhG Infoges – BT-Drucks. 15/38, S. 23).

20 Dies entspricht der Position der Rechtsprechung. Vorbereitende Tätigkeiten sprechen nicht etwa deshalb gegen eine Mitwirkung, weil sie zeitlich vor der Aufführung liegen. Insb. Bühnenregisseure erbringen ihre Leistung vor der Aufführung und prägen durch ihre Vorstellungen von der Werkinterpretation in den vorangehenden Proben mit den darstellenden Künstlern die spätere Aufführung (BGH GRUR 1983, 22, 25 – *Tonmeister*).

21 **Lediglich nicht künstlerische** (vorgelagerte) **Tätigkeiten** des ebenfalls mitwirkenden technischen Personals sind vom Schutz ausdrücklich ausgenommen, was im Gesetz durch das Erfordernis einer „künstlerischen" Mitwirkung zum Ausdruck kommt (so bereits RegE UrhG Infoges zu § 73 – BT-Drucks. IV/270, 90).

22 Tätigkeiten wie die eines **Tonmeisters** (siehe auch Rn. 34), wenn er zur Erzielung eines guten Klangbildes die Mikrofone sinnvoll anordnet, begründen also dann keinen Schutz, wenn sie keinen Einfluss auf die anschließende künstlerische Darbietung der unmittelbar aufführenden Künstler entfalten (BGH

GRUR 1983, 22, 25 – *Tonmeister*), oder die einem einfachen Live-Zuhörer verborgen bleiben (OLG Köln GRUR 1984, 345, 347 – *Tonmeister II*; ebenso OLG Hamburg ZUM 1995, 52, 53 – *Tonmeister III*). Die Leistungen von **Intendanten, Dramaturgen, Aufnahmeleitern** und **allen, die sich der Einstudierung widmen** sind aus gleichem Grund nicht nach § 73 geschützt (wie hier: Schricker/Krüger[3] § 73 Rn. 31).

Gleiches gilt für die Darbietung **nachgelagerte Handlungen** (abermals am **23** Beispiel des Tonmeisters, indem er Entzerrer, Filter, Halleinrichtungen u.ä. verwendet oder die Mischung der einzelnen Mikrofonspannungen und anderer elektro-akustischer Quellen vornimmt). Eine nachträgliche Beeinflussung der künstlerischen Werkinterpretation des Musikers und Sängers ist schon begrifflich nicht möglich (BGH GRUR 1983, 22, 25 – *Tonmeister*).

Aus dem gleichen Grund erwirbt ein Musiker im Falle eines **Remix** kein **24** neuerliches Recht an der (überarbeiteten) Aufnahme (OLG Hamburg ZUM-RD 2002, 145, 149). Anders mag es jedoch hinsichtlich der Leistung des Tonträgerherstellers sein, die durchaus in der Herstellung einer neuen Aufnahme aus vorhandenem Klangmaterial bestehen kann (vgl. § 85 Rn. 29 ff.).

4. Das Verhältnis von Urheber- zum Leistungsschutz

Die schöpferische Leistung des Werkschaffenden und die Darbietungsleistung **25** des ausübenden Künstlers sind ihrer Natur nach verschieden, auch wenn sie von derselben Person erbracht werden. Urheber und ausübender Künstler in einer Person ist danach, wer das Werk schöpferisch (mit-) gestaltet und unabhängig davon dieses Werk als ausübender Künstler darbietet oder bei der Darbietung mitwirkt (so im Fall LG Mannheim ZUM 2005, 915, 917). Das Verhältnis zwischen Leistungsschutz und Urheberrecht ist **nicht gradueller Natur**, in dem Sinne, dass ein Leistungsschutz bei genügender Gestaltungshöhe in den Urheberrechtsschutz „umschlagen" könnte. Vielmehr hat der Schutz der künstlerischen Leistung im Sinne des § 73 einen anderen Gegenstand als der Werkschutz nach § 2.

Als Beispiel kann der **Vortrag eines Stegreifgedichts oder einer Bühnenimpro- 26 visation** dienen, für welche der Vortragende gegebenenfalls nach § 2 Abs. 1 für das von ihm geschaffene Werk und hinsichtlich seiner Darbietung Schutz als ausübender Künstler nach § 73 Anspruch nehmen kann. Damit vergleichbar sind **improvisierte musikalische Darbietungen** (BGH GRUR 1984, 730, 732 – *Filmregisseur*).

Der BGH hat bisher die Frage nicht entschieden, ob die Leistung eines **Re- 27 gisseurs** auch den Schutz als Werk (und zwar als Bearbeitung, § 3) erlangen kann (BGH GRUR 1971, 35, 37 – *Maske in blau*; BGH GRUR 1972, 143, 144 – *Biographie: ein Spiel*). Diese Möglichkeit besteht in der Tat, wenn die Leistung des Regisseurs über eine reine Interpretation des Werkes hinausgeht (OLG Dresden ZUM 2000, 955, 957 – *Die Csárdásfürstin* m.w.N.). In diesem Fall bestehen Urheber- und Leistungsschutzrechte nebeneinander.

Fallen dagegen schöpferische Gestaltung und künstlerisch mitwirkende Leis- **28** tung **untrennbar zusammen**, so ist auch kein Raum für einen gleichzeitigen Urheberrechts- und Leistungsschutz. In einem solchen Fall entsteht nur ein Urheberrecht, kein paralleles Leistungsschutzrecht (BGH GRUR 1984, 730, 732 – *Filmregisseur*).

29 Die bloße Interpretation eines Sängers einer Komposition führt regelmäßig nicht zu Mit-Urheberrechten am Werk (KG GRUR-RR 2004, 129, 130; anders bei echter Miturheberschaft des Künstlers LG Mannheim ZUM 2005, 915, 917).

30 Wegen des unterschiedlichen Schutzgegenstands kann es in seltenen Fällen auch dazu kommen, dass eine grundsätzlich **nicht als künstlerische Darbietung schutzfähige Leistung Urheberrechtsschutz erlangt.** Diese Möglichkeit ist insb. für die Mitgestaltung eines Filmtonmeisters anerkannt (BGH GRUR 2002, 961, 962 – *Filmtonmeister*).

III. Einzelfälle

31 – **Akrobatik:** siehe „Kontorsionische Darbietungen"
– **Bühnenregisseur:** Ausdrücklich als Künstler genannt in der Gesetzesbegründung (RegE UrhG – BT-Drucks. 15/38, S. 23). Zu „Regisseur" vgl. Rn. 33.
– **Dirigent:** Er ist regelmäßig als ausübender Künstler geschützt, so ausdrücklich § 80 a.F. und bereits die RegE UrhG – BT-Drucks. IV/270, S. 90, BGH GRUR 1983, 22, 25 – *Tonmeister*.
– **Eiskunstlauf:** Ein Schutz ist möglich, wenn neben oder vor den sportlichen bzw. gymnastischen Aspekt ein künstlerisch-tänzerisches Element tritt, das der Darbietung insgesamt eine über die bloße Akrobatik hinausgehende künstlerische Qualität verleiht (BGH GRUR 1960, 604, 605 – *Eisrevue I*; 1960, 606 – *Eisrevue II*; OLG Köln GRUR-RR 2007, 263 Tz. 5).
– **Filmregisseur** (beim Fernseh-Feature): Fallen schöpferische Filmgestaltung und künstlerisch mitwirkende Regieleistung untrennbar zusammen, liegt also eine untrennbare einheitliche Leistung vor, so ist kein Raum für einen gleichzeitigen Urheberrechts- und Leistungsschutz für eben dieselbe Leistung. Es entsteht ausschließlich ein Urheberrecht. Dabei kann offen bleiben, ob und gegebenenfalls in welchem Umfang bei der Herstellung eines solchen Filmwerks (Feature) überhaupt Leistungsschutzrechte ausübender Künstler zur Entstehung gelangen können (BGH GRUR 1984, 730, 732 – *Filmregisseur*).
– **Hörfunkregisseur** (beim Hörfunk-Feature): Wer auf der Grundlage eines bereits bestehenden Manuskripts ein Hörfunk-Feature erstellt, indem er O-Töne zusammenschneidet und das Sprechen überwacht, ist kein ausübenden Künstler; denn er hat das Werk nicht selbst vorgetragen oder aufgeführt und auch nicht beim Vortrag und der Aufführung künstlerisch mitgewirkt (AG Hamburg ZUM 2002, 661, 662).

32 – **Kontorsionische Darbietungen,** also solche tänzerische Darbietungen, bei denen die Tänzerinnen ihre Körper extrem und so verbiegen, dass es den Anschein hat, als handele es sich um Menschen ohne Knochen, können als Werke der Tanzkunst gemäß § 2 Abs. 1 Nr. 3 urheberrechtlichen Schutz genießen. Allerdings wird die gem. § 2 Abs. 2 erforderliche Gestaltungshöhe (auf die es für die Werkqualität nach § 73 nicht ankommt, vgl. Rn. 9) nur dann erreicht, wenn der Darbietung über bloß akrobatische Leistungen hinausgeht (OLG Köln GRUR-RR 2007, 263 Tz. 5).
– **Maskenbildner:** Sie sind weder für Theateraufführungen als auch für deren Anpassung für Fernsehaufzeichnungen ausübende Künstler (BGH GRUR 1974, 672, 673 – *Celestina*).
– **Mischtonmeister:** zu „Tonmeister" vgl. Rn. 34.

- **Nachrichtensprecher:** Wegen der bloßen akustischen Wiedergabe eines Sprachwerks erbringen sie keine geschützte Darbietung (BGH GRUR 1981, 419, 420 – Quizmaster Tz. 48; LG Hamburg GRUR 1976, 151, 153 – *Rundfunksprecher*).
- **Produzent:** Hier ist zu unterscheiden: Während die wirtschaftlichen Produzenten („executive producer"), welche die Produktion finanzieren, kein Recht erwerben, sind die „kreativen Produzenten", welche im Musikbereich die Aufnahmesitzung leiten, als ausübende Künstler qualifiziert. Die GVL schließt mit ihnen Wahrnehmungsverträge als ausübende Künstler (www.gvl.de/gvl-kuenstler-hilfe.htm, zuletzt abgerufen am 02.01.2008), ebenso wie mit kreativen Produzenten aus dem Filmbereich (BGH GRUR 1984, 730, 732 – *Filmregisseur*).
- **Quizmaster:** Der künstlerische Wert und die Schutzwürdigkeit des Werkvortrages sind nicht entscheidend. Auch Werkinterpretationen eines Quizmasters von geringer künstlerischer Höhe können Schutz genießen. (BGH GRUR 1981, 419 – *Quizmaster* Tz. 50, 52, 53). **33**
- **Radiomoderator:** Kein Leistungsschutz, auch wenn er die betreffende Moderationen verfasst und die selbst entworfenen Texte spricht, sofern diese Moderationen keine (Werk-)Interpretationen enthalten, sondern lediglich Informationen (vornehmlich aus der Musikszene) und Ansichten des Moderators vermitteln (AG Hamburg ZUM 1995, 340, 340 f.).
- **Regisseur:** Die Leistung des Regisseurs ist grundsätzlich schutzfähig (zum Bühnenregisseur ausdrücklich § 80 a.F., ferner Begr RegE UrhVG – BT-Drucks.. 15/38, 23; BGH GRUR 1983, 22, 25 – *Tonmeister*; zum Fernsehregisseur BGH GRUR 1981, 419, 421 – Quizmaster Tz. 61; zur Fernsehstudioproduktion der Aufzeichnung eines Konzerts LG Köln ZUM 1994, 519, 520). Zu beachten sind die Besonderheiten bei sog. Features (s.o. zu Fernseh- und Hörfunkregisseur).
- **Remixer:** Die technische Veränderung einer Tonaufnahme im Sound durch einen „remix" bzw. ein „digitales remastering" zur „Aufbesserung" des Originaltonträgers führt – jedenfalls in Ansehung der Leistungsschutzrechte des Künstlers – nicht zu einem gesonderten Rechtserwerb (OLG Hamburg ZUM RD 2002, 145, 149).
- **Showmaster:** siehe „Quizmaster".
- **Synchronsprecher:** Sie genießen grundsätzlich Schutz (BGH GRUR 1984, 119, 120 – *Synchronisationssprecher*).
- **Technisches Personal**, das nicht künstlerisch mitwirkt, ist vom Schutz ausgeschlossen (RegE UrhG zu § 73 – BT-Drucks. IV/270, 90).
- **Tonmeister:** Der Tonmeister gehört grundsätzlich bereits deshalb nicht zu dem von § 73 erfassten Personenkreis, weil er nicht bei der Aufführung selbst mitwirkt (BGH GRUR 1983, 22, 25 – *Tonmeister*). Auch eine analoge Anwendung des § 73 scheidet aus (BGH a.a.O.). Ausnahmsweise kommt ein Leistungsschutz in Betracht, wenn Dirigent und Tonmeister bei Orchesteraufführungen in einer Weise zusammenarbeiten, dass der Tonmeister mit dem Dirigenten die eigentliche Interpretation des Werkes vor der Aufführung abspricht und Anregungen gibt. Soweit diese Einflussnahme auf die Interpretation nicht besteht, etwa wenn das Ensemble aus wenigen gleichberechtigten Solisten besteht, oder gar nur ein einzelner Virtuose, etwa ein Pianist, ein Solostück aufführt, kommt ein Leistungsschutz nicht in Betracht (BGH a.a.O., so im Falle von OLG Hamburg v. 20.05.1976 3 U 190/75). Auch wenn der Tonmeister vor oder während der Aufnahme von Musikwerken mit dem Interpreten die Interpretation in der Weise abspricht, dass er auf unpräzise Einsätze, mangelnde Koordination **34**

der Stimmen und ähnliche Fehler hinweist, die er selbst über die Studiomikrofone wahrnehmen kann, die aber dem Interpreten oder einem einfachen Live-Zuhörer verborgen bleiben, handelt es sich zwar um eine künstlerische Tätigkeit, aber nicht um eine künstlerische Mitwirkung bei der Aufführung (OLG Köln GRUR 1984, 345, 346 – *Tonmeister II;* OLG Hamburg ZUM 1995, 52, 53 f. – *Tonmeister III*). Der Mischtonmeister beim Film ist zwar regelmäßig nicht als ausübender Künstler geschützt, kann aber ein eigenes Urheberrecht erwerben (BGH GRUR 2002, 961, 962 – *Mischtonmeister*).

§ 74   Anerkennung als ausübender Künstler

(1) ¹Der ausübende Künstler hat das Recht, in Bezug auf seine Darbietung als solcher anerkannt zu werden. ²Er kann dabei bestimmen, ob und mit welchem Namen er genannt wird.

(2) ¹Haben mehrere ausübende Künstler gemeinsam eine Darbietung erbracht und erfordert die Nennung jedes einzelnen von ihnen einen unverhältnismäßigen Aufwand, so können sie nur verlangen, als Künstlergruppe genannt zu werden. ²Hat die Künstlergruppe einen gewählten Vertreter (Vorstand), so ist dieser gegenüber Dritten allein zur Vertretung befugt. ³Hat eine Gruppe keinen Vorstand, so kann das Recht nur durch den Leiter der Gruppe, mangels eines solchen nur durch einen von der Gruppe zu wählenden Vertreter geltend gemacht werden. ⁴Das Recht eines beteiligten ausübenden Künstlers auf persönliche Nennung bleibt bei einem besonderen Interesse unberührt.

(3) § 10 Abs. 1 gilt entsprechend.

Übersicht

I.   Allgemeines

1 Die Vorschrift wurde mit Wirkung zum 13.09.2003 (BGBl. I S. 1774) neu eingeführt und hatte im UrhG keinen Vorläufer. Allerdings hatte Abs. 2 S. 2, 3 ein Vorbild in § 80 in der bis 12.09.2003 geltenden Fassung:

§ 80   Chor-, Orchester- und Bühnenaufführungen

(1) Bei Chor-, Orchester- und Bühnenaufführungen genügt in den Fällen der §§ 74, 75 Abs. 1 und 2 und § 76 Abs. 1 neben der Einwilligung der Solisten, des Dirigenten und des Regisseurs die Einwilligung der gewählten Vertreter (Vorstände) der mitwirkenden Künstlergruppen, wie Chor, Orchester, Ballett und Bühnenensemble. Hat eine Gruppe keinen Vorstand, so wird die Einwilligung der ihr angehörenden ausübenden Künstler durch die Einwilligung des Leiters der Gruppe ersetzt.

(2) Zur Geltendmachung der sich aus den §§ 74 bis 77 ergebenden Rechte mit Ausnahme der Einwilligungsrechte sind bei Chor-, Orchester- und Bühnenaufführungen für die mitwirkenden Künstlergruppen jeweils deren Vorstände und, soweit für eine Gruppe ein Vorstand nicht besteht, der Leiter dieser Gruppe allein ermächtigt. Die Ermächtigung kann auf eine Verwertungsgesellschaft übertragen werden.

Mit § 74 wurde eine Vorgabe von Art. 5 WPPT in deutsches Recht umgesetzt (RegE UrhG Infoges – BT-Drucks. 15/38, 23). Der Gesetzgeber verfolgte das Ziel, hinsichtlich der persönlichkeitsrechtlichen Befugnisse geistige und künstlerische Leistungen grundsätzlich gleich zu behandeln (RegE UrhG Infoges a.a.O.).Neben § 74 behandeln auch §§ 75, 76 das Künstlerpersönlichkeitsrecht.
Zum mit der jüngsten Gesetzesänderung eingefügten Abs. 3 siehe Rn. 19.

Im **Filmbereich** wird § 74 durch § 93 Abs. 2 eingeschränkt. **2**

Grundsätzliche Bedeutung besitzt § 74 Abs. 2 S. 2, 3 mit seiner Regelung der **3** Rechtsausübung, falls mehrere Künstler die Leistung erbracht haben, weil in § 80 Abs. 2 auf diese Vorschrift verwiesen wird. Damit gelten die Bestimmungen auch für die Geltendmachung der sich aus §§ 77 und 78 ergebenden Rechte und Ansprüche.

Im Verhältnis zum Erwerber von Voll- oder Nutzungsrechten nach § 79 ist **4** ferner **§ 39 Abs. 1** (auf ausübende Künstler über § 79 Abs. 2 S. 2 hinsichtlich der Künstlerbezeichnung) ohne Weiteres analog anwendbar (vgl. Rn. 19 ff.).

II. Tatbestand

1. Abs. 1 Satz 1: Anerkennungsrecht

Hinsichtlich des Umfangs und Inhalts des Rechts kann auf die Kommentierung **5** zu § 13 S. 1 verwiesen werden, an den sich die Vorschrift anlehnt.

Inwieweit aus dem Recht nach Abs. 2 nur das positive Anerkennungsrecht, **6** oder auch ein **Distanzierungsrecht** erwächst, nicht mit einer Darbietung in Verbindung gebracht zu werden, die der Künstler gar nicht erbracht hat (bzw. mit einer entstellten Darbietung, so Wandtke/Bullinger/*Büscher*[2] § 74 Rn. 15), oder ob sich das Distanzierungsrecht aus dem allgemeinen Persönlichkeitsrecht herleitet (so Schricker/*Krüger*[3] § 74 Rn. 15) kann letztlich offen bleiben. Viel spricht dafür, es unmittelbar aus § 74 Abs. 1 S. 1 abzuleiten, da das hier und in § 75 normierte Künstlerpersönlichkeitsrecht die Integrität des künstlerischen Schaffens gegen Beeinträchtigungen schützen will. Dazu gehört unmittelbar, Fehlbezeichnungen abwehren zu können.

2. Abs. 1 Satz 2: Namensnennungsrecht

Auch die Formulierung von § 74 Abs. 1 S. 2 ist an diejenige des § 13 S. 2 **7** angelehnt, so dass auch insoweit auf die Kommentierung zu § 13 verwiesen werden kann, insb. hinsichtlich der Frage der **vertraglichen Unabdingbarkeit** (vgl. § 13 Rn. 12 ff.). Die Unterschiede erklären sich dadurch, dass sich das Bezeichnungsrecht des Urhebers vorrangig auf das Werkoriginal und Werkstücke bezieht, während der ausübende Künstler eine unkörperliche Darbietung erbringt (so ausdrücklich Begr RegE UrhG Infoges – BT-Drucks. 15/38, 23).

8 Das Recht ist unabhängig von der Art der Verwertung, was auch das WPPT, vielleicht etwas unglücklich formuliert, damit zum Ausdruck bringen wollte, dass es sich in Art. 5 Abs. 1 sowohl Live-Darbietungen, als auch Festlegungen auf Tonträger bezieht. Gemeint sind damit die möglichen Quellen, von denen aus die Darbietung genutzt werden kann, nicht etwa eine Beschränkung auf Live-Darbietungen und Tonträger. Das Namensnennungsrecht bezieht sich selbstverständlich auch auf alle Formen der öffentlichen Wiedergabe (einschließlich des Zugänglichmachens auf Abruf i.S.d. § 19aa), und zwar von Live-Darbietungen oder solchen, die auf Tonträger festgelegt sind (i.d.S. Wandtke/Bullinger/*Büscher*² § 74 Rn. 11).

3. Abs. 2: Mehrere ausübenden Künstler

9 a) **Zu Satz 1: Namensnennungsrecht bei gemeinsam erbrachten Darbietungen:** Die Regelung macht von einer Ausnahmemöglichkeit des Art. 5 Abs. 1 WPPT Gebrauch, nach der die Namensnennung unterbleiben darf, wenn dies nach der Art der Benutzung geboten ist (Begr RegE UrhG Infoges – BT-Drucks. 15/38, S. 23). Von der Regelung des Abs. 2 ist **nur das Namensnennungsrecht nach Abs. 1 S. 2 betroffen**, nicht das Anerkennungsrecht nach Abs. 1 S. 1 (Begr RegE UrhG Infoges a.a.O.).

10 Gerade bei Ensembleleistungen wie Chören oder Orchestern mit einer Vielzahl ausübender Künstler wäre das individuelle Namensnennungsrecht nur mit unverhältnismäßigem Aufwand umsetzbar. Die Grenzen dessen, was einen unverhältnismäßigen Aufwand auszeichnet, sind zahlenmäßig schwer zu ziehen. In der Praxis dürfte es bei **Popgruppen** und **kammermusikalischen Ensembles** regelmäßig die Nennung aller Namen gefordert werden können, während bei **Chören und Orchestern** die Individualisierung unterbleiben dürfte (i.d.S. auch Dreier/Schulze/*Dreier*² § 74 Rn. 6; Schricker/*Krüger*³ § 74 Rn. 21). Die näheren Umstände der Verhältnismäßigkeit hängen auch von der Art des Mediums ab, in dem die Namensnennung erfolgt im Radio wird man selbst bei kleinen Popgruppen nur die Nennung des Gruppennamens verlangen können, während sich in ausführlichen Programmheften sogar die Namen aller Orchestermitglieder abdrucken lassen (Wandtke/Bullinger/*Büscher*² § 74 Rn. 19).

11 b) **Zu den Sätzen 2 und 3: Vertretung der Gruppe durch ihren Vorstand, Leiter oder gewählten Vertreter:** Grundsätzlich erwirbt bei einer gemeinsamen Leistung **jeder Leistungsschutzberechtigte für sich** und unabhängig von den anderen ein eigenes gleichwertiges Leistungsschutzrecht (BGH GRUR 1993, 550, 551 – *The Doors*).

12 Soweit in der Gesetzesbegründung sowohl der alten wie auch der neuen Fassung des auf die Gesichtspunkte der Rechtssicherheit und der Praktikabilität abgestellt wird, soll mit der Einräumung der Rechtewahrnehmung durch den Vorstand oder den Leiter der Gruppe der Schwierigkeit begegnet werden, dass andernfalls Dritte mit allen, bei größeren Künstlergruppen wie Orchestern, Chören etc. also mit einer Vielzahl, an der Darbietung beteiligten Künstlern Vereinbarungen treffen müssten (BGH GRUR 2005, 502, 504 – *Götterdämmerung*).

13 Auch eine **Rock- oder Popgruppe** mit vier Mitgliedern ist eine Künstlergruppe im Sinne des § 74 Abs. 2 S. 2 (BGH GRUR 1993, 550, 551 – *The Doors*).

Allerdings hat eine solche regelmäßig weder einen Vorstand, noch einen Leiter **14** oder einen gewählten Vertreter. Auf der Basis des früheren Rechts hatte der BGH entschieden, ein völliger Ausschluss der Durchsetzbarkeit (und insb. der Klagemöglichkeit nach § 80 a.f.) beim **Fehlen eines Vorstandes oder Leiters** würde auf eine Versagung des von der Verfassung als Eigentum anerkannten Schutzrechts des ausübenden Künstlers (BVerfG GRUR 1990, 438, 440 – *Bob Dylan*) hinauslaufen, sofern die Rechtsdurchsetzung eines gerichtlichen Rechtsschutzes bedarf (GRUR 1993, 550, 551 – *The Doors*). Trotz des geänderten Wortlauts ist mit der Neufassung keine Änderung der materiellen Rechtslage beabsichtigt. Insb. die zu § 80 a.F. ergangene Rechtsprechung soll auch auf das neue vollständig weiter anwendbar sein (so ausdrücklich die Gesetzesbegründung BT-Drucks. 15/38, 24 f.). Wenn also eine Gruppe weder über einen Vorstand, noch einen Leiter oder einen gewählten Vertreter verfügt, bleibt auch weiterhin jedes **einzelne Mitglied zur Geltendmachung seiner Rechte und Ansprüche berechtigt** (so ausdrücklich zu § 80 Abs. 2 Begr RegE UrhG Infoges – BT-Drucks. 15/38, S. 25).

Bei **ausländischen Künstlern** muss in diesem Fall das einzelne Mitglied in **15** Deutschland geschützt sein (vgl. § 125 Rn. 4; zur Beweislast für die Staatsangehörigkeit OLG Köln GRUR-RR 2005, 75 – *Queen*). Macht jedoch der Vorstand, Leiter oder gewählte Vertreter Ansprüche der Gruppe geltend, muss es ausreichen, wenn ein einziges Mitglied der Gruppe Schutz in Deutschland beanspruchen kann.

Der **Arbeitgeber einer Gruppe** kommt nicht als ihr "Leiter" in Betracht. Hat **16** ein Solist eine **Begleitband** engagiert, gilt er als deren Arbeitgeber. In diesem Fall ist der Leiter, Vorstand oder gewählte Vertreter der Begleitband, nicht der Solist, "Leiter" im Sinne des Gesetzes (BGH GRUR 1999, 49, 50 – *Bruce Springsteen and his Band*).

Bei länger bestehenden oder auf **Dauer angelegten Zusammenschlüssen** von **17** Künstlern, bei denen im Laufe der Zeit die Mitglieder wechseln, kann der **aktuelle Vorstand** (Leiter oder gewählte Vertreter) auch die bereits vor seiner Amtszeit entstandenen **Ansprüche und Rechte früherer Mitglieder** wahrnehmen, wenn die betreffende Künstlergruppe einem Verein oder einer Gesellschaft ähnliche Struktur aufweist und über einen längeren Zeitraum unabhängig von einem Wechsel der Mitglieder in ihrer Eigenart fortbesteht (BGH GRUR 2005, 502, 504 – *Götterdämmerung*). Dass die Mitglieder eines Orchesters lediglich für **wiederkehrende Festspiele** unter Vertrag genommen werden, zwischen den Spielzeiten einzelne Mitglieder ausscheiden und neue hinzutreten, steht nicht entgegen, wenn sich die Zusammenstellung eines Orchesters für die jeweilige Festspielsaison alljährlich wiederholt (BGH a.a.O.).

c) Zu Satz 4: Ausnahme bei besonderem Interesse: Die Ausnahme des S. 4 stellt **18** klar, dass trotz Zugehörigkeit zu einem Ensemble mit einem Vorstand, Leiter oder gewählten Vertreter ausnahmsweise ein Anspruch auf individuelle Namensnennung besteht (und zwar auch gegen den Willen des Leiters), wenn der einzelne ein besonderes Interesse an der persönlichen Nennung besitzt, etwa ein Solist im Chor (so ausdrücklich Begr RegE UrhG Infoges – BT-Drucks. 15/38, S. 23). Ferner wird man im Regelfall bei den in § 80 Abs. 1 a.F. (vgl. § 80 Rn. 1) noch ausdrücklich erwähnten Solisten, Dirigenten und Regisseuren generell ein solches besonderes Interesse annehmen dürfen (Schricker/Vogel[3] § 74 Rn. 36; zu einem Fall, wo dies ausnahmsweise bei einem Dirigenten nicht der Fall war: LG Köln ZUM-RD 2008, 212, 213).

4. Abs. 3: Verweis auf § 10 Abs. 1

19 Die Vorschrift ist eingefügt worden aufgrund des Gesetzes zur Verbesserung der Durchsetzung von Rechten des geistigen Eigentums mit Wirkung zum 01.09.2008 (BGBl. I 1191 ff. und dient der Umsetzung von Art. 5 Buchst. b) der EU-Durchsetzungs-Richtlinie (RL 2004/48/EG). Ausweislich Erwägungsgrund 19 der Richtlinie soll die gesetzliche Vermutung auch für Inhaber verwandter Schutzrechte Anwendung finden, da die Bemühung, Rechte durchzusetzen und Produktpiraterie zu bekämpfen, häufig von Inhabern verwandter Schutzrechte, etwa von Tonträgerherstellern vorgenommen wird. Darauf verweist die deutsche Gesetzesbegründung (BT-Drucks. 16/5048, 47).

20 Da die Tonträgerhersteller bei der Pateriebekämpfung regelmäßig die Rechte der ausübenden Künstler mit vertreten, stellt sich die Frage, ob sie insoweit über eine Vollmacht bzw. Ermächtigung des Künstlers verfügen müssen, um sich auf die Vermutung stützen zu können, oder ob es ausreicht, deren ausschließliche Nutzungsrechte erworben zu haben. Nach der Gesetzesbegründung rechtfertigen es Sinn und Zweck der Richtlinie, auch die Inhaber der ausschließlichen Nutzungsrechte mit der Vermutung der Rechtsinhaberschaft bezogen auf ihr Nutzungsrecht auszustatten (BT-Drucks. 16/5048, 47). Dieer Gedanke hat Eingang in § 10 Abs. 3 n.F. gefunden, auf den § 74 Abs. 3 jedoch keinen Bezug nimmt. Dies ist systematisch korrekt, weil sich § 10 Abs. 3 S. 2 auf die Inhaber ausschließlicher Nutzungsrechte (und nicht, wie § 74, den ursprünglichen Rechtsinhaber, hier also den ausübenden Künstler) bezieht.

21 Daran, dass § 10 Abs. 3 auch auf die Inhaber ausschließlicher Nutzungsrechte an Leistungen ausübender Künstler bezieht, kann schon wegen der dortigen ausdrücklichen Bezugnahme auf den „ursprünglichen Inhaber des verwandten Schutzrechts" kein Zweifel bestehen. Der Verweis ist mithin im Zusammenhang so zu verstehen:

22 Wer auf den Vervielfältigungsstücken eines erschienenen Bild- oder Tonträgers auf einer Aufnahme der Darbietung in der üblichen Weise ais ausübender Künstler bezeichnet ist, wird bis zum Beweis des Gegenteils als ausübender Künstler der Darbietung angesehen; dies gilt auch für eine Bezeichnung, die als Deckname oder Künstlername des ausübenden Künstlers bekannt ist. Für die Inhaber ausschließlicher Nutzungsrechte an Rechten ausübender Künstler gilt dies, soweit es sich um Verfahren des einstweiligen Rechtsschutzes handelt oder Unterlassungsansprüche geltend gemacht werden. Die Vermutung gilt nicht im Verhältnis zum ursprünglichen Inhaber des verwandten Schutzrechts.

III. Prozessuales

23 Die Darlegungs- und Beweislast für die Existenz eines **Vorstandes oder Leiters** trifft denjenigen, der die Behauptung des Künstlers bestreitet, eine Musikgruppe verfüge nicht über einen Vorstand, Leiter oder gewählten Vertreter (BGH GRUR 1993, 550, 551 – *The Doors*).

24 Obwohl die Prozessführungsbefugnis als Prozessvoraussetzung grundsätzlich in jeder Lage des Verfahrens, also auch noch in der Revisionsinstanz, von Amts wegen zu prüfen ist, müssen in Fällen der gesetzlichen oder **gewillkürten Prozessstandschaft** (und um einen solchen handelt es sich, wenn der Vorstand, Leiter oder gewählter Vertreter allein befugt ist, die Rechte und Ansprüche der Gruppe geltend zu machen) die Tatsachen, aus denen sich die Prozessführungsbefugnis ergibt, spätestens im Zeitpunkt der letzten mündlichen Verhandlung vor dem Berufungsgericht vorgelegen haben (BGH GRUR 1993, 550, 551 – *The Doors*; BGH NJW 1988, 1585, 1587 m.w.N.).

Handelt es sich bei der **Künstlergruppe** um eine **juristische Person** (und zwar **25** ggf. auch nach ausländischem Recht), kann dies der aus der Verletzung eines eigenen Leistungsschutzrechts hergeleiteten eigenen Prozessführungsbefugnis des Künstlers entgegenstehen (BGH GRUR 1993, 550, 552 – *The Doors*). Vgl. § 75 Rn. 38; vgl. § 80 Rn. 37 ff.

§ 75 Beeinträchtigung der Darbietung

[1]Der ausübende Künstler hat das Recht, eine Entstellung oder eine andere Beeinträchtigung seiner Darbietung zu verbieten, die geeignet ist, sein Ansehen oder seinen Ruf als ausübender Künstler zu gefährden. [2]Haben mehrere ausübende Künstler gemeinsam eine Darbietung erbracht, so haben sie bei der Ausübung des Rechts aufeinander angemessene Rücksicht zu nehmen.

Übersicht

I. Allgemeines

1. Früheres Recht

Die Vorschrift wurde neu gefasst mit Wirkung zum 13.09.2003 (BGBl. I **1** S. 1774). Die bis dahin geltende Fassung lautete:

§ 83 Schutz gegen Entstellung

(1) Der ausübende Künstler hat das Recht, eine Entstellung oder eine andere Beeinträchtigung seiner Darbietung zu verbieten, die geeignet ist, sein Ansehen oder seinen Ruf als ausübender Künstler zu gefährden.

(2) Haben mehrere ausübende Künstler gemeinsam eine Darbietung erbracht, so haben sie bei der Ausübung des Rechts aufeinander angemessene Rücksicht zu nehmen.

(3) (...)

Der Wortlaut der Vorschrift ist also unverändert geblieben und hat lediglich seinen Standort im Gesetz verändert. Aus Abs. 2 der a.F. wurde S. 2 n.F.

Bereits vor Inkrafttreten des UrhG konnte bei einer schwerwiegenden Verlet- **2** zung des Künstlerpersönlichkeitsrechts ein immaterieller Schadensersatz in gleicher Weise und in gleichem Umfang wie nach §§ 83 a.F., 97 Abs. 2 UrhG zugebilligt werden (so zum Urheberpersönlichkeitsrecht BGH GRUR 1971, 525, 526 – *Petite Jacqueline*).

2.   **Verhältnis zu anderen Normen und zum Vertragsrecht**

3 Wirkt der Künstler in einem **Filmwerk** mit, kann er nach § 93 Abs. 1 S. 2 hinsichtlich der Herstellung und Verwertung des Filmwerkes nur gröbliche Entstellungen oder andere gröbliche Beeinträchtigungen verbieten.

4 Im Rahmen des Erwerbs von Nutzungsrechten kommt über den Verweis in § 79 Abs. 2 S. 2 auch das **Änderungsverbot des** § 39 entsprechend zur Anwendung. Dies bedeutet eine Nennung gegenüber dem früheren Recht, nach dem Änderungen nur verbietbar waren, soweit sie den Grad einer Entstellung nach § 83 a.F. erreichten (KG GRUR-RR 2004, 129, 131 – *Modernisierung einer Liedaufnahme*).

5 Änderungs- und Bearbeitungsverbote können auch **aus dem Künstlervertrag** folgen, binden dann aber nur den Vertragspartner (KG GRUR-RR 2004, 129, 131 – *Modernisierung einer Liedaufnahme*).

6 Gerade bei der Abwehr unautorisierter Ton- oder Bildtonaufnahmen treten neben die Abwehransprüche aus den Verwertungsrechten, insb. § 77, 78 Abs. 1 diejenigen aus dem **Bildnisschutz** (§§ 22, 23 KUG), soweit die unerlaubte Verwertung der Darbietung in Verbindung mit Bildnissen der mitwirkenden Künstler erfolgt bzw. dem **Namensrecht** (§ 12 BGB) und dem **allgemeinen Persönlichkeitsrecht** (zur Reichweite dieses Schutzes vor allem: BGH GRUR 1968, 652, 654 – *Ligaspieler*; GRUR 1979, 425, 426 – *Fußballspieler*; GRUR 1997, 1152, 1153 – *Bob Dylan*; zum postmortalen Schutz: GRUR 2000, 709, 711 – *Marlene Dietrich*; GRUR 2002, 690, 691 - *Marlene Dietrich*; GRUR 2007, 168, 169 – *Klaus Kinski*). Weitere Abwehransprüche können sich aus dem **UWG** ergeben (dazu eingehend auf der Basis des alten UWG OLG Hamburg GRUR 1989, 525, 526 – *Die Zauberflöte II*; OLG Köln GRUR 1992, 388, 390 – *Prince*).

3.   **Internationales Urheberrecht**

7 Diese Möglichkeiten spielen besonders dort eine wichtige Rolle, wo der Schutz der Verwertungsrechte ausländischer Künstler nicht über Staatsverträge gesichert ist. In diesen Fällen genießen Künstler nur den Minimalschutz nach § 125 Abs. 6, der neben §§ 74, 77 Abs. 1 und 78 Abs. 1 Nr. 3 auch für § 75 für anwendbar erklärt. Soweit also eine Abwehr unerlaubter Nutzungen auf Grundlage der §§ 77 Abs. 1 und 78 Abs. 1 Nr. 3 scheitert, was häufig der Fall sein wird, gewinnen mögliche Unterlassungsansprüche, die sich auf eine Verletzung der Künstlerpersönlichkeitsrechte, und hier insb. des § 75, stützen lassen, besondere Bedeutung (OLG Köln GRUR 1992, 388, 389).

II.   **Tatbestand**

1.   **Entstellung oder sonstige Beeinträchtigung**

8 Bei § 75 kommt dasselbe dreistufige Prüfungsverfahren zur Anwendung, wie es von § 14 bekannt ist. Nach der Feststellung einer objektiven Beeinträchtigung oder Entstellung (1. Stufe) und deren Eignung zur Gefährdung des künstlerischen Rufes oder Ansehens (2. Stufe) ist auf einer dritten Stufe abzuwägen, ob dem gefährdeten Künstlerinteresse oder den Gegeninteressen der Vorrang einzuräumen ist (OLG Dresden ZUM 2000, 955, 975 – *Die Csárdásfürstin*).

Eine Entstellung oder andere Beeinträchtigung der Darbietung kommt in **9** verschiedenen tatsächlichen Konstellationen in Betracht:

Geht die künstlerische Leistung, wie etwa beim Bühnenregisseur, **der Darbie- 10 tung voraus** (vgl. § 73 Rn. 19), kann die Entstellung in der Abweichung der Darbietung von dem liegen, was der Regisseur festgelegt hatte (OLG Dresden ZUM 2000, 955 – *Die Csárdásfürstin*; OLG München NJW 1996, 1157, 1158 – *Iphigenie in Aulis*).

Während der Darbietung selbst kommt eine Entstellung oder sonstige Beein- **11** trächtigung vor allem dann in Betracht, wenn tatsächliche Bedingen eine Vermittlung der Darbietung verbieten. Dies kann z.B. der Fall sein, wenn die Soundanlage (in der Fachsprache: „PA" für „public address"), über welche die Darbietung in den Saal übermittelt wird, die Darbietung verzerrt. Denkbar wäre aber auch, dass ein Ort, an dem die Darbietung stattfindet, für diese Darbietung ungeeignet ist.

Solche Fälle dürften indes praktisch kaum relevant werden, da der Unterlas- **12** sungsanspruch in solchen Fällen regelmäßig durch Abbruch der Darbietung – also durch den oder die Künstler selbst – verwirklicht werden kann. Damit aber verlagert sich die Frage, ob der Abbruch (oder die Weigerung, die Leistung zu erbringen) zulässig ist, ins Vertragsrecht. Wenn der Künstler weiß, dass voraussichtlich die Bühne ungeeignet ist, darf er sich eben nicht darauf einlassen, sie zu bespielen. §§ 79 Abs. 2 S. 2, 39 kommen – jedenfalls direkt – nicht zur Anwendung, weil die Live-Darbietung selbst nicht mit einem Verwertungsrecht versehen ist (vgl. Vor §§ 73 ff. Rn. 1).

In Zusammenhang mit der Aufzeichnung von Darbietung auf **Bild- oder 13 Tonträger** dürften die meisten Beeinträchtigungen stattfinden. Zudem sind diese Fälle von besonderer Bedeutung, weil die unbegrenzte Reproduzierbarkeit der Aufnahme einen besonders intensiven Eingriff zu begründen vermag. Zu denken ist hier sowohl an Fälle, in denen eine Darbietung aufgezeichnet wurde, die bereits als Live-Darbietung eine Entstellung oder andere Beeinträchtigung beinhaltete, als auch an Fälle, in denen die an sich nicht entstellte oder beeinträchtigte Darbietung in mangelhafter technischer Qualität aufgenommen wurde.

Auch bei den verschiedenen Arten der **öffentlichen Wiedergabe** von Live-Dar- **14** bietungen bzw. Bild- oder Tonträgeraufzeichnungen davon kommt eine Entstellung oder sonstige Beeinträchtigung in Betracht, wenn durch technische Mängel die Wiedergabe der Darbietung verzerrt erscheint.

Schließlich kann der Eingriff darin liegen, dass eine – für sich genommen nicht **15** entstellte – Darbietung **in einen Zusammenhang gestellt wird**, der die Interessen des Künstlers beeinträchtigt. Solche Fälle sind denkbar, wenn die (als solche nicht beeinträchtigte) Darbietung
- für **Werbezwecke** (BGH GRUR 1979, 637, 638 f. – *White Christmas*);
- in **politisch extremistischen Zusammenhängen** (zu § 14: OLG Frankfurt GRUR 1995, 215, 216 – *Springtoifel*);
- in anderer Weise mit anderen Gegenständen verbunden wird, die den Interessen des Künstlers abträglich sind (etwa durch das Cover eines Tonträgers) oder durch die **Verbindung einer Tonaufnahme mit Bildern** in einer beeinträchtigenden Weise (i. d. S. BGH GRUR 2002, 532, 534 – *Unikatrahmen*);

– eines Schauspielers neu synchronisiert wird. Diese Möglichkeit spielt eine Rolle sowohl bei der **Synchronisation** fremdsprachiger wie auch deutschsprachiger Darbietungen (hier ist aber § 93 Abs. 1 S. 2 zu beachten);
– **bruchstückhaft** weiterverwendet wird (sog. *Sampling*, vgl. § 77 Rn. 18).

2. Eignung zur Gefährdung des Ansehens oder Rufs als ausübender Künstler

16 Die Gefährdung des Ansehens oder des Rufs des Künstlers allein vermittelt noch keinen Unterlassungsanspruch, wenn sie nicht auf einer Entstellung oder sonstigen Beeinträchtigung beruht. Die Veröffentlichung der (erlaubten) Opernaufnahme mit der perfekt aufgezeichneten Darbietung eines indisponierten Sängers kann also nicht auf der Grundlage des § 75 verboten werden. **Verunglückte Darbietungen** gibt es, so lange Künstler auf Bühnen gestanden haben. Wird solch eine Darbietung gesendet, mag dies peinlich für den Betroffenen sein, lässt sich jedoch nicht ändern, wenn er zur Sendung die erforderlichen (§ 78 Abs. 1 Ziff. 2) Rechte eingeräumt hat. Auch die weitere Verwertung von erlaubten Aufnahmen oder die Wiederholungssendung richtet sich vor allem nach den geschlossenen Verträgen. Denkbar wäre in solchen Fällen meist nicht einmal ein Rückruf gemäß §§ 79 Abs. 2 S. 2, 42, weil er nicht auf gewandelter Überzeugung beruhen würde. Allenfalls käme ein Unterlassungsanspruch wegen Verletzung des allgemeinen Persönlichkeitsrechts in Betracht, der dann aber wohl dem Wertungsmodell des Rückrufs wegen gewandelter Überzeugung unterworfen werden müsste, insb. der dort angeordneten Entschädigungspflicht (näher dazu vgl. § 79 Rn. 93).

17 Das künstlerpersönlichkeitsrechtliche Entstellungsverbot reicht weniger weit als das urheberrechtliche Entstellungsverbot nach § 14 UrhG. Während § 14 UrhG auf die Eignung des Eingriffs abstellt, die berechtigten geistigen oder persönlichen Interessen des Urhebers am Werk zu gefährden, kann ein ausübender Künstler nur solche Beeinträchtigungen verbieten, **die geeignet sind, sein Ansehen oder seinen Ruf als ausübender Künstler zu gefährden.**

18 Grundsätzlich wird die Eignung zur Gefährdung des künstlerischen Rufes oder Ansehens durch das objektive Vorliegen der Beeinträchtigung indiziert (OLG Dresden ZUM 2000, 955 – *Die Csárdásfürstin* unter Hinweis auf OLG München GRUR Int. 1993, 323, 333 – *Christoph Columbus*). Allerdings lässt sich diese Vermutung wegen der Besonderheiten des künstlerischen Leistungsschutzes in bestimmten Fallgruppen regelmäßig entkräften:

19 In Fällen der **mangelhaften Aufzeichnung** oder **Übertragung** fehlt es an der Eignung zur Gefährdung des Ansehens, wenn der Hörer der Aufnahme die Mängel einer unzureichenden Technik oder Übertragung oder Aufzeichnung, und nicht einer mangelhaften künstlerischen Leistung des Künstlers zuschreibt (GRUR 1987, 814, 816 – *Die Zauberflöte*; OLG Köln GRUR 1992, 388, 389).

20 Werden technisch mangelhafte Live-Aufnahmen auf Ton- oder Bildträgern verwertet, kann durch einen deutlichen **Hinweis auf der Verpackung** auf die Umstände, unter denen die Aufnahme hergestellt wurde die Eignung zur Rufgefährdung beseitigt werden (OLG Köln GRUR 1992, 388, 390 – *Prince*; OLG Hamburg GRUR 1992, 746, 748 – *Rolling Stones*).

21 Bei einer **Rundfunkübertragung** oder der **Sendung einer technisch mangelhaften Aufzeichnung** wird wohl zu unterscheiden sein: Bei kurzen Stücken dürfte ein entsprechender Hinweis des Moderators in ähnlicher Weise wie bei einem

Ton- oder Bildträger die Eignung zur Rufgefährdung ausschließen. Anders mag es aussehen, wenn eine ganze Oper, eine ganze Symphonie oder ein ganzer Konzertmitschnitt gesendet wird. Immer vorausgesetzt, die schlechte Qualität ist nicht bereits an sich als rein aufzeichnungstechnisch bedingt erkennbar, und ferner unterstellt, der Künstler ist überhaupt identifizierbar, wird es kaum ausreichen, dass ganz zu Beginn und nach dem Ende der Sendung auf die Gründe der mangelhaften Qualität hingewiesen wurde.

Ob die Ruf- oder Ansehensgefährdung in der **Öffentlichkeit oder in Fach-** 22 **kreisen** zu befürchten ist, spielt keine Rolle. Abgesehen davon, dass sich eine Rufbeeinträchtigung, die zunächst nur von Fachkreisen wahrgenommen wird, über die Medien auf die allgemeine Öffentlichkeit fortzupflanzen pflegt, ist gerade die Rufbeeinträchtigung im Kreis der Kollegen, Kritiker und Veranstalter besonders einschneidend. Da allerdings der Künstler aus § 75 (vgl. Rn. 16), keinen Anspruch auf Unterdrückung misslungener Darbietungen ableiten kann und Experten regelmäßig besonders gut zwischen technischen und künstlerischen Defiziten zu unterscheiden vermögen, dürfte die Möglichkeit einer Entstellung oder sonstigen Beeinträchtigung, die nur für Experten erkennbar ist, praktisch kaum eine Rolle spielen. Umgekehrt ist es eher wahrscheinlich, dass die allgemeine Öffentlichkeit gewisse technische Mängel mit der – an sich fehlerfreien – Leistung des Künstlers assoziiert.

Dabei geht es hier nicht nur um die Frage, ob die vermeintlich mangelhafte 23 Darbietung dem Künstler zugerechnet wird. Bei der unveränderten Übernahme in einen rufgefährdenden Zusammenhang kann die rufschädigende Wirkung auch darin liegen, dass der Künstler befürchten muss, ihm könnte unterstellt werden, er habe dieser Beeinträchtigung zugestimmt (Schricker/ *Vogel*[3] § 75 Rn. 31).

3.   Im Rahmen des vertraglichen Nutzungsrechtserwerbs: entsprechende Anwendung des § 39 gemäß § 79

Da es sich bei dem Recht nach § 75 um ein Künstlerpersönlichkeitsrecht 24 handelt, das nicht übertragbar ist (was sich unmittelbar aus § 79 Abs. 1 ergibt), stellt sich wie bei den Urheberrechten die Frage nach dem Verhältnis zwischen dem allgemeinen Entstellungsverbot (dort § 14, hier § 75) und den Änderungsregeln des § 39 (auf ausübende Künstler über § 79 Abs. 2 S. 2 anwendbar). Auf die dortige Kommentierung sei zunächst verwiesen (vgl. § 39 Rn. 1 ff.).

Im Falle von **Eingriffen in eine Theaterinszenierung** sind vom Künstler solche 25 Beeinträchtigungen hinzunehmen, die sich im Zuge der Aufführungen zwangsläufig ergeben, wie etwa durch bekannte technische Notwendigkeiten veranlasste Abänderungen. Auch unbehebbare organisatorische Probleme, etwa der Besetzung, können möglicherweise Eingriffe in eine Inszenierung mit der Folge erforderlich machen, die als ohne weiteres zugestanden gelten dürfen (OLG München NJW 1996, 1157).

Umgekehrt muss sich der Veranstalter die ihm bei Vertragsschluss bekannte 26 Konzeption einer Inszenierung entgegenhalten lassen, etwa wenn er damit rechnen musste, dass besonders drastische Ausdrucksmittel bei einem Teil des Publikums zu heftigen Reaktionen führen. Wer dies vermeiden will, muss im Regievertrag ausdrücklich einen Änderungsvorbehalt regeln (OLG Dresden ZUM 2000, 955, 958 – *Die Csárdásfürstin*).

27 Im **Musikbereich** stellt sich die Frage nach der Reichweite der vertraglichen Vereinbarungen vor allem, wenn die Darbietung vom Nutzungsrechtsinhaber später in einen neuen Zusammenhang gestellt wird, ohne dass der Künstler – wie dies normalerweise während der Produktion der Fall wäre – das neu entstandene Endprodukt nochmals zu Gehör bekommt, also etwa bei der Neuabmischung von in Mehrspurtechnik hergestelltem (Archiv-) Material. In der Regel lassen sich die Tonträgerhersteller in den Künstlerverträgen das Recht einräumen, solche Neuabmischungen vornehmen zu dürfen. Wo solche Klauseln fehlen, dürfte sich die Befugnis dazu meist nach § 31 Abs. 5 vom Vertragszweck gedeckt sein (i.d.s. KG Berlin GRUR –RR 2004, 129, 131 – *Modernisierung einer Liedaufnahme*, allerdings noch zur Rechtslage vor der Novelle von 2003; Schricker/*Krüger*[3] § 79 Rn. 12).

28 Normalerweise dürfte die Bandbreite dessen, was die Parteien im Zusammenhang mit der ursprünglichen Veröffentlichung praktiziert haben, als Maßstab für das dienen können, was auch künftig nicht geeignet ist, sein Ansehen oder seinen Ruf als ausübender Künstler zu gefährden: Wenn also beispielsweise bei einer Single-Veröffentlichung bereits im Rahmen der ursprünglichen Produktion verschiedene Versionen erstellt wurden oder jedenfalls zwischen den Parteien Einigkeit darüber bestand, dass solche Versionen bei Bedarf hergestellt werden sollten, ist grundsätzlich davon auszugehen, dass dem Künstler nicht daran gelegen war, seine Darbietung ausschließlich in einer ganz konkreten Form ausgewertet zu sehen.

29 Ihre Grenze findet die Änderungsbefugnis in entstellenden Veränderungen der Aufnahme als solcher (also bei willkürlichen Veränderungen des Klangs, die nicht lediglich der Verbesserung – etwa durch Ausschaltung von Nebengeräuschen – dienen) sowie bei der Einfügung der Darbietung in rufgefährdende Zusammenhänge.

30 Ansehen und Ruf als ausübender Künstler sind in einem solchen Fall selbst dann gefährdet, wenn der Nutzer den Namen des Künstlers nicht nennt. Abgesehen davon, dass der Künstler in einem solchen Fall immer befürchten müsste, an gewissen Eigenarten seiner Darbietung gleichwohl erkannt zu werden, kann bereits aus systematischen Gründen ein Verstoß gegen das Entstellungsverbot nicht ausgerechnet mit einem Verstoß gegen das Namensnennungsgebot gerechtfertigt werden.

4. Satz 2: Rücksichtnahmegebot bei mehreren ausübenden Künstlern

31 Das Rücksichtnahmegebot weicht nicht, wie bisweilen vertreten (*Dünnwald* ZUM 2004, 161, 176), von den Vorgaben des Art. 5 WPPT ab, der eine solche Einschränkung nicht ausdrücklich vorsieht. Es besitzt auch im deutschen Recht nur klarstellende Funktion, denn es bringt lediglich eine **allgemeine Regel** zum Ausdruck, die sich ohne weiteres aus dem Nebeneinander mehrerer gleichgerichteter absoluter Rechte ergibt: Da das Leistungsschutzrecht des ausübenden Künstlers ihn nicht nur in seinen Verbots-, sondern vor allem in seinen Auswertungsinteressen schützt, würde die uneingeschränkte Möglichkeit des einzelnen Künstlers, die Auswertung insgesamt zu verbieten, das Interesse der übrigen mitwirkenden Künstler an einer Auswertung zunichte machen (dazu ausführlich *Schaefer* FS Nordemann II S. 227, 230 ff.).

32 Wie stets in solchen Fällen, muss also in einer **Interessenabwägung** geklärt werden, in welchem Verhältnis diese Interessen zueinander stehen (OLG München NJW 1996, 1157, 1159 – *Iphigenie in Aulis*). Ist von der Entstellung oder Beeinträchtigung nur ein einzelner mitwirkender Künstler betroffen, setzt sich sein Interesse leichter durch, als wenn der Eingriff die **Darbietung insgesamt** erfasst, die übrigen Mitwirkenden aber keinen Grund sehen, deshalb ein Verbot auszusprechen.

Doch selbst **wenn nur ein einzelner Künstler** betroffen ist, wird stets sein Anteil **33** an der gesamten Darbietung zu bewerten sein. Bei der Bewertung sind zwei aus der Gesetzessystematik folgende Faktoren von Bedeutung:

Gerade bei einem **geringen Anteil des einzelnen Künstlers** an der Gesamt- **34** darbietung wird es häufig bereits an der von S. 1 vorausgesetzten Eignung fehlen, sein Ansehen oder seinen Ruf als ausübender Künstler zu gefährden.

In solchen Fällen wird die Zahl der übrigen Mitwirkenden und deren gerecht- **35** fertigte Interessen in die Betrachtung einzubeziehen sein. **Je geringer die Zahl der übrigen Mitwirkenden und je geringer das Interesse an der Auswertung gerade einer speziellen Darbietung, desto eher wird sich das Verbietungsinteresse des einzelnen Künstlers durchsetzen lassen.** Ist etwa in einer Opernaufzeichnung eines bestimmten Abends die Leistung eines Solisten durch einen Mikrofonfehler entstellt, könnte versucht werden, die entstellten Teile durch fehlerfreie Aufnahmen aus andern Abenden – so vorhanden – zu ersetzen – falls sich nicht (vgl. Rn. 20 f.) durch geeignete Hinweise sogar die Eignung zur Gefährdung der Künstlerinteressen insgesamt beheben lässt.

Ist all dies nicht möglich, und erleben am selben Abend, an dem die Leistung des **36** einzelnen Künstlers entstellt war, das Ensemble und andere Solisten eine Sternstunde, muss der einzelne Künstler mit seinem Verbietungsinteresse zurückstehen, sofern es sich nicht um gröbliche Entstellungen oder Beeinträchtigungen handelt. Insofern wäre es verfehlt, aus der Sonderregel für Filmwerke in § 93 Abs. 1 S. 2 ableiten zu wollen, im Umkehrschluss dürfte außerhalb von Filmwerken nie eine Beschränkung des Verbietungsrechts auf gröbliche Entstellungen oder andere gröbliche Beeinträchtigungen stattfinden. Im Filmbereich nämlich ist diese Situation typisch (weil es dort nicht nur die Interessen der mitwirkenden Künstler, sondern auch diejenigen der Filmurheber und der sonstigen Mitwirkenden in die Abwägung einzubeziehen wären), während sie im Fall der reinen künstlerischen Darbietung eher die Ausnahme darstellt. **Ausnahmsweise also kann auch jenseits des § 93 Abs. 1 S. 2 im Rahmen der Interessenabwägung eine gröbliche Entstellung oder Beeinträchtigung erforderlich sein.**

Im Übrigen hat der Gesetzgeber sich entschieden, für die **Geltendmachung** des **37** Rechts nicht der Lösung des § 74 Abs. 2 zu folgen. Damit gilt die Vorschrift sowohl innerhalb von Ensembles, wie auch im Verhältnis zwischen solchen und den Solisten. Allerdings wird der Orchestervorstand, der Chorleiter usw. regelmäßig für die dem Ensemble angehörigen Künstler Verbotsansprüche geltend machen können. Erklärt er dagegen augrund einer Mehrheitsentscheidung, die Gruppe sei trotz der Entstellung oder Beeinträchtigung einverstanden mit der Verwertung, bleibt das Recht des Einzelnen an der Geltendmachung seines Verbotsrechts unberührt. Allerdings wird es sich in solchen Fällen wegen des Gebots der Rücksichtnahme meist nicht durchsetzen.

III. Prozessuales

Die Rechte des Künstlers aus § 75 können ausnahmsweise auch von Dritten, **38** etwa Tonträgerherstellern, im Wege der gewillkürten Prozessstandschaft geltend gemacht werden, wenn diese ein gerechtfertigtes Interesse an einer solchen

Rechtsdurchsetzung nachweisen (BGH GRUR 1995, 668, 670 – *Emil Nolde*; OLG Hamburg ZUM 2008, 438, 441 – *Anita*, beide zur Prozessstandschaft für Urheber). Dies dürfte in allen Fällen bestehen, in denen der Künstler seinem Vertragspartner den umfassenden Schutz seiner Rechte anvertraut. Besonders ausländische Künstler wären ohne einen für sie in Deutschland handelnden Vertragspartner nicht dazu in der Lage, ihre Rechte selbst durchzusetzen. Wo allerdings der Künstler selbst seine Rechte wahrnimmt, kann der betreffende Vertragspartner nicht noch daneben in Prozessstandschaft für ihn auftreten.

§ 76   Dauer der Persönlichkeitsrechte

¹Die in den §§ 74 und 75 bezeichneten Rechte erlöschen mit dem Tode des ausübenden Künstlers, jedoch erst 50 Jahre nach der Darbietung, wenn der ausübende Künstler vor Ablauf dieser Frist verstorben ist, sowie nicht vor Ablauf der für die Verwertungsrechte nach § 82 geltenden Frist. ²Die Frist ist nach § 69 zu berechnen. ³Haben mehrere ausübende Künstler gemeinsam eine Darbietung erbracht, so ist der Tod des letzten der beteiligten ausübenden Künstler maßgeblich. ⁴Nach dem Tod des ausübenden Künstlers stehen die Rechte seinen Angehörigen (§ 60 Abs. 2) zu.

Übersicht

I.   Allgemeines

1.   Früheres Recht, Geltung für ältere Darbietungen

1 Die Vorschrift wurde neu gefasst mit Wirkung zum 13.09.2003 (BGBl. I S. 1774). Die bis dahin geltende Fassung lautete:

§ 83   Schutz gegen Entstellung

(1) (…)

(2) (…)

(3) Das Recht erlischt mit dem Tode des ausübenden Künstlers, jedoch erst fünfzig Jahre nach der Darbietung, wenn der ausübende Künstler vor Ablauf dieser Frist verstorben ist; die Frist ist nach § 69 zu berechnen. Nach dem Tode des ausübenden Künstlers steht das Recht seinen Angehörigen (§ 60 Abs. 3) zu.

Die Vorschrift ist also in dreierlei Hinsicht geändert worden: § 76 n.F. bezieht sich aber nunmehr nicht mehr nur auf das Entstellungsverbot (§ 75), sondern auch auf das in § 74 enthaltene Namensnennungsgebot. Ferner schreibt die neue Norm nunmehr vor, dass der Schutz mindestens so lange dauert wie der Schutz der Verwertungsrechte. Schließlich enthält sie eine besondere Regelung über gemeinsame Darbietungen.

2 Da das Gesetz keine diesbezüglichen Übergangsbestimmungen enthält (§ 137f kommt schon dem Tatbestand nach nicht zur Anwendung), gilt die neue

Fassung erst ab ihrem Inkrafttreten. War die Frist nach altem Recht bereits abgelaufen, wird sie also nicht neu begründet.

Eine **Ausnahme** gilt für das Namensnennungsrecht nach § 74. Dieses ist erst- **3** mals mit demselben Gesetz eingeführt worden, das auch den Schutzlauf regelt und kann insoweit die in § 76 n.f. vorgesehene Frist in Anspruch neh-men(ebenso Schricker/*Vogel*[3] § 76 Rn. 11).

2. Rechtsnatur

Das Künstlerpersönlichkeitsrecht ist nur ein Ausschnitt und eine besondere **4** Erscheinungsform des allgemeinen Persönlichkeitsrechts (so zum Urheberpersönlichkeitsrecht BGH GRUR 1971, 525, 526 – *Petite Jacqueline*). Die Frage nach der Rechtsnatur gewinnt Bedeutung bei der Frage nach der Vererblichkeit (vgl. Rn. 11 ff.).

3. Verhältnis zu anderen Vorschriften

Da in Verletzungsfällen neben dem Schutz des Künstlerpersönlichkeitsrechts **5** häufig auch Schutz über das allgemeine Persönlichkeitsrecht gesucht werden wird, gewinnt die neuere Rechtsprechung zu Bestand und Dauer des postmortalen Schutzes besondere Bedeutung (GRUR 2000, 709, 711 – *Marlene Dietrich*; GRUR 2002, 690, 691 – *Marlene Dietrich*; GRUR 2007, 168, 169 – *Klaus Kinski*).

II. Tatbestand

1. Zu Satz 1: Gegenstand der Frist und Schutzfristanknüpfung

Durch den Versuch, die Änderungen des § 83 a.f. lediglich zu ergänzen, ist die **6** Vorschrift unnötig schwer lesbar beraten. Einfacher ausgedrückt, lautet die Grundregel des § 76 S. 1: **Der Schutz nach §§ 74 und 75 gilt auf Lebenszeit, mindestens aber so lange, wie nach § 82 die Verwertungsrechte geschützt sind.**

Mit der Bezugnahme auf die Verwertungsrechte wurde eine Vorgabe von Art. 5 **7** Abs. 2 S. 1 WPPT umgesetzt. Mit der Kombination beider Regeln sollte gewährleistet werden, dass die persönlichkeitsrechtlichen Interessen von Künstlern, die vor Schutzablauf der Verwertungsrechte (vgl. § 82) sterben, gegenüber Verwertern durchsetzbar bleiben (RegE UrhG Infoges – BT-Drucks. 15/38, 23).

2. Zu Satz 2: Anwendbarkeit des § 69 für den Fristbeginn

Für die Fristberechnung gilt, wie auch bei § 82, die allgemeine urheberrecht- **8** liche Regel des § 69 zum Fristbeginn. Da § 76 S. 1 in seiner ersten Alternative keinen Fristbeginn, sondern ein Fristende regelt, endet der Schutz mit dem Todestag des Künstlers, nicht erst mit dem Jahresende, in den sein Todestag fällt.

3. Zu Satz 3: Fristlauf bei Künstlermehrheit

Für den Lauf des Schutzes auf Lebenszeit ist bei gemeinsamen Darbietungen **9** nunmehr die Lebensdauer des längstlebenden Mitwirkenden maßgeblich. Jeder einzelne der übrigen Mitwirkenden kommt in den Genuss dieser längsten

Frist. Da die Regel der getrennten Verwertbarkeit (§ 80 Abs. 1 S. 1) hier nicht übernommen wurde, gilt dies ganz allgemein für jedwede Mitwirkung an der Darbietung, auch im Filmbereich. Da jedoch gerade im Film wegen § 93 Abs. 1 Künstlerpersönlichkeitsrechte nur im Ausnahmefall durchsetzbar sind, dürfte die praktische Bedeutung dieser Schutzerweiterung weniger gravierend ausfallen, als es auf den ersten Blick erscheint.

10 Nach der früheren Regelung des § 83 Abs. 3 a.F. liefen die Schutzfristen aller an einer Darbietung beteiligten Künstler getrennt voneinander. Damit war die Darbietung im Ergebnis zwar regelmäßig ebenfalls so lange geschützt, wie der längstlebende Künstler, jedoch konnte nur dieser, und auch nur hinsichtlich seines Anteils an der Darbietung den Schutz geltend machen.

4. Zu Satz 4: Vererblichkeit nur an Angehörige

11 Diese Bestimmung kann nur zur Anwendung kommen, wenn die Schutzfrist nicht mit dem Tod des Künstlers endet, weil sonst bei Eintritt des Erbfalls kein Recht mehr existiert, das einem Angehörigen zustehen könnte. Dies ist entweder der Fall, wenn der Schutz der Verwertungsrechte nach § 82 noch andauert, oder wenn ein anderer mitwirkender Künstler den Verstorbenen überlebt.

12 Während jedoch § 30 bei den Urhebern die Rechtsnachfolge auch an andere als Angehörige (§ 60 Abs. 2) vorsieht, und diesen insb. im Wege letztwilliger Verfügungen, sogar in den Fällen des § 29 Abs. 1, eine freie Bestimmung der Rechtsnachfolge auch hinsichtlich der Urheberpersönlichkeitsrechte erlaubt, ist ausübenden Künstlern diese Möglichkeit ausnahmslos verwehrt. Mit der **zwingenden Regelung, die Künstlerpersönlichkeitsrechte den Angehörigen vorzubehalten,** lehnt sich § 76 S. 4 an den Schutz des postmortalen Persönlichkeitsrechts an (BGH GRUR 2000, 709, 711 – *Marlene Dietrich*; BGH GRUR 2002, 690, 691 – *Marlene Dietrich*; BGH GRUR 2007, 168, 169 – *Klaus Kinski*).

13 Hat der ausübende Künstler also umfassend testamentarisch über seine Rechte verfügt, kann es zu einem **Auseinanderfallen der Verwertungs- und Künstlerpersönlichkeitsrechte** kommen. Ist der Erbe nicht zugleich „Angehöriger" (§ 60 Abs. 2), fehlt ihm die Möglichkeit, Verletzungen des Künstlerpersönlichkeitsrechts geltend zu machen, und zwar selbst dann, wenn die Schutzfrist dafür noch nicht abgelaufen ist.

§ 77   Aufnahme, Vervielfältigung und Verbreitung

(1) Der ausübende Künstler hat das ausschließliche Recht, seine Darbietung auf Bild- oder Tonträger aufzunehmen.

(2) [1]**Der ausübende Künstler hat das ausschließliche Recht, den Bild- oder Tonträger, auf den seine Darbietung aufgenommen worden ist, zu vervielfältigen und zu verbreiten.** [2]**§ 27 ist entsprechend anzuwenden.**

Übersicht

I. Allgemeines

1. Bedeutung der Norm

§ 77 entspricht systematisch dem § 15 Abs. 1, ohne indes der Aufzählung ein **1**
„insbesondere" voranzustellen. Der Umfang der dem Künstler zustehenden
Ausschließlichkeitsrechte ist daher nicht offen, sondern abschließend enumerativ definiert. Andere Rechte als diejenigen, welche §§ 77 und 78 dem ausübenden Künstler ausdrücklich zuweisen, stehen ihm mithin nicht zu.

2. Früheres Recht

Die Vorschrift wurde neu gefasst mit Wirkung zum 13.09.2003 (BGBl. I **2**
S. 1774). Die bis dahin geltende Fassung lautete:

§ 75   Aufnahme, Vervielfältigung und Verbreitung

(1) Die Darbietung des ausübenden Künstlers darf nur mit seiner Einwilligung auf
Bild- oder Tonträger aufgenommen werden.

(2) Der ausübende Künstler hat das ausschließliche Recht, den Bild- oder Tonträger
zu vervielfältigen und zu verbreiten.

(3) Auf die Vergütungsansprüche des ausübenden Künstlers für die Vermietung und
das Verleihen der Bild- oder Tonträger findet § 27 entsprechende Anwendung.

(4) (…)

(5) (…)

Mit dem als Einwilligungsrecht ausgestalteten Abs. 1 knüpfte § 75 a.F. an die **3**
bis 1995 geltende Rechtslage an. Bis zum 30.6.1995 (die Änderung mit BGBl.
I, 842 trat zum 01.07.1995 in Kraft) lautete die Vorschrift wie folgt:

§ 75   Vervielfältigung

Die Darbietung des ausübenden Künstlers darf nur mit seiner Einwilligung auf Bild-
oder Tonträger aufgenommen werden. Die Bild- oder Tonträger dürfen nur mit seiner
Einwilligung vervielfältigt werden.

Die Änderung erfolgte im Zusammenhang mit der Umsetzung der Vermiet-
und Verleih-RL 92/100/EG und verschaffte den ausübenden Künstlern in
Abs. 2 erstmals ausschließliche Verwertungsrechte nach dem Vorbild des
§ 15. Zuvor war auch das Vervielfältigungsrecht als Einwilligungsrecht ausgestaltet. Ein Verbreitungsrecht fehlte ganz, so dass ein Schutz gegen die
Verbreitung unerlaubt hergestellter Vervielfältigungsstücke nur über § 96
Abs. 1 möglich war.

Bei der Auslegung von Altverträgen kommt vor diesem Hintergrund § 137e **4**
Abs. 4 S. 3 besondere Bedeutung zu. Wenn ein ausübender Künstler vor dem
30.06.1995 in einem Film mitgewirkt oder in die Benutzung seiner Darbietung
im Film eingewilligt hat, gelten die ausschließlichen Rechte als auf den Film-

hersteller übertragen. Hat er in die Aufnahme seiner Aufnahme auf Tonträger und die Vervielfältigung eingewilligt, gilt die Einwilligung zwingend als Übertragung des Verbreitungsrechts, einschließlich des Vermietrechts.

5 § 78 a.F. (bis 30.06.1995 gültigen Fassung) erlaubte dem Künstler auch die nachträgliche Einwilligung, selbst wenn er über die Rechte und Ansprüche nach §§ 74–77 (a.F.) bereits verfügt hatte. Die Vorschrift lautete:

> **§ 78 Abtretung**
>
> Der ausübende Künstler kann die nach den §§ 74 bis 77 gewährten Rechte und Ansprüche an Dritte abtreten; jedoch behält er stets die Befugnis, die in den §§ 74, 75 und 76 Abs. 1 vorgesehene Einwilligung auch selbst zu erteilen.

Da gemäß § 137e Abs. 1 die am 30.06.1995 in Kraft getretenen Vorschriften auch auf vorher geschaffene Darbietungen und Tonträger Anwendung finden, besteht diese Möglichkeit der nachträglichen Einwilligung nicht mehr fort, selbst wenn die betreffende Darbietung (bzw. deren Aufnahme auf Bild- oder Tonträger) vor dem 30.06.1995 stattgefunden hat.

II. Tatbestand

1. Abs. 1: Das Aufnahmerecht

6 Dass die Aufnahme getrennt vom Vervielfältigungsrecht mit einem eigenen Ausschließlichkeitsrecht des Künstlers versehen ist, hängt mit dem spezifischen Gegenstand des Künstlerschutzes zusammen (ausführlich vgl. Vor § 73 Rn. 1 f.). Da die Darbietung als solche nicht geschützt ist, kann in deren Aufnahme noch keine Vervielfältigung liegen (während das in der Darbietung verkörperte Werk durch die Aufnahme im Sinne des § 16 Abs. 2 vervielfältigt wird). Damit legt bei ausübenden Künstlern erst die Aufnahme der Darbietung den Gegenstand fest, der Schutz gegen die unerlaubte Vervielfältigung genießt. Das Vervielfältigungsrecht bezieht sich also nicht auf die Darbietung an sich, sondern auf die zuvor erfolgte **Aufnahme** einer Darbietung (a. A. *Dünnwald* ZUM 2004, 161, 164 f.).

7 Damit lässt sich aus § 77 Abs. 1 kein Anspruch des Künstlers ableiten, gegen **Nachahmer** vorzugehen, welche die Charakteristiken einer Darbietung wiederholen und von diesen Nachahmungen Aufnahmen herstellen (im Musikbereich heißen solche Nachahmungen *Soundalikes* – ausführlich dazu *Schierholz*, Der Schutz der menschlichen Stimme gegen Übernahme und Nachahmung, 1998, S. 26 ff. und). Ein Schutz kommt insoweit nur über das allgemeine Persönlichkeitsrecht, das Namens- und Wettbewerbsrecht in betracht (so z. B. zur Werbung mit Doppelgängern BGH GRUR 2000, 715 – *Der blaue Engel*; OLG Karlsruhe AfP 1996, 282 – *Ivan Rebroff*). Die parodistische oder verfremdende Verwendung der individuellen Art der Darbietung und der charakteristischen Erscheinung ist erlaubt, soweit für solche Darbietungen nicht mit dem Namen des Originalkünstlers geworben wird (LG Düsseldorf NJW 1987, 1413 – *Heino*). Insofern gelten die gleichen Kriterien wie generell für die Parodie (vgl. § 24 Rn. 89 f.).

8 Haben bei einer Mehrzahl ausübender Künstler nicht alle in die Aufnahme eingewilligt, bestimmen sich die Rechtsfolgen nach § 80.

2. Abs. 2: Das Vervielfältigungsrecht

Wie gerade ausgeführt, bezieht sich das Vervielfältigungsrecht ausschließlich **9** auf Bild- oder Tonträger (i.S.d. § 16 Abs. 2), auf denen die Darbietung aufgezeichnet ist. Dabei ist es ohne Belang, ob die Aufnahme mit oder ohne Zustimmung des Künstlers entstanden ist. Die (unerlaubte) Vervielfältigung unerlaubt hergestellter Live-Mitschnitte von Theater- oder Musikdarbietungen verstößt deshalb gegen Abs. 2. Zu Vervielfältigungen im Zusammenhang mit Sendung und öffentlicher Wiedergabe vgl. § 78 Rn. 10, 24, 28 f.

a) Praktische Auswirkungen der Trennung von Aufnahme- und Vervielfälti- 10 gungsrecht: Umgekehrt kann wegen der Trennung beider Rechte allein aus der Tatsache, dass der Künstler in die Aufnahme eingewilligt hat, noch nicht gefolgert werden, er habe auch die Vervielfältigungsrechte an der Aufnahme eingeräumt. Im Künstlervertragsrecht kommt es zu Situationen, in denen der Künstler geradezu planmäßig zwar das Aufnahmerecht, nicht dagegen ein darüber hinausgehendes Vervielfältigungsrecht einräumt, und zwar z.B. wegen etwaiger Exklusivbindungen, die der Künstler eingegangen ist (vgl. § 79 Rn. 20).

Ein typisches Beispiel ist die Einräumung des Aufnahmerechts an ein Sende- **11** unternehmen. Hat sich etwa ein Künstler an einen Tonträgerhersteller im Wege einer persönlichen oder einer Titelexklusivität gebunden, wird ihm sein Vertragspartner dennoch häufig erlauben, in Rundfunksendungen mitzuwirken oder Konzertaufzeichnungen für Sendezwecke zuzulassen. Diese Ausnahmen kann er nur machen, wenn er nicht befürchten muss, dass die Aufnahmen anschließend ihrerseits auf Tonträger erscheinen, weil er damit gegen seine Exklusivbindung verstieße.

Durch die Trennung von Aufnahme- und Vervielfältigungsrecht kann der **12** Künstler bis zu einem gewissen Grad das Fehlen eines Veröffentlichungsrechts überbrücken. Ohne ausdrückliche Freigabe durch Einräumung von Vervielfältigungsrechten an der Aufnahme kann nämlich der Verwerter nicht vervielfältigen. Allerdings wird diese Möglichkeit kaum je praktisch relevant, da der Künstler dem Verwerter meist das Aufnahmerecht zugleich mit weiteren Rechten (z.B. Sendung oder Vervielfältigung und Verbreitung), die eine Veröffentlichung ermöglichen, im Voraus einräumt. Insofern muss er – wenn gewünscht – die Verpflichtung zur „Abnahme" gewisser Aufnahmen (gleiches gilt für die Sendung und öffentliche Wiedergabe solcher stets „nicht erschienener" und damit nicht § 78 Abs. 2 unterliegender Aufnahmen), eigens vertraglich vereinbaren.

b) Vervielfältigungsrecht und Bearbeitung bestehender Aufnahmen: Auf aus- **13** übende Künstler ist zwar § 23 nicht anwendbar, wohl aber § 39, und zwar über die Verweisung des § 79 Abs. 2 S. 2 (vgl. § 79 Rn. 88).

Hier spielt der Zweck des zwischen Nutzer und Künstler geschlossenen Ver- **14** trags eine wichtige Rolle für die Bestimmung dessen, was der Künstler hinzunehmen hat. So bleibt die Verwendung der ursprünglichen Aufnahme im Rahmen einer bloßen Modernisierung des ursprünglichen Werks bzw. der ursprünglichen Aufnahme innerhalb eines dem Produzenten eröffneten Bearbeitungsspielraums zulässig (KG GRUR-RR 2004, 129, 130 – *Modernisierung einer Liedaufnahme*).

15 Außerhalb dessen, was ein Vertrag mit dem Nutzer erlaubt, besteht ein sehr weitgehender Schutz gegen Bearbeitungen und Änderungen, gerade weil ein Verweis auf § 23 fehlt, und zwar über das Vervielfältigungsrecht.

16 § 23 regelt einen Ausgleich zwischen dem Interesse der Kreativen an der freien Nutzbarkeit fremder Werke für das eigene Werkschaffen und dem Interesse des bearbeiteten oder umgestalteten Werks, über das Ob und die Bedingungen einer wirtschaftlichen Verwertung der Bearbeitung (oder sonstigen Umgestaltung) zu entscheiden. Daher ist ein ganz wesentliches Element des § 23 die in S. 1 geregelte Bearbeitungsfreiheit (*Ulmer*[3] § 56 IV S. 270). Jeder darf grundsätzlich vorbestehende Werke bearbeiten, solange er die Bearbeitung nicht verwertet. Ohne § 23 S. 1 wäre bereits die Bearbeitung oder sonstige Umgestaltung im privaten Bereich schon allein deshalb unzulässig, weil die Bearbeitung regelmäßig mit einer (teilweisen) Vervielfältigung des Originals einhergeht. Für Aufnahmen von geschützten Darbietungen gilt mithin die Bearbeitungsfreiheit nicht.

17 In einer (unerlaubten) Bearbeitung einer Aufnahme außerhalb eines Vertragsverhältnisses über den Nutzungsrechtserwerb liegt daher stets eine Vervielfältigung, die mangels Bearbeitungsfreiheit dem Exklusivrecht des Künstlers unterliegt. Damit kann der Künstler Dritten sowohl über das Vervielfältigungsrecht des § 77 Abs. 2, als auch gegebenenfalls über das Entstellungsverbot nach § 75 (vgl. Rn. 24 ff.) sowie § § 79 Abs. 2 S. 2, 39 bereits die Herstellung einer Bearbeitung untersagen, solange in der Bearbeitung die künstlerischen Züge erkennbar bleiben, die den Schutz nach § 73 begründen.

18 c) **Tonträgersampling:** Beim sog. Tonträger-Sampling (vgl. § 85 Rn. 48 f.) werden kürzeste Ausschnitte einer Darbietung verwendet, um sie in anderen Klangzusammenhängen neu zu verwenden, also gleichsam als Klangerzeuger im Sinne von Musikinstrumenten. Ähnlich wie bei der Verwendung von Teilen eines geschützten Werks kann der Künstler nur insoweit Schutz beanspruchen, als der entnommene Teil für sich Künstlerschutz nach § 73 begründen könnte, also ein „Werk" interpretiert wird. Ist der Ausschnitt so kurz, dass ein Werkschutz nicht in Betracht kommt, kann an einem solchen Ausschnitt angesichts der strengen Werkakzessorität des Künstlerschutzes (vgl. § 73 Rn. 8 kein Schutz bestehen. Diese Tatsache wird in Fällen des Sampling regelmäßig dem Schutz des Fragments entgegenstehen, so dass dem Künstler – wenn er beispielsweise an seiner charakteristischen Stimme erkennbar ist, abermals nur aus allgemeinem Persönlichkeitsrecht gegen ein solches Sampling vorgehen könnte (vgl. Rn. 7). Praktisch werden solche Fälle denn auch ausnahmslos über die Tonträgerherstellerrechte verfolgt (vgl. § 85 Rn. 48 f.).

3.   Abs. 3 S. 1: Das Verbreitungsrecht

19 Hinsichtlich des Verbreitungsrechts des ausübenden Künstlers gelten keine Besonderheiten gegenüber den entsprechenden Verbreitungsrechten der Musikurheber. Auf die Besonderheiten der alten Rechtslage (vor dem 30.06.1995) wurde bereits eingangs (vgl. Rn. 2) hingewiesen.

20 Auch hinsichtlich des Vermietrechts ergeben sich keine Besonderheiten gegenüber der für Urheber geltenden Situation (vgl. § 17). Hier ist insb. § 137e Abs. 4 Satz 3 zu beachten, was die Auslegung von Altverträgen aus der Zeit betrifft, in der das deutsche Recht noch kein Vermietrecht vorsah.

4. Abs. 3 Satz 2: Vergütung für Vermietung und Verleihen

Auch hier gelten gegenüber der für Urheber anzuwenden Rechtslage keine **21** Besonderheiten. Abermals sei auf § 137e Abs. 2 und 3 hinsichtlich der Geltung für Altverträge verwiesen.

§ 78 Öffentliche Wiedergabe

(1) Der ausübende Künstler hat das ausschließliche Recht, seine Darbietung
1. öffentlich zugänglich zu machen (§ 19a),
2. zu senden, es sei denn, dass die Darbietung erlaubterweise auf Bild- oder Tonträger aufgenommen worden ist, die erschienen oder erlaubterweise öffentlich zugänglich gemacht worden sind,
3. außerhalb des Raumes, in dem sie stattfindet, durch Bildschirm, Lautsprecher oder ähnliche technische Einrichtungen öffentlich wahrnehmbar zu machen.

(2) Dem ausübenden Künstler ist eine angemessene Vergütung zu zahlen, wenn
1. die Darbietung nach Absatz 1 Nr. 2 erlaubterweise gesendet,
2. die Darbietung mittels Bild- oder Tonträger öffentlich wahrnehmbar gemacht oder
3. die Sendung oder die auf öffentlicher Zugänglichmachung beruhende Wiedergabe der Darbietung öffentlich wahrnehmbar gemacht wird.

(3) ¹Auf Vergütungsansprüche nach Absatz 2 kann der ausübende Künstler im Voraus nicht verzichten. ²Sie können im Voraus nur an eine Verwertungsgesellschaft abgetreten werden.

(4) § 20b gilt entsprechend.

Übersicht

I. Allgemeines

1. Bedeutung der Norm

§ 78 Abs. 1 entspricht systematisch dem § 15 Abs. 2, ohne indes der Aufzäh- **1** lung ein „insbesondere" voranzustellen. Der Umfang der dem Künstler zustehenden Ausschließlichkeitsrechte ist nicht offen, sondern abschließend enumerativ definiert. Andere Rechte als diejenigen, welche §§ 77 und 78 dem ausübenden Künstler ausdrücklich zuweisen, stehen ihm mithin nicht zu.

2. Früheres Recht

2 Die Vorschrift wurde neu gefasst mit Wirkung zum 13.09.2003 (BGBl. I S. 1774). Die bis dahin geltende Regelung lautete:

§ 74   Bildschirm- und Lautsprecherübertragung

Die Darbietung des ausübenden Künstlers darf nur mit seiner Einwilligung außerhalb des Raumes, in dem sie stattfindet, durch Bildschirm, Lautsprecher oder ähnliche technische Einrichtungen öffentlich wahrnehmbar gemacht werden.

§ 76   Funksendung

(1) Die Darbietung des ausübenden Künstlers darf nur mit seiner Einwilligung durch Funk gesendet werden.

(2) Die Darbietung des ausübenden Künstlers, die erlaubterweise auf Bild- oder Tonträger aufgenommen worden ist, darf ohne seine Einwilligung durch Funk gesendet werden, wenn die Bild- und Tonträger erschienen sind; jedoch ist ihm hierfür eine angemessene Vergütung zu zahlen.

(3) § 20b gilt entsprechend.

§ 77   Öffentliche Wiedergabe

Wird die Darbietung des ausübenden Künstlers mittels Bild- oder Tonträger oder die Funksendung seiner Darbietung öffentlich wahrnehmbar gemacht, so ist ihm hierfür eine angemessene Vergütung zu zahlen.

§ 78   Abtretung

Der ausübende Künstler kann die nach den §§ 74 bis 77 gewährten Rechte und Ansprüche an Dritte abtreten. § 75 Abs. 3 in Verbindung mit § 27 Abs. 1 Satz 2 und 3 bleibt unberührt.

3. Verwertungsgesellschaft

3 Die Vergütungsansprüche nach § 78 Abs. 2 werden von der GVL (Gesellschaft zur Verwertung von Leistungsschutzrechten – www.gvl.de) wahrgenommen (vgl. Rn. 15), wobei sie hinsichtlich der Ansprüche nach Abs. 2 Ziff. 2 mit der GEMA kooperiert, die das Inkasso auch für die GVL übernimmt.

II.   Tatbestand

1.   Abs. 1: Die dem Künstler zugewiesenen Ausschließlichkeitsrechte

4 Zu den in Abs. 1 genannten Exklusivrechten tritt noch dasjenige (freilich nur durch eine Verwertungsgesellschaft ausübbare) Recht nach § 20b Abs. 1, wie aus § 78 Abs. 4 hervorgeht.

5 a) **Abs. 1 Ziff. 1: Öffentliche Zugänglichmachung auf Abruf (§ 19a):** Hinsichtlich der Definition des Rechts verweist die Vorschrift selbst auf § 19a, so dass hinsichtlich Inhalt, Umfang und Abgrenzung des Rechts zu den übrigen Formen der öffentlichen Wiedergabe auf die Kommentierung zu dieser Vorschrift verwiesen werden kann. Das Ausschließlichkeitsrecht bezieht sich auf jedwede öffentliche Zugänglichmachung der Darbietung, ist aber praktisch beschränkt auf Bild- und Tonträgeraufzeichnungen der betreffenden Darbietungen, da eine Live-Übertragung der Darbietung stets nur zu genau dem Zeitpunkt abrufbar sein kann, zu dem sie tatsächlich stattfindet, also nicht „zu Zeiten ihrer Wahl", wie es § 19a voraussetzt. Art. 3 Abs. 2 Buchst. a Info-RL 2001/29/EG, ebenso wie Art. 14 WPPT verlangen vom Gesetzgeber daher auch lediglich zwingend, das Recht in Bezug auf die Aufzeichnung von Darbietungen zu gewährleisten. Da auch die Live-Sendung dem ausübenden Künstler als Exklusivrecht zugewiesen ist, kann letztlich offen bleiben, ob die Übertragung eines Live-Ereignisses auf Abruf, z.B. über das Internet, Ziff. 1 oder Ziff. 2 unterfällt.

b) Abs. 1 Ziff. 2: Sendung von nicht erschienenen oder öffentlich zugänglich **6** **gemachten Darbietungen:** Nach der im Kern aus § 76 Abs. 2 a. F. übernommenen Bestimmung bleibt dem ausübenden Künstler ein **ausschließliches Senderecht** für folgende Fälle:
– die Darbietung wird live gesendet;
– die Darbietung wird von einer vom Sender hergestellten ephemeren Vervielfältigung i.S.d. § 55 gesendet;
– die Darbietung wird von einem Bild- oder Tonträger gesendet, der **ohne Einwilligung des Künstlers aufgenommen** worden ist, was sich übrigens auch aus § 96 Abs. 1 ergibt. Solche Tonträger können ohne den erklärten Willen des Künstlers nicht i.S.d. § 6 Abs. 2 „erscheinen". Ohne Einwilligung des ausübenden Künstlers ist es also nicht zulässig, so genannte Bootlegs (unerlaubte Live-Mitschnitte von Darbietungen des ausübenden Künstlers) zu senden, selbst wenn diese in beträchtlichen Stückzahlen auf den Markt und möglicherweise in die Archive der Sender gelangt sind. Haben bei einer Mehrzahl ausübender Künstler nicht alle in die Aufnahme eingewilligt, bestimmen sich die Rechtsfolgen nach § 80;
– die Aufnahme ist zwar mit Einwilligung des Künstlers entstanden, jedoch **ohne seine Einwilligung vervielfältigt, angeboten oder in Verkehr gebracht** worden, ist also nicht „erschienen" (§ 6 Abs. 2). Theoretisch denkbar ist dies für einen Fall, in dem ein ausübender Künstler in die Aufnahme eingewilligt hat, jedoch ohne seinem Vertragspartner ein Vervielfältigungsrecht einzuräumen, was z. B. im Zusammenhang mit der Rundfunksendung einer Darbietung der Fall sein mag (vgl. § 77 Rn. 11). Würde der Sender in einem solchen Fall die (legal mit Erlaubnis des Künstlers hergestellte) Aufnahme ohne separaten Rechtserwerb beim Künstler vervielfältigen und z.B. an andere Sender verbreiten, handelte es sich insoweit um einen nicht erschienenen Tonträger, der von anderen Sendern, die ein solches Vervielfältigungsstück erworben haben, nicht ohne Einwilligung des Künstlers gesendet werden dürfte (so bereits Begr RegE UrhG – BT-Drucks. IV/270, S. 92).

Der **Begriff „erlaubterweise öffentlich zugänglich gemacht"** ist in diesem **7** Zusammenhang insofern unglücklich gewählt, als in § 78 Abs. 1 Ziff. 1 unter diesem Begriff das Recht gemäß § 19a verstanden, zugleich aber in § 20 das Senderecht mit genau denselben Worten beschrieben wird. Man könnte also zu dem Schluss gelangen, dass z.B. Wiederholungssendungen ohne Einwilligung des ausübenden Künstlers möglich sind, sofern eine erste erlaubte Sendung vorangegangen ist. Obwohl auch Art. 6 (i) WPPT einer solchen Auslegung nicht entgegenstünde, ergibt sich aus der Gesetzesbegründung (RegE UrhG

Infoges – BT-Drucks. 15/38, S. 24), dass tatsächlich mit dem Begriff „öffentlich zugänglich gemacht" ausschließlich das Recht gemäß § 19a gemeint sein kann. Die Begründung verweist nämlich lediglich auf die bisher in § 76 a.F. enthaltene Regelung, die selbstverständlich das Senderecht auch für Wiederholungssendungen als Exklusivrecht vorsah (Schricker/*Krüger*[3] § 78 Rn. 5). Die Erweiterung des § 78 Abs. 1 Ziff. 2 auf „erlaubterweise öffentlich zugänglich gemachte" Darbietungen bezieht sich vielmehr offenbar darauf, dass in § 6 Abs. 2 der Begriff des „Erscheinens" nicht auf die öffentliche Zugänglichmachung auf Abruf erstreckt worden ist, so dass die gewählte Formulierung dem Wunsch des Gesetzgebers entspricht, erlaubterweise vervielfältigte und verbreitete (also „erschienene") mit erlaubterweise der Öffentlichkeit auf Abruf zugänglich gemachten Aufnahmen gleichzustellen.

8 Dagegen dürfen Ton- und Bildtonträger, vor allem Videos, **die nur zum Zwecke der Vermietung in Verkehr gebracht wurden**, ohne Einwilligung gesendet werden (sofern dies ohne Verstoß gegen etwaige vertragliche Bindungen zulässig ist). Zwar ist wegen § 17 Abs. 2 das Verbreitungsrecht nicht erschöpft, jedoch erfordert § 6 Abs. 2 nicht, dass das „Inverkehrbringen" im Wege der Veräußerung erfolgt (h.M., statt vieler Schricker/*Katzenberger*[3] § 6 Rn 36), so dass solche Vermiet-Bild- oder Tonträger stets als „erschienen" gelten müssen.

9 Nicht ausdrücklich geregelt ist die Frage, ob das Sendeprivileg bezüglich erschienener Tonträger auch dann gilt, wenn diese in einem nicht dem Zweck der Vorschrift entsprechenden Weise verwendet werden, etwa **im Zusammenhang mit Werbung** (allgemein im Sinne einer eigenen Erlaubnispflicht Schricker/*Krüger*[3] § 78 Rn. 24; Dreier/Schulze/*Dreier*[2] § 78 Rn. 12; Wandtke/Bullinger/*Büscher*[2] § 78 Rn. 20). Hier ist zu differenzieren:

10 Bei der Herstellung von **Werbespots**, ob für den Hörfunk oder in Videoform für das Fernsehen, ist regelmäßig eine Vervielfältigung der betreffenden Tonträgeraufnahme erforderlich, die weder den Schrankenbestimmungen (insb. nicht § 55, da insoweit nicht der Sender, sondern ein Werbetreibender die Vervielfältigung vornimmt; zum Verhältnis zwischen Tonträgerhersteller und Künstler in solchen Fällen BGH GRUR 1979, 637, 639 – *White Christmas*; vgl. § 75 Rn. 15) die Vervielfältigung erlaubt, ist hier regelmäßig eine Einzelfreigabe durch den betreffenden Tonträger oder Bildtonträgerhersteller erforderlich, im Rahmen derer auch die Rechte der ausübenden Künstler individuell wahrgenommen werden. Ein so hergestellter Werbespot unterliegt also § 78 Abs. 2 hinsichtlich der darin enthaltenen erschienenen Aufnahmen, kann jedoch wegen § 96 Abs. 1 nicht gesendet werden, ohne zuvor die Einwilligung zur Vervielfältigung im Rahmen der Herstellung des Spots erworben zu haben.

11 Wird dagegen die Werbebotschaft mit dem erschienenen Ton- oder Bildtonträger nicht im Rahmen eines vorproduzierten Werbespots, sondern **live verbunden**, stehen dem ausübenden Künstler zur Abwehr lediglich das Künstlerpersönlichkeitsrecht (insb. § 75), das allgemeine Persönlichkeitsrecht (zu beidem vgl. § 75 Rn. 6) und das Wettbewerbsrecht zur Verfügung, insb. über das medienrechtliche Gebot der Trennung von Werbung und redaktionellen Inhalten (BGH GRUR 1995, 744, 750 – *Feuer, Eis & Dynamit I*).

12 c) Abs. 1 Ziff. 3: **Öffentliche Wahrnehmbarmachung:** Die Vorschrift entspricht inhaltlich weitgehend § 19 Abs. 3 (vgl. § 19 Rn. 22 ff.). Dem ausübenden Künstler steht also nur dieses Teilrecht aus § 19 Abs. 1 und 2 zu (wie es auch in § 37 Abs. 3 als trennbarer Teil erkennbar wird), nicht das vollständige

Vortrags- und Aufführungsrecht. Es betrifft **ausschließlich die öffentliche Wahrnehmbarmachung der Live-Darbietung.** Bild- oder Tonträger dürfen ohne vorherige Einwilligung öffentlich wahrnehmbar gemacht werden und unterliegen lediglich dem Vergütungsanspruch des Abs. 2 Ziff. 2.

Gedacht ist bei Abs. 1 Ziff. 3 z.B. an die Lautsprecher- oder Bildübertragung **13** für Zuhörer außerhalb des Konzertsaals, wie dies bisweilen bei Festivals geschieht (kritisch im Hinblick auf das Fehlen eines Rechts innerhalb des Raumes *Dünnwald* ZUM 2004, 161, 177). Hier, und fast ausschließlich hier, kann das Exklusivrecht eigene wirtschaftliche Bedeutung erhalten, besonders, wenn die Wahrnehmbarmachung von jemand anderem veranstaltet wird als dem Veranstalter der Darbietung im Konzertsaal. Unter „Raum" ist dabei nicht notwendig ein geschlossener Raum zu verstehen, sondern der Raum, in dem die Darbietung – auch unter freiem Himmel – bestimmungsgemäß stattfindet. Innerhalb des bestimmungsgemäß adressierten Raumes darf also, wie dies besonders bei Open Air Konzerten der Fall ist, für die weiter entfernt stehenden Besucher ohne weiteres eine Wahrnehmbarmachung erfolgen.

Wenn nicht ausnahmsweise der Veranstalter der Wahrnehmbarmachung nicht **14** identisch mit dem Veranstalter der Darbietung sein sollte, bleibt indes die Frage nach der rechtlichen Qualität der öffentlichen Wahrnehmbarmachung praktisch irrelevant. Da nämlich der Veranstalter mit den betreffenden Künstlern ohnehin stets Verträge geschlossen hat, werden die Parteien regelmäßig auch geregelt haben, ob und in welcher Weise eine Wahrnehmbarmachung der Darbietung innerhalb oder außerhalb des Raumes erfolgen, und wie sie vergütet werden soll. Dies gilt insb. für den Fall, dass ein Konzert oder eine Theateraufführung für zu spät Gekommene ins Foyer übertragen wird (bei Schricker/*Krüger*[3] § 78 Rn. 13).

2.   Abs. 2: Die dem Künstler zugewiesenen Vergütungsansprüche

Die Vergütungsansprüche des § 78 Abs. 2 stellen den Hauptgegenstand der **15** Wahrnehmungtätigkeit der Verwertungsgesellschaft GVL (mehr unter www.gvl.de) dar. Diese nimmt nicht nur die Vergütungsansprüche der ausübenden Künstler wahr, sondern auch die an diesen Vergütungsansprüchen gemäß § 86 UrhG bestehenden Beteiligungsansprüche der Tonträgerhersteller. Es handelt sich zwar durchweg nicht um Vergütungsansprüche, die verwertungsgesellschaftpflichtig wären, jedoch ließen sich vom einzelnen Künstler kaum sinnvoll durchsetzen. Da die Vergütungsansprüche überdies gemäß Abs. 3 im Voraus nur an eine Verwertungsgesellschaft abgetreten werden können, ist die GVL gegenwärtig in Deutschland die einzige Anspruchstellerin für Vergütungen nach § 78 Abs. 2.

Als Ausnahmevorschriften sind sämtliche Vergütungstatbestände eng auszule- **16** gen, so dass es im Zweifel beim Ausschließlichkeitsrecht bleibt (differenzierend BGH GRUR 2004, 669, 670 – *Musikmehrkanaldienst*; für eine generell enge Auslegung Schricker/*Krüger*[3] § 78 Rn. 21; Dreier/Schulze/*Dreier*[2] § 78 Rn. 12; a.A. OLG Hamburg GRUR 1979, 114, 116 – *Tonträgervervielfältigung*).

a) Abs. 2 Ziff. 1: Sendung erschienener oder öffentlich zugänglich gemachter 17 Darbietungen: Zur Abgrenzung von Sendung (§ 20), öffentlicher Zugänglichmachung auf Abruf (§ 19a) und sonstigen Formen der öffentlichen Wiedergabe sei auf die Kommentierung zu den betreffenden Vorschriften verwiesen (besonders vgl. § 19a Rn. 6, 14 ff.).

18 Dabei besteht hier die besondere Schwierigkeit, dass **für ausübende Künstler –** anders für Urheber – kein Auffangtatbestand nach dem Muster des § 15 Abs. 2 S. 1 zur Verfügung steht, dem nicht zuordenbare Nutzungen ohne weiteres unterfallen. Um zu vermeiden, dass nicht zuordenbare Nutzungen entgegen der Intention des Gesetzgebers ganz aus dem Schutz herausfallen (also weder einem Exklusivrecht, noch einem Vergütungsanspruch unterliegen), muss die Auslegung des § 78 dieser Tatsache Rechnung tragen. **Dadurch kann es zu der Situation kommen, dass gewisse Nutzungshandlungen bezüglich Darbietungen ausübender Künstlern anders subsumiert werden müssen als bezüglich der Werknutzung.**

19 Wenn also, wie etwa bei sog. „Push-" und anderen **„Near-on-Demand"-Diensten,** weder das Leitbild der Sendung, noch das der öffentlichen Zugänglichmachung auf Abruf verwirklicht ist, darf daraus nicht gefolgert werden, solche Dienste seien dem Schutz insgesamt entzogen. Dies hat der Gesetzgeber erkennbar nicht beabsichtigt. Er hat bei der Umsetzung der EU Info-RL 2001/29/EG lediglich die Einordnung solcher „Near-on-Demand"-Dienste offen lassen wollen (RegE UrhG Infoges – BT-Drucks. 15/38, S. 16 f.). Da diese Zuordnungsfragen stets in Zusammenhang mit dem Recht des Urhebers diskutiert wurde, dem der Auffangtatbestand des § 15 Abs. 2 S. 1 zur Verfügung steht, wurden die sich daraus für ausübende Künstler daraus ergebende Schwierigkeiten nicht erkannt.

20 Da jedoch ein „Near-on-Demand"-Dienst stets einen gravierenderen Eingriff in die Rechtsposition des ausübenden Künstlers begründet als eine einfache Rundfunksendung, muss **jede hier entstehende Lücke stets als planwidrig** gelten. Erkennbar hat der Gesetzgeber zwar in Kauf genommen, dass die Zuordnung zu einem der dem Künstler zustehenden Exklusivrechte oder zu einem der Vergütungstatbestände offen bliebe. Aus der gesamten Gesetzgebungsgeschichte ist jedoch nicht erkennbar, dass je die Auffassung vertreten worden sei, nicht zuordenbare Nutzungshandlungen sollten ganz ohne Schutz bleiben.

21 Die planwidrige Lücke ist bei „Near-on-Demand"-Diensten **durch analoge Anwendung des** § 78 Abs. 1 Ziff. 1 zu schließen, da die Tatbestände der Vergütungsansprüche als Ausnahmen eng auszulegen sind (vgl. Rn. 16; ähnlich i.E. im Wege der reinen Auslegung Dreier/Schulze/*Dreier*[2] § 19a Rn. 10; vgl. § 20 Rn. 16; zu einem Fall der Lückenausfüllung außerhalb des Urheberrechts aus jüngerer Zeit z.B. BGH NJW-RR 2007, 937, 938).

22 Der **Maßstab für die Angemessenheit** der Sendevergütung, wie auch der übrigen Vergütungsansprüche, ist nicht einheitlich, sondern trägt stets den besonderen Umständen der Nutzung Rechnung. Eine besonders intensive Nutzung, wie etwa im Bereich hochspezialisierter Mehrkanaldienste, verdient eine erheblich viel höhere Vergütung als eine Sendung, die dem Leitbild der traditionellen Rundfunksendung entspricht (BGH GRUR 2004, 669, 670 – *Musikmehrkanaldienst*).

23 Die **Tariffindung für die Senderechtsvergütung** führt häufig vor die Schiedsstelle für Urheberrechtstreitsachen (vgl. § 14 UrhWahrnG). Der BGH hatte sich insb. mit Gesamtvertragsverfahren (vgl. § 12, 14 UrhWahrnG) der privaten und öffentlich-rechtlichen Rundfunkveranstalter zu beschäftigen (zum privaten Rundfunk: BGH GRUR 2001, 1139 – *Gesamtvertrag privater Rundfunk*; zum öffentlich-rechtlichen Rundfunk: BGH BGHReport 2002, 34).

Praktisch senden die Rundfunksender nicht direkt von den betreffenden Bild- **24** oder Tonträgern, wie sie erschienen sind, sondern vervielfältigen diese im Rahmen der Produktion einer Sendung oder durch Aufnahme in ihre Archive. Dafür benötigen sie die **Vervielfältigungsrechte** der ausübenden Künstler (und Tonträgerhersteller), meist über den von §§ 83, 55 vorgesehenen Zeitraum hinaus. Daher umfassen die Gesamtverträge, welche die GVL mit den Sende-unternehmen geschlossen hat, auch die Einräumung von Vervielfältigungs-rechten zu eigenen Sendezwecken.

Auch der sogenannte „**Ladenfunk**", also die gezielt für den Einzelhandel **25** gestaltete und häufig auf einzelne Handelsketten zugeschnittene, codierte und daher nicht außerhalb der Ladengeschäfte frei empfangbare Rundfunk-sendung unterfällt Abs. 2 Ziff. 1. Da er regelmäßig zum Zweck der öffent-lichen Wiedergabe durch Lautsprecher in den Geschäften erfolgt, tritt neben die Sendevergütung stets auch eine solche nach Abs. 2 Ziff. 3.

Inzwischen haben sich für die Belieferung solcher Ladenfunkanbieter, durch- **26** aus aber auch gewöhnlicher Rundfunksender, mit Musikprogrammen eigene Dienstleister, sogenannte (Radio-) **Syndicator**, herausgebildet (das Geschäfts-modell heißt **Syndication**). Sie bieten vorgefertigte Programme verschiedenen Sendern an. Daher können sich nicht auf die Schranke des § 55 (i.V.m. § 83) berufen, sondern müssen von den betreffenden ausübenden Künstlern und Tonträgerherstellern (regelmäßig über diese) die für Herstellung und Vertrieb an Sender benötigten Vervielfältigungs- und Verbreitungsrechte erwerben. Die betreffenden Tonträgerhersteller vergeben solche Kopplungslizenzen, wenn überhaupt, mit einer strengen Zweckbeschränkung auf die Nutzung zur öf-fentlichen Wiedergabe, um zu verhindern, dass solche „Super-Kopplungen" mit häufig aktuellem Hit-Material, auf den Endverbraucher-Markt gelangen.

b) Abs. 2 Ziff. 2: Öffentliche Wahrnehmbarmachung mittels Bild- oder Ton- 27 träger: Die Vorschrift enthält **keine Beschränkung auf erschienene Bild- oder Tonträger.** Allerdings ergibt sich aus § 96 Abs. 1, dass ohne Einwilligung des Künstlers vervielfältigte Tonträger nicht öffentlich wiedergegeben werden dürfen (besonders unerlaubte Aufnahmen werden nämlich regelmäßig auch ohne Einwilligung des Künstlers vervielfältigt), so dass die Beschränkung hier praktisch entbehrlich erscheint (anders als im Bereich der Sendung, wo der Fall der mit Einwilligung des Künstlers aufgenommene, jedoch nicht erschienene Bild- oder Tonträger durchaus eine praktische Rolle spielen kann).

Ähnlich wie bei der Sendung wird auch im Bereich der öffentlichen Wahr- **28** nehmbarmachung **kaum je direkt von handelsüblichen Bild- oder Tonträgern** gearbeitet. Auch hier geht meist eine Vervielfältigungshandlung voraus. Die über § 83 anwendbaren Schrankenregelungen gelten hier regelmäßig nicht, § 55 ebensowenig (keine Sendung) wie § 56 (kein Bezug auf Vorführung oder Instandsetzung von Geräten, unverzügliche Löschungspflicht) und § 53 (wegen § 53 Abs. 6). Die GVL bietet daher den Erwerb der Nutzungsrechte zur Vervielfältigung für eigene öffentliche Wahrnehmbarmachungszwecke an, der durch einen Vervielfältigungszuschlag auf den Tarif der öffentlichen Wie-dergabe abgegolten wird.

Dabei kommt es besonders bei **Discjockeys (DJs)** regelmäßig zu dem Problem, **29** dass die öffentliche Wahrnehmbarmachung über den Veranstalter abgegolten wird, der keine Vervielfältigungen vornimmt, während der vervielfältigende DJ keine Verträge über die öffentliche Wiedergabe schließt und daher auch keinen Aufschlag entrichtet. Hier wird in der Praxis pragmatisch verfahren:

Solange der Veranstalter den Vervielfältigungszuschlag entrichtet, gilt die Kopiertätigkeit des DJs als legitimiert. Um den DJ in solchen Fällen nicht rechtlos zu stellen, wird man wohl argumentieren dürfen, dass seine ja stets vor Einsatz in der Diskothek hergestellten Vervielfältigungsstücke als Vervielfältigungen für den privaten Gebrauch gelten (§ 53 Abs. 1), die für jeden Fall der Nutzung außerhalb der privaten Sphäre durch den vom Veranstalter entrichteten Vervielfältigungszuschlag „freigeschaltet" werden. Dies gilt freilich nur, wenn die einzige Kopie beim DJ verbleibt.

30 Abgesehen von dieser Ausnahme gilt auch im Bereich der öffentlichen Wahrnehmbarmachung, wie oben zur Sendung von Bild- oder Tonträgern ausgeführt (vgl. Rn. 26), dass jedenfalls dort gesondert die Vervielfältigungs- und Verbreitungsrechte erworben werden müssen, wo ein **Anbieter konfektionierte Bild- oder Tonträgerzusammenschnitte herstellt und Dritten zum Zwecke der öffentlichen Wiedergabe anbietet** (während der DJ seine Zusammenschnitte regelmäßig nicht aus der Hand gibt). Diese Rechte werden nicht von der GVL vergeben, sondern müssen – wie beim Rundfunk Syndication – von den Rechteinhabern (praktisch also über die betreffenden Tonträgerhersteller) direkt erworben werden (vgl. Rn. 26). Solche Kopplungen finden sich nicht nur im Bereich der Musikuntermalung in Läden, sondern auch bei Musik für Fitness-Studios und ähnliche hochspezialisierte Interessenten, stets zum Zwecke der öffentlichen Wiedergabe.

31 Mit § 78 Abs. 2 Ziff. 2 konkurriert der Vergütungsanspruch nach § 52 Abs. 1 S. 2 (i.V.m. § 83).

32 c) **Abs. 2 Ziff. 3: Öffentliche Wahrnehmbarmachung von Sendungen oder öffentlich zugänglich gemachter Wiedergaben der Darbietung:** Ausweislich der Gesetzesbegründung (RegE UrhG Infoges – BT-Drucks. 15/38, S. 24) handelt es sich bei Abs. 2 Ziff. 3 um eine dem erweiterten Rechtekanon angepasste Fortschreibung des § 77 a.F., die strukturell als dem § 22 entsprechend verstanden werden soll. Es geht also um die Radiosendung, die über Lautsprecher in der Gaststube eines Restaurants läuft oder eine „Online-Musikbox" in einer Gaststätte, bei der die Musik nicht über im Gerät vorhandene Tonträger (dies wäre ein Fall des Abs. 2 Ziff. 2), sondern über einen Online-Abrufdienst zugänglich gemacht und dann ebenfalls über Lautsprecher wahrnehmbar wird.

33 Beim „Ladenfunk" (vgl. Rn. 25) wird neben der Vergütung für die öffentliche Wiedergabe nach Abs. 2 Ziff.3 auch eine solche für die Sendung als solche nach Abs. 2 Ziff. 1 fällig.

3. Abs. 3: Unverzichtbarkeit der Vergütungsansprüche

34 Hinsichtlich der Auswirkungen des Abs. 3 sei auf die diesbezügliche Kommentierung zu § 79 verwiesen (vgl. § 79 Rn. 36, 46).

4. Abs. 4: Verweis auf Kabelweitersende-Bestimmungen

35 Zu § 20b sei zunächst auf die dortige Kommentierung verwiesen. Während § 78 hinsichtlich der ursprünglichen Sendung zwischen dem Exklusivrecht nach § 78 Abs. 1 Ziff. 2 und dem Vergütungsanspruch nach § 78 Abs. 2 Ziff. 2 unterscheidet, enthält § 20b Abs. 1 keine solche Unterscheidung. Ausweislich Art. 9 Abs. 1 und ErwG 27 Kabel- und Satelliten-RL **93/83/EWG** bezieht sich die Richtlinie nur auf solche Handlungen, für einen Kabelnetzbetreiber für jeden weiterverbreiteten Programmteil die Genehmigung benötigt.

Da die Kabelweitersendung „Sendung" i.S.d. § 20 ist (vgl. § 20 Rn. 4), bezieht **36** sich die entsprechende Anwendbarkeit des § 20b lediglich auf § 78 Abs. 1 Ziff. 2, also das exklusive Sendrecht des ausübenden Künstlers. Hinsichtlich der Sendung erschienener Bild- und Tonträger bleibt es auch bei Kabelweitersendung bei dem Vergütungsanspruch nach § 78 Abs. 2 Nr. 2 (i.d.S. RegE ÄndG 1996/I – BT-Drucks. 13/4796, S. 2, 10).

§ 79 Nutzungsrechte

(1) Der ausübende Künstler kann seine Rechte und Ansprüche aus den §§ 77 und 78 übertragen. § 78 Abs. 3 und 4 bleibt unberührt.

(2) [1]Der ausübende Künstler kann einem anderen das Recht einräumen, die Darbietung auf einzelne oder alle der ihm vorbehaltenen Nutzungsarten zu nutzen. [2]Die §§ 31, 32 bis 32b, 33 bis 42 und 43 sind entsprechend anzuwenden.

Übersicht

I. Allgemeines

1. Früheres Recht, zeitliche Geltung

Die Vorschrift wurde neu gefasst mit Wirkung zum 01.01.2008 (BGBl. 2007 I **1** S. 2513). Die seit dem 14.09.2003 (BGBl. I S. 1774) bis dahin geltende Fassung von **Abs. 2 S. 2** lautete:

Abs. 1 bis 3 und 5 sowie die §§ 32 bis 43 sind entsprechend anzuwenden.

2 Gemäß § 132 Abs. 4 und 3 ist auf Verträge, die **vor dem 01.07.2002** geschlossen worden, sowie auf sonstige Sachverhalte, die vor diesem Zeitpunkt entstanden sind, das Gesetz in der am 28. März 2002 geltenden Fassung weiter anzuwenden. Diese Vorschriften lauteten (da das UrhVG, BGBl. I, 2002, Nr. 21, S. 1155–1158, vom 22.03.2002 mit den gerade zitierten Bestimmungen ausweislich seines Art. 3 **erst zum 01.07.2002 in Kraft trat**) wie folgt:

§ 75   Aufnahme, Vervielfältigung und Verbreitung

(...)

(3) Auf die Vergütungsansprüche des ausübenden Künstlers für die Vermietung und das Verleihen der Bild- oder Tonträger findet § 27 entsprechende Anwendung.

§ 76   Funksendung

(...)

(3) § 20b gilt entsprechend.

§ 78   Abtretung

Der ausübende Künstler kann die nach den §§ 74 bis 77 gewährten Rechte und Ansprüche an Dritte abtreten. § 75 Abs. 3 in Verbindung mit § 27 Abs. 1 Satz 2 und 3 bleibt unberührt.

§ 79   Ausübende Künstler in Arbeits- oder Dienstverhältnissen

Hat ein ausübender Künstler eine Darbietung in Erfüllung seiner Verpflichtungen aus einem Arbeits- oder Dienstverhältnis erbracht, so bestimmt sich, wenn keine besonderen Vereinbarungen getroffen sind, nach dem Wesen des Arbeits- oder Dienstverhältnisses, in welchem Umfang und unter welchen Bedingungen der Arbeitgeber oder Dienstherr die Darbietung benutzen und anderen ihre Benutzung gestatten darf.

3 Hinsichtlich Verträgen, die **zwischen** dem **01.07.2002** (worauf sich der zu diesem Zeitpunkt in Kraft getretene § 132 Abs. 3, 4 bezieht) und **13.09.2003** geschlossen wurden, als im neuen § 79 Abs. 2 erstmals auf die Vorschriften des Urhebervertragsrechts verwiesen wurde, bleibt es bei der in dieser Zwischenzeit geltenden Rechtslage. Insb. **§§ 40 und 41 sind im Rahmen solcher Verträge nicht entsprechend anwendbar.**

4 Gemäß § 75 Abs. 4 in der zwischen 01.07.2002 und 13.09.2003 gültigen Fassung waren lediglich § 31 Abs. 5 und die §§ 32, 32a, 36, 36a und 39 entsprechend anwendbar. Dabei muss es bleiben (i.d.S. wohl auch BGH GRUR 2003, 234, 235 – *EROC III*). Auch der damalige § 132 erstreckte die entsprechende Anwendung für ausübende Künstler nicht auf den Abs. 1, in dem ausdrücklich von § 40 und § 41 die Rede war, sondern begnügte sich mit einer Verweisung auf Abs. 3, in dem es nur um die Ansprüche nach §§ 32, 32a geht. In den späteren Fassungen des § 132 oder anderen Übergangsbestimmungen findet sich ebenfalls kein Hinweis, dass das neue Recht im Hinblick auf bestehende Verträge nach altem Recht gelten solle.

5 § 32a findet gemäß § 132 Abs. 4 und 3 auch bei älteren Verträgen entsprechende Anwendung, wenn anspruchsbegründende Sachverhalte nach dem 28.03.2002 entstanden sind. Auf Verträge, die zwischen 01.06.2001 und 30.06.2002 geschlossen wurden, ist § 32 entsprechend anzuwenden, sofern von dem eingeräumten Recht oder der Erlaubnis nach dem 30.06.2002 Gebrauch gemacht wird; zur Frage der Geltung des § 31 Abs. 4 vor dem UrhVG 2002, vgl. Rn. 68, zur Frage der Geltung der §§ 40, 41 vgl. Rn. 61, 89 ff.

Zu Verträgen, die aus der Zeit vor dem Inkrafttreten des UrhG (01.01.1966) **6** datieren, vgl. § 135; siehe dazu ferner OLG Hamburg, ZUM 1991, 143.

Nachdem aufgrund § 79 Abs. 2 S. 2 nunmehr hinsichtlich der Arbeits- und **7** Dienstverhältnisse § 43 entsprechend gilt (und insofern auch in § 132 Abs. 1 den früheren § 79 ersetzt), ist diese Vorschrift nach § 132 Abs. 1 S. 2 auch bei ausübenden Künstlern rückwirkend entsprechend anzuwenden, mit der Folge, dass § 43 entsprechend sogar auf Alt-Verträge anwendbar ist, die vor Inkrafttreten des Gesetzes (im Jahre 1966) geschlossen worden sind.

2. Internationales Urheberrecht

EU und **EWR-Bürger** genießen im Übrigen gemäß §§ 125 Abs. 1, 120 Abs. 2 **8** ohne weiteres Inländerbehandlung. **Nicht-EU-Bürger** profitieren von deutscher Inländerbehandlung nur nach Maßgabe des § 125 Abs. 2–5 in Verbindung mit den maßgeblichen Staatsverträgen.

Von besonderer Bedeutung ist die Frage, in welchem Umfang eine (Voraus-) **9** Übertragung von Rechten und Ansprüchen, die ein in Deutschland geschützter Künstler im Ausland (z.B. auf einen dortigen Tonträgerhersteller) vorgenommen hat, für Deutschland wirkt, wenn diese Übertragung nach dem Recht dieses ausländischen Staates zulässig war. Es geht hier um die Frage, ob dem in Deutschland §§ 79 Abs. 1 S. 1, 78 Abs. 3 und 4 (und übrigens ebenso §§ 83, 63a hinsichtlich der aus Schrankenvorschriften der §§ 44a–63a folgenden Vergütungsansprüche) entgegenstünden.

Die Frage, ob eine Anknüpfung an das (ausländische) Vertragsstatut in Be- **10** tracht kommt, oder ob es sich hier um gesetzliche Vergütungsansprüche handelt, die stets nach dem Recht des Schutzlandes, hier also Deutschland, zu beurteilen wären (vgl. Vor §§ 120 ff. Rn. 58 ff.), dürfte in der Praxis kaum von Belang sein, da jedenfalls in den genannten Fällen eine gesetzliche Beschränkung der Abtretbarkeit angeordnet ist, die stets nach Schutzlandrecht, hier also nach den Bestimmungen des UrhG, zu beurteilen ist (vgl. Vor §§ 120 ff. Rn. 65, 73). Wenn also ein Künstler im Ausland nicht gerade gegenüber einer dortigen Verwertungsgesellschaft verfügt hat (insoweit bestünde keine Unabtretbarkeit), ist eine ausländische Vorausabtretung im Hinblick auf §§ 79 Abs. 1 S. 2, 78 Abs. 3 und 4 in Deutschland unwirksam.

Offen bleibt allerdings, wie Fälle zu behandeln sind, in denen ein Hersteller die **11** Vergütungsansprüche der ausübenden Künstler nur erwirbt, um sie in eine Verwertungsgesellschaft einzubringen, der sowohl ausübende Künstler wie auch Hersteller angehören können (z.B. der GVL). Hinsichtlich der aus den Schrankenvorschriften der §§ 44a–63a folgenden Vergütungsansprüche darf man dies seit dem 01.01.2008 über § 83 und eine entsprechende Anwendung von 63a S. 2, letzter Halbs. (n.F.) ohne weiteres bejahen. Es besteht kein Grund, diese Möglichkeit nicht auch auf die von § 79 Abs. 1 S. 2, 78 Abs. 3 und 4 zu übertragen (vgl. Rn. 41).

Bei § 32a kann es im Rahmen des Abs. 2 zu einer Haftung des deutschen **12** Lizenznehmers kommen, selbst wenn das Vertragsverhältnis mit dem ausübenden Künstler ausländischem Recht unterliegt.

3.   Grundbegriffe des Künstlervertragsrechts

13   § 79 betrifft in der Praxis vor allem die Rechtsbeziehungen zwischen dem ausübenden Künstler und den Herstellern gewisser Produktionen, also die Verträge mit Veranstaltern (§ 81), Tonträgerherstellern (§ 85), Sendeunternehmen (§ 87) und Filmherstellern (§ 92).

14   Diese Vertragsverhältnisse weisen eine Reihe struktureller Besonderheiten auf, die für die wirtschaftliche und urheberrechtliche Würdigung solcher Vertragswerke von erheblicher Bedeutung sind. Im Einzelnen:

15   a) **Trennung von Verträgen über Schutzrechte von Verträgen über die Erbringung einer künstlerischen Leistung:** In allen Verträgen ist die Verpflichtung zur Erbringung einer Leistung in Form einer künstlerischen Darbietung gedanklich zu trennen von der Einräumung von Rechten an diesen Darbietungen. So beziehen sich etwaige Ansprüche auf angemessene Vergütung in entsprechender Anwendung des § 32 stets nur auf die von einem Künstler eingeräumten Nutzungsrechte, nicht dagegen auf seine Verpflichtung zur Erbringung einer künstlerischen Leistung aufgrund eines Werk- oder Dienstvertrags. Insoweit unterliegen Verträge mit ausübenden Künstlern den allgemeinen Regeln des BGB und gegebenenfalls des Arbeitsrechts (so ausdrücklich UrhVGE – BT-Drucks. 14/6433, S. 18 zu § 75 Abs. 4 a.F.).

16   b) **Regelmäßiges Nebeneinander von Rechten der ausübenden Künstler und ihrer Verwertungspartner:** Die eingangs genannten typischen Vertragspartner der ausübenden Künstler erwerben regelmäßig neben diesen originär entsprechende eigene Exklusivrechte (Veranstalter: gem. § 81; Tonträgerhersteller: gem. § 85; Sendeunternehmen: gem. § 87; Filmhersteller: gem. § 94). Verpflichtet sich also ein ausübender Künstler gegenüber einem Konzertveranstalter zur Erbringung einer künstlerischen Leistung, so kann er zwar über seine Rechte aus § 77 Abs. 1 verbieten, dass die Darbietung aufgenommen wird. Erlaubt er jedoch dem Veranstalter die Aufzeichnung, erwirbt dieser nach § 81 ein eigenes Leistungsschutzrecht an derselben Aufnahme, das neben das Recht des ausübenden Künstlers tritt. Gleiches gilt für das Verhältnis zwischen ausübendem Künstler und Tonträgerhersteller, Sendeunternehmen oder Filmhersteller. Stets existiert neben den Rechten des ausübenden Künstlers zumindest partiell (tatsächlich ist der Rechtekanon nie deckungsgleich) ein entsprechendes Recht des jeweiligen Vertragspartners.

17   Dieses Nebeneinander macht Vereinbarungen zwischen Künstler und Verwertungspartner über die Verwertung erforderlich, weil sonst die Ausschließlichkeitsrechte des einen die Verwertbarkeit der Ausschließlichkeitsrechte des jeweils anderen blockieren könnten (Beispiel: Der Lizenznehmer eines Tonträgerherstellers kann die ihm eingeräumten Nutzungsrechte aus § 85 nicht ohne parallele Rechtseinräumung des Künstlers nutzen und umgekehrt – bei der Nutzung von Tonträgermusik ist ferner regelmäßig eine Lizenz der GEMA für die Rechte der Musikautoren erforderlich). Deshalb erwirbt regelmäßig der jeweilige Verwertungspartner in einem „Künstlervertrag" die Rechte des ausübenden Künstlers nach § 79, um anschließend Nutzungsinteressenten die Nutzungsrechte des Künstlers zusammen mit den eigenen aus einer Hand anbieten zu können Das typische Nebeneinander von Rechten des ausübenden Künstlers und seines Verwertungs-Partners führt daher regelmäßig zu Problemen, wenn solche Verträge, die zur gemeinsamen Verwertung eingegangen werden, ganz oder tw. beendet werden – etwa durch einen isolierten Rechterückruf des Künstlers (vgl. Rn. 61 ff.).

c) Künstlervertragliche Exklusivbindungen: Die Leistungen ausübender Künst- **18** ler besitzen ihrem Wesen nach keine einmalige Natur. Ihre charakteristische Eigenschaft liegt in ihrer Reproduzierbarkeit. Ein urheberrechtlich geschütztes Werk ist definitionsgemäß (§ 2 Abs. 2) nicht wiederholbar (eine Wiederholung eines Werkes stellte eine Vervielfältigung dar), die künstlerische Darbietung schon. Während also ein Violinkonzert als Komposition mit der Schöpfung als einmalig in die Welt tritt, muss der Violinenvirtuose, der es interpretiert, dazu in der Lage sein, seine Interpretation an mehreren Konzertabenden nach- einander in nahezu identischer Weise zu Gehör zu bringen (vgl. § 77 Rn. 6).

Dies schafft für die jeweiligen Vermarktungspartner ein Interesse, den betref- **19** fenden Künstler exklusiv an sich zu binden. Einem Tonträgerhersteller z.B. ist nur tw. damit gedient, über das gerade (vgl. Rn. 16 f.) geschilderte Neben- einander der Ausschließlichkeitsrechte von ausübendem Künstler und eigenem Recht über den Künstlervertrag eine für ihn eingespielte Aufnahme für den Zeitraum der Schutzdauer exklusiv kontrollieren zu können. Ihm muss auch daran liegen, dass der ausübenden Künstler nach Beginn der Auswertung (und besonders im Fall des großen Erfolgs) nicht mit einem Wettbewerber des Tonträgerherstellers eine gleich klingende Produktion erneut einspielt, die dann mit der ersten Aufnahme in Konkurrenz tritt.

Dies ist der wirtschaftliche Hintergrund für **Künstler-Exklusivbindungen**, die **20** in verschiedenen Konstellationen vorkommen. Die stärkste Form der Exklu- sivbindung liegt in der **persönlichen Exklusivität**. Dabei verpflichtet sich der ausübende Künstler in einem festgelegten Zeitraum (meist nicht mehr als fünf Jahre) Darbietungen ausschließlich für den Vertragspartner zu erbringen. Abstufungen sind dabei die Regel. So sind bei einem Künstler-Exklusivvertrag mit einem Tonträgerhersteller regelmäßig Live-Auftritte weiterhin möglich. Auch für die Mitwirkung in Fernseh- oder Radiosendungen enthalten Exklu- sivverträge häufig (sehr eng gefasste) Ausnahmen.

Im Rahmen der **Titelexklusivität** verpflichtet sich ein ausübender Künstler, ein **21** bestimmtes Werk während des Laufs der Exklusivbindung nicht für einen anderen Hersteller einzuspielen (BGH GRUR 2002, 795, 796 – *Titelexklusi- vität*).

Besonders häufig ist die Kombination einer persönlichen Exklusivität während **22** der Vertragslaufzeit, in der die Parteien eine umfassende Zusammenarbeit vereinbart haben und einer anschließenden, ebenfalls zeitlich begrenzten, Titelexklusivität hinsichtlich der während der Zeit der persönlichen Exklusiv- bindung eingespielten Titel.

d) Die Vergütung des ausübenden Künstlers: Vergütet werden ausübende **23** Künstler bei der Verwertung von audio- bzw. audiovisuellen (z.B. sog. Video- clips) Festlegungen ihrer Darbietungen im Musik- und Wortbereich (im Film- und Fernsehbereich gelten andere Regelungen) regelmäßig auf der Basis von Stückbeteiligungen beim Verkauf von Vervielfältigungsstücken oder von Downloads. Anders als bei urheberrechtlich geschützten Werken, die kraft ihrer Individualität einen relativ gut bestimmbaren Wert aufweisen, ist der Wert einer Darbietung von weiteren Faktoren abhängig, die nichts mit der Qualität der eigentlichen Darbietung zu tun haben, etwa der Berühmtheit des Künstlers.

Hier reicht die Skala vom Star, bei dem nicht nur die individuelle Art der **24** Darbietung, sondern auch in der Praxis die Persönlichkeit des Künstlers in die Bemessung der Vergütung einbezogen wird, bis zum Komparsen, der gerade nur eben die Schwelle einer überhaupt schutzfähigen Leistung nach § 73 erfüllt. Im Musikbereich hat sich dafür die grobe Unterscheidung zwischen den namentlich herausgestellten Solisten und Bandmitgliedern („**featured artists**") und den vielleicht namentlich erwähnten, jedenfalls aber nicht herausgestellten Begleitmusikern oder Studiomusikern („**non-featured artists**") herausgebildet. Eine ähnliche Unterscheidung findet sich jedoch auch im Film- und Fernsehbereich.

25 Diese Unterscheidung ist durchaus hilfreich, weil sie verdeutlicht, wo die Grenze verläuft: Bei den herausgehobenen Künstlern die persönliche Art der Darbietung im Vordergrund steht und ein solcher Künstler mithin nicht ersetzt werden kann, ohne die spezifische Natur der Darbietung zu verändern. Demgegenüber erbringen die nicht eigens herausgehobenen Künstler in erster Linie eine lediglich der Art nach bestimmte Leistung, bei der es nicht auf die Erbringung gerade durch denjenigen Künstler ankommt, der an der Produktion mitgewirkt hat. In einem solchen Fall ähnelt im Extremfall die Leistung des ausübenden Künstlers derjenigen eines nach den „Regeln der Kunst" arbeitenden Handwerkers, der ein bestimmtes Werkstück abzuliefern oder eine bestimmte Dienstleistung zu erbringen hat. Eine einzelne Chorstimme im Hintergrund eines Popsongs zum Beispiel kann von jedem Künstler mit gleicher Stimmlage und Ausbildung gesungen werden, ganz wie ein nach bestimmten Maßen zu fertigender Holztisch von jedem qualifizierten Schreiner angefertigt werden kann. Freilich bestehen zwischen den beiden Extremen vielfältige Abstufungen (gerade bei Orchestermusikern fällt die Grenzziehung häufig schwer). Gleichwohl lassen es diese zum Teil erheblichen Unterschiede in der „Erkennbarkeit" der Leistung gerechtfertigt erscheinen, insb. bei der Anwendung der Vorschriften über die angemessene Vergütung (vgl. Rn. 71 ff.) mit unterschiedlichen Maßstäben zu arbeiten. Eine pauschale Einmalvergütung, die für den Künstler eines Popsongs unangemessen wäre, mag für den Hintergrundvokalisten bei der selben Einspielung durchaus angemessen sein.

26 Ferner ist in diesem Zusammenhang zu berücksichtigen, dass die Berühmtheit eines Künstlers bei der Bestimmung der angemessenen Vergütung i.S.d. künstlerischen Leistungsschutzes nicht ohne weiters berücksichtigt werden darf. Wie oben ausgeführt, finden die Vorschriften der §§ 73 ff. auf viele aus dem Fernsehen bekannte Sprecher und Moderatoren keine Anwendung, weil sie entweder keine urheberrechtlich geschützten Werke darbieten, oder aber dies in einer nicht hinreichend künstlerischen Form tun (gleiches gilt für Sportler und andere im Licht der Öffentlichkeit agierende Persönlichkeiten, vgl. § 73 Rn. 7). Persönliche mediale Berühmtheit hat also eine für die Bestimmung der angemessenen Vergütung eines ausübenden Künstlers i.S.d. §§ 32, 32a grundsätzlich keine Rolle zu spielen, wenn sie nicht unmittelbar mit der geschützten Darbietung in Verbindung steht.

27 Bei der Bemessung der angemessenen Vergütung ist zunächst Art, Umfang und Bedeutung des künstlerischen Beitrags zur Gesamtproduktion zu ermitteln. Ausgangspunkt sollte dabei die Überlegung sein, ob es sich bei dem ausübenden Künstler eher um einen persönlich herausgehobenen („**featured artist**") oder um einen lediglich mitwirkenden („**non-featured**") und in seiner Leistung theoretisch durch andere substituierbaren Künstler handelt. Für beide Gruppen gelten regelmäßig in den verschiedenen Branchen unterschiedliche Branchenübungen für die Vergütung.

Für die Gruppen der persönlich herausgehobenen („featured artist") der **28** lediglich mitwirkenden („non-featured") Künstler ist dann der Anteil des ausübenden Künstlers im Verhältnis zur Produktion als Ganzes zu bewerten (insb. der zeitliche Anteil und die Bedeutung des Beitrags in inhaltlicher, also künstlerischer Sicht). Ferner ist zu bewerten der Anteil des einzelnen Künstlers im Verhältnis zur Zahl und der Beiträge aller weiteren mitwirkenden Künstler. Schließlich ist für die Bemessung des angemessenen Anteils zu berücksichtigen, ob neben den künstlerischen Beiträgen auch noch weitere Beiträge, etwa an verschiedene Urheber im Rahmen einer Film- oder Fernsehproduktion, vergütet werden muss.

e) Der Bandübernahmevertrag im Musikgeschäft: Im Musikbereich wird die **29** Vertragspraxis zwischen den großen Tonträgerfirmen („labels") und ausübenden Künstlern seit Jahren beherrscht vom Typus der so genannten „Bandübernahmeverträge". Diese Verträge tragen dem Nebeneinander von Künstler und Herstellerrechten an derselben Aufnahme Rechnung, indem sie alle Rechte an einer Aufnahme vor der eigentlichen Vermarktung zusammenführen. In diesen Fällen agiert der ausübende Künstler selbst als Tonträgerhersteller, indem er die Produktion wirtschaftlich und organisatorisch verantwortet. Er selbst schließt als Hersteller die erforderlichen Verträge mit dem (künstlerischen) Produzenten, Tonmeister, Tonstudio und vor allem den übrigen ausübenden Künstlern und übergibt das fertig produzierte Band einer Tonträgerfirma zur weiteren Auswertung (zu dessen Aufwendungen bezüglich Marketing und Promotion OLG Hamm, ZUM 2007, 923 – *Nichtzustandekommen eines Bandübernahmevertrags*).

Bandübernahmeverträge werfen im Hinblick auf die Bestimmung der ange- **30** messenen Vergütung eine Reihe von Fragen auf, auf die unten näher einzugehen sein wird (vgl. Rn. 80–82). (Auftrags-) Produzentenverträge im Filmbereich werden im Zusammenhang mit den für Filmhersteller geltenden Bestimmungen erläutert (insb. vgl. Vor §§ 88 ff. rn. 55 ff.).

f) Mehrere ausübende Künstler: Erbringen mehrere ausübende Künstler ge- **31** meinsam eine Darbietung oder verpflichten sie sich dazu, eine solche zu erbringen, gelten die zusätzlich die besonderen Regeln der §§ 74 Abs. 2, 80.

II. Tatbestand

1. Rechtsübertragung (Abs. 1)

Übertragbar ist nicht das Leistungsschutzrecht des ausübenden Künstlers als **32** solches. Vielmehr können nach Abs. 1 S. 1 Gegenstand einer (sog. translativen) Übertragung nur die in §§ 77 und 78 genannten Rechte und Ansprüche sein. Der Gesetzgeber verwendet dabei die Ausdrücke „übertragen" (in § 79 Abs. 1) für die translative Übertragung eines Rechts und „abtreten" (z.B. in § 78 Abs. 3) für Verfügungen über bloße Vergütungsansprüche. Geht es um Darbietungen **mehrerer ausübender Künstler**, besonders von Künstlergruppen, ist stets § 80 zu beachten.

a) Unbeschränkt übertragbare Rechte: Unbeschränkt übertragbar sind (die **33** entsprechenden Legaldefinitionen aus den Urheber geltenden Normen jeweils in Klammern):
– das ausschließliche Recht, seine Darbietung auf Bild- oder Tonträger aufzunehmen;

- das ausschließliche Recht, den Bild- oder Tonträger, auf den seine Darbietung aufgenommen worden ist, zu vervielfältigen (§ 16);
- das ausschließliche Recht, den Bild- oder Tonträger, auf den seine Darbietung aufgenommen worden ist, zu verbreiten (§ 17);
- das ausschließliche Recht, seine Darbietung öffentlich zugänglich zu machen (§ 19a);
- das ausschließliche Senderecht (§ 20) mit Ausnahme von Darbietungen, die auf Bild- oder Tonträgern aufgenommen sind, welche erschienen (§ 6 Abs. 2) oder erlaubterweise öffentlich zugänglich gemacht (§ 19a) worden sind;
- das Recht der öffentlichen Wahrnehmbarmachung (§ 19 Abs. 3);
- das Recht der Kabelweitersendung (§ 20b Abs. 1), das freilich nur durch eine Verwertungsgesellschaft geltend gemacht werden kann;

34 All diese „Rechte" i.S.d. S. 1 sind unbeschränkt übertragbar, und zwar auch im Wege einer Vorausverfügung, was sich im Umkehrschluss sowohl aus Abs. 2 wie auch aus § 92 Abs. 2 ergibt. **Die Möglichkeit der umfassenden Rechtsübertragung im Voraus eingeschränkt durch § 92 Abs. 2 zugunsten der Verwertung in einem Film.**

35 Die Auffassung, das Aufnahmerecht (§ 77 Abs. 1) sei nicht oder nicht ohne weiteres übertragbar (so Schricker/*Krüger*[3] § 79 Rn. 4), findet im Gesetz keine Stütze.

36 **b) Laut § 79 Abs. 1 S. 1 beschränkt abtretbare Ansprüche:** „Ansprüche", von denen § 79 Abs. 1 S. 1 ebenfalls spricht, sind demgegenüber nach S. 2 tatsächlich nur beschränkt abtretbar, und zwar wegen des Verweises auf § 78 Abs. 3 und 4. Es handelt sich dabei um folgende Ansprüche:
- die Vergütungsansprüche nach § 27 Abs. 1 (über den Verweis auf § 77) für das Vermieten nach Einräumung des Vermietrechts (§ 17 Abs. 2, 3); das Gesetz schweigt hinsichtlich der Frage, ob die (Vollrechts-) Übertragung (nach § 79 Abs. 1 S. 1) des Vermietrechts als „Einräumung des Vermietrechts" zu verstehen ist; nach den zwingenden Vorgaben der zugrunde liegenden EU Vermiet- und Verleih-RL (Art. 2 Abs. 4, Art. 4 Abs. 1 RL 92/00/EWG) ist dies der Fall (Schricker/*Loewenheim*[3] § 27 Rn. 2);
- die Vergütungsansprüche nach § 27 Abs. 2 (über den Verweis auf § 77) für das Verleihen;
- die Vergütungsansprüche gemäß § 78 Abs. 2 Nr. 1 bei Darbietungen, die nach § 78 Abs. 1 Nr. 2 erlaubterweise gesendet (§ 20) werden, weil die Darbietung erlaubterweise auf Bild- oder Tonträger aufgenommen worden ist, die erschienen oder erlaubterweise öffentlich zugänglich gemacht worden sind;
- die Vergütungsansprüche nach § 78 Abs. 2 Nr. 2 bei Darbietungen, die mittels Bild- oder Tonträger öffentlich wahrnehmbar gemacht werden (§§ 21, 19 Abs. 3);
- die Vergütungsansprüche nach § 78 Abs. 2 Nr. 3, wenn eine Sendung oder eine auf öffentlicher Zugänglichmachung beruhende Wiedergabe der Darbietung öffentlich wahrnehmbar gemacht wird (§§ 22, 19 Abs. 3).

37 Auf all diese Vergütungsansprüche kann der ausübende Künstler **im Voraus** nicht verzichten und kann sie **im Voraus** nur an eine Verwertungsgesellschaft abtreten. Vor diesem Hintergrund muss man sich fragen, warum § 79 S. 1 überhaupt noch „Ansprüche" in die Regel der freien Übertragbarkeit aufnimmt.

Dies geschah wohl im Hinblick darauf, dass ein **nachträglicher** Verzicht oder **38** eine **nachträgliche** Übertragung möglich bleibt. Freilich wird die nachträgliche Übertragbarkeit von Ansprüchen im Tätigkeitsbereich von Verwertungsgesellschaften die Ausnahme bleiben, da deren Wahrnehmungs- bzw. Berechtigungsverträge ihrerseits stets eine Vorausabtretung vorsehen (z.B. bei der GVL in Ziff. I (1) des Wahrnehmungsvertrag für ausübende Künstler), so dass dem ausübenden Künstler, der einer Verwertungsgesellschaft angehört, im Regelfall gar nichts bleibt, was er nachträglich übertragen könnte.

Ferner ist in diesem Zusammenhang zu beachten: **39**
- Die Ansprüche aus § 27 sind nach § 27 Abs. 3 verwertungsgesellschaftenpflichtig und können gar nicht individuell wahrgenommen werden.
- Bei den von § 78 Abs. 4 für ebenfalls entsprechend anwendbar erklärten **Vergütungsansprüchen nach § 20b Abs. 2,** die im Falle der Einräumung des Kabelweitersendungsrechts entstehen, ergibt sich die Verwertungsgesellschaftenpflicht und Unverzichtbarkeit unmittelbar aus § 20b Abs. 2, mit der Einschränkung des § 20b Abs. 2 S. 4.

Nach dem oben Gesagten lässt sich in der Praxis normalerweise mit einer **40** einfachen Faustregel arbeiten: **Die Vollrechtsübertragung wirkt nur hinsichtlich der Exklusivrechte des ausübenden Künstlers. Vergütungsansprüche** (mit Ausnahme der § 32, 32a, vgl. Rn. 71 ff.) **dürften dagegen im Regelfall für den Künstler von einer Verwertungsgesellschaft wahrgenommen werden und sind meist der freien Disposition entzogen** (zu der Möglichkeit, dass sich ein ausübender Künstler dazu verpflichtet, seine Vergütungsansprüche nicht in eine Verwertungsgesellschaft einzubringen, vgl. § 63a Rn. 13).

Nachdem mit Wirkung zum 1.1.2008 zu § 63a S. 2 der letzte Halbsatz hin- **41** zugefügt worden ist, lässt sich gut vertreten, die darin enthaltene Regel auch im Hinblick auf die Ansprüche nach §§ 79 Abs. 1 S. 2, 78 Abs. 3 und 4 anzuwenden. Ausweislich der Gesetzesbegründung ((RegE UmsG Enforcement-RL – BT-Drucks. 16/1828, S. 32) soll zwar § 63a S. 2 2. Halbs. ausschließlich auf Verleger, nicht auf Leistungsschutzberechtigte anwendbar sein, da diese, so die Begründung, den Verwertungsgesellschaften „eigene Rechte zur Wahrnehmung übertragen" könnten. Diese Aussage kann sich jedoch nach dem Zusammenhang, in dem diese Beschränkung angeordnet wird, nur auf die Vergütungsansprüche nach §§ 44a bis 63a (die in der Tat ausübenden Künstlern und Tonträgerherstellern nebeneinander zustehen) beziehen. Hinsichtlich der Vergütungsansprüche aus § 78 Abs. 2 dagegen verfügen Tonträgerhersteller gemäß § 86 lediglich über einen Beteiligungsanspruch am Vergütungsanspruch des ausübenden Künstlers, nicht etwa über einen autonomen Vergütungsanspruch, geschweige denn über ein eigenes „Recht". Der Beteiligungsanspruch des Tonträgerherstellers liefe leer, wenn er nicht in die Lage versetzt würde, die eigentlich im Voraus unabtretbaren Ansprüche des Künstlers in die gemeinsame Verwertungsgesellschaft (hier also regelmäßig die GVL) einzubringen. Die Interessenlage gleicht genau derjenigen, die § 63a S. 2 regelt. Zumindest in diesem Fall wäre es also wohl angebracht, die ohnehin von der Verweissystematik des UrhG vorgesehene entsprechende Anwendbarkeit (§ 83) auch auf ausübende Künstler in ihrem Verhältnis zu Tonträgerhersteller zu erstrecken.

Ausschließlich zum Zweck der Einbringung in eine gemeinsame VerwGes der **42** ausübenden Künstler und Hersteller (wie die GVL) könnte also z.B. auch ein Tonträgerhersteller die eigentlich im Voraus unabtretbaren Ansprüche des ausübenden Künstlers erwerben.

43 Selbst wenn man einer solchen Auslegung nicht folgen wollte, bliebe hinsichtlich der beschränkt übertragbaren Vergütungsansprüche jedenfalls die **Ermächtigung** an einen Tonträger- oder Filmhersteller, Veranstalter oder Sendeunternehmen wirksam, **Vergütungsansprüche** des ausübenden Künstlers im eigenen Namen **in eine Verwertungsgesellschaft** einzubringen (§ 185 BGB). Angesichts der Tatsache, dass die Hersteller ihre Beteiligungsansprüche (§ 86) nur realisieren können, wenn die Rechte der betreffenden ausübenden Künstler zuvor in die GVL eingebracht wurden, ist es gerechtfertigt, etwaige Übertragungs- in Ermächtigungsklauseln umzudeuten (§ 140 BGB).

44 Auf beide Weisen können insb. Vergütungsansprüche ausübender Künstler, die nicht Mitglied der GVL und auch nicht über Gegenseitigkeitsverträge repräsentiert sind, über die mit diesen Künstlern verbundenen Tonträgerhersteller in die GVL eingebracht werden. Die auf die Künstler entfallenden Vergütungsanteile kommen laut GVL-Verteilungsplan bei der Ausschüttung nicht den Tonträgerherstellern, sondern der Künstlerseite zugute.

45 Das Abtretungsverbot hinsichtlich der Vergütungsansprüche bezieht sich nicht auf die **Ansprüche eines Berechtigten gegen die Verwertungsgesellschaft,** und zwar auf Ausschüttung des dem Berechtigten gemäß Verteilungsplan zustehenden Anteils aus dem Vergütungsaufkommen. Eine solche Abtretung – auch im Voraus – bleibt grundsätzlich möglich (zu den Einzelheiten vgl. § 63a Rn. 15).

46 **c) Weitere nur beschränkt übertragbare Ansprüche und Rechte: Vergütungsansprüche** jenseits des Verweisungskatalogs des § 79 Abs. 1 S. 2, nämlich insb. solche, die in Zusammenhang mit den Schrankenregelungen von Teil 1, Abschnitt 6 (§§ 44a bis 63a) stehen, sind laut § 63a im Voraus unverzichtbar und nicht im Voraus abtretbar. Diese Vorschriften sind gemäß § 83 auf ausübende Künstler entsprechend anwendbar, so dass eine Bezugnahme auf sie im Rahmen des § 79 unterbleiben konnte.

47 Nicht umfasst sind ferner die Vergütungsansprüche nach §§ 32 und 32a. Mit ihnen beschäftigt sich Abs. 2 (vgl. Rn. 71 ff.).

48 Ebenfalls nicht übertragbar sind die **Künstlerpersönlichkeitsrechte aus** §§ 74 und 75, weil nicht in § 79 Abs. 1 genannt. Auch der Erwerber umfassender exklusiver Rechte kann also nicht über das Namensnennungsrecht und Beeinträchtigungsverbot verfügen.

49 **d) Zum Verhältnis von Abs. 1 zu Abs. 2** Es stellt sich die Frage, inwieweit im Bereich der Vollrechtsübertragung nach § 79 Abs. 1 die in Abs. 2 genannten Vorschriften, insb. bezüglich der Vergütungsansprüche nach §§ 32, 32a Anwendung finden. Der in § 79 Abs. 2 enthaltene Verweis auf §§ 32, 32a bezieht sich lediglich auf die Einräumung von Nutzungsrechten. Kurzerhand zu postulieren, die Verweisung des § 79 Abs. 2 S. 2 müsse nach der Entstehungsgeschichte der Norm auch auf den Abs. 1 bezogen werden, wie dies nach der wohl h.M. geschieht (Schricker/*Krüger*[3] § 79 Rn. 5; Wandtke/Bullinger/*Block*[2] § 29 Rn. 11; Loewenheim/*Vogel* § 38 Rn. 87; *Gerlach* ZUM 2008, 372, 375), würde auf eine Auslegung *contra legem* hinauslaufen.

50 Entgegen den Regelungen für Hersteller in §§ 85 Abs. 2 S. 3, 87 Abs. 2 S. 3 und 94 Abs. 2 S. 3 (die sich nach der hier vertretenen Auffassung jeweils nur auf den jeweils vorstehenden S. 2, nicht dagegen auf den jeweiligen S. 1 beziehen) hat der Gesetzgeber im Rahmen des § 79 dem Wortlaut des Abs. 2 nicht lediglich den Satz „das Recht ist übertragbar" vorangestellt, sondern über § 79 Abs. 1 S. 2 den Interessen der ausübenden Künstler an einer ausgewogenen Regelung Rechnung getragen, indem er § 78 Abs. 3 und 4 ausdrücklich für unberührt erklärt.

Diese Grundregel der Abtretbarkeit der einzelnen Ausschließlichkeitsrechte **51**
des ausübenden Künstlers geht ausweislich der Gesetzesbegründung zur Vorgängerregelung (d.h. der oben (Rn. 2) zitierten, bis 30.06.2002 gültigen Regelung des § 78 S. 1 a.F., RegE ÄndG 1994 – BT-Drucks. 13/115, S. 4, 15)
direkt auf die diesbezüglichen Vorgaben der Vermiet- und Verleih-RL
92/100/EWG zurück, nämlich Art. 2 Abs. 4 (Vermietrecht), Art. 7 Abs. 2
(Vervielfältigungsrecht) und Art. 9 Abs. 4 (Verbreitungsrecht). Die Übertragbarkeit dieser Rechte musste der deutsche Gesetzgeber also zwingend vorsehen.

Wenn der Gesetzgeber hier, ebenso wenig wie in den zuvor zitierten Regelun- **52**
gen der Übertragbarkeit bei Herstellerrechten (zusätzlich wäre noch § 71
Abs. 2 zu nennen), eine entsprechende Anwendung der für Nutzungsrechtseinräumungen geltenden Bestimmungen auf die Vollrechtsübertragung gerade
nicht anordnet, muss es bei dieser Entscheidung des Gesetzgebers bleiben.
Zudem beziehen sich die in § 79 Abs. 2 genannten Normen, insb. § 31 Abs. 1
bis 3 und 5, schon ihrem Wortlaut nach lediglich auf Nutzungsrechtseinräumungen. Sie auch auf Rechtsübertragungen zu beziehen, hieße den Unterschied zwischen der Vollrechtsübertragung und der Einräumung von Nutzungsrechten einzuebnen. **Die Normen, auf die § 79 Abs. 2 verweist, sind
also nicht auf Rechtsübertragungen nach Abs. 1 anwendbar.**

Rechtsübertragungen nach Abs. 1 unterliegen insb. nicht der (speziellen) **53**
Zweckübertragungsregel des § 31 Abs. 5. Dies ist auch konsequent, denn
der Wunsch der Parteien, ein Recht insgesamt zu übertragen, macht die weitere
Bestimmung des Vertragszwecks entbehrlich. Der Vertragszweck liegt gewissermaßen in der Übertragung des jeweiligen Rechts in seiner Gänze. Eine
weitere Spezifizierung widerspräche diesem Zweck. Nur wenn keine Übertragung gewollt ist, sondern lediglich eine Nutzungsrechtseinräumung, lassen
sich die §§ 31 Abs. 1 bis 3 und 5, 32 bis 43 sinnvoll anwenden.

Zugleich bedeutet dies aber, dass Verträge mit ausübenden Künstlern, die **54**
Rechtsübertragungen i.S.d. § 79 Abs. 1 S.1 enthalten, nach den von der Rechtsprechung entwickelten Grundsätzen über die Nichtigkeit gewisser Künstlerverträge nach § 138 BGB (vgl. Rn. 71) anfälliger sein mögen, gerade weil sie
nicht der nach §§ 32, 32a vorgesehenen Korrekturmöglichkeit unterliegen.

Als Maßstab für die Prüfung der Sittenwidrigkeit solcher Verträge müssen **55**
dann aber doch die (unmittelbar nicht entsprechend anwendbaren) Vorschriften des Urhebervertragsrechts, besonders die §§ 32, 32a herangezogen werden, denn was bei der Nutzungsrechtseinräumung angemessen ist, muss für die
die Übertragung des gesamten Rechts erst recht und mindestens Geltung
beanspruchen.

Die Möglichkeit der Rechtsübertragung nach Abs. 1 ist also alles andere als ein **56**
einfacher „Ausweg" aus der entsprechenden Anwendung des Urhebervertragsrechts. Vielmehr dürfte sie z. B. vor allem dort ihre praktische Berechtigung
haben, wo z.B. Künstler und Hersteller ihre Rechte in gemeinsame Projekte
einbringen, etwa in projektbezogene Gesellschaften, an welcher der Künstler
ebenso wie der Hersteller beteiligt sind.

1.   Nutzungsrechtseinräumung (Abs. 2)

57   Der Gesetzgeber hat sich in Abs. 2 S. 2 – anders noch als im UrhVGE 2002 in
§ 75 Abs. 4 a.F. (vgl. Rn. 4) – mit einer pauschalen Verweisung („§§ 31, 32 bis
32b, 33 bis 42 und 43") begnügt. Dies führt zu einer Reihe von Unklarheiten
bei der entsprechenden Anwendung, da einige dieser Normen gar nicht, andere
nicht sinnvoll auf ausübende Künstler anwendbar sind. Probleme machen
dabei sämtlich Vorschriften, die in der Verweisung des § 75 Abs. 4 a.F. (in
der zwischen 01.07.2002 und 13.09.2003 gültigen Fassung) nicht aufgeführt
waren, was für die redaktionelle Sorgfalt bei der früheren (allerdings war bei
§ 75 Abs. 4 a.F. ein Verweis auf § 32b versehentlich unterblieben) und eine
gewisse Nachlässigkeit bei der Neufassung spricht.

58   Geht es um Darbietungen mehrerer ausübender Künstler, besonders von
Künstlergruppen, ist stets § 80 zu beachten.

59   **a) Trotz Verweises nicht oder nicht oder nicht sinnvoll anwendbare Vorschriften:** § 37 ist – obgleich in der Sammelverweisung des § 79 Abs. 2 S. 2 enthalten
– nicht sinnvoll auf ausübende Künstler anwendbar. Der Absatz 1 der Vorschrift bereits deshalb nicht, weil ausübenden Künstlern weder ein Veröffent-
lichungs- noch ein Bearbeitungsrecht (§§ 12, 23) zusteht und ein Recht, das
dem ausübenden Künstler von Gesetzes wegen gar nicht zusteht, auch nicht
Gegenstand einer Zweifelsregelung sein kann (*a.A. Schricker/Krüger*[3] *§ 77
Rn. 11, 79 Rn. 17*; zum Bearbeitungsrecht in Altverträgen KG GRUR-RR
2004, 129, 131 – *Modernisierung einer Liedaufnahme*). Dass es sich bei der
Bezugnahme auf § 37 um einen Redaktionsfehler handeln muss, zeigt sich
auch bei einer Betrachtung der übrigen Absätze der Vorschrift: § 37 Abs. 2
ist nicht sinnvoll anwendbar, weil sich das Vervielfältigungs- und Verbreitungsrecht des ausübenden Künstlers ohnehin nur auf Bild- oder Tonträger bezieht.
Für § 37 Abs. 3 gilt das gleiche: Der ausübende Künstler verfügt über ein
ausschließliches Recht überhaupt nur hinsichtlich der Wiedergabe außerhalb
des Raumes, in dem sie stattfindet (§ 78 Abs. 1 Nr. 3). Der geringe Unterschied
im Wortlaut („der Veranstaltung in § 37 Abs. 3, „des Raumes" in § 78 Abs. 1
Nr. 3) fällt dabei praktisch nicht ins Gewicht. Die in § 37 vorgesehenen Auslegungsregeln, nach denen im Zweifel die einzigen dem Künstler überhaupt
zustehenden Ausschließlichkeitsrechte nicht übertragen seien, müssen unter
solchen Umständen ebenso ignoriert werden wie die in § 37 Abs. 1 vorgesehene Anwendung von Vorschriften, die der Gesetzgeber dem ausübenden
Künstler insgesamt vorenthalten hat.

60   § 38 ist ebenfalls nicht sinnvoll auf Verträge mit ausübenden Künstlern anwendbar, da sich diese Vorschrift auf Zeitungs- und Zeitschriftenbeiträge
bezieht. Die Beiträge müssen zum Bereich von Literatur, Wissenschaft und
Kunst gehören (Schricker/*Schricker*[3] § 38 Rn. 8). Dies ist auf künstlerische
Darbietungen – auch entsprechend – nicht sinnvoll übertragbar.

61   Nur scheinbar von Bedeutung für Verträge mit ausübenden Künstlern ist § 41.
Tatsächlich enthalten im Hinblick auf § 31 Abs. 5 viele Künstlerverträge
umfangreiche Klauseln, in denen sich die jeweiligen Hersteller – jenseits des
eigentlichen Vertragszwecks – ausschließliche Nutzungsrechte an einer Vielzahl im einzelnen bezeichneter Nutzungsarten einräumen lassen, ohne dass
zum Zeitpunkt des Vertragsschlusses in jedem Fall bereits konkrete Pläne für
die tatsächliche Verwertung in jeder dieser Nutzungsarten bestünden.

Gleichwohl lassen sich die für Urheber geltenden Regeln auf das Verhältnis **62** zwischen ausübendem Künstler und einem Veranstalter, Tonträgerhersteller oder Sendeunternehmen **nicht sinnvoll anwenden**. Die Rückrufsmöglichkeit für den Urheber wurde geschaffen, um diesen für den Fall der Nichtausübung durch seinen Vertragspartner die Möglichkeit zu geben, nach Rückruf einen anderen Verwerter mit der Wahrnehmung zu betrauen (so bereits die Begr RegE UrhG – BT-Drucks. IV/270, S. 60).

Die **Möglichkeit der anderweitigen Verwertung scheitert** bei ausübenden **63** Künstlern regelmäßig daran, dass die jeweiligen Veranstalter, Tonträgerhersteller oder Sendeunternehmen an der Aufnahme eigene Leistungsschutzrechte gemäß §§ 81, 85 oder 87 erworben haben (vgl. Rn. 16 f.), die einer anderweitigen Auswertung der auf einem Ton- oder Bildträger festgehaltenen Darbietung durch den Künstler entgegenstünden.

Dies unterscheidet die Rückrufmöglichkeit nach § 41 von derjenigen nach **64** § 42. Denn während es bei einem Rückruf nach § 42 dem Künstler durchaus darum geht, die weitere Auswertung einer Aufnahme zu unterbinden, setzt § 41 die anderweitige Verwertbarkeit geradezu voraus.

Unabhängig von der Frage, ob den die jeweiligen Hersteller gegenüber dem **65** ausübenden Künstler eine Auswertungspflicht trifft, könnte sich diese sich nach einem Rechterückruf jedenfalls nur auf die vom ausübenden Künstler erworbenen Rechte beziehen. Eine außervertragliche Auswertungspflicht auch im Hinblick auf die eigenen Rechte des Tonträger- oder Filmherstellers nach §§ 85, 94 lässt sich kaum begründen.

Angesichts der Tatsache, dass die ausübenden Künstler mithin die zurück- **66** gerufenen Rechte anderweitig nicht verwerten könnten, dürften regelmäßig nicht einmal berechtigte Interessen, die ein Rückrufrecht rechtfertigen würden, verletzt sein. Wollte man nämlich einen Rechterückruf zulassen, wäre am Ende weder der ausübende Künstler, noch der Tonträgerhersteller dazu in der Lage, die Aufnahme in der betreffenden Nutzungsart zu verwerten. Da hier Verwertungsinteressen in Rede stehen, ist ein solches Verbotsinteresse – anders als z.B. bei einem Rückruf wegen gewandelter Überzeugung – auch nicht aus den künstlerpersönlichkeitsrechtlichen Interessen des Künstlers gerechtfertigt. Damit wäre niemandem gedient. Wollte man den Rückruf zulassen, blieben jedenfalls in einem solchen Fall etwaige durch den ursprünglichen Erwerber zuvor eingeräumte Nutzungsrechte ohne weiteres wirksam (so OLG Köln GRUR-RR 2007, 33, 34 – *Computerprogramm für Reifenhändler*).

Für den Bereich der Filmherstellung erklären §§ 92 Abs. 3, 90 die §§ 41 und **67** 42 ausdrücklich für nicht anwendbar. Dies ist angesichts des oben Gesagten sinnvoll. Eine Bereinigung der Verweisvorschriften wäre auch im Rahmen des § 79 Abs. 2 S. 2 dringend angebracht.

b) Erläuterungen zum Verweiskatalog im Übrigen: Dass der frühere (und **68** nunmehr aufgehobene) § 31 Abs. 4, anders als Abs. 5, noch nie auf Nutzungsrechtseinräumungen in Verträgen mit ausübenden Künstlern anwendbar gewesen sei, fand ausdrücklich erst mit der Novelle aus dem März 2002 Eingang ins UrhG, jedoch entschied der BGH ungefähr zeitgleich im gleichen Sinne (BGH GRUR 2003, 234, 236 – *EROC III*).

Dass § 31 Abs. 5 auch auf Nutzungsrechtseinräumungen in Künstlerverträgen **69** anwendbar ist, entsprach auch vor der ausdrücklichen Regelung der ständigen Rechtsprechung (BGH GRUR 2003, 234, 236 – *EROC III* m.w.N.).

70 Dass richtigerweise § 31a nicht in den Verweiskatalog des § 79 Abs. 2 S. 2 aufgenommen wurde, ist eine Folge der Tatsache, dass auch § 31 Abs. 4 a.f. für ausübende Künstler nie galt. Allerdings wirkt § 31a Abs. 3 insoweit auch zugunsten ausübender Künstler, als die Leistungen ausübender Künstler zu den dort genannten „Werkbeiträgen" zählen (so ausdrücklich Begr RegE UmsG Enforcement-RL – BT-Drucks. 16/1828, S. 24 f.). Sind also Werke und Leistungen mehrerer Beitragender ein einer Verwertungseinheit zusammengeführt (also z.b. die Komposition, der Liedtext und die Interpretation bei der Aufnahme eines Popsongs), dürfte z.b. der von § 31a begünstigte Komponist das ihm nach § 31a Abs. 1 zustehende Widerrufsrecht nicht wider Treu und Glauben ausüben und hätte dabei nicht nur etwaige Auswertungsinteressen des Textdichters zu berücksichtigen (der über ein eigenes Rückrufsrecht verfügt), sondern auch auf diejenigen des ausübenden Künstlers.

71 Da § 32 entsprechend anwendbar ist, stellt sich die Frage, in welchem Verhältnis diese Vorschrift zu § 138 BGB steht. In der Vergangenheit hatte sich die Rechtsprechung immer wieder mit sittenwidrigen Künstlerverträgen zu beschäftigen.

72 So hatte der BGH (GRUR 1989, 198 – *Künstlerverträge/Hubert Kah*) zur Sittenwidrigkeit von Klauseln ausgeführt, die zu einem nicht mehr erträglichen Ungleichgewicht in den wechselseitigen Leistungen führten, es gehöre zum Wesen eines Verwertungsvertrags, dass der Auswerter, der sich alle Rechte zur kommerziellen Auswertung übertragen lässt, auch die typischen Risiken einer solchen Auswertung zu tragen hat, nämlich das Produktionsrisiko und das Risiko einer fehlgeschlagenen Promotion.

73 Das OLG Karlsruhe (ZUM 2003, 785 – *Xavier Naidoo*) erklärt auch die Entscheidungsbefugnis der Produktionsfirma, die Freiheit des Künstlers weitestgehend einzuschränken, indem sie sich ein Bestimmungsrecht über Art, Dauer und Inhalt seiner künstlerischen Tätigkeit einräumen ließ, als wesentlichen Faktor bei der Bestimmung der Sittenwidrigkeit.

74 In derselben Entscheidung verweist das OLG Karlsruhe ferner auf die beliebige Möglichkeit der Verlängerung für die Produktionsfirma über die Vertragslaufzeit von 5 Jahren hinaus.

75 Das Bundesverfassungsgerichts sieht (NJW 2006, 596, 598 – *Xavier Naidoo*, es handelt sich hier um die vom OLG Karlsruhe entschiedene Sache) in den §§ 138, 242, 315 BGB sogar einen entsprechenden Schutzauftrag an den Richter, der den objektiven Grundentscheidungen der Grundrechte in Fällen gestörter Vertragsparität mit den Mitteln des Zivilrechts Geltung zu verschaffen habe. Die durch § 2 Abs. 1 GG gewährleistete Privatautonomie setzte voraus, dass die Bedingungen der Selbstbestimmung des einzelnen auch tatsächlich gegeben sind. Sei aufgrund einer besonders einseitigen Aufbürdung von vertraglichen Lasten und einer erheblich ungleichen Verhandlungsposition der Vertragspartner ersichtlich, dass in einem Vertragsverhältnis ein Partner ein solches Gewicht hat, dass er den Vertragsinhalt faktisch einseitig bestimmen kann, sei es Aufgabe des Rechts, auf die Wahrung der Grundrechtspositionen beider Vertragspartner hinzuwirken.

76 Mit § 32 bezweckt das Gesetz eine Korrektur gerade solcher unangemessener vertraglicher Bestimmungen, soweit diese über die Gewährung einer angemessenen Vergütung korrigierbar sind. § 139 BGB und damit notwendigerweise auch § 138 BGB sind insoweit nicht anwendbar (so ausdrücklich FormH 19.11.2001 UrhVG – BT-Drs. 14/6433, S. 15; abrufbar auf http://www.urheberrecht.org/UrhGE-2000/download/Formulierungshilfe20011119.pdf;   zuletzt abgerufen am 19.06.2008).

Bei der Korrektur ist das Vertragsverhältnis umfassend zu würdigen: Soweit **77** eine (redliche) Branchenpraxis nicht feststellbar ist, muss die angemessene Vergütung nach billigem Ermessen festgesetzt werden, wobei alle relevanten Umstände zu berücksichtigen sind, wie z.B. Art und Umfang der Nutzung, Marktverhältnisse, Investitionen, Risikotragung, Kosten und Zahl der Werkstücke sowie die zu erzielenden Einnahmen (FormH 19.11.2001 UrhVG – BT-Drs. 14/6433, S. 14). Die angemessene Vergütung wird also im Hinblick auf die Gesamtschau der tatsächlichen und vertraglichen Umstände bestimmt.

Eine Verlagerung des wirtschaftlichen Risikos in die Sphäre des Künstlers z.B. **78** würde sich mithin zwar vergütungserhöhend auswirken, nicht aber die Nichtigkeit des Vertrags nach sich ziehen. Die Nichtigkeit nach § 138 BGB käme nach alledem wohl vor allem hinsichtlich grob unbilliger künstlerischer Weisungsbefugnisse in Betracht.

Da für Rechtsübertragungen nach § 79 Abs. 1 der § 32 nicht anwendbar ist, **79** kommt dort eine Nichtigkeit nach § 138 BGB eher in Betracht.

c) Einzelfälle zu §§ 32, 32a: Im Fall von **Bandübernahmeverträgen** richtet sich **80** der Anspruch des ausübenden Künstlers gemäß § 32 Abs. 1 ausschließlich gegen den eigenen Vertragspartner, also den Bandhersteller (Tonträgerhersteller i.S.d. § 85). Die das Band übernehmende Tonträgerfirma ist insoweit keinen Ausgleichsansprüchen der ausübenden Künstler ausgesetzt (so auch Dreier/Schulze/*Schulze*[2] § 32 Rn. 17 – beachte aber die abweichende Regelung bei § 32a).

Bei Anwendung des § 32a auf ausübende Künstler ist zunächst zu beachten, **81** dass ihnen – selbst wenn man alle künstlerischen Leistungen aller künstlerisch Beteiligten zusammen betrachtet – allenfalls ein Anteil an dem Erfolg zugemessen werden kann, der zu den „Erträgen und Vorteilen" aus der Nutzung führt, die Gegenstand der Ansprüche aus § 32a sind. Daneben sind die Urheber und Hersteller mit verantwortlich für den Erfolg. Letztere können sich zwar nicht auf § 32a berufen (siehe insoweit §§ 81, 85 Abs. 1, 87 Abs. 2 und 94 Abs. 2), jedoch ist deren Beitrag am Erfolg bei der Bemessung der Vergütung nach § 32a zu berücksichtigen, wenn auch die Leistung des ausübenden Künstlers nicht ursächlich für die Erträgnisse und Vorteile sein muss, die aus der Nutzung des Werkes gezogen werden (so ausdrücklich BeschlE RAusschuss UrhVG – BT-Drucks. 14/8058, S. 19). Bereits im zitierten Bericht des Rechtsausschusses wird ferner ausdrücklich darauf hingewiesen, dass bei untergeordneten Beiträgen § 32a zurückhaltend anzuwenden sein wird. Dies gelte insb. bei der Beteiligung ausübender Künstler. Dabei weisen die Berichterstatter ausdrücklich auf die Notwendigkeit einer Gesamtbetrachtung der Bedeutung einzelner Beiträge hin (vgl. Rn. 24–28). Regelmäßig dürfte jedenfalls dort keine Anwendungsmöglichkeit für § 32a bleiben, wo im Rahmen von Künstlerexklusivverträgen oder ähnlichen, auf solistische oder Haupt-Künstler bezogenen Vertragsgestaltungen Stückbeteiligungen vereinbart wurden, da diese generell eine Beteiligung an einem Erfolg gewährleisten, die ein „auffälliges Missverhältnis" i.S.d. § 32a ausschließen dürfte.

Im Rahmen dieses engeren Anwendungsbereichs, als er für Urheber gelten **82** würde, besteht im Falle von Bandübernahmeverträgen gemäß § 32a Abs. 2 auch ein direkter Anspruch gegen die Tonträgerfirma, die das Band tatsächlich auswertet.

83 Die entsprechende Anwendbarkeit von § 33 wirft angesichts der gerade dargestellten Situation hinsichtlich der möglichen Nichtigkeit von Künstlerverträgen die Frage auf, ob ein Sukzessionsschutz auch dann besteht, wenn das dem ursprünglichen Nutzungsrechtserwerb zugrundeliegende Verpflichtungsgeschäft nichtig war oder ein wirksamer Rücktritt vom Vertrag erklärt war. Es geht hier um die Geltung des **Abstraktionsprinzips im Urhebervertragsrecht** (im Detail vgl. § 31 Rn. 30 ff.).

84 Gegenwärtig existiert lediglich eine einzige Entscheidung, die sich mit diesem Thema im Hinblick auf Künstlerverträge auseinandersetzt (OLG Karlsruhe ZUM-RR 2007, 76, 78). Sie kommt ohne weiteres zu dem bereits in früherer Rechtsprechung vertretenen Ergebnis (OLG Hamburg GRUR 2002, 335, 336 – *Kinderfernseh-Sendereihe*), das Abstraktionsprinzip besitze im Urhebervertragsrecht nur eingeschränkte Geltung. Diese Rechtsprechung führt aus den oben (vgl. Rn. 63) ausgeführten Gründen letztlich zu einer Unverwertbarkeit der betreffenden Aufnahmen, da dem Künstler die seine Darbietung betreffenden Herstellerrechte (im Falle des OLG Karlsruhe nach § 85) nicht mit zufallen. Damit kann der Künstler zwar die weitere Verwertung verbieten (mit nach Auffassung des OLG Karlsruhe stark eingeschränkten Möglichkeiten, nach § 97 Schadensersatz von solchen Drittauswertern für die Zeit der unberechtigten Nutzung zu fordern, ZUM-RR 2007, 76, 78), nicht aber die betreffenden Aufnahmen selbst Dritten zur Auswertung überlassen (OLG München GRUR-RR 2007, 186, 187 Tz. 34 f. geht auf dieses Thema ebenfalls nicht ein und verneint in Fällen eines nichtigen Künstlervertrags den Kontrahierungszwang der GEMA nach § 11 UrhWG im Hinblick auf den Tonträgerhersteller, der den nichtigen Vertrag geschlossen hatte).

85 Der Verweis auf § 34 bezieht sich auf die translative Weiterübertragung einfacher oder ausschließlicher Nutzungsrechte i.S.d. §§ 79 Abs. 2 S. 1, 31 Abs. 1 bis 3. Er bezieht sich nicht auf die Übertragung der Rechte als solcher nach § 79 Abs. 1, die den in § 34 geregelten Zustimmungserfordernissen eben nicht unterliegt (vgl. Rn. 49 ff.). Gleiches gilt für § 35.

86 §§ 34, 35 sind auf Verträge ausübender Künstler mit Filmherstellern nicht anwendbar, §§ 92 Abs. 3, 90.

87 Aufgrund § 36 in entsprechender Anwendung könnten Vereinigungen von ausübenden Künstlern mit Vereinigungen von Nutzern ihrer künstlerischen Darbietungen gemeinsame Vergütungsregeln aufstellen. Gegenwärtig existieren solche gemeinsamen Vergütungsregelungen noch nicht.

88 Zur entsprechenden Anwendung des § 39 vgl. § 75 Rn. 24 ff.).

89 Die entsprechende Anwendbarkeit des § 40 auf Künstlerverträge besitzt besondere Bedeutung im Hinblick auf die Tatsache, dass, wie unten (vgl. Rn. 73 f.) ausgeführt, gerade gewisse Optionsklauseln die Sittenwidrigkeit von Künstlerverträgen indizieren können (OLG Karlsruhe ZUM 2003, 785 – *Xavier Naidoo*).

90 Auch durch die Anwendung dieser Vorschrift dürfte im Normalfall die Sittenwidrigkeit eines Vertrag, der ohne Hinzutreten der Rückrufmöglichkeit als sittenwidrig einzustufen wäre, ohne weiteres ausgeschlossen sein (so auch Schricker/*Schricker*³ § 40 Rn. 7, 10).

91 § 40 bezieht sich in entsprechender Anwendung ausschließlich auf Verträge, bei denen eine Darbietung, also ein künstlerisches Projekt nicht näher oder nur der Gattung nach (z.B. „ein Album") bestimmt ist. Die Kündigungsmöglichkeit besteht also nicht bei Verträgen, in denen bereits im Einzelnen definierte Projekte Gegenstand des Vertrages sind.

Insb. fallen unter die Regelung Optionsvereinbarungen und Vorverträge, da **92** sonst § 40 durch Abschluss von Vorverträgen umgangen werden könnte (Schricker/*Schricker*[3] § 40 Rn. 4). Allerdings lässt sich auf Optionsvereinbarungen § 40 nur dann sinnvoll anwenden, wenn sie dem Optionsberechtigten die Möglichkeit verschaffen, einen bereits im wesentlichen ausgehandelten Vertrag (etwa entsprechend den Bestimmungen in demjenigen, der die Auktionsklausel enthält) durch einseitige Erklärung zu schließen. Einfache Optionsverträge, die lediglich eine Andienungspflicht vorsehen, die jedoch voraussetzen, dass der eigentliche Vertrag erst noch zu verhandeln und gesondert zu schließen ist, fallen nicht unter § 40 (Schricker/*Schricker*[3] § 40 Rn. 7).

Da es bei der ensprechenden Anwendung des § 42 darum geht, die weitere **93** Verwertung der Darbietung zu verhindern, steht regelmäßig der Verwertung durch den ausübenden Künstler das parallele Leistungsschutzrecht des Tonträgerherstellers, Veranstalters oder Sendeunternehmens (§§ 81, 85, 87) nicht entgegen. Dem enttäuschten Interesse des Herstellers an der weiteren Verwertung ist durch § 42 Abs. 2 hinreichend Rechnung getragen. Allerdings fragt sich, wie bei einer **Mehrheit ausübender Künstler** mit dem Rückrufsinteresse des einzelnen umzugehen ist. Obwohl es sich hier um eine Vorschrift handelt, die stark urheber- (künstler-) persönlichkeitsrechtlich geprägt ist, steht sie – wie gerade der Verweis in § 79 Abs. 2 und die Stellung des § 42 im Gefüge des Urhebervertragsrechts zeigt – in Zusammenhang mit dem Künstlervertragsrecht (Schricker/*Dietz*[3] § 42 Rn. 4). Über § 80 Abs. 1 S. 2 sind damit die übrigen mitwirkenden Künstler gegen Rückrufe geschützt, die im Verhältnis zu den übrigen Mitwirkenden gegen Treu und Glauben verstießen.

Da sich der Rückruf nur auf Nutzungsrechte erstreckt, dürfen **erschienene** **94** **Bild- oder Tonträger auch nach dem Rückruf gemäß § 78 Abs. 1 Nr. 2 gesendet oder öffentlich wiedergegeben werden.** Insofern bleibt es auch bei den Vergütungsansprüchen nach § 78 Abs. 2. Daher spielt dieses Rückrufsrecht praktisch kaum eine Rolle.

Richtigerweise ist in der ab 01.01.2008 geltenden Fassung des Gesetzes der bis **95** dahin noch enthaltene Verweis auf § 42a entfernt worden. Es handelte sich insoweit um ein Redaktionsversehen, da diese Vorschrift (der ehemalige § 61 in dem bis September 2003 geltenden Fassung des UrhG) sich sinnvoll stets nur auf Urheber beziehen ließ.

Der Verweis auf § 43 ersetzt den inhaltlich ähnlichen § 79 in der bis zum **96** 30.06.2002 geltenden Fassung. Viele ausübende Künstler, besonders Bühnenschauspieler, Rundfunksprecher und Orchestermusiker, erbringen ihre Leistungen im Rahmen von Arbeits- oder Dienstverhältnissen.

Ob ein **Arbeits- oder Dienstverhältnis** vorliegt, bestimmt sich nach den all- **97** gemeinen arbeitsrechtlichen Bestimmungen (vgl. § 43 Rn. 9 ff.; zur Abgrenzung von freien Mitarbeitern und Arbeitnehmern in Rundfunk und Fernsehen: BAG UFITA 92, 242; UFITA 96, 280; bei Orchestermusikern BAG UFITA 92, 248; eingehend ferner Schricker/*Rojahn*[3] § 79 Rn. 20).

Angesichts der gegenüber Urhebern geringeren Zahl von Rechten, über die **98** ausübende Künstler überhaupt im Sinne einer Rechtsübertragung oder Nutungsrechtseinräumung verfügen können (vgl. Rn. 33) gestaltet sich die Situation übersichtlicher als bei den Urhebern.

99 Zunächst kann davon ausgegangen werden, dass **Vergütungsansprüche** i.S.d. §§ 79 Abs. 1 S. 2, 78 Abs. 2 und 3 sowie §§ 83, 63, 43 ff. ohne weiteres bei den betreffenden ausübenden Künstler verbleiben, die sie regelmäßig in die GVL eingebracht haben.

100 Eine Ausnahme bildet insoweit das Recht der **Kabelweitersendung nach § 20b**, hinsichtlich dessen die beschränkte Vorausabtretbarkeit ausdrücklich unter dem Vorbehalt etwaiger Tarifverträge, Betriebsvereinbarungen und gemeinsamer Vergütungsregeln mit Sendeunternehmen steht, soweit dadurch dem Urheber eine angemessene Vergütung für jede Kabelweitersendung eingeräumt wird (§ 20b Abs. 2 S. 4).

101 Über den Umfang und die Bedingungen der Nutzung hinsichtlich der Exklusivrechte bestehen im Bühnen- und Orchesterbereich **Normal- bzw. Tarifverträge** (Normalvertrag Bühne (NV-Bühne) neugefasst mit Wirkung zum 01.02.2006; Tarifvertrag für Musiker in Kulturorchestern (TVK) vom 15.04.2003, im Jahre 2005 tw. gekündigt, nebst Begleittarifvertrag bezüglich der ehemaligen DDR; umfassend dokumentiert in Bolwin/*Sponer*, Bühnentarifrecht, Loseblattsammlung).

102 Auch für nicht-tarifgebundene Arbeitsverhältnisse lassen sich aus der tarifvertraglichen Praxis jeweils für den Umfang des gesetzlich angeordneten Rechtsübergangs ohne weiteres ableiten.

103 Wegen der gesetzlich angeordneten Bindung an den Betriebszweck dürfte **regelmäßig eine umfassende Rechtsübertragung** i.S.d. **§ 79 Abs. 1 S. 1 ausscheiden** (die ja wie oben ausgeführt (vgl. Rn. 53) grundsätzlich zweckneutral erfolgt) und stattdessen ein umfassender Übergang von (ausschließlichen) Nutzungsrechten auf den Arbeitgeber vorliegen. Zu der Frage, ob und in welchem Umfang im Rahmen der analogen Anwendung von § 43 auch die §§ 32 und 32a zur Anwendung kommen vgl. § 43 Rn. 59 f.

3. Einzelfragen

104 Hinsichtlich der **AGB**-rechtlichen Situation sei auf die obigen Ausführungen zur Sittenwidrigkeit von Künstlerverträgen (vgl. Rn. 71 ff.) und allgemeinen Ausführungen zu AGB im Urhebervertragsrecht (vgl. Vor § 31 Rn. 192 ff.) verwiesen. Im Künstlervertragsrecht hat vor allem die Einordnung von sog. „**Künstlerquittungen**" eine Rolle gespielt. Eine Rechtsübertragung auf einer quittungsartigen Gagenabrechnung ist weder überraschend noch unangemessen (BGH GRUR 1984, 119, 121 – *Synchronisationssprecher*). Entsprechendes gilt für sogenannte „Künstlerquittungen" von non-featured artists (vgl. Rn. 24), also z.B. Chorsängern (KG GRUR-RR 2004, 129, 130 – *Modernisierung einer Liedaufnahme*).

105 Sogar in der **Vereinbarung einer Vergütung** für die Erbringung einer bestimmten Leistung ohne ausdrückliche Rechtseinräumung kann **zugleich die Übertragung der entsprechenden Verwertungsrechte** liegen (BGH GRUR 2005, 502, 505 – *Götterdämmerung*; BGH GRUR 1960, 614, 618 f. – *Figaros Hochzeit*; OLG Hamburg GRUR 1976, 708, 711 – *Staatstheater*).

III. Vertragsmuster

1. Künstlerverträge (Musik)

Münchener Vertragshandbuch/*Hertin*[5] Bd. 3/1, IX 23–25; Moser/Scheuer- **106**
mann/*Gilbert/Scheuermann (Deubzer/Westerhoff)* S. 1091–1179.

2. Bandübernahmeverträge (Musik)

Moser/Scheuermann/*Gilbert/Scheuermann (Deubzer/Westerhoff)* S. 1091– **107**
1179.

3. Produzentenverträge (Musik)

Moser/Scheuermann/*Gilbert/Scheuermann (Deubzer/Westerhoff)* S. 1091– **108**
1179.

4. Sampling- und Remixverträge (Musik)

Moser/Scheuermann/*Zimmermann* S. 1180–1202. **109**

---

§ 80   Gemeinsame Darbietung mehrerer ausübender Künstler

(1) [1]Erbringen mehrere ausübende Künstler gemeinsam eine Darbietung, ohne
dass sich ihre Anteile gesondert verwerten lassen, so steht ihnen das Recht zur
Verwertung zur gesamten Hand zu. [2]Keiner der beteiligten ausübenden Künstler darf seine Einwilligung zur Verwertung wider Treu und Glauben verweigern.
[3]§ 8 Abs. 2 Satz 3, Abs. 3 und 4 ist entsprechend anzuwenden.

(2) Für die Geltendmachung der sich aus den §§ 77 und 78 ergebenden Rechte
und Ansprüche gilt § 74 Abs. 2 Satz 2 und 3 entsprechend.

Übersicht

I. Allgemeines

Die Vorschrift wurde neu gefasst mit Wirkung zum 13.09.2003 (BGBl. I **1**
S. 1774). Die bis dahin geltende Fassung lautete:

§ 80   Chor-, Orchester- und Bühnenaufführungen

(1) Bei Chor-, Orchester- und Bühnenaufführungen genügt in den Fällen der §§ 74, 75
Abs. 1 und 2 und § 76 Abs. 1 neben der Einwilligung der Solisten, des Dirigenten und
des Regisseurs die Einwilligung der gewählten Vertreter (Vorstände) der mitwirkenden Künstlergruppen, wie Chor, Orchester, Ballett und Bühnenensemble. Hat eine

Gruppe keinen Vorstand, so wird die Einwilligung der ihr angehörenden ausübenden Künstler durch die Einwilligung des Leiters der Gruppe ersetzt.

(2) Zur Geltendmachung der sich aus den §§ 74 bis 77 ergebenden Rechte mit Ausnahme der Einwilligungsrechte sind bei Chor-, Orchester- und Bühnenaufführungen für die mitwirkenden Künstlergruppen jeweils deren Vorstände und, soweit für eine Gruppe ein Vorstand nicht besteht, der Leiter dieser Gruppe allein ermächtigt. Die Ermächtigung kann auf eine Verwertungsgesellschaft übertragen werden.

§ 75   Aufnahme, Vervielfältigung und Verbreitung

(...)

(5) Haben mehrere ausübende Künstler gemeinsam eine Darbietung erbracht, ohne dass sich ihre Anteile gesondert verwerten lassen, können sie vor Beginn der Darbietung eine Person bestimmen, die zur Ausübung ihrer Ansprüche aus den §§ 32, 32a befugt ist. § 80 bleibt unberührt.

2 Das geltende Recht gliedert über den Verweis in Abs. 2 einen wichtigen Teil dessen, was § 80 a.f. regelte, in § 74 Abs. 2 S. 2 und 3 aus (vgl. § 74 Rn. 9 ff.), was die Regelung der Rechtsausübung bei einer Mehrheit ausübender Künstler eher unübersichtlicher macht. Der neu gefasste § 80 enthält nun eine allgemeine, an § 8 angelehnte Regel, die über die frühere Geltung nur für Chor-, Orchester- und Bühnenaufführungen hinausgeht.

II.   Tatbestand

1.   Zu Absatz 1

3 § 80 Abs. 1 betrifft sämtliche nicht künstlerpersönlichkeitsrechtlichen Rechte und Ansprüche des ausübenden Künstlers, also auch die kraft § 83 geltenden Vergütungsansprüche aufgrund der Schrankenvorschriften der §§ 44a bis 63a, Abs. 2 nur die nach §§ 77, 78.

4 a) Satz 1: Gemeinsame Darbietung, ohne dass sich die Anteile gesondert verwerten lassen: Anders als § 74 (hinsichtlich der Persönlichkeitsrechte) verlangt § 80 nicht nur, dass die Künstler die Darbietung gemeinsam erbracht haben, sondern darüber hinaus, dass die sich ihre Anteile nicht gesondert verwerten lassen. Dies entspricht der Formulierung von § 8 Abs. 1 zur Miturheberschaft und dem § 75 Abs. 5 in der Fassung des UrhVG von 2002 (BGBl. I 1155), vgl Rn. 1.

5 Allerdings sind die praktischen Auswirkungen für Künstler unter Umständen verschieden von denen bei Urhebern. Während sich nämlich die Frage der gesonderten Verwertbarkeit bei einem Werk auf einen geistigen Gegenstand bezieht, lassen sich einheitliche Darbietungen auch technisch zerlegen. Werden nämlich einzelne Stimmen oder Instrumente in Mehrspurtechnik getrennt aufgezeichnet, lassen sich die Anteile an der gleichzeitigen Aufnahme durchaus getrennt verwerten.

6 Daneben bleiben die „traditionellen" Fälle (dazu näher Schricker/*Krüger*[3] § 80 Rn. 4), in denen eine Darbietung – oder Teile davon – sich nicht aus technischen, sondern aus sonstigen Gründen getrennt verwerten lassen, wie etwa Soli, Kadenzen usw. im Musikbereich oder große Monologe im Theater.

7 Man wird die Vorschrift nicht so lesen dürfen, dass etwa bei getrennter Verwertbarkeit § 80 insgesamt nicht mehr anwendbar wäre (so wohl *Dünnwald* ZUM 2004, 161, 164). Vielmehr lässt sich der Gehalt der Vorschrift in der Aussage zusammenfassen, dass alles, was sich getrennt verwerten lässt, auch getrennt verwertet werden darf. Soweit die gemeinsame Darbietung (unter Einschluss der trennbaren Teile) ungetrennt verwertet wird, bleibt es demgegenüber bei der Gesamthandsgemeinschaft. Geht es also nur um die Verwertung der einzelnen Tonspur, den Monolog, die Kadenz, entscheidet der betreffende Künstler allein. Wird dieselbe Tonspur, derselbe Monolog oder die Kadenz im Zusammenhang der Gesamtdarbietung belassen, kommt es zur Gesamthandsgemeinschaft.

Die Gesamthandsgemeinschaft hängt nicht von Vertragsgestaltungen ab, die **8** der Darbietung vorausgehen. Bei einem Konzert werden Dirigent und Solisten häufig Einzelverträge mit dem Veranstalter geschlossen haben, während das Orchester entweder aus Angestellten besteht, oder den Vertrag vertreten durch seinen Vorstand geschlossen hat. Gleichwohl ist es nicht dies, was § 80 Abs. 1 mit „getrennter Verwertbarkeit" meint. Vielmehr geht es um die getrennte Verwertbarkeit der Darbietung als solcher, wie sie sämtliche Beteiligten (im Gefolge der geschlossenen Verträge) erbracht haben.

Anders als § 80 a. F. macht die geltende Fassung keinen Unterschied mehr **9** zwischen dem Ensemble und den Solisten, Dirigenten und Regisseuren. Auch sie unterliegen also in vollem Umfang der Regelung (zutreffend *Dünnwald* ZUM 2004, 161, 163 f.; so auch, zum Dirigenten, LG Köln ZUM-RD 2008, 211, 212).

b) Rechtsfolge: Gesamthänderische Bindung: Die für die Verwertung bedeut- **10** samen Rechte und Ansprüche (zu den Künstlerpersönlichkeitsrechten siehe § 74 Abs. 2 und vgl. § 74 Rn. 11 ff.) der ausübenden Künstler, also insb. die Einräumung oder Übertragung von Nutzungsrechten, die Verfolgung von Rechtsverletzungen sowie die Geltendmachung obligatorischer Ansprüche aus Verträgen über Nutzungsrechte unterliegen einer gesamthänderischen Bindung (RegE UrhG Infoges – BT-Drucks. 15/38, S. 24).

Damit besteht nunmehr Klarheit über die Art der Gemeinschaft. Unter Gel- **11** tung des § 80 a.f. war auch die Möglichkeit einer Bruchteilsgemeinschaft nach §§ 741 ff. BGB vertreten worden, (s. dazu Schricker/*Krüger*[2] § 80 Rn. 9 ff.). Nunmehr steht fest, dass es sich um eine Gemeinschaft handelt, auf welche die Grundsätze der §§ 709, 714 BGB anwendbar sind, insb. was das Erfordernis der Einstimmigkeit betrifft.

Allerdings kommt ein Notverwaltungsrecht nach § 744 Abs. 2 BGB in Be- **12** tracht, wenn dies zur Erhaltung des wirtschaftlichen Werts der Rechte erforderlich ist (dazu ausführlich § 8 Rn. 18 ff.).

c) Satz 2: Keine Verweigerung der Einwilligung wider Treu und Glauben: In **13** der Praxis entstehen besonders wegen des Einstimmigkeitserfordernis Probleme, weil die Zahl der Beteiligten (etwa bei einem Chor oder einem Orchester) regelmäßig viel größer ist als es im Bereich der Miturheberschaft üblich ist.

Ob ein Künstler (oder ein Ensemble) die Zustimmung wider Treu und Glauben **14** verweigert, ist nach denselben Kriterien zu bestimmen wie bei § 8 Abs. 2 S. 2 (vgl. § 8 Rn. 13). Maßgeblich ist danach zunächst der Zweck, der die Künstler bei der Darbietung zusammengeführt hat. War eine umfassende Verwertung nie geplant, oder würde sich ein mitwirkender Künstler durch die Einwilligung mit anderweitigen vertraglichen Bindungen (z.B. Exklusivbindungen, die nur begrenzte Ausnahmen zuließen), insb. solchen, die bereits zur Zeit der Darbietung bestanden, in Widerspruch setzen, so ist diese Ausgangslage jedenfalls dann zugrundezulegen, wenn sich die Umstände seither nicht erkennbar verändert haben. Kamen die Künstler dagegen mit dem Wunsch zusammen, die Darbietung möglichst umfassend zu verwerten, dürfte grundsätzlich der Wunsch der Mehrheit den Ausschlag für das geben, was nach Treu und Glauben auch für den Einzelnen mit abweichenden Wünschen zumutbar ist, soweit nicht die Gründe ausschließlich in der Person dessen vorliegen, der sie geltend macht. Nie ist es gerechtfertigt, die erforderliche Einwilligung als Druckmittel gegenüber den anderen mitwirkenden Künstlern einzusetzen, um eine höhere Beteiligung zu erzielen. Gerechtfertigt ist nämlich allenfalls das Interesse des einzelnen Künstlers, das eine bestimmte Verwertung unterbleibt, nicht dagegen das Interesse, sich ein „Veto" gegen eine Verwertung abkaufen zu lassen, gegen die der Künstler eigentlich gar keine Einwände hat (i.d.S. BGH GRUR 1960, 614, 617 – *Figaros Hochzeit*).

15 Künstlergemeinschaften, wie etwa Orchester oder Chöre sind häufig im Innenverhältnis so verfasst, dass Entscheidungen nach einem Mehrheitsprinzip getroffen werden können, so dass sich die Frage stellt, wie dieses mit dem in S. 1 zum Ausdruck gelangenden Einstimmigkeitsprinzip zum Ausgleich zu bringen ist (dazu näher Schricker/*Krüger*[3] § 80 Rn. 5). Da § 80 nur die Verwertung betrifft und Abs. 2 ausdrücklich auf § 74 Abs. 2 S. 2, 3 verweist, setzt sich hier im Zweifel stets die Regelung im Innenverhältnis durch mit der Folge, dass das Interesse des Einzelnen zurückstehen muss.

16 Konflikte bei der Ausübung persönlichkeitsrechtlicher Befugnisse der beteiligten Künstler sind ausschließlich nach §§ 74, 75 zu lösen (dies legt bereits die Gesetzesbegründung nahe, Begr RegE UrhG Infoges – BT-Drucks. 15/38, S. 24, die bei § 80 ausschließlich auf die verwertungsrechtlichen Aspekte verweist; wie hier Dreier/Schulze/*Dreier*[2] § 80 Rn. 4; a.A. Schricker/*Krüger*[3] § 80 Rn. 6). Allerdings ähnelt das Rücksichtnahmegebot des § 75 der Regelung des § 80 Abs. 1 S. 2 (vgl. § 75 Rn. 31 ff.).

17 d) Satz 3: Verweis auf § 8 Abs. 2 S. 3, Abs. 3, 4: Als Vorschriften, die das Verhältnis der Künstler untereinander betreffen, sind die hier für entsprechend anwendbar erklärten Regeln grundsätzlich dispositiv (Schricker/*Krüger*[3] § 80 Rn. 7). Übersetzt in die Begrifflichkeit des Künstlerschutzes bedeutet der Verweis also folgendes:

18 Jeder mitwirkende Künstler ist berechtigt, Ansprüche aus Verletzungen von Rechten an der gemeinsamen Darbietung geltend zu machen; er kann jedoch nur Leistung an alle mitwirkenden Künstler verlangen (entspricht § 8 Abs. 2 S. 3).

19 Das Verhältnis von § 80 Abs. 1 S. 3 zu Abs. 3 ist unklar. Ist ein Vorstand, Leiter oder gewählter Vertreter vorhanden, geht § 80 Abs. 2 mit dem Verweis auf § 74 Abs. 2 S. 2, 3 als lex specialis vor, weil sonst für § 80 Abs. 2 kaum noch ein sinnvoller Anwendungsbereich bliebe, jedenfalls wenn man unter „Geltendmachung" mehr als den Abschluss von Verträgen verstehen wollte. Damit kann § 8 Abs. 1 S. 3 nur dann anwendbar sein, wenn ein Vorstand, Leiter oder gewählter Vertreter fehlt (so auch Schricker/*Krüger*[3] § 80 Rn. 7), also insb. auf das Verhältnis zwischen Dirigenten, Regisseuren und Solisten im Verhältnis zu an derselben Darbietung mitwirkenden Ensembles.

20 Die Erträgnisse aus der Nutzung der Darbietung gebühren den mitwirkenden Künstlern nach dem Umfang ihrer Mitwirkung an der Darbietung, wenn nichts anderes zwischen den mitwirkenden Künstlern vereinbart ist (entspricht § 8 Abs. 3).

In der Praxis dürfte diese Vorschrift kaum eine Rolle spielen, weil die Betei- **21** ligten an einer Darbietung vor Beginn der Darbietung Verträge geschlossen haben, in denen die Vergütung geregelt ist. Allerdings schließen die Künstler diese Verträge regelmäßig mit dem Veranstalter oder anderen Dritten (z.B. der GVL), nicht miteinander, wie es § 8 Abs. 3 voraussetzt (dazu ausführlich *Schaefer* FS Nordemann II S. 227, 230 ff.). Hinsichtlich der Vergütungsansprüche übernimmt die GVL über den Verteilungsplan die Verteilung der eingenommenen Gelder.

Ein mitwirkender Urheber kann auf seinen Anteil an den Verwertungsrechten **22** (§§ 77, 78 Abs. 1) verzichten. Der Verzicht ist den anderen mitwirkenden Künstlern gegenüber zu erklären. Mit der Erklärung wächst der Anteil den anderen mitwirkenden Künstlern zu (entspricht § 8 Abs. 4).

Die Verweisung betrifft ausschließlich die dem Künstler zugewiesenen exklu- **23** siven Verwertungsrechte gemäß §§ 77, 78 Abs. 1. Da gemäß § 79 Abs. 1 diese Rechte übertragbar sind (vgl. dort Rn. 32 ff.), steht auch einer Verzichtbarkeit nichts entgegen.

Hinsichtlich der Vergütungsansprüche bleibt es bei der in §§ 78 Abs. 3, 4, 20b **24** Abs. 2 S. 2, 83, 63a, angeordneten Unverzichtbarkeit.

2. Zu Absatz 2: Verweisung auf § 74 Abs. 2 Sätze 2 und 3

Soweit in der Gesetzesbegründung sowohl der alten wie auch der neuen **25** Fassung auf die Gesichtspunkte der Rechtssicherheit und der Praktikabilität abgestellt wird, soll mit der Einräumung der Rechtewahrnehmung durch den Vorstand oder den Leiter der Gruppe der Schwierigkeit begegnet werden, dass andernfalls Dritte mit allen, bei größeren Künstlergruppen wie Orchestern, Chören etc. also mit einer Vielzahl, an der Darbietung beteiligten Künstlern Vereinbarungen treffen müssten. Daran hat die Neufassung des § 80 UrhG, durch die lediglich das Recht zur Verwertung der gesamthänderischen Bindung unterworfen und ergänzend auf die Regelungen über die Miturheberschaft verwiesen worden ist (§ 80 Abs. 1 S. 3 UrhG), im Kern nichts geändert; die Verwertung setzt weiterhin grundsätzlich nach § 80 Abs. 1 S. 2 UrhG die Einwilligung jedes beteiligten Künstlers voraus (so wörtlich BGH GRUR 2005, 502, 503 – *Götterdämmerung*). Das Innenverhältnis zwischen den Ensemblemitgliedern bleibt von der gesetzlich angeordneten Befugnis unberührt.

Wenn eine Gruppe weder über einen Vorstand, noch einen Leiter oder einen **26** gewählten Vertreter verfügt, bleibt auch weiterhin jedes einzelne Mitglied zur Geltendmachung seiner Rechte und Ansprüche berechtigt (so ausdrücklich zu § 80 Abs. 2: Begr RegE UrhG Infoges – BT-Drucks. 15/38, S. 25).

Trotz des geänderten Wortlauts ist mit der Neufassung keine Änderung der **27** materiellen Rechtslage beabsichtigt. Insb. die zu § 80 a.F. ergangene Rechtsprechung soll auch auf die neue Regelung vollständig weiter anwendbar sein (so ausdrücklich Begr RegE UrhG Infoges – BT-Drucks. 15/38, S. 24 f.).

Auf den ersten Blick scheint der Wortlaut des Gesetzes diesem Ziel zu wider- **28** sprechen, da die geltende Fassung nicht die umfassende gesetzliche Ermächtigung an den Vorstand enthält, die sich noch in § 80 Abs. 1 a.F. (vgl. Rn. 1) enthielt. Die Vorschrift bezog sich jedoch auf die Einwilligungsrechte nach altem Recht, die in dieser Form nicht fortbestehen. § 80 Abs. 2 a.F. dagegen hatte, abgesehen vom Verweis auf die Übertragbarkeit der Ermächtigung auf eine Verwertungsgesellschaft, einen tatsächlich weitgehend mit § 74 Abs. 2 S. 2, 3 vergleichbaren Regelungsgehalt, wobei die in § 80 a.F. noch vorhandene Beschränkung auf Chor-, Orchester- und Bühnenaufführungen weggefallen ist.

29 Im Außenverhältnis kann der Vorstand, Leiter oder gewählte Vertreter des Ensembles die zur Verwertung notwendigen Rechte einschließlich der Ansprüche aus den §§ 32, 32a gegenüber Dritten wirksam ausüben (Begr RegE UrhG Infoges – BT-Drucks. 15/38, S. 24). Die Beschränkungen der Vorgängervorschrift in § 75 Abs. 5 a.F. (vgl. Rn. 1) – insb. die Notwendigkeit, die zur Geltendmachung berechtigte Person vor Beginn der Darbietung zu bestimmen – gilt nicht fort.

30 Da sich aber §§ 80 Abs. 2 nicht nur auf „Rechte" und die Ansprüche aus §§ 32, 32a erstreckt, sondern insb. auf die aus § 78 Abs. 2 fließenden Vergütungsansprüche für Sendung und öffentliche Wiedergabe erschienener Tonträger, stellt sich hier die Frage, wie sich die Regel des § 80 Abs. 2 im Verhältnis zur Verwertungsgesellschaft GVL auswirkt.

31 Traditionell schließt die GVL stets mit jedem ausübenden Künstler, unabhängig davon, ob er als Selbstständiger oder z.B. als Orchestermusiker in einem Kulturorchester angestellt war, einen Einzelwahrnehmungsvertrag (*Dünnwald* ZUM 2004, 161, 164), der insb. eine umfassende Vorausabtretung aller künftigen Vergütungsansprüche vorsieht (Fundstelle: https://www.gvl.de/pdf/wahrnehmungsvertrag-ausuebende-kuenstler.pdf; zuletzt abgerufen am 19.06.2008).

32 Damit ist bereits fraglich, ob es zur wirksamen Einbringung der Rechte an einer Ensembledarbietung auch dann der Regel der §§ 80 Abs. 2, 74 Abs. 2 S. 2, 3 unterliegt, wenn der Künstler bereits zuvor einen Wahrnehmungsvertrag mit der GVL geschlossen hat. Schon unter der Geltung des § 80 Abs. 2 a.F. (vgl. Rn. 1) war allein der Leiter der Gruppe ermächtigt. Allerdings konnte die Ermächtigung auf eine Verwertungsgesellschaft übertragen werden. Die passivische Formulierung ließ offen, ob nur der Leiter die Ermächtigung auf eine Verwertungsgesellschaft übertragen konnte.

33 Nach dem Wortlaut des geltenden Gesetzes muss der Vorstand, Leiter oder gewählte Vertreter die Ansprüche in die GVL einbringen, es sei denn, man wollte die Einbringung von Rechten und Ansprüchen in eine Verwertungsgesellschaft nicht als „Geltendmachung" von Rechten ansehen. Dies lässt sich mit guten Argumenten vertreten, da die Verwertungsgesellschaft als Treuhänderin im Künstlerinteresse auftritt. Der GVL gegenüber macht also der Künstler seine Vergütungsansprüche nicht geltend im Sinne der §§ 80 Abs. 2, so dass insoweit die Einschaltung des Vorstands, Leiters oder gewählten Vertreters nach § 74 Abs. 2 S. 2, 3 entbehrlich ist (so auch *Dünnwald* ZUM 2004, 161, 164).

34 Damit sind aber die Probleme noch nicht gelöst, da jedenfalls die GVL die betreffenden Rechte und Ansprüche unzweifelhaft gegenüber Nutzern geltend macht. Verfügt ein Ensemble über einen Vorstand, Leiter oder gewählten Vertreter, steht diese Rechtswahrnehmung, da sich im neuen Gesetz keine Entsprechung zu § 80 Abs. 2 S. 2 findet, in klarem Widerspruch zu § 80 Abs. 2.

35 Da die Gesetzesänderung nicht zum Ziel hatte, eine Änderung der Wahrnehmungspraxis durch Verwertungsgesellschaften zu erzwingen, darf jedoch davon ausgegangen werden, dass es bei der Möglichkeit bleiben sollte, die Rechte und Ansprüche in gewohnter Weise wahrzunehmen, zumal es sonst zu Wertungswidersprüchen käme: Da das Gesetz in § 78 Abs. 3, 83 i.V.m. 63a, 20b Abs. 2 S. 2, 27 Abs. 3 die Vorausabtretbarkeit nur an Verwertungsgesellschaften bzw. die unbedingte Verwertungsgesellschaftpflichtigkeit gewisser Ansprüche vorsieht, kann es nicht gleichzeitig die Verwertungsgesellschaften an der Wahrnehmung für Ensembles hindern wollen. § 80 Abs. 2 ist also mit der ungeschriebenen Einschränkung zu lesen „soweit diese nicht durch eine Verwertungsgesellschaft wahrgenommen werden."

Auf das Außenverhältnis der GVL zu Nutzern haben dies Fragen kaum einen **36** Einfluss, da in jedem Fall nach außen die GVL die Vergütungsansprüche geltend macht und im Zweifel die Vorstände in die Rechtewahrnehmung durch die GVL eingewilligt oder diese genehmigt haben.

III. Prozessuales

Verweigert ein Künstler seine Einwilligung entgegen § 80 Abs. 1 S. 2, darf **37** gleichwohl nicht mit der Verwertung begonnen werden (BGH GRUR 2002, 248, 252 – *Spiegel CD-ROM*). Das Gesetz schweigt zu der Frage, wer zur Geltendmachung des Anspruchs auf Einwilligung klagebefugt ist. Der Vorstand, Leiter oder gewählte Vertreter kann sich nicht auf die die gesetzlich angeordnete Prozessstandschaft nach §§ 80 Abs. 2, 74 Abs. 2 S. 2, 3 berufen, da diese auf die Geltendmachung von Rechten und Ansprüchen aus §§ 77 und 78 beschränkt ist. Daher müssen die übrigen Künstler ihn gemeinschaftlich auf Erteilung der Einwilligung verklagen.

Handelt es sich bei dem Künstler, der seine Einwilligung entgegen § 80 Abs. 1 **38** S. 2 verweigert, um das Mitglied eines Ensembles mit einem Vorstand, Leiter oder gewählten Vertreter, könnte der einzelne Künstler jedoch seinen Unterlassungsanspruch (z.B. wegen Verletzung der sich aus §§ 77, 78 ergebenden Exklusivrechte) gegenüber dem Verwerter nicht selbst durchsetzen, weil dem § 74 Abs. 2, 3 entgegenstünde. § 80 Abs. 2 enthält keinen Verweis auf § 74 Abs. 2 S. 4, der ausnahmsweise auch dem einzelnen Künstler das Recht zur Geltendmachung vorbehält. In § 80 Abs. 2 ist zwar § 97 nicht ausdrücklich genannt, jedoch werden Exklusivrechte, die sich aus den §§ 77 und 78 ergeben, auch durch Unterlassungsbegehren „geltend gemacht", so dass sich der Verweis auf § 74 Abs. 2 S. 2, 3 auch auf Unterlassungsbegehren gegenüber Vertragspartnern beziehen muss, mit denen der Vorstand, Leiter oder gewählte Vertreter einen Vertrag geschlossen hat.

Die *actio pro socio* gemäß Abs. 1 S. 3, § 8 Abs. 1 S. 3 kommt demgegenüber **39** nur in Betracht, wenn das Ensemble über keinen Vorstand, Leiter oder gewählten Vertreter verfügt (vgl. Rn. 19 und BGH GRUR 1993, 550, 551 – *The Doors*). Wollte man diese Regel auch in Fällen der innerhalb des Ensembles verweigerten Zustimmung anwenden, wäre die Abs. 2 nicht nur insgesamt entwertet, sondern es käme auch zu einer Leistung (oder Unterlassung) gegenüber denjenigen Ensemblemitgliedern, die mit der vom Einzelnen angegriffenen Verwertung ausdrücklich einverstanden waren.

Geht in einem solchen Fall der einzelne Künstler davon aus, er dürfe nach Treu **40** und Glauben die Einwilligung verweigern, muss also er den Vorstand, Leiter oder Vertreter auf Unterlassung von Erklärungen in Anspruch nehmen, mit denen er in die Verwertung einwilligt. Dabei wird implizit geprüft, ob der Einzelne im Verhältnis zum Ensemble die Einwilligung verweigern durfte.

41 Ein Solist bleibt – selbst wenn er die Darbietung mit einem Ensemble erbringt – stets zur selbständigen Geltendmachung seiner Rechte befugt nach § 80 a. F. (BGH GRUR 1999, 49, 50 – *Bruce Springsteen and his Band*). Verweigert er unter Verstoß gegen § 80 Abs. 1 S. 2 wider Treu und Glauben die Einwilligung und wird seine Einwilligung nicht von den übrigen Künstlern gerichtlich erzwungen, kann er die Nutzung untersagen. Es handelt sich insb. nicht um einen Fall der unzulässigen Rechtsausübung (so ausdrücklich BGH GRUR 2002, 248, 252 – *Spiegel CD-ROM*).

42 Der jeweilige Vorstand kann auch die bereits vor seiner Amtszeit entstandene Ansprüche und Rechte früherer Mitglieder wahrzunehmen, jedenfalls wenn die betreffende Künstlergruppe eine einem Verein oder einer Gesellschaft ähnliche Struktur aufweist und über einen längeren Zeitraum unabhängig von einem Wechsel der Mitglieder in ihrer Eigenart fortbesteht (BGH GRUR 2005, 502, 504 – *Götterdämmerung*). Außerdem vgl. § 74 Rn. 17.

§ 81   Schutz des Veranstalters

¹**Wird die Darbietung des ausübenden Künstlers von einem Unternehmen veranstaltet, so stehen die Rechte nach § 77 Abs. 1 und 2 Satz 1 sowie § 78 Abs. 1 neben dem ausübenden Künstler auch dem Inhaber des Unternehmens.** ²**§ 10 Abs. 1, § 31 sowie die §§ 33 und 38 gelten entsprechend.**

Übersicht

I.   Allgemeines

1.   Früheres Recht

1 Die Vorschrift wurde mit Wirkung zum 01.01.2008 neu gefasst (2007 BGBl. I 2513). Die bis dahin geltende Fassung unterschied sich nur in der anderen Form des Verweises in S. 2:

§ 81   Schutz des Veranstalters

(...)
§ 31 Abs. 1 bis 3 und 5 sowie die §§ 33 und 38 gelten entsprechend.

Diese Fassung erhielt die Vorschrift mit Wirkung zum 13.09.2003 (BGBl. I S. 1774). Die bis dahin geltende Fassung lautete:

§ 81 Schutz des Veranstalters

Wird die Darbietung des ausübenden Künstlers von einem Unternehmen veranstaltet, so bedarf es in den Fällen der §§ 74, 75 Abs. 1 und 2 und § 76 Abs. 1 neben der Einwilligung des ausübenden Künstlers auch der Einwilligung des Inhabers des Unternehmens.

Die alte Fassung bezog sich auf die früheren Regelungen des Künstlerrechts (hier abgedruckt unter §§ 77 und 78), die anstelle der jetzt geltenden Exklusivrechte Einwilligungsbefugnisse vorsah. Wie beim Tonträgerhersteller (§ 85), Sendeunternehmen (§ 87) und Filmhersteller (§ 94) wird über die Verweisung auf die einschlägigen Vorschriften der §§ 31 ff. das Konzept der Nutzungsrechte (bislang: Einwilligungsrechte) für den Rechtsverkehr zur Anwendung gebracht (RegE UrhG Infoges – BT-Drucks. 15/38, S. 25). Eine inhaltliche Änderung ist damit nicht verbunden. Nach wie vor stehen die Rechte des ausübenden Künstlers und des Veranstalters gleichberechtigt nebeneinander.

2. Verwertungsgesellschaft

Die Vergütungsansprüche der Veranstalter nimmt traditionell die Gesellschaft **2** zur Verwertung von Leistungsschutzrechten (GVL www.gvl.de) wahr, der jedoch nur wenige Veranstalter angehören. Deren Verbände „Bundesverband der Veranstaltungswirtschaft (idkv) e.V." der „Verband der Konzertdirektionen Deutschland (VdKD) e.V." und haben im Jahre 2006 einen Verein „VG Veranstalterrechte eV." ins Leben gerufen, der als neue Verwertungsgesellschaft die Vergütungsansprüche – gegebenenfalls in Kooperation mit anderen Verwertungsgesellschaften – wahrnehmen soll.

3. Ausländische Berechtigte

Der Schutz ausländischer Veranstalter richtet sich nach § 125, da sich die **3** Vorschrift ausweislich ihres Abs. 1 auf den Schutz nach „§§ 73 bis 83" bezieht, also den § 81 umfasst.

4. Vom Künstlerschutz abweichende Schutzfrist

Die Schutzfrist beträgt ausweislich des § 82, anders als für ausübende Künst- **4** ler, 25 Jahre.

II. Tatbestand

1. Die Veranstaltung i.S.d. § 81

Der Schutz des Veranstalters reicht nicht weiter als der des ausübenden Künst- **5** lers, der die veranstaltete Darbietung erbringt, und auf dessen Schutzvorschriften § 81 Bezug nimmt.

Dies bedeutet zunächst, dass die künstlerische Darbietung als solche veranstal- **6** tet worden sein muss (so auch Schricker/*Vogel*[3] § 81 Rn. 16). Wenigstens die künstlerische **Live-Darbietung** eines einzigen ausübenden Künstlers ist erforderlich, um den Schutz begründen zu können (wobei dann jedoch z.B. in einer Gesangsdarbietung eine Begleitung vom „Playback"-Band unschädlich wäre).

7   Eine Musikveranstaltung, bei der lediglich Bild- oder Tonträger mit künstlerischen Darbietungen öffentlich wiedergegeben wird (z.B. in einer **Diskothek**), ist keine Veranstaltung i.S.d. § 81. Dies ergibt sich unmittelbar aus dem Tatbestand, denn in diesem Fall wird nicht die Darbietung selbst veranstaltet, sondern die öffentliche Wahrnehmbarmachung mittel Bild- oder Tonträger.

8   Ferner ist erforderlich, dass die Darbietung unmittelbar **vor einem Publikum** stattfindet (h.M., stellvertretend Schricker/*Vogel*³ § 81 Rn. 17 f.). Das UrhG verwendet den Begriff der „Veranstaltung" stets in diesem Sinne, wie aus §§ 37 Abs. 3, 52 Abs. 1 und 58 Abs. 1 ablesbar ist. Aufnahmesitzungen im Studio sind von den entsprechenden Herstellerrechten (§§ 85, 87, 94) hinreichend gegen unerlaubte Leistungsübernahme gesichert und benötigen keinen ergänzenden Veranstalterschutz nach § 81. Allerdings spricht nichts dagegen, den Schutz auf auch auf eine nur beschränkt zugängliche Generalprobe der Darbietung zu erstrecken, da auch ein solches Publikum die Darbietung bereits zur „Veranstaltung" qualifiziert (h.M., stellvertretend Schricker/*Vogel*³ § 81 Rn. 17).

9   Ob das Publikum „öffentlich" sein muss, wie es die h.M. fordert (stellvertretend Schricker/*Vogel*³ § 81 Rn. 18), erscheint demgegenüber äußerst fraglich. Selbst bei reinen Privatveranstaltungen (wobei beachtet werden sollte, dass seit der 2003 erfolgten Änderung des § 15 Abs. 3 weit mehr als reine Privatveranstaltungen vom Begriff der „nicht-öffentliche Wiedergabe" vor Publikum umfasst sind, vgl. § 15 Rn. 27 ff.) mag für die Organisation ein gewerblich handelnder Veranstalter eingeschaltet werden. Warum er in einem solchen Fall gegen eine unerlaubte Leistungsübernahme weniger Schutz verdienen sollte als bei einer öffentlichen Veranstaltung, ist nicht ersichtlich. **Auch eine nicht-öffentliche Veranstaltung vor Publikum genießt also den Schutz nach § 81** (a.A. die Vorauflage, Rn. 4 und die wohl h.M., stellvertretend Schricker/*Vogel*³ § 81 Rn. 18; wie hier: Möhring/Nicolini/*Kroitzsch*² § 81 Rn. 4; *Gentz* GRUR 1968, 182, 183 f.). Allerdings mag es sein, dass in solchen Fällen häufiger als sonst dem Organisator die Veranstaltereigenschaft fehlt (vgl. Rn. 14), etwa weil ein privater Auftraggeber komplett das wirtschaftliche Risiko trägt und derjenige, der es trägt, nicht gewerblich handelt.

10   Veranstaltungen, die keine künstlerische Darbietung zum Gegenstand haben, wie z.B. reine **Sportveranstaltungen, sind nicht dem Veranstalterschutz nach** § 81 zugänglich (GRUR 1990, 702, 705 – *Sportübertragungen*; OLG Hamburg GRUR-RR 2207, 181, 184 – *Slowakischer Fußball*).

11   In einem solchen Fall kann aber der Veranstalter seine Rechtsposition auf das aus §§ 858 ff., 1004 BGB abzuleitende Hausrecht stützen, das auf dem Grundstückseigentum oder -besitz beruht. Es ermöglicht seinem Inhaber, grundsätzlich frei darüber zu entscheiden, wem er den Zutritt zu der Örtlichkeit gestattet und wem er ihn verweigert (BGH GRUR 1962, 201, 203 – *Rundfunkempfang im Hotelzimmer*). Das schließt das Recht ein, den Zutritt nur zu bestimmten Zwecken zu erlauben oder rechtswirksam von Bedingungen wie der Zahlung eines Entgelts abhängig zu machen (GRUR 1990, 702, 706 – *Sportübertragungen*). **Daher kann der Veranstalter als Inhaber des Hausrechts nicht nur die Live-Übertragung und die Aufzeichnung, sondern sogar Hörfunkreportagen** z.B. über ein Sportereignis von seiner vorherigen Einwilligung abhängig machen (BGH GRUR 2006, 249, 250 – *Hörfunkrechte;* wenn auch ohne ausdrückliche Erwähnung dürfte dadurch BGH GRUR 1971, 46, 47 – *Bubi Scholz* i.E. obsolet geworden sein).

Wegen dieses ergänzenden Schutzes ist es gerechtfertigt, den Schutz nach **12** § 81 eng begrenzt auf Darbietungen ausübender Künstler zu beschränken (vgl. § 73 Rn. 6 ff.). Er erfasst nicht diejenigen Teile der Veranstaltung, die nicht in einer geschützten Darbietung bestehen (so zutreffend Schricker/*Vogel*³ § 81 Rn. 19). Bereits die Stellung des § 81 im Zusammenhang mit dem künstlerischen Leistungsschutz macht deutlich, dass der **Schutz des Veranstalters nie weiter reichen kann als derjenige in Summe aller mitwirkender Künstler.** Ist also eine Sportveranstaltung mit Showeinlagen angereichert, bezieht sich der Schutz nach § 81 nur auf diese.

Da der Schutz des Veranstalters immer dem Schutz des Künstlers folgt, bleibt **13** die eigentliche, abstrakte Veranstalterleistung, die Erstellung einer **Produktion,** zwar zur Schutzbegründung (vgl. Rn. 15) unabdingbar, jedoch ist die Produktion als solche, also unabhängig von den einzelnen Abenden z.B. einer Konzertreihe, nicht von § 81 geschützt. Abstrakte Aspekte der Veranstaltung lassen sich tw. über andere Instrumente schützen, wenn z.B. der Regisseur daran eigene Leistungsschutzrechte als ausübender Künstler erwirbt (zutreffend dazu auch *Gentz* GRUR 1968, 182, 184 f.) und sich der Veranstalter insoweit Rechte einräumen lässt. In manchen Fällen mag eine besonders individuelle Produktion in ihrer konkreten Form sogar ein Urheberrecht begründen (vgl. § 73 Rn. 25). Ergänzend bleibt stets die Möglichkeit eines Titelschutzes für den **Titel der Veranstaltung** nach § 5 Abs. 3 MarkenG zu prüfen. Auch ein wettbewerbsrechtlicher Schutz nach §§ 3, 4 Ziff. 9 UWG mag in Betracht kommen (Schricker/*Vogel*³ § 81 Rn. 16; so auch zum Schutz der Veranstalterleistung vor Geltung des UrhG und auf Basis des damaligen UWG BGH GRUR 1963, 575, 576 – *Vortragsabend*).

2. Der Veranstalter i.S.d. § 81

Das Recht entsteht nur, wenn die Darbietung von einem Unternehmen ver- **14** anstaltet wird. Der Begriff des Unternehmens ist im UrhG nicht legal definiert. Das Gesetz verwendet ihn sonst nur in §§ 34, 85, 87 und 100 (sowie in Bezug darauf in §§ 20a und b, 55, 63, 95 b, 126 und 127), stets im Sinne gewerblichen oder freiberuflichen Handelns i.S.d. § 14 BGB. Die amtliche Begründung zum ursprünglichen Gesetzentwurf von 1965 (RegE UrhG – BT-Drucks. IV/270, S. 94) nennt ausdrücklich Bühnenunternehmen, Konzertunternehmen oder dergleichen. Es geht im Entwurf um deren wirtschaftliche Interessen. Im Umkehrschluss aus § 85, der das Recht einem „Hersteller" zuordnet, der ausdrücklich auch bei nicht gewerblichem Handeln den Schutz erwirbt (RegE UrhG – BT-Drucks. IV/270, S. 95), und der mithin das „Unternehmen" nur als einen möglichen Inhaber des Rechts erwähnt, **kann Veranstalter i.S.d. § 81 nur sein, wer die Darbietung in Ausübung einer gewerblichen oder selbständigen beruflichen Tätigkeit veranstaltet** (so auch Schricker/*Vogel*³ § 81 Rn. 20 f.; a.A. *Gentz* GRUR 1968, 182, 186).

Weiter ist – nicht anders als bei §§ 85, 87 und 94 – erforderlich, dass der **15** Veranstalter die **organisatorische und wirtschaftliche Verantwortung** übernimmt, also insb. die Verträge mit den mitwirkenden Künstlern und dem Publikum schließt und wirtschaftlich verantwortet. Zum Leitbild des Veranstalters gehören u.a. Programmgestaltung, Titelwahl, Künstlerengagements, Saalmiete, Organisation des Kartenverkaufs, Bereitstellung von Bühnen-, Ton- und Lichttechnik und Bewerbung der Veranstaltung (BGH GRUR 1971, 46, 47 – *Bubi Scholz*; Möhring/Nicolin/*Kroitzsch*² § 81 Rn. 5)

16 Wer für eine Veranstaltung lediglich die Räume zur Verfügung stellt, ist noch nicht Veranstalter, kann aber über zusätzliche Leistungen in die Rolle eines (Mit-) Veranstalters gelangen (OLG München GRUR 1979, 152 – *Transvestiten Show*). Schließt ein Unternehmer die Verträge, ohne selbst das wirtschaftliche Risiko zu tragen, weil sein Auftraggeber alle Rechnungen zahlt, mag er neben dem Geldgeber – soweit dieser für die Veranstalter-Eigenschaft qualifiziert ist – Mit-Veranstalter i.S.d. § 81 werden (OLG München GRUR 1979, 152 – *Transvestiten Show*). Feste Budgets, die der Auftraggeber zu zahlen bereit ist, sprechen noch keineswegs gegen ein wirtschaftliche Verantwortung des Veranstalters (ähnlich zur Bestimmung der Filmherstellereigenschaft bei Auftragsproduktionen vgl. Vor §§ 88 ff. Rn. 64). Auch wer gegen einen Festpreis einer großen Hochzeitsgesellschaft (so als Beispiel für eine nicht-öffentliche Veranstaltung, die Schutz genießen kann, vgl. Rn. 9) das künstlerische Rahmenprogramm anbietet, muss mit unvorhersehbaren Entwicklungen rechnen, denen er auf eigenes Risiko zu begegnen hat (z.b. Beschaffung von Ersatz für ausgefallene Künstler usw.). Auch in solchen Fällen ist das Unternehmen deshalb Veranstalter i.S.d. § 81. Ein darüber hinausgehendes Auswertungsrisiko kann nicht verlangt werden *(*wie hier differenzierend Dreier/Schulze/*Dreier*[2] § 81 Rn. 4; wohl auch Wandtke/Bullinger/*Büscher*[2] § 81 Rn. 11; a.A. Schricker/*Vogel*[3] § 81 Rn. 24).

17 Entgegen der in der Vergangenheit dazu vertretenen Auffassung (Gentz GRUR 1968, 182, 186) kann – jedenfalls nach dem aktuellen Wortlaut des Gesetzes – theoretisch auch der ausübende Künstler einen Veranstalterschutz nach § 81 beanspruchen, wenn er selbst die Voraussetzungen erfüllt. Allerdings dürfte die damit verbundene Verdopplung seiner Rechtsstellung an derselben Darbietung für ihn wenig praktische Bedeutung haben.

3.   Zu Satz 1: Die dem Veranstalter zustehenden Rechte und Ansprüche

18 Von dem Verweis auf §§ 77 Abs. 1 und 2, 78 Abs. 1 sind folgende **Ausschließlichkeitsrechte** umfasst (vgl. §§ 77 Rn. 6 ff.; außerdem vgl. 78 Rn. 4 ff.):
- das ausschließliche Recht, die Darbietung auf Bild- oder Tonträger aufzunehmen;
- das ausschließliche Recht, den Bild- oder Tonträger, auf die die Darbietung aufgenommen worden ist, zu vervielfältigen (§ 16);
- das ausschließliche Recht, den Bild- oder Tonträger, auf die die Darbietung aufgenommen worden ist, zu verbreiten (§ 17);
- das ausschließliche Recht, die Darbietung öffentlich zugänglich zu machen (§ 19a);
- das ausschließliche Senderecht (§ 20). Hier gilt insb. die in § 78 Abs. 1 Ziff. 2 enthaltene Beschränkung, dass das Senderecht entfällt, wenn die Darbietung, die auf Bild- oder Tonträgern aufgenommen ist, erschienen (§ 6 Abs. 2) oder erlaubterweise öffentlich zugänglich gemacht (§ 19a) worden ist. **Da dem Veranstalter keiner der Vergütungsansprüche des § 78 Abs. 2 zugute kommt, geht er bei der Rundfunksendung eines nicht von ihm selbst, jedoch legal hergestellten Live-Mitschnitts, der auf Bild- oder Tonträger erscheint, leer aus.** Bei einem von ihm selbst hergestellten Mitschnitt erlangt er einen Beteiligungsanspruch über §§ 85, 86.
- das Recht der öffentlichen Wahrnehmbarmachung (§ 19 Abs. 3) der Live-Darbietung außerhalb des Raumes, in dem sie stattfindet.

19 Während die Vergütungsansprüche des § 78 Abs. 1 auf den Veranstalter ebenso wenig anwendbar sind wie § 20b oder § 27 (da der Verweis auf § 78

Abs. 2 auf dessen S. 1 beschränkt ist), stehen ihm über den Verweis in § 83 die Vergütungsansprüche gemäß den urheberrechtlichen Schrankenbestimmungen nach §§ 44a – 63a zu.

4. Zu Satz 2: Verweise

a) Übertragbarkeit: Im Gegensatz zu den Regelungen bezüglich der übrigen **20** unternehmensbezogenen verwandten Schutzrechte (§§ 85, 87, 94) enthält § 81 keine ausdrückliche Regelung zu Übertragbarkeit des Rechts. Gleichwohl ist davon auszugehen, dass das Recht insgesamt übertragbar sein muss. Nach § 79 Abs. 1 S.1 sind die Ausschließlichkeitsrechte des ausübenden Künstlers aus §§ 77 Abs. 1 und 2 S.1 sowie aus § 78 Abs. 1 uneingeschränkt übertragbar. Es besteht kein Grund, dies hinsichtlich derselben Rechte nicht auch für den Veranstalter vorzusehen (i.d.S. Schricker/*Vogel*[3] § 81 Rn. 31).

b) Einzelverweise: Gerade weil § 81 einen gegenüber § 79 Abs. 2 S. 2 erheblich **21** reduzierten Verweiskatalog enthält, ist es verwunderlich, dass auch hier (vgl. § 79 Rn. 60) mit § 38 auf eine Norm Bezug genommen wird, die sich sinnvoll nur auf Druckwerke beziehen lässt. Zu § 10 Abs. 1 siehe § 74 Rn. 19 ff.

§ 82 Dauer der Verwertungsrechte

¹Ist die Darbietung des ausübenden Künstlers auf einen Bild- oder Tonträger aufgenommen worden, so erlöschen die in den §§ 77 und 78 bezeichneten Rechte des ausübenden Künstlers 50 Jahre, die in § 81 bezeichneten Rechte des Veranstalters 25 Jahre nach dem Erscheinen des Bild- oder Tonträgers oder, wenn dessen erste erlaubte Benutzung zur öffentlichen Wiedergabe früher erfolgt ist, nach dieser. ²Die Rechte des ausübenden Künstlers erlöschen jedoch bereits 50 Jahre, diejenigen des Veranstalters 25 Jahre nach der Darbietung, wenn der Bild- oder Tonträger innerhalb dieser Frist nicht erschienen oder erlaubterweise zur öffentlichen Wiedergabe benutzt worden ist. ³Die Frist nach Satz 1 oder 2 ist nach § 69 zu berechnen.

Übersicht

I. Allgemeines

1. Früheres Recht

Die Vorschrift wurde neu gefasst mit Wirkung zum 13.09.2003 (BGBl. I **1** S. 1774). Die bis dahin geltende Fassung lautete:

§ 82   Dauer der Rechte

Ist die Darbietung des ausübenden Künstlers auf einen Bild- oder Tonträger aufgenommen worden, so erlöschen die Rechte des ausübenden Künstlers fünfzig Jahre, diejenigen des Veranstalters fünfundzwanzig Jahre nach dem Erscheinen des Bild- oder Tonträgers oder, wenn seine erste erlaubte Benutzung zur öffentlichen Wiedergabe früher erfolgt ist, nach dieser; die Rechte des ausübenden Künstlers erlöschen jedoch bereits fünfzig Jahre nach der Darbietung, diejenigen des Veranstalters fünfundzwanzig Jahre nach der Darbietung, wenn der Bild- oder Tonträger innerhalb dieser Frist nicht erschienen oder erlaubterweise zur öffentlichen Wiedergabe benutzt worden ist. Die Frist ist nach § 69 zu berechnen

2.   Verhältnis zu anderen Vorschriften

2 Die Vorschrift muss stets mit § 137c und § 137f gelesen werden. Während § 137c für alle Darbietungen von Bedeutung ist, die vor dem 01.07.1990 stattgefunden haben, betrifft § 137f die Wiederbegründung abgelaufenen (oder nie vorhandenen) Schutzes im Rahmen der europäischen Schutzfristenharmonisierung. Auf der Basis des § 82 allein lässt sich also bei Aufzeichnungen älterer Darbietungen (aus der Zeit vor 01.07.1995) kaum je eine sichere Aussage über die Schutzdauer treffen.

II.   Tatbestand

1.   Zu den Sätzen 1 und 2: Betroffene Schutzgegenstände und Schutzanknüpfung

3 a) **Schutzgegenstände** Die Vorschrift bezieht sich nur auf die Verwertungsrechte und Vergütungsansprüche des ausübenden Künstlers aus §§ 77, 78, sowie die Rechte des Veranstalters nach § 81. Die Schutzdauer der Künstlerpersönlichkeitsrechte nach §§ 74, 75 ist in § 76 geregelt.

4 Anders als § 79 Abs. 1 ist nur von „Rechten", nicht von den (Vergütungs-) „Ansprüchen" des ausübenden Künstlers die Rede. Allerdings ist die Vorschrift ohne weiteres auch auf diese zu beziehen (Schricker/*Vogel*[3] § 82 Rn. 1, Dreier/Schulze/*Dreier*[2] § 82 Rn. 1). Die aus § 83 erwachsenden Vergütungsansprüche nach §§ 44a bis 63a beziehen ihre Schutzfrist unmittelbar aus §§ 77, 78, da sie als Vergütung für die vom Künstler und Veranstalter im Rahmen der Schranken hinzunehmenden Nutzung dieser Rechte gelten.

5 b) **Schutzanknüpfung** Anders als § 76, der für die Künstlerpersönlichkeitsrechte nur an die Darbietung anknüpft, sieht § 82 als Hauptanknüpfung das Erscheinen des Bild- oder Tonträgers (§ 6 Abs. 2) oder dessen erlaubte erste Benutzung zur öffentlichen Wiedergabe als zusätzliche Kriterien vor. Da allerdings die Rechte nach § 76 stets so lange geschützt sind wie nach § 82, wirkt sich dies nicht in einem unterschiedlichen Lauf der Fristen aus.

6 Der Schutz des ausübenden Künstlers und Veranstalters nimmt nicht teil an der in § 85 Abs. 3 aufgrund Art. 11 Abs. 2 Multimedia-RL 2001/29/EG geänderten Anknüpfung für Tonträgerhersteller (dazu ausführlich Wandtke/Bullinger/*Schaefer*[2] § 85 Rn. 28). Die höchste Schutzfrist beträgt damit – wie übrigens auch die des ausübenden Künstlers – 100 Jahre, wenn der Tonträger kurz vor Ablauf von 50 Jahren nach Herstellung (was stets gleichbedeutend mit dem Zeitpunkt der Darbietung ist) entweder erscheint oder öffentlich wiedergegeben wird. Während allerdings beim ausübenden Künstler durch die erlaubte öffentliche Wiedergabe unwiderruflich die 50-jährige Frist in Gang gesetzt wird, kann für den Tonträgerhersteller innerhalb von 50 Jahren nach Herstellung mit dem Erscheinenlassen ein neuer Fristen-Startschuss gesetzt werden, selbst wenn z.b. eine Aufnahme unmittelbar nach Herstellung bereits durch Rundfunksendung öffentlich wiedergegeben worden war. Von dieser Regelung profitieren praktisch ausschließlich Rundfunkunternehmen, die häufig über Archivmaterial verfügen, das in der Vergangenheit nicht erschienen, sondern ausschließlich durch Sendung verwertet worden ist.

c) **Übersicht zum Lauf der Schutzfristen hinsichtlich der Schutzfristen der** 7 **ausübendem Künstler nach §§ 76 und 82, des Veranstalters und der verschiedenen Herstellerrechte:** Die folgende Übersicht stellt an einem willkürlich gebildeten **Beispiel** die praktischen Auswirkungen der unterschiedlichen Schutzanknüpfungen hinsichtlich der persönlichkeits- und verwertungsrechtlichen Aspekte des Künstlerschutzes, des Veranstalterschutzes, des Tonträger- und Filmherstellerschutzes sowie des Schutzes des Sendeunternehmens einander gegenüber. Dabei wird sichtbar, dass die verschiedenen Schutzfristenregeln durchaus zu höchst unterschiedlichen Ergebnissen führen können, und zwar ohne dass in diesem Schema bereits die zusätzlichen Komplikationen durch eine Mehrheit von Berechtigten, die Beteiligung ausländischer Berechtigter oder die Begründung des Schutzlaufes in der Zeit vor Inkrafttreten des UrhG berücksichtigt wären. Dabei verstehen sich nach unten fortlaufend die zusätzlichen Kriterien als zu den voran stehenden jeweils hinzutretend.

	Ausübender Künstler § 76	Ausübender Künstler § 82	Veranstalter § 82	Tonträgerhersteller § 85	Sendeunternehmen § 87	Filmhersteller § 94
Darbietung: 1.3.2008	31.12.2058[2)]	31.12.2058[1)]	31.12.2033[1)]	./.	./.	./.
Live-Sendung 1.3.2008	./.	./.	./.	./.	31.12.2058[8)]	./.
Herstellung des Bild- oder Tonträgers 1.3.2008	./.	./.	./.	31.12.2058[3)]	./.	31.12.2058[9)]
Erste erlaubte öffentliche Wiedergabe des nicht erschienenen Bild- oder Tonträgers 1.5.2009	31.12.2059[5)]	31.12.2059[4)]	31.12.2034[4)]	31.12.2059[3)]	31.12.2059[8)] (falls Sendung und vorher keine Live-Sendung)	31.12.2059[9)]
Erscheinen des Bild- oder Tonträgers 1.6.2020	31.12.2059[5)]	31.12.2059[4)]	31.12.2034[4)]	31.12.2070[6)]	./.	31.12.2059[9)]
Tod des ausübenden Künstlers 1.10.2059	31.12.2059[5)]	frei	frei	31.12.2070[6)]	frei	frei
Alternativ:						
Tod des ausübenden Künstlers 1.10.2060	1.10.2060[7)]	frei	frei	31.12.2070[6)]	frei	frei

Erläuterungen:
./. = für den Fristlauf irrelevant
1) Anknüpfung: § 82 S. 2
2) Anknüpfung: §§ 76 S. 1
3) Anknüpfung: § 85 Abs. 3 S. 3
4) Anknüpfung: § 82 S. 1
5) Anknüpfung: §§ 76 S. 1 2 HS, 82 S. 1
6) Anknüpfung: § 85 Abs. 3 S. 1, 2
7) Anknüpfung §§ 76 S. 1
8) Anknüpfung § 87 Abs. 3
9) Anknüpfung § 94 Abs. 3

2.   Zu Satz 3: Verweis auf § 69

8 Für § 82 gilt, wie auch für § 76, die allgemeine urheberrechtliche Regel des § 69 für den Fristbeginn.

---

§ 83   Schranken der Verwertungsrechte

Auf die dem ausübenden Künstler nach den §§ 77 und 78 sowie die dem Veranstalter nach § 81 zustehenden Rechte sind die Vorschriften des Abschnitts 6 des Teils 1 entsprechend anzuwenden.

Übersicht

I.   Allgemeines

1.   Früheres Recht

1 Die Vorschrift wurde neu gefasst mit Wirkung zum 13.09.2003 (BGBl. I S. 1774). Die bis dahin geltende Fassung lautete:

---

§ 84   Beschränkung der Rechte

Auf die dem ausübenden Künstler und dem Veranstalter nach diesem Abschnitt zustehenden Rechte sind die Vorschriften des Sechsten Abschnitts des Ersten Teils mit Ausnahme des § 61 sinngemäß anzuwenden.

2.   Verwertungsgesellschaften

2 Die aus den Vorschriften des Abschnitts 6 des Teils 1 fließenden Vergütungsansprüche werden heute regelmäßig durch die Gesellschaft zur Verwertung von Leistungsschutzrechten (GVL, www.gvl.de) wahrgenommen, die hinsichtlich der §§ 54–54h geregelten Ansprüche ihrerseits mit den anderen Verwertungsgesellschaften in der Zentralstelle für Private Überspielungsrechte (ZPÜ) zusammengeschlossen ist (Informationen über die Website der GEMA www.gema.de/musiknutzer/leermedien-geraete/; zuletzt abgerufen am 20.06.2008). Hingewiesen sei in diesem Zusammenhang auch auf die Gründung befindliche „VG Veranstalterrechte eV." (vgl. § 81 Rn. 2).

II.   Tatbestand

1.   Verweis auf die Schrankenvorschriften

Die Vorschrift bezieht ihre Bedeutung aus Sicht der ausübenden Künstler und **3** Veranstalter nicht nur durch die Bezugnahme auf die Schrankenvorschriften der §§ 44a bis 63a, sondern vor allem durch die in diesem Zusammenhang gewährten Vergütungsansprüche.

Anders als die Ansprüche gemäß § 78 Abs. 2, an denen die Tonträgerhersteller **4** gemäß § 86 lediglich beteiligt sind, stehen den Tonträgerherstellern (§ 85 Abs. 4), wie auch den Sendeunternehmen (§ 87 Abs. 4) und Filmherstellern (§ 94 Abs. 4) hinsichtlich der Ansprüche aus Abschnitt 6 des Teils 1 autonome Vergütungsansprüche zu, so dass z.B. hinsichtlich einer bei einem Konzert aufgezeichneten und gesendeten Darbietung die Ansprüche der mitwirkenden Künstler, des Veranstalters, des Sendeunternehmens und des Tonträgerherstellers nebeneinander zur Anwendung gelangen.

2.   Bemerkungen zu einzelnen Schrankenvorschriften

a) § 50 **Berichterstattung über Tagesereignisse:** Hier mag es gerade im Ver- **5** anstaltungsbereich zu bisher nicht gelösten Wertungswidersprüchen kommen. Während nämlich der Veranstalter im Sinne des § 81 einer geschützten Darbietung die Anwendung der Schranke nach § 50 hinzunehmen hat, ist dies beim Veranstalter eines nicht nach § 81 geschützten Ereignisses nicht ohne weiteres der Fall. Stützt also z.B. ein Sportveranstalter seinen Schutz auf das aus §§ 858 ff., 1004 BGB abzuleitende Hausrecht (vgl. § 81 Rn. 11) kann der Veranstalter als Inhaber des Hausrechts nicht nur die Live-Übertragung und die Aufzeichnung, sondern sogar Hörfunkreportagen z.B. über ein Sportereignis von seiner vorherigen Einwilligung abhängig machen (BGH GRUR 2006, 249, 250 – *Hörfunkrechte*). Die jüngere Rechtsprechung hat sich mit dem Wertungsmodell des § 50 in diesem Zusammenhang nicht auseinandergesetzt, anders übrigens als bezüglich des Parallelfalls im Bereich der Schranke des § 59 (dort BGH GRUR 1990, 390, 391 – *Friesenhaus*).

b) § 51 **Zitate:** Bei der entsprechenden Anwendung des § 51 ist zu beachten, **6** dass die Voraussetzungen der Schranke bezüglich des spezifischen Schutzgegenstands der §§ 73 ff. erfüllt sein müssen. Soll eine bestimmte Aufnahme eines geschützten Musikwerkes zitiert werden, reicht also nicht, wenn z.B. die Belegfunktion hinsichtlich des Werkes selbst besteht, vielmehr muss sie auch hinsichtlich der künstlerischen Interpretation gerade in der verwendeten Aufnahme vorliegen, um eine Anwendung der Schranke im Hinblick auf den ausübenden Künstler zu rechtfertigen. Dies wird eine Anwendung des § 51 in vielen Fällen praktisch ausschließen.

c) § 52 **Öffentliche Wiedergabe:** Der Vergütungsanspruch nach dieser Vor- **7** schrift konkurriert im Bereich des Künstlerschutzes mit der Regelung betreffend die öffentliche Wiedergabe von Bild- oder Tonträgern nach § 78 Abs. 2 Ziff. 2. Da § 52 den § 73 ausdrücklich erwähnt, hat der Gesetzgeber die Regelung im Bewusstsein dieser Konkurrenz geschaffen. Damit ist die Schranke des § 52 auf die öffentliche Wiedergabe der dem Künstler nach § 78 Abs. 1 als Ausschließlichkeitsrechte zugewiesenen Formen der öffentlichen Wiedergabe zu beziehen (insb. Live-Konzerte).

8 **d) § 55 Vervielfältigung durch Sendeunternehmen:** Die engen Beschränkungen des § 55 spielen in der gegenwärtigen Praxis keine Rolle. In ihren Verträgen mit der GVL erwerben die öffentlich-rechtlichen und privaten Sender regelmäßig ein Recht der dauerhaften Speicherung.

9 **e) § 57 Unwesentliches Beiwerk:** Diese Schranke kommt nur dann zum Tragen, wenn der Einsatz künstlerischer Darbietungen „im Hintergrund" nicht auf einer bewussten Entscheidung des Nutzers beruht. Wenn also z.B. in der szenischen Handlung einer Fernsehserie vorgesehen ist, dass während eines Gesprächs im Hintergrund „Musik aus dem Radio" zu hören sein soll, kann sich der Produzent der Fernsehserie nicht auf § 57 berufen, weil in solchen Fällen die Nutzung nie „unwesentlich" im Sinne des § 57 sein kann. Anwendbar wäre dagegen die Vorschrift z.B., wenn bei einem Dokumentarfilm über einen Jahrmarkt Musik zu hören ist, während ein Schausteller interviewt wird.

10 **f) Nicht entsprechend anwendbare Vorschriften:** Der generelle Bezug auf die Vorschriften des Abschnitts 6 des Teils 1 führt dazu, dass formell auch Vorschriften für entsprechend anwendbar erklärt sind, die im Hinblick auf die Leistungen des ausübenden Künstlers oder des Veranstalters ihrem Wortlaut und Sinn nach nicht in Betracht kommen, wie insb. § 58 (Werke in Ausstellungen, öffentlichem Verkauf und öffentlich zugänglichen Einrichtungen), § 59 (Werke an öffentlichen Plätzen) und § 60 (Bildnisse).

§ 84 *(aufgehoben)*

Die Vorschrift des früheren § 84 findet sich heute in § 83; vgl. § 83 Rn. 1.

Abschnitt 4 **Schutz des Herstellers von Tonträgern**

§ 85 Verwertungsrechte

(1) [1]Der Hersteller eines Tonträgers hat das ausschließliche Recht, den Tonträger zu vervielfältigen, zu verbreiten und öffentlich zugänglich zu machen. [2]Ist der Tonträger in einem Unternehmen hergestellt worden, so gilt der Inhaber des Unternehmens als Hersteller. [3]Das Recht entsteht nicht durch Vervielfältigung eines Tonträgers.

(2) [1]Das Recht ist übertragbar. [2]Der Tonträgerhersteller kann einem anderen das Recht einräumen, den Tonträger auf einzelne oder alle der ihm vorbehaltenen Nutzungsarten zu nutzen. [3]§ 31 und die §§ 33 und 38 gelten entsprechend.

(3) [1]Das Recht erlischt 50 Jahre nach dem Erscheinen des Tonträgers. [2]Ist der Tonträger innerhalb von 50 Jahren nach der Herstellung nicht erschienen, aber erlaubterweise zur öffentlichen Wiedergabe benutzt worden, so erlischt das Recht 50 Jahre nach dieser. [3]Ist der Tonträger innerhalb dieser Frist nicht erschienen oder erlaubterweise zur öffentlichen Wiedergabe benutzt worden, so erlischt das Recht 50 Jahre nach der Herstellung des Tonträgers. [4]Die Frist ist nach § 69 zu berechnen.

(4) § 10 Abs. 1 und § 27 Abs. 2 und 3 sowie die Vorschriften des Teil 1 Abschnitt 6 gelten entsprechend.

Überblick:

I.   Allgemeines

1.   Sinn und Zweck, Schutzgegenstand

a) Sinn und Zweck: Die Leistungen des Tonträgerherstellers sind regelmäßig **1** weder künstlerisch noch schöpferisch und dennoch von einem für die kulturelle Fortentwicklung besonderen Wert: Der Tonträgerhersteller **fixiert vergängliche klangliche Ereignisse** und Geschehnisse – seien es musikalische Darbietungen, seien es gesprochene Worte oder schlicht naturgegebene Klänge – und stellt sie auf diesem Wege einem breiten Publikum zur Verfügung. Zugleich bilden Tonträger oftmals die entscheidende Brücke zwischen dem ausübenden Künstler, dem Werkvermittler und der Allgemeinheit. Denn es sind vor allem die Tonträgeraufnahmen, auf denen die Darbietungen des Künstlers fixiert sind, die dem breiten Publikum zu Gehör gebracht werden. Hiervon ist der ausübende Künstler in nicht unerheblicher Weise abhängig.

Der als Leistungsschutzrecht ausgestaltete Schutz des Herstellers von Tonträgern als sog. „mechanisches Recht" will das **technische Können** und die **wirtschaftlichen Aufwendungen** schützen, die für die erstmalige Aufnahme einer Werkdarbietung oder einer sonstigen Tonfolge auf einen Tonträger erforderlich sind (RegE UrhG – BT-Drucks IV/270, S. 96).

2 Schon sehr frühzeitig wurde die unerlaubte Vervielfältigung und Verbreitung von Tonträgern von der Rechtsprechung als unbillig empfunden: Der Unternehmer werde um die Früchte seiner Arbeit gebracht, wenn eine von ihm hergestellte Schallplatte von Dritten schlicht nachgepresst wird (so schon das Reichsgericht in seiner Entscheidung RGZ 73, 294 – *Schallplatten* aus dem Jahr 1910). Als unternehmensbezogenes Recht (Schricker/*Vogel*[3] Rn. 11) ist es Aufgabe der §§ 85 f., ein **Schmarotzen fremder Leistungen** zu unterbinden, ohne jedoch den allgemeinen Grundsatz der Nachahmungsfreiheit, der auch das Recht des unlauteren Wettbewerbs im Rahmen des ergänzenden Leistungsschutzrechts prägt (vgl. Rn. 76 ff.), anzutasten. Das Tonträgerherstellerrecht hat seinem Wesen nach eine stark wettbewerbsrechtliche Orientierung und Ausprägung und kann insofern als wettbewerbsrechtliche Vorschrift in einem urheberrechtlichen Gewande, jedenfalls aber als urheberrechtliche Norm mit starker **wettbewerbsrechtlicher** Ausprägung bezeichnet werden.

3 b) **Schutzgegenstand:** Schutzgegenstand des Tonträgerherstellerrechts ist die in einem Tonträger verkörperte wettbewerbliche **Herstellerleistung als immaterielles Gut** (LG Köln ZUM-RD 1998, 371, 378 – *Nutzungsrechte an Remix-Version*). Einerseits besteht das Schutzrecht nicht schon abstrakt, also gänzlich losgelöst von dem Tonträger, denn das Tonträgerherstellerrecht ist ohne das Vorliegen eines Tonträgers nicht denkbar; die Herstellerleistung manifestiert sich gerade erst in dem Tonträger. Deshalb liegt der Schutzgegenstand nicht schon in der Leistung selbst als immaterielles Gut (s. aber OLG Frankfurt/M. ZUM 2005, 477, 479 – *TV-Total* zum Schutzgegenstand des § 94). Andererseits wird aber auch nicht allein das körperliche Produkt, also der physische Tonträger, als rein materielles Gut geschützt, da dies dem Schutzinteresse nicht hinreichend gerecht würde (a. A.: *Dünnwald* UFITA 76 [1976], 167). Das Tonträgerherstellerrecht ist keine besondere Ausprägung des Sachenrechts, sondern soll in Bezug auf die Herstellung der Inhalte von Tonträgern erbrachte Leistungen schützen. Der Tonträger ist bildlich gesprochen der „Träger" des Schutzrechts; Schutzgegenstand ist mithin die **in dem Tonträger verkörperte wettbewerbliche Leistung.**

2. Früheres Recht

4 Mangels spezieller positiv-rechtlicher Normierungen kamen bei dem unerlaubten „Nachpressen" von Schallplatten vor Schaffung des UrhG vor allem §§ 823, 826 BGB (siehe RGZ 73, 294 – *Schallplatten*), nach Inkrafttreten des UWG im Jahr 1909 zudem wettbewerbsrechtliche Vorschriften (§ 1 UWG a.F.) zum Tragen. Erstmals mit der Novellierung des **LUG** vom 22.05.1910 fand der Tonträgerhersteller – unter Einfluss der RBÜ – eine gesetzliche Berücksichtigung: Gemäß § 2 Abs. 2 LUG wurde der Schutz zu Gunsten des Tonträgerherstellers derivativ von dem Recht des **ausübenden Künstlers**, dem sog. „Interpretenrecht" abgeleitet. Die Festlegung einer Darbietung galt als eine Bearbeitung (sog. „**fiktives Bearbeitungsrecht**"), an dem dem Tonträgersteller ein Nutzungsrecht seitens des ausübenden Künstlers eingeräumt wurde (Schricker/*Vogel*[3] Rn. 2).

Das heutige Tonträgerherstellerrecht wurde erst mit der Schaffung des Urhe- **5**
berrechtsgesetzes mit Wirkung zum 01.01.1966 positiv-rechtlich normiert;
zuvor sah das deutsche Recht keinen speziellen Schutz zu Gunsten der Tonträgerhersteller vor (s.a. BGH GRUR 2007, 502, 502 ff. – *Tonträger aus
Drittstaaten*).

3. Europäisches und internationales Recht

Das Tonträgerherstellerrecht ist durch eine Vielzahl internationaler Verträge **6**
und europäischer Richtlinien geprägt. Die positiv-rechtliche Normierung des
Schutzes des Tonträgerherstellers geht im Wesentlichen zurück auf die Unterzeichnung des **Rom-Abkommens (RA)** aus dem Jahr 1961, das zeitgleich mit
dem UrhG in Kraft getreten ist. Dieses sieht in Art. 10 RA die Normierung
eines originären Schutzrechts des Tonträgerherstellers vor unmittelbaren oder
mittelbaren Vervielfältigungen sowie in Art. 12 RA Vergütungsansprüche für
die öffentliche Wiedergabe von Tonträgern vor. Dem wurde mit der Schaffung
der §§ 85, 86 Rechnung getragen. Auch Art. 2 des **Genfer Tonträgerabkommens (GTA)** von 1971 bietet dem Tonträgerhersteller einen Schutz gegen
unerlaubte Vervielfältigungen sowie gegen die unerlaubte Einfuhr und Verbreitung. Ferner begründen Art. 3 und 14 **TRIPS** sowie Art. 11 ff. **WPPT**
Schutzrechte zu Gunsten des Tonträgerherstellers (näher hierzu vgl. Vor
§§ 120 Rn. 30 ff.).

Keinen Schutz hingegen bietet die **Revidierte Berner Übereinkunft (RBÜ)**, die **7**
nur für Urheberrechte, nicht aber für Leistungsschutzrechte gilt (BGH GRUR
1992, 845, 846 – *Cliff Richard* zum Leistungsschutzrecht des ausübenden
Künstlers). Gleiches gilt für das **Übereinkommen mit den USA** vom
15.01.1892 über den gegenseitigen Schutz der Urheberrechte (RGBl. 1892,
S. 473), das ebenfalls das Tonträgerherstellerrecht nicht betrifft (BGH GRUR
1986, 454 – *Bob Dylan*). Die **Pariser Verbandsübereinkunft (PVÜ)** kann
lediglich – im Einzelfall – einen wettbewerbsrechtlichen Schutz bieten, sofern
die Voraussetzungen des unlauteren Wettbewerbs erfüllt sind (BGH GRUR
1986, 454 – *Bob Dylan* sowie BGH GRUR 1987, 814 – *Die Zauberflöte*).
Urheberrechtliche Schutzrechte zu Gunsten des Tonträgerherstellers sieht die
Übereinkunft gleichwohl nicht vor.

Das Tonträgerherstellerrecht hat sodann unter Einfluss europarechtlicher Vor- **8**
gaben einige Änderungen erfahren. Die **Vermiet- und Verleih-
RL**(92/100/EWG) beinhaltet insb. Vorgaben zum Vermietrecht und dem Vergütungsanspruch für das Verleihen von Tonträgern, die mit dem ÄndG 1995
vom 23.06.1995 in nationales Recht umgesetzt wurden. Zugleich wurde mit
demselben Gesetz die **Schutzdauer-RL** (93/98/EWG), welche später durch die
Schutzdauer-RL 2006/116/EG ersetzt wurde, umgesetzt. Sie sieht eine Harmonisierung der Schutzdauern des Urhebers und bestimmter verwandter
Schutzrechte vor und führte u.a. zur Verlängerung der Schutzdauer des Tonträgerherstellerrechts auf 50 Jahre (vgl. Rn. 62 ff.). Schließlich beinhaltet die
Info-RL (2001/29/EG) Vorgaben in Bezug auf den Schutz zu Gunsten Urheber
und bestimmter Leistungsschutzberechtigter, darunter auch zu Gunsten der
Tonträgerhersteller. Sie wurde zum einen mit dem UrhG InfoGes vom
10.09.2003 sowie zum zweiten mit dem Zweiten Korb vom 26.11.2007 in
nationales Recht umgesetzt. Mit Blick auf Art. 3 Abs. 2 Info-RL und zugleich
in Erfüllung der Verpflichtung aus Art. 14 WPPT wurde dem Tonträgerhersteller insb. das ausschließliche Recht der öffentlichen Zugänglichmachung
(§ 19a) zuerkannt und weiter klargestellt, dass auch der Tonträgerhersteller an

seinen Rechten Nutzungsrechte einräumen kann. Schließlich nahm die **Enforcement-RL** (2004/84/EG) Einfluss auf die Regelung des § 85: Mit dem Gesetz zur Verbesserung der Durchsetzung von Rechten des geistigen Eigentums vom 07.07.2008 wurde Art. 5 b) der Enforcement-RL (Vermutung der Rechtsinhaberschaft) durch Änderung des Abs. 4 (Verweis auf § 10 Abs. 1) umgesetzt.

II. Tatbestand

1. Tonträgerbegriff und Aufnahmegegenstand

9 **a) Tonträger:** Das Tonträgerherstellerrecht erfordert als Schutzvoraussetzung das Vorliegen eines **Tonträgers**. Dies ist nach der Legaldefinition des § 16 Abs. 2 eine Vorrichtung zur wiederholbaren Wiedergabe von Tonfolgen, wobei der Begriff der „**Tonfolge**" nicht im musikwissenschaftlichen Sinne, sondern – sehr allgemein – im Sinne eines „Klanges" zu verstehen ist (zum Aufnahmegegenstand vgl. Rn. 15 ff.). Als Tonträger kommen demnach sämtliche Vorrichtungen in Betracht, die „Töne tragen" können, solange sie nur geeignet sind, die aufgenommenen Tonfolgen (Klänge) wiederholbar wiederzugeben (BGH GRUR 1999, 577, 578 – *Sendeunternehmen als Tonträgerhersteller*).

10 **Klassischerweise** fallen unter den Tonträgerbegriff Schellack- und Vinylplatten, Magnetbänder, Kassetten und CDs, aber auch Walzen für Drehorgeln usw. Der Tonträgerbegriff ist aber nicht auf die – ohne mittlerweile tw. überholten – klassischen Medien beschränkt, weshalb auch neuere Vorrichtungen, wie Festplatten, DVDs, Memorycards, USB-Sticks, Blu-Ray Discs (BD) etc. hierzu zählen können. Nicht entscheidend ist, mit welchem technischen Verfahren die Töne auf dem Tonträger festgehalten werden; deshalb kommen analoge Aufnahmen ebenso in Betracht, wie – heute überwiegend üblich – digitale Fixierungen. Eine nur vorübergehende **flüchtige Speicherung** genügt den Anforderungen aber nicht, weshalb bspw. das kurzfristige Zwischenspeichern einer Aufnahme in den flüchtigen Speicher eines Computers (Cache) kein Tonträgerherstellerrecht begründet kann. Es fehlt hier an einer dauerhaften Festlegung.

11 Traditionelle **Musikinstrumente**, wie bspw. ein Klavier oder eine Gitarre sind keine Tonträger, weil sie keine Töne „tragen", sondern diese vielmehr durch Betätigung des Benutzers erzeugen. Es sind keine Tonträger, sondern Klangerzeuger. Allerdings können elektronische Musikinstrumente, wie bspw. **digitale Keyboards** oder elektronische Schlagzeuge, im Einzelfall als Tonträger anzusehen sein, soweit dort unmittelbar digitalisierte Klänge gespeichert und nicht erst im Gerät erzeugt werden. Zumeist wird der Klang jedoch zunächst außerhalb des Gerätes produziert und hiernach in das Instrument übertragen, so dass das Gerät eine Vervielfältigung der Tonträgeraufnahme enthält. Auch bei Synthesizern ist danach zu differenzieren, ob die Klänge bei dem Spiel erst erzeugt werden oder dort zuvor erzeugte Klänge fixiert sind.

12 Ein Tonträger ist immer ein **körperlicher Gegenstand**, also eine gegenständliche Sache. Deshalb sind etwa Audiodateien (wie bspw. MIDI-, MP3- oder WAV-Dateien) genau genommen selbst nicht als Tonträger anzusehen, sondern nur die körperlichen Medien, auf denen sie gespeichert sind (z.B. Festplatte, CD, DVD, Speicherkarten usw.).

13 **b) Bild- und Tonträger:** Einen Sonderfall bildet der „**Bild- und Tonträger**" gemäß § 94 Abs. 1. Dieser erfasst schon dem Wortsinn nach sowohl Bild- als auch Toninformationen. Ein Beispiel hierfür ist eine **DVD**, auf der sowohl Bildfolgen als auch Tonfolgen festgehalten sind. Traditionell fallen hierunter Filmstreifen mitsamt der verbundenen Tonspur.

Soweit Bild und Ton auf einem derartigen Medium verbunden sind, sind **14** §§ 94 f. gegenüber §§ 85 f. **lex specialis**, so dass hier das reine Tonträgerherstellerrecht (§§ 85 f.) durch die spezielleren Vorschriften der §§ 94 f. verdrängt wird. Dies gilt auch dann, wenn Ton und Film – wie heute üblich – zunächst getrennt voneinander aufgenommen (s. zu diesem Fall unter Anwendung des GTA auch OLG Hamburg ZUM-RD 1997, 389 – *Nirvana*) und in einem späteren Schritt technisch wie auch inhaltlich derart miteinander **verbunden** werden, dass sich der Tonteil als integraler Bestandteil des Filmes erweist (*Dünnwald*, UFITA 76 [1976], 168). Heute ist es üblich, dass Tonspuren zunächst vorproduziert und zu einem späteren Zeitpunkt mit zusätzlichen Bildinformationen zu einem Bild- und Tonträger vereint werden. Sofern Bild und Ton eine inhaltliche Einheit bilden, unterfällt der gesamte Bild-/Tonträger (sowohl hinsichtlich der Toninformationen als auch hinsichtlich der Bildinformationen) ausschließlich den §§ 94 f. Des Rückgriffs auf § 85 f. bedarf es insoweit nicht. Anders hingegen die Rechtslage nach dem **GTA**: Bei einem Bild- und Tonträger handelt es sich nicht um einen Tonträger gem. Art. 1a GTA, da es sich nicht um eine „ausschließlich auf den Ton beschränkte Festlegung" handelt (OLG München ZUM-RD 1997, 358 – *Schutzlückenpiraterie*). Zur nachträglichen Auskopplung einer Tonspur zur isolierten Vermarktung vgl. Rn. 27.

c) **Aufnahmegegenstand:** Aufnahmegegenstand kann **jedwedes hörbare Ton-** **15** **material** sein, gleich welchen Ursprungs der aufgenommene Klang ist und gleich welche Qualität der Klang aufweist. Es ist insb. unerheblich, ob das Aufgenommene dem **Werkbegriff** des § 2 Abs. 2 unterfällt; das Tonträgerherstellerrecht entsteht völlig losgelöst von der Frage, ob die „Tonfolge" eine persönliche geistige Schöpfung ist. Sofern die Legaldefinition des Tonträgers in § 16 Abs. 2 auf den Werkbegriff Bezug nimmt, erfolgt dies allein aus systematischen Gründen (Wandtke/Bullinger/*Schaefer*[2] Rn. 5): Die §§ 15 ff., in die auch § 16 Abs. 2 eingegliedert ist, befassen sich mit den urheberrechtlichen Verwertungsrechten von Werken (§ 2), so dass die Bezugnahme auf das Werk in § 16 Abs. 2 (nur) aus diesem Grunde erfolgt und bei der Bestimmung des Aufnahmegegenstandes im Rahmen des § 85 keine Bedeutung hat. Ebenso wenig muss der Aufnahmegegenstand eine Darbietung i.S.d. § 73 sein; allerdings setzt der Beteiligungsanspruch des Tonträgerherstellers gegen den ausübenden Künstler gem. § 86 natürlich eine solche voraus (vgl. § 86 Rn. 7).

Zu den Aufnahmegegenständen zählen also neben musikalischen Darbietun- **16** gen und Sprachaufnahmen **sämtliche Klänge, Laute und Geräusche**, wie das Bachplätschern, Vogelgezwitscher, Froschquaken oder Verkehrslärm, sofern sich deren Fixierung als honorierbare Leistung (vgl. Rn. 24 ff.) erweist. Dies begründet sich damit, dass § 85 auch und insb. die Festlegung einer (grundsätzlich) nicht wiederholbaren klanglichen Situation honorieren soll. Dieser Schutz wird unabhängig von der Art des Aufnahmegegenstandes gewährt. Der Aufnahmegegenstand selbst kann aber, sofern er denn Ergebnis einer besonderen durch das UrhG honorierte Leistung darstellt, durch andere Urheber- oder **Leistungsschutzrechte** geschützt sein, wie bspw. als Leistung eines **ausübenden Künstlers** (s. § 73) oder als Musik- oder Sprachwerk. Auch ist es denkbar, dass die Zusammenstellung der Klänge eine **Datenbank** gem.

§§ 87a ff. darstellt. Voraussetzung für die Begründung des Tonträgerherstellerrechts ist all dies jedoch nicht.

17 Unbeachtlich ist schließlich, ob und inwieweit die Aufnahme des Aufnahmegegenstandes möglicherweise die **Rechte Dritter** (z. B. des Urhebers, des ausübenden Künstlers oder eines Sendeunternehmens) verletzen könnte. Das Tonträgerherstellerrecht entsteht abstrakt und unabhängig von der Frage der Berechtigung der Aufnahme bzw. dessen Verwertung (OLG Köln ZUM-RD 1998, 371, 379 – *Nutzungsrechte an Remix-Version*). Deshalb ist es ohne weiteres denkbar, dass die Festlegung eines Tonträgers eigene Rechte **begründet** und zugleich fremde Rechte **verletzt**. Unter Umständen haben zwar Dritte wegen der Verletzung ihrer Rechte Unterlassungsansprüche gegen den Tonträgerhersteller, weil dieser mit der Aufnahme bspw. Schutzgegenstände unzulässig vervielfältigt hat oder Persönlichkeitsrechte verletzt, jedoch ändert dies an der Entstehung und der Durchsetzbarkeit des Tonträgerherstellerrechts als solches nichts.

18 **d) Erstmalige Festlegung (Fixierung) des Aufnahmegegenstandes:** Das Recht entsteht mit der (erstmaligen) Festlegung des Klanges auf einem Tonträger:

19 **aa) Fixierung (Festlegung):** Der Aufnahmegegenstand muss in einer Weise erstmalig **fixiert** werden, dass er mit Hilfe des Tonträgers in identischer Form **wiederholbar wiedergegeben** werden kann. Auf eine besondere Stetigkeit oder Dauerhaftigkeit kommt es nicht an, weshalb das Herstellerrecht auch bei der Fixierung auf einem Speichermedium entsteht, das gelöscht, überschrieben oder überspielt werden kann. Jedoch genügt eine nur flüchtige Speicherung, beispielsweise im Zwischenspeicher des Computers (Cache), nicht. Denn hier wäre die „Festlegung" ebenso flüchtig, wie die Tonfolge, die fixiert werden soll (vgl. auch Rn. 10).

20 **bb) Erstmaligkeit (Vervielfältigungsbegriff des Abs. 1 S. 3):** Das Tonträgerherstellerrecht wird nur bei der **erstmaligen** Festlegung des Klanges begründet. Dies bedeutet, dass das Recht nur an der ersten Aufnahme des Klanges, nicht auch an **Vervielfältigungsstücken** von einem vorhandenen Tonträger entsteht (Abs. 1 S. 3). Vor allem bei der Musikproduktion wird der Tonträger, auf dem der Klang erstmals fixiert wird, als „**Master**" bezeichnet. Er dient dann der Anfertigung der Vervielfältigungsstücke. An diesem setzt sich das an der Erstaufnahme (Master) begründete Tonträgerherstellerrecht unmittelbar fort, so dass es unerheblich ist, ob das Master nach Anfertigung der Kopie bspw. untergeht (Dreier/Schulze/*Schulze*[2] Rn. 20). Eine Verletzungshandlung liegt unproblematisch auch dann vor, wenn ein Vervielfältigungsstück einer Masteraufnahme ohne Zustimmung des Rechteinhabers (nochmals) vervielfältigt, verbreitet oder öffentlich zugänglich gemacht wird.

21 Die **reine Vervielfältigung** eines Tonträgers begründet hingegen kein eigenes neues Recht, was Abs. 1 S. 3 **klarstellt**. Unter der in Abs. 1 S. 3 genannten Vervielfältigung („Das Recht entsteht nicht durch Vervielfältigung eines Tonträgers") ist das reine Kopieren, also **Reproduzieren** eines Tonträgers zu verstehen. Schon die Gesetzesbegründung zu diesem Satz (RegE UrhG – BT-Drucks. IV/270, S. 96) lässt dies erkennen, die hier den Begriff des Kopierens verwendet: Das Tonträgerherstellerrecht soll nicht durch „**Kopieren** einer bereits vorhandenen Aufnahme" entstehen. Der Begriff der Vervielfältigung in Abs. 1 S. 3 ist etwas missverständlich, und er ist inhaltlich zu unterscheiden von den Vervielfältigungsbegriffen in Abs. 1 S. 1 und insb. des § 16 (näher: *Boddien* S. 112 ff.). Er ist im Verhältnis zu Abs. 1 S. 2 und § 16 enger und bezieht sich ausschließlich auf die Begründung von Schutzrechten, während die Vervielfältigungsbegriffe des **Abs. 1 S.** 1 und des § 16 den Verbots- bzw. Verwertungstatbestand betreffen. Die Vervielfältigungsbegriffe des Abs. 1 S. 1 und des § 16 sind grundsätzlich weit zu verstehen und umfassen jede Form der körperlichen Festlegung, die geeignet ist, das Werk den menschlichen Sinnen auf irgendeine Weise unmittelbar oder mittelbar **wahrnehmbar** zu machen (BGH GRUR 1983, 28, 29 – *Presseberichterstattung und Kunstwerkwiedergabe II*; BGH GRUR 1991, 449, 453 – *Betriebssystem*). Demgegenüber **stellt** Abs. 1 S. 3 mit Blick auf den Schutzzweck der Norm lediglich **klar**, dass das Tonträgerherstellerrecht dann nicht entsteht, wenn lediglich ein Tonträger kopiert wird, weil hierbei schlicht **keine eigenen schützenswerten Leistungen** erbracht werden. Die Gesetzesbegründung zu Abs. 1 S. 3 nennt hierfür zutreffend die Beispiele des Überspielens einer Schallplatte auf Tonband oder das Mitschneiden einer Rundfunksendung (RegE UrhG – BT-Drucks IV/270, S. 96). In diesem Fällen werden gerade keine Leistungen erbracht, die der Gesetzgeber einem besonderen Schutz unterstellen wollte. Werden aber nach § 85 schützenswerte Leistungen erbracht, und sei es im Zusammenhang mit einer Vervielfältigungshandlung eines vorhandenen Tonträgers durch **Veränderungen der Klänge**, ist die Tür zu einem (neuen) Tonträgerherstellerrecht geöffnet und für Abs. 1 S. 3 kein Raum (näher zum Ganzen am Beispiel des Remastering vgl. Rn. 28 ff.).

Eine Vervielfältigung gem. **Abs. 1 S. 3** ist inhaltlich immer zugleich eine solche **22** i.S.d. Abs. 1 S. 1 sowie i.S.d. § 16. Allerdings muss eine Vervielfältigung gem. Abs. 1 S. 1 und/oder § 16 nicht notwendigerweise zugleich eine Vervielfältigung gem. Abs. 1 S. 3 darstellen. Zur Verdeutlichung: Singt ein Sänger eine auf einem Tonträger fixierte Musikaufnahme nach und fixiert diesen Gesang seinerseits auf einem Tonträger, liegt hierin zweifelsfrei eine Vervielfältigungshandlung gem. § 16; zugleich entsteht aber auch unproblematisch ein neues Tonträgerherstellerrecht, ohne dass Abs. 1 S. 3 dem entgegenstünde – und dies, obwohl unzweifelhaft eine „Vervielfältigung" vorliegt, nämlich i.S.d. § 16. Gleiches gilt für einen **Disk-Jockey**, der vorhandene Tonaufnahmen miteinander vermischt und zu einem neuen Ganzen verschmelzen lässt: Der DJ **vervielfältigt** die Originalaufnahme in tonträgerrechtlicher (§ 85 Abs. 1 S. 1), zumeist auch in urheberrechtlicher (§ 16) Hinsicht (und verletzt ggf. die diesbezüglichen Rechte eines Dritten); gleichzeitig **begründet** er aber mit der Festlegung ein (neues) Tonträgerherstellerrecht, obwohl (sogar: indem) er die Originalaufnahme „vervielfältigt". Das Tonträgerherstellerrecht entsteht in diesen Fällen gerade „durch Vervielfältigung eines Tonträgers".

Die **Erstmaligkeit** der Aufnahme darf nicht mit einer **Einmaligkeit** oder **Ex- 23 klusivität** gleichgesetzt werden: Der Entstehung des Tonträgerherstellerrechts steht es nicht entgegen, wenn ein und derselbe Klang zeitgleich von verschiedenen Personen auf unterschiedlichen Tonträgern fixiert wird; es entsteht an jedem so erstellten Tonträger ein eigenständiges, originäres Tonträgerherstellerrecht.

e) Erforderlicher Aufwand: Das Tonträgerherstellerrecht wird nur begründet, **24** wenn die Festlegung Resultat eines „gewissen **Aufwandes**" ist. Denn schon nach der Gesetzesbegründung bezieht sich das Schutzrecht auf die „hochwertige technische Leistung und die großen wirtschaftlichen Aufwendungen, die die Herstellung eines zum Vertrieb geeigneten Tonträgers" erfordert (RegE UrhG – BT-Drucks IV/270, S. 95). Deshalb muss ein Tonträgerherstellerrecht ausscheiden, wenn zwar ein Tonträger hergestellt wurde, die Tonträgerherstellung aber ohne einen nennenswerten Aufwand erfolgt ist. Hier kommt im Übrigen auch die Bedeutung des Schutzgegenstandes zum Tragen: Schutzgegenstand ist nicht der Tonträger als solcher, sondern die in ihm verkörperte wettbewerbliche Herstellerleistung (vgl. Rn. 3).

25 Die **Anforderungen** an die insoweit erforderlichen Leistungen sind jedoch nach h.A. **niedrig** anzusetzen, so dass Amateuraufnahmen ebenso geschützt sind, wie Profiproduktionen (so ausdrücklich: Reg UrhG – BT-Drucks IV/270, S. 95), sofern eben nur „gewisse" Aufwendungen erbracht worden sind. Die Abgrenzung zwischen „gerade noch" und „gerade nicht mehr" hinreichenden Leistungen ist im Einzelfall schwierig zu beurteilen; im Zweifel ist wohl zu Gunsten des Tonträgerherstellers zu entscheiden. In jedem Falle kommt es auf die Qualität der Aufnahme nicht an.

26 Umstritten ist, ob das bloße **Mitschneiden** eines Live-Ereignisses durch Privatpersonen, wie der illegale Mitschnitt eines Live-Musikkonzertes (sog. „bootlegs"), schutzbegründend ist. Es muss daran gezweifelt werden, dass das reine Betätigen einer Aufnahmetaste und bestenfalls noch das Hochhalten eines Mikrofons, eines Diktiergerätes oder eines MP3-Rekorders den zwar geringen, aber dennoch bestehenden Anforderungen an die Leistungen in technischer, organisatorischer und wirtschaftlicher Hinsicht gerecht wird. Wenngleich es nicht von vornherein gänzlich ausgeschlossen ist, dass im Einzelfall auch bei einem Live-Mitschnitt derartige Leistungen erbracht werden, wird es zumeist an einer derartigen honorierbaren Leistung fehlen (ebenso Dreier/Schulze/*Schulze*[2] Rn. 26; Wandtke/Bullinger/*Schaefer*[2] Rn. 14; Schricker/*Vogel*[3] Rn. 23; Loewenheim/*Vogel* § 40 Rn. 32; a. A.: Vorauflage/*Hertin* Rn. 3). Die vorstehende Problematik stellt sich aber nur bei dem Mitschnitt eines **Live-Ereignisses** (z. B. Live-Konzert). Wird ein Konzert hingegen zunächst von dem **Sendeunternehmen** (§ 87) festgelegt, später gesendet und von einem Dritten mitgeschnitten, entsteht – da es sich dann um eine reine Vervielfältigung (Abs. 1 S. 3), nicht aber um eine Erstfixierung handelt – kein neues Tonträgerherstellerrecht; der Mitschneidende verletzt darüber hinaus die Tonträgerherstellerrechte des Sendeunternehmens (OLG Hamburg ZUM-RD 1997, 389 – *Nirvana*).

27 f) **Aufnahmezweck:** Der **Zweck** der Aufnahme ist für die Begründung des Tonträgerherstellerrechts grundsätzlich **nicht von Belang** (BGH GRUR 1999, 577, 578 – *Sendeunternehmen als Tonträgerhersteller*; BGH GRUR 1982, 102, 103 – *Masterbänder*). Deshalb entsteht das Schutzrecht auch an Aufnahmen, wenn die Tonträger überhaupt nicht oder noch nicht zur **Verbreitung** bestimmt waren, weil sie z. B. noch nicht endgültig abgemischt wurden (OLG Hamburg ZUM 2003, 315, 316 – *ROCK NORD*). Obschon es grundsätzlich für die Begründung des Tonträgerherstellerrechts nicht auf eine besondere Zweckbestimmung ankommt, besteht in bestimmten Konstellationen aber ein Sonderfall bei den **Bild- und Tonträgern** gem. § 94 Abs. 1 (vgl. Rn. 13 f.). Trennt ein Filmhersteller die Tonspur eines Films von den Bildbestandteilen, um diese gesondert als Tonträger zu vermarkten (z. B. als Soundtrack zum Film), entsteht das Recht des § 85 an der Tonspur in dem Augenblick, in dem sie zum Zwecke der selbständigen Verbreitung vervielfältigt wird (*Dünnwald* UFITA 76 [1976], 165, 168; Wandtke/Bullinger/*Schaefer*[2] Rn. 5). In diesem Fall ist ausnahmsweise auf die **Zweckbestimmung** der Auskopplung abzustellen. Gleiches gilt für den umgekehrten Fall, dass eine vorhandene Tonspur mit Bildinformationen zu einem Bild- und Tonträger vereint wird; dann verdrängen die §§ 94 f. die Vorschriften der §§ 85 f. aufgrund dieser Zweckbestimmung (Loewenheim/*Vogel* § 40 Rn. 33).

g) Einzelfragen zu besonderen Formen der Musikproduktion: aa) Remastering 28 (klangtechnische Aufbereitung): Unter dem **Remastering** ist die Aufnahme eines Tonträgers mit bereits vorhandenem Tonmaterial in technisch aufbereiteter, gegenüber dem Original verbesserter Klangqualität, zu verstehen. Die Altaufnahme wird gem. Abs. 1 S. 1 vervielfältigt und mit Hilfe modernster Studiotechnik **klanglich aufbereitet**, etwa von störenden Nebengeräuschen (Knacken, Knistern, Rauschen usw.) befreit, klanglich manipuliert (z. B. Frequenzanpassungen) oder gar um fehlende Klanginformationen (z. B. Bassinformationen, Raumklanginformationen) ergänzt. Dies betrifft bspw. alte Schellack- und Vinylplatten aus den vergangenen Jahrzehnten oder auch die Filmmusik alter Filmklassiker, die nochmals isoliert als Tonträger vermarktet werden soll.

Die h.A. lehnt die Entstehung von Tonträgerherstellerrechten vor allem mit **29** Blick auf Abs. 1 S. 3 ab: Der Originalklang werde lediglich **vervielfältigt gem. Abs. 1 S. 3,** weil kein neuer Klang erstmals fixiert, sondern eine bereits bestehende Tonträgeraufnahme **wiederholt festgelegt** werde (so etwa Schricker/*Vogel*[3] Rn. 25; Dreier/Schulze/*Schulze*[2] Rn. 21; Möhring/Nicolini/*Kroitzsch*[2] Rn. 11). Tw. wird eingewandt, dass die technische Klangaufbereitung mit der **Bearbeitung** eines Werkes zu vergleichen sei, jedoch das Tonträgerherstellerrecht kein Bearbeitungsrecht kenne, so dass auch kein neuer Schutz entstehen könne (Dreier/Schulze/*Schulze*[2] Rn. 21). Schließlich komme es zu einer die Schutzfristen unterlaufenden ungewollten **Schutzfristenverlängerung** zu Lasten der Allgemeinheit (Loewenheim/*Vogel* § 40 Rn. 32; Lehmann/*v. Lewinski* S. 156).

Dem kann gleichwohl nicht gefolgt werden. Denn sogar zumeist wird durch **30** das Remastering ein eigenes Tonträgerherstellerrecht begründet, sofern die technische Aufbereitung – die regelmäßig kostenintensiv und technisch äußerst aufwändig ist – gegenüber dem Original etwas **klanglich Neues** hervorbringt und dieser (neue) Klang in dieser Form **erstmals fixiert** wird. In diesem Fall dient nämlich das Original – vergleichbar mit einem Musikinstrument, insb. einem Synthesizer – lediglich als **Klangquelle** zur Schaffung und Fixierung eines neuen Klanges (ähnlich auch Wandtke/Bullinger/*Schaefer*[2] Rn. 16; *Hodik* ZUM 1987, 510, 511 f. für das österreichische Tonträgerherstellerrecht sowie *Knies* S. 191 und *Dünnwald*, UFITA 76 [1976], 165, 176). Es liegt kein Fall der Vervielfältigung gem. **Abs. 1 S. 3,** sondern bestenfalls i.S.d. **Abs. 1 S. 1** und des § 16 vor, was aber auf die Schutzbegründung grundsätzlich keinen Einfluss hat, solange und soweit die Originalaufnahme nicht lediglich ohne Erbringung eigener Leistungen kopiert wird (vgl. Rn. 20 ff.). Eines ausdrücklichen Tonträgerbearbeitungsrechts bedarf es nicht, weil der Vorgang – die erstmalige Festlegung eines Klanges – bereits unmittelbar von Abs. 1 S. 1 erfasst ist.

Beim Remastering werden regelmäßig jene **technischen, organisatorischen und 31 wirtschaftlichen Leistungen** erbracht, die der Gesetzgeber mit der Schaffung des § 85 geschützt wissen wollte; sie stehen den Leistungen bei einer originären Musikproduktion in nichts nach, zumal die Anforderungen an die im Rahmen des § 85 zu erbringenden Leistungen ohnehin gering sind. Resultat der erbrachten Leistung ist ein im Vergleich mit dem Original **neuer Klang,** der in dieser Form erstmalig auf einem Tonträger fixiert wird. Die technische Aufbereitung alten Klangmaterials ist im Übrigen ohne weiteres vergleichbar mit dem **Nachcolorieren** von Bildaufnahmen. Wird eine alte in schwarz/weiß gedrehte Filmaufnahme nachträglich mit Bildinformationen versehen, nimmt die wohl h. A. im Rahmen des § 94 an, dass diese Leistung über die „reine Vervielfältigung" hinausgehe und deshalb ein eigenes Filmherstellerrecht begründe (etwa Dreier/Schulze/*Schulze*[2] § 94 Rn. 17; Schricker/*Katzenberger*[3] § 94 Rn. 15). Auch die Entstehung eines (neuen) **Senderechts** gem. § 87 wird durchaus angenommen, wenn das ursprünglich gesendete Material verändert wurde (s. Schricker/*v. Ungern-Sternberg*[3], § 87 Rn. 26) Nichts anderes gilt aber bei der Restauration von Tonaufnahmen, zumal auch hier nicht nur Geräusche entfernt, sondern die Aufnahmen oftmals um zusätzliche Klanginformationen ergänzt werden. Es wäre auch nicht einzusehen, weshalb sich derjenige, der mit einem **Mindestmaß** an technischem Aufwand Vogelgesang auf einem Tonträger fixiert, auf das Tonträgerherstellerrecht berufen könnte, während demjenigen, der eine Altaufnahme unter Einsatz spezieller Sach- und Fachkunde, organisatorischem Aufwand und Geld aufwändig restauriert und auf diese Weise ein klangtechnisch neues Produkt mit einem eigenen wirtschaftlichen Wert festlegt, der Schutz versagt würde. Zu einer **Schutzfristverlängerung** des Originals kommt es ebenfalls nicht, weil das neue Tonträgerherstellerrecht ausschließlich an der neuen (remasterten) Fassung entsteht und das Original selbst völlig unangetastet bleibt.

32 Die Änderungen müssen aber zum einen **klanglich wahrnehmbar** und zum anderen Resultat einer **eigenständigen Leistung** sein, die § 85 schützen will. § 85 scheidet deshalb aus, wenn die Einwirkungen auf den Originalklang derart gering sind, dass nicht von einem gegenüber dem Original „neuen" Klang gesprochen werden kann oder aber die Klangveränderung lediglich Resultat eines automatischen Verfahrens ist, das keinerlei wirtschaftlichen, organisatorischen oder technischen Aufwand erfordert hat (hierzu *Dünnwald*, UFITA 76 [1976] S. 176; *Sternberg-Lieben*, S. 57 und ferner Wandtke/Bullinger/*Wandtke*[2] § 85 Rn. 16). Zum Ganzen s. *Boddien* S. 110 ff.

33 Die klangliche Restauration alter Tonträgeraufnahmen führt freilich nicht dazu, dass hierdurch zu Gunsten des ausübenden Künstlers, der an der Originalaufnahme mitgewirkt hat, **neue Schutzrechte** entstehen würden (hierzu OLG Hamburg ZUM-RD 2002, 145, 149 – *Aufbesserung des Tonträgers;* s. a. KG GRUR-RR 2004, 129, 131 – *Modernisierung einer Liedaufnahme*). Denn die eigentliche, schützenswerte Leistung des ausübenden Künstlers wurde ausschließlich bei Schaffung des Originals erbracht, die schon entsprechend Berücksichtigung gefunden hat. Auch sonst hat das Remastering auf die **Schutzfristen** des Originals keinerlei Auswirkung; der „neue" Schutz erstreckt sich ausschließlich auf die modernisierte Fassung und lässt die Schutzfristen der Altaufnahme gänzlich unberührt.

34 **bb) Coverversionen:** Bei einer **Coverversion** handelt es sich um eine Neuproduktion eines bereits zuvor veröffentlichten Musikwerkes unter weitgehender Beibehaltung der Eigentümlichkeiten des Originals. Das Originalwerk wird in der Coverversion mal mehr, mal weniger stark aufgehen, wobei in der Regel dessen wesentlichen Züge (vor allem die Titelmelodie und der Songtext) deutlich erkennbar sind. Die Produktion einer Coverversion ist in der Regel von dem Bestreben motiviert, einen einst erfolgreichen Hit nochmals gewinnbringend zu vertonen und sich auf diese Weise an dessen Erfolg anzuhängen. Bspw. wurde der Song „Yesterday" der *Beatles* über 1.600 Mal von unterschiedlichen Interpreten mit unterschiedlichen Erfolgen nachproduziert. Zumeist erfolgt die Neueinspielung durch andere Interpreten; zwingend ist dies aber nicht (anders die Formulierung des BGH in der Entscheidung GRUR 1998, 376, 376 – *Coverversion;* zu dem Begriff der Coverversion ferner *Peter F. Schulz* FS Hertin, 213, 215; Loewenheim/*Czychowski* § 9 Rn. 79). Auch der Originalinterpret kann seinen einstigen Hit nochmals in einer unterschiedlichen Ausformung als Coverversion herausbringen.

Das Original wird für die Produktion der Coverversion nur inhaltlich heran- **35** gezogen; es dient als **Vorbild**, nicht als technische Vorlage im tonträgerrechtlichen Sinne. Da also sämtliche Klänge von Grunde auf neu eingespielt werden, entstehen hier unproblematisch neue Tonträgerherstellerrechte, die gänzlich unabhängig von den Rechten an der Originalaufnahme bestehen.

cc) **Re-Recording:** Beim sog. **Re-Recording** handelt es sich ebenfalls um die **36** komplette Neueinspielung vorbestehender Musikwerke. Das Originalwerk wird noch einmal „nachgespielt" und/oder nachgesungen, wobei hier jedoch in der Regel – anders als bei der Coverversion – angestrebt wird, der Originalaufnahme klanglich so weit es geht gleichzukommen. Oftmals werden Re-Recordings unmittelbar von den Interpreten eingesungen, welche schon bei der Originalaufnahme mitgewirkt haben („Original-Artist-Re-Recording"). Eine Neuaufnahme kann bspw. dann sinnvoll sein, wenn die Originalaufnahme nach heutigen Maßstäben starke **klangliche Defizite** aufweist und sich eine Restauration nicht lohnt. Auch kann es sein, dass ein Interpret sein Plattenlabel wechselt und seinen „Hit" nochmals für das neue Label einsingt, sofern sein Vertrag mit dem vorherigen Label dies zulässt, er seinem alten Partner die Rechte also nicht exklusiv eingeräumt hat. Schließlich werden mitunter Re-Recordings angefertigt, um diese auf sog. „**Compilations**" oder „**Samplern**" (eine Zusammenstellung von Musikstücken zumeist unterschiedlicher Interpreten wie „Die Sommerhits der 90'er") herauszubringen.

Das Original dient nicht nur als (inhaltliches) musikalisches Vorbild, sondern **37** als unmittelbare (klangliche) **Vorlage**, die es nachzuahmen gilt. Allerdings wird beim Re-Recordering – anders als beim Remastering – die Tonträgeraufnahme des Originals in technischer Hinsicht nicht als unmittelbare Klangquelle herangezogen. Die Re-Recording-Aufnahme wird vollständig mit Instrumenten und Stimmen **erneut eingespielt**. Da hierbei sämtliche Klänge erstmals festgelegt werden, entsteht zu Gunsten der Neuaufnahme – unbeschadet des Originals – unproblematisch ein originäres Tonträgerherstellerrecht.

dd) **Mehrspurtechnik und Remix:** Heutige Musikproduktionen erfolgen in **38** einem sog. **Multitrack-Verfahren**, also in Mehrspurtechnik. Die ein Musikwerk bildenden einzelnen Stimmen und Instrumente werden jeweils auf separaten Spuren („Tracks") aufgenommen, die einzeln zugänglich, abspielbar und veränderbar sind (*Ernst* S. 70). Erst in einem nächsten Schritt werden dann die vorliegenden Tracks zu einem Gesamtwerk abgemischt und in dieser Form auf einen (weiteren) Tonträger fixiert. Da die einzelnen Spuren – gewissermaßen das Rohmaterial – getrennt voneinander festgelegt sind (und i. d. R. auch bleiben), können sie jederzeit beliebig neu abgemischt werden. Hierdurch entsteht ein sog. „**Remix**" von dem Original (OLG Köln ZUM-RD 1998, 371 – *Schutz von Remixes*). Von einem Musikwerk werden auf diese Weise eine ganze Reihe unterschiedlicher Abmischungen mit jeweils unterschiedlichen musikalischen Ausprägungen angefertigt (z. B. „Radio-Mix" oder eine „Hip-Hop-Version").

Das originäre Tonträgerherstellerrecht entsteht bereits an den Aufnahmen der **39** **einzelnen Tracks**, denn die bis dahin erbrachte Herstellerleistung hat sich bereits in diesen Tonträgern schutzbegründend verkörpert (ebenso: Wandtke/ Bullinger/*Schaefer*[2] Rn. 4; Dreier/Schulze/*Schulze*[2] Rn. 20). Insb. ist es unerheblich, ob die Tracks ihrerseits zur Verbreitung oder Veröffentlichung bestimmt waren (was i.d.R. gerade nicht der Fall ist), denn für die Begründung des Tonträgerherstellerrechts kommt es grundsätzlich auf eine **Zweckbestimmung** der Aufnahme nicht an (vgl. Rn. 27). Das an den einzelnen Spur-Aufnahmen entstandene Tonträgerherstellerrecht setzt sich an dem später zusammengesetzten „Mix" unmittelbar fort. Dies bedeutet jedoch nicht, dass nicht auch an dem Mix als solchen ebenfalls Tonträgerherstellerrechte entstehen können. Dies wird sogar regelmäßig zusätzlich der Fall sein. Denn üblicherweise wird während des **Abmischvorganges** auf die Klänge der einzelnen Spuren akustisch eingewirkt, mit der Folge, dass sich die gesamte (abgemischte) Festlegung als eine „neue" Aufnahme erweist. In diesem Falle fungieren die einzelnen Spuren als Klangquelle für die Festlegung eines neuen Klanges.

2. Tonträgerhersteller als Rechtsinhaber

40 a) **Begriff des Tonträgerherstellers:** Schutzrechtsinhaber ist der Hersteller des Tonträgers. Das ist – frei von speziellen Terminologien in der Musikbranche – stets derjenige, der die organisatorische, technische und wirtschaftliche Leistung der Tonträgerherstellung erbringt. Es ist danach zu fragen, wem der **Erfolg der Herstellerleistung**, die § 85 schützen will, zuzuordnen ist (BGH GRUR 2004, 421, 423 – *Tonträgerpiraterie durch CD-Export;* BGH GRUR 1993, 472, 473 – *Filmhersteller* für den Begriff des Filmherstellers; OLG Hamburg GRUR 1997, 826 – *Erkennungsmelodie*), wer also die **wirtschaftliche Verantwortung** trägt, beispielsweise die erforderlichen Sach- und Personalverträge schließt. Als Tonträgerhersteller kommen gleichermaßen sowohl natürliche als auch – wie in der Praxis zumeist – juristische Personen in Betracht. Ist der Tonträger in einem Unternehmen hergestellt worden, gilt der Inhaber des Unternehmens als Hersteller (Abs. 1 S. 2).

41 Traditionell hat das sog. **Label** (Plattenfirma) die Leistungen des Tonträgerherstellers i.S.d. § 85 erbracht; heutzutage fallen Tonträgerhersteller einerseits und das Label andererseits häufig auseinander (Wandtke/Bullinger/*Schaefer*[2] Rn. 9). Meist konzentrieren sich die Plattenlabels heute nämlich auf die **Akquise** und **Betreuung** der ausübenden Künstler und nehmen die Aufgaben des Marketings wahr, während sie die Produktion und Herstellung der Tonträger vertraglich selbständigen Musikproduzenten überlassen; in diesem Fall sind regelmäßig nur letztere als originäre Tonträgerhersteller anzusehen (hierzu OLG Hamburg GRUR 1997, 826, 827 – *Erkennungsmelodie*), wobei sich die Plattenlabels die Tonträgerherstellerrechte im Wege eines Bandübernahmevertrages üblicherweise abtreten lassen.

42 Der **Tonmeister** bzw. **Toningenieur** ist, sofern er nicht zugleich die organisatorische und wirtschaftliche Hoheit innehat, in der Regel kein Tonträgerhersteller. Er ist zwar derjenige, der funktionell im Tonstudio die Technik bedient und die Aufnahme bewirkt, allerdings fehlt es meist an der Gesamtverantwortlichkeit der Tonträgerherstellung. Zu den Rechten des Tonmeisters bzw. des Toningenieurs als ausübender Künstler vgl. § 73 Rn. 34. Ebenso wenig ist Tonträgerhersteller das **Presswerk**, das – ähnlich wie eine Druckerei im Printbereich – weisungsgebunden anhand des produzierten Masters lediglich Vervielfältigungsstücke anfertigt und regelmäßig im Auftrag Dritter handelt (Dreier/Schulze/*Schulze*[2] Rn. 8; Wandtke/Bullinger/*Schaefer*[2] Rn. 12).

Auch das **Sendeunternehmen** (§ 87) kann durchaus Tonträgerhersteller sein, **43** nämlich dann, wenn es Tonfolgen erstmals festlegt, und sei es auch mit Blick auf die spätere Sendung (BGH GRUR 1999, 577, 578 – *Sendeunternehmen als Tonträgerhersteller*). Ihm steht in dieser Eigenschaft ein angemessener Anteil an den nach § 54 Abs. 1 UrhG gezahlten Vergütungen zu, wenn es die konkrete Produktion als Tonträger in eigener Regie oder durch Lizenznehmer vervielfältigt und verbreitet; die bloße Herstellung des Tonträgers allein genügt für die Entstehung des Anspruches hierbei nicht (BGH a.a.O – *Sendeunternehmen als Tonträgerhersteller*; a.A.: *Loewenheim* GRUR 1998, 513).

b) Persönlicher Anwendungsbereich: aa) Inländer: Den Schutz nach § 85 **44** genießen zunächst **deutsche Staatsangehörige** bzw. Unternehmen mit Sitz in Deutschland (§ 126 Abs. 1). Gleiches gilt für Deutsche i.S.d. § 116 Abs. 1 GG, die nicht die deutsche Staatsangehörigkeit besitzen (§ 120 Abs. 2 Nr. 1). Für die vor dem Inkrafttreten des Einigungsvertrages, also vor der deutschen Wiedervereinigung (03.10.1990) geschaffenen Werke gilt dies über § 1 der Anlage I Kap. III Sachgebiet E Abschnitt II 2 des Einigungsvertrages (EV).

bb) Angehörige der Europäschen Union: Gem. § 120 Abs. 2 Nr. 2 stehen **45** Angehörige eines EU-Mitgliedsstaates oder Staatsangehörige eines anderen Vertragsstaates der **EWG** deutschen Staatsangehörigen gleich, was über § 126 Abs. 1 S. 2 auch für die Tonträgerhersteller gilt. Sie genießen einen uneingeschränkten Inländerschutz (s. hierzu die wegweisende Entscheidung EuGH GRUR 1994, 280 – *Phil Collins;* s. ferner: BGH GRUR 1999, 49 – *Bruce Springsteen and his Band;* BGH GRUR Int. 1995, 503 – *Cliff Richard II;* BGH GRUR 1994, 794 – *Rolling Stones;*). Ferner werden Unternehmen mit Sitz in einem anderen Mitgliedstaat der EU oder in einem anderen Vertragsstaat der EWG gleichgesetzt mit Unternehmen mit Sitz in Deutschland (vgl. § 126 Abs. 1 S. 3).

cc) Angehörige von Drittländern: Über § 126 Abs. 2 genießen auch **sonstige** **46** **ausländische Staatsangehörige und Unternehmen** Schutz für ihre im Geltungsbereich des UrhG erschienenen Tonträger, es sei denn, dass der Tonträger früher als 30 Jahre vor dem Erscheinen im Geltungsbereich des UrhG außerhalb dieses Bereichs erschienen (s. § 6 Abs. 2) ist. Hier kommt es allerdings zu einem **Schutzfristenvergleich:** Der nach dem deutschen UrhG gewährte Schutz endet spätestens mit Ablauf der Schutzdauer in dem Heimatstaat (§ 126 Abs. 2 S. 3). Für Einzelheiten vgl. § 126 Rn. 6 f.

3. Schutzumfang

Der Schutz der §§ 85 f. umfasst den Tonträger **als Ganzes** sowie einzelne **Teile** **47** hiervon, wie bspw. auf einer CD enthaltene Musiktitel. Es versteht sich von selbst, dass eine Verletzungshandlung demnach nicht nur dann vorliegt, wenn eine CD vollständig vervielfältigt, sondern auch dann, wenn lediglich ein einzelner Titel kopiert wird.

Umstritten ist, ob sich der Schutz des § 85 auch auf Klein- und Kleinstteile **48** („Licks") der Tonträgeraufnahme bezieht. Diese Frage ist vor allem beim sog. **Sampling** von Bedeutung: Hier werden einer bestehenden Musikaufnahme Versatzstücke, kurze Sequenzen oder auch nur Tonfetzen entnommen, regelmäßig digitalisiert und beispielsweise in den Speicher eines (Hardware- oder Software-) Synthesizers geladen. Dies kann etwa ein gesungenes „Hey!", ein kurzer Basslauf oder ein Rhythmus-Fetzen, der ständig wiederholt wird („Loop"), sein. Die so „gesampelten" Sounds dienen als **Klangquelle** für eine neue musikalische Gestaltung. Einige Stimmen verlangen, dass der entnommene Tonträgerteil zumindest einen substantiellen, wettbewerblich relevanten Bestandteil der Herstellerleistung verkörpern muss, da der Schutz des § 85 ein Mindestmaß an wirtschaftlichem, organisatorischen und technischen Aufwand verlange (OLG Hamburg GRUR Int. 1999, 390 – *Tonträgersampling*; OLG Hamburg ZUM 1991, 545 – *Rolling Stones*; auch *Knies* S. 192; *Bindhardt* S. 132; *Loewenheim/Vogel* § 40 Rn. 42). Nach Ansicht des OLG Hamburg ist das Tonträgerherstellerrecht jedenfalls dann verletzt, wenn kurze, aber charakteristische Rhythmussequenzen übernommen werden (OLG Hamburg GRUR-RR 2007, 3, 4 – *Metall auf Metall*).

49 Zu Recht weist aber ein gewichtiger Teil der Lit. darauf hin, dass man den **wirtschaftlichen Aufwand** nicht an der Länge bzw. Kürze des übernommenen Tonträgerteils festmachen kann (bspw. *Schulze* ZUM 1994, 15, 20; *Weßling* S. 159; *Schorn* GRUR 1989, 579, 580; *Hertin* GRUR 1989, 578, 578; *ders.* GRUR 1991, 722, 730; *Spieß* ZUM 1991, 524, 534; *Müller* ZUM 1999, 55, 558; *Boddien* S. 129 f.). Es leuchtet nicht ein, dass bspw. ein Hundertstel der Tonträgeraufnahme lediglich ein Hundertstel der gesamten Herstellerleistung widerspiegeln soll, der – isoliert betrachtet – möglicherweise nicht die erforderliche „Leistungshöhe" erreicht. Denn die honorierte Herstellerleistung ist insoweit nicht „teilbar" dahingehend, dass der erforderliche Mindestaufwand gerade in dem übernommenen Teil erkennbar sein müsste. Entscheidend ist, dass sich derjenige, der einen Teil der Aufnahme entnimmt, den dahingehenden Produktionsaufwand erspart. Zur Problematik des Samplings aus Sicht des Rechts der ausübenden Künstler vgl. § 77 Rn. 18.

4. Rechte des Tonträgerherstellers

50 a) **Verbotsrechte:** Dem Tonträgerhersteller stehen die drei in Abs. 1 S. 1 genannten **Ausschließlichkeitsrechte** zu: Das Vervielfältigungsrecht (§ 16), das Verbreitungsrecht (§ 17) sowie das Recht der öffentlichen Zugänglichmachung (§ 19a). Der Katalog des Abs. 1 S. 1 ist **abschließend**. Einen generellen Schutz gegen nachschaffende Leistungen oder gegen Entstellungen und Kürzungen, wie dies in § 94 Abs. 1 S. 2 für den Filmhersteller geregelt ist, sieht das Tonträgerherstellerrecht nicht vor; s. aber Abs. 3 i. V. m. § 62. Auch kommen u. U. wettbewerbsrechtliche Ansprüche in Betracht (näher hierzu vgl. Rn. 76 ff.). Verletzungen dieser Ausschließlichkeitsrechte können zivilrechtlich gem. §§ 97 ff. verfolgt werden; Verletzer können gem. § 97 Abs. 1 S. 1 vor allem auf Beseitigung der Beeinträchtigung, auf Unterlassung sowie auf Schadenersatz § 97 Abs. 1 S. 1 in Anspruch genommen werden.

51 Die **öffentliche Wiedergabe** (§ 15 Abs. 2) eines bereits erschienenen Tonträgers kann der Tonträgerhersteller – mit Ausnahme der öffentlichen Zugänglichmachung – nicht verhindern; allerdings steht ihm gem. § 86 ein Beteiligungsanspruch an der Vergütung des ausübenden Künstlers zu (vgl. § 86 Rn. 1 ff.).

52 aa) **Vervielfältigung:** Ohne Zustimmung des Tonträgerherstellers bzw. des Rechteinhabers ist es Dritten untersagt, **Vervielfältigungsstücke des** Tonträgers herzustellen (§ 16). Allerdings ist hierbei zu beachten, dass das Anfertigen eines Vervielfältigungsstückes bei gleichzeitiger Änderung des Ausgangsmaterials u. U. selbst Tonträgerherstellerrechte begründen kann (vgl. Rn. 17 sowie *Schricker/Vogel*[3] Rn. 42). Eine Vervielfältigungshandlung kann demnach durchaus zugleich **rechtsverletzend** und schutzbegründend sein. Der Tonträgerhersteller kann sich auch gegen Vervielfältigungen in veränderter Form zur

Wehr setzen (Dreier/Schulze/*Schulze*[2] Rn. 33). Auf Art und Länge des übernommenen Teils kommt es nicht an, so dass die Übernahme von Klein- und Kleinstteilen im Wege des Sampling rechtsverletzend ist (vgl. Rn. 48 f.).

bb) Verbreitung: Für das Recht der **Verbreitung** gilt § 17. Demnach hat der **53** Tonträgerhersteller das ausschließliche Recht, das Master oder Vervielfältigungsstücke hiervon anzubieten oder in den Verkehr zu bringen. Er hat also die Möglichkeit, Einfluss auf die Art und Weise der Verbreitung (etwa in zeitlicher, räumlicher und sachlicher Hinsicht) zu nehmen. Der Versand von Werkexemplaren ins Ausland ist als rechtsverletzendes Inverkehrbringen im Inland anzusehen (BGH GRUR 2004, 421, 424 f. – *Tonträgerpiraterie durch CD-Export*).

Auch im Rahmen des Tonträgerherstellerrechts ist aber der **Erschöpfungs-** **54** **grundsatz** des § 17 Abs. 2 zu beachten: Ist ein Tonträger oder ein Vervielfältigungsstück hiervon mit Zustimmung des Rechteinhabers im Gebiet der EU oder des EWR in Verkehr gebracht worden, ist die Weiterverbreitung – mit Ausnahme der Vermietung – zulässig (hierzu BGH GRUR 1981, 587 – *Schallplattenimport*; BGH GRUR 1982, 100 – *Schallplattenexport*). Innerhalb der EU/des EWR oder auch nur innerhalb Deutschlands ist eine vertragliche räumliche Beschränkung eines Nutzungsrechts deshalb grundsätzlich nicht realisierbar.

Die **Vermietung** ist seit Inkrafttreten des ÄndG 1995 (30.06.1995; Übergangs- **55** regel: § 137e) ausdrücklich vom **Erschöpfungsgrundsatz ausgenommen** (zur alten Rechtslage: BGH GRUR 1986, 736, 737 – *Schallplattenvermietung*; BVerfG GRUR 1990, 183, 184 – *Vermietungsvorbehalt*). Die Änderung geht zurück auf Art. 14 Abs. 4 TRIPS. Für den Vergütungsanspruch für den Verleih von Tonträgern siehe Abs. 4 i.V.m. § 27 Abs. 2.

cc) Recht der öffentlichen Zugänglichmachung: § 85 gewährt dem Tonträger- **56** hersteller seit Inkrafttreten des UrhG Infoges vom 10.09.2003 das ausschließliche Recht, den Tonträger drahtgebunden oder drahtlos der Öffentlichkeit in einer Weise zugänglich zu machen, dass es Mitgliedern der **Öffentlichkeit** von Orten und zu Zeiten ihrer Wahl **zugänglich** ist, was auf Art. 14 WPPT sowie Art. 3 Abs. 2 Info-RL zurückgeht. Es gilt § 19a. Statt den Tonträgerhersteller lediglich über einen **Vergütungsanspruch** an diesen Verwertungsformen zu beteiligen, steht ihm nunmehr ein **Ausschließlichkeitsrecht** zu, wodurch den Rechtsentwicklungen der letzten Jahre Rechnung getragen wurde. Die hiervon betroffenen neueren Online-Verwertungsformen, wie das Online-Streaming (hierzu OLG Hamburg MMR 2006, 173 – *staytuned*), Music-On-Demand, Online-Musik-Shops aber auch Musiktauschbörsen („Peer-to-Peer"-Netzwerke) haben mittlerweile einen enormen Stellenwert erlangt. Es handelt sich hierbei um neue Formen der Erstverwertung der Tonträger, welche die herkömmlichen Erstverwertungsarten ergänzen, tw. sogar ersetzen (Wandtke/Bullinger/*Schaefer*[2] Rn. 21; Dreier/Schulze/*Schulze*[2] Rn. 38). Demgemäß war es sachgerecht, den Tonträgerhersteller insoweit nicht lediglich auf Vergütungsansprüche zu verweisen, sondern ihm entsprechende Verbotsrechte zu gewähren.

Zu beachten ist, dass es auf ein „**Erscheinen**" des Tonträgers hier **nicht 57** ankommt; dem Tonträgerhersteller steht das Recht der öffentlichen Zugänglichmachung unmittelbar mit Herstellung des Tonträgers zu (Schricker/*Vogel*[3] Rn. 47). Mangels spezieller Übergangsvorschriften gilt § 19a gem. § 129 Abs. 1 rückwirkend auch für Tonträger, die vor Normierung des Rechts der öffentlichen Zugänglichmachung hergestellt wurden (ebenso Dreier/Schulze/ *Schulze*² Rn. 42).

58 b) Beteiligungsanspruch: Zur Beteiligung an **Vergütungsansprüchen** vgl. § 86.

5. Übertragbarkeit des Rechts und Einräumung von Nutzungsrechten
    (Abs. 2)

59 a) Übertragbarkeit des Tonträgerherstellerrechts (Abs. 2 S. 1): Das Tonträgerherstellerrecht ist ein Leistungsschutzrecht vermögensrechtlicher Natur ohne persönlichkeitsrechtlichen Kern und als solches, was Abs. 2 S. 1 lediglich klarstellt, auf Dritte in Gänze **übertragbar** (BGH GRUR 1994, 210, 211 – *Beatles*). Dies unterscheidet das Tonträgerherstellerrecht von dem Urheberrecht, das als solches gerade nicht vollständig übertragbar ist (§ 29 Abs. 1). Für die Rechtsübertragung gelten die §§ 413 BGB, 398 ff. BGB, wobei – wie bei allen Rechtsübertragungen – zu beachten ist, dass die zu übertragenden Rechte **bestimmt**, zumindest aber **bestimmbar** sein müssen. Eine globale Rechtsübertragung hinsichtlich eines gesamten Repertoires eines bestimmten Künstlers sowie die Rechte an künftig noch herzustellender Aufnahmen dieses Künstlers ist, da zumindest hinreichend bestimmbar, zulässig, ohne dass die Titel einzeln bezeichnet werden müssten (OLG Hamburg GRUR-RR 2001, 121, 124 – *Cat Stevens*). Das Tonträgerherstellerrecht ist schon wegen der freien Übertragbarkeit unproblematisch auch **vererbbar** (§§ 1922 ff. BGB), sofern es sich bei dem Tonträgerhersteller um eine natürliche Person handelt.

60 b) Nutzungsrechtseinräumung (Abs. 2 S. 2 und S. 3): Selbstverständlich kann der Tonträgerhersteller Dritten ein **vertragliches Nutzungsrecht** an dem Tonträger **einräumen**. Dies entsprach auch schon vor Einführung des Abs. 2 **Satz 2** durch das UrhG Infoges vom 10.09.2003 der herrschenden Meinung und dem praktizierten Rechtsalltag. Für die Einräumung der Nutzungsrechte gelten aufgrund der Verweisungsnorm des Abs. 2 **Satz 3** § 31 (Einräumung von Nutzungsrechten) sowie § 33 (Weiterwirkung von Nutzungsrechten) und § 38 (Beiträge zu Sammlungen) entsprechend. Bei der Verweisung auf die §§ 31 ff. wurden diejenigen Vorschriften ausgeklammert, die entweder vertragsrechtliche Konkretisierungen des Urheberpersönlichkeitsrechts sind (§§ 39, 40, 42) oder lediglich dem Schutz des Urhebers als der regelmäßig schwächeren Vertragspartei dienen (RegE UrhG Infoges – BT-Drucks. 15/38, S. 25).

61 Die Verweisungsnorm des Abs. 2 **Satz 3** bezieht sich ausschließlich auf den vorhergehenden Abs. 2 **Satz 2**, der die **Einräumung** von Nutzungsrechten betrifft, und er findet keine Anwendung auf die in Abs. 2 S. 1 geregelte **Rechtsübertragung**. Denn im Falle des Abs. 2 S. 1 werden einem Dritten keine Nutzungsrechte an dem Tonträgerherstellerrecht eingeräumt, sondern das Recht wird vollständig an ihn übertragen. Auf ein derartiges Rechtsgeschäft sind die §§ 31 ff., die originär auf den Urheber – nicht also auf einen Leistungsschutzberechtigten – zugeschnitten sind, schon dem Grunde nach nicht anwendbar, denn ihnen ist eine vollständige Übertragung des Urheberrechtsrechts wegen § 29 Abs. 1 von vornherein fremd. Insb. kommt bei der Vollrechtsübertragung des Tonträgerherstellerrechts der **Zweckübertragungsgedanke** des § 31 Abs. 5 nicht zum Tragen, was auch ohne weiteres gerechtfertigt ist, weil es bei einer Vollrechtsübertragung gerade dem Willen der Parteien und daher dem Vertragszweck entspricht, das Tonträgerherstellerrecht in Gänze in einer Weise zu übertragen, dass der Erwerber vollständig in die Position des Übertragenden rückt. Deshalb wäre die Anwendung des

§ 31 bei einer vollständigen Übertragung des Rechts ebenso wenig sinnvoll wie ein Sukzessionsschutz (§ 33) oder die Sonderregelung des § 38.

6. Schutzfristen (Abs. 3)

a) 50 Jahre Schutzfrist: Zu Gunsten des Tonträgerherstellers gilt eine Schutz- **62** frist von 50 Jahren, wobei für den Fristbeginn drei Zeitpunkte in Betracht kommen, nämlich der Zeitpunkt des Erscheinens des Tonträgers, dessen öffentliche Wiedergabe sowie dessen Herstellung:

Grundsätzlich beginnt die Frist mit **Erscheinen** des Tonträgers (Abs. 3 S. 1). **63** Der Tonträger ist erschienen, wenn mit Zustimmung des Berechtigten Vervielfältigungsstücke in genügender Zahl der Öffentlichkeit angeboten oder in Verkehr gebracht worden sind (§ 6 Abs. 2). Das „Erscheinen" setzt nicht voraus, dass der Tonträger von der breiten Öffentlichkeit erworben wurde; es genügt, wenn Vervielfältigungsstücke in **für die Öffentlichkeit genügender Anzahl** hergestellt worden sind und die Öffentlichkeit die Möglichkeit erhält, das Werk mit Auge oder Ohr wahrzunehmen (BGH GRUR 1981, 360, 362 – *Erscheinen von Tonträgern*). Ist der Tonträger von vornherein zum breiten Verkauf an die Öffentlichkeit bestimmt, genügt eine geringe Anzahl von Vervielfältigungsstücken, die bspw. lediglich zur Bemusterung durch Sendeunternehmen oder Werbeagenturen hergestellt wurden, nicht den Anforderungen an das „Erscheinen", weil der Tonträger nicht in „genügender Zahl" in den Verkehr gebracht wurde (OLG Frankfurt ZUM 1996, 697, 702 – *Yellow Submarine*; Dreier/Schulze/*Schulze*[2] Rn. 6; Schricker/*Vogel*[3] Rn. 9). Ist der Tonträger innerhalb von 50 Jahren nach der Herstellung **nicht erschienen,** aber erlaubterweise **öffentlich wiedergegeben** worden, beginnt die Frist mit der öffentlichen Wiedergabe des Tonträgers (Abs. 3 S. 2). Ist der Tonträger aber innerhalb dieser Frist weder erschienen noch öffentlich wiedergegeben worden, beginnt die Frist mit dessen **Herstellung** (Abs. 3 S. 3). Die Tatbestände sind in dieser Reihenfolge (Erscheinen, öffentliche Wiedergabe, Herstellung) jeweils subsidiär. Auf den Zeitpunkt der öffentlichen Wiedergabe ist folglich nur dann abzustellen, wenn der Tonträger nicht erschienen ist; andererseits ist aber ebenfalls dann auf das „Erscheinen" abzustellen, wenn der Tonträger vor Erscheinen öffentlich wiedergegeben wurde. Ist also bspw. ein Tonträger zunächst nur öffentlich wiedergegeben worden und erst Jahre später erschienen, beginnt die fünfzigjährige Frist erst mit „Erscheinen". Dies kann im Ergebnis durchaus dazu führen, dass der Tonträger für insgesamt 100 Jahre ab öffentlicher Wiedergabe geschützt ist.

Während schon die Definition des „Erscheinens" gem. § 6 Abs. 2 die **Zustim- 64 mung** des Rechtsinhabers beinhaltet, verlangt Abs. 3 hinsichtlich der „öffentliche Wiedergabe", dass diese „**erlaubterweise**" erfolgen muss. Fehlt es an der Berechtigung, beginnt die Frist überhaupt nicht zu laufen.

Abs. 3 S. 4: Für die Fristberechnung gilt § 69. Die Frist beginnt mit dem Ablauf **65** des Kalenderjahres, in dem das für den Beginn der Frist maßgebende Ereignis (hier: Erscheinen, öffentliche Wiedergabe oder Herstellung) eingetreten ist.

b) Älteres Recht, Übergangsvorschriften und Wiederaufleben des Schutzes: 66 Für alle **vor dem Inkrafttreten** des UrhG (01.01.1966) erschienenen Tonträger findet § 85 keine Anwendung, weil für den Tonträgerhersteller vor diesem Tag kein Schutz nach urheberrechtlichen Bestimmungen, sondern nur nach § 1 UWG, §§ 823, 826 BGB bestand (§ 129 Abs. 1; BGH GRUR 1994, 210, 212 – *Beatles*).

67 Unter Geltung von § 85 Abs. 2 UrhG in seiner ersten Fassung bestand Schutz des Tonträgerherstellers für die Dauer von **25 Jahren**. Die Schutzfrist auf 50 Jahre wurde erst in Umsetzung der Schutzdauer-RL 93/98/EWG (nunmehr ersetzt durch die kodifizierte Fassung 2006/116/EG) mit dem ÄndG 1995 und mit Wirkung zum 01.07.1995 verlängert. Über § **137f Abs. 1 S. 2** gilt die 50-Jahres-Frist für sämtliche Tonträger, deren Schutz am 01.07.1995 noch nicht erloschen waren. War der Schutz zu diesem Zeitpunkt **erloschen**, lebte er gem. § **137f Abs. 2** wieder auf, wenn der Tonträger zu diesem Zeitpunkt in einem anderen Mitgliedsstaat der EU oder des EWR (noch) geschützt war (hierzu OLG Hamburg, GRUR 2000, 707, 708 – *Frank Sinatra;* sowie OLG Hamburg GRUR-RR 2001, 73, 78 – *Frank Sinatra*). Fraglich ist hingegen, ob § 137 Abs. 2 bzw. Art. 10 Abs. 2 der SchutzdauerRL auch dann Anwendung findet, wenn der betreffende Gegenstand in dem Mitgliedstaat, in dem Schutz beansprucht wird, vor Inkrafttreten der Schutzdauer-RL (01.07.1995) **zu keiner Zeit geschützt** war. Der BGH hat diese Frage zwischenzeitlich dem EuGH vorgelegt (BGH GRUR 2007, 502 – *Tonträger aus Drittstaaten;* hierzu *v. Ungern-Sternberg,* GRUR 2008, 291, 294; vgl. § 137f Rn. 11 f.), und die Beantwortung steht aus.

68 Diese Frage könnte auch bedeutsam für Tonträgerhersteller aus **Drittstaaten** sein, die ihre Tonträger vor dem 01.01.1966 hergestellt haben, da diese Tonträger zu keinem Zeitpunkt vor dem 01.07.1995 Schutz im Inland genossen. Hierbei stellt sich aber auch die weitere Frage, ob § 137f Abs. 2 bzw. Art. 10 Abs. 2 der SchutzdauerRL überhaupt **dem Grunde** nach für Angehörige von Drittstaaten gelten, denen keine Rechte in einem Mitgliedsstaat der EU/des EWR zustanden. Auch dies war Gegenstand der Vorlagefrage des BGH (BGH GRUR 2007, 502 – *Tonträger aus Drittstaaten*), der seinerseits die Anwendbarkeit des § 137f Abs. 2 bzw. des Art. 10 Abs. 2 der SchutzdauerRL in diesen Fällen, insb. mit Blick auf Art. 7 Abs. 2 der SchutzdauerRL, verneinte (hierzu vgl. § 137f Rn. 12). Diese Ansicht überrascht insb. mit Blick auf den Erwägungsgrund 23 der Schutzdauer-RL, wonach die in der Richtlinie vorgesehene Schutzdauer gerade auch für Rechtsinhaber aus Drittländern gelten soll, die aufgrund internationaler Vereinbarungen einen Schutzanspruch haben.

69 Die jetzige Fassung des § 85 Abs. 3 ist Ausfluss des UrhG Infoges vom 10.09.2003, das die **Info-RL** (2001/29/EU) umgesetzt hat. Im Unterschied zur heutigen Regelung sah § 85 Abs. 2 a.F. vor, dass der Schutzfristbeginn an die erlaubte öffentliche Wiedergabe geknüpft wird, sofern diese dem „Erscheinen" vorgelagert war. Entscheidend war also der **frühere Zeitpunkt**. Heute hingegen setzt das Erscheinen die Frist (erneut) in Gang, selbst wenn der Tonträger zuvor erlaubterweise öffentlich wiedergegeben wurde (s. oben, Rn. 63). Hier gelten die Übergangsvorschriften des § 137j Abs. 2 und Abs. 3: Gem. § 137j Abs. 2 ist die heutige Schutzfristregel rückwirkend auch für Tonträger, deren Schutz am 22.12.2002 (dies ist der Stichtag zur Umsetzung der Richtlinie) noch nicht erloschen war, anzuwenden. Kommt es insoweit zu einem Wiederaufleben eines Schutzes, stehen die Rechte dem Tonträgerhersteller zu (§ 137j Abs. 3).

7. Verweise des Abs. 4

70 Gem. **Abs. 4** sind § 27 Abs. 2 und 3 sowie die Vorschriften des 6. Abschnitts des Teils 1 entsprechend anzuwenden:

a) § 10 Abs. 1 (Vermutung der Rechtsinhaberschaft) Mit dem Gesetz zur Ver- **71** besserung der Durchsetzung von Rechten des geistigen Eigentums vom 07.07.2008 (**UmsG Enforcement-RL**) wurde die Verweisungsnorm des Abs. 4 um einen Verweis auf § 10 Abs. 1 ergänzt, wodurch Art. 5 b) der Enforcement-RL (2004/48/EG) umgesetzt wurde. Es besteht nunmehr auch zu Gunsten des Tonträgerherstellers eine **gesetzliche Vermutung der Rechtsinhaberschaft**, wenn er auf einer erschienenen Vervielfältigung des Tonträgers in der üblichen Weise als Rechtsinhaber bezeichnet ist. Es entspricht schon seit jeher der gängigen Praxis, dass Tonträgerhersteller die von Ihnen produzierten Tonträger und/oder ihre Umhüllungen mit einem von einer Jahreszahl gefolgten eingekreisten „P" (sog. „**P-Vermerk**") versehen, wodurch vor allem das Jahr der Erstveröffentlichung der Tonträgeraufnahme zum Ausdruck gebracht werden soll (s. auch Art. 5 GTA sowie Art. 11 RA). Diese Form der Kennzeichnung der Tonträger dürfte gewissermaßen *die* „übliche" i.S.d. § 10 Abs. 1 darstellen. Zwingend ist die Wiedergabe des eingekreisten „P" indessen nicht. Eine Kennzeichnung kann sowohl auf dem Tonträger selbst (z. B. auf einer CD) als auch, da dies üblich ist, auf Verpackungen, Hüllen, Booklets, Inlets usw. erfolgen.

Inhalt der Vermutung ist, dass der Bezeichnete, der sowohl eine natürliche als **72** auch eine juristische Person sein kann, **Rechtsinhaber**, also Inhaber der Tonträgerherstellerrechte gem. § 85 ist. Sinn und Zweck der Vorschrift ist es, dem Rechtsinhaber die Durchsetzung seiner Ansprüche dahingehend zu erleichtern, dass er – bis zum Beweis des Gegenteils – zunächst keinen Beweis über seine Rechtsinhaberschaft zu erbringen muss. In der Regel wird der Rechtsinhaber auch zugleich derjenige sein, der die Herstellerleistung selbst erbracht hat. Zwingend ist dies gleichwohl nicht, da der Rechtsinhaber nicht zwangsläufig auch der **Tonträgerhersteller** sein muss; dieser kann seine Rechte bspw. gem. Abs. 2 S. 1 einem Dritten übertragen haben.

Vor Inkrafttreten des UmsG Enforcement-RL war es umstritten, ob § 10 **73** Abs. 1 – ggf. analog – auf die Tonträgerhersteller anzuwenden ist. Dies wurde vom BGH verneint (BGH GRUR 2003, 228, 230 – *P-Vermerk*; s. hierzu *Grünberger* GRUR 2006, 894, 898 ff.). Allerdings könne dem „P-Vermerk" eine **starke tatsächliche Indizwirkung** dahingehend zukommen, dass dem darin genannten Unternehmen ausschließliche Tonträgerherstellerrechte zustehen – sei es aus eigenem Recht als Tonträgerhersteller, sei es auf Grund einer Vollrechtsübertragung des Rechts des Tonträgerherstellers oder sei es auf Grund des Erwerbs einer ausschließlichen Lizenz (BGH GRUR 2003, 228, 230 – *P-Vermerk*). Hinsichtlich der Vermutung des § 10 Abs. 1 ist diese Rechtsprechung mittlerweile wegen der Neufassung des § 85 Abs. 4 überholt. Allerdings hat der BGH in seiner Entscheidung auch zutreffend bemerkt, dass im Rahmen des Tonträgerherstellerrechts für die Anwendung des § **10 Abs. 2** (auf den § 85 Abs. 4 nicht verweist) kein Raum ist, weil diese Vorschrift auf die Interessen des anonym gebliebenen Autors zugeschnitten sind und persönlichkeitsrechtlich motiviert sei.

b) § 27 Abs. 2 und 3 (Vergütungsanspruch): Der Tonträgerhersteller hat einen **74** Anspruch auf Beteiligung an der **Vergütung** für das (unentgeltliche) Verleihen von Tonträgern, deren Weiterverbreitung nach § 17 Abs. 2 zulässig ist. Diese Ansprüche können nur durch eine **Verwertungsgesellschaft** geltend gemacht werden (§ 27 Abs. 3); in der Praxis werden diese Rechte von der GVL wahrgenommen. Ausgenommen von der Verweisung ist ausdrücklich ein Beteiligungsanspruch aus Vermietung des Tonträgers (§ 27 Abs. 1); dem Tonträgerhersteller steht kein gesetzlicher Anspruch auf eine Vergütung aus Vermietung zu.

75 c) **Weitere Verweisungen:** Ferner sind gem. Abs. 4 die Vorschriften des Abschnitts 6 des Teils 1 anwendbar. Das sind die **Schrankenbestimmungen** der §§ 44a bis 63a einschließlich der dort normierten **Vergütungsansprüche**, insb. im Rahmen der §§ 45a, 46 Abs. 4, 47 Abs. 2 S. 2, 52a Abs. 4, 54 Abs. 1 und 54h Abs. 2. Hervorgehoben sei hier § 62, der grundsätzlich Änderungen für unzulässig erklärt. Demgemäß dürfen auch an Tonträgeraufnahmen Änderungen grundsätzlich nicht vorgenommen werden. Ferner ist § 63 zu beachten: Es besteht eine Pflicht zur Herstellernennung (Quellenangabe), soweit § 63 nicht selbst Ausnahmen zulässt.

III. Verhältnis zu anderen Vorschriften

1. Wettbewerbsrechtliche Vorschriften

76 Neben das Tonträgerherstellerrecht können ergänzend **wettbewerbsrechtliche Vorschriften** treten, wobei hier vor allem § 3 UWG in Verbindung mit § 4 Nr. 9 und Nr. 10 UWG von Bedeutung ist.

77 Grundsätzlich hat das Wettbewerbsrecht die Wertung eines bestehenden Sonderrechtsschutzes hinzunehmen, und es darf über die bewusste Begrenzung der gewährten Ausschließlichkeitsrechte nicht hinausgehen (z. B. BGH GRUR 1994, 630, 632 – *Cartier-Armreif*; BGH GRUR 1986, 454, 456 – *Bob Dylan*; BGH GRUR 1952, 516, 519 f. – *Hummelfiguren*). Deshalb gilt außerhalb der Schranken des Urheberrechts der Grundsatz der **Nachahmungsfreiheit.** Allerdings sind im Einzelfall die Schutzrichtungen des UrhG einerseits und des UWG andererseits zu beachten: Während das Urheberrecht an die geschützte Leistung anknüpft, also das **Erfolgsunrecht** betrifft, befasst sich das UWG in erster Linie mit dem **Handlungsunrecht**, also der Art und Weise einer Wettbewerbshandlung (*Götting* Mitt. 2005, 12, 13; *Nirk* GRUR 1993, 247, 249). Die Verletzungstatbestände des UrhG decken jedoch grundsätzlich auch die Verletzungshandlung ab, welche zu der Urheberrechtsverletzung führen, so dass für das UWG nur dann Raum ist, wenn und soweit besondere, außerhalb des Urheberrechts liegende Umstände hinzutreten, welche eine Handlung insgesamt zusätzlich als **unlauter** erscheinen lassen (BGH GRUR 2003, 958, 962 – *Paperboy*; BGH GRUR 1987, 814, 816 – *Die Zauberflöte*; BGH GRUR 1976, 317, 322 – *Unsterbliche Stimmen*; BGH GRUR 1966, 503, 506 – *Apfelmadonna*). In diesen Fällen kann es neben dem Urheberrecht oder an Stelle des Urheberrechts auch zur Anwendung wettbewerbsrechtlicher Vorschriften kommen.

78 Im Bereich des Tonträgerherstellerrechts kommt insb. ein **ergänzender wettbewerbsrechtlicher Leistungsschutz** gem. § 4 Nr. 9 UWG in Betracht. Danach ist es (unter anderem) unlauter, nachgeahmte Waren anzubieten, wenn hierdurch über die betriebliche Herkunft getäuscht wird, die Wertschätzung der nachgeahmten Ware unangemessen ausgenutzt oder beeinträchtigt wird oder die für die Nachahmung erforderlichen Kenntnisse oder Unterlagen unredlich erlangt wurden.

79 Zu dem Beispielskatalog des § 4 Nr. 9 UWG tritt überdies die Fallgruppe der **Behinderung** eines Mitbewerbers (hierzu BGH GRUR 1999, 923, 927 – *Teleinfo-CD*; BGH GRUR 1999, 751, 753 – *Güllepumpen*; BGH GRUR 1996, 210, 212 – *Vakuumpumpen*). Von Bedeutung ist im Tonträgerbereich vor allem die unmittelbare Leistungsübernahme, etwa das schlichte **Nachpressen oder -brennen** von Schallplatten oder CDs oder das gewerbliche

Kopieren von Tondateien. Es ist davon auszugehen, dass im Falle einer identischen, unmittelbaren Übernahme einer fremden Leistung, wie etwa ein Tonträger, zugleich eine Behinderung des ursprünglichen Leistungserbringers liegt (Harte/Henning/*Sambuc* § 4 Rn. 35). Denn hier erspart sich der Übernehmende diejenigen **Investitionen**, die für die Erbringung der übernommenen Leistung erforderlich gewesen wären, und er erlangt hierdurch gegenüber dem eigentliche Leistungserbringer einen Wettbewerbsvorteil: Er ist aufgrund der Leistungsübernahme in der Lage, den Tonträger günstiger am Markt anzubieten; jedenfalls hat er im Vergleich zu dem ursprünglichen Leistungserbringer eine größere Gewinnspanne. So erkannte auch schon das Reichsgericht, dass der Hersteller eines Tonträgers im Falle des schlichten Nachpressens einer Schallplatte durch einen Dritten um die Früchte seiner Arbeit gebracht werde (RGZ 73, 294, 297 – *Schallplatten*). Nicht unlauter hingegen sei nach einer Entscheidung des BGH aus den siebziger Jahren die Übernahme von – gemeinfreien – Tonträgeraufnahmen, wenn der Übernehmende mit einer klanglichen Aufbereitung des Ausgangsmaterials eigene Leistungen erbracht hat, welche die Übernahme nur als nachschaffend erscheinen lässt (BGH GRUR 1976, 317, 322 – *Unsterbliche Stimmen*).

2. Das Recht des ausübenden Künstlers

Das Tonträgerherstellerrecht und das Recht des ausübenden Künstlers (vgl. **80** §§ 73 ff.) sind eng miteinander verwoben. Gem. § 77 steht dem **ausübenden Künstler** das ausschließliche Recht zu, seine Darbietung auf einem Tonträger aufzunehmen und diesen Tonträger zu vervielfältigen und zu verbreiten. Schon aus diesem Grunde erfordert die Verwertung der Tonträgeraufnahme eines ausübenden Künstlers ein enges Zusammenspiel zwischen dem Tonträgerhersteller und dem ausübenden Künstler, was regelmäßig über sog. Künstlerverträge vertraglich realisiert wird. Dort räumt der ausübende Künstler dem Tonträgerhersteller gegen Lizenzgebühren zumeist umfassend Nutzungsrechte an seinen Leistungen ein. Regelmäßig sichert der ausübende Künstler zugleich zu, die Darbietung in einem bestimmten Zeitraum nicht für Dritte aufzunehmen oder gar in einem bestimmten Zeitraum ausschließlich für den Tonträgerhersteller tätig zu sein (Wandtke/Bullinger/*Schaefer*[2] Rn. 26).

Das enge Band zwischen dem Tonträgerherstellerrecht sowie dem Recht des **81** ausübenden Künstlers besteht auch hinsichtlich der **Vergütungsansprüche**: Gem. § 78 Abs. 2 Nr. 2 ist dem ausübenden Künstler eine angemessene Vergütung zu zahlen, wenn seine Darbietung mittels Tonträger öffentlich wahrnehmbar gemacht wird. Dem Tonträgerhersteller steht gegen den ausübenden Künstler wiederum über § 86 eine angemessene Beteiligung an dieser Vergütung zu (vgl. § 86).

3. Bild- und Tonträger gem. § 94

Zu dem Verhältnis zu §§ 94 ff. (Bild-/Tonträger) vgl. Rn. 13 f. und Rn. 27.   **82**

§ 86 Anspruch auf Beteiligung

Wird ein erschienener oder erlaubterweise öffentlich zugänglich gemachter Tonträger, auf den die Darbietung eines ausübenden Künstlers aufgenommen ist, zur öffentlichen Wiedergabe der Darbietung benutzt, so hat der Hersteller des Tonträgers gegen den ausübenden Künstler einen Anspruch auf angemessene Beteiligung an der Vergütung, die dieser nach § 78 Abs. 2 erhält.

Überblick

I.   Allgemeines

1.   Sinn und Zweck

1 § 85 Abs. 1 gewährt dem Tonträgerhersteller die für die **Erstverwertung** erforderlichen Verwertungsrechte, nämlich das Recht der Vervielfältigung (§ 16), das Recht der Verbreitung (§ 17) sowie das Recht der öffentlichen Zugänglichmachung (19a). Er kann also grundsätzlich frei bestimmen, ob und in welcher Form der Tonträger verwertet wird und dahingehende Verbotsrechte ausüben. § 86 setzt auf der zweiten Ebene – nämlich der Ebene der **Zweitverwertung** – an und beteiligt den Tonträgerhersteller an dem **Vergütungsanspruch des ausübenden Künstlers**, dessen Darbietung auf dem Tonträger, den der Tonträgerhersteller hergestellt hat, aufgenommen und gem. § 78 Abs. 2 benutzt wird. Dies ist vor allem im Bereich der Sendung (§ 20) und öffentlichen Wiedergabe (§§ 21, 22) der Tonträger von Bedeutung, da dem Tonträgerhersteller hinsichtlich dieser Verwertungsformen kein Verbotsrecht zugebilligt wurde. Hat sich der Tonträgerhersteller dazu entschlossen, den Tonträger auf den Markt zu bringen, soll er die weitere Verwertung in Form der Sendung oder öffentlichen Wiedergabe nicht mehr verbieten können, sondern nur noch an den Vergütungsansprüchen des ausübenden Künstlers beteiligt werden. Die Tonträgerhersteller sollen zwar ein angemessenes Entgelt auch für die mittelbare Verwertung ihrer Leistung erhalten, diese jedoch nicht verbieten können, weil die Gefahr besteht, dass sie ein solches Verbotsrecht dazu benutzen könnten, die Verwendung „mechanischer Musik" zum Nachteil der Urheber einzuschränken oder ganz zu untersagen (RegE UrhG – BT-Drucks. IV/270, S. 96).

2 § 86 normiert zu Gunsten des Tonträgerherstellers einen **schuldrechtlichen Beteiligungsanspruch**. Ein eigener – von dem des ausübenden Künstlers losgelöster– Vergütungsanspruch steht dem Tonträgerhersteller nicht zu. Im **Außenverhältnis** sehen sich Dritte also lediglich **einem Vergütungsanspruch** ausgesetzt, der jedoch im **Innenverhältnis** zwischen den Tonträgerherstellern und den ausübenden Künstlern verteilt wird. In der Praxis sind die Vergütungsansprüche des ausübenden Künstlers ebenso, wie die Beteiligungsansprüche des Tonträgerherstellers, in die Verwertungsgesellschaft **GVL** eingebracht, welche die Rechte für beide gemeinsam wahrnimmt.

2.   Früheres Recht

Nach Geltung des LUG stand dem Tonträgerhersteller ein von dem Recht des **3**
ausübenden Künstlers abgeleitetes „**fiktives Bearbeiterurheberrecht**" zu (vgl.
§ 85 Rn. 4). Regelmäßig ließ sich der Tonträgerhersteller von den ausübenden
Künstlern, deren Darbietungen er auf Tonträger aufgenommen hat, die entsprechenden Verbotsrechte abtreten (RegE UrhG – BT-Drucks. IV/270 S. 95).
Dem Tonträgerhersteller stand insoweit ein **eigenes, aber abgeleitetes Verbotsrecht** zu, und zwar auch gegen den Urheber, der den Tonträger öffentlich
wiedergeben wollte (hierzu BGH GRUR 1960, 619 – *Künstlerlizenz bei
öffentlicher Wiedergabe von Schallplatten*).

Bei der Schaffung des UrhG wurde diskutiert, ob dem Tonträgerhersteller – **4**
neben dem des ausübenden Künstlers – ein **eigener Vergütungsanspruch** gewährt werden soll. Dies hätte nach Ansicht des Gesetzgebers jedoch zu einer
zusätzlichen Belastung der Sendegesellschaften und der Veranstalter öffentlicher Wiedergaben mittels Tonträger geführt. Bei der Abwägung, wem der
Anspruch zuerkannt werden soll, wurde dem ausübenden Künstler für seine
künstlerische Leistung den Vorzug gegeben, weil der Tonträgerhersteller „nur"
eine technische Leistung erbringe (RegE UrhG – BT-Drucks. IV/270, S. 97). So
erklärt sich der heutige Beteiligungsanspruch, wie er in § 86 normiert wurde.

3.   Europäisches und internationales Recht

Es wird zunächst auf die Kommentierung zu § 85 verwiesen (vgl. § 85 **5**
Rn. 6 ff.). Bereits in Art. 12 des **Rom-Abkommens** findet sich eine Regelung
in Bezug auf die angemessene Vergütung für die Benutzung „zu Handelszwe-
cken veröffentlichter Tonträger" oder Vervielfältigungsstücken hiervon für
Funksendung oder für die öffentliche Wiedergabe. Danach hat der Benutzer
entweder den ausübenden Künstlern oder den Tonträgerherstellern oder beiden eine einzige angemessene Vergütung zu zahlen. Der deutsche Gesetzgeber
hat sich für die oben (Rn. 4) beschrieben Variante entschieden, nämlich den
Vergütungsanspruch dem ausübenden Künstler und dem Tonträgerhersteller
einen Beteiligungsanspruch gegen den ausübenden Künstler zuzusprechen.
Dies steht auch im Einklang mit den Vorgaben der **Vermiet- und Verleih-RL
(92/100/EWG)**, dort Art. 8 Abs. 1 und 2.

II.   Tatbestand

1.   Tonträger mit aufgenommener Darbietung eines ausübenden Künstlers

Voraussetzung für den Beteiligungsanspruch ist die öffentliche Wiedergabe **6**
eines **Tonträgers**. Es müssen folglich die schutzbegründenden Voraussetzungen
des § 85 Abs. 1 erfüllt sein, jedoch mit folgender Einschränkung: Da der
Beteiligungsanspruch des Tonträgerherstellers unmittelbar an den Vergütungsanspruch des ausübenden Künstlers geknüpft und insoweit akzessorisch ist,
muss es sich bei dem Aufnahmegegenstand des § 85 Abs. 1 (vgl. § 85
Rn. 15 ff.) zwingend um eine **Darbietung gem. § 73** handeln. Die öffentliche
Wiedergabe von Aufnahmegegenständen, die nicht dem Darbietungsbegriff
unterfallen, lösen keine Beteiligungsansprüche aus, da hier schon keine Vergütungsansprüche zu Gunsten eines ausübenden Künstlers begründet werden,
an denen der Hersteller des Tonträgers beteiligt werden könnte. Ein Beteiligungsanspruch ist also insb. bei der Wiedergabe von Tonträgern ausgeschlos-

sen, auf denen reine Geräusche, wie das Bachplätschern, Vogelstimmen oder sonstige Laute, die nicht von einem Menschen dargeboten werden, aufgenommen sind. Zwar können hier zu Gunsten des Tonträgerherstellers durchaus die Verbotsrechte gem. § 85 UrhG entstehen; ein Vergütungsanspruch scheidet mangels einer Leistung des ausübenden Künstlers gleichwohl aus. Hierdurch kommt auch die Wertung des Gesetzgebers zum Ausdruck, dass in erster Linie die Tätigkeiten des Tonträgerherstellers im kulturellen Bereich honoriert und privilegiert werden soll (Schricker/*Vogel*[3] Rn. 5)

7 Ferner muss das Dargebotene entweder jedenfalls dem Grunde nach dem **Werkbegriff** des § 2 unterfallen oder aber eine auf einem Tonträger fixierte Ausdrucksform der **Volkskunst** sein. Denn nur dann entstehen Rechte zu Gunsten des ausübenden Künstlers (vgl. § 73). Sofern ein Werk dargeboten wird, genügt es aber, dass das Dargebotene lediglich dem Grunde nach **schutzfähig** ist. Nicht erforderlich ist, dass das Dargebotene nach wie vor als Werk geschützt ist (Dreier/Schulze/*Schulze*[2] Rn. 2; Schricker/*Vogel*[3] Rn. 8; vgl. auch § 73 Rn 8 ff.).

2. Erschienen oder öffentlich zugänglich gemacht

8 Der Tonträger muss entweder (erlaubterweise) **erschienen** oder **öffentlich zugänglich gemacht** worden sein. Andernfalls entsteht zu Gunsten des Tonträgerherstellers kein Vergütungsanspruch.

9 a) **Erscheinen:** Es gilt § 6 Abs. 2 (vgl. § 6 Rn. 15 ff. sowie vgl. § 85 Rn. 63).

10 b) **Öffentliche Zugänglichmachung:** Der Vergütungsanspruch entsteht auch dann, wenn der Tonträger öffentlich zugänglich gemacht wurde. Dies richtet sich nach § 19a (s. Kommentierung dort). Entscheidend ist hier, dass der Öffentlichkeit der Zugriff auf die Tonträgeraufnahme ermöglicht wird, gleich ob dies drahtlos oder drahtgebunden erfolgt. Bedeutung erlangt diese Tatbestandsalternative u.a. bei Verwertungshandlungen im Internet, wie das **Online-Streaming**, dem Verwenden von **File-Sharing-Systemen** und sonstigen **Pull-Diensten** (Näheres vgl. § 19a Rn. 14 ff.; ferner *Schack* GRUR 2007, 639, 640 ff.).

11 c) **Erlaubterweise:** Der Beteiligungsanspruch entsteht ferner nur, wenn der Tonträger erlaubterweise, also **mit Zustimmung des Berechtigten**, erschienen ist oder öffentlich zugänglich gemacht wurde. Berechtigter ist hierbei der **Tonträgerhersteller.** Fehlt es an dieser zwingend erforderlichen Zustimmung, kommt § 86 nicht zur Anwendung. Der Tonträgerhersteller kann, soweit der Tonträger unerlaubt vervielfältigt (§ 16) und/oder öffentlich zugänglich gemacht wird (§ 19a), aus seinen Verbotsrechten gem. § 85 vorgehen; ein Vergütungsanspruch bzw. eine Beteiligung hieran entsteht gleichwohl nicht.

3. Zur öffentlichen Wiedergabe benutzt

12 Der Beteiligungsanspruch entsteht, wenn der erlaubterweise erschienene oder öffentlich zugänglich gemachte Tonträger „zur **öffentlichen Wiedergabe** der Darbietung benutzt" wird. Die „öffentliche Wiedergabe" ist im Sinne der §§ 15 Abs. 2 und 3, 78 Abs. 2 zu verstehen. Es fallen hierunter vor allem die Sendung von Tonträgern und deren öffentliche Wahrnehmbarmachung.

13 Das Recht der **öffentlichen Zugänglichmachung** (§ 19a) ist schon von dem **Verbotsrecht** des ausübenden Künstlers (vgl. § 78 Abs. 1 Nr. 1) und des Tonträgerherstellers (§ 85 Abs. 1) erfasst. Es wird hier also bereits ein Schutz auf der Ebene der **Erstverwertung** gewährt, und der Hersteller von Tonträgern ist insoweit nicht lediglich auf einen Beteiligungsanspruch verwiesen (Wandtke/ Bullinger/*Schaefer*[2] Rn. 5; s. auch *Bortloff* GRUR Int. 2003, 669, 674 f.).

Nach zutreffender Ansicht des BGH sind sog. **Mehrkanaldienste** als Sendung **14** zu qualifizieren, was zur Folge hat, dass die Tonträgerhersteller dort ebenfalls nur einen Anspruch auf eine Beteiligung an der angemessenen Vergütung des ausübenden Künstlers haben (BGH GRUR 2004, 669, 671 f. – *Mehrkanaldienst;* s.a. *Schwenzer* GRUR Int. 2001, 722, 723 ff.).

III. Rechtsfolge: Angemessene Beteiligung

1. Anspruchsinhalt

Der Tonträgerhersteller hat gegen den ausübenden Künstler einen **schuldrecht-** **15** **lichen Anspruch** auf eine **angemessene Beteiligung** an seinen Vergütungs- ansprüchen gem. § 78 Abs. 2. Dies setzt voraus, dass dem ausübenden Künst- ler selbst ein entsprechender Vergütungsanspruch zusteht. Gegen sonstige Dritte hat der Tonträgerhersteller keine Vergütungsansprüche.

Der Vergütungsanspruch des ausübenden Künstlers kann (seit Inkrafttreten **16** des Gesetzes zur Regelung des Urheberrechts in der Informationsgesellschaft am 13. September 2003) nach heutigem Recht im Voraus nur an die **Verwer-** **tungsgesellschaft abgetreten** werden, nicht aber an sonstige Dritte (§ 78 Abs. 3). Vor dieser Gesetzesänderung war es dem ausübenden Künstler ohne weiteres möglich, seine Vergütungsansprüche an beliebige Dritte, so auch an den Tonträgerhersteller, abzutreten. Hatte der ausübende Künstler seine Ver- gütungsansprüche gegen ein Honorar an den Tonträgerhersteller abgetreten, konnten Beteiligungsansprüche des Tonträgerherstellers hieran nicht mehr entstehen, weil dem Beteiligungsanspruch die Grundlage entzogen worden sei (OLG Hamburg GRUR 1997, 826, 827 – *Erkennungsmelodie*).

2. Rechtewahrnehmung

Sowohl der Vergütungsanspruch des ausübenden Künstlers als auch der Betei- **17** ligungsanspruch des Tonträgerherstellers werden i.d.R. von der **Verwertungs-** **gesellschaft GVL** wahrgenommen. Sofern der ausübende Künstler im Wege eines Künstlervertrages seine Vergütungsansprüche an den Tonträgerhersteller abgetreten hatte (vgl. Rn. 16), bringt Letzterer diese wieder in die GVL ein (Wandtke/Bullinger/*Schaefer*[2] Rn. 4).

3. Beteiligungshöhe

Die Höhe der Vergütung des Tonträgerherstellers hängt unmittelbar von der **18** Höhe der Vergütung des ausübenden Künstlers ab. Hinsichtlich des Anteils- satzes schweigt das Gesetz; der Gesetzgeber beschränkt sich darauf, auszuspre- chen, dass die Beteiligung „angemessen" sein soll und überlässt es der Recht- sprechung, über die Angemessenheit zu befinden. In der Praxis erfolgt die Verteilung auf der Grundlage von **Verteilungsplänen der GVL**, die jährlich vom Beirat beschlossen werden und auch im Internet unter www.gvl.de (zuletzt abgerufen am 07.06.2008) einsehbar sind. Allgemeine Verteilungsgrundsätze sind im Gesellschaftsvertrag der GVL festgelegt.

19 Grundsätzlich werden die Einnahmen der GVL zwischen den ausübenden Künstlern und den Tonträgerherstellern im **Verhältnis 50:50** verteilt. Auf Seiten der ausübenden Künstler richtet sich die Ausschüttung nach den Einnahmen, die ein Künstler in dem der Ausschüttung vorangehenden Jahr direkt aus einem Tonträgernutzungsvertrag erzielt hat. Sie hat demgemäß mit der **tatsächlichen Nutzung** kaum etwas zu tun. Auf Seiten der Tonträgerhersteller wird entweder an die Sendeminuten, die auf einen bestimmten Tonträgerhersteller, der über einen sog. Label Code identifiziert wird, angeknüpft. Alternativ erfolgt die Ausschüttung auf der Grundlage der tatsächlich gespielten Tracks, die mit Hilfe des „Online Track Information System" Trysys.GVL erfasst werden.

Abschnitt 5   Schutz des Sendeunternehmens

§ 87   Sendeunternehmen

(1) Das Sendeunternehmen hat das ausschließliche Recht,
1. seine Funksendung weiterzusenden und öffentlich zugänglich zu machen,
2. seine Funksendung auf Bild- oder Tonträger aufzunehmen, Lichtbilder von seiner Funksendung herzustellen sowie die Bild- oder Tonträger oder Lichtbilder zu vervielfältigen und zu verbreiten, ausgenommen das Vermietrecht,
3. an Stellen, die der Öffentlichkeit nur gegen Zahlung eines Eintrittsgeldes zugänglich sind, seine Funksendung öffentlich wahrnehmbar zu machen.

(2) ¹Das Recht ist übertragbar. ²Das Sendeunternehmen kann einem anderen das Recht einräumen, die Funksendung auf einzelne oder alle der ihm vorbehaltenen Nutzungsarten zu nutzen. ³§ 31 und die §§ 33 und 38 gelten entsprechend.

(3) ¹Das Recht erlischt 50 Jahre nach der ersten Funksendung. ²Die Frist ist nach § 69 zu berechnen.

(4) § 10 Abs. 1 sowie die Vorschriften des Teils 1 Abschnitt 6 mit Ausnahme des § 47 Abs. 2 Satz 2 und des § 54 Abs. 1 gelten entsprechend.

(5) ¹Sendeunternehmen und Kabelunternehmen sind gegenseitig verpflichtet, einen Vertrag über die Kabelweitersendung im Sinne des § 20b Abs. 1 Satz 1 zu angemessenen Bedingungen abzuschließen, sofern nicht ein die Ablehnung des Vertragsabschlusses sachlich rechtfertigender Grund besteht; die Verpflichtung des Sendeunternehmens gilt auch für die ihm in Bezug auf die eigene Sendung eingeräumten oder übertragenen Senderechte. ²Auf Verlangen des Kabelunternehmens oder des Sendeunternehmens ist der Vertrag gemeinsam mit den in Bezug auf die Kabelweitersendung anspruchsberechtigten Verwertungsgesellschaften zu schließen, sofern nicht ein die Ablehnung eines gemeinsamen Vertragsschlusses sachlich rechtfertigender Grund besteht.

Übersicht

I. Allgemeines

1. Sinn und Zweck, Überblick und Schutzgegenstand

a) Sinn und Zweck: Das Sendeunternehmen ist das Unternehmen, das Inhalte **1** durch **Funksendung** der Öffentlichkeit zugänglich macht. Dies erfordert regelmäßig, ähnlich wie die Herstellung eines Tonträgers oder eines Bildträgers, einen **technischen, wirtschaftlichen** wie auch **organisatorischen Aufwand**, den der Gesetzgeber als schützenswert erachtet. Nach der Gesetzesbegründung (RegE UrhG – BT-Drucks. IV/270, S. 97) soll sich ein Dritter die von dem Sendeunternehmen erbrachten Leistungen nicht mühelos zu Nutze machen, indem er die Sendung eines Dritten etwa zur Weitersendung übernimmt, sie auf Bild- oder Tonträger überträgt oder öffentlich wiedergibt. In Übereinstimmung mit dem Europäischen Abkommen zum Schutz von Fernsehsendungen vom 22.06.1960 (Straßburger Fernsehabkommen [SFA]) und dem Rom-Abkommen vom 26.10.1961 (RA) hat der Gesetzgeber den Sendeunternehmen mit § 87 ein eigenes originäres Schutzrecht in Form eines **verwandten Leistungsschutzrechts** zuerkannt. Das sich aus § 87 ergebene Recht ist als Eigentum gem. Art. 14 Abs. 1 S. 1 GG ein Recht mit **Verfassungsrang** (BVerfG NJW 1998, 1627, 1631), wobei sich öffentlich-rechtliche Rundfunkanstalten jedoch auf eine Grundrechtsverletzung insoweit grundsätzlich nicht berufen können (BVerfG NJW 1988, 1715, 1715; s. zu öffentlich-rechtlichen Aspekten auch Schricker/*v. Ungern-Sternberg*[3] Rn. 62 ff. m.w.N.).

In der Praxis ist ein Sendeunternehmen oftmals nicht auf die Schutzrechte des **2** § 87 angewiesen. Denn regelmäßig haben sich die Sendeunternehmen von den Beteiligten des zu sendenden Inhaltes (z. B. von den Autoren, Regisseuren, Schauspielern und sonstigen ausübende Künstlern, Film- und Tonträgerherstellern) umfangreich Nutzungsrechte einräumen oder Rechte übertragen lassen, so dass zur Durchsetzung der in § 87 genannten Verbotsrechte ein Rückgriff auf originär eigene Rechte gem. § 87 meist nicht erforderlich ist; die Sendeunternehmen können ihre Ansprüche insoweit häufig schon auf von **Dritten abgeleitete Rechte** stützen. Überdies stehen den Sendeunternehmen – neben den Rechten aus § 87 – oft auch andere originär eigene Rechte, insb. andere Leistungsschutzrechte zu. So ist es denkbar, dass das Sendeunternehmen zugleich **Tonträgerhersteller** (§ 85) oder **Filmhersteller** (§ 94) ist. Auch kann das Sendeunternehmen im Einzelfall **Veranstalter** gem. § 81 sein. Diese anderen Leistungsschutzrechte treten neben das Recht des Sendeunternehmens und beinhalten ihrerseits umfangreiche Verbotsrechte. Das selbstständige Leistungsschutzrecht zu Gunsten der Sendeunternehmen ist aber in den Fällen von Bedeutung, in denen sich das Sendeunternehmen nicht auf sonstige originär eigene oder von Dritten abgeleitete Rechte berufen kann.

3   Schon im Jahr 1958, also vor Inkrafttreten des UrhG, hatte sich der BGH mit der Schutzwürdigkeit der mit der Sendung einhergehenden organisatorisch-technischen Leistung befasst und dem Sendeunternehmen Verbotsansprüche unter **wettbewerbsrechtlichen Gesichtspunkten** zugestanden (BGH GRUR 1962, 470 – *AKI*). Dies verdeutlicht, dass auch das Recht des Sendeunternehmens (wie das Tonträgerherstellerrecht) eine Art wettbewerbsrechtliche Vorschrift im urheberrechtlichen Gewand darstellt, jedenfalls einen starken wettbewerbsrechtlichen Hintergrund aufweist. Es gewährt einen Schutz gegen die mühelose Ausbeutung des organisatorisch-technischen Aufwands bei der Veranstaltung von Sendungen, welche mit Blick auf die moderne verfügbare Technik heute besonders mühelos ist.

4   b) **Überblick:** Das Recht des Sendeunternehmens gem. § 87 beinhaltet zunächst die in **Abs. 1** abschließend genannten **Ausschließlichkeitsrechte**, nämlich das ausschließliche Recht zur Weitersendung und öffentlichen Zugänglichmachung (Nr. 1), zur Aufnahme der Funksendung auf Bild- oder Tonträgern, zur Herstellung von Lichtbildern von der Funksendung, zur Vervielfältigung und Verbreitung (mit Ausnahme der Vermietung) dieser Bild- oder Tonträger oder Lichtbilder (Nr. 2) sowie das Recht, die Funksendung an Stellen, die der Öffentlichkeit nur gegen Zahlung eines Eintrittsgeldes zugänglich sind, öffentlich wahrnehmbar zu machen (Nr. 3). **Abs. 2** regelt die **Übertragbarkeit** des Rechts als solches sowie die Einräumung von **Nutzungsrechten**. Die Dauer der **Schutzfrist** des Rechts zugunsten des Sendeunternehmens findet sich in **Abs. 3**. Die Verweisungsnorm des **Abs. 4** führt zur Anwendbarkeit der Vermutungsregel aus § 10 Abs. 1 sowie der in den §§ 44a bis 63a normierten **Schrankenbestimmungen** einschließlich der dort enthaltenen Vergütungsansprüche. Schließlich beinhaltet Abs. 5 einen Kontrahierungszwang zwischen dem Sendeunternehmen und dem Kabelunternehmen in Bezug auf die Kabelweitersendung (§ 20b Abs. 1 S. 1).

5   c) **Schutzgegenstand:** Schutzgegenstand des § 87 ist der in Form des Funks gesendete Sendeinhalt als **immaterielles Gut** (s. hierzu Möhring/Nicolini/*Hillig*[2] Rn. 22; Dreier/Schulze/*Dreier*[2] Rn. 9; Schricker/*v. Ungern-Sternberg*[3] Rn. 23) Hierbei ist einerseits zu beachten, dass das Recht des Sendeunternehmens **kein reiner Inhaltsschutz** ist, also nicht auf den Schutz der gesendeten Inhalte als solche abzielt. Denn wurde ein Inhalt noch nicht gesendet, genießt er – jedenfalls gem. § 87 – zumindest noch keinen Schutz. Andererseits geht es im Rahmen des § 87 auch nicht um den Schutz der Sendetechnik oder des isoliert betrachten Sendevorganges als solchen. Ähnlich, wie sich im Rahmen des Tonträgerherstellerrechts die Herstellerleistung in dem Tonträger manifestieren, also verkörpern muss (vgl. § 85 Rn. 3), muss sich auch im Bereich des Rechts des Sendeunternehmens die zu honorierende Leistung gerade in der (technischen) Sendung der Inhalte verkörpern.

2.   Früheres, internationales und europäisches Recht

6   Das originäre deutsche Recht des Sendeunternehmens gem. § 87 wurde – unter Einfluss des **Straßburger Fernsehabkommen** (SFA; auch Europäisches Fernsehabkommen) vom 22.06.1960 und des **Rom-Abkommens** vom

26.10.1961 (vgl. Art. 13 RA) – schon in der ersten Fassung des UrhG normiert. Das SFA gewährt einen Schutz gegen unerlaubte Weitersendungen und
öffentliche Übertragungen von Sendungen und Fixierungen hiervon, allerdings
ausschließlich bezogen auf **reine Fernsehsendungen** (nicht aber: Hörfunksen-
dungen). Das Rom-Abkommen sieht in Art. 13 Buchst. a) bis d) einen Schutz
gegen unerlaubte Weitersendungen, Festlegungen sowie Vervielfältigungen
vor. Nicht erfasst sind hierbei Punkt-zu-Punkt-Satellitensendungen sowie die
Kabelweiterleitung (Loewenheim/*Flechsig* § 41 Rn. 76). Das **Brüsseler Satellitenabkommen (BSA)** vom 21.05.1974 sieht Ausschließlichkeitsrechte zugunsten der Sendeunternehmen in Bezug auf die Weitersendung per Satellit
(s. Art. 2 BSA) vor (Schricker/*v. Ungern-Sternberg*[3] Rn. 68 ff.). Schließlich
finden sich in Art. 14 Abs. 3 **TRIPS** Vorgaben zum Schutzumfang des Rechts
der Sendeunternehmen.

Die mit dem UrhG normierte nationale Vorschrift hat durch unterschiedliche – **7**
meist europarechtlich motivierte – Reformen einige Änderungen erfahren
(näher zu den europäischen Richtlinien: Loewenheim/*Flechsig* § 41 Rn. 84 ff.).
Mit dem **3. UrhGÄndG** vom 23.06.1995 wurde die **Vermiet- und Verleih-
rechts-RL** vom 19.11.1992 (RL 92/100/EWG) in nationales Recht umgesetzt.
Nach den Vorgaben dieser RL wurde Abs. 1 Ziff. 2 um das Verbreitungsrecht –
mit Ausnahme des Vermietrechts – ergänzt. Ferner musste mit Blick auf Art. 8
Abs. 3 der Richtlinie das Recht der öffentlichen Wiedergabe über die Fernsehsendung hinaus auf jegliche Funksendungen, also einschließlich des Hörfunks
erstreckt werden, was durch die Neufassung der Nr. 2 realisiert wurde. Die
Übergangsvorschrift in Bezug auf die Umsetzung der Vermiet- und Verleih-RL
findet sich in § 137e.

In Umsetzung der **Schutzdauer-RL** vom 19.10.1993 (RL 93/98/EWG), dort **8**
Art. 3 Abs. 4, wurde – ebenfalls mit dem 3. UrhGÄndG vom 23.06.1995 – in
Abs. 3 S. 1 die Schutzdauer von bisher 25 Jahren auf 50 Jahre verlängert und
zugleich durch Einfügung des Wortes „ersten" klargestellt, dass die Schutzfrist
mit der ersten Funksendung beginnt. Die Neuregelung trat am 01.07.1995 in
Kraft; die **Übergangsregelungen** finden sich in § 137 f.

Durch das 4. UrhGÄndG vom 08.05.1998 hat der Gesetzgeber die **Satelliten- 9
und Kabel-RL** (Richtlinie 93/83/EWG) vom 27.09.1993 in nationales Recht
umgesetzt. Seither wird in § 20 der Satellitenrundfunk klarstellend ausdrücklich als Beispiel für eine technische Art der Sendung erwähnt; auch wurde der
veraltete Begriff des „Drahtfunks" durch den Begriff „Kabelfunk" ersetzt.
Geschützt sind nunmehr ferner Funksendungen und Weitersendungen, die
durch eine europäische Satellitensendung übertragen werden (§ 20a Abs. 3).
Ebenfalls unter Einfluss der Satelliten- und Kabel-RL wurde dem Sendeunternehmen wie auch dem Kabelunternehmen in Abs. 4 (heute: Abs. 5) ein zivilrechtlicher Kontrahierungszwang in Bezug auf die Einräumung des Rechts zur
Kabelweitersendung (§ 20b Abs. 1) auferlegt.

Die **Info-RL** (Richtlinie 2001/29/EG) führte zur Änderung des Rechts der **10**
Sendeunternehmen durch das UrhG InfoGes vom 10.09.2003. Berücksichtigt
wurde vor allem die Vorgabe des Art. 3 Abs. 2 d der Info-RL, das Recht der
öffentlichen Zugänglichmachung neben den ausübenden Künstlern und den
Tonträgerherstellern auch den Sendeunternehmen zuzuordnen. Auch die
Übertragung des Senderechts sowie die Einräumung von Nutzungsrechten
sind nunmehr ausdrücklich geregelt (Abs. 2). Schließlich nahm auch die
Enforcement-RL (2004/84/EG) Einfluss auf die Regelung des § 87. Mit
dem Gesetz zur Verbesserung der Durchsetzung von Rechten des geistigen

Eigentums vom 07.07.2008 wurde Art. 5b) der Enforcement-RL (Vermutung der Rechtsinhaberschaft) durch Änderung des Abs. 4 (Verweis auf § 10 Abs. 1) umgesetzt.

11 **Fremdenrechtliche Bestimmungen** zu § 87 finden sich in § 127 (Einzelheiten: vgl. § 127 Rn. 1 ff.).

II. Tatbestand und Rechtsfolge

1. Sendeunternehmen

12 Der Begriff des **Sendeunternehmens** ist gesetzlich nicht definiert und im Lichte des Schutzzwecks der Norm zu bestimmen. Mit Blick auf § 20, in dem sich die Legaldefinition des Senderechts findet, sowie § 20a ist **Inhaber** der Rechte gem. § 87 derjenige, der durch Funk gem. § 20 (z. B. durch Ton- und Fernsehrundfunk, Satellitenrundfunk, Kabelfunk oder ähnliche technische Mittel) oder durch eine Satellitensendung (§ 20a Abs. 3) eine **Funksendung veranstaltet**, die zum unmittelbaren gleichzeitigen Empfang durch die Öffentlichkeit (hierzu vgl. Rn. 20) bestimmt ist (Schricker/*v. Ungern-Sternberg*[3] Rn. 12; Loewenheim/*Flechsig*, § 41 Rn. 7; Dreier/Schulze/*Dreier*[2] Rn. 5). Als **Veranstalter** in diesem Sinne gilt wegen des Schutzzwecks der Norm, wer die Funksendung in organisatorischer und wirtschaftlicher Hinsicht **tatsächlich verantwortet** (Vorauflage/*Hertin*[9] Rn. 2; vgl. § 85 Rn. 40 ff. zum Begriff des Tonträgerherstellers). Dies muss nicht immer derjenige sein, der die **Sendeanlage** als solche betreibt; stellt der Betreiber der Sendeanlage die Technik lediglich einem Dritten zur Benutzung zur Verfügung, ist er nicht schon deshalb ein Sendeunternehmen in diesem Sinne (Dreier/Schulze/*Dreier*[2] Rn. 6; Schricker/*v. Ungern-Sternberg*[3] Rn. 16 m.w.N.). Umgekehrt muss das Sendeunternehmen aber selbst kein Betreiber einer eigenen Sendeanlage sein (Loewenheim/*Flechsig* § 41 Rn. 8), sondern er kann sich zur Erbringung der Sendeleistung selbstverständlich auch der Leistungen und der Technik Dritter bedienen.

13 Die Eigenschaft als Sendeunternehmen ist unter Berücksichtigung der Umstände des Einzelfalls zu bestimmen. Entscheidend ist, dass dem Sendeunternehmen der organisatorisch und wirtschaftlich **Erfolg** zuzurechnen ist. Dies ist bspw. nicht der Fall bei einem **Kabelunternehmen** oder Kabelverbreiter, der das Signal eines Dritten lediglich unverändert und zeitgleich weitersendet (Schricker/*v. Ungern-Sternberg*[3] Rn. 13; Loewenheim/*Flechsig* § 41 Rn. 8).

14 Auf die Rechtsform des Sendeunternehmens kommt es nicht an (Dreier/Schulze/*Dreier*[2] Rn. 5; Schricker/*v. Ungern-Sternberg*[3] Rn. 18). Als Inhaber des Schutzrechts kommen deshalb neben **juristischen Personen** des Privatrechts und des öffentlichen Rechts auch **natürliche Personen** in Betracht, solange und soweit die von § 87 honorierten Leistungen erbracht werden. Inhaber des Schutzrechts ist der Rechtsträger des Sendeunternehmens. Unerheblich ist, ob es sich bei dem Sendenden um ein zugelassenes oder ein **illegales** Sendeunternehmen (Schwarzsender, Piratensender) handelt (Wandtke/Bullinger/*Ehrhardt*[2] Rn. 7).

15 § 87 ist ein Leistungsschutzrecht und dient dem Schutz einer honorierbaren wirtschaftlichen und organisatorischen **Leistung**. Die **Anforderungen** an die zu erbringenden Leistungen sind aber nach allgemeiner Ansicht, ähnlich wie im Recht des Tonträgerherstellers (vgl. § 85 Rn. 24 ff.), gering; es genügt ein

Mindestmaß organisatorischer und wirtschaftlicher Leistung, die der Gesetzgeber über die Norm geschützt wissen will. Eine „Leistungshöhe", ähnlich der
Schöpfungshöhe im Rahmen des § 2 Abs. 2, kennt das Senderecht nicht.

Da es im Rahmen des § 87 um den Schutz der Funksendung als solche geht, **16**
kommt es nicht darauf an, ob das sendende Unternehmen zugleich **Produzent
der Inhalte** ist oder diese sonst wie verantwortet. Die geschützte Leistung liegt
in dem organisatorischen, wirtschaftlichen und technischen Aufwand, der mit
dem reinen Sendevorgang einhergeht, und zwar unabhängig von der Art und
der Herkunft der gesendeten Inhalte. **Produktionsunternehmen** (z.B. Film-
oder Fernsehproduzenten), die die zu sendenden Inhalte produzieren, sind
deshalb keine Sendeunternehmen, es sei denn sie sind zugleich diejenigen,
die ihre eigenen Inhalte auch senden. Die Leistungen der Produktion einer
Sendung sind ggf. über andere Urheber- und/oder Leistungsschutzrechte geschützt. Unerheblich ist es im Übrigen auch, ob die Sendung der Inhalte **Rechte
Dritter**, z. B. die von Urhebern oder ausübenden Künstlern, **verletzt.** Das
Senderecht entsteht abstrakt und unabhängig von der Frage der Berechtigung
zur Sendung, so dass die Sendung durchaus schutzbegründend und zugleich
rechtsverletzend sein kann (vgl. § 85 Rn. 17).

2.   Funksendung (Abs. 1)

a) **Allgemeines:** Wie der Begriff des Sendeunternehmens wird auch der in **17**
§ 87 mehrfach benutzte Begriff der **Funksendung** selbst im UrhG nicht definiert und hat sogar innerhalb des § 87 unterschiedliche Inhalte. Zum einen
findet er in **Abs. 1** Verwendung zur Beschreibung des **Leistungsgegenstandes,**
also der nach § 87 geschützten Leistung, indem formuliert wird, welche ausschließlichen Rechte dem Sendeunternehmen „an seiner Funksendung" zustehen. Gleichermaßen wird in Abs. 2 S. 2 (Einräumung von Nutzungsrechten)
auf die geschützte Leistung Bezug genommen. In **Abs. 3** hingegen meint die
„erste Funksendung" nicht den Leistungsgegenstand, sondern den technischen
Vorgang des Sendens, der zur Berechnung der Schutzfrist heranzuziehen ist.
Durch diese in Abs. 3 genannte „Funksendung" entsteht das Recht des Sendeunternehmens an der Funksendung gem. Abs. 1.

b) **Funksendung als geschützte Leistung:** Der Begriff der Funksendung im **18**
Sinne des Abs. 1 ist im Zusammenhang mit § 20 (siehe dort), in dem das
Senderecht definiert ist, sowie mit § 20a zu verstehen. Gem. § 20 ist das
Senderecht das Recht, das Werk durch Funk der Öffentlichkeit zugänglich
zu machen. Für den Begriff des „Funks" werden in § 20 beispielhaft Ton- und
Fernsehrundfunk, Satellitenrundfunk und Kabelfunk genannt, ohne dass dieser Katalog abschließend wäre. Umfasst sind sowohl **drahtlose** (terrestrisch
wie auch per Satellit) als auch **draht-/kabelgebundene** Sendungen". Der Begriff
der Sendung schließt gem. § 20a europäische **Satellitenübertragungen** ein.
Analoge Funksendungen fallen ebenso in den Schutzbereich wie **digitale** Übertragungen; ferner ist es unerheblich, ob die Signale **unkodiert** oder **verschlüsselt** gesendet werden.

Die Inhalte müssen der Öffentlichkeit (vgl. Rn. 20) stets zum **gleichzeitigen** **19**
Empfang übermittelt werden, nicht aber zum Empfang zu Zeiten der Wahl der
Empfänger. Letzteres wäre kein Fall der Sendung gem. § 20, sondern eine
öffentliche Zugänglichmachung gem. § 19a. Durch das öffentliche Zugänglichmachen von Inhalten werden keine Rechte gem. § 87 begründet (s. aber
auf der Rechtsfolgenseite § 87 Abs. 1 Nr. 1).

20   **aa) Öffentlichkeit:** Eine Funksendung i.S.d. Abs. 1 liegt nur dann vor, wenn sich die Sendung an die **Öffentlichkeit** richtet (§ 20). Dies ist nicht die Allgemeinheit als solche, sondern die Öffentlichkeit im Sinne des § 15 Abs. 3, so dass die Sendung an eine „Mehrzahl von Mitgliedern der Öffentlichkeit" genügt. Die Sendung muss sich an ein **öffentliches Publikum** richten und zum zeitgleichen Empfang durch diese Öffentlichkeit bestimmt sein (Loewenheim/*Flechsig*, § 41 Rn. 11; Schricker/*v. Ungern-Sternberg*[3] Rn. 17). Da durchaus eine beschränkte Öffentlichkeit ausreichend ist, können z. B. Sendungen innerhalb eines Unternehmens (z. B. Hotel-, oder Krankenhaussendungen; s. hierzu auch BGH GRUR 1994, 797, 797 – *Verteileranlage im Krankenhaus*; BGH GRUR 1994, 45, 46 – *Verteileranlagen; OLG Hamm* GRUR-RR 2007, 379 – *Kabelfernsehen in Hotelzimmern* [n. rkr.]) ebenso dem Schutz des § 87 unterfallen, wie **verschlüsseltes Pay-TV** – sei es ein „Pay-Per-View" oder ein „Pay-Per-Channel"-Programm (Loewenheim/*Flechsig* § 41 Rn. 12; Dreier/Schulze/*Dreier*[2] Rn. 10). Insofern genügt ein tatsächlich begrenzter Teil der Öffentlichkeit, um dieses Erfordernis zu erfüllen. Eine individuelle Kommunikation innerhalb eines Personenkreises (z. B. Polizei-, See-, Flugzeugfunk usw.) wird von dem Begriff der Funksendung indessen nicht umfasst, da keine „Öffentlichkeit" gegeben ist (Dreier/Schulze/*Dreier*[2] Rn. 10; Schricker/*v. Ungern-Sternberg*[3] Rn. 17).

21   **bb) Erstmaligkeit der Sendung:** Das Recht des § 87 entsteht nur bei der **erstmaligen Sendung** des Sendeguts, nicht aber bei einer (identischen) **wiederholenden Sendung** (Dreier/Schulze/*Dreier*[2] Rn. 9; Schricker/*v. Ungern-Sternberg*[3] Rn. 24 f.; Wandtke/Bullinger/*Erhardt*[2] Rn. 19; a.A: Möhring/Nicolini/*Hillig*[2] Rn 24; Loewenheim/*Flechsig* § 41 Rn. 15). Dies gilt unabhängig davon, ob die neuerliche Sendung durch das ursprüngliche Sendeunternehmen nochmals oder aber durch einen sonstigen Dritten erfolgt. Obschon diese Handlungen im Einzelfall durchaus selbst einen wirtschaftlichen, technischen und organisatorischen Aufwand erfordern, kommt es bei einer **identischen Weitersendung** nicht zur Begründung eines neuen Schutzrechts. Zu Recht wird zur Begründung vor allem auf Art. 3 Abs. 4 Schutzdauer-RL (93/98/EWG) hingewiesen. Dort wird die Berechnung der Schutzdauer der Rechte zugunsten des Sendeunternehmens gerade an die „Erstsendung" geknüpft, wodurch verhindert werden soll, dass eine neue Frist in den Fällen zu laufen beginnt, in denen eine Sendung mit einer vorhergehenden identisch ist (ErwG 19 Schutzdauer-RL). Wie aber auch im Rahmen des § 85 bei der „Erstfixierung" ist auch hier die **Erstmaligkeit** nicht mit einer „**Einmaligkeit**" gleichzusetzen. Senden etwa mehrere Sendeunternehmen unabhängig voneinander denselben Inhalt – sei es zeitgleich, sei es zeitversetzt –, können Rechte gem. § 87 ohne weiteres jedem sendenden Unternehmen zustehen.

22   Ein (neues) **Recht** kann im Übrigen dann begründet werden, wenn das bereits zuvor gesendete Material verändert und diese **veränderte Form** erstmals gesendet wird. Voraussetzung hierfür ist, dass die geänderte Form im Vergleich zu dem bereits zuvor Gesendeten als eine „andere" Funksendung anzusehen ist (zutreffend Schricker/*v. Ungern-Sternberg*[3] Rn. 26; Loewenheim/*Flechsig* § 41 Rn. 15; Wandtke/Bullinger/*Erhardt*[2] Rn. 14 a.E.; zur Parallelproblematik hierzu vgl. § 85 Rn. 20 ff. und Rn. 29 ff.). Dies ist bspw. denkbar, wenn ein Schwarz/Weiß-Film nachträglich koloriert, ein Stummfilm nachträglich mit Ton versehen, ein Film in synchronisierter Fassung erstmals gesendet wird oder sonstige deutliche Änderungen an dem Material vorgenommen werden. Zu einem Konflikt mit Art. 3 Abs. 4 Schutzdauer-RL sowie mit dem dortigen ErwG 19 kommt es nicht, weil die **Schutzfristen** hinsichtlich der „Erstsendung" nicht tangiert werden; neue Schutzrechte entstehen ausschließlich an der geänderten, in dieser Form erstmals gesendeten Fassung, die die einstige Sendung unberührt lassen.

cc) Sendeinhalte: Art und Inhalt des Gesendeten sind nicht entscheidend, **23** solange es „sendefähig" ist. Insb. ist es nicht erforderlich, dass die gesendeten Inhalte dem Werkbegriff des § 2 unterfallen. Neben Ton- und Bildinformationen kommen als Sendeinhalte bspw. auch reine Textinformationen (**Teletext**; **Videotext**) in Betracht (Möhring/Nicolini/*Hillig*[2] Rn. 13).

3. Ausschließlichkeitsrechte (Abs. 1)

Dem Sendeunternehmen stehen an der Funksendung die in Abs. 1 genannten **24** Verbotsrechte zu. Dieser Katalog ist **abschließend**. Verletzungen dieser Ausschließlichkeitsrechte können zivilrechtlich gem. §§ 97 ff. verfolgt werden; Verletzer können gem. § 97 Abs. 1 S. 1 vor allem auf Beseitigung der Beeinträchtigung, auf Unterlassung sowie auf Schadensersatz § 97 Abs. 1 S. 1 in Anspruch genommen werden.

a) Rechte des Abs. 1 Nr. 1: Gem. Abs. 1 Nr. 1 hat das Sendeunternehmen das **25** ausschließliche Recht, seine Funksendung weiterzusenden und öffentlich zugänglich zu machen.

aa) Weitersendung: Das ausschließliche Recht zur Weitersendung der Funk- **26** sendung beinhaltet die zeitgleiche, unveränderte, integrale Weiterausstrahlung, also die sog. „**Simultanausstrahlung**" der Funksendung (Loewenheim/*Flechsig* § 41 Rn. 28; Dreier/Schulze/*Dreier*[2] Rn. 13; Schricker/*v. Ungern-Sternberg*[3] Rn. 31). Diese Weitersendung ist eine **Sendung** im Sinne des § 20, umfasst also sämtliche hierunter fallenden Verfahren. Als Weitersendung in Betracht kommen demnach sowohl **drahtlose** (terrestrisch wie auch per Satellit) als auch **draht-/kabelgebundene** Weitersendungen einschließlich der europäischen **Satellitenübertragungen**.

Zeitversetzte Sendungen sind keine „Weitersendungen" (OLG Dresden ZUM **27** 2007, 203). Eine Simultanausstrahlung liegt also dann nicht vor, wenn die Funksendung zunächst auf einem Tonträger, einem Bildträger oder einem Bild-/Tonträger festgelegt und zeitversetzt gesendet wird. Dies fiele vielmehr in den Anwendungsbereich des Abs. 1 Nr. 2 und könnte überdies sowohl Tonträger- (§ 85) als auch Filmherstellerrechte (§ 94) tangieren (Loewenheim/*Flechsig* § 41 Rn. 28; Schricker/*v. Ungern-Sternberg*[3] Rn. 31; Dreier/Schulze/*Dreier*[2] Rn. 13; Wandtke/Bullinger/*Erhardt*[2] Rn. 14). Ein Weitersenden liegt auch bei einer Weitersendung über das Internet, z. B. durch Internet-TV oder andere Formen des **Streaming** vor, wenn die Signale „in Echtzeit" weiter übertragen werden (OLG Hamburg GRUR-RR 2006, 148, 149 – *Cybersky*). Nach überwiegender Ansicht muss der Weitersendende – entgegen der Definition der „Weitersendung" in Art. 3 lit. g) des Rom-Abkommens („durch ein anderes Sendeunternehmen") – nicht unbedingt selbst ein **Sendeunternehmen** im Sinne des § 87 sein (Schricker/*v. Ungern-Sternberg*[3] Rn. 35; Möhring/Nicolini/*Hillig*[2] Rn. 25; Loewenheim/*Flechsig* § 41 Rn. 30).

Ein Eingriff in das Recht der Weitersendung ist nicht nur dann gegeben, wenn **28** die Weitersendung **unmittelbar an die Sendung** des Rechtsinhabers (Sendeunternehmens) anknüpft. Es genügt, wenn der Weitersendung eine gleichzeitige **Anschlusssendung** eines anderen Unternehmens oder aber eine Richtfunk-, Kabel- oder Satellitenübertragung der Funksendung durch das Sende-unternehmen selbst oder auch durch einen Dritten zugrunde liegt (Schricker/*v. Ungern-Sternberg*[3] Rn. 34; Loewenheim/*Flechsig*, § 41 Rn. 30; einschränkend: Dreier/Schulze/*Dreier*[2] Rn. 13; a. A. Vorauflage/*Hertin*[9] Rn. 6). Es muss also nicht zwingend das unmittelbar an die Öffentlichkeit gerichtete Signal weitergeleitet werden.

29   **bb) Öffentliche Zugänglichmachung:** Dem Sendeunternehmen steht überdies das ausschließliche Recht zu, die Funksendung **öffentlich zugänglich** zu machen. Es wird auf die Kommentierung zu § 19a verwiesen. Besondere Bedeutung hat dieses Verbotsrecht vor allem bei der Wiedergabe der Funksendung im **Internet** nach erfolgtem Mitschnitt. Zwar greift der Mitschnitt der Funksendung bereits in die dem Sendeunternehmen ebenfalls zustehenden Vervielfältigungsrechte gem. Abs. 1 Nr. 2 ein, jedoch – so betont auch der Gesetzgeber – entspricht es dem Grundkonzept des Urheberrechtsgesetzes, bei einer Mehrheit von aufeinander folgenden, eine wirtschaftliche Einheit bildenden Verwertungshandlungen gleichwohl auf jeder Stufe eine Kontrolle durch den Rechtsinhaber zu ermöglichen (RegE UrhG Infoges – BT-Drucks. 15/38, S. 25). Das OLG Köln hat in dem Angebot eines Online-Videorekorders für Dritte einen Eingriff in das Recht der öffentlichen Zugänglichmachung des Sendeunternehmens gem. Abs. 1 Nr. 1 erkannt und zugleich eine Vervielfältigungshandlung gem. Abs. 1 Nr. 2 angenommen (OLG Köln GRUR-RR 2006, 5 – *Personal Video Recorder;* s. auch OLG Hamburg GRUR-RR 2006, 148, 149 – *Cybersky*).

30   **b) Rechte des Abs. 1 Nr. 2:** Abs. 1 Nr. 2 gewährt dem Sendeunternehmen zunächst das Recht, seine Funksendung auf Bild- oder Tonträgern **aufzunehmen,** also eine Fixierung der Funksendung durch Übertragung auf diese Vorrichtungen zur wiederholbaren Wiedergabe vorzunehmen (§ 16 Abs. 2). Das Recht der „Aufnahme" in diesem Sinne umfasst nur die **erstmalige Festlegung** der Funksendung, nicht aber die wiederholte Fixierung einer bereits zuvor festgelegten Aufnahme. Allerdings steht dem Sendeunternehmen neben dem Recht der erstmaligen Fixierung der Funksendung („aufnehmen") ohnehin auch das ausschließliche Recht der **Vervielfältigung** (§ 16) zu, die anhand der erstmaligen Fixierung oder an Vervielfältigungsstücken hiervon vorgenommen wird. Zur Verletzung des Vervielfältigungsrechts durch den Betrieb eines **Online-Videorekorders** vgl. OLG Köln GRUR-RR 2006, 5 – *Personal Video Recorder;* OLG Dresden GRUR-RR 2007, 138 – *Online-Videorekorder;* OLG Dresden CR 2007, 458).

31   Überdies hat das Sendeunternehmen das ausschließliche Recht, die hergestellten Bild- und Tonträger zu **verbreiten** (§ 17 Abs. 1). Die Erweiterung des Rechtekatalogs um das Recht der Verbreitung geht zurück auf Art. 9 der Vermiet- und Verleih-RL (92/100/EWG), der mit dem 3. UrhGÄndG 1995 umgesetzt wurde; eines Rückgriffs auf § 96 bedarf es demnach nicht mehr. Der **Erschöpfungsgrundsatz** gem. § 17 Abs. 2 ist grundsätzlich zu beachten; allerdings werden die Sendungen in der Praxis von dem Sendeunternehmen wohl eher selten als erste Fixierung oder als Vervielfältigungsstück in den Verkehr gebracht. Von dem dem Sendeunternehmen ausschließlich zustehenden Verbreitungsrecht ausdrücklich ausgenommen ist das Recht der **Vermietung** (§ 17 Abs. 3). Dieses kann das Sendeunternehmen aber u. U. dann geltend machen, wenn es entweder selbst Tonträger- (§ 85) oder Filmhersteller (§ 94) ist oder es seine Rechte von Dritten, denen das ausschließliche Vermietrecht zusteht, ableiten kann.

Ergänzt wird der Schutz schließlich durch das ausschließliche Recht, **Licht-** **32**
bilder (§ 72) von der Funksendung **anzufertigen** sowie diese zu **vervielfältigen**
und zu **verbreiten** (mit Ausnahme der Vermietung). Das Anfertigen von **Bild-
schirmfotos** für Fernsehprogrammführer zur Illustration des Inhalts eines
angekündigten Programmpunktes kann ggf. von der Schranke des § 50 gedeckt sein (s. OLG Köln GRUR-RR 2005, 105 – *Elektronischer Programm-
führer*). Zum Zitatrecht gem. § 51 s. LG Berlin GRUR 2000, 797, 797 –
Screenshots.

c) Recht des Abs. 1 Nr. 3: Schließlich gewährt Abs. 1 Nr. 3 dem Sendeunter- **33**
nehmen das ausschließliche Recht, die Funksendung an Stellen, die der Öffentlichkeit nur gegen Zahlung eines Eintrittsgeldes zugänglich sind, öffentlich
wahrnehmbar zu machen. Das Recht des **öffentlichen Wahrnehmbarmachens**
entspricht inhaltlich im Wesentlichen § 22 (Dreier/Schulze/*Dreier*[2] Rn. 5).
Klassischerweise erfolgt die Wahrnehmbarmachung der Funksendung über
Leinwände, Bildschirme, Lautsprecher und ähnliche technische Vorrichtungen. Der Begriff der **Öffentlichkeit** richtet sich nach § 15 Abs. 3.

Das ausschließliche Recht des Abs. 1 Nr. 3 gilt nur, soweit die Funksendung an **34**
einem Ort öffentlich wahrnehmbar gemacht wird, der der Öffentlichkeit nur
gegen **Zahlung eines Eintrittsgeldes** zugänglich ist. Der Begriff des Eintrittsgeldes ist mit Blick auf den Schutzweck tendenziell weit zu verstehen. Er
umfasst nicht nur das von dem Publikum zu zahlende unmittelbare Eintritts-
entgelt (z. B. bei einem Kinobesuch, Discotheken), sondern auch **indirekte
Zahlungen** (insb. umgelegte Gelder), wie bspw. erhöhte Speisen- und Geträn-
kepreise, Erhebung eines Mitgliedspreises, von Unkostenbeiträgen usw. (s.
Möhring/Nicolini/*Hillig*[2] Rn. 40; Loewenheim/*Flechsig* § 41 Rn. 40 f.; zurückhaltender: Dreier/Schulze/*Dreier*[2] Rn. 17; hierzu auch *Götting* ZUM
2005, 185). Vorstehende Erwägungen sind bspw. bei dem sog. **Public Viewing,**
also bei der Live-Übertragung von sportlichen oder kulturellen Großveranstaltungen an öffentlichen Plätzen, von Bedeutung. Eine derartige Live-Wieder-
gabe greift jedenfalls dann in die Ausschließlichkeitsrechte des Sendeunternehmens sein, wenn von den Besuchern Eintrittsgelder verlangt oder die
Kosten anderweitig umgelegt werden.

**4.   Übertragbarkeit des Rechts und Einräumung von Nutzungsrechten
(Abs. 2)**

a) Übertragbarkeit (Abs. 2 S. 1): Das Recht der Sendeunternehmen ist ein **35**
Leistungsschutzrecht vermögensrechtlicher Natur ohne persönlichkeitsrechtlichen Kern und als solches auf Dritte in Gänze **übertragbar.** Dies wird in
Abs. 2 S. 1 klargestellt. Auf die Rechtsübertragung finden die §§ 413 BGB,
398 ff. BGB Anwendung. Die zu übertragenden Rechte müssen insoweit **bestimmt,** zumindest aber **bestimmbar** sein. Die sich aus § 87 ergebenen Rechte
sind, sofern das Sendeunternehmen eine natürliche Person ist, unproblematisch auch **vererbbar** (§§ 1922 ff. BGB).

b) Nutzungsrechtseinräumung (Abs. 2 S. 2 und S. 3): In Abs. 2 S. 2 wird über- **36**
dies klargestellt, dass das Sendeunternehmen an seinen Rechten aus § 87
Dritten **vertragliche Nutzungsrechte** einräumen kann. Für die Einräumung
der Nutzungsrechte gelten aufgrund der Verweisungsnorm des Abs. 2 **Satz 3**
die Vorschriften des § 31 (Einräumung von Nutzungsrechten), des § 33 (Weiterwirkung von Nutzungsrechten) sowie § 38 (Beiträge zu Sammlungen) entsprechend. Bei der Verweisung auf die §§ 31 ff. wurden diejenigen Vorschriften
ausgeklammert, die entweder vertragsrechtliche Konkretisierungen des Urhe-

berpersönlichkeitsrechts sind (§§ 39, 40, 42) oder lediglich dem Schutz des Urhebers als der regelmäßig schwächeren Vertragspartei dienen (Begr RegE UrhG Infoges – BT-Drucks. 15/38, S. 25).

37 Die Verweisungsnorm des Abs. 2 Satz 3 bezieht ausschließlich auf den vorhergehenden Abs. 2 **Satz 2**, der die **Einräumung** von Nutzungsrechten betrifft; er findet keine Anwendung auf die in Abs. 2 S. 1 geregelte **Rechtsübertragung**. Zur Parallelvorschrift des § 85 Abs. 2 S. 3 vgl. § 85 Rn. 61. Insb. kommt bei der Rechtsübertragung der **Zweckübertragungsgedanke** des § 31 Abs. 5 nicht zum Tragen.

5. Schutzfristen (Abs. 3)

38 Zu Gunsten des Sendeunternehmens gilt eine Schutzfrist von **50 Jahren** (Abs. 3 S. 1). Maßgeblich für die Berechnung der Schutzdauer ist der Tag der **ersten Funksendung** im Sinne des **technischen Vorgangs** (vgl. Rn. 17). Dies entspricht nunmehr den Vorgaben des Art. 3 Abs. 4 Schutzdauer-RL (98/93/EWG; jetzt kodifiziert: 2006/116/EG), in dem die Schutzdauer an die „Erstsendung" geknüpft ist. Die Frist beginnt gem. Abs. 3 S. 2 i.V.m. § 69 mit dem Ablauf des Kalenderjahres, in welchem die erste Funksendung erfolgt ist.

39 Unter Geltung von § 87 Abs. 2 UrhG in seiner ersten Fassung bestand der Schutz zugunsten des Sendeunternehmens für die Dauer von 25 Jahren. Erst mit dem 3. UrhGÄndG 1995 und mit Wirkung zum 01.07.1995 wurde die Schutzfrist – in Umsetzung der Schutzdauer-RL – auf 50 Jahre verlängert. Die **Übergangsvorschrift** findet sich in § **137f** (vgl. § 137f Rn. 1 ff.).

6. Verweise des Abs. 4

40 a) § **10 Abs. 1 (Vermutung der Rechtsinhaberschaft):** Mit dem Gesetz zur Verbesserung der Durchsetzung von Rechten des geistigen Eigentums vom 07.07.2008 wurde in Umsetzung von Art. 5 b) der Enforcement-RL (2004/48/EG) die Verweisungsnorm des Abs. 4 um einen Verweis auf § **10 Abs. 1** ergänzt. Nunmehr kann sich auch das Sendeunternehmen auf eine **gesetzliche Vermutung der Rechtsinhaberschaft** berufen, sofern es in der üblichen Weise als Rechtsinhaber bezeichnet ist. Dies kann etwa durch die Aufnahme einer Senderkennung oder durch einen entsprechenden Vor- oder Abspann erfolgen.

41 **Inhalt** der Vermutung ist, dass der Bezeichnete, der sowohl eine natürliche als auch eine juristische Person sein kann, **Rechtsinhaber,** also Inhaber der Rechte aus § 87 ist. Sinn und Zweck der Vorschrift ist es, dem Rechtsinhaber die Durchsetzung seiner Ansprüche dahingehend zu erleichtern, dass er – bis zum Beweis des Gegenteils – zunächst keinen Beweis über seine Rechtsinhaberschaft zu erbringen muss. In der Regel wird der Rechtsinhaber auch zugleich derjenige sein, der die Leistungen des § 87 erbracht hat, also das Sendeunternehmen selbst. Zwingend ist dies gleichwohl nicht, da der Rechtsinhaber nicht zwangsläufig auch das Sendeunternehmen sein muss; dieses kann seine Rechte bspw. gem. Abs. 2 S. 1 einem Dritten übertragen haben.

42 b) **Weitere Verweise (Schrankenbestimmungen):** Ferner sind gem. Abs. 4 die Vorschriften des Abschnitts 6 des Teils 1 mit Ausnahme des § 47 Abs. 2 S. 2 und des § 54 Abs. 1 anwendbar. Das sind die **Schrankenbestimmungen** der §§ 44a bis 63a einschließlich der dort normierten **Vergütungsansprüche**, insb. im Rahmen der §§ 45a, 46 Abs. 4, 52a Abs. 4, und 54h Abs. 2.

Von der Verweisung **ausgenommen** wurde zum einen die Vorschrift des § 47 **43** Abs. 2 S. 2. Bei § 47 handelt es sich um eine Schrankenbestimmung zur Förderung des Bildungswesens; sie erlaubt den dort Begünstigten, einzelne Vervielfältigungsstücke von Werken, die innerhalb einer Schulfunksendung gesendet werden, durch Übertragung auf Bild- oder Tonträger herzustellen. Den Sendeunternehmen steht weder der Löschungs- noch der Vergütungsanspruch gem. § 47 Abs. 2 S. 2 zu. Gleiches gilt für den Vergütungsanspruch des § 54 **Abs. 1** gegenüber den Geräteherstellern und Herstellern von Speichermedien (Zur Verfassungsmäßigkeit s. BVerfG NJW 1988, 1715; zum Ganzen auch Dreier/Schulze/*Dreier*[2] Rn. 24 sowie Schricker/*v. Ungern-Sternberg*[3] Rn. 45 ff., jeweils m.w.N.). Vorstehendes schließt aber nicht aus, dass das Sendeunternehmen die hier ausgeschlossenen Vergütungsansprüche dann geltend machen kann, wenn es zugleich Träger **anderer Leistungsschutzrechte** ist, für die diese Einschränkungen nicht gelten. Ist das Sendeunternehmen bspw. zugleich Ton- oder Filmhersteller, kann es die Vergütungsansprüche – unter den dortigen Voraussetzungen – in diese Eigenschaft geltend machen.

7. Verträge über die Kabelweitersendung (Abs. 5)

Gem. Abs. 5 werden **Sendeunternehmen** und **Kabelunternehmen** wechselseitig **44** dazu verpflichtet, einen gemeinsamen Vertrag in Bezug auf die Kabelweitersendung (§ 20b Abs. 1 S. 1) zu angemessenen Bedingungen abzuschließen. Die Vorschrift beinhaltet einen gesetzlichen **Kontrahierungszwang** und geht zurück auf die Satelliten- und Kabel-RL 93/83/EWG (krit. hierzu: *Gounalakis* NJW 1999, 545, 545 ff.). Hintergrund ist § 20b Abs. 1 S. 2, der die Sendeunternehmen von der **Verwertungsgesellschaftspflicht** ausnimmt und insoweit freistellt, ob die Sendeunternehmen ihre eigenen und von Dritten abgeleiteten Rechte in Bezug auf die Kabelweitersendung in die VerwGes einbringen (Wandtke/Bullinger/*Erhardt*[2] Rn. 21; Loewenheim/*Flechsig*, § 41 Rn. 57).

Abs. 5 begründet sowohl zugunsten des Sendeunternehmens als auch zuguns- **45** ten des Kabelunternehmens jeweils einen zivilrechtlichen Anspruch gegen den anderen **auf Abschluss eines Vertrages** zu angemessenen Bedingungen. Gleichermaßen besteht aber auch ein Anspruch, bereits bestehende – zu angemessenen Bedingungen abgeschlossene – Verträge nicht zu ohne rechtfertigenden Grund zu beenden, wenn die Voraussetzung des Abs. 5 bei Beendigung des Vertrages vorliegen (Schricker/*v. Ungern-Sternberg*[3] Rn. 49; BGH GRUR 2003, 893, 894 – *Schülertransporte*). Inhaltlich umfasst er nicht nur die **eigenen Rechte** des Sendeunternehmens gem. § 87, sondern auch die von Urhebern oder anderen Leistungsschutzberechtigten abgeleiteten, also dem Sendeunternehmen eingeräumten oder an das Sendeunternehmen abgetretenen **Rechte Dritter** (Abs. 5 HS. 2). Da Abs. 5 lediglich einen Anspruch gegen den anderen auf Abschluss eines Vertrages gewährt, besteht vor Abschluss dieses Vertrages noch keine unmittelbare Berechtigung zur Kabelweitersendung (OLG Dresden GRUR 2003, 601, 603 f. –*Kontrahierungszwang;* Schricker/*v. Ungern-Sternberg*[3] Rn. 49).

Die Bedingungen sind jedenfalls dann angemessen, wenn sie **marktüblich** sind **46** (s. hierzu Dreier/Schulze/*Dreier*[2] Rn. 28; Wandtke/Bullinger/*Erhardt*[2] Rn. 23; Loewenheim/*Flechsig*, § 41 Rn. 59; Möhring/Nicolini/*Hillig*[2] Rn. 54). Im Übrigen ist auf den Einzelfall abzustellen. Die Angemessenheit kann im europarechtlichen Vergleich durchaus unterschiedlich ausfallen (hierzu EuGH GRUR 2003, 325 – SENA/NOS; weitere Nachweise auch bei Wandtke/Bullinger/*Erhardt*[2] Rn. 23)

47 Die Kontrahierungspflicht entfällt ausdrücklich dann, wenn für die **Ablehnung** des Vertragsschlusses ein **sachlich gerechtfertigter Grund** gegeben ist (s. hierzu Art. 12 der Satelliten- und Kabel-RL 93/83/EWG: „nicht ohne triftigen Grund"; s. auch Art. 3 Abs. 3 SFA; Begr ÄndG 1998 – BT-Drucks. 13/4796, S. 15; OLG Dresden GRUR 2003, 601 – *Kontrahierungszwang*; Walter/*Dreier/Walter* Art. 10 Rn. 4). In Betracht kommen hier sowohl **tatsächliche** als auch **rechtliche Gründe**. So ist es etwa denkbar, dass das Sendeunternehmen überhaupt nicht Inhaber der Weitersenderechte ist oder die Weitersendung Rechte Dritter verletzten würde (Dreier/Schulze/*Dreier*[2] Rn. 27). Auch können dem Vertragsschluss medienrechtliche Vorschriften der einzelnen Länder entgegenstehen (Begr ÄndG 1998 – BT-Drucks. 13/4796, S. 15; *Christmann/Enßlin/Wachs* MMR 2005, 291, 293). Werden überhöhte Entgelte gefordert, liegen schon keine „angemessenen Bedingungen" vor. Eine unberechtigte Ablehnung kann u. U. zu Schadenersatzansprüchen des anderen führen (s. hierzu *Weisser/Höppener* ZUM 2003, 597, 608 f.).

48 Zu kartellrechtlichen Aspekten des Abs. 5 siehe BGH GRUR 1996, 808, 810 f. – *Pay-TV-Durchleitung*; Immenga/*Mestmäcker/Markert* § 20 Rn. 204 ff.; Schricker/*v. Ungern-Sternberg*[3] Rn. 55 m.w.N).

III. Prozessuales

49 Für Streitigkeiten zwischen Sende- und Kabelunternehmen hinsichtlich des Kontrahierungszwangs gem. **Abs. 5** ist die **Schiedsstelle** beim Deutschen Patent- und Markenamt (**DPMA**) anzurufen (§ 14 Abs. 2 Nr. 2 UrhWahrnG). Dies gilt jedoch ausschließlich für die den Abs. 5 betreffenden Auseinandersetzungen; der Geltendmachung von **Verletzungsansprüchen** (insb. von Unterlassungsansprüchen) ist ein Schiedsstellenverfahren grundsätzlich nicht vorgeschaltet. Zu einem Streitfall hinsichtlich Abs. 5 zählt bspw. nicht die Frage, ob ein Kabelunternehmen schon vor Abschluss eines derartigen Vertrages zur Weitersendung berechtigt ist (OLG Dresden GRUR 2003, 601, 603 – *Kontrahierungszwang*; s.a. OLG Dresden ZUM 2003, 231). Für die Streitschlichtung gelten die §§ 14a ff. UrhWahrnG, insb. § 14c i.V.m. § 14d UrhWahrnG. Das DPMA hat den Beteiligten einen Einigungsvorschlag zu unterbreiten.

50 Nach Durchführung des Streitschlichtungsverfahrens ist der ordentliche Gerichtsweg eröffnet, wobei erstinstanzlich **ausschließlich** das **OLG München** zuständig ist (§ 16 Abs. 4 S. 1 UrhWahrnG). Dieses setzt den Inhalt des Vertrages zwischen den Parteien (Sendeunternehmen und Kabelunternehmen) sowie die Art und Höhe der nach Abs. 5 angemessenen Vergütung fest (Möhring/Nicolini/*Hillig*[2] Rn. 58). Aber auch diese ausschließliche Zuständigkeit des OLG München gilt nur für Auseinandersetzungen in Bezug auf den Vertragsschluss des Abs. 5, nicht für sonstige Streitigkeiten.

IV. Verhältnis zu anderen Vorschriften

51 Ein Sendeunternehmen kann neben den in § 87 geschützten Leistungen zugleich bzw. zusätzlich Leistungen erbringen, die in den Schutzbereich anderer Leistungsschutzrechte fallen. So kann es bspw. zugleich **Tonträgerhersteller** (§ 85; s. hierzu BGH GRUR 1999, 577, 578 – *Sendeunternehmen als Tonträgerhersteller*), **Filmhersteller** (§ 94) oder auch **Veranstalter** (§ 81) sein. Die insoweit entstehenden Rechte treten selbständig neben die Rechte aus § 87.

Im Einzelfall kommen darüber hinaus ergänzend **wettbewerbsrechtliche Vor-** **52** **schriften** in Betracht, auf die sich das Sendeunternehmen berufen kann, was dem Grunde nach auch für öffentlich-rechtliche Rundfunkanstalten gilt (s. schon BGH GRUR 1962, 470 – *AKI*). Zur **Anwendbarkeit des UWG** in Ergänzung zu den urheberrechtlichen Vorschriften vgl. §§ 23/24 Rn. 98 ff.).

So wurde bspw. das Inverkehrbringen von **Decodern** zur widerrechtlichen **53** Dekodierung verschlüsselter **Pay-TV**-Sendungen zutreffend unter dem Aspekt der Behinderung gem. § 1 UWG a. F. (heute: §§ 3, 4 Nr. 10 UWG) als wettbewerbswidrig erachtet (etwa OLG München WRP 1992, 661). Heute verstoßen derartige Geräte regelmäßig gegen die Bestimmungen des ZKDSG; s. OLG Frankfurt GRUR-RR 2003, 287 – *Magic Modul*. Sog. „**Werbeblocker**", die automatisch mittels spezieller technischer Verfahren Werbeinhalte aus einer Sendung filtern oder zur Werbezeit zu einem Parallelprogramm schalten, wurden als zulässig erachtet (BGH GRUR 2004, 877, 878 ff. – *Werbeblocker* sowie die vorinstanzliche Entscheidung KG MMR 2002, 483 – *Werbeblocker* „*Fernsehfee"* und hierzu *Ladeur* GRUR 2005, 559 ff. sowie *Hoeren* EWiR 2004, 1193). Zu wettbewerbsrechtlichen Ansprüchen bei dem Betrieb von **Online-Videorekordern** und nach dem Jugendmedienschutz-Staatsvertrag (JMStV) unzureichender **Altersverifikation** s. OLG Dresden CR 2007, 458.

| Abschnitt 6 | **Schutz des Datenbankherstellers** |
| | **Vorbemerkung** |

Übersicht

I.   Allgemeines

1.   Sinn und Zweck des Datenbankschutzes

Datenbanken sind eines der Kernelemente der Wissensgesellschaft. Die Wis- **1** sensgesellschaft, die bekanntlich die Warenverkehrsgesellschaft ablöst, ist nicht mehr auf Austausch von materiellen Gegenständen, sondern auf den

Zugang zu immateriellen Gütern angewiesen (zu dieser Entwicklung Bröcker/ *Czychowski*/Schäfer § 1 Rn. 2 ff., 45). Erst durch die – gewissermaßen als Basistechnologie zu bezeichnende – Digitalisierung ist es überhaupt möglich geworden, Wissen relativ einfach in größeren Mengen zu akkumulieren und über Suchmechanismen verfügbar zu machen. Enzyklopädien oder gar – weiter zurück – Klosterbibliotheken reichten eben nur für die Verbreitung von Wissen in einer gewissen Schicht. Digitale Sammlungen von Wissen hingegen sind – nimmt man noch das Internet als Verbreitungsmedium hinzu – überall speicherbar und für viel mehr Menschen zugänglich. Es liegt daher auf der Hand, dass derartigen Wissensansammlungen eines Schutzes bedürfen. Was aber sind solche Wissensansammlungen anderes als Datenbanken?

2. Entstehungsgeschichte

2 **a) EU-Recht: Die Datenbank-Richtlinie:** Bereits 1988 hatte die EU-Kommission in einem Grünbuch einen besonderen Schutz für Datenbanken angemahnt. Ihr erster Vorschlag für eine entsprechende Richtlinie (aus dem Jahr 1992) enthielt dann auch bereits ein eigenes (eher wettbewerbsrechtlich geprägtes) Schutzrecht, ein sog. Recht sui generis, wenn auch noch in anderer Form als es schließlich in der Richtlinie eingeführt wurde (hierzu Walter/*v. Lewinski* Datenbank-RL vor Art. 1 Rn. 2 f.; ausführlich zur Entstehungsgeschichte auch Schricker/*Vogel*[3] Rn. 8).

3 Grundlage der §§ 87a–e ist daher die **Richtlinie 96/9/EG** des Europäische Parlaments und des Rates der Europäischen Union vom 11.03.1996 über den rechtlichen Schutz von Datenbanken (ABl. EG Nr. I 77 S. 20). Sie bedurfte der Umsetzung in deutsches Recht zum 01.01.1998 und wurde auch exakt zu diesem Datum umgesetzt. Das schließlich in der Richtlinie aufgenommene Recht sui generis schützt – anders als das Urheberrecht – aber nicht den Schöpfer, sondern denjenigen, der die Investition tätig, nämlich den **Datenbankhersteller.** Getrennt von diesen Sonderregeln enthält die Richtlinie aber auch urheberrechtliche Regelungen zu Datenbanken, die die Hürde des Werkschutzes nehmen (ausführlich zu dieser Zweigliedrigkeit Schricker/*Vogel*[3] Rn. 9).

4 Das Recht sui generis war von seinem Sinn und Zweck klar darauf ausgerichtet, die Investition in die Datenbank zu schützen; hierbei geht es der Richtlinie nicht um die Daten selbst, sondern um den **Schutz der finanziellen und beruflichen Investition,** die in die Beschaffung und das Sammeln des Datenbankinhalts getätigt wurde (so ausdrücklich ErwG 39 Datenbank-RL).

5 Mit dieser Umsetzung geht natürlich einher, dass die Regelungen der §§ 87a ff. **richtlinienkonform auszulegen** sind (vgl. Rn. 11; Schricker/*Vogel*[3] Rn. 12; Wandtke/Bullinger/*Thum*2 Rn. 13 ff.). Das bedeutet also, dass bei Zweifeln oder Unklarheiten die Bestimmungen des nationalen Rechts sich am Wortlaut und Zweck der sie bindenden Richtlinien-Vorgaben zu orientieren haben und auch die Rechtsprechung anderer Mitgliedsstaaten der EU zu berücksichtigen ist (siehe die hervorragende Übersicht des Informationsrecht-Instituts von *Hugenholtz* auf www.ivir.nl/files/database/index.html, zuletzt abgerufen am 28.02.2008, auf die Wandtke/Bullinger/*Thum*[2] Rn. 13 hinweisen). Zum britischen Recht *Westkamp,* Der Schutz von Datenbanken und Informationssammlungen im britischen und deutschen Recht, 2003.

6 Mit diesem Recht sui generis hat die EU eine wirkliche **Innovation** (Walter/*v. Lewinski* vor Art. 1 Datenbank-RL Rn. 8) im Bereich der Geistigen Eigentumsrechte geschaffen. Es war daher nur folgerichtig, sich um eine **interna-**

tionale Erstreckung dieses Schutzes zu bemühen. Denn anders war eine Anerkennung einfacher Datenbanken außerhalb der EU kaum denkbar (Art. 11 Datenbank-RL zu den internationalen Regelungen). Allerdings sind die entsprechenden Verhandlungen bei der WIPO noch nicht besonders weit gediehen (ausführlicher vgl. Rn. 18 sowie WIPO-Dok BCP/CE/VI/13 vom 01.02.1996; zur weiteren Genese siehe Walter/*v. Lewinski* vor Art. 1 Datenbank-RL Rn. 8 sowie *Ficsor*, Protection of Databases, Vortrag zum sui generis Schutz von Datenbanken anlässlich der WIPO-ESCWA Arab Regional Conference on Intellectual Property and Electronic Commerce in Beirut, 07./08.05.2003, S. 3, abrufbar unter http://www.wipo.int/arab/en/meetings/2003/ecbey/pdf/ wipo-escwaecbey036a.pdf, zuletzt abgerufen am 28.02.2008).

Nach Art. 16 Abs. 3 der Datenbank-RL ist die Kommission verpflichtet, in **7** regelmäßigen Abständen – die sie allerdings für den ersten Bericht sogleich um vier Jahre überzogen hat – einen **Bericht über die Anwendung der Richtlinie** zu erstatten. Der erste dieser Berichte fällt sehr kritisch aus und geht sogar soweit, die Rücknahme der Richtlinie zu erwägen (Bericht der EG-Kommission vom 12.12.2005, S.24). Im Ergebnis wird wahrscheinlich – zumindest in nächster Zeit – sich am Rechtsbestand nichts ändern, auch wenn einige der Vorschläge zur Überarbeitung durchaus sinnvoll erscheinen (zu dem Bericht im Detail *Kur* GRUR Int. 2006, 725).

b) Das IuKDG: Das Gesetz, das einen eigenen Schutz für derartige Daten- **8** banken in Deutschland einführte, hat den hybriden Titel *„Gesetz zur Regelung der Rahmenbedingungen für Informations- und Kommunikationsdienste"*; es griff gleich in dreifache Hinsicht „daneben": Zum einen behauptet es, mit den Datenbanken die „Informations- und Kommunikationstechnologie" insgesamt zu regeln (RegE IuKDG 1996 – BR-Drucks. 966/96, S. 18); zum anderen führt es zum wiederholten Male für einen bestimmten Schutzgegenstand aus unserer Sicht unglückliche Sonderregelungen ein; der Urheberrechtsgesetzgeber setzt damit eine Entwicklung fort, die bei der Aufnahme der §§ 69a ff. mit dem besonderen Schutz für Computerprogramme seinen Anfang genommen hatte. Rechtspolitische Zweifel, ob die zunehmende „Verwettbewerbsrechtlichung" dem Urheberrecht gut tut, sind gestattet (zur zunehmenden „Technisierung" des Urheberrechts vgl. *Czychowski*, in: Büllesbach/ Büchner, IT-doesn't matter!? 2006, 131, 147 ff.; zur Tendenz des immer stärkeren Investitionsschutzes: *Dreier* CR 2000, 45, 46). Schließlich – aber das gehört nicht in das Urheberrecht – bemühte der Gesetzgeber sich zum Ende einer Legislaturperiode in öffentlichkeitswirksamer Weise „das Internet" zu regeln und „verkaufte" das Gesetz damit als erste Gesetz, das Regelungen zu Haftungsfragen, Datenschutz im Internet etc. enthielt; eine „Spitzenstellung", die nur allzu bald dazu führte, dass das Gesetz von EU-rechtlichen Vorgaben überholt wurde und der Novellierung bedurfte. So ist denn auch nicht verwunderlich, dass die erste Evaluierung der Datenbank-RL zu dem Ergebnis kommt, „that with respect to non-original databases, the assumption that more and more layers of IP protection means more innovations and growth appears not to hold up" (Bericht der EG-Kommission vom 12.12.2005, S. 24).

Die Datenbank-Richtlinie hat nicht vorgegeben, dass das von ihr geschaffene **9** Schutzrecht sui generis **im Urheberrecht umgesetzt** werden muss. Die Gesetzesbegründung formulierte daher auch durchaus vorsichtig, „es wird vorgeschlagen, das Schutzrecht des Datenbankherstellers als Leistungsschutzrecht [...] einzustellen." (RegE IuKDG 1996 – BR-Drucks. 966/96, S. 43) und erwog sogar, es in einem eigenen Gesetz, z.B. dem vergleichbar dem Halb-leiterschutzgesetz, zu verorten (RegE IuKDG 1996 – BR-Drucks. 966/96, S. 43). Dies lag u.E. durchaus nahe, trägt das Schutzrecht doch eher wett-bewerbsrechtliche Züge (z.B. ErwG 6 der Datenbank-RL). Es im Urheber-rechtsgesetz zu verankern (zu rechtspolitischen Erwägungen und zur Diskussion um die Systematik Schricker/*Vogel*[3] Rn. 16), entspricht aber einer seit langem wirkenden Entwicklung, zunehmend wettbewerbsrechtliche Schutzmechanis-men in das Urheberrecht aufzunehmen (*Czychowski*, in: Büllesbach/Büchner, IT-doesn't matter!? 2006, 131, 147 ff.; mit all den Problemen, die dies mit sich bringt). Dennoch überwogen die Stimmen für eine Inkorporation in das Urhe-berrecht; man denke nur an die vergleichbare Situation der verwandten Schutz-rechte des Veranstalters, Tonträgerherstellers, Filmproduzenten oder Sende-unternehmers. All diese schützen im Ergebnis auch eher Investitionen in das wirtschaftliche Umfeld der Verwertung urheberrechtlich schutzfähiger Werke (zur Umsetzungsentwicklung *Vogel* ZUM 1997, 592, 594 ff.).

10 Wesentlichster Unterschied gegenüber den eben genannten anderen verwand-ten Schutzrechten ist, dass das Schutzrecht sui generis nicht eine bloße Tätig-keit – z.B. die Herstellung eines Tonträgers oder einer Fotografie schützt – sondern **neben** dieser **Tätigkeit** (hier: Herstellung einer Datenbank) zusätzliche **quantitative und qualitative Voraussetzungen** aufstellt, die erfüllt sein müssen, so dass '9. Aufl./*Hertin* Rn. 4 zu Recht darauf hingewiesen hat, dass es letzt-lich immer von der Entscheidung im Einzelfall abhängt, ob und inwieweit der Hersteller einer Datenbank gegen Nutzungen Dritter geschützt ist (daher unterscheidet die EU-Kommission es auch zu Recht von **den verwandten Schutzrechten**: Erklärung der Kommission zu Art. 2 Enforcement-RL, Bl. f. PMZ 2005, 336).

11 **c) Richtlinienkonforme Auslegung:** Wie alle Normen, die auf EU-Richtlinien zurückgehen, müssen auch die Bestimmungen über das Recht sui generis, also die §§ 87a – e **richtlinienkonform ausgelegt** werden (ausführlich dazu Schri-cker/*Vogel*[3] Rn. 12 ff.). Dies entspricht der allgemeinen Pflicht zur gemein-schaftsrechtskonformen Auslegung von Normen und wird als deren wichtigs-ter Sonderfall verstanden (statt aller MüKo Einl. Rn. 42). Darunter wird verstanden, dass das einzelstaatliche Gericht die nationalen Vorschriften unter voller Ausschöpfung des Beurteilungsspielraums, den ihm das nationale Recht einräumt, in Übereinstimmung mit den Anforderungen des Gemeinschaftsrechts auszulegen und anzuwenden hat (EuGH Slg. 1984, 1891 Tz. 28 – *von Colsen und Kamann*). Die Gerichte sind dabei aufgerufen, alles zu tun, was in ihrer Zuständigkeit liegt, um die volle Wirksamkeit (sic! effet utile) der fraglichen Richtlinie zu gewährleisten und zu einem Ergebnis zu gelangen, das mit dem von der Richtlinie verfolgten Ziel übereinstimmt (EuGH NJW 2004, 3547 – *Pfeiffer*). Der BGH hat diese Art der Auslegung in st. Rspr. akzeptiert (s. nur BGH NJW 1996, 55, 56). Die Pflicht beginnt spätestens mit Ablauf der Umsetzungsfrist (EuGH NJW 2006, 2465, 2468 Tz. 113 ff. – *Konstantinos*), was im vorliegenden Fall aber kein Problem darstellte.

12 **d) Schutz von Datenbanken vor dem IuKDG:** Dass Datenbaken als zentrale Elemente der Wissensgesellschaft Schutz benötigten, hatten wir oben gezeigt (vgl. Rn. 1). Sie waren aber auch **vor dem IuKDG** bzw. der Datenbank-Richt-linie **nicht schutzlos.** Vielmehr wurde ihr Schutz im Wesentlichen über § 1 UWG a.F. erreicht. Voraussetzung hierfür war – neben einem Handeln zu Zwecken des Wettbewerbs – das Vorliegen eines besonderen Unlauterkeits-momentes. Dies konnte z.B. in einer unmittelbaren Leistungsübernahme bei vermeidbarer Herkunftstäuschung zu sehen sein (BGH GRUR 1988, 308, 309 – *Informationsdienst*, OLG Karlsruhe WRP 1997, 55, 56 – *Telefonverzeichnis*, OLG Frankfurt WRP 1996, 1175, 1187 – *Telefonauskunft CD-ROM*). Gesetzessammlungen wurde nach dieser Rechtsprechung jedoch ein Schutz versagt (OLG München NJW 1997, 1931 – *Gesetzessammlung auf CD-ROM* und dazu die kritische Anmerkung *Axel Nordemann/Czychowski* NJW 1998, 1603). Auf diese Rechtsprechung, die z.T. nach wie vor Bedeutung hat, kommen wir unten noch einmal zurück (vgl. Rn. 26).

Jenseits dieses wettbewerbsrechtlichen Schutzes waren seltene Fälle denkbar, **13** in denen Auswahl und Anordnung der Datenbankinhalte sowie die Form einer Datenbank als **Schriftwerk** gem. § 2 Abs. 1 Nr. 1 oder als **Sammelwerk** gem. § 4 a.F. urheberrechtlichen Schutz genoss (BGH GRUR 1987, 704, 705 f. – *Warenzeichenlexika*; Negativbeispiel: BGH GRUR 1999, 923 – *Tele-Info-CD*). Für einen Schutz nach § 4 a.F. forderte die h.M. allerdings, dass das Sammelwerk aus urheberrechtlich geschützten Elementen bestand (vgl. § 4 Rn. 16 m.w.N.). Natürlich war es auch denkbar, dass der Datenbankinhalt selbst Schutz genoss, als Werk oder als Gegenstand eines verwandten Schutzrechtes (BGH GRUR 1999, 923 – *CB-Infobank I*; *Loewenheim*, Urheberrechtliche Grenzen, S. 15 ff.).

All diese Schutzansätze liefen (jedenfalls mit der h.M.) **ins Leere**, wenn die **14** Inhalte der Datenbank **nicht urheber- oder sonst sonderrechtlich** geschützt waren und dem Verwerter der Datenbank **kein wettbewerbsrechtlicher Vorwurf** zu machen war. Darüber hinaus hatte ein solcher selten zu begründender wettbewerbsrechtlicher Schutz den Nachteil, dass nur die Verbreitung verboten werden konnte, **nicht aber die Herstellung** (BGH GRUR 1999, 923, 927 – *CB-Infobank I Tele-Info-CD m.w.N.*). Schließlich war die **zeitliche Dauer** eines etwaigen wettbewerbsrechtlichen Schutzes **unklar** (Schricker/*Vogel*³ Rn. 5; Wandtke/Bullinger/*Thum*² Rn. 3).

3. Sui generis Schutz nach internationale Konventionen

Bevor die EU ihre Mitgliedsstaaten auf Einführung eines Recht sui generis für **15** Datenbanken verpflichtete, bestand weder nach nach RBÜ noch nach TRIPS Abkommen ein Schutz: Dem Wortlaut des **Art 2 Abs. 5 RBÜ** zufolge sind nur Sammlungen von Werken, jedoch nicht solche bloßer Daten (Datenbanken) von Art. 5 RBÜ erfasst. Es wird zwar zumindest vertreten, dass für bloße *„compilation of data"* von Elementen ohne Werkcharakter Schutz nach Art. 1 RBÜ besteht, sofern die Schaffung der Datenbank eine schöpferische Leistung in ihrer Anordnung und Sammlung darstellt, da der Schutz der schöpferischen Leistung der Erstellung einer Datenbank nicht von der Schutzfähigkeit seiner ihn konstituierenden Elemente abhängen kann (*Ficsor*, Protection of databases, Vortrag anlässlich der WIPO-ESCWA Arab Regional Conference on Intellectual Property and Electronic Commerce in Beirut, 07./08.05.2003, S. 3, abrufbar unter http://www.wipo.int/arab/en/meetings/2003/ecbey/pdf/wipo-escwaecbey 036a.pdf, zuletzt abgerufen am 28.02.2008). Einen sui generis Schutz gerade für „nicht-originelle" Datenbanken kann dies aber auch nicht begründen.

Artikel 10.2 TRIPS weicht im Wortlaut von Art. 2 Abs. 5 RBÜ zwar dahin- **16** gehend ab, dass er *"compilations of data or other material"* umfasst und diese als solche (*„as such"*) schützt, Aufgrund der eindeutigen Einschränkung des Art. 10.2 TRIPS, dass nur solche Sammlungen geschützt werden, die wegen der Eigenart ihrer Sammlung oder Anordnung schöpferische Leistungen sind, kann dies jedoch nicht als Ansatzpunkt für einen sui generis Schutz von Datenbanken verwendet werden.

17 Es war daher nur folgerichtig, dass sich die EU 1996 auf der Internationalen Konferenz zum Abschluss des **WIPO-Urheberrechtsvertrag** (engl. WIPO Copyright Treaty, WCT) in Genf zu den stärksten **Befürwortern einer Erstreckung** des sui-generis-Schutzes für Datenbanken auf das internationale Recht gehörte (Frage 182 der Konferenz der AIPPI 2004 in Genf, S. 9, abrufbar unter http://www.aippi.org, gehe zu „Publications & Services", dann „Online Publications", dann „Reports on AIPPI meetings", dann „Resolutions", zuletzt abgerufen am 28.02.2008). Der WCT ist ein die RBÜ und TRIPS ergänzendes und fortentwickelndes Sonderabkommen im Sinne des Art. 20 RBÜ, das den rechtlichen Rahmen für die Anpassung der nationalen Urheberrechtsgesetze an die Anforderungen digitaler Netzmedien umreißen sollte. Der WCT selbst wurde durch die InfoSoc-Richtlinie 2001/29/EG aus dem Jahr 2001 umgesetzt (*Lauber/Schwipps* GRUR 2004, 293, 293; zur deutschen Umsetzung vgl. Vor §§ 95a ff. Rn. 14 ff.).

18 Die **EU scheiterte** auf der WCT-Konferenz mit ihrem Anliegen (Art. 11 Datenbank-RL zu den internationalen Regelungen) einfache Datenbanken auch außerhalb der EU zu schützen (WIPO-Dok BCP/CE/VI/13 vom 01.02.1996; Walter/*v.* Lewinski vor Art. 1 Datenbank-RL Rn. 8). Der vom 02. bis 20.12.1996 in Genf abgehaltenen Diplomatischen Konferenz der WIPO lagen zwar der Entwurf für einen Vertrag für ein Schutzrecht sui generis an Datenbanken vor, der mehr oder weniger der EU-Datenbank-RL entsprach (Basic proposal for the substantive provisions of the treaty on intellectual property in respect of databases, 30 August 1996, WIPO Document CRNR/DC/6; abrufbar unter http://www.wipo.int/documents/en/diplconf/6dc_mem.htm, zuletzt abgerufen am 28.02.2008). Artikel 5 WCT zum Schutz von „*compilations of data*" soll jedoch nach der einschlägigen "Gemeinsamen Erklärung" vom 20.12.1996 zu Artikel 5 WCT im rechtlichen Umfang nicht über den durch RBÜ und TRIPS gewährten Schutz von Datenbankwerken hinausgehen, so dass der WCT keinen Schutz sui generis enthält („The scope of protection for compilations of data (databases) under Article 5 of this Treaty, read with Article 2, is consistent with Article 2 of the Berne Convention and on a par with the relevant provisions of the TRIPS Agreement."; siehe auch Antrag der Delegationen Indiens, Jordaniens, Pakistan, der Philippinen, Qatar, Korea, Singapur, Sri Lanka und Thailands den expliziten Ausschluss eines sui generis Schutzes in Art. 5 WCT aufzunehmen in WIPO Dokument CRNR/DC/19 v. 19.12.1996). Sieben der acht seit dem Abschluss des WCT abgehaltenen Sitzungen ders **WIPO Standing Committee on Copyright and Related Rights (SCCR)**" haben den sui generis Schutz für Datenbanken thematisiert, ohne dass seine Einführung auf internationaler Ebene in greifbare Nähe gerückt wäre (ausführlicher *Ficsor*, Protection of databases, WIPO Dokument WIPO-ESCWA/EC/BEY/03/6.A, S. 7).

19 Zu den anderen Staaten s. die Diplomatische Konferenz der WIPO 1996 zum Urheberrecht und zu verwandten Schutzrechten (zs. mit *J. Gaster*), ZUM 1997, 607; zu einer Übersicht vgl. Rn. 21.

II. Übersicht über den Regelungsgehalt

20 § 87a legt zunächst die **Legaldefinitionen**, insb. der einfachen Datenbank, fest. Die **Rechte** des Herstellers und die ihm gezogene **Grenzen** finden sich sodann in §§ 87b und c, vom Aufbau her vergleichbar also des Sondervorschriften für Computerprogramme in §§ 69a ff. (im Detail zum Überblick und zur Systematik Schricker/*Vogel*[3] Rn. 14 ff.). Einen guten Überblick jedenfalls für das Recht der elektronischen Datenbanken bietet auch *Haberstumpf* GRUR 2003, 14. § 87d bestimmt die **Dauer der Rechte**, und § 87e regelt die zwingende Anwendbarkeit der §§ 87a ff. in Bezug auf **vertragliche Umgehungsversuche**.

Darüber hinaus enthält das „Umsetzungspaket" noch Regelungen in § 4 zur **21** Neubestimmung von Datenbankwerken als Sammelwerken, einen neuen § 55a hinsichtlich der **Schranke** der zulässigen Benutzung eines Datenbankwerkes durch dessen Eigentümer. § 127a enthält die Bestimmungen zur **internationalen Anwendbarkeit**; sein Absatz 2 normiert, dass die §§ 87a ff. auch denjenigen nach deutschem Recht gegründeten juristischen Personen zu Gute kommen, deren Hauptverwaltung oder Hauptniederlassung in Deutschland oder gleichgestellten Gebieten liegt oder deren Sitz sich in diesen gleichgestellten Gebieten befindet, deren Tätigkeit aber eine tatsächliche Verbindung zu Deutschland oder diesen Gebieten aufweist (im Detail vgl. § 127a). Im Übrigen gilt Gegenseitigkeit (§ 127a Abs. 3), also gerade **nicht** der **Inländergleichbehandlungsgrundsatz** der urheberrechtlichen Konventionen, denn das Recht sui generis fällt eben nicht unter deren Schutzgegenstände. Zur Übersicht über die Ausprägung vergleichbarer Schutzgegenstände in **anderen Staaten** außerhalb der EU *Enmin* IIC 2004, 365 für China; *Grosse Ruse-Khan* UFITA 3/2004, 859 sowie *Wu*, 17 Berkley Technology Law Journal 2002, 571 für die USA; für Indien: *Gupta* Journal of Intellectual Property Law & Practice 2007, 553 ff. Die Übergangsregeln finden sich in § 137a).

III. Verhältnis zu anderen Schutzmöglichkeiten und -gegenständen

Die Datenbank-RL beschränkt nicht die Möglichkeit, Datenbanken über das **22** Recht sui generis hinaus immaterialgüterrechtlich (z.B. durch Patente oder das Urheberrecht), auch wettbewerbsrechtlich zu schützen (so ausdrücklich Art. 13 Datenbank-RL). Zunächst aber sei noch einmal betont, dass der urheberrechtliche Schutz von Datenbanken bei der Umsetzung der Datenbankrichtlinie konkretisiert sowie tw. erweitert wurde: s. die Änderungen der §§ 4, 23 Satz 2, 119 Abs. 3 sowie die Einfügung von §§ 53 Abs. 5, 55a, 63 Abs. 1 Satz 2, 108 Abs. 1 Nr. 8, 127a und 137g. Soweit § 4 die Definition des Datenbankwerkes ändert, dürfte darin auch eine inhaltliche Änderung zum Ausdruck kommen, nämlich dass nun bei Datenbankwerken – ebenso wie bei Computerprogrammen oder Werken der Fotografie durch die entsprechenden EG-Richtlinien – keine besonders strengen Anforderungen an die Werkqualität mehr gelten (vgl. i.E. § 4 Rn. 27 ff.). Schließlich hat der EuGH durch diese auf EG-Recht zurückgehenden Änderungen die Auslegungskompetenz hinsichtlich aller in deutsches Recht umgesetzten zwingenden urheberrechtlichen Bestimmungen der Datenbankrichtlinie gewonnen (zur richtlinienkonformen Auslegung vgl. Rn. 11).

1. Rechte und Pflichten in Bezug auf die in eine Datenbank aufgenommenen Daten u.a., insb. Urheberrecht und verwandte Schutzrechte

Art. 13 Datenbank-RL erwähnt an erster Stelle als „andere Rechtsvorschrift" **23** das Urheberrecht selbst. Gemeint sind hierbei aber nicht die Datenbankwerke, deren Schutzvoraussetzungen durch die Richtlinie selbst angepasst wurden (vgl. § 4 Rn. 13 ff.). Art. 13 Datenbank-RL erwähnt das Urheberrecht und die verwandten Schutzrechte nur unter dem Oberbegriff „in Bezug auf die in eine Datenbank aufgenommenen Daten, Werke oder andere Elemente". Für diese gelten natürlich alle Möglichkeiten des Werkschutzes (EuGH GRUR 2005, 244, 250, Tz. 72 – *BHB Pferdewetten*), wie z.b. für Filmdatenbanken der Schutz der einzelnen Inhalte der Datenbank als Filmwerk, ohne dass der Schutz sui generis zu neuen Rechten an den Werken führen würde (EuGH GRUR 2005, 244, 250, Tz. 72 – *BHB Pferdewetten*). **Art. 7 Abs. 4** spricht daher auch vom **Inhalt der Datenbank**. Die des Weiteren erwähnten verwandten Schutzrechte können z.b. für einfache Fotografien nach § 72 eine Rolle spielen. Andere Rechten und Pflichten in Bezug auf die in eine Datenbank aufgenommenen Daten, Werke oder andere Elemente sind derzeit, jedenfalls in Deutschland, nicht zu erkennen, mögen sich aber ergeben.

2. Gewerbliche Schutzrechte

24 Die gewerblichen Schutzrechte erwähnt Art. 13 Datenbank-RL tw. noch mit den überholten Namen (z.b. „Warenzeichen"), ohne dass damit aber nicht umfassend das Kennzeichenrecht, das ja hinsichtlich des Markenrechts selbst auf EU-Harmonisierung beruht, gemeint wäre. Ansonsten zählen hierzu **Patente, Gebrauchs- und Geschmacksmuster** (wohl auch das nicht eingetragene EG-Geschmacksmuster). Soweit einzelne gewerbliche Schutzrechte nicht genannt sind (z.b. **Halbleiter**), ist damit kein Ausschluss verbunden (s. den „insbesondere"-Zusatz in Art. 13 Datenbank-RL). Die Liste ist insofern nicht abschließend und vielmehr **sinngemäß** auf **alle vergleichbaren Rechte** zu erstrecken.

3. Kartellrecht

25 Art. 13 Datenbank-RL erwähnt ausdrücklich, dass sowohl das nationale als auch das EG-Kartellrecht vom neuen Recht sui generis unberührt bleibt. Diese eigentliche Selbstverständlichkeit (zum Verhältnis des Kartellrechts zu den geistigen Eigentumsrechten vgl. Vor §§ 31 ff. Rn. 58 ff.) führte wohl mehr zufällig genau im Spannungsverhältnis von Datenbank- zu Kartellrecht zu einem der ersten Fälle, in denen die Frage des Zugangs zu wesentlichen Einrichtungen („**essential facilities**") diskutiert wurde. In einer Reihe von nationalen und EG-Entscheidungen befasste sich schlussendlich der EuGH mit der Frage, ob die Ausübung eines Ausschließlichkeitsrechts nach §§ 87a ff. durch einen marktbeherrschenden Datenbankanbieter als solche eine Rechtfertigung für ein kartellrechtswidriges Verhalten darstellen könne (EuGH GRUR Int. 2004, 644, 646 – *IMS-Health* und das einleitenden deutsche Verfügungsverfahren: OLG Frankfurt MMR 2003, 45, 49 – *IMS Health*; allg. hierzu vgl. Vor §§ 31 ff. Rn. 58 ff.). Es gilt der Grundsatz, wie auch bei den gewerblichen Schutzrechten, dass der Bestand der Schutzrechte kartellrechtsfest ist, allerdings ihre Ausübung im Einzelfall einer kartellrechtlichen Prüfung standhalten muss.

4. Wettbewerbsrecht

26 Ein wettbewerbsrechtlicher Schutz von Datenbanken dürfte neben den nunmehrigen Spezialregeln der §§ 87a ff. die größte Bedeutung bei sonstigen Schutzmechanismen spielen. Er kommt grundsätzlich nur nach §§ 3, 4 Ziff. 9 UWG in Betracht, es sei denn, es liegen andere besondere Umstände wie z.b. Geheimnisverrat vor, die dann auch Ansprüche aus §§ 17, 18 UWG oder

§§ 823 Abs. 1 sowie 823 Abs. 2, 1004 BGB analog eröffnet würden. In jedem Fall müssen zunächst die allgemeinen Tatbestandsmerkmale jedes Wettbewerbsverstosses vorliegen: Es muss sich um eine Handeln im geschäftlichen Verkehr und ein solches zu Zwecken des Wettbewerbs handeln (insofern s. die einschlägige wettbewerbsrechtliche Literatur und Rechtsprechung). Neuerungen gibt es bei der Frage des **Wettbewerbsverhältnisses**: So hat der BGH entschieden, dass im Interesse eines wirksamen wettbewerbsrechtlichen Individualschutzes an das Bestehen eines Wettbewerbsverhältnisses keine hohen Anforderungen zu stellen; es wird daher insb. keine Branchengleichheit vorausgesetzt. Da es für die wettbewerbsrechtliche Beurteilung regelmäßig nur um die konkret beanstandete Wettbewerbshandlung geht, genügt es, dass die Parteien durch eine Handlung miteinander in Wettbewerb getreten sind, auch wenn ihre Unternehmen im Übrigen unterschiedlichen Branchen angehören. Im Fall eines sog. Werbeblockers ging der BGH davon aus, dass die unternehmerische Tätigkeit eines werbefinanzierten Fernsehsender durch ein Auftreten auf zwei verschiedenen Märkten gekennzeichnet ist: Zum einen bietet der Sender gegen Entgelt Sendeplätze für die Ausstrahlung von Werbung an, woraus er sich finanziert. Zum anderen präsentiert er den Fernsehzuschauern unentgeltlich sein Programm. Auf diesem Markt tritt das Unternehmen, das Werbeblocker anbietet, mit dem angegriffenen Verhalten in Wettbewerb. Das von ihm angebotene Gerät mit Werbeblocker-Funktion stellt zwar eine andersartige gewerbliche Leistung dar als diejenige, die der Sender den Zuschauern präsentiert. Das Unternehmen wendet sich mit seinem Angebot aber ebenso wie der Sender – wenn auch mit umgekehrter Zielrichtung – an Fernsehkonsumenten. Eine geringere Anzahl von Werbezuschauern mindert aus der Sicht der Werbekunden die Attraktivität der von dem Sender angebotenen Werbesendeplätze und kann daher deren **Absatz behindern** (BGH GRUR 2002, 877, 878 f. – *Werbeblocker*). Hierauf haben etliche Obergerichte bei den Entscheidungen zu **virtuellen Videorecordern** rekuriert (vgl. § 53 Rn. 7, 11; z.B. OLG Dresden K&R 2007, 278, 282) Wettbewerbsrechtliche Ansprüche können nur auf solche Nutzungen der betroffenen Datenbank Anwendung finden, die in irgendeiner – auch nur theoretisch denkbaren – Form einen negativen Einfluss auf den Absatz dieser Datenbank haben. Alle anderen Produkte, die keine zumindest theoretische Substitutionsfunktion im Hinblick auf das Produkt haben, können nicht über das UWG angegriffen werden, auch wenn sie die entsprechende Datenbank für die Erstellung des Produktes zwingend brauchen. Besteht ein objektives Wettbewerbsverhältnis, dürfte es wenige Probleme bereiten, auch noch die Wettbewerbsabsicht anzunehmen. Denn grundsätzlich wird sie bei Gewerbetreibenden vermutet (BGH GRUR 1962, 34, 36 – *Torsana*; BGH GRUR 1990, 463, 464 – *Firmenrufnummer*; BGH GRUR 1992, 707, 708 – *Erdgassteuer*; BGH GRUR 1997, 916, 918 – *Kaffeebohne*).

Es können verschiedene Tatbestände des UWG betroffen sein. Denkbar wäre **27** zunächst die **Unlautere Nachahmung** (§§ 3, 4 Ziff. 9 UWG). Grundsätzlich ahmt derjenige eine fremde Leistung nach, der seinen Wettbewerb auf fremde Leistung aufbaut (BGHZ 3, 365, 369 – *Gummisohle*; BGHZ 28, 387, 393 – *Nelkenstecklinge*). Insoweit kommt die Anwendung des Tatbestandes der unlauteren Nachahmung i.S.d. §§ 3, 4 Ziff. 9 UWG im Hinblick auf all diejenigen Produkte in Betracht, die die betroffene Datenbank verwenden. Das sind nicht nur direkte Konkurrenzprodukte, sondern auch Applikationen der Datenbanken Dritter, z.B. zur Verifizierung von Daten /Pflege von Adressbeständen, zur Recherche, zur Datengrundlage z.B. für Touren- und Gebietsplanungen, zur Sortierung von Adressbeständen oder zur Gebietsaufteilung im Vertrieb.

28 Dies bedeutet aber noch nicht, dass dieses Nachahmen unproblematisch sittenwidrig und damit gem. §§ 3, 4 Ziff. 9 UWG verboten werde. Für eine freie technische und geistige Entwicklung i.S.d. von §§ 3, 4 Ziff. 9 UWG geschützten Leistungswettbewerbes ist es erforderlich, dass auch Leistungen, die von anderen erbracht werden, für gewerbliche Tätigkeiten genutzt werden können. Denn jeder Fortschritt knüpft an Bestehendes an (BGHZ 28, 387, 394 – *Nelkenstecklinge*). Deshalb ist das Nachahmen fremder Leistung grundsätzlich erlaubt und nur in bestimmten Fällen sittenwidrig. In st. Rspr. nimmt der BGH insoweit an, dass Nachbau und Vervielfältigung fremder, nicht mehr unter Sonderrechtsschutz stehenden Produkte und Werke nach § 1 UWG a.F. bzw. nunmehr §§ 3, 4 UWG wettbewerbswidrig sein kann, wenn das Produkt bzw. Werk von wettbewerblicher Eigenart ist und **besondere Umstände** hinzutreten, die den Nachbau unlauter erscheinen lassen (für technische Erzeugnisse: BGH GRUR 1996, 210, 211 – *Vakuumpumpen*; BGH GRUR 1999, 751, 752 – *Güllepumpen*; BGH GRUR 1999, 1106, 1108 – *Rollstuhlnachbau*; BGH GRUR 2000, 521, 523 – *Modulgerüst*; zuletzt BGH WRP 2002, 207, 209 – *Noppenbahnen*; für Werke: BGH GRUR 1999, 923, 926 – *Tele-Info-CD*).

29 Stehen Produkte bzw. Werke unter Sonderrechtsschutz, verlangt der BGH das Vorliegen „eines über die Wertung im Rahmen des Sonderrechtsschutzes hinausgehenden Unlauterkeitsmerkmals" (BGH GRUR 1999, 923, 926 – *Tele-Info-CD*). Die betroffene Datensammlung muss also **wettbewerbliche Eigenart** besitzen (s. die einschlägige Fachliteratur und Rechtsprechung). Eine solche wettbewerbliche Eigenart setzt voraus, dass die konkrete Ausgestaltung oder bestimmte Merkmale der Sammlung geeignet sind, die interessierten Verkehrskreise auf seine **betriebliche Herkunft** oder seine Besonderheiten hinzuweisen (st. Rspr.: BGH GRUR 1998, 830, 833 – *Les-Paul-Gitarren*; BGH GRUR 2000, 521, 523 – *Modulgerüst*; BGH WRP 2001, 1294, 1298 – *Laubhefter*; BGH WRP 2002, 207, 209 – *Noppenbahnen*). Wettbewerbliche Eigenart kann sich also insb. aus der äußeren Gestaltung der Datenbank innerhalb des jeweiligen Produktes ergeben. Sofern ein Dritter nicht nur die Rohdaten, sondern auch die äußere Gestaltung des Produktes nachahmt, wäre auf die wettbewerbliche Eigenart der äußeren Gestaltung der Produkte abzustellen.

30 Denkbar ist auch, dass Dritte allein die Rohdaten übernehmen, um daraus entweder vom Äußeren her ein eigenständiges Konkurrenzprodukt zu machen oder die Rohdaten für andere Applikationen zu verwenden. Für die Rohdaten scheidet zunächst eine wettbewerbliche Eigenart wegen Hinweises auf eine betriebliche Herkunft aus, weil solchen Rohdaten Gestaltungsmerkmale fehlen, die es für den Verkehr erkennbar werden lassen, dass er es mit offiziellen oder originalen Rohdaten zu tun hat. Aus diesem Grund hat der BGH auch für die Rohdaten von Telefonbüchern eine wettbewerbliche Eigenart mangels Hinweises auf eine betriebliche Herkunft abgelehnt (BGH GRUR 1999, 923, 927 – *Tele-Info-CD*). Allerdings hat der BGH im Hinblick auf die Rohdaten, wie sie für Telefonbücher verwendet werden, eine wettbewerbliche Eigenart deshalb angenommen, weil der Verkehr mit den Rohdaten für Telefonbücher eine besondere Gütevorstellung verbinde und deshalb eine wettbewerbliche Eigenart wegen Hinweises auf Besonderheiten des Erzeugnisses vorliege (BGH GRUR 1999, 923, 927 – *Tele-Info-CD*). Wettbewerbliche

Eigenart kann Rohdaten aber auch noch aus einem anderen Grund zukommen. In seiner Entscheidung *Informationsdienst* hat der Bundesgerichtshof bereits dann eine wettbewerbliche Eigenart angenommen, wenn das nachgeahmte Erzeugnis mit einem erheblichen Personal- und Kostenaufwand (im konkreten Fall umfassende Aufwendung für einen Redaktionsbetrieb) erstellt wird (BGH GRUR 1998, 308, 309 – *Informationsdienst*; dem folgend KG GRUR-RR 2001, 102, 103 – *Stellenmarkt*). Da bestimmte Rohdaten mit großem Aufwand ständig gepflegt und aktualisiert werden müssen, dürfte jedenfalls auch insoweit von einer wettbewerblichen Eigenart auszugehen sein. Es ist allerdings etwas überraschend, dass der BGH in seiner *Tele-Info-CD*-Entscheidung nicht auf die Entscheidung *Informationsdienst* abgestellt hat, sondern die wettbewerbliche Eigenart allein mit den besonderen Gütevorstellungen des Verkehrs begründete. Wahrscheinlich ist der Grund darin zu suchen, dass eine wettbewerbliche Eigenart, die sich allein auf Kosten und Mühen des Nachgeahmten stützt, sehr leicht auszuhebeln wäre: Der Nachahmende müsste dann nur belegen, dass er größere eigene Kosten und Mühen aufgewendet hat, was insb. bei Applikationen der Rohdaten sehr einfach zu begründen sein dürfte.

Eine wettbewerbliche Eigenart der Rohdaten für sich genommen genügt jedoch nicht. Es müssen noch **besondere Unlauterkeitsmerkmale** hinzukommen. Beispielhaft seien hier einige genannt: Eine **vermeidbare Herkunftstäuschung** liegt vor, wenn der Verkehr aus den ihm entgegentretenden wettbewerblich eigenartigen Elementen des Werkes den Schluss zieht, der Nachahmende stehe in herstellermäßigen Beziehungen zum Nachgeahmten (BGH GRUR 1998, 830, 833 – *Les-Paul-Gitarren*; zuletzt BGH WRP 2002, 207, 209 – *Noppenbahnen*). Neben der Verwendung von Marken und Firma als Herkunftskennzeichen kann hier insb. der farblichen Ausgestaltung der Konkurrenzprodukte Bedeutung zukommen (zum Aspekt der Farbgestaltung im Rahmen der vermeidbaren Herkunftstäuschung BGH WRP 2002, 207. 211 – *Noppenbahnen* unter Verweis auf BGH GRUR 2000, 521, 524 – *Modulgerüst*; sowie BGH GRUR 2001, 251, 253 – *Messerkennzeichnung*). Für die **Rufausbeutung** als besonderes Unlauterkeitsmerkmal ist nicht Voraussetzung, dass sich der Verkehr falsche Gedanken über die Herkunft des Nachahmenden Produktes macht, es also noch nicht einmal zu einer Gefahr der Rufschädigung kommt. Eine Anlehnung an den guten Ruf eines Originalherstellers kann auch aus anderen Gründen als der Gefahr der Rufschädigung wettbewerbsrechtlich unlauter sein (BGH GRUR 1985, 876, 878 – *Tchibo-Rolex*; BGH GRUR 1996, 508, 509 – *Uhren-Applikation*; BGH GRUR 1998, 830, 833 – *Les-Paul-Gitarren*). Deshalb hat der Bundesgerichtshof im Fall *Tele-Info-CD* eine Unlauterkeit selbst bei Fehlen einer vermeidbaren Herkunftstäuschung im Hinblick auf das vertriebene nachahmende Produkt angenommen, und zwar deshalb, weil die besonderen Gütevorstellungen, die der Verkehr mit dem verwendeten Telefonrohdaten verbindet, in unlauterer Weise ausgenutzt worden seien. Das konkurrierende Telefonverzeichnis des Nachahmenden baue auf diesen Gütevorstellungen auf und beruhe nicht auf eigenen Recherchen des Nachahmenden (BGH GRUR 1999, 923, 927 – *Tele-Info-CD*). In der vorgenannten *Tele-Info-CD-Entscheidung* des Bundesgerichtshofes ist als weiteres Unlauterkeitsmerkmal auch eine **Gefährdung der Investitionen** beim Sammeln und Pflegen der dortigen Telefonteilnehmerdaten angeführt. Konkret begründet wird die Gefährdung der Investitionen als Unlauterkeitsmerkmal damit, dass nach § 1 Nr. 1 lit. b) TUDV eine Verpflichtung zur Veröffentlichung von Teilnehmerdaten durch den Nachgeahmten besteht (BGH GRUR

1999, 923, 927 – *Tele-Info-CD*). Wenn also eine rechtliche (möglicherweise auch tatsächliche) Verpflichtung besteht, die betroffenen Daten ständig zu pflegen und zu aktualisieren, dürfte dieses Unlauterkeitsmerkmal eingreifen. Darüber hinaus ist darauf hinzuweisen, dass sich in der Rechtsprechung des Bundesgerichtshofes und von Oberlandesgerichten durchaus auch Entscheidungen finden, die eine Gefährdung von Investitionen als weiteres Unlauterkeitsmerkmal anerkannt haben, ohne dass eine rechtliche Verpflichtung des Nachgeahmten zur Leistung der Investition bestanden hätte. Insoweit kommt der bereits oben genannten Entscheidung des Bundesgerichtshofes Informationsdienst Bedeutung zu. In Informationsdienst genügte es dem Bundesgerichtshof, dass eine mit erheblichen Kosten und Mühen erstellte Publikation eines Informationsdienstes systematisch durch ein Konkurrenzerzeugnis nachgeahmt wurde (BGH GRUR 1988, 308, 310 – *Informationsdienst*). In neuerer Zeit haben sich dem mehrere Oberlandesgerichte angeschlossen und daraus die Übernahme von fremden Inseraten in eine eigene Zusammenstellung von Inseraten als unlauter verboten (KG GRUR-RR 2001, 102, 103 – *Stellenmarkt*; dem folgend OLG München GRUR-RR 2001, 228, 229 – *Übernahme fremder Inserate*). Insoweit muss es sich nach Auffassung der Oberlandesgerichte noch nicht einmal um ein vollständig substituierendes Konkurrenzerzeugnis handeln. Es genügte, dass nur für einen bestimmten Personenkreis interessante Inserate übernommen wurden, die dann nur diesem bestimmten Personenkreis angeboten wurden (KG GRUR-RR 2001, 102, 103 – *Stellenmarkt*).

32 Es ist nicht so, dass schon das Vorliegen eines besonderen Unlauterkeitsmerkmals die Unlauterkeit der Nachahmung begründen würde. Ob Umstände vorliegen, die das Unlauterkeitsurteil rechtfertigen, bedarf einer **Gesamtbewertung** des einheitlichen Lebenssachverhalts nach Anlass, Durchführung und Auswirkung des wettbewerblichen Vorgehens des Übernehmers unter der Abwegung der betroffenen Interessen. Insb. ist die Wechselwirkung zu berücksichtigen, die zwischen den besonderen wettbewerblichen Umständen, dem Grad der wettbewerblichen Eigenart und der Art und Weise und der Intensität der Übernahme fremder Leistung besteht (st. Rspr.: BGH GRUR 1996, 210, 211 – *Vakuumpumpen*; BGH GRUR 1997, 308, 311 – *Wärme fürs Leben*; BGH GRUR 1998, 830, 833 – *Les-Paul-Gitarren*; BGH GRUR 1999, 751, 752 – *Güllepumpen*; BGH GRUR 1999, 1106, 1108 – *Rollstuhlnachbau*).

33 Im Hinblick auf die **Rechtsfolgen** der wettbewerbsrechtlichen Ansprüche ist einiges zu beachten. Der **Unterlassungsanspruch** kann nur die **Verbreitung** der betroffenen Daten umfassen. Denn im Rahmen des wettbewerbsrechtlichen Leistungsschutzes kann immer nur die Verbreitung, nicht jedoch die Herstellung als solche untersagt werden (BGH GRUR 1968, 591 – *Pulverbehälter*; BGH GRUR 1982, 305, 308 – *Büromöbelprogramm*; BGH GRUR 1996, 210, 212 – *Vakuumpumpe*; BGH GRUR 1999, 751 – *Güllepumpe*; BGH GRUR 1999, 923, 927 – *Tele-Info-CD*). Deswegen können aus dem UWG auch **keine Vernichtungsansprüche** hergeleitet werden (BGH GRUR 1988, 690, 693 – *Kristallfiguren*; BGH GRUR 1999, 923, 928 – *Tele-Info-CD*). Daneben kann **Schadensersatz** verlangt werden. Das setzt zwar einen Verschuldensvorwurf an den Nachahmenden voraus. Wegen der leichten Verletzlichkeit von Immaterialgüterrechten einschließlich des ergänzenden wettbewerbsrechtlichen Leistungsschutzes als Quasi-Immaterialgüterrecht sind hier aber sehr strenge Anforderungen an die Beachtung der erforderlichen Sorgfalt zu stellen. Ein Rechtsirrtum ist nur dann entschuldigt, wenn der Irrende bei Anwendung der im Verkehr erforderlichen Sorgfalt mit einer anderen Beurteilung durch die Gerichte nicht zu rechnen brauchte. Schon bei einer zweifelhaften Rechtslage scheidet das aus (BGH GRUR 1961, 97, 99 – *Sportheim*; BGH GRUR 1969, 418, 422 – *Standesbeamte*; BGH GRUR 1963, 197, 202 – *Zahnprothesen-Pflegemittel*; BGH GRUR 1965, 198, 202 – *Küchenmaschine*; BGH GRUR 1990, 474, 476 – *Neugeborenentransporte*).

5. Geschäftsgeheimnisse u.a.

Neben den **Geschäftsgeheimnissen** erwähnt Art. 13 Datenbank-RL auch noch **34** die **Sicherheit**, die **Vertraulichkeit** und den **Schutz personenbezogener Daten** und der **Privatsphäre**. Dies ist einer der ersten Momente, in denen ein Regelwerk des Urheberrechts konkret Bezug nimmt auf Datenschutz im weiteren Sinne. Es zeigt damit eine Entwicklung auf, die das Urheberrecht noch viel beschäftigen wird. Denn mit der zunehmenden Digitalisierung geraten die beiden Rechtsgebiete immer öfter in Spannungsfelder (z.b. bei der Frage, ob Auskunftsansprüche gegen Access-Provider gewährt werden sollen: dazu *Czychowski* MMR 2004, 514, 515; gegen Internet-Service-Provider: *Spindler/Dorschel* CR 2005, 38). Hinzu kommt, dass Nutzerprofile, nicht nur bei Datenbanknutzung, für das Marketing natürlich ein interessantes Objekt sind. Es macht daher bereits das Wort vom „Personal Data as Intellectual Property" die Runde (zur Datenschutzproblematik aus Sicht des Internet: *Bröcker*/Czychowski/Schäfer § 5 Rn. 11 ff.). Für die praktische Anwendung ist lediglich zu beachten, dass zwar ein Datenbankschutz nach §§ 87a ff. existieren kann, der Verwerter dieses Schutzrechts aber nicht enthoben ist zu überprüfen, ob seine Verwertung mit den Regeln des Schutzes der Privatsphäre oder des Datenschutzes in Einklang steht. Auch kann der Inhalt der Datenbank ein Geschäftsgeheimnis darstellen und damit vertraglich oder nach §§ 17, 18 UWG, §§ 823 Abs. 1, 2 1004 BGB analog geschützt sein (BGH NJW 2006, 3424 – *Kundendatenprogramm*). So gewährt z.B. allein der Aufbau einer Datenbank von verbotenen Paparazzi-Fotografien berühmter Persönlichkeiten, zwar vielleicht ein Recht nach §§ 87a ff., aber keinen Freibrief der Verwertung dieser Datenbank. Das ist aber durchaus nichts Ungewöhnliches im Urheberrecht. Denn auch der Fotograf einer solchen einzelnen verbotenen Fotografie hat natürlich ein Recht an seiner Fotografie, das ihm auch die Privatsphäre des betroffenen Dritten nicht nimmt. Er kann es eben nur nicht verwerten.

6. Retrieval-Software

Auf den ersten Blick unerwähnt bleibt in Art. 13 Datenbank-RL ein sehr **35** wesentliches Element jeder Datenbank, nämlich die Software, mit der die Suchfunktion ausgeführt wird, die sog. Retrieval Software. Allerdings ist diese i.d.R. als Softwarewerk urheberrechtlich geschützt. Auch wenn sich dieser Schutz nicht auf die „Daten, Werke und andere Elemente" bezieht, die Art. 13 Datenbank-Richtlinie für die urheberrechtliche Anknüpfung nennt, bleibt deren Schutz selbstverständlich parallel bestehen (Art 1 Abs. 3 und ErwG 23 DatenbankRL). Auch wenn also die Datenbank selbst nicht angetastet wird, kann in der Übernahme der Retrieval-Software ohne weiteres ein Urheberrechtsverstoß liegen.

IV. Verhältnis zur „Informationsfreiheit"

Es ist eingewandt worden, der Datenbankschutz sui generis gefährde die **36** Informationsfreiheit (*Heinrich* WRP 1997, 275); jedenfalls sei daher der Begriff der Wesentlichkeit streng auszulegen. Ob es wirklich ein „allgemein anerkanntes Prinzip der Gemeinfreiheit von Informationen" gibt, das nicht unterlaufen werden darf, erscheint höchst zweifelhaft (so Vorauflage/*Hertin*[9] § 87a Rn. 9 unter Bezug auf *Kappes* ZEuP 1997, 670; *Wiebe* CR 1996, 198, 204; die hierzu des Weiteren von *Hertin* u.a. in Bezug genommenen Entscheidungen des BGH GRUR 1963, 633, 634 – *Rechenschieber*; BGH GRUR 1981, 352, 353 – *Staatsexamensarbeit* stützen dies jedoch nicht, denn der BGH spricht nur davon, dass ein „Gedankeninhalt", der sich z.B. in einem Werk materialisiert hat oder eine „wissenschaftliche Lehre", gemeinfrei bleibt; Gedankeninhalt ist jedoch nicht notwendigerweise mit Informationen gleichzusetzen). Möglicherweise ist die Verortung dieser Diskussion (auch) bei dem Recht sui generis aber auch deshalb überflüssig, weil die §§ 87a ff. gar nicht „die Informationen" in einer Datenbank schützen (zum Schutzgegenstand vgl. § 87a Rn. 5 ff.). Der BGH scheint in diese Richtung zu tendieren; es ist abzuwarten, wie der EuGH reagiert (BGH Beschluss vom 24.5.2007, I ZR 130/04 – *Gedichttitelliste II* mit der Vorlagefrage, ob Art. 7 Abs. 2 lit. A DatenbankRL ein physisches Kopieren für die Entnahme voraussetzt (oder ob auch die bloße Informationsentnahme und anderweitige eigene Eingabe ausreicht). Zunächst sei hierzu klargestellt, dass die grundgesetzlich verbürgte sog. Informationsfreiheit (Art. 5 Abs. 1 S. 1 Halbs. 2 GG) lediglich sicherstellt, dass man sich **aus allgemein zugänglichen Quellen** ungehindert unterrichten kann. Dogmatischer Ausgangspunkt einer Interessensabwägung ist also nicht die durch Investitionsschutz eingeschränkte Informationsfreiheit nach Art. 5 GG (siehe aber BGH GRUR 2005, 857, 859 – *HIT BILANZ*, der dogmatisch ebenfalls von einer durch Art. 5 geschützten „Informationsfreiheit" ausgeht und in den Schutzrechten nach UrhG einen legitimen Interessensausgleich durch Schrankenregelung sieht), sondern der **durch Informationsinteressen eingeschränkte Eigentumsschutz nach Art. 14 GG.** Dies bedeutet also, dass man nicht etwa nur aufgrund der Informationsfreiheit fremdes geistiges Eigentum nutzen darf; die Nutzung fremden geistigen Eigentums vielmehr regeln die Schranken des jeweiligen Schutzrechts, so z.b. die §§ 44a ff.. Derartige Nutzungsmöglichkeiten sind also nicht Ausfluss der – schon gar **nicht als Anspruch** zu verstehenden – Informationsfreiheit, sondern **Zeichen der Sozialbindung des Eigentums.** Über die Zugänglichkeit und die Art der Zugangseröffnung entscheidet, wer nach der Rechtsordnung über ein entsprechendes Bestimmungsrecht verfügt (BVerfGE 103, 44, 60). Ob es wirklich ein „allgemein anerkanntes Prinzip der Gemeinfreiheit von Informationen" gibt, das nicht unterlaufen werden darf, erscheint höchst zweifelhaft (so Vorauflage/ *Hertin*[9] § 87a Rn. 9 unter Bezug auf *Kappes* ZEuP 1997, 670; *Wiebe* CR 1996, 204; die hierzu des Weiteren von *Hertin* u.a. in Bezug genommenen Entscheidungen des BGH GRUR 1963, 633, 634 – *Rechenschieber*; BGH GRUR 1981, 352, 353 – *Staatsexamensarbeit* stützen dies jedoch nicht, denn der BGH spricht nur davon, dass ein „Gedankeninhalt", der sich z.B. in einem Werk materialisiert hat oder eine „wissenschaftliche Lehre", gemeinfrei bleibt; Gedankeninhalt ist jedoch nicht notwendigerweise mit Informationen gleichzusetzen). Zu Recht wird daher betont, dass das Informationsinteresse der Allgemeinheit in Abwägungsvorgängen nicht überbewertet werden darf (zu parallelen Problemen aus dem Presserecht *Fechner/Popp* AfP 2006, 213, 215).

37 Diese Diskussion krankt u. E, zudem daran, dass **viel zu undifferenziert** von „Informationen" gesprochen wird, die freizuhalten bzw. zugänglich sein sollen. **Informationen sind** jedoch **nicht mit urheberrechtlichen Schutzgegenständen gleichzusetzen.** Tatsächlich verbirgt sich hinter dieser Auseinandersetzung, die in letzter Zeit auch zunehmenden Einfluss auf Gesetzgebungsprozesse gewinnt, nicht mehr und nicht weniger als die **grundsätzliche Diskussion um den Zugang zu Eigentum**; man sollte insofern nicht zwischen materiellem und immateriellem Eigentum unterscheiden. Ein **Anspruch** auf Zugang (neudeut. „Access") ist jedoch zumindest **verfassungsrechtlich nicht herzuleiten**: Zwar können Grundrechte nach neuerer Auffassung nicht nur grundgesetzlich verbürgte Freiheitsgewährleistungen als Abwehrrechte der Rechtsunterworfenen gegenüber staatlichen Zugriffen gewähren, sondern – in allerdings sehr engen Grenzen – auch Ansprüche auf Leistung und Teilhabe. Dies ist Ausdruck der in der Gesamtheit und Gesamtschau der Grundrechte zum Ausdruck kommenden objektiven Wertordnung (BVerfGE 33, 303 ff. – *Numerus Clausus*), wonach sich der Grundrechtsschutz im dortigen Fall des Art. 12 Abs. 1 GG nicht in der den Freiheitsrechten herkömmlich beigemessenen Schutzfunktion gegen finale Eingriffe der öffentlichen Gewalt erschöpft; vielmehr soll die freie Wahl der Ausbildungsstätte über ein bloßes Abwehrrecht hinaus den freien Zugang zu Ausbildungseinrichtungen sicheRn. Das BVerfG formuliert indessen selbst, dass bei der **Ableitung solcher positiven Leistungsansprüche**, sofern nicht ausnahmsweise der Verfassungstext selbst (wie etwa in Art. 6 Abs. 4 GG für den Mutterschutz) eine andere Einschätzung erfordert, **äußerste Zurückhaltung** geboten sei. Die Grundrechte kennen das hier diskutierte Recht auf Zugang nicht: Art. 5 Abs. 1 GG normiert u.a. lediglich das oben bereits konturierte Recht eines jeden, sich aus allgemein zugänglichen Quellen ungehindert unterrichten zu können. Art. 3 Abs. 1 GG, dem allgemeine Gleichheitsgrundsatz, wohnt nach moderner Ausdeutung zwar ebenfalls eine objektiv-rechtliche Bedeutung inne, aber nach überwiegender Auffassung lassen sich hieraus keine verfassungsunmittelbaren, originären Leistungsansprüche ableiten (schon weil es an Verteilungsmaßstäben fehle, so *Osterloh*, in: Sachs, Grundgesetz, 3. Auflage 2003, Art. 3 Rz. 55 m.w.N.). Schließlich hilft professionellen Dienstleistern auch Art. 12 GG eventuell nicht weiter. In der schon erwähnten *numerus-clausus*-Entscheidung hat das BVerfG bei der Zuerkennung des Rechts zur Zulassung zu dem von dem Grundrechtsträger gewünschten Hochschulstudium ausdrücklich betont, dass das Freiheitsrecht des Art. 12 Abs. 1 GG ohne den freien Zugang zu Ausbildungseinrichtungen, also ohne die tatsächliche Voraussetzung für seine Inanspruchnahme wertlos wäre (BVerfGE 33, 303, 330 f.). Man wird schwerlich behaupten können, dass für private Dienstleister das Grundrecht aus Art. 12 Abs. 1 GG "wertlos" ist, nur deswegen weil sie auf fremdes Eigentum zum Zwecke der Information nicht zugreifen können.

Auch **Zugangsansprüche aus einfachem Recht** sind **nicht ersichtlich** (sogar das **38** spezielle Gesetz über die Weiterverwendung von Informationen öffentlicher Stellen negiert solche ausdrücklich: § 3 Abs. 1 Satz 2 IWG). In diesem Zusammenhang ist zu betonen, dass die in Bund und Ländern im vergangenen Jahrzehnt stark diskutierten Informationsfreiheitsansprüche, die in einigen Ländern nun auch gesetzlich abgesichert sind (etwa in Berlin durch das Gesetz zur Förderung der Informationsfreiheit im Land Berlin vom 15. Oktober 1999, GVBl. 1999, Nr. 45, S. 561), insoweit ohne Belang sind. Diese Gesetze regeln Informationsrechte gegenüber Behörden und sonstigen öffentlichen Stellen, also Rechte auf Einsicht in oder Auskunft über den Inhalt der von öffentlichen Stelle geführten Akten (exemplarisch §§ 2, 3 Berliner Informationsfreiheitsgesetz). Verwertungsbefugnisse an solchen Akten regeln sie nicht, ihr Regelungsgegenstand ist vielmehr lediglich der eingeschränkte Zugang zu Informationen, akkumuliert in Akten von öffentlichen Stellen. Ebenfalls **nicht vergleichbar** ist die sog. **Open Access Bewegung** (http://www.open-access.net), denn auch sie vermag einen Anspruch auf Zugang nicht zu begründen, sondern weist nur auf Missstände bei der Ausübung von Schutzrechten hin (beispielhaft *Heckmann/Weber* GRUR Int. 2006, 995); damit zeigt sie aber auch bereits, wo das Thema eigentlich hingehört, nämlich in das **Kartellrecht** und die Diskussion um die sog. **essential facilities doctrin** (dazu vgl. Vor §§ 31 ff. Rn. 58 ff.; zu einem neuen Ansatz in ähnlicher Richtung: *Bartmann*, Grenzen der Monopolisierung durch Urheberrechte am Beispiel von Datenbanken und Computerprogrammen, 2005, S.387: Freihalten von sog. Gatekeeper-Elementen wie Schnittstellen, Ideen, Informationen oder Strukturen).

§ 87a   Begriffsbestimmungen

(1) ¹Datenbank im Sinne dieses Gesetzes ist eine Sammlung von Werken, Daten oder anderen unabhängigen Elementen, die systematisch oder methodisch angeordnet und einzeln mit Hilfe elektronischer Mittel oder auf andere Weise zugänglich sind und deren Beschaffung, Überprüfung oder Darstellung eine nach Art oder Umfang wesentliche Investition erfordert. ²Eine in ihrem Inhalt nach Art oder Umfang wesentlich geänderte Datenbank gilt als neue Datenbank, sofern die Änderung eine nach Art oder Umfang wesentliche Investition erfordert.

(2) Datenbankhersteller im Sinne dieses Gesetzes ist derjenige, der die Investition im Sinne des Absatzes 1 vorgenommen hat.

Übersicht

I. Allgemeines

1. Sinn und Zweck

1 Mit fortschreitendem Übergang der Warenverkehrs- zur Wissensgesellschaft werden immer mehr Datenbanken, insb. in elektronischer Form, geschaffen. Auch wenn das Datenbankrecht nicht auf elektronische Datenbanken beschränkt ist (ErwG 14 Datenbank-RL; vgl. Rn. 13), waren **elektronische Datenbanken** jedoch ein **treibender Faktor** bei der Entwicklung des Rechtes sui generis. Das neue Recht soll vor allem einen Anreiz setzen, Arbeitsvorgänge durch Datenbanken zu erleichtern und zu beschleunigen. Zu Sinn und Zweck ausführlicher vgl. Vor §§ 87a ff. Rn. 1.

2. EU-Recht

Zur Entstehungsgeschichte vgl. Vor §§ 87a ff. Rn. 2 ff.. Angesichts der Grund- **2** lage der Regelung in Art. 7 Abs. 1 i.V.m. Art 1 Abs. 2 Datenbank-RL ist **richtlinienkonforme Auslegung** geboten. Es gilt zwischen Datenbankwerken (vgl. § 4 Rn. 31 ff.) und einfachen Datenbanken (dazu hier) zu unterscheiden (zu den Überschneidungen der beiden Schutzregime vgl. § 4 Rn. 37). § 87a enthält die **wichtigsten Begriffsbestimmungen** für dieses einfache Datenbankrecht, nämlich die der „Datenbank" in Abs. 1 S. 1, des „Datenbankherstellers" in Abs. 2 und der Abgrenzung zur neuen Datenbank in Abs. 1 S. 2.

3. Technischer Hintergrund

Wegen der technischen Besonderheiten seien elektronische Datenbanken hier **3** kurz erläutert: Elektronische Datenbanken sind nach wie vor im Grunde genommen Karteikästen. Sie sammeln Daten, die aus der Sicht des Erstellers zusammengehören, z.b. eine Personaldatenbank oder eine Lagerinventardatenbank. Es gibt hierarchische, relationale, multidimensionale und objektorientierte Datenbanken. Die Datenbank wird üblicherweise von einem Datenbankverwaltungssystem, einem speziellen Computerprogramm, verwaltet. Ein solches System – zusammen mit einer oder mehreren Datenbanken – nennt man „Datenbanksystem". Datenbanksysteme sind heutzutage das Rückgrat jedes größeren Softwaresystems (zu den technischen Grundlagen *Haberstumpf* GRUR 2003, 14, 15 ff.). Egal, ob Webshop, Finanzbuchhaltung oder Wikipedia, überall steht ein Datenbanksystem dahinter. Das grundlegende Element einer Datenbank ist der Datensatz (er entspricht einer Karteikarte). Aus einer gewissen Anzahl von Datensätzen wird eine Tabelle oder Liste gebildet. Mehrere Tabellen, die zu einer Gesamtheit zusammengefasst und untereinander verknüpft werden, sind dann eine Datenbank (zu einem Überblick www.wikipedia.de Stichwort: „Datenbank", abgerufen am 06.07.2007).

Eine erste Generation von Datenbanken waren die **Lochkarten**, die aber **4** unpraktisch, langsam und fehleranfällig waren. Ein wesentlicher Nachteil war zudem, dass man sie hintereinander lesen musste. Dies hatte zur Folge, dass alle Informationen, die vor der Gesuchten standen, ausgelesen und verarbeitet werden mussten. Etwa um 1960 begann man daher, die Daten auf Speichermedien wie Festplatten zu halten. Dadurch wurde nicht nur nichtsequentieller Zugriff möglich, sondern auch ein paralleler Zugriff mehrerer Nutzer. Es folgten die sog. **hierarchischen Datenbanken**. In ihnen werden die Datensätze in einer Baumstruktur nach dem *Eltern-Kind-Prinzip* abgelegt. Nachteil von hierarchischen Datenbanken ist, dass Verknüpfungen über mehrere Ebenen nicht möglich sind und – bedingt durch die Baumstruktur – zum Auffinden eines bestimmten Datensatzes relativ viel Zeit benötigt wird. Ein großer Sprung gelang dann *Edgar F. Codd* am IBM Almaden Research Center. Er schuf die Grundlagen für **relationale Datenbanken**, die heute immer noch zu den meisten genutzten Datenbankmodellen gehören (Stichwort: „Datenbank", „Geschichte", www.wikipedia.de, abgerufen am 06.07.2007). Relationale Datenbanken sind heute am weitesten verbreitet. In ihnen werden Daten (Texte, Zahlen und Binärdaten) in Tabellen abgespeichert. Diese Tabellen bezeichnet man mathematisch als „*Relationen*", woher der Name der

Datenbankstruktur erklärlich wird. Damit die Datensätze eindeutig identifiziert werden können, muss man einen eindeutigen Primärschlüssel vergeben. Zum schnelleren Auffinden der Daten werden Indexe über bestimmte Spalten, so genannte Schlüsselspalten, erzeugt. Eine relationale Datenbank besteht nicht nur aus einer Tabelle, sondern aus vielen, die miteinander verknüpft sind. Diese Verknüpfungen werden *„Beziehungen"* genannt. Die Beziehung geschieht immer über einen Schlüssel, der eine Tabellenzeile und damit eine Informationsmenge eindeutig charakterisiert – z. B. eine Postadresse. Der Schlüssel könnte hier die Kundennummer sein. Über die Beziehung können nun andere Informationen in anderen Tabellen dazu aufgesucht werden, z. B. Rechnungen, Briefe, Behandlungen usw., ohne dass diese spezifische Konstellation an Informationen in einer ebenso spezifischen Tabelle stehen müsste. (Stichwort: „Datenbank", „Geschichte", „Relationale Datenbank", www.wikipedia.de, abgerufen am 06.07.2007). Für relationale Datenbanken gibt es mit **SQL** eine verbreitete und tw. standardisierte Anfragesprache. Im Gegensatz zu hierarchischen Datenbanken können die Datensätze in **Netzwerkdatenbanken** auf mehreren Wegen verknüpft sein und nicht nur entlang Eltern-Kind-Relationen. In neuerer Zeit setzen sich **objektorientierte Datenbanken** immer mehr durch. Bei relationalen Datenbanken geht es zuerst um die Struktur, in der die jeweiligen Daten gespeichert werden sollen. Objektorientierte Datenbanken dagegen folgen der objektorientierten Programmiermethode, d. h. die Datenbankstruktur wird nicht zuerst „leer" geschaffen, sondern diese Datenbankstruktur orientiert sich an den zunächst niedergelegten einzelnen Daten, die den Ausgangspunkt der Datenbank ausmachen. Als ein Objekt wird die Zusammenfassung von zugehörigen Attributen bezeichnet, also gehört z.B. die Farbe und das Gewicht eines Autos zu dem Objekt „Auto". Attribute beschreiben ein Objekt näher. Daten und Methoden werden nicht getrennt gespeichert. Der Vorteil einer solchen objektorientierten Datenbank liegt in der Möglichkeit, Objekte ineinander zu schachteln, um auch komplexe Strukturen abzubilden, wie zum Beispiel Firma->Abteilung->Mitarbeiter. Schließlich gibt es verstärkt sog. **multidimensionale Datenbanken**, auch MDDB (Multi-dimensional database) genannt. Hierunter versteht man ein Datenbanksystem, das die auf konzeptioneller Ebene dargestellten multidimensionalen Datenstrukturen auch in ihrer physischen Datenbank- und Speicherstruktur umsetzt (Stichwort: „Datenbank", www.wikipedia.de, abgerufen am 06.07.2007).

II. Tatbestand

1. Gegenstand des Schutzes

5 Zum Begriff „Datenbank" und ihrem technischen Aufbau zunächst vgl. Rn. 2 f.. Gegenstand des Schutzes nach §§ 87a ff. sind allerdings nur Teile dessen, was nicht-juristisch als Datenbank begriffen wird. Eine solche Datenbank kann man verstehen als **Sammlung von Inhalten**, zugänglich über ein **Ordnungs- und Suchhilfesystem** (z.B. Computerprogramm), das über eine **Suchhilfe** (z.B. Thesaurus, Index) funktioniert. Dann umfasst der Schutz nach §§ 87a ff. sowohl die Sammlung als auch die Suchhilfe (ErwG 17 und 20 Datenbank-RL), nicht aber das Ordnungs- und Suchhilfesystem (ErwG 23 Datenbank-RL). Die Inhalte können verschiedenster Art sein (Texte, Fotos, Zahlen, Film- und Musiksequenzen, aber auch Buchstabenzahlenkombinationen wie z.B. Autokennzeichen).

Gegenstand des Rechts des Datenbankherstellers sind aber weder die in die **6** Datenbank aufgenommenen Informationen selbst in Form von Werken, Daten und anderen Elementen, noch die Datenbank an sich als Summe dieser Informationen (so aber *Bensinger* S. 108 ff.), sondern nur die Datenbank als Gesamtheit und Erscheinungsform des immateriellen Guts, das mit wesentlichem Investitionsaufwand zusammengetragen wurde (Schricker/*Vogel*[3] Rn. 19 m.w.N.; ähnlich OLG Hamburg GRUR 2000, 319, 320 – *Börsendaten*; Wandtke/Bullinger/*Thum*[2] Rn. 18) oder unter den besonderen Voraussetzungen des § 87b Abs. 1 S. 2 unwesentliche Teile (vgl. § 87b Rn. 21 ff.). Erst recht nicht Gegenstand des Schutzes sind die Informationen selbst, also der Datenbankinhalt (Schricker/*Vogel*[3] Rn. 19; so aber Vorauflage/*Hertin*[9] § 87b Rn. 13). Ihrem Hersteller ist deshalb auch nur ihre Vervielfältigung insgesamt oder ihrer wesentlichen Teile *als solche* vorbehalten (Schricker/*Vogel*[3] § 87b Rn. 9 ff. mit Beispielen). Zur Bedeutung des Schutzgegenstandes auch beim Begriff der Wesentlichkeit vgl. Rn. 14 ff..

Gemeinsamkeit von Datenbank und **Datenbankwerk** ist die Sammlung von **7** Elementen, die systematisch oder methodisch angeordnet und einzeln mit Hilfe elektronischer Mittel zugänglich sind. Unterschied ist, dass Datenbankwerke eine geringfügige geistige Schöpfung (Individualität) verlangen, während Datenbanken eine nach Art oder Umfang wesentliche Investition bei der Beschaffung, Überprüfung oder Darstellung ihres Inhaltes erfordern.

2. Begriff und Schutzvoraussetzungen: Datenbank (Abs. 1 S. 1)

Dem Datenbankrecht zugänglich sind nicht alle Ansammlungen von Daten, **8** sondern nach § 87a Abs. 1 nur

„eine Sammlung von Werken, Daten oder anderen unabhängigen Elementen, die systematisch oder methodisch angeordnet und einzeln mit Hilfe elektronischer Mittel [...] zugänglich sind und deren Beschaffung, Überprüfung oder Darstellung eine nach Art oder Umfang wesentliche Investition erfordert."

§ 87a Abs. 1 S. 1 enthält also eine **Legaldefinition**. Man kann sagen, dass diese von einem eher weiten Datenbankbegriff ausgeht (Schricker/*Vogel*[3] Rn. 4: weite Auslegung). Es muss sich bei den in solchen Datenbanken enthaltenen Daten also zunächst um *unabhängige* Elemente handeln. Dies scheint einer der zentralen Begriffe des Datenbankrechts zu sein. Mit ihm scheiden solche Zusammenstellungen aus dem Schutzbereich der §§ 87a ff. aus, die ein verbindliches inhaltliches Gewebe (Schricker/*Vogel*[3] Rn. 6) aufweisen.

a) Sammlungen von Werken, Daten oder anderen unabhängigen Elementen: 9 Der Begriff dessen, aus was eine Datenbank besteht, nämlich Werke, Daten oder andere unabhängige **Elemente**, entspricht dem in § 4, da diese Voraussetzung durch die Harmonisierung auf EU-Ebene einheitlich vorgegeben wurde. Daher kann vor allem umfänglich auf die **Kommentierung vgl. § 4 Rn. 17 ff. verwiesen** werden. Wesentlich ist, dass die Elemente nicht selbständig urheberrechtlich geschützt sein müssen. Die wichtige Voraussetzung der **Unabhängigkeit** der Elemente (auch hierzu vgl. § 4 Rn. 24 ff.) dient dazu sicherzustellen, dass – in Abgrenzung zu z.B. Büchern oder Musikstücken – die Elemente nicht erst aus einem inhaltlichen Gewebe heraus Sinn ergeben (Dreier/Schulze/*Dreier*[2] § 4 Rn. 10; Schricker/*Loewenheim*[3] § 4 Rn. 7; Vorauflage/*Hertin*[9] § 4 Rn. 3; Walter/*v. Lewinski* Art. 1 Datenbank-RL Rn. 18) oder anders ausgedrückt: die einzelnen Elemente dürfen nicht inhaltlich aufeinander bezogen und auch nicht in einem einheitlichem Schaffensvorgang miteinander verschmolzen sein (Wandtke/Bullinger/*Thum*[2] § 87a Rn. 9). Der

EuGH sieht Unabhängigkeit dann als gegeben an, wenn die einzelnen Elemente sich voneinander trennen lassen, ohne dass der Wert ihres informativen, literarischen, künstlerischen, musikalischen oder sonstigen Inhalt dadurch beeinträchtigt wird (EuGH GRUR Int. 2005, 239, 241 – *Fixtures-Fußballspielpläne I*; EuGH GRUR 2005, 254, 255 – *Fixtures Fußballspielpläne II*). Dem ist der BGH gefolgt (BGH GRUR 2005, 940, 941 – *Marktstudien*; BGH GRUR 2005, 857, 858 – *HIT BILANZ*).

10 Derartige Sammlungen können beispielsweise bestehen aus: **Übersichten über Messe-Veranstaltungen** (LG Köln K&R 1999, 40), **Kleinanzeigen** (LG Köln ZUM-RD 2000, 155; LG Berlin ZUM 1999, 420;), einer **Sammlung lyrischer Textbeiträge** (LG Köln ZUM 2001, 714; ebenso LG Mannheim GRUR-RR 2004, 196 – *Freiburger Anthologie*, für eine Gedichtsammlung), Linksammlungen (LG Köln ZUM-RD 2000, 304; AG Rostock MMR 2001, 631), einem **EDV-gesteuerten Ticket-Verkaufssystem** mit Informationen über Veranstalter, Veranstaltungen und Vorverkaufsstellen (KG GRUR 2001, 155) aber auch aus einer gedruckten Sammlung von Ausschreibungen (OLG Dresden ZUM 2001, 595) oder eben solchen **Übersichten über den Verkauf von Tiefdruckmaschinen** (OLG Köln GRUR-RR 2001, 292). Eine ganze Reihe von Entscheidungen beschäftigte sich mit **Stellenanzeigen** (OLG München GRUR-RR 2001, 228; LG München I K&R 2002, 258 – *sueddeutsche.de*; auch *Klein* GRUR 2005, 377). Das bekannte **Roche Medizin Lexikon** stellt nach Ansicht des OLG Hamburg ebenso eine derartige Datensammlung dar (OLG Hamburg ZUM 2001, 512) wie der bekannte **Briefmarken-Michel-Katalog** (offen gelassen wohl BGH GRUR 2006, 493 – *Michel-Nummern*) oder wie (in der Veröffentlichung leider nicht nähe präzisierte) **Daten einer Marktstudie** (OLG München GRUR-RR 2002, 89 – *GfK-Daten*; eingehender die Revisionsinstanz: BGH GRUR 2005, 940, 941 – *Marktstudien*) oder der aus verschiedenen Veröffentlichungen zusammengetragenen Daten, die für eine **elektronische Zollanmeldung** erforderlich sind (OLG Köln GRUR-RR 2006, 78 – *Elektronischer Zolltarif*). Dasselbe gilt für die **Zusammenstellung von Musiktiteln** ihrer Beliebtheit gemäß (BGH GRUR 2005, 857 – *HIT-BILANZ*). Die periodische Veröffentlichung von Aufsätzen in Zeitschriften soll keine Datenbank entstehen lassen können (OLG München MMR 2007, 525, 526 – *Subito*). Ob **topografische Landkarten** der Landesvermessungsämter wirklich die Voraussetzung der Unabhängigkeit erfüllen, erscheint zweifelhaft, wenn sie auch sicherlich als Sammlung aufzufassen sind (ausführlich dazu LG München I GRUR 2006, 225 – *Topografische Kartenblätter;* wie hier: *Hertin* GRUR 2004, 646, 647). Zu Recht weist *Vogel* darauf hin, dass die bestimmten Landkarten zugrunde liegenden digitalen Objektkartenkataloge wohl die Unabhängigkeit zugesprochen werden kann (*Schricker/Vogel*[3] Rn. 10). Datum, Uhrzeit und Namen von zu diesen spielenden **Fußballmannschaften** waren Gegenstand der bereits erwähnten Leitentscheidung des EuGH (EuGH GRUR 2005, 254, 255 – *Fixtures Fußballspielpläne II*).

11 **b) Systematisch und methodisch angeordnet:** Die eben beschriebenen einzelnen Elemente müssen systematisch oder methodisch angeordnet sein; das unterscheidet die einfache Datenbank vom Datenbankwerk, bei dem die Auswahl oder Anordnung eine persönliche geistige Schöpfung darstellen muss. Eine systematische oder methodische Anordnung liegt dann vor, wenn sie nach bestimmten **Ordnungskriterien**, seien sie logisch oder sachlich, zusammengestellt sind; ausreichend ist aber eine Zusammenstellung nach Ordnungsgesichtspunkten, die den Zugriff auf die einzelnen Elemente ermöglicht (Möhring/Nicolini/*Ahlberg*[2] § 4 Rn. 15 f.; Schricker/*Loewenheim*[3] § 4 Rn. 36). Als

systematische Ordnung sind denkbar alphabethische, numerische, geografische, chronologische oder thematische Anordnungen (Schricker/*Vogel*[3] Rn. 11). Eine **methodische Anordnung** liegt vor, wenn der Datenbankinhalt zur Verwirklichung eines vom Hersteller oder Nutzer vorgegebenen Zwecks planmäßig strukturiert wird (Vorauflage/*Hertin*[9] Rn. 4). Die systematische oder methodische Anordnung bedeutet nicht, dass die physische Speicherung der Datenbankelemente in geordneter Weise erfolgt (ErwG 21 Datenbank-RL). Man sollte also fragen, ob es zwingend ist, die Daten so zu strukturieren, wie dies erfolgt ist. Hätte man zwanglos eine völlig andere Struktur wählen können, spricht dies für die systematische und methodische Anordnung. Daher ist auch anerkannt, dass eine Sammlung von Daten nur dann nicht als systematisch/methodisch geordnet gilt, wenn es sich um eine willkürliche und unstrukturierte Datenanhäufung handelt (OLG München GRUR-RR 2001, 228, 229 – *Übernahme fremder Inserate*; KG GRUR-RR 2001, 102, 102 – *Stellenmarkt; Leistner* S. 53 ff.; Walter/*v. Lewinski* Art. 1 Datenbank-RL Rn. 18 f.). Ausgeschlossen werden sollen also nur Sammlungen von Daten, bei welchen der Zufall eine Rolle spielt (*Leistner* GRUR Int. 1999, 824 mit seinem Beispiel des World-Wide-Web des Internets als nicht schutzfähige Datenanhäufung; Walter/*v. Lewinski* Art. 1 Datenbank-RL Rn. 20). Beispielhaft sei hier auch genannt der Stellenmarkt einer Tageszeitung, der den beiden oben genannten Entscheidungen zugrunde lag. Auch wenn Volltextdatenbanken zum Teil ohne systematischen Index auskommen, bedeutet dies gleichwohl nicht, dass sie als Datenhaufen vom Schutz ausgenommen wären (HK-UrhR/*Kotthoff* Rn. 19; Schricker/*Vogel*[3] Rn. 13). Der EuGH sieht diese Tatbestandsvoraussetzung – er orientiert sich in seiner Auslegung eng an der Gesetzgebungshistorie der Richtlinie – als unverzichtbares Ordnungskriterium, das der **Wiedergewinnung der** sonst unstrukturierten und gewissermaßen nicht auffindbaren **Elemente** dient (EuGH GRUR 2005, 254, 255 – *Fixtures Fußballspielpläne II*). Der bloße hohe Informationswert reicht also nicht für den Schutz als Datenbank, wenn man jedes Element einzeln ansteuern müsste (EuGH GRUR 2005, 254, 255 – *Fixtures Fußballspielpläne II*). Die Zusammenstellung von Datum, Uhrzeit und Namen von zu diesen spielenden Fußballmannschaften würden diesen Anforderungen erfüllen (EuGH GRUR 2005, 254, 255 – *Fixtures Fußballspielpläne II*). Websites als solchen (also nicht etwa darauf enthaltenen Sammlungen von z.B. Links) wird i.d.R. diese Systematik abgesprochen (Schricker/*Vogel*[3] Rn. 17; nicht ganz deutlich: OLG Frankfurt GRUR-RR 2005, 299, 300 – *Online-Stellenmarkt*). Zum Schutz von **Websites** allg. vgl. § 2 Rn. 116 u. 231. Zu einem Beispiel, dass Texte einer Website nach § 2 Abs. 1 Nr. 1 schutzfähig sein können: LG Berlin ZUM-RD 2006, 573. Eine über „Macromedia Directors" erstellte Menüführung für ein **multimediales Produkt** ist regelmäßig nicht schutzfähig (LG Köln MMR 2006, 52).

12 Besonders **hohe Anforderungen** sind an das qualitative Merkmal der systematischen und methodischen Anordnung **nicht** zu stellen (Schricker/*Vogel*[3] Rn. 11; Wandtke/Bullinger/*Thum*[2] Rn. 9). Gilt schon für die Schöpfungshöhe bei Datenbankwerken, dass diese nur geringen Anforderungen genügen muss (vgl. § 4 Rn. 31 ff.), gilt dies erst recht für die keinen Werkschutz voraussetzende einfache Datenbank. Es sind also keine besonderen geistig-ästhetischen Anforderungen zu stellen, sondern immer das „banale" Ziel der Auffindbarkeit der Elemente im Blick zu halten.

13 **c) Einzeln mit Hilfe elektronischer Mittel oder anders zugänglich:** Schließlich müssen die Elemente einzeln zugänglich sein. Zugänglichkeit bedeutet, unter

Berücksichtigung der Anordnungskriterien **auf die Elemente zugreifen** zu können und sie abzufragen. Was immer der Nutzer auf diese Art und Weise isoliert erhält, dürfte als Element i.S.d. §§ 87a ff. einzuordnen sein; daher schafft das Merkmal der einzelnen Zugänglichkeit auch mittelbar eine Abgrenzung für den Begriff des Elements (Wandtke/Bullinger/*Thum*[2] Rn. 11). Bei einer elektronischen Datenbank kann der Zugang zu den Daten durch Recherche online oder offline erfolgen (Schricker/*Loewenheim*[3] § 4 Rn. 37). Schließlich stellt diese Tatbestandsvoraussetzung ihrem Wortlaut nach bereits klar, dass das Recht sui generis **sowohl elektronische als auch auf analoger Technik basierende Datenbanken unter Schutz** stellt (allg.M.; statt vieler Schricker/*Vogel*[3] Rn. 15; anders noch die 9. Aufl./*Hertin* Rn. 5). Das Element der Zugänglichkeit schafft im Übrigen ein weiteres Abgrenzungsmerkmal, um inhaltlich verwobene Datenansammlungen, wie Computerspiele oder Filme, vom Schutz auszuschließen. Denn auf die einzelne Spielsequenz eines Computerspiels kann man eben nicht einzeln/direkt zugreifen; man muss sie vielmehr im Spielablauf an sich vorbeiziehen lassen.

14 **d) Wesentliche Investition für Beschaffung, Überprüfung, Darstellung: aa) Begriff der Investition:** Wesentlich für das Recht sui generis ist die Voraussetzung einer wesentlichen Investition. Hieran manifestiert sich, dass der Schutz sui generis Investitions- und nicht Kreativschutz ist (ErwG 7, 11 und 12 der Datenbank-RL). Investition stammt ab vom lateinischen *investire* (= einkleiden, bekleiden) und hatte zunächst auch nur hieraus übertragene Bedeutungen („Investiturstreit" sic!). Der heutige Bedeutungsgehalt wird als jung, dem 19. Jahrhundert entstammend, bezeichnet (*Duden*, Herkunftswörterbuch, Band 7, Stichwort „Investieren") und erklärt die „langfristige Anlage von Kapital in Sachgütern" (*Duden*, Herkunftswörterbuch, Band 7, Stichwort „Investieren"). Damit scheint uns eine wesentliche, bereits dem Wortlaut des Gesetzes zu entnehmende, Voraussetzung, die **Langfristigkeit der Anlage** zu sein. Bloß auf kurzfristige Ergebnisse gerichtete Anlagen zur Erschaffung von Datenbanken, die damit ebenfalls nur kurzlebig sind, müssten dem Wortlaut nach aus § 87a ausscheiden. Im Übrigen bedeutet Investition **Einsatz von Mitteln zur Erreichung eines Zwecks** (Walter/*v. Lewinski* Datenbank-RL Art. 7 Rn. 4). Welche Mittel dies sei können, definiert weder die Datenbank-Richtlinie, noch das Urheberrechtsgesetz nebst Materialien; ErwG 7 Datenbank-RL spricht aber von „menschlichen, technischen und finanziellen Mitteln", ohne dass diese Aufzählung abschließend wäre. ErwG 40 Datenbank-RL führt auch den Einsatz von Zeit, Arbeit und Energie auf.

15 **bb) Begriff der Wesentlichkeit:** Was unter dem Begriff der **Wesentlichkeit** zu verstehen ist, ist noch nicht abschließend geklärt. Das Gesetz und die Richtlinie sind an dieser Stelle bewusst recht allgemein und sprechen nur von „in qualitativ und quantitativer Hinsicht" bzw. **„Art oder Umfang"** wesentlichen Investitionen (Art. 7 Abs. 1 Datenbank-RL bzw. § 87a Abs. 1 S. 1) Die Begründung des deutschen Umsetzungsgesetzes bedeutet dem Anwender lediglich, dass anhand einer **wertende Beurteilung** der Schutzwürdigkeit der Investition festzustellen sein wird, ob eine in qualitativer und quantitativer Hinsicht wesentliche Investition vorliegt (RegE IuKDG 1996 – BR-Drucks. 966/96, S. 47). Viel anzufangen ist damit im Einzelfall nicht. Auch der EuGH hilft in seinen Leitentscheidungen wenig; er formuliert nur, dass die quantitative Beurteilung sich auf **Mittel** bezieht, die sich **beziffern lassen**; die qualitative hingegen auf **nicht quantifizierbare Anstrengungen**, wie eine geistige Anstrengung oder Verbrauch von Energie (EuGH GRUR 2005, 252, 253 – *Fixtures Fußballspielpläne II*). Sicher dürfte aber sein, dass je höher eine Investitionsleistung ausgefallen ist, also der Aufwand an Geld, Arbeit und Zeit, desto eher liegt ein Leistungsschutz im Sinne des § 87a UrhG vor. Zu Recht wird betont, dass der Begriff der Wesentlichkeit eigenständig und ohne Rückgriff auf verwandte Begriffe z.B. aus dem Wettbewerbsrecht erarbeitet werden muss (Walter/*v. Lewinski* Datenbank-RL Art. 7 Rn. 11; Wandtke/Bullinger/*Thum*[2] Rn. 24; tendenziell a.A. Möhring/Nicolini/*Decker* Rn. 11). **Sämtliche wirtschaftliche Aufwendungen** sind als wesentlich zu berücksichtigen, die für den Aufbau, die Darstellung, die Aktualisierung einer Datenbank erforderlich sind (Schricker/*Vogel*[3] Rn. 27). Dazu zählen die unten näher konkretisierten Aufwendungen für die **Beschaffung des Datenbankinhalts**, der **Datenaufbereitung** sowie die **Kosten für die Bereitstellung** der Datenbank. Die dem Umfang nach wesentliche Investition liegt gerade in der Aufwendung finanzieller Mittel und dem sonstigen Aufwand in Form von **Zeit, Arbeit und Energie.** Die der Art nach wesentliche Investition ist in eine Datenbank geflossen, die vielleicht nur geringe Datenmengen enthält, dafür aber noch nie in dieser Form und Vollständigkeit zusammengestellt worden ist (Schricker/*Vogel*[3] Rn. 27).

Es entspricht der überwiegenden Meinung, dass ein besonderes **substantielles 16 Gewicht** der Investition **nicht erforderlich** ist, auch wenn die Formulierungen dieser „Schwelle" sehr unterschiedlich sind (i.E. *Derclaye* IIC 36/2006, 2, 30; *Gaster* Rn. 476; *Haberstumpf* GRUR 1999, 14, 26 f.; *Kindler* K & R 2000, 265, 271; *Leistner* GRUR Int 1999, 819; *Lehmann*, in: Quellen Anm. 7; HK–UrhR/*Kotthoff* Rn. 28; Schricker/*Vogel*[3] Rn. 27; Wandtke/Bullinger/*Thum*[2] Rn. 25; a.A. LG Köln ZUM-RD 2000, 304, 306 – *Kidnet.de*; *Schack*[3] Rn. 665a; *ders.* MMR 2001, 9, 12; 9. Aufl./*Hertin* Rn. 9; Dreier/Schulze/*Dreier*[2] Rn. 14: nicht allzu niedrig; siehe allerdings unsere Einschränkung zur Kurzlebigkeit der Anlage vgl. Rn. 14). Im Hinblick darauf, dass das Kriterium der Wesentlichkeit allerdings eigentlich die entscheidende Schutzvoraussetzung ist, sind hieran Zweifel angebracht, jedenfalls wenn man diese Situation sogleich zu einem Regel/Ausnahme-Verhältnis umfunktioniert (Wandtke/Bullinger/*Thum*[2] Rn. 25). Die Diskussion hierzu dürfte sicherlich noch nicht abgeschlossen sein (s.a. die differenzierte Darstellung der Meinungen bei Dreier/Schulze/*Dreier*[2] Rn. 14). Ob der Begriff der Wesentlichkeit aber tatsächlich in **Interdependenz mit der Informationsfreiheit** steht (darauf hinweisend Dreier/Schulze/*Dreier*[2] Rn. 14), erscheint uns zweifelhaft (vgl. Vor 87a ff. Rn. 30 ff.). Denn auch beim Werkbegriff bzw. der Gestaltungshöhe sollte die Informationsfreiheit keine vordringliche Rolle spielen. Die Frage des Schutzes eines Gegenstandes im Urheberrecht verhindert keineswegs den Zugang zu Informationen. Werk und Information ist zudem nicht gleichzusetzen (eingehend zu diesem Thema vgl. Vor §§ 87a ff. Rn. 36 ff.).

Der Schutz der Datenbank setzt bereits mit einer wesentlichen **Erstinvestition 17** ein. Ein hoher Aufwand an Folgeinvestitionen erlangt daher erst Bedeutung, wenn es darum geht, eine neue Schutzfrist in Gang zu setzen, da bei wesentlichen Folgeinvestitionen eine veränderte und damit im Sinne von § 87a Abs. 1 S. 2 neue Datenbank entsteht. Eine wesentliche Folgeinvestition muss nicht unbedingt dem Umfang entsprechen, der für die Erstinvestition erforderlich war, da naturgemäß eine Änderung weniger Aufwand erfordert (*Schricker/ Vogel*[3] Rn. 38). Dazu im Detail vgl. Rn. 28.

Die **Rechtsprechung** hat sich der ihr vom Gesetzgeber gestellten Aufgabe der **18** Definition der wesentlichen Investition das eine Mal intensiv, ein anderes Mal offensichtlich weniger intensiv angenommen: BGH GRUR 1999, 923, 926 – *Tele-Info-CD*: 93 Mio. DM Beschaffungskosten für 30 Mio. Datensätze; OLG

Hamburg GRUR 2000, 319 – *Börsendaten*: Daten von über 500 deutschen Aktiengesellschaften, durch acht festangestellte Analysten zusammengetragen und berechnet (i.E. offen gelassen); LG Berlin CR 1999, 388: Online-Versionen von Tageszeitungen, ohne Kosten für Print-Ausgabe; LG Köln ZUM-RD 2000, 304: Wesentliche Investition bereits bei 251 Links; KG GRUR 2001, 155: Veranstalterdaten 0,10 DM pro Ticket, 0,25 DM Netz- und Rechnerkosten pro Ticket, Gesamtkosten ca. 20 Mio. DM, inkl. Softwarekosten; LG Köln LG Köln, Urteil MMR 2002, 689, 690: *Online-Fahrplan* mit Bahnverbindungen, 2,5 Mio. € jährlich für Aufbereitung der Daten; BGH GRUR 2003, 958, 962 – *Paperboy*: Online-Versionen von Tageszeitungen, auch Kosten für Print-Ausgabe berücksichtigt, aber nur Datenbankschutz unterstellt; LG Mannheim GRUR-RR 2004, 196: Kosten von € 34.900 für Gedichtsammlung. Aus all dem lässt sich (leider) keine nachvollziehbare Ordnung oder gar Vorgaben entnehmen. Die Gerichte scheinen mehr oder weniger unsicher den Einzelfall aufgrund individueller (vielleicht subjektive?) Entscheidungen, die wenig quantifizierbar erscheinen, zu lösen.

19 cc) **Berücksichtigungsfähigkeit einzelnen Aufwendungen: Bezugspunkt** der Investition ist alles, was für den **Aufbau, die Darstellung, die Aktualisierung** einer Datenbank erforderlich ist. Hierzu zählt zu allererst die Recherche nach den einzelnen Elementen, den Daten, diese zu überprüfen und anzuordnen (Wandtke/Bullinger/*Thum*[2] Rn. 27). Weiterhin können hierzu aber auch zählen die Personalkosten für die vorgenannten Tätigkeiten oder aber Lizenzzahlungen für Elemente, die nur gegen Entgelt zu erwerben sind (Wandtke/Bullinger/*Thum*[2] Rn. 28); dabei muss es sich u.E. nicht nur um urheber- oder sonstiges schutzrechtlich geschütztes Material handeln, auch die Zahlung von Lizenzen für ansonsten freie Daten fällt hierunter. Dies alles gilt aber nicht für den Ankauf ganzer vorbestehender Datenbanken; die Kosten hierfür sind keine Investitionen i.S.d. § 87a (Dreier/Schulze/*Dreier*[2] Rn. 13 a.E.; Wandtke/Bullinger/*Thum*[2] Rn. 37). Der EuGH ist der Ansicht, dass nur solche Investitionen, die eingesetzt werden, **um Daten zu ermitteln** berücksichtigungsfähig sind; nicht gilt dies für Investitionen, die eingesetzt werden, um Elemente, aus denen der Inhalt der Datenbank besteht, überhaupt erst zu schaffen (EuGH GRUR 2005, 244, 247 – *BHB-Pferdewetten*; EuGH GRUR 2005, 252, 253 – *Fixtures Fußballspielpläne I*; EuGH GRUR 2005, 254, 256 – *Fixtures Fußballspielpläne II*). Die Kosten für die Festlegung von z.B. – wie entschieden – Fußballspielplänen sind also nicht vom Investitionsbegriff erfasst, wohl hingegen die Aufwendungen für das Zusammentragen dieser Daten von den jeweiligen „Schöpfern", in dem entschiedenen Fall also die betroffenen Sport-Ligen. Im konkreten Fall lehnte der EuGH jedoch die Wesentlichkeit einer solchen Investition ab, weil die (vom Investitionsbegriff ausgeschlossene) Festlegung der Spieldaten unmittelbar mit dem (allenfalls für eine Investition in Frage kommenden) Zusammentragen dieser Daten zusammenfiel. Hintergrund aus Sicht des EuGH soll sein, dass das Recht sui generis nicht die Schaffung von Daten bzw. Elementen fördern wolle, sondern nur von Datenbanken (EuGH GRUR 2005, 244, 247 – *BHB-Pferdewetten*; EuGH GRUR 2005, 252, 253 – *Fixtures Fußballspielpläne I*; EuGH GRUR 2005, 254, 256 – *Fixtures Fußballspielpläne II*). Ob dies in dieser Strenge richtig ist, erscheint zweifelhaft: *Lehmann* (CR 2005, 15, 16) weist zu Recht darauf hin, dass die Gewinnung von Daten, das sog. „data mining", regelmäßig nicht nur Schwerpunkt der unternehmerischen Leistung, sondern auch den Großteil der Investitionen ausmachen wird. Zu den berücksichtigungsfähigen Kosten gehören sicherlich auch die Aufwendungen für die **Darstellung des Datenbankinhalts**, also Erstellung von Tabellen (Schricker/*Vogel*[3] Rn. 28), Überlegungen zur Struktur der Datenbankfelder und deren Verknüpfung oder überhaupt zum Umfang dessen, was in eine Datenbank aufgenommen wird. Schließlich gehören – besonders bei online betriebenen Datenbanken – die **Kosten der Bereitstellung**, also z.B. Server und Hosting sowie ASP-Gebühren zu den berücksichtigungsfähigen Aufwendungen. Was in die **Kontrolle der einzelnen Elemente** investiert wird, ist ebenfalls berücksichtigungsfähig (EuGH GRUR 2005, 244, 247 – *BHB-Pferdewetten*; EuGH GRUR 2005, 252, 253 – *Fixtures Fußballspielpläne I*); nicht hingegen, wenn diese Überprüfungsmaßnahmen im Laufe des Stadiums der Erzeugung der Elemente stattfinden (EuGH GRUR 2005, 244, 247 – *BHB-Pferdewetten*; EuGH GRUR 2005, 252, 253 – *Fixtures Fußballspielpläne I*). Diese Vorgaben des EuGH müssen eigentlich dazu führen, dass in Zukunft Anspruchsteller sehr differenziert den Bezug der vorzutragenden Investitionen nachweisen müssen.

Ob **Aufwendungen für die Datenbank*software*** bei der Beurteilung der Inves- **20** tition außen vor zu bleiben haben, ist noch nicht abschließend geklärt (verneinend: OLG Düsseldorf MMR 1999, 729,732 – *Frames*; Wandtke/Bullinger/*Thum*[2] Rn. 35; bejahend: KG CR 2000, 812, 812 f. – *Ticket-Verkauf*; OLG Dresden ZUM 2001, 595 – *Ausschreibungsunterlagen*; Schricker/*Vogel*[3] Rn. 29; offen lassend: Dreier/Schulze/*Dreier*[2] Rn. 13). Für uns spricht viel dafür, die Aufwendungen für Datenbanksoftware zu berücksichtigen, denn sie ist bei elektronischen Datenbanken integraler Bestandteil einer Datenbank. Die in Rn.18 beschriebenen Möglichkeiten bei der Darstellung des Datenbankinhalts wären bei elektronischen Datenbanken ohne ein Computerprogramm, das z.B. relationale Verknüpfungen zwischen den verschiedenen Feldern einer Datenbank ermöglicht, nicht denkbar. Daher kann man das Computerprogramm auch kaum von Inhalt und vor allem Struktur einer Datenbank trennen. Das bedeutet nicht, dass man das Computerprogramm automatisch auch als Computerprogramm i.S.d. §§ 69a ff. schützt; es widerspricht auch nicht Art. 1 Abs. 3 Datenbank-RL, denn letzterer lässt eben nur den Datenbankschutz nicht automatisch zum Computerprogrammschutz werden. Als ebenso ungeklärt bezeichnet *Dreier* die generelle Frage, inwieweit **Investitionen** in solche **Produkte** berücksichtigungsfähig sind, auf denen die **Datenbank erst aufbaut** (Dreier/Schulze/*Dreier*[2] Rn. 13 mit bejahenden Beispielen LG Köln CR 1999, 593 und LG Berlin CR 1999, 388 für Print-Anzeigenteil als Grundlage eines Online-Angebots). U.E. dürfte dies seit den bereits erwähnten Leitentscheidungen des EuGH geklärt sein, denn dort setzt der EuGH unseres Erachtens voraus, dass auch Fremddatenbeschaffung zu den berücksichtigungsfähigen Investitionen zählt, solange damit nicht lediglich die Erzeugungskosten, die nicht berücksichtigbar sind, kaschiert werden. Er spricht – in Abgrenzung von menschlichen – von finanziellen Ressourcen, die unseres Erachtens nur einer derartigen Beschaffung dienen können (EuGH GRUR 2005, 252, 253 Tz. 28 – *Fixtures Fußballspielpläne I*); dann kann es keinen Unterschied machen, ob diese Daten in fremden „Produkten" enthalten sind und en bloc eingekauft werden oder einzeln beschafft werden. Tatsächlich spricht der EuGH auch davon, dass es keinen Unterschied mache, ob die Erstellung einer Datenbank mit der Ausübung einer „Haupttätigkeit" verbunden sei (EuGH GRUR 2005, 244, 247 – *BHB-Pferdewetten*). In einem solchen Fall müsse aber die Selbständigkeit der für § 87a relevanten Handlungen nachgewiesen werden (EuGH GRUR 2005, 244, 247 – *BHB-Pferdewetten*).

Man kann die Auffassung vertreten, dass der EuGH sich in den eben genann- **21** ten Leitentscheidungen auch gegen die **sog. Spin-Off-Theorie** von *Davison*/

Hugenholtz EIPR 2005, Vol. 3, S. 134 ausgesprochen hat: Nicht zu den berücksichtigungsfähigen Investitionen gehören danach unabhängige vorangegangene Leistungen, bei denen sich als reines Neben- oder Abfallprodukt noch eine Datenbank ergibt (der EuGH spricht davon, dass „das Erzeugen von Elementen" nicht geschützt wird, „die später in eine Datenbank zusammengestellt werden können" (EuGH GRUR 2005, 244, 247 – *BHB-Pferdewetten*; EuGH GRUR 2005, 252, 253 – *Fixtures Fußballspielpläne I*; EuGH GRUR 2005, 254, 256 – *Fixtures Fußballspielpläne II*). Als Beispiele seien hier die entschiedene Pferdewettpläne und Fußballspielpläne genannt. Zu Recht betont *Thum*, dass der EuGH mit dieser Herausnahme bestimmter Datengenerierungen aus dem Schutzbereich der §§ 87a ff. einem Missbrauch des Schutzrechts vorbeugt (Wandtke/Bullinger/*Thum*[2] Rn. 32). Man könnte dies auch als einen Beleg dafür werten, dass der EuGH sich sonst erneut mit dem **Kartellrecht** (Stichwort „IMS Health", vgl. Vor §§ 87a ff. Rn. 25) hätte auseinandersetzen müssen, denn der Ruf nach „Aufschließen" oder „Aufbrechen" der sog. Single-Source-Informationsanbietern wäre sonst gewiss sogleich erfolgt (*Davison/Hugenholtz* EIPR 2005, Vol. 3, S.134). Alles in allem scheint uns die EuGH-Rechtsprechung zwar einige Probleme gelöst, andere jedoch aufgeworfen zu haben, nämlich die Frage nach der Abgrenzung, was eine „an sich unabhängige Leistung" ist und wann etwas als bloßes „Abfall- oder Nebenprodukt" anzusehen ist. Als offen nach den EuGH-Entscheidungen werden weiter diskutiert: Ist der **Beobachtungs- und Messaufwand**, den man bei wissenschaftlichen Untersuchungen hat, eine berücksichtigungsfähige Investition oder bloßer (nichtberücksichtigungsfähiger) Aufwand für die Erzeugung von Daten? (berücksichtigungsfähig: *Leistner* S. 152; *v. Lewinski* in: *Rossnagel*[10] § 87a Rn. 18; Wandtke/Bullinger/*Thum*[2] Rn. 33; nicht berücksichtigungsfähig; Schricker/*Vogel*[3] Rn. 28; zweifelnd *Lehmann* CR 2005, 16 f.; *Davison/Hugenholtz* EIPR 2005, Vol. 3, S. 134). Man kann sich dies sehr plastisch bei meteorologischen Daten, wie der allbekannten „Unwetterzentrale" von Herrn Kachelmann vorstellen. Anders als einen Fußballspielplan denkt sich Herr Kachelmann die Wetterdaten – auch wenn man das vielleicht zuweilen meint – nicht aus, sondern gewinnt sie aus vorhandenen Informationen. Diese Gewinnungsaufwand soll aber durchaus von §§ 87a ff. geschützt werden. Der BGH hat dies in seiner Hit-Bilanzen Entscheidung dadurch abgegrenzt, dass die Information nicht erst durch eine Messung erzeugt worden sein darf und zudem weiterhin jedermann zur Verfügung stehen muss (BGH GRUR 2005, 857 – *HIT-BILANZ*).

22 Die dargestellten **Kosten** können sich in verschiedener **Form** niederschlagen: Sie können **Personalkosten** sein (LG München I MMR 2002, 58 – *Schlagzeilensammlung im Internet*; LG München I ZUM 2001, 1008, 1010 – *Main-Post*), aber auch in **Druckkosten** bei nicht-elektronischen Datenbanken (Schricker/*Vogel*[3] Rn. 28) oder **Erwerbskosten** bei Zuerwerb bestimmter Bestandteile, z.B. der vorhandenen Struktur der Datenfelder. Schließlich ist auch der **eigene Aufwand** des Herstellers oder z.B. des Geschäftsführers einer GmbH in Form fiktiver Lohnkosten für aufgewendete Zeit, Arbeit und Energie (z.B. Überprüfungsaufwand) berücksichtigungsfähig (ErwG 40 Datenbank-RL; EuGH GRUR 2005, 254, 256 – *Fixtures Fußballspielpläne II* unter ausdrücklichen Bezug auf diesen ErwG und ErwG 7 und 39). Zu Recht wird insoweit ein weiter Investitionsbegriff argumentiert, der jeglichen Einsatz von Menschen, Material oder Finanzen erfasst (*Derclaye* IIC 36/2006, 2, 30). Die **Investitionen des Subauftragnehmers** werden dem Auftraggeber zugerechnet (BGH GRUR 1999, 923, 926 – *Tele-Info-CD*); zur Frage der Auswirkungen eines Auftrags an einen Dritten auf dessen Stellung als Mitberechtigter vgl. Rn. 25.

e) Abgrenzungen zu Datenbankwerken und zu anderen Schutzgegenständen: **23** ErwG. 39 der Datenbank-RL stellt das Verhältnis zwischen Datenbankwerk und einfacher Datenbank plastisch dar, wenn er formuliert, dass „neben dem Urheberrecht an der Auswahl und Anordnung des Inhalts einer Datenbank" das neue Schutzrecht tritt. Die beiden Schutzrechte ergänzen sich also; es ist denkbar, dass an einer Datenbank beide Schutzrechte existieren, wie es denkbar ist, dass nur eines von beiden greift (vgl. § 4 Rn. 49). Die beiden Schutzmöglichkeiten schließen sich also nicht aus, sondern können sich ergänzen. Oft wird es aber wohl so sein, dass nur entweder ein Datenbankwerk oder eine einfache Datenbank vorliegt. Der wesentliche Unterschied zwischen beiden Schutzinstrumenten besteht – wie in § 4 (vgl. § 4 Rn. 49) dargestellt – darin, dass für das Datenbankwerk noch alle Voraussetzungen eines urheberrechtlichen Werkes, also eine persönliche geistige Schöpfung, vorliegen müssen. Nicht erforderlich ist dafür aber, dass der Gegenstand des Schutzes eine wesentliche Investition erfordert.

Jede Datenbank bedarf eines **Ordnungs- und Suchhilfesystem,** z.B. ein Com- **24** puterprogramm (vgl. Rn. 19). Letzteres gibt es natürlich nur bei elektronisch zugänglichen Datenbanken. Es wird vom Datenbank-Schutzrecht nicht erfasst (ErwG 23 Datenbank-RL). Sein Schutz regeln vielmehr die §§ 69a ff.. Etwas anderes gilt aber für die **Suchhilfe** (z.B. Thesaurus, Index, vgl. Rn. 5 und vgl. § 4 Rn. 27). Diese kann nach ErwG 20 der Datenbank-RL vom Schutz mitumfasst sein.

3.   Inhaber des Schutzrechts (Abs. 2)

Originärer Inhaber des Schutzrechtes sui generis an der Datenbank ist der **25** Datenbankhersteller. Dies ist diejenige natürliche oder juristische **Person, die die wesentlichen Investitionen** vorgenommen hat und damit das organisatorische und wirtschaftliche Risiko trägt, welches mit dem Aufbau einer Datenbank verbunden ist (ErwG 14 Datenbank-RL). Noch deutlicher wird es in ErwG 41 Datenbank-RL: „Hersteller einer Datenbank ist die Person, die die **Initiative ergreift** und das **Investitionsrisiko** trägt". Das Gesetz verlangt also, dass zwei Voraussetzungen erfüllt sind, die gemeinhin auch mit der Unternemereigenschaft schlechthin verkörpert werden: Geld allein reicht nicht, es muss der Wille bzw. Drang zum Handeln hinzukommen, eben „Initiative" und „Anlage". Der bloß passive Geldgeber – fast wäre man versucht an gewisse Tiervergleiche, die in jüngster Zeit in Mode gekommen sind, zu denken – ist also kein Investor i.S.d. §§ 87a ff. I.d.R. dürften allerdings beide Voraussetzungen zusammen vorliegen. Im Übrigen kann für **Grundsätze und Kriterien der Abgrenzung von vergleichbaren Unternehmerschutzrechten** im Urheberrecht verwiesen werden (z.B. Tonträgerhersteller vgl. § 85; zu Sendeunternehmen vgl. § 87; zu Filmhersteller vgl. § 94). Unschädlich ist, wenn Teile des Investitionsaufwandes durch Dritte erbracht werden, wenn diese vom Datenbankhersteller beauftragt wurden (BGH GRUR 1999, 923, 926 – *Tele-Info-CD*); eine solche Situation reicht nicht für eine gemeinschaftliche Rechteinhaberschaft (BGH GRUR 1999, 923, 926 – *Tele-Info-CD*). Im Gegensatz zur (möglicherweise juristischen) Person des „Investors" steht die natürliche Person, die (evtl. im Angestelltenverhältnis) die sammelnde, sichtende und prüfende Tätigkeit selbst vornimmt oder der Unternehmer, der im Lohnauftrag in diesem Sinne tätig wird. Sie alle mögen schöpferisch tätig sein, an dem

Schutzrecht der §§ 87a ff. haben sie nicht teil (Schricker/*Vogel*[3] Rn. 45). Dies kann sich nur dann ändern, wenn sie ihre Tätigkeit in der Aufbauphase einer Datenbank unentgeltlich unter Erwartung einer Beteiligung in der Zukunft leisten. Denn **Investition** meint nicht nur die **entgeltliche Anlage** (vgl. Rn. 14).

26 Fallen beide oben genannten Definitionskriterien, also „Initiative" und „Risikotragung", bei **mehreren Personen** zusammen, wirken diese also bei der Erstellung oder Änderung der Datenbank investiv zusammen, steht ihnen das Schutzrecht sui generis gemeinsam zu. Ob dieses „gemeinsam" mangels ausdrücklicher Regelung dann analog § 8 oder in Rechtsgemeinschaft gem. § 741 BGB oder als BGB-Gesellschaft nach § 705 BGB ausgestaltet ist, ist offen; es wird alles vertreten (Gemeinschaft: 9. Auf./*Hertin* Rn. 11; meist Gesellschaft: Schricker/*Vogel*[3] Rn. 47; HK-UrhR/*Kotthoff* Rn. 30; Wandtke/Bullinger/*Thum*[2] Rn. 71, es sei denn keine vertragliche Bindung, dann Gemeinschaft; § 8, jedenfalls bei natürlichen Personen: Dreier/Schulze/*Dreier*[2] Rn. 21). Zu Recht weist *Vogel* darauf hin, dass es zunächst auf die getroffenen Vereinbarungen ankommt (Schricker/*Vogel*[3] Rn. 47); da diese – mangels ausdrücklich abweichender Regelung – wohl den gemeinsamen Zweck der Datenbankaufbaus und ihrer Verwertung verfolgen, wird man wohl in der Tat i.d.R. von einer Gesellschaft bürgerlichen Rechts ausgehen müssen. Voraussetzung dafür ist aber in jedem Fall, dass die Personen auch wirklich bei allen einzelnen Tatbestandsvoraussetzungen des § 87a zusammenarbeiten; alleine die gemeinsame Mitwirkung bei der Herstellung reicht nicht (BGH GRUR 1999, 923, 926 – *Tele-Info-CD*). Damit weicht § 87a von den Regelungen für Werke, insb. § 8 ab; es kann also – bei Zusammenfallen des Schutzes nach § 87a mit dem nach § 4 – zu unterschiedlichen (jedenfalls originären) Rechteinhabern kommen (zu Recht deshalb so Schricker/*Vogel*[3] Rn. 47).

27 Die Rechte der §§ 87a ff. können auch Datenbankherstellern zu Gute kommen, die **öffentlich-rechtliche juristische Personen** sind (so nun auch ausdrücklich für eine Stadt BGH GRUR 2007, 137, 137 f. – *Bodenrichtwertsammlung*). Damit enthält das Urheberrecht erstmals seit den Zeiten des LUG wieder eine Bestimmung, die originäre Rechteinhaberschaft auch öffentlich-rechtlicher Körperschaften ermöglicht. Zu Recht wird darauf hingewiesen, dass derartige öffentlich-rechtliche Anbieter allerdings in ihren gesetzlichen Publizitäts- und Informationspflichten eingeschränkt werden können (*Tountopoulos* CR 1998, 129, 132 ff. zu § 9 HGB). Ob Private aber derartige öffentlich zugängliche Datenbanken gewerblich dergestalt auswerten dürfen, dass sie im Rahmen der Zugänglichkeit vollständige Kopien ziehen, ist eine Frage des § 87b (vgl. § 87b Rn. 34).

28 Dass ein **Unternehmer**, der eine **Datenbank** aufgebaut hat, diese **nicht selber auswertet**, nimmt ihm nicht die Herstellereigenschaft (Schricker/*Vogel*[3] Rn. 45; Wandtke/Bullinger/*Thum*[2] Rn. 66), denn er trägt ohne weiteres die notwendigen Risiken.

4. Neuinvestitionen (Abs. 1 S. 2)

29 Art. 10 Abs. 3 Datenbank-RL gewährt das Schutzrecht sui generis für bestimmte Änderungen der Datenbank neu. Es muss sich handeln um eine

„in qualitativer oder quantitativer Hinsicht wesentliche Änderung des Inhalts einer Datenbank einschließlich wesentlicher Änderungen infolge der Anhäufung von aufeinanderfolgenden Zusätzen, Löschungen oder Veränderungen, aufgrund derer angenommen werden kann, dass eine in qualitativer oder quantitativer Hinsicht wesentliche Neuinvestition erfolgt ist".

Grammatikalisch unklar ist, ob die Neuinvestition immer erforderlich ist oder diese nur gefordert ist bei solchen Änderungen, die keine in qualitativer oder quantitativer Hinsicht wesentliche Änderung des Inhalts sind. Jedenfalls kann die wesentliche Neuinvestition nach Erwägungsgrund 55 der Datenbankrichtlinie bereits in der eingehenden Überprüfung des Inhalts einer Datenbank bestehen. Das Kriterium der Wesentlichkeit dürfte ebenso wie bei der ursprünglichen Datenbank auszulegen sein (so auch Walter/*v. Lewinski* Art. 10 Datenbank-RL Rn. 6).

30 Die Bedeutung des Schutzes wesentlicher Neuinvestitionen wird einem erst durch § 87d bewusst: Durch die Schutzdauerregelung in Kombination mit diesem Abs. 1 S. 2 kann es zu einem **faktisch endlosen Datenbankschutz** kommen. Dasselbe Phänomen kennen wird übrigens vom Schutz der Computerprogramme, dort allerdings aus anderen Gründen (vgl. Vor §§ 69a ff. Rn. 7).

31 Voraussetzung für eine neue Datenbank in Sinne der Norm ist eine nach **Art und Umfang wesentliche Inhaltsänderung** an einer bestehenden Datenbank. Art. 10 Abs. 3 Datenbank-RL stellt klar, dass eine solche Inhaltsänderung auch in der **wesentlichen Anhäufung** von aufeinanderfolgenden Zusätzen, Löschungen oder Veränderungen liegen kann. Natürlich kann auch der **Ersatz, die Ergänzung, die die Streichung** veralteter oder die **Aufnahme neuer Datensätze** ausreichen Schricker/*Vogel*[3] Rn. 39). **Sichtbar** werden müssen die **Änderungen nicht**; auch die eingehende Überprüfung ohne Änderung des Inhalts kann genügen, wie ErwG 55 Datenbank-RL ausdrücklich erwähnt. Der Hersteller wird also gut daran tun, derartige nicht sichtbare Aufwendungen besonders beweissicher zu dokumentieren; etwa durch Stundenzettel der Bearbeiter oder gar Mitschnitte; es gibt mittlerweile auch Computerprogramme, die die Cursorbewegungen aufzeichnen und so z.B. den Scroll-Aufwand dokumentierbar machen.

32 Zu der Regelung gibt es bislang noch – soweit ersichtlich – **keine Entscheidungspraxis**, die den unbestimmten Rechtsbegriff der „wesentlichen" Inhaltsänderung beurteilt hätte. Wie immer in solchen Situationen wird daher betont, dass die Entscheidung nur im Einzelfall getroffen werden kann. Dabei ist die Schnelllebigkeit der Daten (z.B. Restaurantführer./. Sammlung der deutschen Laubbäume) sicherlich ebenso zu berücksichtigen, wie der Aufwand Überprüfung und Fortschreibung (eher gering bei Datenbank über 30 spezielle deutsche Tagungshotels./. eher hoch bei einer Datenbank über alle in Deutschland vergebenen Namen für Neugeborenen).

33 Die **Investition**, die der Hersteller neu in die geänderte Datenbank vornimmt, muss ihrerseits wiederum „**wesentlich**" sein (so auch Dreier/Schulze/*Dreier*[2] Rn. 18; Schricker/*Vogel*[3] Rn. 37; *Gaster* Rn. 643; *Leistner* S. 203). Ob hierfür die Regelungen der Wesentlichkeit aus Abs. 1 S. 1 (oben Rn. 14 ff.) gelten, ist wohl noch offen; es dürfte aber vieles dafür sprechen, keine zu strengen Anforderungen zu stellen, da Änderungen, die in der Natur der Sache begründet sind, weniger Aufwand verursachen als Neuerstellungen (so auch Schricker/*Vogel*[3] Rn. 38). Wann die Investition in dem gegebenen 15 Jahres-Zeitraum allerdings vorgenommen wird, ist unerheblich (Wandtke/Bullinger/*Thum*[2] Rn. 63).

IV. Prozessuales

34 Wie bei jedem Schutzrecht trägt derjenige, der sich auf eine Inhaberschaft an einem Schutzrecht beruft, zunächst die **Beweislast** dafür, dass die Tatbestands-

voraussetzungen des Schutzrechts vorliegen; in unserem Fall muss der (be-
hauptende) Inhaber also beweisen, dass und was er in die Datenbank investiert
hat und wann diese fertiggestellt bzw. wesentlich geändert (für diese Tatbestandsvoraussetzungen ausdrücklich ErwG 53 und 54 der Datenbank-RL)
wurde. Das bedeutet also insb., dass man **Vergleichsexemplare** der **unterschiedlichen Entstehungsdaten** aufbewahren und beweissicher **dokumentieren**
muss. Hierzu gehört auch der Nachweis dass diejenige Investition, die durch
Beschaffung der Elemente, ihre *Überprüfung* oder *Darstellung* in der Datenbank veranlasst wurde (und dies in quantitativer oder qualitativer Hinsicht
wesentlich), selbstständig ist gegenüber denjenigen Mitteln, die eingesetzt
worden sind, um diese Elemente erst zu erzeugen, (EuGH GRUR 2005, 244,
247 – *BHB-Pferdewetten*; EuGH GRUR 2005, 252, 253 – *Fixtures Fußballspielpläne I*; EuGH GRUR 2005, 254, 256 – *Fixtures Fußballspielpläne II*).
Die Anforderungen dürften spätestens seit der erwähnten Konkretisierung
durch den EuGH streng sein (so bereits zuvor OLG Düsseldorf MMR 1999,
729 – *Frames*). Soweit der Unternehmer Dritte mit der Erstellung einzelner
Teilaufgaben beauftragt hat, sind die notwendigen Beweise durch Vorlage von
Rechnungen und Zahlbelegen zu führen. Andernfalls wird die Vorlage von
Personaleinsatzplänen hilfreich sein (Wandtke/Bullinger/*Thum*[2] Rn. 77); auch
der persönliche Einsatz des Unternehmers kann durch fiktive Lohnkosten in
Ansatz gebracht werden (Wandtke/Bullinger/*Thum*[2] Rn. 77 unter Verweis auf
Leistner S. 154). Zu Beweisfragen bei den nichtsichtbaren Aufwendungen für
neue Datenbanken i.S.d. Abs. 1 S. 2 vgl. Rn. 30. Zur Beweislastverteilung allg.
Leistner JZ 2005, 408, 410.

V. Anwendbarkeit der Regeln des § 5 UrhG über Amtliche Werke

35 Die Frage, ob § 5 auf die Regeln über einfache Datenbanken analog anzuwen-
den ist, **war einige Zeit unklar** (9. Aufl./*Nordemann* § 5 Rn. 9). Der Bundesgerichtshof hatte dies zunächst offen gelassen, aber bereits anlässlich der
Tele-Info-CD-Entscheidung deutlich klargestellt, dass für die Frage der Anwendbarkeit von § 5 es keinen Unterschied macht, ob es sich um eine einfache
Datenbank oder ein Datenbankwerk handelt (BGH GRUR 1999, 923, 925 f. –
Tele-Info-CD); i.S. einer Anwendbarkeit plädieren seitdem Dreier/Schulze/
Dreier[2] Rn. 2; a.A.: OLG Dresden ZUM 2001, 595, 597 f. – *Ausschreibungs-
blatt*, dazu aber sogleich die BGH-Entscheidung; Möhring/Nicolini/*Decker*[2]
Vor §§ 87a ff. Rn. 9; Schricker/*Katzenberger*[3] § 5 Rn. 18; Schricker/*Vogel*[3]
§ 87b Rn. 38; Wandtke/Bullinger/*Thum*[2] Rn. 82). Mittlerweile hat der BGH
in einer neuern Entscheidung zwar umfänglich zum Vorliegen von § 5 Stellung
genommen – und es im konkreten Fall verneint-, allerdings darin immer noch
nicht ausdrücklich erklärt, ob er § 5 bei §§ 87a ff. überhaupt anwenden will
(BGH GRUR 2007, 137, 138 – *Bodenrichtwertsammlung*). In der neuesten
Entscheidung hat er sich dann zu einer Vorlage an den EuGH entschieden und
inzident ausgeführt, dass er von einer Anwendbarkeit ausgehe, da es sich um
eine planwidrige Regelungslücke handle, der auch kein Analogieverbot entgegensteht (BGH GRUR 2007, 500 – *Sächsischer Ausschreibungsdienst*). U.E.
ist die offenbar dahinter stehende Frage, ob – nunmehr ausdrücklich zugelassene (vgl. Rn. 20) – öffentlich-rechtliche Rechteinhaber sich einer Ausschlach-
tung mit Steuergeldern aufgebauter Datenbanken ausgesetzt sehen, keineswegs so drängend. Denn auch mit öffentlichen Mitteln erstellte
Publikationen, wie die der Zentrale für Politische Bildung, sehen sich solchen
Ängsten nicht ausgesetzt. Nicht jeder mit öffentlichem Geld finanzierte urheberrechtlich geschützte Gegenstand ist automatisch § 5 Abs. 2 ausgesetzt. Nur

unter den besonderen Voraussetzungen der Veröffentlichung im amtlichen Interesse zur allgemeinen Kenntnisnahme kann § 5 Abs. 2 eingreifen (dazu nunmehr ausführlich BGH GRUR 2007, 137, 138 – *Bodenrichtwertsammlung*). Ob der Richtliniengeber wirklich keinen Umsetzungsspielraum gab (Walter/*v. Lewinski* Art. 9 Datenbank-RL Rn. 5) oder das (nationalstaatlich sehr unterschiedliche) Problem nicht schlicht übersehen hat, ist keineswegs klar. Der Österreichisches Oberste Gerichtshof wendet die dem § 5 vergleichbare Vorschrift des § 7 Öster. UrhG auf einfache Datenbanken nicht an (ÖGH GRUR Int. 2004, 66 – *EDV-Firmenbuch I*). Wie bereits erwähnt hat BGH nunmehr dem EuGH die Frage vorgelegt, ob § 5 auf einfache Datenbanken anwendbar sein kann oder ob dies der Richtlinie widerspricht sowie ob bei Bejahung der Frage dies auch für den Fall gilt, dass die (amtliche) Datenbank nur im Auftrag einer staatlichen Stelle von einem privaten Unternehmen erstellt wurde (BGH GRUR 2007, 500 – *Sächsischer Ausschreibungsdienst*).

§ 87b Rechte des Datenbankherstellers

(1) [1]**Der Datenbankhersteller hat das ausschließliche Recht, die Datenbank insgesamt oder einen nach Art und Umfang wesentlichen Teil der Datenbank zu vervielfältigen, zu verbreiten und öffentlich wiederzugeben.** [2]**Der Vervielfältigung, Verbreitung oder öffentlichen Wiedergabe eines nach Art oder Umfang wesentlichen Teils der Datenbank steht die wiederholte und systematische Vervielfältigung, Verbreitung oder öffentliche Wiedergabe von nach Art und Umfang unwesentlichen Teilen der Datenbank gleich, sofern diese Handlungen einer normalen Auswertung der Datenbank zuwiderlaufen oder die berechtigten Interessen des Datenbankherstellers unzumutbar beeinträchtigen.**

(2) § 10 Abs. 1, § 17 Abs. 2 und § 27 Abs. 2 und 3 gelten entsprechend.

Übersicht

I. Allgemeines

1. Sinn und Zweck

1 § 87b zieht mit seinen Definitionen die **Grenze** zwischen privatem **Investitions-schutz** und u.a. Gewährleistung der Freiheit bloßer Informationen. § 87b Abs. 1 S. 1 definiert einerseits den eigentlichen Schutzumfang des Rechtes sui generis. Negativ gewendet definiert § 87b Abs. 1 S. 2 durch die möglichen Verletzungshandlungen auch, ab wann Informationen einen Organisations-grad erreicht haben, ab dem sie dem Gemeingut und damit der freien Nutzung entzogen sind, so dass ihre Nutzung der Zustimmung des Datenbankherstel-lers bedarf.

2. EU-Recht und Systematik

2 Zur Entstehungsgeschichte vgl. Vor §§ 87a ff. Rn. 2 ff. Art. 7 Datenbank-RL regelt den EU-rechtlichen Rahmen für den Gegenstand des einfachen Daten-bankrechts. Der deutsche Gesetzgeber hat die dem deutschen Urheberrecht fremde Terminologie der *„Entnahme"* und *„Weiterverwendung"* den Verwer-tungsrechten und der Systematik der §§ 15 ff. angepasst. Damit definiert § 87b Abs. 1 S. 1 den eigentlichen Schutzumfang des Rechtes sui generis. Es ist – wie Art. 7 Abs. 3 Datenbank-RL regelt – übertragbar und ist als **absolutes Recht** einzuordnen. Ausschließlich der Datenbankhersteller ist berechtigt, einen we-sentlichen Teil oder die gesamte Datenbank zu vervielfältigen, zu verbreiten oder öffentlich wiederzugeben. Anderen kann er diese Nutzungshandlungen verbieten oder vertraglich gestatten (vgl. § 87e Rn. 9 ff.). § 87b Abs. **1 Satz 2** stellt die Nutzung unwesentlicher Teile ebenfalls unter das Recht, wenn sie wiederholt und systematisch erfolgt und diese Handlungen einer normalen Auswertung der Datenbank zuwiderlaufen oder die berechtigten Interessen des Datenbankherstellers unzumutbar beeinträchtigen. Die Begrenzung auf wesentliche Teile (Abs. 1 S. 1) bzw. auf bestimmte systematische Ausbeutun-gen (Abs. 1 S. 2) stellt **keine Schranke** dar (Schricker/*Vogel*[3] Rn. 1), sondern definiert den Umfang des Rechts. **Absatz 2** regelt die Erschöpfung bei be-stimmten Formen der Verbreitung. § 87b ist – wie alle Bestimmungen der §§ 87a ff. – **richtlinienkonform** auszulegen.

3 Anders als der vergleichbare Art. 4 Software-RL schafft Art. 7 Datenbank-RL **neue urheberrechtliche Terminologie** und entfernt sich von dem herkömmlich gebrauchten Vokabular der Verwertungsrechte. Er gewährt dem Rechtein-haber die **Entnahme** und/oder die **Weiterverwendung** der Gesamtheit oder eines in qualitativer oder quantitativer Hinsicht wesentlichen Teils des Inhalts einer Datenbank. Die Entnahme ist in Art. 7 Abs. 2 lit. a) Datenbank-RL legaldefiniert (im Wesentlichen als jede Form der Übertragung auf ein anderes Medium), die Weiterverwendung in Art. 7 Abs. 2 lit. b) Datenbank-RL (im Wesentlichen als jede Form der öffentlichen Verfügbarmachung). Ausgenom-men hiervon ist in jedem Fall die Abfrage einer durch den Berechtigten öffent-lich zugänglich gemachten Datenbank (EuGH GRUR 2005, 244, 249, Rz. 56 – *BHB-Pferdewetten*). Die deutschen Gesetzestermini der **Vervielfältigung, Verbreitung** und **öffentlichen Wiedergabe** entsprechen den §§ 16, 17 und 19a und decken die EU-rechtlichen Vorgaben ab, jedenfalls nach ausdrück-licher Aufnahme auch des Rechts nach § 19a (Dreier/Schulze/*Dreier*[2] Rn. 3 m. Nachw. auch zum früheren Streit um die fehlende öffentliche Wiedergabe).

Auch die nicht erwähnte **Bearbeitung** (§ 23) dürfte im Wege richtlinienkonfor- **4** mer Auslegung jedenfalls soweit aufgenommen sein, als damit eine Entnahme und/oder die Weiterverwendung der Gesamtheit oder eines in qualitativer oder quantitativer Hinsicht wesentlichen Teils des Inhalts einer Datenbank bzw. der Parallelhandlungen nach Abs. 1 S. 2 verbunden ist (Dreier/Schulze/*Dreier*[2] Rn. 3; a.A. Schricker/*Vogel*[3] Rn.9, der nur unveränderte Übernahmen erfasst wissen will). U.E. stellt sich dieser vermeintlich strenge Gegensatz der Ansichten nicht, denn man darf an die Terminologie nicht mit urheber*werk*rechtlicher Brille herantreten. Ziel des *sui generis* Schutzes ist **Investitionsschutz** (EuGH GRUR 2005, 244, 249 – *BHB-Pferdewetten*; BGH GRUR 2005, 857, 859 – *HIT BILANZ*); solange eine Bearbeitung im klassischen urheber*werk*rechtlichen Sinne aber eine Entnahme und/oder die Weiterverwendung der Gesamtheit oder eines in qualitativer oder quantitativer Hinsicht wesentlichen Teils des Inhalts einer Datenbank bzw. der Parallelhandlungen nach Abs. 1 S. 2 darstellt, gefährdet sie die Investition und ist vom Schutzumfang des § 87b erfasst. Genau so scheint es auch der BGH zu formulieren, wenn er den Verbotstenor einer Bearbeitung gestattet, aber die konkrete Verletzungsform aufgenommen wissen will (BGH GRUR 2005, 857, 859 sub II.2.h) – *HIT BILANZ*). Interessanterweise scheint dies aber das erste Mal zu sein, dass für ein Leistungsschutzrecht überhaupt ein „Bearbeitungsrecht" anerkannt wird (zu den parallelen Problemen vgl. §§ 73 ff..; allgemein zum Schutzinhalt vgl. Rn. 5 ff).

II. Tatbestand

1. Schutzgegenstand (Zustimmungsbedürftige Nutzung)

Kern des § 87b und auch der Regelung, auf der er beruht (Art. 7 Datenbank- **5** RL), ist die **Grenzziehung** zwischen der Nutzung einer Datenbank, die ohne Zustimmung des Rechteinhabers erlaubt ist und der, für die man die Zustimmung benötigt. Dies wird deutlicher an der Überschrift des Art. 7 Datenbank-RL, der gerade nicht ausdrücklich von den Rechten des Rechteinhabers spricht, sondern vom Gegenstand des Schutzes. Die Nutzer dürfen unwesentliche Teile der Datenbank beliebig vervielfältigen, verbreiten und öffentlich wiedergeben, soweit dies von den weiter vorgesehenen Grenzen, die in § 87b Abs. 1 S. 2 geregelt sind, gedeckt ist. Das Schutzrecht setzt also erst ein, wenn die Nutzung eine **Wesentlichkeitsgrenze** überschreitet. Dabei hat weder Richtliniengeber noch der Umsetzungs-Gesetzgeber (übrigens wohl in keinem Land der EU; Umsetzungsstand in den EU-Ländern einsehbar auf www.ivir.nl/files/database/index.html, abgerufen am 28.02.2008) Hilfestellung für die Auslegung dieses Begriffs gegeben. Die Bestimmung wird vielmehr ausdrücklich der Rechtsprechung zugewiesen (RegE IuKDG 1996 – BR-Drucks. 966/96, S. 47). Letztlich obliegt sie gem. Art. 234 EGV dem EuGH, der sich auch bereits in einer der erwähnten (vgl. § 87a Rn. 10) ersten Leitentscheidungen zum Datenbankrecht geäußert hat (zu Details vgl. Rn. 8 f.).

Ein wesentlicher oder unwesentlicher Teil einer Datenbank kann ein einzelnes **6** Element oder eine Anzahl von Elementen sein, je nachdem wie komplex Struktur und Inhalt einer Datenbank sind. Auch das Abfragesystem, ein Index oder der Thesaurus sind schutzfähige Teile der Datenbank (vgl. § 87a Rn. 5) und können daher bei der Bestimmung der Wesentlichkeit eine Rolle spielen. Wann ein solcher Teil die Wesentlichkeitsgrenze überspringt, muss aus seiner **Art** oder seinem **Umfang unter Bezug zur Gesamtdatenbank** bestimmt werden. Mangels anderer Anhaltspunkte im Gesetz oder seiner Begründung muss die nähere Bestimmung des Begriffs wohl zunächst über den Gesetzeszweck erfolgen, dem Investitionsschutz (ErwG 42 Datenbank-RL). Also dürfte sich die Wesentlichkeit zunächst daran orientieren, was diese Investition in bestimmtem Ausmaß gefährdet.

7 Damit scheiden zunächst die Elemente der Datenbank für die Bestimmung der Wesentlichkeit aus, die nicht durch die wesentliche Investition entstanden sind. Diese dürften von vornherein unwesentlich sein. Hierzu können z.b. automatisch vom Fotoapparat generierte Nummern in einer Datenbank gesammelter digitaler Fotografien in einer Datenbank. Wie gezeigt sind die Begriffe der **wesentlichen Investition** i.S.d. § 87a und **des wesentlichen Teils** im Sinne des § 87b zwar aufeinander bezogen sind; sie sind aber **keineswegs deckungsgleich** (so schon die 9. Aufl./*Hertin* Rn. 13).

8 Zur Bestimmung der Wesentlichkeit eines Teils und zu deren Abgrenzung von unwesentlichen Teilen ist vielmehr auf eine **Wechselwirkung zwischen der Art und dem Umfang des Teils und der Höhe der Investition** abzustellen, die sich in dem Teil verwirklicht (so 9. Aufl./*Hertin* Rn. 13). Dabei sind aber per se an die Erfüllung des Wesentlichkeitserfordernisses **keine besonders strenge Anforderungen** zu stellen (*Bennecke* CR 2004 608, 612 f.; *Leistner* S. 179; Schricker/ *Vogel*³ Rn. 14; a.A. Dreier/Schulze/*Dreier*² Rn. 5; 9. Aufl./*Hertin* Rn. 13; Loewenheim/*Loewenheim*³ § 43 Rn. 18). Der Gesetzgeber hat vielmehr das Schutzrecht bewusst über die existierenden engen Grenzen (insb. aus dem UWG) hinweg entworfen (RegE IUKDG 1996 – BR-Drucks. 966/96, S. 42). Auch ist die Informationsfreiheit u.e. durch ein starkes Schutzrecht sui generis nicht betroffen (vgl. Vor §§ 87a ff. Rn. 36 ff.; so aber die 9. Aufl./*Hertin* § 87a Rn. 9 und Dreier/Schulze/*Dreier*² Rn. 5; *Heinrich* WRP 1997, 275, 275 (linke Spalte) *Gaster* CR 1997, 669, 671; *Wiebe* CR 1996, 198, 202), denn die Einarbeitung, das Lesen oder die sonstige bloße Benutzung der Daten unterfällt nicht dem Schutzumfang des Rechtes sui generis. Dieses ist klar investitionsbezogen (so ausdrücklich im Zusammenhang mit dem Begriff der Wesentlichkeit noch einmal EuGH GRUR 2005, 244, 250, Tz. 69 – *BHB-Pferdewetten; Bennecke* CR 2004 608, 612). Andere Auffassungen beruhen auf einem zu weiten Verständnis des Schutzgegenstandes des Rechtes sui generis, das gerade nicht den Inhalt als solchen schützt (dazu vgl. § 87a Rn. 6). Etwaige Auswüchse bei der Zugangsbeschränkung müssen über das Kartellrecht korrigiert werden (allg. zum Verhältnis Informationsfreiheit./. Urheberrecht vgl. Vor §§ 87a ff. Rn. 25, Rn. 38).

9 Der **EuGH** hat in einer seiner Leitentscheidungen zum Recht sui generis die Grundlinien vorgegeben: Weder der den von einer Entnahme betroffenen Elementen **innewohnende Wert**, noch die **Bedeutung der Daten** für den Benutzer sind für die Wesentlichkeit entscheidend (EuGH GRUR 2005, 244, 250, Tz. 72 – *BHB-Pferdewetten).* Ob ein wesentlicher Teil entnommen wurde, ist vielmehr nach **Verhältnis des entnommenen Datenvolumens zum Gesamtdatenvolumen** zu bestimmen (EuGH GRUR 2005, 244, 250 – *BHB-Pferdewetten).* Viel mehr Aufschlussreiches enthält die erwähnte Entscheidung des EuGH aber leider auch nicht; sie erschöpft sich ansonsten in Zirkelschlüssen, wenn sie z.b. ausführt, dass ein unwesentlicher Teil der Teil der Datenbank ist, der nicht dem Begriff „wesentlicher Teil" entspricht (EuGH GRUR 2005, 244, 250, Tz. 73 – *BHB-Pferdewetten).* Der BGH hat sich den grundsätzlichen Ausführungen des EuGH angeschlossen (BGH GRUR 2005, 857, 859 – *HIT-BILANZ).* Damit kommt es also allein auf einen objektiven Wert an. Damit steht fest, dass **einzelne Elementen** der Datenbank **keinen**

wesentlichen Teil ausmachen können (Dreier/Schulze/*Dreier*[2] Rn. 7); auch das **Ordnungssystem**, das hinter einer Datenbank steht (und möglicherweise eine persönliche geistige Schöpfung darstellt, so dass die Datenbank zum Datenbankwerk wird), nimmt nicht am Schutz des § 87b teil, denn es ist nicht Teil der Datenmenge (vgl. § 87a Rn. 8 OLG Frankfurt MMR 2003, 45, 48 – *IMS Health*). Umgekehrt kann aber die **andersartige Anordnung** von übernommenen Elementen die Verletzung des § 87b nicht kaschieren (EuGH GRUR 2005, 244, 250, Tz. 81 – *BHB-Pferdewetten*; BGH GRUR 2005, 857, 859 – *HIT-BILANZ*). Ob das oben erwähnte Kriterium des EuGH des Verhältnisses des entnommenen Datenvolumens zum Gesamtdatenvolumen als abschließend zu verstehen ist (so offenbar Wandtke/Bullinger/*Thum*[2] Rn. 12; *Bennecke* CR 2004 608, 612 f.), scheint uns keineswegs klar, denn der EuGH formuliert nicht etwa, dass die Frage des Ob der Wesentlichkeit „nur" auf diese Weise bestimmt werden könne. Unseres Erachtens bleibt daher genügend Raum, die Gesamtinvestitionshöhe oder auch die Besonderheiten der entnommenen Teile in die Betrachtung einzubeziehen, wenn dies der Einzelfall erforderlich macht.

Es wird schwer fallen, das vom EuGH angesprochene Verhältnis näher generell **10** zu **quantifizieren**, auch wenn dies für die Praxis äußerst wünschenswert wäre. Einige sprechen davon, dass jedenfalls bei **mehr als 50% Übernahme** des Datenbankinhalts eine Verletzung regelmäßig zu bejahen wäre (Wandtke/Bullinger/*Thum*[2] Rn. 10). Wir tun uns mit derart konkreten Zahlen schwer und wären mit solch verhältnismäßig hohen Zahlen angesichts der u.E. niedrigeren Wesentlichkeitsschwelle auch vorsichtig. Die Rechtsprechung scheint ebenfalls vorsichtig zu sein; Beispiele finden sich nämlich eher für die umgekehrte Frage der Unwesentlichkeit (99 von 70.000 Stellenanzeigen LG Köln AfP 1999, 95, 96; 1 Veranstalter von 300–400 KG ZUM 2001, 70, 72 – *Veranstalterdatenbank*). Ob Art. 7 Abs. 2 lit. a Datenbank-RL ein **physisches Kopieren für die Entnahme** voraussetzt (oder ob auch die bloße Informationsentnahme und anderweitige eigene Eingabe ausreicht) wird derzeit über eine Vorlagefrage beim EuGH geklärt (BGH Beschl. v. 24.5.2007 – I ZR 130/04 – *Gedichttitelliste II* mit der Vorlagefrage).

2. Schutzinhalt (Rechte des Datenbankherstellers)

§ 87b Abs. 1 S. 1 definiert den eigentlichen Schutzumfang des Rechtes sui **11** generis. Ausschließlich der Datenbankhersteller ist berechtigt, einen wesentlichen Teil oder die gesamte Datenbank zu vervielfältigen, zu verbreiten oder öffentlich wiederzugeben. Anderen kann er diese Nutzungshandlungen verbieten oder vertraglich gestatten (vgl. § 87e Rn. 9 ff.). § 87b Abs. 1 S. 2 stellt die Nutzung unwesentlicher Teile ebenfalls unter das Recht, wenn sie wiederholt und systematisch erfolgt und diese Handlungen einer normalen Auswertung der Datenbank zuwiderlaufen oder die berechtigten Interessen des Datenbankherstellers unzumutbar beeinträchtigen. Die Begrenzung auf wesentliche Teile (Abs. 1 S. 1) bzw. auf bestimmte systematische Ausbeutungen (Abs. 1 S. 2) stellt keine Schranke dar (Schricker/*Vogel*[3] Rn.1), sondern definiert den Umfang des Rechts. Es ist – wie Art. 7 Abs. 3 Datenbank-RL regelt – **übertragbar** und ist als **absolutes Recht** einzuordnen Abs. 2 regelt die Erschöpfung bei bestimmten Formen der Verbreitung.

Anders als das Urheberrecht (siehe §§ 15 ff.) kennt das Recht sui generis nur **12** einen relativ beschränkten Katalog an Rechten, die seinen Schutzumfang ausmachen. Die Richtlinie wählt dabei – anders als das Gesetz – als Ausgangspunkt bewusst einen Terminus, der den Unterschied zwischen Recht sui generis und Urheberrecht offen legen soll, nämlich den der **Entnahme** (Art. 7 Abs. 1 und Abs. 2 lit.a) Datenbank-RL) und den daran anknüpfenden Begriff der **Weiterverwendung** (Art. 7 Abs. 1 und Abs. 2 lit.b) Datenbank-RL). Der EuGH hat klargestellt, dass der Datenbankhersteller seine Rechte nicht etwa dadurch verliert, dass er die Datenbank der Öffentlichkeit zugänglich macht (EuGH GRUR 2005, 244, 249 – *BHB-Pferdewetten*); zur **Benutzung** der Datenbank vgl. Rn. 20.

13 Nach Art. 7 Abs. 1 hat der Datenbankhersteller das Recht, die Entnahme und/oder die Weiterverwendung der Gesamtheit oder eines in qualitativer oder quantitativer Hinsicht wesentlichen Teils des Inhalts seiner Datenbank zu untersagen. Da die Richtlinie diese **Entnahme** aber nahezu gleichlautend mit einer Vervielfältigung definiert, nämlich als ständige oder vorübergehende Übertragung der Gesamtheit oder eines wesentlichen Teils des Inhalts einer Datenbank auf einen anderen Datenträger ungeachtet der dafür verwendeten Mittel und der Form der Entnahme, besteht in der Sache zur Vervielfältigung kein Unterschied (Walter/*v. Lewinski* Art. 7 Datenbank-RL Rn. 19). Zum Teil werden die Begriffe sogar als Synonym angesehen (OLG Köln CR 2006, 368, 371 – *Elektronischer Zolltarif*). Daher war es auch folgerichtig, dass der deutsche Umsetzungsgesetzgeber sich an den Termini des deutschen Urheberrechtsgesetzes orientiert hat und den Begriff der Entnahme zugunsten der Vervielfältigung zurückgestellt hat. Die **Weiterverwendung** hingegen ist ein neuer Begriff, der zudem noch gegenüber dem noch im Richtlinienvorschlag verwendeten Begriff der „Weiterverwertung" deutlich erweitert ist. Nach der Legaldefinition (Art. 7 Abs. 2 lit.b) Datenbank-RL) handelt es sich um die öffentliche Verfügbarmachung der Gesamtheit oder eines wesentlichen Teils des Inhalts der Datenbank durch die Verbreitung von Vervielfältigungsstücken, durch Vermietung, durch Online-Übermittlung oder durch andere Formen der Übermittlung. Damit erfasst es auch bloße Benutzungshandlungen (Walter/*v. Lewinski* Art. 7 Datenbank-RL Rn. 24); ein Umstand, der dem Urheberrecht sonst fremd ist (vgl. § 11 Rn. 7; zu den Besonderheiten bei den §§ 69a ff. vgl. § 69c f. Rn. 6). Diesen Begriff hat der deutsche Umsetzungsgesetzgeber nicht aufgenommen. Es bleibt daher abzuwarten, wie die Gerichte hierauf reagieren. Der Regierungsentwurf hatte noch vorgeschlagen, den Richtlinienwortlaut aufzunehmen (RegE IuKDG 1996 – BR-Drucks. 966/96, S. 42). In der verabschiedeten Fassung finden sich dann aber doch nur die Begriffe **Vervielfältigung, Verbreitung und öffentliche Wiedergabe**. Dies dürfte dazu führen, dass Richtlinienkonformität herzustellen ist und daher bei der Auslegung des § 87b diese Begriffe im Sinn der Richtlinie verstanden werden müssen. Schlussendlich wird dies wohl der EuGH entschieden, dem die letztverbindliche Auslegungskompetenz für die Tatbestandsmerkmale Vervielfältigung, Verbreitung und öffentliche Wiedergabe zusteht (Art. 234 EGV).

14 **a) Vervielfältigung:** Es gelten die allgemeinen Anmerkungen zum Vervielfältigungsrecht (siehe die Kommentierung bei §§ 15 f.). Das Schutzrecht sui generis weist jedoch einige **Besonderheiten** in Bezug auf die Vervielfältigung auf: Die Richtlinie selbst definiert die der Vervielfältigung im Wesentlichen gleichzusetzende Entnahme als ständige oder vorübergehende Übertragung der Gesamtheit oder eines wesentlichen Teils des Inhalts einer Datenbank auf einen anderen Datenträger ungeachtet der dafür verwendeten Mittel und der Form der Entnahme (Art. 7 Abs. 2 lit.a) Datenbank-RL). Damit ist jede Vervielfältigung erfasst, die der Wahrnehmung durch die menschlichen Sinne dient (zur parallelen Problematik im § 69c Nr. 1 vgl. § 69c Rn. 8 ff.). Hierzu gehört z.B. auch das Laden in den Arbeitsspeicher eines Personalcomputers oder die

Speicherung auf einem Datenträger. Die englische Originalfassung der Richtlinie spricht anstelle des „Datenträgers" allerdings nur von „another medium"
und geht damit über den deutschen Wortlaut hinaus.

Die **(Be)nutzung** einer **elektronischen Datenbank** (inkl. Anzeige auf dem Bild- **15**
schirm) kann voraussetzen, dass ein Teil der Datenbestände oder gar ein
wesentlicher Teil i.S.d. Norm in den Arbeitsspeicher geladen wird. ErwG 44
formuliert diesen Sachverhalt ähnlich offen wie Art. 4 lit. a) S. 2 Software-RL
(bzw. § 69c Ziff.1 S. 2). Damit dürfte aber entsprechend der mittlerweile h.M.
zu Art. 4 lit. a) S. 2 Software-RL (bzw. § 69c Ziff.1 S. 2) (siehe hierzu § 69c
Nr. 1 vgl. Rn. 6 ff.) klar sein, dass für diese Handlungen die Zustimmung des
Rechteinhabers erforderlich ist (*Katzenberger* GRUR 1993, 632; *Kotthoff*
GRUR 1997, 597, 601; *Leupold* CR 1998, 238 f.). Anders als bei Computerprogrammen gibt es aber in den §§ 87a ff. keine ausdrückliche Ausnahme
dieser Handlungen von den zustimmungsbedürftigen Handlungen, wie dies
mit § 69d Abs. 1 für Computerprogramme existiert. Allerdings deuten ErwG
34 und 42 Datenbank-RL eine solche konkludente Freistellung an. Der EuGH
hat sie ausdrücklich formuliert und damit die Lücke geschlossen: Ausgenommen von den Rechten des Datenbankherstellers ist in jedem Fall die Abfrage
einer durch den Berechtigten öffentlich zugänglich gemachten Datenbank
(EuGH GRUR 2005, 244, 249, Tz. 54 – *BHB-Pferdewetten*). Zu weiteren
Formen der Benutzung: Schricker/*Vogel*[3] Rn. 9. Ob die bestimmungsgemäße
Benutzung einer elektronischen Datenbank auch erfasst, dass Private öffentlich zugängliche Datenbanken gewerblich dergestalt auswerten dürfen, dass
sie im Rahmen der Zugänglichkeit vollständige Kopien ziehen, erscheint
zweifelhaft (im Einzelnen hierzu Schricker/*Vogel*[3] Rn. 38).

Jegliche weitergehenden Nutzungen, z.B. das Zurverfügungstellen im **Internet**, **16**
die Nutzung in einem **Intranet** oder Angebote im **Mobile-Business** bedürfen
hingegen der ausdrücklichen Zustimmung des Datenbankherstellers, da sie
einen Vervielfältigungsvorgang *darstellen* (a.A. *Kotthoff* GRUR 1997, 597,
599) bzw. das Recht der öffentlichen Zugänglichmachung (§ 19a) betreffen,
das im Recht der „Weiterverwendung" aus der Datenbank-RL bzw. in dem der
öffentlichen Wiedergabe (vgl. Rn. 18) enthalten ist. Zu den einzelnen Formen,
insb. **digitaler Vervielfältigungsformen**, auch zu (Deep-) **Links**, **Frames** etc.,
allg. im Detail vgl. § 16. Dies betrifft – anders als bei Computerprogrammen
(siehe § 69d Abs. 2) – auch die Erstellung einer **Sicherungskopie**. Die Ausnahmevorschrift des § 87c Abs. 1 Nr. 1 erlaubt lediglich in engen Grenzen die
Vervielfältigung einer Datenbank zu privaten Zwecken. Sie umfasst nur wesentliche Teile, nicht die gesamte Datenbank. § 69d Abs. 2 ist nicht anwendbar, weil er nur für Computerprogramme gilt. Für eine analoge Anwendung
des § 69d Abs. 2 besteht kein Bedürfnis. Der Datenträger, auf dem der Benutzer die Datenbank erworben hat, ist Sicherung genug. Es muss zur Sicherung
nicht noch ein zweiter Datenträger hergestellt werden.

b) Verbreitung: Die Verbreitung i.S.d. § 87b entspricht dem Verbreitungsrecht **17**
des § 17 und bezieht sich ebenso nur auf **körperlich verbreitete Datenbanken**
(ErwG 33 Datenbank-RL; Walter/*v. Lewinski* Art. 7 Datenbank-RL Rn. 33;
RegE IuKDG 1996 – BR-Drucks. 966/96, S. 45 f.; *Loewenheim*, Urheberrechtliche Grenzen, S. 41; *Gaster* CR 1997, 669, 675; zur parallelen Problematik der
„nicht-körperlichen Verbreitung" vgl. § 6c Rn. 26, 32 ff.). Zur **Erschöpfung**
vgl. Rn. 30 f. Das Angebot einer Datenbank zur Online-Abfrage sowie deren
Online-Nutzung berühren das Verbreitungsrecht des Datenbankherstellers

nicht. Die Mitgliedsstaaten können dies nach dem Text der Richtlinie aber vorsehen (Walter/*v. Lewinski* Art. 7 Datenbank-RL Rn. 37).

18   c) **Öffentliche Wiedergabe:** Die öffentliche Wiedergabe hat durch die Änderungen im sog. Korb I eine größere Bedeutung erlangt; denn sie umfasst nun auch das („neue") Recht der **öffentlichen Zugänglichmachung** (§ 19a). Dies konnte bei Einfügung der §§ 87a ff. in das Urheberrechtsgesetz zwar noch nicht vorausgesehen werden, folgt aber zwanglos aus der Systematik und auch dem Richtlinienvorgaben. Denn Art. 7 Abs. 2 lit. b) Datenbank-RL erfasst mit dem Begriff der „Weiterverwendung" auch diese öffentliche Zugänglichmachung (auch Walter/*v. Lewinski* Art. 7 Datenbank-RL Rn. 37 und 38). Dazu gehören vor allem die Nutzungen von Datenbanken im Internet durch Einstellen auf eine Website und Ermöglichen des Abrufs. Im Einzelnen kann auf die Kommentierung bei §§ 15, 19a verwiesen werden.

19   Der Begriff der **Öffentlichkeit** entspricht dabei dem neu gefassten allgemeinen Begriff (§ 15 Abs. 3). Auf den alten Streit, ob es für die Öffentlichkeit darauf ankommt, ob die Personen die Datenbank gleichzeitig oder hintereinander abfragen (dazu LG Berlin Schulze LGZ 98, 5; Lehmann/*Hoeren* S. 86; *Schricker*, UrhR InfoGes, S. 134 ff; *Kotthoff* GRUR 1997, 600; *Berger* GRUR 1997, 169, 179; *Leupold* CR 1998, 234, 237), kommt es mithin nicht mehr an (dazu noch die Vorauflage/*Hertin*[9] § 87b Rn. 9).

20   d) **Nicht vom Wortlaut erfasste Handlungen:** Wir hatten oben (vgl. Rn. 11) gezeigt, dass die Richtlinie andere Begriffe für die Rechte des Datenbankherstellers verwendet als der deutsche Umsetzungsgesetzgeber; nicht erfasst von den Begriffen der Vervielfältigung, Verbreitung und öffentlichen Wiedergabe sind **einfache Benutzungshandlungen** sowie die **Bearbeitung.** Diese wird man jedoch im Wege der richtlinienkonformen Auslegung mit in den Kanon des § 87b hineinzulesen haben (vgl. Rn. 4; Dreier/Schulze/*Dreier*[2] Rn. 3; a.A. Schricker/*Vogel*[3] Rn. 9), hinsichtlich einfacher Benutzungshandlungen jedoch mit einer Einschränkung: Ausgenommen von den Rechten des Datenbankherstellers ist in jedem Fall die Abfrage einer durch den Berechtigten öffentlich zugänglich gemachten Datenbank (EuGH GRUR 2005, 244, 249, Tz. 54 – *BHB-Pferdewetten*).

3.   **Gleichstellung unwesentlicher Teile (Abs. 1 Satz 2)**

21   Da § 87b Abs. 1 S. 1 erstmals im Urheberrechtsgesetz den Umfang des Schutzes eines Rechts an inhaltlich-quantitative Vorgaben (wesentlicher Teil) geknüpft hat, muss sich das Gesetz auch zur Entnahme unwesentlicher Teile verhalten, will es diese nicht völlig schutzlos stellen. Abs. 1 S. 2 tut dies und offenbart damit den wettbewerbsrechtlichen Hintergrund des Rechts sui generis. Denn es knüpft den Schutz unwesentlicher Teile an Handlungen an, die wettbewerbsrechtlich geprägt sind. Die **allgemeinen Voraussetzungen** für den Schutz der Datenbank müssen auch im Fall des Abs. 1 S. 2 gegeben sein (vgl. Rn. 5 ff.); das Gesetz regelt nur die inkriminierten Handlungen anders.

22   a) **Art und Umfang unwesentlicher Teile:** Ein unwesentlicher Teil kann zunächst in der einfachen **Umkehr der Definition des wesentlichen Teils** gesehen werden (dazu vgl. Rn. 7 ff.), also alles das erfassen, was die Investition nicht automatisch gefährdet, etwa die Entnahme nur jedes zehnten Tagungshotels in einer Datenbank über solche in Deutschland oder die Darstellung aller Laubbäume mit der Endung „-en".

b) Wiederholte und systematische „Ausbeutung": Der ergänzende Schutz wird **23** nicht vorbehaltlos gewährt. Er setzt vielmehr voraus, dass es sich um eine wiederholte und systematische Nutzung handelt. Beide Kriterien müssen **kumulativ** vorliegen. Die wiederholte Nutzung unwesentlicher Teile bedeutet natürlich nicht, dass ein gleiches Element mehrfach genutzt werden muss, denn dann würde der Umgehungsschutz wohl leerlaufen. Diese Art der Nutzung verlangt vielmehr nach einem Prinzip, dem sachliche oder logische Erwägungen des Benutzers zugrunde liegen (Vorauflage/*Hertin*[9] Rn. 14). Es grenzt die verbotenen Handlungen damit von völlig wahllos, nur zufällig erfolgenden Entnahmen ab (Walter/*v. Lewinski* Art. 7 Datenbank-RL Rn. 17). Der **EuGH** hat mittlerweile das zusätzliche Kriterium aufgestellt, dass die Teile, die wiederholt und systematisch entnommen werden, in **ihrer Summe einen wesentlichen Teil** nach Abs. 1 S. 1 ausmachen müssen (EuGH GRUR 2005, 244, 249 – *BHB-Pferdewetten*). Dies hatten einzelne zuvor schon so gesehen (KG GRUR-RR 2004, 228, 235 – *Ausschnittdienst*; OLG Dresden ZUM 2001, 597; *Hamberstumpf* GRUR 2003, 14, 28.

c) Interessenabwägung: Handlungen, die bloß an objektiven Kriterien gemessen würden, reichten der Datenbank-Richtlinie aber nicht. Hinzukommen **24** muss eine Voraussetzung, die die Interessen des Rechteinhabers abwägt. Dabei kennt das Gesetz an dieser Stelle zwei Alternativen, das **Zuwiderlaufen der normalen Auswertung** oder die **unzumutbare Beeinträchtigung**. Damit wird einmal mehr deutlich, dass das Recht sui generis – jedenfalls nach deutschem Verständnis – wettbewerbsrechtlichen Charakter hat, denn eine derartige Interessenabwägung kennt insb. das deutsche Lauterkeitsrecht aus der alten Fallgruppe der unmittelbaren Leistungsübernahme, jetzt §§ 3, 4 Ziff. 9 UWG (statt aller *Nordemann*[10] Rn. 1621 ff.). Dabei dürfte sich eine gleitende Abwägung anbieten. Je mehr sich der unwesentliche Teil einem wesentlichen Teil nähert, desto weniger Gewicht ist auf das zusätzliche Moment des Zuwiderlaufens bzw. der Interessenbeeinträchtigung zu legen. Der gemeinsame Standpunkt zur Richtlinie ging sogar so weit zu verlangen, dass eine Entnahme unwesentlicher Teile „einer Handlung (sic! nach Art. 7 Abs. 1 Datenbank-RL) gleichkommen" müsse (dazu und zu den Motiven für die Änderung: Walter/*v. Lewinski* Art. 7 Datenbank-RL Rn. 19 sub. Fn. 225). Für beide Alternativen ist weder erforderlich, dass ein **konkreter Schaden** nachgewiesen wird (Schricker/*Vogel*[3] Rn. 35; Dreier/Schulze/*Dreier*[2] Rn. 14), noch, dass eine **Schädigungsabsicht** vorliegt, allerdings betont der EuGH, dass nur eine schwerwiegende Beeinträchtigung der Investition des Datenbankherstellers für die Bejahung der Unzumutbarkeit ausreicht (EuGH GRUR 2005, 244, 249 – *BHB-Pferdewetten*).

aa) Zuwiderlaufen der normalen Auswertung: Anders als die Richtlinie, die **25** fragt, ob die Handlung „einer normalen Nutzung […] *entgegensteht*" (Art. 7 Abs. 5 Datenbank-RL) wählt der deutsche Umsetzungsgesetzgeber die Worte „einer normalen Auswertung […] *zuwiderläuft*". Damit könnte man meinen, dass der Gesetzgeber mit der „Auswertung" einen neuen Terminus einführt, der zudem mit dem Wort „zuwiderlaufen" eine *besonders krasse* Verletzung erfordert, da dieses Wort in der deutschen Sprache recht absolut gebracht wird. Die Begründung stellt aber klar, dass damit nur die Wortwahl an die amtliche deutsche Übersetzung von Art. 9 Abs. 2 RBÜ angeglichen werden soll und zudem ein Gleichklang mit der englischen und französischen Sprachfassung der Richtlinie sowie der parallelen Vorschrift für Computerprogramme (§ 69e Abs. 3) hergestellt werden soll (RegE IuKDG 1996 – BR-Drucks. 966/96, S. 47). An dieser eigenmächtigen Textänderung sei Kritik erlaubt, denn zum einen sprechen Art. 9 Abs. 2 RBÜ und § 69e Abs. 3 nicht von „zuwiderlaufen", sondern von „beeinträchtigen", zum anderen sind auch die ausländischen Sprachfassungen mit den Worten „conflict" oder „supposeraient" deutlich vorsichtiger. Wichtiger aber scheint, dass die für die gleiche Wortwahl herangezogenen vermeintlichen Parallelnormen gar nicht solche sind. Art. 9 Abs. 2 RBÜ regelt einen Sonderfall der Vervielfältigung und führt den Drei-Stufentest ein. § 69e Abs. 3 ist eine Sonderregelung einer speziellen Schranke aus dem Recht der Computerprogramme, nämlich der lediglich dort vorkommenden Problematik der Dekompilierung. Der § 69e zugrunde liegende Art. 6 Abs. 3 Software-RL nimmt daher ausdrücklich Bezug auf Art. 9 Abs. 2 RBÜ. Es ist also eine richtlinienkonforme Angleichung der Wortwahl vorzunehmen, die dazu führt, dass weder ein neuer Terminus zu interpretieren ist, noch eine besondere Intensität der Verletzung gegeben sein muss. Auf die allgemeinen Anforderungen des EuGH sei aber verwiesen (vgl. Rn. 24).

26 Die **normale Auswertung** der Datenbank gibt zunächst der Datenbankhersteller mit seinen Vertriebsaktivitäten vor. Der Begriff kann mit Blick auf die Art der Datenbank und ihren Zweck bestimmt werden. Eine Datenbank mit Informationen über den Wasserstand eines Sees, wird vielleicht normalerweise genutzt, um Fischer oder Anlieger zu informieren und vielleicht auch Grundlagenforschung in Bezug auf Klimaveränderungen zu betreiben. Die Entnahme einer Wochenreihe von Wasserständen für einen Sportanglerverband, um in dessen Vereinsheim zu zeigen, wie die Angler trotz hohem Wasserstand gut geangelt haben, dürfte kaum die normale Auswertung beeinträchtigen. Dennoch **verbieten** sich **generalisierende Begriffsfestlegungen**, was als normale Auswertung einer Datenbank anzusehen ist. Maßgeblich wird darauf abzustellen sein, ob die Art der wiederholten und systematischen Auswertung geeignet ist, die wirtschaftliche Verwertung der Datenbank durch ihren Hersteller zu gefährden.

27 Andererseits indiziert **nicht jede Einschränkung der Verwertungsmöglichkeiten**, also etwa jeder Entgang oder jede Erschwerung des Abschluss eines Lizenzvertrages, schon einen Verstoß gegen § 87b (Dreier/Schulze/*Dreier*[2] Rn. 14; a.A. aber Schricker/*Vogel*[3] Rn. 35; Wandtke/Bullinger/*Thum*[2] Rn. 22; Möhring/Nicolini/*Decker*[2] Rn. 9). Es spricht angesichts der wettbewerbsrechtlichen Wurzeln des Rechts sui generis viel dafür, danach zu differenzieren, ob die beiden Produkte in unmittelbarer Konkurrenz zueinander treten (so Dreier/Schulze/*Dreier*[2] Rn. 14 unter Verweis auf OLG Dresden ZUM 2001, 595, 597 unter Verweis auf ErwG 42 (parasitäres Konkurrenzprodukt); LG Köln MMR 2002, 689, 690; LG München I K&R 2002, 261, 264; *Bornkamm* FS Erdmann S. 29, 46), man könnte auch formulieren, ob es sich um **Substitutionsprodukte** handelt. Das soll nicht verhindern, dass dem Datenbankhersteller aber natürlich auch die Erschließung neuer Märkte vorbehalten bleibt (Wandtke/Bullinger/*Thum*[2] Rn. 22). Bei der **Entnahme von Inhalten** aus fremden Datenbanken mittels eines Suchdienstes in ein eigenes Angebot, wurde eine unzumutbare Beeinträchtigung bejaht (LG Köln CR 1999, 593 Leitsatz 2; CR 2000, 400, 401). Umgekehrt ist das **Verlinken auf fremde Inhalte**, jedenfalls mittels eines Deep-Links, zulässig (BGH GRUR 2003, 958, 962 – *Paperboy; Klein GRUR 2005, 377, 382*). Derartige Deep-Links kann man mit wechselnden URL-Zuweisungen verhindern, da die Links dann ins Leere laufen.

28 bb) **Beeinträchtigung der berechtigten Interessen des Datenbankherstellers:** Neben dieser Fallgruppe kennt das Gesetz auch die zweite Handlungsalternative der **unzumutbaren Beeinträchtigung berechtigter Interessen** des Datenbankherstellers. Diese erfasst investitionsschädliche Auswertungen von Datenbanken, die sich noch im Rahmen einer normalen Auswertung der Datenbank bewegen und damit nicht der ersten Alternative unterfallen (ErwG 42 Datenbank-RL), gleichwohl dennoch zu missbilligen sind. Im Hinblick auf den Gesetzeszweck des Investitionsschutzes (vgl. Rn. 4) muss die Amortisation der Investition gefährdet werden (Dreier/Schulze/*Dreier*[2] Rn. 16). Auch hier wird dies nur im Wege einer **umfassenden Interessenabwägung** zu bestimmen sein. Ob man in diese Interessenabwägung bereits mit einem Vorrang für Informationssuchdienste wegen der Bedeutung in der Informationsgesellschaft hineingehen darf (Dreier/Schulze/*Dreier*[2] Rn. 16 unter Verweis auf LG München I CR 2002, 452, 454, wo dazu allerdings nichts zu finden ist; a.A. *Leistner* S. 182), scheint zweifelhaft.

Bisherige Entscheidungen mussten sich vor allem mit dem Ausfall von Wer-   **29** beeinnahmen auseinandersetzen, da die entsprechende Datenbank von den Nutzern nicht mehr wahrgenommen wurde (LG Berlin CR 1999, 388, 389; LG Köln CR 1999, 593, 595); einher damit geht oft die Gefahr für den Datenbankbetreiber, dass ihm die Kundenbindung verloren geht (LG Köln ZUM 2001, 714). Eine bloße Linkliste stellt demgegenüber keine unzumutbare Beeinträchtigung der Interessen dar (OLG München CR 2002, 452).

4. Erschöpfung des Verbreitungsrechts (Absatz 2)

Das Verbreitungsrecht erschöpft sich auch beim Recht sui generis, wie der   **30** Verweis in Abs. 2 auf § 17 Abs. 2 regelt. Das bedeutet, dass das Verbreitungsrecht am Original oder einem Vervielfältigungsstück der einfachen Datenbank mit Ausnahme des Rechts zur Vermietung aufhört zu existieren, sobald ein körperliches Werkstück in der EU/EWR mit Zustimmung des Berechtigten in Verkehr gebracht wurde. Die Richtlinie formuliert die Erschöpfung in ihrem Art. 7 Abs. 2 lit. b) S. 2 Datenbank-RL ebenso wie beim Datenbank-Urheberrecht (Art. 5 lit. c) S. 2 Datenbank-RL). Dabei erschöpft sich nach dem Wortlaut – abgesehen von Vermietung und Verleih, die in der Vermiet- und Verleih-RL geregelt sind – das Verbreitungsrecht nicht bei Schenkung und Kauf, denn der Richtliniengeber formuliert anders als der deutsche Gesetzgeber „Erstverkauf". Nicht umsonst sind an dieser Formulierung aber systematische und teleologische Zweifel laut geworden (Walter/*v. Lewinski* Art. 5 Datenbank-RL Rn. 14). Man darf daher davon ausgehen, dass der deutsche Umsetzungsgesetzgeber zu Recht auf die allgemeine Formulierung des § 17 Abs. 2 verwiesen hat.

Das Verbreitungsrecht erlischt bei der **Online Übermittlung** nicht; dabei   **31** kommt es nicht darauf an, ob ein physisches Vervielfältigungsstück übermittelt wird oder der Nutzer sich „nur" eine Datei auf seinem Bildschirm anzeigen lässt und damit in der Regel auch in seinen Arbeitsspeicher lädt (so ausdrücklich ErwG 43 Datenbank-RL; auch Walter/*v. Lewinski* Art. 7 Datenbank-RL Rn. 17); zur Einordnung einer Nutzung im Online-Bereich unter die verschiedenen Verwertungsrechte vgl. Rn. 17. Umstritten ist, ob das „konkrete Exemplar" einer Datenbank, das online übermittelt wurde, weiterverbreitet werden darf (pro: Dreier/Schulze/*Dreier*[2] Rn. 18 unter Verweis auf die Grundfreiheiten; contra: Wandtke/Bullinger/*Thum*[2] Rn.47; Walter/*v. Lewinski* Art. 7 Datenbank-RL Rn. 37). Uns erscheint dies das identische Problem bei jeder Online-Verbreitung digitaler Daten (vgl. § 69c Rn. 26, 32 ff). Insofern unsauber OLG München GRUR-RR 2002, 89, 90 – *GfK-Marktdaten*, das von Erschöpfung hinsichtlich „der Marktdaten" spricht.

5. Vermietung und Verleih

32 Ausgenommen von der Erschöpfung des Verbreitungsrechts am Original oder einem Vervielfältigungsstück der Datenbank ist – durch den Verweis auf § 17 Abs. 2 und die dort geregelte Ausnahme – das **Vermietrecht**. Letzteres kann der Rechteinhaber also kontrollieren, auch wenn die Datenbank in Verkehr gebracht wurde. Man wird Vermieten im herkömmlichen Sinn des BGB als entgeltliche Gebrauchsüberlassung der Datenbank auf Zeit verstehen müssen. Anders als das Vermieten kann der Rechteinhaber den **Verleih** nicht verbieten. Denn der in Bezug genommene § 27 Abs. 2 und 3 gewährt dem Rechteinhaber nur einen Vergütungsanspruch (vgl. § 27). Unter „Verleih" ist die zeitlich begrenzte, weder unmittelbar noch mittelbar Erwerbszwecken dienende Gebrauchsüberlassung zu verstehen. Für den öffentlichen Verleih steht dem Rechteinhaber nach Maßgabe der Verweisung in Abs. 2 auf § 27 Abs. 2 und 3 nur ein Vergütungsanspruch zu, der allerdings über eine Verwertungsgesellschaft geltend gemacht werden muss (vgl. § 27). Siehe dazu auch Walter/*v. Lewinski* Art. 7 Datenbank-RL Rn. 35 a.E.

6. Inhabervermutung

33 Durch das Gesetz zur Umsetzung der Enforcement-RL ist Abs. 2 um eine entsprechende Anwendung der Vermutung des § 10 Abs. 1 ergänzt worden (vgl. hierzu *Czychowski* GRUR-RR 2008, 856). Damit gilt für Inhaber des Rechts nach § 87a nun auch eine Inhabervermutung entsprechend der Urhebervermutung (dazu vgl. § 10). Erforderlich ist eine übliche Bezeichnung, die bei Datenbanken wohl vergleichbar sonstigen verwandten Schutzrechten wohl in einem P-Vermerk bestehen könnte, aber auch z.B. „Datenbankhersteller" lauten kann in Anlehnung an den Gesetzeswortlaut des § 87b.

III. AGB-Recht/Vertragsrecht

34 Der Datenbankherstellers kann seine ihm nach § 87b gewährten Rechte einschränkungslos **übertragen**, wie dies auch bei den sonstigen Unternehmer-Schutzrechten der Fall ist (vgl. §§ 85/86; vgl. § 94; vgl. § 87), was sich aber auch aus Nr. 7 Abs. 3 Datenbank-RL ergibt. Er kann sich den Umfang seiner Rechte wie er oben dargestellt wurde, aber nicht durch vertragliche Vereinbarung erweitern, etwa dadurch, dass er vertraglich vereinbart, dass der Erwerber jegliche (auch unwesentliche) Teile der Datenbank ohne weiteres Voraussetzungen nicht weitergibt. Näheres hierzu ist in § 87e geregelt, dessen einer Satz Thomas Mann alle Ehre machen würde (vgl. § 87e Rn. 1; weitergehende vertragliche Grenzen und Regelungen sind dort ebenfalls kommentiert).

IV. Prozessuales

35 Die **Darlegungslast** für Aktivprozesse im Verletzungsfall umfasst alle oben dargestellten Tatbestandsvoraussetzungen. Dabei wird zunächst ausreichen, dass z.B. bei den Investitionen deren Wesentlichkeit schlüssig vorgetragen ist. Erst bei entsprechendem Bestreiten wird der Anspruchsteller sie offen legen müssen. Da es sich hierbei i.a.R. um sensible Unternehmensdaten handelt, kann es sich anbieten, die Öffentlichkeit von der Verhandlung ausschließen zu lassen (§ 174 GVG). muss der Rechteinhaber Betriebsgeheimnisse offen legen, wird er sich auf einen **Wirtschaftsprüfervorbehalt** zurückziehen dürfen (BGH

GRUR 1962, 354, 357 – *Furniergitter*; BGH GRUR 1981, 535 – *Wirtschafts-prüfervorbehalt*). Nächste Hürde für den Anspruchsteller ist der Vortrag zur Übernahme der Daten. Hier kann er sich denselben Problemen ausgesetzt sehen wie Softwareunternehmen, sollten die Daten nicht frei zugänglich sein. Insoweit sei auf die Kommentierung vgl. Vor §§ 69a ff. Rn. 17 verwiesen. Sicherlich kann es zur Beweisführung hilfreich sein, nachverfolgbare einzelne Fehler in die eigene Datenbank einzustreuen, an deren Übernahme man später den Verletzer überführen kann.

Auch für die Frage der **Bestimmtheit eines etwaigen Unterlassungsantrags** **36** kann auf die Ausführungen bei den Computerprogrammen verwiesen werden (vgl. Vor §§ 69a ff. Rn. 22). Es genügt in der Regel die Beifügung eines Datenträgers. Bei der Formulierung eines **Verbotstenors** sollte man im Fall einer **Bearbeitung** (vgl. Rn. 2) Vorsicht walten lassen, denn diese ist von § 87b nur umfasst, wenn sie eine Entnahme und/oder die Weiterverwendung der Gesamtheit oder eines in qualitativer oder quantitativer Hinsicht wesentlichen Teils des Inhalts einer Datenbank bzw. der Parallelhandlungen nach Abs. 1 S. 2 darstellt; man muss also in den Verbotstenor einer solchen „Bearbeitung" die konkrete Verletzungsform aufnehmen (BGH GRUR 2005, 857, 859 sub II.2.h) – *HIT BILANZ*).

V. Verhältnis zu anderen Vorschriften

Neben den Regelungen der §§ 87a ff. sind natürlich die allgemeinen urheber- **37** rechtlichen Vorschriften über **urheberrechtlich geschützte Datenbanken** an-wendbar (vgl. § 4 Rn. 49). Es ist durchaus denkbar, dass eine Datenbank sowohl urheberrechtlich geschützt ist als auch eine wesentliche Investition erforderte und daher Schutz nach den §§ 87a ff. genießt (vgl. § 4 Rn. 49). Darüber hinaus ist eine **Anwendung des UWG** unter den erweiterten Voraus-setzungen des wettbewerbsrechtlichen Leistungsschutzes zumindest denkbar (vgl. Vor §§ 87a ff. Rn. 26 ff.).

§ 87c Schranken des Rechts des Datenbankherstellers

(1) [1]Die Vervielfältigung eines nach Art oder Umfang wesentlichen Teils einer Datenbank ist zulässig
1. zum privaten Gebrauch; dies gilt nicht für eine Datenbank, deren Elemente einzeln mit Hilfe elektronischer Mittel zugänglich sind,
2. zum eigenen wissenschaftlichen Gebrauch, wenn und soweit die Verviel-fältigung zu diesem Zweck geboten ist und der wissenschaftliche Gebrauch nicht zu gewerblichen Zwecken erfolgt,
3. für die Benutzung zur Veranschaulichung des Unterrichts, sofern sie nicht zu gewerblichen Zwecken erfolgt.
[2]In den Fällen der Nummern 2 und 3 ist die Quelle deutlich anzugeben.
(2) Die Vervielfältigung, Verbreitung und öffentliche Wiedergabe eines nach Art oder Umfang wesentlichen Teils einer Datenbank ist zulässig zur Verwendung in Verfahren vor einem Gericht, einem Schiedsgericht oder einer Behörde sowie für Zwecke der öffentlichen Sicherheit.

Übersicht

I. Allgemeines

1. Sinn und Zweck

1 § 87c enthält die speziellen Schrankenregelungen für einfache Datenbanken.

2. Zusammenhang mit der Richtlinie

2 Zur Entstehungsgeschichte vgl. Vor §§ 87a ff. Rn. 2 ff. Die Richtlinie gewährt diese Schrankenbestimmungen nur dem **rechtmäßigen Benutzer** einer Datenbank, und zudem nur „**einer der Öffentlichkeit zur Verfügung gestellten Datenbank**". Beide Begriffe finden sich in der deutschen Schrankenregelung nicht. Der Begriff des rechtmäßigen Benutzers begegnet uns bei § 69d (vgl. Rn. 10 ff.) und dient eigentlich dem Konzept des EG-Rechts, wonach der, der ein Computerprogramm regelgemäß erworben hat, es „normal" soll nutzen dürfen, ohne noch besondere Nutzungsrechte eingeräumt bekommen zu müssen (dazu im Detail vgl. § 69d Rn. 13 ff. m.w.N.). Der Begriff verwundert daher an dieser Stelle auf den ersten Blick, da die bloße Benutzung einer Datenbank nach deutschem Verständnis keine urheberrechtlichen Rechte berührt (aber vgl. § 87b). Da die Datenbank-RL aber für den Schutzumfang des Rechtes sui generis bewusst urheberrechtsuntypische Begriffe wie „Entnahme" und „Weiterverwendung" eingeführt hat und dadurch auch die Benutzung in diese Rechte eingreifen kann (vgl. § 87b), bedurfte es der Einführung des rechtmäßigen Benutzers auch an dieser Stelle.

3 Allerdings fehlt auch in der Richtlinie für die „**normale" Benutzung** eine Regelung, die dem § 69d vergleichbar wäre (zur Lösung dieses Problems, auch durch den EuGH, vgl. § 87b Rn. 20). Der Begriff des rechtmäßigen Benutzer erschließt sich – ebenso wie in § 69d (vgl. Rn. 10 ff.) – durch **Verbindung zum Vertragsrecht**, hier § 87e: Danach ist rechtmäßiger Benutzer der Eigentümer eines mit Zustimmung des Datenbankherstellers durch Veräußerung in Verkehr gebrachten Vervielfältigungsstücks der Datenbank, der in sonstiger Weise zu dessen Gebrauch Berechtigte oder derjenige, dem eine Datenbank aufgrund eines mit dem Datenbankhersteller oder eines mit dessen Zustimmung mit einem Dritten geschlossenen Vertrags zugänglich gemacht wird. Da § 87c den rechtmäßigen Benutzer nicht enthält, ist zu überlegen, ob diese Voraussetzung im Wege richtlinienkonformer Auslegung hineingelesen wird (dafür wohl: Dreier/Schulze/*Dreier*[2] Rn. 4; dagegen: Rossnagel/*v. Lewin-*

ski § 87c Rn. 13; Wandtke/Bullinger/*Thum*[2] Rn. 11). Dafür spricht wohl, dass die Situation der §§ 87a ff. durch die durch die Richtlinien vorgegebenen weiten Begriffe der Entnahme und Weiterverwendung mit der des Software-urheberrechts (§ 69d) vergleichbar ist und man für die Situation des „normalen" Nutzers eine Lösung finden musste; dann aber muss es auch eine parallel-laufende Schrankenbestimmung geben, die ebenfalls den rechtmäßigen Benutzer voraussetzt. Für die Bestimmung des Umfangs der rechtmäßigen Benutzung kann man auf die Erkenntnisse zu § 69d zurückgreifen (vgl. § 69d Rn. 10 ff.). Dies würde bedeuten, dass z.b. **illegal erworbene Daten-banken** generell (ohne Unterschied, ob es elektronische sind [für diese ergibt sich das Privileg aus § 87c Abs. 1 S.1 Nr.1 Halbs. 2 und § 53 Abs. 5] oder analoge) kein **Privileg der Privatkopie** kennen. Dasselbe gilt für die weitere Voraussetzung, die „einer der Öffentlichkeit zur Verfügung gestellten Daten-bank", die im deutschen Recht ebenfalls nicht vorkommt.

Ebenso wird man im Wege richtlinienkonformer Auslegung die Schranken- **4** regelungen **nur auf veröffentlichte** (§ 6) **Datenbanken** anwenden können (s.a. Dreier/Schulze/*Dreier*[2] Rn. 4; Schricker/*Vogel*[3] Rn. 6; Wandtke/Bullinger/ *Thum*[2] § 87c Rn. 5).

II.   Tatbestand

1.   „Wesentlicher Teil"

Dreh- und Angelpunkt der Schrankenregelung des § 87c ist einmal mehr – wie **5** schon beim Schutzumfang in § 87b (vgl. § 87b Rn. 5 ff.) – der Begriff des „wesentlichen Teils" einer Datenbank. Denn die geregelten Ausnahmen vom Recht sui generis gestatten keineswegs die entsprechend zugelassene Nutzung der gesamten Datenbank, sondern nur die Nutzung **wesentlicher Teile**. Un-**wesentliche Teile** zu nutzen, ist nach § 87b Abs. 1 vorbehaltlich dessen Satz 2 ohnehin erlaubt (vgl. § 87b Rn. 21 ff.). Zum Begriff des wesentlichen Teils vgl. § 87b Rn. 5 ff. Hinzutritt die bei Schranken ohnehin in aller Regel gebotene **enge Auslegung** (dazu für § 87c Schricker/*Vogel*[3] Rn. 5).

2.   Zulässige Handlungen

Die zulässigen Handlungen sind abschließend in Abs. 1 und für einen ein **6** einzelnen weiteren Fall in Abs. 2 aufgezählt. Damit sind die Schranken **er-schöpfend geregelt** (zu Analogiefragen vgl. Rn. 18). Weitere Schranken gibt es für Datenbanken nicht. Hintergrund ist, dass die Richtlinie jegliche kom-merzielle Nutzung über Schranken verhindern wollte (ErwG 50 Daten-bank-RL und ausdrücklich unter Bezugnahme hierauf auch RegE IuKDG 1996 – BR-Drucks. 966/96, S. 48). Die Schrankenregelungen des § 87c sind zudem **vergütungsfrei** ausgestaltet (vgl. Rn. 15). Ob die Nutzungshandlungen der Nr. 1- 3, Abs 2 auch **durch Dritte vorgenommen** werden dürfen, ist umstritten. Im Allgemeinen wird dies zu Recht entsprechend den Regelungen in § 53 für zulässig gehalten (Dreier/Schulze/*Dreier*[2] Rn. 5; Möhring/Nicolini/ *Decker*[2] Rn. 1; offen lassend: Wandtke/Bullinger/*Thum*[2] Rn. 13).

a) Privater Gebrauch: Abs. 1 Ziff. 1 gestattet zunächst die Vervielfältigung **7** wesentlicher Teile der Datenbank, beschränkt auf den privaten Gebrauch. Dies gilt allerdings nur für **nicht-elektronische Datenbanken**: Denn ausgenommen hiervon werden nach Satz 2 wesentliche Teile von Datenbanken, die einzeln mit Hilfe elektronischer Mittel zugänglich sind (AG Rostock CR 2001, 786, 787; Dreier/Schulze/*Dreier*[2] Rn. 7; Schricker/*Vogel*[3] Rn. 12; a.A. 9. Aufl./*Hertin* Rn. 4). Dies betrifft also alle Datenbanken, die sich auf digitalen Medien – wie CD-Is etc. – befinden ebenso wie alle Datenbanken, die über das Internet zugänglich sind. Die Richtlinie (Art. 9 lit. a) Datenbank-RL formuliert diese Ausnahme zwar positiv („einer nichtelektronischen Datenbank"). Dadurch dass sich der deutsche Umsetzungsgesetzgeber aber an der Basisdefinition der Datenbank (Art. 1 Abs. 2 Datenbank-RL) orientiert, dürfte damit keine materielle Änderung verbunden sein. Zu den Details des privaten Gebrauchs siehe § 53 Abs. 1 S. 1; dazu vgl. § 53. Die Schranke bedeutet auch, dass z.B. online abgerufener Datenbankinhalte – wenn es sich um wesentliche Teile handelt – nur mit Zustimmung des Datenbankherstellers auf der Festplatte oder einem Datenträger gespeichert werden dürfen.

8 **b) Eigener Wissenschaftlicher Gebrauch:** Den eigenen wissenschaftlichen Gebrauch gestattet Abs. **1 Ziff. 2**, wobei die Vervielfältigung **zu diesem Zweck geboten sein muss** (zu diesem Tatbestandsmerkmal vgl. § 53). Diese Schankenregelung ist nicht auf nicht-elektronische Datenbanken beschränkt, wohl allerdings auf die Vervielfältigung; eine Verbreitung ist nicht zulässig. Anders als die parallele Schrankennorm des § 53 Abs. 2 Ziff.1 erfordert diese Schranke aber zudem, dass die Nutzung **nicht zu gewerblichen Zwecken** erfolgt. Wegen der Begrifflichkeiten siehe § 53 Abs. 2 Nr. 1. Auch hier weicht der Gesetzestext von der Richtlinie ab, dieses Mal u.E. auch in relevanter Weise. Denn Art. 9 lit. b) Datenbank-RL verlangt lediglich „soweit dies durch den nichtkommerziellen Zweck gerechtfertigt ist", wohingegen § 87c Abs. 1 Ziff. 2 verlangt, dass die Vervielfältigung einerseits zum wissenschaftlichen gebrauch geboten ist und andererseits nicht zu gewerbliche Zwecken erfolgt. Der deutsche Gesetzestext verlangt also zwei kumulative Voraussetzungen und verschärft auch materiell die Anforderungen („geboten" statt „gerechtfertigt"). Der wissenschaftliche Zweck erfasst Naturwissenschaften wie Geisteswissenschaften (ErwG 36). Gewerblich ist nicht im Sinne der Gewerbeordnung, sondern als kommerziell zu verstehen (ErwG 50). Jede wissenschaftliche Nutzung einer Datenbank, die von der auch nur langfristigen Absicht geleitet wird, ein Wirtschaftgut zu schaffen und kommerziell zu verwerten, kann sich auf die Ausnahme des Abs. 1 Nr. 2 nicht berufen (9. Aufl./*Hertin* § 87c Rn. 5).

9 Schließlich bedarf die zulässige Berufung auf diese Schranke, dass der Nutzer die **Quelle deutlich angibt**. Zu Recht wird darauf hingewiesen, dass es sich hierbei nicht um ein persönlichkeitsrechtlich verankertes Quellengebot handelt. Daher sind neben dem Namen des Datenbankherstellers auch die Bezeichnung der Datenbank, unter der die Datenbank vom Hersteller zugänglich gemacht wird, anzugeben (Dreier/Schulze/*Dreier*[2] Rn. 11; Schricker/*Vogel*[3] Rn. 16; Wandtke/Bullinger/*Thum*[2] Rn. 16). Die Rechtsfolgen eines Verstoßes gegen dieses Teilgebot ergeben sich, wenn auch nicht ausdrücklich in § 87c erwähnt, indirekt aus § 63 (vgl. Rn. 14).

10 **c) Unterrichtszwecke:** Während das sog. IuKDG, mit dem die Datenbank-RL in deutsches Recht umgesetzt wurde (vgl. Vor §§ 87a ff. Rn. 8 ff.) noch eine längere Fassung des Abs. 1 Ziff. 3 enthielt, änderte der Gesetzgeber dies bereits im Jahr 1998 auf Betreiben des Bundesrats. Ursprünglich gestattete die Schranke die Vervielfältigung eines nach Art und Umfang wesentlichen Teils der Datenbank zum eigenen Gebrauch im Schulunterricht, in nichtgewerblichen Einrichtungen der Aus- und Weiterbildung sowie in der Berufsbildung in der für eine Schulklasse erforderlichen Anzahl. Die nun geltende Fassung orientiert sich am Text von Art. 9 lit. b) Datenbank-RL. Allerdings beschränkt dieser, anders als das deutsche Recht, die Schranke auf die „Entnahme", ließe also eine Gestattung der Benutzung zu (so auch Walter/*v. Lewinski* Art. 9 Datenbank-RL Rn. 9).

Unterricht ist jede plan- und regelmäßige Unterweisung eines Lernenden durch **11** einen Lehrenden in einem theoretischen oder praktischen Fach. Die Form oder der institutionelle Rahmen des Unterrichts sind unerheblich. Der Unterricht an allgemeinbildenden Schulen, an Hoch- Fachhoch- und Fachschulen, an weiterbildenden Schulen oder an Volkshochschulen wird von der Ausnahmevorschrift prinzipiell ebenso erfasst wie der Unterricht an Privatschulen und privaten Hochschulen, der den öffentlich-rechtlichen Unterricht lediglich substituiert (9. Aufl./*Hertin* § 87c Rn. 6). Ausgenommen von der Schranke ist lediglich solcher Unterricht, der **gewerblichen Zwecken** dient, also den oben erwähnten kommerziellen Interessen (vgl. Rn. 8) oder **reiner Hochschul-Unterricht** (Dreier/Schulze/*Dreier*[2] Rn. 12 unter Hinweis auf die engere parallele Regelung des § 53 Abs. 3 Nr. 1; Wandtke/Bullinger/*Thum*[2] Rn. 23; einschränkend Schricker/*Vogel*[3] Rn. 18 für den wissenschaftlichen Gebrauch i.S.d. Nr. 2 im Rahmen der wissenschaftlichen Lehre). Das bedeutet z.B., dass private Weiterbildungsinstitute oder auch solche, die im Auftrag der Jobcenter tätig sind, nicht von Abs. 1 Ziff.3 erfasst werden.

Nicht jede Benutzung im Rahmen der freigestellten Bildungseinrichtungen ist **12** gestattet; es muss eine Benutzung **zur Veranschaulichung** sein, diese muss also den Unterricht unterstützen und darf nicht Selbstzweck sein (Schricker/*Vogel*[3] Rn. 19). Daher wird zurecht darauf hingewiesen, dass Hilfsmaterialien nur für den Lehrer § 87c nicht unterfallen (Dreier/Schulze/*Dreier*[2] Rn. 14). Schließlich gilt auch für Nr. 3 die **Pflicht zur Quellenangabe** (vgl. Rn. 12).

d) Rechtspflege und Zwecke der öffentlichen Sicherheit: Anders als Abs. 1, der **13** lediglich die Vervielfältigung gestattet, eröffnet Abs. 2 für die **Justiz-Zwecke** auch die Verbreitung und öffentliche Wiedergabe. Zu den Begrifflichkeiten vergleiche die parallelen Normen der allgemeinen Schrankenregelungen (§ 45). Während die ersten drei Zwecke (Verwendung in Verfahren **vor einem Gericht, einem Schiedsgericht oder einer Behörde**) exakt den Formulierungen in § 45 Abs. 1 entsprechen, gestattet die vierte Alternative die Verwendung für **Zwecke der öffentlichen Sicherheit** und geht damit über § 45 Abs. 2 hinaus. Dieser erlaubt nämlich nur die Nutzung von Bildnissen und setzt voraus, dass der Nutzer eine Behörde oder ein Gericht ist. Man kann daher daran denken, wenn Werke oder Leistungen, die urheberrechtlich oder leistungsschutzrechtlich geschützt sind, für Zwecke der öffentlichen Sicherheit einer Datenbank entnommen werden sollen, § 45 Abs. 2 deshalb ergänzend zu berücksichtigen (Dreier/Schulze/*Dreier*[2] Rn. 18; Schricker/*Vogel*[3] Rn. 21; a.A. Möhring/Nicolini/*Decker*[2] Rn. 12). Öffentliche Sicherheit umfasst Präventivmaßnahmen ebenso wie Maßnahmen der Verfolgung von Straftaten und Ordnungswidrigkeiten. Auf die Ausnahmevorschrift können sich auch Privatpersonen berufen, sofern sie ausnahmsweise berechtigt sind, Zwecke der öffentlichen Sicherheit als Beliehene, Verwaltungshelfer, privat Inpflichtgenommene oder Beauftragte zu verfolgen.

3. Quellenangabe

Diese spezielle Schrankenregelung für das Recht sui generis soll weitestgehend **14** mit den Schrankenregelungen im Urheberrecht synchronisiert werden, wenn auch diese Regelung vom Umfang her insgesamt deutlich kürzer greift als die urheberrechtlichen Schrankenregelungen (siehe die Formulierung „Gleichklang" in der Gesetzesbegründung: RegE IuKDG 1996 – BR-Drucks. 966/96, S. 48). Daher gibt es – neben den materiellen Voraussetzungen – weitere Anforderungen eher formeller Art: In den Fällen des Abs. 1 Ziff. 2 und 3 (bei der Vervielfältigung wesentlicher Teile im wissenschaftlichen und lehrenden Zusammenhang) ist z.b. immer die **Quelle deutlich anzugeben**.

4. Kein Vergütungsanspruch

15 Während das IuKDG in seiner Entwurfsfassung noch einen Absatz enthielt, der §§ 54 – 54h für besondere Fälle der Nutzung für entsprechend anwendbar erklärte, verzichtet die endgültige Gesetzesfassung darauf. Der Datenbankhersteller hat also **keinen Vergütungsanspruch** bei Nutzungen, die unter einzelne Schrankenregelungen fallen. Ob dies mit dem Eigentumsgrundrecht vereinbar ist, wird das Bundesverfassungsgericht zu entscheiden haben.

III. AGB-Recht/Vertrag

16 Eine Erweiterung der Schranken durch vertragliche Vereinbarung stellt faktisch eine vertragliche Nutzungsbeschränkung dar. Dies ist im Rahmen des urhebervertragsrechtlich Zulässigen möglich (allg. dazu vgl. Vor §§ 31 ff. rn. 192 ff. und im Rahmen des Datenbankrechts zu den Verträgen vgl. § 87e). Verkürzungen der Schrankenbestimmungen sind hingegen unwirksam.

IV. Prozessuales

17 Es gilt die allgemeine Regel, dass der Schankenbegünstigte die ihn begünstigenden Voraussetzungen des § 87c darzulegen und ggfs. zu beweisen hat (vgl. Vor §§ 44a ff.).

V. Verhältnis zu anderen Vorschriften

1. Lex specialis zu übrigen Schranken des UrhG

18 § 87c ist hinsichtlich des Schutzrechts sui generis gegenüber den allgemeinen Schranken **lex specialis** (vgl. Rn. 3). Er basiert auf Art. 9 Datenbank-RL, der **abschließend** die Schranken vorgibt. Deshalb kommt ein **Rückgriff, auch analog,** auf die allgemeinen in **§§ 44a ff.** normierte Ausnahmen **nicht in Betracht** (OLG Dresden ZUM 2001, 595, 598 – *Printmedium als Datenbank*; Dreier/Schulze/*Dreier*[2] Rn. 1; Schricker/*Vogel*[3] Rn. 1; Wandtke/Bullinger/ *Thum*[2] Rn. 1, 34 ff.). Dasselbe gilt für spezielle Schrankenregelungen wie die der Sicherungskopie in § 69d, deren analoge Anwendung zum Teil diskutiert wird (Dreier/Schulze/*Dreier*[2] Rn. 1). Allerdings werden einem die §§ 44a ff. sicherlich behilflich sein können bei der Auslegung einzelner Begriffe, die zum Teil identisch in § 87c wiederkehren (so schon die 9. Aufl./*Hertin* Rn. 3; Dreier/Schulze/*Dreier*[2] Rn. 1). Der deutsche Gesetzgeber hat den Text nicht wörtlich umgesetzt, sondern versucht an die Termini des deutschen Urheberrechts anzugleichen (vgl. § 87b Rn. 3). Bei der Nutzung von Datenbankinhalten, die selbständig urheberrechtlich oder leistungsschutzrechtlich geschützt werden, sind diese Bestimmungen aber ergänzend zu beachten. Außerdem kann bei der Auslegung einzelner Tatbestandsmerkmale des § 87c auf die entsprechenden Vorschriften der §§ 44a ff. zurückgegriffen werden. § 53 Abs. 5 enthält eine Sondervorschrift der Schranken nur für Datenbank*werke*.

2. Amtliche Werke

Zu der Frage, ob für amtliche Datenbanken die Sonderregel des § 5 Abs. 2 **19** entsprechend gilt, vgl. § 87a Rn. 34.

3. §§ 95a ff.

Die Regeln über technische Schutzmechanismen in den §§ 95a ff. sind ein- **20** schränkungslos auch auf Datenbanken anwendbar (zum Streitstand bei der anders gelagerten Materie der Computerprogramme vgl. § 69a Rn. 44 ff.).

§ 87d   Dauer der Rechte

¹Die Rechte des Datenbankherstellers erlöschen fünfzehn Jahre nach der Veröffentlichung der Datenbank, jedoch bereits fünfzehn Jahre nach der Herstellung, wenn die Datenbank innerhalb dieser Frist nicht veröffentlicht worden ist. ²Die Frist ist nach § 69 zu berechnen.

Übersicht

I.   Allgemeines

Zur Entstehungsgeschichte vgl. Vor §§ 87a ff. Rn. 2 ff. Das Recht sui generis **1** soll dem Investitionsschutz dienen (vgl. § 87b Rn. 4). Der Richtliniengeber ging – nachdem die Kommission ursprünglich eine Schutzdauer von 10 Jahren vorgeschlagen hatte – davon aus, dass nach **15 Jahren** diese Investitionen amortisiert sei (Begründung geänderter RL-Vorschlag 7). Art. 10 Abs. 1 und 2 Datenbank-RL bestimmen diese Schutzdauer. Der deutsche Umsetzungsgesetzgeber hat sich dem ebenso ohne nähere Begründung angeschlossen (RegE IuKDG 1996 – BR-Drucks. 966/96, S. 49). Daher wird sie zu Recht als willkürlich bezeichnet (Dreier/Schulze/*Dreier*² Rn. 1). Es steht aus, dass eine volkswirtschaftlich fundierte Studie die Schutzdauern der verschiedenen gewerblichen Schutzrechte und Urheberrechte sowie Leistungsschutzrechte untersucht und den Juristen Grundlagen für ihre manchmal recht willkürlich wirkenden Entscheidungen an die Hand gibt.

II.   Tatbestand

1.   Schutzdauerbeginn

Anders als z.B. die Fristen für ausübende Künstler **beginnt** die Schutzdauer **mit 2** **der Veröffentlichung** der Datenbank (bei Ausübenden Künstlern ist Erscheinen i.S.d. § 6 Abs. 2 erforderlich), d.h. wenn die Datenbank mit Zustimmung des Berechtigten der Öffentlichkeit zugänglich gemacht wurde (§ 6 Abs. 1). Dieser Zeitpunkt wird **auf die Herstellung verschoben, wenn** die Datenbank **nicht innerhalb von 15 Jahren** ab Herstellung **veröffentlicht** wird (§ 87d S. 1 Alt. 2). Zu Begriff der Veröffentlichung vgl. § 6. Er ist z.b. dann nicht erfüllt, wenn die Datenbank lediglich ausgewählt Nutzern individuell zur Kenntnis gebracht wird, z.b. per Pull-Service oder e-mail. Die Herstellung setzt voraus, dass die Datenbank alle Tatbestandsmerkmale des § 87a erfüllt, also sobald z.b. die Wesentlichkeitsschwelle der Investitionen genommen ist (Dreier/Schulze/*Dreier*[2] Rn. 4; Schricker/*Vogel*[3] Rn. 3; Möhring/Nicolini/*Decker*[2] Rn. 3; Wandtke/ Bullinger/*Thum*[2] Rn. 7); erst sobald das der Fall ist, kann sie als hergestellt gelten und kann die Schutzdauer beginnen. Unerheblich ist, ob der Daten-bankhersteller sie selbst als hergestellt betrachtet oder etwa meint, es müssten noch letzte Arbeiten an ihr durchgeführt werden. Zur Beweislast vgl. Rn. 6.

2. Ende der Schutzdauer

3 Das Schutzrecht erlischt in der Regel (zu Ausnahmen vgl. Rn. 5) **15 Jahre nach der Veröffentlichung**. Gemäß § 69 bedeutet dies mit Ablauf des 31. Dezember des fünfzehnten Jahres, das der Veröffentlichung bzw. bei einer unveröffent-lichten Datenbank der Herstellung folgt (kritisch *Heinz* GRUR 1996, 455, 456). Zur Übergangsregel für Datenbanken, die vor Einführung des Schutzes sui generis hergestellt wurden, siehe § 137g Abs. 2. Dennoch ist der Ablauf einer Schutzdauer für den Schutzumfang der **Datenbank**, in die **wesentlich neu investiert** wurde, nicht bedeutungslos. Denn der Schutz beschränkt sich prin-zipiell auf die Teile der Datenbank, in denen sich die wesentliche Investition niederschlägt. Da die wesentliche Investition, die das Schutzrecht sui generis ursprünglich begründete, andere Teile der Datenbank betreffen kann als die wesentliche Investition, die zu einem neuen Schutzrecht sui generis führt, können wesentliche Teile zu unwesentlichen Teilen werden, wenn das Schutz-recht für die Investition abgelaufen ist, die diese Teile betrifft. Das Auslaufen des Schutzrechts sui generis bedeutet nicht, dass nicht für den in der Daten-bank enthaltenen Inhalt nicht noch andere Schutzrechte, sei es urheberrecht-liche, sei es gar gewerbliche Schutzrechte, laufen.

3. Berechnung bei neuen Datenbanken i.S.d. § 87a Abs. 1 Satz 2

4 Der erste deutsche Umsetzungsentwurf hatte noch einen eigenen Absatz 2 zur Schutzfrist vorgesehen, der bei jeder wesentlichen Neuinvestition „eine eigene Schutzdauer" in Gang setzte. Das ist zu Recht im Gesetz nicht übernommen worden, auch wenn Art. 10 Abs. 3 Datenbank-RL eine solche Bestimmung vorsieht. Denn jede wesentliche Investition in eine Datenbank führt nach § 87a Abs. 1 S. 2 zu einem **neuen Schutzrecht** sui generis an der Datenbank. Auch wenn der Richtliniengeber offenbar davon ausging, dass sich dadurch die alte Schutzfrist verlängert, ist es u.E. kein Verstoß der Umsetzung, dass der deutsche Gesetzgeber dies negiert und logisch folgerichtig die Verlängerung alleine über das eo ipso entstehende neue Schutzrecht konstruiert.

5 Es sei an dieser Stelle daran erinnert, dass bereits eine eingehende Überprüfung des Inhalts der Datenbank für eine wesentliche Neuinvestition ausreichen kann (vgl. § 87a Rn. 28; ErwG 55 Datenbank-RL). Das bedeutet, dass im Ergebnis sich bei einer Datenbank, die regelmäßig gepflegt wird, die Schutz-rechte sui generis wie Perlen an einer Kette ohne Unterbrechung aneinander-reihen und zeitlich sogar überlappen können, so dass theoretisch eine Art

„Ewigkeitsschutz" denkbar ist (so ausdrücklich RegE IuKDG 1996 – BR-Drucks. 966/96, S. 49 und zu Recht die Vorauflage/*Hertin*[9] § 87a Rn. 10; ebenso offenbar auch Dreier/Schulze/*Dreier*[2] Rn. 6 ff.; a.A. neuer Schutz nur für neue Teile: *Gaster* Rn. 651 f.; gesamte Datenbank: Möhring/Nicolini/*Decker*[2] Rn. 5; Wandtke/Bullinger/*Thum*[2] Rn. 6; vermittelnd: Schricker/*Vogel*[3] Rn. 6: zwar gesamte Datenbank, aber bei Verletzung nur der von Neuinvestition beeinflusste Teil zu berücksichtigen). Keine der Lösungen vermag das Beweisdilemma zu lösen, das mit Neuinvestitionen entsteht. Hat die Rechtsprechung und Praxis schon erhebliche Schwierigkeiten mit dem Merkmal der wesentlichen Investition überhaupt (vgl. § 87a Rn. 14 ff.), wird sie dieses Problem, das sich in der Praxis bislang mangels erstmaligen Ablaufens der 15 Jahre noch nicht stellte, nicht zu lösen in der Lage sein. Dogmatik hin oder her, an dieser Stelle ist unseres Erachtens eine pragmatische Lösung gefragt, die sich aus unserer Sicht nur in einem automatischen Schutz der gesamten Datenbank für die neuen 15 Jahre finden lässt, denn dann muss „nur" erneut bestimmt werden, ob eine wesentliche (nun „Neu"-)Investition stattgefunden hat. Und mit dieser Sysiphosarbeit hat die Rechtsprechung dann ja bereits 15 Jahre Erfahrung.

III. Prozessuales

Die **Beweislast** für den Zeitpunkt der Fertigstellung, also auch für den Zeitpunkt **6** zu dem die Datenbank hergestellt oder veröffentlicht wurde, trägt der Datenbankhersteller (ErwG 53 Datenbank-RL). Dasselbe gilt für die Tatbestandsmerkmale der wesentlichen Neuinvestition (ErwG 54 Datenbank-RL).

IV. Verhältnis zu anderen Normen

Es gelten im Übrigen die allgemeinen Schutzdauerregeln zur Fristberechnung **7** (§ 69).

§ 87e　Verträge über die Benutzung einer Datenbank

Eine vertragliche Vereinbarung, durch die sich der Eigentümer eines mit Zustimmung des Datenbankherstellers durch Veräußerung in Verkehr gebrachten Vervielfältigungsstücks der Datenbank, der in sonstiger Weise zu dessen Gebrauch Berechtigte oder derjenige, dem eine Datenbank aufgrund eines mit dem Datenbankhersteller oder eines mit dessen Zustimmung mit einem Dritten geschlossenen Vertrags zugänglich gemacht wird, gegenüber dem Datenbankhersteller verpflichtet, die Vervielfältigung, Verbreitung oder öffentliche Wiedergabe von nach Art und Umfang unwesentlichen Teilen der Datenbank zu unterlassen, ist insoweit unwirksam, als diese Handlungen weder einer normalen Auswertung der Datenbank zuwiderlaufen noch die berechtigten Interessen des Datenbankherstellers unzumutbar beeinträchtigen.

Übersicht

I. Allgemeines: Zusammenhang mit der Richtlinie und praktische Bedeutung

1 Zur Entstehungsgeschichte vgl. Vor §§ 87a ff. Rn. 2 ff. Ebenso wie die Computerprogramm-RL kennt auch die Datenbank-RL in Art. 8 eine Regelung, die Rechte des sog. rechtmäßigen Benutzers festlegt. Anders als in § 69d für Computerprogramme hat sich der deutsche Umsetzungsgesetzgeber entschlossen, dies nicht als Ausnahme von den Verwertungsrechten des Rechtsinhabers zu formulieren, sondern in einen vertragsrechtlichen Zusammenhang zu stellen und dabei zugleich die Regelung des Art. 15 Datenbank-RL mit umzusetzen. Der Regierungsentwurf sah dies noch anders vor (RegE IuKDG 1996 – BR-Drucks. 966/96, S. 49 f.). Ziel der Richtlinienregelung und damit auch der deutschen Norm ist es, zu verhindern, dass **sog. rechtmäßige Benutzer** (zu diesem Begriff vgl. § 69d Rn. 10 ff. sowie vgl. § 87c Rn. 3; hier vgl. Rn. 4) an einer „normalen Benutzung" der Datenbank gehindert werden. Sie dient damit der **Umlauffähigkeit von Datenbanken**. Dem Rechtsinhaber ist es daher verboten, bestimmte Nutzungshandlungen in Bezug auf unwesentliche Teile der Datenbank vertraglich zu untersagen.

2 Da § 87b Abs. 1 S. 2 unwesentliche Teile vom Schutzumfang unter bestimmten Bedingungen ausnimmt, ist es in der Tat realistisch, dass Rechtsinhaber versuchen, den Schutzumfang vertraglich zu erweitern. Diesem soll § 87d vorbeugen (*Vogel* ZUM 1997, 592, 598). Damit ist § 87e zugleich ein argumentum e contrario für die Frage, ob vertraglich die Anwendbarkeit des Urheberrechts, z.B. im Bereich der angewandten Kunst, die im Einzelfall vielleicht nicht unter das Urheberrecht fällt, regelbar ist (vgl. § 2 Rn. 146 ff.). Die Bestimmung ist i.S.d. **Art. 34 EGBGB** zwingendes Recht (Dreier/Schulze/*Dreier*[2] Rn. 1; Schricker/*Vogel*[3] Rn. 4; Wandtke/Bullinger/*Thum*[2] § 87c Rn. 1, 34 ff.).

II. Tatbestand

1. Weitergehende vertragliche Nutzungsbeschränkungen

3 Der Inhaber des Schutzrechts sui generis soll gegenüber seinem Vertragspartner nicht zu etwas berechtigt sein, was er einem Dritten, mit dem er nicht vertraglich verbunden ist, nicht verbieten könnte, weil das Schutzrecht bestimmte Handlungen eben gar nicht in seinen Schutzumfang aufgenommen hat. Denn das von jedermann zu beachtende dingliche Ausschließlichkeitsrecht des Datenbankherstellers erstreckt sich selbst nur auf die **Nutzung von mindestens einem wesentlichen Teil der Datenbank**. Die Nutzung **unwesentlicher Teile** verletzt das Ausschließlichkeitsrecht nicht, solange sie einer **normalen Auswertung** der Datenbank **nicht zuwiderläuft** und die **berechtigten Interessen** des Datenbankherstellers nicht unzumutbar beeinträchtigt. Die Datenbankrichtlinie gestattet selbst „unrechtmäßigen" Benutzern die Entnahme und Weiterverwendung unwesentlicher Datenbankteile. Verboten ist nach deren Art 7 Abs. 1 Datenbank-RL nur die Entnahme oder Weiterverwendung der

Gesamtheit oder eines qualitativ oder quantitativ wesentlichen Teils der Datenbank.

a) In Bezug auf Eigentümer Vervielfältigungsstück/zum Gebrauch Berechtig- **4**
ten: Voraussetzung für die Anwendbarkeit des § 87e ist, dass eine der folgenden Personengruppen betroffen ist: (1) Eigentümer eines mit Zustimmung des Datenbankherstellers durch Veräußerung in Verkehr gebrachten Vervielfältigungsstücks der Datenbank oder (2) der in sonstiger Weise zu dessen Gebrauch Berechtigte oder (3) derjenige, dem eine Datenbank aufgrund eines mit dem Datenbankhersteller oder eines mit dessen Zustimmung mit einem Dritten geschlossenen Vertrags zugänglich gemacht wird. Was ein **Vervielfältigungsstück der Datenbank** ist, ergibt sich aus dem allgemeinen Vervielfältigungsbegriff (vgl. § 16). Da auch die Kopie einer Datenbank auf einem Datenträger eine Vervielfältigung sein kann, statuiert der Gesetzgeber an dieser Stelle, dass Eigentum an Daten möglich ist (ausführlich zu diesem Problem vgl. § 69d Rn. 10 ff. und Bröcker/*Czychowski*/Schäfer § 13 Rn. 16; *Spindler*/*Klöhn* CR 2003, 81 ff.). Schwieriger ist der Begriff des **zum Gebrauch Berechtigten** oder, wie die Richtlinie formuliert, rechtmäßigen Benutzers. Dieser dem deutschen Urheberrecht fremde Begriff findet sich auch schon in dem EG-rechtlich geprägten Regelungen über Computerprogramme, dort in § 69d Abs. 1 (zur Begriffsbestimmung vgl. § 69d Rn. 10 ff.). Die letzte Alternative der Person, der eine **Datenbank zugänglich gemacht** wird, soll lediglich sicherstellen, dass Nutzer, die Datenbanken nur im Online-Verkehr nutzen, nicht schutzlos gestellt sind; u.E. ist diese Alternative aber unnötig, da Alternative 2 diese Fälle bereits abdeckt. In jedem Fall erfasst die Alternative 3 nicht nur Verträge des Datenbankherstellers selbst, sondern auch des Inhabers des Rechts, soweit er dieses vom Hersteller ableitet, denn das Recht sui generis ist übertragbar (Dreier/Schulze/*Dreier*[3] Rn. 4).

b) Betreffend unwesentliche Teile: Der Begriff der unwesentlichen Teile ent- **5**
spricht dem in § 87b (vgl. § 87b Rn. 22). Der Gesetzeswortlaut spricht zwar von „nach Art und Umfang" unwesentlichen Teilen. Hierbei handelt es sich aber um ein Redaktionsversehen; es muss „oder" heißen (Dreier/Schulze/*Dreier*[2] Rn. 5; Schricker/*Vogel*[3] *Rn.* 10).

c) Zuwiderlaufen einer normalen Auswertung/Beeinträchtigung der Interessen **6**
des Datenbankherstellers: Vertragliche Regelungen, die darauf gerichtet sind, die Verwendung unwesentlicher Teile auszuschließen oder einzuschränken, sind allerdings nur dann unwirksam, wenn diese Nutzung einer normalen Auswertung der Datenbank nicht zuwiderläuft oder die berechtigten Interessen des Datenbankhersteller nicht unzumutbar beeinträchtigt. Auch diese Begriffe **entsprechen** denen des § 87b (vgl. § 87b Rn. 25 ff.).

Besteht die Datenbank aus mehreren Bereichen, die separat zugänglich sind, **7**
darf der Datenbankhersteller dem Benutzer vertraglich allerdings die Nutzung unwesentlicher Teile aus Bereichen der Datenbank untersagen, für die er keine Zugangsberechtigung erwirbt. Ansonsten sind **Eigenbedarfsklauseln** oder **Kopierklauseln,** wie sie häufig in Datenbankverträgen enthalten sind (vgl. Vor §§ 31 ff. Rn. 125 ff.), aber nur noch wirksam, wenn sie dem Benutzer die unbeschränkte Nutzung unwesentlicher Teile für beliebige Zwecke und gegenüber jedermann belassen; entsprechende einschränkende Vertragsklauseln in Verträgen, die vor dem 01.01.1998 geschlossen wurden, bleiben aber gemäß § 137g wirksam (9. Aufl./*Hertin* Rn. 1).

2. Rechtsfolgen bei Verstößen

8 Anders als bei AGB führt ein Verstoß gegen § 87e nicht zur Unwirksamkeit der gesamten Klausel. Eine **geltungserhaltende Reduktion** ist vielmehr zulässig (Dreier/Schulze/*Dreier*[3] Rn. 7). Im Übrigen gilt § 139 BGB.

III. Vertragspraxis im Bereich der Datenbanken

1. Vertragstypen

9 Zur **Verfügung** über die Rechte aus §§ 87a ff. selbst vgl. zunächst § 87b Rn. 34. Unnötig zu erwähnen, dass Datenbanken in einer Wissensverkehrsgesellschaft eine zunehmende Relevanz zukommt. Die Zeit und Mühen, die man spart, wenn man für Recherchen nicht mehr Archive aufsuchen muss, können enorm sein. Datenbanken tragen damit ganz erheblich zum weiter beschleunigten Informationszugang bei. Dabei kann der Nutzer entweder lediglich an einem **reinen Zugang** interessiert sein oder aber daran, die **Daten** auch physisch **verfügbar zu bekommen**. Als Beispiele kann man sich den Zugang zu einzelnen Informationen, etwa über die Belastbarkeit von Kinderfahrradanhängern aus der immensen Flut an Daten der Stiftung Warentest vorstellen oder aber die Übermittlung von Daten einer Wetterdatenbank, weil man auf seiner privaten Homepage das Wetter seines Geburtstags der Welt in Erinnerung rufen will.

10 Im Verhältnis zwischen dem Anbieter der Datenbank und ihrem Nutzer unterscheidet man **Offline -Verträge**, bei denen die Nutzung mittels eines Datenträgers (z.b. CD-ROM oder gar Karteikarten) erfolgt, von **Online-Verträgen**, im Rahmen derer die Daten mittels elektronischer Datenfernübertragung zur Verfügung gestellt werden. Durch die Zurverfügungstellung des Datenträgers (Übereignung oder bloße Besitzverschaffung auf kauf- oder mietvertraglicher Grundlage: *Mehrings* NJW 1993, 3102, 3106) wird dem Nutzer der Datenbank „echter Informationsbesitz" eingeräumt (so schon *Moufang* FS Schricker 1995, S. 571, 586; zur Einordnung von „Informationen" vgl. § 69c Rn. 36). Der Offline-Nutzer genießt insoweit eine intensivere Nutzungsmöglichkeit, weil er die Datenbank unabhängig von etwaigen zeitlichen, inhaltlichen oder sonstigen Beschränkungen in der Verfügbarkeit des Servers oder der Onlineverbindung nutzen kann. Einfluss auf die hier vorzunehmende rechtliche Einordnung der Datenbanknutzung hat die Unterscheidung in Online- und Offline-Verträge allerdings nicht, da die Auswertung eines Immaterialgüterrechts zu trennen ist von der Frage der Eigentumsverhältnisse an dem das Immaterialgut verkörpernden Datenträger (so auch *Rehbinder* Rn. 765). Wir wollen im Folgenden **kursorisch einen Blick** auf die **zwei wesentlichen Vertragstypen** im Verhältnis Nutzer/Anbieter und ihre **urheberrechtlichen Besonderheiten** werfen. Zu **Zwangslizenzen** vgl. Vor §§ 31 ff. Rn. 84.

2. Verträge über den Zugang zu Datenbanken

11 Bei Verträgen über den Zugang zu Datenbanken stehen sich die **Hauptpflicht** des Betreibers bzw. sonstigen Anbieters, den Zugang zu den Daten zu ermöglichen der **Vergütungspflicht** des Nutzers gegenüber. Soweit der Zugang unentgeltlich angeboten wird, dürfte der Vertrag am ehesten einer Leihe entsprechen (*Spindler*/*Schuppert* Teil II Rn. 60). Soweit der Zugang entgeltlich erfolgt, müsste Pachtrecht (§§ 581 ff. BGB) für den Zugang zur Datenbank und die Recherchemöglichkeit Anwendung finden. Der Anbieter ist danach verpflichtet, die vertraglich vereinbarten Datenbanken sowie die zu ihrer Nutzung erforderliche Software (die wiederum selbst urheberrechtlich geschützt sein und entsprechende Nutzungsrechtseinräumungen erfordern kann) in einem für die Informationsrecherche geeigneten Zustand bereit zu halten. Der Download von Daten hingegen dürfte sich wohl eher nach Geschäftsbesorgungsrecht ggf. verbunden ob und wenn ja in welchem Umfang der Nutzer die **Ergebnisse seiner Recherche** weiter nutzen darf. Denkbar sind insoweit Rechtseinräumungen zur gewerblichen Nutzung, in elektronischen Archiven, zum Angebot an Dritte etc. (Loewenheim/*Koch* § 77 Rn. 134). Mangels anderweitiger vertraglicher Regelungen – soweit § 87e diese zulässt – wird man – für den Fall, dass die Datenbank §§ 87a ff. oder die recherchierten Elemente sonstigen Schutzgegenständen des **Urheberrechts** unterfallen – unter Rückgriff auf die **Zweckübertragungstheorie** mit Kaufrechtselementen richten (so wohl auch *Spindler/Schuppert* Teil II Rn. 59, der für die Recherche aber pacht- *und* mietrechtliche Regeln anwenden will). **Umfang und Inhalt der Datenbank** werden i.d.R. in einem Anhang zum Vertrag konkretisiert. Der Vertragstyp kennt als besonderer Zugangsvertrag alle Schwierigkeiten der Leistungsbeschreibung und des technischen Zugangs bzw. vorübergehenden Zugangssperrungen wie man sie aus Access- Verträgen kennt (im Detail hierzu Bröcker/*Czychowski*/Schäfer § 13 Rn. 65 ff., 81 ff, 150 ff.). Nutzt der Kunde nicht eine vorbestehende Datenbank, sondern lässt sie sich für von ihm übermittelte Daten programmieren, dominiert hinsichtlich der Erstellung der Datenbank Werkvertragsrecht; zudem mietet der Kunde regelmäßig auf dem Server des Anbieters einen gewissen Umfang an Speicherkapazität für die Niederlegung der Datenbank (im Detail zum sog. *Application Service Providing* vgl. § 69c Rn. 74 ff.; Redeker/*Gennen*, Handbuch IT-Verträge, Kap. 1.17 sowie BGH, Urteil vom 15.11.2006, Az. XII ZR 120/04); der Zugang zur individuell gestalteten Datenbank erfolgt dann im Wege des Online-Zugriffs auf Grundlage der o.g. Rechtsgrundsätze, ohne dass sich auf dem Computer des Kunden eine Software zur Nutzung der Datenbank installiert werden muss.

Urheberrechtlich interessant ist, im Einzelfall entscheiden zu haben. I.d.R. **12** dürfte eine Datenbank, die einem eine Recherche zu einem Fachthema ermöglicht, nicht zu dem Zweck weiterer Vervielfältigungen oder gar Verbreitungen zur Verfügung stehen, als die der privaten Nutzung durch den jeweiligen Nutzer. Dieser hat sich also jeder weiteren urheberrechtlich relevanten Nutzungshandlung zu enthalten. Ob die sonst für derartige private Nutzungen geltende Norm des § 53 UrhG in diesem Zusammenhang gilt, ist keineswegs klar. Angesichts der neuen Möglichkeiten, die neue Medien wie das Internet bieten, spricht viel dafür, die Vorschriften über die private Vervielfältigung teleologisch zu reduzieren (ausführlich *Schaefer* S. 191 ff..; *Braun* GRUR 2001, 1106, 1107 ff.). Daher kann das Herunterladen bestimmter Informationen oder Dateien auf die Festplatte nicht mehr als private Vervielfältigung eines Inhalts angesehen werden, der zuvor unkörperlich zugänglich gemacht wurde, sondern stellt eine zustimmungsbedürftige Nutzung eines Vervielfältigungsrechts dar, das je nach Vertrag allerdings auch eingeräumt sein bzw. über die neuen **Digital Rights Mangement-Systeme** eingeräumt werden kann. Um die Datenbank und ihre Inhalte mehrfach verwerten zu können, erfolgt die Nutzungsrechtseinräumung i.a.R. in Form einer einfachen Lizenz, § 31 Abs. 2. Neben den Nutzungsrechten für die Verwertung der Datenbank bzw. des Datenbankteils sind die Urheberrechte an den in die Datenbank aufgenommenen Werke zu beachten, die durch die Aufnahme in die Datenbank unberührt bleiben (Art. 3 Abs. 2 Datenbank-RL) und für deren Verwertung ebenfalls Nutzungsrechte vertraglich eingeräumt werden müssen.

13 Die **Höhe der Lizenzgebühr** für den Zugang zu einer Datenbank ist abhängig von dem Umfang der Zugriffsrechte (gesamte Datenbank oder nur einzelne Module), zeitlichen Nutzungsbeschränkungen, dem Umfang der am Rechercheergebnis eingeräumten Nutzungsrechte, der Ausgestaltung als Einzelplatz – oder Netzwerklizenz, der Qualität und dem Umfang der in der Datenbank aufbereiteten Datensätze etc. Zudem wird vielfach unterschieden zwischen den Gebühren für das Einrichten des Zugangs einschließlich des Überlassens der erforderlichen Software und den Gebühren pro abgerufenem Datenbankelement (Vertragsmuster bei Loewenheim/*Koch* § 77 Rn. 187).

14 Interessant ist darüber hinaus, inwieweit der Datenbankanbieter **Nutzungen vertraglich untersagen** kann, wenn der Gegenstand nicht dem Urheberrecht unterfällt, also weder dem Recht sui generis der §§ 87a ff., noch dem eigentlichen Urheberrecht nach § 2 UrhG. In diesem Fall dürfte eine analoge Anwendung des Urheberrechts über eine vertragliche Regelung möglich sein (zu dieser allgemeinen urheberrechtlichen Frage *OLG Köln*, GRUR 1996, 889, 892; Hasselblatt/*Axel Nordemann/Czychowski* § 43 Rn. 155. – nicht unumstritten), wenn diese auch selbstverständlich nur *inter partes* wirkt und keine dem Urheberrecht sonst zukommende *inter omnes* Wirkung entfaltet.

15 Der Datenbankbetreiber steht für die **Zugriffsmöglichkeit** auf die Datenbank und die **Abrufbarkeit** der in ihr gespeicherten Daten während der eingangs beschriebenen Betriebszeit ein. Denn nach § 581 BGB ist Hauptpflicht des Pächters, im Falle der entgeltlichen Zugangsgewährung, die Gebrauchsgewährung wie bei der Miete. Hinzutritt, dass ein Vertrag über den Zugang zu Datenbanken nicht alleine abstrakt den Zugang regelt, sondern auch für einen gewissen Inhalt bürgt. Der Nutzer ist in einzelnen Gebieten – etwa in der Medizin oder der Geowissenschaft – darauf angewiesen, dass die Datenbank vollständig ist und richtige Informationen enthält. Den Hersteller trifft eine **Produkthaftung für immaterielle Leistungen** (vgl. § 69c Rn. 37). Ist die Datenbank inhaltlich fehlerhaft, enthält also beispielsweise falsche Literaturangaben, oder ist unvollständig/fehlerhaft auf dem Datenträger abgespeichert, so kann ein Sachmangel vorliegen; hat sich der Betreiber der Datenbank hingegen die Vertriebsrechte an den einzelnen Elementen der Datenbank nicht ordnungsgemäß eingeholt, so ist die Datenbank insoweit mit einem Rechtsmangel behaftet (Loewenheim/*Koch* § 77 Rn. 137). Folglich können nach den allgemeinen Gewährleistungsregeln Minderungs- bzw. Wandlungsrechte sowie gegebenenfalls Schadensersatzansprüche entstehen (im Detail hierzu Loewenheim/*Jan Bernd Nordemann* § 62 Rn. 2 ff. allgemein zur Gewährleistung und Haftung des Rechtsinhabers; zur Gewährleistung bei Softwaremängeln grundlegend BGH NJW 1988, 406 ff.).

3.   Verträge über das Herunterladen von Daten (Downloading-Verträge)

16 Solange und soweit der Nutzer sich mit dem bloßen Zugang zu Inhalten nicht zufrieden gibt (geben kann) – dann würde es sich um den oben beschriebenen Zugangsvertrag handeln – wird es **Verträge über Zuordnungsveränderungen** wie den Downloadvertrag geben. Man sollte sich hierunter jedoch keinen eigenen Vertragstypen vorstellen, denn letztendlich bildet diese Vertragsart lediglich das digitale Gegenstück zu den geläufigen Vertragstypen des BGB, sei es Kauf, Miete, Schenkung oder anderes. Der Vertrag über das Herunterladen von Daten enthält im Übrigen je nach Ausgestaltung viele Elemente des oben beschriebenen Vertrages über den Zugang zu Datenbanken. Eine miet-/pachtvertragliche Ausgestaltung des Vertrags wird insb. bei einer zeitlich begrenzten Überlassung der Datenbankelemente vorliegen; die (zumindest analoge) Anwendung des Kaufrechts hinsichtlich des Abspeicherns eines Datenbankelements auf dem eigenen Rechner liegt nahe, da es keinen Unterschied machen kann, ob die Information auf einem Datenträger verkörpert geliefert oder als Datei digital übermittelt wird (Loewenheim/*Koch*, § 77 Rn. 146). **Gegenstand des Vertrages** sind im Einzelfall näher zu konkretisierende Daten. Die Konkretisierung kann über eine vorangegangene Recherche des Kunden, aber auch des Anbieters für den Kunden erfolgen, wie dies zum Beispiel bei Datenbanken mit juristischen Informationen der Fall ist. Es ist aber auch denkbar, dass der Anbieter lediglich einige wenige auszuwählende Dateien zum Download bereithält, etwa Geodaten über den Tsunami im indischen Ozean. Dem Anbieter obliegt als **Hauptpflicht** bei Verträgen über das Herunterladen von Daten, dem Nutzer eben dieses Herunterladen zu ermöglichen. Hierzu gehört zweifelsohne auch, sofern es sich um urheber- oder sonst schutzrechtlich geschützte Daten handelt, die entsprechende **Einräumung der notwendigen Nutzungsrechte.** Ob diese lediglich das Vervielfältigungsrecht zum Abspeichern auf dem Speicher des Nutzers umfassen oder weitergehende Nutzungs- oder gar Änderungsrechte, sollte der Vertrag im Einzelfall regeln. Sollte dieser keine Regelungen enthalten, wird bei urheberrechtlich relevanten Daten die oben dargestellte Zweckübertragungstheorie eingreifen, an Hand derer man den Umfang der Nutzungsrechte zu bestimmen hat. Auch bei diesen Verträgen gelten die oben (vgl. Rn. 15) dargestellten spezifischen Fragen der Produkthaftung für immaterielle Leistungen.

4.   **Vertragsbeziehung zwischen Datenbankherstellern und Datenlieferanten**

Soweit der Hersteller einer Datenbank (oder eines Datenbankwerks) urheber-   **17** rechtlich geschützte Elemente in seine Datenbank aufnehmen möchte, muss er sich – soweit nicht im Einzelfall eine gesetzliche Schrankenregelung eingreift – die entsprechenden Nutzungsrechte durch den Urheber bzw. dessen Verwertungsgesellschaft einräumen lassen. Neben dem in jedem Fall der Datenbankherstellung erforderlichen Vervielfältigungsrecht werden je nach Art der Datenbank und ihrer beabsichtigten Verwendung auch das Bearbeitungs- und Verbreitungsrecht sowie das Recht der öffentlichen Zugänglichmachung bei einem Angebot der Datenbank im Internet erforderlich sein. Denkbar sind in diesem Zusammenhang sowohl rein schuldrechtliche als auch dingliche Beschränkungen der Lizenzierung, beispielsweise um zu verhindern, dass das Werk mit bestimmten anderen Werken gemeinsam in eine Datenbank aufgenommen wird (Loewenheim/*Koch* § 77 Rn. 171). Zudem gilt es, bei Aufnahme der Werke in die Datenbank die Urheberpersönlichkeitsrechte, insb. den Anspruch des Urhebers auf Anerkennung seiner Urheberschaft bzw. auf Namensnennung, zu beachten.

Teil 3 Besondere Bestimmungen für Filme
Abschnitt 1 **Filmwerke**

Vorbemerkung

Übersicht

I. Sinn und Zweck; Systematik

Ein Filmwerk unterscheidet sich von anderen Werkarten vor allem durch den **1** großen Kreis der an seiner Herstellung beteiligten Personen. Zunächst entstehen Filme auf der Grundlage **vorbestehender Werke**; ein Drehbuch oder ein Roman werden verfilmt, ein bekannter Schlager wird als Filmmusik genutzt. Den Prozess der Schöpfung des eigentlichen Filmwerks können verschiedene Filmurheber begleiten; der RegE UrhG nennt **Regisseur, Kameramann, Cutter** und möglicherweise einzelne Filmdarsteller, wenn sie ausnahmslos schöpferisch (§ 2) zur Gestaltung des Filmwerks beitragen (RegE UrhG – BT-Drucks. IV/270, S. 98). Die **Darsteller** dürften ansonsten im Regelfall als ausübende Künstler (§§ 73 ff.) geschützte Leistungen erbringen. An Filmwerken ist also ein illusterer Haufen verschiedenster Urheber und Leistungsschutzberechtigter beteiligt. Das würde die Auswertbarkeit des Filmwerkes in Frage stellen, wenn die Rechte nicht in einer Hand konzentriert werden. An einer Auswertbarkeit hat gerade der Filmhersteller ein großes Interesse. Denn er stellt Filmwerke i.d.R. mit großem Kostenaufwand und entsprechendem finanziellen Risiko zum Zweck der gewerblichen Verwertung her. Die §§ 88 bis 94 beruhen daher auf dem **Grundgedanken**, dass dem Filmhersteller eine weitgehend **ungestörte wirtschaftliche Auswertung** des Filmes für die Amortisation seiner Kosten gesichert werden soll (RegE UrhG – BT-Drucks. IV/270, S. 98; *Loewenheim* UFITA 126 [1994], 99, 110; *Poll* GRUR Int. 2003, 290, 291; Dreier/Schulze/ *Schulze*[2] Rn. 1). Das soll durch eine **Bündelung** aller Rechte in seiner Hand bewirkt werden.

Die Bündelung der Rechte in der Hand des Filmherstellers ist aber auch aus **2** Sicht der Urheber- bzw. Leistungsschutzberechtigten durchaus wünschenswert. Ohne Zusammenfassung der Rechte könnten **Einzelne die Verwertung** dadurch **behindern**, dass sie ihre Rechte als Blockademittel einsetzen. Im Extremfall könnte ein Einzelner die Auswertung komplett verhindern. § 93 Abs. 1 S. 2, der eine Rücksichtnahmepflicht unter einzelnen originären Rechteinhabern für den Fall der Entstellung von Filmwerken anordnet, sollte insoweit den Rang einer allgemeinen Regel erhalten. Eine Rücksichtnahmepflicht kann ferner auch über die Zweckübertragungsregel des § 31 Abs. 5 durchschlagen (*Schaefer* FS Wilhelm Nordemann II S. 227 ff.; vgl. § 31 Rn. 111).

Dieser Interessenlage bei der Schöpfung eines Filmwerks als Ergebnis einer **3** Vielzahl von Schaffensleistungen unter der organisatorischen Leistung eines Filmherstellers tragen die §§ 88 bis 94 Rechnung, und zwar in dreifacher Hinsicht: Sie enthalten **Rechtseinräumungsvermutungen**, ordnen **Einschrän-**

kungen der nicht an den Filmhersteller vergebenen **Rechte** an und schaffen zudem ein **originäres eigenes Leistungsschutzrecht** des Produzenten.

4 Die **Rechtseinräumungsvermutungen** sind Auslegungsregeln für die vertragliche Einräumung aller erforderlichen Rechte in dem Umfang, die der Produzent für die Herstellung und die Auswertung des hergestellten Filmwerkes benötigt. Die §§ 88 ff. **differenzieren** dabei nach der **Art der Beiträge** zum Filmwerk. Diese werden unterschieden in: vorbestehende Werke, Werke der unmittelbar an der Herstellung des Filmwerkes Beteiligten sowie Leistungen ausübender Künstler (RegE UrhG – BT-Drucks. IV/270, S. 99). § 88 enthält eine Vermutung für Urheber **vorbestehender Werke**, nach der sie dem Filmhersteller im Zweifel die ausschließlichen Rechte einräumen, unabhängig vom Film bestehende Werke (bspw. Roman, Filmmusik) in unveränderter oder (meist) veränderter Form für die Herstellung und Auswertung des Films zu benutzen. Das deckt die Herstellung eines konkreten Filmes und beinhaltet nicht das Recht zur Wiederverfilmung. § 89 ist eine dem ähnliche Vermutung für diejenigen, die schöpferisch unmittelbar bei der **Filmherstellung** mitwirken (Regisseur, Kameramann, Cutter etc.) und deren Beiträge nicht vom Filmwerk zu trennen sind (zur Abgrenzung von vorbestehenden Werken vgl. Rn. 16 ff.). § 92 enthält eine wiederum mit § 89 vergleichbare Regelung über die Rechteeinräumung an den Leistungen **ausübender Künstler** bei der Filmherstellung.

5 Die Beteiligten müssen zudem eine gewisse **Einschränkung der ihnen verbliebenen Rechte** im Filmbereich in Kauf nehmen. § 90 erleichtert dem Filmhersteller die Verwertung des Filmes, indem er ab Beginn der Dreharbeiten die Bindungen zu den Rechten der Filmschaffenden i.S.d. §§ 88, 89, 92 dadurch lockert, dass die Zustimmungserfordernisse für die Übertragung (§ 34) und Einräumung von Nutzungsrechten weiterer Stufen (§ 35) ebenso für unanwendbar erklärt werden wie das Rückrufsrecht wegen Nichtausübung (§ 41) und wegen gewandelter Überzeugung (§ 42). Ähnlich schränkt § 93 die Geltendmachung persönlichkeitsrechtlicher Belange bei Entstellungen und Beeinträchtigungen sowie beim Namensnennungsrecht ein.

6 Schließlich wird dem Filmhersteller ein **eigenes Leistungsschutzrecht** am Filmträger mit einer Schutzdauer von 50 Jahren ab Erscheinen an die Hand gegeben (§ 94).

7 Die §§ 88 ff. sind seit Inkrafttreten **rechtspolitischer Kritik** ausgesetzt. Beklagt wurden zum einen die Unzulänglichkeiten des Regelungssystems, die zumindest vor der Urheberrechtsnovelle 2002 den praktischen Erfordernissen der Filmwirtschaft nicht genügten. Insb. zielte das auf die – 2002 aufgehobene, aber für Altverträge weiterhin relevante – Beschränkung des § 88 a.F. auf Kino- und Fernsehfilme (vgl. § 88 Rn. 9 ff.), der der Filmwirtschaft mit ihrem Trend zur Totalauswertung auch in neuen Medien nicht genügend Rechnung trug. Aber auch heute gibt es Stimmen, denen die Privilegierung des Filmherstellers nicht weit genug geht (siehe die rechtspolitische Forderung von *Rehbinder*[14] Rn. 280 nach einem originären Urheberrecht des Produzenten, vgl. Rn. 22; zur diskutierten Legalzession der Nutzungsrechte vgl. § 88 Rn. 19). In entgegengesetzter Richtung werden zu Unrecht Bedenken gegen Eingriffe in die Rechte der Haupturheber des Filmwerkes geäußert (statt vieler Schricker/*Katzenberger*[3] Rn. 38 ff.; Dreier/Schulze/*Schulze*[2] Rn. 4). Gegen die §§ 88 bis 94 kann insoweit nicht eingewandt werden, der Filmhersteller werde gegenüber anderen Werkproduktionen (wie Opern, Computerprogramme) privilegiert, bei denen ein ähnliches hohes Produktionsrisiko und vergleichbare Schwierigkeiten beim Rechteerwerb auftreten können (so Dreier/Schulze/*Schulze*[2] Rn. 4). Der Gesetzgeber hat diese Ungleichbehandlung gesehen und ausdrücklich in Kauf genommen (RegE UrhG – BT-Drucks. IV/270, S. 100). Zudem weiß jeder Praktiker um die Schwierigkeiten, die aufgrund der fehlenden Regelung in anderen Bereichen auftreten können, so dass eher für solche Werkarten ebenfalls an eine spezielle Regelung gedacht werden sollte, als die Filmbestimmungen zu modifizieren. Ferner wird zu Unrecht angeführt, dass heute durch die veränderten wirtschaftlichen Verhältnisse in der Filmindustrie die Produktionsrisiken weitgehend gestreut seien und tw. gar kein großes wirtschaftliches Risiko (öffentliche Förderung; Auftragsproduktionen) mehr bestehe. Das geht am Schutzweck der §§ 88 ff. vorbei. Es kommt nicht darauf an, dass Filmhersteller – trotz aller direkten und indirekten öffentlichen Förderung – nach wie vor enorme wirtschaftliche Risiken bei allen Produktionsformen eingehen. Außerhalb von Auftragsproduktionen (vgl. Rn. 57 ff.) sind die Risiken zudem nur schwer kalkulierbar, wie immer wieder auftretende Flops zeigen. Entscheidend ist, dass die Verwertbarkeit von Filmwerken ohne Bündelung der Rechte in der Hand des Filmherstellers stark leiden würde. Das betrifft gerade künstlerisch anspruchsvolle Filme, die kommerziell weniger Erfolg versprechend sein werden. Die Gewährleistung der Rechtebündelung in einer Hand war Grund für den Gesetzgeber, mit dem „2. Korb" 2007 für Verträge ab 01.01.2008 (und über § 137l auch für Verträge von 01.01.1996 bis 31.12.2007) auch die Rechte an unbekannten Nutzungsarten in die Hände des Filmproduzenten zu geben (Begr RegE 2. Korb – BT-Drucks. 16/1828, S. 32 f.; s.a. *Wilhelm Nordemann/Jan Bernd Nordemann* GRUR 2003, 947, 948). Zudem würde eine Entbündelung der Rechte die Gefahr von Rechteblockaden vergrößern. Insgesamt erscheinen die Regelungen der §§ 88 bis 94 danach immer noch als sinnvoller Interessenausgleich, zumal die angemessene Vergütung durch §§ 11 S. 2, 32, 32a, 32b, 79 Abs. 2 gewährleistet ist. **Eine restriktive Auslegung der Filmrechtsbestimmungen ist deshalb nicht angezeigt.** Vielmehr sollten sie zur Vereinfachung des Rechtsverkehrs durch Rechtebündelung möglichst umfassend auch auf Filmen ähnliche Werke wie Musikvideos, Video- und Computerspiele sowie Multimediawerke anwendet werden (vgl. Rn. 12 ff.).

II.   Anwendungsbereich

1.   Sachlicher Anwendungsbereich („Filme")

Die Vorschriften finden Anwendung auf **Filme**. Der Filmbegriff bestimmt **8** daher die sachliche Reichweite der §§ 88 ff.

a) Film (Definition): Ein **Film** ist jede Folge von Bildern oder von Bildern und **9** Tönen; die Bilder müssen dabei den Eindruck eines bewegten Bildes entstehen lassen (*Baur* UFITA 3 [2004], 665, 670; Schricker/*Katzenberger*[3] Rn. 20; Wandtke/Bullinger/*Manegold*[2] Rn. 16). Das gilt unabhängig von der Schöpfungshöhe (zu Filmwerk vgl. Rn. 10; zu Laufbild vgl. Rn. 15; weiterhin vgl. § 95 Rn. 4 ff.), der Herstellungsart, dem Speichermedium oder der Wiedergabetechnik. Das Gesetz differenziert nicht danach, ob der Film klassisch auf Celluloid gebannt ist, ob eine Videoaufnahme vorliegt oder ob der Film gänzlich im Computer entstand (*Loewenheim* GRUR 1996, 830, 832). Auch ist für den Filmbegriff grds. irrelevant, wenn keine Fixierung existiert wie etwa bei Fernseh-Livesendungen (RegE UrhG – BT-Drucks. IV/270, S. 98; Schricker/*Katzenberger*[3] Rn. 21); ein Leistungsschutzrecht des § 94 scheidet aber in diesen Fällen aus, weil nach deutschem Recht eine vorherige Fixierung auf einen Träger für § 94 Voraussetzung ist (vgl. § 94 Rn. 32 ff.; rechtsvergleichend aus europäischer Sicht dazu *Poll* GRUR Int. 2003, 290, 293).

10 b) **Kinofilme, Videofilme, Fernsehfilme; Auswertungsfenster:** Ein Film kann auf unterschiedliche Nutzungsarten ausgewertet werden: öffentliche Vorführung im Kino mit vorherigem Verleih; Herstellung von Videos/DVDs, deren Vermietung und späterer Verkauf; öffentliche Zugänglichmachung (insb. via Internet, aber auch in Hotels oder in Flugzeugen) zum einmaligen Ansehen (streaming), für temporäre Kopien oder für permanente Kopien; Sendung im Pay-TV oder im frei empfangbaren Fernsehen (zur Auswertungspraxis *Christmann* ZUM 2006, 23; *v. Petersdorff-Campen* ZUM 1996, 1037, 1045). Für erfolgversprechende Filmwerke versuchen die Produzenten regelmäßig, die vorerwähnten Nutzungsformen zeitlich aufeinander folgen zu lassen (sog. **Auswertungsfenster**). Nach einer Erhebung für 2004 entfallen dabei auf Kino 21%, auf DVD/Video 49%, auf Fernsehen 23% und auf die übrigen Nutzungen 7% des Umsatzes (FAZ v. 19.03.2007, S. 21). Bezeichnet werden solche Filme regelmäßig als **Kinofilme**, weil das erste Auswertungsfenster das Kino ist. Die Mehrzahl der Filme durchläuft allerdings nicht alle vorgenannten Auswertungsformen. Sie werden dann wiederum nach der ersten bestimmungsgemäßen Auswertungsform bezeichnet. **Videofilme** (auch bezeichnet als Videogramme) sind zunächst zur Vermietung und Veräußerung an die Allgemeinheit bestimmt. Der Sprachgebrauch ist dabei weniger technisch zu verstehen, so dass darunter auch Filme auf DVD oder anderen Trägern verstanden werden. Filme, die zur Sendung im Fernsehen vorgesehen sind, heißen **Fernsehfilme**. Die Unterscheidung nach bestimmungsgemäßer Erstverwertung kann für Auslegung von Rechtseinräumungen nach der **Zweckübertragungslehre** von Bedeutung sein, insb. für Verträge zwischen Verwertern, für die die §§ 88, 89, 92 nicht gelten (vgl. Rn. 67 ff.).

11 c) **Musikvideos:** Auf Musikvideos können die §§ 88 bis 94 angewendet werden, sofern sie Filmwerke sind; ansonsten gilt für sie der Laufbildschutz des § 95 (eingehend zum Schutz als Werk vgl. § 2 Rn. 207). Der Werkcharakter kann vor allem dann fehlen, wenn es sich nur um eine nicht schöpferische Vervielfältigung einer Bühnendarbietung handelt; bei bloß konzertanter Aufführung soll noch nicht einmal eine Bearbeitung durch die filmische Aufzeichnung gegeben sein (BGH GRUR 2006, 319 – *Alpensinfonie*; zw., vgl. § 88 Rn. 55). Liegt ein Werk – auch als kleine Münze – vor, ist es nicht angezeigt, die §§ 88 bis 94 restriktiv anzuwenden und insb. eine Anwendung des § 92 auszuschließen (str., vgl. § 92 Rn. 17). Denn auch hier kann der Sinn und Zweck der Filmvorschriften nur durch Bündelung der Rechte in der Hand des Filmherstellers erreicht werden.

12 d) **Multimediawerke (insb. Computerspiele):** Unter den Filmbegriff zu subsumieren sind Multimediawerke, zu denen insb. Computerspiele (zum Begriff vgl. § 2 Rn.204) zählen, wenn sie die für den Filmbegriff relevanten bewegten Bilder (ggf. in Kombination mit Tönen) enthalten (Wandtke/Bullinger/*Manegold*[2] Rn. 17; im Ausgangspunkt restriktiv, aber für die Anwendung bei bewegter Bildfolge Schricker/*Katzenberger*[3] Rn. 46; ähnlich Dreier/Schulze/*Schulze*[2] Rn. 4 mit Blick auf den Anspruch auf angemessene Vergütung als Ausgleich; für analoge Anwendung *Schack*[4] Rn. 217). Stimmen, die für eine zurückhaltende Anwendung der Filmvorschriften plädieren (*Poll* GRUR Int. 2003, 290, 294, der eine Ausdehnung auf audiovisuelle Werke nur de lege ferenda erwägt), können nicht überzeugen. Es ist nicht ersichtlich, warum die §§ 88 bis 95 auf die für Mulitmediawerke typische Verschmelzung von Sprache, Daten, Computerprogramm und bewegten Bilder keine Anwendung finden sollten. Gerade die Komplexität des Multimediawerkes spricht für die Ausnutzung der Bündelungswirkung (vgl. Rn. 1 ff.) der §§ 88 bis 95. Ein fehlender Werkcharakter der bewegten Bilder ist für die Frage der generellen Anwendbarkeit der §§ 88 ff. irrelevant, weil ggf. § 95 seinen (begrenzten) Schutz entfaltet. Deshalb lässt sich die Anwendung der §§ 88 ff. auch nur aus der erwünschten Vereinfachung für den Filmhersteller herleiten und nicht aus Erwägungen, § 32 und seinen Anspruch auf angemessene Vergütung möglichst umfassend durchzusetzen (so aber Dreier/Schulze/*Schulze*[2] Rn. 4); denn § 32 findet nur auf Werke und nicht auch auf Laufbilder Anwendung.

e) **Tonbildschauen:** Im Gegensatz zu Filmen weisen **Tonbildschauen** keine **13** bewegte Bildfolge auf und sind damit weder unter den Begriff der Filmwerke noch der Laufbilder subsumierbar. Auf sie sind die §§ 88 ff. nicht anwendbar (Dreier/Schulze/*Schulze*[2] § 88 Rn. 4; Schricker/*Katzenberger*[3] Rn. 45; a.A. *Gernot Schulze* FuR 1983, 374, 378).

f) **Sonstige Bildfolgen:** Auch **Amateurfilme** fallen unabhängig von ihrem Inhalt **14** (private Urlaubsreise, Familienfest; Dokumentation) unter den Filmbegriff (Schricker/*Katzenberger*[3] § 95 Rn. 12). Das Gleiche gilt für Bildfolgen, die durch **WebCam-, Überwachungskamera- und Bildtelefonübertragungen** ggf. automatisch erzeugt werden (Wandtke/Bullinger/*Manegold*[2] Rn. 17, einschränkend aber *ders.* § 95 Rn. 11). Es wäre nicht einzusehen, dass die als Filmhersteller anzusehenden Person den Schutz der §§ 94, 95 nicht in Anspruch nehmen kann, wenn es zu einer Verwertung (ggf. auch nur illegal durch Dritte) kommt. Die Wirkung der Rechtebündelung der §§ 88 bis 93 ist zu Gunsten des Filmherstellers allerdings nur begrenzt, wenn die Herstellung nicht zur Verwertung erfolgte, weil dann die Zweifelregelungen der §§ 88, 89 und 92 und damit auch §§ 90 und 93 nicht anwendbar sind (vgl. § 88 Rn. 99, vgl. § 89 Rn. 67 ff., vgl. § 92 Rn. 42).

g) **Laufbilder:** Die §§ 88 bis 94 finden lediglich auf Filmwerke unmittelbar **15** Anwendung. Nicht jeder Film in dem vorgenannten Sinne ist aber ein **Filmwerk**. Dafür muss der Film als persönlich geistige Schöpfung die Schutzvoraussetzungen eines Werkes i.S.d. § 2 Abs. 1 Nr. 6 erfüllen (vgl. § 2 Rn. 208). Filme, die keinen Werkcharakter aufweisen, werden als **Laufbilder** bezeichnet. Zur Abgrenzung vgl. § 95 Rn. 4 ff. Auf Laufbilder finden kraft Verweises in § 95 die §§ 88, 89 Abs. 4, 90, 93 und 94 entsprechende Anwendung.

2.   Persönlicher Anwendungsbereich

a) **Urheber vorbestehender Werke:** Ausgangspunkt eines Filmwerkes ist i.d.R. **16** ein vorbestehendes Werk, z.B. ein Drehbuch oder ein Roman. Das zeigt auch die Systematik der §§ 88 bis 95, die mit § 88 die Regelung zum Rechteerwerb für die Verfilmung solcher vorbestehender Werke an den Anfang stellt. **Nicht filmbestimmte** (vorbestehende) **Werke** wie verfilmte Romane, Bühnenwerke etc. werden im Gegensatz zu **filmbestimmten Werken** wie Exposé, Treatment, Drehbuch, Filmmusik, Kulissen, Kostüme usw. nicht speziell für die Herstellung des Filmes geschaffen. Insb. bei filmbestimmten Werken kann sich ein **Abgrenzungsproblem** zu den schöpferischen Leistungen stellen, die unmittelbar bei der Filmherstellung Mitwirkende als **Filmurheber** erbringen und für die § 89 Regelungen enthält. Entscheidend für die Abgrenzung ist nicht, ob das vorbestehende Werk filmbestimmt oder unabhängig davon geschaffen wurde, sondern ob es sich als schöpferische Leistung gedanklich vom Film **trennen** und selbständig verwerten lässt (dann § 88) oder untrennbar in ihm aufgeht (dann § 89, RegE UrhG – BT-Drucks. IV/270, S. 99; vgl. § 88 Rn. 31 ff.).

17 Streitig ist, ob für vorbestehende Werke zusätzlich § 89 einschlägig ist, soweit es sich um **filmbestimmte Werke** handelt. Das postuliert die Lehre vom **Doppelcharakter** vorbestehender Werke. Nach ihr sind die Schöpfer vorbestehender Werke neben ihrer Eigenschaft als deren Urheber auch Miturheber des Filmwerkes, was mit der engen Ausstrahlungs- und Integrationswirkung begründet wird, die extra für den Film geschaffene Werke auch auf das Filmwerk haben (*Bohr* ZUM 1992, 121, 123 ff.; *Götting* ZUM 1999, 3, 6 ff.; Schricker/*Katzenberger*[3]). Zu den filmbestimmten (vorbestehenden) Werken werden insb. Drehbuch, Treatment und Filmexposé gerechnet. Auch Filmbauten und Kostüme zählen dazu, deren Einordnung sonst davon abhängt, ob sie separat verwertbar sind (vgl. Rn. 16). Die Lehre vom Doppelcharakter kann aber nicht überzeugen. Das bloße Vorhandensein von Elementen vorbestehender Werke im Filmwerk darf nicht dazu führen, dass der Kreis der Filmurheber erweitert wird. Vorbestehende Werke und das Filmwerk bestehen grds. **unabhängig voneinander**, mag das Filmwerk auch von den Einflüssen der filmbestimmten Werke durchsetzt sein (Dreier/Schule/*Schulze*[2] Rn. 10; Möhring/Nicolini/*Lütje*[2] § 88 Rn. 9; Wandtke/Bullinger/*Manegold*[2] Rn. 50; *Schack*[4] Rn. 300). Auch die Gesetzesbegründung spricht eindeutig gegen die Lehre vom Doppelcharakter: Danach scheiden die Urheber vorbestehender mit Zweckbestimmung für das Filmwerk geschaffener Werke als Filmurheber aus, „weil das Filmwerk etwas anderes und mehr ist als nur die Darstellung der für das Filmwerk benutzten Werke (RegE UrhG – BT-Drucks. IV/270, S. 99). Danach verbietet die Systematik der §§ 88, 89 eine Einbeziehung vorbestehender filmbestimmter Werke, die gesondert verwertbar sind, in § 89 (OLG Hamburg GRUR 1997, 822, 824 – *Edgar Wallace Filme*, wenn auch i.E. offengelassen). Die praktische Bedeutung des Meinungsstreites hat sich mit der Angleichung des § 88 an die umfassende Rechtseinräumungsvermutung des § 89 zumindest für Neuverträge verringert (vgl. § 88 Rn. 9 ff.). Für Vergütungen durch Wahrnehmungsgesellschaften (*Götting* ZUM 1999, 3, 4; Wandtke/Bullinger/*Manegold*[2] Rn. 43) wie bei Vermietung und Verleih gem. § 27 oder der Leerkassetten- und Geräteabgabe gem. § 54 ist jedenfalls darauf zu achten, dass es **nicht** zu einer **doppelten Vergütung** für ein und denselben schöpferischen Beitrag kommt. Für das Recht zur Namensnennung des Urhebers gilt in jedem Fall § 13.

18 Von der Frage des Doppelcharakters eines vorbestehenden Werkes ist die **Doppelfunktion** bzw. Doppeltätigkeit eines Urhebers zu unterscheiden (vgl. § 89 Rn. 18). Hierbei geht es nicht nur um die Doppelqualifikation der Urheberstellung an vorbestehenden Werken, sondern um eine tatsächliche Doppelfunktion eines Urhebers, der mehrere schöpferische Beiträge sowohl für vorbestehende Werke als auch für das Filmwerk erbringt. Beispielsweise kann ein Regisseur auch das Drehbuch verfassen. In solchen Fällen handelt es sich um zwei verschiedene schöpferische Leistungen, von denen jede getrennt betrachtet wird. Das Drehbuch als vorbestehendes Werk unterfällt § 88, die Regieleistung allein § 89 (vgl. § 89).

19 Der persönliche Anwendungsbereich des § 88 beschränkt sich nicht auf Verträge unmittelbar zwischen dem Urheber und dem Filmhersteller. Auch **Verträge mit Dritten** können § 88 unterfallen, solange die Ausdehnung der Vorschriften auf Dritte durch den **Zweck** gerechtfertigt ist, die für die Auswertung erforderlichen Rechte beim Filmhersteller zu bündeln. Dritte können daher solche Personen oder Unternehmen sein, die sich in der **Rechtekette vom Urheber zum Filmhersteller** wiederfinden. Daher fallen auch Verträge zwischen Inhabern der vom Urheber abgeleiteten Rechte (z.b. **Verlage**) und dem Filmhersteller in den Anwendungsbereich des § 88 (Dreier/Schulze/*Schulze*[2] Rn. 6; Schricker/*Katzenberger*[3] § 88 Rn. 28; Wandtke/Bullinger/*Manegold*[2] § 88 Rn. 21; vgl. § 88 Rn. 25).

b) Urheber des Filmwerkes: Für die Frage, wer Urheber eines Filmwerkes ist, **20** findet sich im Gesetz keine spezielle Regelung. Es ist vielmehr eine Frage des jeweiligen Einzelfalles, welche Mitwirkenden ihre schöpferischen Beiträge derart in das Filmwerk einfließen ließen, dass sie die Schwelle zur (Mit-)Urheberschaft am Filmwerk überschreiten (RegE UrhG – BT-Drucks. IV/270, S. 100; vgl. § 89 Rn. 13 ff.). Nicht jede individuelle Mitwirkungshandlung bei der Filmherstellung überschreitet die Schwelle zur persönlich-geistigen Schöpfung. Eine gesetzliche Bestimmung, die sich hier an bestimmten Berufsbildern oder Funktionen bei der Filmherstellung orientiert, lässt sich im UrhG und insb. in § 89 nicht finden; s.a. RegE UrhG – BT-Drucks. IV/270, S. 99). Indiziell kann auf § 65 Abs. 2 zurückgegriffen werden, der die Schutzdauer eines Filmwerkes festlegt und die Schutzfrist an den Tod des Längstlebenden aus dem Kreis von Hauptregisseur (als einzigem dort genannten Filmurheber), Drehbuchurheber und Filmmusikkomponisten koppelt. Jedenfalls der **Regisseur**, regelmäßig aber auch **Kameramann** und **Cutter**, ist Filmurheber i.S.d. § 89. Zu weiteren Mitwirkenden als Filmurheber vgl. § 89 Rn. 23 ff. Mitwirkende ohne eigenschöpferische Beiträge fallen aus dem Kreis der Urheber am Filmwerk ebenso wie der Filmproduzent als solcher, der für seine (nicht schöpferische) Leistung das Leistungsschutzrecht des § 94 erhält (zum fehlenden Produzentenurheberrecht vgl. Rn. 22). Von den Urhebern am Filmwerk sind die Urheber vorbestehender Werke zu unterscheiden; auch letztere sind grds. keine Filmurheber, sofern das Werk gesondert verwertbar ist (vgl. Rn. 16 ff.).

c) Ausübende Künstler: Als ausübende Künstler können Mitwirkende das **21** Leistungsschutzrecht der §§ 73 ff. erwerben, das der Filmhersteller bei der Auswertung des Filmes beachten muss. Aufgrund der ähnlichen Interessenlage enthält § 92 für diesen Fall eine dem § 89 vergleichbare Regelung, um auch hier eine Rechtekonzentration in den Händen des Filmherstellers zu bewirken und die Auswertung zu erleichtern. Ausführlich vgl. § 92 Rn. 1 ff.

d) Filmhersteller: Auch für Filme gilt das allgemeine urheberrechtliche **Schöp- 22 ferprinzip** (RegE UrhG – BT-Drucks. IV/270, S. 100 f.). Anders als das anglo-amerikanische Copyright-System (*Poll* GRUR Int. 2003, 290, 295; *Wilhelm Nordemann/Jan Bernd Nordemann* FS Schricker 70. Geb., S. 473, 474 f.) kennt das deutsche Recht daher **keine fiktive originäre Urheberschaft des Filmherstellers.** Diese wurde vor dem Inkrafttreten des UrhG im Jahr 1965 noch diskutiert (*Baur* UFITA 3/2004, 665, 690 ff.). Der Gesetzgeber entschied sich indes dagegen, um keinen „Präzedenzfall" für die Durchbrechung des Schöpferprinzips zu schaffen (RegE UrhG – BT-Drucks. IV/270, S. 100; *Katzenberger* ZUM 2003, 712, 715; *Poll* ZUM 1999, 29, 30; *Götting* ZUM 1999, 3, 4), auch wenn Art. 14bis RBÜ es gestatten würde, die Urheber am Filmwerk in dieser Weise festzulegen. Die Rechtsstellung des Filmherstellers ist im Ergebnis durch die Kombination der Rechtsübertragungsvermutungen der §§ 88, 89, 92 sowie des originären Leistungsschutzes in § 94 einem originären Produzenten-Copyright angenähert (Wandtke/Bullinger/*Manegold*[2] Rn. 12). Urheber am Filmwerk sind indes nur daran **schöpferisch mitwirkende natür-**

liche Personen. Das schließt den Produzenten aus, sofern er nicht – was im Einzelfall nicht undenkbar erscheint – eigene schöpferische Beiträge erbringt. Dann geht seine Rolle aber über die eines bloßen Produzenten hinaus (vgl. § 89 Rn. 19). Zur europäischen Rechtslage im Vergleich *Poll* GRUR Int. 2003, 290; *Poll* ZUM 1999, 29, 33. Für den Schutz seines erheblichen unternehmerischen Aufwandes bei der Planung, Finanzierung, Vorbereitung, Durchführung, Organisation und Verwertung des Filmes gewährt § 94 dem Filmhersteller ein originäres Leistungsschutzrecht.

23 e) **Auswertungsverträge:** Die §§ 88 bis 94 beanspruchen keine Geltung für **Verträge zwischen dem Produzenten und Auswertern** im Hinblick auf den fertigen Film (sog. Auswertungsverträge). Das sind z.b. Kino-Verleihverträge, Video-/DVD-, On-Demand-, Fernsehauswertungsverträge etc.; zu den Auswertungsfenstern vgl. Rn. 10. Dort gelten die allgemeinen Grundsätze des (sekundären) Urhebervertragsrechts, das grds. auch nicht in den §§ 31 ff. geregelt ist (eingehend zum sekundären Urhebervertragsrecht vgl. Vor §§ 31 ff. Rn. 223 ff.; speziell zu Auswertungsverträgen im Filmbereich vgl. Rn. 67 ff.).

3. EU-Recht, Internationales Recht

24 **EU-Recht** gibt vor, dass der **Hauptregisseur als Filmurheber** oder Filmmiturheber anzuerkennen ist. Darüber hinaus ist bislang auf **EU-Ebene keine Harmonisierung** der Filmrechtsbestimmungen erfolgt (eingehend *Poll* GRUR Int. 2003, 290).

25 Im Hinblick auf **internationale Urheberrechtsabkommen** sind insb. die filmrechtlichen Bestimmungen in der RBÜ zu erwähnen (zu internationalen Urheberrechtsabkommen eingehend vgl. Vor §§ 120 ff. Rn. 4 ff.). Nach Art. 2 RBÜ sind „Filmwerke einschließlich der Werke, die durch ein ähnliches Verfahren wie Filmwerke hervorgebracht sind", als „Werke der Literatur und Kunst" dem Urheberrechtsschutz zu unterstellen. Ferner ordnet **Art. 14**[bis] **Abs. 1 RBÜ** an, dass das Filmwerk, auch wenn es auf einer Bearbeitung eines vorbestehenden Werkes beruht, wie ein Originalwerk zu schützen ist. **Art. 14**[bis] **Abs. 2** RBÜ stellt allen Verbandsländern frei, die Inhaber des Urheberrechts am Filmwerk zu bestimmen, der also nicht zwingend der Urheber sein muss; so kann insb. in „work-for-hire"-Situationen nach US-Recht der Filmhersteller originärer Inhaber der Urheberrechte werden. Sofern deutsches Recht (nach dem Schutzlandprinzip, vgl. Vor §§ 120 ff. Rn. 59 ff.) anwendbar ist, darf allerdings das Schöpferprinzip des § 7 nicht durchbrochen werden, so dass der Filmhersteller als originärer Inhaber des Urheberrechts in einen ausschließlichen Lizenznehmer mit allen Rechten umzudeuten ist (*Wilhelm Nordemann/ Jan Bernd Nordemann* FS Schricker 70. Geb. S. 473, 474 f.). Wegen der Anerkennung des Schöpferprinzipes gemäß § 7 UrhG gilt für Deutschland die Regelung des Art. 14bis Abs. 2 lit. b): Danach wird vermutet, dass der Filmhersteller ohne anderweitige vertragliche Vereinbarung mit dem Urheber das Filmwerk verwerten darf. Zwar stellt Art. 14bis Abs. 3 RBÜ frei, diese Regelung nicht auf Urheber der Drehbücher, der Dialoge, der musikalischen Werke und auf den Hauptregisseur anzuwenden. Deutschland hat davon in Ansehung der §§ 88, 89 aber offensichtlich keinen Gebrauch gemacht. Zu beachten sind – der RBÜ gem. Art. 20 S. 2 – vorgehende **bilaterale Urheberrechtsabkommen** (vgl. Vor §§ 120 ff. Rn. 52 ff.). Von großer praktischer Bedeutung ist hier das **deutsch-US-amerikanische Abkommen von 1892** (vgl. Vor §§ 120 ff. Rn. 55 ff.).

Nur sehr rudimentäre Regelungen in internationalen Abkommen gibt es im **26** Hinblick auf das Leistungsschutzrecht der **ausübenden Künstler** für die Mitwirkung in Filmen. Nach Art. 7 Nr. 1 lit. b) **Rom-Abkommen** (vgl. Vor §§ 120 ff. Rn. 34 ff.) ist vorgeschrieben, dass dem ausübenden Künstler Schutz gegen eine Festlegung seiner Darbietung ohne seine Zustimmung zu gewähren ist. Das umfasst auch die filmische Festlegung (*Ulmer* GRUR Int. 1961, 569, 582, 591; Schricker/*Katzenberger*³ Vor §§ 120 ff. Rn. 80). Nach Art. 19 Rom-Abkommen hat der ausübende Künstler keine darüber hinaus gehenden Rechte, so dass die filmische Auswertung keinen weiteren Mindestrechten des ausübenden Künstlers nach dem Rom-Abkommen unterliegt. Die Bestimmungen des **WIPO-Vertrag über Darbietungen und Tonträger (WPPT)** (vgl. Vor §§ 120 ff. Rn. 30 ff.) gelten nur für Tonträger, nicht aber für Bildtonträger). Wenn allerdings Filmmusik separat auf Tonträgern verwertet wird, fällt dies durchaus unter den WPPT (*v. Lewinski* GRUR Int. 1997, 667, 678). Auch das **Genfer-Tonträger-Abkommen** (vgl. Vor §§ 120 ff. Rn. 43 ff.) erfasst gem. Art. 1 lit. a) Darbietungen in Filmen nicht (*Ulmer* GRUR Int. 1972, 68, 70; Schricker/*Katzenberger*³ Vor §§ 120 ff. Rn. 94). **Keine internationalen Konventionen** gelten für **Filmhersteller** (§ 94) bzw. **Laufbildhersteller** (§ 95). Zur rechtlichen Stellung des Filmproduzenten im internationalen Vergleich *Katzenberger* ZUM 2003, 712; *Loef/Verweyen* ZUM 2007, 706; vgl. § 94 Rn. 7.

Internationalprivatrechtlich kommt es entscheidend darauf an, wie die Anknüp- **27** fung vorzunehmen ist. Hier kommen insb. **Schutzlandprinzip** (z.B. Urheberschaft), **Vertragsstatut** (Anwendbarkeit der vertragsrechtlichen Bestimmungen der §§ 88 bis 92) und **Deliktsstatut** (anwendbares Recht bei Urheberrechtsverletzungen) für eine Anknüpfung in Frage (eingehend vgl. Vor §§ 120 ff. Rn. 58 ff.).

III. Früheres Recht

1. Reformen des UrhG

Bei vorbestehenden Werken wich § 88 a.F., der vornehmlich auf die Herstel- **28** lung von Kino- und Fernsehfilme ausgerichtet war, mit seinem Katalog enumerativer Rechtseinräumungsvermutungen erheblich von der umfassenden Vermutung des § 89 ab (vgl. § 88 Rn. 9 ff.). Erst durch das Gesetz zur Stärkung der vertraglichen Stellung von Urhebern und ausübenden Künstlern vom 22.03.2002 (UrhVG) wurden die Regelungen des § 88 geändert und an die des § 89 angenähert. Auf Verträge vom **01.01.1966 bis zum 30.06.2002** findet gem. § 132 Abs. 3 S. 1 weiterhin die damals geltende Fassung der §§ 88 ff. Anwendung. Für Verträge ab 01.07.2002 wurde außerdem § **91** abgeschafft, der die Rechte zur filmischen Verwertung der einzelnen Lichtbilder, aus denen ein Film besteht, dem Filmhersteller zuweist. Für Verträge vom 01.01.1966 bis 30.06.2002 gilt aber gem. § 132 Abs. 3 S. 1 nach wie vor § 91 a.F. (vgl. § 91 Rn. 1).

Das Gesetz zur Regelung des Urheberrechts in der Informationsgesellschaft **29** vom 10.09.2003 fügte in § 94 Abs. 2 die **S. 2 und 3** neu ein, ohne dass dies die Rechtslage verändert hätte (dazu vgl. § 94 Rn. 4), so dass auch keine Übergangsvorschrift besteht.

Durch den „**2. Korb**" wurden die §§ 89 und 89 um die Einräumung von **30** Rechten an **unbekannten Nutzungsarten** erweitert. Damit gehört jetzt ein Erwerb dieser Rechte zum Regelkatalog der §§ 88, 89, muss aber schriftlich verabredet werden (§ 31a). Die neu gefassten §§ 88 und 89 gelten aber erst für **Verträge,** die **ab 01.01.2008** geschlossen wurden. Auch wenn eine Regelung in § 132 fehlt, ergibt sich das zwingend aus dem Umkehrschluss aus § 137l (vgl. § 31a Rn. 7). Für Verträge bis zum 31.12.2007 ist vor allem § 137l als Übergangsvorschrift für die Neuregelung zu unbekannten Nutzungsarten (§§ 31a, 88 Abs. 1 S. 2, 89 Abs. 1 S. 2) zu beachten, der einen Nacherwerb der Rechte an unbekannten Nutzungsarten durch den Filmhersteller auch für Verträge ab 01.01.1966 erlaubt (vgl. § 88 Rn. 72 f., vgl. § 89 Rn. 43 ff.).

2. LUG/KUG

31 Die besonderen Vorschriften für den Filmbereich in §§ 88 bis 95 traten mit dem UrhG am 01.01.1966 in Kraft. Vorher fanden sich filmspezifische Normen nur in § 12 Abs. 2 Nr. 6 LUG, wonach die Verfilmung eines Sprachwerkes eine zustimmungsbedürftige Bearbeitung ist, und § 15a KUG, nach dem das Filmwerk urheberrechtlichen Schutz genießt. Die zeitliche Anwendung des UrhG regeln die allgemeinen Übergangsvorschriften in den §§ 129 ff.

32 Alle Regelungen über das **Urheberrecht** als solches, die etwa seine Entstehung, seinen Umfang sowie seine Schranken betreffen, gelten gem. § 129 Abs. 1 S. 1 auch für die vor dem Inkrafttreten des UrhG am 01.01.1966 geschaffenen Werke. Das Filmwerk in Form seiner einzelnen Schöpfungsbeiträge durch Stoffurheber bzw. durch Filmurheber ist auch zu diesem Zeitpunkt nach Maßgabe des UrhG geschützt. **Leistungsschutzrechte** bestehen für Filme vor diesem Zeitpunkt nur insoweit, als ihnen auch vor dem Inkrafttreten des UrhG Schutz gewährt wurde (§ 129 Abs. 1 S. 2). Damit können **ausübende Künstler** Schutz nur genießen, wie es vor Inkrafttreten des UrhG der Fall war. Keinen Schutz können deshalb bei Altfilmen **Schauspieler** als ausübende Künstler beanspruchen, weil das früher gewährte fiktive Bearbeiterurheberrecht des § 2 Abs. 2 LUG nur für den Tonträger gilt (§ 135). Auch Filmhersteller (§ 94) und Laufbildhersteller (§ 95) sind für Altfilme nicht geschützt, weil diese Leistungsschutzrechte erst mit dem UrhG ab 01.01.1966 eingeführt wurden (zur Abgrenzung Alt- und Neufilm vgl. § 94 Rn. 2). Der **Kameramann als Lichtbildner** (der einzelnen Lichtbilder eines Films) war nach altem Recht durch sein Urheberrecht an nichtschöpferischen Fotografien gem. §§ 1, 3 KUG geschützt, so dass Schutz nach § 72 auch nach neuem Recht besteht (§§ 129 Abs. 1 S. 2, 135); für Verträge bis 30.06.2002 ist insoweit § 91 a.F. zu beachten (vgl. § 91 Rn. 1).

33 Von der Anwendbarkeit originär urheberrechtlicher Regelungen ist die Anwendbarkeit von **urhebervertragsrechtlichen Regeln** zu trennen. Die Auslegung von Filmrechtsverträgen bemisst sich nach den zum Zeitpunkt des Vertragsschlusses jeweils geltenden Regeln (§ 132 Abs. 1; vgl. § 132 Rn. 5 ff.). Insb. die urhebervertraglichen Regelungen der §§ 88, 89, 90, 91 a.F., 92, 93 gelten nicht für Altverträge (Schricker/*Katzenberger*[3] Rn. 43; Wandtke/Bullinger/*Manegold*[2] Rn. 14). Auch die allgemeinen urhebervertraglichen Regelungen der §§ 31 ff. beanspruchen keine Wirkung. Eine Ausnahme bildet allerdings § 137, der anordnet, dass nach LUG und KUG zulässige Übertragungen des Urheberrechts in Nutzungsrechteinräumungen nach § 31 umgedeutet werden und auch keine Rechte erfassen, die erst durch das UrhG begründet wurden. Ferner war auch nach altem Recht vor Inkrafttreten des UrhG insb. die Zweckübertragungslehre als allgemeiner (ungeschriebener) Auslegungsgrundsatz anerkannt (vgl. § 31 Rn. 113). Gerade sie kann bei älteren Filmrechtsverträgen zu ähnlichen Ergebnissen wie die §§ 88 ff. führen, umschließt doch der Zweck der Verträge im Regelfall die Herstellung und filmische Auswertung der Filme (für vorbestehende Werke vgl. § 88 Rn. 5 ff.; für Beiträge zum Filmwerk selbst vgl. § 89 Rn. 3 ff.).

3. DDR-Recht

Bis zum 31.12.1965 galten in der DDR LUG und KUG. Danach trat ab **34** 01.01.1966 das URG-DDR in Kraft (*Wandtke/Haupt* GRUR 1992, 21, 22; *Haupt* ZUM 1999, 380, 381).

a) **Urheberrechte, Leistungsschutzrechte:** Nach § 95 URG gelten alle Regelun- **35** gen über das **Urheberrecht** als solches, die z.b. seine Entstehung, seinen Umfang sowie seine Schranken betreffen, auch für die vor dem Inkrafttreten des URG am 01.01.1966 geschaffenen Werke. Das URG folgte im Hinblick auf Filme dem Schöpferprinzip, wonach Urheber nur natürliche Personen sein können (§ 6 URG). Bei Filmwerken wurden als Urheber zumeist Regisseur, Kameramann und Cutter gesehen, wobei die schöpferische Tätigkeit im Einzelfall zu bestimmen war. Die Herstellung des Filmes war eine Kollektivleistung (*Wandtke/Haupt* GRUR 1992, 21, 22; *Wandtke* GRUR 1999, 305, 306 mit der Einschränkung, dass die Praxis der Einordnung des Regisseurs als Urheber nicht immer folgte). Das in der DDR geltende Gesetz über das Urheberrecht ist gem. Art. 8 EV mit Wirkung vom 03.10.1990 außer Kraft getreten. Mit diesem Zeitpunkt wurde das bundesdeutsche Recht inklusive des UrhG global auf die DDR durch Art. 8 EV übergeleitet. Gem. Anlage I EV Kap. III E Abschnitt II Nr. 2 § 1 (KG GRUR 1999, 721 – *DEFA Film*; KG GRUR 1999, 328, 329 – *Barfuß ins Bett*; andere Verweisnormen in KG MMR 2003, 110 – *Paul und Paula*: Anlage I EV Kapitel II Abschnitt II Nr. 2 § 1), der besondere Bestimmungen für das Urheberrecht enthält, ist das **UrhG** auch auf die vor dem Beitritt geschaffenen Werke anwendbar. Damit gilt für Fragen, die das Urheberrecht als solches betreffen – z.B. ob und durch wen zuvor Werke geschaffen wurden – das Urheberrecht der BRD (BGH GRUR 2001, 826, 827 – *Barfuß ins Bett*; KG MMR 2003, 110 – *Paul und Paula*; KG GRUR 1999, 721 – *DEFA Film*; KG AfP 1999, 77). Gleiches gilt für **Leistungsschutzrechte des Filmherstellers** nach §§ 94, 95. Die DEFA als Rechtsnachfolgerin der VEB DEFA Studios verfügt für die von ihr hergestellten Filme seit dem 03.10.1990 über die Leistungsschutzrechte des Filmherstellers (KG MMR 2003, 110 – *Paul und Paula*; KG GRUR 1999, 721 – *DEFA Film*).

b) **DDR-Urhebervertragsrecht:** Anderes gilt für das Urhebervertragsrecht und **36** insb. die Einräumung von Nutzungsrechten in der DDR. Auf urheberrechtliche Nutzungsverträge als Schuldverträge, die in der Zeit vor dem 03.10.1990 abgeschlossen wurden, wird gem. Art. 232 § 1 EGBGB das bisherige Recht der DDR angewendet. Die Auslegung der Verträge richtet sich daher nach dem damaligen Urhebervertragsrecht (BGH GRUR 2001, 826, 827 – *Barfuß ins Bett*; KG ZUM 1999, 415 – *DEFA-Film*; KG ZUM-RD 1999, 484, 486 – *Flüstern und Schreien*; *Püschel* GRUR 1992, 579, 582; *Wandtke* GRUR 1991, 263, 265; Dreier/Schulze/*Schulze*[2] Rn. 18). Hierzu zählen auch Normen, die den Umfang der **Rechtseinräumung** von Nutzungsverträgen regeln (ausführlich *Haupt* ZUM 1999, 380; *Wandtke/Haupt* GRUR 1992, 21). Für Altverträge vor dem 01.01.1966 gelten gem. § 95 Abs. 2 URG LUG bzw. KUG.

In den §§ 60 ff. URG-DDR war der Umfang der urhebervertraglichen Rech- **37** teeinräumung im Filmbereich geregelt. Zu unterscheiden war zwischen Filmwerken, die zur Vorführung bestimmt waren, und Fernsehwerken, deren bestimmungsgemäße Nutzung die Sendung darstellte. Dementsprechend wurden regelmäßig Verfilmungs- sowie Vorführungs- oder Senderechte eingeräumt (*Wandtke/Haupt* GRUR 1992, 21, 23). Die Videoauswertung wurde wegen ihrer geringen praktischen Bedeutung nicht vom DDR-URG erwähnt (*Wandtke/Haupt* GRUR 1992, 21, 24 f.; vgl. Rn. 38; vgl. Rn. 44). Anwendung fand im Urheberrecht der DDR die **Zweckübertragungslehre** (OLG München ZUM 2000, 61, 64 – *Das kalte Herz* für einen Fall unter Geltung des LUG; *Wandtke/Haupt* GRUR 1992, 21, 25; *Wandtke* GRUR 1999, 305, 310; *Püschel* GRUR 1992, 579, 582).

38 **aa) Urheber im Arbeitsverhältnis:** Eine spezielle Vorschrift für Urheber im **Arbeitsverhältnis** enthielt der – vom Zweck dem heutigen § 43 UrhG ähnliche – § 20 URG-DDR, demzufolge sämtliche Rechte an den Betrieb übertragen bzw. eingeräumt werden sollen, den dieser zur Lösung **betrieblicher Aufgaben** benötigt. Hierzu konnte auch die Lizenzvergabe ins Ausland zählen (BGH GRUR 2001, 826, 828 – *Barfuß ins Bett*). Der Sache nach war § 20 URG-DDR vom Zweckübertragungsgedanken geprägt (*Wandtke* GRUR 1999, 305, 308). Er betraf vor allem Regisseure und andere Filmschaffende im Arbeitsverhältnis. An ihm richteten sich ggf. anwendbare Rahmenkollektivverträge für den Filmbereich aus. Hersteller des Filmes war zumeist die DEFA. Sie erwarb beispielsweise aufgrund der arbeitsvertraglichen Regelung des § 20 URG-DDR die Nutzungsrechte auch für die – 1989 auch in der DDR bekannte – Videoverwertung an einem durch einen angestellten Regisseur hergestellten Filmwerk (KG GRUR 1999, 721, 723 – *DEFA Film*).

39 Gem. § 10 Abs. 2 URG-DDR war der **filmherstellende Betrieb** (z.B. die DEFA-Studios) ausschließlich, auch unter Ausschluss der Filmurheber (Arbeiter oder freie Mitarbeiter), zur **kollektiven Wahrnehmung des Urheberrechts** berechtigt. Zweck dieser Regelung war aufgrund der komplexen Rechtslage bei einer Vielzahl Mitwirkender – ähnlich den §§ 88 ff. (vgl. Rn. 1 ff.) – die Konzentration der Rechte zwecks Wahrnehmung in einer Hand. Damit war aber kein Rechtsübergang kraft Gesetzes verbunden, sondern nur eine kollektive Wahrnehmungsbefugnis (BGH GRUR 2001, 826, 827 – *Barfuß ins Bett*). Die in § 10 Abs. 2 URG-DDR begründete Befugnis des Betriebs zur Wahrnehmung der Rechte an Film- und Fernsehwerken ist mit dem Inkrafttreten des Einigungsvertrages entfallen, weil sich gem. Art. 8 EV i.V.m. Anlage I EV Kap. III E Abschnitt II Nr. 2 die Befugnis zur Wahrnehmung von Rechten an urheberrechtlich geschützten Werken allein nach dem UrhG richtet (BGH GRUR 2001, 826, 827 – *Barfuß ins Bett*; KG ZUM 1999, 415, 416 – *DEFA-Film* mit Abdruck der Normen). § 10 **Abs. 2 verdrängt** damit § 20 URG-DDR **nicht** (KG GRUR 1999, 721, 722 – *DEFA Film*; KG ZUM-RD 2000, 384; a.A. *Haupt* ZUM 1999, 380, 384).

40 **bb) Normativbestimmungen, Vertragsmuster, Rahmenkollektivverträge:** Das Urhebervertragsrecht der DDR favorisierte einen Vertragsabschluss auf der Grundlage der Vertragsmuster (BGH GRUR 2001, 826, 827 – *Barfuß ins Bett*); dies lässt sich aus § 41 Abs. 2 URG-DDR herleiten, wonach unter den dort genannten Voraussetzungen immer die subsidiäre Geltung der Vertragsmuster als Vertragsinhalt bestimmt wird (KG ZUM-RD 2000, 384; *Arends*, Das Urhebervertragsrecht der DDR, S. 137).

41 Praktisch wichtig sind hier die **Normativbestimmungen für Filmschaffende.** Nach dem Kammergericht bestand in der DDR zunächst die Übung, Filmverträge auf der Grundlage der historischen Vorläufer der Normativbestimmungen abzuschließen. Die Normativbestimmungen für Filmschaffende beruhten auf den inhaltlich identischen „Allgemeinen Anstellungsbedingungen" der Reichsfilmkammer aus dem Jahr 1940 und der Tarifordnung für Filmschaffende vom 19.08.1943, die sodann ab 1948 mit identischem Inhalt als Normativbestimmungen für Filmschaffende bezeichnet und in gleicher Weise bis zum Jahre 1988 verwendet worden seien. Auch wenn der konkrete Vertrag nicht mehr auffindbar sei, könne bei Vorlage von Verträgen für vergleichbare Sachverhalte, die sie einbeziehen, ein Anscheinsbeweis zu Gunsten ihrer Anwendbarkeit gelten (KG ZUM-RD 2000, 384). Auch das OLG München (MMR 2002, 312, 314 – *Spielbankaffäre*) hat die Normativbestimmungen für Filmschaffende bei Verwendung von Standard-Urheberrechtsverträgen angewendet.

Diese wurden am 24.10.1955 durch einen **Rahmenvertrag** zwischen Ministe- **42** rium für Kultur, Hauptverwaltung Film, und dem deutschen Schriftstellerverband mit Geltung bis zum 31.12.1974 ergänzt. Auch er enthielt Bestimmungen über den Umfang eingeräumter Rechte zur Herstellung und Auswertung von Filmen. Letztere sollten das Produktionsstudio für die Dauer von 5 Jahren nach Uraufführung (mit einseitiger Verlängerungsmöglichkeit durch das Produktionsstudio) zur umfassenden Verwertung befähigen, insb. durch Vervielfältigung, Verbreitung, Vorführung, Synchronisation, Vertrieb im Ausland, Sendung, Bearbeitung und Übertragung der Rechte an Dritte mit Anzeigepflicht. Es bestanden Enthaltungspflichten des Urhebers; Auf- sowie Vorführungsrechte und damit verbundene Verleihrechte des Filmes in der jeweilig bestehenden Fassung konnten auch nach Fünfjahresfrist fortbestehen (Abdruck der Regelungen bei *Haupt* ZUM 1999, 380, 381 f.).

Dem Rahmenvertrag folgte am 22.07.1975 die Anweisung des Ministeriums **43** für Kultur über Vertragsmuster und literarische Grundlagen von Filmwerken. Das dortige Vertragsmuster für einen **Szenariumvertrag** enthielt die vorformulierte Vereinbarung über eine ausschließliche Rechteeinräumung für die Herstellung und Auswertung eines Filmes in jeder möglichen Form (insb. Vervielfältigung, Verbreitung, Vorführung, Synchronisation, Vertrieb im Ausland, Sendung im Fernsehen) für die Dauer von fünf Jahren nach Uraufführung, längstens 10 Jahre nach Abnahme des Szenariums. Nach Ablauf war das Studio berechtigt ist, den hergestellten Film in den zu diesem Zeitpunkt bestehenden Fassungen nach eigenem Ermessen weiter zur Aufführung und Vorführung zu bringen, was auch heute noch eine gültige Rechtseinräumung darstellt (KG ZUM-RD 2000, 384). Ausführlich zum Szenariumsvertrag *Haupt* ZUM 1999, 380, 381 ff. Zu einem Sachverhalt, in dem streitig war, ob ein Szenariumsvertrag oder ein Vertrag gemäß den Normativbestimmungen für Filmschaffende abgeschlossen wurde, KG ZUM-RD 2000, 384, das letztlich die Normativbestimmungen anwendete. Für Mitarbeiter des Fernsehens der DDR ist bei der Rechtseinräumung der **Rahmenkollektivvertrag Fernsehen** vom 12.08.1975 zu beachten, der auf § 20 Abs. 2 URG-DDR Bezug nimmt und alle für den betrieblichen Zweck erforderlichen Nutzungsrechte erfasst (BGH GRUR 2001, 826, 829 – *Barfuß ins Bett*).

cc) **Übertragung unbekannter Nutzungsarten:** Im Urheberrecht der DDR **44** existierte ebenso wie im bundesdeutschen Recht für Verträge vor 1966 **kein Verbot** der Einräumung von Rechten an **unbekannten Nutzungsarten** (BGH GRUR 2001, 826, 828 – *Barfuß ins Bett*; KG ZUM-RD 2000, 384; a.A. Wandtke/Bullinger/*Wandtke*[2] EVtr Rn. 66, der dies aus § 39 lit. a) sowohl für Neuverträge ab 01.01.1966 als auch für Altverträge wegen § 95 Abs. 2 S. 2 URG herleiten will; weder Wortlaut noch *ratio legis* geben das jedoch her).

Damit entscheidet eine Vertragsauslegung – insb. unter Berücksichtigung der Zweckübertragungslehre – darüber, ob Rechte an unbekannten Nutzungsarten eingeräumt wurden (ausführlich vgl. § 31 Rn. 172 ff.). Nach Ziffer 3.1 der Normativbestimmungen für Filmschaffende (dazu vgl. Rn. 41) werden die Nutzungsrechte auf zur Zeit des Vertragsschlusses noch nicht bekannte Verwendungsgebieten dem Studio zur alleinigen Verwendung zugewiesen, mithin Rechte an unbekannten Nutzungsarten eingeräumt. Das erfasst insb. bei Vertragsschluss noch unbekannte **Videorechte** (KG ZUM-RD 2000, 384; a.A. Wandtke/Bullinger/*Wandtke*[2] EVtr Rn. 67), die im Übrigen seit spätestens 1979 den Filmschaffenden bekannt waren, auch wenn es in der DDR keine relevante Videonutzung gab (KG ZUM-RD 2000, 384; a.A. Wandtke/Bullinger/*Wandtke*[2] EVtr Rn. 67: erst ab der Wende bekannt). Überdies wurde am 12.06.1984 ein „Gemeinsamer Rechtsstandpunkt des Ministeriums für Kultur und des Staatlichen Komitees für Fernsehen beim Ministerrat der DDR zur Übertragung von Nutzungsbefugnissen für Film und Fernsehwerke" geschaffen, der Kraft ministerieller Weisung auch die Videoverwertung und damals zumindest in der DDR unbekannte Nutzungsarten in die Rechtseinräumung einbezog, nicht zuletzt, um die Auslandsverwertung zu erleichtern (eine Relevanz für die Auslegung von Nutzungsverträgen ablehnend *Wandtke/ Haupt* GRUR 1992, 21, 25 f.). Auch **On-Demand-Rechte** sind nach den Normativbestimmungen für Filmschaffende eingeräumt, sofern man sie überhaupt als früher unbekannte Nutzungsarten einordnen will (vgl. § 31a Rn. 41). **Pay-TV** (vgl. § 31a Rn. 37, str.), **Kabel- und Satelliten-TV** (vgl. § 31a Rn. 36) sind keine neuen Nutzungsarten im Hinblick auf das auch in der DDR bekannte terrestrische Fernsehen (KG ZUM-RD 2000, 384). Die Anwendung des § 31 Abs. 4 a.F. auf vom 01.01.1966 bis 31.12.2007 (vgl. § 31a Rn. 6 ff.) abgeschlossene Verträge, die eine **Rechtseinräumung für das Gebiet der BRD** zum Gegenstand hatten, wurde vom BGH offen gelassen (BGH GRUR 2001, 826, 828 – *Barfuß ins Bett*), ist jedoch abzulehnen. § 31 Abs. 4 a.F. wird auch internationalprivatrechtlich nicht nach dem Schutzlandprinzip, sondern nach dem Vertragsstatut angeknüpft wird (str., vgl. Vor §§ 120 ff. Rn. 88). Insb. im Filmbereich hat der Gesetzgeber § 31 Abs. 4 a.F. als „weder im Interesse der Urheber noch im Interesse der Filmproduzenten und auch nicht im Interesse der Konsumenten" gebrandmarkt (RegE 2.Korb – BT-Drucks. 16/1828, S. 33), so dass eine extensive Anwendung weder internationalprivatrechtlich noch auf DDR-Verträge als angezeigt erscheint. Die gegenteilige Auffassung wird § 137l zu beachten haben (vgl. § 137l Rn. 4).

45 **dd) Schicksal eingeräumter Nutzungsrechte nach der Wende:** Siehe zu Nutzungsrechten, die vor der Einheit auf das jeweilige ehemalige Staatsterritorium der DDR bzw. der BRD räumlich beschränkt eingeräumt wurden und einer möglichen Vertragsanpassung, insb. im Hinblick auf Senderecht und Verbreitungsrecht, vgl. Vor §§ 31 ff. Rn 93 ff.

IV. Verträge im Filmbereich

46 Unter Filmverträgen versteht die Praxis einen bunten Strauß verschiedenster Vertragstypen. Sie sind im UrhG im Hinblick auf **Verträge des Urhebers bzw. des ausübenden Künstlers** einer beschränkten Regelung in den §§ 88 bis 93 zugeführt. Dort finden sich nur Regelungen für die Einräumung (einschließlich Übertragung für den ausübenden Künstler), die Vergütung sowie den Rückruf von Nutzungsrechten. Ferner kann für das Vertragsrecht im Hinblick auf das

Leistungsschutzrecht des Produzenten auf die eher rudimentäre Regelung in § 94 Abs. 2 zurückgegriffen werden. Ansonsten fehlt eine grundsätzliche Regelung im UrhG. Zu **Rundfunkverträgen** allgemein vgl. Vor §§ 31 ff. Rn. 372 ff., zu **Sendeverträgen** jedoch vgl. Rn. 97.

1. Verfilmungsverträge („Stoffverträge")

Bei einer Verfilmung werden zunächst bereits existierende Werke filmisch **47** genutzt. Das können vorbestehende Romane, Bühnenstücke, Drehbücher oder Musik sein. Gegenstand des Vertrages ist also die Einräumung von Rechten für die Benutzung von vorbestehenden Werken für die Herstellung eines Filmes. Die vorbestehenden Werke werden im Regelfall für das Filmwerk bearbeitet (§ 23). Verfilmungsverträge sind Verträge eigener Art mit Elementen des Kauf- oder Pachtvertrages (Dreier/Schulze/*Schulze*[2] Rn. 169; Schricker/ *Schricker*[3] Vor §§ 28 ff. Rn. 102).

Nach der **Auslegungsregel** des § 88 Abs. 1 erwirbt der Filmproduzent eine **48** weitgehend **unbeschränkte filmische Auswertungsbefugnis**, die beispielsweise Vervielfältigung, Verbreitung, Sendung, Vorführrecht und – da seit Jahren bekannt – die öffentliche Zugänglichmachung im Internet erfasst, einschließlich der Befugnis zur Bearbeitung und Umgestaltung der zugrunde liegenden Werke. Nach § 88 Abs. 1 n.F. erfasst diese Vermutung ohne Widerrufsmöglichkeit auch **unbekannte Nutzungsarten**; allerdings besteht insoweit ein Schriftformgebot nach Abs. 1 S. 2. Eine Auswertungspflicht besteht im Zweifel bei Beteiligungsvergütung, bei Pauschalvergütung entscheidet der Einzelfall (vgl. Vor §§ 31 ff. Rn. 41 ff.). Eingeräumt wird das Verfilmungsrecht im Regelfall durch den **Urheber** selbst oder der jeweilige Rechteinhaber wie **Verlage**, die die Rechte als Nebenrechte halten. Auch dafür gilt nach h.M. § 88 (vgl. § 88 Rn. 25). Sehr häufig erfolgt der Erwerb der Stoffrechte über **Optionsverträge** (dazu im Einzelnen vgl. Vor §§ 31 ff. Rn. 311 ff.), damit der Produzent sich die Stoffe sichert, um danach zu klären, ob das Projekt realisierbar ist. In vielen Fällen wird die Option nicht gezogen. Zu Stoffverträgen im Einzelnen vgl. § 88 Rn. 1 ff. Siehe ferner zu den Einschränkungen der §§ 34, 35 und der §§ 41, 42 gemäß § 90 sowie zum nur eingeschränkten Schutz vor Entstellung und zur Namensnennung gemäß § 93 die Kommentierungen dort. Bei **Nutzung von Musikwerken** für Filme gelten Besonderheiten, weil die Rechte tw. über Verwertungsgesellschaften eingeholt werden müssen; vgl. Rn. 110 für das grundsätzliche Verfilmungsrecht (Synchronisationsrecht); zur Auswertung des Films vgl. Vor §§ 88 ff. Rn. 67 ff. Zu Musikvideos vgl. Rn. 11.

2. Verträge mit Filmurhebern

An der Produktion des Filmes sind regelmäßig eine Vielzahl kreativer Personen **49** beteiligt, z.B. Regisseur, Kameramann, Architekt, Tonmeister oder Cutter. Sofern sie als sog. Filmurheber urheberrechtlich geschützte Werke (§ 2) schaffen (vgl. § 89 Rn. 13 ff.), muss der Filmproduzent die relevanten Nutzungsrechte von ihnen erwerben, um den Film nutzen zu können. Nach der **Auslegungsregel** des § 89 Abs. 1 erhält der Produzent von den Filmurhebern im Zweifel umfassende ausschließliche Nutzungsrechte. Nach § 89 Abs. 1 n.F. erfasst diese Vermutung ohne Widerrufsmöglichkeit auch unbekannte Nutzungsarten; jedoch ist das Schriftformgebot des Abs. 1 S. 2 zu beachten. Meist ist der Umfang der Rechtseinräumung in den zugrunde liegenden Dienst- oder Arbeitsverträgen oder Tarifverträgen explizit geregelt. Zu den Verträgen mit Filmurhebern im Einzelnen siehe § 89. § 90 enthält über dies Einschränkungen der §§ 34, 35 und der §§ 41, 42; § 93 gewährt nur eingeschränkten Schutz vor Entstellung und begrenzt die Namensnennung; siehe die dortigen Kommentierungen.

3. Verträge mit ausübenden Künstlern

50 An einem Filmwerk wirken außerdem zahlreiche ausübende Künstler, insb. Schauspieler, aber auch Sänger und Musiker der Filmmusik mit. Ihnen stehen eigene Leistungsschutzrechte nach §§ 73 ff. zu. Der Filmproduzent muss also für eine ungehinderte Verwertung des Filmes auch über diese Rechte verfügen. Zu Gunsten des Filmproduzenten enthält § 92 eine Vermutung, dass ihm umfassende Nutzungsrechte eingeräumt sind (Abs. 1); ferner wird er vor Vorausverfügungen des ausübenden Künstlers geschützt (Abs. 2). Schließlich enthält § 92 Abs. 3 einen Verweis auf die Einschränkung der Rechte des Urhebers in § 90, die damit auch zu Lasten der ausübenden Künstler gilt. Häufig sind ausübende Künstler jedoch Arbeitnehmer, so dass die Rechteverschaffung über den Arbeits- und Tarifvertrag geht und § 92 nicht eingreift; vgl. § 93 Rn. 25.

4. Verträge über Leistungsschutzrechte des Filmherstellers und des Laufbildherstellers

51 Der Filmproduzent erwirbt neben den Rechten der Urheber nach §§ 88, 89 bzw. der ausübenden Künstler nach § 92 darüber hinaus ein **eigenes Leistungsschutzrecht gemäß § 94**. Grund für diese Rechtekonzentration aus abgeleiteten Rechten und eigenem Leistungsschutzrecht in der Hand des Produzenten ist zum einen die Vielzahl anfallender Rechte und zum anderen der Herstellungsaufwand des Filmes, der eine effiziente Verwertung erfordert, die nicht durch Blockadeaktionen einzelner Filmschaffender behindert werden soll (vgl. Rn. 2). Soll das Filmwerk von Dritten ausgewertet werden, sind sie also neben den Rechten der Urheber (§§ 88, 89) und der ausübenden Künstler (§ 92) auch auf die Rechte des Filmherstellers angewiesen. Vgl. § 94 Rn. 1 ff.

52 Bildfolgen bzw. Bild- und Tonfolgen, die sich **nicht als Filmwerk** gemäss § 2 Abs. 1 Nr. 6 qualifizieren, werden als **Laufbilder** bezeichnet. Für sie erhält der Hersteller gemäß § 95 ein **eigenes Leistungsschutzrecht**, so dass bei Verwertung durch Dritte auch insoweit ein eigenständiger Lizenzzierungsbedarf entsteht. Vgl. § 95 Rn. 1 ff.

5. Verträge über Synchronisation und Untertitelung

53 **Fremdsprachige Filme** werden zur Nutzung in Deutschland regelmäßig in deutscher Sprache synchronisiert, zumindest untertitelt. Dadurch kann ein eigenes **Leistungsschutzrecht** als Filmherstellungsrecht gemäß § 94 entstehen (vgl. § 94 Rn. 27 ff.). Überdies entstehen auch **neue Urheberrechte** (z.B. des Übersetzers und Skriptautors) und **Leistungsschutzrechte der ausübenden Künstler** (Synchronsprecher, Regisseur), für die die relevanten Rechte erworben werden müssen. Oft ist der Rechteinhaber aber nicht selbst Hersteller der Synchronisation oder Untertitelung, weil dies der Verleiher, der Videolizenznehmer oder die Sendeanstalt im Rahmen des entsprechenden Auswertungsvertrages (vgl. Rn. 67 ff.) übernimmt. Diesen müssen dann entsprechende **Bearbeitungsrechte** eingeräumt sein. Nur die Untertitelungsrechte, aber keine Synchronisationsrechte sind eingeräumt, wenn lediglich „sub-titling", aber kein „dubbing" gestattet ist (OLG Köln ZUM 2007, 401, 403). Umgekehrt sollte der Rechteinhaber des Originalfilms darauf achten, die **Rechte an der Synchronisation oder Untertitelung** vollständig zu erhalten, damit er nach Ablauf des Lizenzvertrages die synchronisierte oder untertitelte Fassung weiter nutzen kann. Ggf. muss er sich an den Kosten beteiligen oder ein Entgelt für den Rechteerwerb bezahlen.

Werden **deutsche Filme** für den Weltvertrieb (vgl. Rn. 107 ff.) synchronisiert **54** oder untertitelt, stehen die dafür erforderlichen Bearbeitungsrechte der Urheber regelmäßig dem Inhaber der Verfilmungsrechte (§ 88 Abs. 1) bzw. dem Filmhersteller als Inhaber der Rechte am Filmwerk (§ 89 Abs. 1) zu. Denn §§ 88 Abs. 1 und § 89 Abs. 1 erwähnen ausdrücklich die Erlaubnis zu Übersetzungen des fertigen Films.

6. Produktionsverträge

a) **Co-Produktionsverträge:** Die Produktion eines Filmes muss nicht durch ein **55** Unternehmen, sondern kann durch **mehrere Co-Produzenten** erfolgen. Sie sind dann auch **gemeinsam Filmhersteller** gemäß § 94. Für eine Co-Produktion kommen verschiedene Gründe in Betracht, z.B. Teilung des finanziellen Risikos, steuerliche Erwägungen, Qualifizierung für öffentliche Subventionen. Tw. beteiligen sich auch Auswerter als Co-Produzenten und erhalten im Gegenzug die sie interessierenden Rechte, beispielsweise co-produzierende Rundfunkanstalten die Senderechte. In diesen Fällen liegt jedoch nicht immer eine „echte" Co-Produktion vor, insb. wenn sich der Beitrag des Co-Produzenten auf finanzielle Beiträge beschränkt (im Einzelnen zur Abgrenzung von „echter" und „unechter" Co-Produktion vgl. § 94 Rn. 22 f.). Haben die Produzenten die Rechte unter sich aufgeteilt, kommt bei wesentlicher **Veränderung der Geschäftsgrundlage** durch Änderung der politischen Situation (z.B. Wiedervereinigung Deutschlands) oder durch technischen Fortschritt gemäß den Grundsätzen über die Störung der Geschäftsgrundlage (§ 313 BGB) eine **Vertragsanpassung** oder nachrangig eine **Beendigung** in Betracht (vgl. Vor §§ 31 ff. Rn. 100 ff.). In jedem Fall vorrangig bleibt aber eine **ergänzende Vertragsauslegung**, z.B. ein vertraglicher Anspruch auf Einräumung weiterer Nutzungsrechte oder eine gemeinsame Inhaberschaft bei nicht eindeutig verteilten Rechten (BGH GRUR 2005, 320, 322 f. – *Kehraus*). Tw. kennen Co-Produktionsverträge auch einen **„federführenden" Produzenten**, der unter bestimmten Voraussetzungen als alleiniger Filmhersteller gemäß § 94 zu behandeln ist (vgl. § 94 Rn. 23).

Sofern bei Anwendbarkeit deutschen Rechts keine anderweitige Regelung **56** getroffen wird, liegt während des Produktionsprozesses regelmäßig eine **Gesellschaft bürgerlichen Rechts** (§§ 705 ff. BGB) oder unter den Voraussetzungen des § 1 HGB auch eine **OHG** (§§ 105 ff. HBG) vor. Nach Produktionsende wandelt sich die Co-Produktionsgesellschaft im Regelfall in eine **Bruchteilsgemeinschaft** gemäß §§ 741 ff. BGB um (v. Hartlieb/Schwarz/*Schwarz/Ulrich Reber*[4] Kap. 83 Rn. 7). Dann gilt – mangels abweichender Parteivereinbarung – anders als in der GbR (§ 709 Abs. 1 BGB) grds. das Mehrheitsprinzip bei Auswertungsentscheidungen, § 745 Abs. 1 BGB.

b) **Auftragsproduktionen:** Bei Auftragsproduktionen beauftragt ein Verwerter **57** einen Produzenten mit der Herstellung eines Filmes. Auftragsproduktionen spielen eine bedeutende Rolle im Programmangebot von Fernsehanstalten. Unterschieden werden echte und unechte Auftragsproduktionen. Bei der **echten Auftragsproduktion** bleibt der Produzent Filmhersteller im Sinne des

§ 94 und erwirbt damit ein eigenes Leistungsschutzrecht; es findet **Werkvertragsrecht** Anwendung (*Johannes Kreile* ZUM 1991, 386, 388; Loewenheim/ *Castendyk* § 75 Rn. 115; v. Hartlieb/Schwarz/*Schwarz/Ulrich Reber*[4] Kap. 84 Rn. 4). Demgegenüber ist der Auftraggeber bei **unechten Auftragsproduktionen** selbst Filmhersteller gemäß § 94; der Filmhersteller ist hier im Rahmen eines Geschäftsbesorgungsvertrages mit dienstvertraglichen Elementen tätig (ebenso für Anwendung von **Geschäftsbesorgungsrecht**: v. Hartlieb/Schwarz/ *Schwarz/Ulrich Reber*[4] Kap. 85 Rn. 3; für alleinige Anwendung Dienstvertragsrecht *Johannes Kreile* ZUM 1991, 386, 388; offen: Loewenheim/*Castendyk* § 75 Rn. 115). Zu den Details der Abgrenzung zwischen echt und unecht vgl. § 94 Rn. 22 f.

58 aa) **Echte Auftragsproduktion:** Der Filmproduzent erwirbt bei der echten Auftragsproduktion alle relevanten Rechte (**urheberrechtliche Nutzungsrechte** gemäß §§ 88, 89, **Leistungsschutzrechte** gemäß § 94) zunächst selbst. Auf die Rechtseinräumung an den Fernsehsender findet die **Zweckübertragungslehre** gemäß § 31 Abs. 5 Anwendung, und zwar im Hinblick auf die Weitergabe der urheberrechtlichen Nutzungsrechte in Form der allgemeinen Zweckübertragungslehre (vgl. § 31 Rn. 118 ff.) und im Hinblick auf die Leistungsschutzrechte gemäß § 94 Abs. 2. „Fernsehmäßige Nutzung" umfasst deshalb im Zweifel nur die unkörperlichen Fernsehsenderechte, nicht die Rechte des körperlichen Vertriebs als Video (OLG Düsseldorf GRUR-RR 2002, 121, 122 – *Das weite Land*). Auch die Formulierung „*Der Vertragspartner überträgt ... sämtliche bei ihm entstehenden oder entstandenen urheberrechtlichen Nutzungs-, Leistungsschutz- und sonstige Rechte für Rundfunksendungen mittels Kabel, Satellit (gleich welcher Art) und/oder für terrestrische und/oder sämtliche drahtlose Ausstrahlung einschließlich der Weiterverbreitung in Kabelanlagen ohne zeitliche bzw. örtliche Einschränkungen.*" erfasst nur dann neben Fernsehsenderechten auch Videorechte, wenn der Sender darlegen und ggf. beweisen kann, dass der Vertragszweck auch auf eine Videoverwertung gerichtet war (OLG München ZUM-RD 1998, 101, 106 – *Auf und davon*). Allerdings ist mittlerweile wohl von einer Branchenübung der Fernsehanstalten auszugehen, sich sämtliche Rechte von Auftragsproduzenten übertragen zu lassen, vor allem wenn eine Vollfinanzierung durch den Sender stattfindet („**Buy-Out**"; *Johannes Kreile* ZUM 1991, 386, 390; Loewenheim/*Castendyk* § 75 Rn. 130; v. Hartlieb/Schwarz/*Ulrich Reber* Kap. 93 Rn. 26).

59 Regelmäßig erfolgt dies in Allgemeinen Geschäftsbedingungen. Eine **AGB-Kontrolle** kommt nach den Grundsätzen der Zweckübertragungslehre jedenfalls in gewissem Umfang in Betracht, auch wenn es sich bei der Rechtseinräumung um die Konkretisierung der Hauptleistungspflicht handelt (vgl. § 31 Rn. 179 ff.; a.A. Loewenheim/*Castendyk* § 75 Rn. 130, 132). Die Anwendung der Zweckübertragungslehre bleibt aber auf Sachverhalte beschränkt, die mit Nutzungsrechtseinräumungen durch den Urheber vergleichbar sind und kann nicht auf translative Übertragungen von Nutzungsrechten ausgedehnt werden, die eher dem bürgerlich-rechtlichen Rechtskauf zuzuordnen sind. Gerade bei voll durch den Auftraggeber finanzierten Auftragsproduktionen wird eine solche Situation des Rechtskaufes aber heute sehr häufig vorliegen, so dass die Zweckübertragungslehre zur AGB-Kontrolle dann nicht einschlägig ist. Jedenfalls darf eine Sendeanstalt wegen unangemessener Benachteiligung eine Nutzung in einer bestimmten Nutzungsart (Video) durch den lizenzgebenden Produzenten nicht formularmäßig von ihrer Zustimmung abhängig machen, wenn der Sendeanstalt nicht das Recht an der betreffenden Nutzungsart eingeräumt wurde (OLG Düsseldorf GRUR-RR 2002, 121, 122 – *Das weite Land*).

Ausnahmen sind dann zuzulassen, wenn die Verweigerung der Zustimmung formularmäßig daran geknüpft ist, dass die weitere Verwertung inhaltlich für den Auftraggeber (ausnahmsweise) nicht mehr zumutbar ist. Eine geltungserhaltende Reduktion zu weit gefasster AGB ist auch im kaufmännischen Verkehr nicht möglich (BGH NJW 1993, 1787; BGH NJW 1985, 319; a.A. für die betreffende AGB-Klausel von Rundfunkanstalten offenbar Loewenheim/*Castendyk* § 75 Rn. 132 m. Fn. 215).

Dem Produzenten stehen als Inhaber des Leistungsschutzrechts gemäß § 94 **60** Abs. 4 Vergütungsansprüche gemäß §§ 20b Abs. 2, 27 Abs. 2, 46 Abs. 4, 47 Abs. 2, 54 ff. zu. Diese sind gemäß §§ 20b Abs. 2, 27 Abs. 2, 63a im Voraus nicht verzichtbar und können im Voraus nur an eine Verwertungsgesellschaft abgetreten werden, so dass eine Vorausabtretung an Fernsehanstalten ausscheidet. Auch eine Umgehung des Vorausabtretungsverbotes durch Beteiligung an den Einnahmen an den Ausschüttungen der Produzenten von Verwertungsgesellschaften begegnet Bedenken (OLG Düsseldorf GRUR-RR 2002, 121, 123 – *Das weite Land*; Loewenheim/*Castendyk* § 75 Rn. 137); jedoch zu bestimmten Gestaltungsmöglichkeiten vgl. § 63a Rn. 13 ff.

Üblicherweise bestehen **Nennungsverpflichtungen** sowohl zu Gunsten des **61** Produzenten als auch zu Gunsten des Fernsehsenders, die – sofern branchenüblich – auch formularmäßig vereinbart werden können. Die Verletzung solcher Nennungsverpflichtungen löst jedoch nur vertragliche Ansprüche aus, weil einem Produzenten kein deliktisches Recht nach § 13 zusteht.

Die **Vergütung** des Produzenten erfolgt regelmäßig nach einem bestimmten **62** Schema: Der Fernsehsender setzt kalkulatorische Herstellungskosten an; der Produzent darf dabei „Handlungsunkosten" von 6% und einen „Gewinn" von 7,5% zu seinen Gunsten einstellen. Problematisch ist, dass die wirklichen Herstellungskosten in vielen Fällen über den kalkulatorischen Kosten liegen. Der Produzent trägt dieses Risiko allein; deshalb erscheint es auch als AGB-rechtswidrig, die kalkulatorischen Kosten weiter abzusenken, wenn beispielsweise die vereinbarten Schauspielergagen tatsächlich niedriger als kalkuliert ausfallen, §§ 307, 308 Nr. 4 BGB (Loewenheim/*Castendyk* § 75 Rn. 141). Tw. werden Bonuszahlungen für besonders erfolgreiche Filme und Wiederholungshonorare (direkt an die Urheber bzw. ausübenden Künstler) gezahlt (eingehend Loewenheim/*Castendyk* § 75 Rn. 142 ff., 236 ff.).

Abzugrenzen ist die echte Auftragsproduktion als Werkvertrag **vom Lizenz-** **63** **vertrag,** auf den pacht- und/oder kaufrechtliche Bestimmungen besser passen (vgl. Vor §§ 31 ff. Rn. 164 ff., 287). Insb. können Produzenten im Wege eines sog. „Pre-Sale" Lizenzvertrages einen Film vor Herstellung an Sender lizenzieren. Sofern der Fernsehsender wie ein Besteller Einfluss in redaktioneller, künstlerischer oder organisatorischer Hinsicht durch Weisungsbefugnisse, Abnahmerechte oder Beistellung von Drehbüchern bzw. organisatorischen Leistungen wie Versicherungen (dazu Loewenheim/*Castendyk* § 75 Rn. 146) auf die Produktion behält, liegt aber eher eine echte Auftragsproduktion vor (Loewenheim/*Castendyk* § 75 Rn. 122).

bb) Unechte Auftragsproduktion: Bei unechten Auftragsproduktionen be- **64** stimmt der Auftraggeber die Filmproduktion in allen wesentlichen Elementen selbst. Der **unechte Produzent** ist nur „verlängerte Werkbank" (Voraufl./*Hertin* § 94 Rn. 5) des Auftraggebers. Dementsprechend erwirbt der Auftraggeber im Regelfall auch die Nutzungsrechte der Urheber und ausübenden Künstler selbst. Erfolgt der Erwerb im Namen des unechten Auftragsproduzenten, hat der Auftraggeber einen Anspruch auf Weiterübertragung, muss aber die Auslagen für den Rechteerwerb erstatten (§§ 675, 670 BGB). Dem Auftraggeber steht als eigentlichem Filmhersteller auch das Leistungsschutzrecht des § 94 zu (vgl. § 94 Rn. 24 f.). Unechte Auftragsproduzenten werden als **reine Dienstleister** in der Praxis für Filmfonds tätig, sog. **Produktionsdienstleister** (production service companies), wenn aus steuerlichen Gründen der Fonds (echter) Filmhersteller sein muss (eingehend v. Hartlieb/Schwarz/*Schwarz/Ulrich Reber*[4] Kap. 85 Rn. 4 f.; Loewenheim/*Castendyk* § 75 Rn. 120 ff.). Ferner finden sich unechte Auftragsproduktionen in der Werbefilmproduktion sowie für filmische Beiträge zu Nachrichten- und Magazinsendungen.

65 c) **Produktionsvorbereitung und -entwicklung:** Filmproduzenten werden insb. von Fernsehanstalten auch beauftragt, bestimmte Projekte vorzubereiten oder zu entwickeln, bevor die Entscheidung über die tatsächliche Herstellung des Films fällt. Es handelt sich um Werkverträge. Insoweit kann beispielsweise eine Drehbuchentwicklung vereinbart werden. Der Produzent wird dabei i.d.R. verpflichtet, die entstehenden Rechte einzuholen und an den Sender weiterzugeben. Kommt es nicht zu einer Herstellung des Filmes, wird regelmäßig ein Recht des Produzenten verabredet, die Rechte zurück zu erwerben und den Film allein herzustellen. Die vom Sender gezahlte Vergütung wird üblicherweise auf die ggf. bei Herstellung gezahlte Vergütung angerechnet. Die öffentlich-rechtlichen Rundfunkanstalten haben für Drehbuchentwicklungsverträge mit dem Verband der Bühnen- und Medienverlage (www.buehnenverleger.de) (ARD-)Drehbuchauftragsverträge (2003) bzw. (ZDF-)Werknutzungsverträge (2005) ausgehandelt, die als Normverträge gelten können (zu Normverträgen vgl. Vor §§ 31 ff. Rn. 298). Zu den einzelnen Vertragswerken im Ablauf der Produktion: v. Hartlieb/Schwarz/*Ulrich Reber* 2. Abschnitt, insb. zu Verfilmungs- und Drehbuchverträgen siehe Kap. 93; Loewenheim/*Castendyk* § 75 Rn. 152 ff.; Wandtke/Bullinger/*Erhardt* §§ 20–20b Rn. 43. Bei Produktionsvorbereitung und Produktionsentwicklung kann § 88 entsprechend auch auf die Auftraggeber anwendet werden (vgl. § 88 Rn. 25).

66 d) **Produktion von Computerspielen:** Computerspiele können als Filmwerke auch unter die Bestimmungen der §§ 88 ff. fallen (vgl. Rn. 12). Zu Computerspielproduktionsverträgen vgl. § 69c Rn. 39. Zum Computerspiel als Merchandisingprodukt vgl. Vor §§ 31 ff. Rn. 422 ff.

7. **Filmauswertungsverträge**

67 Für die Auswertung eines Filmes stehen unterschiedlichste Formen (sog. Auswertungsfenster) bereit (vgl. Rn. 10): Die Mehrzahl der Filme durchläuft allerdings nicht alle vorgenannten Auswertungsformen. Sie werden z.B. nur auf Video/DVD ausgewertet oder nur gesendet, je nach Nutzungspotenzial des Filmes.

68 Die auf diese Auswertung bezogenen Verträge des Filmproduzenten mit verschiedenen Nutzern über die Auswertung des Filmwerkes haben große wirtschaftliche und praktische Bedeutung in der Filmbranche. Die Verträge regeln die Vergabe von urheberrechtlichen Nutzungsrechten, die der Produzent von den Urhebern erworben hat (vgl Rn. 46 ff. sowie §§ 88, 89). Ferner vergibt der Produzent auch seine eigenen Leistungsschutzrechte gem. § 94 an den Auswerter. Nur im Hinblick auf solche eigenen Leistungsschutzrechte des Filmproduzenten enthält das UrhG in § 94 Abs. 2 eine Regelung. Insb. die Weitergabe von urheberrechtlichen Nutzungsrechten von Produzent an Verwerter ist im **UrhG nicht geregelt,** weil das UrhG sog. sekundäres Urhebervertragsrecht grds. nicht erfasst (vgl. Rn. 23). Für sämtliche Filmauswertungsverträge des sekundären Urhebervertragsrechts gilt jedoch zur Bestimmung des Umfangs der Rechtseinräumung die **allgemeine Zweckübertragungslehre,** es sei denn, es liegt die Situation eines vollständigen Rechtskaufes mit translativer Übertragung aller Rechte vor (vgl. Rn. 58; allgemein zur Zweckübertragungslehre vgl. § 31 Rn. 118 ff.). Das sollte allerdings die Ausnahme bleiben, weil Auswertungsverträge i.d.R. zeitlich, räumlich und/oder inhaltlich nur beschränkte Rechte einräumen.

a) Filmverleih: Mit **Filmverleih** ist die Auswertung im Wege der öffentlichen **69** Vorführung gemäß § 19 Abs. 4 gemeint. Primär findet in der Praxis ein Verleih an Kinos statt. Die entsprechende **Nutzungsrechtseinräumung** ist i.d.R. **einfach.** Üblicherweise erhalten die Lizenzgeber als **Nutzungsvergütung** 50% der Kasseneinnahmen. Daneben können auch Fluggesellschaften („Inflight-Rechte"), Filmfestivals, Film-Clubs, Jugendheime, Krankenhäuser oder Schulen als öffentliche Vorführer in Betracht kommen und erhalten im Regelfall die entsprechende einfachen Nutzungsrechte. Der Verleih an nicht gewinnmaximierend tätige Vorführer wie Film-Clubs, Jugendheime oder öffentliche Schulen wird dabei meist als nicht-kommerzielle Vorführung bezeichnet, auch wenn die Vorführung dort gegen Entgelt erfolgt.

Bei Filmverleih werden die Kinobetreiber, aber auch andere Nutzer, zunehmend durch die Rechteinhaber verpflichtet, **technische Maßnahmen** (vgl. **70** § 95a Rn. 1 ff.) nach dem Stand der Technik zum Schutz vor illegalen Nutzungen, z.B. Abfilmen im Kino, zu ergreifen. Dagegen bestehen grds. auch keine Bedenken bei Anwendbarkeit von **AGB-Recht,** weil ein Schutz vor Filmpiraterie auch im Interesse des Kinobetreibers ist.

b) Verleihverträge: Beim Filmverleih können Verleihunternehmen zwischen **71** Produzent und Auswerter geschaltet werden, die die Vergabe der Rechte an Spielstätten, die Organisation des Kopieneinsatzes sowie die Kontrolle des Leihmieteneinzugs übernehmen. Mit ihnen schließt der Produzent einen **Verleihvertrag.** Insb. unabhängige kleine und mittlere Filmproduzenten bedienen sich solcher „Verleiher".

aa) Umfang der eingeräumten Rechte: Üblicherweise werden durch Verleih- **72** verträge **ausschließliche Rechte** eingeräumt. Der **Katalog der Nutzungsarten** ist meist **begrenzt.** Eher selten sind allerdings reine Verleihverträge. Häufiger wird dem Verleiher auch das Video/DVD-Recht eingeräumt (zum Videolizenzvertrag vgl. Rn. 83 ff.), und zwar vor allem dann, wenn der Verleiher sämtliche Kopier- und Werbekosten übernimmt, weil von diesen Investitionen später auch der Video/DVD-Vertrieb profitiert, sich also das finanzielle Risiko für den Verleiher minimiert. Oft erfolgt die Einräumung von Video/DVD-Rechten ferner gemeinsam mit On-Demand-Rechten für das Internet, weil diese Rechte letztlich in direkte Konkurrenz zueinander treten (zu On-Demand-Rechten vgl. Rn. 90 ff.). Tw. werden den Verleihern auch die Senderechte (vgl. Rn. 97 ff.) eingeräumt.

Mitunter wird dem Verleiher auch das **Synchronisations- und/oder Unter- 73 titelungsrecht** als **Bearbeitungsrecht** eingeräumt, insb. bei fremdsprachigen Filmen, die im deutschsprachigen Raum ausgewertet oder bei deutschsprachigen Filmen, die im Ausland ausgewertet werden sollen (vgl. Rn. 53 f.).

bb) Lizenzgebiet/-dauer: Das **Lizenzgebiet** umfasst bei deutschsprachigen Fil- **74** men regelmäßig Deutschland, Österreich, den deutschsprachigen Teil der

Schweiz und Lichtenstein; im Zweifel ist deshalb von einer Einräumung in diesem Umfang auszugehen (a.A. Loewenheim/*Schwarz/Reber* § 74 Rn. 242: im Zweifel nur Deutschland). Zeitlich gilt ohne anderweitige Abrede wegen § 20 FFG und Branchenüblichkeit eine **Lizenzzeit** von 5 Jahren (v. Hartlieb/ Schwarz/*Schwarz*⁴ Kap. 159 Rn. 17; Loewenheim/*Schwarz/Reber* § 74 Rn. 244).

75 cc) **Nebenpflichten:** Bei nur beschränkter Rechtevergabe an den Verleiher bestehen **Enthaltungspflichten des Produzenten**, die Auswertung durch den Verleiher nicht durch Vergabe der übrigen Rechte zu behindern. Diese ergeben sich ungeschrieben aus der vertraglichen Treuepflicht (*Schwarz* ZUM 2000, 816, 831 f.; Loewenheim/*Schwarz/Reber* § 74 Rn. 257 m.w.N.; ferner BGH GRUR 1969, 364, 366 – *Fernsehauswertung* für einen Treueverstoß nach Vergabe von Bühnenrechten durch gleichzeitige Vergabe von Senderechten an Dritte). Insoweit bestehen insb. **Sperrzeiten**, in denen eine Auswertung in den einzelnen Auswertungsfenstern (vgl. Rn. 10) ohne Konkurrenz sein muss. Anhaltspunkte ergeben sich aus den Sperrzeiten, die der Produzent bei öffentlicher Förderung des Films gem. § 30 FFG einhalten muss (6 Monate Video/ DVD; 12 Monate On-Demand; 18 Monate Pay-TV; 24 Monate frei-empfangbares TV), die Enthaltungspflicht kann aber im Einzelfall kürzer sein (Loewenheim/*Schwarz/Reber* § 74 Rn. 257). Im Hinblick auf die Sperrzeit besteht oft das Problem, dass bei Abschluss der weiteren Auswertungsverträge der Kinostarttermin, also der Beginn des Laufes der Sperrzeit, nicht feststeht. Die Praxis behilft sich hier mit einer Geltung der Sperrzeit ab Kinostart. Zu seiner Absicherung sollte der Produzent die gesperrten Rechte aufschiebend bedingt einräumen, so dass er dinglich vor einer Nutzung geschützt ist. Möglich ist auch eine rein schuldrechtliche Verpflichtung, die Rechte nicht auszuüben; sie beschränkt Ansprüche jedoch auf den Vertragspartner, was bei vertragswidriger Weitergabe von Rechten ggf. kaum weiterhilft.

76 **Sachliche Enthaltungspflichten** können gelten, wenn ein direktes Konkurrenzprodukt nicht Gegenstand des Verleihvertrages war, z.B. ein Director's Cut. Für andere Filme bloß des gleichen Genres besteht aber keine Enthaltungspflicht (vgl. Vor §§ 31 ff. Rn. 247 ff. sowie Loewenheim/*Jan Bernd Nordemann* § 64 Rn. 156 für den belletristischen Bereich). Anders kann dies bei Gebrauchszwecken dienenden Filmwerken sein, weil diese eher in Konkurrenz untereinander stehen können.

77 Eine **Auswertungspflicht** des Filmverleihers ergibt sich zwar nicht aus §§ 1, 14 VerlG, auch nicht analog. Bei einem Filmverleihvertrag ist jedoch eine Auswertungspflicht auch ohne ausdrückliche Vereinbarung insb. dann anzunehmen, wenn eine Verteilung des Einspielergebnisses unter den Vertragsparteien vereinbart ist (BGH GRUR 2003, 173, 175 – *Filmauswertungspflicht*; BGH GRUR 1951, 471 – *Filmverwertungsvertrag*; ferner – zum Patentrecht – BGH GRUR 2000, 138 – *Knopflochnähmaschinen*). Der Umstand, dass der Verleiher auch die so genannten Herausbringungskosten (insb. die Kosten für die Werbung und die Filmkopien) zu tragen hat, spricht insoweit zusätzlich für eine Auswertungspflicht (BGH GRUR 2003, 173, 175 – *Filmauswertungspflicht*). Bei **Pauschalvergütung** ist hingegen nicht von einer Regel auszugehen, dass keine Auswertungspflicht besteht (Loewenheim/*Schwarz/Reber* § 74 Rn. 268). Denn die Vereinbarung einer solchen Vergütung kann häufig Ausdruck der wirtschaftlichen Kräfteverhältnisse sein, die es dem Lizenznehmer erlauben, eine solche Art der Vergütung durchzusetzen, ohne dass dies notwendig mit einer untergeordneten Bedeutung der Auswertung einhergehen muss (BGH GRUR 2005, 148, 150 – *Oceano Mare* für den Verlagsbereich). Bei Pauschalvergütung sollte deshalb **auf den Einzelfall abgestellt** werden. Eine ungeschriebene Auswertungspflicht dann kann insb. bestehen, wenn nach dem zugrundeliegenden **Zweck des Vertrages** die **Auswertung bedeutend** war, z. B. um die Verwertung der noch beim Lizenzgeber verbliebenen Rechte zu fördern. Besteht eine Auswertungspflicht, richtet sich ihr Umfang nicht allein nach einem für den Filmproduzenten optimalen wirtschaftlichen Ergebnis. Vielmehr darf der Verleiher die Interessen anderer Filmhersteller, deren Filme er gleichzeitig im Verleih hat, und sein Interesse einer dauerhaften Zusammenarbeit mit den Kinobesitzern berücksichtigen, so dass die Auswertungspflicht insoweit eingeengt werden kann (BGH GRUR 2003, 173, 175 – *Filmauswertungspflicht*; zustimmend *Oberbergfell* ZUM 2003, 292, 295).

Gerade bei Beteiligungsvergütung ist ferner davon auszugehen, dass im Zwei- **78** fel kein Recht zur **Sublizenzierung** an dritte Verleiher besteht. Bei der Lizenzvergabe gegen prozentuale Beteiligung bringt der Lizenzgeber – anders als bei der Lizenz gegen Festpreis – seinem Vertragspartner ein besonderes Vertrauen entgegen. Denn er ist im Interesse einer effektiven Auswertung von dessen Einsatzfähigkeit und -bereitschaft und bezüglich der Abrechnung auch von dessen Zuverlässigkeit abhängig. Insoweit gewährt nur der Zustimmungsvorbehalt die Möglichkeit, auf die für die Auswertung wesentliche Auswahl des Nutzungsberechtigten Einfluss zu nehmen (BGH GRUR 1987, 37, 38 – *Videolizenzvertrag*). Etwas anderes gilt für räumliche Gebiete, für die auch der Lizenzgeber weiß, dass sich der Verleiher Dritter bedienen muss, weil er dort nicht (ausreichend) vertreten ist (z.B. im nicht-deutschsprachigen Ausland). Es sollte allerdings möglich sein, im kaufmännischen Verkehr ein Sublizenzierungsrecht auch formularvertraglich zu vereinbaren, weil dies auch für Urheberverträge trotz §§ 34, 35 möglich ist (vgl. § 34 Rn. 41 f.).

Die Rechteinhaber verpflichten die Verleiher neuerdings häufig zu umfassen- **79** den **technischen Maßnahmen** zum Schutz der Filme vor illegaler Nutzung nach dem Stand der Technik (vgl. § 95a Rn. 7 ff.). Das ist mit § 1 GWB bzw. Art 81 EG vereinbar (vgl. Vor §§ 31 ff. Rn. 71) und auch AGB-rechtlich nicht zu beanstanden, weil ein effektiver Schutz vor Piraterie im beiderseitigen Interesse liegt.

dd) Kostentragung: Der **Verleiher** trägt im Zweifel die Kosten für die **Her- 80 stellung der Kopien** (v. Hartlieb/Schwarz/*Schwarz*[4] Kap. 162 Rn. 1). Die Kopien werden vom Negativ gezogen, das der Produzent bei einem Kopierwerk hinterlegt; insoweit erhält der Verleiher eine sog. Ziehungsgenehmigung durch den Produzenten. Vom Originalnegativ können jedoch aus technischen Gründen nur eine begrenzte Anzahl von Kopien gefertigt werden, so dass regelmäßig ein sog. Internegativ hergestellt wird. Ohne gegenteilige Abrede wird der Verleiher die Kosten der Herstellung des Internegativs tragen müssen, weil er mit der Herstellung der Kopien belastet ist. Tw. liefert der Produzent dem Verleiher auch direkt das Negativ oder – aus Qualitätsgründen allerdings seltener – ein digitales Masterband. Empfohlen wird aus Sicht des Produzenten, geliefertes Material dem Verleiher lediglich zu verleihen bzw. zu verpachten, weil dann das Verbreitungsrecht des Produzenten gemäß § 17 am Band nicht erschöpft ist und er bei unberechtigter Weitergabe auch gegenüber Dritten (deliktisch) vorgehen könnte (Loewenheim/*Schwarz/Reber* § 74 Rn. 297). Zur Frage des Herausgabeanspruches des Filmproduzenten gegen den Verleiher nach Kündigung des Verleihvertrages, wenn der Verleiher (rechtmäßig) bei Dritten Kopien unter Vereinbarung eines Eigentumsvorbehaltes gezogen hat, BGH GRUR 1971, 481, 483 – *Filmverleih.* Konkrete Abreden finden sich meist auch zur **Mindestkopienanzahl für den Kinostart** oder für das **Werbebudget.** Im Zweifel muss der Verleiher die **Anträge bei der FSK** zur jugend- und feiertagsschutzrechtlichen Freigabe und Kennzeichnung stellen (für den Videovertrieb ebenso Loewenheim/*Schwarz/Reber* § 74 Rn. 303). Der Produzent schuldet allerdings Mitwirkung, auch durch die Filmurheber wie Regisseur, wenn diese das Verfahren befördert.

81   ee) **Vergütung:** Die Nutzungsvergütung ist üblicherweise wie folgt geregelt: Von den Einnahmen des Verleihers werden zunächst die Vorkosten des Verleihs (insb. für Kopien und Werbung) abgezogen. Der Verleiher erhält vom Rest 35% bis 50%, sog. **Verleihspesen;** für öffentlich geförderte Filme stellt dies gemäß § 20 der Richtlinie für die Referenzförderung auch die Höchstbeteiligung nach der Grundsätzen einer sparsamen Wirtschaftsführung dar, so dass sich die Verleihspesen erst nach Rückführung der Förderung auf 50% erhöhen können. Tw. werden die Vorkosten des Verleihs auch erst vom verbleibenden Produzentenanteil von 65% bis 50% abgezogen. Jedoch können vorab zu bezahlende Minimumgarantien zu Gunsten des Produzenten vereinbart werden (zur Verwertung von Filmwerken und Berechnungsarten der Vergütung v. Hartlieb/Schwarz/*Schwarz*[4] Kap. 166 Rn. 1 ff.).

82   Grds. nicht in die Vergütung einzubeziehen ist die Nutzung der Werke der **Musikurheber.** Ihre Rechte der öffentlichen Vorführung werden im Regelfall durch die musikalische Verwertungsgesellschaft **GEMA** wahrgenommen und von den Kinos mit der GEMA abgerechnet (vgl. Rn. 110 ff.); allerdings müssen die Musikurheber (bzw. für sie tätige Musikverlage) bei der Filmherstellung das Recht der Verbindung der Musik mit dem Film gewährt haben (vgl. Rn. 48). Die Werbung für die öffentliche Vorführung des Films ist GEMA-frei, weil die Werbung für eine erlaubte Nutzung keine relevante Nutzung ist (vgl. § 31 Rn. 64; Praxis der GEMA tw. anders). Die VG Bild-Kunst nimmt überdies ebenfalls Rechte der öffentlichen Vorführung für die ihr angeschlossenen Berufsgruppen I (Bildende Künstler) und II (Fotografen, Designer) gemäß § 1 lit. b) Wahrnehmungsvertrag wahr, nicht aber für die der Berufsgruppe III angehörenden Regisseure und sonstigen Filmurheber.

83   c) **Videolizenzverträge:** Für den Vertrieb auf Video/DVD (oder technischen Substituten) können Videovertriebsunternehmen eingeschaltet werden, sofern der Produzent nicht selbst über eine entsprechende Infrastruktur verfügt. Oft erfolgt die Einräumung gemeinsam mit den Verleihrechten (vgl. Rn. 71 ff.). Video war bis in die 1970er Jahre eine **unbekannte Nutzungsart,** so dass möglicherweise der Produzent die Rechte wegen § 31 Abs. 4 a.F. bei Vertragsschluss ab 01.01.1966 nicht vom Urheber erhalten hat (vgl. § 31a Rn. 38); § 137l sollte jedoch zu Gunsten des Produzenten Abhilfe schaffen (vgl. § 137l Rn. 14). Zu Verträgen mit dem Urheber vor 1966 vgl. § 31a Rn. 5; § 137l gilt hier nicht.

84   aa) **Umfang der eingeräumten Rechte:** I.d.R. werden den Videovertriebsunternehmen **ausschließliche Rechte** eingeräumt. Die Lizenzzeit ist i.d.R. begrenzt und beträgt meist 5 bis 7 Jahre. Inhaltlich erhält der Lizenznehmer Vervielfältigungs- (§ 16) und Verbreitungsrechte (§ 17) als Video. Die Verbreitungsrechte umfassen i.d.R. sowohl die Vermietung (§ 17 Abs. 3) als auch den Verkauf (§ 17 Abs. 2). Dabei ist grds. davon auszugehen, dass die Nutzungsart „Video" auch **DVDs** erfasst, weil Videokassetten von DVDs substituiert werden, so dass es damit an einer wirtschaftlich eigenständigen Verwendungsform „DVD" fehlt (BGH GRUR 2005, 937, 939 f. – *Der Zauberberg*). Mithin entspricht es deshalb der Zweckübertragungsregel, auch die substituierende Technik der DVD in den Vertrag einzubeziehen. Auch der BGH sah eine DVD-Nutzung durch die Klausel „Verwertung durch andere zurzeit bekannte Verfahren, einschließlich AV-Verfahren und -träger, gleichgültig, ob sie bereits in Benutzung sind oder in Zukunft genutzt werden" als erfasst an (BGH GRUR 2005, 937, 940 f. – *Der Zauberberg*). Entsprechendes sollte für andere technische Subsititute von Video oder DVD gelten. Einem Filme verkaufenden Unternehmen wird kein Vorführungsrecht für nebenbei laufende Filmaufführungen im Geschäft eingeräumt (OLG Düsseldorf GRUR 1979, 53, 54 – *Laufbilder*). Jedoch können nicht herunterladbare kurze Ausschnitte im Internet lediglich als Mittel der Absatzwerbung für körperliche Trägermedien von deren Verwertungsbefugnissen umfasst sein (KG GRUR 2003, 1038 – *Klaus Kinski Rezitationen* für die Rechte ausübender Künstler und CDs, m. E. auf Filme und DVD übertragbar). **In räumlicher Hinsicht** ist beim Videovertrieb zu bedenken, dass sich das Verbreitungsrecht bei Veräußerung gemäß § 17 Abs. 2 EU- bzw- EWR-weit erschöpft, so dass es sinnvoll sein kann, von vornherein die Rechte EU- bzw- EWR-weit zu vergeben (vgl. § 31 Rn. 15 ff.). Kleiner als Deutschland darf das Lizenzgebiet für die Verbreitung ohnehin nicht sein (vgl. § 31 Rn. 46 ff.).

Durch den Videolizenzvertrag wird der Videovertrieb in die Lage versetzt, **85** seinerseits **Videovertriebsverträge** mit Videozwischen- oder Videoeinzelhändlern abzuschließen. Für die **Vermietung** erhalten die Händler regelmäßig das einfache Vermietungsrecht für ein bestimmtes Lizenzgebiet und eine bestimmte Lizenzzeit. Im **Kaufbereich** veräußert der Videohersteller die Träger an Zwischen- und Einzelhändler; wegen der Erschöpfungswirkung dieser Veräußerung (§ 17 Abs. 2) werden regelmäßig keine besonderen Vereinbarungen zum Nutzungsumfang getroffen.

Im Hinblick auf die **Filmmusik** bedarf es nicht der Einräumung eines Film- **86** herstellungsrechts („Synchronisationsrecht", vgl. § 88 Rn. 110), wenn die Verbindung des Filmes und der Musik bereits anderweitig (z.B. im Rahmen der Filmherstellung) erlaubt wurde (BGH GRUR 1994, 41, 43 – *Videozweitauswertung II*; str., a.A. *Gernot Schulze* GRUR 2001, 1084, 1087). Diese Erlaubnis gilt dann für alle Nutzungsarten; ein eigenes Videofilmherstellungsrecht existiert nicht. Die Auswertungsrechte als solche müssen aber noch eingeräumt werden. Davon wird das Vervielfältigungs- und Verbreitungsrecht im Regelfall bei der GEMA als musikalischer Verwertungsgesellschaft eingeholt und bezahlt, so dass der Filmproduzent insoweit keine Rechte einräumt. Die Werbung für die Videos/DVDs unter Verwendung von Filmmusik ist GEMA-frei, weil die Werbung für eine erlaubte Nutzung keine relevante Nutzung ist (vgl. § 31 Rn. 64; Praxis der GEMA tw. anders). Zu GEMA und Buyout nach ausländischem Recht, insb. „work-for-hire", vgl. Rn. 110. Geht es um reine Konzertmitschnitte auf DVD, benötigt das Videounternehmen kein Filmherstellungsrecht (BGH GRUR 2006, 319 – *Alpensinfonie*; zur Kritik vgl. § 88 Rn. 55). Allerdings sind ggf. bestehende Leistungsschutzrechte (z.B. ausübende Künstler, Sendeunternehmen, Filmhersteller) von den Rechteinhabern einzuholen.

bb) Nebenpflichten: Aus der **vertraglichen Treuepflicht** können sich für den **87** Produzenten bei der Rechtevergabe insb. Sperrfristen, aber auch **sachliche Enthaltungspflichten** ergeben (vgl. Rn. 75 f. für den Verleihvertrag). Eine **Auswertungspflicht** des Videovertriebsunternehmens besteht, wenn eine Beteiligungsvergütung vereinbart ist, bei Pauschalvergütung entscheidet der Einzelfall (vgl. Rn. 77 für den Verleihvertrag). Ein **Sublizenzierungsrecht** an andere Videohersteller kann im Zweifel bei Beteiligungsvergütung nicht angenommen werden (BGH GRUR 1987, 37, 38 – *Videolizenzvertrag*; vgl. Rn. 78 für den Verleihvertrag).

88 Ohne gegenteilige Absprache muss die Lizenznehmerin auf ihre Kosten die FSK-Anträge stellen (vgl. Rn. 80 für den Verleihvertrag). Der Lizenzgeber schuldet im Zweifel die Materiallieferung eines kopierfähigen Videomasterbandes, bei neueren Filmen seit Beginn des digitalen Zeitalters regelmäßig in Form eines digitalisierten Bandes. Häufig liegen jedoch gerade ältere Filme nicht in DVD-Qualität vor. Im Zweifel sollte der Lizenznehmer die zusätzlichen Kosten für die Aufbereitung tragen, wenn ihm die mangelnde DVD-Qualität bekannt war. Der Produzent schuldet ggf. Mitwirkung (in Form der Filmurheber, insb. des Regisseurs) bei der Nachbearbeitung, z.B. wegen der Farbbestimmung bei älteren Masterbändern. Empfohlen wird aus Sicht des Produzenten, das Masterband dem Lizenznehmer lediglich zu verleihen bzw. zu verpachten, weil dann das Verbreitungsrecht des Produzenten gemäß § 17 am Band nicht erschöpft ist und er bei unberechtigter Weitergabe auch gegenüber Dritten (deliktisch) vorgehen könnte (Loewenheim/*Schwarz/Reber* § 74 Rn. 297).

89 cc) **Vergütung:** Als Nutzungsvergütung erhält der Lizenzgeber bei Vermietung üblicherweise 30% der Einnahmen. An den Verkaufserlösen ist der Lizenzgeber mit 7,5% bis 25% beteiligt, tw. kombiniert mit einer Stückzahlvergütung (v. Hartlieb/Schwarz/*Schwarz*[4] Kap. 222 Rn. 8: 30% bis 35% bei Vermietung, sonst 12,5 bis 25%). Werden von den Einnahmen vorher die Vorkosten (Kopierkosten, Werbung) abgezogen, kann die Vergütung auch höher liegen. Häufig wird dem Lizenzgeber eine (anrechenbare) Minimumgarantie bei Vertragsschluss gezahlt.

90 d) **Online-/On-Demand-Verträge:** Das öffentliche Zugänglichmachen von Filmen im Internet auf individuellen Abruf ist heute gängige Praxis. Im Regelfall erfolgt das Online-Angebot nicht durch die Rechteinhaber selbst, sondern durch spezialisierte Download-Plattformen (z.B. T-Vision, maxdome), die sich allerdings Konkurrenz durch illegale Internet-Tauschbörsen ausgesetzt sehen (dazu *Jan Bernd Nordemann/Dustmann* CR 2004, 380). Die legalen Plattformen konzipieren ihr Angebot regelmäßig entsprechend dem Videovertrieb: tw. werden Filme – ähnlich der Videovermietung – nur zum sofortigen Betrachten (streaming) oder zumindest nur für einen begrenzten Nutzungszeitraum (z.B. 24h) zur Verfügung gestellt; dies wird in der Branche auch als „Video on Demand" (VoD) bezeichnet, obwohl der rechtliche Begriff des On-Demand eigentlich weiter ist. Das öffentliche Zugänglichmachen im Internet zum permanenten Download – vergleichbar dem Videoverkauf – wird „electronic sell-through" (EST) genannt. Erreicht werden diese Nutzungsbeschränkungen über sog. Digital Rights Management (DRM), vgl. § 95c.

91 Neben der Nutzungsart Internet existieren im Online-Bereich noch weitere Nutzungsformen, die sich tw. auf andere Datennetze als das Internet stützen, beispielsweise On-Demand in Hotels und Gaststätten oder in Flugzeugen und Schiffen. Hierüber werden jeweils separate Lizenzverträge der Rechteinhaber meist mit auf den On-Demand-Vertrieb in diesen Bereichen spezialisierten Zwischenhändlern abgeschlossen.

Bei On-Demand Nutzung kann es sich tw. um eine unbekannte Nutzungsart **92**
handeln (str., vgl. § 31a Rn. 41), so dass Altverträge des Produzenten ab
01.01.1966 mit den Urhebern das Recht wegen § 31 Abs. 4 a.f. möglicherweise nicht umfassen (vgl. § 31a Rn. 6 ff.); jedoch sollte § 137l im Regelfall
helfen (vgl. § 137l Rn. 14). Zu Altverträgen mit Urhebern vor 1966 vgl. § 31a
Rn. 5.

aa) Umfang der eingeräumten Rechte: Für den Umfang der Rechteeinräumung **93**
gilt die allgemeine Zweckübertragungslehre. Eine Rechteklausel („in allen
audiovisuellen Verfahren") deckt nach Auffassung des OLG München neben
Videorechten auch On-Demand-Rechte ab (OLG München NJW-RR 1999,
988 – *Video On Demand*). In der Tat spricht für eine großzügige Auslegung
des Zwecks von Verträgen, dass die On-Demand-Nutzung den Video-Nut-
zungsarten wesentlich angenähert ist (vgl. Rn. 72) und diese tw. substituiert.
Gerade eine solche Substitution spricht aber dafür, dass der Vertragszweck
auch On-Demand erfassen kann (BGH GRUR 2005, 937, 940 – *Der Zauberberg*). Dies gilt allerdings nur dann, wenn nach dem Vertragszweck von einen
umfassenden Nutzungsrechtseinräumung auszugehen ist, weil die Nutzungsart On-Demand durchaus separat lizenziert werden kann (aber in der Praxis
selten wird). In die gleiche Richtung geht eine Entscheidung des LG München
I, die unter „alle Formen von Online-Diensten" für den Live-Mitschnitt eines
Konzertes nicht nur das Angebot zum Download (und Speichern auf individuellen Abruf) aus dem Internet, sondern auch von „Streaming Webcast"
(ohne Speichermöglichkeit, aber auf individuellen Abruf) verstanden (LG
München I ZUM 2001, 260). Für den Umfang der Rechteeinräumung existiert
im Übrigen eine einheitliche Praxis erst in Ansätzen. Tw. werden einfache
Lizenzen erteilt, tw. erfolgt auch eine exklusive Zusammenarbeit mit einer
Plattform. Die Lizenzzeit ist i.d.R. beschränkt, z.B. auf 5 Jahre. Das Lizenzgebiet umfasst überlicherweise nur die deutschsprachigen Länder. Die Plattformen müssen deshalb Maßnahmen der Identifizierung der Nutzer ergreifen
(z.B. Post-Identverfahren), was im Übrigen auch wegen der Bestimmungen
zum Jugendschutz („FSK-Freigabe") zwingend ist. Verstöße gegen das Ju-
gendschutzrecht sind unlauter nach §§ 3, 4 Nr. 11 UWG (BGH GRUR 2007,
890 – *Jugendgefährdende Medien auf eBay*).

bb) Nebenpflichten: Mangels anderweitiger Abrede muss sich um das FSK- **94**
Verfahren die Plattform als Nutzerin kümmern. Bei Beteiligungsvergütung
besteht im Zweifel eine Auswertungspflicht (vgl. Rn. 77 zu den Verleihverträgen) und im Zweifel ein grundsätzliches Sublizenzierungsverbot (vgl.
Rn. 78 zu den Verleihverträgen). Eine Sublizenzierung der Rechte sollte aber
zumindest mangels anderweitiger Abrede erlaubt sein, wenn mit der Technik
der Plattform auch andere Plattformen für Dritte betrieben werden, was
durchaus üblich ist („powered-by"-Modelle). I.d.R. verpflichten die Rechteinhaber die Plattformbetreiber auch zu umfassenden technischen Maßnahmen
zum Schutz der Filme vor illegaler Nutzung (vgl. § 95a Rn. 7 ff.). Das ist mit
§ 1 GWB bzw. Art 81 EG vereinbar (vgl. Vor §§ 31 ff. Rn. 71) und auch
AGB-rechtlich nicht zu beanstanden, weil ein effektiver Schutz vor Piraterie
ebenfalls im Interesse des Plattformbetreibers ist.

Es gelten **ungeschriebene Treuepflichten** des Rechteinhabers (vgl. Rn. 75 zu **95**
den Verleihverträgen). Die Sperrzeit ist nach § 30 FFG für öffentlich geförderte
Filme 12 Monate ab Kinostart; in der Praxis ist allerdings eine parallele
Auswertung mit Videorechten üblich, weil die Nutzungsarten auch – wie

gesehen – parallel zur Videovermietung bzw. dem Videoverkauf konzipiert sind.

96 cc) **Vergütung:** Als **Nutzungsvergütung** wird üblicherweise eine **Beteiligungs-**vergütung vereinbart; sie liegt bei 50% der Einnahmen der Plattform. Möglicherweise müssen die Rechte der Filmmusikurheber separat vergütet werden. Ihre Rechte (nicht aber die der ausübenden Künstler) werden regelmäßig von der GEMA gegenüber der Plattform beansprucht; das erscheint aber mangels hinreichender Rechteeinräumung an die GEMA durch Musikverlage bzw. durch andere ausländische Verwertungsgesellschaften nach wie vor in vielen Fällen zweifelhaft. Ohnehin nimmt die GEMA keine Rechte für Filmmusik wahr, die in „work-for-hire"-Situationen nach US-Recht entstanden sind (vgl. Rn. 111); zur GEMA-freien Werbung für erlaubte Nutzungen vgl. Rn. 82.

97 e) **Sendeverträge:** Für die Sendung in Rundfunk und Fernsehen erwerben öffentlichrechtliche und private Sendeanstalten vom Rechteinhaber das Senderecht im Sinne der §§ 20, 20a, 20b. Tw. erfolgt die Vergabe der Senderechte im Zuge einer Produktionsvereinbarung mit dem Sendeunternehmen, insb. bei Auftragsproduktionen (vgl. Rn. 57 ff.). Reine Auswertungslizenzen kommen auch in Form eine sog. „Pre-Sale"-Lizenz für noch nicht hergestellte Filme vor (zur Abgrenzung zur Auftragsproduktion vgl. Rn. 63).

98 aa) **Umfang der eingeräumten Rechte:** Der Umfang der Rechteeinräumung hängt entscheidend vom Finanzierungsanteil des Senders ab. Bei **Vollfinanzierung** beansprucht der Sender i.d.R. alle Rechte (Sendung, aber auch Verleih, Video, On-Demand) weltweit für die gesamte Schutzfrist, zumal in diesen Fällen regelmäßig auch Produzenten mit wenig Verhandlungsmacht Vertragspartner sind (Loewenheim/*Castendyk* § 75 Rn. 36 unter Verweis auf OLG München ZUM 1998, 101, 106).

99 In Fällen einer **teilweisen Finanzierung oder bei Fehlen jeder Finanzierung** durch den Sender sind die Lizenzen aber oft **enger**. Inhaltlich betreffen sie meist nur die Einräumung von (**ausschließlichen**) **Senderechten**, die zudem auf verschiedene Sender aufgeteilt werden können. In Frage kommende Nutzungsarten gem. § 31 Abs. 1 sind frei-empfangbares Fernsehen und Pay-TV. Pay-TV kann sich weiter in pay-per-view (pro Sendung), pay-per-channel (pro Kanal) und pay-per-bouquet (pro Bündel von Programmen) unterteilen. Ferner kann schon wegen §§ 20, 20a und 20b unterschieden werden zwischen terrestrischer, Satelliten- und Kabelnutzung. Beispielsweise Pay-TV findet tw. ausschließlich über Kabel statt, so dass insoweit auch nur Kabelrechte eingeräumt werden können. Ferner sollte die Sendung per Internet-TV eine selbständig abspaltbare Nutzungsart sein. Werden Rechte zur Kabelweitersendung (§ 20b) eingeräumt, ist davon nicht ohne weiteres die Internetweitersendung von originär terrestrisch, per Satellit oder Kabel ausgestrahlten Programmen umfasst, weil die Internet(wieder)sendung nicht unter § 20b fällt (vgl. § 20b Rn. 13). Richtigerweise ist auf den Vertragszweck abzustellen: ist er so umfassend, dass dem Sender die Nutzung aller technischen Weiterübertragungswege ermöglicht werden sollte, ist auch die Internetweitersendung erlaubt. Heute findet eine umfassende Internetweitersendung durch die großen Sender aber nur tw. statt, so dass ein solcher Vertragszweck nur zurückhaltend angenommen werden kann. – Gemäß § 20b Abs. 1 kann das Kabelweitersenderecht nur von Verwertungsgesellschaften geltend gemacht werden; dennoch lassen sich die Sender das Recht einräumen (s.a. § 20b Abs. 2). Weitere eigenständige Formen des Senderechts sind sog. Near-On-Demand-Sendungen. Sie wiederholen eine Sendung ständig, so dass der Nutzer mehr oder weniger den

Zeitpunkt individuell bestimmen kann, zu dem er die Sendung sieht. Dennoch fällt diese Nutzung unter das Senderecht (vgl. § 19a Rn. 17). Echte On-Demand-Rechte erhalten die Sender bei fehlender Vollfinanzierung regelmäßig nicht, weil die Filmproduzentcn hierfür eigene Lizenzen an spezialisierte Plattformen vergeben.

Die umfassende Einräumung räumlich, zeitlich und inhaltlich unbeschränkter **100** Rechte für alle Zwecke des Rundfunks, einen Film ganz oder tw. beliebig oft zu benutzen, berechtigt auch zur Verwendung von Einzelbildern als **Standbilder im Internet** für Programmhinweise (OLG Köln MMR 2005, 185, 186 – *Standbilder im Internet* zu einem Vertrag zwischen Filmurheber/Produzent und Rundfunkanstalt).

Umstritten ist, ob Pay-TV bis vor kurzem eine **unbekannte Nutzungsart** war **101** und deshalb der Produzent in Verträgen ab 01.01.1996 wegen § 31 Abs. 4 a.F. möglicherweise vom Urheber die entsprechende Rechte nicht erwerben konnte (vgl. § 31a Rn. 37); § 137l bringt aber im Regelfall zumindest einen Nacherwerb (vgl. § 137l Rn. 14). Satelliten- und Kabelnutzung sind keine unbekannten Nutzungsarten im Vergleich zum terrestrischen Fernsehen, das seit den 1930er Jahren bekannt ist (zum Ganzen vgl. § 31a Rn. 36 f.).

bb) Lizenzdauer/-gebiet: Die Lizenzzeit beträgt i.d.R. 3 bis 10 Jahre. Die **102** **Anzahl der Sendungen** kann begrenzt sein. Tw. wird auch nur die Zahl der Sendungen innerhalb eines bestimmten Zeitfensters verabredet, und der Vertrag endet mit der letzten zulässigen Sendung. Das Lizenzgebiet ist regelmäßig Deutschland, oft erweitert um Österreich, den deutschsprachigen Teil der Schweiz, Lichtenstein, Luxemburg und das „Alto Adige". Nach der Einführung des Sendelandprinzips durch die Kabel- und Satellitenrichtlinie der EU (vgl. § 20a Rn. 8 ff.) ist es jedoch nicht mehr möglich, sich dinglich gegen eine Einstrahlung für Sendungen aus dem EU-Ausland abzusichern. Erst recht gilt dies bei Sendung über Internet. Deshalb können die Sender Exklusivität vor allem über eine ausschließliche Nutzung der deutschen Sprachfassung sicherstellen. So sieht beispielsweise die Regelsammlung Bühnenverlage/Rundfunk – Fernsehen – (RS Fernsehen, vgl. § 88 Rn. 25) in Regel 52.2 vor, dass eine Rechteeinräumung für die Satellitensendung (Sendelandgrundsatz) nur für Deutschland erfolgt, gleichzeitig der Verlag aber garantiert, keine Rechte in deutscher Sprache zur Satellitensendung an Dritte vergeben zu haben (zu die Exklusivität sichernden Maßnahmen, wenn die Rechte für Deutschland und Österreich getrennt vergeben werden, auch Loewenheim/*Castendyk* § 75 Rn. 64).

cc) Nebenpflichten: Die Frage der Auswertungspflicht ist **umstritten**. Nach **103** einer Auffassung soll sie „in der Regel" nicht bestehen (so Dreier/Schulze/ *Schulze*[2] Rn. 174, allerdings unter unzutreffender Berufung auf Schricker/ *Schricker*[3] Vor §§ 28 ff. Rn. 97, der lediglich darauf verweist, dass die Sendeanstalten eine Auswertungspflicht regelmäßig ausschließen). Andere wollen niemals eine Auswertungspflicht annehmen, auch nicht bei Beteiligungsvergütung (Loewenheim/*Castendyk* § 75 Rn. 25). Zutreffenderweise ist zu differenzieren: Im (seltenen) Fall einer **Beteiligungsvergütung** des Produzenten ist **im Zweifel** von einer **Auswertungspflicht** auszugehen (vgl. Rn. 77 zum Verleihvertrag, insb. BGH GRUR 2003, 173, 175 – *Filmauswertungspflicht* zur vertragsimmanenten Auswertungspflicht des Verleihers). Bei **Pauschalvergütung** ist hingegen auf den **Einzelfall** abzustellen. Denn die Vereinbarung einer solchen Pauschalvergütung muss nicht notwendig mit einer untergeordneten Bedeutung der Auswertung einhergehen, sondern kann Ausdruck der wirtschaftlichen Kräfteverhältnisse sein, die es dem Sender erlauben, eine solche Art der Vergütung durchzusetzen (BGH GRUR 2005, 148, 150 – *Oceano Mare*, für den Verlagsbereich und dort für einen Urhebervertrag), oder aus Praktikabilitätsgründen verabredet werden (zu den Schwierigkeiten der Berechnung einer Beteiligungsvergütung nach den Werbeerlösen oder Rundfunkgebühren, Loewenheim/*Castendyk* § 75 Rn. 22, 71). Danach besteht eine ungeschriebene Auswertungspflicht, wenn die Interessen des Rechteinhabers an einer Auswertung überwiegen, beispielsweise wenn nach dem zugrundeliegenden **Zweck des Vertrages** (einschließlich seiner Lizenzlaufzeit, des Lizenzgebietes) die **Auswertung bedeutend** war, insb. um die Verwertung der noch beim Lizenzgeber verbliebenen Rechte zu fördern.

104 Nur bei Beteiligungsvergütung besteht außerdem im Zweifel ein grundsätzliches **Sublizenzierungsverbot** (vgl. Rn. 78 zu den Verleihverträgen); Beschränkungen der Sublizenzierung an „Rundfunkanstalten der ARD, des ORF, der SRG sowie dritte Programmveranstalter innerhalb des Lizenzgebietes" wirken aber nur schuldrechtlich und eröffnen keine deliktischen Ansprüche gegen den (vertragswidrig) sublizenzierten Sender (OLG München GRUR 1996, 972 – *Accatone*).

105 Es gelten **ungeschriebene Treuepflichten** („**Enthaltungspflichten**") des Rechteinhabers, z.B. gegenüber Pay-TV-Sendern, die Rechte nicht zur zeitgleichen Sendung an das Free-TV zu vergeben (vgl. Rn. 75 f. zu den Verleihverträgen). Umgekehrt sollte sich der Rechteinhaber gegen eine vorzeitige Nutzung durch die Sender durch eine aufschiebend bedingte Rechtevergabe absichern. Die **Sperrzeit** nach § 30 FFG für öffentlich geförderte Filme beträgt 18 Monate für Pay-TV und 24 Monate für frei-empfangbares Fernsehen jeweils ab Kinostart. Als **Material** ist im Zweifel ein Sendeband im üblichen Format zu liefern (vgl. Rn. 80 zum Verleihvertrag).

106 **dd) Vergütung:** Als **Nutzungsvergütung** wird üblicherweise eine Pauschalvergütung vereinbart; sie schwankt stark je nach Potenzial und möglichem Sendeplatz des Films. Tw. wird der Pauschalpreis auch an den Kinoerfolg und dort an bestimmte Zuschauerzahlen geknüpft. Die Vergütung der Filmmusik erfolgt über die **GEMA** (Musikurheber), die mit Pauschalverträgen an die deutschen Sender gebunden ist. Die Sendung von kurzen nicht-dramatisierten Texten (bis 10 Minuten im Fernsehen) ist gegenüber der **VG Wort** zu vergüten (§ 1 Nr. 7 Wahrnehmungsvertrag VG-Wort). Senderechte an Werken der bildenden Künste (Berufsgruppe I) vergibt im Regelfall die **VG Bild-Kunst,** für Fotografen und Designer (Berufsgruppe II) allerdings nur begrenzt (§ 1 lit.c) Wahrnehmungsvertrag der VG Bild-Kunst). Zu gesetzlichen Vergütungsansprüchen vgl. Rn. 113.

107 **f) Weltvertriebsverträge:** Viele deutsche Produzenten haben eine sichere Marktkenntnis nur im Hinblick auf den deutschsprachigen Raum (Deutschland, Österreich, deutschsprachiger Teil der Schweiz, Lichtenstein, Luxemburg, Alto Adige). Insb. für die übrigen Territorien schalten sie sog. Weltvertriebsunternehmen ein. Im Regelfall erfolgt eine echte Lizenzierung; dann liegt ein eigener Vertrag mit pachtähnlichen Elementen nahe. Die Weltvertriebsunternehmen vertreiben den Film im eigenen Namen und auf eigene Rechnung. Seltener wird der Weltvertrieb als Agent, der im Namen des Produzenten handelt (zum Agentenvertrag vgl. Vor §§ 31 ff. Rn. 325 ff.), oder als Kommissionär im eigenen Namen auf fremde Rechnung (zum Kommissionsvertrag vgl. Vor §§ 31 ff. Rn. 328) tätig.

Inhaltlich umfasst der Weltvertrieb **sämtliche Nutzungsarten**, also insb. Ver- **108** leih, Video/DVD, On-Demand, Sendung. Auch **Bearbeitungsrechte** werden üblicherweise bei erforderlicher Herstellung von Synchronfassungen einge- räumt. Ferner können Zensurbestimmungen in verschiedenen Ländern eine Bearbeitung erfordern. Die **Lizenzzeit** beträgt ab 5 Jahre, oft 7 oder gar 10 bis 15 Jahre (so Loewenheim/*Schwarz/Reber* § 74 Rn. 314 m.w.N.). Das **Lizenz- gebiet** ist weltweit mit Ausnahme der Länder, die sich der Produzent selbst vorbehalten hat. Im Zweifel besteht ein umfassendes **Sublizenzierungsrecht** des Weltvertriebes auch bei Beteiligungsvergütung des Produzenten, weil üb- licherweise Sublizenzen in einzelnen Ländern für einen effektiven Vertrieb vor Ort vergeben werden müssen. Lediglich mit Sendeanstalten werden tw. direkt durch das Weltvertriebsunternehmen Lizenzverträge abgeschlossen.

Die **Nutzungsvergütung** erfolgt i.d.R. durch Beteiligung an den Einnahmen. **109** Allerdings ist für die Höhe der Beteiligung entscheidend, ob die Vorkosten vorweg oder von der Beteiligung abzuziehen sind. Insoweit sollte auch verein- bart werden, ob Vorkosten, die für eine bestimmte Nutzungsart (z.B. Verleih) anfallen, mit Einnahmen für andere Nutzungsarten verrechnet werden dürfen (sog. „Crossen"). Im Zweifel ist davon nicht auszugehen.

g) Wahrnehmung von Rechten durch Verwertungsgesellschaften: Im Hinblick **110** auf **Filmmusik** ist zwischen Synchronisationsrecht und Auswertungsrecht zu unterscheiden: Das **Synchronisationsrecht** für das Musikwerk (Komposition und Text) liegt zwar grds. bei der musikalischen Verwertungsgesellschaft GEMA. Die Wahrnehmungsbefugnis ist aber auflösend bedingt, so dass im Regelfall Musikverlage über das Recht verfügen. Für die **Auswertung** werden Filmrechte umfassend durch die musikalische Verwertungsgesellschaft **GEMA** (**Musikurheber**) und tw. auch durch die **GVL** (**ausübende Künstler, Tonträger- hersteller, Filmhersteller**) wahrgenommen, und zwar sowohl bei Verleih (vgl. Rn. 71 ff.) als auch bei Video/DVD (vgl. Rn. 83 ff.) als auch bei Sendung (vgl. Rn. 97 ff.). Auch für die Nutzung von Filmmusik durch On-Demand im Internet beansprucht die GEMA eine umfassende Wahrnehmungsbefugnis, was aber etwas zweifelhaft ist (vgl. Rn. 90 ff.). **Werbespots** sind eigenständige Nutzungsarten und gem. § 1k GEMA-Berechtigungsvertrag von der kollekti- ven Rechtewahrnehmung nicht gedeckt (OLG Hamburg GRUR 1991, 599, 600 – *Rundfunkwerbung*; zum Werbebegriff OLG München NJW 1998, 1413, 1415 – *O Fortuna*). Darunter fallen auch eigene Programmtrailer eines Fernsehsenders, da es für den Urheber weniger wichtig ist, wer die werbliche Ankündigung herstellt, als dass er mit seiner Einwilligung die werbliche Ver- wendung des Werkes steuern kann (OLG München NJW 1998, 1413, 1415 – *O Fortuna*). Allerdings ist die **Eigenwerbung** für die filmische Nutzung (Kino, Video/DVD, Fernsehen etc.) unter Verwendung der existierenden Filmmusik GEMA-frei, weil die Werbung für eine erlaubte Nutzung keine relevante Nutzung ist (vgl. § 31 Rn. 64; Praxis der GEMA tw. anders). Zur Praxis der GEMA im Bereich Filmmusik allgemein *Becker* ZUM 1999, 16, 19 ff.

Eine Wahrnehmung der Filmmusikrechte insb. durch die GEMA scheidet aus, **111** wenn sie die Rechte weder von einem Mitglied noch von einer ausländischen Schwesterorganisation erhalten hat. Das erscheint z.B. dann ausgeschlossen, wenn es sich um Filmmusik handelt, die in den USA als **„work made for hire"** beispielsweise durch einen Arbeitnehmer für einen Arbeitgeber speziell für einen bestimmten Film geschaffen wurde. Nach US-Urheberrecht wird dann der Arbeitgeber „Urheber", nach deutschem internationalen Urheberprivat- recht bleibt davon zumindest eine ausschließliche Rechteeinräumung an den

Arbeitgeber nach US-Vertragsstatut übrig (*Wilhelm Nordemann/Jan Bernd Nordemann* FS Schricker 70 Geb., S. 473 ff.; siehe auch den Parteivortrag, wiedergegeben in BGH GRUR 1988, 296, 297 – *GEMA-Vermutung IV*; vgl. Vor §§ 120 ff. Rn. 84). Dann wird selbst bei Mitgliedschaft des Urhebers in der GEMA durch die mit „work for hire" verbundene ausschließliche Rechtseinräumung nach US-Vertragsstatut die Wahrnehmungsbefugnis der GEMA durchbrochen (so auch LG München I Urteil vom 26.11.1985, Az. 7 O 17215/85 (unveröfftlt.); ferner *Jan Bernd Nordemann* Journal Copyright Society of the USA (2006) 53, 603, 614). Auch nach der Praxis der GEMA nimmt die GEMA Rechte an dieser Filmmusik nicht wahr. Werden Musiktexte, die als work for hire geschaffen wurden, durch ein GEMA-Mitglied übersetzt, beansprucht die GEMA zumindest 50% des einschlägigen Tarifs.

112 Die **VG Wort** nimmt für Wortautoren insb. im Sendebereich Rechte wahr (vgl. Rn. 97 ff.), die **VG Bild-Kunst** für die Berufsgruppe I (Bildende Künstler) und für die Berufsgruppe II (Fotografen, Designer) vor allem im Bereich Verleih (vgl. Rn. 68 ff.) und Sendung (vgl. Rn. 97 ff.), für die Berufsgruppe III (Filmurheber) allerdings nur in sehr begrenztem Umfang (s.a. auch die Wahrnehmungsverträge der VG Bild-Kunst, www.bildkunst.de).

113 Urhebern, ausübenden Künstlern und Produzenten (als Inhaberin des Leistungsschutzrechts gemäß § 94 Abs. 4) stehen über dies **gesetzliche Vergütungsansprüche** gemäß §§ 20b Abs. 2, 27 Abs. 2, 46 Abs. 4, 47 Abs. 2, 54 ff. zu. Diese sind gemäß §§ 20b Abs. 2, 27 Abs. 2, 63a im Voraus nicht verzichtbar und können im Voraus nur an eine Verwertungsgesellschaft abgetreten werden; zu Vorausabtretungen an Fernsehanstalten bei der Auftragsproduktion vgl. Rn. 59; zu bestimmten Gestaltungsmöglichkeiten vgl. § 63a Rn. 13 ff. Die gesetzlichen Vergütungsansprüche werden von verschiedenen Verwertungsgesellschaften wahrgenommen, beispielsweise GEMA, GVL, VG Wort, VG Bild-Kunst, VFF, GWFF, VGF und VG Media.

114 h) **Musterverträge und Weiterführendes:** Mustervertrag für Filmverträge in Münchener Vertragshandbuch/*Hertin*[4] Bd. 3/1, IX 28–31; *Delp* RdPubl Slg. Nr. 656; Mustervertrag für Sendeverträge Münchener Vertragshandbuch/*Hertin/Erhardt* Bd. 3/1 IX 37–40; *Delp* RdPubl Slg. Nr. 795 ff.; ferner v. Hartlieb/Schwarz[4], Handbuch des Film-, Fernseh- und Videorechts (2004); *Homann*, Praxishandbuch Filmrecht (2001); *Klages* (Hrsg.), Grundzüge des Filmrechts (2004); *von Olenhusen*; Film und Fernsehen – Arbeitsrecht, Tarifrecht, Vertragsrecht (2001); Loewenheim/*Schwarz/Reber* § 74 zu Filmverträgen; Loewenheim/*Castendyk* § 75 zu Sendeverträgen; zum Filmmusikvertrag v. Hartlieb/Schwarz/*Reich*[4] Kap. 99 Rn. 1 ff.

V. Verhältnis der §§ 88 bis 95 zu anderen Vorschriften

115 Neben den „besonderen Bestimmungen für Filme" in den §§ 88 bis 95 bleiben die **allgemeine Vorschriften** nur insoweit anwendbar, als die §§ 88 bis 93 keine spezielleren Regeln aufstellen. Danach ist § 31 Abs. 5 für Urheber durch die §§ 88, 89 (vgl. § 88 Rn. 99; vgl. § 89 Rn. 67 ff.) und für ausübende Künstler durch § 92 (vgl. § 92 Rn. 42 f.) außer Kraft gesetzt. Das Gleiche gilt gemäß § 90 für §§ 34, 35, 41, und 42, für vorbestehende Werke (§ 88) allerdings erst ab Beginn der Dreharbeiten. Die Rechte der Urheber und Leistungsschutzberechtigten gemäß §§ 14, 75 sind durch § 93 modifiziert. §§ 31, 31a, 32 bis 33, 36 bis 40 sowie § 43 gelten aber ohne Einschränkung, sieht man einmal von der fehlenden Widerrufsmöglichkeit für Rechte an unbekannten Nutzungsarten gem. § 31a ab (§§ 88, 89 jeweils Abs. 1 S. 2). Auch die Regelungen zum Schutz von Filmwerken (§ 2 Abs. 1 Nr. 6, Abs. 2, §§ 3 bis 6), zum Urheber (§§ 7 bis 10), zum Inhalt des Urheberrechts (§ 11), zum Urheberpersönlichkeitsrecht (§§ 12 bis 13; wegen § 93 allerdings ausgenommen § 14), zu den Verwertungsrechten (§§ 15 bis 24), zu den sonstigen Rechten des Urhebers (§§ 25, 27), zur Rechtsnachfolge (§§ 28 bis 30) und zu Schranken (§§ 44a bis 63a) sowie zur Dauer des Urheberrechts (§§ 64 bis 69) finden neben den §§ 88 ff. Anwendung.

§ 88 Recht zur Verfilmung

(1) [1]Gestattet der Urheber einem anderen, sein Werk zu verfilmen, so liegt darin im Zweifel die Einräumung des ausschließlichen Rechts, das Werk unverändert oder unter Bearbeitung oder Umgestaltung zur Herstellung eines Filmwerkes zu benutzen und das Filmwerk sowie Übersetzungen und andere filmische Bearbeitungen auf alle Nutzungsarten zu nutzen. [2]§ 31a Abs. 1 Satz 3 und 4 und Abs. 2 bis 4 findet keine Anwendung.

(2) [1]Die in Absatz 1 bezeichneten Befugnisse berechtigen im Zweifel nicht zu einer Wiederverfilmung des Werkes. [2]Der Urheber ist im Zweifel berechtigt, sein Werk nach Ablauf von zehn Jahren nach Vertragsabschluss anderweit filmisch zu verwerten.

(3) *(aufgehoben)*

Übersicht:

Jan Bernd Nordemann

I. Allgemeines

1. Sinn und Zweck

1 **Zweck** des § 88 ist, die für die Auswertung erforderlichen **Nutzungsrechte** an vorbestehenden Werken zu **konzentrieren**. § 88 Abs. 1 S. 1 lässt offen, ob diese Konzentration beim Filmhersteller erfolgt („einem anderen"). Regelmäßig sind es jedoch **Filmhersteller**, die Verfilmungsverträge mit den Urhebern (tw. auch mit Verlagen, vgl. Rn. 25) abschließen. Der Filmhersteller trägt bei der Produktion das wirtschaftliche Risiko und hat u.U. erhebliche Investitionen erbracht. Dieser Interessenlage trägt das Gesetz dadurch Rechnung, dass es ihm eine möglichst ungehinderte Verwertung des Filmes ermöglichen und hierbei Rechtssicherheit geben will. Von diesem Gedanken ist der gesamte Regelungskomplex der §§ 88 ff. durchzogen (vgl. Vor §§ 88 ff. Rn. 1 ff.).

2 Will der Filmhersteller **vorbestehende** urheberrechtlich geschützte **Werke** für die Herstellung eines Filmes verwenden, muss er sich hierfür die erforderlichen **Nutzungsrechte** vom Urheber einräumen lassen. Zunächst müssen die vorbestehende Werke wegen der erforderlichen Anpassung an das Medium Film oder des entstehenden neuen Gesamteindrucks aufgrund der Medienkombination i.d.R. **bearbeitet** (§ 23) werden (vgl. Rn. 53). Weiter muss der Filmhersteller auch über die relevanten Nutzungsrechte für das vorbestehende Werk im Hinblick auf die **spätere Auswertung** des Films verfügen (vgl. Rn. 58 ff., vgl. Rn. 64 ff.).

3 Regelungen zur Rechtseinräumung treffen die §§ 31 ff. Als Sondervorschrift für den Filmbereich strebt § 88 dieses Ziel durch **gesetzliche Auslegungsregeln** über den Umfang der vertraglichen Rechtseinräumung an (vgl. Rn. 21). Insofern kann man § 88 auch als spezielle **Konkretisierung der Zweckübertragungslehre** des § 31 Abs. 5 im Filmbereich begreifen (vgl. Rn. 99). Im Unterschied zu § 31 Abs. 5 wirkt § 88 zu Gunsten des Filmherstellers. Die gesetzliche Auslegungsregel entfaltet Wirkung auf die **AGB-Kontrolle** (vgl. Rn. 74). **Dritte**, die nicht am Verfilmungsvertrag beteiligt waren, dürfen sich **darauf berufen**, sofern es um die Einräumung der Stoffrechte geht (vgl. Rn. 97).

4 Für Neuverträge ab 01.01.2008 enthält § 88 Abs. 1 S. 1 (zu Altverträgen vgl. Rn. 5 ff.) seit dem „2. Korb" eine Auslegungsregel, die nicht nur die Rechte an allen bekannten filmischen Nutzungsarten, sondern auch an bei Vertragsschluss unbekannten filmischen Nutzungsarten umfasst. Die Ergänzung des § 88 Abs. 1 S. 1 durch Rechte an unbekannten Nutzungsarten steht in vollem Einklang mit seinem Sinn und Zweck, alle denkbaren filmischen Auswertungsrechte in der Hand des Filmherstellers zu bündeln; das erfasst insb. eine „möglichst ungehinderte Verwertung des Films in einer unbekannten Nutzungsart" (RegE 2. Korb – BT-Drucks 16/1828, S. 33). Gerade das Verbot der Rechteeinräumung an unbekannten Nutzungsarten (§ 31 Abs. 4 a.F.) behinderte die Auswertung von Filmen in den neuen Medien. Der erforderliche Nacherwerb von Rechten – z.B. für die Videonutzung, die erst ab den 1970er Jahren bekannt war, vgl. § 31a Rn. 38 – stößt wegen der Vielzahl beteiligter Urheber vorbestehender Werke auf praktische Schwierigkeiten. Für jeden Beteiligten wäre aufwendig zu prüfen, ob dieser überhaupt Urheber ist (bei Filmurhebern i.S.d. § 89 sogar noch eher als bei Urhebern vorbestehender Werke i.S.d. § 88). Er müsste ausfindig gemacht werden und zu Nachverhandlungen überhaupt bereit sein. Wenn nicht schon Suche und Rechtsunsicherheit über den Kreis der Urheber aufgrund prohibitiver Transaktionskosten den Rechteerwerb verhindern, so kann letztlich die Auswertung durch dessen Weigerung blockiert werden, was weder im Interesse der Filmproduzenten noch der übrigen Urheber noch der Konsumenten ist. Auch der Zweck des § 31 Abs. 4 a.F., dem Urheber Mehrerträgnisse zu sichern (vgl. § 31a Rn. 2), drohte, in diesem Fall verfehlt zu werden (Begr. RegE 2. Korb – BT-Drucks. 16/1828, S. 33: „weder im Interesse des Urhebers noch der Filmproduzenten und auch nicht im Interesse der Konsumenten"; *Castendyk/Kirchherr* ZUM 2003, 751; *Jan Bernd Nordemann/Wilhelm Nordemann* GRUR 2003, 947, 948; *Gernot Schulze* GRUR 2005, 828, 831; kritisch *Frey/Rudolph* ZUM 2007, 13, 20). Das Gesetz zieht sich deshalb auf ein bloßes Schriftformgebot zurück (§ 88 Abs. 1 S. 2). Die Regelung des § 88 Abs. 1 S. 2 erleichtert darüber hinaus noch die Verwertung des Filmwerkes, indem die Widerrufsrechte des § 31a ausgeschlossen werden. Für die Urheber erfolgt der Ausgleich auf der Vergütungsseite durch den gesetzlichen Anspruch auf angemessene Vergütung aus § 32c.

2. Früheres Recht

a) LUG/KUG (Altverträge bis 31.12.1965): Für die **vertragliche Rechtsein-** **5** **räumung** gilt gem. § 132 Abs. 1 die **frühere Rechtslage** (vgl. Vor §§ 31 ff. Rn. 14; vgl. Vor §§ 88 ff. Rn. 28). Damit ist § 88 auf Altverträge **vor dem 01.01.1966 nicht anwendbar** (Schricker/*Katzenberger*[3] Vor §§ 88 ff. Rn. 43; Wandtke/Bullinger/*Manegold*[2] Vor §§ 88 ff. Rn. 14; für die Anwendung des § 88 Abs. 2 S. 2 auf Altverträge Dreier/Schulze/*Schulze*[2] Rn. 72, was gem. § 132 Abs. 1 aber *contra legem* ist). Jedoch richtet sich der Schutz der vor 1966 geschaffenen Werke gem. § 129 Abs. 1 UrhG nach den Vorschriften des UrhG. Eine damals vereinbarte – und mögliche – Übertragung des Urheberrechts führt unter Geltung des heutigen UrhG dazu, dass dem Empfänger gem. § 137 lediglich die entsprechenden Nutzungsrechte zustehen (OLG Hamburg GRUR-RR 2003, 33, 35 – *Maschinenmensch*). Zu **DDR-Verträgen** vor 1966 vgl. Vor §§ 88 ff. Rn. 34 ff.

Vor Inkrafttreten des UrhG am 01.01.1966 regelte § 12 Abs. 2 Nr. 6 LUG, **6** dass eine Verfilmung eines Sprachwerkes eine zustimmungsbedürftige Bearbeitung ist. § 15a KUG erkannte an, dass das entstehende Filmwerk selbst urheberrechtlichen Schutz genoss. Für Altverträge vor dem 01.01.1966 existierten aber keine besonderen Auslegungsregeln zum Rechteerwerb bei der Filmherstellung. Vielmehr wurde die damals noch nicht kodifizierte allgemeine **Zweckübertragungslehre** als Auslegungshilfe anwendet (BGHZ 5, 116, 121 – *Parkstraße 13*; BGHZ 9, 262, 265 – *Lied der Wildbahn I*, insoweit nicht in

GRUR 1953, 299; BGH GRUR 1957, 611, 612 – *Bel Ami;* OLG Hamburg
GRUR-RR 2003, 33, 35 – *Maschinenmensch;* OLG Frankfurt/M. ZUM 2000,
595, 596 – *Sturm am Tegernsee;* KG GRUR 1933, 510, 511). Nach ihr erfolgte
im Zweifelsfall die Rechteeinräumung in einem solchen Umfang, wie sie
erforderlich war, um den mit dem Vertrag angestrebten Zweck zu erreichen
(vgl. § 31 Rn. 113). Der Zweck des Vertrags bestimmte sich maßgeblich nach
der angestrebten **Primärverwertung** (**Kinofilme, Fernsehfilme**). Zunächst gab
es allerdings nur Kinofilme, weil die Nutzung im Fernsehen unbekannt oder
unüblich war. Grundsätzlich erteilte ein Urheber mit der Erlaubnis, das von
ihm verfasste Drehbuch für die Herstellung eines Filmwerkes zu verwenden,
im Zweifel die Einwilligung zur öffentlichen Vorführung in Kinos einschließlich dafür erforderlicher Vervielfältigung und Verbreitung von Filmträgern
(BGH GRUR 1952, 530 – *Parkstraße 13;* BGH GRUR 1955, 596, 597 –
Lied der Wildbahn II; BGH GRUR 1955, 596 – *Lied der Wildbahn III*). Die
Fernsehnutzung war seit 1939 bekannt (vgl. § 31a Rn. 36). Ab wann die
Einräumung von Fernsehsenderechten üblich war, ist noch nicht abschließend
geklärt: 1939 bzw. 1954 (BGH GRUR 1982, 727, 729 – *Altverträge*), 1950
noch unüblich, weil das Fernsehen sich im „Entwicklungs- und Erprobungs-
stadium" befand (BGH GRUR 1969, 364, 366 – *Fernsehauswertung*). Ab
Mitte der 1950er Jahre standen sich danach als Primärnutzung wohl Kinofilme
und Fernsehfilme gegenüber. Nach der Zweckübertragungslehre wurden bei
einem **Fernsehfilm** im Zweifel **keine Rechte für die Kinoauswertung** eingeräumt, bei einem **Kinofilm** im Zweifel **keine Rechte für die Fernsehauswertung**
(BGH GRUR 1969, 364, 366 – *Fernsehauswertung*). Bei einem Kinofilm war
der Filmhersteller vielmehr nur dann auch zur Auswertung des Films im
Fernsehen berechtigt, wenn ihm auch diese Nutzungsart im Vertrag eindeutig
übertragen worden ist (verneint von BGH – GRUR 1969, 143, 145 – *Curt-
Goetz-Filme II* und BGH GRUR 1969, 364, 365 – *Fernsehauswertung*). Auch
eine 1955 vereinbarte Vertragsklausel über die Wiedergabe eines Werkes in
Tonfilm und Rundfunk umfasst ebenfalls nicht die Fernsehrechte, weil Film
und Fernsehen damals getrennte Medien waren und das schon bekannte
Fernsehen nicht erwähnt wurde (OLG Frankfurt/M. ZUM 2000, 595, 596 –
Sturm am Tegernsee). Sind Verfilmungsrechte eines literarischen Stoffes für
einen Kinofilm eingeräumt, so erfasst eine Vertragsbestimmung, die im Jahr
1959 die Wiedergabe durch „Television" regelt, ihrem Zweck nach nur die
Zweitnutzung im Fernsehen, nicht aber die **Wiederverfilmung** zum Zwecke
einer Fernsehsendung (BGH GRUR 1976, 382, 384 – *Kaviar*).

7 Rechte an bei Vertragsschluss **unbekannten Nutzungsarten** waren nur dann
eingeräumt, wenn sie ausdrücklich im Vertrag bezeichnet waren, wobei daran
keine übertriebenen Anforderungen zu stellen sind (im Einzelnen vgl. § 31
Rn. 172). Eine Einräumung war nicht wie in § 31 Abs. 4 UrhG a.F. verboten.
Nach dessen Wegfall (vgl. § 31a Rn. 6 ff.) gilt die Übergangsvorschrift in
§ 137l nicht für Verträge vor dem 01.01.1996, so dass es bei der bisherigen
Praxis bleiben muss. Beispiele: **Fernsehsendung** – bekannt ab 1939 (vgl. § 31a
Rn. 36): Die Rechtseinräumung für die Fernsehnutzung als unbekannte Nutzungsart sollte im Regelfall sämtliche unterschiedlichen Fernsehsendungsarten
umfassen, die zwar keine neuen Nutzungsarten gem. § 31a, jedoch abspaltbare Nutzungsarten nach § 31 Abs. 1 sind (Kabel-, Satelliten-, Internet- bzw.
Pay-TV; vgl. § 31 Rn. 73 ff.). **Videorechte** (bis in die 1970er unbekannt) und
andere neue Nutzungsarten im Filmbereich (vgl. § 31a Rn. 38 ff.) sind durch
Altverträge ebenfalls nur eingeräumt, wenn es einen ausdrücklichen Vertragswortlaut gibt, der unbekannte Nutzungsarten einbezieht (vgl. § 31 Rn. 172).

Vor dem zweiten Weltkrieg wurden zwischen Urhebern und Filmherstellern **8** häufig **Normalverträge** über den Erwerb der Verfilmungsrechte geschlossen (BGH GRUR 1969, 364, 366 – *Fernsehauswertung*). Eine ähnliche Funktion verfolgten auch die damals von der Reichsfilmkammer herausgegebenen **Normativbestimmungen**. Soll ein Rechterwerb auf diese gestützt werden, so ist deren **Einbeziehung** in den Individualvertrag darzulegen. Das kann nicht mit bloßem Hinweis auf die damalige Geschäftspolitik der UFA Erfolg haben, die Verträge immer zugrunde zu legen, auch wenn es sich um eine andere als im Normalvertrag genannte Gattung vorbestehender Werke handelt (OLG Hamburg GRUR-RR 2003, 33, 35 – *Maschinenmensch*: Für Rechte an einer Plastik ist der Normalvertrag für Drehbücher nicht unmittelbar anwendbar). Wenn Streichungen in den Normalverträgen vorgenommen wurden, kann ebenfalls kein Anscheinsbeweis mehr angenommen werden, dass eine Einräumung erfolgt (OLG München UFITA 65 (1972), 268 – *Karl Valentin*). Sind die Bestimmungen indes einbezogen, kann die Vereinbarung einer „sinngemäßen" Anwendung sich durch Vertragsauslegung auch vom Wortlaut der in Bezug genommenen Normativbestimmungen entfernen (BGH GRUR 1957, 611, 613 – *Bel Ami*: kein Wiederverfilmungsrecht für Filmmusik, obwohl der einbezogene Normalvertrag Drehbuch ein solches für Drehbücher vorsah, weil absehbar sein muss, in welchem filmischen Rahmen die Musik dargeboten wird).

b) UrhG 1965 (Altverträge vom 01.01.1966 bis 30.06.2002): Für Verträge, die **9** vom 01.01.1966 bis 30.06.2002 abgeschlossen wurden, ist gem. § 132 Abs. 3 S. 1 die ursprüngliche Fassung des § 88 aus dem UrhG 1965 anzuwenden (zu **DDR-Verträgen** von 1966 bis 02.10.1990 vgl. Vor §§ 88 ff. Rn. 95 ff.). § 88 a.F. lautete wie folgt:

§ 88 Recht zur Verfilmung

(1) Gestattet der Urheber einem anderen, sein Werk zu verfilmen, so liegt darin im Zweifel die Einräumung folgender ausschließlicher Nutzungsrechte:
1. das Werk unverändert oder unter Bearbeitung oder Umgestaltung zur Herstellung eines Filmwerkes zu benutzen;
2. das Filmwerk zu vervielfältigen und zu verbreiten;
3. das Filmwerk öffentlich vorzuführen, wenn es sich um ein zur Vorführung bestimmtes Filmwerk handelt;
4. das Filmwerk durch Funk zu senden, wenn es sich um ein zur Funksendung bestimmtes Filmwerk handelt;
5. Übersetzungen und andere filmische Bearbeitungen oder Umgestaltungen des Filmwerkes in gleichem Umfang wie dieses zu verwerten.

(2) Die in Absatz 1 bezeichneten Befugnisse berechtigen im Zweifel nicht zu einer Wiederverfilmung des Werkes. Der Urheber ist im Zweifel berechtigt, sein Werk nach Ablauf von 10 Jahren nach Vertragsabschluss anderweit filmisch zu verwerten.

(3) Die vorstehenden Bestimmungen sind auf die in den §§ 70 und 71 bezeichneten Schutzrechte entsprechend anzuwenden.

§ 88 a.F. hatte – anders als die heutige Regelung – keinen generalklausel- **10** artigen Charakter, sondern enthielt einen **enumerativen Katalog** von Rechtseinräumungsvermutungen, der der bei Inkrafttreten des UrhG zum 01.01.1966 üblichen Auswertungspraxis Rechnung tragen sollte. Diese umfasste die bestimmungsgemäße Erstverwertung des Filmes im Inland und Ausland, was u.U. eine Übersetzung und die Anpassung an die dortigen Verhältnisse erfordern konnte (RegE UrhG – BT-Drucks. IV/270, S. 98).

11 § 88 Abs. 1 Nr. 1 a.F. findet sich sprachlich angepasst in § 88 Abs. 1 n.F. wieder. Er regelt die vom Filmhersteller bei der Benutzung des vorbestehenden Werkes – ggf. auch unter Bearbeitung oder Umgestaltung – zur **Herstellung** des Filmes benötigten Rechte (vgl. Rn. 50 ff.).

12 § 88 Abs. 1 Nr. 2–4 a.F. enthalten eine Aufzählung der für die **Auswertung** typischerweise erforderlichen Nutzungsrechte. Während § 89 abweichend zu § 88 schon immer die Nutzung der schöpferischen Beiträge der Filmschaffenden in allen bekannten Nutzungsarten beinhaltete, enthielt § 88 das vom damaligen Gesetzgeber in den Blick genommene **Leitbild** der Auswertung in den typischen Formen des **Kinofilms oder** (nicht und) des **Fernsehfilms**. Nur in diesem Rahmen findet sich der schon früher anerkannte Grundsatz wieder, dass das Verfilmungsrecht nicht nur die Herstellung des Filmes, sondern auch die Auswertung z.b. durch öffentliche Vorführung (einschließlich dafür erforderlicher Vervielfältigung und Verbreitung) deckt (BGH GRUR 1952, 530 – *Parkstraße 13*). Die von der Vermutung des § 88 Abs. 1 a.F. erfassten Auswertungsmöglichkeiten für Kino- (**Nr. 3**) bzw. Fernsehfilme (**Nr. 4**) beschränkten sich auf den jeweiligen **Primärzweck** des Vertrages mit dem Urheber (RegE UrhG – BT-Drucks. IV/270, S. 98; *Götting* ZUM 1999, 3, 10). Bei einem Kinofilm behielt der Urheber die Fernsehrechte (BGH GRUR 1976, 382, 383 – *Kaviar*). Umgekehrt räumte der Urheber bei einem Fernsehfilm im Zweifel nur Senderechte ein, aber keine Vorführrechte (BGH GRUR 1974, 786, 787 – *Kassettenfilm*; BGH GRUR 1969, 364, 366 – *Fernsehauswertung*). Was der Primärzweck ist, ob der Film also zur Vorführung im Kino, zur Funksendung im Fernsehen oder gar zur – damals ungeregelten – Vervielfältigung und Verbreitung auf Video bestimmt war, ergab sich aus der Auslegung der Parteivereinbarungen unter Einbeziehung der Umstände des Einzelfalles wie der Bezeichnung des Filmwerkes, der Person des Rechteerwerbers (z.B. sprach Rundfunkanstalt eher für Fernsehverwertung), dem Zweck der Produktion etc.

13 An diesem Zweck ausgerichtet ermöglichte § 88 Abs. 1 Nr. 2 a.F. die **Vervielfältigung** und **Verbreitung** der für den jeweiligen Verwendungszweck notwendigen Vervielfältigungsstücke. Hierunter fielen beispielsweise die Herstellung von Filmkopien für Lichtspielhäuser oder von senderinternen Exemplaren für die Sendeanstalten. Kopien für andere Zwecke waren nicht von der Zweifelsregel umfasst.

14 § 88 Abs. 1 **Nr. 5** a.F., der Übersetzungen und andere filmische Bearbeitungen regelt, wurde sprachlich modifiziert beibehalten, so dass auf die Kommentierung zur aktuellen Fassung verwiesen werden kann (vgl. Rn. 58 ff.). Jedoch erlaubte das Übersetzungs- und Bearbeitungsrecht gem. § 88 Abs. 1 Nr. 5 a.F. im Zweifel nur die Auswertungen, die dem Filmhersteller auch ansonsten eingeräumt waren.

15 Im Hinblick auf die Auswertung enthielt § 88 a.F. danach nur Zweifelsregelungen für die Primärnutzung (vgl. Rn. 12). Für die Auslegung der vertraglichen Rechtseinräumung für die Zweitnutzung (Sekundärnutzung) musste jedoch die Zweckübertragungslehre (§ 31 Abs. 5) herangezogen werden. § 88 Abs. 1 a.F. lässt aufgrund der enumerativen Aufzählung von (Primär-)Nutzungsrechten für nicht genannte (Sekundär-)Nutzungen Raum für die Zweckübertragungslehre (siehe nur BGH GRUR 1994, 41, 43 – *Videozweitauswertung II*; OLG Frankfurt GRUR 1989, 203 – *Wüstenflug*). Die Vertragsauslegung nach der Zweckübertragungslehre kam deshalb insb. dann zum Tragen, wenn der Film gerade **nicht** nach seinem **Primärverwertungszweck** benutzt werden sollte. Eine Einräumung von Rechten für „alle Rundfunk- und Filmzwecke" an eine öffentlichrechtliche Rundfunkanstalt im Jahr 1966 umfasst nicht das Recht zur Schmalfilmverwertung durch Vorführung im nichtgewerblichen Bereich (BGH GRUR 1974, 786, 788 – *Kassettenfilm*). Bei zur öffentlichen Vorführung bestimmten Filmen deckt die Vergabe von Schmalfilmverleihrechten nicht die Rechte für die nicht-öffentliche Vorführung etwa beim Heimgebrauch (BGH GRUR 1977, 42, 45 f. – *Schmalfilmrechte*). Auch erlaubt die Einräumung von Schmalfilmrechten keine Sendung im Fernsehen (BGH GRUR 1960, 197, 198 – *Keine Ferien für den lieben Gott*). In einem Produktionsvertrag zur Herstellung eines Fernsehfilmes ist im Zweifel nur das Recht zur Sendung und nicht das Recht zur Videozweitauswertung erfasst (OLG München ZUM-RD 1998, 101 – *Auf und davon*). Freilich ließ sich die Zweifelsregelung dadurch umgehen, dass all diese Rechte ausdrücklich eingeräumt wurden (siehe BGH GRUR 1984, 45, 48 – *Honorarbedingungen: Sendevertrag*). Für die Nutzung von Filmmusik in der Videozweitauswertung von Kinospielfilmen bedarf es allein der Übertragung der Vervielfältigungs- und Verbreitungsrechte von der GEMA; ein selbständiges Video-Verfilmungsrecht ist nicht erforderlich, da ein solches nicht existiert (BGH GRUR 1994, 41, 43 – *Videozweitauswertung II*; str., vgl. Vor §§ 88 ff. Rn. 86). Bei Original-Videoproduktionen handelt es sich bei der Verwertung auf Video freilich um eine – vom Vertragszweck gedeckte – Primärverwertung (Dreier/Schulze/*Schulze*[2] Rn. 58).

16 Neue, bei Vertragsschluss **unbekannte Nutzungsarten** konnten gem. § 31 Abs. 4 a.F. nicht eingeräumt werden. Vergleiche hiermit nach dessen Wegfall nun die Übergangsvorschrift in § 137l, die i.d.R. den Nacherwerb ermöglicht.

17 c) **Urhebervertragsrechtsreform** (Altverträge vom 01.07.2002 bis 31.12.2007): Mit dem Gesetz zur Stärkung der vertraglichen Stellung von Urhebern und ausübenden Künstlern vom 22.03.2002 wurden die Vermutungsregeln des § 88 Abs. 1 an die des § 89 a.F. angeglichen, um im Zweifel sämtliche filmischen Verwertungsbefugnisse in der Hand des Produzenten zu sammeln, was den heutigen Filmverwertungsbedingungen mit Tendenz zur Totalauswertung (vgl. Vor §§ 88 ff. Rn. 1 ff.) Rechnung tragen sollte (BeschlE RAusschuss UrhVG – BT-Drucks. 14/8058, S. 21). So sah es § 89 bereits seit 01.01.1996 für die Filmurheber vor. Die Neuregelungen finden gem. § 132 Abs. 3 S. 1 auf Verträge ab dem 01.07.2002 Anwendung. **Die neue Fassung** war gegenüber der früheren Ausrichtung auf Kino- oder Fernsehfilm und dem an diesen Nutzungsformen ausgerichteten Rechtserwerb erheblich **weiter** und flexibler. Eine Differenzierung zwischen Primär- und Sekundärverwertung, wie für § 88 Abs. 1 a.F. erforderlich ist (vgl. Rn. 12), fand nicht mehr statt. Der Filmhersteller erwirbt im Zweifel das Recht, den unter Nutzung des vorbestehenden Werkes hergestellten Film **auf alle bekannten Nutzungsarten** zu nutzen. Die Vorschriften zur Wiederverfilmung in § 88 Abs. 2 a.F. wurden in § 88 Abs. 2 n.F. **unverändert** übernommen. **Aufgehoben** wurde § 88 Abs. 3. Die dortigen Vorschriften über nachgelassene Werke (§ 71) finden sich nun in § 71 Abs. 1 S. 3 (siehe die Kommentierung dort); die Regelungen für wissenschaftliche Werke (§ 70) wurden vom Gesetzgeber für praktisch unbedeutsam befunden und daher verworfen (vgl. Rn. 41).

18 § 88 in der Fassung bis 31.12.2007 lautete:

§ 88 Recht zur Verfilmung

(1) Gestattet der Urheber einem anderen, sein Werk zu verfilmen, so liegt darin im Zweifel die Einräumung des ausschließlichen Rechts, das Werk unverändert oder unter Bearbeitung oder Umgestaltung zur Herstellung eines Filmwerkes zu benutzen

und das Filmwerk sowie Übersetzungen und andere filmische Bearbeitungen auf alle bekannten Nutzungsarten zu nutzen.

(2) Die in Absatz 1 bezeichneten Befugnisse berechtigen im Zweifel nicht zu einer Wiederverfilmung des Werkes. Der Urheber ist im Zweifel berechtigt, sein Werk nach Ablauf von zehn Jahren nach Vertragsabschluss anderweit filmisch zu verwerten.

19   d) „2. Korb" (Verträge ab 01.01.2008): § 88 wurde durch den sog. „2. Korb" mit Wirkung für Verträge ab 01.01.2008 ein weiteres Mal geändert, um die Vermutung des § 88 Abs. 1 auch auf **Rechte an unbekannten Nutzungsarten** zu erweitern. Ferner wurde im Zuge der Neuregelung der Rechte an unbekannten Nutzungsarten das Widerrufsrecht des § 31a für Verfilmungsverträge eingeschränkt (vgl. Rn. 107). Auch wenn es an einer Regelung in § 132 fehlt, ergibt sich die zeitliche Geltung der Reform für Verträge ab 01.01.2008 aus dem Umkehrschluss aus § 137l Abs. 1 S. 1. Davor bezog sich § 88 Abs. 1 a.F. nur auf Rechte an bekannten Nutzungsarten, wie der frühere Wortlaut („alle bekannten Nutzungsarten") klarstellte. Allerdings gewährleistet § 137l jetzt grundsätzlich auch für vom 01.01.1966 bis 31.12.2007 abgeschlossene Altverträge, dass der Filmhersteller die Rechte an unbekannten Nutzungsarten erwirbt, sofern die Vermutung des § 88 Abs. 1 a.F. auf ihn angewendet werden konnte (vgl. § 137l Rn. 14). Andere Änderungen als die Erweiterungen im Hinblick auf Rechte an unbekannten Nutzungsarten brachte der 2. Korb nicht.

3.   EU-Recht und Internationales Recht

20   Vgl. Vor §§ 88 ff. Rn. 24.

II.   Tatbestand

1.   Einräumung von Nutzungsrechten an vorbestehenden Werken zur Verfilmung (Abs. 1)

21   a) **Auslegungsregel** („im Zweifel"): Gestattet der Urheber einem anderen, sein Werk zu verfilmen, so trifft § 88 Regelungen nur „im Zweifel". § 88 Abs. 1 ist ähnlich der Zweckübertragungsregel des § 31 Abs. 5 (vgl. § 31 Rn. 108 ff.) eine **gesetzliche Auslegungsregel** für den Fall, dass die Parteien keine anderslautende Vereinbarung getroffen haben (RegE UrhG – BT-Drucks. IV/270, S. 98;). Sie erfasst daher insb. solche Rechte, über die die Parteien keine Vereinbarung getroffen haben, ist aber **nachrangig** gegenüber eindeutigen ausdrücklichen oder konkludenten Parteivereinbarungen über den Rechteumfang, die für einen Zweifelsfall keinen Raum lassen (BGH GRUR 1984, 45, 48 f. – *Honorarbedingungen: Sendevertrag*). Eine konkludente Parteivereinbarung kann sich auch aus der Anwendung der **Zweckübertragungslehre** (§ 31 Abs. 5) ergeben, wenn der Zweck der Verfilmung „ohne Zweifel" den Rechteumfang des § 88 Abs. 1 nicht erfordert. Dann tritt § 88 Abs. 1 hinter § 31 Abs. 5 zurück (im Einzelnen eingehend vgl. Rn. 99 ff.). Das kann insb. dann relevant werden, wenn der Film in einer unüblichen Sekundärnutzungsart ausgewertet wird (z.B. ein Fernsehfilm als Kinofilm).

22   b) **Gestattung des Urhebers:** Der Urheber muss die Verfilmung „gestattet" haben. Das setzt eine **vertragliche Vereinbarung** voraus. Diese kann ausdrücklich oder auch **konkludent** erfolgen. Der Wortlaut des § 88 Abs. 1 spricht zwar nur von „gestatten" und zielt damit eher auf eine Einräumung der Nutzungsrechte als **Verfügung** (zum Trennungsprinzip vgl. § 31 Rn. 29). Unbestritten gilt die Auslegungsregel des Abs. 1 aber auch für die **Verpflichtung** dazu, weil ein Auseinanderfallen nicht beabsichtigt sein kann (zum Verhältnis zwischen Verpflichtung und Verfügung vgl. § 31 Rn. 30 ff.). Ein **Formzwang** (**Schriftform**) besteht grundsätzlich im Hinblick auf die Einräumung von Rechten an **unbekannten Nutzungsarten**, weil § 31a Abs. 1 S. 1 gemäß § 88 Abs. 1 S. 2 ausdrücklich anwendbar bleibt (RegE 2. Korb – BT-Drucks. 16/1828, S. 32 f.; eingehend und zur Kritik vgl. Rn. 72). Im Zweifel bleibt bei Verträgen, die die erforderliche Schriftform nicht haben, jedoch die Einräumung für alle bekannten filmischen Nutzungsarten, für das Filmherstellungsrecht und für das Bearbeitungsrecht wirksam (§ 139 BGB).

Die Gestattung kann zunächst im Rahmen der üblichen **Nutzungsverträge** **23** erfolgen. Diese sind insb. bei laufender Beteiligung des Urhebers Dauerschuldverhältnisse (eingehend zu Nutzungsverträgen vgl. Vor §§ 31 ff. Rn. 164 ff.). Oft enthalten diese Nutzungsverträge ausdrückliche Rechteklauseln, so dass § 88 Abs. 1 als Zweifelsregelung grundsätzlich nicht angewendet werden muss und seine praktische Bedeutung begrenzt ist. Bei Schriftwerken findet häufig eine Gestattung der Verfilmung in **Verlagsverträgen** als Nebenrechtseinräumung gegenüber Verlegern statt. Ansonsten verbleibt dem Urheber das Verfilmungsrecht (§ 2 Abs. 2 Nr. 5 VerlG; siehe auch die Kommentierung hierzu). Damit der Verleger sich auf die Einräumung gemäß § 88 Abs. 1 berufen kann, genügt es jedoch, dass der Verleger sich die Verfilmung gestatten lässt; spezifische Abreden zum Umfang der Rechtseinräumung sind nicht notwendig, weil die Vermutung des § 88 Abs. 1 dem Verleger als „anderem" zu Gute kommt (zur Anwendung des § 88 auf Verträge zwischen Verleger und Filmproduzent vgl. Rn. 25). Für vorbestehende Bühnenwerke oder Drehbücher sei auf die **Regelsammlungen** Verlage/Rundfunk für Fernsehen (RS Fernsehen) verwiesen (vgl. Rn. 25; vgl. Vor §§ 31 ff. Rn. 349). Rechtseinräumungen erfolgen auch im Rahmen von **Arbeits- und Dienstverträgen** (zum Verhältnis des § 88 zu § 43 vgl. Rn. 104). Als vertragliche Vereinbarungen kommen ferner **Tarifverträge** (siehe BGH GRUR 1995, 212, 213 – *Videozweitauswertung III* zu § 89; OLG Hamburg GRUR 1977, 556, 558 – *Zwischen Marx und Rothschild*) und die **Berechtigungsverträge** der Verwertungsgesellschaften in Betracht. § 88 ist auf den GEMA-Berechtigungsvertrag insoweit anwendbar, als er Verfilmungsrechte regelt und Raum für eine Auslegung lässt (Wandtke/Bullinger/*Manegold*[2] Rn. 23; vgl. Vor §§ 88 ff. Rn. 110 ff.). Häufig finden sich hier **AGB** (vgl. Rn. 74).

§ 88 Abs. 1 gilt auch für **Optionsverträge**, die einen späteren Erwerb des **24** Verfilmungsrechts durch einseitige Ausübung einer Option ermöglichen (für die Anwendung des § 88 Wandtke/Bullinger/*Manegold*[2] Rn. 23; zum Optionsvertrag allgemein vgl. Vor §§ 31 ff. Rn. 311 ff.). Ein Optionsvertrag zwischen dem Verfasser eines noch unveröffentlichten Filmmanuskriptes und einem Filmhersteller über den Erwerb von Verfilmungsrechten berechtigt diesen im Zweifel nicht, bereits während des Laufes der Optionsfrist und vor Ausübung Bearbeitungen des Filmstoffes herstellen zu lassen (BGH GRUR 1963, 441, 443 – *Mit Dir allein*).

Nach zutreffender herrschender Auffassung ist § 88 **nicht nur auf Verträge des** **25** **Urhebers** anwendbar, sondern auch auf **Verträge zwischen Verwertern**, durch die die Verfilmung gestattet wird (Dreier/Schulze/*Schulze*[2] Rn. 26; Schricker/*Katzenberger*[3] Rn. 28; Wandtke/Bullinger/*Manegold*[2] Rn. 21). Der Wortlaut des § 88 Abs. 1 ist insoweit zu eng, er entspricht allerdings der grundsätzlichen Systematik der urhebervertragsrechtlichen Bestimmungen des UrhG, nur die Nutzungsrechtseinräumung durch den Urheber bzw. Leistungsschutzberechtigten, nicht jedoch das sekundäre Urhebervertragsrecht zu regeln (vgl. Vor §§ 31 ff. Rn. 1 ff.). Letztlich muss sich aber der Sinn und Zweck des § 88 durchsetzen (vgl. Rn. 1 ff.). Die Rechtebündelung beim Filmhersteller wäre nicht zu erreichen, wenn nicht sämtliche Gestattungen zur Verfilmung in der vorhergehenden Rechtekette durch die Zweifelsregelungen des § 88 abgesichert wären. Insb. Verträge von Verlagen oder Verwertungsgesellschaften, die Stoffrechte halten, mit dem Filmhersteller können § 88 unterfallen. Für den Rechteerwerb von Verlagen durch Sendeunternehmen für Eigen- oder Auftragsproduktionen existieren die **Regelsammlungen** Verlage/Rundfunk für Fernsehen (RS Fernsehen), die zumindest für vorbestehende Bühnenwerke oder Drehbücher angemessene Bedingungen und Vergütungssätze aufstellen (dazu umfassend vgl. Vor §§ 31 ff. Rn. 349). Ob ihnen für sämtliche Schriftwerke Pilotwirkung zukommt, ist zweifelhaft (so aber Loewenheim/*Castendyk* § 75 Rn. 223, 261; wie hier Wandtke/Bullinger/*Erhardt* §§ 20–20b Rn. 42). **Keine Anwendung** findet § 88 auf die Gestattung zur Auswertung des Filmes, also auf **Verträge** in der Rechtekette „hinter" dem **Filmhersteller**.

26 c) „**einem anderen**": Der „andere", dem der **Urheber** die Verfilmung gestattet, muss nicht zwingend ein Filmhersteller sein, auch wenn § 88 vor allem die Bündelung der Rechte in seiner Hand vor Augen hatte. Für eine Ausdehnung auf andere Personen spricht bereits der Wortlaut. Überdies kann auch der Filmhersteller von einer Anwendung des § 88 auf früheren Stufen der Rechtekette profitieren, weil ihn dies in die Lage versetzt, z.B. vom „anderen" sämtliche Rechte im Sinne des § 88 zu erwerben. „Andere" sind deshalb insb. Verlage, die sich Verfilmungsrechte als Nebenrechte vom Urheber einräumen lassen, oder Verwertungsgesellschaften (vgl. Rn. 25). Jedoch profitiert nicht nur der Filmhersteller von § 88 Abs. 1, weil sich auch beliebige Dritte auf seine gesetzlichen Auslegungsregeln berufen können (vgl. Rn. 23).

27 d) „**zu verfilmen**": Voraussetzung des § 88 ist, dass der Urheber zugestimmt hat, sein vorbestehendes Werk „zu verfilmen". Die Verfilmung als Benutzung eines Werkes zur Herstellung eines Filmes ist eine zwingende Voraussetzung für die Anwendung des § 88. Als Regelung scheidet § 88 aus, wenn kein **Film** hergestellt werden soll. Kein Film liegt vor, wenn eine Tonbildschau produziert wird; Videospiele oder Multimediawerke mit bewegten Bildfolgen sind aber Filme (zum Filmbegriff vgl. Vor §§ 88 ff. Rn. 8 ff.). Die Art der Primärverwertung (z.B. Kinofilm oder Fernsehfilm) oder inhaltliche Differenzierungen (z.B. Werbefilm oder Spielfilm) spielen für den Filmbegriff keine Rolle. Ein Film setzt nicht notwendigerweise ein Filmwerk voraus. Über § 95 gilt § 88 auch für Filme in Form von bloßen Laufbildern, die keinen Werkscharakter aufweisen (BGH GRUR 1985, 529, 530 – *Happening*). Vgl. § 95 Rn. 16 ff. § 88 erfasst nicht nur die **Erstverfilmung**; auch für die Gestattung von **Zweit-, Dritt- und weiteren Verfilmungen** stellen die Regelungen sinnvolle Zweifelstatbestände auf.

28 Für die Verfilmung ist die **Verbindung der Werke auf einem Trägermedium nicht zwingend** Voraussetzung. Beispielsweise ist eine Verfilmung auch dann anzunehmen, wenn ein Musikstück parallel zu einem Film abgespielt wird. Entscheidend ist die Zweckbestimmung einer gewollten Verbindung von Bild und Ton. Diese kann sich in der übereinstimmenden Struktur und dem aufeinander abgestimmten Rhythmus von Musik und Bild äußern, welche es nicht möglich macht, einfach eine andere Begleitmusik zu verwenden (LG München I ZUM 1993, 289, 291, für eine mit *Orffs* Werk unterlegte Videoprojektion auf einem Popkonzert). In einem solchen Fall werden die Rechte zur Ver-

filmung benötigt, nicht lediglich zur öffentlichen Verwendung des Tonträgers mit der Musik oder zur Vorführung eines (fertigen) Filmes.

Unerheblich für den Verfilmungsbegriff ist ferner, ob das vorbestehende Werk **29** **unverändert oder unter Bearbeitung bzw. Umgestaltung** (vgl. Rn. 53) „verfilmt" wird. Der Wortlaut ist insoweit ausdrücklich offen.

Wenn schon ein **fertiger Film** vorhanden ist und dessen Verwertung im Raum **30** steht, kann nicht mehr von Verfilmung gesprochen werden. Dann ist als Auslegungsregel nicht auf § 88, sondern auf die allgemeine Zweckübertragungslehre des § 31 Abs. 5 als Maßstab zurückzugreifen. Anders ist es jedoch, wenn ein fertiger Film zur Herstellung eines anderen Films genutzt werden soll. Dies wird von § 88 erfasst (vgl. Rn. 40).

e) **Vorbestehendes Werk als Objekt der Verfilmung** („**sein Werk**"): Die vor- **31** bestehenden Werke sind von den schöpferischen Beiträgen der Filmschaffenden i.S.d. § 89 abzugrenzen (RegE UrhG – BT-Drucks. IV/270, S. 99; vgl. Vor §§ 88 ff. Rn. 16 ff.). Unerheblich für die Einordnung als vorbestehendes Werk und die Anwendung des § 88 ist, ob das Werk vom Filmwerk unabhängig geschaffen wurde (wie Roman oder Bühnenwerk), oder aber als Exposé, Treatment, Drehbuch und ggf. Filmmusik ein filmbestimmtes Werk vorliegt. Entscheidend ist allein, ob sich dieses als schöpferische Leistung gedanklich **vom Film unterscheidbar und gesondert verwerten lässt**, oder aber ob es untrennbar in ihm aufgeht (RegE UrhG – BT-Drucks. IV/270, S. 99; *Götting* ZUM 1999, 3, 5; Dreier/Schule/*Schulze*[2] Rn. 5; kritisch *Poll* GRUR Int. 2003, 290, 297). Eine konkrete Vermarktungsfähigkeit braucht hierfür nicht nachgewiesen zu werden; es reicht die gedanklich-theoretische Verwertbarkeit außerhalb des Films (Voraufl./*Hertin* Rn. 6; Wandtke/Bullinger/*Manegold*[2] Rn. 27; kritisch mit Blick auf praktische Verwertbarkeit *Götting* ZUM 1999, 3, 6; Möhrung/Nicolini/*Lütje*[2] Rn. 8). Die Lehre vom Doppelcharakter, nach der sich speziell für den Film („filmbestimmt") geschaffene Werke sowohl für § 88 Abs. 1 als auch für § 89 Abs. 1 qualifizieren (*Bohr* ZUM 1992, 121, 123 ff.; Schricker/*Katzenberger*[3] Vor §§ 88 ff. Rn. 69), ist abzulehnen (vgl. Vor §§ 88 ff. Rn. 17 ff.). Seit Angleichung des § 88 Abs. 1 an § 89 Abs. 1 hat der Meinungsstreit für Verträge ab 01.07.2002 keine praktische Bedeutung mehr (zur alten Rechtslage vgl. Rn. 9 ff.; *Götting* ZUM 1999, 3, 4), sondern allenfalls noch für das Wiederverfilmungsrecht des § 88 Abs. 2, der keine Entsprechung im Wortlaut des § 89 hat (vgl. § 89 Rn. 62). Im Einzelfall kann ein Urheber vorbestehender Werke allerdings eine **Doppelfunktion** ausüben und auch Filmurheber sein (vgl. Vor §§ 88 ff. Rn. 18; vgl. § 89 Rn. 56).

Der Kreis denkbarer vorbestehender Werke im Rahmen des § 88 ist weit. Sie **32** müssen als Ganzes oder in Teilen im Film lediglich – mit ihren urheberrechtlich geschützten Elementen gem. § 2 – **erkennbar** sein (Dreier/Schulze/*Schulze*[2] Rn. 6; Wandtke/Bullinger/*Manegold*[2] Rn. 26).

Oft entstehen Filme auf der Grundlage von **Sprachwerken**. Das können film- **33** unabhängig vorbestehende **fiktionale Werke** wie ein **Roman, Kurzgeschichte** oder **Bühnenstück** sein. Die **bloße Idee** als solche ist **nicht** als Werk schutzfähig und kann daher auch kein vorbestehendes Werk sein. Erforderlich ist vielmehr, dass sich die Idee in schöpferischer Weise konkretisiert und ihr durch sprachliche oder bildliche Darstellung eine persönlich geistige Gestalt gegeben wurde (BGH GRUR 2003, 876, 877 – *Sendeformat*; BGH GRUR 1963, 40, 42 – *Straßen – gestern und morgen*). Die **Verwendung filmischen Allgemeinguts** (z.B. fröhliche Menschen in Uniformen) wird diese Voraussetzungen nicht erfüllen. Nicht schutzfähig ist auch die Idee einer Försterspielfilmserie als solche, die einen verwitweten Förster mit Kindern in der bayerischen Landschaft agieren lässt, wohl aber das **konkrete Konzept** zu der Fernsehserie. Wenn daraus lediglich ein verwitweter Förster mit Kindern, der mit Umweltfragen, dem Waldsterben und ökologischen Problemen zu tun hat, die tragende Rolle eines Adelshauses und die überwältigende bayerische Landschaft als Hintergrund übernommen werden, die Handlung im Detail aber anders ausgestaltet ist, liegt nur eine freie Benutzung nicht schutzfähiger Elemente vor (OLG München GRUR 1990, 674, 675 – *Forsthaus Falkenau*). Der urheberrechtliche Schutz kann sich auf die erdachten Charaktere, das Milieu und das Handlungsgefüge ebenso erstrecken wie auf dramatische Konflikte und Höhepunkte (BGH GRUR 1959, 379, 381 – *Gaspatrone* für ein Bühnenwerk; BGH GRUR 1963, 441 – *Mit Dir allein)* oder einen bestimmten **Einfall** für einen Handlungsablauf (BGH GRUR 1978, 302, 304 – *Wolfsblut*). Dabei genügt – zumindest theoretisch – für die sprachliche Ausformung auch eine mündliche Übermittlung (Wandtke/Bullinger/*Manegold*[2] Rn. 30). Weiterführend zur Schutzfähigkeit vgl. § 2 Rn. 43 ff.; zur Abgrenzung unfreie Bearbeitung/freie Benutzung vgl. §§ 23/24 Rn. 30 ff.

34 Als vorbestehende Werke kommen auch Darstellungen tatsächlicher Ereignisse wie z.B. **Sachbücher** in Betracht; der Werkcharakter beruht hier indes nicht auf dem gemeinfreien Inhalt, sondern nur auf der Art und Weise der schöpferischen Darstellung (vgl. § 2 Rn. 59 ff.). Wenn sich die die Werkqualität auslösenden Elemente nicht im Film wiederfinden, werden urheberrechtliche Nutzungsrechte nicht benötigt. Wird dennoch ein Verfilmungsvertrag abgeschlossen, liegt eine Leereinräumung vor (dazu vgl. Vor §§ 31 ff. Rn. 174). Oft wird in Zweifelsfällen ein Vertrag Sinn machen, um Rechtssicherheit herzustellen; dieser ist ohnehin konfliktvermeidend, wenn der Film auf das Buch Bezug nehmen will (Film zum Buch) und damit ohne Zustimmung Wettbewerbsrecht (§§ 3, 4 Nr. 9, 5 UWG) einschlägig sein könnte oder titelrechtliche Erlaubnisse (§ 5 Abs. 3 MarkenG) erforderlich sind. Ähnliche Maßstäbe gelten für Briefe und **persönliche Aufzeichnungen**, wenn sie tatsächliche Ereignisse wiedergeben, die nicht lediglich der Vorstellung des Schöpfers entspringen. Freilich sind in diesem Fall auch die Persönlichkeitsrechte des Betroffenen zu beachten (Dreier/Schulze/*Schulze*[2] Rn. 10; Wandtke/Bullinger/*Manegold*[2] Rn. 28).

35 Die Umsetzung des Films erfolgt in mehreren Stufen vom Exposé über das Treatment bis hin zum Roh- und dann kurbelfertigen Drehbuch (*Bohr* ZUM 1992, 121, 122; *Götting* ZUM 1999, 3, 7; *Poll* GRUR Int. 2003, 290, 297). Alle diese Vorstufen des Filmes haben i.d.R. jeweils Werkcharakter und sind vorbestehende Werke i.S.d. § 88 (BGH GRUR 1963, 441, 443 – *Mit Dir allein*; Wandtke/Bullinger/*Manegold*[2] Rn. 30; *Götting* ZUM 1999, 3, 7; *Katzenberger* ZUM 1988, 545, 548). Sie gehen durch Bearbeitung hervor (Dreier/Schulze/*Schulze*[2] § 31 Rn. 9). Das **Exposé** ist eine kurze, skizzenhafte textliche Schilderung des Handlungsablaufes (BGH GRUR 1963, 40, 41 – *Straßen – gestern und morgen*; OLG München GRUR 1990, 674 – *Forsthaus Falkenau* zur Abgrenzung von schutzfähigem Exposé zu schutzunfähigen Ideen). Hieraus entsteht dann das **Treatment** als ausführlichere filmbezogene Ausarbeitung, die die Charaktere des Filmes darstellt und die Handlung schon nach Schauplätzen, Szenen und Bildern aufgliedert. Auf dessen Basis wird das Rohdrehbuch mit Dialogen bzw. dann das kurbelfertige **Drehbuch** mit für die Aufnahme erforderlichen Einzelanweisungen wie Regie, Kameraeinstellung, akustische und optische Ausgestaltung etc. erstellt. Auch der **Synchron-**

autor fällt unter § 88 (Schricker/*Katzenberger*[3] Rn. 7 zu Recht gegen LG München I FuR 1984, 534 – *All About Eve*, das § 89 anwendete).

Als vorbestehende Werke kommen zudem **Musikwerke** in Betracht (BGH GRUR 1957, 611 – *Bel ami*; BGH GRUR 1994, 41, *Videozweitauswertung II*; KG GRUR 1986, 536, 537 – *Kinderoper*). Das sind im Film verwendete Musikstücke wie Opern, Lieder, Teile von Sinfonien und dgl., vor allem aber auch die für den Film komponierte Filmmusik. Auch wenn diese einen dienenden Charakter hat und vor allem die Rezeption und Wirkung des Filmes beeinflussen soll (*v. Becker* ZUM 1999, 16), lässt auch sie sich – wie auch § 89 Abs. 3 entnehmbar – gesondert verwerten (*Poll* GRUR Int. 2003, 290, 295). Bei der Rechteeinholung sind insb. von **Verwertungsgesellschaften** wahrgenommene Rechte zu beachten (dazu vgl. Vor §§ 88 ff. Rn. 110 ff.). Werden Opern als vorbestehende Werke abgefilmt, ist zu prüfen, ob ein Filmwerk oder nur Laufbilder entstehen (vgl. § 95 Rn. 4 ff.). **36**

Auch **pantomimische Werke** und Werke der Tanzkunst können sich im Film wiederfinden, wenn beispielsweise durch ihre Choreographie Schöpfungshöhe erreichende Bühnenwerke und Ballettaufführungen mit Bild und Ton aufgezeichnet werden (Dreier/Schulze/*Schulze*[2] Rn. 6). Das kann auch für ein Kunst-Happening gelten, in dem die Aussage eines bestimmten Gemäldes durch Symbolik und Ausdrucksformen in eine choreographieähnliche Darstellung übertragen wird (BGH GRUR 1985, 529 – *Happening*). **Figuren** können als urheberrechtlich geschützte Werke insb. bei Comicfilmen vorbestehende Werke sein (BGH GRUR 1994, 206, 207 – *Alcolix*; BGH GRUR 1994, 191, 192 – *Asterix-Persiflagen*; vgl. § 2 Rn. 138). **37**

Für **Filmarchitektur** und deren Modelle ist – wenn sie Werkqualität als Werke der Baukunst erreichen – im Einzelfall entscheidend, wie eng die Eingliederung in die konkrete Filmproduktion ist und ob die Werke theoretisch auch anderweitig z.B. in anderen Filmproduktionen verwendet werden können. Nur dann greift § 88 und nicht § 89. Bei Filmbauten und Filmkulissen ist eine für § 88 erforderliche gesonderte Verwertung außerhalb des konkreten Filmes wegen der Wiederverwendbarkeit für andere Filme oder Bühneninszenierungen zwar theoretisch denkbar (*Schack*[4] Rn. 300), letztlich aber eine Frage des Einzelfalles (zur Filmarchitektur unter Anwendung des § 89: BGH GRUR 2005, 937, 938 f. – *Der Zauberberg*; ferner: *Bohr* UFITA 78 [1977], 95, 145; *Haupt/Ullmann* ZUM 2005, 883, 885; *Katzenberger* ZUM 1988, 545, 549; *Loewenheim* UFITA 126 [1994], 99, 122; mit Hinweis auf die atmosphärische Wirkung gerade für einen bestimmten Film *Götting* ZUM 1999, 3, 7). Gleiche Maßstäbe gelten für geschaffene **Bühnenbilder**, die Schöpfungshöhe durch die Abstimmung von Raum, Farbe und Licht erlangen können. **Öffentliche Bauwerke** oder Werke an öffentlichen Plätzen können für die Filmherstellung verwendete vorbestehende Werke sein, wenn sie im Film erkennbar sind. Hier erleichtert die Schranke des § 59 die Verwendung, wenn es sich um dauerhafte Werke handelt (S.1) und sich die Verwendung bei Bauwerken auf die Außenansicht beschränkt (S. 2). Auch **Kostüme, Dekoration** und **Requisiten** können auf diese Weise theoretisch gesondert verwertet werden (*Schack*[4] Rn. 300), anderenfalls unterfallen sie § 89 (dafür generell *Katzenberger* ZUM 1988, 545, 549; *Loewenheim* UFITA 126 [1994], 99, 122). Werden Kostüme, Dekoration und Requisiten außerhalb des Films als Alltagsgegenstände im Wege des **Merchandising** genutzt, handelt es sich um angewandte Kunst, für die die Schutzgrenze erheblich höher liegt (Wandtke/Bullinger/*Manegold*[2] Rn. 43; vgl. § 2 Rn. 137 ff.). **38**

39 **Computerprogramme** kommen als vorbestehende Werke zur Herstellung von Bildfolgen eines Filmes kaum in Betracht (a.A. Dreier/Schulze/*Schulze*[2] Rn. 6), da sich ihr Werkcharakter nicht im Film erkennbar niederschlägt. Mögen sie für die Herstellung eines Filmes (z.b. Spezialeffekte, Animationen) auch verwendet werden, so ist beim fertigen Film jedenfalls das mittels des Programms erstellte Arbeitsergebnis (z.B. eine generierte Comicfigur) erkennbar, nicht aber das Programm selbst. Es wird dem Wortsinn nach weder verfilmt, noch ist für das Computerprogramm als Arbeitsmittel die Regelung des ausschließlichen Nutzungsrechts zweckgemäß.

40 Auch **Filmwerke** selbst können vorbestehende Werke sein, wie im Fall von Neuverfilmungen, die selbstständig schutzfähige inhaltliche Elemente eines anderen Filmes verwenden. Das können etwa **Rückblenden** sein, unter Beachtung der Anforderungen an ein schutzfähiges Werk im Einzelfall auch besonders schöpferische **Handlungseinfälle** und **Charakterprofile** (zur Übernahme umfangreicher Teile der Handlung, der Charaktere, ihrer Umgebung und des gesamten Beziehungsgeflechtes bei einem literarischen Werk als Anknüpfungspunkt für eine lineare Fortsetzungsgeschichte: BGH GRUR 1999, 984 – *Laras Tochter*). Danach müssen auch **Fortsetzungsfilme**, Vorgeschichten und Ableger eines Filmes im Grunde unter dem Blickwinkel des § 88 betrachtet werden. Ob soweit zu gehen ist, dass von einer Verfilmung unter Rückgriff auf einen anderen Film als vorbestehendes Werk schon ausgegangen werden kann, wenn der vorige Film für das Verständnis eines anderen erforderlich ist (so sehr weitgehend Wandtke/Bullinger/*Manegold*[2] Rn. 40), muss jedoch bezweifelt werden, wenn er nicht konkrete inhaltliche für sich schon schutzfähige Gestaltungselemente übernimmt. Bei Rückblenden greift mangels Belegfunktion die Zitatschranke des § 51 Nr. 2 grds. nicht (Wandtke/Bullinger/*Manegold*[2] Rn. 40); anders bei Rückblendungen in einem Dokumentarfilm über Entwicklung des Tonfilms (BGH GRUR 1987, 362, 364 – *Filmzitat*). Der mit dem „2. Korb" erweiterte § 51 n.F. deckt erforderliche Filmzitate nun direkt ab.

41 Die Regelung des § 88 setzt ein urheberrechtlich geschütztes Werk voraus. Auf **verwandte Schutzrechte (Leistungsschutzrechte)** ist § 88 nur bei entsprechendem Verweis anwendbar. Für **nachgelassene Werke** (§ 71) findet sich ein solcher in § 71 Abs. 1 S. 3, **nicht** aber für **wissenschaftliche Ausgaben** (§ 70). In § 88 Abs. 3 a.F. existierte zwar eine solche Regelung. Diese fiel mit der Urhebervertragsrechtsreform 2002 weg, weil nach Ansicht des Gesetzgebers eine Verfilmung hier nicht in Betracht komme (Begr RegE UrhVG – BT-Drucks. 14/6433, S. 19). Wenn sich im Einzelfall dennoch ein Bedürfnis ergeben sollte, das vom Gesetzgeber übersehen wurde, kann eine Analogie in Erwägung gezogen werden. Auf **Lichtbilder** (§ 72) findet § 88 genauso wenig Anwendung wie auf die Leistungsschutzrechte des **Tonträgerherstellers** (§ 85) oder des **Sendeunternehmens** (§ 87) (Dreier/Schulze/*Schulze*[2] Rn. 75; Wandtke/Bullinger/*Manegold*[2] Rn. 50). Insoweit greift also § 88 nicht. Für **ausübende Künstler** gilt allein § 92.

42 **f) Umfang der im Zweifel eingeräumten Rechte: aa) Unterscheidung Filmherstellung, Filmbearbeitung, Filmauswertung:** Der Vertragspartner des Urhebers erhält aus der Rechteeinräumung ein Rechtebündel aus Filmherstellungsrecht, Bearbeitungsrecht am fertigen Film und Nutzungsrechten. Gedanklich ist also zwischen folgenden Rechten zu unterscheiden: dem Recht zur eigentlichen Filmherstellung („das Werk unverändert oder unter Bearbeitung oder Umgestaltung zur Herstellung eines Filmwerkes zu benutzen"), dem Recht zur Bearbeitung des fertigen Films („Übersetzungen und andere filmische Bearbeitungen [des Filmwerkes] ... zu nutzen") und dem Recht zur Auswertung ("auf alle Nutzungsarten"); RegE UrhG – BT-Drucks. IV/270, S. 98; *Urek* ZUM 1993, 168, 169.

Das erstgenannte Filmherstellungsrecht oder Verfilmungsrecht i.e.S. räumt die **43** erforderlichen Nutzungsrechte für die Verwendung des vorbestehenden Werkes zur Herstellung des Films ein. Je nach der Art und Weise der Benutzung vorbestehender Werke kann dies eine bloße Vervielfältigung oder – das ist der Regelfall – eine Bearbeitung i.S.d. § 23 sein. Isoliert betrachtet ist es freilich wirtschaftlich wertlos, wenn nicht zugleich das Filmauswertungsrecht dem Filmhersteller die Nutzungsrechte zur wirtschaftlichen Verwertung des Filmes z.b. durch Vervielfältigung und Verbreitung des Filmträgers, öffentlicher Vorführung, Sendung oder Videonutzung gibt. Die Trennung zwischen Herstellung und Auswertung kam in § 88 a.F. (vgl. Rn. 9 ff.) klarer zum Ausdruck (Nr. 1 Herstellung; Nr. 2–5 Auswertung; RegE UrhG – BT-Drucks. IV/270, S. 98), findet sich aber auch heute noch in der differenzierenden Gesetzesformulierung des § 88 wieder, das vorbestehende Werk „zur Herstellung eines Filmwerkes zu benutzen" und daneben „das Filmwerk [...] zu nutzen". Auch § 90 differenziert zwischen der Auswertung und der Herstellung; nur für letztere gilt § 90 S. 2. Das **Verfilmungsrecht (i.w.S.)** bildet für die Verfilmung und die Auswertung einen **Oberbegriff**, der umfassend mitsamt Auswertungsrechten zu verstehen ist (zur Terminologie BGH GRUR 1994, 41, 43 – *Videozweitauswertung II*; Wandtke/Bullinger/*Manegold*[2] Rn. 5).

Das **Filmherstellungsrecht** wird grundsätzlich **unabhängig und isoliert von den** **44** **Auswertungsrechten** eingeräumt. Wenn die Verfilmung einmal gestattet wurde, muss nicht noch gesondert für jede Auswertung die Verfilmung erlaubt werden. Beispielsweise für Filmmusik bedarf es nicht der Einräumung eines Filmherstellungsrechts („Synchronisationsrecht") speziell für die Videoverwertung, wenn die Verbindung des Filmes und der Musik schon vorher im Rahmen der Filmherstellung erlaubt wurde (BGH GRUR 1994, 41, 43 – *Videozweitauswertung II*; *Poll* GRUR 1994, 44; *v. Petersdorff-Campen* ZUM 1996, 1037, 1045; *Urek* ZUM 1993, 168, 170; Schricker/*Katzenberger*[3] Vor §§ 88 ff. Rn. 28; Wandtke/Bullinger/*Manegold*[2] Rn. 22; *Schack*[4] Rn. 427; a.A. *Gernot Schulze* GRUR 2001, 1084, 1087). Die Nutzungsrechte für die Auswertung als solche müssen aber vom Urheber eingeräumt werden. Allerdings liegen die Nutzungsrechte zur Auswertung von **musikalischen Werken** tw. bei der GEMA. So wird das Vervielfältigungs- und Verbreitungsrecht i.d.R. bei der GEMA als musikalischer Verwertungsgesellschaft eingeholt und bezahlt (zu Ausnahmen vgl. Vor §§ 88 ff. Rn. 110 ff.), so dass der Filmproduzent insoweit keine Rechte vom Urheber erwirbt. Geht es um reine Konzertmitschnitte auf DVD, benötigt das Videounternehmen noch nicht einmal das Filmherstellungsrecht (BGH GRUR 2006, 319 – *Alpensinfonie*; zur Kritik vgl. Rn. 55), sondern nur die Auswertungsrechte. Diese können insb. von der GEMA erworben werden. Ferner sind ggf. bestehende Leistungsschutzrechte (z.B. ausübende Künstler, Sendeunternehmen, Filmhersteller) von den Rechteinhabern einzuholen.

bb) Ausschließlichkeit der Nutzungsrechte: Im Zweifel erwirbt der Filmher- **45** steller ein ausschließliches Recht (§ 31 Abs. 3), das Dritte einschließlich des Urhebers von der Nutzung ausschließt, solange nichts anderes vereinbart ist. Die Ausschließlichkeit bezieht sich auf die Filmherstellung unter Verwendung des vorbestehenden Werkes und auf die Verwertung des Filmes. Die Exklusivität für die Wiederverfilmung unterliegt indes der zeitlichen Begrenzung des § 88 Abs. 2 S. 1 (vgl. Rn. 76).

46 Im Gegensatz zu einfachen Nutzungsrechten fließt aus dem ausschließlichen Nutzungsrecht neben der **positiven Nutzungsbefugnis** auch eine **negative Abwehrbefugnis** mit der Möglichkeit zum Verbot der Nutzung (vgl. § 31 Rn. 20 ff.). Dem Berechtigten steht ein selbständiges Klagerecht gegen jeden zur Verfügung, der in die eingeräumte Rechtsposition eingreift. Neben dem Nutzungsrechteinhaber bleibt auch der Urheber aktivlegitimiert, selbst wenn er von Nutzungshandlungen ausgeschlossen ist, sofern er ein berechtigtes Interesse an einem Vorgehen gegen Rechtsverletzungen hat; zum Ganzen vgl. § 97 Rn. 127 ff.

47 Die Ausschließlichkeitsvermutung gilt nur „im Zweifel", also vorbehaltlich einer anderen vertraglichen Vereinbarung und kann widerlegt werden, wenn es ein besonderer Vertragszweck rechtfertigt (zur Rolle des § 31 Abs. 5 vgl. Rn. 99). Bei Werken wie bekannten Musikstücken, die nicht unmittelbar auf den Film bezogen sind, wird oftmals keine ausschließliche Nutzung bezweckt sein, weil die Auswertung des Filmes nicht durch die anderweitige Nutzung der Musik leidet. Erwirbt der Filmhersteller Rechte von **Verwertungsgesellschaften** (z.B. der GEMA, vgl. Rn. 44), können das ebenfalls nur einfache Nutzungsrechte sein.

48 **cc) Zeitlicher Umfang:** Das Verfilmungsrecht wird zeitlich **im Zweifel unbegrenzt** eingeräumt (Dreier/Schulze/*Schulze*[2] Rn. 39; Wandtke/Bullinger/*Manegold*[2] Rn. 56). Das gilt sowohl für die Herstellung als auch für die Auswertung des Filmes. Der – bei einer zeitlichen Beschränkung des Filmherstellungsrechts relevante – Zeitpunkt des Beginns der Verfilmung ist der Beginn der Dreharbeiten. Wenn das **Herstellungsrecht zeitlich vertraglich begrenzt** wird, gilt dies im Zweifel nicht für die Auswertung (a.A. Dreier/Schulze/*Schulze*[2] Rn. 39). Etwas anderes kann auch nicht BGH GRUR 1952, 530 – *Parkstraße 113* entnommen werden. Dort ging es zwar um die Frage, ob eine zeitliche Beschränkung der „Verfilmungsrechte" auf die Herstellung oder auch auf die Auswertung bezogen war; für Letzteres sprach im konkreten Fall, dass die Frist mit der Uraufführung beginnen sollte. Eine generelle Parallelität der zeitlichen Beschränkung für die Filmherstellung mit der Filmauswertung kann man dem jedoch nicht entnehmen (s.a. *Schwarz/Schwarz* ZUM 1988, 429, 433). Filme werden heute üblicherweise langfristig ausgewertet, so dass – auch wenn zeitliche Vorgaben zur Filmherstellung gemacht werden – im Zweifel die Auswertung zeitlich unbegrenzt erfolgen darf. Das gilt insb., um ggf. die hohen Invesitionen für die Produktion wieder hereinzuspielen. Eine Beschränkung für die Auswertung muss daher explizit vereinbart werden und kann nicht allein aus einer Beschränkung des Herstellungsrechts abgeleitet werden. Dieses Ergebnis wird dadurch gestützt, dass ein eigenständiges und wiederum in Nutzungsarten aufteilbares **Filmherstellungsrecht** (z.B. für Videokassetten) nicht existiert (str., vgl. Rn. 44). Auch eine zeitliche Begrenzung des Filmherstellungsrechtes, das die Auswertung steuern soll, läuft deswegen leer. Mit der erstmaligen vollständigen Herstellung des Filmes sind die diesbezüglichen Befugnisse vielmehr verbraucht (*Schwarz/Schwarz* ZUM 1988, 429, 433; *Urek* ZUM 1993, 168, 171). Ein **Rückruf von Nutzungsrechten gem. §§ 41, 42** ist ab Beginn der Dreharbeiten nicht mehr möglich (§ 90). Eine **außerordentliche Kündigung** ist ebenfalls ausgeschlossen, vgl. Rn. 70. Zur zeitlichen Begrenzung der Vergabe von **Wiederverfilmungsrechten** durch den Urheber siehe § 88 Abs. 2 und vgl. Rn. 76 ff.

dd) Räumlicher Umfang: Das Territorialitätsprinzip stellt Werke in jedem **49** Land nach der dortigen Urheberrechtsordnung unter Schutz. Bei der Rechteeinräumung können daher räumlich für jedes Land einzeln Nutzungsrechte vergeben werden (vgl. Vor §§ 31 ff. Rn. 46 ff.) Im Zweifel erhält der Filmhersteller ein **räumlich unbeschränktes** Weltverfilmungsrecht (RegE UrhG – BT-Drucks. IV/270, S. 98; *Götting* ZUM 1999, 3, 10; Dreier/Schulze/*Schulze*[2] Rn. 43; Schricker/*Katzenberger*[3] Rn. 34; Wandtke/Bullinger/*Manegold*[2] Rn. 57; a.A. Voraufl./*Hertin* Rn. 24 zu § 88 a.F., der zu Unrecht § 31 Abs. 5 anwenden wollte). Nur in Ausnahmefällen kann die umfassende Vermutungsregel des § 88 durch einen anderen Vertragszweck widerlegt werden (vgl. Rn. 99). Die weltweite Auswertung bei Filmwerken ist spätestens seit Inkrafttreten des UrhG am 01.01.1966 die Regel (zur Rechtslage vor Inkrafttreten des UrhG KG GRUR 1933, 510, 511) und von den Vertragsparteien üblicherweise beabsichtigt. Dafür spricht nicht zuletzt die ausdrückliche Befugnis zur Nutzung von Übersetzungen in § 88 Abs. 1 Nr. 5 a. F. und § 88 Abs. 1 n.F. Sofern eine territoriale Beschränkung gewünscht ist, sollte diese territoriale Beschränkung also ausdrücklich vereinbart werden (siehe für eine Aufteilung von Senderechten an Rundfunksendungen BGH GRUR 1997, 215, 218 – *Klimbim*; BGH GRUR 1969, 364, 365 – *Fernsehauswertung* für einen Vorbehalt des Vertriebs in englischsprachigen Gebieten zugunsten eines Stoffurhebers; siehe für eine Einräumung durch Tarifvertrag OLG Hamburg GRUR 1977, 556, 558 – *Zwischen Marx und Rothschild*).

ee) Inhaltlicher Umfang Filmherstellung („zur Herstellung eines Filmwerkes"): Im Zweifel ermöglicht das Recht zur Verfilmung nur die Nutzung **50** vorbestehender Werke zur Herstellung **eines bestimmten Filmes** (RegE UrhG – BT-Drucks. IV/270, S. 99; BGH GRUR 1957, 611 – *Bel ami*). Hat diese stattgefunden, kann die Verwendung vorbestehender Werke für eine Wiederverfilmung (§ 88 Abs. 2; vgl. Rn. 76 ff.) nicht auf § 88 gestützt werden. So ist von § 88 die Nutzung von Musik bei einer Wiederverfilmung (BGH GRUR 1957, 611, 613 – *Bel ami*) oder eines Drehbuches für einen anderen Film nicht gedeckt (BGH UFITA 24 [1957], 399, 405 – *Lied der Wildbahn III*; beide Urteile zu Altverträgen vor 1966). Auch die Filmausstattung – sofern als vorbestehendes Werk anzusehen, vgl. Rn. 38 – darf im Zweifel nur ein einziges Mal verfilmt werden; die Herstellung eines (zweiten) Dokumentationsfilms über die Entstehung des ersten Films unter Wiedergabe der Filmausstattung ist nicht von § 88 Abs. 1 gedeckt (siehe BGH GRUR 2005, 937, 940 – *Der Zauberberg*, allerdings zu einem Fall des § 89). Jedoch ist die Bearbeitung des hergestellten Films in den Grenzen des § 93 zulässig, so dass daraus auch ein weiterer Film entstehen kann (eingehend vgl. Rn. 60 ff.). Urheberrechtlich relevante **Vorbereitungshandlungen der Verfilmung** sind von der Regel des § 88 Abs. 1 erfasst (Wandtke/Bullinger/*Manegold*[2] Rn. 56). Dass § 23 S.2 und § 90 S. 2 hier strikt auf den Beginn der Dreharbeiten abstellen, steht dem nicht entgegen. § 23 S. 2 nennt mit dem Beginn der Dreharbeiten als den beim Film letzten Zeitpunkt für die Bearbeitung ohne Zustimmung. Und § 90 S. 2 erleichtert dem Filmhersteller ab diesem Zeitpunkt die Handhabung der Rechte zur Verfilmung.

Die Auslegungsregel des § 88 Abs. 1 umfasst im Rahmen der Filmherstellung **51** **keine nicht-filmischen Nutzungen**, wie die Herausgabe eines Buches zum Film, die gesonderte Verwertung von Filmmusik oder die Herstellung und den Vertrieb von Merchandisingobjekten auf der Grundlage vorbestehender Werke (RegE UrhG – BT-Drucks. IV/270, S. 98; Dreier/Schulze/*Schulze*[2] Rn. 54;

Wandtke/Bullinger/*Manegold*² Rn. 55; Einzelfälle vgl. Rn. 69). Denn dabei handelt es sich nicht um eine „Verfilmung".

52   **Unveränderte Benutzung des Werkes:** Der Filmhersteller erhält für das vor-bestehende Werk im Zweifel das Recht, es zur Filmherstellung unverändert oder in Bearbeitungen zu nutzen. Die unveränderte Benutzung eines vorbeste-henden Werkes zur Filmherstellung kommt eher selten vor und ist eine **Ver-vielfältigung** i.S.d. § 16 Abs. 2 (BGH GRUR 2006, 319, 321– *Alpensinfonie*; OLG München GRUR 2003, 420, 421 – *Alpensinfonie*; LG München I ZUM 1993, 289, 291 – *O Fortuna*; Schricker/*Katzenberger*³ Vor §§ 88 ff. Rn. 24; a.A. Dreier/Schulze/*Schulze*² Rn. 11: fast immer Bearbeitung). Eine **Vervielfäl-tigung**, aber keine Bearbeitung i.S.d. § 23 S. 2 sah der BGH in der Herstellung eines Films, der aus der unveränderten Aufzeichnung des im Konzert auf-geführten Musikwerks mit unterlegten Bilden mehrerer Kameras mit Schnitten auf Dirigent, Publikum und einzelne Musiker bestand (BGH GRUR 2006, 319, 321 – *Alpensinfonie;* genauso OLG München GRUR 2003, 420, 421 – *Alpensinfonie;* zur Kritik vgl. Rn. 55). Unzutreffend erscheint, die bloße Ver-vielfältigung nur bei einer Filmkopie des fertigen Filmes für möglich zu halten (Dreier/Schulze/*Schulze*² Rn. 12). Denn das betrifft die Auswertung des Fil-mes, nicht seine Herstellung (vgl. Rn. 42 ff.).

53   **Benutzung unter Bearbeitung oder Umgestaltung:** § 88 Abs. 1 erlaubt ferner im Zweifel eine Bearbeitung oder Umgestaltung des vorbestehenden Werkes zur Filmherstellung. Damit wird auf den **Begriff** der „Bearbeitung" bzw. „Umgestaltung" gemäß § 23 abgestellt (vgl. §§ 23/24 Rn. 8 ff.). Das Vorliegen einer Bearbeitung oder Umgestaltung dürfte bei einer Verfilmung sogar – im Gegensatz zur bloß unveränderten Werknutzung – **die Regel sein** (KG ZUM 2003, 863, 866 – *Beat Club*; OLG München GRUR 1990, 674, 675 – *Forst-haus Falkenau;* LG München I ZUM 1993, 289, 291; *Götting* ZUM 1999, 3, 6; *Katzenberger* ZUM 1988, 545, 548). Gem. § 23 S. 2 ist die **Zustimmung** zu Bearbeitungen schon **bei der Verfilmung** und nicht erst mit der Veröffent-lichung oder Verwertung (§ 23 S. 1) des fertigen Films erforderlich. Entschei-dender Zeitpunkt ist der Beginn der Dreharbeiten (Wandtke/Bullinger/*Mane-gold*² Rn. 3). Diese Zustimmung und damit das Recht zur Bearbeitung ist gerade Gegenstand der Auslegungsregel des § 88 Abs. 1.

54   Unproblematisch liegt bei **Veränderung des vorbestehenden Werkes** eine Be-arbeitung vor. Vorbestehende Sprachwerke müssen beispielsweise an das Me-dium Film angepasst werden, Dialoge werden verändert, die Handlung ange-passt; Musik wird gekürzt, um die szenisch-atmosphärische Untermalung zu tragen. Zu den verändernden Bearbeitungen zählen auch Übersetzungen des vorbestehenden Werkes bei der Herstellung (Wandtke/Bullinger/*Manegold*² Rn. 58).

55   Selbst in den Fällen, in denen **vorbestehende Werke unverändert** in das Film-werk übernommen werden, kann eine Bearbeitung oder Umgestaltung vor-liegen. Allerdings muss sich aus der **Verbindung** des Werkes mit dem Medium Film ein neuer und **anderer Gesamteindruck** ergeben, der über die bloße Vervielfältigung des Werkes hinausgeht (LG München I ZUM 1993, 289, 291 – *O Fortuna; Gernot Schulze* GRUR 2001, 1084, 1085; Wandtke/Bullin-ger/*Manegold*² Rn. 2; Dreier/Schulze/*Schulze*² Rn. 11; *Rehbinder* Rn. 206, der zugleich auch eine Vervielfältigung annimmt). Das ist aus der Perspektive des angesprochenen Verkehrs zu entscheiden. Für vorbestehende Werke in Form von **Filmbauten, Bühnenbildern, Kostüme, Dekoration und Requisiten** (vgl. Rn. 38) dürfte danach regelmäßig eine Bearbeitung oder Umgestaltung vorliegen, weil i.d.R. ein neuer Gesamteindruck durch eine neue Verfilmung entsteht. Die Verbindung von **Musik und Spielfilm** gestaltet sich danach im Regelfall als Bearbeitung, weil Musik oftmals den Film „trägt" und der Dramatisierung dient, Emotionen erweckt und Leitmotive des Filmes zu tragen vermag (*v. Becker* ZUM 1999, 16). Wegen der engen Verbindung als Gesamtkunstwerk genießt u.U. die Verbindung von Musik und Film auf der Basis der Grenzen einer zulässigen Bearbeitung Schutz auch gegen eine etwaige Trennung beider Elemente (BGH GRUR 1957, 611, 613 – *Bel ami*; OLG München GRUR Int. 1993, 332 – *Christoph Columbus*). Auch bei **Verfilmung tatsächlicher Ereignisse** wie eines **Konzerts** oder eines **Theaterstückes** können filmtechnische Gestaltungsmittel (Schnitte, Kameraperspektiven etc.) zu einer völlig anderen Wahrnehmung für den Filmzuschauer im Vergleich zur herkömmlichen Zuschauerperspektive führen (Dreier/Schulze/*Schulze*[2] Rn. 12; Wandtke/Bullinger/*Manegold*[2] Rn. 4; offen gelassen in BGH GRUR 1985, 529 – *Happening*; zurückhaltend auch *Urek* ZUM 1993, 168, 171). Der **Bundesgerichtshof** meint jedoch, bei einer Fernsehaufzeichnung eines Konzertes liege keine Bearbeitung, sondern eine unveränderte Vervielfältigung vor (BGH GRUR 2006, 319, 322 – *Alpensinfonie*; ferner Schricker/*Katzenberger*[3] Vor §§ 88 ff. Rn. 24; Möhring/Nicolini/*Lütje*[2] Rn. 27). Das erscheint jedenfalls als generelle Regel untauglich. Es kann keine Rede davon sein, dass bei Konzertaufzeichnungen eines Musikwerkes „lediglich dessen Darbeitung" gezeigt wird (so aber BGH aaO.). In Fällen der unveränderten Nutzung ist sorgfältig zu prüfen, ob durch audiovisuelle Veränderungen, Akzentsetzungen und Schnitte tatsächlich der Gesamteindruck wesentlich verändert wird oder nicht. Auch Fernsehaufzeichnungen sind aber heute regelmäßig Filmwerke, die vor allem durch Regie-, Kamera- und Beleuchtungswerke den Gesamteindruck für den Betrachter – im Gegensatz zum bloßen Hören – ganz wesentlich verändern. Erschöpfen sich jedoch (ausnahmsweise) die Bilder in einer Wiedergabe des **realen** musikalischen **Geschehens**, etwa beim Abfilmen eines Bühnenstückes aus nur einer Perspektive ohne jeden Schnitt, kann das Argument des Gesamteindruckes nicht zur Annahme einer Bearbeitung führen.

Auch bei der (unveränderten) **Verfilmung eines Drehbuches** liegt schon wegen **56** des Medienbruches eine Bearbeitung vor (Wandtke/Bullinger/*Manegold*[2] Rn. 2).

Bei Fehlen einer entsprechenden Regelung ist im Zweifel davon auszugehen, **57** dass den Erwerber des Verfilmungsrechts **keine Verfilmungspflicht** trifft. Das ist unabhängig davon, ob der Urheber erlösbeteiligt ist oder pauschal vergütet wird (zur Frage der Auswertungspflicht nach erfolgter Verfilmung in diesen Konstellationen vgl. Rn. 70). Dass der Urheber den Filmhersteller dazu verpflichten kann, die mit erheblichen Investitionen verbundene Verfilmung vorzunehmen, liegt eher fern. Der Filmhersteller kann deshalb auch willkürlich von der Verfilmung absehen (a.A. BGH UFITA 37 (1962), 336 – *Hochspannung*; wie hier Wandtke/Bullinger/*Manegold*[2] Rn. 25). Die Auswertungspflicht dürfte in diesem Fall regelmäßig die Grenze der Zumutbarkeit (BGH GRUR 2003, 173, 175 – *Filmauswertungspflicht* i.E. deswegen verneint) überschreiten. Zudem verbleibt dem Urheber für das Recht zur Verfilmung bis zum Beginn der Dreharbeiten (§ 90 S. 2) das Rückrufsrecht wegen Nichtausübung (§ 41). Ferner kann er für die Verfilmungs-(Nutzungs-)möglichkeit eine angemessene Vergütung nach § 32 fordern, weil die Praxis der Optionsverträge im Filmstoffbereich zeigt (vgl. Vor §§ 88 ff. Rn. 48), dass auch die Möglichkeit der Verfilmung geldwert ist.

58 ff) Inhaltlicher Umfang für „Übersetzungen und andere filmische Bearbeitungen": Von der Bearbeitung des vorbestehenden Werkes durch die Verfilmung ist Erlaubnis zu Übersetzungen und anderen filmischen Bearbeitungen des fertigen Films zu unterscheiden. § 88 Abs. 1 bezieht diese ausdrücklich in die vermutete Rechtseinräumung ein. Insoweit wird die Regel des § 39 Abs. 2 zu Gunsten des Filmherstellers eingeschränkt, dem eine weitgehende Rechtebündelung gewährt werden soll.

59 Übersetzungen sind Synchronisation oder Untertitelung des fertigen Films.

60 Umstritten ist, wie weit das Recht zu „anderen filmischen Bearbeitungen" geht. Tw. wird die Auffassung vertreten, dieses Recht beziehe sich auf die Nutzung des fertigen Films im Ausland, so dass nur filmische Bearbeitungen erfasst seien, die für die Anpassung des konkreten Films an die ausländischen Verhältnisse erforderlich seien (Dreier/Schulze/*Schulze*[2] Rn. 45; Schricker/*Katzenberger*[3] Rn. 53). Die Gesetzesmaterialien sind nicht eindeutig: Einerseits sagt der RegE UrhG, dass der Filmhersteller das Recht haben müsse, das Filmwerk in fremde Sprachen übersetzen zu lassen oder es sonst den ausländischen Verhältnissen anzupassen (RegE UrhG – BT-Drucks. IV/270, S. 98). Andererseits wird als Beschränkung des Bearbeitungsrechts später nur der filmische Charakter erwähnt, aber keine anderen Einschränkungen gemacht (RegE a.a.O.). Der Wortlaut gibt Einschränkungen des Tatbestandsmerkmals „andere filmische Bearbeitung" auf eine bloße Anpassung an ausländische Verhältnisse nicht her. Erlaubt ist grundsätzlich jede filmische Bearbeitung des existierenden Filmmaterials (Möhring/Nicolini/*Lütje*[2] Rn. 63; a.A. *Gernot Schulze* GRUR 1994, 855, 860, *Platho* GRUR 1987, 424, 425, wonach der Film nicht in seinem Wesen angetastet werden dürfe). Etwas anderes ergibt sich auch nicht aus der Systematik, weil die Übersetzung bloß ein Unterfall der anderen filmischen Bearbeitung ist (so auch HK-UrhR/*Meckel* Rn. 10). Zu beachten ist allerdings die **Grenze des § 93**, die auch dem Stoffurheber Entstellungsschutz gewährt. Ferner wird der Umfang des filmischen Bearbeitungsrechts systematisch durch das grundsätzlich nicht eingeräumte **Wiederverfilmungsrecht** (§ 88 Abs. 2) begrenzt. Die Bearbeitung des fertigen Films darf also nicht einer Neuverfilmung gleichzusetzen sein (Wandtke/Bullinger/*Manegold*[2] Rn. 58: keine „schleichende Neuverfilmung").

61 Danach sind **Werbetrailer** in jedem Fall von der Vermutung erfasst (Möhring/Nicolini/*Lütje*[2] Rn. 61), weil im Vergleich zum hergestellten Film keine eigenständige Nutzungsart gegeben ist (vgl. § 31 Rn. 64). Die heute übliche Verwendung von Werkteilen für ein „**Making Of**" (Dokumentation über die Entstehung des Films) sollte ebenfalls im Zweifel von § 88 Abs. 1 erlaubt sein, sofern es sich nicht um eine Wiederverfilmung, sondern um eine Bearbeitung des hergestellten Film(material)s handelt (a.A. Möhring/Nicolini/*Lütje*[2] Rn. 61). Die Entscheidung des BGH *Der Zauberberg* (BGH GRUR 2005, 937, 940) steht dem nicht entgegen; zwar ging es dort um ein „making of", jedoch wurde nicht Material des fertigen Films verwendet, sondern die urheberrechtlich geschützte Filmausstattung wurde in der Dokumentation gesondert abgefilmt. Die Verwendung des nichtfilmischen Stoffes ist jedoch im Zweifel nur für die Herstellung „eines" Filmes gestattet (vgl. Rn. 50). Auch spricht nichts dagegen, dass im Zweifel nach § 88 Abs. 1 aus dem hergestellten Film im Wege der Bearbeitung **mehrere Teile** oder aus mehreren Teilen ein Film entstehen dürfen (Möhring/Nicolini/*Lütje*[2] Rn. 63; a.A. Dreier/Schulze/*Schulze*[2] Rn. 45), und zwar einschließlich zusammenfassender Rückblenden, die vor die einzelnen Teil gesetzt werden. Denn das ist keine Neuverfilmung; es entsteht nur eine neue Serien-Fassung des existierenden Filmmaterials. Auch andere Bearbeitungen, z.b. **Kolorierung** (*Kreile/Westphal* GRUR 1996, 254, 258), die Hereinnahme anderen hergestellten Filmmaterials („**Director's Cut**"; Möhring/Nicolini/*Lütje*[2] Rn. 63) oder eine **Verkürzung** sind in den Grenzen des § 93 zulässig. Bei **Formatänderungen** kommt etwa eine Anpassung an eine Fernsehübertragung im 4:3 Format aus dem 16:9 Format einer Kinofassung in Betracht. Weil das Ausstrahlen mit horizontalen schwarzen Balken unter Wahrung des Originalverhältnisses möglich ist, wird das Abschneiden des Bildes am Rand tw. kritisch betrachtet (*Gernot Schulze* GRUR 1994, 855, 860 f.). Unproblematisch in den Grenzen des § 93 möglich sind Bearbeitungen, die zur **Nutzung im Ausland** erforderlich sind, insb. wegen Zensur- oder aus Verständnisgründen (Schricker/*Katzenberger*[3] Rn. 53; Wandtke/Bullinger/*Manegold*[2] Rn. 58).

Die Nutzung von Filmausschnitten in beliebiger oder festgelegter Auswahl zu **62** bestimmten Zwecken wird als **Klammerteilauswertung** bezeichnet. Zunächst ist zu klären, ob Fragmente und Ausschnitte eines Films **ohne Zustimmung des Rechteinhabers** („urheberrechtsfrei") für einen anderen Film benutzt werden dürfen. Eine urheberrechtsfreie Teilauswertung ist jedenfalls möglich, wenn die benutzten Werkteile nicht isoliert urheberrechtsschutzfähig sind (BGH GRUR 1953, 299, 301 – *Lied der Wildbahn I*; OLG Frankfurt ZUM 2005, 477, 479 – *TV TOTAL; Feyock/Straßer* ZUM 1992, 11, 13). Entgegenstehen können dem aber u.U. Leistungsschutzrechte des Produzenten (§§ 94, 95; vgl. § 95 Rn. 24) oder Persönlichkeitsrechte. Sind – wie beim Film wegen der szenisch-gestalterischen Dichte meist anzunehmen, jedenfalls bei längeren Szenen – die übernommenen Werkteile für sich schutzfähig, so ist eine Teilwerknutzung grds. zustimmungsbedürftig (OLG München NJW 1998, 1413, 1414 – *O Fortuna*). Auch kurzen Filmabschnitten kann, soweit es sich um zusammenhängende Bildfolgen bzw. Bild- und Toneinheiten handelt, durch die spezielle Art der Beleuchtung, durch die Kameraeinstellung und ähnliches eine schöpferische Prägung zukommen. Das ist regelmäßig bei Spielfilmen der Fall (OLG Hamburg GRUR 1997, 822, 825 – *Edgar-Wallace-Filme*), seltener bei aktuellen Dokumentaraufnahmen von Tagesereignissen (LG Berlin GRUR 1962, 207, 208 – *Maifeiern*). Überdies ist eine freie Benutzung (§ 24) zu prüfen, die bei Verwendung von Filmausschnitten in einer Satire vorliegen kann (OLG Hamburg GRUR 1997, 822, 824 f. – *Edgar-Wallace-Filme*). Beim Film kann ferner die Zitatschranke des § 51 greifen (BGH GRUR 1987, 362, 364 – *Filmzitat*; § 51 n.F. deckt durch die Herabstufung der bisherigen Zitatzwecke auf Regelbeispiele auch Filmwerke). **Inhaber des Klammerteilrechts** ist im Zweifel der Inhaber der Stoffrechte gem. § 88 Abs. 1 (**a.A.** Voraufl./*Hertin* Rn. 16, 21; Möhring/Nicolini/*Lütje*[2] Rn. 61; Dreier/Schulze/ *Schulze*[2] Rn. 45; Schricker/*Katzenberger*[3] Rn. 53). Die Grenze bildet hier neben § 93 insb. § 88 Abs. 2: es dürfen nicht so viele Klammerteile lizenziert werden, dass eine Neuverfilmung des bisherigen Films vorliegt. Der Geltung der Vermutung des § 88 Abs. 1 auch für Klammerteilrechte steht die Rechtsprechung für Altverträge vor 1966 nicht entgegen, weil dafür § 88 noch nicht galt. Hier musste die Zweckübertragungslehre angewendet werden, die zu urheberfreundlicheren Ergebnissen führte (zum Verhältnis vgl. Rn. 5 ff.; vgl. Rn. 99). So gestattete ein auf öffentliche Vorführung gerichteter Alt-Filmverwertungsvertrag nicht die selbständige Auswertung einzelner urheberrechtlich schutzfähiger Bildfolgen einer Szene (BGH BGHZ 9, 262, 265 – *Lied der Wildbahn I*, insoweit nicht in GRUR 1953, 299). Gleiches gilt für einzelne Lichtbilder (BGHZ 9, 262, 265 – *Lied der Wildbahn I*). Zu beachten sind bei der Klammerteilauswertung auch die Rechte der Filmurheber (§ 89 Abs. 1), für die allerdings Gleiches wie für die Stoffurheber gilt (vgl. § 89 Rn. 36).

63 Bereits nach dem Wortlaut nicht erfasst sind aber **außerfilmische Bearbeitungen.** So kann der Filmhersteller beispielsweise keine Bühnenfassung des Filmes produzieren (RegE UrhG – BT-Drucks. IV/270, S. 98). Auch **Merchandisingrechte** (z.B. Buch zum Film, Aufkleber, Soundtrack) sind in der Zweifelsregelung des § 88 Abs. 1 nicht enthalten (Dreier/Schulze/*Schulze*² Rn. 45; vgl. Rn. 69).

64 **gg) Inhaltlicher Umfang Auswertungsrecht ("auf alle Nutzungsarten"):** Neben dem Recht zur Herstellung des Filmes gibt § 88 Abs. 1 im Zweifel auch das unbeschränkte Recht zur Auswertung, ohne das die Herstellung wirtschaftlich leer laufen würde. Es ist neben dem Recht zur Herstellung schon im Wortlaut gesondert als Recht genannt, „das Filmwerk [...] zu nutzen".

65 Das **Filmherstellungsrecht** wird grundsätzlich **unabhängig und isoliert von den Auswertungsrechten** eingeräumt. Wenn die Verfilmung einmal gestattet wurde, muss nicht noch gesondert jede Auswertung der Verfilmung erlaubt werden. Beispielsweise für Filmmusik bedarf es nicht der Einräumung eines Filmherstellungsrechts   („Synchronisationsrecht")   speziell   für   die Videoverwertung, wenn die Verbindung des Filmes und der Musik schon vorher im Rahmen der Filmherstellung erlaubt wurde (str., im Einzelnen vgl. Rn. 44). Für Filmmusik genügt also nach der erlaubten Herstellung eines Fernsehfilmes bei Zweitauswertung eines Filmes auf Video oder DVD die Einholung der Vervielfältigungs- und Verbreitungsrechte für Video und DVD, die von der GEMA erworben werden können.

66 **Bekannte Nutzungsarten:** Jede Verwertungsform ist dann eigenständige (bekannte) dinglich gegenüber jedermann wirkende Nutzungsart, wenn sie eine hinreichend klar abgrenzbare, konkrete technisch und wirtschaftlich eigenständige Verwendungsform des Werkes darstellt (zur Eigenständigkeit von Nutzungsarten vgl. § 31 Rn. 10 ff.). Im Filmbereich sind danach bekannte Nutzungsarten die üblichen Auswertungsfenster Verleih zur öffentlichen Vorführung, insb. an Kinos (aber auch an Fluggesellschaften und Clubs), Herstellung von Videos/DVDs (BGH GRUR 1976, 382, 384 – *Kaviar*; BGH GRUR 1991, 133, 136 – *Videozweitauswertung*), deren Vermietung oder Verkauf (jeweils eigenständig nach BGH GRUR 1987, 37, 39 – *Videolizenzvertrag*), öffentliche Zugänglichmachung (insb. via Internet), Sendung im frei empfangbaren Fernsehen (BGH GRUR 1969, 364, 366 – *Fernsehauswertung*) oder im Pay-TV. Nach dem Urhebervertragsrecht der ehemaligen DDR wurden demgegenüber Fernsehübertragung und Vorführung im Kino derselben Nutzungsart zugeordnet (KG ZUM-RD 1999, 484, 485 – *Flüstern und Schreien;* zu DDR-Verträgen vgl. Vor §§ 88 ff. Rn.). Diese Nutzungsarten lassen sich aber noch weiter unterteilen; vgl. § 31 Rn. 73 ff. hierzu ausführlich; auch zu den einzelnen Verträgen zwischen den relevanten Verwertern vgl. Vor §§ 88 ff. Rn. 69 ff.

67 Eine **Differenzierung nach dem Primärzweck des Filmes** (etwa in Kino-, Fernseh-, Videofilm) findet im Hinblick auf bekannte Nutzungsarten **nicht** mehr statt (zu § 88 a.F. vgl. Rn. 9). § 88 Abs. 1 n.F. trägt dem Umstand Rechnung, dass der größte Teil kommerzieller Filmproduktionen heute auf eine umfassende wirtschaftliche Auswertung in einer Vielzahl von Medien gerichtet ist (auch wenn tatsächlich später wegen mangelnden Potentials keine Nutzung in allen Medien stattfindet). Filmproduktionen, die von vornherein nur auf eine Verwertung in einem Medium abzielen, sind die Ausnahme. Freilich kann sich die Lage in Einzelfällen anders gestalten, in denen der Film von vornherein auf eine Verwertung nur in bestimmten Medien angelegt war, und die Vermutung des § 88 Abs. 1 beispielsweise durch bestimmte Indizien wie Aufnahmeverfahren, Thema, Länge oder explizite Bezeichnung zweifelsfrei (vgl. Rn. 21) widerlegt werden kann. Das wird bei künstlerischen oder wissenschaftlichen Filmen ohne Zwang zur wirtschaftlich umfassenden Verwertung eher anzunehmen sein als bei Massenspielfilmen. Auch § 88 Abs. 1 n.F. dürfte daher die Verfilmung eines Happenings zu Lehrzwecken an einer Universität und deren Vervielfältigung und kommerzielle Verwertung durch Videos nicht decken (BGH GRUR 1985, 529, 530 – *Happening zu § 88 a.F.*).

Unbekannte Nutzungsarten: Unbekannte Nutzungsarten zählen seit dem 2. **68** Korb, also für Verträge ab 01.01.2008 (vgl. Rn. 19), zum Umfang der Vermutung des § 88 Abs. 1. Damit werden im Zweifel dem „anderen" **alle Rechte** an unbekannten Nutzungsarten eingeräumt. Die Vermutung bezieht sich allerdings – wie auch sonst, vgl. Rn. 69 – nur auf die **filmischen Rechte**. Außerfilmische unbekannte Nutzungsarten sind nicht erfasst. Zur Definition von unbekannten Nutzungsarten, die von der Definition bekannter Nutzungsarten abweicht, vgl. § 31a Rn. 21 ff. Zu **Schriftformgebot**, Ausschluss des **Widerrufsrechts** und zur **Vergütung** vgl. Rn. 72 f. Für Altverträge vom 01.01.1966 bis 31.12.2007 galten die verschiedenen Fassungen des § 88 Abs. 1 a.F. (vgl. Rn. 9 ff.), die sich nur auf bekannte Nutzungsarten bezogen. Allerdings sollte für Altverträge vom 01.01.1966 bis 31.12.2007 die Problematik durch § 137l aus Sicht des Filmherstellers weitgehend entschärft sein, weil er danach auch Rechte an den unbekannten (filmischen) Nutzungsarten erwirbt, wenn die Vermutung der Einräumung der bekannten filmischen Nutzungsarten nach § 88 Abs. 1 a.F. für ihn greift (vgl. 137l Rn. 14). **Abweichende vertragliche Vereinbarungen**, die dem Urheber unbekannte Nutzungsrechte vorbehalten, bleiben möglich.

Außerfilmische Nutzungen: § 88 Abs. 1 greift dann nicht, wenn **keine fil- 69 mische Nutzung** im Raum steht. Diese bemisst sich an § 31 Abs. 5 (Dreier/ Schulze/*Schulze*[2] Rn. 54; Schricker/*Katzenberger*[3] Rn. 42). Die Vergabe von **Merchandisingrechten** war Anfang der 50er Jahre nicht allgemein üblich und ist ohne Erwähnung im Vertragswortlaut daher nicht erfolgt (OLG Frankfurt ZUM 2000, 595, 596 – *Sturm am Tegernsee*). Das gilt auch nach der Zweifelsregelung des § 88 Abs. 1. Davon würde auch ein Buch zum Film nicht erfasst (Dreier/Schulze/*Schulze*[2] Rn. 54). Auch ist die Nutzung einer für Filmzwecke hergestellten Plastik für außerfilmische Zwecke in einem journalistischen Artikel nicht erlaubt, wenn sie nicht der **Bewerbung des Filmes** dient (OLG Hamburg GRUR-RR 2003, 33, 35 – *Maschinenmensch* zu einem Altvertrag). Die Einräumung nur eines ausschließlichen Vorführungsrechtes an einem Film gestattet nicht, **einzelne Lichtbilder** zu verwenden (GRUR 1953, 299– *Lied der Wildbahn I*). Wenn aber eine Verwertung im Kino, im Fernsehen und durch Video gestattet wurde – wie sie nach § 88 Abs. 1 der Regelfall ist -, kann ein Lichtbild zum Zweck der **Werbung für einen Film** nicht nur für Kino und Fernsehen, sondern außerfilmisch auch als **Coverbild für Videos** eingesetzt werden (OLG München ZUM 1995, 798, 799 f. – *Das Boot*). Die umfassende Einräumung räumlich, zeitlich und inhaltlich unbeschränkter Rechte für alle Zwecke des Rundfunks, einen Film ganz oder tw. beliebig oft zu benutzen, berechtigt auch zur Verwendung von Einzelbildern als **Standbilder im Internet** für Programmhinweise (OLG Köln MMR 2005, 185, 186 – *Standbilder im*

Internet zu einem Vertrag zwischen Filmurheber/Produzent und Rundfunkanstalt). Nicht speicherbare kurze Ausschnitte im Internet lediglich als Mittel der **Absatzwerbung** für körperliche Trägermedien sind von den Verwertungsbefugnissen umfasst (KG GRUR 2003, 1038 – *Klaus Kinski Rezitationen* für die Rechte ausübender Künstler und CDs, erscheint auf Filme und DVD ohne weiteres übertragbar). Denn es liegt bei Eigenwerbung gar keine eigenständige Nutzung vor (vgl. § 31 Rn. 64).

70 **Auswertungspflicht:** Die Frage der Auswertungspflicht ist in § 88 nicht geregelt. Sie kann vertraglich vereinbart werden. Nach zutreffender Auffassung kann eine Auswertungspflicht durch **Auslegung** auch ohne ausdrückliche Abrede im Vertrag gewonnen werden (Dreier/Schulze/*Schulze*[2] § 31 Rn. 61; Schricker/*Schricker*[3] § 31 Rn. 12). Eine **Beteiligungsvergütung spricht im Zweifel für eine Auswertungspflicht.** Denn für den Fall, dass der Vertragspartner nicht auswertet, ginge der nur am Erlös beteiligte Urheber leer aus. Es entspricht aber in der Regel nicht den Vorstellungen der vertragsschließenden Parteien, dass die Gegenleistung für die Einräumung der Nutzungsrechte an dem zu schaffenden Werk von einem Umstand abhängt, dessen Vorliegen allein vom Willen des Schuldners abhängt (für Filmverträge, allerdings zwischen Verwertern: BGH GRUR 2003, 173, 175 – *Filmauswertungspflicht*; BGH GRUR 1951, 471 – *Filmverwertungsvertrag*; OLG München ZUM 2000, 1093, 1096 – *Pinocchio*; *Obergfell*, Filmverträge im deutschen materiellen und internationalen Privatrecht, 2001, S. 153; im Tonträgerbereich: BGH UFITA 86 (1980), 240, 243; zum Aufführungsvertrag BGH GRUR 1954, 412 – *Platzzuschüsse*; im Verlagsbereich zur Abgrenzung von Verlags- und Bestellvertrag BGH GRUR 2005, 148, 150 – *Oceano Mare*; ferner – zum Patentrecht – BGH GRUR 2000, 138 – *Knopflochnähmaschinen*). Dass der das Recht Einräumende bestimmte Vorkosten (insb. die Kosten für die Werbung und die Herstellung von Vervielfältigungsstücken) zu tragen hat, spricht insoweit zusätzlich für eine Auswertungspflicht (BGH GRUR 2003, 173, 175 – *Filmauswertungspflicht*, allerdings für einen Vertrag zwischen Verwertern). Nach Ansicht des BGH soll die Vereinbarung eines **Pauschalhonorars**, also einer erfolgsunabhängigen Einmalvergütung, jedenfalls für Verlagsverträge nicht im Umkehrschluss ein Indiz für das Fehlen einer Auswertungspflicht sein. Denn die Vereinbarung einer solchen Vergütung könne häufig Ausdruck der wirtschaftlichen Kräfteverhältnisse sein, die es dem Verleger erlauben, eine solche Art der Vergütung durchzusetzen, ohne dass dies notwendig mit einer untergeordneten Bedeutung des Werkes einhergehen müsse (BGH GRUR 2005, 148, 150 – *Oceano Mare*, für den Verlagsbereich). Auf den Filmbereich und insb. auf pauschal honorierte Verträge nach § 88 kann das nicht ohne weiteres übertragen werden; bei Pauschalhonorar besteht keine Auswertungspflicht (Dreier/Schulze/*Schulze*[2] Rn. 40). Denn der Urheber hat die Möglichkeit, die Verfilmungsrechte – ggf. nach Ablauf der Frist – neu zu vergeben, § 88 Abs. 2. Damit können **urheberpersönlichkeitsrechtliche Belange**, sein Werk erscheinen zu lassen und damit einer größeren Öffentlichkeit zugänglich zu machen (so BGH GRUR 2005, 148, 150 – *Oceano Mare*, für den Verlagsbereich) in der Regel keinen Ausschlag für eine Auswertungspflicht geben. Bei einer Mischform aus Beteiligungs- und Pauschalhonorar wird eine Einzelfallbetrachtung erforderlich sein, um zu bestimmen, ob das Pauschalhonorar unzureichend ist, um die Vergütungsinteressen des Urhebers zu befriedigen. Besteht – z.B. wegen Beteiligungshonorars – eine Auswertungspflicht, können allerdings die **Rechtsfolgen** nur modifiziert gelten (vgl. Vor §§ 31 ff. Rn. 41 ff. allgemein zu Rechtsfolgen der Verletzung der Auswertungspflicht). Insb. be-

steht dann kein **Kündigungsrecht** für den Urheber. Das ergibt sich aus § 90 S. 1, der das Rückrufsrecht des § 41 ausschließt. § 90 S. 1 darf aber nicht durch Kündigungen unterlaufen werden. Der Urheber kann auf Schadensersatz oder Erfüllung der Ausübungspflicht klagen. Zur Verfilmungspflicht vgl. Rn. 57.

Gesetzliche Vergütungsansprüche des Urhebers, die im Hinblick auf die Aus- **71** wertung des Films anfallen, werden von § 88 Abs. 1 nicht erfasst und stehen weiter dem Urheber zu (*Ulmer/Eilfort* S. 98 ff.; Schricker/*Katzenberger*[3] Rn. 11; Dreier/Schulze/*Schulze*[2] Rn. 48; Wandtke/Bulinger/Manegold[2] Rn. 62; wohl auch Loewenheim/*Schwarz/Reber* § 74 Rn. 39; a.A *Schack*[4] Rn. 434 für den parallelen § 89). Dafür spricht schon der Wortlaut des § 88 Abs. 1, der nur „alle Nutzungsarten", aber keine Vergütungsansprüche erwähnt; zur Abtretbarkeit gesetzlicher Vergütungsansprüche § 63a. **Zweitwiedergaberechte** (öffentliche Wiedergabe von Fernsehsendungen beim Empfang gem. § 22 und sekundäres Kabelfernsehen) wollte der Gesetzgeber nach § 88 Abs. 1 a.F. (UrhG 1965; vgl. Rn. 9 f.) beim Urheber belassen (RegE UrhG – BT-Drucks. IV/270, S. 99). Heute bezieht sich die Auslegungsregel auf „alle" Nutzungsarten, so dass auch Zweitwiedergaberechte von § 88 Abs. 1 erfasst werden (a.A. Schricker/*Katzenberger*[3] Rn. 49; vgl. § 89 Rn. 42). Anders kann es jedoch sein, wenn die Parteien eine Nutzung nur zu Rundfunkzwecken vereinbart haben, damit die Regel des § 88 Abs. 1 durch eine vertragliche Abrede durchbrochen und § 31 Abs. 5 anwendbar ist (OLG Frankfurt GRUR 1989, 203, 204 – *Wüstenflug*).

g) Unbekannte Nutzungsarten (Abs. 1 S. 2): Erst für Verträge ab 01.01.2008 **72** sind Rechte an unbekannten Nutzungsarten in die Zweifelsregelung des § 88 Abs. 1 S. 1 einbezogen (vgl. Rn. 68, dort auch zum Umfang der vermuteten Rechtseinräumung). § 88 Abs. 1 S. 2 regelt, inwiefern die Regelungen des allgemeinen Urhebervertragsrechts in §§ 31a, 32c zu unbekannten Nutzungsarten auf Stoffverträge Anwendung finden. § 88 lässt das **Schriftformerfordernis** des § 31a Abs. 1 S. 1 unangetastet (RegE 2. Korb – BT-Drucks. 16/1828, S. 33). Das passt allerdings kaum zur Zweifelsregelung des § 88 Abs. 1 S. 1, die den Filmhersteller gerade unabhängig von expliziten Rechtseinräumungen machen will. Entsprechend restriktiv sollte eine Anwendung des § 31a Abs. 1 S. 1 erfolgen. Nach dem Wortlaut genügt es, wenn Urheber und „anderer" die Einräumung von unbekannten Nutzungsarten schriftlich fixieren. Eine generelle Formulierung wie „Der Urheber stimmt der Auswertung in allen bekannten und unbekannten Nutzungsarten zu" genügt. Allerdings muss in diesem Zusammenhang klar sein, dass sich diese Erklärung auf die Vereinbarung zur Verfilmung (vgl. Rn. 27 ff.) bezieht, was sich aber auch aus den Umständen ergeben kann.

Einen wirtschaftlichen **Ausgleich** für den Urheber soll der Anspruch auf **73** angemessene **Vergütung** in § 32c bringen, der ebenfalls auf Verfilmungsverträge anwendbar ist (RegE 2. Korb – BT-Drucks. 16/1828, S. 33). Ob hingegen in diesem Zusammenhang die §§ 14, 93 zum Schutz der berechtigten Interessen der Urheber dienen können (so *Schwarz/Evers* ZUM 2005, 113, 114), erscheint angesichts der derzeit großzügigen Gerichtspraxis (vgl. § 93 Rn. 10 ff.) eher zweifelhaft. Demgegenüber ist das **Widerrufsrecht** (§ 31a Abs. 1 S. 3 und 4, Abs. 2 bis 4) gem. § 88 Abs. 1 S. 2 **generell ausgeschlossen,** sonst könnten sich Urheber von der Rechtseinräumung einfach wieder distanzieren und die Regelung des § 88 n.F. zu leicht unterlaufen (*Schwarz/Evers* ZUM 2005, 113, 114).

74 **h) Abweichende Vereinbarungen, insb. AGB-Recht:** Die Rechteeinräumung erfolgt in der Praxis regelmäßig durch **allgemeine Geschäftsbedingungen,** die als ausdrückliche vertragliche Abrede der Zweifelsregelung des § 88 Abs. 1 vorgehen (BGH GRUR 1984, 45, 48 f. – *Honorarbedingungen: Sendevertrag,* für Honorar- und Geschäftsbedingungen von Sendeanstalten). Ein Verweis ist auch möglich auf vorformulierte Vertragsbedingungen außerhalb des konkreten Vertrages. Wird auf einen Formularvertrag Bezug genommen, der nicht unmittelbar das individuelle Vertragsverhältnisses betrifft, ist dessen Einbeziehung darzulegen (OLG Hamburg GRUR-RR 2003, 33, 35 – *Maschinenmensch* für einen Altvertrag mit Verweis auf den Normalvertrag der UFA für Filmdrehbücher, der jedenfalls nicht unbesehen auf einen Filmplastiken schöpfenden Bildhauer anwendbar ist). Die Gestattung zur Verfilmung in einem Formularvertrag kann überraschend sein (§ 305c BGB); völlig üblich ist die formularmäßige Gestattung des Urhebers allerdings nicht nur gegenüber Filmherstellern, sondern auch in Verlagsverträgen. § 88 Abs. 1 sollte außerdem für die AGB-Kontrolle bei Formularverträgen der gesetzliche Maßstab i.S.d. § 307 Abs. 2 Nr. 1 BGB sein (a.A. BGH GRUR 1984, 45, 48 f. – *Honorarbedingungen: Sendevertrag*). Auch der Bundesgerichtshof hat erst jüngst die parallele Regelung des § 89 Abs. 1 als gesetzliches Leitbild bezeichnet (BGH GRUR 2005, 937, 939 – *Der Zauberberg*). Jedoch ist eine Inhaltskontrolle der Nutzungsrechtseinräumung nur sehr begrenzt möglich (str., vgl. Vor §§ 31 ff. Rn. 203 ff.). – Die verbreitete Praxis, mit Stoffurhebern eine umfassende filmische Nutzungsrechtseinräumung zu vereinbaren, macht im Übrigen spätestens seit 01.01.2008 (vgl. Rn. 19) wegen der seitdem geltenden umfassenden Einräumungsvermutung für filmische Rechte aus Produzentensicht keinen Sinn mehr, sondern birgt die Gefahr einer Aushöhlung der Vermutungsregel des § 88 Abs. 1 durch entgegenstehende Individualvereinbarung (vgl. Rn. 21). Jedenfalls für filmische Nutzungsrechte erscheint es danach insb. für den Erwerb der bekannten und unbekannten Nutzungsrechte als ausreichend, wenn der schriftliche Vertrag auf den Rechteumfang des § 88 Abs. 1 Bezug nimmt und daneben wegen § 88 Abs. 1 S. 2 noch die Einräumung für unbekannte Nutzungsarten erwähnt (vgl. Rn. 72 f.). Für von § 88 Abs. 1 nicht erfasste außerfilmische Rechte – z.B. Merchandisingrechte, vgl. Rn. 63, 69 – bleibt beim Produzenten aber die Spezifizierungslast, weil § 31 Abs. 5 Anwendung findet (vgl. § 31 Rn. 124 f.). Hier muss es aus seiner Sicht also bei den umfassenden Rechteklauseln bleiben.

75 **i) Verwertungsgesellschaften:** Vgl. Vor §§ 88 ff. Rn. 110 ff.

2. Wiederverfilmung und weitere Verwertung durch den Urheber (Abs. 2)

76 **a) Im Zweifel kein Wiederverfilmungsrecht (Abs. 2 S. 1):** Die nach Abs. 1 eingeräumten Rechte zur Verfilmung vorbestehender Werke erlauben die einmalige Herstellung eines bestimmten Filmes, dessen filmische Bearbeitung und Auswertung. Zur Wiederverfilmung enthält Abs. 2 die Regelung, dass mit dem Verfilmungsrecht im Zweifel **nicht das Recht** verbunden ist, eine Wiederverfilmung (**Remake**) des Stoffes vorzunehmen. Das war auch schon vor Inkrafttreten des UrhG anerkannt (BGH GRUR 1957, 611, 613 – *Bel ami* für Filmmusik; BGH GRUR 1957, 614, 615 – *Ferien vom Ich*). Zum Tatbestandsmerkmal „im Zweifel" vgl. Rn. 21.

77 Eine **Wiederverfilmung** liegt vor, wenn eine **zweite Filmfassung** desselben **Stoffes** angefertigt wird. Danach kommt es darauf an, inwieweit **Elemente des vorbestehenden Werkes** durch den neuen Film **genutzt** werden. Das können etwa die Handlung oder auch einzelne Charaktere sein, sofern diese schutzfähig sind. Keine Wiederverfilmung eines vorbestehenden Werkes liegt dann vor, wenn nur einige wenige Elemente übernommen werden, die für sich genommen nicht geschützt sind (zur gleichgelagerten Problematik bei der Erstverfilmung vgl. Rn. 62). Bei vorbestehenden Werken, die den Film stofflich prägen (zugrundeliegender **Roman oder Drehbuch**) ist grundsätzlich jeder Film auf dieser Grundlage eine Wiederverfilmung des vorbestehenden Werkes. Bei anderen vorbestehenden Werken, aus denen sich der Filmstoff nicht unmittelbar ableitet, wie verwendeter **Musik oder Kulissen**, ist eine Beziehung zwischen dem neuen Film und dem Stoff des alten Filmes erforderlich, um überhaupt von einer Wiederverfilmung sprechen zu können (Dreier/Schulze/*Schulze*[2] Rn. 64). Vom Recht zur Wiederverfilmung erfasst werden dann nur Filme mit einer **im Wesentlichen gleichgelagerten Filmhandlung.** Denn nur dann kann von einer „Wiederverfilmung" die Rede sein. Die Verwendung von Filmmusik für gänzlich andere Filme ist in eingeräumten Rechten zur Nutzung für eine Wiederverfilmung nicht enthalten (BGH GRUR 1957, 611, 612 – *bel ami*). Die Comicfassung eines zunächst mit realen Darstellern verfilmten Stoffes ist regelmäßig „Wiederverfilmung", sofern die Filmhandlung im Wesentlichen gleich bleibt. Keine Wiederverfilmung sind dementsprechend **Sequels** (Fortsetzungen), **Prequels** (Vorgeschichten) oder andere **Fortentwicklungen**; das jeweilige Recht muss separat eingeräumt werden und ist von § 88 Abs. 2 nicht erfasst.

Keine Wiederverfilmung liegt vor, wenn der **Erstfilm noch gar nicht hergestellt** **78** ist. In zeitlicher Hinsicht ist die Herstellung des Erstfilms erst beendet mit der Freigabe zur Veröffentlichung. Das ist i.d.R. die vorbehaltlose Abnahme der Nullkopie durch den Hauptregisseur (KG NJW-RR 1986, 608 – *Paris/Texas*). Von einer Fertigstellung ist darüber hinaus auch dann auszugehen, wenn der Film zwar fertig, die Veröffentlichung aber aus wirtschaftlichen Gründen verzögert wird (Wandtke/Bullinger/*Manegold*[2] Rn. 60).

Die Wiederverfilmung des § 88 Abs. 2 muss von der **Bearbeitung des her-** **79** **gestellten Erstfilms**, die nach § 88 Abs. 1 im Zweifel erlaubt ist, **abgegrenzt** werden. Eine Bearbeitung liegt vor, wenn für den Erstfilm hergestelltes Filmmaterial verändert wird, also gekürzt, zu einer Fortsetzungsserie oder zu einer anderen Fassung („Director's Cut") geschnitten wird (vgl. Rn. 61). Sobald Neuaufnahmen nach Abschluss der Herstellung des Erstfilms (vgl. Rn. 78) stattfinden, liegt aber eine Wiederverfilmung vor (Möhring/Nicolini/*Lütje*[2] Rn. 63; dem folgend HK-UrhR/*Meckel* Rn. 12).

b) **Anderweitige filmische Verwertung durch den Urheber (Abs. 2 S. 2):** Nach **80** Ablauf von 10 Jahren ab Vertragsschluss darf der Urheber sein Werk anderweit filmisch verwerten. Umgekehrt betrachtet besteht für ihn eine Sperrfrist von 10 Jahren ab Vertragsschluss für anderweitige filmische Verwertungen seines Werkes.

„**Anderweitig filmisch zu verwerten**" meint dabei eine **Wiederverfilmung** des **81** Werkes (zum Begriff vgl. Rn. 77 ff.). Das ergibt sich nicht nur aus der systematischen Stellung des S. 2 in der Regelung zur Wiederverfilmung, sondern auch aus der Gesetzesbegründung. Der Filmhersteller sollte vor empfindlichen wirtschaftlichen Einbußen geschützt werden, wenn er mit einem Dritten konkurrieren müsste, der einen Film gleichen Stoffes auf den Markt bringt. Wegen des Amortisationsschutzes muss er daher die Möglichkeit haben, in gewissem zeitlichen Rahmen Zweitverfilmungen zu verhindern (RegE UrhG – BT-Drucks. IV/270, S. 99). Deshalb fallen **Sequels, Prequels oder andere Fortent-**

wicklungen nicht unter die Vermutung des S. 2, weil sie keine Wiederverfilmung sind (vgl. Rn. 77) und auch eine für die Wiederverfilmung typische Konkurrenzsituation i.d.R. nicht zu beobachten ist. Zu „im Zweifel" vgl. Rn. 21; zur Möglichkeit abweichender Vereinbarungen vgl. Rn. 85.

82 Der dem (Erst-)Filmhersteller gewährte Schutz vor Wiederverfilmung endet im Zweifel nach 10 Jahren **ab Vertragsschluss**. Vertragsschluss meint dabei die Abrede, mit der Nutzungsrechte eingeräumt werden, weil erst ab diesem Zeitpunkt das zeitliche Fenster für den Herstellerschutz laufen darf. Bei **Optionsverträgen**, die später aufgrund Ausübung zu Nutzungsrechtseinräumungen führen, ist also auf den Zeitpunkt abzustellen, in dem die Nutzungsmöglichkeit zur Verfilmung gem. § 88 Abs. 1 bestand (Wandtke/Bullinger/ *Manegold*[2] Rn. 64).

83 § 88 Abs. 2 S. 2 betrifft nicht die **Nutzungsrechte** des Filmherstellers **nach § 88 Abs. 1,** soweit diese eingeräumt wurden. Da deren Umfang in zeitlicher Hinsicht im Zweifel umfassend ist (vgl. Rn. 48), **enden sie nicht nach 10 Jahren** (RegE UrhG – BT-Drucks. IV/270, S. 99; Dreier/Schulze/*Schulze*[2] Rn. 70; kritisch zu Unrecht Voraufl./*Hertin* Rn. 29). Rechte, die dem Filmhersteller nach § 88 Abs. 1 eingeräumt wurden, werden durch § 88 Abs. 2 S. 2 gar nicht berührt.

84 Die Regelung des § 88 Abs. 2 S. 2 begründet Enthaltungspflichten des Urhebers. Der Urheber darf im Zweifel Wiederverfilmungsrechte nicht innerhalb von 10 Jahren erneut vergeben. Fraglich ist die **Rechtsnatur** solcher Verpflichtungen. Bei Verletzung von Enthaltungspflichten durch Vergabe konkurrierenden Nutzungsarten soll nach einer verbreiteten Auffassung nicht nur ein **vertraglicher Anspruch** bestehen. Vielmehr sei auch ein **urheberrechtlicher (deliktischer) Anspruch gegen Dritte** möglich, weil das negative Verbotsrecht insoweit weiter reiche als die positive Benutzungserlaubnis und auch Nutzungen innerhalb der Enthaltungspflicht des Urhebers umfasse (Wandtke/Bullinger/*Wandtke/Grunert*[2] Vor § 31 Rn. 117). In dieser Allgemeinheit kann für die Verletzung von Enthaltungspflichten keine Umwandlung in deliktische Ansprüche anerkannt werden (vgl. § 31 Rn. 21 ff.). Für die Enthaltungspflicht des § 88 Abs. 2 S. 2 erscheint es aber als zutreffend, negative Verbotsrechte des Filmherstellers auch gegenüber Dritten zuzusprechen (Schricker/*Katzenberger*[3] Rn. 57; Dreier/Schulze/*Schulze*[2] Rn. 68). Dies ergibt sich für § 88 Abs. 2 S. 2 zunächst eindeutig aus der Gesetzesbegründung, die Ansprüche auch gegenüber Dritten gewähren will (RegE UrhG – BT-Drucks. IV/270, S. 99). Außerdem entscheidet nach ihrem Wortlaut die Zweckübertragungsregel des § 31 Abs. 5 darüber, wie weit das negative Verbotsrecht reicht (so auch Schricker/*Schricker*[3] Vor §§ 28 ff. Rn. 48, zumindest für Verträge ab 01.07.2002). § 88 Abs. 2 S. 2 enthält aber eine spezielle Regelung, die § 31 Abs. 5 vorgeht (vgl. Rn. 99). Danach ist also für eine Verletzung der Enthaltungspflicht zur Wiederverfilmung gem. § 88 Abs. 2 S. 2 ein gegenüber Dritten wirkendes negatives Verbotsrecht anzuerkennen. Nach Ablauf der 10 Jahre besteht die Enthaltungspflicht mangels anderweitiger Abrede nicht mehr (vgl. Rn. 88).

85 **c) Von Abs. 2 abweichende Vereinbarungen:** Wie auch § 88 Abs. 1 enthält Abs. 2 Auslegungsregeln über den Umfang der Rechtseinräumung, sofern die Parteien nichts anderes vereinbart haben („im Zweifel"). Die Auslegungsregel des **Abs. 2 S. 1** ist damit gegenüber Parteivereinbarungen nachrangig. Das ausschließliche Recht zur **Wiederverfilmung** kann auch durch **AGB** eingeräumt werden (BGH GRUR 1984, 45, 49 – *Honorarbedingungen: Sendever-*

trag). Das Gleiche gilt für die Einräumung des Rechts zu **Sequels, Prequels oder anderen Fortentwicklungen.** Dafür spricht schon, dass die Rechte bei Nichtgebrauch gem. § 41 zurückgerufen werden können. Damit ist – ggf. auch formularmäßig – als „Weniger" ebenfalls zulässig, wenn der Verleger den Urheber zur zukünftigen Einräumung von Wiederverfilmungs-, Prequeloder Sequelrechten für den Fall verpflichtet, dass der Verleger einen Filmproduzenten findet, an den er die Rechte weitergeben kann.

Ist das Recht zur Wiederverfilmung oder auch für Sequels, Prequels etc. eingeräumt, so gelten dafür dieselben Regelungen des UrhG wie für die Erstverfilmung. Insb. finden die Regelungen der §§ 88, 90, 93 **Anwendung.** (a.A. Dreier/Schulze/*Schulze*² Rn. 67; Wandtke/Bullinger/*Manegold*² Rn. 61, jeweils zu § 90). Auch im Fall der Wiederverfilmung benötigt der Produzent die Rechtebündelung des § 88 Abs. 1 für eine erfolgversprechende Verwertung, nach Beginn der Dreharbeiten müssen deshalb auch die §§ 34, 35, 41, 42 ausgeschlossen sein (§ 90). Daher ist insb. ein Rückruf gem. § 41 oder § 42 ausgeschlossen, wenn für die Wiederverfilmung bereits § 90 S. 2 eingreift. **86**

Die **Auflösung** des auch eine Wiederverfilmung gestattenden Verfilmungsvertrages zwischen dem Urheber und dem (Erst)filmproduzenten führt allerdings regelmäßig zu einem **Rechterückfall** an den Urheber. Dies gilt auch für die Wiederverfilmungsrechte, die bereits an Dritte weitergegeben wurden (Dreier/Schulze/*Schulze*² Rn. 67; a.A. Schricker/*Katzenberger*³ Rn. 56; im Einzelnen vgl. § 31 Rn. 34, zu vertraglichen Gestaltungsmöglichkeiten vgl. § 31 Rn. 36 ff.). Aus einer frühen BGH-Entscheidung (GRUR 1958, 504, 506 f. – *Die Privatsekretärin*) ergibt sich nichts anderes, weil diese nur einen Vertragsbeendigung zwischen Verwertern betrifft; dann sprechen in der Tat die besseren Argumente gegen einen Heimfall an einen Verwerter (vgl. Vor §§ 31 ff. Rn. 229 ff.). **87**

Die Regelung des **Abs. 2 S. 2** ist ebenfalls **dispositiv.** Problematisch ist allerdings, ob die Enthaltungspflicht des Urhebers in **AGB** beliebig formularmäßig bis hin zu einer dauerhaften Enthaltungspflicht verlängerbar ist (so Wandtke/Bullinger/*Manegold*² Rn. 65). Das hatte BGH GRUR 1984, 45, 48 – *Honorarbedingungen: Sendevertrag* noch angenommen. Heute ist allerdings fraglich, ob die damalige Auffassung des BGH, die Auslegungsregeln des § 88 könnten nicht zur Inhaltskontrolle herangezogen werden, noch durchgreift (vgl. Vor §§ 31 ff. Rn. 203). Für § 89 hat der BGH die Regelungen des Filmrechts im UrhG bereits als gesetzliches Leitbild bezeichnet (BGH GRUR 2005, 937, 939 – *Der Zauberberg).* Als Nebenpflicht sind Enthaltungspflichten auch kontrollfähig (vgl. Vor §§ 31 ff. Rn. 204 ff.), so dass zeitlich über Abs. 2 S. 2 hinausgehende Enthaltungspflichten formularmäßig grundsätzlich nicht möglich sein dürften. Der Filmhersteller sollte sich deshalb das ausschließliche Wiederverfilmungsrecht einräumen lassen. Auch für andere Nutzungsarten als Wiederverfilmung können explizite Sperrfristen vereinbart werden, insb. für verschiedene Auswertungsmedien (BGH GRUR 1976, 382, 384 – *Kaviar);* über 10 Jahre dürfen diese aber nicht hinausgehen, wenn noch nicht einmal die Vergabe des sehr konkurrenzträchtigen Wiederverfilmungsrechts länger blockiert werden darf. **88**

d) **Enthaltungspflichten des Urhebers:** Über die Pflicht des § 88 Abs. 2 S. 2 hinaus, sich der **Vergabe von Wiederverfilmungsrechten** zu enthalten (vgl. Rn. 80 ff.), können weitere Enthaltungspflichten des Urhebers bestehen, wenn Handlungen des Urhebers die **Auswertung** vergebener Rechte **nachhaltig stören** können (BGH GRUR 1969, 364, 366 f. – *Fernsehauswertung*; BGH **89**

GRUR 1957, 614, 616 – *Ferien vom Ich*). Das folgt aus (ggf. ungeschriebenen) vertraglichen Nebenpflichten. Eine nachhaltige Störung der Auswertung liegt nahe bei Verwendung vorbestehender Werke wie Romane und Drehbücher, die den **Film handlungsmäßig prägen**. Nur **selten** wird sie in Betracht kommen bei anderen Werken, die nur der **Untermalung** dienen und nicht den Film als solchen ausmachen, wie etwa Filmmusik, Kulissen und dgl. (*Ulmer* GRUR 1957, 613, 614; Dreier/Schulze/*Schulze*[2] Rn 69). Daher beschränken sich die Enthaltungspflichten regelmäßig auf den konkreten Filmstoff. Aber auch hier ist die Rechtsprechung eher zurückhaltend (BGH GRUR 1969, 364, 366 f. – *Fernsehauswertung*; dort keine Beeinträchtigung einer Bühnenaufführung durch Fernsehsendung). Enthaltungspflichten wurden – mangels hinreichender Darlegung – ebenso verneint für die kommerzielle Nutzung einer bekannten Mausfigur als Puppe im Verhältnis zum Fernsehsenderecht, insb. wenn die Absicht des kommerziellen Puppenvertriebs bei Vertragsschluss bekannt war (BGH GRUR 1983, 370, 373 – *Mausfigur*). Enthaltungspflichten außerhalb des § 88 Abs. 2 S. 2 dazu vgl. Rn. 84 wirken grundsätzlich nur relativ und treffen damit nur den **Urheber als Vertragspartner**. Bei Verletzungen der Enthaltungspflicht kommen negative Verbotsansprüche gegenüber Dritten i.d.R. wegen Anwendung des § 31 Abs. 5 ausnahmsweise nur dann in Betracht, wenn der Urheber niemandem Rechte eingeräumt hat (vgl. § 31 Rn. 21 ff.). Wenn nichts anderes vereinbart ist, **erlöschen** sie auch nach Ablauf der **Zehnjahresfrist** des § 88 Abs. 2 S. 2. Denn wenn schon das Gesetz von der Amortisation der unmittelbar konkurrierenden Nutzung Wiederverfilmung ausgeht, muss dasselbe erst recht für konkurrierende Nutzungen in anderen Nutzungsarten gelten. In **AGB** kann allerdings maximal eine zehnjährige Enthaltungspflicht vereinbart werden.

III. Titelrechtliche Fragen

90 Bestimmte vorbestehender Werke können ganz wesentlich die Handlung des Films prägen. Das gilt insb. für Sprachwerke, z.B. Roman, Sachbuch, Drehbuch, Treatment (vgl. Rn. 33). **§ 39 Abs. 1** schreibt nach hiesiger Auffassung nicht vor, dass der Titel zwingend auch für den Film verwendet werden muss. Denn das speziellere Bearbeitungsrecht des § 88 Abs. 1 verdrängt § 39 insgesamt (vgl. Rn. 103) und umfasst auch ein Recht zu Teiländerung. Auch § 93 kann nicht eingewendet werden (vgl. § 93 Rn. 33).

91 Oft wird der Filmhersteller aber daran interessiert sein, den Titel vorbestehender Werke, die die Filmhandlung prägen, auch als Filmtitel zu verwenden. In aller Regel enthält die Nutzungsrechtseinräumung gem. **§ 88 Abs. 1** zumindest für die Filmhandlung prägende Werke auch die **konkludente Gestattung** (wenn auch nicht die Pflicht, vgl. Rn. 90), den **Werktitel zu verwenden**. Der Werktitel soll die Werke inhaltlich von einander unterscheiden, so dass der Urheber stillschweigend mit § 88 Abs. 1 auch die Möglichkeit einräumt, den Titel für den Film mit dem lizenzierten Stoff zu verwenden, um das Filmwerk mit diesem speziellen Inhalt von anderen zu unterscheiden.

92 Fehlt es (ausnahmsweise) an einer vertraglichen Gestattung, kommen deliktische Ansprüche des Urhebers in Betracht. In der Regel sind Titel urheberrechtlich zwar nicht geschützt (vgl. § 2 Rn. 53). Jedoch kann das **MarkenG** verletzt sein. Bei kommerziell bedeutenden Filmen erfolgt häufig eine **Markeneintragung** beim DPMA (§ 4 MarkenG) bzw. einer Gemeinschaftsmarke, insb. um das Merchandisinggeschäft abzusichern (zu den Voraussetzungen eines Markenschutzes am Beispiel von Romantiteln *Wilhelm, Axel und Jan Bernd*

Nordemann FS Erdmann S. 327, 331 ff.). Ansonsten (bzw. ggf. daneben) können **Titelrechte** entstanden sein (§ 5 Abs. 3 MarkenG). Dafür muss der Werktitel benutzt werden, also das Werk unter dem Titel in den Verkehr gebracht sein. Das setzt die öffentliche Aufnahme des Vertriebs des fertigen Produkts voraus (BGH GRUR 1998, 1010, 1012 – *WINCAD*; BGHGRUR 1998, 155, 157 – *PowerPoint*; BGH GRUR 1997, 902, 903 – *FTOS*). Insb. nicht veröffentlichte (§ 6 Abs. 1 UrhG) Werke qualifizieren sich deshalb nicht für einen Titelschutz nach § 5 Abs. 3 MarkenG. Mit nicht veröffentlichten Drehbüchern oder Treatments kann deshalb kein markenrechtlicher Konflikt des Urhebers mit dem Filmhersteller entstehen. Außerdem muss der Titel schutzfähig, also unterscheidungskräftig sein; die Voraussetzungen hierfür sind aber denkbar gering (siehe die Erläuterungswerke zum MarkenG: *Fezer*[3] § 15 Rn. 155 ff.; *Ingerl/Rohnke*[2] § 15 Rn. 90 ff.; *Nordemann*, Wettbewerbsrecht – Markenrecht[10], Rn. 2721). Bei Vorliegen von Titelschutz muss darüber hinaus geklärt werden, ob überhaupt eine Verletzung gem. § 15 Abs. 2 MarkenG vorliegt. Titel schützen i.d.R. Werke vor einer unmittelbaren Verwechslung mit anderen Werken, nicht aber vor Herkunftsverwechslungen. Es muss demnach für eine Verletzung der Titelschutzrechte die Gefahr bestehen, dass der Verkehr den einen Titel für den anderen hält (BGH GRUR 2005, 264, 266 – *Das Telefon-Sparbuch*; BGH GRUR 2001, 1050 – *Tagesschau*). Vor Herkunftsverwechslungen (z.B. irrtümliches Unterstellen von unternehmerischen oder organisatorischen Verbindungen) schützen Titelrechte ausnahmsweise dann, wenn der Titel zugleich einen Herkunftshinweis enthält, z.B. enthalten bekannte Zeitschriften- und Zeitungstitel Herkunftshinweise auf den Verleger (BGH GRUR 2000, 504, 505 – *FACTS*; BGH GRUR 2000, 71, 72 – *Szene*) oder bekannte Fernsehsendungstitel auf den Sender (BGHGRUR 2001, 1050, 1051 – *Tagesschau*). Damit ist es nicht zwingend, eine Verwechslungsgefahr anzunehmen, nur weil vorbestehendes Schriftwerk und Filmwerk denselben oder einen ähnlichen Titel tragen (siehe aber LG München I GRUR 1987, 458: nicht bekannter Buchtitel durch identischen Titel einer Senderreihe bei thematischer Überschneidung verletzt, zw.; BGH GRUR 1977, 543, 546 – *Der 7. Sinn*: Titel der *bekannten* Verkehrssendung durch thematisch gleichgerichtetes Würfelspiel verletzt).

Problematisch ist die Frage der Verwendung des Titel eines vorbestehenden **93** Werkes für eine **Wiederverfilmung** (vgl. Rn. 76 ff.), wenn die Erstverfilmung (oder eine andere Verfilmung) bereits diesen Titel trägt und damit Titelrechte des ersten Filmherstellers (zur Inhaberschaft vgl. Rn. 94) bestehen. Hier kann es insb. dazu kommen, dass der Verkehr über die Identität der Filme irrt und deshalb der Schutzbereich des § 15 MarkenG eröffnet ist (vgl. Rn. 92). Nicht als zutreffend erscheint es, dennoch dem Wiederverfilmenden zu gestatten, den Titel ohne Änderungen zu verwenden (so aber wohl Dreier/Schulze/*Schulze*[2] Rn. 71 unter unzutreffendem Verweis auf BGH GRUR 2003, 440, 441 – *Winnetous Rückkehr*, der nur die Titelgleichheit bei gemeinfreien Werken behandelt). Jedoch muss erlaubt sein, dass die Wiederverfilmung titelmäßig in gewisser Weise auf das vorbestehende Werk Bezug nimmt, weil es wiederverfilmt wird. Deshalb liegt ein Fall von Gleichnamigkeit („Gleichgewichtslage") vor (dazu *Ingerl/Rohnke*[2] § 23 Rn. 17 ff.; *Nordemann*, Wettbewerbsrecht – Markenrecht[10], Rn. 2861 ff.), in dem der Wiederverfilmende als Inhaber des jüngeren Titelrechts mit eindeutigen Titelzusätzen arbeiten muss, die klarstellen, dass es sich um ein anderes Filmwerk handelt. Das gilt auch für **Sequels, Prequels und andere Fortentwicklungen** des vorbestehenden Werkes: auch hier darf der Filmhersteller den Titel des vorbestehenden Werkes benutzen, muss aber durch Titelzusätze eine Identitätsverwechslung mit der Originalverfilmung ausschließen.

94 **Inhaber der Titelrechte** am Filmwerk gem. § 5 Abs. 3 MarkenG ist derjenige, der die Herrschaft über die Verbindung des Werkes mit dem Titel und dessen Ingebrauchnahme hat, also grundsätzlich der Filmhersteller (KG GRUR 2000, 906, 907 – *Gute Zeiten – schlechte Zeiten*: Produktionsfirma bei Fernsehproduktion; *Ingerl/Rohnke*[2], § 5 Rn. 97; nach v. Hartlieb/Schwarz/*Peschel-Mehner*[4] Kap. 75 Rn. 1 bei Auftragsproduktion der ausstrahlende Fernsehsender). Der Stoffurheber ist allenfalls Inhaber der Titelrechte am vorbestehenden Werk (BGH GRUR 2005, 264, 265 – *Das Telefon-Sparbuch*; s.a. *Wilhelm, Axel und Jan Bernd Nordemann* FS Erdmann S. 327, 340), wenn daran Titelrechte durch öffentliche Benutzung entstanden sind, was insb. bei Drehbüchern zweifelhaft ist (vgl. Rn. 92). Bei umfassender ausschließlicher Nutzungsrechtseinräumung an einen Verwerter (z.B. Verlag) kann das Titelrecht aber auch für das vorbestehende Werk dem Verwerter zustehen (BGH GRUR 2005, 264, 265 – *Das Telefon-Sparbuch*; BGH GRUR 1990, 218, 220 – *Verschenktexte I*).

IV. Prozessuales

95 Das **Verbotsrecht des Rechteinhabers** (z.B. des Filmherstellers) kann über die Grenzen der positiven Nutzung hinausgehen (vgl. § 31 Rn. 20 ff.). Das gilt für Enthaltungspflichten des Stoffurhebers grundsätzlich aber wohl nur für die Wiederverfilmung (vgl. Rn. 84; vgl. Rn. 89). Bei Verletzung werden Ansprüche des Rechteinhabers nach §§ 97 ff. ausgelöst. Für die Aktivlegitimation kann schon eine mittelbare wirtschaftliche Beeinträchtigung reichen, etwa eine Gefährdung des Nutzungsentgeltes (BGH GRUR 1999, 984, 985 – *Laras Tochter*; BGH GRUR 1992, 697, 698 f. – *Alf*; vgl. § 97 Rn. 132 ff.). Der **Urheber** bleibt zur Geltendmachung von Unterlassungsansprüchen gegen Verletzer auch dann befugt, wenn er die relevanten Nutzungsrechte eingeräumt hat (vgl. § 97 Rn. 128). Bei einer Nutzung des vorbestehenden Werkes über § 88 bzw. die Vereinbarung hinaus hat der Urheber grundsätzlich sämtliche Ansprüche nach §§ 97 ff.

96 Die **Darlegungs- und Beweislast** ist differenziert zu sehen. Für die Gestattung zur Verfilmung liegt sie beim „anderen", weil insoweit kein Zweifelstatbestand in § 88 Abs. 1 vorliegt (zu § 31 Abs. 5 vgl. Rn. 100). Dafür, dass eine andere Nutzungsrechtseinräumung als die in § 88 Abs. 1 vorgesehene verabredet wurde, trägt der Urheber die Darlegungs- und Beweislast (siehe zum Fall einer erfolgreichen Widerlegung der Vermutung: BGH GRUR 1985, 529, 530 – *Happening*). Gem. § 88 Abs. 2 wiederum obliegen Darlegung und Beweis dem Verfilmenden, dass – abweichend von der Regel des S. 1 – das Wiederverfilmungsrecht eingeräumt wurde bzw. demjenigen, der sich auf eine vertragliche Abweichung vom 10-Jahre-Zeitraum des S. 2 beruft. Wer sich auf die Einräumung von außerfilmischen Rechten beruft, die von § 88 gar nicht erfasst werden, muss das im Rahmen von § 31 Abs. 5 ggf. substantiiert darlegen und beweisen (vgl. Rn. 101).

97 Auf die Auslegungsregeln des § 88 kann sich nicht nur der andere („einem anderen"), z.B. der Filmhersteller, berufen. Vielmehr kommt § 88 der Charakter einer generellen Auslegungsregel zu, die **auch zu Gunsten beliebiger Dritter im Prozess** wirken kann, um eine Rechtseinräumung des Urhebers (oder eines Verwerters, vgl. Rn. 25) an einen anderen zu behaupten. So können sich weitere Verwerter in der Auswertungskette (z.B. der Videoanbieter, der Internetanbieter) dafür auf § 88 berufen, dass die Rechtekette beim Urheber ordnungsgemäß begonnen hat und die Rechte an einen anderen eingeräumt wurden. Umgekehrt können sich auch als Verletzer in Anspruch Genommene zum Bestreiten der Aktivlegitimation des Urhebers (z.B. für Schadensersatzansprüche; zu Unterlassungsansprüchen bliebe der Urheber berechtigt, vgl. § 97 Rn. 127f.) oder eines Dritten auf § 88 berufen. Nicht anwendbar ist § 88 allerdings auf die Rechtseinräumung zwischen Auswertern im Hinblick auf den fertigen Film (vgl. Rn. 25).

Zu **Vereinbarungen** – insb. in AGB -, mit denen **Unterlassungsansprüche** vor **98** Beendigung der Produktion und Erstveröffentlichung des Films ausgeschlossen werden vgl. Vor §§ 31 ff. Rn. 211; dort auch zur Möglichkeit, zumindest eine Geltendmachung im **Einstweiligen Verfügungsverfahren** formularvertraglich zu verbieten.

V. Verhältnis zu anderen Vorschriften

1. Zweckübertragungslehre (§ 31 Abs. 5)

Nach einer verbreiteten Auffassung soll § 31 Abs. 5 Vorrang vor der Aus- **99** legungsregel des § 88 **Abs. 1** zukommen. Die Zweifelsregel des § 88 Abs. 1 käme danach nur noch zur Anwendung, wenn der vertragliche Zweck der Einräumung von Nutzungsrechten gem. § 31 Abs. 5 nicht zweifelsfrei festgestellt werden kann (so Wandtke/Bullinger/*Manegold*[2] Rn. 15: Vorrang des § 31 Abs. 5; Dreier/Schulze/*Schulze*[2] Rn. 3: § 31 Abs. 5 uneingeschränkt anwendbar; HK-UrhR/*Meckel* Rn. 2: § 88 subsidiär zu § 31 Abs. 5; Loewenheim/*Schwarz*/*Reber* § 74 Rn. 20; wohl auch Schricker/*Katzenberger*[3] Rn. 5). Das Verhältnis der Zweckübertragungslehre gem. § 31 Abs. 5 zur Auslegungsregel des § 88 Abs. 1 hat sich aber seit der Angleichung des § 88 Abs. 1 an § 89 Abs. 1 (vgl. Rn. 17) für Verträge ab 01.07.2002 (für Altverträge vgl. Rn. 9 ff.) verschoben. Insoweit ist es auch nicht weiterführend, wenn zur Begründung der vorgenannten Auffassung auf Rechtsprechung zu § 88 Abs. 1 a.F. verwiesen wird (so aber Wandtke/Bullinger/*Manegold*[2] Rn. 15; Dreier/Schulze/*Schulze*[2] Rn. 3; HK-UrhR/*Meckel* Rn. 2; Loewenheim/*Schwarz*/*Reber* § 74 Rn. 20 verweisen auf die Kommentierung von Möhring/Nicolini/*Lütje*[2], die ebenfalls zu § 88 Abs. 1 a.F. erfolgt). Vielmehr kommt der besonderen, auf eine umfassende Rechtseinräumung zu Gunsten des Nutzungsrechtserwerbers abzielenden Auslegungsregel des § 88 Abs. 1 für Filmwerke gegenüber der allgemeinen Auslegungsregel des § 31 Abs. 5 **grundsätzlich** der **Vorrang** zu (so auch für § 89 Abs. 1: BGH GRUR 2005, 937, 939 – *Der Zauberberg*; für die nach der Angleichung beider Normen nun vergleichbare Situation bei § 89 genauso: *Haupt*/*Ullmann* ZUM 2005, 883, 886; *Gernot Schulze* GRUR 1994, 855, 863; *Schack*[4] Rn. 434; Möhring/Nicolini/*Lütje*[2] § 89 Rn. 15). Im Zweifel ist also von einem Vertragszweck auszugehen, nach dem dem anderen sämtliche bekannten und unbekannten filmischen Nutzungsarten eingeräumt werden sollen. Abweichendes muss vereinbart werden, mindestens in Form eines engeren Vertragszwecks, als ihn § 88 Abs. 1 voraussetzt. Der Urheber muss solche Abweichungen zweifelsfrei darlegen und ggf. beweisen. So etwa deckt die Verfilmung eines Happenings an einer Universität nicht die Vervielfältigung und kommerzielle Verwertung von Videoaufnahmen, wenn der Urheber zweifelsfrei darlegen kann, dass die Verfilmung nur zu Lehrzwecken erfolgte (BGH GRUR 1985, 529, 530 – *Happening*). Wer sein vorbestehendes Werk von Überwachungskameras filmen lässt (z.B. Straßenkunst), der kann nicht an der Vermutung des § 88 (i.V.m. § 95) festgehalten werden, weil eine kommerzielle Nutzung über die Überwachung hinaus nicht Zweck des Einverständnisses war. Anders kann es bei WebCams liegen, die automatisch aufzeichnen, bei denen aber die Aufzeichnung auf eine kommerzielle Nutzung gerichtet ist (z.B. Internet-Soap). Der grundsätzliche Vorrang vor § 31 Abs. 5 muss im Übrigen auch im Hinblick auf § 88 **Abs. 2** gelten, so dass insb. bei Verletzung des § 88 Abs. 2 S. 2 auch negative Verbotsansprüche gegenüber Dritten bestehen, die nach der Zweckübertragungslehre nicht zuzubilligen wären (vgl. Rn. 84).

100 Allerdings ist die Zweckübertragungsregel des § 31 Abs. 5 zunächst derart **vorgelagert**, dass der Vertragszweck bestimmt, ob **überhaupt** eine **Verfilmung** beabsichtigt ist (Dreier/Schulze/*Schulze*[2] Rn. 3). Ansonsten sind Zweifelsregeln des § 88 Abs. 1 und Abs. 2 schon nach ihrem Wortlaut gar nicht anwendbar.

101 Zudem bleibt § 31 Abs. 5 neben § 88 Abs. 1 **anwendbar,** wenn es um Rechte geht, die **außerhalb** des **Anwendungsbereiches** des § 88 Abs. 1 liegen. Das konnte für § 88 a.F. insb. für filmische Sekundärnutzungen der Fall sein, weil dessen Reichweite bei der Filmauswertung auf Kinofilme und Fernsehfilme als Primärverwertung begrenzt war (eingehend vgl. Rn. 9 ff.). Heute erfasst die Zweifelregelung des § 88 Abs. 1 indessen alle bekannten und unbekannten filmischen Nutzungsarten für den herzustellenden Film. Damit sind heute vornehmlich solche Rechtseinräumungen nach § 31 Abs. 5 zu bestimmen, die **nicht** unmittelbar für eine **konkrete Verfilmung** erforderlich sind, sondern die Verwertung des Materials für andere Filme oder **filmfremde Nutzungen** wie etwa Merchandising betreffen (siehe OLG Hamburg GRUR-RR 2003, 33, 35 – *Maschinenmensch* für einen Abdruck einer im Film verwendeten Plastik in einer Zeitschrift bei einem Altvertrag vor 1965; *Gernot Schulze* GRUR 1994, 855, 864).

102 Auch die Rechtevergabe durch den Filmhersteller zur **Auswertung eines fertigen Films** regelt § 31 Abs. 5, weil auf solche Auswertungsverträge in der Kette „hinter" dem Filmhersteller die §§ 88 ff. gar nicht anwendbar sind (ausführlich: vgl. Vor §§ 88 ff. Rn. 68).

2.   Bearbeitungen (§§ 37, 39, 23 S. 2)

103 § 37 Abs. 1, wonach der Urheber im Zweifel das Recht zur Veröffentlichung oder Verwertung einer Bearbeitung behält, wird vom spezielleren § 88 Abs. 1, der für die Filmherstellung eine Bearbeitung oder Umgestaltung vorbestehender Werke als Regelfall voraussetzt, verdrängt (Dreier/Schulze/*Schulze*[2] Rn. 34; Wandtke/Bullinger/*Manegold*[2] Rn. 18). Gleiches gilt für § 37 Abs. 2. § 88 ist auch im Hinblick auf § 39 die speziellere Vorschrift; das **Änderungsverbot** des § 39 Abs. 1 gilt also nur in den Grenzen des § 88. Die für eine Bearbeitung erforderliche Einwilligung (§ 23 S. 1), die durch das Herstellungsrecht gem. § 88 Abs. 1 erteilt wird, ist beim Filmwerk schon bei seiner Herstellung (§ 23 S. 2) erforderlich, nicht erst bei der Auswertung.

3.   Arbeits- und Dienstverhältnisse (§ 43)

104 Für Arbeits- und Dienstverträge geht § 88 den Regelungen in § 43 vor. Eine eigenständige Bedeutung hat § 43 dort, wo § 88 Abs. 1 nicht anwendbar ist und stattdessen auf § 31 Abs. 5 zurückgegriffen werden muss (vgl. Rn. 100 f.; zum Verhältnis des § 43 zu § 31 Abs. 5 vgl. § 43 Rn. 45).

4.　Urheberpersönlichkeitsrechte (§§ 12 bis 14)

Das **Veröffentlichungsrecht** des Urhebers **gem.** § 12 ist durch die Rechte- **105** einräumung gem. § 88 Abs. 1 abbedungen. Anders als bei § 89 (vgl. § 89 Rn. 72 ff.) kann nicht davon ausgegangen werden, dass dem Urheber eines vorbestehenden Werkes noch das Recht zustehen soll, über die Veröffent- lichung des Filmwerkes zu entscheiden. Im Gegensatz zum Filmurheber gem. § 89 nimmt er nicht regelmäßig an der Filmherstellung teil; für ihn ist nicht vorgesehen, die Herstellung des Films zu beeinflussen. Der Stoffurheber kann sich allerdings das Veröffentlichungsrecht individualvertraglich vorbehalten; formularvertraglich erscheint dies wegen des gesetzlichen Leitbilds des § 88 als problematisch. Darüber hinaus kann aber eine blockierende Ausübung gegen § 242 BGB verstoßen (OLG Köln GRUR-RR 2005, 337 – *Dokumentarfilm Massaker*, zu § 89). Das **Namensnennungsrecht gem.** § 13 bleibt von der Rechteeinräumung gem. § 88 Abs. 1 unberührt. Auch schon vor Inkrafttreten des UrhG war anerkannt, dass dem Urheber eines zur Verfilmung benutzten Werkes auf Grund seines Urheberpersönlichkeitsrechts ein Anspruch auf Na- mensnennung, z.B. im Vorspann des Films, zukam (BGH GRUR 1963, 40, 42 – *Straßen – gestern und morgen*). Der **Entstellungsschutz gem.** § 14 wird durch § 93 modifiziert, siehe die dortige Kommentierung.

5.　Modifikationen der §§ 34, 35, 41, 42 durch § 90

Gem. § 90 kann der Produzent nach Drehbeginn weitere Rechte zur Nutzung **106** ohne Zustimmung des Urhebers einräumen (§ 31 Abs. 3 i.V.m. § 35) oder übertragen (§ 34). Auch sind **Rückrufsrechte** wegen Nichtausübung (§ 41) und wegen gewandelter Überzeugung (§ 42) ab diesem Zeitpunkt **ausgeschlos- sen.** Diese Einschränkungen der Urheberbefugnisse betreffen nicht das Film- herstellungsrecht vor Beginn der Dreharbeiten, sondern nur danach (ohne Recht zur Wiederverfilmung wird es dann aber „verbraucht" sein), sowie das Filmauswertungsrecht nach Beginn der Dreharbeiten (RegE UrhG – BT- Drucks. IV/270, S. 99). Da sich § 90 S. 1 auf die Rechte gem. § 88 Abs. 1 bezieht, gelten seine Einschränkungen auch für ein entgegen § 88 Abs. 2 eingeräumtes Wiederverfilmungsrecht und ein Wiederverfilmungsrecht für sonstige filmische Rechte (z.B. Sequels, Prequels, Fortentwicklungen), weil es sich auch dabei um eine Gestattung zur Verfilmung nach § 88 Abs. 1 handelt (str., vgl. § 90 Rn. 10).

6.　Unbekannte Nutzungsarten (§§ 31a, 32c, 137l)

Für die Einräumung der Rechte an unbekannten Nutzungsarten gem. § 88 **107** Abs. 1 ist das Schriftformgebot des § 31a Abs. 1 S. 1 und 2 gem. § 88 Abs. 1 S. 2 nicht aufgehoben. Das gilt allerdings nicht für die Einräumung von Nutzungsrechten in Altverträgen vom 01.01.1966 bis 31.12.2007 gem. § 137 l. Für Neuverträge ab 01.01.2008 besteht die Vergütungspflicht nach § 32c, für Altverträge gem. § 137l Abs. 5 der (ggf. verwertungsgesellschafts- pflichtige) Vergütungszwang nach § 32 Abs. 2 bis 4.

7. Laufbilder (§ 95)

108 Die Auslegungsregel des § 88 ist über den **Verweis** § 95 auch auf Laufbilder ohne Werkcharakter anwendbar (zu den Begriffen vgl. Vor §§ 88 ff. Rn. 15; zur Abgrenzung vgl. § 95 Rn. 4 ff.).

§ 89   Rechte am Filmwerk

(1) [1]**Wer sich zur Mitwirkung bei der Herstellung eines Filmes verpflichtet, räumt damit für den Fall, dass er ein Urheberrecht am Filmwerk erwirbt, dem Filmhersteller im Zweifel das ausschließliche Recht ein, das Filmwerk sowie Übersetzungen und andere filmische Bearbeitungen oder Umgestaltungen des Filmwerkes auf alle Nutzungsarten zu nutzen.** [2]**§ 31a Abs. 1 Satz 3 und 4 und Abs. 2 bis 4 findet keine Anwendung.**

(2) Hat der Urheber des Filmwerkes das in Absatz 1 bezeichnete Nutzungsrecht im Voraus einem Dritten eingeräumt, so behält er gleichwohl stets die Befugnis, dieses Recht beschränkt oder unbeschränkt dem Filmhersteller einzuräumen.

(3) Die Urheberrechte an den zur Herstellung des Filmwerkes benutzten Werken, wie Roman, Drehbuch und Filmmusik, bleiben unberührt.

(4) Für die Rechte zur filmischen Verwertung der bei der Herstellung eines Filmwerkes entstehenden Lichtbilder und Lichtbildwerke gelten die Absätze 1 und 2 entsprechend.

Übersicht

I. Allgemeines

1. Sinn und Zweck

Nach § 89 Abs. 1 räumen sämtliche bei der Filmproduktion Mitwirkende, die **1**
schöpferisch gem. § 2 als Urheber tätig sind, dem Filmproduzenten im Zweifel
die für die Verwertung des Filmes erforderlichen Nutzungsrechte ein (RegE UrhG – BT-Drucks. IV/270, S. 100). **Zweck** des § 89 Abs. 1 ist es, die für
die Auswertung erforderlichen **Nutzungsrechte in der Hand des Filmherstellers
zu konzentrieren.** Er trägt bei der Produktion das wirtschaftliche Risiko und
hat u.U. erhebliche Investitionen erbracht und ist für die Amortisation auf eine
möglichst ungehinderte Verwertung des Filmes und Rechtssicherheit angewiesen. Von diesem Gedanken ist der gesamte Regelungskomplex der §§ 88 bis 95
durchzogen (vgl. Vor §§ 88 ff. Rn. 1 ff.). Im Hinblick auf die von § 89 erfassten
Filmurheber stellt sich zudem das Problem, dass sich oft gar nicht zuverlässig
feststellen lässt, wer eigentlich neben dem (Haupt)Regisseur Filmurheber ist
(eingehend vgl. Rn. 13 ff.). Auch dieses Problem beseitigt § 89 Abs. 1 mit der
Zweifelsregelung, die sich auf alle möglichen Filmurheber bezieht. Man kann
§ 89 Abs. 1 auch als Konkretisierung der Zweckübertragungslehre des
§ 31 Abs. 5 im Filmbereich (vgl. Rn. 67 ff.) begreifen, die allerdings hier zu
Gunsten des Filmherstellers und nicht des Urhebers wirkt. Das erfolgt weder
über einen gesetzlich angeordneten Rechtsübergang („Legalzession", eine
solche hatte der RefE zum „2. Korb" noch vorgesehen, siehe die damalige
Diskussion, pro Zession: *Schwarz/Evers* ZUM 2005, 113, 114; *Poll* GRU-
R Int. 2003, 290, 297 ff.; *Poll* ZUM 2003, 866; kritisch *Wilhelm Nordemann/
Pfennig* ZUM 2005, 689) noch über ein originäres Produzentenurheberrecht
(vgl. Vor §§ 88 ff. Rn. 22), sondern über eine **gesetzliche Auslegungsregel.** Die
im Zweifel gem. Abs. 1 dem Filmhersteller eingeräumten Rechte erlauben
nicht nur die **Bearbeitung einschließlich Übersetzung,** sondern auch die **Auswertung in allen filmischen Nutzungsarten.** Für Verträge ab 01.01.2008 beinhaltet dies nach dem „2. Korb" auch Rechte an bei Vertragsschluss **unbekannten filmischen Nutzungsarten,** wenn die Schriftform des § 31a Abs. 1
gewahrt ist (vgl. Rn. 43 ff.). Die Vergütungspflicht des § 32c gilt auch für
Filmverträge, das Rückrufsrecht des § 31a jedoch nicht (§ 89 Abs. 1 S. 2).
Die Einbeziehung von Rechten an unbekannten Nutzungsarten steht in vollem
Einklang mit dem Sinn und Zweck des § 89, eine „möglichst ungehinderte
Verwertung des Films durch den Filmhersteller zu gewährleisten" (RegE 2.
Korb – BT-Drucks. 18/1828, S. 33). Gerade das Verbot der Rechteeinräumung
an unbekannten Nutzungsarten (§ 31 Abs. 4 a.F.) behinderte die Auswertung
von Filmen in den neuen Medien (eingehend vgl. § 88 Rn. 4).

2 **Abs. 2** dient dem gleichen Zweck wie Abs. 1. Er soll die Rechtekonzentration in der Hand des Filmherstellers auch dann gewährleisten, wenn die Filmurheber ihre Rechte z.b. an eine Verwertungsgesellschaft im Voraus abgetreten haben. **Abs. 3** stellt die systematische Trennung der Rechte der Urheber von vorbestehenden Werken einerseits und der Filmurheber andererseits klar, auch wenn sie bei der Filmherstellung eine Doppelfunktion ausüben. **Abs. 4** erstreckt den Anwendungsbereich auf Lichtbilder und ersetzt damit § 91 a.F.

2. Früheres Recht

3 a) KUG/LUG (**Altverträge bis 31.12.1965**): Die Schutzvoraussetzungen bei vor 1966 geschaffenen Werke richten sich gem. § 129 Abs. 1 heute nach den Vorschriften des UrhG. Vor Inkrafttreten des UrhG am 01.01.1966 wurde das Filmwerk als urheberrechtliches Schutzobjekt anerkannt und in § 15a KUG sowie (im Hinblick auf vorbestehende Werke der Literatur) in §§ 12 Abs. 2 Nr. 6, 14 Nr. 6 LUG erwähnt. Auch damals galt das Schöpferprinzip, wonach der Filmhersteller kein originäres Urheberrecht erwarb (BGH GRUR 1960, 199, 200 – *Tofifa; Gernot Schulze* GRUR 1994, 855, 858). Daher mussten die bei der Produktion mitwirkenden Urheber dem Filmhersteller die erforderlichen Nutzungsrechte zur Auswertung des Filmes einräumen. Sofern vor dem 01.01.1966 erlaubter Weise das Urheberrecht übertragen wurde, ist das heute in eine entsprechende Nutzungsrechtseinräumung umzudeuten (§ 137). Für die vertraglichen Rechtseinräumungen gilt gem. **§ 132 Abs. 1** die frühere Rechtslage (vgl. Vor §§ 31 ff. Rn. 14 f.; vgl. Vor §§ 88 ff. Rn. 31). **§ 89 ist damit auf Altverträge vor dem 01.01.1966 nicht anwendbar** (Wandtke/Bullinger/*Manegold*[3] Rn. 3; Möhring/Nicolini/*Hartmann*[2] § 132 Rn. 7; a.A. LG München I ZUM-RD 1998, 89, 92, LG München I FuR 1984, 534, 535 – *All About Eve*, jeweils ohne Erörterung des § 132; zu **DDR-Verträgen** bis 31.12.1965 vgl. Vor §§ 88 ff. Rn. 34 ff.).

4 Das frühere Recht kannte keine Zweifelsregelung, die mit § 89 vergleichbar gewesen wäre. Die Rolle des § 89 übernimmt bei Altverträgen die – damals noch nicht kodifizierte – **Zweckübertragungslehre** (BGH UFITA 55 [1970] 313, 316 – *Triumph des Willens*; ÖOGH ZUM-RD 2004, 563, 566 zum deutschen LUG). Nach der Zweckübertragungslehre erfolgte im Zweifelsfall die Rechteeinräumung in einem solchen Umfang, wie sie erforderlich war, um den mit dem Vertrag angestrebten Zweck zu erreichen (vgl. § 31 Rn. 108 ff.). Es ist noch nicht abschließend geklärt, ob dies zu gleichen Ergebnissen wie nach dem heutigen § 89 führt. Jedenfalls für Urheber vorbestehender Werke (heute § 88) bringt die Anwendung der Zweckübertragungslehre eine geringere Rechtseinräumung als nach geltendem Recht: Der Zweck des Vertrags mit dem Stoffurheber bestimmte sich maßgeblich nach der angestrebten **Primärverwertung (Kinofilme, Fernsehfilme)**. Nach der Zweckübertragungslehre wurden bei einem Fernsehfilm im Zweifel keine Rechte für die Kinoauswertung eingeräumt, bei einem Kinofilm im Zweifel keine Rechte für die Fernsehauswertung (BGH GRUR 1969, 364, 366 – *Fernsehauswertung*). Bei einem Kinofilm war der Filmhersteller vielmehr nur dann auch zur Auswertung des Films im Fernsehen berechtigt, wenn ihm auch diese Nutzungsart im Vertrag eindeutig übertragen worden ist (verneint von BGH – GRUR 1969, 143, 145 – *Curt-Goetz-Filme II* und BGH GRUR 1969, 364, 365 – *Fernsehauswertung*). Vgl. § 88 Rn. 6. Allerdings kam diese Praxis auch in dem zunächst engeren Rechtumfang zum Ausdruck, den § 88 Abs. 1 a.F. bis 2002 gewährte (vgl. § 88 Rn. 9 ff.), während gem. § 89 von vornherein eine sämtliche bekannten Nutzungsarten umfassende Rechtseinräumung anzunehmen war (zu

Unrecht str., vgl. Rn. 40). Die **Begründung zu** § 89 (§ 99 E-UrhG) spricht von einer „**Regel**", nach der schon vor Inkrafttreten des § 89 eine Rechteeinräumung im Umfang des § 89 erfolgte (RegE UrhG – BT-Drucks. IV/270, S. 100). Dafür spricht auch, dass vor 1966 produzierte Filme ohne diese großzügigere Betrachtung kaum verkehrsfähig wären (LG München I ZUM-RD 2007, 307 – *10 ältere Filme im ZDF*). Danach wird derjenige, der sich als Filmurheber für Altverträge auf eine von § 89 abweichende Regel beruft, das Gegenteil zu beweisen haben. Deshalb ist es im Ergebnis zutreffend, wenn das LG München I (FuR 1984, 534, 535 – *All About Eve*, wenn auch unter verfehlter Anwendung des § 89; genauso LG München Schulze LGZ 180, 4 – *Landung in Salerno*) für einen 1951 synchronisierten Film angenommen hat, dass für einen Kinofilm nicht nur die Kinorechte, sondern auch die Fernsehrechte beim Filmhersteller liegen, weil 1951 Fernsehen schon eine bekannte Nutzungsart war (vgl. § 31a Rn. 36, 47). Diese umfassende Rechtseinräumung für alle bekannten Nutzungsarten gilt – insb. wenn der Abschluss von damals üblichen Standardverträgen wie z.b. der Normalfilmverträge der Reichsfilmkammer vom Filmhersteller nachgewiesen ist (LG München I ZUM-RD 2007, 307 – *10 ältere Filme im ZDF*; Wandtke/Bullinger/*Manegold*[3] Rn. 5); zu Normalfilmverträgen vgl. § 88 Rn. 8. Für anonym hergestellte NS-Propagandafilme (z.b. Kriegswochenschauen aus 1940 bis 1942) muss das ebenfalls gelten (im Ergebnis ebenso, allerdings unter unzulässigem Rückgriff auf § 89: LG München I ZUM-RD 1998, 89, 92; LG München I ZUM 1993, 370, 374; LG München I GRUR 1991, 377, 379 – *NS-Propagandafilme*).

Die vorerwähnte Beweisregel bezieht sich indes nur auf bekannte Nutzungs- **5** arten, weil der Gesetzgeber nur für diese eine Kodifizierung der üblichen Praxis in § 89 unterstellte. Die Einräumung von Rechten an bei Vertragsschluss **unbekannten Nutzungsarten** muss danach der Filmhersteller darlegen und beweisen. Sie sind im Regelfall nur eingeräumt, wenn sie ausdrücklich im Vertrag bezeichnet waren. Daran sind aber keine übertriebenen Anforderungen zu stellen (im Einzelnen vgl. § 31 Rn. 172 ff.). Eine Einräumung war nicht wie in § 31 Abs. 4 UrhG a.F. verboten. Nach dessen Wegfall (vgl. § 31a Rn. 6 ff.) gilt die Übergangsvorschrift in § 137l jedoch ausdrücklich nicht für Verträge vor dem 01.01.1966, so dass es bei der bisherigen Praxis verbleibt. Beispiele für unbekannte Nutzungsarten: **Fernsehsendung** bekannt ab 1939 (vgl. § 31a Rn. 36, 47). Die Rechtseinräumung für die bei Vertragsschluss bekannte Fernsehnutzung sollte im Regelfall sämtliche unterschiedlichen Fernsehsendungsarten umfassen, die zwar keine neuen Nutzungsarten gem. § 31a, jedoch abspaltbare Nutzungsarten nach § 31 Abs. 1 sind (Kabel-, Satelliten-, Internet- bzw. Pay-TV; vgl. § 31 Rn. 73 ff.; vgl. § 31a Rn. 36 ff.). **Videorechte** (bis in die 1970er unbekannt) und andere neue Nutzungsarten im Filmbereich (vgl. § 31a Rn. 38) sind durch Altverträge ebenfalls nur eingeräumt, wenn es einen ausdrücklichen Vertragswortlaut gibt, der unbekannte Nutzungsarten einbezieht (vgl. § 31 Rn. 172 ff.).

b) UrhG 1965 (Altverträge vom 01.01.1966 bis 30.06.2002): Änderungen **6** erfuhr § 89 mit dem Gesetz zur Stärkung der vertraglichen Stellung von Urhebern und ausübenden Künstlern vom 22.03.2002. **§ 89 wurde um Abs. 4 ergänzt,** der den Regelungsgehalt des § 91 a.F. übernahm (BeschlE RAusschuss UrhVG – BT-Drucks. 14/8058, S. 22). Dass der Rechteerwerb nun auf die Rechtseinräumungsvermutung des § 89 gestützt wurde, brachte im Ergebnis für den Filmhersteller keine Änderungen mit sich. Auf Verträge, die vor dem 01.07.2002 geschlossen wurden, finden gem. § 132 Abs. 3 S. 1 ohnehin §§ 89, 91 a.F. weiterhin Anwendung. Zur Rechtsstellung der ausübenden Künstler und zur Anwendbarkeit des § 91, der nun in § 89 Abs. 4 aufgegangen ist, vgl. § 91 Rn. 1 ff. Rechte an **unbekannten Nutzungsarten**, die Verträge nicht dem Filmhersteller einräumen konnten (§ 31 Abs. 4 a.F.), können bei Altverträgen vom 01.01.1966 bis 30.06.2002 dem Filmhersteller nach § 137l zustehen (vgl. § 137l Rn. 1 ff.). Zu DDR-Verträgen vom 01.01.1966 bis 01.10.1990 vgl. Vor §§ 88 ff. Rn. 34 ff.

7   c) Der „2. Korb" (Altverträge vom 01.07.2002 bis 31.12.2007): Der „2. Korb" schaffte das Verbot der Einräumung von Rechten an unbekannten Nutzungsarten ab (§ 31 Abs. 4 a.F.) und erweiterte gleichzeitig den Umfang der Zweifelsregel des § 89 Abs. 1 auch auf Rechte an **unbekannten Nutzungsarten** (§ 89 Abs. 1 S. 2). Allerdings besteht das Schriftformgebot des § 31a. Für Altverträge vor Inkrafttreten des „2. Korbes" am 01.01.2008 gilt jedoch die neue Fassung des § 89 Abs. 1 nicht. Zwar hat der Gesetzgeber des „2. Korbes" versäumt, für Altverträge bis 31.12.2007 eine Regelung in § 132 aufzunehmen. Jedoch ist § 137l Abs. 1 S. 1 im Umkehrschluss die generelle Regel zu entnehmen, dass auf Altverträge stets das bei Abschluss geltende Urhebervertragsrecht anzuwenden ist. Das bedeutet, dass für Altverträge vom 01.07.2002 bis 31.12.2007 im Hinblick auf unbekannte filmische Nutzungsarten nicht auf § 89 Abs. 1, sondern auf § 137l zurückzugreifen ist (§ 137l).

3. EU-Recht und Internationales Recht

8   Dazu vgl. Vor §§ 88 ff. Rn. 24.

II. Tatbestand

1. Einräumung von Nutzungsrechten am Filmwerk zur Filmverwertung (Abs. 1)

9   a) „im Zweifel": Wie auch § 88 Abs. 1 gilt § 89 Abs. 1 nur „im Zweifel" und ist damit eine **gesetzliche Auslegungsregel** über den Umfang eingeräumter Nutzungsrechte für den Fall, dass die Parteien keine anderslautende Vereinbarung getroffen haben (*Katzenberger* ZUM 2003, 712, 713; Dreier/Schulze/ *Schulze*[2] Rn. 1). Sie hat **dispositiven Charakter** und wird durch eindeutige – ausdrückliche oder konkludente – Parteivereinbarungen verdrängt. Das sind zum einen Vereinbarungen, die einen anderen Rechteumfang definieren. Zum anderen kommen auch abweichende Abreden in Betracht, die ausdrücklich oder konkludent einen anderen Vertragszweck festlegen, als ihn § 89 Abs. 1 unterstellt; dann setzt sich die Zweckübertragungslehre des § 31 Abs. 5 gegen § 89 Abs. 1 durch (vgl. Rn. 69 ff.). Das kann insb. dann relevant werden, wenn der Film in einer unüblichen Sekundärnutzungsart ausgewertet wird (z.B. ein Fernsehfilm als Kinofilm). Zum AGB-Recht vgl. Rn. 47.

10   b) **Mitwirkung „bei Herstellung eines Filmwerkes":** Der Wortlaut des § 89 Abs. 1 spricht von „Filmwerk"; und auch in der Regelung für Laufbilder (§ 95) findet sich kein Verweis auf § 89. Der fertige Film muss daher **Werkcharakter** (§ 2) aufweisen. Bloße Laufbilder reichen nicht. Unterhalb der Schwelle zur persönlich-geistigen Schöpfung könnten die Rechte der Mitwirkenden, die Gegenstand der Vermutungsregel des § 89 sind, nicht entstanden sein. Zur Rechtslage bei Laufbildern und zur Abgrenzung siehe die Kommentierung zu § 95. Zu den Anforderungen an die Schutzfähigkeit als Filmwerk vgl. § 2 Rn. 201 ff.

c) **Verpflichtung zur Mitwirkung:** Die vertragliche Rechtseinräumung erfordert eine Verpflichtung zur Mitwirkung an der Filmproduktion, die zugleich auch die **Grundlage der Rechtseinräumung** an dem dabei entstehenden Filmwerk darstellt. Sie kann ein Arbeits-, Werk-, Dienst-, Gesellschafts- oder sonstiger Mitwirkungsvertrag sein (Dreier/Schulze/*Schulze*[2] Rn. 23; Schricker/*Katzenberger*[3] Rn. 9). Ohne die Verpflichtung zu einer solchen Mitwirkung läuft die Rechtseinräumungsvermutung des § 89 Abs. 1 leer. Eine Einigung über die Mitwirkung ist auch konkludent denkbar (BGH GRUR 1960, 199, 200 – *Tofifa*). Zur Rolle von diese ausgestaltenden Tarifverträgen und AGB vgl. Rn. 47. Für die vertragliche Grundlage besteht nach §§ 31a Abs. 1 S. 1, 89 Abs. 1 S. 2 ein **Schriftformgebot,** wenn auch Rechte an **unbekannten Nutzungsarten** eingeräumt werden sollen (vgl. Rn. 44 ff.). Im Zweifel bleibt bei Verträgen, die die erforderliche Schriftform nicht haben, jedoch die Einräumung für alle bekannten filmischen Nutzungsarten und das Bearbeitungsrecht wirksam (§ 139 BGB). **11**

Mit der Verpflichtung zur Mitwirkung korrespondiert nicht zwingend ein **Recht zur Mitwirkung.** Zwischen den Vertragsparteien kann auch ein Leistungsbestimmungsrecht i.S.d. § 315 Abs. 1 BGB derart vereinbart werden, dass der Produzent im Produktionsprozess auf Teile der Leistungen eines Filmurhebers verzichten und für die weitere Produktion auf einen anderen zurückgreifen kann. In diesem Fall erwirbt er die für die Verwertung der verwendeten Teile erforderlichen Nutzungs- und Bearbeitungsrechte (zu einer solchen vertraglichen Gestaltung OLG München ZUM 2000, 767, 770 f. – *down under*). **12**

d) **Mitwirkung als Filmurheber:** Die schöpferische Mitwirkungsleistung muss Werkcharakter aufweisen. Beim schutzfähigen Filmwerk muss es wegen des Schöpferprinzips (vgl. Rn. 10) **mindestens einen Urheber** geben. Urheber ist im Regelfall der Hauptregisseur, den § 65 Abs. 2 als einzigen Filmurheber erwähnt. Die Gesetzesbegründung nennt als mögliche Urheber neben dem Regisseur auch Kameramann, Cutter und andere Mitwirkende (RegE UrhG – BT-Drucks. IV/270, S. 100) wie Tonmeister, Filmarchitekten, Beleuchter und nicht zuletzt im Einzelfall sogar Schauspieler. **13**

Bei der Bestimmung, wer Filmurheber ist, sollte auf die Umstände des jeweiligen Einzelfalles abgestellt werden. Das UrhG folgt – als Ausfluss des **Schöpferprinzips** – dieser letztgenannter **Einzelfallmethode** (RegE UrhG – BT-Drucks. IV/270, S. 100; BGH GRUR 2002, 961, 962 – *Mischtonmeister*; OLG Köln GRUR-RR 2005, 337, 338 – *Dokumentarfilm Massaker*; *Götting* ZUM 1999, 3, 7; *Katzenberger* ZUM 1988, 545, 554; *Kreile/Westphal* GRUR 1996, 254, 256; *Rehbinder*[14] Rn. 273; zur Rechtslage im europäischen Vergleich *Poll* GRUR Int. 2003, 290, 295). Die Urheberschaft kann nicht nach der Kategorienmethode bestimmt werden, die typologisch einem bestimmten Kreis von Filmschaffenden definiert (für eine modifizierte Kategorienmethode und kritisch zur Einzelfallmethode *Bohr* UFITA 78 [1977], 95, 99). Zwar kann die Einzelfallmethode unter dem Aspekt der Rechtssicherheit kritisiert werden (*Poll* ZUM 1999, 29, 30 f.). Regelmäßig wird das im Endeffekt jedenfalls dann keine erheblichen Probleme aufwerfen, wenn § 89 Abs. 1 anwendbar ist und damit alle (möglichen) Urheber erfasst. Zudem haben sich im Laufe der Zeit in der Praxis gewisse Linien abgezeichnet (zur Rechtsprechung zu den einzelnen Mitwirkenden vgl. Rn. 20 ff.). Zur Praxis gehören auch **Verteilungspläne** von Verwertungsgesellschaften, die als **Indiz** wirken können. So nennt etwa die VG Bild-Kunst neben dem Regisseur auch Kameraleute, Cutter, Szenen- und Kos- **14** tümbildner (*Wilhelm Nordemann/Pfennig* ZUM 2005, 689; *Pfennig* ZUM 1999, 36). Wenn man diesen groben Ausgangspunkt wählt, darf nicht vergessen werden, dass Verteilungspläne eine typologische Betrachtung vornehmen, die von den einzelnen Mitwirkungsleistungen im Einzelfall durchaus abweichen kann. Wenn hingegen Rechte kollektiv wahrgenommen werden und dazu im Voraus eine generelle Betrachtung regelmäßiger Urheberschaftsverhältnisse bei der Herstellung eines Filmwerkes erforderlich sind, so etwa bei der Frage der Aufstellung des Verteilungsschlüssels einer Verwertungsgesellschaft, ist eine gewisse **typisierte Betrachtung** angebracht (BGH GRUR 2002, 961, 962 – *Mischtonmeister; Loewenheim* UFITA 126 [1994], 99, 117; Schricker/*Katzenberger*[3] Vor § 88 Rn. 73) Das kann dazu führen, dass Personengruppen, die nicht regelmäßig schutzfähige Leistungen erbringen, nicht in den Verteilungsplan einer Verwertungsgesellschaft aufgenommen werden müssen, mögen sie auch im Einzelfall Miturheber sein.

15 Filmurheber müssen schöpferische Beiträge bei der Herstellung des Filmes erbringen, deren Funktion sich nicht lediglich in organisatorischen oder technischen Aufgaben erschöpft. Als grobe Regel für die Bestimmung der schöpferischen Mitwirkung kann man sich daran orientieren, ob die eigene Leistung noch **Raum für schöpferische Tätigkeit** lässt oder sich unter andere Leistungen, z.b. die Vorgaben des Regisseurs, **unterordnen** muss (LG Köln ZUM-RD 1998, 455, 457 – *Filmtonmeister*). Da das Filmwerk als Schutzobjekt im Laufe des Produktionsprozesses entsteht, müssen an diesem die Filmurheber notwendigerweise teilhaben (*Poll* ZUM 1999, 29, 30). Meist wird die Mitwirkung bei den **Dreharbeiten** erfolgen (RegE UrhG – BT-Drucks. IV/270, S. 99). Eine Sicht, die hier stehen bleibt, ist indes zu eng. Die Mitwirkung kann zeitlich im Einzelfall weiter reichen und sich auf alle schöpferischen Beiträge erstrecken, die sich erkennbar im Filmwerk niederschlagen, so etwa bei Pre- oder Postproduction (Dreier/Schulze/*Schulze*[2] Rn. 6; Wandtke/Bullinger/*Manegold*[2] Rn. 14).

16 **Abgrenzung von Stoffurhebern** (§ 88): Filmurheber erbringen **schöpferische Leistungen**, die im **Filmwerk untrennbar** aufgehen, ohne gedanklich vom Film unterscheidbar und gesondert verwertbar zu sein (RegE UrhG – BT-Drucks. IV/270, S. 99; *Götting* ZUM 1999, 3, 5; Dreier/Schulze/*Schulze*[2] Rn. 6; kritisch *Poll* GRUR Int. 2003, 290, 297; vgl. Vor §§ 88 ff. Rn. 16 ff.; vgl. § 88 Rn. 31 ff.). Nur dann ist § 89 einschlägig. Anderenfalls handelt es sich bei der Leistung um ein vorbestehendes Werk, für die Rechtseinräumung gilt dann § 88. Eine konkrete Vermarktungsfähigkeit braucht hierfür nicht nachgewiesen zu werden; es reicht die gedanklich-theoretische Verwertbarkeit außerhalb des Films (Wandtke/Bullinger/*Manegold*[2] Rn. 27; kritisch mit Blick auf praktische Verwertbarkeit *Götting* ZUM 1999, 3, 6; Möhring/Nicolini/*Lütje*[2] § 88 Rn. 8).

17 **Ausübende Künstler** sind grundsätzlich keine Filmurheber (RegE UrhG – BT-Drucks. IV/270, S. 99; *Loewenheim* UFITA 126 [1994], 99, 109). Deren Rechte regelt § 92. Das gilt insb. für Filmschauspieler, die höchstens im Einzelfall einen schöpferischen Beitrag zum Filmwerk leisten (vgl. Rn. 25).

18 Im Einzelfall kann ein Filmurheber eine **Doppel- oder Mehrfachfunktion** ausüben (*Gernot Schulze* GRUR 1994, 855, 856; Dreier/Schule/*Schulze*[2] vor §§ 88 ff. Rn. 13). Es ist möglich, dass eine Person mehrere Leistungen erbringt. Der Regisseur kann etwa das Drehbuch schreiben (BGH GRUR 1995, 212, 213 – *Videozweitauswertung*). Auch kann der Drehbuchautor, der das Drehbuch während des Verfilmungsprozesses an den Film anpasst und auf die

Schöpfung des Filmes Einfluss nimmt, im Einzelfall auch Filmurheber sein (*Gernot Schulze* GRUR 1994, 855, 856), ebenso wie der Urheber einer vorbestehenden schöpferischen Leistung, die die Atmosphäre des Filmes entscheidend prägt (*Götting* ZUM 1999, 3, 8). Auch eine Doppelfunktion als Urheber (§ 88) und ausübender Künstler (§ 92) ist denkbar, wenn etwa der Filmkomponist die Aufnahme der Musik dirigiert oder der Regisseur zugleich als Schauspieler agiert (BGH GRUR 1984, 730, 732 – *Filmregisseur*). In Fällen der Doppelfunktion ist die Rechteeinräumung am Filmwerk hinsichtlich aller erbrachten schutzfähigen Leistungen **einzeln zu prüfen**. Bei einem Regisseur und Drehbuchschreiber sind daher die Rechte für die Verwendung des Drehbuches als vorbestehendes Werk (§ 88) und der Regieleistung als Filmurheber (§ 89) für die Verfilmung erforderlich (BGH GRUR 1995, 212, 213 – *Videozweitauswertung III*). Dabei müssen für eine Doppelfunktion aber **verschiedene Leistungen** gegeben sein. Bei einer untrennbaren Leistung, die Urheberrechtsschutz genießt, würde das Urheberrecht das verwandte Schutzrecht mit umfassen. Neben der schöpferischen Leistung der Filmregie, die § 89 unterfällt, ist angesichts derselben Leistung für die Regelung des § 92 kein Raum (BGH GRUR 1984, 730, 733 – *Filmregisseur*; krit. wegen der bisweilen schwierigen Abgrenzung zwischen Werkschöpfung und Werkinterpretation *Schricker* GRUR 1984, 733, 734; *Hoeren* GRUR 1992, 145, 150). – Die Doppelfunktion hat nichts mit der **Lehre vom Doppelcharakter vorbestehender Werke** zu tun, nach der eine schöpferische Leistung sowohl unter § 88 als auch unter § 89 fallen kann. Das ist indes abzulehnen (vgl. Vor §§ 88 ff. Rn. 17).

19 Der **Filmhersteller** ist trotz seiner organisatorischen und wirtschaftlichen Leistung bei der Filmproduktion kein Filmurheber i.S.d. § 89 (*Ott* ZUM 2003, 765; *Poll* ZUM 1999, 29, 30; *Kreile/Westphal*, GRUR 1996, 254, 256; *Loewenheim* UFITA 126 [1994], 99, 109; mit rechtspolitischer Forderung nach einem originären Produzentenurheberrecht *Rehbinder*[14] Rn. 280; *Kreile/Höflinger* ZUM 2003, 719). Sinn der Vorschrift ist es gerade, die Nutzungsrechte der Filmurheber in seiner Hand zu bündeln. Stattdessen steht dem Filmhersteller das originäre Leistungsschutzrecht des § 94 zu. Im Einzelfall ist aber nicht ausgeschlossen, dass der Filmhersteller selbst auch schöpferische Beiträge erbringt, die ihn zum Filmurheber machen (BGH GRUR 1993, 472 f. – *Filmhersteller*; *Baur* UFITA 3 [2004], 665, 701). In einem solchen Fall einer **Doppelfunktion** (vgl. Rn. 18) als Produzent und schöpferischer Filmurheber geht seine Rolle aber über die eines bloßen Produzenten hinaus (OLG Köln GRUR-RR 2005, 179 – *Standbilder im Internet*).

20 Der **Regisseur** ist regelmäßig Urheber (RegE UrhG – BT-Drucks. IV/270, S. 98; BGH GRUR 1984, 730, 733 – *Filmregisseur*). Hiervon gehen auch Art. 2 Abs. 1 SchutzdauerRL und im Anschluss daran § 65 Abs. 2 aus. Er zeichnet für die gesamte künstlerische Aufsicht über die Herstellung verantwortlich, leitet die Darsteller und ihr Spiel, steuert die szenische Handlung und ihre Umsetzung, beaufsichtigt den Schnitt und Tontechnik, so dass ihm letztlich die „künstlerische Entscheidungshoheit" bei der Umsetzung des geistigen Konzeptes in die filmische Bildform zukommt (BGH GRUR 1991, 133, 134 – *Videozweitauswertung*). Die von ihm durchzuführende Auswahl, Anordnung und Sammlung des Stoffes sowie die Art der Zusammenstellung der einzelnen Bildfolgen stellt sich unbestritten als das Ergebnis schöpferischen Schaffens dar (BGH GRUR 1953, 299, 301 f. – *Lied der Wildbahn I*; BGH GRUR 1984, 730, 732 – *Filmregisseur*). Filmurheber kann auch der **Synchronregisseur** sein, der neue Dialoge schöpferisch gestaltet sowie Bild- und Tonfolgen zu einer neuen Einheit zusammenfügt (LG München I FuR 1984, 534, 535 – *All about Eve*). Der Synchronautor fällt jedoch unter § 88, weil es sich um ein vorbestehendes Werk handelt (*Götting* ZUM 1999, 3, 7; vgl. § 88 Rn. 35).

21 Auch der **Kameramann** ist im Regelfall durch seine schöpferische Leistung innerhalb des vom Regisseur vorgegebenen Spielraums bei der Umsetzung des Geschehens in das Medium Film, durch die Wahl von Perspektiven und Szenenauflösung ein, von Bild-, Farb- und Lichtkonzeptionen oder sogar der Wahl von Drehstätten Filmurheber (RegE UrhG – BT-Drucks. IV/270, S. 98; OLG Köln GRUR-RR 2005, 337, 338 – *Dokumentarfilm Massaker*; LG Köln ZUM-RD 1998, 455, 457 – *Filmtonmeister*; *Wilhelm Nordemann/Pfennig* ZUM 2005, 689; *Haupt/Ullmann* ZUM 2005, 883, 885; *Poll* ZUM 1999, 29, 32 f.; *Wandtke* FS Schricker 70. Geb. S. 609, 610; jetzt auch v. Hartlieb/Schwarz/*Dobberstein*/Schwarz⁴, Kap. 37 Rn. 9). Auch – bzw. gerade – bei Dokumentarfilmen kann seiner schöpferischen Leistung eine größere Bedeutung für das Filmwerk zukommen (OLG Köln GRUR-RR 2005, 337, 338 – *Dokumentarfilm Massaker*). Gleichzeitig können Kameraleute auch Urheber bzw. Lichtbildner im Hinblick auf **Einzelbilder** sein. Dann gilt für Verträge ab 01.07.2002 § 89 Abs. 4 und vom 01.01.1966 bis 30.6.2002 § 91 a.F. (vgl. die jeweilige Kommentierung dazu).

22 Filmurheber sind unter den soeben genannten Voraussetzungen meist auch **Cutter** (RegE UrhG – BT-Drucks. IV/270, S. 98; *Wilhelm Nordemann/Pfennig* ZUM 2005, 689; *Haupt/Ullmann* ZUM 2005, 883, 885; *Poll* ZUM 1999, 29, 32 f.; *Movsessian* UFITA 79 [1977], 213, 225; *Bohr* UFITA 78 [1977], 95, 110; *Wandtke* FS Schricker 70. Geb. S. 609, 610; Dreier/Schulze/*Schulze*² Rn. 12). Etwas anderes gilt dann, wenn der Film nicht geschnitten wird, z.B. bei Liveaufnahmen.

23 Für andere Personen ist eine stärkere Orientierung am Einzelfall angebracht. Ein **Mischtonmeister** kann Urheber sein, wenn er für einen Spielfilm in schöpferischer Weise eine eigene Klangwelt schafft, die sich nicht in lediglich handwerklichem Umgang mit der modernen Mischtechnik für eine saubere Abmischung erschöpft (BGH GRUR 2002, 961, 962 – *Mischtonmeister*). Auch hier kommt es auf die Umstände des Einzelfalles an. Insb. ist der schöpferische Spielraum maßgebend, den er anders als etwa der Tonmeister bei der Aufnahme von Musik hat, dem die Möglichkeit zur künstlerischen Einflussnahme fehlt. Eine Urheberschaft ist eher bei Kinofilmen, anspruchsvollen Fernseh- und Dokumentarfilmen anzunehmen als bei Fernsehspielen, Serien oder Industriefilmen. Ein Anspruch auf Aufnahme in den Wahrnehmungsvertrag einer Verwertungsgesellschaft besteht nicht, da dieser als Massengeschäft typisierend auf schöpferische Leistungen einer Berufsgruppe abstellen muss, um nicht in jedem Einzelfall die Urheberschaft mit erheblichem Aufwand prüfen zu müssen. Gerade wegen der Differenzierung nach Art des Filmes und eigenem Beitrag kann generell eine Urheberschaft des Mischtonmeisters nicht angenommen werden (BGH GRUR 2002, 961, 962 – *Mischtonmeister*).

24 Eine ähnlich differenzierte Betrachtung ist für den **Chef-Beleuchter** und **Special-Effects-Verantwortlichen** angezeigt. Die Verwendung von Licht und Schatten als Ausdrucksmittel, das die Atmosphäre und dramatische Wirkung des Filmes erzeugt und über die bloße Erhellung der Szene hinausgeht, kann ein schöpferischer Werkbeitrag sein (*Bohr* UFITA 78 [1977], 95, 105; Wandtke/Bullinger/*Manegold*² Vor §§ 88 ff. Rn. 45).

Darsteller können nur dann ausnahmsweise Filmurheber sein, wenn ihre **25** Beiträge von eigenen Darstellungsideen geprägt werden und die künstlerischen Vorgaben des Regisseurs für das Spiel eigenen Raum lassen (*Schack*[4] Rn. 299; wegen klarer gesetzlicher Regelung ablehnend *Bohr* UFITA 78 [1977], 95, 113). Sonst handelt es sich bei Darstellern im Regelfall um ausübende Künstler i.S.d. § 92. Jedoch kann der Schöpfer eines **Animationsfilmcharakters** Filmurheber sein, wenn sein schöpferischer Beitrag über den schon vorhandenen, sich aus dem Aussehen des Charakters und seiner künstlerischen Prägung ergebenden Beitrag als vorbestehendes Werk hinausgeht, sich also insb. aus **Bewegungen, Gesten und bewegten Ausdrucksweisen** ergibt (Dreier/Schulze/*Schulze*[2] Rn. 20; Wandtke/Bullinger/*Manegold*[2] Vor §§ 88 ff. Rn. 47); tw. liegt eine Doppelfunktion vor (vgl. Rn. 18).

Auch einem **Filmarchitekten** kann die Stellung als Filmurheber zukommen **26** (BGH GRUR 2005, 937, 938 f. – *Der Zauberberg*), jedenfalls bei wesentlichem Einfluss der Architektur auf den Film (*Götting* ZUM 1999, 3, 7). Auch ist Voraussetzung, dass für sich genommen urheberrechtlich geschützte Werke entstehen, was z.b. bei der Herstellung von üblichen und nicht individuellen Fassaden abzulehnen ist. In Abgrenzung zu vorbestehenden Werken (§ 88) kommt es auch hier darauf an, ob sich die Beiträge vom Filmwerk trennen und gedanklich eigenständig verwerten lassen (dagegen und für § 89 *Katzenberger* ZUM 1988, 545, 549; *Loewenheim* UFITA 126 [1994], 99, 122; Dreier/Schulze/*Schulze*[2] Rn. 13; für § 88 Wandtke/Bullinger/*Manegold*[2] Vor §§ 88 ff. Rn. 46; *Schack*[3] Rn. 300). Ist das der Fall, muss Filmarchitektur nach § 88 beurteilt werden (vgl. § 88 Rn. 38). Praktisch ergeben sich hieraus wegen der Angleichung von § 88 an § 89 heute nur für Altverträge vor dem 01.07.2002 Unterschiede (vgl. § 88 Rn. 9 ff.; vgl. § 89 Rn. 6).

Masken gelangen meist nur dann in den Kreis der schöpferischen Mitwir- **27** kungsleistungen, wenn sie im Einzelfall prägende Wirkung auf die Atmosphäre des Filmes haben (*Götting* ZUM 1999, 3, 8; dafür *Katzenberger* ZUM 1988, 545, 549; zurückhaltender *Bohr* UFITA 78 [1977], 95, 106). Hier ist aber sorgfältig zu prüfen, ob die Tätigkeit eines Maskenbildners sich nicht nur in der handwerklichen Nachvollziehung vorgegebener Formgestaltungen erschöpft (so BGH GRUR 1974, 672 – *Celestina* zum Leistungsschutz nach § 73). Gleiches gilt für **Kostümbildner.** Auch sie können bei entsprechender Wirkung auf den Film und Erstellung von individuellen Kostümen (§ 2) Miturheber sein *(Wilhelm Nordemann/Pfennig* ZUM 2005, 689; *Loewenheim* UFITA 126 [1994], 99, 122), oder aber – je nach anderweitiger Verwertbarkeit – unter Umständen als Urheber vorbestehender Werke eingeordnet werden, vgl. § 88 Rn. 38.

Drehbuchautoren sind Schöpfer vorbestehender Werke. Das Schicksal der **28** Rechte an diesen Werken bemisst sich nach § 88 (Dreier/Schulze/*Schulze*[2] Rn. 16 f.; Wandtke/Bullinger/*Manegold*[2] Vor §§ 88 ff. Rn. 46; a.A. nach der Lehre vom Doppelcharakter vorbestehender Werke *Bohr* ZUM 1992, 121, 123 ff.; *Bohr* UFITA 78 [1977], 95, 131, 138.; Schricker/*Katzenberger*[3] Vor §§ 88 ff. Rn. 69 sowie § 88 Rn. 18; vgl. Vor §§ 88 ff. Rn. 17). Bei **Filmkomponisten** ist zu differenzieren: Ist die Musik eigens für den Film komponiert und geht außerdem untrennbar in ihm auf, ohne gedanklich vom Film unterscheidbar und gesondert verwertbar zu sein, ist § 89 anzuwenden, ansonsten § 88.

e) **Einräumung an den Filmhersteller:** Zur Definition des Filmherstellers vgl. **29** § 94 Rn. 8 ff. Der Wortlaut des § 89 Abs. 1 setzt nicht zwingend einen Vertragsschluss des Filmurhebers mit dem Filmhersteller voraus, weil der notwendige Vertragspartner des Filmurhebers im Tatbestand nicht näher definiert wird. Dennoch ist nach dem Sinn und Zweck des § 89 ein **Vertrag mit dem Filmhersteller** zwingend. Erfolgt der Vertragsschluss des Filmurhebers nicht mit dem Filmhersteller, sondern mit einem Dritten, z.B. mit einem bloßen Financier, findet die gesetzliche Auslegungsregel des § 89 Abs. 1 keine Anwendung; der Filmhersteller kann dann aber gem. § 89 Abs. 2 auch weiterhin noch Rechte vom Filmurheber erwerben. Ist die mit dem Filmurheber kontrahierende Partei unklar, sollte zumindest die **Zweifelsregel** gelten, dass der **Filmhersteller der Vertragspartner** ist. Denn er trägt die wirtschaftliche und organisatorische Verantwortung und ist deshalb der naheliegendste Vertragspartner des Filmurhebers.

30   **f) Umfang der eingeräumten Rechte für die Nutzung des Filmwerkes:** Rechtsfolge des § 89 Abs. 1 ist die **Einräumung des Bearbeitungsrechts und aller filmischen Nutzungsrechte.** Anders als bei § 88 Abs. 1 sind Filmherstellungsrechte (vgl. § 88 Rn. 42 ff., 50 ff.) nicht Gegenstand der Einräumung, weil es bei den Mitwirkungsleistungen noch gar kein schutzfähiges Werk gibt, das für die Herstellung des Filmes benutzt werden könnte. Vielmehr wird das schutzfähige Werk – der Film selbst – erst durch die Leistungen geschaffen, die Gegenstand der Auslegungsregel sind.

31   **aa) Ausschließlichkeit der Nutzungsrechte:** Im Zweifel erwirbt der Filmhersteller ein ausschließliches Recht (§ 31 Abs. 3), das alle Dritten einschließlich des Urhebers selbst von der Nutzung ausschließt, solange nichts anderes vereinbart ist. Der Urheber, z.B. der Regisseur, darf also den Film selbst nicht nutzen, z.B. nicht in Ausschnitten zur Eigenwerbung auf seine Homepage stellen. Aus dem ausschließlichen Nutzungsrecht fließt im Gegensatz zu einfachen Nutzungsrechten neben der **positiven Nutzungsbefugnis** auch eine **negative Abwehrbefugnis**, die die Möglichkeit zum eigenen Vorgehen gegen die Nutzung durch Dritte und die erforderliche prozessuale Aktivlegitimation beinhaltet.

32   **bb) Zeitlicher Umfang:** Die eingeräumten Nutzungsrechte unterliegen im Zweifel keiner zeitlichen Beschränkung (Dreier/Schulze/*Schulze*[2] Rn. 27), sondern sind bis zum Ende der urheberrechtlichen Schutzfrist eingeräumt. Ein Rückruf von Nutzungsrechten gem. §§ 41, 42 ist ab Beginn der Dreharbeiten nicht mehr möglich (§ 90). Auch eine außerordentliche Kündigung wird durch den Rechtsgedanken des § 90 ausgeschlossen. Allerdings stehen dem Filmurheber Erfüllungs- und Schadensersatzansprüche zu, wenn eine Ausübungspflicht durch den Filmhersteller verletzt wird (vgl. § 88 Rn. 70).

33   **cc) Räumlicher Umfang:** Im Zweifel erhält der Filmhersteller ein **räumlich unbeschränktes** Weltnutzungsrecht (Dreier/Schulze/*Schulze*[2] Rn. 27; Wandtke/Bullinger/*Manegold*[3] Rn. 25). Eine territoriale Beschränkung muss grds. ausdrücklich vereinbart werden (vgl. etwa für eine Aufteilung von Senderechten an Rundfunksendungen BGH GRUR 1997, 215, 218 – *Klimbim*; für Rechtseinräumung durch Tarifvertrag OLG Hamburg GRUR 1977, 556, 558 – *Zwischen Marx und Rothschild*).

34   **dd) Inhaltlicher Umfang „Übersetzungen und andere filmische Bearbeitungen oder Umgestaltungen":** Wie auch § 88 Abs. 1 für vorbestehende Werke ermöglicht § 89 Abs. 1 die Verwertung von Übersetzungen und anderen filmischen Bearbeitungen. Dass § 89 Abs. 1 zusätzlich noch „Umgestaltungen" erwähnt, fällt nicht weiter ins Gewicht. Umgestaltungen unterscheiden sich nur dadurch von Bearbeitungen, dass die Umgestaltungsleistung nicht für sich genommen urheberrechtlich geschützt ist (vgl. §§ 23/24 Rn. 10). Es sollte danach ein Redaktionsfehler sein, dass § 88 Abs. 1 „Umgestaltungen" nicht erwähnt. Deshalb kann auf die Ausführungen zu § 88 Abs. 1 zum inhaltlichen Umfang des Bearbeitungsrechts verwiesen werden (vgl. § 88 Rn. 58 ff.). Grenze für das Bearbeitungsrecht des § 89 Abs. 1 ist vor allem § 93.

Da sich die Filmurheber im Regelfall nur zur Mitwirkung an der Herstellung **35** eines konkreten Filmes verpflichten, ist – wie auch bei § 88 (vgl. § 88 Rn. 50) – nur die Verwendung der schöpferischen Beiträge in dem durch sie geschaffenen konkreten Filmwerk gedeckt, nicht dagegen „**für einen anderen Film**" (RegE UrhG – BT-Drucks. IV/270, S. 100). Allerdings sind dem Filmhersteller „Übersetzungen und andere filmische Bearbeitungen oder Umgestaltungen des Filmwerks" erlaubt, so dass hier eine Abgrenzung erforderlich ist. Wie bei § 88 ist dem Filmhersteller eine filmische **Verwendung des Filmmaterials** umfassend auch für andere Filmwerke **gestattet** (vgl. § 88 Rn. 60 ff., im Einzelnen str.). Dafür, dass – in den Grenzen des § 93 – eine Bearbeitung des Filmmaterials für den Produzenten uneingeschränkt möglich ist, spricht im Rahmen des § 89 noch ein systematisches Argument. § 89 Abs. 4 enthält eine gesetzliche Auslegungsregel, dass der Filmhersteller die bei Herstellung des Filmwerkes entstehenden Lichtbilder und Lichtbildwerke im Rahmen des Abs. 1, also insb. in allen Nutzungsarten, filmisch auswerten darf. Wenn der Filmhersteller aber einzelne Lichtbilder und Lichtbildwerke filmisch auf sämtliche Arten nutzen darf, ist nicht einzusehen, warum der Filmhersteller nicht Ausschnitte in Form von bewegten Bildern genauso verwenden darf.

Insb. die Bearbeitung zu **Werbetrailern**, die **Herstellung mehrerer Teile, Kolo- 36 rierung, Verkürzung, Klammerteilauswertung** sind deshalb erst Recht auch nach § 89 Abs. 1 erlaubt (vgl. § 88 Rn. 62). Bei der Produktion des Films wird das abgefilmte Material für die vorführfertige Endfassung (final cut) zurechtgeschnitten. Rechte an dem dafür nicht benutzten **Schnitt- und Restmaterial** sind grds. von § 89 Abs. 1 erfasst (a.A. *Haupt/Ullmann* ZUM 2005, 883, 886). Insb. kann deshalb dieses Material für ein **Making Of** (Dokumentation über die Entstehung des Films) benutzt werden. Nicht erlaubt ist aber, die urheberrechtlich geschützte Filmausstattung für eine Dokumentation gesondert abzufilmen (BGH GRUR 2005, 937, 940 – *Der Zauberberg*), weil dann nicht Material des fertigen Films verwendet wird. Auch eine zweite Schnittfassung – wie der **Director's Cut** – ist nach § 89 Abs. 1 erlaubt (*Haupt/Ullmann* ZUM 2005, 883, 885). Allerdings müssen die Urheberpersönlichkeitsrechte eingehalten werden, sofern sie neben § 89 noch wirken (vgl. Rn. 74 ff.). Für den Director's Cut muss der Regisseur insb. die Zustimmung zur Veröffentlichung geben (§ 12), die aber auch konkludent erteilt sein kann (vgl. Rn. 75).

Die **Wiederverfilmung** ist – anders als für Verfilmungsverträge in § 88 Abs. 2 – **37** in § 89 nicht geregelt. Nach der zutreffenden herrschenden Auffassung bezieht sich die Auslegungsregel des § 89 Abs. 1 nur auf Bearbeitungen und Umgestaltungen des hergestellten Filmmaterials, nicht auf eine Neuverfilmung (Dreier/Schulze/*Schulze*[2] Rn. 28; Schricker/*Katzenberger*[3] Rn. 20; Möhring/ Nicolini/*Lütje*[2] Rn. 19). Schöpferische Einfälle des Regisseurs (§ 2), die nicht im Drehbuch angelegt sind, dürfen also beispielsweise nicht für ein Remake verwendet werden. Das Gleiche gilt für Filmarchitektur, die unter § 89 fällt. Auch **Prequels, Sequels und andere Fortentwicklungen** werden genauso wenig von § 89 Abs. 1 erfasst wie andere Filme, die gar keine Beziehung zum Erstfilm haben und schöpferische Leistungen der Filmurheber außerhalb des Filmmaterials verwenden. Jedoch zu Enthaltungspflichten der Filmurheber vgl. Rn. 63.

38 Nachträgliche Änderungen können vertraglich **von der Zustimmung des Urhebers** (z.B. des Regisseurs) **abhängig gemacht** werden; in diesem Falle ist die Übertragung der Bearbeitungsrechte dinglich beschränkt, und der Filmhersteller erwirbt keine eigenen Änderungsrechte (OLG München UFITA 48 [1966], 287, 291 – *Veränderungsverbotsklausel*). Dann kann allerdings eine **Zustimmungspflicht** nach Treu und Glauben bestehen, wenn nach einer Interessenabwägung unter Berücksichtigung der wirtschaftlichen Interessen des Filmherstellers und des Umfangs der Entstellung die Bearbeitung dem Urheber zumutbar ist (a.A. OLG MünchenUFITA 48 [1966], 287, 290 – *Veränderungsverbotsklausel*). Es darf zudem ein **Leistungsbestimmungsrecht** i.S.d. § 315 Abs. 1 BGB derart vereinbart werden, dass der Filmhersteller im Produktionsprozess auf Teile der Leistungen eines Filmurhebers verzichten und für die weitere Produktion auf einen anderen zurückgreifen kann. In diesem Fall erwirbt er die für die Auswertung der verwendeten Teile erforderlichen Nutzungs- und Bearbeitungsrechte (zu einer solchen vertraglichen Gestaltung OLG München ZUM 2000, 767, 770 f. – *down under*).

39 ee) **Inhaltlicher Umfang der Auswertung („alle Nutzungsarten"):** Die Auslegungsregel des § 89 Abs. 1 erfasst sämtliche („alle") Nutzungsarten. Unter **Nutzungsart** versteht man eine hinreichend klar abgrenzbare, konkrete technisch und wirtschaftlich eigenständige Verwendungsform des Werkes. Ihr Zuschnitt hat dingliche Wirkung. Im Filmbereich sind danach bekannte Nutzungsarten die üblichen Auswertungsfenster Verleih zur öffentlichen Vorführung, insb. an Kinos (aber auch an Fluggesellschaften und Clubs), Herstellung von Videos/DVDs (BGH GRUR 2005, 937 – *Der Zauberberg*; BGH GRUR 1991, 133, 136 – *Videozweitauswertung*), deren Vermietung oder Verkauf (jeweils eigenständig nach BGH GRUR 1987, 37, 39 – *Videolizenzvertrag*), öffentliche Zugänglichmachung (insb. via Internet), Sendung im frei empfangbaren Fernsehen (BGH GRUR 1969, 364, 366 – *Fernsehauswertung*) oder im Pay-TV. Nach dem Urhebervertragsrecht der damaligen **DDR** wurden demgegenüber Fernsehübertragung und Vorführung im Kino derselben Nutzungsart zugeordnet (KG ZUM-RD 1999, 484, 485 – *Flüstern und Schreien*; zu DDR-Verträgen vgl. Vor §§ 88 ff. Rn. 34 ff.). Diese Nutzungsarten lassen sich aber noch weiter unterteilen; ausführlich vgl. § 31 Rn. 73 ff.; auch zu den einzelnen Verträgen zwischen den relevanten Verwertern vgl. Vor §§ 88 ff. Rn. 67 ff. „Alle" bedeutet **bekannte und unbekannte Nutzungsarten**; der „2. Korb" hat mit Wirkung für Verträge ab 01.01.2008 die Beschränkung der Vermutung auf bekannte Nutzungsarten abgeschafft (vgl. Rn. 44 ff.). Zur Frage der **Auswertungspflicht** für den Filmhersteller vgl. § 88 Rn. 70.

40 Allerdings soll nach einer Auffassung im Schrifttum der inhaltliche Umfang der eingeräumten Nutzungsarten je **nach Art der Primärverwertung** (Fernsehfilme, **Kinofilme, Videofilme oder heute auch Internet- bzw. MobileTV-Filme**) begrenzt sein und insb. unübliche Sekundärnutzungen nicht erfassen (Dreier/Schulze/*Schulze*[2] Rn. 26; Schricker/*Katzenberger*[3] Rn. 10 ff.; Wandtke/Bullinger/*Manegold*[2] Rn. 22; a.A. Möhring/Nicolini/*Lütje*[2] Rn. 21). Beispielhaft wird die öffentliche Vorführung von Fernsehfilmen der öffentlich-rechtlichen Rundfunkanstalten genannt (Schricker/*Katzenberger*[3] Rn. 17). Dem ist jedenfalls insoweit nicht zu folgen, als von vornherein unübliche Sekundärnutzungen aus dem Anwendungsbereich des § 89 Abs. 1 herausgenommen werden sollen. Denn § 89 Abs. 1 geht davon aus, dass eine filmische Totalauswertung durch den Filmhersteller üblich ist und ihm deshalb alle filmischen Nutzungsrechte zustehen (vgl. Rn. 1). § 89 Abs. 1 hat – im Gegensatz zu § 88 Abs. 1 a.F. (vgl. § 88 Rn. 9 ff.) – nie zwischen Primär- und Sekundärverwertung differenziert. Das muss auch für bestimmte Produzentengruppen wie die öffentlich-rechtlichen Anstalten gelten, zumal auch diese heute die Totalauswertung über ausgelagerte Produktionsgesellschaften betreiben. Im Einzelfall kann jedoch der Urheber darlegen und ggf. beweisen, dass der Zweck der Vereinbarung gem. § 31 Abs. 5 mit dem Filmhersteller enger war, so dass die Auslegungsregel („im Zweifel") widerlegt ist und keine Anwendung mehr findet (dazu eingehend vgl. Rn. 69 ff.). So deckt die Verfilmung eines Happenings an einer Universität zu **Lehrzwecken** nicht die Vervielfältigung und kommerzielle Verwertung von Videoaufnahmen ab (BGH GRUR 1985, 529, 530 – *Happening* zu § 88). Die vertraglich verabredete Verwertung einer Produktion „zu **Rundfunkzwecken**" umfasst beispielsweise die Sendung selbst, Herstellung, Vervielfältigung und Verbreitung von Wiedergabematerial zu diesem Zweck, Archivierung oder Überlassung an einen Transskriptionsdienst, regelmäßig aber nicht die Verwertung des Wiedergabematerials zur nicht funkmäßigen Wiedergabe für Werbesendungen. Werbung ist nur auf Messen, Ausstellungen, Festivals und Wettbewerben erlaubt, wenn die aufgeführten Veranstaltungen einer Leistungsschau über die Produktion der Sendeunternehmen dienen (OLG Frankfurt GRUR 1989, 203, 204 – *Wüstenflug* für Filmauswertung unter § 31 Abs. 5). Ohne solche Abreden, die die Zweifelsregelung des § 89 Abs. 1 begrenzen, spricht aber nichts dagegen, dass der Filmhersteller den Film auch für **Zwecke fremder Werbung** nutzen kann (a.A. Dreier/Schulze/*Schulze*[2] Rn. 31), weil diese Nutzung zur Totalauswertung des Filmwerkes zählt. Für **Zwecke der Werbung für den Film selbst** (z.B. in Werbetrailern) ist die Nutzung stets erlaubt, weil gar keine eigenständige Nutzungsart vorliegt (vgl. § 31 Rn. 64). Zum Umfang des Bearbeitungsrechts vgl. Rn. 34 ff.

Rechte zur **nicht-filmischen Nutzung** sind nicht erfasst (Dreier/Schulze/*Schulze*[2] Rn. 33; Schricker/*Katzenberger*[3] Rn. 53; Wandtke/Bullinger/*Manegold*[2] Rn. 24). Solche Nutzungen sind bei Rechten der Filmurheber weniger häufig als bei Rechten am vorbestehenden Werken (vgl. § 88 Rn. 69), aber nicht ausgeschlossen. Beispiel (zu Abs. 1 i.V.m. Abs. 4): Der Kameramann verwendet die geschaffenen Lichtbildwerke einzeln in einem anderen Medium als Film, z.B. Buch zum Film. Zweck des § 89 ist es allein, die Rechte in der Hand des Filmherstellers zu konzentrieren, die er zur Auswertung des geschaffenen Filmes benötigt. Deshalb ist nicht-filmisches **Merchandising** nicht erfasst. Die Einräumung beurteilt sich dann direkt nach der Zweckübertragungslehre (§ 31 Abs. 5). Die Auswertung der Tonspur (z.B. als **Filmmusik**) auf eigenständigen Tonträgern ist ohne vertragliche Abrede dem Filmhersteller nicht erlaubt, eine diesbezügliche Rechteeinräumung in AGB aber wirksam (BGH GRUR 1984, 119, 120 – *Synchronisationssprecher* zur vergleichbaren Lage bei ausübenden Künstlern). **41**

Da nach dem Wortlaut des § 89 Abs. 1 nur Nutzungsrechte Gegenstand der Rechtseinräumung sind, behalten die Filmurheber ihre **gesetzlichen Vergütungsansprüche** (OLG Köln ZUM 2000, 320, 325 – *Schlafes Bruder*; *Gernot Schulze* GRUR 1994, 855, 865; *Katzenberger* ZUM 1988, 545, 554; Schricker/*Katzenberger*[3] Rn. 19; a.A. *Rehbinder* ZUM 1990, 234, 238; *Schack* ZUM 1989, 267, 271; *Schack*[4] Rn. 434). Zu vertraglichen Abtretungen siehe die Kommentierung zu § 63 a. **Zweitwiedergaberechte** (öffentliche Wiedergabe von Fernsehsendungen beim Empfang gem. § 22 und sekundäres **42**

Kabelfernsehen) sind dagegen Nutzungsrechte und werden deshalb auch von der Vermutung des § 89 Abs. 1 erfasst (v. Hartlieb/Schwarz/*Reber*² Kap. 63 Rn. 8.; offen wohl Wandtke/Bullinger/*Manegold*² Rn. 21; a.A. *Katzenberger* ZUM 1988, 545, 554; Dreier/Schulze/*Schulze*² Rn. 34; Schricker/*Katzenberger*³ Rn. 19).

43 **ff) Unbekannte Nutzungsarten (Abs. 1 S. 2):** Das Verbot der Rechteeinräumung an unbekannten Nutzungsarten (§ 31 Abs. 4 a.F) wurde mit dem „2. Korb" für Verträge ab 01.01.2008 abgeschafft; seitdem erstreckt sich § 89 Abs. 1 auf alle, auch im Zeitpunkt des Vertrages unbekannte (filmische) Nutzungsarten (zu Altverträgen bis zum 31.12.2007 vgl. Rn. 6 f.; vgl. § 137l Rn. 14). Zu unbekannten Nutzungsarten allgemein vgl. § 31a Rn. 26 ff. § 89 Abs. 1 S. 2 regelt, inwiefern die Regelungen des allgemeinen Urhebervertragsrechts der §§ 31 ff. zu unbekannten Nutzungsarten auf Verträge mit Filmurhebern Anwendung finden.

44 Nach § 89 Abs. 1 S. 2 bleibt das **Schriftformerfordernis** des § 31a Abs. 1 S. 1 unangetastet (RegE 2. Korb – BT-Drucks. 18/1828, S. 33). Das verträgt sich allerdings kaum mit der Zweifelsregelung des § 89 Abs. 1 S. 1, die den Filmhersteller unabhängig von expliziten Rechtseinräumungen machen will. Deshalb sollte eine Anwendung des § 31a Abs. 1 S. 1 **restriktiv** erfolgen. Nach dem Wortlaut genügt es, wenn Urheber und Filmhersteller die Einräumung von unbekannten Nutzungsarten schriftlich fixieren. Eine generelle Formulierung wie „Der Urheber stimmt der Auswertung in allen bekannten und unbekannten Nutzungsarten zu" genügt. Allerdings muss in diesem Zusammenhang klar sein, dass sich diese Erklärung auf die Vereinbarung zur Mitwirkung an der Verfilmung (vgl. Rn. 11 f.) bezieht, was sich aber auch aus den Umständen ergeben kann.

45 Einen wirtschaftlichen **Ausgleich** für den Urheber soll der Anspruch auf angemessene **Vergütung** in § 32c bringen, der anwendbar ist, weil er nicht von § 89 Abs. 1 S. 2 ausgenommen wird. Demgegenüber ist das **Widerrufsrecht** (§ 31a Abs. 1 S. 3 und 4, Abs. 2 bis 4) nach § 89 Abs. 1 S. 2 **generell ausgeschlossen**, sonst könnten sich Urheber von der Rechtseinräumung einfach wieder distanzieren (*Schwarz/Evers* ZUM 2005, 113, 114).

46 **gg) Abweichende Vereinbarungen, AGB und Tarifverträge:** § 89 Abs. 1 ist lediglich eine Zweifelsregelung. Abweichende Abreden gehen vor. Aus Produzentensicht machen allerdings gesonderte Abreden im Hinblick auf filmische Rechte wenig Sinn, weil diese vollständig wegen § 89 Abs. 1 auch ohne ausdrückliche Vereinbarung beim Produzenten liegen, sieht man einmal davon ab, dass für Rechte an unbekannten Nutzungsarten eine ausdrückliche schriftliche Vereinbarung vorliegen muss; nur für nicht-filmische Rechte ist es erforderlich, sich über umfassende Klauseln die gewünschten Rechte zu sichern (zum Ganzen vgl. § 88 Rn. 77). – Von § 89 abweichende Abreden können formularmäßig in AGB getroffen werden (BGH GRUR 1984, 45, 48 f. – *Honorarbedingungen: Sendevertrag*), was auch üblich ist (*Wilhelm Nordemann/Pfennig* ZUM 2005, 689, 691; *Katzenberger* ZUM 1988, 545, 552). Auch die für Rechte an unbekannten Nutzungsarten erforderliche Schriftform gem. § 31a Abs. 1 wird durch Formularverträge gewahrt. Bei der AGB-Kontrolle ist § 89 Abs. 1 der gesetzliche Maßstab i.S.d. § 307 Abs. 2 Nr. 1 BGB (a.A. BGH GRUR 1984, 45, 48 f. – *Honorarbedingungen: Sendevertrag*). Auch der Bundesgerichtshof hat erst jüngst § 89 Abs. 1 als gesetzliches Leitbild bezeichnet (BGH GRUR 2005, 937, 939 – *Der Zauberberg*). Wegen der umfassenden Rechtseinräumung für „alle" filmischen Nutzungsarten (bekannt und unbekannt), die § 89 Abs. 1 erlaubt, dürfte das Leitbild aber allenfalls bei nicht-filmischen Rechten zu Lasten des Filmherstellers wirken (z.B. Merchandising, vgl. Rn. 41). Jedoch ist eine Inhaltskontrolle der Nutzungsrechtseinräumung nur sehr begrenzt möglich (str., vgl. Vor §§ 31 ff. Rn. 202 ff.). Zu den **Normativbestimmungen** bei Altverträgen vor 1966 für Filmschaffende und deren Einbeziehung in Verträge vgl. § 88 Rn. 8. Zum DDR-Recht vgl. Vor §§ 88 ff. Rn. 34 ff.

Als Abweichung von der Regel des § 89 Abs. 1 kommen auch **Tarifverträge** in **47** Betracht, in denen Regelungen über Rechtseinräumungen enthalten sind. Insb. für Altverträge ist als vertragsrechtliche Grundlage für das Tätigwerden von Filmschaffenden auf die von der Reichsfilmkammer herausgegebenen Allgemeinen Anstellungsbedingungen hinzuweisen. Auch heute existieren Tarifverträge für Filmschaffende (ausführlich vgl. § 43 Rn. 34 ff.; zur Bezugnahme auf Tarifverträge in einem Vertrag: OLG Hamburg GRUR 1990, 822, 823 – *Edgar-Wallace-Filme*; ferner OLG Hamburg GRUR 1977, 556, 558 – *Zwischen Marx und Rothschild*).

hh) **Verwertungsgesellschaften:** Vgl. Vor § 88 Rn. 110 ff.   **48**

2.   Vorherige Verfügungen des Filmurhebers an Dritte (Abs. 2)

a) **Vorausverfügung durch den Filmurheber:** Der Filmurheber muss „im Vo- **49** raus" verfügt haben. Das bezieht sich offensichtlich auf eine Verfügung **vor der Rechtseinräumung an den Filmhersteller** nach Abs. 1. Nachträgliche Einräumungen von Rechten, die der Filmhersteller nicht erworben hat, werden also nicht erfasst. Damit betrifft Abs. 2 im Regelfall **Rechtseinräumungen an einem künftigen Werk**, weil der Filmhersteller erst nach Nutzungsrechtseinholung den Film herstellen wird. Die Einräumung von Rechten an künftigen Werken ist nur im Rahmen des § 40 möglich. Auch geht es **nur** um **Verfügungen** (a.A. Dreier/Schulze/*Schulze*[2] Rn. 36), nicht um bloße Verpflichtungsgeschäfte des Filmurhebers (zum Trennungsprinzip vgl. § 31 Rn. 29). Denn Verpflichtungsgeschäfte allein beseitigen nicht die Möglichkeit des Filmherstellers, das Recht noch zu erwerben. Für Verpflichtungsgeschäfte hat Abs. 2 allenfalls mittelbare Wirkung insoweit, als Schadensersatzansprüche des Dritten gegen den Filmurheber wegen Nichterfüllung ausgeschlossen sind (vgl. Rn. 55).

b) **Vorausverfügung an einen Dritten:** Nach der Gesetzesbegründung zielt **50** Abs. 2 vor allem auf einen Schutz des Filmherstellers vor „unkontrollierbaren Vorausabtretungen" des Filmurhebers **an Verwertungsgesellschaften** (RegE UrhG – BT-Drucks. IV/270, S. 100). Verwertungsgesellschaften lassen sind im Regelfall vom Urheber bei Abschluss von Wahrnehmungsverträgen Rechte an sämtlichen zukünftigen Werken einräumen. Aber auch Vorausabtretungen **an sonstige Dritte** sind wegen des offenen Wortlauts erfasst.

c) **Nutzungsrecht nach Abs. 1:** Sachlich bezieht sich Abs. 2 nur auf **Rechte**, die **51** von der gesetzlichen Auslegungsregel des § 89 Abs. 1 erfasst werden. Darüber hinausgehende Verfügungen durch den Urheber sind nicht betroffen (zum Umfang des Abs. 1 im Einzelnen vgl. Rn. 30 ff.). Abs. 2 findet danach insb. keine Anwendung auf das Wiederverfilmungsrecht, auf das Recht zur Herstellung von filmischen Fortentwicklungen einschließlich Sequels und Prequels sowie auf gesetzliche Vergütungsansprüche (str., je nach dem, ob gesetzliche Vergütungsansprüche unter Abs. 1 gefasst werden: wie hier Schricker/*Katzenberger*[3] Rn. 21; Wandtke/Bullinger/*Manegold*[2] Rn. 33; a.A. *Schack* ZUM 1989, 267, 271, *Schack*[3] Rn. 434; vgl. Rn. 42). Da Zweitwiedergaberechte von der Auslegungsregel des Abs. 1 erreicht werden (str., vgl. Rn. 42), ist Abs. 2 insoweit anwendbar.

52 **d) Erhalt der Befugnis zur Rechteeinräumung an Filmhersteller:** Abs. 2 will dem Filmurheber ermöglichen, sämtliche Rechte, die die Auslegungsregel des Abs. 1 erfasst, trotz Vorausverfügung durch den Urheber zu erwerben. Der Filmhersteller kann die vereinbarten Rechte also auch dann erwerben, wenn sie zuvor schon einem Dritten eingeräumt wurden. Das widerspricht eigentlich dem urheberrechtlich Prioritätsprinzip, nach dem die erste Verfügung der zweiten vorgeht (vgl. § 33 Rn. 7). Um keine systemfremde Ausnahme vom Prioritätsprinzip zuzulassen, werden verschiedene Konstruktionsmöglichkeiten vertreten. So werden die Rechtsfolgen des § 89 Abs. 2 teils auf eine Verdopplung der Verfügungsbefugnis (Schricker/*Katzenberger*[3] Rn. 22; Möhring/Nicolini/*Lütje*[2] Rn. 31), teils auf eine **auflösende Bedingung gem. § 158 Abs. 2 BGB** gestützt, die die Wirksamkeit der ersten Verfügung beendet (*Bohr* ZUM 1992, 121, 132; Dreier/Schulze/*Schulze*[2] Rn. 36; Wandtke/Bullinger/*Manegold*[2] Rn. 34). Für die letztgenannte Lösung spricht, dass nur durch eine Auslösung der Vorausverfügung die Ausschließlichkeit der Rechtseinräumung für den Filmhersteller gewährleistet werden kann. Insb. Verwertungsgesellschaften müssen aufgrund des Abschlusszwanges jedem beliebigen Dritten zumindest einfache Nutzungsrechte einräumen (§ 11 UrhWahrnG), so dass die Exklusivität der Rechte des Filmherstellers ernsthaft gefährdet wäre. Jegliche **Schadensersatzansprüche des Dritten gegen den Filmhersteller** wegen Entfalls der Rechtseinräumung sind **ausgeschlossen** (a.A. Schricker/*Katzenberger*[3] Rn. 22, der §§ 826 BGB, 3 UWG anwenden will), weil dies dem Schutzzweck des Abs. 2 zu Gunsten des Filmherstellers widerspräche.

53 Abs. 2 gilt nur dann, wenn der Filmurheber **an den Filmhersteller** verfügt, nicht aber bei Rechtseinräumung an einen Dritten (Dreier/Schulze/*Schulze*[2] Rn. 36).

54 **e) Keine anderweitigen Abreden:** Die Vorschrift ist nicht ohne Zustimmung des Filmherstellers abdingbar (Möhring/Nicolini/*Lütje*[2] Rn. 29; Wandtke/Bullinger/*Manegold*[2] Rn. 33). Alles andere wäre mit dem Schutzzweck des Abs. 2, dem Filmhersteller den Erwerb des gesamten Rechtekatalogs des Abs. 1 offen zu halten, nicht vereinbar.

55 **f) Ansprüche des Dritten gegen den Filmurheber:** Der Filmurheber ist dem Dritten **nicht** zum **Schadensersatz** (insb. wegen Nichterfüllung) verpflichtet, wenn Abs. 2 greift (a.A. Schricker/*Katzenberger*[3] Rn. 22; Dreier/Schulze/*Schulze*[2] Rn. 36). Ausdrücklich bezieht der Gesetzgeber auch den Filmurheber in den Schutzbereich des Abs. 2 ein, um seine persönliche Handlungsfreiheit bei Vorausabtretungen an Verwertungsgesellschaften zu wahren (RegE UrhG – BT-Drucks. IV/270, S. 100). Es findet deshalb lediglich eine Rückabwicklung nach **Bereicherungsrecht** (§§ 812 ff. BGB) statt, um den früheren Rechtszustand wieder herzustellen (§ 158 Abs. 2 BGB).

3. Unterscheidung zwischen Urhebern vorbestehender Werke und Filmurhebern (Abs. 3)

56 § 89 Abs. 3 hat **klarstellenden Charakter.** Er betont die Unterscheidung zwischen den Rechten der Filmurheber, die sich nach § 89 bemessen, und denen der Urheber vorbestehender Werke, die § 88 regelt (RegE UrhG – BT-Drucks. IV/270, S. 100). Deshalb erscheint auch die Lehre vom Doppelcharakter vorbestehender Werke, die sowohl unter § 88 als auch unter § 89 fallen sollen, als zweifelhaft (eingehend vgl. Vor §§ 88 ff. Rn. 17). Davon unberührt bleibt die Erbringung gedanklich trennbarer schöpferischer Leistungen durch ein und dieselbe Person (z.B. Drehbuch und Regie durch eine Person). Bei einer solchen Doppelfunktion kommen beide Normen parallel zur Anwendung (vgl. Rn. 18).

4.   Rechteerwerb an Lichtbildern und Lichtbildwerken (Abs. 4)

Vor der Einführung des Abs. 4 erwarb der Filmhersteller die Rechte an Licht- **57** bildern durch § 91 a.F. Dieser ordnete ursprünglich an, dass der Filmhersteller die Rechte zur filmischen Verwertung der bei der Herstellung des Filmwerkes entstehenden Lichtbilder erhält und dem Lichtbildner insofern keine Rechte zustehen. Der Streit, ob es sich hierbei nur um eine gesetzliche Auslegungsregel (so Dreier/Schulze/*Schulze*[2] § 91 Rn. 7; Voraufl./*Hertin* § 91 Rn. 1) oder eine Legalzession (Möhring/Nicolini/*Lütje*[2] § 91 Rn. 1; Schricker/*Katzenberger* § 91 Rn. 6) handelt, wurde nunmehr gesetzlich beendet und zu Gunsten einer **gesetzlichen Auslegungsregel** gelöst. Denn Abs. 4 verweist auf die gesetzliche Auslegungsregel des Abs. 1. Daneben ist Abs. 4 allerdings im Rahmen des Verweises auf Abs. 2 auch mehr als eine Auslegungsregel.

Durch die Einführung des Abs. 4 wurde klargestellt, dass die Vorschrift nicht **58** nur für Filmeinzelbilder in Form von **Lichtbildern** (§ 72) gilt, sondern auch für **Lichtbildwerke** im Sinne des § 2 Abs. 1 Nr. 5 (BeschlE RAusschuss UrhVG – BT-Drucks. 14/8058, S. 22). Damit ist der Streit beendet, ob sich § 91 a.F. nur auf Rechte an Lichtbildern oder auch an Lichtbildwerken erstreckte. Ansonsten hat sich in der Praxis nichts geändert, weil der Umfang des Rechteerwerbs nach § 91 a.F. und nach § 89 Abs. 4 n.F. parallel laufen. Vgl. § 91 Rn. 1 ff.

Damit § 89 Abs. 4 Anwendung findet, muss der **Filmhersteller** (vgl. § 94 **59** Rn. 8 ff.) **mit** dem Urheber bzw. Lichtbildner der Filmeinzelbilder (also dem **Kameramann**) **einen Vertrag geschlossen haben**. Verträge mit Dritten scheiden aus. Wohl besteht aber eine Vermutung für einen Vertragsschluss mit dem Filmhersteller bei Zweifeln über den Vertragspartner (zu Abs. 1 vgl. Rn. 29).

Im Zuge einer umfassenden **Auswertung** erwirbt der Filmhersteller gem. **60** § 89 Abs. 4 **im Zweifel** auch die erforderlichen Verwertungsrechte an den einzelnen Lichtbildern und Lichtbildwerken. Der Umfang der Nutzungsrechtseinräumung ist identisch mit dem **Umfang nach Abs. 1**. Das betrifft aber – nach dem ausdrücklichen Wortlaut des Abs. 4 – nur die filmische Verwertung. Die **nicht-filmische Verwertung**, z.B. in Form von Merchandising oder einem Buch zum Film – wird nicht erfasst. **Abs. 2** ordnet an, dass Vorausverfügungen, insb. an Verwertungsgesellschaften, für Lichtbilder oder Lichtbildwerke auflösend dadurch bedingt sind (§ 158 Abs. 2 BGB), dass der Lichtbildner bzw. Urheber dem Filmhersteller die Rechte einräumt (vgl. Rn. 49 ff.).

Für **Altverträge bis zum 30.06.2002** gilt weiterhin § 91 a.F. Das ergibt sich aus **61** § 132 Abs. 3 S. 1. Siehe deshalb die Kommentierung zu § 91 a.F.

5.   Enthaltungspflichten der Filmurheber

Den **Filmurheber** kann für Rechte, die er nicht eingeräumt hat, eine **Enthal-** **62** tungspflicht treffen, sofern es um eine **Nutzung** geht, die die Auswertung durch den Filmhersteller **nachhaltig stört** (vgl. § 88 Rn. 89). Z.B. sollte eine **Wiederverfilmung** (vgl. Rn. 37) analog § 88 Abs. 2 S. 2 erst 10 Jahre nach Vertragsabschluss möglich sein. Das Gleiche dürfte auch auf die schöpferische Mitwirkung an einem **Bühnenstück** zutreffen, das eine unmittelbare Konkurrenz darstellt (BGH GRUR 1969, 364, 366 f. – *Fernsehauswertung*). Für **Prequels, Sequels und andere Fortentwicklungen** (vgl. Rn. 37) gilt das aber regelmäßig nicht, weil nicht von einer Konkurrenzsituation auszugehen ist. Enthaltungspflichten haben regelmäßig nur **schuldrechtlichen Charakter** (vgl. § 31 Rn. 21 f.), für das Wiederverfilmungsrecht ist aber wohl auch für § 89 eine Ausnahme zu machen und insoweit eine **absolute Wirkung auch gegenüber Dritten** anzunehmen (vgl. § 88 Rn. 84).

III. Prozessuales

Das deliktische **Verbotsrecht des Filmherstellers** entspricht seinen Nutzungsrechten, kann aber über die Grenzen der positiven Nutzungsbefugnis hinausgehen (vgl. § 31 Rn. 20 ff.). Deliktisch vorgehen kann der Filmhersteller bei Verletzung der Enthaltungspflicht zur Wiederverfilmung durch den Filmurheber, ansonsten nicht (str., vgl. Rn. 62). Bei Verletzung werden Ansprüche des Filmherstellers nach §§ 97 ff. ausgelöst. Für die Aktivlegitimation kann schon eine mittelbare wirtschaftliche Beeinträchtigung reichen, etwa eine Gefährdung des Nutzungsentgeltes (BGH GRUR 1999, 984, 985 – *Laras Tochter*; BGH GRUR 1992, 697, 698 f. – *Alf*; OLG Hamburg GRUR 1991, 207, 208 – *Alf*; Dreier/Schulze/*Schulze*[2] § 31 Rn. 56; vgl. § 97 Rn. 132 ff.). Der **Filmurheber** bleibt zur Geltendmachung von Unterlassungsansprüchen gegen Verletzer auch dann befugt, wenn er die relevanten Nutzungsrechte eingeräumt hat (vgl. § 97 Rn. 128). Bei einer Nutzung des Filmwerkes über § 89 bzw. die Vereinbarung hinaus hat der Urheber sämtliche Ansprüche nach §§ 97 ff., sofern eine dinglich wirkende Beschränkung übergangen wurde (vgl. § 31 Rn. 11).

63 Die **Darlegungs- und Beweislast** ist differenziert zu sehen. Für die Verpflichtung zur Mitwirkung bei der Herstellung eines Films liegt sie beim Filmhersteller, weil insoweit der Vermutungstatbestand des § 89 Abs. 1 (zu § 31 Abs. 5 vgl. Rn. 67 ff.). Dafür, dass eine andere Nutzungsrechtseinräumung als die in § 89 Abs. 1 oder Abs. 4 vorgesehene verabredet wurde, trägt der Urheber die Darlegungs- und Beweislast (zum Fall einer erfolgreichen Widerlegung der Vermutung: BGH GRUR 1985, 529, 530 – *Happening*). Wer sich auf die Einräumung von außerfilmischen Rechten beruft, die von § 89 gar nicht erfasst werden, muss das im Rahmen von § 31 Abs. 5 ggf. substantiiert darlegen und beweisen (vgl. Rn. 67 ff.).

64 Die **Nennung eines Mitwirkenden** im Vor- oder Abspann des Filmes bzw. in sonst üblicher Weise kann den Nachweis seiner Miturheberschaft am Filmwerk erleichtern. Wenn seine dort erwähnte Funktion eine typische schöpferische Leistung (z.B. Regie) ist, wird die Miturheberschaft vermutet (BGH GRUR 1986, 887, 888 – *BORA BORA*).

65 Auf die Auslegungsregeln des § 89 kann sich nicht nur der Filmhersteller berufen. Vielmehr kommt § 89 der Charakter einer generellen Auslegungsregel zu, die **auch zu Gunsten beliebiger Dritter im Prozess** wirken kann, um damit die **Rechtseinräumung des Filmurhebers an den Filmhersteller** zu behaupten. So können sich weitere Verwerter in der Auswertungskette (z.B. der Videoanbieter, der Internetanbieter) dafür auf § 89 berufen, dass die Rechtekette beim Urheber ordnungsgemäß begonnen hat und die Rechte an den Filmhersteller eingeräumt wurden. Umgekehrt können sich auch der als Verletzer in Anspruch Genommene zum Bestreiten der Aktivlegitimation des Urhebers (z.B. für Schadensersatzansprüche; zu Unterlassungsansprüchen bliebe der Urheber berechtigt, vgl. § 97 Rn. 128 oder eines Dritten auf § 89 berufen. Nicht anwendbar ist § 89 allerdings auf die Rechtseinräumung zwischen Auswertern im Hinblick auf den fertigen Film (vgl. Rn. 29).

Zu **Vereinbarungen** – insb. in AGB –, mit denen **Unterlassungsansprüche** vor **66** Beendigung der Produktion und Erstveröffentlichung des Films ausgeschlossen werden, vgl. Vor §§ 31 ff. Rn. 211; dort auch zur Möglichkeit, zumindest eine Geltendmachung im **Einstweiligen Verfügungsverfahren** formularvertraglich zu verbieten.

IV. Verhältnis zu anderen Vorschriften

1. Zweckübertragungslehre (§ 31 Abs. 5)

Bei § 89 stellt sich die Frage nach dem Verhältnis zur Zweckübertragungslehre **67** (§ 31 Abs. 5). Beide Vorschriften sind als Auslegungsregeln ähnlicher Rechtsnatur und steuern den Umfang der Rechteeinräumung. Diesen Regelungszweck verfolgen sie aber mit unterschiedlichen Ausgangspunkten: Während § 31 Abs. 5 davon ausgeht, dass der Urheber nur so viele Rechte einräumt, wie zur Erfüllung des Vertragszwecks (zwingend) notwendig sind (vgl. § 31 Rn. 126 ff.), will § 89 erreichen, dass dem Filmhersteller sämtliche („alle") filmischen Nutzungsrechte zustehen. Damit **konkretisiert** er aber regelmäßig die Zweckübertragungslehre für den Filmbereich zu Gunsten des Filmherstellers (*Movsessian* UFITA 79 [1977], 213, 225). § 89 kommt damit für Filmwerke gegenüber der allgemeinen Auslegungsregel des § 31 Abs. 5 **grds.** der **Vorrang** zu (BGH GRUR 2005, 937, 939 – *Der Zauberberg*; *Poll* ZUM 1999, 29, 35). Wenn sich der Filmurheber auf einen Zweck beruft, der ausnahmsweise vom Zweck des § 89 abweicht, muss er dies darlegen und ggf. beweisen. Zweifel gehen gem. § 89 zu seinen Lasten. Gelungen ist dem Urheber ein solcher Beleg bei Verfilmung eines Happenings an einer Universität zu Lehrzwecken, was nicht die Vervielfältigung und kommerzielle Verwertung von Videoaufnahmen deckte (BGH GRUR 1985, 529, 530 – *Happening*; auch *Bohr* ZUM 1992, 121, 132).

Nach dem Regelungszweck des § 89, alle filmischen Rechte dem Produzenten **68** zu geben, darf es auch keine einschränkende Auslegung unter Heranziehung des § 31 Abs. 5 geben, dass die Zweifelregeln des § 89 sich nur auf die **primäre Nutzungsart** beziehen, nicht aber auf die Sekundärnutzung. Wird etwa ein Fernsehfilm gedreht, so werden nicht nur die für die Fernsehauswertung erforderlichen Rechte eingeräumt, das gilt insb. für **öffentlich-rechtliche Rundfunkanstalten**, auch wenn ihnen gar keine Kompetenz außerhalb der Primärverwertung zusteht (a.A. Schricker/*Katzenberger*[3] Rn. 10; zurückhaltender: Dreier/Schulze/*Schulze*[2] Rn. 26; Wandtke/Bullinger/*Manegold*[2] Rn. 22; zu Recht wie hier Möhring/Nicolini/*Lütje*[2] Rn. 21). Aufgrund des Vorranges des § 89 vor § 31 Abs. 5 wäre allenfalls denkbar, dass die Zweifelsregelungen des § 89 im Einzelfall widerlegt werden. Das dürfte aber eine größere Ausnahme darstellen, weil heute alle Filmproduzenten eine Totalverwertung anstreben. Das trifft auch auf die Produktionstöchter der öffentlich-rechtlichen Anstalten zu; früher war das aber durchaus anders, so dass bei Altverträgen der Urheber die Möglichkeit hat, einen von der Zweifelsregelung abweichenden Zweck darzulegen und ggf. zu beweisen. Das gilt insb. dann, wenn ausdrücklich eine Nutzung „zu Rundfunkzwecken" verabredet wurde und damit die Zweifelsregelung des § 89 nicht einschlägig ist (OLG Frankfurt GRUR 1989, 203, 204 – *Wüstenflug*; vgl. Rn. 40).

69 § 31 Abs. 5 gilt jedoch **außerhalb vom Anwendungsbereich** der Zweifelsregelungen **des** § 89. Danach ist nach § 31 Abs. 5 zu klären, ob eine **Verpflichtung** besteht, bei der Herstellung des Filmes **überhaupt mitzuwirken** (Dreier/Schulze/*Schulze*[2] Rn. 2). Auch bleibt die Zweckübertragungsregel des § 31 Abs. 5 neben § 89 Abs. 1 anwendbar, wenn es um Rechte geht, die von seiner Einräumungsvermutung nicht umfaßt sind (Wandtke/Bullinger/*Manegold*[2] Rn. 21 ff.), wie z.B. die Nutzung zur **Wiederverfilmung** (vgl. Rn. 37), Sequels, Prequels, Fortentwicklungen (Rn. 37) oder **nicht-filmische** Auswertungsarten wie etwa Merchandising (zu § 88: OLG Hamburg GRUR-RR 2003, 33, 35 – *Maschinenmensch* für einen Altvertrag vor 1965; *Gernot Schulze* GRUR 1994, 855, 864).

70 Auch die Rechtevergabe durch den Filmhersteller zur Auswertung eines **fertigen Films** bemisst sich nach § 31 Abs. 5, weil auf solche **Auswertungsverträge** „hinter" dem Filmhersteller die §§ 88 ff. gar nicht anwendbar sind (vgl. Vor §§ 88 ff. Rn. 68).

2. Arbeits- und Dienstverhältnisse (§ 43)

71 § 43 regelt die Rechteeinräumung von Filmurhebern im Dienst- und Arbeitsverhältnis zum Filmhersteller. § 89 **geht** mit seiner umfassenden Rechteeinräumungsvermutung § **43 vor** (*Haupt/Ullmann* ZUM 2005, 883, 885 sprechen zutreffend von einer lex specialis). Anderes gilt freilich außerhalb des Anwendungsbereiches des § 89, etwa bei nichtfilmischer Nutzung. Hier kann § 43 erhebliche Bedeutung erlangen, zumal sein Umfang auch weiter ist als § 31 Abs. 5. Ferner gelangt § 89 nicht zur Anwendung, wenn zwischen Filmhersteller und Filmurheber ausdrückliche Abreden getroffen, insb. **Tarifverträge** abgeschlossen wurden (vgl. § 43 Rn. 34 ff.).

3. Urheberpersönlichkeitsrechte (§§ 12 bis 14)

72 Von der Rechtseinräumungsvermutung des § 89 Abs. 1 **nicht** umfasst sind **Urheberpersönlichkeitsrechte,** insb. gem. §§ **12 bis 14** (OLG Köln GRUR-RR 2005, 337 – *Dokumentarfilm Massaker*; OLG München ZUM 2000, 767, 771 – *down under*; KG NJW-RR 1986, 608, 609 – *Paris/Texas;* Möhring/Nicolini/*Lütje*[2] Rn. 12).

73 Insb. gilt das für das **Veröffentlichungsrecht** (§ 12). Auch wenn die Verweigerung einer Veröffentlichung die über § 89 Abs. 1 eingeräumten Nutzungsrechte ins Leere laufen lassen kann und die Auswertung behindern mag, ist sie doch der Frage des von § 89 gesteuerten Umfanges der Nutzungsrechtseinräumung vorgelagert. Das Veröffentlichungsrecht gem. § 12 Abs. 1 setzt voraus, dass der Urheber das Werk überhaupt als fertig zur Veröffentlichung freigegeben hat. Das ist jedenfalls vor der Fertigstellung des Werkes zu bezweifeln. Wenn vereinbart ist, dass der Produzent auf Teile der Leistungen eines Regisseurs verzichten kann, beschränkt sich dessen Veröffentlichungsrecht auf die in den bisherigen Produktionsstufen erbrachten Leistungen (OLG München ZUM 2000, 767, 771 – *down under*). Die Veröffentlichung kann auch **konkludent** erklärt werden, etwa durch vorbehaltslose Ablieferung des Filmmaterials (OLG München ZUM 2000, 767, 771 f. – *down under*). Das Veröffentlichungsrecht darf **nicht treuwidrig** geltend gemacht bzw. verweigert werden. Gegen § 242 BGB verstößt es, wenn vollständige Honorarzahlung für das Werk verlangt wird, das in Beschaffenheit und Verwertungsmodalitäten den vertraglichen Vereinbarungen entspricht, gleichzeitig aber über das Veröffentlichungsrecht die Verwertung blockiert wird (OLG Köln GRUR-RR 2005, 337, 338 – *Dokumentarfilm Massaker*).

Für den **Urhebernennungsanspruch** des § 13 gilt nichts Besonderes (vgl. § 13 **74** Rn. 1 ff.); dieser ist von § 89 nicht betroffen. Jedoch ist das Recht des Urhebers, sich gem. § 14 gegen **Entstellung** und andere Beeinträchtigungen des Werkes zu wehren, durch § 93 eingeschränkt.

4. Modifikationen der §§ 34, 35, 41, 42 durch § 90

Für die Filmurheber schließt § 90 S. 1 Rückrufsrechte wegen Nichtausübung **75** (§ 41) und gewandelter Überzeugung (§ 42) sowie Zustimmungserfordernisse für die Übertragung (§ 34) oder Weitereinräumung (§ 35) der Rechte zum Zwecke der Filmauswertung durch Dritte aus. Bei etwaigen Vorausverfügungen der Urheber vor Entstehung des Filmes greift § 89 Abs. 2.

5. Unbekannte Nutzungsarten (§§ 31a, 32c, 137l)

Für die Einräumung der Rechte an unbekannten Nutzungsarten gem. § 89 **76** Abs. 1 ist das Schriftformgebot des § 31a Abs. 1 gem. § 89 Abs. 1 S. 2 nicht aufgehoben. Das gilt allerdings nicht für die Einräumung von unbekannten filmischen Nutzungsrechten in Altverträgen vom 01.01.1966 bis 31.12.2007 gem. § 137l, die auch ohne schriftlichen Vertrag im Regelfall der Filmhersteller nacherwirbt (vgl. § 137l Rn. 14). Für Neuverträge ab 01.01.2008 gilt die Vergütungspflicht nach § 32c, für Altverträge die Vergütungspflicht gem. § 137l Abs. 5.

6. Laufbilder (§ 95)

Eine Anwendung des § 89 auf Laufbilder **scheidet aus**, weil in einem solchen **77** Fall kein urheberrechtlich geschütztes Werk (§ 2) entsteht, an dem die Mitwirkenden Rechte nach § 89 geltend machen könnten.

§ 90 Einschränkung der Rechte

[1]Die Bestimmungen über die Übertragung von Nutzungsrechten (§ 34) und über die Einräumung weiterer Nutzungsrechte (§ 35) sowie über das Rückrufrecht wegen Nichtausübung (§ 41) und wegen gewandelter Überzeugung (§ 42) gelten nicht für die in § 88 Abs. 1 und § 89 Abs. 1 bezeichneten Rechte. [2]Satz 1 findet bis zum Beginn der Dreharbeiten für das Recht zur Verfilmung keine Anwendung.

Übersicht

I. Allgemeines

1. Sinn und Zweck

1 § 90 ist ein weiterer gesetzlicher Baustein, um dem Filmproduzenten die störungsfreie **wirtschaftliche Totalauswertung des hergestellten Films zu ermöglichen** (vgl. Vor §§ 88 ff. Rn. 1 ff.). Der Filmproduzent muss insb. bei der Auswertung des Filmes anderen Verwertern Nutzungsrechte einräumen bzw. übertragen können. Denn i.d.R. ist der Filmhersteller nicht in der Lage, den Film in allen Verwertungsstufen selbst auszuwerten, und ist damit auf die Weitergabe der Rechte angewiesen. Auch wenn der Film noch nicht hergestellt ist, werden oft schon die künftigen Rechte an ihm verkauft (*v. Frentz/Becker* ZUM 2001, 382 zur Bestimmung der Leistungszeit). So können Nutzungsrechte vorab als Sicherheit für die Filmfinanzierung dienen (*Geulen/Klinger* ZUM 2000, 891, 892). § 90 schränkt daher die Anwendung solcher Vorschriften ein, die Verfügungen über Rechte am Filmwerk – sowohl solcher von Urhebern vorbestehender Werke wie auch der Filmurheber, und über § 92 Abs. 2 auch der ausübenden Künstler – gefährden und einer umfassenden wirtschaftlichen Auswertung im Weg stehen können (RegE UrhG – BT-Drucks. IV/270, S. 100). Insb. gilt das für Zustimmungserfordernisse der Urheber bei der Übertragung (§ 34) und Weitereinräumung von Nutzungsrechten (§ 35) sowie für die Regelungen über den Rückruf (§§ 41, 42). Ausgerichtet an seinem Sinn und Zweck, dem Filmhersteller die wirtschaftliche Auswertung des Filmwerkes zu erleichtern, kann der Wortlaut des § 90 reduziert (BGH GRUR 2001, 826, 830 – *Barfuß ins Bett* zu § 34 Abs. 4, vgl. Rn. 8) oder erweitert (zum Ausschluss ungeschriebener Kündigungsrechte, vgl. Rn. 8 f.) werden. Die Einschränkung des S. 2 für das Recht zur Verfilmung erklärt sich daraus, dass vor Beginn der Dreharbeiten die zu schützenden Investitionen regelmäßig noch nicht in einem erheblichen Umfang getätigt wurden (RegE UrhG – BT-Drucks. IV/270, S. 101).

2. Früheres Recht

2 Bis 30.06.2002 lautete § 90 wie folgt:

§ 90 Einschränkung der Rechte

Die Bestimmungen über die Übertragung von Nutzungsrechten (§ 34) und über die Einräumung weiterer Nutzungsrechte (§ 35) sowie über das Rückrufrecht wegen Nichtausübung (§ 41) und wegen gewandelter Überzeugung (§ 42) gelten nicht für die in § 88 Abs. 1 Nr. 2 bis 5 und § 89 Abs. 1 bezeichneten Rechte. Dem Urheber des Filmwerkes (§ 89) stehen Ansprüche aus § 36 nicht zu.

3 Mit UrhVG vom 22.03.2002 erfuhr § **90 S. 1** zunächst einige **redaktionelle Änderungen** und wurde an die geänderte Fassung des § 88 angepasst. Die in der § 90 S. 2 a.F. normierte und oft kritisierte (*Gernot Schulze* GRUR 1994, 855, 862; Voraufl./*Hertin* Rn. 1; Schricker/*Katzenberger*[3] Rn. 2) Unanwendbarkeit des ehemaligen Bestsellerparagraphen § 36 a.F. wurde fallengelassen. Auch bei Altverträgen bis zum 30.06.2002 können sich Urheber jetzt gem. § 132 Abs. 3 auf den „Nachfolger" des § 36 a.F., nämlich auf § **32a**, berufen (siehe die Kommentierung zu § 132), und zwar für Sachverhalte nach dem 28.03.2002 (§ 132 Abs. 3 S. 2). Das gilt selbst für Altverträge bis zum 31.12.1965 (vgl. § 132 Rn. 19). § 36 a.F. kann Sachverhalte bis 28.03.2002 theoretisch erfassen; das wird aber schon wegen der Verjährungsregeln des BGB kaum noch eine praktische Rolle spielen (vgl. § 102 Rn. 4 ff).

An Stelle der weggefallenen Regelung wurde in § 90 S. 2 n.f. klargestellt, dass **4**
S. 1 zeitlich für das Recht zur Verfilmung erst ab Beginn der Dreharbeiten gilt,
was auch schon nach alter Rechtslage ähnlich zu beurteilen war. § 90 a.f.
ordnete die Erleichterungen nämlich nur für § 88 Nr. 2 bis 5 an, nicht aber für
das Recht zur Herstellung eines Filmwerkes in Nr. 1. Damit kam es für die
Frage von Zustimmungsbedürfnissen auf den genauen Zeitpunkt der Herstellung an, der mitunter schwierig zu bestimmen war. Die n.f. rekurriert demgegenüber klarer auf den Beginn der Dreharbeiten (RegE UrhVG – BT-Drucks.
14/6433, S. 19; BeschlE RAusschuss UrhVG – BT-Drucks. 14/8058, S. 22). Zu
Problemen kann § 90 S. 1 a.f. führen, wenn das Verfilmungsrecht beispielsweise nach Beginn der Dreharbeiten, aber noch während der Herstellung
übertragen werden sollte. Wegen der erbrachten Investitionen wurde zu Recht
auch damals schon auf den Beginn der Dreharbeiten abgestellt (Schricker/
Katzenberger[3] Rn. 10; a.A. Dreier/Schulze/*Schulze*[2] Rn. 10 mit Blick auf das
dem Filmhersteller mit der Verfilmung entgegengebrachte persönliche Vertrau-
en; gegen den Schutz eines bestimmten Projektstandes auch Voraufl./*Hertin*
Rn. 4; vgl. zur Definition „Beginn der Dreharbeiten" vgl. Rn. 12), so dass die
Auswirkungen der Reform gering sind. Auf **Altverträge vor dem 01.07.2002**
findet § 90 a.f. gem. § 132 Abs. 3 S. 1 weiterhin Anwendung.

Nach § 132 Abs. 1 ist § 90 auf **Altverträge vor dem 01.01.1966** nicht anwend- **5**
bar. Zu diesem Zeitpunkt bestanden aber auch die für nicht anwendbar
erklärten gesetzlichen Schutzvorschriften zu Gunsten der Urheber noch nicht.
Zu DDR-Verträgen vgl. Vor §§ 88 ff. Rn. 34 ff.

3. EU-Recht und Internationales Recht

Dazu vgl. Vor §§ 88 ff. Rn. 24 ff. **6**

II. Tatbestand

1. Rechtsnatur; abweichende Abreden

Bei § 90 handelt es sich um **keine Auslegungsregel** (Dreier/Schulze/*Schulze*[2] **7**
Rn. 5; Wandtke/Bullinger/*Manegold*[2] Rn. 2). Die Norm schließt kraft Gesetzes
die genannten Zustimmungserfordernisse und Rückrufsrechte der Urheber
aus. § 90 ist aber **dispositiver Natur** (Dreier/Schulze/*Schulze*[2] Rn. 8). Die Parteien können vereinbaren, dass die Regelungen der §§ 34, 35, 41 und 42 gelten
sollen. Das kann **ausdrücklich** oder auch **konkludent** geschehen. Um bei
konkludenter Vereinbarung ausnahmsweise von der gesetzlichen Regelung
abzuweichen, müssen jedoch klare Anhaltspunkte vorhanden sein, zumal die
gesetzliche Regelung im Regelfall auch der Interessenlage bei der Filmauswertung entspricht. Abweichende Vereinbarungen sind auch in **AGB** möglich.
§ 90 ist jedoch gesetzliches Leitbild, so dass beispielsweise ein formularvertraglicher Ausschluss von § 90 S. 2 nur in Betracht kommt, wenn der Filmhersteller vor Beginn der Dreharbeiten schon umfassende Investitionen getätigt hat und deshalb auch aus § 242 BGB als schutzwürdig erscheint (vgl.
Rn. 12).

2. Ausschluss der §§ 34, 35, 41, 42 (S. 1)

§ 90 S. 1 schließt eine Anwendung folgender Bestimmungen grds. aus: § 34 **8**
(Übertragung von Nutzungsrechten). Insb. ist danach **keine Zustimmung des**

Urhebers bei Übertragung von Nutzungsrechten erforderlich (§ 34 Abs. 1 S. 1). Anders als das Zustimmungserfordernis bei der Übertragung von Nutzungsrechten (§ 34 Abs. 1) ist die angeordnete gesamtschuldnerische **Haftung** (§ 34 Abs. 5) nicht ausgeschlossen. Der Zweck des § 90, die ungestörte Verwertung des Filmwerkes zu erleichtern, erfordert dies nicht (BGH GRUR 2001, 826, 830 – *Barfuß ins Bett*; Dreier/Schulze/*Schulze*[2] Rn. 14; Schricker/*Katzenberger*[3] Rn. 5; Wandtke/Bullinger/*Manegold*[2] Rn. 10). Bei unbekannten Nutzungsarten (§§ 32c, 137l) und bei der Bestsellervergütung (§ 32a) haftet allerdings der neue Nutzungsrechtsinhaber allein. Ferner steht dem Urheber auch **kein Rückrufsrecht** gem. § 34 Abs. 3 S. 2 und S. 3 zu; nach der *ratio legis* besteht darüber hinaus auch **kein ungeschriebenes Kündigungsrecht** aus wichtigem Grund in solchen Fällen (dazu vgl. § 34 Rn. 29). Im Hinblick auf die Einräumung von weiteren Nutzungsrechten gem. § 35 ist eine Zustimmungspflicht des Urhebers ebenfalls ausgeschlossen. Auch ein ungeschriebenes außerordentliches Kündigungsrecht existiert hier nicht.

9 Ferner ordnet § 90 S. 1 an, dass § 41 (Rückruf ausschließlicher Nutzungsrechte wegen fehlender oder unzureichender Ausübung) nicht angewendet wird. Der Ausschluss des Rechterückfalls bei fehlender oder unzureichender Ausübung gilt nach dem Sinn und Zweck des § 90 S. 1 auch für andere Rechtsinstitute, beispielsweise für die **außerordentliche Kündigung wegen Nichtausübung bei Auswertungspflichten** (dazu vgl. § 88 Rn. 70). Es bleiben bei Verletzung der Auswertungspflicht allerdings Schadensersatz- und Erfüllungsansprüche. Mit dem Sinn und Zweck des § 90 S. 1, die wirtschaftliche Auswertung durch den Filmhersteller zu erleichtern, ist es nicht zu vereinbaren, die Rückrufsrechte des § 41 bei **Ablauf der Leistungsschutzrechte** des Filmherstellers (§ 94) wieder aufleben zu lassen (so aber Dreier/Schulze/*Schulze*[2] Rn. 15). § 90 muss über die gesamte Schutzdauer des Urheberrechts und nicht nur des Leistungsschutzrechts wirken. Auch für §§ 88 Abs. 1 und 89 Abs. 2 ist anerkannt, dass sie für die gesamte Schutzdauer des Urheberrechts gelten, vgl. § 88 Rn. 48; vgl. § 89 Rn. 32. Ein Rückruf nach § 42 ist ebenfalls vollständig ausgeschlossen.

10 § 90 S. 1 betrifft eigentlich nach seinem Wortlaut **nur die** von den Urhebern **vorbestehenden Werke** gem. § 88 Abs. 1 und von den Filmurhebern gem. § 89 Abs. 1 an den Filmhersteller **eingeräumten Rechte**. Ausführlich vgl. § 88 Rn. 48 ff. und vgl. § 89 Rn. 30 ff. Abweichend vom Wortlaut kann § 90 S. 1 allerdings immer nur insoweit angewendet werden, als die in §§ 88 Abs. 1, 89 Abs. 1 bezeichneten Rechte **tatsächlich eingeräumt wurden**. Nur im Rahmen der gestatteten Verwertung sollen die Erleichterungen dem Filmhersteller auch zugute kommen. Umgekehrt stellt sich – insb. bei Altverträgen vom 01.01.1966 bis 30.06.2002, für die § 88 Abs. 1 a.F. enger gefasst war, vgl. § 88 Rn. 9 ff. – die Frage, ob die Erleichterungen auch für Rechte gelten, die nicht von der Zweifelsregel erfasst, gleichwohl aber **gesondert vertraglich eingeräumt** wurden. Das ist angesichts des Zwecks der §§ 88 ff., die ungestörte filmische Auswertung zu gewährleisten, richtigerweise für **filmische Rechte** zu bejahen (Schricker/*Katzenberger*[3] Rn. 3; Wandtke/Bullinger/*Manegold*[2] Rn. 4; a.A. für Altverträge bis 30.06.2002 Dreier/Schulze/*Schulze*[2] Rn. 6). Auch bei **unbekannten filmischen Nutzungsarten**, die in Altverträgen vom 01.01.1966 bis 31.12.2007 wegen § 31 Abs. 4 a.F. nicht eingeräumt werden konnten, sollte bei vertraglichem Nacherwerb § 90 S. 1 gelten (so auch Dreier/Schulze/*Schulze*[2] Rn. 6; a.A. noch Voraufl./*Hertin* Rn. 8). Bei Nacherwerb von filmischen Rechten über die Einräumungsfiktion des § 137l ist § 90 S. 1 ebenfalls einschlägig (zur Anwendung des § 41 auf die Einräumungsfiktion des § 137l vgl. § 41 Rn. 55). § 90 S. 1 kann ferner auf das gesondert vertraglich gewährte Recht zur **Wiederverfilmung (Remake)** angewendet werden (a.A. Dreier/ Schulze/*Schulze*[2] Rn. 11; wie hier: Schricker/*Katzenberger*[3] Rn. 12; Wandtke/ Bullinger/*Manegold*[2] Rn. 3). Denn die Gestattung zur Wiederverfilmung ist eine filmische Nutzung. Der Filmhersteller benötigt den Schutz des § 90 ab Beginn der Dreharbeiten; eine Differenzierung zwischen Erstverfilmung und Wiederverfilmung ist nicht sachgerecht. Das Gleiche gilt für **Fortentwicklungs-rechte (z.B. Sequels, Prequels)**. Schließlich fällt das Recht zur Verwendung der schöpferischen Leistungen **in einem anderen Film** – auch soweit nicht von §§ 88 Abs. 1, 89 Abs. 1 gedeckt, str. vgl. § 88 Rn. 60 ff. und vgl. § 89 Rn. 34 ff. – unter § 90 S. 1 (a.A. Dreier/Schulze/*Schulze*[2] Rn. 7; Wandtke/Bul-linger/*Manegold*[2] Rn. 8; Schricker/*Katzenberger*[3] Rn. 13). Denn auch dabei handelt es sich um filmische Nutzungen, für die der Schutzzweck des § 90 ein-schlägig ist. Über filmische Nutzungen geht der Anwendungsbereich des § 90 S. 1 aber nicht hinaus, weil der Filmhersteller hier nicht besser gestellt werden kann als jeder andere nicht-filmische Verwerter. § 90 erfasst also **keine außer-filmischen Nutzungsarten** (vgl. § 88 Rn. 69 und vgl. § 89 Rn. 41) wie etwa Merchandising.

3. Keine Anwendung für Verfilmungsrecht bis Beginn der Dreharbeiten (S. 2)

Vor Beginn der Dreharbeiten hat der Filmhersteller noch **keine wesentlichen** **11** **Aufwendungen** getätigt, so dass seine Schutzbedürftigkeit geringer ist (RegE UrhG – BT-Drucks. IV/270, S. 101). Aus diesem Grund findet § 90 S. 1 vor diesem Zeitpunkt gem. S. 2 für das Recht zur Verfilmung keine Anwendung. Wie die gleich lautende Überschrift des § 88 zeigt, sind mit „Recht zur Ver-filmung" **alle von § 88 Abs. 1 erfassten filmischen Rechte** gemeint und nicht nur das Filmherstellungsrecht im engeren Sinne (vgl. § 88 Rn. 48 ff.). Eine isolierte Regelung des Filmherstellungsrechts ohne die Auswertungsrechte des § 88 Abs. 1 würde auch keinen Sinn machen. Darüber hinaus fallen auch sämtliche gesondert vertraglich über § 88 Abs. 1 hinaus eingeräumten fil-mischen Rechte unter § 90 S. 2, weil sie auch unter § 90 S. 1 fallen (vgl. Rn. 10). Insb. der filmische Stoffrechteerwerb über die Einräumungsfiktion des § 137l fällt unter § 90 S. 2 (vgl. Rn. 10), so dass die darüber eingeräumten Rechte insb. nicht zurückgerufen werden können, wenn die Dreharbeiten bereits begonnen wurden oder gar schon ein ausgewerteter Film vorliegt. § 90 S. 2 gilt **nicht** für die Rechtseinräumung der **Filmurheber** gem. § 89 Abs. 1, weil § 89 Abs. 1 kein Recht zur Verfilmung einräumt (vgl. § 89 Rn. 30).

Beginn der Dreharbeiten: Damit ist **Beginn der Filmaufnahmen** gemeint, also **12** der Zeitpunkt, ab dem die Kamera läuft. Wie S. 1 (vgl. Rn. 8) ist allerdings auch der Wortlaut des S. 2 entsprechend seinem Sinn und Zweck ggf. zu überwinden. Die Erwägung des Gesetzgebers, der Filmhersteller habe vor Beginn der Dreharbeiten noch keine wesentlichen Aufwendungen getätigt, trifft nicht in jedem Fall zu, etwa bei erheblichen **organisatorischen Vorberei-tungen** schon **vor Drehbeginn**, Pre-Production, Finanzierungsverträgen oder erheblichen Aufwendungen für andere Stoffverträge (Schricker/*Katzenberger*[3] Rn. 10; Wandtke/Bullinger/*Manegold*[2] Rn. 6; a.A. Dreier/Schulze/*Schulze*[2] Rn. 10), so dass in diesen Fällen § 90 S. 1 auch vor Beginn der Dreharbeiten ausgeschlossen sein kann (Wandtke/Bullinger/*Manegold*[2] Rn. 6 will § 242 BGB anwenden). Umgekehrt kann nach Beginn der Dreharbeiten § 90 S. 2 noch anwendbar sein, wenn die **Herstellung** des Filmvorhabens endgültig **aufgegeben** und nicht nur vorübergehend unterbrochen wird (Wandtke/Bullinger/*Manegold*[2] Rn. 6). Falls die Dreharbeiten **nicht ernsthaft** begonnen werden – etwa um nur den Ausschluss des Rückrufrechtes herbeizuführen –, kann sich der Stoffurheber ebenfalls auf § 90 S. 2 berufen (Dreier/Schulze/ *Schulze*[2] Rn. 10). Ein bloßer **Produzentenwechsel** nach Beginn der Dreharbeiten genügt jedoch nicht, weil dies § 90 S. 2 gerade ermöglichen will (Wandtke/ Bullinger/*Manegold*[2] Rn. 6).

III. Prozessuales

13 Die **Darlegungs- und Beweislast** für eine von § 90 S. 1 abweichende Vereinbarung trägt der Urheber. Allerdings muss derjenige, der sich auf S. 1 beruft, im Zweifel darlegen und beweisen, dass die Dreharbeiten begonnen haben und damit S. 1 auch auf die Rechtseinräumung nach § 88 Abs. 1 anzuwenden ist.

14 Auf die Bestimmung des § 90 kann sich nicht nur der Filmhersteller berufen. Vielmehr können sich auch **beliebige Dritte im Prozess** darauf berufen, um einen fehlenden Rückfall der Rechte vom Filmhersteller (oder anderen Verwertern) an den Urheber zu behaupten. Umgekehrt können auch als Verletzer in Anspruch Genommene zum Bestreiten der Aktivlegitimation des Urhebers (z.b. für Schadensersatzansprüche; zu Unterlassungsansprüchen bliebe der Urheber berechtigt, vgl. § 97 Rn. 128) § 90 anführen.

IV. Verhältnis zu anderen Vorschriften

15 Auf § 90 wird in § 92 Abs. 3 verwiesen. Damit gelten auch beim Erwerb der Rechte von ausübenden Künstlern bei der Filmherstellung die in § 90 genannten Erleichterungen.

> **§ 91   Rechte an Lichtbildern [nur gültig für Verträge vom 01.01.1966 bis 30.06.2002]**
>
> **Die Rechte zur filmischen Verwertung der bei der Herstellung eines Filmwerkes entstehenden Lichtbilder erwirbt der Filmhersteller. Dem Lichtbildner stehen insoweit keine Rechte zu.**

Übersicht

I.   Allgemeines

1.   Sinn und Zweck

§ 91 a.F. stand als Kameraleute diskriminierende Regelung in der Kritik (RegE **1**
UrhVG – BT-Drucks. 14/6433, S. 19). Er wurde durch das UrhVG vom
22.03.2002 aufgehoben. Das Schicksal der Rechte an den einzelnen Bildern
des Filmes wird heute durch § 89 Abs. 4 geregelt. Danach gilt für Lichtbilder
und Lichtbildwerke die Auslegungsregel des § 89 Abs. 1, wonach der Lichtbildner, der sich zur Mitwirkung bei der Herstellung eines Filmes verpflichtet,
dem Filmhersteller im Zweifel das ausschließliche Recht einräumt, das Filmwerk sowie Übersetzungen und andere filmische Bearbeitungen oder Umgestaltungen des Filmwerkes auf alle Nutzungsarten zu nutzen. § 91 a.F. findet
auf **Altverträge vom 01.01.1966 bis zum 01.07.2002** gem. § 132 Abs. 1 und
Abs. 3 **weiterhin** Anwendung.

Auch § 91 gehörte zu den Bausteinen des Gesetzgebers, mit denen er gewähr- **2**
leisten wollte, dass der **Filmhersteller alle für die filmische Auswertung erforderlichen Rechte** hält (vgl. Vor §§ 88 ff. Rn. 1). Ein Film ist aus vielen **Einzelbildern** zusammengesetzt (RegE UrhG – BT-Drucks. IV/270, S. 101). Das gilt
unabhängig davon, ob ein fotochemisches (Filmrolle) oder ein elektronisches
Aufzeichnungsverfahren (Video, digitale Speichermedien) verwendet wurde.
Die Einzelbilder sind isoliert als Lichtbilder (§ 72) oder Lichtbildwerke
(§ 2 Abs. 1 Nr. 5) schutzfähig. Der Lichtbildner bzw. Urheber ist der Kameramann (Dreier/Schulze/*Schulze*[2] Rn. 3; Wandtke/Bullinger/*Manegold*[2] Rn. 4).
Da die Auswertung des gesamten Filmes immer auch die Urheberrechte des
Kameramannes an den Einzelbildern erfassen würde, braucht der Filmhersteller von ihm dieselben Rechte, die er auch für das Filmwerk als solches
benötigt (Dreier/Schulze/*Schulze*[2] Rn. 3; Schricker/*Katzenberger*[3] Rn. 1). Das
gewährleistete § 91 a.F. für Lichtbilder, für Lichtbildwerke galt stets die Vermutung des § 89 Abs. 1 vgl. Rn. 7. Der **Umfang der eingeräumten Rechte gem.
§ 91 a.F. läuft mit § 89 Abs. 4 parallel** (vgl. Rn. 10), allerdings ist unklar, ob
§ 91 a.F. dafür die gleiche dogmatische Konstruktion verwendet (vgl. Rn. 9).

2.   Früheres Recht (KUG)

Vor Inkrafttreten des UrhG am 01.01.1966 gilt für den Bereich des Urheber- **3**
vertragsrechts und der Rechteeinräumung an Werken gem. § 132 Abs. 1 die
frühere Rechtslage (vgl. Vor §§ 31 ff. Rn. 14 f.; vgl. Vor §§ 88 ff. Rn. 9 ff.).
Damit ist **§ 91 a.F.** auf Altverträge **vor dem 01.01.1966 nicht anwendbar.** Es
existierte damals keine dem § 91 a.F. vergleichbare Regelung, obwohl anerkannt war, dass neben dem Schutz des Filmwerkes als solchem ein Schutz der
daraus bestehenden Einzelbilder existiert. Zum Schutz der damaligen Lichtbildner gem. §§ 1, 3 KUG i.V.m. §§ 129 Abs. 1 S. 2, 135 vgl. § 135 Rn. 1.

Bei der Beurteilung solcher Altverträge ist in Bezug auf die Rechte an einzelnen **4**
Lichtbildern auf die allgemeine (nicht kodifizierte) **Zweckübertragungslehre**
zurückzugreifen, sofern die Parteien keine ausdrücklichen Abreden geschlossen haben. Nach ihr erfolgt im Zweifelsfall die Rechtseinräumung in einem
solchen Maß, wie sie erforderlich ist, um den mit dem Vertrag angestrebten
Zweck zu erreichen. Der Zweck eines Vertrages über die Mitwirkung an einem
Film deckt im Regelfall die zum Vertragsschluss **üblichen Auswertungsarten**
(vgl. Vor §§ 88 ff. Rn. 10) für die Einzelbilder ab. In jedem Fall hat damit der
Filmhersteller das Recht, die Einzelbilder zum Zweck der **Bewerbung des**

Films zu vergeben (vgl. Rn. 11 ff. zur Verwendung für **Programmhinweise** oder als **Coverbild**, wenn die relevanten Nutzungsrechte für den Film eingeräumt sind). Auch sollte das Recht umfasst sein, die **Einzelbilder im konkreten Film** zu nutzen (Dreier/Schulze/Schulze[2] Rn. 14, Rn. 9). Ob jedoch das Recht zur **Klammerteilauswertung in anderen Filmen**, das § 91 gewährt (str., vgl. Rn. 11), gem. Zweckübertragungslehre eingeräumt war, erscheint als zweifelhaft. Die Einräumung eines ausschließlichen Vorführungsrechtes an einem Film gestattete – außerhalb des Bewerbungsrechts – nicht, einzelne Lichtbilder zu verwenden (BGH GRUR 1953, 299 – *Lied der Wildbahn I*). Eine **nichtfilmische Verwendung** war – wie bei § 91 – in keinem Fall erfasst.

5 Die Rechte an Einzelbildern hatten **vor 1966** für den Filmhersteller **eine eigenständige Bedeutung** bei **unerlaubter Nutzung von Filmausschnitten durch Dritte**. Über das Urheberrecht am Film kann die sog. Klammerteilauswertung (vgl. § 88 Rn. 62) nur verboten werden, wenn die entnommenen Teile des Filmes als Werk schutzfähig sind, was bei Einzelbildern, kurzen Szenen oder einem eher dokumentarischem Charakter des Filmes nicht immer der Fall sein mag (BGH GRUR 1963, 40, 41 – *Straßen – gestern und morgen*; BGH GRUR 1953, 299, 301 – *Lied der Wildbahn I*; LG Berlin GRUR 1962, 207, 208 – *Maifeiern*). Da es vor 1966 den Leistungsschutz des Filmproduzenten nach § 94 noch nicht gab, waren die erworbenen Rechte an den Einzelbildern notwendig, um eine Klammerteilnutzung – auch von bewegten Bildern – durch Dritte zu verhindern, wenn man nicht auf wettbewerbsrechtliche Ansprüche zurückgreifen wollte (zum früheren wettbewerbsrechtlichen Schutz eines Sendeunternehmens siehe BGH GRUR 1962, 470, 457 – *AKI*). Seit dem UrhG hat sich das geändert, und dem Filmhersteller stehen die Rechte am Filmwerk (§§ 88, 89), an den einzelnen Bildern (§ 91 a.F., § 89 Abs. 4 n.F.) und ein eigenes Leistungsschutzrecht gem. § 94 (ggf. mit § 95) zu.

II.   Tatbestand

1.   Lichtbilder und Lichtbildwerke

6 Bloße **Lichtbilder** (§ 72) sind schon dem Wortlaut nach Regelungsgegenstand, **nicht** aber **Lichtbildwerke**. Nach Ansicht des Gesetzgebers des UrhG 1965 handelte es sich bei den Einzelbildern eines Filmes nicht um Lichtbildwerke, weil die Einzelbilder zwangsläufig als Zufallsprodukte bei der Filmproduktion entstünden (RegE UrhG – BT-Drucks. IV/270, S. 101). Die Schutzfähigkeit und Werkqualität der Einzelbilder ist jedoch für jedes Bild eigenständig nach § 2 zu beurteilen und nicht danach, ob sie Eingang in ein Filmwerk finden. Insoweit ist der Kritik (siehe nur Dreier/Schulze/Schulze[2] Rn. 4) an der Gesetzesbegründung zuzustimmen. Dass Werke bei der Schöpfung eines Gesamtkunstwerkes in eine andere Werkgattung integriert werden, nimmt ihnen nicht die isoliert bestehende Schutzfähigkeit. Um Lichtbildwerke handelt es sich, wenn durch Licht, Bildausschnitt, Blickwinkel und andere Gestaltungselemente eine bestimmte Aussage oder Stimmung vermittelt wird (Dreier/Schulze/Schulze[2] Rn. 5; vgl. § 2 Rn. 191 ff.).

7 Für **Lichtbildwerke** gilt § 91 a.F. danach von vornherein nicht, sondern **§ 89 Abs. 1** (Dreier/Schulze/Schulze[2] Rn. 8; Schricker/Katzenberger[3] Rn. 12). Ein praktischer Unterschied ergibt sich daraus nicht, weil nach der hier vertretenen Auffassung der Umfang der Rechtseinräumung nach § 91 und § 89 Abs. 1 identisch ist (vgl. Rn. 10).

2. Bei der Herstellung eines Filmwerkes entstanden

Zudem erfordert § 91 a.F., dass die Lichtbilder „bei der Herstellung eines **8** Filmwerkes" entstanden sind. Der Rechtserwerb findet im Hinblick auf alle während der Dreharbeiten aufgenommenen Bilder statt, die nach ihrer **Zweckbestimmung** bei der Aufnahme der Herstellung eines Filmwerkes dienen sollen (Wandtke/Bullinger/*Manegold*[2] Rn. 6). Das gilt unabhängig von der tatsächlichen Verwendung in der endgültigen Schnittfassung (Schricker/*Katzenberger*[3] Rn. 10; Wandtke/Bullinger/*Manegold*[2] Rn. 6; a.A. *Haupt/Ullmann* ZUM 2005, 883, 887: grds. kein Rechtserwerb an nicht verwendetem **Schnitt- und Restmaterial**, vgl. § 89 Rn. 36). Diese Zweckbestimmung ex ante fehlt bei Probeaufnahmen oder Set- und Standfotografien aus bloßem Anlass der Produktion (Wandtke/Bullinger/*Manegold*[2] Rn. 6; Schricker/*Katzenberger*[3] Rn. 10). Diese Rechte bleiben beim Kameramann.

3. Rechtserwerb durch Filmhersteller

a) Rechtsnatur: Die Rechtsnatur des Rechtserwerbs war bei § 91 a.F. umstrit- **9** ten. Teils wurde von einer schlecht formulierten Auslegungsregel ausgegangen (so Dreier/Schulze/*Schulze*[2] Rn. 7; Voraufl./*Hertin* Rn. 1), teils eine Legalzession (Möhring/Nicolini/*Lütje*[2] Rn. 1; Schricker/*Katzenberger* Rn. 6) oder gar ein das Schöpferprinzip durchbrechender originärer Rechtserwerb angenommen (*Ulmer*[3] S. 180). Nach der Gesetzesbegründung (RegE UrhG – BT-Drucks. IV/270, S. 101: „unmittelbarer Übergang dieser Rechte auf den Filmhersteller") muss von einer **Legalzession** ausgegangen werden. Da § 91 dispositiv ist (vgl. Rn. 17), besteht in der Praxis aber kein nennenswerter Unterschied zur Auslegungsregel.

b) Umfang des Rechtserwerbs: Der Umfang des Rechtserwerbs nach § 91 a.F. **10** **deckt sich** grundsätzlich **mit dem Umfang des Rechtserwerbs nach § 89 Abs. 1.** Durch die Neuregelung in § 89 Abs. 4, der auf § 89 Abs. 1 nur verweist, wurde nach geltender Rechtslage dieser Gleichlauf bestätigt.

Der Filmhersteller erwirbt von jedem bei der Filmherstellung mitwirkenden **11** Kameramann als Lichtbildner die dabei entstehenden Rechte, soweit es um die filmische Nutzung geht („filmische Verwertung"; s.a. RegE UrhG – BT-Drucks. IV/270, S. 101). Erfasst ist **jede Form der filmischen Verwertung.** Wenig überzeugend ist es, eine Nutzung der Einzelbilder nur für den hergestellten **konkreten** Film zu erlauben (so aber Dreier/Schulze/*Schulze*[2] Rn. 10; Schricker/*Katzenberger*[3] Rn. 7; Wandtke/Bullinger/*Manegold*[2] Rn. 6). Vielmehr fällt wie bei § 88 Abs. 1 (vgl. § 88 Rn. 62) und § 89 Abs. 1 (vgl. § 89 Rn. 36) das Abklammern von Einzelbildern (sog. **Klammerteilauswertung**) und die isolierte Verwendung in anderen Filmen oder filmischen Medien unter § 91. Etwas anderes ergibt sich insb. nicht aus der amtlichen Begründung zu § 91 (im RegE UrhG – BT-Drucks. IV/270, S. 101, finden sich hierzu keine Ausführungen). § 91 wäre auch jeder praktischen Relevanz beraubt, würde man die danach allein erfasste filmische Nutzung auf den konkreten Film verengen. Praktisch niemals werden Lichtbilder in demselben Film noch einmal gezeigt, umso häufiger jedoch in anderen Filmen. Ferner ist das (filmische) digitale **picture sampling** grds. in den Grenzen des § 93 erlaubt (a.A. *Gernot Schulze* GRUR 1994, 855, 860).

Auch die Verwendung von Einzelbildern zu eigenen Werbezwecken für die **12** Auswertung des Films ist – selbstverständlich – von § 91 erfasst. Denn insoweit liegt gar keine eigenständige Nutzung vor (vgl. § 31 Rn. 64). Die Argumentation des OLG Köln, dass die umfassende Einräumung räumlich, zeitlich und inhaltlich unbeschränkter Rechte für alle Zwecke des Rundfunks, einen Film ganz oder tw. beliebig oft zu benutzen, auch zur Verwendung von Einzelbildern als **Standbilder im Internet** für Programmhinweise berechtige (OLG Köln MMR 2005, 185, 186 zu § 31 Abs. 5 bei einem Vertrag zwischen Filmurheber/Produzent und Rundfunkanstalt) ist deshalb sogar überflüssig. Wenn den Vertragsparteien bekannt ist, dass eine Verwertung im Kino, im Fernsehen und durch Video geplant ist, dann kann ein Lichtbild zum Zweck der Werbung für einen Film nicht nur für Kino und Fernsehen, sondern auch als **Coverbild für Video** eingesetzt werden (OLG München ZUM 1995, 798, 800 – *Das Boot* für ein außerfilmisches Lichtbild; i.E. auf Filmeinzelbilder übertragbar).

13 Nicht von den erworbenen Rechten gedeckt sind **außerfilmische Nutzungen** (RegE UrhG – BT-Drucks. IV/270, S. 101). Das gilt insb. für Buchillustrationen und nicht-filmisches Merchandising (Dreier/Schulze/*Schulze*[2] Rn. 11; Schricker/*Katzenberger*[3] Rn. 8; Wandtke/Bullinger/*Manegold*[2] Rn. 8). Die Rechte verbleiben insofern dem Kameramann (S. 2), wenn hier keine anderweitigen vertraglichen Vereinbarungen getroffen wurden (vgl. Rn. 17).

14 Zweitwiedergaberechte (§ 22) sind – wie bei § 89 (vgl. § 89 Rn. 42) – Gegenstand des § 91 a.F., jedoch nicht **gesetzliche Vergütungsansprüche**, bspw. aus § 27 Abs. 1 (Vermietung und Verleih) und §§ 54 ff. (Leermedienabgabe), weil § 91 ausdrücklich auf „Rechte" und nicht auf Vergütungsansprüche abstellt (Dreier/Schulze/*Schulze*[2] Rn. 11; Schricker/*Katzenberger*[3] Rn. 9; Wandtke/Bullinger/*Manegold*[2] Rn. 9; a.A. *Schack* ZUM 1989, 267, 283. Vgl. § 89 Rn. 42).

15 Auf § 91 a.F. war das Verbot der Einräumung von **Rechten an unbekannten Nutzungsarten** in § 31 Abs. 4 a.F. anwendbar, auch wenn man § 91 a.F. als Legalzession begreift (Schricker/*Katzenberger*[3] Rn. 6), weil § 72 auch auf § 31 Abs. 4 a.F. verwies. Nach dessen Wegfall gilt als Übergangsregelung § 137l. Dieser enthält eine Übertragungsfiktion für Rechte an neuen Nutzungsarten zugunsten eines Erwerbers aller wesentlichen zum Zeitpunkt des Vertragsschlusses übertragbaren Nutzungsrechte. Mithin erwirbt der Filmhersteller, der gem. § 91 alle Lichtbildrechte erworben hat, nach § 137l auch alle (filmischen) unbekannten Nutzungsarten. Die Übergangsvorschrift § 137l spricht zwar nur von Urhebern. Jedoch wird man von einer analogen Anwendung auf Lichtbilder i.S.d. § 72 ausgehen müssen. Anderenfalls würde die vor allem für Filmwerke bezweckte Erleichterung bei Altverträgen während der Geltung des § 31 Abs. 4 gefährdet werden (vgl. § 137l Rn. 6).

16 **c) Erwerb durch Filmhersteller:** Nur der Filmhersteller als Vertragspartner von Kameraleuten wird von § 91 a.F. privilegiert. Hat der Kameramann mit Dritten kontrahiert, hilft dem Filmhersteller bei Altverträgen, auf die § 91 a.F. anwendbar ist, nicht § 89 Abs. 2. Bei Zweifeln über den Vertragspartner besteht aber die Vermutung, dass der Filmhersteller als wirtschaftliche und organisatorisch verantwortliche Vertragspartei ist. Zur Definition des Filmherstellers vgl. § 94 Rn. 8 ff.

4. Abweichende Vereinbarungen

17 § 91 war **dispositiv** (Schricker/*Katzenberger*[3] Rn. 11). Abweichende Vereinbarungen können sich auch konkludent ergeben. Nicht anders als beim jetzigen §§ 89 Abs. 1, 4 kann auf die Zweckübertragungslehre zurückgegriffen werden, wenn die vertraglichen Verhältnisse, in denen der Kameramann zum Filmhersteller steht, auslegungsbedürftigen Raum z.B. für von § 91 nicht erfasste außerfilmische Rechtseinräumungen lassen. In **AGB und Formularverträgen** sollte § 91 – wie § 89 (vgl. § 89 Rn. 46) – der gesetzliche Maßstab nach § 307 Abs. 2 Nr. 1 BGB sein. Jedoch ist eine Inhaltskontrolle bei Rechtseinräumungen nur sehr begrenzt möglich (vgl. Vor §§ 31 ff. Rn. 202).

III. Prozessuales

Dazu vgl. § 89 Rn. 63 ff. **18**

IV. Verhältnis zu anderen Vorschriften

Wie bei § 89 (vgl. § 89 Rn. 67) ist die **Zweckübertragungsregel des § 31 Abs. 5** **19** in ihrer Wirkung als entgegenlaufende Auslegungsregel im tatbestandlichen Bereich des § 91 a.F. grds. nicht anwendbar. Anderes gilt für die vorgelagerte Frage, ob ein Lichtbildner überhaupt bei der Herstellung eines Filmes mitwirken sollte, und außerhalb seines tatbestandlichen Anwendungsbereiches wie bei außerfilmischen Nutzungen der Bilder.

Ähnliches lässt sich für § 43 sagen, der die Rechteeinräumung im Dienst- und **20** Arbeitsverhältnis angestellter Filmschaffender regelt. Der vorrangige § 91 a.F. geht über den Umfang hinaus, den § 43 an Rechten gewähren würde. Insoweit ist § 43 nicht maßgeblich. Außerhalb des § 91 kann § 43 erhebliche Bedeutung erlangen, zumal sein Umfang auch weiter reicht als der des § 31 Abs. 5.

Die Urheberpersönlichkeitsrechte der §§ **12 bis 14** gelten auch für die von **21** § 91 erfassten Lichtbildner gem. § 72 Abs. 1. Insoweit gilt das zu § 89 Gesagte (vgl. § 89 Rn. 72 ff.).

§ 91 a.F. ist auf **Laufbilder** anwendbar. Das ordnete § 95 a.F. für Verträge bis **22** 30.06.2002 ausdrücklich an. Für die heutige Gesetzeslage gilt nichts anderes, weil § 95 auf § 89 Abs. 4 verweist. Handelt es sich um ein Lichtbildwerk und einen Altvertrag bis 30.06.2002, ist ebenfalls § 89 Abs. 1 einschlägig (vgl. Rn. 6). Das einzelne Bild kann auch dann ein Lichtbildwerk sein, wenn der Film kein Filmwerk sondern lediglich Laufbild ist. Einzelne Stellen eines Laufbildes, die bei stehender Ansicht Werkcharakter hätten, müssen noch nicht zwingend durch ihre Integration in den gesamten Film zu einem Filmwerk führen. Die Werkhöhe eines Einzelbildes kann – jedenfalls dann, wenn in verschiedenen Szenen eine Vielzahl solcher Bilder existiert – aber ein Indiz für die Unterscheidung in Film und Laufbilder sein (Wandtke/Bullinger/*Manegold*[2] Rn. 4).

§ 92 Ausübende Künstler

(1) Schließt ein ausübender Künstler mit dem Filmhersteller einen Vertrag über seine Mitwirkung bei der Herstellung eines Filmwerks, so liegt darin im Zweifel hinsichtlich der Verwertung des Filmwerks die Einräumung des Rechts, die Darbietung auf eine der dem ausübenden Künstler nach § 77 Abs. 1 und 2 Satz 1 und § 78 Abs. 1 Nr. 1 und 2 vorbehaltenen Nutzungsarten zu nutzen.

(2) Hat der ausübende Künstler im Voraus ein in Absatz 1 genanntes Recht übertragen oder einem Dritten hieran ein Nutzungsrecht eingeräumt, so behält er gleichwohl die Befugnis, dem Filmhersteller dieses Recht hinsichtlich der Verwertung des Filmwerkes zu übertragen oder einzuräumen.

(3) § 90 gilt entsprechend.

Übersicht

I.   Allgemeines

1.   Sinn und Zweck

1 Als Mitwirkende können neben Filmurhebern auch ausübende Künstler (z.B. Schauspieler, Musiker) Rechte am Filmwerk erwerben. Ihnen stehen die Leistungsschutzrechte nach §§ 73 ff. zu. Wie bei Filmurhebern ist auch der Kreis mitwirkender ausübender Künstler oft groß und im Vorhinein möglicherweise schwer zu überschauen. Danach besteht die Gefahr, dass der Filmhersteller nicht alle notwendigen Rechte erwirbt. Auch ist denkbar, dass einige ausübende Künstler beim erforderlichen Nacherwerb ihre Rechte zur Blockade nutzen. Hier gewährt § 92 – vergleichbar der für Filmurheber geltenden Vorschrift des § 89 – dem Produzenten die für die Verwertung des Filmes erforderlichen Nutzungsrechte aller bei der Filmproduktion mitwirkenden ausübenden Künstler, soweit solche entstehen. **Zweck** des § 92 ist es, die für die Auswertung erforderlichen **Nutzungsrechte** in der Hand des Filmherstellers zu **konzentrieren**. Er trägt bei der Produktion das wirtschaftliche Risiko hat u.U. erhebliche Investitionen erbracht und ist für die Amortisation auf eine möglichst ungehinderte Verwertung des Filmes und Rechtssicherheit angewiesen (RegE UrhG – BT-Drucks. IV/270, S. 102). Insofern kann man § 92 als Konkretisierung der Zweckübertragungslehre des § 31 Abs. 5 im Filmbereich zu Gunsten des Filmherstellers (und nicht zu Gunsten des ausübenden Künstlers) begreifen. Zweck sämtlicher Mitwirkungshandlungen bei der Filmherstellung ist es nämlich, dem Produzenten die für die Auswertung erforderlichen Rechte zu verschaffen. Das erfolgt in der geltenden Fassung des § 92 parallel zu § 89 durch eine **Auslegungsregel** über den Umfang der jeweiligen vertraglichen Vereinbarungen mit den ausübenden Künstlern, die dem Filmhersteller den abgeleiteten Rechtserwerb erleichtert. Abs. 1 wurde seit Inkrafttreten des UrhG 1966 **mehrfach geändert** (zum früheren Recht vgl. Rn. 3 ff.). Die heutige Fassung **gilt für Verträge ab 13.09.**2003 (vgl. Rn. 8 ff.).

Abs. 2 dient dem gleichen Zweck. Er soll den Erwerb der Rechte durch den **2** Filmhersteller auch dann gewährleisten, wenn die Filmurheber ihre Rechte z.b. an eine Verwertungsgesellschaft im Voraus abgetreten haben. **Abs. 3** erklärt die eigentlich nur für Filmurheber geltende Vorschrift des § 90 für anwendbar, der Zustimmungserfordernisse des ausübenden Künstlers bei der Übertragung bzw. Weitereinräumung der Rechte und etwaige Rückrufmöglichkeiten ausschließt.

2. Früheres Recht

a) Altverträge bis 31.12.1965: Die Schutzvoraussetzungen bei vor 1966 ge- **3** schaffenen Werke richten sich gem. § 129 Abs. 1 UrhG nach den Vorschriften des UrhG. Leistungsschutzrechte bestehen für Filme vor diesem Zeitpunkt nur insoweit, als ihnen auch vor dem Inkrafttreten des UrhG durch LUG oder KUG Schutz gewährt wurde (§§ 129 Abs. 1 S. 2). Aufnahmen der Darbietungen **ausübender Künstler** auf Tonträger waren als fiktives Bearbeitungsrecht urheberrechtlich **geschützt** (§ 2 Abs. 2 LUG; BGH GRUR 1962, 370, 373 – *Schallplatteneinblendung*). Das galt aber **nicht** für **Schauspieler** (Voraufl./*Hertin* Vor §§ 88 ff. ff. Rn. 15), denen damit für Leistungen vor dem 01.01.1996 keine Rechte zustehen.

Sofern Rechte nach LUG bestanden, gilt für die vertragliche Rechtseinräu- **4** mung gem. § 132 die frühere Rechtslage. § 92 ist auf Altverträge vor 1966 nicht anwendbar. Das gilt auch für die neue Fassung ab 01.07.1995 (a.A. Dreier/Schulze/*Schulze*[2] Rn. 5), weil dem § 132 Abs. 1 entgegensteht. Die Übergangsregel des § 137e Abs. 4 wirkt auch nur für Verträge ab 01.01.1966 (Schricker/*Katzenberger*[3] Rn. 4e, vgl. § 137e Rn. 5). Für die Beurteilung von Altverträgen bis 31.12.1965 ist daher auf die allgemeinen Grundsätze der vor dem UrhG 1965 nicht kodifizierten Zweckübertragungslehre zurückzugreifen, die auch auf verwandte Schutzrechte Anwendung findet (vgl. § 31 Rn. 118), sofern die Parteien keine ausdrücklichen Abreden geschlossen haben. Ob die Zweckübertragungslehre bei Altverträgen zu den gleichen Ergebnissen führt wie heute die Auslegungsregel des § 92 n.F. (so Dreier/Schulze/*Schulze*[2] Rn. 5), erscheint noch nicht als gesichert (vgl. § 89 Rn. 4 f.). Allerdings ging der Gesetzgeber wohl davon aus, dass eine vollständige Rechtseinräumung – wie heute nach § 92 n.F. – üblich war (RegE UrhG – BT-Drucks. IV/270, S. 102), so dass wie bei Filmurhebern (vgl. § 89 Rn. 4) eine Vermutung für eine Rechtseinräumung nach der Zweckübertragungslehre im Umfang des § 92 n.F. besteht.

b) Altverträge vom 01.01.1966 bis 29.06.1995: Der mit Inkrafttreten des UrhG **5** am 01.01.1966 eingeführte § 92 a.F. (i.d.F. von UrhG 1965) lautete wie folgt:

§ 92 Ausübende Künstler [Fassung bis 30.06.1995]: Ausübenden Künstlern, die bei der Herstellung eines Filmwerks mitwirken oder deren Darbietungen erlaubterweise zur Herstellung eines Filmwerkes benutzt werden, stehen hinsichtlich der Verwertung des Filmwerkes Rechte nach § 75 S. 2, §§ 76 und 77 nicht zu.

Nach dieser Regelung entstanden bestimmte Verwertungsrechte gar nicht erst **6** bei den ausübenden Künstlern, um die Auswertung des Filmwerkes von ihrer

Einwilligung unabhängig zu machen und ungestört zu ermöglichen (RegE UrhG – BT-Drucks. IV/270, S. 101). Die umfassende Regelung beschränkte sich nicht auf Nutzungsrechte, sondern schloss auch Vergütungsansprüche (§§ 86 Abs. 2, 87 a.F.) aus. Der Gesetzgeber sah das dadurch als gerechtfertigt an, dass die Leistung und ihre Verwertung bereits durch eine angemessene Vergütung für die Mitwirkung bei der Filmherstellung abgegolten sei. Zudem sei die in der Gesamtschöpfung aufgegangene Leistung nicht wiederholbar, und für persönliche Auftritte entstehe durch Filmwerk keine Konkurrenz (RegE UrhG – BT-Drucks. IV/270, S. 101). Diese Folgen waren im Vergleich zur heutigen Übertragungsvermutung umfassender (*Poll* ZUM 2003, 866).

7   § 137e Abs. 1 S. 2 ordnet jedoch **rückwirkend** im Hinblick auf die Altverträge vom 01.01.1966 bis 29.06.1995 eine Umwandlung der fehlenden Entstehung der Rechte in eine **Übertragung der Rechte an den Filmhersteller** an. Das Gleiche gilt, wenn zumindest die Mitwirkungshandlung bei Herstellung des Filmwerkes bis 29.06.1995 erfolgte. Damit sind DVD-Rechte, Filmwerke aus den Jahren 1967 bis 1970 auf Bild-/Tonträger aufzunehmen und zu verbreiten, an die Sendeanstalt (Radio Bremen) als Filmhersteller übertragen (KG ZUM 2003, 863, 864 – *Beat Club*). Vergütungsansprüche nach §§ 27 Abs. 1 und 3, 77 Abs. 2 S. 2 sollen allerdings von dieser Übertragung nicht umfasst sein und jetzt wieder dem ausübenden Künstler zustehen (Schricker/*Katzenberger*³ § 137e Rn. 5; so auch für § 27 Abs. 1: RegE 3. UrhG ÄndG 1994 – BT-Drucks. 13/115, S. 18).

8   **c) Altverträge vom 30.06.1995 bis 12.09.2003:** Erhebliche Änderungen erfuhr § 92 a.F. durch das dritte Urheberrechtsänderungsgesetz vom 23.06.1995, das die Vermiet- und VerleihRL in das deutsche Recht umsetzte und am 30.06.1995 in Kraft trat. Die neue Fassung lautete:

§ 92 Ausübende Künstler [Fassung bis 12.09.2003]

(1) Schließt ein ausübender Künstler mit dem Filmhersteller einen Vertrag über seine Mitwirkung bei der Herstellung eines Filmwerks, so liegt darin im Zweifel hinsichtlich der Verwertung des Filmwerks die Abtretung der Rechte nach § 75 Abs. 1 und 2 und § 76 Abs. 1.

(2) Hat der ausübende Künstler ein in Absatz 1 genanntes Recht im voraus an einen Dritten abgetreten, so behält er gleichwohl die Befugnis, dieses Recht hinsichtlich der Verwertung des Filmwerkes an den Filmhersteller abzutreten.

9   Die Neufassung war erforderlich geworden, weil § 92 i.d.F. von 1965 gegen die Vermiet- und VerleihRL verstieß. Nach Art. 2 Abs. 1, 5 Vermiet- und VerleihRL stand den ausübenden Künstlern das Vermietrecht an ihren Darbietungen zu. Eine dies regelnde Übertragungsvermutung muss zumindest widerlegbar, das Recht auf angemessene Vergütung muss gem. Art. 4 unverzichtbar sein. Hiermit war § 92 i.d.F.v. 1965 zumindest im Hinblick auf die Rechte aus Vermietung und Verleih unvereinbar, weil er alle Nutzungsrechte und Vergütungsansprüche schon von der Entstehung ausschloss. Das nahm der Gesetzgeber zum Anlass, § 92 über den Bereich der Vermiet- und VerleihRL komplett zu ändern und die oft kritisierte (*Wilhelm Nordemann* GRUR 1991, 1, 9) Schlechterstellung ausübender Künstler gegenüber den Filmurhebern bei der Rechtseinräumung aufzuheben. Dazu wurde § **92 Abs. 1** in eine dem § **89 ähnliche** widerlegbare **Vermutung der Rechtsabtretung** umgewandelt. In § **92 Abs. 2** wurde eine dem § 89 Abs. 2 vergleichbare Regelung für Vorausabtretungen aufgenommen, die verhindern soll, die Filmauswertung durch Vorausabtretungen zu erschweren (RegE 3. UrhG ÄndG 1994 – BT-Drucks. 13/115, S. 16).

d) Verträge ab 13.09.2003: Die heute geltenden Änderungen erfuhr § 92 durch **10** das Gesetz zur Regelung des Urheberrechts in der Informationsgesellschaft vom 10.09.2003, das am 13.09.2003 in Kraft trat. In **Abs. 1** wurden die Verweise auf die geänderten §§ 73 bis 88 aufgenommen. Statt von Einwilligungsrechten der ausübenden Künstler spricht § 92 Abs. 1 nun von dem Recht, die Darbietung auf eine dem Künstler vorbehaltene Nutzungsart zu nutzen. Damit wird über die Abtretung der Rechte als translative Übertragung auch sprachlich der Weg zu einer konstitutiven Rechts**einräumung** vollzogen. Die gleichen Anpassungen betrafen **Abs. 2**. **Neu angefügt wurde Abs. 3.** Die Neufassung 2003 des § 79 Abs. 2 verweist nämlich für ausübende Künstler auf die §§ 32 bis 43 und damit auch auf die Zustimmungserfordernisse und Rückrufsrechte, die gem. § 90 im Filmbereich für Urheber gerade nicht gelten sollen. Die dort für den Filmhersteller durch § 90 gewährten Erleichterungen finden damit gem. dem neu geschaffenen Abs. 3 auch bei ausübenden Künstlern Anwendung (RegE UrhG Infoges – BT-Drucks. 15/38, S. 25).

Für den **zeitlichen Geltungsbereich der Neufassung fehlt jede gesetzliche Re- 11 gelung.** Damit ist davon auszugehen, dass **ab dem 13.09.2003,** also dem Datum des Inkrafttretens, abgeschlossene Verträge erfasst sind. Das ergibt sich auch aus § 132 Abs. 1, der für die Anwendbarkeit vertragsrechtlicher Vorschriften auf den Zeitpunkt des Vertragsschlusses abstellt (vgl. § 79 Rn. 1 ff.).

Der „**2. Korb**" 2007, insb. seine Änderungen für **unbekannte Nutzungsarten, 12** hatte keine Auswirkungen. § 31a, der seitdem die Schriftform für die Einräumung von bei Vertragsschluss unbekannten Nutzungsrechten anordnet, ist auf ausübende Künstler nicht anwendbar (§ 79 Abs. 2 S. 2; vgl. § 79 Rn. 70), so dass auch § 32c keine Wirkung entfalten kann. § 137l gilt für Altverträge mit ausübenden Künstlern nicht, weil das Verbot der Übertragung unbekannter Nutzungsarten für ausübende Künstler gem. § 31 Abs. 4 a.F. mangels Verweises nicht galt, und eine entsprechende Anwendung des § 31 Abs. 4 a.F. auf sonstige Leistungsschutzrechte hat der BGH abgelehnt (BGH GRUR 2003, 234, 236 – *EROC III*).

3. EU-Recht und Internationales Recht

Dazu vgl. Vor §§ 88 ff. Rn. 24 ff. Zur EU-Vermiet- und VerleihRL vgl. § 92 **13** Rn. 9. Insb. schreibt Art. 2 Abs. 5 Vermiet- und VerleihRL eine Vermutung vor, dass das Vermiet- und Verleihrecht beim Filmhersteller liegt.

II. Tatbestand

1. Einräumung von Rechten an der Darbietung ausübender Künstler (Abs. 1)

a) Auslegungsregel („im Zweifel"**):** Wie auch § 89 Abs. 1 gilt § 92 Abs. 1 nur **14** „im Zweifel" und ist damit eine **gesetzliche Auslegungsregel** über den Umfang eingeräumter Nutzungsrechte für den Fall, dass die Parteien keine anderslautende Vereinbarung getroffen haben (*Katzenberger* ZUM 2003, 712, 713; Dreier/Schulze/*Schulze*[2] Rn. 2). Sie hat **dispositiven Charakter** (Dreier/Schulze/ *Schulze*[2] Rn. 3; Schricker/*Katzenberger*[3] Rn. 14). Erstens ist sie also dann nicht anwendbar, wenn die Parteien ausdrücklich oder konkludent einen anderen Rechteumfang so vereinbaren, dass für einen Zweifelsfall kein Raum bleibt. Zweitens kommen abweichende Abreden in Betracht, die – eindeutig ohne

Zweifel – einen anderen als den von § 92 Abs. 1 unterstellten Vertragszweck festlegen; dann setzt sich die Zweckübertragungslehre gegen § 92 Abs. 1 durch (vgl. Rn. 41).

15 Die Zweifelsregelung des § 92 Abs. 1 gilt ohnehin nicht für die Frage, ob überhaupt die Verpflichtung, bei der Herstellung des Filmes mitzuwirken, übernommen wurde (vgl. Rn. 43). Auch bleibt § 31 Abs. 5 **außerhalb** seines **Anwendungsbereiches** anwendbar, also z.B. wenn es um Rechte geht, die **nichtfilmische** Verwertungen betreffen. Vgl. Rn. 43.

16 **b) Mitwirkung „bei der Herstellung eines Filmwerkes":** Der Wortlaut des § 92 Abs. 1 spricht von „**Filmwerk**"; und auch in der Regelung für Laufbilder (§ 95) findet sich kein Verweis auf § 92. Der fertige Film muss daher **Werkcharakter** (§ 2) aufweisen. Bloße Laufbilder, wie z.B. sehr einfache Aufzeichnungen von Opern, Theaterstücken und Konzerten, reichen nicht (Dreier/Schulze/*Schulze*[2] Rn. 10; Wandtke/Bullinger/*Manegold*[2] Rn. 14; Schricker/*Katzenberger*[3] Rn. 9; vgl. § 95 Rn. 4 ff.). Bei Laufbildern steht nämlich nicht die schöpferische Leistung für den Film als Gesamtkunstwerk, sondern die Leistung der aufgenommenen ausübenden Künstler im Mittelpunkt. Die Leistung der ausübenden Künstler dominiert damit die Laufbilder. Sie können anderen Darbietungen des ausübenden Künstlers durchaus Konkurrenz machen (RegE UrhG – BT-Drucks. IV/270, S. 103). In einem solchen Fall muss der Filmhersteller die Rechte der §§ 77, 78 erwerben und kann nicht auf § 92 zurückgreifen.

17 Musikfilme, insb. Musikvideos, haben meist Werkcharakter, weil ein erheblicher Einsatz visueller Gestaltungsmittel neben der Darbietung erfolgt; anders ist das beim bloßen Abfilmen eines Konzertes, vgl. § 95 Rn. 7. Auch bei Werkcharakter des Musikvideos wird angezweifelt, ob § 92 Anwendung finde, weil das Musikvideo in Konkurrenz zu anderen Darbietungen des ausübenden Künstlers trete (Dreier/Schulze/*Schulze*[2] Rn. 10; Schricker/*Katzenberger*[3] Rn. 10 differenziert, ob Bild und Ton zu einer Einheit verschmelzen, was aber regelmäßig der Fall ist; a.A. zu Recht Wandtke/Bullinger/*Manegold*[2] Rn. 14). Das ist abzulehnen. Dass bei Musikvideos die Leistung der Künstler generell im Vordergrund stehe, kann angesichts der anderen künstlerischen Leistungen (insb. Regie) nicht gesagt werden. Vielmehr besteht gerade bei Musikvideos als Filmwerke ein Bedürfnis für die Anwendung der Zweifelsregelung, weil der Filmhersteller mit einer Vielzahl Mitwirkender (Filmurheber, ausübende Künstler) arbeiten muss.

18 **c) Vertrag mit dem Filmhersteller:** Während § 92 i.d.F. von 1965 noch auf eine tatsächliche Mitwirkung (oder die erlaubte Benutzung einer Darbietung) bei der Herstellung des Filmwerkes abstellte, erfordert § 92 n.F. eine vertragliche Verpflichtung zur Mitwirkung an der Filmproduktion. Der Vertrag bildet die **Grundlage der Rechtseinräumung** an der im Film aufgehenden Darbietung.

19 Wie bei § 89 kann es sich um einen Arbeits-, Werk-, Dienst-, Gesellschafts- oder sonstigen Mitwirkungsvertrag handeln (Dreier/Schulze/*Schulze*[2] Rn. 8; vgl. § 89 Rn. 11). Eine Einigung über die Mitwirkung ist auch **konkludent** denkbar (Wandtke/Bullinger/*Manegold*[2] Rn. 13). Die Verpflichtung zur Mitwirkung muss **mit dem Filmhersteller selbst** eingegangen werden (Wandtke/Bullinger/*Manegold*[2] Rn. 12), die Abrede des ausübenden Künstlers mit einem Dritten genügt nicht (Dreier/Schulze/*Schulze*[2] Rn. 9; Schricker/*Katzenberger*[3] Rn. 7; Wandtke/Bullinger/*Manegold*[2] Rn. 13; Möhring/Nicolini/*Lütje*[2] Rn. 9). Das ist eine Änderung der Rechtslage gegenüber § 92 i.d.F. von 1965, der für die Nutzung der Beiträge ausübender Künstler im Film darauf abstellte, dass deren Darbietungen erlaubterweise zur Herstellung des Filmwerkes benutzt werden. Diese Erlaubnis konnte auch mittelbar für die Nutzung einer vorher schon bestehenden Aufzeichnung der Leistung beispielsweise gegenüber dem Tonträgerhersteller erteilt werden, wenn der Tonträger später im Film verwendet werden sollte.

Zudem findet § 92 **nicht** auf das (sekundäre) Urhebervertragsrecht zwischen **20** **Filmhersteller und Auswerter** Anwendung (vgl. Vor §§ 88 ff. Rn. 23); der Auswerter kann sich aber in gewissem Umfang auf § 92 berufen, vgl. § 89 Rn. 65 („Prozessuales").

d) Mitwirkung als ausübender Künstler: § 92 erfasst die Rechte derjenigen **21** Personen, die bei der Herstellung eines Filmes als ausübende Künstler mitwirken. Zum **Begriff** der ausübenden Künstler vgl. § 73 Rn. 6 ff. Bei der Filmherstellung sind das regelmäßig Filmschauspieler, Synchronsprecher, Musiker, Sänger, Tänzer, Dirigenten und andere Personen, die bei der Herstellung des Filmwerkes künstlerisch tätig sind. Wie auch bei den Filmurhebern beschränkt sich der für die Mitwirkung relevante **Zeitraum** nicht auf die unmittelbaren Dreharbeiten, sondern umfasst auch Pre- und Postproduktion.

Ausübende Künstler sind **keine Filmurheber** (RegE UrhG– BT-Drucks. IV/270, **22** S. 99) und daher von diesen (§ 89) und von den Urhebern vorbestehender Werke (§ 88) abzugrenzen. Das erfolgt über ihre fehlende, kein Werk hervorbringende schöpferische Leistung. Daher kommen Regisseur, Kameramann, Cutter (vgl. § 89 Rn. 13 ff.) für § 92 nicht in Betracht.

Im Einzelfall kann ein ausübender Künstler eine **Doppelfunktion** ausüben und **23** auch Filmurheber oder Urheber vorbestehender Werke sein (Dreier/Schulze/ *Schulze*² Rn. 6; Wandtke/Bullinger/*Manegold*² Rn. 11; vgl. Vor §§ 88 ff. Rn. 18; vgl. § 89 Rn. 18). Abzustellen ist auf die jeweilige **Leistung**, nicht auf die Person des Leistungserbringers. Denkbar ist nämlich, dass eine Person mehrere Leistungen erbringt. So kann etwa der Filmkomponist die Aufnahme der Musik dirigieren oder der Regisseur zugleich als Schauspieler agieren (BGH GRUR 1984, 730, 732 – *Filmregisseur*). Für eine Doppelfunktion müssen die jeweils erbrachten Leistungen **verschieden** sein. Bei einer untrennbaren einheitlichen Leistung, die Urheberrechtsschutz genießt, würde das Urheberrecht das verwandte Schutzrecht mit umfassen. Beispielsweise ist neben der schöpferischen Leistung der Filmregie, die § 89 unterfällt, für die Regelung des § 92 kein Raum, auch wenn die Regie auf die künstlerische Aufführung Einfluss nimmt. (BGH GRUR 1984, 730, 733 – *Filmregisseur*; krit. wegen der bisweilen schwierigen Abgrenzung zwischen Werkschöpfung und Werkinterpretation *Schricker* GRUR 1984, 733, 734). Schwierigkeiten mit dem Erfordernis der Verschiedenartigkeit der Leistungen bestehen vor allem bei Darstellern, wenn ihre Beiträge von eigenen Darstellungsideen geprägt werden und die künstlerischen Vorgaben des Regisseurs für das Spiel eigenen Raum lassen. Bei möglicher Differenzierung der Leistungen kommt dann eine Doppelfunktion in Frage (Voraufl./*Hertin* Rn. 3; wegen angeblich klarer gesetzlicher Regelung ablehnend *Bohr* UFITA 78 [1977], 95, 113). In Fällen der Doppelfunktion ist die Rechtseinräumung am Filmwerk hinsichtlich aller erbrachten schutzfähigen Leistungen einzeln zu prüfen, also jeweils an § 88 bei vorbestehenden Werken, an § 89 bei Leistungen der Filmurheber und an § 92 bei denen ausübender Künstler.

24 Der ausübende Künstler muss **nicht** „live" bei der Herstellung mitwirken. Es können auch **Aufnahmen von Darbietungen** genutzt werden. Die Einblendung einer auf Tonträger aufgenommenen Leistung ist eine Vervielfältigung (Dreier/Schulze/*Schulze*[2] Rn. 9). Die Frage der Abgrenzung zwischen Verfilmung und – darüber hinausgehender – Bearbeitung (vgl. § 88 Rn. 42 ff.), stellt sich hier nicht, weil ausübende Künstler keine Bearbeitungsrechte haben. § 92 sollte auch für solche Darbietungen ausübender Künstler greifen, die bereits auf Bild-/Tonträger aufgenommen wurden und nun im Film verwendet werden sollen; denn wie gesehen ist auch dafür eine Rechtseinräumung erforderlich, so dass der Regelungszweck des § 92 greift (Voraufl./*Hertin* Rn. 3; wohl auch Dreier/Schulze/*Schulze*[2] Rn. 9; a.A. Schricker/*Katzenberger*[3] Rn. 8; Wandtke/Bullinger/*Manegold*[2] Rn. 4). Allerdings erfasst § 92 nur die Rechte ausübender Künstler, nicht anderweitig bestehende Rechte von Tonträgerherstellern (§ 85) oder Urhebern des zugrunde liegenden Werkes (z.B. Musikurheber), die gesondert eingeholt werden müssen (für vorbestehende Werke gilt § 88). Die Verwendung eines **erschienenen Bild-/Tonträgers** von Darbietungen ausübender Künstler für eine **Livesendung** ist gem. § 78 Abs. 1 Nr. 2 – unbeschadet etwaiger Ansprüche aus §§ 75, 93 gegen die Einblendung – auch ohne die Einwilligung der ausübenden Künstler zulässig, wofür ihnen gem. § 78 Abs. 2 Nr. 1 Vergütungsansprüche zustehen. Daher bedarf es einer Rechtseinräumung i.S.d. § 92 bei Livesendungen nicht (Wandtke/Bullinger/*Manegold*[2] Rn. 4; Schricker/*Katzenberger*[3] Rn. 8); wird diese jedoch anderweitig als „Konserve" genutzt, muss eine Vereinbarung gem. § 92 abgeschlossen werden.

25 **e) Umfang der eingeräumten Rechte:** Der Filmhersteller erwirbt im Zweifel von jedem ausübenden Künstler, der sich zur Mitwirkung bei der Filmherstellung verpflichtet hat, die diesem zustehenden und in § 92 Abs. 1 genannten Rechte. Die in § 92 Abs. 1 nicht erwähnten Rechte, die dem ausübenden Künstler gem. §§ 73 ff. zustehen, verbleiben ihm. Etwas anderes kann nur abweichend vertraglich vereinbart werden (vgl. Rn. 35 f.).

26 Die im Filmbereich **von der Einräumungsvermutung erfassten Rechte** sind in den §§ 77 Abs. 1, 2 S. 1, 78 Abs. 1 Nr. 1, 2 aufgezählt. Im Gegensatz zur umfassenden Befugnis des Urhebers zur Auswertung seines Werkes (zum nicht abschließenden Charakter der Verwertungsrechte vgl. Vor § 29 Rn. 15) sind die Rechte ausübender Künstler enumerativ in den §§ 74 ff. (die hier interessierenden Verwertungsrechte in den §§ 77, 78) aufgeführt. Der Verweis in § 92 Abs. 1 bezieht sich auf die **Filmauswertungsrechte** des Künstlers, seine Darbietung auf Bild- oder Tonträger aufzunehmen (§ 77 Abs. 1), diesen Bild- oder Tonträger zu vervielfältigen und zu verbreiten (§ 77 Abs. 2), seine Darbietung öffentlich zugänglich zu machen (§ 78 Abs. 1 Nr. 1) und zu senden (§ 78 Abs. 1 Nr. 2), es sei denn, dass sie erlaubter Weise auf Bild- oder Tonträgern aufgenommen worden sind, die erschienen oder erlaubter Weise öffentlich zugänglich gemacht worden sind. Diese ausschließlichen Rechte sind ihrerseits in technisch und wirtschaftlich eigenständige Nutzungsarten (vgl. § 31 Rn. 9 ff.) aufteilbar. Ein **Filmherstellungsrecht** oder ein **Recht zur filmischen Bearbeitung** stehen dem ausübenden Künstler schon originär nicht zu. Deshalb erstreckt sich die Einräumungsvermutung des § 92 Abs. 1 auch nicht darauf.

27 Durch § 92 werden – auch wenn es der Wortlaut im Gegensatz zu § 89 nicht erwähnt – **ausschließliche Nutzungsrechte** vergeben (Schricker/*Katzenberger*[3] Rn. 11 sieht die Unterlassung einer näheren Qualifikation als Redaktionsversehen), die alle Dritten einschließlich des Urhebers selbst von der Nutzung ausschließen, solange nichts anderes vereinbart ist (vgl. § 89 Rn. 31; vgl. § 31 Rn. 91 ff.). Wie bei § 89 gibt es im Zweifel **keine zeitlichen** (also Rechte bis zum Ende der Schutzfrist) **und räumlichen** (also weltweite Rechte) **Beschränkungen** (vgl. § 89 Rn. 32 f.).

Inhaltlicher Umfang: Auch der inhaltliche Umfang der Vermutung reicht weit. Im **28** Rahmen filmischer Verwertung, soweit die genannten Rechte der ausübenden Künstler geltend gemacht werden können, erhält der Hersteller alle für die Auswertung erforderlichen Nutzungsarten (vgl. § 89 Rn. 39 ff. im Einzelnen). Das umfasst alle denkbaren „Auswertungsfenster" (Kino, Leih-Video/DVD, Kauf-Video/DVD, entsprechende On-Demand-Nutzung, Fernsehen als Pay-TV, als Pay per view, Pay per channel, Free-TV etc.; vgl. Vor §§ 88 ff. Rn. 10).

Wie bei § 89 fand sich auch in § 92 noch niemals eine **Differenzierung nach 29 Art der Primärverwertung.** Zum Streit über daraus folgende Einschränkungen für Sekundärverwertungen (z.B. Kinofilm als Fernsehfilm) zur gleichgelagerten Problematik bei § 89; vgl. § 89 Rn. 40. Im Ergebnis wird man – wie dort – für § 92 eine umfassende, Primär- und Sekundärverwertungsmedien erfassende Rechtseinräumung annehmen dürfen. Nur in Ausnahmefällen wird die umfassende Einräumungsvermutung des § 92 durch den konkreten Vertragszweck widerlegt werden können, wenn die filmische Nutzung sich gerade nicht auf alle dort genannten Rechte und die Nutzungsarten daran erstrecken soll. Es ist der konkrete Nachweis zu führen, dass die Zweckbestimmung des Filmes für eine Auslegung nach der Zweifelsregel des § 91 keinen Raum ließ. Das wird allenfalls bei Filmen eines bestimmten Typs (etwa Lehrfilmen oder Werbefilmen) in Betracht kommen (vgl. § 89 Rn. 40).

Bei Vertragsschluss **unbekannte Nutzungsarten** sind von der Zweifelsregel **30** erfasst. Ob die Nutzungsart bei Vertragsschluss bekannt war, spielt (und spielte auch früher) keine Rolle. Eine Anwendung des § 31 Abs. 4 a.F. auf Leistungsschutzrechte von ausübenden Künstlern hat der BGH abgelehnt (BGH GRUR 2003, 234, 236 – *EROC III*); auch § 31a n.F. gilt für sie nicht.

Da sich die ausübenden Künstler im Regelfall nur zur Mitwirkung an der **31** Herstellung eines konkreten Filmes verpflichten, ist – wie auch bei § 89 (vgl. § 89 Rn. 35) – nur die Verwendung der schöpferischen Beiträge in dem durch sie geschaffenen **konkreten Filmwerk** gedeckt, nicht dagegen in anderen Filmwerken (Wandtke/Bullinger/*Manegold*[2] Rn. 15; Schricker/*Katzenberger*[3] Rn. 15). Jedoch fällt die **Nutzung des Filmmaterials des konkreten Films** unter § 92 (genauso wie bei §§ 88, 89; str.; vgl. § 88 Rn. 60 ff.). So darf der Filmhersteller Filmausschnitte in beliebiger Auswahl zu anderen filmischen Zwecken, z.B. für andere Filme oder filmische Werbung, („**Klammerteilauswertung**") nutzen (str., a.A. Schricker/*Katzenberger*[3] Rn. 15; Wandtke/Bullinger/*Manegold*[2] Rn. 16; vgl. § 88 Rn. 60 ff.). Aus der Gesetzesbegründung ergibt sich nichts anderes, weil die Gesetzesbegründung nur auf die nicht-filmische Verwertung von Ausschnitten eingeht (RegE UrhG – BT-Drucks. IV/270, S. 101: Nutzung als Tonträger, Sendung im Hörfunk).

Allerdings sind – wie bei §§ 88, 89 – keine Rechte zur **nicht-filmischen 32 Nutzung** erfasst. Deren Einräumung beurteilt sich nach § 31 **Abs. 5.** Die Auswertung der Tonspur auf Tonträgern ist ohne vertragliche Abrede regelmäßig ohne dahingehenden Vertragszweck genauso wenig erlaubt wie die Sendung im Hörfunk (RegE UrhG – BT-Drucks. IV/270, S. 101). Eine diesbezügliche Rechtseinräumung in AGB ist aber wirksam (BGH GRUR 1984, 119, 120 – *Synchronisationssprecher*).

33 Da nur Nutzungsrechte Gegenstand der Rechtseinräumung sind, behalten die ausübenden Künstler auch ihre **gesetzlichen Vergütungsansprüche** aus §§ 83 i.V.m. 27, 46 Abs. 4, 47 Abs. 2 S. 2, 54 sowie § 78 Abs. 2 Nr. 1 bis 3 (Schricker/*Katzenberger*[3] Rn. 4f; Wandtke/Bullinger/*Manegold*[2] Rn. 15). Anders regelte das noch § 92 i.d.F. von 1965 (vgl. Rn. 5 ff.). Gleiches gilt für die vertragsrechtlichen Vergütungsansprüche der §§ 32 f.

34 f) **Verwertungsgesellschaften:** Wird zur Filmherstellung Musik von vorbestehenden Tonträgern übernommen, so sind die Leistungsschutzrechte der Tonträgerhersteller und ausübenden Künstler, welche üblicherweise von ersteren erworben wurden, zu beachten. Diese werden regelmäßig nicht von VGen wahrgenommen, sondern sie nehmen selbst wahr (*Becker* ZUM 1999, 16, 20), solange keine Produktion der Fernsehsender zu eigenen Sendezwecken vorliegt, die von den Tonträgersendeverträgen zwischen den Sendern und der Wahrnehmungsgesellschaft **GVL** erfasst sind. Eine Auswertung außerhalb des Fernsehens (z.B. im Kino oder auf Video) erfordert indes einen gesonderten Rechtserwerb beim ausübenden Künstler und Tonträgerhersteller (*Ventroni* ZUM 1999, 24, 25).

35 g) **Abweichende Vereinbarungen, insb. Tarifverträge und AGB:** Oft stehen ausübende Künstler bei der Filmherstellung in einem Arbeitsverhältnis zum Filmhersteller. Daher ist auf etwaige **tarifvertragliche Regelungen** zu achten, die die Rechtseinräumung regeln und als vertragliche Vereinbarungen dem § 92 Abs. 1 vorgehen. Insb. bei Eigen- und ggf. auch bei Auftragsproduktionen des öffentlichrechtlichen Fernsehens kommen meist Tarifverträge zur Anwendung (für eine Rechtseinräumung durch Tarifvertrag einer Rundfunkanstalt: OLG Hamburg GRUR 1977, 556, 558 – *Zwischen Marx und Rothschild*). Zu Tarifverträgen im Filmbereich vgl. § 43 Rn. 34 ff.

36 Auch **AGB** können die Verpflichtung und den Umfang der Rechtseinräumung bestimmen (zur AGB-Kontrolle vgl. § 31 Rn. 179 ff.; speziell Honorar- und Geschäftsbedingungen von Sendeanstalten BGH GRUR 1984, 45, 48 f. – *Honorarbedingungen: Sendevertrag*). Gegenüber AGB ist die Auslegungsregel des § 92 Abs. 1 nachrangig, wenn die Regelung in den AGB zweifelsfrei ist. Bei der AGB-Kontrolle ist § 92 Abs. 1 der gesetzliche Maßstab i.S.d. § 307 Abs. 2 Nr. 1 BGB, was allerdings für die Frage der Rechtseinräumung nur zu einer sehr begrenzten Kontrollfähigkeit führt (vgl. § 31 Rn. 181 ff.). Die **nicht-filmische Auswertung** der Leistungen des ausübenden Künstlers, z.B. auf reinen Tonträgern oder durch Sendung im Hörfunk, ist von § 92 nicht erfasst (vgl. Rn. 32); eine diesbezügliche Rechtseinräumung in AGB an den Filmhersteller ist aber wirksam (BGH GRUR 1984, 119, 120 – *Synchronisationssprecher*). Zu Formularverträgen und deren in Bezugnahme bei **Altverträgen** vgl. § 89 Rn. 4.

2. Rechteerwerb bei Vorausverfügungen an Dritte (Abs. 2)

37 § 92 Abs. 2 gewährleistet, dass der Filmhersteller auch dann die für die Auswertung des Filmes notwendigen Verwertungsrechte erhält, wenn sie im Voraus an einen Dritten übertragen wurden. Das entspricht § 89 Abs. 2. Wie auch bei § 89 Abs. 2 greift § 92 Abs. 2 nur, wenn **an den Filmhersteller** verfügt wurde, nicht aber an einen Dritten. Sachlich bezieht er sich nur auf Verfügungen über **Rechte**, die dem Filmhersteller gem. **§ 92 Abs. 1** eingeräumt worden wären, wenn keine Vorausverfügung vorgenommen worden wäre. Darüber hinausgehende Verfügungen an den Ersterwerber sind nicht betroffen (Schricker/*Katzenberger*[3] Rn. 17; Wandtke/Bullinger/*Manegold*[2] Rn. 18). Das gilt insb. für gesetzliche Vergütungsansprüche (vgl. Rn. 33). Die Vorschrift des § 92 Abs. 2 ist nicht ohne Zustimmung des Filmherstellers abdingbar. Insgesamt wird weiterführend auf die Kommentierung zu § 89 Abs. 2 verwiesen (vgl. § 89 Rn. 49).

3. Einschränkung der Rechte des ausübenden Künstlers durch Verweis auf § 90 (Abs. 3)

§ 92 Abs. 3 erklärt für die Rechtseinräumung ausübender Künstler an den **38** Filmhersteller die Regelung des § 90 für „entsprechend" anwendbar, damit der Filmhersteller ungestört auswerten kann (RegE UrhG Infoges – BT-Drucks. 15/38, S. 25). Damit sind folgende Rechte, die ausübenden Künstlern gem. § 79 Abs. 2 S. 2 zustehen, gem. § 90 S. 1 ausgeschlossen: Rückrufsrechte wegen Nichtausübung durch den Filmhersteller (§ 41) und gewandelter Überzeugung (§ 42) sowie Zustimmungserfordernisse für die Übertragung (§ 34) oder Weitereinräumung (§ 35) der Rechte zum Zwecke der Filmauswertung durch Dritte. Zur Reichweite des Ausschlusses im Einzelnen vgl. § 90 Rn. 8 ff. Entsprechend der Regelung des § 90 für §§ 88, 89 wird man den Ausschluss nur auf die Nutzungsrechtseinräumung nach § 92 Abs. 1 beziehen müssen. Nicht von §§ 92 Abs. 2, 90 erfasst sind also beispielsweise nicht-filmische Nutzungsrechte (vgl. Rn. 32). § 92 Abs. 2 ist allerdings unabhängig davon anwendbar, ob die Rechte über die Vermutungsregel des Abs. 1 erworben wurden oder ob insoweit eine eindeutige vertragliche Einräumung existiert und es auf Abs. 1 nicht mehr ankommt. Bei vertraglicher Abrede einer Rechts-*übertragung* durch den ausübenden Künstler ist § 92 Abs. 3 obsolet, weil die ausgeschlossenen Rechte zu Gunsten des ausübenden Künstler nicht anwendbar sind (str., vgl. § 79 Rn. 32 ff.). Die Regelung des Abs. 2 ist nur mit Zustimmung des Filmherstellers **abdingbar** (Wandtke/Bullinger/*Manegold*[2] Rn. 17).

Auf § 90 S. 2 verweist § 92 Abs. 2 nicht (einschränkend Wandtke/Bullinger/ **39** *Manegold*[2] Rn. 17: S. 2 fällt für ausübende Künstler weniger ins Gewicht). Denn die Regelung des § 92 kann mit der Rechtseinräumung durch Filmurheber nach § 89 verglichen werden (vgl. Rn. 1; so auch RegE UrhG Infoges, – BT-Drucks. 15/38, S. 25), für die § 90 S. 2 ebenfalls nicht anwendbar ist (vgl. § 90 Rn. 11).

Die Regelung des Abs. 3 gilt nur für **Verträge**, die **ab dem 13.09.2003** abge- **40** schlossen wurden (vgl. Rn. 10). Da erst ab diesem Zeitpunkt die §§ 34, 35, 41, 42 für Verträge von ausübenden Künstlern galten (vgl. § 79 Rn. 1 ff.), muss nicht diskutiert werden, ob § 92 Abs. 3 analog auch Rückwirkung entfalten kann.

III. Prozessuales

Vgl. § 89 Rn. 63 ff.   **41**

IV. Verhältnis zu anderen Vorschriften

1. Zweckübertragungslehre (§ 31 Abs. 5)

Die in § 31 Abs. 5 verankerte Zweckübertragungslehre ist auch auf ausübende **42** Künstler anwendbar. Das ergibt sich nun aus dem Verweis in § 79 Abs. 2 S. 2, war aber auch schon vorher anerkannt (BGH GRUR 2003, 234, 236 – *EROC III*; BGH GRUR 1984, 119, 121 – *Synchronisationssprecher*). Bei der Rechts*übertragung* kann das anders sein; hier kommt allerdings möglicherweise die nicht kodifizierte allgemeine Zweckübertragungslehre zum Tragen (vgl. § 79 Rn. 53). § 92 Abs. 1 ordnet aber ohne gegenteilige Abrede eine „Einräumung" an. Wie bei § 88 (vgl. § 88 Rn. 99 ff.) und § 89 (vgl. § 89 Rn. 67 ff.) stellt sich daher auch bei § 92 Abs. 1 die Frage nach dem Verhältnis zu § 31 Abs. 5. Und wie bei den genannten Vorschriften gilt der grundsätzliche **Vorrang** des § 92. Dieser **konkretisiert** den Zweckübertragungsgedanken für den Filmbereich, da es im Regelfall dem Vertragszweck entspricht, dass die Mitwirkenden dem Produzenten die Rechte einräumen, die dieser zur Auswertung des Filmes benötigt.

43 Das gilt aber nur im Anwendungsbereich des § 92. Raum für § 31 Abs. 5 bleibt dort, wo die Frage zu klären ist, ob überhaupt die Verpflichtung, bei der Herstellung des Filmes mitzuwirken, als Tatbestandsmerkmal des § 92 übernommen wurde (Dreier/Schulze/*Schulze*[2] Rn. 4). Auch bleibt § 31 Abs. 5 **außerhalb** seines **Anwendungsbereiches** anwendbar, wenn es also z.b. um Rechte geht, die **nichtfilmische** Verwertungen betreffen (vgl. Rn. 32).

2. Arbeits- und Dienstverhältnisse (§ 43)

44 Ähnliches gilt für § 43, der die Rechtseinräumung im Dienst- und Arbeitsverhältnis angestellter Filmschaffender regelt. § 92 geht mit seiner umfassenden Rechtseinräumungsvermutung über den Umfang hinaus, den § 43 an Rechten gewährt. Insoweit ist § 43 nicht maßgeblich (*Haupt/Ullmann* ZUM 2005, 883, 885). Anderes gilt freilich **außerhalb** des **Anwendungsbereiches** des § 92, etwa bei nichtfilmischer Nutzung. Hier kann § 43 erhebliche Bedeutung erlangen, zumal der daraus resultierende Umfang der Rechtseinräumung auch weiter ist als der des – sonst anwendbaren – § 31 Abs. 5.

3. Persönlichkeitsrechte

45 § 92 regelt lediglich die Einräumung von Nutzungsrechten und ist hier auf Filmauswertungsrechte beschränkt; denn dem ausübenden Künstler stehen kein Filmherstellungsrecht und kein Recht zur filmischen Bearbeitung zu (vgl. Rn. 26). Persönlichkeitsrechte des ausübenden Künsters, insb. nach § 75 (**Entstellungsverbot**) bleiben aber von § 92 unberührt. Das regelt § 93 Abs. 1 (vgl. § 93 Rn. 7 ff.). Zur verwandten Frage, ob ein Schauspieler eine Drehbuchänderung wegen seines Rollenprofils akzeptieren muss, § 93 Rn. 21. § 93 Abs. 2 enthält auch eine Modifikation zum **Namensnennungsrecht** gemäß § 74 Abs. 1.

4. Andere verwandte Schutzrechte

46 Bei Einblendungen vorbestehender Darbietungen im Film müssen ggf. auch die Rechte des Tonträgerherstellers (§ 85), des Sendeunternehmens (§ 87) und des Filmherstellers eines anderen Films (§ 94) beachtet werden, bei Nutzung von Live-Darbietungen u.U. auch die des Veranstalters (§ 81).

5. Laufbilder (§ 95)

47 Eine Anwendung des § 92 auf Laufbilder scheidet aus (vgl. Rn. 16).

§ 93   Schutz gegen Entstellung; Namensnennung

(1) ¹Die Urheber des Filmwerkes und der zu seiner Herstellung benutzten Werke sowie die Inhaber verwandter Schutzrechte, die bei der Herstellung des Filmwerkes mitwirken oder deren Leistungen zur Herstellung des Filmwerkes benutzt werden, können nach den §§ 14 und 75 hinsichtlich der Herstellung und Verwertung des Filmwerkes nur gröbliche Entstellungen oder andere gröbliche Beeinträchtigungen ihrer Werke oder Leistungen verbieten. ²Sie haben hierbei aufeinander und auf den Filmhersteller angemessene Rücksicht zu nehmen.

(2) Die Nennung jedes einzelnen an einem Film mitwirkenden ausübenden Künstlers ist nicht erforderlich, wenn sie einen unverhältnismäßigen Aufwand bedeutet.

Übersicht

I.   Allgemeines

1.   Sinn und Zweck

Urheber vorbestehender Werke (§ 88), Filmurheber (§ 89), Lichtbildner (§ 89 **1** Abs. 4; § 91 a.F.) genießen eigentlich Schutz gegen eine Entstellung ihrer Werke nach § 14. Das Gleiche gilt für ausübende Künstler nach § 75. Sinn des § 93 ist es, die Rechte aus den §§ **14, 75** zu **beschränken**. Insoweit dient auch § 93 – wie die übrigen Regelungen der §§ 88 ff. (vgl. Vor §§ 88 ff. Rn. 1 ff.) – dem Zweck, eine möglichst **ungehinderte Verwertung** des Filmwerkes **zu Gunsten des Filmherstellers** zu gewährleisten (RegE UrhG – BT-Drucks. IV/270, S. 102; KG GRUR 2004, 497, 498 – *Schlacht um Berlin*; *Zlanabitnig* AfP 2005, 35, 36; *Wandtke* FS Schricker 70. Geb. S. 609). Der RegE UrhG nennt als Beispiele Änderungsbedarf wegen der freiwilligen Selbstkontrolle der deutschen Filmwirtschaft oder wegen der Anpassung des Filmwerkes an ausländische Verhältnisse. Jedoch ist § 93 nicht auf Änderungen aus diesen bestimmten Gründen begrenzt (a.A. Dreier/Schulze/*Schulze*² Rn. 2: zumindest „Richtschnur"). Die Beispiele werden vom RegE nur im Rahmen des allgemeinen Regelungsziels genannt, „dem Filmwerk eine möglichst weite Verbreitung zu sichern" (RegE UrhG – BT-Drucks. IV/270, S. 102). Damit ist **jede Veränderung zur Auswertung erfasst**, nicht jedoch Veränderungen, die aus anderen Gründen – beispielsweise aus ästhetischen Gründen – erfolgen. Zur Feststellung der Zulässigkeit der Entstellung ist eine Interessenabwägung vorzunehmen (h.M., str., vgl. Rn. 14). § 93 regelt **lediglich die urheberpersönlichkeitsrechtliche Seite** von Änderungen bei der Filmherstellung und Verwertung und stellt insoweit eine spezielle Regelung zu § 39 Abs. 1 dar; das Bearbeitungsrecht des § 23 ist davon zu trennen und bedarf gesonderter Vereinbarungen, die aber die Zweifelsregelungen in § 88 Abs. 1 (verfilmtes Werk), § 89 Abs. 1 (Werke der Filmurheber) und § 92 Abs. 1 (Leistungen ausübender Künstler) beinhalten.

2 Die **rechtspolitische Kritik** an § 93 Abs. 1 ist unberechtigt. Sie zielt vornehmlich auf die einseitige Begünstigung der Interessen der Filmhersteller, die nicht nachzuvollziehen sei, weil auch andere Verwerter wirtschaftliche Risiken tragen, deren Streben nach Auswertung an der Werkintegrität ihre Grenzen finde (*Wandtke* FS Schricker 70. Geb. S. 609, 610; Dreier/Schulze/*Schulze*[2] Rn. 2; Schricker/*Dietz*[3] Rn. 2; Voraufl./*Hertin* Rn. 2). Jedoch besteht gerade für den Filmhersteller aufgrund der Vielzahl von beteiligten Urhebern und ausübenden Künstlern eine Sondersituation. Einer drohenden Blockade durch einzelne Rechteinhaber kann in der Praxis durch bloße Rücksichtnahmepflichten (§ 93 Abs. 1 S. 2) nicht hinreichend bei nicht-gröblichen und damit kleineren Änderungen entgegengewirkt werden (Wandtke/Bullinger/*Manegold*[2] Rn. 4; a.A. *Wandtke* FS Schricker 70.Geb. S. 609 f.).

3 § 93 Abs. 2 wurde eingefügt, um den Filmhersteller wegen der Vielzahl Mitwirkender mit dem Namensnennungsrecht der ausübenden Künstler gem. § 74 Abs. 1 nicht unverhältnismäßig zu belasten (StellungN RAusschuss UrhG Infoges – BT-Drucks. 15/837, S. 35).

2.   Früheres Recht

4 § 93 trat mit dem UrhG zum 01.01.1966 in Kraft. Es handelt sich um eine vertragsrechtliche Vorschrift, so dass gem. § 132 Abs. 1 die Regelung des § 93 **nicht für Altverträge** gilt, die **vor dem 01.01.1966** abgeschlossen wurden (so wohl auch Dreier/Schulze/*Dreier*[2] § 132 Rn. 5; Schricker/*Katzenberger*[3] § 132 Rn. 3). Das Altrecht kannte keine § 93 entsprechende Regelung (Schricker/*Dietz*[3] Rn. 5), wollte jedoch wegen des Übergangs des Urheberrechts bei Filmwerken auf den Filmhersteller dem Urheber nur Schutz gegen eine „Verunstaltung und Verstümmelung" des Werkes gewähren (BGH UFITA 55 [1970] 313, 319 f. – *Triumph des Willens* gibt keine anderen Fundstellen), was im Ergebnis der heutigen Regelung des § 93 Abs. 1 entsprechen sollte.

5 Die Vorschrift wurde seit 1966 lediglich bei der **Umsetzung der Info-RL** 2001/29/EG geändert. Mit Wirkung vom **12.09.2003** erfolgte eine redaktionelle Anpassung des Verweises in Abs. 1 an die Neufassung der §§ 73 ff.; statt auf § 83 a.F. verweist er nun auf § 75 (RegE UrhG Infoges – BT-Drucks. 15/38, S. 25). Um den Schwierigkeiten des in § 74 n.F. geregelten Namensnennungsrechtes für ausübende Künstler im Filmbereich zu begegnen, wo häufig eine Vielzahl Mitwirkender zu finden ist, die oft nicht alle genannt werden können, wurde Abs. 2 ebenfalls mit Wirkung zum 12.09.2003 neu eingefügt (Stellungnahme RAusschuss UrhG Infoges – BT-Drucks. 15/837,

S. 35); eine Rückwirkungsproblematik besteht insoweit nicht, weil auch § 74 keine Rückwirkung entfaltet (vgl. § 74 Rn. 1).

3. EU-Recht und Internationales Recht

Zu den Filmbestimmungen vgl. Vor §§ 88 ff. Rn. 24 ff. Ferner zum Entstel- **6** lungsverbot vgl. § 14 Rn. 3 f. Die Regelung des § 93 Abs. 1 wird in der deutschen Literatur vor dem Hintergrund des Art. 6bis Abs. 1 RBÜ (zur RBÜ vgl. Vor §§ 120 ff. Rn. 12 ff.) kritisiert, die dem Urheber das Recht gewährt, Entstellungen zu verbieten. Das gilt gem. Art. 14bis Abs. 1 S. 2 RBÜ auch für Filmwerke. Jedoch legt Art. 6bis Abs. 1 RBÜ nicht fest, dass für Filmwerke der gleiche sehr weitgehende Entstellungsschutz des § 14 UrhG wie für andere Werke gewährleistet sein muss. Ohnehin ist § 93 dispositiv (vgl. Rn. 25) und erlaubt eine Interessenabwägung (vgl. Rn. 14). § 93 ist damit konventionskonform (Schricker/*Dietz*³ Rn. 3 mit Verweis auf eine gleich lautende Entscheidung des LG München I MR 4/1985 Archiv 4/5 – *Die unendliche Geschichte*, nicht in OLG München GRUR 1986, 460, 461 – *Die unendliche Geschichte*; Möhring/Nicolini/*Lütje*² Rn. 5; Wandtke/Bullinger/*Manegold*² Rn. 2; *Ulmer*³ § 36 III 2; a.A. Voraufl./*Hertin* Rn. 4; Dreier/Schulze/*Schulze*² Rn. 2).

II. Tatbestand

1. Modifikation des Persönlichkeitsrechtsschutzes der §§ 14 und 75 (Abs. 1)

a) Persönlicher Anwendungsbereich: In personeller Hinsicht findet § 93 An- **7** wendung auf **Urheber vorbestehender Werke** (§ 88) und **Filmurheber** (§ 89); dann modifiziert er § 14. Außerdem gilt er für **ausübende Künstler** als Inhaber verwandter Schutzrechte, z.B. Filmschauspieler oder bei Einspielung bei Filmmusik mitwirkender Musiker; dann ändert er die Parallelvorschrift des § 75. Soweit für **Lichtbilder** (§ 72 Abs. 1) und **wissenschaftliche Ausgaben** (§ 70 Abs. 1) die urheberrechtlichen Vorschriften mitsamt des § 14 für anwendbar erklärt werden, führt das, soweit es den Filmbereich betrifft, auch dort zu einer Modifikation durch § 93 (Schricker/*Dietz*³ Rn. 8). Eine praktisch relevante Rolle hat beispielsweise die Anwendung des § 93 auf Lichtbilder beim stets neben dem Filmwerk bestehenden Lichtbildschutz der Einzelbilder (siehe § 91 a.F. bzw. § 89 Abs. 4). Auf **Tonträgerhersteller** ist § 93 nicht anzuwenden. Zwar hat auch er ein verwandtes Schutzrecht, jedoch keinen Entstellungsschutz gem. §§ 14 oder 75, so dass die Verschärfung des Maßstabes in § 93 leer laufen würde (a.A. für eine Anwendung des § 93 für im Film verwendete Leistungen des Tonträgerherstellers *Dünnwald* UFITA 76 [1976], 165, 189).

b) Vertrag mit dem Urheber oder ausübenden Künstler: § 93 ist vertragsrecht- **8** licher Natur und eine spezielle Regelung zu § 39 Abs. 1 (vgl. Rn. 1). Deshalb setzt § 93 – ohne dies in seinem Wortlaut zu erwähnen – einen Vertrag mit dem Urheber oder ausübenden Künstler voraus (Schricker/*Dietz*³ Rn. 16; a.A. Möhring/Nicolini/*Lütje*² Rn. 3: tatsächliche Mitwirkung auch ohne wirksamen Vertrag ausreichend). Aus der systematischen Stellung des § 93 ergibt sich ferner, dass es sich um eine Vereinbarung nach § 88, § 89 oder § 92 handeln muss. Dadurch wird der Vertragspartner regelmäßig auch die gesondert zu betrachtenden Bearbeitungsrechte erwerben (vgl. Rn. 1 a.E.). Vertragsfremde Dritte können sich nur beschränkt auf die Wirkungen des § 93 berufen (vgl. Rn. 31).

9   **c) Hinsichtlich der Herstellung und Verwertung des Filmwerkes:** Der Urheber ist eigentlich während der Filmherstellung und Verwertung des Filmwerkes vor Entstellungen i.S.d. § 14 geschützt; dementsprechend findet auch der großzügigere Maßstab des § 93 schon **während des Herstellungsprozesses** Anwendung, wenn die schöpferische Leistung entstellend verändert wird (OLG München ZUM 2000, 767, 772 – *down under*). Die Abmilderung des Entstellungsverbotes zu Gunsten des Filmherstellers gilt ferner sowohl für die **Erst-** als auch für die **Zweitauswertung** eines Filmes (Schricker/*Dietz*[3] Rn. 11; Wandtke/Bullinger/*Manegold*[2] Rn. 6; zum Begriff Erst- und Zweitauswertung vgl. Vor §§ 88 ff. Rn. 10). Eine teleologische Reduktion auf die Erstauswertung deswegen, weil schon durch sie die Herstellungskosten amortisiert würden (*Zlanabitnig* AfP 2005, 35, 37; *Wandtke* FS Schricker 70. Geb. S. 609, 613), hat im Regelungszwecks des § 93 keine Stütze (vgl. Rn. 1) und erscheint angesichts der heutigen Tendenz zur Totalauswertung (vgl. Vor §§ 88 ff. Rn. 1 ff.) nicht angezeigt. Wie allgemein bei den Vorschriften der §§ 88 ff. findet § 93 nur auf die filmische Verwertung Anwendung, wo die besondere Interessenlage eine Privilegierung des Filmherstellers rechtfertigt (vgl. Vor §§ 88 ff. Rn. 1 ff.; vgl. § 88 Rn. 69). Bei der **filmfremden** Verwertung, so etwa beim Merchandising, gesonderter Verwertung der Filmmusik oder Büchern zum Film, unterliegt der Verwerter den allgemeinen, **strengeren** Regelungen der §§ 14, 75 i.V.m. § 39 (Schricker/*Dietz*[3] Rn. 11; Wandtke/Bullinger/*Manegold*[2] Rn. 6; *Homann*, Praxishandbuch Filmrecht, 2001, S. 28).

10   **d) Gröbliche Entstellungen und andere gröbliche Beeinträchtigungen:**
aa) Begriff der gröblichen Beeinträchtigung und Entstellung: Ausgangspunkt der Prüfung ist die Feststellung einer **Entstellung** i.S.d. §§ 14, 75. Die Entstellung ist ein besonders schwerer Fall des **Oberbegriffs** der **Beeinträchtigung** (KG GRUR 2004, 497, 498 – *Schlacht um Berlin*). Eine genaue Differenzierung ist für die Anwendung dieser Vorschrift nicht erforderlich (Wandtke/Bullinger/*Manegold*[2] Rn. 11). Entstellung ist **jede Veränderung der Wesenszüge** eines Werkes, also nach KG „jede Verzerrung oder Verfälschung der Wesenszüge des Werkes, wie etwa bei Veränderungen des Werkcharakters, Verzerrung oder Verfälschung der Grundauffassung des Werks, Verstümmelung, Sinnentstellung oder Änderung des Aussagegehaltes eines Werkes durch Streichungen oder Zusätze" (KG GRUR 2004, 497, 498 – *Schlacht um Berlin*, unter Berufung auf OLG München GRUR 1986, 460, 461 – *Die unendliche Geschichte*).

11   **Gröblich** ist eine Entstellung oder Beeinträchtigung dann, wenn sie **in besonders starker Weise** die in §§ 14 und 75 genannten Interessen des Urhebers oder des Leistungsschutzberechtigten verletzt. Dabei muss über den konkret geänderten Teil hinaus der geistig-ästhetische Gesamteindruck des Werkes entstellt sein (KG GRUR 2004, 497, 498 – *Schlacht um Berlin*; OLG München GRUR 1986, 460, 462 – *Die unendliche Geschichte*). Die Voraussetzungen für den Schutz gegen Entstellungen liegen beim Filmwerk in jedem Fall dann vor, wenn eine **völlige Verkehrung des ursprünglichen Sinngehalts** des Filmwerkes bzw. des ihm zugrundeliegenden Werkes oder eine völlige Verunstaltung von urheberrechtlich wesentlichen Teilen des Filmes oder Werkes entgegen den Intentionen der Urheber- oder Leistungsschutzberechtigten stattfindet (KG GRUR 2004, 497, 499 – *Schlacht um Berlin*; OLG München GRUR 1986, 460, 461 – *Die unendliche Geschichte*; *Götting* ZUM 1999, 3, 8; v. Hartlieb/Schwarz/

Schwarz/Ulrich Reber[4] Kap. 54 Rn. 12). Jedoch ist stets eine **Interessenabwägung** durchzuführen, so dass keine starre Grenze gezogen werden kann (Wandtke/Bullinger/*Manegold*[2] Rn. 12; Möhring/Nicolini/*Lütje*[2] Rn. 24; ausführlich zur Interessenabwägung vgl. Rn. 15). Tw. soll darüber hinaus in verfassungs- und konventionskonformer Auslegung am Maßstab des Urheber- und allgemeinen Persönlichkeitsrechts die hohe Schwelle des gröblichen Entstellung des § 93 als solche korrigiert werden; denn schon der Entstellungsbegriff als solcher mache einen Eingriff in die Werkintegrität nicht mehr hinnehmbar, womit der Begriff gröblich leerlaufe (*Gernot Schulze* GRUR 1994, 855, 860; *Wandtke* FS Schricker 70. Geb. S. 609, 612; Voraufl./*Hertin* Rn. 5). Eine solche Sicht lässt die gesetzgeberische Wertung des § 93 außer acht (OLG München GRUR 1986, 460, 461 – *Die unendliche Geschichte*), so dass über das zusätzliche tatbestandliche Erfordernis der Gröblichkeit nicht hinweggegangen werden kann. Ohnehin sind die genannten **Verfassungswerte** bei der für § 93 notwendigen Interessenabwägung zu beachten. § 93 muss in seiner Auslegung und Anwendung für einen angemessenen Ausgleich der verfassungsrechtlichen Interessen insb. der Kunstfreiheit des Art. 5 Abs. 3 GG und (Urheber)persönlichkeitsrechten i.S.d. Art. 2 Abs. 1 i.V.m. Art. 1 Abs. 1 GG Sorge tragen (BVerfG NJW 2001, 600).

bb) Maßstab und Methode: Der **Maßstab** für die Feststellung der gröblichen **12** Entstellung ist wie bei § 14 objektiv. Anders als beispielsweise im französischen Recht, wo die Verletzung des droit moral subjektiviert aus Künstlersicht auf dessen Empfinden einer Beeinträchtigung aufbaut (*Rosén* GRUR Int. 2004, 1002, 1010), kommt es im deutschen Recht auf den ästhetischen Eindruck an, den das Werk dem für Kunst empfänglichen und mit Kunstdingen durchschnittlich vertrauten Menschen vermittelt. Diese Ausrichtung auf den **Rezipientenkreis** und dessen Verständnis verbietet es, die Interpretation durch Fachgelehrte oder den Autor selbst für allein maßgeblich zu befinden (OLG München GRUR 1986, 460, 462 – *Die unendliche Geschichte*; zu § 14 BGH GRUR 1974, 675, 677 – *Schulerweiterung*; BGH GRUR 1982, 107, 110 – *Kirchen-Innenraumgestaltung*).

Ausgangspunkt für die Prüfung ist das Werk in der ihm vom Urheber ver- **13** liehenen Gestalt, die diesem als die bestmögliche erscheint und die demgemäß auch vom außen stehenden Betrachter als Ausgangspunkt gewählt werden muss (KG GRUR 2004, 497, 499 – *Schlacht um Berlin*). Dabei ist ein Vergleich zwischen Grundinhalt und Grundaussagen des **Gesamtwerkes** anzustellen, nicht einzelner Szenen. Eine isoliert betrachtete Szene kann zunächst entstellend wirken; sie kann jedoch durch eine nachfolgende Darstellung wieder im Gesamtzusammenhang relativiert werden (OLG München GRUR 1986, 460, 462 – *Die unendliche Geschichte*; OLG München GRUR Int. 1993, 332 – *Christoph Columbus* am Maßstab des § 14).

Die Grenze zur gröblichen Entstellung wird maßgeblich durch eine **Interes- 14** senabwägung** bestimmt (KG GRUR 2004, 497, 498 – *Schlacht um Berlin*; *Rosén* GRUR Int. 2004, 1002, 1005 auch zum italienischen, französischen und schwedischen Recht; *Kreile/Westphal*, GRUR 1996, 254, 257; *von Lewinski/Dreier* GRUR Int. 1989, 635, 645). Systematisch als zweifelhaft erscheint es, zunächst die gröbliche Entstellung festzustellen und erst danach die Interessenabwägung vorzunehmen (so aber OLG München GRUR 1986, 460, 463 – *Die unendliche Geschichte; Schack*[4] Rn. 365; Möhring/Nicolini/*Lütje*[2] Rn. 31; a.A. wie hier Schricker/*Dietz*[3] Rn. 15; wohl ebenfalls KG GRUR 2004,

497, 498 – *Schlacht um Berlin*), weil schon das Tatbestandsmerkmal „gröblich" offen ist und damit eine Auslegung im Einzelfall erfordert.

15   cc) **Interessen der Urheber oder ausübenden Künstler:** Zu berücksichtigen sind Art und **Gestaltungshöhe** des Werkes: Je größer die Individualität der Schöpfung ist und je höher die künstlerische Ambition, desto eher wird eine Entstellung eintreten können (OLG München GRUR 1986, 460, 461 – *Die unendliche Geschichte*; Möhring/Nicolini/*Lütje*[2] Rn. 24; Schricker/*Dietz*[3] Rn. 21). Gerade bei Filmklassikern und preisgekrönten Filmen kommt eine **Rufbeeinträchtigung** des Urhebers in Betracht (KG GRUR 2004, 497, 498 – *Schlacht um Berlin*, im konkreten Fall aber verneint); **Art und Intensität des Eingriffes** sind ebenfalls relevant (OLG München GRUR Int. 1993, 332, 333 – *Christoph Columbus* am Maßstab der §§ 14, 39 Abs. 2; *v. Lewinski*/*Dreier* GRUR Int. 1989, 635, 645; Wandtke/Bullinger/*Manegold*[2] Rn. 12), genauso seine **filmische Notwendigkeit** (Dreier/Schulze/*Schulze*[2] Rn. 9). Das Rücksichtnahmegebot des § 93 Abs. 1 S. 2 stellt klar, dass im Rahmen der Interessenabwägung die **Interessen der anderen Urheber bzw. ausübenden Künstler,** die keine Ansprüche stellen, an Herstellung und Verwertung des Filmes ebenfalls zu berücksichtigen sind (vgl. Rn. 24). Das soll vor allem eine Blockade der Interessen Vieler durch Einzelne verhindern (vgl. § 75 Rn. 31 ff. zu § 75 S. 2). Danach können auch schwerwiegende Entstellungen nach Interessenabwägung nicht als gröblich anzusehen sein, wenn das Filmwerk ansonsten zu Lasten der anderen gesperrt wäre.

16   dd) **Verwerterinteressen:** **Möglichst umfassende Verwertungsmöglichkeit** (RegE UrhG – BT-Drucks. IV/270, S. 102); wirtschaftliche Schäden durch einen **Auswertungsstop** (OLG München GRUR 1986, 460, 463 – *Die unendliche Geschichte*; kritisch *Schack*[4] Rn. 365); auch eine **Einwilligung** kann Bedeutung erlangen, wenn sie zwar die konkrete gröbliche Entstellungshandlung nicht deckt, eine **Entstellung in anderer Form** aber von gleichem Gewicht vom Urheber aus wirtschaftlichen Gründen gebilligt wurde (OLG München GRUR 1986, 460, 463 – *Die unendliche Geschichte*). Der Filmhersteller hat insb. **während der Herstellungszeit** ein großes Interesse, Änderungen an den quasi „vorläufigen" Beiträgen vorzunehmen, um bis zur Endfassung des Filmes **flexibel zu bleiben** und die Produktion erfolgreich abzuschließen (v. Hartlieb/Schwarz/*Schwarz*/*Ulrich Reber*[4] Kap. 54 Rn. 13).

17   ee) **Abwägung:** Bei der Abwägung dieser Interessen ist **der gesetzgeberische Zweck** zu berücksichtigen. **Verwertungsinteressen** am Filmwerk wird ein grundsätzlicher **Vorrang** gegenüber solchen Entstellungen bzw. Beeinträchtigungen eingeräumt, die keine schwerwiegende Interessengefährdung des Betroffenen zur Folge haben (OLG München GRUR 1986, 460, 461 – *Die unendliche Geschichte*; GRUR 2004, 497, 498 – *Schlacht um Berlin*). Damit soll der Weg solchen Änderungen am Filmwerk oder am vorbestehenden Werk geebnet werden, die geeignet sein können, die wirtschaftlichen Auswertungschancen des Filmes zu verbessern, auch wenn hierdurch Beeinträchtigungen von Urheberpersönlichkeitsrechten eintreten können. Es gibt nach § 93 gerade **kein Recht der Urheber auf die Ursprungsfassung** des Werkes (KG GRUR 2004, 497, 498 – *Schlacht um Berlin*; zu möglichen abweichenden Vereinbarungen vgl. Rn. 25). Im Übrigen sind sämtliche Umstände des Einzelfalls zu berücksichtigen.

18   ff) **Einzelfälle:** Gröbliche Entstellungen sind zunächst in den Fällen zu verneinen, die dem Gesetzgeber zum Anwendungsbereich der Vorschrift des § 93 vorschwebten (RegE UrhG – BT-Drucks. IV/270, S. 102). Das sind i.d.R.

Werkkürzungen im Rahmen der **freiwilligen Selbstkontrolle** (zu Unrecht kritisch zur Kürzung wegen FSK, wenn sie nur einer zeitlich früheren und damit ertragreicheren Verwertung dienen soll, *Zlanabitnig* AfP 2005, 35, 37), die Anpassung an **ausländische Verhältnisse** zur dortigen Verwertung (**Untertitel**, **Synchronisation** oder **Kürzungen** zum Zwecke des jeweiligen Jugendschutzes). Diese Anpassungen und Änderungen des Werkes, die einer sachgerechten filmischen Verwertung dienen, sind regelmäßig von geringer Intensität (Wandtke/Bullinger/*Manegold*[2] Rn. 12; v. Hartlieb/Schwarz/*Schwarz/Ulrich Reber*[4] Kap. 54 Rn. 14).

Bei der **Filmherstellung** muss der **Stoffurheber** inhaltliche Änderungen des **19** vorbestehenden Werkes in großem Umfang hinnehmen. Der Film ist ein anderes Medium mit andersartigen Ausdrucksmitteln als beispielsweise ein Roman. Durch den Umsetzungsprozess geht manches verloren oder muss anders dargestellt werden. Charaktere oder die Handlungsstruktur können in gewissen Grenzen verändert werden. Je größer die Individualität der Schöpfung ist und je höher die künstlerische Ambition, desto eher wird eine Entstellung eintreten (OLG München GRUR 1986, 460, 461 – *Die unendliche Geschichte*; Möhring/Nicolini/*Lütje*[2] Rn. 24; Schricker/*Dietz*[3] Rn. 21). Die Grenze ist bei **Schlüsselszenen** erreicht, die dem Geist und der Tendenz eines vorbestehenden Werkes völlig zuwiderlaufen. Beispiel ist eine Schlussszene, die die Trennung zwischen Phantasievorstellung der Hauptfigur und der Realität als Gag für den Schluss aufspart, wodurch die zentrale Aussage und Ernsthaftigkeit des vorbestehenden Romans geändert wurde (OLG München GRUR 1986, 460, 462 – *Die unendliche Geschichte*; i.E. aber bei Interessenabwägung verneint wegen Billigung einer ähnlichen Entstellung von gleichem Gewicht). Auch die Veränderung des Schlusses von einem Massensuizid zu einem Happyend wäre gröblich entstellend, selbst wenn das unveränderte Werk nur schwierig zu vermarkten wäre (*Homann*, Praxishandbuch Filmrecht, 2001, S. 28). Gleiches gilt bei einer **Vielzahl von Änderungen**, die den Gesamteindruck völlig verkehren. So ist es beispielsweise eine gröbliche Entstellung, Oscar-Wild-Zitate in ein Drehbuch nachträglich einzubauen, wenn dadurch die Atmosphäre des Buches am Anfang verfremdet wurde; ferner war eine **Hauptfigur**, die im ursprünglichen Drehbuch eine zentrale Rolle gespielt hatte, in der endgültigen Fassung nicht mehr erkennbar (KG UFITA 59 (1971), 279, 283 – *Kriminalspiel*). Allein aus der Tatsache, dass ein **Regisseur als Filmurheber** bei der Herstellung des Filmes **nicht** bis zum Ende **mitwirkt**, kann keine gröbliche Entstellung hergeleitet werden (OLG München ZUM 2000, 767, 772 – *down under*).

Probleme wirft auch die **Kürzung** von Filmen für die **Verwertung** auf. Als **20** Entstellung wurde die Kürzung eines Dokumentarfilmes um ein Drittel gewertet, wobei erschwerend hinzukam, dass gar keine Verwertungsrechte erworben waren (OLG Frankfurt GRUR 1989, 203, 205 – *Wüstenflug*, jedoch auf § 14 gestützt). Auch die Kürzung eines einstündigen Fernsehfilms um 10 Minuten kann bereits eine Entstellung des Filmwerkes darstellen (LG Berlin ZUM 1997, 758, 761 – *Barfuß ins Bett*). Demgegenüber wurde die Kürzung eines Dokumentarfilms über Berlin von Sylvester 1944 bis Sylvester 1945 um die Ereignisse nach Kriegsende, mithin um die Hälfte seiner Laufzeit, für zulässig erachtet; das sei zwar entstellend, mangels völliger Verkehrung des ursprünglichen Sinngehaltes werde aber nicht die Schwelle zur gröblichen Entstellung erreicht. Denn im Film sei das Kriegsende als Sollbruchstelle angelegt (KG GRUR 2004, 497, 498 – *Schlacht um Berlin*). Die Entscheidung erscheint als etwas zweifelhaft, vor allem weil es sich um einen Film von anerkannt hohem künstlerischem Rang handelte (Bundesfilmpreis, für „Oskar" nominiert; kritisch auch *Zlanabitnig* AfP 2005, 35, 38; *Wandtke* FS Schricker 70. Geb. S. 609, 612). Die Umarbeitung einer Miniserie zu einem verkürzten Spielfilm dürfte grundsätzlich zulässig sein v. Hartlieb/Schwarz/*Schwarz/Ulrich Reber*[4] Kap. 54 Rn. 14). Zu weitgehend gegen die Filmkürzung aus Gründen der Programmgestaltung von Fernsehsendern *Zlanabitnig* AfP 2005, 35, 37, wonach sich die Programmgestaltung an der Länge des Filmes auszurichten habe; denn die wirtschaftlichen Interessen des Verwerters haben grds. Vorrang. Entschärft werden kann die Problematik der gröblichen Entstellung durch Kürzung dadurch, dass bei der Auswertung eine Kennzeichnung erfolgt, dass es sich nur um „Ausschnitte" oder eine „gekürzte Fassung" handelt, weil dann die Interessenbeeinträchtigung der Urheber abgeschwächt wird.

21 Gröbliche Entstellung ist auch beim **Austausch** von **Werkteilen** denkbar. Ein kompletter Austausch von Filmmusik bei einem Filmwerk ist gröblich entstellend, wenn es in erheblichem Maße durch die Filmmusik, etwa mit Leitmotiven, musikalisch getragen wird (OLG München GRUR Int. 1993, 332, 333 – *Christoph Columbus* am Maßstab der §§ 14, 39 Abs. 2). Werden kurze Original-Filmszenen neu montiert und synchronisiert und die Original-Filmmusik in den kurzen Ausschnitten weggelassen, kann deren Urheber kein schützenswertes Interesse haben, Änderungen des Filmwerkes zu verhindern, die seine eigene Leistung in keiner Weise berühren. Insb. wird sein Musikwerk gerade dann nicht entstellt, wenn es schlicht weggelassen wird (OLG Hamburg GRUR 1997, 822, 824 f. – *Edgar-Wallace-Filme* für einzelne Szenen). Nicht von § 93 Abs. 1 geregelt ist der Fall, dass der ausübende Künstler sich zur Mitwirkung verpflichtet, danach jedoch das **Drehbuch geändert** wird. Es spricht aber einiges dafür, die Konstellation § 93 Abs. 1 analog anzuwenden (BAG DB 2007, 2035 Tz. 27). Nur wenn das Rollenprofil des ausübenden Künstlers erheblich missachtet wird, kommt eine Unzulässigkeit der Drehbuchänderung in Betracht.

22 Bei **Werbeunterbrechungen** kommt es auf die **Frequenz** und **Platzierung** der Unterbrechung an. Gegen eine Entstellung spricht das Füllen hierfür vorhandener Sollbruchstellen, dafür eine hohe Frequenz von Werbeblöcken (*Zlanabitnig* AfP 2005, 35, 38 f.; *Reupert* S. 150 f.; *Schack*[4] Rn. 363 f.). Bei Filmen mit künstlerischem Anspruch ist eher von einer gröblichen Entstellung auszugehen (Schricker/*Dietz*[3] Rn. 21), etwa wenn er derart unterbrochen wird, dass der Erzählrhythmus des Films völlig zersplittert wird (*Schack*[4] Rn. 363 unter Verweis auf Trib. Roma GRUR Int. 1985, 586, 588 – *Serafino*: achtmal unterbrochen durch insgesamt 66 Werbespots). Wenn man für die Bewertung eine objektivierte Sicht (vgl. Rn. 12) für ausschlaggebend hält, wird man im normalen Unterhaltungsfilmbereich aus Publikumsicht jedoch Gewöhnungseffekte (*Rehbinder*[13] Rn. 287) an die mittlerweile übliche Fernsehwerbung zu beachten haben. Hier wird § 93 auf Extremfälle beschränkt bleiben, die offensichtliche Missachtung oder weitgehende Ignoranz gegenüber dem künstlerischen Konzept des Films zum Ausdruck bringen (*Rosén* GRUR Int. 2004, 1002, 1005). Ein Abgleich an medienrechtlichen Vorgaben wie z.B. dem Rundfunkstaatsvertrag ist jedenfalls nicht ausgeschlossen, was das Höchstmaß der Zulässigkeit angeht (Schricker/*Dietz*[3] Rn. 21; Wandtke/Bullinger/*Manegold*[2] Rn. 14; v. Hartlieb/Schwarz/*Schwarz/Ulrich Reber*[4] Kap. 54 Rn. 14; a.A. Möhring/Nicolini/*Lütje*[2] Rn. 27).

23 Gröblich entstellend sind schwerwiegende **Formatänderungen** (*Reupert* S. 154; differenzierend nach künstlerischem Einsatz der Farbgebung und

Gestaltungshöhe *von Lewinski/Dreier* GRUR Int. 1989, 635, 645; LG Kopenhagen GRUR Int. 1998, 336). Auch die **Nachkolorierung** von Schwarzweißfilmen kann nur ausnahmsweise gröblich entstellend sein (v. Hartlieb/ Schwarz/*Schwarz/Ulrich Reber*[4] Kap. 54 Rn. 15; enger und Nachkolorierungen grds. als gröbliche Entstellung ansehend: *Platho* GRUR 1987, 424, 426; *v. Lewinski/Dreier* GRUR Int. 1989, 635, 646; *Reupert* S. 142 ff.; Schricker/ *Dietz*[2] Rn. 22; *Schack*[4] Rn. 363), wenn die Schwarzweiß Technik zum integralen künstlerischen Bestandteil gehört. Das ist insb. der Fall, wenn Filme in schwarz-weiß hergestellt wurden, obwohl die Farbtechnologie zur Verfügung stand (Beispiel: „The Good German" aus dem Jahr 2006). Ansonsten muss für den Regelfall die Kolorierung zulässig sein. Das gilt vor allem in Fällen, in denen die Herstellung ohne Farbe nur erfolgte, weil die Technologie noch nicht zur Verfügung stand, wesentliche künstlerische Aspekte aber nicht gegen eine Kolorierung sprechen. Im Übrigen ist die Kolorierungstechnik heute unter Einsatz von EDV so fortschrittlich, dass eine Kolorierung erfolgen kann, als ob der Film in Farbe gedreht gewesen wäre (v. Hartlieb/Schwarz/*Schwarz/ Ulrich Reber*[4] Kap. 54 Rn. 15). Eine Kolorierung üblicher Unterhaltungs- oder Dokumentarfilme muss zulässig sein, wenn die Verwertungsmöglichkeiten ansonsten erheblich eingeschränkt wären. Zeichentrickfilme aus den 1930iger Jahren dürfen beispielsweise nachkoloriert werden, weil sie dadurch sogar gewinnen und tw. überhaupt erst wieder auswertbar werden. Spürbare Änderungen der **Laufgeschwindigkeit** sind hingegen problematisch (*von der Horst* ZUM 1994, 239; *von Lewinski/Dreier* GRUR Int. 1989, 635; *Schack*[4] Rn. 363; Schricker/*Dietz*[2] Rn. 24; differenzierend nach Umfang Möhring/Nicolini/*Lütje*[2] Rn. 25 [ca. ab 8%] und *Reupert* S. 156 [ab 10%]). Das Abschneiden des **Abspanns** (dazu *Reupert* S. 157) kann dann gröblich entstellend sein, wenn dieser noch zum wesentlichen Inhalt des Filmes gehört und beispielsweise noch einige Schlüsselszenen gezeigt werden. Ansonsten mag der Gewöhnungseffekt zu berücksichtigen sein, im Fernsehen – anders im Kino und auf Video, DVD – keinen vollständigen Abspann zu sehen zu bekommen (i.E. für die Zulässigkeit auch Wandtke/Bullinger/*Manegold*[2] Rn. 15). Allerdings kann ein Verstoß gegen § 13 gegeben sein, den § 93 Abs. 2 nicht regelt. Auch das Einblenden des **Senderlogos** ist wegen Publikumsgewöhnung und geringer Beeinträchtigung zulässig (*Reupert* S. 159; Schricker/*Dietz*[2] Rn. 21; Wandtke/ Bullinger/*Manegold*[2] Rn. 14). Kritisch beurteilt wird tw. auch das **Begleitmaterial auf DVDs**, in dem beispielsweise ein Film ohne Tonspur mit Kommentaren des Regisseurs oder der Mitwirkenden versehen ist (Schricker/*Dietz*[2] Rn. 24). Ob darin eine Entstellung liegt, mag schon wegen der in diesem kommerziellen Auswertungsbereich gesteigerten Publikumsgewöhnung zu bezweifeln sein. Zudem liegt aber beim Begleitmaterial – ähnlich kommentierten Buchausgaben – der Schwerpunkt oftmals auf Erläuterungen und Hintergründen, so dass der nur im Bild ablaufende Film nicht entstellt wird, weil es bei der Nutzung des Bonusmaterials – anders als beim Anschauen des Filmes selbst – aus der Sicht des Publikums gar nicht zentral um dessen Rezeption geht. Die Persönlichkeitsrechte der Filmurheber können kaum gröblich beeinträchtigt sein.

e) Rücksichtnahme bei Ausübung (Abs. 1 S. 2): Das Rücksichtnahmegebot des **24** § 93 Abs. 1 S. 2 stellt klar, dass im Rahmen der Interessenabwägung nicht nur die Interessen des die Ansprüche geltend machenden Urhebers bzw. ausübenden Künstlers zu berücksichtigen sind, sondern auch die Interessen nicht in den Rechtsstreit einbezogener anderer Urheber bzw. ausübender Künstler (Schricker/*Dietz*[3] Rn. 10; Wandtke/Bullinger/*Manegold*[2] Rn. 17; a.A. Möhring/Nicolini/*Lütje*[2] Rn. 31 f.: gesonderte Interessenabwägung nach Feststellung der Gröblichkeit). Vgl. Rn. 14; vgl. § 75 Rn. 31 ff. zu § 75 S. 2.

25 f) Abweichende Vereinbarungen: § 93 Abs. 1 ist dispositiv und damit einer abweichenden Parteivereinbarung zugänglich (so auch Schricker/*Dietz*[3] Rn. 18; Wandtke/Bullinger/*Manegold*[2] Rn. 3). Das gilt nach allgemeiner Auffassung jedenfalls **zu Gunsten der Urheber oder ausübenden Künstler.** Ein Beispiel wäre ein vertraglicher Vorbehalt zu Gunsten des Filmregisseurs für die Abnahme des „final cut" (v. Hartlieb/Schwarz/*Schwarz*/*Ulrich Reber*[4] Kap. 54 Rn. 13), was in der Praxis die große Ausnahme ist. Nach bestrittener, aber zutreffender Auffassung kann § 93 Abs. 1 außerdem **zu Lasten der Urheber oder ausübenden Künstler** vertraglich geändert werden (OLG München GRUR 1986, 460, 463 – *Die unendliche Geschichte*; *Schricker* FS Hubmann S. 409, 417, v. Hartlieb/Schwarz/*Schwarz*/*Ulrich Reber* Kap. 54 Rn. 19; Möhring/Nicolini/*Lütje*[2] Rn. 33; Dreier/Schulze/*Schulze*[2] Rn. 11; Schricker/*Dietz*[3] Rn. 18; a.A. *Bohr* ZUM 1992, 121, 132; Voraufl./*Hertin* Rn. 7). Eine solche Verschärfung der Entstellungsbefugnisse ist jedoch an bestimmte inhaltliche Voraussetzungen gebunden. Denn auf das aus dem Urheberpersönlichkeitsrecht fließende Recht, sich gegen gröbliche Entstellungen und Beeinträchtigungen zu wehren, kann der Urheber nicht in genereller Form vollständig verzichten. Doch kann im Einzelfall auf seine Ausübung verzichtet werden, weil insoweit Rechtsgeschäfte auch über Urheberpersönlichkeitsrechte zulässig sind (vgl. § 39 Rn. 15 ff.). Das muss sich jedoch auf eine **hinreichend konkretisierbare,** zumindest **in groben Zügen erkennbare** gröbliche Entstellung beziehen, deren Folgen überschaubar sind, um wirksam zu sein (OLG München GRUR 1986, 460, 463 – *Die unendliche Geschichte*; *Schricker* FS Hubmann S. 409, 417; Dreier/Schulze/*Schulze*[2] Rn. 11; Schricker/*Dietz*[3] Rn. 18). Beispiele sind konkret benannte Änderungen der Handlung, insb. die Änderung von Schlüsselszenen (vgl. Rn. 19); hier kann z.b. vereinbart werden, dass dem Romanurheber (§ 88) das Drehbuch vorgelegt wird und er die darin enthaltenen gröblichen Entstellungen erlaubt. Auch zunächst gröblich entstellende Kürzungen, Werbeunterbrechungen, Kolorierungen sowie Format- oder Geschwindigkeitsänderungen können konkret erlaubt werden. Eine Änderung des § 93 zu Lasten des Urhebers ist auch durch **AGB** möglich (so wohl auch Schricker/*Dietz*[3] Rn. 17). Das lässt sich aus BGH GRUR 1984, 45, 51 – *Honorarbedingungen: Sendevertrag* entnehmen, wo für Fersehautoren ein formularmäßiges Bearbeitungsrecht „unter Wahrung der geistigen Eigenart des Werkes" für zulässig nach §§ 23, 39 befunden, ein etwaig entgegenstehendes generelles Verbot der formularmäßigen Eingrenzung nach § 93 jedoch nicht thematisiert wird. Zunächst ist zu beachten, dass § 93 i.V.m. § 14 hier bei der **AGB-Inhaltskontrolle** Leitbildcharakter i.S.d. § 307 Abs. 2 Nr. 1 BGB hat. Formularmäßige Abreden sind also ebenfalls nur mit konkreten Änderungsvorgaben möglich. Insb. Werbeunterbrechungen, Kolorierung sowie Format- und Geschwindigkeitsänderungen sollten jedoch vorab in relativ abstrakter Form verabredbar sein. Ferner ist zu bedenken, dass eine AGB-Kontrolle ohnehin weitgehend ausscheidet, wenn die Änderungsbefugnisse als Hauptleistungspflichten einzustufen sind (vgl. Vor §§ 31 ff. Rn. 202). Davon ist auszugehen, weil die Änderungsbefugnisse als Pendant zu Bearbeitungsrechten anzusehen sind, deren Einräumung zu den Hauptrechten zählt. Zur Rolle einer Einwilligung in eine andere als die vorgenommene Form der Entstellung bei der Interessenabwägung vgl. Rn. 16. Zu **Tarifverträgen** im Film- und Fernsehbereich vgl. § 43 Rn. 34 ff.

2. Namensnennungsrecht ausübender Künstler (Abs. 2)

Ausübenden Künstlern gibt § 74 Abs. 1 seit der Reform 2003 das Recht zur **26** Namensnennung, was sich bei einer Filmproduktion wegen der Vielzahl Mitwirkender u.U. schwierig gestaltet. Daher wird das **Namensnennungsrecht** seit 2003 durch § 93 Abs. 2 **eingeschränkt,** wenn es für den Filmproduzenten einen unverhältnismäßigen Aufwand bedeutet (zum früheren Recht Rn. 4 f.). § 93 Abs. 2 findet wegen des Verweises in § 95 auch auf **Laufbilder** Anwendung. Die Bestimmung bezieht sich **nur** auf **ausübende Künstler** und die ihnen nach § 74 Abs. 1 gewährten Rechte. Keine Anwendung findet § 93 Abs. 2 auf das Nennungsrecht der Urheber nach § 13, das also nicht modifiziert wird (zu den Nennungsrechten der Urheber siehe die Kommentierung dort). § 93 Abs. 2 ist **dispositiv** (v. Hartlieb/Schwarz/*Schwarz*/*Ulrich Reber*[4] Kap. 54 Rn. 16 f.; Dreier/Schulze/*Schulze*[2] Rn. 20). Bei formularmäßiger Abrede (vgl. Vor §§ 31 ff. Rn. 152 ff.) hat § 93 Abs. 2 allerdings Leitbildcharakter i.S.d. § 307 Abs. 2 Nr. 1 BGB. Zu Tarifverträgen vgl. § 43 Rn. 34 ff.

§ 93 Abs. 2 stellt auf die Nennung „jedes einzelnen an einem Film mitwirken- **27** den ausübenden Künstlers" ab. Daraus wurde hergeleitet, dass die **Nennung einer Künstlergruppe** i.S.d. § 74 Abs. 2 (Chöre, Orchester, Bands etc.) nicht erfasst sei und deshalb Künstlergruppen ohne jede Einschränkung immer genannt werden müssten (Schricker/*Dietz*[3] Rn. 4b). Das ist nicht überzeugend, weil die Nennung von Künstlergruppen ebenfalls einen unverhältnismäßigen Aufwand bedeuten kann, z.B. bei Verwendung kurzer Teile aus musikalischen Darbietungen. Insoweit kann es keinen Unterschied machen, ob (zufällig) eine Darbietung einer Gruppe oder eines einzelnen Interpreten vorliegt.

Die **(Un)Verhältnismäßigkeit** bemisst sich nach einer **Abwägung** der konkreten **28** Umstände des Einzelfalls. Es sind **Art, Umfang, Gewicht und Qualität** der Mitwirkungsleistung zu berücksichtigen. Auch spielen die **Möglichkeiten der Namensnennung** in der jeweils gewählten Auswertungsform eine Rolle (eingeschränktere Nennungsmöglichkeit im Fernsehbereich aufgrund Sendervorgaben, an die der Filmhersteller gebunden ist). Der **Branchenübung** kommt entscheidendes Gewicht zu (so auch v. Hartlieb/Schwarz/*Schwarz*/*Ulrich Reber*[4] Kap. 54 Rn. 17). Bei Hauptdarstellern wird die Namensnennung regelmäßig nicht unzumutbar sein (Dreier/Schulze/*Schulze*[2] Rn. 19; Schricker/ *Dietz*[3] Rn. 4c); allerdings ist es bei täglich ausgestrahlten Fernsehserien zulässig, auch die Hauptdarsteller nur wenige Sekunden im Abspann einzublenden (v. Hartlieb/Schwarz/*Schwarz*/*Ulrich Reber*[4] Kap. 54 Rn. 17), bei kurzen Werbefilmen ist es gar üblich und zulässig, die Hauptdarsteller (und auch die Filmurheber) gar nicht zu nennen (Dreier/Schulze/*Schulze*[2] Rn. 19). Maßgeblicher **Zeitpunkt** für die Abwägungsentscheidung ist die Herstellung des Vor- bzw. Abspanns; deshalb besteht auch für später prämierte kleine Nebenrollen keine Nennungsverpflichtung, wenn die Bedeutung der Rolle bei Herstellung des Abspanns noch nicht erkennbar war.

III. Prozessuales

Die **Darlegungs- und Beweislast** für die gröbliche Entstellung i.S.d. Abs. 1 **29** trägt der Urheber; für den unverhältnismäßigen Aufwand i.S.d. Abs. 2 ist der Produzent beweispflichtig (Wandtke/Bullinger/*Manegold*[2] Rn. 19).

§ 93 ist eine vertragsrechtliche Vorschrift (vgl. Rn. 4). Danach unzulässige gröb- **30** liche Entstellungen sind ein Verstoß gegen § 14 (Urheber) bzw. § 75 oder § 74

Abs. 1 (ausübender Künstler). Diese Verstöße wiederum lösen die **Rechtsfolgen der §§ 97 ff.** aus. **Unterlassungsansprüche** (§ 97 Abs. 1 S. 1) auf ein Verbot der Nutzung des Filmes können nach dem Verhältnismäßigkeitsprinzip (§ 242 BGB) bei gröblichen Entstellungen ausgeschlossen sein, wenn eine Änderung des Titels und der Entfall der Namensnennung ausreichend ist; der Unterlassungsanspruch geht dann nur auf das Verbot der Titel- und Namensverwendung (Schricker/*Dietz*[2] Rn. 12; Dreier/Schulze/*Schulze*[2] Rn. 16). **Schadensersatzansprüche** können nach § 97 Abs. 2 bestehen. In der raren Gerichtspraxis, die eine gröbliche Entstellung angenommen hat, hat das Kammergericht bei Verfremdung der Atmosphäre eines Drehbuches durch Einfügung von Oscar-Wilde-Zitaten und bei Herausnahme einer Hauptfigur eine **Geldentschädigung** von DM 5.000 Anfang der 1970iger Jahre zugesprochen (KG UFITA 59 (1971), 279, 284 – *Kriminalspiel*; vgl. Rn. 19). Für die Bemessung der Geldentschädigung ist mindernd zu berücksichtigen, wenn der Verwerter einen Hinweis auf die Änderungen gibt, z.B. „sehr freie Bearbeitung nach" o.Ä. (KG UFITA 59 (1971), 279, 284 – *Kriminalspiel*; Wandtke/Bullinger/*Manegold*[2] Rn. 19; Schricker/*Dietz*[2] Rn. 25).

31 Auf die vertragsrechtliche Bestimmung des § 93 kann sich nicht nur der Vertragspartner des Urhebers bzw. des ausübenden Künstlers, also insb. der Filmhersteller, berufen. Da dem von § 93 geregelten Rechtsgeschäft über Urheberpersönlichkeitsrechte dinglicher Charakter zukommt, kann § 93 als generelle Auslegungsregel **auch zu Gunsten beliebiger Dritter im Prozess** wirken, um eine zulässige Änderung durch den Vertragspartner des Urhebers zu behaupten. So können sich weitere Verwerter in der Auswertungskette dafür auf § 93 berufen, dass die Änderung vom Urheber oder ausübenden Künstler gegenüber dem Filmhersteller erlaubt wurde. Umgekehrt können sich auch der als deliktischer Verletzer in Anspruch Genommene zum Bestreiten der Aktivlegitimation des Urhebers (z.B. für Schadensersatzansprüche; zu Unterlassungsansprüchen bliebe der Urheber berechtigt, vgl. § 97 Rn. 128) oder eines Dritten auf § 93 berufen. § 93 erlaubt allerdings nicht die Änderung durch Dritte, die keinen Vertrag mit dem Urheber haben und auch vom Vertragspartner des Urhebers nicht das Recht zur Änderung erhalten haben. Fehlt es an einer Erlaubnis für den Ändernden, können Urheber und Filmhersteller (§ 94 Abs. 1 S. 2) gemeinsam gegen jegliche (nicht nur gröbliche) Entstellungen vorgehen (Dreier/Schulze/*Schulze*[2] Rn. 17).

32 Zu **Vereinbarungen** – insb. in AGB -, mit denen **Unterlassungsansprüche** vor Beendigung der Produktion und Erstveröffentlichung des Filmes ausgeschlossen werden, vgl. Vor §§ 31 ff. Rn. 211; dort auch zur Möglichkeit, zumindest eine Geltendmachung im **Einstweiligen Verfügungsverfahren** formularvertraglich zu verbieten.

IV. Verhältnis zu anderen Vorschriften

33 § 93 Abs. 1 ist eine spezielle, § 39 **Abs. 1** vorgehende vertragsrechtliche Regelung. Das gilt auch für das Recht zur **Titeländerung** nach § 39 Abs. 1 (Schricker/*Dietz*[3] Rn. 15; Wandtke/Bullinger/*Manegold*[2] Rn. 9, der das schon aus den §§ 88, 89 herleiten will). Der Filmhersteller ist aber auch frei, bei zulässiger Entstellung nach § 93 den **ursprünglichen Titel beizubehalten.**

34 Auch wenn die Rspr. bisweilen ohne Grund nur auf § 14 zurückgreift, ohne § 93 Abs. 1 auch nur zu erwähnen (so OLG München GRUR Int. 1993, 332 – *Christoph Columbus*; OLG Frankfurt GRUR 1989, 203, 205 – *Wüstenflug*; kritisch auch Schricker/*Dietz*[3] Rn. 11), ist § 93 als Modifikation des § 14 im

Filmbereich vorrangig. Die Erwägungen zur Entstellung (vgl. § 14 Rn. 5 ff.) finden in § 93 sämtlich Berücksichtigung, wenn auch unter einem gesetzlich zu Gunsten des Filmherstellers modifizierten Abwägungsmaßstab.

Aus dem Kreis der urheberpersönlichkeitsrechtlichen Vorschriften modifiziert **35** § 93 Abs. 1 lediglich das Entstellungsverbot des § 14. **§ 12 Abs. 1 (Erstveröffentlichung)** ist grds. für Urheber vorbestehender Werke abbedungen (§ 88 Rn. 105); das gilt auch bei nach § 93 zulässigen Entstellungen. Für Filmurheber (§ 89) ist das anders: § 12 Abs. 1 wird durch die Gestattung nach § 93 nicht berührt, weil noch nicht einmal § 89 (vgl. § 89 Rn. 72) ein solches Recht gewährt; allerdings wird das Recht konkludent eingeräumt, wenn der Urheber die Arbeit am Werk beendet und dem Filmhersteller zur Nutzung überlässt (OLG München ZUM 2000, 767, 771 f. – *down under*; Wandtke/Bullinger/*Manegold*[2] Rn. 8). Ansonsten hat der Filmhersteller einen Anspruch darauf, dass die Einwilligung nicht treuwidrig verweigert wird (OLG Köln GRUR-RR 2005, 337, 338 – *Dokumentarfilm-Massaker*). Treuwidrig wäre aber eine Berufung auf Änderungen, zu denen der Filmhersteller nach § 93 befugt war; sonst liefe § 93 leer. Ähnliches gilt für **§ 13 (Urhebernennung)**. § 13 wird grds. durch § 93 **nicht berührt** und ist vom Filmhersteller zu beachten (KG NJW-RR 1986, 608 – *Paris/Texas*; Schricker/*Dietz*[3] Rn. 12; Wandtke/Bullinger/*Manegold*[2] Rn. 7). Genauso ist es für § 75 im Hinblick auf ausübende Künstler, allerdings mit der Einschränkung des § 93 Abs. 2. Die **Namensnennung** nachträglich **zurückziehen** kann der Urheber oder ausübende Künstler erst ab der Grenze der gröblichen Entstellung, nicht schon bei Streit darüber (wie hier KG Schulze KGZ 60 für die Namensnennung eines ausübenden Künstlers; v. Hartlieb/Schwarz/*Schwarz*/*Ulrich Reber*[3] Kap. 54 Rn. 12; a.A. Dreier/Schulze/*Schulze*[2] Rn. 16 unter Berufung auf OLG Saarbrücken UFITA 79 (1977), 366; wohl auch Schricker/*Dietz*[2] Rn. 12). Die Regelung des § 93 wäre konterkariert, wenn zwar § 93 auch gröbliche Entstellungen ohne Zustimmung zuließe, der Urheber oder ausübende Künstler aber dennoch seine Nennung oder den Titel zurückziehen könnte. Das gilt insb. im Verwertungsstadium, weil die Änderung des Vor- oder Abspanns mit großem wirtschaftlichen Aufwand verbunden ist, wenn der Film z.B. schon im Kino läuft oder auf DVD erschienen ist. § 93 will aber gerade die wirtschaftliche Auswertung durch den Filmhersteller gewährleisten.

Die Einschränkung des Entstellungsschutzes gemäß § 93 Abs. 1 für Stoffurhe **36** ber, Filmurheber und ausübende Künstler betrifft nur den urheberpersönlichkeitsrechtlichen Aspekt von Änderungen; über die von § 93 Abs. 1 erfassten Urheberpersönlichkeitsrechte hinaus muss der Verwerter also über die **Bearbeitungsrechte** (§ 23) verfügen. Der Umfang dieser Rechtseinräumung ist für Stoffurheber in § 88 **Abs. 1**, für Filmurheber in § 89 **Abs. 1** und für ausübende Künstler in § 92 geregelt und von den dort zu findenden Zweifelsregelungen umfasst; siehe die Kommentierungen dort.

Das Recht des Filmherstellers, gegen Entstellungen vorzugehen (§ 94 **Abs. 1** **37** **S. 2**), steht neben etwaigen Ansprüchen des Urhebers oder ausübenden Künstlers nach den §§ 93, 14.

Kraft des Verweises in § 95 gelten § 93 Abs. 1 und Abs. 2 auch für **Laufbilder**. **38** Da es bei diesen aber mangels Werkcharakter des Filmes keine Filmurheber gibt, hat § 93 Abs. 1 insoweit nur für vorbestehende Werke und ausübende Künstler Bedeutung.

§ 94   Schutz des Filmherstellers

(1) **¹Der Filmhersteller hat das ausschließliche Recht, den Bildträger oder Bild- und Tonträger, auf den das Filmwerk aufgenommen ist, zu vervielfältigen, zu verbreiten und zur öffentlichen Vorführung, Funksendung oder öffentlichen Zugänglichmachung zu benutzen. ²Der Filmhersteller hat ferner das Recht, jede Entstellung oder Kürzung des Bildträgers oder Bild- und Tonträgers zu verbieten, die geeignet ist, seine berechtigten Interessen an diesem zu gefährden.**

(2) **¹Das Recht ist übertragbar. ²Der Filmhersteller kann einem anderen das Recht einräumen, den Bildträger oder Bild- und Tonträger auf einzelne oder alle der ihm vorbehaltenen Nutzungsarten zu nutzen. § 31 und die §§ 33 und 38 gelten entsprechend.**

(3) Das Recht erlischt fünfzig Jahre nach dem Erscheinen des Bildträgers oder Bild- und Tonträgers oder, wenn seine erste erlaubte Benutzung zur öffentlichen Wiedergabe früher erfolgt ist, nach dieser, jedoch bereits fünfzig Jahre nach der Herstellung, wenn der Bildträger oder Bild- und Tonträger innerhalb dieser Frist nicht erschienen oder erlaubterweise zur öffentlichen Wiedergabe benutzt worden ist.

(4) § 10 Abs. 1 und die §§ 20b und 27 Abs. 2 und 3 sowie die Vorschriften des Abschnitts 6 des Teils 1 sind entsprechend anzuwenden.

Übersicht

I. Allgemeines

1. Sinn und Zweck

Der Filmhersteller erhält durch § 94 ein originäres Schutzrecht, mit dem seine **1** organisatorische und wirtschaftliche Leistung honoriert werden soll (RegE UrhG – BT-Drucks. IV/270, S. 102). Da er kein originäres Urheberrecht hat, das aus seiner Produzentenstellung als solcher folgt (vgl. Vor §§ 88 ff. Rn. 22), könnte er sich sonst nur auf abgeleitete Rechte stützen. Deshalb gewährt ihm § 94 ein originäres Schutzrecht, ähnlich dem Tonträgerhersteller (§§ 85 f.), Sendeunternehmen (§ 87) und Datenbankhersteller (§§ 87a ff.). In der **Schutzwürdigkeit seiner organisatorischen und wirtschaftlichen Leistung** steht er diesen nicht nach (RegE UrhG – BT-Drucks. IV/270, S. 102). Anders als das Urheberrecht bezieht sich der Schutz nicht auf das Filmwerk als solches, sondern nur auf den „Filmstreifen, d.h. den Bildträger oder Bild- und Tonträger, auf den das Filmwerk aufgenommen ist" (RegE UrhG – BT-Drucks. IV/270, S. 102). Das hat gewisse Einschränkungen des Schutzes zur Folge (kein Schutz für Live-Sendungen oder Remakes; vgl. Rn. 35). Das originäre Leistungsschutzrecht des Filmherstellers nach § 94 ist von den **Rechten der §§ 88, 89, 92 zu unterscheiden,** welche den Urhebern vorbestehender Werke, den Filmurhebern und den ausübenden Künstlern als Filmschaffende zustehen und der Filmhersteller von diesen abgeleitet erwirbt.

2. Früheres Recht

a) **Nullkopie bis 31.12.1965:** Vor Inkrafttreten des UrhG am 01.01.1966 war **2** dem Urheberrecht ein besonderes Leistungsschutzrecht des Filmproduzenten fremd. Nach der zeitlichen Übergangsvorschrift des § 129 Abs. 1 S. 2 wurde es auch nicht rückwirkend geschaffen. Damit können Filmhersteller für vor Inkrafttreten des UrhG hergestellte Filme **keinen Leistungsschutz** aus § 94 beanspruchen; entscheidend ist der Zeitpunkt der Fertigstellung der Nullkopie (Wandtke/Bullinger/*Manegold*[2] Rn. 16). Der Filmhersteller muss sich also ggf. auf die abgeleiteten Rechte der Stoffurheber (vgl. § 88 Rn. 5 ff.), der Filmurheber (vgl. § 89 Rn. 30 ff.) oder der ausübenden Künstler (vgl. § 92 Rn. 3 f.: nicht Schauspieler, nur musikalische ausübende Künstler, deren Darbietung auf Tonträger aufgenommen wurde; a.A. wohl Schricker/*Katzenberger*[3] Rn. 4: auch kein Recht der musikalischen ausübenden Künstler im Hinblick auf eine Verwendung der Tonträgeraufnahme für Bildtonträger, was aber BGH GRUR 1962, 370, 373 – *Schallplatteneinblendung* widerspricht) berufen.

b) **Frühere Fassungen des UrhG:** § 94 erfuhr seit dem 01.01.1966 mehrere **3** Änderungen. Durch das ÄndG 1995 wurde mit Wirkung zum **01.07.1995** die Schutzdauer-RL 93/98/EWG umgesetzt und verlängerte die in **§ 94 Abs. 3** geregelte **Schutzdauer auf 50 Jahre.** Die Schutzdauer des § 94 Abs. 3 a.F. betrug 25 Jahre seit Erscheinen des Filmträgers. Auch der Anknüpfungszeitpunkt für die Berechnung wurde geändert. Die Neuregelung gilt gem. § 137f Abs. 1 S. 2 für alle am 01.06.1995 noch nicht erloschen Schutzrechte. War der Schutz schon erloschen, lebte er wieder auf, wenn das Leistungsschutzrecht zumindest in einem anderen EU- oder EWR-Staat noch bestand (§ 137f Abs. 2 S. 2). In **§ 94 Abs. 4** wurde – ebenfalls durch das ÄndG 1995 – ein Verweis auf die Vergütungsregel des § 27 **Abs. 2, 3** geschaffen. Die Umsetzung der Satelliten- und Kabel-RL durch das ÄndG 1998 fügte in § 94 Abs. 3 den Verweis auf § 20b ein.

4 In § 94 Abs. 1 wurde durch das UrhG Infoges v. 10.09.2003 als Umsetzung des Art. 3 Abs. 2c der Info-RL dem Filmhersteller das **Recht der öffentlichen Zugänglichmachung gem.** § 19a zugewiesen (RegE UrhG Infoges – BT-Drucks. 15/38, S. 25). Da die Aufzählung der Verwertungsrechte in § 94 Abs. 1 abschließend ist (vgl. Rn. 37), kann sich der Filmhersteller – auch für davor hergestellte Filme – also erst ab **13.09.2003** (Inkrafttreten) auf das Recht nach § 19a berufen, zumal auch Übergangsbestimmungen (§§ 129 ff.) nicht existieren. Das Kammergericht will wegen einer planwidrigen Regelungslücke für frühere Sachverhalte §§ 94, 19a zumindest analog anwenden (KG MMR 2003, 110, 111 – *Paul und Paula* zur Verwertung von Filmausschnitten im Internet). Gleichfalls mit der Novelle 2003 wurde § 94 Abs. 2 um die **Möglichkeit der konstitutiven Nutzungsrechtseinräumung** am Leistungsschutzrecht ergänzt (**neue S. 2 und 3**). Eine inhaltliche Änderung brachte das nicht mit sich, weil bereits vorher die §§ 31 ff. analog angewendet wurden, sofern sie auf das Leistungsschutzrecht des § 94 passten; das waren die heutigen §§ 31, 33, 38, insb. nicht jedoch § 31 Abs. 4 a.F. (vgl. Rn. 52).

5 Schließlich hat der „**2. Korb**" mit Wirkung zum **01.01.2008** den Verweis in § 94 Abs. 2 S. 3 auf „§ 31 und §§ 33 und 38 gelten entsprechend" anstelle von „§ 31 Abs. 1 bis 3 und 5 und die §§ 33 bis 38 gelten entsprechend" geändert. Das war nur eine redaktionelle Änderung ohne inhaltliche Bedeutung; sie war wegen des Entfalls des § 31 Abs. 4 sprachlich sinnvoll. Zum **DDR-Recht** vgl. Rn. 7.

3.   EU-Recht und internationales Recht

6 **EU-Recht** hat das Leistungsschutzrecht des Filmherstellers tw. durch **Richtlinien** harmonisiert. Art. 2 Abs. 1 Vermiet- und Verleih-RL, Art. 3 Abs. 3 Schutzdauer-RL sowie Art. 2 lit. d) und 3 Abs. 2 lit. c) Info-RL definieren den Filmhersteller als „Hersteller der erstmaligen Aufzeichnung eines Films" bzw. „von Filmen". Diese Richtlinien enthalten dann auch im Detail Vorgaben für das Vermiet- und Verleihrecht (Vermiet- und Verleih-RL), das Vervielfältigungsrecht bzw. das Recht der öffentlichen Wiedergabe (Info-RL), zu Schranken (Info-RL), Sanktionen und Rechtsbehelfen (Info-RL und Durchsetzungs-RL) sowie zur Schutzdauer des Leistungsschutzrechts (Schutzdauer-RL); zu den Richtlinien vgl. Einl. Rn. 37 ff.

7 Über die EU hinaus besteht **keine internationale Konvention** über einen Leistungsschutz des Filmherstellers (*Loef/Verweyen* ZUM 2007, 706, 707; *Katzenberger* ZUM 2003, 712, 714; zu verschiedenen Schutzgegenständen im europäischen Vergleich *Poll* GRUR Int. 2003, 290, 292 ff.). Auch Art. 14bis RBÜ trifft hierfür keine Regelung, weil es dort nur um die Möglichkeit geht, dem Filmhersteller eine Stellung als Filmurheber zuzuweisen, nicht aber um einen davon losgelösten originären Leistungsschutz. Vor diesem Hintergrund finden sich Beschränkungen der personellen Anwendbarkeit in § 128. Der Schutz besteht nur zu Gunsten eines Filmherstellers mit Sitz in Deutschland (§ 128 Abs. 1 S. 1) oder in der EU (§§ 128 Abs. 1 S. 2, 126 Abs. 1 S. 3). § 94 ist auch auf zu **DDR-Zeiten ab 1966** (vgl. Rn. 2) hergestellte Filme zu Gunsten der DEFA als Rechtsnachfolgerin des VEB DEFA Studios anwendbar (KG MMR 2003, 110 – *Paul und Paula*; KG GRUR 1999, 721 – *DEFA Film*; vgl. Vor §§ 88 ff. Rn. 35). Ferner entsteht das Schutzrecht für nicht EU-Produzenten, wenn der Film innerhalb von 30 Tagen nach erstmaligem Erscheinen im Ausland auch in Deutschland erschienen ist (§§ 128 Abs. 2, 126 Abs. 2); zutreffend ist es wegen des gemeinschaftsrechtlichen Diskriminierungsverbotes indes, den Wortlaut der §§ 128 Abs. 2, 126 Abs. 2 erweiternd dahin auszulegen, daß auch ein Erscheinen innerhalb der Frist in einem anderen EU-Staat – und sei es nur durch einen Lizenznehmer – genügt (*Loef/Verweyen* ZUM 2007, 706, 707; vgl. § 128 Rn. 3). Bei einer Schutzfrist „Null" wegen fehlender Gewährung eines Rechts im Sitzland kommt auch kein Schutz nach UrhG in Frage (vgl. § 128 Rn. 3). Da z.B. in den USA kein Leistungsschutzrecht des Filmherstellers gem. § 94 besteht, können sich US-Produzenten regelmäßig nicht auf § 94 berufen. Diese müssen also aus abgeleiteten Rechten der Stoff- bzw. Filmurheber, der ausübenden Künstler oder ggf. des Herstellers der deutschen Synchronfassung (vgl. Rn. 30) vorgehen. Zur rechtlichen Stellung des Filmproduzenten im internationalen Vergleich *Katzenberger* ZUM 2003, 712.

II. Tatbestand

1. Leistungsschutzrecht des Filmherstellers (Abs. 1 S. 1)

a) Filmhersteller: aa) Allgemeines: Eine Legaldefinition des Filmherstellerbegriffes enthält das UrhG nicht. Der RegE UrhG 1965 wollte die „**erhebliche organisatorische und wirtschaftliche Leistung**" des Filmherstellers honorieren (RegE UrhG – BT-Drucks. IV/270, S. 102). Üblicherweise werden diese Begriffe erweiternd ausgelegt und zu organisatorischen noch technische Leistungen und zu wirtschaftlichen noch rechtliche Leistungen gerechnet. Damit sind Leistungen **technischer, organisatorischer, wirtschaftlicher und rechtlicher Art** relevant (ausführlich *Pense* ZUM 1999, 121, 122 ff.; *Baur* UFITA 3 [2004], 665, 715 ff.; Wandtke/Bullinger/*Manegold*[2] Rn. 35 ff.). **8**

In **wirtschaftlicher** Hinsicht gehört zu den Aufgaben des Produzenten zunächst die **Kostenkalkulation**, die Kontrolle ihrer **Einhaltung** sowie die Übernahme des Risikos, dass es zu „Überschreitungskosten" kommt. Auch die **Finanzierung** ist eine Herstellerleistung. Mit der Kapitalbeschaffung (z.B. durch Eigenkapital, Kredite, Verleih- und Vertriebsgarantien, Fördermittel) wird i.d.R. ein wirtschaftliches Risiko übernommen. Das Risiko kann aber auch aus anderen Faktoren erwachsen, etwa ein **Fertigstellungsrisiko** im Rahmen einer Auftragsproduktion als Werkvertrag (dazu *Baur* UFITA 3 [2004], 665, 752 ff.). Insoweit spricht für seine wirtschaftliche Verantwortung, wenn er als Versicherungsnehmer mit dem Begünstigten einer Fertigstellungsversicherung („completion bond"; dazu *Reden-Lütcken/Thomale* ZUM 2004, 896 ff.; zur Verletzung des Versicherungsvertrages durch Produktionsabbruch: LG Köln BeckRS 2006 07258) identisch ist (Wandtke/Bullinger/*Manegold*[2] Rn. 38). Auch wenn man auf die wirtschaftliche Verantwortung abstellt, muss der Filmhersteller daher nicht notwendigerweise allein die Finanzierung des Projektes betreiben (Möhring/Nicolini/*Lütje*[2] Rn. 8). **9**

Organisatorische Produzentenleistungen sind zunächst auf den Inhalt des Filmes bezogen, also z.B. Festlegung des zu verfilmenden Stoffes, personelle Auswahl der Stoffautoren (z.B. Treatment, Drehbuch oder ggf. Roman), des Regisseurs und anderer Filmurheber, der Hauptdarsteller, der Nebenrollen und des technischen Personals; ferner Beschaffung des erforderlichen Materials, der Studioräume und der sonstigen Drehorte; Festlegung des Drehplans; Überwachung der Dreharbeiten und der Postproduktion. **10**

Dieser Katalog organisatorischer Leistungen zeigt zugleich, wo der Filmhersteller auf **rechtlicher** Ebene tätig wird. Er muss die erforderlichen Verträge mit **11** den Stoffurhebern, Filmurhebern, ausübenden Künstlern, technischem Personal, die Mietverträge für die Drehorte und die Postproduktion abschließen. Relevant für die Bestimmung der Herstellereigenschaft sind aber nur Verträge im eigenen Namen, insb. ein **eigener Rechteerwerb** der für die Herstellung und Auswertung des Filmes nötigen Rechte (*Pense* ZUM 1999, 121, 125; Schricker/*Katzenberger*[3] vor §§ 88 ff. Rn. 31; v. Hartlieb/Schwarz/*Ulrich Reber*[4] Kap. 59 Rn. 12). Daneben kann es auch genügen, wenn zwar ein Dritter die Verträge im eigenen Namen, aber auf Rechnung des Filmherstellers schließt (zur unechten Auftragsproduktion vgl. Rn. 25; v. Hartlieb/Schwarz/*Ulrich Reber*[4] Kap. 59 Rn. 12).

12 Oft werden die vorgenannten Leistungen nicht aus einer Hand erbracht. Dann ist in einer **Gesamtschau** zu ermitteln, wer Filmhersteller ist. Die genaue Gewichtung der Faktoren ist noch nicht abschließend geklärt. Nach dem Sinn und Zweck ist entscheidend, wer das **unternehmerische Risiko** für die Filmherstellung trägt. Die Rechtsprechung liegt auf dieser Linie. Der BGH hält für entscheidend, wer die Herstellung „in ihren wirtschaftlichen Folgen verantwortet" (BGH GRUR 1993, 472, 473 – *Filmhersteller*). Das OLG Düsseldorf (GRUR-RR 2002, 121, 122 – *Das weite Land*) benennt das wirtschaftliche und organisatorische Risiko der Herstellung. Der BFH NJW 1996, 1013 hält das Treffen der „notwendigen Entscheidungen als Unternehmer" und Verantwortung für „die wirtschaftlichen Folgen" für ausschlaggebend. Auch die Literatur ist dem größtenteils gefolgt (*Baur* UFITA 3 [2004, 665, 728; *Movsessian* UFITA 79 [1977], 213, 235; *v. Gamm* § 94 Rn. 3; Möhring/Nicolini/*Lütje*[2] Rn. 6; aber vgl. Rn. 13). Für die Zuweisung des unternehmerischen Risikos kommt erhebliche – meist entscheidende – Bedeutung zu, **auf wessen Namen und Rechnung die Verträge** abgeschlossen, insb. die für die Produktion und spätere Verwertung notwendigen Rechte erworben wurden (BGH GRUR 1993, 472, 473 – *Filmhersteller*; BFH NJW 1996, 1013; *Dünnwald* UFITA 76 [1976], 165, 178; Schricker/*Katzenberger*[3] Vor §§ 88 ff. Rn. 31; v. Hartlieb/Schwarz/*Ulrich Reber*[3] Kap. 59 Rn. 12; auf die haftungsrechtlichen Folgen unterbliebenen Rechteerwerbs abstellend *Baur* UFITA 3[2004], 665, 764). Es kommt insoweit aber nur auf die Verteilung der unternehmerischen Risiken an. Wenn der Unternehmer geschickt verhandelt und sein tatsächliches Risiko durch Vorvergabe der Rechte (z.B. Zahlung von Verleih- und Vertriebsgarantien durch Auswerter), durch Übernahme des Überschreitungskostenrisikos durch Dritte oder durch Inanspruchnahme von Fördermitteln minimiert, so ist das irrelevant (Wandtke/Bullinger/*Manegold*[2] Rn. 39).

13 Tw. wird allerdings neben der Übernahme des unternehmerischen Risikos zusätzlich verlangt, dass eine **tatsächliche (organisatorische) Kontrolle** der Produktion stattfindet (Wandtke/Bullinger/*Manegold*[2] Rn. 49; Dreier/Schulze/*Schulze*[2] Rn. 4; wohl auch OLG Stuttgart ZUM-RD 2003, 586, 589 – *Sex-Aufnahmen*; a.A. wie hier Möhring/Nicolini/*Lütje*[2] Rn. 6). Diese Auffassung steht im Widerspruch zur Rechtsprechung des BGH, der beispielsweise die (bedeutende) tatsächliche Einflussnahme *Reiner Maria Fassbenders* auf die Herstellung des Films „Die Ehe der Maria Braun" für unerheblich hielt und allein auf die wirtschaftliche Verantwortung abstellte (BGH GRUR 1993, 472, 473 – *Filmhersteller*). Sie widerspricht auch dem Sinn und Zweck des § 94. Die Regierungsbegründung rechtfertigt die Filmrechtsbestimmungen der §§ 88 bis 94 primär mit dem „Kostenrisiko" des Filmherstellers (RegE UrhG – BT-Drucks. IV/270, S. 98).

Schon nach dem RegE UrhG 1965 bezieht sich § 94 auf die „nicht schöpferi- **14** sche" Leistung des Filmherstellers (RegE UrhG – BT-Drucks. IV/270, S. 102). **Künstlerische Aspekte** spielen deshalb keine Rolle (BGH GRUR 1993, 472, 473 – *Filmhersteller*). Der **Filmhersteller** ist trotz seiner organisatorischen und wirtschaftlichen Leistung bei der Filmproduktion **kein Filmurheber i.S.d.** § 89 (*Loewenheim* UFITA 126 [1994], 99, 109; *Ott* ZUM 2003, 765). Er übernimmt die wirtschaftliche Verantwortung und führt organisatorische Tätigkeiten durch, erbringt in seiner Eigenschaft als Filmhersteller aber keine künstlerisch-schöpferische Leistung. Im Einzelfall ist nicht ausgeschlossen, dass er selbst auch schöpferische Beiträge erbringt, die ihn in den Kreis der Filmurheber heben (BGH GRUR 1993, 472, 473 – *Filmhersteller*). In einem solchen Fall einer Doppelfunktion als Produzent und schöpferischer Filmurheber geht seine Rolle aber über die eines bloßen Produzenten hinaus (zur sog. Doppelfunktion vgl. § 89 Rn. 19; ferner OLG Köln GRUR-RR 2005, 179 – *Standbilder im Internet*).

Relevant ist nur die Filmherstellung, nicht andere Leistungen, die unabhängig **15** davon erbracht werden. Bei aufgezeichneten **Veranstaltungen** (zum fehlenden Schutz für Live-Veranstaltungen vgl. Rn. 35) kann der Unternehmer, welcher die Veranstaltung organisiert, ein anderer sein als der Filmhersteller gem. § 94. Filmhersteller ist nicht derjenige, der das gefilmte Ereignis veranstaltet, sondern derjenige, der das **Risiko der Filmherstellung** trägt (OLG München NJW-RR 1997, 1405, 1406 – *Box Classics*).

Die Filmherstellung ist ein **Realakt** und beurteilt sich damit **objektiv nach den** **16** **tatsächlichen Verhältnissen** (BGH GRUR 1993, 472, 473 – *Filmhersteller*). Die **subjektiven Vorstellungen** der Parteien sind nicht ausschlaggebend, solange sie nicht den tatsächlichen wirtschaftlichen Verhältnissen entsprechen (Wandtke/Bullinger/*Manegold*[2] Rn. 30). Deshalb ist über den originären Rechteerwerb in der Person des Filmherstellers auch – im Gegensatz zu einer späteren Übertragung der daraus erwachsenden Rechte – keine isolierte **vertragliche Vereinbarung** ohne tatsächliche Übernahme des unternehmerischen Risikos möglich (Dreier/Schulze/*Schulze*[2] Rn. 6; Wandtke/Bullinger/*Manegold*[2] Rn. 30). Die Übernahme des unternehmerischen Risikos ist insoweit akzessorisch zur Übertragung des (Anwartschafts-)Rechts gem. § 94 – genauso wie grds. ein geschäftliches Bezeichnungsrecht nach § 5 Abs. 1 MarkenG nicht ohne das Geschäft übertragen werden kann (BGH GRUR 2002, 972, 975 – *FROMMIA*; dort teilw. str.). Deshalb können vertragliche Vereinbarungen auch bei Übernahme des unternehmerischen Risikos zu einem Wechsel des Anwartschaftsrechts führen (Vgl. Rn. 21; str.). – Ohnehin dürfen Vereinbarungen über die Herstellerstellung zumindest zur Annahme eines abgeleiteten Rechteerwerbs herangezogen werden (BGH UFITA 55 [1970] 313, 320 f. – *Triumph des Willens* zu den Filmurheberrechten am genannten Film, die wegen der Umstände des Einzelfalls der NSDAP zufielen, auch wenn die Regisseurin, was offengelassen wurde, als Filmhersteller anzusehen wäre).

Das **Leistungsschutzrecht** des § 94 **steht dem Inhaber des Unternehmens zu** **17** (BGH GRUR 1993, 472, 473 – *Filmhersteller*; Dreier/Schulze/*Schulze*[2] Rn. 5; Schricker/*Katzenberger*[3] vor §§ 88 ff. Rn. 37). Denn § 94 will das Ergebnis eines besonderen unternehmerischen Aufwands mit den Mitteln eines Schutzrechts demjenigen zuordnen, der den Aufwand als Unternehmer getätigt hat. Auch § 85 Abs. 1 S. 2 verweist für den durch ein Unternehmen hergestellten Tonträger für das entstehende Tonträgerherstellungsrecht auf dessen Inhaber. Das Fehlen dieser Regelung in § 94 wird als Redaktionsversehen angesehen.

Natürliche Personen können danach nur dann Produzent sein, wenn sie Inhaber des Unternehmens sind, das das unternehmerische Risiko der Filmherstellung trägt. Nicht zu verwechseln damit ist die **Nennung von persönlichen Produzenten** („produziert von…", „creative producer", „executive producer" etc.), die für die Herstellung wichtig waren, aber nicht das unternehmerische Risiko trugen (eingehend v. Hartlieb/Schwarz/*Schwarz*[4] Kap. 82 Rn. 9).

18 Ein **quantitativer** wirtschaftlicher **Mindestaufwand** bei der Filmherstellung wird erstaunlicherweise von der h.M. nicht vorausgesetzt. Danach erwerben auch Amateurfilmer, die ohne jedes wirtschaftliche Risiko arbeiten, an ihren Filmen (ggf. bei nicht schöpferischen Laufbildern über den Verweis in § 95) die Rechte aus § 94 (*Baur* UFITA 3 [2004], 665, 767; *Dünnwald* UFITA 76 [1976], 165, 173; Schricker/*Katzenberger*[3] Rn. 16 unter Verweis auf die Gesetzesmotive zu § 85, denen § 94 nachgebildet ist; Wandtke/Bullinger/*Manegold*[2] Rn. 22; a.A. *Schorn* GRUR 1983, 718, 721). Nach dem Sinn und Zweck des § 94, der unternehmerisches Risiko belohnen will, ist das kaum gerechtfertigt. Für Amateurfilmer scheint im Übrigen der Schutz aus § 72 genügend zu sein. Die Schwelle des wirtschaftlichen Aufwandes sollte allerdings nicht zu hoch gesetzt werden, weil auch ein kleines Risiko belohnt werden kann. Ferner ist ein **qualitativer Mindestaufwand** für die Filmherstellung zu fordern; es muss sich um einen eigenständigen Film handeln (eingehend *Baur* UFITA 3 [2004], 665, 738, 769). Hierüber besteht weitgehend Einigkeit. Vor diesem Hintergrund ist die **bloße Herstellung von Videos oder DVDs** von der Nullkopie keine Filmproduktion (*v. Petersdorff-Campen* ZUM 1996, 1037, 1045; *Reupert* S. 189; Dreier/Schulze/*Schulze*[2] Rn. 14; Schricker/*Katzenberger*[3] Rn. 12); zur Ausschnittsverwertung und Bearbeitungen von früher erstfixierten Filmen (**Kolorierung, Synchronfassung**) vgl. Rn. 27 ff.

19 Die **steuerrechtliche Beurteilung** spielt für das Urheberrecht zwar grds. keine Rolle (Dreier/Schulze/*Schulze*[2] Rn. 18). Umgekehrt stellt das Steuerrecht aber auf urheberrechtliche Begriffe ab; beispielsweise wird beim Filmhersteller gem. § 94 UrhG die Filmproduktion als „immaterielles Wirtschaftgut" gem. § 39 AO aktiviert (BFH NJW 1996, 1013; ausführlich zum Steuerrecht des Filmherstellers Wandtke/Bullinger/*Manegold*[2] Rn. 18).

20 **Relevanter Zeitpunkt** für die Bestimmung des Filmherstellers ist die Erstfixierung des Filmträgers (*Pense* ZUM 1999, 121, 125; *Baur* UFITA 3 [2004] 665, 734; Wandtke/Bullinger/*Manegold*[2] Rn. 47; Möhring/Nicolini/*Lütje*[2] Rn. 11; wohl auch OLG München NJW 1998, 1413, 1414 – *O Fortuna*: erstmalige Herstellung der Bildfolgen; einschränkend Dreier/Schulze/*Schulze*[2] Rn. 7, der Produzenten, die vor Erstfixierung relevanten Leistungen erbracht haben, zu Mitproduzenten analog § 8 machen will). Das ergibt sich nicht nur aus dem Wortlaut des § 94 („-träger, auf den … aufgenommen *ist*), sondern auch aus einer richtlinienkonformen Auslegung. Die Info-RL definiert in Art. 2 lit d), Art. 3 Abs. 2 lit. c) den Filmhersteller als „Hersteller der erstmaligen Aufzeichnung von Filmen" (genauso Art. 2, 7 und 9 Vermiet- und Verleih-RL). Zur Frage der Übertragbarkeit von Leistungen bei Produzentenwechsel während der Produktion vgl. Rn. 21; zur Erstfixierung vgl. Rn. 34.

21 **bb) Produzentenwechsel während der Herstellung:** Umstritten ist, ob bei Wechsel des Filmherstellers während der Produktion die bislang erbrachte Herstellerleistung i.S.d. § 94 vertraglich übertragen werden kann (dafür *Baur* UFITA 3 [2004] 665, 764 f.; Wandtke/Bullinger/*Manegold*[2] Rn. 47). Dem wird entgegengehalten, dass insb. bei einem Produzentenwechsel der später eintretende und zum Zeitpunkt der Erstfixierung tätige – im Extremfall nur quasi eine Endleistung erbringende – Produzent u.U. einen Großteil der honorierenswerten organisatorischen Leistung nicht erbracht habe; deshalb sei eine differenzierende Betrachtung angezeigt, die eine Mitherstellerschaft (analog § 8) je nach Umfang der erbrachten Leistungen ergeben könne (Dreier/Schulze/*Schulze*[2] Rn. 7). Jedoch kommt es für die Zurechnung der Herstellereigenschaft weniger auf organisatorische Akte, sondern entscheidend darauf an, wer das unternehmerische Risiko trägt (Rn. 12 f.). Das ist i.d.R. derjenige, auf dessen Namen und Rechnung die Verträge abgeschlossen sind und wer die relevanten Nutzungsrechte (§§ 88, 89, 92) hält. Damit ist dieses Risiko vertraglich übertragbar. Das kann durch Schuldübernahme (§ 414 ff. BGB) bei Zustimmung der Gläubiger bzw. durch Rechtsübertragung nach §§ 34, 90 UrhG erfolgen. Komplexer wird die Beurteilung, wenn nur ein Schuldbeitritt (Schuldmitübernahme) ohne Zustimmung des Gläubigers (bei interner Risikoübernahme; sonst möglicherweise Co-Produktion, vgl. Rn. 22 f.) oder gar lediglich eine interne Übernahme des unternehmerischen Risikos durch den neuen Produzenten erfolgt. Im Einzelfall kann aber für die Herstellereigenschaft auch ausreichend sein, dass die relevanten Verträge zwar nicht auf den Namen, zumindest aber auf Rechnung des übernehmenden Produzenten laufen (vgl. Rn. 25 zur unechten Auftragsproduktion).

cc) Co-Produktionen: Eine Co-Produktion liegt dann als tatsächlich gemein- **22** schaftliche Produktion vor, wenn die Hersteller aufgrund unternehmerischen Zusammenwirkens und beiderseitig getragener unternehmerischer Risiken für die Produktion die Anforderungen an die Herstellereigenschaft **gemeinsam** erfüllen. Sie müssen Entscheidungen gemeinsam treffen und Risiken gemeinsam tragen (Dreier/Schulze/*Schulze*[2] Rn. 10). Dann entsteht das Leistungsschutzrecht bei beiden in gesamthänderischer Bindung (*Movsessian* UFITA 79 [1977], 213, 235; Wandtke/Bullinger/*Manegold*[2] Rn. 52). Von der Co-Produktion abzugrenzen ist die **Kofinanzierung**, bei der es an einer gemeinsamen Filmherstellung fehlt. Vielmehr will sich der Kofinanzier im Gegenzug zu einer rein finanziellen Beteiligung zumeist vorab Auswertungsrechte am Film sichern (*Baur* UFITA 3 [2004], 665, 679; *Friccius* ZUM 1991, 392, 393).

Indizien für eine Co-Produktion sind etwa ein gemeinsamer Rechteerwerb **23** sowie ein etwaiges Einbringen bereits erworbener Rechte und die Verteilung des Risikos. Ein solches gleichstufiges Zusammenwirken führt im Produktionsstadium häufig zur Form der GbR (*Friccius* ZUM 1991, 392, 393; Dreier/Schulze/*Schulze*[2] Rn. 10; Schricker/*Katzenberger*[3] Vor §§ 88 ff. Rn. 36; Wandtke/Bullinger/*Manegold*[2] Rn. 54). Tritt ein Gesellschafter im Außenverhältnis als **federführender Produzent** auf, ist zu differenzieren. Übernimmt er die unternehmerische Verantwortung (Abschluss der Verträge im eigenen Namen und für eigene Rechnung; ggf. noch Übernahme der Überschreitungskosten), dann erfolgt bei ihm als alleinigem Filmhersteller i.S.d. § 94 auch ein originärer Rechteerwerb, auch wenn die Auswertung gemeinschaftlich erfolgt. Aus seinen gesellschaftsrechtlichen Pflichten muss er das Recht dann ggf. einbringen (Wandtke/Bullinger/*Manegold*[2] Rn. 55). Handelt der federführende Produzent jedoch im Namen und für Rechnung aller (Dreier/Schulze/*Schulze*[2] Rn. 10), dann sind alle Mitwirkenden Filmhersteller i.S.d. § 94. Der Titel des Vertrages ist für seine Einordnung nicht entscheidend. Ein als „Coproduktionsvertrag" betitelter Vertrag zwischen einer öffentlichrechtlicher Fernsehanstalt und einem Musikverlag, der eine Kooperation beider als gleichrangiger Vertragspartner regelt, die Federführung für die TV-Produktion und die Postproduktion trennt, die Auswertungsrechte beiden Vertragsparteien aufgeteilt zuweist, eigenständige Beiträge zur Herstellung der Produktion vereinbart (Personal bzw. Übertragungstechnik) sowie die Finanzierung verteilt und an den mit der vertragsgegenständlichen Leistungen verbundenen Kosten ausrichtet, ist ein echter Co-Produktionsvertrag, nicht nur eine Auftragsproduktion (OLG München GRUR 2003, 420, 421 f. – *Alpensinfonie*). Ferner zu Co-Produktionsverträgen vgl. Vor §§ 88 ff. Rn. 55 ff.

24 **dd) Auftragsproduktionen:** Für § 94 ist zwischen echten und unechten Auftragsproduktionen zu **unterscheiden.** Auch hier ist der relevante Zeitpunkt die Erstfixierung des Trägers (OLG München NJW 1998, 1413, 1414 – *O Fortuna*: erstmalige Herstellung der Bildfolgen). Zu diesen Auftragsproduktionen allgemein vgl. Vor §§ 88 ff. Rn. 57 ff. **Echte Auftragsproduktionen** zeichnen sich durch die weitgehend selbstständige Stellung des Auftragnehmers bei der Herstellung des Filmes aus. Er erbringt die Leistung als selbständiger Unternehmer, was es rechtfertigt, ihn als Filmhersteller i.S.d. § 94 zu sehen (*Kreile* ZUM 1991, 386, 387; *Pense* ZUM 1999, 121, 123; Wandtke/Bullinger/*Manegold*[2] Rn. 33). Die **Bezeichnung** eines Vertrages hat auf die tatsächliche Rechtsnatur keinen Einfluss. Allerdings kann der Umstand, dass die Parteien eine gesonderte Übertragung der Rechte aus § 94 für erforderlich hielten, ein **Indiz** für einen originären Rechtserwerb beim Auftragnehmer sein (Wandtke/Bullinger/*Manegold*[2] Rn. 30). Entscheidend bleibt jedoch, wer rein tatsächlich das **unternehmerische Risiko der Filmherstellung** übernimmt. Bei einem „Film-Lizenzvertrag" zwischen einem herstellenden Unternehmen und einer öffentlichrechtlichen Rundfunkanstalt ist ersteres Filmhersteller i.S.d. § 94, wenn das Risiko der Herstellung dort lag (OLG Düsseldorf GRUR-RR 2002, 121, 122 – *Das weite Land*). Das gilt auch dann, wenn das finanzielle Risiko vertraglich abgesichert ist (vgl. Rn. 12 a.E.). Auch ein gewisses Maß an Einflussnahme des Auftraggebers auf den Film schadet nicht (KG GRUR 1999, 721 – *DEFA Film*; zu Mitspracherechten von Finanziers *Baur* UFITA 3 [2004], 665, 681; *Friccius* ZUM 1991, 392), selbst wenn wichtige Entscheidungen nur noch gemeinsam mit dem Auftraggeber getroffen werden (*Pense* ZUM 1999, 121, 123). Die Bereitstellung von Kapital sowie zur Verfügung gestellte Sach- und Personalbeistellungen sind allein ebenfalls kein Argument für die Begründung des Leistungsschutzrechts (OLG Düsseldorf GRUR-RR 2002, 121, 122 – *Das weite Land*; *Pense* ZUM 1999, 121, 123). Das Gleiche gilt, selbst wenn dem Auftraggebers sämtliche Nutzungsrechte (§§ 88, 89, 92) weiter übertragen sind und klar ist, dass nur er den Film auswerten wird. Denn dem Auftragnehmer verbleibt in allen vorgenannten Konstellationen das entscheidende unternehmerische Risiko (vgl. Rn. 12 f.), insb. das Kosten-, Abnahme- und Fertigstellungsrisiko: dass der Film den vom Auftraggeber z.B. bei Festpreisproduktionen vorgegebenen Budgetrahmen sprengt, nicht den Anforderungen genügt oder zu spät fertig wird (*Pense* ZUM 1999, 121, 123; Dreier/Schulze/*Schulze*[2] Rn. 8; Wandtke/Bullinger/*Manegold*[2] Rn. 33). Bei der Aufnahme einer **Sportveranstaltung** ist nach den genannten Maßstäben Filmhersteller nicht der Veranstalter, sondern derjenige, der unter Einsatz von eigenen sachlichen Mitteln den Film herstellt und damit das unternehmerische Risiko der Filmherstellung trägt (OLG München NJW-RR 1997, 1405, 1406 – *Box Classics*).

25 Bei einer unechten **Auftragsproduktion** (vgl. Vor §§ 88 ff. Rn. 64) trägt der Auftraggeber das unternehmerische Risiko und ist deshalb Filmhersteller nach § 94. Der Auftragnehmer ist nur „verlängerte Werkbank" (Voraufl./*Hertin* Rn. 5) des Auftraggebers. Relevante Kriterien sind die Bestimmung des Budgets, Übernahme des Überschreitungskostenrisikos, Haftung für die Fertigstellung. Entscheidende Bedeutung im Rahmen des § 94 hat erneut die Frage, **auf wessen Namen und Rechnung die Verträge** abgeschlossen, insb. die für die Produktion und spätere Verwertung notwendigen Rechte erworben wurden (vgl. Rn. 12; ferner *Pense* ZUM 1999, 121, 124; *Kreile* ZUM 1991, 386, 387; *Baur* UFITA 3 [2004], 665, 677; Dreier/Schulze/*Schulze*[2] Rn. 9; Wandtke/Bullinger/*Manegold*[2] Rn. 34). Da der Auftragnehmer als Dienstleister für den Auftraggeber tätig wird, ist aber auch unschädlich, wenn der Auftragnehmer den Vertragsschluss bzw. den Rechtserwerb auf eigenen Namen, aber **auf Rechnung des Auftragnehmers** durchführt.

ee) Filmfonds: Tw. sind Filmfonds in die Finanzierung eines Filmes einge- **26** schaltet. Filmfonds können nur dann Filmhersteller nach § 94 sein, wenn sie das unternehmerische Risiko tragen. Filmfonds können sich hier im Rahmen von unechten Auftragsproduktionen (vgl. Rn. 25) eines Produktionsdienst-leisters bedienen, bleiben aber Filmhersteller (v. Hartlieb/Schwarz/*Ulrich Reber*[4] Kap. 85 Rn. 5; Loewenheim/*Castendyk* § 75 Rn. 120 ff.). Dass Filmfonds dabei oft keine tatsächliche Kontrolle über die Produktion ausüben, sondern sie nur wirtschaftlich verantworten, ist für § 94 unschädlich (Möhring/Nicolini/*Lütje*[2] Rn. 6; a.A. Wandtke/Bullinger/*Manegold*[2] Rn. 49); vgl. Rn. 13. Die **steuerrechtliche Beurteilung** spielt für das Urheberrecht keine Rolle (Dreier/Schulze/*Schulze*[2] Rn. 18; dazu ausführlich Wandtke/Bullinger/*Manegold*[2] Rn. 18).

ff) Filmhersteller bei Kopien, Ausschnitten, Synchronfilmen, Restaurierungen **27** **und anderen Bearbeitungen:** Das Leistungsschutzrecht des § 94 wird dem Hersteller für die Übernahme des unternehmerischen Risikos der Filmherstel-lung gewährt (vgl. Rn. 12). Deshalb erscheint es als gerechtfertigt, **quantitativ** einen unternehmerischen **Mindestaufwand als Filmhersteller** zu fordern, ohne den ein unternehmerisches Risiko nicht entstehen kann (str., vgl. Rn. 18). Darüber hinaus muss daneben als **qualitatives Element** auch die Eigenständig-keit des hergestellten Filmes hinzukommen (weitgehend unstr., vgl. Rn. 18).

Vor diesem Hintergrund ist die Herstellung von **Videos** von der Nullkopie **28** keine Filmproduktion (*v. Petersdorff-Campen* ZUM 1996, 1037, 1045; *Reupert* S. 189; Dreier/Schulze/*Schulze*[2] Rn. 14; Schricker/*Katzenberger*[3] Rn. 12). Gleiches gilt für die Herstellung von **DVDs.** Die dabei erfolgende **Digitalisie-rung** älterer Filme auf analogen oder fotochemischen Trägermedien hat keinen qualitativ eigenständigen Charakter, mögen damit auch gewisse Qualitätsver-besserungen beim Wiedergabemedium einhergehen. Letztlich geht es hier nicht darum, die Qualität des Originals zu verbessern, sondern sich dem Eindruck des Originals weitestgehend anzunähern (*v. Petersdorff-Campen* ZUM 1996, 1037, 1045; Dreier/Schulze/*Schulze*[2] Rn. 16; Wandtke/Bullinger/*Manegold*[2] Rn. 25). Auch die üblichen DVD-Bonuselemente reichen nicht, weil sie un-abhängig vom Film hinzu gegeben werden, ihn also nicht qualitativ berühren.

Bei Verwendung von Trägermaterial eines bereits fixierten Filmwerkes ist die **29** **qualitative Grenze der Eigenständigkeit** i.d.R. erreicht, wenn eine eigenständig schutzfähige **Bearbeitung** (§ 3) im Vergleich zum früher fixierten Filmwerk entstanden ist (in diese Richtung auch Wandtke/Bullinger/*Manegold*[2] Rn. 27; anders: *Dünnwald* UFITA 79 [1976], 165, 176, der eine eigene Programm-entscheidung fordert). Bei Laufbildern (§ 95) wird man noch geringere An-forderungen stellen müssen. Die **Neuherstellung von Bild- und Tonelementen** kann also bei Vorliegen der Voraussetzungen des § 3 eine Filmherstellung sein. Bei **Schnittveränderungen** kommt es dann auf die Verwendung des vorhande-nen Materials und die Art der Neuzusammenstellung an (für neue DVD-

Sprach- und Schnittfassungen *v. Petersdorff-Campen* ZUM 1996, 1037, 1045). **Filmcollagen** und Filme, die **Ausschnitte** aus einem früheren Film verwenden, sind danach eigenständig mit einem Recht nach § 94 ausgestattet, wenn sie nicht bloß aus einer Aneinanderreihung der Ausschnitte bestehen (so wohl im Fall OLG Stuttgart ZUM-RD 2003, 586, 589 – *Sex-Aufnahmen*), sondern eigenständigen Werkcharakter haben (enger Voraufl./*Hertin* Rn. 3, 10; wie hier Schricker/*Katzenberger*[3] Rn. 13). Allerdings führt das hinsichtlich der Ausschnitte nicht zu einem Recht aus § 94, sondern nur hinsichtlich des neuen Filmwerkes (Dreier/Schulze/*Schulze*[2] Rn. 29).

30 Die **Synchronfassung** eines Filmes ist durch die Verbindung des Filmes mit der neuen Tonspur ein neues Filmwerk; der Synchronproduzent als erstmaliger Hersteller eines solchen neuen Bild-/Tonträgers ist damit Filmhersteller i.S.d. § 94 (*Baur* UFITA 3 [2004], 665, 738, 769; Dreier/Schulze/*Schulze*[2] Rn. 13; Wandtke/Bullinger/*Manegold*[2] Rn. 23).

31 Die bloße Ausbesserung von Schäden, auch unter Einsatz von Digitaltechnik, im Zuge einer **Restaurierung** ist regelmäßig keine Neuherstellung (*Baur* UFITA 3 [2004, 665, 738, 770; Schricker/*Katzenberger*[3] Rn. 15; Wandtke/Bullinger/ *Manegold*[2] Rn. 26). Anderes gilt für die aufwändige und vom Ergebnis im Vergleich zum Ausgangsfilm qualitativ andere **Nachkolorierung** (*Baur* UFITA 3 [2004, 665, 738, 769; Dreier/Schulze/*Schulze*[2] Rn. 17; Schricker/*Katzenberger*[3] Rn. 15; Wandtke/Bullinger/*Manegold*[2] Rn. 27; a.A. *Reupert* S. 190). Das gilt insb. für die Kolorierung von Zeichentrickfilmen, wenn sie tw. neu gezeichnet werden müssen.

32 **b) Filmträger als Schutzgegenstand:** Während die speziellen urhebervertragsrechtlichen Vorschriften der §§ 88, 89, 92 an den Filmbegriff anknüpfen, der keine körperliche Fixierung voraussetzt (vgl. Vor §§ 88 ff. Rn. 9), ist das Leistungsschutzrecht des Filmherstellers an die Voraussetzung der Aufnahme eines Films (Filmwerk oder Lichtbild) auf einen Bild- oder Bild- und Tonträger gebunden (RegE UrhG – BT-Drucks. IV/270, S. 98). Anknüpfungspunkt ist also der **gegenständliche Filmträger** (Wandtke/Bullinger/*Manegold*[2] Rn. 7). Das ist der **Bild- oder Bild-/Tonträger**, auf dem der Film **erstmals fixiert** wurde.

33 Der Filmträger ist das **Speichermedium** zur wiederholten Wiedergabe, auf dem der Film dauerhaft festgehalten werden kann (Wandtke/Bullinger/*Manegold*[2] Rn. 20). Das **Aufnahmeverfahren** – fotochemisch, analoges Magnetband, digitales Speichermedium – spielt keine Rolle (Dreier/Schulze/*Schulze*[2] Rn. 22; Wandtke/Bullinger/*Manegold*[2] Rn. 20). Auch der **Filminhalt** oder der **Filmzweck** – private oder kommerzielle Auswertung – (Dreier/Schulze/*Schulze*[2] Rn. 23; Voraufl./*Hertin* Rn. 3; Wandtke/Bullinger/*Manegold*[2] Rn. 20) sind genauso unbedeutend wie die Rechtmäßigkeit der Filmaufnahme, insb. im Hinblick auf das Bestehen etwaiger nicht erworbener Rechte an vorbestehenden Werken oder von Mitwirkenden (Dreier/Schulze/*Schulze*[2] Rn. 25; Wandtke/Bullinger/*Manegold*[2] Rn. 8). Für einen direkten Schutz nach § 94 muss der Inhalt des Trägers allerdings Werkcharakter aufweisen („Filmwerk"). Ansonsten besteht auch für einfache Laufbilder Schutz wegen des Verweises von § 95 auf § 94.

34 Für das Entstehen des Leistungsschutzes i.S.d. § 94 ist die **Erstfixierung** des Filmträgers im Sinne der erstmaligen Festlegung des Filmes in seiner endgültigen Form entscheidend (OLG Düsseldorf GRUR 1979, 53, 54 – *Laufbilder*; *Pense* ZUM 1999, 121, 125; *Baur* UFITA 3 [2004], 665, 728; Dreier/Schulze/

Schulze[2] Rn. 26; Wandtke/Bullinger/*Manegold*[2] Rn. 21). **Mit dem Realakt der Erstfixierung entsteht das Recht des § 94** (Wandtke/Bullinger/*Manegold*[2] Rn. 11). Zumeist wird es sich dabei um die Nullkopie des Filmes handeln. Spätere Kopien sind keine Filmträger i.S.d. § 94 mehr; bei folgenden Vervielfältigungshandlungen, wie etwa der Herstellung von Video-Masterbändern von der Nullkopie, entstehen folglich keine neuen Rechte (OLG Düsseldorf GRUR 1979, 53, 54 – *Laufbilder*; *Dünnwald* UFITA 79 [1976], 165, 176); vgl. Rn. 27.

Mangels Erstfixierung ist § 94 nicht anwendbar bei einer **Liveübertragung** im **35** Fernsehen, auch wenn eine zeitgleiche Erstfixierung stattfindet (RegE UrhG – BT-Drucks. IV/270, S. 102; *Movsessian* UFITA 79 [1977], 213, 236; Dreier/Schulze/*Schulze*[2] Rn. 21; Wandtke/Bullinger/*Manegold*[2] Rn. 22). In einem solchen Fall greift nur der Schutz des Sendeunternehmens nach § 87. Anderes gilt aber, wenn eine Sendung vorher aufgezeichnet und später auf Grund der Erstfixierung ausgestrahlt wird (OLG Frankfurt ZUM 2005, 477, 479 – *TV TOTAL*; Wandtke/Bullinger/*Manegold*[2] Rn. 22). Das mag auf den ersten Blick etwas willkürlich erscheinen. Die Differenzierung rechtfertigt sich jedoch daraus, dass bei einer vorherigen Aufzeichnung ein unternehmerisches Risiko wegen der zeitversetzten Verwertung entsteht, das den Regelungszweck des § 94 ausmacht. Insoweit hat auch das Entstellungsverbot des § 94 Abs. 1 S. 2 bei zeitversetzter Nutzung Sinn, während es bei Live-Sendungen irrelevant ist.

Zur **Abgrenzung** zu anderen verwandten Schutzrechten, insb. zum Recht des **36** Tonträgerherstellers (§ 85), des Sendeunternehmens (§ 87) und des Veranstalters (§ 81) vgl. Rn. 62 ff.

c) Schutzumfang des § 94 Abs. 1 S. 1: Die **Rechte** des Filmherstellers sind in **37** § 94 Abs. 1 **abschließend aufgezählt** (Dreier/Schulze/*Schulze*[2] Rn. 32; Wandtke/Bullinger/*Manegold*[2] Rn. 57). Der Filmhersteller hat das ausschließliche Recht, den Bildträger oder Bild- und Tonträger, auf den das Filmwerk aufgenommen ist, zu vervielfältigen (§ 16), zu verbreiten (§ 17) sowie zur öffentlichen Vorführung (§ 19 Abs. 4), Funksendung (§ 20) oder öffentlichen Zugänglichmachung (§ 19a) zu nutzen. Für Details siehe die entsprechenden Kommentierungen. Die vorgenannten Verwertungsrechte beziehen sich auf **alle bekannten und unbekannten Nutzungsarten.** Zu bekannten Nutzungsarten im Filmbereich innerhalb dieser Verwertungsrechte vgl. § 31 Rn. 73 ff. und zu (ggf. früher) unbekannten Nutzungsarten im Filmbereich vgl. § 31a Rn. 36 ff. Anders als die §§ 88, 89 bezieht sich § 94 auch auf **nicht-filmische Nutzungen** von Bildmaterial oder Bildtonmaterial, z.B. eines Standbildes in einem Buch oder der Tonspur auf Tonträger (vgl. Rn. 39). Auf die Schranken dieser Befugnisse sowie Vergütungsansprüche verweist Abs. 4 (vgl. Rn. 55 ff.).

§ 94 gilt erst ab Erstfixierung (vgl. Rn. 34). Das **Vervielfältigungsrecht** erfasst **38** daher nicht schon die erste Aufnahme des Filmes, sondern die erste Kopie ausgehend von der Nullkopie (Wandtke/Bullinger/*Manegold*[2] Rn. 21). Die Rechte des Filmherstellers zur Vervielfältigung sind auch bei einer Vervielfältigung von Teilen des Filmes berührt, seien dies einzelne Elemente wie die Tonspur oder Ausschnitte des Filmes (LG Frankfurt/M. ZUM 2004, 394, 396 – *TV Total* zur unzulässigen Übernahme eines 20 Sekunden langen Interviews in eine Satiresendung; Dreier/Schulze/*Schulze*[2] Rn. 29). Entgegen dem insoweit missverständlichen Wortlaut kommt es aber nicht darauf an, dass der Filmträger direkt verwendet wurde. Vielmehr unterfällt es auch dem Vervielfältigungsrecht des § 94, wenn bei Fernsehsendung vorproduzierter Filme ein direkter Mitschnitt des Sendesignals erfolgt und deshalb vom Träger für die

Vervielfältigung nicht unmittelbar Gebrauch gemacht wird (OLG Frankfurt ZUM 2005, 477, 479 – *TV TOTAL*).

39 Der Aufwand für die Herstellung der übernommenen Bildfolge ist unerheblich; daher sind auch kurze Bildfolgen (OLG Frankfurt ZUM 2005, 477, 479 – *TV TOTAL*; KG MMR 2003, 110, 111 – *Paul und Paula*; OLG München MMR 1998, 254, 255 – *Kalkofe*) sowie einzelne **Standbilder** (OLG Köln MMR 2005, 185, 186 – *Standbilder im Internet*) über § 94 (ggf. i.V.m. § 95) geschützt. Nicht nur der gesamte Film, sondern auch die isolierte **Tonspur** darf nicht ohne Erlaubnis vervielfältigt werden; das erfasst beispielsweise die außerfilmische Verwertung der Tonspur (Dreier/Schulze/*Schulze*² Rn. 42; Wandtke/Bullinger/*Manegold*² Rn. 8, vgl. Rn. 62).

40 U.U. kommt trotz Vervielfältigung (und ggf. Verbreitung) eine **freie Benutzung** i.S.d. § 24 in Betracht, wenn ein neues schutzfähiges Werk geschaffen wurde, das Bildmaterial des Filmes verwendet (BGH GRUR 2000, 703, 704 – *Mattscheibe*: bejaht bei Übernahme von Teilen einer Dauerwerbesendung in eine Satiresendung; verneint von Vorinstanz OLG München MMR 1998, 254, 255 – *Kalkofe*; ebenso verneint bei Nutzung eines Interviews für eine Komikshow OLG Frankfurt ZUM 2005, 477, 480 – *TV TOTAL*; LG Frankfurt/M. ZUM 2004, 395, 396 – *TV Total*; a.A. Dreier/Schulze/*Schulze*² Rn. 33). Auch die Schranke des Zitatrechtes nach § 51 kann hier greifen (OLG Frankfurt/M. ZUM 2005, 477, 481 – *TV TOTAL*, dort allerdings im Ergebnis verneint). Vgl. Rn. 57.

41 Das **Vorführungs- und Senderecht** umfasst nicht das Zweitwiedergaberecht i.S.d. § 22 (*Dünnwald* UFITA 79 [1976], 165, 186; Dreier/Schulze/*Schulze*² Rn. 39). Das **Recht der öffentlichen Zugänglichmachung** (§ 19a) wurde erst mit der Novelle 2003 in § 94 aufgenommen. Da die Aufzählung der Verwertungsrechte in § 94 Abs. 1 abschließend ist (vgl. Rn. 37), kann sich der Filmhersteller also erst ab dem **13.09.2003** (Inkrafttreten) direkt auf das Recht nach § 19a berufen, zumal auch Übergangsbestimmungen (§§ 129 ff.) nicht existieren. Das Kammergericht will wegen einer planwidrigen Regelungslücke auch auf davor liegende Sachverhalte die §§ 94, 19a analog anwenden (KG MMR 2003, 110, 111 – *Paul und Paula* zur Verwertung von Filmausschnitten im Internet).

42 § 94 schützt nur gegen die unmittelbare Übernahme der technisch-organisatorischen Leistung des Filmherstellers durch die genannten Verwertungshandlungen, so wie sie sich im Filmträger als konkrete Bild-/Tonfolge niedergeschlagen hat. Ein Schutz gegen bloß **nachschaffende Übernahme**, inhaltliche Anlehnung, Fortsetzungsfilme, **Remakes** etc. besteht nicht (OLG München GRUR Int. 1993, 332, 334 – *Christoph Columbus*; Dreier/Schulze/*Schulze*² Rn. 27; Wandtke/Bullinger/*Manegold*² Rn. 7). Insoweit muss der Filmhersteller auf ihm zustehende urheberrechtliche Nutzungsrechte zurückgreifen (vgl. § 88 Rn. 76 ff.; vgl. § 89 Rn. 37). Jedoch kommt ausnahmsweise ein Schutz aus den §§ 3, 4 Nr. 9 UWG in Betracht (vgl. Rn. 65).

43 Das Leistungsschutzrecht des § 94 differenziert nicht nach Filmarten wie z.B. **Kino- und Fernsehfilm, Spiel- oder Werbefilm** (*Dünnwald* UFITA 79 [1976], 165, 184; Wandtke/Bullinger/*Manegold*² Rn. 8). Praktische Bedeutung kommt dem bei den abgeleiteten Rechten vorbestehender Werke unter § 88 a.F. zu. Bei Altverträgen vom 01.01.1966 bis zum 30.06.2002 ist in Ermangelung einer ausdrücklichen Vereinbarung über den abgeleiteten Rechteerwerb an vorbestehenden Werken noch zwischen Kino- und Fernsehfilm zu unterscheiden; bei einem Kinofilm wird die Einräumung von Fernsehrechten nicht vermutet (vgl. § 88 Rn. 9 ff.). Für Neuverträge nach § 88 und für § 89 wird eine solche Differenzierung zwar diskutiert, ist aber abzulehnen (vgl. § 88 Rn. 67 ff.; vgl. § 89 Rn. 40). Die Rechte des Filmherstellers aus § 94 bei Herstellung der Nullkopie ab dem 01.01.1966 umfassten immer alle Nutzungsarten innerhalb der gewährten Verwertungsrechte. Daher kann er die Verwertung des hergestellten Filmes in einer anderen Primärnutzung auch dann untersagen, wenn er dieses Recht aus abgeleiteten Rechten nicht erworben hat (Wandtke/Bullinger/*Manegold*² Rn. 8).

2. Entstellungsschutz (Abs. 1 S. 2)

Der Filmhersteller genießt gem. § 94 Abs. 1 S. 2 einen dem § 14 angenäherten **44** Entstellungsschutz für den Film. Damit geht § 94 über den Inhalt der anderen verwandten Schutzrechte hinaus und bildet eine Ausnahme (Wandtke/Bullinger/*Manegold*² Rn. 60). **Eigenständige Bedeutung** erlangt der Entstellungsschutz etwa dann, wenn für eine Geltendmachung von Persönlichkeitsrechten der Mitwirkenden **nach den §§ 14, 75 keine Aktivlegitimation** des Filmherstellers besteht. Da die §§ 88, 89, 92 die Persönlichkeitsrechte der Urheber bzw. ausübenden Künstler nicht erfassen (vgl. § 88 Rn. 105), kann der Filmhersteller ohne anders lautende Vereinbarung nicht aus diesen Rechten vorgehen. Ohnehin können nur Persönlichkeitsrechte **Betroffener** geltend gemacht werden; es gilt nämlich der Grundsatz, dass sich deren Leistung in der konkret entstellten Szene wiederfinden muss, um den Schutz aus Persönlichkeitsrechten auszulösen (OLG Hamburg GRUR 1997, 822, 824 f. – *Edgar-Wallace-Filme*, wo sich der Schöpfer der weggelassenen Filmmusik nicht auf Entstellung berufen konnte). Allerdings scheitert eine Anwendung von Rechten nach den §§ 14, 75 bei unerlaubter Entstellung durch Dritte nicht daran, dass die **Persönlichkeitsrechte nach § 93 beschränkt** sind; diese Beschränkung gilt nur gegenüber dem Hersteller und von diesem zur Änderung ermächtigten Dritten; in Fällen der vom Hersteller nicht erlaubten Entstellung kann also auch bei nicht gröblicher Entstellung aus den §§ 14, 75 durch den Urheber bzw. ausübenden Künstler vorgegangen werden (Dreier/Schulze/*Schulze*² Rn. 45). Der Filmhersteller kann sich entweder diese Rechte einräumen lassen oder in gewillkürter Prozeßstandschaft vorgehen (Dreier/Schulze/*Schulze*² Rn. 45); dann hat § 94 Abs. 1 S. 2 keine eigenständige Bedeutung.

Der allgemeine Entstellungsschutz der §§ 14, 75 ist ein Ausfluss der **Persön- 45 lichkeitsrechte** von Urhebern und ausübenden Künstlern. Das ist aber **nicht** die **Grundlage** des § 94 Abs. 1 S. 2 (Möhring/Nicolini/*Lütje*² Rn. 25; Wandtke/Bullinger/*Manegold*² Rn. 60; *Rehbinder*[14] Rn. 833; *Schack*[4] Rn. 641; a.A. *Dünnwald* UFITA 79 [1976], 165, 188; *Wandtke* FS Schricker 70. Geb. S. 609, 615; Dreier/Schulze/*Schulze*² Rn. 43: Schutz der „ideellen" Interessen des Filmherstellers). Ein Schutz ideeller Interessen des Filmherstellers würde seltsam anmuten, weil das Recht des § 94 – auch des Abs. 1 S. 2 – vollständig übertragbar ist (vgl. Rn. 50). Vorzugswürdig ist daher ein Verständnis, das das Entstellungsverbot zu Gunsten des Filmherstellers primär aus seinen wirtschaftlichen Interessen ableitet. Der Entstellungsschutz beruht auf dem **Schutz der unternehmerischen Leistung.**

Die Regelung erfasst **Entstellungen und Kürzungen**. Die Kürzung ist das **46** Regelbeispiel der Entstellung (Wandtke/Bullinger/*Manegold*² Rn. 62).

47 Ob eine Entstellung vorliegt, ist wie auch bei § 14 im Wege einer **Interessen-abwägung** festzustellen. Da § 94 Abs. 1 S. 2 keine ideellen Interessen des Filmherstellers schützt (vgl. Rn. 45), sind auf Seiten des Filmherstellers wirtschaftliche Interessen zu berücksichtigen. Die **abstrakte Eignung zur Gefährdung wirtschaftlicher Interessen** genügt (Dreier/Schulze/*Schulze*[2] Rn. 44; Schricker/*Katzenberger*[3] Rn. 28; Wandtke/Bullinger/*Manegold*[2] Rn. 60). Entstellende Änderungen müssen im Hinblick auf den gesamten Film (*Dünnwald* UFITA 79 [1976], 165, 188) derartige negative Auswirkungen auf seine Verwertung befürchten lassen. Auch der **Zweck und die Art** der Auswertung sind zu berücksichtigen. Für Verwertungszwecke notwendig gekürzte Vorführungen, etwa im Ausland oder Flugzeug, sind nicht entstellend (Dreier/Schulze/*Schulze*[2] Rn. 44).

48 **Keine Anwendung** findet § 93 und die von § 93 angeordnete Beschränkung auf nur gröbliche Entstellungen. Der dort vorherrschende Grundgedanke, dass die persönlichkeitsrechtlichen Befugnisse der Urheber zu Gunsten des Filmherstellers abgeschwächt werden sollen, greift bei § 94 Abs. 1 S. 2 gerade nicht (Dreier/Schulze/*Schulze*[2] Rn. 44; Möhring/Nicolini/*Lütje*[2] Rn. 28; Wandtke/Bullinger/*Manegold*[2] Rn. 60; a.A. für eine Anwendung der höheren Anforderungen des § 93 für im Film verwendete Leistungen *Dünnwald* UFITA 76 [1976], 165, 189). Aus demselben Grund kann auch bei einem Vorgehen aus den abgeleiteten Rechten der Urheber der Maßstab des § 93 keine Anwendung finden (vgl. Rn. 44).

49 Tw. wird **rechtspolitisch kritisiert**, dass der Schutz des § 94 Abs. 1 S. 2 weiter reiche als der Schutz für Urheber und ausübende Künstler gem. den §§ 14, 75 (*Wandtke* FS Schricker 70. Geb. S. 609, 614), weil auf den Filmhersteller die Beschränkung des Entstellungsschutzes auf gröbliche Entstellungen i.S.d. § 93 nicht anwendbar ist. Diese Kritik übersieht jedoch, dass § 93 dem Filmhersteller wegen des unternehmerischen Risikos der Filmherstellung Bewegungsfreiheit verschaffen will. Eine solche Rechtfertigung ist im Verhältnis des Filmherstellers zu bloßen Auswertern nicht ersichtlich. Sonstige Dritte, die nicht vom Filmhersteller zu Änderungen ermächtigt sind, können von § 93 ohnehin nicht profitieren (vgl. Rn. 44).

3.   **Übertragbarkeit und Rechtsverkehr (Abs. 2)**

50 Abs. 2 regelt die Nutzung des Filmherstellerrechtes im Rechtverkehr. Das Recht ist (translativ) **übertragbar und vererblich (S. 1)**. Das schließt auch die gesetzlichen Vergütungsansprüche, auf die Abs. 4 verweist (vgl. Rn. 55), ein. Die Regelung in § 79 Abs. 1 ist insoweit analog anzuwenden (dazu vgl. § 79 Rn. 32 ff.).

51 S. 2 stellt klar, dass wie bei urheberrechtlichen Nutzungsrechten auch eine **konstitutive Rechtseinräumung** am Leistungsschutzrecht möglich ist (vgl. § 29 Rn. 14 ff.).

52 Die Verweise in S. 3 auf die **§§ 31, 33 und 38** betreffen Vorschriften des Urhebervertragsrechts (siehe die Kommentierungen dort). Ausgenommen sind diejenigen, die die Urheber als schwächere Vertragspartei schützen sollen (§§ 32, 32a, 34, 35, 36, 36a, 37, 41, 43) oder Urheberpersönlichkeitsrechte betreffen (§§ 39, 40, 42; RegE UrhG Infoges – BT-Drucks. 15/38, S. 26, 25). Im Hinblick auf **unbekannte Nutzungsarten** war § 31 Abs. 4 a.F. (vgl. § 31a Rn. 6 ff.) niemals anwendbar (Dreier/Schulze/*Schulze*[2] Rn. 48; ebenso zum Leistungsschutzrecht des ausübenden Künstlers BGH GRUR 2003, 234, 235 – *EROC III*), genauso wenig wie heute § 31a (aber bei Anwendbarkeit der Zweckübertragungslehre vgl. § 31 Rn. 172 ff.). Der Verweis des S. 3 betrifft

nur konstitutive Rechtseinräumungen nach S. 2, weil nur diese in den §§ 31, 33 und 38 geregelt sind (vgl. § 79 Rn. 49 ff. zur Parallelvorschrift § 79 Abs. 2 S. 2). Insb. gilt danach die **Zweckübertragungslehre** des § 31 Abs. 5 nur für Nutzungsrechtseinräumungen, nicht aber für bloße Übertragungen nach S. 1. Auf die Übertragung des Leistungsschutzrechts kann aber die allgemeine (nicht kodifizierte) Zweckübertragungslehre Anwendung finden (OLG Düsseldorf GRUR-RR 2002, 121, 122 – *Das weite Land;* so auch BGH GRUR 2003, 234, 235 – *EROC III* allgemein für Leistungsschutzrechte). Einer Rechtseinräumung „zwecks fernsehmäßiger Verwertung" zwischen Filmproduzenten und Rundfunkanstalt unterfallen nach diesem Maßstab nicht auch die Rechte für eine körperliche Auswertung auf Video (OLG Düsseldorf GRUR-RR 2002, 121, 122 – *Das weite Land).* Die Anwendung der Zweckübertragungslehre kann allerdings nicht zu Einschränkungen bei der Rechtsübertragung führen, wenn die – nach Abs. 2 S. 1 zulässige – vollständige Übertragung des Leistungsschutzrechts Zweck des Vertrages ist. Die Vertragsparteien sollten für diesen Fall allerdings diesen Zweck ausdrücklich vertraglich beschreiben. **Vereinbarungen über die Filmherstellereigenschaft** können als Einräumung oder Übertragung von Nutzungsrechten ausgelegt werden (BGH UFITA 55 [1970], 313, 321 – *Triumph des Willens:* Vereinbarung über die Filmherstellereigenschaft der NSDAP bei Auftragsproduktion ist Einräumung der für die Filmverwertung erforderlichen Rechte). Ergänzend zum **Vertragsrecht zwischen Verwertern** (vgl. Vor §§ 31 ff. Rn. 223 ff.).

4. Schutzdauer (Abs. 3)

Der Filmhersteller erhält ein Leistungsschutzrecht für die Dauer von 50 Jah- **53** ren. Das entspricht der Rechtslage bei § 82 (ausübende Künstler) und § 85 Abs. 2 (Tonträgerhersteller). **Früher** betrug die Schutzfrist nur **25 Jahre** und wurde wegen der SchutzdauerRL für alle am 01.06.1995 noch geschützten Filme verlängert (vgl. Rn. 3 und § 137f Abs. 1 und Abs. 2).

Die Fristberechnung knüpft ihren Beginn entweder an die Herstellung, wenn **54** der Film innerhalb von **50 Jahren** weder erschienen ist noch eine erlaubte öffentliche Wiedergabe (§ 15 Abs. 2; z.B. Vorführung, öffentliche Zugänglichmachung, Sendung) des Filmes stattgefunden hat. Relevant ist allerdings nur eine öffentliche Widergabe, für die das betreffende Verwertungsrecht gem. § 94 besteht (also nicht § 22, vgl. Rn. 41). **Herstellung** bedeutet **Erstfixierung des Films als Nullkopie** (vgl. Rn. 34). Ist der Film innerhalb von 50 Jahren erschienen oder hat eine erlaubte öffentliche Widergabe stattgefunden, ist dies der Beginn der Schutzfrist. Theoretisch kann der Film seit der Erstfixierung 50 Jahre Schutz genießen, die sich nochmals um 50 Jahre verlängern, wenn er kurz vor Ablauf der ersten 50 erscheint oder öffentlich wiedergegeben wird. Die Frist beginnt mit Ablauf des Kalenderjahres, in dem das maßgebliche Ereignis eintritt. Die fehlende Nennung von § 69 in § 94 – anders als z.B. in § 85 Abs. 3. – wird allgemein als Redaktionsversehen gesehen (Dreier/ Schulze/*Schulze*[2] Rn. 52; Wandtke/Bullinger/*Manegold*[2] Rn. 67); auch der RegE UrhG 1965 geht von Parallelität zu sonstigen Leistungsschutzrechten aus (RegE UrhG – BT-Drucks. IV/270, S. 102).

5. Verweis auf anwendbare Vorschriften (Abs. 4)

a) Gesetzliche Vergütungsansprüche (§§ 20b, 27 Abs. 2, 3): Auch dem Film- **55** hersteller steht durch den in Verweis genommenen § 20b das verwertungsgesellschaftspflichtige Recht zur Kabelweitersendung und der entsprechende

Vergütungsanspruch zu. Zudem erhält er für den öffentlichen Verleih (§ 27 Abs. 2, 3) eine – ebenso verwertungsgesellschaftspflichtige – angemessene Vergütung. Mangels Verweis auf Abs. 1 steht ihm kein Anspruch auf eine Vergütung aus Vermietung (§ 27 Abs. 1) zu (Dreier/Schulze/*Schulze*[2] Rn. 57).

56 b) **Vorschriften des 6. Abschnitts des Teils 1 (Schranken):** Der Verweis auf die Vorschriften des 6. Abschnitts des Teils 1 bezieht sich auf die §§ 44a bis 63a. Die Zwangslizenz des § 42a findet auf den Filmhersteller keine entsprechende Anwendung (Wandtke/Bullinger/*Manegold*[2] Rn. 72), weil darauf in § 94 Abs. 4 nicht verwiesen wird.

57 Im Hinblick auf die **Schrankenbestimmungen** der §§ 44a bis 63 wird auf die entsprechende Kommentierung verwiesen. Die Befugnisse des Filmherstellers reichen jedenfalls nicht weiter als die der Urheber. Probleme bereitet eine Anwendung der Schranken der Nutzung als unwesentliches Beiwerk (§ 57, allenfalls bei Filmausschnitten denkbar), der Nutzung in Ausstellungen, öffentlichem Verkauf und öffentlich zugänglichen Einrichtungen (§ 58, wohl nur bei Filmeinzelbildern), von Werken an öffentlichen Plätzen (§ 59, nur im seltenen Fall einer Filmdauerinstallation) oder von Bildnissen (§ 60). Das Änderungsverbot (§ 62) und die Quellenangabepflicht (§ 63) gelten jedenfalls auch zu Gunsten des Filmherstellers (Dreier/Schulze/*Schulze*[2] Rn. 61).

58 Gem. § 63a kann auf die **gesetzlichen Vergütungsansprüche** im Voraus nicht verzichtet werden; eine Vorausabtretung ist nur an eine Verwertungsgesellschaft möglich. **Problematisch** ist die Vergütung aus § 47 Abs. 2 S. 2 (**Schulfunksendungen**) und § 54 Abs. 1 (**Geräte- und Speichermedienabgabe**) **bei Sendeunternehmen.** Diese können bei einer auf einem Filmträger fixierten Eigenproduktion auch Filmhersteller sein. Die genannten Vergütungsansprüche stehen über den Verweis des § 94 Abs. 4 dem Filmhersteller, nicht aber dem Sendeunternehmen zu (§ 87 Abs. 4). Damit würde im Grunde der Ausschluss der Vergütung in § 87 Abs. 4 immer dann leerlaufen, wenn keine Livesendung vorliegt, weil dann eigentlich § 94 Anwendung findet (vgl. Rn. 35). Deshalb ist von der Filmherstellerstellung i.S.d. § 94 auf der Ebene der Vergütungsansprüche zu differenzieren: Ein Vorrang des § 87 Abs. 4 besteht dann, wenn Sendeunternehmen nur für Sendezwecke produzieren und die Filme nicht für Vorführung und Zweitverwertung vorgesehen sind. In diesem Fall sind also auch Vergütungsansprüche nach § 94 ausgeschlossen. Sollen Filme aber nicht nur zur Sendung, sondern auch anderweitig genutzt werden (z.B. zur Vorführung oder Verbreitung als Video), dann ist das Sendeunternehmen im Ansehung der Vergütung auch Filmhersteller gem. § 94 (so für Tonträgerhersteller BGH GRUR 1999, 577 – *Sendeunternehmen als Tonträgerhersteller* m.Anm. *Jan Bernd Nordemann/Brock* K&R 1999, 323 f.; ebenso Vorinstanz OLG Hamburg ZUM 1997, 43, 44 ff.; Dreier/Schulze/*Schulze*[2] Rn. 59; Schricker/*Katzenberger*[3] Rn. 31; Wandtke/Bullinger/*Manegold*[2] Rn. 76; einschränkend für öffentlichrechtliche Fernsehanstalten *Schack*[4] Rn. 632 Fn. 37 mit Hinweis auf die Grenzen der zulässigen Randnutzung; gegen ein Recht des Sendeunternehmens aus § 94 bzgl. des für die Sendung benutzten Programmträgers *Dünnwald* UFITA 79 [1976], 165, 170 f., 190).

III. Prozessuales

59 Die Darlegungs- und Beweislast für das Entstehen des Leistungsschutzrechts (Filmherstellereigenschaft; Erstfixierung auf Bild- oder Bild-/Tonträger) trägt der Anspruchsteller, der Rechte aus § 94 ableiten will. Auch wenn in § 94 nur abschließend aufgezählte Befugnisse eingeräumt werden, können diese positiven Nutzungsbefugnisse u.U. über die vom Urheber dem Filmhersteller eingeräumten Nutzungsrechte hinausgehen, insb. bei Stoffverträgen nach § 88 Abs. 1 a.F. vom 01.01.1966 bis zum 30.06.2002 (vgl. Rn. 43). Beim Vorgehen gegen unerlaubte Nutzungen steht dem Filmhersteller im Regelfall ein ganzes Bündel abgeleiteter Nutzungsrechte neben den Rechten aus § 94 zu (vgl. Rn. 61). Er muss im Hinblick auf den Streitgegenstand entscheiden, auf welches Recht er sich beruft, ist aber nicht gezwungen, sämtliche Rechte zum Streitgegenstand zu machen.

Ansprüche auf Unterlassung, Beseitigung und Schadensersatz wegen Verlet- **60** zung der Rechte aus § 94 ergeben sich aus § 97 Abs. 1. Schadensersatzansprüche nach § 97 Abs. 2 scheiden mangels dortigen Verweises auf § 94 aus. Der Filmhersteller kann aber einen Anspruch auf Vernichtung der rechtswidrig hergestellten Vervielfältigungsstücke aus § 98 und auf Überlassung aus § 99 geltend machen. Strafrechtliche Sanktionen finden sich in den §§ 108 Nr. 7, 108a.

IV. Verhältnis zu anderen Vorschriften

1. Urheberrechte und Leistungsschutzrechte der Mitwirkenden

Neben seinem originären Leistungsschutzrecht aus § 94 verfügt der Produzent **61** über die abgeleiteten filmischen Nutzungsrechte an den Urheberrechten am Filmwerk (§ 89 Abs. 1) und an vorbestehenden Werken (§ 88 Abs. 1) sowie an Leistungsschutzrechten der ausübenden Künstler (§ 93). Auch kann er die Filmeinzelbilder filmisch nutzen (§ 89 Abs. 4). Diese Rechte **konkurrieren** mit dem Leistungsschutzrecht nach § 94. Damit das Leistungsschutzrecht des § 94 bei ihm entsteht, muss der Filmhersteller nicht notwendig über Rechte der Stoff- oder Filmurheber bzw. der ausübenden Künstler verfügen, weil die Rechte aus § 94 eigenständig sind. Allerdings ist es ein entscheidendes Kriterium für die Annahme der Herstellereigenschaft und damit für die originäre Zuweisung der Rechte des § 94, wo die Rechte nach den §§ 88, 89, 92 liegen (vgl. Rn. 12). Der Filmauswerter muss also im Regelfall ein ganzes Bündel von Rechten erwerben. Beim Vorgehen gegen unerlaubte Nutzungen hat der Filmhersteller ein Wahlrecht, aus welchem Recht er vorgeht. Das Leistungsschutzrecht des § 94 wird dabei am einfachsten darzulegen sein, da er für seine Aktivlegitimation den Rechteerwerb nicht belegen muss. Bei **Schadensersatzansprüchen** ist zu bedenken, dass die einzelnen Rechte aus dem Bündel üblicherweise nur insgesamt gegenüber dem Filmhersteller entgolten werden und deshalb im Regelfall nur *eine* angemessene Lizenzgebühr gefordert werden kann. Eigenständige Bedeutung erlangen die abgeleiteten Nutzungsrechte aus Sicht des Filmherstellers dann, wenn die Schutzfrist des § 94 Abs. 3 abgelaufen ist.

2. Leistungsschutzrechte für Unternehmer

Die isolierte **Tonspur** des Filmes kann u.U. als Tonträger eingeordnet werden; **62** damit stellt sich die Frage nach dem Verhältnis des § 94 zu den Rechten des **Tonträgerherstellers** (§ 85). Da beim Film Bild und Ton eine Einheit bilden, **umfasst** der Schutz des § 94 auch den Ton; ein Rückgriff auf den weniger weit reichenden § 85 bei isolierter Verwendung der Tonspur durch Dritte ist nicht erforderlich (*Dünnwald* UFITA 79 [1976], 165, 168; Dreier/Schulze/*Schulze*[2]

Rn. 13, 30; Schricker/*Katzenberger*[3] Rn. 11; a.A. mit technischem Ansatz, ob die Tonspur isoliert vorliegt und (noch) nicht in den Film montiert wurde (dann § 85) Wandtke/Bullinger/*Manegold*[2] Rn. 12). Wurde eine Tonspur zur gesonderten Verwertung (z.b. als Soundtrack) gefertigt und damit die Verbindung der Bild-Tonfolge gelöst, ist § 85 jedoch allein anwendbar.

63   § 87 (**Recht der Sendeanstalten**) steht grds. gleichrangig neben § 94. Sendeunternehmen erwerben für eine Sendung Rechte nach § 87. § 94 ist daneben anwendbar, wenn für den selbst hergestellten Film auch Bild-/Tonträger produziert werden. Das Sendeunternehmen ist daher bzgl. des selbst produzierten Filmes und der für Sendezwecke gefertigten Programmträger auch Filmhersteller i.S.d. § 94, sofern keine Livesendung (vgl. Rn. 35) vorliegt. § 87 Abs. 4 schließt das nicht aus (so für Tonträgerhersteller BGH GRUR 1999, 577 – *Sendeunternehmen als Tonträgerhersteller;* Dreier/Schulze/*Schulze*[2] Rn. 12; Voraufl./*Hertin* Rn. 7; Wandtke/Bullinger/*Manegold*[2] Rn. 14; a.A. *Dünnwald* UFITA 79 [1976], 165, 170 ff.: bei Programmträgern für Sendezwecke sei § 87 lex specialis; § 94 greife erst bei erstmaliger Vervielfältigung dieses Programmträgers zu Verwertungszwecken außerhalb der Sendung). Zu den Problemen der **gesetzlichen Vergütungsansprüche** und der Spezialität des § 87 Abs. 4 vgl. Rn. 58.

64   Neben § 94 soll § 81 (**Veranstalterrechte**) auf die Filmproduktion anwendbar sein. Da die Filmproduktion als solche jedoch im Regelfall nichtöffentlichen Charakter hat, wird § 81 zumeist leer laufen (a.A. Wandtke/Bullinger/*Manegold*[2] Rn. 15). Der Veranstalter eines abgefilmten Events wird allein durch seine Veranstalterstellung noch nicht zum Filmhersteller (vgl. Rn. 15).

3. Wettbewerbsrecht (UWG)

65   Vor der Kodifikation der verwandten Schutzrechte ab 01.01.1966 (vgl. Rn. 2 ff.) wurde die unternehmerische Leistung über das UWG geschützt (BGH GRUR 1962, 470, 457 – *AKI* für Sendeunternehmen). Der Leistungsschutz des Produzenten aus § 94 ist an sich ein wettbewerbsrechtlicher Sondertatbestand, der an den erbrachten unternehmerischen Aufwand anknüpft (*Movsessian* UFITA 79 [1977], 213, 235). Für einen Rückgriff auf den ergänzenden Leistungsschutz i.S.d. § 4 Nr. 9 UWG für den unmittelbaren Schutz der erbrachten Leistung als solcher ist daneben kein Raum (BGH GRUR 1992, 697, 699 – *ALF;* Dreier/Schulze/*Schulze*[2] Rn. 54). Wohl aber kommt der ergänzende Leistungsschutz gegen die Art und Weise der Übernahme dann in Betracht, wenn der Film eine wettbewerbliche Eigenart aufweist, diese in dem nachgemachten Film übernommen wurde und außerdem die in § 4 Nr. 9 UWG genannten besonderen Umstände vermeidbare Herkunftstäuschung, unlautere Rufausbeutung oder unredliche Kenntniserlangung vorliegen. Dann kann im Ausnahmefall auch ein Schutz gegen nachschaffende Übernahme möglich sein, der aus § 94 allein ausscheidet (vgl. Rn. 42; vgl. Einl. Rn. 85).

4. Filmförderrecht, Handels- und Steuerrecht

66   Das **FFG** und auch das **Landesförderrecht** verweisen ebenfalls auf den Begriff des „Herstellers" des Filmes (z.B. § 15 Abs. 2 Nr. 1 FFG). Jedoch läuft das förderungsrechtliche Verständnis nicht vollständig mit dem urheberrechtlichen Verständnis des § 94 parallel, insb. weil die Herstellereigenschaft im Förderrecht nicht zum Zeitpunkt der Erstfixierung (Nullkopie) festgestellt wird

(v. Hartlieb/Schwarz/*v.Have*/*Schwarz*[4] Kap. 111 Rn. 10). Nach § 246 HGB darf das Filmrecht durch den Inhaber der Rechte am Filmwerk bilanziell ausgewiesen werden. Das **Steuerrecht** stellt tw. auf urheberrechtliche Begriffe ab; beispielsweise wird beim Filmhersteller gem. § 94 UrhG die Filmproduktion als „immaterielles Wirtschaftgut" gem. § 39 AO aktiviert (BFH NJW 1996, 1013; ausführlich zum Steuerrecht des Filmherstellers Wandtke/Bullinger/*Manegold*[2] Rn. 18; v. Hartlieb/Schwarz/*Dörfler*[4] Kap. 292 ff.); umgekehrt ist die steuerrechtliche Beurteilung für die urheberrechtliche Einordnung als Filmproduzent irrelevant (Dreier/Schulze/*Schulze*[2] Rn. 18).

Abschnitt 2 **Laufbilder**

§ 95 Laufbilder

Die §§ 88, 89 Abs. 4, 90, 93 und 94 sind auf Bildfolgen und Bild- und Tonfolgen, die nicht als Filmwerke geschützt sind, entsprechend anzuwenden.

Übersicht

I. Allgemeines

1. Sinn und Zweck

Zweck des § 95 ist es, dem Filmhersteller die Auswertung des Filmes unab- **1** hängig von dessen Charakter als Filmwerk (§ 2) zu erleichtern. Unabhängig von der schöpferischen Qualität des Filmes hat der Filmhersteller einen erheblichen **organisatorischen Aufwand**; die Bedingungen für die Herstellung und Verwertung sind i.d.R. die gleichen wie beim Filmwerk (RegE UrhG – BT-Drucks. IV/270, S. 102). Daher erscheint es angezeigt, ihm auch für bloße Laufbilden den Schutz und die Erleichterungen der §§ 88, 89 Abs. 4, 90, 93 und 94 für die Filmauswertung zuzusprechen. Ohnehin ist der Werkcharakter im Einzelfall u.U. schwer festzustellen; insofern dient § 95 auch der **Rechtsicherheit** (RegE UrhG – BT-Drucks. IV/270, S. 102) und verhindert Abgrenzungsprobleme, ob im Einzelfall ein Filmwerk vorliegt oder nicht (dies z.B. offengelassen von OLG Düsseldorf GRUR 1979, 53 – *Laufbilder*; KG MMR 2003, 110, 111 – *Paul und Paula*).

2. Früheres Recht

2 Der Schutz von Laufbildern wurde mit Inkrafttreten des UrhG am 01.01.1966 eingeführt. Vorher fanden sich für Laufbilder keine Sonderregelungen. Entstand bei der Filmherstellung ein Film ohne Werkcharakter, so bemaß sich die Rechteeinräumung an vorbestehenden Werken, an bei der Herstellung entstehenden Lichtbildern und – soweit solche existierten – Schutzrechten ausübender Künstler nach dem allgemeinen Zweckübertragungsgrundsatz (vgl. § 88 Rn. 5 ff., vgl. § 91 Rn. 3; vgl. § 92 Rn. 3 ff.). Die Erleichterungen der §§ 90, 93 kamen weder für Filmwerke noch für Laufbilder in Betracht, weil sie nicht existierten. Auch das originäre Leistungsschutzrecht des Produzenten gem. § 94 gab es nicht (vgl. § 94 Rn. 2). Zum DDR-Recht vgl. Vor §§ 88 ff. Rn. 35.

3. EU-Recht und Internationales Recht

3 Vgl. § 94 Rn. 6.

II. Tatbestand

1. Abgrenzung Filmwerk – Laufbilder

4 **Oberbegriff** für Filmwerke und Laufbilder ist der **Film** (Dreier/Schulze/*Schulze*[2] Rn. 7; Schricker/*Katzenberger*[3] Rn. 8). Dieser ist eine Bild- oder Bild-/Tonfolge, die beim Betrachter den Eindruck eines bewegten Bildes entstehen lässt (vgl. Vor §§ 88 ff. Rn. 9). Nicht jeder Film ist auch ein Filmwerk. Ein Filmwerk setzt voraus, dass der Film auf einer persönlich schöpferischen Gestaltung beruht und ihm daher **Werkqualität** i.S.d. § 2 Abs. 1 Nr. 6 zukommt. Spielraum für schöpferische filmische Gestaltung gem. § 2 besteht vor allem bei der Auswahl, Anordnung und Sammlung des Filmstoffes sowie der Art der Zusammenstellung der einzelnen Bildfolgen. Filme, die mangels persönlich geistiger Schöpfung keinen Werkcharakter aufweisen, sind **Laufbilder** (KG ZUM 2003, 863, 864 – *Beat Club; Schricker* GRUR 1984, 733; Dreier/Schulze/*Schulze*[2] Rn· 6; Schricker/*Katzenberger*[3] Rn. 6; Wandtke/Bullinger/*Manegold*[2] Rn. 4). Die Abgrenzung von Filmwerken und Laufbildern bemisst sich also nach der urheberrechtlichen Schutzfähigkeit als Werk i.S.d. § 2 Abs. 1 Nr. 6. Sie kann im Einzelfall durchaus schwierig sein, denn auch Filmwerke können als „Kleine Münze" Schutz genießen. Unerheblich für die Abgrenzung sind die Art des Aufnahmeverfahrens und ihr Verwendungszweck (Schricker/*Katzenberger*[3] Rn. 6; Wandtke/Bullinger/*Manegold*[2] Rn. 4). Live-Sendungen können auch Laufbilder sein (Wandtke/Bullinger/*Manegold*[2] Rn. 10), mag sich der Filmhersteller dann auch nicht auf Rechte i.S.d. §§ 95, 94 berufen können (vgl. Rn. 27).

5 Die schöpferische Gestaltung des Filmwerkes (§ 2) kommt durch Ausnutzung der **filmischen Gestaltungsmöglichkeiten** zustande. Zunächst vgl. § 2 Rn. 201 ff. hierzu. Da es um „filmische" Schöpfung geht, kommt es auf den Inhalt der vorbestehenden (verfilmten) Werke wie Roman, Treatment oder Drehbuch grds. nicht an. Ein ausgefeiltes Bühnenstück, dass aus nur einer Kameraperspektive schematisch abgefilmt wird, ist danach jedenfalls kein Film-, aber natürlich ein Schriftwerk (RegE UrhG – BT-Drucks. IV/270, S. 102). Deshalb ist auf Individualität von Regie, Kameraführung (Motivwahl, Bildausschnitte, Perspektiven, Beleuchtung, Zoom, Kamerafahrten), visuelle Effekte, Tongestaltung und insb. Schnitt abzustellen (KG ZUM 2003, 863,

864 – *Beatclub*; Wandtke/Bullinger/*Manegold*² Rn. 19). Durch die filmische **Auswahl, Anordnung und Sammlung des Stoffes** sowie durch die Art der **Zusammenstellung der einzelnen Bildfolgen** muss sich der Film als das Ergebnis individuellen Schaffens darstellen (BGH GRUR 1984, 730, 732 – *Filmregisseur*; KG ZUM 2003, 863, 864 – *Beat Club*; LG München I ZUM-RD 1998, 89, 92 – *Deutsche Wochenschauen*). Eine eigenschöpferische Gestaltung kann insb. dann zu bejahen sein, wenn der Film die Handschrift des Regisseurs trägt (KG ZUM 2003, 863, 864 – *Beat Club*). Auch die Gestaltung des Tonteils kann ein Laufbild zum Filmwerk machen.

Diese Voraussetzungen können auch bei Filmen vorliegen, die darauf abzielen, **6** ein **wirkliches Geschehen** im Bild festzuhalten, wenngleich sie bei einer lediglich naturgetreuen Wiedergabe vorgegebener Gegenstände und Naturereignisse nicht zwingend vorliegen (BGH GRUR 1953, 299 – *Lied der Wildbahn I* für Tieraufnahmen, Einzelfälle vgl. Rn. 11 ff.). Es kommt dann darauf an, ob die filmischen Gestaltungsmöglichkeiten nicht auf eine bloß naturgemäße Wiedergabe eingeengt sind und sich nicht in der bloß schematischen Aneinanderreihung von Lichtbildern erschöpfen (BGH GRUR 1984, 730, 732 – *Filmregisseur*; KG ZUM 2003, 863, 864 – *Beat Club*). Das ist meist der Fall bei der schematischen Aufnahme und Wiedergabe chronologischer Abläufe (Wandtke/Bullinger/*Manegold*² Rn. 6), wenn etwa der Film oder Filmausschnitt durch die Natur der Sache, den vorgegebenen Gegenstand oder die Zweckbestimmung in einer Weise vorbestimmt ist, dass bei jeder Verfilmung im Wesentlichen dasselbe Ergebnis herauskommt (*Schricker* GRUR 1991, 563, 567). Ganz entscheidend kommt es insoweit also auf die Individualität der filmischen Mittel, insb. die **Bildregie** an. Für die Einordnung des Werkes als Filmwerk oder Laufbild ist der **Eindruck beim Betrachter** des Werkes entscheidend (KG ZUM 2003, 863, 864 – *Beat Club*). Ob die filmischen Mittel bei der Inszenierung des Filmes oder erst bei der Nachbearbeitung eingesetzt werden, ist unerheblich (*Feyock/Straßer* ZUM 1992, 11, 15 f.).

Typische Formen von Laufbildern sind filmische Aufzeichnungen oder Live- **7** Sendungen von **Darbietungen ausübender Künstler** wie etwa Opernaufführungen, Solodarbietungen einzelner Sänger, Tänzer oder Musiker (KG ZUM 2003, 863, 864 – *Beat Club*; Schricker/*Katzenberger*³ Rn. 9). Das gilt jedenfalls dann, wenn die Bühnenwerke ohne schöpferische Leistung des Kameramannes z.B. mit feststehender Kamera oder wenigen feststehenden oder lediglich schwenkbaren Kameras aufgenommen worden sind (RegE UrhG – BT-Drucks. IV/270, S. 102; KG ZUM 2003, 863, 864 – *Beat Club*), was heutzutage nicht mehr die Regel ist. Nur als Laufbild wurde die Verfilmung einer **Theaterinszenierung** angesehen (OLG Koblenz GRUR Int. 1968, 164, 165 – *Liebeshändel in Chioggia*; zustimmend Schricker/*Katzenberger*³ Rn. 9); das kann aber nicht generalisiert werden, weil oft auch bei Theateraufführungen auf eine aufwändige Kamerabegleitung geachtet wird (kritisch auch Möhring/Nicolini/*Lütje*² Rn. 5; Dreier/Schulze/*Schulze*² Rn. 10). Die gleichen Maßstäbe sollten für **Konzertmitschnitte** gelten. Wenn etwa durch die Verwendung gezielter Schnitte bei einer Konzertübertragung in schöpferischer Weise den Betrachtern neben dem Kunstgenuss ein unmittelbarer Eindruck von der Konzertatmosphäre durch Einblendung einerseits des Publikums, andererseits des Musikensembles vermittelt wird, kann der schöpferische Werkscharakter zu bejahen sein (OLG München GRUR 2003, 420, 421 – *Alpensinfonie*). In der Revisionsinstanz meinte der BGH zwar, die Bildfolgen des Filmes können das Musikwerk nicht „verfilmen". Auch bei einem Film über eine Konzertaufführung des Werkes könne lediglich dessen

Darbietung gezeigt werden (BGH GRUR 2006, 319, 321 f. – *Alpensinfonie*; zur Kritik daran vgl. § 88 Rn. 55). Jedoch ist damit wohl nichts dazu gesagt, ob der Film Werkcharakter hat. Ohnehin wäre es auch zu pauschal, aufgezeichneten **Fernsehshows** generell die Werkqualität abzusprechen (so aber Wandtke/Bullinger/*Manegold*[2] Rn. 7); das gilt unabhängig von der diskutierten urheberrechtlichen Schutzfähigkeit des ihnen zugrundeliegenden Konzeptes (vgl. § 2 Rn. 232).

8   Jedes **Musikvideo** ist nach diesen Maßstäben im Einzelfall darauf zu prüfen, ob es eigenschöpferische Prägung aufweist. Über ein bloßes Laufbild geht es hinaus, wenn das Musikvideo dem Betrachter durch die Kameraführung, die gewählten Schnitte und die eingesetzten technischen Effekte in einem erheblichen Umfang einen das ästhetische Empfinden ansprechenden filmischen Eindruck des musikalischen Geschehens vermittelt und sich nicht nur mit einer optischen Wiedergabe des realen Eindrucks begnügt (KG ZUM 2003, 863, 864 – *Beat Club*; vgl. § 92 Rn. 17).

9   Bloße Laufbilder sind i.d.R. **Nachrichten** (*Kreile/Westphal* GRUR 1996, 254; Wandtke/Bullinger/*Manegold*[2] Rn. 6), soweit der Nachrichtensprecher oder die gezeigten Ereignisse nur schematisch abgefilmt werden, ebenso **Interviewsendungen**. Auf den nicht filmischen Inhalt kommt es für die Abgrenzung zwischen Laufbild und Filmwerk wiederum nicht an (vgl. Rn. 5; zutreffend Wandtke/Bullinger/*Manegold*[2] Rn. 6, wonach auch „Geplapper" in einem Interview ein Filmwerk sein kann). Vielmehr ist entscheidend, ob durch Kamera- und Blickwinkelauswahl, unterschiedliche Szenenzuschnitte, deren Auswahl und Zusammenstellung Werkqualität erreicht werden. Bei kurzen Nachrichtenbeiträgen wird diese selten zu finden sein. Eine in knapper Form gezeigte Wiedergabe von Tagesereignissen wie politischen, wirtschaftlichen und kulturellen Begebenheiten, die im Wesentlichen nur in dieser Weise gezeigt werden können, ist regelmäßig Laufbild (LG Berlin GRUR 1962, 207, 208 – *Maifeiern* für die Aufnahme einer Maifeier mit Truppen- und Gewerkschaftsparade von 45 Sekunden). Eine **Sportberichterstattung** (z.B. Fußballübertragung), deren Bildregie mit zahlreichen Kameraperspektiven und Wiederholungen arbeitet, stellt aber regelmäßig ein Filmwerk dar.

10   **Propagandafilme** werden schon wegen der beabsichtigten Wirkung regelmäßig auf besondere filmische Gestaltungsmittel zurückgreifen (Werkcharakter bejaht von BGH UFITA 55 [1970] 313, 316 – *Triumph des Willens*; LG München I ZUM-RD 1998, 89, 92 – *Deutsche Wochenschauen*; LG München I ZUM 1993, 370, 373 – *NS Propagandafilme*). Ihr Propagandazweck gebietet eine künstlerisch-manipulative Gestaltung. Das gilt auch in kurzen Ausschnitten, beispielsweise bei Kriegswochenschauen, wo gerade der gezielte Einsatz von Bildern, Musik, Kameraperspektiven und Lichtgestaltung geboten war, um Eindrücke zu erzielen (LG München I ZUM-RD 1998, 89, 93 – *Deutsche Wochenschauen*; *Feyock/Straßer* ZUM 1992, 11, 19).

11   Bei **Dokumentar-** und **wissenschaftlichen Filmen** kann filmische Auswahl, Anordnung und Zusammenstellung des Stoffes zu Werkcharakter führen, wenn nicht lediglich das bloßen Geschehen ohne Individualität abgefilmt wird (Dreier/Schulze/*Schulze*[2] Rn. 10; Schricker/*Katzenberger*[3] Rn. 11). Das kann etwa durch Erläuterungen, Interviews und Gespräche als wesentliche Begleitumstände zum abgefilmten Geschehen erfolgen (BGH GRUR 1984, 730, 732 – *Filmregisseur*). Auch hier kommt es aber nicht auf deren Inhalt, sondern entscheidend auf den Einsatz filmtechnischer Mittel an. Insb. längere Dokumentarfilme können filmische Gestaltungselemente aufweisen (*Hoeren*

GRUR 1992, 145, 147 ff.; Wandtke/Bullinger/*Manegold*² Rn. 7). Ein Filmwerk liegt auch nahe, wenn die beschreibende Darstellung in eine dramatur-
gische Handlung eingebaut und diese filmisch individuell umgesetzt wurde
(BGH GRUR 1984, 730, 732 – *Filmregisseur*).

Verneint wurde der Werkscharakter für eine kurze Aufnahme fliegender Vögel **12**
in einem **Naturfilm** (BGH GRUR 1953, 299 – *Lied der Wildbahn I*). **Pornofilme** werden in der Rspr. meist als Laufbilder beurteilt (OLG Hamburg GRUR
1984, 663 – *Video Intim*; offengelassen von OLG Düsseldorf GRUR 1979, 53
– *Laufbilder* wegen des identischen Schutzes von Film und Laufbild gegen
unberechtigte öffentliche Vorführung im Geschäft). **Amateurfilme** sind üblicherweise Laufbilder (Schricker/*Katzenberger*³ Rn. 12).

Die Abgrenzungsfrage zwischen Filmwerk und Laufbild stellt sich auch bei **13**
Filmausschnitten. Schutz gegen die Entnahme von Teilen des Filmes aus dem
Urheberrecht besteht nur dann, wenn diese für sich genommen schon Werk-
qualität (§ 2) erreichen (Schricker/*Katzenberger*³ Rn. 8). Werkschutz einzelner
Szenen wird eher bei Spielfilmen zu finden sein, in denen sich die schöpferische
Prägung auch in den einzelnen Szenen erfahren lässt. Diese kann durch
Beleuchtung, Kameraeinstellung, Schnitt und andere Stilmittel realisiert wer-
den (OLG Hamburg GRUR 1997, 822, 825 – *Edgar-Wallace-Filme*). Der
Laufbildschutz bietet ansonsten Schutz gegen die Entnahme nur kleiner nicht
als Werk geschützter Teile (BGH GRUR 2000, 703, 704 – *Mattscheibe*, sowie
OLG München MMR 1998, 254, 255 – *Kalkofe* für 58 Sekunden einer
Dauerwerbesendung; BGH GRUR 1953, 299 – *Lied der Wildbahn I* für einen
Ausschnitt aus einem Naturfilm, der nur Flugaufnahmen von Schwänen zeigte;
OLG Frankfurt ZUM 2005, 477, 479 – *TV TOTAL* für ein Spontaninterview
von 20 Sekunden Dauer; LG Stuttgart ZUM 2003, 156, 157 – *NPD*-*Spitzel*
für einen 20 Sekunden langen Interviewausschnitt; ferner *Hillig* ZUM 2004,
397, 398). Tw. lassen die Gerichte die Abgrenzung auch offen (so KG MMR
2003, 110, 112 – *Paul und Paula* für einminütige Filmausschnitte). Insb.
wegen der unterschiedlichen Schutzfristen kann es aber vor allem für ältere
Filme erforderlich sein, die Frage zu beantworten.

2.   Sonstige Bildfolgen; keine Relevanzschwelle

Umstritten ist die Anwendung des § 95 auf **sonstige „Bildfolgen"** bzw. **„Bild- 14
und Tonfolgen".** Die Rspr. geht für **Video- und Computerspiele** von einer
Anwendung zumindest des § 94 aus (zu Videospielen: BayObLG GRUR 1992,
508 – *Verwertung von Computerspielen*; OLG Köln GRUR 1992, 312, 313 –
Amiga-Club; OLG Hamburg GRUR 1990, 127, 128 – *Super Mario III*; vgl.
§ 2 Rn. 204; zustimmend, aber kritisch zur undifferenzierten Bejahung des
Laufbildschutzes ohne Beachtung der persönlichen Anwendbarkeit des
§ 95 auf ausländische Hersteller gem. § 128 Schricker/*Katzenberger*³ Rn. 12).
Dem ist zu folgen (vgl. Vor §§ 88 ff. Rn. 12, dort auch zur Kritik in der
Literatur). Ausgangspunkt für einen Laufbild- oder gar Werkschutz von Video-
und Computerspielen ist aber nur der visuell wahrnehmbare Eindruck des
Produktes. Das diesem zugrundeliegende Programm ist als Sprachwerk geschützt; auf dieses findet § 95 keine Anwendung (*Koch* GRUR 1995,
459, 463; Wandtke/Bullinger/*Manegold*² Rn. 5; an die bewegte Bildfolge anknüpfend auch Schricker/*Katzenberger*³ Vor §§ 88 ff. Rn. 46). Auch wenn das
bewegte **Bild interaktiv erzeugt** wird, scheidet eine Einordnung als Laufbild
nicht aus (wie hier Voraufl./*Hertin* Rn. 4; a.A. Dreier/Schulze/*Schulze*² Rn. 9;
Wandtke/Bullinger/*Manegold*² Rn. 14). Die interaktiv erzeugten Bilder sind

durch die Programmierung vorgegeben, so dass der Spieler nur noch als Werkzeug des Filmerstellers fungiert; er kann keine Bildfolgen erzeugen, die der Hersteller nicht vorgesehen hat.

15 Für Bildfolgen bzw. Bild- und Tonfolgen i.S.d. § 94 besteht im Übrigen **keine Relevanzschwelle**. Bewegte **Icons** und einfache bewegte Bildfolgen auf Benutzeroberflächen oder Homepages sind als solche über § 95 geschützt (Wandtke/Bullinger/*Manegold*² Rn. 5), auch wenn sie in 3 Minuten ohne großen Aufwand erstellt werden können. Auch **Amateurfilme**, sowie **WebCam-, Überwachungskamera- und Bildtelefonübertragungen**, die automatisch erzeugt werden, sind danach Bildfolgen bzw. Bild- und Tonfolgen gem. § 95 (Wandtke/Bullinger/*Manegold*² Vor § 88 Rn. 17; ablehnend aber *ders.* § 95 Rn. 11). Auch ein Blick zum Lichtbildschutz gem. § 72 zeigt, dass dort Lichtbilder aus automatisierten Aufnahmevorgängen (Passbildautomaten, Satellitenfotos etc.) ebenfalls erfasst werden. Nur bloße Reproduktionsvorgänge (z.B. **Abfilmen eines vorbestehenden Films**) sind wie bei § 72 nicht geschützt (BGH GRUR 1990, 669, 673 – *Bibel-Reproduktion*; vgl. § 72 Rn. 9). Ansätze für eine restriktivere Auslegung des Tatbestandsmerkmals „Bildfolge", weil die Zuerkennung des Leistungsschutzrechts des § 94 oder der Vermutungsregeln der §§ 88, 89 Abs. 4, 90, 93 nicht als opportun erscheine (so Dreier/Schulze/*Schulze*² Rn. 9; ähnlich Wandtke/Bullinger/*Manegold*² Rn. 16), sind abzulehnen (wie hier, aber ohne eingehende Auseinandersetzung Schricker/*Katzenberger*³ Rn. 12). Denn die Anwendung der vorerwähnten Vorschriften scheitert bereits aus anderen Gründen. So erfüllen Amateurfilme nicht den Filmherstellerbegriff des § 94 (str., vgl. § 94 Rn. 18). Mit unternehmerischem Aufwand aufgestellte WebCams, Überwachungskameras und Bildtelefone scheitern zwar nicht am Begriff des Filmherstellers; jedoch sind die Aufnahmen regelmäßig nicht zur filmischen Verwertung gefertigt, so dass i.d.R. die Vermutungstatbestände der §§ 88, 89 Abs. 4, 90, 93 gar nicht zur Anwendung gelangen (vgl. § 89 Rn. 11 f.).

3. Anwendung der §§ 88, 89 Abs. 4, 90, 93 und 94

16 **a) Rechte an vorbestehenden Werken (§ 88):** Dass vorbestehende urheberrechtschutzfähige Werke für Laufbilder verwendet werden, hat auf die Schutz(un)fähigkeit als Filmwerk keinen unmittelbaren Einfluss (Schricker/*Katzenberger*³ Rn. 13), da sich die Werkqualität des Filmes nach den verwendeten spezifisch filmischen Gestaltungsmöglichkeiten (z.B. Regie, Kameraperspektiven, Schnitt) bemisst, nicht nach denjenigen bei der Schöpfung vorbestehender und für den Film verwendeter Werke (vgl. Rn. 5). Daher ist auch der Hersteller eines Laufbildes auf den Erwerb der Rechte zur Filmherstellung und –verwertung angewiesen, wenn er beispielsweise ein Drehbuch, schöpferische Kulissen oder Filmmusik verwendet.

17 Allerdings ist § 88 restriktiv auszulegen, wenn er über § 95 Anwendung findet. Bei der Verwendung vorbestehender Werke für ein bloßes Laufbild ohne schöpferische filmische Umsetzungselemente steht der Urheber des vorbestehenden Werkes genauso im besonderen Focus wie der ausübende Künstler. Der ausübende Künstler wird jedoch von § 95 privilegiert, in dem keine Verweisung auf § 93 erfolgt (vgl. Rn. 21). Daher können zumindest bei einfachen Aufnahmen (z.B. schematische Übertragungen von Theateraufführungen) die nachgiebigen Regeln des § 88 zu weit gehen. Es kann durch eine der Zweifelsregelung des § 88 Abs. 2 vorrangige Vertragsauslegung ein jederzeitiges Wiederverfilmungsrecht oder zumindest ein zeitlich deutlich unter 10 Jahren liegendes Exklusivrecht anzunehmen sein (Dreier/Schulze/*Schulze*[2] Rn. 14; Schricker/*Katzenberger*[3] Rn. 13; Wandtke/Bullinger/*Manegold*[2] Rn. 22). Andere Werke als die Aufnahme des Bühnenstückes, also beispielsweise eine bearbeitete Neu-Inszenierung (§ 3) oder gar eine echte Verfilmung, fallen ohnehin nicht unter die Vermutung des § 88 (Dreier/Schulze/*Schulze*[2] Rn. 15; a.A. Voraufl./*Hertin* Rn. 7 für die Neu-Inszenierung), können aber (ggf. ungeschriebene) Enthaltungspflichten verletzen (vgl. Vor § 31 Rn. 45 ff.).

b) Keine Rechte der Filmurheber (§ 89 Abs. 1): Ein Verweis auf § 89 Abs. 1 **18** enthält § 95 deswegen nicht, weil es ohne Werkscharakter des Filmes bei Laufbildern keine mitwirkenden Filmurheber gibt, auf deren Rechte der Produzent angewiesen wäre.

c) Rechte an Lichtbildern (§ 89 Abs. 4): Bei der Herstellung eines Laufbildes **19** entsteht eine Vielzahl Einzelbilder, die als Lichtbilder oder Lichtbildwerke unabhängig vom Film schutzfähig sind (vgl. § 89 Rn. 53 ff.; vgl. § 91 Rn. 2), wobei der Kameramann Lichtbildner bzw. Urheber ist. Daher muss auch die Vermutungsregelung des § 89 Abs. 4 Anwendung finden, die dem Erwerb der für die Filmauswertung erforderlichen Rechte an diesen Bildern durch den Filmhersteller dient.

d) Einschränkung von Zustimmungserfordernissen und Rückruf (§ 90): Auch **20** die Einschränkungen der Urheberbefugnisse und die damit korrespondierenden Erleichterungen für die Filmverwertung, die § 90 anordnet, sind anwendbar. Mangels Verweises des § 94 auf § 89 Abs. 1 bis 2 und auf § 93 Abs. 4 gelten die Einschränkungen des § 90 aber nicht für Filmurheber und nicht für ausübende Künstler.

e) Keine Einräumungsvermutung für ausübende Künstler gem. § 92: Die **21** Regelung des § 92, die für die Rechte ausübender Künstler eine ebensolche Einräumungsvermutung vorsieht, gilt bewusst nicht für Laufbilder (RegE UrhG – BT-Drucks. IV/270, S. 103; KG ZUM 2003, 863, 864 – *Beat Club*; *Movsessian* UFITA 79 [1977], 213, 233; Schricker/*Katzenberger*[3] Rn. 17; Wandtke/Bullinger/*Manegold*[2] Rn. 7). Denn als bloßes Laufbild setzt der Film keine schöpferischen individuellen filmischen Gestaltungsmittel ein. Die **Leistungen der ausübenden Künstler** stehen bei Laufbildern damit regelmäßig **im Vordergrund** und verschmelzen nicht wie bei einem Filmwerk mit anderen schöpferischen (filmischen) Beiträgen (RegE UrhG – BT-Drucks. IV/270, S. 103; KG ZUM 2003, 863, 864 – *Beat Club*). Es wird gleichsam nur der Zuschauerkreis der Darbietung über das Filmmedium erweitert (Wandtke/Bullinger/*Manegold*[2] § 92 Rn. 3), so dass das Laufbild der Darbietung durchaus Konkurrenz machen kann (RegE UrhG – BT-Drucks. IV/270, S. 103). In einem solchen Fall muss der Filmhersteller die Rechte der §§ 77, 78 erwerben und kann nicht auf § 92 zurückgreifen. Es gilt die Zweckübertragungslehre gem. § 31 Abs. 5 (Schricker/*Katzenberger*[3] Rn. 17). Zur Anwendung des § 92 auf **Musikvideos** als Filmwerke vgl. § 92 Rn. 17.

f) Entstellungsverbot (§ 93): § 93 gilt über § 95 auch bei Laufbildern. Der **22** Anwendungsbereich beschränkt sich allerdings von vornherein auf die Urheberpesönlichkeitsrechte gem. § 14 der Urheber vorbestehender Werke (§ 88) und der Lichtbildurheber bzw. Lichtbildner (§ 89 Abs. 4), weil weder auf Filmurheber (§§ 89 Abs. 1 und 2, 14) noch auf ausübende Künstler (§§ 93, 75) ein Verweis erfolgt.

Zu Recht wurde schon in der Vorauflage (Voraufl./*Hertin* Rn. 10) kritisiert, **23** dass damit etwa der Inszenierung und Aufführung eines Bühnenstückes über das Entstellungsverbot des § 14 Grenzen gezogen sind, seiner Veränderung im Rahmen der Verfilmung bzw. der Auswertung aber nicht. Dieses de lege lata nicht umgehbare Problem ist bei der für § 93 erforderlichen Interessenabwägung zu berücksichtigen. Da dort auch die Gestaltungshöhe des Filmes ein Faktor ist, wird sie, wenn nur ein Laufbild vorliegt, eher zu Gunsten der Urheber ausfallen (Dreier/Schulze/*Schulze*[2] Rn. 20; Voraufl./*Hertin* Rn. 10; Schricker/*Katzenberger*[3] Rn. 18).

24 g) **Leistungsschutzrecht des Filmherstellers** (§ 94): Der Verweis auf § 94 gewährt dem Filmhersteller auch bei Laufbildern sein originäres Leistungsschutzrecht. Die praktische Bedeutung ist erheblich. Im Zweifelsfall kann der Filmhersteller gegen die unberechtigte Nutzung des Filmes durch Dritte jedenfalls über sein eigenes Recht gem. §§ 95, 94 vorgehen, ohne die Werkqualität des Filmes oder -ausschnitts (KG MMR 2003, 110, 112 – *Paul und Paula*) und das Bestehen und den Erwerb der abgeleiteten Rechte der Filmschaffenden belegen zu müssen (Schricker/*Katzenberger*[3] Rn. 4; Wandtke/Bullinger/*Manegold*[2] Rn. 2).

25 Das Leistungsschutzrecht des § 94 honoriert die **Übernahme des unternehmerischen Risikos**, das auch dann eingegangen sein kann, wenn die künstlerische Qualität des Filmes nicht die Anforderungen an ein urheberrechtlich schutzfähiges Werk erfüllt (zum Nachrang künstlerischer Aspekte bei der Bestimmung des Filmherstellers vgl. § 94 Rn. 14). Allerdings müssen auch beim Laufbildschutz gewisse **quantitative und qualitative Anforderungen** an den **Filmhersteller** gestellt werden (eingehend § 94 Rn. 18). Quantitativ erfüllen Amateurvideos ohne jeden wirtschaftlichen Aufwand (z.B. Urlaubsvideos) nicht die Voraussetzungen des § 94 und sind nur nach § 72, nicht aber über den (unternehmerischen!) Leistungsschutz vom UrhG erfasst. Auch ein hinreichender qualitativer Beitrag des Filmherstellers ist zu fordern. Das ist vor allem für Laufbilder relevant, die vorfixierte Filme verwenden. Hier kann allerdings nicht wie bei Filmwerken auf das Vorliegen einer selbständigen Bearbeitung nach § 3 abgestellt werden (vgl. § 94 Rn. 29). Vielmehr muss – parallel zu § 72 – ein Mindestmaß an zwar nicht schöpferischer, aber doch persönlich geistiger Leistung in dem Film verkörpert sein (BGH GRUR 1990, 669, 673 – *Bibel-Reproduktion* zu § 72). Werden nur schematisch vorfixierte Filme aneinander gereiht, entsteht kein (neues) Leistungsschutzrecht, bei einer individuellen Auswahl oder Anordnung von Ausschnitten kann das aber der Fall sein.

26 § 94 gewährt auch im Hinblick auf Laufbilder das ausschließliche Recht, den Bildträger oder Bild- und Tonträger, auf den das Filmwerk aufgenommen ist, zu **vervielfältigen**, zu **verbreiten** und zur **öffentlichen Vorführung, Funksendung** oder **öffentlichen Zugänglichmachung** zu benutzen. Wie auch bei urheberrechtlichen Werken bestehen diese Rechte als selbständige Nutzungsformen nebeneinander (im Einzelnen vgl. § 94 Rn. 37 ff.). Der **Umfang der Rechtseinräumung oder -übertragung** durch den Filmhersteller **an Auswerter** bestimmt sich auch hier nach dem verfolgten Vertragszweck (OLG Düsseldorf GRUR 1979, 53, 54 – *Laufbilder*), was sich für Nutzungsrechtseinräumungen (nicht aber für bloße Übertragungen) auch aus dem Verweis §§ 95, 94 Abs. 2 S. 2 auf die Zweckübertragungslehre in § 31 Abs. 5 ergibt (zum Ganzen vgl. § 94 Rn. 50 ff.; ferner für das Vertragsrecht zwischen Verwertern vgl. Vor §§ 31 ff. Rn. 223 ff.).

27 Das Leistungsschutzrecht gewährt Schutz gegen die in § 94 genannten Handlungen. Es verbietet nur die Übernahme des im Filmträgers verkörperten

Materials, **nicht** aber die **nachschaffende Verwendung des Filmstoffes** oder die Herstellung eines Filmes mit gleichem Geschehen (**Remake**) oder einer **Fortsetzung** (Dreier/Schulze/*Schulze*[2] Rn. 15; Schricker/*Katzenberger*[3] Rn. 20; Wandtke/Bullinger/*Manegold*[2] Rn. 24). **Live-Sendungen** sind zwar als Laufbilder schutzfähig, jedoch fehlt in diesem Fall ein Filmträger, so dass der Schutz des § 94 für den Filmhersteller ausscheidet (vgl. § 94 Rn. 35). Eingehend zum Umfang des Rechtes vgl. § 94 Rn. 37 ff.

III. Prozessuales

Vgl. § 94 Rn. 59 ff.   **28**

IV. Verhältnis zu anderen Vorschriften

Vgl. § 94 Rn. 61 ff.   **29**

Teil 4 Gemeinsame Bestimmungen für Urheberrecht und verwandte Schutzrechte

Abschnitt 1 **Ergänzende Schutzbestimmungen**

Vorbemerkung

Übersicht

I. Überblick

1 Der Ökonom *von Hajek* hatte noch propagiert, dass es für die Entwicklung einer Gesellschaft neben der Familie und dem Wettbewerb insb. des Sacheigentums bedürfe. Mittlerweile sind wir in der **Wissensverkehrsgesellschaft** angekommen und diese benötigt als „Saft zum Leben" Geistige Güter. Also sollte der Schutz Geistigen Eigentums über jeden Zweifel erhaben sein. Ist er das? Eine der Voraussetzungen für die Entwicklung des Unkörperlichen als Grundlage des Geistigen Eigentums ist die **Digitalisierung** und die mit ihr einhergehende Weiterentwicklung der Computertechnik, die über größere Speicher, schnellere Prozessoren und größere Übertragungsbandbreiten in Netzen die exponentielle Ausbreitung von Unkörperlichem beförderte. Daher dürfte u.E. das geistige Eigentum immer noch eine zentrale Rolle, wenn nicht die Grundvoraussetzung der Wissensverkehrsgesellschaft spielen; es wird in ihr jedoch vielleicht nicht mehr derart um den Austausch von (geistigem) Eigentum gegen Geld gehen, wie wir es noch aus der Warenverkehrsgesellschaft gewöhnt waren, sondern mehr um den Zugang zu demselben. Deshalb wird auch bereits das „Verschwinden des Eigentums" postuliert (hierzu Bröcker/*Czychowski*/Schäfer § 1 Rn. 2 ff. unter Bezug auf *Rifkin*, The age of access: The new culture of hyper-capitalism where all of life is a paid-for experience, 2000 passim.). Einer der Vordenker, der früh die Bedeutung der Digitalisierung und der sich daraus ergebenden Gefahren erkannt hat, ist *Lawrence Lessig*. *Lessig* führt einem dies in seinem Buch „Code and other Laws of Cyberspace" eindrucksvoll vor Augen, wenn er davon spricht, dass der *Code*, verstanden als **Quellcode**, das **neue Gesetz** sein wird. Der in den Kindertagen des Internets entstandene Eindruck eines chaotischen Netzwerkes, das einer Regulierung nicht zugänglich ist, erweist sich möglicherweise nur als eine vorübergehende Tendenz. Für die Zukunft steht zu befürchten, dass das Internet der am engsten regulierte Raum dieser Welt sein wird. Dabei wird diese Regulierung eben – anders als in den Jahrhunderten zuvor – nicht mehr vom Staat alleine ausgehen, sondern zu großen Teilen von den Inhabern des *Code*, möglicherweise unter direkter oder indirekter Einflussnahme des Staates, möglicherweise aber auch selbständig. Dann aber ist es in der Tat bedeutsam, dass Juristen sich über den Inhalt derartiger Regulierung Gedanken machen.

Ein wesentliches Phänomen dieser neuen Welt – zum Teil essentieller „Be-   **2** standteil" dieses *Codes* – ist dabei die von *Lessig* zu Recht als janusköpfig bezeichnete **Kryptographie** (*Lessig* S. 35 ff.). Die Kryptographie wird einerseits Voraussetzung dafür sein, dass wir z. B. **Authentifizierung** im Internet rechtssicher durchsetzen können und zudem die **Privatsphäre durch Verschlüsselung absichern;** sie wird andererseits aber auch eine erhebliche Hürde für die Verfolgung von Rechtsverletzungen – etwa bei verschlüsselt übermittelten urheberrechtsverletzende Kopien – beinhalten und uns zum Beispiel bei Digital Rights Management-Systemen wiederbegegnen. Daher verwundert es auch nicht, dass die Begegnung des Urheberrechts mit dem Technikschutz auch die erste Begegnung des Urheberrechts mit dem **Datenschutz** bedeutet. Datenschutz nimmt aber auch in anderer Hinsicht eine immer wichtigere Rolle ein und gerät zunehmend (Stichwort: Personal Data as Intellectual Property) in den „Sog" des Geistigen Eigentums. All diese Themen begegnen uns im Urheberrecht selten so gedrängt wie bei den §§ 95a ff.

Die rasante Entwicklung der kommerziellen Nutzung des Internets setzte   **3** bekanntlich Anfang/Mitte der 90er Jahre ein, nachdem zuvor bereits das Zeitalter der Digitalisierung eingeläutet wurde. Die World Intellectual Property Organisation (WIPO) erkannte dies als eine der ersten internationalen Organisationen. So wurden im Dezember 1996 in Genf von einer diplomatischen Konferenz zwei **WIPO-Verträge** beschlossen, die das Urheberrecht und bestimmte verwandte Rechte den neuen digitalen Bedingungen anpassen sollten (WIPO Copyright Treaty (WCT) vom 20.12.1996, deutsche Fassung veröffentlicht in Abl. EG 1998 Nr. C 165, S.9 und WIPO Performances and Phonograms Treaty (WPPT) vom 20.12.1996, deutsche Fassung veröffentlicht in Abl. EG 1998 Nr. C 165, S.13 – zu diesen Verträgen *Reinbothe/v. Lewinski*, passim und *Ficsor*, passim). Ein Kernanliegen dieser Verträge ist die **Ausdehnung der Schutzinstrumentarien** des Urheberrechts in die Technik hinein (vgl. zu dieser Idee bereits der Gedanke „The answer to the machine is in the machine", Clark, Charles: „The answer to the machine is in the machine" and other collected writings /Charles Clark. – Ed. by *Jon Bing* and *Thomas Dreier*. Oslo: Norwegian Research Center for Computers and Law, 2005 (CompLex; 2005,4); *Clark*, in: *Hugenholtz* (Hrsg.), The Future of Copyright in a Digital Environment, 1996, 139), wie es in Art. 11 und 12 WCT sowie Art. 18 und 19 WPPT deutlich wird. Denn Rechteinhaber klagten über eine mit herkömmlichen rechtlichen Instrumentarien kaum noch zu beherrschende technische Entwicklung, nämlich die Digitalisierung (zu deren Bedeutung in Bezug auf das Urheberrecht beispielhaft *Wirtz*, in: Bröcker/Czychowski/Schäfer § 8 Rn. 7 ff. m.w.N.). Damit führte man Schutz vor Technik durch Technik ein (zum Folgenden allg. Loewenheim/*Peukert* § 33, 1 ff.; Schricker/*Götting*[3] Rn. 2 ff.).

4 Nachdem bereits 1998 ein erster Referentenentwurf aus dem Bundesministerium der Justiz in neuen §§ 96a und 96b diese Vorschriften nahezu wörtlich zur Übernahme vorschlug (Diskussionsentwurf eines Fünften Gesetzes zur Änderung des Urheberrechtsgesetzes vom 07.07.1998, abgedruckt bei *Marcel Schulze*, S. 1524 ff.), überholte diesen Entwurf zunächst die Entwicklung auf EU-Ebene. Dort wurde über mehrere Jahre harter Debatten am 22.05.2001 die **Richtlinie zur Harmonisierung bestimmter Aspekte des Urheberrechts und der verwandten Schutzrechte in der Informationsgesellschaft** verabschiedet (Richtlinie 2001/29/EG des Europäischen Parlamentes und des Rates vom 22.5.2001 zur Harmonisierung bestimmter Aspekte des Urheberrechts und der verwandten Schutzrechte in der Informationsgesellschaft (im Weiteren nur noch: **Info-RL**), Abl. EG Nr. L 167/10 = GRUR Int. 2001, 745.). Der Bund wartete auf genau diese Richtlinie, um nicht mit dem ursprünglichen Referentenentwurf ein Gesetz vorzulegen, das bald wieder aufgrund von EU-Vorgaben hätte geändert werden müssen.

5 Die erwähnten WIPO-Verträge erfordern – ebenso wie die Info-RL – eine Anpassung des deutschen Rechts, soweit es um den Schutz technischer Maßnahmen und um den Schutz von Informationen über die Rechteverwaltung geht. Die neuen §§ 95a und 95b setzen Art. 6 Info-RL um, der den Schutz wirksamer technischer Maßnahmen regelt; § 95c setzt Art. 7 Info-RL um, der Pflichten in Bezug auf Informationen für die Rechtewahrnehmung bestimmt. Damit wird zugleich den laut Gesetzesbegründung weniger weit reichenden Vorgaben aus Art. 11 und 12 WCT sowie Art. 18 und 19 WPPT entsprochen.

II.   Die historische Entwicklung

1.   Die WIPO-Verträge 1996 und ihr technischer Schutzansatz

6 Nach der letzten Revision der Berner Übereinkunft im Jahr 1971 in Paris gab es eine Zeit relativer gesetzgeberischer Ruhe im internationalen Urheberrecht; es war die Zeit des sog. „**guided development**" (*Ricketson* S. 919). Hierunter verstand man die Begleitung nationaler Gesetzgebungsakte durch die WIPO mit praktischen Hilfen und Mustertexten statt neuer internationaler Verträge (*Ficsor* Rn. 1.03 ff.). Gegen Ende dieser Zeit in den **90er Jahren** entwickelte die WIPO auch erste Überlegungen für die **Einbeziehung technischer Schutzmaßnahmen** für urheberrechtlich geschützte Gegenstände. Diese finden sich zum ersten Mal in den „WIPO Model Provisions for Legislation in the Field of Copyright" und dem „WIPO Model Law on the Protection of Producers of Phonograms" (zu beidem *Ficsor* Rn. 1.15 ff.). Die in diesen Entwürfen enthaltenen Bestimmungen deuten den Schutz technischer Maßnahmen an (WIPO-Dokument CE/MPC/I/2-II). Von dort bis zu dem endgültigen Text der WIPO-Verträge war es noch ein weiter Weg (dazu *Ficsor* Rn. 6.02 ff. und *Reinbothe/v. Lewinski* Chapter 1 Rn. 9 ff.).

7 Die Bestimmungen in **Art. 11, 12 WCT** sowie **Art. 18 und 19 WPPT** sind erheblich schlanker als die §§ 95a–d. Allerdings geben sie auch nur den Rahmen vor, den der nationale Gesetzgeber auszufüllen hat. Sie setzen auch nur einen **Minimalstandard**, der ohne weiteres auf nationaler Ebene verschärft werden kann (*Reinbothe/v. Lewinski* Art. 11 Rn. 22). Sie sind Leitlinie, aber auch Auslegungshilfe für die nationalen Bestimmungen. Wir werden daher unten bei der Interpretation der einzelnen Tatbestandsmerkmale einen genaueren Blick auf die WIPO-Bestimmungen werfen. Die WIPO-Bestimmungen haben aber bereits den sowohl später im DMCA als auch in der Info-RL gewählten Weg vorgezeichnet, dass es sich bei der Einführung von technischen Schutzmaßnahmen nicht um ein neues Verwertungsrecht der Urheber handelt, sondern um eine Hilfe bei der Rechtsdurchsetzung. Daher muss man die Bestimmungen auch in der Nähe jener der Rechtsdurchsetzung verorten (*Reinbothe/v. Lewinski* Art. 11 Rn. 16).

Art. 11 WCT resp. Art. 18 WPPT sprechen lediglich den **Kernbereich** tech- **8** nischer Schutzmaßnahmen an, nämlich (1) **Ziel des Verbots,** (2) **den Interessensausgleich** und (3) eher indirekt das **Verhältnis von Verwertungsrechten zu Schrankenbestimmungen.** Die Bestimmungen enthalten sich bewusst der Frage, wie dieses Konzept umgesetzt werden soll/muss. Daher haben die **nationalen Gesetzgeber** auch einen **weiten Ermessensspielraum** (*Reinbothe/v. Lewinski* Art. 11 Rn. 16). Dennoch sind die Regeln aus dem WCT und WPPT natürlich bei der Auslegung der EU-Richtlinie und des nationalen deutschen Rechts nicht unberücksichtigt zu lassen. Offen scheint die Frage, inwieweit die Bestimmungen auch Schutz gegen vorbereitende Handlungen bieten (sollen) (*Reinbothe/v. Lewinski* Art. 11 Rn. 23).

Demgegenüber regeln Art. 12 WCT resp. Art. 19 WPPT Verpflichtungen in **9** Bezug auf Rechteverwaltungssysteme. Anders als Art. 11 WCT/Art. 18 WPPT enthält Art. 12 Abs. 2 WCT/Art. 19 Abs. 2 WPPT eine Legaldefinition der Rechteverwaltungssysteme und ist daher ein wenig konkreter in seinen Vorgaben an die nationalen Gesetzgeber. Nach Art. 12 WCT z.B. muss ein Rechteverwaltungssystem das Werk, den Urheber und jeden sonstigen Rechteinhaber oder die Bedingungen zur Nutzung des Werkes beinhalten sowie schließlich einen ggfs. verwendeten Code, wie die ISBN oder den Digital Object Identifier (DOI) (zu weiteren Codes *Reinbothe/v. Lewinski* Art. 12 Rn. 23). Man kann diese Bestimmungen daher gut auch als neues technisches Urhebervertragsrecht verstehen, und weniger bei der Rechtsdurchsetzung verorten als die Art. 11 WCT/Art. 18 WPPT (s. hierzu die Kommentierung bei § 95c).

2. Die Info-RL und ihre Art. 6 und 7

Die EU-Kommission hatte bereits 1995, also vor den eben beschriebenen **10** WIPO-Verträge, das **Grünbuch „Urheberrecht und verwandte Schutzrechte in der Informationsgesellschaft"** (KOM(95) 382 endg. vom 19. Juli 1995) erstellt. Es diente als Basis für eine – untertrieben – als „mehrjährige Konsultation aller beteiligten Kreise" bezeichnete Phase, korrekt wohl eher „intensive Lobbyarbeit auf europäischer Ebene" tituliert. Zwischenstand dieser Entwicklung war der 1997 von der EU-Kommission vorgelegte Vorschlag für eine Richtlinie des Europäischen Parlaments und des Rates zur Harmonisierung bestimmter Aspekte des Urheberrechts und der verwandten Schutzrechte in der Informationsgesellschaft (KOM(97) 628 endg. v. 10.12.1997) Die „intensive Diskussion" ging im sich daran anschließenden Rechtssetzungsverfahrens weiter und mündete in die am 22.05.2001 erlassene Richtlinie 2001/29/EG (Info-RL ABl. EG L 167 vom 22.06.2001 S. 10). Diese Richtlinie setzt u.a. die eben beschriebenen WIPO-Verpflichtungen auf Gemeinschaftsebene um (dazu umfassend *Casellati* 24 Columbia-VLA Journal of Law and the Arts (2001), 369).

Dabei geht sie hinsichtlich der Umsetzung des **Schutzes technischer Maßnah- 11 men (Art. 6)** in ihrem Detaillierungsgrad deutlich über die Formulierungen der WIPO-Verträge hinaus, und bezieht auch das Recht sui generis der Datenbankhersteller mit in den technischen Schutz ein. Darüber hinaus sind auch die

Umgehung von technischen Schutzmaßnahmen fördernde Handlungen von den Bestimmungen erfasst. Im Hinblick auf das Verhältnis zwischen technischen Schutzvorrichtungen und Schrankenregelungen gibt Art. 6 Abs. 4 Info-RL vor, welche der Schrankenregelungen durchsetzungsstark auszugestalten sind. Dabei gewährt das EU-Recht etwaigen freiwilligen Maßnahmen der Rechteinhaber aber Vorrang; hierunter dürften wohl in erster Linie vertragliche Absprachen mit Verbraucherschutzorganisationen zu verstehen sein. Hinsichtlich der digitalen Privatkopie (Art. 5 Abs. 2 lit. B) Info-RL) ist diese Norm aber fakultativ ausgestaltet.

12 Schließlich setzt Art. 7 Info-RL Art. 12 WCT/Art. 19 WPPT und seinen **Schutz von Rechteverwaltungsinformationen** um, lehnt sich dabei aber erheblich enger an den Wortlaut dieser internationalen Bestimmungen an, als dies die Richtlinie bei den technischen Schutzmaßnahmen macht. Auch hier ist das Recht sui generis der Datenbankhersteller mit vom Schutz umfasst.

13 Zugleich beschränkt sich die Richtlinie nicht nur auf die bloße Umsetzung der WIPO-Verträge, sondern harmonisiert etwa die Definition des Vervielfältigungsrechts sowie – über das neue Recht der öffentlichen Zugänglichmachung hinaus – die Definition des Rechts der öffentlichen Wiedergabe insgesamt.

3. Das Gesetz zur Regelung des Urheberrechts in der Informationsgesellschaft

14 Wie bereits oben (vgl. Rn. 4) erwähnt, hatte das Bundesjustizministerium 1998 – noch vor der EU-Richtlinie – einen ersten Umsetzungsvorschlag unterbreitet. Dieser war u.a. vorbereitet worden durch die Enquete-Kommission des Deutschen Bundestages „Zukunft der Medien in Wirtschaft und Gesellschaft – Deutschlands Weg in die Informationsgesellschaft". Deren Zwischenbericht zum Thema „Neue Medien und Urheberrecht" (BT-Drucks. 13/8110) enthielt Empfehlungen zur Anpassung des Urheberrechts. Weitere **Vorarbeiten** leistete das damals noch so benannte Max-Planck-Instituts für ausländisches und internationales Patent-, Urheber- und Wettbewerbsrecht in dem vom Bundesjustizministerium in Auftrag gegebene Gutachten „Urheberrecht auf dem Weg zur Informationsgesellschaft" (*Schricker* (Hrsg.) Baden-Baden 1997) wie die die offizielle Gesetzesbegründung zu Recht hervorhebt.

15 Der Gesetzentwurf hat dann insb. die Empfehlungen aufgegriffen, die sich mit den hier beschriebenen Regelungen aus den WIPO-Verträgen befassen. Im Übrigen versuchte der Gesetzentwurf aber, die bereits auf EU-Ebene als besonders streitig erkannten Fragen (z.B. das (angebliche) sog. Recht auf digitale Privatkopie) auszuklammern und einem sog. Korb II vorzubehalten (kritisch zum Entwurf mit einer detaillierten Stellungnahme *Lindner* KUR 2002, 56). Man hoffte, so den „**Korb I**", also die **dringendsten zur Umsetzung anstehenden Regelungen**, schneller durch den Gesetzgebungsprozess zu bekommen (RegE UrhG Infoges – BT-Drucks 15/38, S. 14 f.; zur weiteren Genese des Gesetzes einschließlich der Stellungnahmen der interessierten Kreise siehe die spezielle Internetseite des Instituts für Urheber- und Medienrecht unter http://www.urheberrecht.org/topic/Info-RiLi/, abgerufen am 10.08.2007).

16 Schlussendlich hält sich das Gesetz bei den hier in Rede stehenden Bestimmungen **eng an die Info-RL** (im Übrigen zum Gesetz *Czychowski* NJW 2003, 620 ff.; *Lauber/Schwipps* GRUR 2004, 293; *Pleister/Ruttig* MMR 2003, 763; *Schippan* ZUM 2003, 378 ff. und 678 ff.; *Wandtke* KUR 2003, 109; *Trayer*, Technische Schutzmaßnahmen und elektronische Rechtewahrnehmungssysteme, 2003; aus Sicht des Verbraucherschutzes: *v. Braunmühl* ZUM 2000, 804). Die §§ 95a und 95b setzen also Art. 6 Info-RL um, der den Schutz wirksamer technischer Maßnahmen regelt; § 95c setzt Art. 7 Info-RL um, der Pflichten in Bezug auf Informationen für die Rechtewahrnehmung bestimmt. Damit wird zugleich den weniger weit gehenden Vorgaben aus Artt. 11 und 12 WCT sowie Artt. 18 und 19 WPPT entsprochen. Die Regel des § 95d hingegen ist eine Erfindung des deutschen Gesetzgebers. Die Umsetzung in anderen Mitglieds-staaten der EU lief weitestgehend ohne eine vergleichbare Norm ab (über-blicksartig *v. Lewinski* IIC 2004, 844; *Retzer* CRi 2002, 134).

III. Rechtsvergleichende Übersicht, insb. der DMCA

Die Vereinigten Staaten setzten als erster Staat die Bestimmungen der WIPO- **17** Verträge über technische Schutzmaßnahmen und elektronische Rechteverwal-tung in ihr nationales Recht um. Dies geschah im sog. **Digital Millennium Copyright Act,** kurz DMCA (17 U.S.C. §§ 1201 ff. (2000) = Gesetzestext abrufbar unter http://thomas.loc.gov/cgi-bin/query/z?c105:H.R.2281.ENR, abgerufen am 10.08.2007). Dieser enthält in Sec. 1201–1205 die wie folgt gegliederten Regeln über "Anti-Circumvention":
    '1201. Circumvention of copyright protection systems.
    '1202. Integrity of copyright management information.
    '1203. Civil remedies.
    '1204. Criminal offenses and penalties.
    '1205. Savings Clause
und folgt damit den Vorgaben der WIPO, ohne sich zu sehr an deren all-gemeinem Text zu orientieren (im Einzelnen zum DMCA *Benchell* 21 JMARJCIL 1, 2 ff.). Wir werden bei den einzelnen Bestimmungen der §§ 95a ff. einen Blick über den Atlantik werfen. Die US-Amerikaner hinterfragen ihre eigenen Regeln mittlerweile selbstkritisch (Technological Protection Systems for Digitalized Copyrighted Works: A Report to Congress, abrufbar unter http://www.uspto.gov/web/offices/dcom/olia/teachreport.pdf; abgerufen am 10.08.2007])

Weitere Staaten und ihre Umsetzung der WIPO-Verträge seien hier nur mit **18** Nachweisen genannt: *Li*, Verwertungsrechte und Verwertungsschutz im Inter-net nach neuem Urheberrecht, S. 99 ff, rechtsvergleichend zu internationalen, europäischen, deutschen und US-Regeln der technischen Schutzmaßnahmen; *Viegener* UFITA 2006, 479 ff. sowie *Girsberger*, Schutz von technischen Maß-nahmen im Urheberrecht, 2007.

IV. Neues Schutzsystem: Technik statt Recht?

Wer kennt es nicht: Mit einem spitzen Gegenstand konnte man als Kind die **19** Plastiklaschen am oberen Ende einer Musikkassette herausbrechen und so sich davor bewahren, dass seine Lieblingsmusik, die man mühsam aus der Hit-paradensendung mitgeschnitten hatte, unbedacht überspielt wurde. Wer wollte angesichts solcher technischer Finnessen behaupten, Kopierschutzsys-teme seien eine neue Erfindung. Bei Computerprogrammen ist man ebenfalls seit Jahrzehnten an sie gewöhnt, sei es bei der technischen Absicherung der Verschlüsselung des Codes, sei es bei Zugangskontrollen wie Dongles u.ä.

1. Rechtfertigung, Sinn und Zweck

20 Doch die **Digitalisierung** ist eine neue **Herausforderung**, die rein **rechtliche Schutzmaßnahmen** an ihre **Grenzen** stoßen lässt, wie nicht zuletzt die Krise der Tonträgerindustrie beweist. Leider verzichtet die Gesetzesbegründung auf eine eigene Rechtfertigung dieser Bestimmungen und bezieht sich nur auf die Vorgaben aus der Richtlinie und den WIPO-Verträgen. Erstaunlicherweise begründen auf die ErwG 47–56 die entsprechenden Bestimmungen der Info-RL fast ausschließlich mit den Gefahren, die von technischen Maßnahmen für die Allgemeinheit ausgehen können. Die Vorbereitungen zu den WIPO-Verträgen sind aufschlussreicher: Die Vorbereitungsdokumente zu den Verträgen enthalten an einer Stelle Regeln zu „Obligations concerning equipment used for acts covered by protection". Diese rechtfertigen solche Regeln damit, dass die immer neuen Wellen technologischer Veränderung die angemessene Ausübung von Urheberrechten unterminieren. Es sei gerechtfertigt, immer dann, wenn genau diese Technologien Schutz bieten könnten, diese auch angewandt werden sollten (WIPO-Dokument CE/MPC/I/2-III, paras 320–1; so auch *Ficsor* Rn. 6.03). Der Text spricht sogar von „the application [...] should be made obligatory".

21 Gerade aus dieser Rechtfertigung ergeben sich aber auch die **Grenzen derartiger Schutzsysteme** (vgl. Rn. 29 ff.). Zudem stehen der Teil der neuen Schutzmaßnahmen der §§ 95a ff., der sich mit der Rechteverwaltung beschäftigt, also § 95c, in Wettbewerb zum herkömmlichen Rechteverwaltungssystem, insb. dem der Verwertungsgesellschaften. Hinter dem Stichwort **kollektive vs. individuelle Rechtewahrnehmung** verbirgt sich nicht mehr und nicht weniger als der Überlebenskampf der Verwertungsgesellschaften (zu der Einschätzung der EU Kommission hierzu Mitteilung der Kommission über die Wahrnehmung von Urheberrechten und verwandten Schutzrechten im Binnenmarkt vom 16.04.2004 KOM (2004) 261 endg., S. 11 ff.).

2. Funktionsweise und Struktur

22 Die **Funktionsweise** erläutern wir im Detail an den Stellen, an denen die Schutzmaßnahmen kommentiert werden (vgl. § 95a Rn. 11 ff. oder vgl. § 95c Rn. 7 ff.).

23 Die **Struktur** der ergänzenden Schutzbestimmungen ist einfach. Es gibt technische Maßnahmen, die Werke oder andere nach dem Gesetz geschützte Gegenstände schützen (§§ 95a und b) und es gibt den Schutz der zur Rechtewahrnehmung erforderlichen Informationen (§ 95c), gewissermaßen das **technische Urhebervertragsrecht** (vgl. § 95c Rn. 11). Während erstere unterteilt werden können in Systeme, die eine Zugangskontrolle leisten und solche die eine Nutzungskontrolle durchführen, gibt es bei letzteren keine solche Gruppierung (zum Hintergrund: WIPO, Current Developments in the Field of Digital Rights Management, 2003 prepared by Jeffrey P. *Cunard*, Keith *Hill*, and Mr. Chris *Barlas*, 1. August 2003; abrufbar unter http://www.wipo.int/documents/en/meetings/2003/sccr/pdf/sccr_10_2.pdf, abgerufen am 10.08.2007; EU Comission Staff Working Paper: Digital Rights: Background, Systems, Assessment, 14–02–2002 SEC (2002) 197, abrufbar unter http://ec.europa.eu/information_society/newsroom/documents/drm_workingdoc.pdf, abgerufen am 10.08.2007).

3. Rechtsnatur und Rechtsfolgen

Die **Gesetzesbegründung schweigt** zur Rechtsnatur der §§ 95a ff. Denkbar **24** wäre es, die Bestimmungen als neues verwandtes Schutzrecht oder sonstiges Recht i.S.d. §§ 97 ff. einzuordnen oder sie schlicht für das zu nehmen, als was sie bezeichnet sind, als Ergänzende Schutzbestimmungen (jedenfalls kein neues Leistungsschutzrecht: Schricker/*Götting*[3] Rn. 11; Loewenheim/*Peukert* § 33 Rn. 11; auf § 97 zurückgreifen: *Arlt* MMR 2005, 148, 149 f.; ein das Urheberrecht flankierendes Recht bzw. Rechtsschutz: Schricker/*Götting*[3] Rn. 11; Wandtke/Bullinger/*Wandtke*/*Ohst*[2] Rn. 4; so nun auch LG München I Urt. v. 14.11.2007, 21 O 6742/07, UA S. 14 – *Heise-Online* (Hauptsacheverfahren)), ein Pseudo-Urheberrecht (*Schack*[4] Rn. 732k). Tatsächlich wird man nach den einzelnen Regeln zu differenzieren haben:

§ 95d ist zunächst als **bloße Informationspflichtenregelung** von der hiesigen **25** Betrachtung auszunehmen. Die gehört zwar systematisch zu den neuen Regeln, ist jedoch weder in den WIPO-Verträgen vorgegeben, noch in der Info-RL enthalten. § 95a hingegen stellt zunächst klar, dass Rechteinhaber berechtigt sind, ihre Werke oder andere Schutzgegenstände mit technische Maßnahmen zu schützen. Er stellt sodann ein abstraktes Verbot für bestimmte Umgehungsmaßnahmen auf. Geknüpft hieran sind sodann **straf- und ordnungswidrigkeitenrechtliche Rechtsfolgen** (§ 108b und § 111a). **Zivilrechtliche** Rechtsfolgen sind nicht ausdrücklich geregelt. § 95b hingegen begrenzt § 95a und gewährt für bestimmte Schrankenbegünstigte einen **Individualanspruch.** § 95c schließlich ist wie § 95a als **abstrakte Erlaubnis** für den Schutz der zur Rechtewahrnehmung erforderlichen Informationen anzusehen verbunden mit entsprechenden Verboten der Umgehung bzw. Manipulation. Auch hier gilt das zu § 95a gesagte zu den Rechtsfolgen.

Wenn man nun § 95a und § 95c als zentrale und neue Normen hinsichtlich **26** ihrer Rechtsnatur analysiert, steht zunächst der klare **Wortlaut gegen eine Einordnung als Recht** i.S.d. §§ 97 ff., denn die Regeln sprechen nur bestimmte Verbote, gewähren aber – anders als die Verwertungsrechte oder verwandte Schutzrechte – kein „Recht". Systematisch hat sie der Gesetzgeber im Vierten Teil des Gesetzes verortet, der sich fast ausschließlich mit den Rechtsfolgen beschäftigt. Er hat die Regeln dabei dem alten § 96 zur Seite gestellt, und nur den Ersten Abschnitt umbenannt. Er ist jedoch nicht soweit gegangen, die Vorschriften den Abschnitt „Rechtsverletzungen", also zu den Ansprüchen aufzunehmen. Das ist auch folgerichtig, denn die Bestimmungen sind mehr und enthalten auch unterschiedliche Inhalte. Allerdings wird der alte § 96 UrhG als Recht i.S.d. §§ 97 ff. angesehen (Schricker/*Wild*[3] § 96 Rn. 3). Dennoch dürfte eine ebensolche Einordnung auch der §§ 95a und c zweifelhaft sein, denn dem Gesetzgeber wäre es ein Leichtes gewesen, z.B. durch eine Verweisung in § 97 sie auch in den Kreis der dort genannten Rechte aufzunehmen.

Ebenso **unklar** geregelt sind die **zivilrechtlichen Rechtsfolgen.** Greifen §§ 97 ff. **27** oder sind andere Wege zu beschreiten (vgl. § 95a Rn. 50)? Die zivilrechtlichen Ansprüche ergeben sich aus den Regelungen als Schutzgesetz i.S.d. § 823 Abs. 2 BGB (i.d.S. Schricker/*Götting*[3] § 95a Rn. 40; *Schack*[4] Rn. 732m) und der analogen Anwendung z.B. des § 1004 BGB (so auch OLG München ZUM 2005, 896, 900 – *Heise Online* und so nun auch LG München I Urt. V. 14.11.2007, 21 O 6742/07, UA S. 15 – *Heise-Online* (Hauptsacheverfahren)). Auch sind die speziellen urheberrechtlichen Ansprüche z.B. auf Drittauskunft

(§ 101a) oder Vernichtung (§ 98) anwendbar, da man die Regelungen ihrer besonderen Wirksamkeit, zu deren Durchsetzung sie gerade geschaffen wurden, berauben würde.

28 Ob die zivilrechtliche Verfolgung von Verstößen wirklich eher über Verbandsklagen erfolgt (Schricker/*Götting*[3] Rn. 16), erscheint uns nicht zuletzt angesichts der bereits vorliegenden individuell durchgefochtenen Entscheidungen zweifelhaft. Aus Sicht der Verletzten jedenfalls gibt es zwar die eben beschriebenen Unsicherheiten der Grundlagen ihrer zivilrechtlichen Ansprüche; ein Hindernis der zivilrechtlichen Rechtsverfolgung stellen die §§ 95a ff. aber keinesfalls dar.

V. Gegenargumente und Grenzen der Zulässigkeit

29 Bereits im Vorfeld der Verabschiedung der Info-RL, auch und gerade aber auf nationaler Ebene vor der Verabschiedung des Gesetzes zum Urheberrecht in der Informationsgesellschaft haben sich viele kritische Stimmen zu Wort gemeldet, die erhebliche Bedenken gegen die Einführung der technischen Schutzmaßnahmen als Fremdkörper um Urheberrecht ins Feld führten (für mehr freiwillige Vereinbarungen der beteiligten Parteien und einen stärkeren Interessensausgleich: *Enders* ZUM 2004, 593). Viele davon beriefen sich auf eine angebliche **Einschränkung der Informationsfreiheit**. Wenige lassen auch die Vorteile eines solchen Schutzregimes zu Wort kommen, die sich in stärkerer Produktdiversifizierung und Preisdifferenzierung zeigen (Dreier/Schulze/*Dreier*[2] Rn. 2). Sortiert man diese Stimmen ergeben sich wohl **vier Argumente** bzw. **Richtungen dieser Bedenken:**

1. Code is Law

30 *Lessig* führte in seinem Buch „Code and other Laws of Cyberspace" den Gedanken ein, dass der Code, verstanden als Quellcode, einst Gesetze ersetzen könnte. Es sei zu befürchten, dass das Internet der am engsten regulierte Raum der Welt würde und diese Regulierung – anders als in dem Jahrhunderten zuvor – nicht mehr vom Staat alleine ausgehen, sondern zu großen Teilen von den Inhabern des Code, möglicherweise unter direkter oder indirekter Einflussnahme des Staates, möglicherweise aber auch selbständig. Auf DRMs übertragen würde dies bedeuten, **private Anbieter bestimmen, wer wann was nutzen darf**, auch wenn es eigentlich gesetzliche Schranken des Urheberrechts gibt, die diese Anbieter aber nicht interessieren. Dem ist durch § 95b ein Riegel vorgeschoben. Allerdings trifft Lessigs Argument auf zwei wenig beachtete andere Konstellationen möglicherweise zu: Wie geht man mit Datenträger um, die (technisch geschützt) gemeinfreie Werke und geschützte Werke kombinieren? Für sie könnten die §§ 95a ff. gelten, obwohl damit auch gemeinfreie Werke – was die Gesetzesbegründung ausdrücklich ausschloss (vgl. § 95a Rn. 33) – den §§ 95a ff. unterstellt werden (hierzu *Boddien* passim). Zum anderen: Wenn die §§ 95a ff. für gemeinfreie Werke oder z.B. Logos, auf die ein Geschmacksmusterrecht gilt, nicht gelten, ist es Personen, die diese Gegenstände veröffentlichen, natürlich auch möglich, diese Gegenstände mit technischen Schutzmaßnahmen zu versehen, die noch nicht einmal eine § 95b-Schranke kennen, mit anderen Worten unumgehbar sind. Denkbar wäre es, dass auf diesem Weg „Code as Law" entsteht, allerdings dürften auch hier die Grenzen der § 826 BGB bzw. §§ 3, 4 UWG zu beachten sein (zu vergleichbaren Sachverhalten der Programmsperren und deren Grenzen vgl. § 69d Rn. 32).

2. Informationsfreiheit

Wir haben die Zusammenhänge zwischen urheberrechtlichen Rechten und der **31** Informationsfreiheit bereits an anderer Stelle ausführlich diskutiert (vgl. Vor §§ 87a ff. Rn. 36 ff). Diese als Zugangsdiskussion pointierbare Auseinandersetzung findet aber auch und gerade im Bereich der §§ 95a ff. statt (*Sandberger* ZUM 2006, 818 kritisch zur Gesetzeslage und plädierend für die **Open Access Bewegung**; kritisch zur allzu schnellen Berufung auf die Informationsfreiheit auch zu Recht *Pichlmaier* CR 2003, 910, 913; ähnlich kritisch *Geiger* GRUR Int. 2004, 815, der für eine Rückkehr zum Interessenausgleich im Urheberrecht plädiert und eine Zurücknahme einiger aus seiner Sicht überzogener Schutzansprüche „der Rechteinhaber" anmahnt. In anderen Staaten wird diese Diskussion ebenfalls geführt: Z.B. *Ottolia* IIC 2004, 491 mit ihrem Blick auf die Schwierigkeiten mit dem in den USA existierenden „fair-use"-Systems).

3. Datenschutz

Nach § 1 Abs. 1 TMG gehören zu den Telemediendiensten u.a. auch Angebote **32** zur Information oder Kommunikation, soweit nicht die redaktionelle Gestaltung zur Meinungsbildung für die Allgemeinheit im Vordergrund steht (Datendienste, zum Beispiel Verkehrs-, Wetter-, Umwelt- und Börsendaten, Verbreitung von Informationen über Waren und Dienstleistungsangebote), sowie Angebote von Waren und Dienstleistungen in elektronisch abrufbaren Datenbanken mit interaktivem Zugriff und unmittelbarer Bestellmöglichkeit. Damit unterfallen wesentliche Angebote sog. Digitalen Contents, wie Musikabrufdienste oder Video-on-demand-Dienste, dem Telemedienrecht. Für dieses gilt das spezielle Datenschutzrecht aus dem **TMG**. Selbstverständlich setzen also die einzelnen Bestimmungen des TMG den Angeboten, die für ihren Schutz sich auf §§ 95a ff. berufen, Grenzen. Anbieter von elektronischen Lizenzierungssystemen müssen sich also an die Vorgaben des TMG und der sonstigen Datenschutzbestimmungen halten. Andererseits stellen die §§ 95a ff. aber auch nicht etwa den Datenschutz generell in Frage oder sollten als Hindernis für den Datenschutz bezeichnet werden, denn man würde auch nicht auf die Idee kommen, Einlasskontrollen bei Popkonzerten – im Zeitalter von Terrorgefahren auch nicht eben niedrigschwellig – als Verstoß gegen Datenschutzrecht zu bezeichnen.

4. Verfassungsrecht

Insb. Hersteller von Software oder sonstigen technischen Mitteln zur Umge- **33** hung von Schutzmaßnahmen wandten sich recht früh mit verfassungsrechtlichen Bedenken gegen die neuen Regelungen. Eine Auslegung, die jedes Durchbrechen von Kopierschutzmechanismen, also auch solches, das lediglich privaten Nutzern zur privaten Nutzung verhelfen soll, als Verstoß gegen § 95a auffasse, verstieße gegen Art. 12 Abs. 1 Satz 1 GG und Art. 14 Abs. 1 Satz 1 GG der entsprechenden Hersteller (*Holznagel/Brüggemann* MMR 2003, 767). Damit argumentiert diese Meinung für ein ungeschriebenes Recht zur Durchsetzung der Privatkopie-Schranke des § 53 Abs. 1 UrhG. Verfassungsrechtliche Bedenken gegen die Normen (dazu *Diemar* GRUR 2002, 587, 591; *Schweikart* UFITA 2005, 7, 16; *Ulbricht* CR 2004, 674, 679; *Holznagel/Brüggemann*

MMR 2003, 767) hat das BVerfG apodiktisch verworfen (BVerfG MMR 2005, 751; i.d.S. bereits ausführlich zuvor zu Recht *Arlt* CR 2005, 646). Bereits das OLG München hatte sie zu Recht nicht erkennen können (OLG München GRUR-RR 2005, 372, 372 oder auch OLG München ZUM 2005, 896 – *AnyDVD*; die Verfassungsbeschwerde gegen die letztinstanzliche Entscheidung des OLG München im vorläufigen Rechtsschutz hat das BVerfG als unzulässig angesehen, da zunächst das Hauptsacheverfahren durchgeführt werden müsse: BVerfG GRUR 2007, 1064, 1065 Tz. 12 ff. – *Kopierschutzumgehung*).

VI. Verhältnis zu anderen Regelungen

34 Zunächst sei erwähnt, dass es für **Computerprogramme** eine Sonderregel für technische Schutzmaßnahmen gibt (§ 69f Abs. 2) und § 69a Abs. 5 bestimmt, dass die §§ 95a–d auf Computerprogramme keine Anwendung finden (zu den Abgrenzungsschwierigkeiten und den tatsächlichen Überschneidungen aber vgl. § 69a Rn. 44 ff.).

1. Strafrecht

35 Auch weiterhin bleiben die allgemeinen Regelungen des Strafrechts anwendbar, die neben einen Verstoß gegen §§ 95a ff. treten können. Dies sind – neben allgemeinen Vorschriften wie § 303a StGB – seit dem **41. Strafrechtsänderungsgesetz** 2007 insb. der neu gefasste § 202a StGB (Überwindung einer Zugangssicherung) und die neuen § 202b StGB (Abfangen von Daten) sowie § 202c StGB (Vorbereiten des Ausspähens und Abfangens von Daten). Unklar bleibt uns dabei das Verhältnis dieser offensichtlich in Teilen mit §§ 95a ff. und 108b UrhG parallel laufenden Vorschriften (vgl. § 108b; das Verhältnis zum Strafrecht äußerst kritisch betrachten *Abdallah/Gercke/Reinert* ZUM 2004, 31).

2. UWG, BGB

36 Denkbar sind auch Ansprüche aus dem UWG (dazu ausführlich vgl. Vor §§ 87a ff. sowie vgl. Vor §§ 69a ff.), die neben §§ 95a ff. anwendbar bleiben, ebenso wie Ansprüche aus §§ 823, 1004 BGB (Wandtke/Bullinger/*Wandtke/Ohst*[2] § 95a Rn. 6). Wir besprechen dies bei den jeweiligen Kommentierungen. Allerdings bringt der Vertrieb von Produkten mit technischen Schutzmaßnahmen auch allgemein zivilrechtliche Fragen, wie die der Sach- und Rechtsmängelhaftung, mit sich (*Diesbach* K&R 2004, 8, 13 f.; *Goldmann* ZUM 2002, 362).

3. ZKDSG

37 Schließlich ist das neue Zugangskontrolldiensteschutzgesetz (**ZKDSG**) zu nennen. Dieses schützt in Umsetzung der Conditional-Access-Richtlinie der EU (98/84/EG) kostenpflichtige Rundfunk- Tele- und Mediendienste vor unberechtigte Nutzung (dazu *Bär/Hoffmann* MMR 2002, 654; *Linnenborn* K&R 2002, 571 ff.; zur Abgrenzung der beiden Schutzinstrumente und zur Umsetzung der eben genannten Richtlinie vgl. auch Bericht der Kommission über den rechtlichen Schutz elektronischer Bezahldienste vom 24.04.2003 KOM (2003) 198 endg., S. 24 ff.). Anders als die §§ 95a ff. schützen diese Regelungen allerdings den **Dienst als solches**, ohne dass es auf urheberrechtlich geschützte

Werke oder andere Schutzgegenstände ankäme. Gleichwohl kann die Praxis zu diesem parallelen Gesetz sicherlich auch für die Auslegung der §§ 95a ff. von Bedeutung werden. Zudem ist für den Praktiker immer daran zu denken, ob bei einem Verstoß möglicherweise aus beiden Gesetzen vorgegangen werden kann, denn sie **schließen sich nicht gegenseitig aus** (Wandtke/Bullinger/*Wandtke*/*Ohst*[2] § 95a Rn. 7; HK-UrhR/*Dreyer* vor 95a ff. Rn. 14; *Bechtold* S. 219 ff.; Schricker/ *Götting*[3] Rn. 24; Loewenheim/*Peukert* § 34 Rn. 27; a.A. *Arlt* GRUR 2004, 548, 552, der §§ 95a ff. als lex specialis ansieht). Dies folgt aus Art. 9 Info-RL, der ausdrücklich die Regelungen u.a. zur Zugangskontrolle unberührt lässt.

§ 95a   Schutz technischer Maßnahmen

(1) Wirksame technische Maßnahmen zum Schutz eines nach diesem Gesetz geschützten Werkes oder eines anderen nach diesem Gesetz geschützten Schutzgegenstandes dürfen ohne Zustimmung des Rechtsinhabers nicht umgangen werden, soweit dem Handelnden bekannt ist oder den Umständen nach bekannt sein muss, dass die Umgehung erfolgt, um den Zugang zu einem solchen Werk oder Schutzgegenstand oder deren Nutzung zu ermöglichen.

(2) [1]Technische Maßnahmen im Sinne dieses Gesetzes sind Technologien, Vorrichtungen und Bestandteile, die im normalen Betrieb dazu bestimmt sind, geschützte Werke oder andere nach diesem Gesetz geschützte Schutzgegenstände betreffende Handlungen, die vom Rechtsinhaber nicht genehmigt sind, zu verhindern oder einzuschränken. [2]Technische Maßnahmen sind wirksam, soweit durch sie die Nutzung eines geschützten Werkes oder eines anderen nach diesem Gesetz geschützten Schutzgegenstandes von dem Rechtsinhaber durch eine Zugangskontrolle, einen Schutzmechanismus wie Verschlüsselung, Verzerrung oder sonstige Umwandlung oder einen Mechanismus zur Kontrolle der Vervielfältigung, die die Erreichung des Schutzziels sicherstellen, unter Kontrolle gehalten wird.

(3) Verboten sind die Herstellung, die Einfuhr, die Verbreitung, der Verkauf, die Vermietung, die Werbung im Hinblick auf Verkauf oder Vermietung und der gewerblichen Zwecken dienende Besitz von Vorrichtungen, Erzeugnissen oder Bestandteilen sowie die Erbringung von Dienstleistungen, die

1. Gegenstand einer Verkaufsförderung, Werbung oder Vermarktung mit dem Ziel der Umgehung wirksamer technischer Maßnahmen sind oder

2. abgesehen von der Umgehung wirksamer technischer Maßnahmen nur einen begrenzten wirtschaftlichen Zweck oder Nutzen haben oder

3. hauptsächlich entworfen, hergestellt, angepasst oder erbracht werden, um die Umgehung wirksamer technischer Maßnahmen zu ermöglichen oder zu erleichtern.

(4) Von den Verboten der Absätze 1 und 3 unberührt bleiben Aufgaben und Befugnisse öffentlicher Stellen zum Zwecke des Schutzes der öffentlichen Sicherheit oder der Strafrechtspflege.

Übersicht

I. Allgemeines

1. Sinn und Zweck

1 Die Bestimmung ist Kern der neuen ergänzenden Schutzbestimmungen im Vierten Teil des Gesetzes. Sie enthält ein **Verbot bestimmter Umgehungshandlungen** und flankiert damit den rechtlichen Schutz des Urheberrechts durch eigenständige Maßnahmen der Rechtinhaber in technischer Hinsicht sowie deren Grenzen. Schon die Info-RL stellt aber klar, dass es keine Verpflichtung zur Verwendung derartiger technischer Maßnahmen gibt (ErwG 48 Info-RL). Im Grunde genommen enthält § 95a eine Regelung, nach der es dem Wohnungseigentümer (hier: Rechtinhaber) erlaubt ist, seine vermietete Wohnung (hier: mit Nutzungsrechten belastetes geschütztes Werk o.Ä.) mit einem Schloss zu versehen, damit kein anderer als der Mieter (hier: berechtigter Nutzer) hinein kann, und zugleich ein Verbot für Dritte, dieses Schloss zu knacken. Damit erhält der Wohnungseigentümer neben den Ansprüchen gegen den Dritten wegen Hausfriedensbruchs auch solche wegen Aufbrechen des Schlosses, um im Bild zu bleiben. Derartige technische Schutzmaßnahmen sind in der dem Urheberrecht vorauseilenden Technik schon länger bekannt. Sie sind dem Recht oftmals zum ersten Mal bei der Frage des Patentschutzes dieser Systeme begegnet. Die entsprechenden Patente können dabei eine aufschlussreiche Quelle für die Wirksamkeit solcher Maßnahmen sein, ohne dass Patentschutz natürlich Voraussetzung für eine Anwendung der urheberrechtlichen Regeln wäre. Die Vorschrift stellt eine der typischen Beispiele hypertropher neuer Gesetzesbestimmungen dar. Sie ist für Laien kaum noch lesbar. Ob es daher sinnvoll war – wie die Begründung formuliert – bei der „Formulierung der einzelnen Absätze bewusst darauf (zu) verzichten, die Regelung – wie vereinzelt vorgeschlagen – ‚sprachlich zu verdichten' oder zusätzliche Elemente aufzunehmen", bezweifeln wir. Die „möglichst präzise Übernahme der Richtlinie" erscheint uns keineswegs „optimaler Ausgangspunkt für eine in diesem Bereich besonders wichtige einheitliche Anwendung und Auslegung in allen Mitgliedstaaten" (RegE UrhG Infoges – BT-Drucks. 15/38, S. 26).

2. Entwicklungsgeschichte und vergleichbare Regelungen

Zur Historie vgl. vor §§ 95a ff. Rn. 4 ff. Die Vorschrift ist mit dem Gesetz zur **2** Regelung des Urheberrechts in der Informationsgesellschaft in das Gesetz aufgenommen worden; sie dient der Umsetzung der entsprechenden Verpflichtungen aus den **WIPO-Verträgen von 1996** und **Art. 6 Info-RL.**

Es existieren vergleichbare Vorschriften in **§ 87 TKG** und dem **ZKDSG** (zu **3** letzterem und dem Verhältnis zu §§ 95a ff. vgl. Vor §§ 95a ff. Rn. 34 ff.). Auch der wenig beachtete **§ 69f Abs. 2** sei hier genannt.

3. Internationales

Die Vorschrift dient der Umsetzung von **Art. 11 WCT:**   **4**

„Contracting Parties shall provide adequate legal protection and effective legal remedies against the circumvention of effective technological measures that are used by authors in connection with the exercise of their rights under this Treaty or the Berne Convention and that restrict acts, in respect of their works, which are not authorized by the authors concerned or permitted by law."

Es lohnt sich ein **Rechtsvergleich** mit den USA, die im **DMCA** eine vergleich- **5** bare und ebenfalls auf den Bestimmungen der WIPO-Verträge beruhende Regelung aufgenommen haben. Die wesentliche Bestimmung in sec. 1201 (a) des DMCA liest sich dabei wie folgt:

No person shall circumvent a technological protection measure that effectively controls access to a work protected under this title.

(2) No person shall manufacture, import, offer to the public, provide or otherwise traffic in any technology, product, service, device, component, or part thereof that (A) is primarily designed or produced for the purpose of circumventing a technological protection measure that effectively controls access to a work protected under this title;
(B) has only limited commercially significant purpose or use other than to circumvent a technological protection measure that effectively controls access to a work protected under this title; or
(C) is marketed by that person or another acting in concert with that person with that person's knowledge for use in circumventing a technological protection measure that effectively controls access to a work protected under this title.

Damit knüpft der DMCA ebenso wie das deutsche Recht an die Wirksamkeit **6** einer technologischen Maßnahme an, enthält aber – anders als das deutsche Recht – **kein subjektives Moment** wie das deutsche Gesetz es im letzten Halbsatz des ersten Satzes eingeführt hat (zum Rechtsstand in den USA u.a. *Gottschalk* MMR 2003, 148; *Hammond/Brunelli et al.* 8 Texas Wesleyan Law Review (2002) 593; *Marks/Turnbull* Journal of the Copyright Society of the USA 1998/99, 563).

II. Tatbestand

1.   Anwendungsbereich in zeitlicher, persönlicher und sachlicher Hinsicht

7   § 95a kennt **keine Grenzen** hinsichtlich seiner **zeitlichen Anwendbarkeit**, ist aber erst auf Sachverhalte anwendbar, die ab dem **13.09.2003** (Art. 6 Abs. 1 UrhG Infoges) begonnen haben. International privatrechtlich gilt auch für § 95a das Schutzlandprinzip (implizit so OLG München MMR 2005, 768, 770 – *Heise Online;* zum Schutzlandprinzip vgl. Vor §§ 120 ff. Rn. 59 ff.). Die Anwendbarkeit in sachlicher Hinsicht betrifft **geschützte Werke** oder **andere nach diesem Gesetz geschützte Schutzgegenstände** und wird unten bei den Tatbestandsvoraussetzungen behandelt (vgl. Rn. 32 ff.). Zu den Fragen des Anwendungsbereich der Kennzeichnungspflicht aus § 95d vgl. § 95d Rn. 15. Ein besonderes Problem stellt die Abgrenzung der Anwendbarkeit zu § 69f und der Anwendung von technischen Schutzmaßnahmen bei Computerprogrammen dar. Man denke nur an Videospiele, die zur Steuerung Computerprogramme einsetzen, allgemein aber als audiovisuelle Werke angesehen werden (vgl. § 2 Rn. 193). Die Mehrzahl dieser Spiele hat umfangreiche Musik- und Film-Dateien mit auf dem Datenträger, für die §§ 95a ff. Anwendung finden würden. Es ist dabei zu unterscheiden zwischen dem jeweiligen Schutzgegenstand er technischen Maßnahme, also ob die Schutzmaßnahme sich auf den Schutz des als Film- oder Musikwerk geschützen Spielinhaltes oder auf das den Ablauf steuernde Computerspiel bezogen ist. Auf den Spielinhalt finden §§ 95a ff. Anwendung, auf das **Computerspiel** die §§ 69a ff. (detailliert zu dieser Frage vgl. § 69a Rn. 10 f., weiterhin vgl. § 69a Rn. 44).

8   Zum **persönlichen Anwendungsbereich** schweigt das Gesetz. Es formuliert passiv („Verboten ist […]"), was eigentlich für Vertragsjuristen einer der schwersten Fehler ist, den man begehen kann, denn dann weiß keiner, *wer* etwas verlangen kann. Man wird § 95a aber wohl dahingehend auszulegen haben, dass es für alle die Rechteinhaber anwendbar ist, die sich einer technischen Schutzmaßnahme bedienen (OLG München MMR 2005, 768, 769 – *Heise Online;* Wandtke/Bullinger/*Wandtke*/*Ohst*² Rn. 92; *Arlt* MMR 2005, 148, 159; a.A. für die Hersteller der Schutzmaßnahmen *Pleister/Ruttig* MMR 2003, 763, 766; unklar und generell gegen alle zivilrechtlichen Ansprüche *Spiecker* GRUR 2004, 475, 481; Details zu Fragen der Aktivlegitimation vgl. Rn. 54). Das zeigt sich auch daran, dass der Rechtsinhaber derjenige ist, dessen Zustimmung vorliegen muss („[…] ohne Zustimmung des Rechtsinhabers […]"). Nicht ausreichend ist, dass ein Dritter die technische Schutzmassnahme einsetzt, denn § 95a unterstützt die sonstigen urheberrechtlichen Ansprüche der Rechteinhaber, will aber nicht ein neues Schutzregime losgelöst vom Urheberrecht etablieren; letzteres ist eher im ZKDSG verankert, das den Dienst an sich schützt und nicht die Inhalte.

9   **Sachlich** ist der **Anwendungsbereich** des § 95a durch seine Legaldefinitionen bestimmt. § 95b Abs. 4 stellt jedoch bestimmte technische Vorrichtungen per Gesetz unter den Schutz des § 95a. Dies betrifft all diejenigen technischen Maßnahmen, die zur Erfüllung der Verpflichtungen nach § 95b Abs. 1, also zur Durchsetzung von Schrankenbestimmungen, und zur Umsetzung freiwilliger Vereinbarungen, angewandt werden. Auch diese Maßnahmen müssen technische Maßnahmen i.S.d. § 95a Abs. 2 Satz 1 sein, so zumindest der klare Wortlaut des Gesetzes. Sie müssen aber wohl nicht die strengeren Maßstäbe der Wirksamkeit nach § 95a Abs. 2 Satz 2 erfüllen. Ob die in Bezug genommenen freiwilligen Maßnahmen nur solche nach § 95b Abs. 2 Satz 2 sind, ist dem Gesetz nicht zu entnehmen, aber zu vermuten. Dies Gesetzesbegründung sagt hierzu nichts, sondern spricht nur davon, dass Absatz 4 in Umsetzung von Artikel 6 Abs. 4 Unterabsatz 3 der Richtlinie ausdrücklich den Rechtsschutz nach § 95a auch für freiwillig oder aufgrund einer Inanspruchnahme angewandte technische Maßnahmen gewährt (RegE UrhG Infoges – BT-Drucks. 15/38, S. 27).

2. Legaldefinitionen

Abs. 2 enthält zwei Legaldefinitionen zweier zentraler Begriffe, die für die **10** weitere Auslegung der Bestimmung maßgeblich ist, weshalb sie hier vorgezogen kommentiert werden.

a) Technische Maßnahmen: Definition (Abs. 2): aa) Technologien, Vorrich- **11** **tungen und Bestandteile:** Die Gesetzesbegründung betont, dass technische Schutzmaßnahmen **unabhängig von der verwendeten Technologie** vor Umgehung geschützt werden; so gelte § 95a also auch für softwareimplementierte Schutzmaßnahmen (RegE UrhG Infoges – BT-Drucks. 15/38, S. 26). Im Übrigen gibt sie aber keine Anhaltspunkte für die Begriffe Technologien, Vorrichtungen und Bestandteile. Der Gesetzgeber schien bemüht, einen möglichst weitgreifenden Begriff zu finden, der sowohl produktbezogen (Vorrichtungen), als auch verfahrensbezogen (Technologien) ist und zudem auch Teile dieser beiden (Bestandteile) umfasst. Unter diesen Begriffen ist also jedweder Gegenstand oder jedwedes Verfahren zu verstehen. Wir verwenden der Einfachheit halber für diese Trias im Folgenden den Begriff Technologien.

bb) Im normalen Betrieb dazu bestimmt: Diese Technologien fallen nur dann **12** unter den Anwendungsbereich der §§ 95a f., wenn sie im normalen Betrieb dazu bestimmt sind, geschützte Werke oder andere nach diesem Gesetz geschützte Schutzgegenstände (zum Begriff vgl. Rn. 23) betreffende Handlungen, die vom Rechtsinhaber nicht genehmigt sind, zu verhindern oder einzuschränken. Mit diesem Merkmal wollte der Gesetzgeber ganz offensichtlich solche **Technologien** vom Anwendungsbereich ausnehmen, die **durch Manipulation** oder **beiläufig auch zum Schutz** urheberrechtlich geschützter Werke **eingesetzt werden.** Erfasst werden also nur solche Technologien, die gerade zum technischen Schutz betrieben werden, deren wesentlicher Zweck also dieser Schutz ist. Damit unterscheidet sich § 95a von § 69d; die dortige Technologien müssen „allein dazu bestimmt" sein, z.B. eine Umgehung zu erleichtern (zum dortigen Begriff vgl. § 69f Rn. 11). Dabei ist der Begriff „normaler Betrieb" im Hinblick auf die Selbstbestimmung der Rechteinhaber, welche Technologie sie zum Schutz einsetzen, wohl eher weit auszulegen. Der Begriff stammt aus der Info-RL, allerdings ohne dass er dort oder in den Erwägungsgründen näher erläutert würde. *Walter/v. Lewinski* sprechen davon, dass das „normale Funktionieren" erfasst werde, also „ohne besondere zusätzliche technische Vorkehrungen oder Manipulationen" dieser Schutz erreicht werde (*Walter/v. Lewinski* Info-RL Rn. 155).

Der Begriff dürfte im Hinblick auf die Anwendbarkeit nach einer **objektiven** **13** **Zweckbestimmung** zu ermitteln sein, also nicht etwa anhand subjektiver Kriterien des Einsetzenden beurteilt werden (so auch Schricker/*Götting*[3] Rn. 19; Wandtke/Bullinger/*Wandtke/Ohst*[2] Rn. 43; *Wand* S. 107 f.; Loewenheim/*Peukert* § 34 Rn. 10). Diese Zweckbestimmung hat sich – wenn sie wirklich objektiv sein will – an dem in Rede stehenden Einsatz bzw. – wenn dieser erst bevorsteht – bevorstehenden Einsatz zu orientieren und kann nur dann auf den vom Hersteller intendierten Einsatz abstellen, wenn die anderen nicht zu ermitteln sind (in diese Richtung auch Wandtke/Bullinger/*Wandtke/ Ohst*[2] Rn. 43; a.A. *Wand* S. 107 f., der den Zweck abstrakt bestimmen will). Letztlich entscheidend dürfte das Verständnis der angesprochenen Verkehrskreise sein (für die parallele Norm des § 2 ZKDSG OLG Frankfurt GRUR-RR 2003, 287, 287 – *Magic Modul*). Dem steht nicht entgegen, wenn der Hersteller durch eine nicht ernst genommene Bestimmungsangabe versucht, dem Verkehrsverständnis zu entgehen (für die parallele Norm des § 2 ZKDSG OLG Frankfurt GRUR-RR 2003, 287, 287 – *Magic Modul*). Auch schadet es nicht für eine Anwendung der Norm, dass für die Vorrichtung oder Dienstleistung auch legale Zwecke denkbar sind (für die parallele Norm des § 2 ZKDSG OLG Frankfurt GRUR-RR 2003, 287, 287 – *Magic Modul*). In einem solchen Fall dürfte eine Gesamtbetrachtung angemessen sein, ob die unerlaubte Nutzung noch von der objektiven Zweckbestimmung erfasst wird; dies dürfte ausreichen (für die parallele Norm des § 2 ZKDSG OLG Frankfurt GRUR-RR 2003, 287, 287 – *Magic Modul*). Es wäre auch denkbar, die Rechtsprechung zur Verantwortlichkeit der Hersteller von Geräten, die auch bzw. insb. zu Urheberrechtsverletzungen verwendet werden, heranzuziehen (BGH GRUR 1965, 686 – *Grundig-Reporter*; BGH GRUR 1984, 54 – *Kopierläden*; aus dem Ausland: Supreme Court of the USA CRi 2005, 109 – *Grokster*; zur vergleichbaren Frage der Verantwortlichkeit von Software-Providern LG Hamburg ITRB 2006, 8 – *Cybersky* und i.E. ebenso OLG Hamburg CR 2006, 299, 300 f. – *Cybersky* sowie im Hauptsacheverfahren OLG Hamburg ZUM-RD 2007, 569 – *Cybersky*). Jedenfalls nach der alten deutschen Rechtsprechung kommt es auf darauf an, ob eine **überwiegende Wahrscheinlichkeit** zu einem verletzenden Gebrauch besteht. Nunmehr geraten durch die Hamburger Entscheidungen auch zunehmend Gedanken, die in der Supreme Court Entscheidung aus den USA (Grokster) eine Rolle spielten, in den Blick, nämlich insb., ob der Anbieter mehr oder weniger mit dem urheberrechtsverletzendem Einsatz der Software geworben hat bzw. zu derartigen Einsatz angestiftet hat (in den USA: „inducement")

14 Schließlich muss der **Zweck** immer **auf den Schutz** von urheberrechtlich geschützten Gegenständen **gerichtet** sein; reine Marktzugangsbeschränkungen sind also von § 95a nicht gedeckt (RegE UrhG Infoges – BT-Drucks. 15/38, S. 26).

15 cc) **Beispiele aus der Praxis:** Die Entwicklung von technischen Maßnahmen schreitet täglich voran. Es ist daher kaum möglich, einen wirklichen Überblick über die am Markt vorhandenen Systeme zu geben. Ein Versuch ohne Anspruch auf Vollständigkeit sei jedoch unternommen. Damit ist aber keine Prüfung der sonstigen oben dargestellten Voraussetzungen (vgl. Rn. 17 ff.) verbunden, da dies nur im Einzelfall anhand jeden Systems erfolgen kann:
- **Zugangskontrolle:** Neben den bereits erwähnten Passwörtern und PIN-System gibt es Systeme, die den Zugang zu einer Unterseite einer Homepage über einen Link dadurch verhindern, dass die URL der entsprechenden Unterseite permanent wechselt.
- **Verschlüsselung:** Das gängigste Verschlüsselungssystem ist Pretty Good Privacy (PGP), das in seiner frühen Version auf dem RSA-Algorithmus, später auf dem DH/DSS-Algorithmus basiert. Pretty Good Privacy (hier die Beschreibung für die Version 6.5.1i (siehe Informationen auf http://www.pgpi.com, abgerufen 06.07.2007) oder die Einführung in verschiedene Verschlüsselungsverfahren auf der website des Konrad-Zuse-Zentrum für Informationstechnik Berlin (ZIB) unter http://www.zib.de, Rubrikenpfad: Home/It-Service/CA für SSL und PGP/PGP, abgerufen 06.07.2007) arbeitet mit den folgenden Verfahren:

- **Kompressionsverfahren:** Nach der Verschlüsselung sind Kompressionsverfahren unwirksam. Um aber sicherzustellen, dass bei der Verschlüsselung möglichst kompakte Dateien entstehen, komprimiert PGP die Informationen vor der Verschlüsselung mit Hilfe des Freeware-ZIP-Verfahrens.
- **Message-Digest-Verfahren:** Secure Hash Algorithm (SHA) und den Message-Digest-Algorithm Version 5 (MD5). Letzterer sollte nach Möglichkeit nicht mehr verwendet werden.
- **Symmetrische Verschlüsselungsverfahren:** CAST (Carlisle, Adams und Stafford Tavares), IDEA (International Data Encryption Algorithm), Triple-DES (Data Encryption Standard). CAST ist seit Version 5.0 das Standardverfahren. Es darf weltweit frei verwendet werden darf und gilt als sehr sicher.
- **Asymmetrische Verschlüsselungsverfahren:** RSA (Rivest, Shamir, Adleman), DH/DSS (Diffie-Hellman/Digital-Signature-Standard).

Andere **Umwandlungssysteme** sind z.B. das System Nagravision, das Pay-TV Sendungen verschlüsselt oder das Content Scrambling System (CSS), das in DVD zu deren Schutz dient (vgl. dazu und zu dessen Entschlüsselung durch DeCSS *Knies* ZUM 2003, 286 und die Entscheidung des Bezirksgerichtes Helsinki vom 25.5.2007, R 07/1004, Bericht in: ITRB 2007, 150, die CSS für ein nicht wirksame technische Maßnahme eingestuft hat).

Vervielfältigungskontrolle: Geläufige Wasserzeichen-Systeme sind SysCop **16** oder Digimarc. Weitergehende Informationen zu SysCoP finden sich unter www.mediasec.com und http://syscop.igd.fhg.de/index.html. Links: watermarkingworld.org, mediasec.de, certimark.org oder cast-forum.de. Regelrechte Verhinderungen von Kopien können damit natürlich nicht erreicht werden; dies können Systeme wie das Serial Copyright Management System (SCMS), das DAT-Kassetten eigen ist oder das Kopierschutzsystem von Macrovision. Erwähnt sei auch CSS, das System, das DVDs vor unerlaubten Kopien schützt (vgl. Rn. 15).

b) Wirksamkeit: Absatz 2 enthält ebenfalls eine Legaldefinitionen für den in **17** Absatz 1 verwendeten Begriff der „wirksamen technischen Maßnahmen". Erneut macht die Gesetzesbegründung „wegen des Harmonisierungszieles der Richtlinie" die Notwendigkeit „einer engen Anlehnung an den Wortlaut des Artikel 6 Abs. 3 der Richtlinie" aus. Selbstverständlich dürfte sein, dass technische Maßnahmen grundsätzlich **auch dann wirksam** sein können, wenn ihre **Umgehung theoretisch oder auch praktisch möglich** ist; andernfalls würde das Umgehungsverbot jeweils mit der Umgehung technischer Maßnahmen infolge der dadurch erwiesenen Unwirksamkeit obsolet (RegE UrhG Infoges – BT-Drucks. 15/38, S. 26).

aa) Nutzung unter Kontrolle halten: Nach dem klaren Wortlaut muss das Ziel **18** einer technischen Maßnahme sein, dass sie die Nutzung eines Werkes oder anderen nach dem Urheberrechtsgesetz geschützten Gegenstandes lediglich „unter Kontrolle halten". Auf den ersten Blick scheint es also **nicht erforderlich,** dass eine **Nutzung verhindert** wird. Allerdings enthält § 95a Abs. 2 Satz 1 diese Voraussetzung als Teil der Legaldefinition, was technische Maßnahmen überhaupt sind, so dass dies nicht erneut bei der Definition der Wirksamkeit wiederholt werden musste. Für die Wirksamkeit **reicht** also **jede Technologie,** die dem **Verwender** gestattet, **Einfluss** auf die urheberrechtlich **relevante Verwertung** eines Schutzgegenstandes **zu nehmen;** demgegenüber nicht ausreichend dürfte sein, dass der Verwender lediglich die Möglichkeit der Beobachtung des Nutzerverhaltens hat.

19 bb) **Erreichung des Schutzziels sicherstellen:** Weitere Voraussetzung für die Wirksamkeit einer technischen Maßnahme ist, dass sie die **Erreichung des Schutzziels sicherstellt.** Auch wenn der sprachliche Anschluss dieses weiteren Tatbestandskriteriums („die die") nicht ganz glücklich erscheint – und die Definition letztlich einen Zirkelschluss darstellt (zu recht so Dreier/Schulze/ *Dreier*[2] Rn. 15; Schricker/*Götting*[3] Rn. 20) –, ist wohl ein Rückbezug auf die verschiedenen Mechanismen der Kontrolle (dazu sogleich vgl. Rn. 22) gemeint. Denn der Relativsatz schließt mit einem Verb im Plural. Mit der Formulierung des Sicherstellens der Erreichung des Schutzziels schien der Gesetzgeber bestrebt klarzustellen, dass technische Maßnahmen grundsätzlich auch dann **wirksam** sein können, wenn ihre **Umgehung theoretisch oder auch praktisch möglich** ist (vgl. Rn. 17). Denn andernfalls hätte der Gesetzgeber nicht auf das Schutzziel, sondern auf das Ergebnis abstellen müssen. Diese Voraussetzung zeigt, dass der Gesetzgeber die Voraussetzungen der Technologien nicht zu hoch schrauben wollte. Offen bleibt, mit welcher Wahrscheinlichkeit das Schutzziel erreicht wird; es scheint also nicht erforderlich, dass der Verwender von technischen Schutzmaßnahmen belegt, wie erfolgreich diese sind. Er muss lediglich dartun, dass diese generell geeignet sind, ihr Schutzziel zu erreichen. Ob dies z.B. beim von Apple in seiner iTunes Software eingesetzten System um eine solche wirksame Maßnahme handelt, hat der Bundesverband Verbraucherzentralen bestritten (Meldung in CR 2006, R99), da die Musikdateien sich auf Audio-CD brennen ließen und anschließend mit derselben Software wieder in mp3-Dateien zurückverwandelt werden konnten, die dann frei verfügbar waren.

20 Dies kann man an einer Reihe von **Faktoren** prüfen, die im Ausland bereits zur Anwendung kamen (Federal Court of Australia CRi 2002, 138):
– Ist das System anwendbar auf eine Mehrzahl von Inhalten und Geschäftsmethoden?
– Ist es effektiv und hinreichend robust?
– Ist es interoperabel mit anderen Systemen?
– Können Endnutzer es einfach bedienen?
– Ist es nach einem möglicherweise durchgeführten Hacker-Angriff erneuerbar?
– Kann es zu angemessenen Preisen angeboten werden?

21 Diese Faktoren sind **weder kumulativ, noch** gar **abschließend** oder **zwingend** zu verstehen; sie sollen lediglich eine **Annäherung** an das neue Phänomen darstellen und zur Diskussion anregen (hierzu auch Bröcker/*Czychowski*/ Schäfer, § 13 Rn. 256 ff. m.w.N.). Zu Recht wird insofern auf den **durchschnittlichen Benutzer** abgestellt, nicht etwa den Hacker (Schricker/*Götting*[3] Rn. 22; Wandtke/Bullinger/*Wandtke/Ohst*[2] Rn. 50; *Hoeren* MMR 2000, 515, 520; *Spindler* GRUR 2002, 105, 115 f.). Man dürfte angesichts der rasanten technischen Entwicklung insgesamt **keine zu strengen Maßstäbe** anlegen (vgl. Rn. 17) und nicht etwa fordern, dass eine technische Maßnahme schon deshalb nicht mehr als wirksam gilt, weil mittlerweile eine neue Maßnahme auf dem Markt verfügbar ist, die wirksamer ist.

22 cc) **Mechanismen der Kontrolle:** Die Legaldefinition enthält auch eine Auflistung der verschiedenen Mechanismen der Kontrolle. Die **Auflistung scheint abschließend** und lässt lediglich bei dem zweiten Mechanismus durch den Zusatz „**sonstige Umwandlung**" einen gewissen **Spielraum.** Allerdings scheinen auch wirksame technische Maßnahmen denkbar, die nicht die Vervielfältigung kontrollieren, sondern allein die öffentliche Zugänglichmachung. Man wird daher diese Mechanismen nur als Mittel zum Zweck weit interpretieren müssen, und entscheidender auf die beiden anderen Tatbestandsmerkmale der Nutzungskontrolle und die Zielgenauigkeit für die Frage der Wirksamkeit abstellen. Nicht zu verwechseln sind die Technologien des § 95a aber mit solchen Technologien, die der technischen Abwicklung des Urheberverträge dienen, also den Digital Rights Management Systemen, DRM (so offenbar aber Wandtke/Bullinger/*Wandtke*/*Ohst*[2] Rn. 35 ff., die unter § 95 Copyright Management Systeme diskutieren). Diese benötigen zwar oftmals auch technische Schutzmaßnahme nach § 95a, ihr eigentliches Ziel ist aber die technische Abwicklung einer urhebervertragsrechtlichen Transaktion. Geregelt ist der Schutz dieser Systeme in § 95c.

Der erste Mechanismus setzt am **Ereignis der Nutzerhandlung** an (Zugangs- **23** kontrolle). Der Zugang des Nutzers zum Schutzgegenstand soll kontrolliert werden. I.d.R. basiert ein solches System auf einer Authentifikation (z.B. über ein Passwort oder ein biometrisches Merkmal) des Nutzers. Erst wenn der Nutzer authentifiziert ist, wird die Verbindung zum Informationsangebot aufgebaut. Daran schließt sich der zweite Teil des Verfahrens an, nämlich das **eigentliche Zugriffskontrollsystem**, das prüft, ob der so authentifizierte Nutzer berechtigt ist, auf die von ihm angeforderten Daten zuzugreifen. Dies können so einfache Systeme wie erst nach Eingabe eines Passworts zugängliche Textdateien sein, oder aber Systeme, die einen Zugriff zu bestimmten Unterseiten einer Website vor Zugriff schützen, indem diese stets mit neuen, wechselnden URLs versehen werden, um darauf platzierte Links ins Nichts gehen zu lassen (LG Hamburg Urteil vom 22.12.2003 – 308 O 511/03 – nicht veröffentlicht). Schließlich sind auch Systeme wie das PIN-System für den Zugang zu herunterladbaren Daten – etwa Test-Berichte unter www.test.de – eine Zugangskontrolle oder der DVD-Ländercode, der das Abspielen nur in bestimmten Staaten erlaubt (Dreier/Schulze/*Dreier*[2] Rn. 14).

Demgegenüber springt der nächste vom Gesetz genannte Mechanismus auf das **24** Verfahren des Schutzes und sagt nichts darüber, **wie die Handlung des Nutzers kontrolliert** wird. Umwandlung ist der Oberbegriff, unter den Verschlüsselung und Verzerrung gefasst werden. Hierbei handelt es sich um Mechanismen, die den Zustand des Schutzgegenstandes so verändern, dass der Nutzer sie ohne Entschlüsselungs-/-entzerrungshilfen nicht mehr ungestört genießen kann. Eine Parallele hat dies im ZKDSG und dem von Pay-TV-Sendern bekannten verzerrt dargestellten Fernseh-Empfangs-Bild. Zu derartigen Technologien gehören jegliche symmetrische oder asymmetrische Verschlüsselungsverfahren (dazu *Schulz* GRUR 2006, 470, 471; *Bröcker*/Czychowski/Schäfer, § 5 Rn. 160 ff. m.w.N.).

Der letzte Mechanismus springt wiederum zur Nutzungshandlung. Anders als **25** die Zugangskontrolle setzt dieser aber nachgelagert an und kontrolliert eine von verschiedenen Verwertungshandlungen, nämlich die Vervielfältigung. Hierbei handelt es sich um den Begriff aus § 16, so dass zur Definition darauf verwiesen werden kann. Ein gängiges System, das Vervielfältigungen zumindest nachvollziehbar macht und damit in gewisser Weise zur Kontrolle beiträgt, ist das in verschiedenen Varianten existierende sog. Wasserzeichen (*Gass* ZUM 1999, 815; *Schulz* GRUR 2006, 470, 472), tw. auch digital fingerprinting genannt.

Wir hatten bereits eingangs dargestellt (vgl. Rn. 22), dass wir die **Verkürzung** **26** auf diese **Verwertungshandlung** für **problematisch** halten. U.E. spricht viel dafür, an dieser Stelle auch weitere Verwertungshandlungen, wie die öffentliche Zugänglichmachung hineinzulesen. Denkbar ist bei dieser Art der Kontrolle, dass die Aktionen des Benutzers kontrolliert und protokolliert werden. So könnte beispielsweise das Speichern auf der lokalen Platte verboten, das Ausdrucken des Dokumentes jedoch erlaubt sein. Dazu werden die Benutzeraktionen durch spezielle Ausgabegeräte (Soft- und/oder Hardware) kontrolliert. An dieser Stelle verwischt im Übrigen auch die Abgrenzung der Technologien des § 95a mit den Schutzsystemen nach § 95c (zu Abgrenzung vgl. Vor §§ 95a ff. Rn. 23).

27 **dd) Einzelne Entscheidungen:** Aus Deutschland gibt es – soweit ersichtlich – nur wenige Entscheidungen zu § 95a und der Wirksamkeit einzelner technischer Maßnahmen. Das LG Köln MMR 2006, 414 setzt sich mit der Frage der Wirksamkeit des **CD-Schutzes** in seiner Entscheidung zu einer Brenner-Software nicht näher auseinander. Das LG Hamburg (Urtl. v. 22.12.2003 – 308 O 511/03 – nicht veröffentlicht) sieht schon in einem System einer Website, das für einzelne Stadtpläne eine immer wieder **wechselnde URL** vorsieht, eine wirksame technische Maßnahme. Eine Entscheidung des Bezirksgerichtes Helsinki vom 25.5.2007, R 07/1004, Bericht in: ITRB 2007, 150, hält das **Schutzsystem für viele DVDs** und **CSS**, für ein nicht wirksame technische Maßnahme. Das LG München I hat im Hauptsacheverfahren *Heise-Online* ohne weitere Begründung (mangels substantiiertem Bestreiten der Beklagten) bestimmte nicht näher bezeichnete Kopierschutztechniken für DVDs (wohl **CSS, ARccOS** und **Settec Alpha-DVD**) als wirksam angesehen LG München I Urt. v. 14.11.2007, 21 O 6742/07, UA S. 17 f. – *Heise-Online* (Hauptsacheverfahren). Das LG München I (Urt. v. 13.03.2008, 7 O 16829/07) sieht zu Recht **Modchips**, die für Spielkonsolen zur Umgehung deren Schutzmaßnahmen hergestellt werden, als Gegenstand i.S.d. § 95a an.

28 **c) Grenzen der Zulässigkeit von technischen Maßnahmen:** Zunächst setzt § 95b der Anwendung technischer Maßnahmen zugunsten bestimmter Schrankenberechtigter Grenzen. Es ist aber auch denkbar, dass **allgemeine Gesetze** Verbote zur Anwendung technischer Maßnahmen aufstellen. Anders als in manchen Staaten hat sich Deutschland aber (bislang) nicht zu Verboten bzw. **Einschränkungen** im Rahmen der **Kryptografie** entschlossen. Deshalb sind derzeit allenfalls Strafgesetze als Grenze denkbar.

29 **d) Standardisierung:** DRM-Systeme, also umfangreichere sich ergänzender Kombinationen technischer wie nicht-technischer Schutzmaßnahmen, sind auch heute noch häufig herstellerspezifisch. Die Einsicht, dass eine Vereinheitlichung prinzipiell von Vorteil ist, setzt sich sowohl in Politik wie Industrie mittlerweile immer stärker durch (siehe zunächst PM v. 24.01.2005 auf http://winfuture.de/news.18687.html: Konzerne entwickeln neuen DRM-Standard, abgerufen am 12.03.2008; Studie zu DRM in Auftrag gegeben vom BMBF abrufbar auf www.bmbf.de/pup/privacy4drm_studie.pdf; abgerufen am 12.03.2008). Eine Einigung ist jedoch nicht in Sicht. Insb. als problematisch, da Abhängigkeit erzeugend, wird von einigen Unternehmen die Idee empfunden, sich einem von einem bestimmten Hersteller entwickelten Standard anzuschließen (). Insoweit haben eventuell Kooperationsinitiativen zwischen Politik und Industrie bessere Chancen tatsächlich Standards zu implementieren: Das von der Europäischen Gemeinschaft mitbegründete Europäische Institut für Normung (CEN) widmet sich seit 1997 auch der Normung und Standardisierung im Bereich der Informationstechnologie. In sog. Workshops bietet diese Organisation den Unternehmern die Möglichkeit zur Partizipation in der Standardentwicklung. Im Jahr 2001 wurde von Seiten der

Europäischen Kommission angeregt, dass ein Bericht über den aktuellen Stand von DRM (Initiativen, Modelle, Implementation, etc.) erstellt werden sollte, an dem auch Unternehmen („all interested parties") teilnehmen konnten (zum Stand des Jahres 2003 von DRM siehe daher Digital Rights Management – Final Report 30.09.2003, abrufbar auf http://ec.europa.eu/enterprise/ict/policy/doc/drm.pdf; abgerufen am 12.03.2008 bzw. zur Begleitung der Entwicklung und Hilfestellung bei der Informationsbeschaffung über derartige Systeme von Seiten der Europäischen Kommission siehe Commission Staff Working Paper vom 14.02.2002, Digital Rights – Background, Systems, Asessment, SEC (2002) 197.). Diese Tätigkeiten waren explizit in Gang gesetzt worden, um die Grundlage für eine gesetzliche Regelung zu bereiten (DRM Final Report. S. 5). In ähnliche Richtung arbeitet der Global Business Dialog on Electronic Commerce (GDBe), einem losen Zusammenschluss von Top-Managern internationaler Unternehmen des Elektronischen Handels. Er hat in seinen Tokyo Recommendations die Bedeutung der Vereinheitlichung derartiger technischer Schutzsysteme herausgestellt (GDBe, Tokyo Recommendation, September 13/14, 2001, S. 51 ff.). Zum Ganzen Bröcker/*Czychowski*/ Schäfer § 13 Rn. 257). Beispielhaft seien hier genannt der Standard AACs für HD-DVD Player.

Derartige Standardisierung stößt auf **kartellrechtliche Fragen** (dazu *Arlt* **30** GRUR 2005, 1003).

3. Verbotstatbestände

a) **Gemeinsame Voraussetzungen der Verbotstatbestände des** § 95a: Die Ver- **31** botstatbestände des § 95a setzen alle die Erfüllung einiger allgemeiner Tatbestandsvoraussetzungen voraus, die zunächst analysiert werden sollen:

aa) **Zum Schutz eines Werkes oder eines anderen nach diesem Gesetz geschütz- 32 ten Schutzgegenstandes:** Technische Maßnahmen erfassen nach dem klaren Wortlaut nicht nur **Werke**, sondern auch **andere** nach dem Urheberrechtsgesetz geschützten **Schutzgegenstände**, also sämtliche Rechte aus dem zweiten Teil des Gesetzes (verwandte Schutzrechte einschließlich einfacher Datenbanken), aber auch Laufbilder. **WCT und WPPT sind enger.** Art. 11 WCT erfasst nur „Authors", wobei dies nicht zu eng auszulegen sein (*Reinbothe/von Lewinski* Art. 11 Rn. 25); Art. 18 WPPT spricht nur von „Performers or Producers of Phonograms". Damit fallen aus den internationalen Verpflichtungen wissenschaftliche Ausgaben, nachgelassene Werke, Lichtbildner, Sendeunternehmen, Datenbankhersteller und Laufbild"urheber" heraus.

Die Gesetzesbegründung stellt klar, dass die Vorschrift nicht anwendbar ist auf **33** nicht durch das Urheberrechtsgesetz geschützte Schutzgegenstände, wie etwa **gemeinfreie Werke** (RegE UrhG Infoges – BT-Drucks. 15/38, S. 26; a.A. Büscher/Dittmer/Schiwy/*Schmidl*, § 95a Rn. 18, der § 95a zwar anwendet, aber eine Umgehung zulässt). Also sind auch Schutzmaßnahmen, die etwa zum Geschmacksmuster angemeldete Logos im Internet gegen Änderungen schützen, ebenso wenig erfasst wie technische Schutzmaßnahmen an Marken (zu den sich daraus ergebenden Fragen der technischen Abschottung vgl. Vor §§ 95a ff. Rn. 30). Nach der Gesetzesbegründung ebensowenig geschützt wird die Einrichtung von Schutzmechanismen allein zum Zwecke der Marktzugangsbeschränkung (RegE UrhG Infoges – BT-Drucks. 15/38, S. 26; vgl. Rn. 14). Schließlich regelt der neu eingeführte § 69a Abs. 5, dass die Regeln der §§ 95a–95d nicht auf Computerprogramme anwendbar sind; diese haben vielmehr ihre eigen Regel zu technischen Schutzmaßnahmen (§ 69f Abs. 2; zu den Abgrenzungsproblemen vgl. Rn. 7).

34 Ungelöst ist damit aber das Problem, was passiert, wenn auf einem Datenträger, der urheberrechtlich geschützte und gemeinfreie Gegenstände gemeinsam enthält, eine einheitliche technische Schutzmaßnahme enthalten ist. Dazu *Boddien*, Alte Musik in neuem Gewand, 2006. Nach der wohl bislang einzigen Auffassung ist § 95a immer anwendbar, es sei denn ganz ausnahmsweise läge ein rechtsmissbräuchliches Verhalten vor (Loewenheim/*Peukert* § 34 Rn. 6; Schricker/*Götting*[3] Rn. 5; *Boddien*, a.a.O., S. 184).

35 Schließlich gehen technische Schutzmaßnahmen auch den **Schranken** vor (Loewenheim/*Peukert* § 34 Rn. 4; Schricker/*Götting*[3] Rn. 3); das heißt, dass § 95a grundsätzlich anwendbar ist, auch wenn ein schrankenprivilegiertes Verhalten vorliegt. Den Konflikt, der in solchen Situationen entsteht, löst § 95b; im Umkehrschluss heißt dies aber auch, dass alle Handlungen, die nach § 95b nicht dem § 95a entzogen sind, letzterem unterfallen.

36 **bb) Ohne Zustimmung des Rechtsinhabers:** Soweit Rechteinhaber ihre Zustimmung zur Umgehung von Schutzmechanismen erteilen, greift die Vorschrift nicht. Diese Zustimmung kann **auch konkludent** erteilt werden, dann sind im Interesse der Rechtssicherheit aber strenge Anforderungen an sie zu stellen. Zustimmung i.S.d. Norm meint Einwilligung i.S.d. § 183 BGB und kann auch als nachträgliche Zustimmung, mithin Genehmigung, i.S.d. § 184 BGB erteilt werden (Schricker/*Götting*[3] Rn. 6; Wandtke/Bullinger/*Wandtke/Ohst*[2] Rn. 57). Dem Rechtsinhaber ist es gestattet, die Erfüllung von **Bedingungen an die Zustimmung** zu knüpfen (Wandtke/Bullinger/*Wandtke/Ohst*[2] Rn. 58). Rechtsinhaber ist zunächst der Urheber oder Inhaber des betreffenden Leistungsschutzrechts; im Übrigen sind auch abgeleitete Rechteinhaber berechtigt (Schricker/*Götting*[3] Rn. 7; Wandtke/Bullinger/*Wandtke/Ohst*[2] Rn. 59). Diese müssen aber jeder über eine geschlossene Rechtekette zum originären Inhaber verfügen. Im Falle **mehrerer Rechteinhaber** (z.B. Miturheberschaft) ist die Zustimmung aller erforderlich (Dreier/Schulze/*Dreier*[2] Rn. 11), es sei denn die Verfolgung von Verstößen gegen § 95a wäre in der Hand eines nach den Absprachen der Beteiligten gebündelt (Loewenheim/*Peukert* § 34 Rn. 14; Schricker/*Götting*[3] Rn. 8). Bei Miturheberschaft gilt § 8 analog (Schricker/*Götting*[3] Rn. 8), nicht allerdings beim abgeleiteten Rechtserwerb (OLG Frankfurt MMR 2002, 687, 688 – *IMS-Health*). Ausreichend sind in jedem Fall ausschließliche Nutzungsrechte; es dürften aber auch einfache Nutzungsrechte genügen, denn anders ist ein geschlossener Kreislauf von technisch-geschützten Gegenstände nicht zu erzielen. Zudem sollen die §§ 95a ff. ja nur die rechtlichen Schutzmöglichkeiten flankieren (vgl. Rn. 1); sie müssen nicht zwingend mit diesen in allen Frage (Aktivlegitimation in der Regel nur beim ausschließlichen Lizenznehmer (vgl. § 97 Rn. 132 ff.) gleichlaufen.

37 **b) Umgehungsverbot: aa) Tatbestand:** Die eigentliche Tathandlung, die primär verboten ist, ist die **Umgehung der Schutzmechanismen**. Darunter könnte als Definition jedwede Handlung oder Unterlassung zu verstehen sein, die die Anwendung der Schutzmechanismen verhindert oder erschwert (enger *Wand* S. 105: Ausschaltung oder Manipulation; ähnlich auch *Strömer/Gaspers* K&R 2004, 14, 17: technische Manipulation).

38 Der Begriff dürfte weit auszulegen sein (Schricker/*Götting*[3] Rn. 10; Wandtke/Bullinger/*Wandtke/Ohst*[2] § 95a Rn. 53), um der rasanten technischen Entwicklung stand zu halten (so auch LG Hamburg Urtl. v. 22.12.2003 – 308

O 511/03 – nicht veröffentlicht). Daher dürfte hierunter auch eine digitale Festlegung von analogen Daten zu fassen sein, z.b. die Aufnahme einer kopiergeschützten Musik-CD über die Computer-Soundkarte (sog. **analoge Lücke**), denn das Ergebnis ist nahezu 100% vergleichbar mit einer digitalen Kopie und damit u.e. vom Schutzzweck der Regelung gedeckt (a.A. LG Frankfurt a.M. MMR 2006, 766, 767, das dann aber einen Anspruch nach §§ 3, 4 Ziff. 10, 8 UWG zuspricht, unter ausdrücklichem Verweis auf die Problematik des Wettbewerbsverhältnisses und die hierzu von einigen Gerichten herangezogene Rechtsprechung des BGH zu Werbeblockern, vgl. Vor §§ 95a ff. Rn. 36 – zu dem Urteil auch *Schippan* ZUM 2006, 853). Das Problem existiert identisch bei § 95c und elektronischen Lizenzierungssystemen (vgl. § 95c Rn. 18). Das Problem wird sich demnächst technisch erledigen, denn im neuen AACS-Standard soll ab 2014 (bis 31.12.2013) z.b. kein DVD-Player mehr mit analogem Ausgang hergestellt werden (sog. „Analog Sunset" Part 2 der Adapter Compliance Rules for Licensed Products 1.7.3, S. 82 des AACS Interim Adopter Agreement v. 15.02.2006). Ebenso unerheblich ist, wie schwer sich die Schutzmechanismen umgehen lassen, wenn sie nur als wirksam i.S.d. Legaldefinition (vgl. Rn. 7 ff.) einzustufen sind. Ob auch eine **Fehlerkorrektur** eine Umgehung ist, ist strittig (dafür: HK-UrhR/*Dreyer* Rn. 12, 22; Schricker/*Götting*[3] Rn. 11; Wandtke/Bullinger/*Wandtke/Ohst*[2] Rn. 54; Loewenheim/*Peukert* § 34 Rn. 19; dagegen: *Strömer/Gaspers* K&R 2004, 14, 18). Letztendlich liefe das Zulassen einer solchen Fehlerkorrektur auf **Selbsthilfe** hinaus und die ist im deutschen Recht nach § 229 BGB verboten; daher wird man ohne Zweifel auch die Fehlerkorrektur unter die Umgehung subsumieren müssen. Ob Sekundäransprüche, etwa wegen Mängeln oder gar Ansprüche auf Zurverfügungstellung eines „fehlerfreien" Datenträgers bestehen, ist Frage des zugrunde liegenden schuldrechtlichen Vertrages. Ebenso umstritten ist, ob ein **Mitkopieren** der technischen Schutzmaßnahme eine Umgehung ist (dafür: *Arlt* GRUR 2004, 548, 550; *Ernst* CR 2004, 39, 40; Wandtke/Bullinger/*Wandtke/Ohst*[2] Rn. 54; dagegen: *Strömer/Gaspers* K&R 2004, 14, 18). Uns erscheint dies als Scheinproblem, denn wenn es gelingt, einen Kopierschutz mitzukopieren, ist wohl auch das Kopieren des Schutzgegenstandes gelungen, so dass in jedem Fall eine Umgehung vorliegt. Einige wollen den Begriff der Umgehung verfassungskonform dergestalt auslegen, dass ein ungeschriebenes Recht zur Durchsetzung der Privatkopieschranke existiert (*Holznagel* MMR 2003, 767, 771 ff.; dazu vgl. § 95b Rn. 4)

Beispielhaft sei hier genannt das Tool zum Umgehung des DVD-Schutzes **39** DeCSS (dazu *Knies* ZUM 2003, 286; vgl. Rn. 27). Ausreichend ist schon eine Programmierung einer Website, die die URL ständig wechselt und so Deep Links verhindert (LG Hamburg Urt. v. 22.12.2003 308 O 511/03 – nicht veröffentlicht). Auch **Modchips** – die Schutzmaßnahmen bei Spielkonsolen umgehen – fallen unter Abs. 3 Nr. 2 und 3 (LG München, Urt. v. 13.03.2008, 7 O 16829/07).

bb) Subjektive Seite: Das Umgehungsverbot greift nur, soweit dem Handeln- **40** den bekannt ist oder den Umständen nach bekannt sein muss (vgl. § 122 Abs. 2 BGB), dass die Umgehung erfolgt, um den Zugang zu einem solchen Werk oder Schutzgegenstand oder deren Nutzung zu ermöglichen. Die Vorschrift setzt daher nach der Gesetzesbegründung ein auf Werkzugang oder Werkverwertung (Nutzung im urheberrechtlichen Sinne) gerichtetes Umgehungsziel voraus (RegE UrhG Infoges – BT-Drucks. 15/38, S. 26. spricht missverständlich von Umgehungs"absicht"). Umgehungshandlungen, die ausschließlich wissenschaftlichen Zwecken dienen (z.B.: Kryptographie), sollen nicht erfasst werden (RegE UrhG Infoges – BT-Drucks. 15/38, S. 26). Die Gesetzesbegründung stellt schließlich klar, dass die von der Richtlinie im Zusammenhang mit der Umgehungsabsicht bindend vorgegebene Tatbestandsvoraussetzung der Bösgläubigkeit („Umgehung [...] durch eine Person, der bekannt ist oder den Umständen nach bekannt sein muss, dass sie dieses Ziel verfolgt") auch für jene zivilrechtlichen Ansprüche gilt, bei denen – wie beim Unterlassungsanspruch – regelmäßig die objektive Störereigenschaft ausreicht (RegE UrhG Infoges – BT-Drucks. 15/38, S. 26). Kenntnis der Umgehungshandlung alleine reicht, es muss nicht auch das Unerlaubtsein bekannt sein (*Ernst* CR 2004, 40, 41; *Marly* K&R 1999, 106, 111; Schricker/*Götting*[3] Rn. 12; Wandtke/Bullinger/*Wandtke*/*Ohst*[2] Rn. 62). Zum **Grad der Fahrlässigkeit** Wandtke/Bullinger/*Wandtke*/*Ohst*[2] Rn. 63 m.w.N., es reicht einfache (*Flechsig* ZUM 2002, 1, 14; Locwenheim/*Peukert* § 34 Rn. 16; Schricker/ *Götting*[3] Rn. 12; *Wand*, S. 116, 169; a.A.: grobe: *Spindler* GRUR 2002, 105, 116; Wandtke/Bullinger/*Wandtke*/*Ohst*[2] Rn. 62), denn Art. 6 Abs. 1 Info-RL lässt Kennenmüssen genügen. Für die Frage, wann der Handelnde den Umständen nach Kenntnis von dem Umgehungstatbestand hat, dürften keine zu strengen Maßstäbe angelegt werden. Schon eine Veröffentlichung in einschlägigen Endnutzer-Fachzeitschriften reicht u.E. aus.

41 **cc) Rechtfertigungsgründe:** Wie bei allen urheberrechtlichen oder allgemeinen deliktischen Ansprüchen sind Rechtfertigungsgründe denkbar. Zu nennen ist hier zunächst die **Genehmigung nach § 184 BGB** (dazu zum allgemeinen urheberrechtlichen Anspruch: BGH GRUR 1959 147, 149 – *Bad auf der Tenne*). Die **Einwilligung** (§ 183 BGB) kommt nicht in Betracht, denn durch sie wird allenfalls ein urheberrechtlicher Nutzungsvertrag geschlossen. Darüber hinaus kommen alle zivilrechtlichen Rechtfertigungsgründe in Betracht: **Schikaneverbot** (§ 226 BGB), **Notwehr** (§ 227 BGB), Notstand (§ 228 BGB) und **Selbsthilfe** (§§ 229 ff. BGB) – allerdings nur in den engen Grenzen der §§ 229 ff. BGB – sowie **übergesetzlicher Notstand** (im Einzelnen hierzu vgl. § 97 Rn. 22 f.).

42 **c) Verbotstatbestände im Vorfeld von Umgehungsmaßnahmen (Abs. 3 Nr. 1, 2 und 3):** Absatz 3 der Regelung enthält weitere Verbotstatbestände, die sich eng an den Wortlaut des Art. 6 Abs. 2 Info-RL anlehnen. Sie betreffen Verbote im Vorfeld von Umgehungsmaßnahmen.

43 **aa) Tatbestandsmäßige Handlungen:** Der erste Komplex betrifft Handlungen, zunächst nämlich **Herstellung** und **Einfuhr**. Der Begriff der Einfuhr umfasst nach der Gesetzesbegründung das Verbringen in den Geltungsbereich dieses Gesetzes (RegE UrhG Infoges –BT-Drucks. 15/38, S. 26). Siehe hierzu auch den entsprechenden Begriff z.B. aus dem Patentrecht (*Mes*[2], Patent- und Gebrauchsmustergesetz, 2005, § 9 Rn. 37).

44 Die ebenfalls erfasste **Verbreitung** ist von dem auf körperliche Werkstücke beschränkten Verbreitungsrecht des § 17 zu unterscheiden (RegE UrhG Infoges – BT-Drucks. 15/38, S. 26). **Verkauf, Vermietung** und **Werbung** im Hinblick auf Verkauf oder Vermietung beinhalten keine Besonderheiten. Jedenfalls die ersten beiden Begriffe sind im bürgerlich-rechtlichen Sinn zu verstehen, bedürfen also eines schuldrechtlichen Vertrages (zu Recht so LG Köln CR 2006, 702, 705). Hierzu zählt z.B. die Einstellung in eine Online-Auktion, auch wenn dies von Privaten geschieht (LG Köln CR 2006, 702, 705). Als Werbung wurde darüber hinaus – wenig überraschend – nicht die redaktionelle Berichterstattung angesehen (OLG München MMR 2005, 768, 770 – *Heise Online*), es sei denn das Ziel der Absatzförderung stehe im Vordergrund (OLG München MMR 2005, 768, 770 – *Heise Online*). Das Setzen eines Links auf § 95a verletzende Angebote kann in einem solchen Fall auch für Presseunternehmen nach den Grundsätzen der Störerhaftung trotz der Presseprivilegierung zu einer Verantwortlichkeit führen (überzeugend OLG München MMR 2005, 768, 771 – *Heise Online*; so nun auch LG München I Urt. v. 14.11.2007, 21 O 6742/07, UA S. 19 ff. – *Heise-Online* (Hauptsacheverfahren)). Hier kann man auf die ausdifferenzierte wettbewerbsrechtliche Rechtsprechung zur Förderung fremden Wettbewerbs durch die Presse verweisen (bspw. *Nordemann*[10] Rn. 119). Werbung kann auch das private Angebot auf einer Online-Auktions-Plattform sein (LG Köln CR 2006, 702, 705). Zu Recht wird darauf hingewiesen, dass die Frage, ob eine Beihilfe zu den o.g. Handlungen, die ja selber bereits zum Teil nur mittelbare Rechtsgutsverletzungen betreffen, noch möglich ist, bislang nicht abschließend geklärt ist (*Spindler* CR 2005, 741, 746).

Der **gewerblichen Zwecken dienende Besitz** dürfte wohl nur von dem rein **45** privaten Zwecken dienenden Besitz abzugrenzen sein (Wandtke/Bullinger/ *Wandtke/Ohst*[2] Rn. 78). Möglicherweise bietet sich zur Abgrenzung der Verbraucherbegriff aus § 13 BGB an.

bb) Tatobjekte: Gegenstände und Dienstleistungen mit Zweckbestimmung: 46 Der zweite Komplex betrifft Gegenstände und Dienstleistungen, die einem bestimmten Zweck dienen. Der Begriff der Dienstleistung kann nach dem Schutzzweck der Norm auch Anleitungen zur Umgehung mit einschließen (RegE UrhG Infoges – BT-Drucks. 15/38, S. 26). Dabei unterscheiden sich die Zwecke wie folgt:
- Gegenstand einer Verkaufsförderung, Werbung oder Vermarktung mit dem Ziel der Umgehung wirksamer technischer Maßnahmen sind oder
- abgesehen von der Umgehung wirksamer technischer Maßnahmen nur einen begrenzten wirtschaftlichen Zweck oder Nutzen haben oder
- hauptsächlich entworfen, hergestellt, angepasst oder erbracht werden, um die Umgehung wirksamer technischer Maßnahmen zu ermöglichen oder zu erleichtern.

Eines dieser Kriterien muss vorliegen; sie sind also **alternativ** zu verstehen (Wandtke/Bullinger/*Wandtke/Ohst*[2] § 95a Rn. 82). Da das Ziel der Regelung ist, zu verhindern, dass Allzweckgeräte verboten werden können, nur weil mit ihrer Hilfe auch Umgehungshandlungen vorgenommen werden können (ErwG 48 Info-RL), erfordert die Norm eine genaue Betrachtung der jeweiligen Geräte und deren Zweckrichtung. Entscheidend dürfte eine objektive Betrachtung sein (Schricker/*Götting*[3] Rn. 35). Zur vergleichbaren Vorschrift des § 2 Ziff. 3 ZKDSG und dem dortigen Begriff des „Bestimmtseins" auch in objektiver Auslegung OLG Frankfurt ITRB 2003, 219.

Dienstleistung wird man dabei aber immer im Wortsinn zu verstehen haben, **47** also als menschliches Handeln. Deshalb kann z.B. das Anbieten eines Presseerzeugnisses, das Anleitungen zur Umgehung enthält, zwar eine Dienstleistung sein, die in ihm enthaltenen Anleitungen sind aber keine Dienstleistungen i.S.d. § 95a Abs. 3 (so aber wohl Wandtke/Bullinger/*Wandtke/Ohst*[2] Rn. 79). Es handelt sich dann vielmehr um einen entsprechenden Gegenstand. Die Formulierung in der Gesetzesbegründung ist insofern leicht missszuverstehen; Anleitung i.S.d. Gesetzesbegründung dürften besser *das Anleiten* zur Umgehung heißen. Daher hat das OLG München zu Recht einen allgemeinen Presseartikel nicht als Dienstleistung i.S.d. § 95a qualifiziert (OLG München MMR 2005, 768, 770 – *Heise Online*) Ob auch Private unter § 95a Abs. 3

fallen, scheint nur auf den ersten Blick unklar (dagegen Wandtke/Bullinger/ *Wandtke/Obst*[2] Rn. 80; dafür: Loewenheim/*Peukert* § 34, Rn. 18; Schricker/ *Götting*[3] Rn. 23). Dies scheint uns nicht wirklich problematisch, denn wenn ein Privater eine Vorrichtung zur Umgehung verkauft oder vermietet, verlangt er Geld und tritt damit aus dem rein Privaten heraus. Zudem ist der bloße Besitz vom Gesetzeswortlaut klar nur bei gewerblichem Besitz inkriminiert. Uns erscheint es daher nicht nötig, Private außerhalb des klaren Wortlauts aus dem Anwendungsbereich des § 95a Abs. 3 herauszunehmen.

48 cc) **Subjektive Seite und Rechtfertigungsgründe:** Ob für diese Handlungsalternativen muss eine subjektive Seite vorliegen muss, ist umstritten so auch LG Köln MMR 2006, 412, 414; zust. *Lindhorst* MMR 2006, 419; a.A. *Spindler* GRUR 2002, 105, 116; Loewenheim/*Peukert* § 35 Rn. 29; § 82 Rn. 7). Der Wortlaut spricht – mangels Aufnahme der subjektiven Zweckrichtung (anders als Abs. 1) klar gegen eine solche Annahme. Es gelten die oben dargestellten Anforderungen. Zu den auch hier denkbaren Rechtfertigungsgründen vgl. Rn. 3.

49 dd) **Ausnahmen für öffentliche Stellen (Strafrechtspflege/öffentliche Sicherheit):** Absatz 4 stellt klar, dass es trotz der in diesem Gesetz getroffenen urheberrechtlichen Regelungen im Interesse der öffentlichen Sicherheit oder der Strafrechtspflege erforderlich sein kann, dass die Absätze 1 und 3 für bestimmte öffentliche Stellen keine Anwendung finden. Die bestehenden Aufgaben und Befugnisse der Strafverfolgungs- und Sicherheitsbehörden werden in den Fällen, in denen sie zum Zwecke und zum Schutz der öffentlichen Sicherheit tätig werden, durch das vorliegende Gesetz weder eingeschränkt noch anderweitig tangiert (RegE UrhG Infoges – BT-Drucks. 15/38, S. 26).

4. **Passivlegitimation**

50 Neben der deliktsrechtlich üblichen Haftung aus Täterschaft und Teilnahme (im Detail hierzu vgl. § 97 Rn. 145 ff.), stellt sich auch bei §§ 95a ff. die Frage der Störerhaftung, die bekanntlich nur für Unterlassungsansprüche gilt (im Detail hierzu vgl. § 97 Rn. 154 ff.). Grundlage dieser Unterlassungshaftung ist der auch im Immaterialgüterrecht geltende allgemeine Rechtsgrundsatz, dass jeder, der in seinem Verantwortungsbereich eine Gefahrenquelle schafft oder andauern lässt, die ihm zumutbaren Maßnahmen und Vorkehrungen treffen muss, die zur Abwendung der daraus Dritten drohenden Gefahren notwendig ist (BGH GRUR 2007, 890, 893 Tz. 36 – *Jugendgefährdende Medien bei eBay*; für das Urheberrecht erstmals ausdrücklich bekräftigt von BGH GRUR 1984, 54, 55 – *Kopierläden*); eine Handlungspflicht des Angegriffenen (der BGH spricht hier von „Prüfungspflicht") entsteht erst, sobald er selbst oder über Dritte Kenntnis von einem konkreten Urheberrechtsverstoß hat. Ab Kenntniserlangung kann er sich nicht mehr auf die Haftungsfreistellung nach TMG berufen (BGH GRUR 2007, 890, 894 Tz. 42 – *Jugendgefährdende Medien bei eBay*). Dabei muss es technisch möglich sein, die Unterlassungspflicht technisch zu verwirklichen. Technisch Unmögliches darf das Recht nicht verlangen; schließlich müssen die für eine Umsetzung der Unterlassungspflicht notwendigen Maßnahmen zumutbar sein. Dem Angegriffenen dürfen keine Anforderungen auferlegt werden, die sein von der Rechtsordnung gebilligtes Geschäftsmodell gefährden oder seine Tätigkeit unverhältnismäßig erschweren. (BGH GRUR 2007, 890, 894 Tz. 39 – *Jugendgefährdende Medien bei eBay*). Da bei §§ 95a ff. nicht die Verletzung absoluter Rechte in Rede steht (zur Einordnung vgl. Vor §§ 95a ff. Rn. 24), stellt sich hier seit kurzem verstärkt die Frage, ob die Störerhaftung in Fällen des Verhaltensunrechts anzuwenden ist (erstmals thematisiert dies soweit ersichtlich BGH GRUR 2007, 708, 711 Tz. 40 – *Internetversteigerung* II). Mit einem solchen Fall setzte sich das auch Bundesverfassungsgericht in seiner Entscheidung zu Heise auseinander (BVerfG ZUM 2007, 378, 379; vgl. Vor §§ 95a ff. Rn. 33), nahm aber die dortige Verfassungsbeschwerde nicht zur Entscheidung an, weil die Sache erst durch den BGH entschieden werden müsse. Es verweist dabei darauf, dass ungeklärt sei, ob die „weite urheberrechtliche Störerhaftung" auch an der Verletzung bloßer Verhaltensnormen, wie § 95a, anknüpfen kann und bezog sich ausdrücklich auf BGH GRUR 2003, 807, 808; *Leible/Sosnitza* NJW 2004, 3225, 3226 f.; *Leistner* GRUR 2006, 801, 802 ff. U.E. mag es sein, dass der Begriff und die Einrichtung der Störerhaftung bei „bloßem" Verhaltensunrecht nicht aufrecht zu erhalten ist; das Ergebnis darf sich jedoch nicht ändern, denn Ausgangspunkt aller Überlegungen zur Verantwortlichkeit muss der allgemeine Rechtsgrundsatz sein, dass jeder, der in seinem Verantwortungsbereich eine Gefahrenquelle schafft oder andauern lässt, die ihm zumutbaren Maßnahmen und Vorkehrungen treffen muss, die zur Abwendung der daraus Dritten drohenden Gefahren notwendig sind (BGH GRUR 2007, 890, 893 Tz. 36 – *Jugendgefährdende Medien bei eBay*). Ob dies anlässlich eines absoluten Schutzrechts oder einer Norm wie § 95a geschieht, darf keinen Unterschied machen; das Gefahrenpotential der Handlungen ist gleich.

5.   Rechtsfolgen der Verstöße

Zunächst vgl. Vor §§ 95a ff. Rn. 25 f. Die Rechtsfolgen sind explizit im Gesetz **51** nur im Hinblick auf Straf- und Ordnungswidrigkeiten geregelt (§§ 108a, 111a). Es bleibt die Frage offen, ob auch zivilrechtlich Ansprüche bestehen. Die Begründung geht implizit von solchen Ansprüchen aus, wenn sie von „zivilrechtlichen Ansprüchen" spricht (RegE UrhG Infoges – BT-Drucks. 15/38, S. 26). Daher war es nur folgerichtig, dass die ersten Entscheidungen solche anerkannten (LG München I ZUM 2005, 494, 496; LG Köln MMR 2006, 412, 414 („unausgesprochen vorausgesetzt"); OLG München MMR 2005, 768, 770 – *Heise Online*). Diese dürften sich in den urheberrechtlichen Kanon aus Ansprüchen auf Unterlassung, Auskunft, Vernichtung und Schadensersatz einreihen und sich am ehesten aus §§ 823, **1004 BGB analog** bzw. **§ 823 Abs. 2 BGB i.V.m.** § 95a ergeben (so auch HK-UrhR/*Dreyer* Rn. 45; Wandtke/Bullinger/*Wandtke/Ohst*[2] Rn. 88; *Spieker* GRUR 2004, 475, 481 ff.). Abzulehnen ist hingegen eine Verankerung in § 97 (direkt oder zumindest analog: LG Köln MMR 2006, 412, 414; *Arlt* MMR 2005, 148, 149 f), denn der Gesetzgeber hätte dies vorsehen können, hat sich jedoch offenbar bewusst dagegen entschieden (so aber Loewenheim/*Peukert* § 82 Rn. 6; *Arlt* MMR 2005, 148, 149; *Pleister/Ruttig* MMR 2003, 763, 766).

Zwar wird vertreten, dass – jedenfalls für Abs. 1 – der **Anspruch auf Schadens-** **52** **ersatz** sich nach den allgemein üblichen **Berechnungsmethoden** richtet (Wandtke/Bullinger/*Wandtke/Ohst*[2] Rn. 89; Loewenheim/*Peukert* § 82 Rn. 12). Ob sich dies angesichts der strukturellen Unterschiede zwischen materiellen Urheberrechten und technischen Schutzmaßnahmen durchhalten lässt, erscheint zweifelhaft (so auch LG Köln MMR 2006, 412, 414). Damit bleibt es bei den allgemeinen Grundsätzen des Schadensersatzrechts. Dass ein Ersatz des **immateriellen Schadens** ausscheidet (Wandtke/Bullinger/*Wandtke/Ohst*[2] Rn. 89; Loewenheim/*Peukert* § 82 Rn. 12), ist schon deshalb offensichtlich, weil § 95a kein Persönlichkeitsrecht ist.

53 Ein vorbereitender **Anspruch auf Auskunft** dürfte aber in jedem Fall bestehen, zumal der BGH diesen in st. Rspr. Schon gewohnheitsrechtlich judiziert (dazu ausführlich vgl. § 101 Rn. 10). Dieser richtet sich auf den gesamten Umfang der Verletzung nach § 95a, insb. also die Anzahl der umgangenen Schutzgegenstände aber auch technische Hintergründe der Umgehung. Über eine analoge Anwendung von § 101a, insb. hinsichtlich einer Auskunft über die gewerblichen Abnehmer des Verletzers, dürfte nachzudenken sein.

54 Die Ansprüche auf Vernichtung und Überlassung gem. §§ 98, 99 dürften analog anzuwenden sein (Wandtke/Bullinger/*Wandtke*/*Ohst*[2] Rn. 90; a.A. *Arlt* MMR 2005, 148, 151; gegen alle zivilrechtlichen Ansprüche *Spiecker* GRUR 2004, 475, 480).

55 Die **Aktivlegitimation** ergibt sich neben der oben bereits geklärten Frage, dass nur der Rechtsinhaber – nicht etwa der Anwender der Schutzmaßnahmen – klagebefugt ist, aus dessen rechtlicher Stellung. Sofern mehrere Rechtsinhaber verbunden sind, entscheiden die allgemeinen Regeln der §§ 8 und 9.

56 Offen bleibt ebenfalls, ob auch **Selbsthilfe für Rechteinhaber** denkbar ist. Für Schrankenbegünstigte schließt dies die Gesetzesbegründung ausdrücklich aus (RegE UrhG Infoges – BT-Drucks. 15/38, S. 27; vgl. § 95b Rn. 16).

III. AGB-Recht

57 Vielfach wird in AGB, die die Nutzung von Download-Diensten regeln, generell eine Umgehung der mitgelieferten Schutzsysteme untersagt. Man könnte sich fragen, ob ein solches generelles Verbot, das nicht gleichzeitig die Ausnahmeregeln des § 95b wiedergibt oder aber gar die Voraussetzungen des § 95a zu erleichtern sucht, gegen § 307 Abs. 2 Satz 2 BGB verstößt. In eine ähnliche Richtung argumentierte der Bundesverband Verbraucherzentrale, der bestritt, dass ein von Apple in seiner iTunes Software eingesetztes System (DRM-System „Fair-Play"), das verhindert, dass die Dateien auf anderen mp3-Playern abgespielt werden können, eine wirksame Maßnahme nach § 95a sei, weshalb die entsprechende Bestimmung in den AGB gegen § 307 Abs. 2 Satz 2 BGB verstoße (Meldung in CR 2006, R99), da die Musikdateien sich auf Audio-CD brennen ließen und anschließend mit derselben Software wieder in mp3-Dateien zurückverwandelt werden konnten, die dann frei verfügbar waren (zur Frage der Wirksamkeit vgl. Rn. 17 ff.). Am 22.01.07 haben der vzbv, die französische Verbraucherorganisation (UFC Que Choisir) und die Verbraucherombudsmänner aus Finnland und Norwegen diesbezüglich wie wegen der Möglichkeit einseitiger stillschweigener AGB-Änderungen durch itunes eine gemeinsame Erklärung an die Apple-Tochter iTunes mit der Aufforderung zur Abhilfe formuliert. In einem Spitzengespräch in Oslo im April 2007 auf Initiative des Internationalen Phonoverbandes (IFPI) setzten der Verbraucherzentrale Bundesverband (vzbv) in Verbund mit Verbraucherorganisationen aus Frankreich (UFC Que Choisir), Finnland und Norwegen iTunes ein Ultimatum, durch Nachverhandlungen mit den Plattenfirmen bis zum 01.10.2007 eine Einigung zu erzielen, die es Verbrauchern ermöglicht, bei iTunes gekaufte Musikstücke auf Endgeräten ihrer Wahl zu nutzen. Nach Verstreichen der Frist werde man rechtliche Schritte einleiten (Pressemitteilung des vzbv vom 02.04.2007 auf www.vzbv.de, Rubrik „Telekommunikation und Medien/Medienpolitik", abgerufen 06.07.2007). Eine ähnliche Fallgestaltung ereignete sich in den USA in Bezug auf den Kopierschutz XCP, der sich ohne Hinweis im Lizenzvertrag einstellte und Änderungen am Betriebssystem vornahm (Mitteilung CR 2006, R3).

IV. Prozessuales

Der **Beweis** einer Umgehung wird in der Praxis **nicht immer leicht zu führen** **58** sein. Es dürfte sich daher anbieten, auf die bei ähnlich komplexen technischen Sachverhalten etablierten gewissen **Erleichterungen aus dem Softwareurheberrecht** zurückzugreifen (vgl. Vor §§ 69 ff. Rn. 15 ff.). Soweit allerdings der Beklagte im Prozess trotz Substantiierung der Wirksamkeit einer technischen Schutzmaßnahme, diese nicht substantiiert bestreitet, bedarf es keiner Beweisaufnahme (LG München I Urt. v. 14.11.2007, 21 O 6742/07, UA S. 18 – *Heise-Online* (Hauptsacheverfahren). Es spricht nichts dagegen, Unterlassungsansprüche nach § 95a auch im Wege des **Einstweiligen Verfügungsverfahrens** durchzusetzen (ohne weitere Thematisierung so OLG München MMR 2005, 768, 770 – *Heise Online*). Allerdings dürfte der Antragsteller die genaue Wirkungsweise der technischen Schutzmaßnahme und – soweit möglich – deren Umgehung darzulegen und ggf. glaubhaft zu machen bzw. zu beweisen haben (i.d.S. auch LG Köln CR 2006, 702, 705).

V. Verhältnis zu anderen Vorschriften

Zunächst vgl. Vor §§ 95a ff. Rn. 34 ff. § 95a dürfte als **wettbewerbsbezogene** **59** **Norm** nach der neueren Rechtsprechung des BGH zum Rechtsbruchtatbestand des UWG anzusehen sein (allg. vgl. Einl. Rn. 85), so dass ein Verstoß gegen die Norm eine Verfolgung nach § 4 Ziff. 11 UWG ermöglichen würde. Für die parallelen Vorschriften des ZKDSG ist dies auch bereits entschieden worden (OLG Frankfurt GRUR-RR 2003, 287, 287 – *Magic Modul*). Einige Gerichte wenden § 4 Ziff. 10 UWG im Falle der sog. analogen Lücke (vgl. Rn. 38) an (LG Frankfurt am Main MMR 2006, 766, 767). Dies geschieht in der Regel unter Rückgriff auf die *Fernsehfee*-Entscheidung des BGH, in der dieser auch zwischen dem Anbieter einer Werbeblocker-Software und einem TV-Anbieter ein Wettbewerbsverhältnis angenommen hatte (BGH GRUR 2004, 877, 879 – *Werbeblocker*); an letzterem fehlt es nämlich nach den herkömmlichen Regeln zum **Wettbewerbsverhältnis**. Vergleichbare Fälle betreffen die sog. Personal-Video-Recorder (LG Leipzig ZUM 2006, 662; LG Leipzig ZUM 2006, 763; a.A. OLG Köln GRUR-RR 2006, 5, 6 – *personal video recorder*); im Detail vgl. Vor §§ 87a ff. Rn. 26 ff. Zum Verhältnis zum **Datenschutz** vgl. Vor §§ 87a ff. Rn. 37.Http://drim.inf.tu-dresden.de/ zeigt, dass sich das nicht ausschließt. Zum **Verfassungsrecht** vgl. Vor §§ 95a ff. Rn. 33.

§ 95b Durchsetzung von Schrankenbestimmungen

(1) [1]Soweit ein Rechtsinhaber technische Maßnahmen nach Maßgabe dieses Gesetzes anwendet, ist er verpflichtet, den durch eine der nachfolgend genannten Bestimmungen Begünstigten, soweit sie rechtmäßig Zugang zu dem Werk oder Schutzgegenstand haben, die notwendigen Mittel zur Verfügung zu stellen, um von diesen Bestimmungen in dem erforderlichen Maße Gebrauch machen zu können:
1. § 45 (Rechtspflege und öffentliche Sicherheit),
2. § 45a (Behinderte Menschen),
3. § 46 (Sammlungen für Kirchen-, Schul- oder Unterrichtsgebrauch), mit Ausnahme des Kirchengebrauchs,
4. § 47 (Schulfunksendungen),

5. § 52a (Öffentliche Zugänglichmachung für Unterricht und Forschung),
6. § 53 (Vervielfältigungen zum privaten und sonstigen eigenen Gebrauch)
   a. Absatz 1, soweit es sich um Vervielfältigungen auf Papier oder einen ähnlichen Träger mittels beliebiger photomechanischer Verfahren oder anderer Verfahren mit ähnlicher Wirkung handelt,
   b. Absatz 2 Satz 1 Nr. 1,
   c. Absatz 2 Satz 1 Nr. 2 in Verbindung mit Satz 2 Nr. 1 oder 3,
   d. Absatz 2 Satz 1 Nr. 3 und 4 jeweils in Verbindung mit Satz 2 Nr. 1 und Satz 3,
   e. Absatz 3,
7. § 55 (Vervielfältigung durch Sendeunternehmen). [2]Vereinbarungen zum Ausschluss der Verpflichtungen nach Satz 1 sind unwirksam.

(2) Wer gegen das Gebot nach Absatz 1 verstößt, kann von dem Begünstigen einer der genannten Bestimmungen darauf in Anspruch genommen werden, die zur Verwirklichung der jeweiligen Befugnis benötigten Mittel zur Verfügung zu stellen.

(3) Die Absätze 1 und 2 gelten nicht, soweit Werke und sonstige Schutzgegenstände der Öffentlichkeit aufgrund einer vertraglichen Vereinbarung in einer Weise zugänglich gemacht werden, dass sie Mitgliedern der Öffentlichkeit von Orten und zu Zeiten ihrer Wahl zugänglich sind.

(4) Zur Erfüllung der Verpflichtungen aus Absatz 1 angewandte technische Maßnahmen, einschließlich der zur Umsetzung freiwilliger Vereinbarungen angewandten Maßnahmen, genießen Rechtsschutz nach § 95a.

Übersicht

I.   Allgemeines

1.   Sinn und Zweck Entwicklungsgeschichte, Zusammenhang

1 Zur Historie vgl. Vor §§ 95a ff. Rn. 6 ff. Die Vorschrift ist mit dem **Gesetz zur Regelung des Urheberrechts in der Informationsgesellschaft** in das Gesetz aufgenommen worden; sie dient der Umsetzung der entsprechenden Verpflichtungen aus den WIPO-Verträgen von 1996 und der Info-RL (hier: Art. 6 Abs. 4 Unterabs. 1). Die Vorschrift dient damit dazu, die Nutzung bestimmter Schranken für die Begünstigten sicherzustellen. Der europäische Gesetzgeber war der Auffassung, dass nur bestimmte Schranken durchsetzungsstark gestaltet werden müssten, nämlich solche, bei denen das Zugangsinteresse der privilegierten Nutzer größer ist als das Interesse der Rechteinhaber an individueller Kontrolle (zur Info-RL insoweit *Dusollier* IIC 2003, 62); dies erklärt die Auswahl der Schrankenbestimmungen in § 95b (hierzu Schricker/*Götting*[3] Rn. 2; kritisch dazu Dreier/Schulze/*Dreier*[2] Rn. 11). Diese Auswahl hebt die Lösung der Info-RL auch von den WIPO-Verträgen ab, die alle Schranken durchsetzungsstark gestaltete (siehe Art. 11 WCT).die dieses Thema nicht ausdrücklich ansprechen (*Fiscor* Art. 11 WCT Rn. C 11.23 ff) und es damit wohl den nationalen/supranationalen Rechtssetzungsinstanzen überlassen haben.

§ 95b war Gegenstand heftiger Diskussionen im Rahmen des Gesetzgebungs-   **2** verfahrens zum sog. Korb II, dem Zweiten Gesetz zum Urheberrecht in der Informationsgesellschaft (zum Gesetzgebungsverfahren *Hucko* ZUM 2005, 128; *Seibold* ZUM 2003, 130; auch Schricker/*Götting*[3] Rn. 3; zum Gesetz *Czychowski* GRUR 2008, 586 ff.). Im Rahmen des sog. **2. Korbes** ist lebhaft darüber gestritten worden (z.B. *Häuser* CR 2004, 829; *Czychowski*, GRUR 2008, 586 ff.), ob auch die **Privatkopieschranke** durchsetzungsstark ausgestaltet werden solle, mithin § 53 in den Katalog des § 95b aufgenommen wird. Der Gesetzgeber hat sich dagegen entschieden. Auch in anderen Staaten der EU wird dies so gesehen. So entschied z.B. das Tribunal de grande instance in Paris im sog. Que Choisir-Fall, dass die Privatkopieschranke kein Recht gewähre (Tribunal de grande instance de Paris IIC 2006, 148 – *Que Choisir*; Cour de Cassation v. 28.2.2006, Leitsätze in K&R 2006, 483; Volltext unter http://www.legalis.net/breves-article.php3?id_article=1583, abgerufen am 16.08.2007. Einige entnehmen dem Grundgesetz ein Gebot zur verfassungskonformen Auslegung des § 95b dahingehend, dass ein ungeschriebenes Recht zur Durchsetzung der Privatkopieschranke existiert (*Holznagel* MMR 2003, 763, 771 ff.; dagegen zu Recht *Arlt* CR 2005, 646, 651; *Stickelbrock* GRUR 2004, 736, 741; zuvor bereits richtig *Senftleben* CR 2003, 914, 918 ff. mit Blick auf den Dreistufentest). Dies scheint uns über die Vorgaben der Info-RL hinwegzugehen und die geschichtlichen Hintergründe der §§ 53 ff. außer Acht zu lassen.

Es lohnt sich ein **Rechtsvergleich mit den USA,** die im DMCA eine vergleich-   **3** bare und ebenfalls auf den Bestimmungen der WIPO-Verträge beruhende Regelung aufgenommen haben (dazu *Burk/Cohen* 15 Harvard Journal of Law and Technology 2001, 41 und zu einem Vergleich USA./. EU *Foged* EIPR 2002, 525). Die wesentliche Bestimmung in sec. 1201 (c, d) des DMCA liest sich dabei wie folgt:

(c) Other Rights, Etc., Not Affected.—
(1) Nothing in this section shall affect rights, remedies, limitations, or defenses to copyright infringement, including fair use, under this title.
(2) Nothing in this section shall enlarge or diminish vicarious or contributory liability for copyright infringement in connection with any technology, product, service, device, component, or part thereof.
(3) Nothing in this section shall require that the design of, or design and selection of parts and components for, a consumer electronics, telecommunications, or computing product provide for a response to any particular technological measure, so long as such part or component, or the product in which such part or component is integrated, does not otherwise fall within the prohibitions of subsection (a)(2) or (b)(1).

(4) Nothing in this section shall enlarge or diminish any rights of free speech or the press for activities using consumer electronics, telecommunications, or computing products.
(d) Exemption for Nonprofit Libraries, Archives, and Educational Institutions.—
(1) A nonprofit library, archives, or educational institution which gains access to a commercially exploited copyrighted work solely in order to make a good faith determination of whether to acquire a copy of that work for the sole purpose of engaging in conduct permitted under this title shall not be in violation of subsection (a)(1)(A). A copy of a work to which access has been gained under this paragraph—
(A) may not be retained longer than necessary to make such good faith determination; and
(B) may not be used for any other purpose.
(2) The exemption made available under paragraph (1) shall only apply with respect to a work when an identical copy of that work is not reasonably available in another form.
(3) A nonprofit library, archives, or educational institution that willfully for the purpose of commercial advantage or financial gain violates paragraph (1)—
(A) shall, for the first offense, be subject to the civil remedies under section 1203; and
(B) shall, for repeated or subsequent offenses, in addition to the civil remedies under section 1203, forfeit the exemption provided under paragraph (1).
(4) This subsection may not be used as a defense to a claim under subsection (a)(2) or (b), nor may this subsection permit a nonprofit library, archives, or educational institution to manufacture, import, offer to the public, provide, or otherwise traffic in any technology, product, service, component, or part thereof, which circumvents a technological measure.
(5) In order for a library or archives to qualify for the exemption under this subsection, the collections of that library or archives shall be—
(A) open to the public; or
(B) available not only to researchers affiliated with the library or archives or with the institution of which it is a part, but also to other persons doing research in a specialized field.

4 Wesentlicher Widerstand gegen die Info-RL und das UrhG Infoges kam von Verbraucherschutzverbänden mit der Begründung, die neuen technischen Schutzmechanismen könnten zu einem Ende der Informationsfreiheit führen, wenn Rechteinhaber selber bestimmen könnten, wem sie Zugang zu den mit technischen Schutzmechanismen versehenen Werkstücken gäben. Im Grunde genommen steht dahinter der Ansatz von *Lessig* mit seiner Angst vor einem „Code is Law" (dazu aus deutscher Sicht Bröcker/*Czychowski*/Schäfer § 1 Rn. 4 m.w.N.; vgl. Vor §§ 95a ff. Rn. 30). Die Gesetzesbegründung spricht den **Sinn und Zweck** an, wenn sie ausführt, dass die Ausgewogenheit der Schrankenbestimmungen für das digitale Umfeld in Gefahr geriete, wenn im Anwendungsbereich technischer Maßnahmen gemäß § 95a ein umfassender und weit in das Vorfeld verlagerter Schutz gewährt würde, ohne zugleich als Äquivalent ein hinreichendes Instrumentarium zur wirksamen Durchsetzung der Nutzungsmöglichkeiten für die Begünstigten von Schranken zu garantieren (RegE UrhG Infoges – BT-Drucks. 15/38, S. 26 f.). Zum **verfassungsrechtlichen Spannungsfeld** zwischen verfassungsrechtlich geschützten Urheberinteressen und ebenso grundrechtlich gesicherter Sozialbindung Dreier/Schulze/*Dreier*[2] Rn. 1. Zu Recht weist er aber darauf hin, dass dieses Spannungsfeld dort nicht existiert, wo Schranken gar nicht aus der Sozialbindung, sondern aus dem von ihm formulierten Marktversagen im analogen Bereich resultieren. Diese Fallgestaltungen sind in der Tat sorgsam zu trennen. Eines der prominentesten Beispiele sei hier genannt: § 53 und die viel diskutierte Privatkopieschranke kann man vor dem historischen Hintergrund ihrer Einführung sehr wohl auch nur als Regelung des Marktversagens einordnen (dazu anders aber Dreier/Schulze/*Dreier*[2] § 53 Rn. 1 mit Nachw. auch aus der Rspr.). **Verfassungsrechtliche Bedenken** gegen diese und die andere Normen der §§ 95a ff. (dazu

Schweikart UFITA 2005 7, 16; *Holznagel/Brüggemann*, MMR 2003, 767; *Diemar* GRUR 2002, 587, 591) hat das BVerfG apodiktisch verworfen (BVerfG MMR 2005, 751).

2. Systematik, Anwendbarkeit

Die Norm hält in ihrem Absatz 1 die Schrankenbestimmungen fest, die durch- **5** setzungsstark ausgestaltet sind, bei denen also Begünstigte Zugang erhalten können. Damit führt die Norm ein **Novum** im deutschen Recht ein, nämlich **Ansprüche von Schrankenberechtigten** in Bezug auf die Durchsetzung von Schrankenbestimmungen. Bislang waren Schranken immer als Ausschluss der jeweiligen Nutzungsrechte verstanden worden (statt aller Schricker/*Melichar*[3] vor §§ 44a ff. Rn. 10), nicht aber als zusätzlicher Anspruch auf bestimmte Handlungen des Rechteinhabers. Absatz 2 beschreibt die den Schrankenbegünstigten zur Verfügung stehenden Rechtsfolgen des Anspruches nach Abs. 1, während Abs. 3 Ausnahmen bei vertraglichen Regelungen aufstellt. Dies erklärt sich aus Art. 6 Abs. 4 Info-RL, die freiwilligen Maßnahmen der Rechteinhaber den Vorzug geben wollte. Schließlich unterstellt Absatz 4 die für die Anwendung der Norm selber eingesetzten technischen Schutzmaßnahmen dem Schutz des § 95a. Umgekehrt kann man § 95b aber **keineswegs die Pflicht entnehmen,** technische **Schutzmaßnahmen anzuwenden,** um nicht des Rechtes nach § 95a verlustig zu gehen (einem derartigen Argument hat das LG Braunschweig AfP 2006, 489, 493 – *Virtueller Videorecorder* zu Recht eine klare Absage erteilt).

§ 95b kennt Grenzen hinsichtlich seiner **zeitlichen Anwendbarkeit** im Hinblick **6** auf den Anspruch nach Abs. 2, der erst am 01.09.2004 in Kraft trat (siehe Art. 6 Abs. 2 UrhG Infoges); im Übrigen ist die Norm auf Sachverhalte anwendbar, die ab dem 13.09.2003 (siehe Art. 6 Abs. 1 UrhG Infoges) begonnen haben. Die Anwendbarkeit in **persönlicher** Hinsicht betrifft über den Verweis auf „technische Maßnahmen nach Maßgabe dieses Gesetzes" geschützte Werke oder andere nach diesem Gesetz geschützte Schutzgegenstände und wird sogleich bei den Tatbestandsvoraussetzungen behandelt (vgl. Rn. 8 ff.). Nach § 69a Abs. 5 gelten die Regeln der §§ 95a–95d und damit auch der hier kommentierte § 95b nicht für Computerprogramme; diese haben vielmehr ihre eigenen Regeln zu technischen Schutzmaßnahmen (siehe § 69f und vgl. § 69a Rn. 44 ff. und die dort beschriebenen Abgrenzungsschwierigkeiten), aber keine dem § 95b vergleichbare Regel über die Durchsetzung von Schrankenbestimmungen.

Die Norm ist nicht – anders als § 95a Abs. 3 – auf Vorbereitungshandlungen **7** nach Abs. 3 anwendbar (Schricker/*Götting*[3] Rn. 3; Wandtke/Bullinger/*Wandtke/Ohst*[2] Rn. 10; kritisch zur Sprache *Hugenholtz* EIPR 2000, 499, 500).

II.   Tatbestand

1.   Gebot und Anspruch (Abs. 1)

Das Gebot in Absatz 1 Satz 1 enthält den Anspruch – durch Art. 6 Abs. 4 **8** Unterabs. 1 Info-RL vorgegeben – für Schrankenbegünstigte, dass der Rechteinhaber ihnen die Mittel zur Nutzung der entsprechenden Schranke im erforderlichen Maße zur Verfügung stellt. Die Gesetzesbegründung erläutert, dass Absatz 1 bewusst keine Vorgaben enthält zu Art und Weise oder Form, in der Verwender technischer Schutzmaßnahmen die Nutzung der jeweiligen

Schranken zu gewähren haben; auf diese Weise soll ein weiter Gestaltungs-spielraum eröffnet werden, der unterschiedlichste Lösungen zulässt (RegE UrhG Infoges – BT-Drucks. 15/38, S. 27). Ausfluss dieser Vorgaben ist, dass sich die **Auslegung bewusst flexibel** an die sich wandelnden technischen Bedingungen anpassen sollte (in diese Richtung Schricker/*Götting*[3] Rn. 7). In **keinem Fall** aber gewährt § 95b einen **Anspruch „auf ein Produkt"**, sondern lediglich **auf Zugang** zu seinem Inhalt. Er ist damit dem Gedanken der strengen Copyleft-Lizenzen im Softwarerecht vergleichbar (vgl. dazu Nach §§ 69a ff.), die über den entsprechenden Lizenzvertrag auch sicherstellen wollen, dass der Nutzer Zugang zum Quellcode erhält.

9 **a) Anwendung technischer Maßnahmen durch Rechtsinhaber:** Erste Voraus-setzung der Anwendbarkeit des Anspruchs nach Absatz 1 ist, dass der Recht-einhaber technische Maßnahmen anwendet. Technische Maßnahmen sind diejenigen **nach** § 95a. Die Anwendung von Maßnahmen, die die Kriterien des § 95a nicht erfüllen, also etwa solche nach § 69f Abs. 2, berechtigen nicht zu dem Anspruch nach § 95b. Unter Anwendung ist jeglicher Einsatz zu verstehen, der zum Ziel der technischen Maßnahme führt, entweder den unberechtigten Zugang zu verhindern oder andere Ziele gem. § 95a Abs. 2 S. 2 (vgl. § 95a Rn. 10 ff.). Maßnahmen, die **andere Zwecke** verfolgen, etwa die bloße Datenkontrolle (z.B. Cookies), fallen nicht unter § 95a und lösen damit auch keinen Anspruch nach § 95b aus.

10 Inwieweit § 95b Abs. 1 nur auf § 95a Abs. 1 und nicht auf § 95a Abs. 3 Anwendung finden soll (Wandtke/Bullinger/*Wandtke/Ohst*[2] Rn. 10 m.w.N. auch zu einem diesbezüglichen Streit), erschließt sich uns nicht. Denn § 95b setzt nur die Anwendung von technischen Maßnahmen durch den Rechtein-haber voraus, berührt aber die Frage, ob die Umgehungsmaßnahmen hierzu bereits stattgefunden haben (§ 95a Abs. 1) oder erst im Vorbereitungsstadium stecken (§ 95a Abs. 3) gar nicht.

11 **b) Begünstigte:** Die in Absatz 2 enumerativ aufgezählten Begünstigten sind abschließend. Es handelt sich hierbei um die Betroffenen folgender Schranken-bestimmungen, zu deren Anwendbarkeit und sonstigen Voraussetzungen auf die dortige Kommentierung verwiesen wird:
- § 45 (Rechtspflege und öffentliche Sicherheit),
- § 45a (Behinderte Menschen),
- § 46 (Sammlungen für Kirchen-, Schul- oder Unterrichtsgebrauch), mit Ausnahme des Kirchengebrauchs,
- § 47 (Schulfunksendungen),
- § 52a (Öffentliche Zugänglichmachung für Unterricht und Forschung).

Bei § 53 (**Vervielfältigungen zum privaten und sonstigen eigenen Gebrauch**) gilt es einige Besonderheiten zu beachten: Die allgemeine Schranke der sog. Privatkopie (§ 53 Abs. 1) ist nur von dem Anspruch des § 95b erfasst, soweit es sich um Vervielfältigungen auf Papier oder einen ähnlichen Träger mittels beliebiger photomechanischer Verfahren oder anderer Verfahren mit ähnlicher Wirkung handelt. Das bedeutet, dass insb. die digitale Privatkopie nicht durch-setzungsstark gefasst ist. Hierbei handelt es sich um eine Reminiszenz an den eigentlichen Streit, ob die digitale Privatkopie nicht vollständig aus § 53 herausgenommen werden sollte; ein Streit, der mit dem oben behandelten Kompromiss (vgl. § 53 Rn. 14) im Vermittlungsausschuss sein Ende fand (dazu *Czychowski/Jan Bernd Nordemann* NJW 2004, 1222, *Czychowski* NJW 2003, 2409, 2411; zum 2. Korb vgl. Rn. 2). Zwar wollen einzelne aufgrund der oben dargestellten **verfassungsrechtlichen Bedenken** (vgl. Rn. 4) die Privatkopieschranke auch im digitalen Umfeld durchsetzungsstark sehen (*Holznagel/Brüggemann* MMR 2003, 767); dies wird jedoch zu Recht mit Blick auf den klaren Wortlaut abgelehnt (Dreier/Schulze/*Dreier*[2] Rn. 12 unter Verweis auf LG München I, Urt. v. 04.02.2004 – unveröffentlicht – *DVD-Kopierprogramm Movie Jack*). Ein solches Ergebnis stünde auch diametral gegen die Entstehungsgeschichte, während derer dies ja gerade diskutiert wurde. Unter ähnlichen Trägern i.S. dieses Absatzes sind andere analoge Träger zu verstehen, also z.B. Folien, auf denen man gelegentlich Kopien für Vorträge anfertigt. Darüber hinaus sind nur folgende Absätze des § 53 anwendbar: Absatz 2 Satz 1 Nr. 1 erfasst die Vervielfältigung zum eigenen wissenschaftlichen Gebrauch; Absatz 2 Satz 1 Nr. 2 in Verbindung mit Satz 2 Nr. 1 oder 3 nimmt die Vervielfältigung für bestimmte Archivzwecke auf, aber nur, wenn die zusätzlichen Voraussetzungen des Satz 2 Nr. 1 oder 3, also insb. Vervielfältigung auf Papier oder kein Erwerbszweck des Archivs vorliegen; schließlich sind zu nennen Absatz 2 Satz 1 Nr. 3 (eigene Unterrichtung über Tagesfragen) und 4 (sonstiger eigener Gebrauch) jeweils in Verbindung mit Satz 2 Nr. 1 und Satz 3 (hier also kumulativ) und Absatz 3. Schließlich ist noch § 55 (**Vervielfältigung durch Sendeunternehmen**) zu nennen.

12 Durchsetzbar sind diese Schranken nicht nur im Fall **urheberrechtlich geschützter Werke**, sondern auch **verwandter Schutzrechte**. Dies kann man zwanglos aus den entsprechenden Verweisungen in den verwandten Schutzrechten auf die Schranken entnehmen, z.B. § 85 Abs. 4 (so auch Schricker/*Götting*[3] Rn. 17). Allerdings weisen sowohl *Peukert* als auch *Götting* zu Recht darauf hin, dass das Gesetz in Bezug auf Datenbanken eine Lücke enthält: Art. 6 Abs. 4 Unterabs. 5 wendet die § 95b vergleichbare Regelung auch auf die Datenbank-RL an; auch wenn § 87c nicht in § 95b erwähnt wird, müssen die Datenbank-Schranken dennoch auch als durchsetzungsstark verstanden werden, will man nicht in Kollision mit der Richtlinie geraten (Loewenheim/*Peukert* § 36 Rn. 11; Schricker/*Götting*[3] Rn. 17).

13 c) **Rechtmäßiger Zugang zu dem Werk oder Schutzgegenstand:** Voraussetzung für den Anspruch nach § 95b ist, dass der Begünstigte rechtmäßigen Zugang zu dem Werk oder Schutzgegenstand hat. Statt „Werk" muss man natürlich „Vervielfältigungsstück des Werkes" lesen, da es nicht etwa erforderlich ist, Zugang zum Original zu haben. Damit wird zum ersten Mal im Urheberrechtsgesetz der Begriff des Zugangs eingeführt, ein Begriff, der in der Wissensverkehrsgesellschaft zunehmend Bedeutung gewinnen wird (dazu Bröcker/*Czychowski*/Schäfer § 1 Rn. 6 und § 13 Rn. 78 ff.; dazu im 2. Korb *Czychowski* GRUR 2008, 586 ff.). Man könnte zur **Definition** dieses Zugangs an eine Parallele zu der bestimmungsgemäßen Benutzung in § 69d Abs. 1 (vgl. § 69d Rn. 10 ff.) denken. Auch dieser Begriff wird von den tatsächlichen Gegebenheiten beim Erwerb eines Computerprogramms bestimmt und entzieht sich in gewissem Umfang der vertraglichen Definition. Dementsprechend verstehen wir Zugang **weiter als Besitz**, da der Begriff **nur** die **Zugriffsmöglichkeit** voraussetzt. Diese muss jedoch rechtmäßig sein, sich also vom Rechtsinhaber ableiten. **Nicht** hingegen gewährt § 95b dem Begünstigten ein **Recht, dass ihm ein Vervielfältigungsstück erst zur Verfügung gestellt wird** (Loewenheim/*Peukert* § 36 Rn. 9; Schricker/*Götting*[3] Rn. 3).

14 d) **Unwirksamkeit von Vereinbarungen zum Ausschluss der Verpflichtungen nach Satz 1:** Jegliche vertraglichen Umgehungsversuche, auch und gerade in AGB, sind nach § 95b Abs. 1 S. 2 unwirksam. Die Norm ist also zwingendes Recht und entzieht der vertraglichen Disposition auch einzelne Teile, wie z.B.

den eben behandelten Zugangsbegriff. Damit ist auch jegliche Disposition über den Umfang der Schranken unmöglich gemacht. Ob eine solche Disposition ohnehin den §§ 44a ff. widersprechen würde (so Wandtke/Bulling/ *Wandtke/Ohst*[2] Rn. 36) oder je nach Grundrechtsrelevanz bei jeder Schranke einzeln geklärt werden muss (so Schricker/*Götting*[3] Rn. 20) bedarf angesichts der klaren Vorgaben jedenfalls in dieser Norm hier keiner Klärung.

2. Anspruchsumfang

15 Die Rechteinhaber haben dem Begünstigten die notwendigen Mittel zur Verfügung zu stellen, um von den in § 95b Abs. 1 genannten Schrankenbestimmungen in dem erforderlichen Maße Gebrauch machen zu können. Die eng am Richtlinientext orientierte abstrakte Beschreibung des Umfanges der zu gewährenden Mittel hält deren Bestimmung vor dem Hintergrund eines sich wandelnden (technischen) Umfeldes flexibel (RegE UrhG Infoges – BT-Drucks. 15/38, S. 27). Das bedeutet gleichzeitig einen weiten Gestaltungsspielraum (Dreier/Schulze/*Dreier*[2] Rn. 10).

16 a) **Notwendige Mittel:** Notwendig ist ein Mittel immer dann, wenn ohne das Mittel der Schrankenbegünstigte die technische Maßnahme nicht überwinden kann. Das Gesetz beschränkt den Anspruch also auf das, was unbedingt erforderlich ist. Ob dem Rechteinhaber verwehrt ist, für die Zurverfügungstellung der Mittel eine **Aufwandsentschädigung** im Sinne eines Kostenersatzes zu verlangen (so Wandtke/Bullinger/*Wandtke/Ohst*[2] § 95b Rn. 15; Loewenheim/*Peukert* § 36 Rn. 16) erscheint fraglich.

17 b) **Zur Verfügung zu stellen:** Die Rechteinhaber haben den Begünstigten die Mittel so an die Hand zu geben, dass diese die technische Maßnahme überwinden können. Dazu scheint es nicht zwingend erforderlich, den Begünstigten Besitz der Mittel zu verschaffen. Ein Bereitstellen z.B. von Softwaretools im Wege des Application Service Providing (vgl. § 69c Rn. 74 ff.) dürfte ausreichen.

18 c) **Um von diesen Bestimmungen in dem erforderlichen Maße Gebrauch machen zu können:** Schließlich wird der Anspruch dadurch begrenzt, dass die Mittel nur dazu ausreichen müssen, die Schranke in dem Maß in Anspruch zu nehmen, das durch den Tatbestand der Schranke und die Einschränkungen in § 95b Abs. 1 (dazu oben vgl. Rn. 8) vorgegeben ist. Darüber hinausgehende Nutzungshandlungen sind von § 95b nicht gedeckt. Allerdings soll die Formulierung nach der Gesetzesbegründung zugleich ausschließen, dass die Nutzungsmöglichkeit im Rahmen einer Schrankenbegünstigung auf ein Verfahren beschränkt wird, das nicht mehr oder noch nicht allgemein üblich ist; außerdem schließt die gewählte Formulierung aus, dass die Nutzungsmöglichkeit von Voraussetzungen abhängig gemacht wird, die nur mit mehr als unerheblichem zusätzlichem Aufwand verfügbar sind – wie etwa der Einsatz eines speziellen Betriebssystems (RegE UrhG Infoges – BT-Drucks. 15/38, S. 27).

19 d) **Beispiele:** Bereits die Gesetzesbegründung nennt einige Beispiele (RegE UrhG Infoges – BT-Drucks. 15/38, S. 27): Denkbar ist danach etwa, den Schrankenbegünstigten **Schlüsselinformationen** zum ein- oder mehrmaligen Überwinden der technischen Maßnahmen zu überlassen. Ferner könnten **Verbänden** von Schrankenbegünstigten **Vervielfältigungsmöglichkeiten zur eigenständigen Verteilung** an einzelne Berechtigte überlassen werden. Berechtigten könnte aber auch die Möglichkeit geboten werden, auf völlig unabhängigem

Wege – etwa über einen Internetabruf – weitere Vervielfältigungsstücke (oder auch nur die notwendigen Mittel vgl. Rn. 16) in der jeweils benötigten Form zu erhalten.

3. Ausnahme bei Vereinbarung (Abs. 2 Satz 2)

Abs. 2 Satz 2 schließt den Anspruch aus, wenn Rechteinhaber die notwendigen **20** technischen Mittel unter einer Vereinbarung zur Verfügung stellen. Dies ist zwar nicht als anspruchshindernde Einwendung ausgestaltet, sondern als Vermutung (vgl. Rn. 31); faktisch wird es sich jedoch angesichts der praktischen Schwierigkeit des Gegenbeweises wie ein Anspruchsausschluss auswirken.

Derartige **Vereinbarungen** sind bislang mit einer Ausnahme aber **nicht bekannt** **21** geworden. Dies ist eine Vereinbarung zwischen der Deutschen Bibliothek und dem Bundesverband der Phonografischen Wirtschaft sowie dem Börsenverein des Deutschen Buchhandels (abrufbar auf http://www.behoerdenspiegel.de/pdf/nl125.pdf; abgerufen am 28.02.2008).

4. Rechtsfolgen bei Verstoß/(Individueller) Anspruch (Abs. 2 Satz 1)

Absatz 2 Satz 1 statuiert einen **individuellen Anspruch** der Begünstigten nach **22** Absatz 1. Hierbei handelt es sich zweifelsfrei um eine Urhebersache i.S.d §§ 104 f. (Schricker/*Götting*[3] Rn. 30). Einher damit geht eine Änderungen des **Unterlassungsklagengesetzes,** nach dessen neuen § 2a nun ein Verstoß gegen § 95b Abs. 1 unter den dortigen Voraussetzungen auch mit Unterlassungsklagen der dort Klagebefugten verfolgt werden kann. Zu Recht weist *Götting* darauf hin, dass dieses Verbandsklagerecht eine über den Einzelfall hinausgehende Wirkung verspricht (Schricker/*Götting*[3] Rn. 21). Zur zeitlichen Anwendung dieses Anspruchs vgl. Rn. 6. Die in § 3 UKlaG genannten anderen Klagebefugten (qualifizierte Einrichtungen, bestimmte Verbände, IHKs) sollen nach der Beschlussempfehlung des Rechtsausschusses des Bundestages nicht klagebefugt sein. Dies wird kritisiert (Dreier/Schulze/*Dreier*[2] Rn. 6). Ob man § 2a UKlaG in der Praxis wirklich so verstehen würde, dass nur ein Anspruch auf Unterlassung des Einsatzes solcher technischen Maßnahmen, die § 95b widersprechen, gewährt würde (so *Metzger/Kreutzer* MMR 2002, 139, 141), erscheint zweifelhaft. Umgehen kann man diese Problematik in der Tat dadurch, dass man ausnahmsweise aus § 2a UKlaG einen Anspruch auf ein positives Tun entnimmt (zurückhaltend Loewenheim/*Peukert* § 36 Rn. 23; Schricker/*Götting*[3] Rn. 32).

Ein **Selbsthilferecht** des Begünstigten schließt die Gesetzesbegründung aus- **23** drücklich aus (RegE UrhG Infoges – BT-Drucks. 15/38, S. 27). Ein vermeintliches „Right to hack" stellt auch nicht etwa einen Rechtfertigungsgrund dar (BVerfG MMR 2005, 751, 752; Schricker/*Götting*[3] Rn. 2, 10; Wandtke/Bullinger/*Wandtke/Ohst*[2] Rn. 16; *Spindler* GRUR 2002, 105, 117; *Reinbothe* GRUR Int. 2001, 733, 742 (jedenfalls mit der Feststellung, dass der Staat nicht verpflichtet ist, eine Kopie zu gewährleisten); *Ernst* CR 2004, 39, 41 f.).

Zum **Umfang** des Anspruchs (Mittel zur Verfügung stellen) kann auf die **24** obigen Ausführungen zum Umfang des Gebots nach Abs. 1 verwiesen werden (vgl. Rn. 11 ff.). Die **praktische Durchsetzung** dürfte im Wege der Leistungsklage erfolgen. Entsprechend der üblichen Rechtsprechung zu Leistungsverfügungen (statt aller Zöller/*Vollkommer*[24] § 940 Rn. 6 ff.) ist bei Erfüllung der strengen Anforderungen des Prozessrechts auch eine Durchsetzung im **Einst-**

weiligen Verfügungsverfahren denkbar. Doch dürften selten die notwendigen Szenarien einer Existenzbedrohung darlegbar sein (daher wohl ein wenig zu offen Schricker/*Götting*[3] Rn. 30).

25 Das Instrumentarium zur wirksamen Durchsetzung wird schließlich vervollständigt durch die als **Ordnungswidrigkeit** ausgestaltete Pönalisierung in § 111a Abs. 1 Nr. 2, Abs. 2 und 3 (vgl. § 111a).

5.   Ausschluss bei bestimmter Online-Nutzung

26 Absatz 3 setzt Art. 6 Abs. 4 Unterabs. 4 Info-RL um. Soweit Werke oder andere Schutzgegenstände mit technischen Maßnahmen versehen sind und diese **öffentlich zugänglich** gemacht werden, **greift § 95b nicht.** Mit Zugänglichmachen ist der Bereich des § 19a umfasst, so dass auf die dortigen Ausführungen verwiesen werden kann. Damit ist der Bereich des interaktiven Zurverfügungstellens auf der Grundlage vertraglicher Vereinbarung im Internet von der Regelung ausgenommen. Die Gesetzesbegründung weist zu Recht darauf hin, dass durch die Formulierung „soweit" klargestellt wird, dass sich diese Sonderregelung dabei allein auf die technischen Maßnahmen erstreckt, die konkret im Rahmen des interaktiven Zurverfügungstellens auf der Grundlage vertraglicher Vereinbarung angewandt werden (RegE UrhG Infoges – BT-Drucks. 15/38, S. 27). Die Tatsache, dass ein Werk neben anderen Vertriebsformen zusätzlich auch in Form eines interaktiven Angebots auf vertraglicher Basis angeboten wird, bedeutet hingegen nicht, dass die Durchsetzungsmöglichkeiten nach den Absätzen 2 und dem Unterlassungsklagengesetz auch im Bereich der anderen Vertriebsformen eingeschränkt werden (RegE UrhG Infoges – BT-Drucks. 15/38, S. 27).

27 Absatz 3 schützt die besonders **verletzliche,** aber auch sehr individuell ausgestaltbare **Situation des konkreten Zugänglichmachens,** also z.B. den **Downloadvorgang** einer Textdatei aus einem Zeitschriftenarchiv im Internet. Dieser Vorgang ist § 95b entzogen. Dies gilt allerdings nicht für das „Produkt" dieses Vorgangs. Wenn ein Nutzer nun also eine digitale, mit Schutzmaßnahmen versehene, Kopie in den Händen hält, ist auf diese § 95b ohne weiteres anwendbar (so wohl auch Wandtke/Bullinger/*Wandtke/Ohst*[2] Rn. 45; a.A. offenbar Loewenheim/*Peukert* § 36 Rn. 6; *Spindler* GRUR 2002, 105, 119).

28 Zu Recht weist *Dreier* darauf hin, dass einige Schranken nicht durchsetzungsstark gestaltet wurden, obwohl die entsprechenden Schranken überwiegenden Allgemeininteressen zur Durchsetzung verhelfen wollen und nicht lediglich ein Marktversagen regeln (Dreier/Schulze/*Dreier*[2] Rn. 17; relativierend: Schricker/*Götting*[3] Rn. 26); gewissermaßen haben wir nun also doch „**ein wenig Code as Law"** (vgl. Vor §§ 95a ff. Rn. 30 f.).

6.   Erstreckung des Schutzes nach § 95a (Abs. 4)

29 Unabhängig von der Einschränkung des Absatzes 3 gewährt Absatz 4 in Umsetzung von Art. 6 Abs. 4 Unterabs. 3 Info-RL ausdrücklich den Rechtsschutz nach § 95a auch für freiwillig oder aufgrund einer Inanspruchnahme angewandte technische Maßnahmen. Damit sichert der Gesetzgeber die Rechteinhaber vor Ausforschung ihrer technischen Schutzmaßnahmen unter dem „Mäntelchen" der Schrankenbegünstigten.

III. Vertragliches/AGB-Recht

Absatz 1 Satz 2 stellt klar, dass jegliche vertragliche Disposition über Umfang **30** oder Voraussetzungen des § 95b unzulässig sind (vgl. Rn. 14).

IV. Prozessuales

Prozessuale Besonderheiten sind oben ausgeführt; vgl. Rn. 20. § 95b Abs. 2 **31** S. 2 enthält eine gesetzliche (widerlegbare) **Vermutung** (Schricker/*Götting*[3] Rn. 23; Wandtke/Bullinger/*Wandtke/Ohst*[2] Rn. 42: Beweislastumkehr), die es zu beachten gilt. Dies soll den Anreiz für freiwillige Vereinbarungen erhöhen (Wandtke/Bullinger/*Wandtke/Ohst*[2] Rn. 42). Danach muss derjenige, der sich auf § 95b berufen will, im Anwendungsbereich einer freiwilligen Vereinbarung darlegen und beweisen, dass die unter dieser Vereinbarung zur Verfügung gestellten Mittel nicht ausreichen. Den Anwendungsbereich einer freiwilligen Vereinbarung muss allerdings der Rechtsinhaber darlegen und beweisen.

V. Verhältnis zu anderen Vorschriften

Einen § 95b vergleichbaren Anspruch kennt das deutsche Recht (bislang) **32** soweit ersichtlich nicht. Ein Verstoß gegen § 95b könnte allerdings als Verstoß gegen **§ 4 Ziff.11 UWG** geahndet werden, natürlich nur unter den allgemeinen Voraussetzungen des UWG (zum Verhältnis der §§ 95a ff. zum UWG vgl. Vor §§ 95a ff. Rn. 36). *Götting* ist zu Recht der Ansicht, dass es sich bei § 95b um eine nach der neueren Rechtsprechung des BGH wettbewerbsbezogene Norm handelt (Schricker/*Götting*[3] Rn. 33), wenn uns auch die Argumentation, dass § 95b die Informationsfreiheit schützt, nicht überzeugt (zum Verhältnis zur Informationsfreiheit vgl. Vor §§ 87a ff. 36 ff.). Vielmehr dürfte § 95b dem überragend wichtigen Gemeinschaftsgut, dass gerade kein „Code as Law" entsteht (vgl. Rn. 4), dienen.

§ 95c Schutz der zur Rechtewahrnehmung erforderlichen Informationen

(1) Von Rechtsinhabern stammende Informationen für die Rechtewahrnehmung dürfen nicht entfernt oder verändert werden, wenn irgendeine der betreffenden Informationen an einem Vervielfältigungsstück eines Werkes oder eines sonstigen Schutzgegenstandes angebracht ist oder im Zusammenhang mit der öffentlichen Wiedergabe eines solchen Werks oder Schutzgegenstandes erscheint und wenn die Entfernung oder Veränderung wissentlich unbefugt erfolgt und dem Handelnden bekannt ist oder den Umständen nach bekannt sein muss, dass er dadurch die Verletzung von Urheberrechten oder verwandter Schutzrechte veranlasst, ermöglicht, erleichtert oder verschleiert.

(2) Informationen für die Rechtewahrnehmung im Sinne dieses Gesetzes sind elektronische Informationen, die Werke oder andere Schutzgegenstände, den Urheber oder jeden anderen Rechtsinhaber identifizieren, Informationen über die Modalitäten und Bedingungen für die Nutzung der Werke oder Schutzgegenstände sowie die Zahlen und Codes, durch die derartige Informationen ausgedrückt werden.

(3) Werke oder sonstige Schutzgegenstände, bei denen Informationen für die Rechtewahrnehmung unbefugt entfernt oder geändert wurden, dürfen nicht wissentlich unbefugt verbreitet, zur Verbreitung eingeführt, gesendet, öffentlich wiedergegeben oder öffentlich zugänglich gemacht werden, wenn dem Handelnden bekannt ist oder den Umständen nach bekannt sein muss, dass er dadurch die Verletzung von Urheberrechten oder verwandter Schutzrechte veranlasst, ermöglicht, erleichtert oder verschleiert.

Übersicht

I.   Entwicklungsgeschichte, Zusammenhang, Sinn und Zweck

1 Zur Historie vgl. Vor §§ 95a ff. Rn. 4 ff. Die Vorschrift ist mit dem Gesetz zur
Regelung des Urheberrechts in der Informationsgesellschaft in das Gesetz
aufgenommen worden; sie dient der Umsetzung der entsprechenden Verpflichtungen aus den WIPO-Verträgen von 1996 und der Info-RL und will **elektronische Lizenzierungssysteme** umfassend schützen.

2 Bereits das **Grünbuch der EU-Kommission** über Urheberrecht und verwandte
Schutzrechte in der Informationsgesellschaft (KOM (88) 172 endg., 118 ff. und
139 ff.) diskutierte verschiedene sog. **Copyright Managementsysteme** (im Folgenden: elektronische Lizenzierungssysteme). Dies griff die Literatur auf
(*Moeschel/Bechthold* MMR 1998, 571 ff.; *Wand* GRUR Int. 1996, 897 ff.).
Eines der ersten Projekte war das sog. **CETID**-Projekt der EU-Kommission,
das im Rahmen der **ESPRIT**-Förderung durchgeführt wurde und das zusammen mit der International Standardization Organization (ISO) und der WIPO
eine umfassende Studie über die technischen und rechtlichen Erfordernisse
eines derartigen elektronischen Lizenzierungssystems zusammenstellte (*Briem*
MMR 1999, 256, 260 m.w.N.). Hieraus ergaben sich weitere Projekte, die
erste Anwendungsmöglichkeiten derartiger Systeme untersuchten: **Copycat**
(Copyright Ownership Protection in Computerassistent Training), **Copysmart**
und **Talismann** (Tracing Authorrights by Labeling Imagservices and Monito-
ring Access Network) sowie **Copearms** (Coordinating Project for Electronic
Authors' rights Management Systems). Auf der Basis dieser Vorarbeiten star-
tete die EU-Kommission, wiederum im Rahmen der ESPRIT-Förderung im
November 1995 das IMPRIMATUR-Projekt (Intellectual Multimedia Property Rights Model and Terminology for Universal Reference). Bei diesem
Projekt handelte es sich wohl um das international bisher am breitesten
angelegte Forschungsvorhaben, das zudem die verschiedenen Interessenseiten
(Urheber, Verwerter, Verwertungsgesellschaften) berücksichtigte. Auf der Basis der Ergebnisse dieses Projektes, das ein Modell für ein elektronisches

Lizenzierungssystem, das sogenannte IMPRIMATUR BUSINESS MODELL, ausgearbeitet hatte, laufen mittlerweile mehrere Versuchsprojekte (hierzu *Briem* MMR 1999, 256, 261; *Bechtold* S. 20 f. m.w.N. zu den Projekten, die abrufbar sind z.B. unter http://www.alinari.it/en/progetti-europei.asp, abgerufen am 28.02.2008 und http://www.liquidaudio.com, abgerufen am 28.02.2008) Derzeit sind wir bereits mitten in der zweiten Phase derartiger DRM-Projekte, ohne dass diese neuen Schutzarchitekturen, wie sie *Bechtold* bezeichnet, hier alle aufgeführt werden könnten (*Bechtold* S. 122 ff.). Die Kommission hat einen lesenwerten Zwischenbericht gegeben, der in seinem Annex II auch etliche DRM-Projekte benennt (Commission Staff Working Paper on Digital Rights vom 14.2.2002, SEC (2002) 197). Auch die WIPO hat sich umfassend mit den aktuellen Entwicklungen beschäftigt (WIPO Standing Committee on Copyright and Related Rights, 10th Session com 03. – 05.11.2003, Current Developments in the Field of Digital Rights Management, WIPO-Dok. SCCR/10/2; abrufbar auf http://www.wipo.int/documents/en/meetings/2003/sccr/pdf/sccr_10_2.pdf, abgerufen am 28.02.2008). Wie bereits an anderer Stelle dargestellt (vgl. Vor §§ 95a ff. Rn. 22 ff.), ist Sinn und Zweck dieser elektronischen Lizenzierungssysteme, den Vorgang der Lizenzierung im digitalen Umfeld technisch zu ermöglichen (überblicksartig *Arlt* GRUR 2004, 548). Die sind daher natürlich auch technischen Angriffen ausgesetzt, so dass sie schutzbedürftig sind (Dreier/Schulze/*Dreier*[2] Rn. 1). Man könnte daher bei § 95c und den in diesem Zusammenhang eingesetzten Systemen auch von einem **technischen Urhebervertragsrecht** reden. Daneben dient § 95c aber auch der Verfolgung von Verletzungen (Schricker/*Götting*[3] Rn. 2), denn nur wenn der Rechteinhaber nachvollziehen kann, dass ein Nutzungsvorgang unter Bruch eines elektronischen Lizenzierungssystems durchgeführt wurde, kann er seine Rechte verfolgen.

Es lohnt sich ein **Rechtsvergleich mit den USA,** die im DMCA eine vergleichbare **3** und ebenfalls auf den Bestimmungen der WIPO-Verträge beruhende Regelung aufgenommen haben (*Gray/DeVries* The Computer & Internet Lawyer 4/2003, 20; vergleichend USA./. EU: *Fallenböck/Weitzer* CRi 2003, 40). Die wesentliche Bestimmung in sec. 1202 (a,b) des DMCA liest sich dabei wie folgt:

False Copyright Management Information
No person shall knowingly and with the intent to induce, enable, facilitate, or conceal infringement—
(1) provide copyright management information that is false, or
(2) distribute or import for distribution copyright management information that is false.
(b) Removal or Alteration of Copyright Management Information.— No person shall, without the authority of the copyright owner or the law—
(1) intentionally remove or alter any copyright management information,
(2) distribute or import for distribution copyright management information knowing that the copyright management information has been removed or altered without authority of the copyright owner or the law, or
(3) distribute, import for distribution, or publicly perform works, copies of works, or phonorecords, knowing that copyright management information has been removed or altered without authority of the copyright owner or the law, knowing, or, with respect to civil remedies under section 1203, having reasonable grounds to know, that it will induce, enable, facilitate, or conceal an infringement of any right under this title.

II. Systematik, Anwendbarkeit

Das **Funktionieren** elektronischer Lizenzierungssysteme – aber auch die Inte- **4** grität des Urheberrechts im digitalen Kontext allgemein – setzt i.d.R. tech-

nische Schutzmaßnahmen nach § 95a voraus. Aber auch elektronische Lizenzierungssysteme selbst müssen vor Umgehung geschützt werden. Dem dienen die Verbote derartiger Umgehung aus Art.11, 12 WCT, Art. 6 Info-RL und flankierender, bereits existierender strafrechtlicher Schutz (z.b. § 202a StGB).

5 § 95c kennt keine Grenzen hinsichtlich seiner **zeitlichen Anwendbarkeit,** ist aber erst auf Sachverhalte anwendbar, die ab dem 13. September 2003 (Art. 6 Abs. 1 des Gesetzes zur Regelung des Urheberrechts in der Informationsgesellschaft) begonnen haben. Die **Anwendbarkeit** in **sachlicher Hinsicht** betrifft geschützte Werke oder andere nach diesem Gesetz geschützte Schutzgegenstände und wird unten bei den Tatbestandsvoraussetzungen behandelt (vgl. Rn. 19 ff.). Zu den Fragen des Anwendungsbereiches der Kennzeichnungspflicht aus § 95d vgl. § 95d Rn. 6. Ebenso wie bei § 95a (vgl. § 95a Rn. 7) stellt die Abgrenzung der Anwendbarkeit zu § 69f und der Anwendung von elektronischen Lizenzierungssysteme bei Computerprogrammen ein Problem dar. Auch wenn eine parallele Vorschrift zu § 95c bei den §§ 69a ff. nicht existiert, wird man auch bei § 95c nach dem **maßgeblichen Teil des Produktes (Schwerpunkt)** entscheiden (zu Details vgl. § 95a Rn. 7). Zum persönlichen Anwendungsbereich schweigt das Gesetz. Es formuliert wie bei § 95a passiv („[...] dürfen nicht verändert werden [...]"). Man wird dies aber wohl dahingehend auszulegen haben, dass § 95c für alle die Rechteinhaber anwendbar ist, die sich eines elektronischen Lizenzierungssystems bedienen, auch wenn die Formulierung „Von Rechtsinhabern stammende [...]" weitergehend klingt. Details zu Fragen der Aktivlegitimation vgl. Rn. 28).

III. Informationen für die Rechtewahrnehmung – Definition (Abs. 2)

6 Ebenso wie bei § 95a wollen wir den Kern der Norm, nämlich die Legaldefinition der Informationen für die Rechtewahrnehmung aus Abs. 2 vorab behandeln, allerdings zunächst einen Blick auf derartige Systeme im Allgemeinen werfen:

1. Überblick

7 Elektronische Lizenzierungssysteme basieren auf einem **mehrstufigen System,** das wohl auch für zukünftige derartige elektronische Lizenzierungssysteme Gültigkeit behalten wird (zum Nachfolgenden Bröcker/*Czychowski*/Schäfer § 13 Rn. 250 ff.):

8 Zunächst muss das über derartige elektronische Lizenzierungssysteme „gehandelte" urheberrechtlich **geschützte Werk eindeutig identifizierbar sein.** Hierzu dient der Ausbau international einheitlicher Identifizierungssysteme des Inhalts, der zu Beginn derartiger Projekte steht. Uns allen ist die ISBN-Nummer von Büchern oder die ISSN-Nummer von Zeitschriften bekannt. Diese Systeme sind bei der International Organization for Standardization (ISO) koordiniert. Mittlerweile gibt es aber auch bereits eine eindeutige Identifizierung für Aufnahmen auf Tonträgern, den sogenannten International Standard Recording Code (ISRC). Weitere Systeme sind in Vorbereitung. Zusätzlich zu dieser einheitlichen Identifizierungsnummer ist es notwendig, das Werk mit der Angabe des Ortes, an dem das Werk im Internet auffindbar ist, zu verbinden. Diesem Ziel dient z.B. der Digital Object Identifier (DOI), der von der International DOI Foundation in Genf (http://www.doi.org) vergeben wird. Das auf diesem DOI basierende System enthält drei Elemente: Die einheitliche Identifizierungsnummer, das Routing-System sowie eine Datenbank. Die DOI-Nummer selbst enthält wiederum zwei Elemente: Ein Präfix und ein Suffix. Das Präfix wird dem jeweiligen Verwerter vom Directoring Manager zugeteilt; das Suffix identifiziert den Inhalt und enthält die eben beschriebene einheitliche Nummerierung auf der Basis der ISBN oder anderer internationaler einheitlicher Nummerierungssysteme (zu einem Beispiel einer derartigen DOI wiederum *Briem* MMR 1999, 256, 257). Ganz wesentlich für das Funktionieren dieses ersten Schrittes eines elektronischen Lizenzierungssystems ist, dass das DOI mit einem Routing-System verbunden ist, um das Werk, das an wechselnden Orten im Internet vorhanden sein kann, aufzufinden. Weitere System werden entwickelt, ohne dass sich eines bislang durchgesetzt hätte (zu den Systemen *Bechthold* S. 34 ff.).

Ist der Gegenstand eineindeutig identifiziert, muss eine **Technik** eingeführt **9** werden, die **sicherstellt**, dass die eben beschriebenen eineindeutigen **Identifikationssysteme** für Werke, aber auch weitergehende Informationen über das Werk mit demselben **verbunden werden**. Dem dient eine Identifizierung der Nutzungsbedingungen und der Nutzer (zu technischen Details http://www.musiccode.com, abgerufen am 28.02.2008; allg. *Bechthold* S.46 ff.). Zu Recht wird darauf hingewiesen, dass eine derartige Kennzeichnung – wie auch beim DOI – im Idealfall weder durch Filter erkannt, noch durch eine Datenkompression verändert werden kann, sondern zu einem integralen Bestandteil des digitalen Objekts wird (*Briem* MMR 1999, 256, 258). Die Wirklichkeit sieht jedoch anders aus: Derartige digitale Kennzeichnungen sind derzeit wohl noch verhältnismäßig missbrauchsanfällig (http://www.digital-rights-management.de, abgerufen am 28.02.2008).

Dritte Stufe eines solchen Lizenzierungssystems ist ein **Schutz der Werke** oder **10** der geschützten Leistungen **selbst** (Zu Verschlüsselungsverfahren allgemein Bröcker/*Czychowski*/Schäfer § 1 Rn. 35 ff.; in diesem Zusammenhang *Bechthold* S. 75 ff.). An dieser Stelle zeigt sich die Verknüpfung von § 95c mit § 95a, denn dieser Schutz kann selber eine technische Schutzmaßnahme nach § 95a darstellen. Welche Art der Sicherung sich schlussendlich durchsetzt und ob es überhaupt eine allgemein sinnvolle geben wird, bleibt abzuwarten. Jedenfalls dürfte auch z.B. eine asymmetrische Verschlüsselung über einen anerkannten Algorithmus als eine „wirksame technologische Maßnahme" gelten.

Schließlich bedarf jedes elektronische Lizenzierungssystem einer zentralen **11** Datenbank, die gewissermaßen das Kernstück dieses Systems darstellt. Die Datenbank enthält nicht nur die Informationen über Werke, sondern auch über Rechteinhaber und – vor allem – über die Bedingungen der Urheberrechtsverträge. Es gibt auch für diesen Bereich der elektronischen Lizenzierung verschiedene Projekte, ohne dass eines sich bislang wirklich durchgesetzt hätte (*Briem* MMR 1999, 256, 259 f.). Im engen Zusammenhang mit der Datenbank ist natürlich die schlussendliche Nutzung der Werke über einen Provider zu sehen, der sich auf der Basis des einheitlichen Nummerierungssystems und der digital gekennzeichneten Werke, die ggf. verschlüsselt sind, die notwendigen Informationen aus der Datenbank herauszieht, um sie dem Nutzer im Wege eines primären Urheberrechtsvertrages anzubieten. Daher kann man § 95c auch als Regelung eines **technischen Urhebervertragsrechts** begreifen.

2. Elektronische Informationen

Erfasst werden nur *elektronische* Lizenzierungssysteme, **nicht also analoge. 12** Damit könnte man die entsprechende Bestimmung – wie oben dargestellt – als digitales oder **technisches Urhebervertragsrecht** bezeichnen. Geschützt sind allerdings nur die elektronischen Informationen, nicht etwa das gesamte elektronische Lizenzierungssystem. Ob daraus folgt, dass z.b. ein Eintrag in der oben (vgl. Rn. 12) beschriebenen Datenbank, der nicht selbst Informationen nach § 95c enthält, frei änderbar ist (so Dreier/Schulze/*Dreier*[2] Rn. 4), erscheint uns vor dem Hintergrund des umfassenden Schutzanspruchs des § 95c (vgl. Rn. 3) fraglich.

3.   Werke oder andere Schutzgegenstände betreffend

13   Ebenso wie in § 95a (vgl. § 95a Rn. 23) erfasst die Bestimmung nicht nur Werke, sondern auch andere nach dem Urheberrechtsgesetz geschützte Schutzgegenstände, also sämtliche Rechte aus dem zweiten Teil des Gesetzes (verwandte Schutzrechte einschließlich einfacher Datenbanken), aber auch Laufbilder. Zum sachlichen Anwendungsbereich und dessen Abgrenzungsproblemen vgl. Rn. 6. Die Informationen müssen mit den Werken oder anderen Schutzgegenständen **physisch verbunden** sein (Wandtke/Bullinger/*Wandtke*/*Ohst*[2] Rn. 13).

4.   Zweck

14   Die Definition wird inhaltlich erst strukturiert durch die Zweckeinschränkung, die sie in Bezug auf elektronische Lizenzierungssysteme vornimmt: Nur solche Systeme, die entweder den Urheber oder jeden anderen Rechteinhaber identifizieren, oder solche, die Modalitäten und Bedingungen der Nutzung betreffen, sind von § 95c erfasst. Damit ist gemeint, dass ein Nutzungsvorgang abgewickelt werden muss. Damit scheiden **Systeme** aus, die **anonym** in Bezug auf den Rechteinhaber arbeiten und **freie Nutzung** gestatten. Ein System, das nur die Zugriffe auf bestimmte Textdateien protokolliert, weder aber den Urheber kennt, noch Einfluss auf die Nutzung nehmen will, dürfte aus § 95c herausfallen. Identifikation i.S.d. Norm setzt schließlich nicht voraus, dass die entsprechenden Informationen dem Nutzer (immer) sichtbar gemacht werden (hierzu vgl. Rn. 21).

5.   Gleichstellung von Zahlen und Codes, durch die derartige Informationen ausgedrückt werden

15   Entsprechend dem letzten Halbsatz von Abs. 2 sind Zahlen und Codes, durch die derartige Informationen ausgedrückt werden, den sonstigen Informationen gleichgestellt.

6.   Grenzen der Zulässigkeit

16   Es ist durchaus denkbar, dass andere Gesetze der Anwendung derartiger elektronischer Lizenzierungssysteme Grenzen setzen. Zu denken ist hierbei zu allererst an das **Datenschutzrecht** (vgl. § 95a Rn. 59). ErwG 57 Info-RL erkennt dies und statuiert ausdrücklich, dass die entsprechende Datenschutzrichtlinie zu beachten ist. Allerdings können elektronische Lizenzierungssysteme **Nutzungsbeschränkung** einführen, die z.b. über die **Grenzen des nach** §§ **31 ff.** **Zulässigen** hinausgehen. In einem solchen Fall hilft es u.E. dem Rechteinhaber nicht, das Verbot durch zeitlich wirkende technische Sperren zu umgehen; solche können vielmehr analog der Rechtsprechung zu § 69f und Programmsperren (vgl. § 69f) Haftungsansprüche oder gar Ansprüche nach § 826 BGB auslösen (BGH GRUR 2000, 249, 251 – *Programmsperre* verneint

§ 826 BGB allerdings im zu entscheidenden Fall mangels Schädigungsvorsatz; nach BGH NJW 1987, 2004 kann eine Programmsperre einen Sachmangel darstellen; anders demgegenüber BGH NJW 1981, 2684).

7. Beispiele

Von den eingangs erwähnten existierenden Techniken, die auf den verschie- **17** denen Stufen eines elektronischen Lizenzierungssystems eingesetzt werden, ist noch keine von Gerichten als § 95c genügend anerkannt worden. Dennoch wird man sagen können, dass z.b. der DOI ein elektronisches Lizenzierungssystem ist, da er Informationen über die Urheber mit dem Werk verknüpft. Auch digitale Wasserzeichen können den Anforderungen des § 95c genügen, wenn sie etwa ein Werk bezeichnen oder den Urheber kenntlich machen. Anders als bei § 95a ist es für § 95c nicht erforderlich, dass die entsprechende Technik „wirksam" ist. Auch bei elektronischen Lizenzierungssystemen schreitet die **Standardisierung** (vgl. § 95a Rn. 29) voran, zu nennen ist hier zum Beispiel die Marlin Joint Development Association, die das Nebeneinanderverschiedener solcher Systeme beenden will (Heise News vom 20.01.2005 Nr. 55367: „Unterhaltungselektronik-Riesen gründen DRM-Konsortium"; abrufbar unter http://www.heise.de/newsticker/archiv/2005/3; abgerufen am 28.02.2008).

IV. Entfernungs- und Veränderungsverbot (Abs. 1)

Das Entfernungs- und Veränderungsverbot des Abs. 1 ist weitreichend, wenn **18** auch die Gesetzesbegründung wenig hergibt und der Text sich wiederum eng am Wortlaut des Art. 7 Info-RL orientiert. Der Wortlaut des Gesetzes bemüht sich ersichtlich, allgemeine **technikneutrale Begriffe** zu verwenden. Erfasst wird jede **Entfernung oder Veränderung**. Auch diese Begriff dürften weit auszulegen sein (für § 95a: Schricker/*Götting*[3] § 95a Rn. 10; Wandtke/Bullinger/*Wandtke*/*Ohst*[2] § 95a Rn. 53), um der rasanten technischen Entwicklung stand zu halten (so auch LG Hamburg Urteil vom 22.12.2003 308 O 511/03 – nicht veröffentlicht zu § 95a). Denn letztlich ist der Unwertgehalt beider Vorschriften § 95a und § 95c identisch, nur die Zielrichtung eine andere: einmal das Schutzsystem überhaupt, einmal das Rechteverwaltungssystem. In beiden Fällen geht es dem Verletzer aber darum, Werke oder andere Schutzgegenstände unbefugt zu genießen. Daher dürfte hierunter auch eine digitale Festlegung von analogen Daten (vergleichbar der sog. analogen Lücke, vgl. § 95a Rn. 38) dergestalt zu fassen sein, dass durch eine digitale Aufnahme während des Abspielens von Werken oder andere Schutzgegenständen, die mit einem Rechteverwaltungssystem nach § 95c versehen sind, letzteres umgangen wird und der Gegenstand z.B. in (rechteverwaltungsfreie) MP3-, OGG-, WMA-Audiodateien oder WMV- und MP4-Videos umgewandelt wird. Denn hierbei wird also eine Kopie des Schutzgegenstandes hergestellt, der von den Informationen nach § 95c gewissermaßen „befreit" ist. Damit ist aber die vom Berechtigten vorgesehene Verbindung aufgehoben, eine Entfernung vorgenommen.

1. Von Rechtsinhabern stammend

Die Informationen nach Absatz 2 müssen **vom Rechteinhaber stammen**. Dabei **19** dürfte nicht erforderlich sein, dass der **Rechteinhaber selbst** sie in das elektronische Lizenzierungssystem eingegeben hat; er kann sich hierbei durchaus

dritter Dienstleister bedienen. Die Informationen müssen nur auf ihn, als denjenigen, der mit dem Urheber die primären Urheberrechtsverträge geschlossen hat, **zurückzuführen** sein. Mit diesem Kriterium sollen wohl solche Vertriebsinformationen ausgeschlossen werden, die von Unternehmen angebracht werden, die beim Vertrieb der Werke/Werkstücke eingeschaltet werden; denkbar wären z.B. Hinweise über den Vertriebsweg.

2. Platzierung der Information

20 Auch die Platzierung der Information gibt der Gesetzgeber vor: Um in den Schutzbereich des § 95c zu gelangen, muss die entsprechende Rechteinformation **entweder an einem Vervielfältigungsstück angebracht** sein oder **im Zusammenhang mit der öffentlichen Wiedergabe** erscheinen; dies bedeutet aber auch, dass sie nicht (immer) sichtbar sein müssen (vgl. Rn. 15). Bei körperlichen Nutzungsvorgängen ist also nur die Notwendigkeit vorhanden, die Information an das (es reicht nicht irgendein) Vervielfältigungsstück anzubringen. Hierunter dürfte eine dauerhafte Verknüpfung zu verstehen sein. Demgegenüber scheint bei der unkörperlichen Nutzung i.S.d. § 15 Abs. 2, also der öffentlichen Wiedergabe, immer eine Sichtbarmachung – anders dürfte das Wort „Erscheinen" kaum zu verstehen sein – erforderlich. *Götting* vertritt die Auffassung, dass Handlungen, die bloße Veränderungen an der zum Lizenzierungssystem gehörenden Datenbank vornehmen, nicht verboten sind (Schricker/*Götting*[3] Rn. 6). Dies dürfte in dieser Allgemeinheit zu weit gehen, denn man muss u.E. das elektronische Lizenzierungssystem als Ganzes sehen; zu einem System, dass auf der Benutzeroberfläche bestimmte Informationen darstellt, gehört zwingend ein oftmals sog. Back End, das nicht sichtbar ist. Wenn an diesem Manipulationen vorgenommen werden, die dem Schutzzweck des § 95c zuwiderlaufen und damit indirekt auch die sichtbaren Informationen geändert werden, muss dies u.E. ausreichen. Andererseits genügt natürlich nicht jede Änderung in einem Gerät, das auch ein elektronisches Lizenzierungsytem enthält.

21 Immer muss der **Zweck der Handlung** im Blick gehalten werden; nur solche Handlungen, die darauf gerichtet sind, Urheberrechte oder andere Schutzgegenstände zu verletzen, sind nebst Begleit- und Vorbereitungshandlungen erfasst, § 95c. Zu Recht wird dies als weiteres Merkmal des objektiven Tatbestandes angesehen (Schricker/*Götting*[3] Rn. 8; a.A. *Bechtold* S. 234, der darin einen Teil des subjektiven Tatbestands sieht). Hierbei dürfte wiederum die objektive Zweckrichtung, die wir schon bei § 95a diskutiert haben (vgl. § 95a Rn. 40), ausreichen; insofern wird auf die dortigen Ausführungen verwiesen.

3. Subjektive Voraussetzungen

22 § 95c stellt, ebenso wie § 95a, bestimmte subjektive Voraussetzungen für den Verbotstatbestand auf, die allerdings weiter reichen als bei § 95a. Erfasst wird zunächst – anders als in § 95a – das **wissentlich unbefugte Handeln**.

23 Darüber hinaus greift § 95c auch, wenn dem Handelnden **positiv bekannt** ist oder den Umständen nach bekannt sein muss, dass er dadurch die Verletzung von Urheberrechten oder verwandter Schutzrechte veranlasst, ermöglicht, erleichtert oder verschleiert. Damit ist die **fahrlässige Unkenntnis** gemeint, die nach allgemeinen Grundsätzen zu bestimmen ist. U.E. gelten für die Fahrlässigkeit die allgemeinen Maßstäbe (a.A. nur grobe Fahrlässigkeit Schricker/

Götting[3] Rn. 10; Wandtke/Bullinger/*Wandtke*/*Ohst*[2] Rn. 17; zum parallelen Problem bei § 95a vgl. § 95a Rn. 40). Hierbei dürften ebenso strenge Maßstäbe angelegt werden wie im Rahmen der Fahrlässigkeit des § 97 UrhG (vgl. § 97 Rn. 63).

4. Rechtfertigungsgründe

Wie bei allen urheberrechtlichen oder allgemeinen deliktischen Ansprüchen **24** sind Rechtfertigungsgründe denkbar. Zu nennen ist hier zunächst die Genehmigung nach § 184 BGB (zum allgemeinen urheberrechtlichen Anspruch: BGH GRUR 1959 147, 149 – *Bad auf der Tenne*). Die Einwilligung (§ 183 BGB) kommt nicht in Betracht, denn durch sie wird allenfalls ein urheberrechtlicher Nutzungsvertrag geschlossen. Darüber hinaus kommen alle zivilrechtlichen Rechtfertigungsgründe in Betracht: Schikaneverbot (§ 226 BGB), Notwehr (§ 227 BGB), Notstand (§ 228 BGB) und Selbsthilfe (§§ 229 ff. BGB) – allerdings nur in ihren engen Grenzen nach §§ 229 ff. BGB – sowie übergesetzlicher Notstand (im Einzelnen hierzu vgl. § 97 Rn. 22 f.).

5. Passivlegitimation

Vgl. § 95a Rn. 50.   **25**

V. Weitere Verbote (Abs. 3)

Absatz 3 stellt bestimmte Handlungen denen nach Absatz 2 gleich. Voraus- **26** setzung ist auch hier, dass es sich um Werke oder andere Schutzgegenstände (zum Begriff vgl. Rn. 10) handelt, an denen Informationen unbefugt entfernt oder geändert wurden (vgl. Rn. 14 f.). Die **subjektiven Voraussetzungen** entsprechen denen des Absatz 1 (vgl. Rn. 17 ff.). Die Verbotshandlungen umfassen die **Verbreitung**, die **Einfuhr zur Verbreitung**, die **Sendung**, die **Öffentliche Wiedergabe** und die **öffentliche Zugänglichmachung**; mit Ausnahme der Einfuhr also Handlungen, die unter die Legaldefinitionen der §§ 15 ff. fallen. Zur Einfuhr vgl. § 95a Rn. 32. Wie bei allen urheberrechtlichen oder allgemeinen deliktischen Ansprüchen sind Rechtfertigungsgründe denkbar. Zu diesen vgl. Rn. 24.

VI. Rechtsfolgen

Die Rechtsfolgen sind explizit im Gesetz nur im Hinblick auf **Straf- und** **27** **Ordnungswidrigkeiten** geregelt (siehe §§ 108a, 111a). Es bleibt wie bei § 95a die Frage offen, ob auch **zivilrechtliche Ansprüche** bestehen, die zu bejahen ist. Zu den Ansprüchen auf **Unterlassung, Auskunft, Vernichtung** und **Schadensersatz** vgl. § 95a Rn. 51 ff.

VII. Prozessuales

Der Anspruch wird durchgesetzt wie der Anspruch nach § 95a (vgl. § 95a **28** Rn. 51 ff.).

VIII. Verhältnis zu anderen Vorschriften

Zum Verhältnis zum Datenschutz vgl. Vor §§ 69a ff. Rn. 25 ff. **29** http://drim.inf.tu-dresden.de/ zeigt, dass sich das nicht ausschließt (ausführlich hierzu *Arlt* MMR 2007, 683). Denkbar ist, dass eine Manipulation an Daten eines elektronischen Lizenzierungssystem eine Eigentumsverletzung darstellt und nach § 823 BGB verfolgbar ist (Dreier/Schulze/*Dreier*[2] Rn. 4; Schricker/ *Götting*[3] Rn. 6) oder § 826 BGB eingreift (a.A. *Arlt* S. 222). In jedem Fall sind die strafrechtlichen Vorschriften, z.b. das Verbot der Datenveränderung (§ 303a StGB) in Betracht zu ziehen. Zu den **Neuerungen durch das Straf-RÄndG** vgl. § 45a.

§ 95d Kennzeichnungspflichten

(1) Werke und andere Schutzgegenstände, die mit technischen Maßnahmen geschützt werden, sind deutlich sichtbar mit Angaben über die Eigenschaften der technischen Maßnahmen zu kennzeichnen.

(2) [1]Wer Werke und andere Schutzgegenstände mit technischen Maßnahmen schützt, hat diese zur Ermöglichung der Geltendmachung von Ansprüchen nach § 95b Abs. 2 mit seinem Namen oder seiner Firma und der zustellungsfähigen Anschrift zu kennzeichnen. [2]Satz 1 findet in den Fällen des § 95b Abs. 3 keine Anwendung.

Übersicht

I. Allgemeines

1. Entwicklungsgeschichte, Zusammenhang, Sinn und Zweck, Systematik

1 Die Norm ist durch das UrhG Infoges neu eingeführt worden. Im Referentenentwurf zum UrhG Infoges war sie noch nicht enthalten, wurde vielmehr offenbar durch Einwände des Verbraucherschutzministeriums erst in den Regierungsentwurf (RegE UrhG Infoges BT-Drucks. 15/38, S. 1 ff.) aufgenommen. Die Gesetzesbegründung ist denkbar knapp.

2 Da die Norm als solches **nicht** durch die **Info-RL** vorgegeben war, stellt sich die Frage, ob sie **richtlinienkonform auszulegen** ist. Für **Absatz 1** ist klar, dass dies **nicht der Fall** ist, da dieser Absatz nicht durch die Richtlinie vorgegeben ist. Dasselbe gilt auf den ersten Blick auch für **Absatz 2**, da die Richtlinie keine Kennzeichnungsvorschriften kennt. Allerdings beruft sich die Gesetzesbegründung auf Art. 6 Abs. 4 der Richtlinie und das dortige Gebot, den Begünstigten „die Mittel zur Nutzung der betreffenden Schranke zur Verfügung zu stellen". Hierzu sei § 95d Abs. 2 eine „flankierende Maßnahme". Ob die Norm damit richtlinienkonform auszulegen ist, darf **bezweifelt** werden. Man wird sich ihr daher wohl zuallererst mit eigenen Auslegungsmethoden des deutschen Rechts nähern müssen. Auf den ersten Blick geht es der Vorschrift in ihrem Absatz 1 um das sehr weite Ziel und den Zweck des Verbraucherschutzes; bei näherer Betrachtung wird aber deutlich, dass der Gesetzgeber dies nur im Hinblick auf die Kaufentscheidung des Verbrauchers im Blick hatte. Denn die Gesetzesbegründung spricht nur die für den „Erwerb maßgeblichen Umstände" an. Diesem Umstand wird Bedeutung zukommen, insb. bei der unten (vgl. Rn. 10 ff.) zu behandelnden Frage, wo und wie die Kennzeichnung zu erfolgen hat. Für Absatz 2 dürfte der Zweck erheblich enger gefasst sein auf die bloße unterstützende Hilfe zur Durchsetzung von Rechten nach § 95b. Die Historie des Gesetzes ist für die Auslegung eher wenig fruchtbar. Allerdings enthält die Begründung den Hinweis, dass die Kennzeichnung „teilweise bereits praktiziert" wird. Hierbei dürfte der Gesetzgeber u.a. auf die bereits im Mai 2002 von der IFPI veröffentlichte Pressemitteilung v. 30.05.2002 Nr. 14/06/02 anspielen, in der den Mitgliedsunternehmen der IFPI eine Handlungsanweisung für eine vergleichbare Kennzeichnung an die Hand gegeben wird (http://www.ifpi.org/content/section_news/20020614.html, abgerufen am 28.02.2008). Diese Art der Kennzeichnung, auf die ebenfalls unten näher einzugehen sein wird, dürfte sich also als Richtlinie im Rahmen der Vorstellungen des Gesetzgebers bewegen. Es wäre aber wünschenswert, wenn das Bundesministerium der Justiz sich mit den interessierten Branchenkreisen und Verbraucherverbänden zusammensetzt, um Richtlinien zu entwerfen, wie sie etwa bei den Richtlinien über die allgemeinen Grundsätze für die Gestaltung von Fertigpackungen, Min. Bl. Fin. 1978, 65, für den Bereich des Eichgesetzes existieren.

3 Die Vorschrift betrifft in ihrem Absatz 1 den im deutschen Recht seltenen Fall einer Pflicht zur Angabe von bestimmten Inhalten eines Gegenstandes, nämlich der „Eigenschaften der technischen Maßnahmen". Dagegen konstituiert Absatz 2 die öfter anzutreffende Pflicht, bestimmte formelle Angaben zu Namen und Anschrift zu machen. Die Pflichten stehen gleichwertig nebeneinander, hätten wohl auch in einen Absatz mit einzelnen Ziffern aufgenommen werden können. Die Unterteilung in Absätze hat keine ersichtliche Bedeutung.

2. Höherrangiges Recht

4 Ob die Vorschrift mit höherrangigem Recht vereinbar ist, ist bezweifelt worden (vgl. Vor §§ 95a ff. Rn. 33). Das BVerfG hat sich hierzu in seiner ersten Entscheidung zu den §§ 95a ff. nicht explizit geäußert (BVerfG MMR 2005, 751).

3. Anwendbarkeit

5 § 95d gilt in seinem Anwendungsbereich selbstverständlich auch für „**altes Repertoire**", also bereits existierende Werke und andere Schutzgegenstände. Es kommt in **zeitlicher Hinsicht** also nicht darauf an, ob die Werke oder anderen Schutzgegenstände bereits vor Inkrafttreten des Gesetzes geschaffen wurden und geschützt waren oder erst nach Inkrafttreten geschaffen wurden. Die entsprechende Übergangsregelung des § 137j stellt vielmehr alleine darauf ab, wann die Werke und anderen Schutzgegenstände „neu in den Verkehr gebracht" wurden. In zeitlicher Hinsicht gilt Absatz 1 nach § 137j Abs. 1 nur für alle erst drei Monate nach Inkrafttreten des Gesetzes, also seit dem 01.12.2003, neu in Verkehr gebrachten Werke (vgl. § 137j Rn. 4). Absatz 2 trat erst ein Jahr nach Inkrafttreten des Gesetzes, also am 01.09.2004, in Kraft. Damit sollte Zeit gelassen werden für freiwillige Vereinbarungen (RegE UrhG Infoges – BT-Drucks. 15/38, S. 29). Bei § 95d dürfte es sich – trotz der wettbewerbsrechtlichen Färbung (dazu vgl. Rn. 22) um eine Urheberrechtssache i.S.d. § 105 handeln. In persönlicher Hinsicht ist die Anwendbarkeit jedenfalls in Absatz 1 keineswegs klar, da der Gesetzgeber neutral („[…] sind zu kennzeichnen […]“) formuliert (dazu *Diesbach* K&R 2004, 8, 10 f); es spricht aber wohl einiges dafür, die Pflichten aus § 95d dem Rechteinhaber, der auch in den Genuss der Schutzvorschriften der §§ 95a ff. kommt, aufzuerlegen.

II.   Tatbestand

1.   Kennzeichnungspflicht im Hinblick auf Eigenschaften (Abs. 1)

6 Selten schreibt der Gesetzgeber Normaddressaten vor, dass sie über den **Inhalt von Produkten informieren** müssen. Absatz 1 konstituiert eine solche Pflicht, die uns sonst etwa aus dem Heilmittelwerberecht bekannt ist, das vorschreibt, dass bei Werbung für Arzneimittel u.a. über die Zusammensetzung, die Anwendungsgebiete oder Gegenanzeigen informiert werden muss (§ 4 Abs. 1 HWG). Ähnliches findet sich in der Lebensmittelkennzeichenverordnung, die in § 3 u.a. vorschreibt, dass das Verzeichnis der Zutaten oder deren Menge angegeben wird. Andere Normwerke verlangen lediglich Angaben wie in § 95d Abs. 2, nämlich zu Namen und Adressen (z.B. § 3 Abs. 2 Ziff.1 Verordnung über die Sicherheit von Spielzeug oder § 3 Abs. 3 Ziff. 1 Medizingeräte-Verordnung). Den erstgenannten Regelwerken scheint gemein, dass sie wohl erheblich höherrangige Interessen, nämlich das Gemeingut Volksgesundheit, schützten. Dies ist bei der hier in Rede stehenden Norm nicht erkennbar. Dieser Umstand dürfte bei der Vereinbarkeit mit höherrangigem Recht (vgl. Rn. 4) und bei der Auslegung zu berücksichtigen sein.

7 **a) Werke und andere Schutzgegenstände, die mit technischen Maßnahmen geschützt werden:** Gegenstand der Kennzeichenpflicht sind Schutzgegenstände des Urheberrechtsgesetzes, also neben Werken etwa Leistungen, die Gegenstand eines verwandten Schutzrechtes sind, sonstige geschützte Gegenstände aus dem zweiten Teil des Urheberrechtsgesetzes, aber auch diejenigen Gegenstände von Sondervorschriften des dritten und folgenden Teils (Filme, Laufbilder). Der Gesetzgeber war ganz offensichtlich bemüht, mit dem – dem Urheberrechtsgesetz selbst fremden – Begriff des **Schutzgegenstandes** einen **Oberbegriff** zu finden. Computerprogramme hingegen sind ausgenommen (§ 69a Abs. 5). Dies begründet das Gesetz damit, dass die Info-RL den Rechtsschutz der technischen Schutzmaßnahmen nicht auch auf den Bereich der Computerprogramme erstrecke (RegE UrhG Infoges – BT-Drucks. 15/38, S. 22). Dies ist zwar richtig (ErwG 50 Info-RL). Zu Recht weist die Begründung auf erhebliche Probleme im Verhältnis zu § 69d Abs. 2 (Erstellung einer Sicherheitskopie) und § 69e (Dekompilierung) hin, die eine über die Richtlinienumsetzung hinausgehende Ausdehnung des Rechtsschutzes für die genannten Maßnahmen auf Software nicht angezeigt sein lassen (RegE UrhG Infoges – BT-Drucks. 15/38, S. 22). Zu den weiteren Problemen der Abgrenzung der Schutzregime bei sich überlappenden Schutzgegenständen (Stichwort: Computerspiele) vgl. § 69a Rn. 44 sowie zur Frage der Durchsetzung des Umgehungsverbotes bei Computerspielen vgl. § 69a Rn. 44 sowie vgl. § 95a Rn. 7.

Voraussetzung für eine Anwendung des § 95d ist, dass diese Schutzgegen- **8** stände mit technischen Maßnahmen **geschützt werden**. Technische Maßnahmen sind solche, die die Voraussetzungen des § 95a erfüllen. Die die handelnde Person offen lassende Passivformulierung lässt offenbar bewusst Raum dafür, dass es nicht darauf ankommt, wer den Schutz durch technische Maßnahme vorgenommen hat. Allerdings dürfte der Rechtsinhaber im Falle, dass nicht er die technische Maßnahme angebracht hat, aus der Verantwortlichkeit des § 95d entlassen sein.

Nicht unter § 95d fällt die **technische Maßnahme selbst**, über deren Eigen- **9** schaften man bei Veräußerung durch einen Hersteller z.B. von Kopierschutztools ja auch informieren könnte; denn sie wird nicht als Gegenstand des Urheberrechtsgesetzes geschützt, sondern ist nur Mittel zum Schutz; sofern es sich um ein Computerprogramm handelt, fällt dieses wegen § 69a Abs. 5 aus dem Anwendungsbereich heraus (vgl. Rn. 7). Die gelegentlich zu hörende Meinung, dass etwa auch Hardware zum Abspielen von solchen Schutzgegenständen unter die Vorschrift falle, findet im klaren Wortlaut des Gesetzes keine Stütze. Fraglich ist allerdings, ob es für die Kennzeichnungspflicht darauf ankommt, ob die Werke noch urheberrechtlich geschützt sind (zu dieser Frage bei § 95a vgl. § 95a Rn. 33). Ebenso fraglich ist, ob § 95d auch auf solche Trägermedien anwendbar ist, die nie ohne Kopierschutz auf dem Markt waren; dies trifft wohl insb. für DVD zu.

b) Art und Weise der Kennzeichnung: Das Gesetz gibt vor, dass die Kenn- **10** zeichnung „**deutlich sichtbar**" zu erfolgen habe und spricht damit einen der für die Praxis bedeutendsten Punkte an. Man wird die Art und Weise der Kennzeichnung danach unterteilen können, **wo** die Informationen platziert werden müssen, **wie** dies zu erfolgen hat, **welcher Sprache** man sich bedienen kann und **wie detailliert** die Informationen sein müssen. Man wird hier für die beiden Absätze zu differenzieren haben und könnte daran denken, auf die Rechtsprechung einzelner Gerichte zurückzugreifen, die zur Kennzeichnung von Tonträgern entwickelt wurde, wenn diese als „Oldies" bezeichnet wurden, tatsächlich aber keine solchen sind (OLG Hamburg OLGR 1999, 333; OLG Hamburg GRUR Int. 1999, 780).

Die deutschen verbraucherschützenden Normen kennen eine Verpflichtung **11** zur **Transparenz**. Dies sieht man nicht zuletzt an Bestimmungen wie § 307 Abs. 1 Satz 2 BGB, an den Einbeziehungsvoraussetzungen für AGB in § 305 Abs. 2 BGB oder allgemein an neuen Vorschriften, die dieses Ziel sogar im Namen führen: Transparenz- und Publizitätsgesetz vom 19.7.2003, BGBl. I 2002, S. 2681; Transparenzverordnung (EG) Nr. 1049/2001, Abl. EG Nr. L 145, S.43 = NJW 2001, 3172. Darüber hinaus betont die Gesetzesbegründung, dass § 95d Abs. 1 dazu dient, dass der Verbraucher an den Informationen „seine Erwerbsentscheidung ausrichten" kann. Dies führt für die Frage des **Wo** dazu, dass man annehmen darf, die Informationen müssen außen auf einer Verpackung angebracht werden. Für den Fall, dass es um Datenträger wie CDs oder DVDs geht, bedeutet dies die **Inlay-Card** oder aber die vordere Seite des **Booklets**. Letzteres erscheint uns nicht zwingend geboten, da der Verbraucher durchaus gewohnt ist, die Rückseite einer solchen Verpackung, also die Inlay-Card zu studieren, um nähere Informationen zu erhalten. Dort befinden sich i.d.R. auch alle weitergehenden Informationen zu den Inhalten, den Interpreten etc. Im Fall eines **Online-Angebots**, das i.d.R. mit dem Abdruck des Covers eines solchen Mediums einhergeht, auf welches man zu Initiierung des Download-Vorganges klicken muss, dürften Informationen in der unmittelbaren **Nähe dieses Covers** ausreichen. Nicht ausreichend dürfte es sein, die Informationen in einem Ständer neben dem Regal bereit zu halten. Die Rechtsprechung zur Lebensmittelkennzeichenverordnung kann dabei von Hilfe sein, denn sie verbietet derartige Informationen „in der Nähe", gestattet sie aber auf der Rückseite der Ware (EuGH EuZW 1998, 636 – *Etikettierung von Lebensmitteln*; OLG Koblenz ZLR 1986, 438; OLG München GRUR 1986, 86). Dasselbe gilt dann sicherlich auch für bloße Hinweise auf eine Internet-Seite, auf der sich der Verbraucher informieren kann; diese reichen nicht aus (a.A. wohl Wandtke/Bullinger/*Wandtke/Ohst*[2] Rn.10, die jeden „Link" ausreichen lassen, sogar bei einem Offline-Produkt, was aber ja sogar den zusätzlichen Aufwand der Herstellung einer Internet-Verbindung bedeuten würde).

12 Da § 95d im Grunde nur eine Spezialnorm zu § 15 UWG ist, wird man bei seiner Auslegung die grundsätzliche Ausrichtung der verbraucherschützenden Rechtsprechung des EuGH und des BGH zum Verbraucherleitbild zu berücksichtigen haben: Es kommt auf den durchschnittlich informierten, aufmerksamen und verständigen Durchschnittsverbraucher an und darauf, wie dieser eine Angabe wahrscheinlich auffassen wird (EuGH WRP 1995, 677, 678 – *Mars*; EuGH GRUR Int. 2000, 756, 757 – *naturrein*; BGH GRUR 2000, 619 – *Orient-Teppichmuster*).

13 Man wird aber sicherlich zu beachten haben, dass eine Anbringung auf der Innenseite der Inlay-Card, um bei dem CD-Beispiel zu bleiben, nicht mehr ausreicht, damit eine solche Information beim Kauf erkennbar ist, und so dem Ziel der Norm, den Verbraucher beim Kaufentschluss zu unterstützen, nicht gerecht wird. Dasselbe dürfte für solche Stellen einer Verpackung gelten, die auf einer etwaig vorhandenen Plastikeinschweißfolie durch spezielle Aufkleber möglicherweise abgedeckt werden.

14 Zu der **Frage des Wie** gibt das Gesetz eine klare Antwort: Die Kennzeichnung muss deutlich sichtbar sein. Zur **Auslegung** dieses Begriffs kann man auf **verhältnismäßig umfangreiche und gut vergleichbare Rechtsprechung zu anderen verbraucherschützenden Normen** zurückgreifen. Z.B. § 312c BGB i.V.m. § 1 Abs. 3 Nr. 1 der Informationspflichten-Verordnung oder § 305 Abs. 3 BGB sowie § 6 TMG kennen nahezu gleichlautende Verpflichtungen. Die Rechtsprechung hat hierzu ausgeführt, dass die Informationen getrennt sein müssen von anderen Informationen; dies könne durch eine andere Farbe der Schrift, eine andere Typografie oder Fettdruck erfolgen (BGH NJW-RR 1990, 368 zu § 1b AbzG a.F.; nun §§ 495, 355 Abs. 2 BGB; OLG München NJW-RR 2002, 399 zu § 7 Abs. 2 VerbrKrG, § 3 FernAbsG, § 361a BGB a.F.; nun §§ 495, 312d, 355 Abs. 2 BGB. Nicht ausreichend sei ein bloßer Absatz, wenn das ganze Layout dieselbe Schrift benutze (BGH NJW 1998, 1980). In einem solchen Fall genügt auch nicht, eine bloße Linie als Unterteilung anzufügen (BGH NJW 1996, 1964 zu § 1b AbzG bzw. § 2 Abs. 1 HWiG, § 7 Abs. 2 VerbrKrG a.F.; nun §§ 312, 495, 355 Abs. 2 BGB). Ebenfalls schädlich ist, wenn sich neben den notwendigen Informationen weiterer Text derart gestaltet befindet, dass er die Aufmerksamkeit des Lesers besonders auf sich zieht (OLG Naumburg NJW-RR 1994, 377 zu § 2 HWiG a.F.; nun §§ 312, 355 Abs. 2 BGB). Allerdings kann für § 305 BGB ein gut sichtbarer Link ausreichen (BGH NJW 2006, 2976, 2976), was zeigt, dass die Rechtsprechung durchaus auch neue Techniken akzeptiert; sollte also beim Offline-Vertrieb z.B. in der Zukunft es möglich sein, dass man durch ein einfaches Aktivieren z.B. eines RFID-Chips auf sein Handy die Informationen nach § 95d erhält, dürfte dies u.E. ausreichen.

Die Sprache der Information muss **deutsch** sein (Wandtke/Bullinger/*Wandtke/* **15**
Ohst[2] Rn.10; a.A. *Diesbach* K&R 2003, 8, 11), allerdings wohl nur, wenn die
Datenträger zielgerichtet erstmals auf den deutschen Markt gebracht wurden.
Dies kann wohl dazu führen, dass aufgrund des EU-weiten Erschöpfungs-
prinzips (§ 17 Abs. 2) Produkte z.B. aus Frankreich ohne Kennzeichnung
nach Deutschland gelangen. Solange dies nicht zielgerichtet zur Umgehung
missbraucht wird, muss man dies akzeptieren, da ansonsten § 95d Geltung
über Deutschland hinaus beanspruchen würde.

c) **Angaben über die Eigenschaften der technischen Maßnahmen:** Das Gesetz **16**
enthält keinerlei Angaben dazu, wie detailliert die Informationen sein müssen.
Es spricht nur von „Angaben über die Eigenschaften". Ziel und Zweck der
Norm sind jedoch keineswegs ganz allgemeine Verbraucherschutzaspekte; der
Gesetzgeber hatte nach seiner Begründung diesen Schutz nur im Hinblick auf
die Kaufentscheidung des Verbrauchers im Blick (vgl. Rn. 1 f.). Daher kann
man den Detailgrad der Angaben mit guten Gründen reduzieren. Nimmt man
hinzu, dass die detaillierteren Angaben aus der oben beschriebenen Lebensmittelkennzeichenverordnung und dem Heilmittelwerbegesetz höherwertige
Schutzgüter wie Gesundheit schützen, wird deutlich, dass auch der systematische Zusammenhang der Norm nicht zu großer Detailgenauigkeit zwingt.
Formulierungen wie:

„Enthält Kopierschutz, um zu [...] (kurze Beschreibung von Umfang und Inhalt der
Maßnahme) und kann auf folgenden Gerätetypen möglicherweise nicht abgespielt
werden: [...]

dürften den gesetzlichen Anforderungen genügen (zu anderen Formulierungs-
vorschlägen *Lapp/Lober* ITRB 2003, 234; zu einem Beispiel aus der Praxis
http://www.bmgcopycontrol.com, abgerufen am 28.02.2008).

2.   **Kennzeichnungspflicht im Hinblick auf formelle Angaben (Abs. 2)**

Im Gegensatz zu den Angaben nach Abs. 1 kennt das deutsche Recht vielfältig **17**
Vorschriften, die **Informationen zur leichteren Identitätsfindung** enthalten.
Dies ist z.B. § 312c BGB i.V.m. § 1 Informationspflichten-Verordnung oder
§ 312e BGB i.V.m. § 3 Informationspflichten-Verordnung aus dem Bereich der
Fernabsatz-Verträge oder dem Elektronischen Geschäftsverkehr; gebräuchlich
ist dies auch bei den o.g. Vorschriften aus dem Medizingeräterecht oder dem
Spielzeugrecht (vgl. Rn. 5). Anders als die Angaben nach Abs. 1 ist es nicht
erforderlich, diese Angaben deutlich sichtbar anzubringen.

a) **Gegenstände, Zweck und Inhalt der Pflicht:** Gegenstand der Vorschrift sind **18**
alle oben (vgl. Rn. 6) genannten Schutzgegenstände. Eine Einschränkung
erfährt die Zielrichtung der Norm durch den Zusatz, dass sie dem Zweck
dient, Schrankenbegünstigten nach § 95d Abs. 2 zu helfen, ihre Ansprüche auf
Zugang durchzusetzen. Pflichtangabe ist zunächst der Name (§ 12 BGB),
sowohl im Falle einer Einzelperson als bürgerlicher Name als auch für die
sonstigen potentiellen Träger eines Namensrechts (z.B. Vereine, nicht rechts-
fähige Personenvereinigungen) bzw. die Firma (§ 17 Abs. 1 HGB) im Falle
eines Kaufmanns/Unternehmens. Unter zustellfähiger Anschrift sind die Angaben zu Straße, Postleitzahl, Ort und ggf. Staat zu verstehen (z.B. Palandt/
Heinrichs[68] § 312c Rn 2). Wenn ein Unternehmen eine eigene Postleitzahl hat,
reicht diese selbstverständlich aus. Nicht ausreichend hingegen ist die Angabe
eines Postfaches statt einer Straße (OLG Hamburg GRUR-RR 2004, 82 zur
parallelen Norm des § 312c BGB). Eine deutsche Adresse muss allerdings nicht
angegeben werden.

19 b) **Ausnahme für § 95b Abs. 3:** Für Fälle, dass Werke und sonstige Schutzgegenstände der Öffentlichkeit aufgrund einer vertraglichen Vereinbarung in
einer Weise zugänglich gemacht werden, dass sie Mitgliedern der Öffentlichkeit von Orten und zu Zeiten ihrer Wahl zugänglich sind (§ 95b Abs. 3), gelten
die Pflichten zur Informationsangabe nach § 95d Abs. 2 nicht.

3. Rechtsfolgen

20 Zur **Verantwortlichkeit** vgl. § 95a Rn. 50.

21 Die Rechtsfolgen eines Verstoßes gegen § 95d Abs. 2 sind zunächst als **Ordnungswidrigkeiten** im Urheberrechtsgesetz selber geregelt (§ 111a Abs. 1
Ziff. 3; vgl. § 111a). Dabei dürfte in der Übergangszeit der Einführung dieser
neuen Norm eine Unsicherheit über Umfang der Pflichten nach § 95d eine
gewisse Rolle spielen. Für den Fall, dass ein Gericht eine wohl überlegte, ggf.
sogar durch ein Gutachten unterlegte, bestimmte Form der Information dennoch für rechtswidrig erachtet, sei auf die Rechtsprechung zum Verbotsirrtum
hingewiesen. Es ist anerkannt, dass aus einem Verhalten, welches sich bei
neuen Gesetzen unter sorgfältigen und zumutbaren Rechtserkundigungsmaß-
nahmen im Rahmen der anerkannten Auslegungsmöglichkeiten als (vermeintlich) rechtmäßig bewegt, ein Schuldvorwurf schwer herzuleiten ist. (Schönke/
Schröder/*Cramer/Sternberg-Lieben*[27] § 17 Rn. 19 ff.). Ein Verstoß gegen
Abs. 1 ist nicht ordnungswidrigkeiten- oder gar strafbewehrt. Er könnte jedoch Mängelgewährleistungsansprüche nach sich ziehen (Dreier/Schulze/*Dreier*[2] Rn. 4).

22 Daneben ist es aber auch denkbar, dass **weitergehende zivilrechtliche Ansprüche** bestehen. Zunächst könnte man an Ansprüche nach dem UWG denken. In
Frage kommt hier wohl nur §§ 3, 4 Nr. 11 UWG unter dem Gesichtspunkt
Vorsprung durch Rechtsbruch (so auch Dreier/Schulze/*Dreier*[2] Rn. 6). Allerdings setzt dieser nach der neuen höchstrichterlichen Rechtsprechung voraus,
dass die verletzte Norm den Leistungswettbewerb selber schützt (BGH GRUR
2002, 825 – *Elektroarbeiten*). Nur in einem solchen Fall führt ein Verstoß
gegen die Norm automatisch zu einer Verletzung von § 1 UWG. Für § 95d
Abs. 1 dürfte dies kaum einem Zweifel unterliegen, da die Gesetzesbegründung selber davon spricht, dass „das Kennzeichnungsgebot des Absatz 1 [...]
der Lauterkeit des Wettbewerbs dient." (RegE UrhG Infoges – BT-Drucks.
15/38, S. 28; so daher auch Schricker/*Götting*[3] Rn. 4). Wir denken allerdings
nicht, dass dies auch in Bezug auf § 95d Abs. 2 der Fall ist (so wohl auch
Schricker/*Götting*[3] Rn. 4). Denn einerseits spricht die Gesetzesbegründung im
Falle des Absatz 2 von einem solchen Ziel gerade nicht, andererseits gibt es
vergleichbare Regelungen zu Namens- und Anschriftsinformationen, bei denen dieser Bezug ebenso mit guten Gründen verneint wird (z.B. § 6 TMG und
dazu LG Hamburg NJW-RR 2001, 1075 (dort aber nur Qualifikation als nicht
wertbezogene Norm i.S.d. überholte Dogmatik zum Rechtsbruch; keine Aussage über zumindest auch sekundäre wettbewerbliche Schutzfunktion); dazu
Nordemann[10] Rn. 1762; *Wüstenberg* WRP 2002, 782; a.A. für § 6 TMG aber:
OLG Hamburg GRUR-RR 2003, 92 (noch zur alten Dogmatik des Vorsprun-
ges durch Rechtsbruch, jedenfalls aber Qualifikation als verbraucherschützende Norm). Eine Verletzung von § 5 UWG (Irreführung) dürfte ausscheiden
(so aber Dreier/Schulze/*Dreier*[2] Rn.6), da jedenfalls § 95d Abs. 1 eine spezialgesetzliche Ausprägung eines Irreführungsverbotes ist (vgl. Rn. 12).

Ansprüche aus den §§ 823, 1004 BGB werden ebenfalls diskutiert (dafür **23** Wandtke/Bullinger/*Wandtke/Ohst*[2] Rn.12, allerdings ohne Begründung; Loewenheim/*Peukert* § 36 Rn. 30; Schricker/*Götting*[3] Rn. 12; dagegen: HK-UrhR/*Dreyer* Rn. 11).

Schließlich kommen Ansprüche nach dem **Unterlassungsklagengesetz** in Frage. **24** Nach § 2 UKlaG führt nur beispielhaft einige Verbraucherschutzgesetze an, bleibt in seiner Aufzählung aber offen. Deshalb dürfte für die auch verbraucherschützende Norm des § 95d die Anwendung dieses Gesetzes eröffnet sein, auch wenn die Historie des neuen Urheberrechtsgesetzes vielleicht dagegen spricht: Denn das Gesetz zum Urheberrecht in der Informationsgesellschaft führte in seinem Art. 3 einen neuen § 2a UKlaG ein, der sich mit den Bestimmungen für Schrankenbegünstigte in § 95b beschäftigt. Wenn das neue Gesetz also das Unterlassungsklagengesetz änderte, ohne die offene Frage, ob § 2 UKlaG im Falle des § 95d anwendbar ist, zu regeln, könnte man hieraus durchaus auch Argumente gegen eine Anwendbarkeit entnehmen.

§ 96   Verwertungsverbot

(1) Rechtswidrig hergestellte Vervielfältigungsstücke dürfen weder verbreitet noch zu öffentlichen Wiedergaben benutzt werden.

(2) Rechtswidrig veranstaltete Funksendungen dürfen nicht auf Bild- oder Tonträger aufgenommen oder öffentlich wiedergegeben werden.

Übersicht

I.   Allgemeines

Dass der Inhaber eines Verbreitungsrechts, welcher rechtswidrig Vervielfäl- **1** tigungsstücke hergestellt hat, diese nicht verbreiten darf, folgt daraus, dass ihm das Verbreitungsrecht nur an rechtmäßig vervielfältigten Werkexemplaren eingeräumt ist. Gegen ihn richtet sich der unmittelbare Unterlassungs- und Schadensersatzanspruch des § 97 (vgl. § 97 Rn. 29 ff. und 61 ff.). Der Schutz des Urhebers und des Leistungsschutzberechtigten wäre jedoch unvollständig, wenn ihnen nicht auch Ansprüche **gegen Dritte** zustünden, die zwar nicht selbst rechtswidrig vervielfältigt (Abs. 1) bzw. nicht selbst Funksendungen rechtswidrig veranstaltet (Abs. 2) haben, aber daraus – bewusst oder unbewusst – Nutzen ziehen. Andernfalls würden Werk bzw. Leistung sehr bald der Kontrolle des Berechtigten entgleiten. Die Bestimmung richtet sich daher gegen diejenigen Verwerter, die an sich zur Verbreitung (§ 17), zur Aufnahme auf Bild- oder Tonträger (§ 16 Abs. 2) oder zur öffentlichen Wiedergabe (§ 15 Abs. 2) **berechtigt** sind, weil sie ein entsprechendes Nutzungsrecht vertraglich erworben haben (§ 31) oder weil ihnen eine gesetzliche Befugnis zur Seite steht (§§ 44a bis 63). Siehe ferner § 53 Abs. 6.

Die Vorschrift des § 96 ist seit Inkrafttreten des UrhG 1966 unverändert. **2** § 96 findet auch auf **Werke** Anwendung, die **vor 1966** geschaffen wurden,

§ 129 Abs. 1 S. 1. Das Gleiche gilt gem. § 129 Abs. 1 S. 2 für Leistungsschutz-rechte.

II. EU-Recht und Internationales Recht

3 Der eigentliche Regelungsbereich des § 96 unterliegt nicht der Harmonisie-rung durch **EU-Recht**. Jedoch hat EU-Recht die Verwertungsrechte der §§ 15 bis 22 für Urheber und Leistungsschutzberechtigte weitgehend harmo-nisiert (vgl. § 15 Rn. 15). Das gilt vor allem für das Verbreitungsrecht des § 17 bei ausübenden Künstlern und Sendeunternehmen (vgl. § 77 Rn. 19f.; vgl. § 87 Rn. 31). Soweit mit dieser EU-Harmonisierung Schutzlücken im EU-Ausland geschlossen wurden, die die praktische Bedeutung des § 96 zum Teil ausmachten, hatte das mittelbare Rückwirkung auch auf § 96 (vgl. Rn. 6; außerdem *Krüger* GRUR Int. 1997, 78, 79). In **internationalen Urheberrechts-abkommen** (vgl. Vor §§ 120 ff. Rn. 4 ff.) finden sich keine § 96 regulierenden Bestimmungen. **Internationalprivatrechtlich** ist § 96 als Norm des Urheberde-liktsrechts nach dem Schutzlandprinzip anzuknüpfen (vgl. Vor §§ 120 ff. Rn. 59 ff.), d.h. § 96 Abs. 1 gilt für Verbreitungshandlungen und öffentliche Wiedergaben in Deutschland. Der Begriff der rechtmäßigen Herstellung des Vervielfältigungsstückes ist jedoch differenziert anzuknüpfen: Das Vertrags-statut gilt für mögliche vertragliche Vervielfältigungserlaubnisse. Sonstige Rechtfertigungen für die Vervielfältigung (Bestehen eines Schutzrechts; Schutz-fristablauf; Schrankenbestimmungen) sind nach deutschem Recht als Schutz-land anzuknüpfen, so dass insoweit Rechtswidrigkeit nach § 96 Abs. 1 gege-ben sein kann, auch wenn die Vervielfältigungsstücke nach ausländischem Recht im Ausland rechtmäßig hergestellt wurden (vgl. Rn. 6). Für § 96 Abs. 2 gilt das Gleiche; er entfaltet Wirkung für Aufnahmen auf Bild- oder Tonträger bzw. öffentliche Wiedergaben in Deutschland. Für die Rechtswidrigkeit ist bei vertraglicher Gestattung auf das Vertragsstatut, ansonsten auf das für die Sendung internationalprivatrechtlich einschlägige Recht abzustellen, das nicht zwingend Deutschland als Schutzland sein muss, nur weil die Sendung in Deutschland empfangbar war (zur Anknüpfung von Sendungen nach IPR vgl. Vor §§ 120 ff. Rn. 62).

III. Rechtswidrig hergestellte Vervielfältigungsstücke (Abs. 1)

4 Der Begriff des **Vervielfältigungsstücks** entspricht dem des § 16 Abs. 1 (vgl. § 16 Rn. 9 ff.). **Rechtswidrig hergestellt** ist ein Vervielfältigungsstück, wenn der Herstellende hierzu weder über eine vertragliche Erlaubnis des Berechtig-ten verfügt noch eine gesetzliche Ausnahme (insb. Schranken, siehe §§ 44a bis 63) für sich in Anspruch nehmen kann. Eine **vertragliche Berechtigung** ist nicht gegeben, wenn im Zeitpunkt der Vervielfältigung eine aufschiebende Bedin-gung noch nicht eingetreten ist (Dreier/Schulze/*Dreier*[2] Rn. 7 unter Verweis auf OLG München GRUR Int. 1993, 88 – *Betty Carter and her Trio*) bzw. eine auflösende Bedingung bereits eingetreten war (Möhring/Nicolini/*Lütje*[2] Rn. 12; Dreier/Schulze/*Dreier*[2] Rn. 7). Auch unerlaubte Vervielfältigungen von **Werkbearbeitungen oder -umgestaltungen** (§ 23) sind rechtswidrig gem. § 96 Abs. 1. Ferner sind sämtliche Vervielfältigungshandlungen rechtswidrig, die vom UrhG gewährte **Persönlichkeitsrechte** (§§ 12, 13, 14, 39, 75) bzw. einfachen Entstellungs- und Kürzungsschutz (§ 94 Abs. 1 S. 2) verletzen. Eine rechtswidrig entstellende Vervielfältigung ist also rechtswidrig (Dreier/Schul-ze/*Dreier*[2] Rn. 7; Schricker/*Wild*[3] Rn. 4; a.A. Möhring/Nicolini/*Lütje*[2] Rn. 10), eine Vervielfältigung ohne nach § 13 zwingende Namensnennung ebenfalls. Werke oder Leistungen, die **nicht oder wegen Fristablaufes nicht mehr geschützt** sind, können grundsätzlich nicht rechtswidrig vervielfältigt werden. Vervielfältigungen, die von **Schrankenbestimmungen** gestattet werden, sind nicht rechtswidrig. Eine nach § 53 Abs. 1 unter bestimmten Voraussetzungen rechtmäßige Privatkopie ist deshalb kein rechtswidrig hergestelltes Vervielfältigungsstück nach § 96 Abs. 1; jedoch ordnet § 53 Abs. 6 ein mit § 96 Abs. 1 parallel laufendes Verbreitungs- und öffentliches Wiedergabeverbot an, so dass sich im Ergebnis kein Unterschied zu § 96 Abs. 1 ergibt. Insb. für Filesharing-Piraterie besteht deshalb keine Schutzlücke, zumal der zulässige Bereich im Bereich der Privatkopie seit dem 01.01.2008 durch den Ausschluss von offensichtlich rechtswidrig öffentlich zugänglich gemachten Vorlagen weiter eingeengt wurde (vgl. § 53 Rn. 14 f.; zur Filesharing-Piraterie *Jan Bernd Nordemann/Dustmann* CR 2004, 380). Eine analoge Anwendung des § 96 Abs. 1 muss jedoch für andere nach Schrankenbestimmungen rechtmäßigen Vervielfältigungshandlungen in Betracht gezogen werden, für die eine Verbreitung oder öffentliche Wiedergabe dem Schrankenzweck widerspräche, z.B. für die öffentliche Ausstellung von Privatkopien, die von rechtswidrigen Vorlagen stammen und nicht die Offensichtlichkeitsgrenze des § 53 Abs. 1 überschreiten. – Die Rechtswidrigkeit ist **internationalprivatrechtlich** für vertragliche Gestattungen nach dem Vertragsstatut, ansonsten nach dem Schutzlandprinzip anzuknüpfen (vgl. Rn. 3).

Die praktische Bedeutung des § 96 Abs. 1 für den Urheber bzw. Leistungs- **5** schutzberechtigten ist gering, soweit es sich um **im Inland** hergestellte Exemplare handelt. Da das Vervielfältigungs- und das Verbreitungsrecht meist gekoppelt vergeben werden, dürfte ein Verwerter, der das Verbreitungsrecht ordnungsgemäß erworben hat, nur sehr selten in den Besitz rechtswidrig hergestellter Vervielfältigungsstücke kommen. In Fällen, in denen der Verwerter auch kein Verbreitungsrecht bzw. das relevante Recht der öffentlichen Wiedergabe hat, besitzt § 96 Abs. 1 ohnehin keine eigenständige Bedeutung, weil dann die rechtswidrigen Nutzungshandlungen bereits über die §§ 17, 15 Abs. 2, 97 verfolgt werden können. Die praktische Bedeutung des § 96 für Urheber liegt demnach für den reinen Inlandsbereich vor allem in seiner bloßen Existenz, die Fehldeutungen durch die Gerichte verhindert (Beispiel: OLG München Schulze OLGZ 145 – *Mord ohne Mörder*, Leitsatz 3).

Fraglich ist, ob das Verbreitungsverbot des § 96 auch dann gilt, wenn Ver- **6** vielfältigungsstücke **aus dem Ausland** importiert werden, deren Herstellung in der Bundesrepublik rechtswidrig wäre, die aber im Herkunftsland **rechtmäßig** hergestellt werden konnten, insb. weil dort die Schutzfrist schon abgelaufen ist, das Werk nie urheberrechtlich bzw. leistungsschutzrechtlich geschützt war oder kein Staatsvertrag mit der Bundesrepublik besteht (vgl. § 121 Rn 3 ff.). Für den Bereich des **Urheberrechts** (§ 2) ist das zwar ohne Bedeutung, weil § 17 dem Urheber insoweit ein besonderes Verbreitungsrecht gewährt; danach ist *jede* Verbreitung unzulässig, die er nicht autorisiert hat (zur Erschöpfung des Verbreitungsrechts vgl. § 17 Rn. 24 ff.). Beispielsweise muss § 96 Abs. 1 nicht bemüht werden, um das nicht gestattete Verbreiten von (möglicherweise) in Italien schutzlosen Werken der angewandten Kunst in Deutschland zu unterbinden, weil bereits eine Verletzung des deutschen Verbreitungsrechts vorliegt (BGH GRUR 2007, 871, 873 ff. – *Wagenfeld-Leuchte*; ferner BGH GRUR 2007, 50, 51 – *Le Corbusier-Möbel*). Jedoch hatte der **ausübende Künstler** bis zum Inkrafttreten des ÄndG 1995 am 01.07.1995 kein Verbreitungsrecht, das ihm § 77 Abs. 2 (§ 75 Abs. 2 a.F.) nunmehr zusteht. Der Bundesgerichtshof hat deshalb insoweit § 96 Abs. 1 im Ergebnis entsprechend angewendet (BGH GRUR 1993, 550 – *The Doors,* wo als im Inland rechts-widrig auch eine Vervielfältigung angesehen wird, die im Ausland rechtmäßig stattgefunden hat; zu der seinerzeitigen Streitfrage Voraufl./*Wilhelm Norde-mann* Rn. 3 und *Marly* NJW 1994, 2004, 2007). Diese Fallpraxis hat heute noch Bedeutung für nicht EU-ausländische Künstler (OLG Hamburg ZUM 2004, 133, 136). Allerdings setzt die Anwendung des § 96 Abs. 1 auf Dar-bietungen ausübender Künstler voraus, dass diese in Deutschland Schutz nach § 125 Abs. 1 bis 5 genießen; § 125 Abs. 6 gewährt nur die ausdrücklich dort genannten Mindestrechte, nicht aber das Vervielfältigungsrecht des § 75 S. 2, das von § 96 Abs. 1 vorausgesetzt wird (BGH GRUR 1986, 454, 455 – *Bob Dylan* mit Anmerkung von *Krüger* aaO S. 456 und *Schack* GRUR 1986, 734; bestätigt von BVerfGE 81, 12; BGH GRUR 1987, 814, 815 – *Die Zauberflöte;* OLG Hamburg ZUM 1991, 545, 546 f. – *Swingin'Pigs*). Vgl. § 125 Rn. 6 ff.

7 § 96 Abs. 1 erfasst nach seinem Wortlaut nur die Nutzung des rechtswidrig hergestellten Verbielfältigungsstückes durch **Verbreitung** nach § 17 oder durch **öffentliche Wiedergabe** nach § 15 Abs. 2. Keine Verbreitung oder öffentliche Wiedergabe liegt aber vor, wenn **Notenexemplare** für öffentliche **Aufführun-gen** im Inland benutzt werden. Vielmehr ist überhaupt kein Nutzungsrecht des Urhebers oder Leistungsschutzberechtigten tangiert. Daher ist die Verwendung von im Ausland rechtmäßig hergestelltem Notenmaterial für öffentliche Auf-führungen im Inland zulässig (BGH GRUR 1972, 141 f. – *Konzertveranstal-ter*). Zu rechtswidrig im Inland oder Ausland hergestelltem Notenmaterial, vgl. Vor §§ 31 ff. Rn. 352 ff. Nicht unter § 96 Abs. 1 fällt nach Auffassung des BGH die (weitere) **Vervielfältigung** des rechtswidrig hergestellten Vervielfälti-gungsstückes (BGH GRUR 2006, 319 Tz. 35 – *Alpensinfonie*); hierfür enthält § 97 i.V.m. § 16 eine ausreichende Regelung. Demgegenüber ist die **Ausstel-lung** (§ 18) rechtswidrig hergestellter Kopien von Lichtbildern oder Werken der bildenden Künste wohl nur versehentlich nicht in § 96 erwähnt; eine analoge Anwendung des § 96 Abs. 1 darauf ist zulässig (Schricker/*Wild*[3] Rn. 3; Dreier/Schulze/*Dreier*[2] Rn. 9). So dürfen unerlaubte Repliken von Werken der bildenden Kunst nicht in einem öffentlichen Café ausgestellt werden (Schieds-stelle DPMA ZUM 2005, 85). Darüber hinaus kann die öffentliche Ausstel-lung über § 98 unmöglich gemacht werden.

IV. Rechtswidrig veranstaltete Funksendungen (Abs. 2)

8 Zum Begriff der **Funksendung** vgl. § 20 Rn. 10. Fraglich ist, ob dazu auch die **öffentliche Zugänglichmachung nach** § 19a, also insb. über das Internet zum individuellen Download, erfasst ist (ablehnend, sogar vor Einführung einer gesonderten Regelung des Rechts der öffentlichen Zugänglichmachung auf individuellen Abruf durch § 19a: *Schack* ZUM 2002, 497; *Kreutzer* GRUR 2001, 193; offen Dreier/Schulze/*Dreier*[2] Rn. 11). Sofern das einem effektiven Schutz dient, sollte indes eine analoge Anwendung in Betracht gezogen wer-den, weil es sich bei § 19a – wie bei § 20 – um ein Recht der öffentlichen Zugänglichmachung handelt. Eine analoge Anwendung scheidet nur aus, wenn dies Wertungswidersprüche innerhalb des UrhG auslösen würde. Z.B. ist die Privatkopie von nicht offensichtlich rechtswidrig öffentlich zugänglich gemachten Vorlagen seit dem Zweiten Korb gem. § 53 Abs. 1 S. 1 zulässig (vgl. § 53 Rn. 14 f.); damit kann insoweit zumindest eine Aufnahme auf Bild- oder Tonträger erfolgen. § 96 Abs. 2 kann das nicht wieder aufheben. Die öffent-liche Wiedergabe von legalen Privatkopien ist aber nach § 53 Abs. 6 unzulässig. – Zum Begriff der **Rechtswidrigkeit** vgl. Rn. 4, zu seiner internationalprivatrechtlichen Anknüpfung vgl. Rn. 3. Mit § 53 Abs. 1 S. 1 kann es zu Wertungswidersprüchen kommen, sofern bei Herstellung der Privatkopie nicht offensichtlich war, dass die Funksendung rechtswidrig war; dann sollte § 53 Abs. 1 S. 1 *lex specialis* sein.

Die Aufnahme auf einen **Bild- oder Tonträger** ist in § 16 Abs. 2 definiert, die **9** **öffentliche Wiedergabe** in § 15 Abs. 2. Das öffentliche Wiedergaberecht ist auch dann verletzt, wenn die rechtswidrig veranstaltete Funksendung nur indirekt öffentlich wiedergegeben wird, z.B. durch die öffentliche Wiedergabe einer auf Tonträger aufgenommenen illegalen Sendung (Dreier/Schulze/*Dreier*[2] Rn. 13); insoweit sollte das „oder" als „und/oder" gelesen werden.

Die **praktische Bedeutung des** § 96 Abs. 2 ist dennoch gering geblieben. Die **10** öffentliche Wiedergabe einer rechtswidrigen Funksendung, beispielsweise in einer Gaststätte, kann der Berechtigte, wenn er schon ihre Ausstrahlung nicht verhindern kann, allein aus zeitlichen Gründen erst recht nicht mehr unterbinden. Einen Schadensersatzanspruch gegen den Gastwirt hat er in aller Regel nicht, weil dieser nicht wissen kann, dass die Sendung unrechtmäßig ist (vgl. § 97 Rn. 63); die auch ohne Verschulden gegebenen Ansprüche auf Beseitigung der Beeinträchtigung und auf Unterlassung (vgl. § 97 Rn. 29 ff. und Rn. 55 ff.) helfen ihm nicht, weil die erfolgte öffentliche Wiedergabe nicht ungeschehen gemacht werden kann und Wiederholungsgefahr nicht besteht. Nur wenn die illegale Sendung auch noch vorher auf Bild- oder Tonträger aufgenommen wurde, kann unter dem Gesichtspunkt der Beseitigung der Beeinträchtigung (vgl. § 97 Rn. 55 ff.) deren Vernichtung (§ 98) verlangt werden.

V. Prozessuales

Die **Beweislast** dafür, dass das benutzte Exemplar rechtswidrig hergestellt bzw. **11** die Sendung rechtswidrig ausgestrahlt worden war, trifft den Urheber oder Schutzrechtsinhaber bzw. denjenigen, der das Verbotsrecht aufgrund eines derivativen Rechtserwerbs geltend macht (Nutzungsberechtigter nach § 31). Zweifel gehen zu seinen Lasten. Verstöße gegen § 96 können über die §§ 97 ff. verfolgt werden, weil es sich bei § 96 um absolute Rechte handelt (vgl. § 97 Rn. 9).

VI. Verhältnis zu anderen Vorschriften

Zum Verhältnis des § 53 zu § 96 Abs. 1 vgl. Rn. 4 und zu § 96 Abs. 2 vgl. **12** Rn. 8. Zu § 97 vgl. Rn. 1.

Abschnitt 2 **Rechtsverletzungen**

Unterabschnitt 1 **Bürgerlich-rechtliche Vorschriften; Rechtsweg**

§ 97 **Anspruch auf Unterlassung und Schadenersatz**

(1) Wer das Urheberrecht oder ein anderes nach diesem Gesetz geschütztes Recht widerrechtlich verletzt, kann von dem Verletzten auf Beseitigung der Beeinträchtigung, bei Wiederholungsgefahr auf Unterlassung in Anspruch genommen werden. Der Anspruch auf Unterlassung besteht auch dann, wenn eine Zuwiderhandlung erstmalig droht.

(2) [1]Wer die Handlung vorsätzlich oder fahrlässig vornimmt, ist dem Verletzten zum Ersatz des daraus entstehenden Schadens verpflichtet. [2]Bei der Bemessung des Schadenersatzes kann auch der Gewinn, den der Verletzer durch die Verletzung des Rechts erzielt hat, berücksichtigt werden. [3]Der Schadenersatzanspruch kann auch auf der Grundlage des Betrages berechnet werden, den der Verletzer als angemessene Vergütung hätte entrichten müssen, wenn er die Erlaubnis zur Nutzung des verletzten Rechts eingeholt hätte. [4]Urheber, Verfasser wissenschaftlicher Ausgaben (§ 70), Lichtbildner (§ 72) und ausübende Künstler (§ 73) können auch wegen des Schadens, der nicht Vermögensschaden ist, eine Entschädigung in Geld verlangen, wenn und soweit dies der Billigkeit entspricht.

Übersicht

I. Allgemeines

1. Sinn und Zweck

1 § 97 ist die **Zentralnorm des Urheberdeliktsrechts.** Er regelt die für die Praxis sehr bedeutenden Unterlassungs-, Beseitigungs- und Schadensersatzansprüche bei Verletzung des Urheberrechts. Geschützt sind aber nicht nur die Urheber, sondern auch Dritte, die von diesen dinglich wirksame Nutzungsrechte ableiten. Ferner erstreckt sich der Schutz des § 97 auf verwandte Schutzrechte („Leistungsschutzrechte"), die im UrhG geregelt sind; auch hier können Ansprüche nach § 97 dinglich Nutzungsberechtigten zustehen. Bei der Auslegung von § 97 ist zu beachten, dass die aus § 97 fließenden Ansprüche als Sanktion unmittelbar an dem Eigentumsschutz des Urheberrechts bzw. des Leistungsschutzrechts i.S.d. **Art. 14 GG** teilhaben (BVerfG NJW 2003, 1655, 1656 – *Zündholzbriefchen*).

2 § 97 wird **ergänzt** durch verschiedene **Ansprüche gem.** UrhG: Vernichtungs-, Rückrufs- und Überlassungsansprüche nach § 98, Auskunftsansprüche nach § 101 und Gewohnheitsrecht (§§ 242, 258, 259 BGB), Besichtigungsansprüche nach § 101a, Vorlageansprüche nach § 101b und Urteilveröffentlichungsansprüche nach § 103 sowie die Haftungsverschärfung für Unternehmensinhaber nach § 99. Zu beachten ist ferner die Ausnahmebestimmung des § 100. § 97a enthält eine spezielle Regelung zu außergerichtlichen Abmahnungen. – § 102a lässt **weitere Ansprüche außerhalb des UrhG** zu, insb. Ansprüche aus § 812 BGB und GoA.

3 Zur Ausfüllung der Tatbestände der urheberdeliktsrechtlichen Ansprüche aus §§ 97 ff. gelten **ergänzend** die **allgemeinen deliktrechtlichen Vorschriften** der §§ 823 bis 853 BGB, insb. §§ 827 bis 829, 830 bis 832, 839, 840, 846 BGB; zu § 852 BGB siehe § 102 S. 2 UrhG.

4 Die Vorschrift des § 97 UrhG besteht seit Inkrafttreten des UrhG im Jahr 1966 weitgehend unverändert. Im Zuge der **Umsetzung der EU Enforcement-RL** (vgl. Rn. 5) wurde § 97 zum 01.09.2008 **umformuliert**, wobei es zu folgenden, inhaltlich nicht besonders weitreichenden Änderungen gekommen ist (Begr. RegE UmsG Enforcement-RL – BT-Drucks. 16/5048, S. 48):
- Die **Rechtsfolgen für Unterlassung** (vgl. Rn. 29 ff.) und **Schadensersatz** (vgl. Rn. 61 ff.) wurden in § 97 n.F. zum Zwecke der Übersichtlichkeit (Begr. RegE a.a.O.) auf die Abs. 1 und 2 verteilt.
- Der **vorbeugende Unterlassungsanspruch** (vgl. Rn. 39 f.) wurde explizit in Abs. 1 S. 2 geregelt.
- Beseitigungsansprüche auf **Rückruf und Entfernung** hat der Gesetzgeber in die Spezialregelung des § 98 Abs. 2 aufgenommen.
- Ebenso sind nun die **drei** lange anerkannten **Berechnungsarten** für den Schadensersatz (vgl. Rn. 68 ff.) ausdrücklich normiert: Der konkrete Schaden ist in § 97 Abs. 2 S. 1 geregelt; die Lizenzanalogie findet sich jetzt in § 97 Abs. 2 S. 3 und die Herausgabe des Verletzergewinns in § 97 Abs. 2 S. 2.
- Nur tw. ausdrücklich geregelt sind in § **101 Auskunfts- und Rechnungslegungsansprüche**, die die Berechnung der vorgenannten Schadensersatzansprüche ermöglichen. Insb. die Streichung des Anspruchs auf Rechnungslegung aus § 97 Abs. 1 S. 2 a.F. bewirkt aber keine inhaltliche Änderung (Begr. RegE UmsG Enforcement-RL – BT-Drucks. 16/5048, S. 48); vielmehr ergeben sich die Auskunfts- und Rechnungslegungsan-

sprüche, die § 101 nicht regelt, aus den **allgemeinen gewohnheitsrechtlichen Regelungen des BGB** (vgl. § 101 Rn. 33 ff.).

– Nur für die Sicherung der **Durchsetzung von Schadensersatzansprüchen** sieht § 101b eine Vorlagepflicht für Bank-, Finanz- und Handelsunterlagen vor, wenn diese einen Hinweis auf beim Schuldner vorhandene Vermögenswerte geben.

Im Hinblick auf die Änderungen existiert **keine Übergangsvorschrift**. Deshalb ist § 97 n.f. unabhängig vom **Verletzungszeitpunkt** stets anzuwenden. Wegen § 129 Abs. 1 erstreckt sich § 97 auch auf aktuelle **Verletzungen von Altwerken**, die vor 1966 noch unter Geltung des LUG bzw. des KUG geschaffen wurden.

2.   EU-Recht

EU-rechtlich gilt für § 97 – wie für die übrigen urheberdeliktsrechtlichen **5** Normen der §§ 98 ff. – der Grundsatz der Auslegung zu Gunsten eines **effektiven Urheberrechtsschutzes**, wie ihn Art. 3 Abs. 2 Enforcement-RL und Art. 8 Abs. 1 Info-RL ausdrücklich vorschreiben (EuGH GRUR 2008, 241, 243 – Tz. 57 – *Promusicae/Telefonica*). Im Detail soll die Enforcement-RL die Durchsetzungsinstrumentarien in den Mitgliedsstaaten harmonisieren. Für Unterlassungsansprüche ist insb. auf Art. 11, für Beseitigungsansprüche auf Art. 10 und für Schadensersatzansprüche auf Art. 13 Enforcement-RL zu verweisen. Grundsätzlich entsprechen die von § 97 gewährten Unterlassungs-, Beseitigungs- und Schadensersatzansprüche aber dem geforderten Standard (so auch *v. Ungern-Sternberg* GRUR 2008, 291, 298), so dass der Gesetzgeber zu Recht im Zuge der Umsetzung der Enforcement-RL nur redaktionelle Änderungen vorgenommen hat (vgl. Rn. 4). Da die Umsetzungsfrist der Enforcement-RL schon seit dem 29.04.2006 abgelaufen ist, kann im Übrigen ggf. eine korrigierende richtlinienkonforme Auslegung in Betracht gezogen werden (siehe EuGH NJW 2004, 3547, 3549 – *Pfeiffer*; spez. zur Enforcement-RL: BGH GRUR 2007, 708, 711 Tz. 38 – *Internetversteigerung II*; zu den Voraussetzungen für eine richtlinienkonforme Auslegung allgemein *Eisenkolb* GRUR 2007, 387, 389).

3.   Internationales Recht

Genauso wie EU-Recht (vgl. Rn. 5) verpflichten auch **internationale Konven- 6 tionen** wie Art. 41 TRIPS (dazu vgl. Vor §§ 120 ff. Rn. 17 ff.) Deutschland zu einem **effektiven Urheberrechtsschutz**. Art. 45 Abs. 1 TRIPS schreibt vor, einen „angemessenen Schadensersatz" zu ermöglichen.

Internationalprivatrechtlich erfolgt die Anknüpfung des § 97 nach dem **7 Schutzlandprinzip** (eingehend vgl. Vor §§ 120 ff. Rn. 59 ff.). Allein die Widerrechtlichkeit der Verletzungshandlung richtet sich bei möglichen vertraglichen Gestattungen nach Vertragsstatut, im Übrigen aber ebenfalls nach Schutzlandprinzip. Ansprüche im Fall einer wegen fehlenden urheberrechtlichen Schutzes in Italien rechtmäßig hergestellten Lampe, die in Deutschland auf Grund bestehenden Urheberrechtsschutzes rechtswidrig verbreitet wird (siehe BGH GRUR 2007, 871, 873 ff. – *Wagenfeld-Leuchte*; ferner BGH GRUR 2007, 50, 51 – *Le Corbusier-Möbel*), sind deshalb grundsätzlich gem. § 97 anzuknüpfen. Die von § 97 gewährten Ansprüche sind aber wegen des sog. **Territorialitätsprinzips** räumlich auf Deutschland als Schutzland beschränkt; beispielsweise kann Unterlassung nur im Hinblick auf Deutschland und Schadensersatz nur für Verletzungshandlungen in Deutschland verlangt werden.

II. Rechtsverletzung

1. Geschützte Rechte

8 § 97 kommt nur zum Tragen, wenn **absolute Rechte** verletzt sind (RegE UrhG – BT-Drucks. IV/270, S. 103). Das gilt sowohl für Abs. 1 (Unterlassungs- und Beseitigungsansprüche) als auch für Abs. 2 (Schadensersatzansprüche). Absolute (auch sog. **dingliche**) Rechte sind Rechte, die gegenüber jedermann wirken.

9 a) **Urheberrechte:** Zu den von § 97 geschützten Rechten gehören zunächst die aus dem Urheberrecht fließenden **Persönlichkeitsrechte** der Urheber gem. §§ 12 bis 14 und 63 sowie die daraus entspringenden **Verwertungsrechte** der Urheber aus den §§ 15 bis 22 und 69c. Aus Verwertungsrechten können ferner absolut (dinglich) wirkende **Nutzungsrechte** für Dritte abgeleitet werden (vgl. § 29 Rn. 14 ff.; vgl. § 31 Rn. 8 ff.), die ebenfalls geschützte Rechte gem. § 97 sind; der Nutzungsrechtsinhaber kann im Umfang des ihm eingeräumten Rechts und sogar darüber hinaus nach § 97 aktivlegitimiert sein, die Aktivlegitimation des Urhebers kann tw. entfallen (vgl. Rn. 132 ff.). Nutzungsrechtsinhaber, z.B. Verlage, können bei Zitat und mangelhafter Quellenangabe auch Rechte im Rahmen des § 63 geltend machen. Bloß **schuldrechtliche Nutzungserlaubnisse** (vgl. § 29 Rn. 24 f.) sind dagegen keine von § 97 geschützten Rechte, weil sie nicht absoluten Charakters sind; auf ihre Verletzung können Ansprüche nach § 97 nicht gestützt werden. Es bleibt aber die Möglichkeit, aus dem verletzten absoluten Recht des Gestattenden vorzugehen. Absoluten (dinglichen) Charakters sind ferner die **Zustimmungsrechte** der Urheber aus den §§ 8 Abs. 2, 9, 23 (in Abgrenzung zu § 24), 34 Abs. 1 S. 1, 35 Abs. 1, 39, 46 Abs. 5, 62 Abs. 4 (siehe BGH GRUR 1987, 37, 39 – *Videolizenzvertrag*: Mit dem Verbleib des Zustimmungsrechts aus § 34 Abs. 1 S. 1 beim Rechtsinhaber ist ein Restbestand des eigentlichen Nutzungsrechts zurückgeblieben), so dass ihre Verletzung unter § 97 fällt (a.A. für §§ 34, 35, 46: *Schack*[4] Rn. 679; Dreier/Schulze/*Dreier*[2] Rn. 4, wobei allerdings offen bleibt, worüber eine Verletzung verfolgt werden soll; Schricker/*Wild*[3] Rn. 4). Umgekehrt greift § 97 bei **Nichterfüllung des Anspruchs auf Zustimmung** nach den §§ 8 Abs. 2 S. 2, 9, 25, 34 Abs. 1 S. 2, 35 Abs. 2 nicht (Dreier/Schulze/*Dreier*[2] Rn. 4; Schricker/*Wild*[3] Rn. 2; a.A. für eine Verletzung des § 25 Möhring/Nicolini/*Lütje*[2] Rn. 46). Die Rechte aus § 96 sind hingegen absolute Rechte, bei deren Verletzung § 97 greifen kann (BGH GRUR 2006, 319, 322 – *Alpensinfonie*). – Das **Eigentum am Werkoriginal oder an Vervielfältigungsstücken** ist kein Recht gem. § 97, weil es zwar ein absolutes, jedoch kein „nach diesem Gesetz geschütztes" Recht ist (Möhring/Nicolini/*Lütje*[2] Rn. 42; a.A. Dreier/Schulze/*Dreier*[2] Rn. 5); über § 823 Abs. 1, 252 BGB sollte der durch unmöglich gewordene Nutzungshandlungen entgangene Gewinn ersatzfähig sein (Dreier/Schulze/*Dreier*[2] Rn. 5).

10 Es ist denkbar, dass **mehrere** geschützte Rechte **gleichzeitig** verletzt werden, z. B. beim Plagiat (vgl. §§ 23/24 Rn. 59 ff.), wo neben die stets erforderliche Verletzung des Rechts auf Anerkennung der Urheberschaft aus § 13, also eines Persönlichkeitsrechts, meist auch die Verletzung der Verwertungsrechte aus den §§ 16, 17 und des Zustimmungsrechts aus § 23 tritt. In diesen Fällen stehen die Ansprüche, die aus jeder einzelnen Rechtsverletzung erwachsen, selbständig nebeneinander, so dass z.B. im Falle des Plagiats ein materieller Schadensersatzanspruch aus der Verletzung der Verwertungsrechte neben dem Anspruch auf Ersatz des ideellen Schadens aus der Verletzung des Persönlichkeitsrechts bestehen kann (vgl. Rn. 117 ff.). Die parallele Verletzung von Rechten kann sich auch auf unterschiedliche Schutzgegenstände beziehen. Z.B. kann die Raubkopie einer Musikaufnahme sowohl das Urheberrecht des Komponisten als auch die Leistungsschutzrechte des ausübenden Künstlers und des Tonträgerherstellers verletzten. Sofern die Rechte in einer Hand liegen, können Ansprüche nach § 97 auch durch eine Person geltend gemacht werden (zur Aktivlegitimation vgl. Rn. 127 ff.).

b) Andere nach diesem Gesetz geschützte Rechte: Auch für Inhaber von **11** verwandten Schutzrechten („**Leistungsschutzrechte**") gilt § 97, soweit sie absolute Rechte gewähren. Für Verfasser wissenschaftlicher Ausgaben (§ 70) und für Lichtbildner (§ 72) verweist das UrhG auf die Bestimmungen zum Urheberrecht, so dass die Ausführungen oben (vgl. Rn. 9 f.) entsprechend gelten. Für die übrigen Leistungsschutzrechte ist der Katalog der gewährten absoluten Rechte jeweils beim betreffenden Leistungsschutzrecht spezifiziert. Für nachgelassene Werke sei auf den Katalog in § 71 Abs. 1 verwiesen. Die ausübenden Künstler können sich auf die absoluten Rechte in den §§ 74 bis 78 und § 80 berufen, der Veranstalter auf die in § 81 genannten Rechte. Das Gleiche gilt für Tonträgerhersteller (§ 85 Abs. 1, nicht aber § 86), Sendeunternehmen (§ 87 Abs. 1), Datenbankhersteller (§ 87b) und Filmhersteller (§ 94 Abs. 1). Ferner kann für Rundfunkanstalten als Leistungsschutzberechtigte nach § 87 bei Zitat ohne hinreichende Quellenangabe ein Verstoß gegen § 63 zu Schadensersatzansprüchen nach § 97 führen (LG Berlin GRUR 2000, 797, 798 – *Screenshots*). Außer dem Leistungsschutzrecht des Herausgebers wissenschaftlicher Ausgaben (§ 70) und des Lichtbildners (§ 72) sind sämtliche Leistungsschutzrechte in vollem Umfang übertragbar (vgl. Vor §§ 31 ff. Rn. 218), so dass sich der jeweilige Inhaber darauf berufen kann. Von allen Leistungsschutzrechten können daneben mit absoluter (dinglicher) Wirkung **Nutzungsrechte** abgespalten werden (vgl. Vor §§ 31 ff. Rn. 217); auch die Verletzung dieser Nutzungsrechte kann – wie bei vom Urheberrecht abgeleiteten Nutzungsrechten, vgl. Rn. 9 – Ansprüche nach § 97 auslösen.

c) Vom Schutz ausgenommene Rechte: Da § 97 nur die Verletzung absoluter **12** Rechte erfasst (vgl. Rn. 8), fallen relative Rechte nicht unter § 97. Damit sind folgende Rechte von einer Anwendung des § 97 **ausgeschlossen: Kontrahierungsansprüche** aus den §§ 5 Abs. 3, 42a, **urhebervertragsrechtliche Ansprüche** (z.B. Zahlungsansprüche, Vertragstrafenansprüche, Vertragsanpassungsansprüche nach den §§ 32, 32a, 32c, 137 Abs. 3, 137b Abs. 3, 137c Abs. 3, 137f Abs. 3, 137j Abs. 4, 137l Abs. 5), **Ansprüche auf gesetzliche Vergütung** gem. §§ 20b Abs. 2, 26 Abs. 1, 27 Abs. 1 und 2, 46 Abs. 4, 47 Abs. 2, 49 Abs. 1 S. 3, 52 Abs. 1 Nr. 2, 54 Abs. 1, 71 Abs. 1, 76 Abs. 2, 77, 86, 94 Abs. 4 (vgl. § 63a Rn. 11 ff.), **Ansprüche auf Zustimmung** nach den §§ 8 Abs. 2 S. 2, 9, 25, 34 Abs. 1 S. 2, 35 Abs. 2 (vgl. Rn. 9). Leistet bei Ansprüchen dieser Art der Verpflichtete nach Fälligkeit nicht rechtzeitig, so hat der Berechtigte nicht etwa aus § 97, sondern nur aus § 286 BGB Anspruch auf Ersatz des Schadens, der ihm durch den Verzug entsteht, insb. auf Zahlung von Zinsen (§ 288 BGB) und auf Ersatz der Kosten der Rechtsverfolgung. Die Anspruchsgrundlage für Primäransprüche ist Vertrag oder die genannte Vorschrift des UrhG.

Zur Verletzung der Vorschriften zu **technischen Schutzmaßnahmen** (§§ 95a bis **13** 95d) und § 97 s. die Kommentierungen zu den §§ 95a bis 95d.

2. Verletzungshandlung

14 Eine Rechtsverletzung liegt vor, **wenn ein Nichtberechtigter eine dem Rechts-inhaber vorbehaltene Nutzungshandlung vornimmt** (BGH GRUR 1997, 896, 897 – *Mecki-Igel III*). Es ist also stets zu prüfen, ob in absolut wirkende Persönlichkeitsrechte, Verwertungsrechte, Zustimmungsrechte oder Nut-zungsrechte (dazu ausführlich Rn. 132 ff.) eingegriffen wurde. Damit springt die Prüfung des Tatbestandes des § 97 an dieser Stelle auf das betroffene Recht, also z.B. auf § 13 für eine Prüfung der Verletzung des Urhebernennungs-anspruches oder auf § 16 für eine Prüfung der Verletzung des Vervielfälti-gungsrechts; bei Ansprüchen von bloßen Inhabern (beschränkter) Nutzungs-rechte ist gleichzeitig zu fragen, ob die Nutzungsrechtseinräumung die Anspruchsberechtigung abdeckt (dazu Rn. 133).

15 Wenn Beschränkungen der Rechtseinräumung dingliche Wirkung haben (vgl. § 31 Rn. 11), begeht auch der **Nutzungsberechtigte** eine Rechtsverletzung i.S.d. § 97, der die Grenzen seiner **Nutzungsbefugnisse überschreitet**, also z.B. mehr Bücher druckt und verbreitet als vereinbart (KG ZUM-RD 1997, 138, 142 f. – *Plusauflagen*) oder ein Hörbuch im Internet zum Download öffentlich zugänglich macht (§ 19a), obwohl er nur das Vervielfältigungs- und Verbreitungsrecht (§§ 16, 17) besitzt.

16 Die **Verfügung eines Nichtberechtigten** über ein fremdes Recht ist für sich genommen keine Werknutzung und damit **keine** Urheberrechtsverletzung (BGH GRUR 2002, 963, 964 – *Elektronischer Pressespiegel*; BGH GRUR 1999, 579, 580 – *Hunger und Durst;* BGH GRUR 1999, 152, 154 – *Spiel-bankaffaire;* wohl a.A. OLG Hamburg ZUM 2004, 483, 486 für eine GEMA-Anmeldung; dort im konkreten Fall aber mangels Rechtsinhaberschaft des Klägers verneint); es kann aber eine Mittäterschaft, mittelbare Täterschaft oder Teilnahme an der dadurch veranlassten unberechtigten Nutzungshand-lung vorliegen (BGH GRUR 1999, 152, 154 – *Spielbankaffaire* erwähnt nur die Teilnahme; BGH GRUR 1987, 37, 39 – *Videolizenzvertrag* ohne jede Differenzierung; vgl. auch Rn. 145 ff.) oder über die Grundsätze der Störer-haftung (vgl. Rn. 154 ff.) als Mitwirkungshandlung erfassbar sein.

17 Auch das bloße **Bestreiten der Inhaberschaft** am Urheberrecht oder an Nut-zungsrechten greift nicht in diese Rechte ein, weil es keine Nutzungshandlung darstellt (BGH GRUR 1997, 896, 897 – *Mecki-Igel III*). Sofern eine hinrei-chende Berühmung vorliegt, können aber vorbeugende Unterlassungsansprü-che gegeben sein (vgl. Rn. 39 f.); ferner kann bei Feststellungsinteresse (§ 256 ZPO) Feststellungsklage gegen den Bestreiter erhoben werden. Wer den Recht-einhaber unberechtigt aus Urheberrecht abmahnt, begeht zwar keine Urheber-rechtsverletzung (a.A. Vorauflage/*Wilhelm Nordemann*[9] Rn. 7), handelt aber rechtswidrig und löst Gegenansprüche aus (vgl. § 97a Rn. 42 ff.).

18 Als Verletzungshandlung kommt **positives Tun** oder **pflichtwidriges Unterlas-sen** in Betracht. Eine Verletzung durch pflichtwidriges Unterlassen setzt aller-dings eine Erfolgsabwendungspflicht voraus, die sich aus Gesetz oder voran-gegangenem gefährlichen Tun ergeben kann (zum UWG BGH GRUR 2001, 82, 83 – *Neu in Bielefeld I*). Das können im Bereich der Haftung als Täter oder Teilnehmer vor allem Verkehrspflichten, im Bereich der Störerhaftung auch Prüfpflichten sein (vgl. Rn. 154 ff.).

Eine Verletzungshandlung scheidet aus, wenn ein Erlaubnistatbestand nach **19** UrhG vorliegt, also insb. eine **Schranke** gem. §§ **44a ff.** greift oder eine **freie Benutzung nach** § 24 gegeben ist.

3. Widerrechtlichkeit:

a) **Rechtswidrigkeit indiziert:** Die Rechtsverletzung muss, um die Ansprüche **20** des § 97 auszulösen, widerrechtlich sein. Die **Widerrechtlichkeit genügt** für den Anspruch auf **Beseitigung** der Beeinträchtigung (vgl. Rn. 55 ff.) und den **Unterlassungsanspruch** (vgl. Rn. 29 ff.). Ob der Verletzer wusste oder auch nur ahnen konnte, dass er eine Rechtsverletzung beging, ist für diese Ansprüche unerheblich. Nur bei den **Schadensersatzansprüchen** muss zur Widerrechtlichkeit der Verletzungshandlung noch ein **Verschulden** des Verletzers hinzutreten (vgl. Rn. 61 ff.).

Da die Verletzung von Immaterialgütern nicht als Verhaltens-, sondern als **21** Erfolgsunrecht gesehen wird (siehe BGH GRUR 2004, 860, 864 – *Internetversteigerung I*), ist die Rechtswidrigkeit einer Verletzungshandlung **indiziert** und entfällt nur bei dem Verletzer zur Seite stehenden Rechtfertigungsgründen. Dabei wird die Widerrechtlichkeit **vermutet**; wer sich darauf beruft, dass sie ausnahmsweise gerechtfertigt sei, hat das zu beweisen. Zweifel gehen zu seinen Lasten.

b) **Rechtfertigungsgründe:** Es gibt Rechtsverletzungen, die nicht widerrecht- **22** lich sind, weil sie durch einen Rechtfertigungsgrund abgedeckt werden: In Betracht kommen **Schikaneverbot** (§ 226 BGB), **Notwehr** (§ 227 BGB) und **erlaubte Selbsthilfe** (§§ 229 ff. BGB). Urheberrechte können ferner durch einen **gesetzlichen Notstand** gem. §§ 228, 904 BGB eingeschränkt sein (BGH GRUR 2003, 956, 957 – *Gies-Adler*).

Immer wieder wird auch der nicht ausdrücklich durch Gesetz geregelte **überge- 23 setzliche Notstand** angeführt. Im Kern geht es dabei um die Abwägung des urheberrechtlichen Schutzes mit grundgesetzlichen Positionen, insb. mit Kommunikationsgrundrechten. So sollen etwa Meinungs- und Informationsfreiheit dem Urheberrecht vorgehen, wenn bei Veröffentlichung eines Anwaltsschriftsatzes aus dem Verfahren gegen den DDR-Regimekritiker *Havemann* schützenswerte Belange des Urhebers (Anwalt) nicht gefährdet sind und überragende Interessen der Allgemeinheit eine Veröffentlichung verlangen (OLG Hamburg NJW 1999, 3343, 3344). Parallel argumentierte das LG Berlin GRUR 1962, 207, 210 – *Maifeiern* für die Nutzung der Ost-Wochenschau *Der Augenzeuge* durch den *SFB* in einer politisch-kritischen Fernsehsendung zum 1. Mai. Jedoch ist der **BGH** einer Anwendung des Institutes des übergesetzlichen Notstandes mit Recht **entgegengetreten** (BGH GRUR 2003, 956, 957 – *Gies-Adler*; gl.A. *Bornkamm* FS Piper, S. 646 ff.; *Seifert*, FS Erdmann 2002, S. 195, 207 ff.; *Schack* FS Schricker 70. Geb. S. 510, 516 f.; *Schricker/Melichar*[3] Vorb. §§ 45 ff. Rn. 14; a.A. Dreier/Schulze/*Dreier*[2] Rn. 15; Schricker/ *Wild*[3] Rn. 24 f.; *Wandtke/Bullinger/v.Wolff*[2] Rn. 31; offen KG ZUM 2008, 329, 331 – *Grass-Briefe in der FAZ*). Ferner vgl. Vor §§ 44a ff. Rn. 5. Bereits die urheberrechtlichen Verwertungsbefugnisse (insb. § 24, siehe BGH GRUR 2003, 956, 958 – *Gies-Adler*) sowie die Schrankenbestimmungen der §§ 44a ff. sind verfassungskonform und ggf. erweiternd auszulegen. Das Gleiche gilt für die durch das BGB normierten rechtfertigenden Notstände. Diese Tatbestände sind indes abschließend, so dass eine nachgeordnete Prüfung eines übergesetzlichen Notstandes nicht stattfinden kann. Auch eine dem Urheberrecht und den Notstandsbestimmungen des BGB nachgeschaltete **allgemeine Güter- und Interessenabwägung** kommt nicht in Betracht, weil sie die Kompetenzen der Zivilgerichte überschreiten würde. Bei Verfassungswidrigkeit der Bestimmungen des UrhG (bzw. des BGB) kann nur das BVerfG auf der Grundlage der bekannten Verfahren eingreifen (BGH GRUR 2003, 956, 957 – *Gies-Adler*).

24 c) **Einwilligung, Genehmigung:** Eine Rechtswidrigkeit wird auch durch eine **Zustimmung** (§ 182 BGB) in die Verletzungshandlung ausgeschlossen, wobei sowohl eine vorherige Einwilligung (§ 183 BGB) als auch eine nachträgliche Genehmigung (§ 184 BGB) denkbar sind. Bei späterer Genehmigung durch einen Berechtigten tritt ein nachträglicher Wegfall der Widerrechtlichkeit ein (siehe BGH GRUR 1959, 147, 149 f. – *Bad auf der Tenne I*). Nicht unter die (rechtfertigende) Zustimmung fällt die Nutzungsrechtseinräumung, die schon den Tatbestand der Verletzungshandlung ausschließt (vgl. Rn. 15).

25 Im Zusammenhang mit Sachverhalten, in denen die Interessen der Urheber nicht nennenswert beeinträchtigt werden und die Einräumung von Nutzungsrechten wegen zu hoher Transaktionskosten von vornherein nicht in Betracht kommt, hält die Rechtsprechung eine **konkludente Einwilligung** in eine Verletzungshandlung für möglich (OLG Jena K&R 2008, 301, 304 zur Problematik der Bildersuche im Internet). Das wird man jedoch auf eng begrenzte **Ausnahmefälle** beschränken müssen (HK-UrhR/*Meckel* Rn. 15). Anderenfalls würde man durch eine vorschnelle Annahme einer konkludenten Einwilligung die Tendenz, dass die Nutzung seiner Werke soweit wie möglich dem Urheber vorbehalten bleibt (vgl. § 31 Rn. 108), auf der Ebene der Rechtswidrigkeit schlichtweg unterlaufen (zurückhaltend daher etwa OLG Jena K&R 2008, 301, 304; OLG Hamburg GRUR 2001, 831 – *Roche Lexikon Medizin*; LG Hamburg MMR 2004, 558, 562 – *Thumbnails*).

4. **Darlegungs- und Beweislast für die Rechtsverletzung**

26 Zur Darlegungs- und Beweislast für das **Bestehen des urheberrechtlichen Schutzes** gem. § 2 vgl. § 2 Rn. 236 ff.. Die dort genannten Grundsätze sollten auch für Leistungsschutzrechte gelten.

27 Für die **Verletzungshandlung** ist zunächst der Anspruchsteller darlegungs- und beweisbelastet. Ausnahmen sind tw. im Gesetz selbst angeordnet (Beispiel § 15 Abs. 3: Der Nutzer muss den *nicht*-öffentlichen Charakter der Wiedergabe beweisen). Bestimmte Umstände, die nach der Lebenserfahrung auf eine Rechtsverletzung schließen lassen, begründen außerdem zu Gunsten des Rechtsinhabers einen Beweis des ersten Anscheins für deren Vorliegen, den der Verletzer sodann durch die substantiierte Darlegung der Wahrscheinlichkeit eines abweichenden Geschehensablaufs entkräften müsste. So legen weitgehende Übereinstimmungen zwischen zwei Werken die Annahme nahe, dass der Urheber des jüngeren Werkes das ältere Werk bewusst oder unbewusst benutzt hat (BGH GRUR 1971, 266, 268 – *Magdalenenarie*; BGH GRUR 1981, 267, 269 – *Dirlada*; BGH GRUR 1988, 812, 814 – *Ein bißchen Frieden*). Die Herstellung von Schallplattenhüllen begründet den Beweis des ersten Anscheins dafür, dass eine entsprechende Anzahl Platten hergestellt und vertrieben wurde (BGH GRUR 1987, 630, 631 – *Raubpressungen*). Dass jemand in erheblichem Umfange Raubkopien von Videobändern bestimmter Hersteller gefertigt hat, rechtfertigt jedoch noch nicht die Annahme, er habe dies auch zu Lasten anderer Hersteller getan (BGH GRUR 1990, 353, 354 –

Raubkopien). – Zur **Beweissicherung** im Verletzungsprozess siehe § 101a – Macht der Anspruchsgegner aber geltend, ihm sei ein **Recht zur Nutzung** vertraglich eingeräumt, liegt die Darlegungs- und Beweislast nicht beim Urheber, sondern beim Nutzer (BGH GRUR 1996, 121, 123 – *Pauschale Rechtseinräumung;* OLG Hamburg GRUR 1991, 599, 600 – *Rundfunkwerbung,* LG München I GRUR 1991, 377, 379 – *Veit-Harlan-Videorechte);* das folgt schon aus dem der Regelung des § 31 Abs. 5 zugrunde liegenden Grundsatz, dass das Urheberrecht die Tendenz hat, beim Urheber zurückzubleiben (vgl. § 31 Rn. 108); Gleiches gilt auch im Rechtsverkehr zwischen Verwertern (vgl. § 31 Rn. 118). Beruft sich ein Nutzer auf eine der **Schrankenregelungen** der §§ 44a ff., nimmt er also eine sein Tun rechtfertigende *Ausnahme* von der Regel des alleinigen Verwertungsrechts des Urhebers in Anspruch, so muss er die tatsächlichen Voraussetzungen dafür darlegen und beweisen (*Flechsig* GRUR 1993, 532, 536; vgl. Vor § 44a Rn. 3). Entsprechendes gilt für die **freie Benutzung** nach § 24 (*Schack*[4] Rn. 680).

28 Die **Widerrechtlichkeit** ist bei Verletzung indiziert; der Anspruchsgegner trägt die Darlegungs- und Beweislast für Rechtfertigungsgründe (vgl. Rn. 21).

III. Ansprüche

1. Unterlassung (Abs. 1)

29 a) **Wiederherstellender Unterlassungsanspruch (Abs. 1 S. 1):** Das Gesetz regelt den wiederherstellenden Unterlassungsanspruch nach **vorangegangener Rechtsverletzung** in § 97 Abs. 1 S. 1. Er richtet sich gegen jeden Verletzer ohne Rücksicht auf dessen Verschulden. Auch der gutgläubige Verwerter, der nicht wissen konnte, dass er eine Rechtsverletzung beging (z. B. der Gastwirt, der die rechtswidrige Funksendung eines Werkes ahnungslos seinen Gästen darbot), kann auf Unterlassung in Anspruch genommen werden. Der Anspruch setzt nur voraus, dass eine Rechtsverletzung tatsächlich begangen worden ist (dazu vgl. Rn. 14 ff.).

30 **Zusätzlich** muss eine **Wiederholungsgefahr** gegeben sein, d.h. die konkrete Gefahr einer künftigen gleichartigen Rechtsverletzung unter den gleichen Tatumständen. Das braucht allerdings nicht besonders dargelegt zu werden. Im Urheberrecht wird – genauso wie im Wettbewerbsrecht – **das Bestehen einer Wiederholungsgefahr bei vorangegangener Verletzung vermutet** Dreier/Schulze/*Dreier*[2] **Rn. 41**; Loewenheim/*Vinck* § 81 Rn. 23; zum UWG: BGH GRUR 1980, 724, 727 – *Grand Prix; BGH GRUR 1955, 97 – Constanze II).*

31 An die Ausräumung der Vermutung werden **strenge Anforderungen** gestellt (BGH GRUR 2002, 180 – *Weit-Vor-Winter-Schluss-Verkauf;* BGH GRUR 1998, 483, 485 – *Der M-Markt packt aus;* jeweils zum UWG). Die bloße Erklärung des Verletzers, er werde das beanstandete Verhalten einstellen, reicht dazu regelmäßig nicht aus, auch wenn es sich um ein angesehenes und bedeutendes Unternehmen handelt (siehe BGH GRUR 1965, 198, 202 – *Küchenmaschine).* Das Gleiche gilt, wenn der Verletzer die Verletzung tatsächlich einstellt, also z.B. eine rechtswidrig öffentlich zugänglich gemachte Werkkopie aus dem Internet entfernt. Auch wenn die Produktion der illegalen Vervielfältigungsstücke endgültig eingestellt wird, genügt das grundsätzlich nicht. Das schließt nicht aus, dass der Verletzer die Produktion irgendwann fortsetzt (siehe BGH GRUR 1998, 1045, 1046 – *Brennwertkessel).*

32 Der Wegfall der Wiederholungsgefahr wird vielmehr regelmäßig erst dadurch herbeigeführt, dass der Verletzer sich unter Übernahme einer angemessenen Vertragsstrafe für jeden Fall der schuldhaften (keine Beschränkung, sondern entspricht der ohnehin bestehenden Rechtslage, BGH GRUR 1985, 155, 156 – *Vertragsstrafe bis zu… I.*) Zuwiderhandlung unwiderruflich zur Unterlassung verpflichtet (BGH GRUR 1983, 127, 128 – *Vertragsstrafeversprechen*; ferner BGH GRUR 1994, 304, 306 – *Zigarettenwerbung in Jugendzeitschriften*). Der Verzicht auf die Einrede des Fortsetzungszusammenhangs kann nicht verlangt werden; entsprechende Vereinbarungen, die formularmäßig beansprucht werden, sind wegen Verstoßes gegen § 307 Abs. 2 BGB unwirksam (BGH NJW 1993, 721 – *Fortsetzungszusammenhang*); auch bei Individualverträgen findet das Institut des Fortsetzungszusammenhangs keine Anwendung bei der Auslegung von Vertragstrafeversprechen. Vielmehr wird jetzt auf die „rechtliche Einheit" abgestellt, die mehrere Handlungen zu einem Verstoß zusammenzieht (BGH GRUR 2001, 758, 759 – *Trainingsvertrag*); ihr Ausschluss darf weder formular- noch individualvertraglich vom Schuldner verlangt werden (*Teplitzky*[9] Kap. 8 Rn. 30 m.w.N.). Die Unterwerfungserklärung als abstraktes Schuldversprechen bzw. -anerkenntnis (§§ 780, 781 BGB) erfordert grundsätzlich **Schriftform** (Hefermehl/Köhler/*Bornkamm*[26] § 12 UWG Rn. 1.103). Das Schriftformerfordernis gilt für den Kaufmann allerdings nicht (§§ 350, 343 HGB). Selbst in diesem Fall ist der Kaufmann aber mit Blick auf den Zweck der Unterwerfung angehalten, diese schriftlich zu bestätigen, da es andernfalls an der Ernstlichkeit der Unterwerfung mangeln könnte (siehe auch § 127 Abs. 2 S. 2 BGB). Bei telefonischer oder Fax-Erklärung kann der Verletzte also schriftliche Nachholung verlangen (BGH GRUR 1990, 530, 532 – *Unterwerfung durch Fernschreiben*). Eine auflösend **befristete** Erklärung beseitigt allenfalls die Dringlichkeit, nicht aber die Wiederholungsgefahr; für eine aufschiebend befristete Erklärung gilt das aber nur dann, wenn die Bedingung noch nicht eingetreten, die Erklärung noch nicht wirksam und damit die Wiederholungsgefahr nicht vollständig beseitigt ist (BGH GRUR 2002, 180, 181 – *Weit-Vor-Winter-Schluss-Verkauf*). Die Abgabe der Erklärung unter der auflösenden **Bedingung** einer Änderung der Rechtslage durch Gesetzesänderung oder Änderung der höchstrichterlichen Rechtsprechung ist zulässig, unter derjenigen des Ausgangs des konkreten Prozesses jedoch nicht (BGH GRUR 1993, 677, 678 – *Bedingte Unterwerfung*).

33 **Nicht angemessene** Vertragsstrafeversprechen beseitigen die Wiederholungsgefahr nicht (BGH GRUR 2002, 180, 181 f. – *Weit-Vor-Winter-Schluss-Verkauf*). **Angemessen** ist eine Vertragsstrafe, die so hoch bemessen ist, dass die Wiederholung der Verletzungshandlung sich aller Voraussicht nach für den Verletzer nicht mehr lohnt (BGH GRUR 1994, 146, 147 – *Vertragsstrafebemessung*). Das ist nach verbreiteter Praxis üblicherweise ein Betrag von mindestens € 5.100,- (auch wegen der Streitwertgrenze des § 23 Nr. 1 GVG). Je nach der Häufigkeit der Verletzung, der wirtschaftlichen Bedeutung des handelnden Unternehmens (BGH GRUR 1983, 127, 129 – *Vertragsstrafeversprechen*), dem Maß des Verschuldens und den sonstigen Umständen kann die Summe auch erheblich höher, selten niedriger liegen (BGH GRUR 1994, 146, 147 – *Vertragsstrafebemessung*; BGH GRUR 2002, 180, 181 – *Weit-Vor-Winter-Schluss-Verkauf*). Eine **zu hohe** Vertragsstrafenforderung des Verletzten muss der Verletzer nicht akzeptieren. Er muss in diesem Falle dem Verletzten ein „Gegenangebot" machen. Fällt dieses zu niedrig aus, hat der Verletzte eine „Nachfasspflicht" zur Benennung eines angemessenen Betrages (OLG Hamburg GRUR 1988, 929, 930). Zulässig ist auch eine flexible Vertragsstrafe

(„bis zu ... EUR"), regelmäßig muss der „bis zu"-Betrag aber beim Doppelten des angemessenen Festbetrages liegen (BGH GRUR 1985, 937, 938 – *Vertragsstrafe bis zu ... II*; *Nordemann*[10] Rn. 1857). Möglich und verbreitet ist auch ein Vertragstrafeversprechen nach dem sog. **neuen Hamburger Brauch**, wonach die Vertragsstrafe für jeden Fall der schuldhaften Zuwiderhandlung vom Verletzten nach billigem Ermessen zu bestimmen und im Streitfall vom zuständigen Gericht zu überprüfen ist (BGH GRUR 1994, 146 – *Vertragsstrafenbemessung*; BGH GRUR 1990, 1051 – *Vertragsstrafe ohne Obergrenze*). Das Angebot einer **Vertragsstrafe**, die **an einen Dritten** auf Forderung des Gläubigers der Unterlassungsvereinbarung zu leisten wäre (§ 328 BGB), beseitigt für den Regelfall nach der älteren Rechtsprechung des BGH die Wiederholungsgefahr nicht (für den Regelfall BGH GRUR 1987, 748, 749 f. – *Getarnte Werbung II* m.w.N. aus der kontroversen Rechtsprechung der Instanzgerichte; ferner *Teplitzky*[9] Kap. 8 Rn. 28 f.; *Nordemann*[10] Rn. 1862); das erscheint jedenfalls dann als nicht haltbar, wenn der Gläubiger es in der Hand hat, die Zahlung an den Dritten, z.B. an eine gemeinnützige Organisation, einzufordern.

Inhaltlich muss die Unterlassungserklärung die Urheberrechtsverletzung **voll** **34** **abdecken** (BGH GRUR 2007, 871, 874 – *Wagenfeld-Leuchte*). **Teilunterwerfungen** müssen bei nachvollziehbaren Gründen des Schuldners akzeptiert werden, wenn die Interessen des Gläubigers nicht beeinträchtigt werden; das ist der Fall, wenn sie isolierbare Nutzungshandlungen betreffen, nicht aber für „unwesentliche Teilaspekte". Bei illegalem Anbieten in Deutschland nach § 17 ist eine Verpflichtung, einen werblichen Hinweis auf die Übereignung in Italien zu setzen, unwesentlich (BGH GRUR 2007, 871, 874 – *Wagenfeld-Leuchte*). Die Unterlassungserklärung muss so **verallgemeinert** sein, dass sie alle im **Kern gleichartigen Verletzungsformen** mit abdeckt (BGH GRUR 1997, 379, 380 – *Wegfall der Wiederholungsgefahr II*; BGH GRUR 1996, 290, 291 – *Wegfall der Wiederholungsgefahr I*); zur sog. Kerntheorie eingehend vgl. Rn. 41 ff. Ein dahingehender Erklärungswille des Verletzers muss nicht unbedingt ausdrücklich betont worden sein; er kann sich aus ihrer **Auslegung** gem. §§ 133, 157 BGB ergeben (BGH GRUR 2003, 899, 900 – *Olympiasiegerin*; BGH GRUR 1998, 471, 472 – *Modenschau im Salvatorkeller*), wozu auch Begleitschreiben oder -schriftsätze gehören (BGH GRUR 1998, 483, 485 – *Der M-Markt packt aus*). Das gilt selbst dann, wenn der Gläubiger ein Angebot zur Abgabe einer verallgemeinernden Unterlassungserklärung gemacht hat und der Schuldner mit einer auf die konkrete Verletzungsform beschränkten Erklärung reagiert (BGH GRUR 2003, 899, 900 – *Olympiasiegerin*). Der Gläubiger sollte zur Vermeidung von Auslegungsschwierigkeiten den Schuldner in Zweifelsfällen auffordern, ausdrücklich zu erklären, dass „kerngleiche" Sachverhalte erfasst sind. Wer Unterlassung verspricht, ist im Zweifel nicht verpflichtet sicherzustellen, dass die von ihm bereits verbreiteten Exemplare nicht weiter verteilt, also weiterverbreitet werden (BGH GRUR 2003, 545, 546 – *Hotelfoto*); zum „Rückruf" vgl. § 98 Rn. 23 ff. Der Wirksamkeit der Unterlassungserklärung steht nicht entgegen, wenn sie **ohne Anerkennung einer Rechtspflicht, aber rechtsverbindlich** abgegeben wird. Denn auch in einem solchen Fall entfällt die Wiederholungsgefahr (allgemeine Meinung: Hefermehl/Köhler/*Bornkamm*[26] § 12 UWG Rn. 1.112). Sinn des Vorbehaltes ist in der Regel die Vermeidung der Kostentragungspflicht für die Abmahnkosten (str., ob möglich; vgl. § 97a Rn. 14).

Hat der Verletzer ein ausreichendes Angebot für ein Unterlassungsversprechen **35** abgegeben, so **entfällt die Wiederholungsgefahr** (BGH GRUR 2006, 878, 878

Tz. 20 – *Vertragsstrafenvereinbarung*), auch wenn der Anspruchsberechtigte das Angebot ablehnt. Er kann dann auch im Verletzungsfall die Vertragsstrafe nicht fordern, weil dies das Bestehen eines Unterlassungs*vertrages* voraussetzt. Für sein Zustandekommen gelten die §§ 145 ff. BGB (BGH GRUR 2006, 878, 878 Tz. 14 – *Vertragsstrafenvereinbarung*; siehe ferner *Teplitzky*[9] Kap. 20 Rn. 7 f.).

36 **Ausnahmsweise** kann die Wiederholungsgefahr auch ohne strafbewehrte Unterlassungsverpflichtung **wegfallen, wenn** der Verletzte einen **rechtskräftigen Hauptsachetitel** gegen den Verletzer erwirkt hat (BGH GRUR 2003, 450, 452 – *Bedingte Unterwerfung*).

37 **Die Wiederholungsgefahr entsteht neu,** wenn der Verletzer den gleichen oder einen im Kern gleichartigen Verstoß erneut begeht (BGH GRUR 1980, 241 f. – *Rechtsschutzbedürfnis*; BGH GRUR 1990, 542, 543 – *Aufklärungspflicht des Unterwerfungsschuldners*). Der Schuldner muss dann eine höhere Vertragsstrafe versprechen, weil die bisherige offensichtlich nicht genügend war; üblich ist hier für den Regelfall eine Verdoppelung.

38 Im Urheberrecht ist denkbar, dass ein Unterlassungsanspruch mehreren Personen zusteht, z.B. dem Urheber und dem ausschließlich Nutzungsberechtigten (zur parallelen Aktivlegitimation vgl. Rn. 128). Dann genügt die **einem dieser Gläubiger** gegenüber erklärte Unterwerfung (sog. **Drittunterwerfung**), um die Wiederholungsgefahr entfallen zu lassen, wenn sie geeignet erscheint, den Verletzer ernsthaft von Wiederholungen abzuhalten (Dreier/Schulze/*Dreier*[2] Rn. 42; Möhring/Nicolini/*Lütje*[2] Rn. 126; siehe auch BGH GRUR 1983, 186, 187 – *Wiederholte Unterwerfung I*; BGH GRUR 1987, 640, 641 – *Wiederholte Unterwerfung II*). Die Drittunterwerfung kann auch **unaufgefordert** erfolgen, solange keine Zweifel an der Ernsthaftigkeit der Erklärung und am Durchsetzungswillen des Dritten bestehen (OLG Hamburg NJW-RR 1995, 678, 679; OLG Schleswig NJWE WettbR 1998, 91, 92; OLG Frankfurt WRP 1998, 895, 896; verneint in OLG Frankfurt NJWE WettbR 1998, 256; jeweils zum UWG). Auch ein von einem Dritten erwirkter rechtskräftiger Hauptsachetitel (BGH GRUR 2003, 450, 452 – *Bedingte Unterwerfung*) oder die einem Dritten gegenüber abgegebene **Abschlusserklärung nach vorausgegangenem einstweiligen** Verfügungsverfahren (OLG Frankfurt WRP 1997, 44, 46; OLG Zweibrücken NJWE 1999, 66, 67; beide m.w.N.) beseitigen die Wiederholungsgefahr. Die Unterwerfung gegenüber einem Dritten, der urheberrechtliche Ansprüche gar nicht geltend machen könnte, ist irrelevant (OLG Brandenburg WRP 2000, 427, 428, zum UWG). Das Gleiche muss gelten, wenn der Dritte zwar Unterlassungsansprüche nach § 97 UrhG hat, diese aber nicht vollständig inhaltsgleich sind: z.B. bei Vorgehen des Urhebers nur aus § 13, während der ausschließliche Nutzungsrechtsinhaber aus den §§ 16, 17 vorgeht. Zur Kostenerstattung bei Abmahnung durch mehrere Gläubiger vgl. § 97a Rn. 23. Die Möglichkeit der Drittunterwerfung kann für den Gläubiger bedeuten, dass er den Unterlassungsprozess verliert, wenn sich der Schuldner erst vor Gericht darauf beruft. Der BGH nimmt jedoch eine **Aufklärungspflicht des Abgemahnten** aus § 242 BGB an, bei deren schuldhafter Verletzung er sich schadensersatzpflichtig macht (BGH GRUR 1987, 54, 55 – *Aufklärungspflicht des Abgemahnten*; BGH GRUR 1987, 640, 641 – *Wiederholte Unterwerfung II*). Die Aufklärung ist innerhalb der mit der Abmahnung gesetzten Frist zu geben (BGH GRUR 1990, 381 – *Antwortpflicht des Abgemahnten*; BGH GRUR 1990, 542, 543 – *Aufklärungspflicht des Unterwerfungsschuldners*).

b) Vorbeugender Unterlassungsanspruch (Abs. 1 S. 2): Der vorbeugende Un- **39** terlassungsanspruch ist seit der Umsetzung der Enforcement-RL seit dem 01.09.2008 (vgl. Rn. 4) ausdrücklich Gesetz, war aber davor auch schon analog § 97 anerkannt. Er unterscheidet sich vom wiederherstellenden Unterlassungsanspruch dadurch, dass er gerade *keine* vorangegangene Rechtsverletzung voraussetzt. Die hier logisch nicht denkbare Wiederholungsgefahr wird ersetzt durch die konkrete Gefahr einer erstmaligen Rechtsverletzung in der Zukunft, die sog. **Erstbegehungsgefahr** (siehe BGH GRUR 2007, 890, 894 Tz. 54 – *jugendgefährdende Medien bei ebay*; BGH GRUR 1992, 404, 405 – *Systemunterschiede*). Dafür können verschiedene **Fallgruppen** gebildet werden. Zunächst kann eine (andere) Verletzungshandlung begangen worden sein, die die ernsthafte unmittelbar bevorstehende Gefahr auslöst, dass auch noch **andere gleichartige Verletzungen** vorkommen. Das ist insb. denkbar, wenn der Schuldner eine Plattform für Handlungen Dritter zur Verfügung stellt (BGH GRUR 2007, 708, 711 Tz. 41 – *Internet–Versteigerung II*; BGH GRUR 2007, 890, 894 Tz. 54 – *jugendgefährdende Medien bei ebay*). Hierher gehört auch der Fall, dass eine Person bereits ein Werk illegal genutzt hat, dies im Prozess als rechtmäßig verteidigt und die Verletzung anderer **Werke aus der selben Serie** (z.B. einer Schmuckserie) nach den Umständen nahe liegt (OLG Frankfurt ZUM 1996, 97, 99 – *ritte*; OLG Zweibrücken GRUR 1997, 827, 829 – *Pharaon-Schmucklinie*). Die Gefährdung ist aber auch schon dann gegeben, wenn die beanstandete Handlung eine Rechtsverletzung lediglich objektiv nahe legt und begünstigt, z.B. das Betreiben von SB-Copyshops, in denen Verletzungen des § 16 durch die Kunden außerhalb des § 53 wahrscheinlich sind (BGH GRUR 1984, 54, 55 – *Kopierläden*; ferner BGH GRUR 1964, 91, 92 – *Tonbänder-Werbung*; BGH GRUR 1964, 94, 95 f. – *Tonbandgeräte-Händler*; BGH GRUR 1960, 340, 343 – *Werbung für Tonbandgeräte*; BGHZ 42, 118, 122 – *Personalausweise bei Tonbandgerätekauf*). Weiter können solche **Handlungen** untersagt werden, welche die befürchtete Rechtsverletzung nur **vorbereiten helfen** (BGH GRUR 1960, 340, 343 – *Werbung für Tonbandgeräte*). Ein Beispiel wäre die Anweisung eines Unternehmens an einen Beauftragten, eine illegale Vervielfältigung vorzunehmen. Begehungsgefahr kann auch dadurch entstehen, dass der andere sich **des Rechts berühmt**, in der fraglichen Weise handeln zu dürfen (BGH GRUR 2001, 1175, 1176 – *Berühmungsaufgabe*; BGH GRUR 1987, 125, 126 – *Berühmung*; differenzierend BGH GRUR 1987, 45, 46 – *Sommerpreiswerbung*: Nicht schon dann, wenn das nur geschieht, um einen Musterprozess zu ermöglichen, ohne dass ein Begehungswille ernstlich gegeben ist). Die **Verteidigung** eines Beklagten **im Prozess** angesichts einer ihm zu Unrecht vorgeworfenen Zuwiderhandlung kann aber nur ausnahmsweise eine vorbeugende Unterlassungsklage rechtfertigen (BGH GRUR 2001, 1174, 1175 – *Berühmungsaufgabe*); der BGH hat das dann bejaht, wenn eine in der Vergangenheit liegende Handlung damals zwar durch einen Rechtfertigungsgrund gedeckt war, dieser aber später weggefallen ist und der Beklagte im Prozess trotzdem ein Recht zu ihrer Wiederholung behauptet. Die Frage, ob eine Begehungsgefahr wegen Prozessverhaltens besteht, ist nach dem Stand der letzten mündlichen Verhandlung zu beantworten (BGH GRUR 2001, 1174, 1175 – *Berühmungsaufgabe*). Will der Angegriffene im Prozess keine Erstbegehungsgefahr auslösen, aber dennoch um die Rechtmäßigkeit streiten, sollte er klarstellen, dass die Ausführungen nur zur Rechtsverteidigung dienen und keine Berühmung darstellen.

40 An den **Wegfall** der Begehungsgefahr stellt der BGH geringere Anforderungen als im Falle der Wiederholungsgefahr (vgl. Rn. 32 ff.). Bei vorbereitenden Handlungen oder Erklärungen genügt ein *actus contrarius*, also die Rückgängigmachung, der Widerruf (BGH GRUR 1992, 116, 117 – *Topfgucker-Scheck*) oder die (nicht strafbewehrte) Erklärung, man werde die beanstandete Handlung unterlassen (BGH GRUR 1994, 454, 456 – *Schlankheitswerbung*), bei der Berühmung deren Aufgabe durch entsprechende Erklärung (BGH GRUR 1987, 125, 126 – *Berühmung*).

41 c) **Reichweite des Unterlassungsanspruchs ("Kerntheorie"):** Der Unterlassungsanspruch ist inhaltlich auf die Unterlassung der Handlungen gerichtet, für die Wiederholungsgefahr oder zumindest Erstbegehungsgefahr besteht. Wiederholungs- oder Erstbegehungsgefahr besteht für die **konkrete Verletzungsform**. Eingeschlossen sind jedoch auch **kerngleiche Handlungen** (BGH GRUR 2002, 248, 250 – *SPIEGEL-CD-ROM*). Sie sind einzubeziehen, damit der Schuldner auch für Änderungen, die den Kern der Verletzungshandlung nicht verlassen, einen Unterlassungsanspruch hat und der Schuldner nicht durch jede kleine Änderung der Verletzungshandlung aus dem Anwendungsbereich des Unterlassungsanspruches heraus gelangen kann. Kerngleich sind diejenigen Handlungen, in denen das **Charakteristische der konkreten Verletzungshandlung** (also der „Kern") zum Ausdruck kommt.

42 **Beispiele:** Bei unzulässiger öffentlicher Verwertung einer **Bearbeitung** (§ 23) ist konkrete Verletzungsform die Bearbeitung, nicht das bearbeitete Original, so dass sich der Unterlassungsanspruch grundsätzlich nur auf die konkrete Bearbeitung bezieht. Umfasst sind neben der konkreten Bearbeitung nur andere Bearbeitungen, die das Charakteristische der verletzenden Bearbeitung enthalten. Für andere Bearbeitungen kann allenfalls dann ein Anspruch bestehen, wenn eine gesonderte Begehungsgefahr besteht (vgl. Rn. 39 und OLG Zweibrücken GRUR 1997, 827, 829 – *Pharaon-Schmucklinie*). Nur ausnahmsweise bezieht sich der Anspruch auf das Original, wenn es sich um eine identische Kopie handelt (BGH GRUR 2003, 786 – *Innungsprogramm*). – Der Unterlassungsanspruch besteht grundsätzlich nur für die **verletzende Nutzungshandlung**. Damit kommt zunächst der **Kategorisierung der Verwertungsrechte** durch das UrhG in den §§ 15 bis 22 Bedeutung zu. Wird ein Werk rechtswidrig vervielfältigt (§ 16) und im Internet gem. § 19a öffentlich zugänglich gemacht, besteht grundsätzlich kein Anspruch auf ein Unterlassen der Verbreitung nach § 17 oder der Sendung nach den §§ 20 ff., es sei denn, dafür läge zumindest eine Erstbegehungsgefahr vor. Das ist der Fall, wenn ein Buch rechtswidrig hergestellt wurde, jedoch die beabsichtigte Verbreitung noch nicht stattgefunden hat oder ein Prospekt öffentlich zugänglich gemacht wird, der sich auch zur Verbreitung eignet. Bei der Kategorisierung des Verletzungskerns nach **Nutzungsarten** (dazu allgemein § 31 Rn. 9 ff.) sollte indes ein großzügigerer Maßstab angelegt werden. Wenn ein Lichtbildwerk rechtswidrig als Poster vervielfältigt und verbreitet wird, kann Unterlassung der Vervielfältigung und Verbreitung des Lichtbildes ohne Spezifizierung auf diese Nutzungsart verlangt werden, wenn denkbar ist, dass das Werk auch in anderen Nutzungsarten, z.B. als Puzzle, vervielfältigt und verbreitet wird. – Gar keine Konkretisierung auf bestimmte Verwertungsrechte oder Nutzungsarten ist erforderlich, wenn sich der Schuldner darauf beruft, umfassend zur Verwertung berechtigt zu sein (OLG Frankfurt ZUM 1996, 97 – *Kondomverpackungen*; Schricker/*Wild*[3] Rn. 98).

Bei **mittelbaren Urheberrechtsverletzungen**, für die der Schuldner nur auf- **43** grund besonderer Zurechnungsnormen haftet (vgl. Rn. 153 ff.), ist zu beachten, dass die Mittelbarkeit ihren Niederschlag im Antrag finden muss. Zu weitgehend wäre danach ein Antrag, ein bestimmtes Werk anzubieten (BGH GRUR 2007, 890, 894 Tz. 61 – *jugendgefährende Medien bei ebay*), denkbar aber „durch Nutzer anbieten zu lassen". Allerdings kann Unterlassung nur für ein Medium verlangt werden, wenn der mittelbare Verletzer dort ausschließlich tätig ist. Gegen nur im Internet tätige Auktionsplattformen besteht deshalb bei rechtswidriger mittelbarer Verbreitung nur Anspruch auf Unterlassung im Internet (BGH GRUR 2007, 890, 894 Tz. 62 – *jugendgefährende Medien bei ebay*). Wird aber der unmittelbare Verletzer in Anspruch genommen, droht durch ihn regelmäßig auch eine Verbreitung außerhalb des Internets.

d) **Antragsfassung:** Für die Fassung des prozessualen Unterlassungsantrages ist **44** naturgemäß aus Gläubigersicht zunächst darauf zu achten, dass der Antrag nicht **unbegründet** ist und über den Umfang des Anspruchs hinausgeht, also nur die konkrete Verletzungsform einschließlich kerngleicher Handlungen beschreibt (vgl. Rn. 41 ff.).

Verallgemeinerungen können aber auch dazu führen, dass der Unterlassungs- **45** antrag gem. § 253 Abs. 2 Nr. 2 ZPO wegen mangelnder Bestimmtheit **unzulässig** ist. Für die hinreichende Bestimmtheit gelten andere Anforderungen als für die Begründetheit (vgl. Rn. 41 ff.), wobei verallgemeinernde Anträge dennoch sowohl unbegründet als auch unzulässig sein können. Unzulässig werden Verallgemeinerungen, wenn der Unterlassungsantrag so weit gefasst ist, dass ihnen Handlungen unterfallen, deren rechtliche Erlaubtheit im Rechtsstreit nicht geprüft worden ist. Gegenüber zu abstrakten Anträgen könnte sich einerseits der Beklagte nicht erschöpfend verteidigen; andererseits wäre die Entscheidung darüber, was dem Beklagten denn nun konkret verboten sein soll, letztlich vom Vollstreckungsgericht zu treffen (BGH GRUR 2008, 357, 358 – *Planfreigabesystem*; BGH GRUR 1998, 489, 491 – *Unbestimmter Unterlassungsantrag III*). Allerdings gilt das nicht uneingeschränkt. Vielmehr erfolgt eine Gradwanderung zwischen dem Interesse des Schuldners, genau zu wissen, was ihm verboten ist und dem Interesse des Gläubigers, einen effektiven Titel zu haben, der nicht durch jede kleine Änderung in der Verletzungsform umgangen werden kann. Es lässt sich nicht stets vermeiden, dass im Vollstreckungsverfahren in gewissem Umfang auch Wertungen vorgenommen werden müssen (BGH GRUR 2002, 1088, 1089 – *Zugabenbündel*; s.a. BGH GRUR 2007, 708, 712 Tz. 50 – *Internetversteigerung II*).

Bei rechtsverletzenden **Bearbeitungen oder Umgestaltungen** muss der Antrag **46** grundsätzlich die konkrete Form der Verletzung abschließend angeben. Anträge, die abstrakt „Bearbeitungen und andere Umgestaltungen" (OLG Karlsruhe ZUM 2000, 327, 328) oder „irgendwelche Bearbeitungen" verbieten wollen (siehe auch BGH GRUR 2001, 453, 454 – *TCM-Zentrum*; BGH GRUR 2002, 86, 88 – *Laubhefter*; BGH GRUR 1991, 254, 256 – *Unbestimmter Unterlassungsantrag I*) sind unzulässig, weil die Abgrenzung zwischen § 23 und § 24 im Regelfall einer neuen rechtlichen Bewertung in einem Erkenntnisverfahren bedarf (zur parallelen Unbegründetheit vgl. Rn. 42). Ein „**insbesondere**"-Zusatz wird regelmäßig keine relevante Konkretisierung mit sich bringen, weil damit nur eine beispielhafte und keine abschließende Aufzählung verbunden ist (BGH GRUR 2008, 84 – *Versandkosten* zum UWG; für das UrhG Wandtke/Bullinger/*Kefferpütz*[2] Rn. 49). Jedoch kann eine Verurteilung ausschließlich reduziert auf den Gegenstand des „insbesondere"-Zusatzes erfolgen, wenn er für sich genommen ein zulässiger Unterlassungsantrag ist (BGH GRUR 2003, 886, 887 – *Erbenermittler*). Allerdings muss der Antragssteller dann auch regelmäßig mit einer Kostenquote rechnen, weil er im Übrigen einen zu weitgehenden Antrag gestellt hat. Abschließend und damit zulässig sind Formulierungen wie z.b. „**wie geschehen in**" mit nachfolgender **Abbildung** der Verletzungsform (BGH GRUR 2004, 72, 72 – *Coenzym Q 10*), weil sie nur die darauf folgende konkrete Verletzungsform einbeziehen. Es kann auch eine Beschreibung **in Worten** erfolgen, sofern sich die für die Urheberrechtsverletzung relevanten Eigenschaften mit Worten beschreiben lassen (BGH GRUR 2007, 871 Tz. 19 – *Wagenfeld-Leuchte*). Der Antrag kann sich auch auf eine **Anlage** beziehen („gemäß Anlage K1"), ohne mit der Urschrift der Entscheidung körperlich verbunden zu sein, z.b. um auf einen zu den Akten gereichten Videomitschnitt für eine unerlaubte Bühnenaufführung (BGH GRUR 2000, 228, 229 – *Musical-Gala*) oder auf Programmausdrucke bzw. Programmträger (BGH GRUR 2008, 357 Tz. 24 – *Planungsfreigabesystem*) zu verweisen.

47 Bei **1:1 Nutzung** durch den Verletzer besteht ebenfalls der Grundsatz der konkreten Bezeichnung des Werkes; insoweit kann allerdings auch **auf das Originalwerk Bezug** genommen werden (BGH GRUR 2003, 786 – *Innungsprogramm*). Es kann sogar eine bloße Bezeichnung des **Titels des Werkes** genügen, wenn dadurch klar ist, welches Werk gemeint ist (BGH GRUR 2000, 228, 229 – *Musical-Gala*), z.B. weil mit dem genannten Filmtitel nur ein Film bezeichnet ist und identisch betitelte Remakes nicht existieren. Nicht hinreichend konkretisiert ist ein Antrag, der lediglich die spezifische Funktionsweise eines Suchdienstes, aber nicht die geltend gemachte Urheberrechtsverletzung als solche beschreibt (BGH GRUR 2003, 958, 960 – *Paperboy*). Im Übrigen ist das Konkretisierungsgebot bei 1:1 Verletzungen allerdings **stärkeren Ausnahmen** unterworfen, um eine effektive Rechtsverfolgung zu gewährleisten. Bei einer Vielzahl von betroffenen Werken fehlt einem Unterlassungsantrag ausnahmsweise nicht die Bestimmtheit, wenn die **betroffenen Werke nicht einzeln bezeichnet** würden, sondern wenn nur das Publikationsorgan benannt werde. Es ist nach dem BGH zulässig, die Prüfung der Schutzfähigkeit der konkreten Werke in das Vollstreckungsverfahren zu verschieben, wenn im Regelfall Schutz nach UrhG besteht (BGH GRUR 1997, 459, 460 – *CB-Infobank I*). Gerade bei der Piraterieverfolgung kann dem Bedeutung zukommen, weil dort regelmäßig eine Vielzahl von Werken eines Rechteinhabers illegal genutzt werden. Ein Antrag auf Unterlassung für verschiedene Werke eines Rechteinhabers (z.B. alle Filmwerke eines bestimmten Regisseurs) sollte danach zur Sicherung einer effektiven Rechtsverfolgung zulässig sein, wenn kein ernsthafter Zweifel an der Aktivlegitimation aufkommen kann; das ist der Fall, wenn er sich als Urheber oder als ausschließlich Nutzungsberechtigter auf die Vermutungstatbestände des § 10 beruft kann und kein wesentliches Bestreiten vorliegt. – Wenn ein Internetprovider zu **zumutbaren Filtermaßnahmen** im Hinblick auf weitere „**klare Verdachtsfälle**" von Rechtsverletzungen seiner Nutzer verpflichtet ist, kann nach der zutreffenden Rechtsprechung des BGH eine weitergehende Konkretisierung des Antrages nicht verlangt werden. Es ist wegen Gläubigerschutzes hinzunehmen, dass eine Verlagerung eines Teils des Streits in das Vollstreckungsverfahren stattfindet (BGH GRUR 2007, 708, 712 Tz. 48 – *Internetversteigerung II*). Insoweit kann auch in den Entscheidungsgründen klargestellt werden, dass nur zumutbare Filteraktivitäten geschuldet sind (BGH a.a.O. Tz. 52). Diese großzügige Rechtsprechung erscheint schon deshalb als überzeugend, weil sonst bei jedem technischen Fortschritt, der die Filterverpflichtungen verändert, ein neuer Titel erwirkt werden müsste. – Die Verwendung von **gesetzlichen Begriffen** wie z.B. „vervielfältigen" (§ 16), „verbreiten" (§ 17) oder „öffentlich vorführen" (§ 19 Abs. 4) ist möglich, solange kein gerichtlicher Streit darüber vorliegt, ob der Tatbestand erfüllt ist (siehe BGH GRUR 2007, 708, 712 Tz. 50 – *Internetversteigerung II* m.w.N.).

Eine zu starke Verallgemeinerung des Antrages führt zur **vollständigen Kla-** **48** **geabweisung,** wenn die konkret beanstandete Werbemaßnahme nicht zweifelsfrei ohne Schwierigkeiten als Minus von dem zu weit gefassten Klageantrag abgespalten werden kann (BGH GRUR 2006, 960 – *Anschriftenliste*; BGH GRUR 2000, 239, 341 – *Last-Minute-Reise*; BGH GRUR 1999, 509, 511 – *Vorratslücken*) oder jedenfalls zur **teilweisen Zurückweisung** des Klageantrags, wenn dem Klagebegehren zu entnehmen ist, dass jedenfalls diese konkret beanstandete Handlung untersagt werden soll (BGH GRUR 2004, 247, 248 – *Krankenkassenzulassung*; BGH GRUR 1999, 760 – *Auslaufmodelle II*), und zwar im Hauptklageverfahren auch noch in der Revisionsinstanz (BGH GRUR 1992, 561, 562 – *Unbestimmter Unterlassungsantrag II*). Der BGH entnimmt dem Anspruch der Parteien auf ein faires Gerichtsverfahren zu Recht, dass der **Tatrichter dem Kläger durch einen Hinweis nach § 139 ZPO Gelegenheit geben** muss, seine Anträge zu überprüfen und ggf. neu zu stellen. Die Klage darf ohne einen gerichtlichen Hinweis nicht als unzulässig (BGH GRUR 2003, 886, 887 – *Erbenermittler*) oder unbegründet abgewiesen werden.

f) **Streitgegenstand:** Die Antragsfassung (vgl. Rn. 44 ff.) hat maßgebliche Be- **49** deutung für den Streitgegenstand. Der Streitgegenstand bildet sich **aus Unterlassungsantrag und dem zugrundeliegenden Lebenssachverhalt** (BGH GRUR 2006, 53, 54 – *Bauhaus-Glasleuchte II*; eingehend *Berneke* WRP 2007, 579, und *Götz* GRUR 2008, 401). Diese Zweigliedrigkeit des Streitgegenstandes hat im Urheberrechtsprozess besondere Bedeutung.

Ein Unterlassungsantrag kann **mehrere Streitgegenstände** tragen. So kann **50** beispielsweise ein Verbotsantrag hinsichtlich der Verbreitung eines Produkts auf die §§ 97 Abs. 1 S. 1, 17 UrhG, aber auch auf § 14 Abs. 5, 4 Nr. 1 MarkenG oder auf die §§ 8 Abs. 1 S. 1, 3, 4 Nr. 9 lit. a UWG gestützt werden (siehe BGH GRUR 2001, 755, 756 – *Telefonkarte*; KG GRUR-RR 2003, 262 – *Harry-Potter-Lehrerhandbuch*). Mehrere Streitgegenstände können auch vorliegen, wenn unterschiedliche Rechte innerhalb des UrhG als Klagegrund genannt werden, z.B. Urheberrecht und Leistungsschutzrecht; ob aber die stets bei einer Person entstehenden Urheberrechte am Lichtbildwerk (§ 2 Abs. 1 Nr. 5) einerseits und die Leistungsschutzrechte am einfachen Lichtbild (§ 72) andererseits einen unterschiedlichen Streitgegenstand ausmachen, erscheint fraglich (bejahend *Berneke* WRP 2007, 579, 581). Liegen **mehrfache Streitgegenstände bei nur einem einheitlichen Antrag** vor, hat das verschiedene Konsequenzen für den Prozess:

Das Gericht darf nicht den Antrag aus einem Streitgegenstand zusprechen, den **51** der Kläger gar nicht eingeführt hat (§ 308 ZPO; eingehend *Berneke* WRP 2007, 579, 585). Das Gericht kann deshalb ein Verbreitungsverbot für ein bestimmtes Produkt nicht auf die §§ 8 Abs. 1 S. 1, 3, 4 Nr. 9 lit. a UWG stützen, wenn der Kläger sich nur auf Urheberrecht oder Markenrecht gestützt hatte (BGH GRUR 2001, 755, 757 – *Telefonkarte*). Für Ansprüche, die nicht streitgegenständlich sind, entfaltet ein rechtskräftiges Urteil auch keine Sperrwirkung nach § 322 ZPO (BGH GRUR 2001, 755, 757 – *Telefonkarte*). Die

Einführung neuer Streitgegenstände ist eine **Klageänderung**, die nach den §§ 263, 264 ZPO bzw. § 533 ZPO zulässig sein muss (*Berneke* WRP 2007, 579, 586). Die **Berufung** muss, um zulässig zu sein, zu jedem (erfolglos geltend gemachten) Streitgegenstand eine Begründung enthalten (BGH GRUR 2006, 429 – *Schlank-Kapseln*). Der **Verfügungsgrund** für einstweilige Verfügungen ist auch für jeden Streitgegenstand gesondert zu prüfen (*Berneke* WRP 2007, 579, 587). Auch für § 93 ZPO ist relevant, ob eine Abmahnung für den gerichtlich geltend gemachten Streitgegenstand erfolgte.

52   Auch wenn das Gericht den Antrag zuspricht, kann der Kläger mit einer negativen **Kostenfolge** belastet werden, wenn die Klage im Hinblick auf einen Streitgegenstand unbegründet war. Das gilt allerdings nur, wenn der Kläger wirklich mit seinem (einheitlichen) Antrag verschiedene Streitgegenstände verfolgt. Anders ist es, wenn der Antrag nur alternativ mit unterschiedlichen Anspruchsgrundlagen begründet werden sollte (*Götz* GRUR 2008, 401, 407; *Teplitzky*[9] Kap. 46 Rz. 5 m.w.N.; *Nordemann*[10] Rn. 3222). Den Kläger trifft eine **Aufklärungspflicht** darüber, ob er mit seinem **einheitlichen Antrag verschiedene Streitgegenstände** verfolgt **oder** er nur seinen **Antrag alternativ begründen** will. Ansonsten fehlt es an der hinreichenden Bestimmtheit des Antrags, § 253 Abs. 2 Nr. 2 ZPO. Denn für den Beklagten muss erkennbar sein, welche prozessualen Ansprüche gegen ihn erhoben werden, um seine Rechtsverteidigung danach ausrichten zu können (BGH GRUR 2003, 798, 800 – *Sanfte Schönheitschirurgie*; BGH GRUR 2003, 716, 717 – *Reinigungsarbeiten*; *Berneke* WRP 2007, 579, 583; *Teplitzky*[9] Kap. 46 Rz. 5 m.w.N.). Spätestens für das Bestrafungsverfahren muss der Schuldner eindeutig wissen, was ihm verboten ist. Bei **Anträgen auf Erlass einer Einstweiligen Verfügung** sollten im Hinblick auf die Aufklärungspflicht besondere Anforderungen gelten. Einstweilige Verfügungen ergehen im Beschlussweg oftmals ohne Begründung. Dann kann der Antragsgegner aus dem gerichtlichen Verbot nicht erkennen, ob das Gericht die gegebenen unterschiedlichen Begründungen als verschiedene Streitgegenstände eingestuft hat oder lediglich einer von mehreren alternativen Begründungen gefolgt ist und die andere offen gelassen hat. Deshalb muss der Antragsteller schon die Anträge so fassen, dass er unterschiedliche Streitgegenstände unterschiedlichen Anträgen zuordnet. Außerdem sollte der Kläger in einer Klageschrift, um seiner Verpflichtung zur Klageerhebung nach § 936 ZPO nachzukommen, ggf. genau spezifizieren, dass er auch den Streitgegenstand aus dem Verfügungsverfahren eingeklagt hat. Ansonsten droht die Aufhebung der Einstweiligen Verfügung (*Nordemann*[10] Rn. 3222). Endlich kann der Kläger bei Aufhebung des Gesetzes, auf dessen Verletzung sich der Kläger stützt, nur dann die Hauptsache für erledigt erklären, wenn er insoweit einen eigenständigen Streitgegenstand geltend gemacht und nicht seine Klage auch noch auf andere Begründungen (nicht Streitgegenstände) gestützt hat (BGH GRUR 2003, 890, 892 – *Buchclub-Kopplungsangebot*).

53   g) **Aufbrauchfrist:** Eine Aufbrauchfrist, wie sie auch das Wettbewerbsrecht kennt, kann dem Verletzer eingeräumt werden. § 100 regelt die Vergünstigungen insb. für den schuldlosen Verletzer **nicht abschließend** (str.; im Einzelnen vgl. § 100 Rn. 11). Allerdings sollte § 100 für den nicht schuldhaft Handelnden vorrangig geprüft werden. Für den *schuldhaft* – möglicherweise nur leicht fahrlässig – handelnden Verletzer, für den § 100 nicht gilt, macht *Wild* (Schricker/*Wild*[3] Rn. 97; gl.A. Dreier/Schulze/*Dreier*[3] § 101 Rn. 9) geltend, dass auch der Unterlassungsanspruch in einem gerechten Verhältnis zur Tat und zum Verschulden stehen muss. Dieser Auffassung schließen wir uns an; **Rechts-**

grundlage ist § 242 BGB, der über das gesetzliche Schuldverhältnis, das durch die Urheberrechtsverletzung zwischen Gläubiger und Schuldner des Unterlassungsanspruches entstanden ist, Anwendung findet. Über die Aufbrauchfrist ist **von Amts wegen** zu entscheiden (BGH GRUR 1985, 930, 932 – *JUS-Steuerberatungsgesellschaft*; Hefermehl/Köhler/Bornkamm/*Bornkamm*[26] § 8 UWG Rn. 1.66; jeweils zum UWG), und zwar auch im (ggf. einseitigen) Einstweiligen Verfügungsverfahren (OLG Koblenz NJWE-WettbR 1996, 45, OLG Stuttgart WRP 1989, 832, 833; KG WRP 1972, 143, 144; *Nordemann*[10] Rn. 3291; Hefermehl/Köhler/Bornkamm/*Bornkamm*[26] § 8 UWG Rn. 1.68; a.A. OLG Frankfurt GRUR 1988, 46, 49 – *Flughafenpassage*). Dennoch ist die Gewährung in der Praxis sehr selten; häufiger kommt es vor, dass die Parteien eine Aufbrauchfrist **in einem Vergleich** vorsehen.

Die Voraussetzungen sind im Urheberrecht, wo es sich um die Verletzung **54** absoluter Individualrechte handelt, etwas strenger als im Wettbewerbsrecht, wo **unverhältnismäßige Nachteile** für den Verletzer und das Fehlen einer unzumutbaren Beeinträchtigung des Verletzten als ausreichend angesehen werden, um das gerichtliche Verbot erst nach Ablauf einer (in der Regel kurzen) Aufbrauchfrist wirksam werden zu lassen (BGH GRUR 1990, 522, 528 – *HBV-Familien- und Wohnungsrechtsschutz*; BGH GRUR 1982, 425, 431 – *Brillen-Selbstabgabestellen* – in BGHZ 82, 375 nicht mit abgedruckt). Bei der Verletzung von Urheber- und Leistungsschutzrechten ist vielmehr eine Aufbrauchfrist nur in Ausnahmefällen zu gewähren, in denen die Folgen eines sofortigen Verbots *außer jedem Verhältnis* zu Bedeutung und Schwere der Verletzung stünden. Dafür ist eine **Interessenabwägung** vorzunehmen. Hierzu vgl. zunächst § 100 Rn. 6. Grundsätzlich wird wegen des Ausnahmecharakters eine Frist nur bei leichter Fahrlässigkeit in Betracht kommen. Bedeutung kann ferner zeitlichen Umständen zukommen, z.B. dass der Gläubiger mit einem rechtlichen Vorgehen jahrelang gewartet hat (BGH GRUR 1990, 522, 528 – *HBV-Familien- und Wohnungsrechtsschutz*) oder der Schuldner kurzfristig mit dem Verbot konfrontiert wird, insb. in Fällen einer Einstweiligen Verfügung im Beschlussweg (*Berlit* WRP 1998, 250, 252; *Nordemann*[10] Rn. 3291) oder in der Revisionsinstanz nach noch gewonnener Berufungsinstanz (BGH GRUR 1969, 690, 693 – *Faber*; bei Verlust auch der Berufungsinstanz aber in der Regel nicht: BGH GRUR 1968, 431, 433 – *Unfallversorgung*). Zu Gunsten des Schuldners fällt ins Gewicht, wenn die Verletzung nur einen kleinen Teil eines größeren Werkes ausmacht, z.B. eines Romans, der nur mit erheblichem Änderungsaufwand weiter vertrieben werden könnte, oder eines Filmes, der unzulässiger Weise wenige Sekunden eines Musikwerkes enthält. Die Gewährung der Aufbrauchfrist schließt **Schadensersatzansprüche** nicht aus. Das ergibt sich auch aus einem „erst-Recht"-Schluss im Hinblick auf § 100 S. 1, der sogar in Fällen schuldlosen Handelns eine Entschädigung gewährt.

2. Beseitigung (Abs. 1 S. 1)

Weiterhin hat der Berechtigte gegenüber jedem, **auch** dem **schuldlosen Verletzer**, **55** einen Anspruch auf Beseitigung der Beeinträchtigung (Abs. 1 S. 1 Halbs. 1). Streng genommen sind die Unterlassungsansprüche Unterfälle des Beseitigungsanspruchs: In der Gefährdung eines Rechtsguts liegt eine Beeinträchtigung, die in der Regel durch das Unterlassen der gefährdenden Handlung beseitigt wird (siehe BGH GRUR 1955, 492, 500 – *Tonband/Grundig-Reporter*). Unterlassungsanspruch und Beseitigungsanspruch sind dennoch wesensverschieden; die Umstellung von einem Unterlassungs- auf einen Beseitigungsantrag ist eine Klageänderung (*Teplitzky* GRUR 1995, 627, 628 u.v.a. BGH NJW-RR 1994, 1404). Der Beseitigungsanspruch im engeren Sinne erfasst grundsätzlich nur die Fälle, in denen eine fortdauernde Gefährdung **nicht durch bloßes Unterlassen beseitigt** werden kann. Dadurch kann eine Abgrenzung allerdings tw. nicht erreicht werden, weil auch Unterlassungsgebote ein positives Handeln verlangen können (z.B. bei Unterlassung der Werknutzung durch Upload nach § 19a ist eine Herausnahme der Datei aus dem Internet erforderlich). Es ist deshalb eine Wertung notwendig, ob das (negative) Unterlassungs- oder das (positive) Handlungselement überwiegt (siehe auch *Teplitzky*[9] Kap. 22 Rn. 1 ff.).

56 Beseitigungsansprüche werden praktisch vor allem bei **Entstellungen** eines Werkes relevant, die die berechtigten Interessen des Urhebers gefährden (siehe § 14), und die schon durch ihre bloße Weiterexistenz eine immer neue Gefährdung der Urheberinteressen mit sich bringen, weil z. B. jeder neue Leser des entstellten Romans und jeder Betrachter des entstellten Bildes den Urheber mit dessen Inhalt identifiziert, obwohl die eigentliche Verletzungshandlung – die Herstellung und Veröffentlichung der Entstellung – längst abgeschlossen ist. Berühmtheit erlangte der Fall RGZ 79, 397 – *Felseneiland mit Sirenen*; dort wurde der Eigentümer eines Freskengemäldes zur Entfernung eigenmächtiger Übermalungen verurteilt. Siehe ferner LG Berlin UFITA 3 [1930], 258 – *Eden-Hotel*. Ähnliche Fälle sind im Bereich des § 75 (Entstellung einer künstlerischen Leistung) und im Filmbereich nach § 93 denkbar. Beseitigung ist ferner auch für **rechtswidrig hergestellte Vervielfältigungsstücke** denkbar, sofern eine Vernichtung (§ 98 Abs. 1) oder eine Überlassung (§ 98 Abs. 3) wegen § 98 Abs. 4 oder Abs. 5 nicht in Betracht kommt. Das sind Maßnahmen wie Schwärzen der beanstandeten Stellen eines Buches, Auswechseln der Seiten, auf denen sich die beanstandeten Stellen befinden (OLG Düsseldorf ZUM 1997, 486), Beseitigung von Entstellungen eines Bildes durch Verbesserung der Kopie usw. In der Regel ist das aber schon durch den Unterlassungsanspruch abgedeckt.

57 Tw. sind Beseitigungsansprüche auch **speziell** an anderer Stelle im UrhG geregelt: **Vernichtungsansprüche** gem. § 98 Abs. 1, Rückrufsansprüche und Ansprüche auf Entfernung aus den Vertriebswegen nach § 98 Abs. 2, Überlassungsansprüche nach § 98 Abs. 3 und Ansprüche auf **Bekanntmachung des Urteils** gem. § 103 (siehe im Einzelnen die Kommentierungen dort). Diese Normen gehen in ihrem Regelungsbereich vor; außerhalb kann Beseitigung nach § 97 Abs. 1 S. 1 verlangt werden (ferner vgl. § 98 Rn. 40).

58 Wegen der u. U. möglichen **Ablösung des Beseitigungsanspruchs** gem. § 100 vgl. § 100 Rn. 3 ff. Sofern das für den Beseitigungsanspruch erforderlich ist, kann **Auskunft** verlangt werden (BGH GRUR 1995, 427, 428 – *Schwarze Liste*); siehe dazu § 101.

59 **Außerhalb des UrhG** hat der Beseitigungsanspruch vor allem für den **Widerruf** unzulässiger Äußerungen Bedeutung (siehe BGH GRUR 1995, 424, 426 – *Abnehmerverwarnung*).

60 Der Anspruch auf Beseitigung der Beeinträchtigung darf nicht mit dem Anspruch auf **Wiederherstellung des ursprünglichen Zustandes** (§ 249 BGB) verwechselt werden, der als Schadensersatzanspruch nur bei Verschulden gegeben ist (vgl. Rn. 61 ff.). Ersterer will die Entstehung neuen künftigen Schadens verhindern, letzterer soll bereits entstandene Schäden ausgleichen.

3. Schadensersatz (Abs. 2)

a) Verschulden: Bei den Schadensersatzansprüchen aus Abs. 2 ist – anders als **61**
bei Unterlassungs- und Beseitigungsansprüchen – ein Verschulden des Verletzers erforderlich. Eine verschuldenslose Gefährdungshaftung auf Schadensersatz existiert nicht. Da das Gesetz als Verschuldensformen Vorsatz und
Fahrlässigkeit gleichrangig nennt (§ 97 Abs. 2 S. 1), kommt es auf eine Abgrenzung grundsätzlich nicht an. Jedoch genügt Fahrlässigkeit nur bei Schadensersatzansprüchen gegen den Täter (dazu vgl. Rn. 145 ff.); Teilnehmer
müssen über Teilnahmevorsatz verfügen und die Rechtswidrigkeit der Haupttat kennen (vgl. Rn. 153). Ergänzend zu § 97 gelten die deliktsrechtlichen
Bestimmungen des BGB, also insb. die §§ 827, 828 BGB.

aa) Vorsatz: Schuldhaft handelt zunächst, wer vorsätzlich eine Rechtsverlet- **62**
zung begeht, d.h. entweder weiß, dass er ein Recht verletzt *(dolus directus)*,
oder es doch bewusst in Kauf nimmt, dass er ein Recht verletzen könnte *(dolus
eventualis)*. Zum erforderlichen Bewusstsein gehört auch das Bewusstsein der
Rechtswidrigkeit, so dass Rechtsirrtümer zumindest den Vorsatz ausschließen
können (vgl. Rn. 65).

bb) Fahrlässigkeit: Ein Verschulden trifft aber auch den fahrlässig Handeln- **63**
den, d.h. denjenigen, der es hätte wissen können, dass er eine Rechtsverletzung
beging, der es aber unter Außerachtlassung der im Verkehr erforderlichen
Sorgfalt (§ 276 BGB) unterließ, die ihm gegebenen Prüfungsmöglichkeiten
auszuschöpfen. Die Rechtsprechung stellt dazu mit Recht **strenge Anforderun-**
gen (BGH GRUR 2002, 248, 252 – *Spiegel-CD-ROM*; BGH GRUR 1999, 49,
51 – *Bruce Springsteen and his Band*; BGH GRUR 1998, 568, 569 – *Beatles-
Doppel-CD*).

Jeder, der ein fremdes Werk (Urheberrecht) oder ein nach dem UrhG geschütz- **64**
tes Leistungsschutzrecht (vgl. Rn. 9 ff.) nutzen will, muss sich über die Rechtmäßigkeit seiner Handlungen **Gewissheit verschaffen** (BGH GRUR 1960,
606, 608 – *Eisrevue II*; KG GRUR 1959, 150, 151 – *Musikbox-Aufsteller*). Er
muss sich dazu ggf. die **Legitimation** dessen, von dem er das Recht erwirbt,
nachweisen lassen (BGH GRUR 1959, 331, 334 – *Dreigroschenroman II*) und
sich über den Umfang der ihm zustehenden Benutzungsbefugnisse erforderli-
chenfalls **rechtskundigen Rat** einholen (OLG Düsseldorf ZUM 1998, 668,
671). Diese Pflichten treffen vor allem die, bei denen die Nutzung des Werkes
ihren Ausgangspunkt nimmt: Den **Autor,** den **Verleger** (z.B. bei Romanen,
Büchern politischen oder tatsächlichen Inhalts, wissenschaftlichen Werken,
Kunstbänden oder bei periodischen Druckschriften wie Zeitungen, Zeitschriften, Kalendern) und – soweit existent – den **Herausgeber.** Nicht einmal im
Programmaustausch zwischen öffentlich-rechtlichen **Rundfunkanstalten,** von
denen jede über eine eigene Rechtsabteilung verfügt, darf sich die erwerbende
Anstalt auf die Prüfung der Rechtslage durch die andere verlassen (KG UFITA
86 [1980], 249, 252 f. – *Boxweltmeisterschaft).* Der **Importeur** kann für den
Inhalt der von ihm vertriebenen Druckwerke verantwortlich sein (BGH
GRUR 1977, 114, 115 f. – *VUS).* Auch der Betreiber einer Homepage muss
sich vergewissern, dass dort hochgeladene Texte, Fotos oder Stadtpläne genutzt werden dürfen (zum konkludenten Einverständnis der Nutzung im
Internet vgl. § 31 Rn. 141). **Minderjährige Internetnutzer** handeln für den
Fall schuldhaft, dass sie kommerziell wertvolle Fotos aus dem Internet kostenlos herunterladen und dann bei ebay verkaufen, auch wenn der „Copyright-Vermerk" fehlt (OLG Hamburg ZUM-RD 2007, 344, 345). Der Sorg-

faltsmaßstab kann aber je nach **Handelsstufen** differieren; insb. auf der letzten Handelsstufe für urheberrechtliche geschützte Waren werden teils geringere Anforderungen gestellt, weil der Bestand der Rechte schlechter kontrolliert werden kann (siehe LG München I ZUM 2000, 519, 521; aber Verschulden i.E. bejaht).

65 **Rechtsirrtümer:** Auch wer seinem Verhalten eine bestimmte, von ihm geprüfte und für richtig gehaltene Rechtsauffassung zugrunde legt, kann wegen Fahrlässigkeit zum Schadensersatz verpflichtet sein. Rechtsirrtum **entschuldigt nicht** (*Ullmann* GRUR 1978, 615, 622). Das gilt insb., wenn dem Verletzer gar nicht bewusst ist, dass das genutzte Werk oder die genutzte Leistung geschützt ist. Die Rechtsprechung verlangt, dass derjenige, der fremde Rechte verwertet, sich über die einschlägigen Rechtsfragen unterrichtet (BGH GRUR 1960, 606, 608 – *Eisrevue II*). Lässt sich eine Rechtsfrage nicht zuverlässig beurteilen, weil die Grenzziehung durch die Rechtsprechung fallweise erfolgt, so handelt der Verletzer schuldhaft, wenn er eine ihm günstige Beurteilung unterstellt (BGH GRUR 1974, 669, 672 – *Tierfiguren*). Über den Inhalt höchstrichterlicher Entscheidungen, wie er sich bei **sorgfältiger und objektiver Prüfung** darstellt, darf er sich keinesfalls hinwegsetzen (BGH GRUR 1960, 340, 344 – *Werbung für Tonbandgeräte;* siehe auch BGH GRUR 1961, 138, 140 – *Familie Schölermann*). Ein Verschulden ist grundsätzlich nur dann **zu verneinen,** wenn bereits eine dem Verwerter **günstige höchstrichterliche Entscheidung** – also des BGH oder auch des RG – vorliegt, die in der Literatur zwar angegriffen, vom BGH aber noch nicht durch ein abweichendes Urteil ersetzt wurde (BGHZ 17, 266, 295 f. – *Tonband/Grundig-Reporter;* BGH GRUR 1961, 97, 99 – *Sportheim*). Angesehen von dieser Konstellation wird im Regelfall ein verschuldeter Rechtsirrtum anzunehmen sein. Die Rechtsprechung war zwar früher großzügiger und ließ es für Schuldlosigkeit genügen, wenn der BGH eine umstrittene Frage bloß noch nicht entschieden hatte und es der Verletzer auf eine Klärung ankommen ließ (so noch BGH GRUR 1975, 33, 35 – *Alters-Wohnheim I;* BGH GRUR 1972, 614, 616 – *Landesversicherungsanstalt*); das war schon deshalb wenig überzeugend, weil damit das rechtliche Risiko einseitig dem Rechteinhaber aufgebürdet wäre (genauso jetzt BGH GRUR 2002, 248, 252 – *Spiegel-CD-ROM*). Heute gilt vielmehr folgendes: Bestehen bei einer zweifelhaften Rechtsfrage Anhaltspunkte dafür, dass der Verletzer mit einer für ihn ungünstigen Entscheidung rechnen muss, handelt er damit fahrlässig, weil er sich **erkennbar im Grenzbereich des rechtlich Zulässigen bewegt** (BGH GRUR 2007, 871, 875 – *Wagenfeld-Leuchte;* BGH GRUR 2002, 248, 252 – *Spiegel-CD-ROM;* BGH GRUR 1998, 568, 569 – *Beatles-Doppel-CD*). Das gilt insb. bei uneinheitlicher instanzgerichtlicher Rechtsprechung (BGH GRUR 1998, 568, 569 – *Beatles-Doppel-CD*). Auch handelte ein Verwerter schuldhaft, der im unmittelbaren Vorfeld des *Phil-Collins*-Urteils des EuGH GRUR 1994, 280 (vgl. § 120 Rn. 2) eine in Fachkreisen streitige Schutzrechtslücke ausnutzte (BGH GRUR 1999, 49, 52 – *Bruce Springsteen and his Band;* BGH GRUR 1998, 568, 569 – *Beatles-Doppel-CD;* a.A. Vorinstanz OLG Frankfurt ZUM 1996, 697). Es muss sogar schon genügen, wenn – in Abwesenheit von gerichtlichen Entscheidungen – die Frage jedenfalls in der Presse kontrovers diskutiert wird (LG München I GRUR 2005, 574, 576 – *O Fortuna*). Erst Recht liegt Fahrlässigkeit vor, wenn schon veröffentlichte oder zumindest dem Verletzer bekannte rechtskräftige Urteile der Instanzgerichte existieren, die einen für ihn ungünstigen Standpunkt einnehmen (BGH GRUR 1960, 606, 609 – *Eisrevue II;* BGH GRUR 1955, 549 – *Betriebsfest* – in BGHZ 17, 376, 383 insoweit nicht mit abgedruckt). Eine **Ausnahme** ist in außergewöhnlichen Fällen zu machen, wobei aber stets dafür Voraussetzung ist, dass eine schwierige Frage umstritten ist *und* überhaupt noch nicht richterlich entschieden wurde. Hinzukommen müssen dann noch weitere besondere Umstände, z.B. dass die Unterwerfung einschneidende Maßnahmen erfordern würde, die auch bei günstigem Ausgang des Rechtsstreits noch nachwirken würden (BGHZ 17, 266, 295 f. – *Tonband/Grundig-Reporter*) oder es sich erkennbar um den Musterprozess zur Klärung der Rechtsfrage handelt, der Rechteinhaber aber bislang Dritte auf Schadensersatz nicht in Anspruch genommen hat (deshalb i.E. zutreffend: BGH GRUR 1972, 614, 616 – *Landesversicherungsanstalt*, insoweit in BGHZ 58, 262 nicht mit abgedruckt).

Ein ursprünglich schuldloser Verletzer verliert den guten Glauben an die **66** Rechtmäßigkeit seines Handelns schon im Augenblick, in dem er **erstmals abgemahnt** wird. Setzt er sein Verhalten fort, so macht er sich von diesem Augenblick an schadensersatzpflichtig, weil er sich in den Grenzbereich des rechtlich Zulässigen begibt. Dabei kommt es nicht darauf an, ob ihm Beweise für das Recht des Abmahnenden vorgelegt werden, weil den Verwerter fremder Rechte eine eigene Prüfungspflicht trifft. Eine Ausnahme gilt nur dann, wenn – wie in den zuletzt behandelten Fällen (vgl. Rn. 65 a.E.) – Fahrlässigkeit trotz Kenntnis der Situation wegen unverschuldeten Rechtsirrtums zu verneinen ist. – Zur Rechtsverletzung durch **ungerechtfertigte Verwarnung** vgl. § 97a Rn. 42 ff.

cc) Mitverschulden: § 254 BGB findet auf die Schadensersatzansprüche nach **67** § 97 Abs. 2 Anwendung. Ein Mitverschulden des Verletzten kann den Schadensersatz **verringern** oder gar ganz **ausschließen**, soweit schuldhaft eine Abwendung oder **Minderung des Schadens** unterlassen wurde (OLG Düsseldorf GRUR-RR 2002, 121 – *Das weite Land*). Ein Mitverschulden wurde beispielsweise darin gesehen, dass der Verletzer auf Abmahnungen hin den Rechtsinhaber aufforderte, eine konkrete Liste mit Werken zu übersenden, um Rechtsverletzungen für das gesamte dortige Repertoire abzustellen, eine solche aber nicht übersandt wurde (OLG Düsseldorf GRUR-RR 2002, 121 – *Das weite Land*).

b) Materieller Schaden (Abs. 2 S. 1 bis 3) aa) Dreifache Berechnung; Wahl- **68** **recht:** Der Anspruch auf materiellen Schadensersatz geht zunächst auf **Naturalrestitution**, also die Wiederherstellung des Zustandes, der bestehen würde, wenn die Rechtsverletzung nicht stattgefunden hätte (siehe § 249 BGB). Zur Unterscheidung dieses Anspruchs vom Anspruch auf Beseitigung der Beeinträchtigung vgl. Rn. 60. Da es jedoch gerade im Bereich des Urheberrechts und der verwandten Schutzrechte nicht immer möglich ist, Geschehenes ungeschehen zu machen – die erfolgte Funksendung oder Aufführung kann nicht rückgängig gemacht werden –, ist der Verletzte über § 249 BGB hinaus vielfach auf einen **Geldersatzanspruch** angewiesen. Für diesen Anspruch haben sich **drei Berechnungsarten** entwickelt, nämlich neben dem Ersatz der konkret entstandenen Vermögenseinbuße (§§ 249 bis 252 BGB) auch der Verletzergewinn (§ 97 Abs. 2 S. 2 UrhG) sowie die angemessene Lizenzgebühr (§ 97 Abs. 2 S. 3). Die angemessene Lizenzgebühr ist erst seit dem 01.09.2008 kodifiziert (vgl. Rn. 4), war aber auch im früheren Recht schon allgemein anerkannt (RegE UmsG Enforcement-RL – BT-Drucks. 16/5048, S. 33; grundsätzlich BGH GRUR 2000, 226, 227 – *Planungsmappe*; ferner BGH GRUR 1980, 227, 232 – *Monumenta Germaniae Historica*; OLG Hamburg

GRUR-RR 2001, 260, 261 – *Loriot-Motive*; *Wandtke/Bodewig* GRUR 2008, 220, 223; *Schaub* GRUR 2005, 918, 919). – Die dreifache Schadensberechnung kommt aber nur für die Verletzung absoluter Immaterialgüterrechte in Betracht, **nicht** für die Verletzung **vertraglicher** Pflichten (BGH GRUR 2002, 795, 797 – *Titelexklusivität*).

69 Der Verletzte hat das **Wahlrecht**, welche der drei Berechnungsalternativen er seinem Anspruch zugrunde legen will (BGH GRUR 2000, 226, 227 – *Planungsmappe*; OLG Düsseldorf ZUM 2004, 307, 309). Von diesem Recht kann er beliebig Gebrauch machen. In der Praxis übt der Gläubiger sein Wahlrecht erst möglichst spät aus. Er wird zunächst für alle drei Berechnungsarten ggf. erforderliche Auskunfts- und Rechnungslegungsansprüche stellen (vgl. § 101 Rn. 10 ff.), ohne sich für eine der drei möglichen Schadensberechnungsarten zu entscheiden (BGH GRUR 1980, 227, 232 – *Monumenta Germaniae Historica*). Auch nach Erteilung der Auskünfte kann er noch im Laufe des Rechtsstreits von der einen auf die andere Berechnungsmethode übergehen, und zwar so lange, bis der Anspruch nach einer der drei Berechnungsarten erfüllt oder rechtskräftig zuerkannt ist (BGH GRUR 2008, 93 Tz. 8, 12 – *Zerkleinerungsvorrichtung*; BGH GRUR 2000, 226, 227 – *Planungsmappe*; BGH GRUR 1993, 757, 758 – *Kollektion Holiday*). Etwas anderes gilt auch dann nicht, wenn der Gläubiger durch beziffertern Zahlungsantrag die Schadensberechnung auf eine Berechnungsart konkretisiert hat (a.A. *v. Weichs/Foerstl* ZUM 2000, 897, 900). Der Gläubiger legt sich bei bezifferten Zahlungsklagen noch nicht einmal auf eine bestimmte Berechnungsalternative als **Streitgegenstand** fest; wechselt der Gläubiger im Prozess die Schadensberechnungsart und erhöht das die Forderung, liegt keine Klageänderung gem. § 264 Nr. 2 ZPO vor (BGH GRUR 2008, 93 Tz. 9 ff. – *Zerkleinerungsvorrichtung*). Der Gläubiger soll allerdings nach wie vor wählen müssen und die Wahl der Berechnungsform nicht dem Gericht von Amts wegen überlassen dürfen (*v. Ungern-Sternberg* GRUR 2008, 291, 300); dem Gläubiger ist insoweit eine hilfsweise Wahl zu raten (siehe OLG Düsseldorf GRUR-RR 2006, 393, 394 – *Informationsbroschüre*). Überzeugend ist das nicht; dem Gläubiger sollte auch gestattet werden, dem Gericht die Wahl zu überlassen, weil § 308 Abs. 1 ZPO wegen der Einheitlichkeit des Streitgegenstandes keine Anwendung findet. Stützt der Verletzte sich im Eventualverhältnis auf mehrere Berechnungsarten, so ist stets die für ihn günstigere Berechnungsart in vollem Umfang anzuwenden (BGH GRUR 1993, 55, 58 – *Tchibo/Rolex II*). Die gewählte Berechnungsart muss dann aber ausschließlich zugrunde gelegt werden. Eine Vermengung der Berechnungsarten etwa dahin, dass zusätzlich neben dem Anspruch auf die angemessene Lizenzgebühr (vgl. Rn. 86 ff.) auch noch der weitergehende Schaden wegen entgangenen Gewinns (vgl. Rn. 70 ff.) gefordert werden könnte, findet nicht statt, sog. **Vermengungs- und Verquickungsverbot** (RegE UmsG Enforcement-RL – BT-Drucks. 16/5048, S. 33; BGH GRUR 1977, 539, 543 – *Prozessrechner*; *Teplitzky* FS Traub S. 401, 402 ff. m.w.N.; *Wedemeyer* FS Piper S. 787, 804 m.w.N. in Fn. 86). Für unterschiedliche Schadensarten darf aber jeweils eine unterschiedliche Berechnung gewählt werden (BGH GRUR 1980, 841, 844 – *Tolbutamid*; BGH GRUR 1977, 539, 543 – *Prozessrechner*; *Wedemeyer* FS Piper S. 787, 804), z.B. für die Urheberrechtsverletzung die angemessene Lizenzgebühr und für die daraus folgende Abmahnung der konkrete Vermögensschaden (*Jan Bernd Nordemann* WRP 2005, 184 m.w.N.) oder Herausgabe des Verletzergewinns für den illegalen Vertrieb und Rechtsverfolgungskosten durch eine notwendige Ermittlungsreise (BGH GRUR 2007, 431, 435 Tz. 43 – *Steckverbindergehäuse*). Zu Gunsten des

Gläubigers folgt aus dem Vermengungs- und Verquickungsverbot, dass die Höhe des Schadensersatzes nach einer Berechnungsform (z.B. angemessene Lizenzgebühr) nicht in der Höhe durch eine andere Berechnungsform (Verletzergewinn) begrenzt wird (BGH GRUR 1993, 55, 58 – *Tchibo/Rolex II*). Zu Wahlrecht und **Verjährung** von Schadensersatzansprüchen vgl. § 102 Rn. 7.

bb) Konkreter Vermögensschaden: Der Verletzte kann zunächst den ihm ent- **70** gangenen Gewinn (§ 252 BGB) ersetzt verlangen. Entgangen ist der Gewinn, den der Verletzte, wenn der Verletzer nicht dazwischengetreten wäre, nach dem gewöhnlichen Lauf der Dinge oder nach den besonderen Umständen, insb. nach den getroffenen Anstalten und Vorkehrungen, hätte wahrscheinlich erwarten können (siehe § 252 BGB). Dieser Betrag kann von Gericht nach § 287 ZPO geschätzt werden. Die Anwendung der §§ 252 BGB, 287 ZPO dient dazu, dem Geschädigten den Schadensnachweis zu erleichtern (BGH GRUR 1993, 757, 758 – *Kollektion Holiday*). Dennoch bleibt der **Nachweis** eines entgangenen Gewinns **im Regelfall schwierig.** Zur schlüssigen Geltendmachung eines aus der Urheberrechtsverletzung entgangenen Gewinns muss der Gläubiger zumindest darlegen, dass ohne die Verletzung eine (entsprechende) Nutzung durch ihn oder durch berechtigte Dritte erfolgt wäre. Daraus wäre nach den Grundsätzen der Lebenserfahrung zu folgern, dass die Geschäfte des Verletzers zu einer Beeinträchtigung der Umsatzerwartung des Berechtigten geführt haben. Soll dieser Ursachenzusammenhang in Zweifel gezogen werden, so ist es Sache des Verletzers darzulegen, dass die vom Schadensersatzkläger behauptete Einbuße ganz oder tw. durch andere Gründe als die Verletzung verursacht ist (BGH GRUR 1993, 757, 758 – *Kollektion Holiday*). Ein solcher anderer Grund kann bei fehlender Substituierbarkeit von Produkten gegeben sein (siehe OLG Hamburg GRUR-RR 2001, 260, 263 – *Loriot-Motive*: Gewinneinbußen verneint für den Vertrieb von hochwertigen originalen Loriot-Werbekarten, weil nicht durch billige, kostenlos verteilte Werbekarten mit einer Collage verschiedener Motive substituierbar). Benötigt der Verletzte **Informationen** von Seiten des Verletzers, um seinen Schadensersatzanspruch in Form des entgangenen Gewinns berechnen zu können, steht dem Verletzten ein **Auskunfts- und Rechnungslegungsanspruch gegen den Verletzer** zu (vgl. § 101 Rn. 10 ff.).

Beispiele für die Berechnung eines entgangenen Gewinns bietet der BGH-Fall **71** *Kollektion Holiday*: Hier ging es um die rechtswidrige Nachahmung von Modeartikeln. Als entgangener Gewinn konnten zunächst die aufgrund von wahrscheinlich verursachten Auftragstornierungen von Abnehmern verlorenen Gewinne verlangt werden; darüber hinaus waren auch wahrscheinliche Nachbestellungen relevant, auch wenn es sich um kurzlebige Modeartikel handelte (BGH GRUR 1993, 757, 758 – *Kollektion Holiday*). Ferner sei erwähnt OLG Hamburg UFITA 65 (l972), 284 (Auswechslung einer betexteten und eingespiegelten Illustriertenseite); OLG Hamburg GRUR Int. 1978, 140 – *membran* (Berechnung von Differenz-Lizenzen beim Reimport von Tonträgern, siehe dazu auch BGH GRUR 1988, 606 – *Differenz-Lizenz*), sowie LG Köln AfP 1987, 535, 537 mit ablehnender Anmerkung *Damm* (Verlust von Originaldias beim Verlag; im Ansatz zutreffend, aber sehr optimistisch in der Beurteilung der Aussichten anderweitigen Gewinns), für ein Filmzitat OLG Köln GRUR 1994, 47, 49 – *Filmausschnitt*; endlich BGH GRUR 1991, 332 – *Lizenzmangel* und BGH GRUR 1992, 605 – *Schadensbegrenzungsvergleich* (Kosten eines zur Abwehr von Ansprüchen Dritter abgeschlossenen Vergleichs).

72 Als Vermögenseinbuße (§ 251 Abs. 1 BGB) ist auch der Aufwand des Verletzten zur **Ermittlung und Verfolgung von Rechtsverletzungen** anzusehen (BGH GRUR 2007, 431, 435 Tz. 43 – *Steckverbindergehäuse*; OLG Düsseldorf NJW-RR 1999, 194; LG München I ZUM 2000, 519, 522). Erstattungsfähig sind danach insb. die Anwaltskosten für die (berechtigte) **Abmahnung.** Jedoch ist die Abmahnkostenerstattung als *lex specialis* in § 97a geregelt, so dass Ansprüche aus § 97 insoweit **verdrängt** werden (vgl. § 97a Rn. 41). Die weitere Kommentierung der Abmahnkostenerstattung und sonstiger Ermittlungs- und Verfolgungskosten erfolgt bei § 97a (vgl. § 97a Rn. 5 ff.). Zur Frage des GEMA-Zuschlags für das **Vorhalten eines Ermittlungsapparates** vgl. Rn. 98.

73 Anders als im Wettbewerbsrecht werden außerhalb des Schutzzweckes des UrhG liegende **Marktverwirrungsschäden nicht** ersetzt (BGH GRUR 2000, 226, 227 – *Planungsmappe*; a.A. OLG Hamburg Schulze OLGZ 148; Dreier/Schulze/*Dreier*[2] § 97 Rn. 69).

74 **cc) Herausgabe des Verletzergewinnes (Abs. 2 S. 2):** Der Verletzte darf ferner die Herausgabe des Gewinns verlangen, den der Schädiger durch die Rechtsverletzung erzielt hat, Abs. 2 S. 2. Diese Berechnungsalternative beruht auf dem Institut der **Geschäftsführung ohne Auftrag** (bei Vorsatz direkt nach den §§ 687 Abs. 2, 681, 667 BGB; bei Fahrlässigkeit analog, siehe RG GRUR 1934, 627; *Ulmer*[3] S. 405 f.; auf diese Gedanken greift die Rechtsprechung immer noch zurück: BGH GRUR 2007, 431, 433 – *Steckverbindergehäuse*; BGH GRUR 2002, 532, 535 – *Unikatrahmen*; zur Entwicklung der Rechtsprechung *Wandtke/Bodewig* GRUR 2008, 220, 224; *Rojahn* GRUR 2005, 623, 628); Ansprüche aus GoA stehen schon wegen § 102a neben § 97 Abs. 2 S. 2. Angesichts der identischen Verjährungsregelung ist aber keine praktische Bedeutung einer Differenzierung erkennbar, zumal beide ein Verschulden voraussetzen.

75 **(1) Grundlagen:** Es handelt sich um einen Ausgleichsanspruch, bei dem **fingiert** wird, dass der Rechtsinhaber ohne die Rechtsverletzung **in gleicher Weise Gewinn wie der Verletzer** erzielt hätte (BGH GRUR 2007, 431, 433 – *Steckverbindergehäuse*; BGH GRUR 2002, 532, 535 – *Unikatrahmen*; BGH GRUR 2001, 329, 331 – *Gemeinkostenanteil*; *Loschelder* NJW 2007, 1503; *Meier-Beck* GRUR 2005, 617, 618). Ähnlich wie bei der Lizenzanalogie (vgl. Rn. 89) wird die Herausgabe des Verletzergewinnes damit nicht dadurch ausgeschlossen, dass der **Verletzte** diesen Gewinn tatsächlich **nicht in der gleichen Höhe** erzielt hätte. Ohnehin sind die Verletzten im Urheberrecht häufig gerade natürliche Personen, die ihre Werke nicht in gleicher Weise verwerten können wie hierauf spezialisierte Unternehmen (LG Frankfurt/M. ZUM 2003, 791, 793; *Tilmann* GRUR 2003, 647). Die Gewinnherausgabe ist auch nicht durch die **Höhe einer fiktiven Lizenz** nach der Berechnung im Wege der Lizenzanalogie beschränkt, kann diese daher auch übersteigen (OLG Düsseldorf GRUR 2004, 53, 54). Darin kommt wiederum die Präventionswirkung des Schadensersatzes zum Ausdruck. Der Verletzer kann nicht einwenden, dem Verletzten sei **kein Schaden entstanden** (so aber wohl Möhring/Nicolini/*Lütje*[2] § 97 Rn. 170: Verletzer muss Schaden in irgendeiner Form erlitten haben; offen gelassen in OLG Düsseldorf ZUM 2004, 307, 309; dagegen zu Recht Schricker/*Wild*[3] § 97 Rn. 67). Die Herausgabe des Verletzergewinnes – anders als die Berechnung des konkreten Schadens – zielt gerade auch auf Abschöpfung und Prävention. Der wettbewerbsrechtliche Ausnahmefall, dass die Verletzungshandlung dem Verletzten nur zum Vorteil gereicht, z.B. wenn sich die Absatzchancen des Verletzten durch die Steigerung seiner Bekanntheit erhöhen (BGH GRUR 1995, 349 – *Objektive Schadensberechnung*: Die unlautere Übernahme eines Brillenkataloges war für die Brillen des Kl. Absatz fördernd), ist nicht auf das Urheberrecht übertragbar. Die schuldhafte illegale Nutzung der Rechtspositionen des Verletzten ist stets hinreichender Grund für einen Schadensersatz. Im Fall **leichter Fahrlässigkeit** sind die §§ 139 Abs. 2 S. 2 PatG, 24 Abs. 2 S. 2 GebrMG, 42 Abs. 2 S. 3 GeschmMG, 37 Abs. 2 SortenschutzG, die ein gesetzliches **Moderationsrecht** für gewerbliche Schutzrechte vorsehen, nicht analog auf Ansprüche nach § 97 Abs. 2 S. 2 anwendbar (OLG Hamburg ZUM-RD 2007, 13 – *Tripp-Trapp-Kinderstuhl I*; *Wandtke/Bodewig* GRUR 2008, 220, 224).

76 Fraglich ist, ob der Anspruch auf Herausgabe des Verletzergewinns **in einer Vertriebskette gegenüber jedem beteiligten Händler** geltend gemacht werden kann. Das OLG Hamburg meint, dass dem Verletzten ein Anspruch auf Gewinnherausgabe nur einmal zustehe; eine vollständige Abschöpfung aller aus der Rechtsverletzung erwachsenden Vorteile auf allen Stufen der Verletzerkette finde nicht statt, zumindest wenn die Verletzungshandlungen auf sämtlichen Vertriebsstufen nach Art und Umfang inhaltsgleich seien (OLG Hamburg ZUM-RD 2007, 13, 24 – *Tripp-Trapp-Kinderstuhl I*). Das erscheint als zweifelhaft, weil damit nicht alle Verletzergewinne abgeschöpft werden können. Es kann auch keinen Unterschied machen, ob ein Hersteller direkt an Endverbraucher veräußert oder sich hierzu einer Vertriebskette bedient. Dass der Verletzte die abgeschöpften Gewinnmargen auf bestimmten Handelsstufen selbst nicht hätte erzielen können (z.B. ein nicht direkt vertreibender Hersteller nicht die Einzelhandelsmarge), ist unbeachtlich (vgl. Rn. 75).

77 Die Höhe ist nach § 287 ZPO zu schätzen. Dabei wird den Gerichten ein großer Spielraum zugebilligt; auf die Berechnungsform darf aber dann nicht zurückgegriffen werden, wenn für eine Schätzung jeglicher Anhaltspunkt fehlt.

78 (2) **Teilweise illegale Nutzung:** Der Verletzergewinn kann nur **insoweit** verlangt werden, als der Gewinn **auf der unbefugten Nutzung** des geschützten Werkes **beruht** (BGH GRUR 2002, 532, 535 – *Unikatrahmen*), wie durch die Wendung „durch die Verletzung des Rechts [..] erzielt" klargestellt ist. Dabei geht nicht um eine echte Kausalität, die sich auch schwerlich richterlich feststellen ließe. Vielmehr muss – vergleichbar mit der Bemessung der Mitverschuldensanteile im Rahmen des § 254 BGB – eine Wertung erfolgen. Zu werten ist, inwieweit beim Vertrieb der Produkte die urheberrechtsverletzenden Elemente für die Kaufentschlüsse ursächlich gewesen sind oder ob andere Umstände eine wesentliche Rolle gespielt haben (BGH GRUR 2007, 431, 434 Tz. 37 – *Steckverbindergehäuse*; BGH GRUR 1959, 379, 380 – *Gaspatrone I*; OLG Hamburg ZUM-RD 2007, 29, 34 – *Tripp-Trapp-Kinderstuhl II*).

79 Die Kausalität sollte mit 100% bewertet werden, wenn nach der Lebenserfahrung die rechtsverletzende Nutzung gar nicht oder jedenfalls nicht mit Gewinn hätte stattfinden können (genauso zum Markenrecht *Ingerl/Rohnke*[2] Vor §§ 14–19 MarkenG Rn. 114). Ansonsten ermittelt BGH GRUR 1987, 37, 39 f. – *Videolizenzvertrag* den Gewinnanteil zutreffend durch einen Vergleich mit dem entsprechenden Anteil der Rechtsverletzung an der üblichen Lizenzgebühr für die Gesamtnutzung. Wird etwa nur das Titelbild einer Zeitschrift übernommen, kann nicht der Erlös für das gesamte übernehmende Heft, sondern allenfalls der durch die Titelgestaltung erzielte Mehrerlös verlangt werden (LG München I AfP 2002, 444, 448 f.) Es kann jedoch auch vorkommen, dass die Gewinnermittlung nicht nur an den unrechtmäßig verwendeten Elementen ansetzt. Sie kann auch darüber hinausgehen, wenn etwa andere Elemente rechtmäßig verwendet werden, die künstlerische Verbindung beider zu einem Gesamtkunstwerk aber wiederum nicht durch Nutzungsrechte gedeckt war (BGH GRUR 2002, 532, 535 – *Unikatrahmen*: Herausgabe des Gewinnes nicht nur für Bilderrahmen, sondern wegen der künstlerischen Verbindung (tw.) auch für die gerahmten Bilder). Das OLG Hamburg gestatte keinen Abzug für früher bestehende, bei Verletzung aber ausgelaufene Schutzrechte. Das beruhte aber maßgeblich darauf, dass die Beklagte nicht nachvollziehbar dargelegt hatte, wie die gemeinfreien Anteile in dem einheitlich zu beurteilenden Verletzungsgegenstand zueinander bzw. in ihrer Prägung schadensersatzrechtlich zu gewichten seien (OLG Hamburg ZUM-RD 2007, 29, 34 – *Tripp-Trapp-Kinderstuhl II*). Eine Abzugsmöglichkeit bleibt danach denkbar, wenn der Schuldner das vorträgt, ggf. unter Vorlage eines einschlägigen Sachverständigengutachtens. In jedem Fall besteht eine Abzugsmöglichkeit bei urheberrechtsverletzenden Waren bei abweichendem optischen Eindruck, auch wenn es sich um eine sehr weitgehende Nachbildung handelt (OLG Hamburg ZUM-RD 2007, 29, 34 – *Tripp-Trapp-Kinderstuhl II*).

80 (3) **Ermittlung des Verletzergewinns:** Dem Verkaufserlös sind zunächst sämtliche auf die Verletzungshandlung entfallenden Selbstkosten des Verletzers gegenüberzustellen (OLG Köln GRUR 1983, 752, 753 – *Gewinnherausgabe* m.w.N.). Dass der Verletzer damit Materialkosten, Löhne, Verwaltungskosten, Vertriebsgemeinkosten, Sonderkosten des Vertriebs usw. abziehen konnte (Vorauflage/*Wilhelm Nordemann*[9] Rn. 41), machte die Herausgabe des Verletzergewinnes gegenüber der Lizenzanalogie weniger attraktiv. Eine Kehrtwende hat hier die Gemeinkosten-Entscheidung des BGH herbeigeführt, die einen anteiligen **Abzug von Gemeinkosten** vom Verletzergewinn **verbietet** (BGH GRUR 2001, 329 – *Gemeinkostenanteil*). Auch wenn sie zum Geschmacksmusterrecht ergangen ist, kann sie auch auf Ansprüche aus § 97 Abs. 2 S. 2 angewendet werden (OLG Hamburg ZUM-RD 2007, 13, 24 – *Tripp-Trapp-Kinderstuhl I*; OLG Hamburg ZUM-RD 2007, 29 – *Tripp-Trapp-Kinderstuhl II*; OLG Köln GRUR-RR 2005, 247, 248 – *Loseblattwerk*; OLG Düsseldorf GRUR 2004, 53, 54; *v.Ungern-Sternberg* GRUR 2008, 291, 295; *Loschelder* NJW 2007, 1503; *Runkel* WRP 2005, 968, 969; ferner BGH GRUR 2007, 431, 433 – *Steckverbindergehäuse* zu § 4 Nr. 9 UWG, die Rechtsprechung der OLGe Köln und Düsseldorf ohne jede Kritik zitierend). Grund für diese Verschärfung bei der Gewinnberechnung sind vorwiegend Präventionsgesichtspunkte; der BGH wollte vermeiden, dass dem Verletzer ein Deckungsbetrag für seine Gemeinkosten verbleibt (BGH GRUR 2001, 329, 331 – *Gemeinkostenanteil*; *Lehmann* GRUR Int. 2004, 762, 764). Von den erzielten Erlösen sind demnach grundsätzlich nur die variablen Kosten für die Herstellung und Vertrieb abzuziehen, nicht aber solche Kosten, die von der konkreten Herstellung der rechtsverletzenden Produkte unabhängig sind.

81 Über die genaue **Abgrenzung** und die **Definition von nicht abzugsfähigen Gemeinkosten** besteht noch keine gänzliche Klarheit. Wegen Überschneidungen bei den Begriffen Fixkosten und variablen Kosten bzw. Stückkosten und Gemeinkosten wird im Schrifttum gar eine Begriffsverwirrung ausgemacht (krit. *Meier-Beck* GRUR 2005, 617, 619; ebenso *Runkel* WRP 2005, 968, 969 gegen eine zu abstrakte Kategorisierung), weil die betriebswirtschaftliche Kategorisierung nicht auf Berechnung eines Verletzergewinnes zugeschnitten sei (*Meier-Beck* GRUR 2005, 617, 620). Jedoch erscheint im Rahmen der vorzunehmenden Schadensschätzung (§ 287 ZPO) ein Abstellen auf allzu formale Kostenbegriffe nicht als angezeigt. Vielmehr ist eine **wertende Betrachtung** vorzunehmen. Alle Kosten sind zu berücksichtigen, „die der Produktion und dem Vertrieb der Verletzungsgegenstände unmittelbar zuzuordnen" sind (BGH GRUR 2007, 431, 434 Tz. 30 – *Steckverbindergehäuse* m.w.N. zur Kritik an seiner Kategorisierung). **Nicht anrechnungsfähig** sind die Kosten, die unabhängig vom Umfang der Produktion und des Vertriebs durch die Unterhaltung des Betriebs entstanden sind, weil diese **Kosten beim Verletzten, der einen entsprechenden Betrieb unterhält, ebenfalls angefallen** wären (BGH GRUR 2007, 431, 434 Tz. 32 – *Steckverbindergehäuse*; dazu eingehend *Pross* FS Tilmann S. 881, 884 ff.; *Runkel* WRP 2005, 968 ff.; *Meier-Beck* GRUR 2005, 617, 622), was Gemeinkosten nicht von vornherein von einer Abzugsfähigkeit ausschließt.

Ein-Produkt- oder **Ein-Leistungsunternehmen** können danach stets auch die **82** Gemeinkosten abziehen. Denn diese Kosten werden durch das eine Produkt verursacht (siehe OLG Köln GRUR-RR 2005, 247, 248 – *Loseblattwerk*).

Für Mehrprodukt- oder **Mehrleistungsunternehmen** ergibt sich für **einzelne 83 Kostenarten** folgendes Bild: Der Beweis einer unmittelbaren Zurechnung wird kaum möglich sein bei solchen Gemeinkosten, die unabhängig vom verletzenden Gegenstand im Unternehmen anfallen. Nicht abzugsfähig sind demnach Sach- und Personalkosten beispielsweise für Forschung und Entwicklung und Kosten für Sach- und Personalmittel, die für die Herstellung auch anderer Gegenstände mitbenutzt wurden und „sowieso" vorhanden sind (BGH GRUR 2007, 431, 434 Tz. 32 – *Steckverbindergehäuse*; *Pross* FS Tilmann S. 881, 885). Werden etwa dieselben Räumlichkeiten für die Herstellung verschiedener Produkte gebraucht, so kann die Raummiete nicht anteilig abgezogen werden. Daher geht auch das Argument einer homogenen Kostenstruktur fehl, das einen **pauschalen, anteiligen Abzug** von Gemeinkosten nach dem Verhältnis von rechtswidrig und rechtmäßig vertriebenen Produkten ermöglichen soll (OLG Köln GRUR-RR 2005, 247, 248 f. – *Loseblattwerk*). Anderes gilt, soweit eine unmittelbare Zurechnung bewiesen werden kann. Abzugsfähig können so unmittelbar zurechenbare Mehrkosten wie Überstunden, Kosten für Verpackung, Marketing, Gewährleistung, Versicherungen, Rechtsverteidigung, ebenso die Anstellung von Personal, das ausschließlich bei der rechtsverletzenden Nutzung tätig ist, oder die Anschaffung zusätzlicher Räume oder Maschinen sein (siehe OLG Köln GRUR-RR 2005, 247, 249 – *Loseblattwerk*; ferner *Rennert/Küppers/Tilmann* FS Helm S. 345 ff.), wohl auch deren Abschreibungen (so *Pross* FS Tilmann S. 881, 888). Ein **anteiliger** Abzug ist möglich, sofern diese zusätzlichen Kosten durch die Herstellung der schutzrechtsverletzenden Gegenstände **verursacht** wurden und wenn der **Anteil genau beziffert** werden kann. Siehe das Beispiel von *Runkel* WRP 2005, 968, 971: Stromzähler an Maschinen zum Nachweis individueller (Mehr-)Energiekosten. Dass also ein Produzent „gemischter" Produkte schlechter steht, gilt insofern primär für die Darlegungs- und Beweislast, ob Kosten sonst nicht angefallen wären (*Runkel* WRP 2005, 968, 971).

Nicht abzugsfähig sind **Schadensersatzzahlungen**, die der Verletzer gerade **84** wegen der Rechtsverletzungen an seine Abnehmer zahlen muss (BGH GRUR 2002, 532, 535 – *Unikatrahmen*). Denn anders als die o.g. nötigen Herstellungskosten, welche der Verletzer als Aufwendungen abziehen kann, weil sie sich mittelbar im Produkt und im Verkaufspreis niederschlagen und so letztlich dem Verletzten zugute kommen, ist dieser durch Schadensersatzzahlungen in keiner Weise bereichert. Auch die Kosten für **nicht abgesetzte Produkte** kann der Verletzer nicht abziehen (BGH GRUR 2007, 431, 434 Tz. 32 – *Steckverbindergehäuse*).

85   Regelmäßig benötigt der Verletzte **umfassende Informationen** von Seiten des Verletzers, um seinen Schadensersatzanspruch in Form der Herausgabe des Verletzergewinns berechnen zu können. Dafür steht dem Verletzten ein umfassender **Auskunfts- und Rechnungslegungsanspruch gegen den Verletzer** zu (vgl. § 101 Rn. 10 ff.).

86   dd) **Angemessene Lizenzgebühr (Abs. 2 S. 3):** Der Verletzte kann auch eine angemessene Lizenzgebühr für die Benutzung des ihm zustehenden Rechts fordern. Diese Berechnungsmöglichkeit ist vom Reichsgericht in ständiger Rechtsprechung zunächst zum Patent- und Warenzeichenrecht entwickelt und später wegen der Gleichartigkeit der Interessenlage auf das Urheberrecht übertragen worden (siehe die Zusammenstellung der Rechtsprechung in RG GRUR 1934, 627). Die Rechtsprechung des Reichsgerichtes war allgemein anerkannt, so dass der BGH sie als **Gewohnheitsrecht** übernehmen und auf die Verletzung von Persönlichkeitsrechten übertragen konnte (BGHZ 20, 345, 353 – *Paul-Dahlcke*). Grundlage dieser Rechtsprechung ist die zutreffende Überlegung, dass niemand, der unerlaubt in ausschließliche Rechte anderer eingreift, besser stehen soll, als er im Falle eines ordnungsgemäßen Rechtserwerbs stünde (BGHZ 20, 345, 353 – *Paul-Dahlcke*; BGH GRUR 1987, 37, 39 – *Videolizenzvertrag).* Dieser Gedanke kommt also einer bereicherungsrechtlichen Wertabschöpfung i.S.d. § 818 Abs. 2 BGB nahe (*Loewenheim* FS Erdmann S. 131, 135; zu § 812 vgl. § 102a Rn. 4 ff.). Seit dem 01.09.2008 ist die angemessene Lizenzgebühr in Abs. 2 S. 3 ausdrücklich kodifiziert (vgl. Rn. 4).

87   (1) **Grundlagen:** Der Abschluss eines **Lizenzvertrages zu angemessenen Bedingungen** wird **fingiert** (sog. Lizenzanalogie, siehe BGH GRUR 1993, 899, 900 – *Dia-Duplikate*; BGH GRUR 1990, 1008, 1009 – *Lizenzanalogie*; BGH GRUR 1990, 353, 355 – *Raubkopien*; BGH GRUR 1958, 408, 409 – *Herrenreiter*; eingehend *Rogge* FS Nirk S. 929; zur Berechnung fiktiver Schäden *Leisse* GRUR 1988, 88). Die Lizenzanalogie führt aber nicht zur Einräumung von Nutzungsrechten; daher geht ein zukünftiger **Unterlassungsanspruch** nicht durch die Zahlung von Schadensersatz verloren (BGH GRUR 2002, 248, 252 – *Spiegel-CD-ROM*; a.A. Vorinstanz OLG Hamburg ZUM 1999, 78, 83).

88   Es kommt **nicht darauf an,** ob der Verletzte im Falle einer vorherigen Befragung das betroffene Recht überhaupt **eingeräumt hätte.** Daher kann der Verletzer der Inanspruchnahme nicht entgegensetzen, dass der Verletzte gar keine Lizenzierung beabsichtigte (OLG Hamburg ZUM-RD 1999, 69, 72 für einen Bereicherungsanspruch). Die Zuerkennung einer angemessenen Lizenzgebühr kommt selbst dann in Betracht, wenn die vorherige Erteilung der Zustimmung als **schlechthin undenkbar** erscheint, z.B. weil die Lizenzierung eine Rufschädigung wegen billiger Nachahmung bewirkt (BGH GRUR 1993, 55, 58 – *Tschibo/Rolex II*) oder die Lizenz den Lizenzgeber gekränkt bzw. in eine „unwürdige Lage" gebracht hätte (BGH GRUR 2007, 139, 141 – *Rücktritt des Finanzministers* m.w.N., die entgegenstehende Rechtsprechung z.B. in BGH GRUR 1958, 408, 409 – *Herrenreiter* aufgebend; Dreier/Schulze/*Dreier*[2] Rn. 61; a.A. noch Vorauflage/*Wilhelm Nordemann*[9] Rn. 39).

89   Ebenso gleichgültig ist grundsätzlich, ob der **Verletzte in der Lage gewesen** wäre, die angemessene Lizenzgebühr zu erzielen (*Ulmer*[3] S. 558). Insb. kann es

die Berechnung nach der Lizenzanalogie nicht beeinflussen, wenn dem Verletzten eine **eigene wirtschaftliche Auswertung kaum möglich** gewesen wäre. Bei einem unerlaubten Videomitschnitt eines im Auftrag des Verletzers produzierten Theaterstückes, den der Verletzer unentgeltlich an seine Kunden als Werbemittel vertreibt, kann es deshalb nicht darauf ankommen, dass dem Urheber diese Auswertung sonst unmöglich gewesen wäre (a.A. OLG München ZUM-RD 1998, 163, 164 f.). Wer das Werk eines Dritten unberechtigt für kommerzielle Zwecke ausnutzt, zeigt damit, dass der Nutzung ein wirtschaftlicher Wert zukommt. An der damit geschaffenen vermögensrechtlichen Zuordnung muss sich der Verletzer festhalten lassen (siehe BGH GRUR 2007, 139, 140 – *Rücktritt des Finanzministers*).

Angemessen ist, was ein **vernünftiger Lizenznehmer** im Falle der Rechtever-   **90**
gabe **gefordert** und ein **vernünftiger Lizenzgeber bewilligt** hätte (BGH GRUR 1990, 1008, 1009 – *Lizenzanalogie*). Der Maßstab ist objektiv; es sind alle Umstände des Einzelfalls zu berücksichtigen (BGH GRUR 2006, 136, 138 – *Pressefotos*). Wegen des objektiven Maßstabes für die Bestimmung der fiktiven Lizenz wird der Verletzte wenigstens so gestellt, als hätte er die Nutzung gegen Zahlung einer **üblichen Lizenz** gestattet (BGH GRUR 2006, 136 – *Pressefotos*; OLG Frankfurt ZUM 2004, 924, 925; OLG München NJW-RR 1999, 1497, 1498; OLG München ZUM-RD 1998, 163, 164).

(2) Angemessene Lizenzbedingungen: Der objektive Maßstab der vernünftigen   **91**
Vertragsparteien gilt zunächst für die Lizenzbedingungen. Der **Umfang der fingierten Nutzungsrechtseinräumung** bestimmt sich also mindestens nach der Üblichkeit. Es bleibt unberücksichtigt, ob und in welchem Umfang später die wirtschaftliche Auswertung durch den Verletzer tatsächlich erfolgt oder sich die Lizenzgebühr für ihn amortisiert. Derjenige, der ausschließliche Rechte anderer verletzt, soll nicht besser dastehen, als er im Falle einer ordnungsgemäß erteilten Erlaubnis durch den Rechtsinhaber gestanden hätte (BGH GRUR 1993, 899, 901 – *Dia-Duplikate*; BGH GRUR 1990, 1008, 1009 – *Lizenzanalogie*; das bestätigend BVerfG NJW 2003, 1655, 1656 – *Zündholzbriefchen*). Es mindert den Zahlungsbetrag für die Nutzung von Filmmusik nicht, wenn ein Kinofilm nur auf zwei Festivals, jedoch nicht in Kinos ausgewertet wurde, weil die Herstellungsrechte (Synchronisationsrechte) unabhängig von der späteren tatsächlichen Nutzung pauschal (z.B. je Filmmeter) vergütet werden (BGH GRUR 1990, 1008, 1009 – *Lizenzanalogie*). Da üblicherweise die Lizenz für die Vervielfältigung und Verbreitung von Bild- und/oder Tonträgern ungeteilt eingeräumt wird, ist die volle angemessene Lizenzgebühr für Vervielfältigung und Verbreitung fällig, auch wenn die Träger (z.B. wegen rechtzeitiger Entdeckung) nicht an den Handel ausgeliefert oder aber von dort zurückgerufen worden sind (BGH GRUR 1990, 353, 355 – *Raubkopien*; OLG Hamburg ZUM-RD 1997, 53, 57). Wegen des rein objektiven Maßstabes sind allerdings übliche Abschläge zu berücksichtigen, beispielsweise für die Nutzung eines Fotos in einer Mantelausgabe, wenn schon eine Lizenz für die Hauptausgabe bezahlt wurde (BGH GRUR 2006, 136, 138 – *Pressefotos*). Auch für die **fingierte Lizenzzeit** wird auf die Üblichkeit abgestellt (BGH GRUR 1993, 899, 901 – *Dia-Duplikate*, für eine einmalige Pauschallizenz für ein Foto; Möhring/Nicolini/*Lütje*[2] Rn. 190). Das hat auch einen wichtigen normativen Hintergrund. Bei frühzeitiger Entdeckung darf sich der Verletzer nicht auf einen kurzen Lizenzzeitraum wegen kurzer Nutzung berufen können. Werden üblicherweise für die Online-Nutzung juristischer Beiträge nur Lizenzen für einen Zeitraum von 3 Monaten vergeben, darf der Verletzte die angemessenen Lizenzgebühr auf diesen Zeitraum

berechnen, auch wenn die Verletzung wesentlich kürzer angedauert hat (OLG Frankfurt ZUM 2004, 924, 926). Kartenhersteller können für die Online-Nutzung eine lebenslange Lizenz abrechnen, weil die zeitlich unbefristete Vergabe üblich ist (KG, Beschl. v. 19.02.2008, Az. 5 U 180/06, S. 6; LG München I CR 2007, 674; LG Berlin Urt. v. 19.07.2005, LG Nürnberg-Fürth Urt. v. 27.06.2005, zit. nach *Czychowski/Jan Bernd Nordemann* NJW 2006, 580, 584).

92 (3) **Angemessene Lizenzhöhe:** Auch für den Lizenzpreis (Lizenzhöhe) ist zunächst auf die **übliche Vergütung** abzustellen. Gerichte schätzen den Betrag nach ihrer freien Überzeugung (§ 287 ZPO). Ob der Verletzer tatsächlich bereit gewesen wäre, diese Vergütung zu zahlen, ist unerheblich (BGH GRUR 2006, 136, 137 – *Pressefotos*). Es sind zwei Vergütungsmodelle denkbar: Die (einmalige) Pauschalvergütung oder die (laufende) Beteiligungsvergütung bzw. Mischformen aus beiden (Garantievergütung und darauf anzurechnende laufende Beteiligung), je nachdem was üblich ist. Übliche Vergütungen können aus normativen Erwägungen einer **Angemessenheitskorrektur nach oben** unterworfen werden, wenn sie für den Verletzten unangemessen sind. Insb. laufen die Höhe des fingierter Vergütung nach § 97 und die der angemessenen Vergütung nach § 32 parallel. Existieren Vergütungsregeln nach § 36, so ist dies für die Schadensschätzung nach § 287 ZPO eine zwingende (Mindest-)Vorgabe. Der Verletzer darf für Ansprüche nach § 97 Abs. 1 S. 1 nicht besser stehen als der legal nutzende Vertragspartner des Urhebers. Auf eine Korrektur üblicher, aber zu niedriger Vergütungen nach § 32 darf sich nicht nur der Urheber, sondern auch der (aktivlegitimierte) Verwerter berufen, insb. wenn der Verwerter dem Urheber wiederum eine angemessene Beteiligung am Schadensersatz aus § 32 schuldet. Zu angemessenen Vergütungen nach § 32 vgl. § 32 Rn. 33 ff.

93 Für die übliche Vergütung wird zunächst auf die **Vertragspraxis des Verletzten** abzustellen sein. Wenn der Verletzer nur zu einem bestimmten Preis kontrahiert, so ist dieser Preis auch als übliche Lizenz zu Grunde zu legen. Wird nach Beendigung eines Nutzungsvertrages die Verwertung in derselben Nutzungsart rechtsverletzend fortgesetzt, so kann die vereinbarte Vergütung einen Anhaltspunkt für die Höhe der Lizenz darstellen (OLG München NJW-RR 1999, 1497, 1498). Erfolgt eine Verletzung in einer anderen Nutzungsart, muss der vormals bestehende Vertrag nicht als Indiz herangezogen werden (OLG Köln ZUM-RD 1998, 213, 218 auch für ähnliche Nutzungsarten wie Verlagsrechte für MIDI- bzw. DIN A4-Ausgabe), sondern erfolgt nach den marktüblichen Tarifen (vgl. Rn. 94). Ein Betrag, auf den sich die Parteien vorvertraglich schon geeinigt hatten, wirkt aber als Anhaltspunkt (OGH Wien ZUM 1987, 446, 450; OLG München ZUM 1990, 43). Zur Korrektur üblicher, aber unangemessenen niedriger Vergütungen vgl. Rn. 92. Verwertungsgesellschaften rechnen im Rahmen ihrer Wahrnehmungsbefugnis die tarifmäßige Vergütung gem. § 13 UrhWahrnG ab; es besteht aber keine durchgängige Vermutung für eine Angemessenheit trotz der Staatsaufsicht über das Tarifsystem (BGH GRUR 1986, 376, 377 – *Filmmusik*; ferner vgl. § 13 UrhWahrnG Rn. 4 ff.); die VG kann aber wie jeder andere Verletzte darlegen und ggf. beweisen, dass die Tarife üblich sind.

94 Zur Bestimmung der Üblichkeit kann ferner auf **branchenübliche Vergütungssätze und Tarife** zurückgegriffen werden. Ihnen kommt besondere Bedeutung zu, wenn es eine für den Verletzungsfall repräsentative Vertragspraxis des Verletzten nicht gibt (OLG Düsseldorf GRUR-RR 2006, 393, 394 – *Informationsbroschüre*); sie führen aber grundsätzlich nicht dazu, dass eine überdurchschnittliche Vergütung nach der üblichen Vertragspraxis des Verletzen nach unten zu korrigieren wäre (Dreier/Schulze/*Dreier*[2] Rn. 64). Der Verletzer darf nicht besser gestellt sein als ein legaler Lizenznehmer. Die Darlegungs- und Beweislast für solche überdurchschnittlichen Vergütungen trägt jedoch der Verletzte. – Als branchenüblich veröffentlichte Vergütungssätze und Tarife müssen **repräsentativ** sein, um als Berechnungsgrundlage dienen zu können (BGH GRUR 2006, 136, 138 – *Pressefotos*; BGH GRUR 1987, 36 – *Liedtextwiedergabe*). Das sollte für die geltenden **Honorarordnungen** (z.B. HOAI, RVG) unterstellt werden, weil ihnen Normcharakter zukommt. **Tarifverträge, Normverträge** und **gemeinsame Vergütungsregeln** (§ 36) sind ebenfalls regelmäßig repräsentativ, weil sie im Regelfall einen gerechten Interessenausgleich zwischen Urheber- und Verwerterseite darstellen (Vor §§ 31 ff. Rn. 298 ff.; zu Tarifverträgen vgl. § 43 Rn. 34 ff.; zu gemeinsamen Vergütungsregeln vgl. § 36 Rn. 1 ff.). Im Regelfall repräsentativ sollten auch **Marktübersichten** sein, die auf einer zuverlässigen empirischen Grundlage ermittelt wurden (z.B. „Bildhonorare" der MFM, dazu *Jan Bernd Nordemann* ZUM 1998, 642, 645; siehe aber BGH GRUR 2006, 136, 138 – *Pressefotos*; weitere Beispiele vgl. Rn. 108 ff.). Auch auf die **Tarife von Verwertungsgesellschaften** kann wegen § 13 UrhWahrnG zurückgegriffen werden, selbst wenn der Anspruchsteller keine VG ist, z.B. auf die Tarife der VG Bild-Kunst (vgl. Rn. 114). Etwas anderes gilt, wenn ein Lizenzgeber zu den niedrigen Tarifen der VG keine Lizenzen vergeben würde (LG München I GRUR 2005, 574, 576 – *O Fortuna*: für bestimmte GEMA-Tarife). **Einseitige Verbandsempfehlungen** sind hingegen allenfalls tauglich, um das Höchstniveau nach oben abzusichern. Übliche Vergütungen sind nur die Mindestvergütung; ggf. ist wegen § 32 eine Angemessenheitskorrektur nach oben vorzunehmen (vgl. Rn. 92). – Zu **kartellrechtlichen Fragen** von verbandsmäßigen Honorarordnungen, Marktübersichten, Tarifen und Empfehlungen vgl. Vor §§ 31 ff. Rn. 80 (Autorenverbände) und Vor §§ 31 ff. Rn. 257 (Verwerterverbände). Zur Frage, ob ein **Sachverständigengutachten** eingeholt werden muss, und zu weiteren prozessualen Fragen vgl. Rn. 106.

Branchenübliche Vergütungssätze und Tarife können zumindest als Ausgangspunkt angewendet werden, wenn sie **keine direkte Regelung** für die streitgegenständliche Nutzung beinhalten (BGH GRUR 1986, 376 – *Filmmusik*; LG München I ZUM 2000, 519, 521 f.). Es ist derjenige Tarif zugrunde zu legen, der nach seinen Merkmalen und Vergütungssätzen dem Nutzungsvorgang **am nächsten** liegt (BGH GRUR 1976, 35, 36 – *Bar-Filmmusik*). Dabei sind die Umstände des Einzelfalls und insb. die Vergleichbarkeit zwischen Nutzung und Tarif zu würdigen. Im Prozess muss dann allerdings im Regelfall ein Sachverständigengutachten eingeholt werden, bevor nach § 287 ZPO geschätzt werden kann (BVerfG NJW 2003, 1655 – *Zündholzbriefchen*; BGH GRUR 2006, 136, 138 – *Pressefotos*). Dass es um verschiedene Waren geht, steht einer Vergleichbarkeit aber nicht von vornherein entgegen. Maßgebliche Erwägung ist vielmehr der vergleichbare Einfluss der konkreten Werknutzung auf den Wert des Produktes und die damit verbundenen geldwerten Vorteile (siehe den Einigungsvorschlag der Schiedsstelle DPMA ZUM 2005, 90, 91 zur Anwendbarkeit des Tarifes der VG Bild-Kunst für den Abdruck von Werken der bildenden Kunst auf Textilien für Kosmetikartikel; siehe DPMA ZUM 2005, 85, 88 zur Anwendbarkeit des Tarifes für Reproduktionen zu Werbe- und Dekorationszwecken auf eine handgemalte Caféinneneinrichtung). Bei der Veranstaltung von Konzerten kommen als Beurteilungsfaktoren für die Anwendbarkeit eines Tarifes die Zuschauerzahl,

95

Kulturförderung und das offensichtliche Verhältnis der Tarifvergütung zu den Einnahmen in Betracht (siehe LG Mannheim NJW 1998, 1417, 1418 f. für eine Anwendung eines Tarifes für Musikaufführungen als Großveranstaltungen (VK G) statt für kleinere Konzerte ernster Musik (E) auf ein Konzert der *Drei Tenöre*). Die MFM-Bildhonorare für Fotografen (vgl. Rn. 115) können auch für die Lizenzierung des Motivs relevant sein (LG Leipzig GRUR 2002, 424, 425 – *Hirschgewand*).

96 **Übliche Lizenzgebühren** sind nur der **Mindestschaden**. Stets sind die **Umstände des Einzelfalls** maßgeblich, die einen Schadensersatz über die üblichen Lizenzgebühren hinaus rechtfertigen können (BGH GRUR 2006, 136, 137 f. – *Pressefotos;* BGH GRUR 1980, 841, 844 – *Tolbutamid; Wandtke/Bodewig* GRUR 2008, 220, 225). Insb. sind **Vor- und Nachteile des Verletzers** gegenüber einem ordnungsgemäßen Lizenznehmer zu bedenken; z.B. ist es ein Vorteil für den Verletzer, nicht vertraglich Zahlung nebst Zinsen zu schulden und sich – anders als der legale Lizenznehmer – auf die mangelnde Schutzfähigkeit berufen zu können (Möhring/Nicolini/*Lütje*[2] Rn. 207 ff.; Dreier/Schulze/*Dreier*[2] Rn. 62). Nachteile des Verletzers (rechtlich ungewisse Situation; Gefahr der höheren Schadensersatzpflicht nach der alternativen Berechnungsmethode Verletzergewinn; vgl. Rn. 74 ff.) gleichen die Vorteile allenfalls aus; sie können nicht dazu führen, die Lizenzgebühr zu mindern (BGH GRUR 1980, 841, 844 – *Tolbutamid; Dreier* GRUR Int. 2004, 706, 709; Möhring/Nicolini/*Lütje*[2] Rn. 216 ff.). Insb. in Fällen einer **Imageschädigung** durch (fiktive) Lizenzierung von billigen Nachahmungen kommt ein erheblicher Zuschlag auf die übliche Lizenzgebühr in Betracht (BGH GRUR 2006, 143, 146 – *Catwalk;* BGH GRUR 1993, 55, 58 – *Tchibo/Rolex II*, der allerdings Abschläge bei umfassender sonstiger Nachahmung durch Dritte erlaubt). Auch kommt ein Aufschlag wegen verminderter Werbewirkung bei fehlender Urheber-, Künstler- oder Quellenangabe in Betracht (vgl. Rn. 101). Schließlich können übliche Lizenzgebühren wegen der Parallelität mit § 32 nach oben zu korrigieren sein (vgl. Rn. 92).

97 Lässt sich eine **übliche Vergütung** nach der Vertragspraxis des Verletzten oder branchenüblichen Vergütungssätzen und Tarifen **nicht feststellen**, so wird als angemessen diejenige Lizenzgebühr angesehen, die bei objektiver Betrachtung ein vernünftiger Lizenzgeber gefordert und ein vernünftiger Lizenznehmer bewilligt hätte (BGH GRUR 1990, 1008, 1009 – *Lizenzanalogie;* BGH GRUR 1987, 36 – *Liedertextwiedergabe II*). Dementsprechend werden hierbei alle Umstände zu berücksichtigen sein, die auch bei freien Lizenzverhandlungen auf die Höhe der Vergütung Einfluss gehabt hätten (BGH GRUR 2006, 143, 146 – *Catwalk*). Auch diese Lizenzgebühr ist nach § 287 **ZPO** zu **schätzen** (OLG München GRUR 1984, 524, 526 – *Nachtblende;* bestätigt von BGH GRUR 1987, 37, 40 – *Videolizenzvertrag;* OLG Hamburg GRUR 1990, 36, 37 – *Foto-Entnahme)*, was im Regelfall nicht ohne Sachverständigengutachten geschehen kann. Relevant sind alle Umstände des Einzelfalls, also die künstlerische **Qualität** und **Bekanntheitsgrad** des Werkes (OLG Hamburg GRUR-RR 2001, 260, 264 – *Loriot-Motive*), **Imageschäden** des Verletzten (BGH GRUR 1993, 55, 58 – *Tchibo/Rolex II*), Entfall von Werbewirkung durch **fehlende Urheber-, Künstler- oder sonstige Quellenangabe** (ausführlich vgl. Rn. 101), ferner **Zeitdauer, Ort, Art und Intensität** der durch den **fiktiven** Lizenzvertrag eingeräumten **Nutzungsmöglichkeit** (BGH GRUR 1990, 1008, 1010 – *Lizenzanalogie;* insb. zur erwarteten Verbreitung, bspw. Auflagenzahl von Werbeprospekten OLG München AfP 2003, 272, 273; OLG München ZUM 2003, 139, 140 für die Lizenzanalogie bei Persönlichkeitsrechtsverletzung). **Unerheblich** sind aber die **Herstellungskosten** (OLG Frankfurt ZUM 2004, 924, 925). Der **Händlerabgabepreis** z.B. von Software, CDs oder DVDs ist nicht deckungsgleich mit der angemessenen Lizenzgebühr (LG Stuttgart CR 2000, 663, 664), wohl aber kann sie sich als Prozentsatz des Händlerabgabepreises berechnen.

(4) Zuschläge (Verletzerzuschläge, GEMA-Kontrollzuschläge; fehlende Urhe- 98 ber- oder Quellenangabe): Das geltende deutsche Recht kennt grundsätzlich **keine** sog. Verletzerzuschläge, also Zuschläge auf die angemessene Lizenzgebühr wegen des Umstandes der Verletzung. Die Rechtsprechung stand dem schon seit langem ablehnend gegenüber (BGH GRUR 1986, 376 – *Film-musik*; OLG Frankfurt ZUM 2004, 924, 926; OLG Düsseldorf NJW-RR 1999, 194, 195; LG Berlin ZUM 1998, 673, 674), und der Gesetzgeber hat im Zuge der Umsetzung der Enforcement-RL (vgl. Rn. 4) daran trotz gewisser Opposition des Bundesrates festgehalten (RegE UmsG Enforcement-RL – BT-Drucks. 16/5048, S. 48; für eine Vermutung eines Schadens in Höhe der doppelten angemessenen Lizenzgebühr mit Möglichkeit für den Verletzer, einen niedrigeren Gewinn darzulegen und ggf. zu beweisen: StellungN BR RegE UmsG Enforcement-RL – BT-Drucks. 16/5048, S. 61; dazu ferner *Wandtke/Bodewig* GRUR 2008, 220). Auch die Enforcement-RL schreibt Verletzerzuschläge nicht zwingend vor, weil im Rechtssetzungsverfahren eine ursprünglich vorgesehene doppelte Lizenzgebühr wieder gestrichen wurde und in Art. 13 Abs. 1 lit. b) Enforcement-RL auf „mindestens" die angemessene Lizenzgebühr zurückgegangen wurde (siehe *Wandtke/Bodewig* GRUR 2008, 220, 225 m.w.N.; *Haft/Donle/Ehlers/Nack* GRUR Int. 2005, 403, 406 f.; Schricker/*Wild*[3] Rn. 74d). Danach steht der Verletzer also bei der angemesse-nen Lizenzgebühr grundsätzlich nicht schlechter da als ein ordentlicher Li-zenznehmer. Insb. der **Verschuldensgrad des Verletzers** ist unerheblich und führt nicht zu einem Zuschlag (Möhring/Nicolini/*Lütje*[2] Rn. 186).

Die grundsätzliche Verweigerung von Verletzerzuschlägen durch das geltende 99 Recht ist **rechtspolitisch** zu beklagen, weil es damit funktionierende Geschäfts-modelle von vorsätzlichen Verletzern insb. bei geringem Entdeckungsrisiko geben kann. Ohnehin ist es für den Verletzten mühselig und kostenaufwendig, Verletzungen zu ermitteln, was seinen Schaden erhöht. Zumindest in Fällen vorsätzlicher Verletzungen wäre danach ein Verletzerzuschlag als pauschaler Schadensersatz gerechtfertigt und stünde im Einklang mit der Enforcement-RL, weil diese durch ausdrückliche Erwähnung der „abschreckenden" Wirkung von Sanktionen (Art. 3 Abs. 2) die mit dem Verletzerzuschlag verbundene Präventi-onswirkung billigt (*Haft/Donle/Ehlers/Nack* GRUR Int. 2005, 403, 406 f., die die Einführung eines 2fachen Lizenzsatzes als pauschalen Schadensersatz bei Vorsatz, einen mittleren Satz von 1,5 mit Möglichkeit der Ermäßigung auf 1,0 bei leichter Fahrlässigkeit fordern; ebenso *Wandtke/Bodewig* GRUR 2008, 220, 221, 225 ff., die eine 2fache Lizenzgebühr ohne Rücksicht auf Vorsatz fordern; zum Ganzen ferner *Dreier* GRUR Int. 2004, 706, 707; für eine Ausdehnung aus generalpräventiven Erwägungen *Loewenheim* FS Erdmann S. 131, 139; kritisch zum geltenden Recht auch *Rogge* FS Nirk S. 929, 934). Auch aus diesen Gründen wird beim Schadensersatz auf Herausgabe des Verletzergewinns (§ 97 Abs. 2 S. 2) bereits nach geltendem Recht mehr abgeschöpft als der reale Gewinn des Verletzers (vgl. Rn. 75).

Ausnahmsweise gewährt die Rechtsprechung einen Zuschlag für die Lizenz- 100 gebühr in Form der **Verdopplung der Lizenzgebühr** für **Verwertungsgesell-schaften**, die Nutzungsrechte und Vergütungsansprüche weit überwiegend

im Bereich der sog. Massennutzungen wahrnehmen und bei denen der Verwaltungsaufwand zur Ermittlung und Verfolgung von Rechtsverletzungen
(angeblich) ungleich höher sei als bei individuell genutzten Rechten. Diese
Rechtsprechung gilt namentlich bei Verletzung von Bühnenaufführungsrechten (BGH GRUR 1986, 376, 380 – *Filmmusik;* BGH GRUR 1973, 379, 380 –
Doppelte Tarifgebühr; OLG Hamburg GRUR 2001, 832, 835 – *Tourneeveranstalter; Loewenheim* FS Erdmann S. 131). Dem liegen zwei Gedanken
zugrunde: Zum einen muss ein umfangreicher **Überwachungsapparat** unter-
halten werden (OLG Hamburg GRUR 2001, 832, 835 – *Tourneeveranstalter;
Loewenheim* FS Erdmann S. 131, 132), so dass man die Verdopplung der
Gebühr auch als zulässigen Ausnahmefall eines pauschalierten Ersatzes von
Vorhaltekosten verstehen kann (krit. hierzu und für eine gesetzliche Regelung
Wandtke GRUR 2000, 942, 945 f.; *Schack*[4] Rn. 692). Zum anderen ist es der
Gedanke der **Prävention,** da die leichte Verletzbarkeit und schwierige Auf-
deckung von Rechtsverletzungen sonst kaum einen Anreiz zur Einholung einer
Werknutzungserlaubnis bei der VG böten (LG München I ZUM-RD 1998, 34,
35; *Wandtke/Bodewig* GRUR 2008, 220, 222). Der BGH betont jedoch den
(vermeintlichen) **Ausnahmecharakter** dieser Rechtsprechung und will sie nur
bei der ungenehmigten öffentlichen Musikwiedergabe (§ 15 Abs. 2) gelten
lassen, nicht aber bei Verletzung kollektiv wahrgenommener körperlicher
Verwertungsrechte (§ 15 Abs. 1) oder gar bei individuell wahrgenommenen
Rechten (BGH GRUR 1986, 376, 380 – *Filmmusik;* BGH GRUR 1988, 296,
299 – *GEMA-Vermutung IV;* OLG Frankfurt GRUR 1989, 419 f. – *Verletzerzuschlag;* OLG Hamburg GRUR 2001, 832, 835 – *Tourneeveranstalter;*
gegen eine Übertragbarkeit wegen des Ausnahmecharakters auch OLG Frankfurt MMR 2004, 476, 477; OLG Düsseldorf NJW-RR 1999, 194, 195; LG
Berlin ZUM 1998, 673, 674). Wirklich überzeugend ist diese restriktive
Rechtsprechung nicht, weil die Argumente zur Begründung der Ausnahme
(Überwachungsapparat und vor allem Prävention) auch über die ungenehmigte öffentliche Musikwiedergabe hinaus Geltung beanspruchen (*Wandtke/
Bodewig* GRUR 2008, 220, 222; *Loewenheim* FS Erdmann S. 131, 139;
Vorauflage/*Wilhelm Nordemann*[9] Rn. 38).

101   Zuschläge auf die angemessene Lizenzgebühr gem. § 97 Abs. 1 S. 1 kommen
außerdem bei fehlender oder falscher **Urheber-, Künstler- oder Quellengabe**
(§§ 13, 63, 74) in Betracht (ferner vgl. § 13 Rn. 30 ff.). Tw. wird allerdings die
Auffassung vertreten, Verletzungen des Urhebernennungsrechts gem. § 13
könnten lediglich einen immateriellen Schadensersatz nach § 97 Abs. 2 S. 4
auslösen (*Spieker* GRUR 2006, 118, 121; wohl auch LG Kiel ZUM 2005, 81,
85 – *CD-Bilddateien*). Die Rechtsprechung nennt als Anspruchsgrundlage
zwar meist § 97 Abs. 2 S. 4 (bzw. § 97 Abs. 2 a.F.), beschäftigt sich aber nicht
näher mit dessen – im Vergleich zum materiellen Schadensersatz strengeren –
Voraussetzungen (OLG München ZUM 2000, 404, 405; LG Berlin ZUM
1998, 673, 674; differenzierend aber LG Kiel ZUM 2005, 81, 85 – *CD-Bilddateien*). Mitunter wird aber auch materieller Schadensersatz für die fehlende
Nennung gewährt (OLG Düsseldorf GRUR-RR 2006, 393 – *Informationsbroschüre;* LG Hamburg ZUM 2004, 675, 679; LG Leipzig GRUR 2002, 424,
425 – *Hirschgewand*). Ein materieller Schadensersatz scheitert schon nicht
daran, dass eine fehlerhafte Urheber-, Künstler- oder Quellenangabe nicht
lizenzierungsfähig wäre (so unzutreffend *Spieker* GRUR 2006, 118, 121; wie
hier Möhring/Nicolini/*Lütje*[2] Rn. 247 a.E.), weil es z.B. für Urheber durchaus
denkbar ist, gegen höhere Vergütung auf die Namensnennung zu verzichten. Es
ist über dies anerkannt, dass die fehlende Nennung wirtschaftliche Nachteile

für den Urheber nach sich zieht (BGH GRUR 1981, 676, 678 – *Architekten-werbung*; LG Berlin ZUM 1998, 673, 674; LG Hamburg ZUM 2004, 675, 679; LG Leipzig GRUR 2002, 424, 425 – *Hirschgewand*). Auch die sehr starke Pauschalierung des gewährten Schadensersatzanspruches auf der Basis von Zuschlägen auf die angemessene Lizenzgebühr spricht dagegen, auf die eher am Einzelfall orientierte Berechnung des § 97 Abs. 2 S. 4 zurückzugreifen. Damit kann ohne Rückgriff auf die strengeren Voraussetzungen des § 97 Abs. 2 S. 4 ein Zuschlag gewährt werden, wenn die fehlende oder falsche Nennung eine wirtschaftlich nachteilige Auswirkung für den Verletzten aufweist, also **kommerzialisierbar** ist. Denn in diesen Fällen hat die fehlerhafte Nennung Einfluss auf die Lizenzhöhe, weil zu fingieren ist, dass der Urheber nur gegen Aufschlag eine Nutzung ohne hinreichende Nennung erlaubt hätte. Das ist beispielsweise im **Fotobereich** der Fall, wo bei fehlender Fotografennennung ein Zuschlag üblich ist und von der Rechtsprechung auch ohne Prüfung der Voraussetzungen des Abs. 2 S. 4 regelmäßig gewährt wird (kritisch zu dieser Pauschalierung: *Schack*[4] Rn. 693a): OLG Düsseldorf (GRUR-RR 2006, 393), LG Berlin (ZUM 1998, 673, 674, dort als „ständige Rechtsprechung der Kammer" bezeichnet), LG Leipzig (GRUR 2002, 424, 425 – *Hirschgewand*) und LG München I (ZUM 1995, 57, 58; ZUM-RD 1997, 249, 254) sprechen regelmäßig einen 100%igen Aufschlag auf die angemessene Lizenzgebühr zu, während die Hamburger Gerichte nach der „Wertigkeit des Urhebervermerkes" differenzieren und tw. einen Zuschlag von 100% (LG Hamburg ZUM 2004, 675, 679 m.w.N. auch für andere Gerichte), tw. aber auch nur von 50% (AG Hamburg ZUM 2006, 586, 589) gewähren. Für **Schriftwerke** berechnet das OLG München einen 100%igen Aufschlag bei fehlender Autorenzuordnung der Einzelbeiträge eines Gesamtwerkes (OLG München ZUM 2000, 404, 405). Das LG Berlin gesteht 100% Zuschlag bei fehlerhafter Nennung des Autors eines Kriminalromans zu (LG Berlin ZUM-RD 2006, 443), allerdings aus § 97 Abs. 2 S. 4, was in Fällen der fehlerhafter Autorenbenennung in der Tat näher als ein materieller Schadensersatzanspruch liegt, weil die fehlerhafte (im Gegensatz zur fehlenden) Nennung kaum kommerzialisierbar ist. Aus § 97 Abs. 2 S. 4 hat das OLG Frankfurt immateriellen Schadensersatz in Höhe eines 100%igen Aufschlags auf die angemessene Lizenzgebühr in einem Fall gewährt, in dem ein Anwalt fremde juristische Fachbeiträge vorsätzlich mit einer falschen Urhebernennung versehen und zur Eigenwerbung im **Internet** verwendet hat (OLG Frankfurt MMR 2004, 676, 677); da die Verletzung kommerzialisierbar war, hätte der Aufschlag auch als materieller Schaden zugesprochen werden können. Aus § 97 Abs. 2 S. 3 – und nicht aus § 97 Abs. 2 S. 4 – kann über dies auch für **fehlerhafte Quellengaben nach** § 63 materieller Schadensersatz verlangt werden, wenn eine Verletzung des § 13 von vornherein ausscheidet. So konnte eine Rundfunkanstalt als Inhaber der Rechte nach § 87, die nicht Träger des Rechts aus § 13 ist, bei Zitat von Screenshots und fehlerhafter Quellenangabe einen materiellen Schadensersatzanspruch stellen, und zwar in Höhe von 50% der üblichen Lizenzgebühr (LG Berlin GRUR 2000, 797, 798 – *Screenshots*).

(5) **Verletzung über mehrere Handelsstufen; Lizenzstufung:** Ist bei einer Urhe- **102** berrechtsverletzung über mehrere Handelsstufen von dem Einzelhändler Schadensersatz nach der Lizenzanalogie geleistet worden, steht dem Verletzten gegen den Vorlieferanten und Hersteller kein weiterer Anspruch zu (LG Hamburg GRUR-RR 2004, 288); in diesen Fällen verspricht auch ein Ausweichen auf eine Berechnung des Schadensersatzes als Verletzergewinn möglicherweise mehr Erfolg (vgl. Rn. 76, str.).

103 In Konstellationen, in denen üblicherweise **mehrere Lizenzstufen** eingeschaltet sind – z.b. erfolgen illustrierte Sonderausgaben üblicherweise in Unterlizenz eines Verlegers –, fällt die Lizenzgebühr nach der üblichen Sublizenzvergütung als Mindestschaden an. Im Beispiel erhält der Verletzte also mindestens einen angemessenen Anteil an der an den Sublizenzgeber üblicherweise gezahlten Sublizenzvergütung und nicht unbedingt eine Beteiligung am Ladenpreis (vgl. § 32 Rn. 61). In Fällen, in denen eine Zahlung des Subverlegers an den vermeintlichen „Lizenzgeber" erfolgte, bietet sich allerdings an, die gesamte Sublizenzvergütung als Verletzergewinn beim „Lizenzgeber" abzuschöpfen (vgl. Rn. 80 ff.).

104 **(6) Nutzung von Werkteilen:** Bei unrechtmäßiger Nutzung von Werkteilen ist in der Regel ein Lizenzanteil zu zahlen, der den Umfang des Werkteils im Verhältnis zum Gesamtumfang des benutzenden (nicht des benutzten) Werkes entspricht; bei 50 Seiten unerlaubter Übernahme in einem Roman von 500 Seiten wäre das ein Autorenhonorar von 1% des um die Mehrwertsteuer verminderten Ladenpreises, weil die übliche und angemessene Vergütung bei 10% dieses Ladenpreises liegt (zur angemessenen Vergütung im Belletristik-bereich vgl. Rn. 109). In manchen Nutzungsbereichen gelten für Teilüber-nahmen jedoch abweichende, meist höhere Sätze; Abdruckrechte für Fotos werden beispielsweise zu festen Pauschalsätzen, gestaffelt nach Art und Auf-lage des Druckwerks, vergeben (vgl. Rn. 115).

105 **(7) Zinsen:** Da Nutzungsverträge ferner die Zahlung der vereinbarten Lizenzen zu bestimmten Fälligkeitsterminen vor Nutzung vorzusehen pflegen, kann der Verletzte Zinsen für die Zeit zwischen Rechtsverletzung und Zahlung verlan-gen (BGH GRUR 1982, 301, 304 – *Kunststoffhohlprofil II;* BGHZ 82, 310, 321 f. – *Fersenabstützvorrichtung;* LG Berlin GRUR-RR 2003, 97, 98), also nicht erst ab Verzug bei Zahlungsaufforderung nach Entdeckung.

106 **(8) Prozessuales:** § 287 ZPO findet Anwendung. Grundsätzlich trägt der Ver-letzte als Anspruchsteller die **Darlegungs- und Beweislast** für die Höhe der angemessenen Lizenzgebühr. An Art und Umfang der beizubringenden Schät-zungsgrundlagen sind aber nur geringe Anforderungen zu stellen (BGH GRUR 1993, 55, 59 – *Tchibo/Rolex II).* Die Schadensberechnung nach der fiktiven angemessenen Lizenzgebühr soll aus Billigkeitsgründen die Rechtsverfolgung erleichtern. Denn sie wurde im Hinblick auf die konkreten Schutzbedürfnisse des Verletzten und vor allem wegen der Schwierigkeiten einer konkreten Schadensberechnung entwickelt. – Beruft sich der Verletzer auf als repräsen-tativ anerkannte Vergütungssätze (vgl. Rn. 94), dreht sich die Darlegungs- und Beweislast, und der Verletzer muss ihre fehlende Üblichkeit darlegen und ggf. beweisen. Ob ein **Sachverständigengutachten** eingeholt werden muss, hängt vom Vortrag des Schuldners ab: Wenn er substantiiert vorträgt, dass die vom Gläubiger vorgetragenen Vergütungen nicht branchenüblich sind, kann das Gericht das nicht einfach übergehen (BGH GRUR 2006, 136, 138 – *Presse-fotos),* sondern muss ein Sachverständigengutachten einholen und kann erst dann § 287 ZPO anwenden. Bei Tarifverträgen, Normverträgen, gemein-samen Vergütungsregeln und allgemein anerkannten Marktübersichten trägt allerdings der Schuldner die Beweislast für eine Unüblichkeit, d.h. er muss ggf. (Zeugen- oder Sachverständigen-)Beweis anbieten. Zweifel können beispiels-weise bei Tarif- oder Normverträgen oder gemeinsamen Vergütungsregeln auftauchen, wenn die Verwerterseite nicht repräsentativ vertreten war. Fehlt es an einem substantiierten Bestreiten, erscheint es allerdings als prozessöko-nomisch, direkt ohne Sachverständigengutachten Honorarordnungen, Tarif-

oder Normverträge bzw. allgemein anerkannte Marktübersichten als Grundlage einer gerichtlichen Schätzung gem. § 287 ZPO einzubeziehen (OLG Düsseldorf GRUR-RR 2006, 393, 394 – *Informationsbroschüre*; LG Kiel ZUM 81, 84 – *CD-Bilddateien*; siehe auch LG München I ZUM 2006, 666, 669 – *Architekturfotografien*; LG Mannheim BeckRS 2007, 00797 – *Freiburger Ansichten 2003*; LG Berlin ZUM 1998, 673; *Jan Bernd Nordemann* ZUM 1998, 642, 645; insoweit von BGH GRUR 2006, 136, 138 – *Pressefotos* nicht entschieden). Verlangt der Gläubiger mehr, weil seine eigene übliche Vertragspraxis über den als repräsentativ anerkannten Entgelten liegt, trägt er insoweit die Darlegungs- und Beweislast. Stets muss ein Sachverständigengutachten eingeholt werden, wenn es weder eine übliche Vertragspraxis des Gläubigers noch allgemein anerkannte und repräsentative Vergütungssätze gibt, weil das Gericht sonst keine hinreichende Grundlage für eine Schadensschätzung nach § 287 ZPO hat; das gilt insb. wegen Art. 14 GG zu Gunsten des Gläubigers (BVerfG NJW 2003, 1655 – *Zündholzbriefchen*). Fehlen dem Gläubiger Informationen des Schuldners zur Berechnung des Schadensersatzanspruches, steht ihm gegen den Schuldner ein **Auskunftsanspruch** zu (vgl. § 101 Rn. 10 ff.). Zur Möglichkeit der unbezifferten Leistungsklage vgl. Rn. 126.

(9) Beteiligungsvergütung des Lizenzgebers an der Schadensersatzzahlung: **107** Wenn der aktivlegitimierte Verwerter (vgl. Rn. 132) eine angemessenen Lizenzgebühr vereinnahmt, muss er den Urheber oder andere Lizenzgeber daran beteiligen, wenn eine Beteiligungsvergütung des Urhebers oder Lizenzgebers für die legale Nutzung vereinbart ist. In aller Regel dürfte hier einschlägig sein die für Sublizenzen vereinbarte Beteiligung, weil die fiktive Lizenz eine solche Sublizenz fingiert. Wenn der Verwerter nach dem Nutzungsvertrag mit dem Urheber bzw. Lizenzgeber das Recht hat, etwaige tatsächliche Kosten vorher abzuziehen, darf der Verwerter seine Rechtsverfolgungskosten abziehen, auch wenn sie über RVG liegen. Allerdings findet § 32 auf die Beteiligung des Urhebers an Schadensersatzzahlungen Anwendung. Zum Verlagsrecht vgl. § 22 VerlG Rn. 11 ff.

(10) Einzelfälle angemessener Lizenzen nach Branchen: Wegen der Parallelität **108** der angemessenen Vergütung nach § 32 und der angemessenen Lizenzgebühr nach § 97 Abs. 1 S. 1 (vgl. Rn. 92) sei zunächst auf die Ausführungen zu § 32 verwiesen, vgl. § 32 Rn. 60 ff.

Für **belletristische Werke** und eine Buchnutzung berechnet sich die angemes- **109** sene Lizenzgebühr des Urhebers als Beteiligung am Ladenpreis ohne Mehrwertsteuer; die Sätze für angemessene Lizenzgebühren können aus der einschlägigen gemeinsamen Vergütungsregel gem. § 36 abgelesen werden (vgl. § 32 Rn. 61). Anspruchstellende Verlage dürfen aber auch darauf abstellen, zu welchen Bedingungen üblicherweise Sublizenzen erteilt werden, wenn diese Berechnung günstiger ist. Für den Abdruck eines Kinderbuches mit Illustrationen in einer Zeitung mit einer Auflage von 800.000 Exemplaren hat das OLG Hamburg (ZUM-RD 1999, 448, 449) eine Lizenzgebühr von nicht unter 15.000 DM für angemessen gehalten. Zu Stoffrechten für die Verfilmung vgl. § 32 Rn. 61. Wurde ein **übersetztes Werk** illegal genutzt, ist die Übersetzung ggf. zusätzlich zu berücksichtigen, weil die Übersetzer zusätzlich absatzbezogen zu vergüten sind (vgl. § 32 Rn. 87 ff.). Im Hinblick auf **Sachbücher** existiert keine Vergütungsregel, und die Vergütungen sind unterschiedlich (vgl. § 32 Rn. 62). Generell wird man jedoch auch hier davon auszugehen haben, dass die Beteiligungsvergütung für die Normalausgabe bei 10% vom Ladenpreis ohne Mehrwertsteuer (Loewenheim/*Czychowski* § 65 Rn. 23) und für die Zweitverwertung als Taschenbuch etwas darunter (5% bis 8%; ggf. gestaffelt je nach Auflage bis 15%) liegt. Dass der Autor einen Druckkostenzuschuss gezahlt hat, muss unberücksichtigt bleiben, weil dies nur die Frage betrifft, wie das wirtschaftliche Risiko der Veröffentlichung zwischen Autor und Verleger verteilt ist. Für **Bühnenwerke** enthält die Regelsammlung Verlage (Vertrieb)/Bühnen („RS Bühne") angemessene Aufführungshonorare (BGH GRUR 2000, 869, 871 – *Salomé III*; eingehend Vor §§ 31 ff. Rn. 343; für freie und Amateurtheater vgl. Vor §§ 31 ff. Rn. 345). Die angemessene Vergütung für Sendungen vorbestehender Bühnenwerke kann der Regelsammlung Rundfunk/Verlage für Hörfunk und Fernsehen entnommen werden (vgl. Vor §§ 31 ff. Rn. 349; ferner vgl. § 32 Rn. 64). Daraus ergeben sich auch Anhaltspunkte für die übliche Vergütung von **Scripts** und **Drehbüchern** bei Verfilmung (vgl. § 32 Rn. 63). Zur angemessenen Nutzungsvergütung **journalistischer Werke** in Zeitungen und Zeitschriften vgl. § 32 Rn. 66 ff., zur Internetnutzung vgl. § 32 Rn. 73 ff. Geht der Verleger vor, kann die angemessene Lizenzgebühr auch darüber liegen; viele Verlage haben insb. für die Onlinenutzung inzwischen eigene Tarifsysteme aufgestellt, die bei Üblichkeit (vgl. Rn. 93) zu berücksichtigen sind. Vgl. § 32 Rn. 79 ff. zu angemessenen Journalistenhonoraren im Rundfunk. Zu **Werbe- und PR-Texten** sowie **Reden** vgl. § 32 Rn. 85 f. Zu Aufschlägen wegen Verstoßes gegen § 13 vgl. Rn. 101.

110   Im **Softwarebereich** existiert keine übliche Vergütung für Programmierer (vgl. § 32 Rn. 97). Im Regelfall stellt ohnehin der Verwerter Schadensersatzansprüche, so dass es auf die aus seiner Sicht übliche Nutzungsvergütung ankommt. Bei der OEM-Version einer Software ist Maßstab nur die legale OEM Version, nicht aber die Einzelhandelsvollversion (OLG Düsseldorf GRUR-RR 2005, 213, 214 – *OEM-Version*).

111   Für **Musik** lassen sich auch ohne Bestehen einer Vergütungsregel Näherungswerte für übliche Vergütungen der Komponisten und Texter bestimmen (vgl. § 32 Rn. 98 f.). Musikverlage oder andere Verwerter berufen sich als übliche und angemessene Vergütung häufig auf die Erfahrungsregeln des Deutschen Musikverlegerverbandes (DMV), weil es sich um eine empirische Erhebung unter den Musikverlagen handeln soll, um die Schadensberechnung als angemessene Lizenzgebühr zu erleichtern (dazu Moser/Scheuermann/*Schulz*[6] S. 1363 f.; Rückgriff auf die Erfahrungsregeln durch den Sachverständigen z.B. in LG München I GRUR 2005, 574, 576 – *O Fortuna*). Das muss bei substantiiertem Bestreiten allerdings durch Sachverständigengutachten abgesichert werden (vgl. Rn. 106). Beim Abdruck von Liedertexten in auflagenstarken Zeitungen und Zeitschriften war früher eine Lizenzgebühr von 1/10 Pfennig pro Exemplar üblich (LG München I UFITA 52 [1969], 247 – *Wenn die Elisabeth* und LG Berlin UFITA 85 [1979], 282 – *Lili Marleen)*; seither wurde nach unseren Beobachtungen teils mehr gezahlt, teils diese Berechnungsweise generell bestritten; BGH GRUR 1987, 36 – *Liedtextwiedergabe II* hat 2/10 Pfennig je Exemplar für Nutzung Anfang der 1980er Jahre für angemessen gehalten, und zwar auch bei Auflagen von über 3 Mio.; heute sollten mindestens 2/10 Cent angemessen sein. Zu Tarifen der GEMA als angemessene Lizenzgebühr vgl. Rn. 94; insb. zu Filmmusik vgl. Vor §§ 88 ff. Rn. 110 f. Zu ausübenden musikalischen Künstlern vgl. § 32 Rn. 105.

112   **Film und Fernsehen:** Für die **Filmurheber** (§ 89) existieren einzelne Tarifverträge, aber keine gemeinsamen Vergütungsregeln nach § 36 (vgl. § 32 Rn. 103), im Regelfall wird pauschal vergütet (vgl. § 32 Rn. 104); zu **Stoff-**

urhebern (§ 88) und insb. verfilmten Romanen, Scripts und Drehbüchern vgl. § 32 Rn. 61 und vgl. § 32 Rn. 64; zu Filmmusik vgl. Vor §§ 88 ff. Rn. 110 f. Geht der **Verwerter als Rechteinhaber** vor, richtet sich der Schadensersatz nach der für die illegale Nutzung angemessenen, also mindestens der üblichen Vergütung. Zur üblichen Lizenzierung bei Drehbuchentwicklung vgl. Vor §§ 88 ff. Rn. 65, bei Verträgen mit Filmverleihern vgl. Vor §§ 88 ff. Rn. 69, bei Verträgen mit Filmtheatern vgl. Vor §§ 88 ff. Rn. 71 ff., bei Video-/DVD-Lizenzverträgen vgl. Vor §§ 88 ff. Rn. 83 ff., bei Internetnutzung und anderen Netzwerknutzungen (z.B. in Hotels) vgl. Vor §§ 88 ff. Rn. 90 ff. und bei Sendung vgl. Vor §§ 88 ff. Rn. 97 ff. Für die Ausstrahlung eines Spielfilmes mit mehreren Wiederholungen OLG Hamburg AfP 2001, 125.

Die illegale Nutzung von **Bauwerken** ist aus Architektensicht nach der HOAI **113** zu vergüten, wobei aber nur die gem. § 2 schöpferischen Leistungsphasen berücksichtigt werden, siehe OLG Nürnberg NJW-RR 1998, 47. Zur fehlenden Möglichkeit der Berechnung der angemessenen Vergütung über § 649 S. 2 BGB vgl. Vor §§ 31 ff. Rn. 417 (str.). Ferner vgl. § 32 Rn. 106.

In der **bildenden Kunst** ist im Verlagsbereich zwischen eigentlichem Kunst- **114** verlag und bloßer Illustration anderer verlegter Werke zu unterscheiden (vgl. Vor §§ 31 ff. Rn. 377 ff.). Beim Kunstverlag kann für die übliche Vergütung als grobe Regel auf die Vergütung von verlegten Schriftwerken (vgl. Rn. 109) zurückgegriffen werden. Bei Illustrationen ist aber auch eine Pauschalvergütung denkbar (zum Ganzen vgl. § 32 Rn. 107). Ansonsten können die Tarife der VG Bild-Kunst (www.bildkunst.de) herangezogen werden. Siehe ferner für die Verwertung von Zeichnungen auf Werbepostkarten OLG Hamburg GRUR-RR 2001, 260, 264 – *Loriot-Motive*, das 10% eines fiktiven Händlerabgabepreises von 0,35 DM berechnet. Für die illegale Nutzung von **Design** (Kommunikationsdesign, Produktdesign, Textleistungen, vgl. Vor §§ 31 ff. Rn. 394 ff.) kommt nur dann ein Anspruch aus § 97 auf angemessene Lizenzgebühr in Betracht, wenn die hohen Anforderungen gem. § 2 erfüllt sind. Zur angemessenen Lizenz ausführlich vgl. § 32 Rn. Rn. 109.

Sehr häufig sind Streitigkeiten um die angemessene Lizenzgebühr bei illegaler **115** Nutzung von **Fotografien** (§ 2 Abs. 1 Nr. 5; § 72). Hier kommen als Anhaltspunkte vor allem die „Bildhonorare" der Mittelstandsgemeinschaft Foto-Marketing (MFM; siehe www.bvpa.org), die Tarife der VG Bild-Kunst (www.bildkunst.de) oder die Tarife für Fotodesign aus dem Tarifvertrag AGD/SDSt (www.agd.de) in Betracht; vgl. § 32 Rn. 111. Zur Frage, ob ein Sachverständigengutachten eingeholt werden muss, vgl. Rn. 106. Nachweise zur neueren Praxis bei *Czychowski/Jan Bernd Nordemann* NJW 2008, 1571, 1578. Für die Nutzung von Lichtbildern kann bei stark verkleinerten, qualitativ minderwertigen Thumbnails im Internet nicht die übliche MFM-Lizenzgebühr für das größere und qualitativ hochwertigere Bild gefordert werden (LG Bielefeld CR 2006, 350). Für die Lizenzierung von **Motiven** können die Bildhonorare zumindest als Anhaltspunkt dienen (LG Leipzig GRUR 2002, 424, 425 – *Hirschgewand*). Kommt zur illegalen Nutzung eine fehlende **Fotografennennung** hinzu, so ist dies schon im Rahmen des materiellen Schadensersatzes in Form eines Aufschlages zu berücksichtigen (vgl. Rn. 101); auf immateriellen Schadensersatz nach § 97 Abs. 2 S. 4 wegen Urheberpersönlichkeitsrechtsrechtsverletzung (§ 13) muss nur bei fehlerhafter Nennung zurückgegriffen werden, weil diese nicht kommerzialisierbar ist. Anderes gilt bei der **Entstellung** nach § 14, die üblicherweise nur von § 97 Abs. 2 S. 4 erfasst wird (vgl. Rn. 118, 124).

116 Wenn **Internetbeiträge** unrechtmäßig in ein fremdes Angebot übernommen wurden, aber legal von einer Vielzahl von Nutzern abrufbar waren, kann nur die Höhe einer einfachen, aber keiner ausschließlichen Lizenz maßgeblich sein (OLG Frankfurt MMR 2004, 476, 477).

117 c) **Immaterieller Schaden** („Schmerzensgeld"; Abs. 2 S. 4): aa) **Anspruchs-berechtigte:** Nach dem ausdrücklichen Wortlaut des Abs. 2 S. 4 sind nur Urheber (§ 7) anspruchberechtigt. Mit ihnen gleichgestellt sind Verfasser wissenschaftlicher Ausgaben (§ 70), Lichtbildner (§ 72) und ausübende Künstler (§ 73), weil diesen wie Urhebern auch Persönlichkeitsrechte zustehen können. Auch der Erbe oder Vermächtnisnehmer als Rechtsnachfolger des Urhebers (§ 30), des Verfassers wissenschaftlicher Ausgaben (§§ 70, 30) und des Lichtbildners (§§ 72, 30) bzw. die Angehörigen des ausübenden Künstlers (§§ 76 S. 4, 60 Abs. 2) können immaterielle Schadensersatzansprüche stellen (str., vgl. § 30 Rn. 10). Bloßen Lizenznehmern stehen keine Ansprüche zu (OLG Hamburg UFITA 65 [1972], 284, 287).

118 bb) **Verletzung ideeller Interessen:** Der sachliche Anwendungsbereich des Abs. 2 ist auf die Verletzung von **Persönlichkeitsrechten** beschränkt, die das UrhG gewährt: Für Urheber und Gleichgestellte (§§ 70, 72) sind das § 12 (Veröffentlichungsrecht), § 13 (Anerkennung der Urheberschaft) und § 14 (Entstellung), § 39 jedoch nur bei entstellender Änderung. Darüber hinaus kann die Verletzung des § 25, obwohl er einen persönlichkeitsrechtlichen Einschlag hat, die Zuerkennung immateriellen Schadensersatzes nicht rechtfertigen (vgl. Rn. 9). Auch eine zum Schadensersatz verpflichtende Verletzung des Rückrufsrechts aus § 41 ist nicht denkbar ist. Für ausübende Künstler kommt nur eine Verletzung der §§ 74 oder 75 in Betracht.

119 Die Verletzung von **Verwertungsrechten** (§§ 15 bis 23) kann keine Ansprüche nach § 97 Abs. 2 S. 4 auslösen (str.; OLG Hamburg NJW-RR 1995, 562, 563 – *Ile de France*; a.A. Möhring/Nicolini/*Lütje*[2] Rn. 241; *Ulmer*[3] S. 557; *Schack*[4] Rn. 694, allerdings unter unzutreffender Berufung auf OLG Frankfurt ZUM 2004, 924, 926 = MMR 2004, 476, wo es um einen Fall der Verletzung des § 13 ging; wohl auch Schricker/*Wild*[3] Rn. 79). Die Gesetzbegründung zum UrhG bezieht sich ausdrücklich nur auf das „Urheberpersönlichkeitsrecht" (Begr RegE UrhG – BT-Drucks. IV/270, S. 104). Irgendeine Schutzlücke entsteht nicht, weil als Auffangnorm für immaterielle Schäden, die der Urheber ohne Verletzung von Urheberpersönlichkeitsrechten erleidet, § 823 Abs. 1 BGB (allgemeines Persönlichkeitsrecht) zur Verfügung steht (BGH GRUR 1995, 668, 670 – *Emil Nolde*).

120 Umgekehrt kann allerdings die Verletzung von Persönlichkeitsrechten nach UrhG **materielle Schadensersatzansprüche** gem. § 97 Abs. 2 S. 1 bis 3 auslösen. Das gilt insb. dann, wenn die Schäden kommerzialisierbar sind (vgl. Rn. 101, 124).

121 cc) **Billigkeit:** Die Entschädigung in Geld muss der Billigkeit entsprechen. Nach diesem Kriterium bemisst sich sowohl das „Ob" des Anspruches („wenn") als auch dessen **Höhe** („soweit"). Mit ersterer Voraussetzung („Ob") will der Gesetzgeber offensichtlich der Rechtsprechung des BGHs folgen, der bei unbedeutenden Verletzungen zwar einen Unterlassungs- und Beseitigungsanspruch gibt, aber keinen immateriellen Schadensersatz zubilligt, sondern auf dem Standpunkt steht, dass aus Billigkeitsgründen nur bei schwerwiegenden Eingriffen in ideelle Rechte und Interessen eine Geldentschädigung gerechtfertigt sei (BGHZ 35, 363, 369 – *Ginseng-Wurzel;* BGHZ 39, 124,

133 – *Fernsehansagerin*). Davon ist auch bei der Anwendung des § 97 Abs. 2 S. 4 auszugehen (siehe BGH GRUR 1971, 525, 526 – *Petite Jacqueline;* OLG Hamburg UFITA 79 [1977], 343, 354; OLG Hamburg GRUR 1990, 36 – *Schmerzensgeld;* OLG Hamburg GRUR 1992, 512, 513 – *Prince;* KG UFITA 58 [1970], 285, 289 – *Jeder von uns;* KG UFITA 59 [1971], 279, 284 – *Das letzte Mal*).

Für die Frage der Billigkeit sind wie bei § 253 Abs. 2 BGB insb. die Bedeutung **122** und **Tragweite des Eingriffes** (Ausmaß der Verbreitung, Nachhaltigkeit, Fortdauer der Beeinträchtigung), ferner **Anlass** und **Beweggrund** des Handelnden sowie der Grad seines **Verschuldens** zu berücksichtigen (BGH GRUR 2005, 179, 181 – *Carolines Tochter;* BGH GRUR 1997, 396, 400 – *Polizeichef;* BGH GRUR 1995, 224, 228 – *Erfundenes Exclusiv-Interview;* OLG Hamburg ZUM 1998, 324; KG ZUM-RD 1998, 554, 555; OLG München GRUR-RR 2002, 341 – *Marlene Dietrich nackt;* OLG München ZUM-RD 1997, 350, 351 – *Cristoforo Colombo;* ähnlich in Österreich zu § 87 Abs. 2 öUrhG öOGH ZUM-RD 1998, 533, 538 f.; *Briem* GRUR Int. 1999, 936, 942 ff.). Im Einzelnen siehe die folgenden Gesichtspunkte, die im Rahmen der Billigkeitsprüfung zu berücksichtigen sind, aber nicht kumulativ oder gar sämtlich vorzuliegen brauchen. Vielmehr genügt es regelmäßig, wenn auch nur einer von ihnen vorliegt; nur Vorsatz ist für sich genommen nicht ausreichend (eingehend auch *Spieker* GRUR 2006, 118, 121):
– Bedeutung und **Tragweite des Eingriffs**: Gekürzte Wiedergabe einer Operette im Rahmen einer Eisrevue ist keine schwerwiegende Beeinträchtigung, wenn sie auf den Gegebenheiten des Eiskunstlaufs beruht (BGH GRUR 1966, 570, 571 – *Eisrevue III*); dagegen ist eine anonyme Verwendung eines wesentlichen Teilausschnittes eines Lichtbildwerkes schwerwiegend (BGH GRUR 1971, 525, 526 – *Petite Jacqueline*). **Verneint** wurde ein schwerwiegender Eingriff bei einer nicht mehr durch Nutzungsrechte gedeckten Veröffentlichung von Fotos, die aber genau zu diesem Zweck gemacht und auch für frühere Veröffentlichungen überlassen wurden (OLG Hamburg ZUM 1998, 324, 325; LG Berlin ZUM 1998, 673, 674).
– **Nachhaltigkeit und Fortdauer** der Interessen- oder gar Rufschädigung des Verletzten: Eindruck der Öffentlichkeit, der Verletzte habe sein Werk aus kommerziellen Interessen in künstlerisch abwertender Weise verwertet (BGH GRUR 1971, 525, 526 – *Petite Jacqueline*); die Beeinträchtigung des wissenschaftlichen oder künstlerischen Ansehens ohne rechtfertigenden Grund ist in der Regel als schwerwiegend anzusehen (OLG Frankfurt GRUR 1964, 561, 562 – *Plexiglas;* siehe auch OLG München ZUM-RD 1997, 350, 351 f. – *Cristoforo Colombo* für den teilweisen Austausch einer Filmmusik). Ein schwerer Eingriff liegt danach auch bei einer einmalig **versehentlich falschen Autorenbezeichnung** mit **unverzüglicher Richtigstellung** vor (LG Berlin ZUM-RD 2006, 443; a.A. Vorinstanz AG Charlottenburg ZUM-RD 2005, 356, 357); allerdings drückt dies die Höhe der Geldentschädigung.
– **Anlass und Beweggrund** des Handelns: Absicht der Auflagensteigerung (BGH GRUR 1995, 224, 229 – *Erfundenes Exclusiv-Interview*); besondere Hartnäckigkeit wiederholter Veröffentlichungen (BGH GRUR 2005, 179, 181 – *Carolines Tochter;* KG ZUM-RD 2003, 527, 530); zu Gunsten des Verletzers: bloßes Versehen (LG Berlin ZUM-RD 2006, 443).
– Ausmaß der **Verbreitung**: Auflagenhöhe, Zuschauer- oder Hörerzahl (BGH GRUR 1972, 97 – *Liebestropfen*).

– Grad des **Verschuldens** des Verletzers: Vorsatz, leichtfertiges Handeln oder nur einfache Fahrlässigkeit (BGH GRUR 1972, 97, 99 – *Liebestropfen*), besondere Hartnäckigkeit einer wiederholten vorsätzlichen Verletzungshandlung (BGH GRUR 1996, 227, 229 – *Wiederholungsveröffentlichung*; OLG Frankfurt MMR 2004, 476, 477).

– **Möglichkeit** oder Unmöglichkeit einer **Genugtuung auf andere Weise:** Wenn Genugtuung durch Unterlassung, Gegendarstellung, Widerruf oder auf andere Weise nicht oder nicht in ausreichender Weise erreicht werden kann, spricht das für eine hinreichende Schwere (BGH GRUR 1972, 97, 98 – *Liebestropfen*; OLG Frankfurt MMR 2004, 476, 477; LG Berlin ZUM-RD 2006, 443). Das ist regelmäßig der Fall, wenn ein Werk unter eigenmächtig geändertem, zu Missverständnissen Anlass gebendem Titel verbreitet wurde (OLG München ZUM 1996, 424, 426 – *Rieser Leben*), wenn ein Film nach eigenmächtigem Austausch der Filmmusik ausgestrahlt wurde (OLG München ZUM-RD 1997, 350, 352 f. – *Cristoforo Colombo*) oder wenn verschiedene juristische Fachaufsätze in ein eigenes Internetangebot unter Täuschung über die Autorenschaft zur Ausnutzung der Werbewirkung übernommen wurden (OLG Frankfurt MMR 2004, 476, 477). Soweit allerdings – was selten sein dürfte – die vollständige Beseitigung durch Unterlassung und Widerruf noch möglich ist, soll daneben ein immaterieller Schadensersatz regelmäßig *nicht* in Betracht kommen (BGH GRUR 1970, 370, 372 – *Nachtigall*; kritisch mit Recht *Neumann-Duesberg* FS Roeber I S. 403 ff.).

– **künstlerischer Rang** des Verletzten innerhalb seines Wirkungskreises: Bild einer Schauspielerin für klassische Rollen in der Werbung für ein Potenzstärkungsmittel (BGH GRUR 1972, 97 – *Liebestropfen* zum Recht am eigenen Bild).

– Auch die **Missachtung der Entschließungsfreiheit** des Urhebers durch den Verletzer wird im Rahmen der Billigkeitsprüfung zu dessen Nachteil berücksichtigt (BGH GRUR 1971, 525, 526 – *Petite Jacqueline*; BGH GRUR 1996, 227, 229 – *Wiederholungsveröffentlichung*; verkannt von OLG Hamburg GRUR 1990, 36 – *Schmerzensgeld*).

– Unberücksichtigt bleibt, ob der Urheber bereits verstorben ist und die Ansprüche „nur" von seinem **Rechtsnachfolger** (§ 30) gestellt werden. Insb. ist es nicht billig, ihm einen geringeren Schadensersatzanspruch zu gewähren (so aber Schricker/*Schricker*[3] § 30 Rn. 3; HK-UrhR/*Meckel* Rn. 6).

123 Wegen des Bußcharakters, der im immateriellen Schadensersatzanspruch mitschwingt (BGHZ 18, 149, 155), ist bei der Bemessung der Höhe auch deren **Präventivwirkung** einzubeziehen, damit sich Verletzungshandlungen als nicht lohnend erweisen (OLG München ZUM-RD 1997, 350, 351 f. – *Cristoforo Colombo*; *Lehmann* GRUR Int. 2004, 762, 764; *Schack*[4] Rn. 694; ebenso zum allgemeinen Persönlichkeitsrecht BGH GRUR 2005, 179, 181; OLG München GRUR-RR 2002, 341 – *Marlene Dietrich nackt*; *Traub* FS Erdmann S. 211 ff.). Geringe Summen führen nur dazu, dass der Verwerter, der öfter in die Gefahr der Verletzung von Urheberrechten kommt, sie in Zukunft einfach einkalkuliert, um sich so einen Freibrief für z.B. ungehinderte Entstellungen des Werkes oder andere Verstöße gegen die §§ 12 bis 14 buchstäblich zu erkaufen. Der immaterielle Schadensersatz muss so fühlbar sein, dass sich weitere Verletzungen nicht „lohnen".

124 Die **Höhe** des immateriellen Schadensersatzes richtet sich – anders als im allgemeinen Persönlichkeitsrecht – im Regelfall nicht nach einer freien Schätzung. Vielmehr wird er grundsätzlich durch **Aufschlag auf die angemessene Lizenzgebühr** geschätzt. Das liegt insb. bei Verletzungen der §§ 12 bis 14 nahe, denen auch wirtschaftliche Verwertungen nach §§ 15 bis 23 mit einem bestimmbaren angemessenen Lizenzpreis zu Grunde liegen. Bei **Entstellungen** hängt die Höhe des Aufschlages von der Schwere der Verletzung des § 14 (bzw. § 75) ab. Bei einer illegalen Nutzung eines Drehbuches, das der Verletzer zugleich in seinen Wesenszügen verändert hat, würden wir beispielsweise neben dem üblichen Drehbuchhonorar einen Zuschlag von 100% für die Entstellung für angemessen halten (ebenso OLG Frankfurt GRUR 1989, 203, 205 – *Wüstenflug*). Gerade bei schwerwiegenden Entstellungen muss 100% aber nicht die Obergrenze bilden. Auch bei **unterlassener oder falscher Namensnennung** – Verstoß gegen § 13 – ist die Berechnung des Schadensersatzes als Zuschlag auf die angemessene Lizenzgebühr anerkannt (OLG Düsseldorf GRUR-RR 2006, 393, 394 – *Informationsbroschüre*; OLG Frankfurt MMR 2004, 476, 477). Des Umwegs über Abs. 2 S. 4 – und der Prüfung seiner schärferen Voraussetzungen – bedarf es aber nicht, wenn die fehlerhafte Nennung wirtschaftlich für den Urheber nachteilig und damit kommerzialisierbar ist, weil die Berechnung dann als materieller Schadensersatz erfolgen kann (str., vgl. Rn. 101). Insb. gilt dies dort, wo es üblich ist, einen Aufschlag auf die Lizenzgebühr bei fehlender Urhebernennung wegen des Verlustes an Werbewirksamkeit aufzunehmen, z.B. im Fotobereich, so dass dort der Aufschlag direkt aus § 97 Abs. 2 S. 3 gewährt werden kann; auch für die Verletzung des § 13 liegen die Zuschläge bei bis zu 100% (eingehend auch zu anderen Bereichen Rn. 101, dort auch zu den in der Praxis je nach Gericht variierenden Zuschlagshöhen), bei schwerwiegenden Beeinträchtigungen können sie auch darüber liegen (*Spieker* GRUR 2006, 118, 122). Eine **Einbeziehung des Verletzergewinns** in die Berechnung des immateriellen Schadensersatzes ist im Urheberrecht – anders als im allgemeinen Persönlichkeitsrecht; siehe BGH GRUR 1995, 224, 229 – *Erfundenes Exklusiv-Interview* – bislang nicht erfolgt, aber auch im Urheberrecht aus Präventionsgesichtspunkten denkbar (Dreier/Schulze/*Dreier*[2] Rn. 76; Schricker/*Wild*[3] Rn. 78).

d) Umsatzsteuer („Mehrwertsteuer"): Schadensersatzzahlungen in Höhe des **125** **entgangenen Gewinns, des Verletzergewinns, einer angemessenen Lizenzgebühr** (LG München I ZUM 2006, 666) oder in Form **immateriellen Schadensersatzes** sind umsatzsteuerrechtlich kein Entgelt, weil die Leistung nicht für eine Lieferung oder sonstige Leistung gem. § 1 Abs. 1 UStG an den Verletzten erfolgt, sondern weil der Verletzer nach Gesetz für einen Schaden und seine Folgen einzustehen hat (siehe BGH NJW-RR 2006, 189). Sie sind deshalb ohne Umsatzsteuer zu zahlen, auch wenn der Verletzte Vorsteuer ausweist. In Vergleichsvereinbarungen ist allerdings empfehlenswert, ausdrücklich auf den Zahlungsgrund „Schadensersatz" hinzuweisen. – Wird Schadensersatz für **Aufwendungen** geleistet, für die Umsatzsteuer entrichtet werden muss, kann diese nur ersetzt verlangt werden, wenn der Verletzte nicht vorsteuerabzugsberechtigt ist (vgl. § 97a Rn. 28); siehe auch § 249 Abs. 2 S. 2 BGB.

e) Prozessuales, insb. Stufenklage und unbezifferte Leistungsklage: Kann der **126** Schadensersatzanspruch noch nicht abschließend berechnet werden, weil noch Informationen fehlen, können diese über Auskunfts- und Rechnungslegungsansprüche geltend gemacht werden (vgl. § 101 Rn. 10 ff.). Erteilt der Auskunftsverpflichtete nicht freiwillig Auskunft, kann die Auskunfts- und Rechnungslegungsklage im Wege einer Stufenklage (§ 254 ZPO) zur Hemmung der Verjährung des Schadensersatzanspruches mit einem noch unbezifferten Leistungsantrag auf Schadensersatzzahlung verknüpft werden. Ein solcher Leistungsantrag ist allerdings weitgehend unüblich. Da erfahrungsgemäß die meisten Prozesse im Höheverfahren verglichen werden, sobald Auskunft und Rechnungslegung erfolgt sind, lassen die Gerichte statt der Leistungsklage auf Zahlung des aus der Auskunft zu ermittelnden Schadensersatzbetrages eine **Kombination** von Auskunfts- und Rechnungslegungsanspruch mit einem **Antrag auf Feststellung** zu, dass der Verletzer den entstandenen und noch entstehenden Schaden dem Grunde nach zu ersetzen habe. Diese im gesamten gewerblichen Rechtsschutz geübte Praxis, dass das Feststellungsinteresse nicht allein durch die Möglichkeit einer Stufenklage entfällt (BGH GRUR 1969, 283, 286 – *Schornsteinauskleidung*), gilt auch für urheberrechtliche Streitigkeiten (BGH GRUR 2003, 900 – *Feststellungsinteresse III*; BGH ZUM 2001, 981, 982 – *Feststellungsinteresse II*; BGH ZUM 2001, 983, 984 – *Gesamtvertrag privater Rundfunk*; BGH GRUR 2000, 226, 227 – *Planungsmappe*; BGH GRUR 1975, 85 – *Clarissa*; BGH GRUR 1976, 317, 319 – *Unsterbliche Stimmen*; BGH GRUR 1980, 227, 228 – *Monumenta Germaniae Historica*). Letztlich handelt es sich um eine in das Gewand der Feststellungsklage gekleidete unbestimmte Leistungsklage mit der Folge, dass Verjährung nicht eintritt (OLG Köln GRUR 1983, 752, 753 – *Gewinnherausgabe*). – Für die Feststellungsklage besteht ein Feststellungsinteresse, ohne dass ein besonderer Nachweis eines hinreichend wahrscheinlichen Schadenseintritts zu fordern ist (BGH GRUR 2006, 421 Tz. 45 – *Markenperfümverkäufe*; zum UrhR: *v.Ungern-Sternberg* GRUR 2008, 291, 295). Für die Bestimmtheit gelten die Anforderungen an Unterlassungsanträge (vgl. Rn. 44 ff.) entsprechend (BGH GRUR 2008, 357 Tz. 21 – *Planungsfreigabesystem*). – Anstelle eines bezifferten Zahlungsantrages ist auch ein **unbezifferter Klageantrag** möglich. Das gilt für alle drei Berechnungsalternativen des materiellen Schadensersatzes (konkreter Vermögensschaden, Herausgabe Verletzergewinn; angemessene Lizenzgebühr; vgl. Rn. 68 ff.) und den immateriellen Schadensersatz (vgl. Rn. 117 ff.) gleichermaßen, weil jeweils § 287 ZPO Anwendung findet (vgl. Rn. 106 für die angemessene Lizenzgebühr). Bei Anwendbarkeit des § 287 ZPO ist aber ein unbezifferter Klageantrag zulässig (BGH NJW 1970, 281; BAG v. 03.03.198, Az. 8 AZR 14/97, zit. nach juris Rn. 45; kritisch Zöller/ *Greger*[25] § 253 Rn. 14 f. m.w.N.). Allerdings setzt ein solcher unbezifferter Klageantrag voraus, dass die Tatsachen, die das Gericht für die Schätzung heranziehen muss, benannt und die Größenordnung der geltend gemachten Forderung zum Beispiel durch die Benennung eines Mindestbetrages klargestellt wird (BGH GRUR 2006, 219, 221 – *Detektionseinrichtung II*; BGH NJW 1996, 2425; BGH NJW 1982, 340; BAG a.a.O.). Deshalb müssen ggf. auch noch Auskunftserteilung und Rechnungslegung vorher erfolgen. – Zur effektiveren Durchsetzung des Schadensersatzanspruches gewährt § 101b einen Anspruch auf Vorlage bestimmter Belege; siehe die Kommentierung dort.

IV. Aktivlegitimation (Anspruchsberechtigung)

1. Urheber

127 Der Urheber oder der Erbe des Urheberrechts (§§ 28, 30) ist der originäre Inhaber aller Urheberpersönlichkeits-, Verwertungs- und Zustimmungsrechte, die für eine Verletzung in Betracht kommen (vgl. Rn. 9 f.). Zur rechtlichen oder tatsächlichen Vermutung, wer Urheber ist, vgl. § 10 Rn. 14 ff. Als **Inhaber** ist der Urheber deshalb stets für Verletzungen dieser Rechte für alle Ansprüche nach § 97 aktivlegitimiert. Das Gleiche gilt, wenn er lediglich **einfache Rechte** an Dritte (§ 31 Abs. 2) eingeräumt hat (allg.M.: Dreier/Schulze/*Dreier*[2] Rn. 20; HK-UrhR/*Meckel* Rn. 8; Möhring/Nicolini/*Lütje*[2] Rn. 82 verweisend auf BGH GRUR 1965, 591 – *Wellplatten* zum Patentrecht). Irrelevant ist das Bestehen von anderen Rechten neben den Urheberrechten; z.b. beeinträchtigen etwaige Persönlichkeitsrechte Dritter – wie der abgebildeten Person – die Aktivlegitimation des Urhebers zur Durchsetzung seiner eigenen Rechte am Lichtbildwerk nicht (OLG Hamburg AfP 1987, 691, 692). Ansprüche kann auch der **Rechtsnachfolger** des Urhebers (§ 30) stellen. Das gilt auch für immaterielle Schadensersatzansprüche (str.; vgl. § 30 Rn. 10). Hat der Urheber, Verfasser oder Lichtbildner einen **Testamentsvollstrecker** eingesetzt (§ 28 Abs. 2), so ist allein dieser zur Geltendmachung der Ansprüche aktivlegitimiert, obwohl nicht er, sondern der Erbe Inhaber des Rechts und damit Verletzter ist (siehe § 2212 BGB).

Der Urheber kann jedoch **ausschließliche Nutzungsrechte** einräumen (§ 31 **128** Abs. 3). Selbst wenn der Urheber danach nicht mehr Inhaber der verletzten Rechte ist, kann seine Aktivlegitimation erhalten bleiben. Nach absolut herrschender Meinung ist er für **Unterlassungsansprüche** gem. § 97 Abs. 1 (vgl. Rn. 29 ff.) und für **Beseitigungsansprüche** gem. §§ 97 Abs. 1, 98 stets aktivlegitimiert. Das Urheberrecht vermittelt ein immerwährendes Band zum Werk unabhängig von der Vergabe von Nutzungsrechten (§ 11). Deshalb hat der Urheberrechtsinhaber an Unterlassungs- und Beseitigungsansprüchen stets ein eigenes schutzwürdiges Interesse (OLG München GRUR 2005, 1038, 1040 – *Hundertwasser-Haus II*; OLG Hamburg AfP 2002, 322, 323; OLG Düsseldorf GRUR 1993, 903, 907 – *Bauhaus-Leuchte*; Möhring/Nicolini/*Lütje*[2] Rn. 84; *Ulmer*[3] S. 543). Für **Schadensersatzansprüche** des Urhebers aufgrund der Verletzung (**vermögensrechtlicher**) **Nutzungsrechte** gilt etwas anderes. Hier ist sein schutzwürdiges Interesse gesondert festzustellen. Bei Einräumung ausschließlicher Nutzungsrechte hat sich der Urheber eigentlich seiner vermögensrechtlichen Position entäußert. Der Urheber bleibt aber aktivlegitimiert bei einer Beteiligung an den vom ausschließlichen Nutzungsrechtsinhaber gezogenen Nutzungen (BGH GRUR 1992, 697, 698 f. – *ALF* m.w.N.; BGHZ 22, 209, 212 – *Europapost*; BGH GRUR 1960, 251, 252 – *Mecki-Igel II*), wobei sich allerdings sein Schadensersatzanspruch der Höhe nach auf den Schaden beschränkt, der gerade ihm selbst – trotz der Einräumung ausschließlicher Nutzungsrechte – durch die Verletzung entstanden ist (BGH GRUR 1999, 984, 988 – *Laras Tochter*). Kein schützwürdiges Interesse besteht bei bloß mittelbaren Schäden des Urhebers durch geringeren Gewinn von Gesellschaften, an denen er beteiligt ist (OLG München GRUR 2005, 1038, 1040 – *Hundertwasser-Haus II*); ferner nicht, wenn der Urheber vorab pauschal abgegolten wurde, es sei denn, ihm steht ein Korrekturanspruch gegen seinen Vertragspartner nach §§ 32, 32a zu. Bei **Schadensersatzansprüchen wegen** Verletzung **urheberpersönlichkeitsrechtlicher Befugnisse** ist ebenfalls auf das schutzwürdige Interesse des Urhebers abzustellen. Ein Anspruch scheidet aus, wenn der Urheber das verletzte Urheberpersönlichkeitsrecht einem Dritten ausschließlich eingeräumt hat, z.B. die Veröffentlichungsbefugnis gem. § 12, das Namensnennungsrecht des § 13 oder das Änderungsrecht gem. §§ 39, 14. Der Urheber behält jedoch einen Schadensersatzanspruch, wenn er mit dem ausschließlich Nutzungsberechtigten ein Beteiligungshonorar vereinbart hat und er für die Verletzung von Urheberpersönlichkeitsrechten einen materiellen Schadensersatzanspruch wegen Kommerzialisierbarkeit der Verletzung stellt (vgl. Rn. 101, 124). Immaterieller Schadensersatz kann ihm hingegen nicht zustehen. Im Rahmen des unverzichtbaren Kerns der Urheberpersönlichkeitsrechte bleibt der Urheber stets zu Schadensersatzansprüchen befugt, beispielsweise bei nicht im Vorhinein einwilligungsfähigen Entstellungen nach § 14 (vgl. § 14 Rn. 23).

2.   Leistungsschutzberechtigte

129   Für Leistungsschutzberechtigte wie die **Verfasser wissenschaftlicher Ausgaben** (§ 70) und **Lichtbildner** (§ 72) gilt das zum Urheberrechtsinhaber Gesagte entsprechend (vgl. Rn. 127 f.), weil sie dem Urheber gleichgestellt sind.

130   Für **andere Leistungsschutzberechtigte** richtet sich die Aktivlegitimation grundsätzlich danach, wer Inhaber des verletzten Rechts ist. Bei **Übertragung des Leistungsschutzrechts** auf einen anderen ist der Erwerber als Inhaber des Leistungsschutzrechts für alle in Betracht kommenden Ansprüche nach § 97 aktivlegitimiert. Die Aktivlegitimation des früheren Inhabers erlischt mit der Übertragung für die Zukunft; der Erwerber tritt an seine Stelle. Für die Vergangenheit bleibt sie bestehen (OLG München GRUR 1984, 524, 525 – *Nachtblende*). Nur der ausübende Künstler (bzw. die in § 76 genannten Angehörigen) bleibt für den unübertragbaren Kern seiner Persönlichkeitsrechte (vgl. § 74 Rn. 5 ff. und vgl. § 75 Rn. 16 ff.) stets aktivlegitimiert. Der Entstellungsschutz des Filmproduzenten (§ 94 Abs. 1 S. 1) ist demgegenüber mangels persönlichkeitsrechtlichem Charakters voll übertragbar und bleibt auch bei Übertragung des Filmherstellerrechts nicht beim ursprünglichen Produzenten zurück (§ 94 Rn. 44 ff.), so dass er auch nicht mehr aktivlegitimiert ist. Die **Einräumung von Nutzungsrechten** am Leistungsschutzrecht ist unschädlich, sofern nur einfache Leistungsschutzrechte eingeräumt werden. Bei ausschließlicher Einräumung der verletzten Rechte an einen Dritten kann jedoch dem Leistungsschutzberechtigten nicht generell – im Gegensatz zum Urheber – eine Aktivlegitimation für Unterlassungs- und Beseitigungsansprüche nach § 97 zugesprochen werden (so wohl auch Möhring/Nicolini/*Lütje*[2] Rn. 90 ff.; möglicherweise a.A. HK-UrhR/*Meckel* Rn. 9 unter Verweis auf Rn. 6). Denn dem Leistungsschutzberechtigten fehlt das notwendige immerwährend ideelle Band zu seinem Leistungsschutzrecht. Deshalb ist sowohl für Unterlassungs- und Beseitigungsansprüche als auch für Schadensersatzansprüche auf ein **schutzwürdiges Interesse** des Leistungsschutzberechtigten abzustellen. Es liegt vor, wenn zwar eine ausschließliche Rechtseinräumung der verletzten Rechte vorliegt, der Leistungsschutzberechtigte aber dennoch ein berechtigtes Interesse hat, insb. wenn er über ein Beteiligungshonorar vergütet wird (vgl. Rn. 128). Das schutzwürdige Interesse eines Filmproduzenten (§ 94) ist nicht gegeben, wenn er einer Fernsehanstalt räumlich, zeitlich und inhaltlich unbeschränkte ausschließliche Nutzungsrechte inklusive der Verwertung im Internet ohne Beteiligungshonorar eingeräumt hatte und der Film im Internet durch Dritte illegal verwendet wird; hier muss die Fernsehanstalt klagen.

3.   Mehrheit von Urhebern oder Leistungsschutzberechtigten

131   Bei **Miturhebern** und **Künstlergruppen** bestehen die Sonderregelungen des § 8 Abs. 2 S. 3 und des § 80 Abs. 1 S. 3 für eine gesetzliche Prozessstandschaft (siehe die Kommentierungen dort). Da in diesen Fällen ein einheitliches Urheberrecht bzw. Leistungsschutzrecht entsteht, ist eine Urheberrechtsverletzung des einen Miturhebers oder Mitgliedes einer Künstlergruppe gegenüber den anderen Berechtigten im Sinne von § 97 ausgeschlossen. Hier sind Ansprüche lediglich aus Vertrag denkbar. Zur Aktivlegitimation des Nutzungsberechtigten, wenn nicht alle Miturheber der Nutzungsrechtseinräumung zugestimmt haben, vgl. Rn. 133.

4.   Nutzungsrechtsinhaber

Der Inhaber **einfacher Nutzungsrechte** ist nicht aktivlegitimiert. Er kann **132** allenfalls im Wege der gewillkürten Prozessstandschaft (Unterlassungs- und Beseitigungsansprüche) bzw. bei Abtretung (Schadensersatzansprüche) im eigenen Namen vorgehen (vgl. Rn. 136 ff.).

Aktivlegitimiert ist der **ausschließliche** Inhaber (§ 31 Abs. 3) der verletzten **133** **Nutzungsrechte** sowohl für Unterlassungs- und Beseitigungsansprüche gem. § 97 Abs. 1 als auch für (materielle) Schadensersatzansprüche gem. § 97 Abs. 2 (BGH GRUR 1999, 984, 985 – *Laras Tochter*; OLG Hamburg ZUM-RD 2002, 181, 187 – *Tripp-Trapp-Stuhl*). Zur **Vermutung** ausschließlicher Nutzungsrechte vgl. § 10 Rn. 55 ff. Bei **Miturheberschaft** benötigt der Nutzungsrechtsinhaber die Rechte aller Miturheber; sonst kann er nicht gegen Verletzungen vorgehen; in Betracht kommt dann nur eine gewillkürte Prozessstandschaft (vgl. Rn. 138 ff.) für einzelne Miturheber (OLG Frankfurt MMR 2003, 45, 47 – *IMS-Health*; Dreier/Schulze/*Schulze*[2] § 8 Rn. 20 und 23) oder ein Vorgehen der einzelnen Miturheber selbst mit Aktivlegitimation nach § 8 Abs. 2 S. 3 (vgl. § 8 Rn. 20). **Früher** vergebene **einfache Nutzungsrechte**, welche sich gegen die Befugnis eines späteren Inhabers ausschließlicher Rechte gem. § 31 Abs. 3 durchsetzen, hindern die Aktivlegitimation des ausschließlich Berechtigten nicht. Das gilt erst recht, wenn sie demnächst auslaufen (OLG Hamburg GRUR-RR 2001, 260, 261 – *Loriot-Motive*). Werden an Unterlizenznehmer eingeräumte ausschließliche Nutzungsrechte verletzt, besteht dann ein schutzwürdiges Interesse **des Lizenzgebers** an Unterlassungs-, Beseitigungs- und Schadensersatzansprüchen, wenn eine Beteiligungsvergütung vereinbart ist, wobei es für Unterlassungs- und Beseitigungsansprüche einer Feststellung, dass die Lizenzeinnahmen des Lizenzgebers durch die Verletzungshandlung tatsächlich beeinträchtigt sind, nicht bedarf (BGH GRUR 1999, 984, 985 – *Laras Tochter*). Auch die Vergabe (nur) eines Erstveröffentlichungsrechts durch den Inhaber ausschließlicher Nutzungsrechte wirkt sich nicht hinderlich für dessen Aktivlegitimation aus (OLG Köln ZUM-RD 1998, 110, 113). Das Recht des ausschließlich Nutzungsberechtigten kann auch verletzt sein, wenn die Verletzung zwar nicht in seine (**positive**) **Benutzungserlaubnis** fällt, jedoch von seinem (**negativen**) **Verbietungsrecht** erfasst wird. Ob das der Fall ist, richtet sich nach der vertraglichen Vereinbarung mit dem Urheber, die ggf. nach § 31 Abs. 5 ausgelegt werden muss (ausführlich vgl. § 31 Rn. 20 ff., 144). Unter diesen Voraussetzungen kann etwa ein Inhaber umfassender ausschließlicher Nutzungsrechte an einem Werk die Vervielfältigung und Verbreitung einer unfreien Bearbeitung des Werkes **untersagen**, auch wenn er selbst eine solche Werknutzung nicht vornehmen darf (BGH GRUR 1999, 984, 985 – *Laras Tochter*). Neben Unterlassung kann der Nutzungsrechtsinhaber nach der Rechtsprechung auch materiellen **Schadensersatz** verlangen, sofern sein negatives Verbotsrecht tangiert ist (BGH GRUR 1999, 984, 988 – *Laras Tochter*). Das erscheint indes als zweifelhaft, weil ein eigener materieller Schaden nur im Rahmen der eigenen Benutzungsbefugnis des Nutzungsberechtigten denkbar ist; insb. die Zuerkennung einer angemessenen Lizenzgebühr für Handlungen, die er nicht selbst hätte erlauben dürfen, erscheint widersinnig. Eine Aktivlegitimation für im-

materielle Schadensersatzansprüche (§ 97 Abs. 2 S. 4) für den Nutzungsberechtigten ist abzulehnen, auch wenn ausschließliche urheberpersönlichkeitsrechtliche Befugnisse eingeräumt werden können. Diese ausschließlichen
Nutzungsrechte vermitteln seinem Inhaber keine ideellen Interessen, die ausschließlich über § 97 Abs. 2 S. 4 erfasst werden. Häufig sind solche Verletzungen aber kommerzialisierbar, so dass sie insb. gem. S. 3 geltend gemacht
werden können.

134 Die gleichen Grundsätze – vgl. Rn. 132 f. – gelten für den **Unterlizenznehmer**,
also Inhaber von Nutzungsrechten, die sich ihrerseits von Nutzungsrechten
ableiten; zu solchen „Enkelrechten" vgl. § 29 Rn. 22.

135 Die Aktivlegitimation von **Verwertungsgesellschaften** ergibt sich aus deren
Wahrnehmungsbefugnis gem. §§ 6, 1 UrhWahrnG und wird gem. § 13c
UrhWahrnG vermutet. Daneben existieren aber zu ihren Gunsten auch die
Vermutungen des § 10 Abs. 3.

5. Dritte

136 **a) Abtretung von Ansprüchen: Unterlassungs- und Beseitigungsansprüche**
können nicht selbständig an Dritte abgetreten werden (OLG Hamburg
ZUM 1999, 78, 80; Möhring/Nicolini/*Lütje*[2] Rn. 94; zum Namensrecht
auch BGH GRUR 1993, 151, 152 – *Universitätsemblem*). Es handelt sich
um höchstpersönliche Ansprüche gem. § 399 1. Alt BGB, deren Inhalt sich mit
Abtretung verändern würde. Hier bleibt nur, solche Ansprüche in gewillkürter
Prozessstandschaft geltend zu machen (vgl. Rn. 138 ff.).

137 Demgegenüber können **Schadensersatzansprüche** gem. § 398 BGB selbständig
abgetreten werden, und zwar nicht nur materielle, sondern auch immaterielle
Schadensersatzansprüche (Möhring/Nicolini/*Lütje*[2] Rn. 94). Irgendeines berechtigten Interesse des Abtretungsempfängers bedarf es – anders als bei der
gewillkürten Prozessstandschaft, vgl. Rn. 138 – nicht. Für vorbereitende **unselbständige Auskunftsansprüche** (vgl. § 101 Rn. 10) kann nichts anderes
gelten.

138 **b) Gewillkürte Prozessstandschaft:** Die Wahrnehmung fremder Rechte im
eigenen Namen (sog. **gewillkürte Prozessstandschaft**) ist im Regelfall nicht
zulässig. Die Rechtsprechung lässt sie aber dann zu, wenn der Rechtsinhaber
eine **Ermächtigung** gegeben hat **und** der Dritte ein eigenes **berechtigtes Interesse** an der Geltendmachung hat (BGH GRUR 2002, 248, 250 – *Spiegel-
CD-ROM*; BGH GRUR 1995, 668, 670 – *Emil Nolde*; BGH GRUR 1983,
371, 372 – *Mausfigur* m.w.N.; OLG München GRUR 2005, 1038, 1040 –
Hundertwasserhaus II; OLG Köln NJW 2000, 1726). Von der Geltendmachung fremder Rechte durch Prozessstandschaft ist der Fall zu unterscheiden,
dass im Urheberrecht sogar das eigene schutzwürdige Interesse zur Geltendmachung von eigenen Ansprüchen genügen kann (vgl. Rn. 130 und vgl.
Rn. 133). Die gewillkürte Prozessstandschaft macht vor allem für Unterlas-
sungs- und Beseitigungsansprüche Sinn, weil sie nicht abgetreten werden
können (vgl. Rn. 136). Für Schadensersatzansprüche ist hingegen eine Abtretung zulässig; sie können aber auch in gewillkürter Prozessstandschaft geltend
gemacht werden (OLG München GRUR 2005, 1038, 1040 – *Hundertwasser-
haus II*); dann muss allerdings Zahlung an den Rechtsinhaber verlangt werden
(HK-UrhR/*Meckel* Rn. 11).

Eine **Ermächtigung** zur prozessualen Geltendmachung muss nicht stets aus- **139** drücklich erfolgen. Eine unwirksame Abtretung (etwa bei wegen Inhaltsänderung unübertragbaren Unterlassungsansprüchen, vgl. Rn. 136) ist in eine Ermächtigung umdeutbar (BGH GRUR 2002, 248, 250 – *Spiegel-CD-ROM*; strenger OLG München GRUR 2005, 1038, 1040 – *Hundertwasser-Haus II*). Die Zustimmung ergibt sich konkludent aus dem Verwertungsvertrag, wenn dieser den Verwerter berechtigt und verpflichtet, die Interessen des Urhebers am Werk umfassend wahrzunehmen (BGHZ 15, 249 – *Cosima Wagner*; Schricker/*Wild*[3] Rn. 33), wie das auf viele Verlagsverträge, Musikverlagsverträge, Bühnenvertriebsverträge und ähnliche treuhänderische Rechtsverhältnisse zutrifft. Sie ist nur aus wichtigem Grunde widerruflich; der Urheber kann sie im Einzelfall aber faktisch gegenstandslos machen, indem er auf den ihm zustehenden konkreten Anspruch verzichtet. Hat der Verwerter allerdings einen eigenen Anspruch, streitet für ihn kein berechtigtes Interesse (vgl. Rn. 133. – Die Ermächtigung ist vom **Anspruchsinhaber** zu erteilen.

Ein berechtigtes **Interesse** wurde etwa **bejaht** für einen Berufsverband von **140** Fotografen, dessen Satzungszweck auch die Rechtsverfolgung deckt (BGH GRUR 2002, 248, 250 – *Spiegel-CD-ROM*) und für die Wahrnehmung von Ansprüchen aus dem Urheberrecht eines Malers durch eine Stiftung, die die satzungsmäßige Aufgabe hat, dem allgemeinen Nutzen durch Förderung der Liebe zur Kunst zu dienen und den Nachlass des Malers gebührend zu pflegen und zu verwalten (BGH GRUR 1995, 668, 670 – *Emil Nolde*). Ein berechtigtes Interesse hat auch ein Inhaber eines einfachen Nutzungsrechts, der gegen Verletzungen des Nutzungsrechts vorgeht (BGH GRUR 1961, 635, 636 – *Stahlrohrstuhl I* unter Hinweis auf BGHZ 19, 69, 71; BGH GRUR 1959, 200, 201 – *Heiligenhof*; BGH GRUR 1981, 652 – *Stühle und Tische*; siehe aber OLG Hamburg UFITA 67 [1973], 245 – *Die englische Geliebte* zu der schwierigen Frage eines eigenen Schadensersatzanspruches des einfachen Lizenznehmers; *Fischer* GRUR 1980, 374 – für das Patentrecht). Die Aktivlegitimation wurde **verneint** bspw. für eine wohl hauptsächlich für die Geltendmachung eines Anspruches gegründeten Gesellschaft, nachdem eine Rechtsübertragung auf diese gescheitert war (LG München I ZUM-RD 2001, 203, 206 f.) sowie für eine VerwGes, die Ansprüche ihrer Mitglieder, die ihr lediglich eine Inkassovollmacht erteilt hatten, im eigenen Namen geltend machte (BGH GRUR 1994, 800, 801 – *Museumskatalog*, in BGHZ 126, 313 nicht mit abgedruckt). Hat der Ermächtigte einen eigenen gleichlautenden Anspruch, besteht kein berechtigtes Interesse an einer Prozessstandschaft. Ansonsten käme es zu einer unnötigen Vervielfältigung der Ansprüche und Streitgegenstände (Baumbach/*Köhler*/Bornkamm[26] § 8 UWG Rn. 3.19 und 3.22 für das UWG). Nach OLG München liegt ein berechtigtes Interesse eines Urhebers im Hinblick auf Schadensersatzansprüche einer Gesellschaft nicht vor, an der er bloß beteiligt ist (OLG München GRUR 2005, 1038, 1040 – *Hundertwasser-Haus II*); das ist fraglich, weil er doch zumindest einen mittelbaren Schaden und damit ein berechtigtes Interesse hat.

Insb. zur Geltendmachung von Ansprüchen aus dem **Urheberpersönlichkeits-** **141** **recht** (§§ 12 bis 14, 63) und **Persönlichkeitsrecht des ausübenden Künstlers** (§§ 74, 75) gelten aber weitere **Einschränkungen:** Die gewillkürte Prozessstandschaft ist nach der Rechtsprechung des BGH unzulässig, wenn das einzuklagende Recht höchstpersönlichen Charakter hat und mit dem Rechtsinhaber, in dessen Person es entstanden ist, so eng verknüpft ist, dass die Möglichkeit dazu im Widerspruch stünde, eine gerichtliche Geltendmachung

einem Dritten im eigenen Namen zu überlassen (BGH GRUR 1995, 668, 670
– *Emil Nolde*; BGH GRUR 1983, 379, 381 – *Geldmafiosi* m.w.N.). Das sollte
im Urheberrecht, soweit Persönlichkeitsrechte an Verwerter eingeräumt werden können (z.B. Veröffentlichungsrecht; Änderungsrechte gem. §§ 12, 39),
nicht eng gehandhabt werden. Ein Verwerter darf danach auch zu Ansprüchen
aus Urheberpersönlichkeitsrecht ermächtigt werden, wenn die Rechtseinräumung an den Verwerter eine hinreichende Beziehung zur Persönlichkeitsrechtsverletzung aufweist (HK-UrhR/*Meckel* Rn. 11; Schricker/*Wild*³ Rn. 33). Keinesfalls   ist   zusätzlich   zu   fordern,   dass   das   verletzte
Urheberpersönlichkeitsrecht abtretbar ist (so aber Dreier/Schulze/*Dreier*²
Rn. 21; Schricker/*Wild*³ Rn. 33), weil damit grundsätzlich nicht abtretbare
Unterlassungs- und Beseitigungsansprüche (vgl. Rn. 136) niemals in Prozessstandschaft geltend gemacht werden könnten. Wem ein konkretes Bearbeitungsrecht zusteht, darf im Regelfall deshalb auch dazu ermächtigt werden,
Unterlassungs-, Beseitigungs- und Schadensersatzansprüche (Zahlung an den
Urheber, vgl. Rn. 138) wegen Entstellung (§ 14) geltend zu machen. – Fraglich
ist, an wen die Ermächtigungsbefugnis übergeht, wenn der ursprüngliche
Rechtsträger **verstorben** ist. Für derartige Fälle ist in der Rechtsprechung
zum allgemeinen Persönlichkeitsrecht anerkannt, dass in erster Linie der
vom Verstorbenen zu Lebzeiten Berufene und daneben seine nahen Angehörigen als Wahrnehmungsberechtigte anzusehen sind (BGH GRUR 1995, 668,
670 – *Emil Nolde* unter Verweis auf BGHZ 50, 133, 137 ff., 140 – *Mephisto*).
Daraus lässt sich aber für Ansprüche nach § 97 nur für Rechte des ausübenden
Künstlers nach §§ 74, 75 wegen § 76 ein Ermächtigungsrecht für Angehörige
herleiten, nicht für Rechte des Urhebers (siehe jedoch BGH GRUR 1995, 668,
670 – *Emil Nolde*, der das auch für Rechte aus § 13 annimmt). Zur Ermächtigung für urheberpersönlichkeitsrechtliche Ansprüche ist nur der Inhaber des
Urheberrechts als Rechtsnachfolger des Urhebers (§ 30) befugt, weil er in
vollem Umfang in die Rechtsstellung des Urhebers einrückt.

142 **c) Gesetzliche Prozessstandschaft:** Neben der gewillkürten kommt auch eine
gesetzliche Prozessstandschaft für **Miturheber** gem. § 8 Abs. 2 S. 3 und für
ausübende Künstler gem. § 80 Abs. 1 S. 3 in Betracht (siehe z.B. für den
Vorstand eines Orchesters für die individuellen Leistungsschutzrechte gem.
§ 80 Abs. 1 S. 3 OLG Karlsruhe GRUR-RR 2002, 219 – *Götterdämmerung*);
vgl. § 8 Rn. 20; vgl. § 80 Rn. 17 ff.

6. Darlegungs- und Beweislast

143 Dem Verletzten obliegt Darlegung und Beweis, dass er anspruchberechtigt ist
oder in Prozessstandschaft vorgehen kann. Das wird ihm jedoch dadurch
erleichtert, dass zu seinen Gunsten der Fortbestand eines Rechts, das er einmal
innegehabt hat, vermutet wird (BGH GRUR 1988, 373, 375 – *Schallplattenimport III* für die Behauptung, das Verbreitungsrecht des Urhebers sei mit
dessen Zustimmung erschöpft, dort allerdings etwas ungenau mit dem Regel-
Ausnahme-Prinzip begründet; OLG München GRUR 1953, 302, 395 f. –
Dreigroschenroman I; LG München I ZUM 2000, 519, 521). Bei älteren
Werken sind die Anforderungen an den Nachweis der Einräumung oder Über-
tragung von Rechten an den Anspruchsteller nicht allzu streng, wenn der
Verletzer keine konkreten anderweitigen Einräumungen vortragen kann.
Denn ansonsten wären die Werke nicht mehr verkehrsfähig (LG München I
ZUM-RD 2007, 302). – Es ist widersprüchlich und damit prozessual unbe-
achtlich, einen Teil einer Rechtekette zu bestreiten, auf den man sich beim

eigenen Vortrag selbst beruft (a.A. LG München I ZUM-RD 2007, 302). Im Übrigen ergeben sich aus § 10 umfassende Vermutungsregeln für die Aktivlegitimation (siehe die Kommentierung dort).

V. Passivlegitimation (Anspruchsverpflichtung)

Im UrhG ist die Passivlegitimation nicht gesondert geregelt, sieht man einmal **144** von der Haftung des Unternehmensinhabers auf Unterlassung für seine Arbeitnehmer und Beauftragten gem. § 99 (siehe die Kommentierung dort) ab. Deshalb ist auf die **allgemeinen Regelungen** zurückzugreifen. Danach sind vor allem die Haftungsregeln des Deliktsrechts im **BGB** zu beachten, ansonsten aber auch spezielle Haftungsregeln wie die des **TMG** (vgl. Rn. 184 ff.).

1. Täter

Die Ansprüche richten sich zunächst gegen denjenigen, der die Rechtsverlet- **145** zung selbst begangen hat. Der **objektive Tatbestand**, der die Zuwiderhandlung ausmacht, muss verwirklicht sein. Bei Unterlassungsansprüchen genügt es, wenn der Täter die objektiven Tatbestandsmerkmale für die drohende Rechtsverletzung (zur Wiederholungsgefahr vgl. Rn. 30 und zur Erstbegehungsgefahr vgl. Rn. 39) erfüllt. Die Rechtsverletzung begangen hat jeder, dessen Verhalten für die Verletzung ursächlich, also *conditio sine qua non*, gewesen ist, wobei eine von mehreren Ursachen genügt, falls es nicht nach der Lebenserfahrung unwahrscheinlich ist, dass gerade diese Ursache zu einem solchen Erfolg führen könne. Es muss demnach ein sog. **adäquater Kausalzusammenhang** zwischen dem beanstandeten Verhalten und der Rechtsverletzung bestehen (ständige Rspr. seit BGHZ 42, 118, 124 – *Personalausweise beim Tonbandgerätekauf*; s.a. OLG Hamburg ZUM 1996, 687, 688 f. für die Mitwirkung bei der Verbreitung von Raubkopien). Da juristische Personen nur durch **natürliche Personen** handeln können, ist Täter also erst einmal ihr handelnder Vertreter (dazu *Klaka* GRUR 1988, 729). Für die Haftung der **juristischen Person** bedarf es besonderer Zurechnungsnormen (vgl. Rn. 177 ff.). Der gesetzliche Vertreter selbst haftet als Täter auch dann, wenn er nur einen Beschluss eines anderen Organs – z. B. des Aufsichtsrats – ausgeführt hat (OLG Hamburg GRUR-RR 2006, 182, 184 – *Miss 17*; *Klaka* GRUR 1988, 729). Zur täterschäftlichen Haftung von **Minderjährigen** OLG Hamburg ZUM-RD 2007, 344, 345. Als Verletzungshandlung kommt sowohl **positives Tun** als auch ein (**pflichtwidriges**) **Unterlassen** in Betracht (vgl. 18).

Handeln mehrere Personen, können sie **Mittäter** sein (§ 830 Abs. 1 BGB); als **146** Mittäter kommen insb. Personen in Betracht, die nicht wie der eigentliche Täter alle objektiven Tatbestandsmerkmale selbst verwirklichen, die Tat aber beauftragen (siehe BGH GRUR 1994, 363, 365 – *Holzhandelsprogramm*, i.E. offen, ob Mittäter oder Anstifter). Im Regelfall wird dann auch eine Anstiftung gegeben sein; wegen der Gleichstellung in § 830 Abs. 2 BGB ist eine Unterscheidung irrelevant. Mittäterschaft besteht nicht nur dann, wenn mehrere Verletzer gemeinschaftlich gehandelt haben, sondern auch dann, wenn **jeder selbstständig** eine Ursache für die Rechtsverletzung gesetzt hat. Deshalb sind z. B. bei einem Roman, der ein Plagiat enthält, der Autor, der das fremde Werk unter seinem eigenen Namen in Verlag gibt, der Verleger, der es vervielfältigt und verbreitet, Mittäter der begangenen Rechtsverletzung. Existiert – wie z.B. häufig bei periodischen Druckwerken – ein Herausgeber, ist er ebenfalls Mittäter. Zu den Mittätern sind auch die weiteren Glieder der Vertriebskette wie Groß- und Einzelhändler zu zählen. Beseitigungs-, Unterlassungs- und Auskunftsansprüche können gegen alle erhoben werden (vgl. Rn. 151); erst beim Anspruch auf Schadensersatz ist die weitere Frage zu prüfen, ob die Rechtsverletzung von dem in Anspruch Genommenen verschuldet ist (zur Sorgfaltspflicht des Autors, des Verlegers und der Händler vgl. Rn. 64). Auch haftet neben demjenigen, der die ungenehmigte Aufführung eines geschützten Werkes selbst in Gang gesetzt hat, also z. B. der ausführenden Band, als Mittäter auch der Veranstalter, d.h. derjenige, der die Aufführung angeordnet hat und für sie in organisatorischer und finanzieller Hinsicht verantwortlich ist (BGH GRUR 1956, 515, 516 – *Tanzkurse* m.w.N.; OLG München GRUR 1979, 152 – *Transvestiten-Show; KG* GRUR 1959, 150 f. – *Musikbox-Aufsteller* m.w.N.). Kennzeichen dafür ist neben dem wirtschaftlichen Interesse vor allem der Einfluss auf die Programmgestaltung, sei es auch nur durch Beschränkung der dem Aufführenden zur Verfügung gestellten Auswahl an Stücken (KG a.a.O.). Er haftet allerdings nicht für die Rechtmäßigkeit der Benutzung von Noten, die das Orchester selbst mitbringt (BGH GRUR 1972, 141, 142 – *Konzertveranstalter).* Mittäter ist auch der „Lizenzgeber" für die illegale Vervielfältigung und Vermietung von Videos (siehe BGH GRUR 1987, 37, 39 – *Videolizenzvertrag* ohne ausdrückliche Benennung, ob Täter oder Teilnehmer). Ferner haftet der Linksetzer als Mittäter, wenn er den Link auf das urheberrechtsverletzende Material selbst ausgesucht hat, z.B. haften also Portalseitenbetreiber für händisch selektierte Links auf offensichtlich illegale Filmdateien (LG Frankfurt a.M. vom 21.01.2003 bei *Czychowski/ Jan Bernd Nordemann* NJW 2004, 1222, 1228: zumindest Störerhaftung) oder Links auf andere illegale Angebote in deren Kenntnis (OLG München GRUR-RR 2005, 372, 375 – *anyDVD*: Beihilfe).

147 Auch **mittelbare Täter** werden erfasst, also Täter, die die Verletzungshandlung über einen (nicht als Täter qualifizierten) Dritter verüben. Als mittelbarer Täter ist anzusehen, wer z.B. durch irreführende Angaben über die tatsächliche Lage eine Rechtsverletzung herbeiführt oder jedenfalls eine entsprechende Gefahr begründet. Ein Beispiel wäre die unzutreffende Behauptung durch Notenlieferanten, man könne „tantiemefreie Tanzmusik" an Gastwirte usw. liefern, so dass es zu illegalen Aufführung eines Musikwerkes kam (siehe BGH GRUR 1955, 351, 354 – *GEMA*).

148 **Hilfspersonen** sind nur Täter, wenn bei **wertender** („sozialtypischer", siehe Dreier/Schulze/*Dreier*[2] Rn. 32) **Betrachtung** ihnen die Handlung als eigene zugerechnet werden kann. Das scheidet bei untergeordneten Diensten ohne eigene Entscheidungsbefugnis aus, z.B. bei Boten und Briefträgern (Dreier/Schulze/*Dreier*[2] Rn. 32), anderen reinen Zustellern (wie z.B. Spediteuren), Plakatklebern, Prospektverteilern (Hefermehl/Köhler/Bornkamm/*Köhler*[26] § 8 UWG Rn. 2.7), wohl auch bei Presseorganen, soweit sie Anzeigen für Kunden veröffentlichen (vgl. Rn. 183), oder bei Vermietern (sofern ohne inhaltlichen Einfluss auf Mieter; siehe AG Bremen GRUR-RR 2004, 163; jedoch BGH GRUR 1995, 601 – *Bahnhofs-Verkaufsstellen).* Reine Drucker und Kopierwerke, die nur im Lohnauftrag handeln, sollten im Regelfall nur unselbständige Hilfspersonen des Auftraggebers sein (siehe BGH GRUR 1982, 102, 103 – *Masterbänder).* Bei Infrastrukturprovidern wie Telekommunikationsanbietern oder Providern sonstiger Netze ist zu differenzieren: Weist das UrhG ihren Tätigkeiten besondere Verwertungsrechte zu, sind sie als Täter qualifiziert; das gilt z.B. für die Betreiber von Kabelnetzen, deren Tätigkeit § 20b erfasst (siehe BGH GRUR 1988, 208, 209 – *Kabelfernsehen II* noch vor Einführung des § 20b). Das Gleiche gilt für Internetprovider, die aus der selbständigen Einspeisung von Fernsehsignalen in das Internet zur dortigen Weitersendung ihr Geschäftsmodell bilden. Ansonsten sind Infrastrukturprovider unbeachtliche Hilfspersonen, wenn ihre Infrastruktur für eine (fremde) Rechtsverletzung genutzt wird (z.B. rechtsverletzender Upload gem. § 19a durch den Kunden eines Internetzugangsproviders). Nicht als Täter qualifizierte Hilfsperson ist auch, wer nur die für eine illegale Aufführung erforderlichen äußeren Vorkehrungen trifft, also z.B. der Stromversorger, der den Strom für die Musikbox liefert (KG GRUR 1959, 150 f. – *Musikbox-Aufsteller*). Eigentlich unbeachtliche Hilfspersonen können aber bei Verletzung von Prüfpflichten (Verkehrspflichten) haften, die insb. ab Kenntnis bestehen können, vgl. Rn. 154 ff. Nach Kenntniserlangung kommt ferner auch eine Haftung als Teilnehmer in Betracht, vgl. Rn. 153.

Täter einer illegalen **Vervielfältigung** (§ 16) ist, wer die Kopien selbst anfertigt. **149** Das Setzen eines Links ist aber noch keine Vervielfältigung des Werkes, auf das verlinkt wurde (BGH GRUR 2003, 958, 961 – *Paperboy*; zu weiteren Details des Vervielfältigungsbegriffs vgl. § 16 Rn. 9 ff.). Den **Verbreitungstatbestand** (§ 17) erfüllt derjenige, der das Original oder ein Vervielfältigungsstück anbietet, in Verkehr bringt oder zumindest bewirbt; das ist nicht der Fall bei Internetauktionshäusern, die nur Dritten solche Angebote ermöglichen (siehe BGH GRUR 2007, 708, 710 Tz. 28 – *Internetversteigerung II* zum Markenrecht; ferner vgl. § 17 Rn. 11 ff.). Beim **öffentlichen Zugänglichmachen** nach § 19a ist Täter die den Upload veranlassende Person (vgl. § 19a Rn. 7 ff.), beim **Vorführungsrecht** (§ 19 Abs. 4) die Person, die das Werk öffentlich wahrnehmbar macht (vgl. § 19 Rn. 27 ff.), und beim **Senderecht** die Person, die bei wertender Betrachtung Kontrolle und Verantwortung für den Sendevorgang ausübt (vgl. § 20 Rn. 10 ff.), für die Europäische Satellitensendung ist das das Sendeunternehmen nach § 20a Abs. 3 (vgl. § 20a Rn. 8 ff.) und für die Kabelweitersendung gem. § 20b das Kabelunternehmen (vgl. § 20b Rn. 10 ff.).

Der Täter muss seine Tat **willentlich** begangen haben. Mittäter müssen also, **150** wenn sie nicht selbst den objektiven Tatbestand vollständig verwirklichen, Kenntnis von den Tatbeiträgen der anderen Mittäter haben. Dass er damit **Unrecht** tue, braucht dem Täter aber **nicht bewusst** gewesen zu sein (OLG Hamburg ZUM-RD 2007, 344, 345; KG Schulze KGZ 56, 12 f. – *Zille-Ball*); in Fällen fehlenden Unrechtsbewusstseins kommt zumindest Fahrlässigkeit in Betracht, kann ausnahmsweise das z.B. für den Schadensersatzanspruch erforderliche Verschulden fehlen (vgl. Rn. 61 ff.).

Bei **Mehrheit von Tätern** hat es der Verletzte in der Hand, alle in Anspruch zu **151** nehmen oder einen von ihnen, z.B. den finanziell leistungsfähigsten, herauszugreifen (siehe OLG Jena MMR 2004, 418, 419; KG NJW-RR 2001, 185, 186). Das kommt insb. in einer Lieferkette in Betracht (zu den Möglichkeiten der Inanspruchnahme dort eingehend *Götz* GRUR 2001, 295 ff.). Für Schadensersatzansprüche haften mehrere Täter als **Gesamtschuldner** (§ 840 Abs. 1 BGB), ebenso mehrere Mittäter (§ 830 Abs. 1 BGB). Das gilt auch für den Auskunfts- und Rechnungslegungsanspruch (siehe dazu die Kommentierung zu § 101). Auch für den Beseitigungsanspruch gilt gem. § 421 S. 1 BGB die Gesamtschuld, wenn eine Beseitigung durch nur einen Schuldner genügt (so z.B. für den Vernichtungsanspruch gem. § 98). **Schuldner des Unterlassungsanspruches** stehen sich aber nicht als Gesamtschuldner gem. § 421 S. 1 BGB gegenüber, weil es nicht ausreichend wäre, wenn nur einer von ihnen erfüllt.

152 Prozessual muss grundsätzlich der Verletzte als Anspruchsteller **darlegen** und ggf. **beweisen**, dass eine täterschaftliche Handlung vorliegt. Allerdings kommt eine sog. sekundäre Darlegungslast für den Anspruchsgegner in Betracht, wenn es sich um Tatsachen aus seinem Wahrnehmungsbereich handelt, deren Kenntnis dem Anspruchsteller verschlossen sind (statt aller Zöller/*Greger*[25] Vor § 284 Rn. 34 m.w.N.). Ist eine Urheberrechtsverletzung über einen bestimmten Internetanschluss begangen worden, besteht danach eine sekundäre Darlegungslast für den Inhaber, weshalb er nicht der Täter gewesen sein kann, z.B. durch Vorlage seiner Dienstpläne (OLG Frankfurt GRUR-RR 2008, 73, 74 – *Filesharing durch Familienangehörige*) *und* durch – wegen der ansonsten fehlenden Überprüfungsmöglichkeit – konkreten Vortrag, wer noch Zugang zum Anschluss hatte (LG Mannheim MMR 2007, 459). Bestreitet der Anspruchsgegner dann allerdings gleichzeitig, dass diese Personen die Verletzung begangen haben, trägt er widersprüchlich vor und haftet als Täter (a.A. LG Mannheim MMR 2007, 459); das gilt erst Recht, wenn sogar die Beweisaufnahme ergeben hat, dass die benannten Personen für die Täterschaft ausscheiden.

2. Teilnehmer (Anstifter, Gehilfen)

153 Wer den objektiven Tatbestand der Rechtsverletzung nicht selbst erfüllt, einen anderen aber dazu **angestiftet** oder ihm dazu **Beihilfe** geleistet hat, haftet gleichwohl wie ein Mittäter (§ 830 Abs. 2 BGB). Hier ist jedoch der Vorsatz im Hinblick auf die Haupttat Tatbestandsmerkmal; eine unbewusste, d.h. fahrlässige oder gar schuldlose Anstiftung oder Beihilfe gibt es nicht. Deshalb sind auch diejenigen Ansprüche des § 97, die an sich kein Verschulden voraussetzen (vgl. Rn. 29, 39, 55), im Falle der Anstiftung oder Beihilfe nur gegeben, wenn Vorsatz im Hinblick auf die Haupttat festgestellt werden kann (BGHZ 42, 118, 123 – *Personalausweise beim Tonbandgerätekauf*). Bedingter Vorsatz genügt (BGH GRUR 2007, 708, 711 Tz. 31 – *Internetversteigerung II* m.w.N.; s.a. OLG Frankfurt AfP 1997, 547, 548: Veröffentlichung von Anzeigen für Plagiate von Le Corbusier-Möbeln trotz Kenntnis der Arbeitsweise des Anzeigenden aus früherer Abmahnung), wobei der Vorsatz auch das Bewusstsein der Rechtswidrigkeit der Haupttat einschließen muss (BGH GRUR 2007, 708, 711 Tz. 31 – *Internetversteigerung II* m.w.N.). Dieses fehlt bei einem Verleger, der nicht weiß, dass er eine urheberrechtswidrige Anzeige abdruckt (BGH GRUR 1999, 418, 419 – *Möbelklassiker*). Ferner muss der Vorsatz sich auf die „konkrete" Haupttat und nicht lediglich auf irgendeine denkbare Verletzungshandlung beziehen; das ist nicht der Fall, wenn eine Internetauktionsplattform Gebote seiner Kunden automatisiert in das Internet stellt (BGH GRUR 2007, 708, 711 Tz. 32 – *Internetversteigerung II*; BGH GRUR 2004, 860, 864 – *Internetversteigerung I*). Im Hinblick auf eine vorgegangene konkrete Haupttat kommt allerdings eine vorsätzliche Beihilfe allein durch die nachhaltige Verletzung von Prüfungspflichten als Störer (vgl. Rn. 155 ff.) in Betracht (offen BGH GRUR 2007, 708, 711 Tz. 32 – *Internetversteigerung II*).

3. Störer; Verletzung von Verkehrspflichten

154 Mittelbare Verursacher oder Mitverursacher der Rechtsverletzung, die nicht schon als Täter oder Teilnehmer haften, kann eine aus Sachenrecht (§ **1004 BGB**) hergeleitete Störerhaftung treffen (eingehend *Köhler* GRUR 2008, 1, 6; kritisch zur Herleitung aus § 1004: *Ahrens* WRP 2007, 1281, 1284 m.w.N.). Die Haftungsmöglichkeit solcher Personen ist **EU-rechtlich** im Rahmen richtlinienkonformer Auslegung wegen Art. 11 S. 3 Enforcement-RL (Anordnungen gegen „Mittelspersonen") zwingend (BGH GRUR 2007, 708, 711 Tz. 36 – *Internetversteigerung II*). Über die Störerhaftung lassen sich **nur Unterlassungsansprüche** (BGH GRUR 2004, 860, 864 – *Internetversteigerung I*) und **Beseitigungsansprüche** (BGH GRUR 2002, 618, 619 – *Meißner Dekor*; *Ahrens* WRP 2007, 1281) erfassen.

Im Bereich des allgemeinen Verhaltensunrechts (z.B. GWB; UWG mit Aus- **155** nahme von §§ 4 Nr. 9, 17, 18 UWG) hat der BGH neuerdings Zweifel an einer Anwendung der Störerhaftung (BGH GRUR 2007, 708, 711 Tz. 40 – *Internetversteigerung II* m.w.N.), so dass er auf die Prüfung der **Verletzung von Verkehrspflichten** abstellt (BGH GRUR 2007, 890, 894 Tz. 36 ff. – *jugendgefährdende Medien bei ebay*; dazu *Ahrens* WRP 2007, 1281, 1286; *Köhler* GRUR 2008, 1). Bei Verletzung von absoluten Rechten – wie z.B. des Urheberrechts oder eines Leistungsschutzrechts gem. UrhG – bleibt der BGH aber (noch) bei der Anwendung der Störerhaftung (BGH GRUR 2007, 708, 711 Tz. 40 – *Internetversteigerung II* m.w.N.). Er betont jedoch, dass auch für die Verletzung von Immaterialgüterrechten, insb. des Urheberrechts, das Abstellen auf die Verletzung von Verkehrspflichten möglich ist (BGH GRUR 2007, 890, 894 Tz. 36 – *jugendgefährdende Medien bei ebay*). Inhaltlich wäre damit kein anderer Zurechnungsmaßstab verbunden, weil Verkehrspflichten mit der für die Störerhaftung relevanten Prüfpflicht (vgl. Rn. 157 f.) parallel laufen (BGH GRUR 2007, 890, 894 Tz. 38 – *jugendgefährende Medien bei ebay*; ferner *Ahrens* WRP 2007, 1281, 1286; *Haedicke* GRUR 1999, 397, 401; *Dustmann*, Die privilegierten Provider, S. 57). Da es um eine täterschaftliche Haftung ginge, wären jedoch endlich auch **Schadensersatzansprüche** gegen den mittelbaren Verletzer bzw. Mitverursacher eröffnet. Anders als im Wettbewerbsrecht (dazu *Leistner/Stang* WRP 2008, 533, 538 f.; *Köhler* GRUR 2008, 1, 5) existiert im Urheberrecht keine nennenswerte Täterqualifikation, so dass der in Anspruch zu nehmende Personenkreis sich auch nicht einengen würde. Vieles spricht deshalb dafür, für das Urheberrecht nur noch auf die Verletzung von Verkehrspflichten abzustellen (so auch *Köhler* GRUR 2008, 1, 6 zum Markenrecht). Nachfolgend soll jedoch weiter auf die – insoweit parallelen – Haftungsvoraussetzungen der Störerhaftung abgestellt werden, weil die Rechtsprechung den Schwenk noch nicht vollzogen hat.

Als **erste Voraussetzung** muss der Störer, ohne Täter oder Teilnehmer zu sein, **156** in irgendeiner Weise **willentlich** und **adäquat kausal** zur Verletzung eines geschützten Gutes **beitragen**. Auf ein Verschulden kommt es dabei nicht an. – Jedoch muss der Störer als **zweite Voraussetzung** die **rechtliche Möglichkeit zur Verhinderung** der Haupttat haben (BGH GRUR 1999, 518, 519 – *Möbelklassiker*). Das sollte auf Hilfspersonen des Verletzers (vgl. Rn. 148) grundsätzlich zutreffen, weil im Regelfall die Möglichkeit für die Hilfsperson besteht, sich rechtswidrigen Handlungen zu verweigern. Das gilt insb., wenn die Hilfsperson mit dem Verletzer vertraglich verbunden ist, weil in aller Regel in solchen Fällen eine außerordentliche Kündigung des Vertrages mit dem Rechtsverletzer möglich ist. Wer dieses Kündigungsrecht vertraglich ausschließt, bindet sich selbst ohne Not die Hände und haftet wegen dieser Vertragsgestaltung (OLG Frankfurt GRUR 2003, 805, 806 – *0190-Inkasso-Nummer*; *Nordemann*[10] Rn. 1833; siehe jetzt aber § 13a TKG; ferner *Ahrens* WRP 2007, 1281, 1289).

Um die Störerhaftung nicht ausufern zu lassen, hat die Rechtsprechung als **157** Korrektiv eine **dritte Voraussetzung** eingeführt. Der Störer muss eine **Prüfungs-**

pflicht verletzt haben. Während die früheren Entscheidungen diese Einschränkung mit einer Rechtsfolgenkorrektur über § 242 BGB begründeten, führt die fehlende Verletzung einer Prüfpflicht nun zum Entfall der Rechtswidrigkeit der Mitwirkungshandlung (*Haedicke* GRUR 1999, 397, 399).

158 Die Feststellung einer solchen Prüfungspflichtverletzung bedarf einer umfassenden Interessenabwägung und wertenden Risikozuweisung, ob die **Prüfungspflicht zumutbar** war. Das setzt in aller Regel voraus, dass der Urheberrechtsverstoß für den mittelbaren Störer **erkennbar** ist; es muss sich also entweder um eine ohne weiteres erkennbare Verletzung handeln oder der mittelbare Störer muss durch den Verletzten über die Verletzung in Kenntnis gesetzt werden (BGH GRUR 1999, 418, 419 – *Möbelklassiker*; BGH GRUR 1984, 54, 55 – *Kopierläden*; BGH GRUR 1965, 104 – *Personalausweise*). Auch spielt die Funktion und Aufgabenstellung des als Störer in Anspruch Genommenen mit Blick auf die Eigenverantwortung des eigentlichen Urheberrechtsverletzers eine Rolle (siehe BGH GRUR 2003, 969, 970 f. – *Ausschreibung von Vermessungsleistungen*). Der Störer haftet aber **nicht bloß subsidiär**, falls ein Vorgehen gegen den Täter nicht möglich ist (BGH GRUR 2007, 724, 725 Tz. 13 – *Meinungsforum*; BGH GRUR 2007, 890, 894 Tz. 40 – *jugendgefährdende Medien bei ebay*; BGH GRUR 1995, 601, 603 – *Bahnhofsverkaufsstellen*; BGH GRUR 1957, 352 – *Pertussin II*; enger *Ahrens* WRP 2007, 1281, 1287, 1290; *Spindler/Volkmann* WRP 2003, 1, 7); ein fehlendes Vorgehen gegen unmittelbare Verletzer oder ein Fehlen von Sicherungsmaßnahmen auf Seiten des Verletzten kann allenfalls Einfluss auf die wertende Zuweisung von Prüfpflichten auf Seiten des Störers haben (*Ahrens* WRP 2007, 1281, 1287, 1290); nach Kenntniserlangung haftet er aber im Grundsatz auch ohne vorherige Inanspruchnahme des unmittelbaren Täters – **Wer grundsätzlich sicher gehen will, dass eine Störerhaftung eintritt, muss den nicht als Täter oder Teilnehmer haftenden Verursacher von der Verletzung in Kenntnis setzen.** Danach ist allerdings im Regelfall bei fortdauernder Verletzung eine Haftung als Täter oder Teilnehmer gegeben, so dass der Störerhaftung vor allem für den Anspruchsumfang Bedeutung zukommen kann (vgl. Rn. 159). Für das Schreiben, mit dem die Kenntnis vermittelt wird, kann – sofern nicht schon vorher eine Haftung bestand – keine Kostenerstattung verlangt werden (OLG Hamburg ZUM-RD 2000, 173, 179; LG Berlin MMR 2004, 195, 197; *Spindler/Volkmann* WRP 2003, 1, 14).

159 **Rechtsfolge** der Störerhaftung ist eine Unterlassungs- und Beseitigungshaftung (vgl. Rn. 41 ff.) im Umfang der zumutbarer Prüfpflichten. Diese können über die Haftung als Täter oder Teilnehmer hinausgehen, die sich wegen des Vorsatzerfordernisses nur auf die konkrete Verletzungshandlung bezieht. Ein Beispiel für die weitergehende Haftung des Störers ist die zukünftige Haftung auch für andere bloß gleichartige Rechtsverletzungen, die vom Teilnahmevorsatz nicht umfasst sind (siehe BGH GRUR 2007, 708 Tz. 32 und 45 – *Internetversteigerung II*). Diese zukünftigen Kontrollpflichten können entweder personenbezogen (zukünftige Handlungen desselben unmittelbaren Verletzers) oder inhaltsbezogen (zukünftige vergleichbare Verletzungen desselben Rechts) sein (BGH GRUR 2007, 890, 894 Tz. 44, 46 – *jugendgefährende Medien bei ebay*). Der **Inhalt des Unterlassungsanspruchs** richtet sich nach dem zu unterlassenden Tatbeitrag des Störers, bei Beseitigung nach der vorzunehmenden Handlung. Zur prozessualen Antragsfassung vgl. Rn. 44 ff.

160 **a) Hostprovider:** Hostprovider (teilw. auch Contentprovider) stellen **Speicherplatz für Inhalte** zur Verfügung. Beispiele sind sog. Webhoster, die ihre Server an Kunden zur Ablage beliebiger Inhalte vermieten (z.B. 1&1) oder aufgrund Werbefinanzierung kostenlos zur Verfügung stellen (rapidshare etc.), Internetauktionsplattformen (ebay etc.), Diskussionsforen, Communityportale (z.B. myspace, facebook), Plattformen für Videos (z.B. youtube) und Fotos (z.B. flickr), Weblogs, Weblog-Suchmaschinen bzw. -ratingsysteme (z.B. Technorati) usw., soweit sie die Inhalte nicht selbst erstellt haben. Gerade für das sog. „web 2.0" ist das typisch, bei dem die Nutzer selbst das Netz mit Inhalten füllen („User Generated Content") und ihnen dafür vom Hostprovider der technische und organisatorische Rahmen zur Verfügung gestellt wird.

Der Hostprovider ist für urheberrechtsverletzende **fremde Inhalte** auf seiner **161** Plattform grundsätzlich erst nach Kenntniserlangung verantwortlich, weil die Rechtsverletzung erst dann für den Provider erkennbar wird (BGH GRUR 2007, 708, 712 Tz. 45 f. – *Internet-Versteigerung II*; OLG Köln GRUR-RR 2008, 35, 37 – *Rapidshare*). Der Host Provider erlangt in der Regel schriftlich durch einen sog. **Notice-and-Takedown-Letter** des Rechtsinhabers Kenntnis. An die Kenntniserlangung sind keine allzu strengen Maßstäbe anzulegen. Die Information muss jedoch die eigene Aktivlegitimation (vgl. Rn. 127 ff.) und die Verletzungshandlung darlegen; Beweise müssen nicht vorgelegt werden. Der Hoster haftet **nicht bloß subsidiär**, wenn ein Vorgehen gegen den Täter nicht möglich ist, sondern neben dem Täter oder sonstigen Störern (BGH GRUR 2007, 724, 725 Tz. 13 – *Meinungsforum*; vgl. auch Rn. 158). – Internethoster, bei denen im Regelfall nur offensichtlich urheberrechtsverletzendes Matrial eingestellt wird, haften bereits ohne vorherige Kenntniserlangung, weil die Rechtsverletzungen für den Hoster auch ohne vorherige Information ohne weiteres erkennbar sind (vgl. Rn. 158). Zu Recht verzichtet deshalb des LG Hamburg bei einem Forum, das Dritten ermöglicht, Fotografien kostenlos öffentlich zugänglich zu machen, auf eine positive Kenntnis des Forenbetreibers für eine Haftung bei Urheberrechtsverletzungen, weil ein solches Forum genau die Gefahr von Urheberrechtsverletzungen heraufbeschwört (LG Hamburg MMR 2007, 726, 727). – Ohne Notice-and-Takedown-Letter haften Hoster für ihre **eigenen Inhalte**. Eigenen Inhalten gleichgestellt sind Informationen, die sich der Hoster zu Eigen gemacht hat, etwa bei einer über das technische Speichern hinausgehenden eigenen inhaltlichen Ausgestaltung oder sonstigen Prüfung (BGH GRUR 2004, 860, 862 – *Internet-Versteigerung I*: verneint für Ebay; OLG München ZUM-RD 2000, 237, 240: verneint für einen Mirror-Server; LG Lübeck ZUM-RD 1999, 503: bejaht für fremde, kaum unterscheidbar in die eigenen Inhalte inkorporierte Werbung; ähnlich für Framing OLG Hamburg GRUR 2001, 831 – *Roche Lexikon*; siehe *Dustmann* in Bröcker/Czychowski/Schäfer § 4 Rn. 119 ff.). Damit besteht eine Haftung ohne Notice-and-Takedown-Letter auch für moderierte Newsgroups, sofern die Verletzung offensichtlich ist (siehe *Spindler/Volkmann* WRP 2003, 1, 14). Dem ist nicht mit *Schneider* GRUR 2000, 969, 972 (generell krit. auch *Hoeren* MMR 2002, 113) zu entgegnen, dass die Nutzer eines Musik- oder Diskussionsforums wissen, dass die Beiträge nicht vom Provider stammen. Es kommt nicht auf den äußeren Anschein, sondern darauf an, dass die Erkennbarkeit für den Hoster wegen seiner Kontrolltätigkeit gegeben ist. Die Ausübung von Kontrolle führt auch dann zu einer Haftung, wenn bestimmte (z.B. langjährige) Nutzer nicht kontrolliert werden und diese dann erkennbar illegale Inhalte posten; der Hoster kann sich bei Ausübung von Kontrolltätigkeit nicht seiner Verantwortung durch Wegsehen entziehen.

Umfang der Unterlassungspflicht: Der Hostprovider muss die **konkrete Ver- 162 letzung** von seinen Servern **löschen**. **Zusätzlich** besteht grundsätzlich eine

Verpflichtung des Host Providers zu zumutbaren **Kontrollmaßnahmen,** um die Wiederholung der konkreten Verletzung zu verhindern. Gleichzeitig können solche Kontrollmaßnahmen auch über die Unterbindung der Wiederholung hinausgehen und vergleichbare Verletzungen umfassen (vgl. Rn. 159). Ob das zumutbar ist, hängt von einer Interessenabwägung ab, die sämtliche Umstände des Einzelfalls einbezieht. Beispiele für relevante Faktoren:

- Effektiver Urheberrechtsschutz (Art. 8 Abs. 1 und 3 Info-RL).
- Rechtliche Grenze eine Kontrolle aus GG oder einfachen Gesetzen.
- Ein kommerzieller Charakter der Hostingleistung, z.B. bei Vergütung für den Hostprovider (BGH GRUR 2004, 860, 864 – *Internet-Versteigerung I*) oder bei Werbefinanzierung (*Spindler/Volkmann* WRP 2003, 1, 9), spricht für eine weitgehende Kontrollpflicht.
- Auswirkung der Haftung für das (legale) Geschäftsmodell des Hosters (BGH GRUR 2007, 708, 712 Tz. 47 - *Internetversteigerung II*).
- Gefahrerhöhendes Vorverhalten des Host Providers (siehe OLG Hamburg MMR 2006, 744, 746).
- Interessen der Nutzer des Hostingangebots (Bedeutung als Internetinfrastruktur; betroffene Rechtsgüter der Nutzer); siehe *Spindler/Volkmann* WRP 2003, 1, 8.
- Möglichkeit, unmittelbare Verletzer in Anspruch zu nehmen (aber keine Subsidiarität, vgl. Rn. 158). Es spricht für ein Vorgehen gegen den Hostprovider, wenn nur dadurch ein systematisches und umfassendes Vorgehen gegen die Rechtsverletzungen möglich wird (BGH GRUR 2007, 890, 894 Tz. 40 – *jugendgefährdende Medien bei ebay*).
- Technische Möglichkeit einer Kontrolle und Prüfungsaufwand. In Abwesenheit von geeigneten automatischen **Filtersystemen** muss ggf. eine händische Prüfung oder zumindest Nachkontrolle stattfinden (BGH GRUR 2007, 890, 894 Tz. 60 – *jugendgefährdende Medien bei ebay*), und zwar notfalls unter Erweiterung des Kontrollpersonals (OLG Köln GRUR-RR 2008, 35, 37 – *Rapidshare*). Auch wenn das Geschäftsmodell des Providers dadurch deutlich unattraktiver wird, kann es zumutbar sein, eine **Registrierung** der Nutzer **mit zwingender Identitätsprüfung** einzuführen (LG Düsseldorf ZUM 2008, 338, 341 – *Rapidshare*). Nicht überzeugend ist die Auffassung des LG München I, der Verletzte müsse darlegen und ggf. glaubhaft machen, dass es überhaupt eine relevante Filtermöglichkeit gebe (LG München I K&R 2007, 330 – *Usenet*), weil das Fehlen jeder Filtermöglichkeit völlig unwahrscheinlich ist und zudem nur der Betreiber die technischen Spezifikationen seiner Server kennt; ihn trifft deshalb eine sekundäre Darlegungslast (allg. Zöller/*Greger*[25] vor § 284 Rn. 34 m.w.N.).

163 Bei **Internetauktionsplattformen** trifft den Betreiber die Verpflichtung, Vorsorge zu treffen, dass es nach Kenntniserlangung von einer offensichtlichen Verletzung nicht zu weiteren derartigen Verletzungen komme. Insoweit erfasst die Störerhaftung also nicht nur eine Wiederholung des konkreten rechtsverletzenden Angebotes (BGH GRUR 2004, 860, 864 – *Internetversteigerung I*) und geht deshalb über die Teilnahmehaftung hinaus (vgl. Rn. 159). In der Entscheidung *Internetversteigerung II* stellt der Bundesgerichtshof insoweit ausdrücklich klar, dass zu den Verpflichtungen der Plattform ein zumutbares Filterverfahren und eine evtl. anschließende manuelle Kontrolle der dadurch ermittelten Treffer gehören (BGH GRUR 2007, 708, 712 Tz. 47 – *Internetversteigerung II*). Diese Verpflichtungen beziehen sich auf „klar erkennbare Verletzungen", auf die der Provider hingewiesen wurde. Die Grenze des Zumutbaren liege dort, wo das gesamte Geschäftsmodell durch die Prüfungs-

Jan Bernd Nordemann

pflichten in Frage gestellt würde. Das ist insb. der Fall, wenn keine Merkmale (Suchwörter) vorhanden sind, die sich zur Eingabe in eine Filtersoftware eigneten. Jedoch ist eine lückenhafte Vorabkontrolle durch Filtersoftware zumutbar, die händisch nachkontrolliert werden muss (BGH a.a.O. Tz. 47 – *Internetversteigerung II*). Das zur Verfügung stehende Suchwort muss jedoch zumindest in der Lage sein, eine *nennenswerte Eingrenzung* auf Urheberrechtsverletzungen zu filternden Dateien zu erreichen. Es liegt nahe, für die Suche nach urheberrechtsverletzenden Dateien auf die zeichenrechtliche Unterscheidungskraft des Suchwortes oder der Suchwortkombination als geschäftliche Bezeichnung (§ 5 Abs. 2 und Abs. 3 MarkenG) oder als Marke (§ 8 Abs. 2 Nr. 1 MarkenG) abzustellen. Bei „**User-Generated-Content**"-sites sind unterscheidungskräftige Suchwörter wie z.B. „culcha" für das Herausfiltern von illegalen Uploads des Titels „EY DJ" der Band „Culcha Candela" im Regelfall geeignet (zutreffend LG Berlin, Urt. v. 10.06.2008, Az. 15 O 144/08, s. 11), ein Suchwort wie bloß „DJ" aber möglicherweise nicht. Bei händisch zu übepüfenden 300 Treffern auf 17 zu filternde Einzeltitel ist nicht von einer Unzumutbarkeit auszugehen, insb. wenn es sich um einen verletzungsanfälligen Service handelt (a.A. wohl OLG Düsseldorf, Urt. v. 20.05.2008, Az. I-20 U 196/07, S. 10 f.). Da der Hostprovider filterverpflichtet ist, muss er für die Auswahl eines geeigneten Suchbegriffs Sorge tragen; zum Klageantrag vgl. Rn. 175. In nicht klar erkennbaren Fällen bezieht sich die Filterverpflichtung zumindest darauf, das konkrete Angebot zu löschen und seine wiederholte Einstellung zu verhindern. – Im Extremfall kann es auch zumutbar sein, das Geschäftsmodell ganz aufzugeben, wenn die Leistung des Hostproviders mehr oder weniger ausschließlich für illegale Zwecke missbraucht wird und technische Abhilfemaßnahmen nicht wirksam sind (zutreffend LG Düsseldorf ZUM 2008, 338, 341 – *Rapidshare*).

b) Cacheprovider: Für die Haftung von **Cacheprovidern** gelten die gleichen **164** Grundsätze wie bei Hostprovidern (vgl. Rn. 160 ff.). Der Cacheprovider muss zunächst die Verletzungshandlung auf seinen eigenen Cachespeichern eliminieren (a.A. wohl OLG Düsseldorf ZUM 2008, 332, 334 – *Usenet*, das jede Haftung ablehnt). Allerdings kann das Filtern technisch anspruchsvoller sein, weil bei jeder neuen Anforderung von Daten aus dem Netz diese wieder auf die Cachespeicher übertragen werden. Jedoch ist dem Cacheprovider grundsätzlich zuzumuten, über eine entsprechende Filtersoftware seine Cachespeicher ständig darauf zu überprüfen, ob die konkrete Verletzung erneut vorliegt (a.A. OLG Düsseldorf ZUM 332, 334 – *Usenet*); für bloß gleichartige Verletzungen kommt es darauf an, ob eine Filtertechnologie besteht, die gewissen Erfolg verspricht. Im Übrigen gibt es keine Subsidiarität der Haftung der Provider (vgl. Rn. 158), so dass eigene Möglichkeiten der Beseitigung der Verletzung den Anspruch nicht etwa ausschließen (a.A. OLG Düsseldorf ZUM 2008, 332, 335 – *Usenet*); das kann allenfalls sehr aufwändige Filterverpflichtungen begrenzen.

c) Linksetzer: Linksetzer haften ebenfalls grundsätzlich erst, wenn für sie die **165** Verletzung erkennbar ist; es dürfen auch keine zu strengen Anforderungen gestellt werden, weil das Internet gerade auf dem System der Linksetzung aufbaut (BGH GRUR 2004, 693, 695 – *Schöner Wetten* für das UWG; ferner *Plaß* WRP 2000, 599; *Spieker* MMR 2005, 727; *Volkmann* GRUR 2005, 200; *Ott* WRP 2006, 691). Mithin ist im Regelfall von einer Störerhaftung nach (erfolglosem) Notice-and-Takedown-Letter auszugehen (LG Hamburg MMR 2006, 50), sofern keine durchgreifenden Zweifel an der Illegalität bleiben (BGH a.a.O. – *Schöner Wetten*). Ohne einen solchen Letter ist die Verletzung

allerdings für einen Webseitenbetreiber erkennbar, der sich Links auf rechtsverletzende Inhalte dadurch zu Eigen macht, dass die verlinkten Inhalte Teil
seines Geschäftsmodells sind (BGH GRUR 2008, 534, 536 Tz. 21 – ue-
ber18.de). Wer Links auf Dateien in Filesharing-Netzwerken für seine Website
selbst editiert, also selektiert, haftet mithin auch ohne Notice-and-Takedown-
Letter (LG Hamburg MMR 2006, 50 zu editierten eDonkey-Links).

166 Bisweilen wird auch ohne Kenntniserlangung verlangt, dass die verlinkte Seite
zumindest **stichprobenartig kontrolliert** wird, weil der Verlinkende das Risiko,
dass sich die Inhalte später ändern und sich dort auch rechtswidrige Inhalte
finden, bewusst auf sich nehme (*Volkmann* GRUR 2005, 200, 205 f.). Angesichts des Tempos, mit dem sich die Inhalte im Internet ändern, muss eine
solche Kontrollpflicht mit Zurückhaltung gesehen werden, solange keine
besonderen Umstände dafür sprechen. Diese können dann vorliegen, wenn
die Rechtswidrigkeit einer verlinkten Seite nahe liegt, etwa bei Verweis auf für
Urheberrechtsverletzungen bekannte „Hacker"-Seiten oder Downloadforen
(*Spindler* GRUR 2004, 724, 728; *Volkmann* GRUR 2005, 200, 205; *Dustmann* in Bröcker/Czychowski/Schäfer § 4 Rn. 110). Bei Hyperlinks auf klar
rechtsverletzende Seiten können auch „Disclaimer" die Störerhaftung nicht
beseitigen (LG Berlin MMR 2005, 718, 719). Weiterhin gilt auch hier grundsätzlich das **Presseprivileg** (vgl. Rn. 183), wenn der Hyperlink der Ergänzung
eines redaktionellen Artikels dient (BGH GRUR 2004, 693, 696 – *Schöner
Wetten*); nach Kenntniserlangung muss die Verlinkung aber herausgenommen
werden, wenn die Rechtswidrigkeit keinen durchgreifenden Zweifeln begegnet. Das ist der Fall, wenn eine direkte Verlinkung auf gegen § 95a verstoßende
Kopierschutzumgehungsprogramme erfolgt und die Rechtswidrigkeit der Angebote dem Linksetzer anhand getätigter Äußerungen auch bewusst ist (OLG
München GRUR-RR 2005, 372, 374 f. – *anyDVD*).

167 d) **Suchmaschinen, automatisierte Linkverzeichnisse: Suchmaschinen** generie-
ren automatisch Links auf fremde Inhalte. Ihre Störerhaftung ist noch nicht
abschließend geklärt. Hier sollte differenziert werden: Für bezahlte Links
haften sie genauso wie ein Hostprovider (vgl. Rn. 160 ff.), also grundsätzlich
erst nach Kenntniserlangung (OLG Hamburg GRUR 2007, 241, 244 – *Preis-
piraten*; s.a. KG GRUR-RR 2007, 68 – *Keyword-Advertising*). Die Haftung
geht auf die Sperrung des konkreten Links; in klar erkennbaren Fällen geht sie
auch darüber hinaus und erfasst vergleichbar offensichtliche Verletzungen
(*Ruess* GRUR 2007, 198, 200). Dagegen besteht eine Haftung für automatisch
generierte unbezahlte („redaktionelle") Links nach Kenntnis nur in offensichtlichen Fällen (LG München I CR 2001, 46, 47; Wandtke/Bullinger/*v. Wolff*²
Rn. 19; *Dustmann* in Bröcker/Czychowski/Schäfer § 4 Rn. 113; abwegig und
jede Haftung ablehnend *Volkmann* GRUR 2005, 200, 205; in „krassen"
Fällen eine Haftung annehmend LG Frankfurt/M GRUR-RR 2002, 83, 85 –
Wobyenzym N II). Die Haftung besteht auch nur, soweit eine automatisierte
Filterung möglich ist (dazu LG Frankfurt/M GRUR-RR 2002, 83, 85 –
Wobyenzym N II; *Dustmann* in Bröcker/Czychowski/Schäfer § 4 Rn. 113).
Diese Privilegierung ergibt sich aus der besonderen Bedeutung, die Such-
maschinen für die Nutzung des Internets haben.

168 Genauso wie Suchmaschinen sollten **automatisch generierte Linkverzeichnisse**
haften. Sie sind allerdings nicht zu verwechseln mit **Plattformen**, die Nutzern
das **Posten von Links** ermöglichen. Sie haften wie Hostprovider (vgl.
Rn. 160 ff.), weil sie Speicherplatz für die Ablage fremder Inhalte (Links) zur
Verfügung stellen.

e) Domaininhaber und –verwalter: Der **Domaininhaber** haftet grundsätzlich **169** für die Inhalte seiner Homepage schon täterschaftlich (bei Unternehmens-homepages über §§ 31, 89 BGB, ggf. § 99 UrhG, § 831 BGB; vgl. Rn. 177 ff.), wenn der Domaininhaber die Inhalte der Website kontrolliert. Unterlässt er eine Kontrolle, haftet er wegen Prüfungspflichtverletzung als Störer unabhängig von einer positiven Kenntnis; daneben besteht – entsprechend den Grundsätzen zur Organisationshaftung des Geschäftsführers, vgl. Rn. 180 – eine (täterschaftliche) Haftung wegen Organisationspflichtverletzung. – Der **Admin-C**, der bei .de-Registrierungen zwingend vorgeschrieben ist, kann als Störer haften (str.; eingehend zur Rspr.: *Leistner/Stang* WRP 2008, 533, 542; *Hoeren/Eustergerling* MMR 2006, 132). Er hat eine rechtliche Verhinderungsmöglichkeit, weil er seinen Status aufgeben könnte. Ihn trifft eine Prüfungspflicht, auch wenn er bei ausländischen Domaininhabern nur als Zustellungsbevollmächtigter eingetragen ist. Die Prüfungspflicht besteht ab Kenntnis. Für offensichtlich rechtswidrige Inhalte besteht eine Prüfungspflicht schon vorher; denn der Admin-C hat sich den Domaininhaber als Partner selbst gewählt. Der Admin-C kann sich vom Inhaber von allen Ansprüchen freistellen lassen, so dass eine Haftung zumutbar ist. – Auf den Zonenverwalter (**Zone-c**) überträgt LG Bielefeld MMR 2004, 551, 552 die zurückhaltenden Ausführungen des BGH zur Störerhaftung der DENIC und fordert einen rechtskräftigen gerichtlichen Titel gegen den Verletzer. Der BGH hatte die DENIC als zentrale Registrierungsstelle (**Registry**) gänzlich von Prüfungspflichten auf Kennzeichenverletzungen durch den Domainnamen bei der Erstregistrierung freigestellt, nach Hinweis solche nur bei offenkundiger Rechtsverletzung für möglich gehalten (BGH GRUR 2001, 1038, 1040 – *ambiente.de*). Nach dem OLG Hamburg gilt das auch für Inhalte einer unter der Domain erreichbaren Website (OLG Hamburg ZUM 2005, 392, 393). Der **Registrar** haftet wie die Registry. Sofern der Registrar (oder die Registry) jedoch gleichzeitig Hostingleistungen anbietet, haftet er als Hostprovider (vgl. Rn. 160 ff.).

f) Internetzugangsprovider: Provider von Internetzugängen (sog. **Access Pro-** **170** **vider**) können als Störer für Urheberrechtsverletzungen ihrer Kunden (z.B. illegaler Upload gem. §§ 19a, 52 oder illegaler Download gem. §§ 16, 53 Abs. 1) verantwortlich sein (OLG Frankfurt GRUR-RR 2005, 147, 148; OLG Hamburg GRUR-RR 2005, 209, 212 f. – *Rammstein*; LG Köln MMR 2008, 197, 198; LG München I InstGE 4, 198; *Dustmann* in Bröcker/Czychowski/Schäfer § 4 Rn. 153 ff.; *Jan Bernd Nordemann/Dustmann* CR 2004, 380, 384 f. zu Internettauschbörsen; Dreier/Schulze/*Dreier*[2] Rn. 34; zu Unrecht kritisch *Sankol* UFITA 2005, 653, 691). Sie haften auf Sperrung, was mit Unterlassung gleichzusetzen ist. Art. 8 Abs. 3 Info-RL sieht Sperrungsansprüche gegen Zugangsprovider ausdrücklich vor; der deutsche Gesetzgeber hat nur deshalb auf eine Umsetzung verzichtet, weil sich die Haftung aus den allgemeinen Grundsätzen der Störerhaftung ergibt (Gegenäußerung BReg zur StellungN BRat UrhG Infoges S. 2, abrufbar auf http://www.bmj.bund.de/images/11523.pdf, zuletzt abgerufen am 08.07.2008). Nicht vergleichbar ist die Konstellation der Haftung für Urheberrechtsverstöße der eigenen Kunden mit der Haftung des Zugangsproviders für Wettbewerbsverletzungen durch Websitebetreiber, die von den Kunden des Zugangsproviders lediglich ausgenutzt werden, ohne selbst Täter, Teilnehmer oder Störer zu sein (dazu OLG Frankfurt GRUR-RR 2008, 93, 94 – *Access Provider*). Eine Unterlassungshaftung widerspricht auch nicht Art. 15 Abs. 1 E-Commerce-RL (a.A. *Sankol* UFITA 2005, 653, 691), weil ein Sperrungsanspruch eine konkrete und keine

allgemeine Überwachungspflicht anordnet. Eine Haftung kommt ohnehin erst nach **Kenntniserlangung des Providers von Urheberrechtsverletzungen** in Betracht (OLG Frankfurt GRUR-RR 2005, 147, 148; OLG Hamburg GRUR-RR 2005, 209, 212 f. – *Rammstein*; LG Köln MMR 2008, 197, 198; *Dustmann* in Bröcker/Czychowski/Schäfer § 4 Rn. 154). Es ist also ein „Notice-And-Block-Letter" erforderlich; angesichts der vielen legalen Nutzungen ist für den Provider ansonsten die Verletzung nicht erkennbar. Ohne Kenntnis haftet er als Störer nur dann, wenn der Provider den illegalen Up- oder Download durch Kunden bewirbt (vgl. Rn. 173). Eine **bloß subsidiäre Haftung** nur für den Fall, dass der Verletzte den eigentlichen Täter nicht in Anspruch nehmen kann, ist – wie auch sonst bei Internetprovidern, vgl. Rn. 158 – nicht anzuerkennen. Die Sperrungsverpflichtung als Störer kann – anders als bei der täterschaftlichen Haftung – über die konkrete Verletzung hinausgehen (vgl. Rn. 159). Der Umfang der Sperrpflichten steht allerdings auch bei Access Providern unter einer **Zumutbarkeitskontrolle**, die einzelfallabhängig ist. Z.B. folgende Kriterien spielen eine Rolle:
- Effektiver Urheberrechtsschutz (Art. 8 Abs. 1 und 3 Info-RL).
- Rechtliche Grenzen für die Sperrungsansprüche, z.B. Datenschutzrecht, Art. 10 GG (Fernmeldegeheimnis), Art. 2 Abs. 1 GG (Recht zur informationellen Selbstbestimmung); zur Identifikation von Kunden, denen dynamische IP-Adressen zugeteilt sind, vgl. § 101 Rn. 55 ff.
- Technischer und finanzieller Aufwand für den Provider. Es kann keinen Unterschied machen, ob und inwieweit der Provider den Internetzugang mit technischer Hilfe Dritter anbietet (a.A. *Sieber/Nolde*, Sperrverfügungen im Internet (Preprint), 2008, S. 45 ff.). Ggf. muss sich der Zugangsprovider vertraglich eine entsprechende Einflussnahme auf seinen Subunternehmer sichern.
- Interessen unbeteiligter Dritter, insb. „Spill-over"-Effekt der Sperrung auf andere legale und wichtige Inhalte (OLG Frankfurt GRUR-RR 2008, 93, 94 – *Access-Provider* zur Unverzichtbarkeit von *Google*; *Dustmann* in Bröcker/Czychowski/Schäfer § 4 Rn. 156); nicht als legaler Inhalt rechnen Werke anderer Rechtsinhaber, die offensichtlich rechtswidrig (§ 53 Abs. 1 S. 1) upgeloaded sind, weil dafür kein schützenswertes Interesse ersichtlich ist.
- Andere Möglichkeiten der wirksamen und kostengünstigen Unterbindung (jedoch keine anfängliche Subsidiarität, vgl. Rn. 158; ferner allg. *Ahrens* WRP 2007, 1281, 1289). Insoweit wird regelmäßig ein Vorgehen gegen einzelne downloadende Kunden ausscheiden, weil es wirksamer und kostengünstiger ist, nur gegen den Provider vorzugehen.
- Effektivität der Maßnahme; eine 100%ige Effektivität ist nicht erforderlich, um den Provider in zumutbarer Weise zur Sperrung zu verpflichten (OVG Münster MMR 2003, 348; VG Düsseldorf ZUM-RD 2006, 150, 160; VG Köln CR 2006, 201; VG Arnsberg CR 2005, 301; jeweils zu behördlichen Sperrungsverfügungen von US-Nazi-Websites). Eine bestimmte Maßnahme muss für einen durchschnittlichen geschäftlichen, beruflichen und privaten Nutzer, der sich nicht mit technischen Details auseinandersetzt, bloß „mindestens sperriger" bzw. „nicht unerheblich erschwert" werden (VG Düsseldorf ZUM-RD 2006, 150, 158).
- Verletzungen begünstigendes Verhalten des Providers wie Werbung mit Zugängen, die trotz niedrigen Pauschalentgelts einen schnellen Up- oder Download großer Datenmengen erlauben, insb. wenn zusätzlich darauf hingewiesen wird, dass man keinerlei Maßnahmen zu Piraterievereitelung durchführe („keine Portsperrung").

Jan Bernd Nordemann

– Nicht relevant ist ein fehlendes Vorgehen gegen konkurrierende Provider, weil der Provider das Risiko allein trägt, sich rechtsverletzende Kunden ausgesucht zu haben.

In Betracht kommende **Sperrmaßnahmen** (eingehend, allerdings tw. zu pro- **171** viderfreundlich: *Sieber/Nolde*, Sperrungsverfügungen im Internet (Preprint), 2008, S. 184 ff.): Technisch einfach sind Sperrungen urheberrechtsverletzend uploadender **Websites**, so dass z.B. für Websites Sperrungsansprüche geltend gemacht werden können, die zu wesentlichen Teilen illegal und auch ansonsten nicht von besonderer Bedeutung für die legale Nutzung des Internets sind; der Provider muss aber über die Möglichkeit des Downloads über seine Inernetzugänge in Kenntnis gesetzt sein. Das Gleiche gilt für die Sperrung ganzer **IP-Adressen**, die illegal uploaden; eine Verletzung des Fernmeldegeheimnisses (Art. 10 GG) scheidet aus (a.A. *Sieber*, a.a.O., S. 169 ff.), insb. solange der downloadende rechtsverletzende Kunde des Zugangsproviders anonym bleibt. Denn das Fernmeldegeheimnis schützt nicht gegen die Blockade einer Kommunikation anonymer Teilnehmer. Auch die Sperrung konkreter **URLs** kommt in Betracht, genauso wie **Filtermaßnahmen** für die urheberrechtsverletzenden Inhalte; diese Maßnahmen sind einerseits sehr zielgerichtet, die Zumutbarkeit muss aber andererseits im Einzelfall u.a. aufgrund ihrer Effektivität und des technischen Aufwands entschieden werden. Denkbar ist weiter eine **Beschränkung der Nutzung des Kundenzugangs** (z.B. für bestimmte Ports) oder seine Sperrung. Ein temporäres Sperren z.B. bis Bestätigung des Kunden, die Verletzung nicht zu wiederholen, kann für einfache Verletzungen, eine dauerhafte Sperrung für schwere oder wiederholte Verletzungen erwogen werden. Angesichts der heute bestehenden großen Ausweichmöglichkeiten kann die dauerhafte Sperrung auch nicht mit einem Kontrahierungsanspruch des Kunden gegen den Provider begegnet werden. Eine Sperrung kann vom Provider verlangt werden, auch wenn er das in seinen AGB nicht geregelt hat; ansonsten könnte der Provider durch die Gestaltung seiner Kunden-AGB seine Sperrpflichten gegenüber Verletzern begrenzen. Für die Sperrung des rechtsverletzenden Kunden ist indes seine Identifizierung erforderlich; dafür muss der Verletzte auf § 101 Abs. 2 zurückgreifen; im Einzelnen vgl. § 101 Rn. 55 ff.

g) Inhaber von Internetzugängen: Der Inhaber eines Internetzugangs, der **172** diesen **außerhalb der Familie stehenden Dritten** zur Verfügung stellt, haftet für damit begangene nahe liegende Verletzungen (LG Mannheim ZUM-RD 2007, 252; ebenso LG Frankfurt am Main MMR 2007, 804; wohl auch OLG Frankfurt GRUR-RR 2008, 73, 74 – *Filesharing durch Familienangehörige*), wenn er keine hinreichenden Sicherungsmaßnahmen ergreift. Insb. Internetpiraterie ist ein Massenphänomen und deshalb für den Inhaber des Anschlusses erkennbar; gegenüber ihm nicht familienmäßig verbundenen Dritten muss er besonders misstrauisch sein. Das Landgericht Hamburg betrachtet ferner zu Recht auch die Überlassung des Internetanschlusses an **Familienangehörige** als die Störerhaftung begründend (LG Hamburg MMR 2007, 131). Die gegenteilige Auffassung, die die Unzumutbarkeit einer ständigen Überwachung des Ehepartners bzw. der Kinder ohne Kenntnis vorangegangener Verletzungen betont (OLG Frankfurt GRUR-RR 2008, 73, 74 – *Filesharing durch Familienangehörige*; *Leistner/Stang* WRP 2008, 533, 548; *Röhl/Bosch* NJW 2008, 1415, 1418), übersieht, dass der Ehepartner als Anschlussinhaber ständig „Verantwortung" für den Ehegatten trägt (§ 1353 Abs. 1 S. 1 BGB), er sogar in einer strafrechtlichen Garantenstellung zum anderen steht (BGH NJW 2003, 3212). Deshalb trifft den Inhaber bei wertenden Betrachtung das Risiko des Missbrauchs – und nicht den Verletzten, für den eine wirksame Verfolgung nicht mehr möglich wäre (Art. 3 Abs. 2 Enforcement-RL). Dieses Ergebnis wird durch eine sinngemäße Anwendung der §§ 1357, 1362 BGB bestätigt. Für Kinder ist nicht zwischen minderjährigen und volljährigen zu unterscheiden (so aber LG Mannheim MMR 2007, 459, 460), weil zwischen Eltern und Kindern – auch volljährigen – echte Rechtspflichten zu „Beistand und Rücksicht" bestehen (§ 1618a BGB), so dass auch eine strafrechtliche Garantenstellung gegeben ist (Palandt/*Diederichsen*[66] § 1618a Rn. 3 m.w.N.); für minderjährige Kinder besteht daneben eine Sorgeverpflichtung des Sorgeberechtigten nach § 1626 BGB. Auch der **Arbeitgeber** haftet für private Urheberrechtsverletzungen seiner Arbeitnehmer, wenn er keine Sicherungsmaßnahmen gegen nahe liegende Verletzung ergreift (a.A. LG München I CR 2008, 49). § 100 verschärft die Haftung nur für Handlungen im Unternehmen, schließt aber eine Störerhaftung nach allgemeinen Grundsätzen wegen privater Handlungen schon wegen § 102a nicht aus (a.A. *Leistner/Stang* WRP 2008, 533, 552). – Zu Recht hielten verschiedene Gerichte eine Störerhaftung desjenigen für gegeben, der es einem unbekannten Dritten aufgrund einer **ungeschützten WLAN-Verbindung** ermöglicht, Tonträger in einer Tauschbörse urheberrechtswidrig öffentlich zugänglich zu machen (OLG Düsseldorf ZUM-RD 2008, 170; LG Frankfurt a. M. ZUM 2007, 406; LG Mannheim GRUR-RR 2007, 347 Ls.; LG Hamburg MMR 2006, 763; *Leistner/Stang* WRP 2008, 533, 550; a.A. OLG Frankfurt, Urt. v. 01.07.2008, Az. 11 U 52/07, juris Tz. 34 ff., Rev. zugel.; *Röhl/Bosch* NJW 2008, 1415, 1418 m.w.N.).

173   **h) Software-, Hardware- und Geräteanbieter:** Software-, Hardware- oder Geräteanbieter sind grundsätzlich für Urheberrechtsverletzungen verantwortlich, die unbekannte Nutzer eigenverantwortlich im Rahmen des bestimmungsgemäßen Gebrauchs vornehmen. Sie haften aber im Regelfall nicht auf Schlechthinunterlassung des Vertriebs (BGH GRUR 1965, 104, 107 – *Personalausweise*) bzw. der Nutzungserlaubnis (BGH GRUR 1984, 54, 55 – *Kopierläden*); siehe auch aus den USA Supreme Court GRUR Int. 2005, 859 – *Grokster*. Auch besteht kein Anspruch auf namentliche Erfassung aller Nutzer (BGH GRUR 1965, 104, 107 – *Personalausweise*) oder auf Durchsuchen der persönlichen Unterlagen aller – auch der legalen – Nutzer (BGH GRUR 1984, 54, 55 – *Kopierläden*). Die Anbieter müssen aber **Warnhinweise** darauf geben, wenn die Nutzung bei bestimmungsgemäßem Gebrauch urheberrechtswidrig sein kann (BGH GRUR 1984, 54, 55 – *Kopierläden*). Auf **Unterlassen** des Vertriebs „schlechthin" kann aber ein Anspruch bestehen, wenn der Gebrauch zu einem Teil urheberrechtsverletzend ist. Die Rechtsprechung hat zur Quantität dieses Teils noch keine klaren Aussagen getroffen. Einmal hat sie einen „geringfügigen, aber doch nicht ganz zu vernachlässigenden Teil" (BGH GRUR 1965, 104, 107 – *Personalausweise*) für ausreichend gehalten, ein anderes Mal den Anspruch ausgeschlossen, wenn ein „großer Teil" der Nutzer legal handelt (BGH GRUR 1984, 54, 55 – *Kopierläden*). Jedenfalls bei praktisch vollständig illegal genutzten Internettauschbörsen sollte auch eine Haftung des Softwareproviders angenommen werden, wenn andere (wirksame) Maßnahmen als ein Schlechthinverbot nicht in Frage kommen oder ergriffen werden (*Jan Bernd Nordemann/Dustmann* CR 2004, 380, 381 f.). In jedem Fall haftet der Anbieter einer Software, wenn er deren Eignung zum Missbrauch nicht nur kennt, sondern **hiermit** auch **wirbt.** Der Provider der Software ist dann im Rahmen des Zumutbaren und Erforderlichen als Störer verpflichtet, geeignete Vorkehrungen zu treffen, durch die derartige Rechtsverletzungen soweit wie möglich verhindert werden können. Ein **Disclaimer** allein genügt nicht. Wirksame Schutzmechanismen müssen so ausgestaltet sein, dass die Software so ausgerüstet ist, dass ein urheberrechtswidriges Einspeisen bzw. ein Transport der rechtsverletzenden Programme ausgeschlossen wird. Ansonsten ist ein Schlechthinverbot der Software möglich (OLG Hamburg GRUR-RR 2006, 148 – *Cybersky*; bestätigt im Hauptsacheverfahren OLG Hamburg ZUM-RD 2007, 569). Nach Kenntniserlangung haftet der Anbieter einer Suchsoftware („Client" z.B. für das Usenet), mit der die Suchvorgänge erheblich beschleunigt werden und insb. ein Index der abrufbaren Inhalte für den beim Anbieter registrierten Nutzer erzeugt wird (LG Hamburg ZUM 2007, 492 – *Usenext*; zu Unrecht einschränkend trotz der Verletzungslastigkeit des Client OLG Düsseldorf, Urt. v. 20.05.2008, Az. I-20 U 196/07, S. 10 f.).

i) Weitere Störer: Boten, Briefträger, Zusteller, Spediteure (OLG Düsseldorf **174** vom 29.11.2007, Az. I – 2 U 51/06, abrufbar über juris; ferner BGH GRUR 1957, 352, 354 – *Pertussin II*), **Lagerhalter** oder **Prospektverteiler** haften als Störer im Regelfall erst nach Kenntniserlangung, weil für sie als untergeordnete Hilfspersonen die Verletzung davor nicht ohne weiteres erkennbar ist. **Kreditinstitute** haften als Störer nach Kenntniserlangung, wenn über ihre Konten Verletzungshandlungen abgewickelt werden (so zutreffend auch für UWG: OLG Jena GRUR-RR 2006, 134, 136 – *sportwetten.de*; *Hecker/Steegmann* WRP 2006, 1293; kritisch *Ahrens* WRP 2007, 1281, 1288), genauso wie ein Unternehmen, das auf einer urheberrechtswidrigen Website auch nach Kenntniserlangung weiter **Werbung schaltet** (siehe LG Frankfurt/M. K&R 2008, 315, 316). **Presseunternehmen** sind für ihre Anzeigenteile – nicht aber für ihre redaktionellen Teile – privilegiert (vgl. Rn. 183). Die **Verantwortung i.S.d. Presserechts** ist bloßes Indiz für die Störerhaftung (BGH GRUR 1977, 114 – *VUS*).

j) Prozessuales: Die Eigenständigkeit der Störerhaftung kann in der über die **175** konkrete Verletzungshandlung hinausgehenden Haftung liegen (vgl. Rn. 159 und für Internetauktionsplattformen und „User-Generated-Content"-sites vgl. Rn. 163). Aus Sicht des Gläubigers wird es Schwierigkeiten machen, die Verpflichtung des Providers zu einer zumutbaren Prüfung (z.B. Filterverfahren und eventueller anschließender manueller Kontrolle der dadurch ermittelten Treffer) in die Form eines hinreichend bestimmten **Klageantrages** zu kleiden; auch hierzu hat der BGH gewisse Hinweise gegeben, nach denen der Gläubiger im Klageantrag zumutbare Prüfungsaktivitäten des Schuldners „hinreichend konkret umschreiben und ggf. mit Beispielen" arbeiten müsse (BGH GRUR 2007, 708, 712 Tz. 50 – *Internetversteigerung II*) und außerdem klarstellen kann, dass das Verbot nur bei Unterlassen zumutbarer Kontrollmaßnahmen greifen soll (BGH a.a.O. Tz. 52 – *Internetversteigerung II*). Die Unterlassungshaftung vor und nach positiver Kenntnis sind **verschiedene Streitgegenstände** (OLG Hamburg ZUM 2005, 392, 394).

Das Fehlen zumutbarer Kontrollmaßnahmen kann entweder die Haftung im **176** Erkenntnisverfahren begründen oder – wenn ein entsprechender Titel schon existiert – im Ordnungsmittelverfahren (§ 890 ZPO; vgl. Rn. 219) zu einer Bestrafung des Schuldners führen. Die **Darlegungs- und Beweislast** für Erkenntnis- und Ordnungsmittelverfahren liegt grundsätzlich beim Anspruchsteller. Das gilt sowohl für die Kenntnis des Störers von der Verletzung als auch für die Zumutbarkeit der Prüfung. Sekundäre Darlegungslasten (Zöller/*Greger*[25] Vor § 284 Rn. 34 m.w.N.) sind zu berücksichtigen; das kann insb. für

Elemente der Zumutbarkeitsprüfung aus der eigenen Sphäre relevant sein. Die Darlegungs- und Beweislast für die Erfüllung der Prüfpflicht trägt der Störer (OLG Düsseldorf MMR 2006, 618, 620).

4.   Haftung für Dritte

177 Als Täter, Teilnehmer oder Störer sind zunächst nur natürliche Personen qualifiziert. **Daneben** haften juristische Personen, wenn besondere Zurechnungsnormen existieren. Zu § 812 BGB jedoch vgl. § 102a Rn. 4.

178 Für juristische Personen und parteifähige Handelsgesellschaften kommt die **Organhaftung** der §§ 30, 31, 89 BGB zum Zuge: Handlungen ihrer Organe sind ihre eigenen Handlungen. Das Gleiche gilt für GbR (BGH GRUR 2006, 493, 494 Tz. 21 – *Michel-Katalog*: wie OHG) und nicht rechtsfähigen Verein (§ 54 BGB). Als Organ werden nicht nur die per Satzung oder Gesellschaftsvertrag bestimmten Personen, sondern alle angesehen, denen aufgrund allgemeiner unternehmerischer Handhabung bedeutsame Funktionen zur selbständigen und eigenverantwortlichen Ausführung, also „**Führungsaufgaben**", zugewiesen sind (Hefermehl/*Köhler*/Bornkamm[26] § 8 UWG Rn. 2.19 m.w.N.; s.a. BGH NJW 1998, 1854, 1856). Das kann auch ein Filialleiter oder ein Handelsvertreter mit Führungsaufgaben sein.

179 Außerhalb der Organhaftung erfolgt eine Zurechnung auf das Unternehmen gem. § 831 BGB, also mit Exkulpationsmöglichkeit. Für **Unterlassungsansprüche** und Beseitigungsansprüche gem. §§ 97 Abs. 1 und 98 schließt § 99 UrhG die Exkulpation jedoch zu Lasten des Inhabers eines Unternehmens aus, sofern ein Arbeitnehmer oder Beauftragter des Unternehmens gehandelt hat (siehe im Einzelnen die Kommentierung zu § 99).

180 **Geschäftsführer und Vorstände** haften für in ihrem Unternehmen begangene Urheberrechtsverletzungen **persönlich**, wenn sie Täter oder Teilnehmer (vgl. Rn. 145 ff.) sind. Darüber hinaus haften sie auch ohne Kenntnis, also ohne Vorsatz, der Tat, wenn ihnen ein **Organisationsverschulden** vorzuwerfen ist. Sie sind verpflichtet, ihr Unternehmen so zu organisieren, dass sich die Mitarbeiter gesetzestreu verhalten (OLG Hamburg GRUR-RR 2006, 182, 184 – *Miss 17* für das Markenrecht). Der BGH hat möglicherweise einen strengeren Standpunkt vertreten und gefordert, dass der Geschäftsführer Kenntnis vom Verstoß und die Möglichkeit haben müsse, ihn zu verhindern (BGH GRUR 1986, 248, 251 – Sporthosen m.w.N. für abweichende Rspr.), oder er zumindest über die Aktion unterrichtet gewesen sein muss (BGH GRUR 1980, 242, 245 – *Denkzettel-Aktion*). Diese Anforderungen erscheinen jedoch heute bei wertender Betrachtung überzogen; sie privilegieren arbeitsteilige Großunternehmen gegenüber Kleinunternehmen, in denen das Organ über alles unterrichtet ist (OLG Frankfurt GRUR-RR 2001, 198, 199 – *Verantwortlichkeit* will deshalb nur noch Organe im Ausland oder im Gefängnis nicht haften lassen). Der BGH – wenn auch der 6. Zivilsenat – operiert im Übrigen schon lange mit der Figur des Organisationsverschuldens bei Persönlichkeitsrechtsverletzungen (BGH GRUR 1980, 1099, 1104 – *Das Medizin-Syndikat II*). Wenn der I. Zivilsenat zunehmend auf das Institut der Verletzung von Verkehrspflichten, zu denen Organisationspflichten der Geschäftsführung zählen, abstellt (vgl. Rn. 155), spricht dies dafür, dass auch er seinen früheren, möglicherweise strengeren Standpunkt aufgeben wird. Ohnehin sind die Anforderungen an den Vortrag des Geschäftsführers, ihm sei die Verletzung unbekannt, sehr hoch: Er muss vortragen, mit welchen Aufgaben er befasst war und warum er trotz seiner Funktion nichts von den Rechtsverletzungen wusste und sie nicht verhindern konnte (KG NJW-RR 2001, 185). Besteht eine Aufteilung der Tätigkeitsbereiche zwischen mehreren Geschäftsführern, muss sich der eine das Wissen des anderen zurechnen lassen (OLG Frankfurt GRUR-RR 2001, 198, 199 – *Verantwortlichkeit*; kritisch Hefermehl/*Köhler*/Bornkamm[26] § 8 UWG Rn. 2.20). Die Haftung entfällt in GmbHs auch nicht durch Anweisungen der Gesellschafter, die der Geschäftsführer zu befolgen hat (OLG Hamburg GRUR-RR 2006, 182, 184 – *Miss 17*). Die **Gesellschafter** haften in ihrer Stellung (also unabhängig von Geschäftsführungsaufgaben) aber nur bei Kenntnis und Möglichkeit der Verhinderung; die Anordnung persönlicher Haftung in Personengesellschaften nach den §§ 128, 129 HGB löst keine persönlichen deliktischen Ansprüche aus (BGH GRUR 2006, 493, 494 Tz. 22 – *Michel-Katalog*). Sie haben auch sonst keine geschäftsführenden Organen vergleichbare Organisationspflichten.

Durch einen **Arbeitsplatzwechsel** des Täters, Teilnehmers oder Störers entfällt **181** weder seine eigene Haftung noch die des früheren Unternehmens (zum UWG: Hefermehl/*Köhler*/Bornkamm[26] § 8 UWG Rn. 2.31 m.w.N.; vgl. § 99 Rn. 9); nur Beseitigungsansprüche gehen bei Unmöglichkeit ins Leere.

Die **Haftung des Staates** für unerlaubte Handlungen, die jemand in Ausübung **182** eines ihm anvertrauten öffentlichen Amtes begeht, kann sich aus Art. 34 GG, § 839 BGB ergeben (siehe BGH GRUR 1993, 37 – *Seminarkopien* für Raubdrucke, die ein Hochschullehrer zu Unterrichtszwecken hatte herstellen lassen; ferner OLG Karlsruhe GRUR 1987, 818, 821 – *Referendarkurs;* OLG Düsseldorf GRUR 1987, 909 – *Stadtarchiv*). Der Unterlassungsanspruch aus § 97 Abs. 1 gegen den handelnden Amtsträger selbst wird dadurch aber nicht verdrängt (BGH a.a.O. S. 39).

5. Haftungsprivilegien

a) **Presseprivileg:** Die Veröffentlichung von (urheberrechtsverletzenden) An- **183** zeigen stellt grundsätzlich keine vorsätzliche **Beihilfe** dar, solange dem Verleger die Rechtswidrigkeit unbekannt ist (siehe BGH GRUR 1999, 418, 420 – *Möbelklassiker*); auch eine **Täterschaft** scheidet wegen unselbständiger Hilfstätigkeit aus (vgl. Rn. 148). Im Lichte des Art. 5 GG und des sog. Presseprivilegs ist auch die **Störerhaftung** (und dort die Prüfungspflicht) ohne Kenntnis der Verletzung auf Fälle grober, unschwer zu erkennender Verstöße begrenzt (BGH GRUR 1999, 418, 420 – *Möbelklassiker* für den Fall des Abdrucks von Anzeigen mit urheberrechtswidrigen Möbelabbildungen; KG GRUR-RR 2005, 250 – *Haschischraucher*). Nach Kenntniserlangung von der Verletzungshandlung (z.B. durch schriftliche Unterrichtung) haftet der Verleger aber als vorsätzlicher Teilnehmer für die Wiederholung der konkreten Handlung oder als Störer auch darüber hinaus (vgl. Rn. 159). Die Unterrichtung durch den Rechtsverletzer muss allerdings so substantiiert sein, dass die Verletzung aus sich heraus ersichtlich ist (KG GRUR-RR 2005, 250 – *Haschischraucher*). Das Presseprivileg gilt im Anzeigengeschäft nur soweit, als dieses der Finanzierung redaktioneller Inhalte im Aufgabenbereich der Presse dienen soll. Auf es kann sich nicht berufen, wer die reine Vermarktung von Anzeigen als Hauptzweck verfolgt (OLG Hamburg GRUR-RR 2001, 260, 262 – *Loriot-Motive*: abgelehnt für die Herstellung einer Werbepostkarte). Für den redaktionellen Teil haftet der Verleger ohne Privileg, weil es sich um eigene Inhalte handelt.

184 b) **Internetprovider (Haftungsprivilegien nach TMG):** Art. 12 bis 15 E-Commerce-RL schreibt Haftungserleichterungen für bestimmte Internetprovider vor. Früher erfolgte die Umsetzung in den §§ 8 bis 11 TDG a.F., ab dem 01.03.2007 in den §§ 7 **bis** 10 TMG, ohne dass dies inhaltliche Änderungen gebracht hätte (siehe *Hoeren* NJW 2007, 801; *Spindler* CR 2007, 239; *Schmitz* K&R 2007, 135). Auch gibt es keine zeitlichen Übergangsvorschriften, so dass das TMG auch für ältere Sachverhalte gilt (BGH GRUR 2007, 708, 710 Tz. 18 – *Internet-Versteigerung II*). Die **Normtexte** der §§ 7 bis 10 TMG sind über www.fromm-nordemann.de abrufbar.

185 Die Haftungsprivilegierung des TMG erfasst auch **Ansprüche nach UrhG** (mittlerweile wohl unbestritten, statt vieler *Wimmer/Kleineidamm/Zang* K&R 2001, 456, 460; *Schneider* GRUR 2000, 969, 970; überholt OLG München NJW 2001, 3553 – *MIDI Files*, das die Anwendung des TDG a.F. auf das Urheberrecht generell ablehnte). Sie gilt jedoch **nur für Schadensersatzansprüche** (einschließlich sie vorbereitender unselbständiger Auskunftsansprüche, vgl. § 101 Rn. 10; zu selbständigen Auskunftsansprüchen enthält § 101 eine eigenständige Regelung, vgl. § 101 Rn. 36 ff.), aber **nicht für Unterlassungsansprüche** (BGH GRUR 2007, 708, 710 Tz. 19 – *Internet-Versteigerung II*; BGH GRUR 2004, 860, 862 – *Internetversteigerung I*; ebenso für Österreich ÖOGH MMR 2004, 525; a.A. noch OLG München ZUM-RD 2000, 237, 239: auch Unterlassungsansprüche sind erfasst) und auch **nicht für Beseitigungsansprüche**; bei diesen gelten die allgemeinen Grundsätze der Störerhaftung, für welche sich im Bereich der Internetprovider mittlerweile eine recht umfangreiche Rechtsprechung herausgebildet hat (vgl. Rn. 160 ff.). Soweit unter den Voraussetzungen der §§ 102a UrhG, 812 ff. BGB Lizenzansprüche aus **ungerechtfertigter Bereicherung** in Betracht kommen und diese funktional einer Schadensberechnung über die Lizenzanalogie nahe kommen, ist zu erwägen, inwiefern die Haftungsprivilegierungen auch diese erfassen. Zwar spricht systematisch ihr Ausnahmecharakter dagegen; vom Sinn und Zweck liefe aber sonst die Privilegierung der genannten Anbieter Gefahr, über das Bereicherungsrecht unterlaufen zu werden (a.A. Vorauflage/*Wilhelm Nordemann*⁹ Rn. 18a).

186 Die Haftungsprivilegierung greift – grob gesprochen – bei allen technischen Vorgängen, ein Kommunikationsnetz zu betreiben, den Zugang zu diesem zu vermitteln oder dabei von Dritten zur Verfügung gestellte Informationen und Daten zu speichern (RegE TDG – BT-Drucks. 14/6098, S. 22 f.). Sie rechtfertigt sich daraus, dass dies regelmäßig **automatisierte Vorgänge** sind, bei denen der Betreiber keine Kontrolle der Inhalte vornimmt bzw. unter normalen Umständen ohne Hinweise auf konkrete Rechtsverletzungen auch nicht vornehmen kann. Insb. kann von ihnen grds. **keine generelle Überwachung** der Inhalte gefordert werden (§ 7 Abs. 2 TMG; vgl. Rn. 170). Eine Pflicht zur Beseitigung eines rechtswidrigen Zustandes entsteht grds. erst bei Kenntnis der Rechtsverletzung; zudem muss die Entfernung technisch möglich und zumutbar sein, auch wenn der Gesetzgeber davon absah, diesen allgemeinen Rechtsgedanken im Gesetz zum Ausdruck zu bringen (RegE TDG – BT-Drucks. 14/6098, S. 23). Das Kriterium der Zumutbarkeit korrespondiert mit den zumutbaren Prüfungspflichten bei der Störerhaftung und sorgt de facto für einen **Gleichlauf zwischen der Störerhaftung (Unterlassung und Beseitigung) und der Schadensersatzerhaftung nach TMG.**

187 Der **Hostprovider** (§ 10 TMG) haftet für eigene Inhalte ohne Privilegierung, für fremde Inhalte nur bei Kenntnis oder wenn ihm keine Tatsachen oder

Umstände bekannt sind, aus denen die rechtswidrige Handlung oder die Information offensichtlich wird, soweit er die Inhalte dann nicht unverzüglich entfernt. Diese Möglichkeit muss ihm gegeben werden, bevor die volle Verantwortlichkeit greift (RegE TDG – BT-Drucks. 14/6098, S. 25). Damit läuft das Haftungsprivileg des § 10 TMG parallel mit der Störerhaftung (vgl. Rn. 160 ff). Für Beispiele von Hostproviding vgl. Rn. 160 ff. Keine Hostprovider nach § 10 TMG sind **Suchmaschinen**; auch auf das Setzen von Hyperlinks findet § 10 TMG keine Anwendung. Hier ist stattdessen auf die allgemeinen Haftungsregelungen (Täterschaft und Teilnahme) für Schadensersatz (vgl. Rn. 145 ff.) zurückzugreifen (BGH GRUR 2008, 534, 536 Tz. 20 – *ueber18.de*; BGH GRUR 2004, 693, 694 f. – *Schöner Wetten*; a.A. für eine analoge Anwendung tendenziell *Ott* WRP 2006, 691, 695 ff.).

Eine ähnliche Haftungsprivilegierung erfahren **Internetzugangsprovider (Access Provider)**, die fremde Inhalte lediglich durchleiten (§ 8 TMG), oder Provider, die im Wege des **Cachings** zur beschleunigten Übertragung zwischenspeichern (§ 9 TMG). § 8 bezieht sich dabei auf den Access Provider, der als Netzbetreiber keine Inhalte als solche anbietet, sondern nur den Zugang zum Netz als solchem, § 9 auf denjenigen, der hierzu auch übertragene Inhalte zwischenspeichert. Privilegierungsgrund ist auch hier, dass beide beim Durchleiten als automatischem Vorgang regelmäßig keine Kenntnis über die Daten erhalten, keine generelle Kontrolle ausüben können und dementsprechend auch keine eigene Entscheidung treffen (RegE TDG – BT-Drucks. 14/6098, S. 24). Das Privileg gilt nur unter den Voraussetzungen der §§ 8 und 9. Insb. dürfen die Informationen dabei nicht über die zur Übermittlung bzw. Zwischenspeicherung zwingend notwendigen technischen Vorgänge hinaus verändert werden. Access Provider dürfen zudem nicht selbst als Veranlasser der Übermittlung tätig werden und deren individuelle Adressaten selbst bestimmen (§ 8 Abs. 1 Nr. 1, 2 TDG). Und die Zulässigkeit des Cachings von Informationen ist gekoppelt an deren fortbestehendes Vorhandensein am Ausgangsort der Übertragung (§ 9 Abs. 1 Nr. 5 TDG). Mit Kenntnis von der Entfernung am Ausgangsort müssen die Informationen unverzüglich gelöscht werden. Schließlich sind die Haftungsprivilegien der §§ 8, 9 TMG auch dann nicht anwendbar, wenn Diensteanbieter und Nutzer zusammenarbeiten, um rechtswidrige Handlungen zu begehen (§§ 8 Abs. 1 S. 2, 9 S. 2 TMG). I.E. läuft auch hier die Haftungsregelung mit der Störerhaftung parallel (für Cacheprovider vgl. Rn. 164 und für Internetzugangsprovider vgl. Rn. 170 f.).

VI. Rechtsmissbrauch; Verjährung; Verwirkung

Das UrhG, insb. § 97 enthält keine Vorschrift zur rechtsmissbräuchlichen Geltendmachung von Ansprüchen. Die Bundesrechtsanwaltskammer hatte im Gesetzgebungsverfahren zur Umsetzung der Enforcement-RL erfolglos angeregt, eine Missbrauchsvorschrift wie in § 8 **Abs. 4 UWG** zu schaffen (BRAK-Stellungnahme-Nr. 38/2007, S. 6). Dementsprechend kann § 8 Abs. 4 UWG auch nicht analog herangezogen werden, weil es an einer planwidrigen Regelungslücke fehlt (*Jan Bernd Nordemann* WRP 2005, 184, 189; s.a. BGH WRP 2003, 240, 243 – *Fortsetzungszusammenhang* zu vertraglichen Unterlassungsansprüchen). Auch für urheberrechtliche Ansprüche gilt aber ein allgemeines Verbot der unzulässigen Rechtsausübung nach den §§ **242, 826 BGB**, so dass die Praxis des § 8 Abs. 4 UWG, der die selben Wurzeln hat, auch im UrhG fruchtbar gemacht werden kann (*Jan Bernd Nordemann* WRP

2005, 184, 189; im Markenrecht genauso OLG Stuttgart GRUR-RR 2002, 381, 382 – *Hot Chili/Chili Works*; OLG Düsseldorf GRUR-RR 2002, 215, 216 – *Serienabmahnung*). Allerdings ist bei Annahme der Rechtsmissbräuchlichkeit im Urheberrecht noch größere **Zurückhaltung** als im UWG geboten, weil es sich um subjektiv-rechtlichen Vermögensschutz gem. Art. 14 GG handelt (vgl. Einl Rn. 64), während das UWG nur Verhaltensunrecht mit einer Vielzahl von Anspruchsberechtigten aufgreift (*Jan Bernd Nordemann* WRP 2005, 184, 190).

190   Eine umfassende, auch **massenhafte Abmahn- und Gerichtstätigkeit** allein kann für sich genommen nicht missbräuchlich sein. Ansonsten wäre der Rechteinhaber bei massenhaften Verletzungen schutzlos (OLG Hamm MMR 2001, 611, 612 – *FTP-Explorer*, für das Markenrecht).

191   Missbräuchlich kann ein Vorgehen aber sein, wenn das **Gebührenerzielungsinteresse im Vordergrund** steht (siehe § 8 Abs. 4 UWG). Beispiele: die Abmahntätigkeit ist wesentlich umfangreicher als die nur zum Schein geführte Geschäftstätigkeit; der Abmahnende verdient an den Gebühreneinkünften seines Anwaltes mit; der Abmahnende versucht nicht, seine Ansprüche gerichtlich durchzusetzen oder klagt ständig nur den Kostenerstattungsanspruch, nicht aber Unterlassung oder Schadensersatz ein (eingehend *Jan Bernd Nordemann* WRP 2005, 184, 190 m.w.N. aus der Rechtsprechung zum UWG). Auch bei diesen Fallgestaltungen ist aber zu bedenken, dass es eine legitime Strategie des Rechteinhabers sein kann, über Gebührenforderungen Urheberrechtsverletzer abzuschrecken.

192   Ein Missbrauch kann sich über dies wegen **übermäßiger Kostenbelastung** ergeben. Hier kann grundsätzlich auf die umfassende Praxis zu § 8 Abs. 4 UWG zurückgegriffen werden (dazu Hefermehl/*Köhler*/Bornkamm[26] § 8 UWG Rn. 4.13; Fezer/*Büscher* § 8 UWG Rn. 228 ff.; *Nordemann*[10] Rn. 1932 ff.; *Teplitzky*[9] Kap. 13 Rn. 43 ff.). So kann es eine unzulässige „**Salami-Taktik**" (siehe OLG Hamburg WRP 1996, 579, 580) sein, wenn der Verletzte, der aus mehreren Rechten (Urheberrecht, Leistungsschutzrecht) anspruchsberechtigt ist, aus beiden Rechten getrennt vorgeht und dadurch höhere Kosten verursacht; etwas anderes gilt dann, wenn es einen sachlichen Grund gibt, z.B. weil ein Recht eine kompliziert zu belegende Rechtekette aufweist. **Getrennte Abmahnungen oder Klagen gegen verschiedene Verletzer** sind dann grundsätzlich unzulässig, wenn die Verletzer miteinander verbunden sind (z.B. Unternehmen und Geschäftsführer; konzernverbundene Unternehmen) und ohne Nachteile als Streitgenossen in Anspruch genommen werden könnten (BGH GRUR 2006, 243 Tz. 16 f. – *Mega Sale* zum UWG), dadurch höhere Kosten entstehen und nicht zu befürchten ist, dass die einzelnen Verfahren einen unterschiedlichen Verlauf nehmen (Hefermehl/*Köhler*/Bornkamm[26] § 8 UWG Rn. 4.16a m.w.N.). **Mehrere Anspruchsberechtigte**, also z.B. Urheber und ausschließlicher Rechtsinhaber, können nur **getrennt** vorgehen, wenn sie sich unabhängig von einander verhalten. Konzernunternehmen, die ihr Vorgehen koordinieren, müssen also gemeinsam vorgehen (siehe zum UWG BGH GRUR 2000, 1089, 1091 – *Missbräuchliche Mehrfachverfolgung*; bei fehlender Konzernverbindung OLG München GRUR-RR 2002, 119 – *Rechtsmissbrauch*). Bei der Erstattung der Kosten für (nicht missbräuchliche) Abmahnungen ist zu beachten, dass **getrennte Abmahnungen** durch denselben Anwalt nur einen einzigen Erstattungsanspruch auslösen können, wenn die Abmahnungen dieselbe Angelegenheit betrafen (BGH GRUR 2008, 367, 368 – *Rosenkrieg bei Otto*). Widersprüchliches Verhalten, z.B. Suchmaschinenoptimierung und später Vorgehen wegen Nutzung durch Suchmaschinen, kann ebenfalls rechtsmissbräuchlich sein (OLG Jena K&R 2008, 301, 306).

Rechtsfolge eines missbräuchlichen Vorgehens ist das Erlöschen des Anspruches. Bei **Abmahnungen** besteht kein Anspruch nach § 97a Abs. 1 S. 2 (ggf. Rückforderungsmöglichkeit nach § 812 Abs. 1 S. 1 1. Alt. BGB). Ein **Unterlassungsvertrag** kann aus wichtigem Grund gekündigt werden (§ 314 BGB). Eine **Klage** ist wegen fehlender Prozessführungsbefugnis als unzulässig abzuweisen (str.; BGH GRUR 2006, 243 Tz. 22 – *Mega Sale*; s.a. *Teplitzky*[9] Kap. 13 Rn. 50 m.w.N. zum Streitstand). **193**

Zur **Verjährung** der Ansprüche aus § 97 vgl. § 102 Rn. 4. Zur **Verwirkung** vgl. § 102 Rn. 11 f. **194**

VII. Durchsetzung der Ansprüche

Die Durchsetzung der Ansprüche aus § 97 richtet sich im Wesentlichen nach den aus dem UWG und dem übrigen gewerblichen Rechtschutz bekannten Regeln (dazu Hefermehl/*Köhler*/*Bornkamm*[26] § 12 UWG; *Nordemann*[10] Rn. 3001 ff.). Es gibt nur wenige Besonderheiten: **195**

1. Abmahnung

Auch im Urheberrecht gilt wegen § 93 ZPO eine grundsätzliche Abmahnlast. Diese Abmahnung ist seit der Umsetzung der Enforcement-RL in § 97a speziell geregelt (siehe die Kommentierung dort). **196**

2. Zuständigkeit der Gerichte

Die örtliche, sachliche und funktionale Zuständigkeit der Gerichte ist bei § 105 kommentiert, vgl. § 105 Rn. 1 ff. **197**

3. Einstweiliges Verfügungsverfahren

a) **Verfügungsanspruch:** Das Einstweilige Verfügungsverfahren eignet sich wegen seines vorläufigen Charakters grundsätzlich nur für die Verfolgung von **Unterlassungsansprüchen** (vgl. Rn. 29 ff.). Zulässig ist auch eine **Sicherungsverfügung** im Hinblick auf **Vernichtungs- oder Herausgabeansprüche** (vgl. § 98 Rn. 38). Ausnahmsweise kann auch **Auskunft** begehrt werden, sofern die Voraussetzungen des § 101 Abs. 7 vorliegen (vgl. § 101 Rn. 39 f.). – Eine **negative Feststellung** des angeblichen Verletzers, der sich zu Unrecht angegriffen fühlt, kann nur im Klagewege verfolgt werden. Eine „negative Feststellungsverfügung" gibt es nicht. **198**

b) **Verfügungsgrund:** Für den Erlass einer Einstweiligen Verfügung muss neben dem Verfügungsanspruch auch ein Verfügungsgrund vorliegen. Ist schon der Verfügungsanspruch zu verneinen, muss der Verfügungsgrund nicht mehr geprüft werden (OLG Köln GRUR-RR 2005, 228). Der Verfügungsgrund ist für jeden Streitgegenstand (vgl. Rn. 49 ff.) gesondert festzustellen (*Berneke* WRP 2007, 579, 587). Er kann für eine einstweilige Verfügung nach h.M. nicht auf die **Vermutung** des § 12 Abs. 2 UWG (§ 25 UWG a.F.) gestützt werden; diese gilt **nicht** – auch nicht analog – für Urheberrechtsverletzungen (KG GRUR-RR 2003, 262 – *Harry Potter Lehrerhandbuch*; KG NJW-RR **199**

2001, 1201 – *Urheberrechtsschutz für Gartenanlage*; OLG Hamburg WRP 2007, 816 – *Kartenausschnitte*; OLG Hamburg ZUM-RD 1998, 272, 273 – *Tomb Raider*; OLG Köln GRUR 2000, 417; OLG München, Beschl. v. 17.04.2007, Az. 29 W 1295/07; *Gutsche* FS Nordemann I S. 82; *Teplitzky*[9] Kap. 54 Rn. 20b m.w.N.; offen OLG Celle GRUR 1998, 50 – *Amiga-Betriebssystem*; a.A. OLG Karlsruhe GRUR 1994, 726, 728 – *Bildschirmmasken*). Vielmehr soll die **Darlegungs- und Beweislast** dafür, dass die Voraussetzungen der §§ 935, 940 ZPO erfüllt sind, beim verletzten **Anspruchsteller** liegen (OLG Hamburg ZUM 2007, 917). Ganz konsequent ist das nicht, weil im Markenrecht tw. die vorgenannten Gerichte die Analogiebildung erlauben (KG GRUR-RR 2004, 303, 305 – *automobil TEST*; OLG Hamburg WRP 1998, 326: OLG Köln GRUR 2001, 424, 425; kritisch dazu *Teplitzky*[9] Kap. 54 Rn. 20c; a.A. OLG München GRUR 2007, 174 – *Wettenvermittlung*). Jedenfalls sollte das Urheberrecht als absolutes Recht nicht entscheidend schlechter stehen als das bloße Verhaltensunrecht nach UWG (so zu Recht OLG Karlsruhe GRUR 1994, 726, 728 – *Bildschirmmasken*). Ein wirksamer Urheberrechtschutz wird über dies vom EU-Recht als allgemeiner Grundsatz des Gemeinschaftsrechts angeordnet (vgl. Rn. 5). Deshalb müssen zumindest die §§ 935, 940 ZPO **großzügig zu Gunsten des Verletzten** ausgelegt werden, weil das Einstweilige Verfahren unverzichtbarer Bestandteil eines wirksamen Rechtsschutzes ist.

200   Für die §§ 935, 940 ZPO ist eine **Interessenabwägung** erforderlich (Zöller/*Vollkommer*[26] § 940 ZPO Rn. 4; Thomas/Putzo/*Reichold*[28] § 940 ZPO Rn. 5; Musielak/*Huber*[5] § 940 ZPO Rn. 4). Die schutzwürdigen Interessen beider Seiten sind gegeneinander abzuwägen. Jedoch fällt diese Abwägung **im Zweifel zu Gunsten** des wirksamen Urheberschutzes und damit **des Rechteinhabers** aus.

201   Unhaltbar ist es vor diesem Hintergrund, den Verfügungsgrund zu verneinen, weil die zu entscheidenden **Rechtsfragen** neue urheberrechtliche Grundsatzfragen aufwerfen (so aber KG GRUR-RR 2003, 262 – *Harry-Potter-Lehrerhandbuch*). Wirksamer Rechtsschutz darf nicht an ungeklärten rechtlichen Fragen scheitern, weil das Gericht das Recht kennen muss (*iura novit curia*). Auch bei Notwendigkeit einer Anwendung ausländischen Rechts kann einstweiliger Rechtsschutz nicht schlechthin versagt werden (OLG Köln ZUM 2007, 401, 402). Dagegen kann der Verfügungsgrund verneint werden, wenn die **Tatsachen** des Falls sich nicht hinreichend im Verfügungsverfahren aufklären lassen (KG CR 1004, 738; LG Köln ZUM 2003, 508, 511). Primär sollten das aber Fälle sein, in denen die Verletzungshandlung tatsächlich komplex ist und z.B. für eine abschließende Beurteilung ein Sachverständengutachten im Hauptsacheverfahren eingeholt oder Zeugen persönlich gehört werden müssen. Für sich genommen kann aber nicht genügen, dass die Rechtekette kompliziert ist, weil ansonsten für das Werk niemals Einstweiliger Rechtsschutz beansprucht werden könnte; mit Recht stellt deshalb OLG Celle GRUR 1998, 50 – *Amiga-Betriebssystem* für das Fehlen des Verfügungsgrundes nicht allein darauf ab, dass die Rechteinhaberschaft komplex war. Im Sinne eines wirksamen Urheberrechtsschutzes ist **zweitinstanzlicher Sachvortrag** großzügig zuzulassen und eine Nachlässigkeit gem. § 531 Abs. 2 ZPO im Zweifel abzulehnen. Das gilt beispielsweise, wenn die komplizierte Rechtekette erst in der mündlichen Verhandlung der ersten Instanz relevant bestritten wird (OLG Hamburg GRUR-RR 2003, 135, 136 – *Bryan Adams*).

202   Der Verfügungsgrund entfällt nicht grundsätzlich mit **Beendigung des Verstoßes**. Beispielsweise bleibt der Verfügungsgrund bestehen, wenn eine urheberrechtsverletzende Website nicht mehr von der Hauptseite, sondern nur noch über Suchprogramme erreichbar ist (OLG Hamburg Urt. V. 09.04.2008, Az. 5 U 124/07, S. 7; nur für den Ausnahmefall eines vorübergehenden „Tests" anders OLG Hamburg ZUM 2007, 917; LG Köln Urt. V. 18.03.2008, Az. 28 O 518/07; a.A. KG Beschl. v. 19.06.2007, Az. 5 W 140/07 und LG München I Beschl. v. 06.07.2007, Az. 7 O 11707/07), weil der Verletzer die Seite jederzeit wieder einstellen könnte. Auch ist nicht ersichtlich, welches gewichtige Interesse der Verletzer haben sollte, dass keine Verfügung gegen ihn ergeht; vielmehr befördert die Entscheidung im Verfügungsverfahren regelmäßig eine außergerichtliche Einigung. Für den Erlass einer einstweiligen Verfügung kann eine **Nachahmungsgefahr** sprechen, z.B. wenn eine unrechtmäßige Vervielfältigung den Eindruck erweckt, dass ein Werk nicht urheberrechtliche geschützt sei und daher von jedem anderen auch vervielfältigt werden könne (OLG Köln ZUM-RD 1998, 110).

Der Verletzte muss außerdem ein Interesse an einer dringlichen Rechtsverfol- **203** gung haben („**Dringlichkeit**"). Wartet der Verletzte nach Kenntnis zu lange mit der Antragstellung, ist das dringlichkeitsschädlich. Die „**Dringlichkeitsfrist**" ab Kenntnis wird von den **OLGen unterschiedlich** gesehen; hier gilt nichts anders als für das UWG (eingehend mit Nachweisen Hefermehl/*Köhler*/Bornkamm²⁶ § 12 UWG Rn. 3.15; *Nordemann*¹⁰ Rn. 3062). OLG München (GRUR 1992, 328; genauso LG München I ZUM-RD 2001, 203, 205), OLG Nürnberg, OLG Jena (WRP 1997, 703 nach *Orth*), OLG Hamm (NJWE-WettbR 1996, 164) und OLG Köln (GRUR 2000, 167) sind mit einer starren Frist von 1 Monat am strengsten. Die anderen Gerichte wenden flexiblere Fristen von 1 bis 2 Monaten je nach Einzelfall an, bei triftigen Gründen auch länger: Das KG und das OLG Düsseldorf haben im Regelfall bei mehr als 2 Monaten Zweifel an der Dringlichkeit (KG GRUR-RR 2003, 262, 263 – *Harry-Potter-Lehrerhandbuch*; OLG Düsseldorf NJWE-WettbR 1999, 15; siehe aber KG GRUR-RR 2001, 244, 246: 2 1/2 Monate „noch hinnehmbar"), das OLG Rostock (nach *Koch* WRP 2002, 191, 196) gesteht 2 bis 3 Monate zu. OLG Hamburg WRP 1996, 774 verwahrt sich gegen feste Zeitgrenzen, kritisch ist hier schon 1 Monat bei völliger Untätigkeit, 6 Wochen bei zwischenzeitlicher Abmahnung und Weihnachten/Jahreswechsel sind nicht dringlichkeitsschädlich (OLG Hamburg Urt. v. 09.04.2008 – Az. 5 U 124/07, S. 7); so i.E. OLG Frankfurt WRP 2001, 951, s.a. WRP 1990, 836 f., wo es unter besonderen Umständen 4 1/2 Monate noch akzeptiert hat. 6 Monate dürften aber im Regelfall bei allen Gerichten zu lang sein (KG NJW-RR 2001, 1201, 1202 – *Urheberrechtsschutz für Gartenanlage*). Ein „Taktieren" und Zeigen von Kooperationsbereitschaft im Hinblick auf weitere Aufträge kommt dem Rechteinhaber nicht zugute (KG NJW-RR 2001, 1201, 1202 – *Urheberrechtsschutz für Gartenanlage*). Insb. kann ein triftiger Grund für eine längere Frist aber gegeben sein, wenn der Verfügungsantrag mit größerem Aufwand verbunden ist, z.B. bei längeren Rechteketten oder bei ausländischen Antragstellern wegen des Übersetzungs- und Abstimmungsaufwandes.

Das eigene Verhalten des Verletzten kann auch noch **während des Verfügungs-** **204** **verfahrens** die ursprünglich gegebene Dringlichkeit wegfallen lassen. So wenn er Versäumnisurteil gegen sich ergehen (OLG Frankfurt WRP 1995, 502) oder sich die Frist zur Berufungsbegründung verlängern lässt (OLG Hamm NJWE-WettbR 1996, 169 f.; OLG Nürnberg GRUR 1987, 727; OLG Frankfurt GRUR 1993, 855 LS; KG GRUR 1999, 1133 LS), nicht hingegen, wenn er nur die gesetzlichen Fristen ausschöpft (a.A. OLG Düsseldorf NJWE 1997, 27, 28; dagegen mit Recht KG NJW-RR 1993, 555 f. m.w.N.; OLG München

GRUR 1992, 328; OLG Köln NJWE-WettbR 1997, 176, 177; OLG Karlsruhe WRP 1997, 811, 812; OLG Hamm NJW-RR 1993, 366, 367); das gilt auch für die Vollziehungsfrist (a.A. OLG Düsseldorf WRP 1999, 865, das nur ein Zuwarten von 2 Wochen für nicht dringlichkeitsschädlich hält). Dringlichkeitsschädlich ist es, wenn nach erfolgloser 1. Instanz der Antrag zurückgenommen und bei einem anderen Gericht neu gestellt wird (OLG Karlsruhe GRUR 1993, 135; OLG Frankfurt WRP 2001, 716; a.A. OLG Hamburg (3. Senat) GRUR-RR 2002, 226). Vielmehr hat der Antragsteller nur Anspruch auf ein Eilverfahren, nicht jedoch auf mehrfache Versuche der Anspruchsdurchsetzung (OLG Hamburg (5. Senat) GRUR 2007, 614 – *forum-shopping*). **Veränderte Umstände**, z. B. die plötzliche Verstärkung der Verletzung, lassen die Dringlichkeit auch nach langem Zuwarten wieder aufleben (OLG Koblenz GRUR 1996, 499 f.; OLG Frankfurt AfP 1987, 528; Traub WRP 1981, 16 m.w.N.; *Nordemann*[10] Rn. 3062).

205 Die „Frist" beginnt erst ab *positiver* **Kenntnis der Tatumstände beim Rechteinhaber** zu laufen. Die Kenntnis ist – wie die Ansprüche aus § 97 – **werkbezogen** zu verstehen. Eine Kenntnis weiterer Rechtsverletzungen ist unschädlich (OLG Köln ZUM-RD 1998, 110). Also muss zu der Kenntnis, dass ein bestimmtes Ladengeschäft ständig illegale Tonträger verkauft, auch die Kenntnis kommen, dass das streitgegenständliche Werk dort illegal genutzt wird. Bei einer Internetdownloadplattform muss die Kenntnis des Rechteinhabers vom Upload des streitgegenständlichen Werkes gegeben sein; auch wenn er im Hinblick auf andere Verletzungen noch nie gegen die Plattform vorgegangen ist, besteht im Hinblick auf ein neu upgeloadetes Werk eine neue Dringlichkeit, weil es im Belieben des Rechteinhabers steht zu entscheiden, jetzt zumindest im Hinblick auf dieses Werk vorzugehen. Für die Frage der Kenntnis gelten die allgemeinen Grundsätze der **Wissenszurechnung** (§ 166 BGB); maßgeblich ist das Wissen der Personen, beim Rechteinhaber für die Geltendmachung von Urheberrechtsverstößen oder deren Ermittlung zuständig sind (OLG Köln WRP 1999, 222; sog. Wissensvertreter). Allerdings ist hier auch zu beachten, dass Großunternehmen sich nicht hinter ihrer arbeitsteiligen Arbeitsweise verstecken dürfen; der Einzelunternehmer, der alles weiß, soll nicht schlechter fahren als das Großunternehmen (OLG Frankfurt NJW 2000, 1961, 1962). Fahrlässige **Unkenntnis** beseitigt die Dringlichkeit **nicht**; niemand ist zur Marktbeobachtung verpflichtet (OLG Köln GRUR-RR 2003, 187, 188; *Teplitzky*[9] Kap 54 Rn. 29; *Nordemann*[10] Rn. 3062 m.w.N.); jedoch ist grob fahrlässige Unkenntnis, also ein bewusstes Sich-Verschließen, schädlich (OLG Hamburg WRP 1999, 683, 684; Hefermehl/*Köhler*/Bornkamm[26] § 12 UWG Rn. 3.15).

206 Auf Schuldnerseite fällt gegen den Verfügungsgrund ins Gewicht, wenn sein **Schaden aus der Vollziehung der Verfügung** besonders hoch ist (KG GRUR-RR 2004, 303, 306 – *automobil TEST*; OLG München GRUR 1988, 709, 710; OLG Celle GRUR 1998, 50 – *Amiga-Betriebssystem*), insb. ein Herstellungs- oder Vertriebsverbot angeordnet wird. Ist die Einstweilige Verfügung nicht offensichtlich berechtigt, kann in diesen Fällen eine **Sicherheitsleistung** gem. § 921 S. 2 ZPO durch das Gericht angeordnet werden (siehe KG NJW-RR 1986, 1127, 1128); von der Verneinung des Verfügungsgrundes sollte nur zurückhaltend Gebrauch gemacht werden, um eine wirksame Rechtsverfolgung zu gewährleisten (deshalb zw. OLG Celle GRUR 1998, 50 – *Amiga-Betriebssystem*). Eine Sicherheitsleistung ist auch denkbar, wenn die Vermögensverhältnisse des Gläubigers die Realisierung von Schadensersatzansprüchen nach Aufhebung unwahrscheinlich machen (KG GRUR-RR 2004, 303, 306 – *automobil TEST* m.w.N.).

Im Urheberrecht werden Einstweilige Verfügungen zumeist **ohne jede Anhö-** **207** **rung** des Gegners erlassen. Das ist nicht völlig unproblematisch (OLG Hamburg GRUR 2007, 614 – *forum-shopping*), insb. wenn eine Anhörung zur Klärung des Sachverhaltes sinnvoll erscheint oder der Schuldner noch nicht zumindest im Wege der Abmahnkorrespondenz Gehör erhalten hat. Ansonsten sollte das Anhörungserfordernis nicht überbetont werden (strenger und eingehend *Teplitzky* GRUR 2008, 34). Jegliche Anhörung verbietet sich ohnehin, wenn diese den Schuldner warnen und das Ziel des Verfügungsantrages zunichte machen würde wie z.B. bei der Sicherungsverfügung (vgl. § 98 Rn. 38). Zur Schutzschrift vgl. Rn. 211.

Soweit auf die Geltendmachung von Unterlassungsansprüchen durch einst- **208** weilige Verfügung im Wege eines *pactum de non petendo* verzichtet werden soll, kann das unzulässig sein (vgl. Vor §§ 31 ff. Rn. 211).

Zu **internationalen Aspekten** der Durchsetzung im einstweiligen Verfügungs- **209** verfahren, insb. im Lichte des TRIPS und der EUGVÜ siehe *Grosheide* GRUR Int. 2000, 310; ferner vgl. Vor §§ 120 ff. Rn. 102.

c) **Glaubhaftmachung: Glaubhaftmachungsmittel** sind **Urkunden** (§§ 415 ff. **210** ZPO), **eidesstattliche Versicherungen** (§ 294 Abs. 1 ZPO) und **präsente Zeugen** (§ 254 Abs. 2 ZPO); sie können auch durch eine **anwaltliche Versicherung** ersetzt werden. Die pauschale Versicherung des Anspruchstellers, der Tatsachenvortrag der Antragsschrift sei zutreffend, reicht nicht aus (BGH NJW 1988, 2045 f.: „Unsitte").

4. Schutzschrift

Wer als Anspruchsgegner mit einem Antrag auf Erlass einer Einstweiligen **211** Verfügung rechnet, kann Schutzschriften hinterlegen, um auch im Fall einer Entscheidung ohne mündliche Verhandlung gehört zu werden (allg. *Teplitzky* NJW 1989, 1667; *Nordemann*[10] Rn. 3041 f. mit Muster zum UWG; *Ahrens/ Spätgens*[4] Kap 6 Rn. 1 ff.). Sie ist in der ZPO nicht ausdrücklich geregelt, muss aber wegen Art. 103 GG von den Gerichten beachtet werden (OLG Koblenz GRUR 1995, 171). Die Hinterlegung erfolgt bei den in Frage kommenden Urhebergerichten (§ 105). Neuerdings besteht auch die Möglichkeit der elektronischen Hinterlegung nur einer Schutzschrift beim zentralen Schutzschriftenregister (ZSR), dessen sich schon viele Urhebergerichte bedienen (näheres www.schutzschriftenregister.de). Wenn der Antrag abgelehnt oder zurückgenommen wird, hat der Antragsgegner auf Kostenantrag Anspruch auf Kostenerstattung (BGH GRUR 2003, 456 – *Kosten der Schutzschrift I*); das gilt sogar bei Hinterlegung nach Rücknahme des Verfügungsantrags, wenn vorher der Verfahrensbevollmächtigte des Antragsgegners den Auftrag zur Erstellung der Schutzschrift schon entgegengenommen hatte (BGH GRUR 2007, 727, 728 – *Kosten der Schutzschrift II*: 0,8 Gebühr gem. Nr. 3101 Nr. 1 VV RVG).

5. Abschlussschreiben, Abschlusserklärung

Nach erfolgreicher Geltendmachung eines **Anspruchs** im Verfügungsverfahren **212** muss der Antragsteller zunächst die Reaktion des Antragsgegners abwarten. Er muss ihm deshalb nach Vollziehung der einstweiligen Verfügung noch angemessene Zeit zur Entscheidung lassen muss, ob der Antragsgegner die Sache ausfechten will (OLG Dresden NJWE 1996, 138; OLG Karlsruhe WRP 1996, 922 f.; OLG München NJWE 1998, 255). Die **Wartefrist** beträgt mindestens **zwei Wochen** (OLG Celle WRP 1996, 757, 758; OLG München NJWE-WettbR 1998, 255; Ullmann/*Hess* § 12 UWG Rn. 119, 121), eher sogar 1 Monat (OLG Stuttgart WRP 2007, 688). Diese Frist ist nicht starr, sondern kann bei besonderen Umständen auch für einen längeren Zeitraum gelten (OLG Frankfurt GRUR-RR 2003, 294 – *Wartefrist*), z.B. bei komplexer Rechtslage, vielen Beteiligten, ausländischen Anspruchsgegnern. Nach Ablauf der Wartefrist versendet der Gläubiger ein sog. **Abschlussschreiben**, in dem er den Schuldner auffordert, die Einstweilige Verfügung als endgültige Regelung anzuerkennen und ggf. die noch offenen übrigen Ansprüche (z.B. Schadensersatzansprüche) zu erledigen (Muster bei *Nordemann*[10] Rn. 3171). Wird die Hauptklage erhoben, ohne dass dem das Abschlussschreiben voranging, so riskiert der Kläger die Auferlegung der Kosten nach § 93 ZPO, wenn der Beklagte den Anspruch sofort, d. h. innerhalb der Frist für die Verteidigungsanzeige (§ 271 Abs. 2 ZPO), anerkennt. **Kosten** des Abschlussschreibens: 0,8 bis 1,5 Rahmengebühr aus § 14 RVG nach dem Wert der Hauptklage. Für den Kostenerstattungsanspruch gilt **§ 97a Abs. 1 S. 2, nicht aber Abs. 2 analog** (vgl. § 97a Rn. 39). **Es ist also für den Schuldner zur Kostenvermeidung sinnvoll, schon innerhalb der Wartefrist unaufgefordert zu reagieren.**

213 Inhaltlich muss die **Abschlusserklärung** das **Ziel erreichen, den Titel aus dem Verfügungsverfahren einem endgültigen Titel gleichzustellen.** Deshalb muss der Schuldner umfassend auf seine Rechtsmittel aus § 924 ZPO (Widerspruch), § 926 ZPO (Anordnung Klageerhebung) und nach § 927 ZPO (Aufhebung der Verfügung wegen veränderter Umstände) verzichten, sofern sie noch nicht verbraucht sind (BGH GRUR 1991, 76, 77 – *Abschlusserklärung*; BGH GRUR 1989, 115 – *Mietwagenmitfahrt* m.w.N.). Allerdings muss der Schuldner nicht vollständig alle Rechte aus § 927 ZPO aufgeben, weil sein Verzicht nur so weit gehen muss, wie auch ein rechtskräftiger Hauptsachetitel gehen würde. Gegenüber einem rechtskräftigen Hauptsachetitel kann der Schuldner noch die Einwendungen erheben, die eine Vollstreckungsgegenklage aus § 767 ZPO erlauben. Deshalb sollte der Schuldner formulieren, dass er die Einstweilige Verfügung **„als nach Bestandskraft und Wirkung einem rechtskräftigen Hauptsachetitel entsprechend anerkennt und demgemäß auf alle Rechte verzichtet, soweit auch ein Vorgehen gegen einen rechtskräftigen Hauptsachetitel ausgeschlossen wäre"** (siehe *Teplitzky*[9] Kap. 43 Rn. 6; *Nordemann*[10] Rn. 3174).

214 Auch wenn der Unterlassungstenor in unzulässiger Weise unbestimmt ist (dazu vgl. Rn. 44), meint der BGH, dass **eingrenzende Hinweise** bei Abschlusserklärungen nicht möglich seien (BGH GRUR 2005, 692, 694 – *„statt"-Preis*). Zumindest bei ohne Begründung erlassenen Einstweiligen Verfügungen sollte aber eine Ausnahme zugelassen werden, wenn ihnen Antragsschriften zugrunde liegen, die für einen Antrag mehrere Begründungen und damit mehrere Streitgegenstände einführen (vgl. Rn. 52). Der Schuldner kann nicht wissen, welche Begründung aus der Antragsschrift sich das Gericht bei Erlass der Verfügung zu Eigen gemacht hat. Er hat danach ein berechtigtes Interesse daran klarzustellen, inwieweit er die Einstweilige Verfügung anerkennt (*Nordemann*[10] Rn. 3176; siehe auch OLG Köln WRP 1998, 791, 794 – *Regional beschränkte Abschlusserklärung*). Auf eine Abschlusserklärung, deren Bestand vom **Ergebnis eines Parallelverfahrens abhängig** gemacht wird, braucht der Verletzte sich nicht einzulassen (BGH GRUR 1991, 76 f. – *Abschlusserklärung*). Bei mangelhafter Abschlusserklärung muss der Gläubiger dem Schuldner **Gelegenheit zur Nachbesserung** geben (OLG Stuttgart

WRP 1996, 152, 153). Eine ausreichende Abschlusserklärung lässt das **Rechts-schutzbedürfnis** für die Hauptsacheklage entfallen (BGH GRUR 2005, 692, 694 – *„statt"-Preis*).

Eine nur **mündlich abgegebene Erklärung** ist nicht ausreichend (KG GRUR **215** 1991, 258 – *Mündliche Abschlusserklärung*). Ein **Fax** des Verletzers wahrt zwar die ihm gesetzte Frist; der Gläubiger hat aber Anspruch auf Nachsendung eines unterschriebenen Originals (siehe BGH GRUR 1990, 530, 532 – *Unterwerfung durch Fernschreiben*).

6. Klage, negative Feststellungsklage

Unterlassungs-, Auskunfts- und Sicherungsansprüche, die sich für das Einst- **216** weilige Verfahren eignen (vgl. Rn. 198), können selbstredend auch nur im ordentlichen Klageverfahren geltend gemacht werden. Es muss allerdings zur Vermeidung der Kostenfolge des § 93 ZPO vorher abgemahnt werden (vgl. § 97a Rn. 5 ff.). Fand vorher ein Einstweiliges Verfügungsverfahren statt, muss der Gläubiger vorher ein Abschlussverfahren durchlaufen (vgl. Rn. 212 ff.). Tw. wird auch der im Verfügungsverfahren unterlegene Antragsgegner dem Antragsteller eine **Frist zur Erhebung der Hauptklage** nach § 926 ZPO setzen lassen, wenn er sich davon etwas verspricht (andere Beweislage, günstigere BGH-Rechtsprechung). Andere Ansprüche, insb. Schadensersatz-, Beseitigungs- und Herausgabeansprüche, können nur im ordentlichen Klageverfahren geltend gemacht werden.

Der angebliche Verletzer, der sich zu Unrecht angegriffen fühlt, kann das über **217** eine negative Feststellungsklage klären. Das **Feststellungsinteresse** (§ 256 Abs. 1 ZPO) besteht grundsätzlich nur, wenn dem Kläger eine gegenwärtige Gefahr der Unsicherheit dadurch droht, dass der Beklagte sich eines Rechts gegen den Kläger berühmt (Zöller/*Greger*[26]§ 256 Rn. 7). Damit kann negative Feststellungsklage erhoben werden, um eine etwaige Schadensersatzpflicht des zu Unrecht Abmahnenden dem Grunde nach zu klären (vgl. § 97a Rn. 42), außerdem wenn die Klärung der angeblichen Unterlassungsansprüche dazu dient, Rechtssicherheit z.B. für erneute, gleichartige Sachverhalte in der Gegenwart und in der Zukunft zu erlangen (BGH GRUR 1985, 571, 572 *„Feststellungsinteresse"*; LG München I GRUR-RR 2008, 44, 46 – *Eine Freundin für Pumuckl*; LG Stuttgart MMR 2008, 63 ff. für die versehentliche Abmahnung von Privaten; Ingerl/*Rohnke*[2], Vor §§ 14 bis 19 MarkenG Rn. 202). Bei unberechtigter Abmahnung auf Unterlassung kann der Verletzer aber auch positive Gegenansprüche stellen (vgl. § 97a Rn. 43 ff.). Das negative Feststellungsinteresse entfällt nachträglich, wenn der Anspruchsteller ebenfalls (ggf. durch Widerklage) klagt und seine Klage nicht mehr einseitig zurückgenommen werden kann (BGHZ 99, 340, 342 – *Parallelverfahren*). Zu Fragen des Gerichtsstands und des Verhältnisses zur positiven Unterlassungsklage *Schotthöfer* WRP 1986, 14. S. ferner OLG Köln WRP 1986, 428. Eine **Abmahnung** vor Klageerhebung ist nur in Ausnahmefällen erforderlich (BGH GRUR 2006, 168, 169 – *Unberechtigte Abmahnung*; BGH GRUR 2004, 790, 792 – *Gegenabmahnung*). Umstände, unter denen ausnahmsweise eine Gegenabmahnung als erforderlich angesehen wurde, sind: offensichtlich unzutreffende Ausgangsannahmen in der ursprünglichen Abmahnung, bei deren Richtigstellung mit einer Revision der Auffassung des angeblich Verletzten (= zu Unrecht Abmahnenden) gerechnet werden kann (BGH GRUR, 168, 169 – *Unberechtigte Abmahnung*; BGH GRUR 2004, 790, 792 – *Gegenabmahnung*; *Teplitzky*[9] Kap. 41 Rn. 74 m.w.N.); eine längere Zeitspanne seit der Abmahnung, in der entgegen der Androhung keine gerichtlichen Schritte erfolgt sind (BGH GRUR 2004, 790, 792 – *Gegenabmahnung*; s.a. OLG Stuttgart NJWE-WettbR 2000, 100, 101, wo 5 Monate zwischen Abmahnung und Klageerhebung als zu kurz angesehen wurden, um einen solchen Fall anzunehmen); Zurückweisung eines auf Erlass einer einstweiligen Verfügung gerichteten Antrags durch das Gericht und fehlende Weiterverfolgung des behaupteten Unterlassungsanspruchs durch den Abmahnenden (OLG Oldenburg WRP 2004, 652, 653).

7.   Zwangsvollstreckung von Unterlassungstiteln

218 Unterlassungstitel werden nach den §§ 890, 891 ZPO vollstreckt. Einstweilige Verfügungen müssen vorher vollzogen (§ 929 ZPO), Hauptsachetitel müssen mit Vollstreckungsklausel zugestellt sein. Ein Insolvenzverfahren gegen den Schuldner hindert die Zwangsvollstreckung gegen ihn wegen Verstoßes gegen eine Unterlassungsverpflichtung nicht (KG GRUR 2000, 1112).

219 Eine Bestrafung des Schuldners kommt nur für Handlungen in Betracht, die zwar nicht dem Wortlaut des Titels, wohl aber den Charakteristika der durch ihn verbotenen Verletzungshandlung entsprechen (sog. „Kerntheorie"; ausführlich hierzu vgl. Rn. 41 ff.). Zu einer Mehrzahl von Verstößen BGH GRUR 2001, 758, 759 – *Trainingsvertrag; Mankowski* WRP 1996, 1144; *Ulrich* WRP 1997, 93; *Schuschke* WRP 2000, 1008 m.w.N. Eine Bestrafung gem. §§ 890, 891 ZPO setzt **eigenes Verschulden** voraus (BVerfGE 84, 82). § 278 BGB findet keine Anwendung. **Der Schuldner trägt** für sein fehlendes Verschulden die Darlegungs- und Beweislast (OLG Köln WRP 1981, 546). Die Rechtsprechung ist streng. Irrelevant ist die Berufung auf eine entsprechende Beratung seines Anwalts (OLG Frankfurt NJW-RR 1996, 1071). Der Schuldner muss alles Zumutbare *tun*, um Verstöße zu verhindern. Der Schuldner muss seinen Mitarbeitern oder Beauftragten **mitteilen**, dass ihm per Androhung von Ordnungsmitteln bis € 250.000,-, ersatzweise Ordnungshaft die entsprechende Handlung verboten wurde und sie angesichts dessen schriftlich auffordern, die relevanten Handlungen zu unterlassen. Nur dann können die Beauftragten und Mitarbeiter die Bedeutung ihres Handelns richtig einschätzen (OLG Nürnberg WRP 1999, 1184, 1185; OLG Hamburg NJW-RR 1993, 1392). Verletzungsstücke sind zurückzuziehen, wenn er darüber noch die Verfügungsgewalt, insb. Eigentum, hat (BGH GRUR 1974, 666, 669 – *Reparaturversicherung*; OLG Hamburg NJWE-WettbR 2000, 15, 16 – *Spice Girls; Nordemann*[10] Rn. 3305 m.w.N.; anders aber wohl OLG Saarbrücken GRUR 2000, 921 – *Chronoslim*); der Verkauf bereits ausgelieferter Ware durch Händler verstößt also regelmäßig nicht gegen die Unterlassungspflicht des Herstellers (OLG Hamburg NJWE-WettbR 1997, 56), genauso wenig ist mangels Verfügungsgewalt ein Rückruf bei Letztabnehmern tunlich. Der Gläubiger sollte deshalb einen Rückrufsanspruch gesondert nach § 98 Abs. 2 geltend machen (vgl. § 98 Rn. 23 ff.). Der Schuldner muss sicherstellen, dass nur noch seine korrigierte Homepage abrufbar ist (OLG Köln CR 2000, 770). Ausnahmsweise wurde ein **Verschulden verneint,** wo das Unterlassungsgebot mehrere Jahre ordnungsgemäß befolgt und erst dann ein „Ausreißer" passiert war (OLG Frankfurt NJWE 1996, 156). Kein Verschulden liegt auch vor, wenn ein Host Provider als Störer zu zumutbaren Filteraktivitäten verpflichtet wurde, Verletzungen Dritter über seine Plattform aber nur mit unzumutbarem Aufwand ermittelbar waren (BGH GRUR 2007, 708, 712 Tz. 47 – *Internet-Versteigerung II*).

Für die **Höhe** der Ordnungsstrafe sind alle Umstände des Einzelfalles zu **220** betrachten. Zu berücksichtigen sind insb. Art, Umfang und Dauer des Verstoßes, der Verschuldensgrad, der Vorteil des Verletzers aus der Verletzungshandlung und die Gefährlichkeit der begangenen und möglicher künftiger Verletzungshandlungen für den Verletzten. Eine Titelverletzung soll sich für den Schuldner nicht lohnen (BGH GRUR 2004, 264, 268 – *Euro-Einführungsrabatt*). Das OLG Köln schöpft deshalb zu Recht den vollen aus dem Verstoß erzielten Gewinn ab (WRP 1987, 569).

Im Übrigen kann für die Zwangsvollstreckung aus urheberrechtlichen Titeln **221** auf die Ausführungen zur wettbewerbsrechtlichen Unterlassungsvollstreckung verwiesen werden; siehe *Teplitzky*[9] Kap. 57 Rn. 1 ff.; *Nordemann*[10] Rn. 3301 ff.

8. Kosten, Streitwert

Die Kosten für die Beschaffung der **Beweismittel** (z. B. des Buches oder der CD, **222** worin sich die Rechtsverletzung verkörpert) sind im Verletzungsprozess nach § 91 ZPO zu erstatten, jedoch sind die Testkaufkosten nur Zug um Zug gegen Übergabe und Übereignung der gekauften Sache festzusetzen (KGR 2003, 163; OLG Stuttgart NJW-RR 1986, 978; nach Herausgabe entstehen dann aber wieder Ansprüche gegen den Verletzer nach § 98, weil er wieder Eigentümer ist; zur Kritik vgl. § 98 Rn. 15). Entsprechendes gilt für die Kosten eines **Privatgutachtens**, wenn dessen Ergebnisse vom Gericht verwertet wurden oder nur mit seiner Hilfe die Rechtsverteidigung im Prozess sachgerecht vorbereitet werden konnte (OLG Frankfurt GRUR 1994, 532, 533 – *Software-Prozess*). Andere Aufwendungen zur Ermittlung und Rechtsverfolgung können nur im Kostenerstattungsverfahren geltend gemacht werden, wenn sie der Vorbereitung eines konkret bevorstehenden Rechtsschutzes dienen (BGH GRUR 2006, 439, 440 – *nicht anrechenbare Geschäftsgebühr*). Insb. die Kosten einer Abmahnung nur als Kostenerstattung nach § 97a (vgl. § 97a Rn. 29) oder als Schadensersatz nach § 97 Abs. 2 (vgl. Rn. 72) beansprucht werden (BGH a.a.O.).

Bei **Unterlassungs- und Beseitigungsansprüchen** wird der **Streitwert** vom Ge- **223** richt nach freiem Ermessen geschätzt (§ 3 ZPO). Maßgebend ist das Interesse des Klägers, künftige Verletzungen zu verhindern. Dies erfolgt aus einer „ex ante" Sicht. Der **Streitwertangabe des Klägers** kommt indizielle Bedeutung zu (BGH GRUR 1986, 93, 94 – *Berufungssumme*), ist aber aufgrund objektiver Faktoren zu überprüfen. Das wichtigste Merkmal ist der sog. **Angriffsfaktor** (drohender Verletzungsumfang; Qualität der Urheberrechtsverletzung; Vorsatz oder „nur" Fahrlässigkeit; Verschleierungsversuche; Verhalten nach Abmahnung; siehe *Ingerl/Rohnke*[2] § 142 Rn. 8). Der Angriffsfaktor kann weit über den Umfang der tatsächlichen Verletzung hinausgehen, weil es gerade Sinn des Unterlassungsanspruches ist, nicht nur die vorliegende, sondern auch weitere kerngleiche Verletzungen zu verbieten. Daneben ist auch der **Marktwert des Werkes** wertbildend: Bei bekannten Hollywood-Filmen ist danach ein wesentlich höherer Streitwert anzunehmen als bei Fernsehfilmen, die nur einmal verwertbar sind. Der Gedanke einer wirksamen **Abschreckung** kann sich auch für wenig erhebliche Rechtsverstöße streitwerterhöhend auswirken (OLG Hamburg GRUR-RR 2004, 342, 343 – *Kartenausschnitte*; ähnlich und auf die große Nachahmungsgefahr bei Rechtsverletzungen im Internet abstellend KG GRUR 2005, 88; a.A. OLG Frankfurt GRUR-RR 2005, 71, 72 – *Toile Monogram*). Im **Verhältnis einstweilige Verfügung/Hauptklage** ist die Streitwertbemessung sehr unterschiedlich (siehe auch *Nordemann*[10] Rn. 3326). Das Kammergericht legt in der Regel für das Verfügungsverfahren 2/3 des Hauptsachewertes zugrunde (WRP 2005, 368, 369). Das OLG Hamburg setzt den gleichen Streitwert für beide Verfahren an (NJWE-WettbR 1996, 44; NJWE-WettbR 2000, 247 f.), das OLG Köln nur dann, wenn das Verfügungsverfahren zur endgültigen Regelung führt (OLG Köln WRP 2000, 650). Auch sonst sind die Streitwertbemessungen regional unterschiedlich, siehe für illegale Uploads von **Musikwerken in Filesharing-Netzwerken** OLG Hamburg GRUR-RR 2007, 375: 10 Titel € 15.000 und 5 Titel € 10.000; für einen illegal upgeloadeten **Stadtplan**: KG GRUR 2005, 88: € 10.000 in der Hauptsache; dem folgend LG Köln Beschl. vom 10.04.2008, Az. 28 O 633/07; OLG Hamburg GRUR-RR 2004, 342: € 6.000 identisch für Verfügungs- und Hauptsacheverfahren. Bei Anträgen auf **Schadensersatz**, die noch nicht beziffert sind, weil die Haftung nur dem Grunde nach festgestellt wird (vgl. Rn. 126), muss eine grobe Schätzung des voraussichtlichen Endergebnisses erfolgen, was naturgemäß schwierig ist. Dann ist ein weiterer Abschlag von 20% wegen des bloß feststellenden Antrages vorzunehmen (Zöller/*Herget*[26] Rn. 16 „Feststellungsklage"). Zum Streitwert des **Vernichtungsanspruches** vgl. § 98 Rn. 36, des **Auskunftsanspruches** § 101 Rn. 90, des **Bestätigungsanspruches** § 101a Rn. 32 und des **Vorlageanspruches** nach § 101b vgl. § 101b Rn. 33.

9. Aufrechnung

224 Die Aufrechnung ist gegenüber den Ansprüchen aus § 97 jederzeit zulässig (§ 387 BGB). Ist der Gläubiger Treuhänder, so hängt die Zulässigkeit der Aufrechnung mit einer dem Schuldner gegen den Treugeber zustehenden Forderung von der besonderen Art und Gestaltung des Treuhandverhältnisses ab (BGHZ 25, 360, 367). Den Schadensersatzansprüchen einer VerwGes kann grundsätzlich nicht mit der Aufrechnung von Ansprüchen aus Rechtsbeziehungen des Schuldners zu dem ursprünglichen Inhaber der verletzten Urheberrechte begegnet werden (BGH GRUR 1968, 321, 327 – *Haselnuß*).

VIII. Verhältnis zu anderen Vorschriften

225 Da es sich bei den §§ 97 bis 103 um deliktsrechtliche Regelungen handelt, kann **zur ergänzenden Ausfüllung** der §§ 97 ff. **das allgemeine Deliktsrecht** der §§ 823 bis 853 angewendet werden. Das gilt insb. für die §§ 828, 829, 830 und 840 BGB.

226 Zu **weiteren Ansprüchen** bei Urheberrechtsverletzungen in den §§ **98 bis 103** neben den von § 97 gewährten Unterlassungs-, Beseitigungs- und Schadensersatzansprüchen vgl. Rn. 2 sowie die einzelnen Kommentierungen hierzu. § **97a** stellt allerdings für die Abmahnkostenerstattung (Verfolgungs- und Ermittlungskosten) eine gegenüber § 97 abschließende Spezialregelung dar (vgl. § 97a Rn. 41). § **102a** ordnet ausdrücklich an, dass Ansprüche außerhalb des UrhG unberührt bleiben. Vgl. § 102a Rn. 1 ff., insb. für Ansprüche aus **BGB** (Bereicherungsrecht, GoA) und aus **Vertrag**.

227 Die Rechtsinhaber sollten bei urheberrechtlichen **Straftaten** auch prüfen, ob sie ihre Schadensersatzersatzansprüche mit Hilfe der staatlichen Ermittlungsbehörden im Wege der sog. **Rückgewinnungshilfe** verwirklichen (§§ **111b ff. StPO**; dazu eingehend *Hansen/Wolff-Rojczyk* GRUR 2007, 468 ff.; vgl. § 106 Rn. 49).

§ 97a Abmahnung

(1) ¹**Der Verletzte soll den Verletzer vor Einleitung eines gerichtlichen Verfahrens auf Unterlassung abmahnen und ihm Gelegenheit geben, den Streit durch Abgabe einer mit einer angemessenen Vertragsstrafe bewehrten Unterlassungsverpflichtung beizulegen.** ²**Soweit die Abmahnung berechtigt ist, kann der Ersatz der erforderlichen Aufwendungen verlangt werden.**

(2) **Der Ersatz der erforderlichen Aufwendungen für die Inanspruchnahme anwaltlicher Dienstleistungen für die erstmalige Abmahnung beschränkt sich in einfach gelagerten Fällen mit einer nur unerheblichen Rechtsverletzung außerhalb des geschäftlichen Verkehrs auf 100 Euro.**

Übersicht

I. Allgemeines

1. Sinn und Zweck

Ziel der Vorschrift ist die Beilegung von urheberrechtlichen Streitigkeiten ohne **1** unnötige Inanspruchnahme der Gerichte. Die effektive Beilegung von Streitigkeiten über Unterlassungspflichten soll möglichst zwischen Verletzer und Verletztem bewerkstelligt werden (siehe RegE UmsG Enforcement-RL – BT-Drucks. 16/5048, S. 48). Auf diese Weise werden nicht nur dem Staat Kosten wegen entbehrlicher Rechtsstreitigkeiten vor den Gerichten erspart, sondern auch den Beteiligten die Gelegenheit gegeben, Kosten und Zeit zu sparen (Kostenvermeidungsfunktion; siehe Hefermehl/*Köhler*/Bornkamm[26] § 12 UWG Rn. 1.5). Um das zu erreichen, statuiert Abs. 1 S. 1 eine Obliegenheit zur Abmahnung (Abmahnlast). Abs. 1 S. 2 ermöglicht dem Verletzten im Gegenzug, die erforderlichen Kosten für die berechtigte Abmahnung vom Verletzer zurück zu verlangen. Abs. 2 deckelt unter bestimmten Voraussetzungen allerdings diese Kostenerstattung auf € 100.

2 **Vorbild** für § 97a Abs. 1 war die Regelung in **§ 12 Abs. 1 UWG** für wettbewerbsrechtliche Abmahnungen (RegE UmsG Enforcement-RL – BT-Drucks. 16/5048, S. 48 f.), so dass ergänzend auf die Fallpraxis hierzu zurückgegriffen werden kann. Anders als der RegE UmsG Enforcement-RL angibt (BT-Drucks. 16/5048, S. 49), können aber die übrigen Absätze von § 12 UWG nicht bei Urheberrechtsverletzungen Anwendung finden. § 12 Abs. 2 bis 3 UWG beziehen sich gar nicht auf Abmahnungen, Abs. 4 tritt hinter die Spezialregelung des § 97a Abs. 2 zurück (vgl. Rn. 31). Ohnehin käme allenfalls eine analoge Anwendung in Betracht, weil das UWG einen anderen Regelungsgegenstand als das UrhG hat und Urheberrechtsverletzungen grundsätzlich nicht über das UWG verfolgt werden können (vgl. Einl Rn. 85). Für gewerbliche Schutzrechte existieren **keine Schwesternormen im PatG, GebrMG, MarkenG, GeschmMG oder SortenSchG.** Der Gesetzgeber wollte mit § 97a insb. einen **Interessenausgleich bei privaten Rechtsverletzungen** herbeiführen, die im gewerblichen Rechtsschutz nicht denkbar sind. Ausgangspunkt soll der Schutz des Urhebers bzw. der Leistungsschutzberechtigten sein (RegE UmsG Enforcement-RL – BT-Drucks. 16/5048, S. 48). Diese sollen sich gegen die Verletzung ihrer Rechte wehren, dabei anwaltlicher Hilfe bedienen und die notwendigen Kosten erstattet verlangen können. Der Gesetzgeber wollte jedoch verhindern, dass dann, wenn es sich um einen Bagatellfall der privaten Rechtsverletzung handelt, der Verletzer mit „überzogenen Anwaltshonoraren" konfrontiert wird (RegE UmsG Enforcement-RL a.a.O.).

2. Früheres Recht

3 § 97a wurde erst zum **01.09.2008** mit der Umsetzung der Enforcement-RL eingeführt, ist jedoch – mangels irgendeiner Übergangsvorschrift – **auch auf davor liegende Verletzungen anwendbar.** Auch vor dem 01.09.2008 konnte der Verletzte bei berechtigter Abmahnung Kostenerstattung geltend machen, und zwar bei Verschulden als Schadensersatz aus § 97 und ohne Verschulden aus GoA gem. §§ 670, 677, 683 BGB (*Jan Bernd Nordemann* WRP 2005, 184 m.w.N.). Nunmehr erfasst § 97a jedoch „sämtliche Abmahnungen, die auf der Grundlage des Urheberrechtsgesetzes ausgesprochen werden" (RegE UmsG Enforcement-RL – BT-Drucks. 16/5048, S. 48), so dass § **97 bzw. GoA verdrängt** werden. Streng genommen regelt § 97a zwar nur die Abmahnung wegen Unterlassungsansprüchen gem. § 97 Abs. 1 („auf Unterlassung abmahnen"). Auch eine Kostenerstattung für die übrigen Ansprüche aus den §§ 97 bis 101b sollte aber nach § 97a erfolgen (vgl. Rn. 11), so dass auch insoweit § 97 bzw. GoA zurücktreten.

3.　EU-Recht und internationales Recht

Eine mit § 97a vergleichbare Regelung auf gemeinschaftsrechtlicher Ebene **4** besteht nicht. Allerdings schreibt Art. 3 Abs. 2 **Enforcement-RL** vor, dass Durchsetzungsmaßnahmen „wirksam, verhältnismäßig und abschreckend" sein müssen. Art 13 Abs. 1 Enforcement-RL ordnet an, dass der Verletzte seinen „erlittenen tatsächlichen Schaden" ersetzt verlangen kann. Insoweit bestehen insb. im Hinblick auf § **97a Abs. 2** erheblich **Bedenken**, ob dieser **richtlinienkonform** ist (vgl. Rn. 30). Eine richtlinienkonforme Auslegung scheidet jedoch wegen des entgegenstehenden Wortlautes des Abs. 2 aus (BGH WRP 1998, 600, 603 – *SAM*; BGH GRUR 1996, 202, 204 – *UHQ*); seine Voraussetzungen sollten aber zumindest eng ausgelegt werden.

II.　Tatbestand

1.　Abmahnungslast (Abs. 1 S. 1)

a) **Rechtsnatur; keine Rechtspflicht zur Abmahnung:** Mit dem Begriff „soll" **5** wurde klargestellt, dass keine echte Rechtspflicht zur Abmahnung besteht (RegE UmsG Enforcement-RL – BT-Drucks. 16/5048, S. 48 f.). Die Abmahnung ist auch keine Klagevoraussetzung. Ihr Fehlen präjudiziert weder ein mangelndes Rechtsschutzbedürfnis noch steht ihr Fehlen der Annahme einer Wiederholungsgefahr entgegen (OLG Düsseldorf MD 2006, 1171; Ullmann/ *Hess* JurisPK UWG § 12 Rn. 3 und 3.1). Wird eine mögliche und zumutbare Abmahnung unterlassen, riskiert der Verletzte jedoch, dass er die Kosten zu tragen hat, wenn der Beklagte den Anspruch nach § 93 ZPO sofort anerkennt. Denn in einem solchen Fall hat derjenige das gerichtliche Verfahren veranlasst, der gegen den Verletzer vorgeht, ohne ihm die Möglichkeit zu geben, ein (strafbewehrtes) Unterlassungsversprechen abzugeben (siehe Ullmann/*Hess* JurisPK UWG § 12 Rn. 4). In Ausnahmefällen kann jedoch eine Abmahnung trotz § 93 ZPO entbehrlich sein (vgl. Rn. 16 ff.).

b) **Verletzter und Verletzer:** Zu Verletzter (Aktivlegitimation) vgl. § 97 **6** Rn. 127 ff. Zu Verletzer vgl. § 97 Rn. 144 ff. Verletzer ist insb. nur derjenige, der bei Abmahnung schon passivlegitimiert war. Führt erst die Abmahnung zu Haftung, kommt § 97a nicht zur Anwendung; insb. besteht keine Kostenerstattungspflicht (vgl. § 97 Rn. 158).

c) **Abmahnung:** Eine Abmahnung i.S.v. § 97a ist die Mitteilung des Verletzten **7** an den Verletzer, dass der Verletzer durch eine im Einzelnen bezeichnete Handlung einen Urheberrechtsverstoß begangen habe, verbunden mit der Aufforderung, dieses Verhalten in Zukunft zu unterlassen (RegE UmsG Enforcement-RL – BT-Drucks. 16/5048, S. 48). Da durch den Urheberrechtsverstoß zwischen den Parteien ein gesetzliches Schuldverhältnis zustande gekommen ist, das durch die Abmahnung konkretisiert wurde, spricht man auch vom sog. **Abmahnverhältnis**. Daraus können sich für die Parteien **Antwort-** **und sonstige Treuepflichten** ergeben (BGH GRUR 1990, 381 – *Antwortpflicht des Abgemahnten*; *Nordemann*[10] Rn. 3011 ff.; Hefermehl/Köhler/*Bornkamm*[26] § 12 Rn 1.10 f.).

Die Abmahnung bedarf **keiner bestimmten Form** (Hefermehl/Köhler/*Born-* **8** *kamm*[26] § 12 UWG Rn. 1.22). Der **Inhalt** der Abmahnung richtet sich nach ihrem Zweck, ein Gerichtsverfahren zu vermeiden. Sie muss also alle Informationen enthalten, die der Verletzer benötigt, um die Chance zu haben, die

Beanstandung außergerichtlich zu erledigen (OLG Hamburg WRP 1996, 773; OLG Stuttgart WRP 1984, 439; OLG Koblenz GRUR 1981, 671, 674; Hefermehl/Köhler/*Bornkamm*[26] § 12 UWG Rn. 1.15). Zunächst ist dafür die Darlegung der für die Abmahnung relevanten **Tatsachen** erforderlich, für die den Anspruchsteller die Darlegungs- und Beweislast trifft (zur Darlegungs- und Beweislast vgl. § 97 Rn. 26 ff., 143, 175 f.); Beweismittel müssen aber nicht vorgelegt werden (KG GRUR 1983, 673, 674 – *Falscher Inserent*; *Teplitzky*[9] Kap. 41 Rn. 14 mwN.; *Nordemann*[10] Rn. 3014). Eine weitere Substantiierung muss wegen der Antwortpflicht im Abmahnverhältnis insb. auf Nachfrage eines Verletzers geschehen, der im Fall einer substantiierter Darlegung ankündigt, die Ansprüche außergerichtlich zu erledigen; ansonsten kann sich der Verletzer auf § 93 ZPO berufen (statt aller Zöller/*Herget*[26] § 93 Rn. 6 „Darlegungen gegenüber Beklagtem"). **Anspruchsberechtigung** (ggf. Rechtekette) und **Verletzungshandlung** (z.B. Ort, Datum, Zeit) müssen also auf Nachfrage ggf. substantiiert dargelegt werden. **Rechtlich** muss die konkrete Verletzungsform und damit das **konkrete Unterwerfungsverlangen** benannt werden. Wer eine Urheberrechtsverletzung durch Nutzung eines Werkes in voller Länge oder „in Teilen" abmahnt, die geschützten Werkteile aber nicht näher spezifiziert, setzt sich dem Risiko der Anwendung des § 93 ZPO aus, wenn der Schuldner nur eine Unterlassungserklärung für das Werk ganzer Länge abgibt und der Gläubiger die Spezifizierung seines Unterwerfungsverlangens erst vor Gericht vornimmt (KG WRP 2007, 1366, 1367). Regelmäßig enthalten Abmahnungen in der Praxis vorformulierte Unterlassungserklärungen; dazu besteht allerdings kein Zwang. Weitere rechtliche Details, insb. die **Anspruchsgrundlage**, muss die Abmahnung auch nicht enthalten. Auf Nachfrage des Verletzers, der zu einer außergerichtlichen Erledigung bereit ist, müssen ihm einschlägige Entscheidungen übersandt werden, soweit sie dem Abmahnenden bekannt sind (OLG Frankfurt GRUR 1984, 164; Fezer/*Büscher* § 12 UWG Rn. 11; Harte/Henning/*Brüning* § 12 UWG Rn. 42; *Teplitzky*[9] Kap. 41 Rn. 14 m.w.N.). Die Abmahnung muss außerdem gerichtliche Schritte androhen (OLG München NJWE-WettbR 1998, 65; OLG Düsseldorf WRP 1988, 107, 108; *Nordemann*[10] Rn. 3014 m.w.N.), was sich allerdings auch aus den Umständen ergeben kann (OLG Hamburg WRP 1986, 292; Hefermehl/Köhler/*Bornkamm*[26] § 12 UWG Rn. 1.21; *Teplitzky*[9] Kap. 41 Rn. 14 m.w.N).

9 Die Abmahnung hat schon aus Gründen der Rechtsklarheit eine **angemessene Frist** zur Erledigung der geltend gemachten Ansprüche zu setzen (str., wie hier: *Teplitzky*[9] Kap. 41 Rn. 14 m.w.N. zum Streitstand). Wie lang eine solche Frist bemessen sein muss, ist für jeden Einzelfall gesondert zu prüfen. Zu berücksichtigen ist dabei, dass der Verletzte genügend Zeit erhalten soll, die Beanstandungen in der Abmahnung und die Forderungen zur Unterwerfung – ggf. unter Einschaltung eines Rechtsanwaltes – zu prüfen (*Teplitzky*[9] Kap. 41 Rn. 15; *Nordemann*[10] Rn. 3015). Es sind alle Umstände des Einzelfalls zu berücksichtigen: Schwere und Gefährlichkeit der Tat; Vorbereitung eines Einstweiligen Verfügungsverfahrens oder (nur) eines Hauptsacheverfahrens (OLG München NJWE-WettbR 1998, 255); Flüchtigkeit der Verletzungshandlung, z.B. auf Messen; eigenes Zuwarten des Verletzten nach Kenntnis. Im Bereich des Wettbewerbsrechts hat die Rechtsprechung sieben bis zehn Kalendertage gewährt (weiterführend Hefermehl/Köhler/*Bornkamm*[26] § 12 UWG Rn. 1.19; *Nordemann*[10] Rn. 3015), was auch im Urheberrecht eine Daumenregel sein sollte, wenn nicht besondere Umstände kürzere Fristen erfordern. Eine zu kurze Frist wird durch eine angemessene Frist ersetzt (BGH GRUR

1990, 381, 382 – *Antwortpflicht des Abgemahnten*; OLG Köln WRP 1996, 1214, 1215). Auf eine Fristverlängerung muss sich der Gläubiger zumindest bei triftigen Gründen aufgrund seiner Treuepflichten im Abmahnverhältnis einlassen (*Teplitzky*[9] Kap. 41 Rn. 16); in jedem Fall muss der Abmahnende aber wegen seiner Antwortpflicht auf ein Fristverlängerungsgesuch antworten (vgl. Rn. 7).

Für die rechtliche Wirkung der Abmahnung (d.h. Vermeidung der Rechts- **10** folgen von § 93 ZPO) ist es ohne Belang, ob die **Abmahnung zu weit geht**, also ob zu weitgehende Ansprüche geltend gemacht werden (sofern für den Unterlassungsanspruch das konkrete Unterwerfungsbegehren noch feststellt werden kann, vgl. Rn. 8), ob für die Unterwerfung eine unangemessen hohe Vertragsstrafe gefordert oder eine zu kurze Erklärungsfrist gesetzt wird (OLG Köln WRP 1988, 56; OLG Hamburg WRP 1977, 808; OLG Hamburg WRP 1990, 32, 33; OLG Stuttgart WRP 1985, 53).

d) **„Auf Unterlassung":** Nach seinem Wortlaut regelt § 97a nur die Abmah- **11** nung wegen Unterlassungsansprüchen nach § 97 Abs. 1 (vgl. § 97 Rn. ff.). Andere Ansprüche nach den §§ 97 bis 101b, 103, also allgemeine **Beseitigungs-, Schadensersatz-, Vernichtungs-, Rückrufs-, Überlassungs-, Auskunfts- und Veröffentlichungsverlangen** sollten indes **in entsprechender Anwendung** ebenfalls erfasst sein. Sie werden regelmäßig neben Unterlassungsansprüchen in derselben Abmahnung geltend gemacht. Es wäre kaum gerechtfertigt, auf diese Ansprüche die allgemeinen Vorschriften von § 97 bzw. GoA anzuwenden, zumal nur dann der vom Gesetzgeber mit § 97a Abs. 2 angestrebte Interessenausgleich auch für andere als Unterlassungsansprüche stattfinden kann.

e) **Vor Einleitung eines gerichtlichen Verfahrens:** § 97a Abs. 1 regelt nur vor- **12** gerichtliche Abmahnungen, nicht jedoch Abmahnungen, die erst nach Erlass einer entsprechenden einstweiligen Verfügung („**Schubladenverfügung**") ausgesprochen werden (OLG Köln WRP 2008, 379 zu § 12 UWG mit insoweit identischem Wortlaut). Dafür kann auch keine Kostenerstattung verlangt werden, auch nicht nach anderen Vorschriften wie z.B. § 97 Abs. 2 S. 1 oder GoA, weil eine Abmahnung insoweit nicht erforderlich ist (OLG Köln WRP 2008, 379; OLG München GRUR-RR 2006, 176 – *Schubladenverfügung*; zur Erforderlichkeit vgl. Rn. 24 ff.).

f) **Gelegenheit zur Unterwerfung:** Das Verlangen nach zusätzlicher Abgabe **13** einer mit Vertragsstrafe bewehrten Unterlassungsverpflichtung (Unterwerfung) ist für das Vorliegen einer Abmahnung eigentlich nicht konstitutiv. Allerdings bedürfte es in § 97a Abs. 1 S. 1 UrhG bzw. § 12 Abs. 1 S. 1 UWG nicht eines gesonderten Hinweises auf die entsprechende Aufforderung („abmahnen und…"), so dass zusätzlich ein solches Verlangen zu fordern ist. In der Praxis stellt die Aufforderung zur Unterwerfung den Regelfall dar. § 97a Abs. 1 S. 1 greift das auf und stellt klar, dass der Verletzte dem Verletzer zumindest die Gelegenheit geben soll, den Unterlassungsanspruch durch Abgabe einer mit einer angemessenen Vertragsstrafe bewehrten Unterlassungsverpflichtung beizulegen. Das trifft indes nur für den Fall des wiederherstellenden Unterlassungsanspruches; beim vorbeugenden Unterlassungsanspruch muss nicht in jedem Fall zur Erledigung eine strafbewehrte Unterlassungserklärung abgegeben werden. Eingehend zum Ganzen vgl. § 97 Rn. 39 f.

Wer sich „ohne Anerkenntnis einer Rechtspflicht, aber rechtsverbindlich" **14** unterwirft (vgl. § 97 Rn. 34), kann sich über die Berechtigung der Abmahnung und damit über die Erstattungspflicht gem. Abs. 1 S. 2 weiter streiten (*Hess* WRP 2003, 353; Hefermehl/Köhler/*Bornkamm*[26] § 12 UWG Rn. 1.111). Fehlt es an einem solchen Vorbehalt, kommt indes unter Berücksichtigung der Umstände des Einzelfalls ein Anerkenntnis auch für den Erstattungsanspruch in Frage (AG Charlottenburg WRP 2002, 1472; kritisch aber *Hess* a.a.O.; s.a. *Teplitzky*[9] Kap. 46 Rn. 45, der triftige Gründe dafür fordert, dem Abgemahnten nicht die Kosten aufzuerlegen).

15 g) **Vollmachtserfordernis bei Anwaltsabmahnung?:** Streitig ist, ob der anwaltlichen Abmahnung wegen § 174 BGB eine Vollmacht beizulegen ist. Das KG und die OLGe Brandenburg, Frankfurt, Hamburg, Hamm, Karlsruhe, Köln, München und Stuttgart verneinen das, die OLGe Dresden, Düsseldorf und Nürnberg verlangen den Vollmachtsnachweis (siehe die Nachweise bei *Busch* GRUR 2006, 477 ff.; *Ohrt* WRP 2002, 1035 ff.; *Nordemann*[10] Rn. 3017). Richtigerweise kann die Vollmachtsvorlage nicht verlangt werden. Denn regelmäßig ist die Abmahnung auf den Abschluss eines Unterwerfungsvertrages gerichtet, weil der abmahnende Gläubiger nur dann im Verletzungsfall die Vertragsstrafe verlangen kann (vgl. § 97 Rn. 35), so dass § 174 BGB nicht greift (genauso Hefermehl/Köhler/*Bornkamm*[26] § 12 UWG Rn. 1.27). Die OLGe Stuttgart und Hamburg geben dem Verletzten aber zumindest die Möglichkeit, sich auf § 93 ZPO zu berufen, wenn er ohne inhaltliches Bestreiten des Anspruches außergerichtlich den Vollmachtsnachweis gefordert hat (OLG Stuttgart NJWE-WettbR 2000, 125; OLG Hamburg WRP 1982, 478; zustimmend Hefermehl/Köhler/*Bornkamm*[26] § 12 UWG Rn. 1.28). Dabei sind aber die Interessen des Gläubigers an einer raschen Erledigung zu berücksichtigen. Muss er die Vollmachten in einem zeitraubenden Verfahren, z.B. bei mehreren ausländischen Rechteinhabern, einholen, muss der Schuldner eine Unterlassungserklärung mit auflösender Bedingung für den Fall abgeben, dass der Vollmachtsnachweis nicht innerhalb einer bestimmten Frist erbracht wird (zutreffend *Teplitzky*[9] Kap. 41 Rn. 6a); auch ist für § 93 ZPO kein Raum, wenn der Schuldner die Vollmacht verlangt, ohne eine Unterlassungserklärung anzukündigen (OLG Hamburg WRP 1986, 106). **Zur Vermeidung von Risiken sollte in der anwaltlichen Praxis möglichst eine Vollmacht angesichts der etwas unübersichtlichen Rechtsprechung beigelegt werden.**

16 h) **Entbehrlichkeit der Abmahnung:** Ausnahmen von der Abmahnlast gelten zunächst in Fällen, in denen eine Abmahnung **unzumutbar** sein würde. Das wird angenommen bei **besonderer Eilbedürftigkeit**, bei der eine Abmahnung zu einer unbilligen Verzögerung für den Verletzten führen würde; heute ist jedoch fast jeder – insb. Unternehmer – entweder sofort per Fax, email oder binnen weniger Stunden mit Hilfe eines Kurierdienstes erreichbar. Bei besonderer Dringlichkeit – z.B. auf Messen – lassen sich auch Fristen von wenigen Stunden setzen (OLG Frankfurt GRUR 1984, 693); der Fall der Entbehrlichkeit der Abmahnung wegen besonderer Eilbedürftigkeit wird deshalb nur noch in seltenen Ausnahmefällen eintreten. Unzumutbarkeit wird daneben auch anzunehmen sein, wenn die einstweilige Verfügung im Falle einer Abmahnung vermutlich **ins Leere ginge**. Ein Beispiel ist die Vereitelung einer erfolgreichen Sequestration (vgl. § 98 Rn. 38) oder einer Vorlage von Belegen nach § 101b (vgl. § 101b Rn. 34) durch eine vorherige Abmahnung. Dann muss auch wegen der anderen Ansprüche, z.B. auf Unterlassung, nicht vorher abgemahnt werden.

Weiter wird eine Abmahnung auch dann entbehrlich sein, wenn der Verletzte **17** bei objektiver Betrachtung der Meinung sein durfte, dass eine **Durchsetzung des Anspruchs nur mit Hilfe der Gerichte möglich** sein werde. Relevant kann hier sowohl der Abmahnung vorausgegangenes als auch späteres Verhalten des Verletzers sein. Eine Entbehrlichkeit ist beispielsweise angenommen worden, wenn schon ein gleichartiger Verstoß erfolglos abgemahnt wurde (OLG Düsseldorf WRP 1998, 1028 f.; OLG Stuttgart NJW-RR 1987, 426; OLG Frankfurt WRP 1976, 775; OLG Hamburg WRP 1974, 632), wenn gegen eine **von den gleichen Personen geführte andere Firma** schon nach Abmahnung wegen des gleichen Verstoßes gerichtlich vorgegangen werden musste (OLG Saarbrücken WRP 1990, 548 f.; OLG Hamburg WRP 1973, 537); wenn der gleiche Anwalt für eine **andere aktivlegitimierte Partei** (z.B. für den Urheber) schon erfolglos abgemahnt hatte, wenn der Verletzer gegen eine Unterlassungsverpflichtung (BGH GRUR 1990, 542, 543 – *Aufklärungspflicht des Unterwerfungsschuldners*) oder gar gegen eine Einstweilige Verfügung verstößt (OLG Hamm WRP 1977, 349; OLG Köln WRP 1977, 357), wenn der Verletzer sein Verhalten später als rechtmäßig trotz einer erlassenen Einstweiligen Verfügung verteidigt (so dass bei Schubladenverfügungen – dazu vgl. Rn. 12 – eine Verteidigung gegen die Abmahnung eine Berufung auf § 93 ZPO ausschließt). Nicht ausreichend ist das Äußern einer bloßen Rechtsauffassung, weil damit noch nicht gesagt ist, dass man auch gewillt ist, sich darüber gerichtlich zu streiten (Hefermehl/Köhler/*Bornkamm*[26] § 12 UWG Rn. 1.51).

Vorsatz des Verletzers kann eine Abmahnung nicht für sich genommen entbehrlich machen (OLG Hamburg GRUR 1995, 836; Hefermehl/Köhler/*Bornkamm*[26] § 12 UWG Rn. 1.52; *Teplitzky*[9] Kap. 41 Rn. 22; allerdings ist die Rechtsprechung nicht einheitlich: *Nordemann*[10] Rn. 3013 m.w.N.). Jedoch wird eine vorherige Abmahnung gegenüber systematischen Rechtsverletzern dann für überflüssig gehalten, wenn es sich um „**böswillige**" und „**hartnäckige**" Verletzungen handelt (*Teplitzky*[9] Kap. 41 Rn. 35 ff. und Hefermehl/Köhler/*Bornkamm*[26] § 12 UWG Rn. 1.53, z.B. neben anderen auch KG WRP 2003, 101; OLG München WRP 1996, 930; OLG Hamburg WRP 1995, 1037, 1038). Das kann vor allem dann angenommen werden, wenn der Verletzer mit seinem System darauf spekuliert, den billigeren Weg der außergerichtlichen Unterwerfung gehen zu können.

2. Anspruch auf Aufwendungsersatz (Abs. 1 S. 2)

Abs. 1 S. 2 entspricht der Regelung der Abmahnkosten in § 12 Abs. 1 S. 2 **19** UWG (BT-Drucks. 16/5048, S. 35 und 48 f.). Deswegen kann grundsätzlich auch auf die zu dieser Norm entwickelte Lehre und Rechtsprechung zurückgegriffen werden. Der Anspruch auf Erstattung der erforderlichen Kosten der berechtigten Abmahnung besteht **verschuldensunabhängig**, denn es handelt sich der Sache nach um Aufwendungsersatz und nicht um Schadensersatz.

a) Berechtigte Abmahnung: Eine berechtigte Abmahnung muss zunächst **be- 20 gründet** sein. Die Abmahnung ist **begründet**, wenn der Abmahnende wegen des beanstandeten Verhaltens einen durchsetzbaren Unterlassungsanspruch hat. Das gilt auch dann, wenn der Anspruch bereits verjährt ist, die Einrede der Verjährung aber noch nicht erhoben wurde; nach Erhebung der Einrede wird die Abmahnung aber als von Anfang an unberechtigt behandelt (Hefermehl/Köhler/*Bornkamm*[26] § 12 UWG Rn. 1.84). Ist die Abmahnung **nur tw.** begründet, kommt es darauf an, ob durch das zu viel Verlangte auch mehr Kosten entstanden sind („Soweit die Abmahnung berechtigt ist").

21 Die Abmahnung darf außerdem **nicht missbräuchlich** sein (vgl. Rn. 38). Denn durch Missbrauch entfällt naturgemäß die Berechtigung.

22 Für die Berechtigung ist es aber **irrelevant**, ob sie **entbehrlich** war (a.A. wohl Hefermehl/Köhler/*Bornkamm*[26] § 12 UWG Rn. 1.68 und 1.82; zur Frage, wann Abmahnungen entbehrlich sind, vgl. Rn. 16 ff.). Denn die Entbehrlichkeit der Abmahnung privilegiert den Abmahnenden, nimmt ihm jedoch nicht die Möglichkeit der Abmahnung einschließlich Kostenerstattung.

23 Bei **mehreren Abmahnungen** sind alle Abmahnungen berechtigt, solange der Schuldner noch keine hinreichende Unterlassungserklärung zumindest gegenüber einem Gläubiger abgegeben hat (sog. Drittunterwerfung; vgl. § 97 Rn. 38). Ist das erfolgt, ist die Abmahnung unberechtigt und kann keine Kostenerstattungsansprüche auslösen, auch wenn der Gläubiger davon nichts weiß.

24 **b) Erforderliche Aufwendungen:** Nach § 97a Abs. 1 S. 2 sind nur erforderliche Aufwendungen für die Abmahnung erstattungsfähig. Für die Frage der Erforderlichkeit kann grundsätzlich auf die bisherige Rechtsprechung zu § 97 und GoA abgestellt werden, die auch nur für erforderliche Aufwendungen Erstattungsansprüche gewährten.

25 **aa) Anwaltskosten:** Sie sind dann zu erstatten, wenn die Einschaltung des Rechtsanwaltes erforderlich war und die konkreten Gebühren ordnungsgemäß berechnet wurden. Im Markenrecht hat sich die Auffassung durchgesetzt, dass die Einschaltung eines Rechtsanwaltes für den Verletzten **in der Regel** zur zweckentsprechenden Rechtsverfolgung **erforderlich** ist (siehe nur OLG Düsseldorf GRUR-RR 2002, 215, 215 – *Serienabmahnung*; OLG Hamm MMR 2001, 611, 611 – *FTP-Explorer*; noch weitergehend *Ingerl/Rohnke*[2] Vor §§ 14 bis 19 MarkenG Rn. 151: stets und ausnahmslos). Es ist nicht ersichtlich, warum im Bereich des Urheberrechts etwas anderes gelten sollte (*Jan Bernd Nordemann* WRP 2005, 184, 185 f.). Zu berücksichtigen ist, dass es – im Gegensatz beispielsweise zu nach § 8 Abs. 3 Nr. 2 UWG im UWG anspruchsberechtigten Verbänden – nicht die ureigenste Aufgabe von den Verletzten ist, Abmahnungen zu verfassen. Wenn der Urheber sich im Rahmen seines Veröffentlichungsrechtes dazu entschieden hat, das Werk in die Öffentlichkeit zu geben, steht vielmehr die Verwertung des Werkes, die regelmäßig von Verwertungsunternehmen übernommen wird, im Mittelpunkt. Rechtsverletzungen werden auch grundsätzlich nur deshalb verfolgt, um eine Störung der Verwertung abzuwehren. Die Verfolgung von Rechtsverletzungen ist also urheberrechtlich gesehen sekundärer Natur im Vergleich zur primären Natur der Nutzung des urheberrechtlich geschützten Werkes.

26 **Ausnahmefälle** sind dementsprechend sehr eng zu handhaben. Anders als das Wettbewerbsrecht, dem sich weite Teile des kaufmännischen Verkehrs in ihrer geschäftlichen Ausübung ständig anpassen müssen, ist das Urheberrecht eine schwierige Spezialmaterie. Diese kann überhaupt nur kompetent gehandhabt werden, wenn juristisches Fachwissen und Erfahrung eingebracht werden. **Einfach gelagerte Fälle**, die im Lauterkeitsrecht die Einschaltung von Anwälten überflüssig machen (BGH GRUR 2004, 789, 790 – *Selbstauftrag*), können im Urheberrecht kaum angenommen werden (eingehend *Jan Bernd Nordemann* WRP 2005, 184, 187). Zudem droht – anders als im UWG – bei unberechtigten Abmahnungen ein Schadensersatzanspruch des Abgemahnten (vgl. Rn. 50 ff.). Auch die Regelung des § 97a Abs. 2, die in „einfach gelagerten Fällen" die Anwaltskostenerstattung deckelt, zeigt, dass der Gesetzgeber von der Erforderlichkeit der Anwaltsabmahnung ohne Ausnahme ausgegangen ist. Eine vorhandene besondere Kompetenz des Verletzten durch eine **große Zahl von Abmahnungen** führt keinesfalls ausnahmsweise zum Entfall der Erforderlichkeit der Einschaltung eines externen Anwalts (*Jan Bernd Nordemann* WRP 2005, 184, 188 f.; für das MarkenG: OLG Hamm MMR 2001, 611, 612 – *FTP-Explorer*; OLG Düsseldorf GRUR-RR 2002, 215 – *Serienabmahnung* für das MarkenG). Das gilt auch dann, wenn der Verletzte über eine **eigene Rechtsabteilung** verfügt (*Jan Bernd Nordemann* WRP 2005, 184, 188 f.; a.A. *Ewert/v.Hartz* ZUM 2007, 450, 452; gegen eine Erforderlichkeit im insoweit nicht vergleichbaren Lauterkeitsrecht: BGH GRUR 2004, 789, 790 – *Selbstauftrag*, einschränkend jetzt aber BGH Urt. v.08.05.2008, Az. I ZR 83/06). Denn in den wenigsten Rechtsabteilungen von Unternehmen werden Spezialisten für Urheberrechtsverletzungen abkömmlich sein (instruktiv LG Köln MMR 2008, 126, 128). Zudem ist nicht ersichtlich, warum die knappen und teuren Ressourcen einer Rechtsabteilung dem Verletzer de-facto kostenlos zur Verfügung stehen sollen. Ferner gesteht der BGH dem nach UrhG aktivlegitimierten Rechteinhabern die Entscheidung zu, „ob und wie gegen den Verletzer vorgegangen werden soll" (BGH GRUR 1999, 325, 326 – *Elektronische Pressearchive*). Aus den genannten Gründen wird es ganz besonderer Umstände bedürfen, die Einschaltung eines Anwaltes einmal nicht als erforderlich anzusehen.

Entsprechendes gilt für **Verwertungsgesellschaften** gem. UrhWahrnG. Denn **27** das Geschäft der Verfolgung von Rechtsverletzungen ist ein anderes als das Geschäft der Wahrnehmung. Die einschränkende Rechtsprechung des BGHs zur Kostenerstattung von Fachverbänden gem. § 8 Abs. 3 Nr. 2 UWG (BGH GRUR 1084, 691, 692 – *Anwaltsabmahnung*) gilt für die VGen als Anspruchsberechtigte nicht. Das gilt alleine schon deswegen, weil es – anders als im UWG – für die Aktivlegitimation von VGen nicht erforderlich ist, dass sie diese Verletzungen selbständig verfolgen können.

Die **konkrete Höhe der Rechtsanwaltsgebühren** richtet sich nach der Bemes- **28** sung des Streitwertes und des Gebührensatzes (zum Streitwert vgl. § 97 Rn. 223). Der **Streitwert** der Abmahnung sollte sich nach dem Wert der Hauptsache, nicht nach dem Wert des Verfügungsverfahrens richten, weil die Abmahnung eine endgültige Befriedung anstrebt. Es steht ein Gebührenrahmen von **0,5 bis 2,5** zur Verfügung (§ 14 RVG). Eine Gebühr von 1,3 kann nach Anm. zu Nr. 2400 VV nur gefordert werden, wenn die Tätigkeit umfangreich oder schwierig ist. Im Regelfall ist jedoch bei urheberrechtlichen Angelegenheiten von einem hohen Schwierigkeitsgrad auszugehen. Es handelt sich um eine Spezialmaterie, die eine umfassende Einarbeitung eines nicht darauf spezialisierten Anwalts erfordert. Im Regelfall sollte es deshalb zulässig sein, für die Abmahnung eine Gebühr von 1,5 zu verlangen, in komplexeren Angelegenheiten auch 2,0 und mehr. Meist hat der Anwalt bei Abmahnung noch keinen Prozessauftrag seines Mandanten; schließlich muss erst einmal abgewartet werden, wie der Verletzer auf die Abmahnung reagiert. Der Anwalt sollte das in der Abmahnung auch dadurch betonen, dass er seiner Mandantin empfehlen werde, den Anspruch gerichtlich im Fall des fruchtlosen Fristablaufes geltend zu machen. Formuliert er, dass er ansonsten schon mit der Einleitung gerichtlicher Schritte beauftragt ist, kann der Anwalt nur die gerichtliche Prozessgebühr geltend machen; diese liegt bei nicht über 1,3; überdies ist sie – im Gegensatz zu den außergerichtlichen Geschäftsgebühren – voll auf später entstehende gerichtliche Anwaltsgebühren anrechenbar. – Die **Umsatzsteuer** („**Mehrwertsteuer**"), die der Anwalt erhebt, ist nur dann vom Verletzer zu erstatten, wenn der Verletzte nicht vorsteuerabzugsberechtigt ist (siehe BGH NJW 1972, 1460). Denn nur in diesen Fällen entsteht in Höhe der anwaltlichen Umsatzsteuer beim Verletzten ein Aufwand. Ansonsten sind die Anwaltskosten netto zu erstatten. – Spricht der Verletzer durch einen Anwalt **mehrere getrennte Abmahnungen** gegen verschiedene Verletzer aus, kann die Kostenerstattung dennoch nur auf (gesamtschuldnerische) Erstattung einer Gebühr gehen, wenn dieselbe Angelegenheit vorliegt (BGH GRUR 2008, 367, 368 – *Rosenkrieg bei Otto*); zur Missbräuchlichkeit in solchen Fällen vgl. § 97 Rn. 192.

29 **bb) Sonstige Verfolgungs- und Ermittlungskosten:** Aus § 97a Abs. 1 S. 2 können neben Anwaltskosten für die Abmahnung auch sonstige Verfolgungs- und Ermittlungskosten beansprucht werden (RegE UmsG Enforcement-RL – BT-Drucks. 16/5048, S. 49), also z.b. Ermittlungskosten zur **Identifizierung des Rechtsverletzers** (RegE UmsG Enforcement-RL a.a.O.), für die Ermittlung der Verletzung notwendige **Reisekosten** (BGH GRUR 2007, 431, 435 Tz. 43 – *Steckverbindergehäuse* für eine Indienreise), **Detektivkosten. Testkaufkosten** (z.B. Gestehungskosten für Verletzungsmuster) sind angeblich nur Zug um Zug gegen Übereignung und Übergabe der gekauften Sache (KGR 2003, 163; KG JurBüro 1991, 86; OLG München GRUR 1996, 56, 57 – *Pantherring*; OLG Stuttgart NJW-RR 1986, 978) zu erstatten; es entsteht dann allerdings postwendend ein Anspruch auf Vernichtung nach § 98, weil der Verletzer wieder Eigentum an dem Verletzungsstück erlangt (siehe OLG München GRUR 1996, 56, 57 – *Pantherring*). Zur Kritik vgl. § 98 Rn. 15. In begrenztem Umfang können diese Kosten bei späterer gerichtlicher Auseinandersetzung auch im **Kostenfestsetzungsverfahren** geltend gemacht werden (vgl. § 97 Rn. 222). Zur Frage des GEMA-Zuschlags für das **Vorhalten eines Ermittlungsapparates** vgl. § 97 Rn. 100. Die **Umsatzsteuer** („Mehrwertsteuer") ist nur dann Aufwand und zu erstatten, wenn der Verletzte nicht vorsteuerabzugsberechtigt ist (vgl. Rn. 28).

3. **Deckelung des Aufwendungsersatzes (Abs. 2)**

30 **a) Allgemeines** Abs. 2 begrenzt den Anwaltskostenerstattungsanspruch für die erstmalige Abmahnung in bestimmten Fällen auf einen Betrag von € 100. Abs. 2 ist eine Ausnahme von der Regel in Abs. 1 S. 2. Sie ist wie alle Ausnahmevorschriften **eng auszulegen.** Das erfordern auch die Zweifel an der **Richtlinienkonformität** des Abs. 2 im Hinblick auf die Enforcement-RL (vgl. Rn. 4).

31 Die Deckelung der erstattungsfähigen Kosten der ersten Abmahnung in Abs. 2 war heftig umstritten (*Ewert/v.Hartz* ZUM 2007, 450, 453, auch zu verfassungsrechtlichen Bedenken; siehe den Diskussionsbericht von *Alich/Schmidt-Bischoffshausen* GRUR 2008, 43, 50 ff.; siehe ferner BeschlE RAusschuss UmsG Enforcement-RL – BT-Drucks. 16/8783). Der Gesetzgeber hat sich bei § 97a Abs. 2 für die denkbar schlechteste Lösung entschieden, nämlich einen absoluten (Höchst-)Betrag, der inflationsbedingt ständig angepasst werden müsste, aber voraussichtlich niemals wird. Daran ändert auch nichts, dass der Bundestag im Gesetzgebungsverfahren (BeschlE RAusschuss UmsG Enforcement-RL – BT-Drucks. 16/8783) den Betrag immerhin noch auf € 100 (statt € 50 im RegE UmsG Enforcement-RL – BT-Drucks. 16/5048, S. 16, 48) angehoben hat. Die Regelungstechnik in § 97a Abs. 2 UrhG steht im Kontrast zu den flexibleren §§ 12 Abs. 4 UWG, § 142 Abs. 1, 2 MarkenG, § 144 Abs. 1 PatG, § 26 Abs. 1 GebrMG und § 54 Abs. 1, 2 GeschmMG, die eine Kostenentlastung durch korrigierte Streitwerte vorsehen (s.a. § 51 GKG). Eine sinnvolle Alternative zu § 97a Abs. 2 wäre auch eine Begrenzung des Gebührenrahmens nach § 14 RVG auf z.B. 0,5 bis 1,0.

b) Einfach gelagerte Fälle: Der Gesetzgeber geht von einem „einfach gelagerten **32** Fall" aus, wenn „**er nach Art und Umfang ohne größeren Arbeitsaufwand zu bearbeiten ist, also zur Routine gehört**" (RegE UmsG Enforcement-RL – BT-Drucks. 16/5048, S. 49). Der Rechtsausschuss nennt beispielhaft hierfür drei Fallgestaltungen: Öffentliches Zugänglichmachen eines Stadtplanausschnitts der eigenen Wohnungsumgebung ohne Ermächtigung des Rechteinhabers; Öffentliches Zugänglichmachen eines Liedtextes ohne Ermächtigung; Verwendung eines Lichtbildes in einem privaten Angebot einer Internetversteigerung ohne vorherigen Rechtserwerb (BeschlE RAusschuss UmsG Enforcement-RL – BT-Drucks. 16/8783, S. 63). Das soll offensichtlich Fälle beschreiben, bei denen **keinerlei Zweifel an einer Begründetheit der Abmahnung** bestehen. Das kann allerdings nur anhand einer **Einzelfallbetrachtung** festgestellt werden. Das gilt auch für die vorgenannten Beispielfälle des Rechtsausschusses. Bei einem Kartenausschnitt oder einem kurzen Liedtext kann zweifelhaft sein, ob er überhaupt schutzfähig ist. Schwierigkeiten kann auch die Feststellung der Passivlegitimation machen, wenn – gerade bei privaten Homepages – kein ordnungsgemäßes Impressum vorhanden ist. Auch die Anspruchsberechtigung kann eine komplexe und nicht zweifelsfreie Beurteilung erfordern. Begründete Zweifel sind indiziert, wenn die Abmahnungsantwort sie aufwirft, auch wenn ohne Anerkenntnis einer Rechtspflicht eine Unterlassungserklärung abgegeben wird; der Abgemahnte kann also selbst widerlegen, dass es sich um einen „einfach gelagerten Fall" handelt. Abzustellen ist auf die **Sicht des Durchschnittsanwalts**, nicht des Urheberrechtsspezialisten, weil die Auswahl eines Anwaltes mit Erfahrung und Kompetenz nicht zu Lasten des Verletzten gehen darf.

Nicht verwechselt werden darf Abs. 2 und seine Abmahnkostendeckelung für **33** einfache Fälle mit dem **Entfall der Erforderlichkeit der Einschaltung von Anwälten** bei einfachen Fällen (dazu BGH GRUR 2004, 789, 790 – *Selbstauftrag* für das Wettbewerbsrecht; s.a. BGH NJW 1995, 446, 447 für das allgemeine Schadensrecht). Letzteres ist für das Urheberrecht abzulehnen (vgl. Rn. 26), wie Abs. 2 durch seine bloße Deckelung selbst bestätigt.

c) Unerhebliche Rechtsverletzung: Eine unerhebliche Rechtsverletzung erfor- **34** dert ein geringes Ausmaß der Verletzung in qualitativer wie quantitativer Hinsicht, wobei es auf die Umstände des Einzelfalls ankommt (RegE UmsG Enforcement-RL – BT-Drucks. 16/5048, S. 49; s.a. LG Köln MMR 2008, 126, 127). Dabei ist der Begriff der unerheblichen Rechtsverletzung sehr eng auszulegen (vgl. Rn. 30). In aller Regel indiziert die Erforderlichkeit der Abmahnung bereits die Erheblichkeit der Rechtsverletzung. – Nur in **qualitativ** besonders gelagerten Fällen wird dem Verletzten die Erheblichkeit der Verletzung seiner Rechte abgesprochen werden dürfen. In der Gesetzesbegründung wird insb. das öffentliche Zugänglichmachen eines Stadtplanausschnitts der eigenen Wohnungsumgebung, eines Liedtextes auf einer privaten Homepage bzw. die Verwendung eines Lichtbildes in einem privaten Angebot einer Internetversteigerung für eine unerhebliche Rechtsverletzung gehalten (BeschlE RAusschuss UmsG Enforcement-RL – BT-Drucks. 16/8783, S. 63). In Relation dazu wird beispielsweise beim Anbieten eines vollständigen Kinofilms oder Computerspiels im Internet die qualitative Erheblichkeit auf der Hand liegen. – Die Erheblichkeit der Rechtsverletzung richtet sich nicht nur nach der Qualität der Rechtsverletzung, sondern auch nach der **Quantität**. Nicht umsonst ist bei den in der Gesetzesbegründung angeführten Beispielsfällen vom Zugänglichmachen „eines" Stadtplanausschnittes, Liedtextes etc. die Rede (BeschlE RAusschuss Enforcement-RL – BT-Drucks. 16/8783, S. 63). Demgegenüber wird bei 300 im Internet urheberrechtsverletzend angebotenen Musiktiteln auf jeden Fall von einer erheblichen Rechtsverletzung auszugehen sein (*Solmecke* MMR 2008, 129, 130). Im Ergebnis stellt deshalb das urheberrechtsverletzende Filesharing in den allermeisten Fällen eine erhebliche Rechtsverletzung dar (siehe LG Köln MMR 2008, 126 ff.).

35 d) **Außerhalb des geschäftlichen Verkehrs:** Die Deckelung gilt nur für Fälle, in denen die Rechtsverletzung außerhalb des geschäftlichen Verkehrs stattgefunden hat. Der Begriff des geschäftlichen Verkehrs ist nicht zu verwechseln mit dem Begriff des Handelns „im gewerblichen Ausmaß" des § 101 Abs. 2 (vgl. § 101 Rn. 43 ff. Ein Handeln im geschäftlichen Verkehr ist jede wirtschaftliche Tätigkeit auf dem Markt, die der Förderung eines eigenen oder fremden Geschäftszwecks zu dienen bestimmt ist (RegE UmsG Enforcement-RL – BT-Drucks. 16/5048, S. 49). § 97a Abs. 2 UrhG ist allerdings generell eng auszulegen (vgl. Rn. 30), der Begriff des geschäftlichen Verkehrs also weit (RegE UmsG Enforcement-RL – BT-Drucks. 16/5048, a.a.O.). „Geschäftlicher Verkehr" sollte damit gleichbedeutend mit dem Tatbestandsmerkmal der §§ 14 Abs. 2, 15 Abs. 2 MarkenG sein (siehe hierzu die Kommentierungen dort).

36 e) **Erstmalige Abmahnung:** Die Beschränkung des Kostenerstattungsanspruches gilt nur für die erste Abmahnung. Das Vorliegen einer erstmaligen Abmahnung ist aus Sicht des konkret betroffenen Verletzten zu beurteilen (RegE UmsG Enforcement-RL – BT-Drucks. 16/5048, S. 49). Für die zweite und folgende Abmahnung greift die Deckelung des Abs. 2 nicht. Damit sind Fälle gemeint, in denen derselbe Streitgegenstand bereits einmal gegenüber dem Verletzen abgemahnt wurde (a.A. *Ewert/v.Hartz* ZUM 2007, 450, 454: auch Abmahnungen einer anderen Verletzung bei Personenidentität der Parteien). Sobald der Verletzer also auf die erste Abmahnung keine Unterlassungserklärung abgibt, verliert er die Privilegierung des Abs. 2 und kann mit voller Kostenerstattung ein zweites Mal abgemahnt werden. Es kann danach z.B. für den Verletzten sinnvoll sein, zunächst selbst ohne Anwalt abzumahnen, um dann bei Erfolglosigkeit – ohne Anwendung des Abs. 2 – einen Anwalt zu beauftragen. Bei der begrenzten Autorität nichtanwaltlicher Abmahnungen kann das dazu führen, dass Abs. 2 weitgehend leer läuft.

37 f) **Rechtsfolge: EUR 100 maximal für anwaltliche Dienstleistungen:** Die Deckelung gilt nur für Kostenersatz für anwaltliche Dienstleistungen, also für die Anwaltskosten (vgl. Rn. 28). Für andere erforderliche Kosten der berechtigten Abmahnung bleibt es beim Grundsatz der vollen Erstattungsfähigkeit. Sofern also für die Ermittlung der Rechtsverletzung erforderliche sonstige Auslagen anfallen, etwa für die Ermittlung der Identität des hinter einer IP-Adresse stehenden Verletzers, sind diese nicht Bestandteil des in Abs. 2 genannten Betrages (RegE UmsG Enforcement-RL – BT-Drucks. 16/5048, S. 49). Nach dem Willen des Gesetzgebers sollen die gedeckelten Gebühren auch anwaltliche **Auslagen für Porto** einschließen (RegE UmsG Enforcement-RL a.a.O.), so dass die Geltendmachung der Auslagenpauschale i.H.v. bis zu € 20 i.S.v. VV 002 RVG ausgeschlossen ist. Das bedeutet, dass die erstattungsfähige Gebühr letztlich nur 80 Euro betragen kann. Ferner beinhaltet die Maximalsumme auch **Steuern** (RegE UmsG Enforcement-RL – BT-Drucks. 16/5048, S. 49), also insb. die Umsatzsteuer. Der vorsteuerabzugsberechtigte Verletzte kann also den Nettobetrag fordern, weil ihm in Höhe der an seinen Anwalt gezahlten Mehrwertsteuer kein Aufwand entstanden sein kann. Der kleine Urheber, der keine Vorsteuer ausweist, muss auch noch die Vorsteuer seines Anwaltes aus dem Maximalbetrag bezahlen.

III. Missbräuchlichkeit der Abmahnung

Hierzu vgl. § 97 Rn. 189 ff.   **38**

IV. Analoge Anwendung des § 97a auf Abschlussschreiben

Nach erfolgreicher Geltendmachung eines Anspruchs im Verfügungsverfahren **39** kann der Antragsteller nach Einhalten einer Wartefrist dem Antragsgegner ein sog. Abschlussschreiben schicken (vgl. § 97 Rn. 212 ff.). Darauf findet § 97a Abs. 1 S. 2 analog Anwendung, weil das Abschlussschreiben der Abmahnung vergleichbar ist (Hefermehl/*Köhler*/Bornkamm[26] § 12 UWG Rn. 3.73). Keine analoge Anwendung kommt aber für Abs. 2 in Betracht, weil es an der Vergleichbarkeit fehlt. Insb. ist ein Abschlussschreiben nicht mit einer erstmaligen Abmahnung vergleichbar, wenn vorher schon ein Verfügungsverfahren angestrengt wurde.

V. Prozessuales

Für den **Zugang der Abmahnung** ist in der OLG-Rechtsprechung umstritten, **40** ob der Abmahnende oder der Abgemahnte **darlegungs- und beweisbelastet** ist (siehe die Nachweise bei Hefermehl/*Köhler*/Bornkamm[26] § 12 UWG Rn. 1.31 f.; *Teplitzky*[9] Kap. 41 Rn. 6b). Richtigerweise wird angesichts der Möglichkeit, ein Fax zu senden bzw. die Abmahnung per Boten oder Einwurf Einschreiben zu versenden, heute zunehmend von einen Darlegungs- und Beweislast des Abmahnenden ausgegangen (OLG Düsseldorf GRUR-RR 2001, 199, 200; OLG Dresden WRP 1997, 1201, 1203; *Nordemann*[10] Rn. 3022; Hefermehl/*Köhler*/Bornkamm[26] § 12 UWG Rn. 1.31; a.A. *Teplitzky*[9] Kap. 41 Rn. 6b mwN.). Die Annahmeverweigerung steht dem Zugang gleich (KG GRUR 1989, 618, 619). Da die Einschaltung von Rechtsanwälten für die urheberrechtliche Abmahnung regelmäßig erforderlich ist, liegt die Darlegungs- und Beweislast dafür, dass ausnahmsweise die **Einschaltung von Rechtsanwälten** für die urheberrechtliche Abmahnung **nicht erforderlich** war, beim Abgemahnten (*Jan Bernd Nordemann* WRP 2005, 184, 186). Abmahnkosten sind nicht im **Kostenfestsetzungsverfahren** erstattungsfähig (eingehend vgl. § 97 Rn. 222). Vielmehr erfolgt sogar eine Anrechnung des Abmahnkostenerstattunganspruches für die außergerichtliche Geschäftsgebühr auf die gerichtlich festzusetzende anwaltliche Verfahrengebühr in Höhe von 50% (BGH NJW 2007, 2049).

VI. Verhältnis zu anderen Vorschriften

§ 97a ist lex specialis für die Kostenerstattung von Abmahnungen bei urhe- **41** berrechtlichen Verletzungstatbeständen (RegE UmsG Enforcement-RL – BT-Drucks. 16/5048, S. 48 f.). Insb. § 97 UrhG bzw. GoA (vgl. Rn. 3) sowie § 12 UWG analog (vgl. Rn. 2) treten zurück.

VII. Gegenansprüche bei unberechtigter Abmahnung

1. Feststellung

42 Der Abgemahnte hat kann die **negative Feststellung** einklagen, dass das in der Abmahnung geltend gemachte Recht nicht besteht (vgl. § 97 Rn. 217).

2. Unterlassungsanspruch

43 Ein Unterlassungsanspruch gegen unberechtigte Abmahnungen kann sich aus den **§§ 823 Abs. 1, 1004 BGB analog** ergeben (siehe BGH GRUR 2006, 433 – *Unbegründete Abnehmerverwarnung*; *Deutsch* GRUR 2006, 374, 377). Trotz kritischer Stimmen in der Literatur und der abweichenden Auffassung des I. Zivilsenats (BGH GRUR 2004, 958 – *Unberechtigte Schutzrechtsverwarnung*) hat der (Große Zivilsenat des) BGH daran festgehalten (BGH GRUR 2005, 882 – *Unberechtigte Schutzrechtsverwarnung*; fortgeführt bei BGH GRUR 2006, 219 – *Detektionseinrichtung* II; GRUR 2006, 432 – *Verwarnung aus Kennzeichenrecht II*; GRUR 2006, 433 – *Unbegründete Abnehmerverwarnung*), dass unberechtigte Abmahnungen einen **Eingriff des Abmahnenden in das Recht am eingerichteten und ausgeübten Gewerbebetrieb** („sonstiges Recht" i.S.v. § 823 Abs. 1 BGB) darstellen können. Zwar betraf die konkrete Entscheidung des Großen Zivilsenates (BGH GRUR 2005, 882 – *Unberechtigte Schutzrechtsverwarnung*) eine Verwarnung aus Kennzeichenrecht. Allerdings ist der Große Senat der differenzierten Betrachtung des vorlegenden I. Senats (siehe BGH GRUR 2004, 958, 959 – *Unberechtigte Schutzrechtsverwarnung*) nicht gefolgt, der zwischen Kennzeichenrechten und sonstigen Schutzrechten unterscheiden wollte (siehe *Sack* BB 2005, 2368, 2372; *Deutsch* GRUR 2006, 374). Grundsätzlich liegen der Rechtsprechung zu unberechtigten Abmahnungen bzw. Verwarnungen bezüglich Schutzrechten verallgemeinerungsfähige Erwägungen zugrunde (siehe *Teplitzky* GRUR 2005, 9, 10; *Ingerl/Rohnke*[2] vor §§ 14 bis 19 MarkenG Rn. 202). Deswegen können auch Abmahnungen im Urheberrechtsbereich bei fehlender Berechtigung § 823 Abs. 1 BGB unterfallen (*Spindler* in Bamberger/Roth § 823 BGB Rn. 125). Nicht differenziert wird zwischen **Herstellerverwarnung** einerseits und **Abnehmerverwarnung**, also der Abmahnung der Kunden des Herstellers, andererseits. In Fällen einer unberechtigten Abnehmerverwarnung können sowohl dem Abgemahnten als auch dem Hersteller Ansprüche zustehen.

44 Ein **Eingriff in den Betrieb** liegt vor, wenn der Abgemahnte sich aufgrund der in der Abmahnung angedrohten rechtlichen (und damit wirtschaftlichen) Konsequenzen gezwungen sieht, seine geschäftliche Tätigkeit, etwa seinen Vertrieb, aufgrund der Abmahnung einzuschränken (siehe Hefermehl/*Köhler*/Bornkamm[26] § 4 UWG Rn. 10.167). Die Betriebsbezogenheit ist auch dann noch gegeben, wenn der Abmahnende Dritte, z.B. die Abnehmer des vermeintlichen Verletzers abmahnt und diese aufgrund der Abmahnung ihre geschäftlichen Beziehungen zum Unternehmer abbrechen (siehe Hefermehl/*Köhler*/Bornkamm[26] § 4 UWG Rn. 10.180; *Spindler* in Bamberger/Roth § 823 BGB Rn. 121). Der Eingriff ist zu verneinen, wenn der Abgemahnte bzw. der Abnehmer (endgültig) überhaupt nicht reagiert (siehe *Spindler* in Bamberger/Roth § 823 BGB Rn. 120).

45 Der **Eingriff ist** grundsätzlich **rechtswidrig**, wenn dem Abmahnenden der gegen den Abgemahnten geltend gemachte Anspruch nicht zustand. Insoweit indiziert der Eingriff in den Betrieb nach der Rechtsprechung des BGH (siehe

BGH GRUR 2005, 882 ff. – *Unberechtigte Schutzrechtsverwarnung*) grund-
sätzlich dessen Rechtswidrigkeit. Diese **per-se Rechtswidrigkeit** folgert der
BGH aus der bevorzugten Stellung als Inhaber des gewerblichen Schutzrechts
(BGH GRUR 2005, 882, 883 f. – *Unberechtigte Schutzrechtsverwarnung*;
GRUR 2006, 219, 221 f. – *Detektionseinrichtung* II; neuerliche Zweifel bei
BGH GRUR 2006, 432, 433 – *Verwarnung aus Kennzeichenrecht II*; offen
gelassen von BGH GRUR 2006, 433, 435 – *Unbegründete Abnehmerverwarnung*). Sie ist mit Blick auf das Ziel der kürzlich umgesetzten Enforcement-RL
und einer insoweit gebotenen richtlinienkonformen Auslegung (vgl. Rn. 4)
bedenklich (Kritik auch bei OLG Düsseldorf GRUR 2003, 1027, 1028; *Teplitzky* GRUR 2005, 9, 13 f.; *ders.* WRP 2005, 1433; *Sack* VersR 2006,
1001 ff., die eine Interessenabwägung fordern; dagegen *Deutsch* GRUR 2006,
374, 378). Missbräuchliche Abmahnungen sind ohnehin rechtswidrige Eingriffe in den Gewerbebetrieb (vgl. § 97 Rn. 189 ff.).

Der Unterlassungsanspruch setzt zudem eine **Wiederholungsgefahr** voraus. **46**
Stellt die unberechtigte Abmahnung einen rechtswidrigen Eingriff in den
eingerichteten und ausgeübten Gewerbebetrieb dar, so indiziert das bereits
die Wiederholungsgefahr (siehe BGH GRUR 2006, 433, 435 a.E. – *Unbegründete Abnehmerverwarnung*). War die ursprüngliche Abmahnung berechtigt und wird sie erst durch später hinzutretende Umstände unberechtigt,
entfällt die Wiederholungsgefahr nur dann nicht, wenn sich der Abmahnende
weiterhin des geltend gemachten Rechts berühmt.

Der Unterlassungsanspruch aus den §§ 823 Abs. 1, 1004 BGB analog **verjährt** **47**
nach den allgemeinen zivilrechtlichen Vorschriften (§§ 195, 199 BGB).

Ein Unterlassungsanspruch kann sich auch aus den §§ 3, 4 Nrn. 7, 8 bzw. 10, **48**
§ 8 Abs. 1 S. 1 UWG ergeben (BGH GRUR 2006, 433, 434 Tz. 16 – *Unbegründete Abnehmerverwarnung*; *Ullmann* WRP 2006, 1070; *Hefermehl/Köh-
ler*/Bornkamm[26] § 4 UWG Rn. 10.176a; a.A. *Deutsch* GRUR 2006, 374, 375).
Das setzt allerdings das Vorliegen einer **Wettbewerbshandlung** (§ 2 Abs. 1
Nr. 1 UWG) voraus. Ansonsten läuft die Beurteilung der Unlauterkeit mit
der Rechtswidrigkeit nach § 823 BGB (vgl. Rn. 44 f.) parallel. Allerdings
wird eine Anschwärzung i.S.v. Nr. 8 meist daran scheitern, dass es an relevanten (falschen) Tatsachenbehauptungen fehlt, da die Abmahnung dem Grunde
nach eine Meinungsäußerung darstellt (siehe *Teplitzky* GRUR 2005, 9, 13)
und damit unter § 4 Nr. 7 UWG fällt.

Das **Verhältnis** zwischen dem Unterlassungsanspruch aus **§ 8 UWG** und aus **49**
den **§§ 823 Abs. 1, 1004 BGB** ist nicht abschließend geklärt. Insb. wegen der
Dringlichkeitsvermutung (§ 12 Abs. 2 UWG), der gerichtlichen Zuständigkeit
(§ 13, 14 UWG) und der kürzeren Verjährung (§ 11 UWG) könnte eine Subsidiarität der Ansprüche aus BGB von praktischer Bedeutung sein. Der Große
Senat des BGH hat trotz der dahingehenden Vorlagefrage des I. Senats (siehe
BGH GRUR 2004, 958, 959 – *Unberechtigte Schutzrechtsverwarnung*) keine
Veranlassung gesehen, zum Verhältnis ausdrücklich Stellung zu beziehen
(BGH GRUR 2005, 882 ff. – *Unberechtigte Schutzrechtsverwarnung*; siehe
dazu *Deutsch* GRUR 2006, 374, 375). Dennoch dürfte davon auszugehen
sein, dass keine Subsidiarität sondern Anspruchskonkurrenz gegeben ist (He-
fermehl/*Köhler*/Bornkamm[26] § 4 UWG Rn. 10.176a). Allerdings ist der I.
Senat in einer nachfolgenden Entscheidung von „an sich vorrangigen" wettbewerbsrechtlichen Vorschriften ausgegangen (BGH GRUR 2006, 433, 434
Tz. 16 – *Unbegründete Abnehmerverwarnung*). Freilich hat der I. Senat dabei
festgestellt, dass die §§ 3, 4 Nr. 8 UWG das Unterlassungsbegehren des Klä-

gers nicht vollständig erfassen konnten, womit es auf die Subsidiarität von § 823 Abs. 1 BGB nicht mehr ankam. Mithin bleibt eine abschließende Entscheidung abzuwarten.

3. Schadensersatzanspruch

50 Ein Schadensersatzanspruch kann sich im gewerblichen Bereich aus den §§ 3, 4 Nrn. 8 bzw. 10, § 9 UWG ergeben (vgl. Rn. 48 f.). Dieser verjährt nach den in § 11 UWG genannten Fristen, also in der Regel nach sechs Monaten. Das Verhältnis zwischen dem Schadensersatzanspruch aus UWG und etwaigen Ansprüchen aus BGB ist nicht abschließend geklärt (vgl. Rn. 49).

51 Ein Schadensersatzanspruch des Abgemahnten oder des Herstellers bei Abnehmerverwarnungen (vgl. Rn. 43) aus **§ 823 Abs. 1 BGB** setzt einen schuldhaften rechtswidrigen Eingriff in den eingerichteten und ausgeübten Gewerbebetrieb des Abgemahnten voraus. Grundsätzlich liegt ein Verschulden (siehe § 276 BGB) sowohl bei Vorsatz als auch bei Fahrlässigkeit vor. Der rechtswidrige Eingriff ist beispielsweise **vorsätzlich, wenn der Abmahnende weiß, dass die Abmahnung unberechtigt** ist (BGH GRUR 1963, 255, 257 – *Kindernähmaschinen*). Ob ein **fahrlässiger rechtswidriger Eingriff** vorliegt, hängt davon ab, ob der Abmahnende entsprechende **Sorgfaltspflichten** verletzt hat. Für einen niedrigen Sorgfaltsmaßstab könnte zwar der in § 97a Abs. 1 S. 1 gesetzlich geregelte Vorrang der Abmahnung (vgl. Rn. 1 ff.) sprechen, der den Verletzten gerade dazu anhält, vor dem gerichtlichen Verfahren erst einmal abzumahnen. Allerdings hat der (Große Senat des) BGH die **Ausdehnung des prozessualen Privilegs**, wonach auch fahrlässig unberechtigt geklagt werden darf, auf außergerichtliche Abmahnungen ausdrücklich **abgelehnt** (BGH GRUR 2005, 882, 885 – *Unberechtigte Schutzrechtsverwarnung*; GRUR 2006, 219, 221 f. – *Detektionseinrichtung* II; GRUR 2006, 433, 435; so schon *Meier-Beck* GRUR 2005, 535, 539; a.A. wohl Hefermehl/*Köhler*/Bornkamm[26] § 4 UWG Rn. 10.167; Kritik auch bei *Sack* BB 2005, 2268, 2370; *Wagner/Thole* NJW 2005, 3470, 3472; *Deutsch* GRUR 2006, 374, 376), womit der Verschuldensmaßstab nicht angepasst wird (siehe *Wagner/Thole* NJW 2005, 3470, 3472). Das bedeutet, dass **auch (einfach) fahrlässige unberechtigte Abmahnungen** einen schuldhaften rechtswidrigen Eingriff in den Gewerbebetrieb darstellen können (BGH GRUR 2005, 882, 885 a.E. – *Unberechtigte Schutzrechtsverwarnung*; GRUR 2006, 219, 221 f. – *Detektionseinrichtung* II). Art und Umfang der Sorgfaltspflichten des Abmahnenden werden maßgeblich dadurch bestimmt, inwieweit er auf den Bestand und die Tragfähigkeit seines Schutzrechts vertrauen darf (BGH GRUR 2006, 432, 433 – *Verwarnung aus Kennzeichenrecht II*). Mag bei eingetragenen, materiell geprüften Schutzrechten ein gewisses Vertrauen auf die Berechtigung gerechtfertigt sein (BGH a.a.O.), wird der Abmahnende bei Urheberrechten, die gerade nicht behördlich geprüft werden, gewissenhaft und sorgfältig unter Ausschöpfung aller zur Verfügung stehenden Erkenntnismittel zu prüfen haben, ob die Berechtigung zur Abmahnung besteht (siehe BGH GRUR 1997, 741, 742 – *Chinaherde*; BGH GRUR 1979, 332, 336 – *Brombeerleuchte*; OLG München ZUM 1994, 734, 735 f.; *Spindler* in Bamberger/Roth § 823 BGB Rn. 123). Das gilt erst recht bei einer (unberechtigten) Abnehmerverwarnung, die nur schuldlos erfolgt, wenn der eigentliche Verletzer erfolglos abgemahnt wurde oder seine Abmahnung ausnahmsweise unzumutbar ist (BGH GRUR 1979, 332, 333 – *Brombeerleuchte*; Hefermehl/*Köhler*/Bornkamm[26] § 4 UWG Rn. 10.180a; Wandtke/Bullinger/*Kefferpütz* Vor §§ 97 ff. UrhG Rn. 27). **In der Regel ist es**

daher erforderlich, Rechtsrat eines im Urheberrecht spezialisierten Rechtsanwaltes einzuholen (s.a. *Geisler* jurisPR-BGHZivilR 16/2006 Anm. 5). Bei unberechtigten **Abnehmerverwarnungen** sind die Sorgfaltsanforderungen wegen der hohen Gefährlichkeit für den Hersteller besonders hoch (BGH GRUR 1979, 332, 333 – *Brombeerleuchte*); grundsätzlich muss zunächst eine Herstellerverwarnung ausgesprochen werden, sofern der Hersteller bekannt ist.

Jedenfalls bei vorsätzlichen unberechtigten Abmahnungen, die einen Eingriff **52** in den eingerichteten und ausgeübten Gewerbebetrieb des Abgemahnten darstellen, kommt ein Schadensersatzanspruch aus § 826 BGB wegen sittenwidriger Schädigung in Betracht (siehe *Sack* BB 2005, 2368, 2373) bzw. kann u.U. auf § 824 BGB gestützt werden.

Der **Umfang des Schadensersatzes** umfasst die Kosten der erforderlichen recht- **53** lichen Prüfung, Beratung und Vertretung der Gegenabmahnung, also die erforderlichen Anwaltskosten (vgl. Rn. 25 ff.). Bei unberechtigter anwaltlicher Abmahnung wird es stets erforderlich sein, dass der Abgemahnte selbst einen Anwalt einschaltet. § 97a Abs. 2 findet keine Anwendung, weil er solche Fälle nicht regeln wollte. Ersatzfähig sind ferner die ggf. aufgrund der Störung des Betriebsablaufes entstandenen Schäden einschließlich entgangenen Gewinns (siehe Baumbach/*Hopt* vor § 1 HGB Rn. 68). Bei Abnehmerverwarnungen kann insb. der Hersteller seine (mittelbaren) Schäden aus vom Abgemahnten abgebrochenen Geschäften geltend machen.

Schadensmindernd kann sich ein **Mitverschulden** des Abgemahnten auswir- **54** ken. Ein solches wird insb. dann anzunehmen sein, wenn der Abgemahnte der Abmahnung folgt, obwohl er das Fehlen der Berechtigung unschwer hätte erkennen und den Abmahnenden hätte informieren können (*Spindler* in Bamberger/Roth § 823 BGB Rn. 123; Hefermehl/*Köhler*/Bornkamm[26] § 4 UWG Rn. 10.181 mwN.). Demgegenüber folgt ein Mitverschulden nicht alleine aus der Tatsache, dass der Schaden beim Abgemahnten auf seiner eigenen Willensentscheidung (z.B. den Vertrieb einzustellen) beruht. Denn solches selbstschädigende Verhalten wird grundsätzlich dem unberechtigt Abmahnenden zugerechnet (siehe *Spindler* in Bamberger/Roth § 823 BGB Rn. 120).

4. Sonstige Ansprüche

Aufwendungsersatz (etwa für rechtliche Beratung) kann der Abgemahnte nur **55** im Rahmen der genannten Schadensersatzansprüche geltend machen (vgl. Rn. 50 ff. Insb. **scheidet ein Aufwendungsersatz nach** den Grundsätzen der **GoA aus** (so auch Hefermehl/*Köhler*/Bornkamm[26] § 4 UWG Rn. 10.183). Denn der Abmahnende führt schon kein Geschäft des Abgemahnten (s.a. BGH GRUR 2006, 432, 433 a.E. – *Verwarnung aus Kennzeichenrecht II*). Ebenso ist **kein Anspruch aus** § **311 Abs. 2 BGB** (c.i.c.) gegeben, weil es bei einer unberechtigten Abmahnung am vertragsähnlichen Verhältnis fehlt (Hefermehl/*Köhler*/Bornkamm[26] a.a.O.). Allerdings kommt etwa für die **Kosten der berechtigten Gegenabmahnung** (vgl. Rn. 45) eine Kostenerstattung nach § 97a Abs. 1 S. 2 in Betracht (vgl. Rn. 19 ff.), ohne dass Abs. 2 Anwendung fände (vgl. Rn. 53). Die Kosten des vorgerichtlichen Abwehrschreibens oder der Gegenabmahnung sind nicht im Kostenfestsetzungsverfahren festsetzbar, sondern müssen separat eingeklagt werden (BGH GRUR 2008, 639 – Kosten eines *Abwehrschreibens*; vgl. Rn. 40).

§ 98   Anspruch auf Vernichtung, Rückruf und Überlassung

(1) ¹Wer das Urheberrecht oder ein anderes nach diesem Gesetz geschütztes Recht widerrechtlich verletzt, kann von dem Verletzten auf Vernichtung der im Besitz oder Eigentum des Verletzers befindlichen rechtswidrig hergestellten, verbreiteten oder zur rechtswidrigen Verbreitung bestimmten Vervielfältigungsstücke in Anspruch genommen werden. ²Satz 1 ist entsprechend auf die im Eigentum des Verletzers stehenden Vorrichtungen anzuwenden, die vorwiegend zur Herstellung dieser Vervielfältigungsstücke gedient haben.

(2) Wer das Urheberrecht oder ein anderes nach diesem Gesetz geschütztes Recht widerrechtlich verletzt, kann von dem Verletzten auf Rückruf von rechtswidrig hergestellten, verbreiteten oder zur rechtswidrigen Verbreitung bestimmten Vervielfältigungsstücke oder auf deren endgültiges Entfernen aus den Vertriebswegen in Anspruch genommen werden.

(3) Statt der in Absatz 1 vorgesehenen Maßnahmen kann der Verletzte verlangen, dass ihm die Vervielfältigungsstücke, die im Eigentum des Verletzers stehen, gegen eine angemessene Vergütung, welche die Herstellungskosten nicht übersteigen darf, überlassen werden.

(4) ¹Die Ansprüche nach den Absätzen 1 bis 3 sind ausgeschlossen, wenn die Maßnahme im Einzelfall unverhältnismäßig ist. ²Bei der Prüfung der Verhältnismäßigkeit sind auch die berechtigten Interessen Dritter zu berücksichtigen.

(5) Bauwerke sowie ausscheidbare Teile von Vervielfältigungsstücken und Vorrichtungen, deren Herstellung und Verbreitung nicht rechtswidrig ist, unterliegen nicht den in den Absätzen 1 bis 3 vorgesehenen Maßnahmen.

Übersicht

I.   Allgemeines

1   § 98 soll nach dem Willen des Gesetzgebers eine Fortdauer oder Ausweitung der urheberrechtlichen Beeinträchtigung verhüten (RegE UrhG– BT-Drucks. IV/270, S. 104). Er ist damit eine **Konkretisierung des allgemeinen Beseiti-**

gungsanspruchs des § 97 Abs. 1 S. 1 (HK-UrhR/*Meckel* Rn. 1; Möhring/Nicolini/*Lütje*² Rn. 4).

Zum **01.09.2008** wurde § 98 reformiert, um die **Enforcement-RL** umzusetzen **2** (dazu vgl. Rn. 4; vgl. Einl Rn. 45). Die neue Fassung ist – mangels irgendwelcher Übergangsvorschriften – auch auf Werke anzuwenden, die vor dem 01.09.2008 geschaffen wurden. Ab dem 01.09.2008 findet § 98 auch auf Verletzungshandlungen Anwendung, die davor begangen wurden. Die Umsetzung der Enforcement-RL fasst zunächst die Regelungen für die Vernichtung und Überlassung von Vervielfältigungsstücken und Vorrichtungen, die vorher getrennt in § 98 a.F. bzw. § 99 a.F. normiert waren, in § 98 Abs. 1 und Abs. 3 zusammen. Neu ist der Anspruch auf Rückruf in § 98 Abs. 2. § 98 Abs. 4 enthält eine neue Formulierung für die Verhältnismäßigkeitsprüfung, die vorher in § 98 Abs. 3 a.F. zu finden war. Schließlich wurde der bisherige § 101 Abs. 2 a.F. zu § 98 Abs. 5.

§ 98 kennt **drei Anspruchsarten:** Den *Vernichtung*sanspruch des § 98 Abs. 1, **3** den *Rückruf*sanspruch des § 98 Abs. 2 und den *Überlassung*sanspruch des § 98 Abs. 3. Der Verletzte hat ein **Wahlrecht** zwischen dem Vernichtungs- und dem Überlassungsanspruch (zum Prozessualen vgl. Rn. 36).

II. EU-Recht und Internationales Recht

Allgemein sollte die Auslegung des § 98 Abs. 1 bis 3 an einem effektiven **4** Urheberrechtsschutz orientiert sein, so wie dies Art. 3 Abs. 2 Enforcement-RL und auch Art. 8 Abs. 1 InfoRL **EU-rechtlich** vorschreiben (EuGH GRUR 2008, 241, 244 – Tz. 57, 62 – *Promusicae/Telefonica*). Art. 10 Enforcement-RL harmonisiert Vernichtungsansprüche nach § 98 Abs. 1. Ausweislich des RegE UmsG Enforcement-RL entspricht das deutsche Recht diesen Vorgaben, so dass keine inhaltliche Änderung des § 98 bei Umsetzung der Enforcement-RL erfolgt ist. Die Konformität des geltenden deutschen Rechts ist allerdings im Hinblick auf die im EU-Recht fehlende Voraussetzung von Besitz oder Eigentum des Verletzers zweifelhaft; deshalb ist eine richtlinienkonforme Auslegung denkbar (vgl. Rn. 10). Der Rückrufs- und Entfernungsanspruch aus den Vertriebwegen gem. Art. 10 Abs. 1 Enforcement-RL ist in § 98 Abs. 2 umgesetzt, vgl. Rn. 23 ff. Ein Überlassungsanspruch nach § 98 Abs. 3 findet sich zwar in der Enforcement-RL nicht, sollte aber von Art. 16 Enforcement-RL gedeckt sein. Die Verhältnismäßigkeitsregel des § 98 Abs. 4 ergibt sich aus Art. 10 Abs. 3 Enforcement-RL; auch § 98 Abs. 5 ist Ausfluss der Verhältnismäßigkeit und deshalb richtlinienkonform (RegE UmsG Enforcement-RL – BT-Drucks. 16/5048, S. 49). **Internationale Konventionen** verpflichten Deutschland zu einem effektiven Urheberrechtsschutz (Art. 41 TRIPS) sowie zur Gewährung von Vernichtungsansprüchen unter Wahrung der Verhältnismäßigkeit (Art. 46 TRIPS); zu TRIPS vgl. Vor §§ 120 ff. Rn. 17 ff.

Im **internationalen Privatrecht** erfolgt die Anknüpfung des § 98 nach dem **5** Schutzlandprinzip (vgl. § 97 Rn. 7; vgl. Vor §§ 120 ff. Rn. 59 ff.). Das hat zur Konsequenz, dass § 98 nur dann Anwendung findet, wenn die Vervielfältigungsstücke sich in Deutschland befinden (so auch Dreier/Schulze/*Dreier*² Rn. 6, allerdings unter unzutreffender Berufung auf OLG Düsseldorf GRUR 1993, 903, 907 – *Bauhaus-Leuchte*, wo der Kläger nur eine Vernichtung im Inland befindlicher Vervielfältigungsstücke beantragt hatte). Die Rechtswidrigkeit der Vervielfältigung und Verbreitung richtet sich bei möglichen vertraglichen Gestattungen nach Vertragsstatut, ansonsten nach Schutzlandprinzip. Eine wegen fehlenden urheberrechtlichen Schutzes in Italien rechtmäßig hergestellte Lampe, die in Deutschland wegen bestehenden Urheberrechtsschutzes rechtswidrig verbreitet wird, unterfällt deshalb § 98 (siehe BGH GRUR 2007, 871, 873 ff. – *Wagenfeld-Leuchte*; ferner BGH GRUR 2007, 50, 51 – *Le Corbusier-Möbel*).

III.   Vernichtungsanspruch (Abs. 1)

1.   Vernichtung von Vervielfältigungsstücken (S. 1)

6   Zu „**Urheberrecht oder ein anderes nach diesem Gesetz geschütztes Recht**" vgl. § 97 Rn. 8 ff.; zum Begriff der **widerrechtlichen Verletztung** vgl. § 97 Rn. 14 ff. Zum **Verletzten** (Aktivlegitimation) vgl. § 97 Rn. 127 ff.

7   a) **Vervielfältigungsstücke:** Der Vernichtungsanspruch ist beschränkt auf **Vervielfältigungsstücke** (dazu vgl. § 16 Rn. 9 ff.). Er umfasst nicht Werkoriginale. Damit sind aber nur Bearbeitungen gem. § 3 nicht umfasst; ihre Vernichtung kann nicht verlangt werden (*v. Gamm* Rn. 4; Schricker/*Wild*³ Rn. 4). Ein mehr oder weniger identisch abgemaltes Ölbild ist eine Vervielfältigung (vgl. § 16 Rn. 11) und unterfällt deshalb dem Vernichtungsanspruch (OLG Hamburg ZUM 1998, 938), die unfreie schöpferische Bearbeitung gem. § 23 eines Ölbildes nicht.

8   b) **Rechtswidrig hergestellt, verbreitet oder zur rechtswidrigen Verbreitung bestimmt:** Zum Begriff der **rechtswidrig hergestellten** Vervielfältigungsstücke vgl. § 96 Rn. 4 ff. und zum Begriff der **Verbreitung** vgl. § 17 Rn. 7 ff. **Rechtswidrig verbreitet** sind Vervielfältigungsstücke, die ohne vertragliche Zustimmung des Berechtigten (z.B. gar kein Verbreitungsrecht oder Verbreitung erfolgt abredewidrig) und ohne sonstige urheberrechtliche Gestattung (insb. Erschöpfung gem. § 17 Abs. 2; allgemeine Schrankenbestimmungen, §§ 44a bis 63) verbreitet werden (zur internationalprivatrechtlichen Anknüpfung von „rechtswidrig" vgl. Rn. 5). Zur rechtswidrigen Verbreitung **bestimmt** sind Vervielfältigungsstücke, die eine subjektive Zweckbestimmung der späteren Verbreitung tragen. Da es sich um eine innere Tatsache handelt, muss regelmäßig auf Indizien zurückgegriffen werden. Insoweit ist die Herstellung von nicht unerheblichen Mengen an rechtswidrig hergestellten Vervielfältigungsstücken bereits ein Indiz für eine entsprechende subjektive Zweckbestimmung. Auch ein bereits erfolgter Verkauf von Teilen des Lagers ist ein Indiz für die Bestimmtheit des Rests, verbreitet zu werden (Schricker/*Wild*³ Rn. 4). Kein Indiz bildet aber die Lagerhaltung von rechtmäßig hergestellten Vervielfältigungsstücken, z.B. vor Auslaufen eines Verlagsvertrages, sofern noch keine Bestände nach Vertragsende abgegeben wurden.

9   c) **Besitz oder Eigentum des Verletzers:** Ansprüche bestehen nur für solche Vervielfältigungsstücke, die im **Besitz oder Eigentum des Verletzers** stehen. **Besitz** umfasst unmittelbaren und mittelbaren Besitz. Auch der bloße – nicht besitzende – **Eigentümer** kann nach dem Wortlaut („oder") verpflichtet sein. Die **Vervielfältigungsstücke** müssen sich allerdings **in Deutschland** befinden (vgl. Rn. 5).

10   Die Voraussetzung von „**Besitz oder Eigentum**" ist **abzulehnen**. Schon das ProdPiratG hat zugleich mit der verschärften Fassung der Bestimmungen der Sonderschutzgesetze auch die §§ 74 ff. StGB neu gestaltet, dort aber sehr wohl, wenn auch unter besonderen Voraussetzungen (§§ 74 Abs. 2 Nr. 2, 74a StGB), die Einziehung von *producta et instrumenta sceleris* vorgesehen ist, die Dritten gehören oder zustehen (*Lührs* GRUR 1994, 264, 267). Trotz der gerade erfolgten Umsetzung der Enforcement-RL hat der Gesetzgeber an der Voraussetzung festhalten, dass ein Vernichtungsanspruch nur gegen einen Verletzer besteht, der Besitz oder Eigentum hat, obwohl dem Wortlaut des Art. 10 Abs. 1 Enforcement-RL das nicht zu entnehmen ist. Der RegE meint, die Voraussetzung sei Art. 10 Abs. 1 Enforcement-RL „immanent" (RegE UmsG Enforcement-RL – BT-Drucks. 16/5048, S. 31). Das ist indes wenig überzeugend und **nicht richtlinienkonform** (*Dreier* GRUR Int. 2004, 706, 712; Dreier/Schulze/*Dreier*² Rn. 1; dem RegE folgend: *Spindler*/*Weber* ZUM 2007, 257, 259 f.; *Seichter* WRP 2006, 391, 399 m. Fn. 71), weil Art. 10 Abs. 3 Enforcement-RL (umgesetzt in § 98 Abs. 4 S. 2) ausdrücklich die Interessen unbeteiligter Dritter schützt, was nur dann Sinn macht, wenn auch Nicht-Besitzer und Nicht-Eigentümer zur Vernichtung herangezogen werden können; der auf Art. 10 Abs. 3 bezugnehmende ErwG 24 nennt als Dritte sogar „in gutem Glauben handelnde Verbraucher und private Parteien". Da die Umsetzungsfrist der Enforcement-RL schon seit dem 29.04.2006 abgelaufen ist, kann eine korrigierende richtlinienkonforme Auslegung in Betracht gezogen werden (siehe BGH GRUR 2007, 708, 711 Tz. 38 – *Internetversteigerung II*; zu den Voraussetzungen für eine richtlinienkonforme Auslegung allgemein *Eisenkolb* GRUR 2007, 387, 389). Problematisch ist allerdings, dass entgegenstehendes nationales Recht nicht einfach beiseite geschoben werden kann (BGH WRP 1998, 600, 603 – *SAM*; BGH GRUR 1996, 202, 204 – *UHQ*). Das könnte verhindern, dass die ausdrücklich gesetzlich vorgesehene Tatbestandsvoraussetzung von Besitz oder Eigentum des Verletzers entfällt.

Zumindest muss das Tatbestandsmerkmal richtlinienkonform **eng zu Gunsten** **11** **des Verletzten ausgelegt** werden. Dafür dass der Schuldner einmal Eigentümer war, kommt dem Gläubiger zwar grundsätzlich die **Darlegungs- und Beweislast** zu; er kann sich jedoch auf die Erleichterung der sekundären Darlegungs- und Beweislast berufen (eingehend vgl. Rn. 39). Der Anspruchssteller muss nach der Rechtsprechung des BGH außerdem nur darlegen und beweisen, dass der Verletzer **einmal Besitz oder Eigentum** an relevanten Vervielfältigungsstücken hatte. Er muss nicht darlegen und ggf. beweisen, dass dies aktuell noch der Fall ist. Die Klärung dieser Frage erfolgt vielmehr im Vollstreckungsverfahren (BGH GRUR 2003, 228, 299 – *P-Vermerk*; OLG Hamm GRUR 1989, 502, 503 – *Bildflecken*). Scheitert ein Anspruch mangels zumindest früheren Besitzes oder Eigentums, kann der Verletzte – im Prozess sinnvoller Weise durch Hilfsantrag – Auskunft darüber verlangen, wer Besitzer oder Eigentümer ist (KG GRUR-RR 2001, 292, 294 – *Bachforelle*). Tritt vor der Durchsetzung des Anspruchs aus § 98 ein Besitz- oder Eigentumswechsel ein, kann das für den neuen Besitzer oder Eigentümer prozessuale Konsequenzen haben: Jedenfalls nach Klagezustellung muss der spätere Rechtsnachfolger die Entscheidung des Prozesses gegen sich gelten lassen (§ 326 ZPO, Öst. OGH ÖBl. 1977, 53, 54 – *Autowerbung mit Banknoten*). Mit einer Eigentumsübertragung *nach* Beschlagnahme, die wohl nur nach § 931 BGB möglich wäre, würden Verletzer und Erwerber wegen § 935 BGB nichts gewinnen.

Das Tatbestandsmerkmal „Besitz oder Eigentum des Verletzers" wird durch **12** die §§ 830, 840 BGB weiter eingeschränkt: **Passivlegitimiert** sind neben dem **Täter** als Eigentümer oder Besitzer der Vervielfältigungsstücke (vgl. Rn. 9) auch dessen **Mittäter, Anstifter** und **Gehilfen**. Darauf, ob sie Eigentum oder Besitz haben oder je hatten, kommt es nicht an, wenn sie den erforderlichen

Doppelvorsatz (Vorsatz rechtswidrige Haupttat und Vorsatz Teilnahme daran, vgl. § 97 Rn. 153) aufweisen (OLG Hamburg GRUR-RR 2007, 3, 5 – *Metall auf Metall*). Auch bloße **Störer** (vgl. § 97 Rn. 154 ff.) haften auf Vernichtung, weil der Vernichtungsanspruch ein Beseitigungsanspruch ist (vgl. Rn. 1), auf den die Störerhaftung erstreckt wird (vgl. § 97 Rn. 154). Mit Kenntniserlangung können Störer ohnehin auch als Täter oder Teilnehmer haften, wenn die illegale Vervielfältigung oder Verbreitung fortgesetzt wird (vgl. § 97 Rn. 159). – Allerdings macht die gerichtliche Durchsetzung eines Vernichtungsanspruches in der Praxis nur Sinn, wenn der Schuldner ohne Besitz oder Eigentum eine Herausgabe zur Vernichtung oder eine Vernichtung bewerkstelligen kann. Der Kreis der von Ansprüchen aus § 98 bedrohten Verletzer ist somit beträchtlich: Verleger, CD-Hersteller oder Filmproduzenten sind an der rechtswidrigen Herstellung der Vervielfältigungsstücke beteiligt; neben ihnen wirken Buchhändler, Kunsthändler, Filmverleiher, Bühnenvertriebe oder CD-Geschäfte an der rechtswidrigen Verbreitung mit. Auch Bibliotheken sind von den Ansprüchen aus § 98 bedroht, da das Verbreitungsrecht nur dann mit der Erstveräußerung endet (sich „erschöpft"), wenn diese rechtmäßig erfolgt war (vgl. § 17 Rn. 24 ff.). Die Darlegungs- und Beweislast für die Zugehörigkeit zu dem Personenkreis, welcher an der rechtswidrigen Herstellung der Verbreitung der Vervielfältigungsstücke beteiligt ist, trifft den Verletzten (vgl. § 97 Rn. 176).

13 **d) Kein Verschulden erforderlich:** Auf ein **Verschulden** kommt es nicht an (RegE UrhG – BT-Drucks. IV/270, S. 104). Auch der ahnungslose Buchhändler oder CD-Lieferant kann daher aus § 98 in Anspruch genommen werden (OLG Frankfurt ZUM 1996, 697, 700, für Tonträger, die vor der *Phil-Collins*-Entscheidung des EuGH vom 20.10.1993 – siehe § 120 – im guten Glauben an die Gemeinfreiheit der Aufzeichnungen in Deutschland verbreitet wurden). Für den schuldlosen Verletzer kann allerdings Abs. 4 in Betracht kommen (vgl. Rn. 28). Der schuldlose Verletzer hat auch das Vorrecht der Ablösung, wenn die Voraussetzungen des § 100 vorliegen (vgl. § 100 Rn. 3 ff.).

14 **e) Inhalt des Vernichtungsanspruches:** Der Vernichtungsanspruch geht auf **Veränderung der Substanz**, so dass eine urheberrechtliche Nutzung nicht mehr möglich ist. Bücher können eingestampft, Bilder, Fotografien, Filme, Plastiken aus brennbarem Material usw. können verbrannt werden. Bei digitalen Vervielfältigungsstücken muss der Datensatz so gelöscht werden, dass die Daten nicht rekonstruiert werden können (Dreier/Schulze/*Dreier*[2] Rn. 7). Zwischen verschiedenen gleich wirksamen Vernichtungsmöglichkeiten hat der Vernichtende die Wahl.

15 **Wer** die Vernichtung **durchzuführen** hat, ist dem Gesetz nicht zu entnehmen. BGH GRUR 2003, 228, 229 – *P-Vermerk* geht im Anschluss an BGH GRUR 1997, 899, 902 – *Vernichtungsanspruch* (zu § 18 MarkenG) davon aus, dass dies Sache des **Gerichtsvollziehers** im Vollstreckungsverfahren ist. Daneben kann der **Verletzer** die Vervielfältigungsstücke auch selbst vernichten (was er dann nachzuweisen hat) oder – auf entsprechenden Klageantrag – an den **Verletzten** zum Zwecke der Vernichtung herauszugeben; diesen Herausgabeanspruch sieht der BGH jedenfalls dann als gegeben an, wenn sonst das Risiko bestünde, dass die zu vernichtenden Sachen erneut in den Marktkreislauf geraten (BGH GRUR 1997, 899, 902 – *Vernichtungsanspruch*). In dem dort entschiedenen Fall hatte der Verletzer noch nach Erlass einer Verbotsverfügung erneut Piraterieware erworben; dieses Vorverhalten genügte dem Senat – mit Recht – für die Annahme eines solchen Risikos. Die **Kosten der Vernichtung**

hat der Verletzer zu tragen; es handelt sich um Vollstreckungskosten. Sollte der Verletzte überhöhte Kosten geltend machen, hätte der Verletzer die Möglichkeit, sich dagegen im Vollstreckungsverfahren zur Wehr zu setzen (BGH GRUR 1997, 899, 902 – *Vernichtungsanspruch*). Die Kosten der Vernichtung, die beim Gerichtsvollzieher entstehen, sind im Regelfall angemessen und auch eindeutig belegbar, so dass die Einschaltung des Gerichtsvollziehers schon deshalb sinnvoll ist (HK-UrhR/*Meckel* Rn. 3). Wenn der Verletzte die Herausgabe der dem Verletzer gehörenden Werkstücke verlangen kann, um sie sodann zu vernichten, muss er erst recht – *a maiore ad minus* – die ihm schon selbst gehörenden Werkstücke vernichten dürfen (unzutreffend OLG München GRUR 1996, 56, 57 – *Pantherring* für durch einen Testkauf erworbene Belegexemplare, das die Sanktionsfunktion der Gesamtregelung und das Verhältnis der Ansprüche aus § 98 zueinander verkennt). Der Gläubiger behält auch nach Vernichtung die Möglichkeit, im Kostenfestsetzungsverfahren die Testkaufkosten festsetzen zu lassen, muss allerdings Zug-um-Zug das (unbrauchbare) Material an den Schuldner herausgeben (a.A. KG KGR Berlin 2003, 163: Festsetzung nur bei Zug-um-Zug-Herausgabe des unversehrten Stückes, was unsinniger Weise auf eine Geltendmachung von Vernichtungsansprüchen postwendend nach Herausgabe hinausläuft).

2. Vernichtung von Vorrichtungen (Satz 2)

16 Die Regelung zu den Vorrichtungen in Satz 2 wurde erst durch die **Umsetzung der Enforcement-RL** zum 01.09.2008 in § 98 aufgenommen; vorher war sie in § 99 a.F. zu finden. Inhaltlich änderte sich aber nichts (RegE UmsG Enforcement-RL – BT-Drucks. 16/5048, S. 32, 49).

17 a) **Vorrichtung:** Der Begriff der Vorrichtung ist **weit auszulegen**, um dem Schutzzweck des § 98 gerecht zu werden. So ließ die Novelle 1990 die alte Aufzählung, die sich nur auf Druckvorlagen bezog, wegfallen, um den umfassenden Anwendungsanspruch zu untermauern und „alle denkbaren Vorrichtungen" zu erfassen (RegE ProdPiratG – BT-Drucks. 11/4792, S. 43). „Vorrichtung" ist ein neutraler Begriff für **sämtliche Gegenstände**, die der **Herstellung** der Vervielfältigungsstücke **kausal** dienen. Auch erwähnt Art. 10 Enforcement-RL „Materialien und Geräte", was im Rahmen der richtlinienkonformen Auslegung (vgl. Rn. 4) ebenfalls für ein sehr weites Verständnis spricht. Erfasst werden also **Kopiergeräte** (z.B. Fotokopierer, CD- und DVD-Brenner, Kassetten- und Videorecorder; vgl. § 54 Rn. 3) und **Leermedien** (z.B. CDs, DVDs, Compactkassetten, Videokassetten, Disketten, Festplatten; vgl. § 54 Rn. 3), Leermedien scheiden allerdings regelmäßig aus anderen Gründen als Vernichtungsgegenstand des § 98 aus (vgl. Rn. 20). Nach zutreffender Auffassung fallen auch sämtliche **Vorlagen für die Vervielfältigung** darunter, z.B. Druckvorlagen wie Lithografien und Druckstöcke (KG GRUR-RR 2001, 292, 294 – *Bachforelle*), Masterbänder im Audio- und Filmbereich, auf Festplatten oder anderen digitalen Medien elektronisch gespeicherte Dateien (Möhring/Nicolini/*Lütje*[2] Rn. 2; Dreier/Schulze/*Dreier*[2] Rn. 5). Es spielt keine Rolle, ob diese Vorlagen rechtmäßig sind. Rechtmäßig können Vorlagen z.B. dann sein, wenn die Vorlage rechtmäßig erworben (§ 17) oder erzeugt wurde, z.B. als Privatkopie gem. § 53. In rechtmäßig hergestellten Vorlagen sollte sogar der Hauptanwendungsbereich des § 98 Abs. 1 S. 2 liegen, weil Kopiergeräte, Leermedien und andere kausale Vorrichtungen oft nicht die Mindestvoraussetzung erfüllen werden, dass sie „vorwiegend" zur Herstellung der illegalen Vervielfältigungsstücke gedient haben (vgl. Rn. 20); zudem fallen rechtswidrige Vorlagen schon unter § 98 Abs. 1 S. 1. Wegen der Neutralität des Vorrichtungsbegriffs sind außerdem auch Farben und Leinwand, die zum Herstellen der Kopie eines Ölbildes verwendet werden, oder nachgebaute Kulissen für das Plagiat eines Fotos Vorrichtungen nach § 98 Abs. 1 S. 2. Ein LKW, der zum Transport der Vervielfältigungsstücke verwendet wird, erfüllt aber nicht den Begriff der Vorrichtung nach § 98, wenn er nur die Vervielfältigungsstücke transportiert, es sei denn, der LKW wird als Vervielfältigungswerkstatt genutzt.

18   **b) Vorwiegend zur Herstellung dieser Vervielfältigungsstücke gedient:** Nach dem Wortlaut des § 98 Abs. 1 S. 2 muss die Vorrichtung ferner der **Herstellung „dieser Vervielfältigungsstücke"** dienen. Mit „dieser" sind offensichtlich die „rechtswidrig" nach S. 1 hergestellten Vervielfältigungsstücke gemeint. Zur Definition der **rechtswidrigen Vervielfältigung** vgl. § 96 Rn. 4 ff. Vorrichtungen, die zur rechtswidrigen **öffentlichen Wiedergabe** (§ 15 Abs. 2), **Verbreitung** (§ 17) oder **Ausstellung** (§ 18) eingesetzt werden, erfasst § 98 Abs. 1 S. 2 also nicht (Dreier/Schulze/*Dreier*[2] § 99 Rn. 5; Möhring/Nicolini/*Lütje*[2] § 99 Rn. 2; Schricker/*Wild*[3] Rn. 5, jeweils für § 15 Abs. 2). Jedoch können solche Vorrichtungen unter § 98 Abs. 1 S. 2 fallen, wenn sie eine rechtswidrige Vervielfältigung kausal bedingen (vgl. Rn. 17); das ist der Fall, wenn aus Internettauschbörsen (offensichtlich rechtswidrig) Vervielfältigungsstücke öffentlich zugänglich gemacht werden (§§ 15 Abs. 2, 19a, ggf. 52 Abs. 3) und damit ein legaler Download wegen § 53 Abs. 1 S. 1 unmöglich ist. In diesen Fällen sind die auf Servern gespeicherte und öffentlich zugänglich gemachte Dateien Vorrichtungen nach § 98 Abs. 1 S. 2 (Dreier/Schulze/*Dreier*[2] § 99 Rn. 5).

19   **„Gedient"** meint die tatsächliche Verwendung der Vorrichtungen zur rechtswidrigen Vervielfältigung. Ist das nicht nachweisbar (zur Darlegungs- und Beweislast vgl. Rn. 39), genügt nach dem Wortlaut eine bloße **Bestimmung** zur rechtswidrigen Vervielfältigung nicht (anders § 99 a.F.). Um § 98 Abs. 1 S. 2 bei Schwierigkeiten für den Verletzten, eine Benutzung bestimmter Vorrichtungen nachzuweisen, nicht leer laufen zu lassen, kann umfassend mit Indizien gearbeitet werden. Die Benutzung zur illegalen Vervielfältigung ist bei Kopiergeräten des Verletzers indiziert, wenn er illegale Vervielfältigungsstücke, die auf solchen Kopiergeräten hergestellt werden können, bereits verbreitet hat. Das Angebot an Dritte, an sie Vervielfältigungsstücke eines bestimmten Werkes zu veräußern, ist ein Indiz für die Benutzung der existierenden Vorlage, wenn der Anbietende kein regelmäßiger Händler rechtmäßiger Ware ist; der Eigentümer der Vorlage muss dann von sich aus darlegen und ggf. beweisen, woher er ohne rechtswidrige Vervielfältigung die Stücke bezogen hätte. Das öffentliche Zugänglichmachen („Upload") von Werken in Internettauschbörsen ist ein Indiz für die Benutzung zur illegalen Vervielfältigung, weil der rechtswidrige Download aus den offensichtlich rechtswidrigen Internettauschbörsen der Regelfall ist (§ 53 Abs. 1 S. 1).

20   Eine wesentliche Einschränkung erfährt der weite Tatbestand des § 98 Abs. 1 S. 2 durch das Erfordernis, dass die Vorrichtung **vorwiegend** zur Herstellung illegaler Vervielfältigungsstücke gedient haben muss. Das geht weiter als das bisherige Recht in § 99 a.F. (RegE UmsG Enforcement-RL – BT-Drucks. 16/5048, S. 32), das von „ausschließlich oder nahezu ausschließlich" sprach. Eine mehr als 50%ige Verwendung ist nunmehr ausreichend. Damit können Vorrichtungen wie **Kopiergeräte** aus dem Anwendungsbereich des § 98 Abs. 1 S. 2 ausgenommen sein, wenn mit ihnen noch andere Werke vervielfältigt wurden. Dabei muss es sich allerdings um legale anderweitige Verwendungen handeln. Der Verletzer kann nicht das Privileg des fehlenden „vorwiegenden Dienens" deshalb in Anspruch nehmen, weil er noch andere illegale Vervielfältigungen mit den Vorrichtungen durchführt. Auch handelsübliche Geräte können danach in den Anwendungsbereich des § 98 Abs. 1 S. 2 gelangen (Dreier/Schulze/*Dreier*[2] § 99 Rn. 5; a.A. Möhring/Nicolini/*Lütje*[2] § 99 Rn. 3), sofern sie vorwiegend zur Herstellung illegaler Vervielfältigungen benutzt wurden. Da auf die Benutzung in der Vergangenheit abzustellen ist („gedient haben"), kommt es nicht darauf an, ob zukünftig eine andere Benutzung denkbar oder geplant ist. Eine Anwendung des § 98 Abs. 1 S. 2 auf **Leermedien** sollte indes unmöglich sein, weil sie nicht der Herstellung „gedient haben" können, sondern ihr allenfalls zukünftig dienen können. **Vorlagen** werden im Regelfall vorwiegend zur Herstellung rechtswidriger Vervielfältigungsstücke benutzt worden sein, wenn schon rechtswidrige Vervielfältigungen nicht unerheblichen Ausmaßes vorgekommen sind und eine rechtmäßige Vervielfältigung allenfalls nach § 53 in Betracht kommt, weil Kopien nach § 53 nicht ins Gewicht fallen, jedenfalls nicht mehr als die Hälfte ausmachen.

c) Im Eigentum des Verletzers stehend: Die Vorrichtung muss im Eigentum des **21** Verletzers stehen. Bloßer Besitz genügt nicht. Zu „Eigentum" vgl. Rn. 9, zu „Verletzer" vgl. Rn. 6.

d) Entsprechende Anwendung des § 98 Abs. 1 S. 1: § 98 Abs. 1 S. 1 ordnet für **22** die von ihm erfassten Vorrichtungen eine entsprechende Anwendung des § 98 Abs. 1 S. 1 an. Danach ersetzen die von § 98 Abs. 1 S. 2 erfassten Vorrichtungen die von § 98 Abs. 1 S. 1 erfassten Vervielfältigungsstücke; ansonsten bleibt es unverändert bei Tatbestand und Rechtsfolge des § 98. Insb. ist genauso wie bei § 98 Abs. 1 S. 1 für § 98 Abs. 1 S. 2 kein Verschulden des Anspruchsgegners Tatbestandsvoraussetzung. Als Rechtsfolge steht dem Verletzten nicht nur der Vernichtungsanspruch des § 98 Abs. 1 S. 1, sondern auch der Überlassungsanspruch nach § 98 Abs. 3 zu. § 98 Abs. 4 und Abs. 5 gelten ebenfalls. – § 98 Abs. 1 S. 1 und § 98 Abs. 1 S. 2 können nebeneinander angewendet werden, wenn ein Gegenstand sowohl Vervielfältigungsstück nach S. 1 als auch Vorrichtung nach S. 2 ist.

IV. Rückrufsanspruch (Abs. 2)

Ein spezieller **Beseitigungsanspruch** (und kein Unterlassungsanspruch) ist der **23** Anspruch auf **Rückruf** von bereits verbreiteten Vervielfältigungsstücken (OLG Hamburg NJWE-WettbR 1997, 56, 57 – *Grigia* für einen Buchrückruf von Händlern; wohl auch BGH GRUR 1974, 666, 669 – *Reparaturversicherung*; a.A. OLG München WRP 1992, 809, 810 für Zeitschriften; OLG Saarbrücken GRUR 2000, 921 – *Chronoslim*, allerdings für einen Verstoß gegen UWG und AMG). Die Regelung des § 98 Abs. 2 basiert auf **Art. 10 Abs. 1 Enforcement-RL** (vgl. Rn. 4), der einen Anspruch des Verletzten gegen den Verletzer auf Rückruf und Entfernung von rechtswidrig hergestellten, verbreiteten oder zur rechtswidrigen Verbreitung bestimmten Vervielfältigungsstücken aus den Vertriebswegen vorsieht. Nach früherem Recht ergab sich ein solcher Anspruch als Beseitigungsanspruch aus § 1004 BGB analog (RegE Enforcement-RL– BT-Drucks. 16/5048, S. 32).

Zu den Begriffen „Urheberrecht" vgl. § 97 Rn. 9 ff., „ein anderes nach diesem **24** Gesetz geschütztes Recht" vgl. § 97 Rn. 11, „widerrechtlich verletzt" vgl. § 97 Rn. 14 ff., „Verletzten" (Aktivlegitimation) vgl. § 97 Rn. 127 ff. sowie „rechtswidrig hergestellten, verbreiteten oder zur rechtswidrigen Verbreitung bestimmten Vervielfältigungsstücken" vgl. Rn. 7 ff.

25   Rückruf bedeutet **Rückforderung der Vervielfältigungsstücke**. Der Anspruch richtet sich auf einen Rückruf unabhängig davon, ob sich die Stücke noch in der **Verfügungsgewalt des Verletzers** befinden (*Spindler/Weber* ZUM 2007, 257, 259; *Peukert/Kur* GRUR Int. 2006, 292, 296; anders nach altem Recht, für das es auf die Verfügungsgewalt ankam: BGH GRUR 1974, 666, 669 – *Reparaturversicherung*; OLG Hamburg NJWE-WettbR 2000, 15, 16 – *Spice Girls*; *Nordemann*[10] Rn. 3305 m.w.N.; anders aber wohl OLG Saarbrücken GRUR 2000, 921 – *Chronoslim*). Hat der Schuldner keine Verfügungsgewalt mehr, beschränkt sich der Anspruch allerdings darauf, sämtliche Abnehmer rechtswidriger Stücke zu informieren und auf Kosten des Schuldners ernsthaft um Rücksendung zu bitten (*Peukert/Kur* GRUR Int. 2006, 292, 295). Weigern sich diese dennoch, fällt das nicht in die Verantwortung des Schuldners. Denn die Durchsetzung des Anspruches setzt voraus, dass dem Verletzer der Rückruf möglich ist (RegE UmsG Enforcement-RL – BT-Drucks. 16/5048, S. 38). Zurückgerufen werden muss **nur gegenüber eigenen Vertragspartnern** als Abnehmer, weil eine Rückabwicklung nur innerhalb eines Vertragsverhältnisses möglich ist. Allerdings muss der Rückruf die Aufforderung beinhalten, dass auch dieser Abnehmer bei seinen Abnehmern zurückruft. – Der Rückruf erfolgt **„aus den Vertriebswegen"**. Daraus könnte gefolgert werden, dass ein Rückruf gegenüber privaten oder gewerblichen Endverbrauchern ausscheidet, weil der Absatz an sie nicht zu den Vertriebswegen gehört, sondern der Vertrieb damit gerade abgeschlossen ist. Jedoch zeigt ErwG 24 Enforcement-RL, der die Interessen von privaten Verbrauchern explizit erwähnt, dass auch ein Rückruf bei Verbrauchern denkbar ist; allerdings ist insb. die Verhältnismäßigkeit nach Abs. 4 zu beachten.

26   Der Anspruch auf **Entfernung**, den der Wortlaut des § 98 Abs. 2 alternativ („oder") nennt, hat neben dem Rückrufsanspruch keine eigenständige Bedeutung (*Spindler/Weber* ZUM 2007, 257, 259; *Peukert/Kur* GRUR Int. 2006, 292, 295).

V.   Überlassungsanspruch (Abs. 3)

27   Der Verletzte hat ein Wahlrecht, alternativ („statt") des Vernichtungsanspruches nach Abs. 1 den Überlassungsanspruchs nach Abs. 3 geltend zu machen. Zum Verhältnis von Abs. 3 zu Abs. 1, auch im Hinblick auf die prozessuale Ausübung des Wahlrechts, vgl. Rn. 36. Die **Höhe der angemessenen Vergütung**, die der Verletzte bei Geltendmachung des Überlassungsanspruchs anzubieten hat, wird zweckmäßig in das Ermessen des Gerichts gestellt (siehe § 287 ZPO). Um den Gerichten die Bestimmung zu ermöglichen, kann der Verletzte im Wege der Stufenklage zunächst Rechnungslegung über die Höhe der Herstellungskosten verlangen (als Unterfall des Auskunftsanspruchs, vgl. § 97 Rn. 126). Die Obergrenze der angemessenen Vergütung stellen die Herstellungskosten dar; insoweit sind fixe Kosten aber nur dann zu berücksichtigen, wenn sich die Fixkosten ausschließlich auf die Herstellung der Vervielfältigungsstücke beziehen; insoweit gilt nichts anderes als für den Fixkostenabzug bei Berechnung des Verletzergewinns für den Schadensersatzanspruch (vgl. § 97 Rn. 80 ff.). Der Überlassungsanspruch nach Abs. 3 besteht **nur gegenüber** dem **Eigentümer** der Werkstücke, weil nur dieser das Eigentum an den Verletzten übertragen darf (§ 929 BGB). Als Eigentümer darf der Gläubiger mit den Vervielfältigungsstücken nach Belieben verfahren (§ 903

S. 1 BGB). Die Übereignung erfolgt aber ohne irgendeine Nutzungsrechtsein-räumung oder –übertragung, so dass sich der Gläubiger ggf. noch von dritter Seite Nutzungsrechte einholen muss, die er zur legalen Verwertung benötigt. Setzt der Gläubiger auf der Grundlage ihm zustehender Nutzungsrechte die Vervielfältigungsstücke ein, werden sie **wie** von ihm **selbst hergestellte Vervielfältigungsstücke behandelt,** so dass eine Verbreitung durch einen Nutzungsberechtigten erfolgen kann, wenn die ggf. vertraglich für die Verbreitung vorausgesetzte Qualität eingehalten ist; Urheber und ausübende Künstler sind an der erfolgreichen Verbreitung zu beteiligen, sofern ein Beteiligungsanspruch besteht. Die erworbenen Vervielfältigungstücke sind auf die erlaubte Auflagen-höhe anzurechen (Möhring/Nicolini/*Lütje*[2] Rn. 27; Dreier/Schulze/*Dreier*[2] Rn. 11).

VI. Ausschluss bei Unverhältnismäßigkeit (Abs. 4)

Mit der **Umsetzung der Enforcement-RL** ist die bisherige Regelung des § 98 **28** Abs. 3 a.F. durch § 98 Abs. 4 ersetzt worden; die Neuregelung gilt auch für alle Altfälle (vgl. Rn. 2). Die Reform hat eine gewisse inhaltliche Bedeutung, weil sich die Struktur des Unverhältnismäßigkeitseinwandes geändert hat. Nach § 98 Abs. 3 a.F. wurden Vernichtungs- und Überlassungsanspruch auf eine andere verhältnismäßige Maßnahme reduziert, sofern sie existierte; er stellte also die „Doppelbedingung" auf, dass eine Beseitigung auf andere Weise möglich und Vernichtung oder Überlassung unverhältnismäßig ist (statt aller Vorauflage/*Wilhelm Nordemann*[9] Rn. 5). § 98 Abs. 4 n.F. stellt allein auf die Unverhältnismäßigkeit ab und schließt in diesem Fall Vernichtungs-, Rückrufs- und Überlassungsansprüche aus. Das bedeutet jedoch nicht, dass andere ver-hältnismäßige Beseitigungsmaßnahmen nicht verlangt werden könnten. Sie finden ihre Anspruchsgrundlage jetzt im allgemeinen Beseitigungsanspruch des § 97 Abs. 1 S. 1, der hilfsweise neben Ansprüchen nach § 98 Abs. 1 bis 3 verfolgt werden kann (zum Prozessualen vgl. Rn. 36).

Die Vernichtung, der Rückruf oder die Überlassung müssen **unverhältnismäßig 29** sein, d. h. gegen den Verhältnismäßigkeitsgrundsatz verstoßen. Das lässt sich nur im Einzelfall und nur nach einer umfassenden Abwägung des Vernich-tungs-, Rückrufs- oder Überlassungsinteresses des Verletzten einerseits und des Erhaltungsinteresses des Verletzers andererseits entscheiden. Unter Berück-sichtigung von BGH GRUR 1997, 899, 901 – *Vernichtungsanspruch* (m.w.N.) sind folgende Kriterien beispielhaft zu nennen:
– Schuldlosigkeit oder Grad der Schuld des Verletzers (bei ersterer würde bei Vorliegen der dort genannten weiteren Voraussetzungen das Ablösungs-recht des § 100 gegeben sein).
– Schwere des Eingriffs, also unmittelbare Übernahme der Substanz des fremden Werkes oder (nur) Verletzung im Randbereich.
– Umfang des bei Vernichtung, Rückruf oder Überlassung für den Verletzer entstehenden Schadens im Vergleich zu dem durch die Verletzung einge-tretenen wirtschaftlichen Schaden des Rechtsinhabers.
– Andere Maßnahmen, die weniger einschneidend sind (dazu eingehend Rn. 31).
Berechtigte Interessen Dritter an der Erhaltung müssen schon nach S. 2 eben-falls berücksichtigt werden. Dazu zählen auch private Verbraucher (ErwG 24 Enforcement-RL). Berechtigt bedeutet, dass sie ihrerseits nicht illegal handeln dürfen, was z.B. bei einem offensichtlich rechtswidrigen Download aus einer Internettauschbörse der Fall ist (§ 53 Abs. 1).

30 Der BGH betont, dass der Anordnung der **Vernichtung** eine Art *Sanktionscharakter* innewohne; der Gesetzgeber habe damit einen generalpräventiven Effekt erzielen wollen (BGH GRUR 1997, 899, 901 – *Vernichtungsanspruch*). Deswegen genügte ihm im konkreten Fall schon ein über der einfachen Fahrlässigkeit liegendes Verschulden des Verletzers, um trotz der offenbar gegebenen, einfach zu bewerkstelligenden Möglichkeit der Beseitigung des rechtsverletzenden Zustandes das Vorliegen einer Unverhältnismäßigkeit der Vernichtung zu verneinen (BGH GRUR 1997, 899, 901 – *Vernichtungsanspruch*). Nicht anderes kann auch für die **Überlassung** gelten. Der **Rückruf** von kommerziellen Händlern dürfte im Regelfall ebenfalls verhältnismäßig sein, schon um weitere Verletzungen zu verhindern. Ein Rückruf von Verbrauchern, die ihrerseits nicht verletzen, muss in jedem Einzelfall auf Verhältnismäßigkeit überprüft werden.

31 Relevant für die Verhältnismäßigkeit ist auch, inwieweit der durch die Rechtsverletzung verursachte Zustand der Werkstücke **auf andere Weise beseitigt** werden könnte. Ausreichend kann sein das Schwärzen der beanstandeten Stellen eines Buches oder das Auswechseln der Seiten, auf denen sich die beanstandeten Stellen befinden (OLG Düsseldorf ZUM 1997, 486), Beseitigung von Entstellungen eines Bildes durch Verbesserung der Kopie u.s.w. Die Kennzeichnung von Änderungen „als nicht vom Berechtigten herrührend" ist in aller Regel gerade nicht geeignet, den Interessen des Verletzten Genüge zu tun (so jetzt auch Dreier/Schulze/*Dreier*[2] Rn. 14). Dem Leser, Betrachter oder Hörer würde nach wie vor das unzulässigerweise geänderte Werk dargeboten. Der Anspruch des Urhebers oder Schutzrechtsinhabers auf unveränderte Darbietung wäre zu einem bloßen Kennzeichnungsanspruch entwertet. Der Verletzer könnte sogar – um das Beispiel *ad absurdum* zu führen – von sich aus schon bei Vornahme der unzulässigen Änderungen diese als „nicht vom Berechtigten herrührend" kennzeichnen, und wäre damit vor jedem Anspruch aus den § 98 von vornherein sicher. – Das Übermalen eines Bildes genügt in keinem Falle, da die spätere Entfernung der Deckschicht nach dem heutigen Stande der Technik ohne Schwierigkeiten möglich ist (der uns von Schricker/*Wild*[3] §§ 98/99 Rn. 10 entgegengehaltene Sonderfall der Übermalung einer Werbewand steht dem nicht entgegen).

VII. Ausschluss für Bauwerke und ausscheidbare Teile (Abs. 5)

32 Die Regelung befand sich bis zur Umsetzung der Enforcement-RL (vgl. Rn. 4) in § **101 Abs. 2 a.F.** und wurde dann **ohne inhaltliche Änderung** nach § 98 Abs. 5 verschoben (RegE UmsG Enforcement-RL– BT-Drucks. 16/5048, S. 49). Sie ist eine spezielle Ausprägung des Verhältnismäßigkeitsgrundsatzes der Art. 3 Abs. 2, 10 Abs. 3 Enforcement-RL, jedoch als **Ausnahmevorschrift** grundsätzlich **eng auszulegen**. Der Wortlaut bezieht sich nur auf einen Ausschluss des § 98 Abs. 1 bis 3. Bei Bauwerken kann aber Abs. 5 auch auf Beseitigungsansprüche nach § 97 Abs. 1 S. 1 angewendet werden (str., vgl. Rn. 34).

1. Bauwerke

33 „Bauwerke" meint offenbar die in § 2 Abs. 1 Nr. 4 zutreffend so bezeichneten **Werke der Baukunst**, also nur persönliche geistige Schöpfungen. Der abweichende Begriff „Bauwerke" ist wohl aus § 37 Abs. 5 KUG übernommen, ohne dass damit eine inhaltliche Einschränkung oder Erweiterung der Anwendbarkeit bezweckt wäre. Pläne, Skizzen, Modelle solcher Werke unterliegen aber den Ansprüchen aus § 98 Abs. 1 bis 3 (so schon früher *Ulmer*[3] § 130 I. 3.; ferner HK-UrhR/*Meckel* Rn. 7; Möhring/Nicolini/*Lütje*[2] Rn. 22; Schricker/ *Wild*[3] Rn. 10). Von der Vernichtung oder Unbrauchbarmachung ausgenommen sind nur die Gebäude an sich.

§ 98 Abs. 5 erwähnt nur einen Ausschluss von Ansprüchen nach Abs. 1 bis 3. **34** Umstritten ist, inwieweit Abs. 5 **analog** auch **auf Beseitigungsansprüche gem. § 97 Abs. 1 S. 1** anwendbar ist. Hauptanwendungsfall ist die Beseitigung von Entstellungen gem. § 14, unzulässigen Änderungen gem. § 39 oder unfreien Bearbeitungen gem. § 23. Sie fallen schon deshalb nicht unter § 98 Abs. 1 bis 3, weil davon nur rechtswidrig hergestellte oder verbreitete Vervielfältigungsstücke erfasst werden, unzulässig veränderte Bauwerke aber regelmäßig keine rechtswidrig hergestellten oder verbreiteten Vervielfältigungsstücke sind. Das gilt zumindest dann, wenn die Veränderung für sich genommen gem. § 3 urheberrechtlich geschützt ist (vgl. Rn. 7). Jedoch darf § 98 Abs. 5 auch auf Beseitigungsansprüche nach § 97 Abs. 1 S. 1 angewendet werden, wenn es um eine Vernichtung von Teilen von Gebäuden oder ganzen Gebäuden geht (also nicht z.B. bei bloßer Entfernung von entstellenden Gemälden an Gebäuden). Denn in diesen Fällen wäre eine Beseitigungsverpflichtung des Handelnden übermäßig nach Art. 14 GG (*Wedemeier* FS Piper S. 787, 794; bei Zumutbarkeit für den Urheber auch Schricker/*Wild*[3] Rn. 10). Die Gegenauffassung, die generell jeden Ausschluss des § 97 Abs. 1 S. 1 für Bauwerke ablehnt (LG München I FuR 1982, 510, 512 – *ADAC-Hauptverwaltung I*; Vorauflage/ *Wilhelm Nordemann*[9] Rn. 7; Dreier/Schulze/*Dreier*[2] § 97 Rn. 49), übersieht, dass Abs. 5 gerade bei Substanzeingriffen in Gebäude die Rechtsfolgen des UrhG abmildern wollte; es ging dem Gesetzgeber darum, „bestehende Werte nach Möglichkeit zu erhalten" (RegE UrhG– BT-Drucks. IV/270, S. 105). Nicht ersichtlich ist, dass der Gesetzgeber bewusst Beseitigungsansprüche nach § 97 Abs. 1 S. 1 ausgenommen hätte, wahrscheinlich hat er die Problematik schlicht übersehen. Eine zusätzliche Zumutbarkeitsprüfung, wie sie *Wild* fordert, ist jedenfalls bei leichter Fahrlässigkeit oder gar schuldlosem Handeln des Verletzers nicht angezeigt. Anders kann das sein bei grober Fahrlässigkeit oder Vorsatz (vgl. § 97 Rn. 62 ff.).

2. Ausscheidbare Teile

§ 42 Abs. 1 S. 2 LUG und § 37 Abs. 1 S. 3 KUG bestimmten, dass, wenn nur **35** Teile eines Werkes widerrechtlich hergestellt worden seien, nur die entsprechenden Teile der Vervielfältigungsstücke oder Vorrichtungen dem Vernichtungsanspruch unterlägen. Die Regelung des § 98 Abs. 5 bringt eine Klarstellung: Nur wenn die rechtmäßig hergestellten oder benutzten Teile **ausscheidbar** sind, bleiben sie von der Vernichtung ausgenommen. Das sagt eindeutig, dass eine körperliche Abtrennbarkeit gegeben sein muss. Insoweit ist danach zu fragen, ob die körperliche Abtrennung wirtschaftlich sinnvoll und insb. der abtrennbare Teil selbständig wirtschaftlich verwertbar ist (a.A. HK-UrhR/*Meckel* Rn. 7; Möhring/Nicolini/*Lütje*[2] Rn. 24; Wandtke/Bullinger/ *Bohne*[2] Rn. 11). Denn Abs. 5 will „Werte" erhalten (RegE UrhG– BT-Drucks. IV/270, S. 105), nicht irgendwelche wertlosen Bruchstücke von Werken. Das Heraustrennen einzelner Seiten aus Büchern unterfällt deshalb genauso wenig Abs. 5 wie das Löschen einzelner Titel aus CDs oder aus Masterbändern (a.A. Schricker/*Wild*[3] Rn. 11; Dreier/Schulze/*Dreier*[2] Rn. 12; wie hier wohl Wandtke/Bullinger/*Bohne*[2] Rn. 11). Anders kann das sein bei Sammelwerken, die

nach Abtrennung noch einen eigenen wirtschaftlichen Wert haben, z.B. ein
Schuber aus 3 CDs, von denen 2 legal sind. Eine zu weitgehende Vernichtung
kann Ansprüche des Verletzers aus § 823 Abs. 1 auslösen (Schricker/*Wild*³
Rn. 12).

VIII. Prozessuales

36 Der **Antrag auf Herausgabe** an den Gerichtsvollzieher **zur Vernichtung** muss
die Person des Gerichtsvollziehers nicht nennen; es genügt ein Antrag, die
Vervielfältigungsstücke „zur Vernichtung an einen zur Vernichtung bereiten
Gerichtsvollzieher" herauszugeben. Der Vernichtungsantrag kann sich ohne
Verstoß gegen das Bestimmtheitsgebot des § 253 Abs. 2 Nr. 2 ZPO nur generell auf sämtliche „im Eigentum" (oder Besitz) des Verletzers stehende Vervielfältigungsstücke beziehen (BGH GRUR 2003, 228, 299 – *P-Vermerk*). Die
im Besitz oder Eigentum des Schuldners befindlichen Vervielfältigungsstücke
müssen im Antrag nicht individuell genau bezeichnet sein. Es genügt, wenn die
Vervielfältigungsstücke als Kopien der streitgegenständlichen Werke erkennbar sind (OLG Hamburg ZUM 1998, 938, 942, im Fall ging es um die
Erkennbarkeit als Kopien der Werke von *Chagall, Mirò, Magritte, Picasso*
und *Kandinsky*). Das Gleiche sollte für den **Antrag auf Überlassung nach
Abs. 3** gelten. Der Verletzte hat ein **Wahlrecht** zwischen dem Vernichtungs-
und dem Überlassungsanspruch, das wegen der notwendigen Konkretisierung
des Klageantrages spätestens mit der Klageerhebung ausgeübt werden muss (*v.
Gamm* § 98 Rn. 2; a.A. Möhring/Nicolini/*Lütje*² Rn. 28 und Schricker/*Wild*³
§§ 98/99 Rn. 14, die eine Wahlverurteilung zulassen wollen). Wer einmal sein
Wahlrecht ausgeübt hat, ist an die Wahl gebunden (HK-UrhR/*Meckel* Rn. 6).
Der Verletzte hat jedoch keinen dieser Ansprüche, wenn die Ausschlusstat-
bestände der § 98 Abs. 4 oder Abs. 5 erfüllt sind. Deswegen empfiehlt es sich,
den Beseitigungsanspruch nach Abs. 3 jedenfalls **hilfsweise** geltend zu machen.
Möglich ist freilich auch, überhaupt nur Beseitigung zu verlangen, wenn – was
bei klarer Piraterie vorkommen wird – die Unverhältnismäßigkeit sowohl der
Vernichtung als auch der Überlassung von vornherein feststehen sollte. Der
Streitwert der Vernichtung oder Überlassung ist nicht gleichzusetzen mit dem
wirtschaftlichen Wert der Gegenstände. Maßgebend ist vielmehr das Interesse
des Klägers, künftige Verletzungen dauerhaft durch Vernichtung oder Überlassung zu verhindern. Deshalb dürfte der Streitwert regelmäßig dem des
Unterlassungsanspruches entsprechen (vgl. § 97 Rn. 223). Abzuziehen sind
allerdings Verletzungspotenziale, die nicht durch die zu vernichtenden oder
zu überlassenden Gegenstände verursacht werden.

37 **Vollstreckung:** Die Herausgabe zur **Vernichtung** (Abs. 1) wird nach den allgemeinen Regeln der ZPO vollstreckt (OLG Hamburg GRUR-RR 2007, 3, 5 –
Metall auf Metall), also nach den §§ 883, 886 ZPO, die die einschlägigen
Regelungen für die Herausgabe enthalten (Möhring/Nicolini/*Lütje*² Rn. 21;
Schricker/*Wild*³ Rn. 12; a.A. Dreier/Schulze/*Dreier*² Rn. 7: §§ 887, 888 ZPO).
§ 894 ZPO findet keine Anwendung. Vernichtungsurteile können gem.
§§ 704 ff. ZPO für vorläufig vollstreckbar erklärt werden; eine Vernichtung
vor Rechtskraft ist denkbar (OLG Hamburg GRUR-RR 2007, 3, 5 – *Metall
auf Metall*; a.A. Möhring/Nicolini/*Lütje*² Rn. 21; Dreier/Schulze/*Dreier*²
Rn. 7). Die vorläufige Vollstreckbarkeit endgültiger Regelungen ist auch aus
anderen Bereichen des Medienrechts im weiteren Sinne anerkannt, beispielsweise für den Gegendarstellungsanspruch, der ebenfalls nach den §§ 888,
704 ff. ZPO vorläufig vollstreckbar ist (OLG Karlsruhe AfP 2007, 368;

OLG München ZUM-RD 2002, 615; OLG Brandenburg NJW-RR 2000, 832). Der Schuldner des Vernichtungsanspruchs hat die Möglichkeit, einen Schutzantrag nach den §§ 712, 714 ZPO zu stellen, und ist außerdem durch die Schadensersatzpflicht des Gläubigers nach § 717 Abs. 2 ZPO geschützt. Die Vollstreckung der **Überlassung** nach § 98 Abs. 3 erfolgt für die Herausgabe nach den §§ 883, 886, 704 ff. ZPO (so dass auch insoweit eine vorläufige Vollstreckung denkbar ist), für die Übereignung nach den §§ 894 Abs. 1 S. 2, 726, 730 ZPO (Fiktion der Willenserklärung zur Übereignung).

Der Vernichtungs-, Rückrufs- und Überlassungsanspruch können als endgül- **38** tige Maßnahmen grundsätzlich nicht im **Einstweiligen Rechtsschutz** begehrt werden (Wandtke/Bullinger/*Bohne*² Rn. 8; Dreier/Schulze/*Dreier*² Rn. 7). Zur **Sicherung des Vernichtungsanspruchs** nach Abs. 1, aber auch des Überlassungsanspruches nach Abs. 3 ist die **Sequestration** der rechtswidrig hergestellten, verbreiteten oder zur Verbreitung bestimmten Exemplare durch einstweilige Verfügung zu empfehlen, wobei die Herausgabe an den zuständigen Gerichtsvollzieher zur vorläufigen Verwahrung zu beantragen ist (seine Bestellung zum Sequester hängt in manchen Bundesländern von seiner Zustimmung ab, z. B. in Bayern, und sollte deswegen nicht förmlich beantragt werden). Neben dem Anspruch nach Abs. 1 (oder Abs. 3) muss der **Verfügungsgrund** glaubhaft gemacht werden (§ 97 Rn. 199 ff.). Zur Sicherung des Anspruchs auf Vernichtung kann ergänzend zur Herausgabe an den Gerichtsvollzieher ein Verbot der Rückgabe unrechtmäßiger Nachbildungen an den Lieferanten im Wege der einstweiligen Verfügung ausgesprochen werden (OLG Frankfurt GRUR-RR 2003, 96 – *Uhrennachbildungen*). Eine **vorherige Abmahnung** ist wegen ihres Vorwarneffekts im Regelfall untunlich; deshalb ist auch bei sofortigem Anerkenntnis des Verletzers die Kostenfolge des § 93 ZPO nicht zu befürchten (OLG Düsseldorf NJW-RR 1997, 1064; OLG Nürnberg WRP 1995, 427; OLG Hamm GRUR 1989, 502, 503; OLG Hamburg WRP 1988, 47). Eine Abmahnung bleibt daher nur dann erforderlich, wenn der Gläubiger auf Grund besonderer hinzutretender Umstände des Einzelfalls vernünftigerweise davon ausgehen kann, dass der Verletzer bereits einer außergerichtlichen Unterlassungsaufforderung nachkommen und keine „Warenbeseitigung" betreiben werde. Das kann allenfalls bei schwer zu transportierender oder kaum ohne Aufsehen absetzbarer Ware anzunehmen sein, nicht jedoch bei „flüchtigen Waren" (*OLG Düsseldorf* NJW-RR 1997, 1064), zu denen z.B. Tonträger rechnen (LG Hamburg GRUR-RR 2004, 191, 192 – *Flüchtige Ware*), und auch nicht, weil es sich beim Schuldner „nur" um einen Privatmann handelt (LG Hamburg GRUR-RR 2004, 191, 192 – *Flüchtige Ware*).

Die **Darlegungs- und Beweislast** im Hinblick auf die Ansprüche nach **Abs. 1** **39** **bis 3** trägt grundsätzlich der Verletzte. Den Anspruchsgegner (also hier den Verletzer) trifft aber eine Darlegungslast, „wenn dem außerhalb des Geschehensablaufs stehenden Kläger eine genaue Kenntnis der Tatsachen fehlt, der Beklagte sie dagegen hat und leicht die erforderliche Aufklärung beibringen kann" (so genannte sekundäre Behauptungslast: BGH GRUR 1993, 980, 983 – *Tariflohnunterschreitung*; BGH GRUR 1999, 757, 760 – *Auslaufmodelle I*; ferner BGH GRUR 1961, 356 – *Pressedienst*; jeweils zum UWG). Das dürfte vor allem für S. 2 und dort bei Streit darum Bedeutung erlangen, ob die Vorrichtungen „vorwiegend" illegal genutzt wurden. Für „Eigentum" bzw. „Besitz" an den Vervielfältigungsstücken bzw. „Eigentum" an den Vorrichtungen gelten weitere Besonderheiten (vgl. Rn. 11). Für **Abs. 4 und 5** ist es anders: Nach dem System des Gesetzes, das von dem Vernichtungsanspruch als

Regel ausgeht (RegE ProdPiratG– BT-Drucks. 11/4792, S. 43; BGH GRUR 1997, 899, 900 – *Vernichtungsanspruch* – zu der Parallelvorschrift des § 18 Abs. 1 MarkenG), hat der Verletzte, der die Vernichtung begehrt, für Abs. 4 oder 5 keine Darlegungs- und Beweislast (allg.M., Möhring/Nicolini/*Lütje*[2] Rn. 35). Bleibt die Unverhältnismäßigkeit zweifelhaft, so ist auf Vernichtung zu erkennen. Bei den Abs. 4 und 5 handelt es sich nicht um Einwände des Verletzers, sondern um Anspruchsausschlussgründe. Sie können durch das Gericht **von Amts wegen angewendet** werden; der Verletzer muss sich nicht darauf berufen.

IX. Verhältnis zu anderen Vorschriften

40 § 99 ordnet die Haftung nach § 98 auch für den Inhaber des Unternehmens an (siehe dort). Nach § 100 kann bei schuldlosen Verletzern eine **Geldentschädigung** statt der Ansprüche aus § 98 in Betracht kommen. § 98 stellt nur eine Konkretisierung der allgemeinen Beseitigungsansprüche aus § 97 Abs. 1 S. 1 dar; aus § 97 Abs. 1 S. 1 können sich daher **weitere Beseitigungsansprüche** ergeben, die neben § 98 Abs. 1 bis 3 treten, insb. wenn eine Unverhältnismäßigkeit nach Abs. 4 vorliegt (vgl. Rn. 31). Auch den **Schadensersatzanspruch aus § 97 Abs. 1** kann der Verletzte selbständig *neben* den Vernichtungs-, Rückrufs- und Überlassungsansprüchen des § 98 geltend machen (BGH GRUR 1993, 899, 900 – *Dia-Duplikate*); entsprechendes gilt für den Anspruch auf Beseitigung einer Entstellung (vgl. § 97 Rn. 56). § 69f enthält für **Computerprogramme** Sondervorschriften, die § 98 vorgehen (Dreier/Schulze/*Dreier*[2] Rn. 2); allerdings wird dort eine entsprechende Anwendung des § 98 Abs. 3 und Abs. 4 angeordnet. Zu Vernichtungsansprüchen wegen Umgehung des **Schutzes technischer Maßnahmen** nach § 95a vgl. § 95a Rn. 51 ff. Gegenstände, die keine Vorrichtung darstellen (vgl. Rn. 17 bzw. die weiteren Voraussetzungen des § 98 Abs. 1 S. 2 nicht erfüllen (z.B. vorwiegendes Dienen zur Herstellung von illegalen Vervielfältigungsstücken; vgl. Rn. 18 ff.), können der **Einziehung im Strafverfahren** unterliegen (§ 110 i.V.m. §§ 74 ff. StGB). Die fehlende Anwendbarkeit des § 98 hindert das nicht. Die Einziehung der §§ 74 ff. StGB, die § 110 auch bei Straftaten gegen das Urheberrecht ermöglicht, kennt keine Beschränkung im Hinblick auf das Ausmaß der Benutzung der Vorrichtungen zu rechtswidrigen Zwecken (§ 74 Abs. 1 StGB; dazu *Lührs* GRUR 1994, 264, 267 f.). Zur Möglichkeit der **Einziehung im Strafverfahren** vgl. § 110 Rn. 3 ff.

§ 99   Haftung des Inhabers eines Unternehmens

Ist in einem Unternehmen von einem Arbeitnehmer oder Beauftragten ein nach diesem Gesetz geschütztes Recht widerrechtlich verletzt worden, hat der Verletzte die Ansprüche aus § 97 Abs. 1 und § 98 auch gegen den Inhaber des Unternehmens.

Übersicht

I. Allgemeines

Die Bestimmung war dem früheren Urheberrecht (KUG, LUG) fremd. Sie **1** wurde in das UrhG aufgenommen, um dem Berechtigten die Rechtsverfolgung zu erleichtern, wenn die Rechtsverletzung innerhalb eines Unternehmens geschehen ist (RegE UrhG BT-Drucks. IV/270, S. 104). Der Verletzte ist vielfach gar nicht in der Lage festzustellen, inwieweit der Inhaber des Unternehmens selbst für die Handlungen seines Angestellten oder Beauftragten verantwortlich ist. Die Neuregelung enthebt ihn – jedenfalls für die von § 99 erfassten Ansprüche – der Notwendigkeit, hierzu Nachforschungen anzustellen. § 99 ist verfassungsgemäß (BVerfG NJW 1996, 2567). Die Vorschrift ist auf alle Werke in der heute geltenden Fassung anzuwenden; das gilt auch für Werke, die vor 1966 geschaffen wurden (§ 129 Abs. 1 S. 1), und für vor 1966 erbrachte Leistungen, die Leistungsschutzrechte nach dem UrhG auslösen (§ 129 Abs. 1 S. 2). Die Regelung befand sich zunächst in § 100 a.F. Im Zuge der **Umsetzung der Enforcement-RL** (vgl. Rn. 2) wurde § 100 S. 1 a.F. mit rein redaktionellen Anpassungen zu § 99 n.F. Der frühere S. 2 entfiel zu Gunsten von § 102a ersatzlos, ohne dass dadurch inhaltliche Änderungen bezweckt waren (RegE Enforcement-RL – BT-Drucks. 16/5048, S. 49). **Vorbild** für § 99 waren zunächst §§ 13 Abs. 3, 16 Abs. 4 UWG a.F., später § 13 Abs. 4 UWG a.F., jetzt § 8 **Abs. 2 UWG** (RegE UrhG – BT-Drucks. IV/270, S. 104), so dass ergänzend auch auf die Rechtsprechung und Literatur hierzu zurückgegriffen werden kann.

II. EU-Recht und Internationales Recht

Im **EU-Recht** ist die Haftungsverschärfung des § 99 nicht speziell angeordnet, **2** geht aber ohne weiteres mit Art. 3 Abs. 2 Enforcement-RL und auch Art. 8 Abs. 1 InfoRL konform, die eine effektive Durchsetzung des Urheberrechtsschutzes anordnen (ebenso internationale Konventionen wie Art. 46 TRIPS; dazu vgl. Vor §§ 120 ff. Rn. 17 ff.). Ohnehin stellt Art. 16 Enforcement-RL den Mitgliedsstaaten andere angemessene Sanktionen frei. Zum **internationalen Privatrecht** vgl. § 97 Rn. 7.

III. Unterlassungs- und Beseitigungsansprüche gegen den Inhaber des Unternehmens

Das Tatbestandsmerkmal „ein nach diesem Gesetz geschütztes Recht wider- **3** rechtlich verletzt" entspricht § 97 Abs. 1 S. 1, so dass auf die Kommentierung dort verwiesen wird (vgl. § 97 Rn. 8 ff.).

Der Begriff des **Arbeitnehmers** wird, dem Schutzzweck der Bestimmung ent- **4** sprechend, vom Bundesgerichtshof mit Recht weit ausgelegt: BGH GRUR 1993, 37, 39 – *Seminarkopien* rechnet darunter jeden, der aufgrund eines – auch unentgeltlichen – Beschäftigungsverhältnisses zu weisungsabhängigen Dienstleistungen in einem Unternehmen verpflichtet ist. Beispiele sind neben Angestellten und Arbeitern auch Auszubildende, Praktikanten, Volontäre, Beamte und freiberufliche Mitarbeiter, soweit sie weisungsabhängig sind (Hefermehl/*Köhler*/Bornkamm[26] § 8 UWG Rn. 2.40).

Auch der Begriff des **Beauftragten** wird weit verstanden; es sei auf die Praxis zu **5** § 8 Abs. 2 UWG verwiesen (z.B. Fezer/*Büscher* § 8 UWG Rn. 175 ff.; Hefermehl/*Köhler*/Bornkamm[26] § 8 UWG Rn. 2.40; *Nordemann*[10] Rn. 1845). Es können haften selbständige Gewerbetreibende wie z.B. Franchisenehmer

(BGH GRUR 1995, 605, 607 f. – *Franchisenehmer*), Handelsvertreter, Betreuungsfirmen (BGH GRUR 1999, 183, 186 – *HA-RA/Hariva*), abhängige Konzernunternehmen bei beherrschendem Einfluss der Mutter (BGH GRUR 2005, 864, 865 – *Meißner Dekor*) oder Werbeagenturen (BGH GRUR 1991, 772, 774 – *Anzeigenrubrik I*), der Hersteller bei Lohnfertigung, – in besonderen Fällen – die Anzeigenredaktion der Zeitung (BGH GRUR 1990, 1039, 1040 – *Anzeigenauftrag*: nicht bei einfachem Anzeigenauftrag, wohl aber bei Dispositionsbefugnis der Redaktion wie bei einer Werbeagentur; OLG Hamm WRP 1998, 327, 328; OLG Düsseldorf WRP 1995, 121, 122) oder Wahlhelfer (OLG Bremen GRUR 1985, 536 f. – *Asterix-Plagiate*). Sie müssen aber als Glied einer Betriebsorganisation erscheinen, und der Betriebsinhaber muss die Möglichkeit haben, auf ihr Verhalten bestimmenden Einfluss auszuüben (BGH GRUR 1980, 116, 117 – *Textildrucke*; BGH GRUR 1973, 208, 209 – *Neues aus der Medizin*). Da die Bestimmungsmöglichkeit genügt, kann sich ein Unternehmer nicht darauf berufen, er haben dem Beauftragtem Entscheidungsfreiheit eingeräumt (BGH GRUR 2000, 907, 909 – *Filialleiterfehler*), habe keine Kenntnis gehabt (Wandtke/Bullinger/*Bohne*[2] Rn. 2) oder die Handlung widerspreche seinem ausdrücklichen Willen (Dreier/Schulze/*Dreier*[2] Rn. 6; Schricker/*Wild*[3] Rn. 1). Eine KG haftet deshalb jedoch nicht ohne weiteres für ihre selbständig tätigen Kommanditisten in deren eigenem Tätigkeitsbereich (OLG Köln GRUR 1984, 881 f. – *Europa-Möbel*). Tw. wird gefordert, als Unternehmensinhaber auch Insolvenzverwalter, Testamentsvollstrecker, Eltern, Vormund, Pfleger oder Betreuer anzusehen (*Köhler* GRUR 1991, 344, 352; Hefermehl/*Köhler*/Bornkamm[26] § 8 UWG Rn. 2.42); in ihrer Eigenschaft als unabhängige Organe der Rechtspflege sind Rechtsanwälte keine Beauftragten (OLG München NJWE-WettbR 1999, 5, 6).

6 **In einem Unternehmen** ist die Rechtsverletzung begangen, wenn sie bei der Ausführung der dem Arbeitnehmer im Betrieb obliegenden Tätigkeit oder bei der Ausführung der dem Beauftragten zugewiesenen Aufträge geschehen ist. Der Begriff ist also nicht räumlich, sondern funktional zu verstehen (HK-UrhR/*Meckel* Rn. 1). So haftet das Sendeunternehmen für die von einem Angestellten veranlasste Sendung, für die ein Senderecht nicht vorlag; der Verleger haftet für seinen Angestellten, der ein Buch in Druck gab, ohne zuvor das Vervielfältigungsrecht zu erwerben. Dagegen fällt die nur bei Gelegenheit der betrieblichen Tätigkeit geschehene Rechtsverletzung nicht unter § 99 (z. B. ein Reisevertreter, der Schallplatten an Händler verkaufen soll, benutzt sie während der Reise zu einer unzulässigen öffentlichen Wiedergabe). Auch haftet ein Arbeitgeber nicht für private Urheberrechtsverletzungen des Arbeitnehmers auf dem Betriebscomputer, z.B. bei illegaler Nutzung von Internettauschbörsen am Arbeitsplatz (LG München I ZUM 2008, 157, 160); zur Störerhaftung vgl. aber § 97 Rn. 172. Auch eine private Gefälligkeit für einen Bekannten, die unter Missbrauch des Namens des Unternehmers erfolgt, wird nicht erfasst (BGH GRUR 2007, 994, 995 – *Gefälligkeit*). Die rein private Natur kann aber durch den Inhalt der Verletzung widerlegt sein. Nach § 99 haftet ein Unternehmen für urheberrechtswidrig durch einen Arbeitnehmer kopierte Landkarten. Die Verteidigung des Unternehmens, die Karten seien zu privaten Zwecken kopiert worden, um den Eltern den Weg zum Wohnort des Arbeitnehmers zu illustrieren, stimmte mit der heruntergeladenen Datenmenge nicht überein, so dass der Vortrag zu übergehen war (OLG München GRUR-RR 2007, 345, 346).

7 **Inhaber des Unternehmens** ist bei Einzelfirmen der sie betreibende Kaufmann, also auch der Pächter, Verwalter, Nießbraucher, die Erbengemeinschaft usw.

Bei den Personengesellschaften OHG und KG sind Inhaber die Gesellschaften (§§ 124 Abs. 1, 161 Abs. 2 HGB); wegen der Teilrechtsfähigkeit der GbR kann nach Rechtsprechung des BGH (BGH NJW 2001, 1056) die BGB-Gesellschaft als solche haftbar gemacht werden. Bei juristischen Personen (GmbH, AG, KAG, e.V., r.V., Genossenschaften) ist ebenfalls die Gesellschaft als Inhaber des Unternehmens anzusehen. Daneben sieht das OLG Frankfurt auch den Alleingesellschafter einer GmbH als Unternehmensinhaber an (OLG Frankfurt GRUR 1985, 455), genauso wie das OLG Hamburg die Aktionäre bei der AG (OLG Hamburg GRUR-RR 2004, 87; a.A. Hefermehl/*Köhler*/Bornkamm[26] § 8 UWG Rn. 2.47). Mit dieser Auffassung wären wohl die persönlich haftenden Gesellschafter einer OHG, KG oder GbR einzeln haftbar (dagegen Hefermehl/*Köhler*/Bornkamm[26] § 8 UWG Rn. 2.50). Unternehmer im Sinne des § 99 sind auch politische Parteien, Bürgerinitiativen, Vereine und andere Organisationen mit ideeller Zielsetzung (OLG Bremen GRUR 1985, 536 f. – *Asterix-Plagiate* für „Die Grünen").

Als **Rechtsfolge** ordnet § 99 die Haftung des Unternehmensinhabers (vgl. **8** Rn. 7) für **alle Ansprüche nach § 97 Abs. 1 und § 98** an. Erfasst sind also nur wiederherstellende und vorbeugende **Unterlassungsansprüche** (§ 97 Abs. 1 S. 1 und S. 2), allgemeine **Beseitigungsansprüche** (§ 97 Abs. 1 S. 1) sowie **Vernichtungsansprüche** (§ 98). Eine **Exkulpation** des Unternehmensinhabers – wie z.B. nach § 831 BGB – ist für diese Ansprüche nicht möglich; allerdings kann § 100 greifen (vgl. § 100 Rn. 9 ff.). Die Haftung des Unternehmensinhabers tritt neben die Haftung des Arbeitnehmers oder Beauftragten; es bestehen also gegen den Unternehmensinhaber einerseits und gegen den Arbeitnehmer bzw. Beauftragten andererseits **zwei selbständige Ansprüche**, die unabhängig von einander geltend gemacht werden können (BGH GRUR 2000, 907 – *Filialleiterfehler*). Die Erledigung z.B. des Unterlassungsanspruches gegen den handelnden Beauftragten durch Abgabe einer hinreichend strafbewehrten Unterlassungserklärung berührt den Unterlassungsanspruch gegen den Unternehmensinhaber nicht, der selbst eine ausreichende Unterlassungserklärung abgeben muss (BGH GRUR 1995, 605, 608 – *Franchisenehmer*).

Für **Unterlassungsansprüche** kommt es bei Zuwiderhandlungen von Angestell- **9** ten oder Beauftragten im Hinblick auf die **Wiederholungsgefahr** auf die **in der Person des Unternehmers** liegenden Umstände an (BGH GRUR 1994, 443, 445 – *Versicherungsvermittlung im öffentlichen Dienst*; dazu Teplitzky GRUR 1994, 765). Sie ist bei vorangegangener Verletzung durch Angestellte oder Beauftragte zu vermuten. Die Wiederholungsgefahr entfällt noch nicht mit **Ausscheiden des Arbeitnehmers** bzw. Beauftragten aus dem Vertragsverhältnis mit dem Unternehmensinhaber, wenn die Zuwiderhandlung vorher begangen wurde; der Unternehmensinhaber haftet allerdings nicht für Verletzungen des Arbeitnehmers oder Beauftragten bei einem anderen Unternehmen, bevor er zum Unternehmensinhaber gewechselt ist (BGH GRUR 2003, 453, 454 – *Kundenlisten*). Die Wiederholungsgefahr kann auch dann fehlen, wenn der Unternehmer seine Angestellten, nachdem diese eine Verletzung begangen hatten, nicht nur eine entsprechende schriftliche Belehrung erteilt, sondern zugleich jedes Mitglied seines Personals zur Zahlung einer Vertragsstrafe für den Fall einer erneuten Zuwiderhandlung verpflichtet hat und Verstöße seither nicht mehr vorgekommen waren (OLG Karlsruhe GRUR 1969, 141, 142 f. – *EUZELLA; siehe* dagegen OLG Karlsruhe WRP 1979, 51, 55; jeweils zum UWG). Es erscheint jedoch als zweifelhaft, die Haftung entfallen zu lassen, wenn der für seinen Angestellten haftende Unternehmer diesen sofort entlassen hat, nachdem er von dem Verstoß erfuhr (siehe BGH GRUR 1965, 155 –

Werbefahrer; ferner OLG Karlsruhe WRP 1979, 51, 55). Veräußert der – selbst handelnde oder nach § 8 Abs. 2 UWG haftende – Unternehmer seinen Betrieb *nach* der Verletzungshandlung, aber *vor* der Geltendmachung des Unterlassungsanspruchs, so besteht die Wiederholungsgefahr in seiner Person fort; der Erwerber bleibt davon unberührt (*Köhler* WRP 2000, 921; a. A. *Ahrens* GRUR 1996, 518).

10 **Prozessuales:** Die **Darlegungs- und Beweislast** trägt nach den allgemeinen Regeln der Anspruchsteller, also der Verletzte (OLG München GRUR-RR 2007, 345, 346). Jedoch kann sich der Anspruchsteller auf die allgemeinen Regeln für die Beweiserleichterung berufen (vgl. § 98 Rn. 39). Ohnehin muss der Vortrag des Verletzers, um berücksichtigt zu werden, nachvollziehbar sein; das gilt insb. für das Merkmal „in einem Unternehmen … verletzt" (vgl. Rn. 6).

IV. Weitergehende Ansprüche

11 Insb. **Schadensersatzansprüche** (§ 97 Abs. 2), **Auskunftsansprüche** (§ 101), **Besichtigungsansprüche** (§ 101a) und **Vorlageansprüche** nach § 101b können nicht nach § 99 gegen den Unternehmensinhaber gerichtet werden. Solche Ansprüche können nur aufgrund anderer gesetzlicher Vorschriften verlangt werden, die § 102a ausdrücklich unberührt lässt (RegE Enforcement-RL BT-Drucks. 16/5048, S. 49). Das sind zunächst wiederum die §§ 97 Abs. 2, 101, 101a, 101b, wenn der Unternehmer selbst gehandelt oder dem Arbeitnehmer oder Beauftragten entsprechende Weisungen erteilt hat, weil er dann als **Täter, Anstifter oder Gehilfe** (§ 830 BGB) anzusehen ist (vgl. § 97 Rn. 144 ff.). Ist das nicht feststellbar, kommt insb. in Betracht: Die sog. **Organhaftung** der juristischen Personen, der OHG und der KG für ihre verfassungsmäßig berufenen Vertreter gem. §§ 31, 89 BGB (vgl. § 97 Rn. 177 ff.). Die Haftung für den sog. **Erfüllungsgehilfen,** dessen sich das Unternehmen zur Erfüllung vertraglicher Verpflichtungen bedient und die demnach nur bei der Verletzung von Verträgen oder anderen Schuldverhältnissen eingreift (§ 278 BGB). Die Haftung für den sog. **Verrichtungsgehilfen** (§ 831 BGB; vgl. § 97 Rn. 179), der in Ausübung der ihm übertragenen Tätigkeit einem Dritten Schaden zufügt; für diesen haftet der Unternehmer nicht, wenn er beweist, dass er bei der Auswahl und Beaufsichtigung des Gehilfen die im Verkehr erforderliche Sorgfalt beachtet habe (Entlastungsbeweis, § 831 BGB). Die **Störerhaftung,** wenn der Unternehmer die von diesem begangene Rechtsverletzung durch Überlassung von Geräten oder Material ermöglicht hat: Der Unternehmer ist frei, wenn er im Rahmen des Zumutbaren und Erforderlichen trotz Prüfungspflicht geeignete Maßnahmen getroffen hat, durch die Rechtsverletzungen soweit wie möglich verhindert werden können. Die Störerhaftung löst allerdings keine Schadensersatzersatzansprüche, sondern nur Unterlassungs- und Beseitigungsansprüche aus (vgl. § 97 Rn. 154 ff.). Andere weitere Ansprüche, insb. auf Schadensersatz, können sich allerdings aus der **Verletzung von Verkehrssicherungspflichten,** insb. von **Organisationspflichten,** ergeben (vgl. § 97 Rn. 180) oder aus der **Haftung des Staates** für unerlaubte Handlungen, die jemand in Ausübung eines ihm anvertrauten öffentlichen Amtes begeht, gem. Art. 34 GG, § 839 BGB (vgl. § 97 Rn. 182). Soweit anstelle des Schadensersatzanspruchs ein Anspruch auf die angemessene Lizenzgebühr aus **§ 812 BGB** geltend gemacht wird (vgl. § 102a Rn. 4 ff.), haftet der Unternehmer stets, da er beim ordnungsgemäßen Lizenzerwerb diese Gebühr seinerseits hätte aufwenden müssen; etwas anderes gilt allerdings bei privaten Rechtsverletzungen des Mitarbeiters z.B. auf Unternehmenscomputern (siehe LG München I ZUM

2008, 157, 159). – **Auskunftsansprüche** gem. § 101 können daneben unter den Voraussetzungen des § 101 Abs. 2 auch gegen Nicht-Verantwortliche gerichtet werden. – Die Haftung nach § 99 ist wegen § 102a **nicht** – wie bei § 8 Abs. 2 UWG (so BGH GRUR 1994, 441, 443 – *Kosmetikstudio*) – **subsidiär**, wenn eine Inanspruchnahme schon aus anderen Gründen (§ 830 BGB, § 831 BGB etc.) erfolgen kann.

§ 100 Entschädigung

[1]Handelt der Verletzer weder vorsätzlich noch fahrlässig, kann er zur Abwendung der Ansprüche nach den §§ 97 und 98 den Verletzten in Geld entschädigen, wenn ihm durch die Erfüllung der Ansprüche ein unverhältnismäßig großer Schaden entstehen würde und dem Verletzten die Abfindung in Geld zuzumuten ist. [2]Als Entschädigung ist der Betrag zu zahlen, der im Fall einer vertraglichen Einräumung des Rechts als Vergütung angemessen wäre. [3]Mit der Zahlung der Entschädigung gilt die Einwilligung des Verletzten zur Verwertung im üblichen Umfang als erteilt.

Übersicht

I. Allgemeines

§ 100 sieht die Möglichkeit für den Schuldner vor, Ansprüche nach den **1** §§ 97 und 98 unter bestimmten Voraussetzungen abzulösen. Als **Ausnahmevorschrift** ist er eng auszulegen. Ihm kommt aber **kaum praktische Bedeutung** zu, insb. weil unverschuldete Urheberrechtsverletzungen selten sind (vgl. § 97 Rn. 63). Möglicherweise wird die Bestimmung aber für „orphan works" („verwaiste Werke") zukünftig verstärkt relevant (vgl. Rn. 7). Die Regelung fand sich bis zum Inkrafttreten der Umsetzung der Enforcement-RL zum 01.09.2008 (vgl. Rn. 2) in **§ 101 Abs. 1 a.F.** Durch die Reform hat sich der Wortlaut etwas, aber inhaltlich nichts geändert (RegE UmsG Enforcement-RL – BT-Drucks. 16/5048, S. 49). § 100 ist in seiner aktuellen Fassung auf **sämtliche Werke** und **Leistungen** anzuwenden, die Schutz nach dem UrhG genießen (auch Altwerke und -leistungen vor 1966, § 129 Abs. 1), weil es an einer Übergangsvorschrift fehlt, die anderes anordnet.

II. EU-Recht und Internationales Recht

§ 100 geht **EU-rechtlich** konform mit der Enforcement-RL; insb. ist es nach **2** Art. 12 Enforcement-RL zulässig, im Fall der unverschuldeten Verletzung die Ansprüche durch Zahlung einer Entschädigung abzuwehren (RegE UmsG Enforcement-RL – BT-Drucks. 16/5048, S. 49). In **Internationalen Konventionen** kennt auch Art. 46 TRIPS (dazu vgl. Vor §§ 120 ff. Rn. 17 ff.) einen Verhältnismäßigkeitsgrundsatz. Zum internationalen Privatrecht vgl. § 97 Rn. 7 und vgl. § 98 Rn. 5.

III. Ablösungsrecht des Schuldners (S. 1)

3 Abzulösen sind **nur verschuldensunabhängigen Ansprüche der** §§ 97, 98, weil § 100 gerade voraussetzt, dass auch ohne Verschulden eine Haftung besteht. Damit unterliegen Ansprüche auf **Unterlassung und Beseitigung gem. § 97 Abs. 1** sowie auf **Vernichtung, Rückruf und Überlassung gem. § 98 Abs. 1 bis 3** dem Ablösungsrecht. Die Ablösungsbefugnis gilt auch bei Haftungszurechnung auf den Unternehmensinhaber nach § 99 (Möhring/Nicolini/*Lütje*[2] § 101 Rn. 7; Schricker/*Wild*[3] § 101 Rn. 4; aber vgl. Rn. 4). Ansprüche auf Schadensersatz (§ 97 Abs. 2) und der dazugehörige Sicherungsanspruch (§ 101b) können niemals abgelöst werden, da sie Verschulden voraussetzen. Verschuldensunabhängige Ansprüche aus Bereicherungsrecht (vgl. § 102a Rn. 4 ff.) können zwar theoretisch abgelöst werden; § 100 löst dann aber einen in der Höhe identischen Zahlungsanspruch aus. Nicht anwendbar ist § 100 auf Auskunftsansprüche (§ 101) und Besichtigungsansprüche (§ 101a), weil der Wortlaut nur die §§ 97, 98 erwähnt.

4 Voraussetzung für die Anwendung des § 100 ist, dass den Verpflichteten **kein Verschulden** (eingehend vgl. § 97 Rn. 61 ff.) trifft. Als Verschulden gilt sowohl eigenes und fremdes Verschulden, das sich der Schuldner wie eigenes zurechnen lassen muss. Allein der Haftungstatbestand des § 99 sagt also nichts darüber aus, ob ein Ablösungsrecht für den Unternehmer besteht, weil die Haftung nach § 99 unabhängig von einem Verschulden des Unternehmers greift. Damit kommt es auf die übrigen Zurechnungstatbestände für fremdes Verhalten an (vgl. § 97 Rn. 177 ff.): Haftet der Inhaber eines Unternehmens aus den §§ 31, 89 BGB oder wegen Organisationsmangels, so kommt ein Ablösungsrecht für ihn nicht in Betracht, wenn insoweit ein Verschulden des Organs zu beobachten war, das dem Unternehmen wie eigenes zugerechnet wird. Haftet das Unternehmen dagegen nur aus § 831 BGB für seinen Verrichtungsgehilfen (Arbeitnehmer oder Beauftragten), so steht ihm der Entlastungsbeweis dafür offen, dass er bei der Auswahl und Überwachung des Täters die erforderliche Sorgfalt habe walten lassen (RegE UrhG – BT-Drucks. IV/270, S. 105). Das Beispiel zeigt, dass bei mehreren Verpflichteten das Bestehen eines Ablösungsrechts nach § 100 wegen fehlenden Verschuldens für jeden von ihnen *gesondert* zu prüfen ist.

5 Dem Verpflichteten muss ferner bei Erfüllung der Ansprüche ein **unverhältnismäßig großer Schaden** entstehen. Die Begr. (RegE UrhG – BT-Drucks. IV/270, S. 105) setzt den zu erwartenden Schaden in Beziehung zu der Bedeutung der unverschuldeten Rechtsverletzung; diese wiederum kommt im Streitwert des Unterlassungs-, Beseitigungs- oder Vernichtungsanspruchs für den Verletzten zum Ausdruck. Einen Anhaltspunkt für die Bedeutung der Rechtsverletzung bietet ferner die angemessene Lizenzgebühr, die bei ordnungsgemäßem Erwerb des verletzten Rechts zu zahlen gewesen wäre (sie entspricht der Ablösungssumme, S. 2). Unverhältnismäßig groß ist nach alledem in der Regel der Schaden, der zu der üblicherweise zu zahlenden Lizenzgebühr „ganz außer Verhältnis stehen" würde (RegE UrhG a.a.O.). Der RegE UrhG nennt als Beispiel eine Filmproduktion, in deren Rahmen der Produzent (unverschuldet) erforderliche Rechte nicht eingeholt hat, dadurch die gesamte Produktion einer Nutzung nicht zugeführt werden kann und dies zur Bedeutung der unverschuldeten Rechtsverletzung ganz außer Verhältnis stehen würde (RegE UrhG – BT-Drucks. IV/270, S. 105).

6 Dem Verletzten – d. h. dem Inhaber des verletzten Rechts – muss die Ablösung in Geld ferner **zuzumuten** sein. Diese Voraussetzung muss zusätzlich zum unverhältnismäßig hohen Schadenspotential vorliegen. Wenn zwar ein unverhältnismäßig hoher Schaden droht, eine Geldentschädigung dem Verletzten aber nicht zugemutet werden kann, kommt eine Ablösung nicht in Betracht. Eine Ablösung in Geld ist dem Verletzten überall dort zuzumuten, wo davon auszugehen ist, dass er bei ordnungsgemäßer Anfrage zur Einräumung des verletzten Nutzungsrechts, zur Erteilung der fehlenden Einwilligung usw. gegen eine angemessene Lizenzgebühr bereit gewesen wäre. Das trifft nicht zu, wo es sich um Eingriffe in ideelle Belange handelt, weil hier die Erteilung der Zustimmung durch den Verletzten nicht unterstellt werden kann (siehe BGHZ 26, 349, 352 f. – *Herrenreiter*). Deshalb wird, wenn es sich um die Ablösung einer Verletzung von Persönlichkeitsrechten handelt, allenfalls bei Geringfügigkeit und auch dann nur ausnahmsweise die Zumutbarkeit für den Verletzten zu bejahen sein (so auch Wandtke/Bullinger/*Bohne*[2] § 101 Rn. 7: grundsätzlich unzumutbar; i.Erg. ebenso Dreier/Schulze/*Dreier*[2] § 101 Rn. 5). Bei der Prüfung der Zumutbarkeit kommt es auf eine Abwägung der Interessen beider Seiten an (BGH GRUR 1976, 317, 321 –*Unsterbliche Stimmen*). Je länger die mittels Ablösung erwirkte Nutzungsbefugnis die Nutzungsinteressen des Verletzten beeinträchtigt, um so weniger ist sie zumutbar (BGH aaO). Dass der verletzte Verwerter den Urheber bzw. ausübenden Künstler an den Einnahmen aus seiner eigenen Vertriebstätigkeit beteiligen muss, ist jedoch entgegen BGH aaO keine Frage der Zumutbarkeit, sondern der Höhe der angemessenen Entschädigung; denn an dieser muss der Verletzte die hinter ihm stehenden Originalberechtigten in der Regel beteiligen (vgl. § 97 Rn. 107).

Abs. 1 kann auch auf Fälle der sog. „orphan works" („verwaiste Werke") **7** ausgedehnt werden. Das sind Werke, für die sich der Rechteinhaber nicht ermitteln lässt. Die Bestimmung greift allerdings nur in Fällen, in denen der Verletzer trotz aller zuvor unternommenen zumutbaren Anstrengungen den Rechtsinhaber nicht hat ausfindig machen können. Dass er zusätzlich eine angemessene Vergütung hinterlegt haben muss (*Dreier* FS Schricker 60. Geb. S. 193, 227; ebenso *Schricker*, Gutachten, S. 177), ergibt sich aus § 100 hingegen nicht.

IV. Höhe der Entschädigung (S. 2)

Die Höhe der **Entschädigung** entspricht der angemessenen Lizenzgebühr (vgl. **8** § 97 Rn. 86 ff.), wie der Wortlaut des S. 2 ausdrücklich anordnet (deshalb auch allg. M.: HK-UrhR/*Meckel* § 101 Rn. 5; Schricker/*Wild*[3] § 101 Rn. 2; Dreier/Schulze/*Dreier*[2] § 101 Rn. 6; Möhring/Nicolini/*Lütje*[2] § 101 Rn. 16).

V. Umfang der Nutzungserlaubnis (S. 3)

Mit der **Zahlung** – nicht etwa erst mit der gerichtlichen Bestätigung, dass die **9** Voraussetzungen des § 100 vorlägen und die Höhe der Zahlung angemessen sei – **erwirbt** der Verpflichtete kraft Gesetzes das verletzte **Nutzungsrecht im üblichen Umfange** bzw. gilt die fehlende Einwilligung als erteilt. Dass das Gesetz nur die zweite Alternative nennt, hat offenbar keine einschränkende Bedeutung. – Da der übliche, insb. also der vom Gesetz für den Normalfall vermutete Umfang maßgebend ist, erwirbt z. B. der Verleger ein ausschließliches Vervielfältigungs- und Verbreitungsrecht (§ 1 VerlG), der Filmproduzent ein ausschließliches Verfilmungsrecht mit den Befugnissen des § 88; der ausübende Künstler, dessen Darbietung ohne seine Zustimmung in ein Filmwerk aufgenommen wurde, räumt mit der Zahlung seine Rechte aus den §§ 77

Abs. 1 und 2 S. 1, 78 Abs. 1 Nr. 1 und Nr. 2 hinsichtlich der Verwertung des Filmwerks ein (§ 92). Existiert keine spezielle Regelung, gilt die Zweckübertragungslehre gem. § 31 Abs. 5, d.h. der Verletzer erwirbt so viele Rechte, wie dies nach dem Zweck des § 100 zwingend erforderlich ist (zur Zweckübertragungstheorie vgl. § 31 Rn. 108 ff.).

VI. Prozessuales

10 Der Anspruchsteller sollte, wenn er im gerichtlichen Verfahren eine Berufung des Schuldners auf § 100 erwartet, einen entsprechenden **Hilfsantrag** auf Zahlung der Entschädigung stellen. Die Festsetzung der Entschädigung nach S. 2 kann im Klageantrag gemäß § 287 ZPO in das Ermessen des Gerichts gestellt werden, das ggf. einen Sachverständigen zu Rate ziehen wird. Zahlt der Verpflichtete vor Rechtshängigkeit oder während des Prozesses eine bestimmte Summe, um die Ansprüche abzuwenden, so trägt er selbst das Risiko für die Angemessenheit des Betrages. – Der Schuldner muss die Voraussetzungen für ein Ablösungsrecht nach Abs. 1 **darlegen und ggf. beweisen**, insb. sein fehlendes Verschulden. – Da es sich um ein Recht des Schuldners handelt, ist eine **Berücksichtigung von Amts wegen** durch das Gericht auch bei ausreichendem Sachvortrag nicht möglich; der Schuldner muss sich vielmehr ausdrücklich darauf berufen (Schricker/*Wild*[3] Rn. 2; Dreier/Schulze/*Dreier*[2] Rn. 6). – Der Verletzer kann bei Streit über das Vorliegen der Voraussetzungen des Abs. 1 und die Angemessenheit der Zahlung **Feststellungsklage** erheben.

VII. Verhältnis zu anderen Vorschriften

11 Das allgemeine Ablösungsrecht des Schuldners aus § **251 Abs. 2 BGB** wird im Bereich des Urheberrechts verdrängt (Wandtke/Bullinger/*Bohne*[2] § 101 Rn. 2; HK-UrhR/*Meckel* § 101 Rn. 1; a.A. Schricker/*Wild*[3] § 101 Rn. 3 und Dreier/Schulze/*Dreier*[2] § 101 Rn. 2, die eine Ablösung des von § 100 nicht erfassten Schadensersatzanspruches zulassen wollen). Der Verletzer kann vielmehr stets nur im Rahmen des § 100 ablösen. Die Gewährung einer **Aufbrauchfrist** (vgl. § 97 Rn. 53 f.), insb. bei leichter Fahrlässigkeit, ist durch § 100 nicht ausgeschlossen (Dreier/Schulze/*Dreier*[2] § 101 Rn. 9; Schricker/*Wild*[2] § 97 Rn. 97; a.A. Loewenheim/*Vinck* § 81 Rn. 96; Wandtke/Bullinger/*Bohne*[2] § 101 Rn. 3).

---

§ 101 Anspruch auf Auskunft

(1) [1]Wer in gewerblichem Ausmaß das Urheberrecht oder ein anderes nach diesem Gesetz geschütztes Recht widerrechtlich verletzt, kann von dem Verletzten auf unverzügliche Auskunft über die Herkunft und den Vertriebsweg der rechtsverletzenden Vervielfältigungsstücke oder sonstigen Erzeugnisse in Anspruch genommen werden. [2]Das gewerbliche Ausmaß kann sich sowohl aus der Anzahl der Rechtsverletzungen als auch aus der Schwere der Rechtsverletzung ergeben.

(2) [1]In Fällen offensichtlicher Rechtsverletzung oder in Fällen, in denen der Verletzte gegen den Verletzer Klage erhoben hat, besteht der Anspruch unbeschadet von Absatz 1 auch gegen eine Person, die in gewerblichem Ausmaß
1. rechtsverletzende Vervielfältigungsstücke in ihrem Besitz hatte,
2. rechtsverletzende Dienstleistungen in Anspruch nahm,
3. für rechtsverletzende Tätigkeiten genutzte Dienstleistungen erbrachte oder
4. nach den Angaben einer in Nummer 1, 2 oder 3 genannten Person an der Herstellung, Erzeugung oder am Vertrieb solcher Vervielfältigungsstücke, sonstigen Erzeugnisse oder Dienstleistungen beteiligt war,

es sei denn, die Person wäre nach den §§ 383 bis 385 der Zivilprozessordnung im Prozess gegen den Verletzer zur Zeugnisverweigerung berechtigt. [2]Im Fall der gerichtlichen Geltendmachung des Anspruchs nach Satz 1 kann das Gericht den gegen den Verletzer anhängigen Rechtsstreit auf Antrag bis zur Erledigung des wegen des Auskunftsanspruchs geführten Rechtsstreits aussetzen. [3]Der zur Auskunft Verpflichtete kann von dem Verletzten den Ersatz der für die Auskunftserteilung erforderlichen Aufwendungen verlangen.

(3) Der zur Auskunft Verpflichtete hat Angaben zu machen über
1. Namen und Anschrift der Hersteller, Lieferanten und anderer Vorbesitzer der Vervielfältigungsstücke oder sonstigen Erzeugnisse, der Nutzer der Dienstleistungen sowie der gewerblichen Abnehmer und Verkaufsstellen, für die sie bestimmt waren, und
2. die Menge der hergestellten, ausgelieferten, erhaltenen oder bestellten Vervielfältigungsstücke oder sonstigen Erzeugnisse sowie über die Preise, die für die betreffenden Vervielfältigungsstücke oder sonstigen Erzeugnisse bezahlt wurden.

(4) Die Ansprüche nach den Absätzen 1 und 2 sind ausgeschlossen, wenn die Inanspruchnahme im Einzelfall unverhältnismäßig ist.

(5) Erteilt der zur Auskunft Verpflichtete die Auskunft vorsätzlich oder grob fahrlässig falsch oder unvollständig, so ist er dem Verletzten zum Ersatz des daraus entstehenden Schadens verpflichtet.

(6) Wer eine wahre Auskunft erteilt hat, ohne dazu nach Absatz 1 oder Absatz 2 verpflichtet gewesen zu sein, haftet Dritten gegenüber nur, wenn er wusste, dass er zur Auskunftserteilung nicht verpflichtet war.

(7) In Fällen offensichtlicher Rechtsverletzung kann die Verpflichtung zur Erteilung der Auskunft im Wege der einstweiligen Verfügung nach den §§ 935 bis 945 der Zivilprozessordnung angeordnet werden.

(8) Die Erkenntnisse dürfen in einem Strafverfahren oder in einem Verfahren nach dem Gesetz über Ordnungswidrigkeiten wegen einer vor der Erteilung der Auskunft begangenen Tat gegen den Verpflichteten oder gegen einen in § 52 Abs. 1 der Strafprozessordnung bezeichneten Angehörigen nur mit Zustimmung des Verpflichteten verwertet werden.

(9) [1]Kann die Auskunft nur unter Verwendung von Verkehrsdaten (§ 3 Nr. 30 des Telekommunikationsgesetzes) erteilt werden, ist für ihre Erteilung eine vorherige richterliche Anordnung über die Zulässigkeit der Verwendung der Verkehrsdaten erforderlich, die von dem Verletzten zu beantragen ist. [2]Für den Erlass dieser Anordnung ist das Landgericht, in dessen Bezirk der zur Auskunft Verpflichtete seinen Wohnsitz, seinen Sitz oder eine Niederlassung hat, ohne Rücksicht auf den Streitwert ausschließlich zuständig. [3]Die Entscheidung trifft die Zivilkammer. [4]Für das Verfahren gelten die Vorschriften des Gesetzes über die Angelegenheiten der freiwilligen Gerichtsbarkeit mit Ausnahme des § 28 Abs. 2 und 3 entsprechend. [5]Die Kosten der richterlichen Anordnung trägt der Verletzte. Gegen die Entscheidung des Landgerichts ist die sofortige Beschwerde zum Oberlandesgericht statthaft. [6]Sie kann nur darauf gestützt werden, dass die Entscheidung auf einer Verletzung des Rechts beruht. [7]Die Entscheidung des Oberlandesgerichts ist unanfechtbar. [8]Die Vorschriften zum Schutz personenbezogener Daten bleiben im Übrigen unberührt.

(10) Durch Absatz 2 in Verbindung mit Absatz 9 wird das Grundrecht des Fernmeldegeheimnisses (Artikel 10 des Grundgesetzes) eingeschränkt.

Übersicht

I. Allgemeines

1. Bedeutung/Sinn und Zweck/Systematische Stellung

1 Ein wesentliches Element der Rechtsverfolgung im Urheberrecht – wie bei allen Rechten des geistigen Eigentums – ist neben dem Anspruch auf Unterlassung der Auskunftsanspruch. Denn durch ihn wird der Verletzte erst in die Lage versetzt, weitergehende Ansprüche, wie den auf Schadensersatz, durchzusetzen. Die Gesetzesbegründung definiert den **Sinn und Zweck** des UmsG Enforcement-RL, mit dem § 101 aufgenommen wurde, ebenso wie weiland zum ProdPiratG (vgl. Rn. 6) wie folgt: „Insgesamt soll durch die Verbesserung der Stellung der Rechtsinhaber beim Kampf gegen Produktpiraterie ein Beitrag zur Stärkung des Geistigen Eigentums geleistet werden." (RegE UmsG Enforcement-RL – BT-Drucks. 16/5048, S. 25).

Üblicherweise teilt man im Bereich des geistigen Eigentums Auskunftsansprüche in sog. **selbständige Auskunftsansprüche** und **unselbständige Auskunftsansprüche** (dazu im Detail vgl. Rn. 10). Bislang kannte das Urheberrechtsgesetz in § 101a a.F. nur eine Kodifikation des sog. Drittauskunftsanspruchs, eines selbständigen Auskunftsanspruchs. Der unselbständige Auskunftsanspruch, oft auch als allgemeiner Auskunftsanspruch bezeichnet, war im UrhG nicht geregelt. Die Rechtsprechung entnahm ihn den §§ 242, 259, 260 BGB und bezeichnete ihn als mittlerweile gewohnheitsrechtlich anerkannten Auskunfts- und Rechnungslegungsanspruch (RegE UmsG Enforcement-RL – BT-Drucks. 16/5048, S. 48; RGZ 73, 286, 288; RGZ 158, 377, 379; BGHZ 10, 385, 387 – *Kalkstein*; BGH GRUR 1980, 227, 232 – *Monumenta Germaniae Historica*; OLG Frankfurt GRUR 1998, 47, 50 – *La Boheme*; KG GRUR 2002, 252, 257 – *Mantellieferung*). **2**

§ 101 scheint auf den ersten Blick diese beiden Anspruchsarten abbilden zu wollen; während Abs. 1 den Anspruch gegen den Verletzer umfasst, regelt Abs. 2 den Anspruch gegen Dritte. Doch ganz so einfach ist es nicht. Denn Abs. 1 greift nach dem klaren Wortlaut nur bei Handlungen in gewerblichem Ausmaß (zu Details vgl. Rn. 20 ff.), obwohl der gewohnheitsrechtliche Anspruch – wie überhaupt Urheberrechtsverletzungen generell – ein solches Handeln (anders als z.B. das Markenrecht, wo ein Handeln im geschäftlichen Verkehr erforderlich ist) nicht erfordert. **3**

Daher dürfte § 101 folgenden **Regelungsgehalt** aufweisen: Er kodifiziert den unselbständigen Auskunftsanspruch gegen den Verletzer, soweit dieser in gewerblichem Ausmaß handelt und regelt den selbständigen Auskunftsanspruch (sog. Drittauskunft) neu. Der unselbständige Auskunftsanspruch gegen den Verletzer, soweit dieser nicht in gewerblichen Ausmaß handelt, bleibt weiterhin dem Gewohnheitsrecht vorbehalten und leitet sich aus §§ 242, 259, 260 BGB ab, denn es ist nicht ersichtlich – und wäre sicher auch verfassungswidrig, da enteignungsgleich –, dass der Gesetzgeber letzteren etwa vollständig abschaffen wollte. Dafür spricht, dass die Begründung des Regierungsentwurfs das Handeln im geschäftlichen Verkehr als Voraussetzung für den urheberrechtlichen Auskunftsanspruch nach alter Rechtslage nennt (RegE UmsG Enforcement-RL – BT-Drucks. 16/5048, S. 49), was sich offensichtlich nur auf § 101a a.F. bezieht. Andernfalls käme dies einer Einführung des dem Urheberrecht fremden Tatbestandsmerkmals „in gewerblichem Ausmaß" auch bei den dazugehörigen Hauptansprüchen (insb. Schadensersatz) gleich, was kaum verfassungsgemäß sein dürfte. **4**

Der ungeschriebene gewohnheitsrechtliche **Rechnungslegungsanspruch**, der vor allem für die Berechnung von Schadensersatzansprüchen (vgl. § 97 Rn. 61 ff.) und für Ansprüche aus Bereicherung sowie GoA (vgl. § 102a Rn. 225 ff.) gegen den Auskunftsverpflichteten Bedeutung hat, ist mit dem UmsG Enforcement-RL ab 01.09.2008 überhaupt nicht mehr gesetzlich geregelt. Denn mit diesem Gesetz wurde eine gesetzliche Regelung des Rechnungslegungsanspruchs für den Schadensersatz auf Verletzergewinnherausgabe unter Hinweis auf die bestehende gewohnheitsrechtliche Lage für überflüssig befunden und aus § 97 Abs. 1 S. 2 gestrichen (RegE UmsG Enforcement-RL – BT-Drucks. 16/5048, S. 48). Dieser (ungeschriebene) Anspruch existiert aber fort (vgl. Rn. 33 ff.) und kann auch der Durchsetzung von Beseitigungsansprüchen dienen (BGH GRUR 1995, 427, 428 – *Schwarze Liste*). Das Gleiche gilt für Unterlassungsansprüche, z.B. bei Unsicherheit über deren sachliche oder zeitliche Reichweite (Hefermehl/*Köhler*/*Bornkamm*[26] § 9 Rn. 4.4). **5**

2. Früheres Recht

6 Die unmittelbare Vorgängernorm ist § 101a a.F., der durch das ProdPiratG vom 07.03.1990 (BGBl. I 422) mit Wirkung zum 01.07.1990 eingeführt worden war und gewisse Restriktionen enthielt; daneben galt vor Einführung des § 101 der allgemeine gewohnheitsrechtliche Auskunftsanspruch (vgl. Rn. 2). § 101a war insb. beschränkt auf eine Verletzung durch „Vervielfältigungsstücke" und gewährte die sog. Drittauskunft nur gegen „Verletzer". Damit einher gingen eine Reihe von Unsicherheiten in Bezug auf die praktisch bedeutsamen Auskunftsverlangen gegenüber Internet Access-Providern (vgl. Rn. 36 ff., 50, 55 ff.).

7 § 101 tritt gem. Art. 10 UmsG Enforcement-RL am 01.09.2008 in Kraft. Nach der Begründung soll diese Frist von bis zu zwei Monaten dazu dienen, der Rechtsprechung die Möglichkeit zu geben, sich auf die neuen Bestimmungen einzustellen (RegE UmsG Enforcement-RL – BT-Drucks. 16/5048, S. 52). Ein Bedarf für weitergehende **Übergangsbestimmungen** besteht nach der Begründung nicht. Die Frage, ob die neuen Ansprüche und Verfahren auch für Rechtsverletzungen gelten, die vor dem Inkrafttreten des Gesetzes begangen worden sind, ist nach den allgemeinen Grundsätzen zu beurteilen (RegE UmsG Enforcement-RL – BT-Drucks. 16/5048, S. 52).

3. EU-Recht

8 § 101 setzt Art. 8 der sog. Enforcement-RL der EU um, die bis Ende April 2006 umzusetzen war (hierzu bspw. *Nägele/Nitsche* WRP 2007, 1048, 1048 ff.; *Spindler/Weber* ZUM 2007, 257 ff.). § 101 ist daher **richtlinienkonform** auszulegen. Art. 8 war auch vor dem Inkrafttreten des § 101 seit dem 30.04.2006 unmittelbar anwendbar (hierzu Schricker/*Wild*[2] Rn. 8; nun ausdrücklich BGH GRUR 2007, 890, 892 – *Internet-Versteigerung II* zur Enforcement-RL allgemein; zur allgemeinen Frage der unmittelbaren Anwendung von Richtlinien vgl. Einl. Rn. 37 ff.). Wesentliche generelle Vorgabe der RL ist, dass dem Anspruch eine Grenze durch den Grundsatz der Verhältnismäßigkeit gesetzt wird, was Abs. 4 regelt, allerdings auch in § 101a a.F. bereits enthalten war. Nach Artikel 3 Abs. 2 der Richtlinie müssen die Maßnahmen, Verfahren und Rechtsbehelfe zudem einerseits wirksam, verhältnismäßig und abschreckend sein. Andererseits müssen sie so angewendet werden, dass die Errichtung von Schranken für den rechtmäßigen Handel vermieden wird und die Gewähr gegen ihren Missbrauch gegeben ist.

4. Internationales Recht

9 Eine Kodifikation des unselbständigen allgemeinen Auskunftsanspruchs in Internationalen Konventionen existiert nicht. Anderes gilt aber für den selbständigen Auskunftsanspruchs. Art. 47 TRIPS-Übereinkommen verlangt:

„Members may provide that the judicial authorities shall have the authority, unless this would be out of proportion to the seriousness of the infringement, to order the infringer to inform the right holder of the identity of third persons involved in the production and distribution of the infringing goods or services and of their channels of distribution."

Hierunter fallen auch Dritte nur mittelbar Beteiligte Busche/Stoll/*Vander*, TRIPS, Art. 47 Rn. 3); der Anspruch ist nur fakultativ ausgestattet wegen der Besorgnis einzelner Mitgliedsstaaten das Recht, sich nicht selbst zu bezichtigen, würde verletzt (*Watap*, Intellectual Property Rights, S. 341). Zudem müssen nach Art. 41 TRIPS-Übereinkommen die Mittel zur Durchsetzung Geistiger Eigentumsrechte u.a. effizient sein. Die deutsche Rechtslage u.a. in Bezug auf Drittauskünfte ist daher vor dem Umsetzungsgesetz zur Durchsetzungs-RL als nicht ausreichend kritisiert worden (z.B. *Ibbeken*, Das TRIPS-Übereinkommen und die vorgerichtliche Beweishilfe im gewerblichen Rechtschutz, 2004, S. 330 ff. sowie *Patnaik* GRUR 2004, 191 ff.).

II. Allgemeiner Auskunftsanspruch (Abs. 1)

1. Überblick

Vielfach weiß der Berechtigte zwar, dass eine Rechtsverletzung vorliegt, ist **10** jedoch über deren Umfang im Ungewissen und dadurch in seiner Rechtsverfolgung behindert. Diesem Dilemma hat die Rechtsordnung schon früh durch den allgemeinen Auskunftsanspruch abgeholfen. Dieser wurde aus den §§ 242, 259, 260 BGB entwickelt und ist mittlerweile **gewohnheitsrechtlich** als Auskunfts- und Rechnungslegungsanspruch anerkannt (RegE UmsG Enforcement-RL – BT-Drucks. 16/5048, S. 48; RGZ 73, 286, 288; RGZ 158, 377, 379; BGHZ 10, 385, 387; BGH GRUR 1980, 227, 232 – *Monumenta Germaniae Historica*; OLG Frankfurt GRUR 1998, 47, 50 – *La Boheme*; KG GRUR 2002, 252, 257 – *Mantellieferung*). Das ist verfassungsgemäß (BVerfG GRUR 1997, 124 – *Kopierläden II*). Nach einer bekannten BGH-Formel besteht der Anspruch, wenn der Gläubiger *„in entschuldbarer Weise nicht nur über den Umfang, sondern auch über das Bestehen seines Rechts im Ungewissen ist, er sich die zur Vorbereitung und Durchführung seines Zahlungsanspruchs notwendigen Auskünfte nicht auf zumutbare Weise selbst beschaffen kann und der Verpflichtete sie unschwer, d. h. ohne unbillig belastet zu sein, zu geben vermag"* (BGH GRUR 2007, 532 Tz. 18 – *Meistbegünstigungsvereinbarung*; BGH GRUR 1986, 62, 64 – *GEMA-Vermutung I* m.w.N.; BGH GRUR 1982, 22, 24 – *Tonmeister*; ferner BGH GRUR 2001, 841, 842 – *Entfernung der Herstellungsnummer* zum UWG; zum UrhG: OLG Frankfurt GRUR 1998, 47, 50 – *La Bohème*; *von Weichs/Foerstl* ZUM 2000, 897, 899). Der Anspruch wird als „selbstständig" bezeichnet, sofern er der Durchsetzung von Ansprüchen gegenüber Dritten dient (auch „Drittauskunft") und als „unselbstständig" zur Durchsetzung von Ansprüchen gegen dem Auskunftspflichtigen selbst (Hefermehl/*Köhler*/Bornkamm[26] § 9 Rn. 4.1 m.w.N.).

Der hier geregelte Auskunftsanspruch betrifft den unselbständigen Auskunfts- **11** anspruch, allerdings nur für die Variante des Handelns in gewerblichem Ausmaß. (vgl. Rn. 4) Für den unselbständigen Auskunftsanspruch bei Handeln nicht in gewerblichem Ausmaß bleibt es bei dem gewohnheitsrechtlich anerkannten Auskunftsanspruch (dazu vgl. Rn. 2).

Ein weiterer unselbständiger Auskunftsanspruch ist in § 101b (Sicherung von **12** Schadensersatzansprüchen) normiert (vgl. § 101b Rn. 1 ff.).

2. Allgemeine Voraussetzungen

Da es sich – wie gezeigt (vgl. Rn. 4) – bei dem Anspruch nach Abs. 1 um einen **13** Unterfall des gewohnheitsrechtlich anerkannten unselbständigen Auskunftsanspruch handelt, gelten dessen allgemeine Voraussetzungen auch für den Anspruch nach Abs. 1.

14 Nach der BGH-Formel (vgl. Rn. 10) ist erste Voraussetzung, dass der Gläubiger sich die Informationen über **Bestand oder Umfang** seines Rechts **nicht mit zumutbarem Aufwand selbst beschaffen kann** und auch ansonsten **schuldlos** darüber im Ungewissen ist. Informationsquellen, deren Inanspruchnahme rechtswidrig, mit unzumutbarem Aufwand oder erwartungsgemäß nicht mit zutreffenden Auskünften verbunden wäre, muss der Gläubiger nicht wahrnehmen. Verschulden des Gläubigers für seine Ungewissheit ist gegeben, wenn er früher gegebene Informationsmöglichkeiten nicht ausnutzt oder vorhandene Informationen schuldhaft nicht gesichert hat (Hefermehl/*Köhler/Bornkamm*[26] § 9 Rn. 4.10); aus sich parallel bietenden Informationsquellen darf der Gläubiger aber den Schadensersatzschuldner als Auskunftspflichtigen wählen. In der Regel scheitert an Anspruch bei Auskünften zur Vorbereitung von Schadensersatzansprüchen an diesen Voraussetzungen nicht, weil regelmäßig nur der Schuldner die zur Berechnung erforderlichen Informationen besitzt.

15 Zweite Voraussetzung ist, dass der Schuldner die Informationen unschwer, d. h. ohne unbillig belastet zu sein, zu geben vermag (vgl. Rn. 10). Dies bedingt eine **Verhältnismäßigkeitsprüfung**, die nunmehr in Abs. 4 kodifiziert ist (vgl. Rn. 82 ff.).

3. Rechtsverletzung, Verletzer i.S.d. Norm

16 Unselbständige Auskunfts- und auch die Rechnungslegungsansprüche (zu letzteren vgl. Rn. 33 ff.) sind **akzessorisch** zum Bestehen eines Hauptanspruches. Da sie nur dessen Durchsetzung dienen sollen, muss ein entsprechendes gesetzliches Schuldverhältnis zum Auskunftspflichtigen bestehen (BGH GRUR 1988, 604, 605 – *Kopierwerk*). Der Schadensersatzanspruch muss zumindest dem Grunde nach vorliegen können (OLG Nürnberg ZUM-RD 1999, 126, 128). Insb. Verschulden muss bei unselbständigen Ansprüchen, wie dem nach Abs. 1, also gegeben sein, wenn Auskunft zur Berechnung eines Schadensersatzanspruches gegen den Auskunftspflichtigen begehrt wird (BGH GRUR 1988, 604, 605 – *Kopierwerk*; großzügiger KG GRUR 2002, 252, 257 – *Mantellieferung*; Voraufl./*Wilhelm Nordemann*[9] Rn. 27), kein Verschulden dagegen für die Berechnung des Anspruches aus § 812 BGB (vgl. § 102a Rn. 4) oder bei den selbständigen Ansprüchen (vgl. Rn. 36 ff.).

17 Zur **Verjährung** des unselbständigen Auskunfts- und Rechnungslegungsanspruches vgl. § 102 Rn. 4.

18 Die Rechtsverletzung kann sowohl ein werkbezogenes Urheberrecht als auch jedes andere nach diesem Gesetz geschützte Recht betreffen, also jedes der in Teil 2 geregelten verwandten Schutzrechte, aber natürlich auch Laufbilder (§ 95); nicht hingegen §§ 95a, 95c, denn diese sind zumindest nach der hier vertretenen Auffassung keine Recht (vgl. Vor §§ 95 ff. Rn. 24 ff.).

19 Durch die Änderung des Absatzes 1 gegenüber § 101a a.F. wird klargestellt, dass der Auskunftsanspruch bei allen Verletzungshandlungen eingreift, also nicht auf Fälle der Verletzung von körperlichen Verwertungsrechten (vgl. § 15 Abs. 1 UrhG) beschränkt ist (RegE UmsG Enforcement-RL – BT-Drucks. 16/5048, S. 49).

4. Gewerbliches Ausmaß

Dieses Tatbestandsmerkmal wurde durch das Gesetz zur Verbesserung der **20** Durchsetzung von Rechten des geistigen Eigentums für alle Auskunftsansprüche im Bereich des gewerblichen Rechtsschutzes eingeführt. Doch während es in den §§ 140b PatG, 24b GebrMG, 19 MarkenG, 46 GeschmMG, 37b SortenSchG nur für den selbständigen Auskunftsanspruch gegen Dritte nach Abs. 2 der jeweiligen Norm gilt, wurde die Voraussetzung in § 101 bereits in Abs. 1 und damit in den unselbständigen Auskunftsanspruch gegen den Verletzer eingefügt.

Erst der Rechtsausschuss des Bundestages ersetzte mit dieser Formulierung das **21** noch im Regierungsentwurf enthaltene „Handeln im geschäftlichen Verkehr" (BeschlE Rausschuss RegE UmsG Enforcement-RL – BT-Drucks. 16/8783, S. 63). Sie stammt aus Art. 8 Abs. 1 der Enforcement-Richtlinie. Hierbei hat der Gesetzgeber aber übersehen, dass das gewerbliche Ausmaß nach der RL keine Voraussetzung für den Anspruch gegen den Verletzer selbst ist. Die Formulierung taucht in der Richtlinie nur in Abs. 1 lit. a), b) und c) auf, die sich aufgrund der Formulierung „von dem Verletzer und/oder jeder anderen Person erteilt werden, die ..." lediglich auf die dritte Person beziehen. Nichts anderes ergibt sich aus Erwägungsgrund 14 der Richtlinie. Demnach müssen die Maßnahmen aus Art. 6 Abs. 2, 8 Abs. 1 und 9 Abs. 2 zwar nur bei in gewerblichem Ausmaß vorgenommenen Rechtsverletzungen angewandt werden, ohne dass dabei zwischen Verletzer und dritter Person unterschieden wird. Die Erwägungsgründe selbst sind aber nicht bindend und können nicht über den Regelungsgehalt des verfügenden Teils der Richtlinie hinausgehen. Der Wortlaut des Art. 8 Abs. 1 der Richtlinie ist jedenfalls diesbezüglich eindeutig.

Beide Formulierungen schränken den Auskunftsanspruch nach Abs. 1 gegen- **22** über dem gewohnheitsrechtlichen Auskunftsanspruch ein. Die Regierungsbegründung offenbart diese Differenzierung nicht auf den ersten Blick, denn sie spricht in Bezug auf den Anspruch nach Abs. 1 davon, dass „der Anspruch – wie im bereits geltenden Recht und auch im Markenrecht – voraussetzt, dass im geschäftlichen Verkehr gehandelt worden ist" (RegE UmsG Enforcement-RL – BT-Drucks. 16/5048, S. 49). Die Beschlussempfehlung des Rechtsausschusses nennt als Grund für die Änderung nur, dass dadurch ein Gleichlauf des deutschen Urheberrechts mit der Richtlinie erreicht werde (BeschlE RAusschuss UmsG Enforcement-RL – BT-Drucks. 16/8783, S. 63). Dies führt für das Urheberrecht, das sonst keine Begrenzung der Ansprüche hinsichtlich gewerblicher Handlungen kennt, zur Weitergeltung des gewohnheitsrechtlichen Auskunftsanspruchs für den verbleibenden Bereich (vgl. Rn. 4). Die praktische Bedeutung dieser Einschränkung dürfte daher gering sein.

In ErwG 14 der Enforcement-RL heißt es zu Rechtsverletzungen im gewerb- **23** lichen Ausmaß, sie zeichneten sich dadurch aus, „dass sie zwecks Erlangung eines unmittelbaren oder mittelbaren wirtschaftlichen oder kommerziellen Vorteils vorgenommen werden; dies schließt in der Regel Handlungen aus, die in gutem Glauben von Endverbrauchern vorgenommen werden." Im Ergebnis dürfte das „gewerbliche Ausmaß" ebenso wie das „Handeln im geschäftlichen Verkehr" (zum Begriff im Wettbewerbsrecht *Piper/Ohly* § 2 UWG Rn. 5 ff.) sehr weit auszulegen sein. Ein inhaltlicher Unterschied zwischen beiden Begriffen besteht nicht.

24 Satz 2 konkretisiert zudem das Tatbestandsmerkmal. Danach kann sich das gewerbliche Ausmaß sowohl aus quantitativen (Anzahl der Rechtsverletzungen) als auch qualitativen Aspekten (Schwere der Rechtsverletzung) ergeben. Die Begründung des Rechtsausschusses nennt als Beispiel für schwere Rechtsverletzungen, die ein gewerbliches Ausmaß erreichen, die widerrechtliche öffentliche Zugänglichmachung von besonders umfangreichen Dateien im Internet, etwa eines vollständigen Kinofilms, eines Musikalbums oder Hörbuchs vor oder unmittelbar nach der Veröffentlichung in Deutschland (BeschlE RAusschuss UmsG Enforcement-RL – BT-Drucks. 16/8783, S. 63).

25 Im Ergebnis ist auch bei privaten Rechtsverletzungen, die ohne Gewinnabsicht begangen werden, aber durch ihre Anzahl oder Intensität Auswirkungen auf die gewerblichen Interessen der Rechteinhaber haben, ein „gewerbliches Ausmaß" anzunehmen. Dies wird immer dann zu bejahen sein, wenn die Rechtsverletzung einen geldwerten Vorteil bedeutet. Bei Gewerbetreibenden dürfte ebenso wie im Marken- und Wettbewerbsrecht eine widerlegbare Vermutung bestehen, dass ihr Handeln gewerbliches Ausmaß hat (zum Markenrecht *Ingerl/Rohnke* § 14 Rn. 48, zum Wettbewerbsrecht *Piper/Ohly* § 2 UWG Rn. 19, BGH GRUR 1962, 34, 36 – *Torsana*, BGH GRUR 1990, 522, 524 – *HBV-Familien- und Wohnungsschutzrecht*).

5. **Rechtsfolgen**

26 Wie schon § 101a a.F. gilt für die Ansprüche nach Abs. 1 und Abs. 2, dass die Auskunft unverzüglich, also ohne schuldhaftes Verzögern im Sinne des § 121 Abs. 1 BGB zu erteilen ist. Im Falle des Verzuges, also etwa weil der Verpflichtete nach Verstreichen einer angemessenen Überlegungs- und Suchfrist (hierzu Dreier/Schulze/*Dreier*² § 101a Rn. 9) keine Auskunft erteilt, darf der Berechtigte auf eigene Kosten Nachforschungen anstellen und diese Kosten dem Verpflichteten in Rechnung stellen (RegE ProdPiratG – BT Drucks. 11/4792, S. 34). Eine Verletzung begründet grundsätzlich die Verpflichtung, über alle anderen – vergangenen und künftigen – Handlungen Auskunft zu erteilen, die in **gleicher Weise** durch den sich aus der konkreten Verletzungshandlung ergebenden Tatbestand gekennzeichnet sind (BGH GRUR 2005, 668, 669 – *Aufbereiter I*).

27 Abs. 1 bestimmt zunächst selbst die Rechtsfolgen, nämlich die Auskunftspflicht über die Herkunft und den Vertriebsweg der rechtsverletzenden Vervielfältigungsstücke oder sonstigen Erzeugnisse. Obwohl (oder vielleicht auch gerade weil) Abs. 1 damit die Rechtsfolgen auf „rechtsverletzende Vervielfältigungsstücke oder sonstige Erzeugnisse" beschränkt, also z.B. keine Auskünfte über z. B. rechtsverletzende Sendungen zu enthalten scheint, erweitert Abs. 3 die Rechtsfolgen für beide Ansprüche (**hier ausführlich Rn. 77 ff.**) nach Abs. 1 und Abs. 2 auf Namen und Anschrift der Hersteller, Lieferanten und anderer Vorbesitzer der Vervielfältigungsstücke oder sonstigen Erzeugnisse, der Nutzer der Dienstleistungen sowie der gewerblichen Abnehmer und Verkaufsstellen, für die sie bestimmt waren, und die Menge der hergestellten, ausgelieferten, erhaltenen oder bestellten Vervielfältigungsstücke oder sonstigen Erzeugnisse sowie über die Preise, die für die betreffenden Vervielfältigungsstücke oder sonstigen Erzeugnisse bezahlt wurden. Er geht damit über § 101a Abs. 2 a.F. hinaus, der bestimmte, dass nur die Menge der hergestellten, erhaltenen oder bestellten Vervielfältigungsstücke, Anschriften sämtlicher Hersteller, Lieferanten und anderer Vorbesitzer sowie gewerblicher Abnehmer und Auftraggeber mitzuteilen war. Damit wird insb. der dem deutschen

Urheberrecht bislang fremde Begriff der „Dienstleistung" eingeführt bzw. aus der Richtlinie übernommen und die Auskunftspflicht auf Preise erstreckt (RegE UmsG Enforcement-RL – BT-Drucks. 16/5048, S. 29).

Wenn **mehr als die geforderten Informationen** gegeben werden, ist der Aus- **28** kunftsanspruch erfüllt, selbst wenn dadurch die Übersichtlichkeit erschwert wird (OLG München ZUM-RD 2002, 77, 87 – *Kehraus*). Nach erteilter Auskunft kann der Verletzte weitere Auskünfte fordern, wenn er sie zur Durchsetzung seiner Ansprüche, insb. zur Bezifferung von Zahlungsansprüchen, braucht (BGH GRUR 1974, 53, 54 – *Nebelscheinwerfer*; LG Nürnberg/Fürth GRUR 1988, 817, 818 – *dpa-Fotos*; Schiedsstelle DPMA ZUM 1989, 312, 313; *Tilmann* GRUR 1987, 251 ff.; *v. Weichs/Foerstl* ZUM 2000, 897, 902; *Oppermann* S. 21 ff.).

Wenn der Verletzte annimmt, die Auskunft sei **unvollständig** oder **falsch**, reicht **29** ein bloßer Verdacht nicht (BGH GRUR 1994, 630, 632 – *Cartier-Armreif*; BGH GRUR 2001, 841, 844 – *Entfernung der Herstellungsnummer II*; OLG Hamburg GRUR-RR 2001, 197). Zwar tritt Erfüllung i.S.d. § 362 BGB nur ein, wenn die Erklärung wahr, ernst gemeint und vollständig ist (BGH GRUR 2001, 841, 844 – *Entfernung der Herstellungsnummer II*; OLG Hamburg GRUR-RR 2001, 197; OLG Köln GRUR-RR 2006, 31). Das Gegenteil muss aber bewiesen werden. Gelingt dies, kann nach § 888 ZPO vollstreckt werden.

Die **Abgrenzung zur Ausforschung** kann im Einzelfall schwierig sein. Dies läuft **30** auf die Frage hinaus, was der Verletzer an anderen Verletzungen zugeben muss. Zunächst ist der Verletzer nur zur Auskunft über Art, Zeitpunkt und Umfang des konkreten Verletzungsfalls verpflichtet; dies erfasst aber auch im Kern gleichartige Handlungen (BGH WRP 2006, 749 Tz 34 – *Parfümtestkäufe*), nicht aber alle möglichen weiteren oder auch nur ähnlichen Verletzungshandlungen (BGH GRUR 1980, 1105, 1111 – *Das Medizinsyndikat III*; BGH GRUR 2000, 907, 910 – *Filialleiterfehler*; BGH GRUR 2001, 841, 844 – *Entfernung der Herstellungsnummer II* unter Hinweis auf entspr Regelungen im ProduktpiraterieG, zB § 19 Abs. 1 MarkenG; BGH GRUR 2003, 446, 447 – *Preisempfehlung für Sondermodelle*; BGH GRUR 2006, 426 Tz. 24 – *Direktansprache am Arbeitsplatz II*; OLG Frankfurt GRUR 2007, 612, 613, alles zum UWG).

Zeitlich ist die Auskunftspflicht nicht beschränkt auf die Zeit, seit der der **31** Kläger eine konkrete Verletzungshandlung erstmals schlüssig vorgetragen hat (BGH WRP 2007, 1187 Tz 24 – *Windsor Estate*; Aufgabe von: BGH GRUR 1988, 307, 308 – *Gaby*; vielmehr nun wie der 10. Zivilsenat: BGH GRUR 1992, 612, 615 – *Nicola*).

6. Grenzen (insb. Wirtschaftsprüfervorbehalt)

Auskunft und auch der sogleich (vgl. Rn. 33 ff.) behandelte Anspruch auf **32** Rechnungslegung können jedoch nur im Rahmen des § 242 BGB verlangt werden. Dabei sind die Bedürfnisse des Verletzten unter schonender Rücksichtnahme auf die Belange des Verletzers maßgeblich, was auf eine Abwägung der beiderseitigen Interessen im Einzelfall hinausläuft (OLG Köln GRUR 1983, 568, 570 – *Video-Kopiergerät* unter Hinweis auf BGHZ 10, 385, 387 – *Kalkstein*). Daraus hat die Rechtsprechung den sog. **Wirtschaftsprüfervorbehalt** entwickelt: Hat der Verpflichtete ein berechtigtes Interesse daran, bestimmte Details der von ihm zu erteilenden Auskünfte dem Berechtigten vorzuenthalten, so kann er sie einer Vertrauensperson, in der Regel also einem zur Berufsverschwiegenheit verpflichteten, neutralen Dritten – meist einem Wirtschaftsprüfer – machen, der dann dem Berechtigten auf gezielte Kontrollfragen Antwort zu geben hat; die Vertrauensperson darf der Berechtigte bestimmen (BGH GRUR 2000, 226, 227 – *Planungsmappe*; BGH GRUR 1980, 227, 233 – *Monumenta Germaniae Historica* m.w.N.; OLG Frankfurt UFITA 93 [1982], 197, 198 – *Erhöhungsgebühr bei Orchestervorstand*; Einzelheiten bei *Oppermann* S. 42 ff.). Die Beschränkung ist dem Verpflichteten bei entsprechender Sachlage auch dann vorzubehalten, wenn kein dahingehender Hilfsantrag gestellt worden ist (BGH GRUR 2000, 226, 227). Aus § 242 BGB kann sich ferner eine Beschränkung des Umfangs der Auskunftspflicht ergeben: Liegt nur eine klar abgegrenzte, einmalige Verletzung vor, kann nicht allgemein Auskunft über etwaige weitere Verletzungen gefordert werden (OLG Celle CR 1997, 735, 736, dort aber wohl zu eng gesehen).

III. Ungeschriebener Rechnungslegungsanspruch

33 Der Rechnungslegungsanspruch, der der Vorbereitung des bezifferten Geldersatzanspruches dienen soll, besteht ungeschrieben (vgl. Rn. 5) bei allen Arten des Schadenersatzanspruches nach § 97 Abs. 2 sowie ferner beim Bereicherungsanspruch und Anspruch aus GoA (vgl. § 102a).

34 Der Verpflichtete muss für die Rechnungslegung eine **geordnete Zusammenstellung** der Angaben i.S.d. § 259 Abs. 1 BGB liefern (*v. Weichs/Foerstl* ZUM 2000, 897, 899). Der Rechnungslegungsanspruch ist ein Sonderfall des Auskunftsanspruches und kann sich mit ihm decken, da zu einer ordnungsgemäßen Rechnungslegung auch die Offenlegung der Verfügungen, aus denen Gewinne erzielt wurden, gehört (vgl. Rn. 27). Der Rechnungslegungsanspruch ist einerseits enger als die Auskunft aus § 242 BGB. Er ist auf die Gewinnermittlung beschränkt, nicht aber auf die Offenbarung weiterer Verletzungshandlungen (KG AfP 2001, 406, 414 – *Mantellieferung*, insoweit in GRUR 2002, 252 nicht abgedr.), so dass Fälle denkbar sind, in denen er nicht ausreicht. Auskunfts- und Rechnungslegungsanspruch können daher auch nebeneinander gegeben sein. Rechnungslegung kann allerdings nur insoweit gefordert werden, als dies zur Schadensermittlung erforderlich ist; da diese in aller Regel im Wege der Schätzung nach § 287 ZPO erfolgt, kann, soweit nicht schon §§ 101, 101b eingreifen, beispielsweise die Angabe der Lieferdaten, Lieferpreise und Abnehmer nur insoweit verlangt werden, als es erforderlich ist, um die sonstigen Angaben des Verletzers überprüfen zu können (noch zurückhaltender BGH GRUR 1980, 227, 233 – *Monumenta Germaniae Historica*). Dabei ist ggf. Rechnungslegung über solche weitergehenden Daten unter dem sog. Wirtschaftsprüfervorbehalt zu fordern (vgl. Rn. 32).

35 In **Österreich** bestehen für den Auskunfts- und Rechnungslegungsanspruch gewisse Abweichungen (OGH Wien ÖBl. 1976, 170 – *Musikautomaten*).

IV. Sog. Drittauskunft (Abs. 2)

36 Der in Abs. 2 geregelte selbstständige Auskunftsanspruch wird oft auch als „Drittauskunft" bezeichnet (zu den Begrifflichkeiten vgl. Rn. 10). Allerdings dürfte diese Regelung **keine abschließende Regelung** von selbstständigen Auskunftsansprüchen darstellen (siehe BGH GRUR 1995, 427, 429 – *Schwarze Liste*; BGH GRUR 1994, 630, 633 – *Cartier-Armreif*; jeweils zum UWG), auch nicht nach Umsetzung der Enforcement-RL (vgl. Rn. 4). Es muss der Rechtsprechung überlassen bleiben, entsprechend der technischen und wirtschaftlichen Entwicklung den Schutz des Betroffenen zu verbessern (so zum UWG: BGH GRUR 1994, 630, 633 – *Cartier-Armreif*). Das fordert auch Art. 3 Abs. 2 Enforcement-RL mit dem Hinweis auf „wirksame" Maßnahmen. Lücken, die diese Ansprüche zur Durchsetzung selbständiger Auskunftsansprüche lassen, werden damit vom ungeschriebenen gewohnheitsrechtlichen Auskunftsanspruch aufgefüllt. Insoweit hätten also OLG Frankfurt (GRUR-RR 2005, 147, 148) und OLG Hamburg (GRUR-RR 2005, 209, 212 – *Ramstein*) bei Drittauskunftsansprüchen gegenüber Zugangsprovidern, um deren Kunden als Urheberrechtsverletzer zu identifizieren, nicht bei einer Prüfung des § 101 (§ 101a a.F.) stehen bleiben dürfen. Die Rechtsprechung gewährt auch in anderen vergleichbaren Rechtsgebieten daher einen „allgemeinen" selbständigen (Dritt)auskunftsanspruch, so z.b. bei der Verletzung von Persönlichkeitsrechten (LG Berlin ZUM-RD 2006, 522).

§ 101 geht über den bisherigen „Drittauskunfts"-Anspruch in § 101a a.F. **37** hinaus und hebt die Beschränkung auf eine Verletzung durch „Vervielfältigungsstücke" auf, die § 101a enthielt, führt statt dessen zusätzlich den Begriff der „Dienstleistung" ein (dazu im Detail vgl. Rn. 49) und konkretisiert sowie erweitert auch den **Umfang** der zu erteilenden Auskünfte (siehe Abs. 3). Darüber hinaus wird die Drittauskunft auch in eine weitere Richtung geöffnet, nämlich dadurch, dass nun mehr zweifelsfrei nicht nur Verletzer in Anspruch genommen werden kann, sondern auch die in Absatz 2 definierten Mittler. Für den in der Praxis sehr relevanten Spezialfall des Anspruchs gegen spezielle Mittler, nämlich Internet-Access-Provider, enthält Abs. 9 die Sonderregel, dass diese Auskünfte nur im Rahmen eines gesonderten gerichtlichen Verfahrens (vgl. Rn. 55 ff.) erteilen müssen.

Die *ratio* schon der Vorgängernorm war die Bekämpfung von Produktpirate- **38** rie; sie war geschaffen worden, um in Pirateriefällen auch die Absatz- und Vertriebsketten der Piraten aufdecken und dadurch die planmäßige Piraterie und ihre Ursachen besser bekämpfen zu können (RegE ProdPiratG – BT-Drucks. 11/4792, S. 15).

1. Offensichtliche Rechtsverletzung

Zum Begriff der Verletzung vgl. Rn. 16. Hierzu können auch Verletzungen von **39** Urheberpersönlichkeitsrechten zählen (OLG Hamburg GRUR-RR 2007, 381 – *BetriebsratsCheck*). Ein Fall offensichtlicher Rechtsverletzung, der die Durchsetzung beider Auskunftsansprüche des Abs. 1 und Abs. 2 im Wege Einstweiliger Verfügung (Abs. 7) und den „Drittauskunftsanspruch" generell ermöglicht, ist dann gegeben, wenn es sich z.B. um Raubdrucke oder -pressungen, Imitationen im Sinne der aus aus dem UWG bekannten sklavischen, bis in Detail gehenden Nachahmung oder solche Fälschungen handelt, die behaupten oder den Eindruck erwecken, das Original zu sein. Auch in diesen Fällen muss der Antragsteller allerdings glaubhaft machen, dass er oder der Rechtsinhaber (zur Aktivlegitimation vgl. § 97 Rn. 127 ff.) dem Hersteller die notwendigen Rechte *nicht* eingeräumt hat. Ist dagegen die **Rechtslage zweifelhaft**, etwa bei Unklarheit des Inlandschutzes, des Schutzfristablaufs oder der Inhaberschaft an den Nutzungsrechten, ist deren Klärung einem Hauptprozess vorzubehalten. Das Merkmal der Offensichtlichkeit haben einige Gerichte in den Auseinandersetzungen um die Verantwortlichkeit der Access-Provider (vgl. Rn. 50) fruchtbar gemacht; die hier aufgeworfenen Rechtsfragen seien zu kompliziert, als dass es sich um einen Fall offensichtlicher Rechtsverletzung handeln könne: OLG München MMR 2005, 616.

40 Offensichtlich ist die Rechtsverletzung ferner, wenn die nach Abmahnung vorprozessual erteilte Auskunft nicht ernstgemeint, von vornherein unglaubhaft oder unvollständig ist (BGH GRUR 1994, 630 – *Cartier Armreif*). Zwar kann der Verletzer nicht mehr sagen, als er weiß; die Auskunft ist eine *Wissenserklärung* (BGH GRUR 1994, 630). Erklärt er aber zu bestimmten Fragen, das wisse er nicht mehr, so ist diese Auskunft jedenfalls solange als unvollständig anzusehen, als er nicht alle ihm zur Verfügung stehenden Möglichkeiten der Recherche in zumutbarem Umfang ausgenutzt hat (BGH GRUR 1995, 338 – *Kleiderbügel*). Demgemäß hat der Bundesgerichtshof (BGH GRUR 1994, 630 – *Cartier-Armreif*) den Verletzer zwar nicht für verpflichtet gehalten, nach Florenz zu fahren, um dort unter den Händlern auf der Arno-Brücke seinen Lieferanten festzustellen; von einem Juwelier ist jedoch zu erwarten, dass er über seine Einkäufe Buch führt und in Zweifelsfällen bei seinen Lieferanten nachfragt (OLG Zweibrücken GRUR 1997, 827, 829 – *Pharaon-Schmucklinie*).

2. Klageerhebung

41 Neben dem Fall der offensichtlichen Rechtsverletzung gewährt Abs. 2 den „Drittauskunfts"-Anspruch auch, wenn bereits Klage gegen den Verletzer erhoben wurde. Der Verletzte kann dann diesen Anspruch parallel geltend machen – ggfs., um seine „Haupt"klage schlüssig zu machen. Das Gericht des ersten Rechtsstreits dürfte das Verfahren dann aussetzen (Abs. 2 Satz 2).

42 Nicht mit dem Klageverfahren nach Abs. 2 zu verwechseln ist der gesonderte Richtervorbehalt bei einer Anforderung von Verkehrsdaten nach Abs. 9 (vgl. Rn. 55 ff.).

3. Gewerbliches Ausmaß

43 Die Gesetzesbegründung formuliert, dass „auch der in Absatz 2 geregelte Auskunftsanspruch gegenüber Dritten voraussetzt, dass die Rechtsverletzung im geschäftlichen Verkehr erfolgt ist". Damit soll nach der Gesetzesbegründung auch hier dem ErwG 14 der Enforcement-RL Richtlinie Rechnung getragen, wonach ein Auskunftsanspruch auf jeden Fall dann vorgesehen werden muss, wenn die Rechtsverletzung in gewerblichem Ausmaß vorgenommen worden ist. Wir haben oben bereits gezeigt, dass der Begriff des gewerblichen Ausmasses dem Urheberrechtsgesetz grundsätzlich als allgemeine Tatbestandsvoraussetzung fremd ist (vgl. Rn. 4). Neben dem nunmehr kodifizierten Teil des selbständigen Auskunftsanspruch (zum Begriff vgl. Rn. 2) gibt es weiterhin ungeschriebene selbständige Auskunftsansprüche, die nicht zwingend auf ein Handeln in gewerblichem Ausmaß beschränkt sind (vgl. Rn. 36).

44 Auf eine Handlung im geschäftlichen Verkehr (und damit in gewerblichem Ausmaß) soll in der Regel dann zu schließen sein, wenn ihr Ausmaß über das hinausgeht, was einer Nutzung zum privaten Gebrauch entspricht (RegE UmsG Enforcement-RL – BT-Drucks. 16/5048, S. 49). Zur Auslegung des Begriffes vgl. Rn. 20 ff.

45 Der Gesetzgeber hat bei der Formulierung aber übersehen, dass die Richtlinie das „gewerbliche Ausmaß" nicht als allgemeine Tatbestandvoraussetzung in Art. 8 Abs. 1 der Richtlinie formuliert ist, sondern nur in Bezug auf die Handlungen des Dritten nach Art. 8 Abs. 1 lit a), b) und c). Dies hat insofern

Konsequenzen, als dass die Richtlinie für Beteiligungen an den vorgenannten Handlungen nach Art. 8 Abs. 1 lit. d) kein gewerbliches Ausmaß fordert. Nachdem der deutsche Gesetzgeber das gewerbliche Ausmaß aber „vor die Klammer" gezogen hat, dürfte sich die Frage der Richtlinien-Konformität stellen (vgl. Rn. 3).

4. Berechtigte

Berechtigt, den Anspruch nach Abs. 1 durchzusetzen ist derjenige, der verletzt **46** ist. Dies dürfte in der Regel der Inhaber des Urheberrechts und entsprechender abgeleiteter Rechte sein (hierzu siehe die allgemeinen Regelungen vgl. § 97 Rn. 127 ff.).

5. Verpflichtete

Bislang wurde der „Drittauskunfts"-Anspruch nur gegen Verletzer gewährt **47** (§ 101a a.F.), wobei umstritten war, ob hierunter auch Störer zu verstehen waren, insb. ob also ein Verschulden erforderlich war oder nicht (Ein objektiv rechtswidriges Verhalten reichte nach Dreier/Schulze/*Dreier*[2] § 101a Rn. 6 aus, so dass u. E. auch eine Störereigenschaft ausreichte: *Czychowski* MMR 2004, 514, 515, aber str.). Art. 8 Enforcement-RL erstreckt den Auskunftsanspruch in den in Absatz 1 Buchstabe a bis d genannten Fällen auch auf Dritte, allerdings ohne die Passivlegitimation des Dritten von der Verletzung einer Prüfpflicht abhängig zu machen, wie sie in der deutschen Störerrechtsprechung (noch) gefordert wird (dazu vgl. § 97 Rn. 154 ff. und bsph. *Leistner/Stang* WRP 2008, 533 ff.). Nach der Gesetzesbegründung soll nicht davon ausgegangen werden können, dass die Störerhaftung auf den verschiedenen Gebieten des geistigen Eigentums den gesamten Bereich des Art. 8 abdeckt (RegE UmsG Enforcement-RL – BT-Drucks. 16/5048, S. 30). Nunmehr definiert Abs. 2 den Kreis der Verpflichteten konkret:

a) Besitzer rechtsverletzender Vervielfältigungsstücke: Besitz ist der aus dem **48** BGB bekannte Begriff. Zum Terminus der Vervielfältigungsstücke vgl. § 16. Der Streit, ob der Drittauskunftsanspruch analog auf unkörperliche Up- und Downloads im Internet anzuwenden ist (*Czychowski*, MMR 2004, 514, 515) ist durch die folgenden Buchstaben obsolet.

b) Inanspruchnehmer rechtsverletzender Dienstleistungen: Der Begriff der **49** Dienstleistung ist dem Urheberrechtsgesetz eigentlich fremd. Gemeint ist wohl die Vornahme von urheberrechtswidrigen Handlungen, z.B. das vom Rechteinhaber nicht lizenzierte Angebot auf einer Website, bestimmte urheberrechtliche geschützte Schutzgegenstände herunterzuladen.

c) Dienstleister für rechtsverletzende Tätigkeiten: Durch die Regelung in **50** Absatz 2 wird insb. ein Auskunftsanspruch gegenüber Internet-Providern geschaffen (RegE UmsG Enforcement-RL – BT-Drucks. 16/5048, S. 49). Denn zuvor war besonders die Anwendung des § 101a a.F. auf Mittler jeder Art, insb. im Internet-Umfeld auf sog. Zugangs-Provider, also Access-Provider (vgl. Rn. 6; *Czychowski* MMR 2004, 514; *Kitz* ZUM 2006, 448; *Jan Bernd Nordemann/Dustmann* CR 2004, 380; *Spindler/Dorschel* CR 2006, 342). Die Rechtsprechung differenzierte: kein Auskunftsanspruch bei bloßer Störerhaftung: Haftung nach § 830 BGB ist Voraussetzung: OLG Frankfurt GRUR-RR 2005, 147, 148 zu Access Providern; kein Auskunftsanspruch gegen Access Providern, da Privilegierung gemäß § 8 Abs. 2 S. 2 TDG a.F.

(§ 7 Abs. 2 S. 2 TMG) nur für Unterlassungsansprüche entfällt: OLG München MMR 2005, 616; Auskunftsanspruch: Störer muss den konkreten Anbieter urheberrechtsverletzender Waren nennen, TDDSG steht nicht entgegen: OLG München GRUR 2007, 419, 424; kein Auskunftsanspruch, da Verbot der Auskunftserteilung in TDDSG a.F.: KG MMR 2007, 116.

51 Voraussetzung ist nun also, dass eine Dienstleistung erbracht wird, die für rechtverletzende Tätigkeiten genutzt wird. Das kann jede Form eine Leistung sein, sei es Zugangsvermittlung im Internet, sei es Transportdienste auf der Straße. Auf den diese Leistung begründenden Vertrag und dessen Rechtscharakter kommt es nicht an. Denkbar sind Mietverträge, Pachtverträge, aber auch andere Dauerschuldverhältnisse oder auch ein Werkvertrag. Der Begriff, der wie betont (vgl. Rn. 49) dem Urheberrecht fremd ist, dürfte denkbar weit zu verstehen sein. Die Tätigkeit wiederum bezieht sich auf alle denkbaren urheberrechtswidrigen Handlungen, also jedwede Handlung, die gegen ein Recht der §§ 12 ff. verstößt.

52 d) **Beteiligter an Handlungen nach Nummer 1, 2 oder 3:** Beteiligter ist Täter oder Teilnehmer. Zur Problematik des gewerblichen Ausmaßes der Beteiligung vgl. Rn. 43.

6. Einschränkung Zeugnisverweigerungsberechtigung

53 Wer nach den §§ 383 bis 385 ZPO im Prozess gegen den Verletzer zur Zeugnisverweigerung berechtigt ist, ist nach Abs. 2 nicht auskunftspflichtig. Die Einschränkung beruht auf Art. 8 Abs. 3 lit. d) der Richtlinie. Dadurch soll der Dritte im Rahmen des Auskunftsanspruchs nicht schlechter gestellt werden, als wenn er wegen des Sachverhalts in einem Gerichtsverfahren als Zeuge geladen wäre (RegE UmsG Enforcement-RL – BT-Drucks. 16/5048, S. 39).

7. Kostenerstattung

54 Abs. 2 Satz 3 normiert einen eigenen Kostenerstattungsanspruch des Dritten: Dieser kann von dem Verletzten den Ersatz der für die Auskunftserteilung erforderlichen Aufwendungen verlangen.

8. Insb. Verkehrsdatenauskunft nach Abs. 9 und Prozessuale Maßnahmen

55 Mit Abs. 2 soll nach der Gesetzesbegründung insb. ein Auskunftsanspruch gegen Internet-Access-Provider eingeführt werden (RegE UmsG Enforcement-RL – BT-Drucks. 16/5048, S. 49). Da dieser auf Bedenken seitens des Datenschutzrechts und des Fernmeldegeheimnis stößt (unsere Stellungnahme dazu vgl. Rn. 71 ff.), ist für die mit einer solchen Auskunft zwingend verbundenen Berührung von sog. Verkehrsdaten im telekommunikationsrechtlichen Sinne, ein besonderes Verfahren nach Abs. 9 eingeführt worden. Mit ihm soll nach dem klar geäußerten Willen des Gesetzgebers dem Rechtsinhaber eine Ermittlung des Rechtsverletzers ermöglicht werden (RegE UmsG Enforcement-RL – BT-Drucks. 16/5048, S. 39). Wir werden sogleich sehen, dass dieses Ziel unter bestimmten Voraussetzungen nicht erreichbar ist (vgl. zu diesem Dilemma auch *Rücker*, ZUM 2008, 391 ff.).

56 a) **Vorgaben der Enforcement-RL:** Ob der Auskunftsanspruch nur bei richterlicher Anordnung gilt oder als ein eigenständiger materiell-rechtlicher Anspruch in nationales Recht umgesetzt werden muss, erschließt sich aus dem

Wortlaut der Richtlinie nicht ohne weiteres. Der Wortlaut der Richtlinie spricht lediglich davon, dass *„die zuständigen Gerichte [...] eine Anordnung erteilen können [...]"*. Aber auch Art. 10 Enforcement-RL, der Einstweilige Maßnahmen regelt, wählt einen vergleichbaren Wortlaut. Nun könnte man einwenden, dieser Artikel regle nur formelle Fragen der Prozessordnung. Allerdings sind auch die klar materielle Ansprüche regelnden Art. 12 Enforcement-RL (nun überschrieben als „Abhilfemaßnahmen", in vorheriger Fassung überschrieben als „Rückruf von Waren") oder der nunmehr in Art. 12 Enforcement-RL eingefügte Art. 14 Enforcement-RL (Überschrift: „Vernichtung der Ware") entsprechend formuliert. Diese vergleichende Betrachtung spricht daher dafür, dass auch Art. 9 Enforcement-RL einen materiellen Anspruch regelt, der schon ohne gerichtliche Anordnung besteht und lediglich gerichtlich bestätigt bzw. streitweise gerichtlich durchgesetzt werden kann. Weiterhin nimmt der Wortlaut an anderer Stelle der Richtlinie ausdrücklich auf das in Art. 9 Abs. 1 Enforcement-RL enthaltene *„Auskunftsrecht"* bzw. *„Recht auf Auskunft"* bezug. So lautet die Überschrift des Art. 9 Enforcement-RL *„Recht auf Auskunft"*, in Art. 9 Abs. 3 Ziff. a) und c) Enforcement-RL wird das *„Auskunftsrecht"* angeführt. Auch unter Heranziehung der Begründung der Richtlinie, die ausdrücklich von einem *„Auskunftsrecht"* (siehe z.B. KOM (2003) 46 endg., S. 16, 23 sowie ErwG 7 (S. 31)) ausgeht, kommt man zu diesem Ergebnis. Weiterhin wird betont, dass *„dieser Artikel den Art. 47 des TRIPs-Übereinkommens über das Recht auf Auskunft ergänzt."* (KOM (2003) 46 endg., S. 23) Art. 47 TRIPs-Übereinkommen ist im Übrigen genauso als Anordnung richterlicher Maßnahmen aufgebaut, beinhaltet aber einen materiellen Anspruch. Darüber hinaus wird hervorgehoben, dass die Regelung sich *„orientiert an diesbezüglichen Bestimmungen einiger nationaler Normen (Benelux, Deutschland)."* (KOM (2003) 46 endg., S. 23) Dies bezieht sich auf z.B. § 19 MarkenG oder § 101a UrhG a.F., die zweifelsohne als materieller Anspruch verstanden werden und nicht etwa unter dem Vorbehalt einer gerichtlichen Entscheidung stehen sondern lediglich die Möglichkeit einer gerichtlich erzwingbaren Durchsetzbarkeit kennen (*Fezer*, § 19 Rn. 1; Schricker/*Wild*² § 101a Rn. 1). U.E. verstößt daher das nach Abs. 9 zwingend vorgeschriebene Verfahren gegen EU-Recht. Dem kann man auch nicht mit einem Verweis auf zwingendes deutsches Verfassungsrecht (hier wohl Fernmeldegeheimnis) entgehen, denn einerseits ist dieses jedenfalls in den Fällen der Tauschbörsenpiraterie nicht einschlägig (dazu vgl. Rn. 74), andererseits hat das BVerfG anlässlich der weiter unten besprochenen Entscheidung zur Vorratsdatenspeicherung (vgl. Rn. 72) noch einmal ausdrücklich ausgeführt, dass zwingendes EU-Recht außerhalb der Gerichtsbarkeit des BVerfG liegt, solange – was derzeit der Fall ist – die Europäische Union einen wirksamen Schutz der Grundrechte gegenüber der Hoheitsgewalt der Gemeinschaften generell gewährleistet, der dem vom Grundgesetz jeweils als unabdingbar gebotenen Grundrechtschutz im wesentlichen gleich zu achten ist (*BVerfG MMR 2008, 303 – Vorratsdatenspeicherung* Tz. 135).

b) Vorgeschriebenes gesondertes Verfahren: Abs. 9 führt für den u.E. rein **57** materiellen Auskunftsanspruch entgegen den eben beschriebenen Vorgaben der Richtlinie ein eigenes rechtsförmliches Verfahren zur Erteilung dieser Auskünfte ein. Der Verletzte muss eine vorherige richterliche Anordnung über die Zulässigkeit der Verwendung der Verkehrsdaten beantragen. Erst dann kann, darf und muss (?) der betroffene Dritte die Auskünfte erteilen.

Das Verfahren wird zwingend vor den Landgerichten geführt (Abs. 9 Satz 2). **58** Zuständig ist das Landgericht, in dessen Bezirk der zur Auskunft Verpflichtete seinen Wohnsitz, seinen Sitz oder eine Niederlassung hat; und dort die Zivilkammer. Die ohnehin vielerorts überlasteten Urheberrechtskammern dürften sich also auf einige Mehrarbeit einzustellen haben. Das Verfahren folgt den Regeln der Angelegenheiten der freiwilligen Gerichtsbarkeit (FGG), die – mit Ausnahme des § 28 Abs. 2 und 3 FGG – entsprechend anzuwenden sind. Das bedeutet also z.B., dass es nicht allgemein öffentlich ist und der Amtsermittlungsgrundsatz gilt (§ 12 FGG). Nach der Gesetzesbegründung soll das Landgericht bei seiner Entscheidung insb. abwägen, ob der Antragsteller Inhaber eines geistigen Schutzrechts ist, eine Verletzung dieses Rechts angenommen werden kann und die Schwere der Rechtsverletzung den Grundrechtseingriff (gemeint ist wohl in das Fernmeldegeheimnis, zu unseren Bedenken dagegen vgl. Rn. 74) rechtfertigt.

59   Die Kosten der richterlichen Anordnung trägt der Verletzte, kann sich diese aber als Schaden natürlich beim über das Verfahren nach Abs. 9 ermittelten Verletzer wiederholen. Das Verfahren hat eine pauschale Gerichtsgebühr von € 200,00 (§ 128c KostenO). Wird der Antrag zurückgenommen, bevor über ihn eine Entscheidung ergangen ist, wird eine Gebühr von € 50 erhoben (§ 128c Abs. 2 KostenO). Von der Erhebung der Gebühr für die Zurückweisung bzw. für die Zurücknahme des Antrags soll im Einzelfall abgesehen werden können, wenn der Antrag auf unverschuldeter Unkenntnis des Antragstellers über die tatsächlichen und rechtlichen Verhältnisse beruht (§ 130 Abs. 5 KostO).

60   Gegen die Entscheidung des LG ist die sofortige Beschwerde zum OLG statthaft. Sie kann nur darauf gestützt werden, dass die Entscheidung auf einer Verletzung des Rechts beruht. Die Entscheidung des OLG ist unanfechtbar.

9.   Verhältnis zu Datenschutz- und TK-Recht

61   Im Blickpunkt der dem Gesetzgebungsverfahren zur Enforement-RL vorangegangenen Diskussion des Drittauskunftsanspruchs stand die Frage, ob die Bestimmungen des Datenschutzrechts oder das Fernmeldegeheimnis einem Drittauskunftsanspruch entgegen stehen können, etwa ob diese Bestimmungen Zugangsanbieter daran hindern, Rechteinhabern Auskunft über die Identität urheberrechtswidrig handelnder Nutzer zu erteilen. Das Bundesjustizministerium war insoweit der Ansicht, dass eine Auskunftsverpflichtung nach damaligem Recht nur gegenüber den Strafverfolgungsbehörden besteht (Fragebogen des Bundesministeriums der Justiz zu Korb II – Frage D.; abrufbar auf http://www.urheberrecht.org/topic/Korb-2/; zuletzt abgerufen am 20.05.2008). Oder anders ausgedrückt, ob es datenschutzrechtliche Erlaubnistatbestände für die für den Auskunftsanspruch zwingend erforderliche Nutzung bestimmter Daten gibt bzw. wie der etwaige Eingriff in das Fernmeldegeheimnis gerechtfertigt wird. Der Gesetzgeber hat nun Abs. 9 geschaffen, ohne allerdings alle in diesem Zusammenhang bedeutsamen datenschutzrechtlichen Bestimmungen wirklich zu harmonisieren. Ob dies bewusst erfolgte, darüber streiten sich die Geister. Die Lage scheint sich wie folgt darzustellen:

62   **a) Einführung** Art. 8 Abs. 3 Ziff. da) Enforcement-RL formuliert (insb.), dass der Anspruch nach Absatz 1 „unbeschadet anderer gesetzlicher Bestimmungen gilt, die den Schutz der Vertraulichkeit von Informationsquellen oder die Verarbeitung personenbezogener Daten regeln" Damit ist u.a. das Datenschutzrecht angesprochen. Dies kann aber nicht zu einem Ausschluss des in Absatz 1 gewährten Anspruchs führen. Zum einen wäre es widersinnig, wenn der Richtliniengeber in Absatz 1 einen Anspruch gewährt, um diesen sogleich per se in Absatz 3 durch Datenschutzrecht wieder auszuschließen.

Da es sich bei den hier interessierenden Daten (Name, Adresse aber auch **63** IP-Nummer) jedenfalls nach überwiegende Auffassung (AG Berlin-Mitte K&R 2007, 600; *Pahlen-Brandt*, K&R 2008, 288; a.A. *Eckhardt*, K&R 2007, 602) um personenbezogene Daten i.S.d. Datenschutzrechts handelt (*Simitis/ Dammann*, BDSG, 6. Auflage 2006, § 3 Rn. 10) dürfte unstreitig das datenschutzrechtliche Verbot mit Erlaubnisvorbehalt greift (vgl. § 4 BDSG). Es muss also wenn – wie hier zu diskutieren – der Auskunftsanspruch nur unter Nutzung dieser Daten möglich ist sowohl für die Speicherung als auch die etwaige Übermittlung eine Befugnis – besser aus Sicht der Rechteinhaber: eine Verpflichtung – zur Speicherung geben.

Zunächst muss geklärt werden, welches datenschutzrechtliche Regime auf die **64** hier interessierenden Vorgänge Anwendung findet (Telekommunikations- oder Telemedienrecht), um dann zu klären, welche Arten von Daten überhaupt betroffen sind und ob diese zu nutzen, die entsprechenden Regelungen gestatten oder – wenn dies nicht der Fall ist – ob dies mit höherrangigem Recht bzw. allgemeinen Auslegungsgrundsätzen vereinbar ist.

b) Anwendbarkeit von TMG oder TKG: Die Abgrenzung, wann TMG und **65** wann TKG Anwendung finden, enthält § 1 Abs. 1 TMG, wonach vereinfacht ausgedrückt für die reinen Zugangsdienste TKG Anwendung findet, Inhaltsdienste aber dem TMG unterliegen. Für die hier interessierenden Fälle bedeutet dies, dass das Regime des TMG auf Fälle der Nutzung von Auktionsplattformen oder Inhalteangeboten auf Website Anwendung finden kann. Demgegenüber ist die Vermittlung des Zugangs zum Internet, etwa über Provider wie T-Online und deren Vergabe von dynamischen IP-Adressen zur Nutzung des Internet, Telekommunikation.

c) Bei dynamischen IP-Adressen betroffene Daten und Vorgänge: Will ein **66** Nutzer sich im Internet bewegen, benötigt er zunächst einen sog. Account bei einem Provider. Jedenfalls sein Name und seine Adresse werden zur Begründung des entsprechenden Vertragsverhältnisses benötigt und müssen vom Provider auch zumindest für die Dauer der Vertragsbeziehung gespeichert werden. Hierbei handelt es sich unstreitig um Bestandsdaten sowohl nach TKG als auch nach TMG. Desweiteren benötigt der Nutzer, der nicht über eine feste IP-Adressse (weil dauerhaften Internet-Zugang) verfügt, eine sog. dynamische IP-Adresse, die der Provider ihm von Fall zu Fall bei seinem Einwählen in das Internet zuweist (hierzu z.B. Scherrle/Mayen/*Fellenberg*, TKG, § 113a Rn. 24). Wird dem Nutzer dann vom Provider eine dynmische IP-Adresse zugewiesen, um im Einzelfall den Zugang zum Internet zu erhalten und dort etwa Auktionsgeschäfte durchzuführen, sich an einem chat zu beteiligen oder auf einer Website einen blog zu verfassen, wohnt diesem Datum ein Nutzungbezug inne. Daher scheint es sich um Nutzungsdaten im telemedienrechtlichen Sinn (§ 15 TMG) bzw. Verkehrdaten im telekommunikationsrechtlichen Sinn (§ 3 Nr. 30 TKG) zu handeln. Ob die Verknüpfung von Verkehrsdatum (dynamische IP-Adresse zu einer bestimmten Zeit) sowie Namen und Adresse des Kunden (Bestandsdatum) wiederum die Regeln über Verkehrsdaten betrifft oder die der Bestandsdaten, scheint uns offen (Für Verkehrsdaten: *Dietrich* GRUR-RR 2006, 145 ff.; *Bär* MMR 2002, 358 ff.; LG Ulm MMR 2004, 187; LG Darmstadt GRUR-RR 2006, 173; für Bestandsdaten: *Sankol* MMR 2006, 361; LG Hamburg MMR 2005, 711; LG Stuttgart CR 2005, 598; LG Offenburg, Beschl. v. 17.04.2008, 3 QS 83/07; *Beck/*

Kreißig NStZ 2007, 304 ff.; OLG Wien MMR 2005, 591, 592 geht von den deutschen Bestandsdaten vergleichbaren sog. Stammdaten aus; Gegenäußerung des Bundesrates zum RegE UmsG Enforcement-RL – BT-Drucks. 16/5048, S. 56). Wir gehen bei der folgenden Kommentierung von den strengeren Regeln für Verkehrsdaten aus.

67 **d) Speicherbefugnis- und verpflichtung:** Verkehrsdaten dürfen gemäß § 96 TKG für die dort genannten Zwecke verwendet werden. Nach dessen Abs. 2 dürfen gespeicherte Verkehrsdaten (es bleibt nach dem Wortlaut unklar, ob dies nur solche sind, die unter den Voraussetzungen des Abs. 1 gespeichert wurden) über das Ende der Verbindung hinaus nur verwendet werden, soweit sie zum Aufbau weiterer Verbindungen oder für die in den §§ 97, 99, 100 und 101 TKG (insb. Entgeltermittlung und Störungszecke, die aber hier nicht interessieren) genannten oder *für die durch andere gesetzliche Vorschriften begründeten Zwecke erforderlich sind* (Hervorhebung durch die Verfasser). Auf letzteres kommen wir weiter unten zurück (vgl. Rn. 70). Neben dieser Erlaubnis enthält neuerdings § 113a TKG auch eine Speicher*verpflichtung* für Provider aus Gründen der öffentlichen Sicherheit für sechs Monate, die sich nach § 113a Abs. 4 TKK auch auf bestimmte Internet-Daten bezieht (Scheurle/Mayen/*Fellenberg*, TKG, § 113a Rn. 23 ff.).

68 **e) Übermittlungsbefugnis:** Ferner muss auch eine Übermittlungsbefugnis vorliegen. Diese richtet sich nach der Art der Rechtsverfolgung. Wird der Weg der **strafrechtlichen Verfolgung** (§ 106 UrhG, ggf. § 108a UrhG) eingeschlagen, können die Ermittlungsbehörden gemäß § 100g Abs. 1 Ziff. 2 StPO die Nutzung von Verkehrsdaten zur Identifizierung des Nutzers durch den Provider verlangen einschließlich der Übermittlung des Ergebnisses. § 100g StPO stellt insoweit eine hinreichende Ermächtigungsgrundlage für die Ermittlungsbehörden dar, zumindest sofern gemäß § 96 TKG erhobene Verkehrsdaten betroffen sind. Ob auch nach § 113a TKG gespeicherte Verkehrsdaten einbezogen werden dürfen, ist spätestens seit BVerfG MMR 2008, 706, 303 – *Vorratsdatenspeicherung* offen. Der Weg über das strafrechtliche Ermittlungsverfahren begegnet allerdings tw. darüber hinaus gehenden Widerstand durch die Strafverfolgungsbehörden, die derartige Ermittlungsverfahren bei massenhafter Verfolgung urheberrechtlicher Internetpiraterie mitunter als belastend und unangemessen empfinden (AG Offenburg MMR 2007, 809; Mitteilung StA beim LG Wuppertal, siehe www.heise.de v. 26.03.2008, 17.56 Uhr).

69 In der Praxis ist allerdings der Weg über die strafrechtlichen Ermittlungsbehörden die einzige Möglichkeit, um die Identität des Urheberrechtsverletzers über den Provider zu ermitteln. Denn bislang haben die Oberlandesgerichte Frankfurt und Hamburg Auskunftsansprüche auf Herausgabe identifizierender Daten gemäß § 101a a.F. analog verneint (vgl. Rn. 36). Auch mit Einführung des neuen § 101 Abs. 2 i.V.m. Abs. 9 ist keinesfalls abschließend beantwortet, dass nunmehr ein **zivilrechtlicher Weg** für die Ermittlung der Identität des Urheberrechtsverletzers und damit für die Verfolgbarkeit der massenhaften Urheberrechtsverletzungen in Tauschbörsen gegeben ist. Denn anders als im Bereich der Telemedien mit der gesonderte Ermächtigungsgrundlage für die Datenweitergabe in § 14 Abs. 2 TMG (Der Regierungsentwurf begründet ihn ausdrücklich mit dem Gleichlauf zur Enforcement-Richtlinie: RegE ElVG BT-Drucks. 16/3078, Seite 12; und er ist auch in der Literatur anerkannt: *Spindler/Weber* ZUM 2007, 257, 261), fehlt für den Anwendungsbereich des TKG ein solcher ausdrücklicher Erlaubnistatbestand im TKG selbst. Allerdings kann u.E. der oben erwähnte § 96 Abs. 2 Satz 1 a.E. TKG mit der ausdrücklichen Bezugnahme auf Verkehrsdaten in § 101 **Abs.** 9 eine hinreichende **Ermächtigungsgrundlage** darstellen. Möglich wäre auch ein Rückgriff auf § 28 Abs. 3 Nr. 1 BDSG, der allerdings umstritten ist (dafür *Czychowski* MMR 2004, 514, 517 f.; *Jan Bernd Nordemann/Dustmann* CR 2004, 380, 385; OLG München GRUR 2007, 419, 424; a.A. allerdings *Kitz* ZUM 2006, 448; *Spindler/Dorschel* CR 2006, 342; dafür auch LG Hamburg MMR 2005, 55; diese Entscheidung wurde vom OLG Hamburg allerdings mit anderer Begründung abgeändert).

Es bleibt abzuwarten, ob das BVerfG die Nutzung von Verkehrsdaten gemäß **70** § 113a TKG in dem Hauptsacheverfahren zur Vorratsdatenspeicherung verbietet, soweit nicht schwere Straftaten nach dem Katalog des § 100a Abs. 2 StPO gegeben sind und zusätzlich die Voraussetzungen des § 100a Abs. 1 StPO vorliegen. Denn urheberrechtliche Straftaten durch das Up- bzw. Downloaden in Internettauschbörsen gemäß § 106 (und ggf. § 108a) UrhG sind schon keine Katalogtaten i.S.d § 100a Abs. 2 StPO. Sollte das BVerfG im Hauptsacheverfahren ein generelles Verwendungsverbot – und nicht bloß ein Übermittlungsverbot – für die Verkehrsdaten gemäß § 113a TKG außerhalb von Taten nach § 100a Abs. 1 und Abs. 2 StPO annehmen, wäre also eine Identifizierung des urheberrechtsverletzenden Nutzers für ein Strafverfahren unter Nutzung der Verkehrsdaten gemäß § 113a TKG nicht mehr möglich. Die Urheberrechtsstraftat wäre in diesem Bereich nicht mehr verfolgbar (hierzu *Czychowski/Jan Bernd Nordemann* NJW 2008, 3095). Das BVerfG weist zwar in seiner Entscheidung im Einstweiligen Anordnungsverfahren darauf hin, dass von der einschränkenden Auslegung der Übermittlungsbefugnis in § 113b StPO nur die gemäß § 113a StPO gespeicherten Verkehrsdaten betroffen sind (BVerfG Tz. 173; MMR 2008, 303 – *Vorratsdatenspeicherung*). Der als Alternative vom BVerfG ins Spiel gebrachte Zugriff auf Verkehrsdaten, die nach § 96 TKG gespeichert wurden, hilft möglicherweise in der ganz großen Mehrzahl der Fälle nicht. Denn es ist völlig üblich, heute seinen Internetzugang über monatliche Pauschaltarife (sog. Flatrates) zu buchen und 2007 waren mindestens 69% aller Internetnutzer über eine Flatrate im Netz (hierzu *Czychowski/Jan Bernd Nordemann* NJW 2008, 3095). Da § 96 TKG auf den ersten Blick nur Daten zur Entgeltermittlung und Entgeltabrechnung dient, haben verschiedene Gerichte ein Speicherung der Verkehrsdaten gemäß § 96 TKG im Falle von Flatrate-Tarifen für unzulässig gehalten (LG Darmstadt Urt. v. 25.01.2006, 25 S 118/05, in einem Strafverfahren; Revision vom BGH zwar nicht angenommen, aber nur weil die Mindestbeschwerdesumme nicht erreicht wurde (!): BGH MMR 2007, 37; AG Bonn MMR 2008, 203; AG Berlin-Mitte ITRB 2008, 34; AG Darmstadt CR 2006, 38; LG Darmstadt CR 2007, 574 (7 Tage zulässig). Wir bezweifeln die mangelnde Ermächtigungsgrundlage angesichts der oben ausgeführten Verknüpfung von § 96 Abs. 2 Satz 1 TKG und § 101 Abs. 9 UrhGE jedenfalls ab Einführung von § 101 Abs. 9.

f) Interessenausgleich zwischen Datenschutz- und Urheberrecht: U.E. nach **71** muss in diesem Dilemma ein angemessener Ausgleich von Datenschutzrecht und Urheberrecht hergestellt werden (hierzu *Czychowski/Jan Bernd Nordemann* NJW 2008, 3095). Dies gilt zum einen aus verfassungsrechtlichen Gründen: Art. 14 GG schützt im Rahmen des Eigentumsgrundrechts auch das Urheberrecht als geistiges Eigentum (vgl. Einl. Rn. 64 ff.; BVerfG GRUR 1980, 44, 46 – *Kirchenmusik*; BVerfG GRUR 1989, 193, 196 – *Vollzugsanstalt*; BVerfG GRUR 1999, 226, 228 f. – *DIN-Normen*). Er enthält eine sogenannte Institutsgarantie für das Privateigentum (statt aller *Jarass/Pieroth*,

GG, 7. Auflage 2004, Art. 14 Rn. 4); Sachbereiche die zum elementaren Bestand grundrechtlich geschützter Betätigungen im vermögensrechtlichen Bereich gehören, dürfen nicht der Privatrechtsordnung entzogen werden (BVerfGE 24, 367, 389; BVerfGE 58, 300, 339; Maunz/Dürig/*Papier*, Grundgesetz-Kommentar, 42. Erg. Lieferung Feb. 2003, Art. 14 Rn. 13). Geschützt ist dabei sowohl die Innehabung, als auch die Nutzung und die Verfügungsmöglichkeit über das Eigentum (*Jarass/Pieroth*, a.a.O., Rn. 19 ff.). So hat das BVerfG die Beschränkung eines urheberrechtlichen Schadensersatzanspruchs wegen des geringen wirtschaftlichen Erfolges einer Verletzung als verfassungswidrig eingeordnet (BVerfG NJW 2003, 1656). Ähnlich gelagert dürften Fälle sein, in denen die Durchsetzung der Eigentumsposition vom Staat faktisch unmöglich gemacht wird. Hierbei dürfte es sich um einen unzulässigen enteignungsgleichen Eingriff handeln, da sie sonstige Beeinträchtigungen, die über bloße Inhaltsbestimmungen hinausgehen, berühren und auch nicht in formeller Hinsicht einer Enteignung nach Art. 14 Abs. 3 GG entsprechen, sondern dennoch die Eigentumsposition für einen bestimmten Bereich gänzlich entziehen. So ist z. B. ein Auskiesungsverbot eines Grundstücks aus Gründen des Wasserrechts an Art. 14 GG gemessen wurden, also der faktische Entzug eines wirtschaftlich bedeutenden Teils der Nutzungsmöglichkeiten eines Grundstücks (BVerfGE 58, 300, 330 ff. – *Naßauskiedung*). Ähnlich dürfte der hier dargestellte Fall zu sehen sein, denn faktisch wird den Rechteinhabern ihre Eigentumsposition entzogen, wenn sie in der weit überwiegenden Zahl der Fälle einer Internet-Nutzung diese nicht mehr gegen Verletzungen kontrollieren können.

72 Aber auch aus **EU-rechtlichen Erwägungen** kann es keinen absoluten Vorrang des Datenschutzrechts geben: Wie das BVerfG anlässlich der Entscheidung zur Vorratsdatenspeicherung noch einmal ausdrücklich ausführt, liegt zwingendes EU-Recht außerhalb der Gerichtsbarkeit des BVerfG, solange – was derzeit der Fall ist – die Europäischen Gemeinschaften einen wirksamen Schutz der Grundrechte gegenüber der Hoheitsgewalt der Gemeinschaften generell gewährleisten, der dem vom Grundgesetz jeweils als unabdingbar gebotenen Grundrechtschutz im wesentlichen gleich zu achten ist (BVerfG MMR 2008, 303 Tz. 135. – *Vorratsdatenspeicherung*). Für das europäische Recht hat nur wenige Wochen vor der Entscheidung des BVerfG der EuGH betont, dass die Mitgliedstaaten nach Gemeinschaftsrecht dazu verpflichtet seien, sich bei der Umsetzung verschiedener Richtlinien im hier interessierenden Umfeld auf eine Auslegung dieser Richtlinien zu stützen haben, die es den Mitgliedsstaaten erlaubt, ein „angemessenes Gleichgewicht" zwischen den verschiedenen durch die Gemeinschaftsrechtsordnung geschützten Grundrechten sicherzustellen" (EuGH GRUR 2008, 241 – *Promusicae/Telefónica*, dort Teil des LS). Dabei hat sich der EuGH bewusst gegen die Stellungnahme der Generalanwältin gestellt, die ausdrücklich die hier vertretene Auffassung abgelehnt hatte (Schlussanträge der Generalanwältin vom 18.7.2007 Rs C-275/06 in Fn.47 unter Bezug auf die hier vertretene Auffassung). Stattdessen verpflichtet der EuGH die Behörden und Gerichte der Mitgliedstaaten zur Anwendung des Grundsatzes der Verhältnismäßigkeit, der einen allgemeinen Grundsatz des Gemeinschaftsrechts darstelle (EuGH, GRUR 2008, 241 – *Promusicae/Telefónica*, dort Teil des LS). In der Entscheidung ging es um die Frage, ob die Mitgliedstaaten im Hinblick auf einen effektiven Schutz des Urheberrechts die Pflicht haben, eine Mitteilung personenbezogener Daten im Rahmen eines zivilrechtlichen Verfahrens vorzusehen. Das verneinte der EuGH zwar, mahnte aber – wie dargestellt – die Einhaltung des Verhältnismäßigkeitsgrundsatzes an. Insb. führte der EuGH aus, dass die Rechte am geistigen Eigentum – wozu auch die Urheberrechte gehören – und das Recht auf einen wirksamen Rechtsbehelf allgemeine Grundsätze des Gemeinschaftsrechts seien (EuGH GRUR 2008, 241 – *Promusicae/Telefónica*, dort Tz. 62). Diese „allgemeinen Grundsätze des Gemeinschaftsrechts" sind im Hinblick auf den Urheberrechtsschutz auch immer wieder in Richtlinien kodifiziert worden. So sieht beispielsweise Art. 8 Abs. 1 Info-RL vor, dass die Mitgliedstaaten angemessene Sanktionen und Rechtsbehelfe vorsehen und alle notwendigen Maßnahmen treffen, um deren Anwendung sicherzustellen. Zugleich wird darauf verwiesen, dass die Sanktionen „wirksam, verhältnismäßig und abschreckend sein" müssen. Das wiederholt die Durchsetzungsrichtlinie in Art. 3 Abs. 2 unter dem zusätzlichen Hinweis, dass Maßnahmen, Verfahren und Rechtsbehelfe so angewendet werden müssen, „dass die Einrichtung von Schranken für den rechtmäßigen Handel vermieden wird und die Gewähr gegen ihren Missbrauch gegeben ist".

Mit diesen allgemeinen Grundsätzen des Gemeinschaftsrechts auf Gewähr- **73** leistung der Rechte am geistigen Eigentum und auf wirksame Rechtsbehelfe zu ihrem Schutz ist es schlechterdings nicht vereinbar, aus datenschutzrechtlichen Erwägungen die Verfolgbarkeit der oben dargestellten massenhaften Urheberrechtsverletzungen in Internettauschbörsen, sofern die Nutzer dynamische IP-Adressen verwenden, vollständig herauszunehmen. Nichts anderes wäre aber der Fall, wenn weder die Strafverfolgungsbehörden gemäß § 100g StPO noch auf zivilrechtlichem Weg die Urheber gemäß § 101 Abs. 2 UrhG von den Providern die Identifizierung der Urheberrechtsverletzer verlangen könnten. Scheitert ein solches Verlangen in der strafrechtlichen oder zivilrechtlichen Rechtsverfolgung am Verfassungsrecht, wären vielmehr sowohl die verfassungsmäßige Gewährleistung des Urheberrechtschutzes nach Art. 14 GG als auch allgemeine Grundsätze des Gemeinschaftsrechts zum Schutz des Urheberrechts verletzt. Das BVerfG wird in der Hauptsacheentscheidung einen Weg suchen müssen, wie es die Nutzung der nach § 113a TKG gespeicherten Verkehrsdaten für die Ermittlung von Urheberrechtsverletzungen insb. in Internettauschbörsen auf strafrechtlichem oder zivilrechtlichem Weg ermöglicht.

g) Fernmeldegeheimnis (Abs. 10): Tw. wurde eine hier argumentierte Speicher- **74** und Herausgabepflicht bzw. -erlaubnis mit Blick auf das Fernmeldegeheimnis abgetrennt; diese Problematik hat sich angesichts des nun eingeführten Abs. 9 und dem den Anforderungen des Art. 19 GG genügenden Abs. 10 entschärft. Dennoch wird diese Frage bei der Abwägung (vgl. Rn. 71 ff.) eine Rolle spielen. Das Fernmeldegeheimnis ist u.E. jedenfalls bei der wichtigen Fallgruppe der Tauschbörsenpiraterie nicht berührt. Dies vertreten wir weniger wegen der Frage, welche Daten betroffen sind (Bestandsdaten oder Verkehrsdaten – dazu vgl. Rn. 66); nach Ansicht des Bundesrates sollen Bestandsdaten betroffen sein und diese fielen nicht unter das Fernmeldegeheimnis: StellungN BR RegE UmsG Enforcement-RL – BT-Drucks. 16/5048, S. 56), vielmehr wegen der Art der betroffenen Internet-Nutzung. Denn der in Rede stehende Datenaustausch (Up- und Downloading) ist schlichtweg kein das Fernmeldegeheimnis nach Art. 10 GG berührender Vorgang; Art. 10 GG schützt wie das Postgeheimnis den Nachrichtenvekehr konkreter einzelner Personen untereinander (Maunz/Dürig/*Dürig*, Grundgesetz-Kommentar, 42. Erg. Lieferung Feb. 2003, Art. 10 Rn. 13). Dementsprechend berühren die einfachgesetzlichen Regelungen, die unmittelbar auf das Fernmeldegeheimnis Bezug nehmen (z.B. § 88 TKG) auch nur die individuelle Nachrichtenübermittlung zwischen

Personen (statt aller *Büchner* in: Beck'scher TKG-Kommentar, 2. Aufl. 2000, § 85 Rn. 3). Mit diesem Argument mag ein Auskunftsanspruch von Recht- einhabern gegen einen Access-Provider, der individuellen e-mail-Verkehr zwi- schen Personen oder die Teilnahme an chat-Foren betrifft, das Fernmelde- geheimnis berühren. Der Download von Dateien entspricht aber seinem Wesensgehalt der Zuordnungsveränderung von Waren wie etwa beim Tausch oder Kauf. Es käme wohl auch niemand auf die Idee, den Vorgang des Einkaufens in einem Kaufhaus dem Schutzbereich des Art. 10 GG zuzuordnen (s.a. Gegenäußerung des Bundesrates zu RegE ElGVG – BT-Drucks. 16/3078, S. 18 r.Sp. unten).

75 h) **Vergleich zu anderen Rechtsgebieten, vertragliche Regelung:** Erstaunlich ist schließlich, dass die Rechtsprechung (und Öffentlichkeit) in anderen Bereichen als dem Geistigen Eigentum offenbar all die hier diskutierten Probleme mit einem Auskunftsanspruch nicht hat: Gegenüber Mobilfunkbetreibern soll deren Kunde Auskunft über dritte Diensteerbringer, die ihn mit unverlangter SMS-Werbung überziehen, haben (BGH MMR 2008, 166 – *SMS-Werbung*, im konkreten Fall aus anderen Gründen abgelehnt).

76 Der Vollständigkeit halber sei erwähnt, dass es Auskünfte auch auf freiwilliger, vertragsgestützter Grundlage gibt. Das ebay – VeRI-Programm (http://pa- ges.ebay.de/vero/about.html abgerufen am 02.04.2008), desen Datenschutz- klausel gerichtlich sanktioniert wurde (OLG Brandenburg MMR 2006, 234 ff.), sei hier genannt aber auch Verhandlungen über vertragliche Abspra- chen zwischen Rechteinhabern und Providern. Diese können – jenseits der oben diskutierten eher neuen Rechtslage – nur funktionieren, wenn man – wie hier vertreten (oben Rn. 71 ff.) – eine vorhandene datenschutzrechtliche Er- laubnis annimmt oder die Nutzer in datenschutzrechtlich zulässigerweise ihre Zustimmung zur Weitergabe der Daten gegeben haben. Dann aber steht derartigen Regelungen nichts entgegen (vgl. dazu auch LG Stuttgart ITRB 2008, 101).

V.   Umfang des Anspruchs (Abs. 3)

77 Der zur Auskunft Verpflichtete (nicht nur der nach Abs. 2 – vgl. Rn. 27) hat Angaben zu machen über Namen und Anschrift der Hersteller, Lieferanten und anderer Vorbesitzer der Vervielfältigungsstücke oder sonstigen Erzeug- nisse, der Nutzer der Dienstleistungen sowie der gewerblichen Abnehmer und Verkaufsstellen, für die sie bestimmt waren, und die Menge der hergestellten, ausgelieferten, erhaltenen oder bestellten Vervielfältigungsstücke oder sons- tigen Erzeugnisse sowie über die Preise, die für die betreffenden Vervielfälti- gungsstücke oder sonstigen Erzeugnisse bezahlt wurden.

78 Der Gesetzgeber wählte **gleichartige Formulierungen** auch in anderen Geset- zen des Geistigen Eigentums, etwa § 140b Abs. 3 PatG und § 19 Abs. 3 MarkenG. Dadurch werden die dort schon bislang geregelten Auskunfts- ansprüche auf die Preise erstreckt und im Übrigen lediglich an den Wortlaut der Richtlinie angepasst, ohne inhaltliche Änderungen vorzunehmen (RegE UmsG Enforcement-RL – BT-Drucks. 16/5048, S. 39).

79 Insofern kann auf die Rechtsprechung zum Umfang der **bisherigen Auskunfts- ansprüche** nach § 140b PatG und § 19 MarkenG zurückgegriffen werden. So kann nach st. Rechtsprechung der Auskunftsanspruch auch sog. Kontroll- tatsachen umfassen, mit Hilfe derer der Verletzte die Verlässlichkeit der ihm gemachten Angaben überprüfen kann (zum Markenrecht BGH GRUR 2001,

841, 845 – *Entfernung der Herstellungsnummer II*; BGH GRUR 2001, 84, 85 – *Neu in Bielefeld II*).

Die Begriffe „Hersteller", „Lieferanten", „Vorbesitzer", „Nutzer", „Abneh- **80** mer" und „Verkaufsstellen" sind tatsächlich-wirtschaftlich zu verstehen, ohne dass es auf das konkrete vertragliche Verhältnis ankommt (zum MarkenG z.B. *Ingerl/Rohnke*, MarkenG § 19 Rn. 34). So kommen als **Vorbesitzer** etwa auch Personen in Bertracht, die die Vervielfältigungsstücke transportiert oder gelagert haben (*Eichmann* GRUR 1990, 577 f.). Hierbei sind nicht nur die unmittelbaren, sondern alle Vorbesitzer – soweit bekannt – zu benennen. Der Verletzer muss ggf. auch **Nachforschungen** hierzu anstellen und Informationen bei seinen unmittelbaren Vorlieferanten einholen (OLG Zweibrücken GRUR 1997, 827, 829 – *Pharaon-Schmucklinie*). Sofern der Verletzer behauptet, er könne nicht mehr ermitteln, von welchem von mehreren Lieferanten er die fraglichen Vervielfältigungsstücke erhalten hat, so ist er nicht von der Auskunftspflicht entbunden, sondern muss alle konkret in Betracht kommenden Lieferanten benennen (OLG Köln GRUR 1999, 337, 399 – *Sculpture*). Hier kommt es jedoch auf eine Abwägung im Einzelfall, insb. mit dem **Geheimhaltungsinteresse** des Verletzers, an (zum Markenrecht: *Ingerl/Rohnke* MarkenG, § 19 Rn. 40). Auf Abnehmerseite sind dagegen nur die unmittelbaren Abnehmer erfasst (*Benkard/Rogge/Rogge/Grabinski*[10] § 140b PatG Rn. 6; *Ingerl/ Rohnke*[2] § 19 MarkenG Rn. 34). Mit der Beschränkung auf „**gewerbliche**" **Abnehmer** soll sichergestellt werden, dass keine Auskunft zu privaten Abnehmern erteilt werden muss (*Ingerl/Rohnke*[2] § 19 MarkenG Rn. 35 unter Hinweis auf Amtl Begr PrPG Bl. 1990, 184). „Gewerbe" ist daher weit zu verstehen und schließt Freiberufler ebenso ein wie gewerbliche Letztverbraucher (*Benkard/Rogge* PatG, § 140b Rn. 6; *Ingerl/Rohnke*[2] § 19 MarkenG Rn. 34, a.A. *Eichmann* GRUR 1990, 577).

Die Auskunft ist auch dann zu erteilen, wenn die Hersteller bzw. Lieferanten **81** sich **im Ausland** befinden und keinerlei Handlungen im Inland vorgenommen haben (*Ingerl/Rohnke*[2] § 19 MarkenG Rn. 32; *Eichmann* GRUR 1990, 577).

VI. Verhältnismäßigkeit (Abs. 4)

Wie die gesamte Enforcement-RL stehen auch die Auskunftsansprüche unter **82** dem Vorbehalt der – in Art. 3 Abs. 2 Enforcement-RL ausdrücklich verankerten – Verhältnismäßigkeit (*Haedicke* FS Schricker 70.Geb. S. 19, 22). Damit ist in jedem Einzelfall eine Interessenabwägung angezeigt, deren Ergebnis von der Eindeutigkeit der Schutzrechtsverletzung, den berechtigten Geheimhaltungsinteressen des Verletzers sowie – bei Dritten – von der Nähe zur Schutzrechtsverletzung abhängt. Dieser Gedanke gilt für alle Auskunftsansprüche und verhindert deren Nutzung allein zur Ausforschung. Er ist in Abs. 4 kodifiziert.

Die Auskunft muss geeignet und erforderlich sein, um den Hauptanspruch **83** durchsetzen zu können, z.B. seinen Schadensersatz zu berechnen. Da dem Gläubiger das Wahlrecht bis zuletzt zusteht, braucht er sich zunächst noch nicht für eine der drei möglichen Schadensberechnungarten zu entscheiden; er kann vielmehr alle Angaben verlangen, die notwendig sind, um seinen Schaden nach jeder der drei Berechnungsarten zu errechnen und darüber hinaus die Richtigkeit der Rechnung nachzuprüfen (BGH GRUR 1980, 227, 232 – *Monumenta Germaniae Historica*). Scheidet aber ein konkreter Vermögensschaden von vornherein aus, weil ein entgangener Gewinn auch bei Auskunft nicht berechnet werden könnte, kann insoweit keine Auskunft verlangt werden (*Köhler* GRUR 1996, 83, 88; *Teplitzky*[9] Kap. 38 Rn. 11; *Nordemann*[10] Rn. 1909). Der Gläubiger darf allerdings Auskunft über sog. Kontrolltatsachen verlangen, die die Überprüfung der Richtigkeit und Vollständigkeit der Angaben ermöglichen (BGH GRUR 1980, 227, 233 – *Monumenta Germaniae Histrorica*). Insoweit kommt ausnahmsweise auch eine Vorlage von Belegen in Betracht (zumindest zur Vermeidung einer Eidesstattlichen Versicherung gem. § 259 Abs. 2 BGB: BGH GRUR 2002, 709, 712 – *Entfernung der Herstellernummer II*). Grundsätzlich kann Einsicht in die Geschäftsbücher oder Vorlage von Belegen aber nicht über diesen Anspruch, sondern allenfalls aus § 101a (ergänzend § 810 BGB) verlangt werden, wenn dessen Voraussetzungen vorliegen (siehe OLG Köln GRUR 1995, 676, 677 – *Vorlage von Geschäftsunterlagen*; Einzelheiten bei *Oppermann*, Der Auskunftsanspruch im gewerblichen Rechtsschutz und Urheberrecht, 1997, S. 195 ff.).

84 Die Auskunftserteilung muss weiter **angemessen** sein. Hier ist eine umfassende Interessenabwägung vorzunehmen. Nur ausnahmsweise wird der *Arbeitsaufwand* für den Verletzer zu groß sein; der BGH verpflichtet den Verletzer sogar, bei Unmöglichkeit exakter Angaben für die Schätzung einen Wirtschaftsprüfer hinzuzuziehen (BGH GRUR 1982, 723, 727 – *Dampffrisierstab*). Größeres Gewicht hat das berechtigte **Geheimhaltungsinteresse** des Verletzten; grundsätzlich gilt aber auch hier, das es zurücktritt, wenn Daten für die Berechnung zwingend gebraucht werden (BGH GRUR 2006, 419 Tz. 17 – *Noblesse*); häufig genügen aber auch Auskünfte, die unter einem **Wirtschaftsprüfervorbehalt** abgegeben wurden (eingehend vgl. Rn. 32).

VII. Falschauskunft (Abs. 5)

85 Erteilt der zur Auskunft Verpflichtete die Auskunft vorsätzlich oder grob fahrlässig falsch oder unvollständig, so ist er dem Verletzten zum Ersatz des daraus entstehenden Schadens verpflichtet.

VIII. Haftung bei Auskunft ohne Verpflichtung

86 Nach Abs. 6 haftet, wer eine wahre Auskunft erteilt hat, ohne dazu nach Absatz 1 oder 2 verpflichtet gewesen zu sein, Dritten gegenüber nur, wenn er wusste, dass er zur Auskunftserteilung nicht verpflichtet war.

IX. Verwertung der Informationen

87 Die Erkenntnisse dürfen in einem Strafverfahren oder in einem Verfahren nach dem Gesetz über Ordnungswidrigkeiten wegen einer vor der Erteilung der Auskunft begangenen Tat gegen den Verpflichteten oder gegen einen in § 52 Abs. 1 StPO bezeichneten Angehörigen nur mit Zustimmung des Verpflichteten verwertet werden.

X. Prozessuales

88 Prozessuale Fragen sind bei den in § 101 behandelten Auskunftsansprüchen nach Abs. 1 und 2 zu unterscheiden. **Unselbständige Auskunftsansprüche** (Abs. 1) mit Rechnungslegungs- und Schadenersatzanspruch werden meist im Wege der Stufenklage (§ 254 ZPO) geltend gemacht. Da ein Leistungsantrag angesichts der drei möglichen Wege der Schadensberechnung selten frühzeitig möglich ist und zudem erfahrungsgemäß die meisten Prozesse im Höheverfahren verglichen werden, sobald Auskunft und Rechnungslegung erfolgt sind, lassen die Gerichte statt der Leistungsklage auf Zahlung des aus der Auskunft zu ermittelnden Schadenersatzbetrages eine Kombination von Auskunfts- und Rechnungslegungsanspruch mit einem Anspruch auf Feststellung zu, dass der Verletzer den entstandenen und noch entstehenden Schaden zu ersetzen habe. Das hat den Vorteil, dass über alle Ansprüche gleichzeitig entschieden werden kann und eine Trennung von Grund- und Höheverfahren unterbleibt. Diese im gesamten gewerblichen Rechtsschutz geübte Praxis, dass das Feststellungsinteresse nicht allein durch die Möglichkeit einer Stufenklage entfällt (BGH GRUR 1969, 283, 286 – *Schornsteinauskleidung*) gilt auch für urheberrechtliche Streitigkeiten (BGH GRUR 2003, 900 – *Feststellungsinteresse III*; BGH ZUM 2001, 981, 982 – *Feststellungsinteresse II*; BGH ZUM 2001, 983, 984 – *Gesamtvertrag privater Rundfunk*; BGH GRUR 2000, 226, 227 – *Planungsmappe*; BGH GRUR 1975, 85 – *Clarissa*; BGH GRUR 1976, 317, 319 – *Unsterbliche Stimmen*; BGH GRUR 1980, 227, 228 – *Monumenta Germaniae Historica*). Letztlich handelt es sich um eine in das Gewand der Feststellungsklage gekleidete unbestimmte Leistungsklage mit der Folge, dass Verjährung nicht eintritt (OLG Köln GRUR 1983, 752, 753 – *Gewinnherausgabe*). Dagegen sei bei einem Auskunftsantrag die Formulierung „Auskunft darüber zu geben, wie viele Kopien von urheberrechtlich geschützten Vorlagen [...] hergestellt wurden" nicht ausreichend bestimmt, weil die Frage der Urheberrechtsschutzfähigkeit der Vorlagen, von der die Auskunftspflicht abhängt, im konkreten Fall durchaus unterschiedlich beurteilt werden könne. Die Entscheidung darüber, in welchem Umfang Auskunft zu erteilen ist, werde so unzulässigerweise in das Vollstreckungsverfahren verlagert (BGH NJW 1997, 3440 – *Betreibervergütung*).

Der **selbständige Auskunftsanspruch** („Drittauskunft") nach Abs. 2 hingegen **89** dürfte in der Regel als eigener Anspruch isoliert geltend gemacht werden und gerade einer „normalen" Urheberrechtsverletzungsklage vorgeschaltet sein. Wiederum gesondert ist das Verfahren nach Abs. 9, also das Auskunftsverfahren vor allem gegen Internet-Access-Provider. Dazu vgl. Rn. 55 ff. Die Vorschriften zum Schutz personenbezogener Daten bleiben im Übrigen unberührt (Abs. 9 Satz 9); hier gelten unsere obigen Ausführungen zum Datenschutz (vgl. Rn. 71 ff.).

Der **Streitwert** des **Auskunftsanspruches** wird vom Wert der dadurch ermög- **90** lichten Ansprüche bestimmt; davon wird ein Bruchteil (ca. $\frac{1}{4}$ bis $\frac{1}{10}$) zugrunde gelegt (siehe *Eichmann* GRUR 1990, 590; *Teplitzky*[9] Kap. 49 Rn. 37). Beim unselbständigen Auskunftsanspruch ist der Umfang des Schadensersatzanspruches relevant, beim selbständigen Auskunftsanspruch der Wert der gegen Dritte ermöglichten Ansprüche. In Rechtsmittelinstanz ist der Streitwert für den zur Auskunft verpflichteten Schuldner nur noch entsprechend seinem Interesse, keine Auskunft erteilen zu müssen, festzusetzen (BGH GRUR 1995, 701), also nach Aufwand für die Auskunftserteilung und Geheimhaltungsinteressen.

XI. Verhältnis zu anderen Vorschriften

Anders als nach § 101a Abs. 5 a.F., der bestimmte, dass alle sonstigen ver- **91** traglichen und deliktischen Auskunftspflichten unberührt bleiben, scheint § 101 auf den ersten Blick abschließend. Das ist aber nicht der Fall (vgl. Rn. 4).

§ 101a Anspruch auf Besichtigung und Vorlage

(1) [1]Wer mit hinreichender Wahrscheinlichkeit das Urheberrecht oder ein anderes nach diesem Gesetz geschütztes Recht widerrechtlich verletzt, kann von dem Verletzten auf Vorlage einer Urkunde oder Besichtigung einer Sache in Anspruch genommen werden, die sich in seiner Verfügungsgewalt befindet, wenn dies zur Begründung von dessen Ansprüchen erforderlich ist. [2]Besteht die hinreichende Wahrscheinlichkeit einer in gewerblichem Ausmaß begangenen Rechtsverletzung, erstreckt sich der Anspruch auch auf die Vorlage von Bank-, Finanz- oder Handelsunterlagen. [3]Soweit der vermeintliche Verletzer geltend macht, dass es sich um vertrauliche Informationen handelt, trifft das Gericht die erforderlichen Maßnahmen, um den im Einzelfall gebotenen Schutz zu gewährleisten.

(2) Der Anspruch nach Absatz 1 ist ausgeschlossen, wenn die Inanspruchnahme im Einzelfall unverhältnismäßig ist.

(3) [1]Die Verpflichtung zur Vorlage einer Urkunde oder zur Duldung der Besichtigung einer Sache kann im Wege der einstweiligen Verfügung nach den Vorschriften der Zivilprozessordnung angeordnet werden. [2]Das Gericht trifft die erforderlichen Maßnahmen, um den Schutz vertraulicher Informationen zu gewährleisten. [3]Dies gilt insbesondere in den Fällen, in denen die einstweilige Verfügung ohne vorherige Anhörung des Gegners erlassen wird.

(4) § 811 des Bürgerlichen Gesetzbuchs sowie § 101 Abs. 8 gelten entsprechend.

(5) Wenn keine Verletzung vorlag oder drohte, kann der vermeintliche Verletzer von demjenigen, der die Vorlage oder Besichtigung nach Absatz 1 begehrt hat, den Ersatz des ihm durch das Begehren entstandenen Schadens verlangen.

Übersicht

I. Allgemeines

1. Bedeutung/Sinn und Zweck/Systematische Stellung

Anders als andere Rechtsordnungen kennt das deutsche Prozessrecht kein **1** gesondertes Verfahren, um eine etwaige Beweisnot beim Anspruchsteller auszugleichen. Im US-amerikanischen Recht hilft das sog. Discovery-Verfahren (dazu sehr praxisnah und anschaulich *Prütting* AnwBl 2008, 153, 154 ff.) über derartige Situationen hinweg und ist sogar zu einem wesentlichen Teil nahezu jedes US-amerikanischen Zivilprozesses geworden. Derartige Discovery-Verfahren können auch aus Sicht der USA im Ausland belegene Unterlagen betreffen, sind aber auch in umgekehrter Richtung denkbar, so dass sich auch deutsche Verfahrensbeteiligte eines deutschen Rechtsstreits möglicherweise und unter bestimmten Voraussetzungen dieses Instruments bedienen können (siehe Mitteilung in GRUR Int. 2004, 889 zu der Entscheidung des US Supreme Courts vom 21.06.2004 in re Intel Corp vs. AMD, Inc. – No. 02– 572, abrufbar unter http://www.supremecourtus.gov). Das britische Recht kennt sog. Anton-Pillar-Orders und im französischen Recht gibt es die sog. *saisie contrefaçon* (Benkard/Rogge/*Grabinski*[10] § 139 PatG Rn. 117a m.w.N.). Im deutschen Recht des Geistigen Eigentums bildete sich wohl zunächst in Patent- (dazu *Kühnen* GRUR 2005, 185 ff.) sowie in Softwareverletzungsprozessen die Notwendigkeit heraus, dem Anspruchsteller bei dem Nachweis der anhand konkreter Anhaltspunkte vermuteten, aber nicht beweisbaren Verletzung absoluter Schutzrechte zu helfen. Das Patentrecht war hierbei Vorreiter wichtiger BGH-Entscheidungen. Das Softwarerecht geriet schnell ebenfalls in den Fokus der Judikatur, denn sein besonderer Quellcode-Schutz, der im Grunde genommen einen speziellen Know-How-Schutz darstellt (vgl. Vor §§ 69 ff. Rn. 23 f.), machte eine Beweisführung von Codeverletzungen praktisch unmöglich (vgl. Vor §§ 69 ff. Rn. 15 ff.).

Dies war der Hintergrund, vor dem der Umsetzungsgesetzgeber sich entschied, **2** die vorliegende Norm (und mit ihr vergleichbare Regelungen in den anderen Gesetzen zum Schutz Geistigen Eigentums) einzuführen. Die Vorschrift regelt die Pflicht der Vorlage von Beweismitteln durch den Prozessgegner; sie durchbricht den im Zivilprozessrecht geltenden Beibringungsgrundsatz (RegE UmsG Enforcement-RL – BT-Drucks. 16/5048, S. 26).

Nach dem Wortlaut handelt es sich bei der Regelung aus Art. 6 Enforce- **3** ment-RL um eine prozessrechtliche Vorschrift (RegE UmsG Enforcement-RL – BT-Drucks. 16/5048, S. 26). Der Umsetzungsgesetzgeber wählt aber zu Recht die Umsetzung auf der Grundlage materiell-rechtlicher Ansprüche. Dieser Weg entspricht der Systematik des deutschen Rechts und ermöglicht problemlos eine direkte Erzwingbarkeit der Rechtsfolgen, die den prozessrechtlichen Instituten fremd ist (RegE UmsG Enforcement-RL – BT-Drucks. 16/5048, S. 27). Auch wenn das deutsche Recht mit den §§ 422 (Urkundenbeweis) und 371 Abs. 2 ZPO (Augenscheinsbeweis) bereits Vorlagenormen kannte, setzen diese einen materiellen Anspruch voraus, den die Rechtsprechung in den §§ 809, 810 BGB gefunden hat. Obwohl dieser Normenkanon der Vorlagevorschriften durch die §§ 142 und 144 ZPO seit 2001 wesentlich ausgeweitet wurden, mit Hilfe derer nun das Gericht in recht weitem Umfang die Vorlage von Urkunden und Augenscheinsobjekten auch durch den Prozessgegner anordnen kann, bleibt dies jedoch dem Ermessen des Gerichts vorbehalten. In der Praxis finden sich auch wenige Beispiele der Anwendung dieser Normen (zur insgesamt zurückhaltenden Tendenz der deutschen Rechtsprechung, auch vor der Einführung der §§ 142, 144 ZPO *Prütting* AnwBl 2008, 153, 158 ff.). Die Gesetzesbegründung macht zudem zu Recht darauf aufmerksam, dass die Anordnung des Gerichts nicht durchsetzbar ist und bei Nichtvorlage nur die Grundsätze der freien Beweiswürdigung anzuwenden sind oder das Vorbringen des Verletzten als zugestanden zu erachten ist (RegE UmsG Enforcement-RL – BT-Drucks. 16/5048, S. 26 f.). Gleichwohl hat der BGH angedeutet, dass – jedenfalls wenn dies zur Aufklärung des Sachverhalts geeignet, erforderlich, verhältnismäßig und angemessen ist – auch ohne einen materiellen Anspruch nach § 142 ZPO die Vorlage von Urkunden geboten sein kann, schon allein um Art. 43 TRIPS-Übereinkommen und Art. 6 Enforcement-RL genüge zu tun (BGH GRUR Int. 2007, 157, 161 Tz. 42 – *Restschadstoffentfernung*, allerdings zu einem Fall aus dem Patentrecht). Diese Normlage zusammen mit der durchaus sich erst entwickelnden Rechtsprechung des BGH (BGH GRUR 1985, 512 ff. – *Druckbalken*, dort noch eher strenge Anforderungen an Wahrscheinlichkeit der Rechtsverletzung; nunmehr BGH GRUR 2002, 1045 ff. – *Faxkarte*, jedenfalls bei einem Verstoß gegen das Urheber- bzw. Wettbewerbsrecht diese Einschränkungen eher zurücknehmend) hat den Gesetzgeber bewogen, die Vorgaben der EU-Richtlinie in eine eigene Norm zu fassen (RegE UmsG Enforcement-RL – BT-Drucks. 16/5048, S. 27).

2. Früheres Recht

4 Wie bereits eingangs (vgl. Rn. 3) dargestellt, war das Urheberrecht bereits vor Einführung des § 101a Schauplatz von Vorlageansprüchen. Denn insb. bei der Rechtsdurchsetzung im Bereich der Computerprogramme stand der Verletzte vor Problemen der Beweissicherung, weil man z. B. durch einen Testkauf nur in den Besitz der maschinenlesbaren Form des Programmes gelangt, nicht aber ohne weiteres auch in den des Quellcodes; allerdings war der Besichtigungsanspruch im Urheberrecht nicht per se auf Computerprogramme beschränkt (OLG München, Beschluss vom 11.08.2005, Az. 29 W 2173/05 zu dem Anspruch auf Vorlage eines Drehbuchs). Sofern aufgrund vorliegender Indizien (s.o.) eine gewisse Wahrscheinlichkeit für eine Rechtsverletzung gegeben ist, konnte insoweit der Besichtigungsanspruch des § 809 BGB weiterhelfen: Der Datenträger, auf dem der Quellcode enthalten ist, ist als Sache einzuordnen, der Verletzer wird auch regelmäßig Besitzer desselben sein (ausführlich *Bork* NJW 1997, 1665, 1668 ff.; *Auer-Reinsdorff* ITRB 2006, 82 ff.). Der Anwendungsbereich des § 809 BGB war durch den Bundesgerichtshof auch für Quellcodes eröffnet worden (BGH GRUR 2002, 1046, 1048 – *Faxkarte*; nachfolgende die ursprüngliche Vorinstanz OLG Hamburg ZUM 2005, 394 – *Faxkarte II*). In der Faxkarten-Entscheidung des Bundesgerichtshofs waren die Anforderungen an einen Anspruch nach § 809 BGB i.V.m. § 883 ZPO – wie zuvor bereits vom Kammergericht in einem anderen Fall entschieden (KG GRUR-RR 2001, 118 – *Besichtigungsanspruch bei Computern*) – abgesenkt worden. Es war nur noch erforderlich, dass eine gewisse Wahrscheinlichkeit für eine Verletzung besteht (BGH GRUR 2002, 1046, 1046 – *Faxkarte*; OLG Frankfurt GRUR-RR 2006, 295 – *Quellcode-Besichtigung*). Allerdings durften mit § 809 BGB nicht Tatbestandsvoraussetzungen geklärt werden, die ohne Besichtigung der Sache zu klären sind (OLG Hamburg ZUM 2005, 394 – *Faxkarte II*). Ein Geheimhaltungsinteresse des Besitzers der zu besichtigenden Sache war im Rahmen einer umfassenden Interessenabwägung zu berücksichtigen, führte jedoch nicht dazu, dass generell gesteigerte Anforderungen an die Wahrscheinlichkeit der Rechtsverletzung zu stellen gewesen wären (BGH GRUR 2002, 1046, 1046 – *Faxkarte*). Die Besichtigung konnte auch im Einstweiligen Verfügungsverfahren durchgesetzt werden (KG GRUR-RR 2001, 118 – *Besichtigungsanspruch bei Computern*; OLG Frankfurt GRUR-RR 2006, 295 – *Quellcode-Besichtigung*). Dann allerdings durfte wohl das Ergebnis der Durchsuchung nicht vor Abschluss des Hauptsacheverfahrens an den Antragsteller herausgegeben werden (KG GRUR-RR 2001, 118 – Besichtigungsanspruch bei Computern; OLG Frankfurt GRUR-RR 2006, 295 – *Quellcode-Besichtigung*; so auch *Rauschhofer* GRUR-RR 2006, 249, 251; zum Ganzen auch *Schneider* CR 2003, 1 und *Frank/Wiegand* CR 2007, 481; a.A. LG Nürnberg-Fürth MMR 2004, 627, das eine Herausgabe an den Rechteinhaber auch während des Verfügungsverfahren für zulässig hält und die Herausgabe auch auf Lizenzbelege erstreckt).

Zur **Vollziehung** einer solchen auch im Wege der Einstweiligen Verfügung zu **5** erwirkenden Maßnahme vgl. Rn. 31. Die vorstehend beschriebene Rechtsprechung dürfte sich auf die neue Norm auswirken; § 809 BGB dürfte aber neben § 101a bei Schutzrechtsverletzungen nicht mehr anwendbar sein, da es nun eine Spezialnorm gibt (hierzu auch vgl. Rn. 35).

3. EU-Recht

§ 101a geht auf **Art. 6 der Enforcement-RL** zurück, der die Befugnis der **6** Gerichte vorsieht, auf Antrag eine Vorlage vom Rechtsinhaber bezeichneter Beweismittel durch die gegnerische Partei anzuordnen, wenn jener alle ihm alle vernünftigerweise verfügbaren Beweismittel zur hinreichenden Begründung der Ansprüche vorgelegt hat, das Beweismittel genau bezeichnet, das Beweismittel in der Verfügungsgewalt der gegnerischen Partei liegt und die Vorlage keine Geheimhaltungsinteressen der gegnerischen Partei verletzt. Aus dem Erfordernis, Beweismittel zu bezeichnen, folgt, dass es sich dabei nur um solche Beweismittel handeln kann, die der Verletzte kennt, die aber nicht in seiner Verfügungsgewalt sind. Aus der Norm folgt keine Befugnis zur Suche nach ihrer Art nach unbekannten Beweismitteln (*Haedicke* FS Schricker 70 S. 19, 21). Die Norm ist also **richtlinienkonform** auszulegen. Das deutsche Umsetzungsgesetz (hierzu und zur Vorgeschichte der Norm vgl. Rn. 3 sowie *Czychowski*, GRUR-RR 2008, 265 ff. und *von Hartz* ZUM 2005, 376) trat am 01.09.2008 in Kraft (dazu *Frank/Wiegand* CR 2007, 481; *Seichter* WRP 2006, 391 ff.). Der Gesetzgeber hat sich zu einer Umsetzung als materiellen Anspruch entschieden (vgl. Rn. 9). Lediglich eine Umsetzung der Beweisregel nach Art. 6 Absatz 1 Satz 2 Enforcement-RL hielt er für entbehrlich, da deren Umsetzung einerseits im Ermessen der Mitgliedstaaten liegt, er andererseits mit Blick auf die freie Beweiswürdigung gemäß § 286 ZPO und die in § 287 ZPO geregelten Beweiserleichterungen eine Regelung nicht für erforderlich hielt (RegE UmsG Enforcement-RL – BT-Drucks. 16/5048, S. 27).

Parallel dazu ist **Art. 7 Enforcement-RL** zu beachten. Der Regelungsgehalt von **7** Art. 7 Enforcement-RL zielt auf schnelle und wirksame einstweilige Maßnahmen zur Sicherung von Beweismitteln und ist damit eher vorprozessualer Natur. Er zielt nur auf die zeitliche Vorverlagerung des Art. 6, nicht aber auf eine Ausweitung seines Anwendungsbereiches (RefE vom 03.01.2006 UmsG Enforcement-RL, S. 53). Unklar ist, wieso Art. 7 im Gegensatz zu Art. 6 nicht das Erfordernis enthält, Beweismittel konkret zu bezeichnen. Der RefE geht davon aus, dass der nationale Gesetzgeber auf das Erfordernis der Bezeichnung der Beweismittel durch den Antragsteller nicht verzichten müsse, da in der Richtlinie keine Vorgaben zur Darlegungslast gemacht werden. Aber selbst wenn Art. 7 die Möglichkeit geben sollte, auf bislang unbekannte Beweismittel vor Einleitung des Verfahrens zuzugreifen (so etwa *Haedicke* FS Schricker 70 S. 19, 21, der auf das Fehlen der Formulierung „bezeichneter" Beweismittel im Gegensatz zu Art. 6 verweist), ist diese Bestimmung schon aus Gründen der Verhältnismäßigkeit restriktiv auszulegen und erlaubt jedenfalls keine Ausforschungsmaßnahmen, die dem Discovery-Verfahren des US-amerikanischen Rechts gleichkommen, weil diese zu massiven Beeinträchtigungen führen, ohne dass vorprozessual eine Schutzrechtsverletzung bereits feststeht (so i.E. auch *Haedicke* FS Schricker 70 S. 19, 25). Bei einem Verständnis des Art. 6 als materiellrechtlichem Anspruch ist die Umsetzung des Art. 7 durch das selbständige Beweisverfahren §§ 485 ff. ZPO und die einstweilige Verfügung §§ 935 ff. ZPO bereits jetzt weitgehend gewährleistet (siehe RefE vom 03.01.2006 UmsG Enforcement-RL, S. 52 ff.).

4. Internationales Recht

8 Art. 6 Absatz 1 Enforcement-RL und damit auch der eigentliche Anspruch in Abs. 1 entspricht in vollem Umfang Artikel 43 Abs. 1 des TRIPS-Übereinkommens (RegE UmsG Enforcement-RL – BT-Drucks. 16/5048, S. 26).

II. Allgemeiner Vorlage- und Besichtigungsanspruch (Abs. 1, Satz 1)

1. Allgemeine Voraussetzungen

9 Absatz 1 statuiert einen **materiellen Vorlageanspruch**. Voraussetzungen für ihn ist, dass das Urheberrecht oder ein anderes nach dem UrhG geschütztes Recht vom Anspruchsgegner mit hinreichender Wahrscheinlichkeit verletzt wurde, der Rechtsinhaber das Beweismittel genau bezeichnet hat, das Beweismittel in der Verfügungsgewalt des Anspruchsgegners liegt und die Vorlage keine Geheimhaltungsinteressen der gegnerischen Partei verletzt. Zur Rechtsverletzung vgl. Rn. 13, zur hinreichenden Wahrscheinlichkeit vgl. Rn. 15, zum Geheimhaltungsinteresse vgl. Rn. 23.

10 Wie genau man Beweismittel bezeichnen kann, hängt vom Einzelfall ab, aber allgemein setzt dies voraus, dass das Beweismittel eindeutig für Dritte (also im Zweifel für die Vollstreckungsinstanz) identifizierbar ist. Insofern ist auf die Kommentierungen zur Bestimmtheit eines Titels zu verweisen (etwa *Thomas/Putzo* vor § 704 ZPO Rn. 16 ff.; *Musielak* § 704 ZPO Rn. 9). Zu einem anschaulichen Fall, allerdings aus dem Patentrecht und zu § 142 ZPO, ausführlich BGH GRUR 2006, 962 – *Restschadstoffentfernung*.

11 § 101a Abs. 1 gewährt keinen „Drittvorlageanspruch", denn er richtet sich nur gegen den Inhaber der Verfügungsgewalt. Allerdings bleibt § 428 f. ZPO natürlich unberührt.

12 Zur Verjährung vgl. § 102 Rn. 4.

2. Rechtsverletzung, Verletzer i.S.d. Norm

13 § 101a bleibt in der Wortwahl an den §§ 97 ff. orientiert und gewährt den Anspruch nur gegen den (mit hinreichender Wahrscheinlichkeit feststehenden) Verletzer. Das ist zunächst jeder Täter und Teilnehmer einer Urheberrechtsverletzung (vgl. § 97 Rn. 145 ff.). Ob auch ein Störer hierunter zu fassen ist, war schon bei derselben Formulierung des § 101a a.F. für den Auskunftsanspruch umstritten (vgl. § 101 Rn. 50 und § 97 Rn. 154). Nach hier vertretener Ansicht reicht eine objektive Rechtsverletzung aus, so dass es nicht auf das Verschulden ankommt. Insofern kann auf die Literatur zu § 101a a.F. (etwa Dreier/Schulze/*Dreier* § 101a Rn. 6; *Czychowski* MMR 2004, 514, 515 m.w.N.) verwiesen werden. Auch eine **Drittvorlage** scheint – jedenfalls über § 142 ZPO (vgl. Rn. 35) – denkbar (BGH GRUR Int. 2007, 157, 161 – *Restschadstoffentfernung*).

Die Rechtsverletzung kann sowohl ein werkbezogenes Urheberrecht als auch **14** jedes andere nach diesem Gesetz geschützte Recht betreffen, also jedes der in Teil 2 geregelten verwandten Schutzrechte, aber natürlich auch Laufbilder (§ 95); nicht hingegen §§ 95a, 95c, denn diese stellen zumindest nach der hier vertretenen Auffassung keine Rechte dar (vgl. Vor §§ 95a ff. Rn. 27 ff.).

3. Hinreichende Wahrscheinlichkeit

Art. 6 Abs. 1 Enforcement-RL setzt für den Vorlageanspruch voraus, dass „alle **15** vernünftigerweise verfügbaren Beweismittel zur hinreichenden Begründung" vorgelegt werden. Dem wird in der deutschen Umsetzung dadurch Rechnung getragen, dass eine hinreichende Wahrscheinlichkeit der Rechtsverletzung verlangt wird. Auf die Vorlage aller verfügbaren Beweismittel kann nicht abgestellt werden, da es sich bei § 101a um einen materiell-rechtlichen Anspruch handelt (RegE UmsG Enforcement-RL – BT-Drucks. 16/5048, S. 40). Bei dem Begriff der hinreichenden Wahrscheinlichkeit handelt es sich nach der Gesetzesbegründung (RegE UmsG Enforcement-RL – BT-Drucks. 16/5048, S. 40) um den Begriff aus der neueren Rechtsprechung, die für § 809 BGB eine gewisse Wahrscheinlichkeit für eine Verletzung verlangte (BGH GRUR 2002, 1046, 1046 – *Faxkarte*; OLG Frankfurt GRUR-RR 2006, 295 – *Quellcode-Besichtigung*), so dass die materiellen Anforderungen an den Vorlageanspruch sich nicht geändert haben und tendenziell nicht zu streng angesetzt werden dürfen. Eine Glaubhaftmachung der hinreichenden Wahrscheinlichkeit genügt, durch die Vorlage kann der Rechtsinhaber dann Informationen zur weiteren Substantiierung seines Vortrages sammeln (RegE UmsG Enforcement-RL – BT-Drucks. 16/5048, S. 40). Auch die Ausführungen der Rechtsprechung zur parallelen prozessualen Norm des § 142 ZPO können dabei herangezogen werden (BGH GRUR Int. 2007, 157, 161 Tz. 42 – *Restschadstoffentfernung*, allerdings zu einem Fall aus dem Patentrecht).

4. Berechtigter

Anspruchsberechtigter ist der Verletzte, also der Inhaber des Urheberrechts **16** oder verwandten Schutzrechts bzw. sonstigen Rechts. Auch der Inhaber ausschließlicher Nutzungsrechte ist allerdings aktivlegitimiert entsprechend den allgemeinen Regeln (vgl. § 97 Rn. 127 ff.); und der Inhaber einfacher Nutzungsrechte kann unter bestimmten Voraussetzungen auch aktivlegitimiert sein (vgl. § 97 Rn. 132 ff.).

5. Erforderlichkeit

Neben dem Kriterium der Verhältnismäßigkeit (dazu vgl. Rn. 27) verlangt das **17** Gesetz als weitere Einschränkung, dass die Vorlage auch erforderlich ist. Gibt es also andere Wege für den Anspruchsteller, seinen Anspruch zu beweisen, ist ihm § 101 versperrt. Hierdurch wird gewährleistet, dass der Anspruch nicht zur allgemeinen Ausforschung der Gegenseite missbraucht werden kann. Der Anspruchsteller wird die durch die Vorlegung gewonnene Kenntnis jedoch immer dann zur Durchsetzung seiner Ansprüche benötigen, wenn es darum geht, eine bestrittene anspruchsbegründende Tatsache nachzuweisen oder überhaupt erst Kenntnis von dieser Tatsache zu erlangen (RegE UmsG Enforcement-RL – BT-Drucks. 16/5048, S. 40).

6. Rechtsfolgen

18 Unmittelbare Rechtsfolge des Anspruchs ist die Vorlage einer Urkunde oder die Besichtigung einer Sache, sofern sich diese in der Verfügungsgewalt des Verpflichteten befinden. Praktisch durchgeführt wird dies bei den einzelnen Schutzgegenständen des Urheberrechts wohl unterschiedlich. Während z.B. bei einem Drehbuch unschwer durch bloße Einsichtnahme und Gegenüberstellung mit dem vermeintlich vorbestehenden Werk festgestellt werden kann, ob eine Urheberrechtsverletzung vorliegt, dürfte z.B. bei einem Computerprogramm an der bisherigen Praxis (vgl. Rn. 4) festgehalten werden, nach der beansprucht wird, den Quellcode des Programms einem Sachverständigen zum Vergleich mit dem vorbestehenden Programm zu übergeben (zu Geheimhaltungsfragen vgl. Rn. 23). Nach wie vor zulässig dürfte auch sein, zu beanspruchen, dem Sachverständigen Zugang zu einem genau bezeichneten Computersystem zu gewähren und ihn selber die erforderlichen Kopien des Quellcodes anfertigen zu lassen (KG GRUR-RR 2001, 118 – *Besichtigungsanspruch bei Computern*).

III. Vorlage- und Besichtigungsanspruch bei hinreichender Wahrscheinlichkeit gewerblichen Ausmaßes (Abs. 1, Satz 2)

19 Absatz 1 Satz 2 ermöglicht bei einer in gewerblichem Ausmaß begangenen Rechtsverletzung unter den in Absatz 1 genannten Voraussetzungen auch die Vorlage der in der Verfügungsgewalt des Gegners befindlichen Bank-, Finanz- oder Handelsunterlagen. Ein solcher Anspruch war nach deutschem Recht bislang nicht vorhanden (RegE UmsG Enforcement-RL – BT-Drucks. 16/5048, S. 27). Es bestand noch nicht einmal ein Anspruch auf Einsicht in die genannten Unterlagen (so etwa OLG Köln GRUR 1995, 676 f.), so dass der Gesetzgeber Umsetzungsbedarf der entsprechenden Regel aus Art. 6 Abs. 2 Enforcement-RL erkannte.

1. Verletzung gewerblichen Ausmaßes

20 Zum Begriff vgl. § 101 Rn. 43. Er geht auf ErwG 14 der Enforcement-RL zurück: In gewerblichem Ausmaß vorgenommene Rechtsverletzungen zeichnen sich dadurch aus, dass sie zwecks Erlangung eines unmittelbaren oder mittelbaren wirtschaftlichen oder kommerziellen Vorteils vorgenommen werden; dies schließt in der Regel Handlungen aus, die in gutem Glauben von Endverbrauchern vorgenommen werden.

2. Hinreichende Wahrscheinlichkeit

21 Der Maßstab der hinreichenden Wahrscheinlichkeit ist derselbe wie im Hauptanspruch nach Abs. 1 Satz 1 (vgl. Rn. 9), nur bezieht sich hier die hinreichende Wahrscheinlichkeit zusätzlich auf das gewerbliche Ausmaß der Rechtsverletzung.

3.   Erweiterte Rechtsfolgen

Die Rechtsfolgen des Anspruchs nach Abs. 1 Satz 2 erweitern den Kreis der **22** Unterlagen, die vorzulegen sind, nämlich auf Bank-, Finanz- oder Handelsunterlagen. Die Gesetzesbegründung gibt keinen Anhalt, was hierunter zu verstehen ist. Die einzige bloße Erwähnung in ErwG 20 Enforcement-RL hilft auch nicht weiter. Auch der Verweis auf die o.g. (vgl. Rn. 19) Entscheidung des OLG Köln aus dem RegE hilft konkret nicht weiter, denn die Entscheidung spricht ebenfalls nur allgemein von „Geschäftsunterlagen" und „Büchern". Es wird jedoch eine weite Auslegung angebracht sein, die aber unter dem Blickwinkel der Erforderlichkeit (vgl. Rn. 17) sowie der Verhältnismäßigkeit (vgl. Rn. 27) im konkreten Einzelfall einzuschränken ist. Insb. sind die in § 257 HGB genannten Unterlagen erfasst, unter anderem Handelsbücher, Jahresabschlüsse, Lageberichte, die empfangenen Handelsbriefe, Wiedergaben der abgesandten Handelsbriefe und Buchungsbelege gehören.

IV.   Schutz der Vertraulichkeit (Abs. 1, Satz 3)

Der Schutz von Geheimhaltungsinteressen ist bewusst nicht als Einwendung **23** formuliert worden, da in nahezu jedem Fall vertrauliche Informationen Gegenstand des Anspruchs sein werden, so dass dieser dann ins Leere liefe. Daher wird ein Weg gewählt, der die Gerichte dazu ermächtigt, den Anspruch so zu fassen, dass der Schutz vertraulicher Informationen im Einzelfall angemessen gewährleistet ist (RegE UmsG Enforcement-RL – BT-Drucks. 16/5048, S. 40 f.). Die deutsche Rechtsprechung hatte bereits vor Art. 6 Enforcement-RL und der durch sie neu eingeführten Norm des § 101a Geheimhaltungsinteressen in verschiedener Hinsicht bei Vorlageansprüchen – damals noch auf Basis des § 809 BGB – Rechnung getragen (vgl. Rn. 3). Wichtigstes Element dieser Rechtsprechung war, dass das Ergebnis der Besichtigung – wenn sie im Einstweiligen Verfügungsverfahren durchgesetzt wurde – nicht vor Abschluss des Hauptsacheverfahrens an den Antragsteller herausgegeben werden durfte (KG GRUR-RR 2001, 118 – Besichtigungsanspruch bei Computern; OLG Frankfurt GRUR-RR 2006, 295 – *Quellcode-Besichtigung*; so auch *Rauschhofer* GRUR-RR 2006, 249, 251; zum Ganzen auch *Frank/Wiegand* CR 2007, 481). Es dürfte sich anbieten, dies unter § 101a ebenfalls zu fordern. Ob auch im Hauptsacheverfahren Vertraulichkeit unter den Parteien gewahrt werden muss (in diese Richtung BGH GRUR 2002, 1046 – *Faxkarte*), erscheint uns zweifelhaft, denn der Verletzte muss bei Vorliegen der Voraussetzungen der Ansprüche (insb. hinreichende Wahrscheinlichkeit einer Verletzung) ggfs. auch in der Lage sein, das Ergebnis eines Sachverständigengutachtens zu überprüfen; sonst käme dies einem dem deutschen Recht fremden Geheimverfahren gleich. Im Übrigen gewährt § 172 Nr. 2 GVG die weitergehende Möglichkeit, den Geheimhaltungsinteressen jedenfalls insoweit Rechnung zu tragen, dass wenigstens keine Dritte außerhalb des Verfahrens Kenntnis von Details erlangen.

Diskutiert wird, ob nicht ein eigenes Vertraulichkeitsverfahren, ein sog. in- **24** camera-Verfahren, notwendig ist (*Bornkamm* FS Ullmann 2006, S. 893, 904 ff., der sogar trotz Ablehnung im Umsetzungsgesetz eine Einführung in richtlinienkonformer Auslegung für möglich hält).

Voraussetzung ist natürlich, dass überhaupt ein Geheimhaltungsinteresse be- **25** steht. Dass der Gesetzgeber von „Vertraulichkeit" spricht, dürfte dasselbe meinen. Hierfür muss ein Sachverhalt vorliegen, der etwas Vertrauliches zum Gegenstand hat. Der Gesetzgeber spricht nicht von Know-how, sondern etwas abstrakt von „Vertraulichkeit". Unseres Erachtens dürfte es sich daher anbieten, die Definition der Rechtsprechung aus den §§ 17, 18 UWG heranzuziehen. Hiernach werden Geheimnisse geschützt, wenn die entsprechenden Tatsachen nur einem eng begrenzten Personenkreis bekannt sind und die geheim zu haltende Tatsache zu einem Geschäftsbetrieb in Beziehung steht sowie auch als solche geheim gehalten werden soll; schließlich darf die Tatsache anderen nicht oder nicht leicht zugänglich sein (zum Vorstehenden Hefermehl/Köhler/Bornkamm § 17 UWG Rn. 4). Entscheidend bei dieser Definition ist, dass nicht die strengen Anforderungen an Know-how (siehe z.B. Art. 1 Abs. 1 lit i) GVO-TT, der u.a. die Wesentlichkeit für die Produktion sowie eine umfassende Beschreibung fordert, damit überprüft werden kann, ob die Merkmale „wesentlich" und „geheim" erfüllt sind) gelten, sondern ein Geheimnis schon bei jedem berechtigten wirtschaftlichen Interesse an der Geheimhaltung der Tatsache vorliegen kann. Überträgt man dies, sind also keine zu strengen Anforderungen an das Vorliegen eines Geheimhaltungsinteresses oder Interesses an Vertraulichkeit zu stellen. Ein solches Interesse dürfte zu allererst bei nicht als open-ource (zum Begriff vgl. Nach § 69c ff. Rn. 26) verwerteten Computerprogrammen bestehen, bei denen der Quellcode dem besonderen KnowHow Schutz des Softwareurheberrechts unterliegt (vgl. Vor §§ 69a ff. Rn. 23 f.). Aber auch andere Konstellationen sind denkbar, etwa das noch nicht veröffentlichte Drehbuch eines im Dreh befindlichen Films, ein noch nicht veröffentlichtes Manuskript oder der neue Titelsong eines unveröffentlichten neuen Musikalbums. Ob bei diesen Fällen im Einzelfall die Voraussetzungen der Ansprüche nach Abs. 1 Satz 1 und 2 vorliegen, ist dann natürlich zu prüfen und dürfte bei urheberrechtlichen Schutzgegenständen außerhalb der Computerprogramme, der Verfilmungen, der Ausführung bestimmter Pläne, des Nachbaus eines Architekturwerkes oder der Umgestaltung eines Datenbankwerkes (siehe § 23 Satz 2) oft auf die zusätzliche Schwierigkeit stoßen, da bei diesen nach § 23 Satz 1 die bloße Bearbeitung selbst noch keine Verletzung darstellt, sondern erst deren Veröffentlichung oder Verwertung. Es müssen dann für eine Erstbegehungsgefahr die allgemeinen Voraussetzungen (vgl. § 97 Rn. 39 f.) vorliegen.

26   Soweit es sich nicht um ein Einstweiliges Verfügungsverfahren handelt (dazu unten vgl. Rn. 28) sind die vorstehenden Anforderungen nur auf Einwand des Betroffenen zu prüfen („[…] soweit […] geltend macht […]")

V.   Verhältnismäßigkeit (Abs. 2)

27   Wohl weil die Ansprüche des Abs. 1 den Beibringungsgrundsatz des deutschen Zivilprozesses durchbrechen und natürlich angesichts der Vorgaben aus Art. 6 Enforcement-RL ist als Korrektiv der Ansprüche zusätzlich zu prüfen, ob die jeweilige Maßnahme verhältnismäßig ist. Neben der Erforderlichkeit (vgl. Rn. 17) muss also zusätzlich eine Verhältnismäßigkeit i.e.S. vorliegen. Sie ist nach der Gesetzesbegründung insb. dann nicht gegeben, wenn bei geringfügigen Verletzungen umfangreiche Vorlageansprüche geltend gemacht werden oder wenn das Geheimhaltungsinteresse bei Weitem überwiegt und diesem auch nicht durch Maßnahmen nach Abs. 1 Satz angemessen Rechnung getragen werden kann (RegE UmsG Enforcement-RL – BT-Drucks. 16/5048, S. 41). Zu weiteren Einzelheiten vgl. § 101 Rn. 82 ff.

VI. Prozessuales (Abs. 3)

Abs. 3 normiert ausdrücklich, dass Vorlageansprüche auch in Einstweiligen **28**
Verfügungen angeordnet werden können. Die gewisse Unklarheit, mit der sich
die deutsche Rechtsprechung insoweit zu § 809 BGB auseinanderzusetzen
hatte (vgl. Rn. 3), ist also vom Gesetzgeber beseitigt.

Auch wenn der Gesetzgeber hier von „Duldung der Besichtigung" spricht, **29**
dürfte damit keine materielle Änderung gegenüber Abs. 1 verbunden sein. Die
Maßnahmen werden gegebenenfalls ohne Anhörung der anderen Partei getroffen, insb. dann, wenn durch eine Verzögerung dem Rechtsinhaber wahrscheinlich ein nicht wieder gutzumachender Schaden entstünde, oder wenn
nachweislich die Gefahr besteht, dass Beweise vernichtet werden (ausführlich
dazu BGH GRUR 2006, 962 – *Restschadstoffentfernung* zu § 142 ZPO
allerdings aus dem Patentrecht).

Anders als im Hauptsacheverfahren ist bei Einstweiligen Verfahren, insb. wenn **30**
eine Einstweilige Verfügung ohne Anhörung des Gegners erlassen wird, vom
Gericht zwingend die Vertraulichkeitsinteressen des Verpflichteten Rechnung
zu tragen, so dass die obigen Anforderungen (vgl. Rn. 23) in diesen Fällen
zwingend und nicht nur auf Einwand des Verpflichteten zur Anwendung
kommen.

Die **Vollziehung** einer solchen auch im Wege der Einstweiligen Verfügung zu **31**
erwirkenden Maßnahme erfolgte analog § 883 ZPO im Wege der Sequestrierung durch einen von einem Sachverständigen unterstützten Gerichtsvollzieher. Unklar ist, welche prozessualen Folgen die Vollziehung einer solchen
Einstweiligen Verfügung hat. Hierbei handelt es sich um eine Erledigung der
Hauptsache, denn die Besichtigung hat nach Vollziehung stattgefunden und ist
nicht rückgängig machbar (OLG Nürnberg ZUM-RD 2005, 515). Ob die
jeweiligen Befehlseingaben des Sachverständigen im Antrag beschrieben sein
müssen, ist zwar streitig (*Koch*, Zivilprozess in EDV-Sachen, Köln 1988,
S. 211; *Bork* NJW 1997, 1665, 1671 Fn. 78), dürfte sich im Blick auf die
vom Gesetzgeber geforderte Durchsetzungsmöglichkeit auch im Einstweiligen
Verfügungsverfahren aber als zu strenge Hürde darstellen. Es kann sich im
Übrigen anbieten, in den Antrag den **Vorschlag für einen bestimmten Sachverständigen** aufzunehmen, um dem Gericht mühsame Recherchearbeit zu
ersparen (so auch OLG Koblenz CR 1991, 673, wonach es sich bei der
Sequestration durch eine Fachfirma auch um Verwaltung neben der Verwah-
rung handelt und dass nur die Kosten der Inbesitznahme und Übergabe als
Kosten der Zwangsvollstreckung nach § 788 ZPO festgesetzt werden können;
OLG München GRUR 1987, 33 – *Berücksichtigungskosten*). Dabei dürfte in
aller Regel eine Abmahnung entbehrlich i.S.d. § 93 ZPO sein, ja sich gerade-
wegs verbieten, will man den Zweck der Durchsuchung nicht vereiteln (so für
Sequestration allgemein LG Hamburg GRUR-RR 2004, 191 – *Flüchtige
Ware*). Einen Anspruch auf Durchsuchung, um festzustellen, ob Besitz besteht,
gewährt § 809 BGB allerdings nicht (BGH ZUM 2004, 378 – *Kontrollbesuch*,
allerdings für Fragen des Verwertungsgesellschaftsrechts). Diese Maßnahmen
werden gegebenenfalls ohne Anhörung der anderen Partei getroffen, insb.
dann, wenn durch eine Verzögerung dem Rechtsinhaber wahrscheinlich ein
nicht wieder gutzumachender Schaden entstünde, oder wenn nachweislich die
Gefahr besteht, dass Beweise vernichtet werden (vgl. allerdings aus dem
Patentrecht).

32 Zum **Streitwert** liegen – soweit ersichtlich – noch keine Erfahrungen vor. Er dürfte sich aber am Streitwert des Anspruchs orientieren, den § 101a vorbereitet, also i.d.R. des Unterlassungsanspruchs.

VII. Anwendbarkeit von § 811 BGB und § 101 Abs. 8

33 § 811 BGB regelt den Vorlegungsort (Abs. 1) und trifft eine Aussage dazu, wer Gefahr und Kosten der Vorlegung zu tragen hat (Abs. 2). Bezüglich der Einzelheiten hierzu sei auf die einschlägigen Kommentierungen zum BGB verwiesen. Die Verwendung der über § 101a erlangten Beweismittel in Strafverfahren regelt § 101 Abs. 8 (vgl. § 101 Rn. 87 ff.).

VIII. Schadensersatz (Abs 5)

34 Vergleichbar § 945 ZPO normiert Abs. 5 einen eigenen Schadensersatzanspruch für den Fall, dass sich nach Vorlage herausstellt, dass keine Verletzung vorlag. Schon bislang war im deutschen Recht umstritten, welche prozessualen Folgen die Vollziehung einer Einstweiligen Verfügung auf Vorlage hatte. Diese Frage dürfte bestehen bleiben (vgl. Rn. 31, u.E. Erledigung der Hauptsache). Unabhängig davon besteht aber die zusätzliche Frage, ob dem in Anspruch Genommenen ein Schaden entstanden ist, etwa durch die Verzögerung bei der Verwertung eines Drehbuchs oder den Aufwand der Prüfung eines Quellcodes. Derartige Schäden kann er nach Abs. 5 ersetzt verlangen, u.E. nicht aber die Rechtsverfolgungskosten für das Vorlageverfahren; denn wenn eine hinreichende Wahrscheinlichkeit für den Verletzungsanspruch bestand, bestand der Vorlageanspruch, er hat dieses Verfahren dann verloren.

IX. Verhältnis zu anderen Vorschriften

35 Wie oben bereits erwähnt (vgl. Rn. 3), sind die bisher für Vorlageansprüche herangezogenen §§ 809, 810 BGB nicht neben § 101a anwendbar. Anwendbar bleiben aber die prozessualen Normen der §§ 142, 144, 371 Abs. 2 oder 422 ZPO. Für diese gelten aber wohl nach den Ausführungen des BGH dieselben Anforderungen an die Wahrscheinlichkeit einer Rechtsverletzung, die auch in der Verletzung eines Lizenzvertrages bestehen kann (BGH GRUR Int. 2007, 157, 161 Tz. 42 – *Restschadstoffentfernung*, allerdings zu einem Fall aus dem Patentrecht). Die Zivilprozessordnung macht indes die Pflicht zur Vorlage von Beweismitteln durch den Gegner grundsätzlich vom materiellen Recht abhängig (jedenfalls § 422 ZPO für den Urkundenbeweis und § 371 Abs. 2 ZPO für den Augenscheinsbeweis), so dass für diese Normen § 101a als materielle Grundlage zusätzlich in Betracht kommt.

36 Schließlich bleibt auch das **Selbständige Beweisverfahren** (§ 485 ZPO) anwendbar, das auch im Wege einer Einstweiligen Verfügung durchgesetzt werden kann (LG Düsseldorf Beschl. v. 01.05.2008 4a O 129/08, Urt. v. 08.03.2007, 4b O 230/04; zum Patentrecht z.B. *Eck/Dambrowski* GRUR 2008, 387 ff.). Voraussetzung ist nach Spruchpraxis einzelner Landgerichte, dass die Besichtigung durch einen zur Verschwiegenheit verpflichteten Gutachter erfolgt, ggf. die Anwälte (jedenfalls der Antragstellerin bei Verschwiegenheitsverpflichtung) anwesend sind und vor Freigabe des Gutachtens zunächst Geheimhaltungsinteressen geklärt werden.

§ 101b Sicherung von Schadensersatzansprüchen

(1) ¹Der Verletzte kann den Verletzer bei einer in gewerblichem Ausmaß begangenen Rechtsverletzung in den Fällen des § 97 Abs. 2 auch auf Vorlage von Bank-, Finanz- oder Handelsunterlagen oder einen geeigneten Zugang zu den entsprechenden Unterlagen in Anspruch nehmen, die sich in der Verfügungsgewalt des Verletzers befinden und die für die Durchsetzung des Schadensersatzanspruchs erforderlich sind, wenn ohne die Vorlage die Erfüllung des Schadensersatzanspruchs fraglich ist. ²Soweit der Verletzer geltend macht, dass es sich um vertrauliche Informationen handelt, trifft das Gericht die erforderlichen Maßnahmen, um den im Einzelfall gebotenen Schutz zu gewährleisten.

(2) Der Anspruch nach Absatz 1 ist ausgeschlossen, wenn die Inanspruchnahme im Einzelfall unverhältnismäßig ist.

(3) ¹Die Verpflichtung zur Vorlage der in Absatz 1 bezeichneten Urkunden kann im Wege der einstweiligen Verfügung nach den §§ 935 bis 945 der Zivilprozessordnung angeordnet werden, wenn der Schadensersatzanspruch offensichtlich besteht. ²Das Gericht trifft die erforderlichen Maßnahmen, um den Schutz vertraulicher Informationen zu gewährleisten. ³Dies gilt insbesondere in den Fällen, in denen die einstweilige Verfügung ohne vorherige Anhörung des Gegners erlassen wird.

(4) § 811 des Bürgerlichen Gesetzbuchs sowie § 101 Abs. 8 gelten entsprechend.

Übersicht

I. Allgemeines

1. Sinn und Zweck

Sinn und Zweck von § 101b ergeben sich aus seiner Entstehungsgeschichte. **1** Die Vorschrift dient der **Umsetzung von Art. 9 Abs. 2 S. 2 Enforcement-RL.** Danach sollen die zuständigen Gerichte die Übermittlung von Bank-, Finanz- oder Handelsunterlagen oder einen geeigneten Zugang zu den entsprechenden Unterlagen anordnen können. Ziel einer solchen Anordnung ist gem. Art. 9 Abs. 2 S. 1 i.V.m. S. 2 Enforcement-RL („*zu diesem Zweck*") die Möglichkeit der vorsorglichen Beschlagnahme beweglichen und unbeweglichen Vermögens des Verletzers. Da die Enforcement-RL für das gesamte Recht des Geistigen

Eigentums gilt, hat § 101b **im gewerblichen Rechtsschutz** mehrere **Schwester-normen** (§ 140d PatG, § 24d GebrMG, § 19b MarkenG, § 46b GeschmMG), die bei der Auslegung von § 101b helfen können.

2 § 101b unterscheidet sich von § 101a dadurch, dass § 101b nicht der Gewin-nung von Beweismitteln, sondern der **Sicherung der Erfüllung des Schadens-ersatzanspruches** dient (RegE UmsG Enforcement-RL – BT-Drucks. 16/5048, S. 41 bzgl. § 140d PatG). § 101b soll gewährleisten, dass der Verletzte Kennt-nis von den konkreten Vermögenswerten des Verletzers erlangt (RegE UmsG Enforcement-RL – BT-Drucks. 16/5048, a.a.O.). Diese Kenntnis soll den Erlass eines Arrests gemäß § 917 ZPO ermöglichen (RegE UmsG Enforcement-RL – BT-Drucks. 16/5048, S. 42 bzgl. § 140d PatG; *Peukert/Kur* GRUR Int. 2006, 292, 302).

2. Früheres Recht

3 § 101b ist zum 01.09.2008 in Kraft getreten. Nach bisher geltendem (Voll-streckungs-)Recht musste der Schuldner erst im Rahmen einer eidesstattlichen Versicherung über seine Vermögungsverhältnisse aufklären (**§ 807 ZPO**; siehe auch BT-Drucks. 16/5048, S. 31). Die Insolvenzordnung (vgl. § 20 Abs. 1 und § 97 InsO) kennt keine Auskunftspflicht gegenüber einem einzelnen Gläubi-ger. Da es keine Übergangsvorschrift gibt, erfasst § 101b sämtliche **Altfälle**. Er findet also auch zur Sicherung von Schadensersatzansprüchen Anwendung, die vor dem 01.09.2008 entstanden sind.

3. EU-Recht und internationales Recht

4 Die entsprechende gemeinschaftsrechtliche Regelung ergibt sich aus **Art. 9 Abs. 2 S. 2 Enforcement-RL**, der lautet:

„Im Falle von Rechtsverletzungen in gewerblichem Ausmaß stellen die Mitglied-staaten sicher, dass die zuständigen Gerichte die Möglichkeit haben, die vorsorg-liche Beschlagnahme beweglichen und unbeweglichen Vermögens des angeblichen Verletzers einschließlich der Sperrung seiner Bankkonten und der Beschlagnahme sonstiger Vermögenswerte anzuordnen, wenn die geschädigte Partei glaubhaft macht, dass die Erfüllung ihrer Schadensersatzforderung fraglich ist. Zu diesem Zweck können die zuständigen Behörden die Übermittlung von Bank-, Finanz oder Handelsunterlagen oder einen geeigneten Zugang zu den entsprechenden Unterla-gen anordnen."

Nicht ausdrücklich in das UrhG umgesetzt hat der Gesetzgeber **Art. 9 Abs. 2 S. 1 Enforcement-RL**, der die Möglichkeit einer Beschlagnahme beweglichen und unbeweglichen Vermögens vorschreibt. Der Gesetzgeber war hier – zu Recht – der Auffassung, dass das schon in den bisherigen §§ 916 ff. ZPO hinreichend geregelt ist (RegE BT-Drucks. 16/5048, S. 31). Im Anschluss daran meinen *Peukert/Kur* GRUR Int. 2006, 292, 302, § 101b UrhG (und die gleichlautenden Regelungen im gewerblichen Rechtsschutz) sei nicht richt-linienkonform umgesetzt, weil – anders als bei den §§ 916 ff. ZPO – kein vorläufig vollstreckbares Urteil vorliegen müsse. Das ist aber nicht ersichtlich. Hintergrund für die gesonderte Regelung des § 101b und seiner Schwester-normen im gewerblichen Rechtsschutz ist das Bestreben, das Zwangsvollstre-ckungsrecht in der ZPO unverändert zu lassen (RegE UmsG Enforcement-RL – BT-Drucks. 16/5048, S. 31). Die Möglichkeit der Übermittlung der Unter-lagen als Maßnahme des Zwangsvollstreckungsrechts würde einen System-bruch (RegE UmsG Enforcement-RL a.a.O.) bedeuten, weil der Schuldner grundsätzlich erst im Rahmen einer eidesstattlichen Versicherung (§ 807

ZPO) über seine Vermögensverhältnisse aufzuklären hat (*Seichter* WRP 2006, 391, 399). Eine Harmonisierung des Vollstreckungsrechts der Mitgliedsstaaten ist ausweislich des 11. Erwägungsgrundes der Enforcement-RL nicht beabsichtigt. Ohnehin lässt Art. 9 Abs. 2 S. 2 auch die jetzt gefundene Regelung sowohl nach Wortlaut als auch nach Sinn und Zweck zu.

Eine vergleichbare Regelung im Übereinkommen über handelsbezogene **5** Aspekte der Rechte des geistigen Eigentums (**TRIPS**) fehlt. Dort werden Auskunftsansprüche lediglich im Rahmen der Beweissicherung behandelt (vgl. Art. 50). – **Internationalprivatrechtlich** gilt § 101b, wenn auch auf den Schadensersatzanspruch deutsches Recht anzuwenden ist (vgl. § 97 Rn. 7).

I. Tatbestand

1. Vorlageanspruch (Abs. 1 S. 1)

Der Verletzte kann den Verletzer bei Vorliegen der Voraussetzungen von **6** § 101b Abs. 1 S. 1 auf Vorlage von Bank-, Finanz- oder Handelsunterlagen oder einen geeigneten Zugang zu den entsprechenden Unterlagen in Anspruch nehmen. Obwohl Art. 9 Abs. 2 Enforcement-RL als rein prozessuale Vorschrift konzipiert ist (siehe *Knaak* GRUR Int. 2004, 745, 749), hat sich der deutsche Gesetzgeber zu einer Umsetzung durch die **Schaffung eines materiellrechtlichen Anspruches** entschieden. Ein **vollstreckbares Urteil** auf die Zahlung von Schadensersatz ist – im Gegensatz zu § 807 ZPO – gerade **nicht Voraussetzung** (vgl. Rn. 4).

a) Verletzter (**Aktivlegitimation**) und Verletzer (**Passivlegitimation**): Aktivlegi- **7** timiert ist der Verletzte. Zum Begriff „**Verletzter**" vgl. § 97 Rn. 127 ff.

Der Materialien setzen voraus, dass dem Verletzten gegen den Verletzer ein **8** Schadensersatzanspruch zustehen muss (RegE UmsG Enforcement-RL – BT-Drucks. 16/5048, S. 41 zu § 140d PatG). „Verletzer" und passivlegitimiert gem. § 101b Abs. 1 kann damit nur ein Täter oder Teilnehmer (vgl. § 97 Rn. 145 ff.) oder ein Dritter sein, dem das Verhalten wie ein Täter oder Teilnehmer zugerechnet wird (vgl. § 97 Rn. 177 ff.). Gegen einen bloßen Störer bestehen lediglich Unterlassungs- und Beseitigungsansprüche (vgl. § 97 Rn. 154; vgl. aber auch § 97 Rn. 155). Aufgrund dieses gesetzgeberischen Willens erscheint es als ausgeschlossen, den Störer, der über Bank-, Finanz- oder Handelsunterlagen über den Täter oder Teilnehmer verfügt, auf Vorlage in Anspruch zu nehmen, obwohl der Wortlaut des § 101b Abs. 1 dies zuließe.

b) **In gewerblichem Ausmaß begangene Rechtsverletzung:** Rechtsverletzung **9** meint nur (widerrechtliche) Urheberrechtsverletzungen i.S.v. § 97 Abs. 1 S. 1, vgl. § 97 Rn. 8 ff., 14 ff., 20 ff.

Zum Begriff „in gewerblichem Ausmaß" siehe ErwG 14 Enforcement-RL und **10** im Übrigen die Kommentierung zu § 101 Abs. 2, vgl. § 101 Rn. 43 ff.

c) **In den Fällen des § 97 Abs. 2 UrhG:** Voraussetzung für § 101b ist, dass dem **11** Verletzten gegen den Verletzer ein Schadensersatzanspruch i.S.v. § 97 Abs. 2 zusteht (siehe RegE UmsG Enforcement-RL – BT-Drucks. 16/5048, S. 41 bzgl. § 140d PatG). Das können neben materiellen (§ 97 Abs. 2 S. 1 bis 3) auch immaterielle (§ 97 Abs. 2 S. 4) Schadensersatzansprüche sein.

d) **Bank-, Finanz- oder Handelsunterlagen:** Zunächst vgl. § 101a Rn. 22. Der **12** insoweit gleichlautende Tatbestand von § 101a Abs. 1 S. 2 muss aber nicht notwendig parallel ausgelegt werden. Denn nach Art. 9 Abs. 2 S. 1 Enforcement-RL dienen die Unterlagen – anders als bei § 101a – dazu, über das bewegliche (§§ 808, 828 ZPO) und unbewegliche Vermögen des Verletzers zu informieren, damit ggf. eine vorsorgliche Beschlagnahme oder Sperrung von Bankkonten stattfinden kann. „Bank-, Finanz- oder Handelsunterlagen" sind deshalb alle Unterlagen, die **für die Zwangsvollstreckung wegen des Schadensersatzanspruches relevante Informationen über das bewegliche und unbewegliche Vermögen** des Verletzers enthalten (RegE UmsG Enforcement-RL – BT-Drucks. 16/5048, S. 41 bzgl. § 140d PatG). Bankunterlagen sind nicht nur Kontoauszüge, sondern auch Depotauszüge, Kontoeröffnungsunterlagen, Wertpapierabrechnungen etc. „Finanzunterlagen" erfasst das gesamte Finanzwesen, also z.B. Buchhaltung, Inventarverzeichnisse, Vermögensverzeichnisse, Grundbuchauszüge, Bilanz, Einnahmen- und Überschussrechnung, Steuererklärung. Handelsunterlagen sind sämtliche Unterlagen, die bei der lieferanten- oder abnehmerbezogenen unternehmerischen Tätigkeit anfallen; Handel meint insoweit nicht nur Waren, sondern auch Dienstleistungen. Erfasst werden also z.B. Vertragsunterlagen mit Abnehmern, Lieferunterlagen, Handelspapiere, Provisionsabrechnungen. Fraglich ist, ob bei natürlichen Personen auch **nicht unternehmerische Unterlagen** betroffen sind. Das können Unterlagen über Sachen zum persönlichen Gebrauch, Arbeitseinkommen oder Unterhalt sein. Da der Verletzer auch mit diesem (privaten) Vermögens haftet, dürften sie nach dem Sinn und Zweck einzubeziehen sein.

13 Der Anspruch bezieht sich nur auf **existierende Unterlagen**. Einen Anspruch auf Erstellung von Unterlagen – z.B. eines Vermögensverzeichnisses – gewährt § 101b nicht.

14 e) **Vorlage oder geeigneter Zugang zu den entsprechenden Unterlagen:** Dem Wortlaut der Norm nach **hat der Verletzte die Wahl**, die Vorlage der Unterlagen *„oder"* den geeigneten Zugang hierzu zu verlangen. Mit Blick auf die **Verhältnismäßigkeit** des Vorlagebegehrens kann aber auch nur ein geeigneter Zugang in den Geschäftsräumen des Verletzers gerechtfertigt sein. Das kann der Fall sein, wenn der Verletzer die Unterlagen für das operative Geschäft benötigt.

15 **Vorlage** bedeutet erst einmal Verschaffung der Verfügungsgewalt über das **Original** für den Verletzten oder einen von ihm bestimmten Vertreter. Die Vorlage von **Kopien** sollte – auch wegen Verhältnismäßigkeit gem. Abs. 2 – dann genügen, wenn der Verletzte kein berechtigtes Interesse am Original hat. Ein solches kann sich z.B. aus Beweisgründen ergeben (§ 420 ZPO).

16 „Geeigneter Zugang" bedeutet mit Blick auf **Sinn und Zweck des Zugangs** eine der Vorlage der entsprechenden Unterlagen gleichzusetzende Verschaffung der Möglichkeit der **sinnlichen Wahrnehmung** durch den Verletzten. Wie auch im Rahmen des Urkundeneinsichtsrechts gem. § 810 BGB anerkannt (siehe MüKo/*Hüffer*[4] § 810 Rn. 13), wird dem Verletzten die Möglichkeit zur Anfertigung von **Fotokopien und ähnlichen Vervielfältigungen** einzuräumen sein, wenn es – beispielsweise wegen des Umfangs der Unterlagen – unzumutbar ist, eigenhändige Abschriften zu fertigen.

17 f) **Verfügungsgewalt des Verletzers:** Verfügungsgewalt bedeutet nicht nur Eigentum, sondern – parallel zu § 810 BGB – auch unmittelbaren und mittelbaren Besitz. Der Anspruch besteht schon dann, wenn die Unterlagen einmal in der Verfügungsgewalt des Schuldners existierten; ob sie noch bestehen und er darüber noch verfügen kann, ist im Vollstreckungsverfahren zu klären (vgl. § 98 Rn. 11).

g) Zur Durchsetzung des Schadensersatzanspruchs erforderlich: Die Vorlage **18**
muss zur Durchsetzung des Schadensersatzanspruches **erforderlich** sein. Das
Merkmal der Erforderlichkeit verknüpft den Vorlageanspruch als Hilfs-
anspruch (*Spindler/Weber* ZUM 2007, 257, 266) mit dem Schadensersatzanspruch als Hauptanspruch (siehe schon *Kunz-Hallstein/Loschelder* GRUR
2003, 682, 683). Erforderlichkeit ist gegeben, wenn die Zwangsvollstreckung
ohne die Vorlage der Unterlagen nicht betrieben werden kann, weil der Verletzte keine ausreichende Kenntnis über das Vermögen des Verletzers hat (RegE
UmsG Enforcement-RL – BT-Drucks. 16/5048, S. 41 bzgl. § 140d PatG). Hat
der Verletzte also schon anderweitig hinreichende Kenntnis erlangt, kommt
eine Vorlage nicht in Betracht. Da in der Vollstreckung die genaue Beschreibung des zu pfändenden beweglichen Vermögens (§ 808 ZPO) erforderlich ist,
muss der Verletzte aber gegenständlich und räumlich bereits über genaue
Informationen verfügen (siehe Zöller/*Stöber*[26] § 807 ZPO Rn. 20 m.w.N.),
bei Forderungen (§ 828 ZPO) muss sich die Kenntnis des Verletzers auf alle
Details beziehen, die eine Feststellung der Identität für die Pfändung gem.
§ 829 ZPO erlaubt. Ferner fehlt die Erforderlichkeit, wenn der Verletzte zwar
aktuell keine Kenntnis hat, jedoch die von § 101b erfassten Informationen auf
wesentlich einfacherem Weg von anderer Seite erlangen kann.

Fraglich ist, ob die Erforderlichkeit immer schon dann fehlt, wenn der Ver- **19**
letzer dem Verletzten (freiwillig) **Auskunft über den Inhalt der Unterlagen**
gegeben hat, ohne sie zu übergeben. Das OLG Köln hat zu § 810 BGB die
Auffassung vertreten, eine Vorlage von Geschäftsunterlagen sei nicht mehr
erforderlich, wenn der Gläubiger schon durch Auskunft und Rechnungslegung
informiert werde (OLG Köln GRUR 1995, 676, 677 – *Vorlage von Geschäftsunterlagen*). Diese Entscheidung sollte nicht auf § 101b übertragbar sein, weil
ansonsten der Schuldner durch nicht weiter nachprüfbare Informationen den
Anspruch des § 101b leer laufen lassen könnte.

h) Erfüllung des Schadensersatzanspruchs ohne die Vorlage fraglich: Ohne die **20**
Vorlage muss ferner die Erfüllung des Schadensersatzanspruches fraglich sein.
Das hätte auch schon Teil der Erforderlichkeitsprüfung (vgl. Rn. 18) sein
können; daher wurde die Notwendigkeit für dieses Tatbestandmerkmal ange-
weifelt (*Kunz-Hallstein/Loschelder* GRUR 2003, 682, 684; *GRUR – Ausschüsse für Patent- und Gebrauchsmusterrecht, Geschmacksmusterrecht und
Urheberrecht* GRUR 2006, 393, 394). Die Erfüllung ist nicht gleich dann
fraglich, wenn der Verletzer mitteilt, er werde seinen Verpflichtungen aus
dem Schadensersatzanspruch des Verletzten nicht nachkommen. Denn **auch
ohne den Erfüllungswillen** können die Mittel der Zwangsvollstreckung eine
Befriedigung des Verletzten sicherstellen. Allerdings ist die Zwangsvollstreckung und damit die Erfüllung des Schadensersatzanspruches fraglich, wenn es
greifbare Anhaltspunkte dafür gibt, dass eine erfolgreiche **Zwangsvollstreckung unsicher** ist. Ein Beispiel wäre der Versuch des Verletzers, Unterlagen
beiseite zu schaffen, um seine Vermögensverhältnisse zu verschleiern. Die
Vorsätzlichkeit der Rechtsverletzung dürfte ebenfalls ein greifbarer Anhaltspunkt sein (offen gelassen von *Kunz-Hallstein/Loschelder* GRUR 2003, 682,
684); denn es liegt nahe, dass ein vorsätzlich Handelner Vorkehrungen getroffen hat, um Schadensersatzansprüche ins Leere laufen zu lassen. Auch bei
juristischen und natürlichen Personen ohne nach außen erkennbares Vermögen
dürfte im Regelfall von hinreichend greifbaren Anhaltspunkten für einen
unsicheren Erfolg der Zwangsvollstreckung auszugehen sein.

2.   Anspruchshindernis: Unverhältnismäßigkeit im Einzelfall (Abs. 2)

21 Zunächst vgl. § 101 Rn. 82 ff. Insb. muss die Qualität und Quantität der Verletzung mit dem Umfang des Vorlagebegehrens abgewogen werden. Eine Vorlage scheidet wegen Unverhältnismäßigkeit aus, wenn bei nur geringfügigen Verletzungen umfangreiche Vorlageansprüche geltend gemacht werden (siehe RegE UmsG Enforcement-RL – BT-Drucks. 16/5048, S. 42 bzgl. § 140d PatG). Zu berücksichtigen sind hier auch Geheimhaltungsinteressen des Verletzten, wenn sie nur durch Ausschluß des Vorlageanspruches gewahrt werden können (vgl. Rn. 27).

3.   Einstweiliger Rechtsschutz (Abs. 3 S. 1)

22 Gem. § 101b Abs. 3 kann der Vorlageanspruch im Wege des einstweiligen Rechtsschutzes durchgesetzt werden. Dem steht das **Verbot der Vorwegnahme** der Hauptsache (hier: Vorlage bzw. Auskunfterteilung) ausnahmsweise nicht *per se* entgegen. Denn Sinn und Zweck von § 101b ist gerade die **effektive** Möglichkeit des schnellen Zugriffs auf die Vermögenswerte des Verletzers. Ohne den einstweiligen Rechtsschutz würde der Vorlageanspruch aber in vielen Fällen ins Leere laufen, da während eines Rechtsstreits der Verletzer die entsprechenden Unterlagen dem Zugriff des Verletzten entziehen könnte (RegE UmsG Enforcement-RL – BT-Drucks. 16/5048, S. 42 bzgl. § 140d PatG).

23 Erste Voraussetzung ist, dass der **Schadensersatzanspruch offensichtlich besteht.** Dieses Tatbestandsmerkmal trägt dem Umstand Rechnung, dass der Zwang zur Vorlage einen sehr weitgehender Eingriff in die Rechte des Verletzers darstellt (RegE UmsG Enforcement-RL – BT-Drucks. 16/5048, S. 42 bzgl. § 140d PatG; *Seichter* WRP 2006, 391, 399). Der Gesetzgeber ist davon ausgegangen, dass die Schwelle der bloßen Glaubhaftmachung des Anspruchs im einstweiligen Rechtsschutzverfahren angesichts der Schwere des Eingriffs in die Rechte des Verletzers zu niedrig angesetzt wäre (RegE UmsG Enforcement-RL a.a.O.). Es soll erforderlich sein, dass **Zweifel am Vorliegen der tatsächlichen und rechtlichen Voraussetzungen des Schadensersatzanspruches** nicht bestehen. Die Anspruchsvoraussetzungen müssen so eindeutig vorliegen, dass ein ungerechtfertigter Eingriff in die Rechte des Verletzers ausgeschlossen scheint (RegE UmsG Enforcement-RL – BT-Drucks. 16/5048, S. 39 zur Offensichtlichkeit einer Rechtsverletzung; hierzu auch *Schwarz/Brauneck* ZUM 2006, 701, 707). Art. 9 Abs. 3 Enforcement-RL stellt jedoch nur auf das Vorliegen des Anspruchs mit „**ausreichender Sicherheit**" ab. Eine ausreichende Sicherheit würde lediglich eine überwiegende Wahrscheinlichkeit erfordern (*Spindler/Weber* ZUM 2007, 257, 266). Nach Ansicht des Gesetzgebers erlaubt Art. 9 allerdings nationale Vorschriften, die höhere Anforderungen stellen (RegE UmsG Enforcement-RL – BT-Drucks. 16/5048, S. 31 und 42). Da das zweifelhaft ist, sollte das Merkmal der Offensichtlichkeit **richtlinienkonform** relativ großzügig ausgelegt werden.

24 Offensichtlichkeit ist danach gegeben, wenn ein – nicht notwendigerweise rechtskräftiges – (Teil-, Zwischen- oder End-)**Urteil** über den Schadensersatzanspruch vorliegt oder der Verletzer den **Schadensersatzanspruch ausdrücklich anerkennt.** Jedoch erfordert die Offensichtlichkeit des Schadensersatzanspruches – anders als beim Arrest (§§ 916 Abs. 1, 917 Abs. 1 ZPO) – nicht zwingend das Vorliegen eines vorläufig vollstreckbaren Urteils (Kritik dazu bei *Peukert/Kur* GRUR Int. 2006, 292, 302). Das Gericht hat in diesen Fällen die tatsächlichen und rechtlichen Voraussetzungen des Anspruches zu prüfen und bei überwiegender Wahrscheinlichkeit die Vorlage zuzusprechen.

Zusätzlich müssen die **Voraussetzungen der** §§ 935, 940 ZPO vorliegen (vgl. **25** § 97 Rn. 199 ff.). Insb. muss der Antrag auf Erlass einer Einstweiligen Verfügung innerhalb der „**Dringlichkeitsfrist**" gestellt werden (dazu vgl. § 97 Rn. 203 ff.). Die Frist läuft aber erst, wenn der Verletzte Kenntnis aller Voraussetzungen des Vorlageanspruches nach § 101b erlangt hat. Z.B. muss er Kenntnis auch von der Fraglichkeit der Erfüllung des Schadensersatzanspruches haben.

Eine Einstweilige Verfügung kann gem. § 937 Abs. 2 ZPO auch **ohne münd- 26 liche Verhandlung** sowie **ohne Anhörung des Gegners** erlassen werden (allg. vgl. § 97 Rn. 207). Das ist sogar zwingend, wenn anderenfalls zu befürchten wäre, dass der Verletzer die Unterlagen beiseite schafft. Das dürfte – wie bei § 98, vgl. § 98 Rn. 38 – der Regelfall sein, weil § 101b nur greift, wenn die Durchsetzung des Schadensersatzanspruches fraglich ist. Dann hat der Verletzer aber regelmäßig ein hinreichendes Beseitigungsinteresse. Auch eine Anwendung des § 93 ZPO scheidet in diesen Fällen aus. Bei Erlass ohne Anhörung besteht aber eine besondere Prüfungspflicht für das Gericht im Hinblick auf Vertraulichkeitsschutz aus Abs. 3 S. 3 (vgl. Rn. 27 ff.).

4.   Geheimhaltungsschutz (Abs. 1 S. 2, Abs. 3 S. 2, 3)

§ 101b Abs. 1 S. 2 sowie Abs. 3 Sätze 2 und 3 regeln den **Schutz vertraulicher 27 Informationen** durch Maßnahmen des Gerichtes. Solche Schutzmaßnahmen sind zwar in Art. 9 Enforcement-RL nicht ausdrücklich vorgegeben, aber als Ausprägung des allgemein geltenden **Grundsatzes der Verhältnismäßigkeit** angezeigt und mit den Vorgaben der Richtlinie vereinbar (RegE UmsG Enforcement-RL – BT-Drucks. 16/5048, S. 41 bzgl. § 140d PatG; zustimmend auch *Spindler/Weber* ZUM 2007, 257, 266). Wie Abs. 3 S. 2 ausdrücklich anordnet, ist gerade bei Gewährung von Vorlageansprüchen im Einstweiligen Verfügungsverfahren ohne vorherige Anhörung des Gegners eine Prüfung angezeigt, ob Geheimhaltungsinteressen des Verletzers zu berücksichtigen sind.

Dem Interesse des Verletzers am Schutz geheimhaltungsbedürftiger Informa- **28** tionen kann durch **Schwärzungen** oder durch die Vorlage bei **neutralen Dritten** („Wirtschaftsprüfervorbehalt") Rechnung getragen werden (Piper/*Ohly*[4] § 17 UWG Rn. 58). Allerdings ist bei der Anwendung der Vorschrift zu berücksichtigen, dass ihr Zweck, dem Verletzten Kenntnis von Vermögenswerten des Verletzers zu verschaffen, nicht vereitelt werden darf. Daher kann der Schutz der vertraulichen Informationen nicht rechtfertigen, dem Verletzten die Kenntnisnahme **überhaupt nicht** zu gewähren (RegE UmsG Enforcement-RL – BT-Drucks. 16/5048, S. 41 bzgl. § 140d PatG). Ein genereller Ausschluss der Vorlage kann sich allenfalls aus einer Unverhältnismäßigkeit gem. Abs. 2 ergeben, wenn das Geheimhaltungsinteresse groß, Qualität und Quantität der Verletzung aber gering sind (vgl. Rn. 21).

Im Übrigen vgl. § 101a Rn. 23 ff.   **29**

5. Entsprechende Geltung von § 811 BGB und § 101 Abs. 8 UrhG (Abs. 4)

Siehe hierzu bereits die Kommentierung zu § 101a Abs. 4 (vgl. § 101a Rn. 33). **30**

III. Prozessuales

31 Zur Durchsetzung im **Einstweiligen Verfügungsverfahren** vgl. Rn. 22 ff.

32 Der **Antrag** muss hinreichend bestimmt sein (§ 253 Abs. 2 Nr. 2 ZPO). Wegen § 883 ZPO (vgl. Rn. 35) muss er bestimmte Mindestvoraussetzungen erfüllen. Der Antrag hat die Unterlagen, die vorgelegt werden müssen oder zu denen Zugang zu gewähren ist, im Einzelnen zu bezeichnen, damit der Gerichtsvollzieher als zuständiges Vollstreckungsorgan nach § 883 ZPO (vgl. Rn. 35) die Unterlagen allein aufgrund des Titels ohne Mithilfe des Schuldners identifizieren kann (AG Offenburg NJW-RR 1989, 445; ferner Zöller/*Stöber*[26] § 883 Rn. 5). § 101b liefe aber weitgehend leer, würde man fordern, dass der Gläubiger jede Unterlage im Detail beschreiben können muss, weil er dann im Zweifel ihren Inhalt kennt und den Schutz des § 101b nicht benötigt. Deshalb muss es bei richtlinienkonformer Auslegung (wirksame Durchsetzung, vgl. § 97 Rn. 5) genügen, wenn der Gläubiger Unterlagen gem. § 101b nur allgemein bezeichnet. Beispielsweise genügend: „Grundbuchauszüge" ohne nähere Bezeichnung der Lage; „Inventaraufstellung" ohne weitere Details, „Depotauszüge der letzten 12 Monate" ohne Bezeichnung des Kreditinstitutes etc. Nur dadurch wird möglich, § 101b auch auf Unterlagen zu erstrecken, die der Gläubiger nicht kennt, die aber in aller Regel beim Schuldner vorhanden sein müssten. Ohnehin bleibt für den Gläubiger das Risiko, dass die Unterlagen niemals existierten und ihm deshalb der Anspruch wegen fehlender Begründetheit versagt wird.

33 Da der Anspruch der Durchsetzung des Schadensersatzanspruches dient, sollte der **Streitwert** ein Bruchteil seines Wertes sein (dazu vgl. § 97 Rn. 223), und zwar wie beim Auskunftsanspruch $\frac{1}{4}$ bis 1/10 (vgl. § 101 Rn. 90).

34 Die **Darlegungs- und Beweislast** trifft grundsätzlich den Verletzten als Anspruchsteller. Der Verletzer muss nach dem Wortlaut des Abs. 1 S. 2 allerdings darlegen und beweisen, dass es sich um vertrauliche Informationen handelt und Schutzmaßnahmen gerechtfertigt sind; Ausnahmen gelten im Einstweiligen Verfügungsverfahren, für das der Wortlaut in Abs. 3 S. 2 keine Umkehr anordnet. Über dies kann sich aus den Grundsätzen der sekundären Darlegungslast (Zöller/*Greger*[26] vor § 285 Rn. 34 m.w.N.) für beide Parteien eine Abweichung vom Grundsatz ergeben. Nicht darlegen und beweisen muss der Gläubiger die fortbestehende Existenz der Unterlagen und die andauernde Verfügungsgewalt darüber (vgl. Rn. 17). – Der Verletzte muss im Rahmen des **einstweiligen Rechtsschutzes** neben der Offensichtlichkeit des Schadensersatzanspruches auch die übrigen **Voraussetzungen**, namentlich die Gefährdung der Erfüllung seiner Ansprüche, **darlegen** und **glaubhaft machen** (*Berlit* WRP 2007, 732 ff.).

35 **Vollstreckung:** Die **Vorlage** wird nach den allgemeinen Regeln der ZPO vollstreckt, also nach § 883 ZPO, die die einschlägigen Regelungen für die Herausgabe enthalten. § 894 ZPO findet keine Anwendung. Vorlageurteile können gem. §§ 704 ff. ZPO für vorläufig vollstreckbar erklärt werden; eine Vollstreckung vor Rechtskraft ist denkbar (vgl. § 98 Rn. 37). Die **Gewährung des Zugangs** wird ebenfalls nach § 883 ZPO vollstreckt (für die Vorlage von Urkunden auch Zöller/*Stöber*[26] § 883 Rn. 2 m.w.N.; für §§ 809, 810 BGB: Palandt/*Sprau*[67] § 809 Rn. 13 m.w.N.; a.A. Müko/*Hüffer*[4] § 809 Rn. 17: § 888 ZPO); vgl. § 101a Rn. 31.

IV. Verhältnis zu anderen Vorschriften

Wie durch das Wort „auch" klargestellt ist, kann der Vorlageanspruch aus **36** § 101b Abs. 1 neben **anderen Auskunfts- und Vorlageansprüchen** geltend gemacht werden. Diese können sich etwa aus den §§ 809, 810 BGB und schließlich aus § 807 ZPO ergeben.

§ 101b UrhG ist bis auf einzelne Verweise wortidentisch mit § 140d PatG, **37** § 46b GeschmMG, § 24d GebrMG, § 37d SortenG und § 19b MarkenG. Jede dieser Vorschriften ist **im jeweiligen sachlichen Anwendungsbereich** *lex specialis*.

Obwohl § 101b ein materiell-rechtlicher Anspruch ist, stellt die Vorschrift **38** nach Ansicht des Gesetzgebers eine Ergänzung des vollstreckungsrechtlichen Arrests i.S.v. § 917 ZPO dar (RegE UmsG Enforcement-RL – BT-Drucks. 16/5048, S. 42 bzgl. § 140d PatG). Ein **Arrest** bleibt deshalb neben § 101b möglich. Die Vollziehung des Arrests setzt voraus, dass der Gläubiger Kenntnis von den Vermögenswerten des Schuldners hat. § 101b erleichtert die Erlangung dieser Kenntnis. Dadurch hat der (Urheberrechts-)Verletzte allerdings weitergehende Rechte als andere Gläubiger, die Schadensersatzansprüche außerhalb des Anwendungsbereiches der Enforcement-RL geltend machen (Kritik zu dieser **Privilegierung** bei *Seichter* WRP 2006, 391, 399). Der Gesetzgeber hat die darin liegende Abweichung vom bestehenden System der Zwangsvollstreckung erkannt und in der Gesetzesbegründung ausdrücklich klargestellt, dass die **Regelung nicht auf Ansprüche außerhalb des gewerblichen Rechtsschutzes oder des Urheberrechts übertragen** werden soll (RegE UmsG Enforcement-RL – BT-Drucks. 16/5048, a.a.O.).

§ 102 Verjährung

[1]Auf die Verjährung der Ansprüche wegen Verletzung des Urheberrechts oder eines anderen nach diesem Gesetz geschützten Rechts finden die Vorschriften des Abschnitts 5 des Buches 1 des Bürgerlichen Gesetzbuchs entsprechende Anwendung. [2]Hat der Verpflichtete durch die Verletzung auf Kosten des Berechtigten etwas erlangt, findet § 852 des Bürgerlichen Gesetzbuchs entsprechende Anwendung.

Übersicht

I. Allgemeines

§ 102 wurde mit der Schuldrechtsreform zum 01.01.2002 vollständig neu **1** gefasst. Das UrhG folgt jetzt der regelmäßigen Verjährungsfrist des BGB von 3 Jahren zum Kalenderjahresende und den übrigen Regelungen in den §§ 194 ff. BGB n.F. (S. 1). Für ungerechtfertigte Bereicherungen auf Grund der Urheberrechtsverletzung (vgl. § 102a Rn. 4 ff.) gilt mit § 852 BGB eben-

falls die allgemeine Regelung (S. 2). § 102 erstreckt sich nur auf urheberrechtliche Delikte nach den §§ 97 ff.; ansonsten kommen die §§ 194 ff. BGB direkt
zur Anwendung (vgl. Rn. 4 ff.).

II. Früheres Recht

2 Bis zum 31.12.2001 lautete § 102 a.F. wie folgt:

> Die Ansprüche wegen Verletzung des Urheberrechts oder eines anderen nach die-
> sem Gesetz geschützten Rechts verjähren in drei Jahren von dem Zeitpunkt an, in
> dem der Berechtigte von der Verletzung und der Person des Verpflichteten Kenntnis
> erlangt, ohne Rücksicht auf diese Kenntnis in dreißig Jahren von der Verletzung an.
> § 852 Abs. 2 des Bürgerlichen Gesetzbuchs ist entsprechend anzuwenden. Hat der
> Verpflichtete durch die Verletzung auf Kosten des Berechtigten etwas erlangt, so ist
> er auch nach Vollendung der Verjährung zur Herausgabe nach den Vorschriften über
> die Herausgabe einer ungerechtfertigten Bereicherung verpflichtet.

Diese Regelung passte sich den Verjährungsvorschriften des allgemeinen Deliktsrechts an (§ 852 BGB a.F.). Für den Ablauf der 30jährigen Frist von S. 1
letzter Hs. war die *letzte* Rechtsverletzung maßgeblich. Der Anspruch auf
Herausgabe des durch die Verletzung Erlangten richtete sich, wenn die Dreijahresfrist abgelaufen war, nur noch (Satz 3) nach den §§ 812 ff. BGB, unterlag
also wie ein Bereicherungsanspruch der dreißigjährigen Verjährung nach altem
Recht (BGH GRUR 1971, 522 – *Gasparone II*). Für alle Ansprüche aus dem
UrhG, die nicht auf einer Verletzungshandlung beruhen, galten – genauso wie
nach heutigem Recht, vgl. Rn. 5 f. – die normalen Verjährungsfristen der
§§ 195 ff. BGB a.F. Der Anspruch des Autors auf Abrechnung und Zahlung
aus den Verkäufen seines Buches verjährte als „wiederkehrende Leistung" im
Sinne des § 197 BGB a.F. nach 4 Jahren, gerechnet vom Ende des Jahres an, in
dem er entstand (§ 201 BGB a.F.). Der mit einem festen Vertrag an ein Haus
gebundene Urheber musste sogar mit einer Zweijahresfrist rechnen (siehe
OLG Köln GRUR 1985, 80, 81 – *Designer*). Zu beachten waren ferner die
besonderen Verjährungsvorschriften der §§ **26 Abs. 7 a.F. und 36 Abs. 2 a.F.**
(siehe dazu Vorauflage/*Hertin*[9] § 36 Rn. 9; zu § 36 a.F. ferner OLG Köln
GRUR-RR 2004, 161, 162 – *Bestseller*; LG Berlin ZUM-RD 2008, 72, 75).
Die **Übergangsvorschrift des § 137i** regelt für Altfälle die Verjährung (vgl.
§ 137i Rn. 1).

III. EU-Recht und internationales Recht

3 Die urheberrechtlichen Richtlinien des EU-Rechts (vgl. Einl Rn. 37 ff.) sagen
nichts zu einer Verjährung. Das Gleiche gilt für internationale Urheberrechtsabkommen (dazu allg. vgl. Vor §§ 120 ff. Rn. 4 ff.). Auch international-pri-
vatrechtlich gilt nichts Besonderes: § 102 ist anwendbar, wenn auf den Sachverhalt deutsches Urheberdeliktsrecht angewendet wird; denn § 102 ist eine
Verjährungsbestimmung zum Urheberdeliktsrecht (vgl. Rn. 4 ff.).

IV. Regelverjährung 3 Jahre (S. 1)

4 § 102 S. 1 gilt nach dem Wortlaut nur für Ansprüche wegen Verletzung des
Urheberrechts oder eines anderen nach diesem Gesetz geschützten Rechts
(dazu eingehend vgl. § 97 Rn. 8 ff.), also **nur für das Urheberdeliktsrecht.**
§ 102 S. 1 erstreckt sich damit auf alle Ansprüche nach § 97, mithin auf
Unterlassungs-, Beseitigungs- und Schadensersatzansprüche (Dreier/Schulze/
Dreier[2] Rn. 4). § 102 S. 1 erfasst ferner **Ansprüche nach den §§ 98, 101, 101a,**

101b, 103. Sofern neben den in § 101 geregelten selbständigen **Auskunfts-ansprüchen** (Drittauskunft) und unselbständigen Auskunftsansprüchen (zur Vorbereitung von Ansprüchen, z.B. auf Schadensersatz, gegen den Auskunfts-verpflichteten) noch gewohnheitsrechtliche Auskunfts- und Rechnungs-legungsansprüche aus den §§ 242, 259, 260 BGB bestehen (vgl. § 101 Rn. 10), verjähren diese nach der allgemeinen Regel des § 195 BGB und nicht nach den Voraussetzungen, nach denen der Hauptanspruch verjährt (str., BGH GRUR 1988, 533, 536: allgemeine Verjährung, die seinerzeit aber noch 30 Jahre betrug; a.A. Dreier/Schulze/*Dreier*[2] Rn. 4; *Teplitzky*[9] Kap. 38 Rn. 37; offen OLG Köln GRUR-RR 2004, 161, 162 – *Bestseller* m.w.N. zum Streitstand). Da der Auskunftsanspruch jetzt weitgehend in § 101 geregelt ist, droht an-sonsten eine unterschiedliche Verjährungsregel für Auskunftsansprüche, je nach dem ob sie in § 101 ausdrücklich normiert sind. Die Verjährung des Entschädigungsanspruches nach § 100 richtet sich ebenfalls nach § 102, be-ginnt allerdings frühestens mit der Berufung des Verletzers darauf.

§ 102 erfasst **nicht urhebervertragsrechtliche Ansprüche** (z.B. Zahlungs- **5** ansprüche, Vertragstrafenansprüche, Vertragsanpassungsansprüche nach den §§ 32, 32a, 32c), nicht Kontrahierungsansprüche aus den §§ 5 Abs. 3, 42a, 87 Abs. 5, nicht Ansprüche auf gesetzliche Vergütung (§ 63a), nicht Bereiche-rungsansprüche nach den §§ 812 ff. BGB (siehe jedoch S. 2; vgl. § 102a Rn. 4 ff.) und nicht Ansprüche aus GoA gem. §§ 687 Abs. 2, 681, 667 BGB (vgl. § 102a Rn. 10). Für solche nicht von § 102 erfassten Ansprüche gelten die §§ 194 ff. BGB direkt.

Das **Urheberrecht** (§ 11) und die an ihm hängenden **Persönlichkeits-** (§§ 12 bis **6** 14, 63), **Verwertungs-** (§§ 15 bis 22, 69c) und **Zustimmungsrechte** (§§ 8 Abs. 2, 9, 23, 34 Abs. 1, 35 Abs. 1, 39, 46 Abs. 5, 62 Abs. 4) bzw. **Zustim-mungspflichten** (§§ 8 Abs. 2, S. 2, 9, 25, 34 Abs. 1 S. 2, 35 Abs. 2) können nicht verjähren, allenfalls kann die Schutzfrist auslaufen (§§ 64 ff.). Entspre-chendes ist für die **Leistungsschutzrechte** der §§ 70, 71, 72, 74 ff., 81, 85 f., 87, 87a ff., 94, 95 anzunehmen. Auch **Nutzungsrechte** und andere Rechte (§ 29 Abs. 2), die der Urheber bzw. der Leistungsschutzberechtigte vergeben hat, können nicht verjähren; sie enden nach Vereinbarung, ansonsten mit Ablauf der Schutzfrist.

Die Regeln der §§ 194 ff. BGB sind über § 102 S. 1 UrhG vollständig anzu- **7** wenden, so dass zunächst auf die einschlägigen BGB-Kommentierungen hierzu verwiesen wird. Es gilt die regelmäßige **Verjährungsfrist von 3 Jahren** (§ 195 BGB), so weit nicht die 30jährige Verjährung nach § 197 BGB eingreift; eine Anwendung der 10-Jahresfrist des § 196 ist im Urheberrecht nicht denkbar. Der **Verjährungsbeginn** richtet sich nach den §§ 199 ff. BGB. Bei **Unterlas-sungsansprüchen** ist zu beachten, dass die Verjährung jeweils mit der letzten Verletzungshandlung neu beginnt; bei sog. Dauerhandlungen beginnt die Ver-jährung also erst, wenn sie vom Verletzer eingestellt wird (BGH GRUR 2003, 448, 449 – *Gemeinnützige Wohnungsbaugesellschaft*; BGH GRUR 1974, 99, 100 – *Brünova*; allgemein zur Verjährung fortgesetzter Handlungen *Foth* FS Nirk S. 293). Zu **Hemmung, Ablaufhemmung und Neubeginn** der Verjährung siehe die §§ 203 ff. BGB. Für **Schadensersatzansprüche** ist bei Hemmung durch Rechtsverfolgung (§ 204 BGB) zu beachten, dass durch einen Schadensersatz-feststellungsantrag eine Hemmung der Verjährung für alle **drei Berechnungs-alternativen** eintritt. Da mit dem BGH sich der Gläubiger noch nicht einmal bei beziffertem Klageantrag auf den Streitgegenstand einer Berechnungsform festlegt (BGH GRUR 2008, 93 Tz. 9 ff. – *Zerkleinerungsvorrichtung*), wird die

Verjährung auch bei beziffertem Klageantrag für alle Berechnungsformen gehemmt, selbst wenn sich die Klageforderung später noch bei Wechsel der Berechnungsart erhöht (vgl. § 97 Rn. 69). Bei **Klage in gewillkürter Prozessstandschaft** tritt die Hemmung erst ein, wenn diese offengelegt wird, ohne dass eine Rückwirkung möglich ist (OLG München GRUR-RR 2008, 139, 140 – *Zahlungsklage durch Nichtgläubiger*).

8 **Prozessuales:** Ein verjährter Anspruch ist nicht etwa erloschen. Die Verjährung begründet vielmehr nur eine **Einrede im Prozess**, die zu erheben grundsätzlich im Belieben des Verpflichteten steht (§ 214 Abs. 1 BGB).

V. Verjährung der ungerechtfertigten Bereicherung (S. 2)

9 § 852 BGB findet entsprechende Anwendung, wenn der Verletzer durch die Verletzung etwas auf Kosten des Berechtigten erlangt hat. Es handelt sich um eine Rechtsfolgenverweisung (Dreier/Schulze/*Dreier*[2] Rn. 7; HK-UrhR/*Meckel* Rn. 3), die als Ausnahme zu § 102 S. 1 zu begreifen ist: Der Gläubiger kann auch noch nach Ablauf der Verjährungsfrist innerhalb der Fristen des § 852 BGB Ansprüche aus ungerechtfertigter Bereicherung nach den §§ 812 ff. BGB stellen. Das gibt Ansprüchen aus den §§ 812 ff. BGB, insb. auf Herausgabe einer angemessenen Lizenzgebühr, eine eigenständige Bedeutung gegenüber Schadensersatzansprüchen auf angemessene Lizenzgebühr nach § 97 Abs. 2 S. 3 (genauso *Schack*[4] Rn. 713), die insb. bei positiver Kenntnis des Anspruchsberechtigten schon nach 3 Jahren verjähren (dazu vgl. § 102a Rn. 4 ff.). Im Übrigen sei auf die Kommentierungen zu § 852 BGB verwiesen.

VI. Vereinbarungen über Verjährung

10 Der Gläubiger kann auf die Einrede nach vollendeter Verjährung (allg. M., siehe schon RGZ 78, 130, 131) verzichten. Nach neuem Recht gilt das auch vor Ablauf der Verjährungsfrist (§ 202 BGB n.F.; siehe aber § 225 BGB a.F.), was auch häufig (zumindest vorübergehend) zur Vermeidung von verjährungshemmenden Rechtsverfolgungsmaßnahmen geschieht. So kann es beispielsweise sinnvoll sein, die Frage der Urheberrechtsverletzung zunächst im Einstweiligen Verfügungsverfahren auszustreiten; die Hemmung nach § 204 Nr. 9 BGB bezieht sich aber nur auf den dort streitgegenständlichen Unterlassungsanspruch, nicht aber z.B. auf Schadensersatzansprüche, für die ein vorübergehender Verjährungsverzicht vereinbart werden kann. Für vorherige Vereinbarungen über die Verjährung gelten ansonsten die Einschränkungen des § 202 BGB: keine Erleichterung der Verjährung im Voraus durch Rechtsgeschäft bei Haftung wegen Vorsatzes; keine Ausdehnung der Verjährung durch Rechtsgeschäft über 30 Jahre hinaus.

VII. Verwirkung

11 Alle Ansprüche aus den §§ 97 ff. können dann nicht mehr geltend gemacht werden, wenn sie verwirkt sind (zur Verwirkung vertraglicher Ansprüche vgl. Vor §§ 31 ff. Rn. 191). Im Gegensatz zur Verjährung, die den Fortbestand des Anspruchs nicht berührt, lässt die Verwirkung den Anspruch erlöschen und begründet damit eine anspruchsvernichtende Einwendung des Verletzers. Es handelt sich um einen Sonderfall der unzulässigen Rechtsausübung (§ 226 in Verbindung mit § 242 BGB), der für alle aus der Verletzung absoluter Rechte herrührenden **Ansprüche** in Betracht kommt (BGH GRUR 1958, 354, 358 –

Sherlock Holmes mit Nachweisen; BGH GRUR 1959, 335, 336 – *Wenn wir alle Engel wären*), aber nicht für das ihnen zugrunde liegende Nutzungsrecht oder gar für das Urheberrecht selbst (BGH GRUR 1977, 42, 46 – *Schmalfilmrechte*; *Ulmer*[3] S. 546; *Schack*[4] Rn. 687). Dabei ist die Wertigkeit des Urheberrechts hoch anzusetzen, so dass Verwirkung von Ansprüchen nach den §§ 97 ff. **nur ausnahmsweise** in besonders gelagerten Fällen in Betracht kommt (BGH GRUR 1981, 652, 653 – *Stühle und Tische*).

Der Anspruch ist verwirkt, wenn seine verspätete Geltendmachung als Verstoß **12** gegen Treu und Glauben (§ 242 BGB) innerhalb des durch die Verletzung entstandenen gesetzlichen Schuldverhältnisses anzusehen ist. Das ist dann der Fall, wenn der Verletzer nach dem Verhalten des Verletzten mit der Geltendmachung der Ansprüche nicht mehr zu rechnen brauchte und sich daher darauf einrichten durfte (BGH GRUR 1981, 652, 653 – *Stühle und Tische*). **Verwirkung** ist daher letztlich **Rechtsverzicht durch konkludentes Handeln** (zum Verzicht vgl. § 29 Rn. 11 ff.). Wie üblich ist dafür das **Umstandsmoment (Vertrauenstatbestand)** und das **Zeitmoment** zu untersuchen. Der Verwirkungseinwand kommt mangels hinreichenden Vertrauenstatbestandes bei einmaligen Rechtsverletzungen nur selten in Betracht, weil hier ohnehin nach verhältnismäßig kurzer Zeit Verjährung eintritt. Bei Rechtsverletzungen, die durch *fortlaufende*, ihrer Art nach gleichbleibende Handlungen begangen werden, tritt eine Verwirkung dagegen dann ein, wenn der Verletzer sich einen wertvollen Besitzstand geschaffen hat, angesichts dessen „die Rechtsverletzung dem Rechtsinhaber so offenbar wird, dass sein Schweigen vom Verletzer als Billigung gedeutet werden kann oder jedenfalls als sicherer Hinweis, der Rechtsinhaber werde von der Verfolgung seiner Rechte absehen" (BGH GRUR 1981, 652, 683 – *Stühle und Tische*). Anlass für diese Rechtsprechung war die zutreffende Überlegung, dass derjenige, welcher sich einem bestimmten Rechtsverletzer gegenüber längere Zeit untätig verhält, obwohl er den Verletzungstatbestand kannte oder kennen musste, sich mit seinem eigenen früheren Verhalten in unerträglichen Widerspruch setzt, wenn er später aus dessen Rechtsverletzungen Ansprüche herleiten will (BGH GRUR 1958, 354, 358 – *Sherlock Holmes;* siehe OLG München Schulze OLGZ 5: Geltendmachung von Ansprüchen gegen ein angebliches Plagiat, das in 20 Jahren unbeanstandet über 3000 mal aufgeführt worden war). Der Vertrauenstatbestand fehlt, wenn der Schuldner davon ausgeht, der Gläubiger habe vom Anspruch keine Kenntnis (BGH GRUR 2000, 144, 145 – *Comicübersetzungen II*, zu vertraglichen Ansprüchen). Kenntnis des Gläubigers ist aber im Übrigen nicht zwingend, sofern er bei objektiver Beurteilung Kenntnis hätte haben können (BGHZ 25, 47, 53; anders BAG NJW 1978, 723, 724 f., sowie Dreier/Schulze/*Schulze*[2] Vor §§ 31 ff. Rn. 113; offen BGH GRUR 2000, 144, 145 – *Comicübersetzungen II*; siehe die Nachw. bei Palandt/*Heinrichs*[67] § 242 Rn. 94); das schließt Verwirkung im Regelfall dann aus, wenn der Berechtigte als juristischer Laie und wegen Komplexität (Nutzungsrechte für das Internet) nach objektiver Beurteilung keine sichere Kenntnis vom Bestehen des Rechts hatte (KG GRUR 2002, 257 – *Mantellieferung*). Das Zeitmoment fehlt, wenn der Kläger, der zu DDR-Zeiten dazu keine Möglichkeit hatte, erst ein knappes Jahr nach der Wiedervereinigung seine Ansprüche geltend gemacht hat; dennoch unzutreffend Verwirkung annehmend KG ZUM-RD 1997, 168, 173. Deshalb hat das KG zutreffend in einem anderen Fall eine Verwirkung bei einem Jahr Kenntnis abgelehnt (KG GRUR 2002, 257 – *Mantellieferung*). Grundsätzlich können nur deliktische Ansprüche für die Vergangenheit verwirkt werden. **In die Zukunft gerichtete Unterlassungs- und Beseitigungsansprüche** leben wieder auf, wenn der Rechtsinhaber erneut abmahnt; dann kann er aber nur Ansprüche für die Zeit nach der Abmahnung geltend machen (BGH GRUR 1981, 652, 653 – *Stühle und Tische* mwN; Schricker/*Wild*³ § 97 Rn. 96 mwN.). Auf die Untätigkeit des Verletzten gegenüber *dritten* Rechtsverletzern kann sich der Verletzer grundsätzlich nicht berufen (OLG Köln GRUR 1990, 356, 357 – *Freischwinger*).

§ 102a Ansprüche aus anderen gesetzlichen Vorschriften

Ansprüche aus anderen gesetzlichen Vorschriften bleiben unberührt.

Übersicht

I. Allgemeines

1 Die Regelung des heutigen § 102a war bis zum 01.09.2008 in § 97 Abs. 3 zu finden. Geändert hat sich dadurch nichts (RegE UmsG Enforcement-RL – BT-Drucks 16/5048, S. 48, 49). § 102a will sicherstellen, dass die davor aufgelisteten Ansprüche der §§ 97 bis 101b nicht abschließend verstanden werden.

II. Ansprüche gegen den Unternehmensinhaber neben § 99

2 Durch § 102a wird klargestellt, dass Ansprüche gegen den Unternehmensinhaber neben § 99 aus anderen Anspruchsgrundlagen denkbar sind (vgl. § 99 Rn. 11).

III. Ansprüche aus Gewerbliche Schutzrechten und UWG

3 Mit § 102a ist zunächst klargestellt, dass Ansprüche aus gewerblichen Schutzrechten und dem UWG unberührt bleiben und nicht von den §§ 97 ff. verdrängt werden. Das ist allerdings schon deshalb zwingend, weil gewerbliche Schutzrechte und das UWG einen anderen Regelungsgegenstand als das UrhG haben; sie betreffen deshalb auch einen anderen Streitgegenstand.

IV. Ansprüche aus Bereicherungsrecht

4 Als Ansprüche aus anderen gesetzlichen Vorschriften kommen insb. Bereicherungsansprüche (§§ 812 ff. BGB) in Betracht. Sie sind auf Zahlung gerichtet, ohne ein Verschulden des Verletzers vorauszusetzen. Kann der Verletzte also nicht beweisen, dass der in Anspruch Genommene vorsätzlich oder fahrlässig gehandelt hat, oder steht dessen Schuldlosigkeit sogar fest, so kommt zumindest ein Vorgehen aus den §§ 812 ff. BGB in Betracht. Die eigenständige Bedeutung von Bereicherungsansprüchen ist insoweit aber gering, weil der

Verschuldensmaßstab sehr streng ist (vgl. § 97 Rn. 63 ff.). Ein Anspruch aus den §§ 812 ff. BGB kann auch deshalb Charme haben, weil keine spezielle Zurechnung auf das Unternehmen bei Handeln von Angestellten oder Beauftragten wie beim Schadensersatzanspruch erforderlich ist (dazu vgl. § 97 Rn. 177 ff.). Bei § 812 BGB haftet der Unternehmer, weil er beim ordnungsgemäßen Lizenzerwerb diese Gebühr seinerseits hätte aufwenden müssen; etwas anderes gilt allerdings bei privaten Rechtsverletzungen des Mitarbeiters z.B. auf Unternehmenscomputern (siehe LG München I ZUM 2008, 157, 159). Von eigenständiger Bedeutung können bereicherungsrechtliche Ansprüche schließlich auch aus Gründen des Verjährungsrechts sein. Zwar verjähren bereicherungsrechtliche Ansprüche gem. §§ 812 ff. BGB seit der Schuldrechtsreform genauso wie deliktische Ansprüche gem. §§ 97 ff. UrhG in der 3-jährigen Regelverjährung des § 195 BGB. Jedoch eröffnet § 102 S. 2 UrhG i.V.m. § 852 BGB bereicherungsrechtliche Ansprüche trotz Kenntnis bis 10 Jahre, während deliktische Ansprüche wegen § 199 Abs. 2 BGB bei Kenntnis in 3 Jahren verjähren.

Ansonsten gewährt Bereicherungsrecht keine weitergehenden Ansprüche als **5** § 97 Abs. 2. Der Nutzer eines Urheberrechts oder Leistungsschutzrechts, der in schuldloser Unkenntnis der Rechtslage das Recht ohne Zustimmung des Berechtigten benutzt hat, ist gem. § 812 Abs. 1 S. 1 2. Alt BGB („Eingriffskondiktion") auf dessen Kosten – weil auf dessen Seite eine entsprechende Erwerbsaussicht gestört wurde – um den Gebrauch des immateriellen Schutzgegenstandes (Urheberrecht und/oder Leistungsschutzrecht) bereichert (BGH GRUR 1982, 301, 303 – *Kunststoffhohlprofil II*; dem folgend *Schack*[4] Rn. 713) und nicht um die Ersparnis der Aufwendungen für eine Lizenz (so aber OLG Frankfurt GRUR 1998, 47, 49 – *La Bohème*; Voraufl/*Wilhelm Nordemann* § 97 Rn. 56; *von Gamm* § 97 Rn. 39; jeweils noch anders *Kraßer* GRUR Int. 1980, 268). Nach allen Auffassungen ist der Verletzer um die angemessene Lizenzgebühr bereichert (BGH GRUR 1982, 301, 303 – *Kunststoffhohlprofil II*; OLG Frankfurt GRUR 1998, 47, 49 – *La Bohème*; Voraufl./ *Wilhelm Nordemann* § 97 Rn. 56). Diese kann auch Zinsen umfassen (BGH GRUR 1982, 301, 304 – *Kunststoffhohlprofil II*). Da jedoch mit der hier vertretenen Auffassung nur für den Gebrauch des Immaterialgutes Wertersatz nach § 818 Abs. 2 BGB zu leisten ist, scheidet als Alternative zur angemessenen Lizenzgebühr die Herausgabe des Verletztergewinns aus (BGH GRUR 1982, 301, 303 – *Kunststoffhohlprofil II, Schack*[4] Rn. 714 gegen *Ulmer*[3] S. 560).

Die Bereicherung kann auch nicht nach § 818 Abs. 3 BGB weggefallen sein, da **6** es sich um einen rein rechnerischen Vermögenszuwachs handelt (BGHZ 56, 317, 319 – *Gaspatrone II*; OLG Hamburg ZUM-RD 1999, 69, 70; *Ulmer*[3] S. 560; *Schack*[4] Rn. 714). Ebenso wenig kann der Verletzer geltend machen, er sei nicht bereichert, weil er bei Kenntnis der Situation sich anderweit beholfen hätte; an der Sachlage, die er selbst geschaffen hat, muss er sich festhalten lassen (BGH GRUR 1992, 557, 558 – *Talkmaster-Foto;* BGHZ 20, 345, 355 – *Paul-Dahlke*).

Praktische Bedeutung hat der Bereicherungsanspruch für die Materialmiet- **7** gebühr bei musikalischen und dramatischen Werken. Der unberechtigt Aufführende verletzt zwar weder das Vervielfältigungs- noch das Verbreitungsrecht des Verlegers und macht sich deshalb jedenfalls insoweit keiner Urheberrechtsverletzung schuldig, so dass ein Schadensersatzanspruch ausscheidet (BGH GRUR 1972, 141 – *Konzertveranstalter;* s.a. BGH GRUR

1966, 570, 571 – *Eisrevue III* und BGH GRUR 1965, 323, 324 – *Cavalleria rusticana;* LG Hamburg UFITA 50 [1967], 280, 282 – *Apollon musagete; Deutsch* GRUR 1967, 233). Dort jedoch, wo das Aufführungsmaterial nicht anders als gegen Zahlung der Materialleihgebühr erhältlich ist (z.B. bei reversgebundenem Notenmaterial) und die Aufführung ohne Material nicht zu bewerkstelligen wäre, ist er auf Kosten des Verlegers um die ersparte Materialleihgebühr ungerechtfertigt bereichert. Aber zu kartellrechtlichen Fragen der Reversbindung vgl. Vor §§ 31 ff. Rn. 74, zu Materialmietverträgen vgl. Vor §§ 31 Rn. 352 ff.

8 Bei der Einräumung von Nutzungsrechten durch Nichtberechtigte kann sich auch ein Anspruch aus § 816 Abs. 1 BGB ergeben (siehe OLG Köln ZUM 1998, 505, 507 zur Rechtseinräumung eines Nichtberechtigten an einen Dritten, nachdem schon eine Rechteeinräumung an eine Verwertungsgesellschaft erfolgt war und kein wirksames Rückübertragungsverlangen erfolgte). Die für § 816 Abs. 1 BGB erforderliche Wirksamkeit der Verfügung wird durch die mit der Klage einhergehende Genehmigung hergestellt (BGH GRUR 1999, 152 – *Spielbankaffäre;* LG Köln ZUM 1998, 168).

9 Zur Vorbereitung des Bereicherungsanspruchs kann Auskunft und Rechnungslegung verlangt werden (BGH GRUR 1988, 604, 605 – *Kopierwerk;* ausführlich vgl. § 101 Rn. 10 ff.).

V. Sonstige Ansprüche aus dem BGB (GoA, allgemeines Deliktsrecht)

10 Anwendbar sind neben dem Bereicherungsrecht auch andere Ansprüche aufgrund gesetzlicher Schuldverhältnisse aus BGB, insb. die Vorschriften über die angemaßte Eigengeschäftsführung (§ 687 Abs. 2 BGB; der Gleichlauf zwischen den §§ 812 ff. BGB und der Lizenzanalogie findet seine Entsprechung bei § 687 Abs. 2 BGB und der Herausgabe des Verletzergewinns; vgl. § 97 Rn. 74 ff.) sowie die vorsätzliche sittenwidrige Schädigung anwendbar (§ 826 BGB), die allerdings nur Ersatz des konkreten Vermögenschadens beim Verletzer gewährt (vgl. § 97 Rn. 74 ff.). Gegenüber den Vorschriften des allgemeinen Deliktsrechtes (§§ 823, 1004 BGB) ist § 97 UrhG aber eine abschließende Spezialregelung. Genauso verdrängt § 97a Abmahnkostenerstattungsansprüche aus GoA gem. §§ 670, 677, 683 BGB (vgl. § 97a Rn. 41).

VI. Vertragliche Ansprüche

11 Vertragliche Ansprüche sind von § 97 nicht geregelt; auch nicht im Hinblick auf etwaige Unterlassungs- und Schadensersatzpflichten. Für sie gilt die dreifache Schadensersatzberechnung nicht (BGH GRUR 2002, 795, 797 – *Titelexklusivität*). Siehe dazu die Ausführungen zum Urhebervertragsrecht (vgl. Vor §§ 31 ff. Rn. 32 ff., 83 ff., 163 ff.).

VII. Öffentlichrechtliche Ansprüche

12 Zum Verhältnis von Urheberrecht und öffentlichrechtlichen Abwehr- und Folgenbeseitigungs- und Staatshaftungsansprüchen bei hoheitlicher Urheberrechtsverletzung siehe *Stelkens* GRUR 2004, 25; ferner vgl. § 97 Rn. 182.

§ 103 Bekanntmachung des Urteils

¹Ist eine Klage auf Grund dieses Gesetzes erhoben worden, so kann der obsiegenden Partei im Urteil die Befugnis zugesprochen werden, das Urteil auf Kosten der unterliegenden Partei öffentlich bekannt zu machen, wenn sie ein berechtigtes Interesse darlegt. ²Art und Umfang der Bekanntmachung werden im Urteil bestimmt. ³Die Befugnis erlischt, wenn von ihr nicht innerhalb von drei Monaten nach Eintritt der Rechtskraft des Urteils Gebrauch gemacht wird. ⁴Das Urteil darf erst nach Rechtskraft bekannt gemacht werden, wenn nicht das Gericht etwas anderes bestimmt.

Übersicht

I. Allgemeines

§ 103 ist ein **Beseitigungsanspruch**, um fortwirkenden Störungen entgegen- **1** zuwirken (BGH GRUR GRUR 2002, 799, 801 – *Stadtbahnfahrzeug*). Andere Beseitigungsansprüche wie Widerruf, private Urteilsveröffentlichung oder Veröffentlichung von Unterlassungserklärungen sind danach nicht ausgeschlossen (vgl. Rn. 13). Er wurde mit dem UrhG 1966 eingeführt. Eine entsprechende Regelung fehlte in LUG und KUG bis 1966. § 103 ist zum 01.09.2008 mit **Umsetzung der Enforcement-RL** (vgl. Rn. 3) etwas geändert worden. Die Frist des S. 3 wurde von 6 auf 3 Monate verkürzt. § 103 Abs. 3 a.F., der eine separate Regelung zu den Bekanntmachungskosten enthielt, ist vollständig entfallen, weil er keine praktische Bedeutung erlangt hatte (RegE Enforcement-RL – BT-Drucks. 16/5048, S. 50; vgl. Rn. 12). – Gem. § 129 Abs. 1 findet § 103 in seiner aktuellen Fassung ohne zeitliche Einschränkung auf sämtliche **Werke bzw. geschützte Leistungen** Anwendung, also auch auf solche, die **vor 1966** entstanden sind. – Zur Bekanntgabe der Verurteilung im strafrechtlichen Bereich vgl. § 111 Rn. 1 ff.

Die Bestimmung des § 103 ist nach dem RegE (RegE UrhG – BT-Drucks. **2** IV/270, S. 105) an die Veröffentlichungsbefugnis im UWG angelehnt (siehe § 12 **Abs. 3 UWG**, früher § 23 Abs. 4 UWG a.F., später § 23 Abs. 2 UWG a.F.), so dass zur Auslegung auch auf die Rechtsprechung und Literatur zum UWG zurückgegriffen werden kann. Seit Umsetzung der Enforcement-RL kennt der gewerbliche Rechtsschutz zahlreiche Schwesternormen, die ebenfalls eine Auslegungshilfe sein können (§ **140e PatG**, § **24e GebrMG**, § **19c MarkenG**, § **47 GeschMG**, § **37e SortenSchG**).

II. EU-Recht und Internationales Recht

EU-Recht sieht in **Art. 15 Enforcement-RL** (vgl. Einl. Rn. 45) eine Verpflich- **3** tung der Mitgliedstaaten vor, dass Gerichte auf Antrag des Verletzten und auf

Kosten des Verletzers geeignete Maßnahmen zur Verbreitung von Informationen über die betreffende Entscheidung einschließlich der Bekanntmachung und der vollständigen oder teilweisen Veröffentlichung anordnen können. Der RegE meint, die gesetzliche Regelung, die zusätzlich zum Wortlaut der Richtlinie ein berechtigtes Interesse des Veröffentlichenden verlange, sei richtlinienkonform (RegE Enforcement-RL – BT-Drucks. 16/5048, S. 42). Über dies ist in der Richtlinie nicht angelegt, dass auch der Verletzer im Fall seines Obsiegens eine Veröffentlichung beantragen kann. Nachdem die Umsetzungsfrist längst abgelaufen ist, kommt insoweit eine richtlinienkonforme Auslegung in Betracht (§ 98 Rn. 4). Zum **internationalen Privatrecht** gilt das zu § 97 Gesagte (vgl. § 97 Rn. 7).

III. Befugnis zur Urteilsveröffentlichung (S. 1)

4 Die Urteilsveröffentlichung kommt nach § 103 nur in Betracht, wenn Klage **auf Grund dieses Gesetzes** erhoben worden ist. Es muss also eine urheberrechtliche Streitigkeit vorliegen (eingehend vgl. § 104 Rn. 1 f.); § 103 erfasst damit nicht nur Streitigkeiten um Ansprüche nach den §§ 97 ff., sondern auch urhebervertragsrechtliche Streitigkeiten (HK-UrhR/*Meckel* Rn. 2; Möhring/Nicolini/*Lütje*[2] Rn. 7; z.B. Zahlungsansprüche, Vertragstrafenansprüche, Vertragsanpassungsansprüche nach den §§ 32, 32a), Ansprüche auf gesetzliche Vergütung nach Schrankenbestimmungen, Bereicherungsansprüche wegen Urheberrechtsverletzung nach den §§ 812 ff. BGB (vgl. § 102a Rn. 4 ff.) und Ansprüche aus GoA gem. §§ 687 Abs. 2, 681, 667 BGB (vgl. § 102a Rn. 10); auch die Feststellung einer bloßen Rechtsfrage (z.B. Inhaberschaft eines Nutzungsrechts; Urheberschaft an einem bestimmten Werk) unterfällt § 103.

5 Des Weiteren muss es sich nach dem Wortlaut („Klage") um ein ordentliches **Klageverfahren** handeln; ein Urteil im Einstweiligen Verfügungsverfahren fällt nicht unter § 103 (OLG Frankfurt NJW-RR 1996, 423) und auch nicht ein Urteil in einem Ordnungsmittelverfahren (§§ 888, 890 ZPO).

6 Nur ein **Urteil** darf bekannt gemacht werden. Das sind nicht nur Endurteile (§ 300 ZPO), sondern auch Teilurteile (§ 301 ZPO) sowie die anderen Urteilsformen der §§ 302 ff. ZPO, insb. Anerkenntnisurteile (§ 307 ZPO) und Verzichtsurteile (§ 306 ZPO). Beschlüsse jeglicher Form können nicht nach § 103 veröffentlicht werden; das gilt insb. für Beschlüsse der Berufungsgerichte nach § 522 Abs. 2 ZPO, die heute häufig das Berufungsurteil ersetzen; insoweit kann sich § 103 dann aber auf das erstinstanzliche Urteil beziehen. Auch Unterwerfungserklärungen werden nicht erfasst. Für die Bekanntmachung einer Unterwerfungserklärung käme allenfalls der Beseitigungsanspruch aus § 97 Abs. 1 S. 1 in Betracht (OLG Hamm GRUR 1993, 511 LS); das gilt auch für Beschlüsse.

7 Die Bekanntmachungsbefugnis steht der jeweils **obsiegenden Partei** zu. Das können sein: die Klägerin bei klagezusprechendem Urteil; die Beklagte, wenn die Klage abgewiesen wird; beide, wenn die Klage tw. zugesprochen wird, zum teilweisen Obsiegen vgl. Rn. 9. Die obsiegende Partei muss ein **berechtigtes Interesse** darlegen. Das **Interesse** des Obsiegenden geht dabei im Regelfall dahin, die Öffentlichkeit über die gerichtliche Entscheidung zu der urheberrechtlichen Frage zu unterrichten. Der RegE nennt die Hauptbeispiele: Anerkennung der Urheberschaft, rechtswidrige Nutzung von Werken, unberechtigter Vorwurf eines Plagiates (RegE UrhG – BT-Drucks. IV/270, S. 105 f.). Ein berechtigtes Interesse setzt zunächst voraus, dass die Veröffentlichung auch dazu **geeignet** ist, dem Interesse zu dienen; das trifft nur zu, wenn die Bekanntmachung tatsächlich zumindest einen wesentlichen Teil der aufzuklärenden Verkehrskreise erreicht, was eher in Fachblättern als in Tageszeitungen zu erwarten ist. BGH GRUR 1992, 527, 529 – *Plagiatsvorwurf II* ordnete die Veröffentlichung – nur – in derselben Zeitschrift an, in der der Leserbrief mit dem Plagiatsvorwurf erschienen war. Die Bekanntmachung muss zur Aufklärung des Publikums außerdem **erforderlich** sein. Das trifft in der Regel nur dann zu, wenn die eingetretene Beeinträchtigung des Werkes oder die eingetretene Verwirrung der Öffentlichkeit auf andere Weise nicht beseitigt werden kann (OLG Frankfurt ZUM 1996, 697, 702), also beispielsweise dann, wenn durch die Verbreitung einer entstellten Version eines Werkes Ruf und Ansehen des Urhebers in der Öffentlichkeit gefährdet wurden oder wenn bei Verbreitung eines Plagiats in der Öffentlichkeit Unklarheit darüber entstanden ist, von wem das plagiierte Werk denn nun eigentlich herrühre (BGH GRUR 1992, 527, 529 – *Plagiatsvorwurf II*). Ähnliche Gründe können auch die Bekanntmachung eines Urteils rechtfertigen, das die Inhaberschaft an einem Nutzungsrecht feststellt. Als dritter Schritt muss eine **Interessenabwägung** stattfinden (BGH GRUR GRUR 2002, 799, 801 – *Stadtbahnfahrzeug*; BGH GRUR 1998, 568, 570 – *Beatles-Doppel-CD*). Zu Gunsten der unterlegenen Partei sind hier z.B. der Verschuldensgrad (BGH GRUR 1998, 568, 570 – *Beatles-Doppel-CD*), der Aufwand für die Veröffentlichung sowie die Demütigungswirkung zu berücksichtigen. Zu Gunsten des Veröffentlichenden spricht es, wenn das Urteil eine die gesamte Branche interessierende Frage entscheidet (BGH GRUR 1998, 568, 570 – *Beatles-Doppel-CD*). Das berechtigte Interesse muss noch im Zeitpunkt der Entscheidung gegeben sein; an der Klarstellung eines Vorganges, der schon vergessen ist, kann niemand mehr wirklich interessiert sein (ähnlich LG München I GRUR 1989, 503, 504 – *BMW-Motor*). Ansonsten sind die Anforderungen an eine Fortwirkung des berechtigten Interesses aber wegen der ausdrücklichen gesetzlichen Regelung nicht so hoch wie beim allgemeinen Beseitigungsanspruch z.B. in Form des Widerrufsanspruches (siehe dazu BGH GRUR 1970 254, 256 – *Remington*; BGH GRUR 1987, 189; OLG Hamburg AfP 2002, 337). Relevanter Zeitpunkt für die Feststellung des berechtigten Interesses ist die letzte mündliche Verhandlung (BGH GRUR 2002, 799, 801 – *Stadtbahnfahrzeug*). Das berechtigte Interesse braucht jedoch nur dargetan, nicht glaubhaft gemacht oder gar nachgewiesen zu werden (a.M. Schricker/*Wild*³ Rdnr. 4). Es genügt, dass eine gewisse Wahrscheinlichkeit für die Darstellung der beantragenden Prozesspartei spricht.

IV. Art und Umfang der Bekanntmachung (S. 2); Frist (S. 3)

Das Gericht bestimmt zunächst die **Art der Bekanntmachung** (zur Formulierung durch das Gericht vgl. Rn. 11). Es kann die Veröffentlichung in einer oder mehreren Zeitungen oder Zeitschriften (insb. Fachzeitschriften), durch Plakate, durch Ansage im Hörfunk oder im Fernsehen anordnen. Die Art der Bekanntmachung muss sich im Rahmen des berechtigten Interesses der obsiegenden Partei bewegen, also insb. geeignet und erforderlich sein (vgl. Rn. 7). Bei Streit um eine Veröffentlichung in einem bestimmten Medium ist es in jedem Fall sinnvoll, die Veröffentlichung in diesem Medium anzuordnen, möglicherweise ist das auch schon genügend (BGH GRUR 1992, 527, 529 – *Plagiatsvorwurf II*). An den Vorschlag der beantragenden Prozesspartei ist das Gericht nicht gebunden. Abweichend von einem solchen Vorschlag dürfen jedoch nur solche Bekanntmachungsarten angeordnet werden, von denen **8** feststeht, dass die obsiegende Partei sie ohne weiteres verwirklichen kann. Der obsiegenden Partei kann schon mit Rücksicht auf die **3-Monats-Frist** des S. 3, deren **Verlängerung nicht möglich** ist, ein Prozess gegen den Veröffentlichenden nicht zugemutet werden. Gegebenenfalls empfiehlt sich eine vorherige vorsorgliche Anfrage des Gerichts. Beispiel für – seinerzeitige – Undurchführbarkeit: Anordnung der Bekanntmachung in der *Prawda* (Öst. OGH ÖBl. 1977, 42). Bei Bekanntmachungen durch Inserate kann diese Frist regelmäßig eingehalten werden. Auch bei Plakaten dürfte die 3-Monats-Frist des S. 3 meist ausreichen, auch wenn die verfügbaren Anschlagflächen stark belegt sind.

9 Ferner bleibt es nach S. 2 dem Richter überlassen, den **Umfang der Bekanntmachung** zu bestimmen (zur Formulierung durch das Gericht vgl. Rn. 11). Der Umfang der Bekanntmachung wird durch den Zweck bestimmt, den sie verfolgt. Die Veröffentlichung muss jedenfalls so umfassend sein, dass sie auch für den Außenstehenden, der von dem Prozess nichts weiß, verständlich ist. Ist der Urteilstenor, wie häufig, für den Außenstehenden nichts sagend (z. B. „Die Klage wird abgewiesen"), so kann danach im Urteil festgelegt werden, welche Teile der Entscheidungsgründe ebenfalls bekanntgemacht werden dürfen. Namen und Bezeichnungen, die für das Verständnis ohne Bedeutung sind, sollten abgekürzt werden. Auch hier gilt, das der Umfang der Bekanntmachung sich am berechtigten Interesse der obsiegenden Partei orientieren muss, also geeignet, erforderlich und angemessen zu sein hat (vgl. Rn. 7). Das Gericht muss darauf achten, dass die Veröffentlichung nicht zu einer unnötigen Demütigung des Unterlegenen führt; nur das, was zur Erreichung des Bekanntmachungszweckes wirklich erforderlich ist, sollte aufgenommen werden (siehe Schricker/*Wild*[3] Rn. 5; BGH GRUR 1992, 527, 529 – *Plagiatsvorwurf II*: Beschränkung auf den für eine Störungsbeseitigung maßgeblichen und ausreichenden Teil). Hat eine Partei **tw. obsiegt**, so ist, wenn nur sie einen entsprechenden Antrag gestellt hat oder der Antrag des Gegners mangels berechtigten Interesses unberücksichtigt bleibt, nur der Teil des Urteils bekanntzumachen, der zu ihren Gunsten ergangen ist. Das ergibt sich schon daraus, dass die Bekanntmachung stets ein berechtigtes Interesse dessen, für den sie erfolgt, voraussetzt; an der Veröffentlichung eines für ihn ungünstigen Richterspruches kann aber niemand ein Interesse haben (OLG Frankfurt ZUM 1996, 697, 702). Ist in einem solchen Falle von beiden Parteien die Bekanntmachung beantragt und durch ein berechtigtes Interesse gedeckt, so kann jede Partei gleichwohl den ihr günstigen Urteilsteil gesondert bekanntmachen, da es der Entschließung jeder Partei überlassen bleibt, ob und in welchem Umfang sie von der ihr durch das Urteil eingeräumten Befugnis Gebrauch machen will. Die Kosten werden nicht etwa verhältnismäßig, d.h. nach der in der Hauptsache ergangenen Kostenentscheidung, geteilt. Vielmehr trägt der Gegner des Begünstigten die gesamten Kosten der Bekanntmachung; sind beide berechtigt, trägt jeder die Kosten des anderen.

V.   Bekanntmachung grundsätzlich erst nach Rechtskraft (S. 4)

10 Das **Urteil** darf regelmäßig **erst nach Rechtskraft bekanntgemacht** werden (S. 4 1. Hs.); der Richter kann allerdings bei besonderer Dringlichkeit der Veröffentlichung eine Veröffentlichung vor Rechtskraft anordnen (2. Hs.), ggf. auch gegen Sicherheitsleistung. Ein Fall besonderer Dringlichkeit liegt vor, wenn ein Stadtbahnwagen auf der Weltausstellung mit einer falschen Urheberbezeichnung vorgestellt werden soll und die Ausstellung wahrscheinlich vor Rechtskraft stattfindet (OLG Celle GRUR-RR 2001, 125, 126 – *Stadtbahnwagen*).

Wird ein nicht rechtskräftiges Urteil bekanntgemacht, später aber abgeändert, ist das abgeänderte Urteil ebenfalls bekannt zu machen (HK-UrhR/*Meckel* Rn. 4; Möhring/Nicolini/*Lütje*[2] Rn. 20), allerdings nur auf Antrag (vgl. Rn. 11).

VI. Prozessuales

Die Befugnis zur Urteilsveröffentlichung darf **nur auf Antrag** zugesprochen **11** werden. Das ergibt sich zwar nicht aus dem Wortlaut des S. 1, aber aus der Natur der Regelung. Ferner sieht auch Art. 15 Enforcement-RL eine Veröffentlichungsbefugnis nur auf Antrag vor (vgl. Rn. 3). Art und Umfang der Bekanntmachung können, müssen aber nicht im Antrag spezifiziert sein (vgl. Rn. 8 f.). **Beispielsweise** kann danach beantragt werden, „dem Kläger die Befugnis zuzusprechen, nach Rechtskraft des Urteils dieses in der Tagespresse und in den Fachzeitschriften bekannt zu machen." Das Gericht muss dann spezifizieren, welcher Art und welchen Umfangs die Veröffentlichung sein soll: „Der Kläger darf auf Kosten der Beklagten den Tenor zu Ziff. 1 und 2 dieses Urteils je einmal in der Fachzeitschrift a) XY, b) YZ, c) ZZ in einer Anzeige, die den Text im Fließsatz wiedergibt, in der Schriftgröße eines Textbeitrags der jeweiligen Publikation veröffentlichen" (nach OLG Celle GRUR-RR 2001, 125, 126 – *Stadtbahnwagen*).

VII. Bekanntmachungskosten

Die Veröffentlichungskosten sind **als Kosten der Zwangsvollstreckung** nach **12** den §§ 788, 91, 103 ZPO festsetzungsfähig (Dreier/Schulze/*Dreier*[2] Rn. 10; Wandtke/Bullinger/*Bohne*[2] Rn. 6).

VIII. Anderweitige Bekanntmachung von Urteilen, Beschlüssen, Unterlassungserklärungen; Widerruf

Die **anderweitige Urteilsbekanntmachung** auf eigene Kosten durch die obsie- **13** gende Partei in der Presse oder auch nur in Rundschreiben ist nach der Maßgabe des allgemeinen Beseitigungsanspruches zulässig; § 103 stellt insoweit keine abschließende Sonderreglung auf (Dreier/Schulze/*Dreier*[2] Rn. 11; Schricker/*Wild*[3] Rn. 2; Möhring/Nicolini/*Lütje*[2] Rn. 14). Auch schließt § 103 in seinem Anwendungsbereich (nur Urteile im Klageverfahren) nicht eine private Veröffentlichung aus (unklar OLG Frankfurt NJW-RR 1996, 423, 424: dort werden einerseits Eigenmaßnahmen neben § 103 für zulässig erachtet, andererseits aber eine Anwendung des allgemeinen Beseitigungsanspruches abgelehnt). Schließlich sind private Veröffentlichungen auch nicht per se wettbewerbswidrig gem. UWG, wenn eine Wettbewerbshandlung (§ 2 Abs. 1 Nr. 1 UWG) vorliegt (so noch Vorauflage/*Wilhelm Nordemann* Rn. 6); das ergibt sich heute in jedem Fall aus einer richtlinienkonformen Auslegung vor dem Hintergrund des Art. 15 EnforcementRL, der die Verbreitung von Informationen durch den Verletzten ausdrücklich billigt. Allerdings kann die Grenze der §§ 3, 4 Nr. 7 bei wahrer, aber unsachlicher Information (OLG Karlsruhe NWE WettbR 1998, 102, 103; OLG Saarbrücken NJWE WettbR 1998, 30, 31; *Nordemann*[10] Rn. 1535) und der §§ 3, 4 Nr. 8, 5 UWG bei Falschangaben (z.B. fehlender Hinweis auf mangelnde Rechtskraft: BGH GRUR 1995, 424 – *Abnehmerverwarnung*) im Einzelfall auch überschritten sein (siehe zur Interessenabwägung im Einzelfall die UWG-Kommentare, z.B. Hefermehl/*Köhler*/Bornkamm[26] § 4 UWG Rn. 7.21). Ohnehin ist eine unberechtigte Verwarnung Dritter aus Urheberrecht rechtswidrig (eingehend vgl. § 97a Rn. 43 ff.). Außerhalb der Anwendbarkeit des UWG kommen die §§ 823 Abs. 1, 824, 826 BGB in Betracht. Neben einer anderweitigen Urteilsveröffentlichung können nach den gleichen Maßstäben auch **anderweitige Bekanntmachungen von Beschlüssen** und **Unterlassungserklärungen** (zu letzterer zustimmend: OLG Hamm GRUR 1993, 511 LS; Dreier/Schulze/*Dreier*² Rn. 11; Möhring/Nicolini/*Lütje*² Rn. 4) zulässig sein. Die Kosten der Eigenveröffentlichung können über § 97 Abs. 1 S. 1 bei Verschulden des Verletzers als Schadensersatz (OLG Frankfurt NJW-RR 1996, 423, 424; Schricker/*Wild*³ Rn. 9) und ohne Verschulden auch über die §§ 677, 683, 670 BGB (Dreier/Schulze/*Dreier*² Rn. 11) geltend gemacht werden. Über dies kann **Widerruf oder Richtigstellung** von ehrkränkenden oder kreditschädigenden Äußerungen (z.B. Bestreiten Urheberschaft; Erhebung Plagiatsvorwurf) als allgemeiner Beseitigungsanspruch verlangt werden (dazu BGH GRUR 1992, 527, 529 – *Plagiatsvorwurf II*; BGH GRUR 1970, 254, 256 – *Remington*; OLG Hamburg AfP 2002, 337; *Nordemann*¹⁰ Rn. 1872 ff.), wobei ein strenger Verhältnismäßigkeitsmaßstab angelegt wird (BGH GRUR 1998, 415, 417 – *Wirtschaftsregister*; BGH GRUR 1992, 527, 529 – *Plagiatsvorwurf II*).

§ 104 Rechtsweg

¹Für alle Rechtsstreitigkeiten, durch die ein Anspruch aus einem der in diesem Gesetz geregelten Rechtsverhältnisse geltend gemacht wird (Urheberrechtsstreitsachen), ist der ordentliche Rechtsweg gegeben. ²Für Urheberrechtsstreitsachen aus Arbeits- oder Dienstverhältnissen, die ausschließlich Ansprüche auf Leistung einer vereinbarten Vergütung zum Gegenstand haben, bleiben der Rechtsweg zu den Gerichten für Arbeitssachen und der Verwaltungsrechtsweg unberührt.

Übersicht

I. Ordentlicher Rechtsweg für Urheberrechtsstreitsachen (S. 1)

1. Urheberrechtsstreitsachen

1 **Urheberrechtsstreitsachen** liegen nach der Legaldefinition des S. 1 vor, wenn ein Anspruch aus einem der im UrhG geregelten Rechtsverhältnisse geltend gemacht wird. Der BGH formuliert, eine Urheberrechtsstreitigkeit liege vor, wenn sich das Klagebegehren als die Folge eines Sachverhalts darstellt, der nach Urheberrecht zu beurteilen ist (BGH GRUR 1988, 206, 208 – *Kabelfernsehen II*). Damit ist der Begriff **weit auszulegen** (allg.M., HK-UrhR/*Meckel* Rn. 2; Dreier/Schulze/*Dreier*² Rn. 2; Loewenheim/*Rojahn* § 92 Rn. 1). Es kommt nicht darauf an, ob sich die Parteien auf urheberrechtliche Normen ausdrücklich berufen (LAG Baden-Württemberg AE 2007, 266 Tz. 13; LG Stuttgart CR 1991, 157, 158); der Richter kennt das Recht selbst. Zunächst fallen darunter Streitigkeiten über **Anspruchsgrundlagen aus dem UrhG**, also aus Urheberdeliktsrecht (§§ 97, 98, 99, 100, 101 Abs. 1, 101a, 103), aus Urhebervertragsrecht (§§ 32, 32a, 32c, auch § 36a Abs. 3), auf Kontrahierung

(§§ 5 Abs. 3, 42a, 87 Abs. 5) oder wegen gesetzlicher Vergütungsansprüche (§§ 26, 27, 46 ff.). Das Gleiche gilt für Anspruchsgrundlagen **aus dem UrhWahrnG** und **aus dem VerlG** (wegen seines urheberrechtlichen Kerns; zutreffend Dreier/Schulze/*Dreier*[2] Rn. 4; i.Erg. ebenso RegE UrhG – BT-Drucks. IV/270, S. 107), aber **nicht** für solche aus den §§ 22 f. KUG (Bay-ObLG ZUM 2004, 672, 674; LG Mannheim GRUR 1985, 291), weil das allgemein-persönlichkeitsrechtliche Streitigkeiten sind. Aber auch bei Anspruchsgrundlagen außerhalb des UrhG, UrhWahrnG oder VerlG liegt eine Urheberrechtsstreitigkeit vor, wenn die **Streitigkeit unter Anwendung des UrhG, UrhWahrnG oder VerlG** (HK-UrhR/*Meckel* Rn. 2; Schricker/*Wild*[3] Rn. 3) oder **daraus abgeleiteter Institute** (z.B. allg. Zweckübertragungslehre, vgl. § 31 Rn. 108 ff.) zu entscheiden ist. Der Streit um Ansprüche aus § 812 BGB wegen einer Urheberrechtsverletzung muss deshalb als Urheberrechtsstreitsache behandelt werden, bei Geltendmachung als Schadensersatzanspruch aus § 97 Abs. 1 S. 1 gilt das schon wegen der Anspruchsgrundlage aus dem UrhG. Der Streit um ein Wettbewerbsverbot in einem Verlagsvertrag ist genauso eine Urheberrechtsstreitigkeit (OLG Koblenz ZUM-RD 2001, 392 f.) wie ein vertraglicher Zahlungsanspruch, für den es darauf ankommt, ob der Sublizenzgeber dem Sublizenznehmer die vertraglichen Nutzungsrechte nach der allgemeinen Zweckübertragungsregel eingeräumt hat. Vertragsstrafenansprüche wegen urheberrechtlicher Unterlassungserklärungen zählen ebenfalls als Urheberrechtsstreite. Auch Streitigkeiten um die Einspeisung von durch das UrhG geschützten Signalen in Breitbandkabelanlagen sind Streite nach § 104 S. 1 (OLG München GRUR 1985, 537, 539 – *Breitbandkabelanlage II*). Verfahren um Ansprüche, für die § 43 bzw. § 69b heranzuziehen sind (Beispiel: Nutzungsrecht des Arbeitgebers an einem vom Arbeitnehmer eingebrachten Computerprogramm nach dem Ende des Arbeitsverhältnisses, BAG ZUM 1997, 67, 68; LAG Baden-Württemberg AE 2007, 266 Tz. 13), fallen unter § 104 S. 1. Es genügt, wenn eine Anwendung urheberrechtlicher Normen ernsthaft in Betracht kommt. Das kann vor allem bei offensichtlich nach § 2 schutzunfähigen Leistungen ausscheiden. Eine Urheberstreitsache liegt nicht vor, wenn sich in einem Verfahren wegen markenrechtlicher Verwechslungsgefahr der Markeninhaber einer Ein-Wort-Marke auch darauf beruft, ihm stünde urheberrechtlicher Schutz daran zu, weil Schutz im Regelfall ausgeschlossen ist (§ 2 Rn. 53, 105); anders kann es aber liegen, wenn es um ein Logo geht, das grafische Bestandteile hat und deshalb ein Schutz nach § 2 nicht abwegig ist (a.A. OLG München ZUM 1989, 423, 425; wie hier Dreier/Schulze/*Dreier*[2] Rn. 2). Eine Urheberrechtsstreitigkeit scheidet auch aus, wenn zwar ein urheberrechtlicher Vertrag vorliegt, es aber nicht um die urheberrechtlichen Regelungen geht, beispielsweise bei einem Softwareerstellungsvertrag nur um die Frage der fristgerechten und mangelfreien Lieferung (OLG Karlsruhe CR 1999, 488), es sei denn es steht eine Beendigung des Vertrag und insb. der Rechterückfall im Streit. Die Frage der mangelhaften Erstellung eines Buchmanuskripts für einen Verleger ist aber eine im VerlG (§ 31 VerlG) geregelte Frage und deshalb im Streitfall eine urheberrechtliche Streitigkeit.

Denkbar ist, dass **mehrere Anspruchsgrundlagen** für das gleiche Klageziel **2** konkurrieren, siehe das vorgenannte Beispiel (vgl. Rn. 1) des marken- und urheberrechtlich geschützten Logos; ferner z.B. bei Produktnachahmungen §§ 8 Abs. 1, 3, 4 Nr. 9 lit. a) UWG und §§ 97 Abs. 1, 17 UrhG. Ein solches Konkurrenzverhältnis ist vor allem zum Gewerblichen Rechtsschutz (PatG, GebrMG, GeschMG, GGeschMVO, MarkenG, GMVO, UWG) und zum BGB möglich. Dann setzt sich das Urheberrecht durch und macht das Verfahren zu einer Urheberstreitsache, wenn der urheberrechtliche Anspruch nicht nach dem Vorstehenden abwegig ist (Dreier/Schulze/*Dreier*² Rn. 6; Wandtke/Bullinger/*Kefferpütz*² Rn. 7); auch die andere gerichtliche Zuständigkeit im gewerblichen Rechtsschutz kann in diesem Fall durchbrochen sein (Loewenheim/*Rojahn* § 92 Rn. 10). Das Gericht prüft und entscheidet den Rechtsstreit aus allen in Betracht kommenden Gesichtspunkten, § 17 Abs. 2 GVG. Die Identität des Klageziels ist dabei relativ weit auszulegen, um eine einheitliche Entscheidung auf der Basis des einheitlichen Lebenssachverhaltes zu ermöglichen. Auch wenn wegen der unterschiedlichen Anspruchsgrundlagen etwas differierende Anträge gestellt werden müssen (z.B. ist „im geschäftlichen Verkehr" kein urheberrechtliches Tatbestandsmerkmal, aber z.B. ein markenrechtliches), können sie das gleiche Klageziel umfassen. Bei der **objektiven Klagehäufung** (§ 260 ZPO) ist es anders: zur Vermeidung von „Rechtswegmanipulation" (Dreier/Schulze/*Dreier*² Rn. 7; ferner Wandtke/Bullinger/*Kefferpütz*² Rn. 16) ist jeder Streitgegenstand (vgl. § 97 Rn. 49 ff.) gesondert zu prüfen und ggf. das Verfahren abzutrennen. Entsprechendes gilt für die **subjektive Klagehäufung** und für die **Widerklage** (Wandtke/Bullinger/*Kefferpütz*² Rn. 16).

2.   Ordentlicher Rechtsweg

3 Liegt eine Urheberrechtsstreitigkeit vor, ordnet S. 1 grundsätzlich den ordentlichen Rechtsweg an (RegE UrhG – BT-Drucks. IV/270, S. 106: „ausschließlich"). § 104 S. 1 ändert damit insb. die §§ 2, 2a, 3 ArbGG und § 40 VwGO ab; selbst bei hoheitlichen Handlungen, die (auch) nach Urheberrecht entschieden werden müssen, sind danach die ordentlichen Gerichte zuständig (BGH GRUR 1988, 206, 208 – *Kabelfernsehen II*), also z.B. für hoheitliche Urheberechtsverletzungen. Ordentliche Gerichte sind die **Zivilgerichte gem.** § 12 GVG. Für diese gewährt § 105 die von den Landesjustizverwaltungen auch umfassend genutzte Möglichkeit, Urheberrechtsstreitigkeiten zu bestimmten Gerichten zu konzentrieren (siehe die Kommentierung dort); zu beachten ist, dass die Amtsgerichte nach den §§ 12, 23, 71 GVG immer noch Eingangsinstanz sein können, obwohl das für den gewerblichen Rechtsschutz abgeschafft wurde (§ 143 Abs. 1 PatG; § 140 Abs. 1 MarkenG; § 13 Abs. 1 UWG; dazu vgl. § 105 Rn. 15). Zur ordentlichen Gerichtsbarkeit gehören auch die **KfHen bei LGen** (dazu eingehend vgl. § 105 Rn. 4); zum **OLG als Eingangsinstanz** vgl. § 105 Rn. 4; Ansonsten lassen auch die gesetzlich vorgesehenen Schlichtungs- und Schiedsverfahren § 104 S. 1 unberührt, weil es sich nur um eine Verfahrensmodifizierung handelt. – Da es sich um eine ausschließliche Zuständigkeit handelt, sind **Gerichtsstandsvereinbarungen**, die die ordentliche Gerichtsbarkeit abwählen, nicht zulässig.

II.   Rechtsweg zu den Arbeits- oder Verwaltungsgerichten (S. 2)

4 Die Arbeits- oder Verwaltungsgerichte bleiben nur dann zuständig, wenn Gegenstand des Prozesses **ausschließlich** ein Anspruch auf die **vereinbarte Vergütung aus einem Arbeits- oder Dienstverhältnis** ist, weil in solchen Fällen keine Rechtsfragen zu entscheiden sind, die den Inhalt oder den Umfang urheberrechtlicher Befugnisse betreffen (so ausdrücklich RegE UrhG – BT-Drucks. IV/270, S. 106; OLG München NJW-RR 1989, 1191, 1192; LAG Baden-Württemberg AE 2007, 266 Tz. 13). Für eine Vergütungsanpassung nach den §§ 32, 32a gilt S. 2 nicht, weil es dort nicht um die Zahlung der vereinbarten Vergütung, sondern um eine zusätzliche Vergütung geht. Der

Kläger hat es ohnehin in der Hand, die Zuständigkeit der Arbeits- oder Verwaltungsgerichte auch für den reinen vertraglichen Vergütungsanspruch dadurch auszuschließen, dass er ihn zusammen mit anderen urheberrechtlichen Ansprüchen, die das gleiche Rechtsverhältnis betreffen, vor die ordentlichen Gerichte bringt. Eine Trennung ist dann ausgeschlossen; sie sollte durch die Neuregelung in Abweichung vom sonst bei objektiver Klagehäufung angezeigter Trennung gerade verhindert werden (verkannt von LAG Berlin UFITA 67 [1973], 286, 288 – *Filmschaffende;* wie hier OLG Hamburg Schulze OLGZ 127, 6; HK-UrhR/*Meckel* Rn. 3; Schricker/*Wild*[3] Rn. 2; Loewenheim/*Rojahn* § 92 Rn. 1; a.A. Wandtke/Bullinger/*Kefferpütz*[2] Rn. 11). Die Frage kann schon wegen der fehlenden Kostenerstattung im Arbeitsgerichtsprozess 1. Instanz (§ 12a ArbGG) von erheblicher praktischer Bedeutung sein. – Die **BühnenschiedsgerichtsO** schließt lediglich den Rechtsweg zu den Arbeitsgerichten nach S. 2 aus; zuständig sind vielmehr nur die Bühnenschiedsgerichte. § 104 S. 1 wird davon nicht tangiert (Dreier/Schulze/*Dreier*[2] Rn. 14).

III. Rechtsfolgen, insb. Verweisung

Wurde der falsche Rechtsweg eingeschlagen, ist die Klage unzulässig, jedoch **5** gem. § 17a Abs. 2 GVG von Amts wegen an das zuständige ordentliche Gericht zu verweisen. In den Rechtsmittelinstanzen ist die versäumte Verweisung allerdings nicht mehr nachholbar, wenn die fehlende Zuständigkeit erstinstanzlich nicht gerügt wurde (BAG ZUM 1997, 67, 68). Das Gericht entscheidet den Rechtstreit unter allen in Betracht kommenden, also auch unter Berücksichtigung außer-urheberrechtlicher Anspruchsgrundlagen und Gesichtspunkte, § 17 Abs. 2 GVG.

§ 105 Gerichte für Urheberrechtsstreitsachen

(1) Die Landesregierungen werden ermächtigt, durch Rechtsverordnung Urheberrechtsstreitsachen, für die das Landgericht in erster Instanz oder in der Berufungsinstanz zuständig ist, für die Bezirke mehrerer Landgerichte einem von ihnen zuzuweisen, wenn dies der Rechtspflege dienlich ist.

(2) Die Landesregierungen werden ferner ermächtigt, durch Rechtsverordnung die zur Zuständigkeit der Amtsgerichte gehörenden Urheberrechtsstreitsachen für die Bezirke mehrerer Amtsgerichte einem von ihnen zuzuweisen, wenn dies der Rechtspflege dienlich ist.

(3) Die Landesregierungen können die Ermächtigungen nach den Absätzen 1 und 2 auf die Landesjustizverwaltungen übertragen.

(4) *(aufgehoben)*

(5) *(aufgehoben)*

Übersicht

I. Allgemeines

1 Das UrhG enthält Zuständigkeitsregelungen nur im Hinblick auf die **funktionale Zuständigkeit**, und zwar in § 105 (vgl. Rn. 2 ff.). **Nicht geregelt** sind die örtliche (vgl. Rn. 6 ff.), die **sachliche** (vgl. Rn. 15) und die **internationale Zuständigkeit** (vgl. Rn. 16; hierfür sind die allgemeinen Vorschriften außerhalb des UrhG heranzuziehen. Sofern die Zuständigkeit in der EuGVVO geregelt ist, gehen diese Bestimmungen dem deutschen Recht vor (vgl. Vor §§ 120 ff.   Rn. 93 ff.).   Urheberrechtsstreitigkeiten   sind   **schiedsfähig** (§§ 1025 ff. ZPO).

II. Funktionale Zuständigkeit: Zuständigkeitskonzentration (Abs. 1 bis 3)

2 § 105 trägt der Tatsache Rechnung, dass die Spezialmaterie des UrhG, UrhWahrnG und VerlG nur von Richtern beherrscht werden kann, die sich ständig mit diesem Gebiet zu befassen haben und daher über entsprechende **Erfahrung** verfügen; das gilt sowohl für die LGe als auch für die AGe (RegE UrhG – BT-Drucks. IV/270, S. 106). Es handelt sich um eine Regelung zur **funktionellen Zuständigkeit** (BayObLG ZUM 2004, 672, 673; Schricker/*Wild*³ Rn. 5). § 105 ist den Regelungen in § 143 Abs. 2 PatG (§ 51 PatG a.F.) und § 140 Abs. 2 MarkenG (früher § 32 WZG a.F.) nachempfunden, so dass bei Auslegungsschwierigkeiten ggf. auch auf die Praxis zu diesen Normen zurückgegriffen werden kann. Der Begriff der „**Urheberrechtsstreitsache**" ist in § 104 S. 1 legal definiert und wird im Rahmen des § 105 genauso ausgelegt (HK-UrhR/*Meckel* Rn. 1); es sei deshalb auf die Kommentierung dort verwiesen (vgl. § 104 Rn. 1).

3 § 105 überlässt es den Ländern, eine Regelung zu treffen. Davon haben bisher Gebrauch gemacht (Aufstellung in GRUR 1996, 396 f.): **Baden-Württemberg** durch VO vom 20.11.1998, zuletzt geändert 16.02.2004 (LG Stuttgart für OLG-Bezirk Stuttgart, LG Mannheim für OLG-Bezirk Karlsruhe; keine Konzentration auf AG-Ebene); **Bayern** durch VO vom 08.03.1966/02.02.1988 (für OLG-Bezirk München: LG München I; für OLG-Bezirke Nürnberg und Bamberg: LG Nürnberg-Fürth; unter den Amtsgerichten jeweils das Amtsgericht am Sitz des Landgerichts, das AG München auch für die Außenbezirke des LG München II); **Berlin** durch VO vom 04.12.1972/14.09.1994 (unter den Amtsgerichten allein AG Charlottenburg zuständig); **Brandenburg** durch VO vom 03.11.1993/26.06.1996 (AG/LG Potsdam für alle Gerichtsbezirke des Landes); **Hamburg** durch VO vom 04.07.1995 (unter den Amtsgerichten allein AG Hamburg zuständig); **Hessen** durch VO vom 30.09.1974 (AG/LG Frankfurt für die LG-Bezirke Darmstadt, Frankfurt, Gießen, Hanau, Limburg, Wiesbaden; AG/LG Kassel für die LG-Bezirke Fulda, Kassel und Marburg); **Mecklenburg-Vorpommern** durch VO vom 28.03.1994/27.11.2001 (AG/LG Rostock für alle Gerichtsbezirke des Landes); **Niedersachsen** durch VO vom 22.01.1998/01.12.2003 (AG/LG Braunschweig für OLG-Bezirk Braunschweig, AG/LG Hannover für OLG-Bezirk Celle, AG/LG Oldenburg für OLG-Bezirk Oldenburg); **Nordrhein-Westfalen** durch VO vom 8.2.1966/12.08.1996 (AG/LG Düsseldorf für OLG-Bezirk Düsseldorf; AG/LG Bielefeld für LG-Bezirke Bielefeld, Detmold, Paderborn; AG/LG Bochum für LG-Bezirke Bochum, Dortmund, Essen; AG/LG Hagen für LG- Bezirke Arnsberg, Hagen, Siegen; AG/LG Münster für LG-Bezirk Münster; AG/LG Köln für OLG-Bezirk Köln); **Rheinland-Pfalz** zuletzt durch VO vom 28.06.1995 (AG Koblenz für OLG-Bezirk Koblenz, AG Frankenthal für OLG-Bezirk

Zweibrücken; LG Frankenthal für beide OLG-Bezirke); **Sachsen** durch VO vom 06.05.1999/16.04.2004 (AG/LG Leipzig für OLG-Bezirk Dresden), **Sachsen-Anhalt** durch VO vom 01.09.1992/01.12.1995 (AG/LG Halle für die LG-Bezirke Halle und Dessau, AG/LG Magdeburg für die LG-Bezirke Stendal und Magdeburg); **Thüringen** durch VO vom 1.12.1995 (AG/LG Erfurt für alle Gerichtsbezirke des Landes). **Bremen,** das **Saarland** und **Schleswig-Holstein** haben keine Regelung getroffen.

Innerhalb des Gerichts richtet sich die Zuständigkeit nach dem **Gerichtsver- 4 teilungsplan** (§ 21e GVG). An vielen Gerichten werden die Aufgaben von mehreren Spruchkörpern wahrgenommen. Das ist unbedenklich; es ist nicht zwingend, dass nur eine Abteilung oder eine Kammer mit Urheberrechtssachen betraut wird, solange der Zweck des § 105, durch ständige Befassung auf dem Gebiet des Urheberrechts Erfahrung auf Richterseite zu erzeugen, nicht vereitelt wird. Demnach können bei einem Gericht auch zwei oder drei Spruchkörper zuständig sein. Unzulässig gem. § 105 ist es jedoch, in Urheberrechtssachen gar keine Konzentration innerhalb des Gerichts vorzusehen, obwohl per VO das Gericht ein konzentriertes Gericht nach § 105 ist. Damit widerspricht die Geschäftsverteilung z.B. am AG Charlottenburg § 105, wo jede Abteilung Urheberrechtssachen zu entscheiden hat. Die bei den LGen und OLGen zuständigen Kammern bzw. Senate listet Dreier/Schulze/*Dreier*[2] Rn. 5 Stand 2006 auf. Zum **LG** als ordentliche Gerichtsbarkeit gehören nicht nur die ZK, sondern auch die **KfH,** so dass sie in den Geschäftsverteilungsplänen für Urheberrechtsstreitigkeiten vorgesehen werden dürfen (Dreier/Schulze/*Dreier*[2] § 104 Rn. 10; a.A. Wandtke/Bullinger/*Kefferpütz*[2] § 104 Rn. 11); sie können allerdings nur angerufen werden, wenn eine Handelssache nach § 95 GVG vorliegt, also z.B. der Beklagte Kaufmann gem. HGB ist. Häufig sieht die Geschäftsverteilung von LGen indes keine Zuständigkeit einer KfH, sondern nur einer ZK vor; dann ist der Rechtsstreit vor der ZK zu verhandeln (Wandtke/Bullinger/*Kefferpütz*[2] § 104 Rn. 11 unter Berufung auf LG Stuttgart CR 1991, 157, 158). Tw. wird das **OLG als Eingangsinstanz** angeordnet, insb. bei Schlichtungsverfahren nach UrhG (§ 36a Abs. 3) oder bei Schiedsverfahren gem. UrhWahrnG (§ 16 Abs. 4 UrhWahrnG). Ansonsten lassen auch die gesetzlich vorgesehenen Schlichtungs- und Schiedsverfahren § 105 unberührt, weil dort eine Regelung zur funktionalen Zuständigkeit nicht enthalten ist.

Die Zuweisungsregelungen gelten auch in Beschwerdeverfahren, insb. in der 5 Kostenfestsetzung (BGH ZUM 1990, 35). Die **Nichtbeachtung** der jeweiligen Zuständigkeitsregelung durch den Rechtsuchenden hat keine unmittelbar nachteiligen Folgen. Die bei einem funktional nach § 105 nicht zuständigen Gericht erhobene Klage wird von Amts wegen an das für Urheberstreitsachen zuständige Gericht abgegeben, § 17a Abs. 2 GVG analog (str.; wie hier: Schricker/*Wild*[3] Rn. 4; Möhring/Nicolini/*Lütje*[2] Rn. 16; Wandtke/Bullinger/*Kefferpütz*[2] Rn. 4; Loewenheim/*Rojahn* § 92 Rn. 8; a.A. *von Gamm* Rn. 3; genauso für das MarkenG Ingerl/*Rohnke*[2] § 140 Rn. 37; offen Dreier/Schulze/*Dreier*[2] Rn. 7). § 281 ZPO findet nur bei fehlender örtlicher oder sachlicher Zuständigkeit Anwendung (BayObLG ZUM 2004, 672). Die Einlegung der Berufung beim an sich zuständigen Gericht genügt zur Fristwahrung (LG München I UFITA 87 [1980], 338, 340; Wandtke/Bullinger/*Kefferpütz*[2] Rn. 4; im Kartellrecht ebenso BGH GRUR 1978, 658; a.A. LG Hechingen GRUR-RR 2003, 168). In der **Berufungsinstanz** kann zwar nicht mehr gerügt werden, dass ein Gericht sich entgegen § 105 für örtlich zuständig gehalten hat (§ 513 Abs. 2 ZPO); jedoch kann das Berufungsgericht an das nach § 105 einschlägige

Berufungsgericht verweisen, selbst wenn sich das eigentlich unzuständige erstinstanzliche Gericht ausdrücklich für zuständig erklärt hat (OLG Koblenz ZUM-RD 2001, 392, 393; a.A. wohl Zöller/*Gummer*/*Heßler*[25] § 513 Rn. 7). Zu Gerichtsstandsvereinbarungen vgl. Rn. 17.

III. Örtliche Zuständigkeit

6 Die örtliche Zuständigkeit (auch „Gerichtsstand") richtet sich – mangels anderweitiger Regelung im UrhG – grundsätzlich **nach den allgemeinen Vorschriften** der §§ 12 bis 35a ZPO; daneben finden auch die Vorschriften der §§ 36, 37 ZPO über die gerichtliche Bestimmung der örtlichen Zuständigkeit und Anwendung.

7 **Ansprüche aus Urheberdeliktsrechtsrecht (§§ 97, 98, 99, 100, 101):** Neben den allgemeinen Gerichtsständen gilt insb. der besondere Gerichtsstand der unerlaubten Handlung gem. § 32 ZPO, der die Verfolgung unerlaubter Handlungen überall dort zulässt, wo sie *begangen* wurden. Urheberrechtsdelikte sind stets unerlaubte Handlungen. Bei bundesweiten Verletzungshandlungen kann dies innerhalb des „fliegenden Gerichtsstands" zur Zuständigkeit einer Vielzahl von Gerichten führen, soweit die Verletzung auch dort begangen wurde. Die Wahl des Gerichtsstandes kann ausnahmsweise missbräuchlich sein, wenn der Gläubiger den Gerichtsstand nicht nach für ihn vorteilhaften Präferenzen, sondern in möglichst großer Entfernung vom Sitz des Verletzers auswählt (KG WRP 2008, 511). Begehungsort kann entweder der **Handlungs-oder der Erfolgsort** sein. Kein relevanter Ort ist der Ort, an dem die Lizenz vom Rechteinhaber hätte genommen werden können (BGH GRUR 1969, 564 – *Festzeltbetrieb*; *Danckwerts* GRUR 2007, 104, 105; Wandtke/Bullinger/ *Kefferpütz*[2] § 105 Rn. 13); ansonsten wären immer die Gerichte am Sitz des Verletzten zuständig. Es muss hinsichtlich der verletzten Rechte differenziert werden:

8 Eine rechtswidrige **Vervielfältigung** (§ 16) kann am Ort der Herstellung verfolgt werden. Bei der **Verbreitung** (§ 17) wird die Rechtsverletzung überall dort begangen, wo das Werk nach dem Willen des Verletzers der Öffentlichkeit angeboten werden sollte (Gerichtsstand der bestimmungsgemäßen Verbreitung). Die Belieferung von Händlern, die das Werk in ihr Angebot aufnehmen, oder gar die Belieferung im Abonnement reichen selbst dann aus, wenn beides nur auf Bestellung geschieht (BGH GRUR 1978, 194, 195 – *profil*; BGH GRUR 1980, 227, 230 – *Monumenta Germaniae Historica*). Da auch der Handlungsort relevant ist, kann ferner am Absendeort geklagt werden.

9 Bei Verletzung des **Ausstellungsrechts** (§ 18) wird die unerlaubte Handlung am Ort der Ausstellung begangen; eine darüber hinausgehende unzulässige Vervielfältigung oder Verbreitung eines Ausstellungskataloges ist nach den §§ 16, 17 zu beurteilen, auch wenn er die Ausstellung bewirbt. Handlungen, die gegen das **Vortrags-, Aufführungs- und Vorführungsrecht** (§ 19) verstoßen, sind am jeweiligen Nutzungsort verfolgbar.

10 Schwieriger ist die Bestimmung des Gerichtsstandes der unerlaubten **öffentlichen Zugänglichmachung auf individuellen Abruf** (§ 19a). Regelmäßig geht es hier um die rechtsverletzende Nutzung von Werken oder geschützten Leistungen im **Internet**. Theoretisch ist das Internet überall abrufbar, tw. sind Inhalte aber nur von regionaler oder gar lokaler Bedeutung. Nach der h.M. ist der besondere Gerichtsstand (Erfolgsort) des § 32 dort gegeben, wo eine bestimmungsgemäßer Aufruf der Internetseite erfolgt (KG MMR 2007, 652;

LG Krefeld MMR 2007, 798 m.w.N. *Danckwerts* GRUR 2007, 104, 105 ff. m.w.N.; für das Markenrecht: OLG Bremen CR 2000, 770, 771; *Nordemann*[10] Rn. 3354). Das lässt sich auch der Rechtsprechung des BGH entnehmen, der – für die parallel zu beantwortende Frage der internationalen Zuständigkeit deutscher Gerichte, eingehend vgl. Vor §§ 120 ff. Rn. 96 ff. – auf die bestimmungsgemäße Abrufbarkeit von Homepages in Deutschland abstellt (BGH GRUR 2007, 871, 872 – *Wagenfeld-Leuchte*; ferner OLG Köln GRUR-RR 2008, 71 – *Internet-Fotos*; Bröcker/Czychowski/Schäfer/*Nordemann-Schiffel* § 3 Rn. 53 ff. m.w.N.). Für die Feststellung der Bestimmung ist der Inhalt des Internetangebotes zu analysieren (eingehend vgl. Vor §§ 120 ff. Rn. 98). Es wird ein relativ großzügiger Maßstab angelegt. Die Homepage eines österreichischen Arztes aus Wien mit urheberrechtswidrigem Kartenmaterial ist auch auf Berlin ausgerichtet, wenn die Internetseiten deutsch-, englisch- und russischsprachig sind (KG MMR 2007, 608, gegen Vorinstanz LG Berlin MMR 2007, 608). Wenn allerdings eine kommerzielle englischsprachige Seite mit der britischen Top-Level-Domain „.uk" nur mit EU-ausländischen, aber nicht mit deutschen Fahnensymbolen wirbt, ist sie selbst dann nicht auf Deutschland ausgerichtet, wenn man in EUR bezahlen kann (OLG Köln GRUR-RR 2008, 71 – *Internet-Fotos* mit zu weit formuliertem Ls.). Der Upload in Internettauschbörsen (Musik- oder Filmdateien) durch deutsche Nutzer erfolgt grundsätzlich mit bundesweiter Bestimmung. Das Gleiche gilt für Ebay-Händler (*Danckwerts* GRUR 2007, 104, 107). Nur ausnahmsweise besteht danach kein bundesweiter Gerichtsstand, wenn ein rein lokales Angebot vorliegt, das auch nicht durch das Internet räumlich ausgedehnt wird (z.B. urheberrechtsverletzende Angebote einer lokalen Buchhandlung, die im Internet inseriert, aber nur vor Ort im Laden verkauft werden). Daneben besteht ein Gerichtsstand auch am Handlungsort, also am Speicherort (z.B. Serverstandort für das abrufbare Angebot).

11 Bei der **Sendung** (§ 20 ff.) kommt es nicht auf das der Rundfunkanstalt zugewiesene Sendegebiet an. Eine Rechtsverletzung, die durch eine Sendung des Saarländischen Rundfunks begangen wird, kann auch vor den Berliner Gerichten verfolgt werden, soweit sie hier empfangen werden konnte. Das Recht der **öffentlichen Wiedergabe durch Bild- oder Tonträger** (§ 21) bzw. das Recht der **Wiedergabe von Funksendungen oder öffentlicher Zugänglichmachung** (§ 22) wird überall dort verletzt, wo die Wiedergabe stattfindet.

12 Wenn **mehrere Verletzungshandlungen aufeinander treffen**, stellt sich die Konkurrenzfrage. Beispielsweise eine Vervielfältigung findet regelmäßig lokal statt, während die öffentliche Zugänglichmachung im Internet deutschlandweit erfolgt. Besteht ein unmittelbarer Zusammenhang zwischen Vervielfältigung und öffentlicher Zugänglichmachung, hat der Verletzte ein Wahlrecht, insb. können beide Verletzungen im Gerichtsstand der öffentlichen Zugänglichmachung verfolgt werden (KG GRUR-RR 2002, 343 – *Übersetzungen*). Entsprechendes gilt bei Vervielfältigung und Verbreitung. Ein solcher unmittelbarer Zusammenhang sollte indes großzügig angenommen werden, um den Verletzer nicht zu privilegieren. Sofern bei Vervielfältigung eine öffentliche Zugänglichmachung bzw. Verbreitung absehbar war, liegt er vor. – Im Gerichtsstand der unerlaubten Handlung wird der Rechtsstreit unter allen in Betracht kommenden rechtlichen Gesichtspunkten entschieden, so dass auch andere, **nichtdeliktische Ansprüche** geltend gemacht werden können (BGH NJW 2003, 828, 829 f.; zust. *Kiethe* NJW 2003, 1294; krit. *Patzina* LMK 2003, 71), z.B. zusätzlich die Eingriffskondiktion gem. § 812 BGB und die GoA gem. §§ 687 Abs. 2, 681, 667 BGB (Zöller/*Vollkommer*[25] § 32 Rn. 12).

13 **Ansprüche aus Urhebervertragsrecht:** Auch hier gelten für die örtliche Zuständigkeit die allgemeinen Regeln. Für Klagen aus den §§ 32, 32a, 32c sind deshalb die allgemeinen Gerichtsstände der §§ 12 bis 19a ZPO, aber auch die besondern Gerichtsstände der §§ 20 ff. ZPO einschlägig, sofern sie Gerichtsstände für vertragliche Ansprüche begründen können (also z.B. nicht § 32 ZPO).

14 Für **Klagen von VerwGes** aus Urheberdeliktsrecht oder für negative Feststellungsklagen gegen VerwGes wegen der Berühmung von deliktischen Ansprüchen gilt die Sonderregelung des **§ 17 UrhWahrnG;** vgl. § 17 UrhWahrnG Rn. 1. Ansonsten gelten für Klagen von und gegen VerwGes keine Besonderheiten. Insb. Klagen von VerwGes auf **gesetzliche Vergütung** richten sich nach den gleichen Regeln wie Klagen wegen vertraglicher Ansprüche (vgl. Rn. 13).

IV. Sachliche Zuständigkeit

15 Anders als bei den gewerblichen Schutzrechten findet sich im Urheberrecht keine sachliche Zuständigkeitskonzentration auf die LGe (z.B. §§ 143 Abs. 1 PatG, 140 Abs. 1 MarkenG). Vielmehr richtet sich die sachliche Zuständigkeit nach den allgemeinen Regeln der §§ 23 ff., 71 GVG. Zur Zuständigkeit der Kammern für Handelssachen (**KfHen**) an den LGen vgl. § 105 Rn. 4.

V. Internationale Zuständigkeit

16 Hierzu vgl. Vor §§ 120 ff. Rn. 96 ff.

VI. Gerichtsstandsvereinbarungen

17 Es gelten die §§ 38, 39, 40 ZPO. Gerichtsstandsvereinbarungen, die bei Urheberrechtsstreitigkeiten (vgl. § 104 Rn. 1) ein anderes als ein nach § 105 funktional zuständiges Gericht bestimmen, sind nicht möglich; § 105 begründet gem. § 40 Abs. 2 Nr. 2 ZPO ausschließliche Gerichtsstände. Unter mehreren Urheberrechtsgerichtsständen kann aber eine Wahl im Rahmen der §§ 38 ff. ZPO erfolgen. Wird danach ein unzuständiges Gericht vereinbart, kann eine Auslegung dahin erfolgen, dass das nächstgelegene Urheberrechtsgericht gemeint war (z.B. Auslegung „LG Bonn" zu „LG Köln"); Vereinbarungen über bloße Gerichtsorte sind gänzlich unproblematisch, weil sie § 105 nicht vorgreifen (*Ingerl/Rohnke*[2] § 140 MarkenG Rn. 36).

Vorbemerkung

Der strafrechtliche Schutz der §§ 106 ff. knüpft an den zivilrechtlichen Urhe- **1** ber- und Leistungsschutz an, sog. **Urheberrechtsakzessorietät** (BGH NJW 2004, 1674, 1675 – *CD-Export*). Nicht alle zivilrechtlich verfolgbaren Urheberrechtsverletzungen sind auch strafbewehrt. Insb. besteht für die Persönlichkeitsrechte i.d.R. kein Strafschutz, nur einzelne Verstöße (z.B. § 107 – unzulässiges Anbringen der Urheberbezeichnung) sind strafrechtlich erfasst.

Mitunter wird der Vorwurf geäußert, das Urheberrecht sei für eine strafrecht- **2** liche Anwendung zu kompliziert, dies gilt insb. hinsichtlich neuer Techniken und Begehungsweisen, da diese keine ausdrückliche Erwähnung im gesetzten Recht finden. Bei einer genauen Betrachtung hingegen ist es bei allen neuen Techniken oft nur eine Frage der Zerlegung auch komplexer technischer Vorgänge in einzelne Schritte sowie der exakten Subsumtion dieser unter urheberrechtliche Tatbestände, die auch bei zunächst kompliziert erscheinenden technischen Vorgängen zu urheberrechtlich befriedigenden Ergebnissen führt.

Das Urheberstrafrecht umfasst drei Grundtatbestände: die unerlaubte Verwer- **3** tung urheberrechtlich geschützter Werke (§ 106), unerlaubte Eingriffe in verwandte Schutzrechte (§ 108) sowie unerlaubte Eingriffe in technische Schutzmassnahmen (§ 108b). In § 108a und § 108b Abs. 3 sind jeweils Qualifikationstatbestände für den Fall der gewerbsmäßigen Tatbegehung vorgesehen.

Urheberrechtsverletzungen sind – mit Ausnahme des als **Offizialdelikt** aus- **4** gestalteten § 108a – **relative Antragsdelikte** (§ 109). Nach § 110 ist die Einziehung inkriminierter Produkte möglich. Die **Urteilsveröffentlichung** ist in § 111 vorgesehen. Die Strafbestimmungen werden durch die Bußgeldvorschrift des § 111a ergänzt.

§§ 106–108b sind Normen des materiellen Strafrechts. Die Bestimmungen des **5** Allgemeinen Teils des Strafgesetzbuches (§§ 1–79b) sind anwendbar.

In den letzten Jahren gab es im Urheberrecht drei größere Reformen. Dabei **6** wurde 1985 mit § 108a erstmalig ein Offizialdelikt für den Bereich der gewerbsmäßigen Vervielfältigung und Verbreitung eingeführt und der Entwicklung hin zu einer ernstzunehmenden Form der **Wirtschaftskriminalität** Rechnung getragen. 1990 wurde durch das ProdPiratG der § 108a auf alle strafrechtlich erfassten Verwertungshandlungen erweitert und zudem der **Strafrahmen** für das Grunddelikt von einem auf bis zu drei Jahre angehoben. Ebenso wurde die Versuchsstrafbarkeit für die nichtgewerblichen Urheberrechtsverletzungen der §§ 106–108 aufgenommen.

Mit dem UrhG Infoges wurden die Bestimmungen zum Schutz technischer **7** Maßnahmen (mit den flankierenden Straf- bzw. Bußgeldvorschriften in § 108b bzw. § 111a) eingeführt.

Der 2. Korb wie auch die Umsetzung der Enforcement-RL (DurchsetzungsG) **8** bringen keine unmittelbaren Änderungen für die urheberstrafrechtlichen Vorschriften. Allerdings wird eine weitere EU-Richtlinie (EU COM(2005)276) beraten, die sich mit der strafrechtlichen Durchsetzung der Rechte geistigen Eigentums beschäftigt, dessen erster Entwurf – wie schon bei der Enforcement-RL – das Urheberrecht wieder mit den gewerblichen Schutzrechten (z.B. Marken- und Patentrecht) gleichsetzt. Aufgrund der unterschiedlichen Piraterieiphänomene bedarf es jedoch differenzierter Regelungen für das Urheberrecht.

9 So hat die **Digitalisierung** urheberrechtsfähiger Materialien das Werk zusätzlich vulnerabel gemacht und zu Piraterieiphänomen geführt, die auch im nicht-gewerblichen Bereich zu einer großen Bedrohung geworden sind (anders insofern der Bereich der Marken- und Patentverletzung). Während das nachahmende Herstellen einer Kettensäge i.d.R. nur im gewerblichen Bereich möglich ist, kann man das „Texas Kettensägenmassaker" leicht am heimischen Rechner kopieren oder im Internet für Millionen zur Verfügung stellen. Schon durch das Einstellen einer Datei ins Internet ist der mannigfachen Vervielfältigung durch abertausende Nutzer Tür und Tor geöffnet (z.B. in Peer-to-Peer oder auf UGC Seiten wie z.B. YouTube).

10 Daher wäre es gerade im Urheberrecht erforderlich, andere qualifizierende Merkmale als lediglich die Gewerbsmäßigkeit der Tatbegehung einzuführen, um der erhöhten Vulnerabilität des Werkes durch die Digitalisierung Rechnung zu tragen. So sollte auch der Täter einem gewerbsmäßig handelnden Täter gleichgestellt werden, der durch z.B. die illegale Ersteinstellung des Werkes ins Internet zwar ohne eigene wirtschaftliche Interessen handelt, durch sein Tun aber den Ausgangspunkt zu einer massenhaften illegalen Nutzung des Werkes setzt und dieses in Kauf nimmt (z.B. Mitglieder von Releasegruppen oder First Seeder vgl. § 106 Rn. 47).

11 Gleichwohl sollte auch die Verfolgung von nicht gewerblichen bzw. nicht qualifizierten Urheberrechtsverletzungen nicht außer Acht gelassen werden, da diese ein Massenphänomen sind und von breiten Kreisen der Bevölkerung immer noch als Kavaliersdelikt angesehen werden. Diese dürfen nicht dem Schutz des Strafrechts entzogen werden, da dies zu einer schleichenden Entkriminalisierung der Verletzungen geistigen Eigentums führte und sich der Staat so seiner Verantwortung entzöge (Schutz des Urheberrechts im Rahmen von Art. 14 GG).

12 Dessen ungeachtet sind bei der massenhaften missbräuchlichen Nutzung von Internetanschlüssen Überlegungen berechtigt, Instrumente neben dem Strafrecht zu schaffen und die Internetprovider wie auch deren Kunden, über deren Anschluss solche Rechtsverletzungen begangen werden, in die Verantwortung zu nehmen (zur Problematik des zivilrechtlichen Vorgehens vgl. Erläuterungen zum neu geregelten Auskunftsanspruch nach § 101 UrhG).

13 Denkbar wäre eine Lösung, in der der Anschlussinhaber, dessen Anschluss für die Rechtsverletzung benutzt wurde, durch ein abgestuftes Informations- und Sanktionssystem (sog. Graduated Response) aufgefordert wird, solche Rechtsverletzungen zu unterbinden.

14 Im europäischen Umfeld gibt es dazu bereits einige Ansätze einer abgestuften Reaktion auf Verletzungshandlungen, wie z.B. die „Olivennes-Vereinbarung" in Frankreich (http://www.drmwatch.com/legal/article.php/3713551), die noch in 2008 als Gesetzesvorschlag ins Parlament eingebracht werden soll. In Großbritannien wird derzeit auf eine Verhandlungslösung zwischen Rechteinhabern und Internetprovidern zu einer Graduates Response gesetzt.

15 Neben allen Erwägungen zu sonstigen Sanktionen ist jedoch die generalpräventive Wirkung des Strafrechts für einen effektiven Schutz geistigen Eigentums unverzichtbar. Es bleibt zu hoffen, dass die in der gemeinsamen Abschlusserklärung der Justiz- und Innenminister der G 8 gefundenen Worte mit Inhalt gefüllt weden: „Der Kampf gegen Produkt- und Markenpiraterie ist eine strafrechts-, ordnungs-, wirtschafts- und verbraucherpolitische Aufgabe ersten Ranges."

§ 106   Unerlaubte Verwertung urheberrechtlich geschützter Werke

(1) Wer in anderen als den gesetzlich zugelassenen Fällen ohne Einwilligung des Berechtigten ein Werk oder eine Bearbeitung oder Umgestaltung eines Werkes vervielfältigt, verbreitet oder öffentlich wiedergibt, wird mit Freiheitsstrafe bis zu drei Jahren oder Geldstrafe bestraft.

(2) Der Versuch ist strafbar.

Übersicht

I.   Allgemeines

Nicht alle zivilrechtlich verfolgbaren Urheberrechtsverletzungen sind auch **1** unter Strafe gestellt. So sind Verletzungen von Verwertungsrechten grds. strafbewehrt (Ausnahme hierzu das Ausstellungsrecht nach § 18), im Bereich der **Persönlichkeitsrechte** jedoch nur einzelne Verstöße (z.B. § 107 – unzulässiges Anbringen der Urheberbezeichnung). Ebenso genießen die sonstigen Rechte des Urhebers (§§ 25 – 27) keinen urheberstrafrechtlichen Schutz.

§ 106 stellt die unerlaubte Verwertung von Werken unter Strafe, eine entspre- **2** chende Strafvorschrift für Leistungsschutzrechte findet sich in § 108.

II.   Objektiver Tatbestand

1.   Tatobjekt

Tatobjekt sind **Werke** i.S.d. § 2 sowie auch **Teile eines Werkes,** wenn sie selb- **3** ständig ein urheberrechtlich geschütztes Werk darstellen (RegE UrhG – BT-Drucks. IV/270, S. 108; Wandtke/Bullinger/*Hildebrandt*[2] Rn. 7; Möhring/Nicolini/*Spautz*[2] Rn. 6). Ebenso ist die Bearbeitung (vgl. § 3) eines Werkes urheberstrafrechtlich erfasst, jedoch nicht die Herstellung einer Bearbeitung oder Umgestaltung. Wird die Bearbeitung oder Umgestaltung (vgl. § 23) jedoch nachfolgend verwertet, z.B. vervielfältigt oder verbreitet, greift der strafrechtliche Schutz wiederum ein (HWSt-*Axel Nordemann* Rn. 53).

4 **Computerprogramme** (Anwender- und Spielesoftware; ebenso **Konsolenspiele**) gehören nicht nur zu den geschützten Werken des § 2, sondern seit dem ÄndG1993 gelten für diese in den §§ 69a – f besondere Bestimmungen. Auch **Datenbanken** sind – soweit sie als persönliche geistige Schöpfung einzuordnen sind (vgl. § 4 Rn. 12) – als Werk geschützt (§ 4 Abs. 2). Für nichtschöpferische Datenbanken ist ein Schutz sui generis nach §§ 87a ff. vorgesehen; die entsprechende Strafvorschrift ist in § 108 Abs. 1 Nr. 8 normiert.

5 Werke ausländischer Staatsangehöriger können unter den Voraussetzungen des § 121 ebenfalls dem deutschen Urheberstrafrecht unterliegen. Der strafrechtliche Schutz aller zuvor genannten Werke endet mit Ablauf der Schutzfrist.

2. Tathandlung

6 Mögliche Tathandlungen sind die urheberrechtlichen Verwertungshandlungen, **Vervielfältigung** (§ 16), **Verbreitung** (§ 17) sowie **öffentliche Wiedergabe** (§§ 15 Abs. 2, 19 – 22). Da der reine Besitz von Raubkopien nicht strafbar ist, ist insb. in den Fällen des § 108 Satz 1 StPO (**Zufallsfund**) auf Indizien für eine Verwertungshandlung zu achten. Bei Kopien von Software wäre zudem der zivilrechtliche Vernichtungsanspruch des § 69f zu berücksichtigen.

7 a) **Vervielfältigen:** Vervielfältigen ist jede körperliche Festlegung eines Werkes, die geeignet ist, das Werk den menschlichen Sinnen auf irgendeine Weise unmittelbar oder mittelbar wahrnehmbar zu machen (vgl. § 16 Rn. 9 ff.).

8 So ist etwa die Speicherung eines Programmes auf der Festplatte eines Computers eine urheberrechtlich relevante Vervielfältigungshandlung (BGH NJW 2001, 3558, 3559; OLG Hamburg, ZUM 2001, 512, 513). Dies gilt nach h.M. auch für die **Speicherung im Arbeitsspeicher** eines Computers (OLG Hamburg ZUM 2001, 512, 513; OLG Düsseldorf CR 1996, 728, 729; OLG Wien GRUR Int. 1999, 970, 972; Dreier/Schulze/*Dreier*[2] § 16 Rn. 13; Möhring/Nicolini/*Kroitzsch*[2], § 16 Rn. 18; Schricker/*Loewenheim*[3], § 16 Rn. 6, HWSt-*Axel Nordemann* Rn. 54; a.A. *Etter* CR 1989, 115, 117).

9 Der **Upload** urheberrechtlich geschützter Dateien ist ebenso eine Vervielfältigungshandlung i.S.d. § 16. Upload erfasst dabei die Speicherung auf einen im Internet zugänglichen Serverrechner bei einem Provider oder auch **Filehoster** (s. auch Rn. 20). Dies ist nicht mit dem öffentlichen Zugänglichmachen zu verwechseln (vgl. Rn. 17; zur öffentlichen Zugänglichmachung bei Filehostern vgl. Rn. 20). Beim **Downloading** erfolgt durch die Speicherung der Dateien auf der Festplatte des Nutzers die urheberrechtlich relevante Vervielfältigungshandlung (so auch *Jan Bernd Nordemann/Dustmann* CR 2004, 380, 381). Sofern es sich um ein Film- oder Musikwerk handelt, könnten ggf. gesetzliche Schrankenregelungen wie etwa § 53 eingreifen (vgl. Rn. 22).

10 Bei einer **sukzessiven Übertragung** von Teilen eines Werkes wie z.B. in **Tauschbörsen** ist spätestens dann von einer relevanten Vervielfältigung auszugehen, wenn die übertragenen Teile Werkqualität erreichen (Möhring/Nicolini/*Spautz*[2] Rn. 6; Schricker/*Vassilaki*[3] Rn. 11; Wandtke/Bullinger/*Hildebrandt*[2] Rn. 14). Für den Fall, dass die übertragenen Teile noch keine Werkqualität erreichen, sich der Vorsatz des Täters aber auf den Download des gesamten Werkes bezieht, verbleibt noch die Strafbarkeit wegen versuchter Urheberrechtsverletzung (vgl. Rn. 37).

Auch die vorübergehende technisch bedingte Vervielfältigung während des **11** sog. **Streamings** ist eine Vervielfältigung und wenn sie aus einer illegalen Quelle stammt (z.B. von illegal in Videohostingsites wie www.myvideo.de eingestellte Filmdateien) auch eine strafbare Handlung nach § 106. Insofern greift in dieser Konstellation § 44a (ephemere Speicherung) nicht ein, da die Vervielfältigung weder der Vermittlung in einem Netz dient, noch die Vervielfältigung einer rechtmäßigen Nutzung des Werkes dient.

b) Verbreiten: Eine Verbreitungshandlung i.S.d. § 17 ist zum einen das Inver- **12** kehrbringen eines Vervielfältigungsstückes (also der körperlichen Festlegung) und zum anderen das Anbieten des Stückes in der Öffentlichkeit (im Einzelnen vgl. § 17 Rn. 14 ff.).

„In den Verkehr gebracht" ist das Werkstück dann, wenn es das persönliche **13** Umfeld des Täters verlässt (BGHZ 113, 159, 161), es also derart aus seinem Gewahrsam entlassen wird, dass ein anderer in der Lage ist, sich der Sache zu bemächtigen und mit ihr nach seinem Belieben umzugehen (Schricker/*Vassilaki*[3] Rn. 18; Wandtke/Bullinger/*Hildebrandt*[2] Rn. 17). Davon ist auch die vorübergehende Weitergabe erfasst, selbst wenn diese unentgeltlich erfolgt (z.B. Leihe). Ob auch die firmeninterne Weitergabe von Vervielfältigungsstücken ein urheberrechtlich relevantes Verbreiten darstellt, ist umstritten (vgl. § 17 Rn. 13).

Auch die Verbreitung von originalen Vervielfältigungsstücken kann eine ille- **14** gale Verbreitungshandlung sein, wenn das Verbreitungsrecht noch nicht erschöpft ist. Werden z.B. DVDs, die außerhalb des Europäischen Wirtschaftsraumes (EWR) legal auf den Markt gekommen sind, innerhalb des EWR ohne Zustimmung des dort Berechtigten verkauft, liegt hierin ein **illegaler Parallelimport** (ausführlich vgl. § 17 Rn. 24 ff.).

Vereinzelt wird eingewandt, dass sich der weite urheberrechtliche Verbrei- **15** tungsbegriff, der neben dem Inverkehrbringen auch das öffentliche Anbieten umfasst, dem Laien nicht ohne weiteres erschließe. Da die Strafnorm dennoch keine ausdrückliche Verweisung auf § 17 enthalte, sei das öffentliche Anbieten illegal hergestellter Vervielfältigungsstücke nicht strafbar (Wandtke/Bullinger/ *Hildebrandt*[2] Rn. 16). Die Ausdehnung des Verbreitungsbegriffes auf eine eigentliche Vorbereitungshandlung des Inverkehrbringens ist im Urheberrecht ganz bewusst gewählt worden, um der Vulnerabilität des Werkes im Gegensatz zum materiellen Eigentum Rechnung zu tragen (vgl. Vor § 106 Rn. 9). Zudem liegt hierin kein Verstoß gegen das Bestimmtheitsgebot des § 1 StGB i.V.m. Art. 103 GG, da der Begriff der Verbreitung in § 17 definiert ist (für eine Strafbarkeit auch die h.M.).

Das Anbieten von Werkstücken ist als Verbreiten strafbar, wenn die Stücke im **16** Angebot konkretisiert sind, dabei müssen sie noch nicht hergestellt sein, es reicht, dass sie auf Bestellung lieferbar sind (BGH GRUR 1980 227, 230 – *Monumenta Germaniae Historica*; BGH GRUR 1991, 316, 317 – *Einzelangebot*). Danach sind auch solche Fälle erfasst, in denen der Beschuldigte aus einem Archiv heraus Kopien erst auf Bestellung fertigt. Ein „der Öffentlichkeit Anbieten" i.S.d. § 17 Abs. 1 kann auch durch ein Einzelangebot an einen Dritten erfolgen, zu dem keine persönliche Beziehung besteht, z.B. **Übersenden einer Angebotsliste** per E-Mail (BGH GRUR 1991, 316, 317 –

Einzelangebot) oder das **Anbieten von Vervielfältigungsstücken in Internetauktionshäusern** (Schricker/*Vassilaki*[3] Rn. 15).

17 c) **Öffentlich wiedergeben:** Die öffentliche Wiedergabe ist in § 15 Abs. 2 normiert (vgl. § 15 Rn. 22 ff.). Besondere praktische Bedeutung hat § 15 Abs. 2 Satz 2 Nr. 2 i.V.m. § 19a, der Unterfall der **öffentlichen Zugänglichmachung** (eingeführt mit UrhG Infoges), z.B. durch Einstellen von Dateien ins Internet.

18 Beim Datentausch im Rahmen von **Peer-to-Peer (P2P)-Netzen** kommen grds. zwei verschiedene Verwertungshandlungen in Betracht. Zum einen erfolgt durch die Speicherung der downgeloadeten Dateien auf der Festplatte eine Vervielfältigungshandlung i.S.v. § 16 UrhG. Zum anderen macht der Nutzer eines P2P-Systems die Dateien, die er zum Tauschen freigibt, öffentlich zugänglich i.S.v. § 19a (vgl. § 19a Rn. 18).

19 Das **Setzen eines Hyperlinks** auf einer Webseite ist kein öffentliches Zugänglichmachen i.S.v. § 19a (BGH GRUR 2003, 959, 961 – *Paperboy*, vgl. § 19a Rn. 23). Im Linksetzen kann jedoch eine **Beihilfe**handlung liegen (vgl. Rn. 41).

20 Hingegen liegt ab dem Moment der Veröffentlichung von sog. **Filehoster Links** (z.B. auf **Portalseiten** oder Internetforen) eine öffentliche Zugänglichmachung der bei dem Filehoster gespeicherten Dateien vor (LG Düsseldorf, Urteil vom 23.01.2008, Az. 12 O 246/07). Damit ist derjenige, der solche Links veröffentlicht, Täter der öffentlichen Zugänglichmachung.

3. In anderen als den gesetzlich zugelassenen Fällen

21 Das Merkmal ist (negatives) Tatbestandsmerkmal (Dreier/Schulze/*Dreier*[2] Rn. 6; Wandtke/Bullinger/*Hildebrandt*[2] Rn. 21) und bezieht sich nicht auf die allgemeinen Rechtfertigungsgründe (Dreier/Schulze/*Dreier*[2] Rn. 6; Schricker/*Vassilaki*[3] Rn. 23). Erfasst sind die §§ 44a bis 63, 87c, die sog. Schrankenregelungen sowie für Computerprogramme die §§ 69c – e. Schrankenregelungen sind grds. restriktiv auszulegen, da sie eine Ausnahme zum Grundprinzip des Zustimmungserfordernisses darstellen und der Urheber durch sie nicht übermäßig beschränkt werden darf (BGH, GRUR 2002, 605 – *verhüllter Reichstag*; BGH GRUR 2001, 51, 52 f. – *Parfümflacon*).

22 Der in der Praxis häufigste Fall einer Ausnahme vom Prinzip des Zustimmungserfordernisses für Verwertungshandlungen ist § 53, die Vervielfältigung zum privaten und sonstigen eigenen Gebrauch. Seit Inkrafttreten des UrhG Infoges ist die Vervielfältigung zum privaten Gebrauch nicht zulässig, soweit dazu eine **offensichtlich rechtswidrig hergestellte Vorlage** verwendet wird, z.B. beim **Download aktueller Kinofilme** (vgl. § 53 Rn. 14). Mit Inkrafttreten des 2. Korbes zum 01.01.2008 ist der Anwendungsbereich nunmehr auch auf legale Vorlagen ausgeweitet worden, die offensichtlich rechtswidrig öffentlich zugänglich gemacht werden (BGBl. I, 2513 ff.)

23 Als ein gesetzlich ebenso zugelassener Fall ist auch die Verbreitung nach Erschöpfung nach § 17 Abs. 2 UrhG einzuordnen (Dreier/Schulze/*Dreier*[2] Rn. 6; Möhring/Nicolini/*Spautz*[2] Rn. 4). Ein gescheitertes Veräußerungsgeschäft führt nicht zum Aufleben des strafrechtlichen Schutzes. Anderes gilt für gestohlene oder unterschlagene Ware, da insoweit keine Erschöpfung eingetreten ist.

III. Subjektiver Tatbestand

Die Tat muss vorsätzlich begangen werden, bedingter Vorsatz reicht aus. Eine **24** fahrlässige Urheberrechtsverletzung ist nicht strafbar (Dreier/Schulze/*Dreier*[2] Rn. 7; Wandtke/Bullinger/*Hildebrandt*[2] Rn. 29; Schricker/*Vassilaki*[3] Rn. 30). Bei **normativen Tatbestandsmerkmalen** („Werk", „Verbreitung") muss der Täter den Bedeutungsgehalt des Tatumstandes in vorjuristischer Weise richtig erfassen, sog. **Parallelwertung in der Laiensphäre** (BGHSt 3, 248, 255; 4, 347, 352). So ist z.B. nicht erforderlich, dass ein Nutzer eines **P2P-Systems**, der seine Festplatte für den Datentausch mit anderen Nutzern öffnet, weiß, dass es sich dabei um ein öffentliches Zugänglichmachen i.S.d. § 19a handelt, er muss lediglich erfassen, dass dieses „Im-Internet-Anbieten" ein Recht ist, welches allein dem Berechtigten zusteht.

IV. Rechtswidrigkeit und Schuld

Die **Einwilligung des Berechtigten** ist **Rechtfertigungsgrund** (Dreier/Schulze/ **25** *Dreier*[2] Rn. 8; Möhring/Nicolini/*Spautz*[2] Rn. 5; *Weber*, Der strafrechtliche Schutz des Urheberrechts, 1976, S. 266; a. A. Schricker/*Vassilaki*[3] Rn. 28, Einordnung als Tatbestandsmerkmal). Eingriffe in Vermögensrechte können unstreitig durch Einwilligung gerechtfertigt werden (Weber, S. 264; Wandtke/ Bullinger/*Hildebrandt*[2] Rn. 24). Davon zu trennen ist die Frage, wer Berechtigter iS. dieser Vorschrift ist. Berechtigt ist der Urheber, der Erbe oder sonstige Rechtsnachfolger des Urhebers sowie der Inhaber eines ausschließlichen Nutzungsrechts (z.B. der Filmverleiher, Zur Abgrenzung von ausschließlichen bzw. einfachen Nutzungsrechten vgl. § 31 Rn. 142 f.). Der Inhaber einfacher Nutzungsrechte ist kein Berechtigter i.S. dieser Vorschrift (z.B. der Filmtheaterbetreiber). Wenn der Berechtigte sich außerhalb seines ihm eingeräumten Nutzungsrechtes bewegt, handelt er insofern tatbestandsmäßig, kann aber durch die Einwilligung des eigentlich Berechtigten gerechtfertigt sein.

I.E. ist bei beiden Lösungen eine Strafbarkeit bei fehlender Einwilligung stets **26** gegeben. Es ergeben sich lediglich Unterschiede in Irrtumsfällen (vgl. Rn. 35 f., sowie Wandtke/Bullinger/*Hildebrandt*[2] Rn. 32 ff.).

Abzulehnen ist die Ansicht, dass die nachträgliche Zustimmung des Berechtigten **27** oder Übertragung von Nutzungsrechten die Strafbarkeit bzw. die Verfolgbarkeit der Straftat entfallen ließe. Obschon das Urheberstrafrecht zivilakzessorisch ist, kann eine vorgenommene zivilrechtliche Einigung das Strafverfahren nicht aushebeln. Eine nachträgliche Zustimmung ist im Strafrecht bedeutungslos (BGHSt 17, 359). Der Gesetzgeber hat im Urheberrechtsgesetz neben dem reinen Zivilrecht gerade auch strafrechtliche Bestimmungen vorgesehen, um das geistige Eigentum als verfassungsmäßig geschütztes Gut auch unter dem Gesichtspunkt der Generalprävention zu schützen (vgl. Vor § 106 Rn. 10, 15).

I.E. ist die nachträglich erteilte „Einwilligung" allenfalls als Rücknahme des **28** Strafantrages zu werten. Anderenfalls hätte der Gesetzgeber § 109 als absolutes Antragsdelikt ausgestaltet, sodass der Strafantragsberechtigte allein über eine Strafverfolgung entschieden hätte. Nach der jetzigen Regelung verbleibt es bei dem Strafanspruch des Staates, sodass die Staatsanwaltschaft bei Bejahung des öffentlichen Interesses die Tat immer noch verfolgen könnte und damit letztendlich die Entscheidung über eine Strafverfolgung trifft.

Im Übrigen gelten die allgemeinen Rechtfertigungs- und Entschuldigungsgrün- **29** de.

V. Irrtümer

30 Irrt der Täter über die normativen Tatbestandsmerkmale des § 106 (vgl. Rn. 23) kann dies sowohl zu einem Tatbestands- als auch zu einem Verbotsirrtum führen. Ein Internetnutzer will z.b. ein Lied des Künstlers R.W. herunterladen, der zuvor in der Zeitung verkündet hat, er würde sein neues Lied für den kostenlosen Download zur Verfügung stellen. Stattdessen lädt er aber das gleichnamige Lied der Gruppe R.S. herunter, welche das Werk nicht kostenfrei zur Verfügung gestellt haben. Hier irrt der Täter über die seiner rechtlichen Würdigung zugrundeliegende Tatsache. Dies ist ein Tatbestandsirrtum, mit der Folge, dass der Vorsatz entfällt.

31 Die meisten **Irrtümer** über normative Tatbestandsmerkmale sind als **Verbotsirrtümer** einzuordnen, wenn dem Täter zwar alle Tatsachen bekannt sind, er diese aber rechtlich falsch würdigt (sog. **Subsumtionsirrtum**). Der Täter nimmt z.B. irrig an, dass er **TV-Serien**, die bereits im Fernsehen gelaufen sind, über **P2P-Netze** tauschen darf.

32 Hierunter fallen auch die Irrtümer über Schrankenbestimmungen, wie z.B. § 53. Diese sind in der Regel als Verbotsirrtümer zu behandeln, da der Täter eine falsche rechtliche Würdigung vornimmt. Der Verbotsirrtum führt zum Ausschluss der Schuld, wenn er unvermeidbar war.

33 Für den Nutzer (illegaler) Tauschbörsen ist er grds. vermeidbar, da ihm idR. bewusst ist, dass er Urheberrechte verletzt, nicht zuletzt deshalb, weil davon auszugehen ist, dass der durchschnittliche Nutzer die seit einiger Zeit diesbezüglich öffentlich in den Medien geführte Debatte zur Kenntnis genommen hat (AG Cottbus Urtl. v. 25.05.2004 – 95 Ds 1653 Js 15556/04 (57/04)).

34 Bei der Entscheidung über die **Vermeidbarkeit** des Verbotsirrtums muss der Täter nach st. Rspr. sein Gewissen in Bezug auf das Erlaubtsein seiner Tat anspannen. Das Maß der Anspannung richtet sich nach den Umständen des Falles und nach dem Lebens- und Berufskreis des Einzelnen (BGHSt 2, 194, 201; BGHSt 3, 194, 201). Demnach sind bei Fachleuten, die sich berufsmäßig mit der Verwertung urheberrechtlich geschützter Werke befassen (Verleger, Videothekar usw.), strenge Anforderungen zu stellen. Sie haben eine Erkundungspflicht hinsichtlich der geltenden Urheberrechtsnormen (LG Wuppertal, Urteil vom 28.11.1986 Az. 26 NS 24 Ss 538/84 – 67/86 VI; *Rehbinder* S. 342; *Rochlitz* S. 153).

35 Ein **Irrtum über die Einwilligung durch den Berechtigten** ist ein **Erlaubnistatbestandsirrtum**. Nach h.M. ist hier § 16 Abs. 1 Satz 2 analog anzuwenden mit der Folge, dass der Tatbestandsvorsatz nicht entfällt (sog. rechtsfolgenverweisende eingeschränkte Schuldtheorie). Eine Analogie ist hier unbedenklich, da sie zu Gunsten des Täters erfolgt. Bedeutung erlangt dieser Irrtum bei Täterschaft und Teilnahme (vgl. Rn. 41). Denn irrt der Haupttäter über das Vorliegen der Einwilligung durch den Berechtigten, entfällt für ihn die Strafbarkeit (eine fahrlässige Tatbegehung ist im Urheberstrafrecht nicht vorgesehen), für den Teilnehmer bleibt die Haupttat aber eine vorsätzlich rechtswidrige, sodass bei doppeltem Gehilfenvorsatz eine Strafbarkeit möglich ist.

36 Hiernach macht sich also der Betreiber einer entgeltlich betriebenen **Website mit Links** zu downloadbaren urheberrechtlich geschützten Dateien, der durch die Aufmachung und die Kostenpflichtigkeit der Seite dem Nutzer suggeriert, es handele sich um eine legale Seite, wegen Beihilfe zur Urheberrechtsverletzung strafbar, obwohl der Nutzer als Haupttäter der Urheberrechtsverletzung ggf. einem Erlaubnistatbestandsirrtum unterliegt, da er aufgrund der Aufmachung und Kostenpflichtigkeit davon ausgeht, dass die Zustimmung der Rechteinhaber vorliegt.

VI. Versuch

Seit dem ProdPiratG ist bei einer Verletzungshandlung i.S. der §§ 106 – 108 **37** auch der Versuch strafbar. Im Übrigen gelten die allgemeinen Regeln der §§ 22 ff. StGB.

Hat also der Nutzer eines **P2P-Netzes** den **Download** durch Anklicken des **38** Links bereits gestartet, so hat er nach seiner Vorstellung von der Tat (und der üblichen Technik eines Peer-to-Peer-Clients) unmittelbar zur Tat (des Downloades des urheberrechtlich geschützten Werkes) angesetzt. Selbst wenn der Download nicht komplett abgeschlossen werden kann, liegt somit ein Versuch vor. Dies gilt auch für den sonstigen Download von Dateien, z.B. von einem **ftp-Server**.

VII. Täterschaft und Teilnahme

Täterschaft und Teilnahme richten sich nach den allgemeinen Vorschriften der **39** §§ 25 ff. StGB.

Der bloße Erwerber einer illegal hergestellten/verbreiteten Kopie bleibt zu- **40** nächst als notwendiger Teilnehmer straflos, sofern er nicht das notwendige Maß der Mitwirkung überschreitet (Schönke/Schröder/*Cramer*/*Heine*[27] Vorbem. §§ 25 ff. Rn. 47a). Wenn er allerdings die illegal hergestellte Kopie benutzt, so nimmt er dann – zumindest bei Computerprogrammen – eine Vervielfältigungshandlung durch **Laden in den Arbeitsspeicher** bzw. Installieren auf der Festplatte vor, die, da sie ohne Zustimmung des Rechtsinhabers erfolgt, strafbar ist (*Rupp* wistra 1985, 137, 142).

Neben **Beihilfehandlungen** wie etwa dem Zurverfügungstellen von Werkzeu- **41** gen zur Vervielfältigung (Wandtke/Bullinger/*Hildebrandt*[2] Rn. 41), hat sich im Umfeld der **P2P-Netze** eine neue Art der Beihilfe etabliert: die sog. **hash link-Seiten** (oft auch als **Portalseiten** bezeichnet), die durch das Angebot speziell kodierter Links (sog. hash Links) den gezielten Zugang zu Kopien von Film- oder Musikwerken ermöglichen (*Jan Bernd Nordemann*/*Dustmann* CR 2004, 380, 382) Hierdurch fördern bzw. ermöglichen die Betreiber o.g. Portalseiten den Upload/Download bzw. das Bereithalten der Dateien auf den Rechnern der einzelnen Nutzer (s.a. OLG München ZUM 2005, 896, 900). So bilden sie für Nutzer eines P2P-Netzes ein nahezu unentbehrliches Hilfsmittel, um mit geringem Aufwand einen bestimmten Film in gewünschter Qualität auch zu finden (*Jan Bernd Nordemann*/*Dustmann* CR 2004, 380, 382). Durch das Setzen des Links wird das Auffinden „um ein Vielfaches bequemer gemacht" und damit die Gefahr von Rechtsgutverletzungen erheblich erhöht (OLG München ZUM 2005, 896, 900), was als Beihilfe zur unerlaubten Verwertung geschützter Werke i.S.v. § 106 UrhG i.V.m. § 27 StGB einzuordnen ist (AG Papenburg Urtl. v. 18.08.2004 – Az. 14 Ds 830 Js 580/04 (101/04); AG Tuttlingen Urtl. v. 14.02.2007 – Az. 2 Ds 22 Js 1167/03; *Jan Bernd Nordemann*/*Dustmann* CR 2004, 380, 383; für Täterschaft: Schricker/*Vassilaki*[3] Rn. 33).

VIII. Prozessuales

42 Bei Straftaten mit Internetbezug knüpfen sich die Ermittlungen eingangs an die **ip-Adresse** als der Adresse, unter der der Computer, mittels dessen die Straftat begangen wird, im Internet eindeutig zu identifizieren ist. Anfragen nach **Anschlussinhabern** können nur von Strafverfolgungsbehörden gestellt werden. Dabei können **Bestandsdaten** i.S. v. § 3 Nr. 3 TKG wie Name und Anschrift des Nutzers formlos über § 113 TKG i.V.m. §§ 161, 163 StPO beim **Provider** angefordert werden (auch bei dynamischen ip- Adressen; früher str., nunmehr klargestellt durch das zum 01.01.2008 in Kraft getretene TKÜNRegiG; vgl. LG Offenburg, Beschluss vom 17.04.2008, Az. 3 Qs 83/07; *Meyer-Goßner*[51], StPO, § 99 Rn. 15; jetzt auch *Bär* MMR 2008, 215, 221; *Beck/Kreißig* NStZ 2007, 304, 306, 307; a.A. LG Frankenthal, Beschluss vom 21.05.2008, Az. 6 O 156/08).

43 Sollen darüber hinaus noch **Verkehrsdaten** i.S.v. § 3 Nr. 30 TKG (z.b. welche Website von einem Anschluss aus aufgerufen wurde) vom Provider herausverlangt werden, so bedarf es eines richterlichen Beschlusses nach § 100g StPO. Soweit die Speicherung der Verkehrsdaten nach § 113a TKG (sog. **Vorratsdatenspeicherung**) erfolgt ist, hat das BVerfG in einer Eilentscheidung über die Zulässigkeit der Datenerhebung nach dieser Vorschrift bis zu einer endgültigen Entscheidung zunächst die Weitergabe dieser Verkehrsdaten an die Strafverfolgungsbehörden erheblich eingeschränkt (BVerfG, Beschluss vom 11.03.2008, 1 BvR 256/08). Die Beauskunftung von Bestandsdaten nach § 113 TKG bleibt hiervon unberührt (Begr. RegE TKÜNRegiG BT-Drucks. 16/5846, S. 96; vgl. Rn. 42).

44 Ebenso wurde durch das TKÜNRegiG eine Neuregelung in § 110 Abs. 3 StPO hinsichtlich der Sichtung von elektronischen Speichermedien vorgenommen (Begr. RegE BT-Drucks. TKÜNRegiG 16/5846, S. 63). Hat der Beschuldigte Kenntnis von der Maßnahme und stimmt er (als Berechtigter) z.b. dem Zugriff auf einen ftp-Server zu, dürfen die Daten gesichtet und zum Zwecke der Beweissicherung downgeloadet werden. Die fehlende Zustimmung des Beschuldigten kann durch richterlichen Beschluss ersetzt werden. So können während der Durchsuchung Daten, die sich ggf. in verschlüsselten noch geöffneten Containern befinden, gesichert werden, bevor Beweismittelverlust eintritt (z.b. durch Abschalten des Computers). Dieses Vorgehen ist ebenso dann angezeigt, wenn sich eine Durchsuchung oder Sicherung von Daten beim Provider schwierig gestaltet, weil dieser etwa im Ausland ansässig ist (vgl. Rn. 46).

45 Hiervon zu unterscheiden ist hingegen die sog. **verdeckte Onlinedurchsuchung**. Dabei können Datenspeicher des vom Beschuldigten genutzten Computers verdeckt ohne dessen Wissen mit Hilfe eines Hackertools auf elektronischem Weg durchsucht werden (vgl. Begr. RegE BT-Drucks. TKÜNRegiG 16/5846, S. 74; im Einzelnen dazu *Hofmann* NstZ 2005, 121). So hat auch das Bundesverfassungsgericht bei der Entscheidung über entsprechende Ermächtigungsgrundlagen in Landesgesetzen zu recht hohe Hürden für eine verdeckte Onlinedurchsuchung aufgestellt (BVerfG, Urteil vom 27.02.2008, Az. 1 BvR 370/07 und 1 BvR 595/07).

46 Ggf. können Daten von einem **ausländischen Provider** auch im Wege des Rechtshilfeersuchens erlangt werden. Die Verfahrensweise richtet sich im Einzelnen nach dem Gesetz über die internationale Rechtshilfe in Strafsachen

(IRG) sowie den Richtlinien für den Verkehr mit dem Ausland in strafrechtlichen Angelegenheiten (RiVASt).

Bei Urheberrechtsdelikten ist im Rahmen der Strafzumessung nach § 46 Abs. 2 **47** StGB der entstandene Schaden zu berücksichtigen. Dabei kann u.U. gar nicht anhand etwa des Ladenpreises der Schaden im Einzelnen konkret beziffert werden. Gerade beim Einstellen von Werken in das Internet und dem damit verbundenen Anbieten zum Download, ist die Anzahl von Vervielfältigungen für den Verletzer nicht mehr zu steuern (z.B. ein **First Seeder** in BitTorrent, Mitglieder von **Releasegruppen**). Bei dieser Betrachtung liegt der durch den Täter verursachte Schaden letztlich um ein vielfaches höher, als wenn er einzelne Vervielfältigungsstücke hergestellt und an einzelne Kunden verkauft hätte (so schon LG Braunschweig ZUM 2004, 144, 146).

Erlöse, die der Täter mit rechtswidrigen Taten erzielt, unterliegen grds. dem **48** Verfall nach §§ 73 ff. StGB. Bereits zu Beginn des Ermittlungsverfahrens können gem. §§ 111b StPO Vermögenswerte vorläufig gesichert werden, um so die tatsächlichen Voraussetzungen für den Verfall zu schaffen. Für eine Maßnahme nach § 111b reicht bereits ein einfacher Tatverdacht i.S.d. § 152 Abs. 2 StPO aus. Allerdings steht der Anordnung des Verfalls § 73 Abs. 1 Satz 2 StGB eigentlich entgegen, wenn es sich um eine Tat handelt, bei der es einen individuellen Verletzten gibt (Meyer-Goßner[51], StPO, § 111b Rn. 5). Jedoch können nach § 111b Abs. 5 die Sicherstellung der an sich dem Verfall unterliegenden Vermögenswerte auch zu Gunsten der Geschädigten vorgenommen werden, sog. **Rückgewinnungshilfe**. Die Anwendung des § 111b Abs. 5 StPO liegt im Ermessen der Strafverfolgungsbehörden.

Wenn Sicherungsmaßnahmen von Seiten der Strafverfolgungsbehörden durch- **49** geführt worden sind, muss der Verletzte innerhalb von drei Jahren einen (zumindest vorläufig) vollstreckbaren Titel erwirken (hierzu ausführlich *Hansen/Wolff-Rojczyk* GRUR 2007, 468, 473, 474; *Rönnau*, Vermögensabschöpfung in der Praxis, 2003, S. 139 ff.). Darüber hinaus muss die Zwangsvollstreckung bzw. die Arrestvollziehung per Gerichtsbeschluss auf Antrag des Verletzten gem. §§ 111g Abs. 1, 111h Abs. 2 StPO zugelassen werden, da gem. § 111c Abs. 5 StPO i.V.m. § 136 BGB ein Verfügungsverbot zu Gunsten des Staates besteht (*Hansen/Wolff-Rojczyk*, GRUR 2007, 468, 473; *Rönnau*, S. 161). Bei mehreren Verletzten, die Ansprüche geltend machen, gilt der im Zwangsvollstreckungsrecht übliche Prioritätsgrundsatz.

Für den Fall, dass zwar Verletzte bekannt sind, diese jedoch keine Ansprüche **50** geltend machen, fallen in der neuen Fassung des § 111i StPO (geändert durch das Gesetz zur Stärkung der Rückgewinnungshilfe, BGBl. I 2006, 2349; in Kraft getreten am 01.01.2007) die sichergestellten Vermögenswerte an den Staat. Nach der überaus unbefriedigenden alten Fassung wären sie in einem solchen Fall an den Verletzer wieder herausgegeben worden.

Bei allen urheberstrafrechtlichen Tatbeständen ist die **Nebenklage** grds. mög- **51** lich, § 395 Abs. 2 Nr. 2 StPO, jedoch nicht bei Verfahren gegen Jugendliche, § 80 Abs. 3 JGG.

IX. Konkurrenzen

Idealkonkurrenz ist möglich mit §§ 107, 108. Treffen Vervielfältigung und **52** Verbreitung als Verletzungshandlungen zusammen, ist nur wegen einer Tat zu verurteilen (BayOblG UFITA 47 [1966], 326, 327). Sofern schon beim

Download beabsichtigt war, diese Werke anschließend zu verbreiten, ist Tateinheit anzunehmen (LG Braunschweig ZUM 2004, 144, 146). § 106 wird verdrängt durch § 108a (vgl. § 108a Rn. 11). Der Annahme von Handlungseinheit steht es nicht entgegen, wenn die Taten gegen unterschiedliche Rechtsgutträger gerichtet sind (LG Braunschweig ZUM 2004, 144, 146).

53 §§ 106 ff. können unter Umständen Vortat zur Begünstigung sein (Wandtke/Bullinger/*Hildebrandt*[2] Rn. 53; a.A. *Rupp* wistra 1985, 137, 139). Nach überwiegender Ansicht sind hingegen die §§ 106 ff. keine Vortat zur Hehlerei (Fischer[55], StGB § 259 Rn. 34). Tateinheit ist möglich mit § 263 StGB (z.B. Verkäufer veräußert Identfälschungen an gutgläubigen Kunden).

54 Die §§ 106 ff. sind Schutzgesetze i.S.v. § 823 Abs. 2 BGB (OLG Naumburg GRUR 1999, 373).

X. Grenzüberschreitende Rechtsverletzungen

55 Grds. findet nach § 3 StGB das deutsche Recht für in Deutschland begangene Urheberrechtsverletzungen Anwendung. Daher ist der Download von Dateien von einem ausländischen Server in Deutschland strafbar, da hier die relevante Vervielfältigungshandlung vorgenommen wird (BGH NJW 2004, 1674, 1675 – *CD-Export*). Wegen des im Urheberrecht geltenden **Territorialitätsprinzips** findet § 7 StGB keine Anwendung, da der strafrechtliche Schutz nicht weiter gehen kann als der zivilrechtliche (Zivilrechtsakzessorietät, BGH NJW 2004, 1674, 1675 – *CD-Export*), d.h. wird ein deutsches Urheberrecht im Ausland verletzt, ist deutsches Urheberrecht nicht anwendbar, sondern das Recht am Ort der Verletzungshandlung.

56 In den Fällen, in denen ein inländischer Täter von Deutschland aus Dateien urheberrechtlich geschützter Werke auf einen **Server** im Ausland zum Download zur Verfügung stellt (zugänglich macht), gilt folgendes: der Nutzungsakt der Zugänglichmachung findet überall dort statt, von wo aus die Übertragung abgerufen werden kann (*Reinbothe* GRUR Int. 2001, 733, 736). Zumindest wenn es sich um eine an deutsche Nutzer gerichtete Website handelt, so ist in Anlehnung an § 9 StGB sowie an die Rechtsprechung zum finalen Markteingriff im Markenrecht (ein von der WIPO geschaffenes Rechtsinstitut; s. a. BGH MMR 2005, 239, 241 – *Hotel Maritime*) eine Strafbarkeit nach deutschem Recht zu bejahen (*Hilgendorf/Frank/Valerius* Rn. 256).

---

§ 107   Unzulässiges Anbringen der Urheberbezeichnung

(1) Wer
1. auf dem Original eines Werkes der bildenden Künste die Urheberbezeichnung (§ 10 Abs. 1) ohne Einwilligung des Urhebers anbringt oder ein derart bezeichnetes Original verbreitet,
2. auf einem Vervielfältigungsstück, einer Bearbeitung oder Umgestaltung eines Werkes der bildenden Künste die Urheberbezeichnung (§ 10 Abs. 1) auf eine Art anbringt, die dem Vervielfältigungsstück, der Bearbeitung oder Umgestaltung den Anschein eines Originals gibt, oder ein derart bezeichnetes Vervielfältigungsstück, eine solche Bearbeitung oder Umgestaltung verbreitet,

wird mit Freiheitsstrafe bis zu drei Jahren oder mit Geldstrafe bestraft, wenn die Tat nicht in anderen Vorschriften mit schwererer Strafe bedroht ist.

(2) Der Versuch ist strafbar.

Übersicht

I. Allgemeines

§ 107 schützt das Recht auf Bestimmung der Urheberbezeichnung i.S.v. § 13 **1**
S. 2 als Teil des Urheberpersönlichkeitsrechtes, nach dem der Urheber bestimmen kann, ob und wie sein Werk gekennzeichnet wird. Darüber hinaus sind die Interessen der Allgemeinheit am lauteren Verkehr mit Kunstwerken vom Schutz des § 107 umfasst (RegE UrhG – BT-Drucks. IV/270, S. 107). Erfasst werden nur Werke der bildenden Kunst gemäß § 2 Abs, 1 Nr. 4, deren Schutzfrist noch nicht abgelaufen ist (h.M.; siehe nur Dreier/Schulze/*Dreier*[2] Rn. 2).

In der Praxis spielt § 107 eine untergeordnete Rolle. Ein tatsächlicher Fall der **2**
Kunstfälschung wird wohl eher über das allgemeine Strafrecht (Betrug, Urkundenfälschung) zu lösen sein. Zu diesen Tatbeständen ist § 107 regelmäßig subsidiär (vgl. § 107 Rn. 12).

II. Objektiver Tatbestand

1. Signierung eines Originals durch einen Unbefugten (Abs. 1 Nr. 1)

Tathandlung des § 107 Abs. 1 Nr. 1 ist das **Anbringen einer Urheberbezeichnung** **3**
(vgl. § 10 Rn. 14 ff.) an ein Werk der bildenden Künste (vgl. § 26 Rn. 9 ff.) bzw. die Verbreitung eines derart veränderten Originals. Eine Urheberbezeichnung gilt dann als am Werk angebracht, wenn die Identität des Urhebers erkennbar ist, sog. Signieren des Werkes (HK-UrhR/*Kotthoff* Rn. 4; Schricker/*Vassilaki*[3] Rn.4). Dabei reicht es nicht aus, wenn die Bezeichnung nur auf einem nicht zum Werk gehörenden Sockel oder auf dem Rahmen angebracht wird (Möhring/Nicolini/*Spautz*[2] Rn. 2; Schricker/*Vassilaki*[3] Rn. 5).

§ 107 Abs. 1 Nr. 1 erfasst nur Originale von Werken, die noch keine Urheber- **4**
bezeichnung getragen haben Schricker/*Vassilaki*[3] Rn.4, HWSt-*Axel Nordemann*[3] Rn. 83; a.A. Wandtke/Bullinger/Hildebrandt Rn. 2). Fälschungen werden ggf. von § 107 Abs. 1 Nr. 2 erfasst (vgl. Rn. 7). Das Anbringen einer falschen Urheberrechtsbezeichnung fällt nicht unter § 107 Abs. 1 Nr. 1, sondern unter § 267 StGB (Möhring/Nicolini/*Spautz*[2] Rn. 2). Ebenso nicht umfasst von § 107 sind Veränderungen existierender Kunstwerke zu Täuschungszwecken.

Auch das Verbreiten eines manipulierten Werkes ist als Tatbestandsalternative **5**
unter Strafe gestellt. Dies kommt auch dann in Betracht, wenn ein anderer die Vortat begangen hat (HK-UrhR/*Kotthoff* Rn. 4). Im Einzelnen zum Begriff des Verbreitens vgl. § 17 Rn. 11 ff.

2. Vortäuschen eines Originals (Abs. 1 Nr. 2)

6 Im Gegensatz zu § 107 Abs. 1 Nr. 1 ist bei der Tatbestandsalternative Nr. 2 das Signieren einer gefälschten Kunstwerkes, um diesem den Anschein des Originals zu geben, unter Strafe gestellt. Der Anschein des Originals ist dann erweckt, wenn das Nicht-Original bei objektiver Betrachtung eine äußere Beschaffenheit erhält, die arglose Laien über die Eigenschaft als Nicht-Original täuschen kann (Möhring/Nicolini/*Spautz*[2] Rn. 6; Schricker/*Vassilaki*[3] Rn. 10). Auch durch das Anbringen einer Urheberrechtsbezeichnung an einer Bearbeitung oder Umgestaltung kann der Anschein eines Originals erweckt werden (Dreier/Schulze/*Dreier*[2] Rn. 11; Schricker/*Vassilaki*[3] Rn. 10; a.A. Voraufl./*Vinck* Rn. 9).

7 § 107 Abs. 1 Nr. 2 ergänzt den Bereich der Kunstfälschung, die zum Teil von § 106 erfasst wird. Wenn z.b. ein urheberrechtlich geschütztes Werk nachgemalt bzw. die Fälschung dann verbreitet wird, liegt zunächst eine Urheberrechtsverletzung nach § 106 vor. Wird diese Kopie dann darüber hinaus auch noch signiert, ist zudem § 107 Abs. 1 Nr. 2 erfüllt (HWSt-*Axel Nordemann*[3] Rn. 82, 84). Die praktische Bedeutung ist jedoch gering, denn sobald eine solche Fälschung in den Rechtsverkehr gelangt, liegt i.d.R. ein Betrug gem. § 263 StGB vor.

8 Auch in dieser Tatbestandsalternative ist die Verbreitung des veränderten Vervielfältigungsstückes strafbewehrt (zum Begriff des Verbreitens vgl. § 17 Rn. 11 ff.).

III. Subjektiver Tatbestand

9 Die Tat muss vorsätzlich begangen werden, wobei bedingter Vorsatz ausreicht. Eine Täuschungs- oder Bereicherungsabsicht ist nicht erforderlich. Bei der Anbringung einer Urheberrechtsbezeichnung bedarf es subjektiv in keiner der beiden o.g. Tatbestandsalternativen einer Bestimmung für den Verkehr (Schricker/*Vassilaki*[3] Rn. 13).

IV. Rechtswidrigkeit und Schuld

10 Im Übrigen gelten die allgemeinen Rechtfertigungs- und Entschuldigungsgründe. Allenfalls wäre im Falle des § 107 Abs. 1 Nr. 1 die (rechtfertigende) Einwilligung (vgl. § 106 Rn. 24 ff.) zu prüfen. In § 107 Abs. 1 Nr. 2 ist eine Einwilligung des Urhebers irrelevant, weil hier neben den Interessen des Urhebers auch die Interessen der Allgemeinheit betroffen sind (Möhring/Nicolini/*Spautz*[2] Rn. 4).

V. Versuch/Täterschaft und Teilnahme

11 Seit dem ProdPiratG ist bei einer Verletzungshandlung i.S.d. § 107 auch der Versuch strafbar. Es gelten die allgemeinen Regeln der §§ 22 ff. StGB. Täterschaft und Teilnahme richten sich nach den allgemeinen Vorschriften der §§ 25 ff. StGB.

VI. Konkurrenzen

12 Idealkonkurrenz ist möglich mit § 106 und § 4 UWG. Schon im Tatbestand des § 107 ist dessen Subsidiarität kodifiziert. § 107 ist subsidiär, wenn die Tat nach anderen Vorschriften mit schwererer Strafe bedroht ist, dies gilt selbst dann, wenn ein anderes Rechtsgut verletzt wird (z.B. §§ 263, 267 StGB, vgl. Rn. 2).

§ 108   Unerlaubte Eingriffe in verwandte Schutzrechte

(1) Wer in anderen als den gesetzlich zugelassenen Fällen ohne Einwilligung des Berechtigten

1. eine wissenschaftliche Ausgabe (§ 70) oder eine Bearbeitung oder Umgestaltung einer solchen Ausgabe vervielfältigt, verbreitet oder öffentlich wiedergibt,
2. ein nachgelassenes Werk oder eine Bearbeitung oder Umgestaltung eines solchen Werkes entgegen § 71 verwertet,
3. ein Lichtbild (§ 72) oder eine Bearbeitung oder Umgestaltung eines Lichtbildes vervielfältigt, verbreitet oder öffentlich wiedergibt,
4. die Darbietung eines ausübenden Künstlers entgegen den § 77 Abs. 1 oder Abs. 2 Satz 1, § 78 Abs. 1 verwertet,
5. einen Tonträger entgegen § 85 verwertet,
6. eine Funksendung entgegen § 87 verwertet,
7. einen Bildträger oder Bild- und Tonträger entgegen §§ 94 oder 95 in Verbindung mit § 94 verwertet,
8. eine Datenbank entgegen § 87b Abs. 1 verwertet,

wird mit Freiheitsstrafe bis zu drei Jahren oder mit Geldstrafe bestraft.

(2) Der Versuch ist strafbar.

Übersicht

I.   Allgemeines

Die Vorschrift bildet für den Bereich der Leistungsschutzrechte (mit Ausnahme **1** des Leistungsschutzrechtes des Veranstalters, § 81) das Pendant zu § 106. Praktische Bedeutung haben insb. § 108 Abs. 1 Nr. 4 und 5 für die Bekämpfung der **Film- und Musikpiraterie**.

II.   Objektiver Tatbestand

1.   Tatobjekt

Rechtsgut i.S.v. § 108 ist das in der einzelnen Nummer erwähnte(absolute) **2** Leistungsschutzrecht des jeweils Berechtigten und die damit zusammenhängende – vermögenswerte – Dispositionsmöglichkeit über dieses Recht (*Rochlitz* S. 96). Die geschützten Tatobjekte ergeben sich jeweils aus den zivilrechtlichen Vorschriften des UrhG (siehe Anmerkungen dort), auf die in § 108 Abs. 1 Nr. 1 – 8 verwiesen wird. Dabei kann die Dauer und der Beginn des Schutzes – anders bei § 106 – bei den einzelnen Leistungsschutzrechten unterschiedlich sein (siehe Anmerkungen dort).

Unautorisierte Livemitschnitte künstlerischer Darstellung, sog. **Bootlegs** **3** (*Braun*, Produktpiraterie, 1993, S. 5) unterfallen § 108 Abs. 1 Nr. 4 und nicht

§ 108 Abs. 1 Nr. 5. Die Strafbarkeitslücke hinsichtlich der Verbreitung von Bootlegs wurde mit dem ÄndG 1995 geschlossen. Die audiovisuelle Darstellung von **Computerspielen** genießt auch Laufbildschutz nach § 95 i.V.m. § 108 Abs. 1 Nr. 7 (BayOblG ZUM 1992, 545; a.A. HWSt-*Axel Nordemann*, Rn. 109). Seit dem ÄndG 1995 spielt dies nur noch in seltenen Fällen eine Rolle, da die Anforderungen an die Werkhöhe angepasst wurden. Mit dem IUKDG wurde in § 108 Abs. 1 Nr. 8 der strafrechtliche Schutz **nichtschöpferischer Datenbanken** eingeführt (zum Schutz von Datenbankwerken vgl. § 106 Rn. 4).

2. Tathandlung

4 Neben den in § 108 Abs. 1 Nr. 1 und 3 explizit genannten strafrechtlich relevanten Tathandlungen der **Vervielfältigung, Verbreitung** und **öffentlichen Wiedergabe** (vgl. § 106 Rn. 6–20), wird bei § 108 Abs. 1 Nr. 2 und 4 – 8 auch das **Verwerten** als Tathandlung genannt. Dieser Begriff bezieht sich zwar generell auf alle körperlichen und unkörperlichen Verwertungsrechte, wird aber durch die in den jeweils zitierten Normen enthaltenen Verwertungsarten beschränkt (Dreier/Schulze/*Dreier*[2] Rn. 5; Möhring/Nicolini/ *Spautz*[2] Rn. 15).

5 Auch das **öffentliche Anbieten** von illegal hergestellten Vervielfältigungsstücken ist eine strafbare Verbreitungshandlung (z.B. das Ausstellen von Bootlegs auf einem Flohmarktstand) vgl. § 106 Rn. 12 (zum Lagern von Bootlegs vgl. Rn. 9).

3. In anderen als den gesetzlich zugelassenen Fällen

6 Neben den bereits zu § 106 (vgl. § 106 Rn. 21 ff.) erwähnten gesetzlich zugelassenen Fällen, ist in den Fällen des § 108 Abs. 1 Nr. 4 für eine Darbietung des ausübenden Künstlers auch § 78 Abs. 2 ein gesetzlich zugelassener Fall i.S.v. § 108.

III. Subjektiver Tatbestand

7 Die Tat muss vorsätzlich begangen werden, bedingter Vorsatz reicht aus (im Einzelnen vgl. § 106 Rn. 24).

IV. Rechtswidrigkeit und Schuld

8 Es gelten die allgemeinen Rechtfertigungs- und Entschuldigungsgründe, von praktischer Bedeutung ist lediglich die **Einwilligung des Berechtigten** als Rechtfertigungsgrund (ausführlich: vgl. § 106 Rn. 25 ff.). Bei Künstlergruppen ist hinsichtlich der Einwilligung zu beachten, dass nicht der einzelne Künstler einwilligen kann, sondern nur der Vorstand oder Leiter (Wandtke/Bullinger/ *Hildebrandt*[2] Rn. 7).

V. Versuch, Täterschaft und Teilnahme, Konkurrenzen

9 Seit dem ProdPiratG ist bei einer Verletzungshandlung i.S.d. § 108 auch der Versuch strafbar. Es gelten die allgemeinen Regeln der §§ 22 ff. StGB. Schon im Lagern von Bootlegs (vgl. Rn. 5) zum Zwecke des Vertriebes kann ein strafbarer Versuch einer Verbreitungshandlung gem. §§ 108 Abs. 1 Nr. 4,

Abs. 2, § 108a Abs. 2 (AG Donaueschingen ZUM-RD 2000, 201, 204) angenommen werden. Täterschaft und Teilnahme richten sich nach den allgemeinen Vorschriften der §§ 25 ff. StGB. § 106 und § 108 können in Tateinheit stehen.

VI. Prozesuales/Grenzüberschreitende Rechtsverletzungen

Vgl. § 106 Rn. 42 ff. **10**

---

§ 108a Gewerbsmäßige unerlaubte Verwertung

(1) Handelt der Täter in den Fällen der §§ 106 bis 108 gewerbsmäßig, so ist die Strafe Freiheitsstrafe bis zu fünf Jahren oder Geldstrafe.
(2) Der Versuch ist strafbar.

Übersicht

I. Allgemeines

§ 108a wurde als **Qualifikationstatbestand** zunächst nur für Vervielfältigungs- **1** und Verbreitungshandlungen durch das ÄndG 1985 eingeführt. Damit sollte dem Anwachsen der Videopiraterie begegnet und das gewerbsmäßige kriminelle Verhalten in diesem Sektor bekämpft werden. Hier drohe sich die organisierte und Bandenkriminalität zu etablieren (BeschlussE RA RegE ÄndG 1983 – BT-Drucks. 10/3360, S. 20). Die bis dahin geltenden strafrechtlichen Sanktionsmöglichkeiten waren für eine schuldangemessene und vor allen Dingen generalpräventiv wirkende Bestrafung (vgl. Vor § 106 Rn. 10) als nicht ausreichend angesehen worden (RegE ProdPiratG – BT-Drucks 11/4792, S. 17).

Mit dem ProdPiratG wurde 1990 die Beschränkung des § 108a auf Verviel- **2** fältigungs- und Verbreitungshandlungen aufgehoben. Nunmehr ist § 108a Qualifikationstatbestand für alle Urheberrechtsverletzungen der §§ 106 – 108.

II. Objektiver Tatbestand

Die Grundtatbestände der §§ 106 bis 108 werden in § 108a um das Merkmal **3** der **Gewerbsmäßigkeit** erweitert. Der Begriff der Gewerbsmäßigkeit in § 108a ist ebenso auszulegen wie bei anderen Strafvorschriften (BGH NJW 2004, 1674, 1679 – CD-Export). Danach handelt gewerbsmäßig, wer die Absicht hat, sich durch wiederholte Tatbegehung eine fortlaufende Einnahmequelle mindestens von einiger Dauer zu verschaffen (BGHSt 1, 383).

4 Das bloße Handeln im Rahmen eines **Gewerbebetriebs** allein genügt hierfür nicht. Der Täter muss gerade das Begehen von Straftaten zum Zweck seiner wirtschaftlichen Betätigung machen (RegE ProdPiratG – BT-Drucks 11/4792, S. 17; BGH NJW 2004, 1674, 1679 – *CD-Export*). Dabei reicht es aus, dass der Täter sich nur mittelbar geldwerte Vorteile durch Dritte aus der Tat verspricht (BGH NJW 2004, 1674, 1679 – *CD-Export*). Obschon der Betreiber einer sog. **Portalseite** als Gehilfe die nichtgewerblichen Urheberrechtsverletzungen der Haupttäter unterstützt (vgl. § 106 Rn. 41 ff.), so liegt beim Betreiber eine gewerbsmäßige Tatbegehung vor, denn er erzielt durch die auf der Portalseite geschaltete Werbung erhebliche Einnahmen.

5 Die Vorstellung des Täters muss nicht von vornherein auf eine unbegrenzte Dauer angelegt sein. Eine offene Geschäftätigkeit ist nicht notwendig, auch eine konspirative Begehungsweise genügt (LG Braunschweig ZUM 2004, 144, 146). Zudem braucht es sich nicht um die Haupteinnahmequelle des Täters zu handeln (BGH GA 55, 212; Dreier/Schulze/*Dreier*[2] Rn. 5). So ist auch derjenige, der häufig als Versteigerer bei **Internetauktionen** (z.B. im Verkäuferprofil sind 59 Bewertungen eingetragen:BGH NJW 2004, 3102, 3104 – *Internetversteigerung*) Gegenstände anbietet und verkauft, geschäftlich tätig.

III. Subjektiver Tatbestand

6 Die Tat muss vorsätzlich begangen werden, bedingter Vorsatz reicht aus (vgl. § 106 Rn. 24 f.).

IV. Versuch, Täterschaft und Teilnahme

7 Der Versuch ist nach § 108a Abs. 2 strafbar. Es gelten die allgemeinen Regeln der §§ 22 ff. StGB. Täterschaft und Teilnahme richten sich nach den allgemeinen Vorschriften der §§ 25 ff. StGB.

8 Die gewerbsmäßige Tatbegehung ist besonderes persönliches strafschärfendes Merkmal i.S.d. § 28 Abs. 2 StGB.

V. Rechtswidrigkeit und Schuld

9 Es gelten die allgemeinen Rechtfertigungs- und Entschuldigungsgründe.

VI. Prozessuales

10 § 108a ist ein **Offizialdelikt**, daher ist eine Privatklage nicht möglich. Der Verletzte kann aber als Nebenkläger gem. § 395 Abs. 2 Nr. 3 StPO auftreten. Ist der Fall als besonders bedeutend einzustufen, so kann Anklage bei der Wirtschaftsstrafkammer des Landgerichts, § 24 Abs. 1 Nr. 3 i.V.m. § 74c Abs. 1 Nr. 1 und § 74 Abs. 1 GVG erhoben werden. Bei der Strafzumessung ist in den Fällen, in denen sich der Täter durch die Tat(en) bereichert hat, ggf. § 41 StGB zu beachten.

VII. Konkurrenzen

11 § 108a verdrängt als Qualifikationstatbestand die §§ 106 – 108. Hinsichtlich der Konkurrenzen zu Normen des allgemeinen Strafrechts vgl. § 106 Rn. 52 ff.

§ 108b Unerlaubte Eingriffe in technische Schutzmaßnahmen und zur Rechtewahrnehmung erforderliche Informationen

(1) Wer

1. in der Absicht, sich oder einem Dritten den Zugang zu einem nach diesem Gesetz geschützten Werk oder einem anderen nach diesem Gesetz geschützten Schutzgegenstand oder deren Nutzung zu ermöglichen, eine wirksame technische Maßnahme ohne Zustimmung des Rechtsinhabers umgeht oder
2. wissentlich unbefugt
   a) eine von Rechtsinhabern stammende Information für die Rechtewahrnehmung entfernt oder verändert, wenn irgendeine der betreffenden Informationen an einem Vervielfältigungsstück eines Werkes oder eines sonstigen Schutzgegenstandes angebracht ist oder im Zusammenhang mit der öffentlichen Wiedergabe eines solchen Werkes oder Schutzgegenstandes erscheint, oder
   b) ein Werk oder einen sonstigen Schutzgegenstand, bei dem eine Information für die Rechtewahrnehmung unbefugt entfernt oder geändert wurde, verbreitet, zur Verbreitung einführt, sendet, öffentlich wiedergibt oder öffentlich zugänglich macht

und dadurch wenigstens leichtfertig die Verletzung von Urheberrechten oder verwandten Schutzrechten veranlasst, ermöglicht, erleichtert oder verschleiert,

wird, wenn die Tat nicht ausschließlich zum eigenen privaten Gebrauch des Täters oder mit dem Täter persönlich verbundener Personen erfolgt oder sich auf einen derartigen Gebrauch bezieht, mit Freiheitsstrafe bis zu einem Jahr oder mit Geldstrafe bestraft.

(2) Ebenso wird bestraft, wer entgegen § 95a Abs. 3 eine Vorrichtung, ein Erzeugnis oder einen Bestandteil zu gewerblichen Zwecken herstellt, einführt, verbreitet, verkauft oder vermietet.

(3) Handelt der Täter in den Fällen des Absatzes 1 gewerbsmäßig, so ist die Strafe Freiheitsstrafe bis zu drei Jahren oder Geldstrafe.

Übersicht

I. Allgemeines

§ 108b wurde durch das UrhG Infoges 2003 eingeführt. Dabei hat sich der **1** Gesetzgeber an den Regelungen des bereits am 23.03.2002 in Kraft getretenen **ZKDSG** orientiert. Dieses schützt zwar ein anderes Rechtsgut (die Vergütung der Anbieter von zugangskontrollierten Diensten bzw. Zugangskontrolldiensten) als § 108b (Rechtsgut hier ist das geschützte Werk), jedoch sind die Tathandlungen technisch ähnlich; beide Normkomplexe verbieten die Umgehung einer technischen Sperrvorrichtung. Anders als im ZKDSG werden von § 108b jedoch tw. auch nicht gewerbliche Tathandlungen erfasst.

2 Die Strafvorschrift des § 108b flankiert zusammen mit dem als Ordnungswidrigkeitstatbestand ausgestalteten § 111a die zivilrechtlichen Vorschriften zum Schutz technischer Maßnahmen in §§ 95a – d. Sie bilden den Kern der Umsetzung der Art. 6 und Art. 7 der Info-RL, die den Schutz von technischen Maßnahmen und von Informationen für die Wahrnehmung der Rechte vorsieht. In § 108b sind jedoch nur einige Verstöße gegen §§ 95a ff. sanktioniert, andere (insb. nicht gewerbliche) Verstöße sind hingegen lediglich als Ordnungswidrigkeit nach § 111a ausgestaltet.

3 § 108b enthält drei Tatbestandsalternativen: **Umgehung technischer Maßnahmen** (Abs. 1 Nr. 1), **unerlaubte Eingriffe in zur Rechtewahrnehmung erforderliche Informationen** (Abs. 1 Nr. 2) sowie **Herstellung und Vertrieb von Vorrichtungen zur Umgehung technischer Maßnahmen** (Abs. 2). Die Handlungen nach § 108b Abs. 1 sind jedoch nur unter Strafe gestellt, wenn die Tat nicht zum eigenen privaten Gebrauch des Täters oder mit ihm persönlich verbundener Personen erfolgt, während in Abs. 2 sogar nur die gewerbliche Begehung unter Strafe gestellt ist. Mit diesen seltsam anmutenden Beschränkungen wollte der Gesetzgeber die „Kriminalisierung der Schulhöfe" vermeiden und die Strafverfolgungsbehörden entlasten, die dann weniger Ermittlungen zu tätigen und Hausdurchsuchungen vorzunehmen hätten (Begr RegE UrhG Infoges – BT-Drucks. 15/38, S. 29).

4 Bei den Strafverfolgungsbehörden stößt der Verzicht, ein Verbot (§ 95a) mit einer Strafandrohung zu versehen, jedoch eher auf Unverständnis. Gerade in heutiger Zeit, in der die technischen Möglichkeiten des Kopierens und Zugänglichmachens so vielfältig und von nahezu jedermann durchzuführen sind, ist es nicht nachvollziehbar, ausgerechnet den Bereich, in dem Kopierschutz vielfach umgangen wird, von der Strafbarkeit auszunehmen. Damit wurde die Möglichkeit verspielt, durch die generalpräventive Wirkung des Strafrechts diesem Massenphänomen wirksam entgegenzutreten und deutlich zu machen, dass die Umgehung von Kopierschutzmechanismen von der Rechtsordnung nicht geduldet wird.

5 Eine Kriminalisierung weiter Bevölkerungskreise (Begr RegE UrhG Infoges – BT-Drucks. 15/38, S. 29) wäre indes nicht zu befürchten, da den Strafverfolgungsbehörden durch die Strafprozessordnung eine Vielzahl an Möglichkeiten gegeben sind, die Strafverfolgung unter Berücksichtigung des Verhältnismäßigkeitsgrundsatzes zu beschränken.

6 Da die Vorschriften der §§ 95a bis 95d für Computerprogramme nicht gelten (siehe § 69a Abs. 5), gelangt auch § 108b dort nicht zur Anwendung. Sofern Computerprogramme mit einem Kopierschutz versehen sind, verbleibt es lediglich bei einem zivilrechtlichen Vernichtungsanspruch gemäß § 69f Abs. 2 (Umgehungsmittel).

7 Die Taten sind **relative Antragsdelikte** (vgl. § 109 Rn. 6). Für die Fälle der gewerbsmäßigen Tatbegehung enthält § 108b Abs. 3 einen Qualifikationstatbestand (nur für die Tathandlungen des § 108b Abs. 1). Im Gegensatz zu den übrigen Urheberrechtsstraftaten ist der Versuch nicht strafbar. Allerdings sind einige Vorbereitungshandlungen bußgeldbewehrt (§ 111a).

Gemäß § 95a Abs. 4 dürfen Strafverfolgungsbehörden in Ausnahmefällen (im **8** Einzelnen vgl. § 95a Rn. 49) Umgehungshandlungen vornehmen.

II. Umgehung technischer Maßnahmen Abs. 1 Nr. 1

1. Objektiver Tatbestand

Tatobjekt ist die wirksame technische Maßnahme i.S.v. § 95a (vgl. § 95a **9** Rn. 17 ff.). Eine Maßnahme ist gem. § 95a Abs. 2 Satz 2 wirksam, wenn durch sie die Nutzung des Werkes oder Schutzgegenstandes unter Kontrolle gehalten wird. So ist die Maßnahme als wirksam anzusehen, wenn sie gegenüber dem Durchschnittsnutzer wirkt, eine absolute Wirksamkeit ist nicht erforderlich (Begr RegE UrhG Infoges – BT-Drucks. 15/38, S. 26; im Einzelnen vgl. § 95a Rn. 17 ff.). Dabei ist insb. auf die beabsichtigte Wirkung des Kopierschutzes zu achten. Ein Kopierschutz, der gegen digitale Kopien wirksam ist, kann unwirksam gegen analoge Kopien sein mit der Folge, dass die Herstellung der digitalen Kopie den Tatbestand des § 108b erfüllt, die einer analogen Kopie dagegen nicht, sog. **analog gap** (s. dazu mit weiteren Beispielen *Ernst*, Hacker, Cracker und Computerviren, 2004, Rn. 356).

Tathandlung ist die Umgehung dieser wirksamen technischen Maßnahme. **10** Umgangen wird eine wirksame technische Maßnahme, wenn durch das Verhalten des Täters eine Nutzung ermöglicht wird, die ohne ein solches Verhalten gerade wegen der bestehenden technischen Maßnahme nicht möglich gewesen wäre. Daher ist die Herstellung einer **1:1 Kopie**, bei der der Kopierschutz mit kopiert wird, ebenfalls eine Umgehung i.S.d. § 108b (so auch *Ernst*, Hacker, Cracker und Computerviren, 2004, Rn. 358).

2. Subjektiver Tatbestand

§ 108b Abs. 1 Nr. 1 erfordert im subjektiven Tatbestand eine besondere Ab- **11** sicht (dolus directus 1. Grades), die sich entweder darauf richtet, sich oder einem Dritten den Zugang zum Werk bzw. Schutzgegenstand zu ermöglichen, oder sich oder einem Dritten die Nutzung des Werkes bzw. Schutzgegenstandes zu ermöglichen.

In der ersten Alternative muss sich die Absicht auf die Verschaffung des **12** Zuganges richten. Ob der Täter den durch die technische Maßnahme geschützten Gegenstand tatsächlich nutzen will, ist unerheblich. Es sollen alle Konstellationen erfasst werden, in denen der Angriff auf die Schutzmaßnahme zwar im Vordergrund steht, das Werk aber dennoch dadurch gefährdet ist und dies vom Täter zumindest als Nebenfolge geduldet wird, obschon es ihm selbst ggf. auf die Nutzung des Werkes nicht ankommt.

Daher sind von § 108b Abs. 1 Nr. 1 auch die Fälle erfasst, in denen der Täter **13** sich Informationen über die Mechanismen verschaffen möchte, um anschließend ein Umgehungsmittel zu entwickeln und dieses zu verbreiten, aber nicht an der urheberrechtsrelevanten Nutzung interessiert ist (*Hänel*, Die Umsetzung des Art. 6 Info-RL (technische Schutzmaßnahmen) ins deutsche Recht, 2005, S. 201). Auch die Tat desjenigen wird unter Strafe gestellt, der etwa aus „sportlichem Ehrgeiz" oder zur Erlangung von Ruhm handelt und die Informationen anschließend z.B. auf einer Internetseite publiziert (*Hänel*, aaO, S. 201). Dem Täter kommt es gerade darauf an, dass seine Erkenntnisse von anderen genutzt werden, damit sein Ruf in der Szene untermauert wird (s. z.B. das Phänomen der **Releasegruppen**, vgl. § 106 Rn. 47, § 109 Rn. 18).

14 Nicht erfasst sind hingegen Fälle, in denen zum Zwecke etwa der **Krypto-graphieforschung** technische Schutzmaßnahmen umgangen werden (Begr RegE UrhG Infoges – BT-Drucks. 15/38, S. 26), da die Absicht des „Täters" weder auf den Zugang zum noch die Nutzung des Werkes oder Schutzgegen-standes gerichtet ist. Hier geht es allein um die Erforschung des Kopierschutzes selbst. Ob dieser auf einem Werk aufgebracht ist oder unabhängig davon existiert, ist irrelevant. Eine Gefährdung des Werkes tritt nicht ein.

15 In der zweiten Alternative des § 108b Abs. 1 geht es dem Täter in erster Linie darum, das technisch geschützte Material urheberrechtsrelevant zu nutzen. Da der private Bereich weitgehend ausgeschlossen ist (vgl. Rn. 3 ff.; vgl. Rn. 16), dürften sich verfolgbare Tathandlungen auf den beruflichen – nicht gewerb-lichen – sowie den gewerblichen Bereich beschränken.

3.   Begehung der Tat zum eigenen privaten Gebrauch

16 Der Täter macht sich jedoch nicht nach § 108b Abs. 1 strafbar, wenn die Tat ausschließlich zum eigenen privaten Gebrauch des Täters oder mit ihm per-sönlich verbundenen Personen erfolgt. Ob der Kreis der privilegierten Personen über den Rahmen des § 53 hinaus erheblich erweitert werden sollte, geht aus der Begründung des Regierungsentwurfes nicht hervor. *Ernst* befürwortet hierzu eine enge Auslegung ausschließlich in Anlehnung an § 53 (*Ernst* CR 2004, 39, 42), wohingegen sich andere für eine Auslegung des Merkmals der persönlichen Verbundenheit in Negativabgrenzung zum Begriff der Öffentlich-keit i.S.v. § 15 Abs. 3 (vgl. § 15 Rn. 27 ff.) aussprechen (Dreier/Schule/*Dreier*[2] Rn. 6; Wandtke/Bullinger/*Hildebrandt*[2] Rn. 6; wohl auch Schricker/*Vassilaki*[3] Rn. 12). Damit § 108b Abs. 1 nicht weitestgehend ins Leere läuft, ist eine enge Auslegung zwingend erforderlich (vgl. Rn. 5 f.).

4.   Rechtswidrigkeit und Schuld

17 Die Umgehung der technischen Maßnahme muss „ohne Zustimmung des Rechtsinhabers" erfolgen. Anders als etwa bei § 106 wurde hier nicht der Begriff der Einwilligung gewählt, sondern wohl in Anlehnung an § 95a der Begriff der Zustimmung. Dies könnte zu der irrigen Annahme verleiten, hier eine nachträgliche Zustimmung (Genehmigung) zuzulassen. Solches entspricht jedoch nicht den strafrechtlichen Grundsätzen, wonach alle Voraussetzungen der Straftat gleichzeitig vorliegen müssen (**Simultanitätsprinzip**), weshalb auch im Rahmen des § 108b die Zustimmung des Rechteinhabers zum Zeitpunkt der Rechtsgutverletzung vorgelegen haben muss (vgl. § 106 Rn. 25 ff.).

18 §§ 95b ff. stellen keine Rechtfertigungsgründe dar. Diese geben dem Schran-kenbegünstigten gerade keinen Anspruch auf Zugang zum Werk oder auf Anfertigung der Kopie, sondern lediglich einen Anspruch gegenüber dem Rechteinhaber, der die technische Schutzmaßnahme am Werk angebracht hat, den Zugang zu verschaffen; es gibt kein **right to hack** (*Reinbothe* GRUR Int. 2001, 733, 742; *Dreier* ZUM 2002, 28, 39; *Ernst*, Hacker, Cracker und Computerviren, 2004, Rn. 372).

19 Im Übrigen gelten die allgemeinen Rechtfertigungs- und Entschuldigungsgrün-de.

III. Eingriff in die zur Rechtewahrnehmung erforderlichen Informationen (Abs. 1 Nr. 2)

1. Objektiver Tatbestand

Tathandlung des Abs. 1 Nr. 2 lit. a ist das Entfernen oder Verändern von **20** Informationen für die Rechtewahrnehmung (vgl. § 95c). In Abs. 1 Nr. 2 lit. b wird die Verbreitung, Einfuhr zur Verbreitung, Sendung, Öffentliche Wiedergabe und Öffentliches Zugänglichmachen manipulierter Werke unter Strafe gestellt (vgl. § 95c).

In beiden Alternativen muss die Verletzungshandlung wissentlich unbefugt **21** erfolgen. Unbefugt bedeutet dabei fehlende Berechtigung und ist nach überwiegender Auffassung Tatbestandsmerkmal (Dreier/Schulze/*Dreier*[2] Rn. 5; HK-UrhR/*Kotthoff* Rn. 5; Wandtke/Bullinger/*Hildebrandt*[2] Rn. 5) und nicht Rechtfertigungsgrund (Schricker/*Vassilaki*[3] Rn.11). Die erneute Erwähnung des Begriffs in Abs. 1 Nr. 2 lit. b bedeutet lediglich, dass auch die der dort bezeichneten Tathandlung vorausgegangene Handlung ebenso unbefugt, also ohne Berechtigung, erfolgt sein muss, denn der Täter der Nr. 2 lit. b muss nicht notwendigerweise auch derjenige sein, der die Informationen nach Nr. 2 lit. a entfernt hat.

2. Subjektiver Tatbestand

Der Täter muss hinsichtlich seiner Nichtbefugnis vorsätzlich gehandelt haben **22** (wissentlich unbefugt). Hinsichtlich der dadurch verursachten Verletzung von Urheber- bzw. Leistungsschutzrechten reicht hingegen **Leichtfertigkeit**.

Einige Autoren sehen in dem Begriff der Leichtfertigkeit ein weiteres objektives **23** Tatbestandsmerkmal. Die Begründung, ein hochgradig gefährliches Verhalten und nicht eine verwerfliche innere Einstellung solle hier unter Strafe gestellt werden (Schricker/*Vassilaki*[3] Rn. 8), vermag jedoch nicht zu überzeugen.

Letztendlich ist das Merkmal der Leichtfertigkeit deshalb in den Tatbestand **24** aufgenommen worden, weil der Rechtsausschuss das subjektive Element des § 95c Abs. 1 (bekannt oder den Umständen nach bekannt sein musste) nicht im Wege der Verweisung auf eine zivilrechtliche Norm, sondern explizit als weiteres subjektives Element in den Straftatbestand mit aufnehmen wollte (StellungN BR zu RegE UrhG Infoges – BT-Drucks. 15/38, S. 38).

Insofern liegt eine Abkehr vom allgemeinen Vorsatzerfordernis im Urheber- **25** strafrecht hin zu einem Fahrlässigkeitselement bezüglich der Verletzung von Urheberrechten oder verwandten Schutzrechten durch die wiederum vorsätzlich begangene eigentliche Tathandlung, der unbefugten Entfernung von Informationen für die Rechtewahrnehmung, vor. Leichtfertigkeit ist gegeben, wenn der Täter grob achtlos handelt und nicht beachtet, was sich unter den Voraussetzungen seiner Erkenntnisse und Fähigkeiten aufdrängen muss, also dass Urheberrechte verletzt werden könnten (Fischer[55] § 15 Rn. 20).

3. Begehung der Tat zum eigenen privaten Gebrauch

Vgl. Rn. 17 f.   **26**

4. Rechtswidrigkeit und Schuld

27 Im Übrigen gelten die allgemeinen Rechtfertigungs- und Entschuldigungsgründe.

IV. Herstellung und Vertrieb von Vorrichtungen zur Umgehung technischer Maßnahmen (Abs. 2)

28 In § 108b Abs. 2 werden bestimmte Formen des Inverkehrbringens von Vorrichtungen entgegen § 95a Abs. 3 unter Strafe gestellt, sofern dies zu gewerblichen Zwecken erfolgt. Der Begriff „Gewerbliche Zwecke" ist dem Zugangskontrolldiensteschutzgesetz (§ 3 ZKDSG) entlehnt, bedeutet aber nach überwiegender Ansicht gewerbsmäßiges Handeln (HK-UrhR/*Kotthoff* Rn. 12; Schricker/*Vassilaki*[3] Rn. 9; Wandtke/Bullinger/*Hildebrandt*[2] Rn. 7; a.A. Loewenheim/*Flechsig* § 90 Rn. 127). Auch in der Begründung des ZKDSG wird eine nachhaltige Tätigkeit zur Erzielung von Einnahmen verlangt (Begr RegE UrhG Infoges – BT-Drucks. 14/7229, S. 8).

29 Der Begriff des Verbreitens i.S.d. § 108b Abs. 2 soll nicht dem des § 17 entsprechen. Im Gegensatz zum urheberrechtlichen terminus technicus der Verbreitung ist der Begriff in § 108b weiter gefasst, es sollen sowohl körperliche als auch unkörperliche Weitergabeformen erfasst werden (Begr RegE UrhG Infoges –BT-Drucks. 15/38, S. 26; ohne Begründung Wandtke/Bullinger/*Hildebrandt*[2] Rn. 4). Selbst wenn es die gesetzgeberische Absicht gewesen wäre, die besonders gefährliche Verwertung über das Internet strafrechtlich zu fassen, hätte dies systemkonform über die Hinzunahme der Tathandlung des öffentlichen Zugänglichmachens erfolgen können (so schon Pfitzmann/*Sieber*, Anforderungen an die gesetzliche Regulierung zum Schutz digitaler Inhalte unter Berücksichtigung der Effektivität von technischen Schutzmechanismen, Gutachten für den dmmv und den VPRT, 2003, S. 185; abrufbar auf http://dud.inf.tu-dresden.de/literatur/stud_vprt_datenpiraterie_komplett_120902.pdf; zuletzt abgerufen am 04.02.2008). Offenbar hat die Bundesregierung hiervon bewusst abgesehen, obschon sie in § 108b Abs. 1 Nr. 2 lit. b eben jene Tathandlung mit aufgenommen hat.

V. Qualifikation

30 Ein Qualifikationstatbestand ist in § 108b Abs. 3 nur für die Fälle der gewerbsmäßigen Umgehung technischer Maßnahmen i.S.v. § 108b Abs. 1 vorgesehen (vgl. § 108a Rn. 3).

VI. Prozessuales

31 Vgl. § 106 Rn. 42 ff.

VII. Konkurrenzen

32 Verletzt der Täter zugleich in strafbarer Weise das mittelbar nach §§ 106 oder 108 geschützte Werk oder Leistungsschutzrecht, tritt § 108b im Wege der Subsidiarität zurück (Wandtke/Bullinger/*Hildebrandt*[2] Rn. 11).
Wenn sowohl § 108b als auch § 4 ZKDSG erfüllt sind, tritt § 4 ZKDSG zurück (Schricker/*Vassilaki*[3] Rn. 14; Wandtke/Bullinger/*Hildebrandt*[2] Rn. 11). Zu §§ 202a, 263a, 265a StGB kann Idealkonkurrenz vorliegen.

§ 109 Strafantrag

In den Fällen der §§ 106 bis 108 und des § 108b wird die Tat nur auf Antrag verfolgt, es sei denn, dass die Strafverfolgungsbehörde wegen des besonderen öffentlichen Interesses an der Strafverfolgung ein Einschreiten von Amts wegen für geboten hält.

Übersicht

I. Allgemeines

Bis zur Änderung des § 109 durch das ÄndG 1985 konnten die Urheberstraf- **1** taten ausschließlich auf Antrag verfolgt werden (absolute Antragsdelikte). Die zunehmenden kriminellen Angriffe auf das geistige Eigentum, die zwar nicht zu gewerblichen Zwecken erfolgen, aber durch das Aufkommen neuer Techniken Ausgangspunkt für erhebliche Schäden sind, machten die Lockerung des Antragserfordernis in § 109 notwendig (s. BeschlussE RA RegE ÄndG 1983 – BT-Drucks. 10/3360, S. 21). Die nunmehr gültigen Regelungen ermöglichen die Verfolgung von Rechtsverletzungen auch ohne Strafantrag, wenn ein besonderes öffentliches Interesse daran besteht (Nr. 261a RiStBV); vgl. Rn. 16.

II. Tatbestand

1. In den Fällen der §§ 106 bis 108 und des § 108b nur auf Antrag

a) Strafantrag: Die allgemeinen Vorschriften der §§ 77 ff. StGB für den Straf- **2** antrag finden Anwendung. Der Antrag ist Prozessvoraussetzung; fehlt er, ist das Verfahren einzustellen (§§ 206a, 260 Abs. 3 StPO); es sei denn, das besonderes öffentliche Interesse wird bejaht; vgl. Rn. 16.

aa) Antragsberechtigter: Gemäß § 77 Abs. 1 StGB ist der **Verletzte** straf- **3** antragsberechtigt. Verletzter ist derjenige, in dessen Rechtskreis zum Zeitpunkt der Tat eingegriffen wurde (BGHSt 31, 210).

Dies ist in den Fällen des § 106 zunächst der **Urheber**, in den Fällen des **4** § 108 der jeweilige Leistungsschutzberechtigte sowie die **Inhaber von ausschließlichen Nutzungsrechten** (§ 31 Abs. 3) für die Dauer und den Umfang ihrer Nutzungsrechte. Der Inhaber eines einfachen Nutzungsrechtes (§ 31 Abs. 2) ist hingegen nicht strafantragsberechtigt, weil er nicht Träger des angegriffenen Rechtsguts ist (Möhring/Nicolini/*Spautz*[2] Rn. 7). Wird in ein vom Urheber eingeräumtes ausschließliches Nutzungsrecht eingegriffen, so ist außer dem Inhaber des ausschließlichen Nutzungsrechtes stets daneben auch der Urheber antragsberechtigt. Entweder durch eine Verletzung seines Urheberpersönlichkeitsrechtes (der illegal Handelnde wählt etwa eine vom Urheber nicht gewünschte Aufmachung oder Qualität) oder durch die Störung einer zukünftig durch den Urheber beabsichtigten Werknutzung nach Ablauf der legalen Auswertung durch den ausschließlich Nutzungsberechtigten (*Ulmer*[3] S. 543, 569; wohl auch Schricker/*Hass*/*Vassilaki*[3] Rn. 3; a.A. Wandtke/Bullinger/*Hildebrandt*[2] Rn. 4).

5 Bei einer Rechtsverletzung nach § 107 Abs. 1 Nr. 1 ist das Urheberpersönlichkeitsrecht verletzt. Antragsberechtigt ist daher nur der Urheber. Bei § 107 Abs. 1 Nr. 2 wird zwar die Allgemeinheit getäuscht (vgl. § 107 Rn. 1), die Regelung soll nach h.M. jedoch nicht dem Schutz eines konkreten Dritten dienen. Auch § 107 Abs. 1 Nr. 2 bezweckt letztendlich den Schutz des Urhebers, daher ist dieser entsprechend strafantragsberechtigt (Dreier/Schulze/*Dreier*[2] Rn. 6; Schricker/*Hass*/*Vassilaki*[3] Rn. 5; Wandtke/Bullinger/*Hildebrandt*[2] Rn. 6, a.A. *Sieg*, Das unzulässige Anbringen der richtigen Urheberbezeichnung, 1985, S. 165).

6 Strafantragsberechtigt nach § 108b ist der Inhaber der Rechte am betroffenen Werk bzw. am verwandten Schutzrecht. Die Hersteller technischer Schutzmaßnahmen sind nicht antragsberechtigt, da sie nicht Inhaber eines verletzten Rechtsgutes sind.

7 Antragsberechtigt können sowohl natürliche als auch juristische Personen sein (Dreier/Schulze/*Dreier*[2] Rn.6; Schricker/*Hass*/*Vassilaki*[3] Rn. 2; Wandtke/Bullinger/*Hildebrandt*[2] Rn. 4). Eine Stellvertretung bei der Antragstellung ist gleichermaßen in der Erklärung und im Willen möglich. Letztere allerdings nur, wenn es zumindest auch um eine Verletzung der Verwertungsrechte geht (siehe dazu BGH NStZ 1985, 407; Schönke/Schröder/*Stree*/*Sternberg-Lieben*[27], StGB, § 77 Rn. 27; Fischer[55], StGB, § 77 Rn. 22). Die Befugnis zur Strafantragstellung muss nicht einzelfallbezogen, sondern kann auch im Rahmen einer **Generalvollmacht** erteilt werden (allg.A., s. dazu z.B. Schönke/Schröder/*Stree*/*Sternberg-Lieben*[27], StGB, § 77 Rn. 28).

8 Die Strafverfolgungsbehörden haben nach herrschender Auffassung im Rahmen des Legalitätsprinzips die **Pflicht, den Antragsberechtigten zu ermitteln** und zu befragen, ob ein Strafantrag gestellt wird (*Braun*, Produktpiraterie, 1993, S. 304; Löwe-Rosenberg/*Beulke*, StPO, § 152 Rn. 30). Bei dieser Ermittlung kann die Vermutung der Urheberschaft des § 10 herangezogen werden (Schricker/*Hass*/*Vassilaki*[3] Rn. 7). Umfangreiche Nachforschungen nach unbekannten Verletzten müssen indes nicht erfolgen (Löwe-Rosenberg/*Hilger*, StPO, § 406h Rn. 2). Sind jedoch Organisationen bekannt, die eine Vielzahl von Rechteinhabern vertreten, sind diese zu kontaktieren (z.B. BSA für Anwendersoftware, GVU für Film und Entertainmentsoftware, Pro Media GmbH für Tonträger).

9 bb) **Antragsinhalt und Form:** Inhaltlich muss im Strafantrag lediglich der Wille des Berechtigten erkennbar werden, bestimmte Handlungen verfolgen zu lassen (BGH NJW 1992, 2167; Schönke/Schröder/*Stree*/*Sternberg-Lieben*[27], StGB, § 77 Rn. 38 f.). Die Person des Verletzers muss nicht ausdrücklich genannt werden. Es reicht aus, wenn sie hinreichend konkretisierbar ist (Tröndle/Fischer[54], StGB, § 77 Rn. 25; Schönke/Schröder/*Stree*/*Sternberg-Lieben*[27], StGB, § 77 Rn. 40). Der Antrag kann auf bestimmte Taten und Täter beschränkt werden (Möhring/Nicolini/*Spautz*[2] Rn. 10; Schricker/*Hass*/*Vassilaki*[3] Rn. 8).

10 Zusätzlich sollten im Antrag bereits solche Tatsachen mitgeteilt werden, die ggf. für weitere prozessuale Maßnahmen eine Rolle spielen (vgl. § 111 Rn. 5)

sowie auf andere in Betracht kommende Rechtsverstöße, z.B. Markenrechts-
verletzungen hingewiesen werden (*Rochlitz* S. 203 f.).

Bei neuen Phänomenen von Urheberrechtsverletzungen (z.B. Tausch urheber- **11**
rechtlich geschützter Werke in **Peer-to-Peer-Netzen**, vgl. § 106 Rn. 18 f., vgl.
§ 106 Rn. 38) sollten die oft kompliziert erscheinenden technischen Vorgänge
erläutert werden, um eine Subsumtion unter die urheberrechtlichen Tatbestände zu erleichtern. Ebenso ist es angezeigt, Usancen der betroffenen
Branche (z.B. die Verwertungskaskade im Filmbereich) im Strafantrag zu
erläutern, um die negativen Auswirkungen des angezeigten Verhaltens auf
eine geregelte Auswertung zu verdeutlichen.

Der Antrag kann gem. § 158 Abs. 2 StPO schriftlich oder zu Protokoll bei der **12**
Staatsanwaltschaft oder bei Gericht eingereicht werden. Nach h.M. kann dies
auch schriftlich bei einer Polizeidienststelle erfolgen (Schricker/*Hass/Vassilaki*[3]
Rn. 9). Hierbei sind ggf. besondere Zuständigkeiten der Staatsanwaltschaft
gemäß § 143 Abs. 4 GVG zu berücksichtigen, um eine effektivere Bearbeitung
durch eine Schwerpunktstaatsanwaltschaft zu ermöglichen. Eine Rücknahme
des Strafantrages ist nach § 77d StGB bis zum rechtskräftigen Abschluss des
Verfahrens möglich.

cc) Antragsfrist: Der Antrag ist gemäß § 77b StGB innerhalb von drei Mona- **13**
ten nach Kenntnis von Tat und Täter zu stellen. Kenntnis von der Tat bedeutet
Wissen solcher Tatsachen, die zu einer eigenen verständigen Beurteilung und
zu einem Schluss auf die Beschaffenheit der Tat in ihren wesentlichen Bezie-
hungen berechtigen (Fischer[55], StGB, § 77b Rn. 4; Schricker/*Hass/Vassilaki*[3]
Rn. 9). Der Antragsberechtigte selbst muss die Kenntnis haben, eine frühere
Kenntnis seines Bevollmächtigten bewirkt noch keinen Beginn der Frist
(Schönke/Schröder/*Stree/Sternberg-Lieben*[27], StGB, § 77b Rn. 3; *Gravenreuth*,
Das Plagiat aus strafrechtlicher Sicht, 1986, S. 141).

b) Öffentliches Interesse: Zusätzlich zu einem Strafantrag muss für den wei- **14**
teren Fortgang des Verfahrens das öffentliche Interesse an der Strafverfolgung
vorliegen. Es ist i.d.R. bei einer nicht nur geringfügigen Schutzrechtsverletzung
gegeben (Nr. 261 RiStBV). Dabei sind an das öffentliche Interesse keine
großen Anforderungen zu stellen. Insoweit scheiden allenfalls solche Fälle
aus, die an der untersten Grenze der Strafbarkeit liegen (z.B. Weitergabe
einzelner Kopien nicht aktuellen Materials). Bei einer hohen Anzahl an Kopien
oder besonders aktuellem Material liegt i.d.R. schon das besondere öffentliche
Interesse (gewerbliche Tatbegehung gar zum Offizialdelikt des § 108a) vor
(vgl. Rn. 16). Auch **generalpräventive Erwägungen** können zur Bejahung des
öffentlichen Interesses führen.

Besteht das öffentliche Interesse nach Auffassung der Staatsanwaltschaft nicht, **15**
wird der Verletzte auf den Privatklageweg verwiesen (§ 376 StPO). Allerdings
ist die Möglichkeit der Verfolgung von Urheberrechtsdelikten im Privatklage-
verfahren in der Rechtswirklichkeit keine ernstzunehmende Möglichkeit (so
schon *Wilhelm Nordemann*, NStZ 1982, 372, 374). Gegen diese Entscheidung
ist allenfalls die Gegenvorstellung bzw. Dienstaufsichtsbeschwerde statthaft.
Die Privatklage ist bei Verfahren gegen Jugendliche nicht möglich (§ 80 Abs. 1
Satz 1 JGG). In diesen Fällen ist aber dennoch das Verfahren durchzuführen,
wenn dies aus erzieherischen Zwecken heraus geboten ist (§ 80 Abs. 1 Satz 2
JGG), denn gerade bei Jugendlichen und Heranwachsenden droht das Verständnis für die Notwendigkeit des Schutzes der urheberrechtlichen Leistung
verloren zu gehen.

2. Besonderes öffentliches Interesse

16 Ein Strafantrag ist entbehrlich, wenn ein besonderes öffentliches Interesse an der Strafverfolgung vorliegt (§ 109 2. Halbs. i.V.m. Nr. 261a RiStBV), so dass auch gegen den Willen des Verletzten eine Strafverfolgung möglich ist (im Einzelnen dazu *Heghmanns* NStZ 1991, 112, 116).

17 Bei der Beurteilung des Vorliegens des besonderen öffentlichen Interesses ist nicht nur eine hohe Zahl illegal hergestellter qualitativ hochwertiger Vervielfältigungsstücke ausschlaggebend, sondern insb. die Verbreitung oder öffentliches Zugänglichmachen aktueller Kinofilme, Musik, neuester Spielesoftware oder hochwertiger Computerprogramme.

18 Auch in solchen Fällen, in denen der/die Täter selbst keinen wirtschaftlichen Vorteil aus der Tat ziehen, gleichwohl aber einen hohen Schaden verursachen, z.b. die Mitglieder von **Releasegruppen**, die die erste illegale Version aktueller Filme, Musik und Software ins Internet stellen und damit die illegale Verwertung über dieses Medium erst ermöglichen, ist das besondere öffentliche Interesse stets anzunehmen (dazu auch *Wiese* ZUM 2006, 694, 696).

19 Bei Zusammentreffen von Privatklagedelikten mit Offizialdelikten ist das besondere öffentliche Interesse nicht mehr zu prüfen (BGHSt 19, 377, 380).

§ 110   Einziehung

[1]Gegenstände, auf die sich eine Straftat nach den §§ 106, 107 Abs. 1 Nr. 2, §§ 108 bis 108b bezieht, können eingezogen werden. [2]§ 74a des Strafgesetzbuches ist anzuwenden. [3]Soweit den in den § 98 bezeichneten Ansprüchen im Verfahren nach den Vorschriften der Strafprozessordnung über die Entschädigung des Verletzten (§§ 403 bis 406c) stattgegeben wird, sind die Vorschriften über die Einziehung nicht anzuwenden.

Übersicht

I. Allgemeines

1 Bis zum Inkrafttreten des ProdPiratG vom 07.03.1990 war die Anwendung der §§ 74–76a StGB ausgeschlossen (Ausnahme: gewerbsmäßige Urheberrechtsverletzung, s. § 110 Satz 2 a.F.). Damit sollte dem Verletzten allein die Entscheidung, was mit den rechtswidrig hergestellten Vervielfältigungsstücken geschehen sollte, überlassen werden. Durch das ProdPiratG wurde dieser Vorrang wieder aufgehoben. Auch wenn die Begr RegE ProdPiratG (Amtl. Begr. UFITA 115 [1991], 254, 256) auf den Vorrang des zivilrechtlichen Vernichtungs- oder Unterlassungsanspruchs gegenüber der strafrechtlichen Einziehung hinweist, hat nunmehr der Verletzte nur noch durch die Geltendmachung zivilrechtlicher Ansprüche im Adhäsionsverfahren die Möglichkeit auf eine Einziehung einzuwirken (s. § 110 Satz 3).

Im Wesentlichen liegt es jetzt wieder in den Händen des Strafrichters die **2** Vernichtung der inkriminierten Gegenstände als zusätzliche Strafe auszusprechen und damit der angestrebten **generalpräventiven Wirkung** des Urheberstrafrechts genüge zu tun.

II. Tatbestand

1. Gegenstände, auf die sich eine Straftat bezieht (Satz 1)

Grundsätzlich gelten die allgemeinen Vorschriften über die Einziehung im **3** Strafverfahren nach den §§ 74 ff. StGB. Voraussetzung ist gemäß § 74 Abs. 1 StGB eine vorsätzliche Tat, Versuch reicht aus. Diese Vorschriften beziehen sich gemäß § 74 Abs. 1 StGB auf Gegenstände, die durch die Tat hervorgebracht werden (sog. *producta sceleris*, z.B. Film-/Musikraubkopien) oder zu ihrer Begehung oder Vorbereitung gebraucht wurden oder bestimmt gewesen sind (sog. *instrumenta sceleris*, z.B. der zur Vervielfältigung eingesetzte Computer oder die zur Umgehung des Kopierschutzes (§ 108b) eingesetzte Software). Ebenfalls zu den instrumenta sceleris zählen die (originalen) Vorlagen zur Herstellung von Piraterieprodukten, da sie als **Tatmittel** unmittelbar in den strafbaren Herstellungsvorgang eingebunden sind (*Braun*, Produktpiraterie, 1993, S. 226).

Die spezialgesetzliche Vorschrift des § 110 (wie auch andere gleichgelagerte **4** Vorschriften aus dem Bereich des gewerblichen Rechtsschutzes, z.B. § 51 Abs. 5 GeschMG, § 143 Abs. 5 MarkenG, § 25 Abs. 5 GebrMG, § 142 Abs. 5 PatG) ermöglicht darüber hinaus auch die Einziehung von Gegenständen, auf die sich die Tat bezieht, sog. **Beziehungsgegenstände.** Dies sind solche Sachen und Rechte, die nicht Werkzeuge für die Tat, sondern der notwendige Gegenstand der Tat selbst, nicht aber deren Produkt sind (BGHSt 10, 28; Schönke/Schröder/*Eser*[27], StGB, § 74 Rn. 12a). Somit können hier auch schutzrechtsverletzende Waren eingezogen werden, auch wenn der Hersteller der Ware unbekannt ist/bleibt (z.B. Raubkopien beim (Zwischen-) händler).

Die Einziehung liegt im Ermessen des Gerichts. Dabei ist insb. in den Fällen, **5** in denen die in Rede stehenden Gegenstände nicht ausschließlich zur Tatbegehung genutzt wurden oder die Tat nicht gewerbsmäßig begangen wurde, der Verhältnismäßigkeitsgrundsatz zu beachten (*Rehbinder* ZUM 1990, 462, 466; *Lührs* GRUR 1994, 264, 268; Wandtke/Bullinger/*Hildebrandt*[2] Rn. 1).

2. Anwendbarkeit von § 74a StGB (Satz 2)

§ 74a StGB erweitert die Möglichkeit der Einziehung auch auf **täterfremde 6 Gegenstände.** Voraussetzung ist, dass der Dritte entweder leichtfertig dazu beigetragen hat, dass die Sache Gegenstand der Tat war oder dass er die Gegenstände in Kenntnis der Umstände, welche die Einziehung zugelassen hätten, in verwerflicher Weise erworben hat. Für diese Kenntnis genügt dolus eventualis (Fischer[55], StGB, § 74a Rn. 7; Lackner/*Kühl*[25], StGB, § 74a Rn. 3; a.A. Schönke/Schröder/*Eser*[27], StGB, § 74a Rn.9). So können erst recht bei einem **bösgläubigen Erwerber** illegal hergestellte Kopien eingezogen werden, da diesem ein „quasi-schuldhaftes" Verhalten vorzuwerfen ist (Schricker/*Hass*/ *Vassilaki*[3] Rn. 4).

3. Vorrang des Adhäsionsverfahrens (Satz 3)

7 Mit dem Vorrang des zivilrechtlichen Anspruchs gegenüber der Einziehung durch den Strafrichter will der Gesetzgeber dem Anspruch des Verletzten auf private Rechtsverfolgung gerecht werden (RegE ProdPiratG – BT-Drucks. 11/4792, S.30). Gerade deshalb sollte die Staatsanwaltschaft auch in den Fällen, in denen kein Adhäsionsverfahren anhängig, aber im Strafverfahren die Einziehung angeordnet wird, zunächst die Rechteinhaber kontaktieren, um zu vermeiden, dass Gegenstände vernichtet werden, obschon möglicherweise noch zivilrechtliche Ansprüche geltend gemacht werden. Das Adhäsionsverfahren ist ausgeschlossen bei Verfahren nach Jugendstrafrecht (§ 81 JGG).

III. Prozessuales

8 Die Einziehung hat strafähnlichen Charakter, daher ist die Entscheidung über ihre Anordnung eine Frage der Strafzumessung (*Ernstthaler* GRUR 1992, 273, 277; Fischer[55], StGB, § 74b Rn. 2). Die Anordnung der Einziehung ist zu tenorieren (BGH NStZ 1985, 361; Fischer[55], StGB, § 74 Rn. 21). Selbst wenn aus tatsächlichen Gründen keine Bestrafung erfolgen kann, können Gegenstände dennoch eingezogen werden, sog. **selbständiges Verfahren** (§ 76a StGB).

§ 111   Bekanntgabe der Verurteilung

¹Wird in den Fällen der § 106 bis 108b auf Strafe erkannt, so ist, wenn der Verletzte es beantragt und ein berechtigtes Interesse daran dartut, anzuordnen, dass die Verurteilung auf Verlangen öffentlich bekannt gemacht wird. ²Die Art der Bekanntmachung ist im Urteil zu bestimmen.

Übersicht

I. Allgemeines

1 Grundsätzlich kann man die Bedeutung einer Befugnis zur **Veröffentlichung von Urteilen** nicht hoch genug einschätzen. So dient sie nicht nur der Beseitigung der Marktverwirrung und Genugtuung des Verletzten, sondern auch der **Generalprävention**, wodurch sie sich von der zivilrechtlichen Bekanntmachungsbefugnis nach § 103 abhebt.

2 Das Strafrecht kennt die Urteilsbekanntmachung in zwei Bereichen: zum einen im Bereich des Schutzes höchstpersönlicher Rechtsgüter (§§ 165, 200 StGB), zum anderen im Bereich des Gewerblichen Rechtsschutzes (§ 143 Abs. 6 MarkenG, § 142 Abs. 6 PatG, § 25 Abs. 6 GebrMG).Das Urheberrecht enthält Aspekte aus beiden Bereichen: Es umfasst den Schutz der geistigen und persönlichen Beziehungen des Urhebers zu seinem Werk (Urheberpersönlichkeitsrecht oder droit moral) (RegE UrhG – BT-Drucks. IV/270, S. 27 f.) sowie die Vermögensinteressen des Urhebers (Verwertungsrechte), vgl. § 11, was insb. im Rahmen der Interessenabwägung zu berücksichtigen ist.

Die Urteilsbekanntgabe wurde durch das UrhG Infoges auf die neu geschaffene **3** Strafbarkeit unerlaubter Eingriffe in technische Schutzmaßnahmen und in zur Rechtewahrnehmung erforderliche Informationen gem. § 108b erstreckt.

II. Tatbestand

1. Auf Strafe erkannt

Es muss wegen einer Tat nach §§ 106 bis 108b auf Strafe erkannt worden sein, **4** sei es durch ein Urteil (auch wenn die Vollstreckung der Strafe zur Bewährung ausgesetzt wurde) oder durch einen Strafbefehl (§ 407 Abs. 2 Nr. 1 StPO). Eine Verwarnung mit Strafvorbehalt i.S.d. § 59 StGB reicht nicht aus. Die Anordnung der Bekanntgabe ist bei einer Verurteilung nach Jugendstrafrecht ausgeschlossen (§ 6 Abs. 1 S. 2 JGG).

2. Antrag des Verletzten

Die öffentliche Bekanntgabe erfolgt nur auf ausdrücklichen Antrag des Ver- **5** letzten. Verletzter i.S. dieser Vorschrift ist der nach § 109 Strafantragsberechtigte bzw. sein Vertreter. Die Veröffentlichungsanordnung ist zu tenorieren, daher muss der Antrag bis zum Ende der letzten mündlichen Verhandlung gestellt werden. Der Antrag kann auch im Rechtsmittelverfahren noch gestellt werden. Nicht zu verwechseln ist der Antrag auf Anordnung mit dem später zu stellenden Antrag („auf Verlangen") hinsichtlich des Vollzuges der öffentlichen Bekanntmachung; vgl. Rn. 16.

3. Berechtigtes Interesse

Die Anordnung kann nur erfolgen, wenn der Verletzte ein berechtigtes Inte- **6** resse an der Veröffentlichungsanordnung hat. Berechtigt ist an sich jedes von der Rechtsordnung als schutzwürdig anerkannte Interesse des Verletzten (Schricker/*Hass/Vassilaki*[3] Rn. 5). Dies ist im Einzelfall im Wege einer Interessenabwägung festzustellen. Dabei sind zunächst die gleichen Gesichtspunkte zu beachten wie auch bei der Abwägung im Rahmen des § 103. Hinzu kommt das auf Seiten des Täters zu berücksichtigende **Resozialisierungsinteresse**.

Art, Umfang und Dauerwirkung der Urheberrechtsverletzung, wegen derer die **7** Verurteilung erfolgt, sind dabei die wesentlichen Kriterien für die Beurteilung (*Weber*, Der strafrechtliche Schutz des Urheberrechts, 1976, S. 367). Hat z.B. der Täter sehr minderwertige Ware unter dem Namen des Verletzten angeboten, hat der Verletzte i.d.R. ein **Klarstellungsinteresse**, damit sein Name nicht mehr mit dieser Ware in Verbindung gebracht wird. Bei Verletzungen der Verwertungsrechte kommt es z.B. darauf an, wie viele Raubkopien schon hergestellt bzw. verkauft worden sind, denn umso nachhaltiger wären die Werknutzungsmöglichkeiten des tatsächlich Berechtigten geschmälert (*Weber*, a.a.O., S. 368).

Darüber hinaus spielen bei der Herstellung und Verbreitung von Raubkopien **8** auch **generalpräventive Aspekte** eine Rolle. Denn der Verletzte hat gerade in diesem Deliktsbereich, der in breiten Kreisen der Bevölkerung immer noch als

Kavaliersdelikt angesehen wird, ein großes Interesse, dass die Verurteilung an sich veröffentlicht wird (*Rochlitz* S. 212 f.). Das **Unrechtsbewusstsein** kann so geschärft, evtl. Nachahmer abgeschreckt und dadurch weitere Verletzungen des Wirtschaftsgutes verhindert oder zumindest im Ausmaß beschränkt werden.

9 Dieser generalpräventive Gesichtspunkt ist bei der Urteilsbekanntmachung im gewerblichen Rechtsschutz, z.B. im Markenrecht anerkannt (*Harte-Bavendamm* § 5 Rn. 127). Auch in der urheberstrafrechtlichen gerichtlichen Praxis wird der Präventionsgedanken bei der Feststellung des berechtigten Interesses mit einbezogen (LG Braunschweig Urt. v. 20.11.2000 – Az. 15 Ds 102 Js 21867/99; AG Leipzig Urt. v. 05.10.2005 – Az. 205 Ds 208 Js 61563/04; AG Hechingen Urt. v. 15.12.2004 – Az. 5 Ds 132/04 – 22 Js 1151/03, AG Leipzig Urt. v. 17.03.2002 – Az. 210 Ds 208 Js 33824/02, AG Pfaffenhofen Urt. v. 21.04.1999 – Az. Ds 65 Js 7329/98, AG Braunschweig Urt. v. 20.11.2000 – Az. 10 Ds 102 Js 33276/99). Die Schwere der Rechtsverletzung kann auch noch bei der im Urteil festzulegenden Art der Veröffentlichung berücksichtigt werden; vgl. Rn. 11 ff.

4. Darlegung des berechtigten Interesses

10 Nach dem Gesetzeswortlaut muss das berechtigte Interesse „dargetan" werden. Dazu muss der Verletzte Tatsachen vortragen, aus denen sich sein berechtigtes Interesse an der Bekanntgabe der Veröffentlichung ergibt. Nicht erforderlich ist ein substantiiertes Vortragen oder gar ein Glaubhaftmachen (a.A. Möhring/Nicolini/*Spautz*[2] Rn. 5). Die Tatsachen sollten möglichst frühzeitig in das Verfahren eingebracht werden (z.B. schon im Strafantrag), damit die Staatsanwaltschaft ggf. Ermittlungen zu den Tatsachen, die das berechtigte Interesse begründen, tätigen kann.

5. Art der Bekanntgabe im Urteil bestimmen

11 Die Bekanntmachung muss zur Wahrung des vom Gericht im Rahmen der Interessenabwägung festgestellten berechtigten Interesses des Verletzten erforderlich und geeignet sein (Möhring/Nicolini/*Lütje*[2] § 103 Rn. 15; Schricker/*Hass/Vassilaki*[3] Rn. 7).

12 So ist z.B. in den Fällen, in denen der Verletzte ein Klarstellungsinteresse hat, die Bekanntgabe der Verurteilung nicht nur unter voller Namensnennung des Täters, sondern auch des Verletzten angezeigt (dazu RiStBV 261b). Dies ist hingegen in den Fällen, bei denen generalpräventive Aspekte berücksichtigt wurden (vgl. Rn. 8), nicht erforderlich. Hier hat das Gericht insb. darauf zu achten, dass die Veröffentlichung nicht zu einer unnötigen Demütigung des Täters führt (*Schomburg* ZRP 1986, 65, 66). Die betroffenen Schutzrechtsinhaber haben regelmäßig kein Interesse an einer namentlichen Nennung des Täters.

13 Bei der Auswahl des Mediums, in dem die Veröffentlichung zu vollziehen ist, ist vor allem bedeutsam, in welchen Kreisen sich die Verletzung ausgewirkt hat. In Betracht kommen kann eine **Bekanntmachung** in einer Lokalzeitung, der einschlägigen Fachpresse oder auf einer vergleichbaren Internetseite. Hierzu sollte der Verletzte dem Gericht schon bei Antragstellung (vgl. Rn. 5) geeignete Medien vorschlagen.

14 Das Gericht muss weiterhin entscheiden, inwieweit Urteilsformel und ggf. Urteilsgründe zu veröffentlichen sind (RGSt 20,1). I.d.R. wird die Urteilsformel zu veröffentlichen sein, sollte diese nicht aus sich heraus verständlich sein, auch die Urteilsgründe bzw. Teile davon. Der Urteilstenor muss dann den Gegenstand der Veröffentlichung, ihre Form und das Medium, in dem die Veröffentlichung geschehen soll, genau bezeichnen. Gibt es mehrere Verletzte oder Angeklagte, so ist die Bekanntgabe der Verurteilung getrennt nach den einzelnen Beteiligten gesondert festzulegen (OLG Hamm NJW 1974, 466).

Bei Tatmehrheit umfasst die Veröffentlichung nur die urheberrechtlichen Tat- **15** bestände, die Gesamtstrafe darf nicht veröffentlicht werden (BayOblGSt. 60, 192; 61, 141). Wenn die Verletzung in Tateinheit mit einer schwereren Straftat begangen wurde, bei der es keine Bekanntmachung gibt, so kann das Gericht dennoch die Bekanntgabe hinsichtlich der Urheberrechtsverletzung anordnen. Ausnahme dazu ist § 107 wegen dessen Subsidiarität (§ 107 Abs. 1).

III. Prozessuales

Gemäß § 463c Abs. 2 StPO muss der Antragsteller bzw. ein an seiner Stelle **16** Berechtigter (vgl. § 109 Rn. 3 ff.) innerhalb eines Monats nach Zustellung des rechtskräftigen Urteils/des Strafbefehls die öffentliche Bekanntgabe verlangen. Dies ist ein zusätzlich zum Veröffentlichungsantrag (vgl. Rn. 5) zu stellender Antrag, der formlos erfolgen kann.

Die öffentliche Bekanntmachung erfolgt nach § 463c StPO i.V.m. 261b RiStBV **17** sowie § 59 StrVollstrO. Die Vollziehung der Anordnung ist Aufgabe der Vollstreckungsbehörde. Nach § 451 Abs. 1 StPO ist dies die Staatsanwaltschaft, die Geschäfte sind aber nach § 31 Abs. 2 Satz 1 RPflG auf den Rechtspfleger übertragen. Die Kosten des Bekanntgabe sind gem. § 59 Abs. 2 Satz 2 StrVollstrO i.V.m. § 464a Abs. 1 Satz 2 StPO Verfahrenskosten und daher i.d.R. vom Angeklagten zu tragen. Kommt etwa ein Verleger der Anordnung der Bekanntgabe nicht nach, so sind gem. § 463c Abs. 3 StPO Zwangsmaßnahmen möglich.

§ 111a Bußgeldvorschriften

(1) Ordnungswidrig handelt, wer
1. **entgegen § 95a Abs. 3**
   a) eine Vorrichtung, ein Erzeugnis oder einen Bestandteil verkauft, vermietet oder über den Kreis der mit dem Täter persönlich verbundenen Personen hinaus verbreitet oder
   b) zu gewerblichen Zwecken eine Vorrichtung, ein Erzeugnis oder einen Bestandteil besitzt, für deren Verkauf oder Vermietung wirbt oder eine Dienstleistung erbringt,
2. **entgegen § 95b Abs. 1 Satz 1 ein notwendiges Mittel nicht zur Verfügung stellt oder**
3. **entgegen § 95d Abs. 2 Satz 1 Werke oder andere Schutzgegenstände nicht oder nicht vollständig kennzeichnet.**

(2) Die Ordnungswidrigkeit kann in den Fällen des Absatzes 1 Nr. 1 und 2 mit einer Geldbuße bis zu fünfzigtausend Euro und in den übrigen Fällen mit einer Geldbuße bis zu zehntausend Euro geahndet werden.

Übersicht

I.   Allgemeines

1 Mit § 111a wurde durch das UrhG Infoges erstmalig ein Ordnungswidrigkeitstatbestand in das Urheberrechtsgesetz eingeführt (in Anlehnung an § 5 ZKDSG, vgl. § 108b Rn. 1). Während § 111a Abs. 1 Nr. 1 lit. a und b schon am 13.09.2003 in Kraft traten, sind § 111a Abs. 1 Nr. 2 und 3 erst am 12.09.2004 in Kraft getreten.

2 § 111a Nr. 1 lit. a und b stellt eine zusätzliche Absicherung gegen die Vorbereitung der Umgehung einer wirksamen technischen Maßnahme (§ 95a Abs. 3) dar und ergänzt insofern § 108b Abs. 2.

3 Verstöße gegen § 95b Abs. 1 (Nichtzurverfügungstellen eines zur Durchsetzung von Schrankenbestimmungen notwendigen Mittels) und § 95d Abs 2 S. 1 (fehlende oder unvollständige Kennzeichnung von Schutzgegenständen) werden hingegen nicht von § 108b erfasst, sondern ausschließlich als Ordnungswidrigkeit sanktioniert.

4 Es verbleibt ein Bereich, der weder strafrechtlich noch im Wege einer Ordnungswidrigkeit sanktioniert wird: die Herstellung, Einfuhr und Besitz von Vorrichtungen, Erzeugnissen oder Bestandteilen nach § 95a Abs. 3, die nicht zu gewerblichen Zwecken erfolgt, sowie deren Verbreitung an Personen, die mit dem Täter persönlich verbunden sind (ähnlich schon Pfitzmann/*Sieber*, Anforderungen an die gesetzliche Regulierung zum Schutz digitaler Inhalte unter Berücksichtigung der Effektivität von technischen Schutzmechanismen, Gutachten für den dmmv und den VPRT, 2003, S. 185 f.). Ebenso sind Verstöße gegen § 95d Abs. 1 (Angaben zu Eigenschaften der technischen Maßnahmen) nicht bußgeldbewehrt.

5 Da die Vorschriften der §§ 95a bis 95d für Computerprogramme nicht gelten (s. § 69a Abs. 5), gelangt auch § 111a dort nicht zur Anwendung. Sofern Computerprogramme mit einem Kopierschutz versehen sind, verbleibt es lediglich bei einem zivilrechtlichen Vernichtungsanspruch gemäß § 69f Abs. 2 (**Umgehungsmittel**).

II.   Objektiver Tatbestand

1.   § 111a Abs. 1 Nr. 1

6 Abs. 1 Nr. 1 lit. a deckt die **nichtgewerbliche** Tatbegehung des § 108b Abs. 2 ab (nur für Verkauf, Vermietung, Verbreitung; nicht: Einfuhr und Herstellung). Wobei auch hier in Anlehnung an § 95a Abs. 3 der Begriff des Verbreitens in der dortigen weiten Auslegung zu verstehen ist (vgl. § 108b Rn. 29). Die Tathandlungen des Verkaufens und Vermietens (eigentlich Unterfälle des Verbreitens i.S.d. § 17) sollen offenbar stets bußgeldbewehrt sein, ein Verbreiten im Übrigen aber nur, wenn dies über den Privatbereich hinausgeht (zum Begriff der „mit dem Täter persönlich verbundener Personen" vgl. § 108b Rn. 16 ff.). Im Hinblick auf das Gebot eines effektiven Schutzes ist es erforderlich, das

Verkaufen und Vermieten grundsätzlich auch im privaten Umfeld zu sanktionieren, da es darauf ankommt, technische Maßnahmen gegen gefährliche Handlungen wie insb. solche, die gegen Entgelt erfolgen, wirksam zu schützen (Begr RegE UrhG Infoges – BT-Drucks. 15/38, S. 28 f.).

Abs. 1 Nr. 1 lit. b befasst sich mit Tathandlungen, die nicht von § 108b erfasst **7** sind, gleichwohl Vorbereitungshandlungen zu § 108b sein können. Erfasst sind Handlungen nach § 95a Abs. 3 S. 1 Alt. 6–8 („Werbung im Hinblick auf Verkauf oder Vermietung", „der gewerblichen Zwecken dienende Besitz", „Erbringung von Dienstleistungen").

2. § 111a Abs. 1 Nr. 2

Abs. 1 Nr. 2 erfasst einen Verstoß des Rechteinhabers gegen § 95b Abs. 1 **8** (Durchsetzung von Schrankenbestimmungen); dies ist als (echtes) Unterlassungsdelikt ausgestaltet. Dieser verstärkte Schutz war insofern notwendig, als dem Schrankenbegünstigten kein unmittelbares Recht auf Zugang zum Werk zusteht (vgl. § 108b Rn. 18).

3. § 111a Abs. 1 Nr. 3

Ein Verstoß gegen die gegen die Kennzeichnungs (Informations-) pflicht nach **9** § 95d Abs. 2 Satz 1 ist nach Abs. 1 Nr. 3 ebenso bußgeldbewehrt Dies gilt jedoch nicht, wenn die Werke auf vertraglicher Grundlage online zugänglich gemacht wurden, da dann nach § 95d Abs. 2 S. 2 i.V.m. § 95b Abs. 3 die Kennzeichnungspflicht entfällt.

Auch dies ist als Unterlassungsdelikt ausgestaltet und insofern vergleichbar mit **10** dem Verstoß gegen die allgemeinen Informationspflichten des § 5 TMG. Zweck dieser Vorschrift ist, dem Schrankenbegünstigten die Möglichkeit zu geben, seine in §§ 95b ff. verankerten Ansprüche auch tatsächlich durchzusetzen.

III. Subjektiver Tatbestand

Die Tat muss vorsätzlich begangen werden, bedingter Vorsatz reicht aus (§ 10 **11** OWiG).

IV. Rechtswidrigkeit und Schuld

Es gelten die allgemeinen Rechtfertigungsgründe des OWiG (§§ 15, 16 **12** OWiG).

V. Irrtümer/Täterschaft und Teilnahme

Hinsichtlich des Irrtums über Tatbestand und Schuld sowie zu Täterschaft und **13** Teilnahme gelten die allgemeinen Regeln der §§ 8 ff. OWiG.

VI. Konkurrenzen

In der Tatvariation der Verstöße gegen § 95a Abs. 3 ist grundsätzlich ein **14** Nebeneinander von Strafvorschrift und Ordnungswidrigkeit denkbar (§ 21 OWiG). Allerdings fände im Falle einer Tatbegehung zu gewerblichen Zwecken der § 108b als Strafgesetz Anwendung (§ 21 Abs. 1 OWiG). Falls eine Strafe nicht verhängt wird, kann die Tat dennoch als Ordnungswidrigkeit geahndet werden (§ 21 Abs. 2 OWiG).

15 Wenn sowohl § 111a als auch § 5 ZKDSG erfüllt sind, tritt § 5 ZKDSG zurück.

VII. Prozessuales

16 Zuständig für das Bußgeldverfahren sind die Verwaltungsbehörden der Länder (§ 35 OWiG). Für die örtliche Zuständigkeit der Behörde ist der Ort der Handlung maßgebend (§ 7 Abs. 1 OWiG). Damit können grds. auch von Ausländern begangene Verstöße des § 111a geahndet werden. Von ihnen kann eine Sicherheitsleistung bzw. die Benennung eines Zustellungsbevollmächtigten verlangt werden (§ 46 Abs. 1 OWiG i.V.m. § 132 StPO).

17 Rechtsfolge des § 111a ist stets eine Buße, sonstige Nebenfolgen wie z.B. eine Einziehung (s. dazu z.B. § 145 Abs. 4 MarkenG) sind nicht vorgesehen. Gemäß § 111a Abs. 2 sind Verstöße gegen Abs. 1 Nr. 1 und 2 mit einer Geldbuße bis zu € 50.000,-; bei Verstößen gegen Abs. 1 Nr. 2 (Kennzeichnungsgebot) nur bis zu € 10.000,- zu ahnden.

18 In den Fällen des § 111a Abs. 1 Nr. 1 und 2 tritt Verfolgungsverjährung gem. § 31 Abs. 2 Nr. 2 OWiG nach drei Jahren ein, bei Verstößen gegen § 111a Abs. 1 Nr. 3 schon nach zwei Jahren (§ 31 Abs. 2 Nr. 2 OWiG).

Unterabschnitt 3   **Vorschriften über Maßnahmen der Zollbehörden**

§ 111b Verfahren nach deutschem Recht

(1) [1]Verletzt die Herstellung oder Verbreitung von Vervielfältigungsstücken das Urheberrecht oder ein anderes nach diesem Gesetz geschütztes Recht, so unterliegen die Vervielfältigungsstücke, soweit nicht die Verordnung (EG) Nr. 1383/2003 des Rates vom 22. Juli 2003 über das Vorgehen der Zollbehörden gegen Waren, die im Verdacht stehen, bestimmte Rechte geistigen Eigentums zu verletzen, und die Maßnahmen gegenüber Waren, die erkanntermaßen derartige Rechte verletzen (ABl. EU Nr. L 196 S. 7) in ihrer jeweils geltenden Fassung anzuwenden ist, auf Antrag und gegen Sicherheitsleistung des Rechtsinhabers bei ihrer Einfuhr oder Ausfuhr der Beschlagnahme durch die Zollbehörde, sofern die Rechtsverletzung offensichtlich ist. [2]Dies gilt für den Verkehr mit anderen Mitgliedstaaten der Europäischen Union sowie mit den anderen Vertragsstaaten des Abkommens über den Europäischen Wirtschaftsraum nur, soweit Kontrollen durch die Zollbehörden stattfinden.

(2) [1]Ordnet die Zollbehörde die Beschlagnahme an, so unterrichtet sie unverzüglich den Verfügungsberechtigten sowie den Antragsteller. [2]Dem Antragsteller sind Herkunft, Menge und Lagerort der Vervielfältigungsstücke sowie Name und Anschrift des Verfügungsberechtigten mitzuteilen; das Brief- und Postgeheimnis (Artikel 10 des Grundgesetzes) wird insoweit eingeschränkt. [3]Dem Antragsteller wird Gelegenheit gegeben, die Vervielfältigungsstücke zu besichtigen, soweit hierdurch nicht in Geschäfts- oder Betriebsgeheimnisse eingegriffen wird.

(3) Wird der Beschlagnahme nicht spätestens nach Ablauf von zwei Wochen nach Zustellung der Mitteilung nach Absatz 2 Satz 1 widersprochen, so ordnet die Zollbehörde die Einziehung der beschlagnahmten Vervielfältigungsstücke an.

(4) [1]Widerspricht der Verfügungsberechtigte der Beschlagnahme, so unterrichtet die Zollbehörde hiervon unverzüglich den Antragsteller. [2]Dieser hat gegenüber der Zollbehörde unverzüglich zu erklären, ob er den Antrag nach Absatz 1 in Bezug auf die beschlagnahmten Vervielfältigungsstücke aufrechterhält.

1. Nimmt der Antragsteller den Antrag zurück, hebt die Zollbehörde die Beschlagnahme unverzüglich auf.

2. Hält der Antragsteller den Antrag aufrecht und legt er eine vollziehbare gerichtliche Entscheidung vor, die die Verwahrung der beschlagnahmten Vervielfältigungsstücke oder eine Verfügungsbeschränkung anordnet, trifft die Zollbehörde die erforderlichen Maßnahmen.

[4]Liegen die Fälle der Nummern 1 oder 2 nicht vor, hebt die Zollbehörde die Beschlagnahme nach Ablauf von zwei Wochen nach Zustellung der Mitteilung an den Antragsteller nach Satz 1 auf; weist der Antragsteller nach, dass die gerichtliche Entscheidung nach Nummer 2 beantragt, ihm aber noch nicht zugegangen ist, wird die Beschlagnahme für längstens zwei weitere Wochen aufrechterhalten.

(5) Erweist sich die Beschlagnahme als von Anfang an ungerechtfertigt und hat der Antragsteller den Antrag nach Absatz 1 in bezug auf die beschlagnahmten Vervielfältigungsstücke aufrechterhalten oder sich nicht unverzüglich erklärt (Absatz 4 Satz 2), so ist er verpflichtet, den dem Verfügungsberechtigten durch die Beschlagnahme entstandenen Schaden zu ersetzen.

(6) [1]Der Antrag nach Absatz 1 ist bei der Bundesfinanzdirektion zu stellen und hat Wirkung für ein Jahr, sofern keine kürzere Geltungsdauer beantragt wird; er kann wiederholt werden. [2]Für die mit dem Antrag verbundenen Amtshandlungen werden vom Antragsteller Kosten nach Maßgabe des § 178 der Abgabenordnung erhoben.

(7) [1]Die Beschlagnahme und die Einziehung können mit den Rechtsmitteln angefochten werden, die im Bußgeldverfahren nach dem Gesetz über Ordnungswidrigkeiten gegen die Beschlagnahme und Einziehung zulässig sind. [2]Im Rechtsmittelverfahren ist der Antragsteller zu hören. [3]Gegen die Entscheidung des Amtsgerichts ist die sofortige Beschwerde zulässig; über sie entscheidet das Oberlandesgericht.

(8) *(aufgehoben)*

§ 111c Verfahren nach der Verordnung (EG) Nr. 1383/2003

(1) Setzt die zuständige Zollbehörde nach Art. 9 der Verordnung (EG) Nr. 1383/2003 die Überlassung der Waren aus oder hält diese zurück, unterrichtet sie davon unverzüglich den Rechtsinhaber sowie den Anmelder oder den Besitzer oder den Eigentümer der Waren.

(2) Im Fall des Absatzes 1 kann der Rechtsinhaber beantragen, die Waren in dem nachstehend beschriebenen vereinfachten Verfahren im Sinn des Artikels 11 der Verordnung (EG) Nr. 1383/2003 vernichten zu lassen.

(3) [1]Der Antrag muss bei der Zollbehörde innerhalb von zehn Arbeitstagen nach Zugang der Unterrichtung nach Absatz 1 schriftlich gestellt werden. [2]Er muss die Mitteilung enthalten, dass die Waren, die Gegenstand des Verfahrens sind, ein nach diesem Gesetz geschütztes Recht verletzen. [3]Die schriftliche Zustimmung des Anmelders, des Besitzers oder des Eigentümers der Waren zu ihrer Vernichtung ist beizufügen. Abweichend von Satz 2 kann der Anmelder, der Besitzer oder der Eigentümer die schriftliche Erklärung, ob er einer Vernichtung zustimmt oder nicht, unmittelbar gegenüber der Zollbehörde abgeben. [4]Die in Satz 1 genannte Frist kann vor Ablauf auf Antrag des Rechtsinhabers um zehn Arbeitstage verlängert werden.

(4) [1]Die Zustimmung zur Vernichtung gilt als erteilt, wenn der Anmelder, der Besitzer oder der Eigentümer der Waren einer Vernichtung nicht innerhalb von zehn Arbeitstagen nach Zugang der Unterrichtung nach Absatz 1 widerspricht. [2]Auf diesen Umstand ist in der Unterrichtung nach Absatz 1 hinzuweisen.

(5) Die Vernichtung der Waren erfolgt auf Kosten und Verantwortung des Rechtsinhabers.

(6) Die Zollstelle kann die organisatorische Abwicklung der Vernichtung übernehmen. Absatz 5 bleibt unberührt.

(7) Die Aufbewahrungsfrist nach Art. 11 Abs. 1 zweiter Spiegelstrich der Verordnung (EG) Nr. 1383/2003 beträgt ein Jahr.

(8) Im Übrigen gilt § 111b entsprechend, soweit nicht die Verordnung (EG) Nr. 1383/2003 Bestimmungen enthält, die dem entgegenstehen.

Übersicht

I. Allgemeines

1. Volkswirtschaftliche Schäden durch Produktpiraterie

1 Die durch EU-Recht und nationales Recht geregelten Grenzaufgriffe gefälschter Waren durch den Zoll stellen in der Praxis eines der wichtigsten Instrumente zur Bekämpfung der **Produktpiraterie** dar. Nach Schätzung der Europäischen Kommission entfallen heute inzwischen 5 bis 9% des Welthandels auf gefälschte Produkte. Der weltweite illegale Umsatz wird auf 350 Mrd. Euro geschätzt (Rede der BJM v. 14.12.2005 – Produkt- und Markenpiraterie geht uns alle an, www.bmj.bund.de/enid/0,f7832d706d635f6964092d0932 333039093a0979656172092d0932303035093a096d6f6e7468092d093132 093a095f7472636964092d0932333039/Reden/Brigitte_Zypries_zc.html, zuletzt abgerufen am 05.05.2008). Die Produktpiraterie ist schon lange nicht mehr nur ein Problem der Kosmetik-, Luxusgüter- und Textilindustrie, sondern betrifft inzwischen die meisten Branchen, u.a. auch die Maschinenbau-, Autoersatzteil-, Pharma- und Nahrungsmittelindustrie (siehe die Aufstellung der EU-Kommission zu Grenzbeschlagnahmen durch die nationalen Zollbehörden unter ec.europa.eu/taxation_customs/resources/documents/customs/customs_controls/counterfeit_piracy/statistics/counterf_comm_2006_en.pdf, zuletzt abgerufen am 05.05.2008). Der Verband Deutscher Maschinen- und Anlagenbau (VDMA) beziffert den Schaden allein für seine Branche auf 4,5 Mrd. Euro im Jahr. Nach Schätzungen der WHO sind heute bereits 10% aller weltweit gehandelten

Medikamente gefälscht, was erhebliche Gesundheitsrisiken für die Verbraucher mit sich bringt (Rede der BJM v. 14.12.2005 a.a.O.).

2. Historische Entwicklung

Ursprünglich sah das deutsche Recht nur im Falle einer Markenverletzung eine **2** Grenzbeschlagnahme (s. § 28 WZG) vor. Durch das **ProdPiratG** vom 07.03.1990 (BGBL I S. 422) wurde in Deutschland die Zugriffsmöglichkeit des Zolls u. a. auch auf urheberrechtsverletzende Waren (§ 111b UrhG) erweitert. Im Jahre 1994 wurde diese Entwicklung auf europäischer Ebene durch die Verordnung EG 3295/94 nachvollzogen, die die bisher bestehende Verordnung EG 3842/86 ablöste und den Anwendungsbereich der **EU-Produktpiraterieverordnung** (**EU-PrPVO**) auch auf Urheberrechte und verwandte Schutzrechte erweiterte. Die Verordnung EG 1383/2003, die seit 01.07.2004 gilt, hat die Verordnung EG 3295/94 ersetzt und den gemeinschaftsrechtlichen Tätigkeitsbereich der Zollbehörden noch einmal erweitert. Im Zuge der Umsetzung der Enforcement RL durch das Gesetz zur Verbesserung der Durchsetzung von Rechten des geistigen Eigentums hat der deutsche Gesetzgeber auch die Anwendung des in Art. 11 der EU-PrPVO geregelten vereinfachten Verfahrens für das deutsche Urheberrecht durch den neu geschaffenen § 111c UrhG eröffnet.

Die Bedeutung der Grenzaufgriffe in der Praxis hat spätestens seit Zentrali- **3** sierung der Antragstellung bei der Zentralstelle für Gewerblichen Rechtsschutz in München kontinuierlich zugenommen. Während im Jahre 1995 noch 68 Anträge gestellt wurden, waren es im Jahre 2005 bereits 352 Grenzbeschlagnahmeanträge (BFM, Gewerblicher Rechtsschutz Jahresbericht 2005, S. 31; abrufbar unter www.zoll.de/e0_downloads/d0_veroeffentlichungen/v5_gwr_**jahresbericht_2005**.pdf, zuletzt abgerufen am 02.05.2008). Während es im Jahre 1995 zu 506 Grenzbeschlagnahmen kam, verzeichnete der Zoll im Jahre 2005 bereits 7217 Grenzbeschlagnahmen, wobei 11,5 Mio. Waren im Wert von insgesamt 213 Mio. Euro beschlagnahmt wurden (BFM, Gewerblicher Rechtsschutz Jahresbericht 2005, S. 5, 31 a.a.O.). Die u.a. in § 111b UrhG geregelte Grenzbeschlagnahme erlaubt eine wirkungsvolle Bekämpfung des grenzüberschreitenden Handels mit gefälschten Waren. Mindestens die Hälfte aller in Deutschland aufgegriffenen gefälschten Waren kam aus dem Ausland (RegE ProdPiratG – BT Drucks. 11/4792, S. 34). Der Zugriff an der Grenze ist sehr effektiv. Ein späteres Vorgehen gegen den Vertrieb der gefälschten Ware auf den einzelnen Handelsstufen ist für den Rechtsinhaber sehr viel aufwendiger und kostenintensiver.

II. Anwendungsbereich

1. Vorrang der Eu-PrPVO und deren Anwendungsbereich

Nach dem in § 111b Abs. 1 UrhG normierten **Vorrangprinzip** kommt das für **4** Urheberrechte und verwandte Schutzrechte in § 111b UrhG geregelte nationale Grenzbeschlagnahmeverfahren nur dann zur Anwendung, wenn die Verordnung EG 1383/2003 (= EU-PrPVO) nicht anwendbar ist. Um den Anwendungsbereich des § 111b UrhG zu bestimmen, muss folglich zunächst einmal der Anwendungsbereich der EU-PrPVO näher definiert werden.

5 Der Anwendungsbereich der EU-PrPVO ist sehr weit. Nach den in Art. 1 Abs. 1 a, b EU-PrPVO geregelten Aufgreiftatbeständen findet die EU-PrPVO praktisch bei allen **Ein-** und **Ausfuhren** in bzw. aus **Nicht-EU-Staaten** Anwendung. Zu den wichtigsten Tatbeständen gehören die Einfuhr, die Ausfuhr, die Wiederausfuhr und das Versandverfahren (= Nichterhebungsverfahren). Beschränkt wird der Anwendungsbereich allerdings durch Art. 3 EU-PrPVO. So findet nach Art. 3 Abs. 1 die EU-PrPVO keine Anwendung auf Waren, die mit Zustimmung des Rechteinhabers hergestellt worden sind. Das betrifft insb. sogenannte **parallelimportierte Waren**, d.h. Originalwaren, die ohne Zustimmung des Rechteinhabers in die Europäische Union bzw. den Europäischen Wirtschaftsraum eingeführt werden (näher dazu § 16 Abs. 2 UrhG; BHF GRUR Int. 2000, 780, 781 – *Jockey*). Ebenfalls unanwendbar ist die EU-PrPVO gem. § 3 Abs. 1 S. 2 EU-PrPVO auch auf Waren von **Lizenznehmern**, die unter Verstoß gegen die Vorschriften des Lizenzvertrages hergestellt worden sind, also Waren, die bspw. wegen ihrer Qualität oder Art nicht unter die Lizenz fallen. Bei Waren, die vom Lizenznehmer am Rechteinhaber vorbeiproduziert sind, sogenannte „**Overrun**"-Waren, – in der Praxis ein sehr häufiges Problem – geht es dagegen nicht um die Einhaltung irgendwelcher Nutzungsbedingungen des Lizenzvertrages, sondern um unerlaubt hergestellte Vervielfältigungsstücke, die genauso zu behandeln sind wie andere Plagiate auch. Nach richtiger Ansicht findet die EU-PrPVO auf solche „Overrun"-Waren Anwendung (a.A. wohl Harte-Bavendamm/*Knaak* Rn. 23). Aber selbst wenn man die EU-PrPVO nicht für anwendbar hält, fallen solche Waren unter das in § 111b UrhG geregelte nationale Grenzbeschlagnahmeverfahren, zumindest solange man von keiner abschließenden Zuständigkeit der EU für solche Waren ausgeht. Schließlich findet die EU-PrPVO gem. Art. 3 Abs. 2 EU-PrPVO nicht auf Waren im persönlichen Gepäck von Reisenden Anwendung, soweit keine konkreten Hinweise dafür vorliegen, dass diese Waren Gegenstand eines gewerblichen Handelns sind.

2. Verbleibender Anwendungsbereich des § 111b UrhG

6 In der Praxis ist somit der verbleibende Anwendungsbereich des § 111b UrhG sehr gering. Ein möglicher Anwendungsbereich wäre der zwischenstaatliche Handel zwischen den Mitgliedsstaaten der EU. In den **Binnengrenzen** der EU sind die Grenzkontrollen aufgrund des Schengener Abkommens aber weitgehend abgeschafft worden. Soweit es hier noch zu nach § 111b UrhG zu beurteilenden Aufgriffen gefälschter Waren kommt, finden diese durch sogenannte Mobile Kontrollgruppen des Zolls statt. Ein weiterer möglicher Anwendungsbereich wäre der private Reiseverkehr, da hier – wie ausgeführt – die EU-PrPVO gem. Art. 3 Abs. 2 nicht zum Tragen kommt, so dass eigentlich § 111b UrhG zur Anwendung kommen müsste. Nach der Gesetzesbegründung (RegE ProdPiratG – BT Drucksache 11/4792, S. 41) soll allerdings eine Beschlagnahme bei Privatpersonen, etwa im **Reisegepäck**, grds. nicht erfolgen (s. auch „Dienstanweisung zum Schutz des geistigen Eigentums", abgedruckt bei Schricker/*Hass*/*Vassilaki*³ Rn. 15). In der Praxis wird dies von den Zollbehörden sehr unterschiedlich gehandhabt. Die größte praktische Bedeutung hat § 111b UrhG bzw. die entsprechenden Vorschriften in anderen Schutzgesetzen des Geistigen Eigentums (u.a. § 146 ff. MarkenG, § 142a PatG) für **Parallelimporte** (vgl. Rn. 4).

III. Voraussetzungen

1. Antragserfordernis

Die Beschlagnahme nach § 111b UrhG erfordert zwingend einen **Antrag** des **7** Rechteinhabers. Im Unterschied zur EU-PrPVO (s. Art. 4 EU-PrPVO) kann der Zoll ohne Antrag nicht tätig werden. Der Antrag kann formlos gestellt werden. Es empfiehlt sich allerdings, die unter www.grenzbeschlagnahme.de herunterladbaren Formulare zu verwenden. Seit 1995 wird der Antrag von der **Zentralstelle Gewerblicher Rechtsschutz**, Sophienstraße 6, 80333 München, die seit kurzem zur Bundesfinanzdirektion Südost gehört, bearbeitet und sollte dort entgegen § 111b Abs. 6 UrhG auch gestellt werden. Im Antrag müssen die Urheberrechte bzw. verwandten Leistungsschutzrechte glaubhaft gemacht werden. Im Gegensatz zum Antrag nach Art. 5 Abs. 1 EU-PrPVO ist weiterhin eine **Sicherheitsleistung** erforderlich, die sinnvollerweise durch eine Bürgschaft erbracht wird, wobei deren Höhe im Ermessen der Zollbehörde liegt. Die Sicherheit soll den durch eine Grenzbeschlagnahme dem Verfügungsberechtigten möglicherweise entstehenden Schaden (s. dazu § 111b Abs. 5 UrhG) abdecken. I.d.R. beträgt sie € 10.000,00. Für die Bearbeitung des Antrags wird eine Gebühr nach § 111b Abs. 6 UrhG, § 178a AO i.V.m. § 12 Abs. 1 ZKostV erhoben, die zwischen € 30,00 und € 300,00 liegt. Obwohl es im Unterschied zu Art. 5 Abs. 5 i.V.m. Art. 5 Abs. 8 EU-PrPVO keine Pflicht gibt, **sachdienliche Angaben** zu Warenmerkmalen, zu Vertriebssystemen, Lieferländern, Verpackungsformen, etc. zu machen, hängt die Effektivität der Grenzbeschlagnahme maßgeblich von den vom Rechteinhaber gemachten Angaben ab (s. dazu BMF, Gewerblicher Rechtsschutz Jahresbericht 2005, S. 10 – 14, a.a.O.). Der Antrag wird auf ein Jahr gewährt und kann, sollte es keine Veränderungen gegeben haben, formlos beliebig oft verlängert werden (siehe § 111b Abs. 6 UrhG).

2. Verletzung des Urheberrechts bzw. eines Leistungsschutzrechts

Für ein Tätigwerden der Zollbehörde muss gem. § 111b Abs. 1 UrhG die **8** Herstellung oder Verbreitung von Vervielfältigungsstücken das Urheberrecht oder ein anderes im Urhebergesetz geregeltes Leistungsschutzrecht verletzen. § 111b UrhG schafft also **keinen eigenen selbständigen Verletzungtatbestand**, sondern setzt eine Verletzung des Urheberrechts bzw. eines verwandten Leistungsschutzrechts voraus. Von § 111b UrhG ebenfalls (vgl. Rn. 4) nicht erfasst wird der Verstoß gegen schuldrechtliche Verpflichtungen, bspw. der Verstoß gegen Qualitätsauflagen des Lizenzvertrags (s. dazu Schricker/*Hass*/*Vassilaki*[3] Rn. 2). Bereits in der Einfuhr liegt eine Urheberrechtsverletzung. Mit der Einfuhr wird regelmäßig die Verbreitung der gefälschten Waren im Inland intendiert. Nach der Gesetzesbegründung (RegE ProdPiratG – BT Drucksache 11/4792, S. 44) soll die Beschlagnahme auch schon bei Abwendung der sonst drohenden Verbreitung der rechtswidrigen Vervielfältigungsstücke in Betracht kommen und nicht erst dann, wenn die Verbreitung und damit die Schutzrechtsverletzung konkret eintritt. Bei der Ausfuhr wird eine unerlaubte Vervielfältigung im Inland stattgefunden haben. Strittig ist, ob die Beschlagnahme auch bei einem bloßen **Transit** der Waren durch die Bundesrepublik Deutschland in Betracht kommt. Nach deutschem Recht liegt in dem Transit von Waren grds. keine Verletzung (s. RegE ProdPiratG – BT-Drucks. 11/4792, S. 41; Dreier/Schulze/*Dreier*[2] Rn. 6; BGH GRUR 2007, 876 – *Diesel II* zum Markenrecht). Ob hier wegen der erheblichen Gefahren, die bei der Durchfuhr für den Rechteinhaber entstehen, § 111b UrhG auch auf den Tatbestand des

Transits Anwendung finden sollte, scheint angesichts des Erfordernisses einer eigenständigen offenkundigen Rechtsverletzung nach diesem Gesetz zweifelhaft (so aber *Ingerl/Rohnke* § 146 MarkenG Rn. 5 zum parallelen Problem im Markenrecht).

3. Offensichtlichkeit der Rechtsverletzung

9 Nach § 111b Abs. 1 UrhG muss die Rechtsverletzung **offensichtlich** sein. Dieses einschränkende Tatbestandsmerkmal soll sicherstellen, dass bei unklarer Rechtslage ein Eingriff in den Warenverkehr unterbleibt und ungerechtfertigte Beschlagnahmen weitestgehend nicht stattfinden (RegE ProdPiratG – BT Drucks. 11/4792, S. 41). In der Praxis sind viele Rechtsverletzungen offensichtlich. So werden Waren schon häufig falsch deklariert bzw. sind von solcher minderer Qualität, dass ihr Fälschungscharakter ins Auge sticht. Selbst bei Parallelimporten, dem in der Praxis wichtigsten Anwendungsbereich für § 111b UrhG (vgl. Rn. 4), ist der rechtsverletzende Charakter häufig offensichtlich, da viele Waren Hinweise auf das entsprechende Lizenzgebiet aufweisen bzw. die verwendeten Sprachen auf der Verpackung eindeutige Rückschlüsse auf das Lizenzgebiet erlauben.

IV. Verfahrensablauf

1. Allgemeines

10 Nach dem Wortlaut des § 111b UrhG spricht die Zollbehörde bei Vorliegen der Voraussetzungen der Beschlagnahme (vgl. Rn. 7–9) die Beschlagnahme aus und unterrichtet dann den **Verfügungsberechtigten** (= zollrechtlich Verantwortlicher, regelmäßig also der Einführer) und den Antragsteller, wobei letzterer die Möglichkeit zur Besichtigung der rechtsverletzenden Ware erhält. In der Praxis weicht der Verfahrensablauf häufig hiervon ab, da viele Antragsteller sowohl einen Antrag nach § 111b Abs. 1 UrhG als auch nach Art. 5 EU-PrPVO stellen und der Zoll zunächst einmal nicht zwischen den unterschiedlichen Rechtsgrundlagen und Verfahren differenziert. Das erste Schreiben, das der Antragsteller daher häufig von der tätig gewordenen Zollstelle erhält, ist die sogenannte Aussetzung der Überlassung, die auf Art. 9 EU-PrPVO (vgl. Rn. 21) beruht. Entweder mit oder im engen zeitlichen Zusammenhang mit der Aussetzung der Überlassung erhält der Antragsteller ein Muster der rechtsverletzenden Ware, zumindest wenn ein entsprechender Antrag nach Art. 9 Abs. 3, 3. Unterabs. EU-PrPVO gestellt wurde (näher vgl. Rn. 24). Sollte bspw. wegen eines Parallelimports dann die EU-PrPVO nicht greifen, ist es Aufgabe des Antragstellers, die Zollbehörde darauf hinzuweisen und somit sicherzustellen, dass der Zoll das Verfahren nach § 111b Abs. 2–5 UrhG durchführt.

2. Anordnung der Beschlagnahme und das Besichtigungsrecht des Antragstellers

11 Bei Vorliegen der Voraussetzungen (vgl. Rn. 7–9) ordnet die Zollbehörde die Beschlagnahme der Vervielfältigungsstücke an. Dem Antragsteller werden **Herkunft, Menge** und **Lagerort** der Vervielfältigungsstücke sowie **Name** und **Anschrift** des Verfügungsberechtigten mitgeteilt (§ 111b Abs. 2 UrhG). Die Mitteilung dieser Daten, auf die der Antragsteller einen Rechtsanspruch hat (so EuGH WRP 1999, 1269 – *Adidas* zur EU-PrPVO), soll dem Antragsteller ermöglichen, zivilrechtliche Ansprüche gegenüber dem Verfügungsberechtigten geltend zu machen. Dazu zählt insb. die nach Widerspruch notwendige gerichtliche Entscheidung nach § 111b Abs. 4 S. 2 UrhG.

Nach § 111b Abs. 2 S. 3 UrhG wird dem Antragsteller (= Rechteinhaber) die **12** Möglichkeit eingeräumt, die Vervielfältigungsstücke zu **besichtigen**. Obwohl nicht ausdrücklich in § 111b Abs. 2 S. 3 UrhG vorgesehen, sind viele Zollbehörden bereit, anstatt einer Inaugenscheinnahme die **Muster** zur Begutachtung durch den Antragsteller zu übersenden. Der tw. vertretenen Auffassung (*Deumeland* GRUR 2006, 994, 995), wonach die Übersendung eines Musters nach § 111b UrhG nicht zulässig sei, ist nicht zu folgen. Diese Auffassung ergibt sich weder zwingend aus dem Wortlaut noch ist sie praktikabel (so auch Schricker/*Hass*/*Vassilaki* Rn. 8). Noch nicht endgültig geklärt ist, wie weit das in § 111b Abs. 2 S. 3 normierte Besichtigungsrecht reicht, was insb. in Bezug auf **Computerprogramme** von großer praktischer Bedeutung ist. Nach richtiger Ansicht ist das Besichtigungsrecht nicht auf die Inaugenscheinnahme i.S.v. § 371 ZPO begrenzt, sondern umfaßt auch die ordnungsgemäße Inbetriebnahme (so auch Schricker/*Hass*/*Vassilaki*[3] Rn. 8, a.A.: *Deumeland* GRUR 2006, 994, 995). Wie noch unten ausgeführt wird (vgl. Rn. 21 zur EU-PrPVO), werden Muster bei Stellung eines Antrags nach Art. 9 Abs. 3, 3 Unterab. häufig automatisch übersandt. Die Besichtigung bzw. Begutachtung soll dem Antragsteller ermöglichen, die Berechtigung der Grenzbeschlagnahme zu überprüfen. Sollte sich herausstellen, dass die Vervielfältigungsstücke entgegen ihres offensichtlichen Anscheins keine Urheberrechte bzw. verwandte Leistungsschutzrechte verletzen, ist der Antragsteller im Hinblick auf die in § 111b Abs. 5 UrhG geregelte Schadensersatzpflicht gut beraten, die Grenzbeschlagnahme unmittelbar gegenüber dem Zoll aufzuheben.

3. Vereinfachtes Verfahren zur Einziehung der Waren

In der gem. § 111b Abs. 2 UrhG vorgesehenen Mitteilung des Verfügungs- **13** berechtigten über die Beschlagnahme muss der zollrechtlich Verfügungsberechtigte darauf aufmerksam gemacht werden, dass die beschlagnahmten Gegenstände eingezogen werden, wenn der Beschlagnahme nicht bis spätestens nach Ablauf von zwei Wochen nach Zustellung **widersprochen** wird (§ 111b Abs. 3 UrhG). Widerspricht der Verfügungsberechtigte der Beschlagnahme nicht innerhalb der Zweiwochenfrist, wird die Einziehung der beschlagnahmten Vervielfältigungsstücke angeordnet. Gegen diese **Einziehung** ist Antrag auf gerichtliche Entscheidung gem. § 111b Abs. 7 UrhG i.V.m. § 62 OWiG möglich. Auf dieses Rechtsmittel wird in der Praxis nur ganz selten zurückgegriffen, da ein Verfügungsberechtigter, der meint, dass die Beschlagnahme zu Unrecht erfolgt sei, gem. § 111b Abs. 4 UrhG lediglich der Beschlagnahme widersprechen muss. Durch die Einziehung geht das Eigentum an den beschlagnahmten Gegenständen auf den Staat über. Der Zoll wird dann regelmäßig ohne Kosten für den Antragsteller für die Vernichtung der beschlagnahmten Waren Sorge tragen.

4. Verfahren nach Widerspruch

Der in § 111b Abs. 4 UrhG vorgesehene **Widerspruch** gegen die Beschlag- **14** nahme ist kein klassisches Rechtsmittel, sondern **negative Voraussetzung** für das vereinfachte Einziehungsverfahren (so OLG München WRP 1997, 975, 977). Das Verfahren nach Widerspruch ist dem durch die EU-PrPVO vorgesehenen Verfahren sehr ähnlich. Die Beschlagnahme durch den Zoll hat nach Widerspruch nur noch eine zeitlich begrenzte **Sicherungsfunktion**, die dem

Antragsteller die Einleitung gerichtlicher Schritte zur Aufrechterhaltung der Grenzbeschlagnahme gem. § 111b Abs. 4 S. 2 Nr. 2 UrhG ermöglichen soll. Unternimmt der Antragsteller nach Einlegung des Widerspruchs nichts, wird der Zoll die Beschlagnahme zwei Wochen nach Unterrichtung des Antragstellers über den Widerspruch aufheben. Neben wirtschaftlichen und generalpräventiven Erwägungen wird die Entscheidung des Antragstellers, ob er den Antrag auf Grenzbeschlagnahme zurücknimmt oder aufrecht erhält, d.h. eine gerichtliche Entscheidung anstrebt, wesentlich davon abhängen, wie er seine Chancen einschätzt, gegen den Verfügungsberechtigten diese gerichtliche Entscheidung zu erwirken. Die Einleitung gerichtlicher Schritte hängt bei geringem Wert der Ware auch davon ab, ob als zollrechtlich Verfügungsberechtigter der in Deutschland ansässige Importeur, lediglich der Spediteur oder sogar nur der im Ausland ansässiger Empfänger der beschlagnahmten Waren als Verfahrensgegner greifbar ist und somit, wie die Chancen einer Kostenerstattung stehen. In jedem Fall muss der Antragsteller innerhalb von zwei Wochen eine **vollziehbare gerichtliche Entscheidung** vorlegen, die die Verwahrung der beschlagnahmten Vervielfältigungsstücke oder eine Verfügungsbeschränkung anordnet. Im Einzelfall kann der Antragsteller, sollte er nachweisen, dass er die gerichtliche Entscheidung nach § 111b Abs. 4 S. 2 Nr. 2 UrhG beantragt hat, diese ihm aber noch nicht zugegangen ist, die Beschlagnahme für weitere zwei Wochen aufrechterhalten. Angesichts dieses engen Zeitrahmens wird grundsätzlich der Antragsteller versuchen, eine einstweilige Verfügung zu erwirken. Neben einem Unterlassungsgebot wird die gerichtliche Verfügung häufig zur Sicherung des Vernichtungsanspruchs nach § 98 UrhG die weitere Verwahrung der Ware durch den Zoll bzw. ausnahmsweise die Sequestrierung der Waren durch den Gerichtsvollzieher anordnen. Neben der einstweiligen Verfügung eines Zivilgerichts kommt im Einzelfall auch eine **strafrechtliche** Beschlagnahme nach den §§ 111b StPO in Betracht. Legt der Antragsteller die gerichtliche Entscheidung gem. § 111b Abs. 4 S. 2 Nr. 2 UrhG der Zollbehörde vor, hebt die Zollbehörde die Beschlagnahme auf und übergibt die Ware – soweit beantragt – an den Sequester. Es ist dann Aufgabe des Antragstellers, entweder einen endgültigen Titel über die Vernichtung der Ware gegen den Verfügungsberechtigten zu erwirken oder – in der Praxis nach Erlass einer einstweiligen Verfügung häufiger – sich mit dem Verfügungsberechtigten über die Modalitäten der Vernichtung zu einigen.

5. **Schadensersatz**

15 § 111b Abs. 5 UrhG regelt den möglichen Schadensersatzanspruch des Verfügungsberechtigten gegenüber dem Antragsteller. Die **Schadensersatzpflicht** des Antragstellers setzt aber nicht nur voraus, dass die Beschlagnahme sich im Nachhinein als von Anfang an unberechtigt erweist, sondern auch dass der Antragsteller nicht spätestens nach Unterrichtung durch die Zollbehörden über den Widerspruch des Verfügungsberechtigten den Antrag auf Beschlagnahme zurücknimmt oder – selbst bei späterer Zurücknahme – sich nicht gem. § 111b Abs. 4 Satz 2 UrhG hierzu unverzüglich erklärt. Sollte überhaupt kein Widerspruch eingelegt werden und die Ware im vereinfachten Verfahren nach § 111b Abs. 3 UrhG eingezogen und vernichtet werden, scheidet § 111b Abs. 5 UrhG als Anspruchsgrundlage für einen Schadenersatz ohnehin aus. Erfasst von der Schadensersatzpflicht nach § 111b Abs. 5 UrhG ist nur der Verzögerungsschaden unter Einschluss der notwendigen Rechtsverfolgungskosten, der dem Verfügungsberechtigten ab dem Zeitpunkt der Unterrichtung des Antragstellers über den Widerspruch adäquat-kausal entsteht.

V. Produktpiraterieverordnung (EG) 1383/2003

1. Allgemeines

Die EU-PrPVO hat in der Praxis eine überragende Bedeutung, da sie praktisch **16** bei allen Aufgriffen von Plagiaten an den Außengrenzen der EU Anwendung findet (vgl. § 111b Rn. 5). Wegen des Vorrangs der EU-PrPVO gegenüber dem in § 111b UrhG geregelten nationalen Grenzbeschlagnahmeverfahren ist die EU-PrPVO zudem für den Anwendungsbereich des § 111b unmittelbar maßgeblich. Die neue EU-PrPVO (die Verordnung (EG) 3295/94 wurde durch Verordnung (EG) 1383/2003 abgelöst), die Rechteinhabern das Grenzbeschlagnahmeverfahren erleichtern sollte, hat in der Praxis zu vielen Problemen geführt. Hierzu hat zum einen beigetragen, dass es der deutsche Gesetzgeber zunächst versäumt hatte, das in Art. 11 EU-PrPVO geregelte vereinfachte Verfahren zur Vernichtung rechtsverletzenden Waren ins deutsche Recht umzusetzen (was im Zuge der Umsetzung der Enforcement RL – mit vier Jahren Verspätung – nun durch den neu geschaffenen § 111c UrhG erfolgt ist) und zum anderen, dass eine Sachentscheidung durch die Zollbehörde nach der neuen EU-PrPVO ausscheidet. Die Vorteile der neuen EU-PrPVO (z.B. Abschaffung der Sicherheitsleistung) können die Nachteile für den Rechteinhaber nicht aufwiegen.

2. Anwendungsbereich

Der Anwendungsbereich der EU-PrPVO ist nach dem Wortlaut auf Maßnah- **17** men der Zollbehörden an den **Außengrenzen** der EU, also im Warenverkehr mit Drittstaaten, begrenzt. Wegen der weitgehenden Abschaffung der Binnengrenzen innerhalb der EU findet die EU-PrPVO auf die überwältigende Mehrheit aller Grenzaufgriffe durch den Zoll Anwendung (dazu ausführlich vgl. Rn. 5). Wie ausgeführt (vgl. Rn. 16) ist dagegen die Bedeutung des nationalen Grenzbeschlagnahmeverfahrens (u.a. geregelt in § 111b UrhG) gering. Strittig ist, ob die EU-Produktpiraterieverordnung auch auf Waren im **Transit** Anwendung findet. Der EuGH hatte dies in der Entscheidung *Polo/Lauren* (GRUR Int. 2000, 748, 750) bejaht. Auch nach der eine Schutzrechtsverletzung grundsätzlich verneinenden *Montex*-Entscheidung (EuGH GRUR 2007, 146) wird der deutsche Zoll weiterhin bei schutzrechtsverletzenden Waren im Transit tätig, was auch gerechtfertigt erscheint, da der Verdacht einer Schutzrechtsverletzung für ein Eingreifen des Zolls ausreicht und zumindest immer die Gefahr besteht, dass die schutzrechtsverletzenden Waren ihr angegebenes Ziel nicht erreichen. Schwierig wird es lediglich für den Rechteinhaber gegebenenfalls eine die Aussetzung bzw. Zurückhaltung der Waren bestätigende Entscheidung eines deutschen Gerichts herbeizuführen, nachdem auch die deutsche Rechtsprechung im Transit keine Verletzung von Schutzrechten sieht, solange es keine konkreten Anhaltspunkte gibt, dass die Waren in den inländischen Verkehr gelangen könnten (s. zuletzt BGH GRUR 2007, 876 – *Diesel II* zum Markenrecht).

3. Vorraussetzungen für ein Tätigwerden der Zollbehörde

a) **Einleitung des Verfahrens:** Grundsätzlich wird die Zollbehörde wie im **18** nationalen Verfahren auf **Antrag** tätig (Art. 5 Abs. 1 EU-PrPVO). Ebenso wie im nationalen Verfahren ist für die Entgegennahme und Bearbeitung des Antrags die Zentralstelle für Gewerblichen Rechtsschutz zuständig (vgl. Rn. 7).

Im Ausnahmefall kann die Zollbehörde nach Art. 4 EU-PrPVO auch **von Amts wegen** tätig werden, sollte sich für die Zollbehörde der hinreichend begründete Verdacht ergeben, dass die fraglichen Waren rechtsverletzend sind. In diesem Fall kann die Zollbehörde die Überlassung der Waren an den Verfügungsberechtigten für längstens drei Tage aussetzen oder die Waren zurückhalten, um dem Rechtsinhaber die Möglichkeit zu geben, den Antrag nach Art. 5 EU-PrPVO zu stellen.

19 Beim Antrag, der vom Rechteinhaber (Art. 5 Abs. 1 EU-PrPVO) oder jedem Nutzungsberechtigten, z.B. einem Lizenznehmer (Art. 2 Abs. 2 EU-PrPVO) gestellt werden kann, muss der Antragsteller nachweisen, dass er Inhaber bzw. Nutzungsberechtigter des geltend gemachten Urheber- bzw. verwandten Schutzrechtes ist (Art. 5 Abs. 5 EU-PrPVO). In der Praxis bedeutet dies, dass die Urheberrechte bzw. verwandten Leistungsschutzrechte **glaubhaft** gemacht werden müssen. Nach Art. 5 Abs. 7 Unterabs. 2 der neuen EU-PrPVO darf keine Gebühr mehr für die Bearbeitung des Antrags verlangt werden. Zudem ist die Sicherheitsleistung entfallen, die durch die in Art. 6 Abs. 1 EU-PrPVO geregelte **Verpflichtungserklärung** ersetzt worden ist, in der sich der Antragsteller verpflichtet, einen möglichen Schaden des Verfügungsberechtigten zu ersetzen und für die Kosten der Lagerung aufzukommen. Diese Verpflichtungserklärung kann ebenso wie der Antrag als Formblatt unter www.grenzbeschlagnahme.de abgerufen werden. Nach Art. 5 Abs. 5 EU-PrPVO muss der Antrag alle Angaben enthalten, die es den Zollbehörden ermöglicht, die rechtsverletzenden Waren zu erkennen (vgl. Rn. 7 zur Wichtigkeit solcher sachdienlichen Angaben). Sollten diese sachdienlichen Angaben fehlen, kann die Zentralstelle für gewerblichen Rechtsschutz beschließen, den Antrag nicht zu bearbeiten (Art. 5 Abs. 8 EU-PrPVO). Die Geltungsdauer des Antrags beträgt gem. Art. 8 Abs. 1 Satz 2 EU-PrPVO höchstens ein Jahr. Der Antrag kann gem. Art. 8 Abs. 1 Satz 3 EU-PrPVO beliebig oft formlos verlängert werden. Sollte es allerdings zu Änderungen bei den vom Antrag umfaßten Urheberrechten kommen, muss der Antrag wegen der Notwendigkeit einer umfassenden Verpflichtungserklärung gem. Art. 6 EU-PrPVO neu gestellt werden.

20 Nach Art. 9 EU-PrPVO ist die Voraussetzung für ein Eingreifen des Zolls der Verdacht der Verletzung eines Rechts geistigen Eigentums. Im Unterschied zum nationalen Grenzbeschlagnahmeverfahren, das eine offensichtliche Rechtsverletzung verlangt, ist die Angriffsschwelle für ein Tätigwerden aufgrund der EU-PrPVO niedriger. Es reicht der **Verdacht** einer Rechtsverletzung aus. In Art. 2 Eu-PrPVO wird die Verletzung eines Rechts des geistigen Eigentums definiert. Für den Urheberrechtsbereich ist Art. 2 Abs. 1 b EU-PrPVO relevant, wonach rechtsverletzende Waren solche Waren sind, die ohne Zustimmung des Rechteinhabers die Urheberrechte oder verwandten Schutzrechte des betreffenden Mitgliedsstaates verletzen. Diese Definition bedeutet zum einen, dass die EU-PrPVO keinen eigenen Verletzungstatbestand schafft, sondern auf die **national geregelten Verletzungstatbestände** abstellt und zum anderen, dass bspw. eine Verletzung eines französischen Urheberrechtes durch eine Ware nicht zu einem Aufgriff durch den deutschen Zoll führen darf.

4. Aussetzung der Überlassung/Zurückhaltung der Waren sowie die Unterrichtung des Rechteinhabers sowie des Verfügungsberechtigten

21 Nach Art. 9 Abs. 1 EU-PrPVO setzt die Zollbehörde die Überlassung der Waren in den zollrechtlich freien Verkehr (bei Vorliegen einer Zollanmeldung) aus bzw. hält die Waren zurück (beim Fehlen einer Zollanmeldung z.B. Aufgriff im Freihafen), wenn der Verdacht einer Verletzung eines Rechts des geistigen Eigentums besteht. Die Aussetzung der Überlassung bzw. Zurückhaltung der Ware ist keineswegs mit einer Beschlagnahme zu verwechseln, wie sie nach § 111b Abs. 1 UrhG erfolgt. Die **Aussetzung der Überlassung** bzw. **Zurückhaltung** der Ware soll dem Rechteinhaber lediglich ermöglichen, sollte sich der Verdacht der Zollbehörde im Rahmen des noch näher zu beschreibenden Verfahrens bestätigen, die Vernichtung der Waren herbeizuführen. Insoweit ist der sich allgemein eingebürgerte Begriff des EU-Grenzbeschlagnahmeverfahrens ungenau.

Die am Zollverfahren Beteiligten können nur dann die erforderlichen Maß- **22** nahmen ergreifen, wenn sie vom Zoll ausreichend **unterrichtet** werden. Insoweit sieht Art. 9 Abs. 2 EU-PrPVO vor, dass der Zoll dem Rechteinhaber bzw. Nutzungsberechtigten sowie dem Verfügungsberechtigten (= regelmäßig Importeur bzw. Spediteur) Angaben über die Art und Menge der Ware macht (Art. 2 EU-PrPVO spricht im Hinblick auf den Verfügungsberechtigten vom Anmelder bzw. Besitzer der Ware je nach dem anwendbaren Zollverfahren (Anmeldeverfahren/Nichterhebungsverfahren)).

Nach Art. 9 Abs. 3 EU-PrPVO teilt die zuständige Zollstelle unter Beachtung **23** von Rechtsvorschriften über den Schutz personenbezogener Daten dem Rechteinhaber zudem Name und Anschrift des Empfängers sowie des Versenders, des Anmelders (Zollanmeldung) oder des Besitzers der Ware, den Ursprung und die Herkunft der Ware mit.

Nach Art. 9 Abs. 3 Unterabs. 2 sind alle Beteiligten des Zollverfahrens berech- **24** tigt, die betreffenden Waren zu inspizieren. Da eine **Inspektion** am Sitz der Zollstellen regelmäßig unpraktikabel ist, kann auf einen entsprechenden ausdrücklichen Antrag des Rechteinhabers (nach deutscher Praxis kann dieser Antrag global für alle zukünftigen Aufgriffe gestellt werden) die Zollstelle diesem eine Probe oder ein Muster der Ware nach Art. 9 Abs. 3 Unterabs. 3 zusenden.

5. Sachentscheidungsverfahren

Nachdem der Zoll die Aussetzung der Überlassung bzw. Zurückhaltung der **25** mutmaßlich rechtsverletzenden Waren verfügt hat und dem Rechteinhaber ermöglicht hat, den rechtsverletzenden Charakter der Ware durch Inspektion bzw. Begutachtung des Musters/der Probe zu überprüfen, ist es Aufgabe des Rechteinhabers, die Vernichtung der Ware herbeizuführen. Hierfür kann der Rechteinhaber entweder eine **Sachentscheidung nach Art. 10** herbeiführen, oder im Wege des **vereinfachten Verfahrens** die Zustimmung des zollrechtlich Verfügungsberechtigten einholen. Für beide Vorgehensweisen hat der Rechteinhaber nach Art. 13 EU-PrPVO lediglich **10 Arbeitstage** nach Zugang der Benachrichtigung über die Aussetzung der Überlassung bzw. Zurückhaltung der Ware Zeit. Nach Art. 13 Abs. 1 Unterabs. 2 kann diese Frist höchstens um 10 Tage auf Antrag verlängert werden (mehrere deutsche Zollämter gewähren die Fristverlängerung nicht mehr automatisch, sondern fordern mittlerweile eine einzelfallbezogene Begründung des Verlängerungsantrags, wobei es grundsätzlich ausreicht, wenn man die Fristverlängerung mit der Vorbereitung gerichtlicher Schritte begründet). Nach Art. 13 Abs. 2 beträgt die Frist bei leicht verderblichen Waren sogar nur 3 Tage und ist nicht verlängerbar. Unternimmt der Rechteinhaber nichts, muss der Zoll nach Art. 13 EU-PrPVO die Waren freigeben. Der Rechteinhaber ist also **Herr des Verfahrens**. Die Aussetzung der Überlassung hat lediglich eine **Sicherungsfunktion**, die dem Rechteinhaber ermöglichen soll, die Vernichtung der Waren herbeizuführen, bevor die Ware den Zoll passiert und auf den Markt gelangt.

26 Für das nationale **Sachentscheidungsverfahren** nach Art. 10 EU-PrPVO macht die EU-PrPVO keine Vorgaben. Art. 13 EU-PRPVO spricht lediglich von einem Verfahren, in dem festgestellt wird, ob ein Recht des geistigen Eigentums nach den Rechtsvorschriften des betreffenden Mitgliedsstaates verletzt worden ist. ErwG 8 EU-PrPVO ergänzt diese rudimentären Vorschriften noch durch den Hinweis, dass die EU-PrPVO die Bestimmungen der Mitgliedsstaaten über die Zuständigkeit der Justizbehörden und die Gerichtsverfahren unberührt lässt.

27 Umstritten ist, wer die Feststellung über den rechtsverletzenden Charakter der verdächtigen Waren treffen darf. Unter Geltung der früheren EU-PrPVO (VO (EG) Nr. 3295/94) wurde diese Sachentscheidung in der Praxis von den **Zollbehörden** getroffen, nachdem i.d.R. der Rechteinhaber den rechtsverletzenden Charakter der Ware nach Überprüfung eines Musters/einer Probe bestätigt hatte. I.E. handelte es sich um eine verwaltungsrechtliche Entscheidung (*Hoffmeister* S. 387, 383; Harte-Bavendamm/*Knaak* § 4 Rn. 53 ff.). So umstritten diese Praxis war (nach Ansicht des OLG München WRP 1997, 975, 976 ff. erforderte die Sachentscheidung eine gerichtliche Entscheidung), so effektiv und praktikabel war sie für die von der Produktpiraterie betroffenen Rechteinhaber. Dem Empfänger der Ware war auch nicht der Rechtsschutz abgeschnitten, da er sich gegen die Sachentscheidung der Zollbehörde durch Einlegung eines form- und kostenlosen Widerspruchs wehren konnte.

28 Nach der aktuellen Fassung der EU-PrPVO, die ein vereinfachtes Vernichtungsverfahren vorsieht, hat sich die Praxis des Zolls geändert. Die Zollbehörden verlangen nunmehr selbst eine **gerichtliche Sachentscheidung**. Strittig ist, ob dies notwendigerweise in einem zivilgerichtlichen Verfahren erfolgen muss (so OLG München WRP 1995, 1978). In der Praxis ist dies von großer Bedeutung, da hier nach Art. 13 EU-PrPVO lediglich verlangt wird, dass ein Verfahren zur Feststellung des rechtsverletzenden Charakters der Waren eingeleitet wird. Würde man auch ein **strafrechtliches Verfahren** ausreichen lassen, würde es für die Aufrechterhaltung der Aussetzung der Überlassung bzw. Zurückhaltung der Ware bereits ausreichen, dass der Rechteinhaber einen Strafantrag einschließlich eines Beschlagnahmeantrags stellt. Der Wortlaut der aktuellen Fassung der EU-PrPVO kann in jedem Fall die momentane Praxis der Zollbehörden nicht rechtfertigen, eine Entscheidung über den rechtsverletzenden Charakter in einem zivilrechtlichen Verfahren zu verlangen. In der Praxis vieler Mitgliedsstaaten der EU reicht die Einleitung eines Strafverfahrens aus. Für die aktuelle Praxis der deutschen Zollbehörden, die Einleitung eines zivilgerichtlichen Verfahrens zu verlangen, kann höchstens ins Feld geführt werden, dass es in Deutschland in strafrechtlichen Verfahren häufig nicht zu Sachentscheidungen über den rechtsverletzenden Charakter der Waren kommt. Vielmehr werden die Verfahren häufig gem. § 153 StPO ff. von der Staatsanwaltschaft eingestellt und der Verfügungsberechtigte erklärt sich im Rahmen der Einstellung mit der Vernichtung der Ware einverstanden.

29 Häufig wird von den Rechteinhabern eine einstweilige Verfügung beantragt. Trotz des Wortlautes von Art. 10 EU-PrPVO reicht es selbstverständlich aus, wenn im Rahmen eines Unterlassungsantrages inzidenter der rechtsverletzende Charakter der Ware festgestellt wird. Die Zollstellen akzeptieren daher auch die Einleitung eines einstweiligen Verfügungsverfahrens zum Zwecke der Aufrechterhaltung der zollrechtlichen Verwahrung der Waren. Sollte der Rechteinhaber sich danach aber mit dem zollrechtlich Verfügungsberechtigten über die Vernichtung nicht einigen können, reicht ein **einstweiliges Verfügungsverfahren** letztlich nicht aus, da im Rahmen eines einstweiligen Verfügungsverfahrens nicht die Vernichtung der Waren verlangt werden kann, was regelmäßig Ziel des Rechteinhabers sein wird und zudem Art. 17 Abs. 1 a EU-PrPVO verlangt. Für ein einstweiliges Verfügungsverfahren anstatt eines Hauptsacheverfahrens besteht auch keine Notwendigkeit, da – wie ausgeführt – lediglich ein Verfahren innerhalb der Frist von 10 Arbeitstagen eingeleitet werden muss. Sinnvoller erscheint es für den Rechteinhaber daher, gleich im Hauptsacheverfahren die Vernichtung der rechtsverletzenden Waren zu verlangen. Nach der Rechtsprechung kann die Vernichtung auch vom **Spediteur, Frachtführer** bzw. **Lagerverwalter** verlangt werden, die – ab Kenntnis vom rechtsverletzenden Charakter der Ware – Störer sind. Der Vernichtungsanspruch setzt kein Verschulden voraus und kann somit auch gegenüber dem Störer geltend gemacht werden. Zur Begründung der Störerhaftung reicht die Mitteilung des Zolls gem. Art. 9 Abs. 2 EU-PrPVO nicht aus. Vielmehr muss der Rechteinhaber konkrete Ausführungen zum rechtsverletzenden Charakter der Waren gegenüber dem als Störer In-Anspruch-Genommenen machen (OLG Hamburg GRUR-RR 2007, 350).

Eine andere Frage ist, ob der **Spediteur, Frachtführer** und/oder der **Lagerverwalter** vom Rechteinhaber auch wegen der **Vernichtungskosten** herangezogen werden können. Diese Frage ist in der Praxis von großer Bedeutung, da häufig kein Importeur gerade bei großen Mengen schutzrechtsverletzender Waren greifbar ist. Grundsätzlich ist anerkannt, dass die Vernichtungskosten vom Schuldner des Vernichtungsanspruchs als Vollstreckungskosten zu tragen sind (*Schricker/Wild*³ §§ 98/99 Rn. 15; *Dreier* § 98, Rn. 7; BGH GRUR 1997, 899, 902 – *Vernichtungsanspruch*). Nachdem der Spediteur, Frachtführer bzw. Lagerist als Störer Schuldner des Vernichtungsanspruchs sind, müssen sie nach richtiger Ansicht auch die Kosten der Vernichtung tragen (so wohl auch OLG Düsseldorf BeckRS 2008 00088; a.A. wohl *Ingerl/Rohnke* § 18 MarkenG Rn. 8). Die Kostentragungspflicht des Spediteurs, Frachtführers bzw. des Lageristen ist auch nicht unbillig, da sie mit der Beförderung bzw. Lagerung der schutzrechtsverletzenden Waren Geld verdienen und es ihnen daher eher als dem Rechteinhaber zumutbar ist, die Vernichtungskosten zu tragen. Die Kostentragungspflicht gerade der Frachtführer hätte zudem den Vorteil, dass die Speditionen, insb. die großen Reedereien, mehr Anstrengungen unternehmen würden, um von Anfang an möglichst keine schutzrechtsverletzenden Waren zu transportieren. Eine ähnlich gelagerte Frage stellt sich bezüglich der **Lagerungskosten**, die im Zeitraum zwischen der Aussetzung der Überlassung und der Vernichtung der Waren anfallen und erheblich sein können. Nachdem anerkannt ist, dass zu den Vernichtungskosten auch die Lagerkosten zählen (*Fezer*³ § 18 MarkenG Rn. 33, OLG Köln WRP 2005, 1294, 1295), erscheint es gerechtfertigt, dass der Spediteur, Frachtführer bzw. Lagerist im Innenverhältnis mit dem Rechteinhaber für die Lagerungskosten aufkommt (so auch *Weber*, Kostenerstattung und Störerhaftung im Grenzbeschlagnahmeverfahren am Bespiel des Markenrechts, WRP 2005, 961, 967; a.A. s. OLG Köln WRP 2005, 1294, 1296 zu den §§ 146 ff. MarkenG mit der unzutreffenden Begründung, dass ab Zeitpunkt der Beschlagnahme wegen behördlich begründeter Verwahrpflicht der Lagerhalter kein Besitzer mehr ist; zu Recht dieser Auffassung nicht gefolgt OLG Düsseldorf BeckRS 2008 00088 Rn. 40). Im Außenverhältnis gegenüber dem Zoll haftet allerdings für Lager- und Vernichtungskosten in jedem Fall der Rechteinhaber (Art. 11 EU-PrPVO Abs. 1 sowie § 111b Abs. 4).

31 Auch ohne Einleitung eines gerichtlichen Verfahrens nach Art. 10 EU-PrPVO sieht die Produktpiraterieverordnung durch das so genante **vereinfachte Verfahren** in Art. 11 Eu-PrPVO eine Möglichkeit für den Rechteinhaber vor, die Vernichtung der Ware herbeizuführen. Vor der Umsetzung des Art. 11 EU-PrPVO ins deutsche Recht durch den neu geschaffenen § 111c UrhG im Jahr 2008 wurde aufgrund des Zollkodex gem. Art. 182 Zollkodex i.V.m. Art. 842 Zollkodex-DVO die Möglichkeit eröffnet, die Vernichtung der Waren herbeizuführen, indem der zollrechtliche Verfügungsberechtigte – üblicherweise mit der Drohung der Einleitung gerichtlicher Schritte – dazu veranlasst wurde, die Vernichtung der Waren schriftlich zu beantragen. Aufgrund dieses Möglichkeit musste der Rechteinhaber nicht für jeden Aufgriff von Waren ein gerichtliches Verfahren anstrengen. Durch die Umsetzung des Art. 11 EU-PrPVO ist diese Verfahrensweise in der Praxis wohl obsolet geworden). Sollte sich der Rechteinhaber für das **vereinfachte Verfahren** entscheiden, das in § 111c UrhG weitgehend inhaltsgleich wie in Art. 11 EU-PrPVO geregelt ist, muss er innerhalb von 10 Arbeitstagen nach Zugang der Benachrichtigung über die Aussetzung der Überlassung bzw. Zurückhaltung der Waren schriftlich gegenüber den zuständigen Zollbehörden beantragen, dass die Waren im vereinfachten Verfahren vernichtet werden sollen. Zugleich muss er den Zollbehörden mitteilen, dass die entsprechenden Waren ein Recht des geistigen Eigentums verletzen (§ 111c Abs. 2 i.V.m. Abs. 3). Zudem muss er den Zollbehörden eine schriftliche Zustimmung des zollrechtlich Verfügungsberechtigten, d.h. des Zollanmelders, des Besitzers oder des Eigentümers der Ware übermitteln (§ 111c Abs. 3 S.3). Nach § 111c Abs. 4 (s. auch Art. 11 Unterabs. 2 EU-PrPVO) gilt die Zustimmung des zollrechtlich Verfügungsberechtigten als erteilt, wenn dieser der Vernichtung der Ware innerhalb der maßgeblichen 10 Arbeitstage-Frist nicht ausdrücklich widerspricht. Die Zustimmung des zollrechtlich Verfügungsberechtigten wird allerdings nur dann **fingiert**, wenn er in der Mitteilung über die Aussetzung der Überlassung bzw. Zurückhaltung der Waren ausdrücklich über die Folgen seiner Untätigkeit informiert wird (§ 111c Abs. 4). Nach der EU-PrPVO kann sowohl der Rechteinhaber (Art. 13 U.A. 2 EU-PrPVO) als auch der zollrechtlich Verfügungsberechtigte (Art. 11 U.A. 2 S. 3 EU-PrPVO) die Frist um 10 Arbeitstage verlängern. § 111c Abs. 3 S. 5 sieht die Verlängerungsmöglichkeit nur für den Rechteinhaber vor und ist somit nicht im Einklang mit unmittelbaren geltendem Gemeinschaftsrecht (Art 249 EVG) und muss folglich so ausgelegt werden, dass der zollrechtlich Verfügungsberechtigte ebenfalls eine Fristverlängerung beantragen kann, wofür es im Einzelfall auch gute Gründe geben kann, da auch der Einführer ggf. die Ware überprüfen bzw. mit seinem Lieferanten Rücksprache halten muss, bevor er einer Vernichtung zustimmt.

32 Nach § 111c Abs. 5 UrhG (=Art. 11 Unterabs. 3 EU-PrPVO) muss die Vernichtung **auf Kosten** und **auf Verantwortung** des Rechteinhabers erfolgen (vgl. Rn. 25). § 111c Abs. 6 UrhG sicht allerdings vor, dass auch der Zoll die **organisatorische Abwicklung** der Vernichtung übernehmen kann. Im Lichte der momentanen Praxis ist zu erwarten, dass die meisten Zollämter sich weiterhin selbst um die Vernichtung kümmern werden und dem Rechteinhaber lediglich die Kosten auferlegen werden: Die Organisation der Vernichtung durch den Zoll ist gerade bei kleineren Mengen aus praktischen Erwägungen sinnvoll. Das wegen des großen Hafens besonders wichtige Hauptzollamt Hamburg wird dagegen voraussichtlich weiterhin verlangen, dass der Rechteinhaber die Vernichtung selbst organisiert und unter zollrechtlicher Überwachung durchführt.

Dritter Abschnitt **Zwangsvollstreckung**

Erster Unterabschnitt **Allgemeines**

§ 112 Allgemeines

Die Zulässigkeit der Zwangsvollstreckung in ein nach diesem Gesetz geschütztes Recht richtet sich nach den allgemeinen Vorschriften, soweit sich aus den §§ 113 bis 119 nichts anderes ergibt.

Übersicht

I. Allgemeines

1. Sinn und Zweck

Das Urheberrecht ist ein **Immaterialgut**, dem im Einzelfall ein enorm hoher **1** wirtschaftlicher Wert zukommen kann. Es liegt auf der Hand, dass Gläubiger des Urhebers zur Befriedigung ihrer Ansprüche im Notfall auf jenen Vermögenswert zurückgreifen möchten. Gleichwohl unterscheidet sich das Urheberrecht von den meisten anderen Vermögenspositionen dadurch, dass es neben einem vermögensrechtlichen Teil auch einen starken persönlichkeitsrechtlichen Aspekt aufweist, den es auch im Rahmen von Zwangsvollstreckungsmaßnahmen zu berücksichtigen gilt. Entsprechendes gilt für den Fall, dass von Zwangsvollstreckungsmaßnahmen bestimmte Leistungsschutzrechte betroffen sind, die ebenfalls einen persönlichkeitsrechtlichen Aspekt aufweisen können. Im Bereich der Zwangsvollstreckung mit urheberrechtlichen Bezügen stehen sich oftmals die Interessen eines vollstreckenden Gläubigers an dem Zugriff auf die urheberrechtlichen **Vermögenswerte** einerseits und die **Persönlichkeitsrechte** des Urhebers andererseits widerstreitend gegenüber.

Das UrhG erklärt die Zwangsvollstreckung in ein nach diesem Gesetz ge- **2** schütztes Recht nach den allgemeinen Vorschriften für grds. **zulässig**. § 112 ist insoweit eine Klarstellungs- und Verweisungsnorm: Es gelten die allgemeinen Vorschriften der Zwangsvollstreckung, sofern sich aus §§ 113 bis 119 nichts anderes ergibt. Demgemäß sind stets neben den urheberrechtlichen Sonderbestimmungen die allgemeinen Voraussetzungen und Schranken der Zwangsvollstreckung zu berücksichtigen, die auch jenseits des Urheberrechts zu beachten sind. Das UrhG beinhaltet zusätzliche urheberrechtsspezifische **Vollstreckungsschutztatbestände** zu Gunsten des Urhebers und bestimmter Leistungsschutzrechtsinhaber bzw. deren Rechtsnachfolger und trägt hiermit den urheberrechtlichen Besonderheiten Rechnung. Der besondere Schutz wird grundsätzlich durch ein besonderes **Einwilligungserfordernis** auf Seiten des Betroffenen realisiert. Dieser Grundsatz erfährt wiederum insofern Einschränkungen, als die Einwilligung in bestimmten Fällen entbehrlich ist. Letztere Ausnahmetatbestände sind von besonderer Wichtigkeit, weil der betroffene Schuldner naturgemäß i. d. R. einer Zwangsvollstreckung nicht zustimmen wird.

3 Sämtliche Vorschriften der §§ 112 bis 119 betreffen ausschließlich Zwangsvollstreckungsmaßnahmen **wegen Geldforderungen**. Sofern andere Forderungen betroffen sind, gelten uneingeschränkt die allgemeinen Regeln.

2. Systematik der §§ 112 bis 119

4 Während § 112 allgemein klarstellt, dass grds. auch im Urheberrecht die allgemeinen Vorschriften der Zwangsvollstreckung zur Anwendung gelangen, soweit sich nichts anderes aus den §§ 113 bis 119 ergibt, betreffen die §§ 113, 114 die Zwangsvollstreckung (wegen Geldforderungen) **gegen den Urheber**, und zwar in die urheberrechtlichen Nutzungsrechte (§ 113) sowie in die dem Urheber gehörenden Werkoriginale (§ 114). Spiegelbildlich erweitern die §§ 115, 116 den sich aus §§ 113, 114 ergebenen Schutz und erstrecken ihn auf die **Rechtsnachfolger** des Urhebers. § 117 betrifft den Sonderfall in Bezug auf die §§ 115, 116, dass das Urheberrecht durch einen Testamentsvollstrecker ausgeübt wird. § 118 beinhaltet eine Verweisungsnorm und bestimmt, dass die §§ 113 bis 117 sinngemäß anzuwenden sind bei Vollstreckungsmaßnahmen gegen den **Verfasser wissenschaftlicher Ausgaben** (§ 117) und den **Bildbildner** (§ 72) sowie jeweils gegen deren Rechtsnachfolger. Schließlich enthält § 119 eine Sondervorschrift für die Zwangsvollstreckung in **bestimmte Vorrichtungen**, die ausschließlich zur Vervielfältigung oder Funksendung eines Werkes bestimmt sind.

3. Früheres Recht

5 **Vor In-Kraft-Treten des UrhG** erklärte § 14 KUG, der im Wesentlichen § 10 LUG entsprach, die Zwangsvollstreckung in das Recht des Urhebers ohne seine Einwilligung für **grundsätzlich unzulässig**. Das galt – im Gegensatz zu der Bestimmung des heutigen § 119 – auch für Zwangsvollstreckungen in solche Formen, Platten oder sonstige Vorrichtungen, die ausschließlich zur Vervielfältigung des Werkes bestimmt waren, bei den literarischen und musikalischen Werken für Zwangsvollstreckungen in das Werk selbst, auch bspw. in ein Originalmanuskript. Die Unzulässigkeit der Zwangsvollstreckung in das Urheberrecht war also die Regel – dessen Zulässigkeit die Ausnahme. Der Gesetzgeber des UrhG hat sich jedoch von diesem Grundsatz abgewandt und geht in den §§ 112 ff. einen anderen Weg: Die Zwangsvollstreckung in das Urheberrecht ist grundsätzlich zulässig, soweit sich aus den §§ 113 bis 119 nichts anderes ergibt.

4. Europäisches und Internationales Recht

6 Für die Zwangsvollstreckung mit **europäischem bzw. internationalem Bezug** gelten grundsätzlich die allgemeinen Vorschriften, namentlich das internationale Privatrecht und europäische Vorschriften. Die Schutzvorschriften der §§ 113 ff. gelten nur für die nach dem **inländischen Urheberrecht** geschützten Gegenstände; soweit ausländische Rechte betroffen sind, finden sie keine

Anwendung (Schricker/*Katzenberger*[3] Rn. 5; Wandtke/Bullinger/*Kefferpütz*[2] Rn. 59; Dreier/Schulze/*Schulze*[2] Rn. 17), so dass es bei den allgemeinen Vorschriften bleibt.

Die **inländische** Zwangsvollstreckung in **ausländisches Vermögen** ist innerhalb **7** der Staatsgrenzen möglich, sofern die inländischen Vollstreckungsorgane nach den allgemeinen Vorschriften international zuständig sind. Dies richtet sich bei Forderungen und anderen Vermögensrechten in erster Linie nach dem **Sitz des Schuldners** (§§ 12 ff. ZPO) bzw., wenn der Schuldner keinen Sitz im Inland hat, nach dem **Gerichtsstand des Vermögens** (§ 23 ZPO). Maßgeblich ist bei diesen Vollstreckungsmaßnahmen allein das deutsche Zwangsvollstreckungsrecht, und zwar unabhängig von der Staatsangehörigkeit des Schuldners. Aufgrund der Souveränität der Staaten ist die Zwangsvollstreckung, die einen Hoheitsakt der staatlichen Gewalt darstellt, aber territorial beschränkt auf das **Inland**. Sofern also eine **Maßnahme im Ausland** bewirkt werden soll, sind ausschließlich die dortigen Organe zuständig.

Ausländische Titel sind im Inland grundsätzlich nach den allgemeinen Vor- **8** schriften vollstreckbar, wobei als Grundsatz ein (inländisches) **Vollstreckungsurteil** erforderlich ist (§§ 722, 723 ZPO); die Vollstreckbarkeit eines ausländischen Urteils im Inland muss hierbei grundsätzlich originär verliehen werden. Gleiches gilt regelmäßig in dem umgekehrten Fall: Eine Zwangsvollstreckung im Ausland aufgrund eines **deutschen Titels** bedarf in der Regel einer Vollstreckbarkeitserklärung des jeweiligen nationalen Gerichts.
Auf **europäischer Ebene** ist die Verordnung 44/2001/EG des Rates über die gerichtliche Zuständigkeit und die Anerkennung und Vollstreckung von Entscheidungen in Zivil- und Handelssachen vom 22. Dezember 2000 (**EuGVVO**) von Bedeutung, welche Zwangsvollstreckungsmaßnahmen innerhalb der Gemeinschaft stark vereinfacht. Im Anwendungsbereich des **Anerkennungs- und Vollstreckungsausführungsgesetzes** (AVAG), das sowohl auf die EuGVVO als auch auf eine ganze Reihe zwischenstaatlicher Verträge zurückgeht, genügt eine **Vollstreckungsklausel** gem. §§ 4 ff. AVAG, die von dem Landgericht erteilt wird (§ 3 Abs. 1 AVAG). Es ist zu beachten, dass die Zwangsvollstreckung nur insoweit zulässig ist, als tatsächlich **inländisches Vermögen** betroffen ist, denn nur dann kann darauf staatliche Gewalt ausgeübt werden (s. BGH NJW-RR 2006, 198, 199).

Gemäß der europäischen **Verordnung EG/805/2004** zur Einführung eines **10** europäischen Vollstreckungstitels für **unbestrittene Forderungen**, das mit der Einführung der §§ 1079 ff. ZPO in das nationale deutsche Recht umgesetzt wurde, können seit dem 21. Oktober 2005 ferner **Entscheidungen** eines Gerichts von Mitgliedstaaten der EU als Europäischer Vollstreckungstitel und **Prozessvergleiche** als unbestrittene Forderungen (Art. 3 VO 805/2004/EG) bestätigt werden. Eine Entscheidung, die im Ursprungsmitgliedstaat als Europäischer Vollstreckungstitel bestätigt worden ist, wird in den anderen Mitgliedstaaten anerkannt und vollstreckt, ohne dass es einer Vollstreckbarerklärung bedarf und ohne dass die Anerkennung angefochten werden kann.

II. Tatbestand

1. Vollstreckungsgrund

Die Sonderregeln der §§ 113–119 betreffen ausschließlich die Zwangsvollstre- **11** ckung **wegen Geldforderungen** (s. §§ 803–882a ZPO). Wegen Geldforderung

erfolgt die Zwangsvollstreckung, wenn die Gläubigerforderung als zu voll-
streckender **Anspruch auf Zahlung** einer bestimmten Geldsumme gerichtet ist
(Zöller/*Stöber*[26], Vor § 803 Rn. 1). Zu diesen Geldforderungen zählen auch
Haftungs- und Duldungsansprüche für Geldleistungen (z. B. aus Hypotheken,
Grundschuld, Pfandrecht) sowie auf Hinterlegung einer Geldsumme (s. Tho-
mas/Putzo/*Hüßtege*[28], Vorbem. § 803 Rn. 2).

12 Für die Zwangsvollstreckungsmaßnahmen, die nicht wegen einer Geldforderung erfolgen, sind uneingeschränkt die allgemeinen Vorschriften der Zwangsvollstreckung anzuwenden (vgl. Rn. 21 f.). Dies gilt etwa für die Vollstreckung
von **Unterlassungs- oder Duldungstiteln** (s. § 890 ZPO), von nicht vertretbaren Handlungen, wie **Auskunfts- oder Herausgabeansprüche** (s. § 888 ZPO)
oder die **Abgabe von Willenserklärungen** (§ 894 ZPO).

2. Vollstreckungsschuldner

13 Die §§ 113 bis 119 beinhalten Schuldnerschutzvorschriften in Bezug auf bestimmte Vollstreckungsschuldner. Dies sind namentlich der **Urheber** und ihm
gleichstehende Leistungsschutzberechtigte (§§ 70, 72) und deren Rechtsnachfolger sowie – in § 119 – Eigentümer bestimmter Vorrichtungen. Den Begünstigten ist gemein, dass sie ein besonderes persönliches Verhältnis zu dem Werk
bzw. dem sonstigen Schutzgegenstand haben. Im Einzelnen:

14 a) **Urheber:** Dem besonderen Schutz unterfallen zunächst die Urheber von
Werken einschließlich **Miturheber** (§ 8) und **Bearbeiter** (§ 3). Der Schutz
begründet sich mit der engen persönlichkeitsrechtlichen Bindung zwischen
dem Werk und seinem Schöpfer, die grundsätzlich nicht durch Vollstreckungsmaßnahmen beeinträchtigt werden soll. Da **Rechtsnachfolger** des Urhebers
nach dessen Tod gem. § 30 dem Urheber gleichgestellt sind, stehen auch sie
unter demselben Vollstreckungsschutz wie der verstorbene Urheber selbst. Zu
den Rechtsnachfolgern zählen der Erbe (oder die Erbengemeinschaft), der
Miterbe, der Vermächtnisnehmer, Begünstigte einer Auflage und derjenige,
dem der Testamentsvollstrecker das Urheberrecht im Rahmen der Verwaltung
gem. § 2205 S. 2 BGB übertragen hat. Siehe auch § 30.

15 b) **Verfasser wissenschaftlicher Ausgaben und Lichtbildner (§ 118):** Verfasser
wissenschaftlicher Ausgaben (§ 70) und **Lichtbildner** (§ 72) genießen über
§ 118 den Schutz der §§ 113, 114 in gleicher Weise, wie ein Urheber. Dies
ist ohne Weiteres konsequent. Denn sowohl wissenschaftliche Ausgaben als
auch Lichtbilder sind über § 70 Abs. 1 bzw. § 72 Abs. 1 in gleicher Weise
geschützt, wie urheberrechtliche Werke. Dies spiegelt sich auch im Recht der
Zwangsvollstreckung wider. Aufgrund dieser Gleichstellung gilt der Vollstreckungsschutz im übrigen auch für die **Rechtsnachfolger** dieser Inhaber der
verwandten Schutzrechte.

16 c) **Inhaber von sonstigen Leistungsschutzrechten:** Inhaber **sonstiger Leistungsschutzrechte** genießen als Grundsatz keinen besonderen Vollstreckungsschutz.
Allerdings gilt auch hier, dass eine Zwangsvollstreckung in die persönlichkeitsrechtlichen Elemente eines Leistungsschutzrechtes nicht möglich ist
(Wandtke/Bullinger/*Kefferpütz*[2] Rn. 19; vgl. Rn. 22).

17 Im Übrigen ist § 119 zu beachten, sofern eine Vollstreckung in bestimmte
Vorrichtungen, wie bspw. in Tonträger (§ 85) oder Bild- und Tonträger (§ 94),
bewirkt werden soll. In diese Vorrichtungen darf nur vollstreckt werden,

soweit der Gläubiger auch zur Nutzung der jeweils in der Vorrichtung verkörperten Leistung berechtigt ist (s. § 119).

d) Nutzungsrechtsinhaber: Bloße Inhaber von **Nutzungsrechten,** die Ihre **18** Rechte also von dem Urheber ableiten und denen Verwertungsrechte eingeräumt wurden, können sich dem Grundsatz nach nicht auf die Schuldnerschutzvorschriften berufen, weil es hier an der persönlichkeitsrechtlichen Beziehung zwischen dem Rechtsinhaber und dem Schutzgegenstand fehlt. Die §§ 112 ff. finden hier grundsätzlich keine Anwendung. Für weitere Einzelheiten und dem möglicherweise in Betracht kommenden Zustimmungserfordernis gem. § 34 Abs. 1 S. 1 vgl. § 113 Rn. 9 ff.

3. Vollstreckungsgegenstand

Die Ausnahmeregelungen der §§ 113 bis 119 betreffen nur solche Zwangs- **19** vollstreckungsmaßnahmen, die in ein nach dem UrhG geschütztes Recht erfolgen. Hierzu zählen das **Urheberrecht** (§§ 113, 115), die dem Urheber oder dessen Rechtsnachfolger gehörenden **Originale** von Werken (§§ 114, 116) sowie **Vorrichtungen,** die ausschließlich zur Vervielfältigung oder Funksendung eines Werkes bestimmt sind (§ 119). Über die Vorschrift des § 118 gelten die §§ 113 bis 117 auch für die Zwangsvollstreckung gegen den **Verfasser wissenschaftlicher Ausgaben** (§ 70) und gegen **Lichtbildner** (§ 72) einschließlich deren Rechtsnachfolger, nicht jedoch für die übrigen Leistungsschutzrechte.

Im Umkehrschluss der Schutzbestimmung ist die Zwangsvollstreckung **in 20 andere Gegenstände** uneingeschränkt nach den allgemeinen Regeln zulässig. Hierunter fallen vor allem **Geldforderungen** des Schutzrechtinhabers aus **Verwertungshandlungen,** wie gesetzliche und vertragliche Vergütungsansprüche und Honorarforderungen.

4. Allgemeine Vorschriften der Zwangsvollstreckung

§ 112 bestimmt, dass die Zwangsvollstreckung grundsätzlich nach den all- **21** gemeinen Vorschriften erfolgt. Es finden also die allgemeinen Zwangsvollstreckungsvorschriften des 8. Buches der ZPO (§§ 704 ff. ZPO) Anwendung. Grundvoraussetzung ist das Vorliegen eines Vollstreckungsantrages und eines Titels (§ 704 ZPO), der mit einer Vollstreckungsklausel (§§ 724, 725 ZPO) versehen und dem Schuldner zugestellt (§ 750 ZPO) worden ist. Im Bereich des Urheberrechts sind die allgemeinen Vorschriften in Bezug auf die Zwangsvollstreckung wegen einer Geldforderung in das bewegliche Vermögen (§§ 803 ff. ZPO), die durch **Pfändung** bewirkt wird (§ 803 ZPO), von besonderem Interesse. Zu dem beweglichen Vermögen zählen nämlich alle **beweglichen Sachen** sowie **Rechte,** was in Fällen mit urheberrechtlichem Bezug von Bedeutung ist.

Im Übrigen gelten natürlich auch die allgemeinen Schranken der Zwangsvoll- **22** streckung. Zu beachten ist, dass eine Zwangsvollstreckung in das **Urheberrecht als Ganzes** schon deshalb ausscheidet, weil es nicht veräußerlich ist (§ 29 Abs. 1; § 857 Abs. 3 ZPO); zulässig ist allein die Vollstreckung in dahingehende Nutzungsrechte (s. § 29 Abs. 2 sowie § 118). Unpfändbar sind ferner Ansprüche wegen **immaterieller Schäden** (§ 97 Abs. 2), sofern sie sich nicht bereits zu Zahlungsansprüchen konkretisiert haben (Dreier/Schulze/*Schulze*[2] Rn. 112). Auch unübertragbare **Persönlichkeitsrechte** sind der Zwangsvollstreckung entzogen. Gleiches gilt gem. § 811 Nr. 5 ZPO für die der Fortsetzung der Erwerbstätigkeit erforderlichen Gegenstände von Personen, die aus ihrer **körperlichen oder geistigen Arbeit** oder sonstigen persönlichen Leistung ihren **Erwerb ziehen**. Hierzu zählen bspw. die Staffelei des Malers oder das Klavier des Pianisten. Im Übrigen gilt § 803 ZPO, wonach die Zwangsvollstreckung niemals weiter ausgedehnt werden darf, als es zur Befriedigung des Gläubigers und zur Deckung der Kosten erforderlich ist (§ 803 Abs. 1 S. 2 ZPO).

III. Prozessuales

23 **Sachlich zuständig** für die Zwangsvollstreckung ist das Amtsgericht (§ 764 Abs. 1 ZPO). **Örtlich zuständig** ist grundsätzlich das Amtsgericht, in dessen Bezirk die Zwangsvollstreckung stattfinden soll (§§ 764 Abs. 2, 802 ZPO).

Zweiter Unterabschnitt   **Zwangsvollstreckung wegen Geldforderungen gegen den Urheber**

§ 113 Urheberrecht

[1]**Gegen den Urheber ist die Zwangsvollstreckung wegen Geldforderungen in das Urheberrecht nur mit seiner Einwilligung und nur insoweit zulässig, als er Nutzungsrechte einräumen kann (§ 31).** [2]**Die Einwilligung kann nicht durch den gesetzlichen Vertreter erteilt werden.**

Überblick

I. Allgemeines

1. Sinn und Zweck

1 Die Vorschrift trägt dem allgemeinen Gedanken des Urheberrechts Rechnung, dass das enge **persönliche Band** zwischen dem Urheber und seinem Werk grundsätzlich untrennbar ist. Das Urheberrecht, als höchstpersönliches Recht des Urhebers, ist nicht übertragbar (§ 29 S. 2) und aus diesem Grunde ein **unveräußerliches Recht** gem. § 857 Abs. 3 ZPO. § 113 stellt nun klar, dass Gläubiger wegen einer Geldforderung im Wege der Zwangsvollstreckung allein Zugriff auf den **vermögensrechtlichen Teil** des Urheberrechts, namentlich auf die Verwertungsrechte haben sollen, welche Gegenstand des Rechtsverkehrs gem. § 31 sein können. Der Zugriff auf den persönlichkeitsrechtlichen Teil des Urheberrechts ist dem Gläubiger also von vornherein verwehrt. Darüber hinaus ist aber auch die Zulässigkeit der Vollstreckung in die Nutzungsrechte von der **Einwilligung** des Urhebers abhängig.

Zu Gunsten von **Rechtsnachfolgern des Urhebers** (§ 30), denen die Urheber- **2** rechte in gleicher Weise zustehen, wie dem Urheber selbst, findet sich in § 115 eine dem § 113 nachgebildete Regelung, welche hinsichtlich des Einwilligungserfordernisses in Satz 2 indessen danach differenziert, ob das Werkes bereits erschienen ist oder nicht (vgl. § 115 Rn. 9).

2. Früheres Recht

Zum früheren Recht vgl. § 112 Rn. 5. **3**

3. Europäisches und internationales Recht

Zum europäischen und internationalen Recht vgl. § 112 Rn. 6 ff. **4**

II. Tatbestand

1. Vollstreckungsgrund

Die Vorschrift des § 113 ist allein bei der Zwangsvollstreckung in das Urhe- **5** berrecht **wegen einer Geldforderung** (s. §§ 803 ff. ZPO) anwendbar, also wegen Forderungen auf Leistung einer Geldsumme. Für andere Vollstreckungsmaßnahmen gelten die allgemeinen Vorschriften uneingeschränkt. Vgl. § 112 Rn. 11 f. sowie 21 f.

2. Vollstreckungsschuldner

a) **Urheber:** Den sich aus § 113 ergebenen Vollstreckungsschutz genießt allein **6** der **Urheber** (§ 7), denn nur er ist – als Schöpfer des Werkes – Träger der höchstpersönlichen, an seine Person geknüpften, Urheberrechte.

Im Falle einer **Miturheberschaft** (§ 8) bedarf es für eine Zwangsvollstreckung **7** in das Urheberrecht gem. § 736 ZPO analog eines vollstreckbaren Titels gegen alle Miturheber; allerdings genügen mehrere Einzeltitel gegen die jeweiligen Miturheber (Möhring/Nicolini/*Lütje*[2] Rn. 7; Dreier/Schulze/*Schulze*[2] Rn. 3). Da die Miturheber eine **Gesamthandsgemeinschaft** bilden (§ 8 Abs. 2 S. 1) ist es gem. § 859 Abs. 1 S. 1 ZPO zulässig, in den Anteil eines einzelnen Miturhebers zu vollstrecken, wenn und soweit eine **Einwilligung** (vgl. Rn. 20 ff.) des oder der übrigen Miturheber vorliegt (Dreier/Schulze/*Schulze*[2] Rn. 3; Wandtke/Bullinger/*Kefferpütz*[2] Rn. 6; a. A. Möhring/Nicolini/*Lütje*[2] Rn. 7). Hierbei unterliegt der zu vollstreckende Anteil den Beschränkungen des § 113, so dass die Vollstreckung nur insoweit zulässig ist, als der Miturheber Nutzungsrechte einräumen kann.

b) **Verfasser wissenschaftlicher. Ausgaben; Lichtbildner** (§ 118): Gemäß **8** § 118 findet § 113 sinngemäß Anwendung auf **Verfasser wissenschaftlicher Ausgaben** i. S. d. § 70 und deren Rechtsnachfolger (§ 118 Nr. 1) sowie auf **Lichtbildner** i. S. d. § 72 einschließlich deren Rechtsnachfolger (§ 118 Nr. 2).

c) **Nutzungsrechtsinhaber:** Von § 113 und dessen Privilegierung nicht umfasst **9** sind einfache **Nutzungsrechtsinhaber**, also diejenigen, denen vertraglich an dem Werk Nutzungsrechte eingeräumt wurden. Derartige Nutzungsrechte können im Grundsatz nach den allgemeinen Vorschriften gepfändet werden (vgl. § 112 Rn. 18).

10 Der **Zustimmung** des Urhebers bedarf es unbeschadet des § 113 aber bei der Vollstreckung gegen den Lizenznehmer dennoch, wenn diesem – wie häufig – nicht gem. § **34 Abs. 1 S. 1** das Recht zur **Weiterübertragung** des Nutzungsrechts eingeräumt wurde. Denn die Nutzungsrechte wurden von dem Urheber nur dem Schuldner, nicht dem Gläubiger eingeräumt. Würde man hier das Zustimmungserfordernis des § 34 Abs. 1 S. 1 übergehen, würde die Vollstreckungsmaßnahme über die in der Person des Schuldners (Lizenznehmers) entstandenen Rechte hinausschießen. Da Lizenznehmern aber sehr häufig lediglich beschränkte (unübertragbare) Rechte eingeräumt werden, wird die Zulässigkeit der Rechtspfändung auf Seiten der Nutzungsrechtsinhaber in der Praxis also regelmäßig von der Zustimmung des Urhebers gem. § 34 Abs. 1 S. 1 abhängen.

11 Nach richtiger Ansicht bedarf bereits die **Pfändung** der Nutzungsrechte der Zustimmung des Urhebers, nicht erst die hierauf folgende **Verwertung** (OLG Hamburg ZUM 1992, 547, 550; Schricker/*Wild*[3] Rn. 11; Dreier/Schulze/*Schulze*[2] Rn. 16). Denn ein Pfandrecht begründet ein dingliches Recht an der Sache bzw. dem fremden Recht, das den Gläubiger berechtigt, sich durch die Verwertung zu befriedigen. Bereits dies ist von der Nutzungsrechtseinräumung durch den Urheber nicht gedeckt. Nach der Gegenansicht (s. Wandtke/Bullinger/*Kefferpütz*[2] Rn. 20; Möhring/Nicolini/*Lütje*[2] Rn. 38) ist nicht bereits die Pfändung, sondern erst die **Verwertungshandlung** von der Zustimmung abhängig. Für beide Ansichten gilt aber, dass der Urheber die Zustimmung nicht wider Treu und Glauben verweigern darf (§ 34 Abs. 1 S. 2). Es ist ferner zu beachten, dass der Urheber vertraglich auf das Zustimmungserfordernis verzichten kann (§ 34 Abs. 5 S. 2).

12 Andererseits ist die Weiterübertragung von Nutzungsrechten in bestimmten Fällen Kraft Gesetzes, also auch ohne Zustimmung des Urhebers, ohne Weiteres zulässig ist. So bedarf etwa die Übertragung von Nutzungsrechten an einem **Filmwerk** (§ 90) nicht der Einwilligung des Urhebers. Ein nur eingeschränktes Zustimmungsrecht gilt bspw. auch im Bereich der **Sammelwerke** (§ 4): Für eine Übertragung der Nutzungsrechte an einem Sammelwerk genügt die Zustimmung dessen Urhebers, ohne dass die Urheber der einzelnen gesammelten Werke, welche das Sammelwerk bilden, der Übertragung zustimmen müssten (§ 34 Abs. 2).

13 Besonderheiten gelten bei der Vollstreckung in die Nutzungsrechte eines Arbeitgebers bzw. Dienstherrn an Werken, die von Urhebern in Erfüllung ihrer Verpflichtungen aus dem **Arbeits- oder Dienstvertrag** geschaffen wurden (§§ 43, 69b UrhG). Hier ist zu differenzieren: Soweit **Computerprogramme** betroffen sind, erhält der Arbeitgeber bzw. Dienstherr unter den Voraussetzungen des § 69b im Wege einer **gesetzlichen Lizenz** exklusiv sämtliche Nutzungsrechte an den Programmen (s. BGH GRUR 2001, 155 – *Wetterführungspläne*; BGH GRUR 2002, 149, 151 – *Wetterführungspläne II*). Diese umfassende Rechtseinräumung umfasst regelmäßig auch das Recht der **Weiterübertragung** der Rechte an Dritte (s. OLG Frankfurt CR 1998, 525, 526 – *Software-Innovation*), so dass es im Falle der Vollstreckung gegen den Arbeitgeber als Schuldner einer gesonderten Einwilligung des Urhebers (Arbeitnehmers) insoweit nicht bedarf.

Anders muss jedoch der – im Verhältnis zu § 69b allgemeine – **Tatbestand des** 14 § 43 beurteilt werden: Hier wird dem Arbeitgeber keine gesetzliche Lizenz eingeräumt, sondern lediglich ein **Anspruch auf Einräumung** von Nutzungsrechten gewährt. Die Übertragung der dem Arbeitnehmer vertraglich eingeräumten Nutzungsrechte auf Dritte bedarf – soweit nichts anderes vereinbart ist – grundsätzlich der Zustimmung des Urhebers (OLG Thüringen ZUM 2003, 55, 57; ebenso Wandtke/Bullinger/*Wandtke*[2] § 43 Rn. 80), so dass auch die Zwangsvollstreckung in diese Nutzungsrechte nur **mit Einwilligung des Urhebers** (Arbeitnehmers) zulässig ist. Allerdings kann die Zustimmung zur Rechtsübertragung bereits in dem Arbeits- bzw. Dienstvertrag enthalten sein, was sich dann entsprechend auf das Einwilligungserfordernis im Rahmen der Zwangsvollstreckung auswirkt.

In einen gem. § 32 Abs. 1 S. 3 **erhöhten Vergütungsanspruch** kann der Gläu- 15 biger nur dann pfänden, wenn der Urheber selbst vor der Pfändung eine vertragliche Erhöhung durchgesetzt hatte; der Gläubiger selbst kann eine Erhöhung der Vergütung wegen des persönlichen Charakters des Erhöhungsanspruches nicht – auch nicht im Wege einer Hilfspfändung – bewirken (*Berger* NJW 2003, 853, 854). Gleiches gilt für den Anspruch auf Vertragsänderung gem. § 32a Abs. 1, solange lediglich eine Anwartschaft besteht (s. § **32a Abs. 3 S. 2**) und der Anspruch noch nicht bestimmt ist (Dreier/Schulze/ *Schulze*[2] § 32a Rn. 57; Wandtke/Bullinger/*Wandtke*/*Grunert*[2] § 32a Rn. 32). Kommt es nach der Pfändung auf Betreiben des Urhebers zu einer **Erhöhung** gem. § 32 Abs. 1 S. 3, kann der Gläubiger auf dieses erhöhte Entgelt zugreifen. Soweit der Urheber eine Erhöhung der angemessenen Vergütung gem. § 32 Abs. 1 S. 3 oder § 32a Abs. 1 auch nach der Pfändung in Form von wiederkehrenden Zahlungen (z. B. zusätzliches Absatzhonorar) erwirkt, kommt eine Pfändung dieser fortlaufenden Bezüge gem. § 832 ZPO als künftige Forderungen in Betracht (*Berger* NJW 2003, 853, 855).

3. Vollstreckungsgegenstand

Der Zwangsvollstreckung unterliegt gem. § 113 das **Urheberrecht**, soweit der 16 Urheber darüber **vertraglich verfügen** kann. Die Norm verweist insoweit auf die Vorschrift des § 31, nach der der Urheber berechtigt ist, einem anderen das Recht einzuräumen, das Werk auf einzelne oder alle Nutzungsarten zu nutzen. Zu den Vollstreckungsgegenständen des § 113 zählen folglich sämtliche von dem Urheberrecht abgeleiteten **Nutzungsrechte** an den Werken i. S. d. § 2, welche der Urheber nach Maßgabe des § 31 Dritten einräumen könnte. Hierunter fallen vor allem die Nutzungsrechte in Bezug auf die Verwertungsrechte der §§ 15 ff., also etwa das Recht zur Vervielfältigung (§ 16) oder der Verbreitung (§ 17) des Werkes. Weil ein Urheberrecht nur an **geschützten Werken** bestehen kann, genügt die bloße Schutzfähigkeit einer Schöpfung nicht. Ist ein Werk gemeinfrei, bedarf es des Schutzes des § 113 nicht.

Da die Zwangsvollstreckung nur „**insoweit**" zulässig ist, als der Urheber 17 Nutzungsrechte einräumen kann, sind dem Zugriff der Gläubiger diejenigen Rechte entzogen, welche der Urheber zuvor bereits **Dritten eingeräumt** hat. Wurde einem Lizenznehmer bspw. vor der Vollstreckung das ausschließliche Recht eingeräumt, das Werk körperlich zu verwerten, kann der Urheber über dieses Recht nicht (mehr) verfügen, auch nicht im Rahmen der Zwangsvollstreckung.

18 Nicht zu den Nutzungsrechten zählen (gesetzliche und vertragliche) **Vergütungsansprüche** oder sonstige Ansprüche, die dem Urheber aus der Einräumung von Nutzungsrechten gegen Dritte zustehen (s. hierzu RegE UrhG 1965 BT-Drucks. IV/270, S. 111). Insoweit fehlt es an dem besonderen Persönlichkeitsbezug zwischen dem Urheber und seinem Werk, welche die besondere Privilegierung des § 113 gerade rechtfertigt. Der Gläubiger des Urhebers ist bspw. nicht daran gehindert, in die Zahlungsansprüche des Urhebers, die er gegen die Verwertungsgesellschaften oder Verlage hat, zu vollstrecken.

19 Da der Urheber nunmehr auch Verträge über Nutzungsrechte für **unbekannte Nutzungsarten** abschließen kann (§ 31a), können auch sie grundsätzlich Gegenstand der Zwangsvollstreckung sein. Zu beachten ist, dass dem Urheber die Möglichkeit eingeräumt ist, eine derartige Rechtsübertragung in Bezug auf unbekannte Nutzungsarten frei zu **widerrufen**, und zwar bis zum Ablauf von drei Monaten nach Absendung der Mitteilung durch den Lizenznehmer über die beabsichtigte Aufnahme der Benutzung der neuen Art an den Urheber (§ 31a Abs. 1 S. 3) bzw. bis zu den in § 31a Abs. 2 genannten Zeitpunkten. Soll dieses unbekannte Nutzungsrecht im Wege der Zwangsvollstreckung gepfändet werden, muss dem Urheber die Möglichkeit des Widerrufes erhalten bleiben, zumal auf die Widerrufsrechte im Voraus nicht verzichtet werden darf (§ 31a Abs. 4).

4. Einwilligung des Urhebers

20 a) **Einwilligung (Satz 1):** Die Vollstreckung in das Urheberrecht ist nur mit **Einwilligung** des Urhebers zulässig. Unter der Einwilligung ist die **vorherige Zustimmung** – also eine Zustimmung vor Beginn der Vollstreckungsmaßnahme – zu verstehen (§ 183 S. 1 BGB). Es handelt sich um eine einseitige, empfangsbedürftige Willenserklärung, die keinem Formzwang unterliegt. Sie kann mithin schriftlich oder mündlich, ausdrücklich oder konkludent (s. hierzu BGH GRUR 1984, 528, 529 – *Bestellvertrag*) erteilt werden. Das bloße **Schweigen**, das im Rechtsverkehr mit Blick auf das Erfordernis des Erklärungswillens nur in Ausnahmefällen rechtserheblich ist, genügt für die Erteilung einer Einwilligung nicht.

21 Die Erklärung ist gegenüber dem **Gläubiger** oder dem **Vollstreckungsgericht** abzugeben, wobei sie in zeitlicher Hinsicht dem Vollstreckungsgericht bei Erlass des Beschlusses vorliegen muss (Wandtke/Bullinger/*Kefferpütz*[2] Rn. 9). Fehlt sie, ist die Vollstreckung unzulässig. Eine nachträgliche Zustimmung (**Genehmigung**) kann den Mangel einer Einwilligung **nicht heilen** (allg. M.; Dreier/Schulze/*Schulze*[2] Rn. 9; Wandtke/Bullinger/*Kefferpütz*[2] Rn. 12; Möhring/Nicolini/*Lütje*[2] Rn. 12), so dass die Zwangsvollstreckung ggf. wiederholt werden muss. Der Urheber kann seine Einwilligung bis zum Beginn der Zwangsvollstreckung nach den allgemeinen zivilrechtlichen Regeln **widerrufen**, und zwar bis die Pfändung „bewirkt" ist. Im Falle des Vorhandenseins eines Drittschuldners ist dies der Zeitpunkt der Zustellung des Pfändungsbeschlusses bei dem Drittschuldner (§§ 857 Abs. 1, 829 Abs. 3 ZPO). Ist hingegen ein Drittschuldner nicht vorhanden, gilt die Pfändung mit der Zustellung des Gebots, sich jeder Verfügung über das Recht zu enthalten, beim Schuldner als bewirkt (§ 857 Abs. 2 ZPO).

22 **Inhaltlich** kann die Einwilligung in der gleichen Weise beschränkt werden, wie Nutzungsrechte im Wege einer vertraglichen Vereinbarung gem. § 31 (Dreier/Schulze/*Schulze*[2] Rn. 11). Der Urheber kann seine Einwilligung daher beliebig in **räumlicher, zeitlicher** und **inhaltlicher** Hinsicht eingrenzen und auf diese Weise unmittelbar Einfluss auf die Tragweite der Pfändung nehmen. So ist es denkbar, dass er seine Einwilligung lediglich auf bestimmte Verwertungsrechte oder auf ein bestimmtes territoriales Gebiet beschränkt oder sie nur für eine bestimmte Zeit erteilt.

Umstritten ist die Frage, ob auf das Einwilligungserfordernis im Einzelfall im **23** Wege einer **teleologischen Reduktion** verzichtet werden kann. Dies wird von einigen Stimmen angenommen, wenn etwa die **Gewinnerzielungsabsicht** des Urhebers die vordergründige Triebfeder des Werkschaffens war, wobei die Vertreter dieser Ansicht vor allem die Schaffung von Computerprogrammen ins Auge gefasst haben (s. *Roy/Palm* NJW 1995, 690, 692; *Breidenbach* CR 1989, 971, 972 ff.). Vor dem Hintergrund des eindeutigen Wortlauts und unter Berücksichtigung des Schutzzwecks der Norm kann dem gleichwohl nicht gefolgt werden (ebenso Loewenheim/*Kreuzer/Schwarz* § 95 Rn. 18). Selbst wenn der Urheber ein Werk vornehmlich aus Gewinnstreben erschafft, ändert dies nichts an seiner persönlichen Beziehung zu seinem Werk, die es im Rahmen des § 113 zu schützen gilt. Dies muss – trotz des technischen Einschlags – auch für die Schöpfung von Computerprogrammen gelten. Es kann einem Urheber nicht zum Nachteil gereicht werden, wenn er mit der Verwertung seines Werkes Geld verdienen möchte. Das UrhG dient schließlich zumindest auch der Stärkung des Urhebers in wirtschaftlicher Hinsicht, so dass es nicht einzusehen wäre, das persönlichkeitsrechtliche Band zwischen ihm und seinem Werk nur deshalb zu zerschneiden, weil er mit der Werkverwertung einen finanziellen Gewinn anstrebt.

Ferner wird diskutiert, ob der Urheber mit Blick auf die Grundsätze von **Treu 24 und Glauben** (§ 242 BGB) und unter Heranziehung des Gedankens des § 34 S. 2 im Einzelfall dazu verpflichtet sein kann, die Einwilligung für die Zwangsvollstreckungsmaßnahme zu erteilen. Es stellt sich die Frage, ob ihm u. U. ein **rechtsmissbräuchliches Verhalten** vorgeworfen werden kann, wenn er die Einwilligung verweigert. Obschon auch hier aus obigen Gründen grundsätzlich Zurückhaltung geboten ist, kann der Vorwurf des Rechtsmissbrauchs im Ausnahmefall in Betracht kommen, wenn der Urheber sein Werk schon im Vorfeld der Vollstreckung in einer die nach § 113 geschützten Interessen tangierenden Weise verwertet hat (s. Möring/Nicolini/*Lütje*[2] Rn. 22; Loewenheim/*Kreuzer/Schwarz* § 95 Rn. 18). Allerdings muss die Frage, ob die Einwilligung rechtsmissbräuchlich verweigert wurde, in einem gesonderten Prozess festgestellt werden.

b) Gesetzliche Vertreter (Satz 2): Die Erteilung der Einwilligung ist auch durch **25** rechtsgeschäftlich **bevollmächtigte Dritte** möglich. Entscheidend ist, dass die Erklärung auf den Urheber selbst zurückgeht, sei es auch durch die Einräumung einer dahingehenden Vollmacht. Die Einwilligung kann aber nicht durch einen **gesetzlichen Vertreter** erteilt werden (Satz 2), denn in diesem Falle ginge die Erklärung nicht auf den Willen des Urhebers zurück, sondern – ohne Zutun des Urhebers – auf eine gesetzliche Legitimierung. Vor allem bei Minderjährigen muss demnach eine Einwilligung sowohl des minderjährigen Urhebers als auch des bzw. der gesetzlichen Vertreter vorliegen (s. § 111 BGB).

§ 114   Originale von Werken

(1) Gegen den Urheber ist die Zwangsvollstreckung wegen Geldforderungen in die ihm gehörenden Originale seiner Werke nur mit seiner Einwilligung zulässig. Die Einwilligung kann nicht durch den gesetzlichen Vertreter erteilt werden.
(2) ¹Der Einwilligung bedarf es nicht,
1. **soweit die Zwangsvollstreckung in das Original des Werkes zur Durchführung der Zwangsvollstreckung in ein Nutzungsrecht am Werk notwendig ist,**
2. **zur Zwangsvollstreckung in das Original eines Werkes der Baukunst,**
3. **zur Zwangsvollstreckung in das Original eines anderen Werkes der bildenden Künste, wenn das Werk veröffentlicht ist.**
²In den Fällen der Nummern 2 und 3 darf das Original des Werkes ohne Zustimmung des Urhebers verbreitet werden.

Übersicht

I.   Allgemeines

1.   Sinn und Zweck und Überblick

1 **Werkoriginale** haben regelmäßig einen nicht unerheblichen **wirtschaftlichen Wert**, was sie naturgemäß auch für den Gläubiger von Forderungen interessant macht. Vor allem im Bereich der bildenden Kunst (z. B. Gemälde, Skulpturen usw.), aber durchaus auch in anderen Werkkategorien, können Werkoriginale einen enormen Wert aufweisen. Zugleich hat der Urheber aber auch eine besonders ausgeprägte persönliche Beziehung zu dem Original seiner Schöpfung. Das Original ist gewissermaßen das unmittelbare Resultat seines geistigen Schaffens und für ihn deshalb von besonderem ideellen Wert. Die Zwangsvollstreckung ist deshalb auch und insb. in Werkoriginale grundsätzlich von der Einwilligung des Urhebers abhängig, was § 114 bestimmt. Betroffen ist von § 114 die **Sachpfändung** in einen körperlichen Gegenstand; sofern die Vollstreckung in Nutzungsrechte erfolgen soll, gilt grundsätzlich § 113.

Die Zwangsvollstreckung in das einem Urheber **gehörende** Werkoriginal ist **2** gem. § 114 grundsätzlich nur mit dessen **Einwilligung** zulässig (Abs. 1 S. 1), wobei diese wegen der besonders starken Bindung zwischen dem Urheber und seinem Werkoriginal nicht von einem gesetzlichen Vertreter erteilt werden kann (Abs. 1 S. 2). Dieser Grundsatz des Einwilligungserfordernisses erfährt Einschränkungen, soweit die Zwangsvollstreckung in das Original zur Durchführung der Zwangsvollstreckung in ein diesbezügliches Nutzungsrecht am Werk **notwendig** ist (Abs. 2 S. 1 Nr. 1), es sich um ein Werk der Baukunst handelt (Abs. 2 S. 1 Nr. 2) oder die Zwangsvollstreckung in ein Werk der bildenden Kunst, das bereits veröffentlich wurde, betrieben wird (Abs. 2 S. 1 Nr. 3).

2. Früheres Recht

Zum früheren Recht vgl. § 112 Rn. 5.   **3**

3. Europäisches und Internationales Recht

Zum europäschen und internationalen Recht vgl. § 112 Rn. 6 ff.   **4**

II. Tatbestand

1. Vollstreckungsgrund

Die Schutzvorschrift des § 114 betrifft ausschließlich die Zwangsvollstreckung **5** in Werkoriginale **wegen Geldforderungen** (s. §§ 803–882a ZPO), also Forderungen auf Leistung einer Geldsumme. Für andere Vollstreckungsmaßnahmen gelten die allgemeinen Vorschriften. Vgl. 112 Rn. 11 f. und 21 f.

2. Vollstreckungsgegenstand und Vollstreckungsschuldner

a) **Werkoriginal:** Von § 114 geschützt ist das **Werkoriginal**, wie bspw. das **6** Originalmanuskript eines Schriftstellers, die Originalpartitur eines Komponisten oder die Originalskulptur eines Bildhauers (sofern dieses nicht bereits veröffentlicht wurde; s. § 114 Abs. 2 Ziff. 3). Das Werkoriginal ist deshalb streng abzugrenzen von **Vervielfältigungsstücken** (s. § 16), auf die die Vorschrift des § 114 nicht anzuwenden ist. Die Vollstreckung in reine Vervielfältigungsstücke erfolgt vielmehr uneingeschränkt nach den allgemeinen Regeln (sofern nicht zugleich Nutzungsrechte gepfändet werden; in diesem Fall gilt § 113).

Es ist durchaus denkbar, dass von einem Werk **mehrere Originale** existieren **7** (und dem Urheber gehören), was die Abgrenzung zwischen dem Werkoriginal einerseits und einem Vervielfältigungsstück andererseits im Einzelfall schwierig erscheinen läßt. In erster Linie ist danach zu fragen, ob das Werk von dem Urheber selbst unmittelbar hergestellt wurde (s. Schricker/*Wild*[3] Rn. 4; Wandtke/Bullinger/*Kefferpütz*[2] Rn. 3). Nur dann kommt die Schutzvorschrift des § 114 zur Anwendung.

b) **Dem Urheber gehörend:** Das Werkoriginal muss dem Urheber, also dem **8** Schuldner, **gehören**. Dies richtet sich nach den **eigentumsrechtlichen Vorschriften** des BGB (s. §§ 903 ff. BGB) zum Zeitpunkt der Vollstreckungshandlung. Der reine sachenrechtliche **Besitz** (§§ 854 ff. BGB) an sich begründet also keine besondere Schutzwirkung. Deshalb ist die Zwangsvollstreckung in ein Werkoriginal, das der Urheber an einen Dritten übereignet hat auch dann nach den allgemeinen Regeln zulässig, wenn der Urheber (noch) im Besitz des Werkexemplars ist. Ist der Urheber hingegen Eigentümer aber nicht Besitzer, ist an eine **Hilfspfändung** des Herausgabeanspruches zu denken.

9 Liegt ein Fall des **Miteigentums** vor, wobei die weiteren Miteigentümer zugleich **Miturheber** des Werkes (§ 8) sind, bedarf es der Einwilligung jedes Miturhebers. Im Übrigen ist die Einwilligung des Urhebers auch bei Vorliegen einer Bruchteilsgemeinschaft erforderlich (str.; s. Dreier/Schulze/*Schulze*[2] Rn. 8; Möhring/Nicolini/*Lütje*[2] Rn. 5 und 14; a. A. Wandtke/Bullinger/*Kefferpütz*[2] Rn. 7).

10 c) **Verfasser wissenschaftlicher Ausgaben; Lichtbildner** (§ 118): Über § **118** findet § 114 sinngemäß Anwendung bei der Zwangsvollstreckung wegen Geldforderungen in das Urheberrecht gegen den **Verfasser wissenschaftlicher Ausgaben** (§§ 118 Nr. 1, 70) sowie gegen den **Lichtbildner** (§§ 118 Nr. 2, 72) einschließlich deren Rechtsnachfolger.

3. **Einwilligung des Urhebers**

11 a) **Grundsatz (Abs. 1):** Eine Zwangsvollstreckung in ein Werkoriginal ist nach Abs. 1 S. 1 als Grundsatz nur mit **Einwilligung** des Urhebers zulässig. Zur Einwilligung vgl. § 113 Rn. 20 ff. Wie bei § 113 genügt die Einwilligung durch einen **gesetzlichen Vertreter** nicht (Abs. 1 S. 2). Die **rechtsgeschäftliche** Stellvertretung ist indessen möglich, so dass die Einwilligungserklärung von einem bevollmächtigten Vertreter erteilt werden kann (vgl. § 113 Rn. 25).

12 b) **Entbehrlichkeit der Einwilligung (Abs. 2 S. 1):** Der Grundsatz, dass die Zwangsvollstreckung in Werkoriginale nur mit Einwilligung des Urhebers erfolgen darf, gilt in bestimmten, in Abs. 2 **abschließend** aufgezählten, Situationen nicht:

13 aa) **Notwendig zur Durchführung der Vollstreckung in Nutzungsrecht (Nr. 1):** § 114 Abs. 2 S. 1 Nr. 1 erklärt die Zwangsvollstreckung in Werkoriginale auch ohne Einwilligung des Urhebers für zulässig, wenn sie zur Zwangsvollstreckung in ein **Nutzungsrecht** an diesem Werk **notwendig** ist.

14 Diese Vorschrift korrespondiert unmittelbar mit § 113, der die Zwangsvollstreckung in Nutzungsrechte regelt und diese von der Einwilligung des Urhebers abhängig macht. Es soll die Situation vermieden werden, dass der Schuldner in eine Zwangsvollstreckung in das Nutzungsrecht einwilligt, sich indessen gegen die Verwertung des Originals versperrt, denn ein Nutzungsrecht nutzt dem Gläubiger nichts, wenn er es nicht ausüben kann. In der Sache erweitert Abs. 2 S. 1 Nr. 1 die Reichweite der Einwilligung gem. § 113 und erstreckt diese auch auf die Verwertung des Originals. Die Vorschrift ist nur anwendbar, soweit der Gläubiger wegen einer Geldforderung in das unmittelbar von dem Werk abgeleitete **Nutzungsrecht vollstreckt**, nicht jedoch, wenn die Zwangsvollstreckung in das Werkoriginal zur Realisierung eines bereits **vertraglich eingeräumten Nutzungsrechts** erfolgt; hier ist der Gläubiger gehalten, eine Hilfspfändung gem. §§ 846, 847, 849 ZPO vorzunehmen (Möhring/Nicolini/*Lütje*[2] Rn. 18 f.; Schricker/*Wild*[3] Rn. 5; Dreier/Schulze/*Schulze*[2] Rn. 12; Wandtke/Bullinger/*Kefferpütz*[2] Rn. 12).

15 Voraussetzung für die Vollstreckung ohne Einwilligung des Urhebers ist, dass die Zwangsvollstreckung in das Werkoriginal **notwendig** ist. Dies ist regelmäßig nicht der Fall, wenn Vervielfältigungsstücke des Originals existieren.

Hier bedarf es des Zugriffs auf das Werkoriginal nicht notwendigerweise, soweit es bspw. um die Vollstreckung in das Verbreitungs- oder Vervielfältigungsrecht geht.

bb) Werke der Baukunst (Nr. 2): Ohne Zustimmung des Urhebers zulässig ist **16** auch die Zwangsvollstreckung in ihm gehörende Werke der **Baukunst** (§ 2 Abs. 1 Nr. 4). Betroffen ist hierbei ein Fall der Zwangsvollstreckung wegen Geldforderungen in das **unbewegliche Vermögen** (§§ 863 ff. ZPO). Nicht zuletzt deshalb, weil Grundstücke und hierauf errichtete Bauten regelmäßig einen hohen Wert haben und dem Gläubiger ein Zugriff hierauf nicht verwehrt werden soll, bedarf es der Zustimmung des Urhebers auch dann nicht, wenn das dem Urheber gehörende Bauwerk ein von ihm erschaffenes Werk der Baukunst ist.

Regelmäßig erfolgt die Zwangsvollstreckung eines Bauwerks durch Weiterver- **17** äußerung bzw. Versteigerung; sofern urheberrechtlich geschützte Werke der Baukunst betroffen sind, erfordern diese Handlungen entsprechende **Verbreitungsrechte** (§ 17). **Abs. 2 S. 2** stellt nun zusätzlich klar, dass das Original des Werkes auch ohne Zustimmung des Urhebers **verbreitet** werden darf.

cc) Werke der bildenden Kunst (Nr. 3): In Werkoriginale von – neben Werken **18** der Baukunst „anderen" – Werken der bildenden Kunst (§ 2 Abs. 1 Nr. 4) kann ohne Zustimmung des Urhebers vollstreckt werden, wenn das Werk **bereits veröffentlicht** wurde. Diese Schlechterstellung des Urhebers eines Werkes der bildenden Kunst gegenüber den Urhebern anderer Werkkategorien verwundert und stößt in der Literatur vor allem mit Blick auf Art. 3 GG auf entsprechende **Kritik** (s. etwa Möhring/Nicolini/*Lütje*[2] Rn. 23 ff.; Schricker/*Wild*[3] Rn. 7; Wandtke/Bullinger/*Kefferpütz*[2] Rn. 15). Der Gesetzgeber begründet die Bestimmung damit, dass der Urheber des Werkes mit der Veräußerung oder Veröffentlichung zu erkennen gegeben habe, dass er sich zu seinem Werk „bekannt" habe (RegE UrhG 1965 BT-Drucks. IV/270, S. 110). Im Übrigen wird argumentiert, dass Werkoriginale im Bereich der bildenden Kunst einen besonders hohen Wert haben und sie sich in dieser Hinsicht von Werken anderer Gattungen unterscheiden (s. hierzu Dreier/Schulze/*Schulze*[2] Rn. 14).

Es mag zwar sein, dass der Urheber mit der Veröffentlichung des Werkoriginals **19** zu erkennen gegeben hat, dass das Werk vollendet ist und er sich zu seinem Werk „bekannt". Gleiches gilt aber doch auch für den Urheber eines Lichtbildwerkes oder eines Sprachwerkes. Zudem ist es sicher richtig, dass der Markt im Bereich der bildenden Kunst ein anderer sein kann als bei anderen Werkkategorien. Allerdings können durchaus auch Originale anderer Werkkategorien einen erheblichen Wert aufweisen. Zudem dient § 114 Abs. 1 gerade dem Schutz der persönlichkeitsrechtlichen Beziehung zwischen dem Urheber und seinem Originalwerkexemplar, und zwar jenseits der wirtschaftlichen Verwertbarkeit. Die geschützte Beziehung zwischen dem Urheber und dem Werk besteht bei Werken aller Werkkategorien gleichermaßen. Obschon die Vorschrift schon dem Grunde nach zu kritisieren ist, dürfte sie allerdings von dem Ermessensspielraum des Gesetzgebers gedeckt sein. Für eine **analoge Anwendung** der Vorschrift auf die Zwangsvollstreckung in Originale von Werken anderer Kategorien ist schon angesichts des klaren Wortlauts kein Raum, so dass eine Zustimmung bei Vollstreckungsmaßnahmen etwa in Originale von **Lichtbildwerken** oder Werken der **angewandten Kunst**, die durchaus ebenfalls einen hohen wirtschaftlichen Wert haben können, nur mit Zustimmung des Urhebers zulässig ist (ebenso: Wandtke/Bullinger/*Kefferpütz*[2] Rn. 15; a. A.: Dreier/Schulze/*Schulze*[2] Rn. 15 f.).

20 Auch veröffentlichte Originale von Werken der bildenden Kunst dürfen ohne Zustimmung des Urhebers verbreitet werden (**Abs. 2 Satz 2**), um zu gewährleisten, dass ein gepfändetes Werkoriginal auch durch Veräußerung oder Versteigerung verwertet werden kann.

III. Prozessuales

21 Die Zwangsvollstreckung (Pfändung) eines Werkoriginals richtet sich als **Sachpfändung** nach den §§ 808 ff. ZPO und erfolgt durch **Inbesitznahme** des Exemplars durch den Gerichtsvollzieher (§ 808 Abs. 1 ZPO). Regelmäßig erfolgt die Verwertung dann im Wege einer **öffentlichen Versteigerung** durch den Gerichtsvollzieher (§ 814 ZPO). Auf Antrag und nach Anhörung des Schuldners kann der Gerichtsvollzieher die gepfändete Sache auch in anderer Weise verwerten; auch eine **freihändige Versteigerung** durch eine andere Person als den Gerichtsvollzieher kann beantragt werden (s. § 825 ZPO).

IV. Verhältnis zu anderen Vorschriften

1. Verhältnis zu § 113

22 § 114 betrifft allein die **Sachpfändung** bzw. – im Falle der Pfändung von Originalen von Werken der Baukunst (Abs. 2 Nr. 2) und anderen Werken der bildenden Kunst (Nr. 3) – die Zulässigkeit von Verbreitungshandlungen (Abs. 2 Satz 2). Sofern die Zwangsvollstreckung in **Nutzungsrechte** an dem Originalwerk betroffen ist, gilt nicht § 114, sondern § 113.

2. Verhältnis zu § 119

23 Werkoriginale können zugleich **Vorrichtungen** gem. § 119 sein, die ausschließlich zur Vervielfältigung oder Funksendung eines Werkes bestimmt sind (bspw. Druckplatten, Negative usw.). § 114 einerseits und § 119 andererseits können insoweit nebeneinander zur Anwendung gelangen.

Unterabschnitt 3	**Zwangsvollstreckung wegen Geldforderungen gegen den Rechtsnachfolger des Urhebers**

§ 115   Urheberrecht

[1]Gegen den Rechtsnachfolger des Urhebers (§ 30) ist die Zwangsvollstreckung wegen Geldforderungen in das Urheberrecht nur mit seiner Einwilligung und nur insoweit zulässig, als er Nutzungsrechte einräumen kann (§ 31). [2]Der Einwilligung bedarf es nicht, wenn das Werk erschienen ist.

Überblick

I. Allgemeines

1. Sinn und Zweck

Das Urheberrecht stellt den Urheber und seine **Rechtsnachfolger** grundsätzlich **1** gleich (§ 30). Der Rechtsnachfolger erwirbt im Falle der Rechtsnachfolge nicht lediglich ein Nutzungsrecht an den Werken, sondern tritt – mit wenigen Ausnahmen – vollständig in die frühere Position des Urhebers ein. Dies schlägt sich auch in § 115 nieder, der klarstellt, dass auch die Zwangsvollstreckung wegen Geldforderungen gegen den Rechtsnachfolger des Urhebers nur mit dessen **Einwilligung** und auch nur insoweit zulässig ist, als er **Nutzungsrechte einräumen** kann. § 115 S. 1 entspricht insoweit der Vorschrift des § 113 S. 1, in der die Zwangsvollstreckung gegen den Urheber selbst geregelt ist. Anders als bei der Zwangsvollstreckung gegen den Urheber bedarf es bei der Zwangsvollstreckung gegen dessen Rechtsnachfolger indessen keiner Einwilligung, wenn das Werk bereits **erschienen** ist (Satz 2).

2. Früheres Recht

Zum früheren Recht vgl. § 112 Rn. 5. Bereits unter Geltung des **LUG** und des **2** **KUG** war die Zwangsvollstreckung gegen den Rechtsnachfolger des Urhebers ohne seine Einwilligung nur zulässig, wenn das Werk zuvor erschienen ist (§ 10 S. 2 LUG, § 14 Abs. 2 KUG).

3. Europäisches und Internationales Recht

Zum europäischen und internationalen Recht vgl. § 112 Rn. 6 ff. **3**

II. Tatbestand

1. Vollstreckungsgrund

Die Vorschrift des § 113 ist nur bei Zwangsvollstreckungsmaßnahmen in das **4** Urheberrecht **wegen einer Geldforderung** (s. §§ 803 ff. ZPO) anwendbar, also wegen Forderungen auf Leistung einer Geldsumme. Für andere Vollstreckungsmaßnahmen gelten die allgemeinen Vorschriften. Vgl. § 112 Rn. 11 f. und 21 f.

2. Vollstreckungsgegenstand

§ 115 betrifft die Zwangsvollstreckung in das **Urheberrecht**, soweit der Rechts- **5** nachfolger **Nutzungsrechte** hieran einräumen kann. Vgl. § 113 Rn. 16 ff.; die dortigen Ausführungen gelten hier entsprechend. Bei § 115 gilt es in besonderem Maße zu beachten, dass der urheberrechtliche Schutz tatsächlich noch bestehen muss (s. § 64). Ist das Werk mittlerweile **gemeinfrei**, findet § 115 keine Anwendung.

3.   Vollstreckungsschuldner

6 Vollstreckungsschuldner ist der **Rechtsnachfolger** des Urhebers gem. §§ 28 ff., denn nur er tritt an die Stelle des Urhebers (§ 30). § 115 findet insb. keine Anwendung bei der Zwangsvollstreckung gegen einen (sonstigen) Dritten, dem der Urheber Nutzungsrechte – und seien sie auch noch so umfassend – eingeräumt hat. Denn das Urheberrecht als solches ist unter Lebenden – mit Ausnahme der Übertragung im Rahmen einer Erbauseinandersetzung – nicht übertragbar.

7 Zu den Rechtsnachfolgern zählen Erben und Miterben, Erbengemeinschaften, der Vermächtnisnehmer (§§ 2147 ff. BGB) sowie Begünstige von Auflagen (§§ 2192 ff. BGB).

4.   Einwilligung des Rechtsnachfolgers

8 a) **Einwilligung grundsätzlich erforderlich (Satz 1):** Wie bei der Zwangsvollstreckung gegen den Urheber selbst ist die Zulässigkeit der Zwangsvollstreckung gegen seinen Rechtsnachfolger von dessen **Einwilligung** abhängig. Es gelten hier zunächst dieselben Grundsätze, wie bei § 113 (vgl. § 113 Rn. 20 ff.). Da die persönlichkeitsrechtliche Beziehung des Rechtsnachfolgers zu dem Werk hingegen nicht so stark ausgeprägt ist, wie die Bindung zwischen dem Werk und dem Urheber, kann die Einwilligung hier – anders als im Rahmen des § 113 – auch von einem **gesetzlichen Vertreter** erklärt werden und nicht nur durch einen rechtsgeschäftlich bevollmächtigten Vertreter. Insoweit fehlt es bei § 115 an einer dem § 113 S. 2 entsprechenden Vorschrift. Wurde gem. § 28 Abs. 2 angeordnet, dass das Urheberrecht nach dem Tode des Urhebers durch einen **Testamentsvollstrecker** ausgeübt wird, kommt es allein auf dessen Einwilligung an (§ 117).

9 b) **Entbehrlichkeit der Einwilligung bei erschienenen Werken (Satz 2):** Eine Einwilligung nach Satz 1 ist nicht erforderlich, wenn das betroffene Werk bereits **erschienen** ist. Auch insoweit besteht ein Unterschied zu der Regelung des § 113. Denn durch das Erscheinen wurde das persönliche Band zwischen dem Werk und dem Berechtigten bereits derart gelockert, dass die Einwilligung nach Satz 1 entbehrlich ist. Immerhin hat der Urheber bereits selbst entschieden, dass das Werk erscheinen soll, so dass die Rechtsnachfolger in diesem Falle nicht besonders geschützt werden müssen. Ob ein Werk erschienen in diesem Sinne ist, richtet sich nach § **6 Abs. 2**; auf die dortige Kommentierung wird verwiesen.

5.   Verfasser wissenschaftlicher Ausgaben; Lichtbildner (§ 118)

10 Über § **118** ist auch § 115 sinngemäß anzuwenden bei der Zwangsvollstreckung wegen Geldforderungen in das Urheberrecht gegen die Rechtsnachfolger von **Verfassern wissenschaftlicher Ausgaben** (§§ 118 Nr. 1, 70) sowie von **Lichtbildnern** (§§ 118 Nr. 2, 72).

III. Prozessuales

In prozessualer Hinsicht ist zu beachten, dass für die Zwangsvollstreckung in **11** einen Nachlass bei Vorliegen einer **Miterbenschaft** bis zur Teilung ein gegen alle Erben ergangenes Urteil erforderlich ist (§ 747 ZPO). Fehlt der Titel gegen einen Miterben, ist die Zwangsvollstreckung unzulässig.

IV. Verhältnis zu anderen Vorschriften

Soweit die Zwangsvollstreckung gegen den Rechtsnachfolger des Urhebers nicht **12** in das Urheberrecht (bzw. Nutzungsrechte hieran), sondern in **dem Rechtsnachfolger gehörende Werkoriginale** erfolgt, gilt nicht § 115, sondern § 116.

---

§ 116 Originale von Werken

(1) Gegen den Rechtsnachfolger des Urhebers (§ 30) ist die Zwangsvollstreckung wegen Geldforderungen in die ihm gehörenden Originale von Werken des Urhebers nur mit seiner Einwilligung zulässig.

(2) ¹Der Einwilligung bedarf es nicht
1. in den Fällen des § 114 Abs. 2 Satz 1,
2. zur Zwangsvollstreckung in das Original eines Werkes, wenn das Werk erschienen ist.
²§ 114 Abs. 2 Satz 2 gilt entsprechend.

Überblick

I. Allgemeines

1. Sinn und Zweck

Die rechtliche Gleichstellung des Urhebers und dessen Rechtsnachfolger (§ 30) **1** gilt dem Grunde nach – mit geringen Abweichungen – auch für die Zwangsvollstreckung in die dem **Rechtsnachfolger** des Urhebers gehörenden **Werkoriginale**. Spiegelbildlich zu §§ 113 und 114 bestimmt § 116 Abs. 1 in Ergänzung zu § 115, dass auch hier die Zwangsvollstreckung nur mit Einwilligung des Rechtsnachfolgers zulässig ist, soweit kein Ausnahmetatbestand des § 114 Abs. 2 vorliegt.

Ebenso, wie bei der Zwangsvollstreckung gegen den Urheber in die ihm gehörenden Werkoriginale, ist die **Einwilligung entbehrlich**, soweit die Zwangsvollstreckung in das Werkoriginal zur Durchführung der Zwangsvollstreckung in ein Nutzungsrecht erforderlich ist, ein Werk der Baukunst betroffen ist oder die Zwangsvollstreckung in ein (anderes) erschienenes Werk der bildenden Kunst erfolgt (Abs. 2 Nr. 1 i. V. m. § 114 Abs. 2 S. 1). Zusätzlich jedoch bedarf es im Rahmen des § 116 generell keiner Einwilligung des Rechtsnachfolgers bei der Zwangsvollstreckung in ein bereits erschienenes Werk.

2. Früheres Recht

2 Zum früheren Recht vgl. § 112 Rn. 5.

3. Europäisches und Internationales Recht

3 Zum europäischen und internationalen Recht vgl. § 112 Rn.6 ff.

II. Tatbestand

1. Vollstreckungsgrund

4 Wie bei allen anderen Sondertatbeständen der §§ 113 bis 119 ist auch § 116 nur bei der Zwangsvollstreckung **wegen einer Geldforderung** (s. §§ 803 ff. ZPO) anwendbar (Forderungen auf Leistung einer Geldsumme). Geht es nicht um die Vollstreckung einer Geldforderung, gelten die allgemeinen Vorschriften des Zwangsvollstreckungsrechts. Vgl. § 112 Rn. 21 ff.

2. Vollstreckungsgegenstand und Vollstreckungsschuldner

5 § 116 betrifft Zwangsvollstreckungsmaßnahmen **in Werkoriginale**, die dem Rechtsnachfolger des Urhebers **gehören**.

6 a) **Werkoriginal:** Zum Begriff des Werkoriginals vgl. § 114 Rn. 6 f.

7 b) **Rechtsnachfolger:** Vgl. § 115 Rn. 6 f.

8 c) **dem Rechtsnachfolger gehörend:** Es gelten dieselben Grundsätze wie bei § 114. Vgl. § 114 Rn. 8 f. Das Werkoriginal muss dem **Eigentum** des Rechtsnachfolgers des Urhebers zugewiesen sein.

3. Einwilligungserfordernis

9 a) **Grundsatz (Abs. 1):** Grundsätzlich ist die Zwangsvollstreckung in die dem Rechtsnachfolger des Urhebers gehörenden Originale nur mit dessen **Einwilligung** zulässig (Abs. 1). Zum Begriff der Einwilligung wird auf die Kommentierung bei § 113 verwiesen (vgl. § 113 Rn. 20 ff.). Allerdings ist hier – wie bei § 115 – eine Einwilligung nicht nur durch den rechtsgeschäftlich bevollmächtigten Vertreter, sondern auch durch den **gesetzlichen Vertreter** möglich. Vgl. § 115 Rn. 8.

10 Wurde gem. § 28 Abs. 2 angeordnet, dass das Urheberrecht nach dem Tode des Urhebers durch einen **Testamentsvollstrecker** ausgeübt wird, kommt es allein auf dessen Einwilligung an (§ 117).

b) Entbehrlichkeit der Einwilligung (Abs. 2): Für den Grundsatz der Erforderlichkeit einer Einwilligung gelten die folgenden **Ausnahmen:**

aa) Ausnahmetatbestände des § 114 (Abs. 2 S. 1 Nr. 1): § 116 verweist zunächst in Abs. 2 S. 1 auf den **Ausnahmekatalog des § 114 Abs. 2 S. 1.** Demnach bedarf es keiner Einwilligung, soweit die Zwangsvollstreckung in das Werkoriginal zur Durchführung in ein Nutzungsrecht notwendig ist (§ 114 Abs. 2 S. 1 Nr. 1), ein Werk der Baukunst betroffen ist (§ 114 Abs. 2 S. 1 Nr. 2) oder die Zwangsvollstreckung in ein (anderes) erschienenes Werk der bildenden Kunst erfolgt (§ 114 Abs. 2 S. 1 Nr. 3). **11**

bb) Erschienene Werke (Abs. 2 S. 1 Nr. 2): Darüber hinaus muss der Rechtsnachfolger generell die Zwangsvollstreckung in Werkoriginale sämtlicher Werkkategorien dulden, sofern diese bereits **erschienen** sind. Dies ist mit Blick auf § 115 S. 2 natürlich nur konsequent. Zum Begriff des Erscheinens s. § 6 Abs. 2. **12**

4. Verweisung des § 118

Über § 118 ist § 116 sinngemäß anzuwenden bei der Zwangsvollstreckung wegen Geldforderungen gegen Rechtsnachfolger von **Verfassern wissenschaftlicher Ausgaben** (§§ 118 Nr. 1, 70) sowie gegen solche von **Lichtbildnern** (§§ 118 Nr. 2, 72), und zwar jeweils in die ihnen gehörenden Werkoriginale. **13**

III. Verhältnis zu anderen Vorschriften

§ 116 ist nur anwendbar bei Vollstreckungsmaßnahmen in **Werkoriginale**; die Zwangsvollstreckung in das Urheberrecht gegen Rechtsnachfolger des Urhebers richtet sich nach § 115. **14**

§ 117 Testamentsvollstrecker

Ist nach § 28 Abs. 2 angeordnet, dass das Urheberrecht durch einen Testamentsvollstrecker ausgeübt wird, so ist die nach den §§ 115 und 116 erforderliche Einwilligung durch den Testamentsvollstrecker zu erteilen.

Der Urheber hat die Möglichkeit, gem. § 2197 BGB durch Testament einen **Testamentsvollstrecker** festzulegen bzw. ihn durch einen ermächtigten Dritten (§ 2198 Abs. 1 BGB) oder vom Nachlassgericht aufgrund seines Ersuchens im Testament (§ 2200 Abs. 1 BGB) bestimmen zu lassen. Unterliegt der Nachlass der Testamentsvollstreckung, kann der Erbe über den Nachlass nicht mehr verfügen (§ 2211 BGB); die **Verfügungsberechtigung** ist auf den Testamentsvollstrecker **übergegangen** (§ 2205 BGB). **1**

Deshalb bestimmt nun § 117 – rein deklaratorisch –, dass die nach §§ 115 und 116 erforderlichen Einwilligungen **in der Person des Testamentsvollstreckers** vorliegen müssen, soweit der Urheber durch eine letztwillige Verfügung die Ausübung des Urheberrechts diesem Testamentsvollstrecker übertragen hat (§ 28 Abs. 2). Im Falle der **Testamentsvollstreckung** geht das Einwilligungsrecht des Rechtsnachfolgers vollständig auf den Testamentsvollstrecker über. Einwilligungserklärungen des Rechtsnachfolgers selbst sind dann **unwirksam**; notfalls kann der Testamentsvollstrecker eine **Drittwiderspruchsklage** erheben (§ 771 ZPO). **2**

Für die **Einwilligungserklärung** selbst gelten die Ausführungen bei § 113 entsprechend. Vgl. § 113 Rn. 20 ff. **3**

Unterabschnitt 4 Zwangsvollstreckung wegen Geldforderungen gegen den Verfasser wissenschaftlicher Ausgaben und gegen den Lichtbildner

§ 118 Entsprechende Anwendung

Die §§ 113 bis 117 sind sinngemäß anzuwenden
1. **auf die Zwangsvollstreckung wegen Geldforderungen gegen den Verfasser wissenschaftlicher Ausgaben (§ 70) und seinen Rechtsnachfolger,**
2. **auf die Zwangsvollstreckung wegen Geldforderungen gegen den Lichtbildner (§ 72) und seinen Rechtsnachfolger.**

Überblick

I. Allgemeines

1. Sinn und Zweck

1 Verfasser wissenschaftlicher Ausgaben (§ 70) und Lichtbildner (§ 72) sollen gleichermaßen vor Zwangsvollstreckungsmaßnahmen geschützt werden wie der Urheber. Es handelt sich hierbei um Inhaber solcher verwandter Schutzrechte, für die auch diejenigen Bestimmungen des Ersten Teils zur Anwendung kommen, die aus dem Urheberpersönlichkeitsrecht erwachsen, welches gerade Grundlage für die Beschränkung der Zwangsvollstreckung ist. Durch die Verweisungsnorm des § 118 ist die Zwangsvollstreckung also auch hier von der Einwilligung des Leistungsschutzberechtigten (bzw. dessen Rechtsnachfolger) abhängig.

2. Früheres Recht

2 Der zwangsvollstreckungsrechtliche Schutz der Verfasser wissenschaftlicher Ausgaben und der Lichtbildner wurde erstmals mit Normierung des UrhG 1965 geschaffen.

II. Tatbestand

1. Vollstreckungsgrund

3 Auch § 118 betrifft allein die Zwangsvollstreckung wegen einer Geldforderung (s. §§ 803 ff. ZPO). Vgl. § 112 Rn. 11 f.

2. Vollstreckungsschuldner

4 Den besonderen Schutz der §§ 113 bis 117 genießen über § 118 neben dem Urheber die Verfasser wissenschaftlicher Ausgaben gem. § 70 und die Lichtbildner gem. § 72 sowie deren Rechtsnachfolger. Zur Vollstreckung gegen

Nutzungsrechtsinhaber vgl. § 112 Rn. 18 sowie § 113 Rn. 9 ff. Der in § 118 enthaltene Katalog ist **abschließend**; auf andere Leistungsschutzberechtigte findet die Vorschrift **keine** – auch keine analoge – **Anwendung**; es bleibt hier bei den allgemeinen Vorschriften der Zwangsvollstreckung. Deshalb genießen bspw. die Tonträgerhersteller gem. § 85, die Ersteller einer Datenbank gem. § 87a oder auch ausübende Künstler (§ 73) keinen besonderen Vollstreckungsschutz, sondern müssen sich Zwangsvollstreckungsmaßnahmen nach den allgemeinen Vorschrift gegen sich gefallen lassen.

3. Vollstreckungsgegenstand

Über die §§ 113 bis 117 i. V. m. § 118 unterliegen dem besonderen Vollstre- **5** ckungsschutz die **übertragbaren Rechte** an den wissenschaftlichen Ausgaben bzw. Lichtbildnern (§ 113) sowie die Originale (§ 114). Gleiches gilt für die jeweiligen Rechtsnachfolger (§§ 115, 116). Bestimmte **Vorrichtungen**, nämlich solche, die ausschließlich zur Vervielfältigung oder Funksendung bestimmt sind, genießen darüber hinaus unmittelbar gem. § 119 besonderen Schutz.

4. Einwilligung des Leistungsschutzberechtigten

Die Zulässigkeit von Zwangsvollstreckungsmaßnahmen ist von der **Einwil- 6** **ligung** des Leistungsschutzberechtigten abhängig. Es gelten die Ausführungen bei § 113 entsprechend; vgl. § 113 Rn. 20 ff.

Unterabschnitt 5 **Zwangsvollstreckung wegen Geldforderungen in bestimmte Vorrichtungen**

§ 119 Zwangsvollstreckung in bestimmte Vorrichtungen

(1) Vorrichtungen, die ausschließlich zur Vervielfältigung oder Funksendung eines Werkes bestimmt sind, wie Formen, Platten, Steine, Druckstöcke, Matrizen und Negative, unterliegen der Zwangsvollstreckung wegen Geldforderungen nur, soweit der Gläubiger zur Nutzung des Werkes mittels dieser Vorrichtungen berechtigt ist.

(2) Das gleiche gilt für Vorrichtungen, die ausschließlich zur Vorführung eines Filmwerkes bestimmt sind, wie Filmstreifen und dergleichen.

(3) Die Absätze 1 und 2 sind auf die nach den §§ 70 und 71 geschützten Ausgaben, die nach § 72 geschützten Lichtbilder, die nach § 77 Abs. 2 Satz 1, §§ 85, 87, 94 und 95 geschützten Bild- und Tonträger und die nach § 87b Abs. 1 geschützten Datenbanken entsprechend anzuwenden.

Überblick

I. Allgemeines

1. Sinn und Zweck

1 **Vorrichtungen**, die ausschließlich zur Vervielfältigung oder Funksendung eines Werkes bzw. zur Vorführung eines Filmwerkes bestimmt sind, unterliegen gem. § 119 der Zwangsvollstreckung nur, soweit der Gläubiger zur Nutzung des Werkes mittels dieser Vorrichtungen berechtigt ist. Diese Vorrichtungen stellen nach der Begründung des Gesetzgebers gleichsam ein **Zubehör der Nutzungsrechte** dar, zu deren Ausübung sie geschaffen wurden (RegE UrhG 1965 BT-Drucks. IV/270, S. 111). Sie haben zwar regelmäßig – von Ausnahmen einmal abgesehen – keinen besonderen eigenen Sachwert, sind jedoch für den Schuldner mitunter von erheblichem **wirtschaftlichen Nutzwert** (s. Schricker/*Wild*³ Rn. 2). So kann es etwa sein, dass das Werk überhaupt nur mit Hilfe der Vorrichtung verwertbar ist, es also keine alternativen Möglichkeiten gibt, das Werk zu verwerten, ohne die bestimmte Vorrichtung zu benutzen. Der Schuldner will natürlich so weit es geht verhindern, dass ihm eine derartige Vorrichtung weggenommen wird. Hinzukommt, dass der bestimmungsmäßige Gebrauch solcher Vorrichtungen (z. B. einer Druckplatte oder eines Bildnegativs) durch Personen, die nicht zur Ausübung der in Betracht kommenden Nutzungsrechte berechtigt sind, eine Urheberrechtsverletzung darstellen würde (RegE UrhG 1965 BT-Drucks. IV/270, S. 111). Auch aus diesem Grunde kann der Schuldner ein Interesse daran haben, dass die Vorrichtung bei ihm verbleibt.

2 Aber auch ein **Gläubiger**, der bereits in die dahingehenden Nutzungsrechte vollstreckt hat oder zugleich hierein vollstrecken will, kann durchaus ein besonderes Interesse an einem besonderen Schutz der Vorrichtungen haben. Dies gilt vor allem dann, wenn er in die Nutzungsrechte an einem Werk vollstrecken kann, er hierbei aber für die Verwertungshandlungen auf die Vorrichtung angewiesen ist. Die Vorschrift dient indes allein dem **Schutz des Schuldners**, nicht auch des Gläubigers, wenngleich sie auch ihm durchaus zugute kommen kann. Der Gläubiger kann allenfalls **reflexartig** von der Vorschrift geschützt sein.

3 Anders als die §§ 113 bis 118 knüpft der Vollstreckungsschutz des § 119 nicht an ein Einwilligungserfordernis an, sondern verlangt, dass der Gläubiger bei Vollstreckungsmaßnahmen in die Vorrichtungen zugleich **berechtigt ist**, das Werk mittels der Vorrichtung zu nutzen.

2. Früheres Recht

4 Bereits gem. **§ 14 Abs. 3 KUG** war die Zwangsvollstreckung in solche Formen, Platten, Steine oder sonstige Vorrichtungen, welche ausschließlich zur Vervielfältigung des Werkes bestimmt sind, unzulässig. Eine „Funksendung" kannte der Gesetzgeber des KUG aber noch nicht. Auch die Vorrichtungen zur Vorführung eines Filmwerkes sowie die nunmehr in Abs. 3 erwähnten Leistungsschutzrechte fanden in dem KUG noch keine Erwähnung.

II. Tatbestand

1. Vollstreckungsgrund

Auch § 118 betrifft ausschließlich die Zwangsvollstreckung **wegen einer Geld-** **5** **forderung** (s. §§ 803 ff. ZPO). Vgl. § 112 Rn. 11 f. Soweit wegen anderer Forderungen vollstreckt wird, findet die Vorschrift keine Anwendung.

2. Vollstreckungsschuldner

Im Rahmen des § 119 ist es **unerheblich, gegen wen** sich die Vollstreckungs- **6** maßnahme richtet. Ist ein Schuldner nicht berechtigt, die Vorrichtung bestimmungsgemäß zur Vervielfältigung oder Sendung bzw. Vorführung zu benutzen, darf in sie nicht vollstreckt werden. Als Vollstreckungsschuldner kommen also nicht nur der Urheber (bzw. der Leistungsschutzberechtigte) und seine Rechtsnachfolger, sondern auch einfache Nutzungsrechtsinhaber oder beliebige sonstige Dritte in Betracht, zu denen auch Agenturen, Verlage, Druckereien usw. zählen.

3. Vollstreckungsgegenstand

a) Bestimmte Vorrichtungen (Abs. 2 und 3): Unter den Schutz des § 119 fallen **7** Vorrichtungen, die ausschließlich zur **Vervielfältigung** oder **Funksendung** eines Werkes (Abs. 1) oder zur **Vorführung** eines Filmwerkes bestimmt (Abs. 2) bestimmt sind.

aa) Vorrichtung: Der Begriff der „Vorrichtung" ist gesetzlich nicht definiert. **8** Nach dem Sinn und Zweck der Vorschrift ist er jedoch denkbar weit zu fassen. Entscheidend ist nicht die Art der Vorrichtung, sondern ihre Eignung, zur **Vervielfältigung** oder zur **Funksendung** eines Werkes bzw. zur **Vorführung** eines Filmwerkes benutzt zu werden. Beispiele hierfür führt das Gesetz selbst an (Formen, Platten, Steine, Druckstöcke, Matrizen und Negative). Ferner können hierunter etwa Masterbänder, digitale Medien (CD-ROMs, Disketten, Festplatten) oder Druckvorlagen zählen. Die Vorrichtung kann – muss jedoch nicht – zugleich das Werkoriginal sein (vgl. Rn. 14).

bb) Zweckbestimmung: Voraussetzung ist, dass die Vorrichtung ausschließlich **9** dazu dient, das Werk zu **vervielfältigen** oder zu **senden** oder das Filmwerk **vorzuführen**. Ob dies der Fall ist, ist nach den jeweiligen Umständen des Einzelfalls zu beurteilen, wobei auf die **objektiven Eigenschaften** der Vorrichtung abzustellen sein dürfte (str.; objektiv: Wandtke/Bullinger/*Kefferpütz*[2] Rn. 6; subjektiv: Schricker/*Wild*[3] Rn. 4; Möhring/Nicolini/*Lütje*[2] Rn. 8). Ein Vollstreckungsschutz scheidet jedenfalls dann aus, wenn die Vorrichtung schon objektiv nicht ausschließlich zu diesen Zwecken bestimmt sein kann. Dies gilt bspw. für einen **Drucker**, da dieser zum Ausdruck verschiedener Werke benutzt werden kann, und zwar auch dann, wenn der Schuldner einwendet, hiermit ausschließlich ein einziges Werk vervielfältigen zu wollen. Anders jedoch bei einer **Filmrolle**: Diese dient i.d.R. schon objektiv ausschließlich dazu, das Filmwerk vorzuführen.

Das Abstellen auf den **subjektiven Willen** des Schuldners (s. Möhring/Nicolini/ **10** *Lütje*[2] Rn. 8; Schricker/*Wild*[3] Rn. 4) würde auf Seiten des Gläubigers zu erheblichen Rechtsunsicherheiten führen, wobei zugleich zu beachten ist, dass es sich bei § 119 um einen Sondertatbestand zum Schutze des Schuldners handelt und insoweit restriktiv anzuwenden ist. Kann die Vorrichtung tatsächlich **objektiv nicht nur** zu den vorerwähnten Zwecken benutzt werden, kann es auf den Willen des Schuldners, sie doch nur für diese Zwecke benutzen zu wollen, nicht ankommen. Denn hierdurch hätte es allein der Schuldner in der Hand, die Zulässigkeit der Zwangsvollstreckungsmaßnahme zu bestimmen. § 119 ist stets im Lichte des **Schutzzweckes** zu verstehen: Es soll verhindert werden, dass der Gläubiger auf Vorrichtungen zugreift, die der tatsächliche Nutzungsberechtigte **notwendigerweise** für die Verwertung des Werkes benötigt. Dies mag für ein Filmnegativ gelten, nicht aber für den Filmprojektor, auf dem nicht nur auch andere Filmwerke vorgeführt werden können, sondern den der Schuldner im Zweifel auch durch einen anderen Projektor ersetzen kann.

11 Es ist durchaus denkbar, dass eine Vorrichtung zugleich für **mehrere Verwertungshandlungen** geeignet und hierzu auch bestimmt ist. So kann ein Bild-/Tonträger bspw. sowohl der Anfertigung von Vervielfältigungen dienen als auch zugleich Grundlage für die Sendung (§ 20) des Werks sein. Auch hier käme § 119 zum Tragen.

12 b) **Leistungsschutzgegenstände (Abs. 3):** Über **Abs. 3** gelten die Absätze 1 und 2 entsprechend für wissenschaftliche Ausgaben (§ 70) und nachgelassene Werke (§ 71) sowie für Lichtbilder (§ 72), Bildträger, Tonträger und Bild-/Tonträger (§§ 85, 87, 94, 95, 77 Abs. 2 S. 1) und für Datenbanken gem. § 87b Abs. 1.

4. Zur Nutzung berechtigt

13 Die Zwangsvollstreckung in die besonderen Vorrichtungen ist nur zulässig, wenn der Gläubiger zur Nutzung des Werkes mittels dieser Vorrichtung **berechtigt** ist. Der Gläubiger muss demnach Inhaber von **Nutzungsrechten** hinsichtlich der Verwertungshandlungen sein, welche bestimmungsgemäß mit Hilfe der Vorrichtung vorgenommen werden können (Vervielfältigung, Sendung und/oder Vorführung). Beinhaltet die Vorrichtung **mehrere Schutzgegenstände** (z. B. Musikwerke und Filmwerke auf einem Bild-/Tonträger), ist die Zwangsvollstreckung nur zulässig, wenn der Gläubiger zur Nutzung **sämtlicher Werke** berechtigt ist; dies gilt auch in Bezug auf die möglicherweise betroffenen Leistungsschutzrechte, wie die des ausübenden Künstlers (Dreier/Schulze/*Schulze*[2] Rn. 13).

14 Problematisch ist der Fall, wenn die Vorrichtung gleich für **mehrere Verwertungshandlungen** geeignet ist, der Gläubiger aber bspw. nur zur Vervielfältigung des Werkes, nicht aber zur Sendung berechtigt ist. Hier ist bei der Zulässigkeit der Zwangsvollstreckung Zurückhaltung jedenfalls dann geboten, wenn ein Dritter auf die Vorrichtung für seine ihm zustehenden Verwertungshandlungen angewiesen ist. Denn andernfalls würde die Vorrichtung ihrer bestimmungsgemäßen Verwendung insoweit entzogen.

III. Verhältnis zu anderen Vorschriften

15 Sofern es sich bei der Vorrichtung gem. § 119 zugleich um das **Werkoriginal** handelt, kommen u. U. neben § 119 auch §§ 114, 116 zu Tragen. Dies ist dann der Fall, wenn es sich bei der Vorrichtung um das Werkoriginal handelt und der Urheber zugleich Eigentümer hiervon ist. Anders, als im Rahmen der §§ 114, 116 ist der Schutz des § 119 jedoch unabhängig davon, ob das Werk bereits erschienen bzw. verbreitet ist oder nicht.

Nachbemerkung
Insolvenzrecht

Übersicht

I.   Allgemeines

Grundsätzlich erfasst das Insolvenzverfahren gem. § 35 Abs. 1 **Insolvenzord- 1
nung (InsO)** das gesamte Vermögen, das dem Schuldner zur Zeit der Eröffnung
des Verfahrens gehört und das er während des Verfahrens erlangt. Allerdings
gibt es im Rahmen eines Insolvenzverfahrens mit Bezug zu dem **Urheberrecht**
Besonderheiten, die es zu berücksichtigen gilt:

II.   Insolvenz des Urhebers im Grundsatz

1.   Anwendbarkeit des allgemeinen Insolvenzrechts

Auch bei der Insolvenz eines Urhebers gelten zunächst die **allgemeinen Vor- 2
schriften** des Insolvenzrechts, namentlich die Vorschriften der InsO. Eine
besondere Bedeutung im urheberrechtlichen Bereich kommt hierbei § 36
Abs. 1 InsO zu, wonach Gegenstände, die nicht der Zwangsvollstreckung
unterliegen, nicht zur Insolvenzmasse gehören. Von der Insolvenzmasse ausgenommen sind insb. **unveräußerliche Rechte** gem. § 857 Abs. 3 ZPO, zu
denen nicht zuletzt auch das **Urheberrecht** als solches zählt. Denn gem. § 29
Abs. 1 ist das Urheberrecht grundsätzlich nicht übertragbar, was entsprechend
auch im Rahmen des Insolvenzverfahrens zu beachten ist. Dieses fällt deshalb,
ebenso wie die **Urheberpersönlichkeitsrechte**, nicht in die Insolvenzmasse eines
Urhebers.

2.   Anwendbarkeit des §§ 112 ff. UrhG

Im Übrigen sind die **Vollstreckungsschutzvorschriften** der §§ 113 ff. uneinge- 3
schränkt auch in einem Insolvenzverfahren zu beachten. Soweit die Zwangsvollstreckung in das Urheberrecht oder in Werkoriginale von der **Einwilligung**
des Urhebers (s. §§ 113, 114) dessen Rechtsnachfolger (s. §§ 115, 116) bzw.
des Leistungsschutzberechtigten oder deren Rechtsnachfolger (s. § 118) abhängen, gilt dies auch für die Bestimmung der Insolvenzmasse. Entsprechend
findet auch § 119 Anwendung: Die dort genannten bestimmten **Vorrichtungen**, die ausschließlich zur Vervielfältigung oder Funksendung eines Werkes
bestimmt sind, fallen nur dann in die Insolvenzmasse, wenn und soweit der
Schuldner berechtigt ist, das Werk mittels dieser Vorrichtung zu benutzen. Die
Vorschriften der §§ 113 bis 119 haben also unmittelbar Auswirkung auf den
Umfang der Insolvenzmasse: Fehlt es an den dortigen Voraussetzungen (Einwilligung gem. §§ 113–118; Berechtigung gem. § 119), ist der Schutzgegen-

stand bereits der Insolvenzmasse entzogen und nicht nur dessen Verwertung unzulässig (Wandtke/Bullinger/*Kefferpütz*[2] § 112 Rn. 52; a. A. Möhring/Nicolini/*Lütje*[2] § 112 Rn. 9). Es gilt bei alledem ferner zu beachten, dass der **Insolvenzverwalter** nicht der Rechtsnachfolger des Urhebers ist und die erforderlichen Einwilligungen daher selbst nicht erteilen kann.

III. Lizenzverträge in der Insolvenz

4 Eine besondere Brisanz geht mit der Insolvenz eines Lizenzgebers einher, der zuvor Dritten im Rahmen von Lizenzverträgen **Nutzungsrechte** an den urheberrechtlich geschützten Werken eingeräumt hat. Es stellt sich insoweit die Frage der Auswirkungen seiner Insolvenz auf abgeschlossene Lizenzverträge und das Schicksal eingeräumter Verwertungsrechte.

1. Wahlrecht des Insolvenzverwalters (§ 103 InsO)

5 Die Eröffnung der Insolvenz hat – entgegen der von der Rechtsprechung mittlerweile aufgegebenen „Erlöschenstheorie" – **keine materiell-rechtliche Umgestaltung** des gegenseitigen Vertrages zur Folge, sondern hindert wegen der beiderseitigen Nichterfüllungseinreden gem. § 320 BGB lediglich die **Durchsetzbarkeit** der noch nicht erbrachten Leistungen (s. BGH GRUR 2006, 435, 437, Tz. 22 – *Softwarenutzungsrecht*; BGH NJW 2003, 2744, 2745; BGH NJW 2002, 2783, 2785). Der Insolvenzverwalter hat nach Eröffnung der Insolvenz gem. § 103 Abs. 1 InsO für den Fall, dass der gegenseitige Vertrag zum Zeitpunkt der Eröffnung des Insolvenzverfahrens vom Schuldner und vom anderen Teil nicht oder nicht vollständig erfüllt ist, ein **Wahlrecht**, ob er – im Interesse der Insolvenzmasse – an dem Lizenzvertrag festhalten und anstelle des Schuldners den Vertrag erfüllen und die Erfüllung vom anderen Teil verlangen möchte. Da das Wahlrecht des Insolvenzverwalters eine nicht unerhebliche Unsicherheit auf Seiten des Gläubiger bedingt, hat dieser andere Teil die Möglichkeit, den **Insolvenzverwalter** (nicht aber den vorläufigen Insolvenzverwalter; s. BGH BB 2007, 2704) zur Ausübung des Wahlrechts aufzufordern, um Klarheit zu schaffen (s. § 103 Abs. 2 InsO). Nach einer solchen Aufforderung hat der Verwalter unverzüglich zu erklären, ob er die Erfüllung verlangen will. Unterlässt er dies, so kann er auf die Erfüllung nicht bestehen.

6 Das Wahlrecht des § 103 InsO besteht nur dann, wenn der gegenseitige Vertrag von den Parteien zum Zeitpunkt der Insolvenzeröffnung noch nicht **vollständig erfüllt** wurde. Leistungen, die der Schuldner bereits vor der Insolvenzeröffnung erbracht hat, sind der Dispositionsbefugnis des Insolvenzverwalters grundsätzlich entzogen; denn schon vor der Eröffnung der Insolvenz verwirklichte wirtschaftliche Dispositionen des Schuldners zugunsten der Masse können und sollen durch den Insolvenzverwalter nicht ungeschehen gemacht werden (BGH NJW 2003, 2744, 2747). Hier kommt der **Rechtsnatur urheberrechtlicher Nutzungsverträge** eine entscheidende Bedeutung zu. Der BGH hat zu dieser Frage nunmehr ausdrücklich Stellung genommen und folgt der bis dahin wohl überwiegenden Ansicht in der Literatur, dass urheberrechtliche Lizenzverträge ihrer Natur nach entsprechend der Rechtspacht als **Dauernutzungsverträge** i. S. d. §§ 108, 112 InsO anzusehen sind (BGH GRUR 2006, 435, 437, Tz. 21 – *Softwarenutzungsrecht* m. w. N.; vgl. § 69c Rn. 78 ff.; s. auch *Grützmacher* CR 2006, 289; *Berger* CR 2006, 505; ders. GRUR 2004, 20, 20; *Trips-Herbert*, ZRP 2007, 225, 226; Dreier/Schulze/*Schulze*[2] § 112 Rn. 28). Demgemäß kann § 103 InsO auch im Rahmen urheberrechtlicher Nutzungsverträge zur Anwendung gelangen. Aufgrund dieser Klassifizierung urheberrechtlicher Lizenzverträge als Dauernutzungsverträge liegt eine vollständige beiderseitige Erfüllung grundsätzlich erst am **Ende der Vertragslaufzeit** vor (Wandtke/Bullinger/*Kefferpütz*², § 112 Rn. 53; s. aber LG Hamburg NJW 2007, 3215, 3215 ff. m. Anm. *Limper*, das von einer vollständigen Erfüllung eines Autorenvertrages durch den Autor nach Einräumung der Nutzungsrechte ausgeht). Hiervon ausgehend ist nun entscheidend, wofür sich der Insolvenzverwalter entscheidet:

Verlangt der Insolvenzverwalter die **Erfüllung** des Vertrages, besteht das Nutzungsrecht gegen die vereinbarte Vergütung unverändert fort. Bei der weiteren Verwertung der Nutzungsrechte durch den Insolvenzverwalter ist zu beachten, dass die **Übertragung** der Nutzungsrechte an Dritte grundsätzlich der **Zustimmung des Urhebers** (§§ 34, 35) bedarf. Erfolgt die Übertragung im Wege der Veräußerung des gesamten Unternehmens oder durch die Veräußerung von Teilen des Unternehmens, steht dem Urheber ein **Rückrufsrecht** zu, wenn ihm die Ausübung des Nutzungsrechts durch den Erwerber nach Treu und Glauben nicht zumutbar ist (siehe § 34 Abs. 3 S. 2). **7**

Die **Erfüllungsablehnung** durch den Insolvenzverwalter selbst hat – wie die Eröffnung des Insolvenzverfahrens – keinen Einfluss auf den Bestand des gegenseitigen Vertrages (s. BGH GRUR 2006, 435, 437, Tz. 22 – *Softwarenutzungsrecht*; BGH NJW 2003, 2744, 2745; BGH NJW 2002, 2783, 2785; LG Hamburg NJW 2007, 3215, 3216). Verweigert der Insolvenzverwalter die Erfüllung, steht dem Gläubiger aber regelmäßig ein **Schadenersatzanspruch wegen Nichterfüllung** zu, den der Gläubiger als „anderer Teil" gem. § 103 Abs. 2 InsO jedoch nur als Insolvenzgläubiger geltend machen und zur **Insolvenztabelle** anmelden kann (s. *Berger* CR 2006, 505, 506). Das Wahlrecht des Insolvenzverwalters, namentlich das Ablehnungsrecht, ist im Bereich des geistigen Eigentums im Einzelfall durchaus problematisch. Ist nämlich ein Lizenzgeber von der Insolvenz betroffen, und lehnt der Insolvenzverwalter die Fortführung des Vertrages ab, entfällt regelmäßig auf Seiten des Lizenznehmers die Nutzungsberechtigung. Es kommt zu einem automatischen **Rückfall der Rechte** an den Lizenzgeber (LG Mannheim CR 2004, 811, 814 m. krit. Anm. *Grützmacher*; Berger GRUR 2004, 20, 20; *Wente/Härle* GRUR 1997, 96, 100; Dreier/Schulze/*Schulze*² § 112 Rn. 28; a. A.: *Wallner*, NZI 2002, 70, 73 ff.; *Grützmacher* CR 2006, 289, 291; vgl. zum Rechterückfall Vor § 31 Rn. 157). Der Insolvenzmasse von vornherein entzogen sind aber jedenfalls Nutzungsrechte, die dem Schuldner nur **aufschiebend bedingt** eingeräumt wurden und diese aufschiebende Bedingungen erst nach Insolvenzeröffnung eintritt (BGH GRUR 2006, 435 – *Softwarenutzungsrecht*). Hier liegt dann kein Fall des nachträglichen Rechtserwerbs gem. § 91 InsO vor. Vgl. § 69c Rn. 79 ff. **8**

In der Praxis kann ein Rechterückfall schwerwiegende, mitunter geradezu **ruinöse Folgen** haben. Denn mit dem Rückfall eines einst dem Lizenznehmer eingeräumten Nutzungsrechts an den Lizenzgeber kann das Unternehmen des Lizenznehmers ohne weiteres zugrunde gehen, wenn es von dem Bestand der Lizenz wirtschaftlich abhängig ist. Wird bspw. über das Vermögen eines Softwareentwicklungshauses, das etwa einem Softwarehersteller und -vertreiber Nutzungsrechte an Softwaremodulen eingeräumt hat, die Insolvenz eröffnet, und entscheidet sich der Insolvenzverwalter gegen die Erfüllung des Vertrages, hat dies zur Folge, dass die diesbezüglichen Nutzungsrechte an **9** den Lizenzgeber zurückfallen und der ehemalige Lizenznehmer seine Produkte nicht mehr vertreiben darf. Zu den vertraglichen Lösungsansätzen zu dieser Problematik („Treuhandmodell", „Lizenzsicherungsnießbrauch" usw.) s. *Beyerlein* WRP 2007, 1074; *Berger* GRUR 2004, 20; s. auch *Hölder/Schmoll* GRUR 2004, 830; *Fezer* WRP 2004, 793; *Plath* CR 2005, 613; s. zum Ganzen auch *Scherenberg*, Lizenzverträge in der Insolvenz des Lizenzgebers unter besonderer Berücksichtigung des Wahlrechts des Insolvenzverwalters nach § 103 Abs. 1 InsO, Diss., Berlin 2005).

10 Ein entsprechendes Risiko besteht im Übrigen auch für den **Unterlizenznehmer**: Regelmäßig steht und fällt eine Unterlizenz mit dem Bestand der Hauptlizenz. Wird über das Vermögen des Hauptlizenznehmers (Inhaber des „Tochterrechts") die Insolvenz eröffnet, und fallen die Rechte an den Urheber zurück, erlischt somit auch die Unterlizenz („**Enkelrecht**").

11 Der Gesetzgeber ist sich der Bedeutung des § 103 InsO im Bereich von Lizenzverträgen bewusst und plant derzeit – auch unter Bezugnahme auf die Entscheidung des BGH GRUR 2006, 435 – *Softwarenutzungsrecht* – die Einführung eines neuen § 108a InsO als **Ausnahmetatbestand zu § 103 InsO** (BR-Drucks. 600/07; s. hierzu *Trips-Herbert* ZRP 2007, 225). Die Regelung soll im Rahmen des Gesetzes zur Entschuldung mittelloser Personen, zur Stärkung der Gläubigerrechte sowie zur Regelung der **Insolvenzfestigkeit von Lizenzen** erfolgen. Nach dem derzeitigen Entwurf soll gem. § 108a S. 1 InsO-E ein vom **Schuldner als Lizenzgeber** abgeschlossener Lizenzvertrag über ein Recht am geistigen Eigentum mit Wirkung für die Insolvenzmasse fortbestehen; allerdings gelte dies für vertragliche Nebenpflichten nur in dem Umfang, als deren Erfüllung zwingend geboten ist, um den Lizenznehmer – also dem Gläubiger – eine Nutzung des geschützten Rechts zu ermöglichen. Für den Fall, dass zwischen der im Lizenzvertrag vereinbarten und einer marktgerechten Vergütung ein auffälliges Missverhältnis besteht, bestimmt § 108a S. 3 InsO-E, dass der Insolvenzverwalter eine Anpassung der Vergütung verlangen kann, wobei dem Lizenznehmer jedoch zugleich ein Recht zur fristlosen Kündigung zustehen soll. Mit dieser Einführung des § 108a InsO-E sollen die wesentlichen Anliegen der Insolvenzgläubiger und des Lizenznehmers zu einem angemessenen Ausgleich gebracht werden, ohne die Bedeutung der Insolvenzfestigkeit von Lizenzverträgen zu Gunsten des Wirtschafts- und Forschungsstandorts Deutschland zu vernachlässigen. Der Entwurf wird derzeit mit unterschiedlichen weiteren Lösungsansätzen diskutiert. Wenngleich die jetzige Formulierung des Entwurfes des § 108a InsO-E noch einige Fragen aufwirft und insoweit durchaus noch Präzisierungsbedarf besteht, ist die Initiative als solche, einen Ausnahmetatbestand mit Blick auf Lizenzverträge im Bereich des geistigen Eigentums zu schaffen, zu begrüßen.

2. Lösungs- und Kündigungsklauseln

12 Häufig wurde unter Geltung der Konkursordnung (KO), die mit Wirkung zum 1.1.1999 durch die Insolvenzordnung ersetzt wurde, im Rahmen von Lizenzverträgen vereinbart, dass sämtliche Nutzungsrechte im Falle der Insolvenz des Lizenznehmers an den Lizenzgeber zurückfallen (**Lösungsklausel**) und/oder dem Lizenzgeber ein **Sonderkündigungsrecht** zusteht, wenn sich abzeichnet, dass die künftige Zahlung seiner Lizenzgebühren wegen der wirtschaftlichen Situation des Lizenznehmers gefährdet ist (hierzu BGH GRUR 2003, 699, 701 – *Eterna*).

Seit Inkrafttreten der InsO wird diskutiert, ob derartige Klauseln mit Blick auf **13** § 119 InsO zulässig sind. Denn die Norm bestimmt, dass Vereinbarungen, die im voraus die Anwendung der §§ 103 bis 108 InsO ausschließen oder beschränken, generell unwirksam sind. Vorgenannte Vorschriften betreffen die Erfüllung der zum Zeitpunkt der Insolvenz bereits abgeschlossenen Verträge. Umstritten ist nun, ob § 119 InsO auch auf die oben beschrieben Lösungs- bzw. Kündigungsklauseln anzuwenden ist. Noch der Regierungsentwurf zur Insolvenzordnung sah in § 137 Abs. 2 RegE ausdrücklich eine Bestimmung vor, wonach Vertragsklauseln, welche im Falle der Eröffnung des Insolvenzverfahrens die Auflösung eines gegenseitigen Vertrages vorsehen oder der anderen Partei das Recht geben, sich einseitig vom Vertrag zu lösen, unwirksam sind; jedoch hat der Rechtsausschuss diesen Absatz bewusst mit Blick auf die **Vertragsfreiheit**, die schwerer wiege, als das Wahlrecht, gestrichen (s. *Braun*[2], § 119 Rn. 10). Bereits diese bewusste Streichung spricht dafür, dass § 119 InsO auf derartige Klauseln schon dem Grunde nach keine Anwendung findet.

Zu Recht wird jedenfalls in der urheberrechtlichen Literatur weiter einge- **14** wandt, dass § 119 InsO den **Besonderheiten urheberrechtlicher Nutzungsrechtsverträge** nicht hinreichend Rechnung trägt (Dreier/Schulze/*Schulze*[2] § 112 Rn. 26; Schricker/*Wild*[3] § 112 Rn. 21 ff.; vgl. auch Loewenheim/*G. Schulze* § 70 Rn. 86). Denn der Urheber hat es von vornherein in der Hand, **Nutzungsrechte** auch räumlich, zeitlich und inhaltlich **beschränkt einzuräumen** (s. § 31 Abs. 1 S. 2). Deshalb muss ihm auch ungenommen bleiben, seine Urheberrechte bzw. die dahingehenden Nutzungsrechte vor der Insolvenz seines Lizenznehmers durch derartige Beschränkungen zu schützen. Der Vertrag über die Einräumung von Nutzungsrechten ist schon aufgrund der **persönlichkeitsrechtlichen Ausprägung** des Urheberrechts nicht mit einem Mietvertrag über Wohnraum vergleichbar (s. hierzu § 112 Nr. 2 InsO, der die Kündigung wegen der Verschlechterung der Vermögensverhältnisse des Mieters als unzulässig erklärt). Für die Zulässigkeit der Lösungs- und Kündigungsklauseln im urheberrechtlichen Bereich spricht ferner die **Wertung des § 34 Abs. 3 S. 2**, wonach dem Urheber ein Rückrufsrecht der Nutzungsrechte zusteht, wenn diese im Wege der Gesamtveräußerung eines Unternehmens oder durch die Veräußerung von Teilen eines Unternehmens übertragen werden und ihm die Ausübung des Nutzungsrechts durch den Erwerber nach Treu und Glauben nicht zuzumuten ist (ebenso Schricker/*Wild*[3] § 112 Rn. 22). Wegen der besonderen Interessenslage des Urhebers und seiner besonderen Schutzwürdigkeit steht § 119 InsO den Lösungsklauseln für den Fall der Insolvenz des Lizenznehmers bzw. den Kündigungsklauseln bei der Verschlechterung der Vermögensverhältnisse nicht entgegen (a. A. die wohl h. M.; s. Wandtke/Bullinger/*Kefferpütz*[2] § 112 Rn. 54; Möhring/Nicolini/*Lütje*[2] § 112 Rn. 15 sowie die umfangreichen Nachw. bei Dreier/Schulze/*Schulze*[2] § 112 Rn. 25).

Auch nach Eröffnung der Insolvenz kann der Nutzungsvertrag durch den **15** Urheber u. U. gekündigt werden, wenn die Nutzungsrechte nicht ausgewertet werden; in diesem Falle ist auch ein **Rechterückruf gem.** § 41 denkbar (Dreier/ Schulze/*Schulze*[2] § 112 Rn. 27; *Schmoll/Hölder* GRUR 2004, 743, 746; hierzu auch BGH GRUR 2006, 435 – *Softwarenutzungsrecht*). Nach Ansicht des OLG Köln soll es zu einem Heimfall der Rechte (vgl. Rn. 8 f.) nicht kommen, wenn der Rückruf wegen Nichtausübung gem. § 41 Abs. 1 aus dem Grunde erfolgt ist, weil der von dem Rückruf betroffene Inhaber der Tochterrechte (Lizenznehmer) wegen der Insolvenz keine weiteren Unterlizenzen ("Enkelrechte") erteilt hat; in diesem Falle sei es nicht sachgerecht, dem Unterlizenznehmer die Rechte zu entziehen (OLG Köln GRUR-RR 2007, 33, 34 – *Computerprogramm für Reifenhändler*). Soweit eine Rechtsübertragung gem. § 34 Abs. 3 erfolgt und dem Urheber nach Treu und Glauben die Rechtsausübung durch den Erwerber nicht zumutbar ist, kommt – unter den dortigen Voraussetzungen – auch ein **Rückruf gem. § 34 Abs. 3 S. 2** in Betracht.

IV. Insolvenz eines Verlages (§ 36 VerlG)

16 Einen Sonderfall bildet die **Insolvenz eines Verlages**, für die in § 36 Verlagsgesetz (VerlG) eine Sondervorschrift existiert, die vor allem Bezug auf § 103 InsO nimmt. § 36 Abs. 1 VerlG bestimmt, dass die Vorschriften des § 103 InsO im Falle der Eröffnung der Insolvenz über den Verlag unabhängig von der Frage ist anzuwenden ist, ob der Urheber das Werk im Zeitpunkt der Insolvenzeröffnung bereits abgeliefert hat oder nicht. Entscheidend ist vielmehr, ob zu diesem Zeitpunkt bereits mit der **Vervielfältigung** des Werkes **begonnen** wurde oder nicht. Ist dies nicht der Fall, steht dem Urheber ein **Sonderrücktrittsrecht** nach § 36 Abs. 3 VerlG zu. Dieses Recht besteht hingegen nicht, wenn mit der Vervielfältigung bereits zum Zeitpunkt der Insolvenzeröffnung bereits begonnen wurde.

17 Der **Insolvenzverwalter** hat gem. § 103 Abs. 1 InsO das **Wahlrecht**, ob er auf die Erfüllung des Vertrages besteht. Tut er das, sind die Ansprüche des Urhebers als sonstige Masseverbindlichkeiten gem. § 55 **InsO** zu berücksichtigen. Soweit Nutzungsrechte im Rahmen des Insolvenzverfahrens bis zu dessen Abschluss nicht verwertet werden, fallen diese nach Abschluss des Verfahrens an den Urheber zurück, weil der Zweck des Verlagsvertrages, nämlich die Vervielfältigung und Verbreitung des Werkes, nicht mehr erreicht werden kann (OLG München NJW-RR 1994, 1478, 1479).

18 Entscheidet sich der Insolvenzverwalter, die Rechte des Verlages an einen Dritten zu **übertragen**, tritt dieser Dritte mit sämtlichen Rechten und Pflichten des Vertrages an die Stelle der Insolvenzmasse; die Insolvenzmasse haftet jedoch für den von dem Erwerber zu ersetzenden Schaden wie ein Bürge, der auf die Einrede der Vorausklage verzichtet hat (s. § 36 Abs. 2 VerlG).
Die Sondervorschrift des § 36 VerlG gilt wohlgemerkt ausschließlich im Falle der Insolvenz des Verlages, nicht für den Fall der Insolvenz des **Autors**. Für letzteren gelten die **allgemeinen Vorschriften** der Insolvenz unter Berücksichtigung der **Schutzvorschriften der §§ 112 ff.**

Teil 5	**Anwendungsbereich, Übergangs- und Schlussbestimmungen**
Abschnitt 1	**Anwendungsbereich des Gesetzes**

Unterabschnitt 1 **Urheberrecht**

Vorbemerkung

Übersicht

I.   Allgemeines

1 Berührt eine durch das Urheberrecht geprägte konkrete Situation mehrere Staaten – etwa weil ein kanadischer Urheber sich in Deutschland auf sein Urheberrecht berufen will, ein deutscher Urheber einen Verlagsvertrag gleichzeitig für Frankreich, Belgien und die französischsprachige Schweiz schließt oder weil in Großbritannien hergestellte Raubkopien des Werkes eines amerikanischen Urhebers dort und in Deutschland vertrieben werden –, stellt sich vor einer materiellrechtlichen Beurteilung die Frage, welches nationale Recht Anwendung finden soll. Dies klärt – auf der Grundlage der für Deutschland geltenden Staatsverträge und des autonomen deutschen internationalen Privatrechts – das **Kollisionsrecht.** Da allerdings die Gerichte jedes Staates ihr eigenes internationales Privatrecht, die **lex fori,** anwenden, muss in der Praxis zunächst bestimmt werden, die Gerichte welches Staates im Streitfall zuständig wären. Dies beantwortet das internationale Zivilprozessrecht (IZPR), das in Deutschland für den europäischen Bereich von der EuGVVO oder Brüssel-I-Verordnung beherrscht wird (vgl. Rn. 93 ff.). Sind die deutschen Gerichte zuständig, müssen sie von Amts wegen die kollisionsrechtlichen Regeln beachten und anwenden, denn das Kollisionsrecht ist Teil des deutschen Rechts (st. Rspr., zuletzt BGH GRUR 2007, 691, 692 – *Staatsgeschenk*). Das Gericht weist der Rechtsfrage eine Kollisionsnorm zu (**Qualifikation**) und bestimmt danach das anwendbare Recht. Dabei verweist das deutsche IPR grundsätzlich auf das ausländische Recht insgesamt, d.h. einschließlich dessen Kollisionsrecht (**Gesamtverweisung,** Art. 4 Abs. 1 S. 1 EGBGB). Im ausländischen Recht, das das deutsche Gericht wiederum von Amts wegen durch alle ihm zur Verfügung stehenden Quellen – in der Praxis meist durch Sachverständigengutachten – ermittelt (BGH NJW 2003, 2685, 2686), muss also zunächst das IPR geprüft werden, woraus sich mitunter eine Weiterverweisung – das ausländische Recht erklärt das Recht eines dritten Staates für anwendbar – oder eine Rückverweisung auf deutsches Sachrecht, ein *Renvoi* im eigentlichen Sinne, ergibt (s. Art. 4 Abs. 1 S. 2 EGBGB). Nur wenn materielles deutsches Urheberrecht nach alledem anzuwenden ist, kommen die Regelungen der §§ 120 ff. zum Zuge: Sie sind reines **Fremdenrecht,** bestimmen also, ob und unter welchen Voraussetzungen der besondere Schutz des UrhG im Ausland erschienenen Werken oder dort dargebotenen Leistungen, ausländischen Staatsangehörigen oder Staatenlosen zugute kommt.

2 Nach ganz herrschender Auffassung nicht nur in Deutschland, sondern in der wohl weit überwiegenden Zahl ausländischer Rechtsordnungen ist im Grundsatz das **Recht des Schutzlandes,** d.h. des Landes, für das Urheberrechtsschutz beansprucht wird (sog. *lex loci protectionis*), anwendbar (zuletzt BGH GRUR 2007, 691, 692 – *Staatsgeschenk*), wobei allerdings urheberrechtliche Verwertungsverträge im Grundsatz dem nach Art. 27 ff. EGBGB bestimmten Vertragsstatut unterstehen (näher vgl. Rn. 80 ff.). Steht danach das anwendbare nationale Recht fest, stellt sich weiter die Frage, ob auch ein ausländischer Urheber oder Verwerter sich im konkreten Fall auf die Bestimmungen des anwendbaren nationalen Urheberrechts berufen kann. Dies ist eine Frage des nationalen Fremdenrechts; im deutschen Urheberrecht regeln dies – und nur dies – die §§ 120 – 128, die dabei in weiten Teilen auf den Inhalt der jeweils gültigen Staatsverträge verweisen, soweit diese Regelungen zum materiellen Recht bzw. entsprechende Verpflichtungen der Vertragsstaaten enthalten. An dieser Stelle greift auch das europarechtliche Diskriminierungsverbot (Art. 12 Abs. 1 EGV), das eine Schlechterstellung von Urhebern und Verwertern aus anderen Mitgliedstaaten der Europäischen Union verbietet (grundlegend zum UrhR EuGH GRUR 1994, 280 ff. – *Phil Collins*; dazu vgl. § 120 Rn. 2); in den §§ 120 – 128 ist deshalb ausdrücklich klargestellt, dass EU-Ausländer den vollen deutschen Urhebern und Leistungsschutzberechtigten zustehenden Schutz genießen (§ 120 Abs. 2 Nr. 2).

Nur ganz wenige nationale Urheberrechtsgesetze leisten sich die Großzügig- **3** keit, in- und ausländische Urheber kurzerhand gleichzustellen (so Art. 1 des schweiz. URG); Deutschland tut das immerhin für die Urheberpersönlichkeitsrechte (§ 121 Abs. 6). Im Übrigen halten fast alle Staaten noch immer an dem archaischen Prinzip des "Wie Du mir, so ich Dir" fest: Der Schutz des Urheberrechts wird nur den Ausländern gewährt, deren Heimatstaat mit den Urhebern des Schutzlandes ebenso verfährt (**Gegenseitigkeitsprinzip**). Das stellt manchmal das zuständige Staatsorgan durch förmliche Bekanntmachung fest (siehe § 121 Abs. 4 Satz 2 und Abs. 5). In der Regel aber wird Gegenseitigkeit durch **Staatsverträge** vereinbart. Ursprünglich waren das meist bilaterale Verträge, wobei die Rechtsstellung der beiderseitigen Urheber oft in Handels- oder Zusammenarbeitsabkommen mitgeregelt wurde. Sie wurden mittlerweile nahezu vollständig durch die beiden großen multilateralen Konventionen auf dem Gebiet des Urheberrechts, die **Berner Übereinkunft zum Schutze von Werken der Literatur und Kunst** (wegen ihrer mehrfachen Revision **Revidierte Berner Übereinkunft** oder kurz **RBÜ** genannt) und das **Welturheberrechtsabkommen** (WUA) verdrängt. Beide ersetzen das Gegenseitigkeitsprinzip (mit im Wesentlichen nur der Ausnahme des sog. Schutzfristvergleichs, vgl. Rn. 15) durch das **Prinzip der Inländerbehandlung**: Der Ausländer wird im Schutzland so behandelt, als wenn er Inländer wäre, hat also dieselbe Rechtsstellung wie die inländischen Urheber.

II.　Staatsverträge auf dem Gebiet des Urheber- und Leistungsschutzrechts

Tabellarischer Überblick über die jüngere Entwicklung bei *Holeweg* GRUR **4** Int. 2001, 141, 142 ff.; Schricker/*Katzenberger*[3] Rn. 13 ff., 41 ff.; s. auch Walter/*Walter* Rn. 92 ff. Zur Entwicklung des (materiellen) Rechts auf europäischer Ebene *Spindler* GRUR Int. 2002, 105 ff.

1.　Überblick

Die **wichtigsten** für Deutschland geltenden **internationalen Verträge** (das Eu- **5** ropäische Übereinkommen vom 11.05.1994 über Fragen des Urheberrechts

und verwandter Schutzrechte im Bereich des grenzüberschreitenden Satellitenrundfunks hat die Bundesrepublik noch nicht gezeichnet; deutscher Text in
BR-Drucks. 184/96, S. 12 ff.) sind
- die bereits 1886 geschlossene und mehrfach **Revidierte Berner Übereinkunft (RBÜ)** (vgl. Rn. 12 ff.),
- das **TRIPS-Übereinkommen (TRIPS)** von 1994 (vgl. Rn. 17 ff.),
- der 2002 in Kraft getretene und von Deutschland unterzeichnete und
  ratifizierte, allerdings für Deutschland und die „alten" EU-Staaten noch
  nicht in Kraft stehende **WIPO Copyright Treaty (WCT)** (vgl. Rn. 23),
- das **Welturheberrechtsabkommen (WUA)** (vgl. Rn. 26 f.) und
- für das Gebiet der Leistungsschutzrechte der ausübenden Künstler und
  Verwerter das **Rom-Abkommen** vom 26.10.1961 **über den Schutz der
  ausübenden Künstler, der Hersteller von Tonträgern und der Sendeunternehmen (RA)**; vgl. Rn. 34 ff.),
- das **Genfer Tonträger-Abkommen (GTA)** vom 29.10.1971 (vgl. Rn. 43 ff.;
  zum WIPO Performances and Phonograms Treaty vom 20.12.1996, den
  Deutschland und die EU noch nicht ratifiziert haben, vgl. Rn. 30 ff.),
- das **Straßburger Fernsehabkommen** (vgl. Rn. 48) und
- das **Brüsseler Satellitenabkommen** (vgl. Rn. 46 ff.).

6 Sie alle enthalten ebenso wie die für Deutschland geltenden bilateralen Staatsverträge (in der Praxis spielte vor dem Beitritt der USA zur RBÜ insb. das
Übereinkommen zwischen dem Deutschen Reich und den Vereinigten Staaten
von Amerika über den gegenseitigen Schutz der Urheberrechte vom
15.01.1892 eine Rolle; vgl. Rn. 55 ff.) nur für wenige Einzelfälle ausdrückliche
Kollisionsnormen. Sie beschränken sich zumeist auf völkerrechtliche Verpflichtungen und fremdenrechtliche Vorschriften, legen einen von den Vertragsstaaten einzuhaltenden Mindestschutz fest und verpflichten die Konventionsstaaten, Konventionsausländern grundsätzlich die gleichen Rechte wie
Inländern zu gewähren (sog. **Inländerbehandlungsgrundsatz**; siehe Art. 5 RBÜ
und Verweisung hierauf in Art. 3 WCT, Art. 2, 3 TRIPS, Art. II WUA, Art. 2
Nr. 2 in Verbindung mit Art. 10 bis 14 bzw. 4 bis 6 RA). Auf der Grundlage des
Inländerbehandlungsgrundsatzes wird jeder Urheber, der einem anderen Mitgliedsland des jeweiligen Abkommens als dem Schutzland angehört, im
Schutzland so geschützt, als ob er sein Werk dort geschaffen bzw. veröffentlicht hätte. In der Bundesrepublik steht also z.B. einem US-amerikanischen
Urheber oder ausübenden Künstler ein Urheber- bzw. verwandtes Recht nach
den internen deutschen Normen zu (zum Schutzfristenvergleich vgl. Rn. 15; zu
den Schutzfristen in den einzelnen Ländern vgl. Rn. 16a).

7 Viele entnehmen dem Inländerbehandlungsgrundsatz das kollisionsrechtliche
Schutzlandprinzip (*Dieselhorst* ZUM 1998, 293, 298; MüKo/*Drexl*[4] Int-
ImmGR Rn. 53 ff. m.w.N.; krit. Bartsch/Lutterbeck/*Thum* S. 117, 126).
Auch die Rechtsprechung behandelt das **Assimilationsprinzip** im Ergebnis
als Verweisung auf die inländischen Sachnormen, ohne dies jedoch ausdrück-
lich zu erwähnen. Eine andere Auffassung versteht den staatsvertraglichen
Inländerbehandlungsgrundsatz als eine bloß fremdenrechtliche Regelung, die
keine kollisionsrechtliche Bedeutung habe (Bartsch/Lutterbeck/*Thum* S. 126;
Hoeren/Sieber/*Hoeren* Teil 7.10 Rn. 7.). Relevant kann die Streitfrage allen-
falls dann werden, wenn ein Konventionsstaat nicht das Schutzlandprinzip als
Kollisionsnorm anwenden wollte, weil er durch die konventionsrechtliche
Regelung jedenfalls gegenüber den anderen Mitgliedstaaten gebunden wäre.
Diese Möglichkeit ist erst in jüngster Zeit durch die vor allem auch kollisions-
rechtlichen Probleme, die das Internet aufwirft, wieder zu einer gewissen

praktischen Bedeutung gelangt: Gerade für den Bereich des Internet wird nach wie vor diskutiert, ob man nicht vom Schutzlandprinzip abgehen und Immaterialgüterrechte im Internet nach einem – wie auch immer konkret ausgestalteten – Herkunfts- oder Ursprungslandprinzip anknüpfen sollte (vgl. Rn. 75 ff.). Dies wäre nicht möglich, wenn die Übereinkommen kollisionsrechtlich bindende Regelungen enthielten.

Sicherlich setzen die Abkommen jedenfalls eine strenge territoriale Begrenzung **8** der Urheber- und Leistungsschutzrechte voraus; sie wären, wie *Kreuzer* zu Recht anmerkt (MüKo/*Kreuzer*[3] Nach Art. 38 EGBGB Anh. II Rn. 3 a.E.), überflüssig, insb. der Inländerbehandlungsgrundsatz wäre sinnentleert, wenn die behandelten Schutzrechte ohnehin weltweit gälten. Nach richtiger Auffassung enthalten mithin die entsprechenden Übereinkommen und unter ihnen insb. die praktisch wichtigste RBÜ keine zwingenden kollisionsrechtlichen Bestimmungen, sind also kollisionsrechtlich offen (ebenso Bartsch/Lutterbeck/ *Thum* S. 117, 126).

2. Anwendung internationaler Verträge in Deutschland

Die Frage, wie und in welchem Umfang ein internationales Abkommen in den **9** Unterzeichnerstaaten anwendbar ist, richtet sich nach dem Verfassungsrecht des jeweiligen Staates (siehe Art. 36 Abs. 1 RBÜ (Paris)), das auch das Rangverhältnis zwischen nationalem und auf internationalen Verträgen beruhendem Recht regelt. In Deutschland muss dann, wenn – wie im Bereich des Urheberrechts (Art. 73 Nr. 9 GG) – ein Gegenstand der Bundesgesetzgebung betroffen ist, der Bundesgesetzgeber per Gesetz zustimmen und das Zustimmungsgesetz im Bundesgesetzblatt verkündet werden, damit ein völkerrechtlicher Vertrag innerstaatlich anwendbar wird (Art. 59 Abs. 2, 82 GG). Entgegen der früher vorherrschenden Auffassung transformiert das Zustimmungsgesetz den internationalen Vertrag jedoch nicht in das deutsche Recht – er würde dann vollwertiger Teil des nationalen Rechts –, sondern gebietet nur dessen **innerstaatliche Anwendung**. Das Abkommen bleibt nach dieser Auffassung in seinem Charakter als völkerrechtlicher Vertrag erhalten und ist also vor allem im Lichte dieser Tatsache – nicht nach den Vorgaben des deutschen Rechts – anzuwenden und auszulegen (ebenso Schricker/*Katzenberger*[3] Rn. 115).

Die Bestimmungen eines internationalen, in Deutschland anwendbaren Vertrages sind grundsätzlich denen des nationalen Rechts **gleichrangig**, denn nach **10** Art. 25 Satz 2 GG sind nur die „allgemeinen Regeln des Völkerrechts" den Gesetzen vorrangig. Im Zweifel wird das jeweilige Übereinkommen in seinem Anwendungsbereich als *lex posterior* oder *lex specialis* jedenfalls gegenüber im nationalen Recht ungünstigeren Regelungen auf Konventionsausländer anzuwenden sein (siehe hierzu BGH GRUR 1986, 887 f. – *BORA BORA*, der Art. 15 RBÜ ohne Bezugnahme auf das UrhG unmittelbar anwendet). Dies gilt grundsätzlich auch für Inländer. Zwar regeln die internationalen Abkommen nur internationale Sachverhalte, enthalten also für rein nationale Situationen keine Regelungen und binden insofern die Vertragsstaaten nicht. Auch das deutsche Recht bestimmt nicht ausdrücklich, dass Inländer von einer im Einzelfall günstigeren internationalen Regelung profitieren. Insofern wird man für den Regelfall vermuten können, dass der Gesetzgeber mit dem nationalen Recht nicht hinter dem Schutzstandard seiner internationalen Verpflichtungen zurückbleiben und also Inländern jedenfalls keinen schlechteren Schutz als Ausländern gewähren wollte (Schricker/*Katzenberger*[3] Rn. 119 m.w.N.). Hatte sich die Bundesrepublik jedoch deutlich gegen eine bestimmte

Regelung ausgesprochen oder insofern gar einen Vorbehalt erklärt, ist dies jedenfalls zweifelhaft; man wird dann im Zweifel zu Gunsten der nationalen Regelung entscheiden müssen.

11 Dabei können die Regelungen internationaler Übereinkommen durchaus **Grundlage individueller Rechte** sein, wenn sie inhaltlich hinreichend bestimmt sind (BGH GRUR 1954, 218 ff. – *Lautsprecherübertragung* zur RBÜ; Österreichischer OGH GRUR Int. 1995, 729, 730 – *Ludos Tonales*). Dies gilt unter der eben genannten Voraussetzung auch dann, wenn die einzelne Regelung nach ihrem Wortlaut nur eine Verpflichtung der Vertragsstaaten enthält. Unmittelbar anwendbar sind z.B. das Prinzip der Inländerbehandlung, das Prinzip der Meistbegünstigung, die beide in den meisten internationalen Abkommen enthalten sind, sowie die durch die einzelnen Konventionen jeweils gewährten besonderen bzw. Mindestschutzrechte. Streitig ist in diesem Zusammenhang, ob auch TRIPS unmittelbare Grundlage individueller Rechte sein kann. Wegen der Integration der ihrerseits unmittelbar anwendbaren Bestimmungen der RBÜ in TRIPS (Art. 9 TRIPS) und der TRIPS ausdrücklich zugrunde liegenden Konzeption der Rechte des geistigen Eigentums als Individualrechte geht man in Deutschland wohl überwiegend davon aus, dass auch TRIPS unmittelbare Grundlage privater Rechte sein kann. Allerdings lehnt der EuGH aus Sicht des Gemeinschaftsrechts die unmittelbare Anwendbarkeit jedenfalls der TRIPS-Vorschriften ab (EuGH GRUR Int. 2001, 327, 329 – *Dior/Tuk Consultancy*, Tz. 41–44; GRUR Int. 2002, 41, 45 – *Schieving-Nijstad*, Tz. 51 ff). Aufgrund der Mitgliedschaft der Europäischen Union als solcher ist der EuGH für die Auslegung von TRIPS zuständig; nach Auffassung des EuGH verbleibt den Mitgliedsstaaten nur noch dort eine eigenständige Kompetenz, wo die EU im Bereich des Geistigen Eigentums noch keine eigenen Regelungen getroffen hat (EuGH GRUR Int. 2001, 327 ff – *Dior./.Tuk Consultancy*, Tz. 48). Jedenfalls für den harmonisierten Bereich des deutschen Urheberrechts dürfte TRIPS mithin keine unmittelbare Wirkung besitzen. Die deutschen Gerichte müssen jedoch – wie sonst auch – die eigenen Gesetze konventionskonform auslegen (BGH GRUR 2002, 1046, 1048 – *Faxkarte*; OLG Frankfurt/M. IPrax 2002, 222 f. – *TRIPS-Prozesskostensicherheit*; LG Köln ZUM 2004, 853/856 – *Katastrophenfilm*, zu § 110 ZPO; zu § 110 ZPO vgl. Rn. 19, 9.).

3. Mehrseitige Abkommen

12 **a) Revidierte Berner Übereinkunft (RBÜ): aa) Allgemeines:** Das älteste und wohl nach wie vor – auch angesichts der zahlreichen Verweisungen in anderen internationalen Verträgen, wie vor allem in Art. 9 Abs. 1 TRIPS – bedeutendste internationale Abkommen ist die **Revidierte Berner Übereinkunft zum Schutz von Werken der Literatur und Kunst (RBÜ) vom 09.09.1886** (in Kraft getreten am 05.12.1887), die heute in der sog. Berner Union 160 Mitglieder, darunter alle Mitgliedsstaaten der Europäischen Union, die USA (seit 1989), China (seit 1992) und die Russische Föderation (seit 1995), zählt. Die ursprüngliche Übereinkunft wurde 1896 in Paris, 1908 in Berlin, 1914 in Bern, 1928 in Rom, 1948 in Brüssel, 1967 in Stockholm und zuletzt 1971 in Paris revidiert bzw. ergänzt (ausführlich Schricker/*Katzenberger*[3] Rn. 41 ff.; zu Geschichte und Grundregeln *Nordemann/Vinck/Hertin* Einl. 2–4, Art. 5 RBÜ Bem. 1–8, Art. 7 RBÜ Bem. 4–6). Für Deutschland ist seit 10.10.1974 die jüngste (Pariser) Fassung in Kraft (**Pariser Fassung** vom 24.07.1971 (Pariser Fassung), BGBl. 1973 II S. 1069; abrufbar unter www.fromm-nordemann.de);

auf diese Fassung wird nachfolgend Bezug genommen. Allerdings sind nicht alle Verbandsstaaten der jeweils neusten Fassung beigetreten, so dass nicht für alle Länder die gleiche Fassung der RBÜ einschlägig ist. Maßgebend für das Verhältnis zweier oder mehrerer Unionsländer untereinander ist die jeweils jüngste gemeinsame Fassung (Art. 32 Abs. 1 RBÜ). Unterzeichnet ein Staat die RBÜ nur in der jüngsten, nicht aber in den älteren Fassungen, so gilt aus Sicht dieses neuen Mitglieds gegenüber den Ländern, die ihrerseits nur durch ältere Fassungen gebunden sind, die jüngste Fassung; umgekehrt ist es den anderen Verbandsländern überlassen, ob sie gegenüber dem neuen Mitglied die für sie selbst gültige Fassung der RBÜ anwenden oder Schutz entsprechend der jüngsten Fassung gewähren (Art. 32 Abs. 2 RBÜ). Übersicht über die derzeitigen Mitglieder abrufbar unter www.fromm-nordemann.de.

Die RBÜ schützt Werke der Literatur und Kunst; Art. 2 RBÜ enthält einen **13** umfassenden, nicht abschließenden Katalog einzelner **Werkarten**. Ob Computerprogramme durch die RBÜ geschützt werden bzw. die Verbandsländer verpflichtet sind, entsprechenden Schutz im Rahmen der Inländerbehandlung zu gewähren, ist streitig. Praktisch hat der Streit durch die Einbeziehung von Computerprogrammen in Art. 10 TRIPS erheblich an Bedeutung verloren (vgl. Vor §§ 69a ff. Rn. 2). Geschützt sind unter bestimmten Voraussetzungen auch bei Inkrafttreten bzw. Beitritt zur RBÜ bereits existierende Werke, soweit sie noch nicht gemeinfrei geworden sind (Art. 18 RBÜ; dazu OLG Frankfurt/M. GRUR-RR 2004, 99, 100 – *Anonyme Alkoholiker*). Dabei kann der Schutz u.U. wiederaufleben (BGH GRUR 2001, 1134, 1138 – *Lepo Sumera*). Der Schutz erstreckt sich jedoch nur auf sog. verbandseigene Werke, d.h. Werke von Urhebern, die Staatsangehörige eines Verbandslandes sind oder dort ihren gewöhnlichen Aufenthalt haben (Art. 3 Abs. 1 lit. a, Abs. 2), und Werke von Urhebern, die keinem Verbandsland angehören, wenn das Werk erstmalig in einem Verbandsstaat oder gleichzeitig – innerhalb einer Frist von 30 Tagen seit Erstveröffentlichung in einem verbandsfremden Land, Art. 3 Abs. 4 RBÜ – in einem Verbands- *und* einem verbandsfremden Land veröffentlicht worden ist (Art. 3 Abs. 1 lit. b). Als veröffentlicht betrachtet die RBÜ nur Werke, die mit Zustimmung des Urhebers als körperliches Werkstück erschienen sind und also der Öffentlichkeit in hinreichender Zahl zur Verfügung stehen (dazu BGH GRUR Int. 1975, 361, 363 – *August Vierzehn*; BGH GRUR 1999, 984, 985 – *Laras Tochter*: Veröffentlichung einer Übersetzung genügt). Der Veröffentlichungsbegriff entspricht insofern § 6 Abs. 2, nicht § 6 Abs. 1 (vgl. § 71 Rn. 12). Unkörperliche Werkwiedergaben sind also ebenso wenig Veröffentlichungen i.S.d. RBÜ wie die Ausstellung eines Werkes und die Errichtung eines Werkes der Baukunst (Art. 3 Abs. 3 RBÜ). Für letztere ebenso wie für Filmwerke und Werke der bildenden Künste, die Teil eines Grundstücks in einem Verbandsland sind, entsteht der Schutz der RBÜ nach besonderen Regeln (Art. 4).

bb) Inhalt und Dauer des Schutzes: Zentraler Schutzgrundsatz der RBÜ, den **14** nahezu alle weiteren internationalen Übereinkommen aufgreifen, ist der bereits oben (vgl. Rn. 6) erläuterte Grundsatz der **Inländerbehandlung**, Art. 5 Abs. 1 RBÜ (s. dazu EuGH GRUR 2005, 755, 756 f. – *Tod's/Heyraud*). Hinzukommen besondere von der RBÜ gewährte und darin unmittelbar definierte **Mindestrechte** (näher *Nordemann/Vinck/Hertin* RBÜ Art. 5 Rn. 4) wie das Urheberpersönlichkeitsrecht (Art. 6bis), das Übersetzungsrecht (Art. 8), das Vervielfältigungsrecht (Artt. 9, 13), das Aufführungsrecht (Art. 11), das Senderecht (Art. 11bis), das Vortragsrecht (Art. 11ter), das Bearbeitungsrecht (Art. 12) und das Verfilmungsrecht (Art. 14). Der Schutz der RBÜ unterliegt keinen Förmlichkeiten (Art. 5 Abs. 2 Satz 1) und ist grundsätzlich unabhängig von einem Schutz des Werkes im Ursprungsland (Art. 5 Abs. 3). Nach Art. 5 Abs. 4 gilt als **Ursprungsland** eines Werkes das Verbandsland, in dem das Werk erstmals veröffentlicht worden ist, und zwar auch dann, wenn das Werk gleichzeitig in einem Nichtverbandsland veröffentlicht worden ist. Hat die Erstveröffentlichung in einem verbandsfremden Land stattgefunden oder ist das Werk unveröffentlicht, ist Ursprungsland das Verbandsland, dem der Urheber angehört; bei gleichzeitiger Veröffentlichung in mehreren Unionsländern ist das Land mit der kürzesten Schutzfrist Ursprungsland in diesem Sinne. Filmwerke, Werke der Baukunst und Werke der bildende Künste, die Teil eines Grundstücks in einem Verbandsland sind, unterliegen insofern besonderen Bestimmungen (Art. 5 Abs. 4 lit. c).

15 Schutz gewährt die RBÜ grundsätzlich für die Lebenszeit des Urhebers und 50 Jahre nach seinem Tod (Art. 7 Abs. 1), mit Sonderregelungen für Filmwerke (Art. 7 Abs. 2), anonyme und pseudonyme Werke (Art. 7 Abs. 3) und Werke der Fotografie sowie der angewandten Kunst (Art. 7 Abs. 4). Die Verbandsländern dürfen länger Schutz gewähren, Art. 7 Abs. 6. Insofern wird der Grundsatz der Inländerbehandlung jedoch durch den sog. **Schutzfristenvergleich** eingeschränkt, Art. 7 Abs. 8: Soweit nicht die nationalen Regelungen des Schutzlandes abweichendes bestimmen, ist ein Werk nur so lange geschützt, wie Werke der gleichen Gattung dies in seinem Ursprungsland wären (OLG Frankfurt/M. GRUR-RR 2004, 99, 100 f. – *Anonyme Alkoholiker*). Da in Deutschland entsprechende Regelungen fehlen, gilt für ausländische Werke, die nicht aus der EU stammen, wegen Art. 12 EGV längstens die Schutzfrist des Ursprungslandes (zu den Schutzfristen in den einzelnen Ländern vgl. Rn. 16a). Dabei wird die Schutzdauer für ein i.S.d. der RBÜ veröffentlichtes Werk und insb. ihr Beginn nach der RBÜ nach der Fassung berechnet, die im Zeitpunkt der Erstveröffentlichung des Werkes in Kraft und für die betroffenen Länder bindend war (BGH GRUR 1986, 69, 70 f. – *Puccini*; näher Schricker/*Katzenberger*[3] Rn. 48.). Mit den Bestimmungen zu Werken der angewandten Kunst (Art. 2 Abs. 7) und zum Folgerecht (Art. 14ter) ist der Schutzfristenvergleich mithin eines der wenigen Beispiele für eine Anwendung des Prinzips der materiellen Gegenseitigkeit des Schutzes in der RBÜ. Innerhalb der EU verbietet das Diskriminierungsverbot aus Art. 12 EGV jedoch eine Anwendung des Art. 2 Abs. 7 RBÜ (EuGH GRUR 2005, 755, 757 – *Tod's/Heyraud*; grundlegend EuGH GRUR 1994, 280 ff. – *Phil Collins*). Nach dem sog. Drei-Stufen-Test, den Art. 9 Abs. 2 RBÜ für das Vervielfältigungsrecht anordnet (s. auch Art. 13 TRIPS), dürfen schließlich Schranken der Urheberrechte ihrerseits nur für bestimmte, eng umgrenzte Fälle gelten und weder die normale Verwertung noch berechtigte Interessen des Urhebers unzumutbar beeinträchtigen.

16 Vor allem einzelne europäische Staaten sahen und sehen zu Gunsten aller Urheber oder bestimmter eigener Staatsangehöriger **Verlängerungen der Schutzfristen** aus Anlass des Zweiten Weltkrieges vor. Im Hinblick auf den Schutzfristenvergleich nach Art. 7 Abs. RBÜ waren die jeweils vorgesehen Verlängerungen in den Schutzfristenvergleich aus deutscher Sicht einzubeziehen, und zwar auf der Grundlage entsprechender Notenwechsel mit Frankreich, Italien und Österreich, außerdem im Verhältnis zu Norwegen und Belgien (siehe aus der Rechtsprechung z.B. BGH GRUR 1986, 69, 70 f. – *Puccini*; OLG München GRUR 1983, 295, 298 – *Oper Tosca*). Allerdings sind diese Verlängerungen jedenfalls für den Schutz von Angehörigen anderer EU-

Mitgliedsstaaten oder Angehörigen von Vertragsstaaten des EWR-Abkommens wegen § 120 Abs. 2 Nr. 2 UrhG überholt.

Schutzfristenliste Kunstwerke   **16a**
(keine angewandte Kunst)
* vom Tod des Künstlers an
° vom 1. Januar des auf den Tod des Künstlers folgenden Jahres an

Ägypten	50 Jahre*
Angola	50 Jahre°
Argentinien	50 Jahre*
Australien	50 Jahre°
Belgien	70 Jahre*
Bolivien	50 Jahre°
Brasilien	70 Jahre°
Bulgarien	50 Jahre°
Chile	30 Jahre*
China	50 Jahre
Costa Rica	50 Jahre°
Côte d'Ivoire	99 Jahre°
Dänemark	70 Jahre°
Demokrat. Rep. Kongo	50 Jahre°
Deutschland	70 Jahre°
Dominikanische Republik	50 Jahre°
El Salvador	50 Jahre*
Estland	50 Jahre°
Finnland	70 Jahre°
Frankreich	70 Jahre°
Gabun	50 Jahre°
Griechenland	70 Jahre°
Großbritannien	70 Jahre°
Indien	60 Jahre°
Indonesien	25 Jahre*
Irland	70 Jahre°
Israel	70 Jahre*
Italien	50 Jahre°
Japan	50 Jahre°
Jemen	30 Jahre°
Jordanien	30 Jahre*
Kanada	50 Jahre*
Kenia	50 Jahre°
Korea	50 Jahre*
Kroatien	50 Jahre°
Lettland	50 Jahre°
Lesotho	50 Jahre°
Luxemburg	70 Jahre*
Malawi	50 Jahre°
Malaysia	50 Jahre°
Mauritius	50 Jahre°
Mexiko	75 Jahre*
Moldavien	50 Jahre°
Neuseeland	50 Jahre°
Niederlande	70 Jahre°
Nigeria	70 Jahre°
Norwegen	70 Jahre°
Österreich	70 Jahre°
Oman	50 Jahre*
Panama	50 Jahre°
Paraguay	70 Jahre°
Peru	70 Jahre°
Polen	50 Jahre*
Portugal	50 Jahre°
Qatar	50 Jahre*
Rumänien	70 Jahre°
Rußland	50 Jahre°
Saint Vincent + Grenadines	50 Jahre°
San Marino	50 Jahre°
Saudi Arabien	50 Jahre

Schweden	50 Jahre°
Schweiz	70 Jahre°
Serbien, Montenegro (früheres Jugoslawien)	50 Jahre°
Slowenien	70 Jahre°
Spanien	70 Jahre°
Sudan	50 Jahre*
Süd Afrika	50 Jahre°
Thailand	50 Jahre°
Togo	50 Jahre°
Tonga	50 Jahre°
Trinidad + Tobago	50 Jahre°
Tschechische Republik	50 Jahre*
Türkei	70 Jahre*
Tunesien	50 Jahre°
Ukraine	50 Jahre°
Ungarn	70 Jahre°
USA	50 Jahre°
Uzbekistan	50 Jahre°
Vatikan	50 Jahre°
Venezuela	60 Jahre°
Vereinigte Arabische Emirate	25 Jahre°
Zambia	50 Jahre°
Zypern	50 Jahre°

17 b) **TRIPS-Übereinkommen: aa) Allgemeines:** Der Vertrag über Trade-Related Aspects of Intellectual Property Rights (kurz TRIPS), geschlossen am 15.04.1994 als Teil der Errichtung der WTO (BGBl. II, S. 1565/1730; abrufbar unter www.fromm-nordemann.de), ist das heute neben der RBÜ schon zahlen-mäßig wichtigste – 149 Mitglieder, darunter Deutschland und die Europäische Union als solche – internationale Übereinkommen mit Bedeutung für das Urheberrecht (für den Bereich des Urheberrechts für Deutschland in Kraft seit 01.01.1996). Übersicht über die derzeitigen Mitglieder abrufbar unter www.fromm-nordemann.de.

18 TRIPS ist für Deutschland am 01.01.1995 in Kraft getreten, wobei die urheber-rechtlichen Schutzpflichten seit 01.01.1996 gelten (Art. 65 Abs. 1 TRIPS). TRIPS schützt u.a. das Urheberrecht und bestimmte verwandte Schutzrechte, Art. 1 Abs. 2 und Art. 9 – 14 TRIPS). Das Übereinkommen enthält einen **Min-destschutz**, über den die Mitgliedsstaaten hinausgehen dürfen, soweit dies den Zielen des Übereinkommens, d.h. u.a. Liberalisierung der internationalen Han-delsbeziehungen und Nichtdiskriminierung, nicht zuwiderläuft (Art. 1 Abs. 1 TRIPS). Nach Art. 2 Abs. 2 TRIPS bleiben die Schutzverpflichtungen der jewei-ligen Mitgliedsstaaten aus der RBÜ und dem Rom-Abkommen unberührt; Art. 9 Abs. 1 TRIPS bindet darüber hinaus alle TRIPS-Mitglieder ausdrücklich an die zentralen Bestimmungen der RBÜ (Art. 1 – 21 mit Ausnahme des in Art. 6bis RBÜ geregelten Urheberpersönlichkeitsrechts) und übernimmt so deren Schutzgehalt in der neusten, Pariser Fassung (sog. **Berne-plus-approach**). Für das Rom-Ab-kommen sieht TRIPS allerdings keine derartige Übernahme des Schutzgehalts vor. Neu sind schließlich die detaillierten Regelungen zur Durchsetzung der Rechte an geistigem Eigentum in Art. 41 ff. TRIPS.

19 bb) **Inhalt:** Auch dem TRIPS-Übereinkommen liegt das Prinzip der Inländerbe-handlung zugrunde, Art. 3 TRIPS. Vor der Neufassung des § 110 ZPO, der nun nur noch auf den Wohnsitz außerhalb der EU, nicht mehr auf die Staats-angehörigkeit abstellt, verbot Art. 3 TRIPS auch die Forderung einer Prozess-kostensicherheit von Angehörigen eines TRIPS-Mitglieds (siehe LG Köln ZUM 2004, 853 ff. – *Katastrophenfilm*). Inländerbehandlung muss im Rah-men von TRIPS auch für die über die RBÜ hinaus gewährten besonderen Rechte, die sog. Bern-plus-Elemente (Art. 10 – 13 TRIPS), gewährt werden.

Allerdings wird umgekehrt der **Inländerbehandlungsgrundsatz** ebenso wie im Rahmen der RBÜ z.B. durch den Schutzfristenvergleich eingeschränkt, Art. 3 Abs. 1 Satz 1 TRIPS (vgl. Rn. 15; zu den Schutzfristen in den einzelnen Ländern vgl. Rn. 16a). Da TRIPS bei den verwandten Schutzrechten nicht das Schutzniveau des Rom-Abkommens erreicht, müssen die Unterzeichnerstaaten den ausübenden Künstlern, Tonträgerherstellern und Sendeunternehmen Inländerbehandlung nur für die in Art. 14 TRIPS selbst vorgesehenen Rechte gewähren, Art. 3 Abs. 1 Satz 2 TRIPS. So soll vermieden werden, dass Staaten, die das Rom-Abkommen nicht unterzeichnet haben, über TRIPS in Rom-Staaten den dortigen besseren Schutz in Anspruch nehmen können (Schricker/*Katzenberger*[3] Rn. 19; siehe OLG Hamburg ZUM-RD 1997, 343 ff. – *TRIPS-Rechte*).

20 Das aus dem Völker- und internationalen Wirtschaftsrecht bekannte **Prinzip der Meistbegünstigung** – allen Ausländern aus TRIPS-Staaten ist von anderen TRIPS-Mitgliedern der jeweils national höchste Ausländern gewährte Schutz zu sichern – legt TRIPS erstmals auch für urheber- und leistungsschutzrechtliche Bestimmungen zugrunde (Art. 4 TRIPS). Allerdings führt Art. 4 TRIPS selbst etliche **Ausnahmen** von der Meistbegünstigungsregel auf: So gilt der Grundsatz nicht, wenn ein im Rahmen der RBÜ oder des Rom-Abkommens gewährter Vorteil – wie z.B. der Schutzfristenvergleich bei zwei Verbandsländern der RBÜ mit langem Schutz (Schricker/*Katzenberger*[3] Rn. 20) – nicht aufgrund des Inländerbehandlungsgrundsatzes, sondern aufgrund Gegenseitigkeit zugestanden wird (Art. 4 lit. b TRIPS), weiter für alle nicht durch TRIPS selbst (Art. 14) den ausübenden Künstlern, Tonträgerherstellern und Sendeunternehmen gewährten Rechte (Art. 4 lit. c TRIPS) und für alle aufgrund vor Inkrafttreten des WTO-Übereinkommens wirksamer internationaler Abkommen über den Schutz des geistigen Eigentums, wenn diese dem TRIPS-Rat übermittelt worden sind (Art. 68 TRIPS) und keine willkürliche oder ungerechtfertigte Diskriminierung bedeuten (Art. 4 lit. d TRIPS). Ausnahmen vom Prinzip der Meistbegünstigung gelten für Deutschland für das Deutsch-amerikanische Urheberrechtsabkommen von 1892 und – für die gesamte Europäische Union – im Hinblick auf das Diskriminierungsverbot in Art. 12 EGV und Art. 4 EWR-Vertrag.

21 **Art. 9 – 14 TRIPS** regeln sodann speziell die **Urheber- und Leistungsschutzrechte.** Wie bereits erwähnt, verweist Art. 9 Abs. 1 TRIPS umfassend auf die inhaltlichen Regelungen der RBÜ mit Ausnahme des Urheberpersönlichkeitsrechts (Art. 6bis RBÜ). Art. 9 Abs. 2 TRIPS hält fest, dass – wie im Rahmen des § 2 UrhG – nur Ausdrucksformen, nicht hingegen Ideen, Verfahren, Vorgehensweisen oder mathematische Konzepte als solche geschützt sind. Art. 10 Abs. 1 TRIPS schützt ausdrücklich **Computerprogramme** sowohl in Quell- als auch in Maschinenprogrammcode als literarisches Werk i.S.d. RBÜ (vgl. Vor §§ 69a ff. Rn. 2). Auch Datensammlungen oder Zusammenstellungen anderen Materials werden als solche geschützt, wenn sie aufgrund ihrer Auswahl oder Anordnung geistige Schöpfungen darstellen (Art. 10 Abs. 2 TRIPS; anders §§ 87a ff. und die Datenbankrichtlinie, die auch nichtschöpferische Sammlungen unter gewissen Voraussetzungen schützen; vgl. Vor §§ 87a ff. Rn. 20 f.). Der Schutz erstreckt sich dabei nicht auf das zugrunde liegende Material selbst, lässt aber gleichzeitig einen aus anderen Gründen bestehenden Urheberrechtsschutz des Materials unberührt. Anders als die RBÜ und damit als Bern-plus-Element sieht TRIPS in Art. 11 – mit einigen Ausnahmen (dazu *Katzenberger* GRUR Int. 1995, 447, 466; *Reinbothe* ZUM 1996, 735, 738) – ein **ausschließliches Vermietrecht** zu Gunsten der Urheber von Filmwerken und Computerprogrammen sowie – über

Art. 14 Abs. 4 Satz 1 TRIPS – auch für Tonträgerhersteller vor. Art. 12 TRIPS regelt über Art. 7 Abs. 1 RBÜ hinaus die **Berechnung der Schutzfrist** in Fällen, in denen Berechnungsgrundlage nicht die Lebensdauer des Urhebers oder einer anderen natürlichen Person ist, sondern z.b. das erste Erscheinen oder die Eintragung des Werkes in einer Urheberrolle. Die Schutzfrist soll in diesen Fällen mindestens 50 Jahre ab Erstveröffentlichung oder, falls diese fehlt, ab Schaffung des Werkes betragen. Größere Bedeutung hat demgegenüber Art. 13 TRIPS, der über Art. 9 Abs. 2 RBÜ hinaus den Mitgliedsstaaten nur insoweit Ausnahmen und Beschränkungen der ausschließlichen Urheber- und Leistungsschutzrechte gestattet, als diese einer normalen Auswertung des Werkes nicht zuwiderlaufen und die berechtigten Interessen des Rechteinhabers nicht verletzen (sog. **Dreistufentest**).

22 Der bereits erwähnte Art. 14 TRIPS enthält schließlich als einzige Norm des Übereinkommens **Sonderregelungen für verwandte Schutzrechte.** In Abs. 1 sind ausschließliche Rechte der ausübenden Künstler, in Abs. 2 die der Tonträgerhersteller und in Abs. 3 Rechte der Sendeunternehmen definiert. Art. 14 Abs. 4 Satz 1 TRIPS verweist wie erwähnt für das ausschließliche Vermietrecht der Tonträgerhersteller auf Art. 11 TRIPS, lässt aber in Satz 2 den Unterzeichnerstaaten die Möglichkeit, unter bestimmten Voraussetzungen ein bereits bestehendes bloßes Vergütungssystem beizubehalten. Da die Verpflichtung zur Inländerbehandlung sich nur auf die in TRIPS gewährten Mindestrechte bezieht, hat ein allein durch TRIPS geschützter ausübender Künstler in Deutschland weder das Verbreitungsrecht aus § 77 Abs. 2 Satz 1, 2. Alt. noch das Verbotsrecht aus § 96 Abs. 1 (siehe OLG Hamburg ZUM 2004, 133, 137; ZUM-RD 1997, 343; a.A. Wandtke/Bullinger/*Braun*[2] § 125 Rn. 36). Art. 14 Abs. 5 Satz 1 TRIPS legt für ausübende Künstler und Tonträgerhersteller eine **Mindestschutzdauer** von 50 Jahren ab Auftritt oder Fixierung – gegenüber nur 20 Jahren im Rom-Abkommen – fest; Sendeunternehmen sind hingegen wie im Rom-Abkommen nur mindestens 20 Jahre geschützt (Art. 14 Abs. 5 Satz 2 TRIPS). Nach Art. 14 Abs. 6 Satz 1 TRIPS können die Mitgliedsstaaten die in Art. 14 Abs. 1, 2 und 3 gewährten Leistungsschutzrechte in dem durch das Rom-Abkommen gestatteten Ausmaß Bedingungen, Beschränkungen, Ausnahmen und Vorbehalten unterwerfen. Allerdings ist der **zeitliche Anwendungsbereich des TRIPS-Schutzes** unabhängig von dem des Rom-Abkommens und insb. dessen Art. 20 Abs. 2 (Möglichkeit des Ausschlusses der Anwendung auf bei Inkrafttreten bereits erbrachte Leistungen) zu bestimmen: Für ausübende Künstler und Tonträgerhersteller sieht Art. 14 Abs. 6 Satz 2 TRIPS stattdessen eine sinngemäße Anwendung des Art. 18 RBÜ, nach dem auch bei Inkrafttreten bereits existierende Werke geschützt sind, soweit sie noch nicht gemeinfrei sind, vor (*Dünnwald* ZUM 1996, 725, 728 ff.; *Katzenberger* GRUR Int. 1995, 447, 467 f.).

23 c) **WIPO Copyright Treaty (WCT):** Der WIPO Copyright Treaty (WCT) vom 20.12.1996 (abrufbar unter www.fromm-nordemann.de und http://www.wipo.int/treaties/en/ip/wct/trtdocs_wo033.html, abgerufen am 17.05.2008), der zeitgleich mit dem WIPO Performances and Phonograms Treaty (WPPT; vgl. Rn. 30 ff.) in Genf verhandelt und unterzeichnet wurde (zum Hintergrund Schricker/*Katzenberger*[3] Rn. 52), ist von 56 Staaten unterzeichnet worden und am 06.03.2002 in Kraft getreten, allerdings bislang weder für Deutschland noch für die Europäische Union als solche, obwohl beide zu den Unterzeichnern gehören. Das deutsche Zustimmungsgesetz (BGBl. 2003 II, 754) lässt den Zeitpunkt des Inkrafttretens offen. Übersicht über die derzeitigen

Mitglieder abrufbar unter www.fromm-nordemann.de und http://www.wipo.int/treaties/en/ShowResults.jsp?lang=en&treaty_id=16; zuletzt abgerufen am 17.05.2008.

Art. 1 WCT regelt das **Verhältnis des WCT zur RBÜ:** Der WCT ist ein Sonder- **24** abkommen i.S.d. Art. 20 Satz 1 RBÜ (Art. 1 Abs. 1 WCT). Art. 20 Satz 1 RBÜ gestattet derartige Übereinkommen, wenn sie den Urhebern mehr Rechte gewähren als die RBÜ und deren Regelungen nicht zuwiderlaufen. Art. 1 Abs. 2 WCT stellt noch einmal ausdrücklich klar, dass die Verpflichtungen der Mitglieder der Berner Union aus der RBÜ unberührt bleiben; darüber hinaus – Art. 1 Abs. 4 WCT – müssen alle Unterzeichnerstaaten des WCT die Bestimmungen der Art. 1 bis 21 und des Anhangs der RBÜ beachten. Durch eine weitere ausdrückliche Verweisung auf Art. 2 – 6 RBÜ in Art. 3 WCT stellt der WCT sicher, dass die Kernbestimmungen der RBÜ zu Schutzgegenständen, Anwendungsbereich, Inländerbehandlung, Mindestrechten und Formlosigkeit des Schutzes übernommen werden. Sehr ähnlich dem TRIPS-Übereinkommen regelt der WCT den Werkbegriff (Art. 2 WCT), den Schutz von Datensammlungen (Art. 5 WCT) und Computerprogrammen (Art. 4 Satz 2 WCT) sowie das ausschließliche Vermietrecht für Urheber von Computerprogrammen, Filmwerken und auf Tonträgern fixierten Werken (Art. 7 WCT). Art. 6 Abs. 1 WCT sieht als neues allgemeines Mindestrecht ein ausschließliches Verbreitungsrecht für Urheber vor, wobei die Unterzeichnerstaaten allerdings eine Erschöpfung vorsehen können (Art. 6 Abs. 2 WCT). In dieser Form gegenüber TRIPS neu und gegenüber der RBÜ stark erweitert sieht der WCT in Art. 8 ein allgemeines, ausschließliches Recht der öffentlichen Wiedergabe in unkörperlicher Form vor, in dem erstmals auch das **Onlinerecht** enthalten ist. Letzteres definiert Art. 8 als das Recht, ein Werk der Öffentlichkeit von Orten und zu Zeiten ihrer Wahl zugänglich zu machen.

Auch **Werke der Fotografie** werden gegenüber RBÜ und TRIPS besser, weil **25** länger geschützt: Die in Art. 7 Abs. 4 RBÜ vorgesehene Schutzdauerbeschränkung auf 25 Jahre ist im Rahmen des WCT nicht anwendbar; stattdessen bleibt es bei der normalen Schutzfrist von mindestens 50 Jahren post mortem auctoris (Art. 9 WCT i.V.m. 7 Abs. 1 RBÜ). Wiederum sehr ähnlich wie Art. 13 TRIPS dürfen nach Art. 10 Abs. 1 WCT **Schranken der Urheberrechte** nur für Sonderfälle und nur insoweit, als sie die normale Werkverwertung und die berechtigten Interessen des Urhebers nicht beeinträchtigen, vorgesehen werden, und zwar auch im Rahmen der Anwendung der RBÜ (Art. 10 Abs. 2 WCT; sog. Drei-Stufen-Test). Als weitere Neuerung führt der WCT die Verpflichtung der Vertragsstaaten, die Umgehung technischer Schutzmaßnahmen der Rechteinhaber (Art. 11) und die Entfernung oder Veränderung elektronischer Informationen für die Rechtewahrnehmung – wie z.B. zur Identifikation des Werkes, des Urhebers oder Rechteinhabers oder zu Nutzungsbedingungen – (Art. 12) zu unterbinden, ein. Art. 14 WCT enthält schließlich einige, allerdings sehr allgemeine Bestimmungen zur **Durchsetzung** der im Rahmen des WCT gewährten Rechte.

d) Welturheberrechtsabkommen (WUA): Das Welturheberrechtsabkommen **26** (WUA) oder Universal Copyright Convention (UCC) vom 06.09.1952 (Fassung vom 24.07.1971 – Paris – BGBl. 1973 II S. 1069, 1111; abrufbar unter www.fromm-nordemann.de) ist heute in der in Paris revidierten Fassung vom 24.07.1971 noch für 64 Staaten verbindlich. Für Deutschland ist die erste Fassung am 16.09.1955 und die revidierte Fassung vom 24.07.1971 am 10.07.1974 in Kraft getreten. Übersicht über die derzeitigen Mitglieder abrufbar unter www.fromm-nordemann.de. Im Gegensatz zu den meisten anderen internationalen Konventionen enthält das WUA lediglich völkerrechtliche Verpflichtungen, das nationale Recht in bestimmter Weise zu regeln (Art. I und X WUA), ohne unmittelbare Rechte für konventionsangehörige Urheber zu schaffen.

27   Das WUA, das ursprünglich der Integration insb. der USA in das System der internationalen Abkommen dienen sollte, verlor durch den Beitritt der USA zur RBÜ 1989 und später vor allem durch TRIPS erheblich an Bedeutung. Das WUA behält den Mitgliedsstaaten einen Schutz nach anderen mehr- oder zweiseitigen internationalen Abkommen oder nach nationalem Fremdenrecht ausdrücklich vor und erklärt darüber hinaus im Verhältnis zweier Vertragsstaaten der RBÜ ausdrücklich letztere für anwendbar (lit. c der Zusatzerklärung zu Art. XVII), was auch in den Fällen, in denen das WUA eine für den Urheber günstigere Regelung enthält, gilt (Schricker/*Katzenberger*[3] Rn. 61). Der **Schutzgegenstand** des WUA ähnelt mit Werken der Literatur, Wissenschaft und Kunst dem des RBÜ (Art. I WUA), wobei das WUA Schriftwerke, musikalische, dramatische und Filmwerke sowie Gemälde, Stiche und Werke der Bildhauerkunst beispielhaft nennt. Dabei müssen die Vertragsstaaten sowohl für das Werk selbst als auch für davon erkennbar abgeleitete Formen jeweils auch die grundlegenden, die wirtschaftlichen Interessen des Urhebers wahrenden Rechte wie vor allem das Vervielfältigungs-, das Aufführungs- und das Senderecht schützen (Art. IVbis Abs. 1 WUA). Wie in der RBÜ sind nur Werke von Urhebern, die einem Vertragsstaat angehören oder in einem Vertragsstaat erstveröffentlicht wurden, geschützt, anders als unter Geltung der RBÜ jedoch nicht Werke, die nach Veröffentlichung in einem Nichtmitglied in einem Vertragsstaat binnen 30 Tagen zweitveröffentlicht werden (Art. II WUA). Anders als die RBÜ hat das WUA keine Rückwirkung für im Zeitpunkt des Vertragsschlusses bzw. Beitritts bereits existierende Werke (Art. VII WUA). Veröffentlicht in diesem Sinne sind auch im Rahmen der WUA nur in körperlichen Exemplaren erschienene Werke; dabei verlangt Art. VI WUA allerdings anders als die RBÜ, dass die Werke lesbar oder sonst mit dem Auge wahrnehmbar sind. Insb. bei Tonträgern bedeutet also die Vervielfältigung und Verbreitung noch keine Veröffentlichung (*Nordemann/Vinck/Hertin* WUA Art. II Rn. 4, Art. VI Rn. 5). Auch dem WUA liegt das Prinzip der **Inländerbehandlung** zugrunde (Art. II Abs. 1 und 2 WUA). Zu den **besonders zu schützenden Rechten** zählt neben den in Art. IVbis WUA aufgezählten vor allem das Übersetzungsrecht (Art. V Abs. 1 WUA); ein Urheberpersönlichkeitsrecht gewährt das WUA hingegen nicht – dies hätte eine Beteiligung der USA ausgeschlossen.

28   Die Erfüllung von beliebigen **Formerfordernissen** zur Erlangung des Schutzes können die Vertragsstaaten nur für veröffentlichte, nicht hingegen für unveröffentlichte Werke vorschreiben, Art. III Abs. 2 WUA. Für Werke aus anderen Vertragsstaaten müssen die Mitglieder allerdings die Förmlichkeiten als erfüllt ansehen, wenn alle Werkexemplare von der ersten Veröffentlichung an das Copyrightzeichen © mit dem Namen des Rechteinhabers und dem Jahr der ersten Veröffentlichung tragen (Art. III Abs. 1). Nach Art. IV WUA regelt die **Schutzdauer** das Recht des Staates, für das Schutz beansprucht wird, wobei Schutz für mindestens die Lebenszeit des Urhebers plus 25 Jahre gewährt werden muss (Art. IV Abs. 2 Satz 1 WUA). Berechnet der betreffende Staat die Schutzfrist nicht nach dem Leben des Urhebers, sondern ab Veröffentlichung oder Registrierung, muss das Werk mindestens 25 Jahre geschützt werden (Art. IV Abs. 2 lit. a, b WUA); bei mehreren aufeinander folgenden

Schutzfristen muss nur die erste mindestens 25 Jahre währen (Art. IV Abs. 2 lit. c WUA). Fotografische und Werke der angewandten Kunst müssen hingegen nur 10 Jahre geschützt werden (Art. IV Abs. 3 WUA). Auch das WUA gestattet in Art. IV Abs. 4 einen **Schutzfristenvergleich:** Die Vertragsstaaten müssen einem Werk aus einem anderen Mitgliedsstaat keinen längeren Schutz zugestehen, als das Ursprungsland ihn für Werke dieser Art vorsieht (vgl. Rn. 15; zu den Schutzfristen in den einzelnen Ländern vgl. Rn. 16a). Mit dem Verweis auf „Werke dieser Art" wollte das WUA verhindern, dass einem konkreten Werk mit dem Argument, im Ursprungsland seien Förmlichkeiten nicht erfüllt worden, der Schutz versagt werden kann (OLG Frankfurt/M. GRUR-RR 2004, 99, 100 f. – *Anonyme Alkoholiker*). In Deutschland ist der Schutzfristenvergleich nach Art. IV Abs. 4 – 6 WUA in dessen Geltungsbereich grundsätzlich durchzuführen, § 140 (zur Rechtslage vor Inkrafttreten des UrhG am 01.01.1966 vgl. § 140 Rn. 2 ff.).

e) Übereinkunft von Montevideo betreffend den Schutz von Werken der 29 **Literatur und Kunst:** Als einziges von Deutschland gezeichnetes internationales Abkommen enthält die Übereinkunft von Montevideo vom 11.01.1889 betreffend den Schutz von Werken der Literatur und Kunst (RGBl. 1927 II, S. 95) einheitliche Kollisionsregeln für das Urheberrecht. Danach war grundsätzlich das Recht der Erstveröffentlichung oder Erstherstellung, die sog. *lex origins* maßgeblich. Das Übereinkommen hat allerdings keinerlei Relevanz mehr für die Bundesrepublik, da alle Vertragsstaaten der revidierten Berner Übereinkunft (RBÜ) bzw. dem Welturheberrechtsabkommen (WUA), die beide Vorrang genießen (Art. 20 RBÜ; Art. XIX WUA), beigetreten sind.

f) WIPO Performances and Phonograms Treaty (WPPT): Der am 20.12.1996 30 geschlossene WIPO Performances and Phonograms Treaty (WIPO-Vertrag über Darbietungen und Tonträger, WPPT) trat am 20.05.2002 in Kraft (abrufbar unter www.fromm-nordemann.de). Im Gegensatz zu unter anderem den USA und einigen jüngeren EU-Mitgliedern haben Deutschland und ein Teil der (vor allem „alten") EU-Staaten ebenso wie die EU selbst den Vertrag unterzeichnet, jedoch noch nicht ratifiziert. Eine Übersicht über die aktuellen Mitglieder findet sich unter www.fromm-nordemann.de.

Inhaltlich lässt der WPPT Verpflichtungen aus anderen internationalen Ver- 31 trägen unberührt, und seine Auslegung durch die Vertragsstaaten darf ausdrücklich nicht den Schutz der Urheberrechte beeinträchtigen (Art. 1). Der WPPT schützt **ausübende Künstler** und die einem jeweils anderen Vertragsstaat angehörenden **Tonträgerhersteller,** wenn und soweit diese die Kriterien des Rom-Abkommens für dessen Anwendungsbereich erfüllen (Art. 3 Abs. 2 WPPT): Unabhängig von der Nationalität des Künstlers ist er geschützt, wenn die Darbietung in einem Vertragsstaat stattfindet (Art. 4 lit. a RA) oder auf einem Tonträger erstfixiert ist, der von einem Tonträgerhersteller stammt, der einem Vertragsstaat angehört (Art. 4 lit. b i.V.m. Art. 5 Abs. 1 lit. a RA), oder in einem Vertragsstaat (Art. 4 lit. b i.V.m. Art. 5 Abs. 1 lit. b RA) hergestellt oder in einem Vertragsstaat erstveröffentlicht worden ist (Art. 4 lit. b i.V.m. Art. 5 Abs. 1 lit. c RA). Sendeunternehmen schützt der WPPT im Gegensatz zum RA nicht. Für seinen **zeitlichen Anwendungsbereich** bezieht sich der WPPT in Art. 22 Abs. 1 auf Art. 18 RBÜ; unter bestimmten Voraussetzungen kann also auch solchen Leistungen Schutz gewährt werden, die im Zeitpunkt des Inkrafttretens des WPPT schon bestanden. Lediglich den persönlichkeitsrechtlichen Schutz der ausübenden Künstler (Art. 5) können die Vertragsstaaten gemäß Art. 22 Abs. 2 auf nach Inkrafttreten des WPPT erbrachte Darbietungen beschränken. Die den ausübenden Künstlern und Tonträgerherstellern zugestandene Mindestschutzfrist ist mit 50 Jahren zwar deutlich länger als die des RA (20 Jahre). Allerdings sind die ausübenden Künstler aufgrund eines unterschiedlichen Schutzbeginns wesentlich schlechter gestellt als die Tonträgerhersteller: Die Schutzfrist der Rechte des ausübenden Künstlers beginnt nämlich mit dem Ende des Jahres, in dem die jeweilige Darbietung (erstmals) auf einem Tonträger festgelegt worden ist, Art. 17 Abs. 1, während für den Schutz des Tonträgerherstellers in erster Linie das Ende des Jahres, in dem der Tonträger veröffentlicht worden ist, maßgeblich ist. Nur in den Fällen, in denen binnen 50 Jahren nach der Festlegung der Tonträger nicht veröffentlicht wird, beginnt auch der Schutz des Tonträgerherstellers mit dem Ende des Jahres der Festlegung. Während also der ausübende Künstler sich mit 50 Jahren Schutz nach Festlegung seiner Darbietung begnügen muss, kann der Tonträgerhersteller in bestimmten Fällen bis zu (knapp) 100 Jahre geschützt sein.

32   Die **zentralen Begriffe des WPPT** (ausübender Künstler, Tonträger, Hersteller von Tonträgern, Festlegung, Veröffentlichung, Sendung, öffentliche Wiedergabe) sind in Art. 2 definiert. **Geschützt** sind neben Darbietungen von Werken der Literatur und Kunst auch solche der Folklore (Volkskunst; Art. 2 lit. a). Als Tonträger sind sowohl eine Festlegung als auch eine Darstellung (Repräsentation) von Tönen (nach *v. Lewinski*, GRUR Int. 1997, 667, 678, z.B. zunächst nicht hörbare Veränderungen digital aufgezeichneter Töne durch Synthesizer) geschützt, allerdings nicht auf audiovisuellen Trägermedien als Teil audiovisueller Werke. Der WPPT gewährt – beschränkt auf die im WPPT ausdrücklich zugestandenen Rechte, so dass ein weitergehender nationaler Schutz den Berechtigten nicht zugute kommt – Schutz grundsätzlich nach dem Prinzip der **Inländerbehandlung** (Art. 4 Abs. 1), wobei allerdings bei dem Recht auf angemessene Vergütung aus Art. 15 Abs. 1 die Vertragsstaaten gemäß Art. 15 Abs. 3 einen Vorbehalt erklären können, Art. 4 Abs. 2. Der Schutz darf im Prinzip an keinerlei Formvorschriften geknüpft sein (Art. 20). Schließlich enthält der WPPT eine Reihe von **Mindestrechten** sowohl zu Gunsten ausübender Künstler als auch zu Gunsten der Tonträgerhersteller. So haben nur die ausübenden Künstler das (Persönlichkeits-) Recht auf Namensnennung und Schutz gegen Entstellung ihrer Live- und auf Tonträgern festgelegten Darbietungen (Art. 5 Abs. 1), und zwar über ihren Tod hinaus mindestens bis zum Erlöschen der wirtschaftlichen Rechte, soweit nicht ein Vertragsstaat abweichendes regelt (Art. 5 Abs. 2). Als wirtschaftliche Mindestrechte haben die ausübenden Künstler das ausschließliche Recht der Sendung und öffentlichen Wiedergabe, wenn nicht eine bereits gesendete Darbietung betroffen ist, und das Recht der Festlegung (nur) i.S.d. Art. 2 lit. c (Art. 6). Rechte im Hinblick auf eine audiovisuelle oder filmische Nutzung ihrer Darbietungen räumt der WPPT den ausübenden Künstlern im Gegensatz zum RA nicht ein. Vielmehr sollte ein WIPO Audiovisual Performances Treaty (WAPT) alle in diesem Zusammenhang stehenden Nutzungen regeln; die entsprechende WIPO-Konferenz scheiterte jedoch bereits im Jahre 2000, ohne dass bislang ein neuer Anlauf unternommen worden wäre.

33   Im Hinblick auf ihre **auf Tonträgern festgelegten Darbietungen** gewährt der WPPT den ausübenden Künstlern und den Tonträgerherstellern außerdem das ausschließliche Vervielfältigungsrecht (Art. 7, 11), das ausschließliche Verbreitungsrecht (Art. 8, 12), das ausschließliche Vermietrecht (Art. 9, 13) und das ausschließliche Onlinerecht (Art. 10, 14). Das Vervielfältigungsrecht erfasst auch den gesamten **digitalen Bereich**, vor allem also elektronische Speicherungen in digitaler Form (siehe die vereinbarten Erklärungen der diplomatischen Konferenz von 1996 zum WPPT zu den Artt. 7, 11 und 16). Für die Nutzung veröffentlichter Tonträger im Rahmen einer Sendung oder der öffentlichen Wiedergabe gewährt der WPPT ausübenden Künstlern und Tonträgerherstellern lediglich einen Vergütungsanspruch, diesen jedoch unabhängig davon, ob die Nutzung unmittelbar oder lediglich mittelbar erfolgt (z.B. Sendung eines Festes, auf dem Tonträger öffentlich wiedergegeben werden), Art. 15 Abs. 1. Nach Art. 15 Abs. 4 gelten in diesem Zusammenhang auch solche Tonträger als veröffentlicht, die **online zugänglich** gemacht worden sind. Vorbehalte der Vertragsparteien im Zusammenhang mit dem Vergütungsanspruch sind möglich, Art. 15 Abs. 3. Art. 16 enthält verschiedene Schranken der Rechte der ausübenden Künstler und Tonträgerhersteller. Schließlich regelt der WPPT – im Wesentlichen ähnlich wie der WCT – in Art. 18, 19 und 23 Verpflichtungen der Vertragsstaaten zu technischen Schutzvorkehrungen, Informationen für die Rechtewahrnehmung und zur Durchsetzung der Rechte.

g) Internationales Abkommen über den Schutz der ausübenden Künstler, der **34** **Hersteller von Tonträgern und der Sendeunternehmen (Rom-Abkommen):** Das Internationale Abkommen über den Schutz der ausübenden Künstler, der Hersteller von Tonträgern und der Sendeunternehmen (Rom-Abkommen, nachfolgend RA) vom 26.10.1961 (abrufbar unter www.fromm-nordemann.de) ist das im Bereich der verwandten Schutzrechte älteste und neben TRIPS wichtigste mehrseitige Abkommen. Es steht heute für 77 von 79 Unterzeichnerstaaten, für Deutschland seit 21.10.1966 (Zustimmungsgesetz in BGBl. 1965 II, 1243; 1966 II, 1473.) in Kraft. Übersicht über die aktuellen Mitglieder unter www.fromm-nordemann.de.

Das Rom-Abkommen schützt **ausübende Künstler, Tonträgerhersteller und** **35** **Sendeunternehmen**, nicht jedoch Filmhersteller bzw. Hersteller von Bild- und Bildtonträgern, Art. 3 RA. Als **ausübende Künstler** gelten nach Art. 3 lit. a RA Schauspieler, Sänger, Musiker, Tänzer und andere Personen, die literarische oder künstlerische Werke aufführen, vortragen, singen, vorlesen, spielen oder sonst darbieten. Tonträger und Hersteller von Tonträgern sind in Art. 3 lit. b und c RA als diejenigen, die zuerst den Ton einer Darbietung oder andere Töne fixieren, definiert. Schutz wird unabhängig von der Nationalität des Künstlers gewährt, wenn die Darbietung in einem Vertragsstaat stattfindet (Art. 4 lit. a RA) oder auf einem Tonträger erstfixiert ist, der von einem einem Vertragsstaat angehörenden Tonträgerhersteller (Art. 4 lit. b i.V.m. Art. 5 Abs. 1 lit. a RA) oder in einem Vertragsstaat (Art. 4 lit. b i.V.m. Art. 5 Abs. 1 lit. b RA) hergestellt oder in einem Vertragsstaat erstveröffentlicht worden ist (Art. 4 lit. b i.V.m. Art. 5 Abs. 1 lit. c RA). **Veröffentlichung** bedeutet nach Art. 3 lit. d RA das Angebot einer angemessenen Zahl von Vervielfältigungsstücken eines Tonträgers an die Öffentlichkeit und entspricht also im Wesentlichen § 6 Abs. 2 UrhG. Geschützt ist schließlich eine **Darbietung**, wenn sie mangels Veröffentlichung auf Tonträger durch ein in einem Vertragsstaat ansässiges Sendeunternehmen gesendet oder von einem Sender aus einem Vertragsstaat ausgestrahlt wird, Art. 4 lit. c i.V.m. Art. 6 Abs. 1 lit. a und b RA. **Tonträgerherstellern** wird Schutz nach dem RA gewährt, wenn sie Angehörige eines Vertragsstaates sind (Art. 5 Abs. 1 lit. a RA), die erste Fixierung auf Tonträger in einem Vertragsstaat vorgenommen (Art. 5 Abs. 1 lit. b RA) oder der Tonträger zuerst in einem Vertragsstaat veröffentlicht wurde (Art. 5 Abs. 1 lit. c RA; siehe OLG Hamburg GRUR 1979, 235, 237 – *ARRIVAL*). Letzteres Kriterium ist auch dann erfüllt, wenn der Tonträger binnen 30 Tagen nach erster Veröffentlichung in einem Nichtvertragsstaat in einem Vertragsstaat erscheint (sog. Simultanveröffentlichung; Art. 5 Abs. 2 RA). Deutschland hat allerdings nach Art. 5 Abs. 3 RA erklärt, das Kriterium der Erstfixierung in einem Vertragsstaat (Art. 5 Abs. 1 lit. b RA) nicht anzuwenden (Art. 2 Nr. 1 des Gesetzes zum Rom-Abkommen, BGBl. 1965 II, 1243); Tonträgerhersteller sind also nur unter den Voraussetzungen der Art. 5 Abs. 1 lit. a und lit. c und Art. 5 Abs. 2 RA geschützt. **Sendeunternehmen** sind geschützt, wenn sie in einem Vertragsstaat ansässig (Art. 6 Abs. 1 lit. a RA) sind oder die Sendung von einem Sender in einem Vertragsstaat ausgestrahlt wird (Art. 6 Abs. 1 lit. b RA). Den nach Art. 6 Abs. 2 RA möglichen Vorbehalt, Schutz nur dann zu gewähren, wenn beide Anknüpfungspunkte in einem Vertragsstaat liegen, hat Deutschland nicht erklärt. In Art. 4 des Zustimmungsgesetzes zum Rom-Abkommen hat Deutschland eine **Rückwirkung** des Schutzes für vor dem Inkrafttreten des Abkommens für Deutschland erbrachte Leistungen ausgeschlossen (Art. 20 Abs. 2 RA).

36 Der Schutz kann an **Formalitäten** gebunden werden, Art. 11 RA; allerdings sind ähnlich wie im Rahmen des WUA die Formvoraussetzungen bei aus einem anderen Vertragsstaat stammenden Tonträgern als erfüllt anzusehen, wenn diese oder ihre Verpackungen neben dem Namen des Produzenten, seines Lizenznehmers oder des Rechteinhabers und der wesentlichen ausübenden Künstler oder der Inhaber der Rechte an deren Darbietungen in einem Vermerk das Zeichen ℗ mit dem Jahr des ersten Erscheinens tragen (Art. 11 RA). Weitere Schutzvoraussetzung ist wie im Rahmen der anderen internationalen Übereinkommen ein nach den Kriterien des Abkommens **internationaler Sachverhalt** (*Nordemann/Vinck/Hertin* RA Art. 4 Rn. 1, 7). Anders als z.B. im Rahmen der RBÜ genügt allerdings die ausländische Staatsangehörigkeit des ausübenden Künstlers in diesem Zusammenhang nicht, da dies für die Anwendung des Rom-Abkommens gerade keine Rolle spielt (siehe Art. 4 RA). Tritt also etwa ein norwegischer ausübender Künstler in Deutschland auf, ist er nur nach §§ 73 ff., 125 Abs. 2 – 4, 6 – 7 UrhG, nicht jedoch nach § 125 Abs. 5 UrhG i.V.m. dem Rom-Abkommen geschützt.

37 Wiederum ist tragendes Prinzip des Rom-Abkommens die **Inländerbehandlung** (Art. 2 RA), ergänzt durch eine Reihe von Bestimmungen über einen **Mindestschutz** (Art. 7 ff. RA). Nach Art. 7 Abs. 1 RA müssen **ausübende Künstler** zumindest – gleich ob mit zivilrechtlichen oder strafrechtlichen Mitteln (Schricker/*Katzenberger*[3] Rn. 80) – die Möglichkeit haben, ohne ihre Zustimmung stattfindende Sendungen oder öffentliche Wiedergaben ihrer Darbietung zu verbieten, wenn nicht die Darbietung bereits (erlaubt) gesendet worden ist oder für die Sendung oder öffentliche Wiedergabe eine Aufnahme der Darbietung verwendet wird (Art. 7 Nr. 1 lit. a RA). Außerdem müssen die Künstler die nicht genehmigte – auch filmische – Aufnahme einer noch nicht aufgenommenen Darbietung (Art. 7 Nr. 1 lit. b RA) und die nicht von ihnen gestattete Vervielfältigung einer Aufnahme ihrer Darbietung untersagen können, wenn die ursprüngliche Aufnahme ohne ihr Einverständnis hergestellt wurde (Art. 7 Nr. 1 lit. c (i) RA), die Vervielfältigung zu einem anderen Zweck als dem ursprünglich gestatteten geschieht (Art. 7 Nr. 1 lit. c (ii) RA) oder wenn die ursprüngliche Aufnahme im Rahmen der durch Art. 15 RA den Unterzeichnerstaaten erlaubten Ausnahmen und Einschränkungen des Schutzes hergestellt worden ist und die Vervielfältigung nun zu einem anderen als dem ursprünglich verfolgten Zweck geschehen soll (Art. 7 Nr. 1 lit. c (iii) RA). Hat der ausübende Künstler allerdings die ursprüngliche filmische Aufnahme seiner Darbietung erlaubt, so kann er deren Verwertung später nicht nach Art. 7 Nr. 1 lit. c (ii) RA untersagen (Art. 19 RA). Der Schutz gegen die erneute

Sendung einer gestatteten Sendung bleibt ausdrücklich dem nationalen Recht überlassen, Art. 7 Nr. 2 Abs. 1 RA. Art. 8 und 9 RA enthalten Regelungen für gemeinsam auftretende und Zirkus- bzw. Varieté-Künstler.

Nach Art. 10 RA müssen **Tonträgerhersteller** zumindest das ausschließliche **38** Recht haben, die unmittelbare oder mittelbare Vervielfältigung ihrer Tonträger zu untersagen. Art. 12 RA legt darüber hinaus für ausübende Künstler und Tonträgerhersteller einen Vergütungsanspruch bei Zweitverwertung von zu kommerziellen Zwecken hergestellten Tonträgern fest, wenn diese unmittelbar gesendet oder öffentlich wiedergegeben werden. Der Vergütungsanspruch besteht also nicht bei einer nur mittelbaren Verwertung z.B. durch Weitersendung oder die öffentliche Wiedergabe von Sendungen, in denen diese Tonträger gespielt werden (Schricker/*Katzenberger*[3] Rn. 82.). Die Einzelheiten bleiben dem nationalen Recht überlassen. Nach Art. 16 RA können die Vertragsstaaten bezüglich des Art. 10 RA Vorbehalte erklären oder die Ansprüche nur aufgrund Gegenseitigkeit gewähren; Deutschland hat dementsprechend in Art. 2 Nr. 2 des Zustimmungsgesetzes (BGBl. 1965 II, S. 1243) eine Gewährung der Ansprüche aus § 86 UrhG von der **Gegenseitigkeit** abhängig gemacht.

Sendeunternehmen steht nach Art. 13 RA mindestens das ausschließliche **39** Recht, die Zweitsendung ihrer Sendungen (Art. 13 lit. a RA), deren Aufnahme (Art. 13 lit. b RA), die Vervielfältigung unerlaubter (Art. 13 lit. c (i) RA) oder im Rahmen der durch Art. 15 RA den Unterzeichnerstaaten erlaubten Ausnahmen und Einschränkungen des Schutzes hergestellter Aufnahmen zu untersagen, wenn die Vervielfältigung nun zu einem anderen als dem ursprünglich verfolgten Zweck geschehen soll (Art. 13 lit. c (ii) RA). Auch die öffentliche Wiedergabe einer Sendung müssen die Sendeunternehmen verhindern können, wenn hierfür ein Eintrittspreis verlangt wird; dabei bleibt die Festlegung der Bedingungen, unter denen dieses Recht ausgeübt werden können, dem nationalen Recht überlassen (Art. 13 lit. d RA). Den nach Art. 16 Nr. 2 RA insofern möglichen Vorbehalt hat Deutschland nicht erklärt.

Art. 15 RA gestattet den Vertragsstaaten, **Ausnahmen und Beschränkungen** **40** des Schutzes zu Gunsten von Privatkopien, der Tagesberichterstattung, der vorübergehenden Festlegung durch ein Sendeunternehmen mit eigenen Mitteln und für eigene Sendungen sowie für Lehr- und wissenschaftliche Zwecke vorzusehen (Art. 15 Nr. 1 RA). Art. 15 Nr. 2 RA erlaubt darüber hinaus dem nationalen Recht auch für den Schutz ausübender Künstler, der Tonträgerhersteller und Sendeunternehmen die Ausnahmen und Beschränkungen, die es für den Urheberrechtsschutz vorsieht, wobei allerdings Zwangslizenzen nur insoweit vorgesehen werden dürfen, als sie mit den Zielen des Rom-Abkommens vereinbar sind.

Nach Art. 14 RA muss Schutz für mindestens 20 Jahre gewährt werden, und **41** zwar für Tonträger und die darauf fixierten Darbietungen ab dem Ende des Jahres der ersten Festlegung (Art. 14 lit. a RA), für nicht aufgenommene Darbietungen ab dem Ende des Jahres der Darbietung (Art. 14 lit. b RA) und für Sendungen ab dem Ende des Jahres der Sendung (Art. 14 lit. c RA). Einen **Schutzfristenvergleich** gibt es unter dem Rom-Abkommen jedoch **nicht**.

Das Rom-Abkommen enthält zum Teil erhebliche **Schutzlücken**. Dies betrifft **42** neben Darbietungen in Nicht-Mitgliedsstaaten vor allem Darbietungen, die im Ausland wegen kürzerer Schutzfristen bereits gemeinfrei sind (ausführlich *Braun*, Der Schutz ausländischer ausübender Künstler in Deutschland vor einem Vertrieb von Bootlegs, 1995, S. 37 ff.; *Bortloff*, Der Tonträgerpiraterieschutz im Immaterialgüterrecht, 1995, S. 120 ff.). Sog. **Schutzlückenpiraten** nutzen dies durch unautorisierte Aufnahmen und deren Verbreitung auch in Deutschland systematisch aus. Die Rückwirkung des TRIPS-Abkommens für Altdarbietungen (vgl. Rn. 22) hat hier einige Abhilfe geschaffen. Außerdem sind immerhin jedenfalls EU- und EWR-Angehörige wegen Art. 12 EGV seit der *Phil-Collins*-Entscheidung (EuGH GRUR 1994, 280 ff. – *Phil Collins)* Deutschen im Schutz ausdrücklich gleichgestellt, § 120 Abs. 2 Nr. 2 (s. zu Tonträgern und Schutzdauerrichtlinie den Vorlagebeschluss des BGH GRUR 2007, 502 ff. – *Tonträger aus Drittstaaten)*. Einen insofern verbesserten Schutz gewährt auch das eigenständige Verbreitungsrecht des ausübenden Künstlers aus § 77 Abs. 2, 2. Alt.: Ein Vertrieb in Deutschland von im Ausland hergestellten Vervielfältigungsstücken verletzt dieses Recht, soweit keine Erschöpfung (§ 17 Abs. 2) eingetreten ist. Vor der Einführung des § 77 Abs. 2, 2. Alt. kam ein Verbot von im Ausland rechtmäßig, jedoch ohne Zustimmung des Künstlers hergestellten Aufnahmen nur über § 96 Abs. 1 in Betracht (siehe BGH GRUR 1993, 550, 552 – *The Doors; Katzenberger* GRUR Int. 1993, 640).

43 h) **Genfer Tonträger-Abkommen:** Das Übereinkommen zum Schutz der Hersteller von Tonträger gegen die unerlaubte Vervielfältigung ihrer Tonträger (Genfer Tonträger-Abkommen, GTA) wurde am 29.10.1971 in Genf unterzeichnet (abrufbar unter www.fromm-nordemann.de). Es ist am 18.04.1973, für die Bundesrepublik Deutschland am 18.05.1974 in Kraft getreten; am 01.01.2007 band es 76 Staaten. Näheres bei *Ulmer* GRUR Int. 1972, 68; *Dittrich* ÖBl. 1971, 141; *Handl* FuR 1971, 376; *Stewart* UFITA 70 (1974), 1; weitere Nachweise bei *Nordemann/Vinck/Hertin* Vorbem. 1 zu Art. 1 GTA. Übersicht über die aktuellen Mitglieder unter www.fromm-nordemann.de.

44 Das GTA will **Tonträgerpiraterie bekämpfen** und enthält deshalb – im Gegensatz zu den oben erläuterten Abkommen – keine Mindestrechte zu Gunsten der Tonträgerhersteller, sondern lediglich völkerrechtliche Verpflichtungen, das nationale Recht in bestimmter Weise zu regeln (Art. 3 GTA). Das GTA schützt (nur) die Hersteller von Tonträgern, die einem jeweils anderen Vertragsstaat angehören (Art. 2). Der Schutz beschränkt sich außerdem auf Tonträger im engen Sinne, d.h. ausschließlich auf den Ton beschränkte Festlegungen von Darbietungen oder anderen Tönen (Art. 1 lit.a) ohne audiovisuelle Medien und Filme. Das Abkommen verpflichtet die Vertragsstaaten, die Tonträgerhersteller gegen die Herstellung von Vervielfältigungsstücken ohne Zustimmung durch dessen Hersteller, gegen den Import derartiger Vervielfältigungsstücke, wenn Herstellung oder Import mit dem Ziel der Verbreitung an die Öffentlichkeit erfolgen, und schließlich gegen die Verbreitung derart illegaler Vervielfältigungsstücke an die Öffentlichkeit als solche zu schützen, Art. 2. Dabei ist den Vertragsstaaten überlassen, wie sie den Schutz gewährleisten, ob sie etwa ein Urheberrecht oder Leistungsschutzrecht schaffen oder Schutz über das allgemeine Zivilrecht, das Wettbewerbsrecht oder Strafbestimmungen sicherstellen. Beschränkungen des Schutzes sind unter bestimmten Voraussetzungen zulässig (Art. 6). Auch die Schutzdauer bleibt grundsätzlich den Vertragsstaaten selbst überlassen. Wollen die Vertragsstaaten jedoch eine bestimmte Schutzdauer festlegen, muss diese mindestens 20 Jahre seit der ersten Festlegung der Töne oder der ersten Veröffentlichung betragen. Einen Schutzfristenvergleich sieht das Abkommen im Übrigen nicht vor (siehe OLG Hamburg GRUR-RR 2001, 73, 77 f. – *Frank Sinatra).* Schreibt ein Vertragsstaat zur Erlangung des Schutzes bestimmte Förmlichkeiten vor, so müssen diese als eingehalten gelten, wenn alle in der Öffentlichkeit verbreiteten, erlaubten Vervielfältigungsstücke des Tonträgers oder deren Hüllen den Vermerk Ⓟ mit dem Veröffentlichungsjahr aufweisen. Außerdem müssen alle Vervielfältigungsstücke bzw. Hüllen den Hersteller, Rechtsnachfolger oder ausschließlichen Lizenznehmern zumindest durch eine Marke oder geeignete Bezeichnung erkennen lassen; ist dies nicht der Fall, muss der Ⓟ-Vermerk den Namen (nicht ein sonstiges Zeichen) enthalten (Art. 5).

Die Bundesrepublik hat die **Schutzerfordernisse** des GTA vor allem in **45** §§ 85 i.V.m. 97 ff., 108 Nr. 5, 108a ff. und Art. 2 Abs. 1 Zustimmungsgesetz vom 10.12.1973 zum GTA (BGBl. 1973 II S. 1669) **umgesetzt.** Dabei sind gemäß Art. 2 Abs. 1 Satz 1 des Zustimmungsgesetzes Angehörige eines anderen Vertragsstaates nur gegen die in Art. 2 des Genfer Tonträgerabkommens genannten Handlungen (Herstellung, Einfuhr, Verbreitung ungenehmigter Vervielfältigungsstücke) geschützt, besitzen jedoch insb. nicht die Vergütungsansprüche aus § 86 und § 85 Abs. 4 i.V.m. 54. Im Hinblick auf den zeitlichen Anwendungsbereich können in Deutschland grundsätzlich auch solche Tonträger geschützt sein, die vor dem Zeitpunkt des Inkrafttreten des Abkommens (18.05.1974) für Deutschland festgelegt worden sind, da Deutschland den entsprechenden Vorbehalt in Art. 7 Abs. 3 nicht erklärt hat. Allerdings dürfen vor Inkrafttreten des GTA (noch) rechtmäßig produzierte Vervielfältigungsstücke weiterhin verbreitet und eine (noch) rechtmäßig begonnene Produktion vollendet werden, Art. 2 Abs. 2 des Zustimmungsgesetzes.

i) Brüsseler Satelliten-Abkommen: Das Übereinkommen über die Verbreitung **46** der durch Satelliten übertragenen Signale vom 21.05.1974 (Brüsseler Satelliten-Abkommen; abrufbar unter www.fromm-nordemann.de) soll Sendeunternehmen, die ihre Sendungen über Satelliten ausstrahlen, schützen. Für Deutschland gilt es seit 25.08.1979. Übersicht über die aktuellen Mitglieder unter www.fromm-nordemann.de.

Das Abkommen soll Sendeunternehmen vor einer **unerlaubten Weitersendung 47** ihrer über Satelliten ausgestrahlten Sendungen durch terrestrische Sendeunternehmen schützen. Insofern müssen die Vertragsstaaten die für einen Schutz erforderlichen Regelungen vorsehen, Art. 2 Abs. 1 Satz 1; es bleibt jedoch ihnen überlassen, ob sie dies durch ein Ausschließlichkeitsrecht oder in anderer Weise tun. Geschützt sind Ursprungsunternehmen, die einem jeweils anderen Vertragsstaat angehören, Art. 2 Abs. 1 Satz 2. Vom Schutz ausgenommen sind Sendungen über sog. Direktsatelliten, die also ohne terrestrische Zwischen- oder Weitersendungen empfangen werden können, und Weitersendungen, denen eine rechtmäßige Weitersendung vorausgeht (Art. 3, 2 Abs. 3). Auch in der Regelung der **Schutzdauer** sind die Vertragsstaaten frei, Art. 2 Abs. 2. Sie dürfen außerdem **Ausnahmen und Schranken** zu Gunsten der Berichterstattung über Tagesereignisse und für ein Zitatrecht regeln, Art. 4. Deutschland hat die Schutzverpflichtungen aus dem Brüsseler Satelliten-Abkommen in erster Linie mit dem **Zustimmungsgesetz** (ZustimmungsG v. 14.02.1979, BGBl. 1979 II S. 113) zu dem Abkommen umgesetzt. Art. 2 Abs. 1 des Zustimmungsgesetzes enthält ein besonderes ausschließliches Recht der Weitersendung zu Gunsten der Sendeunternehmen, das Vertragsausländern ebenso wie inländischen Sendeunternehmen gewährt wird. Die Sendungen sind 25 Jahre ab der Satellitenübertragung geschützt, Art. 2 Abs. 2 des Zustimmungsgesetzes. Die Schutzschranken zu Gunsten der Berichterstattung und des Zitatrechts sind in Art. 2 Abs. 3 des Zustimmungsgesetzes geregelt; diese Regelung verdrängt die der §§ 48, 49 (ebenso Schricker/*Katzenberger*[3] Rn. 98). Nach Art. 2 Abs. 6 des Zustimmungsgesetzes bleibt ein weitergehender Schutz nach § 87 ausdrücklich unberührt. Fraglich ist insofern, ob die in dem Satelliten-Übereinkommen vorgesehene Schutzdauer von 25 Jahren – gegenüber 50 Jahren nach der ersten Funksendung in § 87, der insofern die Schutzdauer-RL umsetzt – noch mit der **Schutzdauer-RL** zu vereinbaren ist. Allerdings sind Gegenstand des Schutzes durch das Brüsseler Satelliten-Abkommen programmtragende Signale als elektronisch erzeugte, zur Übertragung von Programmen geeignete Signale (Art. 1 Nr. i, Art. 2 Abs. 1 des Abkommens), nicht hingegen die Funksendung als Immaterialgut wie im Rahmen des § 87 und der Schutzdauer-RL (so zu Recht Schricker/*Katzenberger*[3] Rn. 99).

48   j) **Europäisches Fernseh-Abkommen:** Das Europäische Abkommen zum Schutz von Fernsehsendungen (Europäisches Fernseh-Abkommen) vom 22.06.1960 in der Fassung des am 22.01.1965 in Straßburg unterzeichneten Protokolls ist für die Bundesrepublik Deutschland seit 09.10.1967, zwei weitere Zusatzprotokolle vom 14.01.1974 und 21.03.1983 jeweils seit 31.12.1974 und 01.01.1985 in Kraft. Das Abkommen bindet heute Kroatien, Dänemark, Frankreich, Deutschland, Niederlande, Schweden und das Vereinigte Königreich (Text und Übersicht abrufbar unter www.fromm-nordemann.de; zum Verhältnis zum Rom-Abkommen siehe Art. 13 des Abkommens in der Fassung des Protokolls von 1965 und Schricker/*Katzenberger*[3] Rn. 101). Das Europäische Fernseh-Abkommen schützt die in den Mitgliedsstaaten ansässigen oder dort Sendungen durchführenden **Sendeunternehmen** in allen Vertragsstaaten einschließlich ihres Heimatstaates gegen die Weitersendung, öffentliche Drahtfunkübertragung und öffentliche Wiedergabe ihrer Sendungen, gegen die Festlegung ihrer Sendungen einschließlich der Einzelbilder (in Deutschland jedoch nur bei Gewährleistung der Gegenseitigkeit, Art. 3 Abs. 2 des Zustimmungsgesetzes i.V.m. Art. 3 Abs. 1 und 10 des Abkommens), die Vervielfältigung derartiger Festlegungen und schließlich gegen die Weitersendung, Drahtfunkübertragung und öffentliche Wiedergabe derartiger Festlegungen (Art. 1 Abs. 1). Dieser Schutz wird ergänzt durch den Grundsatz der **Inländerbehandlung** der Sendeunternehmen in den jeweils anderen Vertragsstaaten, Art. 1 Abs. 2, jedoch umgekehrt zu Gunsten der Berichterstattung über Tagesereignisse und der vorübergehenden Aufzeichnung durch Sendeunternehmen eingeschränkt (Art. 2 Abs. 2 des Zustimmungsgesetzes i.V.m. §§ 50, 55), was Art. 3 Abs. 2 des Abkommens ausdrücklich zulässt. Die Sendungen müssen mindestens 20 Jahre vom Ende des Jahres an, in dem die Sendung stattgefunden hat, geschützt sein, Art. 2.

49   k) **Weitere Abkommen:** Von Deutschland noch nicht ratifiziert worden ist zunächst die **Europäische Konvention über urheber- und leistungsschutzrechtlichen Fragen im Bereich des grenzüberschreitenden Satellitenrundfunks** vom 11.05.1994. Sie ist für die Mitgliedsstaaten des Europarates, die Vertragsstaaten des Europäischen Kulturabkommens und die Europäische Union zur Unterzeichnung aufgelegt, mangels ausreichender Ratifizierungen jedoch noch nicht in Kraft getreten. Die Konvention soll vor allem die Gesetzgebung der Vertragsstaaten im Urheber- und Leistungsschutzrecht für den Satellitenrundfunk harmonisieren und, wo erforderlich, das anwendbare Recht klarstellen. Anwendbar soll gemäß Art. 3 Abs. 1 der Konvention grundsätzlich nur das Recht des Sendelandes sein. Sendeland ist nach Art. 3 Abs. 2 der Konvention das Land, in dem die programmtragenden Signale in die Kommunikationskette eingespeist werden. Weitere Einzelheiten zur Konvention bei Schricker/*Katzenberger*[3] Rn. 103 ff. Deutschland ist hingegen seit dem 01.07.1995 durch das insgesamt am 01.04.1994 in Kraft getretene **Europäische Übereinkommen**

über die Gemeinschaftsproduktion von Kinofilmen vom 02.10.1992 gebunden (abrufbar unter www.fromm-nordemann.de). Das Übereinkommen befasst sich mit mehrseitigen europäischen Gemeinschaftsproduktionen, die unter bestimmten Voraussetzungen nach dem Abkommen in jedem Mitgliedsstaat Anspruch auf dieselben Vergünstigungen wie nationale Produktionen haben sollen.

Die **Europäische Vereinbarung über den Austausch von Programmen mit** **50** **Fernsehfilmen** vom 15.12.1958 ist für Deutschland nicht in Kraft getreten (abrufbar unter www.fromm-nordemann.de). Das **Europäische Übereinkommen zum Schutz des audiovisuellen Erbes** vom 08.11.2001, das eine Archivierungspflicht jedes veröffentlichten Films enthält, hat die Bundesrepublik Deutschland bislang weder unterzeichnet noch ratifiziert; es ist auch insgesamt noch nicht in Kraft getreten (abrufbar unter www.fromm-nordemann.de).

Schließlich ist die **Pariser Verbandsübereinkunft zum Schutz des Gewerblichen** **51** **Eigentums vom 20.03.1883 (PVÜ)** heute ohne praktische Bedeutung im Urheber- und Leistungsschutzrecht. Früher ermöglichte es auf der Grundlage des Prinzips der Inländerbehandlung einen ergänzenden wettbewerbsrechtlichen Schutz zu Gunsten verbandsangehöriger Ausländer. Mit Inkrafttreten des Markengesetzes am 01.01.1995 bzw. der UWG-Reform vom 03.07.2004 gibt es im deutschen Recht jedoch keine fremdenrechtlichen Beschränkungen des wettbewerbsrechtlichen Schutzes mehr.

4.   Zweiseitige internationale Verträge

a) Allgemeines: Im Bereich des Urheber- und Leistungsschutzrechts besitzen **52** zweiseitige internationale Verträge, die vor allem bis in die sechziger Jahre hinein zahlreich von der Bundesrepublik abgeschlossen wurden, nur noch dann praktische Bedeutung, wenn die Vertragspartner Deutschlands weder TRIPS- noch RBÜ- oder WUA-Vertragsstaaten sind. Im Übrigen kann ein zweiseitiger Vertrag auch gegenüber TRIPS-, RBÜ- oder WUA-Unterzeichnern dann relevant werden, wenn er im Einzelfall bessere oder umfassendere Rechte gewährt als das mehrseitige internationale Abkommen, da Art. 20 RBÜ (für TRIPS i.V.m. Art. 9 TRIPS) weitere Verträge insofern grundsätzlich unberührt lässt. Dies gilt mit einigen Abweichungen im Prinzip auch für das Verhältnis zwischen zweiseitigen Verträgen und WUA. Das WUA lässt ältere zweiseitige und mehrseitige Übereinkommen zwischen Vertragsstaaten des WUA unberührt (Art. XIX Satz 1), geht aber abweichenden Regelungen dieser Verträge vor (Art. XIX Satz 2 WUA). Da das WUA nach Art. VII solchen Werken keinen Schutz gewährt, die bei Inkrafttreten des WUA für einen Vertragsstaat schon geschaffen, aber nicht geschützt waren, bleiben nach Art. XIX Satz 3 WUA außerdem die Rechte an einem Werk, die jemand in einem Vertragsstaat des WUA auf der Grundlage eines vor Inkrafttreten des WUA geschlossenen Vertrages oder einer Vereinbarung erworben hat, unberührt (dazu OLG Frankfurt/M. GRUR-RR 2004, 99, 100 f. – *Anonyme Alkoholiker*).

b) Relevante Verträge: Mit diesen Maßgaben sind noch folgende zweiseitige **53** Verträge für Deutschland relevant (zitiert nach BGBl. 2007 II Nr. 4 v. 22.02.2007 – Fundstellennachweis B):
– Ägypten (Vertrag vom 21.04.1951, in Kraft seit 31.05.1952, Text in BGBl. 1952, II S. 525; Mitglied von TRIPS und RBÜ);
– Brasilien (Vertrag vom 04.09.1953, in Kraft seit 23.05.1958, Text in BGBl. 1954, II S. 533, Mitglied TRIPS, RBÜ, WUA);

- Ecuador (Vertrag vom 01.08.1953, in Kraft seit 15.10.1954, Text in BGBl. 1954, II S. 712; Mitglied von TRIPS, RBÜ, WUA);
- Griechenland (Vertrag vom 12.02.1951, in Kraft seit 12.11.1953, Text in BGBl. 1952, II S. 517; Mitglied TRIPS, RBÜ, WUA);
- Iran (Vertrag vom 04.11.1954, in Kraft am selben Tage, Text in BGBl. 1955, II S. 829, kein Mitglied internationaler Abkommen);
- Island (Protokoll vom 19.12.1950, in Kraft am selben Tage, Mitglied von TRIPS, RBÜ, WUA);
- ehemaliges Jugoslawien (Vertrag vom 21.07.1954, in Kraft seit 29.05.1956, Text in BGBl. 1955, II S. 89, Mitglied von RBÜ und WUA);
- Kolumbien (Vertrag vom 11.05.1959, in Kraft seit 15.01.1966, Text in BGBl. 1951, II S. 13, Mitglied TRIPS, RBÜ, WUA);
- Libanon (Vertrag vom 08.03.1955, in Kraft seit 17.04.1964, Text in BGBl. 1955, II S. 897, Mitglied RBÜ, WUA);
- Mexiko (Vertrag vom 04.11.1954, in Kraft seit 20.02.1956, Text in BGBl. 1955, II, S. 903; Mitglied TRIPS, RBÜ, WUA);
- Pakistan (Vertrag vom 04.03.1950, in Kraft seit 15.05.1953. Text in BGBl. 1950, S. 717, Mitglied TRIPS, RBÜ, WUA);
- Peru (Vertrag vom 20.07.1951, in Kraft seit 14.06.1952, Text in BGBl. 1952, II S. 333; Mitglied TRIPS, RBÜ, WUA);
- Sri Lanka (Protokoll vom 22.11.1952, in Kraft seit 08.08.1955, Text in BGBl. 1955, II S. 189, Mitglied TRIPS, RBÜ, WUA);
- Türkei (Vertrag vom 27.05.1930, in Kraft seit 25.09.1930, Text in RGBl. 1930 II S. 1026, siehe BGBl. 1952 II S. 608; Mitglied TRIPS, RBÜ);
- USA (Übereinkommen vom 15.01.1892, in Kraft seit 06.05.1892, Text in RGBl. 1892, S. 473; Einzelheiten vgl. Rn. 55 ff.).

54 Das Übereinkommen zwischen Deutschland und Österreich vom 30.06.1930 **über Fragen des gegenseitigen gewerblichen Rechtsschutzes und des gegenseitigen Schutzes des Urheberrechts** (RGBl. 1930 II S. 1077), das seit 19.09.1930 in Kraft war, dürfte nach Mitgliedschaft beider Staaten in der EU und mithin der Gleichstellung österreichischer Urheber mit Deutschen nach § 120 Abs. 2 Nr. 2 keine Bedeutung mehr besitzen. – Des weiteren gibt es eine Vielzahl zweiseitiger Verträge über die Förderung und den Schutz von Investitionen bzw. Kapitalanlagen. Zu Kapitalanlagen zählen dabei in aller Regel auch Rechte des geistigen Eigentums wie Urheberrechte und verwandte Schutzrechte. Übersicht in BGBl. 2007 II vom 22.02.2007 – Fundstellennachweis B, S. 849, v.a. S. 852 ff., abgeschlossen am 31.12.2006.

55 c) **Deutsch-amerikanisches Urheberrechtsabkommen von 1892:** Trotz des Beitritts der **USA** zur RBÜ mit Wirkung vom 01.03.1989 (BGBl. 1989 II S. 100) und dem Inkrafttreten von TRIPS für beide Staaten am 01.01.1995 ist das zweiseitige **Übereinkommen über den gegenseitigen Schutz der Urheberrechte vom 15.01.1892** (RGBl. 1892 S. 473; abrufbar unter www.frommnordemann.de), das bereits am 06.05.1892 in Kraft getreten ist, weiterhin für die Urheberrechtsbeziehungen zwischen Deutschland und den USA bedeutsam, und zwar insb. deshalb, weil es im Gegensatz zu TRIPS, RBÜ und WUA in seinem Art. 1 für **Staatsangehörige der USA in Deutschland Inländerbehandlung ohne Schutzfristenvergleich** vorsieht. Dies gilt uneingeschränkt jedoch erst seit dem Beitritt der USA zu RBÜ mit Wirkung vom 01.03.1989 und mithin nur für Werke, die an jenem Tag ihren Schutz weder im Ursprungsland USA noch im Schutzland Deutschland wegen Ablauf der Schutzfrist verloren hatten (Art. 18 Abs. 1 und Abs. 2 RBÜ). **Bezugspunkt** ist insofern nach richtiger Auffassung nicht das konkret in Rede stehende Werk, sondern die generelle Behandlung von Werken der entsprechenden Kategorie (OLG Frankfurt/M. GRUR-RR 2004, 99, 100 f. – *Anonyme Alkoholiker*; ebenso Cour d'appel de Versailles (12e ch.), 15.2.2007 – *Gaumont Columbia Tristar/Editions Montparnasse et al.*). Schutz kann also – solange die Schutzdauer von 70 Jahren p.m.a. noch läuft – alles genießen, was am 01.03.1989 in den USA noch hätte geschützt sein können. Für den Zeitraum vor dem 01.03.1989 ist die Lage – mit einem z.T. erheblichen **Schutzfristgefälle** zwischen den beiden Staaten – komplizierter: Bis zum Inkrafttreten des WUA für die Bundesrepublik und die USA am 16.09.1955 galt das Übereinkommen zwischen Deutschland und den USA vom 15.01.1892 uneingeschränkt. Mit Inkrafttreten des WUA am 16.09.1955 wurde das WUA, weil es einen Schutzfristenvergleich grundsätzlich vorschrieb, insofern gegenüber dem deutsch-amerikanischen Übereinkommen vorrangig (Art. XIX Satz 2 WUA), so dass ab diesem Zeitpunkt ein Vergleich der Schutzfristen vorgenommen werden musste. Aus Gründen des Vertrauensschutzes wurde jedoch kein Schutzfristenvergleich für amerikanische Werke vorgenommen, wenn diese vor Inkrafttreten des WUA geschaffen worden waren, so dass diese Werke die volle (damals) 50jährige Schutzfrist des deutschen Rechts erreichen konnten (OLG Frankfurt/M. GRUR-RR 2004, 99, 100 f. – *Anonyme Alkoholiker*). Dies galt allerdings nicht für die durch das UrhG 1965 auf 70 Jahre verlängerte Schutzdauer; insofern musste bis zum 01.03.1989 der Schutzfristenvergleich nach § 140 vorgenommen werden (BGH GRUR 1978, 300, 301 – *Buster-Keaton-Filme*; BGH GRUR 1978, 302, 303 f. – *Wolfsblut*; OLG Frankfurt/Main GRUR-RR 2004, 99, 100 f. – *Anonyme Alkoholiker*).

Die USA dagegen schützten nicht erschienene Werke nach *common law* unbe- **56** fristet, sonst 28 Jahre (ab 1909; vorher 14 Jahre) seit dem ersten Erscheinen *und* der Registrierung (nebst Hinterlegung zweier Werkexemplare) beim *Copyright* Office in Washington, mit der Möglichkeit einer einmaligen Verlängerung der Schutzfrist um weitere 28 Jahre auf entsprechenden schriftlichen Antrag. Erst ab dem Inkrafttreten des *Copyright Act* 1976 am 01.01.1978 galt, wenn auch nur für seither neu geschaffene Werke, die 50-Jahres-Schutzfrist nach dem Tode des Urhebers. Seit Inkrafttreten des Sonny Bono Copyright Extension Act 1998 beträgt die Schutzdauer grundsätzlich 70 Jahre *post mortem auctoris* für alle in diesem Zeitpunkt noch geschützten Werke (*Nimmer* On Copyright § 9.01). Vorbestehende Werke, die 1998 noch nicht gemeinfrei waren, können also seitdem bis zu 95 Jahre lang geschützt sein (*Nimmer* On Copyright § 9.01). Für ältere **deutsche Werke in den USA,** die dort wegen Nichterfüllung der Förmlichkeiten, sei es wegen fehlender Registrierung oder wegen Fehlens des Copyright-Vermerks (der seit dem Inkrafttreten des WUA am 16.09.1955 nach dessen Art. III genügte), von vornherein als gemeinfrei angesehen wurden oder wegen Nichterneuerung gemeinfrei geworden waren, ist der Schutz zum 01.01.1995 aufgrund des *Uruguay Round Agreements Act,* mit dem die USA dem TRIPS-Abkommen beitraten (vgl. Rn. 17 ff.), wieder aufgelebt. Er dauert nunmehr grundsätzlich bis zu seinem Ablauf im Ursprungsland (*source country*), also dem Land, wo das fragliche Werk zuerst erschienen ist, längstens aber bis zum Ablauf der Übergangsfrist des *Copyright Act* 1976, die 75 Jahre ab Ersterscheinen beträgt. Maßgeblich ist insoweit die Erstpublikation in den USA; ein früheres Erscheinen im Ausland löste nach einer neueren, ausführlich begründeten Entscheidung des *US Court of Appeal* keine Rechtsfolgen im US-amerikanischen Inland aus (Twin Books Corp. v. The Walt Disney Co. vom 20.05.1996, No. 95–15250 – *Bambi*, kritisch dazu *Nimmer* On Copyright, § 4.01.C.1

[1997], auf dessen frühere Ansicht sich die Entscheidung allerdings ausdrücklich beruft), führte also für sich allein weder zum Schutzfristbeginn nach gar zur Gemeinfreiheit. Ganz ohne Förmlichkeiten entfaltet das *restored copyright* seine Wirkung allerdings nicht: Man konnte entweder bis zum 31.12.1997 auf einem Formblatt für eine Mehrzahl von Werken, also etwa für das gesamte *oeuvre* eines Urhebers oder für einen Verlagskatalog, beim *Copyright Register* eine *notice of intent to enforce a restored copyright* („NIE") erklären, oder man kann noch jederzeit jedem Nutzer gegenüber für ein oder mehrere einzelne Werke eine solche Erklärung abgeben, die dann für diesen eine Übergangsfrist in Lauf setzt (Einzelheiten bei *Michel Walter* ÖBl. 1997, 51, 58 ff.).

57 Auch im Übrigen begünstigte das Übereinkommen fast ein Jahrhundert lang die **Urheber aus den USA in Deutschland:** Während dort für ein im Dienst- oder Arbeitsverhältnis oder auch nur aufgrund eines Auftrages geschaffenes Werk der Dienstherr, Arbeitgeber oder Auftraggeber als Urheber gilt (*work made for hire*), wird hier sein eigentlicher Schöpfer als solcher anerkannt (vgl. Rn. 84). US-amerikanischen Urhebern stehen in Deutschland die Urheberpersönlichkeitsrechte zu (§ 121 Abs. 6, darüber hinaus aber auch diejenigen aus den §§ 23, 25, 39, 42). Sie haben hier die Ansprüche aus § 36, aus dem Folgerecht (§ 26; das insoweit über Art. 14ter RBÜ hinausgehende Übereinkommen ist von Art. 20 RBÜ gedeckt) und aus den gesetzlichen Vergütungsansprüchen, die es in den USA nicht gibt. US-amerikanische Architekten, aber auch Designer und andere Urheber angewandter Kunst waren bis zum Inkrafttreten des *Copyright Act* von 1976 am 01.01.1978 in Deutschland weitaus besser geschützt als in ihrer Heimat (für die Zeit seit Inkrafttreten des WUA 1955, aber vgl. § 140 Rn. 2 ff.).

III. Autonomes deutsches Urheberkollisionsrecht

1. Einführung

58 Berührt ein urheberrechtlicher Fall mehrere Rechtsordnungen, bestimmt das mit der Sache befasste Gericht mit Hilfe des eigenen internationalen Privatrechts, der sog. *lex fori*, das konkret anzuwendende nationale Recht. Dabei müssen die deutschen Gerichte von Amts wegen die kollisionsrechtlichen Regeln beachten und anwenden, denn das Kollisionsrecht ist Teil des deutschen Rechts und seine richtige Anwendung in der Revisionsinstanz zu prüfen (zum Urheberrecht BGH GRUR 2007, 691, 692 – *Staatsgeschenk;* NJW 1993, 2305, 2306; NJW 1996, 54, 55). Das Gericht weist der Rechtsfrage zunächst eine Kollisionsnorm zu (**Qualifikation**) und bestimmt danach das anwendbare Recht. Dabei verweist das deutsche IPR grundsätzlich auf das ausländische Recht insgesamt, d.h. einschließlich dessen Kollisionsrecht (**Gesamtverweisung,** Art. 4 Abs. 1 S. 1 EGBGB). Im ausländischen Recht, das das deutsche Gericht wiederum von Amts wegen durch alle ihm zur Verfügung stehenden Quellen – in der Praxis meist durch Sachverständigengutachten – ermittelt (BGH NJW 2003, 2685), muss also zunächst dessen IPR geprüft werden, woraus sich mitunter eine Weiterverweisung – das ausländische Recht erklärt das Recht eines dritten Staates für anwendbar – oder eine Rückverweisung auf deutsches Sachrecht, ein *Renvoi* im eigentlichen Sinne, ergeben kann (siehe Art. 4 Abs. 1 S. 2 EGBGB).

2. Anknüpfung an das Recht des Schutzlands

a) **Allgemeines:** Das autonome deutsche Urheberkollisionsrecht richtet sich **59** nach wie vor nach ungeschriebenen Regeln; es wird ebenso wie die ganz überwiegende Zahl der ausländischen Kollisionsrechte durch das sog. **Schutzlandprinzip** – nach h.M. aus dem **Territorialitätsprinzip** hergeleitet und im Grundsatz der Inländerbehandlung der internationalen Übereinkommen enthalten bzw. vorausgesetzt – beherrscht: Das Urheberrecht untersteht wie die anderen Immaterialgüterrechte insgesamt der *lex loci protectionis*, dem Recht des Schutzlandes (anders heute im Wesentlichen noch *Schack*[4] Rn. 894 ff.), d.h. dem Recht des Staates, für dessen Gebiet – *nicht*: vor dessen Gerichten – Schutz beansprucht wird (st. Rspr., zuletzt BGH GRUR 2007, 691, 692 – *Staatsgeschenk*; BGH GRUR 2007, 871, 873 – *Wagenfeld-Leuchte*). Auch der EuGH (EuGH GRUR Int. 1994, 614 ff. – *Ideal Standard II*) geht ebenso wie der Entwurf einer EU-Verordnung für das auf außervertragliche Schuldverhältnisse anwendbare Recht („Rom II", Dok. KOM (2003) 427 v. 22.7.2003; dazu *Junker* NJW 2007, 3675 ff.) grundsätzlich von einer Anknüpfung der Immaterialgüterrechte an die *lex loci protectionis* aus. Danach wird das Urheberrecht für jedes Land einzeln und grundsätzlich in seinem Schutz auf das Territorium dieses Landes beschränkt gewährt. Der Urheber hat also nicht ein einzelnes, weltweit bestehendes und sich nur in seinen Ausprägungen von Land zu Land unterscheidendes Schutzrecht, sondern ein **Bündel nationaler,** im Wesentlichen von einander unabhängiger **Urheberrechte** (sog. *„Kegel'sche Bündeltheorie"*). Er kann und muss sein Recht grundsätzlich in jedem Land einzeln und unabhängig vermarkten; Verletzungshandlungen muss er in jedem Land, das ihm Schutz gewährt, einzeln und grundsätzlich auf das Territorium jenes Landes beschränkt verfolgen.

b) **Universalitätsprinzip:** Die entgegengesetzte Auffassung will das Urheber- **60** recht international und insgesamt stets dem Recht des Urhebers bzw. des Ursprungslands des Werkes unterstellen; vereinfacht ausgedrückt bleibt das anwendbare nationale Urheberrecht nach diesem Ansatz unabhängig davon, in welchem Staat das Werk verwertet oder eine Rechtsverletzung begangen wird, stets das gleiche, folgt also gewissermaßen dem Urheber (sog. **Ursprungsland – oder Universalitätsprinzip**). Heute wird es in dieser Absolutheit – soweit ersichtlich – nicht mehr vertreten (zu Ansätzen im europäischen Recht vgl. Rn. 62). Vielmehr wollen die heutigen Anhänger des Universalitätsprinzips vor allem unter dem Gesichtspunkt der einfacheren Vermarktung eines urheberrechtlich geschützten Werks nur noch die Fragen des Entstehens und der ersten Inhaberschaft des Urheberrechts aus dem Schutzlandrecht herausnehmen und gesondert nach dem Recht des Ursprungslandes beurteilen (vor allem *Schack*[4] Rn. 894 ff.). Als Herkunftsstaat wird dabei in der Regel das Land der ersten Veröffentlichung, bei unveröffentlichten Werken das Herkunftsland des Urhebers angesehen. Insb. für eine weltweite Vermarktung müsste dann derjenige, der nach seinem eigenen Recht Urheber ist bzw. diese Stellung vom Urheber erworben hat, nicht mehr darauf achten, ob er dies in den anderen für ihn wesentlichen Ländern auch ist und mit dem nach dem Recht dieser Länder „wahren" Urheber Zusatzvereinbarungen schließen. Er könnte sich darüber hinaus darauf verlassen, dass das, was sein eigenes Recht als schutzfähig ansieht, auch überall sonst auf der Welt Urheberrechtsschutz genießt. Die Anwendung des Rechts des Ursprungslandes soll schließlich den menschenrechtlichen Gehalt des Urheberrechts, das wenigstens im Kern nicht von staatlicher (konstitutiv wirkender) Verleihung abhängig sei, unterstreichen.

61 Allerdings wirft diese Auffassung mehr Probleme auf, als sie löst. Denn eine gewisse Sicherheit für den (Haupt-) Verwerter wird mit völliger Unsicherheit für alle weiteren potentiellen Nutzer erkauft. So müsste jeder, der nach dem Urheberrecht seines eigenen Landes ein Werk rechtmäßig nutzt, weil es dort zum Beispiel nicht als schutzfähig angesehen wird, zunächst einmal nachforschen, woher das Werk eigentlich stammt. Gelingt ihm dies, muss er dann noch aufwendig herausfinden, ob das Recht dieses Ursprungslandes das jeweilige Werk schützt. Darüber hinaus verkennt diese Ansicht, dass wesentliche materiellrechtliche Bestimmungen, die mit Inhaberschaft und Existenz des Urheberrechts in Zusammenhang stehen, eng mit dem persönlichkeitsrechtlichem Gehalt des Urheberrechts verknüpft sind und insofern Grundwertungen des jeweiligen Gesetzgebers widerspiegeln. Dies gilt zum Beispiel für die enge Beziehung, die das deutsche Urheberrecht zwischen dem Urheber und seinem Werk annimmt und durch die Unübertragbarkeit des Urheberrechts als solchem und der verschiedenen persönlichkeitsrechtlichen Befugnisse des Urhebers zum Ausdruck bringt. Auch sind viele Urheberpersönlichkeitsrechte nur für den wahren Urheber wirklich sinnvoll; bereits für eine juristische Person, die zum Beispiel in den USA durchaus Urheber sein kann, wird man Existenz und Durchsetzung der Urheberpersönlichkeitsrechte nur schwierig begründen können. Dann aber führt die Anwendung des Rechts des Ursprungslandes auf die Frage der Inhaberschaft des Urheberrechts bei Anwendung des Schutzlandrechtes im Übrigen zu Widersprüchen. Schließlich unterstellt eine ganze Reihe von Rechtsordnungen ihr Immaterialgüterrecht dem Territorialitätsprinzip, begrenzen also die Anwendbarkeit des eigenen materiellen Rechts streng auf das eigene Staatsgebiet. Dieser Nichtanwendungswille lässt sich kaum umgehen. Zu Recht lehnt die herrschende Meinung nach alledem eine Anwendung des Ursprungslandprinzips auch auf Teilbereiche ab.

62 **c) Herkunftslandprinzip im EU-Recht:** Allerdings versucht das europäische Recht mitunter, die urheberrechtlichen Nutzungsrechte im grenzüberschreitenden Verkehr mit Hilfe des sog. Herkunftslandprinzips, das dem Ursprungslandprinzip verwandt ist, zu lösen. So enthalten die **Satelliten- und Kabel-RL** (Richtlinie 93/83/EWG des Rates vom 27.9.1993, ABl. EG 1993, L 248/15) und der sie umsetzende § 20a UrhG in Abkehr von der vorher vielfach vertretenen Anknüpfung auch an das Recht der Empfangsländer (sog. *Bogsch*-Theorie; dazu Schricker/*Katzenberger*[3] Rn. 141 m.w.N.; vgl. § 20a Rn. 1 f.). Sachnormen, die im Ergebnis dazu führen, dass die Frage der urheberrechtlichen Nutzungsbefugnis für durch Satelliten übertragene Sendungen innerhalb der EU dem Ursprungsland der Sendung – dem Ort der öffentlichen Wiedergabe über Satellit – untersteht. Der Verwerter muss sich also nur nach dem in diesem Land geltenden Recht richten. Wird von einem Staat außerhalb der EU oder des EWR gesendet, so fingiert § 20a UrhG dennoch die Sendung aus einem Mitgliedstaat, wenn das Recht des Sendestaates nicht den EU-Schutzstandard erreicht (§ 20a Abs. 2 UrhG). Die urheberrechtliche Behandlung der Sendung selbst regelt die Richtlinie allerdings nicht, so dass hier wohl wieder an das Recht des Schutzlandes anzuknüpfen ist. Sehr ähnlich entscheidet die Rechtsprechung zum Teil, dass **terrestrische Rundfunksendungen** nur nach dem Urheberrecht des Sendelandes zu beurteilen seien (OLG Saarbrücken GRUR Int. 2000, 993 – *Sender Felsberg*). Etwas anderes soll nur dann gelten, wenn die Sendung nur auf das Bestimmungsland ausgerichtet, in anderen Staaten hingegen lediglich technisch bedingt zu empfangen ist und auch die Werbeeinnahmen von dort kommen: Dann sei das Urheberrecht dieses Landes anwendbar (OLG Saarbrücken GRUR Int. 2000, 993 f. – *Sender Felsberg*). Dies muss wohl auch für Sendungen über das Internet gelten.

d) Schutzlandprinzip und Tatortregel: In allen Ansätzen ist die vorgeschlagene **63** Anknüpfung jeweils eine **allseitige**, keine einseitige **Kollisionsnorm**: Sie befindet nicht lediglich über die Anwendbarkeit deutschen, sondern auch eines ausländischen Rechts, Art. 3 Abs. 1 S. 1 EGBGB. Es handelt sich im Grundsatz um eine Gesamtverweisung (Art. 4 Abs. 1 EGBGB). Ein *Renvoi* durch das Schutzlandrecht muss also grundsätzlich beachtet werden (str., wie hier Dreier/Schulze/*Dreier*² Rn. 26), wird aber angesichts der sehr verbreiteten Geltung des Schutzlandprinzips kaum vorkommen.

Ob das Schutzlandprinzip aus der **Tatortregel** als Grundnorm des interna- **64** tionalen Deliktrechts (Art. 40 Abs. 1 EGBGB) herzuleiten ist, ist nach wie vor streitig. Bedeutung hat der Streit insb. bei der Frage der Anknüpfung urheberrechtlicher Fälle im Internet: Ergibt sich das Schutzlandprinzip aus der Tatortregel, so stehen im Internet grundsätzlich sowohl Handlungs- als auch Erfolgsort als Anknüpfungspunkte zur Verfügung. Ist die *lex loci protectionis* hingegen als eigenständige Anknüpfung zu verstehen, kommt eine derartige Aufspaltung nicht in Betracht. Zurecht weist insofern der BGH (GRUR 1999, 152 – *Spielbankaffaire*) darauf hin, dass „die für das allgemeine Deliktsrecht geltende Rechtsanknüpfung an das Recht des Tatorts, d.h. des Handlungs- oder des Erfolgsorts, (...) bei Verletzungen von urheberrechtlichen Befugnissen nicht anwendbar" ist. Bei der Kodifizierung des internationalen Deliktsrechts in Art. 40 ff. EGBGB im Jahre 1999 wollte der Gesetzgeber die Tatortregel als solche vor allem angesichts der im internationalen Vergleich nahezu allgemeinen Geltung des Schutzlandprinzips ausdrücklich nicht auf das Immaterialgüterrecht anwenden (BGH GRUR 2007, 691, 692 – *Staatsgeschenk*). Die Tatortregel macht im Immaterialgüterrecht auch nicht viel Sinn: Da das Urheber- und Leistungsschutzrecht sich selbst streng territorial begrenzt, also nur für Handlungen auf seinem eigenen Gebiet anwendbar sein will, kann ein Tatort nur dort liegen, wo auch Schutz besteht. Der Tatort hängt also von der Existenz eines Schutzlandes ab, nicht umgekehrt. Ein Auseinanderfallen von Handlungs- und Erfolgsort ist demgegenüber – da in der Regel die Vornahme der Handlung selbst, z.B. die unerlaubte Vervielfältigung oder Veröffentlichung, den Verletzungserfolg bedeutet – kaum jemals anzunehmen. Dementsprechend besteht im Grundsatz Einigkeit darüber, dass auch die für die Tatortregel im EGBGB ausdrücklich vorgesehenen Abweichungen im Urheberkollisionsrecht keinen Raum haben (so auch BGH GRUR 2007, 691, 692 – *Staatsgeschenk*): So wird die im Gesetz vorgesehene Wahl zwischen Handlungs- und Erfolgsortrecht (Art. 40 Abs. 1 Satz 2 und 3 EGBGB, sog. Günstigkeitsprinzip) nach h.M. ebenso wenig gewährt, wie die Anwendung des Rechts am gemeinsamen gewöhnlichen Aufenthalt von Urheber und Verletzer in Betracht kommt (Art. 40 Abs. 2 EGBGB). Auch die in Art. 42 EGBGB in Abweichung von der Tatortregel ausdrücklich vorgesehene Möglichkeit der Parteien, das anwendbare Recht zu wählen, kommt allenfalls nachträglich hinsichtlich des Fahrlässigkeitsmaßstabs oder des Umfangs der Rechtsfolgen in Frage (ebenso Dreier/Schulze/*Dreier*² Rn. 28; siehe BGH GRUR 2007, 691, 692 – *Staatsgeschenk*). Schließlich scheidet auch eine vertragsakzessorische Anknüpfung (Art. 41 Abs. 2 Nr. 1 EGBGB) aus (ebenso Schricker/*Katzenberger*³ Rn. 134). Um einen Gleichlauf des anwendbaren Rechts zu gewährleisten, muss dies auch für **bereicherungsrechtliche Ansprüche** im Zusammenhang mit Eingriffen in das Urheberrecht gelten (Dreier/Schulze/*Dreier*² Rn. 28), wobei ohnehin Art. 38 Abs. 2 EGBGB eine Anknüpfung an das Recht des Eingriffsortes vorsieht (ebenso im österreichischen Recht: Österr. OGH GRUR Int. 2002, 773 – *Tausend Clowns*). Art. 40 Abs. 3 EGBGB ist allerdings anwendbar. Die Regelung sieht vor, dass Ansprüche, die einem ausländischen Recht unterliegen, nicht geltend gemacht werden können, soweit sie wesentlich über eine angemessene Entschädigung des Verletzten hinausgehen oder offensichtlich anderen Zwecken als einer angemessenen Entschädigung dienen. Wegen des Territorialitätsgrundsatzes können insofern nur die Rechtsfolgen verglichen werden, die sich bei einer vergleichbaren Verletzung aus dem deutschen UrhG ergeben würden.

3.　Umfang der Anknüpfung

65 **a) Allgemeines:** Die umfassende Anknüpfung an das Recht des Schutzlandes (zur Anknüpfung urheberrechtlicher Verträge vgl. Rn. 90) bietet die für die Praxis notwendige Einfachheit und problemlose Vorhersehbarkeit. Die ganz herrschende Meinung (z.B. Schricker/*Katzenberger*[3] Rn. 127, 129 ff.) unterstellt deshalb **alle Fragen** der Entstehung, der Inhaberschaft und der Übertragbarkeit (zur Einordnung des amerikanischen Konzepts des *work made for hire* vgl. Rn. 84), des Umfangs, Inhalts und der Schranken der Urheber- oder Leistungsschutzrechte sowie jedenfalls die Verfügung über diese Rechte dem Schutzlandrecht. Insb. das Verbot der Vorausabtretung bestimmter gesetzlicher Vergütungsansprüche in § 63a unterliegt also dem Schutzlandrecht, nicht dem Vertragsstatut, so dass auch in einem ausländischem Recht unterliegenden Vertrag die betroffenen Vergütungsansprüche nicht im Voraus an einen Verwerter abgetreten werden können. Zu diesem Ergebnis führt bei den gesetzlichen Vergütungsansprüchen übrigens auch Art. 33 Abs. 2 EGBGB, der die Übertragbarkeit einer Forderung ausdrücklich dem Forderungsstatut – bei gesetzlichen Ansprüchen des UrhG also deutschem Recht – unterstellt. Ob diese Anknüpfung der in § 63a geregelten Ansprüche, die der Gesetzgeber u.a. deshalb als unverzichtbar und nicht im Voraus abtretbar ausgestaltet hat, weil er sie als Teil der angemessenen Vergütung des Urhebers sah, angesichts der internationalprivatrechtlich klaren Regelung der angemessenen vertraglichen Vergütung im übrigen in § 32b in der internationalen Verwertungspraxis sinnvoll ist, mag bezweifelt werden; die Gesetzes- und mit ihr die Anknüpfungslage ist jedoch klar, so dass wohl kein Raum für eine abweichende, etwa an das Vertragsstatut anknüpfende Lösung bleibt.

65a Bei Übertragung des Urheberrechts im Wege der Rechtsnachfolge entscheidet zwar das Erbstatut – Art. 25 EGBGB – darüber, wer Erbe ist. Die Frage nach der **Vererblichkeit** des Urheberrechts ist jedoch nach deutschem Verständnis eine selbständig anzuknüpfende Vorfrage, die nach ganz h.M. wiederum das Recht des Schutzlands beantworten muss (OLG Düsseldorf ZUM-RD 2007, 465 ff. – *Die drei???*). Auch über das Erlöschen des Urheberrechts und die Dauer der Schutzfrist muss das Recht des Schutzlandes entscheiden. Allerdings lassen sowohl die RBÜ (Art. 5 Abs. 4) als auch das WUA (Art. IV Abs. 1, Abs. 4 a) jedenfalls gegenüber Urhebern aus Nicht-EU-Staaten den sog. **Schutzfristenvergleich** zu: Kein Land muss ein ausländisches Werk länger schützen, als dieser Schutz im Ursprungsland gewährt wird (vgl. Rn. 15; zu den Schutzfristen in den einzelnen Ländern vgl. Rn. 16a). Schließlich werden auch die Voraussetzungen und Rechtsfolgen einer **Verletzung**, d.h. die entstehenden Ansprüche dem Schutzlandrecht entnommen (zuletzt BGH GRUR 2007, 691, 692 – *Staatsgeschenk*; BGH GRUR 1999, 152, 153 – *Spielbankaffaire*; OLG Karlsruhe ZUM 2000, 327 ff. – *Nilpferdzeichnungen*). Das

Schutzlandrecht entscheidet auch darüber, wer aus einer Rechtsverletzung in Anspruch genommen werden kann (z.B. nur der Autor eines verletzenden Werkes oder auch der Verlag). Schließlich obliegt die Abgrenzung zwischen Schutz nach Urheber- oder z.B. nach Geschmacksmusterrecht der *lex loci protectionis.*

Das Recht des Schutzlandes entscheidet in diesem Zusammenhang auch da- **66** rüber, ob auf dem Gebiet des Schutzlandes vorgenommene **Teilhandlungen** eine Urheberrechtsverletzung darstellen (BGH GRUR 2007, 691, 692 f. – *Staatsgeschenk;* Schricker/*Katzenberger*[3] Rn. 135 ff.). Zwar beschränkt das Territorialitätsprinzip den Geltungsbereich urheberrechtlicher Regelungen auf das Inland, so dass im Grundsatz ein inländisches Urheberrecht nur durch eine hier, nicht hingegen durch eine ausschließlich im Ausland begangene Handlung verletzt werden kann (BGH GRUR 2007, 691, 692 f. – *Staatsgeschenk;* GRUR 1994, 798, 799 – *Folgerecht bei Auslandsbezug*; dazu *Katzenberger* FS Schricker 70. Geb., S. 377; auch BGH GRUR 2004, 421, 422 f. – *Tonträgerpiraterie durch CD-Export).* Grundsätzlich kann auch die **Teilnahme** im Inland an einer Urheberrechtsverletzung im Ausland kein im Inland gewährtes Urheberrecht verletzen (ebenso Schricker/*Katzenberger*[3] Rn. 131; a.A. noch LG Berlin Schulze LGZ 67, 9, 13ff). Im Einzelfall können jedoch **ausländische Sachverhalte** (nicht die Schutzrechtslage) in die Beurteilung nach inländischem Recht durchaus einbezogen werden. So erstreckt sich der Unterlassungsanspruch des Urhebers aus § 96 UrhG auch auf im Ausland hergestellte Vervielfältigungsstücke (BGH GRUR 1993, 550, 552 f. – *The Doors).* Auch im Rahmen der Erschöpfung, § 17 Abs. 2, spielt der ausländische Sachverhalt die entscheidende Rolle.

b) Einzelne Nutzungsarten: Grundsätzlich wird das durch §§ 15 Abs. 1, 16 **67** UrhG gewährte **Vervielfältigungsrecht** bei jeder Vervielfältigungshandlung innerhalb Deutschlands berührt, das Werk also hier z.B. kopiert, gedruckt, gespeichert, nach Abruf aus dem Internet bei dem Nutzer ausgedruckt, hier auf einen Rechner herauf- oder heruntergeladen wird usw. Dies gilt auch dann, wenn in Deutschland (nur) vervielfältigt, die Vervielfältigungsstücke jedoch in das Ausland geliefert werden sollen (Schricker/*Katzenberger*[3] Rn. 136). Dabei ist sowohl im Rahmen einer konventionellen Verletzung (unerlaubter Abdruck und spätere Verbreitung) als auch bei einer unerlaubten Vervielfältigung zur Zugänglichmachung über das Internet hinsichtlich des anwendbaren Rechts zwischen den einzelnen Verletzungshandlungen zu unterscheiden (zum Kollisionsrecht im Internet vgl. Rn. 75 ff.).

Das **Verbreitungsrecht** aus §§ 15 Abs. 1, 17 UrhG ist dann verletzt, wenn **68** Vervielfältigungsstücke in Deutschland in Verkehr gebracht oder sonst der Öffentlichkeit angeboten werden, sei es durch Import (siehe BGH GRUR 1980, 227, 230 – *Monumenta Germaniae Historica),* durch Verbreitung eines importierten Werks (siehe BGH GRUR 1986, 668, 669 f. – *Gebührendifferenz IV*; BGH GRUR 1985, 924 f. – *Schallplattenimport II),* durch Export (BGH GRUR 2004, 421, 424 – *Tonträgerpiraterie durch CD-Export;* verneint im Sonderfall in BGH GRUR 2007, 691, 692 f. – *Staatsgeschenk)* oder durch bloßes **Anbieten** in Deutschland bzw. erkennbar an den deutschen Markt, und zwar auch bei Aufforderung, die Ware im Ausland zu erwerben (BGH GRUR 2007, 871, 873 f. – *Wagenfeld-Leuchte).* Bei der reinen Durchfuhr hingegen ist das deutsche Verbreitungsrecht nach richtiger Auffassung nicht berührt, da damit keine Veräußerung oder ein sonstiges Inverkehrbringen im Inland verbunden ist (für das Markenrecht EuGH GRUR 2007, 146, 147 – *Diesel*; wie hier Dreier/Schulze/*Dreier*[2] Rn. 34).

69 Für das **Ausstellungsrecht** (§§ 15 Abs. 1, 18) sowie das **Vortrags-, Aufführungs- und Vorführungsrecht** (§§ 15 Abs. 2, 19) kommen schon aufgrund der Natur der Rechte grenzüberschreitende Eingriffe kaum jemals in Betracht; in jedem Fall dürfte deren Feststellung in aller Regel unproblematisch sein.

70 Das **Recht der öffentlichen Zugänglichmachung** aus §§ 15 Abs. 1, 19a UrhG ist nach der hier vertretenen Auffassung grundsätzlich nur dann berührt, wenn im Sinne einer präzisierten Anwendung des Schutzlandprinzips die betreffende Website (auch) auf Deutschland ausgerichtet ist (Rn. 77), nicht also bereits dann, wenn die Seite nur (technisch zufällig) auch aus Deutschland heraus abrufbar ist (siehe LG Hamburg ZUM-RD 2003, 547 ff.).

71 Im Rahmen des **Senderechts** aus §§ 15 Abs. 2, 20 ff. UrhG muss nach der Art der Sendung unterschieden werden. Bei einer von einem EU- oder EWR-Staat ausgehenden sog. **europäischen Satellitensendung** (§ 20a Abs. 1 UrhG) ist das deutsche Senderecht nur dann berührt, wenn die für den öffentlichen Empfang bestimmten Programmsignale in Deutschland in eine ununterbrochene Kette zum Satelliten und zurück zur Erde eingespeist werden. Die sog. Erdefunkstelle (d.h. der Ort, von dem aus die Signale von der Erde an den Satelliten geschickt werden) ist ebenso wenig relevant wie die diversen Orte, an denen die Signale empfangen werden können (näher vgl. § 20a Rn. 8). Da die Regelung in der Satellitenrichtlinie, die § 20a Abs. 1 UrhG umsetzt, sachrechtlicher Natur ist, bedeutet dies keinen Eingriff in das Schutzlandprinzip (ebenso Dreier/Schulze/*Dreier*[2] Rn. 36). Bei Satellitensendungen, die von einem Nicht-EU- bzw. EWR-Staat ausgehen, dem der in der Satelliten- und Kabel-RL vorgesehen Mindestschutz fehlt, greift nach § 20a Abs. 2 Nr. 1 und 2 UrhG dann in das deutsche Senderecht ein, wenn die Signale von einer deutschen Erdefunkstelle zum Satelliten geschickt werden oder das Sendeunternehmen seine Niederlassung in Deutschland hat. – Für alle **weiteren Satellitensendungen** ebenso wie für **grenzüberschreitende drahtlose terrestrische Sendungen** ist nach wie vor die streitige Frage relevant, ob das Senderecht nur im Sendeland oder auch in den einzelnen Empfangsländern berührt ist. Da der Empfang einer Sendung urheberrechtlich grundsätzlich nicht relevant ist, kann nach älterer Auffassung allein das Recht des Sendelandes anwendbar sein (z.B. *Ulmer*, Die Immaterialgüterrechte im IPR, S. 15). Die sog. *Bogsch*-Theorie (dazu Schricker/*Katzenberger*[3] Rn. 141) hält demgegenüber das Recht aller Staaten, in denen die jeweilige Sendung empfangen werden kann, zumindest dann für anwendbar, wenn das Recht des Sendestaates keinen ausreichenden Schutz bereithält. Die Rechtsprechung hat sich dem mitunter angeschlossen (BGH GRUR 2003, 328, 329 f. – *Sender Felsberg*; LG Stuttgart GRUR Int. 1995, 412, 413 f. – *Satelliten-Rundfunk*; OLG München ZUM 1995, 328 ff.; siehe auch OLG München ZUM 1995, 792 ff.; zu Internetsendungen vgl. Rn. 62). Der unvermeidliche sog. *Overspill* ausländischer Signale nach Deutschland berührt hingegen das deutsche Senderecht nicht. – Bei **Kabelsendungen** ist das Senderecht in Deutschland nur dann berührt, wenn die Signale hier der Öffentlichkeit tatsächlich zugänglich gemacht, also nicht lediglich durchgeleitet oder nur einem einzelnen z.B. Netzbetreiber, der dann seinerseits weitersendet, zugeleitet werden (ebenso Dreier/Schulze/*Dreier*[2] Rn. 39 m.w.N.).

72 Auch das **Wiedergaberecht** (§§ 15 Abs. 2, 21, 22 UrhG) ist in der Praxis unproblematisch. In das deutsche **Folgerecht** (§ 26 UrhG) wird nur dann eingegriffen, wenn die relevante Veräußerung selbst – also nicht lediglich

Auftrag bzw. Vollmacht an einen Versteigerer, Besitzübergabe oder weitere bloße Vorbereitungshandlungen – zumindest tw. in Deutschland stattgefunden hat. Die Nationalität des Urhebers ist ebenso wie die des Veräußerers oder Erwerbers irrelevant (BGH GRUR 1994, 798, 799 – *Folgerecht bei Auslandsbezug*; *Katzenberger* FS Schricker 70. Geb. S. 377). Zur Harmonisierung des Folgerechts innerhalb der EU vgl. § 26 Rn. 3 ff.

c) Gesetzliche Vergütungsansprüche: Auch für die gesetzlichen Vergütungs- **73** ansprüche ist maßgeblich, ob der jeweilige Nutzungsvorgang in Deutschland erfolgt (zu § 63a vgl. Rn. 9 f.; außerdem vgl. § 63a Rn. 19). Entscheidend ist also, ob in Deutschland vermietet bzw. verliehen wird (§ 27 Abs. 1 und 2), hier die Vervielfältigung und der Vertrieb an Behinderte stattfindet (§ 45a), der Schulbuchverlag in Deutschland seinen Sitz hat und in Deutschland privilegierte Vervielfältigungsstücke verbreitet (§ 46 Abs. 4), die Schule in Deutschland ihren Sitz hat (§ 47 Abs. 2), der Pressespiegelherausgeber in Deutschland sitzt und hier die Pressespiegel verbreitet (§ 49 Abs. 1 Satz 2), die keinem Erwerbszweck dienende öffentliche Wiedergabe in Deutschland stattfindet (§ 52 Abs. 1 Satz 2, Abs. 2 Satz 2) oder ob in Deutschland Leerkassetten, Bild- und Tonaufzeichnungs- oder Kopiergeräte vertrieben bzw. betrieben werden (§ 54 Abs. 1, 54a Abs. 1 und 2, jeweils i.V.m. §§ 54b und 54c) und schließlich, ob die Werke im Rahmen des § 52a in Deutschland (in dem unten (vgl. Rn. 79) verstandenen Sinne) öffentlich zugänglich gemacht oder die öffentlichen Bibliotheken im Rahmen des § 53a in Deutschland angesiedelt sind (dazu vgl. § 53a Rn. 3). Keine gesetzlichen Vergütungsansprüche sind hingegen §§ 32 und 32a. Es handelt sich vielmehr um zwar gesetzlich ausgestaltete, ihrem Grunde nach jedoch vertragliche Ansprüche. Dafür spricht mit der wohl h.M. (vgl. Rn. 88 und vgl. § 32b Rn. 1) schon, dass die Ansprüche in dem Abschnitt über das Urhebervertragsrecht geregelt sind. Im Übrigen wäre § 32b sonst überflüssig, denn §§ 32, 32a wären ohnehin als Teil der *lex loci protectionis* stets anwendbar, wenn eine Verwertung in Deutschland betroffen wäre. Dies muss auch für § 32c gelten; jedenfalls ist kein Grund ersichtlich, § 32c kollisionsrechtlich anders zu behandeln als den auch in der Durchgriffsmöglichkeit auf Dritte ähnlich ausgestalteten § 32a.

Lässt in einem der erwähnten Fälle der an sich privilegierte Nutzer z.B. **74** Vervielfältigungsstücke durch einen Dritten herstellen (§ 53 Abs. 1–3 UrhG) und sitzen Auftraggeber und Hersteller in unterschiedlichen Staaten, so fragt sich, ob für die Frage der Privilegierung auf die Erteilung des Auftrages oder die Durchführung des Herstellungsvorgangs abzustellen ist. Dabei spricht alles für die Anwendung des Rechts am Ort des privilegierten Auftraggebers, denn der eigentliche Kopiervorgang ist insofern lediglich technische Vorbereitungshandlung für eine Nutzung, die später am Sitz (bzw. im Niederlassungsland) des Auftraggebers stattfinden wird. Ein **in Deutschland privilegierter Nutzer** darf mithin Vervielfältigungsstücke oder sonstige Kopien auch von einem im Ausland ansässigen Dritten herstellen lassen, wenn das dortige Recht ein vergleichbares Privileg nicht vorsieht. Umgekehrt darf danach ein in Deutschland ansässiger Hersteller jedenfalls dann keine Vervielfältigungsstücke herstellen, wenn das ausländische Recht seines Auftraggebers diesem außerhalb eines vertraglichen Erwerbs von Nutzungsrechten keine Nutzungsrechte gewährt. Ist nach ausländischem Recht die Vervielfältigung in Deutschland insofern relevant, kann der deutsche Vervielfältiger allerdings eine Verletzung des ausländischen Urheberrechts begehen.

4. Urheberkollisionsrecht im Internet

75 a) **Allgemeines:** Im Internet bringt eine konsequente Anknüpfung an das Recht des Schutzlandes das Problem mit sich, dass die weltweite Abrufbarkeit dem Urheber parallel in *allen* Schutzländern Ansprüche gibt, wenn deren materiellrechtliche Voraussetzungen objektiv jeweils erfüllt sind. Bei uneingeschränkter Anknüpfung an die *lex loci protectionis* könnte also nur der Inhaber weltweiter Nutzungsrechte das Internet ohne jedes Risiko nutzen. Darüber hinaus kann das jeweils anwendbare Schutzlandrecht nur über die auf seinem Territorium begangenen oder drohenden Verletzungshandlungen befinden (Territorialitätsprinzip; sog. **Mosaikbetrachtung**). Es ist also nicht etwa ein Recht auf den gesamten Verletzungssachverhalt anwendbar, sondern für eine Verwertungshandlung im Internet möglicherweise eine Vielzahl von Rechtsordnungen jeweils für die auf ihrem Gebiet eingetretene Teilverletzung aus dem Gesamtsachverhalt. Die Anknüpfung an die *lex loci protectionis* kann somit, konsequent angewendet, im Internet kaum vorhersehbare und mitunter unangemessene Folgen haben. Das Schutzlandprinzip muss deshalb sinnvoll eingeschränkt bzw., genauer gesagt, das in Betracht kommende Schutzland präzise definiert werden.

76 b) **Anknüpfung an nur eine Rechtsordnung?:** Eine Anwendung des Herkunftslandes des Anbieters oder des Serverstandortes, eine Anknüpfung des Urheberrechts insgesamt an das Recht des Ursprungslandes des betreffenden Werkes sowie eine Anknüpfung an das Recht der im Einzelfall engsten Verbindung scheidet aus. Eine Anknüpfung an das Recht des Herkunftslandes des Anbieters oder gar an den Serverstandort birgt – neben dem Problem der Praktikabilität insb. im täglichen Nebeneinander von Internet und analogen Nutzungsarten – das offensichtliche Risiko, dass sich Internetverwerter urheberrechtlich geschützter Werke in *free havens* zurückziehen und die Werke von dort aus ins Netz stellen. Auch eine Anknüpfung aller urheberrechtlich relevanten Sachverhalte im Internet an das Recht des Ursprungslandes des betreffenden Werkes ist offensichtlich nicht praktikabel, denn da der Verwerter bzw. Nutzer eines urheberrechtlichen geschützten Werkes jeweils vor einer Nutzung das Ursprungsland und die dort geltenden Urheberrechtsbestimmungen recherchieren müsste, wäre die Rechtsunsicherheit immens. Des Weiteren führt auch die vor allem von *Ginsburg* und *Dessemontet* vorgeschlagene Anwendung des Rechts der engsten Verbindung nach einer abgestuften Liste verschiedener Anknüpfungspunkte nicht zu zufrieden stellenden, weil kaum vorhersehbaren Ergebnissen. Schließlich scheidet auch der Ort der Vornahme der Verletzungshandlung schon wegen der damit verbundenen Aufspaltung des anwendbaren Rechts aus (zur Problematik ausführlich Bröcker/Czychowski/Schäfer/*Nordemann-Schiffel* § 3 Rn. 53 ff.).

77 c) **Differenzierte Anknüpfung an das Schutzland:** Die bisherige deutsche Rechtsprechung geht ebenso wie die wohl überwiegende Literatur weiterhin von der *lex loci protectionis* aus. Allerdings bereitet die undifferenzierte Anwendung des Schutzlandprinzips mitunter Probleme. Eine nationale Rechtsordnung kann deshalb nur dann Schutzland im Sinne des Urheberkollisionsrechts sein, wenn ein **hinreichender Inlandsbezug** vorliegt (siehe für das allgemeine Urheberkollisionsrecht BGH GRUR 1994, 798, 799 – *Folgerecht bei Auslandsbezug;* zum Markenrecht BGH GRUR 2005, 431, 432 f. – *HOTEL MARITIME;* OLG Hamburg GRUR-RR 2005, 381, 383 – *abebooks.de;* zu Disclaimern BGH GRUR 2006, 513, 515 – *Arzneimittelwerbung im Internet*). Im allgemeinen Kollisionsrecht wird dies z.T. als „räumlich gerechte

Zuordnung" bezeichnet (näher MüKo/*Sonnenberger*[4] Einl. IPR Rn. 101 ff.).
Die aus dem Wettbewerbskollisionsrecht bekannte Voraussetzung, dass die
Rechtsverletzung im Inland spürbar sein müsse, ist als Kriterium im Urheber-
recht schon deshalb ungeeignet, weil das Urheberrecht die **Spürbarkeit** einer
Rechtsverletzung nicht voraussetzt. Darüber hinaus muss für vorbeugende
Unterlassungsansprüche eine Rechtsverletzung noch gar nicht eingetreten sein.
Schließlich müsste der Urheber, um die Spürbarkeit darlegen zu können,
zunächst einmal Auskunft von dem Verwerter beanspruchen können, wobei
dieser Auskunftsanspruch wiederum wenigstens die Möglichkeit einer Rechtsverletzung voraussetzt. Dann bestünde aber das Problem, dass der Urheber
Auskunft nach einem materiellen Recht verlangen muss, von dem diese Auskunft erst auf kollisionsrechtlicher Ebene, also sozusagen einen Schritt vorher,
klären soll, ob das materielle Recht überhaupt anwendbar ist.

Auch die **negative Abgrenzung** des Schutzlandrechts nach **Ausrichtung der** **78**
Website (das Recht des Schutzlandes wird grundsätzlich angewendet, wenn
nicht ausnahmsweise die betreffende Webseite erkennbar *nicht* auf das Schutzland abzielt) kann nur als Auffanglösung dienen. Denn die Einschränkung der
Anwendung der *lex loci protectionis* soll vor allem dazu führen, für den
Verwerter wenigstens ein gewisses Maß an Vorhersehbarkeit zu schaffen,
indem die Zahl der in Betracht kommenden Rechtsordnungen vernünftig
beschränkt und anhand objektiver Kriterien im Voraus bestimmbar wird.
Eine negative Abgrenzung kann dies kaum leisten: Der Anbieter müsste nämlich für jedes Land, dessen Rechtsordnung er ausschließen will, dies auf seiner
Webseite entsprechend offensichtlich zum Ausdruck bringen. Ob dies überhaupt praktikabel ist, erscheint sehr fraglich. Im Übrigen ist auch nicht recht
einzusehen, weshalb die *lex loci protectionis* angewendet werden sollte, wenn
der Bezug zu ihr nur darin besteht, dass jedenfalls sein eindeutiges Fehlen nicht
dargelegt werden kann: Das Interesse des verletzten Urhebers an einem Verbot
gerade nach dem Recht dieses Landes muss dann vergleichsweise gering
wiegen.

Stattdessen sollte die Kollisionsregel **positiv** – nur bei erkennbarer Ausrichtung **79**
der Seite auf das Schutzland wird eine ausreichende Inlandsbeziehung angenommen – **präzisiert** werden. Für die Beurteilung können **Kriterien** wie Sprache, Präsentation, Kontaktadressen, beworbene Produkte, Art der Top-Level-
Domain, Tätigkeitsbereich des Anbieters, Nutzer im bzw. Verkäufe in das oder
Geschäftskontakte im Inland, Werbebanner oder Links auf fremde Seiten
bestimmter nationaler Zuordnung, Disclaimer (so ausdrücklich BGH GRUR
GRUR 2006, 513, 515 – *Arzneimittelwerbung im Internet)* usw. herangezogen
werden. Diese Indizien werden – mit Ausnahme der nationalen Top-Level-
Domains – in der Regel nicht für sich genommen, sondern nur in der Zusam-
menschau die Ausrichtung der Site auf ein bestimmtes Land ergeben; ihre
Gewichtung muss deshalb jeweils im Einzelfall erfolgen. Bei Seiten, die
Downloads urheberrechtlich geschützter Werke anbieten, kann die Möglich-
keit des Downloads von Deutschland aus ausreichen, denn es ist heute tech-
nisch ohne weiteres möglich – und auch üblich – den Zugriff von bestimmten
IP-Adressgruppen aus auszuschließen. So kann z.B. von Deutschland aus nicht
ohne weiteres auf iTunes USA zugegriffen werden. Ist also der Zugriff aus
Deutschland gerade nicht ausgeschlossen, ist jedenfalls bei Seiten mit generi-
schen Top-Level-Domains davon auszugehen, dass die Seiten auch auf
Deutschland abzielen. Wenn keines der genannten – und weiterer denkbarer
– Indizien auf das Schutzland verweist, besteht hingegen kein Grund, das
Recht dieses Landes anzuwenden. Eine echte Urheberrechtsverletzung liegt

dann dort nicht vor; die positive Abgrenzung schränkt also auch den Urheberrechtsschutz nicht über Gebühr ein. Über das Erfordernis eines positiv erkennbaren Inlandsbezuges kann die Kollisionsregel der *lex loci protectionis* sinnvoll, nämlich auf die Fälle, in denen ein anzuerkennendes Rechtsanwendungsinteresse des Schutzlandes besteht, beschränkt werden. Dies entspricht im Wesentlichen der heutigen Praxis jedenfalls der deutschen Rechtsprechung (siehe für das allgemeine Urheberkollisionsrecht BGH GRUR 1994, 798, 799 – *Folgerecht bei Auslandsbezug*; BGH GRUR 2007, 871, 873 f. – *Wagenfeld-Leuchte;* zum Markenrecht BGH GRUR 2005, 431, 432 f. – *HOTEL MARITIME;* OLG Hamburg GRUR-RR 2005, 381, 383 – *abebooks.de;* zu Disclaimern BGH GRUR 2006, 513, 515 – *Arzneimittelwerbung im Internet).*

5.   Internationales Urhebervertragsrecht

80   a) **Einführung:** Das deutsche Vertragskollisionsrecht der Art. 27 ff. EGBGB, das im Wesentlichen das EVÜ, das Römische Schuldvertragsübereinkommen vom 19.06.1980, umsetzt, gilt auch für Immaterialgüterrechte. Allerdings schränkt vor allem das Schutzlandprinzip die **Rechtswahlfreiheit** in gewissem Umfang ein und führt wohl auch zu einer spezifisch immaterialgüterrechtlichen Vermutung der engsten Verbindung im Sinne des Art. 28 EGBGB bei fehlender Rechtswahl.

81   Grundsätzlich unterstellen Art. 27 ff. EGBGB jeden Vertrag dem von den Parteien – bei Vertragsschluss oder nachträglich, auch änderbar (z.B. BGH NJW 1991, 1292, 1293; NJW-RR 2000, 1002, 1004) – gewählten Sachrecht (ohne das IPR des gewählten Rechts, Art. 35 Abs. 1 EGBGB), Art. 27 Abs. 1 S. 1, Abs. 2 EGBGB. Die **Rechtswahl** kann den gesamten Vertrag oder nur einen Teil erfassen, ausdrücklich sein oder sich aus den Umständen des Falles bzw. den sonstigen Bestimmungen des Vertrages ergeben (Art. 27 Abs. 1 S. 3 bzw. 2 EGBGB). Für die Rechtswahl ist grundsätzlich nicht erforderlich, dass irgendeine Beziehung des gewählten Rechts zu dem ihm unterstellten Vertrag oder den Parteien besteht. Allerdings enthält Art. 27 Abs. 3 EGBGB insofern einen Vorbehalt: Ist nämlich der Gesamtsachverhalt im Zeitpunkt der Rechtswahl nur mit einem einzigen Staat verbunden, so verdrängen dessen (auch nur intern; dazu sogleich) zwingende Bestimmungen jeweils punktuell die parallelen Bestimmungen des gewählten Rechts. Das gewählte Recht entscheidet darüber, ob die Parteien sich wirksam über die Rechtswahl geeinigt haben (Art. 27 Abs. 4 EGBGB i.V.m. Art. 31 Abs. 1 EGBGB). Es befindet des Weiteren über Zustandekommen und Wirksamkeit des Vertrages oder einzelner Klauseln, und zwar auch dann, wenn der Vertrag nach diesem Recht nicht wirksam wäre (Art. 31 Abs. 1 EGBGB). Als Ausnahme bestimmt aber Art. 31 Abs. 2 EGBGB, dass das Rechts am Aufenthaltsort der betroffenen Partei anzuwenden ist, wenn nach dem gewählten oder über Art. 28 EGBGB bestimmten Recht ihr Verhalten eine Rechtswirkung hatte, mit der sie nicht rechnen musste. Dies betrifft z.B. Fälle einer Zustimmung durch Schweigen.

82   Haben die Parteien keine (wirksame) Rechtswahl getroffen, so ist **Vertragsstatut** grundsätzlich das Recht des Staates, mit dem der Vertrag die **engsten Verbindungen** aufweist (Art. 28 Abs. 1 S. 1 EGBGB; Sachnormverweisung, Art. 35 Abs. 1 EGBGB). Voneinander trennbare Teile des Vertrages können dabei ausnahmsweise unterschiedlichen Rechten unterliegen, Art. 28 Abs. 2 S. 2 EGBGB. Nach der Grundvermutung des Art. 28 Abs. 2 EGBGB besitzt ein Vertrag grundsätzlich die engsten Verbindungen mit dem Staat, in dem die Partei, die die **charakteristische Leistung** erbringt, im Zeitpunkt des Vertrags-

lichen Lizenzverträgen (BGH GRUR 1960, 447, 448 – *Comics*) ebenso wie für Filmverleih- und Filmauswertungsverträge. Bei **Wahrnehmungsverträgen** zwischen Urhebern und Bühnenverlagen oder Verwertungsgesellschaften steht die Rechtewahrnehmung im Vordergrund. Vertragsstatut muss somit die Rechtsordnung am Niederlassungsort des wahrnehmenden Unternehmens sein. Dies gilt grundsätzlich auch für Nutzungsrechte, die eine Verwertungsgesellschaft einem individuellen Nutzer einräumt. Siehe zum Vorstehenden aus der Rspr. z.B. BGH GRUR 2001, 1134, 1136 – *Lepo Sumera*; BGH GRUR 1980, 227, 230 – *Monumenta Germaniae Historica* (Verlagsvertrag); GRUR 1970, 40, 42 – *Musikverleger I*; GRUR 1960, 447, 448 – *Comics* (verlagsrechtlicher Lizenzvertrag); GRUR 1956, 135, 137 f. – *Sorrell and Son*; OLG München Schulze OLGZ 8 bzw. OLG Frankfurt Schulze OLGZ 183: jeweils Verfilmungsvertrag; BGH UFITA 23 (1957), 88; 32 (1960), 186: jeweils Filmverleihvertrag; im Übrigen Schricker/*Katzenberger*[3] Rn. 157 ff.

6.   Sonderanknüpfung bei Arbeits- und Verbraucherverträgen

a) Arbeitsverträge: Für Arbeitsverträge sieht Art. 30 EGBGB vor, dass die **91** Wahl eines anderen Rechts dem Arbeitnehmer nach Art. 30 Abs. 1 EGBGB nicht den Schutz zwingender Normen desjenigen Staates nehmen darf, dessen Recht ohne Rechtswahl anzuwenden wäre. Mangels Rechtswahl und vorbehaltlich einer engeren Verbindung zu einem anderen Staat werden Arbeitsverträge nach Art. 30 Abs. 2 EGBGB dem Recht des Staates unterstellt, in dem der Arbeitnehmer in Erfüllung seines Arbeitsvertrags gewöhnlich seine Arbeit verrichtet oder, lässt sich ein solcher gewöhnlicher Arbeitsort nicht bestimmen, nach dem Recht desjenigen Staates, in dem sich die einstellende Niederlassung befindet. Dabei befindet das Arbeitsvertragsstatut nach der hier vertretenen Auffassung jedoch lediglich über die Frage eines eventuellen Rechtsübergangs und dessen Umfangs auf den Arbeitgeber, nicht jedoch über die Frage, wer erster Inhaber des Urheberrechts (geworden) ist (a.A. *Birk* UFITA 108 (1988), 101).

b) Verbraucherverträge: Für Verbraucherverträge enthalten Art. 29 und **92** Art. 29a EGBGB besondere Vorschriften, die dem Verbraucher bei Vorliegen bestimmter Voraussetzungen den Schutz des Rechts an seinem gewöhnlichen Aufenthalt erhalten sollen. Im Urheberrecht kommt dies vor allem für Nutzungsverträge (Download von Musik oder Filmen), jedoch wohl nur im Ausnahmefall für einen Urheber, der einen vereinzelten Vertrag zur Verwertung seines Werkes schließt, in Betracht. Hat der Vertragspartner des Verbrauchers vor Vertragsschluss im Staat des gewöhnlichen Aufenthalts des Verbrauchers die Leistung ausdrücklich angeboten oder dafür geworben und der Verbraucher in diesem Staat oder von diesem Staat aus das Angebot des Vertragspartners angenommen oder selbst ein Angebot gemacht, oder hat der Vertragspartner des Verbrauchers bzw. sein Vertreter im Aufenthaltsstaat des Verbrauchers dessen Bestellung entgegengenommen oder hat der Vertragspartner des Verbrauchers für diesen eine Reise in einen anderen Staat organisiert, während derer der Verbraucher Ware beim Vertragspartner kauft (Kaffeefahrten), so kommt Art. 29 EGBGB zur Anwendung. Die Parteien können dann zwar gemäß Art. 29 Abs. 1 EGBGB grundsätzlich das auf den Vertrag anwendbare Recht frei wählen; dieses Recht wird jedoch punktuell von den verbraucherschützenden Bestimmungen des Aufenthaltsrechts des Verbrauchers verdrängt. Haben die Parteien kein Recht gewählt, so unterliegt der Vertrag, wenn die eben bezeichneten Voraussetzungen vorliegen, insgesamt dem Recht am gewöhnlichen Aufenthaltsort des Verbrauchers (Art. 29 Abs. 2 EGBGB). In jedem Fall unterliegt der Vertrag ausschließlich den Formvorschriften des Rechts am gewöhnlichen Aufenthaltsort des Verbrauchers, Art. 29 Abs. 3 EGBGB (z.b. den Bestimmungen des Fernabsatz- oder Haustürwiderrufsgesetzes). Die Anwendung des gewählten Rechts schränkt über Art. 29 Abs. 1 und 3 hinaus auch Art. 29a EGBGB ein. Nach dieser Vorschrift sind bei Wahl des Rechts eines Staates, der nicht der EU oder dem EWR angehört, die in den Mitgliedsstaaten der EU und EWR geltenden Bestimmungen zur Umsetzung der Verbraucherschutzrichtlinien anzuwenden, wenn der Vertrag einen engen Zusammenhang mit dem Gebiet eines EU- oder EWR-Mitgliedsstaates aufweist.

IV. Internationale Zuständigkeit, Anerkennung und Vollstreckung

1. Allgemeines

93 a) **Einführung:** Mehrere Normenkomplexe regeln heute die internationale Zuständigkeit deutscher Gerichte. Die Zuständigkeit der Gerichte der EU-Mitgliedstaaten untereinander – also die Zuständigkeit der Gerichte eines Mitgliedstaates für Verfahren, bei denen mindestens eine Partei in einem anderen EU-Mitgliedstaat ansässig ist – bestimmt sich seit dem 01.03.2002 nach der Europäischen Verordnung Nr. 44/2001 vom 22.12.2000 über die gerichtliche Zuständigkeit und die Anerkennung und Vollstreckung von Entscheidung in Zivil- und Handelssachen (EuGVVO oder Brüssel-I-Verordnung; Abl. Nr. L012 v.16. 01.2002, S. 1 ff.; im Internet unter www.europa.eu.int; dazu *Piltz* NJW 2002, 789 ff.). Diese ersetzt zwischen den Mitgliedstaaten mit Ausnahme von Dänemark das EuGVÜ (Brüsseler Übereinkommen) in der Fassung des dritten Beitrittsübereinkommens (Europäisches Gerichtsstand- und Vollstreckungsübereinkommen vom 27.09.1968 (Brüsseler Übereinkommen), BGBl. 1973 II, 60; 3. Beitrittsübk. BGBl. 1994 II, 519). Im Wesentlichen übernimmt es die Regelungen des Brüsseler Übereinkommens, präzisiert und ergänzt diese allerdings in einigen Punkten. In ihrem Anwendungsbereich verdrängt die EuGVVO ebenso wie bereits vorher das EuGVÜ autonome nationale Zuständigkeitsregelungen vollständig. Nach der ZPO richtet sich die internationale Zuständigkeit deutscher Gerichte also nur in den Fällen, in denen der persönliche und/oder der sachliche Anwendungsbereich der EuGVVO bzw. des EuGVÜ nicht eröffnet sind. Richtet sich die internationale Zuständigkeit nach den Vorschriften der ZPO, so sind dort die Regeln zur Bestimmung der örtlichen Zuständigkeit spiegelbildlich auf die der internationalen anzuwenden. Zur Prozesskostensicherheit, für die nach der Neufassung des § 110 ZPO nur noch auf den Wohnsitz, nicht mehr auf die Staatsangehörigkeit abzustellen ist, vgl. Rn. 19.

94 b) **Anwendungsbereich:** Die EuGVVO bzw. das EuGVÜ ist dann anzuwenden, wenn der Beklagte seinen Wohnsitz oder Sitz innerhalb eines Vertragsstaates hat; gewöhnlicher Aufenthalt reicht insofern nicht aus, Art. 2 EuGVVO/EuGVÜ/LugVÜ. Darüber hinaus findet die EuGVVO bzw. das EuGVÜ auch dann Anwendung, wenn eine der im Katalog des Art. 22 EuGVVO (Art. 16 EuGVÜ bzw. LugVÜ) genannten ausschließlichen Zuständigkeiten vorliegt oder durch eine Gerichtsstandsvereinbarung gemäß Art. 23 EuGVVO (Art. 17 EuGVÜ bzw. LugVÜ) lediglich eine Partei ihren Sitz in einem Vertragsstaat hat und die Parteien die Zuständigkeit der Gerichte eines Vertragsstaates vereinbart haben. Art. 2 EuGVVO (Art. 2 EuGVÜ bzw. LugVÜ) erklärt grundsätzlich die

lichen Lizenzverträgen (BGH GRUR 1960, 447, 448 – *Comics*) ebenso wie für Filmverleih- und Filmauswertungsverträge. Bei **Wahrnehmungsverträgen** zwischen Urhebern und Bühnenverlagen oder Verwertungsgesellschaften steht die Rechtewahrnehmung im Vordergrund. Vertragsstatut muss somit die Rechtsordnung am Niederlassungsort des wahrnehmenden Unternehmens sein. Dies gilt grundsätzlich auch für Nutzungsrechte, die eine Verwertungsgesellschaft einem individuellen Nutzer einräumt. Siehe zum Vorstehenden aus der Rspr. z.B. BGH GRUR 2001, 1134, 1136 – *Lepo Sumera;* BGH GRUR 1980, 227, 230 – *Monumenta Germaniae Historica* (Verlagsvertrag); GRUR 1970, 40, 42 – *Musikverleger I*; GRUR 1960, 447, 448 – *Comics* (verlagsrechtlicher Lizenzvertrag); GRUR 1956, 135, 137 f. – *Sorrell and Son*; OLG München Schulze OLGZ 8 bzw. OLG Frankfurt Schulze OLGZ 183: jeweils Verfilmungsvertrag; BGH UFITA 23 (1957), 88; 32 (1960), 186: jeweils Filmverleihvertrag; im Übrigen Schricker/*Katzenberger*[3] Rn. 157 ff.

6. Sonderanknüpfung bei Arbeits- und Verbraucherverträgen

a) Arbeitsverträge: Für Arbeitsverträge sieht Art. 30 EGBGB vor, dass die **91** Wahl eines anderen Rechts dem Arbeitnehmer nach Art. 30 Abs. 1 EGBGB nicht den Schutz zwingender Normen desjenigen Staates nehmen darf, dessen Recht ohne Rechtswahl anzuwenden wäre. Mangels Rechtswahl und vorbehaltlich einer engeren Verbindung zu einem anderen Staat werden Arbeitsverträge nach Art. 30 Abs. 2 EGBGB dem Recht des Staates unterstellt, in dem der Arbeitnehmer in Erfüllung seines Arbeitsverträge gewöhnlich seine Arbeit verrichtet oder, lässt sich ein solcher gewöhnlicher Arbeitsort nicht bestimmen, nach dem Recht desjenigen Staates, in dem sich die einstellende Niederlassung befindet. Dabei befindet das Arbeitsvertragsstatut nach der hier vertretenen Auffassung jedoch lediglich über die Frage eines eventuellen Rechtsübergangs und dessen Umfangs auf den Arbeitgeber, nicht jedoch über die Frage, wer erster Inhaber des Urheberrechts (geworden) ist (a.A. *Birk* UFITA 108 (1988), 101).

b) Verbraucherverträge: Für Verbraucherverträge enthalten Art. 29 und **92** Art. 29a EGBGB besondere Vorschriften, die dem Verbraucher bei Vorliegen bestimmter Voraussetzungen den Schutz des Rechts an seinem gewöhnlichen Aufenthalt erhalten sollen. Im Urheberrecht kommt dies vor allem für Nutzungsverträge (Download von Musik oder Filmen), jedoch wohl nur im Ausnahmefall für einen Urheber, der einen vereinzelten Vertrag zur Verwertung seines Werkes schließt, in Betracht. Hat der Vertragspartner des Verbrauchers vor Vertragsschluss im Staat des gewöhnlichen Aufenthalts des Verbrauchers die Leistung ausdrücklich angeboten oder dafür geworben und der Verbraucher in diesem Staat oder von diesem Staat aus das Angebot des Vertragspartners angenommen oder selbst ein Angebot gemacht, oder hat der Vertragspartner des Verbrauchers bzw. sein Vertreter im Aufenthaltsstaat des Verbrauchers dessen Bestellung entgegengenommen oder hat der Vertragspartner des Verbrauchers für diesen eine Reise in einen anderen Staat organisiert, während derer der Verbraucher Ware beim Vertragspartner kauft (Kaffeefahrten), so kommt Art. 29 EGBGB zur Anwendung. Die Parteien können dann zwar gemäß Art. 29 Abs. 1 EGBGB grundsätzlich das auf den Vertrag anwendbare Recht frei wählen; dieses Recht wird jedoch punktuell von den verbraucherschützenden Bestimmungen des Aufenthaltsrechts des Verbrauchers verdrängt. Haben die Parteien kein Recht gewählt, so unterliegt der Vertrag, wenn die eben bezeichneten Voraussetzungen vorliegen, insgesamt dem Recht am gewöhnlichen Aufenthaltsort des Verbrauchers (Art. 29 Abs. 2 EGBGB). In jedem Fall unterliegt der Vertrag ausschließlich den Formvorschriften des Rechts am gewöhnlichen Aufenthaltsort des Verbrauchers, Art. 29 Abs. 3 EGBGB (z.B. den Bestimmungen des Fernabsatz- oder Haustürwiderrufsgesetzes). Die Anwendung des gewählten Rechts schränkt über Art. 29 Abs. 1 und 3 hinaus auch Art. 29a EGBGB ein. Nach dieser Vorschrift sind bei Wahl des Rechts eines Staates, der nicht der EU oder dem EWR angehört, die in den Mitgliedstaaten der EU und EWR geltenden Bestimmungen zur Umsetzung der Verbraucherschutzrichtlinien anzuwenden, wenn der Vertrag einen engen Zusammenhang mit dem Gebiet eines EU- oder EWR-Mitgliedsstaates aufweist.

IV. Internationale Zuständigkeit, Anerkennung und Vollstreckung

1. Allgemeines

93 a) **Einführung:** Mehrere Normenkomplexe regeln heute die internationale Zuständigkeit deutscher Gerichte. Die Zuständigkeit der Gerichte der EU-Mitgliedstaaten untereinander – also die Zuständigkeit der Gerichte eines Mitgliedstaates für Verfahren, bei denen mindestens eine Partei in einem anderen EU-Mitgliedstaat ansässig ist – bestimmt sich seit dem 01.03.2002 nach der Europäischen Verordnung Nr. 44/2001 vom 22.12.2000 über die gerichtliche Zuständigkeit und die Anerkennung und Vollstreckung von Entscheidung in Zivil- und Handelssachen (EuGVVO oder Brüssel-I-Verordnung; Abl. Nr. L012 v.16. 01.2002, S. 1 ff.; im Internet unter www.europa.eu.int; dazu *Piltz* NJW 2002, 789 ff.). Diese ersetzt zwischen den Mitgliedstaaten mit Ausnahme von Dänemark das EuGVÜ (Brüsseler Übereinkommen) in der Fassung des dritten Beitrittsübereinkommens (Europäisches Gerichtsstand- und Vollstreckungsübereinkommen vom 27.09.1968 (Brüsseler Übereinkommen), BGBl. 1973 II, 60; 3. Beitrittsübk. BGBl. 1994 II, 519). Im Wesentlichen übernimmt es die Regelungen des Brüsseler Übereinkommens, präzisiert und ergänzt diese allerdings in einigen Punkten. In ihrem Anwendungsbereich verdrängt die EuGVVO ebenso wie bereits vorher das EuGVÜ autonome nationale Zuständigkeitsregelungen vollständig. Nach der ZPO richtet sich die internationale Zuständigkeit deutscher Gerichte also nur in den Fällen, in denen der persönliche und/oder der sachliche Anwendungsbereich der EuGVVO bzw. des EuGVÜ nicht eröffnet sind. Richtet sich die internationale Zuständigkeit nach den Vorschriften der ZPO, so sind dort die Regeln zur Bestimmung der örtlichen Zuständigkeit spiegelbildlich auf die der internationalen anzuwenden. Zur Prozesskostensicherheit, für die nach der Neufassung des § 110 ZPO nur noch auf den Wohnsitz, nicht mehr auf die Staatsangehörigkeit abzustellen ist, vgl. Rn. 19.

94 b) **Anwendungsbereich:** Die EuGVVO bzw. das EuGVÜ ist dann anzuwenden, wenn der Beklagte seinen Wohnsitz oder Sitz innerhalb eines Vertragsstaates hat; gewöhnlicher Aufenthalt reicht insofern nicht aus, Art. 2 EuGVVO/EuGVÜ/LugVÜ. Darüber hinaus findet die EuGVVO bzw. das EuGVÜ auch dann Anwendung, wenn eine der im Katalog des Art. 22 EuGVVO (Art. 16 EuGVÜ bzw. LugVÜ) genannten ausschließlichen Zuständigkeiten vorliegt oder durch eine Gerichtsstandsvereinbarung gemäß Art. 23 EuGVVO (Art. 17 EuGVÜ bzw. LugVÜ) lediglich eine Partei ihren Sitz in einem Vertragsstaat hat und die Parteien die Zuständigkeit der Gerichte eines Vertragsstaates vereinbart haben. Art. 2 EuGVVO (Art. 2 EuGVÜ bzw. LugVÜ) erklärt grundsätzlich die schlusses ihren gewöhnlichen Aufenthalt oder ihre Niederlassung hat. Bei dem Verkauf einer beweglichen Sache ist dies z.b. regelmäßig der Verkäufer; ebenso ist bei einer Dienstleistung, die grenzüberschreitend erbracht wird, regelmäßig das Recht am Sitz des Erbringers anzuwenden. Nach Art. 28 Abs. 5 EGBGB kommt die Vermutung des Art. 28 Abs. 2 EGBGB jedoch dann nicht zur Anwendung, wenn der Vertrag ausnahmsweise nach der Gesamtheit der Umstände engere Verbindungen zu einem anderen Staat aufweist (sog. **Ausweichklausel**). Dies kann z.b. dann der Fall sein, wenn ein ausländischer Dienstleister die Leistung nicht grenzüberschreitend, sondern ausschließlich in einem anderen Staat erbringt, wenn also zum Beispiel ein französischer Architekt mit Sitz in Paris bei seinem Auftraggeber in Deutschland ein Haus entwirft und die Bauleitung der späteren Baustelle übernimmt. Als Ausnahmeregelung ist Art. 28 Abs. 5 EGBGB nach richtiger Auffassung grundsätzlich eng auszulegen. Ein Vertrag ist gemäß Art. 11 Abs. 1, Abs. 2 EGBGB **formwirksam**, wenn er die Voraussetzungen des Vertragsstatuts oder des am Ort des Vertragsschlusses geltenden Rechts bzw. am Aufenthaltsort einer der Parteien, wenn der Vertrag nicht bei gleichzeitiger Anwesenheit beider geschlossen wird, erfüllt.

b) Umfang der Regelung durch das Vertragsstatut: Urheberrechtsverträge **83** verknüpfen in aller Regel Verpflichtungs- und Verfügungsgeschäft miteinander. Streitig ist in diesem Zusammenhang insb., ob Verpflichtungs- und Verfügungsgeschäft einem einheitlichen Vertragsstatut zu unterstellen sind (sog. **Einheitstheorie**, der i.E. die Rechtsprechung und die vor allem urheberrechtliche Literatur folgt) oder ob das Verpflichtungsgeschäft nach dem gewählten oder über Art. 28 EGBGB bestimmten Recht beurteilt werden kann, während auf den Verfügungsteil des Geschäfts das Recht des Schutzlandes anzuwenden wäre (sog. **Spaltungstheorie**, die vor allem in der rein kollisionsrechtlichen Lehre vertreten wird; siehe dazu BGH GRUR Int. 2001, 873, 877 – *Barfuß ins Bett*). Eine dritte, vereinzelt gebliebene Auffassung nimmt als Urheberrechtsstatut auch insofern das **Recht des Ursprungslandes** an (*Schack*[4] Rn. 894 ff.). Die Spaltungstheorie trennt streng zwischen Verfügungs- und Verpflichtungsgeschäft; das Verpflichtungsgeschäft soll dem gewählten oder dem nach Art. 28 EGBGB bestimmten Recht unterliegen, während über das Verfügungsgeschäft das Recht des Schutzlandes bestimmt. Dies wird insb. damit begründet, dass das Urheberrecht als Immaterialgüterrecht für jedes Schutzland gesondert, aber auch auf dieses Schutzland beschränkt entsteht, erlischt, seinen Inhalt und Schutzumfang erhält und schließlich auch als übertragbar oder nicht übertragbar ausgestaltet ist. Allerdings stößt diese Auffassung vor allem bei Verträgen, die Urheberrechte für mehrere nationale Territorien gleichzeitig oder gar weltweit einräumen oder übertragen, auf Schwierigkeiten. Denn der Vertrag müsste in diesen Fällen einer Vielzahl unterschiedlicher Rechtsordnungen unterstellt werden, die möglicherweise alle unterschiedliche Voraussetzungen aufstellen. Bereits die Auslegung des Vertrages dürfte dann äußerst schwierig sein. Deshalb wendet die Einheitstheorie zu Recht auf Urheberrechtsverträge insgesamt grundsätzlich das Vertragsstatut an, um so vor allem eine – soweit wie möglich – einheitliche Vertragsauslegung zu gestatten. Bestimmte Fragen wie z.b. die Zulässigkeit der Übertragung überhaupt, die Möglichkeit der Einräumung einzelner Nutzungsrechte oder die Schutzdauer eines Urheberrechts werden jedoch auch im Rahmen der Einheitstheorie nach dem Recht des Schutzlandes beurteilt (zur Einheitstheorie z.b. BGH GRUR 1999, 152, 153 f. – *Spielbankaffaire*; BGH GRUR 2001, 1134, 1136 – *Lepo Sumera*; OLG Düsseldorf ZUM 2006, 326 ff. – *Breuer-Hocker*).

84 Aus diesem Grund kann auch ein US-amerikanischem Recht unterstehender Vertrag nicht durch eine *work-made-for-hire*-Konstruktion die originäre Urheberschaft etwa dem Filmproduzenten zuweisen. Trotzdem kann die Doktrin in einem Vertrag bei entsprechendem Vertragsstatut bedeutende Wirkungen entfalten. Bei genauer Betrachtung enthält die *work-made-for-hire*-Doktrin nämlich nicht nur eine Regelung über die originäre Inhaberschaft, sondern darüber hinaus als „zweite Dimension" eine vertragsrechtliche Regelung (zum ganzen *Wilhelm Nordemann/Jan Bernd Nordemann* FS Schricker 70. Geb. S. 473 ff.). Diese doppelte Natur der Doktrin ermöglicht und erfordert deshalb eine doppelte Anknüpfung. Die originäre Inhaberschaft des Urheberrechts bleibt zwar beim aus deutscher Sicht „echten" Urheber; gleichzeitig ist damit jedoch vertragsrechtlich – und deshalb nach dem Vertragsstatut zu beurteilen – eine umfassende, ausschließliche Nutzungsrechtseinräumung durch den ursprünglichen Urheber an den Auftraggeber verbunden.

85 Das anwendbare Recht regelt **Zustandekommen und Wirksamkeit** des Vertrages, Art. 31 Abs. 1 EGBGB (siehe aber die Ausnahmeregelung aus Billigkeitsgründen in Art. 31 Abs. 2 EGBGB) sowie nach Art. 32 Abs. 1 EGBGB (nicht abschließend) die **Auslegung** (dazu OLG München ZUM 2001, 439 ff. für einen Filmauswertungsvertrag), **Erfüllung bzw. Nichterfüllung** und deren Voraussetzungen (z.B. Fahrlässigkeit; s. BGH NJW-RR 2006, 1694) und Folgen, allerdings hinsichtlich der Schadensbemessung nur innerhalb der durch das deutsche Verfahrensrecht gezogenen Grenzen (Art. 32 Abs. 1 Nr. 3 EGBGB), die verschiedenen Arten des **Erlöschens** der Verpflichtungen, ihre Verjährung und eventuelle Rechtsverluste in deren Folge, Folgen einer **Nichtigkeit** des Vertrages usw. Bei der Beurteilung der **Art und Weise der Erfüllung,** d.h. ihre äußere Abwicklung (BGH NJW-RR 2006, 1694) und der dem Gläubiger unter Umständen obliegenden Maßnahmen bei Nichterfüllung ist das Recht des Staates, in dem erfüllt wird, zu berücksichtigen, Art. 32 Abs. 2 EGBGB. Auch eventuelle gesetzliche Vermutungen oder **Beweislastregelungen** des Vertragsstatutes sind anwendbar (Art. 32 Abs. 3 EGBGB; nach Schricker/*Katzenberger*[3] Rn. 158, unter Berufung auf *Ulmer,* Die Immaterialgüterrechte im IPR, S. 40, gilt dies jedoch wegen Art. 14bis Abs. 2b und Abs. 3 RBÜ nicht für § 89 UrhG). Zum Beweis des Rechtsgeschäfts selbst können die Parteien (außerdem) die **Beweismittel** des deutschen Rechts sowie – soweit zulässig – diejenigen des Formstatuts heranziehen (Art. 32 Abs. 3 Satz 2 EGBGB). Zu § 63a vgl. Rn. 65.

86 c) **International zwingende Normen:** Nach Art. 34 EGBGB sind unabhängig vom Vertragsstatut zwingende Normen des deutschen Rechts, die ohne Rücksicht auf das auf den Vertrag anzuwendende Recht den Sachverhalt zwingend regeln, (punktuell) anwendbar. In diesem Zusammenhang ist sehr streitig, welche Normen insb. des deutschen UrhG über die Sonderanknüpfung des Art. 34 EGBGB anwendbar sind. Nach einer insb. in der urheberrechtlichen Literatur verbreiteten, jedoch deutlich zu weit gehenden Auffassung sind als zwingende Normen i.S.d. Art. 34 EGBGB nahezu alle intern zwingenden, weil den Urheber als schwächere Vertragspartei schützenden Regelungen des deutschen UrhG anzuwenden (z.B. Schricker/*Katzenberger*[3] Rn. 162 ff.; Dreier/ Schulze/*Dreier*[2] Rn. 55; Möhring/Nicolini/*Hartmann*[2] Vor §§ 120 ff. Rn. 45; s.a. – allerdings ohne Berufung auf Art. 34 EGBGB – LG Hamburg ZUM 2001, 711 – *Kunstwerke auf „Spiegel"-CD-ROM*). International sollen sich somit auch gegenüber einem ausländischen Vertragsstatut durchsetzen z.B. §§ 12–14, 32 und 32a, der frühere 31 Abs. 4, 31 Abs. 5, 40 Abs. 1 und 2, 41 und 42, 69d Abs. 2 und 3, 69e und 69d Abs. 1, 87e UrhG. Allerdings dürfte die bloße Unabdingbarkeit insb. der genannten Normen nach deutschem materiellen Recht für eine Sonderanknüpfung im Rahmen des Art. 34 EGBGB nicht ausreichen. In Art. 34 ist vielmehr ein klarer Wille des Gesetzgebers, die betreffende Norm unabhängig von dem im Übrigen auf den Sachverhalt anzuwendenden Recht durchzusetzen, erforderlich („Bestimmungen des deutschen Rechts, die ohne Rücksicht auf das den Vertrag anzuwendende Recht den Sachverhalt zwingend regeln"). Es muss sich mithin um national zwingendes Recht mit internationalem Geltungsanspruch handeln, das nicht nur den Ausgleich widerstreitender Individualinteressen, sondern zumindest auch öffentliche Gemeinwohlinteressen verfolgt (BGH NJW 2006, 762, Ls., zum VerbrKrG, das nicht international zwingend ist). Insoweit ist ferner zu berücksichtigen, dass das Kollisionsrecht gerade auf dem Grundsatz fußt, dass alle in Betracht kommenden nationalen Rechte grundsätzlich gleichwertig angewandt werden, und zwar allein nach den eher abstrakten Kriterien der unterschiedlichen Anknüpfungspunkte. Für eine inhaltliche, materiell-rechtliche Wertung der in Betracht kommenden Rechte soll dabei gerade kein Raum sein. Art. 34 EGBGB stellt demgegenüber einen – auf Art. 8 EVÜ zurückgehenden – Fremdkörper dar, der als Ausnahmeregelung eng auszulegen ist. Im Übrigen wäre die Regelung des Art. 27 Abs. 3 überflüssig, wenn alle intern zwingenden Normen ohnehin unter Art. 34 fielen: Denn dann gäbe es gar keine Fälle, in denen Art. 27 Abs. 3 EGBGB über Art. 34 hinaus noch irgendeiner nationalen Norm zur Anwendung verhelfen könnte.

Insgesamt muss für eine Sonderanknüpfung im Rahmen des Art. 34 EGBGB **87** der Inlandsbezug des zu entscheidenden Falls um so stärker sein, je schwächer das Gewicht der durch die Eingriffsnorm geschützten öffentlichen Interessen ist; die bloße Unabdingbarkeit nach deutschem materiellen Recht genügt ausdrücklich nicht (Palandt/*Heldrich*[67] Art. 34 EGBGB Rn. 3 m.w.N.). Ob es für eine enge Verbindung mit Deutschland in diesem Sinne ausreicht, dass um Schutz für Deutschland nachgesucht wird (so Dreier/Schulze/*Dreier*[2] Rn. 55, unter Berufung auf *Katzenberger*), ist allerdings zweifelhaft, denn damit dürfte die gewollte Einschränkung in der Praxis kaum stattfinden. Vielmehr wird jedenfalls dann, wenn eine Verwertung in mehreren Staaten stattfindet, in Deutschland zumindest ein wesentlicher Teil der Gesamtnutzung stattfinden müssen (krit. auch *Riesenhuber* ZUM 2007, 949).

§§ 12–14 mögen nach alledem – da hier wohl Grundwertungen des Gesetz- **88** gebers zum Ausdruck kommen – möglicherweise noch über Art. 34 EGBGB anwendbar sein. Für alle weiteren das Vertragsrecht berührenden Normen des Urheberrechtsgesetzes stellt jedoch § 32b UrhG jedenfalls seit der Urhebervertragsrechtsreform klar, dass alle dort nicht genannten oder in Bezug genommen Normen nicht zu dem eng umgrenzten Kreis der für eine Sonderanknüpfung im Rahmen des Art. 34 EGBGB in Betracht kommenden Regelungen zählen (differenzierend *Schack* FS Heldrich S. 997, 1000, 1004; a.A., allerdings ohne Auseinandersetzung mit Art. 34 EGBGB, Schricker/*Katzenberger*[3] § 32b Rn. 33 f.). Dies gilt umso mehr, als § 32b auch im Zuge der weiteren Reformen des UrhG u.a. durch den sog. Zweiten Korb nicht ergänzt worden ist. Insb. der frühere § 31 Abs. 4 UrhG zählt mithin ebenso wenig wie die ihm nachfolgenden Regelungen in § 31a – der als Formvorschrift ohnehin grundsätzlich dem Formstatut unterliegt, siehe Art. 31 Abs. 1 und Art. 11 EGBGB und dort Abs. 5 *e contrario* – und § 32c (vgl. Rn. 73) zu den international zwingenden Normen i.S.d. Art. 34 EGBGB. Ob in Bezug auf § 32c schlicht vergessen wurde, § 32b zu ändern, wird sich zeigen; ohne eine ausdrückliche Bezugnahme ist jedenfalls ein besonderes öffentliches Interesse ebenso wenig erkennbar wie ein internationaler Geltungswille der Norm. Auch § 31 Abs. 5 UrhG – der zudem eine Frage der Auslegung und mithin etwas untrennbar mit dem Vertragsstatut selbst Verbundenes betrifft – kann nicht über Art. 34 EGBGB zur Anwendung kommen (wie hier Wandtke/Bullinger/*v. Welser*[2] § 32b Rn. 2; differenzierend *Schack* FS Heldrich S. 997, 1004 und *Schack*[4] Rn. 550 Fn. 92, der insb. § 31 Abs. 4 a.F. zur Frage der Übertragbarkeit zählt, folgerichtig auch § 32c als gesetzlichen Vergütungsanspruch einordnet und deshalb dem Recht des Schutzlands unterstellt; a.A. Dreier/Schulze/*Dreier*[2] Rn. 55). Für dieses Ergebnis spricht im Übrigen, dass spätestens mit der Urhebervertragsrechtsreform von 2002, die dem Urheber gerade einen Anspruch auf angemessene Vergütung für die Nutzung seiner Werke sichert, die primäre Rechtfertigung für eine Reihe der eben aufgeführten Regelungen entfallen ist. Jedenfalls soweit ein Werk auf eine neue Nutzungsart im Sinne des § 31 Abs. 4 a.F. UrhG nach dem 28.03.2002 genutzt wird, gilt dies wegen § 132 Abs. 3 Satz 2 UrhG auch für Altverträge aus der Zeit seit Einführung des § 31 Abs. 4 UrhG im Jahre 1966; insoweit stellt § 32a UrhG international zwingend eine faire Vergütung auch für diese Verträge sicher (ebenso *Wilhelm Nordemann/Jan Bernd Nordemann* FS Schricker 70. Geb. S. 473, 482; a.A. zur Bedeutung des § 11 UrhG Schricker/*Katzenberger*[3] § 32b Rn. 34).

89   **d) Zeitlicher Anwendungsbereich; frühere DDR:** Die Regelungen der Art. 27 ff. EGBGB sind seit 01.09.1986 in Kraft. Für alle vor diesem Datum zustandegekommenen Verträge gilt nach Art. 220 Abs. 1 EGBGB das EGBGB in seiner bis 31.08.1986 geltenden Fassung. Nach der hier vertretenen Einheitstheorie gilt dies auch für alle zeitlich nicht teilbaren und nicht begrenzten Wirkungen vertraglicher Verfügungen, sofern sie vor dem 01.09.1986 eingetreten sind. Für alle nach diesem Zeitpunkt eingetretenen oder sonst teilbaren Wirkungen gilt grundsätzlich *ex nunc* das neue Recht (MüKo/*Sonnenberger*[4] Art. 220 Rn. 11 ff.). Für vor dem 03.10.1990 geschlossene Verträge aus der ehemaligen DDR ist nach Art. 232 § 1 EGBGB nach wie vor das frühere DDR-Recht anwendbar. Allerdings können im Einzelfall sozialistisch geprägte Regelungen verdrängt werden, sofern sie tragenden Grundsätzen des BGB widersprechen (str.; wie hier Dreier/Schulze/*Dreier*[2] Rn. 57; näher *Katzenberger* GRUR Int. 1992, 2, 15ff.).

90   **e) Einzelne Urheberrechtsverträge:** Haben die Parteien das anwendbare Recht gewählt, so bestimmt dieses im Wesentlichen über Inhalt und Auslegung des gesamten Vertrages, d.h. sowohl seines schuld- als auch seines verfügungsrechtlichen Teils. Ist keine Rechtswahl erfolgt, ist die **objektive Anknüpfung** des Vertragsstatutes streitig. Die herrschende und richtige Auffassung nimmt an, dass der Urheber jedenfalls dann die charakteristische Leistung i.S.d. Art. 28 Abs. 2 EGBGB erbringt, wenn er ein **einfaches Nutzungsrecht** einräumt, der Vertragspartner also lediglich ein Entgelt zahlen muss (z.B. Erwerb von Bildern von einer Fotoagentur). In diesen Fällen ist Vertragsstatut das Recht am Sitz des Urhebers. Wird dem Erwerber hingegen ein **ausschließliches Recht** übertragen oder übernimmt er eine **Verwertungspflicht**, verschiebt sich der Schwerpunkt des Vertrages hin zur Verwertung, so dass hier davon auszugehen ist, dass der Verwerter die charakteristische Leistung erbringt oder jedenfalls die engste Beziehung zu dem Staat seines Sitzes besteht (BGH GRUR 2001, 1134, 1136 – *Lepo Sumera*). Das soll auch für die Weiterübertragung bereits eingeräumter Nutzungsrechte gelten (Dreier/Schulze/*Dreier*[2] Rn. 52). Bei einem Verlagsvertrag ist somit das Recht am Sitz bzw. Niederlassungsort des Verlages anzuwenden. Dies gilt für den Lizenznehmer bei verlagsrecht-

Gerichte des Staates, in dem die beklagte Partei ihren Sitz bzw. ihren Wohnsitz hat, unabhängig von deren Staatsangehörigkeit für anwendbar. Gemäß Art. 59 EuGVVO bestimmt das Recht des Staates, in dem der Wohnsitz der betroffenen Partei (angeblich) liegt, ob dort tatsächlich ein Wohnsitz besteht oder nicht. Die Vorschrift entspricht insofern Art. 52 EuGVÜ bzw. LugVÜ. Art. 60 EuGVVO verändert allerdings die bisher unter EuGVÜ und LUGVÜ geltende Rechtslage für die Bestimmung des Sitzes von Gesellschaften und juristischen Personen in einem wesentlichen Punkt: Bislang bestimmte das angerufene Gericht gemäß Art. 53 EuGVÜ/LugVÜ nach seinem eigenen internationalen Privatrecht, wo der Sitz der betroffenen juristischen Person sich befand. Art. 60 EuGVVO stellt nun, im Wesentlichen übereinstimmend mit Art. 58 EGV, auf drei materielle Kriterien ab, nämlich den satzungsmäßigen Sitz, die Hauptverwaltung oder die Hauptniederlassung der juristischen Person (Art. 60 Abs. 1 EuGVVO). Nur für *trusts* soll das angerufene Gericht dessen Sitz weiterhin nach seinen eigenen kollisionsrechtlichen Vorschriften bestimmen (Art. 60 Abs. 2 EuGVVO). In Großbritannien und Irland soll als „satzungsmäßiger Sitz" das *registered office* oder, in Ermangelung eines solchen, der *place of incorporation* bzw. hilfsweise der Gründungsort gelten (Art. 60 Abs. 2 EuGVVO).

Wie bereits Art. 6 Nr. 1 EuGVÜ sieht auch Art. 6 Nr. 1 EuGVVO einen **95** Gerichtsstand der **Streitgenossenschaft** vor. Danach kann, wenn mehrere Personen zusammen verklagt werden, ein Beklagter, der seinen Wohnsitz im Hoheitsgebiet eines Mitgliedstaates hat, auch vor dem Gericht des Ortes am Wohnsitz eines der anderen Beklagten verklagt werden, wenn zwischen den verschiedenen Klagen eine so enge Beziehung besteht, dass diese zur Vermeidung widersprüchlicher Entscheidungen gemeinsam verhandelt und entschieden werden müssen (zur Zuständigkeit nach Art. 6 Nr. 1, wenn die Klage gegen den in dem Gerichtsstaat Ansässigen von vornherein unzulässig ist, EuGH NJW 2006, 3550). Art. 6 Nr. 1 EuGVVO eröffnet allerdings nur über den Wohnsitz eines der Beklagten einen Gerichtsstand (EuGH NJW 2007, 3702, 3704 f. (Tz. 31 ff.) – *Freeport plc/Olle Arnoldsen*), nicht jedoch z.B. über einen Vertragsgerichtsstand nach Art. 5 Nr. 1 EuGVVO oder den Deliktsgerichtsstand des Art. 5 Nr. 3 EuGVVO bzw. EuGVÜ (siehe EuGH GRUR 2007, 47 ff. – *Roche Nederland*; BGH GRUR 2007, 705, 706 f. – *Aufarbeitung von Fahrzeugkomponenten*). Art. 6 Nr. 1 EuGVVO kann ebensowenig eine Zuständigkeit des Gerichtes, das für den weiteren Beklagten nur aufgrund einer Gerichtsstandsklausel, Art. 23 EuGVVO bzw. Art. 17 EuGVÜ, zuständig ist, eröffnen.

2. Zuständigkeit bei Urheberrechtsverletzung

a) **Europäisches Recht:** Art. 5 Nr. 3 EuGVVO erklärt das Gerichts des Ortes, **96** an dem das schädigende Ereignis eingetreten ist oder einzutreten droht, für alle Verfahren, deren Gegenstand eine unerlaubte Handlung oder ihr gleichgestellte Handlung bzw. Ansprüche aus einer solchen Handlung sind, für zuständig (für ein Beispiel aus dem Urheberrecht BGH GRUR 2007, 871, 872 – *Wagenfeld-Leuchte*). Art. 5 Nr. 3 EuGVVO erfasst ebenso wie Art. 5 Nr. 3 EuGVÜ die gesamte Haftung für außervertragliche Rechtsverletzungen mit Ausnahme von Ansprüchen aus ungerechtfertigter Bereicherung. Insb. Ansprüche aus der Verletzung von Immaterialgüterrechten und aus Wettbewerbsrecht fallen unter Art. 5 Nr. 3. Unter Geltung des Art. 5 Nr. 3 EuGVÜ/LugVÜ war streitig, jedoch von der vorherrschenden Auffassung in der Literatur bejaht, ob auch vorbeugende Unterlassungsklagen unter Art. 5 Nr. 3 fallen (so die deutsche Rspr.: BGH GRUR 2007, 871, 872 – *Wagenfeld-Leuchte;* OLG Hamburg GRUR-RR 2008, 31 f. – *Exklusivitätsklausel);* dies klärt nun Art. 5 Nr. 3 EuGVVO positiv. Ob auch negative Feststellungsklagen in dem Gerichtsstand des Art. 5 Nr. 3 EuGVVO erhoben werden können, ist nach wie vor streitig und durch den EuGH noch nicht geklärt (umfassend *Reber* ZUM 2005, 194).

97 Der „Ort, an dem das schädigende Ereignis eingetreten ist oder einzutreten droht", ist nach ständiger Rechtsprechung des EuGH **vertragsautonom** zu bestimmen (EuGH, 27.10.1998, Rs. C-51/97 – *Réunion),* hängt also nicht von möglicherweise abweichenden materiell- oder kollisionsrechtlichen Regeln des angerufenen Gerichts ab. Auch hier gibt es keinen Gleichlauf zwischen internationaler Zuständigkeit und anwendbarem Recht, so dass ein deutsches Gericht auch dann zuständig sein kann, wenn deutsches materielles Recht nicht zur Anwendung gelangt. Als Ort, an dem das schädigende Ereignis eingetreten ist, gilt im europäischen ähnlich wie im autonomen deutschen Zuständigkeitsrecht sowohl der Handlungs- als auch der Erfolgsort; lediglich der Ort des nachfolgenden Schadens eröffnet keine internationale Zuständigkeit. Der Geschädigte hat dabei die Wahl, an welchem der beiden Orte er vorgehen will. Streitig ist im Anschluss an die *Shevill*-Entscheidung des EuGH *(EuGH NJW 1995, 1881, 1882 – Shevill I),* ob das angerufene Gericht nur über den auf seinem Hoheitsgebiet eingetretenen Schaden oder aber über den Gesamtschaden entscheiden kann. Nach richtiger Auffassung ist die Kognitionsbefugnis jedenfalls außerhalb des Bereichs der Ehrverletzungen durch Presseorgane nicht eingeschränkt (Zöller/*Geimer*[26] Art. 5 EuGVVO Rn. 31 f.; differenzierend *Stauder* IPRax 1998, 317, 320), so dass das angerufene Gericht grundsätzlich über den ganzen durch die eine unerlaubte Handlung entstandenen Schaden entscheiden kann (a.A. *Sack* WRP 2002, 271, 277). Anderenfalls würde der Deliktsgerichtsstand, der dem Kläger ja grundsätzlich die Rechtsverfolgung erleichtern soll, keine Erleichterung, sondern bei Multistate- oder Streudelikten eine nahezu unzumutbare Erschwerung gegenüber dem allgemeinen Beklagtengerichtsstand bedeuten. Wird die Klage parallel sowohl auf deliktische als auch auf vertragliche Anspruchsgrundlagen gestützt, so ist das angerufene Gericht des Deliktsgerichtsstandes allerdings nur zuständig für die deliktischen, nicht auch für die vertraglichen Ansprüche (EuGH NJW 1991, 631 f.; ebenso BGH NJW 1996, 1411, 1412, für § 32 ZPO; a.A. Zöller/ *Geimer*[26] Art. 5 EuGVVO Rn. 34). Zur Zuständigkeit durch rügelose Einlassung BGH NJW 2007, 3501 ff.

98 b) **§ 32 ZPO:** Sehr ähnlich eröffnet auch § 32 ZPO eine Zuständigkeit am Tatort. Auch hier liegt der Tatort sowohl am Handlungs- als auch am Erfolgsort einer unerlaubten Handlung, wobei der Schadensort wiederum außer Betracht bleibt. Handlungsort ist der Ort, an dem der Täter gehandelt hat; Erfolgsort der Ort, an dem in das geschützte Rechtsgut eingegriffen worden ist. Bei Urheberrechtsverletzungen wird die Verletzungshandlung am Ort der Vornahme der Handlung (z.B. der nicht genehmigten Ausstellung oder Aufführung), nicht am Sitz des Urhebers begangen (BGH GRUR 1969, 564, 565 f. – *Festzeltbetrieb).* Wird das Urheberrecht durch Inverkehrbringen eines urheberrechtswidrig hergestellten Exemplars begangen, ist Handlungsort nicht nur jeder Ort, an dem die Ware verkauft wird, sondern auch dort, wo jedenfalls wesentliche, auf den späteren Verkauf gerichtete Teilhandlungen vorgenommen worden sind. Bloße Vorbereitungshandlungen genügen jedoch nicht zur Begründung eines Tatortes jedoch nicht.

c) Doppelrelevante Tatsachen: Bei Art. 5 Nr. 3 EuGVVO/EuGVÜ/LugVÜ **99** muss die Zuständigkeit ebenso wie bei § 32 ZPO anhand von Tatsachen festgestellt werden, die im Rahmen der Begründetheit ebenfalls eine wesentliche Rolle spielen: Denn um festzustellen, wo gegebenenfalls ein Tatort liegt, muss zunächst einmal bestimmt werden, ob überhaupt eine Rechtsverletzung, d.h. eine unerlaubte Handlung vorliegt. Bei solchermaßen doppelrelevanten Tatsachen genügt es deshalb nach allgemeiner Auffassung, dass der Kläger eine unerlaubte Handlung im Gerichtsbezirk schlüssig behauptet (BGH NJW 1994, 1413 f.). Gelingt dem Kläger der Nachweis dieser Tatsachen später nicht, so ist die Klage nach ganz h.M. nicht etwa unzulässig, sondern unbegründet.

3. Streitigkeiten aus Verträgen

Die internationale Zuständigkeit bei Streitigkeiten aus Vertragsverhältnissen **100** regeln Art. 5 Nr. 1 EuGVVO, Art. 5 Nr. 1 EuGVÜ/LugVÜ bzw. § 29 ZPO sowie – für Verbrauchersachen – Art. 13 EuGVÜ. Insoweit ergeben sich bei Urhebersachen keine Besonderheiten.

Nach Art. 23 EuGVVO können die Parteien **Gerichtsstandsvereinbarungen** **101** schriftlich oder mündlich mit schriftlicher Bestätigung (Art. 23 Abs. 1 lit. a) EuGVVO), in einer zwischen den Parteien gebräuchlichen Form (Art. 23 Abs. 1 lit. b) EuGVVO) oder im internationalen Handel in einer den Bräuchen der betreffenden Branche entsprechenden Form (Art. 23 Abs. 1 lit. c) EuGVVO) schließen, wenn mindestens eine von ihnen ihren Wohnsitz im Hoheitsgebiet eines Mitgliedstaates hat. Das vereinbarte Gericht ist dann ausschließlich zuständig, wenn die Parteien nichts anderes vereinbart haben, Art. 23 Abs. 1 EuGVVO. Art. 23 Abs. 2 EuGVVO stellt nunmehr ausdrücklich klar, dass elektronische Übermittlungen jedenfalls dann der Schriftform gleichgestellt sind, wenn sie eine dauerhafte Aufzeichnung der Vereinbarung ermöglichen. Auch im autonomen deutschen internationalen Zivilprozessrecht ist die Vereinbarung der Zuständigkeit eines (deutschen) Gerichts gemäß § 38 Abs. 2 ZPO zulässig, wenn mindestens eine der Parteien der Zuständigkeitsvereinbarung keinen allgemeinen Gerichtsstand im Inland hat. Die Vereinbarung muss jedoch zumindest schriftlich bestätigt werden. Noch nicht abschließend geklärt ist, ob für eine schriftliche Bestätigung in diesem Sinne auch eine elektronische Übermittlung ausreicht. Da allerdings § 38 Abs. 2 ZPO nach dem Vorbild des Art. 17 EuGVÜ geschaffen wurde und in erster Linie der Erleichterung des internationalen Rechtsverkehrs dienen sollte, ist dies wohl zu bejahen. Hat eine der Parteien der Zuständigkeitsvereinbarung im Inland einen allgemeinen Gerichtsstand, so kann für das Inland nur die Zuständigkeit eines Gerichts gewählt werden, an dem diese Partei entweder ihren allgemeinen oder einen besonderen Gerichtsstand aus der ZPO hat.

4. Einstweilige Maßnahmen

Art. 31 EuGVVO bestimmt wie bereits Art. 24 EuGVÜ, dass die Gerichte **102** jedes Mitgliedstaats über einstweilige Maßnahmen (zum Zusammenspiel von EuGVÜ und Art. 50 Abs. 6 TRIPS EuGH GRUR Int. 2002, 41 f. – *Route 66*), die ihr eigenes Recht vorsieht, auch dann entscheiden dürfen, wenn in der Hauptsache die Gerichte eines anderen Vertragsstaates zuständig sind. Das nationale Zuständigkeitsrecht wird also in diesem Bereich nicht durch das europäische Recht verdrängt, so dass grundsätzlich auch über § 23 ZPO eine Zuständigkeit begründet sein kann (OLG Köln NJW-RR 1997, 59 f.; OLG

Düsseldorf RIW 1999, 873, 874). Allerdings kann insb. bei Einstweiligen Verfügungen, die ohne Anhörung des Gegners erlassen worden sind, die spätere Anerkennung und Vollstreckung in einem anderen Mitgliedstaat problematisch sein. Denn nach der Rechtsprechung des EuGH sind solche Maßnahmen keine Entscheidungen im Sinne des Art. 32 EuGVVO bzw. Art. 25 EuGVÜ (EuGH GRUR Int. 1980, 512 f. – *Denilauler/Couchet*; OLG Hamm NJW-RR 1995, 189 f.; OLG München RIW 2000, 464) und müssen somit nicht ohne weitere Prüfung anerkannt werden, wie Art. 33 EuGVVO bzw. Art. 26 EuGVÜ dies für Urteile und Titel aus kontradiktorischen Verfahren im Grundsatz vorschreiben (siehe aus der deutschen Rechtsprechung OLG Hamm NJW-RR 1995, 189 f.; OLG München RIW 2000, 464). Zu TRIPS und einstweiligen Maßnahmen im Urheberrecht *Karg* ZUM 2000, 934 ff.

5. **Anerkennung und Vollstreckung gerichtlicher Entscheidungen**

103 Gemäß Art. 33 EuGVVO werden Entscheidungen aus einem anderen Mitgliedstaat der Europäischen Union grundsätzlich ohne weiteres Verfahren anerkannt. Art. 34 und Art. 35 EuGVVO zählen im Prinzip abschließend die Gründe auf, aus denen ausnahmsweise die **Anerkennung** einmal versagt werden darf. Die wichtigsten sind die *ordre-public*-Widrigkeit der anzuerkennenden Entscheidung gemäß Art. 34 Nr. 1 EuGVVO, die Versagung rechtlichen Gehörs bzw. die Nichtbeteiligung des Beklagten am Verfahren, Art. 34 Nr. 2 EuGVVO, sowie das Vorliegen einer widersprechenden früheren Entscheidung über denselben Streitgegenstand aus einem anderen bzw. einer widersprechenden Entscheidung in der gleichen Sache aus dem anerkennenden Mitgliedstaat, Art. 34 Nr. 3 und 4 EuGVVO. Eine Überprüfung der ausländischen Entscheidung in der Sache schließt Art. 36 jedoch ausdrücklich aus. Außerhalb des Anwendungsbereichs des EuGVVO/EuGVÜ/LugVÜ werden ausländische Urteile in Deutschland gemäß § 328 ZPO dann anerkannt, wenn das ausländische Gericht nach deutschen Zuständigkeitsnormen zuständig war, § 328 Abs. 1 Nr. 1 ZPO. Ein ausländischer Titel kann hingegen nicht anerkannt werden, wenn dem Beklagten das rechtliche Gehör versagt worden war, § 328 Abs. 1 Nr. 2 ZPO, wenn es einem früheren Urteil in der gleichen Sache widerspricht oder aber die Entscheidung *ordre-public*-widrig ist.

104 Für die **Vollstreckung** eines ausländischen Titels ist grundsätzlich eine Vollstreckbarerklärung (*exequatur*) erforderlich. Im autonomen deutschen Recht geschieht dies grundsätzlich durch ein Vollstreckungsurteil, § 722 ZPO. Im europäischen Recht ist ebenfalls eine Vollstreckbarerklärung erforderlich, Art. 38 EuGVVO bzw. Art. 31 EuGVÜ. Zu den Einzelheiten Art. 38 ff. EuGVVO bzw. Art. 31 ff. EuGVÜ.

§ 120 Deutsche Staatsangehörige und Staatsangehörige anderer EU-Staaten und EWR-Staaten

(1) ¹Deutsche Staatsangehörige genießen den urheberrechtlichen Schutz für alle ihre Werke, gleichviel, ob und wo die Werke erschienen sind. ²Ist ein Werk von Miturhebern (§ 8) geschaffen, so genügt es, wenn ein Miturheber deutscher Staatsangehöriger ist.

(2) Deutschen Staatsangehörigen stehen gleich:
1. Deutsche im Sinne des Artikels 116 Abs. 1 des Grundgesetzes, die nicht die deutsche Staatsangehörigkeit besitzen, und
2. Staatsangehörige eines anderen Mitgliedstaates der Europäischen Union oder eines anderen Vertragsstaates des Abkommens über den Europäischen Wirtschaftsraum.

Übersicht:

I. Allgemeines

Nach § 120 findet das UrhG auf Urheber deutscher Staatsangehörigkeit, Statusdeutsche (§ 120 Abs. 2 Nr. 1) und ihnen gleichgestellte Ausländer (EU- bzw. EWR-Angehörige, § 120 Abs. 2 Nr. 2) sowie Staatenlose und Flüchtlinge mit gewöhnlichem Aufenthalt in Deutschland (§§ 122 Abs. 1, 123) oder in einem anderen EU- oder EWR-Staat (§§ 123 und 122 Abs. 2) Anwendung, und zwar unabhängig davon, ob ihre Werke überhaupt und wo sie erschienen sind. Die Bestimmung entspricht in **Abs. 1 Satz 1** dem früheren Gesetzesrecht (§ 54 LUG, § 51 KUG), in **Abs. 1 Satz 2** der früheren allgemeinen Meinung (z. B. *Ulmer*² S. 171; *Bappert/Wagner* Anm. 12 zu Art. 4 RBÜ und Anm. 19 zu Art. I WUA). **Abs. 2 Nr. 1** (früher Abs. 2) war durch Art. 116 GG geboten. Das ÄndG 1995 hat mit **Abs. 2 Nr. 2** die absolute **Gleichstellung von EU- und EWR-Angehörigen mit Deutschen** gebracht. Anlaß dazu gaben drei kurz aufeinanderfolgende Ereignisse: **1**

Am 20.10.1993 erging die *Phil-Collins*-Entscheidung des EuGH (GRUR 1994, 280 ff.), die jegliche Ungleichbehandlung von Inländern und EU-Ausländern innerhalb der Europäischen Union bei der Wahrnehmung ihrer Urheber- und Leistungsschutzrechte als Verstoß gegen das Diskriminierungsverbot des Art. 12 EGV (früher Art. 7 bzw. Art. 6 Abs. 1 EG-Vertrag) wertete und zugleich feststellte, dass jeder Urheber oder ausübende Künstler sich vor den nationalen Gerichten der Mitgliedstaaten unmittelbar auf die genannte Bestimmung berufen und die Gewährung vollen Inländerschutzes verlangen könne (ebenso schon *Martin Schaefer* GRUR 1992, 424, 425 f.; unsere 8. Aufl. zu § 125 Bem. 2d). Der Bundesgerichtshof hat sich dem schon wenige Monate später angeschlossen (BGH GRUR 1994, 794, 795 f. – *Rolling Stones*). **2**

Nur wenig später, am 29.10.1993, folgte die sog. **Schutzdauer-Richtlinie** des Rates der Europäischen Gemeinschaften Nr. 93/98 EWG (abrufbar unter www.fromm-nordemann.de), deren Art. 1 die Schutzdauer für Werke, entsprechend der bestehenden Regelung in den deutschsprachigen Ländern, auf 70 Jahre *post mortem auctoris* festlegte und dessen Art. 3 eine Regelfrist für Leistungsschutzrechte von 50 Jahren bestimmte. Art. 10 Abs. 2 der Richtlinie **3** schrieb die Geltung der neuen Schutzfristen für alle Werke und Leistungen vor, die bei Ablauf der Umsetzungsfrist am 1.7.1995 (Art. 13 Abs. 1) zumindest in einem der Mitgliedstaaten (noch) geschützt waren. Werke, deren Urheber am Stichtag schon länger als 50 Jahre tot, die also in der Mehrzahl der EU-Staaten nicht mehr geschützt waren, hatten in Deutschland und Österreich nach der *Phil-Collins*-Entscheidung 70 Jahre, in Spanien sogar 80 Jahre Schutz (vgl. § 137 Rn. 10 ff.). Demnach mußten alle EU-Mitglieder den Schutz aller Werke von EU-Angehörigen ohnehin zum 1.7.1995 wieder aufleben lassen. Das von *Schack* (GRUR Int. 1995, 310 ff.) angesichts der *Phil-Collins*-Entscheidung konstatierte „Schutzfristenchaos" blieb deshalb im Wesentlichen auf einen Zeitraum von knapp zwei Jahren beschränkt.

4 Schließlich trat am 1.1.1994 das **EWR-Abkommen** in Kraft, dessen Art. 4 dem Diskriminierungsverbot von Art. 6 Abs. 1 EG-Vertrag entspricht; außerhalb der EU gehören ihm derzeit Liechtenstein, Norwegen und Island an.

II. Tatbestand

1. Deutsche Staatsangehörige und Statusdeutsche

5 Alle Regelungen des § 120 knüpfen an die **Staatsangehörigkeit** an. Maßgeblich ist die Staatsangehörigkeit des Urhebers. Auf die seines Rechtsnachfolgers (vgl. § 30 Rn. 5 ff.) kommt es nicht an (OLG Frankfurt GRUR 1998, 47, 49 – *La Bohème*). Wer deutscher Staatsangehöriger ist, regelt das Staatsangehörigkeitsgesetz (StAG; zuletzt geändert durch Gesetz v. 19.02.2007; früher Reichs- und Staatsangehörigkeitsgesetz, RuStAG, RGBl. 1913, 586). Eine **doppelte Staatsangehörigkeit** ist unschädlich. Sie entsteht vielfach ohne Zutun des Betroffenen dadurch, dass in Deutschland und manchen anderen Ländern die Staatsangehörigkeit durch Geburt nach dem *ius sanguinis*, also der Staatsangehörigkeit der Eltern oder eines Elternteils, erworben wird, während beispielsweise Frankreich, die USA und andere Länder das *ius soli* anwenden, so dass ein in diesen Staaten geborenes, von deutschen Eltern stammendes Kind die deutsche *und* die fremde Staatsangehörigkeit besitzt.

6 Ob der Urheber die deutsche (oder EU- bzw. EWR-) **Staatsangehörigkeit** schon bei der Schaffung des Werkes besitzt oder **erst später erwirbt**, ist gleichgültig. Das ergibt ein Vergleich mit Art. 18 Abs. 4 RBÜ: Auch dort erlangen Werke, die in einem Nicht-Verbandsland erstveröffentlicht wurden und deshalb ursprünglich in den Verbandsländern der RBÜ nicht geschützt waren, nachträglich Urheberschutz, wenn das Ursprungsland der RBÜ beitritt (BGH GRUR 1973, 602 – *Kandinsky III* sowie, allerdings mit anderer Begründung, *v. Gamm* Bem. 5 und *Gerstenberg* Bem. 2). Für den deutschen Verleger, der das in Vietnam erschienene Buch eines dortigen Schriftstellers erlaubterweise nachgedruckt hat, der nunmehr Franzose wird, liegt darin eine gewisse Härte; er bleibt aber jedenfalls berechtigt, die bereits rechtmäßig hergestellten Vervielfältigungsstücke noch zu verbreiten, wenn und soweit er mit der Rechtsänderung nicht zu rechnen brauchte (§ 242 BGB; a.M. *v. Gamm* aaO.). Bei Verletzungshandlungen kommt es demgemäß auf den Zeitpunkt des Erwerbs der deutschen oder der Staatsangehörigkeit eines anderen EU-oder EWR-Landes an (BGH GRUR 1973, 602 – *Kandinsky III*).

7 Andererseits läßt der **spätere Verlust** der deutschen (oder der EU/EWR-) Staatsangehörigkeit den einmal entstandenen Urheberschutz nicht erlöschen. Insofern sind die von der Rechtslehre entwickelten Grundsätze zum Immaterialgüterrecht hinsichtlich dessen sogenannter Unwandelbarkeit entsprechend anwendbar (BGH GRUR 1982, 308, 310 – *Kunsthändler; str.*). Für **Österreicher,** die den „Anschluß" miterlebt haben, also zeitweise Deutsche waren, hatte das schon immer zur Folge, dass sie sich für alle ihre bis zum 27.04.1945 geschaffenen Werke in Deutschland unmittelbar auf das deutsche Urheberrecht berufen konnten (OLG München GRUR 1990, 446, 447 – *Josefine Mutzenbacher* m.w.N.).

Deutsche Staatsangehörige waren immer auch die **Bewohner der DDR** und **8** diejenigen Deutschen, die noch in den früheren deutschen Ostgebieten leben (siehe die Präambel zum GG und Art. 116 GG). Die Wiederherstellung der deutschen Einheit am 3. 10. 1990 hat die sich aus der abweichenden Beurteilung seitens der DDR ergebenden Fragen erledigt. – Die zwangsweise **Ausbürgerung** Deutscher aus politischen, rassischen oder religiösen Gründen in der Zeit des Dritten Reiches war **nichtig** (BVerfGE 23, 98 – *Ausbürgerung I*). Selbst nach dem Erwerb einer fremden Staatsangehörigkeit werden solche Personen wieder Deutsche, wenn sie im Inland einen Wohnsitz begründen oder einen Antrag nach Art. 116 Abs. 2 Satz 1 GG stellen. Konnten sie das infolge Todes nicht mehr innerhalb angemessener Zeit nach dem Inkrafttreten des GG (24.05.1949) tun, so sind sie gleichwohl wie Deutsche zu behandeln; andernfalls bleiben ihre Erben mit den Folgen nationalsozialistischen Unrechts belastet.

2. EU- und EWR-Angehörige

Nach § 120 Abs. 2 Nr. 2 sind EU- und EWR-Angehörige deutschen Urhebern **9** absolut gleichgestellt. Soweit dafür angesichts der weiten Regelung des § 120 Abs. 2 noch Raum ist, verbietet das Diskriminierungsverbot aus Art. 12 EGV auch jede mittelbare Diskriminierung aufgrund des Herkunftslands, wenn etwa der urheberrechtliche Schutz im Rahmen des Art. 2 Abs. 7 RBÜ nicht voll gewährt wird, weil das Werk im Ursprungsstaat nur Geschmacksmusterschutz genießt (EuGH GRUR 2005, 755, 756 f. – *Tod's/Heyraud*).

Die absolute Gleichstellung der Urheber aus anderen EU-Staaten mit deut- **10** schen Staatsangehörigen durch das Diskriminierungsverbot des Art. 12 EGV wirkt naturgemäß von dem **Zeitpunkt** an, in dem dieses – durch den Beitritt eines anderen Staates zur EG bzw. nunmehr zur EU – im Verhältnis zwischen jenem und Deutschland wirksam geworden ist. Diese simple Rechtsfolge hat BGH GRUR 1994, 794, 797 – *Rolling Stones* ausdrücklich mit dem zutreffenden Hinweis bestätigt, dass es sich nicht um die Rückwirkung eines Gesetzes, sondern lediglich um eine gerichtliche Entscheidung bei dessen späterer Anwendung handele (ebenso BGH GRUR Int. 1995, 503, 504 – *Cliff Richard II* sowie OLG Frankfurt GRURInt. 1995, 337, 338 – *Eileen Green II*; GRUR 1998, 47, 49 – *La Bohème*). Dies gilt auch dann, wenn der betreffende Urheber bereits verstorben war, als sein Heimatstaat Mitglied der EU oder des EWR wurde, wenn er zu diesem Zeitpunkt jedenfalls im Heimatstaat noch geschützt war (EuGH GRUR 2002, 689, 690 – *Ricordi*). Der für die absolute Gleichstellung von EU-Angehörigen mit Deutschen in Deutschland maßgebliche Zeitpunkt ergibt sich aus der folgenden Übersicht der Beitrittsdaten:

– Frankreich, Italien, Benelux-Länder: 1.1.1958
– Großbritannien, Irland, Dänemark: 1.1.1973
– Griechenland: 1.1.1981
– Spanien, Portugal: 1.1.1986
– Schweden, Österreich, Finnland: 1.1.1995

- Polen, Tschechische Republik, Slowakei, Slowenien, Ungarn, Estland, Lettland, Litauen, Zypern, Malta: 1.5.2004
- Rumänien, Bulgarien: 1.1.2007

11 Die Opern *Giacomo Puccinis*, verstorben 1924, waren in Deutschland also keineswegs seit dem 1.1.1981 gemeinfrei, wie noch BGH GRUR 1986, 69, 70 ff. – *Puccini I* gemeint hat, sondern blieben bis Ende 1994 geschützt (OLG Frankfurt GRUR 1998, 47, 48 f. – *La Bohème*). Allerdings wird man niemandem, der solche Werke *vor* dem Bekanntwerden der *Phil-Collins*-Entscheidung ahnungslos genutzt hat, einen Schuldvorwurf machen können; deswegen kommen insoweit zwar keine Schadenersatzansprüche, wohl aber solche aus § 812 BGB wegen der zu Unrecht ersparten Lizenzgebühren (vgl. § 97 Rn. 86 f.f) in Betracht (OLG Frankfurt ZUM 1996, 697, 698 ff. – *Yellow Submarine; Schack* Rn. 877). Für den Zeitraum nach *Phil Collins* haftet der Verletzer allerdings aus § 97 (OLG Frankfurt GRUR 1998, 47, 49 f. – *La Bohème*). Die **Beweislast** für die Staatsangehörigkeit obliegt dem sich darauf berufenden Urheber (OLG Köln GRUR-RR 2005, 75 – *Queen*).

12 **Staatenlose** und anerkannte **Flüchtlinge** sind Staatsangehörigen der EU- und EWR-Staaten einschließlich Deutschlands gleichgestellt; das gilt auch für diejenigen von ihnen, die nicht in Deutschland, sondern in einem anderen EU- oder EWR-Land leben (§§ 122 Abs. 1, 123 Satz 1); zu in Drittländern lebenden staatenlosen Urhebern oder Flüchtlingen s. §§ 122 bzw. 123, zu Beginn und Ende des Schutzes ihrer Werke vgl. § 121 Rn. 3 ff.).

3. Miturheber

13 Ist ein Werk durch mehrere Miturheber geschaffen worden, von denen einer deutscher oder gleichgestellter Staatsangehöriger ist, schützt das UrhG das Werk für jeden von ihnen unabhängig von ihrer Staatsangehörigkeit, § 120 Abs. 1 Satz 2. Vor allem für Filmwerke kann also die streitige Frage, wer als Miturheber anzusehen ist, erhebliche Bedeutung gewinnen (vgl. § 89 Rn. 13 ff.). § 120 Abs. 1 Satz 2 gilt jedoch nicht für lediglich verbundene Werke (§ 9), die ebenso wie Sammelwerke (§ 4) und Bearbeitungen (§ 23) jeweils unabhängig von den enthaltenen bzw. bearbeiteten Werken zu betrachten sind und also – wie im Übrigen auch – fremdenrechtlich unterschiedlichen Schutz genießen können.

§ 121 Ausländische Staatsangehörige

(1) [1]Ausländische Staatsangehörige genießen den urheberrechtlichen Schutz für ihre im Geltungsbereich dieses Gesetzes erschienenen Werke, es sei denn, dass das Werk oder eine Übersetzung des Werkes früher als dreißig Tage vor dem Erscheinen im Geltungsbereich dieses Gesetzes außerhalb dieses Gebietes erschienen ist. [2]Mit der gleichen Einschränkung genießen ausländische Staatsangehörige den Schutz auch für solche Werke, die im Geltungsbereich dieses Gesetzes nur in Übersetzung erschienen sind.

(2) Den im Geltungsbereich dieses Gesetzes erschienenen Werken im Sinne des Absatzes 1 werden die Werke der bildenden Künste gleichgestellt, die mit einem Grundstück im Geltungsbereich dieses Gesetzes fest verbunden sind.

(3) Der Schutz nach Absatz 1 kann durch Rechtsverordnung des Bundesministers der Justiz für ausländische Staatsangehörige beschränkt werden, die keinem Mitgliedstaat der Berner Übereinkunft zum Schutze von Werken der Literatur und der Kunst angehören und zur Zeit des Erscheinens des Werkes weder im Geltungsbereich dieses Gesetzes noch in einem anderen Mitgliedstaat ihren Wohnsitz haben, wenn der Staat, dem sie angehören, deutschen Staatsangehörigen für ihre Werke keinen genügenden Schutz gewährt.

(4) [1]Im Übrigen genießen ausländische Staatsangehörige den urheberrechtlichen Schutz nach Inhalt der Staatsverträge. [2]Bestehen keine Staatsverträge, so besteht für solche Werke urheberrechtlicher Schutz, soweit in dem Staat, dem der Urheber angehört, nach einer Bekanntmachung des Bundesministers der Justiz im Bundesgesetzblatt deutsche Staatsangehörige für ihre Werke einen entsprechenden Schutz genießen.

(5) Das Folgerecht (§ 26) steht ausländischen Staatsangehörigen nur zu, wenn der Staat, dem sie angehören, nach einer Bekanntmachung des Bundesministers der Justiz im Bundesgesetzblatt deutschen Staatsangehörigen ein entsprechendes Recht gewährt.

(6) Den Schutz nach den §§ 12 bis 14 genießen ausländische Staatsangehörige für alle ihre Werke, auch wenn die Voraussetzungen der Absätze 1 bis 5 nicht vorliegen.

Übersicht:

I. Allgemeines

Der Aufbau der Bestimmung stellt die tatsächlichen Gegebenheiten geradezu **1** auf den Kopf. Was danach als Regel erscheint (Schutz nur solcher Werke ausländischer Urheber, die in Deutschland erschienen sind, Abs. 1), ist in Wahrheit eine Ausnahme, die kaum noch vorkommt. Was der Gesetzgeber erst im vierten Absatz der Bestimmung als eine Art Auffangtatbestand („im Übrigen") regelt, nämlich den Schutz ausländischer Urheber nach Maßgabe der Staatsverträge und damit im wesentlichen nach dem Prinzip der Inländerbehandlung (vgl. Vor §§ 120 ff. Rn. 6 f.), ist dagegen in der Praxis der Normalfall. Mit praktisch allen für Deutschland relevanten Kulturnationen der Welt bestehen inzwischen Staatsverträge (vgl. Vor §§ 120 ff. Rn. 4 ff.; unten vgl. Rn. 16).

Auch der jedem Urheber ohne besondere Voraussetzungen – also unabhängig **2** von seiner Staatsangehörigkeit und Tatsache und Ort des Erscheinens des Werkes oder einer Gegenseitigkeit (BGH GRUR 1986, 69, 70 ff. – *Puccini I*) – gewährte **Schutz der Urheberpersönlichkeitsrechte** aus §§ **12 bis 14** findet sich erst ganz am Ende der Vorschrift in § 121 Abs. 6. Da der Schutz von keinerlei Voraussetzungen abhängig ist, ist für einen Schutzfristenvergleich insofern kein Raum (ebenso Schricker/*Katzenberger*[3] § 121 Rn. 21). Für eine Verletzung der Rechte in Deutschland ist (nur) erforderlich, daß sich die Verletzung hier auswirkt (Dreier/Schulze/*Dreier*[2] § 121 Rn. 20). Eine über den Wortlaut hinausgehende analoge Anwendung des § 121 Abs. 6 auf weitere urheberpersönlichkeitsrechtlich geprägte Normen ist angesichts der Eindeutigkeit der Bestimmung nicht möglich.

II. Schutz nach den besonderen Voraussetzungen der § 121 Abs. 1 bis 3 und Abs. 4 Satz 2

1. Allgemeines

3 Nach § 121 Abs. 1 schützt das UrhG Werke ausländischer – und nicht bereits über § 120 Abs. 2 bzw. §§ 122, 123 geschützter – Urheber dann, wenn diese Werke in Deutschland erstmals oder binnen 30 Tagen nach dem ersten Erscheinen im Ausland (sog. gleichzeitiges Erscheinen) erschienen sind, wobei das Erscheinen einer Übersetzung genügt (§ 121 Abs. 2; s. BGH GRUR 1999, 984, 985 – *Laras Tochter*). Dieses Privileg gilt allerdings erst seit Inkrafttreten des UrhG, also für seit dem 1.1.1966 erstmals erschienene Werke (BGH GRUR 1986, 69, 70 – *Puccini I*). Zum Begriff des Erscheinens vgl. Rn. 9 ff. und vgl. § 6 Rn. 15 ff.

2. Anwendungsbereich des § 121 Abs. 1

4 Die **Bedeutung von Absatz 1** beschränkt sich in der Praxis auf die folgenden Anwendungsfälle: Der Roman, der Schlager, das Kunstwerk oder das Foto eines nach wie vor in seinem Heimatland – oder doch zumindest außerhalb der Europäischen Union und des EWR – lebenden Nordkoreaners, Taiwan-Chinesen, Kirgisen, Afghanen, Aserbeidschaners oder Äthiopiers, das dort oder sonst in einem Land, das weder der RBÜ noch dem WUA noch dem WTO (und damit dem TRIPS-Abkommen) angehört, **bereits erschienen** ist, kann in Deutschland von jedermann frei verwertet werden. Lebt ein solcher Urheber zu diesem Zeitpunkt schon als Staatenloser oder anerkannter Flüchtling innerhalb der EU oder des EWR, ist er dagegen auch für ein solches Werk über § 123 i.V.m. § 121 Abs. 1 Satz 1 wie ein Deutscher geschützt; der Erwerb der Flüchtlingseigenschaft wirkt insoweit wie der Erwerb der deutschen Staatsangehörigkeit nach Erscheinen des Werkes (vgl. § 122 Rn. 3; vgl. § 120 Rn. 6).

5 Fall 2: Der genannte Flüchtling kehrt in seine Heimat zurück oder wechselt in ein anderes Land außerhalb von RBÜ oder WUA bzw. TRIPS; eines seiner *danach* neu geschaffenen und im neuen Aufenthaltsland erschienenen Werke wird in Deutschland erneut verwertet. Der **Verlust der Flüchtlingseigenschaft** im Sinne des § 123 wirkt insoweit wie der Verlust der EU- oder EWR-Angehörigkeit (vgl. § 120 Rn. 7; vgl. § 122 Rn. 4).

6 Fall 3: Der Roman eines ausländischen Autors, der in seinem Heimatland vor dessen Beitritt zum WUA erstmals erschienen ist, wird in deutscher Übersetzung hier nachgedruckt. Nach Art. VII WUA werden in den anderen Mitgliedsstaaten dieses Abkommens nur diejenigen Werke der Urheber eines beitretenden Landes geschützt, die **nach dem Beitritt geschaffen** wurden. Tritt der betreffende Staat allerdings auch der RBÜ (oder auch nur der WTO und damit dem TRIPS-Abkommen) bei, so lebt der Schutz auch der älteren Werke seiner Urheber in allen Verbandsstaaten wieder auf (Art. 18 Abs. 1 und 4 RBÜ; vgl. für den Parallelfall der alten Sowjetunion *Willhelm Nordemann* ZUM 1997, 521 ff.; *Juranek* ÖSGRUM 20 S. 41, 50). Das trifft inzwischen auf fast alle WUA-Mitglieder zu (zu den Mitgliedsstaaten vgl. Vor §§ 120 ff. Rn. 26).

Die RBÜ (und damit auch TRIPS) schränkt die Verpflichtung der Verbands- **7** staaten zur Inländerbehandlung für Werke der angewandten Kunst (Art. 2 Abs. 7) und für das Folgerecht (Art. 14ter) auf die Fälle ein, in denen Gegenseitigkeit gegeben ist (Bem. 2). Bei der gewerblichen Weiterveräußerung von Werken US-amerikanischer Künstler in Deutschland entsteht also kein Anspruch auf die Vergütung aus § 26 Abs. 1.

Auch für Werke, denen nach internationalen Abkommen kein Schutz oder nur **8** bei Gegenseitigkeit Schutz zu gewähren ist – wie z.B. Werke angewandter Kunst aus RBÜ-Ländern, die solchen Werken keinen *urheber*rechtlichen Schutz gewähren (beachte allerdings das Diskriminierungsverbot aus Art. 12 EGV, das auch derartige Fälle erfasst; dazu EuGH EuGH GRUR 2005, 755, 756 – *Tod's/Heyraud*) –, spielt § 121 eine Rolle. Erscheinen solche Werke hier erstmals oder binnen der Dreißigtagesfrist, so ist ihr Urheber nach § 121 Abs. 1 Satz 1 einem Deutschen gleichgestellt. Dieses Privileg gilt allerdings erst seit Inkrafttreten des UrhG, also für seit dem 1.1.1966 erstmals erschienene Werke (BGH GRUR 1986, 69, 70 – *Puccini I*). Urheber aus der EU werden schon seit dem Beitritt ihres Heimatlandes, solche aus dem übrigen EWR seit dessen Inkrafttreten am 1.1.1994 wie Deutsche behandelt (vgl. Vor §§ 120 ff. Rn. 2; dazu auch EuGH GRUR 2005, 755, 756 – *Tod's/Heyraud*).

3. Erscheinen

Liegt einer der genannten Beispielsfälle vor, so gelten für die Feststellung, ob **9** die Bedingung des **Ersterscheinens** eingehalten ist, die folgenden Regeln:

Es kommt allein auf das **Erscheinen** (Begriff § 6 Abs. 2; vgl. § 6 Rn. 4), *nicht* **10** auf die Veröffentlichung (§ 6 Abs. 1) oder eine sonstige das Erscheinen vorbereitende Handlung, also vor allem die Vervielfältigung (§ 16) an; deshalb ist der Ort der Herstellung der Vervielfältigungsstücke gleichgültig (Begr., *M. Schulze* S. 424). Es kommt auch nicht darauf an, ob die Verbreitung von einem geschäftlichen Mittelpunkt im Bundesgebiet aus oder vom Ausland her erfolgt (so BGH GRUR 1980, 227, 229 f. – *Monumenta Germaniae Historica*, a.A. *Brack* UFITA 50 [1967], 544, 555 unter Berufung auf die überholte Entscheidung RGZ 130, 11 ff.).

Die **30-tägige Karenzfrist** für gleichzeitig im Ausland erscheinende Werke ist **11** eine Neuerung des UrhG von 1965, die durch eine entsprechende Regelung in Art. 3 Abs. 4 RBÜ erforderlich geworden war; sie gilt nach BGH GRUR 1986, 69, 70 f. – *Puccini I* allerdings nur für seit dem 1.1.1966 ersterschienene Werke. Nach der klaren Fassung des Gesetzes trägt derjenige, der ein Fehlen des Urheberschutzes wegen früheren Erscheinens im Ausland behauptet, dafür die **Beweislast**. – Die Sonderregelung des Abs. 1 Satz 2 für **Übersetzungen** wurde durch den Fall *Boris Pasternak* ausgelöst, dessen Roman *Dr. Schiwago* 1957 zwar erstmals in Italien, einem Verbandsland der RBÜ, aber nicht im Original, sondern in italienischer Übersetzung erschienen war. Der Gesetzgeber folgte der überwiegenden Meinung des Schrifttums, die mit dem Erscheinen der Übersetzung zutreffend auch das Originalwerk als erschienen ansieht, weil die Übersetzung zwangsläufig alle wesentlichen Elemente des Originals enthält (Dreier/Schulze/*Dreier*^{2} Rn. 3). Deshalb ist § 121 Abs. 1 Satz 2 nach richtiger Auffassung auf **andere Bearbeitungen**, Umgestaltungen usw. nur hinsichtlich der übernommenen, selbständig geschützten Teile des Ursprungswerkes analog anwendbar (ebenso Dreier/Schulze/*Dreier*^{2} Rn. 3). Umgekehrt folgt daraus, daß das Erscheinen einer Übersetzung außerhalb des

Schutzbereichs auch das Original schutzlos macht, wenn die 30-Tages-Frist nicht eingehalten wurde (Abs. 1 Satz 1).

12 Ist ein Werk durch mehrere **Miturheber** geschaffen worden, von denen einer deutscher oder gleichgestellter Staatsangehöriger ist, schützt das UrhG das Werk für jeden von ihnen unabhängig von ihrer Staatsangehörigkeit, § 120 Abs. 1 Satz 2. Vor allem für Filmwerke kann also die streitige Frage, wer als Miturheber anzusehen ist, erhebliche Bedeutung gewinnen (vgl. § 89 Rn. 13 ff.). § 120 Abs. 1 Satz 2 gilt jedoch nicht für lediglich verbundene Werke (§ 9), die ebenso wie Sammelwerke (§ 4) und Bearbeitungen (§ 23) jeweils unabhängig von den enthaltenen bzw. bearbeiteten Werken zu betrachten sind und also – wie im Übrigen auch – fremdenrechtlich unterschiedlichen Schutz genießen können.

4.   § 121 Abs. 2

13 Als erstmals in der Bundesrepublik erschienen werden auch solche Werke angesehen, die mit einem Grundstück in diesem Gebiet fest verbunden sind (Abs. 2), also Bauwerke, Denkmäler usw., und die mit diesen Werken verbundenen Werke wie Skulpturen und Fresken (zu einem Graffito auf der Berliner Mauer BGH GRUR 2007, 691, 692 – *Staatsgeschenk*), selbst wenn sie – was bei Plastiken und Skulpturen denkbar ist – bereits im Ausland erschienen, d.h. der Öffentlichkeit angeboten worden waren (siehe Art. 5 Abs. 4 lit. ii RBÜ). Die Werke müssen wesentliche Bestandteile des Grundstücks (siehe §§ 93, 94 BGB) oder jedenfalls dauerhaft mit diesem verbunden sein (s. Art. 4 lit. b RBÜ, auf den Abs. 2 Bezug nimmt).

5.   § 121 Abs. 3 und Abs. 4 Satz 2

14 § 121 Abs. 3 erlaubt es, den Ausländern gewährten Schutz im Wege der Retorsion einzuschränken, wenn in dem jeweiligen Heimatstaat Deutsche nicht entsprechend geschützt werden und der Urheber weder einem RBÜ-Verbandsland angehört noch dort oder in Deutschland seinen Wohnsitz hat. Entsprechende Beschränkungen gibt es noch nicht.

15 Schutz wird schließlich nach deutschem Urheberrecht gewährt, wenn bei materieller Gegenseitigkeit das Bundesjustizministerium dies entsprechend bekannt macht, § 121 Abs. 4 Satz 2. Auch Bekanntmachungen nach Abs. 4 Satz 2 sind bisher nicht erfolgt.

III.   Schutz nach Maßgabe internationaler Konventionen, § 121 Abs. 4

16 Die wichtigsten für Deutschland geltenden (zur innerstaatlichen Anwendbarkeit vgl. Vor §§ 120 ff. Rn. 9 ff.) internationalen Verträge sind
- die bereits 1886 geschlossene und mehrfach Revidierte Berner Übereinkunft (**RBÜ**; vgl. Vor §§ 120 ff. Rn. 12 ff.),
- das TRIPS-Übereinkommen (**TRIPS**; vgl. Vor §§ 120 ff. Rn. 17 ff.) von 1994,
- der 2002 in Kraft getretene und von Deutschland unterzeichnete und ratifizierte, allerdings für Deutschland und die „alten" EU-Staaten noch nicht in Kraft stehende WIPO Copyright Treaty (**WCT**; vgl. Vor §§ 120 ff. Rn. 23 ff.) und
- das Welturheberrechtsabkommen (**WUA**; Vor §§ 120 ff. Rn. 26 ff.) vom 6. September 1952 (Fassung vom 24. Juli 1971 – Paris);

alle abrufbar unter www.fromm-nordemann.de. Sie alle enthalten ebenso wie die für Deutschland geltenden bilateralen Staatsverträge nur für wenige Einzelfälle ausdrückliche Kollisionsnormen. In der Praxis spielte vor dem Beitritt der USA zur RBÜ insb. das **Übereinkommen zwischen dem Deutschen Reich und den Vereinigten Staaten von Amerika über den gegenseitigen Schutz der Urheberrechte vom 15. Januar 1892** eine Rolle (abrufbar unter www.fromm-nordemann.de.; näher vgl. Vor §§ 120 ff. Rn. 55 f.; Liste zweiseitiger Abkommen vgl. Vor §§ 120 ff. Rn. 53). Alle Abkommen beschränken sich zumeist auf völkerrechtliche Verpflichtungen und fremdenrechtliche Vorschriften, legen einen von den Vertragsstaaten einzuhaltenden **Mindestschutz** fest und verpflichten die Konventionsstaaten, Konventionsausländern grundsätzlich die gleichen Rechte wie Inländern zu gewähren (sog. **Inländerbehandlungsgrundsatz**; vgl. Art. 5 RBÜ und Verweisung hierauf in Art. 3 WCT, Art. 2, 3 TRIPS, Art. II WUA). Auf der Grundlage des Inländerbehandlungsgrundsatzes wird jeder Urheber, der einem anderen Mitgliedsland des jeweiligen Abkommens als dem Schutzland angehört, im Schutzland so geschützt, als ob er sein Werk dort geschaffen bzw. veröffentlicht hätte. In der Bundesrepublik steht also z.B. einem US-amerikanischen Urheber oder ausübenden Künstler ein Urheber- bzw. verwandtes Recht nach den internen deutschen Normen zu (Einzelheiten jeweils vgl. Vor §§ 120 ff.; zum Schutzfristenvergleich vgl. Vor §§ 120 ff. Rn. 15 f.; Übersicht über die Schutzfristen in einzelnen Staaten vgl. Vor §§ 120 ff. Rn. 16a).

IV. Folgerecht, § 121 Abs. 5

Das **Folgerecht** des § 26 soll nach **Abs. 5** Ausländern nur dann zustehen, wenn **17** eine entsprechende Bekanntmachung erfolgt ist. In der Vergangenheit war dies für Frankreich und Belgien der Fall. Aber auch die Bedeutung dieser Regel beschränkt sich auf einige wenige Ausnahmefälle:

Angehörige der EU/EWR-Staaten und dort ansässige Staatenlose bzw. Flücht- **18** linge (§§ 122 und 123) stehen Deutschen ohnehin gleich (§ 120 Abs. 2 Nr. 2). Innerhalb der **RBÜ** in der Brüsseler (Art. 14bis RBÜ) und Pariser Fassung (Art. 14ter RBÜ), also inzwischen für Werke aus allen relevanten Kulturnationen der Welt, *muss* Deutschland den Folgerechtsanspruch schon dann gewähren, wenn die Voraussetzungen des Art. 14ter RBÜ gegeben sind, d. h. Gegenseitigkeit besteht, ohne dass eine bestimmte Qualität des Schutzes Voraussetzung wäre (a.A. die Voraufl. Bem. 8); auf die Bekanntmachung kommt es wegen Art. 5 Abs. 2 Satz 1 RBÜ insoweit nicht an (BGH GRUR 1978, 639, 640 – *Jeannot*; BGH GRUR 1982, 308, 310 f. – *Kunsthändler*; OLG Frankfurt GRUR 1980, 916, 919 f. – *Folgerecht ausländischer Künstler*; KG GRUR 1997, 467, 468 – *Jeannot II).* Nach Angaben der EU-Kommission erkennt eine Reihe von RBÜ- oder TRIPS-Staaten das Folgerecht gesetzlich an. Dies sind nach Dok. KOM [96] 97 vom 13.03.1996: Algerien, Brasilien, Burkina Faso, Chile, Costa Rica, Ecuador, Elfenbeinküste, Guinea, Demokrat. Rep. Kongo, Madagaskar, Marokko, Peru, Philippinen, Russische Förderation, Senegal, Tunesien, Türkei, Uruguay; außerdem wohl Indien und Togo, möglicherweise auch Mali, Monaco, Vatikanstaat und Venezuela.

Im Hinblick auf die **älteren Fassungen der RBÜ und das WUA**, die kein **19** Folgerecht kennen, ist streitig, ob der Folgerechtsanspruch im Rahmen der Inländerbehandlung zu gewähren ist. Da dann aber trotz der ausdrücklichen Regelung in § 121 Abs. 5 der Anspruch nicht einmal von der Gegenseitigkeit abhinge, ist dies wohl zu verneinen (a.A. insofern die Vorauflage § 121 Bem. 8;

näher *Nordemann/Vinck/Hertin* Art. 14ter RBÜ Bem. 3–4). Dafür spricht auch die erst späte Anerkennung des Folgerechts überhaupt (Schricker/*Katzenberger*[3] Rn. 19). Es bleibt insofern bei § 121 Abs. 5.

20 Nach wie vor kein Folgerecht kennen vor allem die Schweiz und die USA mit Ausnahme Kaliforniens; in der EU ist das Folgerecht durch die Richtlinie 2001/84/EG über das Folgerecht des Urhebers des Originals eines Kunstwerks vom 27.09.2001 auf dem Wege der Harmonisierung. Deutschland hat die Richtlinie mit der Änderung des § 26 mit Gesetz vom 10.11.2006 umgesetzt (näher vgl. § 26 Rn. 3 ff.).

V. Urheberpersönlichkeitsrecht, § 121 Abs. 6

21 Zum Urheberpersönlichkeitsrecht (§ 121 Abs. 6) bereits oben vgl. Rn. 2.

---

§ 122 Staatenlose

(1) Staatenlose mit gewöhnlichem Aufenthalt im Geltungsbereich dieses Gesetzes genießen für ihre Werke den gleichen urheberrechtlichen Schutz wie deutsche Staatsangehörige.

(2) Staatenlose ohne gewöhnlichen Aufenthalt im Geltungsbereich dieses Gesetzes genießen für ihre Werke den gleichen urheberrechtlichen Schutz wie die Angehörigen des ausländischen Staates, in dem sie ihren gewöhnlichen Aufenthalt haben.

Übersicht:

I. Allgemeines

1 Staatenlose sind an sich von den Staatsverträgen, die Deutschland abgeschlossen hat, nicht begünstigt, weil diese auf die beiderseitigen Staats*angehörigen* abzustellen pflegen. § 122 stellt sie je nach ihrem gewöhnlichen Aufenthalt Deutschen (§ 122 Abs. 1) bzw. den Angehörigen des betreffenden ausländischen Staates (§ 122 Abs. 2) gleich. Über Verweisungen in §§ 124, 125 Abs. 5 Satz 2, 126 Abs. 3 Satz 2 und 128 Abs. 2 gelten die Vorschriften für **Inhaber verwandter Schutzrechte**, soweit es sich dabei um natürliche Personen handelt oder handeln kann (also mit Ausnahme der Sendeunternehmen). Zu Datenbankherstellern vgl. § 127a Rn. 1 ff. Wie bei der Staatsangehörigkeit (vgl. § 120 Rn. 5) kommt es auch für § 122 auf die Eigenschaft als Staatenloser **allein des Urhebers selbst** an; diejenige seiner Erben oder Vermächtnisnehmer ist bedeutungslos.

II. Tatbestand

1. Staatenlose Urheber mit gewöhnlichem Aufenthalt in Deutschland

2 § 122 Abs. 1 stellt Staatenlose Deutschen gleich, so dass sie den **vollen Schutz des UrhG** genießen (§ 120 Abs. 1), wenn sie hier ihren **gewöhnlichen Aufenthalt** haben. Das ist dort, wo sich der Staatenlose „für gewöhnlich" (normalerweise) aufhält, seinen tatsächlichen Lebensmittelpunkt hat. Relevant können hier eine Reihe von Kriterien wie Dauer und Beständigkeit der Wohnung, persönliche Beziehungen und familiäre Bindungen, berufliche Umstände, möglicherweise auch ein gewisser Grad der Integration oder – je nach bisheriger Dauer des Aufenthalts – entsprechende Bestrebungen sein. Auch der Bleibewille kann eine Rolle spielen. Bei mehreren Dauerwohnungen entscheidet neben deren Lage die Art der Nutzung, für die wiederum die Ausstattung der Wohnung ein Anhaltspunkt sein kann: Ferienwohnungen sind kein gewöhnlicher Aufenthalt, auch wenn manche dort den ganzen Winter zu verbringen pflegen. – Der gewöhnliche Aufenthalt in *Deutschland* genügt; auch ein innerhalb Deutschlands wechselnder Aufenthalt ist demgemäß von § 122 Abs. 1 privilegiert (ebenso Schricker/*Katzenberger*[3] § 122 Rn. 1).

Die Gleichstellung des Staatenlosen mit einem Deutschen **beginnt** in dem **3** Augenblick, in dem er in Deutschland seinen gewöhnlichen Aufenthalt begründet (BGH GRUR 1973, 602 – *Kandinsky III*). Sie erfaßt *alle* seine bisher geschaffenen Werke, selbst wenn sie schon anderswo erschienen waren. Die Begründung des gewöhnlichen Aufenthaltes entspricht urheberrechtlich dem Erwerb der Staatsangehörigkeit (vgl. § 120 Rn. 6; ebenso Schricker/*Katzenberger*[3] Rn. 3; *Schack* Rn. 815).

Auch der **Wechsel** des gewöhnlichen Aufenthalts entspricht im rechtlichen **4** Ergebnis dem Wechsel der Staatsangehörigkeit (vgl. § 120 Rn. 7): Für die bis zum Wechsel *geschaffenen* Werke bleibt der Staatenlose wie ein Deutscher geschützt, auch wenn sie erst nach dem Wechsel anderswo erscheinen. Für *danach* geschaffene Werke kommt es auf die konventionsrechtliche Beziehung des neuen Aufenthaltslandes zu Deutschland an (§ 122 Abs. 2).

2. Staatenlose mit gewöhnlichem Aufenthalt im Ausland

Liegt der gewöhnliche Aufenthalt im EU- oder EWR-Ausland, sind die Werke des **5** staatenlosen Urhebers im Ergebnis wie die eines deutschen Urhebers geschützt, §§ 122 Abs. 2, 120 Abs. 2 Nr. 2. Ist der Aufenthaltsstaat Mitglied der RBÜ, des WUA oder der WTO (TRIPS), so wird der Staatenlose wie ein Inländer behandelt, §§ 122 Abs. 2, 121 Abs. 4 Satz 1 i.V.m. Art. 5 Abs. 1 RBÜ bzw. Art. II WUA und Art. 3 Abs. 1 TRIPS. Im Übrigen wird urheberrechtlicher Schutz nur unter den Voraussetzungen der § 121 Abs. 1 bis 3, 4 Satz 2 und 5 gewährt. Ohnehin besteht für die **Urheberpersönlichkeitsrechte** aus §§ 12 bis 14 stets Schutz, unabhängig von Staatsangehörigkeit oder Aufenthalt, § 121 Abs. 6.

Staatenlose ohne gewöhnlichen Aufenthalt sind, sofern kein Schutz über **6** § 123 in Betracht kommt, nur über § 121 geschützt, wenn die dortigen Voraussetzungen jeweils erfüllt sind.

§ 123 Ausländische Flüchtlinge

[1]Für Ausländer, die Flüchtlinge im Sinne von Staatsverträgen oder anderen Rechtsvorschriften sind, gelten die Bestimmungen des § 122 entsprechend. [2]Hierdurch wird ein Schutz nach § 121 nicht ausgeschlossen.

Übersicht:

I. Allgemeines

1 Die Norm verweist für die Voraussetzungen der Gewährung des Schutzes vor allem auf § 122 (Satz 1). Darüber hinaus kann Flüchtlingen auch nach den Voraussetzungen des § 121 Schutz gewährt werden, soweit die dortigen Voraussetzungen erfüllt sind (§ 123 Satz 2); insofern ist der Verweis auf § 122 nicht abschließend. Über Verweisungen in §§ 124, 125 Abs. 5 Satz 2, 126 Abs. 3 Satz 2 und 128 Abs. 2 gelten die Vorschriften wiederum für **Inhaber verwandter Schutzrechte**, soweit es sich dabei um natürliche Personen handelt oder handeln kann (also mit Ausnahme der Sendeunternehmen).

2 Wie bei der Staatsangehörigkeit (vgl. § 120 Rn. 5) kommt es auch für § 123 auf die Eigenschaft als Flüchtling **allein des Urhebers selbst** an; diejenige seiner Erben oder Vermächtnisnehmer ist bedeutungslos.

II. Tatbestand

1. Flüchtlinge mit gewöhnlichem Aufenthalt in Deutschland

3 Flüchtlinge im Sinne des § 123 Satz 1 sind nur diejenigen „im Sinne von Staatsverträgen und anderen Rechtsvorschriften", also die nach deutschem Recht als solche *anerkannten* Flüchtlinge, nicht schon Asylbewerber, über deren Anträge noch nicht entschieden ist, und auch nicht solche, deren Anträge abgelehnt wurden. Auch für letztere gilt freilich § 121 Abs. 1 für ihre hier erstmals erschienenen Werke (vgl. § 121 Rn. 4 ff.). Ihre bereits früher in ihrem Heimatstaat erschienenen Werke sind in Deutschland dann geschützt, wenn dieser der RBÜ, dem WUA oder TRIPS angehört oder ein entsprechender zweiseitiger Vertrag besteht (z.B. Iran). Die Härte des § 123 Satz 2 trifft deshalb nur solche Asylbewerber, deren Heimatstaat nicht durch einen Staatsvertrag wechselseitigen Urheberschutz mit der Bundesrepublik vereinbart hat, und auch das nur für ihr früher publiziertes Schaffen. Anerkannte Flüchtlinge, die in Deutschland leben, erwerben dagegen die *volle* Rechtsstellung eines Deutschen, also auch für ihre früher publizierten Werke (Schricker/*Katzenberger*[3] § 123 Rn. 2; *Schack* Rn. 815).

2. Flüchtlinge mit gewöhnlichem Aufenthalt im EU- oder EWR-Ausland

4 Staatenlose und Flüchtlinge mit gewöhnlichem **Aufenthalt in einem EU- oder EWR-Land** sind Deutschen völlig gleichgestellt (vgl. § 120 Rn. 12); solche **in einem RBÜ-Verbandsland,** einem WUA- oder TRIPS-Mitgliedsstaat genießen in Deutschland die gleiche (also Inländer-) Behandlung wie die Staatsangehörigen ihres Gastlandes (vgl. § 122 Rn. 5). Wechseln sie von einem Land in ein anderes innerhalb des Geltungsbereichs der Abkommen, so ändert sich daran nichts. Wechseln sie aus EU/EWR in den übrigen Bereich der RBÜ oder in einen reinen WUA-Staat oder umgekehrt, so gilt das zu § 122 Gesagte entsprechend (vgl. § 122 Rn. 4 f.).

Unterabschnitt 2   **Verwandte Schutzrechte**

§ 124   Wissenschaftliche Ausgaben und Lichtbilder

Für den Schutz wissenschaftlicher Ausgaben (§ 70) und den Schutz von Lichtbildern (§ 72) sind die §§ 120 bis 123 sinngemäß anzuwenden.

Übersicht:

I.   Wissenschaftliche Ausgaben und Lichtbilder

Obwohl §§ 70 und 72 systematisch als Leistungsschutzrechte eingeordnet **1** sind, ähneln sie in den Rechtsfolgen – abgesehen von der Schutzdauer – dem Urheberrecht; deshalb erklärt § 124 für Lichtbilder (§ 70) und wissenschaftliche Ausgaben (§ 72) §§ 120 bis 123, nicht §§ 125 ff. für entsprechend anwendbar. Die Leistungsschutzrechte der §§ 70–72 sind nicht Gegenstand von RBÜ, WUA oder der zweiseitigen Abkommen mit den USA und Iran (vgl. Vor §§ 120 ff. Rn. 53, 56), auch nicht des TRIPS-Abkommens, fallen aber unter das Diskriminierungsverbot des Art. 12 EGV (vgl. Vor §§ 120 ff. Rn. 2; § 120 Rn. 9 ff.). In der Praxis bedeutet die Bestimmung also, dass
- Angehörige von EU/EWR-Staaten und dort lebende Staatenlose und Flüchtlinge ohne jede Einschränkung,
- Angehörige anderer Staaten und die dort lebenden Staatenlosen und Flüchtlinge nur für den Fall des Ersterscheinens der Ausgaben nach § 70 und ihrer einfachen, nicht als Werke geschützten Lichtbilder (§ 72) im Sinne des § 121 Abs. 1 Deutschen gleichgestellt sind.

II.   Nachgelassene Werke, § 71

Das Schutzrecht an nach dem Tode des Urhebers erstmals erschienenen oder – **2** seit 1.1.1995 – erstmals öffentlich wiedergegebenen Werken i.S.d. § 71 wird in den fremdenrechtlichen Regelungen der §§ 120 ff. nicht erwähnt; Schutz genießt also jeder Herausgeber oder nach öffentlicher Wiedergabe Geschützter, unabhängig von Staatsangehörigkeit, Aufenthalt oder Ort des ersten Erscheinens bzw. der öffentlichen Wiedergabe (Dreier/Schulze/*Dreier*[2] § 124 Rn. 3; a.A. Voraufl. Bem. 2).

§ 125   Schutz des ausübenden Künstlers

(1) [1]Den nach den §§ 73 bis 83 gewährten Schutz genießen deutsche Staatsangehörige für alle ihre Darbietungen, gleichviel, wo diese stattfinden. [2]§ 120 Abs. 2 ist anzuwenden.

(2) Ausländische Staatsangehörige genießen den Schutz für alle ihre Darbietungen, die im Geltungsbereich dieses Gesetzes stattfinden, soweit nicht in den Absätzen 3 und 4 etwas anderes bestimmt ist.

(3) Werden Darbietungen ausländischer Staatsangehöriger erlaubterweise auf Bild- oder Tonträger aufgenommen und sind diese erschienen, so genießen die ausländischen Staatsangehörigen hinsichtlich dieser Bild- oder Tonträger den Schutz nach § 77 Abs. 2 Satz 1, § 78 Abs. 1 Nr. 1 und Abs. 2, wenn die Bild- oder Tonträger im Geltungsbereich dieses Gesetzes erschienen sind, es sei denn, dass die Bild- oder Tonträger früher als dreißig Tage vor dem Erscheinen im Geltungsbereich dieses Gesetzes außerhalb dieses Gebietes erschienen sind.

(4) Werden Darbietungen ausländischer Staatsangehöriger erlaubterweise durch Funk gesendet, so genießen die ausländischen Staatsangehörigen den Schutz gegen Aufnahme der Funksendung auf Bild- oder Tonträger (§ 77 Abs. 1) und Weitersendung der Funksendung (§ 78 Abs. 1 Nr. 2) sowie den Schutz nach § 78, wenn die Funksendung im Geltungsbereich dieses Gesetzes ausgestrahlt worden ist.

(5) ¹Im Übrigen genießen ausländische Staatsangehörige den Schutz nach Inhalt der Staatsverträge. ²§ 121 Abs. 4 Satz 2 sowie die §§ 122 und 123 gelten entsprechend.

(6) ¹Den Schutz nach den §§ 74 und 75, § 77 Abs. 1 sowie § 78 Abs. 1 Nr. 3 genießen ausländische Staatsangehörige für alle ihre Darbietungen, auch wenn die Voraussetzungen der Absätze 2 bis 5 nicht vorliegen. ²Das gleiche gilt für den Schutz nach § 78 Abs. 1 Nr. 2, soweit es sich um die unmittelbare Sendung der Darbietung handelt.

(7) Wird Schutz nach den Absätzen 2 bis 4 oder 6 gewährt, so erlischt er spätestens mit dem Ablauf der Schutzdauer in dem Staat, dessen Staatsangehöriger der ausübende Künstler ist, ohne die Schutzfrist nach § 82 zu überschreiten.

Übersicht:

I.   Allgemeines

1 § 125 regelt parallel zu § 121 und mit ganz ähnlichem Aufbau die fremdenrechtlichen Grenzen des Schutzes ausübender Künstler. Absatz 1 betrifft den Schutz deutscher Künstler einschließlich der ihnen gemäß § 120 Abs. 2 gleichgestellten ausländischen Staatsangehörigen und Staatenlosen bzw. Flüchtlingen (§§ 125 Abs. 5 Satz 2, 2. Hs. mit §§ 122, 123). § 125 Abs. 5 Satz 1 betrifft den Schutz ausländischer ausübender Künstler nach Maßgabe der Staatsverträge. Abs. 2 bis 4, 6 und 7 sowie Abs. 5 Satz 2, 1. Hs. regeln den Schutz der übrigen ausübenden Künstler. Zum Schutz des Veranstalters (§ 81) vgl. Rn. 13.

2 Nach der *Phil-Collins*-Entscheidung des EuGH (GRUR 1994, 280 ff.; vgl. § 120 Rn. 2) wurde § 125 durch die Reform 1995 den europarechtlichen Vorgaben angepaßt. Die Änderungen durch das InfoG vom 10.09.2003 betreffen vor allem die Verweisungen auf geänderte Regelungen in §§ 73 ff.

II.   Deutsche und ihnen gleichgestellte ausländische Urheber

3 Deutsche (Abs. 1 Satz 1), Statusdeutsche und EU/EWR-Angehörige (Abs. 1 Satz 2), in Deutschland oder sonst in der EU/EWR lebende Staatenlose und anerkannte Flüchtlinge (Abs. 5 Satz 2, 2. Hs.) sind für alle ihre Darbietungen nach den §§ 73–83 geschützt, wann und wo auch immer sie diese erbringen. Für die Staatsangehörigen eines europäischen Landes (und die dort lebenden Staatenlosen und Flüchtlinge, vgl. § 120 Rn. 12) beginnt dieser Schutz mit dem

Beitritt dieses Landes zur EU oder zum EWR; er erfaßt auch ihre schon früher erbrachten Darbietungen (vgl. § 120 Rn. 10 f.). Nur auf die Staatsangehörigkeit bzw. den gewöhnlichen Aufenthalt bzw. die Flüchtlingseigenschaft des ausübenden Künstlers *selbst* kommt es an, nicht auf die seines Rechtsnachfolgers (vgl. § 120 Rn. 5). **Wechselt** der ausübende Künstler die Staatsangehörigkeit zu Gunsten eines Drittlandes, verlegt er als Staatenloser seinen gewöhnlichen Aufenthalt in ein solches oder verliert er die Flüchtlingseigenschaft, so bleibt er für seine bereits erbrachten Darbietungen wie ein Deutscher geschützt (vgl. § 120 Rn. 7); für spätere Darbietungen wird ihm dagegen in Deutschland Schutz nur nach Maßgabe der Absätze 2–7 gewährt. Die **Beweislast** für die Staatsangehörigkeit obliegt dem sich darauf berufenden Künstler (OLG Köln GRUR-RR 2005, 75 – *Queen*).

Mehrere ausübende Künstler sind mangels eines dem § 120 Abs. 1 Satz 2 **4** entsprechenden Verweises nicht alle geschützt, weil einer von ihnen die Voraussetzungen des § 125 Abs. 1 oder Abs. 5 Satz 2, 2. Hs. erfüllt. Für jedes Bandmitglied, jeden Chorsänger ist also ggf. gesondert zu prüfen, ob er nach § 125 Schutz beanspruchen kann. Ein Redaktionsversehen kann darin angesichts der Tatsache, dass der Gesetzgeber trotz mehrerer Anpassungen des § 125 keinen Verweis aufgenommen hat, wohl nicht (mehr) gesehen werden. Allerdings ist ein sachlicher Grund dafür, mehrere Künstler anders zu behandeln als mehrere Urheber, schon deshalb nicht erkennbar, weil das UrhG im Übrigen ausübende Künstler den Urhebern mehr und mehr gleichstellt. Ohnehin muss der Verwerter stets Nutzungsrechte einholen, wenn auch nur ein Mitglied der Gruppe nach § 125 geschützt ist.

Das Schutzrecht an nach dem Tode des Künstlers erstmals erschienenen oder – **5** seit 1.1.1995 – erstmals öffentlich wiedergegebenen Werken i.S.d. § 71 wird in den fremdenrechtlichen Regelungen der §§ 120 ff. nicht erwähnt; Schutz genießt also jeder Herausgeber oder nach öffentlicher Wiedergabe Geschützter, unabhängig von Staatsangehörigkeit, Aufenthalt oder Ort des ersten Erscheinens bzw. der öffentlichen Wiedergabe (Dreier/Schulze/*Dreier*² § 124 Rn. 3; a.A. Voraufl. Bem. 2).

III. Sonstige ausländische ausübende Künstler

1. Schutz der Persönlichkeitsrechte, § 125 Abs. 6

Ausländer, die *nicht* als EU/EWR-Angehörige, als Staatenlose oder als Flücht- **6** linge Deutschen gleichgestellt sind (vgl. Rn. 3), genießen vollen Schutz zunächst ohne jede Vorbedingung für diejenigen Rechte der ausübenden Künstler, die persönlichkeitsrechtlich begründet sind: Das Recht der Namensnennung und der Schutz gegen Entstellung (§§ 74, 75), das Recht der Aufnahme ihrer Liveauftritte auf Bild- oder Tonträger (§ 77 Abs. 1) und das Recht der Bildschirm- und Lautsprecherübertragung (§ 78 Abs. 1 Nr. 3). Der Schutz wird unabhängig davon gewährt, wo die Darbietung stattgefunden hat und wo eine Aufnahme ggf. erschienen oder gesendet worden ist (BGH GRUR 1987, 814, 815 – *Die Zauberflöte*), unterliegt allerdings – anders als die Urheberpersönlichkeitsrechte nach § 121 Abs. 6 (vgl. § 121 Rn. 2) – dem Schutzfristenvergleich nach § 125 Abs. 7 (vgl. Rn. 11).

Abgelehnt hat die Rspr. im Rahmen des § 125 Abs. 6 stets einen Schutz des **7** **Vervielfältigungsrechts** aus § 77 Abs. 2 Satz 1, 1. Alt. oder des **Verbreitungsrechts** (s. BGH GRUR 1987, 814, 815 – *Die Zauberflöte*; OLG Hamburg

GRUR-RR 2001, 73, 77 ff. – *Frank Sinatra*; OLG Köln GRUR 1992, 388, 389 – *Prince*; OLG Frankfurt GRUR Int. 1993, 702 – *Bruce Springsteen*; ZUM 1994, 34 ff.). Außerhalb der besonderen Voraussetzungen der § 125 Abs. 1 bis 5 können ausländische ausübende Künstler die Vervielfältigung und Verbreitung auch unerlaubter Mitschnitte aus dem Ausland in Deutschland deshalb nicht untersagen, und zwar auch nicht auf der Grundlage des § 96 Abs. 1 (BGH GRUR 1999, 49, 50 f. – *Bruce Springsteen*; GRUR 1987, 814, 815 f. – *Die Zauberflöte*; GRUR 1986, 454, 455 – *Bob Dylan*; OLG Hamburg GRUR-RR 2001, 73, 77 ff. – *Frank Sinatra*; a.A. *Braun* GRUR Int. 1996, 794 f.; *Krüger* GRUR Int. 1986, 384 ff.; *Schack* Rn. 816 f.; Wandtke/Bullinger/ *Braun*[2] § 125 Rn. 8). Der Entstellungsschutz aus § 75 wird insofern nur ausnahmsweise in Betracht kommen können (s. BGH GRUR 1987, 814, 816 f. – *Die Zauberflöte*). Dies gilt erst recht für ursprünglich rechtmäßige Aufnahmen (BGH GRUR 1987, 814, 815 ff. – *Die Zauberflöte*, wo allerdings zu Unrecht als „zwingende Folge" aus dem Territorialitätsprinzip hergeleitet wird, dass ohnehin nur *inländische* Aufnahmen geschützt seien; Abs. 6 billigt den Schutz jedoch allen Darbietungen zu, auch wenn die Voraussetzung des Abs. 2 – inländische Aufnahme – nicht vorliegt).

2. **Schutz unter den Voraussetzungen der § 125 Abs. 2 bis 4 und Abs. 5 Satz 2, 1. Hs.**

8 Geschützt sind für ausländische ausübende Künstler, die nicht bereits über § 125 Abs. 1 oder Abs. 5 Satz 2, 2. Hs. Schutz genießen, desweiteren diejenigen ihrer **Darbietungen,** die in **Deutschland stattfinden (Abs. 2),** soweit nicht die Abs. 3 oder 4 eingreifen. Als in Deutschland stattfindend werden auch Darbietungen auf deutschen Kreuzfahrtschiffen angesehen, selbst wenn sie gerade in einem fremden Hafen angelegt haben. § 125 Abs. 3 und 4 regeln die mittelbare Nutzung; § 125 Abs. 2 schützt mithin nur die *Live*-Darbietung gegen deren unmittelbare Nutzung durch Aufnahme auf Bild- oder Tonträger (§ 77 Abs. 1), Lautsprecherübertragung, öffentliches Zugänglichmachen oder Funksendung einschließlich der Weitersendung (§ 78 Abs. 1 Nr. 1–3) und gegen die weitere Verwertung einer danach unerlaubten Nutzung (z.B. Vervielfältigung und Verbreitung einer unerlaubten Aufnahme, § 77 Abs. 2), nicht jedoch auch die weitere (mittelbare) Verwertung einer danach erlaubten unmittelbaren Nutzung (Begr., M. Schulze S. 586; insoweit zutreffend BGH GRUR 1986, 454, 455 – *Bob Dylan*).

9 Für Darbietungen nicht privilegierter Ausländer, die mit ihrer Zustimmung („erlaubterweise") aufgenommen worden sind, gewährt **Abs. 3** unabhängig von dem Ort der Darbietung, der Aufnahme oder der Vervielfältigung Schutz für die Verwertung der **Aufnahmen,** also für die mittelbare Nutzung, unter der Bedingung des **Ersterscheinens** (§ 6 Abs. 2) oder des Erscheinens binnen 30 Tagen nach Erscheinen im Ausland (vgl. § 121 Rn 9 ff.) in Deutschland. Unter dieser Voraussetzung sind ausländische Künstler gegen eine unerlaubte Vervielfältigung und Verbreitung (§ 77 Abs. 2) geschützt und haben Anspruch auf Vergütung bei Sendung (§ 78 Abs. 2 Nr. 1) und öffentlicher Wahrnehmbarmachung (§ 78 Abs. 2 Nr. 2 und 3). Kein Schutz besteht allerdings – wiederum unabhängig vom Ort der Darbietung, der Aufnahme oder der Vervielfältigung – für Tonträger, die erstmals im Ausland erschienen sind. Die **Beweislast** für eine behauptete Nichteinhaltung der 30tägigen Karenzfrist des Abs. 3 trifft denjenigen, der sich auf die Nichteinhaltung beruft (vgl. § 121 Rn. 11).

Für **in Deutschland ausgestrahlte Funksendungen** der Darbietungen ausüben- **10**
der Künstler gilt Entsprechendes nach **Abs. 4.** Ausgestrahlt ist die Sendung
dort, wo sich die Sendestelle befindet, von der aus die Sendung über eine
ununterbrochene Übertragungskette zum Empfänger geleitet wird (vgl. Vor
§§ 120 ff. Rn. 71). Eine Satellitensendung aus den USA, die in Deutschland
empfangbar ist, fällt also nicht unter Abs. 4; dagegen ist die Weitersendung des
Neujahrskonzerts der Wiener Philharmoniker durch die angeschlossenen
ARD-Anstalten eine Ausstrahlung in Deutschland (vgl. § 20 Rn. 16 f.). Der
ausländische Künstler hat also die Rechte der Aufnahme der Sendung (§ 77
Abs. 1) und ihrer Weitersendung (§ 78 Abs. 1 Nr. 2) sowie die Vergütungsansprüche aus § 78 Abs. 2 bei öffentlich wahrnehmbar gemachter Sendung.
Wandtke/Bullinger/*Braun*[2] (Rn. 13) will ausübenden Künstlern auch insofern
zusätzlich den Schutz aus § 96 Abs. 1 gewähren (vgl. Rn. 7). Zur Beschränkung der Rechte aus Abs. 2 durch Abs. 4 vgl. Rn. 8.

Die Einfügung des **Abs. 7** durch das ÄndG 1995 war durch Art. 7 Abs. 2 Satz 2 **11**
der Schutzdauer-Richtlinie veranlaßt, wonach kein längerer Schutz gewährt
werden darf, als ihn das Heimatland des ausübenden Künstlers gewährt,
höchstens jedoch die 50-Jahres-Schutzfrist des Art. 3 der Richtlinie. Staatsverträge haben allerdings Vorrang, weshalb Abs. 5 in Abs. 7 nicht erwähnt ist.
Die von *Braun* GRUR Int. 1996, 790, 797 erörterte Frage, ob der vorgeschriebene **Schutzfristenvergleich** im Falle der USA, die besondere Rechte für ausübende Künstler noch nicht kennen, auf „Null" hinauslaufe, stellt sich deshalb
nicht; das TRIPS-Abkommen geht als auch von der EU gezeichnetes Übereinkommen (vgl. Vor §§ 120 ff. Rn. 17) der Richtlinie vor.

Der ausländische ausübende Künstler ist, wenn es sich nicht um eines der in **12**
Abs. 6 genannten Rechte handelt oder Abs. 5 zum Zuge kommt, **beweispflichtig** dafür, dass die Voraussetzungen für seine Aktivlegitimation erfüllt sind. Er
muss insb. nachweisen, dass die Darbietung in der Bundesrepublik stattgefunden hat oder der Bild- oder Tonträger hier erschienen oder die Funksendung
hier ausgestrahlt worden ist.

Gegenseitigkeitserklärungen nach §§ 125 Abs. 5 Satz 2, 1. Hs. i.V.m. 121 **12a**
Abs. 4 Satz 2 sind bislang nicht bekanntgemacht worden.

Ein Redaktionsversehen des UrhG 1965 ist schließlich die fehlende Erwäh- **13**
nung des **Veranstalterrechts** aus § 81. Dass der deutsche Veranstalter, wenn er
im Ausland tätig wird, dieses Recht auch in Deutschland *nicht* hätte, kann der
damalige Gesetzgeber nicht gemeint haben; dann gäbe auch die pauschale
Bezugnahme von § 125 Abs. 1 Satz 1 auf die „§§ 73 bis 83", also einschließlich § 81, keinen Sinn (ebenso schon *v. Gamm* Rn. 1; Schricker/*Katzenberger*[3]
§ 125 Rn. 14). Vielmehr gilt Abs. 1 auch für ihn. Demgemäß ist auch der
Veranstalter, der Statusdeutscher oder Angehöriger eines EU- oder EWR-Staates ist, geschützt, gleich wo die Veranstaltung stattfindet (§ 125 Abs. 1 Satz 2);
dasselbe gilt für in der EU/EWR ansässige Staatenlose oder Flüchtlinge (§ 125
Abs. 5 Satz 2). Andere Ausländer haben jedenfalls für ihre Veranstaltungen in
Deutschland den Schutz des § 81 (§ 125 Abs. 2) und damit den der §§ 77 und
78 Abs. 1. Die Absätze 3 und 4 der Bestimmung sind daneben als solche für sie
nicht relevant.

IV. Schutz nach Maßgabe der Staatsverträge

Von weitaus größerer Bedeutung als das vom Gesetzgeber von 1965 – aus **14**
damaliger Sicht gewiß zutreffend – zur Regel erklärte Fremdenrecht für aus-

ländische Künstler nach Abs. 2–4 und 6 sind inzwischen die von **Abs. 5** für vorrangig erklärten **Staatsverträge.** Die bedeutendsten im Bereich des Schutzes ausübender Künstler sind das sog. **Rom-Abkommen** vom 26.10.1961, das für die Alt-Bundesrepublik am 21.10.1966, für die neuen Bundesländer jedoch erst mit der Wiedervereinigung am 03.10.1990 in Kraft getreten ist (abrufbar unter http://www.wipo.int/treaties/en/ip/rome/trtdocs_wo024.html; vgl. Vor §§ 120 ff. Rn. 34 ff.), das am 1.1.1995 in Kraft getretene **TRIPS-Abkommen** (abrufbar unter http://www.wto.org/english/docs_e/legal_e/27-trips.pdf; vgl. Vor §§ 120 ff. Rn. 17 ff.) sowie der am 20.12.1996 geschlossene und am 20.05.2002 – jedoch noch nicht für Deutschland und die EU – in Kraft getretene WIPO Performances and Phonograms Treaty (WIPO-Vertrag über Darbietungen und Tonträger, WPPT; abrufbar unter http://www.wipo.int/treaties/en/ip/wppt/trtdocs_wo034.html; vgl. Vor §§ 120 ff. Rn. 30 ff.).

15 Im Geltungsbereich des TRIPS-Abkommens, das allerdings nur Tonträger, nicht auch Bildtonträger, ja nicht einmal den Tonteil eines Films erfaßt (*Dünnwald* ZUM 1996, 725, 729), ist der sog. **Schutzlückenpiraterie** (vgl. Vor §§ 120 ff. Rn. 42) weitgehend der Boden entzogen worden. Zuvor waren vor allem Altaufnahmen aus der Zeit vor dem Inkrafttreten des UrhG und aus den ersten Jahren danach in Deutschland frei, wenn ihr Ursprungsland – meist die USA – nicht dem Rom-Abkommen angehörte und die Bedingung des Erscheinens binnen 30 Tagen auch in Deutschland (Abs. 2 und § 126 Abs. 2), die viele Tonträgerhersteller im Ausland noch nicht kannten, nicht eingehalten wurde; auch gilt das GTA, das für Deutschland erst am 18. Mai 1994 wirksam wurde (vgl. Vor §§ 120 ff. Rn. 43 ff.), nur für Raubpressungen von solchen Tonträgern, die seit dem Inkrafttreten des UrhG am 1.1.1966 erstmals festgelegt worden sind (BGH GRUR 1994, 210, 211 f. – *Beatles*). Es kam hinzu, dass der Bundesgerichtshof den Schutz gegen den unerlaubten Mitschnitt einer Darbietung (§ 77 Abs. 1) nicht auch auf die Vervielfältigungen der *bootlegs* erstreckte, wenn diese im Ausland rechtmäßig hergestellt wurden (BGH GRUR 1986, 454, 455 – *Bob Dylan*; BGH GRUR 1987, 814, 815 f. – *Die Zauberflöte;* dazu *Schack* Rn. 821 mwN in Rz 816; *Braun* GRUR Int. 1996, 790, 795). Erst recht durften erlaubte Mitschnitte aus dem nicht privilegierten Ausland hier verwertet werden, wie das Beispiel OLG Koblenz GRUR Int. 1968, 164 f. – *Liebeshändel in Chioggia* zeigt: Eine erlaubterweise in Italien mitgeschnittene Aufführung des Piccolo Teatro di Milano durfte vom ZDF ohne Zustimmung *Giorgio Strehlers* ausgestrahlt werden (Italien gehörte damals noch nicht dem Rom-Abkommen an). Zu Einzelheiten s. *Braun* Schutzlücken-Piraterie, S. 37 ff. Seit dem Inkrafttreten des TRIPS-Abkommens am 1.1.1995 unterliegt *jede* vom ausübenden Künstler nicht autorisierte Vervielfältigung von Tonträgern (nur von diesen, s.o.) in gleich welchem Mitgliedstaat des TRIPS-Abkommens seinem Verbotsrecht, wobei TRIPS nach Art. 14 Abs. 6 Satz 2 mit Art. 18 RBÜ Rückwirkung für alle Werke, die bei Inkrafttreten der Übereinkunft „noch nicht infolge Ablaufs der Schutzdauer im Ursprungsland Gemeingut geworden sind", vorschreibt.

V.   Ergänzender Leistungsschutz; Persönlichkeitsrecht

16 Soweit die Voraussetzungen der Abs. 2 bis 4 nicht erfüllt sind und **kein Staatsvertrag** besteht, also für Länder, die weder dem Rom- noch dem TRIPS-Abkommen angehören, einschließlich der dort lebenden Staatenlosen und Flüchtlinge, gewährt die Bundesrepublik über die Mindestrechte des Abs. 6 hinaus (vgl. Rn. 3) trotz Art. 1 Abs. 2, 2 Abs. 1und 10bis PVÜ grundsätzlich *keinen*

Leistungsschutz. Denn der ergänzende Leistungsschutz des UWG kann nicht über ausdrückliche Grenzen des urheberrechtlichen Sonderschutzes hinweg gewährt werden (BGH GRUR 1986, 454, 455 – *Bob Dylan*; bestätigt von BVerfG GRUR 1990, 438 ff. – *Bob Dylan*; zur Problematik eingehend *Hertin* GRUR 1991, 722 ff.; *Loewenheim* GRUR Int. 1993, 105 ff.). Insofern sind wettbewerbsrechtliche Verbotsansprüche – auch wenn dies kaum befriedigt – wegen Rufschädigung durch den Vertrieb von Aufnahmen minderer Qualität (s. BGH GRUR 1987, 814, 815 – *Die Zauberflöte*; sehr zurückhaltend OLG Köln GRUR 1992, 388 f. – *Prince*) oder – bei Tonträgerpiraterie – wegen unmittelbarer Leistungsübernahme oder unter Rückgriff auf das allgemeine Persönlichkeitsrecht wohl nur in Extremfällen denkbar (weitergehend *Krüger* GRUR Int. 1986, 381, 386 f.; Schricker/*Katzenberger*[3] § 125 Rn. 19; *Schack* GRUR 1987, 818; zurückhaltend *Braun* S. 138 f.).

§ 126   Schutz des Herstellers von Tonträgern

(1) [1]Den nach den §§ 85 und 86 gewährten Schutz genießen deutsche Staatsangehörige oder Unternehmen mit Sitz im Geltungsbereich dieses Gesetzes für alle ihre Tonträger, gleichviel, ob und wo diese erschienen sind. [2]§ 120 Abs. 2 ist anzuwenden. [3]Unternehmen mit Sitz in einem anderen Mitgliedstaat der Europäischen Union oder in einem anderen Vertragsstaat des Abkommens über den Europäischen Wirtschaftsraum stehen Unternehmen mit Sitz im Geltungsbereich dieses Gesetzes gleich.

(2) [1]Ausländische Staatsangehörige oder Unternehmen ohne Sitz im Geltungsbereich dieses Gesetzes genießen den Schutz für ihre im Geltungsbereich dieses Gesetzes erschienenen Tonträger, es sei denn, daß der Tonträger früher als dreißig Tage vor dem Erscheinen im Geltungsbereich dieses Gesetzes außerhalb dieses Gebietes erschienen ist. [2]Der Schutz erlischt jedoch spätestens mit dem Ablauf der Schutzdauer in dem Staat, dessen Staatsangehörigkeit der Hersteller des Tonträgers besitzt oder in welchem das Unternehmen seinen Sitz hat, ohne die Schutzfrist nach § 85 Abs. 3 zu überschreiten.

(3) [1]Im Übrigen genießen ausländische Staatsangehörige oder Unternehmen ohne Sitz im Geltungsbereich dieses Gesetzes den Schutz nach Inhalt der Staatsverträge. [2]§ 121 Abs. 4 Satz 2 sowie die §§ 122 und 123 gelten entsprechend.

Übersicht:

I.   Allgemeines

§ 126 regelt in seinem Abs. 1 Satz 1 die uneingeschränkte Geltung des UrhG **1** für inländische **Tonträgerhersteller**. Abs. 1 Satz 2 enthält die Gleichstellung zu Gunsten von EU- bzw. EWR-Ausländern, und Satz 3 stellt klar, dass dies entsprechend für Unternehmen mit Sitz in den betreffenden Staaten gilt.

§ 126 Abs. 2 legt fest, unter welchen Voraussetzungen ausländischen Tonträgerherstellern Schutz durch das UrhG gewährt wird, einschließlich einer Regelung zum Schutzfristvergleich in § 126 Abs. 2 Satz 2. Abs. 3 schließlich
regelt den Schutz nach Maßgabe der Staatsverträge (Satz 1) und aufgrund
entsprechender Bekanntmachungen des Justizministeriums (Satz 2).

2 § 126 findet auch dann Anwendung, wenn ein Tonträgerhersteller ggf. in
seinem Heimatland als Urheber geschützt ist; die Qualifikation erfolgt auch
bei § 126 aus dem nationalen Recht heraus, dem die betreffende Norm angehört. Stets kann sich nicht nur der Tonträgerhersteller selbst, sondern auch
derjenige, dem die Rechte übertragen worden sind, auf den Schutz nach
§ 126 berufen (BGH GRUR 1994, 210, 211 – *Beatles*). Die durch das InfoG
vorgenommene Änderung des Verweises auf (jetzt) § 85 Abs. 3 wurde nur
durch die dortige Neufassung erforderlich und bedeutet keine inhaltliche
Änderung.

II. Deutsche Hersteller bzw. Hersteller mit Sitz in Deutschland und ihnen Gleichgestellte

1. Hersteller

3 Die Bestimmung schützt zunächst **natürliche Personen,** die Tonträger herstellen, und knüpft an deren Staatsangehörigkeit (Abs. 1 und 2) bzw. an deren
Eigenschaft als Staatenloser oder Flüchtling, der in Deutschland oder in einem
Mitgliedstaat von EU/EWR seinen gewöhnlichen Aufenthalt hat (Abs. 3
Satz 2, 2. Hs.), an. Sie stellt diesen Personen **Unternehmen** an die Seite, die
dasselbe tun, ohne diesen Begriff zu definieren. Die Begr. zum UrhG 1965
nimmt in den einleitenden Bemerkungen zum Entwurf der damaligen
§§ 95/96, die als §§ 85/86 Gesetz wurden, Bezug auf das Schutzrecht des
Tonträgerherstellers im Rom-Abkommen (Begr. RegE UrhG – BT-Drucks.
IV/270, S. 34); in dessen Art. 3 lit. c wird der Hersteller von Tonträgern als
„die natürliche oder juristische Person" umschrieben, die erstmals Töne festlegt. Sieht man danach als Unternehmen im Sinne auch des § 126 nur juristische Personen an, so bleibt unklar, wie Personengesellschaften einzuordnen
sind, denen neben Deutschen auch nicht diesen gleichgestellte Ausländer
angehören: Wessen Staatsangehörigkeit soll für die Einbeziehung in den
Schutzbereich entscheidend sein? Nach richtiger Auffassung muss *jede* Mehrheit von Personen ohne Rücksicht auf ihre Rechtsform, die GbR also ebenso
wie die OHG, die KG, die GmbH und die AG, als Unternehmen im Sinne der
Bestimmung gelten. Entscheidend ist der Sitz der Gesellschaft. Dieser **Sitz**
ergibt sich in Deutschland aus dem Handelsregister, für die GbR aus der
Gewerbeanmeldung (§ 14 GewO), im Ausland aus den entsprechenden amtlichen Nachweisen. Bei mehreren **Niederlassungen** im In- und Ausland ist
diejenige maßgeblich, in der oder auf deren Veranlassung der Tonträger hergestellt wird.

2. Tonträger

4 Die Bestimmung schützt schließlich nur die Hersteller von **Tonträgern;** dies gilt
auch für die relevanten Staatsverträge (Art. 3 lit. b RA, Art. 1 lit. a. GTA,
Art. 14 Abs. 2 TRIPS). Die Tonspur eines Bildtonträgers fällt deshalb als
solche weder unter § 126 noch unter die entsprechenden Regelungen der
Abkommen, solange die Verbindung andauert (*Schack* Rn. 625). Anders ist

es, wenn Bild und Ton getrennt und mit der Zweckbestimmung auch für eine rein akustische Verwertung aufgenommen werden (OLG Hamburg ZUM-RD 1997, 389, 391 – *Nirvana*).

3. Deutsche und ihnen gleichgestellte Hersteller

Deutsche und die ihnen gleichgestellten natürlichen Personen (§ 120 Abs. 2, **5** §§ 122, 123; vgl. § 120 Rn. 9 f.) sowie die in Deutschland oder in EU/EWR niedergelassenen Unternehmen haben alle Rechte, die die §§ 85/86 dem Tonträgerhersteller gewähren, einschließlich des Verbotsrechts aus § 96 Abs. 1, ganz gleich, wo die Herstellung der Tonträger tatsächlich stattfindet und ob und wo diese erscheinen (**Abs. 1**). Juristische Personen mit Sitz in der früheren DDR sind – anders als natürliche Personen – jedoch erst ab 03.10.1990 geschützt (Schricker/*Katzenberger*[3] § 126 Rn. 7).

III. Sonstige ausländische Hersteller bzw. solche mit Sitz im sonstigen Ausland

1. Schutz unter den besonderen Voraussetzungen des Abs. 2

Für nicht privilegierte **Ausländer** und Unternehmen aus Nicht-EU/EWR-Staa- **6** ten besteht Schutz, falls nicht Abs. 3 (Vorrang eines Staatsvertrages) zum Zuge kommt, nur hinsichtlich solcher Tonträger, die zuerst in Deutschland erscheinen (zum Begriff § 6 Abs. 2) oder wenigstens die 30-Tages-Karenzfrist einhalten (**Abs. 2 Satz 1**); letzteres wird bis zum Beweis des Gegenteils vermutet (s. LG Düsseldorf UFITA 84 (1979), 241; vgl. § 121 Rn. 11; vgl. § 125 Rn. 15). Hersteller aus Drittländern außerhalb des EU/EWR-Raums werden Inhaber der Rechte aus §§ 94, 95 bei Erscheinen des Filmwerks oder des einfachen Films in Deutschland oder bei Einhaltung der 30-Tages-Karenzfrist (was bis zum Beweis des Gegenteils vermutet wird, vgl. § 121 Rn. 11); bei Ersterscheinen in einem anderen EU- oder EWR-Staat *ohne* Einhaltung der Karenzfrist bliebe der Hersteller nach dem Wortlaut der Vorschrift jedoch schutzlos. Zutreffend ist es wegen des gemeinschaftsrechtlichen Diskriminierungsverbotes indes, den Wortlaut der §§ 128 Abs. 2, 126 Abs. 2 gemeinschaftsrechtskonform erweiternd dahin auszulegen, daß auch ein Erscheinen innerhalb der Frist in einem anderen EU-Staat – und sei es nur durch einen Lizenznehmer – genügt (*Loef/Verweyen* ZUM 2007, 706, 707; vgl. auch § 94 Rn. 7). Ist der Tonträgerhersteller im Sitzland nicht geschützt, weil dort grundsätzlich kein Schutz gewährt wird, die Schutzfrist also gewissermaßen „null", kommt wegen Abs. 2 Satz 2 auch kein Schutz nach UrhG in Frage. Diese müssen also ggf. aus abgeleiteten Rechten der Urheber selbst oder der ausübenden Künstler vorgehen.

Der von **Abs. 2 Satz 2** seit dem 1.7.1995 vorzunehmende **Schutzfristenver- 7 gleich** geht auf Art. 7 Abs. 2 Satz 2 der Schutzdauer-Richtlinie zurück (vgl. § 64 Rn. 6 und jetzt BGH GRUR 2007, 502 ff. – *Bob Dylan II* (Vorlage an EuGH)). Staatsverträge haben jedoch auch insoweit Vorrang; die Richtlinie sieht den Schutzfristenvergleich ausdrücklich „unbeschadet der internationalen Verpflichtungen der Mitgliedstaaten" vor. Dafür, dass der Gesetzgeber des ÄndG 1995 etwas anderes als die bloße Umsetzung der Richtlinie gewollt hätte, gibt es keinen Anhaltspunkt (s. Begr. zum ÄndG 1995, *M. Schulze* S. 948; OLG Hamburg ZUM 1999, 853, 857; OLG Hamburg GRUR-RR 2001, 73, 77 f. – *Frank Sinatra*). Allerdings dürfen bereits laufende Fristen nach § 137f Abs. 1 Satz 1 nicht verkürzt werden, wobei jedoch Tonträgerhersteller vor dem 1.7.1995 lediglich 25 Jahre lang geschützt waren.

2. Staatsverträge

8 Vier **Staatsverträge** sind im Rahmen des **Abs. 3** von Bedeutung: Das **Rom-Abkommen** (vgl. Vor §§ 120 ff. Rn. 34 ff.), für die Alt-Bundesländer am 21.10.1966, für das Gebiet der ehemaligen DDR am 03.10.1990 in Kraft getreten, gewährt den Tonträgerherstellern aus allen anderen Vertragsstaaten Inländerbehandlung (Art. 2) für jede in einem anderen Vertragsstaat vorgenommene Festlegung *oder* (Erst-) Veröffentlichung (Art. 5 Abs. 1; OLG Hamburg GRUR 1979, 235, 237 – *ARRIVAL*), wobei die Einhaltung einer 30-Tages-Karenzfrist entsprechend § 126 Abs. 2 genügt (Art. 5 Abs. 2). Das Vervielfältigungsrecht und die Zweitwiedergaberechte sind als Mindestrechte gestaltet (Art. 10, 12). Die Mindestschutzdauer beträgt (nur) 20 Jahre (Art. 14). Vgl. Vor §§ 120 ff. Rn. 34 zu den derzeitigen Mitgliedstaaten und zu weiteren Einzelheiten.

9 Sodann gibt es – für die Alt-Bundesrepublik am 18.05.1974, für das Gebiet der ehemaligen DDR am 03.10.1990 in Kraft getreten – das gegen Raubpressungen gerichtete **Genfer Tonträgerabkommen** (Übereinkommen zum Schutze der Hersteller von Tonträgern gegen die unerlaubte Vervielfältigung ihrer Tonträger) (ausführlicher zu diesem Abkommen vgl. Vor §§ 120 ff. Rn. 43 ff.).

10 Seit seinem Inkrafttreten am 1.1.1995 deckt das **TRIPS-Abkommen** (vgl. Vor §§ 120 ff. Rn. 17 ff.) den Regelungsbereich des GTA nahezu vollständig ab. Sein Art. 14 Abs. 2 gewährt den Tonträgerherstellern das Recht, die unmittelbare oder mittelbare Vervielfältigung ihrer Tonträger zu gestatten oder zu verbieten; auf diesen Mindestschutz ist die Verpflichtung zur Inländerbehandlung beschränkt (Art. 3 Abs. 1 Satz 2 TRIPS). Die Schutzdauer nach TRIPS (Art. 14 Abs. 5: 50 Jahre) ist mehr als doppelt so lang wie die von Art. 4 GTA vorgeschriebene Mindestschutzdauer (20 Jahre).

11 Der am 20.12.1996 geschlossene und am 20.05.2002 in Kraft getretene WIPO Performances and Phonograms Treaty (WIPO-Vertrag über Darbietungen und Tonträger, WPPT; vgl. Vor §§ 120 ff. Rn. 30 ff.) ist von Deutschland und einem Teil der (vor allem „alten") EU-Staaten ebenso wie der EU selbst im Gegensatz zu unter anderem den USA und einigen jüngeren EU-Mitgliedern zwar unterzeichnet, jedoch noch nicht ratifiziert worden.

3. Gegenseitigkeit

12 Die Verweisung auf § 121 Abs. 4 Satz 2 in § 126 Abs. 3 Satz 2, 1. Hs. ermöglicht den Schutz ausländischer Tonträgerhersteller aufgrund einer entsprechenden Bekanntmachung durch den Bundesminister der Justiz. Eine solche ist bisher nur für **Indonesien** erfolgt (25.10.1988, BGBl. I S. 2071).

IV. Ergänzender wettbewerbsrechtlicher Schutz

13 Soweit die Voraussetzungen der Abs. 2 und 3 nicht erfüllt sind und **kein Staatsvertrag** besteht, gewährt die Bundesrepublik trotz Art. 1 Abs. 2, 2 Abs. 1 und 10bis PVÜ grundsätzlich *keinen* Leistungsschutz. Denn der ergänzende Leistungsschutz des UWG kann nicht über ausdrückliche Grenzen des urheberrechtlichen Sonderschutzes hinweg gewährt werden (BGH GRUR 1986,

454, 455 – *Bob Dylan*; bestätigt von BVerfG GRUR 1990, 438 ff. – *Bob Dylan*; zur Problematik eingehend *Hertin* GRUR 1991, 722 ff.; *Loewenheim* GRUR Int. 1993, 105 ff.). Insofern sind – auch wenn dies kaum befriedigt – wettbewerbsrechtliche Verbotsansprüche auch bei Tonträgerpiraterie wegen unmittelbarer Leistungsübernahme wohl nur in Extremfällen denkbar (weitergehend *Krüger* GRUR Int. 1986, 381, 386 f.; Schricker/*Katzenberger*[3] § 125 Rn. 19; *Schack* GRUR 1987, 818; zurückhaltend *Braun* S. 138 f.).

§ 127 Schutz des Sendeunternehmens

(1) [1]Den nach § 87 gewährten Schutz genießen Sendeunternehmen mit Sitz im Geltungsbereich dieses Gesetzes für alle Funksendungen, gleichviel, wo sie diese ausstrahlen. [2]§ 126 Abs. 1 Satz 3 ist anzuwenden.

(2) [1]Sendeunternehmen ohne Sitz im Geltungsbereich dieses Gesetzes genießen den Schutz für alle Funksendungen, die sie im Geltungsbereich dieses Gesetzes ausstrahlen. [2]Der Schutz erlischt spätestens mit dem Ablauf der Schutzdauer in dem Staat, in dem das Sendeunternehmen seinen Sitz hat, ohne die Schutzfrist nach § 87 Abs. 3 zu überschreiten.

(3) [1]Im Übrigen genießen Sendeunternehmen ohne Sitz im Geltungsbereich dieses Gesetzes den Schutz nach Inhalt der Staatsverträge. [2]§ 121 Abs. 4 Satz 2 gilt entsprechend.

Übersicht:

I. Allgemeines

§ 127 regelt – im Aufbau parallel zu § 126 – die fremdenrechtliche Behand- **1** lung der Sendeunternehmen. Wiederum ist unerheblich, ob ein Sendeunternehmen im Staat seines Sitzes ggf. als Urheber geschützt ist (vgl. § 126 Rn. 2). Die durch das InfoG vorgenommene Änderung des Verweises auf (jetzt) § 87 Abs. 3 wurde nur durch die dortige Neufassung erforderlich und bedeutet keine inhaltliche Änderung.

Alle Regelungen in § 127 knüpfen an den **Sitz des Sendeunternehmens** an. Für **2** natürliche Personen und Personenmehrheiten ohne Eintragungsfähigkeit ergibt sich der Sitz aus der Gewerbeanmeldung (§ 14 GewO), für registerfähige Gesellschaften aus dem Handelsregister, für öffentlich-rechtliche Anstalten aus den ihrer Errichtung zugrundeliegenden Rechtsnormen; für einen Sitz im Ausland sind die dort geltenden, entsprechenden Vorschriften maßgebend. Bei mehreren Niederlassungen im In- und Ausland ist diejenige entscheidend, von der aus die Sendetätigkeit betrieben wird. Wiederum kommt es auf den Sitz des Unternehmens an, das erster Inhaber der Rechte war; auch derjenige, an den dieses Unternehmen die Rechte übertragen hat, kann sie jedoch geltend machen.

II. Sendeunternehmen mit Sitz in Deutschland und gleichgestellte Unternehmen

3 Sendeunternehmen mit Sitz in **Deutschland** (Abs. 1 Satz 1), in der **EU** oder dem **EWR** (Abs. 1 Satz 2) genießen den vollen Schutz des § 87 einschließlich des Verbotsrechts aus § 96 Abs. 1, unabhängig davon, wo und von wo aus sie ihre Sendungen ausstrahlen. Zum Begriff des Unternehmens vgl. § 126 Rn. 3.

III. Sonstige ausländische Sendeunternehmen

1. Schutz unter besonderen Voraussetzungen (Abs. 2 und Abs. 3 Satz 2)

4 **Sendungen aus dem übrigen Ausland** sind gemäß **Abs. 2 Satz 1**, soweit nicht Staatsverträge vorgehen (Abs. 3; unten Rn. 5 ff.), in Deutschland nur dann nach § 87 geschützt, wenn das ausländische Sendeunternehmen sie hier *ausstrahlt* oder ausstrahlen läßt (vgl. § 125 Rn. 10). Ob sie gezielt auf einen Empfang in Deutschland ausgerichtet sind, ist für sich allein noch nicht erheblich (ebenso schon Schricker/*Katzenberger*[3] Rn. 3; s. auch BGH GRUR 1999, 152, 153 ff. – *Spielbankaffaire*, wo bei Ausstrahlung von Luxemburg in das „intendierte Sendegebiet" Deutschland das Recht des Schutzlandes Luxemburg für anwendbar erklärt wird). Die Satellitensendung aus den USA wird von Abs. 2 Satz 1 also nicht erfaßt, fällt aber, soweit dessen Schutz reicht, unter das TRIPS-Abkommen (vgl. Rn. 6). Das von Abs. 2 Satz 1 gewährte Privileg unterliegt dem strikten Schutzfristvergleich des **Abs. 2 Satz 2**, dessen Einfügung durch das ÄndG 1995 von Art. 7 Abs. 2 Satz 2 der Schutzdauer-Richtlinie veranlaßt worden war (vgl. § 126 Rn. 7). Wiederum dürfen bereits laufende Fristen nicht verkürzt werden (§ 137f Abs. 1), wobei jedoch Sendeunternehmen vor dem 1.7.1995 lediglich 25 Jahre lang geschützt waren. **Gegenseitigkeitserklärungen** nach §§ 127 Abs. 3 Satz 2 i.V.m. 121 Abs. 4 Satz 2 sind bislang nicht bekanntgemacht worden.

2. Schutz durch Staatsverträge (Abs. 3 Satz 1)

5 Wie stets im Bereich des deutschen urheberrechtlichen Fremdenrechts (vgl. § 121 Rn. 1; vgl. § 125 Rn. 14) haben die **Staatsverträge**, an die die Bundesrepublik gebunden ist, auch die Regel des Abs. 3 Satz 1 zur Ausnahme werden lassen.

6 Das **Rom-Abkommen** (vgl. Vor §§ 120 ff. Rn. 34 ff.), dessen Art. 6 Inländerbehandlung vorsieht, diese allerdings auf in anderen Vertragsstaaten ausgestrahlte Sendungen ohne Rücksicht auf den Sitz des Sendeunternehmens erweitert, ist in seiner Bedeutung inzwischen faktisch auf den Fall der *Kabelweitersendung* reduziert, soweit seine Mitglieder auch TRIPS angehören (vgl. Vor §§ 120 ff. Rn. 19). Art. 14 Abs. 3 **TRIPS** gibt den Sendeunternehmen in allen Mitgliedstaaten ein Verbotsrecht gegen die Festlegung, die Vervielfältigung von Festlegungen und die drahtlose Weitersendung von Funksendungen sowie die öffentliche Wiedergabe von Fernsehsendungen solcher Funksendungen. Dieses Recht besteht für die Dauer von mindestens 20 Jahren seit der Funksendung (Art. 14 Abs. 5 Satz 2). Dass nach Art. 14 Abs. 3 Satz 2 keine Verpflichtung der TRIPS-Mitglieder besteht, überhaupt Rechte für Sendeunternehmen in ihrem nationalen Recht vorzusehen, und es statt dessen genügt, den Inhabern der Urheberrechte an den Sendungen die in Satz 1 genannten Rechte zu sichern, macht zwar Abs. 3 internationalrechtlich zu einen bloßen fakultativen Schutzrecht (*Katzenberger* GRUR Int. 1995, 447,

468), ist aber für die Rechtslage in Deutschland bedeutungslos. Zu den Einzelheiten vgl. Vor §§ 120 ff. Rn. 19 ff.

Das **Straßburger oder Europäische Fernseh-Abkommen** vom 22.06.1960, das **7** auf dem Prinzip der Inländerbehandlung beruht (*Nordemann/Vinck/Hertin* S. 366 ff.), spielt faktisch keine Rolle mehr, weil seine Mitgliedstaaten sämtlich der EU oder dem EWR angehören (vgl. Vor §§ 120 ff. Rn. 48). Von zwei weiteren von Deutschland ratifizierten Abkommen hat das erste, das Europäische Übereinkommen zur Verhütung von Rundfunksendungen, die von Sendestellen außerhalb der staatlichen Hoheitsgebiete gesendet werden, vom 22.01.1965 (BGBl. 1969 II S. 1939; sog. **Piratensender-Abkommen**) keine Relevanz für § 87 und damit auch nicht für § 127; das zweite, das Übereinkommen über die Verbreitung der durch Satelliten übertragenen programmtragenden Signale vom 21. 5. 1974 (BGBl. 1979 II S. 113; sog. **Brüsseler Satelliten-Abkommen**; vgl. Vor §§ 120 ff. Rn. 46 f.), mit dem die unbefugte Weitersendung von Satellitenprogrammen bekämpft werden sollte, die nicht zum Direktempfang bestimmt waren, hat – wie das Rom-Abkommen – nur noch für die *Kabel*weitersendung solcher Programme Bedeutung. Der WIPO Performances and Phonograms Treaty (WIPO-Vertrag über Darbietungen und Tonträger, **WPPT**) erfasst den Schutz der Sendeunternehmen nicht; ein paralleler Vertrag ist allerdings derzeit Gegenstand der Beratungen im Rahmen der WIPO. Zum ergänzenden **wettbewerbsrechtlichen Leistungsschutz** vgl. § 126 Rn 13.

§ 127a Schutz des Datenbankherstellers

(1) ¹Den nach § 87b gewährten Schutz genießen deutsche Staatsangehörige sowie juristische Personen mit Sitz im Geltungsbereich dieses Gesetzes. ²§ 120 Abs. 2 ist anzuwenden.

(2) Die nach deutschem Recht oder dem Recht eines der in § 120 Abs. 2 Nr. 2 bezeichneten Staaten gegründeten juristischen Personen ohne Sitz im Geltungsbereich dieses Gesetzes genießen den nach § 87b gewährten Schutz, wenn
1. ihre Hauptverwaltung oder Hauptniederlassung sich im Gebiet eines der in § 120 Abs. 2 Nr. 2 bezeichneten Staaten befindet oder
2. ihr satzungsmäßiger Sitz sich im Gebiet eines dieser Staaten befindet und ihre Tätigkeit eine tatsächliche Verbindung zur deutschen Wirtschaft oder zur Wirtschaft eines dieser Staaten aufweist.

(3) Im Übrigen genießen ausländische Staatsangehörige sowie juristische Personen den Schutz nach dem Inhalt von Staatsverträgen sowie von Vereinbarungen, die die Europäische Gemeinschaft mit dritten Staaten schließt; diese Vereinbarungen werden vom Bundesministerium der Justiz im Bundesgesetzblatt bekanntgemacht.

Übersicht:

I. Allgemeines

Die von Art. 7 IuKDG zum 1.1.1998 eingeführte Bestimmung betrifft nur die **1** Hersteller **einfacher**, nicht nach § 4 Abs. 2 als Datenbank*werk* geschützter

Datenbanken und den diesen nach §§ 87a ff. gewährten, 15 Jahre dauernden (§ 87d) Leistungsschutz. Die Vorschrift setzt Art. 11 der EU-Datenbank-Richtlinie (vgl. Vor §§ 87a ff. Rn. 2 ff.), die nicht auf Inländerbehandlung, sondern auf materielle Gegenseitigkeit abstellt, um.

2 Nachdem § 127a in Abs. 1 und 2 neben **natürlichen** nur **juristische Personen** mit Sitz in Deutschland oder dem sonstigen EU/EWR-Raum erwähnt, bleibt unklar, wie **Gesellschaften bürgerlichen Rechts, offene Handels- und Kommanditgesellschaften** mit Sitz in EU/EWR zu behandeln sind, denen nur oder auch Gesellschafter aus Nicht-EU/EWR-Ländern angehören (vgl. § 126 Rn. 3). Wenn eine einfache GmbH, deren Gesellschafter sämtlich Staatsangehörige von Singapur sind, nach Abs. 1 voll geschützt ist, muss dies ebenso für andere Gesellschaftsformen gelten; die auch insoweit entstandene planwidrige Regelungslücke ist durch die analoge Anwendung der für juristische Personen geltenden Bestimmungen zu schließen.

II. Deutsche bzw. ihnen gleichgestellte Hersteller oder Hersteller mit Sitz in Deutschland oder EU/EWR

3 § 127a gewährt Deutschen, Statusdeutschen und Angehörigen von Mitgliedsländern der EU und des EWR (Abs. 1) den Schutz vor allem des § 87b. **Staatenlose** (§ 122) und **Flüchtlinge** (§ 123), die sonst stets Deutschen und EU/EWR-Angehörigen gleichgestellt sind, wurden offenbar vergessen; jedenfalls fehlt eine den §§ 125 Abs. 5 Satz 2, 126 Abs. 3 Satz 2 entsprechende Regelung, ohne dass sich dazu in den Materialien irgendeine Erklärung fände. Das ist um so erstaunlicher, als der ursprüngliche Regierungsentwurf des § 127a in Abs. 1 noch den Herstellern, die Staatsangehörige von EU- oder EWR-Ländern sind, diejenigen Hersteller gleichstellte, „die ihren gewöhnlichen Aufenthalt im Gebiet der Mitglied- und Vertragsstaaten haben" (RegE IuKDG BT-Drucks. 13/7385 vom 09.04.1997, Art. 7 Nr. 6), was die §§ 122/123 abzudecken durchaus genügt hätte, und es danach keinerlei Diskussion um den Entwurfstext dieser Bestimmung gegeben hat (s. die Stellungnahme des Bundesrates, aaO S. 129, 166, und die Gegenäußerung der Bundesregierung, aaO S. 168, 180). Erst eine „Formulierungshilfe" des Bundesministeriums der Justiz vom 20.04.1997 zur Neufassung von Art. 7 IuKDG brachte die Gesetz gewordene Fassung, mit der simplen Erklärung, § 127a sei „redaktionell überarbeitet" worden (aaO S. 245, 249, 257). Das macht immerhin klar, dass der materielle Regelungsgehalt des ursprünglichen Entwurfs nicht geändert werden sollte. Die planwidrig entstandene Regelungslücke ist deshalb durch die analoge Anwendung des § 127a Abs. 1 auf Staatenlose und Flüchtlinge, die ihren gewöhnlichen Aufenthalt in Deutschland oder sonst im EU/EWR-Raum haben, zu schließen.

III. Sonstige Unternehmen

4 Juristischen Personen und sonstigen Unternehmen (vgl. Rn. 2) wird Schutz nach § 127 Abs. 2 nur gewährt, wenn sie jeweils zwei Voraussetzungen erfüllen: Sie müssen zunächst nach deutschem oder dem Recht eines EU- oder EWR-Landes gegründet worden sein (§ 127a Abs. 2, 1. Hs.). Darüber hinaus müssen sie entweder ihre Hauptverwaltung bzw. Hauptniederlassung in diesem Gebiet haben (Abs. 2 Nr. 1) oder, wenn (nur) ihr satzungsmäßiger Sitz sich im Gebiet der EU oder des EWR befindet, in ihrer Tätigkeit einen tatsächlichen Bezug zur Wirtschaft eines EU- oder EWR-Staates (jeweils einschließlich Deutschland) besitzen (Abs. 2 Nr. 2).

IV. Staatsverträge und materielle Gegenseitigkeit, Abs. 3

Staatsverträge bestehen nicht. Art. 10 Abs. 2 TRIPS betrifft nur Datenbank- **5**
werke. Ein internationales Abkommen wird jedoch gegenwärtig im Rahmen
der WIPO beraten (s. http://www.wipo.int/copyright/en/activities/databases.
htm). Gegenseitigkeitsvereinbarungen hat die EU bislang nicht geschlossen.

§ 128 Schutz des Filmherstellers

(1) [1]**Den nach den §§ 94 und 95 gewährten Schutz genießen deutsche Staatsangehörige oder Unternehmen mit Sitz im Geltungsbereich dieses Gesetzes für alle ihre Bildträger oder Bild- und Tonträger, gleichviel, ob und wo diese erschienen sind.** [2]**§ 120 Abs. 2 und § 126 Abs. 1 Satz 3 sind anzuwenden.**

(2) Für ausländische Staatsangehörige oder Unternehmen ohne Sitz im Geltungsbereich dieses Gesetzes gelten die Bestimmungen in § 126 Abs. 2 und 3 entsprechend.

Übersicht:

I. Allgemeines

§ 128 regelt im Wesentlichen durch Verweisung auf § 126 den fremdenrecht- **1**
lichen Schutz der Hersteller von Filmwerken und Laufbildern (§§ 94, 95), und
zwar unabhängig davon, ob der Hersteller in seinem Heimatstaat ggf. als
Urheber geschützt wird (vgl. § 126 Rn. 2). § 128 regelt in seinem Abs. 1 Satz 1
die uneingeschränkte Geltung des UrhG für inländische **Film- und Laufbildhersteller**. Abs. 1 Satz 2 enthält die Gleichstellung zu Gunsten von EU- bzw.
EWR-Ausländern, und der Verweis auf § 126 Abs. 1 Satz 3 stellt klar, dass dies
entsprechend für Unternehmen mit Sitz in den betreffenden Staaten gilt. Zum
Begriff des Unternehmens vgl. § 126 Rn. 3. § 128 Abs. 2 verweist für die Voraussetzungen des Schutzes sonstiger ausländischer Filmhersteller auf die Regelungen
der § 126 Abs. 2 und 3, einschließlich der dortigen Regelung zum Schutzfristenvergleich (§ 126 Abs. 2 Satz 2; vgl. § 126 Rn. 7). Auf den Schutz nach
§ 128 kann sich nicht nur der Hersteller selbst, sondern auch derjenige, dem
die Rechte übertragen worden sind, berufen.

II. Deutsche bzw. ihnen gleichgestellte Hersteller oder Hersteller mit Sitz in Deutschland oder EU/EWR

Deutsche und die ihnen gleichgestellten natürlichen Personen (Statusdeutsche, **2**
EU- und EWR-Angehörige, § 120 Abs. 2) sowie die in Deutschland oder in
EU/EWR niedergelassenen Unternehmen haben alle Rechte, die die §§ 94/95
dem Hersteller von Filmwerken oder Laufbildern gewähren, einschließlich des

Verbotsrechts aus § 96 Abs. 1, ganz gleich, wo die Herstellung tatsächlich stattfindet und ob und wo diese erscheinen (**Abs. 1**). Juristische Personen mit Sitz in der früheren DDR sind – anders als natürliche Personen – jedoch erst ab 03.10.1990 geschützt (vgl. § 126 Rn. 5). Über die Verweisung von **Abs. 2** auf § 126 Abs. 3 Satz 2 sind auch Staatenlose und Flüchtlinge mit gewöhnlichem Aufenthalt im Gebiet der EU bzw. des EWR geschützt.

III. Hersteller aus Drittstaaten

3 Über die EU hinaus besteht **keine internationale Konvention** über einen Leistungsschutz des Filmherstellers (*Loef/Verweyen* ZUM 2007, 706, 707; *Katzenberger* ZUM 2003, 712, 714; zu verschiedenen Schutzgegenständen im europäischen Vergleich *Poll* GRUR Int. 2003, 290, 292 ff.). Auch Art. 14bis RBÜ trifft hierfür keine Regelung, weil es dort nur um Möglichkeit geht, dem Filmhersteller eine Stellung als Filmurheber zuzuweisen, nicht aber um einen davon losgelösten originären Leistungsschutz. Hersteller aus Drittländern außerhalb des EU/EWR-Raums werden Inhaber der Rechte aus §§ 94, 95 bei Ersterscheinen des Filmwerks oder des einfachen Films in Deutschland oder bei Einhaltung der 30-Tages-Karenzfrist (was bis zum Beweis des Gegenteils vermutet wird, vgl. § 121 Rn. 11; vgl. § 125 Rn. 9); bei Ersterscheinen in einem anderen EU- oder EWR-Staat *ohne* Einhaltung der Karenzfrist bliebe der Hersteller jedoch nach dem Wortlaut des § 126 Abs. 2 Satz 1 schutzlos (vgl. § 126 Rn. 6). Zutreffend ist es wegen des gemeinschaftsrechtlichen Diskriminierungsverbotes indes, den Wortlaut der §§ 128 Abs. 2, 126 Abs. 2 gemeinschaftsrechtskonform erweiternd dahin auszulegen, daß auch ein Erscheinen innerhalb der Frist in einem anderen EU-Staat – und sei es nur durch einen Lizenznehmer – genügt (*Loef/Verweyen* ZUM 2007, 706, 707; vgl. auch § 94 Rn. 7). Ist der Filmhersteller im Sitzland nicht geschützt, weil dort grundsätzlich kein Schutz gewährt wird, die Schutzfrist also gewissermaßen „null", kommt wegen Abs. 2 i.V.m. § 126 Abs. 2 Satz 2 auch kein Schutz nach UrhG in Frage. Da z.B. in den USA kein Leistungsschutzrecht des Filmherstellers gem. § 94 besteht, können sich US-Produzenten regelmäßig nicht auf § 94 berufen. Diese müssen also aus abgeleiteten Rechten der Stoff- bzw. Filmurheber, der ausübenden Künstler oder ggf. des Herstellers der deutschen Synchronfassung (vgl. § 94 Rn. Rn. 30) vorgehen. Zur rechtlichen Stellung des Filmproduzenten im internationalen Vergleich *Katzenberger* ZUM 2003, 712.

IV. Staatsverträge und Gegenseitigkeit

4 **Staatsverträge** bestehen bisher **nicht**. Insb. enthalten TRIPS und RBÜ keine einschlägige Regelung. Auch ein Schutz als Tonträgerhersteller scheidet aus, da sowohl RA als auch GTA jeweils nur die reine Festlegung von Tönen betreffen (vgl. Vor §§ 120 ff. Rn. 35 und 44 f.). Ausländische Filmhersteller, die nicht die o.g. (vgl. Rn. 3) Voraussetzungen erfüllen, sind daher in Deutschland ohne Schutz (OLG Frankfurt GRUR Int. 1993, 171, 172 – *Parodius*; *Katzenberger* GRUR Int. 1992, 513 ff.; *Hertin* ZUM 1990, 442, 444; unrichtig insoweit OLG Hamburg GRUR 1990, 127, 128 – *Super Mario III*; ohne Befassung mit dem Problem OLG Köln GRUR 1992, 312 ff. – *Amiga Club*; OLG Hamm ZUM 1992, 99 ff. für ein Computerspiel). Sie haben deshalb insb. keinen Anspruch auf Beteiligung an den Einnahmen aus gesetzlichen Vergütungsansprüchen (Dreier/Schulze/*Dreier*^{2} § 128 Rn. 5 m.w.N.). Allerdings lassen sich Hersteller von Filmwerken in der Praxis häufig die Rechte der Urheber des Filmwerks und der Urheber oder sonst am Inhalt des Filmwerks Leistungsschutzberechtigten einräumen; diese Rechte können sie geltend machen. Für Computerspiele ist die Problematik nur in Grenzen relevant, da diese auch Computerprogramme und als solche über § 121 geschützt sind (für ein Computerspiel OLG Hamm ZUM 1992, 99 ff.). **Gegenseitigkeitserklärungen** nach §§ 128 Abs. 2, 126 Abs. 3 Satz 2, 1. Hs. i.V.m. 121 Abs. 4 Satz 2 sind bislang nicht bekanntgemacht worden.

V. Ergänzender wettbewerbsrechtlicher Schutz

Unbefriedigenderweise gewährt die Bundesrepublik trotz Art. 1 Abs. 2, 2 Abs. 1 und 10bis PVÜ grundsätzlich *keinen* Leistungsschutz. Denn der ergänzende Leistungsschutz des UWG kann nicht über die ausdrücklichen Grenzen des urheberrechtlichen Sonderschutzes hinweg gewährt werden. Insofern sind wettbewerbsrechtliche Verbotsansprüche auch bei Piraterie wegen unmittelbarer Leistungsübernahme wohl nur in besonders gelagerten Fällen denkbar (zu Tonträgern vgl. § 125 Rn. 16; vgl. § 126 Rn. 13; zu in einem anderen EU-Staat ersterschienenen Bildtonträgern vgl. Rn. 3). **5**

Zweiter Abschnitt **Übergangsbestimmungen**

§ 129 Werke

(1) ¹Die Vorschriften dieses Gesetzes sind auch auf die vor seinem Inkrafttreten geschaffenen Werke anzuwenden, es sei denn, dass sie zu diesem Zeitpunkt urheberrechtlich nicht geschützt sind oder dass in diesem Gesetz sonst etwas anderes bestimmt ist. ²Dies gilt für verwandte Schutzrechte entsprechend.

(2) Die Dauer des Urheberrechts an einem Werk, das nach Ablauf von fünfzig Jahren nach dem Tode des Urhebers, aber vor dem Inkrafttreten dieses Gesetzes veröffentlicht worden ist, richtet sich nach den bisherigen Vorschriften.

Übersicht

1. Bedeutung, Sinn und Zweck der Norm

Abs. 1 stellt den **Grundsatz** auf, dass die Neuregelung auch die bereits bestehenden Werke und Leistungen erfasst, soweit nicht ausdrücklich „in diesem Gesetz" Sonderregelungen getroffen wurden; solche finden sich nur in den §§ **129 Abs. 2 bis 137.** Im Zweifel ist also stets davon auszugehen, dass das UrhG uneingeschränkt zum Zuge kommt. Diese gesetzgeberische Lösung entspricht einer fast hundertjährigen Praxis im Urheberrecht (§ 58 des Gesetzes vom 11.06.1870 – s. § 141 Nr. 1 –; § 62 LUG, § 53 KUG, § 2 des Gesetzes vom 13.12.1934 und § 2 des Gesetzes vom 12.05.1940 – s. § 141 Nr. 5 –). Sie gilt trotz der irreführenden Überschrift auch für verwandte Schutzrechte (Abs. 1 Satz 2, vgl. Rn. 6). Als Zeitpunkt des Inkrafttretens des Gesetzes ist der 1.1.1966 anzusehen (BGH **1**

GRUR 1994, 210, 212 – *Beatles*; s. § 143 Abs. 1). Die in § 143 Abs. 1 genannten wenigen Einzelbestimmungen beziehen sich nur auf die Verlängerung der Schutzfrist und auf gewisse Ermächtigungen zum Erlass von Verordnungen; für sie ist der **17.09.1965** maßgebend (vgl. § 143 Rn. 1, 3).

2. Zum Stichtag noch geschützt

2 Ob ein Werk zum Stichtag 1.1.1966 **geschützt** war, bestimmte sich nach dem früheren Recht. Hinsichtlich der Anforderungen an die **Werkeigenschaft** macht das UrhG freilich – bis auf enge Ausnahmen – keine durchgreifenden Unterschiede gegenüber dem früheren Recht. So waren choreographische und pantomimische Werke nach § 1 Abs. 2 LUG nur bei körperlicher Festlegung geschützt. Werke der angewandten Kunst, die vor dem Inkrafttreten des KUG (1. Juli 1907) industriell oder handwerklich verwertet wurden, waren nach dem KUG 1876 und blieben ungeachtet der Übergangsregelung in § 53 KUG gemeinfrei, auch wenn sie in künstlerischer Hinsicht den Anforderungen des KUG entsprachen (BGH GRUR 1976, 649, 651 – *Hans-Thoma-Stühle*). Daran änderte sich mit dem Inkrafttreten des UrhG nichts.

3. Beendigung der Schutzfrist

3 Auch das Ende **der Schutzfrist** bestimmte sich weiterhin nach früherem Recht; was am 17.09.1965 (s. § 143 Abs. 1) schon gemeinfrei geworden war, blieb es. Die bis Ende 1914 verstorbenen Urheber kamen deshalb nicht mehr in den Genuss der Schutzfristverlängerung auf 70 Jahre p. m. a. Den im Jahre 1915 verstorbenen Urhebern kam jedoch die zeitliche Vorverlagerung des Inkrafttretens des UrhG (17.09.1965) durch § 143 Abs. 1 zugute: Ihre Rechtsnachfolger blieben noch bis zum Ende des Kalenderjahres 1985 geschützt. In der Zeit vom 1.1.1965 bis zum 31.12.1985 fand demgemäß ein Ablauf von Schutzfristen für Werke deutschen Ursprungs nicht statt.

4. Anonym veröffentlichte Werke der Literatur

4 Auch wenn die nach früherem Recht für **anonym** veröffentlichte Werke der Literatur maßgebliche Schutzdauer von 30 Jahren ab Veröffentlichung (§ 31 Abs. 1 LUG) bei Inkrafttreten des § 66 am 17.09.1965 bereits abgelaufen war, fand ein Schutz nach dem UrhG nicht mehr statt (OLG München GRUR 1990, 446, 447 f. – *Josefine Mutzenbacher* für einen 1906 anonym erschienenen erotischen Roman des 1945 verstorbenen Schriftstellers Felix Salten).

5. Ausländische Urheber

5 Dieselben Regeln gelten entsprechend auch für Werke **ausländischer** Urheber. Nach früherem Recht war das konventionsrechtlich nicht geschützte Werk eines ausländischen Urhebers, welches zuerst im Ausland erschienen war, in Deutschland urheberrechtlich auch dann nicht geschützt, wenn es innerhalb von 30 Tagen nach dem ausländischen Erscheinen auch im Inland erschien (§§ 55 Abs. 1 Satz 1 LUG, 51 Abs. 2 KUG). Die Schutzerleichterung des § 121 Abs. 1 kam solchen Werken nicht zugute, da sie im Zeitpunkt des Inkrafttretens des UrhG nicht geschützt waren (BGH GRUR 1986, 802, 803 – *Puccini I)*. Werke ausländischer Urheber, die vor Inkrafttreten des UrhG im Geltungsbereich des LUG (ab 1901) oder des UrhG vom 11. 6. 1870 ersterschienen und deren Schutzfristen im Jahre 1965 noch nicht abgelaufen waren, nahmen jedoch gemäß § 129 Abs. 1 an der Schutzdauerausdehnung des § 64 Abs. 1 auf 70 Jahre p. m. a. teil (LG Berlin ZUM 1988, 139 zutreffend für Kompositionen von Scriabin, 1872–1905, Sokolov, 1857–1922, Busoni, 1866–1924, und Elgar, 1857–1934, die zwischen 1892 und 1921 in Leipzig erschienen waren). Die unmittelbare Anwendung des § 64 Abs. 1 schloss insoweit die Begrenzung der Schutzdauer nach dem konventionsrechtlichen Schutzfristenvergleich aus.

6. Verwandte Schutzrechte

Die für **verwandte Schutzrechte** getroffene Regelung bedeutet, dass Schutz- **6** rechte, die durch das UrhG erst geschaffen wurden (§§ 70, 71, 74, 81, 85, 86, 87, 94, 95), nur für solche Leistungen in Anspruch genommen werden können, die seit dem 1.1.1966 erbracht wurden. Auf die vor dem Inkrafttreten des UrhG erbrachten Leistungen dieser Art kann das UrhG schon deshalb nicht angewendet werden, weil diese Leistungen *zu diesem Zeitpunkt* leistungs-schutzrechtlich nicht geschützt waren. Dies traf beispielsweise zu für das verwandte Schutzrecht des Tonträgerherstellers, das erstmalig zum 1. Januar 1966 eingeführt wurde; vorher blieb der Tonträgerhersteller schutzlos (BGH GRUR 1994, 210, 212 – *Beatles*), der Tonträgerhersteller konnte sich gegen unbefugte Benutzung seiner Aufnahmen nur durch den derivativen Erwerb des fiktiven Bearbeiterurheberrechts des ausübenden Künstlers aus § 2 Abs. 2 LUG schützen (vgl. § 85 Rn. 4 und Dreier/Schulze/*Dreier*[2] Rn. 15). Für das verwandte Schutzrecht der ausübenden Künstler, das ebenfalls zum 1. Januar 1966 erstmals eingeführt worden ist, gilt dies jedoch nicht, weil sie wie voran-stehend erwähnt über § 2 Abs. 2 LUG für ihre Leistung ein fiktives Bearbei-terurheberrecht erhielten (vgl. § 73 Rn. 3) und damit urheberrechtlich aus-gestaltete Ansprüche besaßen; waren diese am 1. Januar 1966 noch nicht abgelaufen, wandelte sich der Schutz in ein verwandtes Schutzrecht gem. § 73 um (vgl. § 73 Rn. 3 und BGH GRUR 2005, 502, 504 – *Götterdämme-rung*; OLG Karlsruhe GRUR-RR 2002, 219, 220 – *Götterdämmerung*). Wis-senschaftliche Ausgaben und Ausgaben nachgelassener Werke, die noch im Jahre 1965 erschienen waren, blieben schutzlos. Der Vergütungsanspruch des § 86 besteht für Aufnahmen, die noch im Jahre 1965 gemacht wurden, nicht. Die Vervielfältigung einer Funksendung, die vor dem 1.1.1966 aufgenommen wurde, blieb auch nach diesem Zeitpunkt ohne Einwilligung des Sendeunter-nehmens zulässig (s. § 87 Abs. 1 Nr. 2). Wohl aber ist der Schutz an Fotogra-fien ungeachtet urheberrechtlicher Werkqualität aus §§ 1, 3, 26 KUG wegen § 129 Abs. 1 Satz 1 bestehen geblieben. Leistungsschutzrechtliche Schutzposi-tionen, die das frühere Recht nach UWG und BGB gewährte, übernahm § 129 Abs. 1 nicht (Schricker/*Katzenberger*[3] Rn. 17). Auch für nicht mehr geschützte Leistungen nach § 2 Abs. 2 LUG kam das UrhG nicht mehr in Betracht.

7. Deutsche Wiedervereinigung

Mit dem am **3. Oktober 1990** vollzogenen **Beitritt** der aus der ehemaligen **7** DDR hervorgegangenen **neuen Bundesländer** zur Bundesrepublik Deutschland ist das UrhG für diesen Bereich auch räumlich in Kraft getreten. Seither sind nicht nur alle dort lebenden Deutschen (die schon immer nach dem UrhG geschützt waren, § 120 Abs. 1), sondern auch die dort lebenden Staatenlosen und Flüchtlinge nach dem UrhG geschützt, und zwar auch für ihre zuvor geschaffenen Werke (vgl. §§ 122/123 Rn. 1 a. E.). In der ehemaligen DDR ersterschienene Werke und dort installierte Kunstwerke sind nach § 121 Abs. 1

und 2 in ganz Deutschland geschützt. § 1 Abs. 1 Satz 1 des Einigungsvertrages (Anh. I 4) bezieht sich pauschal auf *die vor dem Wirksamwerden des Beitritts geschaffenen Werke*, also auf *alle* in der ehemaligen DDR am 02.10.1990 geschützten Werke. Insoweit gibt es nur eine Ausnahme für ein etwaiges Ersterscheinen *ohne* Inanspruchnahme der 30-Tages-Karenzfrist, die § 96 Abs. 2 des UrhG DDR nicht kannte; ein solches Werk ist, wenn es *nur* in der DDR, nicht auch in der Alt-Bundesrepublik innerhalb der Karenzfrist erschien, in ganz Deutschland nur nach Maßgabe bestehender Staatsverträge geschützt (vgl. § 121 Rn. 2–6). Im Übrigen s. die Kurzkommentierung zum Einigungsvertrag.

8. Abs. 2

8 Abs. 2 ist durch Zeitablauf gegenstandslos geworden; die zehnjährige Schutzfrist des § 29 LUG für solche Werke lief spätestens Ende 1976 ab. Seit dem 1.1.1966 sind Fälle dieser Art von § 71 erfasst.

§ 130 Übersetzungen

Unberührt bleiben die Rechte des Urhebers einer Übersetzung, die vor dem 1. Januar 1902 erlaubterweise ohne Zustimmung des Urhebers des übersetzten Werkes erschienen ist.

1 Das vor dem Inkrafttreten des LUG geltende Gesetz vom 11.06.1870 (Text bei *Marcel Schulze* S. 5 ff.) erlaubte die Übersetzung eines fremden Werkes, wenn dessen Urheber sich nicht dieses Recht **auf dem Titelblatt** oder **an der Spitze des Werkes** vorbehalten hatte und die Übersetzung sodann binnen drei Jahren hatte erscheinen lassen. 1965 war die Annahme noch durchaus naheliegend, dass es noch geschützte Originalwerke gab, deren Urheber einer nicht von ihm autorisierten Übersetzung hatte tatenlos zusehen müssen, die ebenfalls noch geschützt war. Auch heute ist das noch möglich: Ein 1865 geborener Autor aus den USA, dessen Erstlingsroman 1895 ohne seine Erlaubnis in die deutsche Sprache übersetzt wurde und hier nach wie vor verwertet wird, ist, wenn er mit 75 Jahren 1940 gestorben ist, in Deutschland noch bis Ende 2010 geschützt, der möglicherweise gleichaltrige Übersetzer ebenso. § 130 stellt sicher, dass die Verwertung der Übersetzung im früheren rechtlichen Rahmen ohne Rücksicht auf den Willen des Rechtsnachfolgers des Originalautors erlaubt bleibt.

2 Von einem konkreten Anwendungsfall des § 130 ist uns allerdings seit dem Inkrafttreten des UrhG nichts bekannt geworden.

§ 131 Vertonte Sprachwerke

Vertonte Sprachwerke, die nach § 20 des Gesetzes betreffend das Urheberrecht an Werken der Literatur und der Tonkunst vom 19. Juni 1901 (Reichsgesetzbl. S. 227) in der Fassung des Gesetzes zur Ausführung der revidierten Berner Übereinkunft zum Schutze von Werken der Literatur und Kunst vom 22. Mai 1910 (Reichsgesetzbl. S. 793) ohne Zustimmung ihres Urhebers vervielfältigt, verbreitet und öffentlich wiedergegeben werden durften, dürfen auch weiterhin in gleichem Umfang vervielfältigt, verbreitet und öffentlich wiedergegeben werden, wenn die Vertonung des Werkes vor dem Inkrafttreten dieses Gesetzes erschienen ist.

1 Die Bestimmung wurde notwendig, weil die Vertonungsfreiheit der §§ 20, 26 LUG, die noch in § 52 RegE enthalten gewesen war, vom Rechtsausschuss des Bundestages mit Rücksicht darauf gestrichen wurde, dass andernfalls eine entsprechende Bestimmung zugunsten der Textdichter ein Gebot der Gerechtigkeit gewesen wäre (s. den schriftlichen Bericht zu BT-Drucks. IV/3401, S. 7). Die versehentliche Nichterwähnung des § 26 LUG, der die Verbreitung und öffentliche Wiedergabe freigab, ist wegen des sonst eindeutigen Gesetzestextes unschädlich.

Die Vervielfältigung, Verbreitung und öffentliche Wiedergabe ist **im bisherigen** **2** **Umfang** freigegeben. Die Übertragung des vertonten Sprachwerkes auf Tonträger bleibt also nach wie vor von der Zustimmung des Textdichters abhängig (§ 20 Abs. 3 LUG i.d.F. des Gesetzes vom 22.05.1910, *Marcel Schulze* S. 271). Dichtungen, die ihrer Gattung nach zur Komposition bestimmt waren, also Liedertexte und Libretti, durften schon nach § 20 Abs. 2 LUG nicht ohne Zustimmung ihres Urhebers vertont werden. Ob der Verwerter von der Freigabe schon vor dem 1.1.1966 Gebrauch gemacht hatte, war gleichgültig. Er konnte die Rechte, die ihm bereits vor Inkrafttreten des UrhG zustanden, auch erstmals nach dem Inkrafttreten des UrhG ausüben, wenn die Vertonung vorher erschienen war. Zum Begriff des Erscheinens vgl. § 6 Rn. 12, 15, 17 ff.

§ 132 Verträge

(1) ¹**Die Vorschriften dieses Gesetzes sind mit Ausnahme der §§ 42, 43 und 79 auf Verträge, die vor dem Inkrafttreten dieses Gesetzes abgeschlossen worden sind, nicht anzuwenden.** ²**Die §§ 40 und 41 gelten für solche Verträge mit der Maßgabe, dass die in § 40 Abs. 1 Satz 2 und § 41 Abs. 2 genannten Fristen frühestens mit dem Inkrafttreten dieses Gesetzes beginnen.**

(2) Vor dem Inkrafttreten dieses Gesetzes getroffene Verfügungen bleiben wirksam.

(3) ¹**Auf Verträge oder sonstige Sachverhalte, die vor dem 1. Juli 2002 geschlossen worden oder entstanden sind, sind die Vorschriften dieses Gesetzes vorbehaltlich der Sätze 2 und 3 in der am 28. März 2002 geltenden Fassung weiter anzuwenden.** ²**§ 32a findet auf Sachverhalte Anwendung, die nach dem 28. März 2002 entstanden sind.** ³**Auf Verträge, die seit dem 1. Juni 2001 und bis zum 30. Juni 2002 geschlossen worden sind, findet auch § 32 Anwendung, sofern von dem eingeräumten Recht oder der Erlaubnis nach dem 30. Juni 2002 Gebrauch gemacht wird.**

(4) Absatz 3 gilt für ausübende Künstler entsprechend.

Übersicht

I. Allgemeines

§ 132 will die zeitliche Anwendung urhebervertragsrechtlicher Bestimmungen **1** (Überblick vgl. Vor §§ 31 ff. Rn. 1 ff.) regeln. Grundsätzlich wird eine **Rückwirkung** neuer urhebervertragsrechtlicher Regelungen **ausgeschlossen**, „weil die Parteien beim Abschluss dieser Verträge noch vom bisherigen Rechtszustand ausgegangen sind" (RegE UrhG – BT-Drucks. IV/270, S. 114). Dieser Grundsatz gilt auch dann, wenn solche Verträge noch danach neue Rechte und Pflichten für die Beteiligten erzeugen, also bei Dauerschuldverhältnissen, insb. Werknutzungsverträgen, die vielfach für die Schutzfristdauer abgeschlossen worden sind. Allerdings sieht § 132 davon einige **Ausnahmen** vor, z.B. Abs. 1 für die Rechte nach den §§ 40 bis 43, 79 Abs. 3 für 32a. Die vorgenannte Grundregel des § 132 strahlt auf Novellen des geltenden Urhebervertragsrechts aus, für die der Gesetzgeber eine Regelung zur zeitlichen Anwendbarkeit versäumt hat (vgl. Rn. 21 f.). Tw. finden sich aber außerhalb des § 132 Spezialregelungen für die zeitliche Anwendbarkeit des Urhebervertragsrechts, insb. zum Vertragsrecht des UrhG zu **Computerprogrammen** in § 137d und zu **Datenbanken** in § 137g (vgl. Rn. 23).

2 Für **Verträge**, die zwischen Angehörigen der ehemaligen DDR vor dem 03.10.1990 geschlossen worden sind und für die bis dahin das für die DDR maßgebliche Vertragsrecht galt, ändert sich durch das Inkrafttreten des Einigungsvertrages nichts; ihre Auslegung richtet sich weiterhin nach dem Urhebervertragsrecht der DDR, vorbehaltlich der Korrektur willkürlicher Vertragspraktiken und etwaiger Anpassung an die veränderten Verhältnisse nach den Geboten von Treu und Glauben (eingehend vgl. Vor §§ 31 ff. Rn. 20 ff.).

1.   Früheres Recht

3 § 132 wurde seit 1966 zweimal geändert. Zunächst fügte die **Urhebervertragsrechtsreform 2002** die Abs. 3 und 4 an, um die Anwendung der 2002 neu eingeführten urhebervertragsrechtlichen Bestimmungen zu regeln (vgl. Rn. 15 ff.); Abs. 1 und Abs. 2 blieben aber unverändert. Abs. 3 S. 3 enthielt ein datumsmäßiges Redaktionsversehen, das 2003 mit der Novelle zum Urheberrecht in der Informationsgesellschaft 2003 behoben wurde (vgl. Rn. 17). Die Reform zur Regelung des **Urheberrechts in der Informationsgesellschaft** 2003 strich außerdem in Abs. 1 S. 1 die Bezugnahme auf § 79 a.F. („ausübende Künstler in Arbeits- und Dienstverhältnissen") und führte neu Abs. 1 S. 2 ein („§ 43 gilt für ausübende Künstler entsprechend."). Der frühere S. 2 wurde unverändert S. 3. Diese Änderung hatte lediglich redaktionellen Charakter und erfolgte wegen des Anpassungsbedarfs an die Neufassung der §§ 75 bis 78 (RegE UrhG Infoges – BT-Drucks. 15/38, S. 28). Leider versäumte der Gesetzgeber, eine Regelung zur zeitlichen Anwendbarkeit der neuen vertragsrechtlichen Regelungen für Leistungsschutzrechte allgemein zu schaffen (dazu vgl. Rn. 21).

2.   EU-Recht, Internationales Recht

4 § 132 hat keine Vorbilder im EU-Recht oder internationalen Konventionen. **Internationalprivatrechtlich** gilt § 132 immer dann, wenn auch die urhebervertragsrechtliche Norm, deren Anwendbarkeit § 132 regelt, nach deutschem Recht angeknüpft wird. Die Anwendung des § 132 Abs. 1 im Hinblick auf § 41 für einen Vertrag aus 1960 richtet sich beispielsweise danach, ob § 41 – die Frage seiner zeitlichen Anwendbarkeit einmal ausgeblendet – für den Vertrag gelten würde. Danach erfolgt die Anwendung des § 132 Abs. 2 und Abs. 3 gem. § 32b, sofern die Anwendung der §§ 32 und 32a in Rede steht. §§ 132 Abs. 3, 88 Abs. 1 finden aber nur bei deutschem Vertragsstatut Anwendung (vgl. Vor §§ 88 Rn. 24).

II. Tatbestand

1. Zeitpunkt des Abschlusses von Verträgen; spätere Vertragsänderungen

Die Regelungen des § 132 stellen entscheidend auf den Zeitpunkt des Vertrags- **5** schlusses ab. Jedoch wird im UrhG nicht genauer definiert, wann ein Vertrag als abgeschlossen gilt. Das richtet sich grundsätzlich nach den §§ **145 ff. BGB.** Wenn bei einem laufenden Filmabonnementvertrag eine jährliche Übersendung von sog. Freigabedokumenten mit **Bestätigung** der unbeschränkten **Nutzung** erfolgt, ist als Zeitpunkt des Vertragsabschlusses auf das jeweilige Datum der Bestätigung abzustellen (OLG Köln MMR 2003, 338 – *Filmmusik*). Die Einräumung einer Option ist noch keine Nutzungsrechtseinräumung; der Zeitpunkt des Ziehens der Option ist deshalb entscheidend (zu Optionsverträgen allgemein vgl. Vor §§ 31 ff. Rn. 311 ff.).

Allerdings ist fraglich, inwieweit **spätere Vertragsänderungen** einen neuen **6** Abschluss darstellen, um nach § 132 die Anwendung der zum Zeitpunkt des ursprünglichen Vertragsschlusses noch nicht geltenden, aber im Zeitpunkt der Änderung geltenden urhebervertragsrechtlichen Bestimmungen auszulösen. Insoweit ist auf den Regelungszweck der jeweiligen urhebervertragsrechtlichen Bestimmungen abzustellen. Grundsätzlich enthält das UrhG nur urhebervertragsrechtliche Regelungen zur Rechtseinräumung und für deren Vergütung (vgl. Vor §§ 31 ff. Rn. 1 ff.). Reguliert die Bestimmung die **Rechtseinräumung**, so liegt eine relevante Änderung und damit ein Neuabschluss nach § 132 vor, wenn die Rechtseinräumung geändert wird. Das frühere Verbot der Einräumung unbekannter Nutzungsarten galt erst für Verträge ab dem 01.01.1966 (§ 31 Abs. 4 a.F.; vgl. § 31a Rn. 6 ff.). Wird ein davor geschlossener Vertrag nach dem 31.12.1965 geändert, unterfiel der Vertrag nur dann § 31 Abs. 4 a.F., wenn die Modifizierung auch den materiellen Umfang der Werknutzung betraf (OLG Hamburg ZUM 2005, 833, 837 – *Yacht-Archiv*, für Vertragsänderungen nach Bekanntwerden einer Nutzungsart). Da die Regelung der **Vergütung** in den §§ 32, 32c urhebervertragsrechtlich unmittelbar mit der Rechtseinräumung verknüpft ist, sollte dann auch das neue Vergütungsrecht anwendbar sein, vorausgesetzt dass die Vertragsänderung nach den relevanten Stichtagen (§ 132 Abs. 3) liegt. Wurde nur die Vergütungsabrede, nicht aber die Rechtseinräumung nach den relevanten Stichtagen geändert, sollten die §§ 32, 32c ebenfalls gelten. Allerdings sollten unbedeutende Änderungen unberücksichtigt bleiben, z.B. ein anderer Fälligkeitszeitpunkt (Zahlung nur noch zum 31.12. statt zum 30.06. und 31.12).

2. Verträge bis 31.12.1965 (Abs. 1 und Abs. 2)

Abs. 1 statuiert den Grundsatz der Nichtanwendung des UrhG auf Verträge, **7** die vor dem 01.01.1966 (vgl. § 129 Rn. 1 ff.) abgeschlossen wurden (vgl. Rn. 4 f.). Für diese Verträge gelten vielmehr grundsätzlich die Bestimmungen des LUG bzw. des KUG (dazu vgl. Vor §§ 31 ff. Rn. 14 f.). Das hat vor allem für folgende urhebervertragsrechtliche Bestimmungen des UrhG Bedeutung, die **nicht anwendbar** sind: Regulierung der Einräumung von Rechten an **unbekannten Nutzungsarten** (§ 31a; § 31 Abs. 4 a.F.; siehe RegE UrhG – BT-Drucks. IV/270, S. 114 zu § 137 Abs. 2; dem folgend BGH GRUR 1999, 152, 154 – *Spielbankaffäre*); das neue **Vergütungsrecht** der §§ 32, 32c, 36, 36a (zu § 32a vgl. Rn. 18); **filmvertragsrechtliche Bestimmungen** der §§ 88 bis 93 (vgl. Rn. 13). Dass sich ferner die Anwendbarkeit des früheren **Bestsel-**

lerparagrafen (§ 36 a.F.) auf Altverträge im Gesetzgebungsverfahren nicht durchsetzen konnte, wurde mit Rücksicht auf Missverhältnisse in älteren Verträgen bedauert (Schricker/*Katzenberger*[3] Rn. 2, 8), was aber nichts daran änderte, dass § 36 a.F. auf vorgesetzlich geschlossene Verträge nicht anzuwenden war (BGH GRUR 1990, 1005, 1006 – *Salome I*) und das Rechtsinstitut des Wegfalls der Geschäftsgrundlage keinen angemessenen Ausgleich herbeiführte (siehe Vorauflage/*Hertin*[9] § 36 Bem. 3). Allerdings ist gem. § 132 Abs. 3 nunmehr der **neue Bestsellerparagraf** (§ 32a) auch für Altverträge vor 1966 einschlägig (vgl. Rn. 18).

8 Das **Zweckübertragungsprinzip** (entsprechend § 31 Abs. 5) galt schon im früherem Recht (RGZ 118, 282, 285 – *Musikantenstadel*; RGZ 123, 312, 317 – *Wilhelm Busch*; BGH GRUR 1982, 727, 730 – *Altverträge*; BGHZ 9, 262, 265 – *Lied der Wildbahn I*; KG GRUR 1991, 596, 598 f. – *Schopenhauer-Ausgabe*; OLG München ZUM 2001, 173, 177). Deshalb sind die Grundsätze des § 31 Abs. 5 auch auf Altverträge anwendbar (vgl. § 31 Rn. 113). Das gilt nicht nur für die Einräumung von Rechten an bekannten, sondern gerade auch an unbekannten Nutzungsarten (vgl. § 31 Rn. 172 ff.).

9 Die §§ 34, 35 (**Zustimmung bei Weiterübertragung bzw. weiterer Einräumung**) wurden ebenfalls erst durch das UrhG geschaffen. Auch davor war aber bereits anerkannt, dass Nutzungsrechte wegen ihrer urheberpersönlichkeitsrechtlichen Bestandteile grundsätzlich nur mit Zustimmung übertragen werden können (vgl. § 34 Rn. 3; Dreier/Schulze/*Schulze*[2] § 34 Rn. 4; Schricker/*Schricker*[3] § 34 Rn. 1), so dass sich für die §§ 34 Abs. 1, 35 Abs. 1 kaum ein Unterschied ergibt. Die detaillierten Reglungen in den Folgeabsätzen existierten jedoch im Altrecht unter LUG bzw. KUG nicht; das gilt insb. für die Haftungsvorschrift des § 34 Abs. 4 n.F. Das Rückrufsrecht des § 34 Abs. 3 S. 2 gab es in Form einer außerordentlichen Kündigung aus wichtigem Grund (vgl. § 34 Rn. 5). Auch § 37 gilt nicht für Altverträge vor 1966; das hat jedoch ebenfalls nur begrenzte praktische Auswirkungen (vgl. § 37 Rn. 2). Das Gleiche gilt für § 44 **Abs. 1**, weil auch unter dem KUG der Eigentümer nicht schon kraft seines Sacheigentums Nutzungsrechte am Werk erwarb (siehe die Regelung in § 10 Abs. 4 KUG; OLG Stuttgart GRUR 1956, 519 – *Hohenzollern-Tonband*; BAG GRUR 1961, 491 f. – *Nahverkehrschronik*). § 44 **Abs. 2** ist allerdings ohne Entsprechung im KUG. Zu § 38 (**Beiträge zu Sammlungen**) vgl. § 38 Rn. 1; zu § 39 (**Änderungen des Werkes**) vgl. § 39 Rn. 4.

10 Die erste Ausnahme vom Grundsatz des § 132 Abs. 1 S. 1 findet sich dort selbst. § 43 (**Urheber in Arbeits- oder Dienstverhältnissen**) war gerade deshalb in das UrhG aufgenommen worden, um Streitfragen zu klären, die sich bei der Auslegung der früheren Verträge im Hinblick auf die neu geschaffenen Rechte der Urheber und ausübenden Künstler ergeben konnten (RegE UrhG – BT-Drucks. IV/270, S. 114). Sein Ausschluss von einer Anwendbarkeit des UrhG wäre deshalb sinnwidrig gewesen. Entsprechend argumentierten die Gesetzesmotive auch für **ausübende Künstler**, die in einem Arbeits- oder Dienstverhältnis stehen; auf sie kann auch bei Altverträgen vor 1966 § 43 angewendet werden (§ 132 Abs. 1 S. 2). Für Neuverträge ergab sich dies früher aus § 79 a.F., heute aus § 79 Abs. 2 S. 2. Im Übrigen zur Anwendung der 2003 novellierten Bestimmungen zu ausübenden Künstlern vgl. Rn. 21.

11 Ausnahmsweise ordnet § 132 Abs. 1 S. 3 die Anwendbarkeit der Bestimmungen über das **Rückrufsrecht wegen Nichtausübung** (§ 41) und **wegen gewandelter Überzeugung** (§ 42) auch für Altverträge vor 1966 an. Der Gesetzgeber rechtfertigt das damit, dass diese Rechte sich auf einen vom Inhalt des Vertrages unabhängigen Tatbestand bezögen (so RegE UrhG – BT-Drucks. IV/270, S. 114). Die zu § 41 getroffene Fristenregelung ist durch Zeitablauf gegenstandslos. Bei § 42 verbot sie sich von vornherein, da das Rückrufsrecht jederzeit ausgeübt werden kann und der Verwerter ohnehin genügend gesichert ist (siehe die Erläuterungen zu § 42).

Die Anwendung des § 40 auch für ältere Verträge über **künftige Werke** war **12** schon im Interesse der Gleichbehandlung gleich liegender Fälle geboten. Sofern für solche Verträge die etwa nach § 40 Abs. 1 erforderliche Schriftform nicht eingehalten wurde, wurden sie allerdings mit Ablauf des 31. 12. 1965 nicht automatisch hinfällig (**a.A.** Schricker/*Katzenberger*[3] Rn. 6; Dreier/Schulze/*Dreier*[2] Rn. 6; Möhring/Nicolini/*Hartmann*[2] Rn. 13; Vorauflage/*Wilhelm Nordemann*[9] Rn. 5). Denn die Verfügung über die Rechte bleibt nach Abs. 2 wirksam, so dass auch das Verpflichtungsgeschäft nicht hinfällig sein kann. Der Urheber ist hinreichend dadurch geschützt, dass ihm das Kündigungsrecht des § 40 gewährt wird.

Im **Filmbereich** sind die Auslegungsregeln (§§ 88, 89, 90, 91 a.F., 92, 93) auf **13** vor 1966 geschaffene Filmwerke dann nicht anzuwenden, wenn die vertraglichen Vereinbarungen darüber vor Inkrafttreten des UrhG am 01.01.1966 geschlossen worden sind (Schricker/*Katzenberger*[3] Rn. 3; unzutreffend daher LG München I Schulze LGZ 180, 4 f.; vgl. § 88 Rn. 5 ff.; vgl. § 89 Rn. 3 ff.). Dafür spricht schon der klare Wortlaut des § 132 Abs. 1. Für Stoffverträge ab dem 01.07.2002 gilt gemäß § 132 Abs. 3 S. 1 die neue Fassung des § 88 (vgl. Rn. 15 ff.). Die novellierte aktuelle Fassung des § 92 entfaltet erst für Verträge ab dem 13.09.2003 Wirkung (vgl. Rn. 21). Zur Novellierung durch den „2. Korb" ab dem 01.01.2008 vgl. Rn. 22.

Zu **Abs. 2** siehe zunächst § 137. Danach wird die vorgesetzliche Verfügung **14** über das Urheberrecht in eine Einräumung von Nutzungsrechten umgewandelt. Mit Abs. 2 sollte Zweifeln über die Wirksamkeit solcher Verfügungen begegnet werden. Damit sind nach KUG oder LUG formwirksame Verfügungen über zukünftige Rechte auch unter dem UrhG wirksam (str., vgl. Rn. 12). Eine Einschränkung der Rechtsfolgen aus der Anwendung des schon früher geltenden Zweckübertragungsprinzips (vgl. Rn. 8) ist aus Abs. 2 nicht abzuleiten.

3.   **Verträge bis zur Urhebervertragsrechtsreform 2002 (Abs. 3 und Abs. 4)**

Abs. 3 S. 1 enthält eine **generelle Regel** für die zeitliche Anwendbarkeit von **15** urhebervertragsrechtlichen Vorschriften, die durch die **Urhebervertragsrechtsreform 2002** neu geschaffen oder geändert wurden. Das sind nicht nur die §§ 32, 32a, 32b, 36, 36a, sondern auch § 11 S. 2 (Normzweckbestimmung; vgl. § 11 Rn. 6), § 31 (allerdings nur redaktionell wirkende Änderungen, vgl. § 31 Rn. 2), § 33 (vgl. § 33 Rn. 3), § 34 Abs. 3 bis 5 (zur begrenzten inhaltlichen Bedeutung vgl. § 34 Rn. 4 ff.), § 35 Abs. 2 (vgl. § 35 Rn. 3), 63a, 71 Abs. 1 (Einfügung von „und § 88"), § 75 Abs. 5, § 88 Abs. 1 (vgl. § 88 Rn. 7 f.), § 89 Abs. 4 (aber vgl. § 89 Rn. 7), § 90 S. 3 (vgl. § 90 Rn. 3 ff.) und § 95 (Einfügung Bezugnahme auf § 89 Abs. 4). Soweit Abs. 3 S. 1 anordnet, dass das Gesetz in seiner am 28.03.2002 geltenden Fassung generell auf Verträge oder sonstige Sachverhalte anwendbar ist, die vor dem 01.07.2002 geschlossen worden oder entstanden sind, kann sich dies nur auf **Verträge** beziehen, die **nach dem 01.01.1966** geschlossen worden sind (zu Recht so *Ory* AfP 2002, 101). Denn für Verträge vor diesem Zeitpunkt bleibt es bei der

Regelung der Abs. 1 und 2, wonach die Vorschriften des UrhG mit Ausnahme der §§ 40, 41, 42 und 43 nicht anwendbar sind. Für Verträge vor 1966 entfaltet allerdings § 132 Abs. 3 S. 2 ausnahmsweise im Hinblick auf § 32a Wirkung (vgl. Rn. 7 ff.).

16   **§ 32 (Anspruch auf angemessene Vergütung):** Nach § 132 Abs. 3 S. 1 ist der neue Anspruch aus § 32 erst auf Verträge anwendbar, die ab Inkrafttreten des Gesetzes, also dem 01.07.2002, geschlossen wurden. Damit ist die ursprünglich vorgesehene Rückwirkung des Anspruchs nach § 32 nicht aufgenommen worden (siehe dazu *Willhelm Nordemann*, Urhebervertragsrecht, § 132 Rn. 4). Sofern eine Vertragspartei den Vertragsschluss böswillig herausgezögert hat oder vorverlegt hat, ist denkbar, dass ein Berufen auf das neue bzw. alte Recht rechtsmissbräuchlich sein kann. § 132 Abs. 3 S. 3 gehört systematisch ebenfalls noch zu § 32. Denn er regelt die Übergangszeit ab Übersendung des Regierungsentwurfs an den Bundesrat. Ab dieser Zeit soll die geplante Reform des Urhebervertragsrechts in der öffentlichen Diskussionen gewesen sein, so dass kein Vertrauenstatbestand mehr vorlag, der einer unechten Rückwirkung entgegen stehen könnte (BeschlE RAusschuss UrhVG – BT-Drucks. 14/8058, S. 55; *Hucko* S. 17; zweifelnd dagegen *Haas* Rn. 504; kritisch *Wandtke/Bullinger/Braun*[2] Rn. 8). Ein Fall echter Rückwirkung hätte die Verfassungswidrigkeit und Nichtigkeit des Gesetzes zur Folge (BVerfGE 37, 363, 397; BVerfGE 97, 67, 78), sofern die Normadressaten nicht ausnahmsweise damit zu rechnen hatten (BVerfGE 45, 142, 174; BVerfGE 88, 384, 404), und genau das soll nach Beschluss im Bundeskabinett der Fall sein. Das erscheint indes als problematisch, weil Gesetze immer noch von der Legislative verabschiedet werden und damit – insb. bei einem so umstrittenen Gesetz wie der Urhebervertragsrechtsreform 2002 – nicht unbedingt mit einer Einführung des § 32 zu rechnen war. Dennoch hat der Gesetzgeber § 32 auf Nutzungshandlungen erstreckt, die nach dem 30.06.2002 stattfinden, vorausgesetzt, dass Grundlage für sie ein **zwischen dem 01.06.2001 und dem 30.06.2002 geschlossener Vertrag** ist. Die Gesetzesbegründung will damit eine Korrektur von Verträgen ermöglichen, die nach dem 01.06.2001 zu nicht angemessenen Bedingungen geschlossen worden sind (als obiter dictum OLG Köln GRUR-RR 2005, 337, 338 – *Dokumentarfilm Massaker*). Umstritten ist, ob S. 3 ausschließlich Konstellationen erfasst, in denen der Vertrag zwischen dem 01.06.2001 und dem 30.06.2002 geschlossen wurde, die erste Nutzungshandlung jedoch erst nach dem 30.06.2002 erfolgt (so *Berger*, Urhebervertragsrecht 2002, Rn. 33); das würde bedeuten, in S. 3 ein „erstmals" herein zu lesen („sofern von dem eingeräumten Recht oder der Erlaubnis *erstmals* nach dem 30. Juni 2002 Gebrauch gemacht wird"). Das LG Stuttgart lehnt das unter Bezugnahme auf die Gesetzesmaterialien (RegE UrhVG – BT-Drucks. 14/8058, S. 22: „Nach Abs. 3 S. 3 wird eine Korrektur von Verträgen ermöglicht, … wenn weitere Nutzungshandlungen nach in Kraft Treten des Gesetzes stattfinden.") ab (LG Stuttgart, Beschl. v. 02.11.2007, Az. 17 O 734/05, S. 11).

17   Abs. 3 S. 3 enthielt in der **ursprünglichen Fassung** des Urhebervertragsgesetzes 2002 eine **zeitliche Lücke** für Verträge, die zwischen dem Tag der Verkündung (28.03.2002) und dem Inkrafttreten des Gesetzes (30.06.2002) geschlossen wurden, denn es hieß in der Fassung des Urhebervertragsgesetzes „seit dem 1. Juni 2001 und bis zum 28. März 2002". In der Hektik der erst in letzter Minute eingeführten dreimonatigen Karenzfrist für den Übergang zum neuen Urhebervertragsrecht war dies – nicht überraschend bei den heutigen Gesetzgebungsgepflogenheiten – übersehen worden. Dies hat erst das Gesetz zur Regelung des Urheberrechts in der Informationsgesellschaft bereinigt. Man dürfte daher etwaig aufkommende Streitigkeiten für diese Zwischenzeit mit dem Argument eines **Redaktionsversehens** entschärfen können.

§ 32a (Bestsellerparagraf): Für § 32a findet sich die Übergangsregel in **Abs. 3 S. 2.** Danach ist dieser Anspruch erst auf **Sachverhalte** anwendbar, die **nach dem 28.03.2002** entstanden sind. Zwar ist die ursprünglich vorgesehene Rückwirkung des Anspruchs nach § 32 nicht aufgenommen worden (vgl. § 32 Rn. 4); § 32a erhält mit dieser durch den Rechtsausschuss eingeführten Regelung aber eine unechte Rückwirkung (BeschlE RAusschuss UrhVG – BT-Drucks. 14/8058, S. 55). Unter Sachverhalt versteht die Gesetzesbegründung „sämtliche Tatbestände, die nach Inkrafttreten des Gesetzes entstehen" (BeschlE RAusschuss UrhVG – BT-Drucks. 14/8058, S. 55); aus dem Zusammenhang dieser für sich genommen eher unklaren Regelung ist aber erkennbar, dass dies auch Sachverhalte erfasst, zu denen Verträge existieren, die selber nicht in den Genuss der neuen Regelung des § 32 kommen. Denn die Gesetzesbegründung grenzt die beiden Ansprüche so ab, dass zwar § 32 auf Altverträge nicht anwendbar ist, der Bestsellerausgleich nach § 32a aber für Altverträge durchaus zum Tragen kommen kann (BeschlE RAusschuss UrhVG – BT-Drucks. 14/8058, S. 55; OLG Naumburg ZUM 2005, 759, 761 – *Firmenlogo*). Damit ist zunächst ausgeschlossen, „Sachverhalt" auf das Vorliegen aller Tatbestandsmerkmale des § 32a zu beziehen (so *v. Becker/Wegner* ZUM 2005, 695, die fordern, dass alle Tatbestandsmerkmale des § 32a erst nach dem Stichtag angefallen sein dürfen; ähnlich Wandtke/Bullinger/*Braun*[2] Rn. 10). Denn auch der Vertragsschluss gehört zum Tatbestand des § 32a Abs. 1, der aber eben auch vor dem Stichtag liegen darf. Zu weitgehend dürfte auch sein, „Sachverhalt" mit „auffälligem Missverhältnis" gleich zu setzen, so dass das auffällige Missverhältnis nach dem gesetzlichen Stichtag (28.03.2002) entstanden sein müsste (OLG Naumburg ZUM 2005, 759, 761 – *Firmenlogo*), denn dann hätte der Gesetzgeber den Terminus des „Sachverhalts" nicht einführen müssen, sondern hätte von „auffälligem Missverhältnis" sprechen können. Eine bloße Fortsetzung einer vor dem Stichtag begonnen Verwertung dürfte auch nicht ausreichen, wenn auch vorher schon ein auffälliges Missverhältnis bestand (so im Ergebnis LG Berlin ZUM 2005, 901, 903; a.A. *Wilhelm Nordemann*, Das neue Urhebervertragsrecht, § 132 Rn. 2). Richtig dürfte sein, in einem „Sachverhalt" qualitativ mehr als eine bloße Fortnutzung, weniger aber als das auffällige Missverhältnis zu sehen, also z.B. eine neue Auflage o.ä. Damit sind z.B. solche Konstellationen von der Anwendung des § 32a ausgeschlossen, in denen ein (die Tatbestandsmerkmale des § 32a erfüllender) Verkauf eines Buches bereits vor dem 28.03.2002 durchgeführt wurde und nach dem Stichtag bloß fortgeführt wird. Sobald eine Neuauflage hingegen nach dem Stichtag erfolgt, ist der neue § 32a anwendbar; denn dann liegt qualitativ mehr vor als eine bloße Weiternutzung, während für die davor liegenden Nutzungshandlungen § 36 a.F. weiterhin Anwendung finden kann (LG Köln Urt. v. 08.08.2007, 28 O 355/05, weist zu Recht darauf hin, dass dabei aber keine Kumulation der Erträge vorgenommen wird).   **18**

Der uneingeschränkte Wortlaut des Abs. 3 S. 2 hat zur Folge, dass auch Verträge, die vor dem Inkrafttreten des Gesetzes, also dem 01.01.1966 geschlossen worden sind, in die Anwendbarkeit des § 32a einbezogen sind. Auch nach der Gesetzesbegründung soll § 32a zeitlich unbegrenzt für **alle Altverträge** gelten (BeschlE RAusschuss UrhVG – BT-Drucks. 14/8058, S. 55; ebenso *Hucko* S. 17; Dreier/Schulze/*Dreier*[2] Rn. 9, 11; Wandtke/Bullinger/*Braun*[2] Rn. 10).   **19**

20 Abs. 4 ordnet schließlich an, dass die Übergangsregelungen nach Abs. 3 für **ausübende Künstler** entsprechend gelten. Die Regelung ist allerdings missglückt. Einerseits ist sie überflüssig, weil der Wortlaut des Abs. 3 neutral ist und nicht ausschließlich auf Urheber abstellt (so auch Wandtke/Bullinger/ *Braun*[2] Rn. 11). Andererseits ist sie unpräzise. Präziser hätte nur die Anwendung des Abs. 3 S. 2 und S. 3 auf ausübende Künstler angeordnet werden müssen. Abs. 3 S. 1 hätte darüber hinaus gehend auch nachgelassene Werke und Filmhersteller einbeziehen müssen, weil entgegen dem Wortlaut des Abs. 4 durchaus Abs. 3 Wirkung auch für diese Leistungsschutzberechtigten entfaltet (§ 71 Abs. 1: Einfügung von „und § 88"; § 95: Einfügung Bezugnahme auf § 89 Abs. 4 und Bezugnahme auf veränderte §§ 88 Abs. 1, 89 Abs. 1). Insoweit ist allerdings ein Redaktionsversehen anzunehmen. Wegen der generellen Verweisung auf die Regelungen zum Urheberrecht sollte § 132 Abs. 3 daneben auch für die Leistungsschutzrechte des § 70 (**wissenschaftliche Ausgaben**) und § 72 (**Lichtbilder**) gelten.

4.   Verträge bis zur Reform der Leistungsschutzrechte 2003

21 2003 hat der Gesetzgeber im Rahmen der Novelle des Urheberrechts in der Informationsgesellschaft umfassende Änderungen bei den urhebervertragsrechtlichen Bestimmungen für Leistungsschutzberechtigte vorgenommen, so für ausübende Künstler (§ 79), für Tonträgerhersteller (§ 85 Abs. 2), für Sendeunternehmen (§ 87 Abs. 2) und für Filmhersteller (§ 94 Abs. 2). Der Gesetzgeber hat allerdings übersehen, dafür die zeitliche Anwendbarkeit in § 132 (oder anderswo) zu regeln. Mit dem Grundgedanken des § 132 (vgl. Rn. 1) ist jedoch davon auszugehen, dass die neuen Regelungen nur für Verträge gelten, die ab dem 13.09.2003 geschlossen wurden (vgl. § 79 Rn. 1 ff.).

5.   Verträge bis zum „2. Korb" 2007

22 Auch der „2. Korb" 2007 hat verschiedene urhebervertragsrechtliche Bestimmungen neu geschaffen oder reformiert, ohne eine Regelung zur zeitlichen Anwendbarkeit zu schaffen. Eingefügt wurde lediglich § 137l, der aber eine solche Regelung nicht enthält. Da § 137l aber gem. Abs. 1 S. 1 ausdrücklich nur auf Verträge vom 01.01.1966 bis zum 31.12.2007 angewendet werden kann, ist zu unterstellen, dass der Gesetzgeber sämtliche Änderungen des Urhebervertragsrechts im UrhG durch den „2. Korb" zum 01.01.2008 in Kraft setzen wollte. Das entspricht auch der generellen Regel des § 132 (vgl. Rn. 5 ff.). Die neuen §§ 31a, 32c gelten deshalb für Verträge ab dem 01.01.2008, hingegen § 31 Abs. 4 a.F. nur für Verträge bis zum 31.12.2007 (vgl. § 31a Rn. 6 ff.). Die novellierten § 32a **Abs. 3** (unentgeltliche Einräumung einfaches Nutzungsrecht für jedermann), § 87 **Abs. 5** (gemeinsamer Vertragsschluss des Kabel- oder Sendeunternehmens mit VGen) und §§ 88 **Abs. 1, 89 Abs. 1** (Ausweitung der Vermutung auf eine Rechtseinräumung für unbekannte Nutzungsarten) sind ebenfalls nur auf Verträge ab dem 01.01.2008 anzuwenden.

III. Verhältnis zu anderen Vorschriften

23 Neben der allgemeinen Regel des § 132 finden sich im UrhG noch **Spezialregelungen** zur zeitlichen Anwendbarkeit des Urhebervertragsrechts, die § 132 vorgehen. § **137 Abs. 1** bestimmt für Verträge vor dem 01.01.1966, die eine Übertragung des Urheberrechts vorsahen, dass diese in eine Nutzungsrechtseinräumung gem. § 31 UrhG umzudeuten sind. Regeln für die Auslegung von existierenden Verträgen bei **Schutzfristverlängerungen** enthalten die §§ 137 Abs. 2 bis 4, 137a, 137b, 137c, 137f, 137j. Sind Nutzungsverträge für **Bild- und/oder Tonträger** vor dem 30.06.1995 abgeschlossen, enthält § 137e Regelungen über die Einbeziehung des damals neu geschaffenen Vermietrecht in diese Altverträge. Für **Computerprogramme** gilt die vertragsrechtliche Bestimmung des § 69g Abs. 2 erst für Verträge ab dem 24.06.1993 (§ 137d). Für **Datenbankverträge** sind die §§ 55a, 87e nur einschlägig, wenn sie ab dem 01.01.1998 geschlossen wurden (§ 137g Abs. 3). § 20a (Europäische **Satellitensendung**) ist gem. § 137h Abs. 1 erst für Verträge ab dem 01.01.2000 relevant; im Bereich der Satellitensendung ist die Bestimmung des § 137h Abs. 2 für Verträge vor dem 01.06.1998 zu beachten; für **Kabelweitersendungsverträge** gilt § 20b Abs. 2 nur, wenn der Vertrag vor dem 01.06.1998 geschlossen wurde (§ 137h Abs. 3). § 137l ermöglicht einen automatischen Nacherwerb von Rechten an bei Vertragsschluss **unbekannter Nutzungsarten** für Verträge von 1996 bis 2007 gegen angemessene Vergütung. Siehe jeweils die Kommentierungen dort.

§ 133   *(aufgehoben)*

§ 134   Urheber

Wer zur Zeit des Inkrafttretens dieses Gesetzes nach den bisherigen Vorschriften, nicht aber nach diesem Gesetz als Urheber eines Werkes anzusehen ist, gilt, abgesehen von den Fällen des § 135, weiterhin als Urheber. Ist nach den bisherigen Vorschriften eine juristische Person als Urheber eines Werkes anzusehen, so sind für die Berechnung der Dauer des Urheberrechts die bisherigen Vorschriften anzuwenden.

Das frühere Recht sah juristische Personen des öffentlichen Rechts, die als **1** Herausgeber ein Werk veröffentlichen oder erscheinen lassen, das den Namen des Urhebers nicht angibt, als Urheber an (§ 3 LUG, § 5 KUG) und erkannte den Herausgebern von Sammelwerken ein Urheberrecht auch dann zu, wenn es sich um juristische Personen handelte (§ 4 LUG, § 6 KUG). Für die einer juristischen Person zuerkannten Urheberrechte bestand eine fünfzigjährige Schutzdauer seit der Veröffentlichung des Werkes (§ 32 LUG) bzw. seit seinem Erscheinen (§ 25 Abs. 2 KUG). Bei dieser *Berechnung* der Schutzfristen, d. h. der Festlegung ihres Beginns, ist es verblieben, soweit nicht § 135 zum Zuge kommt. Die Schutzfrist selbst beträgt nunmehr aber 70 Jahre (*v. Gamm* Bem. zu § 134; Möhring/*Nicolini*[2] Rn. 3; Schricker/*Katzenberger*[3] Rn. 7).

§ 135   Inhaber verwandter Schutzrechte

Wer zur Zeit des Inkrafttretens dieses Gesetzes nach den bisherigen Vorschriften als Urheber eines Lichtbildes oder der Übertragung eines Werkes auf Vorrichtungen zur mechanischen Wiedergabe für das Gehör anzusehen ist, ist Inhaber der entsprechenden verwandten Schutzrechte, die dieses Gesetz ihm gewährt.

Übersicht

I. Früheres Recht

1 Vor Inkrafttreten des UrhG genossen ausübende Künstler Schutz als Urheber über das in § 2 Abs. 2 LUG gewährte Quasi-Bearbeiterurheberrecht. Gleiches galt für die Urheber von Lichtbildern nach §§ 1, 3 KUG (1907).

2 Dies verschaffte ihnen nicht nur einen gegenüber dem Leistungsschutz nach UrhG umfassenderen Rechtekatalog, sondern auch die für Urheber geltenden Schutzfristen. Mit Inkrafttreten des UrhG wurden sie also über § 135 „heruntergestuft". Das BVerfG hat dies jedoch mit Ausnahme der Schutzfristenregelung für verfassungsmäßig erklärt (BVerfG NJW 1972, 145, 147 – *Anneliese Rothenberger*). Den Bedenken hinsichtlich der Schutzfrist wurde durch § 135a Rechnung getragen.

II. Tatbestand

3 Die Umwandlung des Quasi-Bearbeiterurheberrechts in ein Leistungsschutzrecht führt dazu, dass insb. die enumerativen Rechtekataloge der betreffenden Leistungsschutzrechte (statt des umfassenden Rechtekatalogs des § 15) Anwendung finden (OLG Hamburg ZUM 1991, 143, 144). Zugleich bleiben aber Verfügungen aus der Zeit vor Inkrafttreten des UrhG wirksam. So war nach altem Recht die Übertragung des Urheberrechts als ganzem möglich (§ 8 Abs. 2 LUG). Sie bleibt zu Gunsten des alten Erwerbers wirksam (i.d.S. OLG Hamburg ZUM 1991, 143, 144).

§ 135a Berechnung der Schutzfrist

[1]Wird durch die Anwendung dieses Gesetzes auf ein vor seinem Inkrafttreten entstandenes Recht die Dauer des Schutzes verkürzt und liegt das für den Beginn der Schutzfrist nach diesem Gesetz maßgebende Ereignis vor dem Inkrafttreten dieses Gesetzes, so wird die Frist erst vom Inkrafttreten dieses Gesetzes an berechnet. [2]Der Schutz erlischt jedoch spätestens mit Ablauf der Schutzdauer nach den bisherigen Vorschriften.

1 Im Interesse der Vereinheitlichung der Rechtsbegriffe wurden die vor dem Inkrafttreten des UrhG als Urheber geltenden Lichtbildner (§ 1 KUG) und vortragenden Künstler (§ 2 Abs. 2 LUG) zu Inhabern entsprechender verwandter Schutzrechte herabgestuft. Die **Rechtsstellung der ausübenden Künstler** wurde einschneidend verändert. Während sie früher als Quasi-Urheber bis zum Ablauf von 50 Jahren nach ihrem Tode geschützt waren, stand ihnen zunächst nur noch eine Schutzfrist von 25 Jahren und steht ihnen nach der Novellierung des § 82 im Jahre 1990 eine solche von 50 Jahren ab Erscheinen, ersatzweise vom Tag der Darbietung an, zu.

2 Die **Rückstufung der Rechtsposition der ausübenden Künstler** stieß bezüglich solcher Darbietungen von Werken der Literatur und Tonkunst, die vor dem 01.01.1966 aufgenommen worden sind, allenthalben auf verfassungsrechtliche Bedenken und führte zu einer Verfassungsbeschwerde ausübender Künstler und Schallplattenhersteller, die vom BVerfG mit Beschluss vom 08.07.1971 (BVerfG GRUR 1972, 491, 492 ff. – *Schallplatten)* beschieden wurde. Danach ist die Verkürzung der Schutzfrist zwar auch im Hinblick auf bereits unter der Geltung des § 2 Abs. 2 LUG geschaffene Aufnahmen zulässig, jedoch stellt die Vorverlegung des Schutzfristbeginns auf den Erscheinungs- bzw. Herstellungszeitpunkt dann eine entschädigungslose Enteignung (Art. 14 Abs. 3 GG) dar, wenn dieser Zeitpunkt vor dem Inkrafttreten des UrhG liegt und dadurch eine

Kürzung der Schutzdauer bewirkt wird (kritisch zum Beschluss des BVerfG *Schorn* NJW 1973, 687).

Der Beschluss des BVerfG veranlasste den Gesetzgeber zur Einfügung des **3** § 135a durch die Novelle vom 10.11.1972. Der etwas umständlich geratene Gesetzestext besagt, dass für solche Leistungsschutzrechte, die schon vor dem 01.01.1966 als Quasi-Urheberrechte aus § 2 Abs. 2 LUG geschützt waren, zwar auch nunmehr die Schutzfristregelung des § 82 gilt, dass diese Frist aber erst vom 01.01.1966 an läuft, falls die Leistung vorher erschienen oder, falls das nicht zutraf, erbracht war. Die so berechnete Schutzfrist endet allerdings spätestens in dem Augenblick, in dem sie auch nach der früheren Regelung des § 29 LUG abgelaufen wäre. Wenn der Gesetzeswortlaut nicht speziell auf die Schutzrechtsverkürzung der ausübenden Künstler zugeschnitten wurde, so deshalb, um auch die Rückverlagerung des Fristbeginns bei unveröffentlichten Lichtbildern und Lichtbildwerken (vgl. Rn. 4) auszugleichen (Bericht RAusschuss UrhG RegE – BT-Drucks. VI/3264, S. 5). Praktische Bedeutung hat die neue Überleitungsregelung jedoch in erster Linie für die ausübenden Künstler; vgl. § 73 Rn. 2 f. und OLG Hamburg ZUM 1995, 334.

Für den **Lichtbildner** war die rechtliche Umklassifizierung der verwandten **4** Schutzrechte insoweit ohne Bedeutung, als auf ihn die für Lichtbildwerke geltenden Vorschriften des ersten Teils sinngemäß anzuwenden sind (§ 72 Abs. 1). Zwar betrug auch für Lichtbilder die Schutzdauer zunächst nur 25 Jahre nach dem Erscheinen (bzw. nach der Herstellung bei Nicht-Erscheinen). Jedoch entsprach dies der alten Schutzdauer des § 26 KUG. Eine **Verkürzung** wurde lediglich für **unveröffentlichte Lichtbilder** bewirkt, da für den Beginn der Frist nicht mehr der Tod des Lichtbildners, sondern der Herstellungszeitpunkt maßgeblich war. Unveröffentlichte, einfache Lichtbilder, die vor dem 01.01.1960 hergestellt worden sind, sind 25 Jahre bzw. – wenn sie als Dokument der Zeitgeschichte zu gelten haben (§ 72 a.F.) – 50 Jahre ab dem 01.01.1966 geschützt, maximal jedoch 25 Jahre post mortem auctoris; das folgt aus § 135a i.V.m. § 126 S. 2 KUG (Loewenheim/*Axel Nordemann* § 22 Rn. 24 f.; OLG Hamburg GRUR 1999, 717, 720 – *Wagner-Familienfotos*, allerdings mit der unzutreffenden Annahme einer Schutzfrist von unveröffentlichten Lichtbildern, die Dokumente der Zeitgeschichte sind, von 50 Jahren ab dem 01.01.1966). Inzwischen ist die **ursprüngliche Regelung** des UrhG **praktisch überholt**: Lichtbildwerke sind schon seit 1985 wie alle anderen Werke 70 Jahre p.m.a. geschützt; soweit ihr Schutz schon abgelaufen war, kann er für den Rest der 70-Jahres-Schutzfrist am 01.07.1995 wieder aufgelebt sein, § 137f Abs. 2 (vgl. dort Rn. 10 ff. und vgl. § 64 Rn. 16). Auf den einfachen Lichtbildschutz nach § 72 sind nur noch wenige Produkte verwiesen (vgl. § 2 Rn. 198 f.; vgl. § 72 Rn. 1 f.); auch er beträgt jetzt einheitlich 50 Jahre.

Eine **weitere Überleitungsregelung** war in Art. 2 ÄndG 1972 im Hinblick auf **5** die Verwertungshandlungen geschaffen worden, die im Vertrauen auf den Wegfall des Rechtsschutzes infolge der Vorverlegung des Schutzablaufs getätigt worden waren (zu verfassungsrechtlichen Bedenken gegen die Überleitungsregelung *Schorn* GRUR 1978, 230). Danach konnten **Tonträgerhersteller,** die vor der ersten Veröffentlichung des in Rn. 2 genannten Beschlusses des Bundesverfassungsgerichts durch die Presse am 15.11.1971 mehr als 25 Jahre alte Schallplattenaufnahmen nachgepresst hatten, die Unterlassungs- und Vernichtungsansprüche der Berechtigten durch Geldzahlung grundsätzlich ablösen, d. h. vor dem 15.11.1971 objektiv rechtswidrig hergestellte Nachpressungen von Schallplatten durften im Ablösungsfalle auch nach diesem

Zeitraum noch vertrieben werden (BGH GRUR 1976, 317, 320 – *Unsterbliche Stimmen)*. Diese Regelung ist mittlerweile durch Zeitablauf gegenstandslos geworden.

6 § 135a Satz 2 steht lediglich einer Schutzfristverlängerung entgegen, die unmittelbar aus der nach Satz 1 festgelegten zeitlichen Verlagerung des Fristbeginns auf das Inkrafttreten des Gesetzes resultiert. Die Bestimmung hinderte deshalb die Schutzfristverlängerungen für die ausübenden Künstler von 1990 und diejenigen für die Urheber von Lichtbildwerken und für die Lichtbildner von 1985 und 1995 nicht. Wir haben deren Folgen für erstere bei § 137c (vgl. § 137c Rn. 2 f.), für letztere zu § 64 (vgl. § 64 Rn. 16) zusammenfassend dargestellt.

§ 136 Vervielfältigung und Verbreitung

(1) War eine Vervielfältigung, die nach diesem Gesetz unzulässig ist, bisher erlaubt, so darf die vor Inkrafttreten dieses Gesetzes begonnene Herstellung von Vervielfältigungsstücken vollendet werden.

(2) Die nach Absatz 1 oder bereits vor dem Inkrafttreten dieses Gesetzes hergestellten Vervielfältigungsstücke dürfen verbreitet werden.

(3) Ist für eine Vervielfältigung, die nach den bisherigen Vorschriften frei zulässig war, nach diesem Gesetz eine angemessene Vergütung an den Berechtigten zu zahlen, so dürfen die in Absatz 2 bezeichneten Vervielfältigungsstücke ohne Zahlung einer Vergütung verbreitet werden.

1 Auch das **früher geltende Recht** kannte derartige Übergangsbestimmungen (§ 63 LUG und § 54 KUG). Während dieses nicht nur die Fortsetzung der begonnenen Vervielfältigung und Verbreitung, sondern auch die weitere Benutzung vorhandener Vorrichtungen zur Vervielfältigung (wie Formen, Platten, Steine, Druckstöcke, Matrizen) für sechs Monate bzw. drei Jahre nach Inkrafttreten des Gesetzes erlaubte, ermöglicht § 136 nur die Fortsetzung einer bereits begonnenen Vervielfältigung (Abs. 1) und die Verbreitung der bereits zuvor oder nach Abs. 1 hergestellten Vervielfältigungsstücke (Abs. 2).

2 **Maßgebender Zeitpunkt** ist der 01.01.1966, der Tag des Inkrafttretens des UrhG (§ 143 Abs. 2). Bereits vorhandene Vervielfältigungsstücke, die bis zu diesem Zeitpunkt ohne Zustimmung des Urhebers hergestellt und verbreitet werden durften, können weiter verbreitet werden (Abs. 2). Ein vor diesem Tag bereits begonnener Herstellungsprozess (z.B. Druckauftrag), konnte abgeschlossen werden (Abs. 1).

3 Inzwischen dürfte die Bestimmung **gegenstandslos** geworden sein. Bedeutung kommt ihr allenfalls noch aufgrund des Verweises in § 146 Abs. 5 S. 2 zu, der sie nach einem (praktisch allerdings selten auftretenden) Rückruf gem. § 42 UrhG bei der zulässigen Verwendung für den Kirchen-, Schul- und Unterrichtsgebrauch für anwendbar erklärt.

4 Vereinzelt wird die Norm für analog anwendbar erachtet, wenn ein bislang gemeinfreies Werk aufgrund eines **Wechsels der Staatsangehörigkeit des Urhebers** geschützt werde (*Schmid/Wirth* Rn. 1). Da damit faktisch, wenn auch nur temporär, die Entscheidung EuGH GRUR Int. 1994, 53 – *Phil Collins* umgangen wird, erscheint die Richtigkeit des Analogieschlusses zweifelhaft.

§ 137 Übertragung von Rechten

(1) [1]Soweit das Urheberrecht vor Inkrafttreten dieses Gesetzes auf einen anderen übertragen worden ist, stehen dem Erwerber die entsprechenden Nutzungsrechte (§ 31) zu. [2]Jedoch erstreckt sich die Übertragung im Zweifel nicht auf Befugnisse, die erst durch dieses Gesetz begründet werden.

(2) [1]Ist vor dem Inkrafttreten dieses Gesetzes das Urheberrecht ganz oder teilweise einem anderen übertragen worden, so erstreckt sich die Übertragung im Zweifel auch auf den Zeitraum, um den die Dauer des Urheberrechts nach den §§ 64 bis 66 verlängert worden ist. [2]Entsprechendes gilt, wenn vor dem Inkrafttreten dieses Gesetzes einem anderen die Ausübung einer dem Urheber vorbehaltenen Befugnis erlaubt worden ist.

(3) In den Fällen des Absatzes 2 hat der Erwerber oder Erlaubnisnehmer dem Veräußerer oder Erlaubnisgeber eine angemessene Vergütung zu zahlen, sofern anzunehmen ist, dass dieser für die Übertragung oder die Erlaubnis eine höhere Gegenleistung erzielt haben würde, wenn damals bereits die verlängerte Schutzdauer bestimmt gewesen wäre.

(4) [1]Der Anspruch auf die Vergütung entfällt, wenn alsbald nach seiner Geltendmachung der Erwerber dem Veräußerer das Recht für die Zeit nach Ablauf der bisher bestimmten Schutzdauer zur Verfügung stellt oder der Erlaubnisnehmer für diese Zeit auf die Erlaubnis verzichtet. [2]Hat der Erwerber das Urheberrecht vor dem Inkrafttreten dieses Gesetzes weiterveräußert, so ist die Vergütung insoweit nicht zu zahlen, als sie den Erwerber mit Rücksicht auf die Umstände der Weiterveräußerung unbillig belasten würde.

(5) Absatz 1 gilt für verwandte Schutzrechte entsprechend.

Übersicht

I. Umwandlung Rechtsübertragung in -einräumung (Abs. 1 und Abs. 5)

Die nach § 8 LUG, § 10 KUG vorgenommene Übertragung des Urheberrechts **1** (Verwertungsrechts) wandelt sich nach Abs. 1 S. 1 in eine **Einräumung von Nutzungsrechten** um. In der Regel wird der Zessionar ausschließlicher Nutzungsberechtigter im Sinne von § 31 Abs. 3, da die Übertragung des vollen Verwertungsrechts das Recht einschließt, das Werk unter Ausschluss aller anderen Personen einschließlich des Urhebers auf die ihm erlaubte Art zu nutzen. Der Nutzungsberechtigte bleibt jedoch auf die Nutzungsarten beschränkt, die im Übertragungsakt ihm eingeräumt waren. Solche Beschränkungen können sich insb. bei Anwendung der allgemeinen Zweckübertragungslehre ergeben, die auch für Übertragung nach LUG und KUG galt; vgl. § 31 Rn. 113.

Abs. 1 kann **analog** auch **auf nach ausländischem Recht zulässige Rechtsübertragungen** angewendet werden, die nach deutschem Schutzlandrecht (vgl. Vor **2** §§ 120 ff. Rn. 59 ff.) in bloße Rechtseinräumungen umzudeuten sind (vgl. § 29 Rn. 5). Das gilt insb. für nach US-Recht zulässige Rechteübertragungen (OLG Düsseldorf ZUM 2006, 326, 328 – *Breuer Hocker*) oder für die Umdeutung eines originären Rechtserwerbs durch ein Unternehmen nach der US „work-for-hire"-Doktrin (dazu Schricker/*Katzenberger*[3] Vor §§ 120 ff. Rn. 151; *Wilhelm Nordemann/Jan Bernd Nordemann* FS Schricker 70. Geb. S. 473 ff.; *Jan*

Bernd Nordemann (US) J. COPR.SOC'Y, 603,53 (2006)). Auf **nach deutschem Recht seit dem UrhG unzulässige Übertragungen** des Urheberrechts (§ 29 Abs. 1) kann § 137 Abs. 1 nicht analog angewendet werden; allerdings wird eine Vertragsauslegung in den meisten Fällen zu einer bloßen Nutzungsrechtseinräumung führen; vgl. § 29 Rn. 8.

3 **Abs. 1 S. 2** ist eine Spezialregelung, die insb. der allgemeinen Zweckübertragungslehre, die auch unter LUG und KUG galt (vgl. § 31 Rn. 113), vorgeht. Die Ergebnisse werden sich aber oft nicht unterscheiden; bei Auslegung umfassender oder sonst pauschaler Vertragsklauseln („das gesamte Urheberrecht mit allen Rechten und allen Befugnissen") wäre im Regelfall nichts anderes herausgekommen. Bei ausdrücklicher Rechtsübertragung kann die Zweifelsregel des S. 2 aber nicht angewendet werden (*Schack* ZUM 1989, 267, 274; Wandtke/Bullinger/*Braun*[2] Rn. 3). Insoweit kann sich die ausdrückliche Formulierung entweder auf „sämtliche zukünftigen Rechte" beziehen (Dreier/Schulze/*Dreier*[2] Rn. 8) oder sogar einzelne Rechte ausdrücklich aufführen, beispielsweise das Vermietrecht vor seiner eigentlichen Entstehung (OLG München OLR 1997, 212). Zu den in S. 2 genannten **neuen Befugnissen** sind neben der Vermietung (§§ 17 Abs. 2 und Abs. 3) die Ausstellung (§ 18), das Vortragsrecht an erschienen Sprachwerken (§ 19 Abs. 1), das Recht der öffentlichen Zugänglichmachung auf individuellen Abruf (§ 19a), das Zugangsrecht (§ 25) und das Folgerecht (§ 26) zu zählen. **Nicht neu** sind das Vervielfältigungsrecht (§ 16), das Verbreitungsrecht gem. § 17 Abs. 1 (mit Ausnahme des Vermietrechts), das Senderecht (§ 20) oder das Recht der öffentlichen Wiedergabe (§ 21). Zahlreiche **gesetzliche Vergütungsansprüche** müssen als „neue Befugnisse" eingeordnet werden, z.B. § 27 sowie §§ 46 Abs. 2, 47 Abs. 2 S. 2, 49 Abs. 1 S. 2, 52 Abs. 2 S. 2, die mit dem UrhG 1966 eingeführt wurden, und die später ergänzten §§ 45a Abs. 2, § 52a Abs. 4, § 52b S. 3 (allg. Meinung; vgl. statt aller Wandtke/Bullinger/*Braun*[2] Rn. 4). Allerdings sollten gesetzliche Vergütungsansprüche, die nach Einführung neuer Schrankenregelungen unter LUG bzw. KUG existierende Rechte in bloße Vergütungsansprüche umwandelten, keine „neuen Befugnisse" sein. Das gilt namentlich für die Privatkopievergütung nach den §§ 54 ff., aber auch für die Vergütung wegen Kopienversand auf Bestellung nach § 53a Abs. 2. S. 2 bezieht sich nicht auf urhebervertragsrechtliche Schutzbestimmungen zu Gunsten des Urhebers, insb. in den §§ 31 bis 44, weil dafür die Regelung in § 132 *lex specialis* ist (ebenso zu § 36 a.F. *Katzenberger* GRUR Int. 1983, 410, 417; Dreier/Schulze/*Dreier*[2] Rn. 6; a.A. Vorauflage/*Wilhelm Nordemann*[9] Rn. 1; Möhring/Nicolini/*Hartmann*[2] Rn. 5; Wandtke/Bullinger/*Braun*[2] Rn. 4). Spezialregelungen, die Abs. 1 vorgehen, sind ferner §§ 135, 135a (Dreier/Schulze/*Dreier*[2] Rn. 6); mithin ist Abs. 1 also auf Lichtbildner und ausübende Künstler, die nach altem Recht „Urheber" waren, nicht direkt anwendbar, wohl aber über Abs. 5 (vgl. Rn. 4).

4 **Abs. 5** regelt die Geltung des Abs. 1 für verwandte Schutzrechte. Damit sind die Rechte des Zweiten Teils (§§ 70 bis 87e) gemeint. **Abs. 1 S. 1** entfaltet insoweit allerdings über Abs. 5 nur sehr begrenzte Wirkung. Wegen § 135 sind Lichtbildner, die nach altem Recht „Urheber" waren, nach dem UrhG als Inhaber verwandter Schutzrechte anzusehen, so dass Abs. 1 Anwendung finden kann. Auch ist es nach § 72 nicht mehr zulässig (§§ 72 Abs. 1, 29 Abs. 1), das Recht zu übertragen, so dass Übertragungen nach Altrecht gem. Abs. 1 S. 1 umzudeuten sind (HK-UrhR/*Kotthoff* Rn. 7). Ferner kommt eine Anwendung auf Rechte nach § 70 (wissenschaftliche Ausgaben) in Betracht, weil auch hier eine Übertragung nach UrhG nicht zulässig ist (§§ 70 Abs. 1, 29 Abs. 1). Da das Recht erst 1966 mit dem UrhG geschaffen wurde, dürfte das nur relevant werden, wenn „zukünftige Rechte" vor 1966 übertragen wurden. Keine Anwendung findet Abs. 1 S. 1 hingegen auf ausübende Künstler, denen schon nach Altrecht das Aufnahmerecht des § 77 Abs. 1 (§ 75 Abs. 1 a.F.) zustand, weil dieses Recht auch heute noch übertragbar ist. Wegen ihrer grundsätzlichen Übertragbarkeit (§§ 71 Abs. 2, 79 Abs. 1 S. 1, 81, 85 Abs. 2 S. 1, 87 Abs. 2 S. 1, 87b) gilt das auch für alle anderen verwandten Schutzrechte. **Abs. 1 S. 2** kommt für verwandte Schutzrechte größere praktische Bedeutung zu. Denn außer den in § 135 genannten Rechten der Lichtbildner und ausübenden Künstler wurden alle anderen verwandten Schutzrechte erst durch das UrhG ins Leben gerufen, sind also „Befugnisse, die erst durch dieses Gesetz geschaffen wurden". Die Übertragungsvereinbarung vor Inkrafttreten des 1966 kann sich also im Zweifel nicht auf diese verwandten Schutzrechte beziehen (allg.M.: Dreier/Schulze/*Dreier*[2] Rn. 8; Möhring/Nicolini/*Hartmann*[2] Rn. 15; Schricker/*Katzenberger*[3] Rn. 9; Wandtke/Bullinger/*Braun*[2] Rn. 5). Diese Zweifelsregelung kann aber widerlegt sein, wenn in einem Vertrag vor dem 01.01.1966 (Inkrafttreten UrhG) auch sämtliche zukünftigen Rechte gewährt wurden (Dreier/Schulze/*Dreier*[2] Rn. 8; vgl. auch Rn. 3).

II. Umfang der Rechte: Zweifelsregel zur Schutzfristverlängerung durch UrhG (Abs. 2)

Der Gesetzgeber des UrhG 1965 hat die Schutzfrist von 50 auf 70 Jahre post **5** mortem auctoris verlängert, § 64. „Im Zweifel", d. h. wenn nicht ausdrücklich eine Zeit nach dem Kalender festgelegt oder der Vertrag auf eine bestimmte Anzahl von Jahren, sei es nach Ablieferung des Werkes oder dem Tode des Urhebers, geschlossen ist, gilt die getroffene Vereinbarung fort (Abs. 2). Das ist eine eher nutzerfreundliche Regelung (BGH GRUR 2000, 869, 870 – *Salomé III*), genauso wie die parallelen Regelungen in § 137b Abs. 2, § 137c Abs. 2 und § 137f Abs. 4 UrhG. Dagegen gilt für die Verlängerung der Schutzfrist für Lichtbildwerke die – eher urheberfreundliche – Regel, dass sich ein bestehendes Nutzungsrecht im Zweifel nicht auf den Verlängerungszeitraum bezieht (§ 137a Abs. 2 UrhG). Bei der verbreiteten Formulierung „für die Dauer des gesetzlichen Urheberrechts" ist von einer Verlängerung der Nutzungsrechtseinräumung gem. § 137 Abs. 2 auszugehen (BGH GRUR 1975, 495 – *Lustige Witwe*). „Einem anderem" meint grundsätzlich den Vertragspartner des Urhebers. Jedoch profitieren auch Dritte, denen die Rechte weiterübertragen wurden, von der Zweifelsregel; Abs. 2 würde sonst für einen großen Teil der Sachverhalte leer laufen. Auch der Wortlaut des Abs. 2 schließt eine Anwendung über die Erstübertragung durch den Urheber hinaus nicht aus. Allerdings besteht dann auch ein Nachvergütungsanspruch des Vertragspartners des jeweiligen Inhabers des (verlängerten) Rechts (vgl. Rn. 7 ff.).

Das **frühere Recht** hatte mit dem Gesetz zur Verlängerung der Schutzfristen im **6** Urheberrecht vom 13. Dezember 1934 („**SchutzfristVerlG**"; RGBl. II S. 1395; abgedruckt bei *Marcel Schulze*, Materialien zum Urheberrecht[2], S. 312) die Schutzfristen nach den §§ 29, 31, 32 LUG und § 25 KUG (also insb. nicht für photografische Werke, vgl. § 2 Rn. 191 ff.) **von 30 auf 50 Jahre** *post mortem auctoris* verlängert. § 2 Abs. 2 SchutzfristenVerlG hat folgenden Wortlaut:

Wurde das Urheberrecht vor Inkrafttreten dieses Gesetzes ganz oder teilweise einem anderen übertragen, so erstreckt sich diese Verfügung im Zweifel nicht auf die Dauer der Verlängerung der Schutzfrist. Wer jedoch vor dem Inkrafttreten ein Urheberrecht erworben oder die Erlaubnis zur Ausübung einer urheberrechtlichen Befugnis erhalten hat, bleibt weiterhin gegen angemessene Vergütung zur Nutzung des Werkes berechtigt.

Dieser Wortlaut ist widersprüchlich. Der BGH hat § 2 Abs. 2 des Schutzfrist-VerlG 1934 dahin ausgelegt, dass zwar das Urheberrecht für den über 30 Jahre hinausgehenden Verlängerungszeitraum an die Erben zurückfällt. Jedoch verbleibt den Nutzungsberechtigten gegen Zahlung einer angemessenen Vergütung das ihnen vertraglich eingeräumte **Nutzungsrecht** und dessen Ausübung in der bisher gewährten Weise. Insb. vermindert sich für die Dauer der Fristverlängerung ein ausschließliches nicht in ein einfaches Nutzungsrecht (BGH GRUR 1975, 495, 497 – *Lustige Witwe*; bestätigt durch BGH GRUR 2000, 869, 870 – *Salomé III*, dort auch mit Nachw. zum früheren Streitstand). § 2 Abs. 2 SchutzfristenVerlG kann aber nicht in der Weise verstanden werden, dass in aller Regel die vereinbarte Vergütung für die Dauer der Verlängerung weitergelten und eine **Anpassung an eine angemessene Vergütung** nur in Fällen erfolgen sollte, in denen ein Pauschalentgelt oder eine unangemessen niedrige Vergütung vereinbart war. Vielmehr gilt insofern, dass für den Verlängerungszeitraum die angemessene Vergütung geschuldet wird. Maßstab ist die Vergütung, die unter den Vertragsparteien unter Berücksichtigung ihres bisherigen Vertragsverhältnisses, seiner Besonderheiten und seiner Gesamtdauer zu Beginn der Verlängerung als angemessen anzusehen ist (BGH GRUR 2000, 869, 870 f. – *Salomé III*; BGH GRUR 1996, 763, 766 – *Salomé II*). Auch zu niedrige **Beteiligungsvergütungen** und nicht nur zu niedrige **Pauschalvergütungen** können deshalb der Anpassung unterliegen (BGH GRUR 2000, 869, 870 – *Salomé III*). Liegt die angemessene Vergütung nicht unerheblich über der vereinbarten Vergütung (im Streitfall 107%!), wird nach § 2 Abs. 2 S. 2 SchutzfristenverlG für den Verlängerungszeitraum die angemessene Vergütung geschuldet (BGH GRUR 2000, 869, 871 – *Salomé III*). – Im Übrigen nehmen Nutzungsverträge, die noch vor dem SchutzfristenVerlG „für die Dauer der gesetzlichen Schutzfrist" geschlossen worden sind, wegen § 129 an der die Ausdehnung des Schutzes auf 70 Jahre *post mortem auctoris* durch das UrhG teil, verlängern sich also entsprechend. Diese in der Literatur höchst umstrittene Frage (siehe Vorauflage[3] Bem. 2a sowie die Nachweise bei *Selbherr-Behn* UFITA 55 [1970], 58 ff.), die wiederum auf einen alten Meinungsstreit zur Auslegung des § 2 Abs. 2 des genannten Gesetzes zurückgeht, ist durch BGH GRUR 1975, 495, 496 – *Lustige Witwe* ebenfalls abschließend geklärt.

III.   Vergütungsanspruch bei Schutzfristverlängerung (Abs. 3 und Abs. 4)

7   Der zusätzliche Vergütungsanspruch des **Abs. 3** kommt bei **Beteiligungsvergütungen** grundsätzlich nicht in Betracht (BGH GRUR 1996, 763, 766 – *Salomé II*), weil im Regelfall nicht davon auszugehen ist, dass die Parteien eine höhere Beteiligung vereinbart hätten, nur weil die Schutzfrist länger läuft. Die Beteiligungsvergütung ist üblicherweise in Verträgen eine Konstante. Unter besonderen Umständen kann jedoch auch die Beteiligungsvergütung anzupassen sein (Schricker/*Katzenberger*[3] Rn. 13; a.A. wohl Dreier/Schulze/ *Dreier*[2] Rn. 11), z.B. wenn sich bei einem Bühnenwerk im Verlängerungszeitraum und erhöhter Subventionen der Eintrittkarten für die Beteiligung an den Einnahmen der Abendkasse unterstellt werden muss, dass die Beteiligung im Verlängerungszeitraum nach oben korrigiert worden wäre (siehe BGH GRUR 2000, 869, 870 – *Salomé III*, allerdings zu § 2 Abs. 2 SchutzfristVerlG, vgl. Rn. 6).

Anderes gilt bei einer **Pauschalabgeltung**. Eine höhere Vergütung kommt dann **8** in Betracht, wenn diese auf die damals geltende Schutzfrist abgestimmt, eine Verlängerung von den Parteien also nicht in Betracht gezogen worden ist (BGH GRUR 1996, 763, 766 – *Salome II)*. In einem solchen Fall ist die von Abs. 3 geforderte Annahme, es wäre bei Kenntnis der Verlängerung eine höhere Summe vereinbart worden, im Regelfall gerechtfertigt. *Konkrete* Anhaltspunkte für das, was die Vertragspartner vereinbart hätten, wenn sie eine Verlängerung der Schutzfrist in Betracht gezogen haben würden, fehlen aber ebenso wie im Falle der angemaßten Nutzung eines Werkes. Deshalb ist nach den Grundsätzen der **Lizenzanalogie** (vgl. § 97 Rn. 86 ff.) davon auszugehen, dass bei objektiver Betrachtung ein vernünftiger Lizenzgeber eine angemessene Vergütung für den Verlängerungszeitraum gefordert und ein vernünftiger Lizenznehmer diese auch bewilligt haben würde. Für die Bestimmung der angemessenen Vergütung ist auf den Zeitpunkt der Verlängerung der Nutzungserlaubnis abzustellen (Schricker/*Katzenberger*[3] Rn. 13; Wandtke/Bullinger/*Braun*[2] Rn. 8; Möhring/Nicolini/*Hartmann*[2] Rn. 10). Auch BGH GRUR 2000, 869, 871 – *Salomé III* wählt für die Bestimmung der angemessenen Vergütung nach § 2 Abs. 2 SchutzfristenVerlG (vgl. Rn. 6) den Zeitpunkt der Verlängerung der Rechte, so dass für einen Vertrag aus 1906 über die Nutzung eines Bühnenwerkes, dessen Rechte mit Wirkung ab 1980 verlängert sind, die Vergütung nach der Regelsammlung für das Jahr 1980 zu bestimmen ist. Auf eine bei Vertragsschluss etwa gegebene Notlage des Urhebers, auf seinen etwaigen Leichtsinn, seine Trunkenheit oder seine Unerfahrenheit kommt es für diese ebenso *objektive* wie *fiktive* Ersetzung eines nicht vorhandenen Vertragswillens nicht an.

Fraglich ist indes, ob eine Anwendung des Abs. 3 bei Pauschalvergütung durch **9** **Formularverträge** abbedungen werden kann, insb. wenn formularmäßig die Rechtseinräumung auch für den Fall einer etwaigen Schutzfristverlängerung vereinbart worden ist. Es spricht dies einiges dafür, das jedenfalls im Regelfall nicht für den Ausschluss der Annahme zu lassen, eine höhere Pauschalvergütung wäre vereinbart worden (a.A. Dreier/Schulze/*Dreier*[2] Rn. 11). Nur wenn der Fall der möglichen Schutzfristverlängerung zwischen den Vertragspartnern *erörtert* und sodann individuell vereinbart worden ist, wird man davon ausgehen können, dass wirklich *beide* die Verlängerung der Schutzfrist in Betracht gezogen und die vereinbarte Pauschalvergütung darauf abgestimmt haben. Zur angemessenen Vergütung wegen Verlängerung der Schutzfrist von 30 auf 50 Jahre nach **früherem Recht** gem. § 2 Abs. 2 **SchutzfristVerlG von 1934** vgl. Rn. 6.

Wenn eine Vergütung nach § 2 Abs. 2 S. 2 SchutzfristenVerlG anzupassen ist, **10** bedeutet das nicht unbedingt, dass auch eine Anpassung für die Verlängerung der Schutzfrist nach dem UrhG gem. § 137 Abs. 3 angezeigt ist, weil die tatbestandlichen Voraussetzungen völlig unterschiedlich sind; das gilt insb. bei zu niedrigen Beteiligungsvergütungen, die über den Tatbestand des Abs. 3 kaum korrigierbar sind (offen gelassen von BGH GRUR 2000, 869, 871 – *Salomé III*). Für eine gewisse Gleichschaltung spricht allerdings, dass § 2 Abs. 2 S. 2 SchutzfristenVerlG zu einer Änderung des Nutzungsvertrages führt, die dauerhaft, also auch für den Verlängerungszeitraum des UrhG, gilt.

Gläubiger und **Schuldner** des Vergütungsanspruches sind zunächst Urheber **11** und Ersterwerber; der Wortlaut des Abs. 3 erfasst jedoch auch sämtliche weitere Übertragungen, so dass der Anspruch auch zu Gunsten des Ersterwerbers gegen den Zweiterwerber usw. bestehen kann (Möhring/Nicolini/*Hart-*

mann[2] Rn. 11). Außerhalb des jeweiligen Vertragsverhältnisses gewährt Abs. 3 aber keine Ansprüche; der Urheber kann nach Abs. 3 nichts vom Zweiterwerber fordern, der Ersterwerber nichts vom Dritterwerber. Aus Urhebersicht ist das nicht unbillig, weil der Urheber (nicht jedoch in die Kette eingeschaltete Verwerter) zumindest nach den §§ 32a, 132 Abs. 3 vorgehen können. Zur Minderung der Vergütung für den Erwerber des Urheberrechts bei Weitergabe des Rechts siehe Abs. 4 S. 2 (vgl. Rn. 12).

12 Den Ausdruck „alsbald" in **Abs. 4 S. 1** haben wir in der juristischen Terminologie bisher nur in § 696 Abs. 3 ZPO gefunden. Er dürfte hier mit „unverzüglich" (ohne schuldhaftes Zögern, § 120 BGB) gleichzusetzen sein (dem folgend jetzt Dreier/Schulze/*Dreier*[2] Rn. 12; Wandtke/Bullinger/*Braun*[2] Rn. 9); die ZPO- Kommentare verstehen darunter „demnächst" wie in § 270 Abs. 3 ZPO, also ohne von der Partei zu vertretende Verzögerung, was auf dasselbe hinausläuft). Die Wendung in **Abs. 4 S. 2** „... . insoweit nicht zu zahlen, als. .." lässt erkennen, dass die Vergütung nicht ganz wegfallen, sondern nur entsprechend ermäßigt werden soll (Dreier/Schulze/*Dreier*[2] Rn. 12; a.A. Möhring/Nicolini/*Hartmann*[2] Rn. 13: ggf. auch vollständiger Entfall). Bestehen Zweifel, ob die Belastung unbillig ist, so gehen diese zu Lasten des Erwerbers. Die Minderung kann nicht nur den Urheber betreffen, sondern jeden anderen Zwischenerwerber, der Gläubiger des Anspruches nach Abs. 3 ist (vgl. Rn. 11). Bei einer Kette von Übertragungen des Urheberrechts können also eine Vielzahl von bilateralen Ansprüchen bestehen. Der Erwerber, der sich auf die Minderung beruft, sich aber beim Nacherwerber schadlos halten kann, ist nicht zu einer Minderung berechtigt; er muss dem Gläubiger eine Abtretung seiner Ansprüche anbieten, um den Einwand des Abs. 4 S. 2 zu erhalten (Möhring/Nicolini/*Hartmann*[2] Rn. 13).

§ 137a Lichtbildwerke

(1) Die Vorschriften dieses Gesetzes über die Dauer des Urheberrechts sind auch auf Lichtbildwerke anzuwenden, deren Schutzfrist am 1. Juli 1985 nach dem bis dahin geltenden Recht noch nicht abgelaufen ist.

(2) Ist vorher einem anderen ein Nutzungsrecht an einem Lichtbildwerk eingeräumt oder übertragen worden, so erstreckt sich die Einräumung oder Übertragung im Zweifel nicht auf den Zeitraum, um den die Dauer des Urheberrechts an Lichtbildwerken verlängert worden ist.

1 Diese Vorschrift wurde durch das ÄndG 1985 eingefügt, das die **verfassungswidrige Schlechterstellung der Urheber von Lichtbildwerken beseitigen** wollte und daher die Schutzfristverkürzung in § 68 a.F. aufhob (vgl. § 64 Rn. 16); das UrhG 1965 hatte ihnen – anders als den Urhebern aller anderen Werkarten – nur eine Schutzfrist von 25 Jahren seit dem Erscheinen, ersatzweise seit der Herstellung, zugebilligt, mit der Folge, dass viele von ihnen noch selbst nicht nur mit ansehen mussten, wie andere mit ihren Bildern Geld verdienten, sondern auch, wie andere die Bilder ausschlachteten, entstellten oder gar unter eigenem Namen erneut verwerteten. Ein Beispiel dafür ist Christian Schad, dessen berühmte, 1918–1920 erschienenen *Schadographien* nach altem Recht sogar schon 1928–1930 frei geworden waren; er selbst starb 1982 (vgl. § 64 Rn. 16). Der Gesetzgeber von 1985 blieb bei der Verwirklichung dieser Absicht allerdings auf halbem Wege stehen. Die Angleichung der Schutzfrist auch für Lichtbildwerke an die Regel des § 64 (70 Jahre *post mortem auctoris*) erfolgte **nur für diejenigen Werke, die noch nicht gemeinfrei, d.h. erst seit 1960 erschienen bzw. hergestellt waren.** Der Verstoß des UrhG 1965 gegen die Art. 3

Abs. 1, 14 Abs. 3 GG hinsichtlich der älteren Lichtbildwerke blieb, wie **Abs. 1** klarstellt, bestehen. Im Übrigen vgl. § 64 Rn. 16 f. und Loewenheim/*Axel Nordemann* § 22 Rn. 22 ff.

Die **gesetzliche Auslegungsregel für Nutzungsverträge** über Lichtbildwerke **2** (Abs. 2) steht im Gegensatz zu derjenigen, die für andere vorgesetzliche Nutzungsverträge in § 137 Abs. 2 gilt: Die Rechtseinräumung erstreckt sich im Zweifel *nicht* auf den Zeitraum der Schutzfristverlängerung (so im Prinzip bereits das Gesetz zur Verlängerung der Schutzfrist im Urheberrecht vom 13.12.1934, RGBl. II 1935, vgl. § 137 Rn. 6). Der Gesetzgeber wollte damit der Tatsache Rechnung tragen, dass die Schutzfrist für Lichtbildwerke erheblich verlängert worden ist (RegE ÄndG 1983 – BT-Drucks. 10/837, S. 22). Die Vertragspartner können eine derart ins Gewicht fallende Verlängerung kaum bedacht haben, so dass der Rückfall der Nutzungsrechte nach dem Verlängerungszeitrum an den Rechtseinräumenden dem mutmaßlichen Parteiwillen eher entspricht (BGH GRUR 2000, 869, 870 – *Salomé III*).

Für nach damaliger Beurteilung einfache Lichtbilder, die als **Dokumente der 3 Zeitgeschichte** nach dem mit dem ÄndG 1985 eingeführten § 72 Abs. 3 (RegE UrhG ÄndG 1995 – BGBl. I, S. 1139) eine 50jährige Schutzfrist hatten, galt § 137a entsprechend (Schricker/*Katzenberger*[3] Rn. 4; *Flechsig* UFITA 116 [1991], 5, 31 wollte Abs. 1 sogar direkt angewendet wissen). Vgl. § 72 Rn. 3 und Loewenheim/*Axel Nordemann* § 22 Rn. 22 ff.

Die Übergangsregelung wird tw. von einer weiteren Übergangsregelung über- **4** lagert: Gem. § 137f Abs. 2 lebte nämlich am 01.07.1995 der Schutz vorher gemeinfrei gewordener Werke in Deutschland wieder auf, wenn sie nach dem Gesetz eines anderen Mitgliedsstaates der Europäischen Union oder eines Vertragsstaates des Abkommens über den europäischen Wirtschaftsraum zu diesem Zeitpunkt noch geschützt waren. Dies bedeutet, dass **in Abweichung von § 137a Abs. 1** ab dem 01.07.1995 solche **Lichtbildwerke** wieder geschützt sein konnten, deren Schutzfrist am 01.07.1985 nach dem bis dahin geltenden Recht bereits abgelaufen war. Vgl. § 137f Rn. 13 vgl. § 64 Rn. 16 f. und Loewenheim/*Axel Nordemann* § 22 Rn. 22 ff. sowie *Axel Nordemann/Mielke* ZUM 1996, 214, 214 ff. Damit ist wohl indirekt auch das Problem beseitigt, dass Lichtbildwerke in der DDR länger geschützt waren als in der Bundesrepublik (vgl. § 64 Rn. 16 und *Axel Nordemann* GRUR 1991, 418, 418 ff.).

§ 137b Bestimmte Ausgaben

(1) Die Vorschriften dieses Gesetzes über die Dauer des Schutzes nach den §§ 70 und 71 sind auch auf wissenschaftliche Ausgaben und Ausgaben nachgelassener Werke anzuwenden, deren Schutzfrist am 1. Juli 1990 nach dem bis dahin geltenden Recht noch nicht abgelaufen ist.

(2) Ist vor dem 1. Juli 1990 einem anderen ein Nutzungsrecht an einer wissenschaftlichen Ausgabe oder einer Ausgabe nachgelassener Werke eingeräumt oder übertragen worden, so erstreckt sich die Einräumung oder Übertragung im Zweifel auch auf den Zeitraum, um den die Dauer des verwandten Schutzrechtes verlängert worden ist.

(3) Die Bestimmungen in § 137 Abs. 3 und 4 gelten entsprechend.

Die Übergangsbestimmung wurden anlässlich der Schutzfristverlängerungen **1** für Leistungsschutzrechte nach den §§ 70 und 71 durch Art. 2 ProdPiratG vom 07.03.1990 erforderlich. Sie folgen dem auch sonst im UrhG angewand-

ten Prinzip (§ 129 Abs. 1, 137). **Abs. 1** regelt nur die **Schutzdauer.** Gemeinfrei
waren am 01.07.1990 alle Ausgaben nach
§ 70, die bis Ende 1979 erschienen oder, falls sie nicht erschienen waren,
hergestellt – d. h. fertig gestellt – waren,
§ 71, die bis Ende 1979 erschienen waren.
Die danach von der Schutzfristverlängerung begünstigten Ausgaben bleiben
sämtlich mindestens (d. h. für diejenigen seit 1980) bis Ende 2004 geschützt.

2 **Abs. 2** entspricht § 137 Abs. 2. Der unterschiedliche Wortlaut ist der anderen
Konstruktion des Nutzungsrechtserwerbs für Ausgaben unter dem UrhG geschuldet. Der Gesetzgeber hat indes übersehen, dass bei § 71 auch eine vollständige Übertragung des Rechts nach § 71 Abs. 2 möglich ist, so dass sich
§ 137b Abs. 2 auch auf diesen Fall bezieht. **Abs. 3** verweist auf § 137 Abs. 3
und Abs. 4 (vgl. § 137 Rn. 7 ff.).

§ 137c Ausübende Künstler

(1) [1]Die Vorschriften dieses Gesetzes über die Dauer des Schutzes nach
§ 82 sind auch auf Darbietungen anzuwenden, die vor dem 1. Juli 1990 auf Bild-
oder Tonträger aufgenommen worden sind, wenn am 1. Januar 1991 seit dem
Erscheinen des Bild- oder Tonträgers 50 Jahre noch nicht abgelaufen sind. [2]Ist
der Bild- oder Tonträger innerhalb dieser Frist nicht erschienen, so ist die Frist
von der Darbietung an zu berechnen. [3]Der Schutz nach diesem Gesetz dauert in
keinem Fall länger als 50 Jahre nach dem Erscheinen des Bild- oder Tonträgers
oder, falls der Bild- oder Tonträger nicht erschienen ist, 50 Jahre nach der
Darbietung.

(2) Ist vor dem 1. Juli 1990 einem anderen ein Nutzungsrecht an der Darbietung
eingeräumt oder übertragen worden, so erstreckt sich die Einräumung oder
Übertragung im Zweifel auch auf den Zeitraum, um den die Dauer des Schutzes
verlängert worden ist.

(3) Die Bestimmungen in § 137 Abs. 3 und 4 gelten entsprechend.

1 Wie § 137b wurde diese Übergangsbestimmung im Zusammenhang mit den
Schutzfristverlängerungen für Leistungsschutzrechte durch Art. 2 ProdPiratG
erforderlich. Damit verlängerte sich die Schutzfrist für die Leistungen ausübender Künstler auf 50 Jahre seit Erscheinen des Bild- und/oder Tonträgers
bzw. bei fehlendem Erscheinen eines solchen Trägers ab Darbietung (§ 82).
Das ÄndG 1995 änderte die Regelungen zur Schutzfristberechnung für Darbietungen ausübender Künstler erneut, indem neben einem Erscheinen auch
eine erlaubte öffentliche Wiedergabe als Fristbeginn relevant sein konnte; die
Übergangsregelung hierzu findet sich in § 137 f.

2 § 137c folgt der auch sonst im UrhG angewandten Struktur (§ 129 Abs. 1,
137). **Abs. 1** enthält lediglich eine Regelung zur Verlängerung der **Schutzdauer.**
§ 137c Abs. 1 stellt klar, dass auch **Neu-Darbietungen,** die ab 1966, aber vor
der Schutzfristverlängerung per 01.07.1990 lagen, von der Verlängerung gem.
§ 82 profitieren. Unproblematisch ist die Anwendung auf Darbietungen ausübenden Künstler seit Inkrafttreten des UrhG am 01.01.1966: Die damals
geltende Schutzfrist von 25 Jahren wurde kurz vor den ersten denkbaren
Schutzfristabläufen auf 50 Jahre verlängert; vgl. Rn. 1.

3 Abs. 1 gilt jedoch auch für **Alt-Darbietungen** aus der Zeit vor 1966 (*Hundt-
Neumann/Schaefer* GRUR 1995, 381, 383; Wandtke/Bullinger/*Schaefer*[2]
Rn. 2; Dreier/Schulze/*Dreier*[2] Rn. 3). Das ergibt sich aus dem eindeutigen
Wortlaut des § 137c Abs. 1 S. 1, der auch Darbietungen einbezieht, wenn
am 01.01.1991 seit Erscheinen des Bild- oder Tonträgers 50 Jahre vergangen

waren, also auch Aufnahmen aus 1941 regelte. Daraus resultiert jedoch ein Spannungsverhältnis zu § 135a. § 135a berührt gerade ausübende Künstler. Durch das UrhG wurde die Schutzfrist für deren Darbietungen dadurch verkürzt, dass nur noch 25 Jahre ab Erscheinen des Bild- oder Tonträgers bzw. bei Nicht-Erscheinen ab Darbietung gewährt wurden (und nicht mehr 50 Jahre nach dem Tod des ausübenden Künstlers, §§ 2 Abs. 2, 29 LUG). Gegenüber § 135a ist § 137c aber *lex specialis* (*Hundt-Neumann/Schaefer* GRUR 1995, 381, 383 unter Berufung auf BeschlE RAusschuss ProfPiratG – BT-Drucks. 11/5744, S. 36; Wandtke/Bullinger/*Schaefer*[2] Rn. 2; Dreier/Schulze/*Dreier*[2] Rn. 3). Gemeinfrei waren am 01.07.1990 alle Bild- und/oder Tonträger nach § 82, die bis Ende 1940 erschienen waren oder, falls sie nicht erschienen waren, jedenfalls schon Ende 1940 aufgenommen waren. Die 50-Jahres-Frist für Altaufnahmen seit 1941 läuft jeweils zum Jahresende ab, z.B. niemals erschiene Aufnahmen der Wagnerfestspiele in Bayreuth aus dem Jahr 1951 Ende 2001 (BGH GRUR 2005, 502, 504 – *Götterdämmerung*). Auch Alt-Aufnahmen **nicht EU-ausländischer ausübender Künstler** profitieren davon, vorausgesetzt sie sind nach § 125 geschützt. Das bedeutet, dass sie entweder in Deutschland erstmalig erschienen oder zumindest innerhalb von 30 Tagen nach Ersterscheinen im Ausland auch in Deutschland erschienen sein müssen, § 125 Abs. 3. Dieses schutzbegründende Erscheinen kann auch noch nach dem 01.07.1990 stattfinden. Aufnahmen *Elvis Presleys* aus 1961, die erst 1991 in Deutschland erschienen sind, sind bis 2041 geschützt (OLG Hamburg ZUM 1995, 334 – *Elvis Presley*; zustimmend *Hundt-Neumann/Schaefer* GRUR 1995, 381, 383; Wandtke/Bullinger/*Schaefer*[2] Rn. 2; Dreier/Schulze/*Dreier*[2] Rn. 3; a.A. *Wilhelm Nordemann* FS Kreile S. 455). Ferner vgl. § 135a Rn. 6.

Abs. 2 ist § 137 Abs. 2 nachgebildet. Der unterschiedliche Wortlaut beruht auf **4** der anderen Konstruktion des Nutzungsrechtserwerbs bei Rechten ausübender Künstler unter dem UrhG. Der Gesetzgeber hat indes übersehen, dass bei den §§ 73 ff. auch eine vollständige Übertragung des Rechts nach § 79 Abs. 1 möglich ist, so dass sich § 137c Abs. 2 auch auf diesen Fall bezieht. **Abs. 3** verweist auf § 137 Abs. 3 und Abs. 4 (vgl. § 137 Rn. 7 ff.).

§ 137d Computerprogramme

(1) [1]**Die Vorschriften des Achten Abschnitts des Ersten Teils sind auch auf Computerprogramme anzuwenden, die vor dem 24. Juni 1993 geschaffen worden sind.** [2]**Jedoch erstreckt sich das ausschließliche Vermietrecht (§ 69c Nr. 3) nicht auf Vervielfältigungsstücke eines Programms, die ein Dritter vor dem 1. Januar 1993 zum Zweck der Vermietung erworben hat.**

(2) § 69g Abs. 2 ist auch auf Verträge anzuwenden, die vor diesem Zeitpunkt abgeschlossen worden sind.

Die Vorschrift geht auf **Art. 9 Abs. 2 Computerprogramm-RL** (vgl. Vor §§ 69a **1** ff. Rn. 2) zurück. Sie ist mit Wirkung vom 24.06.1993 in das Gesetz aufgenommen worden (zur verspäteten Umsetzung und richtlinienkonformer Auslegung in der Zwischenzeit vgl. Dreier/Schulze/*Dreier*[2] Rn. 9). Abs. 1 S. 1 stellt klar, dass die Grundregel des § 129 Abs. 1 auch für das ÄndG 1993 gilt, also Computerprogramme, die vor dem 24.06.1993 geschaffen wurden, auch in den Genuss der Anwendbarkeit der §§ 69a ff. kommen. Dagegen weicht Abs. 2 von § 132 Abs. 1 ab. Die Regel des Abs. 1 S. 1 hat vor allem für die Schutzfähigkeit von Computerprogrammen Relevanz, denn die Rechtsprechung stellte strengere Anforderungen an die **Schöpfungshöhe** (ausführlich vgl. Vor §§ 69a ff. Rn. 2 und § 69a Rn. 14 ff.). Anders als § 129

Abs. 1 S. 1 verlangt Abs. 1 Satz 1 nicht, dass auch nach dem Recht vor dem Stichtag Schutz bestanden hat (LG München I CR 1997, 351, 353 – *Softwareentwicklung im Dienstverhältnis*). Umgekehrt gilt die neue Rechtslage nur für **Verwertungshandlungen nach dem Stichtag**. Handlungen davor richten sich nach der alten Rechtslage (BGH GRUR 1994, 39 – *Buchhaltungsprogramm*; LG Oldenburg GRUR 1996, 481, 484 – *Subventions-Analyse-System*).

2 Abs. 1 Satz 2 trifft nur den Fall, dass Computerprogramme, die ursprünglich zum Zwecke der Vermietung veräußert wurden, vom Erwerber seinerseits weiterveräußert werden; dem Ersterwerber gegenüber könnte der Rechtsinhaber schon wegen des Vertragszwecks aus seinem Vermietrecht nichts herleiten. Für diese Fälle bewertet der Gesetzgeber also das Vertrauen des Erwerbers auf die **Erschöpfung des Verbreitungsrechts** (einschließlich des Vermietrechts) höher als die neue Rechtslage. Dreier/Schulze/*Dreier*[2] Rn. 5 sehen darin einen Verstoß gegen Art. 9 Abs. 2 Computerprogramm-RL.

3 Das Verdikt des § 69g Abs. 2, mit dem die für die bestimmungsgemäße Benutzung des Programms erforderlichen Eingriffe des rechtmäßigen Benutzers einschließlich der – nur unter bestimmten Bedingungen erlaubten – Dekompilierung dem Verbotsrecht des Urhebers entzogen werden (§§ 69d und e), gilt auch für **Altverträge**, die allerdings auch nur in dieser Hinsicht von der Neuregelung berührt werden; im Übrigen nimmt das UrhG auf ihren Inhalt und Bestand keinen Einfluss. Soweit der Altvertrag allerdings ein in sich abgeschlossener Vorgang ist, unterliegt er dem bei Vertragsschluss geltenden Recht (BGH GRUR 2000, 866, 868 – *Programmfehlerbeseitigung*). Ebenso dem alten Recht unterliegen Fragen der Auslegung der Willenserklärungen bei Vertragsschluss; diese richtet sich nach den Umständen bei Vertragsschluss, also möglicherweise eben auch der Nichtexistenz der §§ 69a ff. (BGH GRUR 2000, 866, 868 – *Programmfehlerbeseitigung*). Anwendbar sind nur die zwingenden urhebervertragsrechtlichen Vorschriften des neuen Rechts (§§ 69d Abs. 2 und 3, 69e); diese sind rückwirkend auch auf Altverträge anzuwenden. Dies dürfte das Anfertigen einer notwendigen Sicherungskopie, das Beobachten und Testen eines Programms sowie das gesetzlich erlaubte Dekompilieren betreffen. Von dieser Rückwirkung nicht erfasst wird aber der zwingende Kern des § 69d Abs. 1 (*Lehmann* FS Schricker 543, 553; für eine entsprechende Anwendung von § 137d Abs. 2 Möhring/Nicolini/*Hartmann*[2] Rn. 9; Dreier/ Schulze/*Dreier*[2] Rn. 6). Zur Anwendbarkeit des § 69b vgl. Wandtke/Bullinger/ *Grützmacher*[2] Rn. 4). Soweit einem Arbeitnehmer eine Vergütung für die Einräumung von Nutzungsrechten auf rechtsgeschäftlicher Grundlage zusteht (also nicht wegen § 69b, zu Vergütungsfragen vgl. § 69b Rn. 22), soll über § 137d das neue Recht auch auf Altprogramme Anwendung finden (OLG München NJW-RR 2000, 1211, 1213 – *Vergütung für Entwicklung eines Datenverarbeitungsprogramms*).

§ 137e Übergangsregelung bei Umsetzung der Richtlinie 92/100/EWG

(1) Die am 30. Juni 1995 in Kraft tretenden Vorschriften dieses Gesetzes finden auch auf vorher geschaffene Werke, Darbietungen, Tonträger, Funksendungen und Filme Anwendung, es sei denn, dass diese zu diesem Zeitpunkt nicht mehr geschützt sind.

(2) Ist ein Original oder Vervielfältigungsstück eines Werkes oder ein Bild- oder Tonträger vor dem 30. Juni 1995 erworben oder zum Zweck der Vermietung einem Dritten überlassen worden, so gilt für die Vermietung die Zustimmung der Inhaber des Vermietrechts (§§ 17, 77 Abs. 2 Satz 1, §§ 85 und 94) als erteilt. Diesen Rechtsinhabern hat der Vermieter jeweils eine angemessene Vergütung

zu zahlen; § 27 Abs. 1 Satz 2 und 3 hinsichtlich der Ansprüche der Urheber und ausübenden Künstler und § 27 Abs. 3 finden entsprechende Anwendung. § 137d bleibt unberührt.

(3) Wurde ein Bild- oder Tonträger, der vor dem 30. Juni 1995 erworben oder zum Zweck der Vermietung einem Dritten überlassen worden ist, zwischen dem 1. Juli 1994 und dem 30. Juni 1995 vermietet, besteht für die Vermietung ein Vergütungsanspruch in entsprechender Anwendung des Absatzes 2 Satz 2.

(4) ¹Hat ein Urheber vor dem 30. Juni 1995 ein ausschließliches Verbreitungsrecht eingeräumt, so gilt die Einräumung auch für das Vermietrecht. ²Hat ein ausübender Künstler vor diesem Zeitpunkt bei der Herstellung eines Filmwerkes mitgewirkt oder in die Benutzung seiner Darbietung zur Herstellung eines Filmwerkes eingewilligt, so gelten seine ausschließlichen Rechte als auf den Filmhersteller übertragen. ³Hat er vor diesem Zeitpunkt in die Aufnahme seiner Darbietung auf Tonträger und in die Vervielfältigung eingewilligt, so gilt die Einwilligung auch als Übertragung des Verbreitungsrechts, einschließlich der Vermietung.

Überblick

I.   Allgemeines

Die Vorschrift bezieht sich auf die Novelle von 1995 (BGBl. I, 842), in der **1** nicht nur die Vermiet- und Verleih-RL 92/100/EWG, sondern auch die Schutzdauer-RL 93/98/EWG umgesetzt wurde. Die Umsetzung der letzteren wurde mit einer eigenen Übergangsvorschrift in § 137f begleitet (vgl. § 137f Rn. 1 ff.).

II.   Tatbestand

1.   Zu Abs. 1: Anwendung der Novelle auf bestehende Schutzgegenstände

Die Vorschrift entspricht § 129, indem sie die Wirkung der Neuregelung auf **2** bestehende Schutzgegenstände erstreckt. Sie setzt außerdem Art. 13 Abs. 1 der Vermiet- und Verleih-RL 92/100/EWG um (RegE ÄndG 1994 – BT-Drucks. 13/115, S. 17).

Um Missverständnisse zu vermeiden, muss der letzte Halbsatz stets mit § 137f **3** Abs. 2 und 3 zusammen gelesen werden, der ein mögliches Wiederaufleben des Schutzes regelt.

2.   Zu Abs. 2: Anwendung des Vermietrechts auf bereits vor dem Stichtag erworbene Bild- oder Tonträger

Das erst zum 01.07.1995 eingeführte Vermietrecht erstreckt sich nach §§ 17 **4** Abs. 2 (und entsprechend für die Leistungsschutzrechte in Verbindung mit §§ 77 Abs. 2, 85 und 94) auch auf Vervielfältigungsstücke, für die das Verbreitungsrecht bereits erschöpft war. Es handelt sich um eine Vertrauens-schutzregelung zugunsten bestehender Bild- und Tonträgervermietgeschäfte, die ihnen den weiteren Betrieb auf der Grundlage des Bestandes ermöglichen sollte, wenn auch gegen Zahlung einer angemessenen Vergütung, da eine vollständige Ausnahme zu deren Gunsten (hinsichtlich bereits vorhandener Bild- und Tonträger) ohne Vergütungspflicht mit den Vorgaben der Richtlinie nicht vereinbar gewesen wäre (RegE ÄndG 1994 – BT-Drucks. 13/115, S. 17).

5 Der Vergütungsanspruch der Urheber und ausübenden Künstler ist in diesen Fällen unverzichtbar, kann im Voraus nur an eine Verwertungsgesellschaft abgetreten werden und im übrigen nur durch eine Verwertungsgesellschaft geltend gemacht werden (dies bedeutet der Verweis auf § 27 Abs. 1 S. 2 und 3 sowie Abs. 3).

6 Die betreffenden Hersteller (also Tonträger- oder Filmhersteller nach §§ 85, 94) sind hinsichtlich ihres Vergütungsanspruchs an diese Beschränkungen nicht gebunden.

3.   Zu Abs. 3: Sonderregelung wegen verspäteter Umsetzung der Richtlinie

7 Abs. 3 erklärt sich daraus, dass Deutschland die Vermiet- und Verleihrichtlinie mit einem Jahr Verspätung umgesetzt hat. Der den Berechtigten dadurch entstandene Nachteil sollte über den Vergütungsanspruch ausgeglichen wer-den (RegE ÄndG 1994 – BT-Drucks. 13/115, S. 17 f.).

4.   Zu Abs. 4: Vertragsrecht

8 a) **Hinsichtlich Urhebern:** Da die Vermietung eine Art des Inverkehrbringens (vgl. § 17 Rn. 19) und damit Teil des Verbreitungsrechts des Urhebers ist, konnte der Gesetzgeber davon ausgehen, dass es in älteren Verträgen vom ausschließlichen Verbreitungsrecht des Verwerters umfasst gewesen sein wür-de, wenn es damals schon bestanden hätte (RegE ÄndG 1994 – BT-Drucks. 13/115, S. 17 f.). In der Tat ist es im Bereich der ernsten Musik (E-Musik) seit vielen Jahrzehnten üblich, dass der Musikverleger das ihm eingeräumte aus-schließliche Verbreitungsrecht *nur* für die Vermietung des Notenmaterials nutzt, dieses aber nicht veräußert. Vor Inkrafttreten der Novelle geschah dies auf vertraglicher Grundlage aufgrund des (exklusiven) Sacheigentums des Verlegers an den vermieteten Vervielfältigungsstücken. Der Urheber erhält nun vom Vermieter eine Vergütung nach § 27 Abs. 1 und 3.

9 b) **Hinsichtlich ausübenden Künstlern:** Hinsichtlich der ausübenden Künstler trägt die Vorschrift der Tatsache Rechnung, dass weder der ausübende Künst-ler, dessen Darbietung auf einem Bild- oder Tonträger enthalten ist, noch der Tonträger- oder Filmhersteller das Recht ausüben könnte, ohne dass der jeweils andere mitwirkt. In Übereinstimmung mit dem Wertungsmodell von Art. 13 Abs. 7 Vermiet- und Verleihrichtlinie weist die Vorschrift die Auswer-tungshoheit im Sinne eines Entscheidungsrechts über das „Ob" der Vermie-tung im Wege einer gesetzlichen Fiktion zwingend (dazu KG ZUM 2003, 863, 864) dem Hersteller zu (während im gleichzeitig novellierten § 92 lediglich eine Zweifelsregel eingeführt wurde) und entschädigt den Künstler auch hier durch den unverzichtbaren Vergütungsanspruch nach § 27 Abs. 1 und 3.

10 Der Begriff der „Einwilligung" bezieht sich auf die frühere Ausgestaltung des Künstlerschutzes (für die damals gültige Fassung des Gesetzes vgl. § 77 Rn. 3).

Die Formulierung des Abs. 4 ist geringfügig ungenau: Sie gilt nur für Verträge, **11** die *vor* dem 30.06.1995 abgeschlossen wurden. Das ÄndG 1995 trat aber erst am 01.07.1995 in Kraft. Dass Verträge, die genau *am* 30.06.1995 abgeschlossen wurden, von Abs. 4 nicht erfasst werden sollten, kann der Gesetzgeber nicht gemeint haben.

§ 137f Übergangsregelung bei Umsetzung der Richtlinie 93/98/EWG

(1) ¹Würde durch die Anwendung dieses Gesetzes in der ab dem 1. Juli 1995 geltenden Fassung die Dauer eines vorher entstandenen Rechts verkürzt, so erlischt der Schutz mit dem Ablauf der Schutzdauer nach den bis zum 30. Juni 1995 geltenden Vorschriften. ²Im Übrigen sind die Vorschriften dieses Gesetzes über die Schutzdauer in der ab dem 1. Juli 1995 geltenden Fassung auch auf Werke und verwandte Schutzrechte anzuwenden, deren Schutz am 1. Juli 1995 noch nicht erloschen ist.

(2) ¹Die Vorschriften dieses Gesetzes in der ab dem 1. Juli 1995 geltenden Fassung sind auch auf Werke anzuwenden, deren Schutz nach diesem Gesetz vor dem 1. Juli 1995 abgelaufen ist, nach dem Gesetz eines anderen Mitgliedstaates der Europäischen Union oder eines Vertragsstaates des Abkommens über den Europäischen Wirtschaftsraum zu diesem Zeitpunkt aber noch besteht. ²Satz 1 gilt entsprechend für die verwandten Schutzrechte des Herausgebers nachgelassener Werke (§ 71), der ausübenden Künstler (§ 73), der Hersteller von Tonträgern (§ 85), der Sendeunternehmen (§ 87) und der Filmhersteller (§§ 94 und 95).

(3) ¹Lebt nach Abs. 2 der Schutz eines Werkes im Geltungsbereich dieses Gesetzes wieder auf, so stehen die wiederauflebenden Rechte dem Urheber zu. ²Eine vor dem 1. Juli 1995 begonnene Nutzungshandlung darf jedoch in dem vorgesehenen Rahmen fortgesetzt werden. ³Für die Nutzung ab dem 1. Juli 1995 ist eine angemessene Vergütung zu zahlen. ⁴Die Sätze 1 bis 3 gelten für verwandte Schutzrechte entsprechend.

(4) ¹Ist vor dem 1. Juli 1995 einem anderen ein Nutzungsrecht an einer nach diesem Gesetz noch geschützten Leistung eingeräumt oder übertragen worden, so erstreckt sich die Einräumung oder Übertragung im Zweifel auch auf den Zeitraum, um den die Schutzdauer verlängert worden ist. ²Im Fall des Satzes 1 ist eine angemessene Vergütung zu zahlen.

Übersicht

I. Allgemeines

§ 137 Abs. 1 wurde durch das 3. UrhÄndG v. 23.06.1995 (BGBl. I S. 842) **1** eingefügt und dient der Umsetzung von Art. 10 Abs. 1 Schutzdauer-RL (vgl. § 64 Rn. 6). Durch die Norm sollen **Urheber** von vor dem 01.07.1995 geschaffenen Werken und ihre Rechtsnachfolger **stets und nur begünstigt** werden. Sie müssen also keine Verkürzungen durch die Änderung des UrhG hinnehmen (Abs. 1 S. 1) und profitieren gleichzeitig von der Verlängerung der Schutzfristen für die am 01.07.1995 bereits bestehenden Werke und Leistungen (Abs. 1 S. 2). Die Vorschrift hat ein Vorbild in den §§ 1 und 2 des Einigungsvertrages, nach denen ebenfalls Werke und verwandte Leistungen,

die in der DDR bereits gemeinfrei waren, deren Schutzrecht aber nach west-
deutschem Urheberrecht noch nicht abgelaufen gewesen ist, wieder schützten;
Einzelheiten bei §§ 1 u. 2 EV.

II.   Anwendbare Schutzfrist (Abs. 1)

2   Damit der Urheber keine Verkürzung der Schutzdauer seines Werkes hinnehmen muss, bestimmt Abs. 1 S. 1, dass die bisherigen Schutzfristen weitergelten,
wenn diese länger sind als die nach dem 01.07.1995 geltenden Recht. Solche
Verkürzungen verhindert die Norm in folgenden Fällen:

3   Relevant und in den Folgen überaus problematisch sind die Auswirkungen der
Norm auf die **Schutzfristverlängerung für Filmurheber**. Die Begründung zum
Regierungsentwurf des ÄndG 1995 (BT-Drucks. 13/781, S. 17) nennt in Bezug
auf die Regelung die möglichen Filmurheber, die bis zum 30.06.1995 über
§ 65 Abs. 1 eine längere Schutzfrist für das Filmwerk bewirken konnten,
sofern sie länger lebten als die in § 65 Abs 2 Genannten. In Betracht kommen
dafür insb. der Kameramann, der Cutter, und der Filmarchitekt. Möhring/
Nicolini/*Hartmann*[2] Rn. 4 meint, ein „vorher entstandes Recht" werde durch
§ 65 n.F. nur dann verküzt, wenn vor dem 01.07.1995 bereits alle nach
früherem Recht maßgeblichen Personen verstorben sind. Nur in diesen Fällen
werde eine „bereits laufende" Frist i.S.v. Art. 10 Schutzdauer-RL verkürzt.
Diese von *Dietz* GRUR Int. 1995, 670, 684 geteilte Auffassung läuft der
Richtlinie zwar in der Tat nicht zuwider, folgt aber nicht zwingend aus ihr.
Der nationale Gesetzgeber war daher frei, auch solche Altfälle zu erfassen, bei
denen noch nicht alle Urheber nach alter Rechtslage verstorben waren. Dies
hat er mit der Formulierung „eines vorher entstandenen Rechtes" getan, denn
ein „Recht" kann nur das Urheberrecht, nicht eine post oder ante mortem
laufende Schutzfrist sein. Bei vor dem 01.07.1995 produzierten Filmen werden
also noch lange die Lebensdaten aller denkbaren Urheber des Filmwerkes zur
Klärung der Schutzdauer ermittelt werden müssen (a.A. Wandtke/Bullinger/
Braun[2] Rn. 3; wie hier Dreier/Schulze/*Dreier*[2] Rn. 5 a.E. und wohl auch
Schack[4] Rn. 472 aE).

4   Vor dem 01.07.1995 **anonym oder pseudonym veröffentlichte Werke** unter-
fielen der Regelschutzfrist von 70 Jahren p.m.a. nach § 66 Abs. 2 a.F. schon
dann, wenn innerhalb der Schutzfrist des § 66 Abs. 1 – nämlich binnen
70 Jahren nach Veröffentlichung – der wahre Name des Urhebers angegeben
oder dieser **auf andere Weise bekannt** wurde (Nr. 1 a.E. a.F.). Nach § 66 Abs. 2
S. 1 UrhG ist die Regelschutzfrist nunmehr nur noch dann anzunehmen, wenn
der Urheber, sein Rechtsnachfolger oder Testamentsvollstrecker (§ 66 Abs. 3)
die Urheberschaft innerhalb dieser Frist offenbaren oder ein Pseudonym keinen Zweifel an der Identität lässt. Wird der Name des Urhebers eines vor dem
01.07.1995 geschaffenen oder pseudonymen Werkes also innerhalb der
Schutzfrist auf andere Weise bekannt (dazu im Einzelnen 8. Aufl. § 10 Rn. 21),
so fällt das Werk wegen Abs. 1 S. 1 unter die Regelschutzfrist gem. §§ 66
Abs. 2, 64 UrhG.

5   § 67 a.F. ließ bei **Lieferungswerken**, die anonym oder pseudonym erscheinen,
die 70-Jahres-Frist erst mit der letzten Lieferung beginnen. Da § 67 a.E. seit
01.07.1995 eine gesonderte Schutzfristberechnung für jede Lieferung vorschreibt, fallen Werke, bei denen die Lieferung noch nach altem Recht begonnen hat, auch noch unter die Vergünstigungen des alten Rechts. Diese Kon-

stellation dürfte angesichts des ohnehin schon engen Anwendungsbereiches des § 67 (vgl. § 67 Rn. 1) selten auftreten.

Auch **einfache Lichtbilder,** die gleichwohl Dokument der Zeitgeschichte waren **6** und vor 1966 entstanden, unterfallen der Begünstigung der Norm (OLG Hamburg, GRUR 1999, 717, 720 – *Wagner-Familienfotos,* ausführlich Schricker/*Katzenberger*[3] Rn. 2a).

Bis 2004 konnte § 137f zudem relevant sein für **nachgelassene Werke,** § 64 **7** Abs. 2 a.F. siehe dazu Vorauflage/*Wilhelm Nordemann*[9] Rn. 1.

Abs. 1 S. 2 verlängert die Schutzdauer für Werke und verwandte Schutzrechte. **8** Für erstere hat die Norm aber keine Bedetung, denn für sie betrug die Schutzfrist schon vor der Harmonisierung 70 Jahre p.m.a. (Dreier/Schulze/*Dreier*[2] § 137f Rn. 2). Von 25 auf 50 Jahre verlängert werden durch die Norm die Schutzfrist von **verwandten Schutzrechten**zugunsten der Tonträgerhersteller (§ 85 Abs. 2 S. 1), Sendeunternehmen (§ 87 Abs. 2 S. 1), Filmhersteller (§§ 94 Abs. 3, 95), Hersteller einfacher Lichtbilder (§ 72 Abs. 3). Für Lichtbilder, die Dokumente der Zeitgeschichte sind, vgl. Rn. 2.

Abs. 1 S. 2 gilt nur für Rechte, die am 01.07.1995 bereits bestanden, *arg e* **9** *contrario* Abs. 2. Einfache Lichtbilder ohne dokumentarischen Charakter, die vor 1970 erschienen bzw. hergestellt sind, also Ende 1994 frei wurden, bleiben es ebenso wie die schon vor 1990 frei gewordenen früheren Rechte aus § 2 Abs. 2 LUG.

III. Wiederaufleben von Rechten (Abs. 2)

Abs. 2 lässt Rechte an Werken und Leistungsschutzrechte wiederaufleben, **10** wenn diese in einem Mitgliedsstaat der Europäischen Union oder einem EWR-Vertragsstaat (neben den EU-Mitgliedsstaaten: Norwegen, Island und Liechtenstein) vor dem 01.07.1995 bestanden. Insofern ist nicht eindeutig, ob auch nach dem 01.07.1995 aufgenommene **Neumitglieder der EU** als Mitgliedsstaat der Europäischen Union i.S.d. Abs. 2 gelten. Der Wortlaut der Norm erfasst sie zumindest. Dies führt überwiegend nicht zu Problemen, weil die Schutzdauer in den meisten aufgenommenen osteuropäischen Staaten am 01.01.1995 bei 70 Jahren p.m.a. oder darunter lag (*Wandtke,* Urheberrecht in Mittel- und Osteuropa, Berlin 1997, Teil I: Bulgarien: 50 Jahre, S. 51; Polen: 50 Jahre, S. 78; Rumänien: 70 Jahre, S. 108; Slowenien: 70 Jahre, S. 162; Teil II: Estland: 50 Jahre, S. 34, Lettland: 70 Jahre, S. 60, Litauen: 70 Jahre, S. 96, Litauen: 70 Jahre, S. 96, Tschechien: 70 Jahre, S. 134). Eine Ausnahme bildet Ungarn: Hier galt bis zum Erlass des Gesetzes über das Urheberrecht vom 22.06.1999 und damit auch am 01.01.1995 ein ewiges Urheberpersönlichkeitsrecht gem. § 12 Abs. 1 S. 1 ungar. UrhG 1969 (*Wandke* a.a.O. Teil II, S. 207, *Hegyi* GRUR Int. 2000, 325, 336). Indes war die Einführung eines ewigen Urheberpersönlichkeitsrechts vom deutschen Gesetzgeber sicher nicht gewollt und die Schutzdauer-RL trifft gem. Art. 9 ohnehin keine Regelungen über Urheberpersönlichkeitsrechte.

Ob der Begriff **Wiederaufleben** impliziert, dass die Rechte vor 1995 in der **11** Bundesrepublik bestanden haben müssen, ist Gegenstand der Vorlage BGH GRUR Int. 2007, 610 – *Tonträger aus Drittstaaten.* Konkret geht es dabei um Leistungsschutzrechte an vor 1966 produzierten Tonträgern. Ihnen gewährte Großbritannien vor dem 01.07.1995 Schutz. Der BGH hat dem EuGH die Frage vorgelegt, ob die in der Schutzdauer-RL auch dann Anwendung findet, wenn der betreffende Gegenstand in dem Mitgliedsstaat, in dem Schutz beansprucht wird zu keiner Zeit geschützt war. Sollte der EuGH die Frage bejahen, könnte dies zu Missverständnissen führen. Denn nicht von Abs. 2 erfasst werden Rechte, die nur in anderen Mitgliedsstaaten, aber niemals in Deutschland geschützt waren und es **bis heute nicht sind** (a.A. *Klutmann* ZUM 2006, 535, 539 unter Hinweis auf Art. 10 Abs. 2 Schutzdauer-RL). Ansonsten wären angesichts des unter Rn. 10 Ausgeführten nunmehr auch die in Rumänien 1995 durch ein Leistungsschutzrecht geschützten Aufführungen von Zirkuskünstlern geschützt (zu diesem Recht siehe *Wandtke*, a.a.O. Teil I, S. 114).

12 Der zweite Aspekt der Vorlage an den EuGH betrifft die Frage, ob die Übergangsregelungen des § 137f (und damit auch Art. 10 Schutzdauer-RL) nur für Angehörige eines Mitgliedsstaates der EU gelten, oder sich auch EU-Fremde sich darauf berufen können. In dem der Vorlage zugrunde liegenden Fall war u.a. der Song „Blowing in the Wind" von Bob Dylan, einem US-amerikanischen Staatsbürger, streitgegenständlich. Der BGH vertritt insoweit die Auffassung, dass es mit dem Sinn und Zweck der Schutzdauer-RL kaum vereinbar wäre, wenn Art. 10 Abs. 2 Schutzdauer-RL (und korrespondierend dazu § 137f Abs. 2) so auszulegen ist, dass dadurch auch ein Schutz von Rechtsinhabern, die nicht Angehörige eines EU-Mitgliedsstaates sind, begründet werden kann (BGH GRUR Int. 2007, 610, 612, Tz. 23 – *Tonträger aus Drittstaaten*). Der BGH übersieht insoweit, dass ErwG 23 der Schutzdauer-RL, der in dem Vorlagebeschluss keine Erwähnung findet, ausdrücklich vorgibt, dass die durch die Schutzdauer-RL vorgesehene Schutzdauer der verwandten Schutzrechte auch für Rechtsinhaber gelten soll, die nicht Angehörige eines Mitgliedsstaats der Gemeinschaft sind, sofern sie aufgrund internationaler Vereinbarungen einen Schutzanspruch haben. Für einen ausübenden Künstler wie Bob Dylan kann man insoweit im Verhältnis zwischen Großbritanien und Deutschland ohne weiteres auf das Rom-Abkommen zurückgreifen, das bereits zum 18.05.1964 in Großbritanien in Kraft getreten ist und im Rahmen dessen auch Angehörige von nicht-vertragschließenden Staaten wie etwa den USA Schutz genießen, wenn ein Tonträger mit der Darbietung innerhalb von 30 Tagen in einem Vertragsstaat simultan veröffentlicht wird (Art. 5 Abs. 2 RA; vgl. Vor §§ 120 ff. Rn. 35).

13 Abs. 2 S. 1 hat nur für **Lichtbildwerke**, für diese allerdings enorme Bedeutung (vgl. § 64 Rn. 6; s.a. OLG Hamburg ZUM-RD 2004, 303 – *U-Boot-Foto*). In Spanien waren Fotografien bereits seit 1879 80 Jahre pma geschützt ohne dass besondere Anforderungen an die künstlerische Leistungen bestanden (*Schulze/ Bettinger* GRUR 2000, 12, 16). Besteht zum 01.01.1995 für eine Fotografie noch Schutz in Spanien, lebt in Deutschland der Schutz wieder auf (OLG Hamburg ZUM-RD 2004, 303 – *U-Boot-Foto*).

14 Abs. 2 S. 2 lässt die meisten **Leistungsschutzrechte** wiederaufleben, praktisch relevant ist dies insb. bei **Tonträgern**. Hier sah insb. Großbritannien am 01.01.1995 einen 50jährigen Schutz für diese Rechte vor, der sich auch auf US-amerikanische Tonträger erstrecken kann (OLG Hamburg ZUM 1999, 853, 857 – *Frank Sinatra I*; OLG Hamburg GRUR-RR 2001, 73 – *Frank Sinatra II*).

15 Im Ergebnis beschert § 137f umfangreiche Probleme. *Schack*[4] Rn. 470 nennt das Wiederaufleben von Schutzrechten eine empfindliche Störung des Rechtsverkehrs. Bei jedem scheinbar abgelaufenen Urheber- oder Leistungsschutzrecht ist sorgsam zu prüfen, ob nicht am 01.07.1995 in irgendeinem Mitgliedsstaat oder in Norwegen, Island und Liechtenstein (EWR) zum Stichtag noch Schutz bestand. Daneben besteht die zusätzliche Unsicherheit, ob auch die neuen Mitgliedsstaaten unter die Regelung fallen, was nach hier vertretener Auffassung der Fall ist. (vgl. Rn. 5). Sodann ist die nicht immer einfache Berechnung der Schutzfrist nach dem Recht des jeweiligen Mitgliedsstaates vorzunehmen (ausführlich Dreier/Schulze/*Dreier*² Rn. 10, instruktiv Walter/ *Walter* Schutzdauer-RL Art. 10 Rn. 12 ff.).

IV. Inhaberschaft an Rechten nach Abs. 2 (Abs. 3)

Die wiederaufgelebten Rechte an Lichtbildwerken stehen nach **Abs. 3** nicht **16** dem früheren Nutzungsberechtigten, sondern dem Urheber zu (siehe dagegen § 137 Abs. 2). Die vorstehend aufgezeigten Unwägbarkeiten hat der Gesetzgeber erkannt und erlaubt deshalb demjenigen, der eine Nutzungshandlung begonnen hatte, die Fortsetzung derselben im vorgesehenen Rahmen (Abs. 3 S. 2), wofür dem Urheber eine angemessene Vergütung zu zahlen ist (Abs. 3 S.3).

V. Auswirkungen einer Schutzfristverlängerung auf Altverträge (Abs. 4)

Die vertraglichen Auswirkungen einer Schutzfristverlängerung regelt Abs. 4, **17** der § 3 Anl. I Kap. III Abschn. E Uterabschn. II des EV nachgebildet ist (RegE UrhG ÄndG 1995 – BT-Drucks. 13/781, S. 17 zu Nr. 16).

Nach S. 1 gelten in **Zweifelsfällen** die Nutzungsrechte an **Leistungen** auch für **18** den Zeitraum nach dem 01.07.1995 als eingeräumt oder übertragen. Die Norm gilt also zum einen nur, wenn überhaupt Zweifel aufkommen können. Dies ist etwa dann nicht der Fall, wenn der Vertrag, mit dem die Nutzungsrechte eingeräumt oder übertragen wurden, **zeitlich befristet** ist. Zum anderen ist sie nur anwendbar auf „Leistungen", also Leistungsschutzrechte. Die Regierungsbegründung führt hierzu aus, dass es keinen Anwendungsvereich für Urheberrechte gebe (RegE UrhG ÄndG 1995 – BT-Drucks. 13/781, S. 17 zu Nr. 16). Dies scheint angesichts des oben (Rn. 3 f.) Ausgeführten fraglich.

Nach S. 2 ist **stets** eine **angemessene Vergütung** (vgl. § 32) zu zahlen, wenn der **19** Nutzungsberechtigte nach S. 1 verlängerte Nutzungsrechte erhält.

§ 137g Übergangsregelung bei Umsetzung der Richtlinie 96/9/EG

(1) § 23 Satz 2, § 53 Abs. 5, die §§ 55a und 63 Abs. 1 Satz 2 sind auch auf Datenbankwerke anzuwenden, die vor dem 1. Januar 1998 geschaffen wurden.

(2) ¹Die Vorschriften des Abschnitts 6 des Teils 2 sind auch auf Datenbanken anzuwenden, die zwischen dem 1. Januar 1983 und dem 31. Dezember 1997 hergestellt worden sind. ²Die Schutzfrist beginnt in diesen Fällen am 1. Januar 1998.

(3) Die §§ 55a und 87e sind nicht auf Verträge anzuwenden, die vor dem 1. Januar 1998 abgeschlossen worden sind.

Diese Übergangsvorschrift wurde durch das IuKDG (vgl. Vor §§ 87a ff. **1** Rn. 8 ff.) zur Einführung der neuen Vorschriften über Datenbanken in das Gesetz aufgenommen. Sie geht auf Art. 14 Datenbank-RL zurück. Wie die Grundsatzvorschrift des § 129 Abs. 1 vorsieht, gilt auch hier, dass das neue Recht auch für vor dem 01.01.1998 geschaffene Datenbankwerke gilt. Ob die

Regelung wegen § 129 Abs. 1 überflüssig ist (so die 9. Aufl./*Nordemann* Rn. 1; a.A. Wandtke/Bullinger/*Braun*[2] Rn. 2), bedarf keiner Entscheidung, da in jedem Fall vorbestehende Datenbankwerke in den Genuss des verbesserten Schutzes kommen.

2 **Absatz 2** enthält die korrespondierende Norm für die **neuen einfachen Datenbanken,** eine dem deutschen Urheberrecht bisher fremde, aber durchaus sinnvolle Schutzfristregelung für einfache Datenbanken: Die 15-Jahres-Schutzfrist des § 87d begann auch für ältere Datenbanken erst mit dem Inkrafttreten des Art. 7 des IuKDG am 01.01.1998, und zwar für alle diejenigen, die gerade noch in den Genuss der Neuregelung gekommen wären; für die **1983 hergestellten Datenbanken** wäre 1998 das erste und letzte Schutzjahr gewesen. Voraussetzung ist aber, dass diese ab dem 01.01.1983 hergestellt worden sind (Abs. 2 S. 1). Hintergrund ist, dass für 1983 geschaffene einfache Datenbanken 1998 das mit dem IuKDG erste und gleichzeitig letzte Schutzjahr gewesen wäre. Absatz 2 Satz 2 bestimmt aber, dass für alle Datenbanken gem. Satz 1 die 15-jährige Schutzfrist erst mit dem 01.01.1998 beginnt. Diese Datenbanken sind also noch bis zum 31.12.2012 geschützt (Möhring/Nicolini/*Spautz*[2] Rn. 3; Dreier/Schulze/*Dreier*[2] Rn. 4; Wandtke/Bullinger/*Braun*[2] Rn. 3).

3 Anders als z.B. § 137a Abs. 2 kennt § 137g keine Regelung zu Verträgen und Nutzungen. Wie immer bei den Übergangsregelungen bleiben in jedem Fall Sachverhalte, die vor dem Inkrafttreten des Gesetzes, also dem 1. 1. 1998 abgeschlossen waren, unberührt. Dies bestimmt schon Art. 14 Abs. 4 Datenbank-RL (so auch Schricker/*Katzenberger*[3] § 64 Rn. 48). Unklar bleibt aber das Schicksal begonnener Vervielfältigungshandlungen (hierzu Wandtke/Bullinger/*Braun*[2] Rn. 4).

4 Nach **Abs. 3** sind die zwingenden vertragsrechtlichen Vorschriften der §§ 55a und 87e nicht auf Verträge anzuwenden, die vor dem 1.1.1998 geschlossen worden sind. Der Gesetzgeber hat sich also entschieden, bei Datenbanken anders als bei Computerprogrammen – § 137d Abs. 2 – zu verfahren (so zu Recht Wandtke/Bullinger/*Braun*[2] Rn. 5).

§ 137h Übergangsregelung bei Umsetzung der Richtlinie 93/83/EWG

(1) Die Vorschrift des § 20a ist auf Verträge, die vor dem 1. Juni 1998 geschlossen worden sind, erst ab dem 1. Januar 2000 anzuwenden, sofern diese nach diesem Zeitpunkt ablaufen.

(2) Sieht ein Vertrag über die gemeinsame Herstellung eines Bild- oder Tonträgers, der vor dem 1. Juni 1998 zwischen mehreren Herstellern, von denen mindestens einer einem Mitgliedstaat der Europäischen Union oder Vertragsstaat des Europäischen Wirtschaftsraumes angehört, geschlossen worden ist, eine räumliche Aufteilung des Rechts der Sendung unter den Herstellern vor, ohne nach der Satellitensendung und anderen Arten der Sendung zu unterscheiden, und würde die Satellitensendung der gemeinsam hergestellten Produktion durch einen Hersteller die Auswertung der räumlich oder sprachlich beschränkten ausschließlichen Rechte eines anderen Herstellers beeinträchtigen, so ist die Satellitensendung nur zulässig, wenn ihr der Inhaber dieser ausschließlichen Rechte zugestimmt hat.

(3) Die Vorschrift des § 20b Abs. 2 ist nur anzuwenden, sofern der Vertrag über die Einräumung des Kabelweitersenderechts nach dem 1. Juni 1998 geschlossen wurde.

Übersicht

I.   Allgemeines

§ 137h wurde mit Wirkung vom 01.06.1998 eingefügt durch Art. 1 Nr. 7 **1**
ÄndG 1998 und dient zusammen mit § 20a der Umsetzung der Satelliten-
und Kabel-RL. Diese RL wäre nach ihrem Art. 14 bis zum 01.01.1995 umzusetzen gewesen, was die Rundfunkanstalten verzögerten (Möhring/Nicolini/
Spautz[2] Rn. 1).

II.   Anwendbarkeit der neuen Regeln auf Altverträge (Abs. 1)

Grundsätzlich sind geänderte Normen des UrhR auf Altverträge nicht anzu- **2**
wenden (vgl. § 132 S. 1). Diese Regel durchbricht § 137h Abs. 1. Für Verträge,
die vor dem 01.06.1998 geschlossen wurden und erst nach dem 01.01.2000
ablaufen, ordnet er an, dass § 20a ab dem 01.01.2000 auf sie anwendbar ist.
Damit wird Art. 7 Abs. 2 Satelliten- und Kabel-RL unmittelbar umgesetzt.

III.   Sondervorschrift für Koproduktionen (Abs. 2)

Mit **Absatz 2** hat der Gesetzgeber Art. 7 Abs. 3 Satelliten- und Kabel-RL **3**
nahezu wörtlich und ohne den Versuch sprachlicher Vereinfachung übernommen. Der Absatz regelt das Recht der Satellitensendung für Koproduktions-
Verträge, die vor Inkrafttreten der Regeln über die Satellitensendung geschlossen wurden. Solche Verträge konnten eine räumliche Abgrenzung vorsehen,
die jedoch unterminiert worden wäre, wenn einer der Hersteller eine Satellitensendung durchgeführt hätte. Denn nach § 20a Abs. 1 /Art. 1 Abs. 2b Sa-
telliten- und Kabel-RL findet die öffentliche Wiedergabe über Satellit nur dort
statt, wo die programmtragenden Signale unter der Kontrolle des Sendeunternehmens in die Kommunikationskette eingegeben werden. Wenn ein Koproduktionsvertrag also vorsah, dass die Vertragspartner das Ergebnis nur in ihren
Ländern senden dürfen, wäre eine Umgehung mit diesem Ursprungslandprinzip ohne weiteres möglich gewesen. Der treuwidrige Vertragspartner hätte das
Signal von seinem Heimatland aus in einen Satelliten speisen lassen, der auch
im Heimatland des Vertragspartners empfangbare Signale sendet. Damit hätte
eine Satellitensendung auch nur dort stattgefunden, obwohl sie auch im Heimatland des Vertragspartners empfangbar gewesen wäre. Dieses Ergebnis
verhindert Abs. 2. Nach ihm bedarf die Satellitensendung unter folgenden
Voraussetzungen der Zustimmung des anderen Herstellers:

Vor dem 01.06.1998 muss ein Vertrag über die gemeinsame Herstellung eines **4**
Bild- oder Tonträgers geschlossen worden sein. Für den Vertragsschluss
kommt es gerade angesichts der Postlaufzeiten gerade bei internationalen
Koproduktionen nicht auf die Daten unter dem Vertrag an, sondern auf den
Zeitpunkt, in dem die Annahmeerklärung zugeht (Palandt/*Heinrichs*[67] Einf v
§ 145 Rn. 4). Für einen Verzicht auf den Zugang der Annahmeerklärung gem.
§ 151 S. 1, 1. Var. BGB ist bei derartigen Verträgen kein Raum.

5 Vertragspartner müssen mehrere Hersteller sein, von denen mindestens einer einem Mitgliedstaat der Europäischen Union oder Vertragsstaat des Europäischen Wirtschaftsraumes angehört. Umstritten ist hier, ob auch **nationale** oder nur **internationale Koproduktionen** von der Norm erfasst sein sollen. Die Rechtsprechung legt die Norm weit aus und kommt zu dem Ergebnis, dass nach ihrem Wortlaut und Telos auch Verträge erfasst sind, die von zwei Deutschen geschlossen wurden, denn dann haben beide Hersteller (und damit mindestens einer) einen Sitz in einem EG-Mitgliedstaat (BGH GRUR 2005, 48, 50 – *man spricht deutsh*; anders noch die Vorinstanz OLG Stuttgart ZUM 2003, 239). Die diametral entgegenstehende Gesetzesbegründung, die ausdrücklich von internationalen Koproduktionen spricht, auf die Abs. 2 anwendbar sei (Begr ÄndG 1998 – BT-Drucks. 13/4796, S. 15, re. Sp.) hält die Rechtsprechung für kaum unbeachtlich (BGH a.a.O). Dies überrascht angesichts des Gewichts, das die Rechtsprechung in anderen Entscheidungen der Regierungsbegründung zumisst (exemplarisch BGH NJW 2006, 3200, 3201 Tz. 14 f.).

6 Die Entscheidung ist nach alledem abzulehnen, insb., weil die vorgenommene Auslegung von § 137h Abs. 2 **europarechtswidrig** ist (ebenso *Castendyk/ Kirchherr* ZUM 2005, 283, 285): Art. 7 Abs. 2 Satelliten- und Kabel-RL ordnet an, dass ab dem 01.01.2000 auf Altverträge neues Recht anzuwenden ist. Art. 7 Abs. 3 Satelliten- und Kabel-RL durchbricht diese intertemporale Regelung explizit und damit nur für internationale Koproduktionsverträge. Die vom BGH vorgenommene Auslegung der nationalen Norm führt aber zu einer Einschränkung von Art. 7 Abs. 2 Satelliten- und Kabel- RL über das nach Art. 7 Abs. 3 Kabel- und Satelliten-RL zulässige Maß hinaus. Damit war der BGH zumindest zur Vorlage verpflichtet (ebenso *Castendyk/Kirchherr* ZUM 2005, 283, 285 und wohl auch Dreier/Schulze/*Dreier*[2] Rn. 5, der zumindest im ersten Satz von Rn. 4 nur von „internationalen Koproduktionen" spricht; a.A. Schricker/*Katzenberger*[3] Rn. 4a).

7 Des Weiteren muss das Senderecht unter den Herstellern **räumlich aufgeteilt** sein, ohne dass nach **Satellitensendung und anderer Sendung unterschieden** wird. Wäre das Recht nicht räumlich aufgeteilt, könnte die Sendung auch nicht die territorialen Rechte eines Vertragspartners beschneiden. Würde der Vertrag nach Satelliten- und anderer Sendung unterteilen, hätten die Parteien im Vertrag bereits Vorkehrungen im Vertrag getroffen (Dreier/Schulze/*Dreier*[2] Rn. 6).

8 Die Gesetzesbegründung und die Literatur halten § 137h Abs. 2 nur für anwendbar, wenn die Satellitensendung bei Vertragsschluss bereits eine **bekannte Nutzungsart** war (Begr ÄndG 1998 –BT-Drucks. 13/4796, S. 15; Dreier/Schulze/*Dreier*[2] Rn. 6; Vorauflage/*Willhelm Nordemann*[9] Rn. 2). Denn Rechte an einer unbekannten Nutzungsart wären nach §§ 31 Abs. 4, 89 Abs. 1 ohnehin nicht einräumbar, damit könnten diese Rechte auch den Filmherstellern nicht zustehen. Unabhängig von der Frage, ob die Satellitensendung eine neue Nutzungsart ist (verneinend BGH GRUR 1997, 215 – *Klimbim*; a.A. Schricker/*Katzenberger*[3] § 88 Rn. 48). Dies übersieht Konstellationen, in denen ein dem deutschen Recht unterliegender Koproduktionsvertrag geschlossen wird und die Produktion in einem hiervon unabhängigen Vertrag mit dem Filmurheber geregelt ist, der einem Recht unterliegt, das keine Entsprechung zu § 31 Abs. 4 enthält. Ebenso wäre denkbar, dass der Filmurheber den Produzenten nachträglich die Rechte an der Satellitensendung einräumt. Auch dann wäre unklar, wie mit ihnen innerhalb des Verhältnisses der Koproduzenten zueinander mit den Rechten zu verfahren wäre.

Nach dem Wortlaut von § 137h Abs. 2 müssten durch die Satellitensendung **9** schließlich auch die **Rechte des nicht ausstrahlenden Koproduzenten beeinträchtigt** werden. Die Richtlinie enthält eine engere Fassung, nach ihr ist eine Beeinträchtigung nur gegeben, wenn die Sprachfassung der öffentlichen Wiedergabe einschließlich synchonisierter oder mit Untertiteln versehener Wiedergabefassungen der Sprache entspricht, die in dem dem (möglicherweise) betroffenen Koproduzenten zugewiesenen Gebiet überwiegend verstanden wird, Erwägungsgrund 19 Satelliten- und KabelRL. Damit ist die Richtlinie zum einen enger als § 137h Abs. 2. Zum anderen ist der Richtlinientext der deutschen Fassung („…weitgehend verstanden"), im Vergleich zur englischen und französischen (widely/largement = weithin verstanden) nicht einheitlich (BGH GRUR 2005, 48, 51 aE – *man spricht deutsh*). (Noch) dürfte für die Bundesrepublik die Frage zu verneinen sein, ob Englisch mittlerweile weithin oder zumindest weitgehend verstanden wird.

Zudem geht die Richtlinie davon aus, dass im jeweils zugewiesenen Gebiet nur **10** eine Sprache gesprochen wird. Diese Annahme geht schon insofern fehl, als z.B. in der Schweiz (EWR) Deutsch, Französisch, Italienisch und Rätoromanisch Amtssprachen sind (siehe Art. 4 schw. Bundesverfassung). Im Übrigen kann das einem Produzenten zugewiesene Gebiet auch mehrere Staaten umfassen. Die Deutsch-Italienische Koproduktion dürfte der italienische Koproduzent in ganz Europa ausstrahlen, wenn sich der Koproduzent den gesamten Rest Europas als sein Sendegebiet hat einräumen lassen. Denn Deutsch würde in diesem Gebiet nicht weitgehend, sondern von weniger als der Hälfte der Bevölkerung verstanden. Wer sich umfangreiche Gebiete hat einräumen lassen, stünde damit schlechter, was zum einen absurd ist, wenn er sich das umfangreiche Gebiet im Rahmen der Vertragsverhandlungen erkauft hat und zum anderen von dem Zufall abhängig sein kann, ob die Vertragsparteien mehrere unabhängige Gebiete bezeichnet haben oder ein großes gebildet haben (ebenso Schricker/*Katzenberger*[3] Rn. 4c).

IV. Übergangsvorschrift für § 20b (Abs. 3)

Durch Abs. 3 besteht der Anspruch des Urhebers nach § 20b nur, wenn das **11** Kabelweitersenderecht dem Sendeunternehmen nach dem 01.01.1998 eingeräumt wurde. Zur unrühmlichen Entstehungsgeschichte und den unschönen Auswirkungen für die Kreativen siehe Vorauflage/*Willhelm Nordemann*[9] Rn. 3, kritisch hierzu Dreier/Schulze/*Dreier*[3] Rn. 8 a.E.

§ 137i Übergangsregelung zum Gesetz zur Modernisierung des Schuldrechts

Artikel 229 § 6 des Einführungsgesetzes zum Bürgerlichen Gesetzbuche findet mit der Maßgabe entsprechende Anwendung, dass § 26 Abs. 7, § 36 Abs. 2 und § 102 in der bis zum 1. Januar 2002 geltenden Fassung den Vorschriften des Bürgerlichen Gesetzbuches über die Verjährung in der bis zum 1. Januar 2002 geltenden Fassung gleichgestellt wird.

Das SchuldrechtsmodernisierungsG hat zum 01.01.2002 das deutsche Ver- **1** jährungsrecht grundlegend umgestaltet. Davon war auch das UrhG betroffen. Die Sonderregelungen in § 26 Abs. 7 a.F. (Folgerecht) und § 36 Abs. 2 a.F. (Bestsellervergütung) entfielen. Auch die allgemeine Regel für Urheberrechtsdelikte und Urheberbereicherungsrecht in § 102 a.F. wurde angepasst, findet sich aber weiterhin in § 102 (vgl. § 102 Rn. 1 ff.). § 137i enthält das Übergangsrecht für Altfälle, in denen die Verjährung schon vor dem 01.01.2002 anfing zu laufen und die von den §§ 26 Abs. 7, 36 Abs. 2, 102 reguliert wurde. Sofern diese Bestimmungen nicht einschlägig waren und die Verjährung sich auch schon früher nach BGB richtete, gilt das Übergangsrecht des Art. 229 § 6 EGBGB direkt.

2 Für Altfälle, deren Verjährung vom UrhG geregelt wurde, stellt § 137i zunächst den **Grundsatz** auf, dass das neue Verjährungsrecht (§ 102 für Urheberrechtsdelikte und Bereicherungen; ansonsten §§ 194 ff. BGB direkt) auf sämtliche Ansprüche angewendet wird, die am 01.01.2002 bestanden und noch nicht verjährt waren, § 137i, Art. 229 § 6 Abs. 1 EGBGB (Dreier/Schulze/ *Dreier*[2] Rn. 4; Wandtke/Bullinger/*Bullinger*[2] Rn. 4).

3 Davon sind jedoch folgende Ausnahmen zu machen:
- Der Beginn der Verjährung bestimmt sich gem. § 137i, Art. 229 § 6 Abs. 1 S. 2 EGBGB für Altfälle nach § 26 Abs. 7 a.F. (Folgerecht), § 36 Abs. 2 a.F. (Bestsellervergütung) und § 102 a.F. (allgemeine Verjährungsregel) in ihrer bis zum 31.12.2001 geltenden Fassung; siehe zu diesen Bestimmungen die jeweilige Kommentierung in der 9. Aufl.
- Ist die Verjährungsfrist nach neuem Recht länger als nach altem Recht, so gilt das alte Recht fort (§ 137i, Art. 229 § 6 Abs. 3 EGBGB). Beispielsweise bleibt es bei der kurzen 2-Jahres-Frist des § 36 Abs. 2 a.F., wenn der Urheber Kenntnis von seinen Ansprüchen nach § 36 erlangt hatte (Wandtke/Bullinger/*Bullinger*[2] Rn. 6).
- Sofern die Verjährungsfrist nach neuem Recht kürzer als die Frist nach altem Recht ist, berechnet sich die Verjährungsfrist erst ab dem 01.01.2002 nach neuem Verjährungsrecht gem. § 102 n.F. (§ 137i, Art. 229 § 6 Abs. 4 S. 1 EGBGB). Nur wenn die Frist nach altem Recht vor der Verjährungsfrist nach neuem Recht ausläuft, gilt die Frist nach altem Recht (§ 137i, Art. 229 § 6 Abs. 4 S. 2 EGBGB).
- Die früheren Regeln zur Unterbrechung der Verjährung werden nach Maßgabe des § 137i, Art. 229 § 6 Abs. 2 EGBGB in eine Hemmung umgewandelt.

§ 137j Übergangsregelung aus Anlass der Umsetzung der Richtlinie 2001/29/EG

(1) § 95d Abs. 1 ist auf alle ab dem 1. Dezember 2003 neu in den Verkehr gebrachten Werke und anderen Schutzgegenstände anzuwenden.

(2) Die Vorschrift dieses Gesetzes über die Schutzdauer für Hersteller von Tonträgern in der ab dem 13. September 2003 geltenden Fassung ist auch auf verwandte Schutzrechte anzuwenden, deren Schutz am 22. Dezember 2002 noch nicht erloschen ist.

(3) Lebt nach Absatz 2 der Schutz eines Tonträgers wieder auf, so stehen die wiederauflebenden Rechte dem Hersteller des Tonträgers zu.

(4) Ist vor dem 13. September 2003 einem anderen ein Nutzungsrecht an einem nach diesem Gesetz noch geschützten Tonträger eingeräumt oder übertragen worden, so erstreckt sich, im Fall einer Verlängerung der Schutzdauer nach § 85 Abs. 3, die Einräumung oder Übertragung im Zweifel auch auf diesen Zeitraum. Im Fall des Satzes 1 ist eine angemessene Vergütung zu zahlen.

Artikel 6   Gesetz zur Regelung des Urheberrechts in der
Informationsgesellschaft: Inkrafttreten

(1) Dieses Gesetz tritt vorbehaltlich des Absatzes 2 am Tage nach der Verkündung in Kraft.

(2) Es treten in Artikel 1 Nr. 34 der § 95b Abs. 2 und der § 95d Abs. 2 sowie in Nr. 42 der § 111a Abs. 1 Nr. 2 und 3, Abs. 3 und der Artikel 3 am 1. September 2004 in Kraft.

Übersicht

I.   Zu Absatz 1: Zeitliche Anwendbarkeit des § 95d Abs. 1

Die Übergangsregelungen anlässlich des Gesetzes zur **Umsetzung der Info-RL** **1**
(UrhG Infoges; hierzu vgl. Vor §§ 95a ff. Rn. 14 ff.) sind ein wenig **verstreut.**
Sie finden sich einerseits in § 137j Abs. 1, andererseits in **Art. 6 UrhG Infoges**
(vgl. Rn. 3). Während § 95d nicht durch die Info-RL vorgegeben war, müssen
sich die §§ 95a – c an die Vorgaben der Richtlinie halten. Diese bestimmt in
Art. 10 Info-RL, dass die Vorschriften der Richtlinie auf alle von ihr erfassten
am 22.12.2002 geschützten Werke und Schutzgegenstände Anwendung finden. Ferne besagt Art. 10 Abs. 2 Info-RL, dass die Richtlinie Handlungen und
Rechte nicht berührt, die vor dem 22.12.2002 abgeschlossen bzw. erworben
wurden. Der deutsche Gesetzgeber hat die Richtlinie erst am also mit fast
einjähriger Verspätung umgesetzt.

Auch wenn die Übergangsregel nicht das gesamte neue Recht für auf vor- **2**
bestehende Werke und Leistungen anwendbar erklärt, dürfte sich diese Wirkung aus dem eben erwähnten Art. 10 Info-RL – jedenfalls aber aus § 129
Abs. 1 Satz 1 – ergeben.

Die Regelung des § 95b Abs. 2 zur Schrankenbegünstigung tritt nach Art. 6 **3**
des Gesetzes erst am **01.09.2004**, also nach einer etwa einjährigen Übergangsperiode, in Kraft. Damit sollte den beteiligten Kreisen Gelegenheit gegeben
werden, freiwillige Vereinbarungen nach § 95b Abs. 4 zu schließen. Soweit
bekannt wurde davon aber kein Gebrauch gemacht.

Für die Kennzeichnungspflicht nach § 95d Abs. 1 hingegen wird die in Rn. 2 **4**
beschriebene Regel durchbrochen: denn diese Norm gilt nicht für alle **bereits in
Verkehr gebrachten Gegenstände** (zum Begriff des Inverkehrbringens vgl.
§ 17); eine praktisch kaum durchführbare nachträgliche Kennzeichnung
wird damit verhindert (RegE UrhG Infoges – BT-Drucks. 15/38, S. 27). Jenseits dessen führt Abs. 1 eine Verzögerung von drei Monaten ein: Erst ab dem
01.12.2003 neu in Verkehr gebrachte Werke und Schutzgegenstände sind mit
Angaben über die eingesetzte technische Schutzmaßnahme zu versehen. Diese
zusätzliche Frist soll es den Rechtsinhabern ermöglichen, die notwendigen
Vorbereitungen für die Kennzeichnung ihrer Produkte zu treffen (RegE
UrhG Infoges – BT-Drucks. 15/38, S. 29). Schließlich enthält **Art. 6 UrhG
Infoges** eine weitere Übergangsfrist: die Pflicht zur Angabe einer „ladungsfähigen Anschrift" in § 95d Abs. 2 tritt erst nach einem Jahr in Kraft. Auch
wenn die Gesetzesbegründung im Zusammenhang mit den Übergangsvor-

schriften von einer Herausnahme „bereits im Handel befindlicher Medien"
aus der Kennzeichnungspflicht spricht (BeschlE RAusschuss UrhG – Infoges
BT-Drucks. 15/837, S. 36), und damit den Eindruck erweckt, als ob die Kenn-
zeichnungspflicht nur für die Verbreitung körperlicher Werkstücke gilt, dürfte
Abs. 1 auf sämtliche Formen des Inverkehrbringens von Werken und sonstigen
Schutzgegenständen anzuwenden haben, also auch auf Online-Angebote
(Wandtke/Bullinger/*Braun*² Rn. 2).

II. Zu Absatz 2

5 Die Vorschrift bezieht sich auf die in § 85 Abs. 3 aufgrund Art. 11 Abs. 2 der
EU Multimedia-RL 2001/29/EG geänderte Anknüpfung der Schutzdauer für
Tonträgerhersteller (ausführlich Wandtke/Bullinger/*Schaefer*² § 85 Rn. 28).
Die höchste Schutzfrist beträgt damit – wie übrigens auch die des ausübenden
Künstlers – 100 Jahre, wenn der Tonträger kurz vor Ablauf von 50 Jahren
nach Herstellung (was stets gleichbedeutend mit dem Zeitpunkt der Darbietung ist) entweder erscheint oder öffentlich wiedergegeben wird. Während
allerdings beim ausübenden Künstler durch die erlaubte öffentliche Wiedergabe unwiderruflich die 50-jährige Frist in Gang gesetzt wird, kann für den
Tonträgerhersteller innerhalb von 50 Jahren nach Herstellung mit dem Erscheinenlassen ein neuer Fristen-Startschuss gesetzt werden, selbst wenn z.B.
eine Aufnahme unmittelbar nach Herstellung bereits durch Rundfunksendung
öffentlich wiedergegeben worden war. Dem insoweit missverständlichen
Wortlaut „verwandte Schutzrechte" zum Trotz, bezieht sich die Vorschrift
ausschließlich auf den Schutz des Tonträgerherstellers und macht nicht etwa
dessen erweiterten Schutz auch den übrigen Inhabern verwandter Schutzrechte, insb. den ausübenden Künstlern, zugänglich, weil es sich hier um eine reine
Übergangsvorschrift handelt. Vielmehr ist deren Schutzfrist nach §§ 82 bzw.
76 zu berechnen.

6 Der genannte Stichtag (22.12.2002) entspricht nicht dem Tag des Inkrafttretens des § 137j (13.09.2003). Der Gesetzgeber hatte hier die Umsetzungsfrist der Info-RL 2001/29/EG versäumt und sich damit beholfen, den relevanten Umsetzungsstichtag in § 137j zu übernehmen (Bericht RAusschuss UrhG
Infoges – BT-Drucks. 15/837, S. 36). Daher waren Tonträgerhersteller, deren
Schutz nach altem (vor dem 13.09.2003 geltenden) Recht in der Zeit zwischen
dem 22.12.2002 und dem Inkrafttreten der Novelle für etwa neun Monate
schutzlos, bevor dann der Schutz rückwirkend wiederbegründet wurde (so
zutreffend Schricker/*Katzenberger*³ § 137j Rn. 5).

III. Zu Absatz 3: Wiederaufleben des Schutzes

7 Die Vorschrift wurde § 137f Abs. 3 S. 1 nachgebildet (vgl. § 137f Rn. 16).

IV. Zu Absatz 4: Vertragsrecht

8 § 137j Abs. 4 enthält eine gesetzliche Auslegungsregel für **Nutzungsverträge
im Tonträgerbereich**. Die Norm orientiert sich an § 137f Abs. 4 (vgl. § 137f.
Rn. 17). Danach erstrecken sich im Zweifel vor dem 13.09.2003 erfolgte
Rechtseinräumungen oder -übertragungen auch auf den Verlängerungszeitraum. Leistungsschutzrechtsinhaber ist hierfür nach S. 2 allerdings eine angemessene Vergütung zu zahlen. Anders als die „Urnorm" derartiger Übergangsregeln § 137 Abs. 3 verlangt diese Norm nicht, dass der Rechtsinhaber

eine höhere Gegenleistung hätte erzielen können, wenn bei Vertragsschluss bereits die verlängerte Schutzdauer gegolten hätte.

§ 137k Übergangsregelung zur öffentlichen Zugänglichmachung für Unterricht und Forschung

§ 52a ist mit Ablauf des 31. Dezember 2008 nicht mehr anzuwenden.

Mit § 137k wird erstmals im deutschen Urheberrecht ein konkretes Ablauf- **1** datum für eine Norm benannt. Sachlicher Hintergrund dieser Befristung („sunset provision") bildete der heftige Streit um die durch das UrhG Infoges in das UrhG eingefügte **Schrankenbestimmung des § 52a**. Die Vorschrift erklärt bestimmte Handlungen der öffentlichen Zugänglichmachung (§ 19a) für Zwecke des Unterrichts und der Forschung für zustimmungsfrei. Die Vorschrift ist im Laufe des Gesetzgebungsverfahren mehrfach eingeschränkt worden (Einzelheiten vgl. § 52a Rn. 2). Um den Befürchtungen der Schulbuch- und Wissenschaftsverleger vor unzumutbaren Beeinträchtigungen zu begegnen, wurde die zeitliche Gültigkeit der Schrankenbestimmung aufgrund eines im Rechtsausschusses des Bundestages gefundenen Kompromisses bis zum 31.12.2006 befristet (siehe StellungN RAusschuss UrhG Infoges – BT-Drucks. 15/837, S. 85). Durch das ÄndG 2006 wurde die Gültigkeitsdauer von § 52a um zwei weitere Jahre auf den 31.12.2008 verlängert (kritisch *Gounalakis* NJW 2007, 36, 38). Das Bundesjustizministerium hat sich in seinem Evaluationsbericht zu § 52a vom 30.04.2008 für eine Aufhebung der Befristung ausgesprochen.

Eine weitere Verlängerung kann auf der Grundlage einer Abwägung der von **2** den interessierten Gruppen (Verleger, Schulen, Universitäten) vorgebrachten Umstände durch den Gesetzgeber erfolgen. Dabei wird befürwortet, den von § 52a Begünstigten die Beweislast dafür aufzuerlegen, dass die Rechteinhaber durch die Norm keinen Schaden erlitten haben (Dreier/Schulze/*Dreier*[2] Rn. 3).

Sofern die den Nutzer privilegierende Norm des § 52a auch nach dem **3** 31.12.2008 im Gesetz verbleibt, aber unanwendbar wird, könnte dies zu Problemen führen. Nimmt der Nutzer nach Lektüre des § 52a eine Handlung vor, die nur deshalb illegal ist, weil § 137k die Gültigkeitsdauer der privilegierenden Norm begrenzt, so könnte der Nutzer dem Gesetz unverschuldet zuwiderhandeln. Zwar gilt für Rechtsirrtümer im Urheberrecht grundsätzlich ein strenger Verschuldensmaßstab (vgl. § 97 Rn. 63 ff.), wonach der Nutzer sich selbst über den Rechtsbestand einer Schranke vergewissern muss. Ob er aber mit einer an wenig prominenter Stelle angeordneten und bislang nur aus dem anglo-amerikanischen Rechtskreis und in der Notstandsgesetzgebung bekannten (Art. 115k GG) „Sunset-Provision" rechnen muss, erscheint zweifelhaft. Jedenfalls eine Strafbarkeit gem. § 106 Abs. 1 kommt wegen Art. 103 Abs. 2 GG nicht in Betracht, wenn der Täter auf § 52a vertraut hat.

§ 137l Übergangsregelung für neue Nutzungsarten

(1) [1]Hat der Urheber zwischen dem 1. Januar 1966 und dem 1. Januar 2008 einem anderen alle wesentlichen Nutzungsrechte ausschließlich sowie räumlich und zeitlich unbegrenzt eingeräumt, gelten die zum Zeitpunkt des Vertragsschlusses unbekannten Nutzungsrechte als dem anderen ebenfalls eingeräumt, sofern der Urheber nicht dem anderen gegenüber der Nutzung widerspricht. [2]Der Widerspruch kann für Nutzungsarten, die am 1. Januar 2008 bereits bekannt sind, nur innerhalb eines Jahres erfolgen. [3]Im Übrigen erlischt das Widerspruchsrecht nach Ablauf von drei Monaten, nachdem der andere die Mitteilung über die beabsichtigte Aufnahme der neuen Art der

Werknutzung an den Urheber unter der ihm zuletzt bekannten Anschrift abgesendet hat. [4]Die Sätze 1 bis 3 gelten nicht für zwischenzeitlich bekannt gewordene Nutzungsrechte, die der Urheber bereits einem Dritten eingeräumt hat.

(2) [1]Hat der andere sämtliche ihm ursprünglich eingeräumten Nutzungsrechte einem Dritten übertragen, so gilt Absatz 1 für den Dritten entsprechend. [2]Erklärt der Urheber den Widerspruch gegenüber seinem ursprünglichen Vertragspartner, hat ihm dieser unverzüglich alle erforderlichen Auskünfte über den Dritten zu erteilen.

(3) Das Widerspruchsrecht nach den Absätzen 1 und 2 entfällt, wenn die Parteien über eine zwischenzeitlich bekannt gewordene Nutzungsart eine ausdrückliche Vereinbarung geschlossen haben.

(4) Sind mehrere Werke oder Werkbeiträge zu einer Gesamtheit zusammengefasst, die sich in der neuen Nutzungsart in angemessener Weise nur unter Verwendung sämtlicher Werke oder Werkbeiträge verwerten lässt, so kann der Urheber das Widerspruchsrecht nicht wider Treu und Glauben ausüben.

(5) [1]Der Urheber hat Anspruch auf eine gesonderte angemessene Vergütung, wenn der andere eine neue Art der Werknutzung nach Absatz 1 aufnimmt, die im Zeitpunkt des Vertragsschlusses noch unbekannt war. [2]§ 32 Abs. 2 und 4 gilt entsprechend. [3]Der Anspruch kann nur durch eine Verwertungsgesellschaft geltend gemacht werden. [4]Hat der Vertragspartner das Nutzungsrecht einem Dritten übertragen, haftet der Dritte mit der Aufnahme der neuen Art der Werknutzung für die Vergütung. [5]Die Haftung des anderen entfällt.

Übersicht

I. Allgemeines

1. Sinn und Zweck

1 Bis zum 31.12.2007 enthielt das UrhG in § 31 Abs. 4 a.F. das zwingende Verbot für den Urheber, Rechte an unbekannten Nutzungsarten einzuräumen.

Das hatte allerdings zur Folge, dass nach Bekanntwerden einer neuen Nutzungsart die Verwertung entgegen den Interessen der Urheber, der Verwerter und der Allgemeinheit nicht stattfand, weil ein Nacherwerb der Rechte zu komplex war (eingehend vgl. § 31a Rn. 6 ff.). Für Neuverträge ab dem 01.01.2008 hat der Gesetzgeber § 31 Abs. 4 durch § 31a ersetzt (vgl. § 31a Rn. 1). Für Altverträge vom 01.01.1966 bis zum 31.12.2007 wurde § 137l eingeführt, um „die in zahlreichen Archiven ruhenden Schätze" endlich neuen Nutzungsarten „problemlos" zugänglich zu machen (RegE 2. Korb – BT-Drucks. 16/1828, S. 22). Damit sind vor allem – aber nicht nur – die Archive der Rundfunkanstalten gemeint, die über das Internet auf individuellen Abruf zugänglich gemacht werden sollen. § 137l Abs. 1 S. 1 enthält eine gesetzliche Regelung zur **ergänzenden Vertragsauslegung**, ob ein nachträglicher Erwerb der Rechte an unbekannten Nutzungsarten durch den Vertragpartner des Urhebers interessengerecht ist; in diesem Fall kommt eine **Einräumungsfiktion** zur Anwendung (die vom RegE a.a.O. benutzte Terminologie „Übertragungsfiktion" erscheint unpassend, weil es um eine Einräumung geht); sie sollte relativ **großzügig ausgelegt** werden, damit der vom RegE geforderte „problemlose" Zugang gewährleistet ist. Um den Urheber zu schützen, enthält § 137l allerdings ein Widerspruchsrecht des Urhebers, das durch eine Befristung, verschiedene Erlöschens- bzw. Entfallensgründe sowie durch Treu und Glauben eingeschränkt wird. Der Bundesrat hat gegen § 137l verfassungsrechtliche Bedenken aus **Art. 14 GG** wegen Enteignung des Urhebers erhoben (StellungN BR 2. Korb – BT-Drucks. 16/1828, S. 44; auch *Schulze* UFITA 2007, 641, 646 ff.), die aber nicht durchgreifen, weil der Urheber angemessen vergütet werden muss (Abs. 5; vgl. Rn. 33 ff.) und ferner ein eingeschränktes Widerspruchsrecht erhält (gl.A. wegen unechter Rückwirkung *Spindler/Heckmann* ZUM 2006, 620, 624). Auch der Einwand, die Einräumungsfiktion sei nicht das mildeste Mittel, weil es an einer Verknüpfung von tatsächlicher Ausübung und Zuweisung fehle (so *Spindler/Heckmann* ZUM 2006, 620, 623 f.), greift nicht durch. Gegen eine fehlende Ausübung ist der Urheber nach § 41 hinreichend geschützt (vgl. Rn. 18).

2.   Früheres Recht

§ 137l gilt ausdrücklich nur für Verträge, die ab dem 01.01.1966 abgeschlossen wurden. Insoweit sind auch DDR-Altverträge aus diesem Zeitraum erfasst (vgl. § 31a Rn. 11). Dass Verträge vor 1966 ausgenommen sind, ist kein Redaktionsversehen; vielmehr sollten Verträge vor dem 01.01.1966 nicht geregelt werden, weil für sie § 31 Abs. 4 a.F. niemals galt (RegE 2. Korb – BT-Drucks. 16/1828, S. 33 f.). Zu Verträgen vor 1966 und unbekannten Nutzungsarten vgl. § 31a Rn. 5; zu § 31 Abs. 5 und Altverträgen über unbekannte Nutzungsarten vgl. § 31 Rn. 172 ff. **2**

3.   EU-Recht und internationales Recht

Die Situation der Erwerbsfiktion für Rechte an unbekannte Nutzungsarten ist in der **EU** einzigartig, weil bislang kein EU-Land ein bestehendes Verbot für den Erwerb von Rechten an unbekannten Nutzungsarten wieder abgeschafft hat. Irgendwelche EU-Vorgaben gibt es deshalb nicht. Auch **internationale Konventionen** schweigen zu der konkreten Frage. **3**

Internationalprivatrechtlich ist § 137l genauso anzuknüpfen wie vorher § 31 Abs. 4 a.F.. Denn der deutsche Gesetzgeber wollte § 137l als Entsprechung zu § 31 Abs. 4 schaffen. **§ 137l kommt also nur zur Anwendung, wenn auch § 31** **4**

Abs. 4 a.F. greift. Damit sind die bislang kontrovers diskutierten Fälle weitgehend entschärft, ob § 31 Abs. 4 a.F. auch bei nach ausländischem Recht zulässigem Erwerb der Rechte an unbekannten Nutzungsarten Anwendung findet (sehr str.; dazu vgl. § 31a Rn. 14; vgl. Vor §§ 120 ff. Rn. 88). Weiteres zur "Wesentlichkeit" einer Rechtseinräumung nach ausländischem Vertragsstatut vgl. Rn. 14. Allerdings bedeutet eine Anwendung des § 137l i.V.m. § 31 Abs. 4 a.F., dass zu Gunsten des Urhebers ein Widerspruchsrecht besteht. Der **Anspruch auf angemessene Vergütung** gem. § 137l Abs. 5 ist nicht gesondert nach § 32b anzuknüpfen. S. 2 ordnet lediglich eine Anwendung von § 32 Abs. 2 und 4, nicht jedoch von § 32b an; auch § 32c Abs. 1 und 2, denen § 137l Abs. 5 nachgebildet ist (RegE 2. Korb – BT-Drucks. 16/1828, S. 34), enthält keinen Verweis auf § 32c.

II. Tatbestand

1. Rechtserwerb nach Abs. 1 S. 1

5 **a) Vertrag über Einräumung mit einem anderen:** In Betracht kommen alle Arten von Verträgen, z.B. Verlagsverträge, Wahrnehmungsverträge mit Verwertungsgesellschaften (aber vgl. Rn. 16), Arbeitsverträge (vgl. § 31a Rn. 18 ff.). Nach dem Wortlaut muss eine Rechtseinräumung stattgefunden haben; bloße **Verpflichtungen** sollten aber ebenfalls genügen, weil von Rechtstreue des Urhebers und damit einer späteren Einräumung auszugehen ist. Auch Optionsverträge (vgl. Vor §§ 31 ff. Rn. 311 ff.), die lediglich schuldrechtliche Verpflichtungen für den Urheber begründen, können also unter § 137l fallen. Erwägenswert erscheint es ferner, § 137l Abs. 1 S. 1 analog auch auf **Vergütungsansprüche** von Verwertern anzuwenden, die an Ausschüttungen der Verwertungsgesellschaften an Urheber beteiligt sind, wenn der Verwertungsgesellschaft die vormals unbekannten Rechten zugeschlagen werden (vgl. Rn. 16).

6 **b) Durch den Urheber:** Die Vorschrift ist nach ihrem Wortlaut auf Rechtseinräumungen eines Urhebers beschränkt. Darüber hinaus sollte § 137l analog aber auch auf die Leistungsschutzrechte **einfaches Lichtbild** (§ 72) und **wissenschaftliche Ausgaben** (§ 70) anwendbar sein. Denn § 72 Abs. 1 bzw. § 70 Abs. 1 ordnen eine vollständige Gleichstellung mit Werken nach § 2 durch einen kompletten Verweis auf den ersten Teil des UrhG an, wozu auch § 31 Abs. 4 a.F. gehörte, § 137l aber nicht. Es dürfte ein Redaktionsversehen vorliegen. Auf **andere Leistungsschutzrechte** fand schon § 31 Abs. 4 a.F. gar keine Anwendung (vgl. § 31a Rn. 19), so dass keine analoge Anwendung angezeigt ist. Damit kann § 137l bei Werken, an denen Leistungsschutzrechte entstanden sind, nur sehr begrenzt dazu beitragen, die Archive zu heben, wenn der Nutzungsberechtigte – trotz fehlenden Verbotes, vgl. § 31a Rn. 8 – versäumt hat, die Rechte an unbekannten Nutzungsarten von den Leistungsschutzberechtigten zu erwerben. Auf **Lizenzverträge zwischen Nutzungsberechtigten** findet § 137l gem. Abs. 2 Anwendung (vgl. Rn. 31 f.).

7 **c) Einräumung zwischen dem 01.01.1966 und dem 01.01.2008:** § 137l greift nur, wenn es sich um eine Einräumung unter Geltung des § 31 Abs. 4 a.F. handelt. Dieses Verbot, Rechte an unbekannten Nutzungsarten gem. § 31 Abs. 4 a.F. einzuräumen, galt erst unter dem UrhG ab dem 01.01.1966 (§ 132 Abs. 1 S. 1), und § 137l soll nur dessen Folgen abmildern. Davor war eine Einräumung unter LUG und KUG grundsätzlich möglich, auch wenn dies durch die Zweckübertragungslehre erschwert wurde (vgl. Rn. 6 ff.; vgl. § 31 Rn. 172 ff.). Wird ein vor dem 01.01.1966 geschlossener Vertrag danach geändert, unterfällt der Vertrag nur dann § 137l, wenn die **Modifizierung** auch den materiellen Umfang der Werknutzung betrifft (OLG Hamburg ZUM 2005, 833, 837 – *Yacht-Archiv*, für § 31 Abs. 4 a.F.). Wenn bei einem laufenden Filmabonnementvertrag eine jährliche Übersendung von sog. Freigabedokumenten mit **Bestätigung** der unbeschränkten **Nutzung** erfolgt, ist auf das jeweilige Datum der Bestätigung abzustellen (OLG Köln MMR 2003, 338 – *Filmmusik*).

Jedoch dürfte es sich um einen Redaktionsfehler handeln, soweit auch Verträge **8** einbezogen werden, die bis zum 01.01.2008 abgeschlossen wurden. § 31 Abs. 4 a.F. galt nur bis zum 31.12.2007, so dass § 137l auch nur für **Verträge bis zum 31.12.2007** gelten kann.

d) Einräumung ausschließlich sowie zeitlich und räumlich unbegrenzt: Der **9** Vertragspartner muss Inhaber **ausschließlicher Rechte** sein (vgl. § 31 Rn. 91 ff.). Allerdings ist unklar, ob die Ausschließlichkeit unbegrenzt gewährt sein muss. Der Wortlaut setzt das nicht zwingend voraus (genauso: *Schulze* UFITA 2007, 641, 691; a.A. *Spindler/Heckmann* ZUM 2006, 620, 627; dem folgend *Langhoff/Oberndörfer/Jani* ZUM 2007, 593, 599; wohl ebenfalls *Sprang/Ackermann* K&R 2008, 7, 10). Das hat beispielsweise für die Vermutungsregeln des § 38 Bedeutung, soweit danach zeitlich begrenzte Ausschließlichkeitsrechte des Verlegers begründet werden. Es wäre nicht mit dem Regelungszweck des § 137l vereinbar, die Archive zu heben (vgl. Rn. 1), wenn ein Verleger einer periodischen Sammlung (z.B. juristische Fachzeitschrift) nach § 38 Abs. 1 S. 1 wegen der zeitlich begrenzten Ausschließlichkeit von der Möglichkeit ausgeschlossen wäre, dass er den Artikel in ein Internetarchiv einstellt. Allerdings erwirbt der Verleger dann nur einfache Rechte gem. § 137l.

Im Hinblick auf die weitere Forderung des § 137l Abs. 1 S. 1, dass die Rechte **10** „zeitlich und räumlich unbegrenzt" eingeräumt sein müssen, verwendet der Gesetzestext Begriffe, die offen sind, insb. für eine Auslegung nach der Zweckübertragungslehre. Im Hinblick auf die **fehlende zeitliche Begrenzung** muss genügen, wenn die Rechte bis zum Ablauf der Schutzfrist vergeben sind. Auch kürzere Zeiträume, die sich bei „zeitlich unbegrenzter" Einräumung aus der Zweckübertragungslehre ergeben (vgl. § 31 Rn. 147 f.), sind unschädlich. Die Einräumung darf aber nicht vorzeitig (ordentlich) kündbar sein, weil dann keine zeitlich unbegrenzte Einräumung vorliegt. **Räumlich unbegrenzt** umfasst in jedem Fall ein weltweites Recht; ansonsten schließen Reduzierungen unbegrenzter Einräumungen durch die Zweckübertragungslehre (vgl. § 31 Rn. 145 f.) die Anwendbarkeit von § 137l nicht aus. Dasselbe muss für Einräumungen gelten, die von vornherein ausdrücklich auf das lauten, was nach Reduzierung durch die Zweckübertragungslehre übrig bliebe (*Schulze* UFITA 2007, 641, 689). Für ein deutschsprachiges Buch genügt also eine Rechtseinräumung für Deutschland, Österreich und die Schweiz. Eine bloße Einräumung für das Inland genügt indes für eine räumlich unbegrenzte Einräumung schon nach dem Wortlaut nicht (a.A. *Berger* GRUR 2005, 907, 911).

e) Einräumung aller wesentlichen Nutzungsrechte: Die Bestimmung ist werk- **11** bezogen zu verstehen. Es kommt bei Werken, die eine Gesamtheit von Rechten umfassen (vgl. Rn. 30), nicht darauf an, ob der Vertragspartner des Urhebers auch alle übrigen „wesentlichen" Rechte hat. Eine Fernsehanstalt, die vom Filmregisseur alle wesentlichen Rechte nach § 89 Abs. 1 erworben hat, kann sich gegenüber dem Regisseur auf § 137l Abs. 1 berufen, auch wenn sie die wesentlichen Stoffrechte nicht hat.

12 Ansonsten ist hier lediglich klar, dass der andere nicht alle Rechte vom Urheber erworben haben muss (*Spindler/Heckmann* ZUM 2006, 620, 624). Über die Auslegung dieses Tatbestandsmerkmals herrschte schon im Gesetzgebungsverfahren für den 2. Korb Unklarheit. Der RegE stellt darauf ab, ob im konkreten Einzelfall diejenigen Rechte eingeräumt wurden, die für eine umfassende Verwertung nach dem jeweiligen Vertragszweck notwendig sind (RegE 2. Korb – BT-Drucks. 16/1828, S. 33). Der Bundesrat fragte sich in seiner Gegenäußerung, ob damit alle denkbaren Verwertungsformen eines Werkes oder aber lediglich solche in Bezug auf einen bestimmten Verwertungszweck gemeint sind (a.a.O., S. 44). Die Auslegungsfrage lässt sich beantworten, wenn auf den Regelungszweck des § 137l Abs. 1 abgestellt wird: es geht um einen **gesetzlich geregelten Fall ergänzender Vertragsauslegung** und ob es interessengerecht ist, einem Verwerter auch noch die Rechte an unbekannten Nutzungsarten zuzuschlagen. Das erfordert eine **Einzelfallbetrachtung**, ob die Rechte „wesentlich" sind, die ganz bewusst der Konkretisierung durch die Rechtsprechung überlassen wurde. Die Betrachtung erfolgt „ex ante" (*Spindler/Heckmann* ZUM 2006, 620, 624), also auf den Zeitpunkt des Vertragsschlusses. Mit Rücksicht auf den Regelungszweck erfordert „wesentlich", dass die Rechte an der unbekannten Nutzungsart eine nach dem im Vertrag enthaltenen Regelungsplan **logische Ergänzung der bereits erworbenen Rechte** sind. Die an das Institut der ergänzenden Vertragsauslegung angelehnte Kontrollfrage lautet: Hätte der Urheber die bei Vertragsschluss unbekannte Nutzungsart dem Vertragspartner eingeräumt, wenn es § 31 Abs. 4 a.F. nicht gegeben hätte? Insb. ist auf die **Qualität und die Quantität des erworbenen Rechtekatalogs** abzustellen und weniger auf den dahinter oft zurück bleibenden Vertragszweck (vgl. § 31 Rn. 126 ff.). Logische Ergänzung erfordert keine Substitution von bekannten Nutzungsarten durch die neue Nutzungsart (ähnlich StellungN BR 2. Korb – BT-Drucks. 16/1828, S. 44), weil bei einer Substitution im Regelfall gar keine neue Nutzungsart vorliegt (vgl. § 31a Rn. 30 ff.). Eine Konkurrenzsituation und damit sogar eine Enthaltungspflicht des Urhebers im Hinblick auf die neue Nutzungsart (zu Enthaltungspflichten vgl. Vor §§ 31 ff. Rn. 45 ff.) sind nicht zwingend erforderlich (zu eng deshalb: *Schulze* UFITA 2007, 641, 687), weil es auch ohne Konkurrenzsituation nahe liegend sein kann, dass die Parteien ohne das Verbot des § 31 Abs. 4 die Rechte an der unbekannten Nutzungsart eingeräumt hätten. Liegt eine neue Nutzungsart trotz substituierender Wirkung vor, spricht das aber indiziell für eine Anwendung des § 137l. Die Betrachtung des Rechtekatalogs muss **nach verschiedenen Branchen differenzieren**, wie wir nachfolgend aufzeigen:

13 Erfasst der Rechtekatalog **alle** für die bekannte Nutzung **relevanten Branchen**, erwirbt der Vertragspartner alle neuen relevanten Nutzungsrechte (ähnlich *Berger* GRUR 2005, 907, 910: Unschädlich ist das Fehlen einzelner Nebenrechte). Wenn ein Autor einer juristischen Dissertation an den Verlag die Rechte für die Nutzung als Print-Normalausgabe sowie für die bekannten elektronischen Offline- und Online-Medien eingeräumt hat, werden dem Verlag sämtliche später bekanntwerdenden relevanten Nutzungsrechte zugeschlagen. Unerheblich ist, dass das Recht zur Blindenausgabe oder der Verfilmung nicht eingeräumt sind, weil diese Rechte regelmäßig nicht relevant für die Verwertung einer juristischen Dissertation sind. Das Gleiche kann für einen Baufachverlag angenommen werden, dem zwar alle relevanten Rechte, aber nicht die (irrelevanten) Hörbuchrechte gewährt wurden. Die regelmäßige Einräumung der Rechte im Arbeitsverhältnis (vgl. § 43 Rn. 27 ff.) sollte danach ebenfalls unter § 137l fallen.

Der Urheber kann aber auch **nach Branchen getrennte wesentliche Rechte** **14** vergeben bzw. zurückbehalten haben. Dann werden die Rechte an unbekannten Nutzungsarten branchenspezifisch verteilt, so wie sie die bekannten Nutzungsarten logisch ergänzen. Indizielle Bedeutung zu Gunsten der Wesentlichkeit sollte es haben, wenn nach der heute geübten Vertragspraxis der Rechtekatalog üblicherweise die zwischenzeitlich bekannt gewordene Nutzungsart umfasst. Folgendes sollte im Regelfall für die wichtigsten seit 1966 bekannt gewordenen neuen Nutzungsarten gelten: Für **Filmverträge** gewähren die Vermutungsregeln der §§ 88 Abs. 1, 89 Abs. 1 die wesentlichen filmischen Rechte, nicht aber außerfilmische Rechte wie Charakter-Merchandising, so dass der Filmhersteller dann die dazugehörigen unbekannten filmischen Nutzungsrechte erwirbt (RegE 2. Korb – BT-Drucks 16/1828, S. 33). Insoweit ergänzt die neue Nutzungsart **Videogramm** gem. § 137l den Rechtekatalog, den ein Filmurheber nach § 89 Abs. 1 in Verträgen von 1966 bis Mitte/Ende der 1970iger Jahre (vgl. § 31a Rn. 47) an einen Filmhersteller eingeräumt hat. Unschädlich ist, wenn der Filmhersteller das Remakerecht gem. §§ 88 Abs. 2, 89 Abs. 2 nicht erwirbt (RegE 2. Korb – BT-Drucks 16/1828, S. 33), weil sich der Nacherwerb nach § 137l nur auf den einen hergestellten Film bezieht (genauso *Schulze* UFITA 2007, 641, 690). Die Rechteeinräumung nach § 88 Abs. 1 a.F. für Verträge bis zum 30.06.2002 war jedoch enger und differenzierte nach dem Primärzweck des Films (vgl. § 88 Rn. 9 ff.; anders bei § 89, str., vgl. § 89 Rn. 4, 40); Fernsehanstalten erwarben danach Videorechte noch nicht einmal dann, wenn sie schon bekannt waren. Da § 137l jedoch den Zweck verfolgt, die Schätze in den Archiven gerade der Rundfunkanstalten zu heben (vgl. Rn. 1), muss hier § 88 Abs. 1 a.F. überwunden und ein Rechteerwerb über § 137l möglich werden (a.A. wohl *Kreile* ZUM 2007, 682, 686), soweit der Urheber nicht anderweitig verfügt hat (vgl. Rn. 22 f.). Sofern **On-Demand** als neue Nutzungsart anzusehen ist (vgl. § 31a Rn. 41), erhält der Inhaber der Video-/DVD-Rechte den Zuschlag gem. § 137l; das gilt auch, wenn ihm Video-/DVD-Rechte bei Verträgen vor Bekanntwerden der Videonutzung lediglich über § 137l zugeschlagen werden. Auch hier gilt die vom Gesetzgeber gewollte Privilegierung der Rundfunkarchive: selbst wenn die Rundfunkanstalten Video noch nicht einmal als bekannte Nutzungsart über § 88 Abs. 1 a.F. erworben haben, werden ihnen die On-Demand-Rechte zugeschlagen, sofern der Urheber nicht die Video-/DVD-Rechte zwischenzeitlich anderweitig vergeben hat (vgl. Rn. 22 f.). **Pay-TV** (str., vgl. § 31a Rn. 37) erhält der Inhaber aller relevanten vorbekannten Fernsehrechte. Im **Musikbereich** erwirbt derjenige Rechteinhaber die **Klingeltonrechte**, der schon die Ausschnittsrechte einschließlich Bearbeitung besitzt (allerdings muss hier noch § 14 beachtet werden, zu dem § 137l keine Regelung enthält; vgl. Rn. 42). Die **Musik On Demand-Rechte** werden demjenigen zugeschlagen, der schon die Vervielfältigungs- und Verbreitungsrechte hat; dafür spricht die Substitutionswirkung, die ohnehin das Vorliegen einer neuen Nutzungsart zweifelhaft erscheinen lässt (vgl. § 31a Rn. 41). Auch die GEMA hat nach Bekanntwerden den Wahrnehmungskatalog auf On-Demand erweitert, so dass die heutige Vertragspraxis indiziell für eine Anwendung des § 137l spricht. Im **Werbebereich** ergänzt die Homepagenutzung die davor bekannten Werbeformen und unterfällt deshalb § 137 l. Für den **Pressebereich** ordnet § 137l einen Nacherwerb für früher unbekannte **Online-Zeitungen und -Zeitschriften** (vgl. § 31a Rn. 42) an, selbst wenn der Verleger nur das Printrecht für die Nutzungsart

Zeitung oder Zeitschrift erworben hat (zur Ausschließlichkeit der Verleger-rechte vgl. Rn. 9). Auch heute erwirbt ein Verleger üblicherweise Print- und Internetrecht. Der Verleger kann also sein Internet-Archiv auf § 137l stützen, was auch dem Regelungszweck (Hebung von Schätzen in Archiven, vgl. Rn. 1) entspricht. Auch das **Offline-Recht** (z.B. **CD-Rom** mit Recherchefunktion) sollte davon umfasst sein. Im **Buchverlag** kann die Internetnutzung eine neue Nutzungsart sein; sofern sie das eingeräumte bekannte relevante Buchverlagsgeschäft logisch ergänzt, wird sie dem Buchverleger zugeschlagen. Das Gleiche gilt für eBooks (vgl. § 31a Rn. 42). Wenn ein Verleger aber nur die Rechte für die Buchnormalausgabe hat, jedoch die Taschenbuchrechte noch beim Urheber liegen bzw. anderweitig durch den Urheber eingeräumt sind, kommt eine Ergänzung mangels Wesentlichkeit der Rechte nicht in Betracht. Die Online-**Volltextsuche in digitalisierten Büchern** zur Bewerbung von gedruckten Büchern ist schon keine neue Nutzungsart (vgl. § 31a Rn. 42), ja noch nicht einmal eine eigenständige Nutzungsart nach § 31 Abs. 1 (vgl. § 31 Rn. 156), so dass sie nicht nach § 137l erworben werden muss. Wer ein **Photo** einfach nur für eine bestimmte Buchausgabe nutzen darf, kann sich nicht auf § 137l berufen. Anderes kann gelten, wenn die Rechte alle relevanten Nutzungsarten umfassen.

15 Ob der Vertragspartner auch die **Bearbeitungsrechte** erworben hat, ist dann für die Wesentlichkeit der Rechte entscheidend, wenn die neue Nutzungsart eine über § 39 Abs. 2 hinaus gehende Bearbeitung erfordert. Das gilt beispielsweise regelmäßig für die Nutzung von Musikwerken als Klingeltöne.

16 Auch **Verwertungsgesellschaften** können sich auf § 137l Abs. 1 S. 1 berufen (vgl. Rn. 5). Besondere Probleme können indes entstehen, wenn Urheber sowohl Verwertungsgesellschaften als auch Dritten Rechte einräumen. Beispielsweise Musikverlage lassen sich regelmäßig ganze Rechtekataloge einräumen, die zu einem wesentlichen Teil auch in den Wahrnehmungsverträge der Urheber mit Verwertungsgesellschaften (insb. GEMA) enthalten sind. Die GEMA erwirbt die Rechte wegen des Prioritätsgrundsatzes (vgl. § 33 Rn. 7), wenn der Urheber – was die Regel ist – vor Vertragsschluss Mitglied bei ihr war. Dennoch erhalten die Verleger einen Anteil an den GEMA-Ausschüttungen (s.a. StellungN BR 2. Korb – BT-Drucks. 16/1828, S. 44). Die wesentlichen Rechte stehen hier der Verwertungsgesellschaft zu; sie erwerben folglich auch die unbekannten Nutzungsarten, soweit die von ihnen wahrgenommen Rechte logisch ergänzt werden. Allerdings geht die Praxis der Verwertungsgesellschaften dahin, ihre Wahrnehmungsverträge bei Bekanntwerden von Nutzungsarten zu ergänzen, weshalb § 137l insoweit keine Wirkungen entfaltet (§ 137l Abs. 3). Deshalb dürfte in der Praxis § 137l für Verwertungsgesellschaften nur für bislang noch nicht bekannte Nutzungsarten relevant werden. Ob die Verwerter, z.B. Musikverlage, bei Anwendbarkeit des § 137l für die Verwertungsgesellschaft analog § 137l zumindest eine Beteiligung an der Ausschüttung der Verwertungsgesellschaft verlangen können, erscheint erwägenswert, weil sich § 137l als minus auch auf die Vergütung des anderen beziehen kann.

17 Sinn und Zweck des § 137l ist, die schädlichen Auswirkungen des § 31 Abs. 4 a.F. abzumildern und die Archive zu heben (vgl. Rn. 1). Bei **Rechteeinräumungen nach ausländischem Vertragsstatut** kann § 137l deshalb nur zur Anwendung gelangen, wenn § 31 Abs. 4 a.F. anwendbar war (str., vgl. Rn. 4). „Wesentlichkeit" der Rechte ist außerdem nur gegeben, wenn dem anderen Rechte an unbekannten Nutzungsarten eingeräumt wurden, sofern eine Einräumung nach ausländischem Recht möglich war. Ansonsten würde der Vertragspartner mehr Rechte über § 137l erwerben, als ihm nach Vertragsstatut zustehen. Dann besteht für eine ergänzende Vertragsauslegung nach § 137l kein Anlass. Diese Konstellation einer Rechteeinräumung auch für unbekannte Nutzungsarten kann insb. gegeben sein, wenn nach ausländischem Recht ein originärer Rechtserwerb oder eine vollständige Übertragung des Urheberrechts möglich ist. Beispielsweise ein originärer Urheberrechtserwerb durch einen Auftraggeber nach der US „work-for-hire"-Doktrin bringt dem Auftraggeber die Rechte an unbekannten Nutzungsarten nach US-Vertragsstatut (*Wilhelm Nordemann/Jan Bernd Nordemann* FS Schricker 70. Geb., S. 473, 480).

f) Rechtsfolge: Einräumung unbekannter Nutzungsrechte: § 137l Abs. 1 S. 1 **18** ordnet an, dass „die zum Zeitpunkt des Vertragsschlusses unbekannten Nutzungsrechte dem anderen ebenfalls eingeräumt" werden. Der **Umfang** der angeordneten Rechtseinräumung ist vom Gesetz nicht näher spezifiziert. Entscheidend ist, dass § 137l eine ergänzende Vertragsauslegung vorschreibt. Das spricht dafür, dass das Recht dem anderen in der gleichen Form wie auch schon die zuvor erworbenen bekannten Rechte zustehen soll. Mithin erhält er **ausschließliche Rechte**, wenn er bereits über ausschließliche bekannte Rechte verfügt (*Berger* GRUR 2005, 907, 911; *Schulze* UFITA 2007, 641, 692; a.A. *Spindler/Heckmann* ZUM 2006, 620, 626: nur einfache Rechte). Die Gegenauffassung übersieht, dass bei Einräumungsfiktion nur für einfache Nutzungsrechte trotz ursprünglich ausschließlicher Rechtseinräumung die Regelung des § 41 keine Anwendung finden kann und damit ein Rückfall der Rechte nach Erlöschen der Widerspruchsmöglichkeit unmöglich wäre, obwohl die ursprüngliche Rechtseinräumung § 41 unterfällt. Das hätte die merkwürdige Konsequenz, dass ein Rückruf nur für die ursprünglichen eingeräumten Rechte, nicht aber für die Rechte nach § 137l erfolgen könnte. Das ist auch wegen § 11 S. 2 zweifelhaft. Schließlich spricht für die hier vertretene Auffassung die Rechtsprechung des BGH für den parallelen Fall des § 2 Abs. 2 SchutzfristVerlG (§ 137 Rn. 6). Auch dort schweigt das Gesetz zur Frage der Ausschließlichkeit der (im Zweifel verlängerten) Rechtseinräumung, und der BGH geht zu Recht davon aus, dass eine ausschließliche Rechtseinräumung sich in einer eben solchen ausschließlichen Rechtseinräumung fortsetzt (BGH GRUR 2000, 869, 870 – *Salomé III*; BGH GRUR 1975, 495, 497 – *Lustige Witwe*; jeweils m.w.N. zur Gegenauffassung). Einfache Nutzungsrechte werden also nur zugeschlagen, wenn der Erwerbende selbst lediglich noch einfache Nutzungsrechte hat (in Fällen zeitlich begrenzter Ausschließlichkeit, vgl. Rn. 9) und deshalb § 41 generell ausgeschlossen ist.

Die branchenspezifische Differenzierung (vgl. Rn. 13 ff.) kann dazu führen, **19** dass neue Nutzungsrechte **unterschiedlich zu verteilen** sind. Vergibt ein Romanautor 1966 alle wesentlichen Buchverlagsrechte an einen Verleger, jedoch die Verfilmungsrechte nebst allen bekannten filmischen Nutzungsrechten getrennt an einen Filmhersteller, so wird dem Filmhersteller die bei Vertragsschluss unbekannte Nutzungsart Video (vgl. § 31a Rn. 38) durch § 137l Abs. 1 eingeräumt. Sofern das eBook eine unbekannte Nutzungsart war (vgl. § 31a Rn. 42), erwirbt der Verleger die Nutzungsrechte daran (RegE 2. Korb – BT-Drucks 16/1828, S. 33). **Bearbeitungsrechte** (§ 23) werden grundsätzlich nicht von § 137l gewährt; umgekehrt muss vielmehr der Verwerter über Bearbeitungsrechte verfügen, um in bestimmten Konstellation die Wesentlichkeit der Rechte darlegen zu können (vgl. Rn. 15). Geringfügige Veränderungen, z.b. Formatanpassungen für die neue Nutzungsart, sind im Rahmen des § 39 Abs. 2 zulässig.

20 § 137l erfasste in der Fassung des Referentenentwurfes dem Wortlaut nach nur diejenigen Nutzungsarten, die seit Vertragsschluss bis zum Inkrafttreten der Änderung bekannt geworden sind, nicht aber zukünftig bekannt werdende (*Schwarz/Evers* ZUM 2005, 113, 115; *Seibold* ZUM 2005, 130, 135). Die Fassung des Regierungsentwurfes stellt nunmehr klar, dass sich die Regelung auf alle bei Vertragsschluss unbekannten Nutzungsarten erstreckt.

21 Der **Rechtserwerb** erfolgt *ex nunc*, **nicht rückwirkend** zum Vertragsschluss (unklar *Frey/Rudolph* ZUM 2007, 13, 22). Nach dem Wortlaut des Abs. 1 S. 1 ist offen, an welchem Stichtag der Erwerb wirksam wird. Bei der Formulierung „sofern der Urheber nicht widerspricht“ könnte es sich entweder um eine auflösende Bedingung (dann Erwerb am 01.01.2008) oder um eine aufschiebende Bedingung (dafür *Schulze* UFITA 2007, 641, 653, 683) handeln. Eine aufschiebende Bedingung hätte zur Konsequenz, dass am 01.01.2008 bekannte Nutzungsarten erst per 03.01.2009 (vgl. Rn. 26) und ansonsten Rechte an noch nicht bekannten Nutzungsarten gar nicht erworben werden könnten. Schon das spricht gegen eine auflösende Bedingung, weil § 137l doch eine „Einräumungsfiktion“ für alle Rechte schaffen wollte. Auch ermöglicht nur eine **auflösende Bedingung**, dass die Rechte in den vielen Fällen, in denen kein Widerspruch kommt, nicht unnötig brach liegen. Mithin erfolgt der Erwerb *ex nunc* am **01.01.2008**. Vorherige Nutzungen durch den Verwerter sind rechtswidrig und lösen Ansprüche des Urhebers nach den §§ 97 ff. aus. Ferner ist dieses Datum im Hinblick auf § 41 relevant.

22 § 137l regelt nur die (zusätzliche) Rechtseinräumung und deren Vergütung. Die **übrigen vertraglichen Bestimmungen** bleiben unberührt. Das gilt zum einen für die **Ausübungspflicht** des Verwerters. Ist diese für die schon bislang eingeräumten Nutzungsrechte vereinbart (vgl. Vor §§ 31 ff. Rn. 41 ff.), gilt sie auch für die neu über § 137l erworbenen Rechte. Auch etwaige **Kündigungsrechte** (vgl. Vor §§ 31 ff. Rn. 115 ff.) bleiben bestehen, genauso **Enthaltungspflichten** für die Parteien (vgl. Vor §§ 31 ff. Rn. 45 ff.). **Bei Aufnahme der Nutzung** besteht – anders als nach § 32c Abs. 1 S. 3 für Rechtseinräumungen nach § 31a – **keine Unterrichtungspflicht** an den Urheber oder an eine in Abs. 5 benannte VerwGes (a.A. *Schulze* UFITA 2007, 641, 710: § 32c Abs. 1 S. 3 analog).

23 **g) Zwischenzeitliche Einräumung an einen Dritten (Abs. 1 S. 4):** Die Fiktion des § 137l Abs. 1 S. 1 soll nicht in bestehende Nutzungsrechtseinräumungen an Dritte eingreifen (RegE 2. Korb – BT-Drucks. 16/1828, S. 34). Damit dieser Bestandsschutz gewährt wird, muss es sich um eine **wirksame Einräumung** an einen Dritten handeln. Für Verträge vom 01.01.1966 bis zum 31.12.2007 (vgl. Rn. 7 f.) darf § 31 Abs. 4 a.F. mithin nicht entgegenstehen. Damit kann die Einräumung grundsätzlich erst nach Bekanntwerden der Nutzungsart (vgl. § 31a Rn. 43 ff.) erfolgt sein, oder es muss ein Risikogeschäft (vgl. § 31a Rn. 46) vorliegen. Etwas anderes gilt ausnahmsweise, wenn § 31 Abs. 4 wegen ausländischen Vertragsstatutes nicht galt (str., vgl. § 31a Rn. 14) oder erlaubter Weise im Arbeitsverhältnis abbedungen war (vgl. § 31a Rn. 18). Die Wirksamkeit der Einräumung bei Neuverträgen ab dem 01.01.2008 ist an § 31a zu messen. Eine wirksame Einräumung liegt nicht (mehr) vor, wenn der Einräumung durch den Urheber nach den §§ 137l widersprochen oder sie nach 31a widerrufen wurde. Für die Wirksamkeit der Rechtseinräumung ist nicht Voraussetzung, dass der Dritte eine angemessene Vergütung versprochen hat;

§ 32 und mit Einschränkungen § 32a gewähren allerdings für Neuverträge gem. § 132 Abs. 3 einen unverzichtbaren Anspruch darauf. Der Vertragspartner hat einen **Auskunftsanspruch** gegen den Urheber gem. § 242 BGB, ob und ggf. inwieweit der Urheber Rechte an Dritte eingeräumt hat.

Erfolgte die **Rechtseinräumung an den Dritten** für die früher unbekannte **24** Nutzungsart nur beschränkt, so greift die Fiktion des Rechtserwerbs des § 137l „in dem verbleibenden Umfang" (RegE 2. Korb – BT-Drucks. 16/1828, S. 34). Beispielsweise bei **einfacher Einräumung** an einen Dritten umfasst der Erwerb nach § 137l nur die beim Urheber verbliebenen Nutzungsrechte (so RegE 2. Korb – BT-Drucks. 16/1828, S. 34); dann erwirbt der andere nach § 137l ausschließliche Nutzungsrechte mit Weiternutzungsrecht des Dritten (vgl. § 33 Rn. 4 ff.). Bei **räumlich** beschränkter Einräumung erfolgt der Rechtserwerb für den nicht erfassten räumlichen Teil, bei **zeitlich** begrenzter Einräumung für die Zeit danach, bei inhaltlicher Beschränkung auf **bestimmte Nutzungsarten** für die nicht erfassten Nutzungsarten. Ein Beispiel für eine Beschränkung auf bestimmte Nutzungsarten ist die Vergabe von Rechten an einem Fachzeitschriftenaufsatz zur Nutzung auf CD-Rom mit Recherchefunktion, so dass die entsprechenden Online-Rechte noch nicht vergeben sind und § 137l unterfallen.

2. Widerspruchsrecht

a) **Widerspruchsrecht nach Abs. 1 S. 1:** Für das Widerspruchsrecht des § 137l **25** Abs. 1 S. 1 sei grundsätzlich auf die Kommentierung zum Widerrufsrecht nach § 31a Abs. 1 S. 3 verwiesen (vgl. § 31a Rn. 55 ff.); die unterschiedliche Terminologie sollte grundsätzlich ohne inhaltliche Bedeutung sein. Es gelten aber folgende **Abweichungen**: Das Widerspruchsrecht nach § 137l ist nicht für **Filmstoffurheber** oder **Filmurheber** von vornherein ausgeschlossen; §§ 88 Abs. 1 S. 2, 89 Abs. 1 S. 2 gelten nicht für § 137 l. Bei Übertragung sämtlicher Rechte auf Dritte kennt § 137l in Abs. 2 – im Gegensatz zu § 31a – eine ausdrückliche Regelung. Das Widerspruchsrecht ist nach dem Wortlaut des Abs. 1 S. 1 nicht daran gekoppelt, dass eine Nutzung tatsächlich stattfindet (a.A. *Frey/Rudolph* ZUM 2007, 13, 22). Probleme können entstehen, wenn der Vertragspartner des Urhebers den Sitz oder gar die Firmierung geändert hat. Insoweit existiert eine Nebenpflicht des Vertragspartners, den Urheber zu informieren. Unterbleibt eine Mitteilung an den Urheber schuldhaft und scheitert deshalb der Zugang des Widerspruchs, kann der Urheber insb. Schadensersatzansprüche stellen. Vor Inkrafttreten des § 137l noch im Jahr 2007 erfolgte Widersprüche sollten wirksam sein, weil sie so auszulegen sind, dass sie auf den 01.01.2008 gelten sollen.

b) **Jahresfrist für Ausübung (Abs. 1 S. 2):** Für bei Vertragsschluss unbekannte **26** Nutzungsarten, die am 01.01.2008 bekannt waren, kann der Widerspruch nur innerhalb eines Jahres erklärt werden (zur Verfassungsmäßigkeit vgl. Rn. 1). Die wichtigsten jetzt bekannten Nutzungsarten dürften sein: Video, PayTV (str.), einzelne Internetnutzungen (str.), CD-ROMs mit Zeitschriftenarchiv, Klingeltöne für Telefone (vgl. Rn. 14; vgl. § 31a Rn. 35 ff. zur Nutzungsart, vgl. § 31a Rn. 47 ff. zum Bekanntheitszeitpunkt). Die Frist läuft ab dem 01.01.2008 ein Jahr, also bis zum 01.01.2009 (Neujahr); die Regelungen des BGB zur Fristberechnung sind anwendbar, so dass gem. § 193 BGB der Widerspruch erst am 02.01.2009 ausgeübt sein muss.

27 **c) Erlöschen durch Mitteilung (Abs. 1 S. 3):** Mit Abs. 1 S. 3 gibt § 137l dem Verwerter die Möglichkeit, den Urheber zu einer Entscheidung über die Ausübung des Widerspruchs zu zwingen und für den Verwerter Klarheit zu schaffen; vgl. § 31a Rn. 63 ff. zu § 31a Abs. 1 S. 4. Die Regelung hat der Gesetzgeber parallel zu § 31a Abs. 1 S. 4 konstruiert (BeschlE RAusschuss 2. Korb – BT-Drucks. 16/5939, S. 32).

28 **d) Entfall bei Vereinbarung (Abs. 3):** Der RegE meint, § 137l Abs. 3 entspreche inhaltlich § 31a Abs. 2 (RegE 2. Korb – BT-Drucks. 16/1828, S. 34; genauer: dessen S. 1 und S. 2); deshalb zunächst vgl. § 31a Rn. 68 ff. Jedoch wirft der unterschiedliche Wortlaut über § 31a Abs. 2 hinausgehende Fragen auf. Zunächst ist unklar, ob für § 137l Abs. 3 eine bloße Einigung genügend ist, die nicht **„angemessen"** (§ 31a Abs. 2 S. 1) sein muss, zumal auch eine Einigung nach einer gemeinsamen Vergütungsregel (§ 31a Abs. 2 S. 2) nicht erwähnt wird. Jedoch ist mit dem RegE von solchen inhaltlichen Anforderungen (Angemessenheit oder nach gemeinsamer Vergütungsregel) auszugehen, weil in der Gesetzesbegründung ausdrücklich von Einigung über eine „angemessene" Vergütung die Rede ist (RegE a.a.O.), so dass ein Redaktionsfehler vorliegen dürfte. Abs. 3 läuft leer, wenn die Parteien die Nutzungsrechtseinräumung und deren Vergütung neu vereinbaren (vgl. § 31a Rn. 16); dann besteht „nur" ein Vergütungsanspruch nach § 32. Allerdings ist eine **„ausdrückliche"** Vereinbarung über die neue Nutzungsart notwendig; konkludente Vereinbarungen durch langjährige Übung (vgl. § 31 Rn. 132) reichen also nicht.

29 § 137l Abs. 3 entfaltet nur für **Vereinbarungen** Wirkung, die seit Inkrafttreten des § 137l am **01.01.2008** geschlossen wurden. Denn § 137l Abs. 3 ordnet keine Rückwirkung an, so dass für Verträge bis zum 31.12.2007 das bisherige Recht gilt. Danach muss eine Vereinbarung keine „angemessene" Vergütung enthalten, damit das Widerspruchsrecht ausgeschlossen ist, weil das Widerspruchsrecht für Verträge bis zum 31.12.2007 nicht existiert. § 32 genauso wie § 32a greift nur für bestimmte Verträge vor dem 31.12.2007 (siehe jeweils § 132 Abs. 3).

30 **e) Kein Erlöschen mit Tod des Urhebers:** Anders als § 31a Abs. 2 S. 3 ordnet der Wortlaut des § 137l nicht an, dass das Widerspruchsrecht mit dem Tod des Urhebers erlischt. Eine analoge Anwendung kommt wohl nicht in Betracht. Eine planwidrige Regelungslücke ist nicht ersichtlich. Auch enthält § 137l eine Fiktion für einen nachträglichen Rechteerwerb, ist also vor dem Hintergrund des Art. 14 GG einschränkend auszulegen (vgl. Rn. 1). Auch die Erben oder sonstige Rechtsnachfolger des Urhebers (§§ 28, 29) können damit das Widerspruchsrecht ausüben (§ 30); zur Ausübung des Widerspruchs durch Erbengemeinschaften vgl. § 28 Rn. 6.

31 **f) Mehrheit von Rechtsinhabern: Keine Ausübung wider Treu und Glauben (Abs. 4):** Grundsätzlich kann auf die Kommentierung zu § 31a Abs. 3 verwiesen werden (vgl. § 31a Rn. 72 ff.), weil auch der RegE von einer inhaltlichen Entsprechung ausgeht (RegE 2. Korb – BT-Drucks. 16/1828, S. 34). Ergänzend ist anzumerken, dass zur Gesamtheit des § 137l Abs. 4 auch Rechte an Werken gehören, die über § 137l Abs. 1 S. 1 erworben wurden. Ein Verleger kann sich also im Hinblick auf eine von ihm verlegte Zeitschrift darauf berufen, er habe gem. § 137l früher unbekannte Nutzungsrechte für die Online-Archivierung von den anderen Urhebern der Ausgabe erworben. Der Filmhersteller kann Nutzungsrechte von Filmurhebern (§ 88) oder Stoffurhebern (§ 89) einwenden, die er gem. § 137l Abs. 1 S. 1 nacherworben hat (vgl. Rn. 14). Das Interesse der Urheber im Fall eines Widerspruches nach § 137l wiegt wegen Art. 14 GG (vgl. Rn. 1) nicht etwa schwerer als nach § 31a; der Sinn und Zweck des § 137l ist es gerade, die Archive zu heben (vgl. Rn. 1), was sogar zu einer eher großzügigen Anwendung des § 137l Abs. 3 zu Gunsten anderer Rechteinhaber führt. Das gilt insb. für **Filmstoff- und Filmurheber**, die kein Widerspruchsrecht nach § 31a (wegen der §§ 88 Abs. 1 S. 2, 89 Abs. 1 S. 2), aber nach § 137l haben. Gerade die Interessen des Filmherstellers (Inhaber von Rechten nach den §§ 94, 95 bzw. 92, aber auch nach den §§ 88, 89 i.V.m. § 137l) wiegen wegen des unternehmerischen Risikos der Filmhersteller schwer (vgl. Vor §§ 88 ff. Rn.1 ff.).

g) Übertragung der Nutzungsrechte auf Dritte (Abs. 2): Nach **Abs. 2 S. 1** gilt **32** Abs. 1 zu Gunsten eines Dritten, wenn der ursprüngliche Vertragspartner sämtliche Rechte an den Dritten übertragen hat. Das erfasst auch Konstellationen, in denen eine mehrfache Übertragung stattgefunden hat, es also kein direktes vertragliches Band des Dritten mit dem Vertragspartner des Urhebers gibt. „Sämtliche Rechte" bedeutet, dass sich der ursprüngliche Vertragspartner des Urhebers aller bei ihm liegenden, die Fiktion des § 137l Abs. 1 auslösenden Rechte an den Dritten entäußert haben muss. Mithin muss sich die Entäußerung auf sämtliche „wesentlichen" Rechte nach Abs. 1 S. 1 beziehen. Ein Beispiel sind Fernsehauftragproduzenten, die regelmäßig dem Fernsehsender sämtliche von Urhebern erworbene Nutzungsrechte übertragen (vgl. Vor §§ 88 ff. Rn. 57 ff.). Nicht zwingend ist aber, dass die Entäußerung alle beim Vertragspartner liegenden Rechte erfasst. Denn § 137l Abs. 1 kann zwischen verschiedenen Branchen differenzieren und kennt deshalb mehrere parallele Situationen „wesentlicher" Rechte (vgl. Rn. 13 f.). Ein Beispiel wäre ein Filmhersteller, dem vom Verleger die wesentlichen Verfilmungsrechte (§ 88 Abs. 1) gewährt wurden, der Verleger jedoch die wesentlichen Buchrechte behalten hat. Würde § 137l Abs. 2 hier nicht greifen, könnte kein Filmhersteller, der Verfilmungsrechte vom Verleger erhalten hat, sich auf § 137l Abs. 1 S. 1 berufen. Entgegen dem Wortlaut des § 137l Abs. 2 erscheint es als gerechtfertigt, **Dritte, denen Nutzungsrechte** nicht übertragen, sondern **nur eingeräumt** werden (zur Unterscheidung vgl. Vor §§ 31 ff. Rn. 225 ff.), an Abs. 1 S. 1 partizipieren zu lassen (a.a. *Schulze* UFITA 2007, 641, 686 f, allerdings die unbefriedigende Regelung nach Wortlaut erkennend). Der Gesetzgeber ist offensichtlich bei Gebrauch des Begriffs „Übertragung" nicht immer treffsicher (zum falschen Begriff „Übertragungsfiktion" vgl. § 137l Rn. 1), so dass dem Wortlaut keine Bedeutung zukommt. Jedoch gebietet der Sinn und Zweck der Einräumungsfiktion des § 137l, sie auch auf bloße Einräumungsempfänger zu erstrecken, wenn die Einräumung für „alle wesentlichen Nutzungsrechte ausschließlich sowie räumlich und zeitlich unbegrenzt" erfolgt. Ein Beispiel wäre wiederum ein Filmhersteller, dem vom Verleger Rechte nach § 88 Abs. 1 a.F. mit Vertrag aus 2005 eingeräumt wurden; zur Anwendung des § 88 auf Verleger vgl. § 88 Rn. 25. Dritte, die **nicht „sämtliche"** Rechte erhalten, haben gegen den von der Einräumungsfiktion des § 137l Abs. 1 Begünstigten möglicherweise **Kontrahierungsansprüche** nach § 242 BGB; vgl. Vor §§ 31 ff. Rn. 278. **Rechtsfolge** des Abs. 2 S. 1 ist die Anwendung der Rechtseinräumungsfiktion des Abs. 1 S. 1 auf den Dritten. Ferner gilt das Widerspruchsrecht für den Urheber weiter, kann jedoch nur noch gegenüber dem Dritten ausgeübt werden. Auch Abs. 1 S. 2 und S. 3 entfalten nur noch gegenüber dem Dritten Wirkung, so dass der Widerspruch innerhalb der Frist des S. 2 gegenüber dem Dritten zu erklären ist und der Dritte auch die Option des S. 3 gegenüber dem Urheber hat. Ferner gelten – auch ohne gesonderte Anordnung durch Abs. 2 S. 1 – Abs. 3 und Abs. 4, weil sie auch bei Übertragung ihren Sinn nicht verlieren. In Abs. 5 findet sich eine gesonderte Regelung für die Vergütung des Urhebers bei Übertragung der Rechte auf Dritte.

33 Abs. 2 S. 2 erklärt sich aus dem Wechsel des Widerspruchsempfängers nach Abs. 2 S. 1 auf den Dritten: Der ursprüngliche Vertragspartner muss dem Urheber unverzüglich alle erforderlichen Auskünfte über den Dritten erteilen, wenn der Urheber gegenüber seinem Vertragspartner widerspricht. Denn der Widerspruch muss jetzt gegenüber dem Dritten erfolgen. Erforderliche Auskünfte sind: Mitteilung, dass übertragen wurde; die relevanten Kommunikationsdaten (mindestens Straßenadresse wegen des Interesses an einem Zugangsnachweise. Unverzüglich bedeutet ohne schuldhaftes Zögern (§ 119 Abs. 1 S. 1 BGB). Schnelleres Handeln als üblich kann insb. dann geboten sein, wenn die Frist des Abs. 1 S. 2 kurz vor dem Ablauf steht. Eine **Verletzung der Auskunftspflicht** kann Schadensersatzansprüche des Urhebers gegen seinen Vertragspartner zur Folge haben; der Umfang richtet sich nach dem Vermögensnachteil des Urhebers (vgl. § 97 Rn. 70 ff.), z.B. wenn er die Rechte nach Widerspruch gegen eine höhere Vergütung hätte vergeben können. Andere Berechnungsarten des Schadensersatzes als über den Vermögensnachteil (angemessene Lizenzgebühr, Verletzergewinn; vgl. § 97 Rn. 74 ff.) sind nicht denkbar. Ein Schadensersatzanspruch nach § 97 Abs. 2 kommt dann in Betracht, wenn der fehlende Widerspruch urheberpersönlichkeitsrechtlich relevant ist. Bei Verletzung der Auskunftspflicht ist als Rechtsfolge nicht möglich, dass der Widerspruch auch gegen den Vertragspartner gerichtet werden kann (a.A. *Schulze* UFITA 2007, 641, 707). Eine solche Rechtsfolge ist in Abs. 2 S. 2 nicht angelegt.

3. Vergütungsanspruch des Urhebers (Abs. 5)

34 Abs. 5 S. 1 enthält zunächst die generelle gesetzliche Anordnung eines Vergütungsanspruchs des Urhebers. Dafür muss eine neue Art der Werknutzung nach Abs. 1 vorliegen, mithin eine **neue Nutzungsart** (vgl. § 31a Rn. 21 ff.). Erforderlich ist ferner, dass sie im Zeitpunkt des Vertragsschlusses noch **unbekannt** war (vgl. § 31a Rn. 43 ff.). Der Verwerter muss die **Nutzung** über dies **aufgenommen** haben. Voraussetzung ist weiter, dass die Nutzungsart nunmehr bekannt ist und außerdem dass eine Nutzung tatsächlich stattfindet, also nicht nur beabsichtigt ist (*Spindler/Heckmann* ZUM 2006, 620, 630). Das weicht von § 32 Abs. 1 ab, der schon ab Nutzungsrechtseinräumung einen Vergütungsanspruch gewährt; in der Regel ist aber auch nach § 32 eine Vergütung nur bei Nutzung angemessen (vgl. § 32 Rn. 17), so dass sich in der Praxis wohl kein nennenswerter Unterschied ergibt. Für die Fiktion der Einräumung nach § 137l Abs. 1 S. 1 wird also als solche keine Vergütung gezahlt, insb. kein Vorschuss o.Ä. Auch geringfügige tatsächliche Nutzungen erfüllen den Tatbestand des Abs. 5, allerdings fällt dann der Anspruch entsprechend gering aus. Eine Unterrichtungspflicht des Verwerters besteht wegen fehlenden Verweises auf § 32c Abs. 1 S. 3 nicht. Die **Nutzung ist nicht rechtswidrig**, wenn keine Vergütung gezahlt wird; § 137l unterscheidet eindeutig zwischen der automatischen Einräumungsfiktion des Abs. 1 S. 1 einerseits und dem Vergütungsanspruch nach Abs. 5.

35 Der Urheber hat Anspruch auf eine **gesonderte** angemessene Vergütung. Die Vergütung für den Rechtserwerb nach § 137l Abs. 1 S. 1 ist also zusätzlich zur Vergütung für die Nutzung in bekannten Nutzungsarten zu zahlen. Bei Vertragsschluss vereinbarte Pauschalhonorare beziehen sich grundsätzlich nicht auf unbekannte Nutzungsarten, weil es um Altverträge geht, für die § 31

Abs. 4 a.F. galt (vgl. Rn. 6 ff.). Ein sehr hohes Pauschalhonorar kann allerdings die **Höhe** der gesonderten angemessenen Vergütung beeinflussen. Abs. 5 S. 2 verweist für die Höhe der angemessenen Vergütung auf § **32 Abs. 2 und 4** (vgl. § 32 Rn. 33 ff.; vgl. § 32 Rn. 26 ff.).

Die **Verwertungsgesellschaftspflichtigkeit** des Vergütungsanspruchs (Abs. 5 S. 3) **36** hat erst der Rechtsausschuss des Bundestages eingeführt. Damit sollte gewährleistet werden, dass „in jedem Fall die Nutzung des Werkes in einer neuen Nutzungsart vergütet wird" (StellungN RAusschuss 2. Korb – BT-Drucks. 16/5939, S. 46). Die Verwertungsgesellschaft kann die Vergütung auch fordern, wenn der Urheber nicht auffindbar ist (BeschlE RAusschuss a.a.O.). Die Bindung an Verwertungsgesellschaften hat den Vorteil, dass über systematische Musterprozesse – anders als bislang – relativ schnell geklärt werden wird, ob eine neue Nutzungsart vorliegt und ab wann genau sie bekannt ist (*Wilhelm Nordemann/ Jan Bernd Nordemann* GRUR 2003, 947). Allerdings ist Abs. 5 S. 3 gegenüber Vereinbarungen des Urhebers nach Bekanntwerden der Nutzungsart nachgiebig (vgl. Rn. 39). Die Verwertungsgesellschaften werden ihre Wahrnehmungsverträge mit Urhebern um Vergütungsansprüche nach § 137l erweitern müssen; es genügen aber pauschale Formulierungen wie „Vergütungsansprüche nach § 137l Abs. 5 wahrzunehmen".

Zum Übergang der Haftung auf Dritten nach Übertragung (**S. 4**) und zum **37** Entfall der Haftung (**S. 5**) vgl. § 32a Rn. 28 ff. Durch die Vergütungspflicht des Dritten nach Abs. 5 S. 4 und S. 5 ist denkbar, dass der Dritte zweimal vergüten muss: an seinen Vertragspartner aus Vertrag und an den Urheber aus Abs. 5 (*Sprang/Ackermann* K&R 2008, 7, 10). Das gilt jedenfalls dann, wenn der Vertragspartner des Dritten auch an der Nutzung der früher unbekannten Nutzungsart beteiligt ist. Ansonsten kann das Problem nicht auftreten, weil sich eine Pauschalvergütung nicht auf Rechte beziehen kann, die bei Vertragsschluss noch nicht an den Dritten übertragen werden konnten. Bei doppelter Vergütung durch Einführung des § 137l Abs. 5 liegt eine Anpassung des Vertrages des Dritten nahe, § 313 BGB (ferner vgl. Vor §§ 31 ff. Rn. 100 ff.).

4.　Zwingender Charakter des § 137l?

137l enthält keine Regelung dazu, ob und inwieweit er zwingend ist. Der **38** **automatische Rechteerwerb nach Abs. 1 S. 1** kann durch Parteivereinbarung ausgeschlossen werden; ein zwingender Charakter ist nicht ersichtlich. Das **Widerspruchsrecht** des Abs. 1 S. 1 sollte ebenfalls nachgiebig sein (a.A. *Schulze* UFITA 2007, 641, 704). Anders als § 31a Abs. 4 enthält § 137l keine anders lautende Regel. Vielmehr sollte ein Ausschluss des Widerspruchsrechts wie eine Vereinbarung nach Abs. 3 behandelt werden. Ohnehin kann der 3-Monats-Zeitraum des Abs. 1 S. 3 durch Vereinbarung verkürzt werden (vgl. § 31a Rn. 77). Abweichend von Abs. 3 können die Parteien vereinbaren, dass auch nach einer ausdrücklichen Vereinbarung das Widerspruchsrecht gilt. Abs. 4 kann ebenfalls abbedungen werden; dafür ist allerdings die Zustimmung sämtlicher betroffener und von Abs. 4 geschützter Rechteinhaber erforderlich.

Der **Vergütungsanspruch** (Abs. 5) sollte indes grundsätzlich unverzichtbar **39** sein; das gilt trotz des fehlenden Verweises in § 137l Abs. 5 S. 2 auf § 32 Abs. 3 auch für die Angemessenheit der Vergütung. Alles andere würde Wertungswidersprüche mit § 32 Abs. 3 hervorrufen: Es erschiene jedenfalls als merkwürdig, eine ausdrückliche neue Einräumung für früher unbekannte, jetzt aber bekannte Nutzungsarten an den unverzichtbaren Anspruch nach

§ 32 zu koppeln, den Rechterwerb durch gesetzliche Fiktion gem. § 137l jedoch keinem unverzichtbaren Anspruch auf angemessene Vergütung zu unterstellen. Neben § 11 S. 2 käme in einem solchen Fall auch eine Verletzung von Art. 14 GG durch die Möglichkeit eines kostenlosen Rechtserwerbs kraft Gesetz in Betracht. Allerdings können die Parteien die **Verwertungsgesellschaftsplicht** abbedingen (wohl auch *Schulze* UFITA 2007, 641, 709; a.A. *Kreile* ZUM 2007, 682, 686); die Vergütungsansprüche sind auch individuell wahrnehmbar. Über dies hat der Rechtsausschuss die Pflicht nur eingeführt, um auch in Fällen nicht auffindbarer Urheber (einschließlich streitiger Fälle, ob Urheber auffindbar war) eine Vergütung sicher zu stellen (BeschlE RAusschuss 2. Korb – BT-Drucks. 16/5939, S. 46). Schließlich wäre es ein fragwürdiges Ergebnis, wenn der Urheber mit seinem ursprünglichen Vertragspartner nur verwertungsgesellschaftspflichtige Vergütungen, der Urheber mit jedem Dritten aber auch individuell einforderbare Vergütungen verabreden kann. Ebensowenig kann der Gesetzgeber gewollt haben, dass der Urheber immer erst widersprechen muss, um eine verwertungsgesellschaftsfreie Vergütung mit dem von § 137l Begünstigten verabreden zu können (so in der Tat wenig überzeugend *Schulze* UFITA 2007, 641, 656). Ein solcher Widerspruch wäre für am 01.01.2008 bekannte Nutzungsarten gar nur bis zum 02.01.2009 möglich. Es macht wenig Sinn, dem Urheber ein Jahr lang die Möglichkeit zu geben, die Verwertungsgesellschaftpflichtigkeit zu vermeiden, ihn danach aber an die VGen zu binden. Die Verwertungsgesellschaftpflicht kann auch konkludent abbedungen sein, etwa wenn die Parteien Zahlung der Vergütung an den Urheber vereinbaren. Wegen § 137l Abs. 5 S. 3 ist jedoch im Zweifel von einer Vereinbarung auszugehen, mit der Nutzungsrechte eingeräumt werden, jedoch die Vergütung über VGen läuft.

40 Nach Bekanntwerden der Nutzungsart (vgl. Rn. 27 f.) können die Parteien eine **Vereinbarung** gem. §§ 31 ff. treffen, ohne dass gem. § 137l ein Widerspruchsrecht des Urhebers oder ein Vergütungsanspruch (wohl aber nach § 32) bestünden.

III. Prozessuales

41 Zunächst vgl. § 31a Rn. 81. Der Urheber und der andere haben ein berechtigtes Feststellungsinteresse, ob die Voraussetzungen für den Rechtserwerb nach § 137l Abs. 1 S. 1 vorliegen, so dass eine **Feststellungsklage** möglich ist. Auf die gesetzliche Fiktion des Abs. 1 S. 1 können sich zur Begründung ihrer **Aktivlegitimation** nicht nur der Vertragspartner des Urhebers, sondern auch sämtliche Dritte berufen, die ihre Rechte vom Vertragspartner des Urhebers ableiten. Von den gesetzlichen Regeln des § 137l **abweichende Vereinbarungen** (vgl. Rn. 38 f.) hat derjenige darzulegen und ggf. zu beweisen, der sich darauf beruft.

IV. Verhältnis zu anderen Vorschriften

42 Die §§ 31 ff. gelten für gesonderte Nutzungsrechtseinräumungen nach Bekanntwerden der Nutzungsart; § 137l greift nur, wenn keine gesonderte Einräumung vorliegt (zur Abgrenzung vgl. § 31a Rn. 20). § 137l lässt die Vorschriften zu Urheberpersönlichkeitsrechten nach den §§ **12 bis 14** unberührt. Insoweit gilt nicht anderes als für die §§ **88, 89** (vgl. § 89 Rn. 72 ff.). Deshalb ist eine entstellende Nutzung in einer neuen Nutzungsart urheberrechtswidrig, wenn kein ausreichendes vertragliches Entstellungsrecht gewährt wurde. Die

§§ 41, 42 sind auf die Einräumungsfiktion anwendbar, § 41 allerdings nur, soweit auch ausschließlich Rechte zugeschlagen wurden; relevant für § 41 ist der 01.01.2008, weil die Fiktion auf diesen Zeitpunkt wirkt (vgl. Rn. 21); die Nutzungsart muss allerdings bekannt sein, sonst kann keine mangelnde Ausübung nach § 41 gegeben sein. Gem. § 90 ist allerdings im Filmbereich ein Rückruf grundsätzlich ausgeschlossen. Liegen die Voraussetzungen des § 137l zu Gunsten eines Verwerters nicht vor, ist eine Verpflichtung des Urhebers zur Rechtseinräumung nach § 242 BGB nach Bekanntwerden der Nutzungsart möglich (im Einzelnen vgl. Vor §§ 31 ff. Rn. 94 ff.). Allerdings ist eine Verpflichtung nach § 242 BGB ausgeschlossen, wenn ein anderer Verwerter die Wirkungen des § 137l für sich im Hinblick auf das streitige Nutzungsrecht in Anspruch nehmen kann. Zum früheren Recht nach LUG und KUG vgl. § 31a Rn. 5 ff.

Abschnitt 3   Schlussbestimmungen

§ 138   Register anonymer und pseudonymer Werke

(1) Das Register anonymer und pseudonymer Werke für die in § 66 Abs. 2 Satz 2 vorgesehenen Eintragungen wird beim Patentamt geführt. Das Patentamt bewirkt die Eintragungen, ohne die Berechtigung des Antragstellers oder die Richtigkeit der zur Eintragung angemeldeten Tatsachen zu prüfen.

(2) Wird die Eintragung abgelehnt, so kann der Antragsteller gerichtliche Entscheidung beantragen. Über den Antrag entscheidet das für den Sitz des Patentamts zuständige Oberlandesgericht durch einen mit Gründen versehenen Beschluss. Der Antrag ist schriftlich bei dem Oberlandesgericht einzureichen. Die Entscheidung des Oberlandesgerichts ist endgültig. Im Übrigen gelten für das gerichtliche Verfahren die Vorschriften des Gesetzes über die Angelegenheiten der freiwilligen Gerichtsbarkeit entsprechend. Für die Gerichtskosten gilt die Kostenordnung; die Gebühren richten sich nach § 131 der Kostenordnung.

(3) Die Eintragungen werden im Bundesanzeiger öffentlich bekannt gemacht. Die Kosten für die Bekanntmachung hat der Antragsteller im Voraus zu entrichten.

(4) Die Einsicht in das Register ist jedem gestattet. Auf Antrag werden Auszüge aus dem Register erteilt.

(5) Der Bundesminister der Justiz wird ermächtigt, durch Rechtsverordnung
1. Bestimmungen über die Form des Antrags und die Führung des Registers zu erlassen,
2. zur Deckung der Verwaltungskosten die Erhebung von Kosten (Gebühren und Auslagen) für die Eintragung, für die Ausfertigung eines Eintragungsscheins und für die Erteilung sonstiger Auszüge und deren Beglaubigung anzuordnen sowie Bestimmungen über den Kostenschuldner, die Fälligkeit von Kosten, die Kostenvorschusspflicht, Kostenbefreiungen, die Verjährung, das Kostenfestsetzungsverfahren und die Rechtsbehelfe gegen die Kostenfestsetzung zu treffen.

(6) Eintragungen, die nach § 56 des Gesetzes betreffend das Urheberrecht an Werken der Literatur und der Tonkunst vom 19. Juni 1901 beim Stadtrat in Leipzig vorgenommen worden sind, bleiben wirksam.

Übersicht

I. Sinn und Zweck der Norm, Bedeutung

1 Für **anonyme und pseudonyme Werke** beginnt der Lauf der Schutzfrist gem. § 66 Abs. 1 in der Regel ab Veröffentlichung des Werkes. Durch die Eintragung in die Urheberrolle wird unter den formellen (§ 138) und materiellen (§ 66 Abs. 2 Satz 2) gesetzlichen Voraussetzungen der Tod des Urhebers maßgeblich für den Beginn des Laufs der 70jährigen Schutzfrist.

2 Aus dem **Jahresbericht** des Deutschen Patent- und Markenamtes für das Jahr 2006 ergibt sich, dass per 31.12.2006 insgesamt 711 Werke von 381 Urhebern im Register eingetragen waren; 2006 wurde für 18 Werke der wahre Name des Urhebers zur Eintragung angemeldet, aber nur in 7 Fällen wurde die Eintragung tatsächlich zugelassen (siehe Jahresbericht DPMA 2006, abrufbar auf http://www.dpma.de/service/veroeffentlichungen/jahresberichte/index.html; zuletzt abgerufen am 16.03.2008).

II. Früheres Recht

3 Die Regelung entspricht sinngemäß dem in §§ 31 Abs. 2, 56–58 LUG vorgesehenen Verfahren; an die Stelle des Stadtrats zu Leipzig ist mit Rücksicht auf die damalige Spaltung Deutschlands das Patentamt getreten. Abs. 5 ist durch das Kostenermächtigungs-Änderungsgesetz vom 23. Juni 1970 (BGBl. I 805) aus formellen Gründen geändert und den Anforderungen, die Art. 80 Abs. 1 Satz 2 GG an eine Ermächtigung zum Erlass von Rechtsverordnungen stellt, angepasst worden.

III. Tatbestand

4 § 66 Abs. 2 Satz 2 setzt voraus, dass der – inländische oder ausländische – Urheber oder nach seinem Tode sein Rechtsnachfolger oder der Testamentsvollstrecker die **Eintragung in die Urheberrolle** bewirken. Bei Miturheberschaft kann die Anmeldung durch einen, aber auch durch alle Miturheber erfolgen (vgl. § 66 Rn. 12). Die Aktivlegitimation des Anmeldenden wird allerdings im Rahmen des Antragsverfahrens ebensowenig von Amts wegen nachgeprüft, wie die Richtigkeit der übrigen zur Eintragung angemeldeten Tatsachen. Das Patentamt nimmt lediglich eine **Schlüssigkeitsprüfung** vor. Der Antrag hat im Übrigen die **Formerfordernisse** der Verordnung über die Urheberrolle in der Fassung vom 15.10.1991, die das Eintragungsverfahren und die Führung der Rolle näher regelt, zu erfüllen. Der Antrag ist schriftlich **beim Patentamt** einzureichen und muss den Namen, den Geburtstag und -ort, ggf. das Sterbejahr sowie den Decknamen des Urhebers, den Werktitel oder die sonstige Bezeichnung des Werkes, den Verlag, den Zeitpunkt und die Form der ersten Veröffentlichung angeben.

5 Die Eintragung in die Urheberrolle lässt § 1 Abs. 2 Nr. 2 der VO über die Urheberrolle nur für **veröffentlichte Werke** zu. Das folgt aus dem Verhältnis von § 66 Abs. 1 und 2: Bei anonymen Werken erlischt das Urheberrecht 70 Jahre nach seiner Veröffentlichung (Abs. 1). Diese Frist wird durch die Regelfrist des § 64 ersetzt, wenn „innerhalb der in Absatz 1 bezeichneten Frist", also, da die Frist erst mit der Veröffentlichung zu laufen beginnt, *nach* letzterer, die Eintragung in die Urheberrolle beantragt wird (Abs. 2 Satz 2). Es genügt aber jedenfalls die Veröffentlichung im Sinne des § 6 Abs. 1 (vgl. § 6 Rn. 15, 17 ff.). Dass das Werk auch *erschienen* sei, ist entgegen OLG München UFITA 51 [1968], 379, 380 – *Lotteriesystem* (ebenso Schricker/

Katzenberger[3] Rn. 11) keine Eintragungsvoraussetzung. Der Gesetzgeber des § 66 und des § 6 war derselbe; dass er in § 66 von „Veröffentlichung" gesprochen, aber „Erscheinen" gemeint haben könnte, ist nicht vorstellbar (die Abweichung des Begriffs „Veröffentlichung" von „öffentliche Wiedergabe" liegt anders, vgl. § 6 Rn. 17, 34). Wenngleich **keine Amtsprüfung auf Schutzfähigkeit** erfolgt, muss der Antrag insoweit schlüssig sein, dass sowohl der Werkcharakter gegeben ist (OLG München UFITA 51 [1968], 375 – *Mini-Car*) als auch die Veröffentlichung vorliegt (OLG München UFITA 51 [1968], 377 – *Geschäftskarten*). Beide materiellen Voraussetzungen werden vom Patentamt überprüft. Ihr Fehlen führt zur Zurückweisung des Eintragungsantrages. Es ist somit nicht möglich, ein noch unveröffentlichtes Werk vom Patentamt auf seine urheberrechtliche Schutzfähigkeit amtlich prüfen zu lassen.

IV. Verfahren

Der **Antrag** ist **schriftlich** zu richten an: **6**

Deutsches Patent- und Markenamt, Zweibrückenstraße 12, 80331 München
Postanschrift: Deutsches Patent- und Markenamt, 80297 München.

Gem. § 1 Abs. 2 WerkeRegV **sind in dem Antrag die folgenden Angaben zu machen:**
1. Der Name des Urhebers, der Tag und der Ort seiner Geburt und, wenn der Urheber verstorben ist, das Sterbejahr; ist das Werk unter einem Decknamen veröffentlicht, so ist auch der Deckname anzugeben;
2. der Titel, unter dem das Werk veröffentlicht ist, oder, wenn das Werk ohne Titel veröffentlicht ist, eine sonstige Bezeichnung des Werkes; ist das Werk erschienen, so ist auch der Verlag anzugeben;
3. der Zeitpunkt und die Form der ersten Veröffentlichung des Werkes.

Ein **Antragsformular** gibt es **nicht**. Der Antrag ist mithin **formlos** zu stellen. Nach Überprüfung der formellen Voraussetzungen und einer Schlüssigkeitsprüfung (vgl. Rn. 5) erfolgt die Eintragung, die im **Bundesanzeiger** öffentlich bekannt gemacht wird (Abs. 3 S. 1). Eine Eintragungsurkunde wird nicht automatisch ausgestellt; das Deutsche Patent- und Markenamt erteilt jedoch **auf Antrag** einen **Eintragungsschein** (§ 4 WerkeRegV).

Antragsberechtigt sind gem. § 66 Abs. 3 der Urheber, seine Erben oder der **7** Testamentsvollstrecker (vgl. § 66 Rn. 11). Ebenso wie für die anderen beim Deutschen Patent- und Markenamt vorzunehmenden Anmeldungen (Patente, Gebrauchsmuster, Marken, Geschmacksmuster) ist auch für den Antrag auf Eintragung in die Urheberrolle eine Vertretung durch einen Rechts- oder Patentanwalt nicht notwendig.

Die WerkeRegV sieht nicht vor, dass das Werk selbst mit vorgelegt werden **8** muss; eine **Identifizierbarkeit des Werkes** genügt. Ist das Werk jedoch anhand einer Bezeichnung oder einer Beschreibung nicht eindeutig identifizierbar, empfiehlt es sich, eine Vervielfältigung des Werkes mit einzureichen. Insb. bei „ohne Titel" veröffentlichten Werken der bildenden Kunst oder der Fotografie sollte deshalb regelmäßig eine Vervielfältigung des Werkes etwa in Form einer Fotografie zur sicheren Identifizierbarkeit mit eingereicht werden.

Das Deutsche Patent- und Markenamt erhebt für die Eintragung **Gebühren**, **9** und zwar gem. § 5 WerkeRegV für das erste Werk EUR 12,00, für das 2.-10., in dem selben Antrag mit aufgenommene Werk jeweils EUR 5,00 und ab dem 11. in dem selben Antrag enthaltene Werk jeweils EUR 2,00. Hinzu kommen die tatsächlichen Kosten für die Bekanntmachung im Bundesanzeiger. Für die Erteilung eines Eintragungsscheines werden EUR 15,00 erhoben. Die genannten Gebühren gelten per 1. Januar 2008. Im Zeitpunkt der Drucklegung des Werkes waren beabsichtigte Gebührenerhöhungen nicht bekannt.

10 Gem. § 7 Abs. 1 S. 1 DPMAVWKostV kann das Deutsche Patent- und Markenamt die Einzahlung eines **Kostenvorschusses** verlangen; wird dieser nicht innerhalb der vom Amt gesetzten Frist entrichtet, gilt der Antrag als zurückgenommen (§ 8 Abs. 1 DPMAVWKostV). Da der Antrag regelmäßig weder innerhalb einer bestimmten Frist gestellt werden muss noch fristauslösend ist, kann er **jederzeit wiederholt** werden. Vorsicht ist lediglich dann geboten, wenn der Antrag auf Eintragung erst kurz vor Ablauf der Schutzfrist des anonymen und pseudonymen Werkes gem. § 66 Abs. 1 S. 1, also kurz vor Ablauf des 70. Jahres nach der Veröffentlichung, gestellt wird, weil der Antrag, der beispielsweise wegen Nicht-Entrichtung des Kostenvorschusses als zurückgenommen gilt, nach Eintritt der Gemeinfreiheit des anonymen und pseudonymen Werkes nicht mehr wiederholt werden kann. Wer die Frist unverschuldet versäumt hat, erhält auf Antrag **Wiedereinsetzung** in den vorigen Stand (§ 123 PatG analog; § 91 MarkenG analog).

11 Die **Ablehnung** der Eintragung durch das Patentamt kann im Wege gerichtlicher Entscheidung überprüft werden. Das für den Sitz des Patentamts zuständige **OLG München** lässt Antragstellung gem. §§ 11, 12 FGG ohne Beachtung des für die **Beschwerden** in § 29 Abs. 1 Satz 2 FGG vorgeschriebenen Anwaltszwangs zu (OLG München UFITA 51 [1968], 375, 376 – *Mini-Car* und OLG München UFITA 51 [1968], 377, 378 – *Geschäftskarten*).

V. Prozessuales

12 Vgl. § 66 Rn. 13.

§ 139 Änderung der Strafprozeßordnung

§ 374 Abs. 1 Nr. 8 der Strafprozeßordnung erhält folgende Fassung:
„8. alle Verletzungen des Patent-, Gebrauchsmuster-, Warenzeichen- und Geschmacksmusterrechtes, soweit sie als Vergehen strafbar sind, sowie die Vergehen nach §§ 106 bis 108 des Urheberrechtsgesetzes".

Der Text der Bestimmung, der noch aus der Ursprungsfassung des UrhG 1965 stammt, ist schon mit der Neufassung der StPO vom 7. Januar 1975 (BGBl. I 129, berichtigt 650) obsolet geworden. Auch diese wurde inzwischen mehrfach geändert. § 374 Abs. 1 Nr. 8 StPO lautet derzeit (Art. 2 des Gesetzes vom 12.03.2004, BGBl I 2004, S. 390):

„8. eine Straftat nach § 142 Abs. 1 des Patentgesetzes, § 25 Abs. 1 des Gebrauchsmustergesetzes, § 10 Abs. 1 des Halbleiterschutzgesetzes, § 39 Abs. 1 des Sortenschutzgesetzes, § 143 Abs. 1 und § 143a Abs. 1 und § 144 Abs. 1 und 2 des Markengesetzes, § 51 Abs. 1 und § 65 Abs. 1 des Geschmacksmustergesetzes, den §§ 106 bis 108 sowie § 108b Abs. 1 und 2 des Urheberrechtsgesetzes und § 33 des Gesetzes betreffend das Urheberrecht an Werken der bildenden Künste und der Photographie."

§ 140 Änderung des Gesetzes über das am 6. September 1952 unterzeichnete Welturheberrechtsabkommen

In das Gesetz über das am 6. September 1952 unterzeichnete Welturheberrechtsabkommen vom 24. Februar 1955 (BGBl. II S. 101) wird nach Artikel 2 folgender Artikel 2a eingefügt:

Artikel 2a

Für die Berechnung der Dauer des Schutzes, den ausländische Staatsangehörige für ihre Werke nach dem Abkommen im Geltungsbereich dieses Gesetzes genießen, sind die Bestimmungen in Artikel IV Nr. 4 bis 6 des Abkommens anzuwenden.

Nach Art. IV Nr. 4 WUA ist kein vertragschließender Staat verpflichtet, einen **1** längeren Schutz zu gewähren als den, der für Werke der betreffenden Art in dem vertragschließenden Staat festgesetzt ist, in dem das Werk erstveröffentlicht wurde (Prinzip des Schutzfristvergleichs, vgl. Vor §§ 120 ff. Rn. 15, eingehend Nordemann/Vinck/Hertin Bem. 4–5 zu Art. 7 RBÜ, Bem. 6 zu Art. IV WUA). Bei nicht veröffentlichten Werken braucht kein längerer Schutz gewährt zu werden als derjenige, der im Herkunftsstaat des Urhebers für Werke der betreffenden Art festgesetzt ist. Der Konventionstext lässt Zweifel zu, ob darin nur eine *Möglichkeit* der Einschränkung zu sehen oder ob aus ihr eine *unmittelbare Geltung* des Schutzfristenvergleichs abzuleiten ist, ohne dass es einer ausdrücklichen gesetzlichen Umsetzung bedarf (*Ulmer*[3] S. 102). Durch § 140 wird klargestellt, dass im Geltungsbereich des Gesetzes der Schutzfristenvergleich nach dem WUA durchzuführen ist.

Praktische Bedeutung hat die Frage des Vorrangs des Schutzfristenvergleichs **2** im Verhältnis zu solchen zwischenstaatlichen Abkommen, die dem ausländischen Urheber volle Inländerbehandlung zusichern, wie insb. das deutsch-amerikanische Übereinkommen von 1892 (vgl. Vor §§ 120 ff. Rn. 55 f.). Ob der Schutzfristenvergleich bereits seit dem Inkrafttreten des WUA (16.09.1955) oder erst seit Inkrafttreten des UrhG (01.01.1966) die Schutzdauer von Werken US-amerikanischer Urheber eingrenzt, hängt davon ab, ob § 140 konstitutive oder (nur) deklaratorische Bedeutung zukommt (für Schutzfristenvergleich bereits ab 16.09.1955: *Ulmer* GRUR Int. 1960, 57, 63 und 1979, 39; *Schricker/Katzenberger*[3] § 140 Rn. 3; *Willhelm Nordemann* Anm. zu Schulze BGHZ 245/246 S. 13 f.; *Drexl* GRUR Int. 1990, 35, 39; dagegen Schutzfristenvergleich nur für Werke, die nach dem 1. Januar 1966 geschaffen wurden: BGHZ 70, 268, 272 f. – *Buster-Keaton-Filme* und OLG Frankfurt GRUR 1981, 793, 741 – *Lounge Chair*). Im Hinblick darauf, dass die RBÜ (als das intensivere Schutzinstrument) den Schutzfristenvergleich unmittelbar vorsieht (Art. 7 Abs. 8 RBÜ), hat solches für das WUA erst recht zu gelten, mithin § 140 nur etwas klarstellt, was durch das WUA bereits seit dem 16.09.1955 verbindlich vorgeschrieben ist.

Für die **bis zum 16.09.1955 bereits geschaffenen Werke US-amerikanischer 3 Urheber** blieb es allerdings aufgrund der Bestandsgarantie des Art. XIX Satz 3 WUA für wohlerworbene Rechte aus bestehenden Staatsverträgen bei der bis dahin in Deutschland geltenden Schutzdauer von 50 Jahren p.m.a. Lief die Schutzfrist solcher Werke im Ursprungsland USA länger als diese, so nahmen sie für den entsprechenden Zeitraum an der Schutzfristverlängerung durch das UrhG 1965 teil (BGH GRUR 1978, 302, 304 – *Wolfsblut*); das galt, da § 64 schon am 17.09.1965 in Kraft trat (§ 143 Abs. 1, vgl. § 143 Rn. 1), bereits für solche US-Werke, für die die 50-Jahres-Schutzfrist andernfalls zum Jahresende 1965 ausgelaufen wäre, deren Urheber also schon 1915 gestorben war. Die erst **nach dem** 15.09.1955 **geschaffenen Werke** US-amerikanischer Urheber hatten in Deutschland nur eine Schutzfrist von 50 Jahren p.m.a. Das alles galt allerdings nur für einen Zeitraum von 22 Jahren, also für solche Werke, für die die Schutzfrist zwischen 1966 und 1988 ablief. Der Beitritt der USA zur RBÜ zum 01.03.1989 (vgl. Vor §§ 120 ff. Rn. 55; vgl. § 121 Rn. 16) hatte zur Folge, dass zwischen den USA und Deutschland seither nur noch diese gilt (Art. XVII Abs. 1 WUA). Nach Art. 20 RBÜ gehen zweiseitige Abkommen, die den Urhebern weitergehende Rechte verleihen, als sie die Übereinkunft vorsieht, dieser vor; das trifft für das deutsch-amerikanische Übereinkommen von 1892 zu, das keinen Schutzfristenvergleich kennt (vgl. Vor §§ 120 ff. Rn. 55). Damit gilt für US-amerikanische Urheber, die nicht bis Ende 1988 frei geworden waren, also für solche, die später als 1938 gestorben sind oder deren Werke in den USA länger geschützt waren, in Deutschland die volle 70-Jahres-Schutzfrist p.m.a. wie für Deutsche. Einzelheiten und Beispiele bei *Drexl* GRUR Int. 1990, 35, 44 ff. und *Wilhelm Nordemann* FS Piper S. 747.

4 Der seit dem 15.09.1955 in Deutschland stattfindende uneingeschränkte Schutzfristvergleich (Art. XIX Satz 4–6) hatte noch eine weitergehende Folge: Werke der Architektur, die nach dem *US Copyright Law* von 1909 schon ihrer Art nach nicht schutzfähig waren, wurden seit dem Inkrafttreten des WUA auch bei uns nicht geschützt (Art. IV Nr. 4a WUA). Zwar hatten bereits geschaffene Werke Bestandsschutz (Art. XIX Satz 3 WUA). Deshalb blieb ein 1954 geschaffenes Werk eines der großen amerikanischen Architekten in Deutschland weiterhin – in den Grenzen des Schutzfristenvergleichs – geschützt; ein erst 1956 geschaffenes Werk desselben Architekten war gemeinfrei. Auch diese Absurdität ist mit dem Beitritt der USA zur RBÜ beseitigt (*Wilhelm Nordemann* FS Piper S. 747, 750). Zum persönlichen und sachlichen Anwendungsbereich der Konventionen und zur Schutzfristenregelung bei nicht registrierten, unveröffentlichten und anonymen Werken US-amerikanischer Urheber *Drexl* GRUR Int. 1990, 35, 44 ff.; vgl. Vor §§ 120 ff. Rn. 55 f.

§ 141 Aufgehobene Vorschriften

Mit dem Inkrafttreten dieses Gesetzes werden aufgehoben:
1. die §§ 57 bis 60 des Gesetzes betreffend das Urheberrecht an Schriftwerken, Abbildungen, musikalischen Kompositionen und dramatischen Werken vom 11. Juni 1870 (Bundesgesetzblatt des Norddeutschen Bundes S. 339);
2. die §§ 17 bis 19 des Gesetzes betreffend das Urheberrecht an Werken der bildenden Künste vom 9. Januar 1876 (Reichsgesetzbl. S. 4);
3. das Gesetz betreffend das Urheberrecht an Werken der Literatur und der Tonkunst vom 19. Juni 1901 in der Fassung des Gesetzes zur Ausführung der revidierten Berner Übereinkunft zum Schutze von Werken der Literatur und Kunst vom 22. Mai 1910 und des Gesetzes zur Verlängerung der Schutzfristen im Urheberrecht vom 13. Dezember 1934 (Reichsgesetzbl. II S. 1395);
4. die §§ 3, 13 und 42 des Gesetzes über das Verlagsrecht vom 19. Juni 1901 (Reichsgesetzbl. S. 217) in der Fassung des Gesetzes zur Ausführung der revidierten Berner Übereinkunft zum Schutze von Werken der Literatur und Kunst vom 22. Mai 1910;
5. das Gesetz betreffend das Urheberrecht an Werken der bildenden Künste und der Photographie vom 9. Januar 1907 (Reichsgesetzbl. S. 7) in der Fassung des Gesetzes zur Ausführung der revidierten Berner Übereinkunft zum Schutze von Werken der Literatur und Kunst vom 22. Mai 1910, des Gesetzes zur Verlängerung der Schutzfristen im Urheberrecht vom 13. Dezember 1934 und des Gesetzes zur Verlängerung der Schutzfristen für das

Urheberrecht an Lichtbildern vom 12. Mai 1940 (Reichsgesetzbl. I S. 758), soweit es nicht den Schutz von Bildnissen betrifft;

6. die Artikel I, III und IV des Gesetzes zur Ausführung der revidierten Berner Übereinkunft zum Schutze von Werken der Literatur und Kunst vom 22. Mai 1910;

7. das Gesetz zur Erleichterung der Filmberichterstattung vom 30. April 1936 (Reichsgesetzbl. I S. 404);

8. § 10 des Gesetzes über die Rechtsstellung heimatloser Ausländer im Bundesgebiet vom 25. April 1951 (Bundesgesetzbl. I S. 269).

Das UrhG ist, wie § 143 ergibt, teils am 17.09.1965, teils am 01.01.1966 in **1** Kraft getreten. Es ist daher davon auszugehen, dass diejenigen Vorschriften der aufgehobenen Gesetze, die der in den §§ 64 bis 67, 69 getroffenen Neuregelung der Schutzfristen entgegenstehen, bereits mit Ablauf des 16.09.1965, die übrigen Bestimmungen dagegen erst mit Ablauf des 31.12.1965 außer Kraft getreten sind. Im Einzelnen bezieht sich die Aufhebung auf folgende Bestimmungen:

Nr. 1. Die genannten Bestimmungen waren nach § 64 LUG ausdrücklich in **2** Kraft geblieben. Sie bezogen sich auf alle vor dem Inkrafttreten des Gesetzes vom 11.06.1870 erschienenen Schriftwerke, Abbildungen, musikalischen Kompositionen und dramatischen Werke, auf die bisher rechtmäßig angefertigten Vorrichtungen zur Herstellung dieser Werke und auf die vorher erteilten Privilegien zum Schutz des Urheberrechts. Nach über fünfundneunzigjähriger Geltungsdauer dieser Übergangsbestimmungen hatten sie jede Bedeutung verloren, so dass sie vollständig außer Kraft gesetzt werden konnten.

Nr. 2. Das Gleiche gilt für die §§ 17 bis 19 des Gesetzes vom 09.01.1876, die **3** sich ebenfalls auf die Zeit vor dem Inkrafttreten des damaligen Gesetzes bezogen und von § 55 Abs. 2 KUG aufrechterhalten worden waren.

Nr. 3. Das LUG selbst wurde in seiner Gesamtheit aufgehoben. Einzelne seiner **4** Bestimmungen blieben freilich noch indirekt dadurch erhalten, dass die Übergangsbestimmungen die Anwendung des bisherigen Rechts zuließen oder von ihm ausgingen. Das SchVG blieb insoweit in Kraft, als es nicht lediglich eine Änderung des LUG betraf, d.h. die Auslegungsregel des § 2 SchVG ist für Rechtsübertragungen, die zur Zeit der Geltung der 30jährigen Schutzfrist vorgenommen worden sind, nach wie vor verbindlich (vgl. § 137 Rn. 6).

Nr. 4. Die nicht aufgehobenen siebenundvierzig weiteren Vorschriften des **5** VerlG gelten grds. unverändert fort. Im Einzelnen zum Verhältnis des UrhG zum VerlG vgl. Vor §§ 31 ff. Rn. 28; vgl. Einl. VerlG Rn. 11 ff.

Nr. 5. Der Bildnisschutz der §§ 22–23 KUG und die Strafvorschrift des § 33 **6** KUG (abrufbar unter www.fromm-nordemann.de) sind nicht in das UrhG übernommen worden, weil sie sachlich nicht zu diesem Gebiet gehören. Ihre Neuregelung bleibt einem Gesetz über den Schutz von Persönlichkeitsrechten vorbehalten.

Nr. 6. Die Art. I, III und IV änderten LUG und KUG gemäß den Beschlüssen **7** der Berliner Revisionskonferenz zur Berner Übereinkunft ab und sind gegenstandslos geworden, nachdem die zugrunde liegenden Gesetze gemäß § 141 Nr. 4 und 5 außer Kraft getreten sind. Art. II des Ausführungsgesetzes änderte dagegen § 2 Abs. 2 des VerlG, der bestehen bleibt.

Nr. 7. Das Gesetz räumte Unternehmen bei der Herstellung von Filmberichten **8** über Tagesereignisse das Recht ein, bei der Aufnahme solcher Berichte auch urheberrechtlich geschützte Werke, die im Verlauf der festgehaltenen Vorgänge für Auge oder Ohr wahrnehmbar werden, auf die Bild- oder Schallvorrichtungen zu übertragen und die Aufnahmen für Zwecke der Filmberichterstattung zu vervielfältigen, zu verbreiten und zur öffentlichen Wiedergabe zu benutzen. Diese Befugnis ist nunmehr in § 50 in einer umfassenderen Form unter Einschluss von Funk und Presse geregelt worden, wobei der Zweck der Vervielfältigung, Verbreitung und öffentlichen Wiedergabe nicht auf die Filmberichterstattung beschränkt, sondern allgemein bestimmt wurde (vgl. § 50 Rn. 1 ff.).

9 **Nr. 8.** Die Bestimmung enthielt eine Meistbegünstigungsklausel, die infolge der in den §§ 123, 124, 125 Abs. 5 Satz 2, 126 Abs. 3 Satz 2, 128 Abs. 2 getroffenen Regelungen überflüssig geworden ist.

§ 142 Geltung im Land Berlin

(aufgehoben)

Seit der Wiedervereinigung am 03.10.1990 gegenstandslos.

§ 143 Inkrafttreten

(1) Die §§ 64 bis 67, 69, 105 Abs. 1 bis 3 und § 138 Abs. 5 treten am Tage nach der Verkündung dieses Gesetzes in Kraft.
(2) Im Übrigen tritt dieses Gesetz am 1. Januar 1966 in Kraft.

1 Die vorzeitige Inkraftsetzung der Bestimmungen über die Verlängerung der Schutzdauer (§§ 64–67, 69) hatte zur Folge, dass von der Neuregelung auch diejenigen Werke erfasst wurden, deren Urheber im Laufe des Jahres 1915 verstorben waren. Diese Werke wären sonst am 31.12.1965 frei geworden. Sie blieben nunmehr noch bis zum 31.12.1985 geschützt (siehe Bericht RAusschusses UrhG – BT-Drucks. IV/3401, S. 15). – **Tag der Verkündung** war der 16.09.1965.

2 Zu Einzelheiten der Schutzfristberechnung vgl. § 129 Rn. 2 ff. Verwandte Schutzrechte, die durch das UrhG erst geschaffen wurden, können nur für solche Leistungen in Anspruch genommen werden, die seit dem 01.01.1966 erbracht worden sind (vgl. § 129 Rn. 6).

3 Die Vorverlagerung des Inkrafttretens der in den §§ 105 Abs. 1, 138 Abs. 5 enthaltenen Verordnungsermächtigungen diente dem Zweck, deren Vorliegen bereits bei Inkrafttreten des Gesetzes sicherzustellen.

Gesetz über das Verlagsrecht (Verlagsgesetz)

vom 19. Juni 1901 (RGBl. S. 217), zuletzt geändert durch Gesetz vom 22. März 2002 (BGBl. I S. 1155)

Einleitung

Übersicht

I.   Allgemeines

1.   Gegenstand

Das VerlG regelt aus heutiger Sicht das möglicherweise wichtigste, in einer **1**
Formulierung von *Schricker* (Verlagsrecht[3] Einl. Rn. 2) „prototypische Beispiel" für ein urheberrechtliches Nutzungsrecht; das Verlagsrecht ist also Teil
des Urhebervertragsrechts. Es wird begründet durch entsprechende Verfügung
(Rechtseinräumung) des Urhebers (das VerlG spricht insofern vom „Verfasser") oder seines Rechtsnachfolgers oder sonst Nutzungsberechtigten, deren
Rechtsgrund in dem Verlagsvertrag als schuldrechtliches Verpflichtungsgeschäft liegt (*Schricker* VerlagsR[3] Rn. 2). Der **Verlagsvertrag** ist ein gegenseitiger Vertrag eigener Art, durch den sich der Verfasser verpflichtet, dem
Verleger das Werk zur Vervielfältigung und Verbreitung zu überlassen (§ 1
VerlG), während umgekehrt der Verleger sich verpflichtet, die Vervielfältigung
und Verbreitung auf eigene Rechnung vorzunehmen (§ 1 VerlG). Fehlt eine
dieser wesentlichen Voraussetzungen, so handelt es sich nicht um einen Verlagsvertrag im Sinne des VerlG (allg. A., *Schricker* VerlagsR[3] Einl. Rn. 3).
I.d.R. enthält der Verlagsvertrag nicht nur die Einräumung des eigentlichen
Verlagsrechts, sondern darüber hinaus Regelungen zu den üblicherweise als
„Nebenrechte" bezeichneten abgeleiteten Rechten (Taschenbuchrechte, Übersetzungsrechte, Verfilmungs-, Vortrags-, Hörbuchrechte usw.), zu bestimmten
urheberpersönlichkeitsrechtlichen Befugnissen (z.B. der Namensnennung,
dem Erstveröffentlichungsrecht u.ä.) und häufig auch zu den gesetzlichen
Vergütungsansprüchen bzw. der Frage, ob und durch wen bestimmte Nebenrechte in Verwertungsgesellschaften eingebracht werden. **Gegenstand des Verlagsvertrages** können nach § 1 VerlG Werke der Literatur und der Tonkunst,
nicht hingegen Werke der bildenden Kunst sein; das VerlG betrifft also den
Schrift-, Musik- und Theaterverlag, nicht hingegen den Kunstverlag im eigentlichen Sinne (*Schricker* VerlagsR[3] Einl. Rn. 3).

2 Das EU-Recht hat bislang auf das VerlG nur indirekt, nämlich vor allem über das UrhG, Einfluss. Speziell das Verlagsrecht regelende internationale Konventionen gibt es nicht. Zur **kollisionsrechtlichen Anknüpfung** von Verlagsverträgen vgl. Vor §§ 120 ff. UrhG Rn. 80 ff.

2. Historische Entwicklung

3 Historisch hat sich das Verlagsrecht aus einem zunächst reinen Verlegerrecht entwickelt. Während der Antike trotz eines blühenden Verlegertums ein Urheber- oder Verlagsrecht noch fremd war, entstand mit Erfindung der Buchdruckerkunst im Jahre 1445 die Notwendigkeit, das Gewerbe der Drucker und Buchhändler vor allem gegen Nachdrucke zu schützen. Dieser Schutz wurde ab der zweiten Hälfte des 15. Jhrd. in Form befristeter **Privilegien** zuerst in Norditalien und kurz darauf auch in Nürnberg, Leipzig, Wittenberg und weiteren deutschen Städten und Ländern gewährt. Die gewerblichen Privilegien der Drucker und Buchhändler dienten dabei nicht nur deren Schutz, sondern ermöglichten gleichzeitig der Obrigkeit – über ein jeweils abzulieferndes Pflichtexemplar – eine einigermaßen effiziente Zensur. Angesichts vielfältiger Unzulänglichkeiten des Privilegienschutzes entwickelte sich ab der zweiten Hälfte des 17. Jhrd. die Idee des geistigen Eigentums. Dementsprechend verschob sich in der Folge – spürbar vor allem an den gegen Ende des 18. und zu Beginn des 19. Jhrd. erlassenen Schutzvorschriften – der Schutz des Verlegers hin zu einem Schutz des Verfassers. Damit musste auch das besondere rechtliche Verhältnis zwischen Verfasser und Verleger geregelt werden. Eine Reihe von gesetzlichen Vorschriften vor allem aus dem ersten Drittel des 19. Jhrd. enthielten wesentlichen Regelungen zum Verlagsrecht. Naturgemäß waren die Regelungen in den einzelnen deutschen Staaten sehr unterschiedlich; z.T. gab es überhaupt keine Schutzgesetze. Im Laufe des 19. Jhrd. drängte vor allem der Buchhandel deshalb immer stärker auf eine gesamtdeutsche Regelung. Weil in den reichseinheitlichen Urheberrechtsgesetzen vom 11.06.1870, 09.10.1876 und 11.01.1876 gesonderte Bestimmungen zum Verlagsrecht zurückgestellt worden waren, nahm der Deutsche Schriftstellerverband in einer Versammlung am 15.09.1890 einen **Entwurf eines Gesetzes über das Verlagsrecht** an, und der Börsenverein der Buchhändler erließ am 29.04.1893 eine **Verlagsordnung**. Beide Regelungen spiegelten die buchhändlerischen Üblichkeiten bei dem Abschluss von Verlagsverträgen in Deutschland wider. Da es an einer gesetzlichen Regelung noch fehlte, bildeten vor allem diese Normenwerke zunächst die Grundlage des Verlagsrechts in Deutschland; sie beeinflussten maßgeblich das schließlich 1901 verabschiedete Gesetz über das Verlagsrecht (**VerlG**) vom 19.06.1901 (RGBl. I S. 217), das am 01.01.1902 in Kraft trat und noch heute im Wesentlichen unverändert gilt. Ausführlich zur historischen Entwicklung *Schricker* VerlagsR[3] Einl. Rn. 5 ff.

II. Inhalt und Aufbau des VerlG

1. Aufbau des VerlG

4 Das VerlG definiert zunächst in § 1 den **Verlagsvertrag** und stellt in §§ 2 Abs. 1, 8 VerlG klar, dass das dem Verleger eingeräumte (sog. „grafische") **Vervielfältigungs- und Verbreitungsrecht** ausschließlicher Natur ist. § 2 Abs. 2 umreißt die dem Verleger eingeräumten Nutzungsrechte näher, indem es – negativ – die dem Verfasser ohne besondere Regelung im Vertrag **verbleibenden Rechte** (Übersetzung, Dramatisierung, Bearbeitung bei Musikwerken,

Hör- und Filmfassungen sowie, jedoch erst zwanzig Jahre nach Erscheinen des Werkes, Veröffentlichung als Teil einer Gesamtausgabe) aufzählt. § 4 S. 1 stellt klar, dass der Verleger das Werk nicht ohne besondere Nutzungsrechte in einer Gesamtausgabe, einem Sammelwerk oder einer Sonderausgabe verwenden darf. §§ 5 und 6 regeln die dem Verleger ohne besondere Regelung gestattete (eine) **Auflage**, wobei die üblichen Zuschuss- und Freiexemplare in die Zahl der zulässigen Abzüge nicht eingerechnet werden (§ 6). Die Befugnis des Verlegers, verlorengegangene Exemplare zu ersetzen, regelt § 7. § 8 stellt klar, dass der Verfasser dem Verleger das **Verlagsrecht ausschließlich** einräumt, soweit der Vertrag nichts anderes bestimmt. § 9 regelt die **Dauer** des eingeräumten Verlagsrechts und die Befugnis des Verlegers, die sich aus der Rechtseinräumung ergebenden Rechte sowohl gegen den Verfasser als auch gegen Dritte geltend zu machen.

§§ 10 und 11 enthalten Einzelheiten zur **Ablieferung** des Werkes durch den **5** Verfasser. § 12 regelt Umfang und Einzelheiten des **Änderungsrechts** des Verfassers. Der frühere § 13 ist durch das UrhG vom 09.09.1965 aufgehoben und durch § 39 UrhG ersetzt worden. §§ 14 bis 16 betreffen Inhalt und Umfang der **Vervielfältigungs- und Verbreitungspflicht** des Verlegers. § 17 stellt klar, dass der Verleger auch dann, wenn er **Neuauflagen** veranstalten darf, dies nicht tun muss, gesteht dem Verfasser jedoch gleichzeitig für den Fall der Nichtausübung ein Kündigungsrecht zu.

§ 18 enthält ein **Kündigungsrecht** des Verlegers für den Fall, dass der Zweck des **6** Werkes nach Abschluss des Vertrages wegfällt oder – bei Beiträgen zu Sammelwerken – das Sammelwerk nicht veröffentlicht wird. Bei **Sammelwerken** hat der Verleger außerdem das Recht, von der einen Auflage zur nächsten im Einverständnis mit dem Herausgeber einzelne Beiträge herauszunehmen, § 19. §§ 20 und 21 enthalten Bestimmungen über **Korrektur**, Genehmigung der Fahnen und die **Festlegung des Ladenpreises**. In §§ 22–24 sind **Honorarpflicht**, Fälligkeit des Honorars und (§ 24) Rechnungslegungspflichten des Verlegers sowie Einsichtsrechte des Verfassers im Falle des Absatzhonorars geregelt. § 25 regelt die Zahl der dem Verfasser zur Verfügung zu stellenden **Freiexemplare**, und § 26 gibt dem Verfasser das Recht, vom dem Verleger über die Freiexemplare hinaus einzelne Exemplare zum Verlagsabgabepreis zu erwerben. § 27 bestimmt, dass der Verleger dem Verfasser das Manuskript bereits nach der Vervielfältigung zurückgeben muss, wenn der Verfasser sich vor dem Beginn der Vervielfältigung dieses Recht vorbehalten hat.

§ 28 enthielt Bestimmungen zur Übertragbarkeit der Rechte des Verlegers; die **7** Vorschrift ist mit der Urhebervertragsrechtsreform (UrhVG, BGBl. I S. 1155; verfügbar auf www.fromm-nordemann.de; vgl. Vor §§ 31 ff. UrhG Rn. 17) mit Wirkung vom 01.07.2002 aufgehoben worden.

Die §§ 29–37 regeln die **Beendigung des Vertragsverhältnisses**. § 29 stellt **8** zunächst klar, dass der Verlagsvertrag, der nur für eine bestimmte Zahl von Auflagen oder Exemplaren geschlossen wurde, ohne weiteres endet, wenn die entsprechenden Auflagen oder Exemplare **vergriffen** sind, und dass bei einem auf bestimmte Zeit geschlossenen Verlagsvertrag (auch) das Verbreitungsrecht des Verlegers mit dem Ablauf der Vertragslaufzeit erlischt (§ 29 Abs. 3). §§ 30 und 31 gewähren dem **Verleger** ein **Rücktrittsrecht**, wenn der Verfasser das Werk nicht rechtzeitig abliefert oder es nicht den Vereinbarungen entspricht. § 32 erlaubt umgekehrt dem **Verfasser** den **Rücktritt**, wenn der Verleger das Werk trotz vertragsgemäßer Ablieferung nicht vervielfältigt oder verbreitet. Nach §§ 35 und 36 hat der Verfasser außerdem ein Rücktrittsrecht wegen veränderter Umstände und – unter bestimmten Voraussetzungen – im Falle der Insolvenz des Verlages. §§ 33 und 34 enthalten Regelungen zur Beendigung bzw. (teilweisen) Aufrechterhaltung des Vertrages bei zufälligem Untergang des Werkes und vorzeitigem Tod des Verfassers. § 37 erklärt die §§ 346 ff. BGB auf die nach dem VerlG gewährten Rücktrittsrechte für anwendbar. § 38 schließlich regelt, unter welchen Voraussetzungen der Vertrag nach einem Rücktritt oder einem Rückgängigmachen in anderer Weise vor allem für bereits hergestellte Exemplare aufrechterhalten werden kann.

9 §§ 39, 40 regeln den sog. **uneigentlichen Verlagsvertrag** (*Schricker* VerlagsR³ Einl. Rn. 4), d.h. den Verlagsvertrag über gemeinfreie Werke (zu §§ 70, 71 UrhG in diesem Zusammenhang vgl. §§ 39, 40 Rn. 1 ff.). § 41 ff. enthalten z.T. abweichende Vorschriften für **Beiträge zu periodischen Sammelwerken**. § 47 schließlich regelt den sog. **Bestellvertrag**, d.h. die Verträge, mit denen der Verlag dem Verfasser eine genau umrissene Aufgabe gibt. § 48 schließlich stellt klar, dass das VerlG auch in den Fällen anwendbar ist, in denen der Vertragspartner des Verlegers nicht der Verfasser selbst, sondern etwa sein Rechtsnachfolger oder sonst Nutzungsberechtigter (der sog. **Verlaggeber**) ist.

2. Abdingbarkeit

10 Nahezu alle Regelungen des VerlG sind dispositiv, d.h. ohne weiteres abdingbar (allg.M.; s. *Schricker* VerlagsR³ § 1 Rn. 3; Loewenheim/*Jan Bernd Nordemann* § 64 Rn. 12 m.w.N.). Ausgenommen von dieser Regel sind ldgl. die Regelungen des § 36 VerlG (Insolvenz des Verlegers), von dem jedenfalls nicht zu Lasten der Insolvenzmasse abgewichen werden darf (vgl. § 36 Rn. 2), und des § 39 Abs. 1 (Verlagsvertrag über gemeinfreie Werke; ohnehin ist der Verlaggeber bei derartigen Werken gar nicht in der Lage, dem Verleger ein ausschließliches Nutzungsrecht zu verschaffen). Unabdingbar ist nach der Urhebervertragsrechtsreform mit den neuen Regelungen in § 32 Abs. 1 S. 2, Abs. 3 S. 1 UrhG wohl auch § 22 Abs. 2 VerlG (so Loewenheim/*Jan Bernd Nordemann* § 64 Rn. 12; vgl. § 22 Rn. 1, 8 ff.). Aus diesem Grunde haben die in der einen oder anderen Form nahezu ausschließlich verwendeten **Vertragsmuster, Formularverträge** und z.T. auch die bestehenden und vergangenen Normverträge erheblichen Einfluss auf die Praxis des Verlagsrechts (zu Normverträgen vgl. Vor §§ 31 ff. UrhG Rn. 298; zu Vertragsmustern im Verlagsbereich Rn. 15 f.; ausführlich zu den verschiedenen historischen Normverträgen *Schricker* VerlagsR³ Einl. Rn. 10 ff.), auch weil sich aus ihnen die Branchenübung, die Verkehrssitte ergeben kann (womit allerdings noch nicht gesagt ist, dass derartige Branchenübungen nicht ggf. sittenwidrig sein können; BGH GRUR 1957, 387, 389 – *Clemens Laar*). Zur heutigen Vertragspraxis im Verlagsbereich vgl. Rn. 15 f.; sowie vgl. Vor §§ 31 ff. UrhG Rn. 295 ff.). Zur Relevanz der §§ 305 ff. BGB im Verlagsbereich vgl. Vor §§ 31 ff. UrhG Rn. 192 ff. sowie jeweils die Kommentierung der konkreten Normen des VerlG.

III. Verhältnis zum UrhG

11 Im Gegensatz zum allgemeinen Urheberrecht, das mit dem UrhG vom 09.09.1965 und v. a. den **Reformen** von 1985 und der Urhebervertragsrechtsreform von 2002 mehrfach überarbeitet und angepasst worden ist, ist das VerlG seit seinem Inkrafttreten am 01.01.1902 im Wesentlichen unverändert geblieben; selbst die Aufhebung einzelner Vorschriften im Laufe der Jahre ging stets auf das UrhG zurück. Tatsächlich war das Verlagsrecht wohl nie, wie

Schricker zu Recht anmerkt, ein „Brennpunkt der Reformdiskussion" (VerlagsR³ Einl. Rn. 18); vielmehr stellte man das VerlG bei allen Reformdiskussionen der vergangenen Jahren und Jahrzehnte stets – z.T. mit Blick auf ein stets Projekt gebliebenes Gesetz zum Urhebervertragsrecht – zurück. Viele Entwicklungen – sei es im Bereich der Nebenrechte, neuer Vervielfältigungstechniken oder neuer Medien – sind deshalb, auch soweit sie für den Verlagsbereich relevant sind, am VerlG vollständig vorbeigegangen. Dies hat dazu geführt, dass das VerlG erheblich an Bedeutung verloren hat. Das Gros der Diskussionen in Rechtsprechung und Lehre betrifft, auch soweit es das Verlagsrecht berührt, Bestimmung des UrhG, nicht des VerlG. Dementsprechend haben alle neueren dogmatischen Ansätze und Reformvorhaben stets ihren Niederschlag nur im UrhG, nicht hingegen im VerlG gefunden, obwohl der Gesetzgeber häufig gerade den Verlagsvertrag bzw. verlegerische Nutzungsrechte vor Augen hatte.

Vor diesem Hintergrund ist im Grundsatz davon auszugehen, dass das jüngere **12** **UrhG das** ältere **VerlG überlagert**, das UrhG als *lex posterior* also u. U. abweichende Regelungen im VerlG modifiziert, das VerlG jedoch als das ältere **Spezialgesetz** vorgeht, wo es verlagsrechtliche Besonderheiten betrifft (ähnl. *Schricker* VerlagsR³ Einl. Rn. 19, 25). Den verlagsrechtlichen Regelungen vor gehen insb. die urhebervertragsrechtlichen Regelungen der §§ 31 ff. UrhG und dort vor allem die Zweckübertragungsregel (§ 31 Abs. 5 UrhG), §§ 40 und 41 ff. UrhG, die Leistungsschutzrechte der §§ 70, 71 UrhG (s. §§ 39, 40 VerlG), § 88 UrhG im Bereich der Stoffrechteverträge und schließlich die gesetzlichen Vergütungsansprüche. Verlagsrechtliche Besonderheiten, die weiterhin auf Grundlage des VerlG zur Anwendung kommen, sind z.B. die verlagsrechtlichen Treue- und Enthaltungspflichten (vgl. § 2 Rn. 30; vgl. Vor §§ 31 ff. UrhG Rn. 45 ff.) oder der im Verlagsbereich gegenüber dem UrhG engere Begriff der Vervielfältigung (dazu *Schricker* VerlagsR³ Rn. 24); in der Praxis dürfte dies ohnehin selten – wenn überhaupt – relevant werden, da das UrhG den genannten verlagsrechtlichen Besonderheiten jedenfalls nicht entgegensteht und sie umgekehrt z. T. auch für weitere Verwertungsformen kennt.

Zusammenfassend gilt also: Wo das VerlG eine gegenüber dem UrhG präzisere, spezielle Regelung beinhaltet, ist diese heranzuziehen, soweit die Bestimmungen des UrhG nicht entgegenstehen; im Übrigen ist das VerlG in seinen Begriffen, Rechtsinstituten und seiner Auslegung von dem jeweils geltenden UrhG abhängig (so auch *Schricker* VerlagsR³ Rn. 25). **13**

IV. Tarifverträge, Normverträge, Vergütungsregeln und Vergütungsempfehlungen, Muster

1. Tarifverträge

Im Bereich des Buchverlages bestehen grds. keine umfassenden Tarifverträge, **14** die Autoren und Verlage binden. Die wenigen Haustarifverträge des Verbandes Deutscher Schriftsteller (VS) in ver.di haben nur geringe praktische Bedeutung, weil kaum ein Autor als Arbeitnehmer oder arbeitnehmerähnliche Person eingestuft werden kann. Insofern schließt zwar der Tarifvertrag für arbeitnehmerähnliche freie Journalisten und Journalistinnen an Tageszeitungen (vgl. § 38 UrhG Rn. 22) belletristische Werke nicht aus, gilt jedoch nur für Verlage, die Tageszeitungen herausgeben, bzw. Journalisten, die im Hauptberuf arbeitnehmerähnlich für Tageszeitungen tätig sind. Zu erwähnen sind noch der

Manteltarifvertrag für Redakteure und Redakteurinnen an Zeitschriften und der Manteltarifvertrag für Redakteure und Redakteurinnen an Tageszeitungen (vgl. § 32 UrhG Rn. 26 ff., vgl. § 38 UrhG Rn. 22).

2. Normverträge

15 Hingegen existieren einige Normverträge (zu den unterschiedlichen Normverträgen in der Historie *Schricker* VerlagsR[3] Rn. 10 ff.). Zuletzt 1999 haben der Verlegerausschuss des Börsenvereins des Deutschen Buchhandels e.V. und der Verband Deutscher Schriftsteller (VS) in ver.di einen in der Praxis sehr bedeutsamen **Normvertrag** vereinbart (abrufbar unter http://www.bisag.de/de/69181?rubrik=82998&dl_id=64216, abgerufen am 09.01.2008). In Ziffer 1 des **Rahmenvertrages zum Normvertrag** verpflichten sich VS und Börsenverein insofern sogar, auf ihre Mitglieder dahingehend einzuwirken, dass diese nicht ohne sachlich gerechtfertigten Grund zu Lasten des Autors vom Normvertrag abweichen. Dieser Normvertrag ist auch deshalb sehr bedeutsam, weil er zwischen VS und Börsenverein als gleichwertigen Partnern verhandelt wurde und deshalb einen angemessenen Interessenausgleich widerspiegelt; mithin lassen sich an ihm einigermaßen verlässliche Feststellungen zur Branchenübung treffen. Ähnlich große praktische Bedeutung haben die **Vertragsnormen für wissenschaftliche Verlagswerke** vom 24.03.2000 (abrufbar unter http://www.bisag.de/de/69181?rubrik=82998&dl_id=64217, abgerufen am 09.01.2008), nach jahrelangen Verhandlungen zwischen den Kommissionen des Börsenvereins und des Hochschulverbands als ausgewogener Regelungsvorschlag vereinbart. Die Vertragsnormen enthalten neben einer detaillierten Einleitung über die zu regelnden Fragen vor allem sechs **Musterverträge,** nämlich einen Verlagsvertrag über ein wissenschaftliches Werk mit einem Verfasser, einen Verlagsvertrag über ein wissenschaftliches Werk mit mehreren Verfassern, einen Verlagsvertrag für einen wissenschaftlichen Beitrag zu einer Sammlung, eine Revers genannte Erklärung zum Umfang der dem Verleger durch den Verfasser eines Zeitschriftenbeitrages einzuräumenden Nutzungsrechte, einen Werkvertrag über einen wissenschaftlichen Beitrag zu einer Sammlung und schließlich einen Herausgebervertrag über ein wissenschaftliches Werk mit mehreren Verfassern oder eine wissenschaftliche Zeitschrift (näher Loewenheim/*Czychowski* § 65 Rn. 12 ff.). Des Weiteren gibt es einen Normvertrag für den Abschluss von Übersetzungsverträgen zwischen dem Verband Deutscher Schriftsteller (VS) und IG Medien in ver.di, der seit 01.07.1992 gilt (abrufbar unter http://www.bisag.de/de/69181?rubrik=82998&dl_id=64218, abgerufen am 09.01.2008). Im Musikverlagsbereich existieren keine Normverträge. Außerdem vgl. Vor §§ 31 ff. UrhG Rn. 359 ff. Zur kartellrechtlichen Problematik insb. im Zusammenhang mit Normverträgen vgl. Vor §§ 31 ff. UrhG Rn. 251 ff.

3. Vertragsmuster

16 Darüber hinaus gibt es in der Literatur verschiedene, individuell entworfene Musterverträge (Münchner Vertragshandbuch/*Nordemann-Schiffel*[6] Vorvertrag Buch, Form. VII. 4, Autorenverlagsvertrag, Form. VII. 5; *Delp*[7] S. 48 ff.; *Wegner/Wallenfells/Kaboth* Anhang II, S. 322 ff.). Da diese Verträge jedoch meist einseitig individuell verfasst worden sind, können sie jedenfalls kaum eine Grundlage für die Feststellung einer Branchenübung darstellen.

4.   Vergütungsregeln und Vergütungsempfehlungen

Gemeinsame Vergütungsregeln existieren im Verlagsbereich bislang nur für **17**
den Bereich der **Belletristik** durch die am 09.06.2005 vereinbarten „Gemeinsamen Vergütungsregeln für Autoren belletristischer Werke in deutscher Sprache" (Text unter http://www.bmj.bund.de/files/-/962/GemVerguetungsreg.pdf
und www.fromm-nordemann.de, abgerufen am 26.10.2007). Zur verabschiedeten, jedoch noch nicht in Kraft getretenen Vergütungsregel für Übersetzer
vgl. § 22 Rn. 12. Vgl. § 36 UrhG Rn. 28 ff.

VI. Verlagsrecht und Verwertungsgesellschaft

In der Praxis spielt im Verlagswesen vor allem die Verwertungsgesellschaft **18**
Wort eine wichtige Rolle (www.vgwort.de). Die VG Wort nimmt für Urheber
und Verlage Rechte an Sprachwerken wahr, und zwar insb. die Rechte nach
§§ 20b, 21, 22 UrhG sowie die Vergütungsansprüche aus §§ 27, 53 ff. und 49
Abs. 1 S. 2 UrhG. Beispielhaft seien nach § 1 des **Wahrnehmungsvertrages** der
VG Wort genannt: das Vermiet- und Verleihrecht für Vervielfältigungsstücke
(Nr. 1), das Recht der öffentlichen Wiedergabe durch Bild- und Tonträger oder
Hörfunk und Fernsehen (Nr. 3), das Recht zur Vervielfältigung zum privaten
oder sonstigen Gebrauch (Nr. 5), das „kleine" Senderecht (Nr. 7), das Recht
des öffentlichen Vortrages (Nr. 9), Rechte an Sprachwerken, die mit Einwil-
ligung des Berechtigten vertont werden (Nr. 10), das Kabelweitersendungsrecht (Nr. 14), das Recht der Vervielfältigung und Verbreitung auf digitalen
Offlineprodukten (z.B. CD-Rom; Nr. 17), das PayTV-, PayRadio-, Pay-per-
view-, Video-on-demand-, Radio-on-demand-Recht und Rechte für ähnliche
Einrichtungen (Nr. 18) oder das Onlinerecht (Nr. 19).

Z.T. können diese Rechte ohnehin nur über Verwertungsgesellschaften geltend **19**
gemacht werden (wie z.B. das Recht aus § 20b Abs. 1 UrhG); insofern kann
der Urheber dem Verleger diese Rechte nicht mehr als Nebenrechte einräumen,
wenn der Autor vor Unterzeichnung des Verlagsvertrages bereits einen Wahrnehmungsvertrag mit der VG Wort abgeschlossen hatte (s. für einen Musikverlagsvertrag OLG München WRP 2006, 611). Z.T. sehen die Rechteinräu-
mungen an die VG Wort im Wahrnehmungsvertrag allerdings vor, dass der
Autor eine individuelle Wahrnehmung der Rechte mit einem Verleger vereinbaren kann (s. z.B. Rechtseinräumungen Nr. 17, 18 und 19 des Wahrnehmungsvertrages der VG Wort). Aus diesem Grund ist in Verlagsverträgen
häufig vorgesehen, dass der Autor eine Mitgliedschaft bei der VG Wort angibt.

Des Weiteren kann der Verleger nur begrenzt mit den Autoren Vereinbarungen **20**
über gesetzliche Vergütungsansprüche des Autors, die von einer Verwertungsgesellschaft wahrgenommen werden, schließen. Derartige Vergütungsansprüche können im Voraus nur an die Verwertungsgesellschaft abgetreten werden
und sind Bestandteil des jeweiligen Wahrnehmungsvertrages mit dem Autor.
Relevant sind hier insb. §§ 20b Abs. 2, 27 Abs. 2, 46 Abs. 4, 47 Abs. 2 S. 2, 52
Abs. 1 S. 2, 52 Abs. 2 S. 2, 53a Abs. 2, 54h UrhG. Das **Verbot der Vorausabtretung** ergibt sich insoweit aus §§ 20b Abs. 2 S. 3, 27 Abs. 1 S. 3 und im
Übrigen aus § 63a UrhG. Lediglich den Anspruch auf Auszahlung gegenüber
der Verwertungsgesellschaft kann der Autor an den Verlag abtreten. Dies ist
jedoch nach § 8 S. 1 des Wahrnehmungsvertrages mit der VG Wort von der
Zustimmung der VG Wort abhängig und in der Praxis selten (vgl. § 63a UrhG
Rn. 14 ff.).

§ 1   VerlG

[1]Durch den Verlagsvertrag über ein Werk der Literatur oder der Tonkunst wird der Verfasser verpflichtet, dem Verleger das Werk zur Vervielfältigung und Verbreitung für eigene Rechnung zu überlassen. [2]Der Verleger ist verpflichtet, das Werk zu vervielfältigen und zu verbreiten.

Übersicht

I.   Allgemeines

1 Nach seinem § 1 erfasst das VerlG Verträge über die Vervielfältigung und Verbreitung von Werken der Literatur und der Tonkunst (dazu vgl. Rn. 7). Dabei ist der Verlagsvertrag ein gegenseitiger Vertrag eigener Art (*sui generis*), der nicht unter die Vertragstypen des BGB passt, sondern ein Urheberrechts*verwertungs*vertrag ist. Dabei sind **für den Verlagsvertrag wesentlich** einerseits die Verpflichtung des Verfassers, dem Verleger das Werk zur Vervielfältigung und Verbreitung zu überlassen, und andererseits die Verpflichtung des Verlegers, das Werk auf eigene Rechnung zu vervielfältigen und zu verbreiten (Auswertungspflicht des Verlegers). § 1 ist deshalb – im Gegensatz zu nahezu allen weiteren Vorschriften des VerlG – *nicht* abdingbar; fehlt eines der genannten Elemente, liegt kein Verlagsvertrag vor. Die Parteien können dann allenfalls die Geltung einzelner oder aller Regelungen des VerlG ausdrücklich vereinbaren.

II.   Anwendungsbereich des Gesetzes

1.   Begriff und Rechtsnatur des Verlagsvertrages

2 Der Begriff der **Vervielfältigung** wird im VerlG nach ganz herrschender Auffassung deutlich enger gefasst als in § 16 UrhG. Erfasst wird nämlich nur die Herstellung körperlicher Vervielfältigungsstücke, die also mit dem Auge oder mit dem Tastsinn wahrnehmbar sind (*Schricker* VerlagsR[3] § 1 Rn. 51); entscheidend ist für das Vorliegen einer Vervielfältigung also nicht die eingesetzte Technik, sondern lediglich das Vervielfältigungsergebnis (Loewenheim/*Jan Bernd Nordemann* § 64 Rn. 3). Dementsprechend wird das in einem Verlagsvertrag eingeräumte Hauptrecht auch als **grafisches Vervielfältigungsrecht** bezeichnet.

Der Begriff der Verbreitung in § 1 VerlG entspricht dem des § 17 UrhG, so dass **3** das VerlG alle Verbreitungshandlungen erfasst, die unter § 17 UrhG fallen (*Schricker* VerlagsR³ Rn. 51).

Des Weiteren liegt ein Verlagsvertrag i.S.d. § 1 VerlG nur vor, wenn der **4** Verleger „für eigene Rechnung" handelt. Deshalb ist der sog. **Kommissionsverlag**, bei dem der Verleger nur für Rechnung des Urhebers vervielfältigt und verbreitet, kein Verlagsvertrag i.S.d. § 1, sondern ein Kommissionsgeschäft nach §§ 383, 384, 406 HGB (vgl. Vor §§ 31 ff. UrhG Rn. 328). Auch beim sog. Selbstverlag liegt kein Verlagsvertrag mit (z.B.) der Druckerei, sondern ein Werklieferungsvertrag, § 651 BGB, vor. Umgekehrt ändert der z.B. bei Dissertationen regelmäßig übliche Druckkostenzuschuss des Urhebers an den Verleger nichts am Vorliegen eines Verlagsvertrages, weil der Verleger auch in diesen Fällen noch ein ins Gewicht fallendes wirtschaftliches Risiko trägt und deshalb auf eigene Rechnung handelt (BGH GRUR 1959, 384, 387 – *Postkalender*).

Nur ein Vertrag, der eine Einräumung des so verstandenen Verlagsrechts **5** enthält, ist ein Verlagsvertrag i.S.d. § 1 VerlG (statt aller *Schricker* VerlagsR³ Rn. 7 m.w.N.), unabhängig von der von den Parteien gewählten Bezeichnung des Vertrages. Maßgeblich ist der in dem Vertrag oder den ggf. weiteren Umständen zum Ausdruck gekommene Wille der Vertragspartner (zur Auslegung *Schricker* VerlagsR³ Rn. 9). Sollte also dem Verleger ein Verlagsrecht ausdrücklich nicht eingeräumt werden, sondern dieser im Wesentlichen das Werk verwalten, so liegt auch dann kein Verlagsvertrag vor, wenn der Verleger im Rahmen der Verwaltung möglicherweise Vervielfältigungsstücke herstellte und ihm auch weitere Nutzungsrechte (vor allem Nebenrechte) eingeräumt wurden. Dies hat vor allem dann, wenn der Administrationscharakter des Vertrages im Vordergrund steht, Auswirkungen auf die Möglichkeiten, den Vertrag zu beenden (LG München I ZUM 2007, 580, 583 ff., nachgehend OLG München GRUR-RR 2008, 208 ff. – *Concierto*, n. rkr.; vgl. § 30 Rn. 18; vgl. § 32 Rn. 21 f.). Verwaltet der Verlag nur die Nutzungsrechte, handelt es sich dabei um Dienste höherer Art i.S.d. § 627 BGB, so dass der Urheber den Vertrag jederzeit kündigen kann (LG München I ZUM 2007, 580, 583 ff., nachgehend OLG München, GRUR-RR 2008, 208 ff. – *Concierto*, n. rkr.).

Die **Vereinbarung eines Honorars** zu Gunsten des Verfassers ist hingegen nicht **6** begriffswesentlicher Inhalt des Verlagsvertrages; allerdings gilt nach § 22 Abs. 1 S. 2 eine Vergütung als stillschweigend vereinbart, wenn dies nach den Umständen zu erwarten ist (vgl. § 22 Rn. 8 f.).

2. Gegenstand des Verlagsvertrages

Nach seinem § 1 regelt das VerlG Verlagsverträge über Werke der Literatur **7** und Tonkunst. Dabei kann Gegenstand eines Verlagsvertrages nur sein, was „verlagsfähig" ist. Da die Einräumung des sog. grafischen Vervielfältigungs- und Verbreitungsrechts begriffswesentlich für den Verlagsvertrag ist, ist ein Werk nur **verlagsfähig** in diesem Sinne, wenn es druckfähig ist, also im technischen Sinne vervielfältigt und verbreitet werden kann. Daraus ergibt sich folgender konkreter Anwendungsbereich des Gesetzes:

a) Schriftwerke: Die Formulierung „Literatur" erklärt sich aus der Entste- **8** hungsgeschichte des VerlG gleichzeitig mit dem Gesetz betreffend das Urheberrecht an Werken der Literatur und der Tonkunst (LUG). Die Anwendung des VerlG ist jedoch keineswegs auf schöngeistige Literatur beschränkt, sondern erfasst grds. alle Sprachwerke i.S.d. § 2 Abs. 1 Nr. 1 UrhG, also vor allem auch wissenschaftliche Abhandlungen, Zeitungs- oder Zeitschriftenbeiträge und Ähnliches. Auch die Darstellungen wissenschaftlicher oder technischer Art des § 2 Abs. 1 Nr. 7 UrhG und die pantomimischen Werke aus § 2 Abs. 1 Nr. 3 UrhG können, wenn sie zeichnerisch oder durch sprachliche Erklärungen, d.h. in Buchform im allerweitesten Sinne, niedergelegt sind, Gegenstand eines Verlagsvertrages sein (zum Kunstverlag aber vgl. Rn. 10). Schließlich erfasst das VerlG nach § 1 S. 1 auch Musikwerke (§ 2 Abs. 1 Nr. 2 UrhG), soweit die im weitesten Sinne verlegerische Nutzung betroffen ist (dazu vgl. Rn. 9).

9 b) **Musikwerke:** Nach § 1 fallen auch Werke der Tonkunst unter das VerlG, soweit es um ihre verlegerische Nutzung im eigentlichen Sinne (vor allem den Notendruck, gleich zu welchem Nutzungszweck) geht. Auf die Auswertung des Hauptrechts, nicht aber auf die Verwertung der Nebenrechte, sind also die Regelungen des Verlagsrechtes anzuwenden (BGH GRUR 1965, 323, 325 – *Cavalleria Rusticana*); vgl. Vor §§ 31 ff. UrhG Rn. 358 ff.

10 c) **Kunstwerke:** Nicht unter das VerlG fallen Verträge über Werke der bildenden Kunst einschließlich der Fotografien, also der eigentliche Kunstverlag (vgl. Vor §§ 31 ff. UrhG Rn. 387; *Schricker* VerlagsR[3] Rn. 86). Enthält ein Kunstbuch sowohl Texte also auch Abbildungen, so ist entscheidend, ob es sich dem Charakter nach eher um ein Sprachwerk handelt, das zur Ergänzung oder Erläuterung Illustrationen enthält, oder umgekehrt um eine (reine) Sammlung von Abbildungen, denen der Text allenfalls zur Bezeichnung der Illustrationen beigefügt ist. Bei Sprachwerken ist dann zu untersuchen, ob für Text- und Bildteil ein einheitlicher Verlagsvertrag vorliegt – was häufig der Fall sein dürfte – oder der Bildteil – was z.B. bei Ausstellungskatalogen mit Textteil in Betracht kommen kann – gesondert und jedenfalls ohne direkte Anwendung des VerlG behandelt werden muss. Dies kann insb. Auswirkungen auf die Vervielfältigungs- und Verbreitungspflichten des Verlegers sowie Zuschuss- und Freiexemplare haben.

11 d) **Zeitungen und Zeitschriften:** Verträge über Zeitungs- oder Zeitschriftenunternehmen als Ganzes fallen nicht unter das VerlG; lediglich über die einzelnen Beiträge werden in der Regel Verlagsverträge geschlossen. Auch der Anzeigen- und der sog. Einschaltvertrag (Vertrag über Werbung im Printbereich) sind keine Verlagsverträge i.S.d. § 1 VerlG; vielmehr handelt es sich in der Regel um reine Werkverträge, die in der Praxis inhaltlich weitgehend nach den jeweils einschlägigen allgemeinen Geschäftsbedingungen geschlossen werden. Zum Herausgebervertrag, der jedenfalls verlagsrechtliche Züge aufweisen kann, vgl. § 41 Rn. 9 ff.

12 e) **Neue Veröffentlichungsformen:** Noch nicht geklärt ist, ob die Nutzung als e-book (electronic book) als **Hauptrecht** Gegenstand eines Verlagsvertrages sein kann, also ein Verlagsvertrag vorliegt, wenn die Parteien auf die eigentliche grafische Vervielfältigung und Verbreitung (in Printform) verzichten und stattdessen nur eine Vervielfältigung und Verbreitung als digital gespeicherter Buchinhalt vereinbaren. Grds. sind e-books auf Desktop-PCs, Notebooks oder Palms lesbar, auch wenn in der Praxis ein spezieller Taschencomputer mit besonderer Software oder ein anderes sog. Nur-Lese-System verwendet wird. Diese Systeme gestatten zumeist nicht nur das Lesen als solches, sondern auch elektronische Unterstreichungen, eigene Notizen zum Buch und häufig eine Volltextsuche. Der Leser kauft die zu lesenden Inhalte unmittelbar bei einem Onlinebuchhändler und lädt bzw. speichert sie direkt in seiner Hardware (zu den technischen Details *Kitz* MMR 2001, 727 ff.). Allerdings schafft der Verleger eines e-books kein körperliches Vervielfältigungsexemplar, was ein Verlagsvertrag jedoch begriffsnotwendig voraussetzt (vgl. Rn. 2). Insofern laufen z.B. die Regelungen des § 16 leer. Andererseits sind wesentliche andere Bestimmungen des VerlG – wie z.B. die §§ 1, 2, 8, die Regelungen zu Neuauflagen, Korrekturen, Ladenpreis, Honorierung, Rücktrittsrechten usw. – durchaus auch für e-book-Verträge relevant. Das VerlG sollte deshalb in den – in der Praxis (noch) seltenen – Fällen, in denen im Hauptrecht (nur) eine Vervielfältigung und Verbreitung als e-book vereinbart wird, analoge Anwendung finden (zum Ganzen *Gernot Schulze* ZUM 2000, 432 ff.; *Rehbinder/ Schmaus* ZUM 2002, 167 ff.; Loewenheim/*Jan Bernd Nordemann* § 64 Rn. 7).

Beim sog. **Publishing-on-demand** (auch Print-on-demand) kommt es auf die **13** konkrete Ausgestaltung an. Soll der Verleger erst auf konkrete Bestellung eines Kunden ein Werkexemplar herstellen und dieses dem Kunden in der üblichen gedruckten und gebundenen Form zur Verfügung stellen, so ist das VerlG anwendbar, weil der Kunde hier ein normales körperliches Vervielfältigungsexemplar erhält. Allerdings passen die Vorschriften insb. zum Beginn der Vervielfältigung und der Zahl der herzustellenden Abzüge (§§ 15, 16) nach der Natur des Vertrages nicht; da die Vorschriften des VerlG abdingbar sind, sind diese Regelungen jedenfalls als abbedungen zu betrachten. – Stellt jedoch der Verleger das Werk nur im Internet zum Abruf bereit oder übermittelt es dem Kunden auf elektronischem Wege, so dass dieser sich das Werk selbst ausdrucken oder ggf. auch nur elektronisch abspeichern kann, liegt darin keine Vervielfältigung i.S.d. § 1 VerlG, so dass das VerlG jedenfalls nicht direkt anwendbar ist (*Schricker* VerlagsR³ Rn. 51; Loewenheim/*Jan Bernd Nordemann* § 64 Rn. 6 vgl. oben Rn. 12).

Hingegen ist das VerlG auf Verträge, die im Hauptrecht (nur) eine Vervielfäl- **14** tigung und Verbreitung des Werkes auf **CD-ROM** beinhalten, anwendbar (Loewenheim/*Jan Bernd Nordemann* § 64 Rn. 5). Denn CD-ROMs sind durch Auge oder Tastsinn wahrnehmbar; auch werden körperliche Vervielfältigungsstücke hergestellt. Auch die für Printerzeugnisse „klassischen" Fragen der Auflage (§ 5), der Zuschuss- und Freiexemplare (§ 6), des Beginns der Vervielfältigung, der Zahl der Abzüge und ggf. der Neuauflage (§§ 15–17), des Ladenpreises, Honorars und der Freiexemplare (§§ 21–25) und des Autorenrabatts (§ 26) stellen sich hier ebenso wie beim Druckerzeugnis. Auch die Frage des Ladenpreises (§ 21) muss jedenfalls bei textorientierten CD-ROMs, die unter das Buchpreisbindungsgesetz fallen (*Franzen/Wallenfells/Ruß* Buchpreisbindungsgesetz⁵ § 2 Rn. 8), geregelt sein.

Ohnehin ist die Frage nur in den Fällen relevant, in denen die neue Vervielfäl- **15** tigungs- oder Verbreitungsform das Hauptrecht betrifft. Ist ein Recht zur Herstellung eines e-books, einer CD-ROM oder des (auch auszugsweisen) Print-on-demand lediglich als **Nebenrecht** eingeräumt, betrifft das Hauptrecht aber eine „klassische" Vervielfältigung im verlagsrechtlichen Sinne, so unterliegt der Vertrag insgesamt dem VerlG. Soweit die Regelungen des VerlG – die sich ja im Wesentlichen auf die Ausübung des Hauptrechtes beziehen – passen, wird man sie auf die Nebenrechte jedenfalls analog anwenden können (Loewenheim/*Jan Bernd Nordemann* § 64 Rn. 9).

f) **Abgrenzung zum Bestellvertrag (§ 47): Weitere Verträge:** Nach § 47 liegt ein **16** Verlagsvertrag nicht vor, so dass das VerlG nicht anwendbar ist, wenn der Verleger dem Autor „den Inhalt des Werkes und die Art und Weise der Behandlung genau vorschreibt" (sog. **Bestellvertrag**); nach § 47 Abs. 1 S. 2

ist nämlich der Verleger in diesem Falle zur Vervielfältigung und Verbreitung nicht verpflichtet. Da der Besteller den genauen Plan und die Art und Weise der Behandlung vorgibt, liegt der Schwerpunkt in diesen Fällen beim Besteller (vgl. § 47 Rn. 3 ff.; BGH GRUR 1984, 528, 529 – *Bestellvertrag*). **Übersetzerverträge** sind jedenfalls nach jüngerer Auffassung des Bundesgerichtshofes nicht ohne weiteres Bestellverträge (BGH GRUR 2005, 148, 150 f. – *Oceano Mare*). Denn gerade bei literarischen Übersetzungen liegt das Schwergewicht der urheberrechtlichen Leistungen beim Übersetzer, nicht hingegen beim Besteller. Übersetzungsverträge sind jedenfalls für literarische Übersetzungen deshalb in der Regel Verlagsverträge i.S.d. § 1 mit der Folge einer Auswertungspflicht des Verlegers (BGH GRUR 2005, 148, 150 f. – *Oceano Mare*; ebenso schon die Vorinstanz OLG München GRUR-RR 2001, 151, 153 ff.). Dies kann auch für Comicübersetzungen, die in der Komplexität und Bedeutung der Sprache mitunter belletristischen Übersetzungen in nichts nachstehen, gelten (enger BGH GRUR 1998, 680, 682 f. – *Comic-Übersetzungen I*). Zu **Illustrationsverträgen** BGH GRUR 1985, 378, 379 – *Illustrationsvertrag*; KG Beschluss vom 30.09.2005, Az. 5 U 37/04. Zum Umfang der eingeräumten **Nutzungsrechte** vgl. § 47 Rn. 8 ff.

17 Nicht unter das VerlG fallen außerdem sog. **Bühnenverlagsverträge**, bei denen der Bühnenautor dem Bühnenverlag ein Stück treuhänderisch zur Gesamtwahrnehmung überlässt. Mit derartigen Verträgen – auch „Bühnenvertrieb" genannt – ist trotz der etwas missverständlichen Bezeichnung kein eigentliches Verlagsverhältnis i.S.d. § 1 VerlG insb. mit einer Auswertungspflicht des Verlegers verbunden; vielmehr muss dies ausnahmsweise vereinbart werden (vgl. Vor §§ 31 ff. UrhG Rn. 337 f.).

18 Zum sog. **Subverlagsvertrag**, bei dem es sich in der Sache um einen urheberrechtlichen Lizenzvertrag handelt, vgl. Vor §§ 31 ff. UrhG Rn. 223 ff.

3. Verlagsverträge über künftige Werke, Optionsverträge

19 Unter den oben genannten Voraussetzungen kann Gegenstand eines Verlagsvertrages auch ein künftig zu schaffendes Werk sein, sofern der Vertrag die Voraussetzungen des § 40 UrhG (vor allem Schriftform und Kündigungsrecht bei nicht näher bestimmten Werken) erfüllt (dazu OLG Frankfurt/M. GRUR 1991, 601, 602 – *Werkverzeichnis*). Zur Entstehung des subjektiven Verlagsrechts vgl. § 8 Rn. 2. Zu Bestellverträgen vgl. § 47 Rn. 1 ff.

20 Von derartigen Verträgen zu unterscheiden sind die **verlagsrechtlichen Optionsverträge**. Darin verpflichtet sich der Autor – in der Regel für einen bestimmten Zeitraum und häufig auch ein bestimmtes Gebiet insb. im wissenschaftlichen Bereich –, in Zukunft von ihm geschaffene Werke dem Verleger jeweils zuerst anzubieten. Der Verleger muss dann in der Regel wiederum binnen einer bestimmten Frist entscheiden, ob er das Werk in Verlag nimmt oder nicht (vgl. Vor §§ 31 ff. UrhG Rn. 311 ff.). Die Option kann so formuliert sein, dass ein (weiterer) Verlagsvertrag zwischen Autor und Verleger bereits mit der Ausübung der Option durch den Verlag zustande kommt (sog. Optionsvertrag i.e.S.). In diesem Fall kann der Verleger nach Ausübung seiner Option auf Erfüllung, d.h. auf Einräumung des subjektiven Verlagsrechtes und Überlassung des Manuskriptes klagen. Ist die Erfüllung in der Zwischenzeit unmöglich geworden, weil der Autor etwa einem Dritten Verlagsrechte eingeräumt hat, kann der Verleger Schadensersatz geltend machen. Besteht die Option hingegen lediglich in einer Pflicht des Urhebers, dem Verleger das Werk zuerst anzubieten, so muss zwischen Verleger und Autor ein neuer Verlagsvertrag verhandelt und abgeschlossen werden; der Urheber darf einem anderen Verlag das Werk jedoch nur zu besseren Bedingungen als denen, die ihm der optionsberechtigte Verleger anbietet, in Verlag geben. In diesem Zusammenhang muss der Autor nach § 242 BGB auf ein Vertragsangebot des Verlegers angemessen reagieren. Bei diesem Optionsvertrag i.w.S. kann der Verleger ggf. den Autor auf Vorlage des Werkes verklagen, außerdem von ihm Auskunft, ob und zu welchen Bedingungen über das Werk mit Dritten verhandelt worden ist, verlangen. Da dem Autor in diesem Fall jedoch nur eine Erstanbietungspflicht und die Pflicht, dass Werk nicht Dritten zu gleichen oder schlechteren Bedingungen anzubieten, obliegt, kann der Verleger in diesen Fällen Schadensersatz nur verlangen, wen er bereit und in der Lage gewesen wäre, das Werk zu verlegen. Der dritte Verleger kann unter Umständen wettbewerbswidrig handeln, § 4 Nr. 10 UWG, wenn er in Kenntnis des bestehenden Optionsrechtes mit dem Autor über das betreffende Werk einen Verlagsvertrag schließt. In jedem Fall erlischt das Optionsrecht des Verlages in aller Regel, wenn der Verlag sich nicht innerhalb der vereinbarten oder einer angemessenen Frist auf das Angebot des Urhebers äußert. – Zur Frage der Zulässigkeit von Optionsbindungen ohne zeitliche oder gegenständliche Beschränkungen BGH GRUR 1957, 387, 389 – *Clemens Laar*; s. auch BGHZ 9, 237 ff. – *Schelmenroman*; vgl. Vor §§ 31 ff. UrhG Rn. 312; *Schricker* VerlagsR[3] Rn. 48 f. Zu (schuldrechtlichen) Vorverträgen vgl. Vor §§ 31 ff. UrhG Rn. 309.

III. Der Verlagsvertrag

1. Form und Parteien

Der Verlagsvertrag bedarf grds. – von dem Ausnahmefall des § 40 UrhG **21** einmal abgesehen – keiner besonderen **Form** und muss insb. nicht schriftlich geschlossen werden (für den Verlagsvertrag anders insb. das frz. Recht, siehe Art. L.131–2 Abs. 1 des Gesetzes 92–592 vom 01.07.1992). So kann ein allgemeines Einverständnis des Verfassers oder Rechteinhabers mit der Veröffentlichung des Werkes genügen, weil das VerlG für alle Einzelheiten wie Auflage, Honorar usw. Regelungen bereithält (OLG Frankfurt/M. GRUR 1991, 601, 602 – *Werkverzeichnis*). In der Praxis auch der kleineren Verlage ist jedoch ein schriftlicher Vertrag, der zumeist eigenen oder jedenfalls branchenüblichen Mustern folgt, die Regel. Ausnahmen gibt es lediglich bei Kleinstverlagen oder im Bereich der Zeitungen und Zeitschriften auch wissenschaftlicher Natur, wo einzelne Beiträge häufig nur aufgrund eines sog. **Revers**, einer Erklärung, die vom Verfasser zu unterzeichnen ist und im wesentlichen den Umfang der dem Verleger einzuräumenden Nutzungsrechte regelt, veröffentlicht und verbreitet wird.

Bezüglich der **Parteien** des Verlagsvertrages ergeben sich gegenüber sonstigen **22** urheberrechtlichen Nutzungsverträgen keine Besonderheiten. Zum sog. Verlaggeber vgl. § 48 Rn. 1; zur Problematik des Ghostwriters vgl. § 48 Rn. 2). Wird in einem Verlagsvertrag eine Verlagsgruppe aus verschiedenen Einzelverlagen und anderen Unternehmen (z. B. einer Holding) mit derselben gesetzlichen Vertretung als Vertragspartner des Autors bezeichnet, so ist im Zweifel ein Buchverlag aus dem Vertrag berechtigt und verpflichtet (OLG München NJW 1998, 1406, 1407).

23 Der Verlagsvertrag ist grds. nach §§ 133, 157 BGB **auszulegen**; die wechselseitigen Pflichten der Parteien sind nach der Grundregel des § 242 BGB zu bewirken (zu den Treuepflichten der Parteien vgl. § 2 Rn. 30 ff.).

2. Pflichten des Verfassers

24 Der Verfasser ist nach § 1 VerlG verpflichtet, dem Verleger das Werk zur Vervielfältigung und Verbreitung zu überlassen. Dabei ist die Verpflichtung des Verfassers zur Herstellung des Werkes mangels anderer Vereinbarung höchstpersönlicher Natur. Der Erfüllungsort bestimmt sich auch für den Verfasser nach § 269 BGB, sofern nicht – was in der Praxis die Regel ist – der Sitz des Verlages (wirksam) vereinbart ist. Im Einzelnen muss der Verfasser zunächst das Werk herstellen, falls es bei Vertragsschluss noch nicht fertiggestellt ist, und sodann das Werk abliefern (s. § 10), damit der Verleger überhaupt vervielfältigen und verbreiten kann. Er muss außerdem dem Verlag die Vervielfältigung und Verbreitung des Werkes erlauben und darf die vereinbarte Nutzung des Werkes nicht vereiteln oder beeinträchtigen (zu den Treuepflichten des Verfassers vgl. § 2 Rn. 30 ff.).

3. Vervielfältigung und Verbreitung durch den Verlag

25 Wesentliches **Recht** des Verlegers aus dem Verlagsvertrag ist gemäß § 1 die Vervielfältigung und Verbreitung des Werkes, wobei sich allerdings bei Fehlen weiterer vertraglicher Regelungen nur auf das grafische Vervielfältigungs- und Verbreitungsrecht bezieht (zu den in aller Regel eingeräumten Nebenrechten vgl. § 2 Rn. 22 ff.). Damit ist allerdings außerhalb der Grenzen des § 39 UrhG (früher § 13 VerlG) kein Änderungs- oder sonstiges Bearbeitungsrecht des Verlegers verbunden (vgl. § 2 Rn. 10, 16; vgl. § 39 UrhG Rn. 1 ff.). Als wesentliches Element eines Verlagsvertrages übernimmt der Verleger parallel die **Verpflichtung**, das Werk zu vervielfältigen und zu verbreiten. Schließen die Parteien eine derartige Pflicht aus oder ist nach den Umständen eine Auswertungspflicht des Verlages ausgeschlossen, so liegt kein Verlagsvertrag, sondern ein Bestellvertrag oder ein anderer urheberrechtlicher Nutzungsvertrag vor. Ggf. sind hierauf die Vorschriften des VerlG analog anzuwenden (vgl. Rn. 2 ff., 12). An der Auswertungspflicht des Verlages fehlt es i.d.R. bei Beiträgen zu Sammelwerken, für die der Verlag dem Verfasser keinen Veröffentlichungszeitpunkt genannt hat, § 45 Abs. 2 (vgl. § 45 Rn. 1 ff., 6). Die Auswertungspflicht des Verlegers betrifft allerdings nur das **Hauptrecht**, d.h. das grafische Vervielfältigungs- und Verbreitungsrecht. Die Nebenrechte muss der Verleger hingegen in aller Regel nicht auswerten; insofern trifft ihn regelmäßig lediglich eine Obliegenheit, die dann, wenn der Verleger nicht verwertet, den Verfasser ggf. zu einem Rückruf (§ 41 UrhG) berechtigt. Zur Vervielfältigungspflicht des Verlags i.Ü. vgl. § 14 Rn. 2 ff.; bei Übersetzungen BGH GRUR 2005, 148, 151 f. – *Oceano Mare*; vgl. § 17 Rn. 5 f.

26 Bei Musikwerken kann die Herstellung von Vervielfältigungsstücken auf Abruf für die Erfüllung der Vervielfältigungs- und Verbreitungspflichten genügen (BGH GRUR 1988, 303, 305 – *Sonnengesang*; Dreier/Schulze/*Schulze*[2] Rn. 222). Dem Verleger wird eine Förderungspflicht und Auswertungslast aufgebürdet, die ihn beispielsweise zu absatzfördernder Werbung verpflichtet. Kommt er dieser Pflicht nicht nach, besteht u.U. für den Urheber gemäß § 32 VerlG ein Rücktrittsrecht (BGH GRUR 1970, 40, 44 – *Musikverleger I*; OLG

München ZUM 2001, 173, 179 – *Holländer*), das neben den Rechten aus § 41 steht; zum Ganzen vgl. § 14 Rn. 10, außerdem vgl. § 32 Rn. 15.

4. Verjährung

Die wechselseitigen Erfüllungsansprüche verjähren seit dem 01.01.2002 grds. **27** in drei Jahren (§ 195); dies gilt grds. auch für alle am 01.01.2002 noch laufenden Fristen, für die beginnend mit dem 01.01.2002 längstens noch die dreijährige Frist gilt (s. Art. 229 § 6 EGBGB). Zu Verletzungen des Verlagsvertrages durch eine der Parteien, die gleichzeitig eine Verletzung der Urheberrechte des Verfassers bzw. umgekehrt eine Verletzung des Verlagsrechts des Verlegers bedeuten können, vgl. § 9 Rn. 17.

Zur Beendigung des Vertragsverhältnisses vgl. § 9 Rn. 6 ff.; vgl. § 30 Rn. 9 ff.; **28** vgl. § 32 Rn. 7 ff.; vgl. Vor §§ 31 ff. UrhG Rn. 111 ff.

§ 2 VerlG

(1) Der Verfasser hat sich während der Dauer des Vertragsverhältnisses jeder Vervielfältigung und Verbreitung des Werkes zu enthalten, die einem Dritten während der Dauer des Urheberrechts untersagt ist.
(2) Dem Verfasser verbleibt jedoch die Befugnis zur Vervielfältigung und Verbreitung:
1. Für die Übersetzung in eine andere Sprache oder in eine andere Mundart;
2. für die Wiedergabe einer Erzählung in dramatischer Form oder eines Bühnenwerkes in der Form einer Erzählung;
3. für die Bearbeitung eines Werkes der Tonkunst, soweit sie nicht bloß ein Auszug oder eine Übertragung in eine andere Tonart oder Stimmlage ist;
4. für die Benutzung des Werkes zum Zwecke der mechanischen Wiedergabe für das Gehör;
5. für die Benutzung eines Schriftwerkes oder einer Abbildung zu einer bildlichen Darstellung, welche das Originalwerk seinem Inhalt nach im Wege der Kinematographie oder eines ihr ähnlichen Verfahrens wiedergibt.
(3) Auch ist der Verfasser zur Vervielfältigung und Verbreitung in einer Gesamtausgabe befugt, wenn seit dem Ablaufe des Kalenderjahrs, in welchem das Werk erschienen ist, zwanzig Jahre verstrichen sind.

Übersicht

I.   Allgemeines

1   § 2 Abs. 1 regelt die gesetzliche **Enthaltungspflicht** des Verfassers gegenüber dem Verlag: Während der Dauer des Vertragsverhältnisses ist dem Verfasser jede Vervielfältigung und Verbreitung des Werkes untersagt, die auch einem Dritten während der Dauer des Urheberrechtes verboten wäre. Dabei ist die Regelung des § 2 Abs. 1 schuldrechtlicher Natur, betrifft also grds. nicht unmittelbar den Umfang des objektiven Verlagsrechts, der ausgehend von § 8 zu bestimmen ist.

2   § 2 Abs. 2 und Abs. 3 enthalten **Ausnahmen** von den gesetzlichen Enthaltungspflichten des Verfassers in Abs. 1. § 2 Abs. 2 behält dem Verfasser eine Reihe von Nutzungsrechten ausdrücklich vor; dieser Katalog wird durch § 37 Abs. 1 UrhG, der die Verwertung sämtlicher Bearbeitungen des Werkes betrifft, noch erweitert. § 2 Abs. 3 gibt dem Verfasser das Recht, sein Werk in einer Gesamtausgabe zu veröffentlichen, wenn seit dem Ende des Jahres, in dem das Werk erschienen ist, zwanzig Jahre verstrichen sind.

3   Alle Regelungen des § 2 sind dispositiv und werden in der Praxis, insb. durch die sehr verbreiteten Formularverträge, in vielen Fällen wesentlich erweitert.

II.   Enthaltungspflicht des Verfassers (§ 2 Abs. 1)

1.   Inhalt

4   Die Vorschrift konkretisiert zunächst den auch den Verlagsvertrag beherrschenden Grundsatz von Treu und Glauben, § 242 BGB, und zwar vor allem unter wettbewerblichen Gesichtspunkten (*Schricker* VerlagsR³ § 2 Rn. 1). Die Verpflichtung ist rein **schuldrechtlicher Natur** und führt deshalb lediglich im Verhältnis zwischen Verfasser und Verlag zur (Verpflichtung zur) ausschließlichen Einräumung der Verlagsrechte (str.; eingehend vgl. Vor §§ 31 ff. UrhG Rn. 47; der Umfang des objektiven Verlagsrechts und die Rechte des Verlegers auch gegenüber Dritten (das sog. positive Nutzungs- und negative Verbotsrecht des Verlages; vgl. § 8 Rn. 6; vgl. § 31 UrhG Rn. 20 ff.) ergeben sich hingegen erst aus § 8. Gemäß § 2 Abs. 1 muss sich der Verfasser „jeder Vervielfältigung und Verbreitung", die einem Dritten während der Dauer des Urheberrechts verboten wäre, enthalten. Der Begriff der Vervielfältigung ist dabei im – gegenüber § 17 UrhG engeren – verlagsrechtlichen Sinne zu verstehen (vgl. § 1 Rn. 2 f.); insofern ist kein Grund erkennbar, den Vervielfältigungsbegriff in § 1 und § 2 unterschiedlich auszulegen. Der Verfasser darf deshalb sein Werk nur auf solche Nutzungsarten nicht nutzen, die eine Vervielfältigung oder Verbreitung im verlagsrechtlichen Sinne darstellen und nicht unter den Ausnahmekatalog in Abs. 2 fallen (*Schricker* VerlagsR³ Rn. 9

m.w.N.; *Gottschalk* ZUM 2005, 359 ff.; zu den u. U. darüber hinausgehenden, vertragsimmanenten Treuepflichten des Verfassers vgl. Rn. 30 ff.).

Konkret sind dem Verfasser solche Vervielfältigungen und Verbreitungen ver- **5** boten, die auch ein Dritter während der Dauer des urheberrechtlichen Schutzes nicht vornehmen darf, § 2 Abs. 1, 2. Halbs. Der Verfasser darf also z.B. sein Werk nicht in einer anderen äußeren Form veröffentlichen, sei es als Vorabdruck, Einzeldruck, illustrierte Ausgabe oder – vor Ablauf der Frist aus § 2 Abs. 3 – als Teil einer Gesamtausgabe (KG ZUM 1997, 397, 398). Die Enthaltungspflicht des Verfassers erfasst auch **Teile seines Werkes** (BGH GRUR 1960, 636, 638 – *Kommentar*), soweit die Verwendung über das im Rahmen des Zitatrechts zulässige (§ 51 UrhG) hinausgeht. Umgekehrt darf der Verfasser aber über den Katalog des Abs. 2 und Abs. 3 hinaus alle Nutzungen, die ihm bereits als Träger des Urheberrechts im UrhG ausdrücklich vorbehalten sind, vornehmen (*Schricker* VerlagsR³ Rn. 9): Was jeder Dritte nach den Bestimmungen des UrhG darf, darf auch der Urheber gegenüber dem Verlag. Der **Umfang der Enthaltungspflicht** muss insofern nach § 31 Abs. 5 UrhG, der auch im VerlG Anwendung findet (vgl. § 31 UrhG Rn. 154 ff.), bestimmt werden; insofern wird sich im Regelfall aus den konkret dem Verlag zugewiesenen Rechten ergeben, welche Formen bzw. Arten der Vervielfältigung und Verbreitung durch den konkreten Vertrag erfasst werden. Der Verfasser darf danach zunächst das Werk zum persönlichen oder sonstigen eigenen Gebrauch ebenso wie in den sonst durch das UrhG freigestellten Fällen **vervielfältigen** (§ 53 Abs. 1 und 2 UrhG) und zitieren (§ 51 UrhG). Soweit dabei die Verpflichtung zur Quellenangabe (§ 63 UrhG) vor allem dem persönlichkeitsrechtlichen Schutz des Urhebers dient, ist er selbst von dieser Verpflichtung freigestellt; verlangt hingegen § 63 UrhG neben der Angabe des Verfassers auch die des Verlages, muss auch der Verfasser den Verlag nennen. Die Enthaltungspflicht des § 2 Abs. 1 erstreckt sich außerdem nicht auf Bearbeitungen i.S.d. § 37 Abs. 1 UrhG (dazu vgl. Rn. 10, 16 f.).

Dies gilt grds. auch für eine **Verbreitung** des Werkes des Verfassers, wobei sich **6** ein besonderer verlagsrechtlicher Verbreitungsbegriff nicht gebildet hat (dazu vgl. § 1 Rn. 3). Gemäß § 2 Abs. 1 VerlG i.V.m. § 17 Abs. 1 UrhG ist der Urheber mithin nicht gehindert, sein Werk in unkörperlicher Form öffentlich wiederzugeben (§§ 19–22 UrhG) oder auszustellen (§ 18 UrhG). Das Recht der Erstveröffentlichung aus § 12 Abs. 1 UrhG dürfte hingegen regelmäßig auch eine Vervielfältigung und/oder Verbreitung im Sinne des § 2 Abs. 1 VerlG darstellen und also nach Abschluss eines Verlagsvertrages dem Autor nicht mehr zustehen. Eine Inhaltsmitteilung nach § 12 Abs. 2 UrhG ist dem Verfasser nach § 2 Abs. 1 hingegen nur insoweit verwehrt, als darin eine Vervielfältigung oder Verbreitung des Werkes selbst – etwa eines Werkteiles – liegt, jedenfalls wenn Urheber und Verlag insoweit nichts Abweichendes nicht vereinbart haben. Insofern enthalten jedoch die meisten verbreiteten Musterverträge keine ausdrückliche Bestimmung.

Die Enthaltungspflicht gilt grds. auch für Verlagsverträge über **gemeinfreie 7 Werke**, § 39 Abs. 3 Satz 1, ist dort jedoch auf sechs Monate ab Veröffentlichung des Werkes beschränkt (§ 39 Abs. 3 Satz 2); vgl. §§ 39/40 Rn. 8.

2. Räumliche und zeitliche Grenzen der Enthaltungspflicht

Die Enthaltungspflicht des Verfassers ist vertraglicher Natur und **beginnt 8** deshalb bereits mit dem Abschluss des schuldrechtlichen Verlagsvertrages, nicht erst mit der Entstehung des objektiven Verlagsrechts (§ 9 Abs. 1). Sie besteht bis zur **Beendigung des Vertragsverhältnisses** (s. hierzu § 9 Abs. 2; vgl. § 9 Rn. 5). Die Enthaltungspflicht verkürzt sich für Gesamtausgaben gemäß § 2 Abs. 3 (vgl. Rn. 20 f.), in den Fällen eines nicht vergütungspflichtigen Beitrages zu einem nicht periodischen Sammelwerk (z.b. Festschrift; § 38 Abs. 2 i.V.m. Abs. 1 Satz 2 UrhG), in den Fällen anderweitiger Verwertung von Beiträgen zu periodischen Sammelwerken gemäß § 38 Abs. 1 Satz 2 UrhG und schließlich im Rahmen von Verlagsverträgen über gemeinfreie Werke, § 39 Abs. 3 Satz 2.

9 Räumlich kann § 2 Abs. 1 nur gelten, soweit deutsches Recht überhaupt **Vertragsstatut** ist (vgl. Vor §§ 120 ff. UrhG Rn. 80 ff.). Ist deutsches Recht Vertragsstatut und erstreckt sich der Vertrag neben Deutschland auch auf andere Staaten, so wird sich im Lichte des § 31 Abs. 5 UrhG aus § 2 Abs. 1 eine schuldrechtliche **Enthaltungspflicht** des Verfassers – sofern nichts anderes vereinbart ist – **für das Ausland** allenfalls für die Staaten ergeben können, in denen ebenfalls Urheberrechtsschutz besteht, weil die Regelung in ihrem Halbsatz 2 ausdrücklich auf den bestehenden Urheberrechtsschutz gegenüber Dritten abstellt. Dies gilt grds. auch für ein unterhalb staatlicher Grenzen geteiltes Verlagsrecht, das sich z.b. jeweils auf unterschiedliche Sprachräume innerhalb eines Staates (z.b. flämisch und französisch in Belgien) beschränkt.

III. Dem Verfasser vorbehaltene Nutzungen und Umfang der Rechtseinräumung

1. Allgemeines

10 § 2 Abs. 2, der insgesamt dispositiv ist, belässt dem Verfasser trotz bestehenden Verlagsvertrages ausdrücklich bestimmte Nutzungsarten. Dieser Katalog ist jedoch nicht abschließend. Hinzukommen alle Befugnisse, die das UrhG dem Urheber mangels anders lautender vertraglicher Vereinbarung stets vorbehält, insb. die Bearbeitungsrechte im Sinne des § 37 Abs. 1 UrhG. § 37 Abs. 1 UrhG ersetzte die frühere Vorschrift des § 14 LUG, die wiederum für das allgemeine Urheberrecht dem Katalog des § 2 Abs. 2 im Wesentlichen entsprach. Darüber hinaus behält der Verfasser mangels anders lautender vertraglicher Abrede das Recht zur bühnenmäßigen Aufführung und Rundfunk- und Fernsehsendung sowie zu anderen Arten der Verwertung in unkörperlicher Form, da in diesen Fällen bereits keine Vervielfältigung oder Verbreitung im verlagsrechtlichen Sinne vorliegt (vgl. § 1 Rn. 2, 7 ff.). In den ihm vorbehaltenen Werknutzungen behält der Verfasser die uneingeschränkten Nutzungsrechte.

2. Dem Verfasser vorbehaltene Nutzungsarten (§ 2 Abs. 2)

11 a) **Übersetzung:** Der Verfasser behält nach Nr. 1 zunächst das Recht der Übersetzung des Werkes in eine andere Sprache oder eine andere Mundart. Dabei ist unter „Übersetzung" die Übersetzung im engeren Sinn, d.h. die Wiedergabe des Originalwerkes in einer anderen Sprache, nach *Schricker* der Vorgang des „Wie heißt das auf deutsch?" gemeint. Nicht unter diesen Begriff fallen die (freie) Übertragung, wenn sie lediglich eine Sinnwiedergabe oder Kommentierung des Originalwerkes in einer anderen Sprache darstellt, die Nach- oder Umdichtung und die Nachschöpfung (im Einzelnen zu diesen Begriffen vgl. § 3 UrhG Rn. 9 f.; *Schricker* VerlagsR[3] Rn. 20). Nachschöpfungen können jedoch auch während der Lebensdauer eines Verlagsvertrages dem Urheber als Bearbeitungen i.S. d. § 37 Abs. 1 UrhG gestattet sein (vgl. Rn. 16 f.).

b) Dramatisierung und Entdramatisierung (Nr. 2): Dem Urheber vorbehalten **12** sind außerdem die Rechte der Dramatisierung eines erzählenden Werkes und die Episierung eines Bühnenwerkes. In der Vorschrift nicht ausdrücklich erwähnte Bearbeitungsformen (z.B. die Rückübertragung eines dramatisierten Romans in die Romanform) können nach § 37 Abs. 1 UrhG dem Verfasser gestattet sein (vgl. Rn. 16). Zu den vertraglichen Treuepflichten des Verfassers in diesem Zusammenhang vgl. Rn. 30 ff.

c) Musikwerke: Auch die Bearbeitung von Werken der Musik ist grds. dem **13** Komponisten vorbehalten, soweit es sich nicht lediglich um die Herstellung eines Auszuges, die Übertragung in eine andere Tonart oder Stimmlage oder die gesonderte Herausgabe von Teilen eines größeren Werkes (eines einzelnen Satzes einer Sinfonie oder einer Arie aus einer Oper) handelt. Gestattet ist dem Komponisten hingegen die Einrichtung eines Musikwerkes für andere Klangmittel (z.B. die Bearbeitung eines Liedes für Chor; *Schricker* VerlagsR³ Rn. 22). Da allerdings § 37 Abs. 1 UrhG im Grundsatz alle schutzfähigen Bearbeitungen im Zweifel dem Urheber vorbehält, muss der Komponist sich auch nur solcher Auszüge und Übertragungen enthalten, die keine urheberrechtlich geschützten Bearbeitungen i.S.d. § 37 Abs. 1 UrhG sind (*Schricker* VerlagsR³Rn. 22; *Haberstumpf* FS Schricker 70. Geb., S. 309, 318 ff.).

d) Mechanisch-akustische Wiedergabe: Der Verfasser darf außerdem nach **14** Nr. 4 ausdrücklich sein Musik- oder Schriftwerk auf Tonträgern wiedergeben, also z.B. ein Hörspiel herstellen oder das Werk durch ein Orchester aufnehmen lassen. Dies ergibt sich an sich bereits aus dem verlagsrechtlichen Vervielfältigungsbegriff des § 1, so dass der Vorbehalt der Nr. 4 überflüssig ist. Das Nutzungsrecht des Urhebers erfasst dabei auch das Verbreitungsrecht an den hergestellten Tonträgern (*Schricker* VerlagsR³ Rn. 23; vgl. § 37 UrhG Rn. 12 ff.).

e) Verfilmungsrecht: Dem Urheber vorbehalten ist schließlich das Verfilmungs- **15** recht, Nr. 5. Wiederum ist diese ausdrückliche Erwähnung wegen des verlagsrechtlichen Vervielfältigungsbegriffs in §§ 1, 2 eigentlich überflüssig. Das Recht des Urhebers erfasst nicht nur die Herstellung eines Filmes, sondern gleichfalls die Verbreitung der hergestellten Bild- bzw. Bildtonträger (*Schricker* VerlagsR³ Rn. 23). Wegen § 31 Abs. 5 UrhG kann allerdings in besonderen Fällen das Recht zur Verfilmung als Nebenrecht auch stillschweigend eingeräumt sein; dieser Fall ist allerdings in der Praxis kaum jemals anzutreffen, weil dann, wenn z.B. ein Drehbuch den Gegenstand eines Verlagsvertrages bildet oder sonst ein Buch Teil einer geplanten umfassenden Verwertung des Stoffes ist, in aller Regel ein detaillierter und insb. Regelungen zur Verfilmung enthaltender Verlagsvertrag abgeschlossen wird.

f) Erweiterung durch § 37 Abs. 1 UrhG: § 37 Abs. 1 UrhG erweitert diesen **16** Katalog. § 37 Abs. 1 behält generell die Nutzung von Bearbeitungen als eigenständige Verwertungsrechte dem Urheber selbst vor (vgl. § 37 UrhG Rn. 6 ff.; vgl. §§ 23/24 UrhG Rn. 1). Dabei muss die Bearbeitung im Sinne des § 3 UrhG schutzfähig sein (vgl. § 37 UrhG Rn. 6). Deshalb ist z.B. die Darstellung eines Kriminalromans als Comicstrip durch den Verfasser trotz Verlagsvertrags zulässig (siehe – noch zu § 5 LUG – OLG Hamburg GRUR 1965, 689 – *Goldfinger*). Erst recht gilt dies für freie Benutzungen durch den Urheber selbst im Sinne des § 24 Abs. 1 UrhG. Bei Musikwerken darf der Komponist gemäß §§ 37 Abs. 1, 24 Abs. 2 UrhG ebenso wie bereits nach dem Wortlaut des § 2 Abs. 2 Nr. 3 (vgl. Rn. 13) grds. auch eigene Melodien zu Variationen, Phantasien usw. benutzen, weil § 24 Abs. 2 nur Dritten, nicht jedoch dem Urheber selbst die Benutzung der Melodie verbietet. Dem entspricht die aktuelle Vertragspraxis im Musikverlag im Wesentlichen, wenn sie dem Urheber die Verwendung einer Melodie i.d.S. gestattet, wobei allerdings in aller Regel eine Erstanbietungspflicht oder sogar ein echtes Optionsrecht zugunsten des Musikverlegers vereinbart wird.

17 § 37 Abs. 1 erweitert nicht nur den Katalog der dem Urheber vorbehaltenen Nutzungsrechte, sondern beschränkt zugleich das Verbotsrecht des Verlegers bzw. die Enthaltungspflicht des Verfassers aus § 2 Abs. 1. Dazu eingehend vgl. § 37 UrhG Rn. 4 ff., 7, 16. Zu den vertragsimmanenten Treuepflichten und eventuellen Verboten aus dem Recht des unlauteren Wettbewerbs vgl. Rn. 30 ff.

3. Gesamtausgaben (Abs. 3)

18 Grundsätzlich muss der Verfasser sich nach Abs. 1 auch der Veröffentlichung seines Werkes in einer Gesamtausgabe enthalten. Insofern begrenzt allerdings Abs. 3 die Dauer der Enthaltungspflicht, um dem Urheber möglichst noch zu seinen Lebzeiten die Zusammenfassung seines Lebenswerkes zu ermöglichen, und zwar ggf. gegen den Willen der Verleger der jeweiligen Einzelwerke (*Schricker* VerlagsR³ Rn. 25). In diesem Punkt laufen im Übrigen positives Nutzungsrecht des Autors und negatives Verbotsrecht des Verlegers nicht gleich, denn nach § 4 darf der Verleger ohne Zustimmung des Verfassers ein Einzelwerk nicht in einer Gesamtausgabe verwerten (näher vgl. § 4 Rn. 3 ff.). Abs. 3 schützt in erster Linie die ideellen Interessen des Urhebers an dem geschaffenen Werk und hat deshalb **persönlichkeitsrechtlichen Charakter** (OLG Karlsruhe GRUR 1993, 992, 993 f. – *Husserl*). Trotzdem ist Abs. 3 ebenfalls **dispositiv** (OLG Karlsruhe a.a.O.). Allerdings liegt eine Abänderung noch nicht in einer Einräumung des Verlagsrechtes „für sämtliche Auflagen", weil dies sich nur auf das Einzelwerk, nicht hingegen auf eine Veröffentlichung des Werkes im Rahmen einer Gesamtausgabe bezieht (ebenso *Schricker* VerlagsR³ Rn. 34 a.E.).

19 Abs. 3 gestattet dem Verfasser eines Werkes, dieses in einer Gesamtausgabe erscheinen zu lassen, wenn seit dem **Erscheinen** des Werkes zwanzig Jahre, gerechnet vom Ende des Kalenderjahres des Erscheinens an, verstrichen sind. Maßgeblich ist insofern das tatsächliche Erscheinen, § 6 Abs. 2 Satz 1 UrhG (vgl. § 6 UrhG Rn. 15 ff.). Ist das betreffende Werk nach seinem ersten Erscheinen in mehreren Auflagen veröffentlicht worden, so ist für den Lauf der Frist jedenfalls dann das erste Werk maßgeblich, wenn die späteren Auflagen nur unwesentliche Veränderungen, wie z.B. Ergänzungen und Berichtigungen, jedoch keine – auch nur in Abschnitten – grundlegend neue Bearbeitung darstellen. Denn alles andere würde gerade den erfolgreichen und wissenschaftlich sorgfältigen Autor, der mehrere Auflagen herstellen muss, diese aber trotzdem kritisch beleuchtet, unangemessen benachteiligen; außerdem wird bei einer unwesentlichen Veränderung nach wie vor das (ursprüngliche) Werk i.S.d. Abs. 3 vorliegen.

20 Eine **Gesamtausgabe** liegt vor, wenn sie alle Werke, Hauptwerke oder wenigstens die für eine bestimmte Schaffensperiode, Fachrichtung oder Werkform (z.B. die gesamte Lyrik, alle Dramen; alle medizinethischen Abhandlungen usw.) desselben Verfassers enthält. Insofern ist die Bezeichnung der Ausgabe durch Verlag oder Handel unerheblich. So kann z.B. auch eine als „ausgewählte Werke" bezeichnete Sammlung eine Gesamtausgabe i.S.d. § 2 Abs. 3 sein, wenn sie die vorgenannten Kriterien erfüllt (a.A. wohl *Schricker* VerlagsR³ Rn. 27). Gesamtausgaben können auch in Reihen oder Einzellieferungen erscheinen, wenn ein einheitlicher Gesamtpreis besteht und einzelne Bände nicht einzeln abgegeben werden (OLG Karlsruhe GRUR 1993, 992, 993 f. – *Husserl*; *Schricker* VerlagsR³ Rn. 26). Dies kann allenfalls dann anders sein, wenn jeder Band für sich genommen wiederum eine Gesamtausgabe im oben genannten Sinne bilden würde (*Schricker* VerlagsR³ Rn. 27).

Ob der Verfasser das Recht zur Veranstaltung einer Gesamtausgabe aus § 2 **21** Abs. 3 „erschöpfen" kann, indem er eine umfassende Gesamtausgabe veranstaltet, ist in der Rechtsprechung, soweit ersichtlich, noch nicht entschieden worden (die Frage offen lassend OLG Karlsruhe GRUR 1993, 992, 994 – *Husserl*). Gegen einen „Verbrauch" des Rechts spricht neben der urheberpersönlichkeitsrechtlichen Komponente, dass nach der gesetzlichen Regelung in Abs. 3 der Urheber nach Ablauf der dort bestimmten Frist von seiner Enthaltungspflicht gegenüber dem Verleger ganz frei wird, und zwar für die gesamte noch verbleibende Schutzdauer, und umgekehrt der Verleger nach § 4 Satz 1 ohnehin das Recht zur Veranstaltung einer Gesamtausgabe ohne entsprechende Regelung im Verlagsvertrag nicht erwirbt. Der Verfasser bzw. seine Erben (OLG Karlsruhe GRUR 1993, 992, 993 – *Husserl*; LG Frankfurt/M. NJW 1989, 403, 404 – *Arno Schmidt*) können deshalb beliebig weitere Gesamtausgaben veranstalten, auch wenn sie jeweils sämtliche Werke des Autors umfassen. Dass das Nutzungsrecht des Verfassers sich aus wettbewerbsrechtlichen Gründen nur auf das Werk als solches, nicht hingegen auf eine Nutzung der Druckvorlage des jeweiligen Verlages des Einzelwerkes erstreckt, ist selbstverständlich.

4.   Abweichende vertragliche Regelungen

a) Nebenrechte; Begriff: § 2 Abs. 1 bis 3 sind – wie nahezu alle anderen **22** Regelungen des VerlG – dispositiv. Insofern können die Parteien insb. weitergehende Enthaltungspflichten des Verfassers vorsehen (dazu vgl. Rn. 5 f.) oder – was ganz überwiegend auch geschieht – dem Verleger durch einen Katalog konkret wirtschaftlich-technisch eigenständiger Auswertungsmöglichkeiten des Werkes – der also nicht auf die in §§ 15 ff. UrhG genannten Nutzungsarten beschränkt ist – sehr umfassende Nutzungs- und Verwertungsrechte einräumen, wobei hinsichtlich dieser sog. Nebenrechte im Verlagsvertrag in aller Regel zwischen sog. buchnahen und buchfernen Nebenrechten unterschieden wird.

Buchnahe Nebenrechte betreffen die Nutzung des Werkes vor allem durch **23** grafische Vervielfältigung und Verbreitung in anderen Ausgaben als der Originalform (z.B. Taschenbuchausgabe, die Buchgemeinschaftsausgabe, bestimmte (bibliophile oder illustrierte oder für einen bestimmten Abnehmerkreis vorgesehene) Sonderausgaben, schließlich Schul-, Blinden- und illustrierte Ausgaben; ggf. CD-ROM, soweit diese nur den Text darstellt, usw. (s. BGH GRUR 1990, 669, 672 f. – *Bibelreproduktion*; BGH GRUR 1992, 310, 311 f. – *Taschenbuch-Lizenz*) oder das Werk insgesamt intakt lassende Nutzungsarten wie das Übersetzungsrecht. Die **buchnahen Nebenrechte** nutzt typischerweise ein Buchverlag, nicht notwendig der konkrete

Verleger selbst. Unter die buchnahen Nebenrechte fasst man heute im Allgemeinen auch die Nutzung des – unveränderten – Werkes in elektronischen Medien wie z.b. auf CD-ROM, zum Abruf im Internet oder im Rahmen eines ebooks. Auch die Rechte des Vor- oder Nachdrucks in Zeitungen und Zeitschriften und das Recht zur sonstigen Vervielfältigung (z.b. durch Fotokopieren) des Werkes selbst gehören hierher. Das „echte" Hörbuchrecht, d.h. das Recht der unveränderten Aufnahme des Werkes auf Tonträger (Lesung) gehört eher zu den buchnahen Nebenrechten, weil es das Werk als solches nicht verändert (s. § 2 Ziffer 2 lit. f) Normvertrag, abrufbar unter http://www.boersenverein.de/de/69181?rubrik=82998&dl_id=64216, abgerufen am 09.01.2008). Gleiches gilt deshalb für das Vortragsrecht (s. auch § 2g) Normvertrag).

24 **Buchferne Nebenrechte** sind solche Rechte, die das Werk in eine andere Gattung übertragen (z.b. Dramatisierung, Verfilmung, Vertonung, Hörspiel; zum Hörbuch vgl. Rn. 23), also in erster Linie den schöpferischen Inhalt des Werkes verwerten, einschließlich der dafür notwendigen Bearbeitungen (s. im Einzelnen Loewenheim/*Jan Bernd Nordemann* § 64 Rn. 68 ff.). Diese Rechte nimmt der Verleger typischerweise nicht selbst wahr, sondern erteilt Lizenzen an Dritte.

25 Zur **Ausübung der Nebenrechte** ist der Verleger grds. nur dann verpflichtet, wenn dies vereinbart ist, der Vertrag also insofern eine ausdrückliche Bestimmung enthält oder sich dies aus der Vertragsauslegung ergibt. Zur Auswertungspflicht des Verlegers in einem als Verlagsvertrag eingeordneten Übersetzervertrag BGH GRUR 2005, 148, 151 f. – *Oceano Mare*; *Schricker* EWiR 2005, 907 ff.; *v. Becker* ZUM 2005, 50 ff.

26 **b) Umfang der Rechtseinräumung; Zweckübertragungslehre:** Der Umfang der Rechtseinräumung in einem Verlagsvertrag ist im Lichte der §§ 31 Abs. 5, 37 UrhG auszulegen. Insb. nach der Zweckübertragungsregel, § 31 Abs. 5 UrhG, ergibt sich bei Fehlen einer ausdrücklichen Benennung der einzelnen Nutzungsrechte oder Nutzungsarten der Umfang der Einräumung aus dem Vertragszweck. Da § 1 insofern auf das Recht der grafischen Vervielfältigung und Verbreitung abstellt und das VerlG im Übrigen vor allem in § 2 Abs. 2 dem Urheber wesentliche (vor allem Bearbeitungs-) Nutzungsrechte vorbehält, trifft im Zweifel den Nutzungsberechtigten, also den Verleger, eine **Spezifizierungslast**, wenn er Nutzungsrechte, deren Einräumung der Zweck des Verlagsvertrages nicht unmittelbar erfordert, erhalten will. Diese Spezifizierungslast besteht nicht nur, wenn eine Regelung im Vertrag insgesamt fehlt, sondern auch bei pauschalen Formulierungen wie z.b. „für alle Ausgaben und Auflagen" oder „für alle Nutzungsrechte" (s. BGH GRUR 1996, 121, 122 f. – *Pauschale Rechtseinräumung*; KG GRUR 1991, 596, 598 f. – *Schopenhauer-Ausgabe*; Loewenheim/*Jan Bernd Nordemann* Rn. 26 m.w.N.). Die Spezifizierungslast gilt erst recht für die sog. buchfernen Nebenrechte.

27 Aus diesem Grunde müssen zunächst bei den buchnahen Nebenrechten die **konkreten Ausgaben** benannt werden, die Gegenstand der Rechtseinräumung sein sollen (Taschenbuch, Sonder-, Reprint-, Schul- oder Buchgemeinschaftsausgabe, Mikrokopie usw.). Auch hinsichtlich der Nutzung in elektronischen Medien muss klargestellt werden, ob die Nutzung beispielsweise nur auf Offline-Medien wie z.b. CD-ROM oder auch online erfolgen soll, ob die Einstellung in eine Datenbank oder lediglich die Übermittlung über das Internet möglich sein soll usw. Bei Verlagsverträgen über Beiträge in Zeitungen und Zeitschriften ist heute allerdings so branchenüblich, dass vor allem eine

Zeitung nicht nur in einer Printausgabe, sondern parallel im Internet erscheint, dass man davon ausgehen muss, dass auch ohne genaue Bezeichnung Nutzungsrechte für beide Medien jedenfalls stillschweigend eingeräumt worden sind.

In der Vertragspraxis sind dementsprechend sehr umfassende **Rechtekataloge,** **28** die alle nur denkbaren Nebenrechte detailliert auflisten, überaus üblich. Ob und in welchem Umfang derartige Kataloge dem Verleger wirksam die entsprechenden Rechte verschaffen, kann bei **Musterverträgen** wegen §§ 305 ff. BGB zu prüfen sein. Allerdings kann die Zweckübertragungsregel, die nach heutiger Auffassung wohl einen wesentlichen gesetzgeberischen Grundgedanken darstellt (vgl. § 31 UrhG Rn. 108 ff.), in diesem Zusammenhang wohl keine Einschränkung der Rechtseinräumung bewirken. Denn die Zweckübertragungslehre besagt nur, dass nicht durch den **Vertragszweck** gedeckte Rechte einzeln bezeichnet werden müssen, nicht hingegen, dass nicht vom Vertragszweck erfasste Rechte nicht eingeräumt werden dürfen. Rechtekataloge kommen dieser sog. Spezifizierungslast aber gerade nach. Einzelne Rechtseinräumungen können also allenfalls als überraschende Klauseln, § 305c BGB, unwirksam sein. In der Praxis sind deshalb auch Klauseln, mit denen dem Verlag z.B. ein Nebenrecht eingeräumt wird, das nicht in seinen eigentlichen Tätigkeitsbereich fällt, wirksam; ohnehin agieren jedenfalls größere und in zunehmenden Maße auch kleinere Verleger im Bereich der Verwertung von buchfernen Nebenrechten sehr erfolgreich (anders Loewenheim/*Jan Bernd Nordemann* Rn. 30 ff.). – Darüber hinaus ist es durchaus möglich und üblich, im Verlagsvertrag zu vereinbaren, dass der Verlag bestimmte Nutzungsrechte nur im **Einverständnis** mit dem Verfasser verwertet. Häufig anzutreffen ist dies insb. im Hinblick auf das Übersetzungs- und das Verfilmungsrecht, zum Teil auch bezüglich des Hörbuch- und Hörspielrechts. Derartige Abreden haben mitunter – abhängig von ihrer konkreten Ausgestaltung – nicht nur schuldvertragliche, sondern darüber hinaus dingliche Wirkung (vgl. § 8 Rn. 1; § 9 Rn. 3; zu Verfilmungsverträgen vgl. Vor §§ 88 ff. UrhG Rn. 47 ff.).

Fraglich ist in der Praxis regelmäßig, ob eine Klausel, die nur das Recht zur **29** „Verfilmung" erwähnt, auch den in der Praxis heute üblichen, sehr viel weiter gehenden Rechtekatalog in **Stoffrechteverträgen** abdecken kann. In diesen Verträgen lassen sich Produzenten in aller Regel nicht nur das Filmherstellungsrecht als solches und die üblichen Zweitverwertungsrechte im Fernsehen und auf Video/DVD, sondern darüber hinaus – wohl stets – vor allem die sog. Klammerteilrechte, die parallelen Online-, Datenbank- und sonstigen elektronischen Rechte und umfassende Merchandisingrechte, Drucknebenrechte und ähnliches einräumen. Ist der Autor des zugrunde liegenden Werkes an der Verhandlung und Unterzeichnung des Verfilmungsvertrages beteiligt, stellt sich dieses Problem nicht, da er dann den umfangreichen Rechtekatalog des Stoffrechtevertrages kennt. Holt der Verleger – was in der Praxis durchaus gängig ist – jedoch nur seine generelle Zustimmung zu den wirtschaftlichen Eckpunkten des Vertrages ein oder vergibt das Verfilmungsrecht – bei entsprechender Regelung im Vertrag – ganz ohne Mitwirkung des Autors, so fragt sich, ob der Autor die branchenüblichen Rechte stillschweigend eingeräumt hat oder möglicherweise aus Treu und Glauben verpflichtet ist, der umfassenden Rechtseinräumung an den jeweiligen Filmproduzenten zuzustimmen. Jedenfalls gilt, wenn nur pauschal die „Rechte zur Verfilmung" eingeräumt werden, die Vermutung des § 88 UrhG, die im filmischen Bereich alle Nutzungsrechte erfasst (nicht jedoch Remake-Rechte; eingehend vgl. § 88 Rn. 76 ff.; s.a. OLG Frankfurt/M. ZUM 2000, 595, 596 – *Sturm am Tegern-*

see). Bei „filmfernen" Nebenrechten wie z.B. Merchandising und den Druck-nebenrechten kann dies jedoch zweifelhaft sein. Hier werden allenfalls die Umstände ergeben können, ob die entsprechende Nebenrechtsklausel im Ver-lagsvertrag auch umfassende Nebenrechtseinräumungen in einem späteren Stoffrechtevertrag abdeckt. Dies kann z.B. der Fall sein bei einem erfahrenen Autor, der bereits mehrfach Stoffrechte an seinen Werken vergeben hat.

IV. Vertragsimmanente Treuepflichten und Wettbewerbsverbote

1. Allgemeine vertragliche Treuepflicht des Verfassers?

30 Auch der Verlagsvertrag unterliegt insgesamt dem Grundsatz wechselseitiger Treue der Vertragsparteien. Diese Treuepflicht wird für den Verfasser mit der Enthaltungspflicht in § 2 Abs. 1 in einem wichtigen Punkt konkretisiert. Angesichts dieser relativ präzise umgrenzten Regelung und ihrer Ausnahmen in § 2 Abs. 2 und 3 fragt sich, ob dem **Verfasser** unter Berufung auf eine **allgemeine verlagsvertragliche Treuepflicht** weitere Enthaltungspflichten auf-erlegt werden können. Der Bundesgerichtshof hat dies 1973 in seiner Ent-scheidung *Medizin-Duden* (GRUR 1973, 426, 427) grds. angenommen. Da-nach soll der Verfasser in der Regel seine Treuepflicht gegenüber dem Verlag verletzen, wenn er während der Dauer des Verlagsvertrages über den gleichen Gegenstand in einem anderen Verlag ein Werk erscheinen lässt, das sich an den gleichen Abnehmerkreis wendet und nach Art und Umfang geeignet ist, dem früheren Werk Konkurrenz zu bereiten (BGH GRUR 1973, 426 – *Medizin-Duden* (Ls.); für einen Herausgebervertrag ebenso OLG Frankfurt/Main GRUR-RR 2005, 361 f. – *Alles ist möglich;* s.a. OLG Hamburg NJW 2003, 834 f. – *Handbuch zur Insolvenzordnung).* Dies kann auch dann der Fall sein, wenn zwischen Verfasser und Verlag langjährige, viele einzelne Werke **umfas-sende vertragliche Beziehungen** bestehen, der Verleger insofern erheblich in-vestiert und gleichzeitig der Verfasser durch sein Gesamtverhalten beim Ver-leger das Vertrauen begründet hat, die Rechte könnten ungestört ausgewertet werden (OLG Frankfurt/Main GRUR-RR 2005, 361 f. – *Alles ist möglich).* Insofern wird ein Alleinautor ggf. umfassendere Treuepflichten haben als der Verfasser eines Beitrages zu einem Sammelwerk; ebenso wird eine lediglich tw. Überschneidung nur in Ausnahmefällen eine Verletzung einer Treuepflicht bedeuten können. **Zeitlich** und **räumlich** kann eine solche vertragsimmanente Treuepflicht nicht weiter gehen als die Enthaltungspflichten aus § 2 Abs. 1 (vgl. Rn. 10 ff.; s.a. OLG Frankfurt/M. GRUR-RR 2005, 361 f. – *Alles ist möglich).* Eingehend zum Ganzen vgl. Vor §§ 31 ff. UrhG Rn. 45 ff.

2. Vertragliche Wettbewerbsverbote

31 **a) Allgemeines:** In der Praxis sehen gerade die verbreiteten **Formularverträge** der unterschiedlichen Verlage Wettbewerbsverbote häufig vor. So bestimmt z.B. § 7 Abs. 1 der Vertragsnormen für wissenschaftliche Verlagswerke (in der Fassung 2000, abrufbar unter http://www.boersenverein.de/de/69181?ru-brik=82998&dl_id=64217, abgerufen am 09.01.2008), der Verfasser werde während der Laufzeit des Vertrages kein anderes Werk zum gleichen Thema, das geeignet erscheine, dem vertragsgegenständlichen Werk ernsthaft Konkur-renz zu machen, ohne schriftliche Zustimmung des Verlages veröffentlichen oder veröffentlichen lassen, wobei die Zustimmung des Verlages nicht wider Treu und Glauben verweigert werden dürfe. Fehlt die Zustimmungsverpflich-tung des Verlags, sind derartige Klauseln in der Regel wegen Verstoßes gemäß

§ 307 Abs. 1 Satz 1 BGB unwirksam, weil dadurch der Verfasser gerade im wissenschaftlichen Bereich im weitesten Sinne. unangemessen benachteiligt wird (OLG München ZUM 2007, 451 ff.). Im belletristischen Bereich lauten die Formulierungen häufig ähnlich, wobei zwar eine Zustimmungsverpflichtung des Verlages nach Treu und Glauben regelmäßig fehlt, die Klauseln aber kaum praktische Bedeutung haben.

Grds. sind jedoch Wettbewerbsverbote im Lichte des § 31 Abs. 5 UrhG im **32** Zweifel eng auszulegen. So wird unter den Begriff des Konkurrenzwerkes in Entsprechung zu § 2 Abs. 1 eine identische Wiedergabe oder unfreie Bearbeitung des vertragsgegenständlichen Werkes ebenso wie eine gekürzte Ausgabe fallen (vgl. Vor §§ 31 ff. UrhG Rn. 46 f.; *Gottschalk* ZUM 2005, 359, 360 f.). Auch eine Neubearbeitung des Werkes wird man ohne weiteres unter ein vertragliches Wettbewerbsverbot fassen können. Ein **Konkurrenzwerk** wird man jedoch – unter Berücksichtigung der Parameter des Bundesgerichtshofes in der Entscheidung *Medizin-Duden* (GRUR 1973, 426 ff.) – jedenfalls dann nicht mehr annehmen können, wenn der Abnehmerkreis oder der Verwendungszweck ein anderer ist, wie dies z.B. bei Lehrbuch und Kommentar, aber auch bei zwei sich inhaltlich überschneidenden Kommentaren zu einander ablösenden und nur tw. identischen Gesetzen der Fall sein kann (OLG Hamburg NJW 2003, 834 f. – *Handbuch zur Insolvenzordnung*). Dies wird im Wesentlichen nach den Umständen des Einzelfalles zu entscheiden sein (hierzu *Gottschalk* ZUM 2005, 359, 360 f.; *Schricker* VerlagsR³ Rn. 7). Fraglich ist, ob ein vertragliches Wettbewerbsverbot auch eine Verwertung in den dem Urheber vorbehaltenen **neuen Nutzungsarten** i.S.d. § 31 Abs. 4 UrhG a.F. erfasst. Für alle seit Abschaffung des § 31 Abs. 4 UrhG mit Wirkung vom 01.01.2008 abgeschlossenen Verträge wird man dies bejahen können, soweit der Vertrag nicht ohnehin die Einräumung unbekannter Nutzungsarten vorsieht, jedenfalls soweit die konkrete Verwertung in der neuen Nutzungsart ein Konkurrenzwerk im Sinne der üblichen Klauseln darstellen kann. Ebenso wird die Frage auch für unter Geltung des § 31 Abs. 4 UrhG a.F. abgeschlossene Verlagsverträge zu beantworten sein. Zu eventuellen Zustimmungsverpflichtungen des Verfassers zu einer Verwertung durch den Verleger bei Altverträgen vgl. § 31 UrhG Rn. 111.

Bei **Beteiligung mehrerer Verfasser** an einem bestimmten Werk lässt sich die **33** Reichweite des vertraglichen Wettbewerbsverbotes bezüglich einzelner Beteiligter i.d.R. dem Vertrag selbst entnehmen. Denn sind alle Verfasser – vor allem als Miturheber – durch einen einzigen Verlagsvertrag gebunden, wird das Wettbewerbsverbot in aller Regel auch für alle (grds. gleichermaßen) gelten. Bei den Verfassern von Beiträgen für ein Sammelwerk hingegen bestehen regelmäßig mit den einzelnen Verfassern einzelne Verlagsverträge, die ein Wettbewerbsverbot enthalten können oder nicht. In diesen Fällen ist für jeden Verfasser aufgrund seines eigenen Verlagsvertrages die Gültigkeit und ggf. Reichweite des vertraglichen Wettbewerbsverbotes gesondert zu beurteilen. Zu den **kartellrechtlichen Schranken** vertraglicher Wettbewerbsverbote vgl. Vor §§ 31 ff. UrhG Rn. 48 und *Gottschalk* ZUM 2005, 359, 363 ff.

b) Räumliche und zeitliche Grenzen des Wettbewerbsverbots: Häufig enthal- **34** ten die verlagsvertraglichen Wettbewerbsverbote keine ausdrückliche Regelung zum **zeitlichen Anwendungsbereich**. Gerade in den Fällen, in denen der Verlagsvertrag bis zum Ablauf der Schutzfrist abgeschlossen ist – was den Regelfall darstellt –, wird sich eine zeitliche Grenze nicht in allen Fällen zufrieden stellend bestimmen lassen. Wird das Werk auch lange nach seinem ersten Erscheinen noch regelmäßig neu aufgelegt, wird das Wettbewerbsverbot jedenfalls so lange Gültigkeit haben, wie nach dem Werk eine Nachfrage besteht. Ist dies nicht der Fall oder gibt es keine Neuauflagen, so bleibt der Verfasser an das Wettbewerbsverbot so lange gebunden, wie der Verlagsvertrag gültig ist, also nicht z.B. nach § 29 Abs. 1 mit dem Vergriffensein der Auflagen geendet hat. Über § 17 kann sich der Verfasser ggf. von dem Wettbewerbsverbot befreien, indem er dem Verleger eine angemessene Frist zur Herstellung einer Neuauflage setzt (vgl. § 17 Rn. 6 ff.). Nach fruchtlosem Ablauf der Frist kann der Verfasser von dem Vertrag zurücktreten und dann ohne Rücksicht auf das Wettbewerbsverbot veröffentlichen.

35 Vor allem bei **Lehrmitteln** wie z.B. Schulbüchern kann aber durchaus eine lange Dauer des Wettbewerbsverbots gerechtfertigt sein, weil die Verlage gerade in diesem Bereich ganz erhebliche Vorleistungen erbringen müssen (sie konzipieren in aller Regel das Lehrbuch wenigstens in groben Zügen, müssen über Redakteure sicherstellen, dass das Lehrbuch für die geplante Zielgruppe geeignet und gleichzeitig ausreichend umfassend ist, usw.), weshalb sich ein Schulbuch regelmäßig erst im fünften oder sechsten Absatzjahr amortisiert, d.h. seine Deckungsauflage erreicht hat (*v. Bernuth* GRUR 2005, 196, 197 f.). Vor diesem Hintergrund wird man ein Wettbewerbsverbot, das sich in seiner Dauer an der durchschnittlichen Amortisationsdauer des in Rede stehenden Werkes orientiert, für zulässig halten müssen. – Erfasst eine vertragliche Wettbewerbsklausel **künftige Werke** im Sinne des § 40 UrhG, so ist wegen § 40 Abs. 1 Satz 1 nach Ablauf der Fünfjahresfrist die Wettbewerbsklausel ggf. gesondert kündbar.

36 Die **räumliche Reichweite** eines vertraglichen Wettbewerbsverbotes ist wie der räumliche Umfang der Rechtseinräumung im Zweifel im Lichte des § 31 Abs. 5 UrhG zu bestimmen. Betrifft der Verlagsvertrag nicht nur die deutsche Ausgabe des Werkes, sondern räumt auch Übersetzungs- und sonstige Rechte für ausländische Ausgaben ein, wird sich das Wettbewerbsverbot im Zweifel auch auf das Ausland beziehen.

3. Treuepflichten des Verlegers

37 Der Verleger hat gegenüber dem Verfasser grds. keine parallelen Enthaltungspflichten. Er muss allerdings selbstverständlich – wie jede Vertragspartei – den Vertrag mit der nach Treu und Glauben erforderlichen Sorgfalt erfüllen, darf also z.B. nach Ablieferung eines Manuskriptes die Drucklegung nicht unangemessen lange hinausschieben (OLG Frankfurt GRUR 2006, 138, 140 f. – *Europa ohne Frankreich?*; vgl. § 31 Rn. 10).

V. Verletzung der Enthaltungspflicht oder einer vertraglichen Wettbewerbsklausel

1. Verletzung durch den Verfasser

38 Ein Verstoß des Verfassers gegen seine Enthaltungspflichten aus § 2 Abs. 1 bedeutet in schuldrechtlicher Hinsicht zunächst eine Vertragsverletzung, die nach den allgemeinen zivilrechtlichen Grundsätzen dem Verleger Unterlassungs- und – bei Vertretenmüssen – Schadensersatzansprüche gibt (§ 280 Abs. 1 BGB). Gleichzeitig wird darin in aller Regel eine Verletzung der urheberrechtlichen Nutzungsrechte des Verlegers liegen, die ihm wiederum vor allem Unterlassungs- und Schadensersatzansprüche geben, §§ 97 ff. UrhG. Liegen die besonderen Voraussetzungen des UWG vor, kann der Verleger außerdem insoweit Unterlassungs- und Schadensersatzansprüche gegen den Verfasser haben.

2. Ansprüche gegen Dritte

Gegen den **Zweitverleger**, der das Konkurrenzwerk veröffentlicht, hat der erste **39** Verleger unter Umständen bereits urheberrechtliche Ansprüche, wenn das zweite Werk urheberrechtswidrig Teile des ersten Werkes verwendet (s. hierzu OLG Hamburg NJW 2003, 834 f. – *Handbuch zur Insolvenzordnung*). Im Übrigen kommen vor allem wettbewerbsrechtliche Ansprüche, §§ 3, 4 Nr. 10 UWG in Betracht. Insofern reicht jedoch die bloße Tatsache, dass der Zweitverleger möglicherweise eine Vertragsverletzung des Verfassers ausnutzt, für die Annahme einer unlauteren Wettbewerbshandlung nicht aus; erforderlich ist vielmehr, dass der Zweitverleger den Verfasser aktiv und gezielt zum Vertragsbruch verleitet hat (weiter *Schricker* VerlagsR[3] Rn. 8a; BGH GRUR 1973, 426, 428 – *Medizin-Duden*; auch OLG Hamburg, GRUR 1965, 689 f. – *Goldfinger*; BGH GRUR 1959, 331, 332 ff. – *Dreigroschenroman*).

§ 3 VerlG

§ 3 betraf Beiträge zu einem Sammelwerk, für die dem Verfasser ein Anspruch auf Vergütung nicht zusteht. Diese Regelung wurde durch § 141 Nr. 4 UrhG aufgehoben und durch § 38 Abs. 2 i.V.m. Abs. 1 Satz 2 UrhG ersetzt (vgl. § 38 UrhG Rn. 1).

§ 4 VerlG

[1]Der Verleger ist nicht berechtigt, ein Einzelwerk für eine Gesamtausgabe oder ein Sammelwerk sowie Teile einer Gesamtausgabe oder eines Sammelwerkes für eine Sonderausgabe zu verwerten. [2]Soweit jedoch eine solche Verwertung auch während der Dauer des Urheberrechts einem jeden freisteht, bleibt sie dem Verleger gleichfalls gestattet.

Übersicht

I. Allgemeines

§ 4 untersagt dem Verleger, ein ihm in Verlag gegebenes Einzelwerk für eine **1** **Gesamtausgabe** oder für ein **Sammelwerk** zu verwerten sowie – umgekehrt – Teile einer bei ihm erschienenen Gesamtausgabe oder eines Sammelwerkes gesondert zu veröffentlichen, wenn nicht eine derartige Nutzung ohnehin urheberrechtlich frei ist (§ 4 Satz 2). In Betracht kommen hier insbes. die Regelungen der §§ 45 ff. UrhG (vgl. die Kommentierung zu den jeweils einschlägigen Vorschriften). In diesen Fällen muss jedoch der Verlag, soweit die urheberrechtlichen Regelungen dies vorsehen, den Urheber von der Veröffentlichung in Kenntnis setzen wie jeder Dritte und ihm ggf. eine angemessene Vergütung zahlen. § 4, der insgesamt **dispositiv** ist, konkretisiert die Nutzungsrechte des Verlages, in dem er bestimmte, als eigenständige Nutzungsarten angesehene Veröffentlichungsweisen ohne anderweitige Regelung im Vertrag von den dem Verleger eingeräumten Rechten ausnimmt. Dem steht allerdings **keine parallele Nutzungsbefugnis des Verfassers** gegenüber. Der Verfasser, der selbst eine Gesamtausgabe veranstalten oder umgekehrt Teile einer Gesamtausgabe oder eines Sammelwerkes gesondert verwerten will, muss sich deshalb – soweit nicht die Wartefrist des § 2 Abs. 3 verstrichen ist oder sich aus § 2 Abs. 2 VerlG, §§ 37 Abs. 1, 38 UrhG Ausnahmen ergeben – entsprechende Veröffentlichungsrechte im Vertrag vorbehalten. Dementsprechend beschränkt § 4 das **Verbotsrecht des Verlages** gegenüber Dritten und ggf. dem Verfasser nicht. Der Verlag kann also von einem Dritten, der ein unter das Verlagsrecht des ersten Verlegers fallendes Einzelwerk in ein Sammelwerk oder eine Gesamtausgabe aufnimmt, auf der Grundlage des § 9 Abs. 2 Unterlassung und ggf. Schadensersatz verlangen (für ein Beispiel: OLG Karlsruhe GRUR 1993, 992, 993 f. – *Husserl-Gesamtausgabe*).

2 Die Vorschrift gilt grds. auch im **Musikverlag**. Im Entwurf zum VerlG war dies allerdings noch anders gedacht, weil nach einer bereits damals bestehenden Verkehrssitte die Musikverleger das Recht hatten, gerade Einzelstücke größerer Musikwerke gesondert zu vervielfältigen und zu verbreiten, um so eine bessere Verbreitung zu erreichen (*Schricker* VerlagsR³ § 4 Rn. 8). Dies hat sich allerdings für das VerlG nicht durchsetzen können. Aus diesem Grund findet sich üblicherweise in Musikverlagsverträgen eine ausdrückliche Regelung, die den Musikverlegern die Nutzung in den in § 4 ausgenommenen Nutzungsarten, insbes. also die Herstellung von Sonderausgaben einzelner Stücke aus umfassenderen Werken, gestattet. Zu beachten ist in diesem Zusammenhang jedoch § 39 UrhG; eine Sonderausgabe kann eine unzulässige Änderung des Werkes durch den Verlag bedeuten (*Schricker* VerlagsR³ Rn. 8; vgl. § 39 UrhG Rn. 3).

II.　Dem Verlag untersagte Ausgaben

1.　Verwertung eines Einzelwerks in Gesamtausgabe oder Sammelwerk

3 Dem Verlag ist es zunächst verboten, ein Einzelwerk, das ihm zur üblichen einzelnen Veröffentlichung in Verlag gegeben worden ist, für eine Gesamtausgabe oder ein Sammelwerk zu verwerten. Ob der Verlag die Gesamtausgabe oder das Sammelwerk selbst veranstaltet oder hierzu einem Dritten Nutzungsrechte einräumt (LG Frankfurt NJW 1989, 403 f. – *Arno Schmidt*), ist unerheblich. – Zum Begriff der **Gesamtausgabe** vgl. § 2 Rn. 20. Insofern darf der Verleger auch nicht mehrere Einzelwerke desselben Autors, die allesamt bei ihm in Verlag sind, z.B. im Rahmen einer Werkausgabe oder einer Anthologie veröffentlichen, wenn eine diesbezügliche vertragliche Regelung fehlt oder der Verfasser nicht zugestimmt hat (LG Frankfurt NJW 1989, 403 f. – *Arno Schmidt*). Er darf dieses Verbot i.d.R. auch nicht dadurch umgehen, dass er z.B. mehrere Einzelwerke desselben Verfassers mit einer gleichartigen, jeweils von der ursprünglichen abweichenden Ausstattung in einer Kassette zusammenfasst und diese zu einem Gesamtpreis veräußert, und zwar unabhängig davon, ob der Gesamtpreis gegenüber den Einzelausgaben ermäßigt ist oder der Verlag die Kassette als „Gesamtausgabe" oder ähnlich bezeichnet

(*Schricker* VerlagsR³ Rn. 2). Der Verleger darf aber wohl mehrere Einzelwerke jeweils in ihrer Originalausstattung gemeinsam in einer Kassette zu einem nicht ermäßigten Gesamtpreis anbieten, weil er hiermit nicht die Art des Erscheinens der – auch äußerlich unverändert gebliebenen – Einzelwerke verändert, sondern diese nur gemeinsam präsentiert.

Sammelwerke i.S.d. § 4 Satz 1 können periodisch oder nicht periodisch er- **4** scheinen; sie brauchen nicht urheberrechtsschutzfähig im Sinne des § 4 UrhG zu sein, sondern es genügt das Vorliegen einer „Sammlung" (ebenso *Schricker* VerlagsR³ Rn. 1; a.A. *Leiss* § 4 Anm. 2). Der Begriff der Sammlung ist allerdings im Rahmen des § 4 ein anderer als bei § 38 UrhG (vgl. § 38 UrhG Rn. 9 ff.). Eine Sammlung ist nach Sinn und Zweck des § 4 bereits dann gegeben, wenn das in Rede stehende Einzelwerk nur mit *einem* weiteren Werk oder Beitrag verbunden wird oder es sich um Werke desselben Verfassers handelt (*Schricker* VerlagsR³ Rn. 1).

2. Teile einer Gesamtausgabe oder Beiträge eines Sammelwerkes als Sonderausgabe

a) Sonderausgabe: Der Verleger darf außerdem umgekehrt nicht Teile einer **5** Gesamtausgabe oder eines Sammelwerkes für eine Sonderausgabe verwerten. Wiederum ist unerheblich, ob der Verlag die Sonderausgabe selbst veranstaltet oder hierzu einem Dritten Nutzungsrechte einräumt (LG Frankfurt NJW 1989, 403 f. – *Arno Schmidt*). Mit „**Sonderausgabe**" in § 4 ist eine gesonderte, sich also von der Gesamtausgabe oder der Sammlung unterscheidende Ausgabe im Sinne eines Sonderdrucks z.B. bei Festschriften oder Kommentaren, nicht hingegen eine besonders (aufwendig) ausgestattete Ausgabe gemeint. Eine Sonderausgabe liegt nicht nur dann vor, wenn der Verleger einen einzelnen Beitrag oder ein einzelnes Werk aus einer Gesamtausgabe gesondert veröffentlicht, sondern auch dann, wenn er in der neuen Veröffentlichung **mehrere Beiträge** aus der ursprünglichen Sammlung oder **mehrere einzelne Werke** der ursprünglichen Gesamtausgabe veröffentlicht. In diesem Zusammenhang darf der Verleger auch nicht einen ihm für ein bestimmtes Sammelwerk in Verlag gegebenen Beitrag für **ein anderes Sammelwerk** (auch nochmalig) verwerten. Dies ist mangels anderweitiger Regelung im Vertrag vielmehr nur ausnahmsweise und nur dann zulässig, wenn nach den Gesamtumständen Zweck, Umfang, wesentlicher Inhalt und Zielgruppe des zweiten Sammelwerkes mit dem eigentlich vorgesehenen im Wesentlichen identisch sind, der Verfasser also nach dem Rechtsgedanken des § 39 Abs. 2 UrhG seine Zustimmung nach Treu und Glauben nicht versagen könnte (s. auch *Schricker* VerlagsR³ Rn. 4 a.E.).

Ob der Verleger die **einzelnen Bände** einer von ihm verlegten **Gesamtausgabe** **6** auch einzeln abgeben darf, beurteilt sich nach den Umständen des Einzelfalls (krit. *Sieger* FuR / ZUM 1984, 607, 613 ff.). Im Allgemeinen wird er dies – wenn er damit nicht Rechte eines dritten Verlegers eines Einzelwerkes verletzt – dürfen, wenn diese Form der Abgabe im Sinne des § 14 zweckentsprechend und üblich ist, also z.B. die Einzelbände in größerem zeitlichem Abstand erscheinen. Zum **Nachdruck** einzelner Bände, um das Gesamtwerk zu einem späteren Zeitpunkt wieder vollständig anbieten zu können, ist der Verlag berechtigt, wenn er entsprechende Nachdruckrechte erworben oder aber ohnehin die Vervielfältigungs- und Verbreitungsrechte für mehrere Auflagen oder eine unbeschränkte Zahl von Abzügen erworben hat. Ist dies nicht der Fall, so ist der Verlag gemäß § 5 und außerhalb der §§ 6, 7 grds. nicht zum Nachdruck berechtigt. Allerdings ist in diesen Fällen stets zu prüfen, ob der Verfasser nach § 39 Abs. 2 UrhG – der den früheren § 13 VerlG ersetzt hat – verpflichtet ist, der Verwertung nach Treu und Glauben zuzustimmen. Bedeutet also die in Rede stehende Sonderausgabe (nur) eine nach § 39 Abs. 2 UrhG zulässige Änderung – z.B. bei einem durch Weglassen einzelner Teile gekürzten Sammelwerk, vgl. insofern auch § 19 –, so kann der Autor diese nicht unter Berufung auf § 4 untersagen.

7 **b) Verwertung von Teilen eines Einzelwerkes:** Den Fall, dass der Verlag einen oder mehrere Teile eines Einzelwerkes gesondert verwertet (z.B. Veröffentlichung nur ausgewählter Gedichte aus einem größeren Lyrikband oder einer stark gekürzten, nur noch die zentralen Kapitel enthaltenden Ausgabe eines wissenschaftlichen Werkes), erwähnt § 4 nicht. § 4 ist auf derartige Konstellationen aber jedenfalls analog anwendbar, denn in der Sache bedeutet es keinen Unterschied, ob der Verleger eine einzelne Erzählung aus einem Erzählband gesondert veröffentlicht oder dies mit z.B. einem einzelnen Aufzug eines Dramas tut (*Schricker* VerlagsR[3] Rn. 2).

3. Überschreiten seiner Befugnisse durch den Verlag

8 Veranstaltet der Verleger trotz der Beschränkung in § 4 eine Gesamtausgabe, ein Sammelwerk oder eine Sonderausgabe, so bedeutet dies zunächst eine Vertragverletzung gegenüber dem Verfasser, die diesem die normalen zivilrechtlichen Schadensersatz- und Unterlassungsansprüche gibt. Außerdem liegt eine Urheberrechtsverletzung i.S.d. §§ 97 ff. UrhG mit den üblichen Folgen vor.

---

§ 5   VerlG

(1) [1]Der Verleger ist nur zu einer Auflage berechtigt. [2]Ist ihm das Recht zur Veranstaltung mehrerer Auflagen eingeräumt, so gelten im Zweifel für jede neue Auflage die gleichen Abreden wie für die vorhergehende.

(2) [1]Ist die Zahl der Abzüge nicht bestimmt, so ist der Verleger berechtigt, tausend Abzüge herzustellen. [2]Hat der Verleger durch eine vor dem Beginne der Vervielfältigung dem Verfasser gegenüber abgegebene Erklärung die Zahl der Abzüge niedriger bestimmt, so ist er nur berechtigt, die Auflage in der angegebenen Höhe herzustellen.

Übersicht

I.   Allgemeines

1 § 5 bestimmt – wiederum dispositiv -, wie viele Vervielfältigungsstücke der Verleger ohne ausdrückliche Regelung im Vertrag herstellen und verbreiten darf, indem er einerseits den Verlag im Zweifel auf die Veranstaltung einer einzigen Auflage beschränkt (Abs. 1) und andererseits dem Verleger im Zweifel die Herstellung von 1.000 Exemplaren gestattet (Abs. 2 S. 1). Zur Berechnung der zulässigen Abzüge vgl. § 6 Rn. 1 ff.; zum Verlust von Abzügen vgl. § 7 Rn. 1 ff. Die Vorschrift ist unmittelbar nur auf einen **Verlagsvertrag** im eigentlichen Sinne anzuwenden (für ein Beispiel OLG Frankfurt GRUR 1991, 601, 602 – *Werkverzeichnis*); bei einem **Bestellvertrag** (§ 47) kann § 5 auch nicht entsprechende Anwendung finden, weil die Interessenlage der Parteien insofern gänzlich anders ist als im Rahmen eines Verlagsvertrages (BGH GRUR 1984, 528, 529 – *Bestellvertrag*). Für einen Bestellvertrag ist die enge Einbindung des Verfassers in die vom Besteller gezogenen Grenzen und die Unterordnung unter dessen Zwecke wesentlich. In diesen Fällen muss die zulässige Auflagen- und ggf. Stückzahl anhand der Vereinbarungen zwischen den Parteien, den gesamten Umständen und insb. dem Vertragszweck nach §§ 31 ff. UrhG ermittelt werden (BGH GRUR 1984, 528, 529 – *Bestellvertrag*; BGH GRUR 1998, 680, 682 – *Comic-Übersetzungen I*).

II. Zulässige Auflage

1. Begriff

Nach § 5 Abs. 1 S. 1 ist der Verleger im Zweifel nur zur Herstellung einer **2** Auflage berechtigt. Früher verstand man unter einer Auflage die innerhalb eines einheitlichen und gleichförmigen Druckvorgangs hergestellten Exemplare (Loewenheim/*Jan Bernd Nordemann* § 64 Rn. 56). Dieser Begriff ist angesichts der heutigen technischen Möglichkeiten, die insbes. eine sukzessive Herstellung ermöglichen, nicht mehr zeitgemäß. Nach heutiger h.M. ist vielmehr der Begriff der Auflage normativ auf der Grundlage des konkreten Verlagsvertrages zu bestimmen. Nach einer Formel von *Ulmer* (Urheber- und Verlagsrecht, S. 458) ist unter „Auflage" im Rechtssinn „diejenige Zahl von Exemplaren zu verstehen, zu deren Herstellung der Verleger im Rahmen des Verlagsverhältnisses oder eines Abschnittes des Verlagsverhältnisses berechtigt und, soweit es der Bedarf erfordert, verpflichtet ist". Wenn sich die Herstellung neuer Exemplare also nicht mehr als ein mit einer früheren Herstellung verbundener Vorgang, sondern als neuer Abschnitt darstellt, liegt eine neue Auflage vor (KG, Beschl. v. 30.09.2005 Az. 5 U 37/04, n. veröffntl.; Loewenheim/*Jan Bernd Nordemann* Rn. 56 m.w.N.). Dies wird z.B. bei Schulbüchern der Fall sein, wenn für ein neues Schuljahr in einem neuen Druckvorgang Exemplare hergestellt werden (KG a.a.O.; s.a. *v. Bernuth* GRUR 2005, 196, 197). Eine **neue Auflage** liegt danach regelmäßig vor allem dann vor, wenn die neuen Vervielfältigungsstücke gegenüber den bereits hergestellten Exemplaren inhaltlich oder äußerlich verändert worden sind, also z.B. ein wissenschaftliches Werk aktualisiert oder sonst korrigiert worden ist oder eine gänzlich veränderte Einbandgestaltung aufweist. Insofern stellen auch **unterschiedliche Ausgaben** – z.B. Taschenbuch, Buchgemeinschaftsausgabe oder eine illustrierte Ausgabe – in aller Regel eine neue Auflage dar (*Schricker* VerlagsR³ § 5 Rn. 5); in diesem Fall muss der Verleger neben dem Recht, mehrere Auflagen zu veranstalten, auch die entsprechenden Nebenrechte besitzen.

Zeitlich müssen die einzelnen Herstellungsvorgänge, um noch als **ein und** **3** **dieselbe Auflage** gelten zu können, in einem angemessenen zeitlichen Zusammenhang stehen. So kann in Einzelfällen ein Verleger durchaus einmal über

Jahre hinweg nur eine einzige Auflage drucken, wenn die einzelnen Druck-
vorgänge in einem mehr oder weniger regelmäßigen Abstand erfolgen und
jedenfalls nicht jahrelang unterbrochen werden (*Schricker* VerlagsR³ Rn.
2; in BGH GRUR 1980, 227, 231 – *Monumenta Germaniae Historica*, wo nach
einem ersten Erscheinen eines Werkes im Jahre 1890 der Verleger erst
1973/1974 nachdruckte, offengelassen). Wo insofern die zeitliche Grenze
verläuft, lässt sich nur anhand der Umstände des Einzelfalls sagen. Relevant
kann hier z.B. sein, in welchem zeitlichen Abstand in dem betroffenen Bereich
Neuauflagen zu erscheinen pflegen. I.d.R. wird jedenfalls ab einer Unterbrechung der Herstellungsvorgänge von fünf Jahren oder mehr viel für eine neue
Auflage sprechen. Ein reiner Nachdruck, um verlorengegangene Abzüge zu
ersetzen, stellt jedenfalls keine (unzulässige) Neuauflage dar, § 7.

2.   Vertragliche Regelungen

4   Die Grundregel des § 5 Abs. 1 S. 1 ist **dispositiv**. Dabei können die Parteien die
Regelung nicht nur durch ausdrückliche Abreden abbedingen, sondern eine
anderweitige vertragliche Vereinbarung kann sich auch aus dem Vertragszweck ergeben, § 31 Abs. 5 UrhG. So kann der Zweck des Vertrages die
Einräumung der Rechte für mehrere Auflagen ergeben, wenn nach den Gesamtumständen z.B. das Projekt langfristig angelegt oder der Verlag in eine
Realisierung des Projektes ganz erheblich investieren muss. Für eine **stillschweigende Einräumung** des Rechts zur Veranstaltung **mehrerer Auflagen**
sprechen Regelungen im Verlagsvertrag über eine Aktualisierungspflicht des
Verfassers oder zur Vergütung weiterer Auflagen (KG, Beschluss v.
30.09.2005, Az. 5 U 37/04, n.veröfftlt.). Der Verlag wird auch dann das Recht
zur Veranstaltung mehrerer Auflagen erworben haben, wenn der Verfasser die
Veröffentlichung in verschiedenen Ausgaben über Jahre hinweg duldet und die
einzelnen Ausgaben sogar mit Vorworten versieht (OLG Karlsruhe GRUR
1993, 992, 993 – *Husserl*). Eine stillschweigende Einräumung kommt auch
dann in Betracht, wenn – wie regelmäßig in Verlagsverträgen mit Übersetzern
– die Einräumung der Rechte für alle Auflagen **branchenüblich** und davon
auszugehen ist, dass dies dem Übersetzer bekannt ist.

5   In der Praxis werden Nutzungsrechte in den allermeisten Verlagsverträgen
pauschal „für alle Auflagen" eingeräumt (siehe z.B. § 2 Ziffer 1 Normvertrag
des Börsenvereins und des Verbandes Deutscher Schriftsteller in Ver.di, abrufbar unter http://www.boersenverein.de/de/69181?rubrik=82998&dl_id=64216;
abgerufen am 19.11.2007; vgl. Einl. Rn. 15). Ebenso wie bei der Formulierung
„für beliebig viele Auflagen" ist damit klargestellt, dass der Verlag mehrere
Auslagen veranstalten und über die Zahl der herzustellenden Auflagen nach
eigenem Ermessen entscheiden darf. Da die Regelung insoweit klar ist, ist für
§ 31 Abs. 5 UrhG kein Raum (ebenso *Loewenheim/Jan Bernd Nordemann*
Rn. 60).

6   Insofern sind diese und vergleichbare Formulierungen auch im Hinblick auf
§§ 307 ff. BGB unbedenklich. Denn der Urheber ist zum einen über § 17 VerlG
und § 41 UrhG geschützt, wenn der Verleger von seinen Rechten nicht hinreichend Gebrauch macht. Außerdem gewährleisten jedenfalls §§ 32, 32a UrhG
dem Autor eine angemessene Vergütung auch für weitere Auflagen, während
umgekehrt derartige Klauseln geeignet sind, die i.d.R. ganz erheblichen Vorleistungen des Verlegers abzusichern. Ist hingegen **„eine ausreichende Anzahl
von Auflagen"** vereinbart, so ist mit Hilfe der Zweckübertragungslehre festzustellen, wie viele Auflagen nach Werkart, Inhalt des Werkes und weiteren

Umständen erforderlich sind. Jedenfalls die für eine Amortisation erforderliche Zahl der Auflagen muss auf der Grundlage vergleichbarer Formulierungen dem Verlag gestattet sein (*v. Bernuth* GRUR 2005, 196, 197 f.). Die Auslegung kann in derartigen Fällen auch generell ergeben, dass die Bestimmung der „erforderlichen" Auflagenzahl im Ermessen des Verlegers stehen soll.

Darf der Verlag danach mehrere Auflagen herstellen, so erfasst dies grds. – **7** sofern er die entsprechenden inhaltlichen Nutzungs-, also insb. Änderungs- und Bearbeitungsrechte hat – auch die Veröffentlichung veränderter Auflagen oder – wiederum unter dem Vorbehalt der entsprechenden inhaltlichen Nutzungsrechte – von z.B. für einen anderen Vertriebsweg vorgesehen Ausgaben.

3.   Geltung der vertraglichen Abreden auch für Neuauflagen

Nach § 5 Abs. 1 S. 2 haben im Zweifel die vertraglichen Abreden der Parteien **8** für eine Auflage auch für die jeweils nachfolgende Auflage Geltung. Dies betrifft insb. **Vergütungsvereinbarungen**, und zwar auch – jedenfalls dem Rechtsgedanken nach – für die Bestimmung der angemessenen Vergütung nach § 22 Abs. 2 (KG, Beschluss v. 30.09.2005, Az. 5 U 37/04, n. veröfftlt.). Abs. 1 S. 2 gilt grds. auch dann, wenn es hinsichtlich der jeweils vorhergehenden Auflage an einer ausdrücklichen Vereinbarung fehlt. Denn eine festgestellte **stillschweigende Vereinbarung** reicht insofern aus (KG, Beschluss v. 30.09.2005, Az 5 U 37/04, n. veröfftlt. S. 3; *Schricker* VerlagsR[3] § 22 Rn. 15).

III.   Zulässige Zahl an Abzügen

1.   Begriff

Nach § 5 Abs. 2 S. 1 darf der Verleger im Zweifel nur 1.000 Abzüge herstellen. **9** Die Vorschrift konkretisiert mithin für den Regelfall die zulässige **Auflagenhöhe**. Der Verlag, dem mehrere Auflagen gestattet sind, ohne dass der Vertrag eine Regelung zur zulässigen Stückzahl enthielte, darf die im Zweifel erlaubten 1.000 Exemplare in jeder ihm gestatteten Auflage ausschöpfen. In diese Zahl sind die üblichen **Zuschuss- und Freiexemplare** nicht einzurechnen (§ 6); außerdem darf der Verleger **verlorengegangene Abzüge** ersetzen, auch wenn damit die insgesamt hergestellte Zahl über 1.000 oder die sonst vertraglich festgesetzte Zahl von Exemplaren hinausgeht, § 7. Mit diesem Recht des Verlages geht die **Pflicht** einher, in dieser Höhe auch tatsächlich zu vervielfältigen, § 16 S. 1 (vgl. § 16 Rn. 2). Ist dem Verleger das Recht zur Herstellung „in jeweils unbestimmter Höhe" oder „in beliebiger Stückzahl" (vgl. Rn. 11) eingeräumt worden, muss er grds. die für vergleichbare Werke **übliche Anzahl** (§ 14 S. 1), mindestens jedoch 1.000 Abzüge herstellen, §§ 5 Abs. 2 S. 1, 16 (OLG Frankfurt/M. GRUR 2006, 138, 139 – *Europa ohne Frankreich?*; s.a. LG Passau NJW-RR 1992, 759 – *Wanderführer*; OLG Frankfurt GRUR 1991, 601, 602 – *Werkverzeichnis*). Hat der Verlag dem Verfasser vor der Vervielfältigung eine niedrigere Zahl als 1.000 Exemplare genannt, darf er nur die genannte Auflage herstellen; die Regelungen der §§ 6, 7 gelten jedoch auch hier.

Keine Anwendung findet die Vorschrift des § 5 Abs. 2 auf **periodische Sammel- 10 werke**; nach § 43 ist der Verleger dort in der Zahl der Vervielfältigungsstücke grds. nicht beschränkt. Für **nicht periodische Sammelwerke** gilt hingegen § 5 grds. uneingeschränkt.

2.   Vertragliche Regelungen

11 Die Zahl von (im Zweifel) 1.000 erlaubten Abzügen ist heute angesichts der völlig veränderten Kostenstruktur überholt. Selbst bei Werken, die keinen größeren Lektoratsaufwand erfordern, liegt die sog. **Deckungsauflage**, also die Auflage, die der Verleger mindestens verkaufen muss, um seine Investitionen zu amortisieren, zumeist deutlich darüber. Verbreitet ist deshalb eine Nutzungsrechtseinräumung „**ohne Stückzahlbegrenzung**" (so z.B. § 2 Ziffer 1 Normvertrag, vgl. Rn. 5). Unter dem Gesichtspunkt des Rechts der allgemeinen Geschäftsbedingungen, §§ 305 ff. BGB, ist dies ohne weiteres zulässig. Eine derartige Formulierung ist auch hinreichend klar, so dass i.d.R. für § 31 Abs. 5 UrhG kein Raum sein dürfte. Etwas anderes kann allenfalls dann gelten, wenn der Vertrag angesichts der übrigen Umstände z.B. auf eine sehr niedrige Auflage ausgelegt und der Verfasser danach gerade wieder in der Verfügung über seine Werke frei sein soll (Loewenheim/*Jan Bernd Nordemann* Rn. 65). Trotz der Formulierung „ohne Stückzahlbegrenzung" kann sich eine Beschränkung der Zahl der erlaubten Vervielfältigungsstücke auch ergeben, wenn Rechte ausdrücklich nur für eine Auflage eingeräumt worden sind, weil die Parteien dann in der Praxis häufig gleichzeitig eine zeitliche Begrenzung der Nutzungsrechte vorsehen oder implizieren (z.B. bei der Einräumung von Nutzungsrechten für Kalender oder Jahrbücher). Bei der Auslegung ist allerdings zu berücksichtigen, dass der Verfasser durch §§ 32, 32a UrhG i.d.R. wirtschaftlich hinreichend abgesichert ist, während der Verlag häufig eine vergleichsweise hohe Auflage herstellen muss, um seine vorfinanzierten Investitionen überhaupt zu amortisieren. Ohnehin wird i.d.R. in Verlagsverträgen ein Absatzhonorar vereinbart, und auch unabhängig davon dürfte der Verfasser regelmäßig an einem möglichst weiten Absatz seines Werkes interessiert sein.

12 Formuliert der Verlagsvertrag hingegen z.B., dass eine „angemessen hohe Zahl von Abzügen" oder eine „**ausreichende Zahl von Abzügen**" gestattet ist, ist wiederum unter Berücksichtigung des § 31 Abs. 5 UrhG auszulegen, welche Auflagenhöhe nach dem Vertragszweck notwendig ist. Dies wird bei einem eher auf massenhafte Verbreitung angelegten Kriminalroman eine deutlich höhere Zahl sein als bei einer nur besondere Leserkreise ansprechenden bibliophilen Ausgabe. Im Allgemeinen wird aber selbst dann, wenn tatsächlich nur sehr wenige Leser zu erwarten sind, i.d.R. die Zahl des § 5 Abs. 2 S. 1 als Richtschnur dienen können. Beruft eine der Parteien sich insofern auf eine angebliche **Branchenüblichkeit** bestimmter Auflagenhöhen, so ist es an ihr, diese Branchenüblichkeit zu beweisen (KG, Beschluss v. 30.09.2005, Az. 5 U 37/04, n. veröfftlt.).

IV.   Überschreitung der Auflagenzahl oder –Höhe

13 Überschreitet der Verleger die zulässige Auflagenzahl oder die Auflagenhöhe, bedeutet dies gleichzeitig eine Verletzung des Verlagsvertrages und eine Urheberrechtsverletzung wegen unberechtigten Nachdrucks (§§ 97 ff. UrhG; BGH GRUR 1980, 227, 230 – *Monumenta Germaniae Historica*). Reine Vertragsverletzungen sind in der Praxis wohl nur im Zusammenhang mit dem Änderungsrecht des Verfassers bei Neuauflagen – § 12; vgl. § 12 Rn. 4 f. – denkbar.

Zur umgekehrten Vertragsverletzung durch den Verfasser bei Weigerung zur Überarbeitung bei einer Neuauflage vgl. § 12 Rn. 5.

V. Musikverlag

§ 5 ist zwar grds. auch für Musikverlagsverträge anwendbar. Allerdings ist der **14** **Begriff der Auflage** hier nicht ohne weiteres verwertbar, weil insb. aufgrund der Eigenheiten des **Notendrucks** – nach wie vor wird im Musikverlag häufig gestochen – er hier nicht praktikabel ist (*Schricker* VerlagsR[3] Rn. 17). I.d.R. werden in Musikverlagsverträgen deshalb die Rechte für alle Auflagen bzw. schlicht für die Dauer der urheberrechtlichen Schutzfrist vereinbart.

Insofern ist auch die gesetzliche **Mindestzahl** von 1.000 Exemplaren, § 5 **15** Abs. 2 S. 1, im Rahmen von Musikverlagsverträgen häufig nicht praktikabel. Denn Vervielfältigung und Verbreitung durch den Verkauf einzelner Exemplare des Musikwerkes haben im Musikverlagswesen nur untergeordnete Bedeutung und nehmen in der Praxis nur dort größeren Umfang an, wo es sich um ein Schulwerk oder ein auch bei Amateurmusikern besonders beliebtes Werk handelt. Im Übrigen werden verlegte Werke vor allem durch **Leihe** verbreitet. Hier genügt aber den meisten Verlagen das Vorhalten einiger weniger, jedenfalls aber deutlich unter der Zahl von jeweils 1.000 Exemplaren liegender Sätze.

§ 6 VerlG

(1) ¹Die üblichen Zuschussexemplare werden in die Zahl der zulässigen Abzüge nicht eingerechnet. ²Das Gleiche gilt von Freiexemplaren, soweit ihre Zahl den zwanzigsten Teil der zulässigen Abzüge nicht übersteigt.

(2) Zuschussexemplare, die nicht zum Ersatz oder zur Ergänzung beschädigter Abzüge verwendet worden sind, dürfen von dem Verleger nicht verbreitet werden.

Übersicht

I. Allgemeines

§ 6 bestimmt wiederum dispositiv, dass die üblichen Zuschussexemplare **1** (Abs. 1 Satz 1) ebenso wie die dem Verfasser zu gewährenden Freiexemplare (Abs. 1 Satz 2) nicht in die nach § 5 Abs. 2 Satz 1 oder der vertraglichen Regelung zulässige Stückzahl eingerechnet werden. Die Vorschrift konkretisiert mithin die **Auflagenhöhe**. Da die genannten Exemplare nicht zur Auflagenhöhe zählen, werden sie umgekehrt von der Vervielfältigungspflicht des Verlages nicht erfasst, § 16 Satz 1. Stellt der Verleger tatsächlich keine Zuschuss- oder Freiexemplare her, so muss er die Freiexemplare (§ 25) dem Verfasser aus der Verkaufsauflage gewähren; das Absatzhonorar des Verfassers wird sich mangels anderweitiger Regelung im Vertrag – die allerdings den

Normalfall darstellt, weshalb das Problem in der Praxis kaum vorkommen dürfte – grds. auch auf diese Exemplare beziehen müssen (vgl. § 22 Rn. 3). Zur Regelung im Normvertrag s. dort § 4 Nr. 5 (abrufbar unter http://www.boersenverein.de/sixcms/media.php/686/Autorennormvertrag.pdf, abgerufen am 13.02.2008)

II.   Zuschussexemplare

1.   Begriff

2 Zuschussexemplare i.S.d. Abs. 1 Satz 1 sind Exemplare, die zum **Ersatz** des üblichen Herstellungs- und Vertriebsausfalls durch Beschädigung eingesetzt werden, § 6 Abs. 2. Üblicherweise stellen die Verlage um die 5% herum zusätzlich zu der vertraglich vereinbarten, in § 5 Abs. 2 Satz 1 oder sonst vorgesehen Auflage her; die Zahl kann allerdings auch deutlich höher liegen. Zuschussexemplare sollen es dem Verlag ermöglichen, angesichts des nicht vermeidbaren Ausfalls im Rahmen von Herstellung, Lagerung und Vertrieb die volle vertraglich vereinbarte oder gesetzlich vorgesehene Auflage zu verbreiten. In vielen Fällen enthalten die Verlagsverträge hierzu eine generelle Regelung.

3 Stellt der Verlag mehr als die erforderliche oder vertragliche vereinbarte Zahl an Zuschussexemplaren her, so kann darin sowohl eine Urheberrechtsverletzung als auch eine Verletzung des Verlagsvertrages liegen. Allerdings dürfte dies in der Praxis kaum vorkommen, weil die allermeisten Verlagsverträge ausdrücklich für Auflagen in jeweils unbestimmter Höhe oder ohne Stückzahlbeschränkung abgeschlossen sind. In diesen Fällen ist der Verlag in der Zahl der herzustellenden Abzüge ohnehin frei; haben die Parteien – wie in der Praxis regelmäßig – im Verlagsvertrag keine genaue Zahl an Zuschussexemplaren festgelegt, ist der Verlag auch insofern frei. Er kann in diesen Fällen auch nachdrucken, wenn sich herausstellt, dass er zu wenige Exemplare für den Zuschuss vorgesehen hat.

2.   Verwendung der Zuschussexemplare

4 § 6 Abs. 2 untersagt es dem Verlag, Zuschussexemplare, die doch nicht zum Ersatz benötigt werden, zu verbreiten. Zwar ist der Verleger nicht verpflichtet, dem Verfasser über die Verwendung der einzelnen Zuschussexemplare Auskunft zu erteilen (wohl h.M., *Schricker* VerlagsR[3] § 6 Rn. 2 a.E.). Da die Zuschussexemplare nur zum Ersatz untergegangener oder beschädigter und deshalb nicht mehr verkäuflicher Exemplare gedacht sind, hat der Verlag insofern grds. gar kein eigenständiges Verbreitungsrecht. Die **zweckwidrige Verwendung** von Zuschussexemplare verletzt deshalb sowohl das Verbreitungsrecht des Verfassers (§§ 17, 97 UrhG) als auch den Verlagsvertrag. Der Verfasser kann die Verbreitung genehmigen, was auch stillschweigend durch Annahme der auf die entsprechenden Exemplare entfallenden Vergütung geschehen kann (*Schricker* VerlagsR[3] Rn. 7). In der Praxis dürfte sich jedoch auch dieses Problem selten stellen. Denn in der wohl weit überwiegenden Zahl der Verlagsverträge darf der Verlag ohnehin eine Auflage in beliebiger Höhe bzw. ohne Stückzahlbegrenzung herstellen (vgl. § 5 Rn. 5). Er selbst entscheidet in diesen Fällen darüber, wie viele Exemplare herzustellen und zu verbreiten sind; stellt er fest, dass eigentlich für den Zuschuss gedachte Exemplare dafür nicht benötigt werden, kann er sie deshalb ohne weiteres in die normale Verbreitung geben.

III. Freiexemplare

1. Begriff

Der Begriff der Freiexemplare in § 6 Abs. 1 Satz 2 erfasst alle Exemplare, die **5** der Verlag entweder dem Verfasser selbst (§ 25) oder zur Werbung, als Besprechungs- oder Einführungsexemplare an Presse, Rundfunk und ggf. interessierte Teile des Publikums kostenlos abgibt. Insb. zur Abgabe der **Werbe- und Besprechungsexemplare** ist der Verlag auch ohne ausdrückliche Regelung im Verlagsvertrag in aller Regel befugt, da dies so üblich ist, dass von einer entsprechenden stillschweigenden Übereinkunft der Parteien ausgegangen werden kann. Lediglich in Ausnahmefällen – besondere bibliophile Ausgaben, sehr kleine Auflagen oder andere besondere Umstände – wird man dies verneinen und insofern eine ausdrückliche Regelung verlangen können.

Ebenfalls als Freiexemplare zu werten sind die üblichen **Belegexemplare** des **6** Verlages und des Druckers bzw. Buchbinders. Dies ergibt sich bereits aus dem Sinn und Zweck des § 6, der dem Verlag – vgl. Rn. 2 – gerade ermöglichen will, die volle vereinbarte oder gesetzlich gestattete Auflage auch tatsächlich (gewinnbringend) zu verbreiten. Im Übrigen dürfte dies nur so wenige Exemplare betreffen, dass die Interessen des Urhebers in keiner Weise gefährdet sind. Schließlich ist die Übergabe von einzelnen Belegexemplaren an Verlag, Druckerei und ggf. Buchbinder auch überaus üblich.

Den Freiexemplaren in diesem Sinne jedenfalls gleichgestellt werden müssen **7** die sog. **Pflicht- oder Bibliotheksexemplare**, die nach den Vorschriften im Länder- und Bundesrecht unentgeltlich an öffentlichen Bibliotheken abgegeben werden müssen. Die Verpflichtung geht zurück auf das mittelalterliche Zensur- und Privilegienwesen, in dem erst die Abgabe eines Werkes überhaupt die Zensur ermöglichte. Heute muss von jedem in der Bundesrepublik Deutschland hergestellten Verlagswerk und jedem hergestellten Tonträger ein Pflichtexemplar an die Deutsche Bibliothek in Frankfurt am Main oder die Deutsche Bücherei in Leipzig, bei Musikwerken bzw. Tonträgern an das Deutsche Musikarchiv der Deutschen Bibliothek abgeliefert werden, wenn nicht ausnahmsweise die Ablieferung den Verpflichteten unzumutbar belasten würde (was bei bibliophilen Büchern mit Originalgrafiken der Fall sein kann; BVerfG GRUR 1982, 45). Für die Gleichstellung von Bibliotheks- mit Freiexemplaren spricht die vergleichsweise geringe und außerdem von vornherein überschaubare, weil festgelegte Zahl und außerdem die Tatsache, dass das Exemplar vor allem das Schaffen des Urhebers in den Bibliotheken repräsentieren soll (*Schricker* VerlagsR[3] Rn. 3).

Keine Freiexemplare in diesem Sinne sind hingegen die sog. **Rabatt- oder 8 Partieexemplare**, die die Verlage üblicherweise dem Buchhandel bei Abnahme bestimmter Mengen unentgeltlich zugeben; diese Exemplare fallen vielmehr voll unter die (übliche) Absatzvergütung gegenüber dem Verfasser. Gleiches gilt für die sog. **Widmungsexemplare**, die der Verlag persönlich verteilt. In allen drei Fällen werden die Exemplare jeweils nach dem Ermessen des Verlages und in seinem Absatzinteresse gewährt. Dies gilt schließlich für die sog. **Vorzugsexemplare**, und zwar heute vor allem in den Fällen, in denen der Verlag anderen Verlagsautoren einen sog. Autorenrabatt gewährt (zum früher gängigen, heute wegen des BuchAG unzulässigen „Hörerschein" vgl. § 26 Rn. 1).

2. Zulässige Anzahl der Freiexemplare

9 Nach § 6 Abs. 1 Satz 2 darf der Verlag grds. max. 5% der Auflage als Freiexemplare verteilen. Allerdings ist auch diese Vorschrift dispositiv; in vielen Verlagsverträgen wird deshalb festgelegt, wie viele Freiexemplare der Urheber – ggf. pro hergestellten 1.000 Stück – erhält und wieviel Prozent der Auflage andererseits als Werbe-, Besprechungs- und ähnliche Freiexemplare, d.h. ohne Vergütung an den Autor, verbreitet werden dürfen. Ist vertraglich die zulässige Zahl an Freiexemplaren präzise geregelt, so muss der Verlag, wenn er mehr Freiexemplare vergeben will, für diese dem Verfasser die vereinbarte Vergütung zahlen. In einer Reihe von Verlagsverträgen findet sich für derartige Fälle die Regelung, dass in der nachfolgenden Auflage die Zahl der insofern mehr verbrauchten Freiexemplare der an sich erlaubten Auflagenhöhe hinzugerechnet werden kann. – § 6 Abs. 1 Satz 2 findet keine Anwendung im Verhältnis **mehrerer Gemeinschaftsverlage** untereinander. Ob und wie viele Freiexemplare der geschäftsführende Gesellschafter eines Gemeinschaftsverlages abgeben darf, ist deshalb nach gesellschaftsrechtlichen Gesichtspunkten zu beurteilen (BGH UFITA 58 (1970), 263, 264; verfügbar bei Juris).

10 Der Verlag schuldet i.d.R. keine Auskunft über die **Verwendung der Freiexemplare**. Verbreitet der Verlag als Freiexemplare hergestellte Stücke auf normalem Wege, so kann dies nur dann eine Vertragsverletzung darstellen, wenn er nicht – was in der großen Mehrzahl der Verlagsverträge der Fall ist – die Rechte ohne Begrenzung der Auflagenhöhe oder der Stückzahl erworben hat. Auch bei präziser Regelung oder Verbreitung der gesetzlich vorgesehenen Stückzahl kommt jedoch eine Verletzung der Verbreitungsrechte des Verfassers aus §§ 17, 97 UrhG nicht in Frage, weil sich das Verbreitungsrecht urheberrechtlich nicht in einen unentgeltlichen und einen entgeltlichen Teil aufspalten lässt (a.A. *Schricker* VerlagsR[3] Rn. 7). In der Praxis werden derartige Probleme angesichts der sehr weit verbreiteten Rechtseinräumung für Auflagen in unbestimmter Höhe oder ohne Stückzahlbegrenzung selten sein.

§ 7 VerlG

Gehen Abzüge unter, die der Verleger auf Lager hat, so darf er sie durch andere ersetzen; er hat vorher dem Verfasser Anzeige zu machen.

Übersicht

I. Allgemeines

1 § 7 gibt dem Verlag das Recht, untergegangene Lagerexemplare zu ersetzen, um die nach § 5 Abs. 2 Satz 1 oder dem Vertrag gestattete Stückzahl zu vervollständigen, wenn er vorher dem Verfasser Anzeige macht. Bereits nach seinem Wortlaut ist § 7 eine Ersetzungs*befugnis*, verpflichtet den Verlag aber gegenüber dem Verfasser nicht (h.M.; *Schricker* VerlagsR[3] § 7 Rn. 6). Dies setzt allerdings voraus, dass der Verlagsvertrag noch besteht. Das Recht zum Ersatz einzelner Exemplare besteht also nicht mehr, wenn der Vertrag bereits beendet ist, also z.B. nach dem Verlagsvertrag nur eine oder eine bestimmte Zahl von Auflagen oder Vervielfältigungsstücken hergestellt werden durfte und die Auflage(n) oder die Abzüge mit dem Untergang der Lagerexemplare vergriffen sind. Denn mit dem Vergriffensein endet in diesen Fällen der Verlagsvertrag, § 29 Abs. 1.

Für die Ersetzungsbefugnis des Verlegers aus § 7 ist keine Zustimmung des **2** Verfassers, sondern nur die vorherige Anzeige an diesen erforderlich. Untergegangene Lagerexemplare darf der Verleger ohne Zustimmung des Verfassers auch durch Zuschussexemplare ersetzen, was sich bei wirtschaftlich sinnvoller und deshalb nicht zu enger Auslegung des Begriffes „beschädigte Abzüge" in § 6 Abs. 2 bereits dieser Vorschrift entnehmen lässt.

II. Voraussetzungen der Ersetzungsbefugnis

1. Lagerexemplare

Nach § 7 muss der Verleger die untergegangenen Exemplare auf Lager gehabt **3** haben. Sie müssen sich also innerhalb seiner tatsächlichen oder rechtlichen Verfügungsmacht befunden haben, d.h. in seinem eigenen Lager, auf dem Transport zwischen zwei eigenen Lagern, auf einem Transport unter seiner Verfügungsgewalt, beim Drucker, Buchbinder oder Kommissionär. Beim Sortimenter hingegen befinden sich Exemplare nur dann im Lager des Verlegers im Sinne des § 7, wenn sie nur bedingt und mit Rücksenderecht geliefert wurden. Dies ist grds. nicht der Fall bei den üblichen sog. **Remittenden**, die der Handel dem Verlag wegen Mangelhaftigkeit einzelner Exemplare, der Aufhebung des gebundenen Ladenpreises oder aufgrund besonders vereinbarter Konditionen zurücksendet. Diese Bücher hat der Sortimenter bereits fest vom Verlag erworben; nach der Remission kann er allerdings einen Erstattungsanspruch gegen den Verlag haben.

2. Untergang

Die zu ersetzenden Exemplare müssen vernichtet oder jedenfalls **unverkäuflich 4** – nicht lediglich wertgemindert – sein. Dies ist jedoch nicht zu eng zu verstehen. Insofern werden lediglich geringe Wertminderungen nicht zu einem „Untergang" i.S.d. § 7 führen; jedenfalls Beschädigungen, die eine Veräußerung an den Endverbraucher nur noch im Bereich der Herstellungskosten pro Exemplar gestatten, sind dem Untergang gleichzusetzen.

§ 7 findet Anwendung, wenn der Verlag den Untergang nicht **zu vertreten** hat, **5** und zwar auch dann, wenn umgekehrt der Verfasser den Untergang vertreten muss. Neben seiner Befugnis aus § 7 hat der Verlag dann gegen den Verfasser unter Umständen Schadensersatzansprüche (z.B. auf Ersatz der Nachdruckkosten). Anwendbar ist § 7 jedoch auch in den Fällen, in denen der Verlag den Untergang gem. §§ 276, 278 BGB zu vertreten hat. In diesen Fällen konkretisiert § 7 den Schadensersatzanspruch des Verfassers aus der Vertragsverletzung dahingehend, dass der Verlag Ersatz durch Naturalrechtsituation wählen darf (*Schricker* VerlagsR[3] Rn. 3). § 7 gilt schließlich auch dann, wenn der Verlag versehentlich – etwa weil man glaubte, die Voraussetzungen für eine zulässige Makulierung lägen vor – noch vorhandene Restbestände hat vernichten lassen. Der Verlag, der seinen Irrtum erkannt hat, muss sich nun wieder vertragstreu verhalten und seinen Irrtum ausgleichen dürfen, zumal dies grds. auf eigene Kosten des Verlages geschieht.

3. Anzeige an den Verfasser

6 Der Verlag muss dem Verfasser den Ersatzdruck vor Beginn der Herstellung anzeigen. Bereits nach dem Wortlaut der Vorschrift ist die Anzeige **Zulässigkeitsvoraussetzung**, nicht bloße Obliegenheit des Verlages (a.A. *Haberstumpf/Hintermeier* S. 151). Allerdings kann der Verfasser nach richtiger Ansicht einem angezeigten Ersatzdruck nicht wirksam widersprechen, wenn die Voraussetzungen gem. § 7 im Übrigen vorliegen (*Schricker* VerlagsR[3] Rn. 5). Die Anzeige ist schließlich eine reine Wissenserklärung, die den Verlag auch bei Vorliegen aller Voraussetzungen und erfolgter Anzeige nicht verpflichtet, den Ersatzdruck tatsächlich auszuführen.

III. Ausübung des Rechts

1. Inhalt und Umfang

7 Nimmt der Verlag den angezeigten Ersatzdruck vor, darf er nur so viele Exemplare herstellen, wie im oben beschriebenen Sinne untergegangen sind (vgl. Rn. 4 f.). Er darf nachgedruckte Einzelstücke nicht inhaltlich oder in der Aufmachung verändern. Da es sich bei den Ersatzexemplaren nicht um eine neue Auflage handelt, besteht insofern kein Änderungsrecht des Verfassers (§ 12). Druckt der Verlag mehr Exemplare nach, als untergegangen waren, oder lagen die Voraussetzungen des § 7 nicht vor, so begeht er eine Urheberrechts- und eine Vertragsverletzung, wenn er in der Stückzahl, d.h. der konkreten Auflagenhöhe vertraglich oder wegen § 5 Abs. 2 Satz 1 beschränkt war. Ist dies – wie sehr häufig – nicht der Fall, so darf der Verlag ohnehin jederzeit nachdrucken und Exemplare ersetzen.

8 Der Verlag muss die Ersatzexemplare ebenso vergüten wie die untergegangenen Stücke, also z.B. mit dem vereinbarten Absatzhonorar, wenn es sich um normale Vertriebsstücke handelte, oder unter Umständen gar nicht, wenn die untergegangenen Exemplare gerade Freiexemplare für den Verfasser oder Werbe- bzw. Besprechungsexemplare waren.

2. Verzicht auf Ersatzdruck

9 Ersetzt der Verleger die untergegangenen Exemplare nicht, obwohl die Voraussetzungen vorliegen und er dem Verfasser entsprechende Anzeige gemacht hat, hat der Verfasser keine Möglichkeit, einen Ersatzdruck durchzusetzen. Denn der Verlag ist insofern zwar berechtigt, nicht jedoch verpflichtet. Bildeten die untergegangenen Exemplare die Restbestände der Auflage, kann der Verfasser allenfalls dem Verlag analog § 17 eine Frist zur Erklärung setzen, ob noch ein Ersatzdruck vorgenommen werde. In den – in der Praxis freilich seltenen – Fällen, in denen nur eine Auflage vereinbart ist, gilt die Auflage mit fruchtlosem Ablauf der Frist als vergriffen, so dass der Verlagsvertrag ohne weiteres beendet wäre, § 29 Abs. 1. Darf der Verlag hingegen mehrere Auflagen veranstalten, muss der Verfasser ihm nach der ersten Frist zur Herstellung des Ersatzdrucks noch eine weitere Frist zur Veranstaltung einer Neuauflage setzen, um nach § 17 zurücktreten zu können (vgl. § 17 Rn. 6 ff.).

§ 8 VerlG

In dem Umfang, in welchem der Verfasser nach den §§ 2 bis 7 verpflichtet ist, sich der Vervielfältigung und Verbreitung zu enthalten und sie dem Verleger zu gestatten, hat er, soweit nicht aus dem Vertrage sich ein anderes ergibt, dem Verleger das ausschließliche Recht zur Vervielfältigung und Verbreitung (Verlagsrecht) zu verschaffen.

Übersicht

I. Allgemeines

Gemäß § 8, der wiederum dispositiv ist, muss der Verfasser dem Verlag grds. **1** ein ausschließliches Recht verschaffen. Insofern enthält § 8 sowohl eine Bestimmung über Inhalt und Umfang des absoluten Verlagsrechts des Verlages, des **Verlagsrechts im subjektiven Sinn,** als auch eine schuldrechtliche Regelung, nämlich über die Verpflichtung des Verfassers zur Verschaffung des Verlagsrechts. Regelungen zu Inhalt und Umfang des **absoluten Verlagsrechts** finden sich mit der Bestimmung zu den Verbotsbefugnissen des Verlages jedoch auch in § 9 Abs. 2; insofern ist die Systematik des Gesetzes unsauber (zum Umfang des sog. negativen Verbotsrechts des Verlegers vgl. § 9 Rn. 14).

Die Einräumung der Rechte an den Verlag wirkt konstitutiv, d.h. das sub- **2** jektive Verlagsrecht des Verlags entsteht mit der Übertragung durch den Verfasser.

II. Verlagsrecht als ausschließliches Recht

Nach § 8 erwirbt der Verlag mangels anderer Vereinbarung im Vertrag, die **3** auch stillschweigend erfolgen kann, ein **ausschließliches Recht** zur Vervielfältigung und Verbreitung. Diese Vermutung gilt auch für verlagsrechtliche Lizenzverträge wie z.B. Taschenbuchlizenzen (BGH ZUM 1986, 278 ff. – *Alexis Sorbas*). Der Verfasser kann also seine Rechte, soweit sie von dem ersten Verlagsvertrag erfasst werden, kein zweites Mal vergeben (für ein Beispiel KG ZUM 1997, 397 – *Franz Hesserl*). Aus diesem Grunde ist ein sog. **geteiltes Verlagsrecht** nur insoweit denkbar, als das Verlagsrecht mit dinglicher Wirkung aufgespalten werden kann. Der Verfasser kann seine Rechte für selbständig **abspaltbare Nutzungsrechte** an unterschiedliche Verleger (also z.B. die Rechte zur Veranstaltung einer Taschenbuchausgabe unabhängig von denen einer Hardcover- oder Buchgemeinschaftsausgabe) vergeben. Räumliche Beschränkungen des Verbreitungsrechts innerhalb Deutschlands sind mithin, weil sie dinglich keine Wirkung haben, nicht wirksam (eingehend vgl. § 31 UrhG Rn. 46 ff.). Hat ein Verfasser jedoch vor der Wiedervereinigung jeweils für das Gebiet der DDR und der alten Bundesrepublik getrennt Verlagsrechte vergeben, bleibt diese Aufspaltung grds. auch nach der Wiedervereinigung wirksam; sie kann allerdings nicht neu verfügt werden (OLG Hamm GRUR 1991, 907, 908 – *Strahlende Zukunft*; vgl. § 31 UrhG Rn. 52). Wirksam, jedoch streng genommen kein Fall des geteilten Verlagsrechts ist eine getrennte Vergabe für unterschiedliche Staaten (z.B. Deutschland, Österreich, Schweiz usw.). Denn der urheberrechtliche Schutz besteht nach dem ganz überwiegend vertretenen **Territorialitätsprinzip** ohnehin für jeden Staat gesondert; der Urheber, der über die Verlagsrechte z.b. für Deutschland und Frankreich getrennt verfügt, spaltet deshalb nicht ein einheitliches Urheber- oder Verlagsrecht auf, sondern verfügt über zwei getrennt entstehende und getrennt bestehende Urheberrechte (vgl. Vor §§ 120 ff. UrhG Rn. 59). - In der Praxis sind geteilte Verlagsrechte – im Sinn der Vergabe einzelner Nutzungsrechte – im Buchverlag heute sehr selten, kommen allerdings im **Musikverlag** nach wie vor regelmäßig vor. So wird immer noch regelmäßig einem Verlag z.B. das Recht zur Verwertung der Aufführungsrechte, einem anderen Verleger das Notendruckrecht eingeräumt.

4 Die dispositive Regel des § 8 kann ausdrücklich oder stillschweigend abbedungen werden. So kann auch ohne ausdrückliche Abrede im Vertrag die Auslegung anhand der Umstände ergeben, dass kein ausschließliches, sondern nur ein einfaches Verlagsrecht eingeräumt werden sollte (KG ZUM-RD 1997, 81).

III. Inhalt und Umfang des Verlagsrechts

5 Der Verleger erwirbt die Verlagsrechte im Zweifel in dem in §§ 2–7 näher umschriebenen Umfang (vgl. § 2 Rn. 10 ff. und die Kommentierung zu den einzelnen Vorschriften). Darüber hinaus wird der Verleger regelmäßig (zumindest stillschweigend) das Recht erwerben, die Urheberpersönlichkeitsrechte des Verfassers im eigenen Namen treuhänderisch auszuüben (vgl. Vor §§ 12 ff. UrhG Rn. 9 f.; s. für anonym erscheinendes Werk § 10 Abs. 2 UrhG).

6 Das ausschließliche **Verlagsrecht** hat zwei Aspekte: **Positiv** bestimmt es den Umfang der Nutzungsrechte des Verlags; als **negatives Verbotsrecht** regelt es, welche Nutzungen der Verlag Dritten und ggf. dem Verfasser selbst untersagen darf (vgl. § 9 Rn. 14). Nach einer treffenden Formel von *Schricker* (Verlagsrecht[3] § 8 Rn. 9) stehen positive und negative Seite des Verlagsrechts zueinander im Verhältnis von Schutzgegenstand zu Schutzmittel. Dabei gehen die dem Verlag zur Verfügung stehenden Schutzmittel durchaus weiter als der ihm zugewiesene Schutzgegenstand: Er kann aufgrund seines Verlagsrechts unter Umständen mehr verbieten, als er selbst tun darf. Positiv haben seine Vervielfältigungs- und Verbreitungsrechte (nur) den Umfang des vertraglich (im Zweifel über §§ 2 ff.) Vereinbarten, in den Grenzen dessen, was als Nutzungsrecht selbständig abspaltbar ist (vgl. § 31 UrhG Rn. 11 ff.). So darf der Verlag im Zweifel keine Gesamt- oder Sonderausgabe und nur eine Auflage von 1.000 Exemplaren herstellen (§§ 4, 5). Für den Umfang des positiven Nutzungsrechts ist die Enthaltungspflicht des Verfassers aus § 2 Abs. 2 und 3 irrelevant. Umgekehrt kann das negative Verbotsrecht des Verlags (auch Verlagsrecht im negativen Sinne) über die eingeräumten positiven Nutzungsbefugnisse zum Teil deutlich hinausgehen, soweit der Schutz des Verlagsrechts dies erfordert (§ 9 Abs. 2; vgl. § 9 Rn. 14 ff.); dort auch zur Erschöpfung des Verbotsrechts), kann aber ebenfalls durch vertragliche Vereinbarung und durch §§ 45 ff. UrhG beschränkt werden.

IV. Verschaffungspflicht des Verfassers

7 In schuldrechtlicher Hinsicht enthält § 8 die Verpflichtung des Verfassers, dem Verlag das ausschließliche Verlagsrecht in dem in §§ 2–7 bestimmten Umfang zu verschaffen (zum Hauptrecht vgl. § 1 Rn. 24 ff.; zu den ggf. beim Urheber verbleibenden Nebenrechten vgl. § 2 Rn. 11 ff., 26 ff.). Schuldrechtlich muss der Verfasser also die rechtlichen Voraussetzungen dafür schaffen, dass mit der Ablieferung des Werkes (§ 9 Abs. 1) das Verlagsrecht beim Verlag entstehen kann; anderenfalls haftet er aus Rechtsmangelhaftung. Deshalb muss der Verfasser **Rechte Dritter**, die eine Entstehung des Verlagsrechts verhindern können, beseitigen, also z.B. von einem früheren Verlag die Rechte zurückrufen oder ggf. vorhandene Restbestände der Auflage erwerben, um das frühere Verlagsrecht erlöschen zu lassen (§ 29 Abs. 1). Für anfängliche **Rechtsmängel** trifft den Verfasser eine Garantiehaftung (*Schricker* VerlagsR³ Rn. 38) nach §§ 435, 437 ff. BGB (vgl. Vor §§ 31 ff. UrhG Rn. 176 ff.); nachträglich eintretende Rechtsmängel sind bei Verlagsverträgen kaum denkbar. Die Ansprüche sind ausgeschlossen, wenn der Verlag den Mangel kennt (§ 442 BGB); allerdings trifft den Verlag insofern nur bei besonderen Umständen im Einzelfall eine Pflicht, die Rechtslage auf ältere Rechte Dritter zu untersuchen (Beispiel: BGH NJW 1959, 934 – *Dreigroschenroman*). Dies kann der Fall sein, wenn der Verlag von einer früher erschienenen Ausgabe eines anderen Verlages oder einer sonstigen, relevanten Verwertung des Werkes weiß. Der Verfasser muss jedenfalls schon wegen seiner allgemeinen Treuepflichten, § 242 BGB, den Verlag über mögliche Hindernisse unterrichten (wie z.B. eine Vorauflage: OLG München ZUM 1993, 431, 432). Tut er dies nicht oder verschweigt er gar arglistig eine anderweitige Verwertung seines Werkes, kann der Verlag zur Kündigung aus wichtigem Grund (KG NJW-RR 1992, 758; vgl. Vor §§ 31 ff. UrhG Rn. 121 ff.) oder zur Anfechtung (§§ 119 ff. BGB) berechtigt sein.

Ausnahmen von der Pflicht des Verfassers, dem Verlag das subjektive Verlagsrecht zu verschaffen, bestehen – neben anders lautenden vertraglichen Vereinbarungen – bei Verlagsverträgen über gemeinfreie Werke (§ 39 Abs. 1) und im Zweifel bei § 38 Abs. 3 UrhG (vgl. § 38 UrhG Rn. 16 f.). Schließlich wird die Verschaffungspflicht des Verfassers jedenfalls stillschweigend abbedungen sein, wenn der Verlag weiß, dass sein Vertragspartner nicht Inhaber des Urheberrechts ist oder bereits anderweitig Rechte vergeben hat. **8**

§ 9   VerlG

(1) Das Verlagsrecht entsteht mit der Ablieferung des Werkes an den Verleger und erlischt mit der Beendigung des Vertragsverhältnisses.

(2) Soweit der Schutz des Verlagsrechts es erfordert, kann der Verleger gegen den Verfasser sowie gegen Dritte die Befugnisse ausüben, die zum Schutze des Urheberrechts durch das Gesetz vorgesehen sind.

Übersicht

I. Allgemeines

1 § 9 Abs. 1 regelt Entstehen und Erlöschen des Verlagsrechts, während § 9 Abs. 2 mit seiner Bestimmung über die Verbotsbefugnisse des Verlages gegenüber dem Verfasser und Dritten den Inhalt des Verlagsrechts näher umreißt. Nach *Schricker* (Verlagsrecht³ Vorb. zu § 8; unter Berufung auf *Alfeld*, Das Verlagsrecht, 1929, S. 56) bezieht sich § 9 auf das **objektive Verlagsrecht**, während § 8 Wesen und Umfang des Verlagsrechts im subjektiven Sinn zum Gegenstand hat. Auch diese Vorschrift ist dispositiv (ganz h.M., *Schricker* VerlagsR³ § 9 Rn. 5; a.A. nur die ältere Lit.).

II. Entstehen des Verlagsrechts

1. Ablieferung

2 Nach § 9 Abs. 1, 1. Halbs. entsteht das Verlagsrecht mit der Ablieferung des Werkes an den Verlag. Abgeliefert in diesem Sinne ist das Werk nur und erst, wenn der Verlag ein **Werkstück** – sei es ein Papiermanuskript, eine Diskette oder eine Email mit angehängter Manuskriptdatei - erhält. Denn der Verlag benötigt den Schutz des Verlagsrechts (§ 9 Abs. 2) und seine positiven Nutzungsbefugnisse erst, wenn er das Werk tatsächlich in den Händen hält und also mit der Vervielfältigung und Verbreitung (§ 14) beginnen kann. Die Übergabesurrogate des Sachenrechts – Besitzkonstitut, Abtretung des Herausgabeanspruchs u.ä. – lassen das Verlagsrecht deshalb noch nicht entstehen (*Schricker* VerlagsR³ Rn. 4), wenn nichts anderes vereinbart ist; § 9 ist auch insofern dispositiv. Abgeliefert werden muss deshalb an den Verlag oder an einen Besitzdiener, Besitzmittler oder eine sonstige Geheißperson, etwa den Drucker o.Ä. Das Manuskript selbst muss keine weiteren Voraussetzungen erfüllen, insb. nicht vertragsgemäß (§ 31) oder zur Vervielfältigung geeignet (§ 10) sein, denn § 9 Abs. 1 S. 1 will die Entstehung des Verlagsrechts möglichst objektiv und ohne weiteres nach außen erkennbar gestalten; wäre das Verlagsrecht von einer Prüfung oder einer bestimmten – notwendigerweise subjektiven – Qualität des Manuskripts abhängig, wären erhebliche Unsicherheiten die Folge (*Schricker*³ Rn. 4). Bei einer Ablieferung des Werkes in **Abteilungen** entsteht das Verlagsrecht – mangels anderweitiger Vereinbarung – nur dann an jedem Teil mit dessen Ablieferung, wenn die einzelnen Teile gesondert – z.B. nacheinander – erscheinen sollen.

2. Verlagsvertrag und Verfügungsgeschäft

3 Abs. 1 setzt stillschweigend voraus, dass zwischen Verlag und Autor ein wirksamer Verlagsvertrag besteht; deshalb entsteht nicht bereits mit der Einsendung eines Manuskripts zur Ansicht und Prüfung an einen Verlag ein Verlagsrecht nach Abs. 1. Für das Entstehen des Verlagsrechts ist vielmehr neben der Ablieferung noch die dingliche Einigung über die Rechtseinräumung erforderlich. Die schuldrechtliche Einigung über den Verlagsvertrag wird i.d.R. bereits die Einigung über das Verfügungsgeschäft, die dingliche Rechtseinräumung beinhalten. Vollendet wird das Verfügungsgeschäft dann durch den Realakt der Ablieferung (Abs. 1, 1. Hs.; § 929 S. 1 BGB). Insofern schließt § 9 für das Verlagsrecht das **Abstraktionsprinzip** aus; statt dessen ist das Verfügungsgeschäft kausal an Wirksamkeit und Fortbestand des schuldrechtlichen Verlagsvertrages gebunden (ganz h.M.; aus der Rspr. z.B. OLG Hamburg GRUR 2002, 335, 336 – *Kinderfernseh-Sendereihe*). Dies gilt auch nach Inkrafttreten des UrhG von 1965 (*Schricker* GRUR Int. 1983, 446 ff.; vgl. § 31 UrhG Rn. 30 ff.). Dennoch sind Verpflichtungs- und Verfügungsgeschäft gedanklich zu unterscheiden (sog. **Trennungsprinzip**; vgl. § 31 UrhG Rn. 29). So erfasst zwar die Unwirksamkeit des schuldrechtlichen Geschäfts die Verfügung; umgekehrt zieht jedoch eine unwirksame oder fehlgeschlagene Verfügung (etwa weil der Autor die ausschließlichen Rechte bereits einem anderen Verlag eingeräumt hatte) nicht auch die Nichtigkeit des schuldrechtlichen Vertrages nach sich (s. § 139 BGB). Ohne ausdrückliche Regelung oder sonst eindeutige Anhaltspunkte ist das Verfügungsgeschäft – die dingliche Rechtseinräumung – auch nicht von der Erbringung der Gegenleistung des Verlags (etwa Zahlung eines versprochenen Vorschusses) abhängig, so dass die Rechte in der Regel nicht an den Urheber zurückfallen, wenn der Verlag den Vorschuss nicht zahlt oder die Vervielfältigung nicht vertragsgemäß beginnt; der Urheber muss vielmehr den Vertrag mit den üblichen Mitteln beenden (BGH GRUR 1958, 504, 505 f. – *Die Privatsekretärin*). – Auch an den durch den schuldrechtlichen Vertrag und das Verfügungsgeschäft abgedeckten **Nebenrechten** entsteht i.d.R. mit der Ablieferung das dingliche Nutzungsrecht des Verlags.

Da § 9 Abs. 1 dispositiv ist, können die Parteien ohne weiteres vereinbaren, **4** dass das Verlagsrecht trotz erfolgter Ablieferung erst zu einem späteren Zeitpunkt oder bereits mit Abschluss des Verlagsvertrages, ggf. auch bereits mit Vollendung des Werkes entstehen soll (wobei dann allerdings § 40 UrhG zu beachten ist; zu Anwartschafts- und Vollrechten in diesem Zusammenhang vgl. Vor §§ 31 ff. UrhG Rn. 312 ff.).

III. Erlöschen

§ 9 Abs. 1 2. Halbs. lässt das Verlagsrecht grds. mit der Beendigung des **5** Vertragsverhältnisses erlöschen. In dieser Bestimmung wird wiederum die enge kausale Verknüpfung von Verpflichtungs- und Verfügungsgeschäft deutlich: I.d.R. sollen dingliches Verlagsrecht und Verlagsvertrag gleichzeitig enden (BGH GRUR 1958, 504, 506 – *Die Privatsekretärin*). Durch die Insolvenz des Autors endet der Verlagsvertrag jedenfalls nicht ohne weiteres (LG Hamburg NJW 2007, 3215, 3217).

1. Beendigung des Verlagsvertrages

Der Verlagsvertrag und mithin das Verlagsrecht können aus folgenden Grün- **6** den enden:
– Vergriffensein der gesamten Auflage(n) oder Abzüge bei Einräumung des Verlagsrechts für eine bestimmte Zahl von Auflagen oder Abzügen, § 29 Abs. 1;
– Zeitablauf, § 29 Abs. 3;
– mit Ablauf der urheberrechtlichen Schutzfrist (§§ 64 ff. UrhG), wenn sich nicht aus dem Verlagsvertrag ausnahmsweise ergibt, dass der Vertrag über den Schutzablauf hinaus fortbestehen soll (vgl. § 39 Rn. 4 f.);
– durch Untergang des Werkes nach Ablieferung (§ 33);
– durch Kündigung durch den Verlag, wenn der Zweck des Werkes wegfällt oder ein Sammelwerk nicht vervielfältigt wird, § 18;
– durch Kündigung durch den Verfasser bei Nichtveröffentlichung eines Beitrags zu einem Sammelwerk innerhalb bestimmter Frist, § 45;
– durch Kündigung durch eine der Parteien aus wichtigem Grund, § 314 BGB (vgl. § 30 Rn. 16 ff.; vgl. § 32 Rn. 17 ff.);

– durch Rücktritt des Autors (§§ 17, 32, 35, 36 Abs. 3);
– durch Rücktritt des Verlags (§§ 30, 31).

7 Die **Übertragung der Rechte** auf einen anderen Verlag lässt die Nutzungsrechte jedenfalls dann unberührt, wenn die Voraussetzungen des § 34 UrhG (der den aufgehobenen § 28 VerlG ersetzt hat; vgl. § 28 Rn. 1) erfüllt sind. Im Falle des **Todes des Urhebers** wird das Urheberrecht vererbt, so dass auch insofern Verlagsvertrag und dingliches Verlagsrecht grds. fortbestehen (§ 28 UrhG). Umgekehrt lässt ein **Rückruf** nach §§ 41, 42 UrhG das dingliche Verlagsrecht an den Urheber zurückfallen und beendet gleichzeitig den schuldrechtlichen Verlagsvertrag. Das Verlagsrecht kann außerdem durch **Verzicht** des Verlages erlöschen, nicht hingegen durch Verzicht des Autors auf sein Urheberrecht, weil das Urheberrecht unverzichtbar ist (vgl. § 29 UrhG Rn. 12). Wird das Werk schließlich – aus welchem Grund auch immer – objektiv **unverkäuflich**, so bedeutet dies ebenfalls kein automatisches Erlöschen des Verlagsrechts; vielmehr muss der Verlagsvertrag und mit ihm das Verlagsrecht durch Kündigung, Rücktritt, Aufhebung usw. (vgl. Rn. 6) beendet werden.

2.   Das Schicksal der Neben- und der abgeleiteten, insb. der Lizenzrechte

8 I.d.R. führt gemäß § 139 BGB eine Beendigung des Verlagsvertrages – in der Praxis vor allem durch Zeitablauf, Vergriffensein, Rücktritt oder Kündigung – auch zu einem Rückfall der Nebenrechte. Die zu einer **Kündigung** oder einem **Rücktritt** berechtigenden Gründe werden in aller Regel für den gesamten Vertrag gleichermaßen Gültigkeit haben; insb. bei einer Kündigung aus wichtigem Grund ist es kaum denkbar, dass das Vertrauensverhältnis nur für einen Teil der eingeräumten Rechte und damit nur für einen Teil des Vertrages zerstört ist (vgl. § 30 Rn. 16 f., vgl. § 32 Rn. 17 ff.). Fraglich kann das Schicksal (auch einzelner) Nebenrechte oder umgekehrt des Hauptrechtes jedoch im Falle eines **Rückrufs wegen Nichtausübung** nach § 41 UrhG sein. Denn insofern ist es durchaus denkbar, dass der Verfasser z.B. ein dem Verlag eingeräumtes Recht zur Filmherstellung wegen Nichtausübung zurückruft oder sich für seinen Rückruf generell auf eine schlechte Verwertung der Nebenrechte beruft, obgleich der Verlag einzelne Nebenrechte umfassend und ausreichend verwertet. In diesen Fällen ist nach den gesamten Umständen entsprechend § 139 BGB zu klären, ob der Rückruf alle von dem Verlagsvertrag erfassten Rechte umfassen soll bzw. kann (vgl. § 41 UrhG Rn. 41).

9 Hieraus ergibt sich das – nach wie vor strittige – Schicksal abgeleiteter, also insb. der durch den Verlag an Dritte vergebenen **Lizenzrechte**. Nach richtiger Auffassung fallen sie jedenfalls insoweit an den Urheber zurück, als das Recht des Verlages endet. Wird also z.B. der Verlagsvertrag insgesamt durch Kündigung beendet, so fallen sämtliche Rechte an den Urheber zurück; denn Grundlage der Lizenzvergabe ist das Recht des Verlages, das jedoch mit Beendigung des Vertrages gerade entfällt. Insofern erlischt das von dem Verleger lediglich abgeleitete Recht des Lizenznehmers denknotwendig (OLG München NJW-RR 1994, 1478, 1479 f. – *Das große Buch der Jagd*; OLG Hamburg GRUR 2002, 335, 336 f. – *Kinderfernseh-Sendereihe*). Im Einzelfall kann jedoch die Auslegung des Vertrages, des Rücktritts, der Kündigung oder des Rückrufes ergeben, dass einzelne Rechte fortbestehen sollten (für ein Beispiel BGH ZUM 1986, 278 ff. – *Alexis Sorbas* (Fortbestand einer Taschenbuchlizenz); außerhalb des VerlG LG Köln ZUM 2006, 149 ff. – *Rückruf der Rechte an einem Computerprogramm*); auch können die Parteien von vornherein Abweichendes vereinbaren (vgl. § 41 UrhG Rn. 48 ff.).

In der Praxis enthalten die meisten Verlagsverträge insofern ausdrückliche **10** Regelungen. Ein Teil der gängigen Verträge sieht vor, dass die Beendigung des Verlagsvertrages vergebene Lizenzen grds. nicht berührt. Sehr viel häufiger ist die Regelung, dass der Urheber bei einer Beendigung des Verlagsvertrages in dann ggf. noch laufende Lizenzverträge des Verlages mit Dritten eintritt, um insb. die Lizenznehmer zu schützen. Derartige Klauseln sind grds. wirksam.

IV. Umfassender Schutz des Verlagsrechts

1. Eigenes Recht des Verlegers

§ 9 Abs. 2 gibt dem Verlag zum Schutz der ihm eingeräumten Rechte sowohl **11** gegen Dritte als auch gegen den Verfasser die durch das UrhG vorgesehenen Möglichkeiten (vor allem Unterlassung, Beseitigung, Schadensersatz, §§ 97 ff. UrhG). Insoweit ist die Formulierung des Abs. 2, 2. Halbs. „soweit der Schutz … es erfordert" nicht etwa einschränkend, sondern vielmehr dahin zu verstehen, dass die dem Verlag zur Verfügung stehenden Schutzmöglichkeiten sich in vollem Umfang aus dem UrhG ergeben (*Schricker* VerlagsR³ Rn. 20). Der Verlag hat deshalb auch alle nach § 97 Abs. 3 UrhG unberührt bleibenden Ansprüche aus anderen gesetzlichen Vorschriften gegen Dritte, d.h. vor allem den Deliktsschutz aus §§ 823 ff. BGB, die Bereicherungsansprüche aus §§ 812 ff. BGB oder Ansprüche aus UWG insb. gegen konkurrierende Verleger (vgl. § 97 UrhG Rn. 133 f.; unten vgl. Rn. 15; aus der Rspr. z.B. OLG Karlsruhe GRUR 1979, 771, 772 f. – *Remission*; BGH GRUR 1960, 636, 637 ff. – *Kommentar*; OLG Karlsruhe GRUR 1993, 992, 993 – *Husserl-Gesamtausgabe*; OLG Karlsruhe GRUR 1987, 818, 821 – *Referendarkurs*). Abs. 2 betrifft also nach der griffigen Formulierung von *Schricker* die Schutzmittel, im Gegensatz zu dem in §§ 8, 9 Abs. 1 umrissenen Schutzgegenstand (*Schricker* VerlagsR³ Rn. 12).

Der Verlag übt insoweit **eigene** – nicht lediglich vom Urheber abgeleitete – **12 Rechte** aus, nämlich als Träger seines Verlagsrechts (ganz h.M.; *Schricker* VerlagsR³ Rn. 15). Der Verlag ist deshalb neben und unabhängig vom Verfasser berechtigt, gegen eine unbefugte Verwertung des betreffenden Werkes durch Dritte vorzugehen. Wegen seiner generellen Pflicht, das Werk zweckentsprechend zu vervielfältigen und zu verbreiten, ist der Verlag im Regelfall gegenüber dem Verfasser sogar verpflichtet, Verletzungen des Verlagsrechts durch Dritte zu verfolgen. Bei einer Verfolgung eventuell erlangte **Schadensersatzleistungen** sind bei Absatzhonorar entsprechend den vertraglichen Regelungen aufzuteilen, bei an den Verfasser gezahltem Pauschalhonorar jedoch dann dem Verlag allein zuzurechnen, wenn die Schadensersatzzahlung die mit der Pauschalsumme vergüteten Rechte betrifft.

Neben dem Verlag ist der Autor grds. nicht verpflichtet, selbst gegen Rechts- **13** verletzer vorzugehen. Soweit der Verfasser ein schützwürdiges Interesse an einer Verfolgung hat, kann der Verfasser auch bei Verletzung der ausschließlichen Nutzungsrechte des Verlags regelmäßig selbst bzw. in gewillkürter Prozessstandschaft des Verlags gegen den Verletzer vorgehen (vgl. § 97 UrhG Rn. 127 ff.). Im Einzelfall kann dieses schützwürdiges Interesse an einem eigenen Vorgehen des Urhebers und also seine Aktivlegitimation fehlen, wenn er sämtliche Nutzungsrechte ausschließlich und auf Dauer einem Verwerter eingeräumt hat (BGH GRUR 1970, 40, 42 – *Musikverleger I*).

2. Umfang des Schutzes: Positives Nutzungs- und negatives Verbotsrecht

14 Die ausschließlichen Rechte des Verlages geben ihm zum einen ausschließliche Nutzungsrechte an dem Werk, d.h. insb. die Rechte der Vervielfältigung und Verbreitung (positive Nutzungsbefugnis). Zum Schutz dieser Rechte gewährt Abs. 2 dem Verlag negative Verbotsrechte gegenüber jedermann. Positives Nutzungsrecht und negatives Verbotsrecht sind zwei Seiten derselben Medaille, reichen aber unterschiedlich weit: U.U. kann der Verlag Dritten und dem Verfasser mehr verbieten, als er selbst tun darf (*Schricker* VerlagsR³ § 8 Rn. 9). Wie weit das negative Verbotsrecht des Verlegers im Einzelfall geht, ist allerdings umstritten.

15 In der Praxis stellt sich das Problem insb. bei **Bearbeitungen**, § 23 UrhG (nicht zu verwechseln mit freien Benutzungen, § 24 UrhG), wenn der Verlag insofern keine Rechte erworben hat (§ 2 Abs. 2 VerlG, § 37 Abs. 1 UrhG). Insofern ist jedoch angesichts der klaren gesetzlichen Regelung jedenfalls für den Regelfall ein Verbotsrechts des Verlags ausgeschlossen: Denn das ausdrücklich dem Urheber vorbehaltene Bearbeitungsrecht, § 37 Abs. 1 UrhG, § 2 Abs. 2 VerlG, wird ausgehöhlt, wenn der Verlag dem Urheber vorbehaltene Bearbeitungen ohne weiteres verbieten dürfte. Die Rechtsprechung ist allerdings zu Gunsten des Verlags häufig deutlich großzügiger und gesteht diesem – in aller Regel ohne Befassung mit der Problematik des § 37 Abs. 1 UrhG – auch dann umfassende Verbotsrechte gegenüber Dritten zu, wenn der Verlag selbst keine Bearbeitungsrechte innehat (so z.B. BGH GRUR 1999, 984, 985 – *Laras Tochter*; anders OLG Karlsruhe UFITA 92 (1982) 329 ff.). Jedenfalls die Fälle, in denen der Urheber dem Dritten keine Bearbeitungsrechte eingeräumt hat, wird man – wie der BGH in der Entscheidung *Laras Tochter* – über die ausschließlichen Nutzungsrechte des Verlags an dem betreffenden Werk selbst lösen können. Denn wenn und soweit der Verlag Inhaber ausschließlicher Nutzungsrechte ist, muss er die Möglichkeit haben, eine Bearbeitung zu untersagen, die notwendigerweise das Hauptwerk selbst verwertet und also in diese ausschließlichen Nutzungsrechte eingreift (vgl. § 37 UrhG Rn. 6 ff.). In Fällen, in denen der Urheber dem anderen Bearbeitungsrechte eingeräumt hat, kann der Verlag ein Verbotsrecht gegenüber Bearbeitungen und sonstigen nicht dem Verlag eingeräumten positiven Nutzungsrechten nur als vertragliche Rechte geltend machen, wenn die Veröffentlichung und Verwertung durch den Verfasser bzw. die entsprechende Rechtseinräumung des Verfassers an einen Dritten gegen Treu und Glauben, § 242 BGB, verstößt (str., absolute Wirkung annehmend *Wegner/Wallenfels/Kaboth* 2. Kap. Rn. 58; eingehend zum fehlenden absoluten Charakter von Enthaltungspflichten vgl. Vor §§ 31 ff. UrhG Rn. 48). Die Verbotsrechte des Verlags können auch dem Taschenbuchverleger als Lizenznehmer gegenüber dem Originalverleger als Lizenzgeber zustehen (KG GRUR 1984, 526, 527 – *Trabbel für Henry*).

16 Das Verbotsrecht des Verlags wird jedoch durch den Grundsatz der **Erschöpfung**, § 17 Abs. 2 UrhG, begrenzt. Der Verlag kann also die Weiterverbreitung eines rechtmäßig in Verkehr gebrachten Werkes bzw. der Vervielfältigungsstücke nicht untersagen, wobei die Erschöpfung gemeinschaftsweit eintritt (vgl. § 17 UrhG Rn. 25). Speziell im Buchverlag ist das Recht des Verlags über die üblichen Veräußerungsgeschäfte hinaus bei **Freiexemplaren** erschöpft, wenn der Verlag sie dem Verfasser übereignet hat. Allerdings kann in diesen Fällen der Autor den Verlagsvertrag verletzen, wenn dieser eine entsprechende Regelung ausdrücklich oder sonst eindeutig enthält. Gleiches gilt wohl für im Rahmen der Werbung versandte **Rezensions-** und vergleichbare **Exemplare**.

Auch bei der **Verramschung**, dem Verkauf zum Papier- oder einem jedenfalls deutlich herabgesetzten Preis, ist das Verbreitungsrecht und damit das Verbotsrecht des Verlages grds. mit der Übereignung an den Verramscher erschöpft. Dies gilt umgekehrt jedoch nicht, wenn Vervielfältigungsstücke **makuliert**, also nur noch als Altpapier – zur Vernichtung – verkauft werden. Denn in diesem Fall werden die Vervielfältigungsstücke gerade nicht mit dem Ziel der Verbreitung in Verkehr gebracht, sondern sollen vernichtet werden. Gelangen zur Makulatur bestimmte Exemplare in den Verkehr, kann der Verlag ihre Verbreitung ohne weiteres untersagen (OLG Karlsruhe GRUR 1979, 771, 772 f. – *Remission*).

3. Verletzung des Verlagsrechts durch den Verfasser

Verletzt der Verfasser selbst die ausschließlichen Rechte des Verlegers – etwa **17** weil er einem Dritten Verlagsrechte einräumt –, so liegt in der Regel (nur) eine Vertragsverletzung vor. In der Einräumung selbst liegt keine Urheberrechtsverletzung, aber u.U. kann es sich um Beihilfe oder Anstiftung zur Urheberrechtsverletzung eines Dritten handeln (vgl. § 97 UrhG Rn. 153). Der Verlag kann die Vertragsverletzung über seine allgemeinen zivilrechtlichen Befugnisse wegen der Schlecht- oder Nichterfüllung des Verlagsvertrages gegen den Verfasser ausüben.

§ 10 VerlG

Der Verfasser ist verpflichtet, dem Verleger das Werk in einem für die Vervielfältigung geeigneten Zustand abzuliefern.

Übersicht

I. Allgemeines

§ 10 verpflichtet den Verfasser, dem Verlag das Werk „in einem für die Ver- **1** vielfältigung geeigneten Zustand" abzuliefern. § 10 betrifft lediglich die äußere Beschaffenheit des Werkes, nicht hingegen die Frage, ob das Werk inhaltlich den vertraglichen Vorgaben entspricht. Die Regelung ist dispositiv; in der Praxis enthalten die allermeisten Verlagsverträge Regelungen zur konkret geforderten Form (etwa maschinenschriftliches Manuskript, Vorlage auf Diskette o.Ä.).

II. Ablieferung in zur Vervielfältigung geeignetem Zustand

1. Äußere Form

Der Verfasser muss nach § 10 dem Verlag das Werk in **druckreifer Form 2** abliefern, so dass der Verlag das Werk ohne wesentliche weitere Aufwendungen setzen lassen kann. In der Praxis verlangen die meisten Verlagsverträge

heute von dem Verfasser, dass er sein Werk auf Diskette oder in sonst digita-
lisierter Form zur Verfügung stellt. Gehören zu dem Werk selbst bereits vom
Verfasser eingefügte **Abbildungen**, Grafiken, Tabellen o.Ä., so muss der Ver-
fasser auch diese grds. in druckreifem Zustand dem Verlag liefern. Die frühere
Praxis, dass der Verfasser vor allem bei wissenschaftlichen und technischen
Fachwerken nur die Rohskizzen lieferte, die der Verlag dann reinzeichnen ließ,
hat heute erheblich an Bedeutung verloren; vielmehr liefern in den meisten
Fällen die Verfasser die zu ihrem Werk gehörenden Grafiken, Tabellen usw. mit
dem Textteil in digitalisierter Form und bereits in Reinzeichnungsqualität ab.
In jedem Fall genügt der Verfasser jedoch – sollte vertraglich nichts anderes
bestimmt sein – seinen Pflichten nach § 10 mit der Lieferung inhaltlich korrekter Grafiken, Tabellen usw., auch wenn der Verlag diese aus drucktech-
nischen Gründen grafisch möglicherweise noch anpassen muss.

2.   Vollständiges Manuskript

3 I.d.R. muss das Werk für die Druckreife auch inhaltlich vollständig, also
abgeschlossen sein. Ob zur Vollständigkeit auch ein **Titel** gehört, ist zweifelhaft; in der Praxis regeln ohnehin die allermeisten Verlagsverträge, dass der
Verlag, sollte das Werk nur einen Arbeitstitel haben oder ein Titel noch ganz
fehlen, den Titel im Einvernehmen mit dem Autor festlegt. Auch darf der
Verlag in den Fällen, in denen ein Titel schon vorhanden ist, nach den Regelungen vieler Verlagsverträge den Titel wiederum im Einvernehmen mit dem
Autor – z.T. nur aus bestimmten Gründen wie z.B. anderweitig bestehender
Titelschutz – ändern. Ohnehin dürfte ein fehlender Werktitel die Ausnahme
bilden.

4 In der Praxis ist die mangelnde Druckreife heute wegen der zumeist digitalen
Lieferung des Manuskriptes selten geworden und kommt fast nur noch bei
Werken mit Originalillustrationen, die häufig nach wie vor auf Papier abgeliefert werden, vor. § 10 spielt deshalb vor allem für die Fälle eines nicht
vollständigen Manuskripts eine Rolle.

3.   Ort der Ablieferung

5 Enthält der Vertrag keine Regelungen zum Erfüllungs- oder Ablieferungsort,
so ist der Erfüllungsort nach § 269 Abs. 1 BGB zu bestimmen. Bereits aus
dem Wortlaut des VerlG, das in Bezug auf das Manuskript stets von einer
„Ablieferung" spricht, was sprachlich eine Übergabe an den Verlag voraussetzt, ergibt sich, dass die Manuskriptabgabe durch den Verfasser eine **Bring-
schuld** ist, für die Erfüllungsort Sitz des Verlages ist. Die Gefahr des Untergangs oder der Verschlechterung während der Beförderung zum Verlag trägt
mithin grds. der Verfasser (zu den Folgen eines zufälligen Untergangs des
Werkes nach Ablieferung vgl. § 33 Rn. 2 ff.). Ohnehin erklären die meisten
Verlagsverträge ausdrücklich – und auch in Musterverträgen wirksam,
§§ 306 ff. BGB – den Sitz des Verlages zum Erfüllungsort der beiderseitigen
Verpflichtungen.

III. Äußerlich mangelhaftes Werk

6 Liefert der Verfasser das Werk nicht in druckreifem Zustand, etwa unvollständig, ab, so kann der Verlag den Verfasser zunächst auffordern, die Mängel
innerhalb einer angemessenen Frist zu beheben. Nach fruchtlosem Ablauf

kann der Verlag vom Verlagsvertrag zurücktreten, §§ 31, 30, und ggf. Schadensersatz geltend machen, § 31 Abs. 2 (für ein Beispiel BGH GRUR 1960, 642, 643 f. – *Drogistenlexikon*). Diese Rechte bestehen jedoch nur, solange der Verlag das Werk noch nicht als druckreif angenommen hat. Will der Verlag den Verlagsvertrag aufrechterhalten, so kann er die Mängel selbst beseitigen lassen, sofern es um rein äußerliche Korrekturen geht oder die Änderungen nach § 39 Abs. 2 UrhG zulässig sind. Im Übrigen muss der Verfasser zustimmen. Die Kosten der Mängelbeseitigung trägt der Autor, wenn er der Erledigung durch den Verlag zugestimmt oder sich trotz Bestimmung einer angemessenen Frist geweigert hat, das Manuskript selbst in die erforderliche Form zu bringen. In der Praxis wälzen die Verlage jedoch äußerst selten diese Kosten auf die Autoren ab; auch enthalten viele Verlagsverträge gerade keine ausdrückliche Befugnis zugunsten des Verlages, Änderungen selbst vorzunehmen bzw. vornehmen zu lassen. Schließlich kann der Verlag die eigene Leistung – in der Praxis vor allem die Zahlung eines Vorschusses – nach § 320 BGB verweigern, solange das Werk in nicht nur unerheblichen Punkten oder geringem Umfang äußerlich mangelhaft ist (BGH GRUR 1960, 642, 643 – *Drogistenlexikon*).

§ 11   VerlG

(1) Ist der Verlagsvertrag über ein bereits vollendetes Werk geschlossen, so ist das Werk sofort abzuliefern.

(2) ¹Soll das Werk erst nach dem Abschlusse des Verlagsvertrags hergestellt werden, so richtet sich die Frist der Ablieferung nach dem Zwecke, welchem das Werk dienen soll. ²Soweit sich hieraus nichts ergibt, richtet sich die Frist nach dem Zeitraum, innerhalb dessen der Verfasser das Werk bei einer seinen Verhältnissen entsprechenden Arbeitsleistung herstellen kann; eine anderweitige Tätigkeit des Verfassers bleibt bei der Bemessung der Frist nur dann außer Betracht, wenn der Verleger die Tätigkeit bei dem Abschlusse des Vertrags weder kannte noch kennen musste.

Übersicht

I.   Allgemeines

§ 11 regelt, wann der Verfasser das Werk dem Verlag abliefern muss. Insofern **1** unterscheidet § 11 die bei Vertragsschluss bereits fertiggestellten Werke (Abs. 1) von den – in der Praxis sehr häufigen – Werken, die bei Vertragsschluss erst noch verfasst werden müssen (Abs. 2). Auch § 11 ist dispositiv, und nahezu alle Verlagsverträge enthalten in der Praxis mehr oder weniger detaillierte Bestimmungen zum Zeitpunkt der Ablieferung und z.T. zum Verfahren, wenn der Verfasser den vereinbarten Zeitpunkt nicht einhält.

II. Sofortige Ablieferung bei vollendeten Werken, Abs. 1

2 Nach § 11 Abs. 1 muss ein bei Vertragsschluss vorliegendes Manuskript grds. „sofort" abgeliefert werden. Der Verfasser muss deshalb, will er das Manuskript nach Vertragsschluss noch einmal überarbeiten, dem Verlag dies deutlich machen. Denn anderenfalls kann der Verlag die sofortige Ablieferung des Manuskriptes fordern und darauf – auch gegen die Erben – klagen, § 883 ZPO. Zu den weiteren Rechtsbehelfen des Verlags bei nicht rechtzeitiger Ablieferung vgl. § 30 Rn. 1 ff.

III. Ablieferungen des Werkes nach Vertragsschluss, Abs. 2

1. Zeitpunkt der Ablieferung

3 a) **Zweck des Werkes:** Nach Abs. 2 Satz 1 ist – wenn der Vertrag insofern keine Regelungen enthält – bei Werken, die erst nach Abschluss des Verlagsvertrages verfasst oder fertiggestellt werden, die Frist für die Ablieferung nach dem mit dem Werk verfolgten Zweck zu bestimmen. Dies betrifft z.B. die Fälle von Festschriften zu einem bestimmten Jubiläum, von Sachbüchern zu einem bestimmten Thema (etwa einer Erläuterung zur aktuellen Gesundheitsreform oder ein Band mit Berichten über einzelne Fußball-Nationalmannschaften zur anstehenden Europa- oder Weltmeisterschaft), Schulbüchern, einem Buch zum Film und ähnlichen Werken. Bei belletristischen Werken hingegen wird sich nur im Ausnahmefall überhaupt ein „Zweck" des Werkes bestimmen lassen, gerade weil Abs. 2 Satz 1 *nicht* auf den Zweck des *Verlagsvertrages*, sondern nur auf den Zweck des Werkes abstellt.

4 Selbstverständlich muss in jedem Fall des Abs. 2 Satz 1 der Verfasser das Werk so rechtzeitig abliefern, dass der Verlag – etwa bei einem Jubiläumsband oder einem Begleitband zu einer Ausstellung – das Werk seinem Zweck nach noch rechtzeitig vervielfältigen, also alle vorbereitenden Arbeiten erledigen kann (Lektorat, Drucklegung, Prüfung der Druckfahnen durch den Autor usw.).

5 b) **Verhältnisse des Verfassers:** Lässt sich für das betreffende Werk kein Ablieferungszeitpunkt nach Abs. 2 Satz 1 feststellen, kommt es nach Abs. 2 Satz 2 darauf an, wieviel Zeit der Verfasser nach seinen subjektiven Umständen benötigt (OLG Düsseldorf GRUR 1978, 590 f. – *Johannes-Evangelium*). Hier müssen neben der ausdrücklich erwähnten Berufstätigkeit (im weitesten Sinne) des Verfassers auch besondere Familienverhältnisse, Krankheit, Umzüge und weitere persönliche Umstände berücksichtigt werden. – Abs. 2 kann auch auf eine Optionseinräumung in einem Bandüberlassungsvertrag im **Musikverlag** anwendbar sein (LG Hamburg ZUM 2002, 158).

6 c) **Vertragspraxis:** Da die Regelungen des Abs. 2 mit erheblichen Unsicherheiten verbunden sind, die Verlage aber schon wegen der Planung des Verlagsprogramms (Schaltung von Anzeigen in Vorschauen usw.) wesentlich darauf angewiesen sind, mit einem bestimmten Zeitpunkt der Ablieferung planen zu können, enthalten nahezu alle Verlagsverträge präzise Regelungen zum Ablieferungszeitpunkt. Ist dies nicht der Fall, ist zumeist wenigstens der geplante Erscheinungstermin für das Werk angegeben; in diesem Fall ist der Verfasser verpflichtet, das Werk wenigstens einige Monate vorher dem Verlag druckreif abzuliefern. Einzelheiten werden hier davon abhängen, ob es sich um ein belletristisches, nur einen Textteil enthaltendes Werk oder um ein Werk mit zahlreichen Abbildungen, die ggf. im Verlag noch bearbeitet werden müssen, handelt. Viele Verlagsverträge enthalten auch Bestimmungen für den Fall, dass der Verfasser den vereinbarten Ablieferungszeitpunkt nicht einhält, zumeist mit einer konkreten Bestimmung der für diesen Fall dem Verfasser eingeräumten Nachfrist.

2. Nicht rechtzeitige Ablieferung

Liefert der Verfasser das Werk nach den vertraglichen Regelungen oder dem in **7** Abs. 2 Vorgesehenen nicht rechtzeitig ab, so kann der Verlag dem Verfasser eine angemessene Nachfrist zur Ablieferung setzen und nach fruchtlosem Fristablauf von dem Vertrag zurücktreten, § 30 (vgl. § 30 Rn. 3 ff.). Der Verlag kann außerdem unter bestimmten Voraussetzungen Schadensersatz aus Verzug, §§ 30 Abs. 4 VerlG, 286 ff. BGB, verlangen (vgl. § 30 Rn. 14). Zur Rückzahlung eines eventuell bereits geleisteten Vorschusses bei Rückritt vgl. § 30 Rn. 13.

§ 12   VerlG

(1) **¹Bis zur Beendigung der Vervielfältigung darf der Verfasser Änderungen an dem Werke vornehmen. ²Vor der Veranstaltung einer neuen Auflage hat der Verleger dem Verfasser zur Vornahme von Änderungen Gelegenheit zu geben. ³Änderungen sind nur insoweit zulässig, als nicht durch sie ein berechtigtes Interesse des Verlegers verletzt wird.**

(2) Der Verfasser darf die Änderungen durch einen Dritten vornehmen lassen.

(3) Nimmt der Verfasser nach dem Beginne der Vervielfältigung Änderungen vor, welche das übliche Maß übersteigen, so ist er verpflichtet, die hieraus entstehenden Kosten zu ersetzen; die Ersatzpflicht liegt ihm nicht ob, wenn Umstände, die inzwischen eingetreten sind, die Änderung rechtfertigen.

Übersicht

I.   Allgemeines

§ 12 regelt das Änderungsrecht des Verfassers. Nach Abs. 1 S. 1 darf der **1** Verfasser grds. bis zum Ende der Vervielfältigung Änderungen an dem fertigen Werk vornehmen. Vor Veranstaltung einer Neuauflage muss der Verlag ihm ebenfalls Gelegenheit zur Änderung geben, Abs. 1 S. 2. Der Verfasser muss die Änderungen nicht selbst vornehmen, sondern kann dies durch Dritte erledigen lassen, Abs. 2. In beiden Fällen kann das Änderungsrecht jedoch ausgeschlossen sein, wenn durch die Änderung ein berechtigtes Interesse des Verlags verletzt wird, Abs. 1 S. 3. Abs. 3 schließlich regelt die Frage, wer die Kosten der Änderungen zu tragen hat. Das Änderungsrecht des Verfassers bezieht sich bereits nach dem Wortlaut der Vorschrift auf **inhaltliche Änderungen,** die auch größeren Umfang erreichen können, etwa bei Sachbüchern, nicht lediglich auf die üblichen Korrekturen von Schreib- und Druckfehlern. Der Verfasser ist nach § 12 berechtigt, Änderungen vorzunehmen, jedoch hierzu nicht verpflichtet, wenn keine entsprechende vertragliche Regelung besteht oder – etwa bei einem Fachbuch – das Werk ohne die Änderung inhaltlich mangelhaft würde (vgl. Rn. 5; vgl. § 31 Rn. 3).

2 § 12 Abs. 1 S. 1 und 2 mit Abs. 2 gehören nach richtiger Auffassung zu den wenigen Regelungen im VerlG, die jedenfalls in ihrem Kern nicht dispositiv sind. Denn die Änderungsbefugnis aus § 12 ist Teil des **Urheberpersönlichkeitsrechts** des Verfassers (s. BGH GRUR 1960, 642, 645 – *Drogistenlexikon*; *Schricker* VerlagsR³ § 12 Rn. 4). Die Parteien können jedoch die Ausübung des Änderungsrechts im Einzelnen regeln, also sowohl bestimmte Fristen zur Wahrnehmung des Änderungsrechts vorsehen als auch im Einzelfall das Änderungsrecht auf bestimmte Punkte beschränken. Auch bei ausdrücklicher Regelung verbleibt dem Verfasser stets die Möglichkeit des Rückrufs nach § 42 UrhG.

II. Änderungsrecht des Verfassers

1. Änderung bis zur Beendigung der Vervielfältigung, § 12 Abs. 1 S. 1

3 Nach dem Wortlaut des Abs. 1 S. 1 darf der Verfasser bis zur Beendigung der Vervielfältigung sein Werk ändern, und zwar grds. für jede Auflage und wohl auch jede Ausgabe neu. Nach h.M. ist die Vervielfältigung bereits dann im Sinne des Abs. 1 S. 1 beendet, wenn der Drucksatz fertig vorliegt, also (nur) die **Drucklegung** beendet ist. Auf den Druck aller herzustellenden Abzüge kommt es hingegen nicht an. Der Verfasser muss also in aller Regel seine Änderungen spätestens auf dem Korrekturabzug anbringen (s. § 20 Abs. 1 S. 2); § 12 Abs. 1 S. 1 gibt dem Verfasser mithin nicht so weitgehende Rechte, wie man es auf den ersten Blick vermuten könnte. Danach vorgenommene Änderungen des Verfassers muss der Verlag – in den Grenzen des § 42 UrhG – grds. nicht umsetzen, und zwar auch dann nicht, wenn der Verfasser ausdrücklich die Kosten der Änderung übernimmt (*Schricker* VerlagsR³ Rn. 6). Nach Abs. 2 muss der Autor Änderungen nicht selbst vornehmen, sondern kann dies durch einen Dritten erledigen lassen.

2. Änderungsrecht bei Neuauflagen

4 Abs. 1 S. 2 verpflichtet den Verlag, dem Verfasser vor Veranstaltung einer Neuauflage Gelegenheit zu Änderungen zu geben. Er muss deshalb in jedem Fall den Verfasser über die geplante Neuauflage unterrichten, und zwar so rechtzeitig, dass der Verfasser prüfen kann, ob und inwieweit überhaupt Änderungsbedarf besteht, was vor allem bei wissenschaftlichen Werken und Sachbüchern im Allgemeinen durchaus einen längeren zeitlichen Vorlauf erfordert. Auch die Änderungen bei Neuauflagen kann der Verfasser grds. einem Dritten überlassen, Abs. 2. Veröffentlicht der Verlag eine Neuauflage, ohne die vom Verfasser angebrachten Änderungen zu berücksichtigen oder ihm überhaupt Gelegenheit zu Änderungen gegeben zu haben, verletzt er damit den Verlagsvertrag. Dies kann den Verfasser zum Rücktritt, § 32, oder mitunter zur Kündigung aus wichtigem Grund, § 314 Abs. 1 BGB, berechtigen. Der Verlag kann darüber hinaus die Urheberrechte des Verfassers verletzen, wenn sich aus den vom Verfasser vorgenommenen Änderungen oder den angekündigten Änderungsabsichten ergibt, dass der Verfasser jedenfalls mit einer unveränderten Neuveröffentlichung nicht einverstanden ist und insofern (stillschweigend) seine Einwilligung widerruft (so *Schricker* VerlagsR³ Rn. 10).

5 Auch bei einer Neuauflage ist der Verfasser zwar berechtigt, Änderungen vorzunehmen, hierzu jedoch grds. – jedenfalls bei belletristischen Werken – nicht verpflichtet. Allerdings wird sich vor allem bei **wissenschaftlichen Wer-**

ken oder Sachbüchern eine entsprechende **Änderungspflicht** des Verfassers aus seinen allgemeinen vertraglichen Treuepflichten jedenfalls dann ergeben, wenn das Werk eine kontinuierliche Anpassung erfordert und der Verlag insofern ganz erhebliche, nicht amortisierte Investitionen erbracht hat – weil dann auch die Neuauflage verkäuflich sein muss – oder weitere Urheber an dem Werk beteiligt sind. Zu den Umständen, unter denen der Urheber Änderungen durch den Verlag nach Treu und Glauben hinnehmen muss, § 39 Abs. 2 UrhG, vgl. § 39 UrhG Rn. 20 ff. Um Schwierigkeiten in diesem Zusammenhang aus dem Weg zu gehen, die in der Praxis gerade bei wissenschaftlichen Sammelwerken sehr regelmäßig auftreten, enthalten die meisten Verlagsverträge eine **Neubearbeitungsklausel**, die den Verfasser zunächst verpflichtet, sein Werk für Neuauflagen – ggf. binnen bestimmter Fristen – zu bearbeiten. Außerdem räumen diese Klauseln dem Verlag sinnvollerweise das Recht ein, die Neubearbeitung durch einen Dritten vornehmen zu lassen, wenn der Verfasser selbst dazu nicht bereit oder in der Lage ist. Der Verlag muss jedoch stets die persönlichen Interessen des Autors – vor allem bei der Auswahl des Bearbeiters – beachten. Häufig schließt sich dem noch eine Regelung zur Aufteilung des Honorars zwischen Neubearbeiter und ursprünglichem Verfasser und in einigen Fällen auch noch zur weiteren Nennung des ursprünglichen Verfassers an. Bereits das Reichsgericht hat die Wirksamkeit derartiger Neubearbeitungsklauseln dem Grunde nach bejaht (insb. RGZ 112, 173; 140, 264). Zur Herrschaft des Verlages über das „Unternehmen" Sammelwerk in diesen Fällen vgl. § 41 Rn. 16. Der ursprüngliche Verfasser kann bei Neubearbeitung durch einen Dritten unabhängig von den vertraglichen Regelungen ggf. die Urheberpersönlichkeitsrechte aus § 14 UrhG geltend machen.

3. Entgegenstehendes berechtigtes Interesse des Verlages

Nach Abs. 1 S. 3 findet das Änderungsrecht des Verfassers auch im Falle einer **6** Neuauflage seine Grenze in der Verletzung berechtigter Interessen des Verlages. Ob dies der Fall ist, lässt sich nur nach den Umständen des Einzelfalles sagen; bei belletristischen Werken kommt eine Verletzung der berechtigten Interessen des Verlages eher in Betracht als bei wissenschaftlichen oder weltanschaulichen Werken. Allein die mit Änderungen verbundenen **Mehrkosten** stellen jedenfalls kein berechtigtes Interesse dar (vgl. Rn. 7). Eine Interessenverletzung kann allerdings gegeben sein, wenn die Änderungen das **Erscheinen des Werkes** unzumutbar verzögern und so einen wirtschaftlich messbaren, nicht ganz unwesentlichen Schaden für den Verlag verursachen (können), der Verfasser dem Werk durch die Änderungen eine gänzlich neue Richtung gibt oder die Änderung – etwa bei einer Neufassung des Titels – bereits getätigte, erhebliche **Aufwendungen des Verlages** für die Ankündigung und Werbung für das Werk vergebens machen würde. **Nachweisen** muss eine Interessenverletzung bereits nach dem Wortlaut des § 12 Abs. 1 S. 3 der Verlag.

III. Kosten, Abs. 3

Abs. 3 lässt den Verfasser (nur) die Kosten tragen, die durch Änderungen **7** entstehen, die er nach dem Beginn der Vervielfältigung und über das übliche Maß hinaus vornimmt, wenn nicht inzwischen eingetretene Umstände die Änderungen rechtfertigen (Abs. 3, 2. Hs.). In allen anderen Fällen und insb. für die nach Abs. 1 zulässigen Änderungen trägt die Kosten grds. der Verlag.

8 Die Voraussetzungen des Abs. 3 müssen **kumulativ** vorliegen. Nach dem Beginn der Vervielfältigung werden Änderungen vorgenommen, wenn der Verlag bereits mit der **Herstellung des Drucksatzes** begonnen hat. Die Änderungen überschreiten das **übliche Maß**, wenn sie unverhältnismäßig umfangreich sind, also z.B. große Teile eines Werkes betreffen. Viele Verlagsverträge regeln insofern, dass der Urheber Änderungskosten am fertigen Drucksatz dann zu tragen hat, wenn die Kosten 10% der Satzkosten für das Gesamtwerk übersteigen. Dieser Wert wird ganz allgemein das übliche Maß i.S.d. Abs. 3 darstellen, obwohl die entsprechende Vertragsklausel allein auf die mit den Änderungen verbundenen Kosten, nicht auf den Umfang der Änderungen selbst abstellt, während Abs. 3 grds. an den Umfang der Änderungen selbst anknüpft. Die **Beweislast** für das Vorliegen der Voraussetzungen des Abs. 3 obliegt dem Verlag, soweit er dem Verfasser die Kosten aufbürden will.

9 Der Verfasser muss jedoch die Änderungskosten wiederum dann nicht tragen, wenn – was von ihm zu beweisen ist – nach Ablieferung des Manuskripts Umstände eingetreten sind, die übermäßige Änderungen rechtfertigen, § 12 Abs. 3, 2. Halbs. Dies kann Gesetzesänderungen oder wesentliche neue Forschungsergebnisse betreffen, jedoch nicht ohne weiteres neue Veröffentlichungen, wenn diese keine entscheidenden neuen Gesichtspunkte enthalten. Eine gesonderte Vergütung erhält der Verfasser für Änderungen grds. nicht.

§ 13   VerlG *(aufgehoben)*

§ 13 Verlagsgesetz wurde mit Inkrafttreten des UrhG am 01.01.1966 aufgehoben, § 141 Nr. 4 UrhG. Im gesamten Verlagsbereich gilt seitdem § **39 UrhG**, der der alten Regelung des § 13 VerlG im Wesentlichen entspricht. Im Gegensatz zu § 13 VerlG erlaubt § 39 UrhG allerdings ausdrücklich abweichende Vereinbarungen. § 39 Abs. 2 stellt außerdem gegenüber § 13 VerlG klar, dass der Verlag auch nach den Grundsätzen von Treu und Glauben die Urheberbezeichnung (§ 10 Abs. 1 UrhG) nicht ändern darf. Zu den weiteren Einzelheiten vgl. § 39 UrhG Rn. 13 f. Zu den Übergangsvorschriften vgl. § 141 UrhG Rn. 5.

§ 14   VerlG

¹Der Verleger ist verpflichtet, das Werk in der zweckentsprechenden und üblichen Weise zu vervielfältigen und zu verbreiten. ²Die Form und Ausstattung der Abzüge wird unter Beobachtung der im Verlagshandel herrschenden Übung sowie mit Rücksicht auf Zweck und Inhalt des Werkes von dem Verleger bestimmt.

Übersicht

I. Allgemeines

Die Vorschriften der §§ 14 bis 16 umschreiben die Pflicht des Verlages zur **1** Vervielfältigung und Verbreitung des Werkes gegenüber dem Verfasser. Eine Verletzung dieser Pflichten durch den Verlag bedeutet deshalb in aller Regel nur eine Vertrags-, nicht hingegen auch eine Urheberrechtsverletzung. Nach § 14 S. 1 ist der Verlag verpflichtet, das Werk in der zweckentsprechenden und üblichen Weise zu vervielfältigen und zu verbreiten, wobei jedoch Form und Ausstattung der Exemplare im Rahmen des Branchenüblichen dem Ermessen des Verlages überlassen werden (§ 14 S. 2). § 14 ist hinsichtlich der konkreten Ausgestaltung der Pflicht zur Vervielfältigung und Verbreitung dispositiv; enthält der Vertrag keinerlei Vervielfältigungs- und Verbreitungspflicht des Verlages, so liegt kein Verlagsvertrag vor (vgl. § 1 Rn. 1). Es kann sich jedoch um einen Bestellvertrag, handeln; vgl. § 47 Rn. 1.

II. Vervielfältigungspflicht des Verlages

1. Zweckentsprechend und üblich (§ 14 Satz 1)

Nach S. 1 hat der Verlag das Werk in der zweckentsprechenden und üblichen **2** Weise zu vervielfältigen. Für die Einzelheiten kommt es mithin zunächst auf die – auch stillschweigenden – **vertraglichen Vereinbarungen** an. Fehlen diese oder lassen sich jedenfalls nicht sicher ermitteln, ist auf den Vertragszweck unter Berücksichtigung von Treu und Glauben und die **Branchenübung** abzustellen (BGH GRUR 1988, 303, 305 – *Sonnengesang*). Was branchenüblich ist, hängt maßgeblich nicht nur vom Genre, sondern unter Umständen auch von dem Status des Autors ab. So sind regelmäßig bei einem vor allem im Bahnhofs- oder Flughafengeschäft angebotenen Liebesroman im Taschenbuchformat qualitativ niedrigere Standards einzuhalten als bei den Werken eines Literaturnobelpreisträgers. Ein Fachbuch muss anderen Ansprüchen genügen als ein populärwissenschaftliches Werk. Eine Dissertation oder in bestimmten Fällen ein z.B. weltanschauliches Werk, das nur ein sehr kleines Publikum anspricht, kann durchaus in Schreibmaschinen- oder einer üblichen Textverarbeitungsschrift gedruckt und lediglich broschiert werden. Behauptet der Verfasser, die Vervielfältigung durch den Verlag entspreche nicht der Branchenübung, hat er dies grds. darzulegen und zu beweisen. Erfüllt der Verlag seine Verpflichtungen nicht, kann der Autor nach §§ 32, 30 nach Setzen einer Nachfrist von dem Vertrag zurücktreten. Zum Verhältnis zu § 41 UrhG vgl. § 32 Rn. 15.

2. Form und Ausstattung (§ 14 Satz 2)

Ausstattung und Form der Vervielfältigungsexemplare liegen – in den Grenzen **3** des Branchenüblichen – im Ermessen des Verlags. Ausstattung ist alles, was zum äußeren Erscheinungsbild des Werkes gehört, d.h. Format, Cover, Bindung, Papier, Schrifttyp und ähnliches. Im Regelfall wird man auch die Bestimmung des **Imprints** oder Verlages einer Verlagsgruppe, in denen das Werk konkret erscheinen soll, zur Ausstattung rechnen können, wenn der Verlagsvertrag insofern keine eindeutige Regelung enthält (OLG München NJW 1998, 1406 f. – *Vertragspartner eines Verlagsvertrages*). Insofern kann allerdings der Verlag ausnahmsweise seine Treuepflichten gegenüber dem Verfasser verletzen, wenn er etwa einen renommierten Autor in einem vornehmlich Populärliteratur veröffentlichenden Imprint herausgibt. Teil der Ausstattung sind auch **Prospektbeilagen** oder im Werk abgedruckte **Anzeigen,** wobei Prospektbeilagen und Werbeanzeigen für Fremdprodukte jedenfalls bislang in erster Linie in bestimmten Sachbuchkategorien branchenüblich sein dürften (großzügiger *Wegner/Wallenfells/Kaboth* 2. Kap. Rn. 73; a.A. *Schricker* VerlagsR³ § 14 Rn. 6). Auch die Anordnung, Größe und konkrete grafische Gestaltung des **Namens des Verfassers** und des **Werktitels** auf dem Einband gehört zur Ausstattung, soweit dies die äußere Form betrifft; inhaltliche Einzelheiten des Urhebernennungsrechts (§ 13 UrhG) und des Werktitels sind nicht Teil der Ausstattung und unterliegen deshalb nicht dem Ermessen des Verlags. Ebenfalls nicht Teil der Ausstattung ist wohl der sog. **Copyrightvermerk** nach Art. III WUA (vgl. Vor §§ 120 ff. UrhG Rn. 28; *Schricker* VerlagsR³ Rn. 19 ff.).

4 Insgesamt räumt S. 2 dem Verlag einen sehr weitgehenden Ermessensspielraum ein. Seine Grenze findet das Ermessen des Verlags in der Rücksicht auf Zweck und Inhalt des Werkes, S. 2, und in den Urheberpersönlichkeitsrechten des Verfassers, wenn z.B. ein Literaturnobelpreisträger nur in einer billigen Bahnhofsausgabe veröffentlicht wird. (Nur) in diesen Fällen kann der Verfasser der durch den Verlag geplanten Ausstattung **widersprechen**. In jedem Fall muss der Verfasser eventuelle Kritik nach Treu und Glauben sehr zeitnah nach seiner Kenntnis von der konkret geplanten Ausstattung bei dem Verlag vorbringen (*Schricker* VerlagsR³ Rn. 7).

5 Viele Verlagsverträge enthalten mehr oder weniger detaillierte Regelungen zur konkreten Ausstattung des Werkes, insb. zu den zentralen Punkten des Einbands, tw. auch des Formats, und zur Abstimmung zwischen Verlag und Verfasser zu den Einzelheiten (s. aber § 3 Nr. 3 des Normvertrages, abrufbar unter http://www.verband-deutscher-schriftsteller.de/normvertrag.pdf, abgerufen am 05.11.2007).

3. Verletzung der Vervielfältigungspflicht

6 Kommt der Verlag seinen Vervielfältigungspflichten nicht nach, so kann der Verfasser von dem Vertrag zurücktreten; vgl. § 32 Rn. 3 ff.

III. Verbreitungspflicht des Verlages

1. Zweckentsprechende und übliche Verbreitung

7 Nach S. 1 ist der Verlag außerdem verpflichtet, das Werk in der zweckentsprechenden und üblichen Weise zu verbreiten. Er muss also vor allem die vervielfältigten Exemplare über die üblichen Kanäle in Verkehr bringen. Was zu den **üblichen Vertriebskanälen** zählt, kann je nach Genre unterschiedlich sein. Nach wie vor zentral ist sicherlich der klassische Sortimentsbuchhandel. Im Regelfall muss der Verlag jedoch auch Barsortimente (als Zwischenbuchhändler) und die Internetbuchhändler, je nach Werk auch den Bahnhofs- und Flughafenbuchhandel, ggf. Tankstellen, Verbrauchermärkte und Kaufhäuser beliefern.

2. Werbung

8 Zur ordnungsgemäßen Verbreitung des Werkes gehört auch die angemessene Bewerbung. Welche Maßnahmen im Einzelfall erforderlich sind, kann der Verlag grds. nach eigenem Ermessen, allerdings unter Berücksichtigung des für das jeweilige Genre **Branchenüblichen**, entscheiden. Üblich ist im Regelfall sicherlich die Ankündigung des Werkes in den meist halbjährlich verteilten Verlagsvorschauen, außerdem ggf. in Anzeigen z.B. im Börsenblatt oder sonstigen Branchenveröffentlichungen, z.T. auf Flyern und ähnlichem. Gegenüber dem Endkunden werden einige Werke auch durch **Anzeigen** in Tageszeitungen und Zeitschriften beworben, wobei dies jedoch in keiner Weise generell für alle Werke üblich ist. Sehr viel wichtiger – und deshalb wohl für die Mehrzahl der Werke üblich – ist hingegen das Versenden von **Presse- und Rezensionsexemplaren**. Z.T. werden auch kurze – in aller Regel nicht mehr als wenige Seiten – Auszüge des Werkes als **Leseproben** vervielfältigt und anderen Werken desselben Verlages beigefügt. Hierzu ist der Verlag mangels ausdrücklicher gegenteiliger Vereinbarung bereits aufgrund der Verkehrssitte berechtigt (*Schricker* VerlagsR³ Rn. 10). Was und wieviel hier zulässig ist, wird sich nur im Einzelfall entscheiden lassen. Weitgehend üblich und deshalb sicherlich noch unter eine zulässige Werbung fallen Auszüge mit einem Umfang bis ca. 5–6% des Werkes. Dies gilt grds. auch für entsprechende **Hörproben** (KG GRUR 2003, 1038 – *Hörproben*).

9 § 14 S. 1 verpflichtet den Verlag insgesamt allerdings nur dazu, dass Werk überhaupt **angemessen** zu bewerben; konkrete Werbemaßnahmen können ihm nur im Ausnahmefall vorgeschrieben sein. Behauptet der Verfasser eine Verletzung der Verbreitungspflicht des Verlags durch unzureichende Werbung, hat er dies grds. darzulegen und zu beweisen, also z.B. darzutun, dass und in welchem Umfang die durch den Verlag betriebene Werbung hinter dem Branchenüblichen zurückbleibt.

IV. Besonderheiten im Musikverlag

10 Im Musikverlag spielt der Verkauf von Noten und Partituren in aller Regel allenfalls eine untergeordnete Rolle. Zentral ist vielmehr das Verleihen von Notensätzen für Aufführungen. Aus diesem Grunde genügt der Verlag seinen Pflichten aus § 14 zumeist durch Herstellung einer dem regelmäßigen (vor allem Leih-) Bedarf entsprechenden, beschränkten Zahl von Exemplaren jedenfalls dann, wenn bei Bedarf innerhalb kürzester Zeit auch größere Mengen hergestellt und verteilt werden können (KG ZUM 1986, 470, 471 f., i.E. bestätigt durch BGH GRUR 1988, 303 ff. – *Sonnengesang*; zur Auflagenhöhe vgl. § 5 Rn. 9 ff.).

§ 15 VerlG

¹Der Verleger hat mit der Vervielfältigung zu beginnen, sobald ihm das vollständige Werk zugegangen ist. ²Erscheint das Werk in Abteilungen, so ist mit der Vervielfältigung zu beginnen, sobald der Verfasser eine Abteilung abgeliefert hat, die nach ordnungsmäßiger Folge zur Herausgabe bestimmt ist.

Übersicht

I. Allgemeines

1 § 15 regelt, wann der Verlag seiner Vervielfältigungspflicht nachkommen muss. Die Regelung ist ohne weiteres abdingbar. Insofern enthalten die meisten Verlagsverträge Regelungen, die den genauen Zeitpunkt der Vervielfältigung und des Erscheinens des Werkes in das Ermessen des Verlages stellen.

II. Beginn der Vervielfältigung

1. Sofortiger Beginn bei vollständigem Werk

2 Nach § 15 S. 1 muss der Verlag mit der Vervielfältigung beginnen, sobald ihm das vollständige Werk vorliegt. Die Vervielfältigung beginnt mit der Herstellung des Satzes als erstem Schritt des eigentlichen, technischen Druck- und Produktionsvorgangs. Ob das Werk erst vollständig ist, wenn auch ein eventuell erforderliches Sach- oder Personenregister oder ein Inhaltsverzeichnis vorliegt, lässt sich nur im Einzelfall entscheiden (a.A. wohl *Schricker* VerlagsR[3] § 15 Rn. 2; LG Ulm ZUM-RD 1999, 236 ff.). Jedenfalls muss das Werk druckreif im Sinne des § 10 vorliegen.

2. Ablieferung in Abteilungen (§ 15 Satz 2)

3 Wird das Werk in Teilen abgeliefert und soll auch in Teilen erscheinen, so muss der Verlag mit der Vervielfältigung jedes einzelnen Teils nach Vorliegen dieses Teils beginnen, S. 2. Für **Sammelwerke** muss S. 2 regelmäßig als abbedungen gelten, denn es kommt in der Praxis kaum noch vor, dass – über die meist als Freiexemplare verteilten Sonderdrucke hinaus – die Beiträge einzelner Verfasser gesondert veröffentlicht werden. Insofern erscheint das Sammelwerk also bereits nicht in Abteilungen. Ohnehin besteht bei Sammelwerken ohne entsprechende Vereinbarung grds. keine Vervielfältigungspflicht des Verlegers bezüglich einzelner Beiträge (vgl. § 45 Rn. 6–7).

II. Verletzung der Vervielfältigungspflicht

4 Beginnt der Verlag nicht unmittelbar nach Vorlage des Manuskripts mit der Vervielfältigung, ohne dass er den Beginn nach dem Vertrag hinausschieben dürfte, kann der Autor ihn zunächst durch Mahnung in Verzug setzen, § 286 BGB. Der Autor kann Erfüllung und Ersatz des Verzögerungsschadens verlangen (OLG München GRUR 1956, 236 f.) oder vom Verlagsvertrag zurücktreten (vgl. § 32 Rn. 7 ff.; OLG Frankfurt GRUR 2006, 138, 139 f. – „*Europa ohne Frankreich?*"). Da § 15 nur die Verpflichtungen des Verlages im Verhältnis zum Verfasser betrifft (vgl. § 14 Rn. 1), ist eine Pflichtverletzung des Verlages nur eine Schlechterfüllung des Vertrages, nicht auch eine Urheberrechtsverletzung.

§ 16 VerlG

[1]Der Verleger ist verpflichtet, diejenige Zahl von Abzügen herzustellen, welche er nach dem Vertrag oder gemäß dem § 5 herzustellen berechtigt ist. [2]Er hat rechtzeitig dafür zu sorgen, dass der Bestand nicht vergriffen wird.

Übersicht

I. Allgemeines

§ 16 konkretisiert ebenso wie §§ 14 und 15 die Vervielfältigungs- und Ver- **1** breitungspflichten des Verlages. Die Vorschrift ist dispositiv. Nach § 43 S. 1 findet § 16 S. 1 keine Anwendung auf **Sammelwerke**, wenn vertraglich nichts anderes geregelt ist.

II. Umfang der Vervielfältigungspflicht

Nach § 16 S. 1 muss der Verlag die vertraglich festgelegte oder nach § 5 Abs. 2 **2** ihm gestattete Zahl von Vervielfältigungsexemplaren herstellen (OLG Frankfurt GRUR 2006, 138, 139 – *Europa ohne Frankreich?*; LG Passau NJW-RR 1992, 759, 760 – *Wanderführer*). Die Bestimmung regelt nur die Zahl der innerhalb einer Auflage jeweils herzustellenden Abzüge, nicht hingegen eine Verpflichtung des Verlags zur Herstellung von Neuauflagen (vgl. § 17 Rn. 1). Stellt der Verlag jedoch eine Neuauflage her, so muss er wiederum hinsichtlich der Zahl der herzustellenden Exemplare die Regelung des § 16 beachten. Aus § 16 S. 1 in Verbindung mit § 14 S. 1 ergibt sich, dass der Verlag die herzustellenden Vervielfältigungsstücke auch verbreiten muss (heute ganz h.M.). Wird das Werk seit längerer Zeit überhaupt nicht mehr nachgefragt, erlischt die Vervielfältigungspflicht des Verlags auch dann, wenn er noch nicht alle ihm gestatteten Exemplare hergestellt hat. Denn er kann nach Treu und Glauben nicht verpflichtet werden, in wirtschaftlich unsinniger Weise Vervielfältigungsexemplare herzustellen, die er dann verramschen oder sogar makulieren muss (*Schricker* VerlagsR[3] § 16 Rn. 8). Im Musikverlag, wo die im Buchbereich zentrale Vervielfältigung zum Verkauf eine geringere, z.T. nahezu keine Rolle spielt und vor allem Leihmaterial vervielfältigt wird, genügt es im Allgemeinen, wenn der Verlag eine normalerweise ausreichende Zahl an Leihsätzen vorhält oder sehr kurzfristig herstellen kann; er ist also i.d.R. nicht verpflichtet, etwa die Auflagenhöhe des § 5 Abs. 2 einzuhalten (BGH GRUR 1988, 303, 305 – *Sonnengesang*; KG ZUM 1986, 470 (Ls.)).

III. Vergriffensein (§ 16 Satz 2)

Der Verlag muss nach S. 2 außerdem rechtzeitig dafür sorgen, dass der Bestand **3** nicht vergriffen wird, also die Nachfrage unverzüglich oder jedenfalls sehr kurzfristig befriedigt werden kann. Insofern stimmt die Bedeutung des Begriffes „vergriffen" in § 16 S. 2 nicht mit dessen objektivem Inhalt in § 29 Abs. 1 überein (vgl. § 29 Rn. 3 f.). Mit der Vervielfältigungspflicht (vgl. Rn. 2) erlischt jedoch ebenfalls die Verpflichtung des Verlags zur Pflege seines Lagerbestandes aus S. 2, wenn seit längerer Zeit keine Nachfrage nach dem Werk mehr besteht (vgl. Rn. 2). Hält ein Verlag das Werk nur im Rahmen des **Print-on-demand** lieferbar, genügt er seiner Verpflichtung aus S. 2, wenn das Werk weiterhin in seinem Verlagsprogramm angeboten wird und kurzfristig verfügbar ist (*Wegner/Wallenfells/Kaboth* 2. Kap. Rn. 80). Dies gilt vor allem im Musikverlag (BGH GRUR 1988, 303, 305 – *Sonnengesang*; KG ZUM 1986, 470 (Ls.)).

4 Aus § 29 Abs. 2 ergibt sich, dass der Verlag dem Verfasser das (auch bevorstehende) Vergriffensein seines Lagerbestandes grds. nicht **mitteilen muss,**
wenn vertraglich nichts anderes vereinbart ist. Aus der bloßen vertraglichen
Vereinbarung regelmäßiger Neuauflagen lässt sich i.d.R. nur die Pflicht rechtzeitiger Anzeige der geplanten Neuauflage an den Verfasser, damit dieser ggf.
Änderungen planen und umsetzen kann (§ 12 Abs. 1 S. 2), nicht jedoch eine
allgemeine Mitteilungspflicht entnehmen. In der Praxis sehen zahlreiche Vertragsmuster jedoch eine entsprechende Mitteilungspflicht vor (z.B. der relativ
weit gefasste § 10 Abs. 1 des Mustervertrages Nr. 1 Börsenverein/Hochschul-
verband in den Vertragsnormen für wiss. Veragswerke (Stand 2000), abrufbar
unter www.boersenverein.de; abgerufen am 19.11.2007).

IV. Pflichtverletzung durch den Verlag

5 Auch ein Verstoß gegen die Verpflichtungen aus § 16 ist nur eine Vertragsverletzung gegenüber dem Verfasser, nicht hingegen auch eine Urheberrechtsverletzung (vgl. § 14 Rn. 1). Der Verfasser kann ggf. aus §§ 286 BGB, § 32
VerlG oder § 41 UrhG vorgehen.

§ 17 VerlG

[1]**Ein Verleger, der das Recht hat, eine neue Auflage zu veranstalten, ist nicht
verpflichtet, von diesem Rechte Gebrauch zu machen.** [2]**Zur Ausübung des
Rechtes kann ihm der Verfasser eine angemessene Frist bestimmen.** [3]**Nach
dem Ablaufe der Frist ist der Verfasser berechtigt, von dem Vertrage zurückzutreten, wenn nicht die Veranstaltung rechtzeitig erfolgt ist.** [4]**Der Bestimmung
einer Frist bedarf es nicht, wenn die Veranstaltung von dem Verleger verweigert
wird.**

Übersicht

I. Allgemeines

1 § 17 stellt klar, dass die Vervielfältigungspflicht des Verlags (§§ 1 S. 2, 14 S. 1)
sich nur auf die jeweils *erste* von dem Verlagsvertrag erfasste Auflage des
Werkes bezieht. Nur hinsichtlich dieser ersten Auflage muss der Verlag tatsächlich die ggf. vertraglich oder nach § 5 Abs. 2 S. 1 festgelegte Zahl von Exemplaren herstellen. Gestattet der Verlagsverlag ihm grds., mehrere Auflagen

herzustellen, muss er dieses Recht jedoch – falls der Vertrag keine gegenteilige Regelung enthält – nicht nutzen, § 17 S. 1. Sieht der Verlag von einer Neuauflage ab, kann der Autor ihm allerdings eine angemessene Frist zur Veranstaltung einer Neuauflage setzen (S. 2) und bei Weigerung des Verlags (S. 4) oder nach fruchtlosem Ablauf der Frist von dem Verlagsvertrag insgesamt zurücktreten (S. 3). Der Sache nach handelt es sich bei diesem „Rücktritt", auf den nach § 37 die §§ 346 bis 351 BGB entsprechend anwendbar sein sollen, um einen **Rückruf** der eingeräumten Nutzungsrechte und eine **Kündigung** des Verlagsvertrages (BGH GRUR 1970, 40, 43 – *Musikverleger I*). § 17 ist in vollem Umfang dispositiv. Zur Anwendbarkeit des § 17 auf Verlagsverträge mit **Übersetzern** vgl. Rn. 4.

II. Recht, keine Pflicht zur Veranstaltung einer neuen Auflage (§ 17 Satz 1)

1. Grundsatz

Nach S. 1 ist der Verlag auch dann grds. nicht verpflichtet, eine Neuauflage **2** eines bei ihm verlegten Werkes zu veranstalten, wenn er sich Nutzungsrechte für mehrere oder alle Auflagen hat einräumen lassen, jedenfalls soweit der Vertrag keine gegenteiligen Regelungen enthält. Den Verlag trifft insofern also lediglich eine **Ausübungslast**, nicht jedoch eine Ausübungspflicht (BGH GRUR 1970, 40, 42 f. – *Musikverleger I*). Um eine **Neuauflage** des Werkes handelt es sich (nur) dann, wenn jedenfalls eine Auflage des Werkes schon in demselben Verlag erschienen ist oder der Hauptverlag sein Nutzungsrecht nach Veranstaltung der ersten Auflage rechtwirksam an einen anderen Verlag abgetreten hat. Zur Veranstaltung einer ersten Auflage ist der Verlag bereits wegen § 1 S. 2 stets verpflichtet.

Im Übrigen kann eine **Neuauflage** sowohl bei unverändertem **Neudruck** als **3** auch bei tw. ergänztem, berichtigtem oder gekürztem Inhalt des Werkes vorliegen (vgl. § 12 Abs. 1). Dies gilt wegen § 12 grds. auch dann, wenn das Werk unter einem anderen Titel erscheinen soll, soweit nicht die Umstände ergeben, dass beide Parteien das Werk unter dem neuen Titel als ein neues Werk, über das dementsprechend ein neuer Verlagsvertrag geschlossen werden muss, ansehen (z.T. a.A. *Schricker* VerlagsR[3] § 17 Rn. 3). Die unterschiedlichen Jahrgänge eines **Kalenders** im eigentlichen Sinne sind bereits deshalb keine Neuauflagen, weil es sich inhaltlich jeweils um neue Werke, nicht einmal mehr um **Bearbeitungen** vorhergehender Jahrgänge handeln dürfte. Bei **Jahrbüchern** wie z.B. dem unter Ingenieuren berühmten *Betonkalender*, der in regelmäßigen Abständen den jeweils neuesten Stand der Wissenschaft, der Normung und ähnlicher praktisch relevanter Regelungen zusammenfasst, wird man nur dann noch von einer Neuauflage im Sinne des § 17 ausgehen können, wenn allenfalls einzelne Beiträge ausgetauscht und das Werk im Übrigen lediglich ergänzt bzw. auf den neuesten Stand gebracht wird, ohne grundlegende Veränderungen zu erfahren. Enthält ein Jahrbuch jedoch trotz eines fortlaufend gleichen Titels und ggf. gleicher Aufmachung, Ausstattung, im Wesentlichen identischen Autoren usw. mit jedem Erscheinen **neue Inhalte**, handelt es sich nicht um Neuauflagen i.S.d. § 17, sondern um eigenständige Werke.

Auf Verlagsverträge mit **Übersetzern** findet § 17 grds. keine Anwendung. Ver- **4** anstaltet der Verlag jedoch eine Neuauflage des übersetzten Werkes, so ist er abweichend von der Grundregel des § 17 S. 1 grds. verpflichtet, für die Neuauflage des Originalwerkes die Übersetzung, für die er die Rechte erworben hat, zu verwenden (BGH GRUR 2005, 148, 151 f. – *Oceano Mare*). Denn anders als der Originalautor, der bei Verweigerung einer Neuauflage unter den weiteren Voraussetzungen des § 17 sich von dem Verlagsvertrag lösen und sein Werk anderweitig verwerten kann, hat der Übersetzer diese Möglichkeit nur, wenn der Verlag auch das Original freigibt, ist also der Rücktrittsmöglichkeit aus § 17 faktisch beraubt. Der Verlag muss deshalb nach Treu und Glauben und unter Berücksichtigung der Urheberpersönlichkeitsrechte des Übersetzers die betreffende Übersetzung einsetzen, wenn nicht vernünftige – z.B. in der Qualität der Übersetzung oder einer gewünschten Modernisierung liegende – Gründe die Verwendung einer neuen Übersetzung rechtfertigen (BGH GRUR 2005, 148, 151 f. – *Oceano Mare; LG* München I GRUR-RR 2007, 195, 196 f. – *Romane von T.C. Boyle*).

2. **Fälle der Verpflichtung des Verlages zur Veranstaltung einer Neuauflage**

5 § 17 ist dispositiv. Die Parteien können deshalb zunächst ohne weiteres vereinbaren, dass der Verlag zur Veranstaltung einer oder mehrerer Neuauflagen oder zur Veranstaltung einer Neuauflage binnen einer bestimmten Frist nach Vergriffensein der vorherigen Auflage verpflichtet ist. Darüber hinaus kann der Verlag selbstverständlich jederzeit nach Abschluss des Vertrages sich verpflichten, eine zweite oder mehrere Auflagen herzustellen. Allerdings liegt in der Regel in einer allgemeinen Aufforderung oder **Ankündigung** des Verlages, eine Neuauflage oder den Umfang erforderlicher Änderungen prüfen zu wollen, noch kein verbindliches Angebot zur Herstellung einer Neuauflage (a.A. wohl *Schricker* VerlagsR³ Rn. 2). Erst dann, wenn der Verlag den Autor konkret auffordert, die vorhergehende Auflage auf den neuesten Stand zu bringen, weil eine Neuauflage geplant sei, bietet der Verlag eine Neuauflage an (§ 145 BGB) und ist deshalb zur Herstellung einer Neuauflage verpflichtet, wenn der Verfasser daraufhin das Werk anpasst oder sonst der Neuauflage zustimmt (§ 151 BGB). Gleiches gilt im Allgemeinen, wenn der Verfasser den Verlag zur Erklärung darüber, ob eine Neuauflage geplant sei, aufgefordert hat und der Verlag dies positiv beantwortet. Der Verlag ist in diesen Fällen auch dann zur Herstellung der Neuauflage verpflichtet, wenn sich nachträglich die Umstände verändern, also z.B. die Verkaufszahlen des Werkes sich verschlechtern, soweit nicht ein Fall des § 18 vorliegt. Zu Neuauflagen bei Übersetzungen vgl. Rn. 4.

III. Fristsetzung durch den Verfasser; Entbehrlichkeit

1. **Fristsetzung durch den Verfasser (§ 17 Satz 2)**

6 **a) Inhalt:** Damit der Verfasser, der eine Neuauflage wünscht, nicht unnötig im Unklaren gelassen wird, gibt S. 2 ihm die Möglichkeit, dem Verlag eine angemessene Frist „zur Ausübung des Rechts", eine neue Auflage zu veranstalten, zu setzen. Nach fruchtlosem Fristablauf oder Weigerung des Verlages (dazu vgl. Rn. 10) kann der Verfasser den Verlagsvertrag kündigen, sein Werk also ggf. bei einem anderen Verlag veröffentlichen. Der Autor muss grds. den Verlag auffordern, innerhalb der Frist eine **Neuauflage zu veranstalten**, wenn er im Falle des fruchtlosen Fristablaufes sofort von dem Vertrag zurücktreten will (S. 3); die Aufforderung zu einer Erklärung, ob eine Neuauflage veranstaltet werde oder nicht, genügt insofern nicht. Der Verlag muss also grds. innerhalb der gesetzten Frist eine neue Auflage nicht lediglich vorbereiten, sondern so viele Exemplare herstellen, dass er jedenfalls eine erste Nachfragewelle ohne weiteres befriedigen und weitere Exemplare ohne größere Verzögerungen herstellen kann (*Schricker* VerlagsR³ Rn. 5 m.w.N.).

In der **Praxis** empfiehlt es sich jedoch durchaus, den Verlag zunächst zu einer **7** Erklärung darüber aufzufordern, ob überhaupt eine neue Auflage geplant werde, denn diese Frist kann deutlich kürzer bemessen werden als eine Frist, die auch den Herstellungsprozess noch einschließen muss. Erklärt der Verlag innerhalb der Frist, er wolle eine Neuauflage veranstalten, ist er zur Herstellung der Neuauflage verpflichtet; weigert er sich, ist der Verfasser sofort zum Rücktritt berechtigt (S. 4). Äußert er sich gar nicht, muss der Autor dem Verlag allerdings eine erneute Frist zur Herstellung der Neuauflage setzen, weil dies bereits nach dem Wortlaut des Gesetzes Voraussetzung seines Rücktrittsrechtes ist (S. 3). Selbstverständlich kann der Autor auch – was in der Praxis z.T. geschieht – den Verlag zur Erklärung über die Neuauflage auffordern und gleichzeitig eine (demgegenüber längere) Frist zur Herstellung der Neuauflage setzen. Die Fristsetzung des Autors muss – anders als beim Rücktritt nach §§ 30, 32 oder beim Rückruf nach § 41 UrhG – nicht mit einer Androhung verbunden werden, dass der Autor bei fruchtlosem Fristablauf von seinem Rücktrittsrecht Gebrauch machen werde (*Schricker* VerlagsR³ Rn. 5). Die Aufforderung und Erklärung des Verfassers ist schließlich an keine besondere **Form** gebunden. Sie ist empfangsbedürftige Willenserklärung i.S.d. §§ 130 ff. BGB.

Auf Verlagsverträge mit **Übersetzern** ist § 17 nach richtiger Auffassung nicht **8** anwendbar; der Übersetzer kann deshalb nicht den Verlag zur Veranstaltung einer Neuauflage binnen einer bestimmten Frist auffordern und nach fruchtlosem Fristablauf von dem Vertrag zurücktreten (LG München I GRUR-RR 2007, 195, 196 f. – *Romane von T.C. Boyle*). Der Verlag muss in seiner Grundentscheidung, ob und wann er das übersetzte Werk neu auflegen will, frei bleiben; hier zeigt sich die auch in der vertraglichen Praxis große Abhängigkeit der Übersetzung von dem Originalwerk. Ein Rückruf nach § 41 UrhG bleibt dem Übersetzer allerdings unbenommen, wenn dessen engere Voraussetzungen vorliegen (vgl. § 41 UrhG Rn. 9 ff.). Zur Verpflichtung des Verlags, bei Neuauflage des Originals die betreffende Übersetzung zu verwenden, vgl. Rn. 4.

b) **Angemessenheit:** Die dem Verlag gesetzte Frist muss nach allen Umständen **9** des Einzelfalls angemessen sein. Insofern ist keine echte, allgemeingültige Übung in der Verlagsbranche erkennbar, auch wenn im Bereich des Rückrufs nach § 41 UrhG häufig eine Frist von sechs Monaten gesetzt wird. Relevant sind insofern Umfang und (technische und inhaltliche) Anforderungen für die Herstellung des Werkes, also z.B. Prüfung der Vorauflage auf Anpassungs- oder Korrekturbedarf bei wissenschaftlichen oder Fachbüchern, erforderliche Zeiträume für die Umsetzung dieser Anpassungen, angemessene Zeiten für Druck und Bindung usw. Fordert der Autor den Verlag zur Herstellung einer Neuauflage auf, obwohl die **Vorauflage noch nicht vergriffen** ist, so ist dies zwar zulässig; eine angemessene Frist muss jedoch die Zeit bis zum Vergriffensein der Auflage oder jedenfalls bis zu dem Zeitpunkt, in dem die Auflage nicht mehr verkauft werden kann (etwa weil bei einem juristischen Fachbuch das Werk aufgrund vielfältiger Gesetzesänderungen vollständig inaktuell geworden ist), in vollem Umfang einrechnen, kann also nicht vor diesem Zeitpunkt zu laufen beginnen. Setzt der Autor dem Verlag eine zu kurze Frist, so verlängert sich diese kraft Gesetzes auf das angemessene Maß (RGZ 61, 66; 106, 89; ganz h.M.).

2.   Entbehrlichkeit der Fristsetzung (§ 17 Satz 4)

10 Verweigert der Verlag nach Aufforderung des Autors die Herstellung einer Neuauflage, so braucht der Autor – wie bei § 323 Abs. 2 BGB – den Ablauf der Frist nicht abzuwarten, sondern kann sofort den Rücktritt erklären. Wie im allgemeinen Zivilrecht muss der Verlag sich nicht ausdrücklich weigern, sondern kann dies auch durch schlüssiges Verhalten tun, indem er z.b. dem Autor das Manuskript zurückschickt. Den **Rücktritt** muss der Verfasser auch bei einer Verweigerung des Verlages noch **erklären**, sofern er dies nicht bereits mit seiner Aufforderung verbunden hat; denn § 17 S. 4 entbindet wie § 323 Abs. 2 BGB den Verfasser nur von der Fristsetzung, nicht von der Rücktrittserklärung als solcher. Dies gilt auch bei langem Schweigen des Verlages oder sonst längeren Zeitabläufen; das Gesetz verlangt insofern eine Klärung durch den Autor, so dass eine **Verwirkung** der Rechte des Verlags nur in Ausnahmefällen in Betracht kommt (OLG Köln GRUR 1950, 579, 584 f.; s.a. OLG Celle NJW 1987, 1423, 1424 f. – *Arno Schmidt*).

IV.   Rücktritt

1.   Inhalt des Rücktrittsrechts

11 a) **Allgemeines:** Nach § 17 S. 3 kann der Verfasser vom Verlagsvertrag zurücktreten, wenn der Verlag sich weigert, eine Neuauflage herzustellen, oder innerhalb der gesetzten Frist keine Neuauflage veranstaltet. Der Sache nach handelt es sich trotz des Verweises in § 37 auf §§ 346 ff. BGB nicht um einen Rücktritt, sondern um einen Rückruf der eingeräumten Nutzungsrechte, vergleichbar § 41 UrhG, und eine Kündigung des Verlagsvertrages, denn der Verlagsvertrag wird ebenso wie das Verlagsrecht lediglich mit **Wirkung für die Zukunft** beendet (BGH GRUR 1970, 40, 43 – *Musikverleger I*). § 41 UrhG ist neben § 17 anwendbar (ganz hM, zuletzt zB OLG München ZUM 2008, 154 f.). Voraussetzung des Rücktrittsrechts des Autors ist allerdings auch, dass er eine Neuauflage nicht selbst verhindert, etwa weil er eine erforderliche Überarbeitung oder Korrektur nicht vornimmt (OLG Köln GRUR 1950, 579, 585 f.).

12 b) **Erklärung des Rücktritts:** Hat der Verfasser den Verlag ergebnislos zur Veranstaltung einer Neuauflage oder zu einer Klärung oder Veranstaltung aufgefordert und der Verlag sich geweigert, eine Neuauflage herzustellen, so muss der Verfasser zur Ausübung seines Rechts noch den Rücktritt erklären (s. § 349 BGB). Der Verlagsvertrag ist erst dann beendet, wenn die Rücktrittserklärung des Autors dem Verlag zugeht (§§ 130–132 BGB); bis zu diesem Zeitpunkt kann der Verlag jederzeit doch noch eine Neuauflage veranstalten. Der Verfasser sollte also nach Fristablauf oder Weigerung des Verlages nicht zu lange zuwarten, um nicht in Gefahr zu geraten, sein Rücktrittsrecht aus S. 3 zu verlieren. Wie sonst auch, muss der Verfasser nicht wörtlich den „Rücktritt" erklären; vielmehr genügt es, wenn er deutlich macht, dass er wegen der Weigerung des Verlages oder der unterlassenen Herstellung der Neuauflage den Verlagsvertrag beenden will bzw. seine Rechte zurückfordert (BGH GRUR 1970, 40, 43 f. – *Musikverleger I*).

13 c) **Mehrere Verfasser:** Stammt das betreffende Werk von mehreren Autoren, so kann das Rücktrittsrecht – wenn der Vertrag nichts anderes regelt – nach §§ 37 S. 1 VerlG, 351 BGB nur von allen ausgeübt werden, wobei jedoch selbstverständlich ein Autor in Vollmacht der weiteren Autoren den Rücktritt erklären kann. Bei **Miturheberschaft** müssen grds. alle Beteiligten mitwirken; nach § 8 Abs. 2 S. 2 UrhG darf ein Miturheber jedoch seine Einwilligung nicht wider Treu und Glauben verweigern. Bei miteinander **verbundenen Werken** im Sinne des § 9 UrhG wird in der Regel eine GbR bestehen; mangels abweichender Regelung sind die Geschäfte gemeinsam zu führen, § 709 Abs. 1 BGB, so dass ebenfalls alle Beteiligten mitwirken müssen (BGH GRUR 1973, 328, 329 f. – *Musikverleger II*). Nach § 9 UrhG a.E. kann ein Miturheber unter Umständen von den anderen nach Treu und Glauben Zustimmung verlangen. Für **Miterben** gilt ebenfalls der Grundsatz der gemeinschaftlichen Verfügung, § 2040 Abs. 1 BGB.

2. Wirkung des Rücktritts

Der Rücktritt beendet den Verlagsvertrag *ex nunc*, für die Zukunft, und lässt **14** die eingeräumten Nutzungsrechte an den Verfasser zurückfallen, § 9 Abs. 1. Die Nutzungsrechte des Verlags an der vorherigen Auflage bleiben jedoch grds. bis zu deren Vergriffensein erhalten, § 29 Abs. 1. **Konflikte mit einem neuen Verlag** sind also jedenfalls theoretisch denkbar. Praktische Bedeutung wird dies jedoch nach der hier vertretenen Auffassung ohnehin nur in den Fällen gewinnen können, in denen der Verlag sich ausdrücklich oder konkludent weigert, eine Neuauflage herzustellen. Denn tut der Verlag trotz entsprechender Fristsetzung schlicht gar nichts, kann die Frist ohnehin erst mit dem Vergriffensein oder der Unverkäuflichkeit (vgl. Rn. 9) der vorhergehenden Auflage beginnen. Auch dann, wenn sich der Verlag ausdrücklich weigert, eine Neuauflage herzustellen, und der Verfasser daraufhin den Rücktritt erklärt, obwohl noch Exemplare der Vorauflage vorhanden und verkäuflich sind, so kann der Verlagsvertrag mangels gegenteiliger Vereinbarung der Parteien jedenfalls nicht vor Vergriffensein der noch vorhandenen Exemplare enden, § 29 Abs. 1. Das Rücktrittsrecht des Verfassers aus § 17 S. 3 besteht nur aufgrund der Weigerung des Verlages, eine *Neuauflage* herzustellen, und kann sich damit allein auf die Verwertung des Werkes in zukünftigen Auflagen beziehen. Ein Rücktrittsrecht des Verfassers hinsichtlich der vorhergehenden Auflage ergibt sich daraus nicht. Das Verwertungsrecht des Verlages besteht mithin hinsichtlich der Vorauflage weiter. Dies lässt sich jedoch nicht befriedigend begründen, wenn man eine Auflösung des Vertrages sogleich mit Zugang der Rücktrittserklärung des Verfassers annehmen wollte. In derartigen Fällen ist deshalb davon auszugehen, dass der Verlagsvertrag erst mit Vergriffensein der Auflage, § 29 Abs. 1, beendet wird und die Nutzungsrechte erst zu diesem Zeitpunkt an den Verfasser zurückfallen (ebenso wohl *Schricker* VerlagsR³ Rn. 14 f.). Der Verfasser kann selbstverständlich nach § 29 Abs. 2 von dem Verlag entsprechende Auskünfte über noch vorhandene Exemplare oder ihr Vergriffensein verlangen.

Sind die Voraussetzungen des § 17 erfüllt, so hängt **Wirksamkeit der Rück-** **15** **trittserklärung** des Verfassers nicht davon ab, dass der Verfasser eine etwa empfangene pauschale Vergütung (tw.) an den Verlag zurückzahlt. Die Entscheidung, keine Neuauflage zu veranstalten, liegt im Ermessen des Verlages und ist damit sein wirtschaftliches Risiko; insofern spricht auch der Rechtsgedanke des § 18 Abs. 1 gegen einen Anspruch auf (auch tw.) Rückzahlung (*Schricker* VerlagsR³ Rn. 11 a.E.).

§ 18   VerlG

(1) Fällt der Zweck, welchem das Werk dienen sollte, nach dem Abschlusse des Vertrags weg, so kann der Verleger das Vertragsverhältnis kündigen; der Anspruch des Verfassers auf die Vergütung bleibt unberührt.
(2) Das Gleiche gilt, wenn Gegenstand des Verlagsvertrags ein Beitrag zu einem Sammelwerk ist und die Vervielfältigung des Sammelwerkes unterbleibt.

Übersicht

I.   Allgemeines

1 § 18 Abs. 1 gibt dem Verlag das Recht, den Verlagsvertrag zu **kündigen**, wenn der Zweck des Werkes nach Abschluss des Verlagsvertrages wegfällt. Abs. 2 gewährt dem Verlag ein ähnliches Kündigungsrecht bezüglich des Beitrages zu einem Sammelwerk, wenn das betreffende Sammelwerk – gleich aus welchem Grund – nicht vervielfältigt wird. § 18 Abs. 1 behandelt einen Sonderfall des **Wegfalls der Geschäftsgrundlage**. Sind die Voraussetzungen im Übrigen gegeben, so kann sich der Verlag grds. unabhängig von § 18 Abs. 1 auch auf eine Störung oder den Wegfall der Geschäftsgrundlage berufen, § 313 BGB.

II.   Zweckfortfall

1.   „Zweck"

2 Abs. 1 ist nur anwendbar, wenn der Zweck *des Werkes* im eigentlichen Sinne wegfällt, nicht hingegen dann, wenn der – weitere – Zweck des Vertrages insgesamt, also des Rechtsgeschäfts, für Urheber oder Verlag wegfällt. Klassische Beispiele sind die Aufhebung eines durch das Werk kommentierten Gesetzes, die Behandlung einer aktuellen politischen Frage, die ihre Aktualität verliert, weil die politischen Verhältnisse sich ändern, oder ähnliches. Insofern genügt jedenfalls eine Verschlechterung der Absatzaussichten des Werkes nicht, wenn das Werk weiterhin seinen Zweck vernünftig erfüllen kann.

3 Der Zweck des Werkes darf erst **nach Abschluss des Verlagsvertrages** entfallen, gleichgültig, ob dies vor der Vervielfältigung, im Zuge der Vervielfältigung oder nach Erscheinen des Werkes geschieht. War der Zweck bereits bei Abschluss des Verlagsvertrages weggefallen, kommt bei einem gemeinsamen Irrtum von Autor und Verlag ggf. § 313 BGB in Betracht; eine Anfechtung durch den Verlag dürfte in den meisten Fällen ausscheiden, weil es sich um einen Motivirrtum handelt.

2.   Kündigungsrecht und Vergütungsanspruch

4 Nach Wegfall des Zwecks des Werkes kann der Verlag jederzeit – ohne an eine Frist gebunden zu sein – den Verlagsvertrag kündigen. Eine **zeitliche Grenze** ergibt sich nur aus Treu und Glauben. Deshalb kann der Verfasser dem Verlag nur unter besonderen Umständen eine Frist zur Ausübung des Kündigungsrechts – mit der Konsequenz, dass mit fruchtlosem Ablauf der Frist das Kündigungsrecht entfiele – setzen. Auch einen (ggf. stillschweigenden) Verzicht des Verlags auf sein Kündigungsrecht kann man nur in Ausnahmefällen annehmen. Schließlich kommt eine Verwirkung allenfalls dann in Betracht, wenn der Verlag angesichts der Gesamtumstände unzumutbar lange zuwartet. Die Voraussetzungen seines Kündigungsrechts und damit vor allem den Zweckfortfall muss grds. der Verlag **beweisen.**

Sobald die Kündigungserklärung dem Autor zugeht, ist der Verlagsvertrag für die **5** Zukunft beendet. Restbestände kann der Verlag allenfalls noch makulieren (s. aber § 26). Die erfolgte Kündigung lässt den Anspruch des Verfassers auf das vereinbarte **Honorar** hingegen grds. unberührt (§ 18 Abs. 1, 2. Hs.), und zwar unabhängig davon, zu welchem Zeitpunkt die Kündigung erfolgt, ob der Verlag also bereits verwertet oder der Verfasser überhaupt das Manuskript abgeliefert hat (§ 9 Abs. 1 regelt nur die Entstehung des Verlagsrechts; § 18 betrifft demgegenüber den schuldrechtlichen Vertrag). Ist eine Vergütung nicht ausdrücklich vereinbart worden, kann der Verfasser das angemessene Honorar verlangen (§ 22 Abs. 2). Haben die Parteien – wie ganz überwiegend üblich – ein Absatzhonorar vereinbart, kann der Verfasser das verlangen, was er vernünftigerweise bei einem im Rahmen des üblichen liegenden Absatz der Erstauflage hätte erwarten können, muss sich jedoch nach § 649 Satz 2 BGB ggf. ersparte Aufwendungen anrechnen lassen (h.M., statt vieler *Schricker* VerlagsR[3] § 18 Rn. 8).

II. Sammelwerk: Unterbleiben der Vervielfältigung

Nach Abs. 2 kann der Verlag den Verlagsvertrag über einen Beitrag an einem **6** Sammelwerk kündigen, wenn er das Sammelwerk nicht vervielfältigt, und zwar unabhängig von den Gründen. Gleichgültig ist insofern auch, ob der Grund für das Unterbleiben bereits bei Abschluss des Verlagsvertrages gegeben war oder erst später auftrat. In jedem Fall muss jedoch der Verlag den Vertrag **ausdrücklich kündigen,** jedenfalls deutlich machen, dass der Vertrag als solcher beendet werden soll; die bloße Nachricht, dass das Sammelwerk nicht veröffentlicht werde, genügt nicht. Sind Teile eines grds. als *ein* Werk geplanten Sammelwerks bereits erschienen, entfällt deshalb noch nicht ohne weiteres das Kündigungsrecht des Verlages für noch nicht veröffentlichte Beiträge. Vielmehr ist in diesen Fällen nach den Umständen des Einzelfalles zu beurteilen, ob tatsächlich ein einheitliches Sammelwerk in mehreren Bänden oder vielmehr – was in der heutigen Verlagspraxis sehr viel näher liegen dürfte –die Veröffentlichung mehrerer Sammelwerke geplant war.

Auch hier hat der Verfasser des Beitrags weiterhin Anspruch auf die volle ver- **7** einbarte **Vergütung;** da der Verlagsvertrag mit der Kündigung beendet ist, kann er außerdem ohne Wartezeit über die Rechte an seinem Beitrag anderweit verfügen.

§ 19   VerlG

Werden von einem Sammelwerke neue Abzüge hergestellt, so ist der Verleger im Einverständnisse mit dem Herausgeber berechtigt, einzelne Beiträge wegzulassen.

Übersicht

I. Allgemeines

1 § 19 erlaubt dem Verlag, im Einverständnis mit dem Herausgeber bei der Herstellung neuer Abzüge eines Sammelwerks einzelne bereits erschienene Beiträge auch ohne Zustimmung des betroffenen Verfassers wegzulassen. Die Bestimmung ist dispositiv. Sie ergänzt für bereits erschienene Beiträge zu Sammelwerken die Vorschriften der §§ 45, 47 Abs. 2, die für den Regelfall eine Verpflichtung des Verlags zur Vervielfältigung und Verbreitung ausschließen. § 19 ist auch im **Musikverlag** anwendbar. Zur Kündigung des alleinigen oder eines Herausgebers eines Sammelwerkes durch den Verlag vgl. § 41 Rn. 15–17.

II. Sammelwerke

2 § 19 betrifft Sammelwerke. Da § 4 Satz 1 dem Verlag den Übergang von einem Sammel- zu einem Einzelwerk ohne entsprechende vertragliche Gestattung untersagt, muss also ein **Sammelwerk i.S.d.** § 19 vor der Weglassung mindestens drei Beiträge verschiedener Autoren und nach der Weglassung noch mindestens zwei Beiträge enthalten. Die beiden verbleibenden Beiträge dürfen von einem einzigen Autor stammen, wenn es sich dabei tatsächlich um abgrenzbare Beiträge handelt, also noch eine Sammlung vorliegt. Die Streitfrage, ob § 19 auch auf Sammlungen, die **unterschiedliche Beiträge eines einzelnen Autors** vereinen, anwendbar ist, dürfte sich in der Praxis nur selten stellen. Denn nimmt der Verfasser die Zusammenstellung selbst vor, ist also gewissermaßen Herausgeber, kann der Verlag selbst bei Anwendung des § 19 nur im Einverständnis mit dem Autor/Herausgeber handeln. Hat der Verlag hingegen die erforderlichen Nutzungsrechte an den einzelnen veröffentlichten Beiträgen ohnehin erworben – etwa bei einer Zusammenfassung aller Kolumnen eines Autors aus einer Zeitschrift in einem Buch –, ohne dass für die Veröffentlichung dieser Sammlung ein gesonderter Vertrag geschlossen oder erforderlich wäre, muss der Verlag das Recht haben, bei der Herstellung neuer Abzüge einzelne Beiträge wegzulassen (a.A. *Schricker* VerlagsR[3] § 19 Rn. 1 a.E.). Eine – nach § 39 UrhG unzulässige – Änderung kann dies nur dann bedeuten, wenn der Autor selbst die Zusammenstellung vorgenommen hat; dann wird aber im Regelfall ohnehin eine gesonderte vertragliche Vereinbarung vorliegen.

3 Auf die **Schutzfähigkeit** des Sammelwerks oder der Sammlung kommt es nicht an. § 19 erfasst sowohl periodische als auch **nicht periodische Sammlungen**. Bei **periodischen Sammelwerken** ist allerdings eine unmittelbare Anwendung des § 19 kaum denkbar; wohl kein Beitrag wird z.B. in einer Zeitschrift in zwei aufeinander folgenden Heften oder mit einem gewissen Abstand im Wesentlichen identisch veröffentlicht. Fraglich ist allerdings, ob § 19 bei periodischen Sammelwerken **regelmäßig wiederkehrende Rubriken** mit von Ausgabe zu Ausgabe unterschiedlichem Inhalt – wie z.B. Kolumnen, Restaurantkritiken o. ä. – erfasst, der Verlag also die ganze Kolumne in ihrer von dem konkreten Verfasser gestalteten Form mit der nächsten Ausgabe weglassen könnte. Dafür spricht einiges: Zum einen ist der Verlag nach § 45 Abs. 1 – von den Fällen des § 45 Abs. 2 einmal abgesehen – bereits nicht verpflichtet, den konkreten Beitrag überhaupt zu vervielfältigen und zu verbreiten. Es gibt deshalb keinen

Grund, weshalb der Verlag ohne eine entsprechende vertragliche Regelung verpflichtet sein sollte, die Reihe als solche fortzusetzen. §§ 19 und 45 wollen gerade dem Verleger eines periodischen Sammelwerks größtmögliche Freiheit bei der inhaltlichen Gestaltung lassen. Dazu gehört die freie Entscheidung darüber, welche Rubriken fortgesetzt oder eingestellt werden. Im Übrigen ist die Situation des Verlags und auch des Verfassers die gleiche, wenn der Verlag einen ganzen Bereich eines nicht periodischen Sammelwerkes weglässt oder eine Artikelserie wie etwa eine Kolumne nicht fortsetzt. § 19 wird mithin jedenfalls dem Gedanken nach auch hier Anwendung finden können, wenn vertraglich nichts anderes vereinbart ist. Allenfalls aus Treu und Glauben kann sich unter bestimmten Umständen – z.B. bei längerer Vertragsdauer – eine Kündigungsfrist bzw. ein Anspruch des Verfassers auf Zahlung des Honorars bis zum Ende dieser Frist ergeben.

III. Das Recht, einzelne Beiträge wegzulassen

1. Voraussetzungen

Erste Voraussetzung für das Weglassen einzelner Beiträge ist, dass **neue Abzüge** **4** **hergestellt** werden. Dies ist sowohl dann der Fall, wenn das Werk neu aufgelegt wird, als auch dann, wenn nach der Herstellung eines Teils einer Auflage der Verlag die restlichen oder weitere Exemplare druckt. Insofern bedeutet § 19 eine Ausnahme von der Verpflichtung des Verlags nach § 16 Satz 1, die vertraglich vereinbarte Zahl von Exemplaren auch tatsächlich herzustellen. Stets muss es sich jedoch um weitere Abzüge handeln, der betreffende Beitrag also bereits erschienen sein.

Der Verlag darf des Weiteren nur **einzelne Beiträge** weglassen, also jedenfalls **5** nicht die Mehrzahl der ursprünglichen Beiträge zu dem Sammelwerk nicht wieder veröffentlichen. Allerdings hat der Verlag hier einen großzügig bemessenen Handlungsspielraum. Das Recht des Verlags findet seine Grenze in dem Verbot des § 4 Satz 1, Teile eines Sammelwerkes für eine Sonderausgabe zu verwerten, und dort, wo durch das Weglassen der Charakter des Sammelwerkes vollständig verändert wird, es also nicht mehr um neue Abzüge des alten Sammelwerkes, sondern tatsächlich um ein neues Sammelwerk geht. Der Verlag darf im Übrigen die betroffenen Beiträge nur *insgesamt* weglassen, nicht hingegen kürzen oder nur in Teilen weiterhin veröffentlichen.

Schließlich ist das Einverständnis des oder der **Herausgeber** erforderlich und **6** ausreichend. Der betroffene Verfasser muss nicht zustimmen oder auch nur unterrichtet werden. Holt der Verlag das Einverständnis des oder der Herausgeber nicht ein, kann dies bei schutzfähigen Sammelwerken eine Verletzung der Rechte aus § 4 UrhG bedeuten; eine Vertragsverletzung liegt stets vor, wenn der Herausgeber vertraglich keine entsprechenden Änderungsrechte eingeräumt hat. Ist der Verlag selbst Herausgeber, so ist er völlig frei in seinen Entscheidungen; er muss auch in diesem Fall nicht das Einverständnis der betroffenen Verfasser einholen.

2. Rechtsfolgen des Weglassens

Das Weglassen lässt den **Verlagsvertrag** über den betroffenen Beitrag **erlö-** **7** **schen.** Der Verlag hat mit dem Weglassen, d.h. mit dem Beginn der Herstellung neuer Abzüge, keinerlei Nutzungsrechte mehr. Umgekehrt darf der Verfasser uneingeschränkt und ohne Bindung an die Fristen des § 38 UrhG neu veröffentlichen.

8 Mit dem Verlagsvertrag erlischt im Regelfall auch der **Vergütungsanspruch** des betroffenen Verfassers (a.A. *Schricker* VerlagsR[3] Rn. 6). Insb. ist § 18 Abs. 1 Satz 2 hier nicht entsprechend anwendbar. Insofern fehlt es bereits an einer Lücke im Gesetz: § 18 Abs. 2 regelt den – nach Ansicht des Gesetzgebers – § 18 Abs. 1 für Sammelwerke vergleichbaren Fall ausdrücklich. Im Übrigen ist der Verlag bei Sammelwerken nicht einmal verpflichtet, den betreffenden Beitrag überhaupt zu vervielfältigen und zu verbreiten, § 45 Abs. 1 Satz 1, ohne dass der Verfasser bei Nichtveröffentlichung – von den Fällen des § 45 Abs. 2 abgesehen – einen Vergütungsanspruch hätte. Des Weiteren ist der Verlag auch zu einer Neuauflage nicht verpflichtet, ohne dass der Verfasser, der nach § 17 von dem Vertrag zurücktritt, noch einen Vergütungsanspruch geltend machen könnte. Ein Vergütungsanspruch des Verfassers wäre darüber hinaus schwierig zu begründen, da eine ausdrückliche gesetzliche Regelung fehlt und der Verlagsvertrag erloschen ist. Schließlich ließe sich kaum eine zuverlässige Grenze ziehen, nach der man festlegen könnte, wie lange der Vergütungsanspruch des Verfassers noch fortbestünde – nur für die nächste Auflage, noch für zwei oder drei Auflagen oder gar noch länger? Der Verfasser eines weggelassenen Beitrags wird deshalb nur dann eine Vergütung verlangen können, wenn dies vertraglich vereinbart ist oder eine Auslegung des Vertrages eine Honorarpflicht des Verlages ergibt. Dies kann der Fall sein, wenn der Verlag sich verpflichtet hat, eine bestimmte Zahl von Exemplaren herzustellen, und dann den Beitrag des betroffenen Verfassers weglässt, bevor er alle vertraglich vorgesehenen Exemplare gedruckt hat. In der heutigen Verlagspraxis wird dies jedoch nur ausnahmsweise vorkommen.

§ 20   VerlG

(1) [1]**Der Verleger hat für die Korrektur zu sorgen.** [2]**Einen Abzug hat er rechtzeitig dem Verfasser zur Durchsicht vorzulegen.**

(2) Der Abzug gilt als genehmigt, wenn der Verfasser ihn nicht binnen einer angemessenen Frist dem Verleger gegenüber beanstandet.

Übersicht

I.   Allgemeines

1 § 20 bestimmt, dass grds. der Verlag die **Korrektur** vornehmen und dem Verfasser rechtzeitig einen Korrekturabzug zur Durchsicht vorlegen muss. Nach § 20 Abs. 2 ist der Verfasser im Regelfall nicht verpflichtet, den Korrekturabzug durchzusehen; der Abzug gilt allerdings als genehmigt, wenn der Autor ihn nicht binnen angemessener Frist gegenüber dem Verlag beanstandet. Die Regelung ist dispositiv; in der Verlagspraxis wird heute fast ausnahmslos eine Pflicht des Verfassers vereinbart, übersandte Korrekturabzüge unverzüglich oder binnen kurzer Frist durchzusehen und mit Korrekturen bzw. dem

Vermerk „druckreif" oder Ähnlichem versehen an den Verlag zurückzusenden (dazu vgl. Rn. 3 f.). Die praktische Bedeutung des § 20 ist deshalb heute gering.

II. Korrektur

1. Pflichten des Verlags und Rechte des Verfassers

Abs. 1 verpflichtet den Verlag, grds. alle notwendigen Korrekturen auf eigene **2** Kosten vorzunehmen bzw. vornehmen zu lassen. Insofern bedeutet Abs. 1 eine Nebenpflicht zu § 14 Satz 1, der Vervielfältigung des Werkes in zweckentsprechender und üblicher Weise. Um dem Verfasser die Gelegenheit zu geben, Druckfehler zu korrigieren, hat der Verlag dem Verfasser den **Korrekturabzug** rechtzeitig vorzulegen. „**Rechtzeitig**" bedeutet, dass mindestens eine angemessene Frist – vgl. Abs. 2 – bis zum Beginn der Vervielfältigung verbleibt, und zwar unter Berücksichtigung der persönlichen Situation des Verfassers. In der Praxis wird der Verlag dem Verfasser den Korrekturabzug auch vorlegen, damit dieser unter Umständen Form und Ausstattung der Abzüge beanstanden oder Änderungen, § 12 Abs. 1 und 3, so rechtzeitig vornehmen kann, dass die Kosten möglichst gering gehalten werden. § 20 Abs. 1 erfasst derartige Änderungen jedoch grds. nicht (OLG Frankfurt GRUR 2006, 138, 140 f. – *Europa ohne Frankreich?*). Legt der Verlag dem Verfasser keinen Korrekturabzug vor, bedeutet dies eine Verletzung des Verlagsvertrages mit der Folge eines Rücktrittsrechts des Verfassers nach §§ 32, 30.

Umgekehrt ist der Verfasser nicht verpflichtet, Korrekturen vorzunehmen oder **3** den Korrekturabzug auch nur zu lesen, wenn sich aus dem Vertrag nichts Gegenteiliges ergibt. Heutzutage enthalten nahezu alle Verlagsverträge eine **Korrekturverpflichtung** des Verfassers mit z.T. detaillierten Regelungen über Fristen, ggf. Nachfristen und Korrekturvermerke. So sehen alle wichtigen **Musterverträge** ausdrückliche Korrekturverpflichtungen des Verfassers vor. § 9 des Musterverlagsvertrages der Vertragsnormen für wissenschaftliche Verlagswerke (Vereinbarung zwischen Börsenverein und Deutschem Hochschulverband; abrufbar unter http://www.boersenverein.de/sixcms/media.php/ 686/wiss_vertragsnormen.pdf, abgerufen am 13.11.2007, sowie unter www.fromm-nordemann.de), § 10 des Musterverlagsvertrages über ein wissenschaftliches Werk mit mehreren Verfassern, § 7 des Musterverlagsvertrages über einen wissenschaftlichen Beitrag zu einer Sammlung enthalten ebenso detaillierte Regelungen wie der Normvertrag für den Abschluss von Verlagsverträgen vom 19.10.1978 in der ab 01.04.1999 gültigen Fassung zwischen dem Verband Deutscher Schriftsteller in ver.di und dem Börsenverein des Deutschen Buchhandels (abrufbar unter http://www.boersenverein.de/de/ 69181?rubrik=82998&dl_id=64216, abgerufen am 13.11.2007, sowie unter www.fromm-nordemann.de) in seinem § 8. Auch § 10 des Normvertrages für den Abschluss von Übersetzungsverträgen (abrufbar unter http://www.boersenverein.de/de/69181?rubrik=82998&dl_id=64218, abgerufen am 13.11.2007, sowie unter www.fromm-nordemann.de) sieht eine Korrekturpflicht des Übersetzers vor. Auch im **Musikverlag** ist eine in der Regel detaillierte Korrekturpflicht des Komponisten weit verbreitet.

Diese Regelungen sind derart häufig anzutreffen, dass man insofern von einem **4** **Branchenübung** im Verlagswesen im Allgemeinen ausgehen kann, die für die Auslegung des Vertrages in dieser Hinsicht – sollte er ausnahmsweise schweigen – maßgeblich ist (so *Schricker* VerlagsR³ § 20 Rn. 10). Aus diesem Grund ist auch der **Komponist** im Musikverlag auch ohne ausdrückliche Vereinbarung für alle nicht ganz kurzen Stücke zur Korrektur verpflichtet. Unabhängig von dieser Branchenübung kann die Auslegung des Buch- oder Musikverlagsvertrages auch sonst eine Korrekturpflicht des Verfassers ergeben. Dies wird regelmäßig dann der Fall sein, wenn tatsächlich nur der Verfasser selbst sinnvoll korrigieren kann, etwa bei Formelsammlungen, Texten mit fremdsprachigen Bestandteilen oder Schaubildern, deren richtige Übertragung in den Einzelheiten sich auch einem aufmerksamen Lektor nicht ohne weiteres erschließt. Außerdem ist der Verfasser überall dort zur Korrektur verpflichtet, wo er selbst noch im weitesten Sinne inhaltliche Ergänzungen vornehmen muss, also z.B. bei Verweisungen auf Randnummern im übrigen Text, die häufig erst mit dem Korrekturabzug vergeben werden, oder einem Verweis auf bestimmte Seitenzahlen. Korrigiert der Verfasser Druckbögen nicht oder nicht rechtzeitig, obwohl er vertraglich dazu verpflichtet ist, kann der Verlag die Korrektur – in den Grenzen des § 39 UrhG – durch einen geeigneten Dritten erledigen lassen.

5 Grds. muss der Verlag dem Verfasser nur *einen* Korrekturabzug, lediglich bei umfangreichen Änderungen bzw. Korrekturen noch einen weiteren Abzug – den sog. Revisionsabzug – vorlegen. Die Vorlage eines **Revisionsabzuges** ist allerdings heute sehr weitgehend üblich. Für Beiträge zu periodischen Sammelwerken bestimmt § 43 Satz 2 abweichend, dass der Verlag nicht verpflichtet ist, dem Verfasser einen Korrekturabzug vorzulegen. Die **Kosten** der vom Verfasser noch vorgenommenen Korrekturen trägt der Verlag.

2.   Genehmigung des Korrekturabzuges

6 Hat der Verlag dem Verfasser rechtzeitig einen Korrekturabzug vorgelegt, so gilt dieser als genehmigt, wenn der Autor den Korrekturabzug nicht binnen einer angemessenen **Frist** beanstandet, Abs. 2. Der Verlag muss dem Verfasser also keine konkrete Frist benennen; tut er dies und ist die genannte Frist nicht angemessen, so verlängert sie sich automatisch auf einen angemessenen Zeitraum. Umgekehrt bedeutet die Benennung einer längeren als der mindestens angemessenen Frist, dass aus Sicht des Verlages jedenfalls eine Äußerung innerhalb dieser Frist ausreichend ist, so dass der Verlag sich an dieser Frist festhalten lassen muss. Was im Einzelnen **angemessen** ist, hängt naturgemäß von Art und Umfang des Werkes und den persönlichen Umständen des Verfassers – soweit dem Verlag bekannt – ab. Ein umfangreiches wissenschaftliches Werk eines bei einem Spezialsenat tätigen Richters wird deshalb eine deutlich längere angemessene Korrekturfrist erfordern als eine 80-seitige Novelle. Von der **Genehmigungsfiktion** allerdings nicht erfasst sind für den Verfasser überraschende Änderungen, d.h. solche, die über Korrekturen im eigentlichen Sinne oder die nach § 39 Abs. 2 UrhG zulässigen Änderungen hinausgehen. Die Genehmigungsfiktion bedeutet außerdem keine zeitliche Grenze für das Änderungsrecht des Verfassers aus § 12; er darf also auch nach fingierter Genehmigung der Korrekturabzüge unter den Voraussetzungen des § 12 noch ändern. Hat der Verfasser allerdings Korrekturen vorgenommen und die Korrekturbögen mit entsprechendem Vermerk an den Verlag zurückgesandt, so wird er damit im Regelfall zum Ausdruck bringen, dass keine weiteren Änderungen erforderlich sind, also auf sein Änderungsrecht aus § 12 verzichten.

§ 21 VerlG

[1]Die Bestimmung des Ladenpreises, zu welchem das Werk verbreitet wird, steht für jede Auflage dem Verleger zu. [2]Er darf den Ladenpreis ermäßigen, soweit nicht berechtigte Interessen des Verfassers verletzt werden. [3]Zur Erhöhung dieses Preises bedarf es stets der Zustimmung des Verfassers.

Übersicht

I.   Allgemeines

§ 21 regelt die Festsetzung des Ladenpreises durch den Verlag, der für jede **1** neue Auflage darin grundsätzlich frei ist, sowie die Herabsetzung und Erhöhung des Preises innerhalb einer Auflage. Die Regelung ist in vollem Umfang dispositiv. IdR stellen Verlagsverträge heute den Verlag auch in Bezug auf Herabsetzung und Erhöhung vollständig frei und enthalten lediglich besondere Bestimmungen für Verramschung und Makulierung (siehe § 3 Ziffer 4 des Normvertrages; abrufbar unter http://www.boersenverein.de/de/69181?rubrik=82998&dl_id=64216, abgerufen am 19.11.2007). Tw. wird im Verlagsvertrag zur Orientierung ein voraussichtlicher oder Ca.-Preis angegeben. Der Verleger ist gemäß §§ 5, 2 BuchPrG für Bücher, Noten und vergleichbare Produkte verpflichtet, einen Ladenpreis festzusetzen, für Zeitungen, Zeitschriften und vergleichbare Erzeugnisse besteht lediglich ein Recht des Verlegers (§ 30 GWB). Insofern betrifft § 21 lediglich ein Recht des Verlegers (§ 30 GWB; dazu *Jan Bernd Nordemann* in Loewenheim/Meessen/Riesenkampff § 30 GWB Rn. 1 ff.). Vor diesem Hintergrund ist § 21 nur insoweit dispositiv, wie § 16 GWB bzw. Art. 81 EG nicht eingreifen. Preisbindungen und Festlegungen des Nettoladenpreises in Verlagsverträgen sind danach grundsätzlich bedenklich, soweit sie nicht lediglich einen Höchstpreis festsetzen, möglicherweise aber nicht im kartellrechtlichen Sinne spürbar (vgl. Vor §§ 31 ff. UrhG Rn. 81; *Jan Bernd Nordemann* GRUR 2007, 203, 210 f.).

II.   Festsetzung des Ladenpreises

§ 21 Satz 1 lässt den Verlag den Ladenpreis für jede neue Auflage eines Werkes **2** frei bestimmen. Dies gilt nicht nur für **neue Auflagen** im eigentlichen Sinne, sondern auch für **unterscheidbare Ausgaben** des Werkes (Taschenbuchausgaben, unter bestimmten Voraussetzungen Jubiläumsausgaben, Schul-, Buchclubausgaben usw.). Der Verlag kann also für eine neue Auflage den Ladenpreis beliebig geringer oder höher festsetzen als für die vorhergehende Auflage. Die Beschränkungen in § 21 Satz 2 und 3 gelten nur für eine Änderung des Ladenpreises *innerhalb* einer Auflage, also z.B. bei einem reinen Nachdruck.

In der heutigen Verlagspraxis kommt es – wohl auch wegen der kartellrecht- **3** lichen Problematik, vgl. Rn. 1 – nur sehr selten vor, dass die Parteien vertraglich einen bestimmten Ladenpreis festsetzen oder dem Verfasser ein Zustimmungsrecht einräumen; schließlich trägt der Verlag das wirtschaftliche Risiko und muss vor allem die Herstellungskosten voll vorschießen. Er wird deshalb am besten einen angemessen Preis kalkulieren können. Da der Verlag in der Bestimmung des Preises für jede neue Auflage frei ist, darf er mangels anderweitiger vertraglicher Vereinbarung auch einen unter dem Ladenpreis liegenden **Subskriptionspreis** bestimmen (LG Flensburg NJW-RR 1986, 1058 f.). Eine vertragliche Vereinbarung eines festen Ladenspreises – von dem der Verlag also nicht ohne weiteres abweichen könnte – liegt jedenfalls nicht in der Angabe eines voraussichtlichen oder Ca.-Preises, wenn nicht besondere Umstände hinzutreten.

4 Über den festgesetzten Ladenpreis muss der Verlag den Verfasser nicht informieren, auch wenn dies heute sehr weitgehend üblich ist. Er muss den **Ladenpreis** jedoch **bekannt machen.** Üblicherweise geschieht dies durch Anzeige im *Börsenblatt*, etwa mit einer Ankündigung des Erscheinens des Buches. Hat der Verlag den Preis danach bekannt gemacht, so ist er an diesen Preis gegenüber dem Autor gebunden, kann also Änderungen nur unter den Voraussetzungen der § 21 Satz 2 und Satz 3 vornehmen.

III. Herabsetzung des Ladenpreises

5 Nach § 21 Satz 2 kann der Verlag den Ladenpreis eines Werkes auch innerhalb einer Auflage ermäßigen, soweit der Herabsetzung keine berechtigten Interessen des Verfassers entgegenstehen. **Berechtigte Interessen des Verfassers** sind nicht bereits dann berührt, wenn er das übliche Absatzhonorar erhält (*Schricker* VerlagsR[3] § 21 Rn. 9). Da ein berechtigtes Interesse des Verfassers auch die berechtigten Interessen des Verlages – und insb. seine im Regelfall erheblichen Investitionen – berücksichtigen muss, können materielle Interessen des Autors nur im Ausnahmefall verletzt sein (verneinend z.B. LG München ZUM 2001, 79 ff., bei einer Herabsetzung des Ladenpreises von DM 16,90 auf DM 5,–).

6 Allerdings kann eine Herabsetzung die ideellen Interessen des Verfassers beeinträchtigen, wenn dadurch der Eindruck entsteht, das Werk sei zu einem normalen Preis nicht verkäuflich, was vor allem dann in Betracht kommt, wenn das Werk zu einem Schleuderpreis angeboten, insb. verramscht wird. Bei der **Verramschung** hebt der Verlag den Ladenpreis auf, wenn die Restauflage unverkäuflich geworden ist, sei es, weil die einzelnen Exemplare durch zu langes Lagern äußerliche Mängel aufweisen (verblichene Einbände, gelbliches Papier usw.) oder die Auflage aktualisiert werden muss. Der Rest wird dann an – zum Teil entsprechend spezialisierte – Grossisten, Großantiquariate oder auch den Bahnhofs- und Kaufhausbuchhandel veräußert. Dass dies jedenfalls grundsätzlich das Risiko einer Beeinträchtigung der Interessen des Autors birgt, liegt auf der Hand. Deshalb muss der Verlag nach Treu und Glauben besonders sorgfältig prüfen, bevor er verramscht.

7 Auch wenn vertraglich vereinbart ist, dass der Verlag ganz frei über eine Verramschung entscheiden und den Ramschpreis völlig frei festsetzen darf – was auch formularmäßig möglich ist -, so darf Verramschung grundsätzlich nur letztes Mittel sein, wenn ein normaler Abverkauf innerhalb vernünftiger Frist nicht mehr in Betracht kommt. Aus diesem Grund sieht z.B. § 10 Ziffer 3 des Normvertrages ebenso wie ein großer Teil der weiteren Vertragsmuster aus der Praxis vor, dass der Verlag bei Verramschung dem Autor die Restauflage vorher zum Erwerb anbieten muss (§ 26; vgl. § 26 Rn. 2; dort auch zur Aufhebung des Ladenpreises). Dies gilt erst recht bei **Makulierung** des Restbestandes, bei dem die noch vorhandene Restauflage vernichtet bzw. zum reinen Papierpreis (und dann meist zum Recycling) veräußert wird, § 10 Ziff. 3 Normvertrag.

IV. Erhöhung des Ladenpreises

Umgekehrt darf der Verlag nach § 21 Satz 3 den Ladenpreis innerhalb einer **8** Auflage nur erhöhen, wenn der Verfasser dem **zugestimmt** hat, weil eine Erhöhung des Ladenpreises den Absatz des Werkes behindern kann. Der Verfasser darf zwar die Zustimmung nicht nur dann verweigern, wenn die Erhöhung seine berechtigten Interessen zu verletzen droht (siehe Satz 2). Er muss jedoch nach Treu und Glauben, § 242 BGB, seine Zustimmung erteilen, wenn der Verlag seinerseits triftige Gründe darlegt (enger *Schricker* VerlagsR[3] § 21 Rn. 13 m.w.N.).

V. Besonderheiten im Musikverlag

Im Musikverlag wird üblicherweise dem Verlag das Recht eingeräumt, den **9** Ladenpreis völlig frei zu bestimmen und zu ändern. Da es im Musikverlag relativ selten Neuauflagen im eigentlichen Sinne gibt, sondern in aller Regel nur ein geringer Vorrat hergestellt und dieser dann durch Nachdruck ergänzt wird, muss der Verlag ohnehin frei sein, den Ladenpreis bei einem Nachdruck den inzwischen veränderten wirtschaftlichen Gegebenheiten anzupassen. Insofern ist § 21 Satz 1 im Musikverlag nicht nur auf Neuauflagen im eigentlichen Sinne, sondern auch auf Nachdrucke, sofern sie nicht in unmittelbarem zeitlichen Zusammenhang mit dem Erstdruck hergestellt werden, anzuwenden (ebenso *Schricker* VerlagsR[3] Rn. 4 a.E.).

§ 22 VerlG

(1) [1]Der Verleger ist verpflichtet, dem Verfasser die vereinbarte Vergütung zu zahlen. [2]Eine Vergütung gilt als stillschweigend vereinbart, wenn die Überlassung des Werkes den Umständen nach nur gegen eine Vergütung zu erwarten ist.

(2) Ist die Höhe der Vergütung nicht bestimmt, so ist eine angemessene Vergütung in Geld als vereinbart anzusehen.

Übersicht

I. Allgemeines

§ 22 hält fest, dass der Verleger verpflichtet ist, dem Verfasser die vereinbarte **1** Vergütung zu zahlen. Nach § 22 Abs. 1 Satz 2 gilt eine Vergütung als stillschweigend vereinbart, wenn nach den Umständen eine Überlassung des Werkes nur gegen Vergütung zu erwarten ist. Haben die Parteien über die Höhe der Vergütung nichts vereinbart, so ist nach Abs. 2 eine angemessene Vergütung in Geld geschuldet. Das Versprechen und die Zahlung einer Vergütung sind keine wesentlichen Voraussetzungen für das Vorliegen eines Verlagsvertrages, sondern **Nebenpflicht** des Verlages gegenüber dem Verfasser (allg.A.; s. auch OLG Frankfurt GRUR 1991, 601, 602 – *Werkverzeichnis*). Dies zeigt schon § 32, der ein Rücktrittsrecht dem Verfasser (nur) bei nicht vertragsgemäßer Vervielfältigung oder Verbreitung einräumt. Die Zahlung der Vergütung ist mithin auch keine Hauptleistungspflicht i.S.d. §§ 320 ff. BGB. Seit der Urhebervertragsrechtsreform 2000 mit der Neuregelung der §§ 11 Satz 2, 32 Abs. 1 UrhG, nach denen der Urheber Anspruch auf Zahlung einer angemessenen Vergütung hat, ist § 22 VerlG wohl unabdingbar (so Loewenheim/*Jan Bernd Nordemann* § 64 Rn. 12); jedenfalls hat § 22 erheblich an Bedeutung verloren (vgl. Rn. 8).

2 Erstreiten der Verlag, der Verfasser oder beide gemeinsam **Schadensersatz** für eine unberechtigte Nutzung durch einen Dritten, die Verlagsrechte betrifft, sind die Zahlungen entsprechend dem vereinbarten Honorar aufzuteilen. Ist ein Pauschalhonorar vereinbart, ist zu prüfen, ob dem Verfasser über die Pauschalzahlung hinaus noch etwas zustehen kann – was der Fall sein kann, wenn die Pauschale nur pro Auflage oder pro Nutzung gilt -; im Falle des üblichen Absatzhonorars wird der Anteil des Verfassers auf dieser Grundlage berechnet, wobei allerdings die fehlenden Herstellungs- und weiteren Kosten des Verlags berücksichtigt werden müssen.

II. Vergütung

1. Vereinbarte Vergütung

3 Nach Satz 1 muss der Verlag dem Verfasser die vereinbarte Vergütung zahlen. Heute ist dies in aller Regel jedenfalls bei Verlagsverträgen über Bücher ein **Absatzhonorar**, d.h. ein Prozentsatz vom sog. Nettoladenpreis (dem um die Mehrwertsteuer verminderten Endverbraucherpreis) von jedem verkauften und nicht remittierten Exemplar (zu Frei- und Zuschussexemplaren vgl. § 6 Rn. 1). Dieser liegt für Hardcoverausgaben im Bereich der Belletristik heute um 10% (vgl. § 32 UrhG Rn. 61; für Sachbücher vgl. § 32 UrhG Rn. 62), für Taschenbücher deutlich darunter, nämlich bei ca. 6–8% (vgl. § 32 UrhG Rn. 61). Zum Musikverlag vgl. § 32 UrhG Rn. 99. Für Änderungen (§ 12) erhält der Verfasser nur dann ein gesondertes Honorar, wenn dies ausdrücklich vereinbart ist; ganz üblich ist die Abgeltung der Korrekturen und Änderungen mit dem Haupthonorar.

4 Sind an einem Werk **mehrere Autoren** beteiligt, so gilt das vereinbarte Absatzhonorar in dieser Größenordnung grundsätzlich für alle Urheber gemeinsam; lediglich dem **Herausgeber** steht regelmäßig ein etwas höherer Betrag zu. Ist vertraglich nichts Besonderes vereinbart, so sind die verschiedenen Autoren entweder nach Köpfen oder – was gerade im wissenschaftlichen Bereich üblich ist – nach ihrem (z.B. in Seiten gerechneten) Anteil am Gesamtwerk zu vergüten. Regelt der Verlagsvertrag nur das Honorar insgesamt, ohne ausdrücklich festzuhalten, ob es sich um das allen Autoren gemeinsam geschuldete Honorar oder das Honorar für den einzelnen Autor handelt, so ist der Vertrag insofern nach Treu und Glauben mit Rücksicht auf die Verkehrssitte auszulegen. Ist als Absatzhonorar z.B. 10% angegeben, so ergeben bereits Treu und Glauben, dass dies nur das allen Autoren gemeinsam geschuldete Honorar bedeuten kann. Denn selbst bei Beteiligung von nur zwei verschiedenen Autoren könnte der Verlag ein Absatzhonorar von insgesamt 20% nicht zahlen; umgekehrt dürften nahezu alle Autoren, die einen Verlagsvertrag unterzeichnen, wissen, dass jedenfalls im Bereich von 10% das üblicherweise vereinbarte Gesamthonorar liegt. Ist umgekehrt ein Honorar von z.B. 1% oder 2% vereinbart, so liegt nahe, dass dies das für den individuellen Autor geschuldete, nicht jedoch das für alle Autoren gemeinsam vereinbarte Honorar darstellt.

Ist ein Absatzhonorar vereinbart, so richtet sich seine Höhe nach dem konkret **5** geforderten Ladenpreis. Legt also z.B. der Verleger einen **Subskriptionspreis** für einen bestimmten Teil der Auflage – zumeist für verbindliche Bestellungen vor Erscheinen – fest, so schuldet er Absatzhonorar für zu diesem Preis verkaufte Werke auch nur auf Grundlage dieses Preises (LG Flensburg NJW-RR 1986, 1058 f.; a.A. LG Frankfurt BB 1984, 695 f.). Vor allem wissenschaftliche Verlage haben in den letzten Jahren zunehmend auch für Abrufe einzelner Beiträge eines wissenschaftlichen Werkes oder einer Zeitschrift eine Vergütung auf der Grundlage des pro Abruf von dem Nutzer gezahlten Entgelts vereinbart.

In einer Reihe von Fällen wird heute sowohl bei belletristischen Werken als **6** auch bei Sachbüchern außerhalb wissenschaftlicher Werke ein **Vorschuss** vereinbart. Dies ist allerdings keineswegs die Regel; insb. für kleinere Verlage ist es häufig wirtschaftlich nicht vertretbar, über die notwendigen Herstellungsinvestitionen hinaus auch noch das Honorar des Autors vorzuschießen. Üblicherweise wird eine Zahlung des Vorschusses in Teilen, zumeist hälftig bei Vertragsschluss und hälftig bei Erscheinen, zum Teil auch mit einem Teilbetrag bei Manuskriptablieferung, vereinbart. Die gezahlten Beträge schwanken naturgemäß stark nach Größe des Verlages und Absatzerwartungen. Sie können zwischen dem oberen dreistelligen und einem Vielfachen dieses Betrages liegen. Mangels ausdrücklicher anderer Vereinbarung ist der Vorschuss – wie das Wort bereits sagt – vollständig auf das weitere Absatzhonorars des Autors anzurechnen; er erhält also erst ein Absatzhonorar, wenn der Vorschuss verbraucht ist.

In der Praxis ist es ein häufiger Streitpunkt, ob ein Vorschuss zurückgefordert **7** oder mit dem Honorar aus weiteren Werken desselben Autors verrechnet werden kann, wenn die Absatzerwartungen des Verlages deutlich hinter dem tatsächlichen Verkauf zurückbleiben. Ist der Vorschuss ausdrücklich als **Garantiehonorar** vereinbart, stellt sich diese Frage nicht; der Begriff „Garantiehonorar" bringt zum Ausdruck, dass dieser Betrag dem Autor in jedem Fall verbleiben soll (OLG Karlsruhe GRUR 1987, 912 f. – *Honorarvorschuss*; OLG Frankfurt NJW 1991, 1489 f.). In diesen Fällen dürfen jedoch nicht mehrere Garantiehonorare für verschiedene, bei demselben Verlag veröffentlichte Werke auf die unterschiedlichen Absatzhonorare des Autors verrechnet werden; eine gegenteilige Klausel in einem Verlagsvertrag wäre überraschend und deshalb unwirksam (§ 305c BGB; OLG Frankfurt NJW 1991, 1489 f.). Ist jedoch lediglich von einem „Vorschuss" die Rede, ohne dass sich aus den Umständen ein Wille des Verlages, eine Garantie zu übernehmen, ergeben würde, gilt das nicht; Vorschüsse sind mangels anderer Anhaltspunkte durchaus – und ggf. auch „quer" – verrechenbar. Der Verlag darf also in diesen Fällen noch nicht verbrauchte Vorschüsse eines Werkes mit dem Absatzhonorar aus einem anderen Werk verrechnen. Ist tatsächlich nur ein Vorschuss – im Gegensatz zu einem garantierten Mindesthonorar – gemeint, darf der Verlag jedenfalls dann, wenn das Werk garantiert in seinem Verlag nicht nochmals veröffentlicht wird (etwa bei einer Vertragsaufhebung, unter Umständen auch bei einem Rechterückruf), den überzahlten Vorschuss zurückfordern (aA wohl *Schricker* VerlagsR[3] § 22 Rn. 7). In der Praxis kommt dies jedoch nur äußerst selten vor.

2. Fehlen einer Vergütungsvereinbarung

8 Nach § 22 Abs. 2 ist der Verleger (nur) verpflichtet, dem Verfasser die vereinbarte Vergütung zu zahlen; eine solche Vereinbarung wird bei Schweigen des Vertrages nur angenommen, wenn eine Überlassung des Werkes den Umständen nach nur gegen eine Vergütung zu erwarten ist. Abs. 1 normiert für sich genommen keine Vermutung für eine Vergütungspflicht des Verlages. Allerdings wird § 22 Abs. 1 durch die Neufassung der §§ 11 Satz 2, 32 Abs. 1 Satz 2 UrhG überlagert. Danach steht dem Urheber jetzt ausdrücklich und grundsätzlich ein Anspruch auf Zahlung einer **angemessenen Vergütung** zu.

9 Insb. die Vermutungsregel nach § 22 Abs. 1 Satz 2 ist deshalb jedenfalls auf seit dem 01.06.2001 bzw. 01.07.2002 geschlossene Verträge (§ 132 Abs. 3 Satz 1 und 3 UrhG) nicht mehr unmittelbar anwendbar. Für alle vorher geschlossenen Verträge gilt § 22 Abs. 1 Satz 2 jedoch nach wie vor. Danach muss grundsätzlich der Verfasser die Umstände darlegen und **beweisen**, weshalb eine Überlassung des Werkes nur gegen Vergütung zu erwarten war. Dies wird im Allgemeinen schon wegen der allgemeinen Üblichkeit der Vergütung keine Schwierigkeit bedeuten. Bei Dissertationen, wissenschaftlichen Rezensionen und auch wissenschaftlichen Zeitschriften geringerer Auflage war und ist es jedoch üblich, dem Autor keine Vergütung zu zahlen bzw. – vor allem bei Dissertationen – zwar möglicherweise ein Absatzhonorar zu versprechen, gleichzeitig aber einen zum Teil sehr hohen Druckkostenzuschuss vom Autor zu verlangen. In diesen Fällen sprechen also die Umstände zunächst gegen eine Vergütungspflicht des Verlages; der Autor müsste in diesen Fällen besondere Umstände, die trotz dieser Branchenüblichkeit eine Vergütung nahe legen, darlegen und ggf. beweisen. Fraglich ist hier, ob wegen der Neuregelung der §§ 11 Satz 2, 32 Abs. 1 Satz 2 UrhG für alle seit dem 01.07.2002 bzw. für alle zwischen dem 01.06.2001 und dem 01.07.2002 geschlossenen Verträge, deren Verwertung jedoch erst ab dem 01.07.2002 beginnt, nunmehr auch für Dissertationen, wissenschaftliche Rezensionen, Beiträge zu wissenschaftlichen Zeitschriften in bestimmten Fällen und ähnliches eine Vergütung stets geschuldet ist.

10 Die Gesetzesbegründung erwähnt insofern zu Recht, dass in Ausnahmefällen es angemessen sein kann, dass dem Urheber oder sonstigen Berechtigten **überhaupt keine Vergütung** für seine kreative Leistung gewährt wird. Der klassische Anwendungsfall dürfte der Bereich des Drucks von Büchern mit Druckkostenzuschüssen sein, also z.B. Dissertationen (zum Verhältnis zu § 32 UrhG vgl. § 32 UrhG Rn. 62). Dabei geht es in aller Regel um Werke oder Leistungen, die für den Verwerter bei eigener Übernahme des Risikos wirtschaftlich gänzlich uninteressant wären. Demgegenüber hat der Urheber oder ausübende Künstler aber an einer Verwertung (i.d.R. Einmalnutzung) ein erhebliches (meist immaterielles) Interesse. In allen Fällen ist eine Vergütung grundsätzlich nicht für den Aufwand der **Änderungen** zu zahlen, die der Urheber auf der Grundlage seines Änderungsrechts aus § 12 vornimmt.

III. Höhe der Vergütung

11 Nach Abs. 2 ist eine „angemessene Vergütung in Geld" als vereinbart anzusehen, wenn die Parteien die Höhe der Vergütung nicht bestimmt haben (OLG Frankfurt GRUR 1991, 601, 602 – *Werkverzeichnis*; KG Beschl. v. 30.9.2005, Az. 5 U 37/04, S. 4, n.veröfftl.). Dies kann sowohl dann der Fall sein, wenn der Vertrag überhaupt keine Vergütung vorsieht bzw. zu dieser Frage schweigt oder die Parteien zwar eine grundsätzliche Vergütungspflicht im Vertrag normiert haben, jedoch zu der Höhe nichts sagen.

Angemessen im Sinne des § 22 Abs. 2 ist jedenfalls das, was auch nach §§ 32 **12** Abs. 1 Satz 2 bzw. 32 Abs. 2 i.V.m. 36 UrhG angemessen wäre, d.h. insb. das, was Gemeinsamen Vergütungsregeln entspricht. Diese bestehen bislang für den Bereich der Belletristik; dort sind sie zum 01.07.2005 in Kraft getreten (abrufbar unter http://www.bmj.bund.de/files/-/962/GemVerguetungsreg.pdf, abgerufen am 19.11.2007). Danach ist für belletristische Werke ein Pauschalhonorar wohl nur noch in engen Ausnahmefällen als angemessen anzusehen; ohnehin werden heute nahezu ausnahmslos **Absatzhonorare**, d.h. ein bestimmter Prozentsatz vom sog. Nettoladenpreis – dem um die Mehrwertsteuer verminderten Ladenpreis – gezahlt. Üblicherweise liegen diese Honorare im Verlagsbereich für Hardcoverausgaben um die 10% herum, bei sehr eingeführten oder sehr erfolgreichen Autoren auch darüber. Für Taschenbuchausgaben liegt die Vergütung heute im Regelfall zwischen 6 und 8% vom Nettoladenpreis, bei eingeführten Autoren auch darüber. Sehr verbreitet ist auch eine Staffelung des Honorars, d.h. ein Anstieg des Prozentsatzes vom Nettoladenpreis mit Anstieg der hergestellten oder abgesetzten Exemplare (z.B. 10% für die ersten 20.000 Exemplare, 11% bis 40.000 Exemplare, 12% darüber oder ähnliche Vereinbarungen). Nach der Gemeinsamen Vergütungsregel für Übersetzer, ausgehandelt zwischen dem Verband dt. Schriftsteller in ver.di und einer Delegation der Verlage, beschlossen am 02.06.2008, aber noch nicht in Kraft (abrufbar unter www.boersenverein.de), ist grundsätzlich ein Absatzhonorar, das für Hardcover-Ausgaben bei 0,5% und bei Taschenbuchausgaben bei 0,3% (Originalausgaben) bzw. 0,25% vom Nettoladenpreis beginnt, angemessen (näher vgl. § 36 UrhG Rn. 31). Bei Zeitungen und Zeitschriften sind demgegenüber **Zeilen- oder Spaltenhonorare** üblich. Die Höhe schwankt zwischen Publikums- und wissenschaftlichen Zeitschriften auf der einen und Zeitungen auf der anderen Seite zum Teil ganz erheblich und ist sehr stark von der Auflagenzahl der Publikation abhängig. Heute halten die meisten Regelungen fest, dass durch das Zeilen-/Spaltenhonorar auch die **parallele Onlinenutzung**, die gerade bei Zeitungen üblich ist, mit abgegolten ist. Dies dürfte im Regelfall angemessen i.S.d. §§ 22 VerlG, 32 UrhG sein, so dass der Autor dann keine gesonderte Vergütung verlangen kann.

Auch ein **Vorschuss** ist grundsätzlich kein Teil der angemessenen Vergütung. **13** Ein Vorschuss wird zwar gerade im Bereich der Belletristik in vielen Fällen gezahlt; er ist jedoch umgekehrt auch nicht systematisch, weil insb. für kleinere Verlage ein Vorschuss häufig wirtschaftlich nicht gut vertretbar ist. Darüber hinaus schwanken die Vorschüsse sehr stark je nach Größe und Absatzerwartungen des Verlages bzw. dem potentiellen Publikum des Werkes. In der Praxis trifft man durchaus Vorschusszahlungen noch im – wenn auch oberen – dreistelligen Bereich an; auf der anderen Seite werden zum Teil auch Vorschüsse, die ein Vielfaches der eben genannten Beträge ausmachen, gezahlt.

§ 23   VerlG

¹Die Vergütung ist bei der Ablieferung des Werkes zu entrichten. ²Ist die Höhe der Vergütung unbestimmt oder hängt sie von dem Umfange der Vervielfältigung, insbesondere von der Zahl der Druckbogen, ab, so wird die Vergütung fällig, sobald das Werk vervielfältigt ist.

Übersicht

I. Allgemeines

1 § 23 regelt – dispositiv – die **Fälligkeit** des dem Autor geschuldeten Honorars. Unmittelbar betrifft die Regelung nur die Fälle, in denen eine andere Vergütung als das – heute ganz überwiegend übliche – Absatzhonorar (vgl. § 24) vereinbart worden ist, also z.B. Vereinbarungen eines Pauschalhonorars oder eines pro vervielfältigtem (nicht abgesetztem!) Exemplar berechneten Honorars. Zur Fälligkeit des Absatzhonorars vgl. § 24 Rn. 2. Die Fälligkeitsregelung gilt grds. auch für Beiträge zu periodischen Sammelwerken (vgl. § 41 Rn. 8). Zur Fälligkeit von Nebenrechtserlösen vgl. § 24 Rn. 2.

2 Da im VerlG eine Regelung über den **Ort der Leistung** der Autorenvergütung fehlt, gelten §§ 269, 270 BGB. Der Verlag muss also z.B. an einen im Ausland ansässigen Autor auf eigene Gefahr und eigene Kosten das vereinbarte Honorar zahlen.

II. Fälligkeit bei Ablieferung oder nach Vervielfältigung

1. Fälligkeit bei Ablieferung (§ 23 Satz 1)

3 Nach der Grundregel des Satz 1 ist eine vereinbarte (pauschale oder Grund-) Vergütung bei Ablieferung eines nach § 10 und § 31 **vertragsgemäßen Werkes** zu entrichten. Liefert der Autor das Manuskript in einem nicht zur Vervielfältigung geeigneten Zustand ab (§ 10), ist das Werk sonst – weil es etwa vertraglichen Vorgaben für den Inhalt nicht entspricht – nicht vertragsgemäß oder kann der Verfasser dem Verlag das Verlagsrecht nicht (ausschließlich) einräumen, kann der Verlag nach §§ 320 ff. BGB die Zahlung der Vergütung verweigern. Allerdings steht das Recht aus § 320 BGB unter dem Vorbehalt von Treu und Glauben; der Verlag kann also wegen nur geringfügiger Mängel oder wegen nach dem Gesamtumfang des Werkes vereinzelter Korrekturen die Zahlung der Vergütung nicht verweigern (BGH GRUR 1960, 642, 645 – *Drogistenlexikon*). Der Verlag kann grds. die Zahlung der Vergütung ebenfalls nicht zurückstellen, wenn der Autor sein Werk nicht rechtzeitig Korrektur liest, da der Autor – wenn nicht im Vertrag etwas anderes vereinbart ist – zur Korrektur nur berechtigt, nicht jedoch verpflichtet ist, § 20.

4 Ist für **mehrere Auflagen** eine jeweils neue Vergütung vereinbart worden, so wird die Weitervergütung jeweils mit Ablieferung des bearbeiteten Manuskripts oder der Erklärung des Autors, dass das Werk unverändert erscheinen solle, fällig. Dies gilt in aller Regel auch für den heute eher seltenen Fall, dass das Werk in Abteilungen erscheinen soll. Soll das Werk hingegen in einem Zug veröffentlicht werden, der Verfasser jedoch das Recht haben, das Manuskript in Teilen abzuliefern, so wird mangels anderweitiger Regelung die Vergütung nicht mit jeder Teilablieferung tw., sondern erst mit Ablieferung des letzten Teilmanuskripts fällig (*Schricker* VerlagsR[3] § 23 Rn. 8).

5 Zweifelhaft ist, ob § 23 Satz 1 auch die Fälligkeit eines vereinbarten **Vorschusses** auf das Absatzhonorar regelt, wenn im Vertrag nichts vereinbart worden ist. Zwar muss der Vorschuss denknotwendig vor dem eigentlichen

Absatzhonorar fällig werden. Er ist aber andererseits Teil des Absatzhonorars, das nach der Regelung des § 24 grds. jährlich, d.h. erst nach Beginn der eigentlichen Verwertung, fällig wird (vgl. § 24 Rn. 4). Ein Vorschuss auf ein Absatzhonorar wird deshalb mangels anderweitiger Anhaltspunkte im Vertrag nicht bereits mit Ablieferung, sondern erst – allerdings auch spätestens – mit Erscheinen des Werkes fällig.

2. Fälligkeit nach Vervielfältigung (§ 23 Satz 2)

Ist die Höhe der Vergütung nicht bestimmt und also die angemessene Ver- **6** gütung zu entrichten (§ 22 Abs. 2) oder hängt die Höhe der Vergütung von dem Umfang der Vervielfältigung, vor allem von der Zahl der Druckbögen, ab, kann die Höhe der Vergütung erst nach dem Abschluss der Vervielfältigung bestimmt werden. Nach richtiger Auffassung ist die Vervielfältigung i.S.d. § 23 Satz 2 allerdings nicht erst dann abgeschlossen, wenn der Verlag alle geplanten Exemplare hergestellt hat. Denn dies würde gerade heute, wo zahlreiche Verlage auch eine Auflage zum Teil in mehreren Teildrucken herstellen, die Fälligkeit des Honorars für den Autor mitunter unzumutbar – und nicht beeinflussbar – verzögern. Die **Vervielfältigung** ist deshalb **abgeschlossen**, wenn ein Druckgang vollendet ist, weitere Exemplare also erst nach einer deutlichen Pause hergestellt werden sollen (anders *Schricker* VerlagsR[3] Rn. 6). Wann dies der Fall ist, lässt sich in der Regel auch von außen einigermaßen sicher bestimmen; insoweit wird den Interessen des Autors genüge getan.

Beiträge für periodische Sammelwerke werden in aller Regel nach Zeilen oder **7** Spalten honoriert. Da diese erst mit dem Abschluss der Vervielfältigung feststehen, wird das Honorar auch erst dann fällig, § 23 Satz 2. Bei zahlreichen Zeitungen und Zeitschriften wird jedoch das Honorar nur monatlich oder – seltener – vierteljährlich abgerechnet, um insb. die häufig geringfügigen Honorare für kleine Beiträge nicht mit wirtschaftlich unvernünftigem Abrechnungsaufwand auszahlen zu müssen. Diese Vorgehensweise ist heute so weit verbreitet, dass man für den Regelfall annehmen kann, der Autor habe dieser Abrechnungsweise zugestimmt, wenn er sich nichts anderes vorbehält oder ausdrücklich etwas anderes mit dem Verlag vereinbart (*Schricker* VerlagsR[3] Rn. 9). Zu den Regelungen in den relevanten Tarifverträgen vgl. § 38 UrhG Rn. 12, 16.

§ 24 VerlG

Bestimmt sich die Vergütung nach dem Absatze, so hat der Verleger jährlich dem Verfasser für das vorangegangene Geschäftsjahr Rechnung zu legen und ihm, soweit es für die Prüfung erforderlich ist, die Einsicht seiner Geschäftsbücher zu gestatten.

Übersicht

I. Allgemeines

Heute wird in Verlagsverträgen nahezu ausnahmslos – zunehmend auch für **1** Übersetzer, vgl. § 32 UrhG Rn. 92 – ein **Absatzhonorar** vereinbart. Selbst in Bestellverträgen (vgl. § 47 Rn. 1 f.) wird die Vergütung des Autors regelmäßig nach dem Absatz – in aller Regel nach dem Nettoladenpreis – berechnet. Nach § 24 muss der Verlag in diesen Fällen dem Autor jährlich für das jeweils vorangegangene Geschäftsjahr – heute nahezu ausnahmslos das Kalenderjahr – Rechnung legen und ihm, (nur) soweit es für die Prüfung erforderlich ist, Einsicht in seine Bücher gestatten.

2 Indirekt enthält § 24 damit auch eine Regelung zur **Fälligkeit** des Absatzhonorars: Das Honorar kann frühestens mit Rechnungslegung fällig werden, also jedenfalls nicht vor Ende des Geschäftsjahres bzw. innerhalb einer für die Erstellung der Abrechnung erforderlichen und angemessen Frist danach. Üblicherweise wird heute Abrechnung innerhalb der auf das Ende des Geschäftsjahres folgenden drei Monate (d.h. in der Praxis bis 31. März) und Zahlung innerhalb einer relativ kurzen Frist nach Abrechnung – häufig im Laufe des Monats April – vereinbart. Mangels anderer Vereinbarung gilt § 24 einschließlich seiner Fälligkeitsregelung auch für Erlöse aus der **Nebenrechtsverwertung**.

3 Im Übrigen ist § 24 in vollem Umfang dispositiv; zu den durch §§ 305 ff. BGB gezogenen Grenzen allg. vgl. Vor §§ 31 ff. UrhG Rn. 192 ff.

II. Rechnungslegung

4 Nach § 24 muss der Verlag dem Autor jährlich für das jeweils vorangegangene Geschäftsjahr über den **Absatz** Rechnung legen, wenn ein Absatzhonorar vereinbart worden ist. In aller Regel berechnet sich das Absatzhonorar nach dem Nettoladenpreis der tatsächlich abgesetzten Exemplare, also der Exemplare, die der Verlag fest verkauft (übereignet) hat. Bei Verkauf unter **Eigentumsvorbehalt** ist das betreffende Exemplar erst in diesem Sinne abgesetzt, wenn z.B. der Großhändler das Werk an einen Dritten ohne Eigentumsvorbehalt übereignet hat oder das Exemplar bezahlt ist. Werden Exemplare – wie in der Praxis häufig – unter der auflösenden Bedingung einer **Remission** – d.h. einer Rückgabe durch den Buchhändler oder Grossisten unter bestimmten Voraussetzungen, bei Erstattung oder Verrechnung des gezahlten Preises – veräußert, sind diese Exemplare zunächst einmal abgesetzt, so dass der Verlag über diese Exemplare am Ende des Geschäftsjahres abrechnen muss. Erfolgt danach eine Remission, darf der Verlag die insofern bereits abgerechnete und ggf. ausgezahlte Vergütung jedoch wieder abziehen (a.A. wohl *Schricker* VerlagsR³ § 24 Rn. 3). Dies entspricht der Praxis nahezu aller Verlage.

5 Die Rechnungslegung des Verlages gegenüber dem Autor muss, da sie nur Grundlage der Berechnung des Absatzhonorars sein soll, grundsätzlich nur die relevanten Angaben über den Absatz enthalten. Weitere Angaben wie z.B. zu den Herstellungskosten oder dem Verlagsabgabepreis muss der Verlag dem Autor ohne anderweitige Vereinbarung nicht zugänglich machen. Auch über die Verwendung der Zuschuss- und Freiexemplare (§ 6) schuldet der Verlag grds. keine Rechenschaft (vgl. § 6 Rn. 410). Enthalten muss die Abrechnung aber selbstverständlich die Angabe des Nettoladenpreises.

6 Rechnet der Verlag nicht ordnungsgemäß ab, muss der Verfasser zunächst seinen Erfüllungsanspruch durchsetzen; die Abrechnung ist i.d.R. nur Nebenpflicht, so dass der Autor bei Nichterfüllung nicht zurücktreten und auch nicht ohne weiteres aus wichtigem Grund den Vertrag kündigen kann, wenn es sich nicht um langjährige Verstöße handelt (OLG Celle NJW 1987, 1423, 1425 – *Arno Schmidt*; s. aber OLG Stuttgart 25.03.1992 – Az. 4 U 249/91; OLG München 11.05.1995 – 29 U 1508/95, beide verfügbar bei juris). Legt der Verlag dann eine Abrechnung vor, die der Autor für unvollständig oder unrichtig hält, kann er – neben seinem Einsichtsrecht, vgl. Rn. 7 – nur noch eine eidesstattliche Versicherung über die Richtigkeit und Vollständigkeit der gemachten Angaben nach § 260 BGB verlangen (dazu OLG München ZUM 2002, 485 (Ls.)).

III. Das Einsichtsrecht des Autors

Bereits nach dem Wortlaut des § 24 muss der Verlag dem Autor eine Einsicht in **7** die eigenen Bücher nur insoweit gestatten, als es für die Prüfung der Abrechnung über das Absatzhonorar erforderlich ist. Der Verlag muss also nur in die Bereiche Einsicht gewähren, die Informationen über den Absatz enthalten. Ob der Verfasser das ihm nach der Abrechnung zustehende Honorar bereits voll erhalten hat oder nicht, ist insofern unerheblich; denn der Verfasser wird vor allem dann Einsicht nehmen wollen, wenn er die Abrechnung für unvollständig oder unrichtig hält. Der Verlag muss dem Autor nur die Einsicht (vor Ort) gestatten, ihm also nicht etwa die Bücher oder Kopien der relevanten Passagen zusenden.

In der Vertragspraxis wird heute i.d.R. vereinbart, dass der Autor die Bücher **8** selbst oder (zum Teil auch: nur) durch einen zur Verschwiegenheit verpflichteten Fachmann (Rechtsanwalt, Steuerberater, Wirtschaftsprüfer) einsehen darf. Nach den gängigen vertraglichen Regelungen trägt der Verlag die Kosten, wenn sich aus der Buchprüfung **Abweichungen** - nach verbreiteter Regelung erst bei Abweichungen von mindestens 5% – ergeben. Ist die Abrechnung richtig oder – bei entsprechender Vereinbarung – ergeben sich keine wesentlichen Abweichungen, trägt die Kosten der Verfasser, § 280 BGB.

Hat der ursprüngliche Verlag – etwa im Wege eines **Lizenzvertrages** – einen **9** weiteren Verlag eingeschaltet, mit dem der Autor selbst nicht in einer direkten vertraglichen Beziehung steht, darf dies den Autor im Hinblick auf seine Rechnungslegungs- und Einsichtsrechte nicht schlechter stellen. Der Autor kann deshalb von dem ursprünglichen Verlag verlangen, dass dieser gegenüber dem weiteren Verlag einen – in aller Regel – vertraglich vereinbarten Buchprüfungsvorbehalt geltend macht und dem Autor das Ergebnis mitteilt (OLG Hamburg ZUM-RD 2002, 537 – *Journalistenleben* (Ls.)).

Ist der Autor – was heute nur selten vorkommt – am **Reingewinn** des Verlages **10** **beteiligt,** kann er Auskunft über alle für die Gewinnberechnung relevanten Umstände (Herstellungs- und Vertriebskosten, allgemeine Unkosten, Verlagsabgabepreise und Rabatte, Verlagsgewinn usw.) fordern und vor diesem Hintergrund deutlich umfassender als bei einem reinen Absatzhonorar auch die Bücher des Verlages prüfen (lassen).

§ 25   VerlG

(1) [1]**Der Verleger eines Werkes der Literatur ist verpflichtet, dem Verfasser auf je hundert Abzüge ein Freiexemplar, jedoch im Ganzen nicht weniger als fünf und nicht mehr als fünfzehn zu liefern.** [2]**Auch hat er dem Verfasser auf dessen Verlangen ein Exemplar in Aushängebogen zu überlassen.**

(2) Der Verleger eines Werkes der Tonkunst ist verpflichtet, dem Verfasser die übliche Zahl von Freiexemplaren zu liefern.

(3) Von Beiträgen, die in Sammelwerken erscheinen, dürfen Sonderabzüge als Freiexemplare geliefert werden.

Übersicht

I. Allgemeines

1 § 25 regelt, dass und wie viele Freiexemplare der Verlag dem Autor eines einzelnen Schrift- oder musikalischen Werkes oder eines Beitrages zu einem Sammelwerk zu liefern hat. Die Vorschrift ist in vollem Umfang **dispositiv**; sie hat heute nur noch geringe praktische Bedeutung, weil in nahezu jedem Verlagsvertrag die Zahl der zu liefernden Freiexemplare, zum großen Teil einschließlich deren Verwendung durch den Urheber, geregelt ist, z.B. § 7 Normvertrag Buch (Fassung ab 01.04.1999, abrufbar unter http://www.boersenverein.de/de/69181?rubrik=82998&dl_id=64216, abgerufen am 19.11.2007); § 13 Normvertrag Übersetzer (Fassung ab 01.07.1992; abrufbar unter http://www.boersenverein.de/de/69181?rubrik=82998&dl_id=64218, abgerufen am 23.11.2007); § 14 Mustervertrag der Vertragsnormen für wissenschaftliche Verlagswerke (Fassung 2000, abrufbar unter http://www.boersenverein.de/de/69181?rubrik=82998&dl_id=64217, abgerufen am 23.11.2007).

2 § 25 Abs. 1 Satz 2, wonach der Verlag dem Verfasser auf dessen Verlangen ein Exemplar des Werkes in **Aushängebogen** überlassen muss, ist praktisch nicht mehr relevant. Aushängebogen sind die Druckbogen des Werkes nach vorgenommener Korrektur. Dementsprechend enthalten die heutigen Musterverträge keinerlei diesbezügliche Regelung mehr.

II. Freiexemplare

1. Allgemeines

3 Die Verpflichtung des Verlages zur Lieferung von Freiexemplaren gilt für jede neue Auflage und für jede gesonderte Ausgabe, und zwar grundsätzlich – außer an Autoren von Beiträgen zu einem Sammelwerk – in der **Ausstattung**, die auf dem Markt verbreitet wird. Wird ein Werk innerhalb einer **Auflage/ Ausgabe** nur in unterschiedlichen Einbänden hergestellt, so bedeutet dieser unterschiedliche Einband (z.B. Broschierung und Leinen) in aller Regel keine unterschiedlichen Ausgaben, so dass der Verlag die vertraglich oder in § 25 vorgesehenen Freiexemplare dem Verfasser jeweils anteilig im Verhältnis der Anteile des jeweiligen Einbandes zur Gesamtzahl hergestellter Exemplare liefern muss. Abweichend von § 269 BGB liefert der Verlag dem Autor branchenüblich die Freiexemplare an dessen Wohnort auf Kosten des Verlages.

4 Freiexemplare sind nicht Teil der dem Autor geschuldeten **Vergütung**, die grundsätzlich als in Geld vereinbart gilt (§ 22 Abs. 2). Insofern können die Parteien zwar selbstverständlich anderes vereinbaren; dies ist aber jedenfalls für Printwerke ungewöhnlich. Allerdings kann eine ungewöhnlich große Zahl überlassener Freiexemplare durchaus bei der Prüfung weiterer Beteiligungsansprüche des Urhebers aus § 32a UrhG zu Gunsten des Verlages berücksichtigt werden.

2. Anzahl der Freiexemplare

Nach § 25 Abs. 1 Satz 1 erhält der Urheber eines „Werkes der Literatur" – **5** nach ganz allg.A. weit auszulegen als jedes Werk, das nicht ein Beitrag zu einem Sammelwerk oder ein Werk der Tonkunst ist – ein Freistück pro 100 Exemplare, jedoch mindestens fünf und höchstens fünfzehn, unabhängig von der Höhe der Auflage. Haben **mehrere Urheber** ein Werk als Miturheber verfasst, gelten diese Zahlen für alle gemeinsam, so dass jeder anteilig Freiexemplare erhält. Bei **Musikwerken** (Abs. 2) muss der Verlag dem Verfasser nur die „übliche" Zahl von Freiexemplaren liefern. Diese Zahl, die ohnehin vertraglich meist fest vereinbart wird, schwankt stark nach Typus und Umfang des betreffenden Stückes. So wird der Verlag von einer Oper oder einer Symphonie – wenn überhaupt – allenfalls wenige Freiexemplare der Gesamtpartitur oder gar des gesamten Stimmensatzes liefern (müssen); von einem kurzen Lied verpflichtet er sich häufig, zehn bis fünfzehn Freiexemplare zu liefern.

Bei **Beiträgen zu Sammelwerken**, § 25 Abs. 3, muss der Verlag dem betreffen- **6** den Urheber nicht Freistücke des gesamten Sammelwerkes, sondern nur die in Abs. 1 genannte Zahl von Sonderabzügen seines Beitrages zur Verfügung stellen. Die Regelung gilt sowohl für Sprachwerke als auch für Musik- oder weitere in einem Sammelwerk versammelte Werkarten, jedoch nicht für den **Herausgeber** des Sammelwerks, der Freiexemplare des gesamten Sammelwerkes beanspruchen kann. Üblicherweise muss der Verlag hier jedoch nicht die in § 25 genannte Zahl zur Verfügung stellen, sondern der Herausgeber erhält zwei bis fünf Exemplare. Obwohl Sonderabzüge terminologisch im Gegensatz zu den Sonderdrucken (die einen separaten Umschlag besitzen) bloße Abzüge des Drucksatzes sind, werden heute in aller Regel sog. Sonderdrucke – d.h. einzelne Beiträge mit eigenem Umschlag, der die Titelseite des Sammelwerkes wiedergibt – hergestellt und dem Verfasser als Freiexemplar geliefert. Gar keine Freiexemplare muss der Verlag liefern für die Urheber von Beiträgen zu einer **Zeitung**, § 46 Abs. 1 (vgl. § 46 Rn. 2).

3. Verfügung über Freiexemplare

Der Autor kann grundsätzlich über die erhaltenen Freiexemplare frei verfügen, **7** sie weiterverschenken, verkaufen usw. In aller Regel wird jedoch im Vertrag geregelt, dass der Verfasser die Freiexemplare nicht weiterverkaufen darf (z.B. § 7 Abs. 3 Normvertrag Buch oder § 14 Abs. 3 Vertragsnormen für wissenschaftliche Verlagswerke, vgl. Rn. 1).

§ 26 VerlG

Der Verleger hat die zu seiner Verfügung stehenden Abzüge des Werkes zu dem niedrigsten Preise, für welchen er das Werk im Betriebe seines Verlagsgeschäfts abgibt, dem Verfasser, soweit dieser es verlangt, zu überlassen.

Übersicht

I. Allgemeines

1 § 26 regelt den Verkauf von Exemplaren des Werkes an den Urheber zum sog. **Autorenrabatt**. Nach § 26, der im vollem Umfange **dispositiv** ist, muss der Verlag dem Autor, wenn und soweit dieser es verlangt, die noch zur Verfügung des Verlages stehenden Exemplare zu dem für mangelfreie Werke jeweils praktizierten Verlagsabgabepreis überlassen. Dies lässt § 7 Abs. 1 Nr. 2 BuchPrG ausdrücklich zu (zum BuchPrG vgl. § 21 Rn. 1). Üblicherweise regelt der Verlagsvertrag bereits unmittelbar den dem Autor gewährten Rabatt (§ 7 Abs. 2 Normvertrag Buch (Fassung 01.04.1999), abrufbar unter http://www.boersenverein.de/de/69181?rubrik=82998&dl_id=64216, abgerufen am 23.11.2007; § 14 Abs. 1 Satz 2 der Vertragsnormen für wissenschaftliche Verlagswerke (Fassung 2000, abrufbar unter http://www.boersenverein.de/de/69181?rubrik=82998&dl_id=64217, abgerufen am 23.11.2007). Die früheren sog. **Hörerscheine**, die es Studenten oder Teilnehmern an bestimmten Kursen ermöglichten, bestimmte Werke des Dozenten im Buchhandel mit einem Rabatt von 10 bis 25% zu erwerben, sind durch das BuchPrG (leider) unzulässig geworden.

II. Ankaufsrecht des Verfassers

2 Enthält der Vertrag keine ausdrückliche Regelung – was heute nur äußerst selten vorkommt -, muss der Verlag dem Autor, der dies verlangt, Exemplare seines Werkes grundsätzlich zum niedrigsten für unbeschädigte Werke praktizierten Buchhandelspreis, nicht jedoch zum Selbstkostenpreis, zur Verfügung stellen. Üblicherweise liegt der **Verlagsabgabepreis** je nach Ausstattung und Ausgabe zwischen 25 und fast 50% unter dem Nettoladenpreis. Verramscht der Verlag das Werk, muss er zunächst nach §§ 8, 7 Abs. 1 Nr. 4 BuchPrG den Ladenpreis aufheben. Es gilt dann der **Ramschabgabepreis** des Verlages, bezüglich dessen der Verlag aber keiner Preisbindung mehr unterliegt. Der Autor ist in der **Zahl der Exemplare**, die er auf diesem Wege vom Verlag erwerben kann, weder nach der gesetzlichen Regelung noch nach den verbreiteten Musterverträgen beschränkt. Jedenfalls theoretisch kann er also die gesamte noch beim Verlag vorhandene Restauflage ankaufen und damit – wenn Rechte nur für eine Auflage eingeräumt worden sind – das Vertragsverhältnis erlöschen lassen, § 29 Abs. 1.

3 Das Ankaufsrecht besteht grundsätzlich auch für den Verfasser eines Beitrages zu einem **Sammelwerk**. Die Streitfrage, ob der Autor nur eine Überlassung seines eigenen Beitrages oder aber des Sammelwerkes insgesamt zu einem Vorzugspreis verlangen kann, ist in der Praxis zumeist irrelevant, weil die vertraglichen Regelungen sich in aller Regel auf den Kauf des Sammelwerkes insgesamt beziehen. Ohnehin wäre es für den Verlag meist deutlich aufwendiger, jedem Verfasser eines einzelnen Beitrages Sonderdrucke zum Vorzugspreis zur Verfügung stellen zu müssen, als den einzelnen Autoren schlicht das gesamte Sammelwerk zu einem Vorzugspreis zu überlassen. Wie § 25 gilt § 26 nicht für Beiträge zu **Zeitungen**, § 46 Abs. 2 (vgl. § 46 Rn. 3).

4 Grundsätzlich darf der Verfasser über die zu einem Vorzugspreis vom Verlag angekauften Exemplare frei **verfügen**. Allerdings enthalten die verbreiteten Musterverträge alle ein Verbot für den Verfasser, diese Exemplare weiterzuveräußern (z.B. § 14 Abs. 3 der Vertragsnormen für wissenschaftliche Werke; § 7 Nr. 3 Normvertrag Buch).

§ 27   VerlG

Der Verleger ist verpflichtet, das Werk, nachdem es vervielfältigt worden ist, zurückzugeben, sofern der Verfasser sich vor dem Beginne der Vervielfältigung die Rückgabe vorbehalten hat.

Übersicht

I.   Allgemeines

Nach § 27 muss der Verlag das Manuskript des Werkes dem Autor schon nach **1** der Vervielfältigung – und nicht erst nach dem Ende des Verlagsvertrags – zurückgeben, wenn dieser sich die zeitige Rückgabe vorbehalten hat. Hat der Verfasser keinen entsprechenden Vorbehalt erklärt, erwirbt der Verlag deshalb nicht etwa das Eigentum an dem Manuskript; er darf nur das Manuskript bis zum Ende des Vertrages bei sich behalten. § 27 betrifft nur den Besitz am Manuskript für die Dauer des bestehenden Vertragsverhältnisses (vgl. BGH GRUR 1999, 579, 580 – *Hunger und Durst*; BGH GRUR 1969, 551, 552 f. – *Der deutsche Selbstmord*; OLG München GRUR 1984, 516, 517 – *Tierabbildungen*). Die Vorschrift ist allerdings in vollem Umfange dispositiv (vgl. Rn. 2).

II.   Rückgabe des Manuskripts

Ist im Vertrag nichts Ausdrückliches geregelt, erwirbt der Verlag mit der **2** Ablieferung des Manuskripts kein Eigentum daran. Er hat vielmehr für die Laufzeit des Verlagsvertrages nur ein **Besitzrecht**; hat der Verfasser sich eine Rückgabe nach dem Abschluss der Vervielfältigung vorbehalten, so muss er bereits dann das Manuskript zurückgeben, § 27. Bei **Sprachwerken** ist dies in aller Regel unproblematisch. Haben die Parteien allerdings ausdrücklich vereinbart, dass der Verlag **Eigentum** an dem Manuskript erwerben soll, so kann der Autor auch nach dem Ende des Verlagsvertrages das Manuskript nicht zurückverlangen; insofern enthält § 27 keinen entsprechenden Rechtsgedanken (OLG München NJW-RR 2000, 777 – *Tödliche Intrigen*). Anders ist dies allerdings bei **Musikwerken**. Obwohl in Musikverlagsverträgen üblicherweise vereinbart wird, dass der Verlag das Eigentum am Manuskript erhält, gilt dies wegen Treu und Glauben nur für die Dauer des Verlagsvertrages (BGH GRUR 1999, 579, 580 – *Hunger und Durst*). Denn im Musikverlag werden Noten häufig nicht auf der Grundlage eines Manuskriptes gedruckt, sondern (noch) schlicht unter Verwendung des Originalmanuskripts fotokopiert oder in ähnlicher Weise vervielfältigt. Der Komponist benötigt in aller Regel das Originalmanuskript, wenn er nach der Beendigung eines Verlagsverhältnisses das Werk neu in Verlag geben will. Der Musikverleger ist deshalb verpflichtet, dem Komponisten bei vorzeitiger oder regulärer Beendigung des Verlagsvertrages das Eigentum zurückzugewähren und die entsprechenden Manuskripte an den Komponisten herauszugeben (BGH GRUR 1999, 579, 580 – *Hunger und Durst*).

Da der Verlag das Manuskript mangels ausdrücklicher anderweitiger Regelung **3** bei allen Werken jedenfalls mit **Ende des Vertragsverhältnisses** dem Autor zurückgeben muss, muss er dies auch dann tun, wenn er mit der Vervielfältigung noch nicht begonnen hatte oder diese noch nicht beendet war, unabhängig davon, ob der Verfasser einen entsprechenden Vorbehalt erklärt hatte. Denn das Besitzrecht gilt grundsätzlich nur für die Dauer des Verlagsverhältnisses.

4 Bei außerhalb von Verträgen übersandten Manuskripten – z.B. zur Prüfung, und insb. für **unverlangt eingesandte Manuskripte** – trifft den Verlag i.d.R. (nur) eine Verwahrungspflicht, § 690 BGB. Der Verlag muss grundsätzlich dem Autor das Manuskript unbeschädigt (und ohne Notizen und ähnliches) zurückgeben. Bei Zeitungen und Zeitschriften wird jedoch üblicherweise ein unverlangt eingesandtes Manuskript nur zurückgegeben, wenn der Autor es abholt oder einen Freiumschlag beigefügt und den Verlag zur Rückgabe entsprechend aufgefordert hat. Hat der Autor dies nicht getan, kann er den Verlag angesichts dieser Branchenüblichkeit nicht wegen eines Verlustes des Manuskripts in Haftung nehmen.

§ 28   VerlG (aufgehoben)

Übersicht

I.   Allgemeines

1 § 28 wurde mit Wirkung mit vom 01.07.2002 im Zuge der Urhebervertragsrechtsreform aufgehoben. Nunmehr gilt auch im Bereich des VerlG ausschließlich § 34 UrhG. Vgl. § 34 UrhG Rn. 5, 46.

II.   Frühere Regelung und Verhältnis zum UrhG

2 Nach § 28 waren Verlagsrechte grundsätzlich übertragbar, solange nichts anderes vereinbart war. Für die Übertragung von Rechten an einzelnen Werken bestand jedoch eine Zustimmungspflicht des Urhebers, die nur aus wichtigem Grund verweigert werden durfte. Vorgesehen war ferner eine Fiktion der Zustimmung, wenn sich der Urheber zwei Monate nach Aufforderung durch den Verleger nicht erklärt hatte. Schließlich enthielt § 28 Regelungen im Fall der Rechtsnachfolge des Verlegers. Das Verhältnis des § 28 zu § 34 UrhG war bis zur Urhebervertragsrechtsreform 2002 streitig. Vertreten wurde einerseits dessen Geltung, aber modifizierte Anwendung (*Schricker* VerlagsR[3] § 28 Rn. 1), nach anderer Auffassung war § 28 gegenstandslos (Voraufl./*Hertin*[9] Rn. 3 m.w.N.). Diese Frage erübrigt sich mit Aufhebung des § 28 endgültig. Denn § 28 ist ohne jede Übergangsfrist außer Kraft getreten. Die Regelung des § 132 Abs. 3 S. 1 UrhG, die eine Fortgeltung des alten Rechts für Verträge bis 30.06.2002 anordnet, bezieht sich ausdrücklich nur auf das UrhG („dieses Gesetzes"). Mangels Übergangsvorschrift findet § 28 also auch bei bis zum 30.06.2002 geschlossenen Verlagsverträgen keine Anwendung mehr (Wandtke/Bullinger/*Wandtke/Grunert*[2] § 34 UrhG Rn. 44; a.A. Schricker/*Schricker*[3] § 34 Rn. 5; s.a. BVerfG NJW 2006, 1724 f.), sondern nur noch § 34 UrhG a.F. (vgl. § 34 UrhG Rn. 46).

3 § 34 UrhG gilt unabhängig davon, wann der betreffende Verlagsvertrag abgeschlossen wurde, für jede Übertragung der Verlegerrechte (nicht Nutzungsrechtseinräumung!) seit 01.07.2002. Für vorher erfolgte Übertragungen kann § 28 weiterhin zur Anwendung kommen; vgl. § 34 UrhG Rn. 6; s.a. *Schricker* VerlagsR[3] § 28 Rn. 1 ff.

§ 29   VerlG

(1) Ist der Verlagsvertrag auf eine bestimmte Zahl von Auflagen oder von Abzügen beschränkt, so endigt das Vertragsverhältnis, wenn die Auflagen oder Abzüge vergriffen sind.

(2) Der Verleger ist verpflichtet, dem Verfasser auf Verlangen Auskunft darüber zu erteilen, ob die einzelne Auflage oder die bestimmte Zahl von Abzügen vergriffen ist.

(3) Wird der Verlagsvertrag für eine bestimmte Zeit geschlossen, so ist nach dem Ablaufe der Zeit der Verleger nicht mehr zur Verbreitung der noch vorhandenen Abzüge berechtigt.

Übersicht

I.   Allgemeines

§ 29 regelt nur die automatisch, *ipso iure* eintretende Beendigung des Verlags- **1** verhältnisses bei Vergriffensein oder Zeitablauf. Die Beendigung des Verlagsvertrages durch Rücktritt ist in §§ 30 bis 36 geregelt. Das VerlG selbst schweigt jedoch sowohl über Kündigungsmöglichkeiten (vor allem aus wichtigem Grund, heute § 314 BGB; vgl. § 32 Rn. 17 ff.; vgl. § 30 Rn. 16 ff.) als auch über die Vertragsaufhebung im beiderseitigen Einvernehmen und die Vertragsbeendigung durch Ablauf der urheberrechtlichen Schutzfrist (vgl. Rn. 7 f.). Da heutzutage nur in seltenen Fällen Verlagsverträge mit einer beschränkten Auflagenzahl oder gar einer beschränkten Zahl der gestatteten Abzüge geschlossen werden, ist die Bestimmung des § 29 in der Praxis kaum jemals relevant. Lediglich bei Lizenzverträgen – z.B. Taschenbuch- oder Buchclublizenzen – finden sich regelmäßig zeitliche, auflagenmäßige oder auch Stückzahlbeschränkungen.

Endet der Verlagsvertrag wegen Vergriffensein des Lagerbestandes oder bei **2** befristeten Verträgen durch Zeitablauf, so endet sowohl das dem Verlag eingeräumte Verlagsrecht als auch das schuldrechtliche Vertragsverhältnis, § 29 Abs. 1, 2. Hs. bzw. Abs. 3. Eine weitere Vervielfältigung und/oder Verbreitung bedeutet mithin eine Urheberrechtsverletzung, §§ 97 ff. UrhG. Vor Ende des Vertragsverhältnisses bereits fest veräußerte Exemplare dürfen jedoch weiter verbreitet werden, § 17 Abs. 2 UrhG. Dies gilt unabhängig davon, ob die Exemplare im normalen Buchhandel oder im Wege der Verramschung veräußert worden sind.

II.   Beendigung durch Vergriffensein

1.   Vergriffensein

Nach § 29 Abs. 1 endet ein Verlagsvertrag, in welchem dem Verlag nur eine **3** bestimmte Zahl von Auflagen oder Abzügen gestattet worden ist, *ipso iure* mit dem Vergriffensein der Auflagen oder Abzüge. Wegen § 5 betrifft dies allerdings nicht nur die eben genannten Fälle, sondern auch die Verträge, die keinerlei Regelungen zur Auflagenzahl oder Zahl der herzustellenden Exemplare enthalten, mit Vergriffensein der in § 5 vorgesehenen Exemplare bzw. einen Auflage (vgl. § 5 Rn. 2 f., 9 f.).

4 Die Auflagen bzw. gestatteten Exemplare sind dann **vergriffen**, wenn der Verlag keinerlei Exemplare mehr zur Verfügung hat, es also weder Lagerbestände noch lediglich bedingt an den Buchhandel abgegebene Exemplare gibt. Ob der Verlag seine Bestände ordnungsgemäß verkauft oder verramscht, makuliert oder insgesamt an den Verfasser abgegeben hat (§ 26), ist insofern gleichgültig. Hat der Verlag die Rechte für mehrere Auflagen, sind diese Auflagen jedoch erst dann vergriffen, wenn von der letzten vertraglich vorgesehenen Auflage keinerlei Lagerbestände mehr vorhanden sind. **Unverkäuflichkeit** eines etwa noch vorhandenen Bestandes bedeutet nicht Vergriffensein und beendet daher den Verlagsvertrag nicht (BGH GRUR 1960, 636, 639 f. – *Kommentar*). Verlag und Verfasser bleiben mithin nach wie vor aus dem Verlagsvertrag verpflichtet, können aber natürlich ein Vergriffensein i.S.d. Abs. 1 durch Verramschung, Makulierung oder Aufkaufen der Restauflage durch den Verfasser (§ 26) herbeiführen.

2. Auskunftsanspruch des Verfassers, Abs. 2

5 Da das Vertragsverhältnis nach Abs. 1 automatisch mit dem Vergriffensein endet, der Verfasser dies aber in aller Regel nicht ohne weiteres beurteilen kann, gibt Abs. 2 ihm insofern einen Auskunftsanspruch gegen den Verlag. Der Auskunftsanspruch besteht grundsätzlich jederzeit, also auch dann, wenn etwa das Verlagsverhältnis bereits durch Vergriffensein beendet sein sollte, der Verfasser dies aber entweder noch nicht weiß oder z.B. rückwirkend den genauen Zeitpunkt des Erlöschens feststellen möchte. Die Auskunftpflicht des Verlages geht jedoch nicht über die Auskunft über den Lagerbestand hinaus. In jedem Fall muss der Verlag nicht von sich aus Auskunft erteilen, sonder ist lediglich auf Verlangen des Verfassers hierzu verpflichtet.

III. Beendigung durch Zeitablauf, § 29 Abs. 3, und Ablauf der urheberrechtlichen Schutzfrist

1. Beendigung durch Zeitablauf

6 Ist der Verlagsvertrag zeitlich befristet, so endet das Verlagsverhältnis mit Ablauf der Frist automatisch, §§ 163, 158 Abs. 2 BGB. Bei Befristung nur einzelner Verpflichtungen ist durch Auslegung zu ermitteln, ob damit das Verlagsverhältnis insgesamt befristet sein sollte. Eine Befristung können die Parteien wie bei anderen Verträgen jederzeit nachträglich in den Vertrag einführen oder rückgängig machen, die Befristung verkürzen oder verlängern.

2. Beendigung durch Ablauf der urheberrechtlichen Schutzfrist

7 Der in der Praxis weitaus häufigste Fall der Beendigung von Verlagsverträgen – nämlich durch Ablauf der urheberrechtlichen Schutzfrist – ist weder im VerlG noch im UrhG geregelt. Nach heute wohl allg.A. endet mit dem Ablauf der Schutzfrist nicht nur das objektive Verlagsrecht des Verlegers, sondern auch das **schuldrechtliche Vertragsverhältnis**, wenn nicht ausdrücklich oder stillschweigend etwas anderes vereinbart worden ist. Letzteres kann z.B. dann der Fall sein, wenn die Parteien erst kurz vor dem Ablauf der Schutzfrist einen Verlagsvertrag geschlossen haben und deshalb die Umstände insgesamt darauf hindeuten, dass der Vertrag auch nach dem Ablauf der Schutzfrist fortgelten sollte. Auf einen solchen Vertrag sind allerdings die Bestimmungen des VerlG, insb. § 39, nur in Grenzen anwendbar; denn wollten die Parteien gerade für die Zeit nach dem Ende der Schutzfrist ein Verlagsverhältnis begründen, ist in aller Regel davon auszugehen, dass der Verlag weiterhin zur Vervielfältigung und Verbreitung, umgekehrt der Verfasser zur Enthaltung verpflichtet sein sollte; vgl. näher §§ 39/40 Rn. 4 f.; zur Leerübertragung vgl. Vor §§ 31 ff. UrhG Rn. 174.

Seit Inkrafttreten des UrhG 1966 und der damit einhergehenden **Schutzfrist- 8 verlängerung** von 50 auf 70 Jahre *post mortem auctoris* gilt im Zweifel die erfolgte Rechtseinräumung auch für den Zeitraum der Verlängerung, § 137 Abs. 2 Satz 1 UrhG (vgl. § 137 UrhG Rn. 5). Nach allg.A. verlängert sich nicht nur die Wirkung des Verfügungsgeschäftes, sondern auch die des schuldrechtlichen Verlagsvertrages. Zu der eventuell möglichen Anpassung der Vergütung in diesem Zusammenhang vgl. § 137 UrhG Rn. 7. Zur Schutzfristverlängerung aufgrund der deutschen Wiedervereinigung vgl. § 1 EV Rn. 2.

§ 30   VerlG

(1) ¹**Wird das Werk ganz oder zum Teil nicht rechtzeitig abgeliefert, so kann der Verleger, statt den Anspruch auf Erfüllung geltend zu machen, dem Verfasser eine angemessene Frist zur Ablieferung mit der Erklärung bestimmen, dass er die Annahme der Leistung nach dem Ablaufe der Frist ablehne.** ²**Zeigt sich schon vor dem Zeitpunkt, in welchem das Werk nach dem Vertrag abzuliefern ist, dass das Werk nicht rechtzeitig abgeliefert werden wird, so kann der Verleger die Frist sofort bestimmen; die Frist muss so bemessen werden, dass sie nicht vor dem bezeichneten Zeitpunkt abläuft.** ³**Nach dem Ablaufe der Frist ist der Verleger berechtigt, von dem Vertrage zurückzutreten, wenn nicht das Werk rechtzeitig abgeliefert worden ist; der Anspruch auf Ablieferung des Werkes ist ausgeschlossen.**

(2) Der Bestimmung einer Frist bedarf es nicht, wenn die rechtzeitige Herstellung des Werkes unmöglich ist oder von dem Verfasser verweigert wird oder wenn der sofortige Rücktritt von dem Vertrage durch ein besonderes Interesse des Verlegers gerechtfertigt wird.

(3) Der Rücktritt ist ausgeschlossen, wenn die nicht rechtzeitige Ablieferung des Werkes für den Verleger nur einen unerheblichen Nachteil mit sich bringt.

(4) Durch diese Vorschriften werden die im Falle des Verzugs des Verfassers dem Verleger zustehenden Rechte nicht berührt.

Übersicht:

I. Allgemeines

1 §§ 30, 31 geben dem Verlag besondere, zum Teil über die Möglichkeiten des BGB hinausgehende Rechtsbehelfe bei nicht rechtzeitiger (§ 30) oder nicht vertragsgemäßer (§ 31) Leistung des Autors. Nach § 30 Abs. 4 bleiben die bei Verzug des Autors dem Verlag zustehenden Rechte (insb. §§ 286 ff., 323 ff. BGB) unberührt. Insofern sind also Regelungen des VerlG und des BGB nebeneinander anwendbar (Anspruchskonkurrenz). Für die nicht ausdrücklich im VerlG erwähnten **Rechtsbehelfe des Verlages aus BGB** (Unmöglichkeit; Kündigung aus wichtigem Grund) ist jeweils im Einzelfall zu prüfen, ob nach Sinn und Zweck des VerlG, d.h. der dort geregelten oder gerade nicht geregelten Fragen, Anspruchs- oder Gesetzeskonkurrenz besteht. Jedenfalls dort, wo andere als die in §§ 30, 31 genannten Pflichten verletzt sind, sind die Regelungen des BGB nach richtiger Auffassung ohne weiteres anwendbar (*Schricker* VerlagsR³ § 30 Rn. 2). Dies gilt z.B. für die Regelungen zur Unmöglichkeit, zum Kündigungsrecht aus wichtigem Grund und zum Leistungsverweigerungsrecht aus § 320 BGB (BGH GRUR 1960, 642, 643, 645 – *Drogistenlexikon;* vgl. Rn. 14 ff.).

2 Nach § 30 hat der Verlag bei nicht rechtzeitiger Ablieferung des Manuskripts – ohne dass § 30 dem Grunde nach Verzug oder Verschulden des Verfassers voraussetzen würde – im Wesentlichen drei Möglichkeiten, sofern die Ablieferung nicht unmöglich (geworden) ist. Er kann **Erfüllung**, d.h. Herstellung des Werkes oder Ablieferung des fertigen Manuskripts verlangen (vgl. Rn. 3 ff.), dem Verfasser eine (**letzte**) **Frist** zur Ablieferung unter gleichzeitiger Androhung, das Werk nach Ablauf der Frist abzulehnen, **setzen** (vgl. Rn. 5 ff.) oder, unter den besonderen Voraussetzungen des Abs. 2, ohne Fristsetzung sogleich vom Verlagsvertrag **zurücktreten** (vgl. Rn. 7 f.).

II   Erfüllungsanspruch und Fristsetzung

1.   Erfüllungsverlangen

3 Liefert der Verfasser das Werk nicht zu dem im Vertrag festgesetzten, nach den Umständen vereinbarten oder sich aus § 11 ergebenden Zeitpunkt an den Verlag ab, so kann der Verlag unabhängig von jeglicher Fristsetzung nach § 30 zunächst **Erfüllung** verlangen. Ist das Werk bereits fertiggestellt und muss der Autor das Manuskript also grds. sofort abliefern (§ 11 Abs. 1), kann der Verlag mithin Herausgabe des Manuskripts verlangen und ggf. einklagen, wenn denn nach den konkreten Umständen ein solches Vorgehen überhaupt Aussicht auf Erfolg bietet, der Verlag also glaubt, im Rahmen der Vollstreckung gem. § 883 ZPO das Manuskript konkret erlangen zu können. Sonst ist er ohnehin auf eine Schadensersatzforderung reduziert und wird also sinnvollerweise sogleich **Schadensersatz wegen Nichterfüllung** geltend machen. Muss der Autor das Werk hingegen erst noch schreiben, so kann der Verlag **Herstellung** verlangen und jedenfalls theoretisch auch auf Herstellung klagen. Weil das Verfassen eines Schrift- oder Musikwerkes ein unvertretbare Handlung iSd § 888 ZPO ist und der Verfasser wegen seiner Urheberpersönlichkeitsrechte nicht gezwungen werden kann, ein ihm nicht veröffentlichungsreif erscheinendes Werk trotzdem zu veröffentlichen, wird der Verlag einen entsprechenden Titel kaum vollstrecken können, sondern nach § 281 BGB doch wieder eine entsprechende Frist setzen und erst dann Schadensersatz verlangen können. Der Verlag wird also besser sogleich nach § 30 dem Verfasser eine Frist setzen und ggf. von dem Vertrag zurücktreten oder nach den allgemeinen Regeln des BGB Schadensersatz wegen Nichterfüllung – sofern ein Schaden überhaupt hinreichend konkret nachweisbar ist – verlangen.

Nicht rechtzeitig abgeliefert ist auch ein **nicht vollständiges Manuskript** (§ 30: **4** „ganz oder zum Teil nicht rechtzeitig abgeliefert"; dazu auch OLG München NJW-RR 1995, 568, 569 – *Kabinettstücke*). Der Autor ist allerdings ohne ausdrückliche oder sich klar aus den Umständen ergebende Vereinbarung nicht verpflichtet, Abbildungen für das Werk zu liefern. Dies ist bei einem durch den Autor illustrierten Werk selbstverständlich anders; auch bei wissenschaftlichen Werken, bei denen Grafiken mitunter Teil des Schriftwerkes sind, können die Abbildungen Teil des Manuskripts selbst sein. Grundsätzlich muss jedoch gerade bei Fremdzeichnungen der Verlag die erforderlichen Rechte einholen und die Reinzeichnungen oder die sonst für den Druck erforderlichen Vorlagen selbst beschaffen.

2. Fristsetzung mit Ablehnungsandrohung

Nach § 30 Abs. 1 S. 1 kann der Verlag dem Autor, der das Werk ganz oder tw. **5** nicht rechtzeitig abliefert, eine **Nachfrist** mit der Erklärung setzen, dass er nach Ablauf der Frist die Annahme der Leistung ablehnen werde (auf das Erfordernis der Erklärung verzichtet die Neufassung des parallelen § 323 Abs. 1 BGB). Als empfangsbedürftige Willenserklärung müssen Fristsetzung und Ablehnungsandrohung dem Autor zugehen, §§ 130 ff. BGB. Dies kann schriftlich oder mündlich und sogar in zwei voneinander getrennten Erklärungen geschehen, wenn sie zeitlich so eng miteinander verbunden sind, dass für den Autor der Zusammenhang ohne weiteres klar wird. Insb. muss die Ablehnungsandrohung hinreichend deutlich formuliert sein; ein vager „Vorbehalt aller Rechte" oder die Androhung „weiterer Schritte" reichen jedenfalls idR. nicht aus.

Nach Abs. 1 S. 1 muss die gesetzte Frist **angemessen** sein. Dies bestimmt sich – **6** vgl. § 11 Abs. 2 – nach den gesamten Umständen und dem mit dem Verlagsvertrag verfolgten Zweck. Die Länge einer angemessenen Frist richtet sich u.a. danach, in welchem Zeitpunkt der Verlag die Frist setzt. Setzt er die Frist erst *nach* einem vertraglich festgesetzten Abgabezeitpunkt, so muss die Frist dem Autor (nur) noch ausreichend Zeit geben, kleinere Teile zu beenden oder das Werk insgesamt noch einmal zusammenfassend zu überarbeiten. Der Verlag muss hingegen keine Frist gewähren, die einem säumigen Autor ermöglicht, ein überhaupt noch nicht begonnenes Werk erst vollständig zu schreiben. Setzt der Verlag – etwa weil er Säumigkeit des Autors befürchtet – schon vor dem vertraglich vereinbarten oder nach § 11 Abs. 2 angemessenen Zeitpunkt eine Frist zur Abgabe, so muss diese Frist jedenfalls deutlich über den vertraglich festgesetzten oder nach § 11 Abs. 2 angemessenen Zeitpunkt der Abgabe hinausgehen; anderenfalls würde die Fristsetzung eine einseitige und damit unwirksame Änderung des Vertrages durch den Verlag bedeuten. Für die Länge der Frist nach dem vereinbarten oder sonst angemessenen Abgabezeitpunkt gilt das zur Fristsetzung nach dem ursprünglichen Abgabezeitpunkt Gesagte. Ist die gesetzte Frist danach zu kurz, so gilt wiederum eine angemessene Frist. Diese variiert nach den konkreten Umständen mitunter erheblich, denn ein einzelner Beitrag zu einem Sammelwerk erfordert in aller Regel eine kürzere

Frist als ein Roman oder eine wissenschaftliche Monographie. Ob es insofern allerdings ausreichend ist, wenn der Verlag dem Autor lediglich mitteilt, er erwarte eine Ablieferung des Werkes „binnen angemessener Frist" (so *Schricker* VerlagsR³ Rn. 14), erscheint zweifelhaft. Denn der Verlag soll mit der Fristsetzung und Ablehnungsandrohung nach § 30 dem Autor verdeutlichen, dass und wann er nicht mehr zu einer Veröffentlichung des Werkes bereit ist. Insofern sollte es dem Verlag ohne weiteres möglich sein, einen **genauen Zeitpunkt** zu benennen. Tut er dies nicht, liegt es zumindest nahe, dass auch eine nicht rechtzeitige Ablieferung des Werkes für den Verlag einen nur unerheblichen Nachteil mit sich bringen würde, was wiederum den Rücktritt ausschließt, § 30 Abs. 3. Etwas anderes ergibt sich auch nicht aus der wohl unstreitigen Umwandlung einer zu kurzen in eine angemessene Frist. Denn dies soll in erster Linie den Verfasser davor schützen, dass der Verlag auch bei einer deutlich zu kurzen Frist ohne weiteres von dem Vertrag zurücktreten kann. Umgekehrt bedarf der Verlag, der selbst eine Frist setzt, dieses Schutzes nicht, wenn er es unterlässt, die Frist genau zu bezeichnen, und statt dessen nur zur Ablieferung „binnen angemessener Frist" auffordert. In der Praxis setzt ohnehin der Verlag regelmäßig eine konkrete Frist, und der Autor wird umgekehrt gut beraten sein, den Verlag auf eine zu kurze oder zu unbestimmte Frist hinzuweisen, um späteren Streit zu vermeiden. Ist die durch den Verlag gesetzte Frist länger als die eigentlich angemessene Frist, kann der Autor selbstverständlich diese Frist voll ausschöpfen.

3. Fristsetzung entbehrlich

7 Nach Abs. 2 kann der Verlag auf die Fristsetzung verzichten, wenn die rechtzeitige Herstellung des Werkes **unmöglich** ist oder der Autor sie verweigert oder der sofortige Rücktritt durch ein besonderes Interesse des Verlages gerechtfertigt ist. Eine rechtzeitige Herstellung des Werkes kann z.B. unmöglich sein, wenn der Autor krank ist oder war, durch zwischenzeitlich andere Verpflichtungen etwa beruflicher Natur oder aus anderen Gründen das Werk tatsächlich nicht rechtzeitig herstellen kann. Damit ist nicht der Fall einer dauerhaften Unmöglichkeit (z.B. Tod oder unabsehbare Krankheit des Verfassers, zeitlich unabsehbare Unzugänglichkeit eines bestimmten Gebietes im Falle eines Berichts über dieses Gebiet u.ä.) gemeint; in diesem Fall gelten vielmehr die normalen zivilrechtlichen Regelungen der §§ 275, 326 BGB. Der Verlag kann außerdem auf eine Fristsetzung verzichten und sofort vom Vertrag zurücktreten, wenn der Autor sich ernsthaft und endgültig weigert, das Werk herzustellen. Eine **Weigerung** kann etwa anzunehmen sein, wenn der Autor unzumutbare Bedingungen stellt. Besteht Streit über eine Auslegung des Vertrages bzw. einzelner Verpflichtungen, kann dies im Einzelfall ebenfalls gleichbedeutend mit einer Weigerung des Autors sein, muss es jedoch nicht

8 Verzichtbar ist die Fristsetzung schließlich, wenn der sofortige Rücktritt durch ein **besonderes Interesse des Verlages** gerechtfertigt ist. Besonderes Interesse kann im Zusammenhang des § 30 nur das Interesse an einer rechtzeitigen Ablieferung des Werkes sein (anders bei § 31 Abs. 1 i.V.m. § 30 Abs. 2; vgl. § 31 Rn. 11). Klassisches Beispiel ist ein für ein ganz bestimmtes, zeitlich feststehendes Ereignis geplantes Werk (z.B. Erscheinen und Übergabe des Werkes im Rahmen eines bestimmten Festaktes), unter Umständen aber auch ohne eine solche starre zeitliche Grenze, wenn z.B. bei einem Sammelwerk der Veröffentlichungszeitpunkt des Gesamtwerkes angesichts der Vielzahl der beteiligten Verfasser durch die Fristversäumung eines Verfassers gefährdet würde und der Verlag das Risiko einer weiteren – ggf. ebenfalls fruchtlosen – Nachfrist vernünftigerweise nicht eingehen kann. Ohnehin werden die Parteien in derartigen Fällen häufig einen festen Zeitpunkt für die Abgabe vereinbaren, so dass unter Umständen ein sog. Fixgeschäft, § 323 Abs. 2 Nr. 2 BGB, vorliegt, das eine Fristsetzung ebenfalls entbehrlich macht. In jedem Fall muss der Verlag sofort nach Kenntnis seines besonderen Interesses und Verstreichen des ursprünglichen Abgabezeitpunktes den Rücktritt erklären, weil sonst von einem besonderen Interesse an einem *sofortigen* Rücktritt nicht mehr die Rede sein kann (ebenso *Schricker* VerlagsR[3] Rn. 19).

III. Rücktritt

1. Fruchtloser Fristablauf: Rücktritt

Mit fruchtlosem Ablauf der Frist ist der Erfüllungsanspruch des Verlages gegen **9** den Autor grds. ausgeschlossen, § 30 Abs. 1 S. 3, Halbs. 2. Fraglich ist allerdings, ob dies auch dann gilt, wenn ein Rücktritt nach § 30 Abs. 3 ausgeschlossen wäre, weil die nicht rechtzeitige Ablieferung für den Verlag einen nur unerheblichen Nachteil bedeutet. Dies müsste nach allg.A. grds. der Verfasser beweisen. Der Verlag muss sich deshalb, wenn er eine Fristsetzung mit Ablehnungsandrohung ausgesprochen hat, daran festhalten lassen, wenn der Autor nicht mehr erfüllen will. Da aber ohnehin tw. mehrfache Fristsetzungen üblich sind, wird das Problem, ob der Verlag einseitig nach ergebnislosem Fristablauf eine nochmalige Fristverlängerung gewähren kann, in der Praxis kaum jemals relevant werden. Denn selbstverständlich können die Parteien ohne weiteres – auch stillschweigend – eine (erneute) Frist vereinbaren.

Der Verlag kann dann also von dem Verlagsvertrag zurücktreten, Abs. 1 S. 3. **10** Der Verlag muss den **Rücktritt** ausdrücklich oder konkludent **erklären**; die Erklärung muss – als empfangsbedürftige Willenserklärung, §§ 130 ff. BGB – dem Autor zugehen. Der Verlag ist für die Erklärung des Rücktritts an keine feste Frist gebunden. Zögert der Verlag hier jedoch zu lange, so kann er unter Umständen sein Rücktrittsrecht verwirken oder durch das Zögern stillschweigend auf das Rücktrittsrecht verzichtet haben. Außerdem kann der Autor ihm nach §§ 37 VerlG, 350 BGB eine Frist für die Ausübung des Rücktrittsrechts setzen. Sind an dem Werk mehrere Autoren als **Miturheber** oder durch ein und denselben Verlagsvertrag als Urheber verbundener Werke beteiligt, kann der Rücktritt nur für und gegen alle ausgeübt werden (vgl. § 37 Rn. 3). Bei verbundenen Werken, die der Verlag aufgrund getrennter Verträge nutzt, ist nach dem Einzelfall zu bestimmen, ob der Verlag die Verwertung fortsetzen kann und will. § 139 BGB ist entsprechend heranzuziehen (vgl. Rn. 19 zur Kündigung; vgl. § 31 Rn. 15).

2. Ausschluss des Rücktrittsrechts

Verwirkt ist das Rücktrittsrecht des Verlags nur und erst dann, wenn die **11** Erklärung des Rücktritts und vor allem die damit zusammenhängende Rückabwicklung des Verlagsvertrages (Vorschüsse) für den Autor angesichts des langen Zeitablaufes nicht mehr zumutbar wäre, und zwar gerade auch unter Berücksichtigung des Verhaltens des Autors nach Treu und Glauben (OLG München GRUR 2002, 285, 286 f. – *Anna Mahler*). So hat das OLG München in der eben erwähnten Entscheidung *Anna Mahler* den Verlag noch mehr als zehn Jahre nach Abschluss des Verlagsvertrages vom Vertrage zurücktreten lassen, weil der Autor in der Zwischenzeit auf der Grundlage von Material, für dessen Beschaffung der Verlag Reisekosten und weitere Spesen für den Autor aufgewendet hatte, ein allerdings inhaltlich anderes Werk bei einem dritten Verlag veröffentlicht hatte. Bei derartig langen Zeitabläufen verwirkt allerdings im Normalfall der Verlag sein Rücktrittsrecht. Dennoch kann der Verlag gerade bei Werken, die thematisch nicht zeitgebunden sind, in aller Regel noch deutlich nach Verstreichen der Ablieferungsfrist den Rücktritt erklären. Insofern gibt es keinen Grund, den Verlag anders zu behandeln als einen Gläubiger im Rahmen jedes anderen Schuldverhältnisses, bei dem an die Verwirkung der Gläubigerrechte strenge Anforderungen zu stellen sind.

12 Der Rücktritt ist nach Abs. 3 **ausgeschlossen**, wenn die verspätete Ablieferung des Werkes für den Verlag einen **nur unerheblichen Nachteil** bedeutet. Dies hat der Autor zu beweisen. Ein nicht nur unerheblicher Nachteil liegt nicht schon dann vor, wenn der Verlag kein besonderes Interesse im Sinne des Abs. 2 besitzt, denn sonst wäre der Rücktritt schon im Regelfall ausgeschlossen. Erforderlich ist bei Abs. 3 vielmehr, dass die verspätete Ablieferung eine allenfalls leichte zeitliche Verzögerung mit sich bringt und die Planungen des Verlags auch sonst nicht beeinträchtigt. Ist z.B. das betreffende Werk Teil einer Serie, die in regelmäßigen Abständen erscheint, so wird die Verzögerung eines einzelnen Bandes für den Verlag meist einen nicht nur unerheblichen Nachteil bedeuten und der Rücktritt also auch unter Berücksichtigung des Abs. 3 zulässig sein. Gleiches gilt häufig, wenn der Verlag das betreffende Werk etwa zur Frankfurter Buchmesse im Herbst oder zur Leipziger Messe im Frühling herausbringen möchte, um das Erscheinen des Werkes mit vielfältigen Marketingaktionen begleiten zu können. Ein Erscheinen erst Mitte April oder Ende Oktober, nach dem Ende der jeweiligen Messe, kann insofern einen nicht nur unerheblichen Nachteil bedeuten. Im Gegensatz zur früheren Rechtslage, die das Rücktrittsrecht des Verlages nach §§ 37 VerlG, 351 a.F. BGB ausschloss, wenn der Verlag eine wesentliche Verschlechterung, den Untergang oder die anderweitige Unmöglichkeit der Herstellung des Werkes oder der Herausgabe des Manuskriptes verschuldet hatte, kann der Verlag seit der Schuldrechtsreform auch in diesen Fällen zurücktreten, §§ 37 VerlG, 346 Abs. 2 S. 1 Nr. 2 und 3 n.F. BGB.

3. Wirkung des Rücktritts

13 Mit dem Rücktritt verwandelt sich der Verlagsvertrag in ein **Rückgewähr-schuldverhältnis**, §§ 37 VerlG, 346 ff. BGB. Die Parteien müssen mithin vor allem die einander empfangenen Leistungen zurückgewähren, der Verlag also das Manuskript und alle weiteren, ihm von dem Autor in diesem Zusammenhang unterlassenen Unterlagen zurückgeben, der Autor einen eventuell erhaltenen Vorschuss dem Verlag zurückzahlen. Dies gilt – da das Vertragsverhältnis insgesamt rückabgewickelt wird – auch dann, wenn der Vorschuss als Garantiehonorar ausgestaltet war. Eventuelle Ansprüche der Parteien aus Verletzungen des Vertrages oder Urheberrechtsverletzungen, die vor dem Rücktritt entstanden waren, bleiben jedoch bestehen.

IV. Weitere Rechte des Verlages

1. Verzug des Autors

14 Liefert der Autor das Werk nicht zu dem vereinbarten oder sich aus § 11 ergebenden Zeitpunkt dem Verlag ab, so kann der Verlag nach Abs. 4 neben bzw.

anstelle des Rücktrittsrechts auch die im Falle des Verzuges des Autors dem Verlag zustehenden Rechte geltend machen. Wenn nicht für die Ablieferung ein fester Zeitpunkt im Vertrag vereinbart wurde (§ 286 Abs. 2 Nr. 1 BGB), bei deren Überschreiten der Autor ohne weiteres in Verzug gerät, muss der Verlag den Autor zunächst mahnen oder Klage auf Erfüllung erheben, um den Verzug des Autors zu begründen. Eine nach dem Kalender bestimmte Zeit im Sinne des § 286 Abs. 2 Nr. 1 BGB ist auch eine Vereinbarung, dass das Werk im „Juni 2007" abzuliefern ist; jedenfalls mit Ablauf des Monats gerät der Autor in diesen Fällen in Verzug. Wie bei § 30 VerlG kann der Verlag dem Autor dann eine Frist mit Ablehnungsandrohung setzen; Schadensersatzansprüche – nicht der Rücktritt – scheiden allerdings im Rahmen der §§ 325, 280 Abs. 1 S. 2 BGB aus, wenn der Autor die Nichtablieferung nicht verschuldet oder sonst nicht zu vertreten hat. Im Rahmen des § 323 BGB kann der Verlag dem Autor erst nach Eintritt des Verzuges eine Frist mit Ablehnungsandrohung setzen (Palandt/*Grüneberg*[67] § 323 BGB Rn. 12); auch dies unterscheidet § 323 BGB von § 30 VerlG. Ist der Autor nicht mit der Ablieferung des Manuskripts, sondern mit einer anderen Pflicht in Verzug (z.B. einer Verpflichtung, das Werk für eine Neuauflage zu überarbeiten, Korrektur zu lesen, Nebenrechte einzuräumen o.ä.), muss zunächst nach dem Vertrag bestimmt werden, ob es sich dabei um eine Haupt- oder eine Nebenverpflichtung handelt. Die Rechte aus §§ 323 ff. BGB kann der Verlag nämlich nur im Falle des Verzugs des Autors mit einer Hauptverpflichtung geltend machen. In aller Regel sind im Verlagsvertrag nur die Ablieferung des Manuskripts und die Einräumung des eigentlichen (grafischen) Verlagsrechts Hauptverpflichtungen; die Einräumung von Nebenrechten, die Erledigung von Korrekturen u.Ä. stellen im Allgemeinen nur Nebenverpflichtungen dar.

2.   Unmöglichkeit

Die Rechtsfolgen der nachträglichen, dauernden Unmöglichkeit der Ablieferung des Werkes sind im VerlG nicht geregelt (zum zufälligen Untergang des Werkes nach Ablieferung § 33, zur Unmöglichkeit vor Ablieferung wegen Todes des Verfassers § 34). Abs. 2 regelt nur den Fall, dass dem Autor die *rechtzeitige* Herstellung des Werkes unmöglich ist, also die zeitweilige Unmöglichkeit. Ist eine Ablieferung des Werkes dem Verfasser dauerhaft unmöglich geworden, greifen die allgemeinen schuldrechtlichen Vorschriften der §§ 275, 280, 326 BGB ein. Mithin werden beide Parteien von der Leistungspflicht frei, wenn keine Partei die Unmöglichkeit zu vertreten hat, §§ 275, 280, 326 BGB. Hat eine Partei die Unmöglichkeit der Ablieferung zu vertreten, so kann die jeweils andere Partei die vereinbarte Gegenleistung bzw. Schadensersatz wegen Nichterfüllung, d.h. der Verlag Schadensersatz, der Autor das vereinbarte Honorar fordern (§§ 280 ff., 326 Abs. 2 BGB).   **15**

3.   Kündigung aus wichtigem Grund, § 314 BGB

Der Verlag kann außerdem den Verlagsvertrag aus wichtigem Grund kündigen, § 314 BGB. Ein wichtiger Grund liegt dann vor, wenn unter Berücksichtigung aller Umstände des Einzelfalls unter Abwägung der Interessen beider Vertragsteile die Fortsetzung des Vertragsverhältnisses bis zur normalen Beendigung dem einen Teil nicht mehr zugemutet werden kann (aus dem Bereich des Urheber- und Verlagsrechts z.B. BGH GRUR 1977, 551, 554 – *Textdichteranmeldung*; BGH GRUR 1982, 41, 42 ff. – *Musikverleger III*). Die Umstände müssen dabei für den Kündigenden dessen Vertrauen in die Ver-   **16** tragtreue und Redlichkeit seines Vertragspartners zur erschüttern geeignet sein. Wiederholte Pflichtverletzungen können insgesamt zu einem wichtigen Kündigungsgrund werden, wenn außergewöhnliche Umstände vorliegen. In der Praxis handhabt die Rechtsprechung dies äußerst streng, weil die Kündigung stets nur als *ultima ratio* in Betracht komme (weitere Nachweise vgl. § 32 Rn. 17 ff.). Für eine Kündigung des Verlages ist es nicht ohne weiteres ausreichend, wenn der Autor nach Ansicht des Verlages ein negatives Bild in der Öffentlichkeit hervorruft (LG Passau NJW-RR 1992, 759, 760 – *Wanderführer*; OLG München ZUM 1992, 147, 149 ff.). Umgekehrt konnte ein Verlag wirksam gegenüber dem Herausgeber eines Sammelwerkes aus wichtigem Grund kündigen, weil der Herausgeber verschwiegen hatte, dass sein eigener Autorenbeitrag bereits in einem anderen Verlag veröffentlicht worden war (KG NJW-RR 1992, 758 – *Lehrbuch der Inneren Medizin*). Zum Rücktrittsrecht des Verlages wegen nicht vertragsmäßiger Beschaffenheit des Werkes § 31.

17 In jedem Fall muss also sorgfältig geprüft werden, ob eine Fortsetzung des Vertragsverhältnisses tatsächlich nicht mehr zumutbar ist. Aus diesem Grund muss dem Kündigenden ausreichend Zeit gegeben werden, die relevanten Tatsachen zu ermitteln und mögliche andere Lösungen zu erwägen. Die Kündigungsfrist darf deshalb – anders als bei dem früher einschlägigen § 626 Abs. 2 BGB – nicht zu kurz bemessen werden; in der Rechtsprechung sind je nach den konkreten Umständen Fristen zwischen vier Wochen und neun Monaten, z.T. sogar deutlich über einem Jahr (OLG München ZUM 1997, 505, 506 f.) erörtert worden. Wartet der Kündigende über eine angemessene Überlegungsfrist hinaus zu, kann er das Kündigungsrecht verwirken; dann sind offensichtlich die Umstände nicht ausreichend schwerwiegend gewesen.

18 Die Kündigung wirkt grds. lediglich *ex nunc*. Bei Kündigung durch den Verlag ist allerdings ein noch nicht durch entsprechende Verkäufe des Werkes verbrauchter Vorschuss auch dann zurückzuzahlen, wenn er vertraglich als nicht rückzahlbar vereinbart worden ist. Denn der Verlag könnte insoweit Schadensersatz wegen Verletzung der vertraglichen Pflichten verlangen. Sind die Parteien durch mehrere Verlagsverträge verbunden, ist stets nach den Umständen des Einzelfalls zu prüfen, ob sich der Kündigungsgrund nur auf einen konkreten Verlagsvertrag beschränkt oder auf alle Verträge erstreckt werden muss. Häufig wird – angesichts einer schweren Störung des Vertrauensverhältnisses – ein Kündigungsgrund für alle Verträge vorliegen (Verbot des widersprüchlichen Verhaltens). U.U. kann, wenn der Verlag nur einen Teil des Vertrages oder des Vertragskomplexes kündigt, der Autor nach Treu und Glauben berechtigt sein, seinerseits die verbleibenden Verträge zu beenden (BGH GRUR 1964, 326, 329 f. – *Subverleger*; zum umgekehrten Fall s. auch LG München I ZUM 2007, 580, 583, s. auch § 139 BGB).

19 Hat nur ein **Miturheber** einen wichtigen Grund zur Kündigung gesetzt, darf und muss der Verlag grds. gegenüber allen Miturhebern kündigen. Denn da die Werkteile in diesem Fall nicht gesondert verwertbar sind, kommt ein Fortsetzen des Vertrages nur mit einem Teil – schon mangels ausreichender Nutzungsrechte – offensichtlich nicht in Betracht. Anders ist es bei **verbundenen Werken**; hier ist nach den Umständen des Einzelfalls zu bestimmen, ob der Verlag gegenüber beiden bzw. allen Urhebern kündigen darf oder den Vertrag ggf. mit dem nicht betroffenen Urheber fortsetzen muss. Dies wird allerdings nur dann anzunehmen sein, wenn die gesonderte Verwertung für den Verlag überhaupt wirtschaftlich sinnvoll ist. Der Rechtsgedanke des § 139 BGB ist hier entsprechend heranzuziehen (s. für den umgekehrten Fall, dass ein Miturheber bzw. Urheber eines verbundenen Werkes das Recht zur Kündigung aus wichtigem Grund hat: BGH GRUR 1990, 443, 444 ff. – *Musikverleger IV*; LG Berlin UFITA 1956 (21), 94).

4. Wegfall der Geschäftsgrundlage

In Ausnahmefällen kann sich der Verlag schließlich unter Berufung auf einen **20** Wegfall der Geschäftsgrundlage des Verlagsvertrages von diesem lösen (zum Wegfall der Geschäftsgrundlage im Urheberrecht vgl. Vor §§ 31 ff. UrhG Rn. 155). Die erst mit der Schuldrechtsreform in § 313 BGB kodifizierte Lehre vom Wegfall der Geschäftsgrundlage erlaubt einer Partei, eine Anpassung oder – in Ausnahmefällen – sogar Beendigung des Vertrages zu verlangen, wenn „die nicht zum eigentlichen Vertragsinhalt erhobenen, bei Vertragsschluss aber zu Tage getretenen gemeinsamen Vorstellungen beider Vertragsparteien oder die dem Geschäftsgegner erkennbaren und von ihm nicht beanstandeten Vorstellungen der einen Vertragspartei von dem Vorhandensein oder dem künftigen Eintritt gewisser Umstände, auf denen der Geschäftswille der Parteien sich aufbaut", sich später so wesentlich verändern oder gar wegfallen, dass ein Festhalten am (unveränderten) Vertrag nicht mehr zumutbar ist (st. Rspr.; s. z.B. BGH GRUR 1990, 1005, 1006 f. – *Salomé I*; BGH GRUR 1997, 215, 217 f. – *Klimbim*), wenn nicht die Partei, die sich auf den Wegfall berufen möchte, die Veränderung herbeigeführt hat (OLG Frankfurt/Main GRUR 2006,138, 141 – *Europa ohne Frankreich?*). Klassisches Beispiel ist ein Verlagsvertrag über einen Kommentar zu einem Gesetz, das vor Erscheinen des Werkes aufgehoben oder sehr tiefgreifend verändert wird. In dem *Salomé*-Fall war die Vergütung für Opernaufführungen anhand einer seit Vertragsabschluss tiefgreifend veränderten Vergütungsgrundlage vereinbart worden, was eine weitere Vergütung auf dieser Grundlage nicht mehr zumutbar machte. Auch im Zuge der deutschen Einigung erkannte der BGH in der Entscheidung *Klimbim* (GRUR 1997, 215, 217 f.) eine Änderung der Geschäftsgrundlage an. Ein Originalverlag kann jedoch keine Änderung der Geschäftsgrundlage gegenüber seinem Subverlag mehr geltend machen, wenn er einen 1937 wegen der Emigration des Originalverlags abgeschlossenen Subverlagsvertrag in der Zwischenzeit – nach dem Krieg – mit dem Subverlag neu gestaltet hat (OLG München ZUM 1987, 297, 298 f.).

Insgesamt darf die Änderung oder der Wegfall der Geschäftsgrundlage nicht **21** von einer Partei zu vertreten sein oder in ihren Risikobereich fallen. Da im Verlagsvertrag die Vervielfältigung und Verbreitung des Werkes allgemein auf Rechnung des Verlages erfolgt, übernimmt der Verlag insofern grds. das wirtschaftliche und sonstige Vertragsrisiko. Ein Verlag kann sich deshalb in aller Regel nicht darauf berufen, die Geschäftsgrundlage sei weggefallen, weil das Werk keine Aussicht auf Erfolg (mehr) habe oder er aus wirtschaftlichen Gründen eine Veröffentlichung nicht vertreten könne. Ohnehin ist die Vervielfältigungs- und Verbreitungspflicht des Verlags (§ 14) auslegungsfähig; der Verlag hat einen gewissen Ermessensspielraum, um den Umfang der Vervielfältigung und Verbreitung des Werkes an die wirtschaftliche Situation anzupassen. Er ist deshalb nach der *Musikverleger I*-Entscheidung des BGH nicht verpflichtet, sich ständig auch für nicht mehr gängige Werke einzusetzen und mithin unter Umständen erhebliche Mühe und Kosten nutzlos aufzuwenden (BGH GRUR 1970, 40, 42 f. – *Musikverleger I*). Diese „Elastizität der Vertragspflicht" (*Schricker*[3] § 35 Rn. 15) wird in den meisten Fällen zur Wahrung der Rechte des Verlags ausreichen. Nur in besonderen Ausnahmefällen, d.h. allenfalls dann, wenn der Verlag bei vor allem fortgesetzter Vervielfältigung und Verbreitung „nur mehr oder weniger unverkäuflichen Schrott produzieren und sehenden Auges dem Ruin entgegenwirtschaften" würde (BGH GRUR 1978, 166 – *Banddüngerstreuer*, zu einem Patentlizenzvertrag), kann deshalb Raum für eine Berufung auf den Wegfall oder die Störung der Geschäftsgrundlage sein. Ohnehin hat der Verlag in der Praxis stets die Möglichkeit, das Werk schlicht nicht weiter (insb. bei Neuauflagen) zu vervielfältigen und zu verbreiten; der Autor bzw. seine Erben können in diesen Fällen die Rechte aus § 17 S. 2 und 3 bzw. § 41 UrhG geltend machen.

§ 31   VerlG

(1) Die Vorschriften des § 30 finden entsprechende Anwendung, wenn das Werk nicht von vertragsmäßiger Beschaffenheit ist.

(2) Beruht der Mangel auf einem Umstande, den der Verfasser zu vertreten hat, so kann der Verleger statt des in § 30 vorgesehenen Rücktrittsrechts den Anspruch auf Schadensersatz wegen Nichterfüllung geltend machen.

Übersicht

I.   Allgemeines

1 § 31 erlaubt dem Verleger, von dem Verlagsvertrag nach Fristsetzung mit Ablehnungsandrohung (§ 30) zurückzutreten, wenn der Autor ein nicht vertragsgemäßes Werk abliefert (Abs. 1). Hat der Autor den oder die Mängel zu vertreten, kann der Verlag stattdessen Schadensersatz wegen Nichterfüllung verlangen (Abs. 2). § 31 ist bei äußeren und inneren Mängeln, Sach- und Rechtsmängeln und schließlich im Falle fehlender Ausgabefähigkeit anwendbar. Ein äußerer Mangel liegt vor allem vor, wenn das Werk nicht in einem für die Vervielfältigung geeigneten Zustand (§ 10) abgeliefert wird, wozu auch die „äußere" Unvollständigkeit des Werkes zählt (z.B. das Fehlen einzelner Seiten oder Kapitel; vgl. § 10 Rn. 3). § 31 unterscheidet außerdem nicht zwischen Sach- und Rechtsmängeln, ist also gleichermaßen anwendbar, wenn das Werk inhaltliche Mängel aufweist oder an dem Werk oder Teilen des Werkes Rechte Dritter bestehen. Die sog. fehlende **Ausgabefähigkeit** des Werkes bedeutet, dass der konkrete Verlag das Werk nicht verbreiten kann, ohne damit sein Verlagsgeschäft oder seinen persönlichen Ruf zu gefährden (*Schricker* VerlagsR[3] § 31 Rn. 11 m.w.N.; OLG Frankfurt/M. GRUR 2006, 138, 140 – *Europa ohne Frankreich?*).

II. Nicht vertragsmäßige Beschaffenheit

1. Inhaltliche Mängel

Ein Werk ist inhaltlich mangelhaft iSd. § 31, wenn es gegen ein gesetzliches **2**
Verbot oder gegen die guten Sitten verstößt, also z.B. Beleidigungen enthält (zu
Persönlichkeitsrechtsverletzungen vgl. Rn. 16 f.), gegen das HWG oder das
UWG verstößt (OLG München MD 1996, 998, 1001 – *Handbuch für die
gesunde Familie*) oder Titelrechte Dritter nach § 5 MarkenG verletzt. Verstößt
das Werk gegen Urheber- oder ausschließliche Nutzungsrechte Dritter, so ist es
zwar grds. mangelhaft iSd. § 31 Abs. 1; gelingt es dem Autor jedoch, die
nachträgliche Zustimmung der Rechteinhaber unwiderruflich oder jedenfalls
mit der notwendigen Sicherheit einzuholen, so dürfte dies i.d.R. den Mangel
beseitigen (a.A. *Schricker* VerlagsR³ Rn. 4 unter Verweis auf RGZ 74, 359 und
OLG Frankfurt Recht 1904, 580). Ist Gegenstand des Verlagsvertrages die
Herstellung bzw. Veröffentlichung eines unsittlichen Werkes oder eines Werkes
mit verbotenem Inhalt und diese Lage beiden Parteien bewusst, so ist der
Verlagsvertrag nichtig, §§ 134, 138 BGB; für § 31 ist in diesen Fällen kein
Raum. Gleiches gilt, wenn Gegenstand des Verlagsvertrages ein – beiden
Parteien bewusstes – Plagiat ist. Ist hingegen zweifelhaft, ob überhaupt ein
Plagiat vorliegt, und übernimmt also der Verlag insofern ein bewusstes Risiko,
ist der Vertrag grds. wirksam (a.A. wohl *Schricker* VerlagsR³ Rn. 4). Zur nicht
vertragsgemäßen Beschaffenheit vgl. auch Vor §§ 31 ff. UrhG Rn. 176 ff.

Nicht vertragsgemäß ist auch ein Werk, das inhaltlich unvollständig ist, also **3**
z.B. bei einer Biographie wesentliche Stationen im Leben des Dargestellten
auslässt (OLG München NJW-RR 1995, 568, 569 – *Kabinettstücke*) oder ein
wissenschaftliches Stoffgebiet nicht erschöpfend behandelt. Dabei muss es
jedoch dem Autor überlassen bleiben, wie ausführlich er sich mit einem
bestimmten Themenkomplex befasst, sofern er diesen Komplex jedenfalls
annähernd abdeckt (*Haberstumpf/Hintermeier* S. 102 ff.). Bei einer in der
Öffentlichkeit diskutierten Frage oder auch einem Memoirenband darf der
Autor deshalb gerade brisante, die Öffentlichkeit interessierende Bereiche
grds. nicht aussparen (OLG München NJW-RR 1995, 568, 569 – *Kabinettstücke*). Auch ein Werk, das den vereinbarten Umfang nicht einhält, kann
unter Umständen mangelhaft sein; dies wird bei belletristischen Werken jedoch
regelmäßig nur gelten können, wenn der Umfang wesentlich nach oben oder
unten von den vertraglichen Vorgaben abweicht (OLG Karlsruhe UFITA 92
(1982), 229 ff.). Mangelhaft i.d.S. ist auch ein Werk, das etwas anderes darstellt als vertraglich vereinbart. Der Autor liefert beispielsweise einen Prosatext statt eines Bühnenstücks ab, einen biographischen Roman statt einer
sachlich gestalteten Biographie, einen Roman statt eigener Memoiren usw.
Haben die Parteien bestimmte Inhalte eines Buches vereinbart, muss das
Manuskript dem entsprechen, als z.B. die in dem Buch zu behandelnden
Thesen tatsächlich eingehend erörtern oder, vor allem bei wissenschaftlichen
bzw. populärwissenschaftlichen Werken, dem neuesten Stand der Wissenschaft entsprechen, wenn dies ausdrücklich oder dem Zweck des Vertrages
nach vereinbart ist (BGH GRUR 1960, 642, 644 – *Drogistenlexikon;* OLG
München ZUM 2007, 863, 865 – *ADAC – Die heimliche Macht der gelben
Engel*). Der Verlag darf sich allerdings nicht „zum Beurteiler des Werks aufwerfen", denn die konkrete inhaltliche Gestaltung unterliegt allein der wissenschaftlichen und literarischen Freiheit des Verfassers (OLG München ZUM
2007, 863, 865 f. – *ADAC – Die heimliche Macht der gelben Engel*). Das Buch

darf umgekehrt keine handwerklichen Mängel im weitesten Sinne aufweisen, darf also nicht objektiv unlogisch oder widersprüchlich sein (OLG München ZUM 2007, 863, 865 – *ADAC – Die heimliche Macht der gelben Engel*). Auch eine mangelnde Aktualität des Werkes kann einen inhaltlichen Mangel darstellen, wenn es um eine aktuelle gesellschaftliche oder politische Frage geht. Allerdings kann sich der Verlag auf seine Rechte aus § 31 in diesen Fällen nicht mehr berufen, wenn das Werk in Folge der Untätigkeit des Verlages seine Aktualität (tw.) verloren hat (OLG Frankfurt/M. GRUR 2006, 138, 141 – *Europa ohne Frankreich?*). Nicht vertragsgemäß ist auch ein Werk, das den bestimmten, nach dem Vertrag vorgesehenen Zweck nicht erfüllt. Dies gilt z.B. dann, wenn ein für ein Laienpublikum bestimmtes Werk nicht allgemein verständlich, sondern ausschließlich in Fachterminologie abgefasst ist oder ein Schulbuch den Vorgaben der zuständigen Schulbehörden nicht entspricht.

4 Geringfügige Mängel schließen zwar grds. den Rücktritt aus, weil sie im Allgemeinen einen nur unerheblichen Nachteil bedeuten, § 31 Abs. 1 i.V.m. § 30 Abs. 3. Trotzdem kann der Verlag sie rügen oder ggf. nach § 39 Abs. 2 UrhG selbst beseitigen. Nach richtiger Auffassung schließen § 31 Abs. 1 iVm § 30 Abs. 3 nämlich in diesen Fällen nur den Rücktritt selbst aus (vgl. § 30 Rn. 12), haben allerdings nicht zur Folge, dass der Verlag idS. unerhebliche Mängel hinnehmen müsste.

5 Über diese Fälle hinaus kann der Verlag künstlerische Mängel des Werkes kaum rügen. Mängel der Qualität, d.h. der wissenschaftlichen, künstlerischen oder literarischen Güte eines Werkes, deren Anforderungen nicht im Einzelnen vertraglich vereinbart worden sind, kann der Verleger im Allgemeinen nicht beanstanden, denn er ist nicht Beurteiler des Autors (BGH GRUR 1960, 642, 644 – *Drogistenlexikon*; OLG München ZUM 2007, 863, 865 f. – *ADAC – Die heimliche Macht der gelben Engel*; *Schricker* VerlagsR³ Rn. 9 unter Verweis auf *Kohler*, Urheberrecht an Schriftwerken und Verlagsrecht, 1907, S. 308). Der Verlag kann also nicht rügen, das Werk sei „zu wenig reißerisch" (OLG Hamburg UFITA 23 (1957), 399), in holpriger Sprache oder langweilig geschrieben. Das macht es für den Verlag bei im weitesten Sinne belletristischen Werken natürlich äußerst schwierig, wenn das Werk insgesamt hinter den Qualitätsanforderungen zurückbleibt und kaum oder nur mit sehr erheblichem Aufwand lektorierbar wäre. Ein Verlag, der einen Verlagsvertrag über ein erst noch herzustellendes Werk eines ihm unbekannten Autors unterzeichnet, geht mithin ein mitunter erhebliches Risiko ein (s.a. OLG München ZUM 2007, 863, 865 f. – *ADAC – Die heimliche Macht der gelben Engel*).

6 § 31 Abs. 1 ist auf überarbeitete Fassungen eines Werkes für eine Neuauflage zumindest entsprechend anwendbar. Für die Neuauflage eines wissenschaftlichen Werkes muss ein Werk also grds. dem wissenschaftlich neuesten Stand entsprechen, um vertragsgemäß zu sein, auch wenn dies nicht ausdrücklich vereinbart ist.

2. Verletzungen der Rechte Dritter

7 Verletzt ein Werk die Rechte Dritter, sei es deren Urheber- oder ausschließliche Nutzungsrechte oder vor allem deren Persönlichkeitsrechte, so ist das Werk nicht von vertragsmäßiger Beschaffenheit, wenn dies dem Verlag nicht bekannt war und er auch nicht damit rechnen musste. Schließt der Verlag einen Verlagsvertrag über ein bereits fertiggestelltes Werk, das ihm vorliegt, ab, muss er allerdings grds. das Manuskript auf etwaige Persönlichkeitsrechtsverletzungen prüfen und kann sich jedenfalls hinsichtlich erkennbarer oder naheliegender Verletzungen (Beschreibung intimer Szenen in einem Memoirenband, erhebliche Vorwürfe gegenüber einer bestimmten Person in einer Biographie oder einem politischen Buch u.Ä.) gegenüber dem Autor nicht auf derartige Mängel berufen. Prüft er nicht, kann er diese Mängel eines Manuskripts später nicht mehr ohne weiteres rügen (BGH GRUR 1979, 396, 397f. – *Herren und Knechte*; dazu *Willhelm Nordemann* GRUR 1979, 399; OLG Frankfurt/M. GRUR 2006, 138, 140 – *Europa ohne Frankreich?*). Der Verlag kann auch dann eine angebliche Verletzung der Persönlichkeitsrechte Dritter oder der Urheber- oder ausschließlichen Nutzungsrechte Dritter nicht rügen, wenn ihm die Situation bei Vertragsabschluss bewusst war, er also im vollen Bewusstsein der möglichen Brisanz des Werkes den Verlagsvertrag abgeschlossen hat (BGH GRUR 1979, 396, 397f. – *Herren und Knechte*). Wer die Memoiren eines bekannten und kontroversen Popstars in Verlag nimmt, muss sich deshalb des Risikos ebenso bewusst sein, wie wenn er – wie im Fall *Herren und Knechte* – einen Vertrag über ein Enthüllungsbuch über die katholische Kirche schließt. Gleiches gilt für Werke, die eine Bearbeitung eines anderen Werkes darstellen wie z.B. die berühmten Asterix-Persiflagen; die mögliche Urheberrechtsverletzung stellt dann keinen Mangel dar, den der Verlag nach § 31 rügen könnte.

Sind die Rechte des Verlages aus § 31 danach ausgeschlossen, so kann er grds. **8** die Haftung für derartige Verletzungen auch im Innenverhältnis nicht ohne weiteres vertraglich auf den Autor abwälzen. Denn der Verlag schließt in diesen Fällen ein Risikogeschäft; eine Klausel, die trotzdem den Autor für Persönlichkeits- oder Urheberrechtsverletzungen haften lassen wollte, widerspräche dem und ist deshalb jedenfalls klausel- bzw. formularmäßig schon wegen §§ 305 ff. BGB unwirksam. Etwas anderes gilt nur ganz ausnahmsweise und nur dann, wenn nach den Umständen beide Parteien bewusst dem Autor das Risiko der Verletzung auferlegen wollten oder das Werk gegenüber den für den Verlag erkennbaren (potentiellen) Verletzungen der Rechte Dritter qualitativ andere und nicht ohne weiteres erkennbare Konfliktherde enthält.

3. Mangelnde Ausgabefähigkeit

Mit der mangelnden Ausgabefähigkeit des Werkes kann der Verlag im Rahmen **9** des § 31 Abs. 1 schließlich einen rein subjektiven, d.h. nur aus Sicht des konkreten Verlages bestehenden Mangel rügen. Danach ist ein Werk nicht ausgabefähig, wenn der konkrete Verlag das Werk nicht verbreiten kann, ohne damit sein Geschäft oder seinen persönlichen Ruf zu gefährden (*Schricker* VerlagsR[3] Rn. 11 m.w.N.). Dies mag bei politischen, historischen oder sonstigen Sachbüchern regelmäßig einmal der Fall sein, scheidet jedoch grds. aus, wenn dem Verlag das Manuskript bei Vertragsabschluss bereits vorlag (dazu OLG Frankfurt/M. GRUR 2006, 138, 140 – *Europa ohne Frankreich?*). Bei belletristischen Werken wird dies nur äußerst selten anzutreffen sein. In Betracht kommt es wohl vor allem bei politischen Meinungsäußerungen oder menschlich oder ethisch fragwürdigen – z.B. antisemitischen – Tendenzen, wie sie *Martin Walsers* Werk „Tod eines Kritikers" vor einigen Jahren vorgeworfen wurden.

III. Rechte des Verlags

1. Rüge des Mangels und Fristsetzung

10 Stellt der Verlag einen Mangel fest, der ihm bei Abschluss des Vertrages nicht bekannt war oder bekannt sein musste oder den er jedenfalls billigend in Kauf genommen hatte (BGH GRUR 1979, 396, 397 f. – *Herren und Knechte*; OLG Frankfurt/Main GRUR 2006, 138, 140 – *Europa ohne Frankreich?*), so muss er den Mangel zunächst binnen angemessener Frist rügen (BGH GRUR 1960, 642, 644 f. – *Drogistenlexikon*). Wie lang eine angemessene Frist ist, bestimmt sich nach den Umständen des Einzelfalls. Die Frist wird dementsprechend bei einem komplexen, noch zu lektorierenden Werk deutlich länger sein als bei einem relativ kurzen Beitrag zu einem Sammelwerk. Der Verlag muss außerdem dem Verfasser zur Beseitigung des Mangels oder der Mängel eine angemessene Frist setzen, deren Länge sich wiederum nach den Umständen im Einzelfall bestimmt und auch vertraglich bereits geregelt werden kann (zum Ganzen vgl. § 30 Rn. 6). Nach Treu und Glauben muss der Verlag vor allem bei langjährigen Vertragsbeziehungen zu dem Verfasser diesem ggf. mehrfach Fristen zur Nachbesserung setzen; ein Rücktritt kommt in Fällen langjähriger Zusammenarbeit nur unter strengen Voraussetzungen in Betracht (OLG München ZUM 1992, 147, 149 ff. – *Biographien*). Solange die Mängel nicht beseitigt sind, kann der Verlag dem Autor, der die Auszahlung seines Honorars oder eines Vorschusses verlangt, die Einrede des nicht erfüllten Vertrages, § 320 BGB, entgegensetzen (BGH GRUR 1960, 642, 643 – *Drogistenlexikon*). Ist das Werk allerdings nur tw. mangelhaft, so richtet sich nach Treu und Glauben, ob die Verweigerung nach den Gesamtumständen zulässig ist, § 320 Abs. 2 BGB (BGH GRUR 1960, 642, 645 – *Drogistenlexikon*).

11 Die Fristsetzung ist entbehrlich, wenn eine Beseitigung der Mängel objektiv oder subjektiv unmöglich ist (BGH GRUR 1979, 396, 398 – *Herren und Knechte*), der Verfasser die Beseitigung gegenüber dem Verlag verweigert, sei es auch nur, dass er die Mängel nachdrücklich bestreitet, und schließlich bei besonderem Interesse des Verlegers, § 31 Abs. 1 iVm § 30 Abs. 2. Weil das besondere Interesse nur die Fristsetzung entbehrlich macht, muss es auch im Rahmen des § 31 Abs. 1 darin bestehen, *sofort* ein dem Vertrag entsprechendes Werk zur Verfügung zu haben. Dies kann z.B. der Fall sein, wenn der Verlag das Werk zu einem bestimmten Zeitpunkt benötigt und es bei Setzung einer Nachfrist nicht möglich wäre, noch mit einem anderen Autor entsprechende Vereinbarungen zu treffen.

2. Mangelhafte und fehlende Nachbesserung

12 Beseitigt der Autor nach entsprechender Rüge und Fristsetzung die gerügten Mängel nicht oder nur unzureichend, ist die Frist fruchtlos verstrichen und der Verlag also zum Rücktritt bzw. zum Schadensersatz berechtigt (vgl. Rn. 13 f.). Der Verlag muss allerdings grds. eine neue Frist setzen, wenn der Autor zwar die alten Mängel beseitigt, dafür jedoch neue Mängel eingearbeitet hat. Der Verlag kann in diesen Fällen in der Regel nicht die Mängel selbst – etwa durch das eigene Lektorat – beheben lassen, wenn es sich nicht um solche Korrekturen handelt, denen der Verfasser nach Treu und Glauben zustimmen müsste, § 39 Abs. 2 UrhG.

3. Rücktritt und Schadensersatz

Nach fruchtlosem Ablauf der Frist kann der Verlag entweder von dem Vertrag **13** zurücktreten, Abs. 1, oder Schadensersatz wegen Nichterfüllung verlangen, wenn der Autor den Mangel bzw. die fehlende oder unzureichende Nachbesserung zu vertreten hat, Abs. 2. Auch der Rücktritt muss binnen angemessener Frist erklärt werden, deren Länge wiederum nach den Umständen des Einzelfalls zum Teil erheblich variieren kann. Jedenfalls eine Rücktrittserklärung vier Jahre nach Abschluss des Verlagsvertrages über ein vorliegendes Manuskript ist verspätet (OLG Frankfurt/M. GRUR 2006, 138, 140 – *Europa ohne Frankreich?*); eine Rücktrittserklärung nach mehrfacher Ankündigung des Erscheinens des Titels, dessen Manuskript im Zeitpunkt der Ankündigung bereits vorlag, dürfte wegen Verwirkung unwirksam sein.

Der Rücktritt führt zur Rückabwicklung des Vertragsverhältnisses, §§ 37 **14** VerlG, 346 ff. BGB, so dass insb. ein an den Autor gezahlter Vorschuss zurückgefordert werden kann, und zwar auch dann, wenn dieser als nicht rückzahlbar ausgestaltet war. Der Schadensersatzanspruch wegen Nichterfüllung richtet sich nach den allgemeinen zivilrechtlichen Regeln (vgl. Vor §§ 31 ff. UrhG Rn. 164 ff.).

Sind an dem Werk mehrere Urheber beteiligt, so kann der Verlag bei **Mit-** **15** **urheberschaft** den Rücktritt grds. nur gegenüber allen Miturhebern erklären (vgl. § 8 UrhG Rn. 14 ff.), muss aber vorher idR. allen Urhebern Gelegenheit geben, den Mangel zu beseitigen. Bei lediglich verbundenen Werken bestimmt sich nach den Umständen des Einzelfalls, ob der Rücktritt gegenüber allen Urhebern erfolgen kann bzw. muss oder auf den einzelnen betroffenen Urheber beschränkt werden kann. Letzteres kommt z.B. in Betracht, wenn mehrere Herausgeber gemeinsam ein wissenschaftliches Sammelwerk veröffentlichen und einer der Herausgeber seinen Pflichten nicht mehr mit der gebotenen Qualität nachkommen kann oder z.B. eine Aktualisierung oder sonstige Neubearbeitung verweigert (vgl. § 41 Rn. 15 ff.).

IV. Haftung für inhaltliche Mängel gegenüber Dritten

1. Urheberrechts- und Persönlichkeitsrechtsverletzungen

Nach außen haften Verlag und Autor grds. gemeinsam für Verletzungen der **16** Rechte Dritter. Im Innenverhältnis jedoch ist fraglich, ob der Verlag die Haftung vollständig auf den Autor abwälzen kann. Dies scheidet dann aus, wenn der Verlag sich auch auf seine Rechte nach § 31 nicht berufen könnte, ihm also die Urheber- oder Persönlichkeitsrechtsverletzung bekannt war oder bekannt sein musste oder er insofern bewusst ein Risiko einging (BGH GRUR 1979, 396, 397 f. – *Herren und Knechte*; OLG Frankfurt/M. GRUR 2006, 138, 140 – *Europa ohne Frankreich?*; vgl. Rn. 7). Auch wenn dem Verlag eine Prüfung des Manuskripts zuzumuten war, weil ihm das Manuskript vor Vertragsabschluss vorlag, kann er die Haftung gegenüber Dritten jedenfalls nicht klausel- oder formularmäßig auf den Autor abwälzen. Auch einzelvertraglich ist eine vollständige Überbürdung der Haftung auf den Autor vor allem dann problematisch, wenn – wie heute nahezu allgemein üblich – nach dem Vertrag der Verlag allein über Auflagenhöhe, Ausstattung, Ladenpreis usw. bestimmt und also den Umfang eines potentiellen Schadens oder dessen Begrenzung allein in der Hand hat. Ähnliches gilt, wenn der Verlag in derartigen Fällen die Nebenrechte – wie ebenfalls weit verbreitet – ohne Rücksprache mit dem Autor verwerten kann und deshalb auch insofern dem Autor eine Einflussnahme auf den Umfang der Verwertung weitestgehend verwehrt ist.

17 Ist allerdings eine Persönlichkeits- oder Urheberrechtsverletzung für den Verlag auch bei einigermaßen sorgfältiger Prüfung nicht erkennbar – etwa weil der Roman wie bei *Maxim Billers „Esra"* auf reale Vorbilder zurückgreift, ohne dass dies im Roman selbst zum Ausdruck käme -, so haftet der Autor grds. für alle Schäden der betroffenen Dritten und des Verlages. Eine Grenze findet seine Haftung dann lediglich in den normalen zivilrechtlichen Bestimmungen und insb. dort, wo der Schaden nicht mehr adäquat kausal durch die Rechtsverletzungen in seinem Werk verursacht worden ist oder – etwa weil bei einer Bearbeitung im Rahmen der Nebenrechtsverwertung, z.B. einer Verfilmung, eine Persönlichkeitsrechtsverletzung durch drastischere Darstellung überhaupt erst entsteht – nicht mehr (allein) durch den Autor zu vertreten ist.

2. Haftung des Verlages für inhaltliche Fehler des Werks

18 Der Verlag haftet außerdem nach außen grds. für Fehler des Werkes, z.B. unrichtige rechtliche Anleitungen (vgl. BGH NJW 1978, 997 ff. – *Börsendienst*; BGH NJW 1970, 1693 ff. – *Ärztliche Fehlbehandlung nach Druckfehler in einem medizinischen Werk*). Grds. kommt auch eine Haftung nach dem ProdukthaftungsG in Betracht (s. zum Ganzen *Cahn* NJW 1996, 2899 ff.; *A. Meyer* ZUM 1997, 26 ff.).

§ 32   VerlG

Wird das Werk nicht vertragsmäßig vervielfältigt oder verbreitet, so finden zugunsten des Verfassers die Vorschriften des § 30 entsprechende Anwendung.

Übersicht:

I.   Allgemeines

1 § 32 gestattet dem Autor, von dem Verlagsvertrag zurückzutreten, wenn der Verlag das Werk nicht vertragsgemäß vervielfältigt oder verbreitet. Entsprechend der Verweisung auf § 30 muss er vor einem Rücktritt dem Verlag eine Nachfrist mit Ablehnungsandrohung setzen, wenn nicht einer der Fälle des § 30 Abs. 2 vorliegt (vgl. § 30 Rn. 7 f. und unten vgl. Rn. 9.). Zur vertragsmäßigen Vervielfältigung und Verbreitung gehören im Wesentlichen die in §§ 12 bis 21 genannten Verpflichtungen des Verlages, außerdem das früher in § 13 enthaltene Änderungsverbot (jetzt § 39 Abs. 1 UrhG) und das früher in § 28 enthaltene Verbot, einzelne Verlagsverträge auf einen anderen Verlag zu übertragen (jetzt § 34 UrhG). Verletzt der Verlag hingegen andere Pflichten aus dem Vertrag – z.B. die Pflicht zur Abrechnung, Zahlung des Honorars, Zusendung von Freiexemplaren u.ä. –, kann der Verfasser schon nach dem Wortlaut des § 32 nicht von dem Vertrag zurücktreten, sondern nur nach den normalen zivilrechtlichen Regelungen vorgehen, d.h. ggf. Ersatz eines Verzögerungsschadens fordern. Zu den Voraussetzungen einer außerordentlichen, d.h. fristlosen Kündigung im Falle wiederholter Verletzungen auch der Nebenpflichten vgl. Rn. 17 ff. Die Rechte des Urhebers aus § 41 UrhG (Rückruf) bestehen grds. neben denen aus §§ 32, 30 VerlG (vgl. Rn. 15). Zur Beendigung eines Administrationsvertrages mit einem Musikverlag aus § 627 BGB OLG München GRUR-RR 2008, 208 ff. – *Concierto*, n.rkr.; LG München ZUM 2007, 580, 582 ff.; vgl. § 1 Rn. 5.

§ 32 ist bezüglich der Einzelheiten der Voraussetzungen und der Ausübung **2** dispositiv, mit Blick auf die grundsätzlichen Wertungen des UrhG jedoch nicht vollständig abdingbar (§ 41 Abs. 4 UrhG). Ein formularmäßiges Ändern oder Abbedingen des § 32 stößt ohnehin an die Grenzen der §§ 305 ff. BGB. In der Praxis wird § 32 häufig indirekt durch Vereinbarungen eingeschränkt und abgeschwächt, die dem Verlag sehr weitgehendes eigenes Ermessen für das Ob, Wie und Wann der Vervielfältigung und Verbreitung einräumen.

II.   Nicht vertragsmäßige Vervielfältigung und Verbreitung

1.   Begriff

Das Werk wird nicht vertragsmäßig vervielfältigt und verbreitet, wenn die **3** Vervielfältigung und/oder Verbreitung nicht den vertraglichen Vereinbarungen entspricht, der Verlag also nicht die vereinbarte Erstauflage herstellt, das Werk nicht zum vereinbarten Zeitpunkt oder nicht in der vereinbarten Ausstattung erscheinen lässt oder nicht innerhalb der vertraglich vorgesehenen Zeit nach Vergriffensein der Erstauflage eine Neuauflage herstellt. Zwar pflegen heute in Verlagsverträgen nahezu alle der genannten Einzelheiten dem Ermessen des Verlages überlassen zu werden, so z.B. konkrete Auflagenhöhe und Ausstattung, Erscheinungstermin, Ladenpreis, Neuauflagen usw. Geschieht dies im Rahmen eines der üblichen Formularverträge, kann jedoch die Auslegung des Vertrages anhand der Umstände und des Vertragszweckes durchaus eine Konkretisierung ergeben. Ein großer Publikumsverlag wird deshalb z.B. auch dann ein Werk nicht ohne weiteres in einer besonders preiswerten Taschenbuchreihe anstelle der auch in seinem Verlag üblichen Hardcoverausgabe erstveröffentlichen dürfen, wenn er über Ausstattung, Ladenpreis usw. nach dem Vertrag allein entscheidet. Veröffentlicht der betreffende Verlag hingegen nur in Taschenbuch- oder taschenbuchähnlicher broschierter Form oder ist die von den Parteien in Aussicht genommene Reihe jedenfalls nur in dieser Form erhältlich, ist grds. auch nur diese Vervielfältigung und Verbreitung geschuldet.

4 Enthält der Vertrag keine ausdrücklichen Regelungen zu Zeitpunkt, Form und Umfang der Vervielfältigung und Verbreitung, ergibt sich der Umfang der vertragsmäßigen Vervielfältigung und Verbreitung aus §§ 12 bis 21 VerlG. Der Verlag ist also verpflichtet, das Werk in der zweckentsprechenden und üblichen Weise zu vervielfältigen und zu verbreiten (§ 14), mit der Vervielfältigung unmittelbar nach Ablieferung zu beginnen, die nach § 5 zulässige Auflagenhöhe herzustellen, dafür zu sorgen, dass der Bestand nicht vergriffen (beides § 16) und die Korrektur erledigt wird, und dem Verfasser die Gelegenheit zu Änderungen zu geben (§ 12) bzw. die eingearbeiteten Änderungen zu vervielfältigen und zu verbreiten. Er darf außerdem den Ladenpreis nicht ermäßigen, soweit berechtigte Interessen des Verfassers verletzt werden, und nur erhöhen, wenn der Verfasser zustimmt (§ 21). Zur vertragsmäßigen Vervielfältigung und Verbreitung gehört auch die übliche Bewerbung des Buches einschließlich des Versands von Rezensionsexemplaren (vgl. § 14 Rn. 8). Außerdem darf der Verlag ein Werk nicht vervielfältigen und verbreiten, in dem er selbst unzulässige Änderungen vorgenommen hat (§ 39 Abs. 1 UrhG). Überträgt er die Rechte aus dem Verlagsvertrag ohne Zustimmung des Autors auf einen anderen Verlag, ist die Übertragung unwirksam; die Nutzung durch den Erwerber bedeutet eine Urheberrechtsverletzung gegenüber dem Verfasser (siehe § 28 VerlG a.F.; heute §§ 34, 97 ff. UrhG, vgl. § 34 UrhG Rn. 16 f.). Da die Übertragung des Verlagsvertrages unwirksam ist, kommt er auch seiner Pflicht, das Werk zu vervielfältigen und zu verbreiten, nicht nach.

5 Die Rechte aus § 32 kann der Autor schließlich geltend machen, wenn der Verlag aus einem umfassenden Manuskript ohne entsprechende Vereinbarung nur Teile veröffentlicht. Der Autor kann dann grds. bezüglich des ganzen Werkes, also auch der veröffentlichten Teile, seine Rechte aus § 32 geltend machen. Ist das Werk teilbar, d.h. bilden auch aus Sicht des Autors die veröffentlichten Teile durchaus noch ein sinnvolles Ganzes, so kann der Autor in entsprechender Anwendung des § 38 Abs. 1 den Rücktritt auf die nicht veröffentlichten Teile beschränken.

2. Erfüllungsanspruch und Durchsetzung

6 Vervielfältigt oder verbreitet der Verlag das Werk nicht vertragsmäßig, kann der Verfasser zunächst ordnungsgemäße Erfüllung verlangen und entsprechend durchgesetzte Ansprüche in aller Regel nach § 887 ZPO oder – in der Praxis selten – § 888 ZPO vollstrecken (dazu *Junker* GRUR 1988, 793ff). Zu Auswertungspflichten im Allgemeinen vgl. Vor §§ 31 ff. UrhG Rn. 41 ff.

3. Rücktritt des Verfassers

7 a) **Fristsetzung und Ablehnungsandrohung:** Vor Ausübung des Rücktrittsrechts muss der Autor dem Verlag i.d.R. eine angemessene Nachfrist zur ordnungsgemäßen Vervielfältigung oder Verbreitung einräumen, §§ 32, 30 Abs. 1. Die Länge der angemessenen Frist hängt wiederum stark von den Umständen und der konkret beanstandeten Schlecht- oder Nichterfüllung ab. Jedenfalls muss die Frist i.d.R. nicht so lang sein, dass der Verlag eine überhaupt noch nicht begonnene Handlung noch in vollem Umfang ausführen kann; er muss lediglich bereits vorbereitete Aktivitäten zu Ende bringen können. Zur Angemessenheit der Frist im Übrigen vgl. § 30 Rn. 6. Wie bei § 30 kann der Autor dem Verlag auch schon vor Verstreichen des Zeitpunktes, zu dem der Verlag nach dem Vertrag leisten müsste, eine Frist setzen, wenn er absehen kann, dass der Verlag nicht pünktlich leisten wird. Wiederum darf die

Frist jedoch nicht vor Verstreichen des vertraglich vereinbarten Zeitpunktes ablaufen, §§ 32, 30 Abs. 1 S. 2.

Mit der Frist muss die Drohung, eine Erfüllung nach Ende der gesetzten Frist **8** abzulehnen, verbunden werden. Diese Voraussetzung ist ohne weiteres dispositiv, und zwar wegen der nunmehr anderslautenden gesetzlichen Regelung in §§ 281, 323 BGB auch durch Formularverträge.

b) Entbehrlichkeit der Fristsetzung: Die Fristsetzung ist nach §§ 32, 30 Abs. 2 **9** entbehrlich, wenn eine rechtzeitige vertragsmäßige Vervielfältigung oder Verbreitung **unmöglich** ist, der Verlag sie **verweigert** oder der Autor an einem sofortigen Rücktritt ein **besonderes Interesse** hat. Ob dies tatsächlich immer bereits dann der Fall ist, wenn eine vertragswidrige Verwertung durch den Verlag droht (so *Schricker* VerlagsR³ § 32 Rn. 5), erscheint zweifelhaft; ein sofortiger Rücktritt ist in diesen Fällen nur dann gerechtfertigt, wenn die Verwertung tatsächlich unmittelbar bevorsteht und deshalb dem Autor ein Zuwarten nicht zugemutet werden kann. Ein besonderes Interesse am sofortigen Rücktritt kann außerdem dann bestehen, wenn der Verlag die Veröffentlichung wiederholt und so wesentlich verzögert hat, dass der Verfasser berechtigte Zweifel haben muss, ob der Verlag überhaupt vervielfältigen oder verbreiten wird, und sich ihm eine Veröffentlichungsmöglichkeit bei einem anderen Verlag bietet, die bis zum Ablauf einer angemessenen Nachfrist möglicherweise nicht mehr bestünde. Ein besonderes Interesse am sofortigen Rücktritt besteht außerdem dann, wenn der Autor das Werk zu einem bestimmten Zeitpunkt veröffentlichen möchte (etwa bei der Herausgabe einer Festschrift zugunsten eines Dritten oder eines Werkes, das zur Verabschiedung einer bestimmten Person etwa aus einem Amt vorgestellt werden soll) und das Setzen einer Nachfrist diesen Zweck gefährden würde.

c) Ausübung des Rücktrittsrechts: Ist die gesetzte Frist fruchtlos verstrichen **10** oder war eine Fristsetzung entbehrlich, kann der Autor vom Vertrag zurücktreten, auch wenn der Verlag die Situation nicht verschuldet hat. Nach §§ 32, 30 Abs. 3 ist der Rücktritt jedoch ausgeschlossen, wenn das Verstreichen der Frist für den Autor einen nur unerheblichen Nachteil mit sich bringt. Dies wird z.B. dann der Fall sein, wenn der Verlag das Werk nicht innerhalb der gesetzten, angemessenen Frist veröffentlicht hat, aber bereits absehbar ist, dass das Werk kürzeste Zeit später tatsächlich erscheinen kann, der Verlag lediglich marginale Änderungen des Verfassers nicht berücksichtigt hat (§ 12) oder den Ladenpreis ohne Zustimmung des Verfassers nur unwesentlich erhöht. Auch eine geringfügige Unter- oder Überschreitung der gestatteten Auflage (§ 16) dürfte i.d.R. nur unerhebliche Nachteile mit sich bringen.

Der Verfasser muss den Rücktritt dem Verlag gegenüber erklären und die **11** Erklärung diesem zugehen, §§ 130 ff. BGB. Mit dem Rücktritt wird das Vertragsverhältnis in ein Rückgewährschuldverhältnis umgewandelt, §§ 37 VerlG, 346 ff. BGB. Eventuell bereits vorher entstandene Schadensersatzansprüche wegen Urheberrechtsverletzung (etwa wegen der Vornahme unzulässiger Änderungen) bleiben jedoch bestehen.

Grundsätzlich erfasst der Rücktritt sowohl die eingeräumten Haupt- als auch **12** die Nebenrechte, soweit sich aus dem Vertrag nichts anderes ergibt. Letzteres kann z.B. bei den in der jüngsten Zeit häufiger anzutreffenden Konstellationen der Fall sein, in denen mit einem großen Gesamtverwerter gleichzeitig ein Buchverlagsvertrag geschlossen und ein Verfilmungsvertrag zumindest in Aussicht genommen wird. In diesen Fällen ist möglicherweise die Verfilmung

bereits Zweck des Verlagsvertrages gewesen; tritt der Autor von dem Verlagsvertrag zurück, weil etwa die Buchausgabe nicht erscheint, ist davon noch
nicht ohne weiteres der – in der Zwischenzeit u.U. abgeschlossene bzw.
optionierte – Verfilmungsvertrag bzw. die Einräumung entsprechender Nebenrechte erfasst. Ohnehin kann sowohl im Rahmen des § 32 als auch bei § 41
UrhG vertraglich vereinbart werden – und zwar auch durch Formularvertrag –,
dass bei Rückruf oder Rücktritt bezüglich bestimmter Vertragsteile andere Vertragsteile (und insb. Nebenrechtseinräumungen) weitergelten sollen. § 2
Ziff. 5 c) Normvertrag enthält eine entsprechende Regelung (abrufbar unter
http://www.boersenverein.de/de/69181?rubrik=69176&seite=60&dl_id=64216,
abgerufen am 03.01.2008).

13 § 38 lässt stets eine zeitlich differenzierte Wirkung des Rücktritts zu. § 38
Abs. 2 bestimmt nämlich, dass der Vertrag insoweit aufrechterhalten bleibt, als
er dem Verlag nicht mehr zur Verfügung stehende Exemplare, ältere Auflagen
oder bereits erschienene Teile des Werkes betrifft (vgl. § 38 Rn. 3 ff.).

III. Weitere Rechte des Verfassers

1. Verzug

14 Ist der Verlag mit der Vervielfältigung oder Verbreitung des Werkes in Verzug,
kann der Autor die normalen zivilrechtlichen Rechte geltend machen, also z.B.
Ersatz des Verzugsschadens verlangen, §§ 32, 30 Abs. 4 VerlG, 286 ff. BGB. Er
kann außerdem nach § 325 BGB n.F. Schadensersatz wegen Nichterfüllung
fordern oder nach §§ 323 ff. n.F. BGB vom Vertrag zurücktreten (dazu LG Ulm
ZUM-RD 1999, 236). Bei Vorliegen der Voraussetzungen des BGB kann der
Autor den Verlag auch hinsichtlich der Erfüllung von Nebenpflichten (Rechnungslegung, Honorarzahlung, Zurverfügungstellen der Freiexemplare usw.)
in Verzug setzen und ggf. Ersatz des Verzögerungsschadens fordern. Bezüglich
der Verpflichtung zur Honorarzahlung ist § 286 BGB auf den Vergütungsanspruch des Autors anwendbar. Ist im Verlagsvertrag – wie sehr weitgehend
üblich – geregelt, dass der Verlag binnen der ersten drei Monate eines Jahres
für das vergangene Jahr abrechnet und binnen – sehr häufig – weiterer vier
Wochen dem Autor den sich daraus ergebenden Vergütungsanteil zahlt, gerät
der Verlag ohne weiteres mit Ablauf dieser zweiten Frist, sonst nach § 286
Abs. 3 BGB 30 Tage nach Zugang einer entsprechenden Rechnung oder einer
gleichwertigen Zahlungsaufforderung des Autors in Verzug. Zur Kündigung
aus wichtigem Grund in diesen Fällen vgl. Rn. 17 ff.; vgl. § 24 Rn. 6. Haben
die Parteien die Pflicht zur Rechnungslegung und Honorarzahlung nach den
Gesamtumständen und dem Vertragszweck als Hauptpflicht ausgestaltet,
kann der Autor auch insofern grds. die Rechte aus §§ 32, 30 Abs. 4 VerlG,
323 BGB geltend machen, also ggf. Schadensersatz wegen Nichterfüllung
verlangen oder von dem Vertrag zurücktreten.

2. Rückruf, § 41 UrhG

15 Das Rückrufrecht des Autors aus § 41 UrhG steht grds. unabhängig neben
§§ 32, 30 VerlG (hM; zuletzt zB OLG München ZUM 2008, 154 f.). Allerdings sind die Voraussetzungen des Rücktrittsrechts nach VerlG und des Rückrufrechts nach UrhG durchaus unterschiedlich. So kann der Autor das Rückrufrecht nach § 41 UrhG grds. frühestens zwei Jahre nach Vertragsschluss oder
Ablieferung des Werkes, das Rücktrittsrecht nach §§ 32, 30 VerlG im Prinzip

jederzeit geltend machen. Auch besteht bei § 41 das jedenfalls theoretische Risiko, dass der Autor dem Verlag Entschädigung aus Billigkeitsgründen leisten muss, § 41 Abs. 6 UrhG. Der Verfasser kann deshalb ohne weiteres zunächst Rücktritt nach §§, 32, 30 VerlG androhen bzw. erklären und sich nur hilfsweise auf einen Rückruf nach § 41 UrhG berufen. Ist seine Erklärung unklar, so ist nach den allgemeinen Grundsätzen davon auszugehen, dass der Autor das ihm günstigere Recht ausüben wollte, und zwar auch dann, wenn die Voraussetzungen für beide Rechtsbehelfe vorliegen. In der Praxis ist deshalb zuerst ein Rücktritt zu prüfen (dazu BGH GRUR 1988, 303, 305 – *Sonnengesang*; hinsichtlich einer Kündigungserklärung auch BGH GRUR 1970, 40, 43 f. – *Musikverleger I*).

3. Schadensersatz wegen Verletzung von Haupt- oder Nebenpflichten, §§ 280 ff. BGB

Der Autor kann bei Schlecht- oder Nichterfüllung von Haupt- oder Neben- **16** pflichten außerdem die normalen zivilrechtlichen Ansprüche geltend machen, also insb. Schadensersatz wegen Nicht- oder Schlechterfüllung fordern, §§ 280 ff. BGB. Eventuell an den Autor gezahlte Vorschüsse werden in die Schadensberechnung eingestellt; hat der Autor einen höheren Vorschuss erhalten, als er als Schadensersatz von dem Verlag fordern kann, so kann der Verlag ggf. den Überschuss nach §§ 812 Abs. 1 S. 2 BGB, jedoch mit dem Risiko der Entreicherung des Autors, § 818 Abs. 3 BGB, herausverlangen (BGH GRUR 1979, 396, 399 – *Herren und Knechte*).

4. Kündigung aus wichtigem Grund, § 314 BGB

a) **Allgemeines:** Nach heute allg.A. kann auch ein Verlagsvertrag als Dauer- **17** schuldverhältnis aus wichtigem Grund gekündigt werden, § 314 BGB n.F. (zum Ganzen vgl. Vor §§ 31 ff. UrhG Rn. 121 ff.). Das Recht zur außerordentlichen, fristlosen Kündigung kann im Vertrag zwar eingeschränkt – insb. was die Form der Ausübung oder einzelne Kündigungsgründe betrifft –, jedoch nicht ganz ausgeschlossen werden. Nach st. Rspr. liegt ein wichtiger Grund vor, wenn in der konkreten Situation aufgrund bestimmter Tatsachen dem Kündigenden unter Berücksichtigung aller Umstände des Einzelfalls und unter Abwägung der Interessen beider Vertragsteile die Fortsetzung des Vertragsverhältnisses bis zur normalen Beendigung nicht zugemutet werden kann. Die konkreten Umstände müssen das Vertrauen des Kündigenden in die Vertragstreue und Redlichkeit seines Vertragspartners zu erschüttern geeignet sein, was unter Berücksichtigung der gesamten Umstände, insb. im Hinblick auf die Besonderheiten der Vertragsbeziehungen und die darauf beruhende Interessenlage sowie im Hinblick auf Art und Maß der in der Frage stehenden Störungen zu prüfen ist. Dabei können sich wiederholte Pflichtverletzungen auch dann zu einem Kündigungsgrund addieren, wenn sie für sich genommen eine außerordentliche Kündigung nicht rechtfertigen würden (OLG Köln GRUR 1986, 679: wiederholt unpünktliche Honorarzahlung über längere Zeit; OLG Schleswig ZUM 1995, 867 ff.; OLG München ZUM 1987, 297 ff. – *Subverleger II*, durch den BGH nicht zur Entscheidung angenommen; vgl. § 24 Rn. 6). Auf ein Verschulden der gekündigten Vertragspartei kommt es dabei nicht an.

Die Rechtsprechung ist allerdings insgesamt äußerst streng bei der Prüfung der **18** Wirksamkeit einer außerordentlichen Kündigung und gesteht diese grds. nur zu, wenn nicht eine Bereinigung des Vertragsverhältnisses auf anderem Wege möglich ist, weil die Kündigung die *ultima ratio* sein müsse. Gerade bei Vertragsverhältnissen von besonders langer Dauer ist es nach der Rechtsprechung der (potentiell) kündigenden Partei i.d.R. zuzumuten, den Vertragspartner zunächst einmal zur Erfüllung aufzufordern und dies im Notfall gerichtlich geltend zu machen (BGH GRUR 1974, 789, 791 ff. – *Hofbräuhauslied*; GRUR 1982, 41, 43 f. – *Musikverleger III*; GRUR 1984, 754, 755 f. – *Gesamtdarstellung rheumatischer Krankheiten*; OLG Celle NJW 1987, 1423, 1424 f. – *Arno Schmidt*). Der Rechtsprechung ist insofern beizupflichten, als sicherlich bei lang angelegten Vertragsbeziehungen beiden Parteien mehr zuzumuten ist als bei kurzfristigen Bindungen. Auf der anderen Seite führt dies gerade bei Verlagsverträgen, die in aller Regel bis zum Ende der urheberrechtlichen Schutzfrist abgeschlossen werden, dazu, dass ein Vertragspartner gegenüber dem anderen sehr viel freier schalten und walten und sich deutlich mehr zuschulden lassen kommen darf, als dies bei kürzeren Bindungen der Fall wäre. Wenn man aber bedenkt, dass Verlagsverträge im Regelfall keine ordentliche Kündigungsmöglichkeit vorsehen, der Autor bzw. seine Erben also bis in alle Ewigkeit an den betreffenden Verlag gebunden sind und umgekehrt, erscheint dies kaum sachgerecht. Denn gerade bei einer wesentlichen Erschütterung des Vertrauens in den Vertragspartner ist ein Festhalten am Vertrag um so weniger zuzumuten, je länger der Vertrag ohne die Kündigung noch laufen würde. Bei der Prüfung der Zumutbarkeit des Festhaltens am Vertrag muss deshalb die noch verbleibende Bindungsdauer berücksichtigt werden. Ebenso ist zwar in vielen Fällen der kündigenden verletzten Partei durchaus zuzumuten, den Vertragspartner zunächst notfalls mit Hilfe der Gerichte zur Erfüllung der vertraglichen Pflichten anzuhalten. Dies ist jedoch dann nicht mehr tragbar, wenn die andere Vertragspartei ohnehin nur bei ständiger Erinnerung ihre vertraglichen Pflichten erfüllt und Auseinandersetzungen nur noch auf gerichtlichem Wege beendet werden können.

19 **b) Kündigungsgründe:** Als Kündigungsgründe kommen danach in Betracht persönliche Beleidigungen einer Partei durch die andere, d.h. insgesamt persönliche Zerwürfnisse (BGH GRUR 1982, 41, 43 ff. – *Musikverleger III*), eine Anmeldung des Verlages als Textdichter in Wahrheit nicht existierender Texte durch diesen (BGH GRUR 1977, 551, 553 f. – *Textdichteranmeldung*), Kündigung gegenüber dem Herausgeber nach Verschweigen der Tatsache, dass der eigene Herausgeberbeitrag bereits in einem anderen Verlag erschienen war (KG NJW-RR 1992, 758 f.), die Anmaßung von Befugnissen weit über die eingeräumten Rechte hinaus und das Unterlassen jeglicher Abrechnung (BGH GRUR 1997, 236, 238 – *Verlagsverträge*) oder, nach dem Ende der Sowjetunion, der ohne Beteiligung des Komponisten erfolgte Vertragsschluss durch eine staatliche Agentur (BGH GRUR 2001, 1134, 1138 f. – *Lepo Sumera*). Nicht ausreichend waren hingegen in den von der Rechtsprechung entschiedenen Fällen ein angeblich schlechtes Ansehen des Autors in der Öffentlichkeit (LG Passau NJW-RR 1992, 759, 760 – *Wanderführer*), unpünktliche Honorarzahlung, der Vorwurf unzureichender Förderung des Werkes (OLG Celle NJW 1987, 1423, 1424 f. – *Arno Schmidt)* oder Nichtwahrnehmung des Copyright (BGH GRUR 1970, 40, 42 f. – *Musikverleger I*; hier aber Rückruf einzelner Werke zugestanden; s.a. BGH GRUR 1974, 789 ff. – *Hofbräuhauslied* und OLG München ZUM 1987, 297, 298 f. sowie OLG Frankfurt/M. GRUR 1991, 601, 602 – *Werkverzeichnis*).

20 **c) Frist:** Die Kündigung muss in einem zeitlichen Zusammenhang mit den die Kündigung rechtfertigenden Tatsachen oder jedenfalls deren Kenntnis erklärt werden, weil sonst der Schluss naheliegt, dass der Kündigende die Umstände selbst als nicht so schwerwiegend empfand (BGH GRUR 1971, 35, 40 – *Maske in Blau*). Nach den konkreten Umständen eines Falles können die angemessenen Fristen jedoch erheblich schwanken. So ist in einem Fall eine Kündigung neun Monate bzw. ein Jahr nach Bekanntwerden der entsprechenden Tatsachen als verspätet gewertet worden (LG Passau NJW-RR 1992, 759, 760 – *Wanderführer)*; in anderen Fällen hielt die Rechtsprechung eine Kündigung noch 18 Monate nach Bekanntwerden des wichtigen Grundes für möglich (OLG München ZUM-RD 1997, 505 ff.). In jedem Fall muss dem Verletzten eine ausreichende Frist zur Ermittlung des Sachverhalts, der Einholung der ggf. erforderlichen Zustimmung von Miturhebern oder weiteren Rechteinhabern und in bestimmten Fällen für den Versuch, die Sache doch noch gütlich zu regeln, eingeräumt werden.

d) Rechtsfolgen der Kündigung: Eine fristlose Kündigung löst den Vertrag **21** grds. *ex nunc* auf, anders als der Rücktritt (s. aber § 38 Abs. 2 VerlG). In den Grenzen des Verbots widersprüchlichen Verhaltens darf die kündigende Partei die Kündigung auch nur auf einzelne Werke beziehen, wenn sie mehrere Verlagsverträge mit einem bestimmten Verlag verbinden. Umgekehrt kann jedoch der gekündigte Vertragspartner nach Treu und Glauben unter Umständen berechtigt sein, auch die weiteren Verträge bzw. den verbleibenden Vertragsteil zu beenden (BGH GRUR 1964, 326, 329 f. – *Subverleger*; LG München ZUM 2007, 580, 583). Häufig kann aber gerade bei einer schwerwiegenden Störung des Vertrauensverhältnisses zwischen den Parteien der Urheber alle mit dem Verlag bestehenden Verlagsverträge kündigen (BGH GRUR 1977, 551, 554 – *Textdichteranmeldung*).

Sind mehrere **Miturheber** an einem Werk beteiligt, müssen sie alle gegenüber **22** dem Verlag kündigen, auch wenn der Kündigungsgrund nur für einen von ihnen vorliegt (BGH GRUR 1990, 443, 446 – *Musikverleger IV*). Bei **verbundenen Werken** müssen sich ebenfalls alle Urheber beteiligen, wenn von einer Gesellschaft zwischen den Beteiligten auszugehen ist, was wohl den Regelfall darstellt (BGH GRUR 1964, 326, 331 – *Subverleger*; BGH GRUR 1973, 328, 329 f. – *Musikverleger II*; GRUR 1982, 41, 42 f. – *Musikverleger III*). Besteht keine Gesellschaft, so kann jeder Urheber grds. selbst und allein den den eigenen Werkteil betreffenden Vertrag kündigen; wiederum wird allerdings umgekehrt der Verlag nach Treu und Glauben berechtigt sein, sich auch vom Rest des Vertrages zu lösen (s. dazu LG München ZUM 2007, 580, 583).

§ 33   VerlG

(1) [1]Geht das Werk nach der Ablieferung an den Verleger durch Zufall unter, so behält der Verfasser den Anspruch auf die Vergütung. [2]Im Übrigen werden beide Teile von der Verpflichtung zur Leistung frei.

(2) [1]Auf Verlangen des Verlegers hat jedoch der Verfasser gegen eine angemessene Vergütung ein anderes im Wesentlichen übereinstimmendes Werk zu liefern, sofern dies auf Grund vorhandener Vorarbeiten oder sonstiger Unterlagen mit geringer Mühe geschehen kann; erbietet sich der Verfasser, ein solches Werk innerhalb einer angemessenen Frist kostenfrei zu liefern, so ist der Verleger verpflichtet, das Werk anstelle des untergegangenen zu vervielfältigen und zu verbreiten. [2]Jeder Teil kann diese Rechte auch geltend machen, wenn das Werk nach der Ablieferung infolge eines Umstandes untergegangen ist, den der andere Teil zu vertreten hat.

(3) Der Ablieferung steht es gleich, wenn der Verleger in Verzug der Annahme kommt.

Übersicht:

I.   Allgemeines

1 § 33 betrifft einen Fall nachträglicher, von keiner Partei zu vertretender Unmöglichkeit. Wie im Rahmen der allgemeinen Vorschriften der §§ 275, 326 BGB werden zunächst beide Parteien von ihren jeweiligen Leistungspflichten frei. Lediglich aus Billigkeitsgründen behält der Verfasser seinen Anspruch auf das vereinbarte Honorar, weil er nach der Ablieferung das Werk nicht mehr schützen könne (Gesetzesbegründung S. 83, zitiert nach *Schricker* VerlagsR[3] § 33 Rn. 1). Allerdings ist § 33 nur anwendbar, wenn das Werk wirklich vollständig untergegangen ist, d.h. nicht nur ein konkret dem Verlag übergebenes Manuskript, sondern alle vorhandenen Abschriften, Sicherungsdateien usw. Angesichts der heutigen technischen Möglichkeiten ist ein derart vollständiger Untergang sowohl eines Schrift- als auch eines musikalischen Werkes in der Praxis kaum noch denkbar und wird allenfalls bei Originalillustrationen oder z.B. historischen Abbildungen noch einmal anzutreffen sein. Insofern ist die praktische Bedeutung des § 33 gering.

II.   Zufälliger Untergang nach Ablieferung, Abs. 1

1.   Zufälliger Untergang

2 Im Sinne des § 33 „untergegangen" ist ein Werk, wenn das abgelieferte Manuskript nicht mehr lesbar oder vernichtet worden ist und auch nicht wieder hergestellt werden kann. Da § 33 Abs. 1 mit „Werk" die verkörperte persönlich-geistige Schöpfung meint, nicht lediglich ein konkretes Manuskript, ist das Werk erst dann untergegangen, wenn wirklich alle körperlich oder unkörperlich verfügbaren Exemplare vernichtet sind. Hat der Autor noch eine Kopie oder eine Datei zur Verfügung, muss er das Werk ggf. neu ausdrucken und dem Verlag zur Verfügung stellen, § 10. Dies gilt allerdings nur für den Fall des zufälligen, d.h. von keiner Partei zu vertretenden Untergangs. Hat der Verlag den Untergang zu vertreten, muss er dem Verfasser die durch die Wiederherstellung entstehenden Kosten ersetzen. Ist das Werk zum Teil untergegangen, ist § 33 anwendbar, wenn der überwiegende Teil des Werkes vernichtet ist; betrifft der Untergang hingegen nur kleinere Teile, muss umgekehrt der Autor die fehlenden Teile ersetzen.

2.   Nach Ablieferung

3 Ablieferung ist die körperliche Übergabe des Manuskripts des vollständigen Werkes nach Abschluss des Verlagsvertrages (*Schricker* VerlagsR[3] Rn. 3). Bei

Ablieferung vor Vertragsschluss gilt das Werk als mit Vertragsschluss abgeliefert. Bei Untergang vor Vertragsschluss kommt eine Haftung aus vorvertraglichem Schuldverhältnis (§ 311 Abs. 2 BGB) in Betracht. Zur Haftung bei unverlangt eingesandten Manuskripten vgl. Rn. 11. Sendet der Verlag dem Autor das Manuskript nach Ablieferung zurück und geht es während des Versands oder beim Verfasser unter, so wird darin i.d.R. schon kein zufälliger Untergang liegen, weil nach richtiger Ansicht angesichts der heutigen technischen Möglichkeiten jedenfalls derjenige, der ein Manuskript versendet, verpflichtet ist, vor Versand eine Kopie herzustellen (statt aller *Schricker* VerlagsR³ Rn. 5). Tut der Verlag dies nicht, kann er deshalb einen Verlust auf dem Postwege zu vertreten haben. Dann greifen die Grundregeln der §§ 280, 323 ff. BGB. Geht das Manuskript beim Verfasser unter, also in seinem Einwirkungsbereich, ist § 33 Abs. 1 von seiner Ratio her (vgl. Rn. 1) nicht mehr anwendbar, so dass wiederum die Grundregeln der §§ 280, 323 ff. BGB greifen.

Nach Abs. 3 i.V.m. Abs. 1 gilt als Ablieferung auch ein Annahmeverzug des **4** Verlages. Für einen Annahmeverzug des Verlages genügt es – verschuldensunabhängig -, wenn der Verlag die ihm vertragsgemäß angebotene Leistung nicht annimmt. Annahmeverzug droht also nur, wenn das Werk dem Verlag mangelfrei und in einem für die Vervielfältigung auch äußerlich geeigneten Zustand (§ 10) oder nicht vollständig angeboten wird, da der Verlag das Werk sonst zurückweisen darf.

3. Vergütungsanspruch des Autors

In den Fällen des § 33 Abs. 1 behält der Autor seinen Anspruch auf Vergütung, **5** bei Vereinbarung eines Absatzhonorars in der Höhe, die nach allen in Betracht kommenden Umständen konkret zu erwarten war. Hat sich der Verleger – ausnahmsweise – zur Veranstaltung mehrerer Auflagen verpflichtet, erfasst der Vergütungsanspruch auch diese Auflagen; dies gilt jedoch nicht in dem in der Praxis normalen Fall, dass der Verlag zur Veranstaltung weiterer Auflagen zwar berechtigt, nicht jedoch verpflichtet ist (§ 17). § 252 BGB kann in diesen Fällen nicht analog herangezogen werden, da § 33 Abs. 1 gerade keinen Schadensersatzanspruch, sondern einen reinen Billigkeitsausgleich darstellt.

Im Übrigen werden beide Parteien mit dem Untergang des Werkes von den **6** jeweiligen Leistungspflichten frei. Sowohl Verlag als auch Autor sind jedoch aus nachvertraglichen Treuepflichten gehalten, vor Abschluss eines Vertrages über ein im Wesentlichen identisches Werk mit einem Dritten dem Vertragspartner wenigstens die Möglichkeiten des § 33 Abs. 2 (vgl. Rn. 7 ff.) zu gewähren.

III. Ersatzlieferung

1. Allgemeines

Ist das Werk nach Ablieferung an den Verlag durch Zufall untergegangen, **7** kann der Verlag nach § 33 Abs. 2 S. 1 – um Unbilligkeiten zu vermeiden – von dem Autor die Lieferung eines anderen, im Wesentlichen übereinstimmenden Werkes verlangen, wenn kumulativ folgende Voraussetzungen vorliegen: Das neue Werk muss aufgrund vorhandener Vorarbeiten oder sonstiger Unterlagen mit geringer Mühe hergestellt werden können und der Verlag dem Autor eine angemessene Vergütung für diese Ersatzlieferung anbieten (das Honorar für das untergegangene Werk muss er daneben zahlen, § 33 Abs. 1 S. 1). „Geringe Mühe" in diesem Zusammenhang ist bereits nach dem Wortlaut des Abs. 2 S. 1 nur die Mühe, die der Verfasser zur Wiederherstellung aufwenden müsste, nicht hingegen weitere in seiner Person liegende Umstände (wie z.B. größere berufliche Beanspruchung o.Ä.). In jedem Fall ist ein angemessener Abgabetermin nach § 11 Abs. 2 zu bestimmen. Liegen die eben genannten Voraussetzungen vor, was ggf. der Verlag beweisen muss, ist der Verfasser auf bloße Anforderung durch den Verlag zur Ersatzlieferung verpflichtet. Er muss jedoch kein identisches, sondern nur ein im Wesentlichen mit dem untergegangenen übereinstimmendes Werk liefern, kann also z.B. Änderungen vornehmen (dazu schon § 12), das Werk kürzen oder ergänzen, soweit er nur die Grundtendenz beibehält. Wegen § 42 UrhG könnte er allerdings die Ablieferung eines Ersatzwerkes, das einer geänderten persönlichen Überzeugung nicht mehr entspricht, verweigern.

2.   Ersatzangebot des Autors, Abs. 2 S. 1, Halbs. 2

8 Umgekehrt kann auch der Autor dem Verlag anbieten, ein im Wesentlichen übereinstimmendes Werk innerhalb einer angemessenen Frist kostenfrei, d.h. ohne zusätzliche Vergütung, zu liefern. Welche Frist angemessen ist, richtet sich auch nach den Interessen des Verlages. Es kann deshalb nicht ohne weiteres § 11 Abs. 2 zugrundegelegt werden. Liegen die Voraussetzungen vor, ist der Verlag verpflichtet, das Werk zu vervielfältigen und zu verbreiten. Der ursprüngliche Verlagsvertrag lebt in diesen Fällen mit allen seinen Regelungen wieder auf. Insb. ist der Verlag verpflichtet, unabhängig von dem Absatz des gelieferten Ersatzwerkes die nach § 33 Abs. 1 S. 1 geschuldete Vergütung zu zahlen.

3.   Vertretenmüssen eines Teils

9 Die Rechte aus § 33 Abs. 2 S. 1 kann jeder Teil auch geltend machen, wenn die jeweils andere Partei den Untergang nach Ablieferung bzw. Annahmeverzug des Verlages (§ 33 Abs. 3) zu vertreten hat. Wegen der Verweisung in Abs. 2 S. 2 auf S. 1 insgesamt kann nach richtiger Auffassung der Verfasser, statt dem Verlag eine kostenfreie Ersatzlieferung anzubieten, auch ein im Wesentlichen übereinstimmendes Werk liefern und dann eine angemessene Vergütung verlangen (*Schricker* VerlagsR[3] Rn. 16). Im Übrigen hat jede Partei gegen die andere die Ansprüche aus den allgemeinen zivilrechtlichen Regelungen, soweit deren Voraussetzungen vorliegen. Dies gilt insb. für eventuelle weitere Schäden, die durch das Wiederaufleben des alten Verlagsvertrages nicht abgedeckt sind.

IV.   Untergang vor Ablieferung

1.   Untergang nach Vertragsschluss, aber vor Ablieferung

10 Geht das Werk nach Vertragsschluss, aber vor Ablieferung unter – etwa in einem der zahlreichen Fälle, in denen das Werk erst nach Vertragsschluss hergestellt werden sollte –, ist § 33 nicht anwendbar; beiden Parteien stehen je nach den Umständen die Rechte aus §§ 30, 32 oder den allgemeinen zivilrechtlichen Regelungen zu.

2. Unverlangt eingesandte Manuskripte

Heute ist es allgemein üblich – und diese Tatsache wohl allgemein bekannt –, **11** dass Verlage für unverlangt eingesandte Manuskripte eine eigene Haftung auszuschließen pflegen. Ein Vertrauenstatbestand, der über § 311 Abs. 2 BGB eine Haftung aus einem vorvertraglichen Schuldverhältnis rechtfertigen könnte, kommt deshalb außerhalb einer laufenden Geschäftsbeziehung – etwa weil den betreffenden Autor schon zahlreiche Verträge mit dem Verlag verbinden – nicht in Betracht. Der Verfasser handelt deshalb in derartigen Fällen grds. auf eigenes Risiko.

§ 34   VerlG

(1) Stirbt der Verfasser vor der Vollendung des Werkes, so ist, wenn ein Teil des Werkes dem Verleger bereits abgeliefert worden war, der Verleger berechtigt, in Ansehung des gelieferten Teiles den Vertrag durch eine dem Erben des Verfassers gegenüber abzugebende Erklärung aufrechtzuerhalten.

(2) ¹Der Erbe kann dem Verleger zur Ausübung des in Absatz 1 bezeichneten Rechtes eine angemessene Frist bestimmen. ²Das Recht erlischt, wenn sich der Verleger nicht vor dem Ablaufe der Frist für die Aufrechterhaltung des Vertrags erklärt.

(3) Diese Vorschriften finden entsprechende Anwendung, wenn die Vollendung des Werkes infolge eines sonstigen nicht von dem Verfasser zu vertretenden Umstandes unmöglich wird.

Übersicht

I.   Allgemeines

§ 34 regelt das Schicksal des Verlagsvertrages bei Tod des Verfassers vor Voll- **1** endung des Werkes. Nach Abs. 1 darf der Verlag durch Erklärung gegenüber dem Erben den Verlagsvertrag tw. aufrechterhalten, wenn der verstorbene Autor einen Teil des Werkes bereits an den Verlag geliefert hatte (vgl. Rn. 2). Erklärt der Verlag sich nicht, kann nach Abs. 2 der Erbe ihm eine angemessene Frist zur Ausübung des Rechts bestimmen, nach deren fruchtlosem Verstreichen auch der Verlag endgültig das Recht verliert, das unvollendete Werk zumindest teilzuveröffentlichen (Abs. 2 S. 2). Nach Abs. 3 findet die Vorschrift nicht nur bei Tod des Verfassers, sondern auch dann Anwendung, wenn dem Autor die Vollendung des Werkes in Folge eines sonstigen, nicht von ihm zu vertretenden Umstandes endgültig, d.h. dauerhaft unmöglich wird (z. B. schwere, sehr langfristige Krankheit; bei nur vorübergehenden Hindernissen ist grundsätzlich § 30 anzuwenden).

II.   Tod des Verfassers vor Vollendung des Werkes

1.   Teilweise Aufrechterhaltung des Vertrages durch Erklärung des Verlages

Grundsätzlich erlischt mit dem Tod des Verfassers vor der Vollendung seines **2** Werkes der Verlagsvertrag, weil die Vollendung des Werkes eine höchstpersönliche Leistung ist. Der Verlag ebenso wie die Erben werden von den jeweiligen vertraglichen Pflichten frei; eventuell bereits an den Autor gezahlte Vorschüsse müssen die Erben dem Verlag zurückzahlen. Hat allerdings der Autor vor seinem Tod einen Teil des Werkes bereits an den Verlag abgeliefert, kann der Verlag durch – empfangsbedürftige, §§ 130 ff. BGB – Erklärung gegenüber dem oder den Erben den Verlagsvertrag hinsichtlich des abgelieferten Teils aufrechterhalten. Wegen der Urheberpersönlichkeitsrechte des Autors vor allem aus §§ 11, 12 Abs. 1, 14 UrhG darf er dies allerdings nicht tun, wenn davon auszugehen ist, dass der Urheber selbst das Werk (noch) nicht für veröffentlichungsreif hielt – und etwa den abgelieferten Teil nur zur Beschleunigung des Herstellungsvorganges vorzeitig abgeliefert hat – oder die tw. Veröffentlichung das Werk entstellen würde. Der betreffende Werkteil muss aber in jedem Fall abgeliefert sein. Der Verlag hat keinen Herausgabeanspruch hinsichtlich bereits vollendeter, sich noch bei den Erben befindender Teile. Anders liegt es nur dann, wenn entweder das Werk insgesamt bereits vollendet, allerdings noch nicht abgeliefert war; dann kann der Verlag den Herausgabeanspruch als Erfüllungsanspruch aus dem Verlagsvertrag gegenüber den Erben geltend machen, da der Verlagsvertrag über das bei Tod des Verfassers vollendete Werk fortbesteht. Eine Vollendung muss der Verlag beweisen. Gleiches gilt, wenn das Werk ohnehin in Abteilungen oder Einzelbänden erscheinen sollte, § 15. Hier gilt § 34 Abs. 1 im Allgemeinen für jede einzelne Abteilung, so dass der Verlagsvertrag hinsichtlich bereits abgelieferter, vollständiger Abteilungen ohne weiteres fortbesteht.

3 Der Verlag ist für die Abgabe der Erklärung, dass er den Verlagsvertrag (tw.) aufrechterhalten wolle, an keine bestimmte Frist gebunden, sondern nur nach Treu und Glauben zeitlich beschränkt. Die Erben sind durch die Möglichkeit der Fristsetzung nach Abs. 2 hinreichend geschützt. Erklärt der Verlag die Teilaufrechterhaltung des Vertrages, bleibt der Verlagsvertrag hinsichtlich des Teilwerkes in vollem Umstand bestehen; der Verlag muss also das Teilwerk vertragsgemäß vervielfältigen und verbreiten und den Erben die vereinbarte Vergütung zahlen. Er darf das tw. abgelieferte Werk nicht durch einen anderen Verfasser vollenden lassen, wenn ihm vertraglich kein entsprechendes Bearbeitungsrecht eingeräumt wurde, falls es sich nicht um einen Fall des § 39 Abs. 2 UrhG handelt (a.A. *Schricker* VerlagsR[3] § 34 Rn. 10). Gleiches gilt im Übrigen, wenn der Verfasser vor einer Neuauflage verstirbt. Hier muss sich der Verlag, sofern der Vertrag kein entsprechendes Bearbeitungsrecht enthält – was heute allerdings weitgehend üblich ist –, mit den Erben über einen neuen Bearbeiter einigen.

2. Fristsetzung durch die Erben, Abs. 2

4 Erklärt der Verlag sich nicht, können die Erben ihm zur Ausübung seines Rechts aus Abs. 1 eine angemessene Frist bestimmen. Zur Angemessenheit der Frist vgl. § 30 Rn. 6. Erklärt der Verlag sich innerhalb der gesetzten Frist nicht, erlischt mit Ablauf der Frist das Recht des Verlages aus Abs. 1, und es bleibt beim Erlöschen des Verlagsvertrages. In diesem Fall bleiben Zwischenverfügungen der Erben über die Rechte wirksam; übt der Verlag das Recht aus Abs. 1 hingegen aus, würden derartige Zwischenverfügungen – mangels Gutglaubensschutz im Urheberrecht – unwirksam.

§ 35 VerlG

(1) ¹Bis zum Beginne der Vervielfältigung ist der Verfasser berechtigt, von dem Verlagsvertrage zurückzutreten, wenn sich Umstände ergeben, die bei dem Abschlusse des Vertrags nicht vorauszusehen waren und den Verfasser bei Kenntnis der Sachlage und verständiger Würdigung des Falles von der Herausgabe des Werkes zurückgehalten haben würden. ²Ist der Verleger befugt, eine neue Auflage zu veranstalten, so findet für die Auflage diese Vorschrift entsprechende Anwendung.

(2) ¹Erklärt der Verfasser auf Grund der Vorschrift des Absatzes 1 den Rücktritt, so ist er dem Verleger zum Ersatze der von diesem gemachten Aufwendungen verpflichtet. ²Gibt er innerhalb eines Jahres seit dem Rücktritte das Werk anderweit heraus, so ist er zum Schadensersatze wegen Nichterfüllung verpflichtet; diese Ersatzpflicht tritt nicht ein, wenn der Verfasser dem Verleger den Antrag, den Vertrag nachträglich zur Ausführung zu bringen, gemacht und der Verleger den Antrag nicht angenommen hat.

Übersicht

I.   Allgemeines

§ 35 gewährt dem Verfasser ein Rücktrittsrecht, wenn sich nach Vertrags- **1** abschluss Umstände ergeben, unter denen der Autor keinen Verlagsvertrag über das Werk geschlossen hätte (Abs. 1). Der Verfasser muss jedoch dem Verlag die gemachten Aufwendungen erstatten (Abs. 2 S. 1) und ist dem Verlag zum Schadensersatz wegen Nichterfüllung verpflichtet, wenn er das Werk binnen eines Jahres nach seiner Rücktrittserklärung bei einem anderen Verlag veröffentlicht (Abs. 2 S. 2). § 35 betrifft nur Umstände, die sich nach Vertragsschluss erst ergeben; waren sie bei Vertragsschluss schon vorhanden, dem Autor jedoch noch nicht bekannt, muss dieser ggf. wegen Irrtums **anfechten**, § 119 BGB, oder unter Berufung auf den Wegfall der **Geschäftsgrundlage** (insb. bei einem gemeinsamen Irrtum über die Geschäftsgrundlage) kündigen. Das **Rückrufrecht** wegen gewandelter Überzeugung aus § 42 UrhG ist neben § 35 anwendbar; die Berufung auf einen Wegfall der Geschäftsgrundlage (§ 313 BGB n.F.) und eine **Kündigung aus wichtigem Grund** (§ 314 BGB) sind gegenüber beiden genannten Vorschriften subsidiär. § 35 wird in der Rechtsprechung zum Teil jedenfalls dem Rechtsgedanken nach auch in Fällen des KUG herangezogen (z.B. OLG München NJW-RR 1990, 999 zur Einwilligung in die Veröffentlichung von Aktfotos). § 35 gewährt nur dem Autor ein Rücktrittsrecht wegen veränderter Umstände. Der Verlag muss sich, wenn er unter Berufung auf derartige Umstände den Vertrag ändern oder beenden möchte, auf § 313 BGB berufen (vgl. § 30 Rn. 20 f.).

II. Rücktritt wegen veränderter Umstände

1. Bis zum Beginn der Vervielfältigung

2 Nach § 35 Abs. 1 kann der Autor wegen veränderter Umstände bis zum Beginn der Vervielfältigung, und zwar nach Abs. 1 S. 2 auch, soweit mit der Vervielfältigung einer neuen Auflage begonnen wird, von dem Verlagsvertrag zurücktreten. Beginn der Vervielfältigung ist der Beginn der Herstellung des Satzes (h.M.; *Schricker* VerlagsR[3] § 35 Rn. 2).

2. Veränderte Umstände

3 a) **Umstände:** Nach dem Wortlaut des § 35 Abs. 1 S. 1 müssen die veränderten Umstände derart beschaffen sein, dass der Autor, wenn sie bereits bei Vertragsschluss vorgelegen hätten, das Werk überhaupt nicht veröffentlicht hätte („von der Herausgabe des Werkes zurückgehalten"). Nur im weitesten Sinne in der Person des Verlegers liegende Umstände genügen deshalb nicht; für den Fall der Übertragung der Verlagsrechte z.b. durch Verkauf des Verlages ergibt sich dies bereits aus der heute an die Stelle des § 28 VerlG getretenen Regelung des § 34 UrhG. Es kann sich aber durchaus um subjektive, persönliche Gründe oder Umstände des Autors handeln, wie z.B. eine Änderung seiner religiösen oder politischen Anschauungen, der von ihm vertretenen wissenschaftlichen Lehren, u.U. langfristige Krankheiten oder – in besonderen Fällen – Veränderungen der beruflichen Situation, wenn sich die konkrete Buchveröffentlichung mit der neuen Stellung (etwa einem besonderen politischen Amt) nicht vereinbaren lässt, weil z.B. die Veröffentlichung einer anrüchigen Biographie das Ansehen des Autors in seiner neuen Stellung ernsthaft gefährden würde. Außerdem kommen als gravierende Umstände objektive Gründe in Betracht wie z.B. eine Änderung der wissenschaftlichen Grundlagen, die das Werk überholen oder gegenstandslos machen, oder bei zeitgeschichtlichen Werken eine wesentliche Veränderung der politischen Verhältnisse, wenn dadurch das Werk gegenstandslos wird. Die Umstände müssen insgesamt so beschaffen sein, dass sie den Autor objektiv, d.h. nicht nur nach seiner subjektiven Sichtweise, vernünftigerweise von einer Veröffentlichung des Werkes abgehalten hätten.

4 b) **Zeitpunkt der Änderung:** Die Umstände dürfen erst nach Vertragsschluss, bei einer Neuauflage erst nach dem Recht zur Veranstaltung weiterer Auflagen entstanden und bei Vertragsabschluss nicht voraussehbar gewesen sein. Das Recht zur Veranstaltung weiterer Auflagen wird i.d.R. bereits mit dem Verlagsvertrag selbst eingeräumt, so dass sich insofern keine Veränderung ergibt. Lediglich dann, wenn sich die Parteien erst später über Neuauflagen einigen, kann der Autor also nach § 35 Abs. 1 eine Neuauflage verhindern, wenn die neuen Umstände nach Einräumung des Rechts zur weiteren Auflage entstanden sind.

5 c) **Nicht vorhersehbar:** Die veränderten Umstände dürfen schließlich bei Vertragsschluss nicht vorhersehbar gewesen sein. Auch insofern genügt es nicht, dass der Autor selbst die Umstände tatsächlich nicht erahnt hat, sondern es muss für ihn bei Anwendung der gebotenen Sorgfalt in der konkreten Situation nicht möglich gewesen sein, die Veränderung oder den Eintritt der Umstände überhaupt vorherzusehen. Insofern kommt es jedoch allein auf die **Sicht des Autors** an; ob Dritte das Eintreten bzw. die Änderung der Umstände vorhersehen konnten, ist irrelevant. Vorhersehbar waren die Umstände bzw. ihre

Änderung bereits dann, wenn sie nach ihrer grundsätzlichen Art und Wirkung vorhersehbar waren, ohne dass die Einzelheiten konkret erkennbar gewesen sein müssen. Deshalb genügt es i.d.R. – wobei es stets auf eine genaue Würdigung der Umstände des Einzelfalls ankommt – für eine Vorhersehbarkeit noch nicht, dass der Autor im Zeitpunkt des Vertragsschlusses erkennen konnte, dass er möglicherweise irgendwann einmal einen anderen Arbeitsplatz einnehmen wird, wenn er die später tatsächlich angenommene Stelle und die damit verbundene Position nicht annähernd vorhersehen konnte, weil sie nach Qualität, Rang usw. etwas wesentlich anderes darstellt, als er im Zeitpunkt des Vertragsschlusses realistischerweise erwarten konnte.

d) Kündigungsrecht: Ist danach ein Rücktrittsrecht nicht gegeben – etwa weil **6** sich die Person des Verlegers, vor allem dessen politische oder wissenschaftliche Ausrichtung wesentlich verändert hat –, kann dennoch ein Kündigungsrecht aus wichtigem Grund bestehen. Da die Berufung auf eine Kündigung aus wichtigem Grund ebenso wie ein Wegfall der Geschäftsgrundlage gegenüber §§ 35 VerlG, 42 UrhG grundsätzlich subsidiär sind, sind die Wertungen der § 35 bzw. § 42 UrhG auch im Rahmen einer Kündigung aus wichtigem Grunde zu berücksichtigen (s. dazu OLG Frankfurt/M. GRUR 1991, 601, 602 – *Werkverzeichnis*). So können auch im Rahmen einer Kündigung nur Gründe eine Rolle spielen, die bei einer verständigen Würdigung des Falles ein weiteres Festhalten am Vertrag nicht mehr zumutbar erscheinen lassen.

3. Rücktritt

a) Erklärung; Wirkung: Der Verfasser muss den Rücktritt dem Verlag gegen- **7** über erklären und die Erklärung dem Verlag zugehen, §§ 130 ff. BGB. Durch den Rücktritt wird der Verlagsvertrag zu einem Rückgewährschuldverhältnis, das Verlagsrecht erlischt, und die Parteien haben die beiderseits empfangenen Leistungen zurückzugewähren, §§ 37 VerlG, 346 ff. BGB.

b) Abs. 2: Aufwendungsersatz; Schadensersatz wegen Nichterfüllung: Nach **8** Abs. 2 S. 1 muss der Autor dem Verlag in jedem Fall die gemachten, angemessenen Aufwendungen ersetzen. Da das Gesetz von „gemachten" Aufwendungen spricht, gehört hierher alles, was zur Vorbereitung der Veröffentlichung gerade dieses Werkes gehört, also z.B. Werbungskosten (Anzeigen im Börsenblatt usw.), Vergütung für Buchgestalter und Lektor, eventuelle Schadensersatzbeträge an den Drucker oder Verluste von Rabatten bei der Druckerei, Bildkosten usw. Nicht hierher gehört das, was mangels konkreter Bindung an ein Werk ohne weiteres für ein weiteres Werk verwendet werden kann (Papier, unbedruckte Einbanddeckel und ähnliches). Alle weiteren Kosten und Schäden, die dem Verlag erst entstehen, weil das Werk doch nicht veröffentlicht werden kann, sind nicht erstattungsfähig, weil es sich bei Abs. 2 S. 1 nicht um einen Schadens-, sondern um einen reinen Aufwendungsersatz handelt. Dies betrifft z.B. den entgangenen Gewinn des Verlages und zusätzliche Honorare an die den zurückgetretenen Autor ersetzenden Verfasser einzelner Beiträge eines Sammelwerks. § 254 Abs. 2 BGB ist für den Aufwendungsersatzanspruch wenigstens analog anwendbar, so dass der Verlag in vernünftigem Maße versuchen muss, die Aufwendungen durch Verwendung für ein anderes Werk zu amortisieren.

Zum Schadensersatz wegen Nichterfüllung ist der Autor nach einem Rücktritt **9** nur verpflichtet, wenn er das Werk trotz seines Rücktritts binnen eines Jahres ab Rücktrittserklärung bei einem anderen Verlag veröffentlicht; dann liegt ohnehin die Vermutung nahe, dass gar kein Rücktrittsgrund gegeben war. Insofern will § 35 Abs. 2 S. 2 dem Verlag eine langwierige Auseinandersetzung und Beweisschwierigkeiten ersparen. Der Autor muss dabei ein im Wesentlichen mit dem ersten Werk identisches Werk veröffentlichen. Ob dies der Fall ist, richtet sich nach den gleichen Grundsätzen, die für die Enthaltungspflicht des Verfassers (vgl. § 2 Rn. 5 ff., 16 f.) gelten. Denn der Autor soll den Verlag gerade für den Fall entschädigen, dass er ein im Grunde inhaltsgleiches oder doch sehr ähnliches Werk bei einem anderen Verlag veröffentlicht, nachdem er dies gegenüber dem ersten Verlag angesichts der veränderten Umstände nicht mehr für zumutbar hielt. Der Verfasser ist bei Wiederveröffentlichung des Werkes binnen eines Jahres unabhängig von einem eigenen Verschulden zum Schadensersatz wegen Nichterfüllung verpflichtet. Der hier zu ersetzende Schaden richtet sich dem Umfang nach nach §§ 249 ff. BGB, erfasst also insb. den entgangenen Gewinn des Verlages (§ 252 BGB). Da die Veröffentlichung bei einem anderen Verlag jedenfalls dann, wenn kein Rücktrittsgrund vorlag, eine Verletzung des Verlagsrechts des ersten Verlages bedeutet, kann der Verlag in diesen Fällen grundsätzlich nach § 97 Abs. 1 S. 2 UrhG auch den Gewinn des Verfassers aus dem zweiten Vertrag herausverlangen. Er muss sich hier jedoch das Autorenhonorar aus dem ersten Vertrag anrechnen lassen.

10 Seiner Schadensersatzpflicht kann der Autor entgehen, indem er dem Verlag anbietet, den ursprünglichen Verlagsvertrag doch noch auszuführen, und der Verlag dieses Angebot nicht annimmt, § 35 Abs. 2 S. 2 Halbs. 2. Er muss dabei deutlich machen, dass er den alten Vertrag fortsetzen will, darf also z.B. nicht das Wiederaufleben zu wesentlich veränderten Konditionen anbieten. Auch in diesem Fall bleibt die Pflicht des Autors, dem Verlag Aufwendungsersatz zu leisten, unberührt; die Aufwendungen werden sich aber in der Praxis, sollte das Werk doch noch erscheinen, u.U. deutlich reduzieren.

§ 36   VerlG

(1) Wird über das Vermögen des Verlegers das Insolvenzverfahren eröffnet, so finden die Vorschriften des § 103 der Insolvenzordnung auch dann Anwendung, wenn das Werk bereits vor der Eröffnung des Verfahrens abgeliefert worden war.

(2) ¹Besteht der Insolvenzverwalter auf der Erfüllung des Vertrags, so tritt, wenn er die Rechte des Verlegers auf einen anderen überträgt, dieser anstelle der Insolvenzmasse in die sich aus dem Vertragsverhältnis ergebenden Verpflichtungen ein. ²Die Insolvenzmasse haftet jedoch, wenn der Erwerber die Verpflichtungen nicht erfüllt, für den von dem Erwerber zu ersetzenden Schaden wie ein Bürge, der auf die Einrede der Vorausklage verzichtet hat. ³Wird das Insolvenzverfahren aufgehoben, so sind die aus dieser Haftung sich ergebenden Ansprüche des Verfassers gegen die Masse sicherzustellen.

(3) War zur Zeit der Eröffnung des Verfahrens mit der Vervielfältigung noch nicht begonnen, so kann der Verfasser von dem Vertrage zurücktreten.

Übersicht

I. Allgemeines

1. Inhalt der Regelung

§ 36 regelt die Rechte des Autors und des Insolvenzverwalters bei Eröffnung **1** eines Insolvenzverfahrens über das Vermögen des Verlags (zu urheberrechtlichen Nutzungsverträgen in der Insolvenz ausführlich Loewenheim/*Kreuzer* § 95 Rn. 56 ff.). Abs. 1 gibt dem Insolvenzverwalter das **Wahlrecht** aus § 103 InsO. Abs. 2 regelt – z.T. abweichend von § 34 Abs. 5 UrhG – die Folgen einer Übertragung der Verlagsrechte auf einen Dritten. Abs. 3 schließlich – der systematisch an erste Stelle gehört hätte (vgl. Rn. 4 zur Systematik) – gewährt dem Autor ein **Rücktrittsrecht**, wenn im Zeitpunkt der Eröffnung des Insolvenzverfahrens der Verlag mit der Vervielfältigung noch nicht begonnen hatte. § 36 regelt nur die **Insolvenz des Verlages**, ist also unanwendbar im Falle der Insolvenz des Autors (vgl. Nach § 119 UrhG Rn. 3 ff.; dazu auch LG Hamburg NJW 2007, 3215 ff.) und des Selbstverlegers. Da § 36 außerdem einen wirksamen Verlagsvertrag voraussetzt, findet § 36 keine Anwendung im Kommissionsverlag (vgl. Rn. 20 ff.) und auf echte Bestellverträge gemäß § 47 (vgl. § 47 Rn. 1). Diskutiert wird eine analoge Anwendung des § 36 auf Verträge über Leistungsschutzrechte. Eine Regelungslücke ist insofern aber im UrhG nicht erkennbar; vielmehr gelten die auf andere Nutzungsverträge als Verlagsverträge anzuwendenden Regeln (dazu vgl. Nach §§ 119 ff. Rn. 2 ff.).

Die Vorschrift wurde wegen des Übergangs von der Konkurs- auf die Insol- **2** venzordnung durch Art. 59 EGInsO vom 05.10.1994 mit Wirkung zum 01.01.1999 (Art. 110 Abs. 1 EGInsO) geändert; dabei wurde allerdings nur der Verweis auf § 17 KO in den Verweis auf § 103 InsO geändert und im Übrigen der Wortlaut an die Insolvenzordnung angepasst. Inhaltlich ist § 36 kaum verändert worden. Im Gegensatz zu nahezu allen anderen Vorschriften des VerlG ist § 36 jedenfalls insofern zwingend, als davon nicht zum Nachteil der Insolvenzmasse abgewichen werden kann (h.M., statt aller *Schricker* VerlagsR[3] § 36 Rn. 1a).

Ob die geplante Neuregelung in einem § 108a InsO, die Lizenzverträge bei **3** Insolvenz des Lizenzgebers dem Wahlrecht des Insolvenzverwalters entziehen, also insolvenzfest machen will, auch Verlagsverträge erfassen wird, bleibt abzuwarten (Gesetzentwurf in der am 22.08.2007 vom Bundeskabinett beschlossenen Fassung abrufbar unter http://www.bmj.bund.de/files/-/2368/RegE%20Entschuldung%20mittelloser%20Personen.pdf; Stellungnahme der GRUR abrufbar unter http://www.grur.de/cms/upload/pdf/stellungnahmen/2007/2007–11–19_GRUR_Stn__108a-E_InsO.pdf; zuletzt abgerufen am 22.01.2008).

2. Systematik der Vorschrift

4 Systematisch ist **Abs.** 3 mit dem Rücktrittsrecht des Verfassers zuerst zu lesen. Bereits nach dem Wortlaut ist der Autor nämlich zum Rücktritt berechtigt, wenn bei Eröffnung des Insolvenzverfahrens der Verlag mit der Vervielfältigung noch nicht begonnen hatte. Weitere Voraussetzungen dieses Rücktrittsrechts sieht das Gesetz nicht vor. Etwas anderes ergibt sich auch nicht aus Abs. 1 iVm § 103 InsO, wonach der Insolvenzverwalter das Wahlrecht aus § 103 InsO besitzt, auch wenn das Werk bereits vor Eröffnung des Insolvenzverfahrens abgeliefert war. Damit nimmt **Abs.** 1 sinnvollerweise nur auf § 15 Bezug. Nach § 15 ist nämlich der Verleger – mit Eröffnung des Insolvenzverfahrens also der Insolvenzverwalter – verpflichtet, mit der Vervielfältigung unverzüglich zu beginnen, sobald ihm das vollständige Werk zugegangen ist. Ohne die Verweisung in Abs. 1 könnte also zweifelhaft sein, ob der Insolvenzverwalter nach Ablieferung die Erfüllung noch ablehnen könnte. Nach richtiger h.M. hat Abs. 1 insofern lediglich klarstellende Wirkung (vgl. Rn. 13 f.; zum umgekehrten Fall der Insolvenz des Komponisten im Musikverlag LG Hamburg NJW 2007, 3215, 3216 f.). Zu dem Verhältnis zu Abs. 3 sagt § 36 Abs. 1 nichts aus. Der Verfasser kann deshalb das Rücktrittsrecht aus Abs. 3 unabhängig von dem Verhalten des Insolvenzverwalters ausüben, wenn nur zur Zeit der Eröffnung des Insolvenzverfahrens mit der Vervielfältigung noch nicht begonnen war. Der Insolvenzverwalter kann dem Autor dieses Rücktrittsrecht nicht nehmen, indem er etwa ohne weiteres mit der Vervielfältigung beginnt oder diese ankündigt (a.A. *Schricker* VerlagsR[3] Rn. 7). Der Autor ist in der Ausübung seines Rechts nur durch Treu und Glauben eingeschränkt, darf also nach seiner Kenntnis von der Eröffnung des Insolvenzverfahrens nicht treuwidrig lange zuwarten, bevor er über einen Rücktritt entscheidet. Will der Insolvenzverwalter rasch klare Verhältnisse schaffen und möglicherweise negative Folgen für die Masse durch einen noch spät ausgesprochenen Rücktritt vermeiden, so muss er dem Autor eine Frist zur Erklärung über einen Rücktritt setzen. Allein dies ist interessengerecht, da der Autor nicht notwendigerweise von dem Insolvenzverfahren des Verlages erfährt, umgekehrt der Insolvenzverwalter aber mühelos den Autor benachrichtigen kann. Darüber hinaus wäre ein „Wettrennen" zwischen Autor und Insolvenzverwalter, bei dem der Insolvenzverwalter versuchen müsste, möglichst rasch mit der Vervielfältigung zu beginnen oder die Rechte weiterzuübertragen, systemwidrig und mit erheblichen Unsicherheiten verbunden. Sein Wahlrecht nach Abs. 1 kann der Insolvenzverwalter deshalb nur ausüben, wenn der Verfasser an dem Vertrag festhalten will oder sich innerhalb einer von dem Insolvenzverwalter gesetzten Frist nicht erklärt.

3. Mögliche Konstellationen

5 Im Falle der Insolvenz des Verlages sind folgende Fallgestaltungen denkbar: Weder Autor noch Insolvenzverwalter erklären sich – erstens – in irgendeiner Weise über eine Erfüllung oder sonstige Fortsetzung des Verlagsvertrages (vgl. Rn. 6). Zweitens kann der Verfasser von dem Verlagsvertrag zurücktreten (vgl. Rn. 7 ff.). Des Weiteren kann der Insolvenzverwalter nach Abs. 1 i.V.m. § 103 InsO die Erfüllung ablehnen (vgl. Rn. 13) oder vielmehr Erfüllung wählen, sei es – in wohl praktisch seltenen Fällen – durch eigene Erfüllung, sei es durch Übertragung der Verlagsrechte auf einen anderen Verlag (vgl. Rn. 18).

II. Keine der Parteien erklärt sich

Wenn sich nach Eröffnung des Insolvenzverfahrens weder der Insolvenzver- **6**
walter noch der Autor in irgendeiner Weise erklären, besteht der Verlagsvertrag zunächst weiter. Die Eröffnung des Insolvenzverfahrens berührt ihn nicht
(LG Hamburg NJW 2007, 3215, 3216; dazu allg.: BGH NJW 2006, 915 ff.).
Mit Abschluss des Insolvenzverfahrens ist der Verlagsvertrag allerdings aufgelöst, wenn die Rechte nicht weiterübertragen wurden, weil der Verlag aufhört zu bestehen; die Verlagsrechte fallen an den Autor zurück, § 9 Abs. 1
(OLG München NJW-RR 1994, 1478 – *Das große Buch der Jagd*).

III. Das Rücktrittsrecht des Verfassers

1. Voraussetzungen

Einzige Voraussetzung für das Rücktrittsrecht des Verfassers aus Abs. 3 ist, **7**
dass im Zeitpunkt der Eröffnung des Insolvenzverfahrens mit der Vervielfältigung, heute also in erster Linie mit der Herstellung des Satzes (vgl. § 15
Rn. 2), noch nicht begonnen war. Im Streitfall muss der Autor, der sich auf das
Rücktrittsrecht berufen will, dies beweisen. Ob allerdings für den heute ganz
überwiegend anzutreffenden Fall, dass dem Verlag bereits im Verlagsvertrag
das Recht zur Veranstaltung mehrerer Auflagen eingeräumt worden ist, der
Beginn der Vervielfältigung der ersten Auflage entscheidend sein muss, der
Autor also sein Rücktrittsrecht verliert, wenn der Verlag nur mit der Herstellung der *ersten* Auflage bereits vor Eröffnung des Insolvenzverfahrens
begonnen hat, kann wegen § 38 Abs. 2 zweifelhaft erscheinen. Nach § 38
Abs. 2 bleibt nämlich der Vertrag auch nach einem Rücktritt im Zweifel
insoweit aufrechterhalten, als er sich auf bereits abverkaufte Abzüge, abgegebene Exemplare, frühere Abteilungen des Werkes oder ältere Auflagen
bezieht. Nach richtiger Auffassung kann jedoch das gesetzliche Rücktrittsrecht
– anders als bei § 35 Abs. 1 S. 2 – aus § 36 Abs. 3 nicht für weitere Auflagen
eines bereits einmal von beiden Teilen erfüllten Verlagsvertrages gelten. Das
sehr weitgehende Rücktrittsrecht des Verfassers aus Abs. 3 ist, wenn der Verlag
noch nicht mit der Vervielfältigung begonnen hatte, dadurch gerechtfertigt,
dass das Werk vor der Vervielfältigung und Verbreitung gewissermaßen einen
lediglich potentiellen Wert im Vermögen des Verlages darstellt, denn dieser hat
mangels Vervielfältigung und Verbreitung und den entsprechenden Absatz-
bemühungen noch keinen eigenen Vermögenswert geschaffen. Hat der Verlag
hingegen eine oder mehrere Auflagen bereits vervielfältigt und verbreitet und
sich also für das Werk eingesetzt, so ist der Vermögenswert des Werkes auch
dem Verlag zuzurechnen. Dieser Wert muss in der Masse verbleiben. Im
Übrigen hätten § 36 Abs. 1 und das grundsätzliche Wahlrecht des Insolvenzverwalters aus § 103 InsO kaum einen Anwendungsbereich, wenn der Autor
ohne weiteres auch für zukünftige Auflagen von dem Vertrag zurücktreten
könnte. Die anderslautende Regelung in § 35 Abs. 1 S. 2 ist durch das dort
stark ausgeprägte persönlichkeitsrechtliche Interesse des Autors gerechtfertigt.

Dies muss auch für die parallele Problematik bei einem Erscheinen des Werkes **8**
in Abteilungen (§ 15 S. 2) gelten. Hat der Verlag mit der Vervielfältigung auch
nur der ersten zur Veröffentlichung bestimmten Abteilung begonnen, ist das
Rücktrittsrecht des Verfassers insgesamt ausgeschlossen (iE. ebenso *Schricker*
VerlagsR[3] Rn. 6 mwN.).

2. Erklärung und Wirkung des Rücktritts

9 Der Autor muss den Rücktritt gegenüber dem Insolvenzverwalter, dem die Erklärung zugehen muss (§§ 130 ff. BGB), erklären. Der Verfasser ist dabei an keine bestimmte Frist gebunden, sondern zeitlich nur durch Treu und Glauben beschränkt. Allerdings kann ihm der Insolvenzverwalter eine Frist zur Erklärung über den Rücktritt setzen, um möglichst rasch Klarheit zu haben (a.A. *Schricker* VerlagsR[3] Rn. 7). Weiß der Autor von der Eröffnung des Insolvenzverfahrens, verzichtet er idR. stillschweigend auf sein Rücktrittsrecht, wenn er den Insolvenzverwalter auffordert, mit der Vervielfältigung des Werkes zu beginnen oder die Rechte auf einen anderen Verlag zu übertragen. Ein Verzicht ist im Streitfall vom Insolvenzverwalter zu beweisen.

10 Durch den Rücktritt wird der Vertrag rückwirkend aufgelöst, und der Verlagsvertrag verwandelt sich in ein Rückgewährschuldverhältnis, §§ 37 VerlG, 346 ff. BGB. Der Verfasser muss also dem Verlag bzw. dem Insolvenzverwalter etwa erhaltene Honorarvorschüsse zurückzahlen, kann aber seinerseits das unter Umständen bereits abgelieferte Manuskript aussondern (§ 47 InsO), da es – jedenfalls ohne abweichende vertragliche Regelung – sein Eigentum geblieben ist (vgl. § 27 Rn. 2).

3. Mehrere Verfasser

11 Haben mehrere Autoren als **Miturheber** (§ 8 UrhG) ein gemeinsames Werk geschaffen, so müssen sie alle den Rücktritt erklären, §§ 37 VerlG, 351 BGB. Urheber eines **verbundenen Werks** (z.B. Textdichter und Komponist, Urheber zweier unterschiedlicher Teile eines in einem Band vereinigten wissenschaftlichen Werkes), so können sie ebenfalls nur gemeinsam zurücktreten, wenn zwischen ihnen eine Gesellschaft besteht (dazu BGH GRUR 1973, 328, 329 f. – *Musikverleger II*; GRUR 1982, 41, 42 f. – *Musikverleger III*; § 709 Abs. 1 BGB). Liegt keine Gesellschaft vor – wie wohl regelmäßig unter den Autoren der einzelnen Beiträge eines **Sammelwerks** –, so kann grds. jeder Autor allein zurücktreten, wenn und soweit mit der Vervielfältigung des Sammelwerkes im Zeitpunkt der Verfahrenseröffnung noch nicht begonnen war. Tritt der Herausgeber dieses Sammelwerkes zurück und ist er als dessen Urheber im Sinne des § 4 UrhG anzusehen, so berührt dies zwar für den Regelfall, dass der Verlag getrennte Verträge mit dem Herausgeber und den einzelnen Autoren abschließt, deren Verlagsverträge nicht unmittelbar; allerdings können die betroffenen Einzelautoren sich u.U. auf § 35 berufen oder aus wichtigem Grund kündigen, weil das Werk nicht mehr in der vorgesehen Form erscheinen kann. Denn der Verlag verliert durch den Rücktritt des Herausgebers als Urheber des Sammelwerks das Verlagsrecht an dem urheberrechtlich geschützten Sammelwerk als solchem. Allenfalls kann der Insolvenzverwalter unter bestimmten Umständen die Beiträge einzelner Autoren noch veröffentlichen (lassen), wenn und soweit dies unter Berücksichtigung der Rechte des Herausgebers aus § 4 UrhG und aus praktisch-inhaltlichen Erwägungen denkbar ist.

4. Vertragliche Erweiterungen?

12 Wegen § 119 InsO sind Vereinbarungen, die das Rücktrittsrecht des Verfassers – wie etwa die in Verlagsverträgen einigermaßen beliebte Klausel, die dem Verfasser ohne weitere Voraussetzungen im Falle der Insolvenz des Verlags ein Kündigungs- oder Rücktrittsrecht einräumt – erweitern, unwirksam (h.M.,

Loewenheim/*Kreuzer* § 95 Rn. 58 f. mwN.). Dies gilt im Grundsatz auch für die im Verlagsbereich vor allem bei verlagsrechtlichen Lizenzverträgen anzutreffenden Auflösungs- und Rückfallklauseln, nach denen der schuldrechtliche Lizenzvertrag durch die Insolvenz des Lizenznehmers auflösend bedingt ist und mit der Auflösung die Rechte zurückfallen (*Hausmann* ZUM 1999, 914, 919), zumal der BGH die sog. Erlöschenstheorie vor einigen Jahren aufgegeben hat (zuletzt zB BGH 05.07.2007 – IX ZR 160/06, verfügbar bei juris, zu einem urheberrechtlichen Lizenzvertrag). Zum Ganzen vgl. Nach §§ 119 ff. UrhG Rn. 8 ff. Umgekehrt kann der Verfasser allerdings durchaus auf das ihm eingeräumte Rücktrittsrecht verzichten. Wegen § 112 InsO ist dies auch durch Formularvertrag möglich (zum Ganzen vgl. § 113 UrhG Rn 12 ff.).

IV. Das Wahlrecht des Insolvenzverwalters, Abs. 1 und Abs. 2

1. Voraussetzungen

Nach § 103 Abs. 1 InsO kann der Insolvenzverwalter wählen, ob er anstelle **13** des Schuldners den Vertrag erfüllt oder die Erfüllung ablehnt, wenn ein gegenseitiger Vertrag zur Zeit der Eröffnung des Insolvenzverfahrens von beiden Teilen noch nicht oder noch nicht vollständig erfüllt ist. Insofern ist im Rahmen des § 36 Abs. 1 VerlG streitig, ob es sich dabei um eine **Rechtsgrund- oder** eine **Rechtsfolgenverweisung** handelt, der Verlagsvertrag also bereits mit Ablieferung des Werkes eigentlich erfüllt ist (dann durch ausdrückliche Anordnung in § 36 Abs. 1 Rechtsfolgenverweisung) oder zur Erfüllung durch den Autor auch die während der gesamten Laufzeit des Verlagsvertrages geschuldete Enthaltung (vgl. § 2 Rn. 4 ff.) gehört (dann Rechtsgrundverweisung in § 36 Abs. 1 und bloße Klarstellung, dass Ablieferung für Erfüllung nicht genügt). Die Streitfrage ist allerdings für den Fall der Insolvenz des Verlages praktisch **irrelevant**, weil sie wegen der ausdrücklichen Bezugnahme auf das Wahlrecht nach § 103 InsO in Abs. 1 jedenfalls hinsichtlich der Erfüllung durch den Autor zu identischen Ergebnissen führt. Ist der Autor nicht ohnehin nach Abs. 3 von dem Vertrag zurückgetreten, so ist das Wahlrecht des Insolvenzverwalters deshalb nur dann ausgeschlossen, wenn der Verlag etwa den Verlagsvertrag schon vollständig erfüllt (vgl. Rn. 14) hatte.

Vollständig ist der Verlagsvertrag erst **erfüllt**, wenn das Werk vollständig **14** vervielfältigt *und* verbreitet ist, das gesamte Honorar (für alle abzusetzenden Exemplare!) gezahlt und alle Freiexemplare geliefert sind sowie vollständig abgerechnet wurde. Hat der Verlag nach dem Verlagsvertrag das Recht, weitere Auflagen zu veranstalten, ist der Vertrag, solange diese rechtliche Möglichkeit für den Verlag noch besteht, ebenfalls (noch) nicht erfüllt. Für den heute äußerst verbreiteten Fall, dass dem Verlag im Verlagsvertrag Rechte für alle Auflagen und Ausgaben eingeräumt werden, besteht also stets ein Wahlrecht des Insolvenzverwalters nach §§ 36 Abs. 1 VerlG, 103 Abs. 1 InsO (*Schricker* VerlagsR[3] Rn. 13; anders für den Fall der Insolvenz des Autors LG Hamburg NJW 2007, 3215, 3216 f.: Vertrag ist mit Ablieferung und Einräumung der Nutzungsrechte vollständig erfüllt).

2. Ausübung des Wahlrechts durch den Insolvenzverwalter

Der Insolvenzverwalter übt sein Wahlrecht durch einseitige, empfangsbedürf- **15** tige Willenserklärung (§ 130 ff. BGB) gegenüber dem Autor aus. Er kann seine Wahl auch durch konkludentes Handeln erklären, indem er z.B. eine begonnene Vervielfältigung des Werkes oder dessen Verbreitung fortsetzt oder die Rechte für weitere Auflagen auf einen anderen Verlag überträgt (vgl. Rn. 18). Ob umgekehrt das reine Bestreiten einer Honorarforderung des Autors als Erklärung, der Insolvenzverwalter lehne die Erfüllung ab, gedeutet werden kann, erscheint zweifelhaft. Denn je nach den Umständen kann dies auch nur die Berechtigung der konkreten Forderung in der konkreten Höhe (etwa bei bereits gezahlten Honoraren) betreffen. Eine konkludente Erklärung, die Erfüllung werde abgelehnt, muss aber mindestens deutlich machen, dass der Insolvenzverwalter davon ausgeht, der Verlagsvertrag bestehe nicht mehr oder werde nicht fortgesetzt.

16 Ein Irrtum des Insolvenzverwalters über die Rechtsfolgen seiner (auch stillschweigenden) Erklärung ist grds. unbeachtlicher Motivirrtum.

3. Erfüllung

17 a) **Fortbestehen des Verlagsvertrages:** Wählt der Insolvenzverwalter Erfüllung, besteht mit der Erklärung der Verlagsvertrag in vollem Umfang – mit allen Rechten und Pflichten – fort. Einwendungen und Einreden, bereits entstandene Rücktrittsrechte usw. bestehen weiter. Auch nach Wahl der Erfüllung durch den Insolvenzverwalter kann der Verfasser noch nach §§ 32, 30 und entsprechender Fristsetzung mit Ablehnungsandrohung von dem Vertrag zurücktreten. Die Erfüllungsansprüche des Autors sind Masseschulden, §§ 53, 55 Abs. 1 Nr. 2 InsO.

18 b) **Übertragung der Verlagsrechte auf einen Dritten:** In den meisten Fällen wird der Insolvenzverwalter kaum in der Lage sein, den Verlagsvertrag selbst zu erfüllen, also das Werk selbst zu vervielfältigen und zu verbreiten. Deshalb überträgt der Insolvenzverwalter in den vielen Fällen die Verlagsrechte auf einen Dritten. Auch in der Insolvenz muss jedoch die Übertragung überhaupt zulässig, darf also z.B. nicht vertraglich ausgeschlossen sein. Will der Insolvenzverwalter nur die Rechte an einem einzelnen Werk oder einer einzelnen Gruppe von Werken (etwa eines bestimmten Autors) übertragen, braucht er hierzu wie außerhalb der Insolvenz die Zustimmung des Urhebers, § 34 Abs. 1 UrhG, wobei der Urheber allerdings seine Zustimmung nicht wider Treu und Glauben verweigern darf. Nur dann, wenn der Insolvenzverwalter einen Teil des Verlages (z.B. den gesamten Sachbuchbereich) oder den gesamten Verlag einem Dritten überträgt, ist dies ohne Zustimmung des Urhebers möglich, § 34 Abs. 3 UrhG. § 36 Abs. 2 verändert allerdings die Wirkungen der Übertragung. Während nach § 34 Abs. 5 UrhG der Erwerber gemeinsam mit dem Veräußerer gesamtschuldnerisch für die Erfüllung des Verlagsvertrages haftet, tritt der Erwerber nach § 36 Abs. 2 S. 1 anstelle der Insolvenzmasse in die Verpflichtungen aus dem Verlagsvertrag ein. Die Insolvenzmasse haftet für den dem Autor entstehenden Schaden bei Nichterfüllung durch den Erwerber lediglich wie ein Bürge, der auf die Einrede der Vorausklage verzichtet hat, Abs. 2 S. 2 (§ 773 Abs. 1 Nr. 1 BGB). Der Autor kann also sofort von der Insolvenzmasse Schadensersatz verlangen, ohne vorher den erwerbenden Verlag ergebnislos in Anspruch nehmen zu müssen. Dem Insolvenzverwalter verbleiben die Einreden des Erwerbers der Verlagsrechte, § 768 BGB. Bei Aufhebung des Insolvenzverfahrens sind konsequenterweise – da die Insolvenzmasse nur als Bürger haftet – die sich aus der Haftung ergebenden Ansprüche des Autors gegen die Masse sicherzustellen, Abs. 2 S. 3.

4. Ablehnung der Erfüllung

Hat der Insolvenzverwalter dem Verfasser gegenüber ausdrücklich oder kon- **19** kludent (vgl. Rn. XY) erklärt, er lehne die Erfüllung des Verlagsvertrages ab, oder hat er sich auf eine entsprechende Aufforderung des Autors, sich zur Fortsetzung des Verlagsvertrages zu äußern, nicht innerhalb der gesetzten Frist erklärt, so erlöschen die Rechte und Pflichten aus dem Verlagsvertrag für die Zukunft. Einen eventuellen Schadensersatzanspruch des Verfassers wegen Nichterfüllung (§§ 249 ff. BGB) kann der Autor nur als Insolvenzgläubiger geltend machen, § 103 Abs. 2 S. 1 InsO. Honorare und Vorschüsse muss der Autor grds. nicht zurückzahlen, da das Vertragsverhältnis nur für die Zukunft erlischt; diese Posten werden aber bei der Bestimmung der Höhe des Schadensersatzes berücksichtigt. Der Insolvenzverwalter kann ein den Schaden übersteigendes Honorar nach Bereicherungsgrundsätzen vom Autor herausverlangen. Da auch das Verlagsrecht erlischt, § 9 Abs. 1 VerlG, darf der Insolvenzverwalter etwa bereits hergestellte Exemplare nicht mehr verbreiten. Er darf sie allenfalls makulieren oder dem Verfasser zur Übernahme anbieten. Sein Manuskript kann der Autor gemäß § 47 InsO aussondern.

V. Kommissionsverlag und Insolvenz

Die Insolvenz des als Kommissionär handelnden Verlages hat auf den Kommis- **20** sionsvertrag grds. keinen Einfluss. Denn § 116 InsO gilt nur bei Insolvenz des Geschäftsherrn (des Autors). Auch § 36 VerlG gilt nicht (vgl. Rn. 1). Auch hier hat der Autor jedoch ein Kündigungsrecht, und zwar aus § 649 BGB, denn der Kommissionsvertrag unterliegt sowohl den Regelungen des HGB über das Kommissionsgeschäft, §§ 383 ff. HGB, als auch den werkvertraglichen Regelungen des BGB (§§ 631 ff. BGB). Das Kündigungsrecht gilt nach § 649 BGB nur bis zur Vollendung des Werkes, beim Kommissionsvertrag also bis zur Ausführung der Kommission, d.h. der Vollendung der Vervielfältigung und Verbreitung. Sind Vervielfältigung und Verbreitung beendet, hat der Autor kein Kündigungsrecht, und in der Praxis wird die Insolvenz dann ohnehin kaum Auswirkungen zeigen.

Sind Vervielfältigung oder Verbreitung hingegen noch nicht ausgeführt, kann **21** der Autor als Besteller ohne weiteres kündigen. Macht er hiervon keinen Gebrauch, hat der Insolvenzverwalter wiederum ein Wahlrecht nach § 103 Abs. 1 InsO. Im Gegensatz zu der Lage im Rahmen des § 36 VerlG kann der Insolvenzverwalter beim Kommissionsverlag sein Wahlrecht jederzeit vor Ausübung des Kündigungsrechts durch den Autor ausüben, denn § 103 InsO ist als Spezialregelung für gegenseitige Verträge in der Insolvenz vorrangig vor der allgemeinen Regelung des § 649 BGB.

Wiederum kann der Verfasser sein Manuskript und noch nicht verkaufte **22** (übereignete) Exemplare nach § 47 InsO aussondern. Noch nicht von dem Insolvenzverwalter eingezogene Kaufpreisforderungen gegenüber Sortimentern oder Großhändlern kann der Autor ebenfalls nach § 392 Abs. 2 HGB aussondern; sind die betreffenden Beträge jedoch bereits an den Insolvenzverwalter gezahlt worden, kann der Autor diese Beträge nur als gewöhnlicher Insolvenzgläubiger gegenüber der Masse geltend machen.

§ 37   VerlG

Auf das in den §§ 17, 30, 35, 36 bestimmte Rücktrittsrecht finden die für das Rücktrittsrecht geltenden Vorschriften der §§ 346 bis 351 des Bürgerlichen Gesetzbuchs entsprechende Anwendung.

Übersicht

I.   Allgemeines

1 § 37 verweist für die Einzelheiten des Rücktrittsrechts auf die normalen zivilrechtlichen Regelungen in §§ 346 ff. BGB. Allerdings ist § 37 nach der am 01.01.2002 in Kraft getretenen Schuldrechtsreform, nach der die Rücktrittsvorschriften nun mit § 354 BGB – statt früher § 356 BGB – enden und außerdem inhaltlich umgestaltet worden sind, der neuen Lage nicht angepasst worden. Insofern ist bereits fraglich, ob die Verweisung die nach der Schuldrechtsreform neu in das Rücktrittsrecht hineingekommenen Vorschriften der §§ 352 bis 354 BGB (Aufrechnung nach Nichterfüllung, Rücktritt gegen Reugeld und Verwirkungsklausel) überhaupt erfassen kann. Die erfolgten Änderungen werden allerdings zum großen Teil für den Verlagsbereich kaum jemals relevant werden.

2 Die Verweisung auf die Rücktrittsvorschriften des BGB betrifft nach dem Wortlaut des § 37 S. 1 die im VerlG geregelten Rücktrittsrechte aus §§ 30, 35, 36 und sicherlich aus § 32. Die Verweisung auf § 17 in S. 1 geht allerdings fehl, weil es sich in der Sache bei § 17 eher um eine Kündigung, nicht hingegen um einen Rücktritt – mit Rückabwicklung des gesamten Vertragsverhältnisses – handelt (ebenso *Schricker* VerlagsR[3] § 37 Rn. 1). Umgekehrt erfasst die Verweisung auch vertraglich vereinbarte Rücktrittsrechte. §§ 37 S. 1 VerlG, 346 ff. BGB sind im Übrigen nur auf einen Rücktritt vor Ablieferung des Werkes anwendbar. Bei einem Rücktritt nach Ablieferung ist stets auch § 38 (vgl. § 38 Rn. 3 ff.) zu beachten.

II.   Anzuwendende Vorschriften des BGB

1.   Erklärung des Rücktritts

3 Nach §§ 37 S. 1 VerlG, 349 BGB erfolgt der Rücktritt durch Erklärung gegenüber dem anderen Teil. Ist für die Ausübung eines vertraglichen Rücktrittsrechts keine Frist im Vertrag vereinbart worden, so kann der Rücktrittsgegner dem Berechtigten eine Frist für die Ausübung des Rechts setzen, § 350 S. 1 BGB. Mit dem fruchtlosen Ablauf der gesetzten Frist erlischt das Rücktrittsrecht, § 350 S. 2 BGB. Nach § 351 BGB (früher § 356 BGB) ist das Rücktrittsrecht unteilbar; bei Beteiligung mehrerer Parteien auf der einen oder anderen Seite kann es deshalb nur von und gegen alle ausgeübt werden. Zu den Besonderheiten bei Miturhebern, Urhebern verbundener Werke usw. vgl. § 30 Rn. 10; § 31 Rn. 15. Nach § 351 S. 2 BGB wirkt auch ein Erlöschen des Rücktrittsrechts für und gegen alle Parteien.

2. Wirkungen des Rücktritts

Nach §§ 37 S. 1 VerlG, 346 Abs. 1 BGB verwandelt sich der Vertrag im Falle **4** des Rücktritts in ein Rückgewährschuldverhältnis, so dass die Parteien die einander empfangenen Leistungen Zug um Zug (§ 348 BGB) zurückzugewähren und gezogene Nutzungen herauszugeben haben. Nach richtiger Auffassung sind die von Verlag und Autor jeweils wegen des Vertragsabschlusses oder in Vorbereitung des Abschlusses gemachten Aufwendungen und Auslagen keine „Leistungen" im Sinne des § 346 Abs. 1 BGB. Keine Partei muss deshalb der anderen für diese Leistungen Ersatz leisten (*Schricker* VerlagsR[3] Rn. 7).

Während in den Fällen eines verschuldeten Untergangs, der Verarbeitung oder **5** Umbildung, Veräußerung oder Belastung des Gegenstandes durch den Rücktrittsberechtigten früher im Regelfall bzw. unter bestimmten Voraussetzungen der Rücktritt ausgeschlossen war (§§ 351 bis 353 BGB a.F.), sieht § 346 Abs. 2 BGB seit der Schuldrechtsreform auch in solchen Fällen ein Rücktrittsrecht grundsätzlich vor, ordnet aber eine Wertersatzverpflichtung und – in Abs. 4 – bei Vertretenmüssen auch Schadensersatz an. Im Verlagsbereich wird wohl allenfalls § 346 Abs. 2 S. 1 Nr. 3 (Verschlechterung oder Untergang) – wenn überhaupt – jemals eine Rolle spielen können, falls das Manuskript, übergebene Materialien oder ähnliches unwiederbringlich verlorengegangen sind. Aus §§ 346 Abs. 2 S. 1 Nr. 3 und Abs. 3 S. 1 Nr. 2 ergibt sich jedenfalls, dass ein Rücktritt nicht dadurch ausgeschlossen wird, dass der Gegenstand beim Berechtigten durch Zufall untergegangen ist (frühere Regelung des § 350 BGB). § 346 Abs. 3 BGB regelt, in welchen Fällen die Pflicht zum Wertersatz des jeweiligen Schuldners entfällt. Auch insofern unterscheidet sich die neue Regelung in § 346 Abs. 2–4 BGB deutlich von der Rechtslage vor der Schuldrechtsreform, nach der der Schuldner ggf. nach §§ 347 S. 1, 989 ff. BGB haftete. Nach der neuen Regelung in §§ 346 ff. BGB wird auch nicht mehr danach unterschieden, ob der Gegenstand (d.h. vor allem das Manuskript und übergebene Unterlagen) vor Zugang der Rücktrittserklärung oder nach deren Zugang untergegangen ist.

Nach § 347 Abs. 1 muss der Schuldner dem Gläubiger grundsätzlich Nut- **6** zungen, die er entgegen den Regeln einer ordnungsmäßigen Wirtschaft nicht gezogen hat, obwohl ihm dies möglich gewesen wäre, dem Wert nach ersetzen. Im Falle eines gesetzlichen Rücktrittsrechts – worum es bei § 37 S. 1 vor allem gehen wird – ist er hier aber nur zur Anwendung derjenigen Sorgfalt, die er in eigenen Angelegenheiten anzuwenden pflegt, verpflichtet. In Betracht kommt im Verlagsbereich wohl vor allem ein Wertersatz für die nicht geleistete Verbreitung oder unzureichende Vervielfältigung. § 347 Abs. 2, der eine Ersatzpflicht für notwendige Verwendungen vorsieht, wird im Verlagsbereich wohl kaum jemals relevant werden, weil notwendige Verwendungen auf das Manuskript oder weitere Unterlagen in diesem Sinne ebenso wie Aufwendungen, durch die der Gläubiger dauerhaft bereichert wird (§ 347 Abs. 2 S. 2), in der Praxis wohl vorstellbar sind.

§ 37 S. 2 modifiziert die Herausgabe- und Wertersatzvorschriften der §§ 346 **7** Abs. 2–4 und 347 BGB für den Fall erheblich, dass der Rücktritt wegen eines Umstandes, den der andere Teil nicht zu vertreten hat, erklärt wird. Dabei findet § 37 S. 2 Anwendung nur auf die Rücktrittsrechte aus den in S. 1 aufgezählten Vorschriften, allerdings mit § 32, nicht dagegen auf andere gesetzliche oder vertragliche Rücktrittsrechte. Die frühere allgemeine Rücktrittsvorschrift des § 327 BGB entsprach § 37 S. 2 VerlG, findet sich jedoch in den durch die Schuldrechtsreform umgestalteten §§ 320 ff. BGB nicht mehr.

§ 38   VerlG

(1) ¹Wird der Rücktritt von dem Verlagsvertrag erklärt, nachdem das Werk ganz oder zum Teil abgeliefert worden ist, so hängt es von den Umständen ab, ob der Vertrag teilweise aufrechterhalten bleibt. ²Es begründet keinen Unterschied, ob der Rücktritt auf Grund des Gesetzes oder eines Vorbehalts im Vertrag erfolgt.

(2) Im Zweifel bleibt der Vertrag insoweit aufrechterhalten, als er sich auf die nicht mehr zur Verfügung des Verlegers stehenden Abzüge, auf frühere Abteilungen des Werkes oder auf ältere Auflagen erstreckt.

(3) Soweit der Vertrag aufrechterhalten bleibt, kann der Verfasser einen entsprechenden Teil der Vergütung verlangen.

(4) Diese Vorschriften finden auch Anwendung, wenn der Vertrag in anderer Weise rückgängig wird.

Übersicht

I.   Allgemeines

1   § 38 regelt den Rücktritt vom Verlagsvertrag, nachdem das Werk ganz oder zum Teil abgeliefert worden ist. Nach Abs. 1 kann der Verlagsvertrag, wenn entsprechende Umstände vorliegen, zum Teil aufrechterhalten bleiben. Nach Abs. 2 soll er sogar im Zweifel insoweit aufrechterhalten werden, als er sich auf nicht mehr zur Verfügung des Verlags stehende Exemplare, auf frühere Abteilungen des Werkes oder ältere Auflagen bezieht. Nach Abs. 3 kann der Autor, soweit der Vertrag aufrechterhalten bleibt, einen dem aufrechterhaltenen Teil entsprechenden Teil der Vergütung verlangen.

2   § 38 ist mangels anderweitiger vertraglicher Regelung auf alle gesetzlichen oder vertraglichen Rücktrittsrechte, § 38 Abs. 1 Satz 2, und auch dann anwendbar, wenn der Vertrag in anderer Weise rückgängig gemacht wird, § 38 Abs. 4. Jedenfalls dem Rechtsgedanken nach ist § 38 auch auf Teilrücktritte von komplexen Verlagsverträgen, bei denen der Rücktritt etwa nur einzelne Werke oder einzelne der eingeräumten Rechte betrifft, anwendbar, denn er ist wegen seines speziell auf Verlagsverhältnisse zugeschnittenen Interessenausgleiches hier wohl besser geeignet als § 139 BGB, der im Zweifel das ganze Geschäft erfasst. Hierfür spricht bereits der Wortlaut des § 38 Abs. 1, der zwar nur von „das Werk" spricht, aber selbstverständlich den (ganzen) Vertrag meint. Insofern kann es keinen Unterschied machen, wie umfassend der betroffene Vertrag ist. Vielmehr hat der Interessenausgleich gerade bei komplexeren Vertragswerken eine umso stärkere Berechtigung (ebenso i.E. *Schricker* VerlagsR³ §§ 37, 38 Rn. 14). Zu den Auswirkungen einer Kündigung in komplexen Vertragsgefügen vgl. § 32 Rn. 21 f.; LG München ZUM 2007, 580, 583; OLG München GRUR-RR 2008, 208 ff. – *Concierto* (n. rkr.).

II.   Teilweise Aufrechterhaltung des Vertrages

1.   Teilweise Aufrechterhaltung nach Ablieferung

3   Nach Abs. 1 soll es, wenn der Rücktritt nach vollständiger oder teilweiser Ablieferung des Werkes erklärt wird, von den Umständen abhängen, ob der

Vertrag tw. aufrechterhalten bleiben kann. Ein Fortbestehen des Vertrages ist auch bezüglich einzelner Verpflichtungen denkbar. So erwähnt *Schricker* (VerlagsR³ Rn. 11) ein Beispiel aus der älteren Rechtsprechung, nach der der Verfasser nach Rücktritt nicht zur Rückzahlung eines Vorschusses verpflichtet sein sollte, weil der Verlag trotz rechtzeitiger Ablieferung 1½ Jahre lang das Werk nicht vervielfältigt und verbreitet hatte. Dieser Fall wird allerdings heute, da die Verlage sich zumeist das Festsetzen des Erscheinungsdatums sehr weitgehend nach freiem Ermessen vorbehalten, kaum noch praktisch werden können.

Die bloße Ablieferung des Werkes kann jedoch schon nach dem Wortlaut des **4** § 38 Abs. 1 nicht für sich genommen für eine (tw.) Aufrechterhaltung des Vertrages sprechen. Insgesamt lässt sich über die tw. Aufrechterhaltung nur im Einzelfall entscheiden. Umgekehrt können die Umstände auch dafür sprechen, dass der Verlagsvertrag insgesamt rückgängig gemacht werden soll. Dies wird vor allem dann der Fall sein, wenn der Verfasser vor Beginn der Vervielfältigung und Verbreitung den Rücktritt erklärt oder ihn erklärt, weil der Verlag das Werk vertragswidrig vervielfältigt und verbreitet hat. Das Rücktrittsrecht des Verfassers liefe leer, wollte man in diesem Fall zugunsten des Verlages stets von der Zweifelsregelung des § 38 Abs. 2 ausgehen. Allerdings wird man auch hier die Interessen beider Teile genau zu untersuchen haben, so dass der Vertrag jedenfalls nach Abs. 2 aufrechterhalten bleiben kann, wenn das Verschulden des Verlages gering ist oder die eigentlich vertragswidrige Vervielfältigung und Verbreitung den Verfasser objektiv nur unwesentlich beeinträchtigt.

Hat der Autor ein umfassendes Manuskript eingereicht, von dem der Verlag **5** nur Teile veröffentlicht hat, und tritt der Autor aus diesem Grunde von dem Verlagsvertrag zurück, so ist ebenfalls nach den Umständen zu entscheiden, ob der Rücktritt nur die nicht veröffentlichten Teile oder den gesamten Vertrag erfassen soll. Dies ist nach den Umständen und der Formulierung der Rücktrittserklärung, aber auch danach zu bestimmen, ob die veröffentlichten Teile unter Berücksichtigung der Persönlichkeitsrechte des Autors, insb. §§ 14, 39 UrhG, eigenständig verwertet werden durften.

Nach Abs. 2 wird jedenfalls im Zweifel der Vertrag insoweit aufrechterhalten, **6** als er sich auf nicht mehr zur Verfügung des Verlags stehende Exemplare, auf bereits erschienene Abteilungen des Werkes oder ältere Auflagen bezieht. Der Rücktritt wirkt also in diesem Fall nur wie eine Kündigung. Für die von dem aufrechterhaltenen Teil des Vertrages erfassten Exemplare steht dem Verlag deshalb nach wie vor ein Verbreitungsrecht zu.

2. Vergütungsanspruch

Der Verfasser hat nach Abs. 3 in diesen Fällen einen Anspruch auf den Teil der **7** Vergütung, der dem aufrechterhaltenen Teil entspricht. Bei einem Absatzhonorar lässt sich die Teilvergütung unproblematisch umsetzen. Bei einer Pauschalvergütung wird der Verfasser ggf. – da die Anzahl der herzustellenden Exemplare selbstverständlich Teil der Kalkulation ist – den Honorarteil dem Verlag erstatten müssen, der dem nicht durchgeführten Vertragsteil entspricht, bei Teilabwicklung nach § 346 Abs. 1 BGB, im Falle des §§ 347 Abs. 2 Satz 2, 812 ff. BGB nur nach Bereicherungsrecht.

Wird der Verlagsvertrag insgesamt rückwirkend aufgelöst, obwohl der Verlag **8** bereits einzelne Exemplare oder ganze Auflagen vervielfältigt und verbreitet hatte, so werden diese Exemplare nicht rückwirkend zu widerrechtlich hergestellten Exemplaren: Während ihrer Vervielfältigung und Verbreitung bestand das Verlagsrecht ja. Allerdings erlischt das Verlagsrecht mit dem Rücktritt, so dass der Verlag die betreffenden Exemplare nicht weiter verbreiten darf. Der Verlag kann die verbleibenden Exemplare also allenfalls makulieren. Der Verfasser kann sie nicht im Rahmen der Rückabwicklung beanspruchen, sondern muss sie ggf. dem Verlag abkaufen.

§ 39   VerlG

(1) Soll Gegenstand des Vertrags ein Werk sein, an dem ein Urheberrecht nicht besteht, so ist der Verfasser zur Verschaffung des Verlagsrechts nicht verpflichtet.

(2) Verschweigt der Verfasser arglistig, dass das Werk bereits anderweit in Verlag gegeben oder veröffentlicht worden ist, so finden die Vorschriften des bürgerlichen Rechtes, welche für die dem Verkäufer wegen eines Mangels im Rechte obliegende Gewährleistungspflicht gelten, entsprechende Anwendung.

(3) ¹Der Verfasser hat sich der Vervielfältigung und Verbreitung des Werkes gemäß den Vorschriften des § 2 in gleicher Weise zu enthalten, wie wenn an dem Werke ein Urheberrecht bestände. ²Diese Beschränkung fällt weg, wenn seit der Veröffentlichung des Werkes durch den Verleger sechs Monate abgelaufen sind.

§ 40   VerlG

¹Im Falle des § 39 verbleibt dem Verleger die Befugnis, das von ihm veröffentlichte Werk gleich jedem Dritten von neuem unverändert oder mit Änderungen zu vervielfältigen. ²Diese Vorschrift findet keine Anwendung, wenn nach dem Vertrage die Herstellung neuer Auflagen oder weiterer Abzüge von der Zahlung einer besonderen Vergütung abhängig ist.

Übersicht zu §§ 39/40 VerlG

I.   Allgemeines

1.   Gemeinfreies Werk als Vertragsgegenstand

1   §§ 39 und 40 betreffen Verträge über gemeinfreie Werke, an denen also weder ein Urheber- noch ein verwandtes Schutzrecht (§§ 70, 71 UrhG) besteht. Entscheidend ist dabei das Werk, das den Gegenstand des Verlagsvertrages bildet. Wenn also z.B. ein Vertrag über eine wissenschaftliche Neuausgabe eines Hölderlin-Textes geschlossen wird, ist Gegenstand des Verlagsvertrages nicht der Hölderlin-Text, sondern die wissenschaftliche Aufbereitung dieses Textes und damit ein geschütztes Werk i.S.d. § 70 UrhG. Gleiches gilt bei nachgelassenen Werken i.S.d. § 71 UrhG oder bei Sammlungen gemeinfreier Werke, die über § 4 UrhG geschützt sind (s. hierzu BGH GRUR 1990, 669, 673 f. – *Bibelreproduktion*; BGH GRUR 2007, 685 ff. – *Gedichttitelliste I*), sowie schließlich für Übersetzungen gemeinfreier Werke, § 3 UrhG. Auch dann, wenn das vertragsgegenständliche Werk als Datenbank (§§ 87a ff. UrhG) geschützt ist, kann ein echter Verlagsvertrag vorliegen (z.B. BGH GRUR 2007, 685, 686 f. – *Gedichttitelliste I*). In diesen Fällen liegen „echte" Verlagsverträge vor, so dass §§ 39/40 keine Anwendung finden. §§ 39, 40 betreffen vielmehr Werke, denen jeder urheberrechtliche Schutz fehlt, sei es, dass diese Werke die notwendige Schöpfungshöhe (§ 2 Abs. 2 UrhG) nicht erreichen, nach § 5 Abs. 1 als amtliche Werke keinen urheberrechtlichen Schutz genießen oder die Schutzfrist im Zeitpunkt des Vertragsschlusses abgelaufen ist.

Ist die Veröffentlichung des Werkes, das den Vertragsgegenstand bildet, (nur) **2** aufgrund einer urheberrechtlichen Schranke zulässig, können §§ 39, 40 jedenfalls dem Grunde nach analog anwendbar sein; i.d.R. wird jedoch Gegenstand des Verlagsvertrages in diesen Fällen nicht das über die Schranken „freie" Werk, sondern die besondere Zusammenstellung oder wissenschaftliche Aufbereitung der versammelten Werke durch den Verlaggeber und damit ein Leistungsschutzrecht nach §§ 70, 71 UrhG sein.

2. Kenntnis der Vertragsparteien

Für eine Anwendung der §§ 39/40 müssen sich beide Parteien darüber im **3** Klaren sein, dass der Gegenstand des Verlagsvertrages keinen urheber- oder leistungsschutzrechtlichen Schutz genießt. Irren insofern beide Parteien, gehen sie also von einem urheberrechtlichen Schutz aus, ist dies ein Fall der Störung der Geschäftsgrundlage, § 313 Abs. 2 BGB, so dass der Vertrag zwar fortbesteht, jedoch angepasst und ggf. rückgängig gemacht werden kann, § 313 Abs. 3 BGB (so schon vor der Schuldrechtsreform BGH GRUR 1993, 40 – *Keltisches Horoskop*). Irrt sich nur eine Partei über die urheberrechtliche Schutzfähigkeit, ist der Vertrag ggf. nach § 119 Abs. 2 BGB anfechtbar. Gleiches gilt für ein arglistiges Verschweigen der fehlenden Schutzfähigkeit durch eine der Parteien. In beiden Fällen haftet der Verfasser regelmäßig zusätzlich aus Rechtsmangelhaftung, §§ 433 Abs. 1 S. 2, 435 BGB (zu § 39 Abs. 2 vgl. Rn. 7; zur Leerübertragung vgl. Vor §§ 31 ff. UrhG Rn. 174).

3. Fortsetzung eines Vertrages nach Ablauf der Schutzfrist

Ob §§ 39/40 auch anwendbar sind, wenn ein Verlagsvertrag über ein ur- **4** sprünglich urheberrechtlich geschütztes Werk (vor allem stillschweigend) fortgesetzt wird, nachdem das Werk gemeinfrei geworden ist, ist zweifelhaft. Zwar kann der Verfasser nicht (mehr) verpflichtet sein, dem Verlag das ausschließliche Verlagsrecht zu verschaffen bzw. zu gewährleisten, § 39 Abs. 1, da mit dem Ablauf der urheberrechtlichen Schutzfrist die ausschließlichen Rechte des Verfassers erloschen sind. Allerdings kann die Begrenzung der Enthaltungspflicht des Verlagsgebers (z.B. der Erben) auf sechs Monate gemäß § 39 Abs. 3 S. 2 nicht ohne weiteres Anwendung finden, wenn ein möglicherweise langjähriger Verlagsvertrag nach dem Ablauf der urheberrechtlichen Schutzfrist schlicht fortgesetzt wird. Hier muss die Enthaltungspflicht schon aus den bestehenden – angesichts der Vertragsdauer erheblichen – Treuepflichten der Parteien heraus solange fortbestehen, wie auch der Vertrag fortgesetzt wird. Dies muss auch für Verträge über Werke, an denen lediglich ein Leistungsschutzrecht nach §§ 70, 71 UrhG besteht, gelten (etwas anders *Schricker* VerlagsR[3] §§ 39/40 Rn. 10).

5 Umgekehrt bestehen auch die vertraglichen Rechte und Pflichten des Verlages, insb. seine Vervielfältigungspflicht und ggf. vertraglich vorgesehene Beschränkungen in Auflagenhöhe, Zahl der herzustellenden Exemplare usw. solange fort, wie der Vertrag von beiden Seiten weitergeführt wird. Auch zu Änderungen ist der Verlag nicht befugt, solange der alte Verlagsvertrag schlicht fortgesetzt wird (sonst gilt § 40 S. 1). Lediglich die Vergütung des Verlaggebers muss ggf. angemessen ermäßigt werden, um der Tatsache, dass der Verlag nun keine ausschließlichen Rechte mehr besitzen kann und deshalb der Konkurrenz weiterer Verlage ausgesetzt ist, Rechnung zu tragen. Dies entspricht dem Willen und den Interessen der Parteien, denn durch die Fortsetzung bringen sie zum Ausdruck, dass sie unabhängig von dem urheberrechtlichen Schutz weiter gebunden sein möchten. Im Übrigen kann jede der Parteien den fortgesetzten Vertrag, da er sich jedenfalls nach Ablauf der Schutzfrist in einen unbefristeten Vertrag umwandelt, jederzeit ordentlich kündigen.

4. Rechtsnatur der Verträge

6 Auch Verträge über gemeinfreie Werke im Sinne der §§ 39/40 sind Verlagsverträge i.S.d. VerlG. Zu den begriffsnotwendigen Merkmalen eines Verlagsvertrages gehören nur die Pflicht des Verfassers, dem Verlag ein Werk zur Vervielfältigung und Verbreitung zu überlassen, und die Verpflichtung des Verlages, das Werk auf eigene Rechnung zu vervielfältigen und zu verbreiten, nicht hingegen die Verschaffung des subjektiven Verlagsrechts oder eine Verpflichtung hierzu (h.M., statt aller *Schricker* VerlagsR[3] Rn. 3 mwN.). Nach wie vor werden diese Verlagsverträge jedoch häufig als „uneigentliche" oder „unechte" Verlagsverträge bezeichnet. Während das VerlG mithin in vollem Umfang Anwendung findet, sind die Regelungen des UrhG allenfalls analog heranzuziehen, da das ihren Gegenstand bildende Werk gerade keinen urheberrechtlichen Schutz genießt.

II.   § 39: Sonderregelung der Pflichten des Verfassers oder Verlaggebers

1.   Verschaffung des subjektiven Verlagsrechts

7 Nach Abs. 1 ist der Verlaggeber begriffsnotwendig nicht verpflichtet, dem Verlag das (subjektive) Verlagsrecht (§ 8) zu verschaffen. Er kann deshalb nicht aus Gewährleistung haften. Aus diesem Grund bestimmt Abs. 2, dass der Verfasser allerdings dann nach Gewährleistungsrecht haftet (§§ 435, 437 ff. BGB), wenn er arglistig verschweigt, dass das Werk bereits anderweitig in Verlag gegeben oder veröffentlicht worden ist. „Veröffentlichung" erfasst dabei mehr als ein „Erscheinen" etwa iSd. § 6 UrhG, ein bloßer Vortrag, eine Aufführung o.Ä. genügen. Allerdings ist der Verfasser nicht verpflichtet, vor dem Abschluss eines Verlagsvertrages über das gemeinfreie Werk nachzuforschen, ob und ggf. wo es bereits veröffentlicht worden ist; er muss vielmehr von der Veröffentlichung positive Kenntnis haben. Glaubt der Verlaggeber hingegen, auch der Verlag wisse von der Veröffentlichung, so ist seine Haftung aus Abs. 2 ebenso ausgeschlossen, wie wenn der Verlag von der Veröffentlichung tatsächlich positiv weiß (und nicht etwa aus Fahrlässigkeit davon nichts weiß). § 39 Abs. 2 ist dispositiv; bei einem Ausschluss oder einer Beschränkung der Haftung sind allerdings §§ 444 und 307 Abs. 2 Nr. 1 BGB zu beachten.

2. Enthaltungspflicht des Verfassers

Abweichend von § 2 beschränkt § 39 Abs. 3 S. 2 die Enthaltungspflicht des **8** Verfassers auf sechs Monate seit Veröffentlichung des Werkes durch den Verlag. Während der ersten sechs Monate nach Erscheinen ist der Verfasser trotz fehlenden urheberrechtlichen Schutzes zur Enthaltung verpflichtet, §§ 39 Abs. 3 S. 1 iVm § 2. Sind mehrere Auflagen vereinbart, entsteht diese Enthaltungspflicht für jede Auflage wieder neu. Eine Verletzung bedeutet allerdings mangels urheberrechtlichen Schutzes keine Urheberrechtsverletzung, sondern lediglich eine Verletzung des Verlagsvertrages.

III. § 40: Sonderregelung der Rechte und Pflichten des Verlages

Haben die Parteien in dem Verlagsvertrag eine bestimmte Auflagenhöhe verein- **9** bart, ist der Verlag an diese Beschränkung gebunden, obwohl jeder andere Verlag das Werk völlig frei vervielfältigen und verbreiten (und auch ändern) könnte, § 241 BGB. Sonst wird der Verlag nach der Herstellung einer Auflage frei, § 40 S. 1. Weitere Auflagen darf der Verlag jedoch grundsätzlich frei herstellen, § 40 S. 2. Gebunden ist der Verlag danach auch, wenn die Parteien eine Neuauflage oder einen Nachdruck von der Zahlung einer besonderen Vergütung abhängig gemacht haben, § 40 S. 2, auch ohne die Neuauflage oder den Nachdruck bereits explizit im Vertrag zu regeln. Haben die Parteien eine Vergütungspflicht nur dem Grunde nach vereinbart, die Zahl der gestatteten Auflagen oder Exemplare jedoch nicht bestimmt, so gelten insofern die Regelungen des § 5.

Enthält der Verlagsvertrag keinerlei Regelungen zu Auflagen, gestatteten **10** Exemplaren usw., so darf der Verlag nach § 40 S. 1 das Werk jederzeit nachdrucken, neue Auflagen herstellen oder sogar ändern, letzteres aber wohl erst nach Herstellung der vertraglich vereinbarten (oder sich aus § 5 ergebenden) Zahl von Exemplaren bzw. Auflagen. Mangels urheberrechtlichen Schutzes bedeutet eine Vervielfältigung über die eben genannten Beschränkungen hinaus keine Urheberrechtsverletzung, sondern lediglich eine Verletzung des Verlagsvertrages (s.a. für einen „Lizenzvertrag": BGH GRUR 1990, 669, 671 ff. – *Bibelreproduktion*).

§ 41 VerlG

Werden für eine Zeitung, eine Zeitschrift oder ein sonstiges periodisches Sammelwerk Beiträge zur Veröffentlichung angenommen, so finden die Vorschriften dieses Gesetzes Anwendung, soweit sich nicht aus den §§ 42 bis 46 ein anderes ergibt.

Übersicht

I.   Allgemeines

1 § 41 regelt – als bloße Verweisungsnorm -, dass für Beiträge zu periodischen Sammelwerken, insb. Zeitungen oder Zeitschriften, die dispositiven Regelungen der §§ 43–46 den jeweils parallelen Regelungen der §§ 1 bis 40 VerlG vorgehen. Über diesen – relativ engen – Bereich hinaus können die Regelungen des VerlG jedoch weiterhin Anwendung finden (im Einzelnen vgl. Rn. 8). § 42, auf den § 41 ebenfalls noch verweist, ist bereits durch das UrhG 1965 aufgehoben worden; an seine Stelle ist die im Anwendungsbereich weitere, im Regelungsgehalt jedoch sehr ähnliche Vorschrift des § 38 UrhG (vgl. § 38 UrhG Rn. 1) getreten. Die §§ 43 ff. enthalten zT. grundlegende Änderungen gegenüber den sonstigen Regelungen des VerlG, die in vielen Fällen dazu führen, dass von einem „echten" Verlagsvertrag keine Rede mehr sein kann (zum Begriff vgl. § 1 Rn. 2 ff.). Da eine Abgrenzung nur im Einzelfall möglich sein wird und § 41 im Übrigen klarstellt, dass auch in derartigen Fällen grundsätzlich die Regelungen des VerlG jedenfalls entsprechend anwendbar sind, die betreffenden Werke schließlich auch inhaltlich am ehesten in den Rahmen des VerlG gehören, war eine Regelung innerhalb des VerlG zweckmäßig (*Schricker* VerlagsR[3] § 41 Rn. 1).

2 §§ 43 ff. betreffen nur die vertraglichen Beziehungen zwischen dem Verfasser eines Beitrages zu einem periodischen Sammelwerk und dem Verlag, nicht hingegen diejenigen des Herausgebers zum Verlag oder der Einzelverfasser zum Herausgeber (zu beidem vgl. Rn. 9 ff.). Zu der Frage, wer – Verlag oder Herausgeber – sog. Herr des Unternehmens Zeitung oder Zeitschrift ist, vgl. § 38 UrhG Rn. 5 ff. m.w.N.

II.   Anwendungsbereich der Sonderregelungen

1.   Zeitung, Zeitschrift, sonstiges periodisches Sammelwerk

3 Die §§ 41, 43 ff. betreffen periodische Sammelwerke, d.h. neben Zeitungen und Zeitschriften alle sonstigen Sammelwerke, die in ständiger und unbegrenzter, regelmäßiger oder unregelmäßiger Folge erscheinen, ohne jemals ein in sich abgeschlossenes Werk zu bilden. Insofern weiter als die meisten deutschen Landespressegesetze ist der zeitliche Erscheinungsrhythmus unerheblich, „periodisch" kann auch ein Kalender oder ein nur alle zwei Jahre erscheinendes Jahrbuch sein.

4 Obwohl § 41 von „Sammelwerken" spricht, sind damit nicht lediglich als solche geschützte Werke i.S.d. § 4 UrhG, sondern auch – der Regelung des § 38 UrhG entsprechend – alle Sammlungen gemeint, die als solche nicht urheberrechtlich geschützt sind. §§ 41 ff. erfassen deshalb vor allem Zeitungen und Zeitschriften, aber auch Almanache, Jahrbücher, Kalender usw., sofern diese mehrere Werke (wohl mindestens drei; vgl. § 38 UrhG Rn. 9) von mindestens zwei Urhebern enthalten (vgl. § 38 UrhG Rn. 9). Zur Abgrenzung von Zeitungen und Zeitschriften, die vor allem bei § 46 Bedeutung hat, vgl. § 38 UrhG Rn. 17.

2.   Beiträge

5 Beitrag ist jedes Werk der Literatur oder Tonkunst im Sinne des § 1, das Gegenstand eines Verlagsvertrages sein kann, also grundsätzlich keine Werbeanzeigen (*Schricker*[3] § 41 Rn. 2; zum Anzeigenvertrag *Rath-Glawatz/En-*

gels/Dietrich, Das Recht der Anzeige[3], Rn. 91 ff.). Abbildungen unterliegen den besonderen Regelungen der §§ 43 ff., wenn sie Teil eines Beitrags im genannten Sinne sind, also von dem Verfasser selbst geliefert werden. Illustriert hingegen der Verlag oder der Herausgeber den Beitrag gewissermaßen von außen, beschafft also die Abbildungen von Dritten, sind auf die Abbildungen (nur) die Regelungen des UrhG, nicht jedoch z.B. § 47 VerlG – da es sich nicht um ein Werk der Literatur oder Tonkunst handelt – anwendbar.

Auf die sog. Zeitungskorrespondenzen, d.h. die Agenturmeldungen der großen **6** Presseagenturen wie dpa, AFP, AP usw. sind §§ 41 ff. VerlG grds. anwendbar (*Schricker* VerlagsR[3] Rn. 8). I.d.R. aber enthalten die Verträge zwischen Presseagentur und Zeitungs- oder Zeitschriftenverlag ohnehin umfassende, die §§ 43 ff. VerlG ggf. abbedingende Regelungen.

3. Angenommene Beiträge

Nach dem Wortlaut des § 41 kommen §§ 43 ff. erst zur Anwendung, wenn der **7** Beitrag zum periodischen Sammelwerk von dem Verlag zur Veröffentlichung angenommen worden ist. Dies muss nicht ausdrücklich – etwa durch entsprechende Nachricht an den Verfasser –, sondern kann insb. bei Zeitungen auch schlicht durch Abdruck und Benachrichtigung über den Abdruck oder Zahlung des entsprechenden Honorars geschehen. Wie im Rahmen des § 151 BGB ist mindestens eine konkludente Betätigung des Annahmewillens erforderlich, so dass die schlichte Untätigkeit des Verlages auch über längere Zeit für eine Annahme heute um so weniger ausreicht, als eine Rücksendung unverlangt eingesandter Beiträge jedenfalls bei Textbeiträgen kaum noch vorkommt. Zur Haftung für unverlangt eingesandte Manuskripte vgl. § 33 Rn. 11.

4. Übersicht über die Sonderregelungen in §§ 43 ff.

§ 42, heute ersetzt durch § 38 UrhG, regelte die Einschränkungen der Ent- **8** haltungspflicht des Verfassers (§ 2) und seiner Pflicht, dem Verlag das subjektive Verlagsrecht zu verschaffen (§§ 2, 3, 8 und 9). § 43 betrifft den Umfang der Vervielfältigung und Verbreitung (§§ 5, 7, 16 und 17) und erklärt § 20 Abs. 1 S. 2 (rechtzeitige Vorlage eines Korrekturabzuges durch den Verlag) für unanwendbar. § 44 gestattet dem Verlag, nicht namentlich gekennzeichnete Beiträge abweichend von § 39 UrhG (früher § 13 VerlG) zu ändern. § 45 schließt implizit die Vervielfältigungs- und Verbreitungspflicht des Verlages gegenüber dem Verfasser (§§ 1 S. 2, 14, 15) und dementsprechend dessen Rücktrittsrecht bei fehlender Veröffentlichung oder Verbreitung (§ 32) für den Regelfall aus, Abs. 1, und nimmt eine Vervielfältigungs- und Verbreitungspflicht umgekehrt nur für Ausnahmefälle an, Abs. 2. § 46 schließlich schließt die Ansprüche des Verfassers auf die Überlassung von Freiexemplaren und Exemplaren zum Vorzugspreis (§§ 25, 26) aus. Demgegenüber bleiben folgende Vorschriften des VerlG anwendbar:
- § 4 (Sonderausgaben);
- § 10 (Ablieferung), § 11 (Ablieferungsfrist);
- § 12 (Änderungsrecht des Verfassers);
- § 18 (Kündigungsrecht des Verlages), § 19 (Recht des Verlages, einzelne Beiträge wegzulassen);
- § 20 Abs. 1 S. 1 und Abs. 2 (Korrektur);
- §§ 22–24 (Verfasserhonorar);
- § 27 (Rückgabe des Manuskripts);

- § 34 UrhG (früher § 28 VerlG; Übertragbarkeit der Rechte aus dem Verlagsvertrag);
- §§ 30, 31 (Rücktrittsrechte des Verlages);
- § 32 im Falle des § 45 Abs. 2, §§ 33 und 34 (Unmöglichkeit der Erfüllung), § 35 (Rücktritt wegen veränderter Umstände) und § 36 (Insolvenz des Verlages), jeweils mit den spezifischen Rücktrittsregelungen in §§ 37, 38.

III. Herausgeberverträge

1. Allgemeines

9 Wie die vertraglichen Beziehungen zwischen Herausgeber und Verlag im Einzelnen gestaltet sind, hängt naturgemäß stark davon ab, welche tatsächliche Stellung der Herausgeber einnimmt. Handelt es sich um einen „echten" Herausgeber, der die einzelnen Beiträge eines Sammelwerks sichtet, anordnet, ggf. zusammenführt und also Gestaltung und Konzeption der Zeitung oder Zeitschrift wesentlich mitbestimmt, ist er – über seine möglichen eigenen Textbeiträge hinaus – Urheber des Sammelwerks Zeitung oder Zeitschrift, § 4 UrhG. In diesen Fällen schließt er meist einen Verlagsvertrag sowohl über seine eigenen Beiträge als auch über seine eigentliche Herausgeberleistung mit dem Verlag, soweit er nicht ohnehin Herr des Unternehmens (zu diesem Begriff vgl. § 38 UrhG Rn. 5 ff.) ist. Stellt er hingegen nur seinen Namen zur Verfügung, ist also ein bloß nomineller Herausgeber, ist für einen Verlagsvertrag kein Raum. In diesem Fall schließt der Herausgeber mit dem Verlag einen Arbeits-, Dienst-, Werk- oder Geschäftsbesorgungsvertrag oder eine Mischung aus diesen Vertragstypen (dazu OLG Frankfurt/M., Urt. V. 28.2.1995 – 11 U 90/94, verfügbar bei juris). Bezüglich der bloß sammelnden und organisatorischen Tätigkeit des „echten" Herausgebers weist aber auch ein Verlagsvertrag Elemente aus Arbeits-, Dienst-, Werk- oder Geschäftsbesorgungsverträgen auf.

10 Der zwischen einem Herausgeber und dem Verlag geschlossene Verlagsvertrag, die verlagsvertraglichen Elemente in einem umfassenderen Herausgebervertrag über einen eigenen Beitrag zu dem Sammelwerk und die eigentliche urheberrechtlich geschützte Leistung (§ 4 UrhG) unterliegen keinen Besonderheiten; insofern gelten die Regelungen des Verlags- und des UrhG.

11 Steht der Herausgeber in direktem Kontakt mit den Autoren der Einzelbeiträge, so schließt in der heutigen Praxis trotzdem in aller Regel der Verlag selbst mit den Verfassern der Einzelbeiträge die erforderlichen Verträge; unterzeichnet dennoch der Herausgeber, ist davon auszugehen, dass er dies im Namen des Verlages, § 164 Abs. 1 S. 2 BGB, tut. Handelt der Herausgeber zunächst im eigenen Namen, erwirbt also selbst Nutzungsrechte von den Verfassern der Einzelbeiträge, ist er aufgrund seines Vertrages mit dem Verlag jedenfalls nach dem Vertragszweck verpflichtet, dem Verlag die Nutzungsrechte in vollem Umfang weiter zu übertragen.

12 Der im Rahmen eines Arbeitsvertrages tätige Herausgeber – z.B. ein angestellter Lektor – unterliegt außerdem dem Weisungsrecht des Verlages, soweit nichts anderes vereinbart ist. Der Verlag darf deshalb innerhalb der üblichen Grenzen die Arbeitsergebnisse des Herausgebers ändern, §§ 43, 39, 14 UrhG, und entscheidet, wenn der Verfasser eines Einzelbeitrages und der Herausgeber sich über inhaltliche oder organisatorische Einzelheiten nicht einigen können.

Auch der gegenüber dem Verlag unabhängige, d.h. nicht in einem Arbeits-   **13**
verhältnis tätige Herausgeber unterliegt einem Wettbewerbsverbot gegenüber
dem Verlag (OLG Frankfurt/M. GRUR-RR 2005, 361, 362 – *„Alles ist
möglich"*), jedoch nur in den Grenzen von Treu und Glauben und des
UWG, auch wenn seine Treuepflichten gegenüber dem Verlag sicherlich sehr
viel ausgeprägter sind als die der Verfasser der Einzelbeiträge.

2. Schriftleiter

Eine einem Herausgeber sehr ähnliche Position nimmt der – gerade bei   **14**
kleineren Fachzeitschriften verbreitete – **Schriftleiter** ein. In der Praxis handelt
es sich häufig um einen Wissenschaftler oder spezialisierten Praktiker, der
i.d.R. nebenberuflich tätig wird und dessen Vertrag wiederum arbeits-, dienst-,
werk- oder geschäftsbesorgungsvertragliche Elemente oder eine Mischung aus
diesen darstellen kann. In der Praxis hat der Schriftleiter unabhängig von dem
konkret gewählten Vertragstyp weitgehende gestalterische Freiheit. Ob und
inwieweit der Verlag in die urheberrechtlich geschützten Arbeitsergebnisse des
Schriftleiters eingreifen darf, muss für den Einzelfall nach dem Vertragszweck
bestimmt werden, wobei allerdings stets die Grenzen der §§ 14, 39 Abs. 2
UrhG zu beachten sind. Steht der Schriftleiter in unmittelbarem Kontakt mit
den Verfassern der Einzelbeiträge, so wird er Verlagsverträge im Namen des
Verlages, § 164 Abs. 1 S. 2 BGB, schließen. Handelt der Schriftleiter zunächst
im eigenen Namen, erwirbt also selbst Nutzungsrechte von den Verfassern der
Einzelbeiträge, ist er aufgrund seines Vertrages mit dem Verlag nach dem
Vertragszweck verpflichtet, dem Verlag die Nutzungsrechte in vollem Umfang
weiter zu übertragen. Da der Schriftleiter bei der betreffenden Zeitschrift
regelmäßig eine ganz besondere Stellung einnimmt, wird er im Übrigen auch
dann, wenn der Vertrag keine entsprechende Klausel enthält, aus Treu und
Glauben während der Dauer seiner Tätigkeit einem Wettbewerbsverbot unterliegen, das allerdings nur eine vergleichbare Tätigkeit (d.h. für Zeitschriften), nicht hingegen eine Tätigkeit als Herausgeber z.B. eines Sammelwerkes in
Buchform, verhindern kann.

3. Kündigung des Herausgebers

Das in der Praxis häufigste Problem in der Zusammenarbeit zwischen Verlag   **15**
und Herausgeber entsteht dann, wenn – aus Sicht des Verlages – der Herausgeber seinen insb. organisatorischen Verpflichtungen nicht mehr in der gebotenen Weise nachkommt oder – bei mehreren Herausgebern – sich die Herausgeber untereinander überwerfen.

Hat der Herausgeber über das (organisatorische) Sammeln und Sichten der   **16**
einzelnen Beiträge und ggf. eigene Textbeiträge hinaus keinen urheberrechtlich
schutzfähigen (§ 4 UrhG) Beitrag geliefert, wie z.B. häufig bei Gesetzeskom-
mentierungen, so dass für den Herausgebervertrag die arbeits-, dienst- oder
werkvertraglichen Elemente im Vordergrund stehen, so kann der Verlag den
Herausgebervertrag i.d.R. nach den einschlägigen zivilrechtlichen Vorschriften
kündigen (dazu OLG Frankfurt/M. Urtl. v. 28.2.1995 – 11 U 90/94, verfügbar
bei juris); alle Rechte an dem Sammelwerk und an seinem Titel verbleiben dem
Verlag. Die Textbeiträge des Herausgebers kann er, sobald und soweit er ihm
wirksam gekündigt hat, nach § 19 ebenfalls weglassen. Allerdings gilt dies nur
dort, wo der Verlag **Herr des Unternehmens** des betreffenden Sammelwerkes
ist, also z.B. der Verlag die Idee für ein bestimmtes Projekt hatte, diesem einen
gewissen inhaltlichen Rahmen gegeben und sich auf dieser Grundlage dann

einen Herausgeber für das Werk gesucht hat. Ist umgekehrt der Herausgeber bereits mit einem fertigen Sammelwerk oder einem wenigstens fertig konzipierten Projekt und gar einzelnen Verfassern an den Verlag herangetreten, kann der Verlag zwar kündigen; die Rechte an dem Sammelwerk fallen jedoch – mangels ausdrücklicher Regelung im Vertrag – samt Titel an den Herausgeber zurück, weil dieser Herr des Unternehmens ist. Verlag und Herausgeber sind deshalb gut beraten, gerade bei langfristigen Projekten derartigen Konfliktsituationen mit einer entsprechenden Regelung vorzubauen. In der Praxis geschieht dies häufig nicht über den Ausspruch einer Kündigung im eigentlichen Sinne, sondern über die sehr weit verbreiteten Klauseln, nach denen der Verlag berechtigt ist, einen anderen Bearbeiter zu bestimmen, wenn und soweit der Betroffene zur Herstellung einer Neuauflage nicht mehr in der Lage ist, wobei i.d.R. auch die weitere Nennung des ursprünglichen Urhebers (Herausgebers) und dessen weitere Vergütung geregelt sind (z.B. § 11 des Herausgebervertrages über ein wissenschaftliches Werk mit mehreren Verfassern der Vertragsnormen für wissenschaftliche Verlagswerke (Fassung 2000) abrufbar unter http://www.boersenverein.de/de/69181?rubrik=69176&seite=60&dl_id=64217, abgerufen am 04.01. 2008; auch § 11 des Musterverlagsvertrages über ein wissenschaftliches Werk mit mehreren Verfassern derselben Vertragsnormen).

17 Darüber hinaus kann der Verlag dem Herausgeber aus wichtigem Grund, § 314 BGB, kündigen, wenn der Herausgeber z.B. verschweigt, dass sein Beitrag bereits in einem anderen Verlag vorveröffentlicht war (KG NJW-RR 1992, 758), oder er sonst seine Treupflichten nachhaltig verletzt (dazu OLG Frankfurt/M. GRUR-RR 2005, 361, 362 – *„Alles ist möglich"*).

§ 42   VerlG *(aufgehoben)*

§ 42 VerlG wurde durch das UrhG vom 9. September 1965 aufgehoben (§ 141 Nr. 4 UrhG). Die Regelung entsprach im Wesentlichen dem heutigen § 38 UrhG, der demgegenüber lediglich einen weiteren Anwendungsbereich hat, vgl. § 38 UrhG Rn. 1. Dementsprechend ist § 38 UrhG wie zahlreiche weitere Normen des UrhG auf Verlagsverträge ohne weiteres anwendbar. Zum Verhältnis UrhG und VerlG vgl. Einl. Rn. 11 ff.

§ 43   VerlG

¹Der Verleger ist in der Zahl der von dem Sammelwerke herzustellenden Abzüge, die den Beitrag enthalten, nicht beschränkt. ²Die Vorschrift des § 20 Abs. 1 Satz 2 findet keine Anwendung.

Übersicht

I.   Allgemeines

1 § 43 trifft für Beiträge zu periodischen Sammelwerken (vgl. § 41 Rn. 5 f.) Sonderregelungen gegenüber §§ 5, 7, 16, 17 und 20 Abs. 1 S. 2. Die Vorschrift ist dispositiv.

II. Anzahl der herzustellenden Abzüge

S. 1 überlässt dem Verlag die Bestimmung der Zahl der herzustellenden Abzüge **2** periodischer Sammelwerke, weil derartige Werke – vor allem Zeitungen und Zeitschriften – an die Aktualität gebunden sind und deshalb den Marktbedingungen ständig neu angepasst werden müssen. Dies kann und muss schon angesichts des wirtschaftlichen Risikos nur der Verlag allein leisten und entscheiden. Auf Beiträge zu periodischen Sammelwerken sind deshalb alle Vorschriften des VerlG, die sich auf die Auflagenhöhe und die Zahl der Auflagen beziehen, unanwendbar. S. 1 gilt im Übrigen nicht nur gegenüber den Verfassern der Einzelbeiträge, sondern ebenso im Verhältnis zum Herausgeber, denn § 43 S. 1 würde für den Verlag keine Verbesserung bedeuten, wenn er zwar gegenüber den Verfassern der Einzelbeiträge in der Auflagenhöhe frei wäre, sich gegenüber dem Herausgeber aber mangels vertraglicher Vereinbarung an §§ 5, 7 und 17 halten müsste (a.A. OLG Frankfurt GRUR 1967, 151 – *Archiv*).

Allerdings betrifft S. 1 nur die sog. grafische Vervielfältigung, d.h. die Ver- **3** vielfältigung des Beitrages im Rahmen des Sammelwerkes in Printform. Sonderdrucke des Beitrages darf der Verlag aus § 43 S. 1 ebenso wenig veranstalten wie – jedenfalls ohne (auch stillschweigende) vertragliche Regelung – elektronische oder Online-Ausgaben des Sammelwerkes (zu den Nutzungsrechten insofern vgl. § 38 UrhG Rn. 2). Die Frage, ob der Verlag einzelne Ausgaben oder Gesamtjahrgänge des Sammelwerkes nachdrucken darf, um sie z.B. in gebundener Form zu veröffentlichen, richtet sich nach dem Vertragszweck, § 31 Abs. 5 UrhG. Entspricht der mit der Neuausgabe verfolgte Zweck dem des ursprünglichen Sammelwerkes (z.B. Nachdruck früherer Jahrgänge einer Fachzeitschrift zur Vervollständigung des Archivs der Abonnenten o.Ä.), so dürfte diese Nutzung durch § 43 Abs. 1 gedeckt sein. Anders liegt es hingegen, wenn der Zweck der Neuausgabe diese als neue Nutzungsart erscheinen lässt, wenn also z.B. der Verlag einer Tageszeitung einzelne Jahrgänge aus im weitesten Sinne historischen Gesichtspunkten (z.B. als „Geburtstagsbücher") neu veröffentlicht. Eine solche veränderte Zweckbestimmung wird man allerdings nur in Ausnahmefällen annehmen können. Im Übrigen ist in diesen Fällen insb. bei Zeitungen oder anderen Sammelwerken mit zahlreichen Beiträgen der einzelne Verfasser nach Treu und Glauben verpflichtet, der Nutzung zuzustimmen, § 9 UrhG analog (ähnlich *Schricker* VerlagsR[3] § 43 Rn. 2).

III. Korrektur des Beitrages, S. 2

Satz 2 erklärt § 20 Abs. 1 S. 2, nach dem der Verlag dem Verfasser rechtzeitig **4** einen Korrekturabzug zur Durchsicht vorlegen muss, für unanwendbar. Etwas anderes wäre gerade bei Zeitungen und bei in kurzen Abständen erscheinenden Zeitschriften nicht praktikabel, denn der Verlag hat i.d.R. nicht die Zeit, den Verfassern der einzelnen Beiträge – die überaus zahlreich sein können – Korrekturabzüge zu übersenden und dann auch noch auf die Korrektur zu warten. Davon unabhängig muss jedoch der Verlag nach § 20 Abs. 1 selbst für die Korrektur sorgen. Gerade bei wissenschaftlichen Zeitschriften, aber auch bei periodischen Sammelwerken mit längerem Erscheinungsrhythmus, bei denen weniger Zeitdruck besteht, schickt in der Praxis der Verlag dem jeweiligen Verfasser die Druckfahnen vor der Veröffentlichung zu. Aus dieser Praxis kann sich bei dauerhafter oder regelmäßiger Zusammenarbeit zwischen einem Verfasser und einem Verlag durchaus eine stillschweigende vertragliche Bindung, die § 43 S. 2 abbedingen würde, ergeben (weitergehend *Schricker* VerlagsR[3] Rn. 3).

§ 44   VerlG

Soll der Beitrag ohne den Namen des Verfassers erscheinen, so ist der Verleger befugt, an der Fassung solche Änderungen vorzunehmen, welche bei Sammelwerken derselben Art üblich sind.

Übersicht

I. Allgemeines

1 § 44 gewährt dem Verlag für ohne Namensnennung des Verfassers abzudruckende Beiträge ein sehr weitgehendes Änderungsrecht, da ohne die Nennung des Verfassers nach außen hin der Verlag die Verantwortung für den Beitrag auch inhaltlich übernimmt. Die Vorschrift ist dispositiv; sie findet allerdings nur in den Grenzen des § 41 – Beiträge zu periodischen Sammelwerken – überhaupt Anwendung. Durch § 44 nicht gedeckte Änderungen können sich bei angestellten Verfassern – z.B. angestellten Zeitungsredakteuren – aus § 43 UrhG und aus Tarifvertrag (vgl. § 38 UrhG Rn. 21 f.), aus § 39 Abs. 2 UrhG sowie schließlich – unter besonderen Umständen – aus Branchenübungen und deshalb dem Vertragszweck ergeben (vgl. § 38 UrhG Rn. 12).

II. Änderungsrecht des Verlags

1. Beitrag ohne Nennung des Verfassers

2 Erste Voraussetzung des Änderungsrechts des Verlages ist, dass der Beitrag gänzlich ohne Nennung des Verfassers erscheinen soll. Diese besteht also nicht, wenn der Beitrag unter einem Pseudonym oder einem Kürzel erscheinen soll. Sind mehrere Verfasser an dem Beitrag beteiligt, besteht das Änderungsrecht nur hinsichtlich des oder der nicht genannten Verfasser; in der Praxis greift § 44 also bei **Miturheberschaft** nicht ein, wenn einer von mehreren Urhebern genannt werden soll. Allerdings darf in diesen Fällen der genannte Verfasser die Änderungen vornehmen, die nach § 44 dem Verlag gestattet wären, wenn der nicht genannte alleiniger Autor des Beitrages wäre. Denn der nicht genannte Autor ist als bloßer Miturheber in diesen Fällen sogar weniger an dem Beitrag beteiligt; es ist also nicht einzusehen, weshalb er bei Beteiligung weiterer Autoren besser stehen sollte als im Falle der Alleinurheberschaft. Darüber hinaus kann sich ein Änderungsrecht in diesen Fällen selbstverständlich aus dem Vertragszweck ergeben.

2. Zulässige Änderungen

3 Die von § 44 dem Verlag gestatteten Änderungen betreffen vor allem die Form im weitesten Sinne, gestatten also Kürzungen, Änderungen an Stil und Ausdruck, in der Anordnung u.Ä.. Inhaltliche Änderungen sind hingegen nur in den Grenzen des § 39 Abs. 2 UrhG zulässig. Danach ist eine Änderung des Titels grundsätzlich möglich, soweit der veränderte Titel nicht ausnahmsweise wegen § 14 UrhG die Persönlichkeitsrechte des Verfassers verletzt.

Stets darf der Verlag nur solche Änderungen vornehmen, die **bei Sammel-** **4** **werken derselben Art üblich** sind. Dies bedeutet bei Beiträgen zu **Zeitungen** in aller Regel eine relativ weitgehende Änderungsbefugnis des Verlages, schon weil – gerade bei Tageszeitungen – häufig nicht ausreichend Zeit ist, als erforderlich angesehene Änderungen mit dem Verfasser abzustimmen. Insofern ist § 44 parallel zu § 43 S. 2 zu sehen (vgl. § 43 Rn. 4). Im Übrigen sind bei Zeitungsbeiträgen relativ weitgehende Änderungen üblich; dies beeinflusst naturgemäß die Auslegung des konkreten Vertrages zwischen Verfasser und Verlag.

Bei **Zeitschriften** ist das Änderungsrecht sicherlich enger, schon weil hier idR **5** nicht der gleiche Zeitdruck besteht wie bei einer Tageszeitung. Dies kann aber bei Zeitschriften mit raschem Erscheinungsrhythmus durchaus anders sein (zum Begriff von Zeitung und Zeitschrift im Rahmen des § 38 UrhG und des VerlG vgl. § 38 UrhG Rn. 17). In der Praxis stimmen gerade wissenschaftliche Zeitschriften und vergleichbare periodische Sammelwerke auch geringfügige Änderungen mit den jeweiligen Verfassern ab oder unterrichten zumindest z.B. über eine geplante Kürzung. Hat der Verlag dem Autor die Druckfahnen auf der Grundlage einer geänderten Fassung mit der Aufforderung übersandt, sich dazu zu erklären, und reagiert der Verfasser in keiner Weise, spricht einiges dafür, dass anders als bei namentlich veröffentlichten Werken die Genehmigungsfiktion des § 20 Abs. 2 auch inhaltliche Änderungen erfasst. Der Verlag hat im Rahmen des § 44 ein sehr viel weitergehenderes Änderungsrecht als bei namentlich veröffentlichen Werken, eben weil er nach außen hin die Verantwortung für das Werk übernimmt; es liegt deshalb in diesen Fällen nach dem mit § 44 verfolgten Zweck in der Verantwortung des Verfassers, die Druckfahnen auch tatsächlich anzusehen.

Hat der Verlag trotz alledem seine Änderungsrechte aus § 44 überschritten, so **6** bedeutet dies grds. eine Urheberrechtsverletzung nach §§ 97 ff. UrhG, die entsprechend verfolgt werden kann.

§ 45 VerlG

(1) **¹Wird der Beitrag nicht innerhalb eines Jahres nach der Ablieferung an den Verleger veröffentlicht, so kann der Verfasser das Vertragsverhältnis kündigen. ²Der Anspruch auf die Vergütung bleibt unberührt.**

(2) Ein Anspruch auf Vervielfältigung und Verbreitung des Beitrags oder auf Schadensersatz wegen Nichterfüllung steht dem Verfasser nur zu, wenn ihm der Zeitpunkt, in welchem der Beitrag erscheinen soll, von dem Verleger bezeichnet worden ist.

Übersicht

I. Allgemeines

Aus § 45 ergibt sich implizit, dass der Verlag nicht verpflichtet ist, einen **1** Beitrag zu einem periodischen Sammelwerk zu vervielfältigen und zu verbreiten, und zwar auch dann nicht, wenn er diesen Beitrag zur Veröffentlichung angenommen hat. Denn Abs. 1 gibt dem Verfasser (nur) ein Kündigungsrecht für den Fall, dass der Verlag den Beitrag nicht binnen eines Jahres nach Ablieferung veröffentlicht hat, und lässt für diesen Fall außerdem den Anspruch auf Vergütung unberührt (Abs. 1 S. 2). Einen Anspruch auf Vervielfältigung und Verbreitung des Beitrages oder auf Schadensersatz hat der Verfasser demgegenüber nach Abs. 2 nur ausnahmsweise dann, wenn der Verlag ihm den Zeitpunkt des Erscheinens des Beitrages genannt hat. §§ 1 S. 2, 14, 15 und 32 sind deshalb auf Beiträge zu periodischen Sammelwerken grds. nicht anwendbar. In der Praxis ist für § 45 wegen § 38 Abs. 3 UrhG bei Zeitungsbeiträgen nur dann Raum, wenn der Verfasser dem Verlag ein ausschließliches Nutzungsrecht eingeräumt hat, da sonst der Verlag nur ein einfaches Nutzungsrecht erwirbt (vgl. § 38 UrhG Rn. 16). § 45 ist in vollem Umfang dispositiv.

II.   Kündigungsrecht des Verfassers, Abs. 1

2 Für das Kündigungsrecht des Verfassers aus Abs. 1 ist zunächst – selbstverständlich – Voraussetzung, dass ein Vertrag zwischen Verfasser und Verlag zustandegekommen ist. Welcher Natur dieser ist, ob es sich vor allem um einen Verlagsvertrag handelt, ist angesichts der Regelung in Abs. 2 unerheblich. Schließen die Parteien keinen ausdrücklichen Vertrag, so kommt ein Vertrag in der Regel jedenfalls durch Annahme des Beitrages zustande (zur Annahme vgl. § 41 Rn. 7).

3 Nach dem Wortlaut des Abs. 1 Satz 1 kann der Verfasser den Vertrag kündigen, wenn der Verlag seinen Beitrag nicht innerhalb eines Jahres „nach der Ablieferung" veröffentlicht. Die **Frist** beginnt allerdings nicht bereits mit dem Tag zu laufen, an dem der Verlag den Beitrag erhalten hat. Denn nach Sinn und Zweck des § 45, der dem Verleger eines periodischen Sammelwerks weitgehende Entscheidungsfreiheit und insb. ermöglichen will, stets einige Beiträge zur Veröffentlichung „vorrätig" zu halten, muss dem Verlag die volle Entscheidungsfrist des § 45 Abs. 1 S. 1 ab dem Zeitpunkt zustehen, ab dem er sich überhaupt zu einer Annahme des Beitrages entschlossen hat. Im Übrigen geht das VerlG, wenn es von „Ablieferung" spricht, davon aus, dass ein Verlagsvertrag *vor* der Ablieferung geschlossen wurde (s. § 11). Außerdem wäre, wollte man die Frist mit dem Zeitpunkt, in dem der Verlag das Manuskript erhält, beginnen lassen, der Verfasser eines von dem Verlag angeforderten Beitrags wesentlich schlechter gestellt als der Verfasser eines unaufgefordert eingesandten Beitrages. Denn für letzteren wäre die Frist unter Umständen bei Vertragsschluss schon abgelaufen, während der Verfasser eines bestellten Beitrages das volle Jahr abwarten müsste. Die Frist des § 45 Abs. 1 S. 1 beginnt deshalb erst mit der Annahme des Beitrages, wenn er dem Verlag vor der Annahme vorliegt, bei Vertragsschluss vor Ablieferung mit der Ablieferung zu laufen (a.A. *Schricker* VerlagsR[3] Rn. 4).

4 Der Verlag hat den Beitrag nur veröffentlicht iSd. § 45 Abs. 1 S. 1, wenn der Beitrag in dem avisierten periodischen Sammelwerk abgedruckt worden ist, nicht hingegen, wenn der Verlag ihn anderweitig hat erscheinen lassen. Haben weder Verfasser noch Verlag das periodische Sammelwerk konkret festgelegt und lässt sich das konkrete Sammelwerk auch nicht aus den Umständen entnehmen, so veröffentlicht der Verlag den Beitrag iSd. § 45 Abs. 1 S. 1, wenn er in irgendeinem der in Betracht kommenden Werke (etwa mehrere im Verlag erscheinende Zeitschriften oder Zeitungen) erscheint.

Nach Ablauf der Jahresfrist kann der Verfasser den Vertrag kündigen, und **5** zwar durch einseitige empfangsbedürftige Willenserklärung, §§ 130 ff. BGB. Hierdurch wird der Vertrag nur *ex nunc*, also für die Zukunft, aufgelöst. Der Verfasser muss allerdings die Jahresfrist nicht abwarten, wenn der Verlag ihm bereits vorher mitteilt, er werde den Beitrag nicht veröffentlichen. Dies gilt auch dann, wenn das periodische Sammelwerk eingestellt wird. Wegen § 18, der davon ausgeht, dass das Vertragsverhältnis auch in derartigen Fällen grds. fortbesteht, muss die Kündigung auch in diesen Fällen erklärt werden (a.A. *Schricker* VerlagsR³ Rn. 5). Ähnlich wie bei § 18 Abs. 1, 2. Hs. behält der Verfasser nach einer Kündigung seinen Vergütungsanspruch in vollem Umfang, § 45 Abs. 1 S. 2. § 649 BGB ist auch bei bestellten Beiträgen grds. nicht anwendbar.

III. Anspruch auf Vervielfältigung und Verbreitung oder Schadensersatz, Abs. 2

Ausnahmsweise kann auch der Verfasser eines Beitrags zu einem periodisch **6** erscheinenden Sammelwerk einen Anspruch auf Vervielfältigung und Verbreitung seines Beitrages oder auf Schadensersatz wegen Nichterfüllung gegen den Verlag haben, wenn der Verlag ihm den Zeitpunkt, zu welchem der Beitrag erscheinen soll, bezeichnet hat, Abs. 2. Das Gesetz geht dabei offensichtlich davon aus, dass sich der Verlag mit der Mitteilung eines Erscheinenszeitpunktes dazu verpflichtet hat, den Beitrag auch tatsächlich zu vervielfältigen und zu verbreiten, so dass jedenfalls dann ein Verlagsvertrag vorliegt. Als Zeitpunkt des Erscheinens kann der Verlag ein Datum (auch: „im Herbst", „zur Buchmesse" und ähnliches) angeben oder ankündigen, der Beitrag werde z.B. in der Ausgabe 03/2008, im „nächsten Heft", ggf. (vor allem bei Jahrbüchern, Kalendern u.ä.) „im nächsten Jahr" usw. erscheinen. Nach den Umständen kann sich ein hinreichend bestimmter Erscheinenszeitpunkt auch aus der Annahme zu einem bestimmten Anlass – etwa zu einem bestimmten Feier- oder Geburtstag – ergeben. Die Bestimmung eines genauen Zeitpunktes für die Veröffentlichung liegt allerdings noch nicht in der Übersendung von Korrekturbögen; dies ist vielmehr eine reine, nicht zeitgebundene Vorbereitungshandlung, wenn nicht besondere Umstände hinzutreten. Erhebt der Verfasser Einwände gegen den genannten Zeitpunkt und lässt der Verlag sich darauf ein, so ist die Bestimmung des Veröffentlichungszeitpunktes damit aufgehoben, so dass dem Verfasser die Ansprüche aus Abs. 2 nicht zustehen, wenn der Verlag den Beitrag nicht mehr veröffentlicht (*Schricker* VerlagsR³ Rn. 9).

Hat der Verlag den Veröffentlichungszeitpunkt bestimmt, so ist er zur Ver- **7** vielfältigung und Verbreitung gemäß § 14 verpflichtet. Kommt er dieser Verpflichtung nicht nach, so kann der Verfasser Schadensersatz wegen Nichterfüllung verlangen; sein Anspruch wird sich allerdings i.d.R. schon aus Beweisgründen auf die vereinbarte oder übliche Vergütung beschränken.

IV. Verhältnis zu anderen Vorschriften

Neben § 45 ist § 41 UrhG schon wegen der unterschiedlichen Voraussetzun- **8** gen und Rechtsfolgen der beiden Vorschriften uneingeschränkt anwendbar (wohl h.M.; *Schricker* VerlagsR³ § 45 Rn. 6a). Auf der Grundlage des § 41 UrhG kann der Verfasser die Nutzungsrechte bei Zeitungen bereits nach drei Monaten, bei Monatszeitschriften nach sechs Monaten zurückrufen, muss allerdings regelmäßig noch eine angemessene Nachfrist setzen (§ 41 Abs. 3

UrhG) und verliert außerdem seinen Anspruch auf die Vergütung, wenn er nicht gar den Verlag entschädigen muss (§ 41 Abs. 6 UrhG). Außerdem setzt § 41 UrhG eine erhebliche Verletzung berechtigter Interessen des Urhebers voraus, was bei § 45 VerlG nicht der Fall ist. Auch ist § 45 VerlG in vollem Umfang dispositiv, während § 41 UrhG nur eingeschränkt abdingbar ist (§ 41 Abs. 4 UrhG).

§ 46   VerlG

(1) Erscheint der Beitrag in einer Zeitung, so kann der Verfasser Freiexemplare nicht verlangen.
(2) Der Verleger ist nicht verpflichtet, dem Verfasser Abzüge zum Buchhändlerpreise zu überlassen.

Übersicht

I.   Allgemeines

1   § 46, der wiederum dispositiv ist, schließt in seinem Abs. 1 den Anspruch auf Freiexemplare (§ 25) für Verfasser von Zeitungsbeiträgen und in Abs. 2 den Anspruch auf Überlassung von einzelnen Exemplaren zum Vorzugspreis (§ 26) für Beiträge in periodischen Sammelwerken insgesamt (vgl. Rn. 3) aus.

II.   Keine Freiexemplare bei Zeitungen (Abs. 1)

2   Nach Abs. 1 kann der Verfasser eines Zeitungsbeitrags abweichend von § 25 weder Frei- noch Belegexemplare verlangen. In der Praxis übersenden viele Zeitungen dem Verfasser ein Belegexemplar aber wenigstens auf Anforderung. § 46 Abs. 1 betrifft nach seinem Wortlaut nur Zeitungen. Zweck der Regelung war, dem Verlag angesichts der meist sehr großen Zahl von Verfassern nicht über die Verpflichtung der Lieferung von (nach § 25 Abs. 1 mindestens fünf) Freiexemplaren unverhältnismäßigen logistischen Aufwand aufzubürden. Diese Interessenlage ist bei Tageszeitungen besonders stark ausgeprägt, in der Praxis allerdings bei Wochenzeitungen und wöchentlich erscheinenden Zeitschriften mit aktuellen Beiträgen ebenso gegeben, zumal diese häufig in ebenso großem oder gar größerem Ausmaße als Tageszeitungen mit „fremden" Beiträgen arbeiten. Allerdings ist der Wortlaut des Abs. 1 insofern eindeutig. Bei periodischen Sammelwerken außerhalb von Tageszeitungen kann deshalb der Verfasser eines Einzelbeitrages grundsätzlich nach § 25 Abs. 1 Freiexemplare verlangen. Sehr häufig wird allerdings vereinbart, dass der Verlag dem Verfasser lediglich ein Belegexemplar überlässt; eine entsprechende stillschweigende Vereinbarung kann sich – bei entsprechender Kenntnis des Verfassers – insofern auch aus einer langjährigen Verlags- bzw. Branchenübung ergeben.

III.   Bezug von Exemplaren zum Vorzugspreis (Abs. 2)

3   § 46 Abs. 2 schließt das Recht des Verfassers aus § 26, von dem Verlag Abzüge des Werkes zum Vorzugspreis zu erwerben, aus. § 26 gestattet grundsätzlich dem Verfasser den Abkauf der gesamten zur Verfügung des Verlages stehenden Auflage (vgl. § 26 Rn. 2). Da § 46 Abs. 2 also nicht nur den Verlag, sondern gleichzeitig die Verfasser der weiteren Einzelbeiträge davor schützen soll, dass ein einzelner Verfasser durch Aufkauf das Erscheinen des Sammelwerkes verhindert, muss Abs. 2 trotz seines insofern unklaren Wortlautes für alle periodischen Sammelwerke (und nicht nur für Zeitungen) gelten (*Schricker* VerlagsR³ § 46 Rn. 4).

§ 47 VerlG

(1) Übernimmt jemand die Herstellung eines Werkes nach einem Plane, in welchem ihm der Besteller den Inhalt des Werkes sowie die Art und Weise der Behandlung genau vorschreibt, so ist der Besteller im Zweifel zur Vervielfältigung und Verbreitung nicht verpflichtet.

(2) Das Gleiche gilt, wenn sich die Tätigkeit auf die Mitarbeit an enzyklopädischen Unternehmungen oder auf Hilfs- oder Nebenarbeiten für das Werk eines anderen oder für ein Sammelwerk beschränkt.

Übersicht

I. Allgemeines

§ 47 regelt die sog. Bestellverträge, bei denen der Besteller den Inhalt des **1** Werkes sowie die Art und Weise der Behandlung genau vorschreibt (Abs. 1), der Verfasser an einer Enzyklopädie im weitesten Sinne – auch ohne vorgegebenen Plan – mitarbeitet oder Hilfs- oder Nebenarbeiten für das Werk eines anderen oder ein Sammelwerk übernimmt (Abs. 2). In allen diesen Fällen geht sowohl die wirtschaftliche als auch die schöpferische Initiative vom Besteller aus, und er soll deshalb grds. allein und nach eigenem Ermessen über das Schicksal des fertigen Werkes entscheiden können. Für den Verfasser steht parallel die vereinbarte Vergütung, nicht hingegen eine Verwertung des Werkes im Vordergrund (vgl. Rn. 7). Deshalb ist der Besteller nach der Regelung des § 47 im Zweifel nicht zur Vervielfältigung und Verbreitung des Werkes verpflichtet, so dass kein Verlagsvertrag vorliegt (vgl. § 1 Rn. 16). Auf diesen verlagsvertragsähnlichen Vertrag sind nicht die Regelungen des VerlG, sondern die des allgemeinen Zivilrechts für den konkret vorliegenden Vertragstypus anwendbar. Häufig wird es sich um Werkverträge handeln; es kommen aber auch ein Auftrag oder ein Dienstvertrag in Betracht (vgl. Rn. 8 ff.).

§ 47 ist dispositiv, so dass die Parteien z.B. vereinbaren können, dass der **2** Besteller zur Vervielfältigung und Verbreitung verpflichtet oder (einzelne oder alle) Vorschriften des VerlG anwendbar sein sollen.

II.   Erstellung eines Werkes nach vorgegebenem Plan, Abs. 1

1.   Werk nach vorgegebenem Plan

3 Nach Abs. 1 ist von einem Bestellvertrag auszugehen, wenn der Besteller dem Verfasser Konzept, Inhalt und Art der Behandlung genau vorgibt. Diese Vorgaben müssen nicht so präzise sein, dass der Besteller Mit- oder gar alleiniger Urheber des zu verfassenden Werkes wird; allerdings ist erforderlich, dass der Autor in die von dem Besteller gezogenen Grenzen tatsächlich eng eingebunden wird. Bei **Illustrationen** z.B. für Schul- oder Bilderbücher ist dies grds. nicht der Fall, da dem Illustrator stets eine erhebliche schöpferische Freiheit, was er in welcher Form darstellt, verbleibt (BGH GRUR 1985, 378, 379 f. – *Illustrationsvertrag*; KG, Beschl. v. 30.09.2005, Az. 5 U 37/04, für Schulbücher). Ein Bestellvertrag kann allerdings dann vorliegen, wenn der Illustrator nur die technische Umsetzung der präzisen Vorgaben des Bestellers – etwa bei medizinischen oder Konstruktionszeichnungen – übernimmt.

4 Auch im weitesten Sinne literarische **Übersetzer** arbeiten nicht nach einem engen, von dem Besteller vorgegebenen Plan, denn sie sind in der inhaltlichen und formellen Umsetzung des fremdsprachigen Textes gerade schöpferisch frei. Davon geht im Übrigen das UrhG mit der ausdrücklichen Erwähnung der Übersetzung als Hauptfall der geschützten Bearbeitung in § 3 UrhG als selbstverständlich aus (Loewenheim/*Czychowski* § 66 Rn. 8). Aus diesem Grund schließen Übersetzer i.d.R. keinen Bestellvertrag mit dem auftraggebenden Verlag (grundlegend BGH GRUR 2005, 148, 150 f. – *Oceano Mare*), sondern vielmehr ordentliche Verlagsverträge, bei denen der Verlag insb. zur Auswertung verpflichtet ist (zur Problematik der Anwendbarkeit des § 17 VerlG vgl. § 17 Rn. 4). Dies kann durchaus in besonderen Fällen auch bei Comic-Übersetzungen einmal der Fall sein, wenn es sich dabei – wie vor allem im französischen Sprachraum – um literarische Werke handelt und deshalb für den Verfasser nicht Erledigung des Auftrages, sondern die Veröffentlichung der Übersetzung im Vordergrund steht (s. hierzu BGH GRUR 2005, 148, 150 f. – *Oceano Mare*). In allen diesen Fällen leitet die Rechtsprechung das Vorliegen entweder eines Bestell- oder vielmehr eines Verlagsvertrages aus der Vereinbarung einer Auswertungspflicht des Verlages oder ihrem Fehlen ab; damit zieht er die durch den Wortlaut des § 47 Abs. 1 aufgestellte Rechtsfolge in die Voraussetzungen eines Bestellvertrages (z.B. BGH GRUR 2005, 148, 151 – *Oceano Mare*). Dies ist wohl deshalb richtig, weil gerade das Fehlen einer Auswertungspflicht des Verlages den Bestellvertrag von einem Verlagsvertrag unterscheidet und gerade das Fehlen einer Auswertungspflicht dafür spricht, dass für den Verfasser die vereinbarte Vergütung im Vordergrund stand, es sich also im Wesentlichen um einen – auch aus Sicht des Verfassers – Werkvertrag handelt.

5 Umgekehrt ist i.d.R. nicht von einem Bestellvertrag, sondern von einem regulären Verlagsvertrag auszugehen, wenn der Verlag lediglich allgemeinere Vorgaben gemacht hat, also z.B. um einen Kriminalroman, der in Hamburg spielt, eine Artikelserie zu einem bestimmten Thema, ein Kochbuch mit indischen Gerichten oder einen Kommentar zum UrhG gebeten hat, und zwar auch dann, wenn er formelle oder inhaltliche Parameter angegeben oder Wünsche geäußert hat, solange diese den Verfasser nicht eng einbinden (z.B. die Bitte um eine Schilderung in Prosatext oder unterbrochen durch Schaubilder, die Vorgabe eines bestimmten Umfangs u.Ä.). Auch der Auftrag, eine bestimmte Fabel fortzuentwickeln oder weitere Einzelfolgen zu einer bereits existierenden Serie zu schreiben, wird i.d.R. durch Verlagsverträge, nicht hingegen durch Bestellverträge geregelt. Im Einzelfall können die Umstände jedoch für einen Bestellvertrag sprechen.

2. Urheberrechte an dem geschaffenen Werk

a) Urheber des Werks: Je nach der Genauigkeit des vorgegebenen Plans für das **6** herzustellende Werk kann in bestimmten – wohl die Ausnahme bildenden – Fällen der Besteller alleiniger Urheber des Werkes sein. Denkbar, wenn auch nicht die Regel (KG Berlin WRP 1977, 187 – *Werbung für ein Taschenbuch)* ist dies z.B. bei Biographien berühmter Personen, die diese einem **Ghostwriter** mündlich erzählen, der die Erzählungen lediglich in eine angemessene schriftliche Form bringt, also vor allem Sätze strukturiert, gliedert und ggf. den Ausdruck leicht anpasst. Wenn das Urheberrecht in diesen Fällen allein beim Besteller liegt, kommt ein Verlagsvertrag von vornherein nicht in Betracht. Ebenfalls vergleichsweise selten wird man den Besteller als Miturheber des Werkes (§ 8 UrhG) ansehen können (s. für einen Ghostwriter LG Berlin NJW-RR 2005, 693 ff. – *Vorabdruck einer Buchpassage;* n.rkr.). **Miturheber** kann der Besteller dann sein, wenn er z.B. das von dem Verfasser in eine Rohform gegossene Werk überarbeitet, also stilistisch ändert, ergänzt usw., aber in Einzelfällen auch dann, wenn er die Konzeption und Gedankenfolge detailliert vorgibt, wie z.B. bei der Umarbeitung eines aus stichpunktartigen Folien bestehenden Vortrages in einen Zeitschriftenartikel (s. zur Miturheberschaft BGH GRUR 1978, 244 – *Ratgeber für Tierheilkunde;* OLG Hamburg UFITA 1957 (23), 222). In den meisten Fällen wird jedoch der Verfasser **Alleinurheber** des Werkes sein, § 7 UrhG. Erstellt er nur auf den Auftrag des Verlages und nach dessen einigermaßen detailliertem Plan das Werk, so dass es ihm in erster Linie um die vereinbarte Vergütung, nicht hingegen um eine Veröffentlichung des Werkes geht, so liegt ein Bestellvertrag vor.

b) Auslegung des Vertrages: Bei der Auslegung des Vertrages dahin, ob es sich **7** um einen Bestell- oder einen Verlagsvertrag handelt, müssen die gesamten Umständen des Einzelfalls berücksichtigt werden. Im Grundsatz wird man einen Verlagsvertrag erwarten, je höherwertig oder komplexer ein bestimmtes Werk ist (*Schricker* VerlagsR³ Rn. 5). Auch bei solchen Werken kann jedoch eindeutig der Schwerpunkt des Interesses und damit der Entscheidung über eine Veröffentlichung bei dem Auftraggeber liegen, wie dies z.B. bei Firmengeschichten, Autobiographien des Bestellers, Darstellungen berühmter Familien u.ä. regelmäßig der Fall sein wird. Ist Besteller in diesen Fällen der Betroffene im weitesten Sinne, oder ist dieser auf Bestellerseite jedenfalls an dem Vertrag in irgendeiner Weise – auch indirekt – beteiligt, so muss man im Zweifel davon ausgehen, dass kein Verlagsvertrag, sondern vielmehr ein Bestellvertrag vorliegt, der Besteller also allein über eine Vervielfältigung und Verbreitung entscheidet. Es spricht viel dafür, darüber hinaus auch ohne ausdrückliche Regelung für den Fall, dass das Werk nicht veröffentlicht wird, eine Treuepflicht des beauftragten Verfassers, das Werk oder Teile daraus auch in umgestalteter Form nicht anderweitig zu veröffentlichen, zu vervielfältigen oder zu verbreiten, anzunehmen. Dies ist auch durch wettbewerbliche Interessen des Auftraggebers, der möglicherweise einen Dritten mit einer Neufassung beauftragen möchte, anstelle das Werk des ersten Verfassers zu veröffentlichen, gerechtfertigt (*Schricker* VerlagsR³ Rn. 22).

3.   Rechtsfolgen

8 Liegt ein Bestellvertrag im Sinne des § 47 vor, sind die allgemeinen zivilrechtlichen Regelungen über die einzelnen Vertragstypen anwendbar. I.d.R. wird es
sich um einen Werkvertrag handeln; es kommt jedoch auch ein Auftrag, wenn
ausdrücklich oder nach den Umständen keine Vergütung für den Verfasser
gewollt ist, oder ein Dienstvertrag, selbst ein Kauf – bei fertigen Werken – in
Betracht. Nach werkvertraglichen Grundsätzen haftet der Verfasser insb.
dafür, dass das Werk die nach dem vorgegebenen Plan geforderten oder sonst
zugesicherten Eigenschaften hat und keine Mängel aufweist (§§ 631, 633
BGB). Der Verfasser kann sich zwar für Hilfsarbeiten weiterer Autoren bedienen, muss jedoch grundsätzlich das Werk im Wesentlichen höchstpersönlich
herstellen (*Schricker* VerlagsR[3] Rn. 15). Zu Mängelfolgeansprüchen des Bestellers §§ 634 ff. BGB. Einen Mangel des Manuskripts darf der Besteller
anders als nach § 634 Nr. 2 BGB wegen §§ 39, 14 UrhG grundsätzlich nicht
selbst beheben, wenn und soweit dies vertraglich nicht vereinbart worden ist.
Da die Vorschriften des VerlG nicht anwendbar sind, kann der Verlag bei
Mängeln oder Verzug nicht nach §§ 30, 31 VerlG, sondern nur nach § 634 ff.
BGB wandeln oder zurücktreten, dafür aber auch – § 649 BGB – jederzeit
kündigen, wobei er allerdings zur Zahlung der vereinbarten Vergütung verpflichtet bleibt. Eingehend vgl. Vor §§ 31 ff. UrhG Rn. 310.

9 Zur Zahlung der vereinbarten Vergütung ist der Verlag oder der sonstige
Besteller ohnehin stets verpflichtet; da beim Bestellvertrag anders als beim
Verlagsvertrag für den Verfasser die Zahlung der Vergütung, nicht hingegen die
Vervielfältigung und Verbreitung im Vordergrund steht, ist eine Vergütung
i.d.R. als stillschweigend vereinbart anzusehen, § 632 Abs. 1 BGB (zur Ver-
gütung auch BGH GRUR 1984, 754, 755 – *Gesamtdarstellung rheumatischer
Krankheiten*, dort auch zur fristlosen Kündigung aus wichtigem Grund). Wird
der Besteller insolvent, so ist nicht § 36 VerlG, sondern § 103 InsO anwendbar.
Der Umfang der Rechtseinräumung richtet sich nach dem Vertragszweck, § 31
Abs. 5 UrhG. Dabei gelten in der Regel die normalen Grundsätze (siehe
insofern BGH GRUR 1985, 378, 379 f. – *Illustrationsvertrag*; BGH GRUR
1998, 680, 682 – *Comicübersetzungen I*; KG, Beschl. v. 30.09.2005 – Az. 5 U
37/04, zu einem Illustrationsvertrag für ein Schulbuch). Für den Regelfall ist
davon auszugehen, dass die Rechte, die ein Erreichen des Vertragszwecks
überhaupt erst ermöglichen, zumindest stillschweigend eingeräumt werden,
so dass der Urheber, der einzelne Rechte nicht mitübertragen will, sich diese
ausdrücklich vorbehalten muss (BGH GRUR 1984, 528, 529 – *Bestellvertrag*).
Nach den Umständen im Einzelfall ist insofern auch zu entscheiden, ob der
Urheber dem Verlag tatsächlich nur die z.B. auf eine bestimmte Zahl von
Auflagen oder Exemplaren beschränkten Rechte eingeräumt hat oder vielmehr
der Verlag oder sonstige Besteller sogleich umfassende Nutzungsrechte erwerben, eventuelle spätere Auflagen oder hergestellte Mehrexemplare jedoch
gesondert vergüten sollte (s. hierzu KG, Beschl. v. 30.09.2005 – Az. 5 U 37/04,
zu einem Illustrationsvertrag für ein Schulbuch).

10 Für die Weiterübertragung der erworbenen Nutzungsrechte gilt § 34 UrhG,
wenn der Verfasser – wie im Regelfall (vgl. Rn. 3 ff.) – Urheber ist. In den
Grenzen des § 34 UrhG können die Parteien jedoch abweichendes vereinbaren; eine entsprechende stillschweigende Vereinbarung kann sich auch aus
den Umständen und dem Vertragszweck ergeben (vgl. zum ganzen § 34 UrhG
Rn. 38).

III. Mitarbeit an Enzyklopädien; Hilfs- oder Nebenarbeiten: Abs. 2

1. Mitwirkung an einer Enzyklopädie

Nach § 47 Abs. 2, Halbs. 1 ist der Besteller auch dann nicht zur Vervielfälti- **11** gung und Verbreitung des Werkes verpflichtet, wenn das Werk oder die Tätigkeit eine Mitarbeit an einem enzyklopädischen Unternehmen betrifft. Dabei ist unerheblich, ob der Besteller für das Werk oder die Tätigkeit überhaupt einen Plan vorgegeben hat oder der Verfasser das Werk einigermaßen frei herstellen kann. Denn Abs. 2 bezieht sich ersichtlich nur auf die Rechtsfolge – fehlende Vervielfältigungs- und Verbreitungspflicht – des Abs. 1, nicht hingegen auf die sonstigen Voraussetzungen eines Bestellvertrages (*Schricker* VerlagsR[3] Rn. 10 f.). Bei Lexika und ähnlichen Werken muss der Verlag die Möglichkeit haben, einzelne Artikel oder Artikelgruppen eines Verfassers doch noch wegzulassen, um eine einheitliche Darstellung zu gewährleisten; dem entspricht für weitere Auflagen die Regelung in § 19 (vgl. § 19 Rn. 4 ff.).

2. Hilfs- oder Nebenarbeiten

§ 47 Abs. 2, Halbs. 2 schließt die Vervielfältigungs- und Verbreitungspflicht **12** des Bestellers und damit die Regelungen des VerlG auch aus, wenn der Beauftragte nur Hilfs- oder Nebenarbeiten für das Einzelwerk eines anderen oder für ein Sammelwerk erbringt. Hierher gehören z.B. Sachregister, Inhaltsverzeichnis und Gliederung für ein fremdes Werk, die Überprüfung der Fundstellen oder Verweisungen o.Ä. Eine Bearbeitung für eine Neuauflage ist nur dann Hilfs- oder Nebenarbeit, wenn sie sich auf die Aktualisierung z.B. der Rechtsprechung oder der sonstigen Fundstellen beschränkt und keine darüber hinausgehenden inhaltlichen Erörterungen einfügt. Bei musikalischen Werken kommt die Herstellung der Fingersätze, u.U. auch die Bearbeitung von Klavierauszügen oder die Transposition in eine andere Tonart in Betracht, wenn und soweit darin keine Bearbeitung im Sinne des § 3 UrhG liegt. Auch für die Mitarbeit an einem Sammelwerk ist nach Abs. 2 Voraussetzung, dass es sich dabei um eine Hilfs- oder Nebentätigkeit handelt oder die Voraussetzungen des Abs. 1 eingreifen; sonst liegt ein Verlagsvertrag mit ggf. den Besonderheiten der §§ 41 ff. vor.

3. Rechtsfolgen

Ein Bestellvertrag nach Abs. 2 unterliegt den allgemeinen zivilrechtlichen **13** Regelungen, in der Praxis in erster Linie dem Werkvertragsrecht der §§ 631 ff. BGB. Hierzu, zum Umfang der eingeräumten Nutzungsrechte, Treuepflichten und Weiterübertragungsrechte vgl. Rn. 8 ff.

---

§ 48   VerlG

Die Vorschriften dieses Gesetzes finden auch dann Anwendung, wenn derjenige, welcher mit dem Verleger den Vertrag abschließt, nicht der Verfasser ist.

Übersicht

I. Allgemeines

1 § 48 stellt klar, dass das VerlG auch dann anwendbar ist, wenn der Vertragspartner des Verlages nicht selbst Verfasser des betreffenden Werkes ist. Dies
betrifft vor allem die Fälle eine Erbfolge oder einer Einräumung der ausschließlichen Vervielfältigungs- und Verbreitungsrechte kraft Rechtsgeschäfts, wenn
die Voraussetzungen des § 34 UrhG vorliegen, der Ermächtigung zur Verfügung über das Verlagsrecht im Sinne des § 185 Abs. 1 BGB, sowie schließlich
Verlagsverträge über gemeinfreie Werke, §§ 39/40 (vgl. §§ 39/40 Rn. 1 ff.).
Das VerlG gilt in diesen Fällen unabhängig davon, ob der Verlaggeber berechtigt oder nichtberechtigt war. War er nichtberechtigt, konnte dem Verlag also
das subjektive Verlagsrecht nicht verschaffen, haftet er dem Verlag nach den
allgemeinen Grundsätzen des Gewährleistungsrechts, d.h. vor allem nach
§§ 433 Abs. 1 S. 2, 435, 437 ff., 280 ff., 323 ff. BGB.

II. Der Ghostwriter

2 Hat im Rahmen einer Vereinbarung jemand ein Werk geschaffen, das unter
dem Namen eines Dritten erscheinen soll, wie dies häufig bei den Memoiren
oder Autobiographien bekannter Persönlichkeiten geschieht, so ist Urheber,
wenn nur der Ghostwriter das Werk verfasst, auch nur dieser (KG WRP 1977,
187 ff.). Häufig werden die Verlagsverträge allerdings sowohl mit dem
Ghostwriter als auch mit demjenigen, unter dessen Namen das Werk erscheinen soll, geschlossen (LG Berlin NJW-RR 2005, 693 ff. – *Vorabdruck einer
Buchpassage*). Nach den vertraglichen Regelungen im Einzelnen bestimmt sich
dann, ob nur der Namensgeber, nur der Ghostwriter oder aber beide gemeinsam die Rechte aus dem Verlagsvertrag ausüben sollen. Wenn der Ghostwriter
Urheber bleibt, sind insb. dessen Urheberpersönlichkeitsrechte zu beachten
(vgl. Vor §§ 12 ff. UrhG Rn. 2 ff., zum Namensnennungsrecht vgl. § 13 UrhG
Rn. 5, 15; Loewenheim/*Dietz* § 16 Rn. 80 f., der einen Verzicht auf ein Nennungsrecht analog § 41 Abs. 4 S. 2 UrhG offenbar auf fünf Jahre beschränken
will). Hat der Namensgeber mit dem Ghostwriter eine Innenvereinbarung
abgeschlossen und tritt gegenüber dem Verlag als alleiniger Vertragspartner
auf, stellt § 48 klar, dass die Regelungen des VerlG auch in diesem Fall gelten.
Stets sind jedoch die Urheberpersönlichkeitsrechte und – für das Verhältnis
Namensgeber zum Ghostwriter – die zwingenden Regelungen des UrhG zu
beachten.

§ 49/50 VerlG

1 § 49 betraf die Zuständigkeit des Reichsgerichtes zur Entscheidung über
Ansprüche aufgrund des VerlG in letzter Instanz. Die Vorschrift ist deshalb
bereits seit 1950 durch Schaffung des Bundesgerichtshofes gegenstandslos.
Nach § 8 Abs. 2 EGGVG ist ohnehin für das Urheber- und Verlagsrecht der
Bundesgerichtshof zuständig.

2 Das VerlG ist seit dem 01.01.1902 in Kraft. Zu den Übergangsvorschriften bei
Inkrafttreten des Urheberrechtsgesetzes von 1965 vgl. § 141 UrhG Rn. 5; zum
Übergang im Rahmen der deutschen Einigung vgl. § 1 EV UrhG Rn. 1.

Gesetz über die Wahrnehmung von Urheberrechten und verwandten Schutzrechten
(Urheberrechtswahrnehmungsgesetz)

vom 9. September 1965 (BGBl. I 1294); zuletzt gändert durch Gesetz vom 26. Oktober 2007 (BGBl. I S. 2517)

Einleitung

Die gemeinsame Verwertung von Urheberrechten durch eine Verwertungs- **1** gesellschaft (VerwGes) begann zwar in Frankreich schon sehr früh (1777 wurde die Societé des auteurs et compositeurs dramatiques – SACD – von Beaumarchais gegründet, 1837 entstand die Societé des gens de lettres – SGDL –), blieb jedoch in der gesamten übrigen Welt bis weit ins 20. Jahrhundert hinein auf den musikalischen Bereich beschränkt. Auch der Ursprung der **musikalischen VerwGes** liegt in Frankreich, wo sich bereits 1851 aufgrund eines von dem Komponisten *Bourget* gewonnenen Schadensersatzprozesses gegen den Besitzer eines Konzertcafés eine Organisation entwickelte, die bei den Pariser Musikveranstaltern zu kassieren begann und aus der später die SACEM (Societé des Auteurs, Compositeurs et Editeurs de Musique) wurde. Erst 1903 bildete sich in Deutschland, teils auf Initiative von *Richard Strauß*, die *Anstalt für musikalisches Aufführungsrecht* (AFMA) als Teil der *Genossenschaft deutscher Tonsetzer* (GDT). 1915 entstand sodann die *Genossenschaft zur Verwertung musikalischer Aufführungsrechte GmbH* (die sog. „alte GEMA"). Im Jahre 1930 vereinigten sich diese Organisationen und weitere Verbände zum *Musikschutzverband*, der 1933 kraft Gesetzes in die *Staatlich genehmigte Gesellschaft zur Verwertung musikalischer Urheberrechte* (STAGMA) umgewandelt wurde. Zur Verwertung der mechanischen Vervielfältigungsrechte war bereits 1909 vom Deutschen Musikalienverleger-Verein in Leipzig und einer entsprechenden französischen Schwesterorganisation die *Anstalt für mechanisch-musikalische Rechte GmbH* (AMMRE) in Berlin gegründet worden, die 1938 durch Fusion in der STAGMA aufging. Nach dem Ende des Zweiten Weltkrieges wurde die STAGMA durch den Alliierten Kontrollrat in *Gesellschaft für musikalische Aufführungs- und mechanische Vervielfältigungrechte r. V.* (**GEMA**) umbenannt, ohne dass an der rechtlichen Struktur der Organisation etwas geändert wurde, so dass Identität zwischen der („neuen") GEMA und der STAGMA besteht. Näheres bei *Schulze*, Urheberrecht in der Musik, S. 40 ff., *Haertel* UFITA 50 [1967], 7, und *Dördelmann* Fn. 7–9. Vgl. auch den Zulassungsbeschluss des Deutschen Patentamts UFITA 51 (1968), 173; *Haensel* UFITA 45 (1965), 68; *Häußer* Mitt. 1984, 64, 66; *Wilhelm Nordemann* FS GRUR II S. 1197 ff.; *Arnold/Rehbinder* UFITA 118 [1992], 203 ff. und *Vogel* GRUR 1993, 513. Die **Satzung der GEMA** ist unter www.gema.de abrufbar und im GEMA-Jahrbuch 2007/2008, S. 159–173, abgedruckt. Der Berechtigungsvertrag befindet sich in letzterem auf S. 174–181, der Verteilungsplan auf S. 381–333. *Anschriften:* Bayreuther Straße 37, 10787 Berlin, und Rosenheimer Straße 11, 81667 München.

Wesentlich später und mit größeren Schwierigkeiten entwickelte sich eine **2** **VerwGes der Wortautoren.** Da das Vortragsrecht an erschienenen Werken nach § 11 LUG nicht dem Urheber vorbehalten war, fast alle übrigen Nebenrechte aber traditionsgemäß von den Verlegern und Bühnenvertrieben wahrgenommen wurden, brachte erst die Ausbreitung des Fernsehens eine entspre-

chende Entwicklung zustande. Nach dem im Jahre 1955 von den Schriftstellerverbänden unternommenen Versuch, eine solche literarische VerwGes unter dem Namen *Gesellschaft zur Verwertung literarischer Urheberrechte* (GELU) zu schaffen, die in Konkurs fiel, hat sich 1958 die *Verwertungsgesellschaft Wort r.V.* (**VG Wort**) neu gebildet, welche die Rechte der Wortautoren und ihrer Verleger, beschränkt jedoch auf die im Wahrnehmungsvertrag verzeichneten Befugnisse, treuhänderisch wahrnimmt. Ähnlich wie in der GEMA, welche die drei Berufsgruppen der Komponisten, der Textautoren und der Musikverleger kennt (*Menzel* S. 25), hatten sich in der VG Wort ursprünglich vier Berufsgruppen gebildet, nämlich schöngeistige Autoren, wissenschaftliche und andere Autoren einschließlich der Journalisten, Buchverleger und Bühnenverleger (Zulassungsbeschluss des Deutschen Patentamts UFITA 51 [1968], 174). Am 01.07.1978 ist die **VG Wissenschaft,** die aus der früheren „Inkassostelle" (vgl. Rn. 4) entstanden war, durch Fusion in der VG Wort aufgegangen. Seither gibt es 6 Berufsgruppen:
(1) Autoren und Übersetzer schöngeistiger und dramatischer Literatur,
(2) Journalisten, Autoren und Übersetzer von Sachliteratur, (3) Autoren wissenschaftlicher und Fachliteratur,
(4) Verleger von schöngeistigen Werken und von Sachliteratur,
(5) Bühnenverleger,
(6) Verleger von wissenschaftlichen Werken und von Fachliteratur.
Näheres bei *Müller-Sommer* ZUM 1988, 2. Die Satzung, der Wahrnehmungsvertrag, die Verteilungspläne in der geltenden Fassung und der aktuelle Geschäftsbericht sind abrufbar auf www.vgwort.de. *Anschrift:* Goethestraße 49, 80336 München (Nebenstelle: Köthener Str. 44, 10963 Berlin).

3 Bereits vor dieser Gründung gelang es den ausübenden Künstlern und Schallplattenproduzenten, eine gemeinschaftliche VerwGes, die **Gesellschaft zur Verwertung von Leistungsschutzrechten mbH (GVL)** mit dem Sitz in Köln (jetzt Berlin) ins Leben zu rufen. Diese Gesellschaft, deren Geschäftsanteile von der Deutschen Orchestervereinigung e.V. und der Deutschen Landesgruppe der internationalen Vereinigung der phonographischen Industrie e.V. gehalten werden, nahm ursprünglich die Rechte der ausübenden Künstler aus den §§ 54, 73 ff. UrhG und die Rechte der Tonträgerhersteller aus den §§ 54, 85 f. UrhG wahr (Zulassungsbeschluss des Deutschen Patentamts UFITA 51 [1968], 173 f.). Inzwischen ist sie auch für die Veranstalter (§ 81) und für die Hersteller von Videoclips (vgl. § 92 UrhG Rn. 34) sowie für deren Bildurheber tätig. Ihr Gesellschaftsvertrag ist bei *Hillig* S. 236 und in der Sammlung *Delp* Nr. 870 wiedergegeben. Er ist auch unter www.gvl.de abrufbar. Ihre Wahrnehmungsverträge in der aktuellen Fassung sind am besten direkt bei der GVL anzufordern. *Anschrift*: Podbielskiallee 64, 14195 Berlin.

4 Die früher beim Börsenverein des deutschen Buchhandels e. V. in Frankfurt bestehende *Inkassostelle* für *urheberrechtliche Vervielfältigungsgebühren GmbH,* die den Vergütungsanspruch des § 54 Abs. 2 a. F. UrhG geltend machte, ging nach der Einführung der Bibliothekstantieme (vgl. § 27 UrhG Rn. 1) auf die *VG Wissenschaft GmbH* über, die inzwischen mit der VG Wort fusioniert hat (vgl. Einl. Rn. 2). Vgl. *Ulmer* GEMA-Nachr. Nr. 108 (1978) S. 99, 103.

5 Die **VG Musik-Edition** – Verwertungsgesellschaft zur Wahrnehmung von Nutzungsrechten an Editionen (Ausgaben) von Musikwerken r. V. – nimmt für die Inhaber von Rechten aus den §§ 70, 71 UrhG deren Rechte und Vergütungsansprüche in etwa gleichem Umfang wie die GEMA, allerdings unter Einschluss der Nachdruckrechte, wahr (früherer Name: Interessengemeinschaft musikwissenschaftlicher Herausgeber und Verleger – IMHV). Vgl. den Zulassungsbescheid des Deutschen Patentamts UFITA 51 (1968), 173. Ihre Satzung findet sich bei *Hillig* S. 241 und im Internet unter www.vg-musikedition.de. *Anschrift*: Königstor 1 A, 34117 Kassel.

Die **VG Bild-Kunst r. V.** nimmt für bildende Künstler (Berufsgruppe I), für **6** Fotografen und Graphikdesigner (Berufsgruppe II) und für Filmurheber und Filmhersteller (Berufsgruppe III) deren Vergütungsansprüche aus den §§ 27, 46, 49, 54, 54a UrhG sowie bestimmte weitere Nutzungsrechte, vor allem einige Reproduktionsrechte (§§ 16, 17 UrhG) wahr, für die bildenden Künstler darüber hinaus das Folgerecht (§ 26 UrhG). Vgl. den Zulassungsbescheid des Deutschen Patentamts UFITA 56 [1970], 241 und *Pfennig* KuR 1999, 10. Ihre Satzung ist bei *Hillig* S. 226 abgedruckt und unter www.bildkunst.de abrufbar. *Anschrift*: Weberstraße 61, 53113 Bonn (Nebenstelle: Köthener Str. 44, 10963 Berlin).

Inzwischen haben sich neben der Berufsgruppe III der VG Bild-Kunst (vgl. **7** Rn. 6), in der sich vor allem die Regisseure und die Filmemacher (sog. Jungfilmer) sammeln, noch sieben (!) weitere VerwGes im Film- und Fernsehbereich gebildet, nämlich zunächst die *VerwGes der Film- und Fernsehproduzenten GmbH* (**VFF**) in München, die auch die Auftragsproduzenten der Fernsehanstalten zu ihren Mitgliedern zählt, die *Verwertungsgesellschaft für Nutzungsrechte an Filmwerken mbH* (**VGF**) in Wiesbaden mit den sog. Altfilmern, die von den Verleihern gegründete, vor allem die Rechte ausländischer Produzenten vertretende *Gesellschaft zur Wahrnehmung von Film- und Fernsehrechten mbH* (**GWFF**) mit Sitz in München, und schließlich die schon etwas ältere *Gesellschaft zur Übernahme und Wahrnehmung von Filmaufführungsrechten* mbH (**GÜFA**) in Düsseldorf mit Schwerpunkt Pornofilm. Die ersten drei konzentrieren sich bisher auf die Geräte- und Kassettenabgabe aus § 54 UrhG, die letztere beschäftigt sich bisher vor allem mit den Rechten aus den §§ 19, 22, 27 UrhG. Überblick bei *Häußer* Mitt. 1984, 64, 66. Zur GÜFA s. Roeber UFITA 74 [1975], 109 und ferner UFITA 78 [1977], 174. Etwas später ist die **AGICOA** *Urheberrechtsschutz-Gesellschaft mbH.* in Frankfurt/M. dazugekommen, die sich auf die Kabelweiterleitungsvergütung (§ 20b Abs. 2 UrhG) beschränkt und im Wesentlichen Filmverwerter aus dem Ausland vertritt; ursprünglich agierte sie nur von dort aus (zu den sich daraus ergebenden Fragen *Schwarz* FS Wolf Schwarz S. 75 und *Vogel* GRUR 1993, 513, 516). Die **VG Media** ist um die Jahrtausendwende aus der 1997 gegründeten VG Satellit hervorgegangen; sie nimmt die Rechte von Hörfunk- und Fernsehsendern aus der Kabelweitersendung (§ 20b UrhG) wahr. Endlich gibt es noch die **VG Werbung**, die das Recht zur Verwertung von Musik in der Werbung wahrnimmt. Die Satzungen aller dieser VerwGes sind im Internet zugänglich. *Anschriften*: VFF Widenmayerstraße 32, 80538 München; VGF Kreuzberger Ring 56, 65205 Wiesbaden; GWFF Marstallstr. 8, 80539 München; GÜFA Vautierstraße 72, 40235 Düsseldorf; AGICOA Leerbachstr. 10, 60322 Frankfurt/Main; VG Media Oberwallstraße 6, 10117 Berlin; VG Werbung Theresienstr. 6, 80333 München.

Die drei erstgenannten VerwGes (GEMA, VG Wort und GVL) gehören der **8** **Zentralstelle für private Überspielungsrechte** (ZPÜ) an, die ihrerseits keine VerwGes, sondern eine nicht gesondert erlaubnispflichtige BGB-Gesellschaft von VerwGes ist (a.M. *Haertel* UFITA 50 [1967], 7, 15 und noch unsere 7. Aufl.; wie hier Schricker/*Reinbothe*[3] Vor § 1 Rdnr. 14; *Häußer* FuR 1980, 57,

60; *Melichar* S. 69; zweifelnd *Vogel* GRUR 1993, 513, 516). Die ZPÜ kassiert den Vergütungsanspruch aus § 54 UrhG. Die Verwaltung der ZPÜ obliegt der GEMA. Der Gesellschaftsvertrag der ZPÜ ist bei *Hillig* S. 279 abgedruckt. – Nach dem gleichen Prinzip hat sich inzwischen ferner die **Zentralstelle Biblio-thekstantieme (ZBT)** aus VG Wort, VG Bild-Kunst und GEMA gebildet, deren Aufgabe die Geltendmachung der Vergütungsansprüche aus § 27 UrhG ist. Die Geschäftsführung dieser Gesellschaft liegt bei der VG Wort. Ihr Gesellschafts-vertrag und die Gesamtverträge mit Bund und Ländern können bei der VG Wort angefordert werden, ersterer ist auch im GEMA-Jahrbuch 1997/98 S. 491 zu finden. Endlich gibt es noch die **Zentralstelle Fotokopieren an Schulen (ZFS),** deren Geschäfte ebenfalls die VG Wort führt, die bei der GEMA domizilierende **Zentralstelle für Videovermietung (ZVV,** Gesellschafts-vertrag GEMA-Jahrbuch 1997/98, S. 496) und die **Zentralstelle für die Wie-dergabe von Fernsehwerken (ZWF)** aus VG Bild-Kunst, VGF und GWFF. Auch die **ARGE DRAMA,** die GEMA und VG Wort zur Geltendmachung von Kabelrechten an Bühnenwerken im Ausland gebildet haben, ist hier zu erwähnen (GEMA-Jahrbuch 1997/98 S. 465). Die von der VG Wort, der VG Bild-Kunst und der GVL gegründete **ARGE Kabel** betreibt das Inkasso der Vergütungsansprüche aus § 20b Abs. 2 UrhG (nur sie, die bei Dreier/Schulze/ *Schulze*[2] vor § 1 WahrnG Rn. 17 zusätzlich genannte „Inkassostelle Kabel-weitersendung" existiert nicht). Zur Jahrtausendwende ist schließlich die **Clearingstelle Multimedia (CMMV)** als gemeinschaftliches Unternehmen von GEMA, GVL, VG Wort, VG Bild-Kunst und den Filmverwertungsgesell-schaften gegründet worden, um auch in diesem neuartigen, rasch wachsenden Bereich der urheberrechtlich relevanten Nutzungen die Vergütungsansprüche der Rechtsinhaber zu sichern (Einzelheiten bei Lehmann/*Melichar* S. 205 ff. und *Wünschmann* ZUM 2000, 572 ff.).

9 Die Neue Zentralstelle der Bühnenautoren und Bühnenverleger GmbH ist inzwischen liquidiert und durch die **ZBS – Zentralstelle Bühne Service GmbH** für Autoren, Komponisten und Verlage ersetzt worden. Sie führt im Auftrage ihrer Gesellschafter die Prüfung der Abrechnungen der Bühnen sowie – bei speziellem Auftrag – das Inkasso von Bühnenantiemen aus, besitzt aber keine eigenen, ihr zur Wahrnehmung übertragenen Nutzungsrechte. Sie ist also keine Parallelorganisation zur französischen SACD (Société des Auteurs et des Compositeurs Dramatiques), die eine echte VerwGes ist. Auch die – ebenfalls noch vor dem zweiten Weltkrieg entstandene – Zentralstelle für Senderechte ist inzwischen aufgelöst.

10 Alle großen VerwGes in Deutschland sind mit ihren Schwestergesellschaften zumindest in Europa – die GEMA mit denen der ganzen Welt – durch Gegen-seitigkeitsverträge verbunden, die sie in die Lage versetzen, Nutzungsrechte international zu lizenzieren, so dass etwa die Neuaufnahme der *Alpensinfonie* von *Richard Strauß,* dargeboten durch die Berliner Philharmoniker unter Sir Simon Rattle, nach Lizensierung durch die GEMA (für die Erben des Kom-ponisten) und die GVL (für das Orchester und seinen Dirigenten) weltweit verbreitet werden kann (Einzelheiten der Entwicklung in FS *Thurow* S. 113 ff.). Dieser *one-stop-shop*-Rechtserwerb ist inzwischen auch für andere Werkarten und Nutzungsformen zunehmend von Bedeutung. Innerhalb Eu-ropas kommt hinzu, dass die nationalen Regelungen des Wahrnehmungsrechts durch das **Europäische Gemeinschaftsrecht** beeinflusst werden. Schon 1971 hat die Kommission die Beschränkung des Wahrnehmungszwangs der Verw-Ges auf Deutsche in § 6 für wirkungslos erklärt (vgl. § 6 Rn. 2). Seither ist die praktische Arbeit der VerwGes immer wieder durch Entscheidungen des

EuGH auf ihre Vereinbarkeit mit dem Gemeinschaftsrecht überprüft worden (Überblick bei *Karnell* GRUR Int. 1991, 583; auch *Kreile/Becker* ZUM 1992, 581; *Schulze* FS Reichardt S. 193; *Vogel* GRUR 1993, 513, 531; *Becker* FS Kreile S. 27). Die Kommission hat ihrerseits schon 1996 eine Harmonisierung der Rahmenbedingungen für die Tätigkeit der Verwertungsgesellschaften in ihr Arbeitsprogramm aufgenommen. Eine Anhörung zu diesem Thema, die immerhin vier Jahre später, im November 2000, folgte, erbrachte allerdings nur eine Mitteilung, für die in Brüssel wieder vier Jahre benötigt wurden (KOM 2004, 261 endg. vom 16.04.2004). Nur zur länderübergreifenden Wahrnehmung von Rechten, die von *Online*-Musikdiensten in Anspruch genommen werden, existiert inzwischen eine Kommissions-Empfehlung (*Schmidt* ZUM 2005, 783 ff.). Allerdings wird auch eine – wünschenswerte – weitergehende Harmonisierung der Tätigkeit der VerwGes in den Mitgliedsländern der EU am Grundsatz der nationalen Rechtewahrnehmung nichts ändern können; ein sinnvolles Inkasso und eine angemessene Verteilung der Erträgnisse lassen sich ohne Berücksichtigung lokaler und/oder nationaler Besonderheiten kaum durchführen.

Wir haben in den ersten Auflagen verfassungsrechtliche Bedenken gegen die **11** Einführung der Erlaubnispflicht, der staatlichen Fachaufsicht und der Zwangs-Schiedsgerichtsbarkeit durch das WahrnG erhoben. Seine Regelungen schienen uns ein Bespiel für die Tendenz der Legislative zu sein, nahezu jeden Lebensvorgang gesetzlich zu regeln und den Staatsbürger auf allen Tätigkeitsgebieten zu bevormunden, ohne zu bedenken, dass die Decke des Rechts, wenn sie zu schwer wird, die Freiheit nicht mehr schützt, sondern erstickt. Die Zeit ist darüber hinweggegangen. GEMA und GVL haben die 1966 eingereichte Verfassungsbeschwerde später zurückgenommen. Zwar bleibt der Zweifel, ob das UrhWahrnG überhaupt nötig war. Aber es ist doch nicht zu verkennen, dass es in seiner derzeitigen Gestalt jedenfalls praktikabel ist, zumal nachdem die wenig glückliche Regelung der §§ 14, 15 über das Schiedsstellen-Verfahren durch eine Neuregelung der §§ 14–16 im ÄndG 1985 ersetzt wurde und mit den §§ 13 Abs. 3 und 13b Klarstellungen erfolgten, die den VerwGes die Prozessführung erleichterten. Beide Regelungsbereiche sind durch die ÄndGen 1995 und 1998 erneut modifiziert worden. Das Gesetz bietet einerseits eine tragfähige Grundlage für die Arbeit der VerwGes, andererseits aber auch Aufsichtsbefugnisse, die ausreichen, um etwaige Missbräuche gar nicht erst entstehen zu lassen. Dass die grundsätzliche Kritik am WahrnG mittlerweile verstummt ist, dürfte freilich auch seiner Handhabung durch das Deutsche Patentamt zu danken sein, das seine Aufgabe vor allem darin sieht, den Beteiligten bei der Lösung entstehender Probleme zu helfen und Konflikte möglichst zu entschärfen, und sich dieser Aufgabe zugleich mit Behutsamkeit und Einsatzfreude widmet.

Umso weniger verständlich war die – vereinzelt gebliebene – Kritik von **12** *Rehbinder* DVBl. 1992, 216, der aus theoretischen Ansätzen den Vorwurf konstruierte, die meisten deutschen VerwGes verstießen mit ihren Satzungen und Wahrnehmungsverträgen derart gegen das geltende Recht, dass die Untätigkeit des Deutschen Patentamts als Aufsichtsbehörde gegenüber solchen Verstößen ein „ganz offensichtlicher" Kontrollmangel sei (dagegen schon *Wilhelm Nordemann* GRUR 1992, 584).

Erster Abschnitt **Erlaubnis zum Geschäftsbetrieb**

§ 1 Erlaubnispflicht

(1) Wer Nutzungsrechte, Einwilligungsrechte oder Vergütungsansprüche, die sich aus dem Urheberrechtsgesetz vom 9. September 1965 (BGBl. I S. 1273) ergeben, für Rechnung mehrerer Urheber oder Inhaber verwandter Schutzrechte zur gemeinsamen Auswertung wahrnimmt, bedarf dazu der Erlaubnis, gleichviel, ob die Wahrnehmung in eigenem oder fremdem Namen erfolgt.

(2) Absatz 1 ist auf die gelegentliche oder kurzfristige Wahrnehmung der bezeichneten Rechte und Ansprüche nicht anzuwenden.

(3) ¹Wer ohne die nach Absatz 1 erforderliche Erlaubnis tätig wird, kann die ihm zur Wahrnehmung anvertrauten Rechte oder Ansprüche nicht geltend machen. ²Ihm steht das Antragsrecht nach § 109 des Urheberrechtsgesetzes nicht zu.

(4) ¹Übt eine juristische Person oder eine Personengemeinschaft die in Absatz 1 bezeichnete Tätigkeit aus, so ist sie Verwertungsgesellschaft im Sinne dieses Gesetzes. ²Übt eine einzelne natürliche Person die in Absatz 1 bezeichnete Tätigkeit aus, so sind auf sie die in diesem Gesetz für Verwertungsgesellschaften getroffenen Bestimmungen sinngemäß anzuwenden.

1 Die Bestimmung betrifft **natürliche oder juristische Personen,** letztere ohne Rücksicht auf ihre Rechtsform und Ausgestaltung. Demnach können nicht nur Vereine, sondern auch Handelsgesellschaften (AG, GmbH, OHG, KG) Verw-Ges sein. Auch einzelne Bühnenagenten, die sich bestimmte Urheberbefugnisse zur kollektiven Wahrnehmung übertragen lassen, fallen unter das Gesetz (VGH München Bl. PMZ 1978, 261 = *Schulze* VG 13). **Vereinigungen von VerwGes** zur gemeinsamen Wahrnehmung der ihnen anvertrauten Rechte und Ansprüche sind keine VerwGes und daher nicht erlaubnispflichtig (vgl. Einl. Rn. 8 f.). Eine *internationale* Vereinigung von VerwGes zur gemeinsamen Wahrnehmung von Rechten wäre aber erlaubnispflichtig, wenn sie in Deutschland als solche tätig werden sollte.

2 Die Erlaubnis bezieht sich auf die Tätigkeit als VerwGes schlechthin, nicht auf die Wahrnehmung einzelner Rechte und Ansprüche. Erweitert eine VerwGes ihren Rechtekatalog oder fusioniert sie mit einer anderen (was auf dasselbe hinausläuft), so hat sie die Aufsichtsbehörde nur zu unterrichten (§ 20 Nr. 1 und 5). Diese prüft dann, ob die VerwGes insoweit *ordnungsgemäß* (§ 19 Abs. 1) handelt. Gleiches gilt für die Bildung von **Tochtergesellschaften,** wie sie einige VerwGes für soziale Zwecke geschaffen haben. Nur soweit von diesen Rechte wahrgenommen werden, sind sie als VerwGes gesondert erlaubnispflichtig.

3 Es muss sich um die **Wahrnehmung von Nutzungsrechten** im weiteren Sinne handeln. Darunter fallen nicht nur diejenigen der §§ 31 und 79 UrhG, sondern auch
- die **Leistungsschutzrechte** der §§ 70, 71, 72, 77, 78, 81, 85, 87, 87b, 94 UrhG,
- die **Einwilligungsrechte** der §§ 23, 34 Abs. 1, 35, 74 ff. UrhG,
- die **Vergütungsansprüche** der §§ 20b Abs. 2, 26, 27, 32, 32a, 46 Abs. 4, 47 Abs. 2, 49 Abs. 1, 52 Abs. 1 u. 2, 52b, 53a, 54 Abs. 1, 54b Abs. 1, 54c Abs. 1, 77 Abs. 2, 78 Abs. 2, 79 Abs. 2, 86, 87b Abs. 2, 94 Abs. 4 UrhG.

Zu den Vergütungsansprüchen rechnen auch Schadenersatzansprüche in Geld wegen der Verletzung des Urheberrechts, eines verwandten Schutzrechts oder eines Nutzungsrechts (§ 97 UrhG) sowie der Ablösungsanspruch aus § 101. Auch Bereicherungsansprüche wegen Verletzung von im UrhG geregelten Rechten einschließlich der Urheberpersönlichkeitsrechte kommen in Betracht

(BGH GRUR 1987, 128 – *NENA* und OLG Hamm NJW-RR 1987, 232). Ein Beispiel für die Wahrnehmung des Einwilligungsrechts aus § 23 bietet OLG Köln ZUM-RD 1997, 386, 389.

Ungeachtet des zu engen Wortlauts des **Abs.** 1 *für Rechnung mehrerer Urheber* **4** *oder Inhaber verwandter Schutzrechte* ist die Wahrnehmungsbefugnis der VerwGes nicht auf diesen Personenkreis beschränkt. Das ergibt sich schon daraus, dass Aufbau und Organisation der GEMA (vgl. Einl. Rn. 1) dem Gesetzgeber zum Vorbild gedient haben (*Haertel* UFITA 50 [1967], 7; *Hübner/ Stern* GEMA-Nachr. Nr. 108 [1978] S. 85, 95), die GEMA aber schon immer auch Musikverleger zu Mitgliedern hatte. Das Deutsche Patentamt als Aufsichtsbehörde hat demgemäß weder bei der Erteilung der Erlaubnis an die VerwGes, die auch Verwerter als Mitglieder aufnehmen, noch anlässlich einer Aufsichtsbeschwerde des Komponisten *Peter Ruzicka* und anderer insoweit Anlass zu Bedenken gesehen (Bescheid vom 6.6.1977, UFITA 81 [1978], 348, 357 f.); auch der Bundesgerichtshof setzt die Zulässigkeit dieser Organisationsform voraus (BGH GRUR 1971, 326 f. – *UFA-Musikverlage*). Anders als bei Verwertern, die Rechte an bestimmten einzelnen Werken wahrnehmen und stets neben deren Urhebern an der VerwGes beteiligt sind, wäre jedoch die Zulassung von Zessionaren, die das ganze Oeuvre eines oder gar mehrerer Urheber vertreten, mit Abs. 1 nicht mehr vereinbar (vgl. § 6 Rn. 6 f.). Gleiches würde für eine Organisation gelten, die die Wahrnehmung von Rechten und Ansprüchen aus dem UrhG ausschließlich für Inhaber abgeleiteter Rechte als Geschäftszweck betriebe, wie dies vor einigen Jahren von der Presse Monitor GmbH (PMG) ins Werk gesetzt wurde; dergleichen kann nicht als VerwGes im Sinne des UrhWahrnG anerkannt werden (BayVGH ZUM 2003, 78, 80; Mestmäcker/*Schulze* Rn. 14; Dreier/Schulze/*Schulze*[2] Rn. 14; a.M. Schricker/ *Reinbothe*[3] Rn. 6).

Das UrhWahrnG kommt ferner nur zur Anwendung, wenn es sich um die **5** Wahrnehmung von Rechten *mehrerer* Berechtigter handelt (der Generalbevollmächtigte eines einzelnen Urhebers bedarf also keiner Erlaubnis) und wenn die Wahrnehmung **zur gemeinsamen Auswertung** geschieht. Letzteres trifft dann zu, wenn die VerwGes über die ihr anvertrauten Rechte pauschal verfügt, z. B. durch Aufstellung von einheitlichen Tarifen, durch Abschluss von Tarifverträgen, durch Einräumung von Nutzungsrechten am Gesamtrepertoire usw. Dass sie nur Pauschalvereinbarungen treffe, ist dabei nicht erforderlich. Verlage oder Bühnenvertriebe nehmen zwar die Rechte mehrerer Urheber wahr, vergeben dabei aber jedes ihnen anvertraute Recht individuell, so dass sie nicht als VerwGes anzusehen sind.

Abs. 2 stellt klar, dass nur die **geschäftsmäßige** Wahrnehmung erlaubnispflich- **6** tig ist. Ein Schallplattenproduzent wird also nicht zur VerwGes, wenn er die ihm etwa übertragenen Rechte mehrerer ausübender Künstler in gelegentlichen Einzelfällen gegen Entgelt unter Beteiligung der Künstler weiter überträgt, obwohl er dabei, streng genommen, diese Rechte „gemeinsam auswertet". Im Streitfall ist der Wahrnehmende, da Abs. 2 eine Ausnahme von Abs. 1 darstellt, dafür beweispflichtig, dass er nicht geschäftsmäßig gehandelt hat.

Die **fehlende** Erlaubnis macht die in Wahrnehmung der Rechte getroffenen **7** Verfügungen keineswegs unwirksam. Da die Einräumung bzw. Übertragung der Rechte an den Wahrnehmenden sich nur nach dem UrhG richtet (§§ 31 ff., 78 u.a.), ist sie ohne Rücksicht auf § 1 wirksam; ebenso wirksam ist eine etwaige Weiterübertragung durch den Wahrnehmenden an Dritte. Lediglich die *Geltendmachung* der wahrzunehmenden Rechte ist ohne Erlaubnis nicht möglich (**Abs. 3**). Die GEMA könnte also selbst dann, wenn sie keine Erlaubnis nach § 1 besäße, wirksam Aufführungserlaubnisse für ihr Repertoire erteilen; sie wäre lediglich gehindert, ungenehmigte Aufführungen von Werken ihres Repertoires zu verfolgen.

8 Die Zahl der VerwGes ist unbeschränkt. Es ist also denkbar, dass mehrere VerwGes auf dem gleichen Gebiet nebeneinander bestehen, wie dies das Beispiel der Film- und Fernseh-VerwGes mittlerweile zeigt (vgl. Einl Rn. 7).

§ 2   Erteilung der Erlaubnis

Die Erlaubnis wird auf schriftlichen Antrag von der Aufsichtsbehörde (§ 18 Abs. 1) erteilt. Dem Antrag sind beizufügen:
1. **die Satzung der Verwertungsgesellschaft,**
2. **Angaben über Namen, Anschrift und Staatsangehörigkeit der nach Gesetz oder Satzung zur Vertretung der Verwertungsgesellschaft berechtigten Personen,**
3. **eine Erklärung über die Zahl der Personen, welche die Verwertungsgesellschaft mit der Wahrnehmung ihrer Nutzungsrechte, Einwilligungsrechte oder Vergütungsansprüche beauftragt haben, sowie über Zahl und wirtschaftliche Bedeutung der der Verwertungsgesellschaft zur Wahrnehmung anvertrauten Rechte und Ansprüche.**

1 Die förmlichen Voraussetzungen der Erlaubniserteilung (**Nr. 1 und 2**) sind auf das Notwendige beschränkt. Den schriftlichen Antrag kann jedermann, also nicht etwa nur eine Gesellschaft, sondern auch eine einzelne **natürliche Person** stellen (BayVGH 1978 Bl. PMZ 1978, 261 f.; *Häußer* FuR 1980, 57, 60). Der beizufügenden **Satzung** entspricht bei einer GmbH oder Personengesellschaft deren Gesellschaftsvertrag (Begr. UFITA 46 [1966], 271, 278), bei einer natürlichen Person eine schriftliche Darstellung des Geschäftszwecks und der organisatorischen Gestaltung des geplanten Unternehmens (*Häußer* FuR 1980, 57, 60). Gesellschaftsvertrag bzw. Darstellung müssen allerdings auch ihrerseits den inhaltlichen Erfordernissen entsprechen, die die §§ 6 und 7 Abs. 2 S. 2, 7 S. 3 für Satzungen vorschreiben (vgl. § 6 Rn. 6–10, 12; § 7 Rn. 3–6).

2 **Aufsichtsbehörde** – und damit Antragsempfänger – ist das **Patentamt** (§ 18 Abs. 1), genauer: Das Deutsche Patent- und Markenamt, Zweibrückenstr. 12, 80297 München. Dieses entscheidet jedoch nicht allein: § 18 Abs. 3 macht vielmehr das **Einvernehmen mit dem Bundeskartellamt** zur Wirksamkeitsvoraussetzung für die Entscheidung des Patentamts (allg.M.: Dreier/Schulze/ *Schulze*[2] Rn. 4, Wandtke/Bullinger/*Gerlach*[2] Rn. 5, Schricker/*Reinbothe*[3] Rn. 5 – jeweils zu § 18 m.w.N.).

3 Jeder Antragsteller, gleichviel wie er selbst organisiert ist, muss nach **Nr. 3** konkrete Angaben zur **wirtschaftlichen Bedeutung** der geplanten Unternehmung machen: Er muss, ehe er den Antrag stellt, schon eine nicht unerhebliche Zahl von Rechteinhabern zum Abschluss von – zumindest – Vorverträgen mit seiner Gesellschaft (oder mit ihm selbst) veranlasst haben und eine sie benennende Liste vorlegen, und die Verträge müssen erkennen lassen, dass eine erhebliche Zahl von Werken oder künstlerischen Leistungen, die ihrerseits schon einen entsprechenden wirtschaftlichen Erfolg aufzuweisen haben, zur Auswertung durch das geplante Unternehmen ansteht.

4 Neben der Erlaubnis aus § 2 ist für Handelsgesellschaften und gewerblich tätige natürliche Personen die Anmeldung bei der zuständigen Ordnungsbehörde (§ 14 GewO), für Vereine die staatliche Verleihung erforderlich, da es sich stets um eine wirtschaftliche Tätigkeit handelt (§ 22 BGB).

§ 3   Versagung der Erlaubnis

(1) Die Erlaubnis darf nur versagt werden, wenn
1. die Satzung der Verwertungsgesellschaft nicht den Vorschriften dieses Gesetzes entspricht,
2. Tatsachen die Annahme rechtfertigen, dass eine nach Gesetz oder Satzung zur Vertretung der Verwertungsgesellschaft berechtigte Person die für die Ausübung ihrer Tätigkeit erforderliche Zuverlässigkeit nicht besitzt, oder
3. die wirtschaftliche Grundlage der Verwertungsgesellschaft eine wirksame Wahrnehmung der ihr anvertrauten Rechte oder Ansprüche nicht erwarten lässt.

(2) Die Versagung der Erlaubnis ist zu begründen und der Verwertungsgesellschaft zuzustellen.

Die **Prüfung** der Satzung, des Gesellschaftsvertrages oder der Darstellung (vgl.   **1** § 2 Rn. 1) nach **Abs. 1 Nr. 1** durch das **Patentamt** beschränkt sich auf die Einhaltung der Bestimmungen des UrhWahrnG. Ob den Erfordernissen des Vereins- oder Gesellschaftsrechts Genüge getan ist, bleibt Prüfungsgegenstand der insoweit zuständigen Behörden. Im UrhWahrnG ausdrücklich vorgeschrieben ist insoweit nur
– eine Regelung über die Wahl der Vertretung derjenigen Berechtigten, die nicht als Mitglieder der VerwGes aufgenommen werden (§ 6 Abs. 2),
– die Aufnahme der Grundsätze des Verteilungsplans in die Satzung der VerwGes vgl. (§ 7 S. 3).

Das Patentamt hat demgemäß vor allem zu prüfen, ob die VerwGes nach ihrer Satzung den Anforderungen des UrhWahrnG entspricht, also insb.
– Nutzungsrechte, Einwilligungsrechte oder Vergütungsansprüche für „mehrere" Urheber oder Schutzrechtsinhaber – im Regelfall also für eine Vielzahl solcher – zur gemeinsamen Auswertung wahrzunehmen bezweckt (§ 1 Abs. 1),
– sich jedem Berechtigten gegenüber auf Verlangen zur Wahrnehmung seiner Rechte verpflichtet, soweit § 6 Abs. 1 davon keine Ausnahme vorsieht,
– die Rechnungslegungspflicht des § 9 enthält,
– die aus § 13 folgende Pflicht, Tarife aufzustellen, klar regelt,
– die Pflicht zur Auskunftserteilung bzw. Unterrichtung (§§ 19, 20) festschreibt.

Bei Abs. 1 Nr. 2 muss es sich um konkrete Tatsachen handeln, wie Vorstrafen   **2** wegen Vermögensdelikten oder Verbrechen gleich welcher Art, das Verschulden oder Mitverschulden des Betroffenen an der Insolvenz einer anderen Gesellschaft oder Einzelfirma. Charakterliche Mängel sind als solche nicht wie Tatsachen feststellbar und daher kein Grund für die Annahme mangelnder Zuverlässigkeit. Die Tatsachen müssen den Betroffenen gerade für die Ausübung dieser Tätigkeit als unzuverlässig erscheinen lassen. Wer wegen Verstoßes gegen die GewO die Erlaubnis zur Ausübung des Versteigerungsgewerbes verloren hat, ist nicht schon deswegen für die Leitung einer VerwGes als unzuverlässig anzusehen. Andererseits genügt es, dass die Tatsachen die „Annahme" der Unzuverlässigkeit „rechtfertigen"; dass sie die Unzuverlässigkeit zwingend ergeben, ist nicht erforderlich. Der Erlaubnisbehörde steht also praktisch ein gewisser Ermessensspielraum bei der Anwendung des Abs. 1 Nr. 2 zur Seite; vgl. § 19 Rn. 2 d.

Auch **Abs. 1 Nr. 3** lässt der Erlaubnisbehörde eine angemessene Freiheit der   **3** Beurteilung. Es genügt, dass die wirtschaftliche Grundlage der VerwGes die wirksame Wahrnehmung „nicht erwarten lässt". Eine wirksame Wahrnehmung dürfte frühestens dann gewährleistet sein, wenn genügend Mittel vorhanden sind, um die Verwaltungskosten zu decken; eine reibungslos funktionierende Verwaltung ist die Grundvoraussetzung für die treuhänderische Wahrnehmung der Rechte Dritter. Abs. 1 Nr. 3 darf allerdings nicht als Bremse gegen Neugründungen missbraucht werden, da eine sich neu bildende VerwGes zumeist noch wenig Mitglieder und damit wenig Finanzkraft besitzt. Dem Vorhandensein genügender Mittel zur Deckung der Verwaltungskosten muss es daher gleichstehen, wenn nach der Satzung und einem etwa bestehenden Finanzierungsplan zu erwarten ist, dass die Einnahmen der VerwGes nach einer gewissen Anlaufzeit die Verwaltungskosten nicht nur decken, sondern diese nicht unerheblich übersteigen werden. Andererseits muss den Mindestanforderungen genügt sein, die sich aus dem UrhWahrnG ergeben. Kann eine VerwGes überhaupt keine Angabe nach § 2 Nr. 3 machen, so kann auch nicht von einer wirksamen Wahrnehmung im Sinne von § 3 Abs. 1 Nr. 3 gesprochen werden (VGH München Bl. PMZ 1978, 261, 262 = *Schulze* VG 13).

4 Der **Prüfung** durch das **Bundeskartellamt** bleibt die Vereinbarkeit der Gesamtplanung des Unternehmens mit dem deutschen und dem EU-Kartellrecht vorbehalten (vgl. § 18 Rn. 2).

5 **Kein Versagungsgrund** ist die Tatsache, dass schon eine gleichartige VerwGes besteht, da das UrhWahrnG kein Monopol kennt (vgl. § 1 Rn. 8). Allerdings könnte die Wahrnehmung gleicher Rechte durch mehrere VerwGes nebeneinander zu einer entsprechenden Vervielfachung der Kosten führen und die Wahrnehmung damit unwirtschaftlich machen, was einen Versagungsgrund nach Nr. 3 entstehen lassen würde (so schon die Richtlinie des Patentamts in ZUM 1989, 506, 509; zu Unrecht zweifelnd Schricker/*Reinbothe*[3] Rn. 1). Auch der Sitz der VerwGes im Ausland ist unschädlich (anders noch § 4 Abs. 1 RefE).

6 Die Versagung der Erlaubnis (Abs. 2) ist ein **Verwaltungsakt**, der zunächst mit dem Widerspruch beim Patentamt (§ 68 VwGO) und dann mit der Anfechtungs- und Verpflichtungsklage zum Verwaltungsgericht München als dem für den Sitz des Patentamts zuständigen Gericht angefochten werden kann (§§ 42, 74, 52 Nr. 2 VwGO). Dem Begründungszwang ist nur genügt, wenn das Patentamt im Falle des Abs. 1 Nr. 1 Mängel der Satzung, im Falle des Abs. 1 Nr. 2 die Tatsachen, im Falle des Abs. 1 Nr. 3 die Gründe im Einzelnen genau angibt, die zur Versagung geführt haben. Die Zustellung richtet sich nach dem VwZG (*Sartorius* Nr. 110).

§ 4   Widerruf der Erlaubnis

(1) Die Erlaubnis ist zu widerrufen, wenn
1. einer der Versagungsgründe des § 3 Abs. 1 bei der Erteilung der Erlaubnis der Aufsichtsbehörde nicht bekannt war oder nachträglich eingetreten ist und dem Mangel nicht innerhalb einer von der Aufsichtsbehörde zu setzenden Frist abgeholfen wird oder
2. die Verwertungsgesellschaft einer der ihr nach diesem Gesetz obliegenden Verpflichtungen trotz Abmahnung durch die Aufsichtsbehörde wiederholt zuwiderhandelt.

(2) Der Widerruf der Erlaubnis ist zu begründen und der Verwertungsgesellschaft zuzustellen. Der Widerruf wird drei Monate, nachdem er unanfechtbar geworden ist, wirksam, wenn darin kein späterer Zeitpunkt festgesetzt ist.

1 Die **Frist** des **Abs. 1 Nr. 1** zur Beseitigung des Mangels muss angemessen sein. Da die Fristsetzung ihrerseits einen anfechtbaren Verwaltungsakt darstellt, ist die Widerspruchsfrist des § 70 VwGO (1 Monat nach Zustellung) als untere

Grenze der Befristung anzusehen. Die Fristsetzung bleibt zunächst wirkungslos, wenn die betroffene VerwGes von dem Anfechtungsrecht nach der VwGO Gebrauch macht, etwa mit der Begründung, ein zu behebender Mangel liege nicht vor, oder die Frist sei unangemessen kurz. In diesem Falle darf trotz Fristablaufs kein Widerruf erfolgen, bevor die angefochtene Verfügung unanfechtbar (vgl. Rn. 4) geworden ist, mit der Folge, dass die VerwGes sehr viel Zeit gewinnt. In dringenden Fällen kann das Patentamt allerdings die sofortige Vollziehung seiner Verfügung anordnen; dann müssen jedoch die besonderen Voraussetzungen des § 80 VwGO vorliegen.

Die **definitive Anordnung** des Abs. 1 Nr. 1 („*Die Erlaubnis ist zu widerrufen*") **2** schließt eine Ermessensentscheidung der Aufsichtsbehörde aus: Wird einem der Versagungsgründe des § 3 Abs. 1 nicht fristgemäß abgeholfen oder verstößt die VerwGes nach einer Abmahnung erneut gegen dieselbe gesetzliche Verpflichtung, so *muss* das Patentamt den Widerruf aussprechen (sog. gebundene Entscheidung).

Abs. 1 Nr. 2 setzt voraus, dass der gleiche Verstoß sich mindestens zweimal **3** ereignet („*…wiederholt…*"). Mehrere Verstöße *verschiedener* Art ermöglichen den Widerruf auch dann nicht, wenn das Patentamt etwa eine allgemeine Abmahnung ausspricht, die VerwGes möge sich „in Zukunft gesetzestreu verhalten". Das wäre eine rechtlich bedeutungslose Ermahnung, aber keine Abmahnung im Sinne der Bestimmung. Auch die Abmahnung ist ein anfechtbarer Verwaltungsakt, den die VerwGes mit der Begründung anfechten kann, ein Verstoß habe nicht vorgelegen oder der Grundsatz der Verhältnismäßigkeit sei verletzt, weil der Verstoß so geringfügig sei, dass eine Abmahnung nicht als das angemessene Mittel zum angemessenen Zweck angesehen werden könne. Vor Eintritt der Unanfechtbarkeit (vgl. Rn. 6) der Abmahnung kann daher ein Widerruf nicht ausgesprochen werden.

Als „Zuwiderhandlung" ist auch das Unterlassen einer nach dem Gesetz **4** gebotenen Handlung, das pflichtwidrige Nichtstun, anzusehen. Mestmäcker/ *Schulze* (Rn. 6) nennen insoweit als Beispiel zutreffend die Nichtachtung der Verpflichtung der VerwGes, Verteilungspläne und Tarife aufzustellen (§ 7, 13 UrhWahrnG).

Der Fall *Ruzicka* (DPA UFITA 81 [1978], 348) hat Anlass zu der Frage **5** gegeben, ob die Aufsichtsbehörde mit Abs. 2 die Änderung einer Satzungsbestimmung, z. B. der Grundsätze des Verteilungsplans (§ 7 Satz 3), erzwingen kann, wenn diese Satzungsbestimmung bei der Erlaubniserteilung von ihr nicht beanstandet worden war (§ 3 Abs. 1 Nr. 1). *Hübner/Stern* GEMA-Nachr. Nr. 108 (1978) S. 85, 88 halten die Kontrollrechte der Aussichtsbehörde mit der Erlaubniserteilung für verbraucht; die VerwGes müsse Vertrauensschutz für die Rechtmäßigkeit ihrer Tätigkeit in Anspruch nehmen können. Wir halten das weder mit § 134 BGB noch mit Wesen und Funktion der in § 19 angeordneten Aufsicht für vereinbar. Eine Satzungsbestimmung, mit der gegen eine gesetzliche Verpflichtung der VerwGes, also ein gesetzliches Ge- oder Verbot, verstoßen wird, ist nichtig (§ 134 BGB). Daran ändert eine irrig erteilte Erlaubnis der Verleihungs- oder Aufsichtsbehörde nichts. Die Aufsichtsbehörde kann ihrer Verpflichtung zur dauernden Kontrolle der VerwGes auf Einhaltung ihrer Verpflichtung aus dem UrhWahrnG zudem nur nachkommen, wenn ihr durch den Erlaubnisbescheid, bei dessen Erlass sie eine mögliche Kollision von Gesetz und Satzung noch nicht übersehen konnte oder übersehen hat, nicht auf Dauer die Hände gebunden sind. Der der VerwGes zuzubilligende Vertrauensschutz gebietet lediglich eine angemessen lange Frist für die Änderung der fraglichen Satzungsbestimmung (ebenso Schricker/*Reinbothe*[3] Rn. 6; Mestmäcker/*Schulze* Rn. 7; Dreier/Schulze/*Schulze*[2] Rn. 7; a. M. wohl nur Wandtke/Bullinger/*Gerlach*[2] Rn. 3: Rücknahme der fehlerhaften Erlaubnis).

6 **Unanfechtbar** sind Widerruf, Fristsetzung (vgl. Rn. 2) und Abmahnung (vgl. Rn. 3), wenn nicht rechtzeitig Widerspruch eingelegt oder gegen dessen Zurückweisung nicht fristgemäß Klage erhoben wird, oder wenn die VerwGes im Verwaltungsstreitverfahren rechtkräftig unterlegen ist, was allerdings angesichts der Verfahrenspraxis der deutschen Verwaltungsgerichte mehrere Jahre dauern kann.

§ 5   Bekanntmachung

Die Erteilung der Erlaubnis und ein nach § 4 Abs. 2 wirksam gewordener Widerruf sind im Bundesanzeiger bekanntzumachen.

1 Zum Wirksamwerden des Widerrufs vgl. § 4 Rn. 6. Die Verpflichtung des § 5 trifft nicht die VerwGes, sondern das Patentamt als Aufsichtsbehörde. Sie gilt nicht für eine etwaige Versagung der Erlaubnis (Schricker/*Reinbothe*[3] Rn. 1; Wandtke/Bullinger/*Gerlach*[2] Rn. 1; Dreier/Schulze/*Schulze*[2] Rn. 1).

Zweiter Abschnitt **Rechte und Pflichten der Verwertungsgesellschaft**

Vorbemerkung

Die VerwGes sehen sich einem doppelten Kontrahierungszwang ausgesetzt: Sie sind gegenüber den Urhebern und Inhabern verwandter Schutzrechte dem Wahrnehmungszwang aus § 6, gegenüber den Verwertern aller Art dem Abschlusszwang aus § 11 unterworfen. Der Abschlusszwang besteht, da jedermann als Benutzer geschützter Werke und Leistungen in Betracht kommt, jedem gegenüber und ist nur an die notwendige Voraussetzung geknüpft, dass es sich um Werke oder Leistungen aus dem Repertoire der betroffenen VerwGes handelt (Ausnahme: entgegenstehende berechtigte Interessen, vgl. § 11 Rn. 2 und vgl. § 12 Rn. 2). Dagegen ist der Wahrnehmungszwang des § 6 nur gegeben, wenn eine Reihe besonderer Voraussetzungen erfüllt ist.

§ 6   Wahrnehmungszwang

(1) [1]Die Verwertungsgesellschaft ist verpflichtet, die zu ihrem Tätigkeitsbereich gehörenden Rechte und Ansprüche auf Verlangen der Berechtigten zu angemessenen Bedingungen wahrzunehmen, wenn diese Deutsche im Sinne des Grundgesetzes oder Staatsangehörige eines anderen Mitgliedstaates der Europäischen Union oder eines anderen Vertragsstaates des Abkommens über den Europäischen Wirtschaftsraum sind oder ihren Wohnsitz im Geltungsbereich dieses Gesetzes haben und eine wirksame Wahrnehmung der Rechte oder Ansprüche anders nicht möglich ist. [2]Ist der Inhaber eines Unternehmens Berechtigter, so gilt die Verpflichtung gegenüber dem Unternehmen mit Sitz in einem Mitgliedstaat der Europäischen Union oder in einem Vertragsstaat des Abkommens über den Europäischen Wirtschaftsraum.

(2) [1]Zur angemessenen Wahrung der Belange der Berechtigten, die nicht als Mitglieder der Verwertungsgesellschaft aufgenommen werden, ist eine gemeinsame Vertretung zu bilden. [2]Die Satzung der Verwertungsgesellschaft muss Bestimmungen über die Wahl der Vertretung durch die Berechtigten sowie über die Befugnisse der Vertretung enthalten.

Der Bewerber muss der VerwGes zur Wahrnehmung Rechte und Ansprüche **1**
antragen, die zu ihrem **Tätigkeitsbereich** gehören. Der Tätigkeitsbereich ergibt
sich aus der Satzung der VerwGes und dem Erlaubnisbescheid nach §§ 1, 2. Es
muss sich also um Rechte und Ansprüche handeln, die das UrhG gewährt (vgl.
§ 1 Rn. 2) und die gerade von dieser VerwGes satzungsgemäß wahrgenommen
werden. Einen Anspruch des Berechtigten gegen die VerwGes, auch Rechte
wahrzunehmen, welche die Satzung nicht vorsieht, gibt § 6 nicht.

Nicht VerwGes überlassen werden gegenwärtig u. a.:   **2**
a) Die sog. großen Rechte an Bühnenwerken (**Bühnenaufführungsrechte**).
Diese befinden sich in Händen der Bühnenautoren oder Bühnenverleger und
bedürfen der individuellen Geltendmachung. Kein Bühnenunternehmer ist
daher berechtigt, von Bühnenverlegern oder Autoren aus § 11 die Übertragung
des Aufführungsrechtes zu fordern, da weder der Bühnenverleger noch der
Bühnenautor eine VerwGes i.S.v. § 1 ist (vgl. § 1 Rn. 5).
b) Die **Senderechte** an Bühnenwerken und solchen anderen Sprachwerken, die
nicht mit Musik verbunden sind (wie Romane, Erzählungen, Novellen, Gedichte, Vorträge, Reden usw.); bei den letzteren gibt es allerdings schon eine
Ausnahme für kurze Sendungen und ausländische Kabelnetze (VG Wort).
c) Die **mechanischen Rechte** an den genannten Werken, die ebenso wie die
Senderechte bisher von den Verlegern und Autoren selbst wahrgenommen
werden, mit Ausnahme der „großen" Tonträgerrechte an musikdramatischen
Werken, die die GEMA für deren Verleger wahrnimmt; die Nettoeinnahmen
daraus werden zur Weiterverteilung nach dem jeweiligen Vertragsschlüssel an
diese ausgeschüttet. Im Übrigen wird auch hier die VG Wort inzwischen für
Teilbereiche tätig.
d) Das **Verfilmungsrecht** an den genannten Werken aus § 88 (hinsichtlich der
sog. Filmherstellungsrechte s. Berechtigungsvertrag der GEMA § 1i, GEMA-
Jahrbuch 2007/2008 S. 174, 176).
e) Die Vervielfältigungs- und Verbreitungsrechte (**graphische Vervielfältigung**),
insb. die Verlagsrechte an Sprachwerken, Musikwerken usw. Auch diese
bedürfen der individuellen verlegerischen Betreuung und sind für eine Kollek-
tivwahrnehmung ungeeignet. Eine Ausnahme macht nur die VG Bild-Kunst
für gewisse Reproduktionsrechte (vgl. Einl. Rn. 6).

Wer **Deutscher** im Sinne des Grundgesetzes ist, bestimmt Art. 116 GG (vgl. **3**
§ 120 UrhG Rn. 2–5). **Staatsangehörige anderer EU-Länder** sind wegen des
Diskriminierungsverbots in Art. 6 Abs. 1 EG-Vertrag (Art. 12 Abs. 1 des Vertrages von Amsterdam) schon seit dem Betritt ihres Heimatlandes Deutschen
gleichgestellt, diejenigen aus den EWR-Staaten Norwegen und Island seit dem
01.01.1994 (vgl. § 120 Rn. 1 a.E.). Das hat das ÄndG 1995 mit der Einfügung
in Abs. 1 Satz 1 und der Anfügung von Abs. 1 Satz 2 klargestellt. **Andere
Ausländer,** also auch Flüchtlinge und Staatenlose, haben dagegen nach dem
insoweit unverändert gebliebenen Gesetzestext von 1965 nur dann Anspruch
auf Wahrnehmung ihrer Rechte durch in Deutschland tätige VerwGes, wenn
sie **hier ihren Wohnsitz** haben. Das ist ein offenbares Redaktionsversehen.
Flüchtlinge und Staatenlose aus EU und EWR stehen sowohl hinsichtlich ihrer
Werke als auch hinsichtlich ihrer Leistungen Deutschen absolut gleich (vgl.
§ 120 UrhG Rn. 2a; vgl. § 125 UrhG Rn. 1; vgl. § 126 UrhG Rn. 2; vgl. § 127
UrhG Rn. 1; vgl. § 127a UrhG Rn. 1; vgl. § 128 UrhG Rn. 1) und müssen
deshalb hier auch zur Wahrnehmung ihrer Rechte und Ansprüche in gleicher
Weise befugt sein; man denke nur an Rechte und Vergütungsansprüche, die
verwertungsgesellschaftpflichtig sind (§§ 20b, 26 Abs. 3 und 4, 27 Abs. 1
und 2, 49 Abs. 1, 54 Abs. 1, 54a Abs. 1, 54g, 77 und 78 UrhG). § 6 Abs. 1 ist

daher dahingehend auszulegen, dass der Wahrnehmungszwang für VerwGes auch Flüchtlingen und Staatenlosen aus dem EU/EWR-Raum gegenüber besteht (allg.M.; die engere Auffassung von *Melichar*, Die Wahrnehmung von Urheberrechten durch VerwGes, 1983, S. 36 f. ist seit dem ÄndG 1995 überholt).

4   Wenig glücklich ist ferner die Anknüpfung an den **Wohnsitz** der danach noch verbleibenden Ausländer und Staatenlosen. Das ist der Ort, der den ständigen räumlichen Mittelpunkt der Lebensinteressen bildet; häufige Reisen, selbst monatelange Abwesenheit heben ihn nicht auf. Anhaltspunkt ist stets das Vorhandensein einer eigenen Wohnung; ein Untermietverhältnis genügt, wenn es sich nach den Umständen nicht nur um eine vorübergehende Unterkunft handelt (z. B. eigene Möblierung). Das Gesetz fordert nicht, dass der Ausländer seinen alleinigen Wohnsitz in der Bundesrepublik habe; eine Zweitwohnung genügt. Auch auf polizeiliche Anmeldungen, Aufenthaltserlaubnisse usw. kommt es nicht an. Sie sind nur ein Indiz für das Vorhandensein eines Wohnsitzes; ob jemand seinen Wohnsitz in der Bundesrepublik hat, entscheidet sich nur danach, ob er hier tatsächlich wohnt, nicht danach, ob dies mit behördlicher Kenntnis oder Billigung geschieht. Damit deckt sich § 6 im Ergebnis mit den §§ 122, 123, 124, 125 Abs. 5, 126 Abs. 3 UrhG, die für Staatenlose und Flüchtlinge an den *gewöhnlichen Aufenthalt* anknüpfen. Eine Synchronisation der Gesetzestexte wäre freilich wünschenswert. Einen sachlichen Unterschied zu der von Schricker/*Reinbothe*[3] Rn. 8 gegebenen Definition des Wohnsitzes sehen wir übrigens nicht; auch der gewöhnliche Aufenthalt entsteht nicht zufällig, sondern durch bewusste Bestimmung eines Ortes zum räumlichen Schwerpunkt der Lebensinteressen.

5   Die Beschränkung des Wahrnehmungsanspruchs auf Deutsche, EU/EWR-Angehörige und in der Bundesrepublik wohnende Nichtdeutsche halten wir darüber hinaus mit v. Ungern-Sternberg (GRUR Int. 1973, 61, 64 zu Art. 4 RBÜ) jedenfalls für verwertungsgesellschaftpflichtige Rechte auch **konventionsrechtlich** für unzulässig. Wenn ein Recht nur durch eine VerwGes geltend gemacht werden kann, muss diese einzige Möglichkeit **allen** Verbandsurhebern offen stehen; andernfalls läge eine Kollision mit Art. 5 Abs. 1 und Abs. 2 Satz 1 RBÜ vor (so schon Nordemann/Vinck/Hertin Art. 5 WUA Rn. 2; inzwischen auch Schricker/*Reinbothe*[3] Rn. 9 m.w.N.). Gleiches gilt für die Urheber aus den Mitgliedsstaaten des WUA (Nordemann/Vinck/Hertin Art. II WUA Rn. 1; Schricker/*Reinbothe*[3] Rn. 9) und für die Berechtigten aus allen andern bi- und multilateralen Abkommen, die auf dem Prinzip der Inländerbehandlung beruhen, an denen die Bundesrepublik beteiligt ist, insb. also dem TRIPS-Abkommen (vgl. Vor §§ 120 ff. UrhG Rn. 2). Da nicht angenommen werden kann, dass der Gesetzgeber des UrhWahrnG sich bewusst über bindende Staatsverträge hinwegsetzen wollte, die Ein- und Anfügungen zu § 6 Abs. 1 durch das ÄndG 1995 vielmehr gerade zu deren korrekter Erfüllung beitragen sollten, ist § 6 nach dem Grundsatz der konventionsfreundlichen Auslegung (Nordemann/Vinck/Hertin Einl. 33) dahin zu interpretieren, dass für verwertungsgesellschaftpflichtige Rechte Wahrnehmungszwang auch zu Gunsten der Angehörigen solcher Staaten besteht, mit denen die Bundesrepublik Inländerbehandlung vereinbart hat (vgl. den Überblick für Urheber § 121 UrhG Rn. 2–5, für Leistungsschutzberechtigte § 125 UrhG Rn. 2 b und §§ 126, 127 UrhG, jeweils Rn. 1; etwas eingeschränkt noch Mestmäcker/*Schulze* Rn. 24, 27; wortgleich in Dreier/Schulze/*Schulze*[2] Rn. 24, 27). Der Wahrnehmungszwang besteht **nicht zugunsten ausländischer VerwGes** (*Häußer* Mitt. 1984, 64, 71). Sie können nicht nur nicht „Berechtigte" im Sinne der Bestimmung sein, wie Abs. 2 ergibt; vielmehr ist eine wirksame Vertretung ihrer Rechte und Ansprüche auch anders, nämlich über den Abschluss von Gegenseitigkeitsverträgen mit der oder den zuständigen deutschen VerwGes, möglich (vgl. Rn. 6).

Eine **wirksame** Wahrnehmung der Rechte oder Ansprüche muss **anders nicht   6 möglich** sein.

a) Das trifft zunächst für die Vergütungsansprüche aus den §§ 20b, 26, 27, 49, 54, 54a, 77 und 78 UrhG einerseits und für die Auskunftsansprüche aus den §§ 26 Abs. 3, 54g, 54f Abs. 3 UrhG andererseits zu, die kraft gesetzlicher Vorschrift nur von einer VerwGes wahrgenommen werden können.

b) Darüber hinaus gibt es eine Reihe von Rechten und Ansprüchen, die *praktisch* nur durch eine VerwGes geltend gemacht werden können, wie das Recht der Rundfunk- und Fernsehwiedergabe aus § 22 UrhG, das Recht der Bild- und Tonträgerwiedergabe aus § 21 UrhG, das Vorführungsrecht des § 19 Abs. 4 UrhG, das Vortragsrecht aus § 19 Abs. 1 UrhG, die Wiedergaberechte des § 52 UrhG und die meisten Nutzungsrechte im digitalen Bereich (vgl. § 15 UrhG Rn. 2; vgl. § 20 UrhG Rn. 2).

c) Bei manchen Rechten ist sowohl eine individuelle wie eine Kollektiv-Wahrnehmung denkbar: beim mechanischen Vervielfältigungs- und Verbreitungsrecht ausübender Künstler (§ 75 UrhG), aber auch einzelner Urheber (§ 16 Abs. 2 UrhG), beim Vortragsrecht an Sprachwerken (§ 19 Abs. 1 UrhG), beim Recht zur öffentlichen Vorführung (§ 19 Abs. 4 UrhG) und beim Senderecht an Sprachwerken (§ 20 UrhG). Tatsächlich bestehen hier auch in der praktischen Handhabung Unterschiede: Komponisten und Textautoren lassen manche Rechte kollektiv wahrnehmen, die bei den Wortschöpfern individuell ausgeübt werden. In diesen Fällen wird man zugunsten des Berechtigten, der sich auf § 6 beruft, danach zu entscheiden haben, ob die Wahrnehmung durch eine VerwGes *üblich* ist (ebenso Schricker/*Reinbothe*[3] Rn. 10).

d) Unerheblich ist es, ob die in Anspruch genommene VerwGes die einzige auf diesem Gebiet tätige VerwGes ist oder nicht. Wollte man zulassen, dass eine VerwGes die Wahrnehmung von Rechten eines einzelnen mit der Begründung ablehnt, es sei ja noch eine weitere VerwGes vorhanden, so könnte jede VerwGes den Berechtigten an die andere verweisen mit dem Erfolg, dass keine von ihnen zur Wahrnehmung seiner Rechte verpflichtet wäre. Das Vorhandensein einer zweiten VerwGes stellt also keine *andere* Möglichkeit der Wahrnehmung im Sinne des § 6 dar (allg.A. Begr UFITA 46 [1966], 271, 280; wie hier Schricker/*Reinbothe*[3] Rn. 12; Wandtke/Bullinger/*Gerlach*[2] Rn. 15; Dreier/Schulze/*Schulze*[2] Rn. 26; *Mauhs* S. 36 f.).

e) Ebenso ist die Wahrnehmung anders nicht möglich, wenn es nur *eine* VerwGes gibt, die die fraglichen Rechte wahrnimmt. Auf die theoretische Möglichkeit einer Neugründung braucht sich niemand verweisen zu lassen.

f) Inzwischen ist problematisch geworden, ob auch gegenüber **Zessionaren,** die sich Nutzungsrechte vom Urheber haben abtreten lassen, Wahrnehmungszwang besteht. Das Deutsche Patentamt hat das früher offenbar angenommen (Beschl. v. 26.10.1981, UFITA 94 [1982], 364; auch *Häußer* Mitt. 1984, 64, 70). Dabei wurde jedoch übersehen, dass die Wahrnehmung der betroffenen Rechte oder Ansprüche in diesen Fällen durchaus auf andere Weise möglich ist, nämlich dadurch, dass der Urheber sie selbst in die VerwGes einbringt. Für die Zwischenschaltung Dritter gibt es keinen sachlichen, geschweige denn einen zwingenden („*anders nicht möglich*") Grund. Eine VerwGes, die den Abschluss von Wahrnehmungsverträgen mit Zessionaren ablehnt, verstößt demgemäß nicht gegen § 6 und kann somit auch nicht von der Aufsichtsbehörde zu einer entsprechenden Satzungsänderung veranlasst werden (*Vogel* GRUR 1993, 513, 517 f.; Wandtke/Bullinger/*Gerlach*[2] Rn. 14; Dreier/Schulze/*Schulze*[2] Rn. 20; Loewenheim/*Melichar* § 47 Rn. 8; HK-UrhR/*Zeisberg* Rn. 37; *Mauhs* S. 37 f.; a.M. wohl nur noch Schricker/*Reinbothe*[3] Rn. 11). Die Nichtberücksichtigung von Zessionaren liegt übrigens ebenso wie die Vorausabtretung (vgl. Rn. 6) und die Aufstellung von Verteilungsplänen nach festen Regeln (§ 7), die eine individuelle Abweichung ausschließen, im wohlverstandenen Interesse der Urheber, deren Schutz der Gesetzgeber auch mit dem UrhWahrnG sicherstellen wollte (Begr UFITA 46 [1966], 271, 273); sie verhindert, dass geschäftstüchtige Agenten, Manager, Produzenten, Verleger und andere Verwerter die Rechte von Urhebern gegen Pauschalabfindungen erwerben und sodann die Früchte fremden geistigen Schaffens ernten, wie das vor der Entstehung der VerwGes weithin Praxis war (man denke nur an die sog. „Urheberscheine", mit deren Hilfe selbst dem Textdichter von *Johann Strauß'* „Zigeunerbaron", Ignatz Schnitzer, 1884 sämtliche Rechte um ganze 400 Gulden abgenommen wurden). Wenn die VerwGes Zessionare aufnehmen müssten, wäre damit auch § 36 UrhG weitgehend außer Kraft gesetzt, der die Wiederkehr solcher Missstände gerade ausschließen wollte (vgl. § 36 UrhG Rn. 1).

7 Der Anspruch ist auf **Wahrnehmung,** nicht auf Mitgliedschaft gerichtet (anders noch § 7 RefE). § 6 begründet also keinen Aufnahme-, sondern nur einen Wahrnehmungszwang. Die Erlangung von Gesellschafter- oder Mitgliedsrechten bleibt der internen Regelung durch die Satzung der VerwGes überlassen.

8 Nach der Begr UFITA 46 [1966], 271, 280) sind als **angemessen** in der Regel zunächst die Bedingungen anzusehen, die die VerwGes auch ihren Mitgliedern auferlegt. Das Schrifttum hat sich dem angeschlossen (*Schulze* Rn. 2; *Samson* UFITA 47 [1966], 1, 128). Diese Definition reicht jedoch nicht aus, weil sie nur diejenigen Wahrnehmungsberechtigten betrifft, die nicht Mitglieder der VerwGes sind. Die Verpflichtung der VerwGes, die ihr übertragenen Rechte und Ansprüche der Berechtigten zu angemessenen Bedingungen wahrzunehmen, betrifft jedoch das Rechtsverhältnis der Berechtigten zu ihr in seiner Gesamtheit; der Gesetzgeber wollte nicht nur einen Teilbereich regeln, sondern ganz allgemein diejenigen, die mit den VerwGes rechtliche Berührung haben würden, vor Machtmissbrauch schützen (Begr UFITA 46 [1966], 271, 280). Das Rechtsverhältnis des Berechtigten zur VerwGes bestimmt sich vor allem nach deren Satzung und nach den Verteilungsplänen. Sind diese nicht angemessen, so nimmt die VerwGes die Rechte und Ansprüche des Berechtigten nicht zu angemessenen Bedingungen wahr. § 6 unterwirft also auch die an sich vereinsinterne Regelung der Mitgliedschaftsrechte und –pflichten einer – notfalls gerichtlichen – Angemessenheitskontrolle und beschränkt damit die Vereinsautonomie. An dieser Ansicht halten wir ungeachtet der Angriffe fest, die *Reischl* und *Hübner/Stern* in ihren der GEMA anlässlich des *Ruzicka*-Verfahrens erstatteten Rechtsgutachten dagegen gerichtet haben (GEMA-Nachr. Nr. 108, S. 79, 83 bzw. S. 85, 92). Entgegen *Reischl* bezieht sich § 6 Abs. 1 eben nicht „nach seinem völlig eindeutigen Wortlaut nur … auf die Beziehungen zu solchen Berechtigten, die *nicht* Mitglieder der VerwGes sind": Abs. 1 spricht von den *Berechtigten* schlechthin, und erst Abs. 2 macht für seinen Regelungsbereich die Einschränkung auf die *Berechtigten, die nicht als Mitglieder* aufgenommen werden. *Hübner/Stern,* die unsere Auffassung sogar „unverständlich" finden, übersehen nicht nur dies, sondern auch die Erläuterungen der Begr. (UFITA 46 [1966], 271, 280), die die Bedingungen der VerwGes für ihre Mitglieder nur für *in der Regel* angemessen hält, also ihre

Überprüfung gedanklich durchaus in den Regelungsbereich des § 6 einbezieht. Im Übrigen wiederholt § 6 Abs. 1 mit dem Angemessenheitsgebot für alle Berechtigten, gleich ob sie Mitglieder werden oder nicht, nur Selbstverständliches: Sowohl die faktische Monopolstellung, die die traditionellen deutschen VerwGes in ihrem Tätigkeitsbereich innehaben, als auch ihre Treuhandfunktion verböten ihnen auch ohne die Existenz des § 6 eine sachlich nicht gerechtfertigte Behandlung der Rechtsinhaber, für die sie tätig sind, insb. die Zumutung, auf ihnen rechtmäßig zustehende Ansprüche auch nur tw. zu verzichten (BGHZ 13, 5, 11 = GRUR 1954, 337, 338). Was aber nicht sachgerecht wäre, könnte auch nicht angemessen sein. Wie hier inzwischen BVerfG ZUM 1997, 555, 556, wonach die GVL aus § 6 Abs. 1 verpflichtet ist, einen Tonträgerhersteller, der zugleich als ausübender Künstler tätig ist, auch in dieser Eigenschaft angemessen zu berücksichtigen; früher schon DPA UFITA 81 [1978], 348, 358, 365 – *Fall Ruzicka* und DPA-Richtlinie zur Verteilung der Erträgnisse von VerwGes in ZUM 1989, 506, 508; *Häußer* Mitt. 1984, Rn. 64, 69 sowie ausführlich *ders.* FS Roeber II S. 113; Schricker/*Reinbothe*[3] Rn. 13; Wandtke/Bullinger/*Gerlach*[2] Rn. 16; offenbar auch *Ulmer* GEMA-Nachr. Nr. 108, S. 99, 107. Dass, wie letzterer mit Recht betont, der *Schwerpunkt* des § 6 bei den Pflichten der VerwGes gegenüber Nichtmitgliedern liegt und *in der Regel* von den für Mitgliedern geltenden Bedingungen ausgegangen werden kann, schränkt den Regelungsbereich des § 6 nicht ein.

Begriff der Angemessenheit: Angemessen sind die Bedingungen der VerwGes **9** für die Wahrnehmung der Rechte und Ansprüche von Berechtigten, wenn sie Art und Umfang dieser Rechte und Ansprüche entsprechen, d. h. wenn der Leistung des Berechtigten (Einbringung von Rechten und Ansprüchen) eine ihr entsprechende Gegenleistung der VerwGes gegenübersteht (ebenso *Häußer* Mitt. 1984, 64, 69; Schricker/*Reinbothe*[3] Rn. 13; auch *Ruzicka* FS Roeber II S. 355, 359). Die VerwGes werden danach stets zu prüfen haben, ob dieses Angemessenheitsgebot in ihren Satzungen und Verteilungsplänen tatsächlich überall korrekt beachtet wird, ob also der Berechtigte einen möglichst genau dem Wert seiner eingebrachten Rechte entsprechenden Gegenwert erhält; das schließt Vereinfachungen der Berechnung, insb. Pauschalierungen zum Zwecke der Kostenersparnis, nicht aus (BGH ZUM 1989, 80, 82 – *GEMA-Wertungsverfahren* und GRUR 2005, 757, 759 f. – *PRO-Verfahren*). Es hat somit in jeder Hinsicht eine angemessene **Gewichtung der eingebrachten Rechte und Ansprüche** stattzufinden. So ist es absolut unangemessen, wenn den Urhebern, ohne deren schöpferische Leistung eine Nutzung überhaupt nicht stattfände, es also auch keine Erträge gäbe, die von einer VerwGes verteilt werden können, *weniger* zufließt als den Nutzungsberechtigten, die von ihnen Rechte ableiten, also den Verlegern, Produzenten, Sendeanstalten usw.; für ausübende Künstler gilt Entsprechendes (Wandtke/Bullinger/*Gerlach*[2] Rn. 16). Die „klassischen" VerwGes GEMA, VG Wort, VG Bild-Kunst und GVL verfahren entsprechend. Dagegen gestehen die Film- und Fernseh-VerwGes (vgl. Einl Rn. 7) überwiegend allein den Regisseuren, nicht den übrigen Filmurhebern, und auch diesen nur 20% der Erträge zu, während etwa 80% der Produktion zufließen, die an originären Rechten allenfalls die Leistungsschutzrechte aus § 94 UrhG einbringt; Produzenten von außerhalb der EU bzw. des EWR haben in der Regel nicht einmal diese Rechte, weil ihr Heimatstaat sie nicht kennt. Solche Beteilungsregeln verstoßen gegen das Angemessenheitsgebot des § 6 Abs. 1, das zugleich unangemessene Bedingungen verbietet, mit der Folge ihrer Nichtigkeit (§ 134 BGB). Darüber hinaus haben die **Verteilungspläne** auch dem Gebot des § 7 Satz 2 zu entsprechen (vgl. § 7 Rn. 7).

10 Vielfach enthalten Satzung oder Berechtigungsvertrag **Verjährungsklauseln** in dem Sinne, dass Ansprüche für zurückliegende Abrechnungsperioden aus der Verwertung von Werken, die der VerwGes nicht gemeldet wurden, nicht mehr geltend gemacht werden können. Das ist als angemessene Bedingung anzusehen, wenn und soweit der Verwaltungsaufwand im Vergleich zu dem der periodengerechten Abrechnung unverhältnismäßig hoch wäre und unbillige Härten vermieden werden, also bei geringfügigen Fristüberschreitungen gegen Zahlung einer Verspätungsgebühr die nachträgliche Aufnahme in das Abrechnungsverfahren erfolgt und bei unverschuldeter Verspätung eine Art Wiedereinsetzung gewährt wird (OLG München ZUM 1998, 1031, 1032; § 233 ZPO). Theoretisch können sich ferner Schwierigkeiten ergeben, wenn die VerwGes in Verträgen mit Verwertern diese von Ansprüchen von Nichtmitgliedern freigestellt hat (vgl. § 13c Rn. 4–5) und solche Ansprüche dann nach Ablauf der Abrechnungsfristen erhoben werden (und nachgewiesen werden können). Hat der Berechtigte die Verfolgung seiner Ansprüche im Bewusstsein der Möglichkeit, dass sie bestehen könnten, jahrelang unterlassen oder den Beitritt zur VerwGes in Kenntnis der Tatsache, dass etwaige Ansprüche von dieser für ihr wahrgenommen werden würden, abgelehnt, so wird ihm Verwirkung entgegengehalten werden können (vgl. § 102 UrhG Rn. 4), und zwar auch vom Verwerter, der sich seinerseits auf die rechtzeitige Geltendmachung von Ansprüchen durch die Berechtigten über die zuständige VerwGes verlassen durfte. Für die Fälle, in denen Verwirkung ausscheidet, werden die VerwGes allerdings Rückstellungen zu bilden haben.

11 Die – von Abs. 1. S. 1 ausdrücklich geforderten – **angemessenen Bedingungen** werden im **Berechtigungs- oder Wahrnehmungsvertrag** festgelegt, den die VerwGes mit dem Urheber abschließt. Dieser Vertrag ist ein urheberrechtlicher Nutzungsvertrag eigener Art, der Elemente des Auftrags, insb. bzgl. der treuhänderischen Rechtsübertragung (BGHZ 32, 67, 70 und BGH GRUR 1968, 321, 327 – *Haselnuss;* BGH GRUR 1982, 308, 309 – *Kunsthändler)* sowie des Gesellschafts-, des Dienst- und des Geschäftsbesorgungsvertrages enthält (BGH GRUR 1966, 568 – *GELU* und BGH GRUR 1968, 321 f. – *Haselnuss;* vgl. Vor §§ 31 ff. UrhG Rn. 34). Die Zweckübertragungstheorie gilt auch für die Auslegung des Berechtigungsvertrages der VerwGes (BGH GRUR 1966, 568 – *GELU*), dies allerdings unter Berücksichtigung seines besonderen Charakters als Treuhandvertrag (vgl. §§ 31/32 UrhG Rn. 40). Sein Kennzeichen ist stets die *Vorausabtretung* der von der VerwGes wahrgenommenen Rechte an allen künftig noch zu schaffenden Werken des Urhebers (OGH Wien UFITA 85 [1979], 351). Sie schützt den Urheber vor seiner eigenen Gutgläubigkeit, seinem eigenen Leichtsinn oder seiner eigenen Unerfahrenheit, indem sie die Einräumung von Rechten, die die VerwGes für ihn wahrnimmt, gleich an welchen Verwerter (Auftraggeber, Produzent usw.), rechtlich wirkungslos macht. Zur Gültigkeit der Vorausabtretung, soweit sie sich auf noch nicht bekannte Rechte im Sinne des § 31 Abs. 4 UrhG bezieht, vgl. § 31 UrhG Rn. 17. Erlischt der Berechtigungsvertrag, so bleibt die VerwGes für die Ansprüche, die während seiner Dauer aus der Auswertung der ihr übertragenen Rechte entstanden sind, aktivlegitimiert (BGH GRUR 1982, 308, 309 – *Kunsthändler*). Hat die VerwGes dem Berechtigten ein bestimmtes Nutzungsrecht zur eigenen Wahrnehmung zurückübertragen oder ist es ihm von vornherein verblieben (der Berechtigungsvertrag der GEMA sieht ersteres für das sog. Filmherstellungsrecht, letzteres für das Recht zur Verwendung eines Werkes in der Werbung ausdrücklich vor), so kann es allerdings nur von diesem selbst wirksam erworben werden (OLG Hamburg GRUR 1991, 599,

600 – *Rundfunkwerbung)*. Einzelheiten zur Rechtsnatur der Wahrnehmungsvertrages bei *Mauhs*; s.a. LG Köln ZUM 1998, 168, 169 m. Anm. *Pfennig*. Im
Erbfall kann auch einer von mehreren Erben wirksam einen Berechtigungsvertrag schließen (BGH GRUR 1982, 308, 310 – *Kunsthändler)*.

Die Ausdrücke „Satzung" und „Mitglied" sind untechnisch zu verstehen und **12**
gelten sinngemäß für Personengesamtheiten, die nicht Vereine sind; „Mitglieder" sind dort diejenigen, die eine der Mitgliedschaft entsprechende Stellung
zur VerwGes haben, z. B. Genossen einer Genossenschaft, Gesellschafter einer
Gesellschaft usw. (Begr UFITA 46 [1966], 271, 278).

Eine **angemessene Vertretung** der nicht als Mitglieder aufgenommenen Berech- **13**
tigten ist nur gewährleistet, wenn jedenfalls diese Vertretung unmittelbaren
Einfluss auf die Willensbildung der VerwGes hat. Demgemäß müssen gewählte
Vertreter in bestimmter Anzahl an den Mitgliederversammlungen teilnehmen
können und dort die gleichen Rechte haben wie die Mitglieder (so wie die
außerordentlichen GEMA-Mitglieder, die freilich *Mitglieder* sind). Die Anzahl
der Vertreter ist allerdings so zu bemessen, dass sie die ordentlichen Mitglieder
weder theoretisch noch praktisch majorisieren können (Begr. UFITA 46
[1966],271, 280; Schricker/*Reinbothe*[3] Rn. 14); auszugehen ist deshalb nicht
von der Gesamtzahl der Mitglieder, sondern von der Zahl derjenigen, die
erfahrungsgemäß an den Mitgliederversammlungen teilzunehmen pflegen
(Näheres *Wilhelm Nordemann* GRUR 1992, 584, 587 gegen *Rehbinder* DVBl.
1992, 216, 220; wie hier inzwischen auch HK-UrhR/*Zeisberg* Rn. 34, Wandt-
ke/Bullinger/*Gerlach*[2] Rn. 18 und Schricker/*Reinbothe*[3] Rn. 15). Die Bildung
eines bloßen Beirats, dem Vertreter der Wahrnehmungsberechtigten angehören, reicht jedenfalls dann nicht aus, wenn er die Führung der VerwGes nicht
unmittelbar beeinflussen kann. Das traf früher für die GVL zu, deren Beirat
mehrheitlich (12 von 21 Mitgliedern) nicht von den Berechtigten gewählt,
sondern von den Gesellschaftern berufen wurde. Inzwischen besteht Parität
zwischen gewählten und berufenen Beiratsmitgliedern der GVL (12:12). Die
Kompetenzen des Beirats sind erweitert; er beschließt über die Wahrnehmungsverträge und die Verteilungspläne und wirkt beim Abschluss der Gesamtverträge und der Aufstellung von Tarifen beratend mit (§ 7 Abs. 4 des
Gesellschaftsvertrages; zu der gleichwohl noch von *Rehbinder* DVBl. 1992,
216, 221 geäußerten Kritik *Wilhelm Nordemann* GRUR 1992, 584, 588 f.,
und *ders*. FS Hertin S. 31, 39 ff.; s.a. *Dünnwald* FS Kreile S. 161, 163 f., der
allerdings weitergehend die Ansicht vertritt, § 6 Abs. 2 sei analog nur auf
solche VerwGes-GmbHs anzuwenden, deren Berechtigte einen unterschiedlichen rechtlichen Status gegenüber der GmbH hätten).

§ 7 Verteilung der Einnahmen

**Die Verwertungsgesellschaft hat die Einnahmen aus ihrer Tätigkeit nach festen
Regeln (Verteilungsplan) aufzuteilen, die ein willkürliches Vorgehen bei der
Verteilung ausschließen. Der Verteilungsplan soll dem Grundsatz entsprechen,
dass kulturell bedeutende Werke und Leistungen zu fördern sind. Die Grundsätze des Verteilungsplans sind in die Satzung der Verwertungsgesellschaft
aufzunehmen.**

Satz 1 und Satz 3 sind nach dem Text der Bestimmung als **zwingendes Recht 1**
gekennzeichnet, während Satz 2 nur eine „Sollvorschrift" darstellt. Wir haben
in den ersten Auflagen die Auffassung vertreten, dass diese Unterscheidung nur
im Innenverhältnis zwischen der VerwGes und ihren Mitgliedern Bedeutung

habe; der Aufsichtsbehörde gegenüber sei die VerwGes jedoch auch zur Einhaltung der Vorschriften verpflichtet mit der Folge, dass ihr bei Nichtbeachtung die Erlaubnis versagt oder entzogen werden könne; anderenfalls wären § 7 S. 2, § 8 und § 13 Abs. 3 *leges imperfectae*, bloße moralische Appelle ohne rechtliche Wirkung, die der Gesetzgeber nicht gewollt haben könne. Wir haben uns jedoch angesichts der Hinweise von *Reischl* (GEMA-Nachr. Nr. 108 (1978) S. 79, 83) davon überzeugen müssen, dass der Gesetzgeber mit der Einfügung von Sollvorschriften in das UrhWahrnG in der Tat nur einen moralischen Appell bezweckt hat (was unsere früher geäußerten Zweifel an der Notwendigkeit der gesetzlichen Regelung nur verstärkte, so noch Einl. Rn. 10 in der 5. Auflage). Schon die Begr UFITA 46 [1966], 271, 281 bezeichnet § 8 als eine *Sollvorschrift, deren Einhaltung von der Aufsichtsbehörde nicht erzwungen werden kann,* und entzieht damit unserer früheren Ansicht die Grundlage. Die Sollvorschriften der §§ 7 und 8 begründen demgemäß nur ein *Recht* der VerwGes zu entsprechendem Handeln, jedoch keine Verpflichtung (wegen der etwas abweichenden Bedeutung von § 13 Abs. 3 S. 4 vgl. § 13 Rn. 12). Aus der Verletzung des Satzes 2 können die Benachteiligten demnach keine Ansprüche gegen die VerwGes herleiten, während ein Verstoß vor allem gegen Satz 1 auch Schadenersatzansprüche der Betroffenen gegen die VerwGes zu begründen vermag. Klarer als das „soll" wäre ein „kann" im Gesetzestext gewesen.

2 Neuerdings vertritt Wandtke/Bullinger/*Gerlach*[2] wiederum die Ansicht, auch Sollvorschriften seien grundsätzlich zwingend; nur in atypischen Sonderfällen können von ihnen abgesehen werden; ihre grundlose und generelle Missachtung würde deshalb gegen § 7 S. 2 verstoßen (dort Rn. 6, unter Berufung auf *Häußer* und *Becker* FS Kreile S. 281, 285 bzw. S. 27, 32 ff.; ebenso Loewenheim/*Melichar* § 47 Rn. 36). Das wird sich so nicht halten lassen: Wenn der Verteilungsplan einer VerwGes keinerlei Unterscheidungen nach der größeren oder geringeren kulturellen Bedeutung der ihr anvertrauten Werke oder Leistungen trifft, so wird dies seinen Grund in der Tatsache finden, dass die Bedeutung eines Werkes oder einer Leistung im Regelfall nicht sogleich nach seiner/ihrer Erstverwertung erkennbar zu werden pflegt, und sich deshalb einer objektiven Berücksichtigung im Verteilungsplan entzieht. Satz 2 *ermöglicht* aber jedenfalls die Bevorzugung von Werken und Leistungen, deren kulturelle Bedeutung inzwischen feststeht, in den Verteilungsplänen (dazu vgl. Rn. 7).

3 Satz 1 enthält eine **Legaldefinition** des Begriffs **Verteilungsplan:** Darunter versteht das Gesetz feste Regeln zur *gerechten* Verteilung der Einnahmen der VerwGes auf die Berechtigten im Sinne des § 667 BGB. Die Begr RegE UrhG (BT-Drucks. IV/270, S. 16) sieht darin die natürliche Folge der Treuhandstellung der VerwGes gegenüber den Berechtigten. Demgemäß muss der Verteilungsplan alle Elemente der Berechnung der Verteilung enthalten, die entscheidenden Einfluss darauf haben, in welchem Umfang bestimmte Nutzungsvorgänge bei der Erlösverteilung berücksichtigt werden (BGH GRUR 2005, 757, 760 – *PRO-Verfahren*).

4 Satz 1 soll gewährleisten, dass die Einnahmen „...gerecht verteilt werden" (vgl. Rn. 1), und konkretisiert damit das Angemessenheitsgebot des § 6 für den Bereich der Verteilungspläne. Die Zweifel *Häußers* (Mitt. 1984, 64,69) an der Übereinstimmung der §§ 6 und 7, die er aus der unterschiedlichen Wortwahl („angemessen" bzw. „willkürlich") herleitet, lassen sich leicht ausräumen:
– Durch die Kurzformel des Willkürverbots wird nur der Grundsatz der Gleichbehandlung gekennzeichnet (so schon BVerfGE 1, 14, 52).

– Die Verpflichtung der VerwGes aus § 6, eine den eingebrachten Rechten und Ansprüchen entsprechende Gegenleistung zu erbringen (vgl. § 6 Rn. 8), lässt sich nur über die Verteilungspläne erfüllen (und kontrollieren); also müssen auch und gerade die Verteilungspläne schon dem Angemessenheitsgebot des § 6 entsprechen, was die Annahme eines abweichenden Regelungsgehalts des § 7 S. 1 ausschließt.

Reinbothe will die Angemessenheitskontrolle durch das Patentamt gleichwohl auf die Einhaltung des Willkürverbots beschränken; letzteres laufe (nur) auf ein Verbot offensichtlich unangemessener Verteilungspläne hinaus (Schricker/ *Reinbothe*[3] § 7 Rn. 5). Aber das missachtet § 6 Abs. 1 S. 1, der von den VerwGes die Wahrnehmung der ihnen anvertrauten Rechte und Ansprüche *zu angemessenen Bedingungen* fordert, also einen *positiven* Anspruch formuliert (vgl. Rn. 3) und nicht etwa nur eine negative Untergrenze festlegt.

Satz 1 darf im Übrigen nicht dahin missverstanden werden, dass ein will- **5** kürliches Vorgehen nur bei der Verteilung selbst, d. h. dem Ausschüttungsvorgang, verhindert werden soll. Vielmehr ist schon die Aufstellung der Regeln als Verteilung zu bewerten; die Ausschüttung selbst ist nur noch die Ausführung. Deshalb richtet sich das Willkürverbot des Satz 1 auch gegen Mehrheitsbeschlüsse, die zwar demokratisch einwandfrei zustande gekommen sind, aber eine zahlenmäßig schwächere Gruppe willkürlich, d.h. ohne sachlich gerechtfertigten Grund, benachteiligen. Die Mitglieder dieser Gruppe können die VerwGes auf Änderung des Verteilungsplanes und auf Schadenersatz vor den ordentlichen Gerichten in Anspruch nehmen. Außerdem können sie, was meist wirksamer sein dürfte, das Patentamt einschalten.

Eine vollständig am Ausmaß der jeweiligen Werknutzung orientierte **Aus-** **6** **schüttung** der Erträge ist nur dort geboten, wo sich diese problemlos zuordnen lassen, so wie das etwa bei der GEMA im Bereich des sog. mechanischen Rechts oder bei der Vergabe des Filmherstellungsrechts zutrifft; dort wird die vom Tonträger- bzw. Filmhersteller zu entrichtende Lizenz für ganz bestimmte, in Listen nach Titeln und Länge der Aufnahme erfasste Werke berechnet und – nach Abzug der Verwaltungskosten – entsprechend ausgeschüttet. In vielen Bereichen, etwa bei der Kopier- oder der Überspielvergütung (§§ 54a, 54 UrhG) oder der öffentlichen Wiedergabe von Filmen und Tonträgern (§ 21) bzw. von Sendungen (§ 22), wäre eine solche Zuordnung nicht möglich. Hier und bei den sog. "Wertungszuschlägen" für kulturell bedeutende Werke und Leistungen (§ 7 S. 2) müssen die Berechtigten im Interesse eines möglichst geringen Verwaltungsaufwands Schätzungen, Pauschalisierungen und sonstige Vereinfachungen in der Berechnung hinnehmen (BGH GRUR 1988, 782, 783 – *GEMA-Wertungsverfahren*). **Änderungen** des Verteilungsplanes können grundsätzlich alle noch nicht abgeschlossenen Vorgänge erfassen; da sie in aller Regel dazu dienen, inzwischen aufgetretene Fehlentwicklungen zu steuern, *müssen* sie dies sogar in den meisten Fällen, um weitere Unvollkommenheiten und Unbilligkeiten zu vermeiden (BGH a.a.O.). S. eingehend zu den Verteilungsgrundsätzen *Vogel* GRUR 1993, 513, 521 ff.

Was **kulturell bedeutende Werke und Leistungen** sind, sagt weder Satz 2 noch **7** die Begr. RegE UrhG (BT-Drucks. IV/270, S. 16). Mit der Feststellung, angesichts der bloßen moralischen Bedeutung der Bestimmung (vgl. Rn. 1) könne man die Ausfüllung dieses Begriffes der VerwGes überlassen, ist es dennoch nicht getan. Denn die (bevorzugte) Förderung kulturell eindeutig *nicht* bedeutender Werke oder Leistungen würde wiederum gegen das Angemessenheitsgebot des § 6 verstoßen (vgl. § 6 Rn. 5). Der VerwGes ist deshalb einerseits von

Satz 2 ein weiter Ermessensspielraum in der Beurteilung des kulturellen Wertes von Werken oder Leistungen gewährt. Andererseits darf sie sich jedenfalls über allgemein anerkannte Beurteilungskriterien nicht hinwegsetzen; es ist ihr aber überlassen, ob und wie sie auf Veränderungen des Zeitgeschmacks reagieren will. Sieht sie sich zur Unterscheidung bedeutender von weniger bedeutenden Werken oder Leistungen nicht in der Lage, so lässt sie Satz 2 besser unbeachtet (vgl. Rn. 2). Zu den bestehenden Förderungseinrichtungen der VerwGes s. *Vogel* GRUR 1993, 513, 524.

§ 8   Vorsorge- und Unterstützungseinrichtungen

Die Verwertungsgesellschaft soll Vorsorge- und Unterstützungseinrichtungen für die Inhaber der von ihr wahrgenommenen Rechte oder Ansprüche einrichten.

1 Auch diese Sollvorschrift ist in Wahrheit eine *Kann*vorschrift, die aber jedenfalls ein *Recht* der VerwGes zur Schaffung sozialer Einrichtungen zu Lasten der von ihr treuhänderisch vereinnahmten Nutzugsverträge begründet. Dass davon *alle* Einnahmen der VerwGes gleichmäßig betroffen sind, auch diejenigen, die auf Grund von Gegenseitigkeitsverträgen mit ausländischen Schwestergesellschaften jenen zustehen, entspricht dem Gegenseitigkeitsprinzip, das insoweit seit vielen Jahrzehnten international praktiziert wird; schon immer sieht sich vor allem die GEMA und sehen sich neuerdings auch VG Wort und VG Bild-Kunst mit teils sehr erheblichen „Sozialabzügen" durch ausländische VerwGes belastet. Gleichwohl ist der 10%-Abzug der GEMA gem. § 1 Ziff. 4 der Allgemeinen Grundsätze des Verteilungsplans für das Aufführungs- und Senderecht, aus dem insb. die GEMA-Sozialkasse finanziert wird (im mechanischen Recht werden nur unverteilbare Beträge wie Zinsen, Konventionalstrafen usw. für soziale Zwecke verwendet), wiederholt von VerwGes aus dem angelsächsischen Raum angegriffen worden, weil er ihre Mitglieder, die an deutschen Sozialleistungen nicht partizipieren, zu Unrecht belaste – ein Argument, das auch für die Besserverdienenden unter den deutschen Mitgliedern der GEMA zutrifft, die für deren Sozialleistungen mangels Bedürftigkeit nicht in Betracht kommen. Die Berechtigten einer VerwGes haben die Kosten, die sich aus der Erfüllung von deren gesetzlichen Aufgaben ergeben, stets *gemeinsam* zu tragen, auch wenn nicht allen von ihnen daraus ein Vorteil erwächst. Die gesetzlichen Aufgaben deutscher VerwGes werden zudem allein von deutschen Gesetzen bestimmt; dass das Recht des Vereinigten Königreichs den dort tätigen VerwGes (noch) keine sozialen Verpflichtungen auferlegt, ist für die allein an § 8 zu orientierende Prüfung der Rechtmäßigkeit des 10 %-Abzuges der GEMA irrelevant. Näheres dazu bei *Lerche* im GEMA-Jahrbuch 1997/98 S. 80, 92 ff.; *Becker* FS Kreile S. 27, 34; *Melichar* FS Kohler S. 101, 105 und in *Adrian/Wilhelm Nordemann/Wandtke* S. 101, 108; *Dittrich* FS ÖstUrhG S. 63, 84; Schricker/*Reinbothe*³ Rn. 1. Freilich ist das Recht der VerwGes zur Schaffung sozialer Einrichtungen kein Freibrief für die Missachtung des Angemessenheitsgebots (vgl. § 6 Rn. 8 f.) zu Gunsten sozialer Gesichtspunkte; VerwGes sind Treuhänder der ihnen anvertrauten wirtschaftlichen Interessen (vgl. § 6 Rn. 11) und keine primären Sozialeinrichtungen. Ihre Treuhandfunktion, d.h. die Ausschüttung der auf ein bestimmtes Werk entfallenden Einnahmen an den oder die Berechtigten ohne Rücksicht auf soziale Belange, muss deshalb jedenfalls Vorrang haben. Die Abzweigung eines Teils des Aufkommens für soziale Zwecke hat demgemäß im Regelfall ihre Grenze bei 10 % (die Zuführung von 50 % der Bibliotheksabgabe an das *Autorenversorgungswerk* bei der VG Wort rechtfertigt sich ausnahmsweise aus dem Umstand, dass der Gesetzgeber gerade dies hatte bewirken wollen, vgl. § 27 UrhG Rn. 1). – Zum Österreichischen Recht *Juranek* FS ÖstUrhG S. 163.

Da die Schaffung von Vorsorge- und Unterstützungseinrichtungen durch **2** § 8 jedenfalls dem gesetzlichen Aufgabenbereich der VerwGes zugeordnet worden ist, unterliegen solche Einrichtungen der von § 18 angeordneten **Aufsicht** durch das Patentamt (*Häußer* FuR 1980, 57, 67; *Menzel* S. 11; Schricker/*Reinbothe*[3] Rn. 3; HK-UrhR/*Zeisberg* Rn. 3; Dreier/Schulze/*Schulze*[2] Rn. 7; a.M. Mestmäcker/*Schulze* Anm. 2). Einen Überblick über die bestehenden Sozialwerke geben *Vogel* GRUR 1993, 513, 524 und Dreier/Schulze/*Schulze*[2] Rn. 3.

§ 9   Rechnungslegung und Prüfung

(1) Die Verwertungsgesellschaft hat unverzüglich nach dem Schluss des Geschäftsjahres für das vergangene Geschäftsjahr die Jahresbilanz, die Gewinn- und Verlustrechnung und den Anhang (Jahresabschluss) sowie einen Lagebericht aufzustellen.

(2) [1]Der Jahresabschluss ist klar und übersichtlich aufzustellen. [2]Er hat den Grundsätzen ordnungsgemäßer Buchführung zu entsprechen. [3]Die Jahresbilanz sowie die Gewinn- und Verlustrechnung sind im Anhang zu erläutern.

(3) Im Lagebericht sind der Geschäftsverlauf und die Lage der Verwertungsgesellschaft so darzustellen, dass ein den tatsächlichen Verhältnissen entsprechendes Bild vermittelt wird.

(4) [1]Der Jahresabschluss ist unter Einbeziehung der Buchführung und des Lageberichts durch einen oder mehrere sachverständige Prüfer (Abschlussprüfer) zu prüfen. [2]Abschlussprüfer können nur Wirtschaftsprüfer oder Wirtschaftsprüfungsgesellschaften sein.

(5) [1]Die Abschlussprüfer haben über das Ergebnis ihrer Prüfung schriftlich zu berichten. [2]Sind nach dem abschließenden Ergebnis ihrer Prüfung keine Einwendungen zu erheben, so haben sie dies durch den folgenden Vermerk zum Jahresabschluss zu bestätigen: [3]Die Buchführung, der Jahresabschluss und der Lagebericht entsprechen nach meiner/unserer pflichtmäßigen Prüfung Gesetz und Satzung. [4]Sind Einwendungen zu erheben, so haben die Abschlussprüfer die Bestätigung einzuschränken oder zu versagen. [5]Die Abschlussprüfer haben den Bestätigungsvermerk mit Angabe von Ort und Tag zu unterzeichnen.

(6) [1]Die Verwertungsgesellschaft hat den Jahresabschluss und den Lagebericht spätestens acht Monate nach dem Schluss des Geschäftsjahres im Bundesanzeiger zu veröffentlichen. [2]Dabei ist der volle Wortlaut des Bestätigungsvermerks wiederzugeben. [3]Haben die Abschlussprüfer die Bestätigung versagt, so ist hierauf in einem besonderen Vermerk zum Jahresabschluss hinzuweisen.

(7) Weitergehende gesetzliche Vorschriften über die Rechnungslegung und Prüfung bleiben unberührt.

Die Bestimmung ist neu gefasst durch das BilanzrichtlinienG vom 19. Dezem- **1** ber 1985 (BGBl I 2345). Sie dient dem **Zweck,** der Allgemeinheit und den Mitgliedern einen Überblick über die Geschäftsführung und das Geschäftsergebnis zu ermöglichen (Begr UFITA 46 [1966], S. 271, 281). Sie entspricht im Wesentlichen den für Kapitalgesellschaften bestehenden Vorschriften, wenn auch in kürzerer Form (§§ 238 ff., 264 – 289, 316 – 335 HGB). Jahresabschluss, Lagebericht und Prüfungsbericht sind dem Patentamt als Aufsichtsbehörde *unverzüglich*, d.h. nach abschließender Feststellung und schon vor der Veröffentlichung im Bundesanzeiger (Abs. 6) in Kopie zu übermitteln (§ 20 Nr. 6). Die Einzelheiten der Bestimmung erläutert *Riesenhuber* ZUM 2004, 417 ff.

§ 10   Auskunftspflicht

Die Verwertungsgesellschaft ist verpflichtet, jedermann auf schriftliches Verlangen Auskunft darüber zu geben, ob sie Nutzungsrechte an einem bestimmten Werk oder bestimmte Einwilligungsrechte oder Vergütungsansprüche für einen Urheber oder Inhaber eines verwandten Schutzrechts wahrnimmt.

1 Der **Auskunftsanspruch** steht jedermann ohne Nachweis eines besonderen Interesses zu. Die Auskunft ist, wie die Begr (UFITA 46 [1966], S. 271, 282) ausdrücklich hervorhebt, **kostenlos** zu erteilen, was freilich den Anspruch auf Erstattung barer Auslagen nicht ausschließt (etwas weitergehend *Häußer* Mitt. 1984, 64, 71). Der von Schricker/*Reinbothe*[3] Rn. 6 erwähnte Fall, dass einer VerwGes ganze Werkkataloge zur Auskunft vorgelegt werden, fällt nicht unter die Bestimmung, die nur auf *Einzel*auskünfte abstellt; schon deshalb ist die Praxis der VerwGes, in einem solchen Fall kostendeckende Bearbeitungsgebühren zu erheben, nicht zu beanstanden. Die Einzelauskunft kann nur verweigert werden, wenn das Verlangen des Auskunftsberechtigten gegen das extreme Schikaneverbot des § 126 BGB verstößt. Das trifft dann zu, wenn die Auskunft mutwillig und ohne jeden Anlass gefordert wird, nur um der VerwGes Arbeit aufzubürden; der Schaden der VerwGes liegt dann in dem Verwaltungsaufwand, den sie zur Erteilung derartiger Auskünfte hat. Einen Nachweis ihres Wahrnehmungsrechts braucht die VerwGes bei Erteilung der Auskunft allerdings nicht zu erbringen.

2 Der Gesetzestext beschränkt den Auskunftsanspruch auf *bestimmte* Rechte und Rechtsinhaber. Die Vorlage eines Verzeichnisses aller Wahrnehmungsberechtigten kann nicht verlangt werden (Begr UFITA 46 [1966], S. 271, 281). Art und Umfang der von der jeweiligen VerwGes wahrgenommenen Rechte ergeben sich aus dem Muster ihres Wahrnehmungsvertrages. Die größeren VerwGes haben ihre Vertragsformulare inzwischen ins Internet gestellt.

§ 11   Abschlusszwang

(1) Die Verwertungsgesellschaft ist verpflichtet, auf Grund der von ihr wahrgenommenen Rechte jedermann auf Verlangen zu angemessenen Bedingungen Nutzungsrechte einzuräumen.

(2) Kommt eine Einigung über die Höhe der Vergütung für die Einräumung der Nutzungsrechte nicht zustande, so gelten die Nutzungsrechte als eingeräumt, wenn die Vergütung in Höhe des vom Nutzer anerkannten Betrages an die Verwertungsgesellschaft gezahlt und in Höhe der darüber hinausgehenden Forderung der Verwertungsgesellschaft unter Vorbehalt an die Verwertungsgesellschaft gezahlt oder zu ihren Gunsten hinterlegt worden ist.

1 Das deutsche Recht kannte früher einen **Kontrahierungszwang** nur für Monopole (Kommentare zu §§ 823, 826 BGB). § 26 Abs. 2 GWB, der mit dem Gebot der Gleichbehandlung gleichartiger Unternehmen einen indirekten Kontrahierungszwang unter bestimmten Voraussetzungen statuiert, schränkt mit der Einbeziehung der preisbindenden Unternehmen erstmalig auch für Kontrahenten die Vertragsfreiheit ein, die nicht als marktbeherrschend anzusehen sind, in der zutreffenden Erwägung, dass das „Monopol" sich hier auf die von dem preisbindenden (Verlags-) Unternehmen vertriebenen Verlagserzeugnisse bezieht. § 11 beruhte schon in seiner Urfassung auf ähnlichen Überlegungen (Begr UFITA 46 [1966], 271, 281). Allerdings kommt es nicht darauf an, dass schon das Ausschließlichkeitsrecht des Urhebers an seinem Werk ihm insofern ein „gesetzliches Monopol" zuweist, als niemand gegen seinen Willen das Werk verwerten darf, und dementsprechend auch die von ihm mit der Wahrnehmung betraute VerwGes ein „Nutzungsmonopol" an diese Werk besitzt. Wollte man hieraus einen Abschlusszwang herleiten, so würde das höchstpersönliche Recht jedes Urhebers, über die Verwertung seines geistigen Eigentums zu entscheiden, eliminiert. Der Ausschließlichkeitsanspruch des Urhebers würde praktisch zu einem bloßen Vergütungsanspruch herabgemindert – ein Ergebnis, das der Gesetzgeber des UrhG nicht beabsichtigt hat. Der Kontrahierungszwang für jede VerwGes, auch diejenige, die in einem bestimmten Bereich nicht allein tätig ist, ergibt sich vielmehr aus der Zusammenfassung zahlreicher Rechte, die zur Folge hat, dass jeder Verwerter auch auf das Repertoire dieser VerwGes angewiesen ist, selbst wenn es daneben noch eine zweite VerwGes gibt. Das Interesse der Allgemeinheit an dem Genuss ihrer Kulturgüter durch jedermann muss zwar vor der individuellen Entscheidung des einzelnen Urhebers halt machen; es kann jedoch nicht zulassen, dass die Verwertung großer Teile des kulturellen Gesamtschaffens durch die Allgemeinheit von dem Belieben einer VerwGes abhängig gemacht wird. Die Beschränkung der Handlungsfreiheit der VerwGes und der hinter ihnen stehenden Berechtigten ist daher geboten und somit verfassungsrechtlich zulässig; ein Urheber oder Schutzrechtsinhaber, der sich damit nicht abfinden will, mag auf eine Wahrnehmung seiner Rechte durch eine VerwGes verzichten.

Der Abschlusszwang des **Abs. 1** bedeutet jedoch **keine automatische Rechts-** **2** **einräumung:** Ein Kontrahierungszwang verpflichtet zum Kontrahieren, gewährt aber dem Vertragpartner nicht schon das Recht, welches ihm durch den abzuschließenden Vertrag erst noch – nach oder zugleich mit der von ihm zu erbringenden Gegenleistung – eingeräumt werden soll (BGH GRUR 2002, 248, 252 – *Spiegel-CD-ROM;* OLG Dresden ZUM 2003, 231, 233; die gegenteilige Ansicht des LG Erfurt ZUM-RD 1997, 25, 26 wird allgemein abgelehnt). Die VerwGes hätten anderenfalls faktisch keine Kontrolle über Art und Umfang der Nutzung der ihnen anvertrauten Werke und Leistungen (*Schulze* GRUR 2005, 828, 833).

Darüber hinaus kann der Abschlusszwang des Abs. 1 im Einzelfall mit Rück- **3** sicht auf entgegenstehende **berechtigte Interessen** der VerwGes oder des Berechtigten **aufgehoben** sein. Der Gesetzgeber wollte mit der Einführung des § 11 lediglich verhindern, dass die VerwGes ihre *Monopolstellung zum Nachteil der Allgemeinheit ausnutzt* (Begr UFITA 46 [1966], 271, 281). § 11 richtet sich also gegen einen etwaigen *Machtmissbrauch* durch die VerwGes. Dann muss aber die Berufung der VerwGes auf berechtigte Interessen, die dem Abschluss mit einem bestimmten Verwerter entgegenstehen, jedenfalls dann möglich sein, wenn das Interesse der VerwGes unter Berücksichtigung der Belange des Verwerters als vorrangig anzusehen ist (OLG München GRUR 1994, 118, 120 – *Beatles CD's*). Das trifft in den Fällen des § 26 Abs. 2 GWB zu: Ein sachlich gerechtfertigter Grund für die Benachteiligung eines Verwerters gegenüber anderen Verwertern ist etwa gegeben, wenn es sich um einen notorischen Rechtsbrecher handelt, der Verträge beharrlich nicht einhält, wiederholt vorsätzlich Urheberrechtsverletzungen zum Nachteil der VerwGes oder ihrer Berechtigten begeht usw. Dagegen kann die VerwGes die Einräumung von ihr wahrgenommener Rechte nicht schon dann verweigern, wenn der Rechtsinhaber dies im Einzelfall nicht wünscht; hat dieser den Berechtigungsvertrag allerdings wirksam gekündigt, so hat sie nichts mehr, das sie einräumen könnte. Das übersieht OLG München GRUR 1994, 118, 119 – *Beatles CD's:* Auch die Zwangslizenz des § 61 UrhG kann nur gegen den *Rechtsinhaber* beansprucht werden, vgl. 61 UrhG Rn. 3). Unbillig handelt die VerwGes ferner dann nicht, wenn sie die Abschluss für Werke verweigert, deren Urheber den Rückruf wegen gewandelter Überzeugung erklärt haben (§ 42 UrhG).

4 Welches Nutzungsrecht auf Grund des Abschlusszwangs beansprucht werden kann, sagt § 11 nicht. Es kann sich jedoch stets nur um ein **einfaches** Nutzungsrecht i.S.v. § 31 Abs. 2 UrhG handeln, da ein ausschließliches Nutzungsrecht den Ausschluss aller anderen Personen (der übrigen Verwerter und der Verw-Ges selbst einschließlich des Urhebers oder Schutzrechtsinhabers) begrifflich voraussetzen würde (§ 31 Abs. 3 UrhG).

5 **Abs. 2** stellt sicher, dass der Abschlusszwang nicht von der VerwGes durch unangemessen hohe Forderungen umgangen und damit Druck auf den Verwerter ausgeübt werden kann (Begr UFITA 46 [1966], 271, 282; OLG Naumburg ZUM 1997, 937, 940). Der Verwerter kann in diesem Falle unter dem Vorbehalt der Rückforderung des zuviel gezahlten Betrages die verlangte Summe zahlen oder beim Amtsgericht (§ 374 Abs. 1 BGB) hinterlegen, dies allerdings erst dann, wenn er sich unter Vorlage der üblichen Mitteilungen und der allgemein von der VerwGes geforderten Angaben bei dieser vergeblich um die Nutzungserlaubnis bemüht hat (LG Berlin ZUM 1985, 222, 223). Zuständig ist das Amtsgericht am Sitz der VerwGes, für die GEMA also das AG Berlin-Charlottenburg, für die VG Wort das AG München, für die VG Bild-Kunst das AG Bonn usw. Im Falle der Hinterlegung muss der Verwerter der VerwGes Mitteilung von der Hinterlegung machen, die er zweckmäßigerweise mit dem erwähnten Vorbehalt verbindet (§ 374 Abs. 2 BGB). Ein Verzicht auf die Rücknahme (§ 376 Abs. 2 Nr. 1 und § 378 BGB) ist nicht erforderlich. So wie sich der Vorbehalt bei der Zahlung naturgemäß nur auf die streitige *Differenz* zwischen dem, was die VerwGes fordert und dem von dem Verwerter Angebotenen beziehen kann, gilt auch die **Hinterlegungsbefugnis** nur für den streitigen Teil, wie die Neufassung von 2003 klargestellt hat (UrhG Infoges v. 10.09.2003 – BGBl. I S. 1774). Der Streitfall kann sodann entweder von der VerwGes oder von dem Verwerter vor die **Schiedsstelle** (§ 14) gebracht werden, was schon wegen deren Sachkunde stets im *beiderseitigen* Interesse liegen dürfte.

6 Hinterlegt der Verwerter weniger als danach erforderlich, kommt ihm die Vergünstigung des Abs. 2 nicht zu Gute (BGH GRUR 1974, 35, 38 – *Musikautomat*).

7 Auf Abs. 2 kann sich nicht berufen, wem die Nutzung durch gerichtliches Unterlassungsgebot untersagt ist (OLG München ZUM 1985, 223, 224 – *Gerhard Polt–Kehraus*).

§ 12   Gesamtverträge

Die Verwertungsgesellschaft ist verpflichtet, mit Vereinigungen, deren Mitglieder nach dem Urheberrechtsgesetz geschützte Werke oder Leistungen nutzen oder zur Zahlung von Vergütungen nach dem Urheberrechtsgesetz verpflichtet sind, über die von ihr wahrgenommenen Rechte und Ansprüche Gesamtverträge zu angemessenen Bedingungen abzuschließen, es sei denn, dass der Verwertungsgesellschaft der Abschluss eines Gesamtvertrages nicht zuzumuten ist, insbesondere weil die Vereinigung eine zu geringe Mitgliederzahl hat.

1 Der Gesamtvertrag ist ein **Rahmenvertrag** (Begr UFITA 46 [1966], 271, 282), in dem die VerwGes mit einer Vereinigung einheitliche Nutzungsbedingungen für die mit deren Mitgliedern abzuschließenden Einzelverträge vereinbart. Er soll einen umfassenden Interessen- und Leistungsausgleich für möglichst die gesamte Verwertungspraxis der jeweiligen Branche herbeiführen und damit auch der VerwGes durch eine Verringerung ihres Verwaltungs- und Kontrolllaufwandes Vorteile bringen (OLG München Schulze OLGZ 216; BGH GRUR 1974, 35, 37 – *Musikautomat*; Schiedsstelle ZUM 1989, 314, 315; Schricker/ *Reinbothe*[3] Rn. 4). Bei nur wenigen Mitgliedern der Vereinigung tritt dieser Effekt nicht ein (Schiedsstelle a.a.O.: 6 bzw. 21 Mitglieder sind zu wenig, bei 46 Mitgliedern ist der VerwGes ein Abschluss jedoch zuzumuten). Dass die Mehrzahl der Mitglieder eines Verbandes zugleich einem anderen Verband angehört, mit dem schon ein Gesamtvertrag besteht, und die Zahl der übrigen gering ist, macht den Abschluss aber nicht unzumutbar (OLG München GRUR 1990, 358 f. – *Doppelmitgliedschaft*: 102 Mitglieder). Die **Beweislast** dafür, dass der Abschluss eines Gesamtvertrages ihr nicht zugemutet werden könne, trägt die VerwGes; Zweifel gehen zu ihren Lasten (OLG München; Näheres *Schulze* UFITA 80 [1977], 151). Zur Rechtsnatur des Gesamtvertrages als Rahmenvertrag ausführlich *Reinbothe*, Schlichtung im Urheberrecht, 1978, S. 22 ff., 32; zur Rechtslage bei Gesamtverträgen in Österreich *Böhlinger* ÖBl. 1976, 89; weitergehend BGH GRUR 2001, 1139, 1142 – *Gesamtvertrag privater Rundfunk*, wonach auch der Vertrag einer VerwGes mit einer Vereinigung, der deren Mitglieder unmittelbar bindet, als Gesamtvertrag anzusehen ist. Zum Begriff der „angemessenen Bedingungen" vgl. §§ 14 – 16 Rn. 17 c. Im Streitfall macht zunächst die Schiedsstelle einen Einigungsvorschlag (§ 14c; Näheres vgl. §§ 14 – 16 Rn. 10–11). Erst danach ist die Anrufung des OLG München möglich, das den Inhalt des Gesamtvertrages festsetzt (vgl. §§ 14 – 16 Rn. 17).

2 Steht der Gesamtvertrag fest, so gelten die darin vereinbarten Vergütungssätze kraft Gesetzes als Tarife (§ 13 Abs. 1 S. 2). Die VerwGes ist damit an diese gebunden, während die Mitglieder der Vereinigung noch *keine* Bindung trifft; die Vereinigung muss allerdings die Verpflichtung übernehmen, auf den Abschluss der – dem Gesamtvertrag oft als Muster beigegebenen – **Einzelverträge** durch ihre **Mitglieder hinzuwirken**. Das Einzelmitglied kann also weiterhin die Angemessenheit des Tarifs bestreiten, den Streit vor der Schiedsstelle austragen und eine individuelle Regelung durchzusetzen versuchen (OLG München GRUR 1990, 358, 359 – *Doppelmitgliedschaft*; Näheres vgl. §§ 14 – 16 Rn. 8–9). Die VerwGes ihrerseits ist, wenn das Mitglied die Voraussetzungen erfüllt, im Regelfall zum Abschluss des Einzelvertrages mit ihm verpflichtet (*v. Gamm* FS Nirk S. 315, 317; *Strittmatter* S. 39); sie kann den Abschluss allerdings wegen entgegenstehender berechtigter Interessen verweigern oder aus diesem Grunde kündigen (vgl. § 11 Rn. 3). Für Außenseiter gilt weiterhin der Normaltarif außerhalb des Gesamtvertrages (BGH GRUR 1974, 35, 37 – *Musikautomat*; vgl. § 13 Rn. 7).

3 Entsteht Streit zwischen den Parteien des Gesamtvertrages über Inhalt oder Tragweite der darin getroffenen Regelungen, so ist seine Auslegung durch das Berufungsgericht im Revisionsverfahren voll nachprüfbar, da es sich um einen Formularvertrag handelt (BGH GRUR 1987, 632, 634 – *Symphonie d' Amour*). Erst recht gilt dies für den ihm beigefügten Muster-Einzelvertrag.

4 Die – regelmäßige – Geltung der Gesamtverträge im gesamten Bundesgebiet rechtfertigt die Verpflichtung der VerwGes zu ihrer Veröffentlichung (§ 13 Abs. 1 S. 2 und Abs. 2).

5 Die Beschränkung des Geltungsbereichs des § 12 auf Nutzer von **nach dem Urheberrechtsgesetz** geschützten Werken oder Leistungen schließt eine Verpflichtung der VerwGes zum Abschluss von Gesamtverträgen für **im Ausland** stattfindende Nutzungen aus (Schiedsstelle ZUM-RD 2004, 559, 562). Sie *kann* allerdings solche Verträge abschließen, wenn ihre Satzung das ermöglicht und ihre Gremien entsprechende Beschlüsse fassen.

§ 13   Tarife

(1) ¹Die Verwertungsgesellschaft hat Tarife aufzustellen über die Vergütung, die sie auf Grund der von ihr wahrgenommenen Rechte und Ansprüche fordert. ²Soweit Gesamtverträge abgeschlossen sind, gelten die in diesen Verträgen vereinbarten Vergütungssätze als Tarife.

(2) Die Verwertungsgesellschaft ist verpflichtet, die Tarife und jede Tarifänderung unverzüglich im Bundesanzeiger zu veröffentlichen.

(3) ¹Berechnungsgrundlage für die Tarife sollen in der Regel die geldwerten Vorteile sein, die durch die Verwertung erzielt werden. ²Die Tarife können sich auch auf andere Berechnungsgrundlagen stützen, wenn diese ausreichende, mit einem wirtschaftlich vertretbaren Aufwand zu erfassende Anhaltspunkte für die durch die Verwertung erzielten Vorteile ergeben. ³Bei der Tarifgestaltung ist auf den Anteil der Werknutzung am Gesamtumfang des Verwertungsvorganges angemessen Rücksicht zu nehmen. ⁴Die Verwertungsgesellschaft soll bei der Tarifgestaltung und bei der Einziehung der tariflichen Vergütung auf religiöse, kulturelle und soziale Belange der zur Zahlung der Vergütung Verpflichteten einschließlich der Belange der Jugendpflege angemessene Rücksicht nehmen.

(4) *(weggefallen)*

1   Mit der Verpflichtung der VerwGes zur Aufstellung von Tarifen, die **Abs. 1 S. 1** festschreibt, wollte der Gesetzgeber sicherstellen, dass alle gleichgelagerten Fälle gleich behandelt würden (Begr. UFITA 46 [1966], 271, 282). Das kommt im Text allerdings nicht zum Ausdruck; dass die VerwGes den Verwertern die von ihr wahrgenommenen Rechte *zu angemessenen Bedingungen* zu überlassen habe, steht vielmehr in § 11 Abs. 1 WahrnG. **Angemessen** kann ein Tarif aber nur sein, wenn er nicht willkürlich Gleiches ungleich behandelt (Art. 45 Abs. 2 URG Schweiz: *nach festen Regeln und nach dem Gebot der Gleichbehandlung*). Einerseits sind also gleichgelagerte Fälle gleich zu behandeln. Andererseits sind für unterschiedliche Werke oder Leistungen unterschiedliche Tarife vorzusehen (Schricker/*Reinbothe*³ Rn. 1 unter Hinweis auf *Dördelmann* GRUR 1999, 890, 893, vgl. § 6 Rn. 8 f.).

2   Die Angemessenheit von Tarifen ist jedoch in den letzten Jahren häufiger als früher streitig geworden, zumal in neuen Nutzungsbereichen, in denen sie noch nicht durch Gesamtverträge auch von Verwerterseite anerkannt waren. Die Feststellung dessen, was angemessen sei, stellte die ordentlichen Gerichte vor Probleme, die ohne die Hilfe von Sachverständigen kaum lösbar waren; Sachverstand war aber eher auf der einen oder der anderen Seite, seltener bei neutralen Dritten zu finden. Die Neuregelung des Schiedsstellenverfahrens will die Bündelung von Erfahrungswissen, wie sie in der nunmehr gleichbleibend besetzten Schiedsstelle jedenfalls nach einer gewissen Anlaufzeit entsteht, auch für die ordentlichen Gerichte nutzbar machen, indem sie jedem ordentlichen Gerichtsverfahren die Anrufung der Schiedsstelle vorschaltet, es sei denn, die heikle Frage der Angemessenheit sei nicht im Streit, oder es handele sich um Arreste oder einstweilige Verfügungen (§ 16 Abs. 1 – 4; vgl. §§ 14 – 16 Rn. 16c). Die frühere Rechtsprechung zur Frage der Angemessenheit behält gleichwohl Bedeutung für die Beurteilung durch die Schiedsstelle (und für deren Berücksichtigung im etwa nachfolgenden Zivilprozess):

Wer sich mit einer VerwGes auf eine bestimmte Vergütung geeinigt hat, kann **3** die Unangemessenheit des ihr zugrunde liegenden Tarifs nachträglich nicht mehr geltend machen (BGH GRUR 1984, 52, 54 – *Tarifüberprüfung I*).

Die von den VerwGes veröffentlichten Tarife werden *prima facie* als angemes- **4** sene Vergütung angesehen, d. h. solange, wie ihre Unangemessenheit nicht feststeht (BGH GRUR 1974, 35, 38 – *Musikautomat*; BGH GRUR 1983, 565, 567 f. – *Tarifüberprüfung II*; ferner KG GRUR 1978, 241 – *Verwertungs-gesellschaft*), was faktisch eine tatsächliche Vermutung für ihre Angemessen-heit bedeutet (*Melichar* S. 39). Das gilt einerseits dort nicht, wo der Tarif sich noch nicht durchgesetzt hat (BGH GRUR 1986, 376, 378 – *Filmmusik*). Andererseits muss die VerwGes, wenn sich Ausmaß oder Art der tatsächlichen Nutzung wesentlich ändern, die Tarife anpassen, weil anderenfalls die tatsäch-liche Vermutung für deren Angemessenheit entfallen kann (BGH GRUR 2004, 669, 671 f. – *Musikmehrkanaldienst*).

Besteht für eine bestimmte Nutzung noch kein Tarif, so ist der ihr am nächsten **5** stehende Tarif heranzuziehen (BGH GRUR 1976, 35, 36 – *Bar-Filmmusik*; BGH GRUR 1983, 565, 567 – *Tarifüberprüfung II*; OLG Hamburg Schulze OLGZ 173, 6 f.). Das Gleiche gilt, wenn die VerwGes für eine neue Nutzungs-art zwar schon einen Tarif aufgestellt hat, dieser aber noch nicht über Gesamt-verträge durchgesetzt ist (OLG Hamburg ZUM 1985, 440, 442 ff. – *Bild-platten*; so schon BGH GRUR 1986, 376, 378 – *Filmmusik*).

In der Revisionsinstanz sind die Feststellungen des Berufungsgerichts zur **6** Auslegung und Angemessenheit des Tarifs nur dahin nachprüfbar, ob es den Rechtsbegriff der Angemessenheit verkannt oder bei der Auslegung des Tarif-werks gegen anerkannte Auslegungsregeln oder gegen die Denkgesetze ver-stoßen hat, oder ob ihm Verfahrensverstöße unterlaufen sind, ob es also wesentliche Tatumstände übersehen oder sie nicht vollständig gewürdigt hat (BGH GRUR 1983, 565, 566 – *Tarifüberprüfung II*).

Abs. 1 Satz 2 bedeutet nicht etwa, dass mit dem Abschluss eines Gesamtver- **7** trages die darin vereinbarten Vergütungssätze allgemein an die Stelle der bisher geltenden Tarife träten. Der Gesamtvertrag gilt vielmehr nur für diejenigen Mitglieder der ihn abschließenden Vereinigung, die sodann mit der VerwGes entsprechende Einzelverträge abschließen (vgl. § 12 Rn. 2). Im Übrigen bleibt der bisherige Tarif in Kraft (vgl. § 12 Rn. 2 a.E.). Nur wenn die VerwGes für die Abgeltung der Nutzungsrechte oder Vergütungsansprüche, die Gegenstand des Gesamtvertrages sind, keinen Tarif aufgestellt hat, sind die dem Gesamt-vertrag zugrunde gelegten Vergütungssätze (nicht die in den Einzelverträgen gewährten Ermäßigungen, Schiedsstelle ZUM 1988, 351, 352 für Nichtmit-glieder der IFPI) auch Dritten gegenüber anzuwenden. Denkbar ist aber auch, dass in neuen oder selten vorkommenden Nutzungsbereichen es (noch) keinen Tarif gibt.

Abs. 2 verpflichtet die VerwGes, die **Tarife** und jede Tarifänderung **unver-** **8** **züglich** (§ 121 BGB) im Bundesanzeiger zu **veröffentlichen**; dasselbe gilt für die in Gesamtverträgen vereinbarten Vergütungssätze, die Abs. 1 Satz 2 den Tarifen gleichstellt. Die Kosten der Veröffentlichung fallen der VerwGes zur Last.

9 Abs. 3 Satz 1 ist die tarifrechtliche Konkretisierung des Grundsatzes, dass der Urheber tunlichst angemessen an der wirtschaftlichen Nutzung seines Werkes zu beteiligen sei (BGH GRUR 2001, 1139, 1142 – *Gesamtvertrag privater Rundfunk*; allgemein zuvor schon BGH GRUR 1986, 376, 378 – *Filmmusik*; zu dem Grundsatz selbst vgl. § 1 UrhG Rn. 4 m.w.N.). Unter einem **geldwerten Vorteil** im Sinne dieser Bestimmung verstehen wir im Anschluss an die Rechtsprechung zu § 100 BGB sowie zum Schadenersatz- und Bereicherungsrecht die aus der Nutzung des Rechts hervorgehende **Vermögensmehrung** (BGH NJW 1980, 2187, 2188 m.w.N.). Diese ergibt sich aus einem Vergleich der Vermögenslage des Verwerters nach der tarifmäßigen Nutzung mit derjenigen Lage, in der er sich ohne die Nutzung befunden hätte (BGH NJW 1962, 1909). Für den Regelfall bedeutet das die Zugrundelegung des **Umsatzes** des Verwerters bei der Tarifgestaltung, also der von ihm mit der Verwertungshandlung erzielten Gesamteinnahmen. Das liegt zunächst für alle Nutzungsvorgänge, deren alleiniger oder hauptsächlicher Zweck die Darbietung urheberrechtlich geschützter, von einer VerwGes verwalteter Werke oder Leistungen ist, auf der Hand: Wenn der Konzertveranstalter die angekündigte Musik nicht spielen, der Tonträgerhersteller sie nicht reproduzieren, der Rezitator den plakatierten Tucholsky-Abend nicht abhalten könnte usw., so würden sie keine Eintrittskarten bzw. Tonträger verkaufen können, und ihnen würden entsprechende Umsätze entgehen. Für die Sendeanstalten kann nichts anderes gelten; niemand würde sich ein Radio oder einen Fernseher kaufen und dafür Gebühren zahlen, wenn nur urheberrechtsfreie Sendungen wie Nachrichten usw. (§ 49 Abs. 2 UrhG) ausgestrahlt würden. Selbst für den Gastwirt ist die Untermalungsmusik aus dem Radio über der Theke letztlich ein Umsatzträger. Diese Beurteilung hat sich in der Rechtsprechung inzwischen durchgesetzt. Sowohl die Schiedsstelle (ständig seit ZUM 1989, 426, 429; zuletzt ZUM 2005, 670, 680) als auch der BGH (GRUR 1986, 376, 378 f. – *Filmmusik*; BGH GRUR 1988, 373, 375 – *Schallplattenimport III*) stellen je nach Nutzungsbereich auf den Detailverkaufspreis, die Mietpreise oder die Veranstaltungsentgelte (Kartenverkauf *und* sonstige Einnahmen, z. B. Garantiehonorare und Zuwendungen des Kulturträgers, *Erich Schulze* GRUR 1989, 257, 258) ab.

10 Das Beispiel des Gastwirts (vgl. Rn. 9) macht allerdings deutlich, dass die Anknüpfung an die Bruttoeinnahme nur der *Regelfall* sein kann. **Abs. 3 Satz 2** lässt deshalb auch andere Berechnungsgrundlagen zu. Die Bestimmung spricht anders als Satz 1 nicht lediglich von *geldwerten Vorteilen*, sondern von *Vorteilen* schlechthin, und betrifft damit auch solche Verwerter, die mit der Nutzung nicht die Erzielung von Einnahmen anstreben. Das sind neben den Kirchen, die geschützte Werke in den Gottesdiensten darbieten, etwa Bibliotheken, die zum „Nulltarif" ausleihen, Unternehmen und Behörden bei der Erstellung von Pressespiegeln (vgl. § 49 UrhG Rn. 4) oder die unter § 52 Abs. 1 S. 1 und 2, Abs. 2 UrhG fallenden Verwerter. Als **andere Berechnungsgrundlage** kommt für die Fälle des Satzes 2 in erster Linie der nächststehende Tarif in Betracht (vgl. Rn. 1). Anhaltspunkte für die Berechnung sind im Übrigen der Umfang der Nutzung (Häufigkeit, Auflagenhöhe, Anzahl der Zuhörer usw.), ihre Bedeutung für den Verwerter und der Wert, den sie haben würde, wenn sie entgeltlich erbracht werden würde; die von Schricker/*Reinbothe*[3] Rn. 8 genannte hypothetische Einbuße durch die Minderung anderweitiger entgeltlicher Nutzung wird sich wohl nur ausnahmsweise ermitteln lassen.

11 **Abs. 3 Satz 3** trägt sowohl der Tatsache Rechnung, dass die Verwertungshandlung manchmal nur einer unter mehreren Umsatzträgern ist, wie wiederum das

Gastwirts-Beispiel (vgl. Rn. 9) zeigt, als auch dem Umstand, dass ein und derselbe Verwertungsakt oftmals die Rechte und Ansprüche mehrerer Berechtigter betrifft, die von verschiedenen VerwGes vertreten werden. Darauf haben deren Tarife freilich schon immer Rücksicht genommen; für die Vergütungsansprüche aus den §§ 54 und 54a UrhG ist den VerwGes eine angemessene Aufteilung untereinander sogar vorgeschrieben (§ 54h Abs. 2 UrhG). Die Bestimmung verlangt aber nur die Berücksichtigung des Anteils der Werknutzung am Gesamtumfang der Verwertungshandlung. Daraus lässt sich weder ableiten, dass der Urheberanteil höchstens 10 % der Einnahmen des Verwerters betragen dürfe, noch dass dieser Anteil weiter zu senken sei, wenn es sich um eine Zweit- oder Drittnutzung handele (so aber Schiedsstelle ZUM 1987, 183, 186 und 187, 189; ZUM 1989, 426, 429 f.). Das Beispiel der Beteiligung des Autors mit 10 % am Ladenpreis im Verlagswesen, von dem BGH GRUR 1986, 376, 378 f. – *Filmmusik* ausgeht, gibt dafür schon deshalb nichts her, weil der Verlagsabgabepreis des Buches bei 50 % des Ladenpreises zu liegen pflegt, der Urheber also tatsächlich etwa 20 % der Einnahme des Verlegers erhält. Der auch vom Bundesgerichtshof (BGH GRUR 1988, 373, 376 – *Schallplattenimport III*) anerkannte GEMA-Tarif für Schallplatten von ebenfalls 10 % des fiktiven Ladenpreises deckt nur den Urheberanteil; die ausübenden Künstler (Dirigent, Sänger, Musiker) erhalten ihre Vergütungen (die insgesamt oft deutlich mehr als 10 % ausmachen) vom Hersteller direkt, so dass auch er mit über 20 % belastet zu sein pflegt. In anderen Verwertungsbereichen liegt der Urheberanteil an der Einnahme ebenfalls oft deutlich über 10 % (die deutschen Bühnen mit Ausnahme der Privattheater zahlen Urheberabgaben nach festen Sätzen pro Platz, die zwischen 12 und 18 % ihrer Kasseneinnahmen liegen). Zweit- oder Drittnutzungen ändern am Vorteil nichts: Nutzung ist Nutzung. Auch der Buchautor bekommt für die Folgeauflagen nicht weniger als für die Erstauflage, oft sogar mehr, und an der Nebenrechtsverwertung pflegt er sogar mit sehr vielen höheren Prozentsätzen (50 – 80 %) beteiligt zu sein. Allenfalls sind die Kosten des Verwerters geringer, ist also sein Vorteil *höher*, wenn er ihn nicht über einen niedrigeren Preis an den Verbraucher weitergibt; aber dann verringert sich der Anteil des Urhebers ohnehin entsprechend.

Abs. 3 Satz 4 ist zwar nur eine Sollvorschrift, auf deren Einhaltung kein **12** Anspruch des Verwerters besteht (so schon BGH UFITA 73 [1975], 286, 291 – *Postjugendheim* für den damaligen – gleichlautenden – Abs. 3). Aber ihre Nichtberücksichtigung im Tarifwerk der VerwGes kann im Einzelfall dessen Unangemessenheit (vgl. Rn. 1) begründen.

Der erst durch Art. 2 Abs. 2 des UrhG Infoges v. 10.09.2003 (BGBl. I. S. 1774) **13** eingefügte **Abs. 4** ist zum Jahresende 2007 wieder gestrichen worden (Art. 2. Nr. 1 Zweiter Korb v. 26.10.2007, BGBl. I. 2513).

§ 13a Tarife für Geräte und Speichermedien; Transparenz

(1) [1]**Die Höhe der Vergütung für Geräte und Speichermedien bestimmt sich nach § 54a des Urheberrechtsgesetzes.** [2]**Vor Aufstellung der Tarife für Geräte und Speichermedien hat die Verwertungsgesellschaft mit den Verbänden der betroffenen Hersteller über die angemessene Vergütungshöhe und den Abschluss eines Gesamtvertrages zu verhandeln.** [3]**Scheitern die Gesamtvertragsverhandlungen, so können Verwertungsgesellschaften in Abweichung von § 13 Tarife über die Vergütung nach § 54a des Urheberrechtsgesetzes erst nach Vorliegen der empirischen Untersuchungen gem. § 14 Abs. 5a aufstellen.**

(2) Die Verwertungsgesellschaft unterrichtet ihre Partner aus Gesamtverträgen über ihre Einnahmen aus der Pauschalvergütung und deren Verwendung nach Empfängergruppen.

1 Die mit dem Zweiten Korb neu eingefügte Bestimmung geht nach dem Bericht des Rechtsausschusses v. 04.07.2007 (BT-Drucks. 16/5939, S. 46) auf einen gemeinsamen Vorschlag der beteiligten Kreise zurück. Sie will sicherstellen, dass *vor* der Aufstellung von Tarifen durch die zuständigen VerwGes zunächst **Verhandlungen** mit den Verbänden der zahlungspflichtigen Hersteller stattfinden. Sind diese nicht gesprächsbereit oder scheitern die Verhandlungen aus gleich welchem Grunde, so kann jeder Beteiligte (§ 14 Abs. 1 Nr. 1) die Schiedsstelle anrufen, die sodann ihrerseits verpflichtet ist, das Ausmaß der tatsächlichen Nutzung derjenigen Geräte und Speichermedien, die von den betroffenen Herstellern angeboten werden, für Vervielfältigungen nach § 53 Abs. 1 – 3 UrhG durch empirische Untersuchungen feststellen zu lassen.

2 Der Bericht des Rechtsausschusses vom 04.07.2007 (BT- Drucks. 16/5939, S. 47) gibt auch den weiteren Verlauf des Verfahrens vor: Nach Vorliegen der Untersuchungsergebnisse hat die Schiedsstelle den Beteiligten zunächst einen Einigungsvorschlag zu machen (§§ 14 ff. UrhWahrnG). Erst wenn auch dieser scheitert, kann die VerwGes. einen Tarif einseitig aufstellen; für diesen bietet das Ergebnis der Untersuchung eine objektive sachliche Grundlage.

3 Die in **Abs. 2** angesprochene **Pauschalvergütung** meint eine pauschale Geräte-bzw. Speichervergütung, die auf der empirischen Untersuchung fußt. Der Umfang der – urheberrechtlich relevanten – Nutzung durch den jeweiligen Erwerber des Gerätes oder Speichers im Einzelfall würde sich mit einer solchen nicht ermitteln lassen.

4 Die mit **Abs. 2** den VerwGes ferner auferlegte **Unterrichtungspflicht** soll es den mit ihnen gesamtvertraglich verbundenen Herstellern – nur diesen – ermöglichen, den Fortbestand (oder Wegfall) der Angemessenheit des jeweiligen Gesamtvertrages zu ermitteln. Das ist freilich auch ohne eine solche Verpflichtung möglich. Die Praxis wird zeigen müssen, ob Abs. 2 überhaupt Bedeutung gewinnt.

§ 13b Pflichten des Veranstalters

(1) Veranstalter von öffentlichen Wiedergaben urheberrechtlich geschützter Werke haben vor der Veranstaltung die Einwilligung der Verwertungsgesellschaft einzuholen, welche die Nutzungsrechte an diesen Werken wahrnimmt.

(2) **[1]Nach der Veranstaltung hat der Veranstalter der Verwertungsgesellschaft eine Aufstellung über die bei der Veranstaltung benutzten Werke zu übersenden. [2]Dies gilt nicht für die Wiedergabe eines Werkes mittels Tonträger, für Wiedergaben von Funksendungen eines Werkes und für Veranstaltungen, auf denen in der Regel nicht geschützte oder nur unwesentlich bearbeitete Werke der Musik aufgeführt werden.**

(3) Soweit für die Verteilung von Einnahmen aus der Wahrnehmung von Rechten zur Wiedergabe von Funksendungen Auskünfte der Sendeunternehmen erforderlich sind, die die Funksendungen veranstaltet haben, sind diese Sendeunternehmen verpflichtet, der Verwertungsgesellschaft die Auskünfte gegen Erstattung der Unkosten zu erteilen.

1 Was zur **öffentlichen Wiedergabe** gehört, ergibt sich aus § 15 Abs. 2 UrhG. Zum Begriff des **Veranstalters** vgl. § 81 UrhG Rn. 1 – 3.

Abs. 1 meint nur die **allgemeine**, nicht für bestimmte Werke konkretisierte **2** **Einwilligung,** begründet also praktisch nur eine Pflicht zur vorherigen Unterrichtung der VerwGes davon, dass überhaupt eine Veranstaltung stattfindet, bei der geschützte Werke öffentlich wiedergegeben werden, welcher Art diese ist, wie groß der Veranstaltungsraum ist und welche Eintrittsgelder erhoben werden; das ermöglicht die zumindest vorläufige Einwilligungserklärung auf der Basis der anzuwendenden Vertragsart und der sich daraus ergebenden Tarife (BGH GRUR 1973, 379, 380 – *Doppelte Tarifgebühr*). Erst wenn die Bestätigung der VerwGes vorliegt, die wegen § 11 nicht verweigert werden darf, ist der Veranstalter gedeckt (weitergehend LG Erfurt ZUM-RD 1997, 25, 26: Bestätigung nicht nötig, spätere Rechnungserteilung genügt). Die Regelung des UrhG, das stets die vorherige Einwilligung bzw. Einräumung von Nutzungsrechten für das Einzelwerk fordert, wird also dahin eingeschränkt, dass eine Art Generalkonsens genügt. Umso unverständlicher ist die – wiederum von Bayern veranlasste (vgl. § 47 UrhG Rn. 2) – Erweiterung des Abs. S. 2 durch das ÄndG 1985: Warum soll, wer nur *in der Regel* gemeinfreie Werke der Musik aufzuführen pflegt, *generell* von der Pflicht zur vorherigen Unterrichtung der VerwGes befreit sein? Auf diese Weise nimmt man der GEMA jede Kontrollmöglichkeit darüber, ob die Regel verlassen und im Einzelfall eben doch geschützte Musik aufgeführt wurde. Man erlaubt dem Gastwirt nicht nur einseitig und allein darüber zu entscheiden, welche Bearbeitungen von Volksliedgut er für wesentlich im Sinne des § 3 S. 2 UrhG hält und welche nicht (darum allein ging es, s. BeschlE RAusschuss RegE ÄndG 1985 – BT-Drucks. 10/3360, S. 18 und 21); man befreit ihn vielmehr sogar von der Meldepflicht für Veranstaltungen, auf denen zweifelsfrei *auch* geschützte Werke aufgeführt werden, unter der alleinigen Bedingung, dass dies bei Veranstaltungen solcher Art nicht zur Regel werden dürfe. Eine solche Beschränkung des ausschließlichen Verwertungsrechts des Urhebers aus § 19 Abs. 2 UrhG ist, da von keiner ernstzunehmenden Gemeinwohlerwägung gedeckt, wegen Verstoßes gegen Art. 14 GG verfassungswidrig (vgl. § 1 UrhG Rn. 4 und § 3 UrhG Rn. 26; wie hier die allg.M., Nachweise bei Schricker/*Reinbothe*[3] Rn. 7 und HK-UrhR/*Zeisberg* Rn. 10; auch BVerfGE 79, 1, 23 – *Leerkassettenabgabe).*

Der Text des Abs. 1 ist auch im Übrigen etwas ungenau geraten: Soweit die **3** öffentliche Wiedergabe geschützter Werke **von den §§ 52, 52a UrhG privilegiert** ist, ist der Veranstalter nur zur Zahlung der angemessenen Vergütung verpflichtet; auf die vorherige Einwilligung der VerwGes ist er nicht angewiesen. Die Literatur zu § 13b geht gleichwohl zu Recht davon aus, dass insoweit jedenfalls eine **Informationspflicht** des Veranstalters gegeben ist, zumal im Vorhinein nur selten klar ist, ob die §§ 52, 52a UrhG anwendbar sind oder nicht (Dreier/Schulze/*Schulze*[2] Rn. 5 f.).

Abs. 2 entspricht der bisherigen Praxis. Die **Ausnahme des Satzes 2** erklärt sich **4** daraus, dass die VerwGes die für die Anwendung des Verteilungsplans notwendigen Aufschlüsse den Umsatzmeldungen der Schallplattenproduzenten und den Rundfunkprogrammen entnehmen kann.

Abs. 3 setzt nicht voraus, dass die VerwGes auch die Senderechte wahrnimmt **5** (Bericht RAusschuss UrhG – BT-Drucks. IV/3401, S. 3).

§ 13c   Vermutung der Sachbefugnis; Außenseiter bei Kabelweitersendung

(1) Macht die Verwertungsgesellschaft einen Auskunftsanspruch geltend, der nur durch eine Verwertungsgesellschaft geltend gemacht werden kann, so wird vermutet, dass sie die Rechte aller Berechtigten wahrnimmt.

(2) [1]Macht die Verwertungsgesellschaft einen Vergütungsanspruch nach §§ 27, 54 Abs. 1, 54c Abs. 1, § 77 Abs. 2, § 85 Abs. 4, § 94 Abs. 4 oder § 137l Abs. 5 des Urheberrechtsgesetzes geltend, so wird vermutet, dass sie die Rechte aller Berechtigten wahrnimmt. [2]Sind mehr als eine Verwertungsgesellschaft zur Geltendmachung des Anspruchs berechtigt, so gilt die Vermutung nur, wenn der Anspruch von allen berechtigten Verwertungsgesellschaften gemeinsam geltend gemacht wird. [3]Soweit die Verwertungsgesellschaft Zahlungen auch für die Berechtigten erhält, deren Rechte sie nicht wahrnimmt, hat sie den zur Zahlung Verpflichteten von den Vergütungsansprüchen dieser Berechtigten freizustellen.

(3) [1]Hat ein Rechtsinhaber die Wahrnehmung seines Rechts der Kabelweitersendung im Sinne des § 20b Abs. 1 S. 1 des Urheberrechtsgesetzes keiner Verwertungsgesellschaft übertragen, so gilt die Verwertungsgesellschaft, die Rechte dieser Art wahrnimmt, als berechtigt, seine Rechte wahrzunehmen. [2]Kommen dafür mehrere Verwertungsgesellschaften in Betracht, so gelten sie gemeinsam als berechtigt; wählt der Rechtsinhaber eine von ihnen aus, so gilt nur diese als berechtigt. [3]Die Sätze 1 und 2 gelten nicht für Rechte, die das Sendeunternehmen innehat, dessen Sendung weitergesendet wird.

(4) [1]Hat die Verwertungsgesellschaft, die nach Abs. 3 als berechtigt gilt, eine Vereinbarung über die Kabelweitersendung getroffen, so hat der Rechtsinhaber im Verhältnis zu dieser Verwertungsgesellschaft die gleichen Rechte und Pflichten, wie wenn er ihr seine Rechte zur Wahrnehmung übertragen hätte. [2]Seine Ansprüche verjähren in drei Jahren von dem Zeitpunkt an, in dem die Verwertungsgesellschaft satzungsgemäß die Abrechnung der Kabelweitersendung vorzunehmen hat; die Verwertungsgesellschaft kann ihm eine Verkürzung durch Meldefristen oder auf ähnliche Weise nicht entgegenhalten.

1   Zu Gunsten der **GEMA,** der seit vielen Jahren größten Verwertungsgesellschaft der Welt, galt schon immer eine tatsächliche Vermutung dahin, dass sie in ihrem Wahrnehmungsbereich für *alle* Berechtigten tätig werde (BGHZ 15, 338, 349 ff. – *GEMA;* BGH GRUR 1986, 66 f. – *GEMA-Vermutung II;* BGH ZUM 1986, 199, 200 – *GEMA-Vermutung III;* weitere Nachweise bei OLG Köln GRUR 1983, 568, 569 – *Video-Kopieranstalt).* Gleichwohl hat es selbst ihr gegenüber immer wieder Versuche zahlungsunwilliger Verwerter gegeben, ihre Aktivlegitimation in Zweifel zu ziehen (OLG München GRUR 1984, 122, 123 – *Sex- und Pornofilme* m.w.N.); gelegentlich haben sie damit sogar Erfolg gehabt (BGH GRUR 1986, 62, 63 f. – *GEMA-Vermutung I;* BGH GRUR 1988, 296, 297 f. – *GEMA-Vermutung IV;* OLG Hamm GRUR 1983, 576, 576 – *Musikuntermalung bei Porno-Kassetten;* zum Teil auch OLG München GRUR 1983, 571, 573 – *Spielfilm-Videogramme;* Überblick über die Rechtsentwicklung bei Videogrammen OLG Hamburg ZUM 1986, 151, 153 f. und *Schneider* GRUR 186, 657; s.a. *Merz/Thurow/v. Lewin* ZUM 1987, 309 ff. und eingehend *Allner* S. 78. ff). Noch weitaus schwerer hatten es die neueren kleineren VerwGes. Der Verband der Lesezirkelunternehmen erzwang in einem Musterprozess eines seiner Mitglieder vor dem Kammergericht 1974 die Vorlage der Kartei- und Vertragsunterlagen der **VG Wort,** freilich mit der Folge, dass die Aktivlegitimation der VG Wort daraufhin bejaht wurde (KG GRUR 1975, 87 – *Lesezirkelmappen* und GRUR 1978, 241 – *Verwertungsgesellschaft).* Den Anspruch der VG Wort auf die Pressespiegelvergütung (§ 49 Abs. 1 S. 2 UrhG) konnte die Deutsche Lufthansa AG jedoch über den Einwand der Aktivlegitimation zu Fall bringen (OLG Köln GRUR 1980, 913 – *Presseschau CN;* offengelassen, aber mit positiver Tendenz OLG München

GRUR 1980, 234 – *Tagespressedienst;* inzwischen anerkannt: OLG München ZUM 2000, 243 – *Mediaspiegel).* Der **VG Bild-Kunst** ging es nicht besser: Erst 1980 ist ihr das Bestehen der tatsächlichen Vermutung jedenfalls für den Auskunftsbereich nach § 26 Abs. 3 UrhG zuerkannt worden (OLG Frankfurt GRUR 1980, 916, 918 – *Folgerecht für ausländische Künstler).* Die prozessualen Schwierigkeiten erhöhten sich für die klagenden VerwGes noch dadurch, dass sie ohne entsprechende Auskünfte der Verwerter nicht wissen konnten, welche Werke im Einzelnen verwertet wurden, also gegenüber dem pauschalen Bestreiten der Verwerter auch nicht darzulegen in der Lage waren, dass sich sehr wohl Werke ihnen angeschlossener Urheber darunter befanden; der Auskunftsanspruch setzt aber das Bestehen einer Zahlungsverpflichtung dem Grunde nach voraus mit der Folge, dass zu seiner Begründung gerade jene Darlegung erforderlich war (Begr RegE ÄndG 1985 – BT-Drucks. 10/837, S. 23).

Zwar versuchte der Bundesgerichtshof, den VerwGes mit der Zuerkennung **2** eines Anspruchs auf eine **Grundauskunft** zu helfen, die die eindeutige Identifizierung der genutzten Werke und Leistungen und damit die Klärung ermöglichte, ob und von ggf. welcher VerwGes Rechte an diesen Werken und Leistungen wahrgenommen wurden; aber auch dieser Anspruch war davon abhängig, dass aus konkret festgestellten Rechtsverletzungen mit hoher Wahrscheinlichkeit auf weitere Rechtsverletzungen geschlossen werden kann (BGH GRUR 1986, 66, 69 – *GEMA-Vermutung II;* BGH GRUR 1988, 604, 605 – *Kopierwerk)* oder doch eine sehr große Wahrscheinlichkeit dafür besteht, dass in erheblichem Umfang in der Rechte der VerwGes eingegriffen wird (BGH GRUR 1986, 62, 66 – *GEMA-Vermutung I).* Konnte die VerwGes sich über die Tätigkeit des Verwerter keine detaillierten Informationen beschaffen, die das ergaben, so kam sie auch auf diesem Wege nicht weiter.

Für verwertungsgesellschaftenpflichtige Rechte und Ansprüche hat **Abs. 1** der **3** Neuregelung von 1985 den *circulus vitiosus* aufgelöst. Soweit es sich um den **Auskunftsanspruch** handelt, besteht seither eine Rechtsvermutung für die Klagen der VerwGes nach Abs. 1, und zwar rückwirkend (OLG Oldenburg ZUM 1987, 637, 638). Dies gilt nicht nur für im Gesetz besonders normierte Auskunftsansprüche wie §§ 26 Abs. 3, 54f, 54g und 101a UrhG, sondern für jeden Auskunftsanspruch, mit dem ein verwertungsgesellschaftenpflichtiger Zahlungsanspruch vorbereitet werden soll; gerade weil die Auskunft allein diesem zu dienen bestimmt ist, kann sie nur von demjenigen beansprucht werden, dem der Zahlungsanspruch zusteht (OLG Hamm GRUR 1989, 505 – *Filmproduzenten).* **Abs. 1** gilt also für die Vorbereitung aller Zahlungsansprüche, die nur von VerwGes geltend gemacht werden können. Die Rechtsvermutung besteht auch dann, wenn feststeht, dass die VerwGes allenfalls über einen Teil der vorab verglichenen Rechte verfügt, eine tatsächliche Vermutung zu ihren Gunsten (vgl. Rn. 1) also nicht gegeben wäre (BGH GRUR 1989, 819, 820 und GRUR 1991, 595, 596 – *Gesetzliche Vermutung I* und *II),* oder wenn mehrere VerwGes nebeneinander tätig sind. Die Auskunft muss jeder von ihnen schon deshalb erteilt werden, damit sie den Umfang ihrer eigenen Zahlungsansprüche verlässlich ermitteln kann. Mehrfachauskunft mutet der Gesetzgeber den Beteiligten auch sonst zu (den VerwGes: § 10; den Sendeanstalten: § 13b Abs. 3). Die **Vermutung** kann also **nicht** schon dadurch **widerlegt** werden, dass der in Anspruch genommene Verwerter auf die Existenz mehrerer VerwGes verweist, die die gleichen Rechte wahrnehmen. Er muss vielmehr darlegen und ggf. beweisen, dass er ausschließlich Werke oder Leistungen solcher Urheber oder Leistungsschutzberechtigter verwertet, die keiner oder einer bestimmten anderen VerwGes angehören (BGH GRUR 1989, 819, 820 und 1991, 95, 596 – *Gesetzliche Vermutung I* und *II; s.a.* OLG München ZUM-RD 2002, 150, 157 – *Gesamtvertrag GVL).* Damit hat er den Auskunftsanspruch freilich schon erfüllt. Da die Vermutung bis zu ihrer Widerlegung besteht, trägt er nach § 91a ZPO die Kosten, wenn die VerwGes auf seine Darlegung hin die Hauptsache für erledigt erklärt (BGH GRUR 1989, 819, 820 – *Gesetzliche Vermutung I).* Zur Rechtslage in **Österreich** s. OGH Wien GRUR 1989, 153 – *AKM-Vermutung,* in der **Schweiz** s. Art. 51 Abs. 1 URG.

4 Für **Zahlungsansprüche** gilt die Rechtsvermutung des Abs. 1 im Regelfall nicht. Grundsätzlich soll eine VerwGes nur für die Berechtigten kassieren dürfen, deren Rechte sie tatsächlich wahrnimmt (Begr RegE ÄndG 1985 – BT-Drucks. 10/837, S. 23). Von diesem Grundsatz macht jedoch **Abs. 2 S. 1** eine Ausnahme bei Zahlungsansprüchen für solche Nutzungsvorgänge, die einzeln nicht erfasst werden können oder aus Kosten- oder Zumutbarkeitsgründen üblicherweise nicht erfasst werden. Ersteres trifft für die Überspielungen und sonstigen Kopiervorgänge des § 54 Abs. 1 UrhG zu, die sich regelmäßig im häuslichen Bereich abspielen und daher nicht erfassbar sind; letzteres gilt zumindest für Teilbereiche der §§ 27 (LG Oldenburg GRUR 1996, 487) und 57 UrhG. Da man dem Verwerter zwar zumuten kann, zwei- oder dreimal dieselbe Auskunft zu geben (vgl. Rn. 3), er aber jedenfalls für ein und denselben Vorgang nur einmal zu zahlen verpflichtet ist, kann die Vermutung beim Vorhandensein mehrerer parallel tätiger VerwGes nur gelten, wenn sie alle ihn *gemeinsam* in Anspruch nehmen (**Abs. 2 S. 2**). Unter parallel tätigen VerwGes sind freilich nur solche zu verstehen, die Ansprüche von Berechtigten derselben Kategorie vertreten. So lange *nur* die GEMA Komponisten, Textdichter und Musikverleger und *nur* die GVL ausübende Künstler und Tonträgerhersteller vertritt, kann die Vermutung, dass sie für *alle* Berechtigten dieser Kategorien tätig würde, nicht deswegen widerlegt sein, weil es – etwa bei § 27 oder bei den §§ 54 ff. UrhG – noch andere VerwGes gibt, deren Urheber oder Leistungsschutzberechtigte *anderen* Kategorien angehören.

5 Der **Freistellungsanspruch** des **Abs. 2 S. 3** wird nur dann praktisch, wenn sich nach Zahlung des Verwerters an die bisher allein tätigen VerwGes eine weitere VerwGes auftut, die noch nicht organisierte Berechtigte sammelt. Der einzelne Urheber oder Leistungsschutzberechtigte hat – der Wortlaut der Bestimmung ist insofern etwas ungenau – selbst niemals Vergütungsansprüche gegen den Verwerter, da die von Abs. 2 erfassten Ansprüche sämtlich verwertungsgesellschaftenpflichtig sind (§§ 27 Abs. 3, 54h Abs. 1 UrhG). Satz 3 beschränkt den Anspruch des Verwerters auf sein Innenverhältnis zu den VerwGes, an die er gezahlt hatte: Zahlt er an die neue VerwGes, ohne das Einverständnis der bisher tätigen VerwGes einzuholen, so hat er keinen Erstattungsanspruch; er muss es vielmehr – nach Erteilung der Auskunft an die neue VerwGes, zu der er nach Abs. 1 in jeden Fall verpflichtet ist – den bisher tätigen VerwGes überlassen, ihn auf die ihnen geeignet erscheinende Weise von den Ansprüchen der Berechtigten zu befreien. Anderseits können diese die neue VerwGes rechtlich nicht daran hindern, gegen den Verwerter gerichtlich vorzugehen; sie muss dann allerdings die eigenen Zahlungsansprüche spezifizieren (Abs. 2 S. 2), was ihren Konkurrentinnen – denen der in Anspruch genommene Verwerter, um sich den Freistellungsanspruch zu erhalten, den Streit zu verkünden haben wird (§ 72 ZPO) – deren Befriedigung ermöglicht.

Die von der bisherigen Rechtsprechung entwickelten **tatsächlichen Vermutun-** 6
gen für von anderen VerwGes wahrgenommene Rechte will § 13b unangetastet lassen (Begr RegE ÄndG 1985 – BT-Drucks. 10/837, S. 23).

Mit **Absatz 3 Satz 1 und 2** hat das ÄndG 1998 Art. 9 Abs. 2 Satz 1 der Kabel- 7
und Satelliten-Richtlinie (Anh. V 3 der 8. Auflage; abrufbar auf www.nordemann.de) nahezu wörtlich umgesetzt. Die Wahrnehmungsberechtigung der VerwGes wird danach allerdings nicht nur – wie in den Absätzen 1 und 2 – *vermutet*, sie wird vielmehr *fingiert* und ist damit unwiderleglich (Begr RegE UrhG 1996 – BR-Drucks. 212/96, S. 38, 39). Im Übrigen entspricht die Regelung aber derjenigen des Absatz 2; ebenso wie dort kommen nur dann mehrere VerwGes in Betracht, wenn sie Rechte derselben Kategorie („Rechte dieser Art") wahrnehmen (vgl. Rn. 3). Satz 2 zwingt konkurrierende VerwGes zu gemeinsamem Handeln über eine Zentralstelle (vgl. Einl. Rn. 8).

Sendeunternehmen können für ihre eigenen Sendungen nach **Absatz 3 Satz 3** 8
die Fiktion der Sätze 1 und 2 nicht in Anspruch nehmen. Sie müssen gegebenenfalls nachweisen, dass sie auch das Kabelweitersenderecht aus § 20b von den originär Berechtigten (Urheber, ausübende Künstler, ggf. auch andere Leistungsschutzrechtsinhaber) erworben haben.

Absatz 4 geht auf Art. 9 Abs. 2 Satz 3 der Kabel- und Satellitenrichtlinie 9
(abrufbar auf www.nordemann.de) zurück. Die Bestimmung des Verjährungszeitraumes hatte die Richtlinie die Richtlinie den Mitgliedsstaaten überlassen; das ÄndG 1998 schließt sich mit einer Dreijahresfrist der Praxis der Mehrzahl deutscher VerwGes. bei der Berücksichtigung neu hinzukommender Berechtigter an. Die Meldefristen sind allerdings oft kürzer (Beispiel GVL: 30. Juni für alle relevanten Einnahmen des Vorjahres); sie werden Nicht-Vertragspartnern nicht entgegengehalten werden können. Absatz 4 dürfte aber kaum praktische Bedeutung erlangen. Wer überhaupt Ansprüche geltend macht, hat keinen Anlass mehr, einen Berechtigungsvertrag nicht abzuschließen, und dessen Regelung geht sodann vor (Begr RegE ÄndG 1996 – BR-Drucks. 212/96, S. 40).

§ 14 Schiedsstelle

(1) Die Schiedsstelle kann von jedem Beteiligten angerufen werden bei Streitfällen,
1. an denen eine Verwertungsgesellschaft beteiligt ist, wenn sie
   a) die Nutzung von Werken oder Leistungen, die nach dem Urheberrechtsgesetz geschützt sind,
   b) die Vergütungspflicht nach § 54 oder § 54c des Urheberrechtsgesetzes oder
   c) den Abschluss oder die Änderung eines Gesamtvertrages
   betreffen,
2. an denen ein Sendeunternehmen und ein Kabelunternehmen beteiligt sind, wenn sie die Verpflichtung zum Abschluss eines Vertrages über die Kabelweitersendung betreffen.

(2) [1]Die Schiedsstelle wird bei der Aufsichtsbehörde (§ 18 Abs. 1) gebildet. Sie besteht aus dem Vorsitzenden oder seinem Vertreter und zwei Beisitzern. [2]Die Mitglieder der Schiedsstelle müssen die Befähigung zum Richteramt nach dem Deutschen Richtergesetz haben. [3]Sie werden vom Bundesministerium der Justiz für einen bestimmten Zeitraum, der mindestens ein Jahr beträgt, berufen; Wiederberufung ist zulässig.

(3) [1]Bei der Schiedsstelle können mehrere Kammern gebildet werden. [2]Die Besetzung der Kammern bestimmt sich nach Absatz 2 Satz 2 bis 4. [3]Die Ge-

schäftsverteilung zwischen den Kammern wird durch den Präsidenten des Deutschen Patent- und Markenamtes geregelt.

(4) Die Mitglieder der Schiedsstelle sind nicht an Weisungen gebunden.

(5) Die Schiedsstelle wird durch schriftlichen Antrag angerufen.

(5a) Im Verfahren nach Abs. 1 Nr. 1c hat die Schiedsstelle die nach § 54a Abs. 1 des Urheberrechtsgesetzes maßgebliche Nutzung durch empirische Untersuchungen zu ermitteln.

(5b) In Streitfällen über die Vergütungspflicht nach § 54 des Urheberrechtsgesetzes erhalten bundesweite Dachorganisationen der mit öffentlichen Mitteln geförderten Verbraucherverbände Gelegenheit zur schriftlichen Stellungnahme.

(6) [1]Die Schiedsstelle hat auf eine gütliche Beilegung des Streitfalls hinzuwirken. [2]Aus einem vor der Schiedsstelle geschlossenen Vergleich findet die Zwangsvollstreckung statt, wenn er unter Angabe des Tages seines Zustandekommens von dem Vorsitzenden und den Parteien unterschrieben ist; § 797a der Zivilprozessordnung gilt entsprechend.

(7) Ein Schiedsvertrag über künftige Streitfälle nach Abs. 1 Nr. 1 Buchstabe b ist nichtig, wenn er nicht jedem Beteiligten das Recht einräumt, im Einzelfall statt des Schiedsgerichts die Schiedsstelle anzurufen und eine Entscheidung durch die ordentlichen Gerichte zu verlangen.

(8) Durch die Anrufung der Schiedsstelle wird die Verjährung in gleicher Weise wie durch Klageerhebung gehemmt.

§ 14a   Einigungsvorschlag der Schiedsstelle

(1) Die Schiedsstelle fasst ihre Beschlüsse mit Stimmenmehrheit. § 196 Abs. 2 des Gerichtsverfassungsgesetzes ist anzuwenden.

(2) [1]Die Schiedsstelle hat den Beteiligten innerhalb eines Jahres nach Anrufung einen Einigungsvorschlag zu machen. [2]Nach Ablauf dieses Zeitraums kann das Verfahren vor der Schiedsstelle mit Zustimmung aller Beteiligten für jeweils ein halbes Jahr fortgesetzt werden. [3]Der Einigungsvorschlag ist zu begründen und von sämtlichen für den Streitfall zuständigen Mitgliedern der Schiedsstelle zu unterschreiben. [4]Auf die Möglichkeit des Widerspruchs und auf die Folgen bei Versäumung der Widerspruchsfrist ist in dem Einigungsvorschlag hinzuweisen. [5]Der Einigungsvorschlag ist den Parteien zuzustellen.

(3) [1]Der Einigungsvorschlag gilt als angenommen und eine dem Inhalt des Vorschlags entsprechende Vereinbarung als zustande gekommen, wenn nicht innerhalb eines Monats nach Zustellung des Vorschlags ein schriftlicher Widerspruch bei der Schiedsstelle eingeht. [2]Betrifft der Streitfall die Einräumung oder Übertragung von Nutzungsrechten der Kabelweitersendung, beträgt die Frist drei Monate.

(4) Aus dem angenommenen Einigungsvorschlag findet die Zwangsvollstreckung statt; § 797a der Zivilprozessordnung gilt entsprechend.

§ 14b   Beschränkung des Einigungsvorschlags; Absehen vom Einigungsvorschlag

(1) Ist bei Streitfällen nach § 14 Abs. 1 Nr. 1 Buchstabe a die Anwendbarkeit oder die Angemessenheit eines Tarifs (§ 13) bestritten und ist der Sachverhalt auch im Übrigen streitig, so kann sich die Schiedsstelle in ihrem Einigungsvorschlag auf eine Stellungnahme zur Anwendbarkeit oder Angemessenheit des Tarifs beschränken.

(2) Sind bei Streitfällen nach § 14 Abs. 1 Nr. 1 Buchstabe a die Anwendbarkeit und die Angemessenheit eines Tarifs nicht im Streit, so kann die Schiedsstelle von einem Einigungsvorschlag absehen.

§ 14c Streitfälle über Gesamtverträge

(1) [1]Bei Streitfällen nach § 14 Abs. 1 Nr. 1 Buchstabe c enthält der Einigungsvorschlag den Inhalt des Gesamtvertrages. [2]Die Schiedsstelle kann einen Gesamtvertrag nur mit Wirkung vom 1. Januar des Jahres vorschlagen, in dem der Antrag gestellt wird.

(2) [1]Auf Antrag eines Beteiligten kann die Schiedsstelle einen Vorschlag für eine einstweilige Regelung machen. [2]§ 14a Abs. 2 Satz 3 bis 5 und Abs. 3 ist anzuwenden. [3]Die einstweilige Regelung gilt, wenn nichts anderes vereinbart wird, bis zum Abschluss des Verfahrens vor der Schiedsstelle.

(3) [1]Die Schiedsstelle hat das Bundeskartellamt über das Verfahren zu unterrichten. [2]Die Bestimmungen in § 90 Abs. 1 Satz 2 und Abs. 2 des Gesetzes gegen Wettbewerbsbeschränkungen sind mit der Maßgabe entsprechend anzuwenden, dass der Präsident des Bundeskartellamts keinen Angehörigen der Aufsichtsbehörde (§ 18 Abs. 1) zum Vertreter bestellen kann.

§ 14d Streitfälle über Rechte der Kabelweitersendung

Bei Streitfällen nach § 14 Abs. 1 Nr. 2 gilt § 14c entsprechend.

§ 14e Aussetzung

[1]Die Schiedsstelle kann Verfahren nach § 14 Abs. 1 Nr. 1 Buchstabe a oder b aussetzen, bis sie in einem anhängigen Verfahren nach § 14 Abs. 1 Nr. 1 Buchstabe c einen Einigungsvorschlag gemacht hat. [2]Während der Aussetzung ist die Frist zur Unterbreitung eines Einigungsvorschlages nach § 14a Abs. 2 Satz 1 und § 16 Abs. 1 gehemmt.

§ 15 Verfahren vor der Schiedsstelle

Das Bundesministerium der Justiz wird ermächtigt, durch Rechtsverordnung
1. das Verfahren vor der Schiedsstelle zu regeln,
2. die näheren Vorschriften über die Entschädigung der Mitglieder der Schiedsstelle für ihre Tätigkeit zu erlassen,
3. die für das Verfahren vor der Schiedsstelle von der Aufsichtsbehörde zur Deckung der Verwaltungskosten zu erhebenden Kosten (Gebühren und Auslagen) zu bestimmen; die Gebühren dürfen nicht höher sein als die im Prozessverfahren erster Instanz zu erhebenden Gebühren,
4. Bestimmungen über den Kostenschuldner, die Fälligkeit und die Verjährung von Kosten, die Kostenvorschusspflicht, Kostenbefreiungen, das Kostenfestsetzungsverfahren und die Rechtsbehelfe gegen die Kostenfestsetzung zu treffen.

§ 16 Gerichtliche Geltendmachung

(1) Bei Streitfällen nach § 14 Abs. 1 können Ansprüche im Wege der Klage erst geltend gemacht werden, nachdem ein Verfahren vor der Schiedsstelle vorausgegangen ist oder nicht innerhalb des Verfahrenszeitraums nach § 14a Abs. 2 Satz 1 und 2 abgeschlossen wurde.

(2) [1]Dies gilt nicht, wenn bei Streitfällen nach § 14 Abs. 1 Nr. 1 Buchstabe a die Anwendbarkeit und die Angemessenheit des Tarifs nicht bestritten sind. [2]Stellt sich erst im Laufe des Rechtsstreits heraus, dass die Anwendbarkeit oder die Angemessenheit des Tarifs im Streit ist, setzt das Gericht den Rechtsstreit aus, um den Parteien die Anrufung der Schiedsstelle zu ermöglichen. [3]Weist die Partei, die die Anwendbarkeit oder die Angemessenheit des Tarifs bestreitet, nicht innerhalb von zwei Monaten nach Aussetzung nach, dass ein Antrag bei der Schiedsstelle gestellt ist, so wird der Rechtsstreit fortgesetzt; in diesem Fall gilt die Anwendbarkeit und die Angemessenheit des von der Verwertungs-

gesellschaft dem Nutzungsverhältnis zugrunde gelegten Tarifs als zugestanden.

(3) ¹Der vorherigen Anrufung der Schiedsstelle bedarf es ferner nicht für Anträge auf Anordnung eines Arrestes oder einer einstweiligen Verfügung. ²Nach Erlass eines Arrestes oder einer einstweiligen Verfügung ist die Klage ohne die Beschränkung des Absatzes 1 zulässig, wenn der Partei nach den §§ 926, 936 der Zivilprozessordnung eine Frist zur Erhebung der Klage bestimmt worden ist.

(4) ¹Über Ansprüche auf Abschluss oder Änderung eines Gesamtvertrages (§ 12), eines Vertrages nach § 14 Abs. 1 Nr. 2 und Streitfälle nach § 14 Abs. 1 Nr. 1 Buchstabe b entscheidet ausschließlich das für den Sitz der Schiedsstelle zuständige Oberlandesgericht im ersten Rechtszug. ²Für das Verfahren gilt der Erste Abschnitt des Zweiten Buchs der Zivilprozessordnung entsprechend. ³Das Oberlandesgericht setzt den Inhalt der Gesamtverträge, insbesondere Art und Höhe der Vergütung nach billigem Ermessen fest. ⁴Die Festsetzung ersetzt die entsprechende Vereinbarung der Beteiligten. ⁵Die Festsetzung eines Vertrages ist nur mit Wirkung vom 1. Januar des Jahres an möglich, in dem der Antrag gestellt wird. ⁶Gegen die von dem Oberlandesgericht erlassenen Endurteile findet die Revision nach Maßgabe der Zivilprozessordnung statt.

Übersicht

I. Rechtsgeschichtliche Entwicklung

1 Die **ursprüngliche Regelung** von 1965 beschränkte einerseits den Zuständigkeitsbereich der Schiedsstelle auf Gesamtverträge und die diesen nahe stehenden Verträge der VerwGes mit den Sendeanstalten, gab ihr andererseits aber weitergehende Befugnisse: Sie hatte den Inhalt der fraglichen Verträge festzusetzen (§ 14 Abs. 1 und 4 a. F.). Gegen ihre Beschlüsse gab es den Antrag auf gerichtliche Entscheidung (§ 14 Abs. 5 a. F.) durch das OLG München (§ 15 Abs. 1 a. F.). Nur der Vorsitzende der Schiedsstelle wurde von der Aufsichtsbehörde – auf nur 2 Jahre – berufen; die Beisitzer wurden für jedes Verfahren von den Parteien benannt und waren ehrenamtlich tätig (§ 14 Abs. 2 a. F.). Diese Regelung hatte sich nicht bewährt. Abgesehen davon, dass die Unabhängigkeit der Beisitzer nicht gewährleistet erschien, erlaubte es die kurze Amtszeit des Vorsitzenden und die materielle Beschränkung auf einige wenige Vertragstypen der Schiedsstelle nicht, dasjenige Maß an umfassenden Erfahrungen mit den Tarifwerken der VerwGes zu sammeln, welches zur Beurteilung der Angemessenheit tariflicher und gesamtvertraglicher Regelungen unerlässlich ist. Die **Neuordnung** der §§ 14–16 mit dem **ÄndG 1985** half dem durch eine zweckmäßigere Zusammensetzung der Schiedsstelle in personeller Hinsicht (vgl. Rn. 3) und durch eine Erweiterung ihrer Zuständigkeit für alle vertragsbezogenen Streitigkeiten zwischen VerwGes und Verwertern (vgl. Rn. 2) ab. Da letztere der Zuständigkeit der ordentlichen Gerichte aber schon aus übergeordneten Erwägungen des Gerichtsverfassungsrechts nicht entzogen werden sollen, ist die Schiedsstelle nunmehr auf die ihrer Bezeichnung entsprechende Funktion beschränkt: Ihre Anrufung wird – in Anlehnung an die Schiedsstelle nach den §§ 28 ff. des Arbeitnehmererfindergesetzes und an die Einigungsstelle des § 27a UWG – dem Verfahren vor den ordentlichen Gerichten vorgeschaltet, um mit der fachlichen Autorität, die ihre spezielle Sachkunde erwarten lässt, eine Einigung der Beteiligten zu erleichtern oder, wo dies nicht zu erreichen ist, dem später entscheidenden ordentlichen Gericht durch den von ihr gemachten Einigungsvorschlag (den sie auch aus diesem Grunde stets begründen muss) eine Orientierungshilfe zu geben (vgl. § 13 Rn. 2). Die Neuregelung von 1985 scheint uns ein besonders geglückter Wurf gewesen zu sein; der Vorschlag des Bundesjustizministeriums hat die parlamentarischen Instanzen denn auch ohne grundsätzliche Einwände mit lediglich geringfügigen Modifikationen passiert, und seine Richtigkeit wird durch die vorliegenden Erfahrungen bestätigt: Fast immer führt der Einigungsvorschlag der Schiedsstelle zu einer Einigung der Parteien.

Die Umsetzung der Satelliten- und Kabel-RL (Anh. V 3 der 8. Auflage) durch **2** das **ÄndG 1998** hat eine Erweiterung der Zuständigkeit der Schiedsstelle auf Streitigkeiten über Kabelweitersendungen gebracht (§ 14 Abs. 1 Nr. 2). Da sich die Verwertungsgesellschaftspflicht für die Wahrnehmung dieses Rechts nach § 20b Abs. 1 Satz 2 nicht auf die Rechte erstreckt, die ein Sendeunternehmen hinsichtlich seiner *eigenen* Sendungen geltend macht, wären Streitigkeiten zwischen ihnen und den Kabelunternehmen zwar von den nach § 105 UrhG gebildeten Kammern und Senaten für Urheberstreitsachen zu entscheiden gewesen; aber selbst von diesen konnte eine besondere Kenntnis von Spezialfragen auf dem Gebiet der Kabelweitersendung nicht erwartet werden. Fälle dieser Art werden so selten rechtshängig, dass allenfalls bei der Schiedsstelle und dem OLG München genügend einschlägige Erfahrungen gesammelt werden können. Deswegen hat das ÄndG 1998 die Vorgabe von Art. 11 der Satelliten- und Kabel-RL, dass die Anrufung eines „Vermittlers" möglich sein müsse, der „Verhandlungshilfe" leiste und „volle Gewähr für Unabhängigkeit und Unparteilichkeit biete", mit Recht auf die seit langem bewährte Schiedsstelle umgemünzt (Begr RegE ÄndG 1998 – BR-Drucks. 212/96, S. 41 f.). Warum freilich Sende- und Kabelunternehmen *drei* Monate für eine Entscheidung in Anspruch nehmen dürfen, für die sonst *ein* Monat genügen muss (§ 14a Abs. 3 Satz 2), ist nicht erkennbar, dies umso weniger, als auch sonst überall im deutschen Recht die Monatsfrist Obergrenze ist (insb. für die – vergleichbare – Einlegung und Begründung von Rechtsmitteln).

II. Zusammensetzung und Zuständigkeit der Schiedsstelle

Die **Schiedsstelle** ist, ebenso wie die des § 31 des Arbeitnehmererfindergeset- **3** zes, beim Deutschen Patent- und Markenamt gebildet. Der Vorsitzende, sein Vertreter und die erforderliche Anzahl von Beisitzern wurden bisher vom Bundesminister der Justiz auf 4 Jahre berufen; seit dem 01.01.2008 bestimmt dieser den Berufungszeitraum nach eigenem Ermessen, nur nicht für weniger als ein Jahr. Sie müssen **Volljuristen** sein (§ 14 Abs. 2 Satz 3). Ob sie haupt-, neben- oder ehrenamtlich tätig werden, lässt das Gesetz offen. Ehrenamtlich tätige Beisitzer, die sich auf die Dauer von mehreren Jahren zu einer Tätigkeit von ungewissen Umfang verpflichten, werden sich freilich allenfalls unter Pensionären finden lassen (§ 11 UrhSchiedsVO). Seit dem 01.01.2008 können bei der Schiedsstelle mehrere Kammern gebildet werden, damit die Belastung der Beteiligten gemindert wird (§ 14 Abs. 3 der Neufassung).

4 Die sachliche Zuständigkeit der Schiedsstelle umreißt § 14 Abs. 1: Sie wurde bis 1985 nur und wird seither weit überwiegend in Streitfällen tätig, an denen eine VerwGes beteiligt ist (§ 14 Abs. 1 Nr. 1); der mit ÄndG 1985 hinzugefügte Fall einer streitigen Auseinandersetzung zwischen Sende- und Kabelunternehmen um den Abschluss eines Nutzungsvertrages (§ 14 Abs. 1 Nr. 2) wird sich wohl auch in Zukunft nur selten ereignen. In Streitigkeiten etwa zwischen Urhebern und Verwertern, unter Miturhebern, zwischen Leistungsschutzberechtigten oder von solchen mit Dritten darf sie nicht tätig werden, also nicht einmal auf Antrag beider Parteien einen Einigungsvorschlag vorlegen.

5 Ist die Zuständigkeit der Schiedsstelle gegeben, streitet also
 – (Nr. 1) eine VerwGes mit einem Dritten um die Nutzung von Werken oder Leistungen, oder um einen Gesamtvertrag, oder
 – (Nr. 2) ein Sender mit einem Kabelbetreiber um einen Kabelweitersendungsvertrag,
so muss die Schiedsstelle den Beteiligten im Regelfall zunächst einen **Einigungsvorschlag** machen, also auch dann, wenn es nur um solche Ansprüche geht, deren Umfang von der Frage der Angemessenheit eines Tarifs unabhängig ist (Auskunfts-, Unterlassungs- und Schadenersatzansprüche einer VerwGes gegen Verletzer – Beispiel: BGH GRUR 2000, 872, 874 – *Schiedsstellenanrufung* – oder der Sendeanstalt gegen das Kabelunternehmen, Ansprüche von Verwertern gegen VerwGes aus §§ 10, 11). Sie ist dazu aber nicht in allen Fällen verpflichtet (vgl. Rn. 12). Das Schwergewicht ihrer Tätigkeit wird auch in Zukunft in der Beurteilung der Angemessenheit der Tarife von VerwGes liegen; Zweck der Neuregelung war es, eine einheitliche und sachkundige Beurteilung der von VerwGes aufgestellten Tarife zu ermöglichen (Begr RegE ÄndG 1985– BT-Drucks. 10/837, S. 12). Die Schiedsstelle hält sich mit Recht für befugt, Tarife auf ihre Angemessenheit zu überprüfen, für die schon ein Gesamtvertrag besteht, solange der Beteiligte diesem nicht beigetreten ist (ZUM 1987, 183, 184 und 1988, 351, 352). Dagegen kann es für die Überprüfung eines Tarifs, an den sich der Beteiligte schon vertraglich gebunden hat, kein Rechtsschutzinteresse mehr geben; *pacta sunt servanda* (a.M. Schiedsstelle ZUM 1987, 187, 188).

6 Streitfälle um den **Abschluss** oder die **Änderung eines Gesamtvertrages** fielen schon vor dem ÄndG 1985 in den Zuständigkeitsbereich der Schiedsstelle (Beispielsfall aus neuerer Zeit: OLG Dresden ZUM 2003, 231, 234). Während sie jedoch damals den Inhalt des Vertrages bindend festsetzte (§ 14 Abs. 4 a. F.), ist sie nunmehr stets darauf beschränkt, einen **Einigungsvorschlag** zu machen (§ 14a Abs. 2); über einen etwa gegebenen Rechtsanspruch auf Abschluss eines Gesamtvertrages würde dagegen das OLG München zu entscheiden haben (§ 16 Abs. 4; vgl. Rn. 17). Der Einigungsvorschlag hat den Inhalt des abzuschließenden Gesamtvertrages bzw. der zu vereinbarenden Änderung zu enthalten (§ 14c Abs. 1). Die Schiedsstelle wird also den Beteiligten im Regelfall einen Textvorschlag zu machen haben, der alle zu regelnden Vertragsbestimmungen enthält. Mit Rücksicht auf den Umfang einer solchen Arbeit sieht § 3 Abs. 3 UrhSchiedsVO vor, dass die Schiedsstelle auch bei Durchführung einer mündlichen Verhandlung den Beteiligten ihren Vorschlag nicht zu verkünden braucht, sondern ihn wie im schriftlichen Verfahren (§ 310 Abs. 3 ZPO) zustellen kann.

7 **Verträge zwischen VerwGes und Sendeanstalten**, die § 14 Abs. 1 a. F. ebenfalls der Schiedsstelle zur Festsetzung zuwies, sind nicht mehr besonders erwähnt. Sie fallen, wenn sie mit einzelnen Anstalten geschlossen sind oder geschlossen werden sollen, unter § 14 Abs. 1 Nr. 1 lit. a, bei Vorliegen der Voraussetzungen des § 12 unter Nr. 1 lit. b. Der Unterschied kann – vom Gesetzgeber sicherlich nicht beabsichtigt – für den Inhalt des Einigungsvorschlages von Bedeutung sein, weil die Verpflichtung der Einigungsstelle zum Einschluss eines Textvorschlages in den Einigungsvorschlag nur für Gesamtverträge gilt (§ 14c Abs. 1). Die Schiedsstelle wird den Beteiligten freilich stets einen *annahmefähigen* Einigungsvorschlag machen, und dieser wird bei Streitigkeiten um Einzelverträge zwischen VerwGes und Verwertern, also auch einzelne Sendeanstalten, dort stets einen Textvorschlag beinhalten, wo es auf den Vertragswortlaut ankommt.

III. Verfahren vor der Schiedsstelle

Das Verfahren vor der Schiedsstelle ist aufgrund der Ermächtigung des § 15 im **8** Wesentlichen durch die **UrhSchiedsVO** (Anhang I 2) geregelt (Einzelheiten vgl. Rn. 8c). Der Gesetzestext gab bisher nur wenige Hinweise: Zur Anrufung der Schiedsstelle bedarf es eines schriftlichen Antrages (§ 14 Abs. 4), der die Verjährung unterbricht (§ 14 Abs. 7). Die Schiedsstelle hat nicht nur während des Verfahrens auf eine gütliche Einigung hinzuwirken (§ 14 Abs. 5); vielmehr schließt sie das Verfahren regelmäßig mit einem Einigungsvorschlag ab (§§ 14a, 14c; Ausnahme: § 14b). Erst seit dem 01.01.2008 sind mit der Einführung der Absätze 5a und 5b in § 14 zwei die Schiedsstelle bindende Verfahrensregeln hinzugekommen: In Streitfällen über die Vergütungspflicht nach den §§ 54, 54c UrhG *muss* die Schiedsstelle die maßgebliche Nutzung durch empirische Untersuchungen ermitteln *und* den bundesweiten Dachorganisationen der Verbraucherverbände Gelegenheit zur schriftlichen Stellungnahme geben (§ 14 Abs. 5a und 5b). Das gilt auch für am 01.01.2008 bereits anhängige Verfahren (§ 27 Abs. 2).

a) Der **Antrag** ist in zwei Stücken einzureichen. Er *soll* eine kurze Darstellung des Sachverhaltes enthalten und den Antragsgegner bezeichnen (§ 1 Abs. 1 VO). Zur Fristwahrung (vgl. Rn. 16d) genügt also auch die Übersendung der bisher im Prozess gewechselten Schriftsätze mit der Bitte an die Schiedsstelle, tätig zu werden. Die Zustellung des Antrags an die Gegenseite setzt allerdings die Zahlung des in § 13 Abs. 7 VO bestimmten Vorschusses voraus. Für die weiteren Schriftsätze kommt es in erster Linie auf die Anordnungen der Schiedsstelle an, die die Zahl der einzureichenden Abschriften, die Einreichungsfristen, die vorzulegenden Urkunden usw. *nach billigem Ermessen* bestimmt, wobei sie sich an die Vorschriften der ZPO anlehnen soll (§ 10 VO). Ermessen nach den Vorschriften der ZPO ist stets *pflichtgemäßes* Ermessen unter Berücksichtigung aller Umstände (vgl. Rn. 17c). Der Antragsgegner muss sich binnen einen Monats äußern (§ 1 Abs. 2 VO). Das kann sehr kurz sein, wenn der Antrag in der Hauptferienzeit oder kurz vor Weihnachten zugestellt wird; elastischer wäre eine von der Schiedsstelle festzusetzende Frist von ein bis zwei Monaten gewesen. – Leider fehlt auch eine Beschleunigungsvorschrift. Wenn der Vorteil des vorgeschalteten Schiedsstellenverfahrens nicht durch den Nachteil seiner Dauer zunichte gemacht werden soll, muss das Verfahren so durchgeführt werden, dass der Einigungsvorschlag spätestens sechs Monate nach Antragstellung vorliegt.

b) **Die Unterrichtung des Bundeskartellamts** erfolgt nur noch in Streitfällen, die den Abschluss oder die Änderung von Gesamtverträgen betreffen (§ 14c Abs. 3). Sie dient dem Zweck, dem Amt ein Eingreifen in dem beschränkten Rahmen des § 102a Abs. 2 Satz 2 und Satz 3 GWB zu ermöglichen. Praktische Bedeutung dürfte die Regelung kaum je erlangen, da Zusammensetzung und

Sachverstand der Schiedsstelle Verstöße gegen das geltende Kartellrecht bei Textvorschlägen für Gesamtverträge nicht erwarten lassen. Die Unterrichtung erfolgt durch Übersendung von Abschriften der Schriftsätze, Verfügungen, Protokolle und Einigungsvorschläge.

c) Die **Einzelheiten** des **Verfahrens vor der Schiedsstelle** sind – entsprechend der gesetzlichen Ermächtigung in § 15 Nr. 1 – in der **UrhSchiedsVO** geregelt. Maßgeblich ist der Grundsatz der Amtsermittlung (§ 8 VO): Die Schiedsstelle kann nach eigenem Ermessen die für die Entscheidung erheblichen Tatsachen ermitteln und die dazu nötigen Beweise erheben, die Parteien – d. h. deren gesetzliche Vertreter und Mitarbeiter – vernehmen, Gutachten erstellen lassen sowie Nutzervereinigungen, VerwGes und sonstige Dritte anhören und Zeugen, die sich ihr nicht freiwillig stellen, richterlich vernehmen lassen (§ 375 ZPO). Im Regelfall wird das Verfahren im Schriftwege durchgeführt (§ 4 Satz 1 VO); nur bei Streitfällen um Gesamtverträge pflegt mündlich verhandelt zu werden (§ 3 VO). Bleibt im letzteren Falle der Antragsgegner der Verhandlung fern, kann die Schiedsstelle nach Aktenlage entscheiden (§ 7 Abs. 2 VO). Die Verhandlung ist nicht öffentlich (§ 6 Abs. 2 VO). Die Vertretung durch Rechtsanwälte ist fakultativ (§ 6 Abs. 3 VO). Die **Kostenentscheidung** als solche erlässt die Schiedsstelle. Die Kostenfestsetzung ist zwar Sache des Deutschen Patent- und Markenamts (§ 15 Abs. 1 VO); jedoch kann innerhalb einer Zweiwochenfrist nach Zustellung des Festsetzungsbeschlusses dessen gerichtliche Überprüfung beantragt werden, was dann im Regelfall durch das Amtsgericht München, zu Entscheidungen über Gesamtverträge durch das Oberlandesgericht München geschieht (§ 15 Abs. 2 Satz 3 VO).

d) Nach § 14a Abs. 1 Satz 1 fasst die Schiedsstelle ihre **Beschlüsse** mit **Stimmenmehrheit,** was § 196 Abs. 1 GVG entspricht. Der in § 14 Abs. 1 Satz 2 ferner in Bezug genommene § 196 Abs. 2 GVG setzt voraus, dass sich innerhalb der Schiedsstelle *keine* Mehrheit bildet, es also *drei* Meinungen bei *drei* Mitgliedern gibt. In einem solchen Fall – den es, soweit bekannt, in den mehr als 4 Jahrzehnten des Bestehens der Schiedsstelle noch nicht gegeben hat –, wäre bei einer Entscheidung über Geldbeträge der zweithöchste Betrag als beschlossen anzusehen.

e) Nach dem zum 01.01.2008 eingefügten § 14e kann die Schiedsstelle, wenn schon ein Parallelverfahren anhängig ist und sie dort einen Einigungsvorschlag machen will, **das zweite Verfahren** bis zu dessen Vorlage **aussetzen;** die Jahresfrist des neuen § 14a Abs. 2 ist in der Zwischenzeit ebenso gehemmt wie die Verfahrensfrist des § 16 Abs. 1. Für am 1.1.2008 bereits anhängige Verfahren begann die Jahresfrist erst mit diesem Tage (§ 27 Abs. 2).

9 **Vergleich.** Die Schiedsstelle hat (jederzeit) auf eine gütliche Beilegung des Streitfalles hinzuwirken (§ 14 Abs. 6 Satz 1). Dieser Verpflichtung kann sie im Regelfall nur durch einen schriftlichen Vergleichsvorschlag gerecht werden; denn in den Fällen des § 14 Abs. 1 Nr. 1 lit. a ist das schriftliche Verfahren die Regel, und die Einigung über einen Gesamtvertrag (§ 14 Abs. 1 Nr. 1 lit. b) setzt einen Textvorschlag notwendig ebenso voraus wie diejenige über einen Kabelweitersendungsvertrag. Erfahrungsgemäß wächst die Vergleichsbereitschaft, wenn die Beteiligten erst einmal an einem Tisch sitzen. § 5 VO, der Vergleichsverhandlungen vor der Schiedsstelle nur bei (vorherigem) Einverständnis beider Seiten ermöglicht, widerspricht deshalb den vom Gesetzgeber mit § 14 Abs. 5 Satz 1 verfolgten Absichten. Der Vergleichsvorschlag ist formell nicht identisch mit dem Einigungsvorschlag, der nach den §§ 14a–c das Verfahren regelmäßig abschließt. Deswegen kann letzterer inhaltlich ohne weiteres mit einem zuvor im Schiedsstellenverfahren von einem oder von beiden Beteiligten abgelehnten Vergleichsvorschlag übereinstimmen; die mangelnde Einsicht der Betroffenen ändert nichts an der Angemessenheit eines wohlerwogenen Einigungsvorschlags. Der geschlossene *und* allseits unterschriebene Vergleich ist **Vollstreckungstitel** im Sinne des § 794 Nr. 1 ZPO, sobald er vom Amtsgericht München nach § 797a Abs. 1 ZPO mit der Vollstreckungsklausel versehen ist. Zur Verwaltungsvereinfachung sollte der Freistaat Bayern freilich von der Möglichkeit Gebrauch machen, den Vorsitzenden der Schiedsstelle zur Erteilung der Vollstreckungsklausel nach § 797a Abs. 4 ZPO zu ermächtigen.

IV. Einigungsvorschlag, Kosten, Verjährung

Der **Einigungsvorschlag** ist von der Schiedsstelle auch und gerade dann zu **10** machen, wenn ihre Vergleichsbemühungen ergeben haben, dass die Beteiligten sich nicht einigen wollen; er kann sich in diesem Falle allerdings auf eine Stellungnahme zum Tarifstreit der Parteien beschränken (§ 14b Abs. 1). Er muss schriftlich begründet, von sämtlichen Mitgliedern der Schiedsstelle, die an dem konkreten Verfahren mitgewirkt haben, unterschrieben und nach den §§ 166 ff. ZPO zugestellt werden (§ 14a Abs. 2). Inhaltlich muss er ein ausgewogenes Verhältnis zwischen Leistung und Gegenleistung erreichen; dafür spricht allerdings im Regelfall eine tatsächliche Vermutung (OLG München ZUM 2003, 319, 322). Bei Streitfällen um **Gesamtverträge** und **Kabelweitersendungsverträge** enthält er stets, in anderen Fällen dann einen **Textvorschlag** für die zu treffende Vereinbarung, wenn es nicht nur auf deren Inhalt, sondern auch auf die Formulierung ankommt (vgl. Rn. 6 und 7). Der Einigungsvorschlag **gilt als angenommen,** wenn nicht innerhalb eines Monats nach Zustellung ein schriftlicher Widerspruch – für den eine Begründung nicht vorgeschrieben ist – bei der Schiedsstelle eingeht (§ 14a Abs. 3 Satz 1), in Kabelfällen innerhalb von drei Monaten (§ 14a Abs. 3 Satz 2, zur Kritik vgl. Rn. 2 a.E.). Wiedereinsetzung kommt nicht in Betracht, da die Widerspruchsfrist weder eine Notfrist im Sinne des § 223 Abs. 3 ZPO noch eine der sonst in § 233 ZPO genannten Fristen ist (gleiche Rechtslage wie bei Versäumnis der Widerrufsfrist nach einem Vergleich, BGH NJW 1974, 107 f.). Die Wiedereinsetzungsklausel des § 34 Abs. 4 und 5 des Arbeitnehmererfindergesetzes hat der Gesetzgeber offenbar bewusst nicht übernommen.

Der angenommene Einigungsvorschlag ist **Vollstreckungstitel** im Sinne des **11** § 794 Nr. 1 ZPO. Anders als der vor der Schiedsstelle geschlossene Vergleich, der auch die Unterschriften der Parteien tragen muss, bedarf er nur der Form des § 14a Abs. 2 Satz 2 (d.h. *mit* Begründung, da eine abgekürzte Ausfertigung nicht vorgesehen ist), um nach § 797a ZPO mit der Vollstreckungsklausel versehen zu werden (vgl. Rn. 9). Die Vollstreckungsklausel ist entweder über die Schiedsstelle oder nach deren schriftlicher Bestätigung zu beantragen, wenn ein Widerspruch innerhalb der Monatsfrist des § 14a Abs. 3 nicht eingegangen ist, was die vorstehend (vgl. Rn. 9) am Schluss gegebene Empfehlung unterstreicht. Der nicht angenommene Einigungsvorschlag bleibt als solcher wirksam, kann also von den Beteiligten in einen Prozess vor den ordentlichen Gerichten eingeführt werden. Der Widerspruch bewirkt nur, dass er nicht als angenommen gilt.

Die Schiedsstelle *kann* in zwei Fällen **von einem Einigungsvorschlag** tw. oder **12** ganz **absehen:**
– In vielen Fällen streiten die Parteien nicht nur über den in Betracht kommenden Tarif, sondern auch über andere Fragen, etwa über den Umfang

der tatsächlich stattgefundenen Nutzung, über die Aktivlegitimation der klagenden VerwGes (vgl. § 13c Rn. 1–5), über den Schutz ausländischer Werke oder Leistungen. Diese Streitfragen zu entscheiden war auch früher schon Sache der ordentlichen Gerichte. Die Hauptaufgabe der Schiedsstelle liegt in der Klärung von Tariffragen, die eine besondere Sachkunde voraussetzen (vgl. Rn. 5 und § 13 Rn. 1). In Fällen der genannten Art kann die Schiedsstelle sich deshalb auf einen Einigungsvorschlag zum Tarif beschränken (§ 14b Abs. 1).

– Aus dem gleichen Grunde kann die Schiedsstelle von einem Einigungsvorschlag ganz absehen, wenn die Beteiligten überhaupt nicht über Tarife streiten (§ 14b Abs. 2; vgl. Rn. 5), dies allerdings nur, wenn es sich um einen Fall des § 14 Abs. 1 Nr. 1 lit. a handelt; im Falle der Nr. 2, wo es um Tarife gar nicht gehen *kann*, ist die Schiedsstelle stets gehalten, einen Einigungsvorschlag zu machen. Da der **Beschluss,** von einem Einigungsvorschlag abzusehen, das Verfahren vor der Schiedsstelle beendet, ist auch er zu **begründen** (wobei der Hinweis auf § 14b Abs. 1 oder Abs. 2 im Regelfall genügt) und **zuzustellen;** dass eine dem § 14a Abs. 2 entsprechende Regelung in § 14b fehlt, beruht wohl auf einem Redaktionsversehen.

13 Die **Anrufung des Gerichtshofs der Europäischen Gemeinschaften (EuGH)** durch die Schiedsstelle zur Klärung der Vereinbarkeit einer Vertragsfestsetzung mit Art. 85, 86 EWG-Vertrag ist nicht möglich, da sie kein Gericht im Sinne von Art. 177 EWG-Vertrag ist (*Reinbothe* S. 173). Zur Beachtung des Kartellrechts durch die Schiedsstelle vgl. Rn. 8b; im Übrigen ausführlich *Reinbothe* S. 111 ff.

14 Zu den **Kosten** treffen die §§ 13 ff. VO eine detaillierte Regelung, deren Basis die nunmehrige Anwendung des Gerichtskostenrechts ist. Zur Kostenfestsetzung vgl. Rn. 8c.

15 Der Antrag an die Schiedsstelle unterbricht die **Verjährung** (§ 14 Abs. 7). Dies kann, wie im Hinblick auf die geringen Anforderungen an Form und Inhalt des Antrags (vgl. Rn. 8a) klarzustellen ist, allerdings nur für solche Ansprüche gelten, die in dem Antrag als streitig bezeichnet und klar umrissen sind.

V. Verfahren vor den ordentlichen Gerichten

16 Wird von einer VerwGes oder gegen eine VerwGes **Klage wegen der Nutzung geschützter Werke oder Leistungen** (§ 14 Abs. 1 Nr.1) erhoben, so kommt es zunächst darauf an, ob das Bestehen oder der Umfang des geltend gemachten Anspruchs von der Anwendbarkeit oder der Angemessenheit eines Tarifs der VerwGes abhängig ist oder doch abhängig sein kann (tarifgestützter Anspruch). Trifft das nicht zu (Beispiele vgl. Rn. 5), so wird das Verfahren ohne Rücksicht auf die §§ 14–16 abgewickelt (Beispiele: OLG München GRUR 1994, 118 – *Beatles CD;* OLG Naumburg ZUM 1997, 937). Lediglich für **tarifgestützte Ansprüche** – und für solche aus **Kabelweitersenderechten** von und gegen Sendeanstalten – gelten die folgenden **Besonderheiten:**
a) Haben die Parteien **schon vor Klageerhebung** über die Anwendbarkeit oder der Angemessenheit des Tarifs oder über das Kabelweitersenderecht **gestritten,** so *muss* zunächst die **Schiedsstelle** angerufen werden (§ 16 Abs. 1). Die vorherige Durchführung des Schiedsstellenverfahrens bis zum Einigungsvorschlag ist **Prozessvoraussetzung,** bei deren Fehlen die Klage unzulässig ist; § 16 Abs. 1 begründet die Vorwegzuständigkeit der Schiedsstelle als Verwaltungsbehörde

(§ 14 Abs. 2 S. 1) i.s.d. § 13 GVG (OLG Karlsruhe GRUR 1993, 909, 910 – *Tarifstreit*). Auf das Vorliegen von Prozessvoraussetzungen hat das Gericht von Amts wegen zu achten (§ 56 Abs. 1 ZPO); die zu Grunde liegenden Tatsachen vorzutragen ist allerdings Sache der Parteien (statt aller: Zöller/*Vollkommer*[26] § 56 ZPO Rn. 4). Zum schlüssigen Klagevortrag gehört deshalb bei tarifgestützten Ansprüchen eine Erklärung darüber, ob die Anwendbarkeit oder Angemessenheit des in Betracht kommenden Tarifs vorprozessual bestritten worden ist, und dass – bejahendenfalls – ein Schiedsstellenverfahren durchgeführt und abgeschlossen wurde, bei Ansprüchen von und gegen Sendeanstalten aus dem Kabelweitersenderecht nur Letzteres. Den Einigungsvorschlag braucht der Kläger allerdings nicht vorzulegen; wenn er dem Beklagten günstig ist, mag dieser ihn vorlegen (Parteimaxime).

b) Gab es in den Fällen des § 14 Abs. 1 Nr. 1 **keinen vorprozessualen Tarifstreit**, hat also insb. der Anspruchsgegner auf die Geltendmachung tarifgestützter Zahlungsansprüche durch die VerwGes geschwiegen oder andere Einwendungen erhoben, so ist zu unterscheiden:

– Bleibt die Frage der Anwendbarkeit oder Angemessenheit des in Betracht kommenden Tarifs **weiterhin unstreitig**, so wird das Verfahren ohne Rücksicht auf die §§ 14–16 durchgeführt (§ 16 Abs. 2 S. 1). Entsprechendes gilt, wenn es auf Tariffragen für die Entscheidung im konkreten Einzelfall nicht ankommt (OLG Hamburg ZUM-RD 1997, 19, 21).

– Werden die Anwendbarkeit oder die Angemessenheit des Tarifs **nachträglich** streitig, so *muss* das ordentliche Gericht nach § 16 Abs. 2 aussetzen, um der Partei, die die Anwendbarkeit oder Angemessenheit bestreitet, Gelegenheit zur Stellung des Antrags bei der Schiedsstelle zu geben, falls das nachträgliche Bestreiten nicht unstubstantiiert (Schricker/*Reinbothe*[3] Rn. 4) oder wegen Verspätung unbeachtlich oder aus anderen Gründen für die Entscheidung irrelevant ist (§ 296 ZPO; LG Bielefeld ZUM 1995, 803, 804); mit dieser Einschränkung gilt § 16 Abs. 2 auch im Berufungsrechtszug und (leider) auch für **Klagen gegen Rechtsbrecher**, d. h. vorsätzlich handelnde Rechtsverletzer; auch solche Klagen betreffen die Nutzung von Daten und Leistungen, die nach dem UrhG geschützt sind (§ 14 Abs. 1 lit. a.; anders *Seifert* FS Kreile S. 627, 635). Die Zwei-Monats-Frist des § 16 Abs. 2 Satz 3 läuft erst ab Zustellung des Aussetzungsbeschlusses (§§ 221, 329 Abs. 2 S. 2 ZPO); der Nachweis wird durch eine – zweckmäßig mit einer Kopie des Antrags verbundene – Eingangsbestätigung der Schiedsstelle geführt. An Stelle des Nachweises dürfte auch das schriftsätzliche Zugeständnis der Gegenpartei, dass der Antrag gestellt ist, genügen (Parteimaxime).

– Sind – wie meist – **mehrere Ansprüche** geltend gemacht, von denen **ein Teil tarif-unabhängig**, der andere Teil aber tarifgestützt ist (z. B. Unterlassungs- und Auskunftsanspruch einerseits, Zahlungsanspruch anderseits), so kommt die Aussetzung nur für den tarifgestützten Teil in Betracht. Das ergibt sich schon daraus, dass der Kläger es in der Hand hätte, an Stelle der objektiven Klagenhäufung mehrere selbstständige Klagen zu erheben (was sich in Fällen dieser Art ohnehin empfiehlt, damit Teilurteile ohne Kostenentscheidung vermieden werden), und eine Aussetzung nur für die tarifgestützte Klage in Betracht käme.

c) Im **Eilverfahren** bedarf es **keiner** vorherigen Anrufung der Schiedsstelle (§ 16 Abs. 3 S. 1). Die VerwGes kann, auch wenn der in Anspruch genommene Nutzer deren Höhe bestreitet, die volle tarifmäßige Vergütung dem Arrestanspruch zu Grunde legen, ohne dass die Schiedsstelle sich zuvor zur Anwendbarkeit oder Angemessenheit des Tarifs geäußert haben müsste (für die Angemessenheit der Tarife spricht eine für das Eilverfahren ausreichende tatsächliche Vermutung, vgl. § 13 Rn. 4). Im Verfügungsverfahren kommt § 16 Abs. 3 S. 1 nur ausnahmsweise – etwa bei der Geltendmachung eines Anspruchs der VerwGes auf Fortzahlung der zur Aufrechterhaltung ihres Geschäftsbetriebs unerlässlichen Teils ihrer Vergütungsansprüche nach Auslaufen eines Gesamtvertrages – in Betracht, da Unterlassungsansprüche stets tarifunabhängig sind (§ 11: Anspruch entfällt nur bei Vorbehaltszahlung oder Hinterlegung der *geforderten*, d. h. der vollen tarifmäßigen Vergütung).

d) Auch die **Hauptklage nach Eilverfahren** ist ohne vorherige Anrufung der Schiedsstelle zulässig, dies allerdings nur dann, wenn der Antragsgegner dem Antragsteller nach den §§ 926, 936 ZPO eine Frist zur Erhebung zur Hauptklage hat setzen lassen (§ 16 Abs. 3 S. 2). Eine solche Frist könnte der Antragsteller anderenfalls in der Tat kaum einhalten. Dagegen ist ihm zuzumuten, vor Klageerhebung die Schiedsstelle vorzuschalten, wenn er nicht unter Fristdruck steht. Im Hauptklageverfahren nach Fristsetzung hat das Gericht jedoch nach § 16 Abs. 2 auszusetzen; § 16 Abs. 3 S. 2 schließt nur die Anwendbarkeit von Abs. 1 aus.

VI. Verfahren vor dem OLG München

17 Eine ausschließliche Zuständigkeit des OLG München (§ 16 Abs. 4) ist gegeben, wenn und soweit Ansprüche
– auf Abschluss eines Gesamtvertrages (§ 12) oder
– auf Abschluss oder Änderung eines Vertrages über die Kabelweitersendung (§ 14 Abs. 1 Nr. 2) oder
– aus der Vergütungspflicht nach den §§ 54 oder 54c UrhG (§ 14 Abs. 1 Nr. 1 Buchstabe b)
im Streit sind. Dies gilt nach der Übergangsregelung des § 27 Abs. 3 allerdings nicht für Verfahren, die beim Inkrafttreten der Neufassung des § 16 Abs. 4 S. 1 am 1. Januar 2008 bereits beim Landgericht anhängig waren. Insoweit verbleibt es bei den jeweils gegebenen bisherigen Zuständigkeiten.

a) In allen diesen Fällen ist die Vorschaltung der Schiedsstelle obligatorisch. Insb. kommt es nicht darauf an, ob die Beteiligten über einen Tarif streiten, auf den der Gesamtvertrag gestützt ist oder werden soll. Auch für die Regelung von Vertragsklauseln, die keine Entsprechung in den Tarifen finden, bedarf es des besonderen Sachverstands der Schiedsstelle.

b) Das Verfahren vor dem OLG München wird als normales Klageverfahren abgewickelt. Die Beschränkung der Verweisung in § 16 Abs. 4 S. 2 auf den „Ersten Abschnitt des Zweiten Buches der Zivilprozessordung" hängt wohl damit zusammen, dass dieser Abschnitt die Überschrift hat „Verfahren vor den Landgerichten" und der Gesetzgeber klarstellen wollte, dass das OLG München hier wie ein Landgericht in erster Instanz zu verfahren hat. Natürlich gelten aber auch die anderen einschlägigen Bestimmungen der ZPO, insb. die §§ 1–11, 14 – 252, 545–566a; demgemäß ist vor dem OLG München im Verfahren nach § 16 Abs. 4 nur ein dort zugelassener Rechtsanwalt vertretungsbefugt (§ 78 ZPO). Die Begr ÄndG 1985 (BT-Drucks. 10/837, S. 25) spricht denn auch allgemein davon, dass das Schiedsverfahren „dem streitigen Verfahren vor den ordentlichen Gerichten, *für das die Zivilprozessordnung Anwendung findet,* vorgeschaltet werden soll".

c) Das OLG München setzt den Inhalt des Gesamt- oder Kabelweitersendevertrages nach billigem Ermessen fest. Mit diesem Einschub weicht § 16 Abs. 4 S. 3 von dem sonst gleichlautenden § 14 Abs. 4 S. 1 a. F. ab. Da eine Begründung hierfür fehlt, ist anzunehmen, dass der Gesetzgeber die bisherige Regelung nur verdeutlichen, nicht ändern wollte. Auszugehen ist davon, dass die Verpflichtung der VerwGes, mit Verwertervereinigungen Gesamtverträge abzuschließen, von § 12 dahin konkretisiert ist, dass dies „zu angemessenen Bedingungen" zu erfolgen habe. Eine andere Verpflichtung als die, welche das Gesetz damit den VerwGes auferlegt, darf das Gericht nicht aussprechen. Die Festsetzung des Inhalts des Gesamtvertrages durch das OLG München hat also zu angemessenen Bedingungen zu erfolgen; für Kabelweitersendeverträge gilt, da jeder Anhaltspunkt für eine etwa vom ÄndG 1998 gewollte Abweichung fehlt, dasselbe. Dabei hat das Gericht zunächst in dem Rahmen zu bleiben, der durch die beiderseitigen Vorstellungen der Beteiligten gesteckt ist; über diesen darf es nicht hinausgehen (§ 308 ZPO). Was angemessen ist, bestimmt sich im Übrigen objektiv nach dem Grundsatz der Vertragsgerechtigkeit. In der Regel ist gerecht, was üblich ist (vgl. § 97 UrhG Rn. 39–40: „angemessen ist in der Regel die übliche Vergütung"; ferner *Reinbothe* S. 44). Ist das Übliche nicht mehr gerecht, weil sich die bisherigen Orientierungsmaßstäbe geändert haben oder das Gesetz selbst eine Neuorientierung vorschreibt (vgl. § 13 Rn. 3), ist eine neue Regelung angemessen, die eine Anpassung an diese Änderungen vornimmt (Geldentwertung, höherer Verwertergewinn, größere Nutzungsmöglichkeit, höhere Vergütung für vergleichbare Leistungen, Kostensteigerung, Verschärfung der Konkurrenz- und Preissituation für das Endprodukt usw.). Bei Neuabschlüssen ergibt sich die Angemessenheit aus der üblichen Regelung für vergleichbare Leistungen unter Berücksichtigung der Unterschiede. Angemessenheit ist nur an einem bestimmten Punkt des Ausgleichs der beiderseitigen Interessen erreicht. *Reinbothe* S. 50 ff. hält dem gegenüber mehrere angemessene Lösungen für denkbar; aber da alle Größen auch im Verhältnis zu einander angemessen sein müssen, gibt es letztlich nur *einen* gemeinsamen Nenner. Vielmehr ist Angemessenheit ein unbestimmter Rechtsbegriff, der vom Bundesgerichtshof ohne Einschränkung nachgeprüft werden kann (so schon *Wilhelm Nordemann* GRUR Int. 1973, 306, 307; Nachweise bei *Reinbothe* S. 48) und diesen zu einer *bestimmten* Entscheidung veranlasst (Nachweise vgl. § 97 UrhG Rn. 39, 40; vgl. auch § 13 Rn. 1). Der Beurteilungsspielraum, der dem OLG verbleibt, ist demnach nicht größer als bei jeder anderen gerichtlichen Entscheidung, so dass der Einschub „nach billigen Ermessen" eigentlich überflüssig erscheint. Der Ermessensspielraum, der in bestimmten Fällen den Verwaltungsbehörden zugebilligt wird, kommt für die Rechtsprechungstätigkeit der Gerichte schon deshalb nicht in Betracht, weil zwischen Recht und Unrecht nur *eine* richtige Entscheidung denkbar ist (deshalb ist die abweichende Beurteilung *Reinbothes* – S. 48 f. – für die bisherige Festsetzungstätigkeit durch die Schiedsstelle, die kein Gericht ist, zumindest überholt). In den wenigen Fällen, in denen die ZPO überhaupt vom „Ermessen" des Richters spricht, wird denn auch trotz uneinheitlicher Formulierungen im Gesetz, das nur einmal „billiges Ermessen" (§ 91a Abs. 1), zweimal „Ermessen" (§§ 100, 398) und mehrfach sogar „freies Ermessen" (§§ 3, 112, 454, 938, 1034) postuliert, stets das *pflichtgemäße* Ermessen verstanden, das den Richter verpflichtet, *unter Berücksichtigung aller Umstände* zu entscheiden (st. Rspr., zuletzt BGH FamRZ 2003, 1268; ebenso die gesamte Literatur).

d) Die Festsetzung erfolgt, falls so beantragt, vom 1. Januar des Jahres an, in dem der Antrag gestellt wurde (§ 16 Abs. 4 S. 4). Diese Regelung ist im Deutschen Bundestag erst anlässlich der Verabschiedung des ÄndG 1985 getroffen worden; noch die Ausschussvorlage sah eine Festsetzung erst ab Antragstellung vor (BeschlE RAusschuss RegE ÄndG 1985 – BT – Drucks. 10/3360, S. 14, anders dort schon zu § 14c Abs. 1, a.a.O. S. 12) Dies nimmt darauf Rücksicht, dass Gesamtverträge auf Kalenderjahre abgestellt zu sein pflegen (was auch für Kabelweitersendeverträge gelten dürfte), und vermeidet so ein Vakuum zwischen dem Ende des bisherigen Vertrages und dem Tag der Antragstellung. Unter „Antrag" ist hier deshalb auch der Antrag an die Schiedsstelle (§ 14 Abs. 1 Nr. 2 und Abs. 4 zu verstehen; das OLG München wird ohnehin nicht durch Antragstellung, sondern durch Klageerhebung angerufen (§ 252 Abs. 1 ZPO).

e) Die Entscheidung des OLG München ist, wenn die Voraussetzungen der §§ 545 ff. ZPO gegeben sind, im Wege der Revision zum Bundesgerichtshof angreifbar (Beispielsfall: BGH GRUR 2001, 1139 ff. – *Gesamtvertrag privater Rundfunk*).

VII. Schiedsverträge

18 **Schiedsverträge** sind für bereits entstandene Streitfälle frei zulässig. Die Beschränkung des § 14 Abs. 6 gilt nur für *künftige* Streitfälle. Sie sichert dem Schiedskläger die Wahl zwischen der Schiedsstelle und dem vereinbarten Schiedsgericht. Ist dieses Wahlrecht nicht vereinbart, so ist der ganze Schiedsvertrag nichtig, nicht nur die entsprechende Vertragsklausel; die Beteiligten können ihn freilich jederzeit neu mit zulässigem Inhalt vereinbaren.

§ 17   Ausschließlicher Gerichtsstand

(1) Für Rechtsstreitigkeiten über Ansprüche einer Verwertungsgesellschaft wegen Verletzung eines von ihr wahrgenommenen Nutzungsrechts oder Einwilligungsrechts ist das Gericht ausschließlich zuständig, in dessen Bezirk die Verletzungshandlung vorgenommen worden ist oder der Verletzer seinen allgemeinen Gerichtsstand hat. § 105 des Urheberrechtsgesetzes bleibt unberührt.

(2) Sind nach Absatz 1 Satz 1 für mehrere Rechtsstreitigkeiten gegen denselben Verletzer verschiedene Gerichte zuständig, so kann die Verwertungsgesellschaft alle Ansprüche bei einem dieser Gerichte geltend machen.

1 **Abs. 1** entspricht der Neigung des Gesetzes zur Übernormierung (vgl. Einl Rn. 11).

a) Mit § 17 sollte ein Ausweg aus der prozessualen Streitfrage gefunden werden, die durch die Rechtsprechung der Berliner Gerichte in GEMA-Sachen entstanden war. Danach wurde bei der Anwendung des § 32 ZPO auch der Sitz der GEMA als Ort der Verletzungshandlung angesehen, weil hier der Vermögensschaden eintrat und der nicht abgeschlossene Vertrag zu vereinbaren gewesen wäre (so LG Berlin GRUR 1955, 553, m.w.N.; anderer Ansicht z.B. *Spengler* GRUR 1953, 78). Der Wortlaut des § 17 ändert daran nichts, obwohl der Gesetzgeber dies beabsichtigt hatte. Eine Änderung trat erst ein, als BGHZ 52, 108, 111 die bisherige Rechtsprechung für „unhaltbar" erklärte. Seither sind die Gerichte am Sitz der VerwGes nicht mehr als zuständig anzusehen, falls der Verletzer dort weder wohnt noch tätig geworden ist.

b) Da auch nach der ZPO in der Regel nur der allgemeine Gerichtsstand des Verletzers (§ 13 ZPO) und der Gerichtsstand des § 32 ZPO nebeneinander in Betracht kommen (vgl. § 105 UrhG Rn. 2), erschöpft sich die Besonderheit des § 17 darin, dass er diese Gerichtsstände für ausschließlich erklärt, d. h. die Begründung der Zuständigkeit eines anderen Gerichts durch freie Parteivereinbarung unterbindet. Gerade dafür aber ist kein sachlicher Grund erkennbar; es ist nicht einzusehen, weshalb die Parteien nicht die Zuständigkeit der

Urheberrechts-Spezialkammer eines Landgerichts vereinbaren dürfen, die sie für besonders qualifiziert halten.

Abs. 2 ist auf diejenigen Veranstalter zugeschnitten, die von Ort zu Ort ziehen. **2** Hier soll die VerwGes nicht gezwungen sein, dem Verletzer für jeden Einzelfall „nachreisen" zu müssen. Ein Anlass für diese Regelung ist angesichts der früheren Rechtsprechung zur Zuständigkeitsfrage (vgl. Rn. 1a) freilich erst mit BGHZ 52, 108, 111 f. entstanden.

§ 17a   Freiwillige Schlichtung

(1) In Streitfällen über die Vergütungspflicht nach § 54 des Urheberrechtsgesetzes findet auf Wunsch der Beteiligten statt der Anrufung der Schiedsstelle ein Schlichtungsverfahren statt.

(2) [1]Der Schlichter wird vom Bundesministerium der Justiz berufen, wenn die Beteiligten ihn einvernehmlich vorschlagen oder um die Benennung eines Schlichters bitten. [2]Er übt sein Amt unparteiisch und unabhängig aus. [3]Seine Vergütung und Kosten tragen die Beteiligten zu gleichen Teilen. [4]Ihre eigenen Kosten tragen die Beteiligten selbst, es sei denn, in der Vereinbarung zur Streitbeilegung wird eine andere Regelung getroffen.

(3) [1]Der Schlichter bestimmt das Verfahren in Abstimmung mit den Beteiligten nach pflichtgemäßem Ermessen. [2]Er erörtert und klärt mit den Beteiligten den Sach- und Streitstand und wirkt auf eine einvernehmliche Lösung hin. [3]Auf der Grundlage der Schlichtungsverhandlung unterbreitet er den Beteiligten einen Vorschlag zur Streitbeilegung.

(4) Jeder Beteiligte kann die Schlichtung jederzeit für gescheitert erklären und die Schiedsstelle anrufen.

(5) [1]Wird vor dem Schlichter eine Vereinbarung zur Streitbeilegung geschlossen, so ist diese schriftlich niederzulegen und von den Parteien zu unterschreiben. [2]Der Schlichter bestätigt den Abschluss mit seiner Unterschrift. [3]Die Beteiligten erhalten eine Abschrift der Vereinbarung. [4]Aus der vor dem Schlichter abgeschlossenen Vereinbarung findet die Zwangsvollstreckung statt; § 797a der Zivilprozessordnung gilt entsprechend.

Mit der erst zum 01.01.2008 eingeführten Möglichkeit eines freiwilligen **1** Schlichtungsverfahrens unternimmt der Gesetzgeber einen – begrüßenswerten – ersten Versuch, die Verfahren vor der Schiedsstelle und/oder dem OLG München wenigstens im Bereich des neugestalteten § 54 UrhG auf die „echten" Streitfälle zu beschränken. Wo es letztlich nur noch darum geht, welche Vergütung angemessen ist und die Vorstellungen beider Seiten dazu nicht mehr meilenweit auseinanderliegen, kann ein Schlichter die *hardliner* auf beiden Seiten oftmals zum Schweigen bringen.

Der Ablauf des Verfahrens ist in den Absätzen 2 – 4 klar geregelt. Allzu **2** eigenwilliges Vorgehen des Schlichters schließt das Warnsignal des Abs. 4 faktisch aus.

Eine vor dem Schlichter geschlossene Vereinbarung steht, wenn die Formalien **3** des Abs. 5 eingehalten sind, dem angenommenen Einigungsvorschlag nach § 14a gleich: Er ist wie dieser (siehe § 14a Abs. 4; vgl. §§ 14 – 16 Rn. 11) Vollstreckungstitel i.S.d. § 794 Nr. 1 ZPO. Es wird freilich abzuwarten sein, wie die jeweiligen Vollstreckungsorgane mit Urkunden solcher Art in der Praxis umgehen.

Dritter Abschnitt   Aufsicht über die Verwertungsgesellschaft

§ 18   Aufsichtsbehörde

(1) Aufsichtsbehörde ist das Patentamt.

(2) Soweit auf Grund anderer gesetzlicher Vorschriften eine Aufsicht über die Verwertungsgesellschaft ausgeübt wird, ist sie im Benehmen mit dem Patentamt auszuüben.

(3) [1]Über Anträge auf Erteilung der Erlaubnis zum Geschäftsbetrieb (§ 2) und über den Widerruf der Erlaubnis (§ 4) entscheidet das Patentamt im Einvernehmen mit dem Bundeskartellamt. [2]Gelingt es nicht, das Einvernehmen herzustellen, so legt das Patentamt die Sache dem Bundesministerium der Justiz vor; dessen Weisungen, die im Benehmen mit dem Bundesministerium für Wirtschaft und Technologie erteilt werden, ersetzen das Einvernehmen.

1   Zur Zeit des Inkrafttretens des UrhG und des WahrnG am 01.01.1966 gab es in Deutschland mit der GEMA nur eine VerwGes von großer wirtschaftlicher Bedeutung. Die VG Wort war zwar schon 1958 gegründet worden, war aber noch im Aufbau. Alle anderen – inzwischen weitere 10 – VerwGes sind später entstanden. Der Gesetzgeber ging deshalb – zu Recht – davon aus, dass auch in Zukunft alle Wahrnehmungsbereiche von der faktischen Monopolstellung *einer* großen VerwGes geprägt sein würden, was eine staatliche (Missbrauchs-) Kontrolle indizierte (Begr UFITA 46 [1966], S. 271, 275). Angesichts der weitgehenden Übereinstimmungen der Spezialgebiete des Patent-, Marken- und Urheberrechts lag es nahe, diese Aufgabe dem Patentamt anzuvertrauen, das vor der Erteilung oder Entziehung der Erlaubnis zum Geschäftsbetrieb einer VerwGes sich mit dem Bundeskartellamt abzustimmen hat; dazu gibt schon die – vorauszusetzende – Marktbeherrschung der jeweils betroffenen VerwGes Anlass (Begr. UFITA 46 [1966], 271, 285). Das Patentamt hatte beim Inkrafttreten des UrhG bereits eine einschlägige Erfahrung: Auf Grund des freiwilligen Aufsichtsvertrages zwischen der GEMA und dem Bundesminister der Justiz vom 10.01.1952 hatte der Minister den Präsidenten des Deutschen Patentamts mit der Aufsicht betraut. Die korrekte Bezeichnung des Amtes lautet allerdings schon seit der Änderung des Patentgesetzes zum 1. November 1998 (BGBl. I S. 1827) **Deutsches Patent- und Markenamt;** weshalb dieser Tatsache nicht wenigstens angesichts der Neufassung des WahrnG zum 01.01.2008 Rechung getragen wurde, ist nicht nachvollziehbar.

2   Zu **Abs. 2** vgl. § 2 Rn. 1–4. Die Begr (UFITA 46 [1966], S. 271, 285) legt Wert darauf, dass nicht ein „Einvernehmen" wie bei Abs. 3, sondern nur ein „Benehmen" gefordert wird, um eine verfassungsrechtlich bedenkliche „Mischverwaltung" zwischen Bund (Patentamt) und Ländern (Verleihungsbehörde bei Vereinen, Gewerbeaufsicht bei Handelsgesellschaften) zu vermeiden. Das Patentamt ist, wie der Unterschied im Ausdruck andeuten soll, vor Durchführung der Aufsichtsmaßnahmen lediglich zu hören, besitzt jedoch kein Mitspracherecht (BGH GRUR 1988, 782, 784 – *GEMA-Wertungsverfahren*). Bei der Organisationsform des wirtschaftlichen Vereins, der die Rechtsfähigkeit durch staatliche Verleihung erlangt, ist dennnach eine dreifache Staatsaufsicht gegeben:
a) die Vereinsaufsicht aus §§ 22, 33 Abs. 3 BGB
b) die Staatsaufsicht der §§ 18 ff. WahrnG (vgl. § 19 Rn. 2 a)
c) die Missbrauchsaufsicht der §§ 22 ff. GWB

3   Zwischen den drei Aufsichtsbehörden ist im Regelfall Benehmen, zwischen denen zu b) und c) ist in den Fällen des **Abs. 3** Einvernehmen, notfalls die Weisung des Bundesjustizministeriums, wiederum im Benehmen mit dem

Bundeswirtschaftsministerium, maßgebend, was im Ergebnis die Stellung des Bundeskartellamts gegenüber der eigentlichen Aufsichtsbehörde, dem Deutschen Patent- und Markenamt, stärkt. Einzelheiten und Überschneidungen erörtern *Menzel* S. 90 ff., 117 ff. und *Pickrahn* S. 68 ff.

§ 19 Inhalt der Aufsicht

(1) Die Aufsichtsbehörde hat darauf zu achten, dass die Verwertungsgesellschaft den ihr nach diesem Gesetz obliegenden Verpflichtungen ordnungsgemäß nachkommt.

(2) [1]Wird eine Verwertungsgesellschaft ohne eine Erlaubnis nach § 1 Abs. 1 tätig, kann die Aufsichtsbehörde die Fortsetzung des Geschäftsbetriebes untersagen. [1]Die Aufsichtsbehörde kann alle erforderlichen Maßnahmen ergreifen, um sicherzustellen, dass die Verwertungsgesellschaft die sonstigen ihr obliegenden Verpflichtungen ordnungsgemäß erfüllt.

(3) Die Aufsichtsbehörde kann von der Verwertungsgesellschaft jederzeit Auskunft über alle die Geschäftsführung betreffenden Angelegenheiten sowie Vorlage der Geschäftsbücher und anderer geschäftlichen Unterlagen verlangen.

(4) Die Aufsichtsbehörde ist berechtigt, an der Mitgliederversammlung und, wenn ein Aufsichtsrat oder Beirat besteht, auch an dessen Sitzungen durch einen Beauftragten teilzunehmen.

(5) [1]Rechtfertigen Tatsachen die Annahme, dass ein nach Gesetz oder Satzung zur Vertretung der Verwertungsgesellschaft Berechtigter die für die Ausübung seiner Tätigkeit erforderliche Zuverlässigkeit nicht besitzt, so setzt die Aufsichtsbehörde der Verwertungsgesellschaft zur Vermeidung des Widerrufs der Erlaubnis nach § 4 Abs. 1 Nr. 1 eine Frist zu seiner Abberufung. [2]Die Aufsichtsbehörde kann ihm bis zum Ablauf dieser Frist die weitere Ausübung seiner Tätigkeit untersagen, wenn dies zur Abwendung schwerer Nachteile erforderlich ist.

Die Fassung dieser Bestimmung ist schon in der Erstfassung des WahrnG von **1** 1965 gegenüber dem RegE 1965 erheblich entschärft worden. Während das Recht der Aufsichtsbehörde zur Einsicht in die Geschäftsbücher und sonstigen geschäftlichen Unterlagen der VerwGes dort sogar unter Einschränkung des Grundrechts der Unverletzlichkeit der Wohnung aus Art. 13 GG sollte durchgesetzt werden können, beschränkt sich Abs. 3 auf einen bloßen Auskunfts- und Vorlageanspruch, der nach den mittlerweile 42-jährigen praktischen Erfahrungen mit der Bestimmung völlig ausreicht. Ferner hat der Gesetzgeber das in Abs. 3 des RegE ursprünglich vorgesehene Recht der Aufsichtsbehörde, die Einberufung einer Mitgliederversammlung, des Aufsichtsrats oder des Beirats und die Ankündigung von Gegenständen zu Beschlussfassung zu verlangen, beseitigt. Endlich ist auch die Befugnis der Aufsichtsbehörde zur Abberufung unzuverlässiger Personen in Abs. 4 angemessen beschränkt worden.

Geblieben sind nur noch folgende Maßnahmen: **2**
a) *Überwachung* der *ordnungsgemäßen* Einhaltung der der Gesellschaft nach *diesem* Gesetz obliegenden Verpflichtungen, also nicht bloße Rechtsaufsicht („ordnungsgemäß"), aber auch nicht volle Fachaufsicht, da § 20 jedenfalls ein „Hineinregieren" der Aufsichtsbehörde in die VerwGes nicht erlaubt. Ungenau daher *Reischl* und *Hübner/Stern* in GEMA-Nachr. Nr. 108 (1978) S. 79 f. bzw. S. 85, 88 einerseits, die Rechtsaufsicht annehmen, und *Ruzicka* FS Roeber II, S. 355, 359 andererseits, der Fachaufsicht annimmt. Es handelt sich vielmehr um eine **Mischform**, also eine *Aufsicht sui generis*, die allerdings der Fachaufsicht näher steht als der Rechtsaufsicht (ebenso *Häußer* Mitt. 1984, 64, 68 und FS Roeber II S. 113, 115; Schricker/*Reinbothe*[3] Rn. 3; *Menzel* S. 43 spricht von „Wirtschaftsaufsicht"; so auch *Vogel* GRUR 1993,

513, 529 und die weiteren Nachweise bei Schricker/*Reinbothe*[3] Rn. 3). Die Verpflichtungen, deren Einhaltung zu überwachen ist, sind nicht bezeichnet. Sie betreffen die **Rechtsbeziehungen der VerwGes zu den Wahrnehmungsberechtigten** (Angemessenheit der Bedingungen, Einhaltung des Wahrnehmungszwanges, Verteilung der Einnahmen, Rechnungslegung und Prüfung, Auskunftspflicht) ebenso wie ihre **Rechtstellung gegenüber den Verwertern** (Einhaltung des Abschlusszwanges, Abschluss von Gesamtverträgen, Aufstellung und Bekanntmachung von Tarifen, schließlich auch Einhaltung von vor der Schiedsstelle geschlossenen Vergleichen und von gerichtlichen Entscheidungen). Dagegen ist die Aufsichtsbehörde **nicht zuständig** für die Überwachung der Rechtsbeziehungen der VerwGes zu ihren eigenen Angestellten, Geschäftsführern, Bezirksdirektoren und Beauftragten, da diese Beziehungen nicht Gegenstand des WahrnG sind. Sie sind innere Angelegenheiten der VerwGes, die diese selbst zu regeln hat (Ausnahme: Abs. 4, unten d).

b) **Auskunftserteilung** über alle die Geschäftsführung betreffenden Angelegenheiten sowie Vorlage der Geschäftsbücher und anderer geschäftlicher Unterlagen. Darunter rechnen alle Aufzeichnungen über geschäftliche Vorgänge der VerwGes, deren Kenntnis zur ordnungsgemäßen Ausübung der Aufsicht im Sinne von Abs. 1 erforderlich ist. Im Zweifel ist alles vorzulegen, was nicht offensichtlich Vorgänge betrifft, die der Aufsicht nicht unterliegen. Die Befürchtung unserer ersten beiden Auflagen, die Aufsichtsbehörde könnte mit einer Flut von Beschwerden, Einsprüchen, Hinweisen und Anschuldigungen überschwemmt werden, hat sich als nicht berechtigt erwiesen. Das Patentamt praktiziert kluge Zurückhaltung, was dazu beigetragen haben dürfte, dass GEMA und GVL ihre Verfassungsbeschwerden gegen das WahrnG zurückgenommen haben (vgl. Einl. Rn. 11).

c) **Teilnahmerecht** an Mitgliederversammlungen, Aufsichts- und Beiratssitzungen durch einen Beauftragten. Es entstammt der Vereinbarung vom 10.01.1952 zwischen GEMA und Bundesjustizministerium. Der Beauftragte wird vom Patentamt bestellt.

d) Verlangen auf **Abberufung** eines Vertretungsberechtigten, dem die Zuverlässigkeit fehlt (dazu vgl. § 3 Rn. 2). Die in **Abs. 5** der Aufsichtsbehörde eingeräumte Möglichkeit sofortigen Handelns ist ein Unterfall der **Anordnung der sofortigen Vollziehung** eines Verwaltungsaktes (§ 80 VwGO). Es muss sich um schwere Nachteile für die VerwGes, für deren Mitglieder oder Berechtigte oder für die Allgemeinheit, also auch für die Verwerter, handeln. Diese Nachteile müssen nicht anders als durch die sofortige Ausschaltung des Betroffenen vermieden werden können; lassen sie sich auch auf andere Weise verhindern, so ist die sofortige Untersagung der weiteren Tätigkeit unzulässig. War der Betroffene der einzige Vertretungsberechtigte, so muss der Registerrichter des zuständigen Amtsgerichts (nicht die Aufsichtsbehörde) einen **Notvorstand** bestellen (§ 29 BGB, § 85 AktG, für GmbHs § 29 BGB analog, BayObLG GmbHR 1997, 1002), der seinerseits die Mitgliederversammlung einzuberufen und für Abberufung des alleinvertretungsberechtigten Vorstandsmitglieds zu sorgen hat. Fraglich kann hier sein, wer **Adressat der Aufforderung** zur Abberufung ist. Besteht ein Aufsichtsrat, Beirat oder Verwaltungsrat, so dürfte bei Behinderung des Vorstandes in einem solchen Falle dieser zur Vertretung des Vereins berufen sein. Anderenfalls muss die Aufforderung an alle Mitglieder bzw. Gesellschafter gerichtet werden.

Die erfreuliche Tatsache, dass in den mehr als 42 Jahren seit Inkrafttreten des UrhWahrnG noch niemals ein Anlass zu Maßnahmen der Aufsichtsbehörde nach § 19 Abs. 5 entstanden ist, ändert nichts an der möglichen Relevanz und damit Notwendigkeit der Bestimmung.

Die gegen die Tätigkeit der VerwGes gerichteten **Beschwerden** Dritter sind **3** Anregungen zu selbstständigem staatlichen Handeln im – vorrangig – öffentlichen Interesse (BGHZ 58, 96, 98). Da das Tätigwerden der Aufsichtsbehörde in deren pflichtgemäßem Ermessen steht, hat der Beschwerdeführer im Regelfall kein subjektiv-öffentliches Recht auf behördliches Einschreiten (BGH NJW 1972, 577, 579) mit der Folge, dass gegen die Zurückweisung seiner Beschwerde kein Rechtsmittel gegeben ist (a.A. *Ruzicka* FS Roeber II. S. 355, 360 f. und *Fritsch* GRUR 1984, 22, 26). Der von Schricker/*Reinbothe*[3] § 18 Rn. 2 genannte Anspruch auf fehlerfreie Ermessensausübung dürfte kaum praktisch werden können. Wohl aber kann das Untätigbleiben der Aufsichtsbehörde Ansprüche aus Amtspflichtverletzung zur Folge haben, wenn und soweit die Vorschriften, deren Einhaltung die Aufsichtsbehörde überwachen soll, Schutzfunktion zu Gunsten Dritter haben (BGH NJW 1972, 577, 579; BGH NJW 1979, 1879 ff.). Das trifft für die von *Ruzicka* und *Fritsch* a.a.O. genannten §§ 6, 7 und 11 UrhWahrnG aus den von ihnen dargelegten Gründen zu.

Für die §§ 6 und 7 sehen *Arnold/Rehbinder* UFITA 118 [1992], 203, 214 sogar **4** einen einklagbaren öffentlich-rechtlichen Anspruch gegen die Aufsichtsbehörde auf Erfüllung ihrer gesetzlichen Verpflichtungen. Die Vorstellung, dass Deutsche Patent- und Markenamt könne von einem einzelnen Urheber oder Verleger über die Verwaltungsgerichte gezwungen werden, eine konkrete Maßnahme gegen eine VerwGes durchzuführen, scheint uns allerdings allein mit dem Argument, die Bestimmungen bestünden ausschließlich im Interesse der Berechtigten, nicht ausreichend begründet zu sein (s.a. *Vogel* GRUR 1993, 513, 530).

§ 20   Unterrichtungspflicht

Die Verwertungsgesellschaft hat der Aufsichtsbehörde jeden Wechsel der nach Gesetz oder Satzung zu ihrer Vertretung berechtigten Personen anzuzeigen. Sie hat der Aufsichtsbehörde unverzüglich abschriftlich zu übermitteln
1. **jede Satzungsänderung,**
2. **die Tarife und jede Tarifänderung,**
3. **die Gesamtverträge,**
4. **die Vereinbarungen mit ausländischen Verwertungsgesellschaften,**
5. **die Beschlüsse der Mitgliederversammlung, eines Aufsichtsrats oder Beirats und aller Ausschüsse,**
6. **den Jahresabschluss, den Lagebericht und den Prüfungsbericht,**
7. **die Entscheidungen in gerichtlichen oder behördlichen Verfahren, in denen sie Partei ist, soweit die Aufsichtsbehörde dies verlangt.**

Die zur Vertretung berechtigten Personen sind beim Verein, der Genossen- **1** schaft und der Aktiengesellschaft der Vorstand, bei der GmbH die Geschäftsführer. Jahresabschluss und Lagebericht werden zweckmäßig erst zusammen mit dem Prüfungsbericht vorgelegt.

Vierter Abschnitt   Übergangs- und Schlussbestimmungen

§ 21   Zwangsgeld

Auf die Vollstreckung von Verwaltungsakten, die auf Grund dieses Gesetzes erlassen werden, findet das Verwaltungs-Vollstreckungsgesetz vom 27. April 1953 (BGBl. I. S. 157) mit der Maßgabe Anwendung, dass die Höhe des Zwangsgeldes bis hunderttausend Euro betragen kann.

Das Zwangsgeld wäre nach § 11 Abs. 3 VwVG nur bis zu 2.000,00 DM zu **1** begrenzen gewesen, wurde aber schon in der Erstfassung des WahrnG, die am

01.01.1966 in Kraft trat, auf 10.000,00 DM festgelegt. Mit dem UrhG Infoges v. 10.09.2003 ist seine Obergrenze auf € 100.000,00 heraufgesetzt worden.

§ 22   Verletzung der Geheimhaltungspflichten

(aufgehoben)

§ 23   Bestehende Verwertungsgesellschaften

(durch Zeitablauf gegenstandslos)

§ 24   Änderung des Gesetzes gegen Wettbewerbsbeschränkungen

1 Die insoweit am 01.01.1966 in Kraft getretene Regelung (Änderungen in § 91 GWB und Ergänzung durch § 102a GWB) wurde zunächst durch die Neufassung des § 30 GWB mit dem sechsten ÄndG zum GWB vom 26.08.1998 ersetzt. Die darin festgeschriebene Bereichsausnahme für VerwGes wurde mit dem 7. ÄndG zum GWB vom 07.07.2005 (BGBl. I 1954) aufgehoben und die Bestimmung ersatzlos gestrichen, weil die nationale Berechtigung der EG-Mitgliedsstaaten zu solchen Regelungen entfallen war, die rechtliche Stellung der VerwGes und ihre Tätigkeit aber ohnehin vom EuGH als nicht wettbewerbsbeschränkend eingestuft wird (Begr 7. ÄndG GWB – BT-Drucks. 15/3640, S. 49).

§ 25   Änderung der Bundesgebührenordnung für Rechtsanwälte

Die BRAGO ist inzwischen durch das Rechtsanwaltsvergütungsgesetz (RVG) vom 05.05.2004 (BGBl. I. 718) ersetzt worden.

§ 26   Aufgehobene Vorschriften

Mit Inkrafttreten dieses Gesetzes werden folgende Vorschriften aufgehoben, soweit sie nicht bereits außer Kraft getreten sind:
1. das Gesetz über Vermittlung von Musikaufführungsrechten vom 04.07.1933 (Reichsgesetzbl. I S. 452);
2. die Verordnung zur Durchführung des Gesetzes über die Vermittlung von Musikaufführungsrechten vom 15.02.1934 (Reichsgesetzbl. I S. 100).

§ 26a   Anhängige Verfahren

(durch Zeitablauf gegenstandslos)

§ 27   Übergangsregelung zum Zweiten Gesetz zur Regelung des Urheberrechts in der Informationsgesellschaft

Für das Zweite Gesetz zur Regelung des Urheberrechts in der Informationsgesellschaft vom 26. Oktober 2007 gilt folgende Übergangsregelung:
(1) [1]Die Vergütungssätze, die in Gesamtverträgen vor dem 31. Dezember 2007 vereinbart worden sind, gelten als Tarife weiter, bis sie durch neue Vergütungssätze ersetzt werden, längstens aber bis zum 1. Januar 2010. [2]Satz 1 gilt entsprechend für Tarife, die eine Verwertungsgesellschaft vor dem 31. Dezember 2007 aufgestellt hat. [3]Satz 1 gilt entsprechend auch für die in der Anlage zu § 54d Abs. 1 des Urheberrechtsgesetzes in der bis zum 31. Dezember 2007 geltenden Fassung bestimmten Sätze, soweit sie an diesem Tag angewendet wurden.

(2) § 14 ist auf Verfahren, die am 1. Januar 2008 bei der Schiedsstelle bereits anhängig sind, mit der Maßgabe anzuwenden, dass die Jahresfrist nach § 14a Abs. 2 mit dem Inkrafttreten des genannten Gesetzes beginnt.

(3) § 16 Abs. 4 S. 1 ist auf Verfahren, die am 1. Januar 2008 bereits beim Landgericht anhängig sind, nicht anzuwenden.

§ 28 Inkrafttreten

(1) § 14 Abs. 7 tritt am Tage nach der Verkündung dieses Gesetzes in Kraft.

(2) Im Übrigen tritt dieses Gesetz am 1. Januar 1966 in Kraft.
Tag der Verkündung war der 16. September 1965.

Vertrag zwischen der Bundesrepublik Deutschland und der Deutschen Demokratischen Republik über die Herstellung der Einheit Deutschlands – Einigungsvertrag – *(Auszug)*

vom 31. August 1990 (BGBl. II S. 889)

Vorbemerkung

Übersicht

I. Grundsatz der Rechtsvereinheitlichung des Urheberrechts

Gem. Art. 8 des **Einigungsvertrages (EV)** vom 31.08.1990 zwischen der Bun- **1** desrepublik Deutschland und der Deutschen Demokratischen Republik über die Herstellung der Einheit Deutschlands trat zum 03.10.1990 das bundesdeutsche Urheberrecht im Gebiet der ehemaligen DDR in Kraft (BGH GRUR 2001, 826, 827 – *Barfuß ins Bett*; KG GRUR 1999, 328 – *Barfuß ins Bett*; zur Vorgeschichte: *Faupel* Mitt. 1990, 202). Mit Inkrafttreten des bundesdeutschen Urheberrechts ist das in der DDR geltende Gesetz über das Urheberrecht vom 13.09.1965 außer Kraft getreten. Dies hatte zur Folge, dass ab dem 03.10.1990 ein neuer urheberrechtlicher Schutz auch im Beitrittsgebiet ausschließlich aufgrund des bundesdeutschen Urheberrechtsgesetzes entstehen konnte. Nach Herstellung der staatlichen Einheit sollte sich aber auch der Schutz von Altwerken nicht nach zwei verschiedenen Rechtsordnungen richten (EV Amtl. Begr. GRUR 1990, 897, 927). Mit den – an sich einfach anmutenden, im Einzelfall aber u.U. problematischen – Regelungen des Einigungsvertrages sollte eine möglichst rasche und möglichst weitgehende **Rechtseinheit** herbeigeführt werden, zumal Angehörige der DDR ohnehin – auch vor der Wiedervereinigung – als deutsche Staatsangehörige (vgl. § 120) galten.

Die mit der zum 03.10.1990 vollzogenen Wiedervereinigung Deutschlands **2** einhergehenden **urheberrechtlichen Übergangsvorschriften** befinden sich in der **Anlage I Kapitel III Sachgebiet E Abschnitt II Nr. 2** des Einigungsvertrages und umfassen die §§ 1 bis 4, die untenstehend näher erläutert sind. Die Übergangsvorschriften gelten dem Grunde nach als gelungen; so dienten sie etwa unmittelbar als Vorbild für die Übergangsvorschriften bei der Umsetzung der Schutzdauer-RL (93/98/EWG) in § 137 f.

II. Urhebervertragsrecht

Die Ersetzung des DDR-Urheberrechts durch das bundesdeutsche UrhG be- **3** trifft jedoch nicht die bereits vor der Wiedervereinigung in der DDR abgeschlossenen schuldrechtlichen **Verträge**, mit denen etwa ein Urheber einem Dritten Nutzungsrechte eingeräumt hat. Von den Regelungen des Einigungsvertrages ausgenommen ist also das **Urhebervertragsrecht** (siehe aber § 3 EV). Mangels spezialgesetzlicher Regelung für den urheberrechtlichen Bereich kommt hier vielmehr **Art. 232 § 1 EGBGB** zur Anwendung: Für (vertragliche) **Schuldverhältnisse**, die vor Wirksamwerden des Beitritts (03.10.1990) entstanden sind, bleibt das Recht der DDR maßgebend, was auch für das **Urhebervertragsrecht** gilt (BGH GRUR 2001, 826, 827 – *Barfuß ins Bett*; BGH GRUR 1999, 152, 154 – *Spielbankaffäre*; KG ZUM-RD 1999, 484, 486 – *Flüstern und Schreien*; KG GRUR 1999, 721 – *DEFA-Film*; s. auch *Püschel* GRUR 1992, 579, 582 sowie *Wandtke* GRUR 1991, 263, 265; *Katzenberger* GRUR Int. 1993, 2, 16; a. A.: *Gernot Schulze* GRUR 1991, 731, 734.

4 Der Grundsatz der Anwendung des DDR-Urheberrechts auf Altverträge birgt vor allem hinsichtlich des **räumlichen Umfangs** der Rechtseinräumung Probleme. Die Vertragsparteien von Altverträgen sahen sich mit der Wiedervereinigung unerwartet einem vergrößerten Staatsgebietes gegenüber, so dass es fraglich ist, ob und inwieweit sich die seinerzeit eingeräumten Nutzungsbefugnisse auch auf die jeweils anderen Bundesländer erstrecken, sich also die Nutzungsrechtseinräumung in DDR-Altverträgen auch auf die alten Bundesländer bezieht bzw. die Nutzungsrechtseinräumungen in der Bundesrepublik auch Nutzungshandlungen in den neuen Bundesländer abdecken.

5 Nach zu Recht vorherrschender Ansicht in Literatur und Rechsprechung wird eine **automatische räumliche Erstreckung** verneint. Nutzungsrechte, die vor der Einheit auf das ehemalige Staatsterritorium der DDR einerseits bzw. der Bundesrepublik andererseits räumlich beschränkt eingeräumt wurden, **erstrecken sich nicht** auf die jeweils anderen Teil Deutschlands (BGH GRUR 2003, 699, 702 – *Eterna*; BGH GRUR 1997, 215, 218 – *Klimbim*; OLG Hamm GRUR 1991, 907 – *Strahlende Zukunft*; eingehend: Schricker/*Katzenberger*[3] Vor § 120 Rn. 36 ff.; Wandtke/Bullinger/*Wandtke*[2] EVtr. Rn. 44 ff. jeweils m. w. N.). Bei der Aufteilung der Lizenzgebiete durch Nutzungsrechtseinräumungen vor dem 03.10.1990 in der DDR und der Bundesrepublik bleibt es also auch nach der Wiedervereinigung bei den gespaltenen Lizenzgebieten. Eine räumliche Erstreckung sehen weder Einigungsvertrag noch Erstreckungsgesetz vor (BGH GRUR 1997, 215, 219 f. – *Klimbim*; OLG Hamm GRUR 1991, 907, 908 – *Strahlende Zukunft*; *Wandtke* GRUR 1991, 263 ff.; *Katzenberger* GRUR Int. 1993, 2 ff.; Schricker/*Loewenheim* § 17 Rn. 18). Eine derartige territoriale Aufteilung (alte Bundesländer/neue Bundesländer) betrifft aber nur Altverträge, die bereits vor der Herstellung der Einheit abgeschlossen wurden; nach der Wiedervereinigung ist eine solche Aufspaltung nicht denkbar (OLG Hamm GRUR 1991, 907 – *Strahlende Zukunft*). In der DDR eingeräumte Nutzungsrechte für Gebiete außerhalb der DDR bleiben nach Außerkrafttreten des DDR-Urheberrechts bestehen (BGH GRUR 2001, 826 – *Barfuß ins Bett* ; BGH GRUR 199, 152, 154 – *Spielbankaffäre*).

6 Im Falle des **Verbreitungsrechts** ist jedoch zu beachten, dass ohne weiteres **Erschöpfung** (siehe § 17 Abs. 2) eintritt, wenn das Werkoriginal oder ein Vervielfälrigungsstück hiervon in dem Lizenzgebiet in den Verkehr gebracht wurde (BGH GRUR 2003, 699, 702 – *Eterna*; KG GRUR 2003, 1039, 1039 f. – *Sojusmultfilm*). Wurde das Werk bzw. das Vervielfältigungsstück bereits in dem Gebiet der DDR in den Verkehr gebracht, ist die Weiterverbreitung auch im Gebiet der alten Bundesländer zulässig und umgekehrt.

7 Probleme stellen sich insb. bei **Senderechten**, weil trotz der oftmalig bundesweiten Ausstrahlung über Satellit oder Kabel rechtlich keine Vergrößerung des erlaubten Sendegebietes durch automatische Erstreckung stattfindet (BGH GRUR 1991, 215 – *Klimbim*; BGH GRUR 2005, 320 – *Kehraus*; OLG München ZUM-RD 2002, 77, 85 – *Kehraus*). Ferner scheidet hier im Gegensatz zum Vertrieb körperlicher Werkstücke auch eine Erschöpfung aus.

Da die Vertragsparteien bei Vertragsschluss aber regelmäßig nicht mit der **8**
deutsch-deutschen Wiedervereinigung gerechnet haben und der Fortbestand
der DDR zumeist Geschäftsgrundlage für das Vertragsverhältnis war, kommt
im Einzelfall eine Vertragsanpassung nach den Grundsätzen der **Störung der
Geschäftsgrundlage gem.** § 313 BGB („Wegfall der Geschäftsgrundlage") in
Betracht (BGH GRUR 1997, 215, 218 f. – *Klimbim*; BGH GRUR 2005, 320 –
Kehraus; OLG München ZUM-RD 2002, 77, 85 – *Kehraus*; OLG Köln ZUM
1995, 206; *Schwarze* ZUM 1997, 94, 95; Schricker/*Katzenberger*[3] Vor
§§ 120 ff. Rn. 38; *Wagner/Obergfell*, ZUM 2001, 973, 978; vgl. Vor § 31
Rn. 100 ff. sowie § 31 Rn. 52) Dies kann im Einzelfall zur **Vertragsänderung**
des Altvertrages, zur **Erhöhung der Lizenzgebühr** (hierzu OLG Frankfurt
GRUR Int. 1996, 247, 250 – *Satellit erweitert Lizenzgebiet*) oder gar zur
Vertragsauflösung führen. Es gilt aber zu beachten, dass eine Vertragsanpassung bzw. -änderung nicht automatisch erfolgt; der Wegfall bzw. die Störung
der Geschäftsgrundlage führt zunächst nur zu einem **schuldrechtlichen Anspruch** auf eine solche Änderung und bewirkt nicht schon die Änderung, wie
etwa eine zusätzliche Rechtseinräumung, als solche (BGH GRUR 1997, 215,
218 – *Klimbim*; *Wagner/Obergfell*, ZUM 2001, 973, 979). Näher zum Ganzen
vgl. Vor §§ 31 ff. Rn. 100 ff.

Eine **zusätzliche Vergütung kann** ein Angestellter des DDR-Fernsehens aus **9**
Wegfall der Geschäftsgrundlage für Wiederholungssendungen nach dem Ende
der DDR nicht verlangen, wenn sich das tatsächliche Lizenzgebiet nicht ver-
größert hat (BGH GRUR 2001, 826, 828 – *Barfuß ins Bett*). Für Rechte des
Deutschen Fernsehfunks erfolgt trotz dessen Auflösung kein Heimfall der
Rechte, da dessen Rechtsnachfolger die fünf neuen Bundesländer und das
Land Berlin sind (BGH GRUR 2001, 826, 828 – *Barfuß ins Bett*; a. A.
Wandtke/Haupt GRUR 1992, 21, 26, Wandtke/Bullinger/*Wandtke*[2] EVtr
Rn. 75 und Wandtke/Bullinger/*Grunert*[2] vor §§ 31 ff. Rn. 52). Im Bereich
der Senderechte wird im Übrigen diskutiert, ob diese auch den **Westteil Berlins**
umfassten. Wurde das Senderecht (nur) für das Gebiet der DDR eingeräumt,
erstreckt sich dieses nicht auch auf West-Berlin, da dieser Teil Berlins nicht zur
DDR gehörte (BGH GRUR 2000, 699, 701 – *Kabelweitersendung*), und zwar
auch dann nicht, wenn die Haushalte in West-Berlin die Sendung terrestrisch
oder per Kabel in tatsächlicher Hinsicht empfangen konnten (Wandtke/Bul-
linger/*Wandtke*[2] EVtr. Rn. 46; a. A. KG ZUM 1996, 788).

Anlage I Kapitel III Sachgebiet E Abschnitt II Nr. 2

§ 1   Einigungsvertrag

**(1) Die Vorschriften des Urheberrechtsgesetzes sind auf die vor dem Wirksam-
werden des Beitritts geschaffenen Werke anzuwenden. Dies gilt auch, wenn zu
diesem Zeitpunkt die Fristen nach dem Gesetz über das Urheberrecht der
Deutschen Demokratischen Republik schon abgelaufen waren.**
(2) Entsprechendes gilt für verwandte Schutzrechte.

§ 1 Abs. 1 S. 1 EV bestimmt, dass das bundesdeutsche Urheberrecht auch für **1**
solche Werke (und über **Abs. 2: verwandte Schutzrechte**) gilt, die vor dem Tag der
Wiedervereinigung, also **vor dem 03.10.1990 geschaffen** worden sind. Es sollte
hiermit sichergestellt werden, dass ab dem Tag der Wiedervereinigung ein **einheitliches Urheberrecht** gilt, und zwar unabhängig davon, wann und in welchem
Teil Deutschlands das Werk geschaffen wurde. Dies entspricht dem Gedanken
des § 129 UrhG, der Gleiches für das Inkrafttreten der ersten Fassung des UrhG

1965 bestimmt hatte. Der Grundsatz der Vereinheitlichung des Rechts bezieht sich auf sämtliche Aspekte des Urheberrechts, nämlich Entstehung, Inhalt, Umfang (einschließlich der Schranken) und Dauer des Urheberrechts.

2 Durch die Vorschrift kann es ohne weiteres zu der **Verlängerung von Schutzfristen** kommen, soweit das bundesdeutsche Urheberrecht eine längere Schutzdauer vorsieht, als es das Urheberrecht der DDR getan hat. Es kommen gem. § 1 Abs. 1 S. 2 EV überdies auch solche Werke in den Genuss eines bundesdeutschen urheberrechtlichen Schutzes, deren Schutz am 03.10.1990 bereits abgelaufen waren. Hinsichtlich nicht mehr geschützter, also **gemeinfreier Werke** kommt es mithin zu einem **Wiederaufleben** eines bereits erloschenen Schutzes, was ebenfalls den Zweck verfolgt, möglichst rasch eine Vereinheitlichung der Schutzfristen im gesamten Bundesgebiet zu erreichen (*Katzenberger* GRUR Int. 1993, 2, 7; eingehend: Wandtke/Bullinger/*Wandtke*[2] EV Rn. 18 ff.). Es gilt der Grundsatz des **Gleichlaufs der Schutzfristen**, und zwar unabhängig davon, ob das Werk in der Bundesrepublik oder in der DDR geschaffen wurde und unabhängig davon, zu welchem Zeitpunkt die Schöpfung erfolgte. Wegen des Bestrebens nach Einheitlichkeit sind nach bundesdeutschem Recht auch solche Werke geschützt, die nach dem Recht der DDR überhaupt **nicht schutzfähig** waren (EV Amtl Begr GRUR 1991, 897, 927). Dies gilt bspw. für den Schutz von Computerprogrammen, von wissenschaftlichen Ausgaben, von nachgelassenen Werken und für den Leistungsschutz des Filmherstellers (BGH GRUR 2001, 826 – *Barfuß ins Bett*; KG MMR 2003, 110 – *Paul und Paula*; KG GRUR 1999, 721 – *DEFA-Film*). Denn für diese Gegenstände sah das Recht der DDR keinen gesonderten Schutz vor, so dass es hier zu einem erstmaligen Schutz aufgrund der Wiedervereinigung gekommen sein kann.

§ 2   Einigungsvertrag

(1) [1]War eine Nutzung, die nach dem Urheberrechtsgesetz unzulässig ist, bisher zulässig, so darf die vor dem 1. Juli 1990 begonnene Nutzung in dem vorgesehenen Rahmen fortgesetzt werden, es sei denn, dass sie nicht üblich ist. [2]Für die Nutzung ab dem Wirksamwerden des Beitritts ist eine angemessene Vergütung zu zahlen.
(2) Rechte, die üblicherweise vertraglich nicht übertragen werden, verbleiben dem Rechteinhaber.
(3) Die Absätze 1 und 2 gelten für verwandte Schutzrechte entsprechend.

Übersicht

I. Sinn und Zweck

1 § 2 EV statuiert einen **Vertrauensschutz** zu Gunsten desjenigen, der eine urheberrechtlich relevante Nutzungshandlung bereits vor dem 01.07.1990 (=

Inkrafttreten der Wirtschafts-, Währungs- und Sozialunion) begonnen hatte, die zwar nach dem Urheberrecht der DDR **zulässig und üblich** war, nach dem bundesdeutschen UrhG indessen unzulässig ist. Für diese Fälle ist ein Ausgleich zwischen den Interessen der gutgläubigen Nutzer einerseits und den Urhebern, Leistungsschutzberechtigten oder deren Rechtsnachfolgern andererseits zu treffen. Dem Nutzer, der mit einer Nutzungshandlung im Vertrauen auf die Rechtmäßigkeit seines Handelns begonnen hat, soll Vertrauensschutz gewährt werden (EV Amtl Begr GRUR 1990, 897, 928); eine bereits begonnene, einst zulässige Handlung eines gutgläubigen Nutzers soll nicht durch das Wirksamwerden des bundesdeutschen UrhG plötzlich unzulässig werden. § 2 EV dient demgemäß der **Rechtssicherheit** mit Blick auf den Vertrauens- und Bestandsschutz, wobei dies gleichermaßen für urheberrechtlich geschützte Werke und für Leistungsschutzrechte (§ 2 Abs. 3 EV) gilt. Allerdings ist bei einer fortgeführten Nutzung dieser Art eine **angemessene Vergütung** zu zahlen (§ 2 Abs. 1 S. 2).

II. Zulässigkeit bereits begonnener Nutzungen (Abs. 1 S. 1, Abs. 2)

1. Nach DDR-Recht zulässige und übliche Nutzung

§ 2 Abs. 1 EV findet auf solche Handlungen Anwendung, die nach dem **2** materiellen DDR-Urheberrecht **zulässig** und in der DDR überdies **üblich** waren. Zusätzlich bestimmt § 2 **Abs. 2** EV, dass Rechte, die üblicherweise vertraglich nicht übertragen wurden, bei dem Rechtsinhaber verbleiben. Nach dem DDR-Urheberrecht unzulässige oder unübliche Nutzungen oder Vertragseinräumungen bleiben also auch unter Geltung des UrhG unzulässig. Dies versteht sich gewissermaßen von selbst, denn in diesem Fall ist kein Vertrauenstatbestand entstanden, den es zu schützen gilt.

Die Beurteilung dessen, was als „übliche" bzw. „unübliche" Nutzung ange- **3** sehen wurde, hat stets unter Berücksichtigung des Einzelfalls zu erfolgen und hat sich nach bisherigen Gepflogenheiten im beigetretenen Gebiet zu richten. Als Beispiel für eine bislang unübliche Handlung nennt die Gesetzesbegründung die vertragliche Übertragung von **Videorechten,** weil die Videoauswertung in der DDR nicht „üblich" in diesem Sinne gewesen sei. Der Vertrauensschutz bezieht sich stets nur auf die für jede Werkart **typische Nutzung,** wobei die erlaubte Nutzung bei den einzelnen Werkarten aufgrund ihres unterschiedlichen Charakters nicht gleich sein muss (EV Amtl Begr GRUR 1990, 897, 928). So soll nach der Gesetzesbegründung bei Schriftwerken in der Regel nur eine Auflage in Betracht kommen; bei Schallplatten hingegen so viele, dass sich die Herstellung des Masterbandes mit einem angemessenen Gewinn amortisiert.

Nach Ansicht der Rechtsprechung kannte das Urheberrecht der DDR keine **4** Vorschrift, die wie § 31 Abs. 4 a. F. die Einräumung von Nutzungsrechten für noch **unbekannte Nutzungsarten** sowie Verpflichtungen hierzu für unwirksam erklärte (BGH GRUR 2001, 826, 828 – *Barfuß ins Bett* für Kabel- und Satellitenrechte; BGH GRUR 1999, 152, 154 – *Spielbankaffäre* für die Kabelweitersendung; KG ZUM-RD 2000, 384, 386 – *DEFA-Trickfilme* für die Sendung via Kabel, Satellit und Pay-TV; krit. hierzu Wandtke/Bullinger/ *Wandtke*[2] EV Rn. 66). Zu beachten ist aber die **Zweckübertragungslehre,** die auch nach dem Recht der DDR galt (OLG München ZUM 2000, 61, 64

– *Das kalte Herz;* s.a. *Püschel* GRUR 1992, 579, 582; *Wandtke* GRUR 1991, 263, 266).

2. Zeitpunkt der Nutzungshandlung

5 Eine nach dem DDR-Urheberrecht zulässige und übliche, nach bundesdeutschem Urheberrecht aber eigentlich unzulässige Nutzung bleibt nur dann zulässig gem. § 2 Abs. 1 EV, wenn mit der entsprechenden Handlung bereits **vor dem 01.07.**1990, also dem Tag des Inkrafttretens der deutsch-deutschen Wirtschafts-, Währungs- und Sozialunion, **begonnen** wurde und diese auch über dieses Datum hinaus **fortgesetzt** wurde. Wurde die Nutzung zwischen dem 01.07.1990 und dem 03.10.1990 begonnen, kommt ein Vertrauensschutz nicht in Betracht. Liegt der Beginn nach dem 03.10.1990, findet ohnehin ausschließlich bundesdeutsches Recht Anwendung. Liegt der Beginn der Handlung vor dem 01.07.1990, und wurde sie vor dem 03.10.1990 bereits abgeschlossen, ist für § 2 EV kein Raum, denn § 2 EV betrifft nur die Fortführung der Handlung über den 03.10.1990 hinaus.

6 Der Gesetzgeber hat aber deutlich gemacht, dass bei der Beurteilung der Frage, wann mit einer Nutzungshandlung begonnen wurde, keine zu hohen Anforderungen zu stellen seien. Hier können bereits entsprechende **Vorbereitungshandlungen**, die in nachprüfbarer Weise auf geplante Nutzungshandlungen hinweisen, durchaus ausreichend sein, solange der Nutzer etwas „ins Werk gesetzt" und vermögenswerte Leistungen erbracht hat, zu denen auch eigener **organisatorischer Aufwand** gehören kann (EV Amtl Begr GRUR 1990, 897, 928; s.a. *Katzenberger* GRUR Int. 1993, 2, 9).

3. Umfang der Zulässigkeit

7 Die vor dem 01.07.1990 begonnene Handlung **bleibt** über das Datum des 03.10.1990 hinaus nach Art und Umfang in derselben Weise **zulässig**, wie diese nach DDR-Recht zulässig war.

4. Keine Verkürzung der DDR-Schutzfristen

8 Das Urheberrecht der DDR sah für **Werke der Fotografie** eine Schutzdauer von 50 Jahren post mortem auctoris vor, während **Lichtbildwerke** – ebenso wie Lichtbilder – nach dem bundesdeutschen Urheberrecht in der Zeit zwischen 1965 und Inkrafttreten der Urheberrechtsnovelle 1985 nur für die Zeitdauer von 25 Jahren ab **Erscheinen** bzw. – sofern das Lichtbild nicht erschienen war – ab **Herstellung** geschützt waren (s. hierzu § 64 sowie *Axel Nordemann* GRUR 1991, 418, 418 ff.). Insb. mit Blick auf die **Eigentumsgarantie** des Art. 14 GG ist der herrschenden Ansicht zuzustimmen, dass die Anwendung der Übergangsvorschriften zum Einigungsvertrag nicht zu einer Verkürzung der Schutzfristen zulasten des nach dem DDR-Urheberrecht geschützten Gegenstandes führen darf (Wandtke/Bullinger/*Wandtke*[2] EV Rn. 22; Dreier/Schulze/*Dreier*[2] vor EV Rn. 6; Schricker/*Katzenberger*[3] § 64 Rn. 72; *Katzenberger* GRUR Int. 1993, 2, 11).

5. Schutz wissenschaftlich-technischer Darstellungen

9 In diesem Zusammenhang ebenfalls problematisch ist das Schicksal des Schutzes **wissenschaftlich-technischer Darstellungen**, die nach § 87 des DDR-UrG im nicht-schöpferischen Bereich geschützt waren, im deutschen Urheberrecht jedoch grundsätzlich schutzlos bleiben. Mit Blick auf die Eigentumsgarantie des Art. 14 GG wird auch in diesem Bereich ein Schutz zugesprochen werden müssen, wobei vorgeschlagen wird, das DDR-Recht insoweit (territorial beschränkt) fortgelten zu lassen (so Schricker/*Katzenberger*[2] vor §§ 120 ff. Rn. 33; Dreier/Schulze/*Dreier*[2] vor EV Rn. 7) oder aber § 2 Abs. 1 Nr. 7 entsprechend heranzuziehen und anzuwenden (*Wandtke* GRUR 1991, 263, 265; *Gernot Schulze* GRUR 1991, 731, 735).

III. Angemessene Vergütung (Abs. 1 S. 2)

Die Fortsetzung einer einst zulässigen und üblichen Nutzung löst einen **Ver- 10 gütungsanspruch** gem. Abs. 1 S. 2 aus. Hierdurch sollen die berechtigten Interessen der Rechtsinhaber Berücksichtigung finden. Zu dem Anspruch des ausübenden Künstlers bei der Nutzung von Tonträgeraufnahmen, die nach DDR-Recht bereits im Jahr 1989 gemeinfrei waren: KG ZUM-RD 1997, 245 – *Stadtkapelle Berlin*. Der Vergütungsanspruch bezieht sich stets nur auf die Nutzung ab dem 03.10.1990.

IV. Leistungsschutzrechte (Abs. 3)

Über § 2 Abs. 3 gelten die Bestimmungen der Absätze 1 und 2 entsprechend 11 für **verwandte Schutzrechte**. Demnach genießen auch die Nutzer von Leistungsschutzrechten einen Vertrauensschutz, sind aber ebenfalls zur Zahlung einer angemessenen Vergütung verpflichtet.

§ 3 Einigungsvertrag

(1) Sind vor dem Wirksamwerden des Beitritts Nutzungsrechte ganz oder teilweise einem anderen übertragen worden, so erstreckt sich die Übertragung im Zweifel auch auf den Zeitraum, der sich durch die Anwendung des Urheberrechtsgesetzes ergibt.

(2) [1]In den Fällen des Absatzes 1 hat der Nutzungsberechtigte dem Urheber eine angemessene Vergütung zu zahlen. [2]Der Anspruch auf die Vergütung entfällt, wenn alsbald nach seiner Geltendmachung der Nutzungsberechtigte dem Urheber das Nutzungsrecht für die Zeit nach Ablauf der bisher bestimmten Schutzdauer zur Verfügung stellt.

(3) Rechte, die üblicherweise vertraglich nicht übertragen werden, verbleiben dem Rechteinhaber.

(4) Die Absätze 1 und 2 gelten für verwandte Schutzrechte entsprechend.

Übersicht

I. Sinn und Zweck

Durch die Anwendung der §§ 1, 2 EV kann es, wie schon bei § 1 EV (vgl. § 1 **1** Rn. 2) angesprochen, zu **Schutzfristverlängerungen** kommen. Entsprechend der den §§ 137, 137b, 137c und 137f, dem der EV ebenso wie der Schutzdauer-RL als Vorbild diente, zugrunde liegenden Gedanken beinhaltet auch die Vorschrift des § 3 Abs. 1 EV eine **Auslegungsregel** dahingehend, dass sich vertragliche Einräumungen von Nutzungsrechten aus der Zeit vor dem 03.10.1990 im Zweifel auch auf die Zeit der Schutzfristverlängerung beziehen. Hierfür ist jedoch eine angemessene Vergütung zu zahlen (Abs. 2). Wie in § 2 Abs. 2 EV bestimmt auch § 3 Abs. 3 EV, dass die Rechte, die üblicherweise vertraglich nicht übertragen werden, bei dem Rechtsinhaber verbleiben.

II. Zeitliche Erstreckung von Nutzungsrechten (Abs. 1)

2 Kommt es zu einer Schutzfristverlängerung aufgrund der Überleitung von Schutzgegenständen in das bundesdeutsche Urheberrecht, umfassen die Nutzungsrechte, die einem Dritten **vertraglich vor dem 03.10.1990** eingeräumt wurden, im Zweifel auch die Zeit der Dauer der Schutzfristverlängerung (§ 3 Abs. 1). Es handelt sich bei dieser Bestimmung um eine reine **Auslegungsregel** („im Zweifel"); soweit sich dem Vertrag Anderes entnehmen lässt, geht der diesbezügliche Parteiwille vor.

III. Angemessene Vergütung (Abs. 2)

3 Die Verlängerung der zulässigen Nutzungsdauer ist gem. § 3 Abs. 2 **angemessen zu vergüten.** Ein Rechtsinhaber soll aber nach Ansicht des Kammergerichts (KG ZUM-RD 1997, 245 – *Stadtkapelle Berlin*) einen Vergütungsanspruch nur gegenüber seinem **unmittelbaren Vertragspartner** haben, nicht aber gegenüber einem Dritten, dem die Nutzungsrechte von dem Vertragpartner des Rechtsinhabers noch vor dem 03.10.1990 zulässigerweise übertragen wurde; gleichwohl bestehe ein Vergütungsanspruch zugunsten des Vertragspartners des Rechtsinhabers gegenüber dem Nutzer in analoger Anwendung des § 3 Abs. 2 EV.

4 Dem Nutzer bleibt es indes ungenommen, dem Urheber das **Nutzungsrecht zurück zu übertragen**, wodurch der Vergütungsanspruch des Urhebers **entfällt**. Hierzu hat der Nutzer dem Urheber alsbald nach der Geltendmachung der angemessenen Vergütung das Nutzungsrecht für die Zeit nach Ablauf der bisher, also nach dem Recht der DDR, bestimmten Schutzdauer zur Verfügung zu stellen.

IV. Üblicherweise nicht vertraglich übertragene Rechte (Abs. 3)

5 Gem. § 3 Abs. 3 EV verbleiben in jedem Falle solche Rechte bei dem Rechtsinhaber, die nach dem Recht der DDR **üblicherweise** vertraglich **nicht übertragen** wurden. Es wird auf die obigen Ausführungen zu § 2 EV (vgl. EV § 2 Rn. 2 ff.) verwiesen.

V. Leistungsschutzrechte

6 Über § 3 Abs. 4 gelten die Bestimmungen der Absätze 1 und 2 entsprechend für **verwandte Schutzrechte**.

§ 4 Einigungsvertrag

Auch nach Außerkrafttreten des Urheberrechtsgesetzes der Deutschen Demokratischen Republik behält ein Beschluss nach § 35 dieses Gesetzes seine Gültigkeit, wenn die mit der Wahrnehmung der Urheberrechte an dem Nachlass beauftragte Stelle weiter zur Wahrnehmung bereit ist und der Rechtsnachfolger des Urhebers die Urheberrechte an dem Nachlass nicht selbst wahrnehmen will.

Gem. § 35 des DDR-Urheberrechtsgesetzes konnte durch **Beschluss des Ministerrates** der Schutz des Nachlasses bedeutsamer Schriftsteller, Künstler oder Wissenschaftler zur **Aufgabe der Nation** erklärt werden, wobei hiervon nach dem DDR-Urheberrecht die vermögensrechtlichen Ansprüche der Erben des Urhebers auf die Erträgnisse aus der Nutzung des Werkes während der Dauer der Schutzfrist unberührt blieben. Derartige Beschlüsse sind etwa erlassen worden in Bezug auf die Pflege und den Schutz des literarischen Werkes und des Nachlasses von *Arnold Zweig*, *Bertolt Brecht* und *Helene Weigel* sowie *Anna Seghers*, wobei die Aufgaben von der Deutschen Akademie der Künste wahrgenommen wurden (EV Amtl Begr GRUR 1990, 897, 928). **1**

Nach Maßgabe des § 4 EV behalten die Beschlüsse **weiterhin Geltung**, soweit **2** die betraute Stelle weiter zur Wahrnehmung bereit ist und der Rechtsnachfolger des Urhebers die Urheberrechte an dem Nachlass nicht selbst wahrnehmen will.

Stichwortverzeichnis

Auskunftspflicht der Hersteller, Importeure, Händler, Betreiber von Geräten oder Speichermedien **54f** 1–3; der Verwertungsgesellschaften gegenüber dem Deutschen Patent-, Markenamt **WahrnG 19** 2; Einräumungsfiktion **137l** 33; Verwertungsgesellschaften **WahrnG 10** 1, 2

Auskunftspflicht des Access-Providers **19a** 15
Auskunftspflicht eines Exisproviders **19a** 18

Ausland, rechtmäßige Vervielfältigung im, Verwertungsverbot **96** 6

Ausländer, Filmhersteller, Urheberschutz **128** 3; Fremdenrecht **121** 1 ff.; Staatsverträge **125** 14 ff.; Urheberpersönlichkeitsrechte **121** 2; Urheberschutz **121** 1 ff.; Urheberschutz, Tonträgerhersteller **126** 1 ff., **126** 6 ff.; Urheberschutz, Voraussetzungen **121** 3 ff.

Ausländersicherheit **Vor 120** ff. 19

Ausländische Filmproduzenten, Leistungsschutzrecht **94** 7; Sachverhalte, Urheberkollisionsrecht, Verletzung **Vor 120** ff. 66; Urheber, Werkschutz, Übergangsrecht **129** 5; Vereinigungen **36** 14; Provider **106** 44 f.

Auslandsfassung, Leistungsschutzrecht Filmhersteller **94** 47

Auslaufmodelle I **98** 39
Auslaufmodelle II **97** 48

Auslegung der Rechteübertragung **69c** 41; des Nutzungsvertrages bei Falschbezeichnung **31** 44; von Gerichtsstandsvereinbarungen **105** 17; von Verträgen bei Übertragung des Urheberrechts **29** 8; von Verträgen, Übertragung von Nutzungsrechten **29** 18; von Verträgen, Übertragung von Verwertungsrechten **29** 16; Bestellvertrag **47 VerlG** 7; Verlagsvertrag **1 VerlG** 23; Verlagsvertrag, Wettbewerbsverbot **2 VerlG** 32

Auslegungsregel bei Schutzfristverlängerung, Altverträgen vor 1966 **137** 5 f.; bei Veräußerung des Originals **44** 4 ff.; bei Verfilmungsverträgen **88** 21 ff.; für Einräumung von Nutzungsrechten **37**

Auslegungsregel Stoffrechte **88** 21; Verträge ausübende Künstler Film **92** 14 ff.; Berufung Dritter auf **88** 97, **89** 65; Filmeinzelbilder **91** 9; Verträge Filmurheber **89** 9 ff.; Nutzungsrechtseinräumung **31** 106; Urhebervertragsrecht **Vor 31** ff. 39

Ausnahme von den zustimmungsbedürftigen Handlungen **69d**; zur Kennzeichnungspflicht **95d** 19

Ausräumung der Vermutung Wiederholungsgefahr **97** 31 ff.

Ausscheidbare Teile, Ausschluss Rückrufsanspruch **98** 35; Ausschluss Überlassungsanspruch **98** 35; Ausschluss Vernichtungsanspruch **98** 35

Ausscheiden des Arbeitnehmers, Haftung des Unternehmensinhabers **99** 9

Ausschließliche Gerichtsstände und Gerichtsstandsvereinbarungen **105** 17; Nutzungsrechte **31** 91 ff., **69b** 13; Nutzungsrechte, Aktivlegitimation **97** 133 ff.; Nutzungsrechte, Vermutung der Inhaberschaft **10**

55 ff.; Nutzungsrechte, Vermutungsregeln **31** 98; Nutzungsrechte, Zweckübertragungslehre **31** 142, Rechte, Einräumungsfiktion unbekannte Rechte **137l** 18; Rechte, Einräumungsfiktion unbekannte Rechte **137l** 9; Rechtseinräumung, Kartellrecht **Vor 31** ff. 67

Ausschließlichkeit der Nutzungsrechte bei Verfilmungsverträgen **88** 45; Nutzungsrechte, Verträge Filmurheber **89** 41; der Nutzungsrechtseinräumung bei ausübenden Künstlern Film **92** 27; der Rechte bei Einräumungsfiktion unbekannte Rechte **137l** 18

Ausschluss bei bestimmter Onlinenutzung **95b** 22; bei Unverhältnismäßigkeit von Rückrufanspruch **98** 28 ff.; bei Unverhältnismäßigkeit von Überlassungsanspruch **98** 28 ff.; bei Unverhältnismäßigkeit von Vernichtungsanspruch **98** 28 ff.

Ausschmückung, als Zitatzweck **51** 17

Ausschnittdienst **2** 59, **121**, **6** 17, 18, **15** 19, **16** 13, 15, 29, **44a** 6, **49** 7, **53** 16

Ausschnitte aus Filmen **2** 209; Filmhersteller **94** 29

Ausschreibung von Vermessungsleistungen **97** 158

Ausschreibungsunterlagen **2** 43, 57, 60, 72

Ausschreibungsunterlagen **2** 72

Außenseiter, bei Kabelweitersendungsrecht **20b** 3

äußere Form **2** 46 f.

außerfilmische Bearbeitungen, Verfilmungsverträge **88** 63; Nutzungen, Verfilmungsverträge **88** 69; Nutzung und Filmurheber **89** 41

außergerichtliche Abmahnung **97a** 5 ff.

Außerordentliche Kündigung bei Unternehmensveräußerung **34** 29; bei Verträgen zwischen Verwertern **Vor 31** ff. 283; Leistungsstörung **Vor 31** ff. 122; Nutzungsrechtseinräumung **Vor 31** ff. 121 ff.; bei Rechteübertragung im Filmbereich **90** 8

Aussetzung der Überlassung **111b/111c** 21

Ausstattung, Verlagsvertrag **14 VerlG** 3 ff.

Ausstellung als geschütztes Werk **2** 155, 18; Anspruch auf **18** 9; Leistungsschutzrecht Filmhersteller **94** 57; öffentliche von Werken, Freigabe zur Werbung, für Katalog **58** 1–8; öffentliche, Nutzungsrechtseinräumung **44** 9 ff.; Schutz als Sammelwerk **4** 29

Ausstellungsrecht **18**; Abgrenzung zum Verbreitungsrecht **17** 16; und örtliche Zuständigkeit **105** 9; Altverträge **137** 3; Beschränkung auf unveröffentlichte Werke **18** 6; Darlegungs- und Beweislast **18** 11; Einräumung von Nutzungsrechten **18** 11; Kollisionsrecht **Vor 120** ff. 69; Schutzumfang **18** 8; Schutzvoraussetzungen **18** 5; Verhältnis zu anderen Vorschriften **18** 15; Vertragspraxis **18** 11

Ausstellungsvertrag (Leihgabe, Artotheken, Archive) **Vor 31** ff. 384 ff.; (Verkauf) **Vor 31** ff. 383

erhaltung, Fristsetzung 34 **VerlG** 4; Urheberrechtsverletzung, Verlagsvertrag, Verlegerrechte 9 **VerlG** 17; Verlagsvertrag, Änderungsbefugnis 12 **VerlG** 1 ff.; Verlagsvertrag, Nichterfüllung, Nachfrist 30 **VerlG** 5 f.; Verlagsvertrag, Nichterfüllung, Nachfrist, Entbehrlichkeit 30 **VerlG** 7 f.; Verlagsvertrag, Treuepflichten, Bearbeitung 9 **VerlG** 15; Verlagsvertrag, Urheberrechtsverletzung, Aktivlegitimation 9 **VerlG** 13; Verlagsvertrag, Verschaffungspflicht 8 **VerlG** 7 f.; Verschulden 97 64
Autoren 32 60 ff.; mehrere, Verlagsvertrag, Vergütung 22 **VerlG** 4; mehrere, Verlagsvertrag, Wettbewerbsverbot 2 **VerlG** 33
Autorennennung, fehlende, Schadensersatz 97 101
Autorenrabatt, Verlagsvertrag 26 **VerlG** 1
Autowerbung mit Banknoten **98** 11
AVAG 112 8

Bachforelle **2** 141, 190, **23/24** 65, **98** 11, 17
Bad auf der Tenne I **97** 24
Bad auf der Tenne II **2** 23, 47
Bad Ischler Operettenwochen **50** 3
Badeszene **51** 40
Bahnhofs-Verkaufsstellen **97** 148, 158
Ballett 2 135
Bambi **2** 161, **Vor 120** ff. 56
Banddüngerstreuer 30 **VerlG** 21
Bandenkriminalität 108a 1
Bands im Film, Namensnennungsrecht **93** 27
Bandübernahmevertrag 85 41; im Musikgeschäft **79** 29, 80, 82; Fundstelle für Vertragsmuster **79** 107
Banken, Störerhaftung **97** 174
Banknoten 2 156
Bar-Filmmusik **97** 95, **WahrnG 13** 5
Barfuß ins Bett **Vor 31** ff. 20, 104, 106, 157, **31a** 14, 36, **43** 30, **Vor 88** ff. 35, 38, 40, 43, 44, 90 1, 8, **93** 20, **Vor 120** ff. 83, **Vor EV** 1, 3, 5, 9, **1 EV** 2, **2 EV** 4
Baricco **2** 114
Barockputten **2** 161
Bau, Nutzungsart **31** 84
Bauernkriegs-Panorama **2** 152, **23/24** 76
Bauhaus-Glasleuchte II **17** 33, **23/24** 82, **97** 49
Bauhaus-Leuchte **2** 170, **16** 23, **97** 128, **98** 5
Bauherrenmodell-Prospekt **2** 117, 189
Baukunst 2 137 ff., 140, **23/24** 80 f.; Bearbeitung **23/24** 20; Einzelfälle **2** 154 ff.; Gestaltungshohe **2** 151; Individualität **2** 144; kleine Münze **2** 151; siehe auch Bauwerke
Baumtheorie 29 6
Baupläne **23/24** 81
Baushausleuchte **17** 33
Bauvertrag Vor 31 ff. 417 ff.; Kündigungsrecht des Bestellers **Vor 31** ff. 417; Zweckübertragungslehre **31** 139, 151, 170
Bauwerke, Änderungen am Werk **39** 34 f.; Änderungen des **Vor 31** ff. 419; angemessene Lizenzgebühr **97** 113; Ausschluss Rückruf **98** 33 f.; Ausschluss Überlassung **98** 33 f.; Ausschluss Vernichtung **98** 33 f.; äußere

Ansicht, an öffentlichen Plätzen **59** 2; Verfilmung **88** 38
BB, Regelung des, Nutzungsrechtseinräumung **Vor 31** ff. 163 ff.
BDG-Honorarempfehlungen **Vor 31** ff. 397 ff.
Beachparty im Bullenstall **15** 34
Bearbeiter als Miturheber **8** 7; Verhältnis zum Originalurheber **3** 36
Bearbeitung **3** 26
Bearbeitung 3 1, 23/24 1 ff.; anderer Werkarten **23/24** 39; anderer Werkkategorien **3** 10; der Bearbeitung **3** 13; von Aufnahmen einer Darbietung des ausübenden Künstlers **77** 13 ff.; von Musik, Verfilmung **88** 55; Abgrenzung zur freien Benutzung **23/24** 27 f.; Abgrenzungsfragen **23/24** 8; abhängiges Recht **3** 1, 5; Abhängigkeit des Rechts **3** 35 ff.; Allgemeines **3** 1; angewandte Kunst **23/24** 82; Anscheinsbeweis **23/24** 94; Antragsfassung **97** 46; Aufspaltbarkeit nach Nutzungsarten **31** 63; Ausnahmen von der Herstellungsfreiheit **23/24** 17; äußerer, innerer Abstand **23/24** 50; Baukunst **23/24** 20, 80 f.; Beispiele **3** 21 ff.; Beweislast **23/24** 92; bewusste Entlehnung **23/24** 52; bildende Kunst **23/24** 76 ff.; Blässetheorie **23/24** 41 ff.; Computerprogramme **23/24** 22; Darstellungen wissenschaftlicher oder technischer Art **23/24** 87 f.; Datenbanken **23/24** 21, 87b 20; Doppelcharakter **3** 5; Doppelschöpfung **23/24** 52, 57, 58, 64 f.; Einwilligung des Originalurhebers **23/24** 13; Einzelfälle **23/24** 69 ff.; EU-Richtlinien **23/24** 6, 3; Fernsehformat **23/24** 91; Fernsehserie **23/24** 91; filmische bei Verfilmungsverträgen **88** 58; filmische und Verträge Filmurheber **89** 34; filmische Werke **23/24** 85 f.; Fotografie **23/24** 83 f.; frei benutzbares Material **23/24** 30 f.; freie Benutzung **3** 9; freie Benutzung, Abgrenzung **23/24** 40 ff.; Fremdenrecht, Urheberschutz **121** 11; früheres Recht **23/24** 5, 3 2; Gegenstand **23/24** 12, 33; gemeinfreie Werke **3** 38; gemeinfreies Geistesgut **23/24** 36; Gestaltungshöhe **3** 18; gleiche gemeinfreie Quelle **23/24** 58, 66 f.; Herstellungsfreiheit **23/24** 15; historischer Stoff **23/24** 49; Ideen **23/24** 34; Inhalt des Rechts **3** 33 f.; internationales Urheberrecht **3** 4; Kerntheorie **97** 42; Kryptomnesie **23/24** 58, 62 ff.; Lehren **23/24** 34; Lichtbildwerke **23/24** 83 f.; Manier **23/24** 37; Melodieentnahme **3** 20; Melodienschutz **23/24** 53 ff.; Menschheitsgeschichte **23/24** 31; Methode **23/24** 37; Motiv **23/24** 37; Musikwerke **23/24** 74; Nachprüfbarkeit im Revisionsverfahren **23/24** 97; nicht genannte Werkarten **23/24** 91; Nutzungsart **31** 68; Nutzungsrechtseinräumung **23/24** 8; Nutzungsrechtseinräumung für **37** 6 ff.; Originalwerk **3** 8; pantomimische Werke **23/24** 75; Parodie **23/24** 89 f.; persönliche geistige Schöpfung **3** 15; Plagiat **23/24** 58 ff.; Pressefreiheit **23/24** 90; Prozessuales **3** 39, **23/24** 92; Prüfungsschritte für Abgrenzung zur freien Benut-

walters, Übertragung der Verlagsrechte 36 VerlG 18

Insolvenzmasse Nach 119 3

Insolvenzordnung Nach 119 1 ff.

Insolvenzrecht 69c 73 ff., Nach 119 1 ff.

Insolvenzverwalter Nach 119 3, 8 ff.; Wahlrecht Nach 119 8 ff.; Wahlrecht, Verlagsvertrag 36 VerlG 4, 13 ff.; Wahlrecht, Verlagsvertrag, Ablehnung der Erfüllung 36 VerlG 19; Wahlrecht, Verlagsvertrag, Ausübung 36 VerlG 15 f.; Wahlrecht, Verlagsvertrag, Erfüllung 36 VerlG 17 f.; Wahlrecht, Verlagsvertrag, Fortführung 36 VerlG 17; Wahlrecht, Verlagsvertrag, Übertragung der Verlagsrechte 36 VerlG 18

Inspektion 111b/111c 24

Installation, dauerhafte von Filmen 94 57

instrumenta sceleris 110 3

Instrumentierung einer Melodie 3 24

Intensität der Verletzung, angemessene Lizenzgebühr 97 97

Interaktive Erzeugung von Bildern, Schutz als Laufbild 95 14

Interaktive Nutzungsmöglichkeiten, unbekannte Nutzungsart 31a 29

Interesse, berechtigtes 111 6 ff.; berechtigtes darlegen 111 10; berechtigtes, gewillkürte Prozessstandschaft 97 140; besonderes öffentliches 109 17 ff.; öffentliches 109 14 ff.

Interessenabwägung 69e 15, 87b 24, 111 6 ff.; bei Filmentstellung 93 11 ff.; Änderungen am Werk 39 23; Aufbrauchfrist 97 54

International zwingende Normen, Urhebervertragsrecht Vor 120 ff. 86 ff.

Internationale Konventionen Bearbeitungsrecht 23/24 7; freie Benutzung 23/24 7; Grundsatz der Formfreiheit Einl. 61; Inländerbehandlung Einl. 56; Leistungsschutz Filmhersteller 94 7; Filmhersteller Vor 88 ff. 26; Filmrecht Vor 88 ff. 25 f.; Meistbegünstigungsprinzip Einl. 60; Mindestrechte Einl. 54 ff., 62; Prinzip der Gegenseitigkeit Einl. 58; Prinzipien, Grundsätze Einl. 55 ff.; Schutzfristenvergleich Einl. 58 ff.; Schutzland Einl. 56; Ursprungsland Einl. 56; Vorbehalte Einl. 58

Internationales Urhebervertragsrecht 32b 1

Internationale Zuständigkeit Vor 120 ff. 93 ff., 105 16; Anerkennung, Vollstreckung Vor 120 ff. 103 f.; einstweilige Maßnahmen Vor 120 ff. 102; EuGVÜ Vor 120 ff. 94; EuGVVO Vor 120 ff. 94; Streitgenossenschaft Vor 120 ff. 95, Streitigkeiten aus Verträgen Vor 120 ff. 100 f.; Urheberrecht Vor 120 ff. 93 ff.; Urheberrechtsverletzung Vor 120 ff. 96 ff.; Urheberrechtsverletzung, doppelt relevante Tatsachen Vor 120 ff. 99; Urheberrechtsverletzung, nationales Recht Vor 120 ff. 98

internationaler Schutz des Urheberrechts Einl. 46 ff.

Internationaler Urheberrechtsvertrag, angemessene Vergütung, anwendbares Recht 32b 14 f.

internationales Privatrecht, Filmrecht Vor 88 ff. 27; Folgerecht 26 6,7; Sammelwerk 38 8; Sammlung 38 8; Übertragung des Urheberrechts 29 5; unbekannte Nutzungsart 31a 14, 137l 4; zeitliche Anwendbarkeit des UrhG 132 4; Zuständigkeit, Urheberrechtverletzung Vor 120 ff. 96 ff.

Internationales Urheberrecht Vor 120 ff. 1 ff.; angemessene Vergütung, anwendbares Recht 32b 3 f.; angemessene Vergütung, anwendbares Recht, Verlagsvertrag 32b 3 f.; angemessene Vergütung, Fremdenrecht 32b 17 f.; Fremdenrecht Vor 120 ff. 2, 120 1 ff.; internationale Zuständigkeit Vor 120 ff. 93 ff.; Prinzip der Inländerbehandlung Vor 120 ff. 3; Qualifikation Vor 120 ff. 1; Schutzlandprinzip Vor 120 ff. 2; Staatsverträge Vor 120 ff. 5; Urheber in Arbeits- oder Dienstverhältnissen 43 7; Verfahren; Ausländersicherheit Vor 120 ff. 19; angemessene Vergütung, erfasste Nutzungen 32b, 5 f.; angemessene Vergütung, Lizenzketten 32b 7 f., 13; international zwingende Normen 32b 2, 19 ff.; national zwingende Vorschriften 32b 19 ff.; neue Nutzungsarten 32b, 2; Rechtswahl 32b 2; Römische Schuldvertragsabkommen Vor 120 ff. 80

Internationales Urhebervertragsrecht s. Internationales Urheberrecht

Internet Access, Hostproviding 19a 27; Access, als öffentliche Zugänglichmachung 19a 27; anwendbares Recht Vor 120 ff. 75 ff.; Bildersuche im, konkludente Einwilligung Nutzung 97 25; Einbeziehung von AGB Vor 31 ff. 196; Einstellen von Dateien ins 106 17; Kollisionsrecht, Anknüpfung Vor 120 ff. 76 ff.; Kollisionsrecht, Freehavens Vor 120 ff. 76; mobiles, unbekannte Nutzungsart 31a 42; Nutzungsart 31 85; örtliche Zuständigkeit 105 10; Rückruf wegen Nichtausübung 41 22; Schutzlandprinzip, Ausrichtung der Website Vor 120 ff. 78; Standbilder Vor 88 ff. 99; unbekannte Nutzungsart 31a 35; Urheberkollisionsrecht Vor 120 ff. 75 ff.; Urheberkollisionsrecht, Spürbarkeit Vor 120 ff. 77; Vergütung 32 112; Wiederholungsgefahr 97 31; Zeitungen, Zeitschriften im, unbekannte Nutzungsart 31a 42; Zweckübertragungslehre 31 141, 164, 169

Internetauktionen 108a 5

Internetauktionsplattformen, Anbieter auf 106 16; Beihilfe 97 153; Störerhaftung 97 160 ff., 163

Internetbeiträge, angemessene Lizenzgebühr 97 116

Internet-Einstellung eines Werkes als Erscheinen 6 7

Internet-Fernsehen 19a 24; Zweckübertragungslehre 31 165

Internet-Fotos 105 10

Internet-Filme und Verträge Filmurheber 89 40

Internethändler und örtliche Zuständigkeit 105 10

KUG, einzelne Lichtbilder bei Filmen **91** 3 ff.; Entstellung Filme **93** 4 f.; Filmverträge **Vor 88 ff.** **31 ff.**; Inkrafttreten, Urheberrechtsgesetz **141** 3; LUG, Altverträge **31** 3; Stoffrechte Film **88** 5 ff.; Urheberrechtsgesetz, Inkrafttreten **141** 6; Urheberrechtsstreit **104** 1; Verlängerung der Schutzfrist 1934 **137** 6; Verträge **Vor 31 ff.** 15

KUK, Verträge unter dem **132** 7 ff.

Kulisse 2 162

Kummer, Max **2** 29

Kundenzugang, Sperrung des **97** 171

Kündigung Vor 31 ff. 115 ff.; aus wichtigem Grund, Rückruf wegen Nichtausübung **41** 52; aus wichtigem Grund, Unternehmensveräußerung **34** 29; bei Verdacht **Vor 31 ff.** 126; des Verlagsvertrages, Nichterfüllung **30** VerlG 16 f.; durch Erbengemeinschaft **28** 6; von Verträgen, Urheberrechtsstreit **104** 1; ausübende Künstler Film **92** 38 ff.; Betroffenheit von Dritten **Vor 31 ff.** 137; Einschaltung Subverleger **Vor 31 ff.** 135; fehlerhafte Abrechnung **Vor 31 ff.** 129; Herausgeber **41** VerlG 15 ff.; Leistungsstörung **Vor 31 ff.** 122; mildere Maßnahme **Vor 31 ff.** 124; Nachfristsetzung **Vor 31 ff.** 128; Nachschieben von Gründen **Vor 31 ff.** 127; Nutzungsrechtseinräumung **Vor 31 ff.** 115 ff.; Rechtsstreit **Vor 31 ff.** 134; Störung der Geschäftsgrundlage **Vor 31 ff.** 110; Ultimaratio **Vor 31 ff.** 124; unpünktliche Honorarzahlung **Vor 31 ff.** 130; Verlagsvertrag, Absatzhonorar, Rechnungslegung **24** VerlG 6; Verlagsvertrag, Beitrag **45** VerlG 2 ff.; Verlagsvertrag, Beitrag, Rückruf **45** VerlG 8; Verlagsvertrag, Beitrag, Veröffentlichung **45** VerlG 5; Verlagsvertrag, Frist **32** VerlG 20; Verlagsvertrag, Gründe **32** VerlG 18 ff.; Verlagsvertrag, Lizenzrechte **9** VerlG 8 ff.; Verlagsvertrag, Miturheber **32** VerlG 22; Verlagsvertrag, Nebenrechte **9** VerlG 8 ff.; Verlagsvertrag, Nichterfüllung **30** VerlG 19; Verlagsvertrag, Nichterfüllung, verbundene Werke **30** VerlG 19; Verlagsvertrag, Rechtsfolgen **32** VerlG 21 f.; Verlagsvertrag, Sammelwerk, Unterbleiben der Vervielfältigung **18** VerlG 6 f.; Verlagsvertrag, Schlechterfüllung **32** VerlG 17 ff.; Verlagsvertrag, veränderte Umstände **35** VerlG 1, 6; Verlagsvertrag, verbundene Werke **32** VerlG 22; Verlagsvertrag, Zweckfortfall **18** VerlG 1 ff., 4; Verlagsvertrag, Zweckfortfall, Begriff **18** VerlG 2 f.; Verlagsvertrag, Zweckfortfall, Beweislast **18** VerlG 4; Verlagsvertrag, Zweckfortfall, Grenzen **18** VerlG 4; Verlagsvertrag, Zweckfortfall, Vergütung **18** VerlG 5; Verschulden **Vor 31 ff.** 125; vorherige Abmahnung **Vor 31 ff.** 124; wichtiger Grund **Vor 31 ff.** 122 ff.; Zeitpunkt des Wirksamwerdens **Vor 31 ff.** 146; Zerstörung der Vertrauensgrundlage **Vor 31 ff.** 124; Zerwürfnis **Vor 31 ff.** 134

Kündigungserklärung Vor 31 ff. 141; bei künftigen Werken **40** 27; durch mehrere Urheber **Vor 31 ff.** 141

Kündigungsfrist Vor 31 ff. 141 f; bei künftigen Werken **40** 26

Kündigungsklauseln Nach 119 15 ff.

Kündigungsrecht bei Rechteübertragung im Filmbereich **90** 8; des Bestellers beim Bauvertrag **Vor 31 ff.** 417; nach § 627 BGB, AGB **Vor 31 ff.** 209; Einräumungsfiktion unbekannte Rechte **137l** 22; künftige Werke **40** 22 ff.

Kündigungsrechte, Laufbilder **95** 20

Künftige Werke, Arbeits- oder Dienstverhältnis **43** 49; Kündigungsrecht **40** 22 ff.; Verlagsvertrag **1** VerlG 19 ff.; Verlagsvertrag, Wettbewerbsverbot **2** VerlG 35; Verträge über **40**; Verträge über von 1966 **132** 12

Kunst 1 2, **2** 2, **137** ff.; angewandte **2** 139; Ausstellungsrecht **44** 11; bildende, angemessene Lizenzgebühr **97** 114; bildende, angewandte, Baukunst **23/24** 76 ff.; bildende, Bearbeitung **23/24** 19; bildende, Erscheinen **6** 25; Definition **2** 137; Einzelfälle **2** 154 ff.; Entwürfe **2** 152; Gebrauchszweck **2** 139; Gestaltungshöhe **2** 145; Individualität **2** 141; kleine Münze **2** 145; Mischformen **2** 153; moderne, Werkbegriff **2** 18; zweckfreie **2** 138

Kunstfälschung 107 2, 7; Rechtsfolgen **10** 73 ff.; Urhebernennung **10** 63 ff.

Kunstfreiheit Einl. 70; Urhebervertragsrecht **Vor 31 ff.** 51

Kunsthandel Vor 31 ff. 371

Kunsthändler **120** 7, **121** 18, **WahrnG 6** 11

Künstler s. ausübender Künstler

Künstler, ausübende, Darbietungen vor 1966, Schutzfristverlängerung **137c** 3; Aktivlegitimation **97** 130; Altverträge **132** 20; Einräumungsfiktion für unbekannte Rechte **137l** 6; Einschränkung Rechte Film **92** 38 ff.; Entstellungsschutz **93** 7 ff.; Filmverträge **92** 1 ff.; Namensnennungsrecht Film **93** 26 ff.; Schutzfristverlängerung **137c** 1 ff.; unbekannte Nutzungsart **31a** 8, 19

Künstlerexklusivvertrag 79 18 ff.; persönlicher, Exklusivität **79** 20; Titelexklusivität **79** 21

Künstlergruppe, Namensnennungsrecht Film **93** 27

Künstlerische Aspekte, Begriff Filmhersteller **94** 14; Auffassung, Rückruf **42** 9; Auseinandersetzung **23/24** 43, 50; Qualität, Sachmangel **Vor 31 ff.** 181; Werke, Marktabgrenzung **Vor 31 ff.** 269 ff.

Künstlerlizenz bei öffentlicher Wiedergabe von Schallplatten **86** 3

Künstlerlizenz- Rundfunk **22** 2

Künstlerlizenz-Schallplatten **21** 3

Künstlernennung, angemessene Lizenzgebühr **97** 101

Künstlerpersönlichkeitsrechte 74–76, 80 16, Dauer der **76**; Vererblichkeit **76** 11 ff.

Künstlervertrag Vor 31 ff. 363; AGB **79** 104 ff.; Fundstelle für Vertragsmuster **79** 106; und Abstraktionsprinzip **79** 83 ff.; Sittenwidrigkeit **79** 72 ff.; Verhältnis von Sittenwidrigkeit zu Regelungen über angemessene Vergütung **79** 71; *Hubert Kah* **79** 72

9 VerlG 3; Verlagsvertrag, Verlagsrecht, Erlöschen 9 VerlG 1 ff., 5 ff.; Verlagsvertrag,
Verschaffungspflicht des Verfassers 8 VerlG
7 f.; Verlagsvertrag, Verschaffungspflicht,
Ausnahmen 8 VerlG 8; Verlagsvertrag, Verschaffungspflicht, Rechte Dritter 8 VerlG 7;
Vertragstyp nach BGB Vor 31 ff. 164 ff.;
Verwirkung Vor 31 ff. 191; Zustandekommen, Kollisionsrecht Vor 120 ff. 85

O Fortuna 23/24 74, 94 20, 97 65, 94, 111
Ob der Nutzungsrechtseinräumung, Zweck-
übertragungslehre 31 119, 136 ff.
Oberammergauer Passionsspiele I 2 157,
23/24 13, 37 10, 23, 39 16, 28
Oberammergauer Passionsspiele II 39 16
Oberlandesgericht als Eingangsinstanz 105 4
Objektive Klagehäufung, Urheberrechtsstreit
104 2
Objektive Schadensberechnung 97 75
Objektives Verlagsrecht, Umfang 2 VerlG 4 ff.
objektorientierte Programmierung 69a 19, 34
Obsiegende Partei, Bekanntmachung des Ur-
teils 103 7
Oceano Mare 3 19, Vor 31 ff. 42, 192, Vor
88 ff. 77, 1 VerlG 16, 25, 2 VerlG 25, 17
VerlG 4, 47 VerlG 4
OEM-Version 17 2, Vor 31 ff. 68, 31 10, 16,
17, 69, 69a 35, 69c 47, 45 ff., 63, 69d 27,
97 110
OEM-Versionen 69c 47, 55; Nutzungsart 31
69
Offenbarung der Identität des Urhebers 66 8
Offene Onlinedurchsuchung 106 44
Offenlegungsschriften als amtliche Werke 5 11
offensichtlich rechtswidrig hergestellte Vorlage 106 21
offensichtliche Rechtsverletzung, Grenzbeschlagnahme 111b/111c 9
Öffentlich rechtliche Ansprüche 102a 12
Öffentlich vorführen, Antragsfassung 97 47
Öffentliche Ausstellung, Nutzungsrechtseinräumung für 44 9 ff.; Bauwerke, Verfilmung
88 38; Bibliotheken, Kopienversand 53a
1 ff.; Meinung, negative, Kündigung Vor
31 ff. 138; Sicherheit, Urheberrecht 45
1-8; Straßen, Plätze, Leistungsschutzrecht
Filmhersteller 94 57; Wahrnehmbarmachung, Funksendung 87 33
Öffentliche Wiedergabe 69c 34, 87b 18; Abgrenzung zum Filmvorführungsrecht 21 6;
als Zweitverwertung 21 1 ff., 22 1; Darbietung eines ausübenden Künstlers 78; Darbietung eines ausübenden Künstlers, Kabelweitersendung 78 35 f.; durch Bild- oder
Tonträge 21 1; Erstmaligkeit bei nachgelassenen Werken 71 18; nachgelassene Werke
71 18; Praxis der Rechtewahrnehmung 22
13; Tonträger 86 12; Tonträgerherstellerrecht 85 51; von Funksendungen 22 1 ff.;
von On-demand-Sendungen 22 3, 6; von
Online-Angeboten 22 3; verschiedener Tonträger, in Gaststätten, Läden usw., 78 27 ff.;
von Werken 52 1-26; Wahrnehmung des
Rechts durch Verwertungsgesellschaften
21 13

Öffentliche Zugänglichmachung, 106 17 ff.,
54, 108b 28; Abgrenzung zu anderen Verwertungsrechten 19a 38; Abgrenzung zum
Senderecht 19a 15 ff.; Abgrenzung zur Sendung 20 2; als Innominatsfall 15 4; Altverträge 137 3; Anwendbarkeit auf Leistungsschutzrechte, 19a 6; E-Mail-Versand, 19a
27; Erfasste Werknutzungen 19a 15 ff.; Erschöpfung 19a 28 ff.; Funksendung 87 29;
Online-Wiedergabe, siehe Öffentliche Zugänglichmachung 19a; örtliche Zuständigkeit 105 10; Praxis der Rechtswahrnehmung 19a 31; Schranken, 19a 31; Täterschaft 97 149; Tonträger 86 10; Tonträgerherstellerrecht 85 56
Öffentliches Anbieten einzelner Stücke 106
16
Öffentliches Interesse 109 14 ff.; besonderes
109 17 ff.
Öffentliches Wiedergabeverbot für rechtswidrig hergestellte Vervielfältigungsstücke 96
4 ff.; Wiedergabeverbot für rechtswidrig
veranstaltete Funksendungen 96 8 ff.
Öffentlichkeit 15; Darlegungs- und Beweislast
15 39; der Werkwiedergabe 21 10; Erfordernis der gemeinsamen Wahrnehmung 22
9; Funksendung 87 20, 33; Gleichzeitigkeit
der Wiedergabe 15 37; Legaldefinition 15
30; Mehrzahl von Personen 15 32; sukzessive Öffentlichkeit 15 37; und Veranstalterschutz 81 9
Öffentlichkeitsbegriff, persönliche Verbundenheit 15 34
Offizialdelikt Vor 106 4, 108a 10, 109 120
Offiziersheim 52 11
Offline-Rechte, Einräumungsfiktion 137l 14
ohne Anerkenntnis einer Rechtspflicht bei Unterwerfung 97a 14
Ohne Anerkennung einer Rechtspflicht, Unterlassungserklärung 97 34
Ohrringe 2 181
OLG als Eingangsinstanz 105 4
Olympiasiegerin 97 34
On-Demand, Sperrzeiten Vor 88 ff. 75; unbekannte Nutzungsart 31a 41
On-Demand-Dienste 19a 17
On-Demand-Nutzung, ausübende Künstler 92
28
On-Demand-Rechte, DDR-Filmrecht Vor
88 ff. 44; Einräumungsfiktion 137l 14
On-Demand-Verträge im Filmbereich Vor
88 ff. 90; Auswertungspflicht Vor 88 ff.
94; Enthaltungspflicht Vor 88 ff. 94; Sperrzeit Vor 88 ff. 95; Sublizenzierung Vor 88 ff.
94; Umfang der Rechteinräumung Vor
88 ff. 93; Vergütung Vor 88 ff. 96
Onlineangebote, Verlage, Kopienversand 53a
16 f.
Online-Bereitstellung einer Datei als Erscheinen 6 7
Onlinedienste 69a 7; Zweckübertragungslehre
31 165
Onlinedurchsuchung, offene 106 44; verdeckte 106 45

Schulbuch, Nutzungsart 31 65; Vervielfältigung zum privaten, eigenen Gebrauch 53 37
Schulbuchprivileg 46 1-14
Schulbuchverlage 52a 17
Schuldnerberatung **2** 82
Schuldrecht, Modernisierung des, Verjährung **137i** 1 ff.
Schuldrechtliche Gestattung 29 24, **31** 99
Schuldrechtliche Nutzungserlaubnis, Rechtsverletzung **97** 9
Schuldrechtliche Wirkung ausschließlicher Nutzungsrechte **31** 95
Schuldrechtlicher Charakter einfacher Nutzungsrechte **31** 87
Schuldrechtsmodernisierungsgesetz, Übergangsbestimmung für Verjährung **137i** 1 ff.
Schulen, Begriffsbestimmung für Privileg im Urheberrecht **46** 7
Schülertransporte **87** 45
Schulerweiterung **23/24** 3, **39** 2, 35
Schulfernsehen online **23/24** 86
Schulfunksendung **Vor 44a** 3, **47** 1, 2, 1–7
Schulfunksendungen 47 1–7; Löschung von Mitschnitten zu Unterrichtszwecken **47** 6; Mitschneiden zu Unterrichtszwecken **47** 4; Mitschnitt **47** 1
Schulgebrauch von Werken, Sammlungen **46** 1–14; Freigabe von Kopien **53** 31–37
Schulungslizenzen **31** 110, 126
Schulveranstaltungen, öffentliche Wiedergabe von Werken **52** 20
Schutz der Melodie **23/24** 53 ff.; der Urheber für ihre Werke **1** 1 ff.; der Vertraulichkeit **101a** 23 ff.; der wissenschaftlichen Ausgabe **70** 1; der zur Rechtewahrnehmung erforderlichen Informationen **95c**; des ausübenden Künstlers, Begründung des Rechts vor Inkrafttreten des UrhG **135**; Inhalt **87b** 11; technischer Maßnahmen **95a**; technischer Maßnahmen, Anwendungsbereich **95a** 7; technischer Maßnahmen, Legaldefinition **95a** 10; technischer Maßnahmen, Rechtsvergleich **95a** 4; von Computerprogrammen, Hinterlegung **69a** 36; von Computerprogrammen, Sachverständigengutachten **69a** 37; *von Remixes* **85** 38
Schutzdauer s.a. Schutzfrist
Schutzdauer Ablauf **64** 11; ältere Werke **64** 15; anonyme Werke, pseudonyme Werke, früheres Recht **66** 3; anonyme, pseudonyme Werke **66** 1, 6; ausnahmsweise berechnet nach Veröffentlichung **66** 6; bei ausübenden Künstlern und Veranstaltern bezüglich Verwertungsrechten **82**; bei ausübenden Künstlern, Künstlerpersönlichkeitsrechte **76**; Beginn **64** 1, 11; Beginn, bei Datenbankwerken **87d** 2; bei Darbietungen ausübender Künstler und bei Veranstaltern **82** 5 ff.; Beispiele **64** 12, 14; Berechnung **69** 1, 3; Brüsseler Satellitenabkommen **Vor 120 ff.** 47; DDR **64** 3, 15; Diskriminierungsverbot **64** 8; Einigungsvertrag **64** 15; Ende bei Datenbanken **87d** 3; Erlöschen **64** 18; EU-Richtlinien **64** 6; Filmwerke **65** 1, 6; Filmwerke, Prozessuales **65** 11; Filmwerke,

Verfassungsrecht **65** 8; Gemeinfreiheit **64** 18; Gemeinfreiheit, Museen **64** 21; Gemeinfreiheit, Werktitel **64** 22; Genfer Tonträgerabkommen **Vor 120 ff.** 44; Harmonisierung bei Miturheberschaft, Filmwerken **65** 3; Harmonisierung in der EU **64** 6; historische Entwicklung **64** 3; internationaler Vergleich **64** 2; Leistungsschutzrecht Filmhersteller **94** 53 f.; Lichtbilder **72** 27; Lichtbildwerke **64** 4, 16 f.; Lichtbildwerke DDR **64** 17; Lieferungswerke **67** 1, 5; mehrere Urheber **65** 1; Miturheber **65** 1; Miturheberschaft **65** 5; Miturheberschaft, Prozessuales **65** 11; nachgelassene Werke **71** 31; nicht-veröffentlichte Werke **64** 4; post mortem auctoris **64** 11; Prozessuales **64** 25; RBÜ **64** 2, 7, **Vor 120 ff.** 15; Rechtsfolge **64** 18; Sonderregelungen **64** 12; Staatsangehörigkeit **64** 13; Staatsverträge, WUA **Vor 120 ff.** 28; tabellarische Übersicht zum Lauf der Fristen nach §§ 76, 82, 85, 87 und 94 **82** 7; TRIPS **64** 7; Übergangsrecht **64** 15; Übersicht nationale Regelungen **Vor 120 ff.** 16a; des Urheberrechts **64** 1; UWA **64** 2; US-Amerikaner **64** 13; US-Amerikanische Urheber **64** 9, **140** 2 ff.; verbundene Werke **65** 1; verwandte Schutzrechte **64** 10; der Verwertungsrechte ausübender Künstler, Bedeutung Übergangsvorschriften **82** 2; Werke der Fotografie **64** 16 f.; Werkverbindung **65** 1; wissenschaftliche Ausgabe **70** 21; WUA **64** 7; Zeitdauer **64** 12
Schutzdauer-Richtlinie s. Schutzdauer-RL
Schutzdauer-RL Einl. 40, 2 7, **64** 6, **65** 3, **85** 8, **87** 8, 21, **120** 3; Brüsseler Satellitenabkommen **Vor 120 ff.** 47; Filmwerke **65** 3; Lieferungswerke **67** 3; nachgelassene Werke **71** 5; Schutzfristenvergleich **64** 6; wissenschaftliche Ausgabe **70** 4, 23
Schützenfest **52** 14
Schutzfähigkeit 21 ff.; von Filmstoffen **88** 33
Schutzfrist s. a. *Schutzdauer*
Schutzfrist Ablauf der, Verlagsvertrag, Beendigung **29 VerlG** 7; ausübenden Künstler Übergangsregelung **135a** 1 ff.; bei verbundenen Werken **9** 4–7; Berechnung, TRIPS **Vor 120 ff.** 21; Berechnung, Urheberrechtsgesetz **143** 2; Berechnung, WUA **140** 1 ff.; Dauer, Urheberkollisionsrecht **Vor 120 ff.** 65a; Form, Übergangsrecht bei Verkürzung **135a** 1 ff.; Fotografie Übergangsregelung **135a** 1 ff., Funksendung **87** 22; Gleichlauf **1 EV** 2; Sendeunternehmen **87** 22, 38 f.; und Strafrecht **106** 5; Tonträgerherstellerrecht **85** 62 ff.; Übergangsregelung Tonträgerhersteller **135a** 5; Übersicht nationale Schutzdauer **Vor 120 ff.** 16a; Verlagsvertrag, Fortsetzung nach Ablauf **39/40 VerlG** 4 f.; Verlängerung bei Lichtbildwerken, Übergangsrecht **137a** 1 ff.; Verlängerung der, Nutzungsrechtseinräumung **31** 55; Verlängerung, RBÜ **Vor 120 ff.** 16; Wiederaufleben **1 EV** 2
Schutzfristenliste, Kunstwerke, Übersicht **Vor 120 ff.** 16a

Verfügung des Filmurhebers, vorherige an Dritte **89** 49 ff.; durch Nichtberechtigte **102a** 8; eines Nichtberechtigten, Rechtsverletzung **97** 16; über Freiexemplare, Verlagsvertrag **25 VerlG** 7; einstweilige, Bekanntmachung **103** 5; von Todes wegen **29** 9

Verfügungsanspruch **97** 198

Verfügungsbefugnis bei Nutzungsrechtseinräumung **31** 28

Verfügungsberechtigter [Zoll] **111b/111c** 10

Verfügungsgeschäft **31** 28; Verlagsvertrag **9 VerlG** 3 f.

Verfügungsgewalt des Verletzers, Rückrufsanspruch **98** 25

Verfügungsgrund **97** 199 ff.; Beendigung des Verstoßes **97** 202; Darlegungs-, Beweislast **97** 199; Dringlichkeit **97** 203 f.; Schaden aus Vollziehung **97** 206; Streitgegenstand **97** 51; veränderte Umstände **97** 204; Verhalten des Verletzten während des Verfahrens **97** 204; Vermutung **97** 199

Verfügungsverfahren **97** 198 ff.; Anhörung **97** 207; Sicherheitsleistung **97** 206; Vernichtung, Rückruf, Überlassung **98** 38

Vergaberichtlinie **5** 7

Vergaberichtlinie als amtliches Werk **5** 9

Vergleich der Schutzfristen **64** 8

Vergleichsmarkprinzip **32** 46

Vergriffensein, Verlagsvertrag, Auskunftsanspruch **29 VerlG** 5; Beendigung **29 VerlG** 1 ff.; Begriff **29 VerlG** 3 f.; Mitteilung an Autor **16 VerlG** 4; Unverkäuflichkeit **29 VerlG** 4; Vervielfältigungspflicht **16 VerlG** 3 f.

Vergütung **32**; **32a**; bei Auftragsproduktion **Vor 88 ff.** 62; bei Kündigung **40** 31; des Agenten **Vor 31 ff.** 327; des Arbeitnehmerurhebers **43** 57 ff.; des Urhebers **Vor 31 ff.** 159; Bestellvertrag **47 VerlG** 9; Kopienversand **53a** 19; Leistungsschutzrechte **Vor 31 ff.** 221; On-Demand-Verträge im Filmbereich **Vor 88 ff.** 96; Sendeverträge **Vor 88 ff.** 106; vergleichbare Normierungen **32** 4 ff.; Verhältnis zur Lizenzanalogie **32** 6; Verleihverträge **Vor 88 ff.** 81; verschiedene Lösungsansätze **32** 3; Videolizenzverträge **Vor 88 ff.** 89; Weltvertriebsverträge **Vor 88 ff.** 109; Widerruf bei unbekannten Nutzungsarten **31a** 60; zugrundeliegender Konflikt **32** 1; zwischen Verwertern **Vor 31 ff.** 286; siehe auch Vergütung, angemessene

Vergütung für später bekannte Nutzungsarten, AGB-Recht **32c** 21; Anspruch auf Unterrichtung **32c** 14; Anspruch gegen Dritte **32c** 15; Auskunftsanspruch **32c** 14; Begriff der unbekannten Nutzungsart **32c** 6; berechtigte Personen **32c** 9; internationale Bezüge **32c** 16; Prozessuales **32c** 20; Rechtsnatur des Anspruchs **32c** 5; unentgeltliches einfaches Nutzungsrecht **32c** 17; unwiderlegliche Vermutung gemeinsamer Vergütungsregel **32c** 11; verpflichtete Personen **32c** 10; Vorrang des Tarifvertrags **32c** 11; zwingende Regel **32c** 16

Vergütung, angemessene **32**; im Arbeits- oder Dienstverhältnis **43** 59; anwendbares Recht, prozessuale Durchsetzung **32b** 16; anwendbares Recht, prozessuales **32b** 16; Höhe **22 VerlG** 12; international zwingende Anwendung, erfasste Nutzungen **32b** 5 f.; international zwingende Anwendung, gegenständliche Nutzung im Inland **32b** 10; international zwingende Anwendung, Lizenzketten **32b** 7 f., 13; international zwingende Anwendung, Lizenzketten **32b** 7 f., 13; international zwingende Anwendung, maßgebliche Nutzungshandlungen **32b** 9; international zwingende Anwendung, Missverhältnis **32b** 6, 11; international zwingende Anwendung, Umfang der Ansprüche **32b** 10 ff.; international zwingende Anwendung, vertragsgegenständliche Nutzung im Inland **32b** 10; internationale Anknüpfung **32b** 2; internationale Anwendbarkeit, Arbeitsverhältnis **32b** 15; internationaler Urhebervertrag, anwendbares Recht **32b** 14 f.; internationaler, anwendbares Recht, Arbeitsverhältnis **32b** 15; neue Nutzungsarten **32b**, 2; Rechtsweg bei Streit **104** 4; Verlagsvertrag **22 VerlG** 8 ff.; Verlagsvertrag, Vorschuss **22 VerlG** 13; zwingende Anwendung **32b** 1 ff.; zwingende Anwendung, Fremdenrecht **32b** 17 f.

Vergütung Verlagsvertrag, **1 VerlG** 6, **22 VerlG** 1 ff.; Absatzhonorar **22 VerlG** 3, **24 VerlG** 1 ff.; Absatzhonorar, Angemessenheit **22 VerlG** 12; Absatzhonorar, Bemessungsgrundlage **22 VerlG** 5; Absatzhonorar, Fälligkeit **24 VerlG** 2; Absatzhonorar, Nebenrechte **24 VerlG** 2; Änderungen des Werkes **22 VerlG** 3, 10; Ersatzdruck **7 VerlG** 8; Fälligkeit **23 VerlG** 1 ff.; Fälligkeit, Neuauflage **23 VerlG** 4; Fälligkeit, Sammelwerk **23 VerlG** 7; Fälligkeit, Vorschuss **23 VerlG** 5; Fälligkeit, Zeitpunkt **23 VerlG** 3 ff.; Fälligkeit, Zeitpunkt **23 VerlG** 6; Fehlen einer Vereinbarung **22 VerlG** 8 ff.; Fehlen einer Vergütung **22 VerlG** 10; Freiexemplare **25 VerlG** 4; gemeinsame Vergütungsregel **22 VerlG** 12; Herausgeber **22 VerlG** 4; Höhe **22 VerlG** 11 f.; mehrere Autoren **22 VerlG** 4; Nebenpflicht **22 VerlG** 1; Onlinenutzung **22 VerlG** 12; Rücktritt, teilweise Aufrechterhaltung **38 VerlG** 7 f.; Sammelwerk, Unterbleiben der Vervielfältigung **18 VerlG** 7; Sammlung, Weglassen einzelner Beiträge **19 VerlG** 8; Schadensersatz **22 VerlG** 2; Untergang des Werkes **33 VerlG** 5; Vorschuss **22 VerlG** 6 f.; Vorschuss, Verrechnung **22 VerlG** 7; Zahlung **23 VerlG** 1 ff.; Zahlung, Ort **23 VerlG** 2; Zweckfortfall, Kündigung **18 VerlG** 5

Vergütungsanpassung **32**; **32a**; Rechtsweg **104** 4

Vergütungsanspruch **32**; **63a**; **87c** 13; **Vor 120 ff.** 38; Auftragsproduktion **Vor 88 ff.** 60; des ausübenden Künstlers bei öffentlicher Wiedergabe, Beschränkung der Vorausabtretbarkeit **78** 30, 34; des ausüben-

VerlG 11; Miturheber 47 VerlG 6; Rechtsfolgen 47 VerlG 13; Urheberrecht 47 VerlG 6 f.; vorgegebener Plan 47 VerlG 3 ff.

Verlagsvertrag, Beteiligung am Reingewinn 24 VerlG 10

Verlagsvertrag, Bibliotheksexemplare 6 VerlG 7

Verlagsvertrag, buchnahe Nebenrechte 2 VerlG 23, 24

Verlagsvertrag, Buchpreisbindungsgesetz 26 VerlG 1

Verlagsvertrag, bühnenmäßige Aufführung 2 VerlG 10

Verlagsvertrag, Bühnenverlag 1 VerlG 17

Verlagsvertrag, CD-ROM 1 VerlG 14; Nebenrecht 1 VerlG 15

Verlagsvertrag, Deckungsauflage 5 VerlG 11

Verlagsvertrag, Dissertation 1 VerlG 4

Verlagsvertrag, Dramatisierung 2 VerlG 12

Verlagsvertrag, Drehbuch 2 VerlG 15

Verlagsvertrag, ebook 1 VerlG 12

Verlagsvertrag, Einräumung des Verlagsrechts 1 VerlG 5

Verlagsvertrag, **Enthaltungspflicht**, Abdingbarkeit 2 VerlG 3; Bearbeitungen 2 VerlG 5; Erstveröffentlichung 2 VerlG 6; gemeinfreie Werke 2 VerlG 7; Grenzen 2 VerlG 8 f.; Inhaltsmitteilung 2 VerlG 6; Rechtsnatur 2 VerlG 1 ff.; Verbreitung 2 VerlG 6; Vereinbarung 2 VerlG 10; Verletzung 2 VerlG 38 ff.; Vertragsstatut 2 VerlG 9; Vervielfältigungsbegriff 2 VerlG 4; Werkteile 2 VerlG 5; Zitatrecht 2 VerlG 5; Zweckübertragungslehre 2 VerlG 5

Verlagsvertrag, Erbe 48 VerlG 1 f.

Verlagsvertrag, **Erfüllung**, Erfüllungsverlangen des Verlages 30 VerlG 3 f.; Nachfrist, Angemessenheit 30 VerlG 6; nicht rechtzeitige 30 VerlG 1 ff.; nicht vollständiges Manuskript 30 VerlG 4

Verlagsvertrag, **Erfüllungsanspruch** 30 VerlG 1 ff.; des Autors 32 VerlG 6; Durchsetzung 32 VerlG 6; Verjährung 1 VerlG 27

Verlagsvertrag, **Erfüllungsort** 1 VerlG 24

Verlagsvertrag, **Ersatzdruck**, Vergütung 7 VerlG 8; Verzicht 7 VerlG 9

Verlagsvertrag, **Ersetzungsbefugnis**, Lagerexemplare 7 VerlG 3

Verlagsvertrag, **Exemplare zum Vorzugspreis** 26 VerlG 1 ff.

Verlagsvertrag, **fehlende Ausgabefähigkeit des Werkes** 31 VerlG 1

Verlagsvertrag, **Fernsehsendung** 2 VerlG 10

Verlagsvertrag, **Form** 1 VerlG 21

Verlagsvertrag, **Fortsetzung nach Ablauf der Schutzfrist** 39/40 VerlG 4 f.

Verlagsvertrag, **Freiexemplare** 5 VerlG 9, 25 VerlG 1 f.; Anzahl 6 VerlG 9, 25 VerlG 5 f.; Begriff 6 VerlG 5 f., 25 VerlG 3 f.; Beiträge zu Sammelwerken 25 VerlG 6; mehrere Gemeinschaftsverlage 6 VerlG 9; Musikwerke 25 VerlG 5; Sammelwerk, Herausgeber 25 VerlG 6; Verbreitung 6 VerlG 10; Verfügung 25 VerlG; Vergütung 25 VerlG 4; Verwendung 6 VerlG 10; Zeitung 25 VerlG 6

Verlagsvertrag, **Garantiehonorar** 22 VerlG 7

Verlagsvertrag, **Gebiet der DDR** 8 VerlG 3

Verlagsvertrag, **Gegenstand** 1 VerlG 2 ff., 7 ff.

Verlagsvertrag, **gemeinfreies Werk** 39/40 VerlG 1 ff.; Enthaltungspflichten 39/40 VerlG 8; Kenntnis der Parteien 39/40 VerlG 3

Verlagsvertrag, **gemeinfreies Werk, Leistungsschutzrecht** 39/40 VerlG 2; Rechtsnatur 39/40 VerlG 6; subjektives Verlagsrecht 39/40 VerlG 7; Verlagspflichten 39/40 VerlG 9 f.; Vertragsgegenstand 39/40 VerlG 1 f.

Verlagsvertrag, **Gesamtausgabe** 2 VerlG 18 ff., 4 VerlG 1 ff.; Begriff 2 VerlG 20, 4 VerlG 3; einzelne Bände 4 VerlG 6; Erschöpfung 2 VerlG 21; Fristen 2 VerlG 19; Musikverlag 4 VerlG 2; Nachdruck 4 VerlG 6; Nutzungsrechte 4 VerlG 1; Verbot, Verletzung 4 VerlG 8; Verbotsumfang 4 VerlG 3; vorbehaltene Nutzungsarten 2 VerlG 18 ff.

Verlagsvertrag, **geteilte Verlagsrechte, Musikverlag** 8 VerlG 3

Verlagsvertrag, **Ghostwriter** 48 VerlG 2; Urheberpersönlichkeitsrecht 48 VerlG 2

Verlagsvertrag, **Hauptrecht** 1 VerlG 25 f

Verlagsvertrag, **Herausgebervertrag** 41 VerlG 9 ff.

Verlagsvertrag, **Honorar** 1 VerlG 6

Verlagsvertrag, **Hörerschein** 6 VerlG 8, 26 VerlG 1

Verlagsvertrag, **Illustrationen** Vor 31 ff. 390;

Verlagsvertrag, **Illustrationsvertrag** 1 VerlG 16, 47 VerlG 3;

Verlagsvertrag, **inhaltlich unvollständiges Werk** 31 VerlG 3

Verlagsvertrag, **inhaltliche Mängel des Werkes** 31 VerlG 2 ff.

Verlagsvertrag, **Insolvenz des Autors** 36 VerlG 1; des Verlages, Rücktritt 36 VerlG 1 ff.; des Verlages, Rücktritt 36 VerlG 7 ff.; des Verlages, Selbstverlag 36 VerlG 1; des Verlages, Systematik 36 VerlG 4; des Verlags 36 VerlG 1 ff.; Bestellvertrag 36 VerlG 1; Kommissionsverlag 36 VerlG 1; Konstellationen 36 VerlG 5 f.; Lizenzvertrag, Neuregelungen 36 VerlG 3; Lizenzverträge, Neuregelung 36 VerlG 3; Musikverlag 36 VerlG 4; Rücktritt 36 VerlG 4; Rücktritt, Erklärung 36 VerlG 9; Rücktritt, Erweiterung 36 VerlG; Rücktritt, Miturheber 36 VerlG 11; Rücktritt, Sammelwerk 36 VerlG 11; Rücktritt, verbundene Werke 36 VerlG 11; Rücktritt, Voraussetzungen 36 VerlG 7 f.; Rücktritt, Wirkung 36 VerlG 10; Rücktrittsrechts des Verfassers 36 VerlG 4; Wahlrecht des Insolvenzverwalters 36 VerlG 13 ff.; Wahlrecht des Insolvenzverwalters 36 VerlG 4; Wahlrecht des Insolvenzverwalters, Ablehnung der Erfüllung 36 VerlG 19; Wahlrecht des Insolvenzverwalters, Ausübung 36 VerlG 15 f.; Wahlrecht des Insolvenzverwalters, Erfüllung 36 VerlG 17 f.; Wahlrecht des Insolvenzverwalters, Fortführung 36 VerlG 17; Wahlrecht des Insolvenzverwal-

Verwarnung **97a** 5 ff.
Verwarnung aus Kennzeichenrecht II **97a** 43, 45, 51
Verweigerung der Einwilligung wider Treu und Glauben, bei mehreren Künstlern **80** 13 f.
Verweisung bei falschem Rechtsweg **104** 5; in der Berufungsinstanz **105** 5
Verwendung, Freiexemplare **6** VerlG 10; Zuschussexemplare, Verlagsvertrag **6** VerlG 4
Verwendungsbeschränkungen **69e** 13
Verwerter, Auswertungspflicht des **Vor 31 ff.** 41; Preiskartelle zwischen **Vor 31 ff.** 254; Vergütung zwischen **Vor 31 ff.** 286; Verträge zwischen **Vor 31 ff.** 223 ff.; Verträge zwischen, allgemeines Vertragsrecht, Leistungsstörungen **Vor 31 ff.** 287; Verträge zwischen, Änderung der Übertragung oder Einräumung **Vor 31 ff.** 278 ff.; Verträge zwischen, außerordentliche Kündigung **Vor 31 ff.** 283; Verträge zwischen, Auswertungspflichten **Vor 31 ff.** 245 ff., 293; Verträge zwischen, automatischer Rechterückfall **31** 41; Verträge zwischen, Enthaltungspflichten **Vor 31 ff.** 293; Verträge zwischen, Enthaltungspflichten (Wettbewerbsverbote) **Vor 31 ff.** 247 ff.; Verträge zwischen, Erlöschen der Übertragung oder Einräumung **Vor 31 ff.** 279 ff.; Verträge zwischen, Kartellverbot **Vor 31 ff.** 251; Verträge zwischen, Sublizenzierungsverbote **Vor 31 ff.** 243 ff.; Verträge zwischen, unbekannte Nutzungsart **Vor 31 ff.** 278; Verträge zwischen, Zweckübertragungslehre **Vor 31 ff.** 238
Verwerterverträge im Filmbereich **Vor 88 ff.** 67 ff.; Leistungsschutzrecht Filmhersteller **94** 52; Verfilmung **88** 25
Verwertung Bearbeitung **23/24** 25; der Informationen **101** 71; von Computerspielen **95** 14
Verwertung von Computerspielen **2** 204
Verwertungsblockade **Vor 31 ff.** 97
Verwertungsgesellschaft **27** 1, 14, **WahrnG 13** 4, **WahrnG 13c** 1
Verwertungsgesellschaft der Film-, Fernsehproduzenten, VFF **WahrnG Einl.** 7; für Nutzungsrechte an Filmwerken, VGF **WahrnG Einl.** 7; Lichtbilder **72** 6; nachgelassene Werke **71** 8; Tonträgerhersteller **85** 74; Verfügung an Nichtberechtigte **102a** 9; wissenschaftliche Ausgabe **70** 6
Verwertungsgesellschaften **WahrnG Einl.** 1; Abschlusszwang **WahrnG 11** 1–7; Aktivlegitimation **97** 134; Angemessenheit der Wahrnehmung **WahrnG 6** 9; Ansprüche gegen auf Ausschüttung **63a** 15; Ansprüche gegen, Verjährung **WahrnG 6** 10; Aufsicht durch Deutsches Patent-, Markenamt **WahrnG 9** 1; Aufsicht über **WahrnG 18** 1-3; Auskunftspflicht **WahrnG 10** 1, 2; Auskunftspflicht gegenüber dem Deutschen Patent-, Markenamt **WahrnG 19** 2; ausübende Künstler Film **92** 34; Berechtigungsverträge **WahrnG 6** 11; Berücksichtigung von kulturell bedeutenden

Werken, Leistungen **WahrnG 7** 7; Beschwerden Dritter **WahrnG 19** 3; Bühnenauftrittsrechte **WahrnG 6** 2; Einnahmen, Verteilung **WahrnG 7** 1–7; Einräumungsfiktion **137l** 39; Einräumungsfiktion unbekannte Rechte **137l** 16; Entstehung, Aufbau **WahrnG 1** 1–8; Erteilung, Widerruf, Entziehung der Tätigkeitserlaubnis **WahrnG 2** 1–4, 3 1–6, 4; Europäisches Gemeinschaftsrecht **WahrnG Einl.** 10; Filmhersteller **94** 55; Filmverträge **Vor 88 ff.** 110; Flüchtlinge, Staatenlose aus EU, EWR **WahrnG 6** 3–5; freiwillige Schlichtung bei Streitigkeiten mit Nutzern **WahrnG 17a** 1–3; Gerichtsstand bei Streitigkeiten mit Nutzern **WahrnG 17** 1, 2; Gesamtverträge **WahrnG 12** 1–5; Handhabung der Mitteilungen der Importeure, Händler, Betreiber von Geräten, Speichermedien **WahrnG** 1–7; Inhalt der Aufsicht **WahrnG 19** 1–4; Jahresabschlüsse **WahrnG 9** 1; Kontrollbesuche bei Betreibern von Geräten, Speichermedien **54g** 1–3, **54h** 3; Kostenerstattung bei Abmahnung **97a** 27; mechanische Rechte **WahrnG 6** 2; Mitglieder, Abgrenzung zu Wahrnehmungsberechtigten **WahrnG 6** 7; und örtliche Zuständigkeit **105** 14; Pflicht, Vergütungsanspruch für Zeitungsartikel, Rundfunkkommentare in Presseschauen **49** 1–13; Rechnungslegung **WahrnG 9** 1; Schiedsstelle beim Deutschen Patent- und Markenamt **WahrnG 14–16** 1–15; Schiedsverträge mit Nutzern **WahrnG 14-16** 18; Senderechte **WahrnG 6** 2; Staatsangehörigkeit, ausländische in Deutschland **WahrnG 6** 3; Staatsangehörigkeit, deutsche **WahrnG 6** 3; Streitverfahren mit Nutzern vor dem OLG München **WahrnG 14–16** 17; Streitverfahren mit Nutzern vor den ordentlichen Gerichten **WahrnG 14–16** 16; Streitverfahren mit Nutzern vor Schiedsstelle **WahrnG 14–16** 1–5; Streitverfahren mit Nutzern vor Schiedsgerichten **WahrnG 14-16** 18; Tarife **WahrnG 13** 1–13, **13a** 1–4; Tarife von, Schadensersatz **97** 94; Tochtergesellschaften **WahrnG 1** 2; unbekannte Nutzungsart **31a** 17; Verdoppelung der Lizenzgebühr **97** 100; Vergütungsansprüche **WahrnG 6** 6; Vermutung der Sachbefugnis **WahrnG 13c** 1–9; Verteilungspläne **WahrnG 7** 3, 4; Vorausverfügung ausübender Künstler Film **92** 37; Vorausverfügung Filmurheber **89** 49 ff.; Vorsorge-, Unterstützungseinrichtungen **WahrnG 8** 1, 2; Wahrnehmungspraxis, Folgerecht **26** 45–51; Wahrnehmungsverträge **WahrnG 6** 11; Wahrnehmungszwang **WahrnG 6** 1–13
Verwertungsgesellschaftspflichtigkeit, Einräumungsfiktion **137l** 39; Vergütungsanspruch Einräumungsfiktion **137l** 36
Verwertungskaskaden **52a** 18
Verwertungspflicht, Verfilmungsvertrag **88** 70; Kartellrecht **Vor 31 ff.** 71
Verwertungsrechte **15**; des ausübenden Künstlers im Film **92** 26; Bearbeitungsrecht **23/24** 2; Begriff **29** 15; Erschöpfung **15** 11; in

2008. XVIII, 642 Seiten
Fester Einband. € 89,–
ISBN 978-3-17-017055-1

Dünnwald/Gerlach

Schutz des ausübenden Künstlers
Kommentar zu §§73 bis 83 UrhG

Mit der wachsenden Bedeutung des Interpreten in Musik, Fernsehen und Film treten auch seine Rechte in den Vordergrund. Der entsprechende Abschnitt des UrhG ist im Jahre 2003 zur Anpassung an die digitale Technik und die Bedürfnisse der Informationsgesellschaft neu gefasst worden. Die Urheberrechtsnovellen von 2007 und von 2008 haben diese Anpassung fortgesetzt und zu einem gewissen Abschluss gebracht. Der künstlerische Leistungsschutz wird von den Verfassern erstmals in Kommentarform als eigenständiges Rechtsgebiet umfassend dargestellt.

Alle maßgeblichen einschlägigen Rechtsquellen – Gesetze, EU-Richtlinien, int. Abkommen, Statuten der Verwertungsgesellschaften – sind in der derzeit gültigen Fassung mit abgedruckt.

Prof. Dr. Rolf Dünnwald war (1978 bis 2000), Rechtsanwalt Dr. Thilo Gerlach ist der von der Künstlerseite benannte Geschäftsführer der GVL, Verwertungsgesellschaft der ausübenden Künstler und Tonträgerhersteller; sie waren bzw. sind Dozenten am Institut für Kultur- und Medienmanagement der Hochschule für Musik und Theater Hamburg.

W. Kohlhammer GmbH · 70549 Stuttgart
Tel. 0711/7863 - 7280 · Fax 0711/7863 - 8430 · www.kohlhammer.de